D1284315

MINJUNG'S
ENGLISH-KOREAN
&
KOREAN-ENGLISH
DICTIONARY

英韓·韓英辭典

民衆書林 編輯局 編

AMERICAN EDITION

www.hollym.com

HOLLYM INTERNATIONAL CORP.
ELIZABETH, NEW JERSEY

民衆書林

DREXEL UNIVERSITY LIBRARY

PREFACE

In Korea, almost every student from middle school through adulthood carries one of Minjung's English dictionaries. The English language is one of the most important subjects to Korean students and Minjung's dictionaries are their life-long companions.

Minjung's English-Korean & Korean-English Dictionary is a combined volume of English-Korean and Korean-English dictionaries designed to contain maximum information in a minimum space for the serious student who wants to learn Korean.

With the advances of modern technology, the world is rapidly becoming one community; however, language barriers still exist. In recent decades Korea has become an important industrial nation. Along with increased international importance, more and more people are interested in learning the Korean language. Now, many universities and colleges in the United States are offering Korean language courses to meet their students' demands.

I am convinced that ***Minjung's English-Korean & Korean-English Dictionary*** is the best choice to equip English speaking students. The dictionary is quite extensive while the volume is small enough to carry easily. The demand for such a dictionary emerged from the publication of more comprehensive reference tools, such as the desktop editions of the ***Essence Korean-English Dictionary*** and the ***Essence English-Korean Dictionary*** along with Francis Park's textbook ***Speaking Korean.***

The publication of this American edition is a milestone for the study of the Korean language in the United States, as well as for the entire English speaking world.

Summer, 1997

Gene S. Rhie (이시진)

PL
937
.E5
E6
1997

MINJUNG'S
English-Korean & Korean-English Dictionary
edited by the Minjung's editorial staff

Copyright © 1990, 1996, 1997
by Minjung
All rights reserved.

First published in Korea
by Minjung

American Edition
Published in the U.S.A.
by Hollym International Corp.
18 Donald Place
Elizabeth, NJ 07208
Phone: (908) 353-1655 Fax: (908) 353-0255
http://www.hollym.com

Library of Congress Catalog Card Number 90-86010
ISBN: 0-930878-02-7

Printed in Korea

11/26/2001
mkh. 61235888

머 리 말

—— 제 5 판을 내면서 ——

처음 이 소사전을 간행한 것은 근 반세기 전인 1956년이었다. 그간 독자들의 적극적인 성원에 힘입어 근 10년 간격으로 세 차례(1960, 69, 81년)의 개정을 거듭하여 왔다. 그러나 날로 가속화되어 가는 정치·사회·문화의 급속한 발전과 변화는 더 이상 이 사전의 개정·증보를 미룰 수 없다는 시대적 요청을 안게 되었다.

이번의 개정·증보 작업에서는 간편·정확·풍부한 어휘를 요구하는 시대적 추세에 알맞도록 기존 체재 속에 가급적 많은 유용한 신어들을 수록하는 데 역점을 두었다. 소사전 출간에서 가장 문제가 되는 것은 풍부한 어휘와 내용을 담으면서도 그 부피를 최소화해야 한다는 점이다. 내용 수록에 너무 욕심을 부리면 부피가 커져 간편한 휴대를 바라는 독자들의 요구를 넘어서기 쉬우며, 부피를 줄이기 위해 활자를 작게 하면 독자들의 시력에 부담을 주기 때문이다. 이런 이중적 제약하에서 저희는 독자들이 요구하는 휴대에 간편하고 내용이 풍부한 사전을 엮어내고자 최선의 노력을 다하였다.

이번 개정으로 두드러지게 형태가 달라진 것은, 연어 이외의 표제어에 표시되어 있던 악센트 부호를 삭제시킨 점이다. 발음기호에 이미 표시되어 있어서 불필요한 군더더기로 여겼기 때문이다. 또 발음에 있어서는 현대 미식 발음에 따라 그 표기를 조직화해서 더욱 간명케 하였으며, 병기된 미·영식 발음도 간소화를 기했다. 새로 수록된 낱말은 일상화해가는 구어·속어를 위시해서 생활용어화되는 전문어·기술어 등을 광범위하게 망라하였다.

비록 조그마한 소사전이지만, 항시 독자 여러분이 지니고 다니는 다정한 벗이 되어 필요한 때에는 어디서나 유용하게 쓰이는 사전이 되기를 바라면서, 끊임없는 독자 제현들의 지도와 편달을 기대하는 바이다.

1992년 2월

민중서림 편집국

일 러 두 기

A. 표제어

(1) 일반 영어는 고딕체를 쓰고, 충분히 영어화되지 않은 외래어는 이탤릭 고딕체를 썼다.

보기 : **boy** …………일반 영어 ***gar·çon***……외래어

(2) 표제어의 배열은 알파벳순으로 하였다.

(3) 같은 철자의 표제어라도 어원이 다른 말은 따로따로 내고, 어깨 번호를 붙여 구분하였다.

보기 : **host**[1] 주인, … **host**[2] 많은 떼…

(4) 각 표제어에는 음성학적 원리에 의하여 [·]로 분철을 표시하였다.

보기 : ① **at·tor·ney** ② **in·de·pend·ent**

(5) 두 단어 이상으로 된 연어 표제어에서는 그 낱말이 각기 표제어로 나와 있을 경우에는 분철·발음을 생략하고, 악센트를 표시하였으며, 단독 표제어로 나와 있지 않은 단어에만 분철·발음을 표시하였다.

보기 : ① **ábsentee ínterview**
② **ác·ti·nide sèries** [ǽktənàid]

(6) 특히 중요한 표제어에는 3 단계의 표시(†, ‡, *)를 하여 학습상의 편의를 도모하였다.

보기 : **†ac·tion** (중학 정도) …………………………… 1,500 어
‡im·pres·sive (고교 정도) …………………… 4,500 어
***mo·bile** (대학 교양 정도) ………………… 5,600 어

(7) 영·미 철자가 다른 경우에는 미식을 우선하여 들었고, 다음에 《英》으로 써 영식 철자를 보였으며, 필요할 때에는 영식 철자를 따로 들었다.

보기 : **la·bor**, 《英》 **-bour** [léibər]
de·fence [diféns] *n.* 《英》 = DEFENSE.

이에 미국·영국의 어미의 상위점을 예시하여 둔다.

《美》 …nse	*defense*	《美》 …ter	*center*
《英》 …nce	*defence*	《英》 …tre	*centre*
《美》 …old	*mold*	《美》 …l…	*traveler*
《英》 …ould	*mould*	《英》 …ll…	*traveller*
《美》 …or	*color*		
《英》 …our	*colour*		

(8) 표제어 중의 ( )는 그 부분이 생략될 수 있음을 나타내는 경우와, 아래 보기 ②에서와 같이 두 형태가 있음을 보인다.

보기 : ① **Géi·ger(-Mül·ler) cóunter**
② **blame·less(·ly)** *a.* (*ad.*)→**blame·less** *a.*, **blame·less·ly** *ad.*

(9) 파생어는 가급적 본원어 표제어 항에 몰아 넣었으며, 이때 ～는 표제자어에 해당되며, 발음·음절 구분·악센트의 위치가 다른 것은 되도록 철자 전부를 보였고, 악센트 부호·발음 기호도 필요에 따라 명시하였다.

보기 : ① **am·big·u·ous** [æmbígjuəs] *a.* ……**～·ly** *ad.*
② **av·id** [ǽvid] *a.* ……**a·vid·i·ty** [əvídəti] *n.*

(10) 동일어로서 철자가 다른 것은 코머로 구분 병기하였으며, 뒤의 낱말은 분철에 따라 하이픈으로 일부를 생략하기도 하였다. 이는 파생어에서도 적용한 것이 있다.

보기 : ① **Mu·zhik, -zjik·**
② **au·to·bi·og·ra·phy** [ɔ:təbaiágrəfi/-ɔ́g-] *n.* ……**-pher** *n.*

(11) 뜻이 같은 연어는 사용도가 높은 것을 보이고 나머지는 〔 〕 안에 표시하였다.

보기 : **fáith cùre** 〔**hèaling**〕

B. 발 음

발음에 관해서는 발음 약해 및 발음 기호 일람표 참조.

C. 품사 구별과 관용구 및 예문

(1) 품사명은 원칙적으로 발음 기호 뒤에, 또는 —— 뒤에 약호로 표시하였으며, 한 낱말이 두 가지 이상의 품사로 쓰이는 경우에는 지면 절약을 위해 병기한 것도 많다. (약어표 참조)

보기: **first-rate** [ˊréit] *a., ad.*

(2) 연어 표제어는 대개 명사이므로 품사 표시를 생략하였다.

(3) 관용구는 이탤릭 고딕체, 예문은 괄호 안에 이탤릭체로 표시하였다.

(4) 관용구·예문 중에서는 표제어를 되풀이하는 대신에 ~ 기호를 사용하였다. 단, 되풀이되는 표제어의 첫 글자가 대문자일 경우에는 그 대문자를 쓰고 하이픈으로 이었다.

보기: **bless** 항 중 ***be ~ed=be blessed, B- me!=Bless me!***

D. 명사의 복수형

(1) 명사의 복수꼴 변화는 다음과 같이 보였다.

보기: ① **goose** [gu:s] *n.* (*pl.* ***geese***)

② **deer** [diər] *n.* (*pl.* ~, ~*s*)는 복수꼴이 ***deer***, 때로는 ***deers*** 임을 나타낸다.

(2) 자음+O로 끝나는 낱말의 복수꼴은 다음과 같이 표시했다.

보기: ① **piano** [piǽnou, pjǽn-] *n.* (*pl.* ~*s*)

② **mos·qui·to** [məskí:tou] *n.* (*pl.* ~(*e*)*s*) 는 ***mosquitoes*** 와 ***mosquitos*** 의 두 가지 꼴이 있음을 나타낸다.

(3) 규칙 변화하는 낱말이라도 주의해야 할 것은 모조리 보였다.

보기: ① **house** [haus] *n.* (*pl.* **houses** [háuziz]) 《발음상의 주의》

② **bus** [bʌs] *n.* (*pl.* ~(*s*)*es*)는 ***busses*** 와 ***buses*** 의 두 가지 꼴이 있음을 나타낸다.

(4) 복합어 중 특히 주의를 요하는 것은 다음과 같이 표시하였다.

보기: **sister-in-law** [sístərinlɔ̀:] *n.* (*pl.* ***sisters-***)

E. 불규칙동사의 과거·과거분사형

(1) 동사의 과거·과거분사의 변화형은 다음과 같이 표시하였다.

보기: ① **sing** *vi., vt.* (***sang***, 《古》《稀》 ***sung; sung***)은 과거형이 ***sang*** (단, 고어나 드물게는 ***sung***), 과거분사는 ***sung*** 임을 나타낸다.

② **feel** *vt.* (***felt***)는 과거·과거분사가 다 같이 ***felt*** 임을 나타낸다.

③ **kneel** *vi.* (***knelt***, ~***ed***)는 ***kneel, knelt, knelt*** 또는 ***kneel, kneeled, kneeled*** 의 2종류가 있음을 나타낸다.

(2) 끝 자음이 겹칠 때에는 다음과 같이 표시하였다.

보기: ① **cut** *v.* (-***tt***-)에서 (-***tt***-)는 ***cutter, cutting.***

② **refer** *v.* (-***rr***-)에서 (-***rr***-)는 ***referred, referring.***

③ **mimic** *v.* (-***ck***-)에서 (-***ck***-)는 ***mimicked, mimicking.***

④ **travel** *v.* (《英》 -***ll***-)는 《美》 ***traveled, traveling,*** 《英》 ***travelled, travelling.***

F. 형용사·부사의 비교급·최상급

(1) 단음절어는 -er; -est 를 붙이고, 2음절 이상의 낱말에는 more; most 가 붙는 것이 원칙이나, 그렇지 않은 것 또는 철자상 주의해야 할 것 따위는

다음처럼 표시하였다.

보기 : ① **good** [gud] *a.* (*better; best*)

② **lit·tle** [lítl] *a.* (*less, lesser; least;* 《口》 *~r; ~st*)는 비교급이 ***less*** 또는 ***lesser*** 이고 최상급이 ***least*** 이나, 구어로는 비교급이 ***littler***, 최상급이 ***littlest*** 로도 쓰임을 나타내었다.

(2) 끝의 자음이 겹치는 것은 동사의 경우에 준하였다.

보기 : **hot** (*-tt-*) *a.* 에서 (*-tt-*)는 ***hotter; hottest*** 임을 나타낸다.

G. 가산(可算)명사와 불가산(不可算)명사

셀 수 있는 명사(Countable Noun), 셀 수 없는 명사(Uncountable Noun)에는 각각 Ⓒ, Ⓤ를 붙여 구별을 분명히 해 주었다.

(1) 원칙적으로 Ⓤ 및 경우에 따라서는 Ⓤ로도 Ⓒ로도 되는 것만을 표시하였다.

(2) 대부분의 어의가 Ⓤ일 때에는 처음에 Ⓤ를 대표적으로 표시하고, Ⓒ를 개별로 표시하였다.

(3) 어의 중에 Ⓒ와 Ⓤ 양쪽으로 쓰이는 경우에는 그 주됨에 따라 UC 혹은 CU로 표시하였다.

(4) 고유명사, 영어화가 덜 된 외래어, 연어, 기타 (*pl.*)이 명기되어 있는 자명한 것들은 Ⓒ, Ⓤ를 보이지 않았다.

보기 : ① **life**......① Ⓤ 생명, 목숨. ② CU 생애, 일생,......⑥ 전기,

② **blanc·mange**......UC 블라망주

H. 주 석

(1) 어의를 우리말로 옮기는 데에 있어 주어·목적어·보어 등은 생략하고, 조사와 더불어 쓰이는 경우에는 「…이」, 「…은」, 「…과」 같이 나타내었다.

(2) 주요 단어에 한하여 뜻 구분을 ①, ② …로 뭉뚱그렸고, 또한 주요 어의를 고딕체로 하여 이해에 도움이 되게 하였다.

(3) 주석 바로 앞에 (*pl.*)로 표기된 것은, 그 뜻으로는 복수꼴로 쓰임을 나타낸다.

(4) 표제어가 어떤 어의에서는 그 첫 글자가 대문자에서 소문자로, 또는 소문자에서 대문자로 바뀌는 경우와, 그 앞에 the 가 붙는 경우에는 ( ) 안에 다음과 같이 이를 명시하였다.

보기 : ① **Ben·e·dic·i·te** [benədísəti/-dáis-] *n.*......(b-) 축복의 기도......

② **‡cath·o·lic** [kǽθəlik] *a.* .... —— *n.* (C-) 카톨릭 교도;......

③ **‡bar**[1] [bɑːr] *n.* ...... (the ~) 법정; ......

(5) 주석 속에 영자로 소형 대문자가 들어 있는 것은 그 영자가 표제어로 나와 있으며, 그 낱말과 같거나 참고하라는 뜻이며, 또 관용구 중에 소형 대문자가 들어 있는 것은 그 관용구의 주석이 소형 대문자로 표기된 항에 나옴을 보인다.

보기 : ① **hum·ble·bee**......=BUMBLEBEE.

② **hang** 항에서 ~ ***a*** 〔***the***〕 JURY.

(6) 파생어에서는 어미나 품사만을 보이고 그 풀이를 생략한 경우가 흔히 있다. 이는 표제어의 풀이로 보아 능히 그 뜻을 유추할 수 있는 것으로 믿기 때문이다.

I. 괄호 용법

(1) ( )의 용법

(a) 주석 바로 앞에서 뜻을 구체적으로 설명할 때.

보기 : **bob** [bɑb/-ɔ-] *n.* ① (시계·저울 따위의) 추.

(b) 영어의 동의어를 보일 때.

보기 : **boor** [buər] *n.* 시골뜨기(rustic).

(c) 주석 바로 뒤에서 그 낱말의 구문을 설명할 때.

보기 : **loath** [louθ] *pred. a.* 꺼려서 (*to* do; *that*)

(d) 참조할 낱말 및 반의어를 보일 때.

보기 : ① **sásh wíndow** 내리닫이 창 (cf. casement window)

② **mo·nog·a·my** [...] *n.* Ⓤ 일부 일처제〔주의〕 (opp. polygamy)

(e) 지면 절약을 위하여.

보기 : ① 조각 (작품)＝조각, 조각 작품

② 눕(히)다＝눕다, 눕히다.

(2) 〔 〕의 용법

앞말과 바꾸어 놓을 수 있음을 나타낸다.

보기 : 응전〔도전〕하다＝응전하다, 도전하다.

(3) 《 》의 용법

(a) 주석 뒤에서 그 뜻을 부연 또는 설명할 때 썼다.

보기 : **Saul** [sɔ́:l] *n.* 〖聖〗 사울《이스라엘 초대의 왕》.

(b) 그 낱말의 쓰임·용법을 나타내는 데 썼다.

보기 : **accommodátion tràin** 《美》 완행 열차.

ab·strac·tion *n.* ......④ 《婉曲》

(4) 《 》의 용법

흔히 주석 앞에서 관련되는 문법적 형태 및 문법적 설명과 세분된 뜻 구별 따위를 보였다.

보기 : ① **get** [get]......; 《～+O+p. p. 의 形態로》 …시키다.

② **for** [...] *prep.* ......; 《理由·原因》 …때문에

(5) 〖 〗의 용법

학술어·전문어를 표시하는 데 썼다.

보기 : 〖天〗, 〖聖〗, 〖建〗

(6) 「 」의 용법

주석 속에 「 」로 묶인 것은 전문어·직역어(職域語)로서는 그 역어 또는 음역어(音譯語)가 보통임을 나타낸다.

보기 : ① ***mét·ier*** [...] *n.* (F.)......, (화가의)「메티에」

② **ópen sésame** 「열려라 참깨」

J. 기 타

(1) 「<」의 용법

<는 어원을 가리킨다.

(2) 「⇨」의 용법

⇨는 그것이 가리키는 낱말과 관련이 있음을 나타낸다.

보기 : ① **Márk Twáin**⇨TWAIN.

② **lády bèetle**＝⇩. 다음 항 **la·dy·bird** 와 뜻이 같음을 뜻함.

발 음 약 해

(주의를 요하는 것만 표시했음)

1	**box**[bɑks/-ɔ-]	빗금의 왼쪽이 美音으로 [bɑks], 오른쪽이 英音으로 [bɔks]임을 나타낸다. 발음 표시는 최신의 각종 발음사전 및 영영사전 등을 참고하여, 국제 음성기호를 사용하여 표기하였으되, 한 낱말에 너무 많은 발음 방식이 있는 것은 그 대표적인 것을 두셋 실었다.
2	**ex·pe·di·tion** [èkspədíʃən]	[èkspədíʃən]의 [è]는 제 2 악센트를, [í]는 제 1 악센트를 표시한다. 대체로 제 1 악센트가 있는 음절의 하나 걸러 앞 또는 뒤의 음절에는 리듬 관계로 제 2 악센트가 올 때가 많다.
3	**du·ral·u·min** [dj*u*ərǽljəmin]	=[《美》 djurǽljəmin, durǽljəmin]. 곧 이 텔릭체는 생략할 수 있음을 보인다.
4	**girl**[gə:*r*l]	[《美》 gə:*r*l/《英》 gə:l]. [ə:*r*]는 美音으로, 英音에는 없음. 혓바닥의 중앙을 높이 하여 [ə] 발음을 하는 기분으로 낸다.
5	**floor·ing**[⌐iŋ] **steer·age**[⌐idʒ]	**floor**의 항에 [flɔ:*r*]로 발음 기호가 나와 있으므로 지면 절약을 위해 **flooring**의 발음을 [⌐iŋ]으로 간략 표시했지만, 이 때 [flɔ́:*r*iŋ]이 아니고 [flɔ́:riŋ]이다. 마찬가지로, **steer** [stiə*r*]의 다음 항 **steerage**[⌐idʒ]는 [stíəridʒ]이다.
6	**phew**[Φ:, fju:] **faugh**[pΦ:, fɔ:]	[Φ]는 양입술을 가볍게 합치고 그 사이로 내는 무성마찰음. 우리말 「후」 [Φɯ] 음에 가깝다.
7	**Bach**[bɑ:x, bɑ:k] **loch**[lɑk, lɑx/lɔk, lɔx]	[x]는 혀의 뒷면과 연구개 사이에서 이루어지는 마찰음. [bɑ:x]는 대체로 「바아하」에 가깝고, [lɔx]는 「로호」에 가깝다.
8	***hüt·te***[hÝtə]	[Y]는 [u]를 발음할 때와 같이 입술을 오므리고 혀의 위치는 [i]처럼 하여 내는 모음. 인명 **Hüsch**는 「휘시」에 가깝다.
9	**Ca·mus**[kamý]	[y]는 전항 [Y]의 조음(調音)에 가까우나 혀의 위치는 [i:]처럼 하여 내는 모음.
10	**chut**[ɿ, tʃʌt] **tut**[ɿ]	[ɿ]는 [t]를 발음할 때와 같은 혀의 위치로 내는 혀차는 소리.
11	**Houyhn·hnm** [hwín'm'm'm---]	[']는 기침 소리 ['əhə'əh」 등에 나타나는 목구멍소리이며, 입을 다문 채로 웃을 때 따위에도 난다.
12	***pen·si·on***[pɑ̃́:ŋsiɔ̃:ŋ] **humph**[hə̃h]	[ɑ̃, ɛ̃, ə̃, ɔ̃](콧소리 모음)은 [ɑ, ɛ, ə, ɔ]를 입과 코의 양쪽으로 숨을 내쉬는 것처럼 하여 발음한 것. 프랑스 말에서 종종 볼 수 있다.
13	**a·hem**[mḿ̥m, m̥m] **whew**[ẙ:]	발음기호의 위 또는 아래의 [˚][˳]은 유성음의 무성화를 표시한다. [m̥]은 성대의 진동을 뺀 자음을 보인다.
14	**no** [올림어조로 빨리 말할 때 noup˚]	[p][k] 따위의 오른쪽에 있는 [˚]은 파열음의 조음 때 전반(前半)에서 중지되고, 입은 다물린 채로 파열이 안 되고 끝남을 나타낸다.

발음 기호 일람표

VOWELS 모 음

종류	모음 기호	철자	발 음
Simple Vowels 단 모 음	i	**hill**	hil
	i:	**seat**	si:t
	e	**net**	net
	e:	**fairy**	fé(:)ri
	æ	**map**	mæp
	ə	**about**	əbáut
	{ər (ɚ)	**singer**	síŋər
	ə:r	**girl**	gə:rl
	ʌ	**cup**	kʌp
	ɑ	**ox**	ɑks
	ɑ:	**palm**	pɑ:m
	ɔ	**dog**	dɔg
	ɔ:	**ball**	bɔ:l
	u	**foot**	fut
	u:	**food**	fu:d
Diphthongs 이 중 모 음	iə	**near**	niə《英》
	iər	〃	niər
	ei	**day**	dei
	ɛə	**care**	kɛə《英》
	ɛər	〃	kɛər
	ai	**high**	hai
	au	**cow**	kau
	ɔi	**toy**	tɔi
	ou	**go**	gou
	uə	**poor**	puə《英》
	uər	〃	puər

CONSONANTS 자 음

종류	자음 기호	철자	발 음
파열음	p	**pipe**	paip
	b	**baby**	béibi
	t	**tent**	tent
	d	**did**	did
	k	**kick**	kik
	g	**gag**	gæg
비음	m	**mum**	mʌm
	n	**noon**	nu:n
	ŋ	**sing**	siŋ
측음	l	**little**	lítl
마찰음	f	**face**	feis
	v	**valve**	vælv
	θ	**thick**	θik
	ð	**this**	ðis
	s	**six**	siks
	z	**zoo**	zu:
	ʃ	**shoe**	ʃu:
	ʒ	**measure**	méʒər
	h	**hand**	hænd
	j	**yes**	jes
	w	**wish**	wiʃ
	r	**rest**	rest
파찰음	tʃ	**choice**	tʃɔis
	dʒ	**judge**	dʒʌdʒ

약 어 표

(자명한 것은 생략했음)

a. ....adjective (형용사)
ad. ....adverb (부사)
aux. v. ....auxiliary verb (조동사)
c. ....circa (대략)
cf. ....compare (참조하라)
conj. ....conjunction (접속사)
def. art. definite article (정관사)
fem. ....feminine (여성)
fl. ....flourished (활약한)
indef. art. ....indefinite article (부정관사)
int. ....interjection (감탄사)
masc. ....masculine (남성)
n. ....noun (명사)
p. ....past (과거형)
pl. ....plural (복수형)
p. p. ...past participle (과거분사형)
pred. a. ......predicative adjective (서술형용사)
pref. ....prefix (접두사)
prep. ....preposition (전치사)
pron. ....pronoun (대명사)
rel. ad. 〔*pron.*〕 ...relative adverb 〔pronoun〕 (관계부사〔대명사〕)
Sh(ak). ....Shakespeare
sing. ....singular (단수형)
suf. ....suffix (접미사)
v. ....verb (동사)
vi. ......intransitive verb (자동사)
vt. ....transitive verb (타동사)

《Ir.》 ·········(아일랜드)
《Sc.》 ······(스코틀랜드)
《濠》 (오스트레일리아)
《印英》 ······(인도英語)
《南아》 ···(南아프리카)
《諧》 ···········(해학어)
《雅》·········(아어, 문어)
《方》 ················(방언)
《兒》 ············(소아어)
《古》 ················(고어)
《口》 ················(구어)
《俗》 ················(속어)
《廢》 ················(폐어)
《卑》 ················(비어)
《蔑》 ············(경멸적)
《反語》 ·········(반어적)
《一般》 ·········(일반적)
《稀》 ············(드물게)

Am. Sp. ...American Spanish
Ar. ....Arabic
Chin. ....Chinese
Du. ....Dutch
F. ....French
G. ....German
Gk. ....Greek
Heb. ....Hebrew
Hind. ......Hindustani
Ind. ....Indian
Ir. ....Irish
It. ....Italian
L. ....Latin
Port. ......Portuguese
Russ. ....Russian
Skt. ....Sanskrit
Slav. ....Slavic
Sp. ....Spanish
Sw. ....Swedish
Turk. ....Turkish

〖競〗 ···············(競技)
〖考〗 ············(考古學)
〖古그〗 ······(옛그리스)
〖古로〗 ·········(옛로마)
〖그神〗 ···(그리스神話)
〖幾〗 ············(幾何學)
〖基〗 ············(基督敎)
〖氣〗 ···············(氣象)
〖代〗 ············(代數學)
〖로神〗 ······(로마神話)
〖文〗 ···············(文法)
〖病〗 ···············(病理)
〖生〗 ···(生物 · 生理學)
〖細〗 ············(細菌學)
〖修〗 ············(修辭學)
〖神〗 ···············(神學)
〖冶〗 ···············(冶金)
〖野〗 ···············(野球)
〖言〗 ············(言語學)
〖染〗 ···············(染色)
〖外〗 ···············(外科)
〖窯〗 ···············(窯業)
〖韻〗 ············(韻律學)
〖理〗 ············(物理學)
〖印〗 ···············(印刷)
〖電〗 ···············(電氣)
〖鳥〗 ···············(鳥類)
〖證〗 ···············(證券)
〖地〗 ···(地理 · 地質學)
〖採〗 ···············(採鑛)
〖天〗 ············(天文學)
〖鐵〗 ···············(鐵道)
〖哲〗 ···············(哲學)
〖蹴〗 ···············(蹴球)
〖土〗 ···············(土木)
〖解〗 ············(解剖學)

ENGLISH-KOREAN DICTIONARY

A

A[1], **a**[1] [ei] *n.* (*pl.* ***A's***, ***a's*** [-z])〖樂〗가음(音), 가조(調); 첫째〔의 것〕; (A)《美》(학업 성적의) 수(秀); A 사이즈《구두나 브래저의 크기; B보다 작고, AA보다 큼》.

†**a**[2] [強 ei, 弱 ə] *indef. art.* 《母音의 앞에서는 an[1]》 ① **하나의**. ② 어느 하나의. ③ 어떤(a certain). ④ 같은(*girls of an age* 동갑의 소녀들). ⑤ 한〔매〕…에(*twice a week* 주 2회).

a[3], **a-**[1] [ə] *pref.* 《古·方·俗》 on의 변형(*He went a* 〔*a-*〕*fishing.* 낚시질 갔다).

a-[2] *pref.* ① on, to, in의 뜻: *a*bed, *a*blaze, *a*fire, *a*shore. ② (Gk.) 「비(非)…」, 「무(無)…」의 뜻: *a*moral, *a*sexual.

A[2] ampere; angstrom (unit); argon; attack plane.

A.[1] Absolute; Academy; 〖映〗 (for) adults (only); America(n); April.

A.[2], **a.**[1] acre; answer; artillery.

a.[2] about; adjective; alto; area; at.

A 1 [éi wʌ́n] ⇨ A ONE.

a·a [ɑ́:ɑ:] *n.* Ⓤ 아아 용암《표면이 거친 현무암질 용암》.

AA[1] AA 사이즈《구두나 브래저의 치수; A보다 작음》; 《英》 14세 이하 관람 금지 영화의 표시.

AA[2] Afro-Asian; Asian-African; automatic approval. **A. A.** Alcoholics Anonymous; antiaircraft (artillery); Automobile Association. **A. A. A.** Amateur Athletic Association; American Automobile Association; Anti-Aircraft Artillery. **AAAA** Amateur Athletic Association of America. **A. A. A. L.** American Academy of Arts and Letters. **A. A. A. S.** American Association for the Advancement of Science. **A. A. C.** Afro-Asian Conference. **AACM** Afro-Asian Common Market. **AAF** Army Air Forces. **AAM** air-to-air missile.

aard·vark [ɑ́:rdvɑ̀:rk] *n.* 〖動〗 땅돼지《남아프리카산》.

Aar·on [ɛ́ərən, ǽr-] *n.* 〖聖〗 아론《모세의 형, 유태교 최초의 제사장》.

Áaron's béard 〖植〗 물레나물·범의귀 따위의 속명. 「명.

Áaron's ród 〖植〗 메역취 따위의 속

A. A. S. *Academiae Americanae Socius*(L. =Fellow of the American Academy). **A'asia** Australasia. **A. A. U. P.** American Association of University. **AB** air base. **A. B.** able-bodied seaman; *Artium Baccalaureus* (L. =Bachelor of Arts). **ab.** about; 〖野〗 at bat 타수, 타석.

a·ba [əbɑ́:, ɑ́:bə, ǽbə] *n.* Ⓤ 낙타〔염소〕 털로 짠 옷감; Ⓒ (아라비아인의) 소매 없는 긴 겉옷. 「견 도표.

a·bac [éibæk] *n.* 《英》 계산 도표, 조

a·ba·ca [ɑ̀:bəkɑ́:, ǽbəkɑ́:] *n.* Ⓤ 마닐라삼.

a·back [əbǽk] *ad.* 뒤로, 후방으로; 돛이 거꾸로. ***be taken*** **～** 뜻밖에〔느닷없이〕 당하다; 깜짝 놀라다.

ab·a·cus** [ǽbəkəs] *n.* (*pl.* **～*es, ***-ci*** [-sài]) **수판**; 〖建〗 (둥근 기둥의) 관판(冠板), 대접 받침.

A·bad·don [əbǽdən] *n.* 나락(奈落), 지옥; =APOLLYON.

a·baft [əbǽft, -ɑ́:-] *ad.*, *prep.* 뒤로, 뒤에; 고물〔선미〕에(aft).

ab·a·lo·ne [æ̀bəlóuni] *n.* 〖貝〗 전복.

ab·am·pere [æbǽmpiər, ˌ-ˊ-] *n.* 〖電〗 절대 암페어; 10암페어《전류의 cgs 전자(電磁) 단위》.

‡**a·ban·don** [əbǽndən] *vt.* ① **버리다**, 버려두다, 단념하다. ② (내)맡기다;(집·동네를) 떠나다. ③ 〖法〗 유기하다. **～** ***oneself to*** (*drinking*, *despair*) (술)에 젖다, (절망)에 빠지다. **——*n.*** Ⓤ 방자, 방종. ***with*** **～** 거리낌없이, 마음껏. **～ed** [-d] *a.* 버림받은; 자포 자기한. **～·ment** *n.* Ⓤ 방기, 포기, 〖法〗 유기; 퇴거; 방자.

a·ban·don·ee [əbæ̀ndəní:] *n.* 〖法〗 (유기 자산의) 피위부자(被委付者).

à bas [ɑ:bɑ́:] (F.) …타도!

a·base [əbéis] *vt.* 낮추다, (지위나 품위를) 떨어뜨리다(degrade); 창피를 주다. **～·ment** *n.* Ⓤ 저하, 좌천, 영락, 굴욕.

a·bash [əbǽʃ] *vt.* 부끄럽게 하다; 당황케 하다(embarrass). ***be*** **～*ed*** 거북해하다, 어쩔 줄 모르다. **～·ment** *n.* Ⓤ

a·ba·sia [əbéiʒə] *n.* 〖醫〗(뇌 중추 장애 등에 의한) 보행 불능증.

***a·bate** [əbéit] *vt.* **감하다**, 내리다, 할인하다, 덜다, 누그러뜨리다. ——*vi.* 줄다, 약해지다, 누구러지다. **～·ment** *n.* Ⓤ,Ⓒ

ab·a·tis, **-at·tis** [ǽbətis, -tì:] *n.*

(*pl.* ～[-tìːz], **-tises**[-tisiz]) 〖軍〗 녹채(鹿砦), 가시울타리; 철조망.

ab·at·toir[æ̀bətwɑ́ːr] *n.* (F.) 공설 도축장, 도살장.

abb. abbess; abbey; abbot.

A

Ab·ba[ǽbə] *n.* 〖聖〗 아버지《기도에서의 하나님; 마가 XIV : 36》; (a-) 사부님. 「[관구, 임기].

ab·ba·cy[ǽbəsi] *n.* UC abbot의 직

ab·ba·tial[əbéiʃəl] *a.* 대수도원(장)의; 대수녀원(장)의.

ab·be[æbéi] *n.* (F.) (프랑스의) 대수도원장; 신부.

ab·bess[ǽbis] *n.* 여자 수녀원장(cf.

‡**ab·bey**[ǽbi] *n.* 수도원. ⌊abbot).

***ab·bot**[ǽbət] *n.* 수도원장.

abbr. abbreviated; abbreviation.

‡**ab·bre·vi·ate**[əbríːvièit] *vt.* 줄이다, 단축하다. ‡**ab·bre·vi·a·tion** [-⌐-éiʃən] *n.* U (말의) 생략; C 약어, 약자.

***ABC**[1] [éi bìː síː] *n.* (*pl.* ～'s[-z]) =ALPHABET; 초보, 입문서.

ABC[2] Aerated Bread Company('s shop); American Broadcasting Company; Argentina, Brazil and Chile; Asian Basketball Confederation; atomic, biological and chemical.

ABCC Atomic Bomb Casualties Commission 원폭 상해 조사 위원회.

ab·di·cate[ǽbdikèit] *vt., vi.* (권리·지위 따위를) 버리다, 퇴위하다; 퇴관하다. **ab·di·ca·tion**[⌐-kéi-] *n.* U 포기; 양위(讓位), 퇴관; 폐적(廢嫡). **áb·di·ca·tor** *n.* 포[방]기자; 양위자.

***ab·do·men** [ǽbdəmən, æbdóu-] *n.* 배, 복부. **abdom·i·nal**[æbdɑ́mənəl/-5-] *a.*

ab·duct[æbdʌ́kt] *vt.* 유괴하다; 〖生〗 외전(外轉)시키다. **ab·dúc·tion** *n.* UC **ab·dúc·tor** *n.* 유괴자; 〖解〗 외전근(外轉筋).

Abe[eib] *n.* Abraham의 통칭.

a·beam[əbíːm] *ad.* (배의 용골에)가로로 《선체와 T자를 이루어》.

a·be·ce·dar·i·an [èibi(ː)si(ː)dɛ́əriən] *n.* 《美》 초학[심]자. —— *a.* 알파벳(순)의; 초보의, 기본의; 아무것도 모르는.

a·bed[əbéd] *ad.* 《雅》 잠자리에.

A·bel[éibəl] *n.* 〖聖〗 아벨《Adam의 둘째 아들, 형 가인에게 살해됨》.

Ab·er·deen[æ̀bərdíːn] *n.* 스코틀랜드의 북동부의 도시; 스코치테리어개. 「검은방울새《유럽산》.

ab·er·de·vine[æ̀bərdəváin] *n.* 〖鳥〗

Ab·er·do·ni·an[æ̀bərdóuniən] *a., n.* Aberdeen의 (사람).

ab·er·rant[æbérənt] *a.* 정도를[바른 길을] 벗어난. **-rance, -ran·cy** *n.* UC

ab·er·ra·tion[æ̀bəréiʃən] *n.* UC 바른 길을 벗어남; 〖醫〗 정신 이상; (렌즈의) 수차(收差).

a·bet[əbét] *vt.* (-*tt*-) (부)추기다. *aid and* ～ 〖法〗 교사(敎唆)하다. ～**ment** *n.* U 교사, 선동. **a·bét·ter, -tor** *n.* 교사자, 선동자, 「지.

a·bey·ance[əbéiəns] *n.* U 중절, 정

***ab·hor**[æbhɔ́ːr] *vt.* (-*rr*-) 몹시 싫어하다, 혐오하다(detest).

ab·hor·rence[əbhɔ́ːrəns, -ɑ́-/-ɔ́-] *n.* U 혐오; C 아주 싫은 것. **ab·hór·rent**[-rənt] *a.* 싫은(*to* me); 몹시 싫은 (*of* it); 서로 용납치[맞지]않는 (*to, from*).

a·bid·ance [əbáidəns] *n.* U ① 지속. ② 거주, 체재. ③ (…의) 준수.

‡**a·bide**[əbáid] *vi.* (*abode*, ～*d*) ① 머무르다, 살다. ② 지탱[지속]하다. —— *vt.* 기다리다, 대기하다; 참다. ～ *by* …을 굳게 지키다, …에 따르다. ～ *with* …와 동거하다. **a·bíd·ing** *a.* 영속적인.

ab·i·gail [ǽbəgèil] *n.* 시녀, 몸종.

‡**a·bil·i·ty**[əbíləti] *n.* ① U 능력, 수완 (*to* do). ② (*pl.*) 재능.

a·bi·o·chem·is·try[æ̀bioukémistri, èibai-] *n.* U 무기 화학.

a·bi·o·gen·e·sis [-dʒénəsis] *n.* U 〖生〗 자연 발생(론).

a·bi·ot·ic[èibaiɑ́tik/-ɔ́-] *a.* 생명[생물]에 관계 없는; 비생물적인.

ab·ir·ri·tant[æbírətənt] *n., a.* 〖醫〗 자극 완화제(의), 진정제.

***ab·ject** [ǽbdʒekt, -⌐] *a.* 비참한; 비열한. ～**·ly** *ad.* 「(零落); 비열함.

ab·jec·tion[æbdʒékʃən] *n.* U 영락

ab·jure [æbdʒúər, əb-] *vt.* 맹세코 그만두다, (주의·의견 등을) 버리다. **ab·ju·ra·tion**[⌐dʒəréi-] *n.* UC

abl. ablative.

ab·la·tion[æbléiʃən] *n.* U 제거; 〖地〗 삭마(削磨); 〖로켓〗 융제(融除) 《우주선의 대기권 재돌입시 피복 물질의 녹음》.

ab·la·tive[ǽblətiv] *n., a.* 〖라틴文〗 탈격(奪格)(의). ～ ***absolute*** 탈격 독립구. 「(融除) 물질.

ab·la·tor[æbléitər] *n.* 〖로켓〗 융제

ab·laut[ɑ́ːblaut, ǽb-] *n.* (G.) U 〖言〗 모음 전환(gradaton) 《보기: s*i*ng-s*a*ng-s*u*ng》.

a·blaze[əbléiz] *ad., pred. a.* 불타올라, 격(激)하여. ***set*** ～ 불태우다.

†**a·ble**[éibəl] *a.* ① 재능 있는, 유능한. ② …할 수 있는. ***be*** ～ ***to***(do) …할 수 있다. **á·bly** *ad.* 훌륭히; 교묘히.

-able, -ible *suf.* 기능을 나타내는 형용사를 만듦: admir*able*, comfort*able*, access*ible*, sens*ible*.

a·ble-bod·ied[-bɑ́did/-ɔ́-] *a.* 강장[강건]한, 튼튼한(*an* ～ *seaman*) 적임[일등] 선원).

a·bloom[əblúːm] *ad., a.* 꽃이 피어.

a·blush [əblʌ́ʃ] *ad., a.* 얼굴을 붉혀.

ab·lu·tion[əblúːʃən] *n.* U (몸을) 깨끗이 씻음; 목욕 재계, 세정식(洗淨式); 깨끗이 씻는 물.

a·bly [éibli] *ad.* 훌륭히; 교묘히; 유능히.

ABM antiballistic missile 탄도탄 요격 미사일; Atomic Bomb Mission 원폭 조사 위원회.

ab·ne·gate[ǽbnigèit] *vt.* (권리 등

을) 버리다; 자제하다; (쾌락 등을) 끊다. **ab·ne·ga·tion** [ˌ–géiʃən] *n.* Ⓤ

‡**ab·nor·mal** [æbnɔ́:rməl] *a.* **비정상인,** 이상(異常)의; 변태의. 변칙의. ~ ***psychology*** 이상 심리학. **ab·nor·mal·i·ty** [ˌ–mǽləti] *n.* Ⓤ 이상; 변칙; Ⓒ 병신, 불구.

ab·nor·mi·ty [æbnɔ́:rməti] *n.* Ⓤ 이상; 변칙, 변태; Ⓒ 기형.

Ab·o, ab·o [ǽbou] *n.* 《濠口》 = ABORIGINAL.

‡**a·board** [əbɔ́:rd] *ad., prep.* **배 안에,** 차내에.

‡**a·bode** [əbóud] *v.* abide의 과거(분사). —*n.* ① **거주;** 주거. ② Ⓤ 체류.

***a·bol·ish** [əbáliʃ/-ɔ́-] *vt.* **폐지**〔철폐〕**하다.** ~**·a·ble** *a.* ~**·ment** *n.* Ⓤ 폐지, 철폐.

***ab·o·li·tion** [æ̀bəlíʃən] *n.* Ⓤ **폐지;** 노예 폐지. ~**·ism** [-izəm] *n.* Ⓤ (노예) 폐지론. ~**·ist** *n.* (노예) 폐지론자.

ab·o·ma·sum [æ̀bəméisəm], **-sus** [-səs] *n.* 추위(皺胃)《반추 동물의 제 4 위(胃): cf. omasum》.

A-bomb [éibàm / -bɔ̀m] (<atomic bomb) *n.* 원자 폭탄; 《美俗》 고속용으로 개조한 중고차(hot rod).

a·bom·i·na·ble** [əbámənəbəl/-ɔ́m-] *a.* **싫은,** 지겨운; 《口》 지독한. ***the ~ snowman (히말라야의) 설인(雪人). **-bly** *ad.* 미울 정도로; 지겹게.

a·bom·i·nate [əbámənèit/-ɔ́-] *vt.* 몹시 싫어하다, 혐오하다. ***a·bom·i·na·tion** [–ˌ–néiʃən] *n.* Ⓤ **혐오,** 증오; Ⓒ 싫은 일〔것〕.

ab·o·rig·i·nal [æ̀bərídʒənəl] *a.* 처음부터의, 원주(原住)의; 토착(민)의. —*n.* 원주민, 토인; 토착의 동식물. **ab·o·ríg·i·nes** [-nì:z] *n. pl.* 원주민, 토(착)민.

a·born·ing [əbɔ́:rniŋ] *ad.* 태어나려 하고 있는; 수행되기 전에.

a·bort [əbɔ́:rt] *vi.* 유산〔조산〕하다; 실패하다; 발육이 안 된 채 끝나다; (로켓의) 비행이 중단되다. —*n.* 미사일〔로켓〕의 비행 중지.

a·bor·ti·fa·cient [əbɔ̀:rtəféiʃənt] *a., n.* 유산을 촉진하는; 낙태약.

a·bor·tion [əbɔ́:rʃən] *n.* ⓊⒸ 유산; 조산; 낙태; 실패; 기형물; 불구; 발육부전. ***artificial ~*** 인공 유산. **~·ist** *n.* 낙태의(醫). **a·bór·tive** *a.* 유산의; 조산의; 실패의. 「분류(법).

ÁBÓ sýstem, the 혈액조직 ABO

a·bou·li·a [əbú:liə] *n.* = ABULIA.

***a·bound** [əbáund] *vi.* **…이 많다** (*Trout ~ in this lake.* = *This lake ~s with trout.* 이 호수에는 송어가 많다). ~**·ing** *a.* ~**·ing·ly** *ad.*

†**a·bout** [əbáut] *prep.* ① **…에 관**〔**대**〕**하여.** ② …쯤, 경(~ *five o'clock,* 5시경). ③ …의 가까이에; 주위에. ④ …하려고 하여(*to*); …에 종사하여(doing) (*What are you ~?* 무엇을 하고 있나). —*ad.* ① **거의,** 대략 (*That's ~ right.* 대강 맞는다). ② 둘레〔근처〕에〔를〕 (*There is nobody ~.* 근처에는 아무도 없다). ③ 활동하여, 퍼져. ***~ and ~*** 《美》 어금지금〔비슷비슷〕하여. ***be ~*** 움직이고 있다, 활동하고 있다; 일어나 있다; 퍼지고〔유행되고〕 있다(*Rumors are ~ that* …이라는 풍문이 다). ***go a long way ~*** 멀리 돌아가다. ***out and ~*** (병후 등에) 활동하여. ***turn and turn ~*** 차례로. —*vi.* (배의) 침로를 바꾸다. ***A- ship!*** (배를) 바람쪽으로 돌려〔돌릴 준비〕!

a·bout-face [*v.* əbàutféis; *n.* –ˌ–] *vi., n.* 뒤로 돌다〔돌기〕; (사상 따위) 전향(하다).

†**a·bove** [əbʌ́v] *ad.* ① **위에,** 위로; 상급에. ② 전술(前述)에. —*pred.* ① …의 **위에;** 보다 높이〔멀리〕. ② 이상으로, 초월하여. ***~ all (things)*** 그중에서도, 특히. ***~ oneself*** 우쭐하여. —*a.* 상기(上記)의, 앞에 말한 (*the ~ facts* 전술(前述)한 사실). —*n.* Ⓤ ① (the ~) 전술(한 것). ② 위쪽; 하늘. ***from ~*** 하늘에서.

a·bove·board [-bɔ̀:rd] *ad., pred. a.* 있는 그대로(의), 공명히〔한〕.

a·bove·ground [-gràund] *ad. pred. a.* 지상에〔의〕; 매장되지 않은; 생존하여. 「상술(上述)한, 앞에 말한.

a·bove-men·tioned [-ménʃənd] *a.*

ab o·vo [æb óuvou] (L. =from the egg) 처음부터.

ABP., abp. archbishop.

abr. abridged ; abridg(e)ment.

ab·ra·ca·dab·ra [æ̀brəkədǽbrə] *n.* 이 말을 삼각형으로 거듭 쓴 (병 예방의) 부적;주문; 뜻 모를 말(gibberish).

a·bra·chi·a [əbréikiə] *n.* 〖醫〗 상지(上肢) 결여(증).

a·brade [əbréid] *vt., vi.* 닳리다, 문대어 벗기다. **a·brád·er** *n.* 연삭기(硏削器).

A·bra·ham [éibrəhæ̀m, -həm] *n.* 남자 이름; 〖聖〗 아브라함《유태인의 조상》.

a·bran·chi·ate [eibrǽŋkiit, -èit] *n., a.* 아가미 없는 (동물).

a·bra·sion [əbréiʒən] *n.* Ⓤ 문질러 닦음, 벗겨짐; Ⓒ 찰과상; ⓊⒸ 마멸(된 곳).

ab·ra·sive [əbréisiv] *a.* 연마의; 피부를 긁히는(듯한), 꺼칠꺼칠한; 마찰있는《인간관계》. —*n.* 연마제.

ab·re·act [æ̀briǽkt] *vt.* 〖精神醫〗 …을 해제하다, 정화하다《억압된 감정을》.

ab·re·ac·tion [æ̀briǽkʃən] *n.* Ⓤ 〖精神分析〗(억압 감정) 해방, 소산(消散).

a·breast** [əbrést] *ad.* **나란히,** 어깨를 나란히 하여. ***keep ~ of 〔***with***〕 (*the times*)(시세)에 뒤지지 않고 따라가다.

***a·bridge** [əbrídʒ] *vt.* ① **단축하다;** 적요(摘要)하다, 간추리다; 줄이다. ② …으로부터 …을 빼앗다(deprive) (*of*). **a·brídg(e)·ment** *n.* Ⓤ

a·broach [əbróutʃ] *ad., pred. a.* (통의) 마개를 따고; 퍼져서.

‡**a·broad** [əbrɔ́:d] *ad.* ① **밖에**〔**으로**〕;

집 밖에; 해외에. ② (소문 등이) 퍼져서. ③ 틀려서. **be all ~** 전혀 잘못 생각하고 있다; 《口》(어찌) 할 바를 모르다. **from ~** 해외로부터. **get ~** 외출하다; 세상에 알려지다.

A

ab·ro·gate [ǽbrəgèit] *vi.* 취소하다 (cancel), 폐지하다. **ab·ro·ga·tion** [⌐–géiʃən] *n.* Ⓤ 폐지.

***ab·rupt** [əbrʌ́pt] *a.* ① 느닷없는. ② 험준한. ③ 퉁명스러운. ④ (글의 앞뒤가) 동닿지 않는. ***~·ly** *ad.*

a·brup·tion [əbrʌ́pʃən] *n.* Ⓤ (급격한) 분열, 분리.

A. B. S. American Bible Society.

abs. absent; absolute(ly); abstract.

Ab·sa·lom [ǽbsələm] *n.* 〖聖〗 압살롬《다윗의 세째 아들; 부왕을 배반했음》.

ab·scess [ǽbses] *n.* 농양(膿瘍), 종기.

ab·scise [æbsáiz] *vt., vi.* …을 절단하다, 절제하다.

ab·scis·sa [æbsísə] *n.* (*pl.* **~s, -sae** [-si:]) 〖數〗 가로 좌표, 횡선.

ab·scis·sion [æbsíʒən] *n.* Ⓤ 절단; 〖修〗 돈단법(頓斷法).

ab·scond [æbskánd/-ɔ́-] *vi.* 도망하다 (**~ *with the money*** 돈가지고 도망치다). **~·ence** *n.* Ⓤ 도망, 실종.

ab·seil [á:pzail] *n.* (자일을 쓰는) 현수 하강. — *vi.* 현수하강을 하다.

‡**ab·sence** [ǽbsəns] *n.* ① ⓊⒸ 부재(不在), 결석(*from*); 결핍, 없음(*of*). ② Ⓤ 방심. **~ *of mind*** 방심. ***in the ~ of***…이 없기 때문에, 이 없을 경우에.

†**ab·sent** [ǽbsənt] *a.* ① 부재(不在)의, 결석의, 없는. ② 멍(청)한. — [æbsént] *vt.* 결석시키다. **~ *oneself from*** …을 비우다, 결석하다. **~·ly** *ad.* 멍하여, 멍하게.

ab·sen·tee [æbsəntí:] *n.* 부재자; 부재 지주. — *a.* 《美》 부재 투표자의[를 위한]. **~·ism** *n.* Ⓤ 부재 지주 제도; 사보타즈 전술.

ábsentee bállot 부재 투표 용지.

ábsentee ínterview 결근자 면접《결근 방지를 목적으로 하는》.

ábsentee lándlord 부재 지주.

ábsent(ee) vóter 부재 투표자.

ábsentee vóting 부재자 투표.

‡**ab·sent-mind·ed** [ǽbsəntmáindid] *a.* 방심 상태의, 멍(청)한. **~·ly** *ad.*

ab·sinth(e) [ǽbsinθ] *n.* Ⓤ 압생트《독한 술》. **áb·sinth·ism** [-θìzəm] *n.* Ⓤ 압생트 중독.

ab·sit o·men [ǽbsit-óumen] (L.) (제발)이것이 흉조가 아니길! 맙소사 맙소사.

‡**ab·so·lute** [ǽbsəlù:t] *a.* ① 절대의; 순수한. ② 무조건의; 전제의. ③ 절대 온도[고도]의. ④ 〖컴퓨터〗 기계어로 쓰인. ‡**~·ly** *ad.* 절대로, 완전히; 《口》 아주; 《俗》 맞았어, 그래. **~·ness** *n.* 「올.

ábsolute álcohol 무수(無水) 알코

ábsolute áltitude 〖空〗 절대 고도.

ábsolute céiling 〖空〗 절대 상승 한도《안전 비행이 가능한》. 「구문.

ábsolute constrúction 〖文〗 독립

ábsolute humídity 절대 습도.

ábsolute infínitive [**párticiple**] 〖文〗 독립 부정사[분사].

ábsolute majórity 절대 다수.

ábsolute mágnitude 〖天〗 절대 등급. 「체.

ábsolute mónarchy 전제 군주 정

ábsolute músic 절대 음악《표제음악에 대해서》. 「감].

ábsolute pítch 〖樂〗 절대 음고[음

ábsolute témperature 절대 온도.

ábsolute válue 〖數〗 절대값.

ábsolute zéro 절대 영도《−273°C.》.

***ab·so·lu·tion** [æbsəlú:ʃən] *n.* ⓊⒸ (회개한 자의) 면죄; 책임 해제.

ab·so·lut·ism [ǽbsəlù:tizəm] *n.* Ⓤ 전제주의, 독재 정치. **~·ist** *n.*

ab·solve** [əbzálv, -sá-/-zɔ́-] *vt.* ① 용서하다, 면제하다. ② 해제하다, 무죄를 언도하다. **~ *(a person) from (his promise; the blame) (약속)을 해제하다; (책임)을 면하다. **~*(a person) of (a sin)*** (죄)를 용서하다.

ab·so·nant [ǽbsənənt] *a.* 조화되지 않는.

‡**ab·sorb** [əbsɔ́:rb, -z-] *vt.* ① 흡수하다; 병합하다; 동화하다. ② (흥미로) 이끌다. ***be ~ed by*** …에 흡수[병합]되다. ***be ~ed in*** …에 몰두[열중]하고 있다. **~·a·ble** [-əbl] *a.* 흡수되는; 흡수되기 쉬운. **~·a·bil·i·ty** [-əbíləti] *n.* Ⓤ 흡수됨, 피(被)흡수성. **~·en·cy** [-ənsi] *n.* Ⓤ 흡수성. **~·ent** [-ənt] *a., n.* 흡수성의, 흡수제. **~·ing** *a.* 흡수하는; 흥미진진한.

ab·sor·be·fa·cient [æbsɔ̀:rbəféiʃənt] *a.* 흡수성의. —*n.* 흡수제.

absórbent cótton 탈지면.

***ab·sorp·tion** [əbsɔ́:rpʃən, -z-] *n.* Ⓤ 흡수; 몰두(*in*). **ab·sórp·tive** *a.*

absórption bànd 〖理〗 흡수대.

absórption spèctrum 〖理〗 흡수 스펙트럼.

***ab·stain** [æbstéin] *vi.* 끊다, 자제하다, 삼가다(*from*); 금주하다. **~·er** *n.* 절제가, 금주가.

ab·ste·mi·ous [æbstí:miəs] *a.* 절제하는(***an ~ diet*** 소식(少食)).

ab·sten·tion [əbsténʃən] *n.* Ⓤ 절제, 자제(*from*); 기권.

ab·sterge [æbstə́:rdʒ] *vt.* 씻어내다 [없애다], 깨끗이하다. **ab·stér·gent** [-ənt] *a., n.* 세척력이 있는, 깨끗이하는; 세제.

ab·ster·sion [æbstə́:rʃən] *n.* 세정(洗淨); 청정화.

ab·sti·nence [ǽbstənəns] *n.* Ⓤ 금욕, 절제, 금주. **áb·sti·nent** *a.*

‡**ab·stract** [æbstrǽkt, ⌐–] *a.* ① 추상적인, 공상적인; 심원한. ② 방심한. ③ 〖美術〗 추상파의. — [⌐–] *n.* ① 대요(大要); 추상적인 관념; 발췌. ② 〖美術〗 추상적인 작품. ***in the ~*** 추상적으로, 이론상. — [–⌐] *vt.* ① 빼내다, 떼어내다, 추출(抽出)하다, 발췌하다. ② (마음을) 빼앗다. **~·ed**

[-id] *a.* 방심한, 멍한. ～(**-ed**)**·ly** *ad.*
***ab·strac·tion** [æbstrǽkʃən] *n.* Ⓤ ① **추상**, 추출. ② Ⓒ 추상파의 작품. ③ 방심. ④ 《婉曲》 절취. ～**-ism** [-ìzəm] *n.* Ⓤ 〖美術〗 추상주의.
ábstract nóun 추상 명사. 「한.
ab·struse [æbstrú:s] *a.* 난해〔심원〕
‡**ab·surd** [əbsə́:rd, -z-] *a.* **부조리한**; 가량〔엉터리〕 없는. ***ab·súrd·i·ty** *n.* Ⓤ **부조리**; Ⓒ 엉터리 없는 일〔것·이야기〕. ～**·ism** *n.* Ⓤ 부조리주의. ～**·ly** *ad.*
ABU Asian Broadcasters Union.
a·bu·li·a [əbjú:liə] *n.* Ⓤ 〖心〗 의지상실.
‡**a·bun·dance** [əbʌ́ndəns] *n.* ⓊⒸ ① **풍부**, 윤택; 다수. ② Ⓤ 부유, 유복. ③ 〖經〗 충분한 물자 공급. ‡**a·bún·dant** *a.* **풍부한**, 남아돌 정도의. **-dant·ly** *ad.*
‡**a·buse** [əbjú:z] *vt.* ① **남용**〔**악용**〕**하다**. ② 학대하다. ③ 욕하다. —— [-s] *n.* ⓊⒸ ① **악용**, 남용. ② 학대. ③ 욕(설). ④ 악습, 폐해. **a·bús·age** [-sidʒ/-zi-] *n.* Ⓤ 말의 오용. **a·bú·sive** [-siv] *a.* 입사나운.
a·but [əbʌ́t] *vi., vt.* (**-tt-**) (인)접하다 (*on, upon*); 기대다(*against*). ～**·ment** *n.* 인접(점); 교대(橋臺); 홍예받침대. ～**·tal** [-tl] *n.* (*pl.*) 경계; 인접. ～**·ting** *a.* 인접하는.
a·but·ter [əbʌ́tər] *n.* 〖法〗 인접 지주.
a·buzz [əbʌ́z] *ad., pred. a.* 와글와글, 활기 넘쳐.
a·bysm [əbízəm], ***a·byss** [əbís] *n.* ⓊⒸ **심연**(深淵), 심원. Ⓤ 끝없이 깊은 지옥, 나락. **a·býs·mal** [-z-] *a.*
AC Atlantic Charter.
AC, A. C., a. c. alternating current.
A. C. Air Corps; Army Corps; aircraftman. **Ac** 〖化〗 actinium. **a/c** account; account current.
a·ca·cia [əkéiʃə] *n.* 〖植〗 아카시아.
acad. academic; academy.
ac·a·deme [ǽkədì:m], **ac·a·de·mi·a** [æ̀kədí:miə] *n.* 《雅》 ①＝ACADEMY ①. ② 학자의 세계〔생활〕. ***the grove(s) of academe*** 대학의 숲 《대학을 둘러싼 환경》.
***ac·a·dem·ic** [æ̀kədémik], **-i·cal** [-əl] *a.* ① **학문의**, 대학의; academy의. ② 학구적인, 비현실적인. ③ 《美》 인문과의, 일반 교양적인. ④ 형식존중의, 진부한. ⑤ (Academic) 플라톤학파의. —— *n.* (-cals) 대학 예복.
académic cóstume 대학 예복.
académic fréedom 학문의 자유.
a·cad·e·mi·cian [əkæ̀dəmíʃən, æ̀kə-] *n.* academy(학회·학술원·미술원) 회원. 「체.
académic ínterests 학교 경영 단
ac·a·dem·i·cism [æ̀kədéməsizəm],
a·cad·e·mism [əkǽdəmìzəm] *n.* Ⓤ 예술〔학술〕원풍; 형식주의.
académic yéar 학년(도).
‡**a·cad·e·my** [əkǽdəmi] *n.* ① **학원**(學院); 학원(學園); 《美》 (사립의) 고등 학교. ② 전문 학교. ③ 학회; 학술원; 예〔미〕술원. ④ (the A-) 아카데미아《플라톤이 철학을 강의한 아테네 근교의 올리브 숲》; (A-) 플라톤학파〔철학〕. ***military*** ～ 육군 사관학교; 《美》 (사립의) 군대 훈련 학교. ***the Royal A- (of Arts)*** 《英》 왕립미술원.
Acádemy awàrd 〖映〗 아카데미상.
acádemy bòard (유화의) 판지(板紙) 캔버스. 「의 지방.
A·ca·di·a [əkéidiə] *n.* 캐나다 남동부
ac·a·leph [ǽkəlèf] *n.* 해파리의 일종.
a·can·thus [əkǽnθəs] *n.* (*pl.* ～**es**, **-thi** [-θai]) 〖植〗 아칸서스; 〖建〗 아칸서스 잎 장식《그리스 건축의 주두(柱頭)의》.
a ca(p)·pel·la [à:kəpélə] (It.) 〖樂〗 무반주로 〔의〕.
ac·a·rid [ǽkərid] *n.* 진드기.
a·car·pous [eiká:rpəs] *a.* 〖植〗 열매 맺지 않는. 「〖哲〗 불가지론.
a·cat·a·lep·sy [eikǽtəlèpsi] *n.* Ⓤ
acc. accept; account(ant); accusative.
ac·cede [æksí:d] *vi.* (직(職)에) 취임하다〔앉다〕(*to*); (요구에) 동의하다, 따르다; (조약 따위에) 참가하다.
accel. accelerando.
ac·cel·er·an·do [æksèlərá:ndou, -æ̀-] *ad., a.* (It.) 〖樂〗 점점 빠르게 〔빠른〕. 「제; 촉매(觸媒).
ac·cel·er·ant [ækséIərənt] *n.* 촉진
***ac·cel·er·ate** [ækséləréit] *vt., vi.* **빨리하다**, 빨라지다; 속도를 늘리다. ***ac·cel·er·a·tion** [-ˌ-éiʃən] *n.* Ⓤ **가속(도)**. **ac·cél·er·a·tive** [-rèitiv/-rə-] *a.* 가속의. **ac·cél·er·a·tor** *n.* 가속자〔물〕; (자동차의) 가속 장치; 〖化·寫〗 촉진제; 〖理〗 가속기.
ac·cel·er·om·e·ter [æksèlərámitər/-ɔ́mi-] *n.* (항공기·유도탄의)가속도계.
‡**ac·cent** [ǽksent/-sənt] *n.* ① **악센트** (부호); 강조. ② 어조, 말투. ③ (*pl.*) 《詩》 음성, 말, 시구(詩句). ***in tender ～s*** 부드러운 어조로. —— [æksént, ˊ-] *vt.* …에 악센트를 두다; (음·색채 따위를) 강하게 하다. **ac·cén·tu·al** [-tʃuəl/-tju-] *a.*
ac·cen·tu·ate [ækséntʃuèit] *vt.* …에 악센트를 두다, 악센트 부호를 붙이다; 두드러지게 하다; …을 역설하다. **-tu·a·tion** [-ˌ-éiʃən] *n.* Ⓤ
†**ac·cept** [æksépt] *vt.* **받(아들이)다**, 떠맡다, 용인하다. ‡**ac·cépt·a·ble** *a.* **받을**〔**받아들일**〕 **수 있는**; 좋은. ***ac·cépt·ance** *n.* Ⓤ **수령**; 〖商〗 어음의 인수. **ac·cep·ta·tion** [æ̀kseptéiʃən] *n.* (어구의) 보통의 뜻; Ⓤ 받아들임; 신앙. **ac·cép·tor** *n.* 어음 인수인.
‡**ac·cess** [ǽkses] *n.* ① Ⓤ **접근**(의 기회); 접근하는 길. ② 발작. ③ 부가, 증가. ***be easy of ～*** 접근〔가까이〕하기 쉽다. ***gain ～ to*** …에 접근하다, …에 접하다. ***man of easy ～*** 가까이하기 쉬운 사람.
***ac·ces·sa·ry** [æksésəri] *a., n.* ＝ACCESSORY.

***ac·ces·si·ble** [æksésəbl] *a.* ① 접근〔가까이〕하기 쉬운. ②얻기 쉬운. ~ *to reason* 사리를 아는. **-bly** *ad.*
ac·ces·si·bil·i·ty [-ˌ-bíləti] *n.* Ⓤ

***ac·ces·sion** [ækséʃən] *n.* Ⓤ ① 접근; 도달. ② 즉위, 취임. ③ 계승; 상속. ④ ⓊⒸ 증가(물); (도서관의) 수납(受納) 도서. ⑤ (종업원의) 신규 채용. 「호.

accéssion nùmber (도서의) 수납 번

ac·ces·so·rial [æ̀ksəsɔ́:riəl] *a.* 보조의; 〖法〗 종범의. **~·ly** *ad.*

ac·ces·so·rize [æksésəràiz] *vt., vi.* (부속품·악세서리를) 공급하다〔비치하다〕; (의복에) 악세서리를 달다.

***ac·ces·so·ry** [æksésəri] *a.* ① 부속의; 보조의. ② 종범(從犯)의. ― *n.* ① 부속물; (여성의) 악세서리. ② 종범자.

áccess ròad (어느 시설에의) 진입로.

áccess tìme 〖컴퓨터〗 호출 시간《기억 장치에 정보를 기록·해독케 하기 위한 시간》.

ac·ci·dence [ǽksədəns] *n.* =MORPHOLOGY.

‡ac·ci·dent [ǽksidənt] *n.* 우연히 일어난 일, 사고, 재난. *by* ~ 우연히.

***ac·ci·den·tal** [æ̀ksidéntl] *a., n.* ① 우연의, 우발적인. ②〖樂〗 임시 기호. **~·ly** *ad.* (*~ly-on-purpose* 《俗》 우연을 가장하여 고의로).

accidéntal cólo(u)rs 우연색《보색 잔상으로 일어나는 색》.

accidéntal érror 우연 오차.

áccident insùrance 상해 보험.

ac·ci·dent-prone [-pròun] *a.* 사고를 일으키기 쉬운. 「위(無爲).

ac·ci·die [ǽksidi] *n.* Ⓤ 게으름, 무

***ac·claim** [əkléim] *n., vt.* Ⓤ 갈채(를 보내다), 환호(하여 맞이하다). ― *vi.* 갈채하다.

ac·cla·ma·tion [æ̀kləméiʃən] *n.* Ⓤ (보통 *pl.*) 환호, 갈채; 환호 투표.
ac·clam·a·to·ry [əklǽmətɔ̀:ri] *a.*

ac·cli·mate [əkláimit, ǽkləmèit], 《英》 **ac·cli·ma·tize** [-mətàiz] *vt., vi.* 풍토에 순화시키다. **ac·cli·ma·tion** [æ̀kləméiʃən], **-ti·za·tion** [əklàimətizéiʃən/-tai-] *n.* Ⓤ (풍토)순응.

ac·cliv·i·ty [əklívəti] *n.* 치받이 (opp. declivity).

ac·co·lade [ǽkəlèid, ˌ-ˊ] *n.* 나이트작(爵) 수여식 (cf. dub¹); 칭찬; 명예.

‡ac·com·mo·date [əkɑ́mədèit/-ɔ́-] *vt.* ① 적응시키다, 조절하다(adapt)(*to*). ② 화해시키다. ③ 공급〔지급〕하다, 빌려주다(*with*). ④ 숙박시키다, 수용하다. **-dat·ing** *a.* 친절한; (성질이) 신선한. **-da·tor** *n.* 적응〔조절〕자(者); 조절기; 《美》 가정부.

‡ac·com·mo·da·tion [əkɑ̀mədéiʃən/-ɔ̀-] *n.* ① Ⓤ 적응, 순응. ② 화해, 조정. ③ Ⓤ 융통, 대부금. ④ ⓊⒸ 편의. ⑤ Ⓤ (호텔·병원·선박 등의) 설비, 숙박 설비.

accommodátion bìll 〔**dràft, pàper**〕 융통 어음.

accommodátion làdder (배·여객기의) 트랩《승강 계단》.

accommodátion ròad 특설 도로.

accommodátion tràin 《美》 완행열차. 「용어》.

accommodátion ùnit 주택《관청

***ac·com·pa·ni·ment** [əkʌ́mpənimənt] *n.* 수반하는 물건; 〖樂〗 반주. *to the ~ of* …의 반주로.

‡ac·com·pa·ny [əkʌ́mpəni] *vt.* 따르다 (*be accompanied by a person* 〔*with a thing*〕); 반주하다. **-pa·nist** *n.* 반주자. 「자, 동류.

ac·com·plice [əkɑ́mplis/-ɔ́-] *n.* 공범

‡ac·com·plish [əkɑ́mpliʃ/-ɔ́-] *vt.* ① 완수하다, 성취하다; 달성하다. ② (학문·기예를) 가르치다. ***~ed** [-t] *a.* 완성한; 숙달한; 소양〔재예·교양〕이 있는(*in*). *~ed fact* 기성 사실. ***~·ment** *n.* Ⓤ 성취, 수행; (*pl.*) 재예(才藝), 소양, 교양.

‡ac·cord [əkɔ́:rd] *n., vi* Ⓤ 일치(하다), 맞다, 조화(하다) (*with*). *be in ~ with* …와 일치하다. *of one's own ~* 자발적으로; 자연히. *with one ~* 일제히. ― *vt.* 주다, 허락하다.

***ac·cord·ance** [əkɔ́:rdəns] *n.* Ⓤ 일치, 조화. *in ~ with* …에 따라서, …대로. *out of ~ with* …와 부조화하여. **ac·córd·ant** *a.* 일치한, 화합한 (*to, with*). **-ant·ly** *ad.*

†ac·cord·ing [-iŋ] *ad.* 따라서. *~ as* (…함)에 따라서. *~ to* …에 의하면, …에 따라. **‡~·ly** *ad.* 그에 따라; 그러므로. 「언. **~·ist** *n.*

‡ac·cor·di·on [əkɔ́:rdiən] *n.* 아코디

accórdion dóor 접었다 폈다 하는 문. 「름.

accórdion pléats (스커트의) 잔주

ac·cost [əkɔ́:st, əkɑ́st] *vt.* 말을 걸다. ― *n.* 말붙임; 인사.

ac·couche·ment [əkú:ʃmɑ̃:ŋ, -mənt] *n.* (F.) 분만, 출산.

†ac·count [əkáunt] *n.* ① 계산(서), 셈. ② 설명, 변명. ③ 기사(記事), 이야기. ④ Ⓤ 이유, 근거. ⑤ Ⓤ 평가. ⑥ Ⓤ 가치. ⑦ Ⓤ 이익. *bring* 〔*call*〕 *to ~* 설명〔해명〕을 요구하다; 책임을 묻다; 꾸짖다. *by*〔*from*〕 *all ~s* 누구에게〔어디에서〕 들어도. *cast ~s* 계산하다. *for ~ of* (아무)의 셈으로. *give a good ~ of* …을 좋게 말하다; (승부에서) …를 패배시키다; (사냥에서) …을 잡다. *go to one's (long) ~*, or 《美》 *hand in one's ~(s)* 죽다. *keep ~s* 장부를 기장하다; 회계일을 보다. *make ~ of* …을 중(요)시하다. *make no ~ of* …을 경시하다. *of ~* 중대한. *of no ~* 하찮은. *on ~* 계약금으로서. *on ~ of* …때문에. *on all ~s*, or *on every ~* 아무리 생각해도, 꼭. *on a person's ~* (아무의) 비용으로; (아무를) 위해. *on no ~* 아무리 해도 …않다. *on one's own ~* 자기 이익을 위하여; 독립하여. *on that ~* 그 때문에, 그러므로. *render an*

~ *of* …의 결산 보고를 하다; …을 개진〔답변〕하다. ***take ~ of*** …을 고려하다, …을 적어 두다. ***take … into ~*** …을 고려하다. ***take no ~ of*** …을 무시하다. ***the great ~*** 최후의 심판(날). ***turn to (good) ~*** 이용하다. — *vt., vi.* …**라고 생각하다**, …로 보다, 설명하다; 계산〔셈〕하다. ~ ***for*** …을 설명하다, …의 이유이다, (행위)에 책임을 지다. ***be much*** 〔***little***〕 ~***ed of*** 중시〔경시〕되다.

***ac·count·a·ble** [-əbəl] *a.* **설명할 수 있는**; 책임 있는. **-a·bil·i·ty** [-ˌ-bíl-əti] *n.* Ⓤ 책임. 「사, 계리사.

***ac·count·ant** [-ənt] *n.* **회계원**, 회계

accóuntant géneral 회계〔경리〕과장; 경리국장〔부장〕.

accóunt bòok 회계 장부.

accóunt cúrrent 교호(交互) 계산.

accóunt dày 결산일.

accóunt exècutive (광고·서비스 회사의) 섭외 부장.

ac·count·ing [-iŋ] *n.* Ⓤ 회계(학).

accóunt réndered 대차 정산서; 지불 청구서. 「산(서); 외상 판매.

accóunt sàles (위탁 판매의) 매상 계

ac·cou·ter, 《英》 **-tre** [əkú:tər] *vt.* 차려 입다(*with, in*). ~**·ment** *n.* 복장; (*pl.*) (군복·무기 이외의) 장구(裝具).

ac·cred·it [əkrédit] *vt.* 믿다, 신뢰〔신임〕하다; 신임장을 주어 과견하다; (어떤 행위를 남에게) 돌리다, (아무의) 짓으로 돌리다(~ *him with an action* = ~ *an action to him*).

ac·crete [əkrí:t] *vi., vt.* …에 부착하다〔시키다〕.

ac·cre·tion [əkrí:ʃən] *n.* Ⓤ (부가에 의한) 증대; Ⓒ 부가물. **-tive** *a.* 부착에 의한.

ac·cru·al [əkrú:əl] *n.* Ⓤ 발생; 수익을 얻음; ⒸⓊ 이자(가 붙음). 「다.

ac·crue [əkrú:] *vi.* 생기다, 발생하

acct. account; accountant.

ac·cul·tur·ate [əkʌ́tʃərèit] *vt., vi.* 〖社〗 문화 이입(移入)에 의하여 변용시키다〔하다〕, 문화를 이입하다. **ac·cul·tur·a·tion** [-ˌ-éiʃən] *n.* Ⓤ

‡**ac·cu·mu·late** [əkjú:mjəlèit] *vt., vi.* 쌓다, 모으다; 쌓이다, 모이다. ~*d fund* 적립금. **ac·cú·mu·la·tive** [-lèitiv/-lə-] *a.* ‡**ac·cu·mu·la·tion** [-ˌ-léiʃən] *n.* Ⓤ **집적(集積)**, 축적.

ac·cú·mu·la·tor *n.* 모으는 물건〔사람〕, 축재가; 《英》 축전지; 〖컴퓨터〗 누산기. 「정밀.

‡**ac·cu·ra·cy** [ǽkjərəsi] *n.* Ⓤ **정확**,

‡**ac·cu·rate** [ǽkjərit] *a.* **정확**〔정밀〕한. *~**·ly** *ad.*

***ac·curs·ed** [əkə́:rsid, -st], **ac·curst** [-st] *a.* **저주받은**; 지겨운, 진

accus. accusative. 「저리나는.

***ac·cu·sa·tion** [ækjuzéiʃən] *n.* ① ⓊⒸ **비난**, 힐책. ② ⓊⒸ **고소**, 고발. ③ 죄, 죄명. 「대격(對格)(의).

ac·cu·sa·tive [əkjú:zətiv] *n., a.* 〖文〗

ac·cu·sa·to·ry [əkjú:zətɔ̀:ri/-təri] *a.* 비난의; 고소의.

‡**ac·cuse** [əkjú:z] *vt.* ① **고발**〔**고소**〕**하다**. ② 비난하다, 책하다. ~ *a person of (theft)* 아무를 (절도죄)로 고소하다. *the ~d* 피고. **ac·cús·er** *n.* 고소인, 원고.

‡**ac·cus·tom** [əkʌ́stəm] *vt.* **익히다**. ***be ~ed to*** …에 익숙해지다. ‡~**ed** [-d] *a.* **예(例)의**, 늘 하는 식의.

AC/DC, ac/dc alternating current/ direct current 교류·직류(의), 교직양용(의); 《俗》 양성애(兩性愛)의.

ace**[1] [eis] *n.* ① (카드 따위의) 1, (게임에서) 1점. ② 《美俗》 1달러 지폐. ③ 능수, 명인, (사계의) 제1인자; 우수 선수; 하늘의 용사. ***within an ~ of… 자칫〔까딱〕 …할 뻔하여. — *a.* 우수한, 명인(급)의, 일류의.

ace[2] (<*a*utomatic *c*omputing *e*ngine) *n.* 자동 계산기.

ACE American Council on Education.

a·ce·di·a [əsí:diə] *n.* ＝ACCIDIE.

ace-high [éishái] *a.* 《美口》 크게 인기있는, 우수한.

A·cel·da·ma [əséldəmə, əkél-] *n.* 〖聖〗 (가리옷) 유다가 자살한 곳; 유혈의 땅. 「없는〔을 벗어난〕.

a·cen·tric [eiséntrik] *a.* 중심이

a·ceph·a·lous [eiséfələs] *a.* 무두(無頭)의; 지도자가 없는.

a·cerb [əsə́:rb], **a·cer·bic** [-ik] *a.* 신, 쓴, 떫떨한; (말·태도·기질이) 엄한, 격한, 통렬한.

ac·er·bate [ǽsərbèit] *vt.* …을 성나게 하다, 괴롭히다.

a·cer·bi·ty [əsə́:rbəti] *n.* Ⓤ 신맛; 쓴맛; 통렬함, 신랄함. 「제》.

ac·e·tal [ǽsətæ̀l] *n.* Ⓤ 아세탈《수면

ac·et·al·de·hyde [æ̀sətǽldəhàid] *n.* 〖化〗 아세트알데히드.

ac·et·an·i·lid [æ̀sətǽnəlid], **-lide** [-làid] *n.* Ⓤ 〖化〗 아세트아닐리드《진통·해열제》. 「산염.

ac·e·tate [ǽsətèit] *n.* 〖化〗 Ⓤ 초

ácetate ráyon 아세테이트《인조견사의 일종》.

a·ce·tic [əsí:tik, -sé-] *a.* 초(醋) 〔초

acétic ácid 초산(醋酸). 「산〕의.

acétic anhýdride 무수(無水) 초산.

a·cet·i·fy [əsétəfài] *vt., vi.* 초화(醋化)하다, 시게 하다〔되다〕.

ac·e·tone [ǽsətòun] *n.* 〖化〗 Ⓤ 아세톤《휘발성·가연성의 액체; 용제·무연 화약·니스 등에 쓰임》.

ac·e·tous [ǽsətəs, əsí:-] *a.* 초의, 초 같은, (맛이) 신. 「세틸.

a·ce·tyl [əsí:til, əsétl] *n.* Ⓤ 〖化〗 아

a·ce·tyl·cho·line [əsi:təlkóuli:n] *n.* Ⓤ 〖生化〗 아세틸콜린.

a·cet·y·lene [əsétəli:n] *n.* Ⓤ 〖化〗 아세틸렌.

a·cé·tyl·sal·i·cyl·ic ácid [əsí:təl-sæ̀ləsílik, ǽsə-] ＝ASPIRIN.

A·chae·a [əkí:ə], **A·cha·ia** [əkáiə] *n.* 아케아《고대 그리스 남부의 땅》. **-an, -chái·an** *a., n.* 아케아의 (사람), 그리스의; 그리스 사람.

A·cha·tes [əkéiti:z] *n.* Aeneas의 충

실한 벗《Virgil 작 *Aeneid* 중의 인물》; 《一般》 신의가 두터운 벗.

‡**ache** [eik] *vi.* ① 아프다, 쑤시다. ② 《口》 간망(懇望)하다. ——*n.* 아픔.

Ach·er·on [ǽkəràn/-rɔ̀n] *n.* 〖그·로神〗 아케론 강《삼도내》; 저승.

à che·val [ɑːʃəvάːl] (F.) 걸치고; (도박에서) 양다리 걸치고.

‡**a·chieve** [ətʃíːv] *vt.* ① **성취하다,** 이루다, (목적을) 달하다. ② (명성을) 얻다. ‡**a·chíeve·ment** *n.* Ⓤ **성취;** Ⓒ **업적,** 위업. 「연령.

achíevement àge 〖心〗 학업 성취

achíevement quòtient 〖心〗 성취(성적) 지수《생략 A.Q.》.

achíevement tèst 학력 검사.

Ach·il·le·an [æ̀kəlíːən] *a.* Achilles 의[같은].

A·chil·les [əkíliːz] *n.* 〖그神〗 아킬레스《Homer 작 *Iliad*에서 발빠른 용사》. ***heel of ~*** 유일한 약점.

Achílles(') téndon 〖醫〗 아킬레스건(腱). 「〖心〗 Ⓤ 암흑 공포증.

ach·lu·o·pho·bi·a [æ̀kluəfóubiə] *n.*

ach·ro·mat·ic [æ̀krəmǽtik] *a.* 색이 없는; 색을 없앤.

a·chro·ma·tize [eikróumətàiz] *vt.* …의 색을 없애다; (렌즈의) 색수차를 없애다.

Ach·ro·my·cin [æ̀kroumáisin] *n.* 〖藥〗 아크로마이신.

‡**ac·id** [ǽsid] *n., a.* Ⓤ (種類는 Ⓒ) **산**(酸); 신맛(이 있는), **신;** 찌무룩한, 부루퉁한; 《美俗》 =LSD.

ac·id-fast [-fæ̀st, -fὰːst] *a.* 항산성의, 산에 퇴색하지 않는. 「용자.

ac·id-head [-hèd] *n.* 《美俗》 LSD 상

a·cid·i·fy [əsídəfài] *vt., vi.* 시게 하다; 시어지다, 산(성)화하다. **a·cid·i·ty** [əsídəti] *n.* Ⓤ 산성, 신맛.

ac·i·dim·e·ter [æ̀sədímitər] *n.* 산정량기(酸定量器).

ac·i·dóph·i·lus mílk [æ̀sədɑ́fələs/-dɔ́f-] 유산균 우유. 「성증.

ac·i·do·sis [æ̀sədóusis] *n.* Ⓤ 〖醫〗 산

ácid tést 산(酸)시험; 엄밀한 시험.

ácid tríp 《美俗》 LSD에 의한 환각 체험.

a·cid·u·lous [əsídʒələs] *a.* ① 다소 신맛이 있는. ② 찌무룩한; 심술궂은. **∠·ly** *ad.* 「ment.

ack. acknowledge; acknowledg(e)-

ack-ack [ǽkæ̀k] *n.* 《俗》 고사포(의 포화). 「(에); 《英軍俗》 비행기 수리공.

áck ém·ma [ǽk émə] 《英俗》 오전

ackgt. acknowledg(e)ment.

‡**ac·knowl·edge** [əknɑ́lidʒ/-ɔ́-] *vt.* ① **인정하다,** 승인하다. ② 감사하다. ③ (편지 따위의) 받았음을 알리다. **~d** [-d] *a.* 정평이 있는. ***ac·knówl·edg(e)·ment** *n.* Ⓤ 자인(自認), 승인; (접수의) 확인; 감사; Ⓒ 답례장.

A.C.L.S. American Council of Learned Societies.

ac·me [ǽkmi] *n.* 절정, 극치(climax).

ac·ne [ǽkni] *n.* 여드름.

a·cock [əkɑ́k/-ɔ́-] *pred. a.* (모자의) 챙을 세워서.

ac·o·lyte [ǽkəlàit] *n.* 〖카톨릭〗 복사(服事); 조수.

ac·o·nite [ǽkənàit] *n.* 〖植〗 바곳; 〖藥〗 아코나이트《그 뿌리에서 채취한 진통제》.

‡**a·corn** [éikɔːrn] *n.* **도토리,** 상수리.

ácorn shèll 도토리 껍질; 〖動〗 굴등.

ácorn tùbe 〖電〗 에이콘관(管)《도토리 모양의 작은 진공관》.

ácorn wòrm 주둥이가 도토리 모양이며 벌레 비슷한 바다 동물《척색(脊索) 동물》. 「*n.* 무자엽 식물.

a·cot·y·le·don [eikɑ̀təlíːdən/-kɔ̀t-]

a·cous·tic [əkúːstik], **-ti·cal** [-əl] *a.* 청각(聽覺)의; 보청(補聽)의; 음향학의. **ac·ous·ti·cian** [æ̀kuːstíʃən] *n.* 음향학자. **a·cóus·tics** *n.* 음향학; 《複數取扱》 (홀 등의) 음향 효과.

acóustical clóud 〖建〗 음향 반사판《뮤직홀 따위의 음향 효과를 높이기 위한 장치》. 「보통 기타.

acóustic guitár (전기 기타가 아닌)

acóustic míne 음향 기뢰《배의 엔진 따위의 소리로 폭발함》.

a·cous·ti·con [əkúːstəkɑ̀n/-kɔ̀n] *n.* 보청기《원래는 상표명》.

acóustic phonétics 음향 음성학.

acpt. 〖商〗 acceptance.

‡**ac·quaint** [əkwéint] *vt.* **알리다;** 숙지(熟知)시키다. ***be* [*get*] *~ed with*** …을 알고 있다[알게 되다]. ‡**~·ed** [-id] *a.* **아는;** 정통한.

‡**ac·quaint·ance** [-əns] *n.* ① Ⓤ **면식**(面識), 안면, 아는 사이(*I made his ~.* =*I made ~ with* [*of*] *him.* 그와 알게 되었다). ② 친지. ③ Ⓤ 지식, 앎. **~·ship** [-ʃip] *n.* Ⓤ 서로 아는 사이, 친분 관계.

ac·qui·esce [æ̀kwiés] *vi.* 묵종[묵인]하다. **-és·cence** [-ns] *n.* **-és·cent** *a.*

‡**ac·quire** [əkwáiər] *vt.* ① **얻다.** ② 습득하다, (버릇 따위를) 붙이다. ③ 가져오다. ***~d** [-d] *a.* 취득한; 후천적으로 얻은. ***~·ment** *n.* Ⓤ 취득, 획득, 습득; (*pl.*) 학식, 재예.

***ac·qui·si·tion** [æ̀kwəzíʃən] *n.* Ⓤ 취득, 획득; Ⓒ 취득[획득]물.

ac·quis·i·tive [əkwízətiv] *a.* 습득성이 있는; 얻[갖]고 싶어하는(*of*); 욕심 많은. **~·ly** *ad.*

ac·quit** [əkwít] *vt.* (-tt-***) ① **석방[방면]하다,** 면제하다. ② 다하다. ~ (*a person*) *of* (*his responsibility*) (그의 책임을) 해제하다. ***~ oneself of*** (*one's duty*) (의무를) 다하다. ***~ oneself*** (*well*) (훌륭히) 행동하다. **~·tal** [-l] *n.* ⓊⒸ 석방; 변제(辨濟); 수행. **~·tance** *n.* ⓊⒸ 변제; Ⓒ 영수증(證).

†**a·cre** [éikər] *n.* ① **에이커**《약 4046.8 m^2》. ② (*pl.*) 토지, 경작지. ***God's A-*** 묘지(墓地). 「토지.

a·cre·age [éikəridʒ] *n.* Ⓤ 에이커 수,

a·cre-foot [éikərfút] *n.* (*pl.* ***-feet*** [-fìːt]) 에이커푸트《1에이커를 1피트 깊이로 채우는 수량》.

ac·rid [ǽkrid] *a.* 매운; 쓴; (코를) 톡 쏘는; (피부에) 스미는; 짓궂은; 신랄

한. **a·crid·i·ty** [əkrídəti] *n.* Ⓤ
ac·ri·dine [ǽkrədìːn] *n.* 【化】 아크리딘《물감·의약품의 원료》.
ac·ri·fla·vine [æ̀krəfléivin] *n.* 【化】 아크리플라빈《방부·소독약》.
Ac·ri·lan [ǽkrəlæ̀n] *n.* 【商標】 아크릴란《아크릴계 섬유》.
ac·ri·mo·ni·ous [æ̀krəmóuniəs] *a.* (말·태도가) 매서운, 격렬한, 신랄한 (bitter). **~·ly** *ad.* **ac·ri·mo·ny** [ǽkrəmòuni] *n.* Ⓤ
acro- 최고의, 끝의; 뾰족한 의 뜻의 결합사.
ac·ro·bat [ǽkrəbæ̀t] *n.* 곡예사; 기회주의자, 편의주의자. **ac·ro·bat·ic** [æ̀krəbǽtik] *a.* **ac·ro·bát·ics, ác·ro·bat·ism** *n.* 곡예.
ac·ro·gen [ǽkrədʒən] *n.* 정생(頂生) 식물《고사리·이끼의 무리》.
a·cro·le·in [əkróuliin] *n.* 【化】 아크롤레인《최루 가스를 만듦》.
ac·ro·meg·a·ly [æ̀krəmégəli] *n.* Ⓤ 【醫】 말단 거대(증). **-me·gal·ic** [-məgǽlik] *a.*
ac·ro·nym [ǽkrənim] *n.* 두문자어(頭文字語)《머리 글자만 모아 만든 말: UNESCO 따위》.
ac·ro·pho·bi·a [æ̀krəfóubiə] *n.* Ⓤ 【心】 고소(高所) 공포증.
a·crop·o·lis [əkrápəlis/-ɔ́-] *n.* (고대 그리스 도시의) 성채(城砦); (the A-) 아테네의 성채.
†**a·cross** [əkrɔ́ːs/-ɔ́-] *ad., prep.* ① (…을) 가로질러, (…을) 건너서, (…의) 저쪽〔건너편〕에. ② 엇갈리어, 교차되어, 지름〔직경〕으로. ***come* 〔*run*〕 ~** 뜻하지 않게 …을 만나다. ***get* ~** 건너다, 넘다; 화〔짜증〕나게 하다. ***go* ~** 엇갈리다, 거꾸로 되다. ***put* ~** 수행(遂行)하다; 잘 알도록 보이다; 《美俗》 속이다.
a·cross-the-board [-ðəbɔ́ːrd] *a.* 전면적인(~ *tax reduction* 전면적 감세).
a·cros·tic [əkrɔ́ːstik, -á-/-ɔ́-] *a., n.* 각 줄에서 처음과 끝을 맞추면 어구(語句)가 되는 (시); 그러한 식의 글자 퀴즈.
ac·ryl [ǽkril] *n.* Ⓤ 【化】 아크릴.
ac·ryl·ic [əkrílik] *a.* 【化】 아크릴의.
acrýlic ácid 아크릴산(酸).
acrýlic fíber 아크릴 섬유.
acrýlic résin 아크릴 수지.
ac·ry·lo·ni·trile [æ̀krəlounáitril, -triːl, -trail] *n.* Ⓤ 【化】 아크릴로니트릴《합성 고무·섬유의 원료》.
†**act** [ækt] *n.* ① 행위; 행동. ② (극의) 막(幕) (cf. scene). ③ 결의(서); 법령. ***~ and deed*** 증거물. ***~ of God*** 【法】 불가항력. ***~ of grace*** 은전, 특전; (A-) 일반 사면령(令). ***in the* (*very*) *~* (*of*)** (…의) 현행중에, (…하는) 현장에서. ***the Acts* (*of the Apostles*)** 【新約】 사도행전. **—** *vt.* 행하다, 하다; …시늉을〔체를〕 하다; (역을) 맡아〔연기〕하다, (극을) 상연하다. **—** *vi.* ① 행동하다. ② 작용하다(*on*). ③ 연기하다(*as*). ④ 《美》 판결을 내리다(*on*). ***~ for*** …의 대리가 되다〔대리를 보다〕. ***~ on* 〔*upon*〕** …에 따라 행동하다; (뇌 따위)에 작용〔영향〕하다. ***~ the part of*** …의 역(할)을 하다. ***~ up*** 《美口》 허세〔허영〕부리다; 건방진 태도를 취하다; (못된) 장난을 하다. ***~ up to*** (주의·주장)을 실행하다, …을 고수하다. **~·a·ble** [ǽktəbl] *a.* 상연〔실행〕 가능한.
actg. acting.
ACTH [éisìːtìːéitʃ, ækθ] *n.* Ⓤ (관절염·류머티즘 등에 유효한) (뇌하수체) 호르몬의 일종(<*a*drenocorti*co*tro-phic *h*ormone).
ac·tin [ǽktin] *n.* Ⓤ 【生化】 악틴《단백질의 일종》.
‡**act·ing** [ǽktiŋ] *a., n.* 대리의; Ⓤ 연기. ***~ chief*** 과장 서리. ***~ copy*** 【劇】 대본. ***~ manager*** 지배인 대리. ***~ principal*** 교장 서리.
ac·tin·i·a [æktíniə] *n.* 【動】 말미잘.
ac·tin·ic [æktínik] *a.* 화학선(작용)의. ***~ rays*** 화학 방사선.
ác·ti·nide sèries [ǽktənàid] 【化】 악티니드 계열《원자 번호 89인 악티늄부터 103인 로렌슘까지의 방사선 원소의 총칭》.
ac·tin·ism [ǽktənìzəm] *n.* Ⓤ 화학선 작용.
ac·tin·i·um [æktíniəm] *n.* Ⓤ 【化】 악티늄《방사성 원소》.
ac·ti·nom·e·ter [æ̀ktənámitər / -ɔ́mi-] *n.* 【化】 광량계; 【寫】 노출계.
ac·ti·no·my·cete [æ̀ktənoumáisiːt] *n.* 【生】 방(사)선균.
ac·ti·no·my·cin [æ̀ktənoumáisin] *n.* Ⓤ 【生化】 악티노마이신《항생 물질의 하나》.
ac·ti·non [ǽktənàn] *n.* 【化】 악티논《라돈과 동위의 방사원소; 기호 An》.
ac·ti·no·ther·a·py [æ̀ktənouθérəpi] *n.* Ⓤ 방사선 치료.
ac·ti·no·zo·an [æ̀ktənəzóuən] *n., a.* 【動】 화형충류(花形蟲類)(의).
†**ac·tion** [ǽkʃən] *n.* ① Ⓤ 활동, 작용. ② 행동, 행위. ③ Ⓤ 동작; 몸짓, 거동; 기능, 작용. ④ 【法】 소송. ⑤ 전투. ⑥ (소설 따위의) 줄거리(의 전개). ***be put out of ~*** 전투력을 잃다; 상태가 나빠지다. ***bring* 〔*take*〕 *an ~ against*** …을 기소(起訴)하다. ***man of ~*** 활동가. ***put into* 〔*in*〕 *~*** 실시하다. ***take ~*** 착수〔시작〕하다(*in*). **~·a·ble** *a.* 소송을 제기할 만한. **~·ist** *n.* (정치에서의) 직접 행동주의자.
áction commíttee (공산당의) 행동위원회.
áction páinting 행동 회화《그림물감을 뿌리는 등의 전위 회화》.
áction stàtion 【軍】 전투 배치.
ac·ti·vate [ǽktəvèit] *vt.* 활동적으로 하다; 【美軍】(부대를) 전시 편성하다; 동원(動員)하다; 【理】 방사능을 부여하다; 【化】 활성화하다; (하수를) 정화하다. **ac·ti·va·tion** [⌐-véi-] *n.* Ⓤ 활발하게 함, 자극; 활성화; 전시 편성. **ác·ti·va·tor** *n.* 활발하게 만드는 사람〔것〕; 【化】 활성제.

áctivated slúdge 하수 정화니(淨化泥).
‡**ac·tive** [ǽktiv] *a.* ① 활동적인, 적극적인; 힘센. ② 〖文〗 능동의. ③ 〖軍〗 현역의. *~·**ly** *ad.*
áctive cápital 유통 자본.
áctive considerátion 《英》 검토 《관청 용어》.
áctive dúty 〔**sérvice**〕 현역 근무.
áctive vóice 〖文〗 능동태.
áctive volcáno 활화산(活火山).
ac·tiv·ism [ǽktivìzəm] *n.* Ⓤ (적극적인) 행동주의. **-ist** *n.* 행동주의자; 행동대원; (정치〔학생〕운동 등의) 활동가.
‡**ac·tiv·i·ty** [æktívəti] *n.* ① Ⓤ 활동, 활약. ② Ⓤ 활기, 활황(活況); 능동성. ③ (*pl.*) 활동 범위.
‡**ac·tor** [ǽktər] *n.* 배우; 행위자.
‡**ac·tress** [ǽktris] *n.* 여(배)우.
‡**ac·tu·al** [ǽktʃuəl] *a.* 현실의, 실제의; 현재의. ~ ***capacity*** 실(實)능력; 실용량. ~ ***locality*** 현지. ~ ***money*** 현금. ‡~·**ly** *ad.* 현실적으로, 실제로.
*__ac·tu·al·i·ty__ [æktʃuǽləti] *n.* Ⓤ 현실(성); (*pl.*) 현상, 실태, 진상. ***in*** ~ 현실로. 「다(make actual).
ac·tu·al·ize [ǽktʃuəlàiz] *vt.* 실현하
ac·tu·ar·y [ǽktʃuèri / -tjuəri] *n.* 보험 계리사. **ac·tu·ar·i·al** [æktʃuέəriəl] *a.*
ac·tu·ate [ǽktʃuèit] *vt.* (기계를) 움직이다; (남을) 자극하여 …시키다.
a·cu·i·ty [əkjú:əti] *n.* Ⓤ 예민; 격렬; 신랄.
a·cu·men [əkjú:mən, ǽkjə-] *n.* Ⓤ 혜안(慧眼); 명민.
ac·u·pres·sure [ǽkjuprèʃər] *n.* 지압(요법). 「Ⓤ 침술, 침 치료.
ac·u·punc·ture [ǽkjupʌ̀ŋktʃər] *n.*
‡**a·cute** [əkjú:t] *a.* ① 날카로운; 뾰족한. ② 예민한, 빈틈없는. ③ 격렬한; 급성의(opp. chronic). ~·**ly** *ad.*
acúte ángle 예각.
ACV air cushion vehicle 호버크래프트. **A. C. W.** aircraftwoman.
a·cy·clic [eisáiklik] *a.* 〖化〗 비순환식의.
ad**[1] [æd] *n.* 《美口》 광고(advertisement). ~ ***balloon 광고 기구〔풍선〕.
ad[2] *n.* 〖테니스〗 advantage의 단축 《duce 다음의 1점》.
ad. adverb; advertisement.
‡**A.D.** [éidí:] 서력…(<*Anno Domini*).
A.D.A. Americans for Democratic Action; Atomic Development Authority 원자력 응용 개발 기관.
ad·age [ǽdidʒ] *n.* 격언, 속담.
ad·a·gen·cy [ǽdèidʒənsi] *n.* 《美》 광고 대행소〔업〕. 「대행업자.
ad·a·gent [⌐èidʒənt] *n.* 《美》 광고
a·da·gi·o [ədá:dʒou, -dʒiòu] *ad., a., n.* (*pl.* ~*s*) (It.) 〖樂〗 느리게, 느린; 아다지오장(章)〔곡〕.
***Ad·am** [ǽdəm] *n.* 〖聖〗 아담.
ad·a·mant [ǽdəmənt, -mæ̀nt] *a., n.* 대단히 단단한 (물건); (의지가) 견고한. **ad·a·man·tine** [ædəmǽntain, -ti(:)n] *a.* 견고한, 단단한.
Ad·am·ite [ǽdəmàit] *n.* Adam의 자손, 인간; 벌거숭이; 나체주의자.
Ádam's ále 〔**wíne**〕 《口》 물.
Ádam's àpple 결후(結喉).
ad·ams·ite [ǽdəmzàit] *n.* 애덤자이트《재채기성 독가스의 일종》.
‡**a·dapt** [ədǽpt] *vt.* ① 적응〔적합〕시키다(*to*). ② 개작〔수정〕하다. ~·**a·ble** *a.* ~·**a·bil·i·ty** [–⌐əbíləti] *n.* Ⓤ 적응〔순응〕성; 각색의 가능성. *~·**ed** [-id] *a.*
‡**ad·ap·ta·tion** [ædəptéiʃən] *n.* ① Ⓤ 적응. ② 개작, 각색.
a·dapt·er, a·dap·tor [ədǽptər] *n.* 각색자; 가감 장치; 〖電·機〗 어댑터.
a·dap·tion [ədǽpʃən] *n.* ＝ADAPTATION.
a·dap·tive [ədǽptiv] *a.* 적합한, 적응한; 적합할 수 있는.
ADB Asian 〔African〕 Development Bank. **A. D. C.** aid(e)-de-camp; Amateur Dramatic Club.
ad cap·tan·dum (***vul·gus***) [æd kæptǽndəm (vʌ́lgəs)] (L.) 인기를 끌기 위해.
Ád·cock antènna [ǽdkɑk/-ɔ-] 〖電〗 애드콕 안테나《2개의 수직 2극 안테나로 된 방향 탐지용 안테나》.
ad·craft [ǽdkræ̀ft/-krɑ̀:ft] *n.* 《美口》 《集合的》 광고 취급업자.
†**add** [æd] *vt., vi.* ① 더하다, 더해지다, 늘다. ② 가산하다. ~ ***to*** …을 더하다, 증가하다. ~ ***up*** 합계하다; 계산이 맞다. ***to*** ~ ***to*** …에 더하여.
add. addenda; addendum; additional; address.
ádd·ed-vál·ue táx [ǽdidvǽlju:] ＝ VALUE-ADDED TAX.
ad·dend [ǽdend, ədénd] *n.* 〖數〗 가수(加數).
ad·den·dum [ədéndəm] *n.* (*pl.* ***-da*** [-də]) 보유(補遺); 추가.
ad·der[1] [ǽdər] *n.* 〖動〗 살무사의 무리(cf. asp[1]). 「는 사람.
ad·der[2] ＝ADDING MACHINE; 덧셈하
ad·der's-tongue [-ztʌŋ] *n.* 〖植〗 나도고사리삼속의 일종; 《美》 얼레지.
ad·dict [ədíkt] *vt.* 탐닉하게〔빠지게〕하다(~ ***oneself to***). ***be*** ~***ed to*** … 에 빠지다. —— [ǽdikt] *n.* (마약 따위의) 상습자, 중독자. **ad·díc·tion** [əd-] *n.* Ⓤ 탐닉, 빠짐. 「계산기.
ádding machìne 가산기(加算器),
Ád·di·son's disèase [ǽdisnz] 애디슨병《부신(副腎) 이상에 의한》.
‡**ad·di·tion** [ədíʃən] *n.* ① Ⓤ 부가, 증가, 가산(加算). ② 부가물; 증축. ***in*** ~ (***to***) (…에) 더하여, 그 위에.
‡**ad·dí·tion·al** *a.* 부가의(*an* ~*al tax* 부가세). ~·**al·ly** *ad.* 그 위에(더).
ad·di·tive [ǽdətiv] *a.* 부가적인; 첨가의. —— *n.* 부가〔첨가〕물.
ad·dle [ǽdl] *a.* 썩은, 혼탁한. —— *vt., vi.* 썩(히)다, 혼란시키다〔하다〕.
ad·dle·brained [-brèind], **-head-**

ed [-hèdid] *a.* 투미한, 우둔한.

add-on [ǽdɑ̀n, -ɔ̀ːn] *n.* 추가물; (기계에 대한) 부가 장치.

†**ad·dress** [ədrés] *n.* ① 연설; 말솜씨; 인사《공식의》; 제언; 청원. ② Ⓤ 말투, 응대(의 멋짐). ③ Ⓤ 교묘, 솜씨(좋음). ④ [美+ǽdres] 수신인 이름·주소. ⑤ (*pl.*) 구혼. ⑥ 《美》 대통령의 교서. ⑦ 〖컴퓨터〗 번지. ***a funeral ~*** 조사. ***an ~ of thanks*** 치사. ***pay one's ~es to*** …에게 구혼하다. ***with ~*** 솜씨 좋게. —— *vt.* ① …에게 말을 걸다; …을 향하여 연설하다(~ *an audience*). ②(편지 등의) 겉봉을 쓰다, …앞으로 보내다. ③ …을 신청하다《구두·서면으로》. ④ (문제에) 파고 들다, …을 다루다. ⑤ 〖골프〗 (공을) 칠 준비 태세로 들다. ***~ oneself to*** …에 (본격적으로) 달려 붙다; …에게 말을 걸다; 편지 쓰다. **~·a·ble** *a.* 〖컴퓨터〗 번지 (address 9)로 나타내는. **~·er, -dres·sor** *n.* 발신인.

ad·dress·ee [æ̀dresíː] *n.* 수신인.

addréssing machìne 자동 수신인 성명 인쇄기.

Ad·dres·so·graph [ədrésəgræ̀f, -grɑ̀ːf] *n.* 〖商標〗 =ADDRESSING MACHINE.

ad·duce [ədjúːs] *vt.* 인용하다, (증거로서) 들다. **ad·duc·tion** [-dʌ́k-] *n.* Ⓤ

ad·duct [ədʌ́kt] *vt.* 〖生〗 …을 내전(內轉)시키다. 「(內轉筋).

ad·duc·tor [ədʌ́ktər] *n.* 〖解〗내전근

ad·e·nine [ǽdəniːn] *n.* Ⓤ 〖化〗 아데닌《췌장 등 동물 조직 중의 염기》.

ad·e·no·car·ci·no·ma [ǽdənoukɑ̀ːrsinóumə] *n.* (*pl.* ~*s*, ***-mata*** [-mətə]) 〖醫〗 선(腺)암.

ad·e·noids [ǽdənɔ̀idz] *n. pl.* 〖病〗 아데노이드, 선(腺)증식 비대.

ad·e·no·ma [æ̀dənóumə] *n.* 〖醫〗 선종(腺腫).

a·den·o·sine [ədénəsiːn, -sin] *n.* 〖生化〗 아데노신《리보 핵산의 효소 분해에 의하여 얻어짐》.

adénosine di·phós·phate [difɑ́sfeit/-fɔ́s-] 〖生化〗 아데노신 2인산(燐酸)《ATP에서 하나의 인산을 뺀 구조를 갖는 물질; 생략 ADP》.

adénosine mo·no·phós·phate [mɑ̀nəfɑ́sfeit/mɔ̀nəfɔ́s-] 〖生化〗 아데노신 1인산.

adénosine tri·phós·phate [traifɑ́sfeit/-fɔ́s-] 〖生化〗 아데노신 3인산《생체 내에서 에너지의 획득·이용에 중요한 작용을 하는 물질; 생략 ATP》.

ad·e·no·vi·rus [æ̀dənouváirəs] *n.* 〖醫〗 아데노 비루스.

ad·ept [ǽdept, ədépt] *n.* 숙련자(expert). —— [ədépt] *a.* 숙련된(*in, at*).

ad·e·qua·cy [ǽdikwəsi] *n.* Ⓤ 적당〔충분〕함; 타당.

‡**ad·e·quate** [-kwit] *a.* 적당〔충분〕한. *~·ly *ad.*

à deux [ɑːdə́ː] (F.) 둘(만)이서〔의〕.

A. D. F. automatic direction finder.

‡**ad·here** [ædhíər] *vi.* ① 들러붙다, 접착하다(*to*). ② (신념을) 굳게 지키다, 집착하다.

***ad·her·ent** [ædhíərənt] *a.* 들러붙는, 집착하는, 붙어 떨어지지 않는. —— *n.* 지지자; 귀의자(歸依者); 졸개, 부하. **-ence** *n.* Ⓤ 집착, 경도(傾倒), 귀의.

ad·he·sion [ædhíːʒən] *n.* Ⓤ 점착; 집착; 〖醫〗 유착(癒着). **ad·hé·sive** [-siv] *a.*, *n.* 「〔히〕.

ad hoc [ǽd hɑ́k / -hɔ́k] (L.) 특별한

ad hóc·(c)er·y [æd hɑ́kəri / -hɔ́k-] 《俗》 임기 응변의 정책〔결정〕.

ad·hoc·ra·cy [ædhɑ́krəsi/-hɔ́k-] *n.* ⓊⒸ 《俗》 특별 위원회적인 기구.

ad ho·mi·nem [æd hɑ́mənèm/-hɔ́-] (L.) 감정에 호소한〔하여〕; 개인적인〔으로〕. 「열(斷熱)의.

ad·i·a·bat·ic [æ̀diəbǽtik] *a.* 〖理〗 단

***a·dieu** [ədjúː / ədjúː] *int.*, *n.* (*pl.* ~*s*, ~*x* [-z]) (F.) 안녕; 이별.

ad inf. *ad infinitum.*

ad in·fi·ni·tum [æd ìnfənáitəm] (L.) 무한히, 무궁하게(forever).

ad int. *ad interim.*

ad in·te·rim [æd íntərim] (L.) 임시의, 당분간의; 그 사이에.

ad·i·os [æ̀dióus, ɑ̀ːdi-] *int.*, *n.* (Sp.) =ADIEU.

ad·i·po·cere [ǽdəpousìər] *n.* Ⓤ 사체(死體)의 지방, 시지(屍脂).

ad·i·pose [ǽdəpòus] *n.*, *a.* Ⓤ 지방(脂肪)(의).

ad·i·pos·i·ty [æ̀dəpɑ́səti] *n.* 지방과다; 비만.

ad·it [ǽdit] *n.* 입구; 〖鑛〗 횡갱(橫坑).

ADIZ [éidiz] air defense identification zone 방공 식별권(圈)《여기에 소속 불명의 비행기가 들어오면 긴급 발진함》. 「adjustment.

adj. adjacent; adjective; adjunct;

***ad·ja·cent** [ədʒéisənt] *a.* 부근의, 인접하는(*to*). **ad·já·cen·cy** [-sənsi] *n.* ⓊⒸ 근접〔인접〕(물).

‡**ad·jec·tive** [ǽdʒiktiv] *n.* 형용사. ~ ***clause*** 〔***phrase***〕 형용사절〔구〕. ~ ***infinitive*** 형용사적 부정사. **ad·jec·ti·val** [ˌ--táivəl] *a.*

‡**ad·join** [ədʒɔ́in] *vi.*, *vt.* 인접하다, 서로 이웃하다. ‡**~·ing** *a.* 인접하는, 이웃의.

‡**ad·journ** [ədʒə́ːrn] *vt.*, *vi.* ① 연기하다. ② (회를) 휴지하다; 휴회하다. ∟**~·ment** *n.* ⓊⒸ

adjt. adjutant.

ad·judge [ədʒʌ́dʒ] *vt.* 판결하다; 심판하다; 심판하여 (상을) 주다, 교부하다. **ad·júdg(e)·ment** *n.* ⓊⒸ

ad·ju·di·cate [ədʒúːdikèit] *vt.*, *vi.* 판결〔재정〕하다. **ad·ju·di·ca·tion** [-ˌ-kéiʃən] *n.* ⓊⒸ

***ad·junct** [ǽdʒʌŋkt] *n.* 부가물; 〖文〗 부가사(詞); 〖論〗 첨성(添性). —— *a.* 부속의. **ad·junc·tive** [ədʒʌ́ŋktiv] *a.* 부수적인.

ádjunct proféssor 《美》 조교수.

ad·jure [ədʒúər] *vt.* 엄명하다; 탄원

하다. **ad·ju·ra·tion** [ædʒəréiʃən] *n.* UC

‡**ad·just** [ədʒʌ́st] *vt.* ① 맞추다, 조정(調整)〔조절〕하다. ② 조정(調停)하다, 화해시키다. ～**·a·ble** *a.* ‡**ad·júst·ment** *n.* UC

ad·just·er, -tor [ədʒʌ́stər] *n.* ① 조정자; 조절기. ② 〖保險〗 손해 사정인.

ad·ju·tant [ǽdʒətənt] *a.* 보조의. ── *n.* 부관(副官), 조수; (인도·아프리카산의) 무수리. **ád·ju·tan·cy** [-tənsi] *n.* U 부관의 직.

ádjutant géneral (*pl.* ***adjutants g-***) 고급 부관.

ad·ju·vant [ǽdʒəvənt] *a.* 보조〔보좌〕의. ── *n.* ① 조수, 보좌역. ② 〖醫〗 (면역) 보강제.

ad·less [ǽdlis] *a.* 광고 없는《잡지 따위》.

ad-lib [ædlíb, ǽd-] *vt., vi.* (**-bb-**) 《口》 대본에 없는 대사를 말하다; 즉흥적으로 노래하다〔연주하다〕.

ad lib. *ad libitum.*

ad lib·i·tum [æd líbətəm] (L.) 〖樂〗 「마음대로.

ADM air-launched decoy missile 공중 발사 유인 미사일.

Adm. Admiral(ty).

ad·man [ǽdmæ̀n, -mən] *n.* 《美口》 광고업자〔권유원〕; 광고 문안 제작자.

ad·mass [ǽdmæ̀s] *n.* UC 《주로 英》 매스콤에 좌우되기 쉬운 일반 대중.

ad·meas·ure [ædméʒər] *vt.* 할당하다; 달다, 재다, 계량(計量)하다. ～**·ment** *n.* UC

ad·min·is·ter** [ædmínəstər] *vt.* ① 관리〔처리〕하다, (법률을) 시행〔집행〕하다. ② (타격 따위를) 주다. ③ (치료를) 하다〔베풀다〕. ── *vi.* ① 관리하다. ② 돕다; 주다; …에 도움〔소용〕이 되다(*to*). ～ ***an oath to …에게 선서시키다.

ad·min·is·trate [ædmínəstrèit] *vt.* 《美》 관리〔지배〕하다(administer).

‡**ad·min·is·tra·tion** [ædmìnəstréiʃən, əd-] *n.* U ① 관리, 경영; 행정, 시정(施政); 관변(官邊). ② C 《美》 정부; U 《美》 관료〔대통령〕의 임기. ③ UC 줌; 시행; 투약(投藥). ④ 관재(管財). ～ ***of justice*** 법의 집행, 처형. ***board of*** ～ 이사회. ***civil*** 〔***military***〕 ～ 민〔군〕정.

***ad·min·is·tra·tive** [ædmínəstrèitiv] *a.* 관리〔경영〕상의; 행정〔통치·시정〕상의.

ad·min·is·tra·tor [ədmínəstrèitər] *n.* (*fem.* ***-trix*** [-⌒-tréitriks]; *fem. pl.* ***-trices*** [-trisì:z]) 관리〔관재〕인; 행정관. ～**·ship** [-ʃip] *n.* U 위의 직.

***ad·mi·ra·ble** [ǽdmərəbəl] *a.* 훌륭한. **-bly** *ad.* 훌륭히.

ad·mi·ral** [ǽdmərəl] *n.* ① 해군 대장, 제독; 해군 장성《대·중·소장》; (해군의) 사령관. ② 기함(旗艦). ③ 〖蟲〗 나비의 일종. ***fleet ～, 《英》 ～ ***of the fleet*** 해군 원수. ***Lord High A-*** 해군 장관. ***rear*** ～ 해군 소장. ***vice*** ～ 해군 중장.

ad·mi·ral·ty [ǽdmərəlti] *n.* U 해군 대장의 직; C 해사 재판소; (the A-) 《英》 해군성〔본부〕. ***Board of A-*** 《英》 해군 본부. ***First Lord of the A-*** 《英》 해상(海相).

ádmiralty cóurt 해사 재판소.

‡**ad·mi·ra·tion** [ædməréiʃən] *n.* U ① 감탄, 칭찬(*for*). ② 찬미(의 대상). ③ 《古》 경탄.

‡**ad·mire** [ædmáiər] *vt., vi.* ① 감탄〔찬미〕하다. ② 《口》 칭찬하다. ③ 《美》 기뻐하다, 좋아하다. ‡**ad·mír·er** *n.* 숭배자; 감탄자; (여자를) 애모하는 사람. ***ad·mír·ing** *a.*

ad·mis·si·ble [ədmísəbəl] *a.* (의견·기획 등이) 용인될 수 있는; (지위에) 취임할 자격 있는 (*to*); 〖法〗 증거로 인용(認容)할 수 있는. **-bly** *ad.* **ad·mis·si·bil·i·ty** [-⌒-bíləti] *n.* U

‡**ad·mis·sion** [ædmíʃən] *n.* ① U 입장〔입학, 입회〕(허가). ② U 입장료, 입회금. ③ 승인; 자인, 고백. ～ ***free*** 입장 무료. ～ ***to the bar*** 《美》 변호사 개업 허가.

Admíssion Dày 《美》 (주(州)의) 합중국 편입 기념일(⇨TERRITORY).

admíssion tìcket 입장권.

ad·mis·sive [ædmísiv] *a.* 입장〔입회〕 허가의; 허용〔승인〕의.

†**ad·mit** [ædmít] *vt.* (**-tt-**) ① 인정하다, 승인하다; 진실〔유효〕임을 인정하다; 허락하다(permit). ② 들이다, 입장을〔입회를〕 허용하다. ③ 수용할 수 있다. ── *vi.* 인정하다, …의 여지가 있다(*of*), …할 수 있다. ～ ***to the bar*** 《美》 변호사 개업을 허가하다. ～**·ta·ble** [-əbəl] *a.* 들어갈 자격 있는. **ad·mít·ted·ly** [-idli] *ad.* 일반에게 인정되어; 분명히; 인정하듯이.

ad·mit·tance [-əns] *n.* U 입장〔입회〕(권(權)). ～ ***free*** 입장 무료. ***gain*** 〔***get***〕 ～ ***to*** …에 입장이 허락되다〔입장하다〕. ***No*** ～. 입장 사절.

ad·mix [ædmíks, əd-] *vt.* 혼합하다, 섞다(*with*). ～**·ture** *n.* UC 혼합(물).

***ad·mon·ish** [ədmániʃ/-5-] *vt.* ① 훈계하다, 타이르다, 깨우치다, 충고〔권고〕하다(*to* do; *that*). ② 알리다(*of*; *that*). ～**·ment** *n.* U

ad·mo·ni·tion [ædməníʃən] *n.* UC 타이름, 훈계, 충고. **ad·mon·i·to·ry** [ədmánitɔ̀:ri/-mɔ́nitəri] *a.* 훈계의.

ad·nate [ǽdneit] *a.* 〖生〗 착생한.

ad nau·se·am [æd nɔ́:ziæm, -si-] (L.) 싫증이 날 정도로, 구역질이 날 만큼.

a·do** [ədú:] *n.* U 법석(fuss); 소동. ***without more ～ 다음은 순조로이.

a·do·be [ədóubi] *n., a.* 《美》 햇볕에 말린 어도비 찰흙〔벽돌〕(의), 멕시코 벽돌(로 지은).

ad·o·les·cence [ædəlésəns] *n.* U 청년기《남자는 14–25세, 여자는 12–21세》; 청춘. **-cent** *a., n.* 청년기의 (사람), 젊은이.

A·do·nis [ədánis, -óu-] *n.* 〖그神〗 Venus가 사랑한 소년; 미소년, 미남자; 〖植〗 복수초.

‡a·dopt [ədápt/-ɔ́-] *vt.* 채택〔채용〕하다; 양자로 삼다. **∼·a·ble** *a.* **∼·ed** [-id] *a.* 양자가〔채용이〕된(*an ∼ed child* 양자). ***a·dóp·tion** *n.* Ⓤ 채용; 양자 결연. **a·dóp·tive** *a.* 채용의; 양자 관계의.

a·dor·a·ble [ədɔ́:rəbəl] *a.* 숭배〔경모〕할 만한; 《口》 귀여운.

ad·o·ra·tion [æ̀dəréiʃən] *n.* Ⓤ 숭배, 경모; 애모, 동경.

‡a·dore [ədɔ́:r] *vt.* ① 숭배하다; 경모하다. ② 《口》 무척 좋아하다. **a·dór·er** *n.* **a·dór·ing(·ly)** *a.* (*ad.*)

‡a·dorn [ədɔ́:rn] *vt.* 꾸미다; 미관〔광채〕을 더하다. **∼·ment** *n.* Ⓤ 장식.

a·down [ədáun] *ad.* 《詩》 =DOWN.

ADP adenosine diphosphate; automatic data processing. **ADPS** 〖컴퓨터〗 automatic data processing system. **ADR** American Depositary Receipt 미국 예탁(預託) 증권.

ad·rate [ǽdrèit] *n.* 광고료.

ad·re·nal [ədrí:nəl] *a.*, *n.* 신장〔콩팥〕에 가까운, 부신(副腎)(의).

adrénal glànds 부신(副腎).

ad·ren·al·in(e) [ədrénəlin] *n.* Ⓤ 아드레날린《부신에서 분비되는 호르몬》; (A-) 〖商標〗 아드레날린제《강심제·지혈제》.

ad·ré·no·cor·ti·co·tróph·ic hór·mone [ədrí:noukɔ̀:rtikoutráfik-] 부신피질 자극 호르몬《생략 ACTH》.

A·dri·át·ic Séa [èidriǽtik], **the** 아드리아 해(海).

a·drift [ədríft] *ad.*, *pred. a.* 표류하여; 떠돌아, (정처없이) 헤매어; 일정한 직업 없이; 어찌할 바를 몰라.

a·droit [ədrɔ́it] *a.* 교묘한. **∼·ly** *ad.*

ad·sci·ti·tious [æ̀dsətíʃəs] *a.* 외부로부터의, 본래적이 아닌, 부가적인; 보유의.

ad·smith [ǽdsmiθ] *n.* 《美》 광고 문안 작성자.

ad·sorb [ædsɔ́:rb] *vt.* 〖化〗 흡착시키다. **ad·sórp·tion** *n.* 흡착 (작용).

ad·u·late [ǽdʒəlèit] *vt.* 아첨하다. **ad·u·la·tion** [-léi-] *n.* ⓊⒸ **ád·u·la·to·ry** [-lətɔ̀:ri/-lèitəri] *a.*

‡a·dult [ədʌ́lt, ǽdʌlt] *n.*, *a.* 성인(의), 어른(의); 〖法〗 성년자. ***Adults Only*** 미성년자 사절《게시》. **∼·hood** [-hùd] *n.* Ⓤ

adúlt educátion 성인 교육.

a·dul·ter·ant [ədʌ́ltərənt] *n.*, *a.* 혼합물(의); 섞음질에 쓰는.

a·dul·ter·ate [-rèit] *vt.* 섞음질하다, 질을 떨어뜨리다. **a·dul·ter·a·tion** [-⌒-éiʃən] *n.* ⓊⒸ

a·dul·ter·er [-rər] *n.* 간부(姦夫), 샛서방.

a·dul·ter·ess [-ris] *n.* 간부(姦婦).

a·dul·ter·ine [ədʌ́ltəri:n, -ràin] *a.* =ADULTERATE.

***a·dul·ter·y** [-ri] *n.* ⓊⒸ 간통, 간음. **a·dúl·ter·ous** [-tərəs] *a.* 간통의; 불순한(∼ *wine* 섞음질한 포도주).

ad·um·brate [ædʌ́mbrèit, ǽdəm-] *vt.* 어렴풋이 보이다; 예시(豫示)하다; 그늘지게〔어둡게〕하다.

a·dust [ədʌ́st] *a.* ① 바싹 마른〔건조한〕; 해에 그을린. ② 우울한.

adv. *ad valorem*; adverb.

ad va·lo·rem [æd vəlɔ́:rəm] (L.) 〖商〗 가격에 따라서, 종가(從價)의.

†ad·vance [ədvǽns, -á:-] *vt.* ① 나아가게 하다. ② 승진시키다. ③ (값을) 올리다. ④ (의견을) 내다. ⑤ 선불(先拂)〔선대(先貸)〕하다. **——** *vi.* ① 나아가다. ② (밤이) 이슥해지다. ③ 승진하다. ④ (값이) 오르다. ⑤ 전진〔진격〕하다. ⑥ (문답·게임 등에서) 다음 차례로 진행하다(*A-!* 네, 다음!). **——** *n.* ① ⓊⒸ 전진; 진격. ② 진보; 승진. ③ 선불〔가불·입체〕금. ④ (보통 *pl.*) (친하려는) 접근; 신청. ***in*** **∼** 사전에, 미리; 선금으로; 앞서서. ***make*** **∼*s*** 입체하다; 환심사다; 구애하다; 신청하다. **——** *a.* 앞의; 사전의, 미리의. **∼ *base*** 전진 기지. **∼ *sale*** (표의) 예매(豫賣). **∼ *ticket*** 예매권. **‡∼d** [-t] *a.* 나아간, 진보한; 고등의; 늙은; (밤이) 깊은. **∼*d country*** 선진국. **∼*d credit*** 타교(他校)에서의 과목 수료로 인정된 것. **∼*d standing*** 타교에서 딴 수료 과목의 승인《받아들이는 학교측의》. ***∼·ment** *n.* Ⓤ 전진, 발달; 승진; 선불, 선대(先貸).

advánce ágent 《美》 (강연·흥행의) 준비원, 주선인.

advánce cópy 신간 서적의 견본《평론가 등에게 보내는》.

advánced lével 《英》 상급 학력 시험《대학 입학 자격 등에 필요함: cf. A level》.

advánce guárd 전위(부대); 전위파.

advánce màn =ADVANCE AGENT; 《美》 입후보자를 위한 사전 공작원.

advánce párty 선발대.

advánce shéets 견본쇄(刷)《제본하지 않은》.

‡ad·van·tage [ædvǽntidʒ, -á:-] *n.* ① Ⓤ 이익, 편의, 유리. ② 이점, 강점; 유리한 입장, 우월. ③ 〖테니스〗 =VANTAGE. ***take* ∼ *of*** …을 이용하다, …을 틈타다. ***take a person at* ∼** 불시에 타격을 가하다, 기습하다. ***to* ∼** 유리하게, 형편 좋게; 뛰어나게, 훌륭하게. ***turn to* ∼** 이용하다. ***with* ∼** 유리〔유효〕하게. ***You have the* ∼ *of me.*** 네가 유리하다; 글쎄 전 누구신지 모르겠는데요《교제를 구해 오는 이에 대한 완곡한 사절》. **——** *vt.* 이익을 주다; 돕다.

***ad·van·ta·geous** [æ̀dvəntéidʒəs] *a.* 유리한; 형편이 좋은. **∼·ly** *ad.*

ad·vec·tion [ædvékʃən] *n.* 〖氣〗 이류(移流)《대기의 수평이동》. **ad·véc·tive** *a.*

***Ad·vent** [ǽdvent, -vənt] *n.* ① 예수의 강림, 강림절《크리스마스 전의 약 4주간》. ② (a-) 출현, 도래. ***the Second* ∼** 예수의 재림. **∼·ism** [-ìzəm] *n.* 예수 재림론. **∼·ist** *n.*

ad·ven·ti·tious [æ̀dvəntíʃəs] *a.* 우발〔외래〕의; 〖植·動〗 이례(異例)의 장소에 발생하는.

ad·ven·tive [ædvéntiv] *a.* 외래(外來)종의.

‡ad·ven·ture [ædvéntʃər] *n.* ① Ⓤ 모험. ② 흔치 않은 체험. ③ ⓊⒸ 투

기. —— *vt., vi.* =VENTURE. ***ad·vén·tur·er** *n.* 모험가, 투기가. ***ad·vén·tur·ous**, **~·some** [-səm] *a.* 모험적인, 모험을 즐기는.

‡ad·verb [ǽdvəːrb] *n.* 〖文〗 부사. ~ *clause* 〔*phrase*〕 부사절〔구〕. *relative* ~ 관계부사. **ad·ver·bi·al** [ædvə́ːrbiəl] *a.*

ad ver·bum [æd və́ːrbəm] (L.) 축어적(逐語的)으로〔인〕.

***ad·ver·sar·y** [ǽdvərsèri / -səri] *n.* 적; (경기 따위의) 상대(방).

ad·ver·sa·tive [ædvə́ːrsətiv] *a.* 반대의(뜻의). ~ *conjunction* 〖文〗 반의(反意) 접속사(*but, yet* 따위).

***ad·verse** [ædvə́ːrs, ⌐—] *a.* ① 역(逆)의, 거꾸로의, 반대의(*an* ~ *wind* 역풍, 맞바람). ② 적의(敵意)가 있는. ③ 불리한; 유해한. **~·ly** *ad.* 역으로; 불리하게.

***ad·ver·si·ty** [ædvə́ːrsəti, əd-] *n.* Ⓤⓒ 역경; 불행(한 일).

ad·vert[1] [ædvə́ːrt, əd-] *vi.* (…에) 주의를 돌리다(*to*); (…에) 언급하다(*to*).

ad·vert[2] [ǽdvəːrt] *n.* 《英口》 광고.

‡ad·ver·tise, -tize [ǽdvərtàiz] *vt., vi.* 광고〔공고〕하다. ~ *for* …을 광고 모집하다. **‡ad·ver·tize·ment** [ædvərtáizmənt, ædvə́ːrtis-, -tiz-] *n.* Ⓤⓒ 광고(*an* ~*ment column* 광고난/ ~*ment mail* 광고 우편); (*pl.*) 《古》 통고. ***ád·ver·tis·ing** *n.* Ⓤ 광고(업).

***ad·ver·tis·er** [-ər] *n.* 광고자; (A-) …신문. 「(자).

ádvertising àgency 광고 대리업

ádvertising màn 광고 담당자〔업자〕(adman).

ad·ver·to·ri·al [ædvərtɔ́ːriəl] *n.* 기사 형식을 취한 광고, PR 페이지.

†ad·vice [ædváis] *n.* ① Ⓤ 충고, 조언, 의견. ② (*pl.*) 보도, 보고; 〖商〗 통지, 안내(*a letter of* ~ 통지서). ~ *note* 안내장. ~ *slip* 통지 전표.

***ad·vis·a·ble** [ædváizəbəl] *a.* 권할 만한, 적당한; 현명한, 분별 있는. **ad·vis·a·bil·i·ty** [-̀-bíləti] *n.* Ⓤ 권할 만함, 적당함; 득책.

‡ad·vise [ædváiz] *vt.* 충고〔조언〕하다; 알리다(*of; that*). —— *vi.* 상담〔의논〕하다(*with*). **~·ment** *n.* Ⓤ 고려. **~d** [-d] *a.* 곰곰이 생각한 끝의, (안 따위) 신중히 고려된; 정보를 얻은. **ad·vís·ed·ly** [-idli] *ad.* 숙고를 거듭한 끝에; 고의로. ***ad·vís·er, -ví·sor** *n.* 조언자, 상담역, 고문.

ad·vi·so·ry [ædváizəri] *a.* 충고〔조언〕의; 고문의. ~ *committee* 자문위원회.

ad·vo·caat [ædvoukáːt] *n.* 애드보카트(브랜디에 향료를 탄 리큐어).

***ad·vo·cate** [ǽdvəkit, -kèit] *n.* 변호인; 주장자, 옹호자. —— [-kèit] *vt.* 변호〔옹호〕하다; 주장하다. **ád·vo·ca·cy** [-kəsi] *n.* Ⓤ 변호; 주장; 지지.

advt. advertisement.

ad-writ·er [ǽdràitər] *n.* 《美俗》 광고 문안 작성업자.

ad·y·na·mi·a [ædinéimiə] *n.* Ⓤ 〖醫〗 쇠약.

adz(e) [ædz] *n., vt.* 까뀌(로 깎다).

AEA Atomic Energy Agreement; Atomic Energy Authority (영국) 원자력공사. **A.E. and P.** Ambassador Extraordinary and Plenipotentiary. **AEC** Atomic Energy Commission.

ae·dile [íːdail] *n.* (옛 로마의) 조영관(造營官). 「Force(s).

A.E.F. American Expeditionary

Ae·gé·an Séa [i(ː)dʒíːən], **the** 에게해(海), 다도해.

ae·ger [íːdʒər] *n.* 〖英大學〗 진단서.

ae·gis [íːdʒis] *n.* 〖그神〗 Zeus의 방패; 보호, 옹호. 「의 용사.

Ae·ne·as [iníːəs] *n.* 〖그神〗 Troy

Ae·o·li·an [iːóuliən] *a.* Aeolus의; (a-) 바람에 의한. 「琴).

Aeólian hárp 〔**lýre**〕 풍명금(風鳴

Ae·o·lus [íːələs] *n.* 〖그神〗 바람의

ae·on [íːən] *n.* 영겁(永劫). ⌊신(神).

ae·py·or·nis [iːpiɔ́ːrnis] *n.* 〖鳥〗 융조(隆鳥)(타조 비슷한 거대한 새; 지금은 멸종).

aer·ate [éiərèit, ɛ́ə-] *vt.* 공기에 쐬다〔를 넣다〕; 탄산가스(따위)를 넣다. ~*d bread* 무효모 빵. ~*d waters* 탄산수. **aer·a·tion** [-éiʃən] *n.* Ⓤ 통기(通氣), 통풍; 탄산가스 넣기. **áer·a·tor** *n.* 통풍기; 탄산수 제조기.

A.E.R.E. Atomic Energy Research Establishment 원자력 연구소.

‡aer·i·al [ɛ́əriəl] *a.* ① 공중의; 항공의. ② 기체의; 공기의〔같은〕, 희박한. ③ 공상적인, 가공의. ④ 공중에 치솟은; 공중에 생기는; 공중조작의. —— *n.* 《英》 안테나. **~·ist** *n.* (공중 그네) 곡예사.

áerial bòmb 투하 폭탄.

áerial cúrrent 기류. 「리.

áerial làdder (소방용) 접(摺)사닥다

áerial mìne 공중 폭뢰(爆雷).

áerial plánt 기생(氣生) 식물.

áerial photógrapy 항공 사진(술).

áerial ráilroad 〔《英》 **ráilwày**〕 가공(架空) 철도, 삭도(索道).

áerial róot 〖植〗 기근(氣根).

áerial torpédo 공(중 어)뢰.

áerial trámway 공중 케이블, 삭도(索道).

aer·ie, aer·y [ɛ́əri, íəri] *n.* (매 따위의) 보금자리; 그 어린 새끼; 높은 곳에 있는 집.

aer·i·form [ɛ́ərəfɔ̀ːrm] *a.* 공기〔가스〕상(狀)의, 기체의; 무형의, 실체 없는.

aer·i·fy [ɛ́ərəfài] *vt.* 공기와 혼합시키다; 공기에 쐬다; 기화하다. **aer·i·fi·ca·tion** [-̀-fikéiʃən] *n.* Ⓤ

aer·o [ɛ́ərou] *a.* 항공기의〔를 위한〕. ~ *club* 항공 클럽.

aer·o·bal·lis·tics [ɛ̀əroubəlístiks] *n.* 항공 탄도학.

aer·o·bat·ics [ɛ̀ərəbǽtiks] *n.* 곡예비행; 곡예 비행술.

aer·obe [ɛ́əroub] *n.* 호기성(好氣性)

미생물. **aer·ó·bic** *a.* 호기성의.
aer·o·bee [έərəbì:] *n.* 《美》 에로비형(型) 로켓《과학 조사 계기류를 탑재》.
aer·o·bics [εəróubiks] *n. pl.* 《單數取扱》 에어로빅스《운동으로 체내의 산소 소비량을 늘리는 건강법》.
aer·o·bi·ol·o·gy [èəroubaiálədʒi / -iɔ́l-] *n.* Ⓤ 공중 생물학.
aer·o·boat [έərəbòut] *n.* 수상 비행기, 비행정.
aer·o·bus [-bʌ̀s] *n.* 《口》 합승 비행기, 근거리 여객기.
aer·o·cade [èəroukéid] *n.* 비행기 편대.
aer·o·cam·er·a [έəroukæ̀mərə] *n.* 비행기용[항공] 사진기.
aer·o·cy·cle [-sàikəl] *n.* 〖美陸軍〗 소형 헬리콥터.
aer·o·do·net·ics [èəroudənétiks] *n.* (글라이더의) 활공 역학, 비행 안전 역학.
aer·o·drome [έərədròum] *n.* 《英》 =AIRDROME.
aer·o·dy·nam·ics [èəroudainǽmiks] *n.* 기체 동역학; 공기 역학.
aer·o·dyne [έərədàin] *n.* 〖空〗 중(重)항공기《기구 · 비행선 따위에 대해서》.
aer·o·em·bol·ism [èərouémbəlìzəm] *n.* Ⓤ 〖醫〗 항공 색전증(塞栓症).
aer·o·en·gine [έərouèndʒin] *n.* 항공 발동기.
aer·o·gram(me) [έərəgræ̀m] *n.* 항공 서한; 《英》 무선 전보.
aer·o·graph [-græ̀f, -grɑ̀:f] *n.* 〖氣〗 (고층의 기온·기압·습도 등의) 자동 기록기.
aer·o·hy·dro·plane [èərəháidrəplèin] *n.* 수상 비행기.
aer·o·lite [έərəlàit] *n.* 운석(隕石).
aer·ol·o·gy [εərálədʒi/εərɔ́l-] *n.* Ⓤ 고층 기상학. **-gist** *n.*
aer·o·mag·net·ic [èəroumægnétik] *a.* 〖理〗 공중자기(학)의.
aer·o·ma·rine [èəroumərí:n] *a.* 〖空〗 해양 비행의.
aer·o·me·chan·ics [-məkǽniks] *n.* 항공 역학. **-chan·ic** [-kǽnik], **-chán·i·cal** [-əl] *a.*
aer·o·med·i·cine [-médəsən] *n.* Ⓤ 항공 의학.
aer·o·me·te·or·o·graph [έərəmí:tiərəgræ̀f] *n.* 항공자기(自記) 기상계.
aer·om·e·ter [εərámitər/-rɔ́m-] *n.* 기량계(氣量計), 기체계.
aer·o·mo·tor [έəroumòutər] *n.* 항공기용 (경)발동기.
aer·o·naut [έərənɔ̀:t] *n.* 비행선 [경기구] 조종사. **aer·o·naut·ic** [⌐-nɔ́:tik], **-ti·cal** [-əl] *a.* 비행가[술]의, 항공의. **aer·o·náut·ics** *n.* 항공학[술].
aer·o·neu·ro·sis [èərounjuəróusis] *n.* Ⓤ 〖醫〗 항공 신경증.
ae·ron·o·my [εəránəmi/εərɔ́n-] *n.* Ⓤ 초고층 대기 물리학.
áer·o·o·ti·tis média [έərououtáitis] 항공 중이염(中耳炎).
aer·o·pause [έəroupɔ̀:z] *n.* 〖空〗 대기 계면(大氣界面)《지상 약 20–23 km간의 공기층》.
aer·o·pho·bi·a [èərəfóubiə] *n.* Ⓤ 〖醫〗 공기증(恐氣症), 혐기증(嫌氣症).
aer·o·phone [έərəfòun] *n.* (공습에 대비한) 접근 탐지 청음기.
aer·o·phore [έəroufɔ̀:r] *n.* 인공 호흡기; (탄갱 등에의) 송풍기.
aer·o·pho·to [έəroufòutou] *n.* 항공 사진.
aer·o·pho·tog·ra·phy [èəroufətágrəfi/èəroufətɔ́g-] *n.* Ⓤ 항공 사진술.
‡**aer·o·plane** [έərəplèin] *n.* 《英》 =AIRPLANE.
aer·o·pol·i·tics [èərəpálətiks/èərəpɔ́l-] *n.* 항공 정책.
aer·o·scope [έərəskòup] *n.* 대기 검사기《대기 중의 극미한 물질을 수집하는 장치》.
aer·o·sol [έərəsɔ̀:l, -sɑ̀l/έərəsɔ̀l] *n.* 〖化〗 연무질(煙霧質), 에어러솔.
áerosol bòmb 살충제 분무기.
aer·o·space [έərəspèis] *n.*, *a.* Ⓤ 대기권과 우주(의); 항공우주(의).
aer·o·sphere [έərəsfiər] *n.* 대기권.
aer·o·stat [έərəstæ̀t] *n.* 기구, 비행선.
aer·o·stat·ics [èərəstǽtiks] *n.* 기체 정역학(靜力學); 기구 항공학.
aer·o·sta·tion [-stéiʃən] *n.* Ⓤ 경항공기 조종법.
aer·o·ther·mo·dy·nam·ics [èərouθə:rmoudainǽmiks] *n.* 공기 열역학.
aer·o·train [έərətrèin] *n.* 에어러트레인《프랑스에서 개발한 공기 분사로 부상하는 고속 열차》.
ae·ru·gi·nous [irú:dʒənəs] *a.* 녹청(綠靑)의; 청[초]록색의.
aer·y[1] [έəri, éiəri] *a.* =AERIAL.
aer·y[2] [έəri, íəri] *n.* =AERIE.
Aes·chy·lus [éskələs, í:skə-] *n.* 그리스의 비극 시인(525–456 B.C.).
Aes·cu·la·pi·us [èskjəléipiəs / ì:s-] *n.* 〖로神〗 의료(醫療)의 신.
‡**Ae·sop** [í:sɑp, -səp/-sɔp] *n.* 이솝《고대 그리스의 우화 작가·노예》.
aes·thete [ésθi:t / í:s-] *n.* 미학자, 탐미주의자; 탐미가, …통(通).
***aes·thet·ic** [esθétik / i:s-] *a.* 미(美)의, 미술(학)의; 심미적인, 미를 아는; 심미안이 있는. **~s** *n.* 미학.
aesthétic dístance 미적 거리(美的距離).
aet., aetat. *aetatis.*
ae·ta·tis [i:téitis] *a.* (L. =of his *or* her age) …세[살]의.
ae·ther, ae·the·re al = ETHER, ETHEREAL.
ae·ti·ol·o·gy [ì:tiálədʒi / -ɔ́l-] *n.* = ETIOLOGY.
Aet·na [étnə] *n.* =ETNA.
A.F. Adm. of the Fleet; Air Force; Allied Forces; Anglo-French.
A.F., a.f. audio frequency.
AFA Automatic Fund Allocation (System) (수입품의) 자동 할당제; Amateur Football Association.

AFAG Air Force Advisory Group. **AFAK** Armed Forces Assistance to Korea.
*__a·far__ [əfɑ́ːr] *ad.* 《詩》 멀리, 아득히. ~ *off* 멀리 떨어져서, 원방에. *from* ~ 멀리서, 원방에서.
AFB Air Force Base. **AFBSD** Air Force Ballistic System Division. **AFC** automatic flight 〔frequency〕 control. **AFCS** Air Force Communications Service.
a·fear(e)d [əfíərd] *a.* 《古·方》 두려워하여.
af·fa·ble [ǽfəbəl] *a.* 상냥한, 붙임성 있는; 부드러운. **-bly** *ad.* **-bil·i·ty** [ˌ-bíləti] *n.* Ⓤ
†**af·fair** [əféər] *n.* ① 일, 사건. ② (*pl.*) 사무, 일. ③ 《口》 물건, 물품. ④ (막연히) 것, 하기(*It is an* ~ *of ten minutes' walk.* 걸어서 10분 정도의 거리이다). ~ *of honor* 결투(duel). ~*s of State* 국사(國事). *framed* 〔*get-up*〕 ~ 짬짜미 경기 《승부를 미리 결정하고 하는》. *love* ~ 정사, 로맨스. *man of* ~*s* 사무〔실무〕가. *state of* ~*s* 사태, 형세.
__af·faire de coeur__ [əféər də kɑ́ːr] (F.) 정사(情事), 로맨스(love affair).
‡**af·fect** [əfékt] *vt.* ① 영향하다, (보통 나쁘게) 작용하다(act on). ② (병이) 침범하다. ③ 감동시키다. ④ 좋아하다, 즐기어 …하고 싶어하다. ⑤ (어떤 형태를) 취하기 쉽다. ⑥ (짐승이) 즐기어 …에 살다. ⑦ …체〔연〕하다, 짐짓 …체하다. ~**·ing** *a.* 감동시키는, 애처로운.
af·fec·ta·tion [æ̀fektéiʃən] *n.* ⓊⒸ …체〔연〕함, 짐짓 꾸밈.
af·fect·ed [əféktid] *a.* 영향을 받은, 침범된, 걸린; 감동한; …한 기분으로 있는; …체〔연〕하는, 짐짓 꾸민; 일부러인 것 같은, 부자연스런. ~**·ly** *ad.* 짐짓 꾸미어.
‡**af·fec·tion** [əfékʃən] *n.* ① Ⓤ 애정; (종종 *pl.*) 감정. ② ⓊⒸ 영향. ③ 병. ④ 성질, 특성.
‡**af·fec·tion·ate** [-it] *a.* 애정 있는〔어린〕; 깊이 사랑하고 있는. ‡~**·ly** *ad.* 「정적인.
af·fec·tive [əféktiv] *a.* 감정의, 감
af·fen·pin·scher [ǽfənpìnʃər] *n.* 아펜핀셔《털이 복슬복슬한 애완용 작은 개》.
af·fer·ent [ǽfərənt] *a.* 『生』 (기관, 혈관, 신경으로) 인도되는.
af·fi·ance [əfáiəns] *n.* Ⓤ 신뢰(*in*); 약혼. — *vt.* 약혼시키다. ~**d** [-t] *a.* 약혼한(*to*).
af·fi·ant [əfáiənt] *n.* 『美法』 선서 진술인. 「진술서.
af·fi·da·vit [æ̀fədéivit] *n.* 『法』 선서
af·fil·i·ate [əfílièit] *vt.* 가입〔관계〕시키다, 회원으로 하다; 합병하다; 양자로 삼다; 『法』 (사생아의) 아버지를 결정하다(*on*); …으로 돌리다(*to, upon*). — *vi.* 《美》 관계하다, 가입하다; 친밀히 하다; 제휴하다. ~**d** *company* 자(子)〔동족〕 회사.
af·fil·i·a·tion [əfìliéiʃən] *n.* 가입, 제휴; 《美》 친밀, 관계; 양자 결연.
affiliátion òrder 『英法』 비적출자 부양 명령.
af·fined [əfáind] *a.* 연고가 닿는, 일가의; 동맹한.
*__af·fin·i·ty__ [əfínəti] *n.* ⓊⒸ ① 친척 (관계). ② (타고난) 취미, 기호(*for*). ③ 유사, 친근(성). ④ 『生』 근연(近緣); (종종 *pl.*) 『化』 친화력.
‡**af·firm** [əfɔ́ːrm] *vt., vi.* 단언하다, 확언하다; 『法』 확인하다. ~**·a·ble** *a.* 단언할 수 있는. ***af·fir·ma·tion** [æ̀fəːrméiʃən] *n.* ⓊⒸ 단언; 긍정.
af·firm·ant [əfɔ́ːrmənt] *a., n.* 단언하는 (사람); 확인하는 (사람).
‡**af·firm·a·tive** [-ətiv] *a., n.* 확정의, 긍정의; 긍정문〔어〕; 찬성자(opp. negative). *answer in the* ~ '그렇다'고 대답하다.
af·fix [əfíks] *vt.* 첨부하다, 붙이다; 도장을 누르다; (책임·비난 따위를) 씌우다. — [ǽfiks] *n.* 첨부물; 『文』 접(두·미)사. **af·fix·ture** [əfíkstʃər] *n.* ⓊⒸ 첨부(물), 첨가(물). 「영감.
af·fla·tus [əfléitəs] *n.* Ⓤ (시인의)
‡**af·flict** [əflíkt] *vt.* 괴롭히다(*with*). ***af·flíc·tion** *n.* ⓊⒸ 고난, 고뇌.
af·flu·ence [ǽflu(ː)əns] *n.* Ⓤ 풍부; 풍부한 공급; 부유. **áf·flu·ent** *a., n.* 풍부〔부유〕한; 지류(支流). 「충혈.
af·flux [ǽflʌks] *n.* Ⓤ 유입, 쇄도;
‡**af·ford** [əfɔ́ːrd] *vt.* ① 《can, may에 수반되어》 …할〔…을 가질〕 여유가 있다, …할 수 있다(*I cannot* ~ (*to keep*) *a yacht.* 요트 따위를 가질 만한 여유는 없다). ② 산출하다, 나다(yield); 주다.
af·for·est [əfɔ́ːrist, -ɑ́-/æfɔ́r-] *vt.* 식림(植林)하다. **af·for·est·a·tion** [-ˌ-éiʃən] *n.* Ⓤ 「하다.
af·fran·chise [əfrǽntʃaiz] *vt.* 해방
af·fray [əfréi] *n.* 싸움, 법석.
af·freight [əfréit] *vt.* (배를) 화물선으로 용선(傭船)하다. ~**·ment** *n.* Ⓤ
af·fri·cate [ǽfrikit] *n.* 『音聲』 파찰음(破擦音) 《tʃ, dʒ, ts, dz, tr, dr》.
af·fright [əfráit] *vt., n.* 《古》 무서워하게 하다, 놀래다; Ⓤ 공포; 놀람; 을러멤, 협박.
*__af·front__ [əfrʌ́nt] *n., vt.* (공공연한) 경멸; 모욕(하다); 직면〔반항〕하다.
af·fu·sion [əfjúːʒən] *n.* Ⓤ 『基』 주수(注水)《세례식의》.
Af·ghan [ǽfgæn, -gən] *n., a.* ⒸⓊ 아프가니스탄 사람〔족·어〕 (의); (a-) Ⓒ 담요·어깨걸이의 일종.
Af·ghan·i·stan [æfgǽnəstæ̀n] *n.* 아프가니스탄《인도 서북의 공화국》.
__a·fi·cio·na·do__ [əfìʃiənɑ́ːdou] *n.* (Sp.) 열애자, 팬, 애호가.
a·field [əfíːld] *ad.* 들〔벌판〕에, 들로; 싸움터에서〔로〕; 집에서 떨어져; 헤매어; 상궤를 벗어나.
a·fire [əfáiər] *ad., pred. a.* 불타서.
AFKN American Forces Korea Network. 「타올라.
a·flame [əfléim] *ad., pred. a.* (불)

af·la·tox·in [æflətáksin/-tɔ́k-] *n.* 애플러톡신《곰팡이에서 생기는 발암물질》.

AFLC Air Force Logistics Command. **AFL-CIO** American Federation of Labor and Congress of Industrial Organizations 미국 노동 총연맹 산업별 회의.

a·float** [əflóut] *ad., pred. a.* ① (물 위에) 떠서, 떠돌아. ② 해상에, 배 위에. ③ (강이) 범람하여. ④ (소문이) 퍼져; (어음이) 유통되어. ***keep ～ 가라앉지 않고 있다; 빚을 안 지다.

a·flut·ter [əflʌ́tər] *ad., pred. a.* 팔락〔펄럭〕이어.

à fond [ɑ: fɔ̃:ŋ] (F.) 철저하게.

a·foot** [əfút] *ad., pred. a.* 걸어서; 진행중에. ***set ～ (계획 따위) 세우다.

a·fore [əfɔ́:r] *ad., prep., conj.* 〖海〗 (…의) 앞에; 《古·方》 이전에.

a·fore·men·tioned [-mènʃənd], **a·fore·said** [-sèd] *a.* 전술(前述)한.

a·fore·thought [-θɔ̀:t] *a.* 미리〔사전에〕 생각된, 계획적인. ***malice ～*** 살의(殺意). 「〔의〕.

a·fore·time [-tàim] *ad., a.* 이전에

a for·ti·o·ri [éi fɔ:rʃiɔ́:rài] (L.) 한층 더한 이유로, 더욱.

a·foul [əfául] *ad., pred. a.* 충돌하여, 뒤엉키어. ***run ～ of*** …와 말썽〔귀찮은 일〕을 일으키다.

AFP Agence France-Presse 프랑스 통신사. **Afr.** Africa(n).

†**a·fraid** [əfréid] *pred. a.* 두려워하여 (*of* a thing; *to* do); 근심〔걱정〕하여 (*of* doing; *that, lest*). ***be ～ (that)*** 유감이〔미안하〕지만 …라고 생각하다. ***I am ～ not.*** 아마 …아니리라 ("*Will he come?*" "*I'm ～ not.*" 「그 사람 올까」「아마 안 올걸」). 「번.

·**a·fresh** [əfréʃ] *ad.* 새로이, 다시 한

†**Af·ri·ca** [ǽfrikə] *n.* 아프리카. ‡**Áf·ri·can** *a., n.* 아프리카의 (토인); 《美》 니그로〔흑인〕의.

Af·ri·kaans [æ̀frikɑ́:ns, -z] *n.* 남아프리카의 공용 네덜란드 말.

Af·ri·kan·der [æ̀frikǽndər] *n.* 남아프리카 태생의 백인《네덜란드계》.

Af·ro [ǽfrou] *a., n.* (아메리카 니그로식의) 아프로형 두발(頭髮)(의).

Afro- 「아프리카 (태생의); 아프리카 및」의 뜻의 결합사.

Af·ro-A·mer·i·can [æ̀frouəmérikən] *n., a.* 아프리카계 아메리카인(의), 아메리카 흑인(의).

Af·ro-A·sian [-éiʒən, -ʃən] *a.* 아시아 아프리카의.

Af·ro-A·si·at·ic [-èiʒiǽtik, -ʃiǽt-] *a., n.* Ⓤ 아시아 아프리카어족(語族)(의).

Af·ro·ism [ǽfrouìzəm] *n.* 아프리카 흑인(중심)주의.

AFRTS Armed Forces Radio and Television Service. **AFSC** Air Force Systems Command; Armed Forces Staff College. **AFSSD** Air Force Space Systems Division 〖美軍〗 공군 우주 병기부. **AFT** American Federation of Teachers.

aft [æft, ɑ:ft] *ad.* 〖海·空〗 고물쪽에〔으로〕, (비행기의) 후미에〔로〕.

†**af·ter** [ǽftər, ɑ́:f-] *ad.* 뒤에(behind); 나중〔후〕에(later). **—** *prep.* ① …의 뒤에. ② …의 뒤를 쫓아, …을 찾아; …에 관〔대〕하여; …보다 뒤에; …에 잇따라, 다음에. ③ (…한) 이상〔바〕에는. ④ …에도 불구하고(～ *all his effort* 모처럼 있는 애를 다 썼건만). ⑤ …에 따라서; …을 흉내내어 (*a painting ～ Matisse* 마티스풍의 그림); …에 연유하여, …을 따라. **—** *conj.* (…한) 뒤에. **—** *a.* 뒤〔후〕의; 〖海〗 (배의) 뒤의. ***～ years*** 후년. **—** *n.* 《美俗》 오후. 「(後産).

af·ter·birth [-bə̀:rθ] *n.* 〖醫〗 후산

af·ter·bod·y [-bàdi/-ɔ̀-] *n.* 〖海〗 고물; 〖로켓〗 (미사일의 nose cone 배후의) 동체.

af·ter·brain [-brèin] *n.* 〖醫〗 후뇌.

af·ter·burn·er [-bə̀:rnər] *n.* (제트엔진의) 강력 재연(再燃) 장치.

af·ter·care [-kɛ̀ər] *n.* Ⓤ 치료 후의 몸조리; 아프터케어.

af·ter·clap [-klæ̀p] *n.* 도짐, 후탈, 뜻밖의 재발.

af·ter·crop [-kràp/-ɔ̀-] *n.* 그루갈이.

af·ter·damp [-dæ̀mp] *n.* Ⓤ 잔류가스《갱내의 폭발〔화재〕 뒤에 발생하는 유독 가스》.

af·ter·dark [-dɑ̀:rk] *a.* 해진 뒤의, 밤의. ***～ hangout*** 밤의 환락가. ***～ spot*** 밤의 유흥장.

af·ter·deck [-dèk] *n.* 후갑판.

af·ter·din·ner [-dínər] *a.* 식후의.

af·ter·ef·fect [-ifèkt] *n.* 뒤에 남는 영향, 여파; (약의) 후작용.

af·ter·glow [-glòu] *n.* Ⓤ 저녁놀.

af·ter·grass [-græ̀s] *n.* Ⓤ 두벌갈이(의 풀).

af·ter·growth [-gròuθ] *n.* 두번째 나는 것《곡물·목초 등》.

af·ter·heat [-hì:t] *n.* Ⓤ 〖理〗 여열(餘熱).

af·ter-hours [-àuərz] *a.* 영업시간 후의, 폐점시간의《영업 등》.

af·ter·im·age [-ìmidʒ] *n.* 〖心〗 잔상(殘像).

af·ter·life [-làif] *n.* 내세; 여생.

af·ter·light [-làit] *n.* Ⓤ 때〔뒤〕늦은 생각〔꾀〕. 「수리용 부품 시장.

af·ter·mar·ket [-mɑ̀:rkit] *n.* 《美》

af·ter·math [-mæ̀θ] *n.* (농작물의) 두번째 거둠; (사건 따위의) 여파.

af·ter·most [-mòust] *a.* 최후미의.

†**af·ter·noon** [æ̀ftərnú:n, ɑ̀:f-] *n., a.* 오후(의). ***～ dress*** 아프터눈 드레스. ***～ paper*** 석간. ***～ sleep*** 낮잠. ***～ tea*** 오후의 차〔다과회〕. ***～·er*** *n.* 《俗》 석간 (신문).

af·ter·pains [ǽftərpèinz] *n. pl.* 산후 진통.

af·ter·piece [-pì:s] *n.* 〖劇〗 (본 연극 뒤에 하는) 익살맞은 촌극.

af·ters [ǽftərz] *n. pl.* 《英口》 디저트.

áf·ter-sales sèrvice [ǽftərséil/

ɑ́:f-] 애프터 서비스.
af·ter·shave [-ʃèiv] *a.*, *n.* 면도 후의 (로션).
af·ter·shock [-ʃɑ̀k/-ɔ̀-] *n.* 여진(餘震).
af·ter·taste [-tèist] *n.* ⓊⒸ 뒷맛, 여운.
af·ter·tax [-tæ̀ks] *a.* 세금 공제의, 실수령의.
af·ter·thought [-θɔ̀:t] *n.* ⓊⒸ 때(뒤)늦은 생각, 뒷궁리.
af·ter·time [-tàim] *n.* 금후, 장차.
af·ter·war [-wɔ̀:*r*] *a.* 전후의.
‡**af·ter·ward(s)** [-wərd(z)] *ad.* 뒤에, 나중(후)에, 그 후.
af·ter·word [-wə̀:*r*d] *n.* 발문(跋文); 후기.
Ag 〖化〗 *argentum* (L. =silver).
Ag. August. **A.G.** Adjutant General; Attorney General.
†**a·gain** [əgén, əgéin] *ad.* ① (또)다시, 또. ② (대)답하여; 응하여, 되돌려(*answer* ~ 말대꾸하다); 반향하여(*ring* ~ 메아리치다, 울려퍼지다). ③ …만큼 반복하여, 배(倍)의. ④ 그 위에(besides)(*A-, I must say* …). ⑤ 또 한편. ~ ***and*** ~, or ***time and*** ~ 여러번, 몇번이고. ***as much*** [***many***] ~ (***as***) 다시 그만큼, 두 배만큼. (***all***) ***over*** ~ 다시 되풀이하여. ***be oneself*** ~ 원상태로[원래대로] 되다, 완쾌하다. ***You can say that*** ~! 틀림없어!, 맞았어!
†**a·gainst** [əgénst, -géin-] *prep.* ① …에 대해서, …을 향하여, …에 거슬러서. ② …와 대조하여, 또렷이 (~ *the blue sky* 푸른 하늘에 또렷이). ③ …에 부딪쳐, …에 기대어 (*upon*)(~ *a wall* 벽에 기대어). ④ …에 대비하여(~ *a rainy day* 유사시에 대비하여). ~ ***all chances*** 가망이 없는. ~ ***the stream*** 시세(時勢)에 항거하여. ~ ***time*** (규정된) 얼마 안 되는 짧은 시간에 (마치고자 하여); 전속력으로.
Ag·a·mem·non [æ̀gəmémnɑn, -ən] *n.* 〖그神〗 미케네(Mycenae)의 왕《트로이 전쟁의 지휘관》.
ag·a·mo·gen·e·sis [æ̀gəmoudʒénəsis] *n.* Ⓤ 〖生〗 무성 생식.
ag·a·mous [ǽgəməs] *a.* 〖生〗 무성(無性)의; 무성 생식의; 〖植〗 은화(隱花)의.
a·gape[1] [əgéip, əgǽp] *ad.*, *pred. a.* 입을 (딱) 벌리고, 아연하여.
a·ga·pe[2] [ɑ:gɑ́:pei, ǽgəpei] *n.* (*pl.* **-pae** [-pài, -pì:]) =LOVE FEAST.
a·gar-a·gar [ɑ́:gɑrɑ́:gɑ:*r*, ǽgərǽgər] *n.* 우뭇가사리; 한천.
ag·a·ric [ǽgərik, əgǽrik] *n.* 버섯.
ag·ate [ǽgit] *n.* Ⓤ 마노(瑪瑙); Ⓒ (유희용) 튀김돌; Ⓒ 《美》 애깃형 활자 (《英》 ruby) 《5.5포인트》.
a·ga·ve [əgéivi] *n.* 〖植〗 용설란.
a·gaze [əgéiz] *ad.*, *a.* …을 응시하며, 바라보고.
AGC Automatic Gain Control 〖通信〗이득 자동 제어.
†**age** [eidʒ] *n.* ① Ⓤ **연령**(*a boy* (*of*) *your* ~ 너와 같은 나이의 소년). ② Ⓤ 노년(老年). ③ 세대; 시대. ④ Ⓤ 성년, 정년(丁年). ⑤ 《俗》 오랫동안(*It is* ~*s since I saw you last.* =*I haven't seen you for an* ~. 이거 꽤 오래간 만일세). ***come of*** ~ 성년에 달하다. ***full*** ~ 정년, 성년. ***the golden*** ~ 황금 시대. ***under*** ~ 미성년. — *vi.*, *vt.* (*ag*(*e*)*ing*) 나이를 먹(게 하)다, 늙(게 하)다. ∠-**less** *a.* 늙지 않는.
áge bràcket 연령층.
‡**a·ged** [éidʒid] *a.* ① **나이먹은**, 오래된, 낡은. ② [eidʒd] **…살의.**
age-grade [éidʒgrèid] *n.* =⇩.
age-group [∠grù:p] *n.* 같은 연령층(의 사람들).
age·ism [éidʒizəm] *n.* (노인에 대한) 연령 차별.
áge lìmit 연령 제한, 정년(停年).
age·long [éidʒlɔ̀:ŋ/-lɔ̀ŋ] *a.* 영속하는 (everlasting).
A·ge·na [ədʒí:nə] *n.* 《美》 어지너《우주 로켓의 상부의 단(段)》.
‡**a·gen·cy** [éidʒənsi] *n.* ① **대리점**; Ⓤ 대리(권). ② Ⓤ 일, 작용. ③ Ⓤ 매개, 주선(*an employment* ~ 직업 소개소). ④ 《美》 (정부의) 기관, 청, 국.
ágency shòp 에이전시 숍《미가입자도 조합비를 무는 노동 조합 형태의 하나》.
a·gen·da [ədʒéndə] *n. pl.* 회의 사항; 의제(議題).
ag·ene [éidʒi:n] *n.* Ⓤ 〖化〗 3염화 질소《밀가루 표백에 쓰임》.
‡**a·gent** [éidʒənt] *n.* ① **대리인**; 주선인; 행위[동작]자. ② 동인(動因), 작인(作因). ***commission*** ~ 위탁 판매인, 객주. ***general*** ~ 총대리인. ***house*** ~ 집주릅. ***literary*** ~ 《英》 문예 주선업자《신인 작품을 출판사에 알선하는 기관》. ***road*** ~ 노상 강도. ***secret*** ~ 비밀 탐정, 스파이.
age-old [éidʒòuld] *a.* 예부터의, 오랜.
AGF Asian Games Federation.
ag·gior·na·men·to [ədʒɔ̀:*r*nəméntou] *n.* (It.) (*pl.* **-*ti*** [-ti:], ~*s*) 현대적으로 함; 근대화.
ag·glom·er·ate [əglɑ́mərèit/-ɔ́-] *n.*, *a.* 덩이(진), 뭉쳐진, 모인. — [-rèit] *vt.*, *vi.* 덩어리짓다[지다].
ag·glom·er·a·tion [–∸–éiʃən] *n.* ⓊⒸ
ag·glu·ti·nant [əglú:tənənt] *n.*, *a.* 접착제; 접착성의.
ag·glu·ti·nate [əglú:tənèit] *vt.*, *vi.* 접착[유착]시키다[하다]. **-ti·na·tion** [–∸–néiʃən] *n.* Ⓤ
ag·glu·ti·nin [əglú:tənin] *n.* Ⓤ 〖生化〗 (혈액 등의) 응집소.
ag·gran·dize [əgrǽndaiz, ǽgrəndàiz] *vt.* 증대[확대]하다, (힘·부(富) 따위를) 늘리다, (계급을) 올리다. ~**·ment** [-dizmənt] *n.* Ⓤ
***ag·gra·vate** [ǽgrəvèit] *vt.* ① **악화시키다**, 심하게 하다. ② 《口》 괴롭히다; 노하게 하다. **-vat·ing** *a.* 악화시키는; 《口》 아니꼬운, 부아나는.
ag·gra·va·tion [∸–véiʃən] *n.* ⓊⒸ 악화; 도발; 격발.
***ag·gre·gate** [ǽgrigit, -gèit] *n.*, *a.* 집

합(의), 집성(의); 총계(의); 집합체. **in the** ~ 전체로. —— [-gèit] *vt., vi.* 모으다, 모이다; 결합하다; 총합계 …이 되다. **ag·gre·ga·tion** [ˌ–géiʃən] *n.* UC 집합(체), 집성.
ag·gress [əgrés] *vi.* 공격으로 나오다, 싸움을 걸다.
***ag·gres·sion** [əgréʃən] *n.* UC **침략**, 침해; (부당한) 공격.
ag·gres·sive** [əgrésiv] *a.* **침략적인**; 공세의. ***take 〔***assume***〕 ***the*** ~ 공세를 취하다; 도전하다. **~·ly** *ad.*
ag·gres·sor [əgrésər] *n.* 침략자〔국〕.
aggréssor nàtion 침략국.
ag·grieve [əgrí:v] *vt.* 괴롭히다; 학대하다, 압박하다(oppress). ***be*** 〔***feel***〕 **~*d at*** 〔***by***〕 …을 분개하다, …을 불쾌하게 느끼다.
a·ghast [əgǽst, -á:-] *pred. a.* 질겁하여, 두려워 떨며(*at*); 어안이 벙벙하여.
ag·ile [ǽdʒəl/ǽdʒail] *a.* 재빠른, 민활한. **a·gil·i·ty** [ədʒíləti] *n.* U
a·gin [əgín] *prep.* 《諧·方》 …에 대하여(against); …에 반대하여.
ag·i·o·tage [ǽdʒiətidʒ] *n.* U 환전업(換錢業); 환〔주식〕 매매.
‡**ag·i·tate** [ǽdʒitèit] *vt., vi.* ① **몹시 뒤흔들다**, 휘젓다. ② (마음을) 들썩이다, 흥분시키다. ③ …을 격론하다. ④ 여론을 환기하다, 선동하다 (~ *for the raise of pay* 임금 인상을 외치다). ***-ta·tor** *n.* **선동가**; 교반기(攪拌器). ‡**ag·i·ta·tion** [ˌ–téiʃən] *n.* UC **동요**; 흥분, 동란; **선동**.
a·gi·ta·to [æ̀dʒətá:tou] *ad.* (It.) 〖樂〗 격하여, 흥분하여.
ag·it·prop [ǽdʒitprɑ̀p/-ɔ̀-] *a., n.* 선동과 선전의, 아지프로의 (베터런).
a·glow [əglóu] *ad., pred. a.* (이글이글) 타올라, 빛나서.
AGM air-to-ground missile. 「미.
ag·nail [ǽgnèil] *n.* (손톱의) 거스러
ag·nate [ǽgneit] *a., n.* 부친쪽의 (친족); 동족의 (사람). **ag·nat·ic** [ægnǽtik] *a.* 남계친(男系親)의. **ag·na·tion** [-néiʃən] *n.* 남계친.
ag·nos·tic [ægnɑ́stik/-ɔ́-] *a., n.* 〖神·哲〗 불가지론의; 불가지론자. **ag·nós·ti·cism** [-təsìzəm] *n.* U 불가지론.
Ág·nus Dé·i [ǽgnəs dí:ai, ɑ́:njus déi:] (L. =Lamb of God) 어린 양의 상(像)《예수의 상징》.
†**a·go** [əgóu] *ad.* (지금부터) …**전에**.
a·gog [əgɑ́g/-ɔ́-] *ad., pred. a.* (기대 따위로) 마음 부풀어, 들먹들먹하여; 법석을 떨며(*to*).
a gó·go [ə góugòu] 마음껏; 싫것.
a·go·ing [əgóuiŋ] *ad.* 움직여, 진행하여. ***set*** ~ …을 움직이다〔작용하다〕; …을 시작〔착수〕하다.
ag·o·nis·tic [æ̀gənístik] *a.* ① 논쟁의〔을 좋아하는〕; 승벽의. ② 효과를 노린; 무리한 《포즈 따위》. ③ (고대 그리스의) 경기의.
***ag·o·nize** [ǽgənàiz] *vt., vi.* **몹시 번민〔고민〕케 하다**, 번민〔고민〕하다. **ág·o·niz·ing(·ly)** *a.* (*ad.*)
‡**ag·o·ny** [ǽgəni] *n.* ① U **고통**; 고뇌. ② 단말마의 괴로움; (희비의) 극치 (*in an* ~ *of joy* 미칠 듯이 기뻐서).
ágony còlumn 〖新聞〗 (찾는 사람 따위의) 사사(私事) 광고난.
ag·o·ra [ǽgərə] *n.* (*pl.* ***-rae*** [-rì:], ***-ras***) 〖古그〗 공공 광장.
ag·o·ra·pho·bi·a [æ̀gərəfóubiə] *n.* U 〖心〗 광장〔군중〕 공포증.
a·gou·ti [əgú:ti] *n.* (*pl.* ~*(e)s*) 기니아픽《중남미산으로 마못 비슷함》.
AGR 《英》 Advanced Gas-cooled Reactor 개량 가스 냉각형 원자로.
agr. agricultural; agriculture.
a·grar·i·an [əgréəriən] *a.* 토지〔경지〕의; 토지에 관한; 농민을 위한(*the A- Party* 농민당); 야생의. —— *n.* 농지 개혁론자. ~ ***reform*** 농지 개혁. 「상태〔지대〕의.
a·grav·ic [əgrǽvik, ei-] *a.* 무중력
†**a·gree** [əgrí:] *vi.* ① **동의하다**(*with*), 찬성하다(*to*). ② 일치하다(*with*). ③ 합의에 달하다(*upon*). ***Agreed!*** 좋아!(그렇게 합시다). ~ ***to differ*** 〔***disagree***〕 견해의 차이라고 서로 시인하다. ‡**a·grée·ment** *n.* **동의**; 계약; 〖文〗 일치, 호응.
‡**a·gree·a·ble** [əgrí:əbəl/-ríə-] *a.* ① **유쾌한**, 기분 좋은; 마음에 드는. ② 쾌히 응하는(*to*). ③ 맞는, 어울리는 (*to*). ~ ***to*** (***the promise***) (약속)한 대로. ***make oneself*** ~ ***to*** …와 장단을 맞추다. **-bly** *ad.* 쾌히; (…을) 좇아서(*to*).
a·gré·ment [ɑ:greimɑ́:ŋ/əgréimɑ̃:ŋ] *n.* (F.) 〖外交〗 아그레망《대·공사 파견에 앞서 상대국에 요구하는 승인》.
ag·ri·busi·ness [ǽgrəbìznis] *n.* U 농업 관련 사업.
‡**ag·ri·cul·ture** [ǽgrikʌ̀ltʃər] *n.* U ① **농업**, 농예. ② 농학. ‡**ag·ri·cul·tur·al** [ˌ–kʌ́l-] *a.* 농업의. ***agricultural chemistry*** 농예 화학. **ag·ri·cúl·tur·ist,** 《美》 **-tur·al·ist** *n.* 농업경영자, 농가; 농학자.
ag·ri·mo·ny [ǽgrəmòuni] *n.* 〖植〗 짚신나물. 「용 트랙터.
ag·ri·mo·tor [ǽgrəmòutər] *n.* 농경
ag·ri·ol·o·gy [ægriɑ́lədʒi/-ɔ́-] *n.* U 원시 종족의 비교 연구.
ag·ro·bi·ol·o·gy [æ̀grou̇baiɑ́lədʒi/-ɔ́-] *n.* U 농업 생물학.
ag·ro·chem·i·cal [æ̀grəkémikəl] *n.* 농약.
a·grol·o·gy [əgrɑ́lədʒi/-ɔ́-] *n.* U 농업〔응용〕 토양학. 「농경학.
ag·ro·nom·ics [æ̀grənɑ́miks/-ɔ́-] *n.*
a·gron·o·my [əgrɑ́nəmi/-ɔ́-] *n.* U 농경학〔법〕, 농업경영.
a·ground [əgráund] *ad.* 지상(地上)에; 좌초되어. ***go*** 〔***run, strike***〕 ~ (배가) 좌초되다. 「ment.
Agt., agt. against; agent; agree-
a·gue [éigju:] *n.* 학질, 오한(惡寒). **á·gu·ish** [-iʃ] *a.* 학질의〔에 걸린〕; (몸을) 와들와들 떠는.
‡**ah** [ɑ:] *int.* 아아!
AH, a. h. ampere-hour.
***a·ha** [ɑ(:)há:] *int.* 아하! 《기쁨·만족·

승리 따위를 나타냄》. 「기 소리》.
ah·choo [ɑ:tʃú:] *int., n.* 에취《재채
‡**a·head** [əhéd] *ad.* ① **앞에**〔으로〕; 앞서서. ② 앞질러, 나아가, 우세하여. ③ 《美》 (게임에) 이겨, 벌어. ***get*** ~ ***(in the world)*** 《美口》 성공하다; 출세하다. ***get*** ~ ***of*** 《美》 …을 앞지르다, 능가하다. ***go*** ~ 나아가다; 진보하다; …의 앞을 가다(*of*); …을 나아가게 하다(*with*). ***Go ~!*** 〖海〗 전진!; 《口》 좋아, 하게!, 계속하시오!, 자 가라!, (재촉하여) 그래서? ***straight*** ~ 곧장.
a·hem [mm̩m, hm, əhém] *int.* 에헴, 에에《[m̩]은 책머리의 「발음 약해」 참조》.
a·his·tor·ic [èihistɔ́:rik, -ɑ́-/-ɔ́-] *a.* 비역사의; 역사에 무관한; 역사적이 아닌. 「를 부를 때》.
a·hoy [əhɔ́i] *int.* 〖海〗 어어이!《먼 배
à huis clos [ɑ: wí: klóu] *ad.* (F.= with closed doors) 비밀히, 방청 금지로.
a·hull [əhʌ́l] *ad.* 〖海〗 돛을 걷고 키 손잡이를 바람맞이 쪽으로 잡아《폭풍우에 대한 대비》. 「《남미산》.
a·i[1] [ɑ́:i:] *n.* 〖動〗 세손가락나무늘보
ai[2] [ai] *int.* 아아《고통·슬픔·연민 등을 나타내는 소리》. 「chitects.
A. I. A. American Institute of Ar-
‡**aid** [eid] *vt., vi.* **돕다,** 조성(助成)하다, 거들다(help). ~ ***and*** ABET. —— *n.* Ⓤ 도움, 조력, 지지; Ⓒ 조수, 보좌역; 《美》 =AID(E)-DE-CAMP.
AID Agency for International Development (미국) 국제 개발처; artificial insemination, donor 비배우자간 인공 수정.
aide [eid] *n.* 《美》 =⇩.
aid(e)-de-camp [éiddəkǽmp, -kɑ́ŋ] *n.* (*pl.* ***aid(e)s-***) (F.) 〖軍〗 부관.
aide-me·moire [éidmeimwɑ́:r] (F.) *n.* (*pl.* ***aid(e)s-*** [éidz-]) 비망록; (외교) 각서.
aid·man [éidmæ̀n, -mən] *n.* (야전 부대 소속) 육군 위생병.
AIDS [eidz] (<*a*cquired; *i*mmuno*d*eficiency *s*yndrome) *n.* 〖醫〗 후천성 면역 결핍 증후군.
Áid Society 《美》 여성 자선 협회.
áid stàtion 〖軍〗 전방 응급 치료소.
ai·gret(te) [éigret, ⌐-] *n.* 해오라기; (투구의) 꼬꼬마; (부인 모자의) 장식털; 〖植〗 관모(冠毛).
ai·guille [eigwí:l, ⌐-] *n.* (F.=needle) 뾰족한 (산)봉우리《특히 알프스의》.
AIH artificial insemination by husband 배우자간 인공 수정.
ail** [eil] *vt., vi.* **괴롭히다,** 괴로와하다; 앓다. ****áil·ment *n.* **병.**
AIL Alien Immigration Law.
ai·lan·thus [eilǽnθəs], **-tus** [-təs] *n.* 가죽나무속의 식물《꽃에 악취가 있음》. 「(翼).
ai·ler·on [éilərɑ̀n / -rɔ̀n] *n.* 보조익
‡**aim** [eim] *vi., vt.* **겨누다,** 노리다(*at*); 목표로〔목적으로〕 하다, 뜻하다(*at; to* do). ~ ***(a gun) at*** (총)을 …에게 돌리다. —— *n.* Ⓤ 겨눔; Ⓤ,Ⓒ 목적, 의도. ***take*** ~ 노리다, 겨누다(*at*). *⌐**·less(·ly)** *a.* (*ad.*)
AIM Air Interceptor Missile 공대공 요격 미사일.
aî·ne [enéi] *n.* (F.) 형(족) (*Schlegel* ~ 형인 쉴레겔) (opp. cadet).
***ain't** [eint] 《口》 =am not, are not, is not; 《俗》 =has not, have not.
Ai·nu [áinu:], **Ai·no** [-nou] *n., a.* 아이누 사람(의); Ⓤ 아이누 말.
†**air** [ɛər] *n.* ① Ⓤ **공기,** 대기. ② 공중; 하늘. ③ 산들바람. ④ 선율, 가락, 노래. ⑤ 모양, 태도; (*pl.*) 짐짓 …체함; 공표(*give* ~ *to one's feelings* 기분을 말하다). ~***s and graces*** 젠체함, 점잔뺌. ***beat the*** ~ 허공을 치다, 헛된 짓을 하다. ***breath of*** ~ 산들바람. ***by*** ~ 비행기로; 무전으로. ***change of*** ~ 전지(轉地). ***get*** ~ 널리 퍼지다, 알려지다. ***get the*** ~ 《美俗》 해고당하다; 버림받다. ***give oneself*** ~***s*** 젠체하다, 점잔 빼다. ***give*** (*a person*) ***the*** ~ 《美俗》 해고하다. ***hit the*** ~ 《美俗》 방송하다. ***hot*** ~ 열기; 《俗》 희떠운 소리, 호언장담. ***in the*** ~ 공중에; (소문 따위가) 퍼지어; (안이) 결정되지 않고. ***on the*** ~ 방송(중)에. ***open*** ~ 집밖, 야외. ***put on*** ~***s*** 젠체하다, 점잔 빼다. ***take*** ~ 알려지다, 퍼지다. ***take the*** ~ 산책하다; 방송을 시작하다; 이륙(離陸)하다. ***tread*** 〔***walk***〕 ***on*** 〔***upon***〕 ***the*** ~ 몹시 기뻐하다. ***up in the*** ~ (계획·의안 따위가) 결정을 못보고; 《美口》 흥분하여, 성나서. —— *vt.* 공기에 쐬다; 바람을 넣다; 건조시키다; 공표하다, 널리 퍼뜨리다(~ *a person's secret* 비밀을 누설하다); 자랑해 보이다(~ *one's jewels* 보석을 자랑해 뵈다); 《美》 방송하다. ~ ***oneself*** 바깥 공기를 쐬다, 산책하다.
áir alèrt 공습 경보〔경계〕.
áir attàck 공습.
áir bàg 에어백《자동차 충돌시의 안전 장치》.
áir bàll 〔**ballòon**〕 풍선.
áir bàse 공군 기지.
áir bàth 공기욕; 〖機〗 공기욕《공기를 매체로 하는 가열 장치》.
air·bed [⌐bèd] *n.* 공기가 든 매트리스, 공기 베드.
áir blàdder (물고기의) 부레. 「류.
áir blàst 충풍(衝風), 인공 분사 기
air·boat [⌐bòut] *n.* 수상기; 초계 비행정.
air·borne [⌐bɔ̀:rn] *a.* 공수(空輸)된; 바람에 의해 운반된(~ *seeds* 풍매(風媒) 종자).
áir bràke (압착) 공기 제동기.
air-breathe [⌐brì:ð] *vi.* (제트기 따위가 연료 산화를 위해) 공기를 빨아들이다. **áir-breath·er** *n.* 《美俗》 제트기, 미사일; 육서 동물.
air·brush [⌐brʌʃ] *n.* 에어브러시《칠·사진 수정용》. —— *vt.* 에어 브러시로 처리하다.

air·bus [ˊbʌs] *n.* 에어버스《중단거리용 대형 여객기》.
áir càrgo 공수 화물.
áir càrrier 항공회사; 항공기, 수송기.
áir càstle 공중 누각(樓閣); 몽상.
áir chàmber 기포; (수압 기관의) 기실(氣室).
áir chìef márshal 《英》 공군 대장.
áir còach (저요금의) 대중 여객기.
áir còck 공기 콕[마개].
áir commànd 〖美空軍〗 공군 사령부, 항공군 집단.
áir còmmodore 《英》 공군 준장.
air-con·di·tion [éərkəndìʃən] *vt.* (실내를) 공기 조절하다. **∼ed** *a.* 냉난방 장치를 한.
áir conditìoner 냉난방[공기 조절] 장치.
***áir conditìoning** **공기 조절**《실내 온도·습도의》; 냉난방 장치.
áir contròlman 〖美海軍〗 항공 관제원.
air-cool [éərkùːl] *vt.* 공랭(空冷)하다. **∼ed** *a.* 공랭식의. **∼·ing** *n.* Ⓤ 공기 냉각법.
áir còrridor 항공 회랑《특히, 제 2 차 대전 후의 동베를린·서독간의》.
áir còver =AIR UMBRELLA.
***air·craft** [ˊkræ̀ft, -ɑ̀ː-] *n.* (*pl.* ∼) **항공기**(*an* ∼ *carrier* 항공 모함).
air·craft(s)·man [ˊkræ̀ft(s)mən, -ɑ̀ː-] *n.* 《英》 항공병《1·2등병》.
air·craft(s)·wom·an [ˊkræ̀ft(s)-wùmən, -ɑ̀ː-] *n.* 《英》 여성 항공병.
air·crew [ˊkrùː] *n.* 항공기 승무원.
áir cùrrent 기류.
áir cùrtain 에어커튼《공기벽으로 실내의 조절한 공기와 외기를 차단함》.
áir cùshion 공기 방석[베개]; 〖機〗 에어쿠션《압축공기를 쓴 완충장치》.
áir cùshion vèhicle 호버크래프트.
áir defènse [《英》 **defènce**] 방공.
áir divìsion 〖美空軍〗 항공 사단.
áir dòor =AIR CURTAIN.
air·drome [ˊdròum] *n.* 비행장, 공항.
air·drop [ˊdrɑ̀p/-ɔ̀-] *n.*, *vt.* (낙하산으로) 공중 투하(하다).
air-duct [ˊdʌ̀kt] *n.* 통풍[송풍]관.
Aire·dale [éərdèil] *n.* 에어데일 개《테리어의 일종》.
áir edìtion 〖新聞〗 라디오판(版)《항해중인 배안 등에서 무전으로 뉴스를 받아 발행함》.
áir exprèss 공수 소하물; 소하물 공수; 항공 속달.
air·fare [ˊfὲər] *n.* 항공운임.
‡**air·field** [éərfìːld] *n.* **비행장**.
air·fight [ˊfàit] *n.* 공중전.
áir flèet (대규모의) 항공기 편대.
air·flow [ˊflòu] *n.* (비행기·자동차 등이 일으키는) 기류.
air·foil [ˊfɔ̀il] *n.* 〖空〗 날개, 프로펠러 날개.
áir fòrce (육·해군의) 항공 부대; (A- F-) 공군.
air·frame [ˊfrèim] *n.* (비행기·로케트의) 기체(機體).
air·freight [ˊfrèit] *n.* Ⓤ 항공 화물. **∼·er** *n.* 화물 수송기.
áir gàuge 기압계.
air·graph [ˊgræ̀f, -ɑ̀ː-] *n.* 《英》 (마이크로필름에 의한) 항공 축사(縮寫) 우편.
áir gùn 공기총; =AIRBRUSH.
áir hàmmer 공기 해머.
air·head [ˊhèd] *n.* 〖軍〗 공두보(空頭堡)《공수부대가 확보한 적지내의 거점》; 전선 공군 기지.
áir hòle 빙상(氷上)의 구멍; 〖空〗 에어포켓.
áir hòstess (여객기의) 스튜어디스.
air·ing [ɛ́əriŋ] *n.* 공기에 쐼, 바람에 말림; 산책, 야외 운동; 드라이브; 공표; 《美俗》 방송.
áir jàcket 자켓식 구명대(救命袋).
áir làne 공로(空路).
air·less [ɛ́ərlis] *a.* 바람이 없는; 환기가 나쁜.
áir lètter 항공 우편; 항공 서한.
áir lìft 공수(空輸) (보급).
***air·line** [ˊlàin] *n.* (정기) **항공로**; 항공 회사; 《주로 美》 직행로.
air-line *a.* 항공로의; 직행(로)의.
***air·lin·er** [ˊlàinər] *n.* **정기 여객기**.
áir lòck 〖土〗 기갑(氣閘); 잠함(潛函)의 기밀실.
áir lòg 〖空〗 비행 거리계; (유도탄의) 비행 거리 조정 장치.
‡**áir màil** **항공 우편** (제도).
áir-mail edítion [ˊmèil] (신문의) 공수판(空輸版).
***air·man** [ˊmən] *n.* **비행가[사]**.
áir màp 항공 사진(을 사용한 지도).
áir màrshal 《英》 공군 중장.
áir mìle 공로 마일《약 1853 미터》.
air·mind·ed [ˊmàindid] *a.* 항공(사업)에 관심을 가진; 비행 여행을 즐기는.
Áir Mìnistry 《英》 공군성.
áir mòtor 압착 공기 발동기.
air·park [ˊpɑ̀ːrk] *n.* 작은 공항.
áir patròl 공중 정찰; 비행 정찰대.
áir pìracy 하이잭, 공적(空賊) 행위.
†**air·plane** [ˊplèin] *n.* 《美》 비행기《영국에서는 보통 'aeroplane'》.
áirplane clòth 비행기 익포(翼布); (셔츠·파자마용) 무명.
áir plànt 공기[착생] 식물.
áir pòcket 〖空〗 에어포켓, 직강(直降) 기류.
áir pollùtion 대기 오염.
†**air·port** [ˊpɔ̀ːrt] *n.* **공항**(空港).
áir pòwer 공군(력).
áir prèssure 기압.
air·proof [ˊprùːf] *a.* 공기를 통하지 않는, 내기성(耐氣性)의, 밀봉의.
áir pùmp 공기 펌프.
áir ràid 공습.
áir rìfle 공기총.
áir rìght 〖法〗 공중권.
áir ròute 항공로.
áir sàc (새의) 기낭(氣囊).
air·scape [ˊskèip] *n.* 공감도(空瞰圖); 항공사진.
áir scòut 정찰기; 비행 정찰병.
air·screw [ˊskrùː] *n.* 《英》 프로펠러.
air-sea [ˊsìː] *a.* 해공(협동)의.
áir sèrvice 항공 수송; 〖軍〗 항공부.
áir shàft 통풍공(孔).
‡**air·ship** [ˊʃìp] *n.* **비행선**(dirigible).
air·sick [ˊsìk] *a.* 고[항]공병에 걸린, 비행기 멀미가 난. **∼·ness** *n.* 고[항]공병.
áir spàce (실내의) 공적(空積); 영공.
áir spèed 〖空〗 대기(對氣) 속도(opp.

ground speed).
áir sprìng 공기 스프링.
áir stèwardess ＝AIR HOSTESS.
áir stòp (항공기의) 기항지; 《英》 헬리포트.
air·stream [ˊstrì:m] *n.* 기류. 「로.
air·strip [ˊstrìp] *n.* 임시〔가설〕 활주
áir tèrminal 에어터미널《항공 승객이 출입하는 건물》.
air·tight [ˊtàit] *a.* 기밀(氣密)의, 공기를 통하지 않는; (방비가) 철통 같은, 물샐 틈 없는.
air-to-air [ˊtuˊ] *a.* 공대공의, 기상(機上) 발사의(*an* ~ *rocket* 공대공 로케트); (비행중인) 두 비행기 간의(~ *refueling* 연료 공중 보급).
air-to-ground [ˊtəgráund], **air-to-sur·face** [ˊtəsə́:*r*fis] *a.* 공대지의(*an* ~ *missile* 공대지 미사일).
air-to-un·der·wa·ter [ˊtuʌ́ndər-wɔ̀:tər] *a.* 공대수중(空對水中)의(*an* ~ *missile* 공대수중 미사일).
áir trànsport 공중 수송, 공수.
áir tràp 〖機〗 공기 트랩, 방취판(防臭瓣).
áir umbrèlla 항공 원호〔엄호〕대.
áir vàlve 공기판(瓣).
Áir Vice-Márshal 《英》 공군 소장.
áir wàrden 공습 경비원.
***air·way** [ˊwèi] *n.* 항공로; 통풍〔환기〕 구멍; 〖라디오·TV〗 채널; (*pl.*) 항공 회사(airlines).
áirway béacon 항공 표지등〔등대〕.
áir wèll (빌딩의) 통풍 구멍.
air·wise [ˊwàiz] *a.* 항공에 정통한〔환한〕. 「행사.
air·wom·an [ˊwùmən] *n.* 여자 비
air·wor·thy [ˊwə̀:*r*ði] *a.* (항공기가) 내공성(耐空性)이 있는 (cf. seaworthy). **-thi·ness** *n.* Ⓤ 내공성.
***air·y** [ɛ́əri] *a.* ① 공기의; 공중의〔같은〕. ② 바람이 잘 통하는. ③ 경쾌한, 쾌활한; 우미(優美)한; 엷은. ④ 경솔한; 자연스럽지 못한; 젠체하는; 공허한. **áir·i·ly** *ad.*
***aisle** [ail] *n.* (교회당의) 측랑(側廊); (좌석·객차·여객기의) 통로; 복도; (뜰·숲속의) 길. **~d** [-d] *a.* 측랑이〔에〕
áisle sèat 통로쪽의 자리. ˪있는.
aitch [eitʃ] *n.* H〔h〕 글자; h음.
a·jar¹ [ədʒɑ́:*r*] *ad.* (문이) 조금 열려.
a·jar² *ad.* 조화되지 않아(*with*).
A·jax [éidʒæks] *n.* 〖그神〗 트로이 전쟁의 그리스군의 용사.
AKA American-Korean Association 한미(韓美) 협회. **AKF** American-Korean Foundation 한미 재단.
a·kim·bo [əkímbou] *ad.* 두 손을 허리에 대고. 「종의, 같은, 비슷한(*to*).
***a·kin** [əkín] *pred. a.* 혈족의(*to*); 동
AL, A.L. American League, American Legion, Arab League.
Al 〖化〗 alumin(i)um. 「*al*lude.
al- *pref.* ＝AD-《l 앞에 올 때의 꼴》:
-al *suf.* ① 《形容詞語尾》 상태·관계 따위를 나타냄: annu*al*, nation*al*, numer*al*, reg*al*. ② 《名詞語尾》 deni*al*, refus*al*.

à la, a la [ɑ́: lə, -lɑ:] (F.) …풍의〔으로〕.
a·la [éilə] *n.* (*pl.* ***alae*** [éili:]) 〖生〗 날개; 날개처럼 생긴 부분.
ALA, A.L.A. American Library Association. **Ala.** Alabama.
***Al·a·bam·a** [æ̀ləbǽmə] *n.* 미국 남부의 주《생략 Ala.》. **Al·a·bám·an, -bám·i·an** [-bǽmiən] *a., n.* 앨라배마주의 (사람). 「앨라배민《희원소》.
al·a·bam·ine [æ̀ləbǽmi(:)n] *n.* 〖化〗
***al·a·bas·ter** [ǽləbæ̀stər, -ɑ̀:-] *n., a.* Ⓤ 설화(雪花)석고(의, 같이 흰).
à la carte [ɑ̀: lə kɑ́:*r*t, æ̀ lə-] (F.) 정가표〔메뉴〕에 따라, 일품 요리의 (opp. *table d'hôte* (정식)). 「＝ALAS.
a·lack(·a·day) [əlǽk(ədèi)] *int.* 《古》
a·lac·ri·tous [əlǽkritəs] *a.* 민활한, 팔팔한. 「(*with* ~ 척척).
a·lac·ri·ty [əlǽkrəti] *n.* 활발, 민활
***A·lad·din** [əlǽdən] *n.* 알라딘《마법의 남포를 발견한 「아라비안나이트」 중의 소년》. 「는) 얼래딘의 남포.
Aláddin's lámp (소원대로 해준다
a·lae [éili:] *n.* ala의 복수.
à la king [ɑ̀: lə kíŋ, æ̀ lə-] (F.) 《美》 고추(pimiento) 등을 넣고 크림을 친.
al·a·me·da [æ̀ləméidə] *n.* 《美南西》 (포플라 등의) 가로수 길(cf. ⇩).
al·a·mo [ǽləmòu, ɑ́:l-] *n.* (*pl.* ~***s***) 〖植〗 포플라, 사시나무.
al·a·mode [ǽləmòud] *n.* Ⓤ (스카프용의 윤기 있는) 얇은 비단. —— *ad., a.* ＝⇩.
à la mode, a la mode [ɑ̀: lə móud, æ̀ lə-] (F.) 유행의〔을 따라서〕; (디저트가) 아이스크림을 곁들인〔곁들여〕; (쇠고기의) 야채찜의.
al·a·nine [ǽləni:n] *n.* 〖化〗 알라닌《아미노산의 일종》.
‡**a·larm** [əlɑ́:*r*m] *n.* ① Ⓤ 놀람, 공포. ② 경보; 경보기(器), 자명종. ***give*** 〔***raise***〕 ***the*** ~ 경보를 발하다, 위급을 알리다. ***in*** ~ 놀라서. ***take*** (***the***) ~ 깜짝 놀라다. —— *vt.* 위급을 고하다, 경보를 울리다; 놀래다, 겁먹게 하다(~ *oneself* 흠칫흠칫 놀라다, 겁먹다). ***be ~ed for*** …을 근
alárm bèll 경종(警鐘). ˪심하다.
‡**alárm clòck** 자명종.
***a·larm·ing** [əlɑ́:*r*miŋ] *a.* 놀랄 정도의. **~·ly** *ad.* 놀랄 만큼.
a·larm·ism [-izəm] *n.* (공연히) 사람을 놀램, 법석; 기우.
a·larm·ist [-ist] *n.* 걸핏하면 놀라는〔놀래는〕 사람, 법석꾼.
alárm sìgnal 비상 경보(기).
a·lar·um [əlǽrəm, -lɑ́:r-] *n.* 《古》 ＝ALARM①; 《英》 자명종(alarm).
alárum clòck 《英》 ＝ALARM CLOCK.
‡**a·las** [əlǽs/əlɑ́:s] *int.* 아아, 슬픈
Alas. Alaska. ˪지고!
***A·las·ka** [əlǽskə] *n.* 북아메리카 서북단의 주《주도 Juneau; 생략 Alas.》. **-kan** *a., n.* 알래스카의 (사람).
a·late [éileit], **a·lat·ed** [-id] *a.* 날개〔익부〕가 있는. 「衣).
alb [ælb] *n.* 〖가톨릭〗 장백의(長白

al·ba·core [ǽlbəkɔ̀ːr] *n.* 〚魚〛 다랑어의 무리 (cf. tunny).
Al·ba·ni·a [ælbéiniə, -njə] *n.* 유고슬라비아와 그리스 사이의 공화국; 《詩》 스코틀랜드 (cf. Caledonia). **-ni·an** [-n] *a.* 알바니아(사람·말)의. *n.* 알바니아 사람〔말〕.
Al·ba·ny [ɔ́ːlbəni] *n.* New York 주의 주도.
al·ba·ta [ælbéitə] *n.* Ⓤ 양은(German silver).
al·ba·tross [ǽlbətrɔ̀ːs/-rɔ̀s] *n.* 〚鳥〛 신천옹.
al·be·do [ælbíːdou] *n.* ⓊⒸ 〚理〛 알베도《원자로내의 반사체에 의해 반사되는 중성자의 비율》.
al·be·it [ɔːlbíːit] *conj.* 《古》 =ALTHOUGH.
al·bi·no [ælbáinou/-bíː-] *n.* (*pl.* **~s**) 백인(白人) 《털과 피부가 병적으로 흰》; (동물의) 백변종(白變種). **al·bi·nism** [ǽlbənìzəm] *n.* Ⓤ 색소 결핍증.
Al·bi·on [ǽlbiən] *n.* 《雅》 = ENGLAND.
al·bite [ǽlbait] *n.* Ⓤ 〚鑛〛 조장석(曹長石).
ALBM air-launched ballistic missile
†**al·bum** [ǽlbəm] *n.* **앨범.**
al·bu·men [ælbjúːmən] *n.* 흰자위; 단백질(albumin); 〚植〛 배유(胚乳).
al·bu·min [ælbjúːmən] *n.* Ⓤ 알부민《단백질의 일종》. **-mi·nous** *a.*
al·bu·mi·nu·ri·a [ælbjùːmənjúəriə] *n.* Ⓤ 단백뇨(尿).
al·bur·num [ælbə́ːrnəm] *n.* Ⓤ 백재(白材), 백목질(opp. duramen).
Ál·can Hígh·way [ǽlkæn-] Alaska Highway의 통칭.
Al·ca·traz [ǽlkətræ̀z] *n.* 미국 San Francisco 만의 작은 섬(의 형무소).
***al·che·my** [ǽlkəmi] *n.* Ⓤ **연금술**《중세의 화학》. ***ál·che·mist** *n.* **연금술사.**
‡**al·co·hol** [ǽlkəhɔ̀ːl, -hɑ̀l/-hɔ̀l] *n.* Ⓤ **알코올.** **~·ism** *n.* Ⓤ 알코올 중독. **~·ist** *n.* 알코올 중독자.
***al·co·hol·ic** [æ̀lkəhɔ́ːlik, -hɑ́l-/-hɔ́l-] *a.* **알코올성의;** 알코올(함유·중독)의.
Al·co·ran [æ̀lkouræ̃n, -rɑ́ːn/-kɔ-] *n.* =KORAN.
al·cove [ǽlkouv] *n.* (큰 방 깊숙이 딸린) 골방; 구석진 칸; (정원의) 정자.
al·de·hyde [ǽldəhàid] *n.* 〚化〛 알데히드.
al·der [ɔ́ːldər] *n.* 〚植〛 오리나무.
al·der·man [ɔ́ːldərmən] *n.* (영국과 아일랜드의) 시(市)참사회원, 부시장; 《美》 시의원.
Al·der·ney [ɔ́ːldərni] *n.* 젖소의 일종《영국 ~섬 원산》.
Ald(m). Alderman.
‡**ale** [eil] *n.* Ⓤ (쓴맛이 강한) **맥주.** *small* ~ 약한 맥주.
a·le·a·to·ry [éiliətɔ̀ːri/-təri] *a.* 우연에 의한, 사행(射倖)적인, 도박적인.
a·lee [əlíː] *ad.* 〚海〛 바람맞이 쪽으로 (opp. aweather).
ale·house [éilhàus] *n.* 비어홀.
a·lem·bic [əlémbik] *n.* (옛날의) 증류기(器); 정련〔정화〕시키는 것.
‡**a·lert** [ələ́ːrt] *a.*, *n.* **방심 않는,** 민활한; **경계;** 경계경보(하의 상태). —— *vt.* **경계시키다;** 경보를 발하다. ***on the ~*** 경계하여. **~·ly** *ad.*
Al·eut [əlúːt, ǽliùːt] *n.* (얼류션 군도의) 에스키모 토인.
A·leu·tians [əlúːʃənz] *n. pl.* 알래스카 남서부의 군도《미국령》.
Á lèvel 《英》 G. C. E. 의 상급 학력 시험(cf. G.C.E.; advanced level).
ale·wife [éilwàif] *n.* 《美》 청어의 일종.
Al·ex·án·der (the Gréat) [æ̀ligzǽndər/-zɑ́ːn-] 마케도니아의 왕(356–323 B. C.; 재위 336–323 B. C.).
Al·ex·an·dri·a [æ̀ligzǽndriə, -zɑ́ːn-] *n.* 이집트 나일강 어귀의 항구. **-dri·an** [-n] *a.* ~의, 알렉산더 대왕의.
Al·ex·an·drine [æ̀ligzǽndri(ː)n, -zɑ́ːn-] *n.* 알렉산더 구격(句格)(의 시) 《억양 6시각(詩脚)》.
a·lex·i·a [əléksiə] *n.* Ⓤ 〚醫〛 독서불능증.
a·lex·in [əléksin] *n.* Ⓤ 알렉신, 살균소(素).
a·lex·i·phar·mic [əlèksəfɑ́ːrmik] *a.* 해독의. —— *n.* 해독제.
al·fal·fa [ælfǽlfə] *n.* 《美》 〚植〛 자주개자리(lucerne)《목초》.
Al Fa·tah [ɑ̀ːl fɑːtɑ́ː] (Arab.) 알파타《반이스라엘 아랍 특공대의 하나》.
Ál·fred (the Gréat) [ǽlfrid] West Saxon의 왕(849–899; 재위 871–899).
al·fres·co [ælfréskou] *a.*, *ad.* 야외의〔에〕.
alg. algebra.
al·ga [ǽlgə] *n.* (*pl.* **-gae** [-dʒiː]) (보통 *pl.*) 해조(海藻). **ál·gal** [-l] *n.*, *a.* 해조(의).
‡**al·ge·bra** [ǽldʒəbrə] *n.* Ⓤ **대수(학).** **al·ge·brá·ic** [æ̀ldʒəbréiik], **-i·cal** [-əl] *a.* **-bra·ist** [-brèiist] *n.*
Al·ge·ri·a [ældʒíəriə] *n.* 아프리카 북부의 공화국 (1962 독립).
Al·gé·ri·an [-n] *a.*, *n.* 알제리의, 알제리 사람(의).
Al·giers [ældʒíərz] *n.* 알제《알제리의 수도》; =ALGERIA의 구칭.
al·gín·ic ácid [ældʒínik-] 〚化〛 알긴산(酸).
ALGOL [ǽlgɑl, -gɔːl/-gɔl] *n.* 〚컴퓨터〛 알골《프로그램 언어》.
al·gol·o·gist [ælgɑ́lədʒist] *n.* 조류(藻類)학자. **-gol·o·gy** [-lədʒi] *n.* Ⓤ 조류학.
Al·gon·qui·an [ælgɑ́ŋkwiən / -ɔ́-] *n.*, *a.* 알곤킨족(의)《북아메리카 토인 중 가장 널리 분포된 어족》. **-quin** [-kwin] *n.* ⒸⓊ 위의 토인〔언어〕.
al·go·pho·bi·a [æ̀lgəfóubiə] *n.* 〚醫〛 동통(疼痛) 공포증.
al·go·rism [ǽlgərìzəm] *n.* Ⓤ 아라비아 기수법(記數法) 《1, 2, …, 9, 0을 쓰는》; 산수; =⇩.
al·go·rithm [ǽlgərìðəm] *n.* Ⓤ 〚數〛 연산(演算) 방식.
al·gua·zil [æ̀lgwəzíː(ː)l] *n.* (Sp.) 경찰관.
al·gum [ǽlgəm] *n.* 백단향 무리.
Al·ham·bra [ælhǽmbrə] *n.* 스페인의 Granada에 있는 무어족 여러 왕의 궁전.
a·li·as [éiliəs] *n.*, *ad.* 별명(으로).

al·i·bi** [ǽləbài] *n.* **알리바이**, 현장 부재(不在) 증명; 변명. ***A- Ike [aik] 《美俗》 변명꾼. —— *vi.* 《美口》 변명하다.

Al·ice [ǽlis] *n.* 여자 이름.

al·i·cy·clic [æ̀ləsáiklik, -sík-] *a.* 〖化〗 지환식(脂環式)의, 지환식 화합물의.

al·i·dade [ǽlədèid], **-dad** [-dæ̀d] *n.* 〖測〗 조준의(照準儀).

***al·ien** [éiljən, -liən] *a.* **외국(인)의**; 다른(*from*); 반대의, 조화되지 않는(*to*). —— *n.* **외국인**. **~·a·ble** *a.* 양도할 수 있는; 멀리할 수 있는. **~·ate** [-èit] *vt.* 멀리하다, 불화(不和)케 하다(*from*); 양도하다. **~·a·tion** [⌐-éiʃən] *n.* Ⓤ 격리, 이간; 양도; 증여; 정신병. **~·ée** [⌐-í:] *n.* 〖法〗 양수인(讓受人). **~·ist** *n.* 정신병의(醫).

‡a·light[1] [əláit] *vi.* (**~ed**, 《詩》 ***alit***) ① **내리다**; 하차〔하마〕하다. ② 〖空〗 착륙〔착수〕하다, (새가) 앉다(*on*). ③ …을 우연히 만나다(*on*).

a·light[2] *ad., pred. a.* 비치어, 빛나; 불타서.

a·lign [əláin] *vt., vi.* 일렬로 (나란히) 세우다〔서다〕, 정렬〔정돈〕시키다〔되다〕; 제휴(提携)시키다(*with*). **~·ment** *n.* Ⓤ,Ⓒ 정렬, 정돈; 〖土〗 노선 설정.

‡a·like [əláik] *pred. a., ad.* **(똑)같은**, (똑)같이; (똑)같아; 같게. **~·ness** *n.*

al·i·ment [ǽləmənt] *n.* Ⓤ,Ⓒ 영양물; 음식(물). **al·i·men·tal** [æ̀ləméntl] *a.* 음식물의, 영양물의.

al·i·men·ta·ry [æ̀ləméntəri] *a.* 영양의; 음식(물)의.

aliméntary canál 소화관.

al·i·men·ta·tion [æ̀ləmentéiʃən] *n.* Ⓤ 영양; 자양물; 부양.

al·i·men·to·ther·a·py [æ̀ləmèntouθérəpi] *n.* Ⓤ 식이 요법.

al·i·mo·ny [ǽləmòuni / -məni] *n.* 〖法〗 (아내에의) 별거〔이혼〕 수당.

a·line [əláin] *vt., vi.* =ALIGN.

A-line [éilàin] *a.* A라인의《여성복이 A자처럼 위가 좁고 밑이 퍼진》. —— *n.* A라인(의 의상).

al·i·phat·ic [æ̀ləfǽtik] *a.* 〖化〗 지방족(脂肪族)의, 지방질의.

al·i·quant [ǽləkwənt] *a., n.* 정제되지〔나누어 떨어지지〕 않는 (수).

al·i·quot [ǽləkwət] *a., n.* 정제되는〔나누어 떨어지는〕 (수).

a·lit [əlít] *v.* 《詩》 alight[1]의 과거(분사).

‡a·live [əláiv] *pred. a.* **살아서**; 혈기 왕성하여; 활기를 띠어(*with*); (…에) 민감하여, (…을) 감지하여(*to*); 현존의(*the greatest painter ~* 현대 최고의 화가). ***~ and kicking*** 기운이 넘쳐. ***Heart*** 〔***Man***〕 ***~!*** 어럽쇼!, 뭐라고! ***keep ~*** 살려 두다; (권리를) 소멸시키지 않고 두다. ***Look ~!*** 《口》 =HURRY up!

a·liz·a·rin [əlízərin] *n.* Ⓤ 알리자린《적색 물감》.

al·ka·hest [ǽlkəhèst] *n.* Ⓤ (연금술사가 구하던) 만물 융해약.

***al·ka·li** [ǽlkəlài] *n.* **알칼리**. **ál·ka·line** *a.* 알칼리(성)의 (*~ earth metals* 알칼리 토류(土類) 금속).

al·ka·li·fy [ǽlkələfài, æ̀lkǽl-] *vt., vi.* 알칼리성으로 하다〔되다〕.

al·ka·lin·i·ty [æ̀lkəlínəti] *n.* Ⓤ 알칼리성(질).

al·ka·lize [ǽlkəlàiz] *vt.* 알칼리성으로 하다.

al·ka·loid [ǽlkəlɔ̀id] *n., a.* 알칼로이드(의).

al·ka·net [ǽlkənèt] *n.* 알카넷《anchusa, bugloss 무리의 지치과(科)의 식물》; Ⓤ (그 뿌리에서 뽑는) 붉은 물감.

al·kyd [ǽlkid] *n.* Ⓤ,Ⓒ 〖化〗 알키드 수지(=~ resin).

al·kyl [ǽlkil] *n.* 〖化〗 알킬《지방족의 포화탄화수소기》. —— *a.* 알킬의〔을 포함한〕.

†all [ɔ:l] *a.* **모든**, 전부의; 전, 온 (*~ words and no thought* 공허한 말). ***~ the go*** 〔***rage***〕 《美》 대유행하여. ***and ~ that*** 기타 여러 가지, …등(등) (and so on). ***for*** 〔***with***〕 ***~*** … 에도 불구하고. ***on ~ fours*** 네 발로 기어; 꼭〔잘〕 맞아. —— *n.* Ⓤ **전부**, 전체, 모두; 전원; 우주, 만유. ***~ and sundry*** 각기 모두(each and all). ***~ in ~*** 전부, 모두; 무엇보다 소중한 것; 대체로. ***~ of*** 전부, 모두; 각기; 《美》 좋이(*~ of five hours* 좋이 다섯 시간). ***~ told*** 전부(해서). ***…and ~*** …도 함께, 송두리째(*head and ~* 머리째). ***at ~*** 조금도; 도대체(*Do you know it at ~?* 도대체 자넨 그것을 알고 있나); 일단 …한 바에는(*If you do it at ~, do it quick.* 하는 바에는 빨리 해라). ***be ~ one*** (어떻든) 전혀 같다〔매한가지다〕; 아무래도 좋다(*It's ~ one to me.* 나는 그 어느 쪽이든 상관 없다). ***in ~*** 전부해서, 합계. ***not at ~*** 조금도 …않다. ***That's ~.*** 그것으로 전부다〔끝이다〕; (결국) 그게 전부야. —— *ad.* 전혀; 《口》 아주, 몹시; 〖競〗 쌍방 모두; 《詩》 바야흐로, 막 (*~ as the sun began to rise* 막 해가 뜨려던 때). ***~ along*** (그 동안) 죽; 내내. ***~*** ALONG ***of.*** ***~ at once*** 돌연. ***~ but*** 거의(nearly). ***~ fours*** (짐승의) 네 발. ***~ in*** 《美口》 몹시 지쳐(cf. all-in). ***~ over*** 온 몸이; 《美》 도처에, 어디나; 아주 끝나; 《口》 아주(*She is her mother ~ over.* 그 어머니를 빼쏘았다). ***~ right*** 좋아; 무사하여(*All right!* 좋아; 《反語》 어디 두고 보자). ***~ the better*** 도리어 좋게〔좋은〕. ***~ the farther*** 《美俗》 있는 대로. ***~ the same*** 전혀 같은, 아무래도 좋은; (그래도) 역시. ***~ there*** 《口》 제정신으로(*Are you ~ there?* 자네 돌지 않았는가); 《俗》 빈틈없이; 기민하여. ***~ too*** 아주, 너무나. ***~ up*** 《口》 틀어져, 가망이 없어. ***~ very fine*** 〔***well***〕 《비꼼》 무척 좋아.

Al·lah [ǽlə] *n.* 알라《회교의 신》.

all-A·mer·i·can [ɔ́:ləmérikən] *a., n.* 전미(全美) 대표의; 미국인으로만 된; 미국 제일의 (사람).

all-a·round [⌐əráund] *a.* ＝ALL-ROUND.

*__al·lay__ [əléi] *vt.* 가라앉히다(quiet), 누그러뜨리다.

Áll Blácks 《口》 New Zealand의 내셔널 럭비팀. 「호.

áll cléar (공습 따위의) 경보 해제 신

‡**al·lege** [əlédʒ] *vt.* 단언하다; 증거 없이 주장하다. **al·léged** [-d] *a.* (증거 없이) 주장된; 추정〔단정〕된. **al·leg·ed·ly** [-idli] *ad.* 주장하는 바에 의하면. **al·le·ga·tion** [æligéiʃən] *n.* ⓒⓤ 확언, 주장; 진술; 변명.

Al·le·ghe·nies [æligéiniz] *n. pl.* 앨러게이니 산맥《미국 동부의 산맥》.

*__al·le·giance__ [əlí:dʒəns] *n.* ⓤ (군주·조국에의) 충성; 충실; 전념.

al·le·go·rize [æligəràiz] *vt., vi.* 우화〔비유〕적으로 말하다; 비유를 쓰다.

al·le·go·ry [æligɔ̀:ri/-gəri] *n.* 비유; 우화, 비유담. *__al·le·gór·ic__ [æligɔ́:rik, -á-/-ɔ́-], **-i·cal** [-əl] *a.* 우화의, 우화적인.

al·le·gret·to [æligrétou] *ad.* (It.) 〖樂〗 좀 빠르게《*allegro*와 *andante*와의 중간》. 「빠르게; 급속조(調).

al·le·gro [əléigrou] *ad., n.* (It.) 〖樂〗

al·lele [əlí:l], **al·le·lo·morph** [əlé-ləmɔ̀:rf] *n.* 〖生〗 대립 유전자, 대립 형질.

al·le·lu·ia [æləlú:jə] *n., int.* ＝HALLELUJAH. 「포괄적인.

all-em·brac·ing [ɔ́:lembréisiŋ] *a.*

al·ler·gen [ælərdʒən] *n.* 〖醫〗 알러젠《알레르기를 일으키는 물질》.

al·ler·gen·ic [ælərdʒénik] *a.* 알레르기를 일으키는. 「《俗》 몹시 싫은(*to*).

al·ler·gic [ələ́:rdʒik] *a.* 알레르기의;

al·ler·gol·o·gy [ælərdʒálədʒi/-ɔ́-] *n.* ⓤ 알레르기학. 「질); 《俗》 질색.

*__al·ler·gy__ [ælərdʒi] *n.* 알레르기 (체

al·le·vi·ate [əlí:vièit] *vt.* 경감〔완화〕하다. **al·le·vi·á·tion** [-⌐-éi-] *n.* ⓤⓒ **al·le·vi·a·tive** *a., n.* 완화하는 (것).

áll-ex·pense tòur [ɔ́:likspéns] ＝PACKAGE TOUR.

*__al·ley__[1] [æli] *n.* 《美》 뒷골목; 뒷길; 《英》 좁은 길, 샛길; 두렁길.

al·ley[2] *n.* (질이 좋은) 튀김돌.

álley càt 도둑 고양이; 《美》 매춘부.

al·ley·way [-wèi] *n.* 《美》 (도시의) (뒷)골목길; 좁은 통로.

all-fired [ɔ́:lfàiərd] *a., ad.* 《美俗》 무서운, 굉장한; 무섭게.

Áll Fóols' Dày 만우절(April Fools' Day)《4월 1일》. 「SAINTS' DAY.

All-hal·lows [ɔ̀:lhælouz] *n.* ＝ALL

*__al·li·ance__ [əláiəns] *n.* ① ⓒⓤ 동맹, 결연; 인척 관계. ② ⓒⓤ 협력, 협조. ③ 동맹자〔국〕, 연합국. ④ ⓤⓒ 유사성〔점〕. ***Holy A-*** 〖史〗 (1815년의) 신성 동맹. ***in* ～ *with*** …와 연합〔동맹〕하여.

‡**al·lied** [əláid, ælaid] *a.* 동맹〔연합〕한; 연합국의; 결연한; (동·식물 등) 가까운 붙이의. ***A-*** [ælaid] ***Forces*** 연합군.

*__Al·lies__ [ælaiz, əláiz] *n.* (the ～) (1·2차 대전의) 연합국; NATO 가맹국.

*__al·li·ga·tor__ [æligèitər] *n.* ① (미국·중국산의) 악어; ⓤ 악어 가죽. ② 수륙 양용 탱크. 「극히 중요한.

all-im·por·tant [ɔ́:limpɔ́:rtənt] *a.*

all-in [ɔ́:lín] *a.* 《주로 英》 모든 것을 포함한; 《美口》 기진맥진하여, 무일푼이 되어; 〖레슬링〗 자유형의.

all-in·clu·sive [ɔ́:linklú:siv] *a.* 모든 것을 포함한, 포괄적인.

al·lit·er·a·tion [əlìtəréiʃən] *n.* ⓤⓒ 두운(頭韻)(법). **al·lit·er·ate** [əlítərèit] *vi., vt.* 두운이 맞다; 두운을 맞추다. **al·lít·er·a·tive** *a.*

al·li·um [æliəm] *n.* 파·마늘류(類).

all-know·ing [ɔ́:lnóuiŋ] *a.* 전지(全知)의. 「떤 전압에도 쓸 수 있는.

all-mains [⌐méinz] *a.* (수신기가) 어

*__all-night__ [⌐náit] *a.* 철야(영업)의.

al·lo·cate [æləkèit] *vt.* 할당하다, 배분하다; 배치하다. **ál·lo·ca·tor** *n.* **al·lo·ca·tion** [⌐-kéiʃən] *n.* ⓤ

al·lo·ca·tee [æləkeití:] *n.* (자료 등을) 배급받는 사람, 수급자.

al·log·a·my [əlágəmi/-ɔ́-] *n.* ⓤ 〖植〗 타가(他家) 생식, 타화 수정〔수분〕.

al·lo·graph [æləgræ̀f] *n.* 대필, 대리 서명.

al·lo·morph [æləmɔ̀:rf] *n.* 〖言〗 형태 구성소.

al·lo·nym [ælənìm] *n.* 필명《저자의 가명》; 가명 작품.

al·lop·a·thy [əlápəθi/-ɔ́-] *n.* ⓤ 대증(對症) 요법(opp. homeopathy). **ál-lo·path** [æləpæ̀θ], **al·lóp·a·thist** [əlápəθist/-ɔ́-] *n.* 대증 요법가.

al·lo·phone [æləfòun] *n.* 〖音聲〗 이음(異音)《예컨대 *do*의 *d*와 *dry*의 *d*는 phoneme /d/ 의 allophones》.

all-or-none [ɔ́:lərnʌ́n] *a.* 전부냐 전무(全無)냐의(～ *law* 실무율(悉無律)).

‡**al·lot** [əlát/-ɔ́-] *vt.* (*-tt-*) 분배하다; 할당하다(*to*); 충당하다(*for*). ── *vi.* 《美》 기대하다, 믿다; 생각하다, (…할) 작정이다(*upon doing*). *～**·ment** *n.* ⓤ 분배; 할당; ⓒ 배당, 몫.

al·lo·trope [ælətròup] *n.* 〖化〗 동소체(同素體). **al·lo·tróp·ic** [ælətrápik/-ɔ́-] *a.* 〖化〗 동소의; 동질이형(同質異形)의. **al·lót·ro·pism** [əlátrəpìzəm/-lɔ́-], **al·lót·ro·py** [-trəpi] *n.* ⓤ 〖化〗 동소(성).

all-out [ɔ́:láut] *a.* 《美口》 전력을 다한; 전면적인. 「론자.

all-out·er [⌐áutər] *n.* 《美口》 극단

all·o·ver [⌐òuvər] *a., n.* (무늬 따위가) 전면에 걸친; ⓤ 전면 무늬의 (천).

all-o·ver·ish [ɔ̀:lóuvəriʃ] *a.* 《口》(어쩐지) 불안한; 몸이 불편한.

†**al·low** [əláu] *vt.* ① 허(용)하다. ② (학자·수당을) 주다. ③ 인정하다; 참작하다. ④ 빼다(*for*), 할인하다. ⑤ 《美方》 말하다; …라고 여기다. ⑥ (재해 따위) 일어나게 내버려 두다. ～ ***for*** 고려하다. ～ ***of*** …을 허용하다, …할 수 있다. ～**·a·ble** *a.* 허용할 수 있는; 인정할 수 있는. ～-

a·bly *ad.*
‡**al·low·ance** [-əns] *n.* ① **수당**, 지급하는 돈. ② 공제, 할인. ③ 〖競〗 유리한 조건, 핸디《약자에게 주는》. ④ Ⓤ 승인, 용인. ⑤ (*pl.*) **참작**, 작량. *make* ~(*s*) 참작하다(*for*). 「백히.
al·low·ed·ly [-idli] *ad.* 인정되어; 명
***al·loy** [ǽlɔi, əlɔ́i] *n.* ⓊⒸ **합금**; (합금에 쓰는) 비(卑)금속; 섞음질(하는 물건); (금·은의) 품위. ── [əlɔ́i] *vt., vi.* **합금하다**; 섞음질하다; 품질을 떨어뜨리다.
all-pos·sessed [ɔ́:lpəzést] *a.* 《美口》 악마에 홀린 듯한, 열중해 있는.
all-pow·er·ful [ɔ́:lpáuərfəl] *a.* 최강의, 전능(全能)의.
all-pur·pose [ˊpə́:rpəs] *a.* 무엇에든 쓸 수 있는, 만능의.
all-round [ˊráund] *a.* 《口》 다방면에 걸친, 만능의; 융통성 있는.
Áll Sáints' Dày 〖카톨릭·聖公會〗 제성첨례(諸聖瞻禮)《11월1일》.
Áll Sóuls' Dày 〖카톨릭〗 추사이망첨례(追思已亡瞻禮), 〖聖公會〗 제령일(諸靈日) 《11월 2일》. 「의) 향료.
all·spice [ɔ́:lspàis] *n.* Ⓤ (서인도산
all-star [ˊstɑ̀:r] *a.* 《美》 스타 총출연의, (팀이) 일류 선수로 짜인. ── *n.* 선발팀 선수.
all-time [ˊtàim] *a.* 전시간(근무)의 (full-time); 공전의, 기록적인. ~ *high* 〔*low*〕 최고〔최저〕 기록.
***al·lude** [əlú:d] *vi.* **넌지시 비추다**, …에 관해 말하다(*to*) (cf. allusion).
áll-ùp wéight (항공기의) 총중량.
***al·lure** [əlúər] *vt.* **꾀다**, 부추기다(tempt) (*to, into*); 매혹하다 (charm). ── *n.* Ⓤ 매력. ~·**ment** ⓊⒸ *n.* **al·lur·ing** [əlúəriŋ] *a.*
***al·lu·sion** [əlú:ʒən] *n.* ⓊⒸ 변죽 울림, 암시; 약간의 언급; 〖修〗 인유(引喩). **al·lú·sive** [-siv] *a.*
al·lu·vi·al [əlú:viəl] *a.* 충적(沖積)(기)의. **al·lú·vi·um** [-viəm] *n.* 충적
allúvial góld 사금(砂金). └층〔토〕.
al·lu·vi·on [əlú:viən] *n.* 충적지; 〖法〗 (물가의) 신생지; 파도의 들이침; 홍수. 「기.
áll wàve recéiver 전파(全波) 수신
all-weath·er [ɔ́:lwèðər] *a.* 어떤 날씨에도 사용할 수 있는, 전천후의.
all-white [ˊhwáit] *a.* 백인만의 ; 백인 전용의.
‡**al·ly** [əlái] *vt., vi.* **동맹〔연합〕하다**; 결연하다, 맺다. ***be allied with*** 〔*to*〕 …와 동맹하고〔관련이〕 있다; 친척이다. ── [ǽlai] *n.* 동맹자〔국〕; 원조자; 동류(의 동·식물).
Ál·ma Má·ter, a- m- [ǽlmə mɑ́:tər, -méi-] (L. =fostering mother) 모교. 「력, 책력; 연감.
***al·ma·nac** [ɔ́:lmənæ̀k, ǽl-] *n.* **달**
‡**al·might·y** [ɔ:lmáiti] *a., ad.* **전능한**; 《美口》 대단한〔히〕. ***the A-*** 하느님. 「(扁桃), 그 나무〔종자〕.
***al·mond** [ɑ́:mənd, ǽlm-] *n.* **편도**
al·mond-eyed [-àid] *a.* 편도형의 눈을 가진《몽고 인종의 특징》.

al·mon·er [ǽlmənər, ɑ́:m-] *n.* (왕가·수도원 등의) 구휼품(救恤品) 분배관. 「품 분배소.
al·mon·ry [ǽlmənri, ɑ́:m-] *n.* 구휼
†**al·most** [ɔ́:lmoust; ⸗ˊ] *ad.* **거의**.
***alms** [ɑ:mz] *n. sing. & pl.* **보시**(布施), 베풀어 주는 물건.
álms bòx 《英》 자선함.
alms·giv·er [ɑ́:mzgìvər] *n.* 시주(施主), 자선가. 「베풂, 자선.
alms·giv·ing [ˊgìviŋ] *n.* Ⓤ (금품을)
alms·house [ˊhàus] *n.* 《美》 공립 구빈원; 《英》 사립 구빈〔양로〕원.
alms·man [ˊmən] *n.* 피(被)구호자.
al·ni·co [ǽlnikòu] *n.* 알니코《알루미늄, 니켈, 코발트의 합금 자석강》.
al·oe [ǽlou] *n.* 〖植〗 노회(蘆薈); (*pl.* 單數取扱) 침향(沈香); (*pl.* 單數取扱) 노회즙《하제》; =AMERICAN ~.
a·loft** [əlɔ́:ft/əlɔ́ft] *ad.* **높이**, 위(쪽)에, 위로; 돛대 꼭대기에. ***go ~ 천국에 가다; 죽다.
a·log·i·cal [eilɑ́dʒikəl/-ɔ́-] *a.* 비논리적인; 논리에 반하는.
a·lo·ha [əlóuə, ɑ:lóuhɑ:] *n.* ⓊⒸ (Hawaiian =love) 사랑, 애정; 환영; 안녕. ── *int.* 어서 오십쇼!, 안녕! ~-***oe***(=~ to you) 안녕.
alóha shírt 알로하 셔츠. 「이름.
Alóha Státe, the Hawaii 주의 딴
al·o·in [ǽlouin] *n.* Ⓤ 〖藥〗 알로인 《aloe를 원료로 한 완하제》.
†**a·lone** [əlóun] *pred. a., ad.* (실제로 또는 감정적으로) **홀로**, 혼자; 단지; 다만 …뿐〔만〕. ***leave*** ~ 내버려 두다. ***let*** ~ …은 말할 것도 없고; = LEAVE ~.
†**a·long** [əlɔ́:ŋ/əlɔ́ŋ] *prep.* **…을 따라** 〔끼고〕. ── *ad.* 앞으로, 거침없이; 함께; (동반자로) 데리고. ALL (*ad.*) ~. (*all*) ~ ***of*** 《美方》 …의 탓으로. ~ ***with*** …와 함께〔더불어〕. ***be*** ~ 《美口》 다른 사람을 뒤따라 미치다. GET ~. RIGHT ~. 「라.
a·long·shore [-ʃɔ́:r] *ad.* 해안을 따
***a·long·side** [-sáid] *ad., prep.* (…의) 곁〔옆〕에; (…에) 옆으로 대어; …와 나란히(*of*).
a·loof [əlú:f] *ad.* 떨어져서. ***keep*** 〔***stand, hold***〕 ~ (…에서) 떨어져 있다, (…에) 초연해 있다(*from*). ── *pred. a.* 초연한, 무관심의. ~·**ly** *ad.* ~·**ness** *n.*
al·o·pe·ci·a [æ̀ləpí:ʃiə] *n.* Ⓤ 〖醫〗 탈모증, 독두증.
‡**a·loud** [əláud] *ad.* 소리를 내어; **큰 소리로**; 《口》 똑똑히. THINK ~.
alp [ælp] *n.* 높은 산; (알프스 산 중턱의) 목초지. 「Party.
ALP, A.L.P. American Labor
al·pac·a [ælpǽkə] *n.* 〖動〗 알파카; Ⓤ 그 털〔천〕.
al·pen·horn [ǽlpənhɔ̀:rn] *n.* (스위스 사람의) 목제 나팔. 「팡이.
al·pen·stock [-stɑ̀k/-ɔ̀-] *n.* 등산 지
al·pha [ǽlfə] *n.* 그리스 자모의 첫째 글자《*A, α*; 영어의 A, a에 해당》. ~ ***and omega*** 처음과 끝, 전부.

†**al·pha·bet** [ǽlfəbèt/-bit] *n.* 알파벳; 초보. ‡**al·pha·bét·ic** [⌐–bétik], **-i·cal** [-əl] *a.* ～**·ize** [-bətàiz] *vt.* 알파벳순으로〔알파벳으로 표기〕하다.
al·pha·nu·mer·ic [æ̀lfənju:mérik] *a.* 〖컴퓨터〗 알파벳 등의 문자와 숫자로 된, 문자·숫자 양용의.
álpha pàrticle 〖理〗 알파 입자(粒子).
álpha plùs 최고급의.
álpha ràys 〖理〗 알파선.
álpha rhỳthm 〖生〗 (뇌파의) 알파 리듬.
al·pha·scope [ǽlfəskòup] *n.* 알파스코프《컴퓨터의 브라운관 표시 장치》.
álpha tèst 〖心〗 알파 지능 테스트.
***Al·pine** [ǽlpain, -pin] *a.* 알프스의; (a-) 고산의(～ *flora* 고산 식물); 대단히 높은. **ál·pin·ist** [ǽlpənist] *n.* 등산가.
‡**Alps** [ælps] *n. pl.* 알프스 산맥.
†**al·read·y** [ɔ:lrédi] *ad.* 이미, 벌써; 《美俗》 곧 (*Let's go* ～*!* 어서 가자).
al·right [ɔ́:lráit] *ad.* 《俗》 ＝ALL RIGHT.
ALS Automatic Landing System 〖空〗 자동 착륙 장치.
Al·sa·tia [ælséiʃə] *n.* 런던의 한 지구《구칭 Whitefriars; 범죄자나 채무자가 도피한 곳》; 잠복처.
†**al·so** [ɔ́:lsou] *ad.* …도 또한, 역시 (too); 그 위에.
al·so-ran [-ræ̀n] *n.* (경마의) 등외(等外) 말; 낙선자; 실패자, 범재(凡才).
alt [ælt] *n.* 〖樂〗 ⓒⓤ 알토, 중고음. *in* ～ 알토로; 우쭐하여.
alt. alternate; altitude; alto.
Al·ta·ic [æltéiik] *n.* ⓤ 알타이어족. ── *a.* 알타이어족의; 알타이 산맥의.
Al·ta·ir [æltɛ́ər] *n.* 〖天〗 견우성.
‡**al·tar** [ɔ́:ltər] *n.* 제단(祭壇). ***lead*** (*her*) ***to the*** ～ 아내로 삼다.
áltar bòy (미사의) 복사(服事).
ál·tar·piece [-pì:s] *n.* 제단의 뒷장식.
áltar ràil 제단 앞의 난간.
‡**al·ter** [ɔ́:ltər] *vt., vi.* 바꾸다; 바뀌다; 《美口》 거세하다. ～**·a·ble** [-əbl] *a.* 변경할 수 있는. ***al·ter·a·tion** [⌐–éiʃən] *n.* ⓒⓤ 변경. ～**·a·tive** [-èitiv, -rət-] *a.* 변화〔변질〕하는.
al·ter·cate [ɔ́:ltərkèit] *vi.* 언쟁〔말다툼〕하다(*with*). **al·ter·cá·tion** [⌐–⌐–] *n.*
al·ter e·go [ɔ́:ltər í:gou, ǽl-] (L.) 타아(他我); 친구.
al·ter·nant [ɔ́:ltərnənt, ǽl-] *n.* 〖言〗 ＝ALLOMORPH.
al·ter·nate** [ɔ́:ltərnit/ɔ:ltə́:-] *a.* 번갈아서의; 〖植〗 호생(互生)의. ***on ～ ***days*** 하루 걸러. ── *n.* 교체; 《美》 대리 (위원); 교체원. ── [ɔ́:ltərnèit] *vt., vi.* 번갈아 하다〔되다〕, 교체하다(*with*); 〖電〗 교류(交流)하다. **ál·ter·nate·ly** *ad.*
álternating cúrrent 〖電〗 교류.
al·ter·na·tion [ɔ̀:ltərnéiʃən] *n.* ⓤⓒ 교호(交互), 번갈음. ～ ***of generations*** 〖生〗 세대 교번(交番).
‡**al·ter·na·tive** [ɔ:ltə́:rnətiv] *a.* 어느 한쪽의, 둘 (이상) 중 하나를 택해야 할; 다른, 별개의 《관청용어》. ── *n.* 양자 택일; 어느 한쪽; 다른 수단, 달리 택할 길〔방도〕.
altérnative conjúnction 〖文〗 선택 접속사.
altérnative júdgment 〖論〗 양자택일적 판단.
altérnative quéstion 〖文〗 선택 의문(문).
al·ter·na·tor [ɔ́:ltərnèitər] *n.* 교류 발전기.
alt·horn [ǽlthɔ̀:rn] *n.* 알토 호른.
†**al·though, al·tho** [ɔ:lðóu] *conj.* ＝THOUGH.
al·ti·graph [ǽltəgræ̀f, -grɑ̀:f] *n.* 자동 고도 표시기.
al·tim·e·ter [æltímitər/ǽltimì:tər] *n.* 고도 측량기; 〖空〗 고도계.
al·tim·e·try [-tímətri] *n.* ⓤ 측고법(測高法).
‡**al·ti·tude** [ǽltətjù:d] *n.* ⓤⓒ 높이, 고도; 표고, 해발; (보통 *pl.*) 높은 곳.
áltitude flìght 고도 비행.
áltitude rècord 고도 기록.
áltitude sìckness 고공병(高空病).
al·to [ǽltou] *n.* (*pl.* ～*s*) (It.) 〖樂〗 알토 (가수).
‡**al·to·geth·er** [ɔ̀:ltəgéðər] *ad.* 아주, 전혀; 전부해서; 대체로. ── *n.* ⓤ 전체(적 효과). ***the*** ～ 《口》 알몸.
álto hórn ＝ALTHORN.
al·tru·ism [ǽltruìzəm] *n.* ⓤ 애타〔이타〕주의. **-ist** *n.* **al·tru·is·tic** [⌐–ístik] *a.* **al·tru·ís·ti·cal·ly** *ad.*
al·um [ǽləm] *n.* ⓤ 명반(明礬).
a·lu·mi·na [əlú:mənə] *n.* ⓤ 알루미나, 반토(礬土).
a·lu·mi·nate [əlú:mənèit, -nit] *n.* 〖化〗 알루민산염(酸塩).
al·u·mi·nize [əlú:mənàiz] *vt.* …에 알루미늄을 입히다; …을 알루미늄으로 처리하다.
a·lu·mi·nous [əlú:mənəs] *a.* 명반 (alum)의; 알루미나의.
***a·lu·mi·num** [əlú:mənəm], 《英》 **al·u·min·i·um** [æ̀ljumíniəm] *n.* ⓤ 알루미늄.
a·lum·nor [əlʌ́mnər] *n.* 졸업생계(係).
a·lum·nus [əlʌ́mnəs] *n.* (*pl.* ***-ni*** [-nai]; *fem.* ***-na*** [-nə], *pl.* ***-nae*** [-ni:]) 《美》 졸업생; 교우(*an alumni association* 동창회); 《口》 (운동 팀의) 구멤버; 《英》 학생; 생도.
al·ve·o·lar [ælví:ələr] *a.* 폐포(肺胞)의; 〖音聲〗 치조(齒槽)의. ── *n.* 치경음(齒莖音)(t, d, n, l, s, z, ʃ, ʒ, r). **al·ve·o·late** [ælví:əlit, -lèit] *a.* 벌집 모양의, 작은 구멍이〔기포가〕 있는.
al·ve·o·lus [ælví:ələs] *n.* (*pl.* ***-li*** [-lài]) 벌집(모양)의 작은 구멍; 치조(齒槽).
†**al·ways** [ɔ́:lwiz, -weiz, -wəz] *ad.* 언제나, 늘. ***not*** ～ 반드시 …한 것은 아니다.
AM amplitude modulation (cf. FM).
Am 〖化〗 americium.
†**am** [強 æm, 弱 əm] *v.* be의 1인칭·단수·직설법 현재.
Am. America(n). **am.** ammeter.
A. M. *Artium Magister* (L.＝Master of Arts). ‡**A. M., a. m.** *ante meridiem* (L.＝before noon). **AMA**

American Medical Association.
a·mah [ɑ́:mə] *n.* 어멈, 유모, 업저지, 하녀《중국·인도의》.
a·main [əméin] *ad.* 《詩》 힘껏; 전속력으로.
a·mal·gam [əmǽlgəm] *n.* UC 아말감《수은과 딴 금속의 합금》; 혼합물.
a·mal·gam·ate [əmǽlgəmèit] *vt., vi.* 수은과 섞다, 아말감으로 하다; 합동〔합병〕하다. **a·mal·gam·a·tion** [-ˌ-méiʃən] *n.* U 아말감화(化); 〖人類〗 이인종(異人種)의 융합; 《美》 흑인과 백인의 혼혈.
a·man·u·en·sis [əmæ̀njuénsis] *n.* (*pl.* **-ses** [-si:z]) 필기자.
am·a·ranth [ǽmərænθ] *n.* (전설의) 시들지 않는다는 꽃; 〖植〗 비름속의 식물; U 보랏빛 (물감). **am·a·ran·thine** [ˌ-rǽnθin, -θain] *a.*
am·a·ryl·lis [æ̀mərílis] *n.* 〖植〗 아마릴리스.
a·mass [əmǽs] *vt.* 쌓다; 모으다; 저축하다. **～·ment** *n.* UC 축적, 축재.
‡**am·a·teur** [ǽmətʃùər, -tʃər, -tər, æ̀mətə́:r] *n., a.* 아마추어(의), 비직업적(인), 취미의. **am·a·teur·ish(·ly)** [æ̀mətʃúəriʃ(li), -tjúə-, -tə́:r-] *a.* (*ad.*) **～·ism** [-izəm] *n.* U 아마추어 재주, 서투름.
am·a·tive [ǽmətiv] *a.* 연애〔호색〕의.
am·a·tol [ǽmətɑ̀l, -tɔ̀:l] *n.* 아마톨《강력 폭약의 일종》.
am·a·to·ry [ǽmətɔ̀:ri/-təri] *a.* 연애의(～ *poems* 사랑의 노래); 호색적인 (*an* ～ *look* 추파).
am·au·ro·sis [æ̀mɔ:róusis] *n.* U 〖醫〗 흑내장, 청맹과니.
‡**a·maze** [əméiz] *vt.* 놀래다, 깜짝 놀라게 하다; 경이감을 품게 하다. *be ～d* 깜짝 놀라다. ── *n.* 《詩》 = AMAZEMENT. **a·máz·ed·ly** [-idli] *ad.* 기급을 하여. ‡**a·máze·ment** *n.* U (깜짝) 놀람, 소스라침; 《廢》 아연함. ‡**a·máz·ing(·ly)** *a.* (*ad.*)
***Am·a·zon** [ǽməzən, -zɑ̀n] *n.* 〖그神〗 아마존《흑해 부근에 있던 용감한 여장부(의 하나)》; (*or* a-) 여장부; (the ～) 아마존강. **Am·a·zó·ni·an** [æ̀məzóuniən] *a.*
AMB antiballistic missile. **Amb.** ambassador.
‡**am·bas·sa·dor** [æmbǽsədər] *n.* 대사; 사절. ～ ***extraordinary (and plenipotentiary)*** 특명 (전권) 대사. ～ ***at large*** 《美》 무임소 대사, 특사. **am·bas·sa·dó·ri·al** [æmbæ̀sədɔ́:riəl] *a.* **～·ship** [-ʃip] *n.* U 대사의 신분〔직, 자격〕. **-dress** [-dris] *n.* 여자 대사〔사절〕; 대사 부인.
am·ber [ǽmbər] *n., a.* 호박(琥珀); U 호박색(의).
am·ber·gris [-grì(:)s] *n.* U 용연향(龍涎香)《향유고래의 장(腸)에서 얻는 향료의 원료》.
ambi- *pref.* 「양쪽, 둘레」 따위의 뜻.
am·bi·dex·trous [æ̀mbidékstrəs] *a.* 양수잡이의; 교묘한; 두 마음을 품은. **～·ly** *ad.* **～·ness** *n.*
am·bi·ence, -ance [ǽmbiəns] *n.* 환경; (장소의) 분위기.
am·bi·ent [ǽmbiənt] *a.* 주위의〔를 둘러 싸는〕.
***am·bi·gu·i·ty** [æ̀mbigjú:əti] *n.* ① U 애매〔모호〕함, 다의(多義). ② 애매한 말〔표현〕.
***am·big·u·ous** [æmbígjuəs] *a.* 두 가지 뜻으로 해석할 수 있는(equivocal), 모호한. **～·ly** *ad.* **～·ness** *n.*
am·bi·sex·trous [æ̀mbisékstrəs] *a.* 《美》 남녀 구별이 어려운《복장》; 남녀 혼합의《모임》.
am·bit [ǽmbit] *n.* 주위, 범위; 경계.
‡**am·bi·tion** [æmbíʃən] *n.* U ① 야심, 대망; C 야심의 대상. ② 패기.
‡**am·bi·tious** [æmbíʃəs] *a.* 야심적인, 대망(大望)이 있는. **～·ly** *ad.*
am·biv·a·lence [æmbívələns] *n.* U 〖心〗 양면 가치《동일 대상에 대한 애증 병존》. **-lent** *a.*
am·bi·vert [ǽmbivə̀:rt] *n.* 〖心〗 양향성(兩向性) 성격자(cf. introvert, extrovert).
am·ble [ǽmbəl] *n., vi.* 〖馬術〗 측대(側對)걸음《같은 쪽의 양발을 한 쪽씩 동시에 들고 걷는 느린 걸음》(으로 걷다); 완보(緩步)(하다).
am·bly·o·pi·a [æ̀mblióupiə] *n.* U 〖醫〗 약시(弱視).
am·bro·sia [æmbróuʒiə] *n.* UC 〖그·로神〗 신의 음식(cf. nectar); 대단히 맛있는〔냄새 좋은〕 것. **am·bró·sial** *a.* 맛있는; 향기로운; 거룩한.
ambs·ace [éimzèis, ǽmz-] *n.* 따라지 땡《주사위 두 개를 던져 둘 다 1 끗임》; 최하점; 무가치; 불운.
***am·bu·lance** [ǽmbjuləns] *n.* 상병자 운반차〔선·기〕, 구급차; 야전병원.
ámbulance chàser 《美口》 사고의 피해자를 부추겨 소송을 제기케 하여 돈벌이하는 변호사; 《一般》 악덕 변호사.
am·bu·lant [ǽmbjulənt] *a.* 보행하는〔할 수 있는〕.
am·bu·late [ǽmbjulèit] *vi.* 걸어다니다; 이동하다. **am·bu·la·tion** [ˌ-léiʃən] *n.* U
am·bu·la·to·ry [ǽmbjulətɔ̀:ri / -təri] *a., n.* 보행(용)의; 이동하는; 유보장(遊步場); 회랑.
am·bus·cade [æ̀mbəskéid, ˊ-ˌ] *n., vt., vi.* 〖軍〗 = ⇩.
am·bush** [ǽmbuʃ] *n.* ① U 매복, 잠복. ② 매복 장소; 복병. ***fall into an ～ 복병을 만나다. ***lie*** 〔***wait***〕 ***in*** ～ 매복하다. ── *vt., vi.* 매복하다.
a·me·ba [əmí:bə] *n.* = AMOEBA.
am·e·bi·a·sis [æ̀mibáiəsis] *n.* 〖醫〗 아메바증(症).
âme dam·née [ɑ́:m dɑ:néi] *n.* (F.) 맹종자.
a·mel·io·rate [əmí:ljərèit] *vt.* 개선〔개량〕하다. ── *vi.* 좋아〔나아〕지다. **-io·ra·ble** [-rəbəl] *a.* **a·mel·io·ra·tion** [-ˌ-réiʃən] *n.* UC
***a·men** [éimén, ɑ́:mén] *int., n.* 아멘 (=So be it! 그러할지어다); U 동의, 찬동(*say* ～ *to* …에 찬성하다).
a·me·na·ble [əmí:nəbəl, əmén-] *a.* 복종해야 할; …을 받아들이는, …에 순종하는(*to*); (법률에) 따라야 할; (법률에) 맞는. **-bly** *ad.* **a·me·na·bil-**

i·ty [-ˊ--bíləti] n. Ⓤ 복종해야 함; 순종.

ámen còrner 《美》 교회의 설교단 옆 자리; 《口》 집회장.

‡a·mend [əménd] vt. 고치다, 정정〔수정·개정〕하다. ‡a·ménd·ment n.

a·mende ho·no·ra·ble [æmáːd ɔnɔráːbl] n. (F.) 공식적 사죄〔배상〕.

*a·mends [əméndz] n. pl. 《單數取扱》 배상, 벌충(*for*).

*a·men·i·ty [əménəti, -míː-] n. ① Ⓤ (인품이) 호감을 줌, 온아함; (pl.) 예의. ② Ⓤ (환경·건물의) 아늑함, 쾌적. ③ (pl.) (가정의) 즐거움.

a·men·or·rhe·a [eimènəríːə, ɑː-] n. Ⓤ 무월경(無月經), 월경 폐지.

a·men·tia [eiménʃiə/əmén-] n. Ⓤ (선천성) 백치(白痴), 정신 박약.

Amer. America(n).

A·mer·a·sian [æməréiʒən, -ʃən] n. 미국인과 동양인의 혼혈아〔인〕.

a·merce [əmə́ːrs] vt. 벌을 과하다.

†A·mer·i·ca [əmérikə] n. 《美》 미국; 북아메리카; 남아메리카; 미주(美州).

†A·mer·i·can [-n] a. 《美》 미국(인)의; 아메리카(인)의. —— n. 《美》 미국인; 미국 원주민; Ⓤ 《美》 미국어.

A·mer·i·ca·na [əmèrəkǽnə, -káː-] n. 미국 문헌, 미국지(誌).

Américan áloe 〖植〗 용설란(agave).

Américan Béauty 붉은 장미의 일종《미국산》.

Américan clòth 〔léather〕 《英》 광택 있는 유포(油布)《의자 커버 따위로 쓰임》.

Américan dréam 아메리카의 꿈《노력하면 성공과 풍요가 약속된다는 미국의 사회적 이상》.

Américan éagle 흰머리수리《북미산》; 미국의 문장(紋章).

Américan Énglish 미국 영어, 미어(cf. British English).

Américan fóotbàll 미식 축구.

Américan Índian 아메리카 토인.

A·mer·i·can·ism [əmérikənìzəm] n. ⓊⒸ 미국어(법); 미국풍〔식〕; Ⓤ 미국 숭배.

A·mer·i·can·ize [əmérikənàiz] vt., vi. 미국화(化)하다; 미국 말을 하다.

A·mer·i·can·i·za·tion [-ˊ-kənizéiʃən/-naiz-] n. Ⓤ 미국화. 「ENGLISH.

Américan lánguage = AMERICAN

Américan Léague, the 아메리칸 리그(미국 프로 야구 2대 리그의 하나). 「군인회.

Américan Légion, the 미국 재향

Américan plán 《美》 (호텔의) 미국식 계산《방값·식비를 합산》 (cf. European plan). 「독립 전쟁(1775–83).

Américan Revolútion 《美》 미국

Américan Stándards Associátion 미국 규격 협회《생략 ASA》.

Américan Stándard Vérsion, the 미국 표준역 성서(생략 ASV).

am·er·ic·i·um [æməríʃiəm] n. Ⓤ 〖化〗 아메리슘《방사성 원소; 기호 Am》.

Am·er·ind [ǽmərind] n. 《美》 아메리카 원주민(<*Amer*ican *Ind*ian).

am·e·thyst [ǽməθist] n. Ⓤ 자석영(紫石英), 자수정.

am·e·tro·pi·a [æmətróupiə] n. Ⓤ 〖醫〗 비정시(視) 《난시, 근시, 원시의 총칭》. 「(cf. amie).

a·mi [æmíː] n. (F.) 남자 친구〔애인〕

*a·mi·a·ble [éimiəbəl] a. 귀여운; 호감을 주는; 마음씨가 상냥한; 온후한. *-bly ad. a·mi·a·bil·i·ty [ˋ--bíləti] n. Ⓤ

*am·i·ca·ble [ǽmikəbəl] a. 우호적인, 친화〔평화〕적인. -bly ad. am·i·ca·bil·i·ty [æmikəbíləti] n. 「(蓋頭布).

am·ice [ǽmis] n. 〖카톨릭〗 개두포

‡a·mid [əmíd] prep. …의 한가운데에; 한창 …하는 중에.

am·ide [ǽmaid] n. 〖化〗 아미드(기화물(基化物)). 「중앙에〔을 향해〕.

a·mid·ship(s) [əmídʃip(s)] ad. 배의

‡a·midst [əmídst] prep. = AMID.

a·mie [æmíː] n. (F.) 여자 친구〔애인〕(cf. ami). 「(Sp.) 《美》 친구.

a·mi·go [əmíːgou, ɑː-] n. (pl. ~s)

a·mine [əmíːn, ǽmin] n. Ⓤ 〖化〗 아민. 「〖化〗 아민의.

a·mi·no [əmíːnou, ǽmənòu] a.

amíno ácid 아미노산.

a·mì·no·ben·zo·ic ácid [əmìːnoubenzóuik] 〖化〗 아미노 안식향산.

A·mish [áːmiʃ, ǽm-] a., n. 《美》 아미시(의)《17세기말 J. Ammann과 함께 도미한 그리스도교도》.

*a·miss [əmís] ad. 빗나가서, 어긋나서, 수사납게; 잘못되어; 탈이 나서. *come* ~ 달갑지 않게〔신통치 않게〕되다. *go* ~ (일이) 잘 안 돼 가다, 어긋나다. *take (it)* ~ 나쁘게 해석하다; 기분을 상하다. —— a. 빗나간, 어긋난; 틀린.

am·i·to·sis [æmətóusis, èimai-] n. 〖生〗 (핵의) 무사(無絲) 분열. 「친선.

am·i·ty [ǽməti] n. ⓊⒸ 친목, 친화,

AMM, A. M. M. anti-missile missile. 「《요르단의 수도》.

Am·man [áːmmɑːn, -ˊ] n. 암만

am·me·ter [ǽmmìːtər] n. 전류계.

am·mo [ǽmou] n. Ⓤ 《俗》 = AMMUNITION.

am·mo·nal [ǽmənæ̀l] n. Ⓤ 암모날《강력 폭약의 일종》.

*am·mo·nia [əmóunjə, -niə] n. Ⓤ 암모니아.

am·mo·ni·ac [əmóuniæ̀k] a. 암모니아의〔같은〕. —— n. Ⓤ 암모니아 고무. 「암모니아수.

ammónia wàter 〔solùtion〕 〖化〗

am·mo·nite [ǽmənàit] n. 〖古生〗 암몬조개, 국석(菊石).

am·mo·ni·um [əmóuniəm] n. Ⓤ 〖化〗 암모늄.

ammónium chlóride 염화 암모늄.

*am·mu·ni·tion [æ̀mjuníʃən] n., a. Ⓤ 탄약; 군수품; 《英》 군용의. ~ *belt* 탄띠. ~ *boots* 군화. ~ *bread* 군용빵. ~ *box* 〔*chest*〕 탄약 상자. ~ *industry* 군수 산업.

AMND assistant minister of na-

tional defense 국방차관보. 「건망증.
am·ne·sia [æmníːʒə] *n.* Ⓤ 〖醫〗
am·nes·ty [ǽmnəsti] *n.*, *vt.* ⓊⒸ 〖法〗 대사(大赦), 특사(하다).
am·ni·o·cen·te·sis [æ̀mniousentíːsəs] *n.* (*pl.* **-ses** [-siːz]) 〖醫〗 양막천자(羊膜穿刺)《태아의 성별을 진단함》.
am·ni·og·ra·phy [æ̀mniágrəfi] *n.* 〖醫〗 양막조영법(羊膜造影法).
a·moe·ba [əmíːbə] *n.* (*pl.* **~s, -bae** [-biː]) 아메바. **a·móe·bic** *a.* 아메바의〔같은〕, 아메바성의. **a·moe·boid** [əmíːbɔid] *a.* 아메바 비슷한.
a·mok [əmʌ́k, -á-/-ɔ́-] *n.* Ⓤ (말레이 지방의) 광열병(狂熱病). **—** *ad.* ＝AMUCK.
†**a·mong**(**st**) [əmʌ́ŋ(st)] *prep.* …의 가운데〔속〕에, …의 사이에; …중에서는(cf. between). **~ *others*** 〔***other things***〕 (그중에서도) 특히. **~ *the*** REST².
a·mor·al [eimɔ́ːrəl, æm-/-mɔ́r-] *a.* 초(超)도덕의, 도덕에 관계 없는(nonmoral) (cf. immoral).
am·o·rous [ǽmərəs] *a.* 호색의; 연애의; 연애를〔사랑을〕 하고 있는; 사랑을 표시하는, 요염한. **~·ly** *ad.*
a·mor·phism [əmɔ́ːrfizəm] *n.* Ⓤ 무형(無形), 무정형(無定形); 비결정(非結晶), 무조직.
a·mor·phous [əmɔ́ːrfəs] *a.* 무형의; 비결정(질)의; 무조직의. **~ *sentence*** 〖文〗 무형문(無形文).
am·or·ti·za·tion [æ̀mərtəzéiʃən] *n.* 〖經〗 (감채 기금에 의한) 할부 변제(금); 〖法〗 (부동산의) 양도.
am·or·tize [ǽmərtàiz, əmɔ́ː-] *vt.* (감채기금으로) 상각〔상환〕하다; 〖古英法〗 (부동산을) 법인에게 양도하다.
A·mos [éiməs/-mɔs] *n.* 〖舊約〗 아모스《히브리의 예언자》; 아모스서(書).
†**a·mount** [əmáunt] *vi.* 총계 …이 되다(*to*); 결국 …이 되다, (…과) 같다〔한가지이다〕. **—** *n.* 합계, 총액(sum total); 양(量); 결국, 원리 합계. ***in* ~** 총계; 결국, 요컨대. ***to the* ~ *of*** 총계 …까지; …정도나 되는.
a·mour [əmúər] *n.* 연애; 정사(情事).
a·mour-pro·pre [əmùərprɔ́ːpr / ǽmuərprɔ́pr] *n.* (F.) 자존심, 자부심.
A·moy [əmɔ́i] *n.* 아모이(厦門).
AMP adenosine monophosphate.
amp. ampere. 「어수(數).
am·per·age [ǽmpəridʒ] *n.* Ⓤ 암페
***am·pere** [ǽmpiər /-pɛə] *n.* 암페어.
am·pere-hour [-áuər] *n.* 〖電〗 암페어시(時).
am·pere·me·ter [-mìːtər] *n.* 전류계.
am·pere-turn [-tə̀ːrn] *n.* 〖電〗 암페어 횟수. 「(=and)(의 명칭).
am·per·sand [ǽmpərsæ̀nd] *n.* '&'
am·phet·a·mine [æmfétəmìːn] *n.* Ⓤ 〖藥〗 암페타민《중추 신경을 자극하는 각성제》.
amphi- *pref.* 「양(兩)…, 두 가지, 원형, 주위」의 뜻. 「양서류.
Am·phib·i·a [æmfíbiə] *n. pl.* 〖動〗
am·phib·i·an [æmfíbiən] *a.*, *n.* 양서류의 (동물); 수륙 양서(兩棲)의 (식물); 수륙 양용의 (탱크·비행기). **am·phíb·i·ous** *a.* 수륙 양서〔양용〕의; 두 가지 성질을 가진; ＝TRIPHIBIOUS.
am·phi·mix·is [æ̀mfəmíksis] *n.* ⓊⒸ (*pl.* **-mixes** [-míksìːz]) 〖生〗 양성(兩性) 혼합; 교배(交配).
am·phi·the·a·ter, 《英》 **-tre** [ǽmfəθìətər] *n.* (고대 로마의) 원형 극장, 투기장(cf. Colosseum); (근대 극장의) 계단식 관람석; 계단식 (수술 실습) 교실.
am·pho·ra [ǽmfərə] *n.* (*pl.* **-rae** [-rìː]) 그리스·로마 시대의 족자리 둘 달린 긴 항아리.
am·pho·ter·ic [æ̀mfətérik] *a.* 쌍방에 작용하는; 〖化〗 (산성과 염기성의) 양쪽 성질을 가지고 있는.
am·pi·cil·lin [æ̀mpəsílin] *n.* Ⓤ 암피실린《페니실린 비슷한 항생물질》.
‡**am·ple** [ǽmpl] *a.* ① 넓은, 광대한. ② 풍부한; 충분한. **~·ness** *n.*
am·pli·fi·er [ǽmpləfàiər] *n.* 확대하는 물건〔사람〕; 확대경; 〖電〗 증폭기, 「앰프」.
am·pli·fy [ǽmpləfài] *vt.*, *vi.* 넓게 하다, 넓어지다, 확대하다; (학설을) 부연하다. **am·pli·fi·ca·tion** [æ̀mpləfikéiʃən] *n.* Ⓤ
am·pli·tude [ǽmplitjùːd] *n.* Ⓤ 폭; 넓이; 크기; 풍부함, 충분; 〖理〗 진폭.
ámplitude modulátion 〖電子〗 진폭 변조(變調) 《생략 AM》 (opp. frequency modulation (FM)).
am·ply [ǽmpli] *ad.* 충분히; 널리.
am·poule [ǽmpuːl], **-pule** [-pjuːl] *n.* (F.) 앰풀《주사액 넣은》. 「다.
am·pu·tate [ǽmpjutèit] *vt.* 절단하
am·pu·ta·tion [æ̀mpjutéiʃən] *n.* ⓊⒸ 자름, 절단 (수술). **am·pu·tee** [æ̀mpjutíː] *n.* 절단 환자.
AMSA Advanced Manned Strategic Aircraft 유인(有人) 전략폭격기.
Am·ster·dam [ǽmstərdæ̀m] *n.* 네덜란드의 수도.
am·trac [ǽmtræ̀k] *n.* 《軍俗》 수륙 양용차(<***am****phibious* ***trac****tor*).
Am·trak [ǽmtræ̀k] *n.* 앰트랙《전미국 철도여객 수송공사의 애칭》.
AMU atomic mass unit 원자 질량 단위.
a·muck [əmʌ́k] *ad.* 미친 듯이 날뛰어. ***run* ~** 함부로 날뛰다〔설치다〕.
am·u·let [ǽmjəlit] *n.* 부적.
‡**a·muse** [əmjúːz] *vt.* 즐겁게〔재미있게〕 하다; 위안하다. **~ *oneself*** 즐기다, 놀다(*by, with*). ***be* ~d** …을 재미있어 하다, 즐기다(*at, by, with*). **~d** *a.* 즐기는, 흥겨운. ‡**~·ment** *n.* Ⓤ 즐거움, 위안, 오락(*~ment center* 환락가 / *~ment park* 유원지/*~ment tax* 유흥세). ‡**a·mús·ing** *a.* 재미있는, 우스운.
AMVETS, Amvets [ǽmvèts] American Veterans 미재향군인회.
a·myg·da·la [əmígdələ] *n.* (*pl.* **-lae** [-lìː]) 〖植〗 편도류(扁桃類); 복숭아류;

〖解〗 편도(선). 「근(有機根)의 명칭》.
am·yl [ǽmil] *n.* UC 〖化〗 아밀《유기
am·yl·ase [ǽmәlèis] *n.* UC 〖生化〗 아밀라제《전분 당화 효소》.
am·y·lose [ǽmәlòus] *n.* 〖生化〗 아밀로오스.
†**an**[1] [強 æn, 弱 әn] *indef. art.* ⇨A[2].
an[2], **an'** [強 æn, 弱 әn] *conj.* 《方·口》 =AND; 《古》 =IF.
ANA Australian National Airways.
a·na [ɑ́:nә, éinә] *n.* (어떤 사람의) 어록(語錄); 《集合的》 일화(집).
An·a·bap·tist [æ̀nәbǽptist] *n.* 재침례파(교도). **-tism** *n.* U 재침례(론).
an·a·bas [ǽnәbæ̀s] *n.* 〖魚〗 아나바스.
a·nab·a·sis [әnǽbәsis] *n.* UC (*pl.* **-ses** [-sì:z]) (내륙으로의) 진군; 원정; 〖醫〗 병세 악화(증진).
an·a·bat·ic [æ̀nәbǽtik] *a.* 상승(기류)의.
an·a·bi·o·sis [æ̀nәbaióusis] *n.* U 소생(蘇生).
a·nab·o·lism [әnǽbәlizәm] *n.* U 〖生〗 동화 작용 (opp. catabolism). **an·a·bol·ic** [æ̀nәbɑ́lik/-bɔ́l-] *a.*
a·nach·ro·nism [әnǽkrәnizәm] *n.* UC 시대착오(적인 것). **a·nach·ro·nis·tic** [-ˊ-nístik] *a.* 「굴절(성).
an·a·clas·tic [æ̀nәklǽstik] *a.* 〖光〗
an·a·co·lu·thon [æ̀nәkәlú:θɑn/-θɔn] *n.* UC (*pl.* **-tha** [-θә]) 〖文〗 파격 구문.
an·a·con·da [æ̀nәkɑ́ndә/-ɔ́-] *n.* (남미의) 아나콘다 뱀; 《一般》 큰 뱀 《boa, python 따위》.
A·nac·re·on·tic [әnæ̀kriɑ́ntik/-ɔ́n-] *a., n.* (고대 그리스의) 아나크레온풍의 (시).
a·nad·ro·mous [әnǽdrәmәs] *a.* (고기가) 소하성(溯河性)의 《연어 따위》.
a·nae·mi·a, -mic = ANEMIA, ANEMIC.
an·aer·obe [ænέәroub] *n.* 혐기성(嫌氣性) 생물 《박테리아 따위》.
an·aer·o·bic [ˌ-óubik] *a.* 「&c.
an·aes·the·sia, &c. = ANESTHESIA,
an·a·gram [ǽnәgræ̀m] *n.* 글자 바꿈 수수께끼《time을 바꿔 써서 'emit', 'mite' 등으로 하는 따위》; (*pl.* 單數 取扱) 글자 바꿈 수수께끼 놀이.
a·nal [éinәl] (<anus) *a.* 항문(肛門)의, 항문 부근의.
an·a·lects [ǽnәlèkts] *n. pl.* 어록(語錄). ***the A- of Confucius*** 논어.
an·al·ge·si·a [æ̀nәldʒí:ziә] *n.* U〖醫〗 무통각증. **an·al·ge·sic** [æ̀nәldʒí:zik, -dʒésik] *a., n.* 진통의; 진통제.
ánalog compùter 아날로그 계산기, 상사형 전자 계산기.
an·a·log·ic [æ̀nәlɑ́dʒik/-ɔ́-], **-i·cal** [-әl] *a.* 유사한; 유추의. **-cal·ly** *ad.*
a·nal·o·gize [әnǽlәdʒàiz] *vt., vi.* ① (…을) 유추에 의해 설명하다, 유추하다. ② (…에) 유사하다(*with*).
***a·nal·o·gous** [әnǽlәgәs] *a.* 유사한, 상사의. **~·ly** *ad.*
an·a·logue, án·a·log [ǽnәlɔ̀:g, -lɑ̀g/-lɔ̀g] *n.* 유사물; 〖生〗 상사기관.
‡**a·nal·o·gy** [әnǽlәdʒi] *n.* CU 유사; U 유추(*false* ~ 그릇된 유추 / *forced* ~ 억지로 갖다 붙임, 견강부회); U 〖生〗 (기관·기능 따위의) 상사(相似). ***on the ~ of*** …로 유추하여〔미루어〕.
a·nal·y·sand [әnǽlәsæ̀nd] *n.* 정신분석을 받는 사람. 「LYZE.
‡**an·a·lyse** [ǽnәlàiz] *v.* 《英》 = ANA-
‡**a·nal·y·sis** [әnǽlәsis] *n.* UC (*pl.* **-ses** [-sì:z]) ① 분해 (opp. synthesis); 분석. ② 해석(解析)(학). ③ 〖文〗 분석. ***in*** 〔***on***〕 ***the last*** 〔***final***〕 **~,** or ***on ~*** 요컨대, 결국.
***an·a·lyst** [ǽnәlist] *n.* ① 분해자; 분석자, 해석학자. ② 정신 분석학자. ③ 경제〔정치〕 분석가.
***an·a·lyt·ic** [æ̀nәlítik], **-i·cal** [-әl] *a.* 분석〔분해·해석〕의; 분석〔해석〕적인.
analýtical chémistry 분석 화학.
analýtic geómetry 해석 기하학.
an·a·lyt·ics [æ̀nәlítiks] *n.* 분석〔해석〕학; 〖文〗 분석론.
‡**an·a·lyze,** 《英》 **-lyse** [ǽnәlàiz] *vt.* 분석〔분해·해석〕하다; (문장을) 분석하다. ***-lyz**〔**s**〕**·er** [-әr] *n.* 분석하는 사람〔물건〕.
an·am·ne·sis [æ̀næmní:sis] *n.* (*pl.* **-ses** [-si:z]) 회상; (특히) 생전의 추억; 환자의 병력 (설명).
an·a·mor·pho·sis [æ̀nәmɔ́:rfәsis] *n.* 〖光學〗 왜상(歪像); 〖植〗 기형, 변체《꽃, 잎 등》; 〖生〗 점변(漸變) 진화.
an·a·nas [ǽnәnæ̀s, әnɑ́:nәs] *n.* 《稀》 〖植〗 아나나스, 파인애플.
An·a·ni·as [æ̀nәnáiәs] *n.* 〖聖〗 아나니아《거짓말을 하여 벌받아 죽은 남자》; 거짓말장이.
an·a·p(a)est [ǽnәpèst] *n.* 〖韻〗 약약강격(弱弱強格) 《××ˊ》. **an·a·paes·tic, -pés·** [æ̀nәpéstik/-pí:s-] *a.*
a·naph·o·ra [әnǽfәrә] *n.* 〖修〗 수어(首語)(구) 반복; 〖文〗 (반복을 피하기 위한 대명사·대동사 등의) 대용어.
an·a·phor·ic [æ̀nәfɔ́:rik/-fɔ́r-] *a.* 〖그正教〗 성찬식의; 〖文〗 전방조응(前方照應)의.
an·aph·ro·dis·i·ac [ænæ̀frәdízi-æ̀k] *a., n.* 성욕 억제의(제).
an·a·plas·ty [ǽnәplæ̀sti] *n.* U 〖外科〗 성형 수술.
an·a·rak [ǽnәræ̀k] *n.* = ANORAK.
an·arch [ǽnɑ:rk] *n.* = ANARCHIST.
an·ar·chism [ǽnәrkìzәm] *n.* U 무정부주의(상태), 무질서; 테러 행위. **-chist** *n.* 무정부주의자〔당원〕.
***an·ar·chy** [ǽnәrki] *n.* U 무정부 (상태), (사회의) 무질서, 혼란. **an·ar·chic** [ænɑ́:rkik], **-chi·cal** [-әl] *a.*
an·as·tig·mat [әnǽstigmæ̀t] *n.* 〖寫〗 무수차(無收差) 렌즈.
a·nas·to·mo·sis [әnæ̀stәmóusis] *n.* (*pl.* **-ses** [-si:z]) (동맥의) 문합(吻合); 〖生〗 교차 연락; (강의) 교류. **a·nas·to·mose** [әnǽstәmòuz] *vi.* (혈관 등이) 문합하다.
a·nath·e·ma [әnǽθәmә] *n.* 파문; 저주; 저주받은 물건〔사람〕.
‡**a·nat·o·my** [әnǽtәmi] *n.* U 해부

(술·학); 분석; (동·식물의) 구조. **an·a·tom·ic** [ӕnətámik/-ɔ́-], **-i·cal** [-əl] *a.* **a·nát·o·mist** *n.* 해부학자. **-mize** [-màiz] *vt.* 해부[분석]하다.

‡**an·ces·tor** [ǽnsestər, -səs-] *n.*(*fem.* **-tress**) 조상. ***an·ces·tral** [ӕnséstrəl] *a.* 조상[선조](전래)의. ***án·ces·try** [-tri] *n.* Ⓤ 《集合的》 조상; 집안; 가계(lineage).

‡**an·chor** [ǽŋkər] *n.* 닻; 힘이[의지가] 되는 것; (릴레이의) 최종 주자(走者). *at* ~ 정박하여. *cast* [*drop*] ~ 닻을 내리다. *drag* ~ 표류하다. *weigh* ~ 닻을 올리다, 출범하다. —— *vt., vi.* 닻을 내리다, 정박하다. ~ *one's hope in* [*on*] …에 희망을 걸다. *~·**age** [-idʒ] *n.* ⓊⒸ 닻을 내림; 정박(지·세). 「隱者).

an·cho·ress [ǽŋkəris] *n.* 여은자(女

an·cho·ret [ǽŋkərit, -rèt], **-rite** [-ràit] *n.* 은자(隱者)(hermit), 속세를 떠난 사람(recluse).

an·chor·man [ǽŋkərmӕn] *n.* ① 중심 인물; 최종 주자. ② (*fem.* **-wŏm·an**) (방송의) 앵커맨.

an·cho·vy [ǽntʃouvi, -tʃə-] *n.* 〖魚〗 안초비《지중해산 멸치류》. ~ *paste* 안초비를 풀처럼 갠 식품. 「의 약초.

an·chu·sa [ӕŋkjú:sə] *n.* 지치과(科)

an·cienne no·blesse [ɑ̃:nsjén noublés] (F.) (혁명 전의) 구(舊)귀족.

an·cien ré·gime [ɑ̃:nsjɛ̃n reiʒí:m] (F.) 구제도《특히 혁명 이전 프랑스의 정치·사회 조직》.

‡**an·cient**[1] [éinʃənt] *a.* 고대의, 옛날의; 고래(古來)의; 늙은(very old)(*The A- Mariner* 노(老)선원《Coleridge 작의 시의 제목》); 구식의; 낡은. —— *n.* 고전 작가; 노인. *the* ~*s* 고대인 (그리스·로마 사람 등). *the A- of Days* 〖聖〗 옛적부터 항상 계신 이 《하느님》. ~·**ly** *ad.* 옛날에는.

an·cient[2] *n.* 《古》 기(旗); 기수.

áncient hístory 고대사(史); 《俗》 주지의 사실. 「權).

áncient líghts 〖法〗 채광권(採光

an·cil·lar·y [ǽnsəlèri/ӕnsíləri] *a.* 보조의.

†**and** [強 ӕnd, 弱 ənd, nd] *conj.* ① 그리고, 및, 또한; 그러자. ② 《命令文 뒤에서》 그러면. *and/or* =and *or* or (*newspapers and/or magazines* 신문 및[또는] 잡지). ~ ALL (*n.*). ~ *all that,* or ~ *so on* [*forth*], or ~ *what not* …따위[등등]. ~ *that* 더우기, 게다가. ~ *yet* 그럼에도 불구하고. *try* ~ …해보다(*Try* ~ *do it.* 해 봐라).

an·dan·te [ӕndǽnti] *a., ad., n.* (It.) 〖樂〗 안단테《보통 빠르기》의[로]; 안단테의 곡.

an·dan·ti·no [ӕndӕntí:nou] *a., ad., n.* (It.) 〖樂〗 안단티노《안단테보다 좀 빠른 속도》의[로]; 그런 곡.

An·de·an [ӕndí:ən, ǽndiən] *a., n.* Andes 산맥의; 안데스 사람.

***An·der·sen** [ǽndərsn], **Hans Christian** (1805–75) 덴마크 동화 작가.

An·des [ǽndi:z] *n. pl.* 안데스 산맥.

an·des·ite [ǽndizàit] *n.* Ⓤ 안산암(安山岩). 「(난로의) 철제 장작 받침.

and·i·ron [ǽndàiərn] *n.* (보통 *pl.*)

An·dor·ra [ӕndɔ́:rə, -dárə/-dɔ́rə] *n.* 안도라《프랑스·스페인 국경에 있는 공화국, 또는 그 수도》.

an·droe·ci·um [ӕndrí:ʃiəm] *n.* (*pl.* **-cia** [-ʃiə]) 〖植〗 수꽃술군(群).

an·dro·gen [ǽndrədʒən] *n.* Ⓤ 〖生化〗 안드로겐《남성 호르몬》.

an·drog·y·nous [ӕndrádʒənəs/-ɔ́-] *a.* 〖植〗 자웅화(雌雄花) 동체(同體)의; 남녀추니의; 양성(兩性)의.

an·droid [ǽndrɔid] *n.* (SF에서) 인간 모양의 로봇.

An·drom·e·da [ӕndrámidə/-ɔ́-] *n.* 〖希神〗 바다괴물의 산 제물이 될 뻔한 것을 Perseus에게 구조된 이디오피아 공주; 〖天〗 안드로메다자리.

an·dros·ter·one [ӕndrástəròun] *n.* 〖生化〗 남성 호르몬의 일종.

an·ec·dot·age [ǽnikdòutidʒ] *n.* Ⓤ 일화(집); (dotage와 결부시켜) 옛 이야기를 하고 싶어하는 나이.

‡**an·ec·dote** [ǽnikdòut] *n.* 일화(逸話); 기담(奇譚). **an·ec·do·tal** [ӕnikdóutl, ⌐–⌐–] *a.* **an·ec·dot·ic** [-dátik/-ɔ́-], **-i·cal** [-əl] *a.* 「의, 소리 없는.

an·e·cho·ic [ӕnəkóuik] *a.* 무반향

a·ne·mi·a [əní:miə] *n.* Ⓤ 빈혈증. **a·né·mic** [-mik] *a.*

a·nem·o·graph [ənéməgrӕf, -grɑ̀:f] *n.* 자기(自記) 풍속계.

an·e·mom·e·ter [ӕnəmámitər / -ɔ́mi-] *n.* 풍력계.

***a·nem·o·ne** [ənéməni] *n.* 〖植〗 아네모네; 〖動〗 말미잘(sea ~).

an·e·moph·i·lous [ӕnəmáfələs/-ɔ́-] *a.* 〖植〗 풍매(風媒)의 (cf. entomophilous).

an·en·ceph·a·ly [ӕnənséfəli] *n.* 〖醫〗 무뇌증(無腦症).

a·nent [ənént] *prep.* 《古·Sc.》 …에 관하여; 《方》 …의 곁에(beside).

an·er·oid [ǽnərɔ̀id] *a.* 액체를 이용하지 않는, 무액(無液)의. —— *n.* 아네로이드[무액] 청우계.

an·es·the·sia [ӕnəsθí:ʒə, -ziə] *n.* Ⓤ 마취. *general* [*local*] ~ 전신[국소]마취. **an·es·thet·ic** [ӕnəsθétik] *a., n.* 마취의[를 일으키는]; 마취제. **an·es·the·tist** [ənésθətist / əní:s-] *n.* (수술할 때의) 마취사. **an·és·the·tize** [-tàiz] *vt.* 마취를 걸다; 마비시키다.

an·es·the·si·ol·o·gy [ӕnisθi:ziálədʒi/-ɔ́-] *n.* Ⓤ 마취학.

an·eu·rysm, -rism [ǽnjurìzəm] *n.* 〖醫〗 동맥류(瘤).

***a·new** [ənjú:] *ad.* 다시, 재차; 새로이.

A.N.G. American Newspaper Guild.

an·ga·ry [ǽŋgəri] *n.* Ⓤ 〖國際法〗 전시 수용권《교전국이 군사적 필요로 중립국의 재산을 수용할 수 있는 권리; 전후 완전 배상의 의무가 있음》.

‡**an·gel** [éindʒəl] *n.* ① 천사 (같은 사람). ② 영국의 옛 금화. ③ 《美俗》 (배

우·극장 등의) 재정적 후원자, 패트런. ~('s) *visit* 귀한 손님; 좀처럼 없는 일. *evil* [*fallen*] ~ 악마. 「종.

ángel càke 《美》 흰 카스테라의 일

an·gel·fish [-fiʃ] *n.* 전자리상어《angelshark라고도 함》; 에인젤피시.

***an·gel·ic** [ændʒélik], **-i·cal** [-əl] *a.* 천사의[같은].

an·gel·i·ca [ændʒélikə] *n.* 안젤리카 《멧두릅속의 식물; 요리·약용》; Ⓤ 그 줄기의 설탕절임; (안젤리카로 맛을 낸) 일종의 리큐르술.

An·ge·lus [ǽndʒələs] *n.* 〖가톨릭〗 도고(禱告) 기도; 그 시간을 알리는 종 (~ bell) 《아침·오정·해질녘에 울림》. 「(나게 하다).

‡**an·ger** [ǽŋgər] *n.*, *vt.* 노염, 성, 화

An·ge·vin [ǽndʒəvin] *a.*, *n.* Anjou 지방의 (사람); Anjou 왕가의 (사람) 《영국왕 Henry Ⅱ 에서 Richard Ⅱ 까지》. 「후통, 안기나.

an·gi·na [ændʒáinə] *n.* Ⓤ 〖醫〗 인

angína péc·to·ris [péktəris] 협심증(狹心症).

an·gi·ol·o·gy [æ̀ndʒiɑ́lədʒi] *n.* 〖醫〗 맥관학(脈管學).

an·gi·o·sperm [ǽndʒiəspə̀:rm] *n.* 피자(被子)식물(cf. gymnosperm).

‡**an·gle**[1] [ǽŋgl] *n.* ① 모(퉁이), 귀퉁이. ② 각(도). ③ 관점, 견지. —— *vt.*, *vi.* (각지게) 구브리다, 각을 이루다; 굽다; (보도를) 왜곡하다.

an·gle[2] *n.* 《古》 낚시; 낚시 도구. —— *vi.* 낚시질하다; 낚다 (~ *for trout*); (교묘히) 꾀어내다(~ *for an invitation to a party* 파티에 초청되도록 획책하다). ***án·gler** *n.* 낚시꾼; 〖魚〗 아귀. 「식(斜板式) 불도저.

an·gle·doz·er [ǽŋgldòuzər] *n.* 사판

ángle ìron 앵글철(鐵).

an·gle-park·ing [ǽŋglpɑ̀:rkiŋ] *n.* 비스듬한 주차.

An·gles [ǽŋglz] *n.* *pl.* 앵글족(族) 《5세기경 영국에 이주한 튜튼 민족》 (cf. Anglo-Saxon). 「밥용) 지렁이.

an·gle·worm [ǽŋglwə̀:rm] *n.* (낚싯

An·gli·an [ǽŋgliən] *a.*, *n.* 앵글족의; 앵글 사람; Ⓤ 앵글어.

***An·gli·can** [ǽŋglikən] *a.* 영국 국교의, 영국 성공회의; 《美》 영국의. —— *n.* 영국 국교도. ~**·ism** [-ìzəm] *n.* Ⓤ 영국 국교; (특히) 고교회(高敎會) (High Church)파주의.

Ánglican Chúrch, the = CHURCH of England.

An·gli·ce, a- [ǽŋgləsi] *ad.* (L.) 영어로(는). 「풍[식]; = BRITICISM.

An·gli·cism [-sìzəm] *n.* ⓊⒸ 영국

An·gli·cist [-sist] *n.* 영국통, 영어영문학자. 「국[영어]화하다.

An·gli·cize, -cise [-sàiz] *vt.*, *vi.* 영

an·gling [ǽŋgliŋ] *n.* Ⓤ 낚시질.

An·glis·tics [æŋglístiks] *n.* 영어[영문]학. 「결합사.

Anglo- 「영국(의), 영국 및」의 뜻의

***An·glo-A·mer·i·can** [ǽŋglouəmérikən] *a.*, *n.* 영미(英美)의; 영국계 미국인(의).

An·glo-Ca·thol·i·cism [-kəθɑ́ləsìzəm/-ɔ́-] *n.* Ⓤ 영국 국교회 카톨릭주의.

An·glo-French [-fréntʃ] *a.*, *n.* 영불(英佛)의; = ANGLO-NORMAN.

An·glo·ma·ni·a [æ̀ŋgləméiniə, -njə] *n.* Ⓤ 영국 심취. **-ni·ac** [-niæ̀k] *n.* 영국 심취자.

An·glo-Nor·man [ǽŋglounɔ́:rmən] *n.*, *a.* (영국 정복(1066) 후 영국에 이주한) 노르만 사람(의); Ⓤ 앵글로노르만어(語)(의).

An·glo·phile [ǽŋgləfàil], **-phil** [-fil] *n.* 친영(親英)파 사람.

An·glo·phobe [-fòub] *n.* 영국을 싫어하는 사람, 반영(反英)주의자. **An·glo·pho·bi·a** [⌐-fóubiə, -bjə] *n.* Ⓤ 영국 혐오; 공영(恐英) 사상.

An·glo·phone [ǽŋgləfòun] *a.*, *n.* 영어 상용의 [자] 《영어외에도 공용어가 있는 나라에서》.

‡**An·glo-Sax·on** [ǽŋglousǽksən] *n.* 앵글로 색슨 민족; Ⓤ 앵글로색슨어. —— *a.* 앵글로색슨의.

An·go·la [æŋgóulə] *n.* 아프리카 남서부의 한 공화국.

An·go·ra [æŋgɔ́:rə] *n.* 앙고라고양이 [염소·토끼]; [ǽŋgourə] = ANKARA.

†**an·gry** [ǽŋgri] *a.* ① 성난, 성나 있는(*at, with*). ② 몹시 쑤시는. *get* ~ 성내다. ‡**án·gri·ly** *ad.*

ángry yòung mén 「성난 젊은이들」《1950년대 후반 기성 문단에 항거하여 일어선 영국의 청년작가들》.

angst [ɑ:ŋkst] (G.) *n.* 불안, 염세.

ang·strom (únit) [ǽŋstrəm] *n.* 〖理〗 옹스트롬《파장 단위: 1 cm의 1억분의 1》.

***an·guish** [ǽŋgwiʃ] *n.* Ⓤ 격통, 고뇌. *in* ~ 괴로와서, 괴로운 나머지. ~**ed** [-t] *a.* 고뇌에 찬.

***an·gu·lar** [ǽŋgjələr] *a.* 각이 있는, 모난; (사람이) 말라빠진; (태도가) 무뚝뚝한. **an·gu·lár·i·ty** [⌐-lǽrəti] *n.* Ⓤ 모남, 모짐; 무뚝뚝함.

ángular moméntum 〖理〗 각운동

ángular velócity 〖理〗 각속도. ∟량.

an·gu·late [ǽŋgjəlit, -lèit] *a.* 모가 난. —— *vt.* [-lèit] …에 모를 내다.

an·gu·la·tion [⌐-léiʃən] *n.* Ⓤ

an·hy·dride [ænháidraid] *n.* 〖化〗 무수물(無水物). **an·hý·drous** [-drəs] *a.* 무수의. 「水) 석고.

an·hy·drite [-drait] *n.* Ⓤ 무수(無

an·ile [ǽnail, éi-] *a.* 노파의[같은].

an·i·line [ǽnəlin, -làin], **-lin** [-lin] *n.* Ⓤ 〖化〗 아닐린. 「노쇠.

ániline dýe 아닐린 물감.

a·nil·i·ty [əníləti, æn-] *n.* Ⓤ 망령,

an·i·ma [ǽnəmə] *n.* ⓊⒸ 영혼, 생명; 〖心〗 내적 개성; 남성의 여성적 요소.

an·i·mad·vert [æ̀nəmædvə́:rt] *vi.* 비평하다; 혹평[비난]하다 (*upon*). **-ver·sion** [-və́:rʃən, -ʒən] *n.* ⓊⒸ

†**an·i·mal** [ǽnəməl] *n.* 동물; 《俗》 짐승; 금수(brute). —— *a.* 동물의; 육체[육욕]적인. ~**·ism** [-ìzəm] *n.* Ⓤ 동물적 생활; 수성(獸性), 수욕

(獸欲); 인간 수성설. **an·i·mal·i·ty** [ӕnəmǽləti] *n.* Ⓤ 동물성, 수성.
ánimal cóurage 만용.
an·i·mal·cule [ӕnəmǽlkju:l] *n.* 극미(極微) 동물. **-cu·lism** [-kjulìzəm] *n.* Ⓤ (병원(病原) 따위의) 극미 동물설.
ánimal húsbandry 축산(업).
ánimal kìngdom 동물계.
ánimal mágnetism 최면력; 성적 매력.
ánimal spírits 생기, 원기.
***an·i·mate** [ǽnəmèit] *vt.* **살리다,** 생명을 주다; 활기〔생기〕 띠게 하다; 격려하다. —— [-mit] *a.* 산, 활기〔생기〕 있는(~ *nature* 생물계).
an·i·mat·ed [-id] *a.* 기운찬, 싱싱한; 살아 있는.
ánimated cartóon 〔**film**〕 만화 영화.
***an·i·ma·tion** [ӕnəméiʃən] *n.* Ⓤ 생기, 원기, 활발; 만화 영화 제작.
a·ni·ma·to [ɑ̀:nəmɑ́:tou] (It.) *a., ad.* 〖樂〗 힘차게〔찬〕; 활발하게〔한〕.
an·i·ma·tor [ǽnəmèitər] *n.* 생기를 주는 것; 〖映〗 만화 제작자.
a·ni·mé [ǽnimèi] *n.* Ⓤ (F.) 아니메 《남미열대산의 수지; 니스 원료》.
an·i·mism [ǽnəmìzəm] *n.* Ⓤ 물활설(物活說) 《만물에 영혼이 있다는》.
an·i·mos·i·ty [ӕnəmɑ́səti/-ɔ́-] *n.* ⓊⒸ 격심한 증오〔적의〕(*against, toward*).
an·i·mus [ǽnəməs] *n.* Ⓤ 의도; 적의.
an·i·on [ǽnaiən] *n.* 음(陰)이온.
an·ise [ǽnis] *n.* 아니스《지중해 지방의 약초》; =⇩. 「열매《향료》.
an·i·seed [ǽnəsì:d] *n.* ⓊⒸ anise의
an·i·sette [ӕnəzét] *n.* Ⓤ 아니스 술.
an·i·so·trop·ic [ӕnàisətrɑ́pik] *a.* 〖理〗 이방성(異方性)의.
An·jou [ǽndʒu:] *n.* 프랑스 서부의 옛 공령(公領)(cf. Angevin).
An·ka·ra [ǽŋkərə] *n.* 터키의 수도.
‡**an·kle** [ǽŋkl] *n.* **발목.**
an·kle·bone [ǽŋklbòun] *n.* 복사뼈.
an·klet [ǽŋklit] *n.* (보통 *pl.*) 발목 장식, (여자용의) 짧은 양말, 속스.
an·ky·ló·sis, an·chy- [ӕŋkəlóusis] *n.* Ⓤ (뼈와 뼈의) 교착; 〖醫〗 (관절의) 강직. 「rupee의 16분의 1》.
an·na [ǽnə] *n.* 아나《인도의 화폐; 1
an·nal·ist [ǽnəlist] *n.* 연대기(年代記)의 편자(編者); 연보 작자.
***an·nals** [ǽnəlz] *n. pl.* **연대기;** 연보; 연감; (학회 따위의) 기록, 역사.
An·nam [ənǽm] *n.* 안남(安南) 《Viet Nam의 일부》. **An·na·mese** [ӕnəmí:z, -s] *a., n.*
An·nap·o·lis [ənǽpəlis] *n.* 미국 Maryland 주(州)의 항시(港市) 《해군 사관 학교가 있음》.
Anne [æn] *n.* 여자 이름; 영국의 여왕(1665–1714; 재위 1702–14).
an·neal [əní:l] *vt.* (유리·금속 등을) 달구어 서서히 식히다; (유리에 색을) 구워 넣다; (정신을) 단련하다.
an·ne·lid [ǽnəlid] *n., a.* 환충(環蟲) 《지렁이·거머리 따위》(의).
***an·nex** [ənéks] *vt.* **부가〔추가〕하다** (*to*); (영토 따위를) 병합하다; 착복하다. —— [ǽneks] *n.* 추가(물), 부록; 증축(增築) (*an ~ to a hotel* 호텔의 별관). **an·nex·a·tion** [ӕnekséiʃən] *n.* ⓊⒸ 부가(물); 병합(지).
an·nexe [ǽneks] *n.* 《英》 =ANNEX.
Án·nie Óak·ley [ǽni óukli] 《美俗》 무료 입장권〔승차권〕; 우대권.
***an·ni·hi·late** [ənáiəlèit] *vt.* **전멸〔근절〕시키다.** *-**lá·tion** [-ˌ-ˊ-léi-] *n.* Ⓤ
‡**an·ni·ver·sa·ry** [ӕnəvə́:rsəri] *n., a.* **기념일, 축전;** 예년의; 기념일의.
án·no Dóm·i·ni [ǽnou dɑ́mənài, -nì:/-dɔ́minài] (L.) 서기(in the year of our Lord)《생략 A.D. (cf. B.C.)》; 《俗》나이.
an·no·tate [ǽnətèit] *vt., vi.* 주석(註釋)하다. **án·no·ta·tor** *n.* 주석자. **an·no·tá·tion** [ӕnətéiʃən] *n.* ⓊⒸ 주석, 주해.
†**an·nounce** [ənáuns] *vt.* **발표하다;** 고지(告知)하다; 알리다; …이 왔음을 알리다. ‡**an·nóunce·ment** *n.* ⒸⓊ
‡**an·nóunc·er** *n.*
‡**an·noy** [ənɔ́i] *vt.* 성〔짜증〕나게 하다, 속태우다; 당황케 하다; **괴롭히다;** 해치다. *~**·ance** *n.* Ⓤ **노염, 당황,** 난처; Ⓒ 곤란한 것〔사람〕. *~**·ing** *a.* 괘씸한; **성가신;** 귀찮은; 지겨운. ~**·ing·ly** *ad.* 성가시게.
‡**an·nu·al** [ǽnjuəl] *a.* ① 1년의. ② **예년(例年)의;** 매해의; **연(年) 1회의.** ③ 〖植〗 1년생의. ~ ***message*** 《美》 연두 교서. ~ ***pension*** 연금. ~ ***report*** 연보(年譜). ~ ***ring*** (나무의)나이테, 연륜. ***án·nu·al·ly** *ad.* 매년.
an·nu·i·tant [ənjú:ətənt] *n.* 연금 타는 사람.
an·nu·i·ty [ənjú:əti] *n.* ⓊⒸ 연금.
an·nul [ənʌ́l] *vt.* (*-ll-*). 무효로 하다, 취소하다. ~**·ment** *n.* Ⓤ
an·nu·lar [ǽnjələr] *a.* 고리(모양)의, 윤형(輪形)의. 「飾).
ánnular eclípse 〖天〗 금환식(金環
an·nu·let [ǽnjəlit] *n.* 작은 고리; 〖建〗 (원주의) 고리 모양 테두리〔띠〕.
an·nu·lus [ǽnjələs] *n.* (*pl.* ~*es, -li* [-lài]) 〖動·植〗 환대(環帶).
an·num [ǽnəm] *n.* (L.) 해, 연. ***per ~*** 한〔매〕해, 매년.
an·nun·ci·ate [ənʌ́nsièit] *vt.* 고지하다. **an·nun·ci·a·tion** [-ˌ-ˊ-éiʃən] *n.* ⓊⒸ 통고; 포고; (A-) 성수태고지(절)《천사 Gabriel이 예수 수태를 알린 3월 25일》. **an·nún·ci·a·tor** *n.* 고지자; 《美》 (벨 번호) 표시기.
an·nus mi·ra·bi·lis [ǽnəs mərǽbəlis] *n.* (L.) 경이〔재액〕의 해.
an·ode [ǽnoud] *n.* 〖電〗 양극.
ánode ràys 〖理〗 양극선.
an·o·dize [ǽnədàiz] *vt.* 양극(陽極) 처리하다《금속에》.
an·o·dyne [ǽnoudàin] *a., n.* 진통의; 진통제; 완화물; 기분〔감정〕을 누그러뜨리는(soothing).
a·noint** [ənɔ́int] *vt.* ① **기름을 바르다.** ② (세례식·취임식 따위에서) **기름을 뿌리다,** 기름을 뿌려 신성하게 하다. ***the (***Lord's***) ***Anointed*** 예수; 고대 유태의 왕. ~**·ment** *n.* Ⓤ 도

유(塗油)(식).

a·nom·a·lous [ənάmələs/-ɔ́-] *a.* 변칙의; 이례의, 파격의, 예외적인.

anómalous fínite 〖文〗 변칙 정(형)동사.

anómalous vérb 〖文〗 변칙 동사.

a·nom·a·ly [ənάməli/-ɔ́-] *n.* UC 불규칙, 변칙(irregularity); 이상한 것.

a·no·mi·a [ənóumiə] *n.* U 〖醫〗 건망성 실어증(失語症).

an·o·my, -mie [ǽnəmi] *n.* 사회 규범의 상실 상태; (개인의) 정신력 허탈 상태.

a·non [ənάn/-ɔ́-] *ad.* 《古》 이내, (곧) 얼마 안 있어; 다시; 언젠가. ***ever*** ⌊***and*** ~ 가끔.

anon. anonymous.

an·o·nym [ǽnənim] *n.* 가명; 익명자; 작자 불명의 저작.

an·o·nym·i·ty [æ̀nənímәti] *n.* 익명, 무명; 작자 불명.

***a·non·y·mous** [ənάnəməs/-ɔ́-] *a.* 익명(匿名)의; **작자 불명의**; 개성 없는. **~·ly** *ad.* 「*&* *pl.* 말라리아 모기.

a·noph·e·les [ənάfəlì:z/-ɔ́-] *n. sing.*

a·no·rak [ǽnəræ̀k, ά:nərὰ:k] *n.* 아노락《후드 달린 방한용 재킷》.

an·o·rec·tic, an·o·ret·ic [-réktik], [-rétik] *a.* 식욕이 없는, 식욕을 감퇴시키는.

an·o·rex·i·a [æ̀nəréksiə] *n.* 식욕 부진.

~**anoréxia nervósa** [nə:rvóusə] 신경성 식욕 부진.

an·os·mi·a [ænάzmiə, ænάs-/ænɔ́s-] *n.* U 〖醫〗 후각 상실.

†**an·oth·er** [ənʌ́ðər] *a.* **다른, 또〔다른〕 하나의, 별개의.** —— *n.* **다른〔별개의〕 것 〔사람〕, 또 〔다른〕 하나의 것〔사람〕**("*You're a liar.*" "*You're* ~." 「너는 거짓말쟁이야」「너도 마찬가지야」). ~ ***thing*** 〔***question***〕 별문제. ***one after*** ~ 하나〔한 사람〕씩, 차례로, 속속. ***one*** ~ 서로(each other). ***such*** ~ 그와 같은 사람〔것〕. ***taken one with*** ~ 이것 저것 생각해 보니, 대체로 보아.

an·ov·u·lant [ænάvjulənt/ænɔ́-] *n.* 〖藥〗 배란 억제제. 「소 결핍(증).

an·ox·i·a [ænάksiə/-ɔ́-] *n.* U 〖醫〗 산

ANS American Nuclear Society.

ans. answer.

an·ser·ine [ǽnsəràin, -rin], **an·ser·ous** [ǽnsərəs] *a.* 거위의〔같은〕; 어리석은.

†**an·swer** [ǽnsər, ά:n-] *n.* ① (대)답. ② (문제의) 해답. ③ 〖法〗 답변. —— *vt.* **대답하다**; 풀다; 갚다; 도움되다 (~ *the purpose*). —— *vi.* ① (대)답하다(*to*). ② 책임을 지다, 보증하다(*for*). ③ 일치하다, 맞다(*to*). ④ 도움〔소용〕되다; 성공하다. ~ ***back*** 《口》 말대답〔말대꾸〕하다. ***~·a·ble** *a.* 책임이 있는(*for conducts; to persons*); 어울리는, 맞는(*to*); 대답할 수 있는. **~·er** *n.* 대답〔회답〕자.

ánswering pénnant 〖海〗 (만국 선박 신호의) 응답기(旗).

†**ant** [ænt] *n.* 개미.

an't [ænt, eint, ɑ:nt/ɑ:nt] 《口》 = are 〔am〕 not; 《方》 = is 〔has, have〕 not.

ant. antenna; antiquary; antonym.

-ant *suf.* ① 《形容詞語尾》 「성(性)의, …을 하는」의 뜻: malign*ant*, ramp*ant*. ② 《名詞語尾》 「…하는 이〔물건〕」의 뜻: serv*ant*, stimul*ant*.

ant·ac·id [æntǽsid] *a.*, *n.* 산(酸)을 중화하는, 제산(制酸)성의; 산중화제; 〖醫〗 제산제.

***an·tag·o·nism** [æntǽgənìzəm] *n.* U **적대,** 적개심, 적극적 반항(*against, to, between*). ***an·tág·o·nist** *n.* 적대자, 대립자. **an·tag·o·nis·tic** [æntæ̀gənístik] *a.* 상반(相反)하는; 적대하는, 대립하는, 반대의.

an·tag·o·nize [æntǽgənàiz] *vt.* 적대〔대항〕하다; 적으로 돌리다; 반작용하다, (힘을) 상쇄하다; (어떤 약이 딴 약을) 중화하다.

ant·al·ka·li [æntǽlkəlài] *n.* 알칼리 중화제.

‡**ant·arc·tic** [æntά:rktik] *a.*, *n.* (opp. arctic) **남극의;** (the A-) 남극; 남빙양.

Ant·arc·ti·ca [æntά:rktikə] *n.* 남극 대륙《남극 주변의 무인 지대》.

Antárctic Círcle, the 남극권.

Antárctic Ócean, the 남빙양(南 ⌊氷洋).

Antárctic Póle, the 남극.

Antárctic Tréaty, the 남극 조약《남위 60° 이남의 대륙과 공해의 비군사화, 조사 연구의 자유를 협정》.

An·tar·es [æntέəri:z, -tǽr-] *n.* 〖天〗 안타레스《전갈(全蠍)자리의 주성; 붉은 일등 별》.

an·te [ǽnti] *n.*, *vt.* (포커의) 태우는 돈(을 미리 내다); (몫을) 내다.

ante- before의 뜻의 결합사. 「핥기.

ant·eat·er [ǽntì:tər] *n.* 〖動〗 개미

an·te·bel·lum [ǽntibéləm] *a.* 전전(戰前)의; 《美》 남북전쟁 전의; 아방게르의(opp. postbellum).

an·te·cede [æ̀ntəsí:d] *vt.* …에 선행하다.

‡**an·te·ced·ent** [æ̀ntəsí:dənt] *a.* ① **앞서는,** 선행의, 앞의(*to*). ② 가정의. —— *n.* ① **선례.** ② 선행자; 앞선 사건; 전항(前項). ③ 〖文〗 **선행사.** ④ (*pl.*) 경력; 조상. **-ence, -en·cy** *n.* U 앞섬(priority); 선행; 〖天〗 역행.

an·te·cham·ber [ǽntitʃèimbər] *n.* (큰 방으로 통하는) 앞방, 대기실.

an·te·date [-dèit] *n.*, *vt.* 실제보다 도 앞의 날짜(를 매기다); (…보다) 앞서다; 내다보다, 예상하다.

an·te·di·lu·vi·an [æ̀ntidilú:viən/-vjən] *a.*, *n.* 노아의 홍수 이전의 (사람, 생물); 시대에 뒤진 (사람); 노인.

an·te·lope [ǽntəlòup] *n.* 영양(羚羊); 《美》 = PRONGHORN.

an·te me·rid·i·em [æ̀nti mərídiəm] (L.) 오전《생략 a. m.》. 「의.

an·te·na·tal [æ̀ntinéitl] *a.* 출생전

‡**an·ten·na** [ænténə] *n.* ① (*pl.* **-nae** [-ni:]) 〖動〗 더듬이, 촉각. ② (*pl.* ~*s*) **안테나, 공중선.**

anténna círcuit 〖電〗 안테나 회로.

an·te·nup·tial [æ̀ntinʌ́pʃəl] *a.* 결혼

전의.

an·te·pe·nult [æ̀ntipinʌ́lt, -píːnəlt] *n.* 어미에서 세번째의 음절. — *a.* 끝에서 세번째의. **an·te·pe·nul·ti·mate** [-nʌ́ltəmit] *a.*, *n.* 끝에서 세번째의 (음절).

***an·te·ri·or** [æntíəriər] *a.* 전의; 앞의, (…에) 앞서는[선행하는] (*to*); 전면의, 전부(前部)의 (*to*) (opp. posterior).

an·te·room [ǽntirù(ː)m] *n.* =ANTECHAMBER.

ant·hel·min·tic [æ̀nthelmíntik] *a.* 장내의 충을 구제하는. — *n.* 구충제.

‡**an·them** [ǽnθəm] *n.* 찬미가, 성가; 축하의 노래. ***national*** **~** 국가.

an·ther [ǽnθər] *n.* 〖植〗 약(葯).

ánt hìll 개밋둑.

***an·thol·o·gy** [ænθɑ́lədʒi/-ɔ́-] *n.* 명시선(名詩選), 명문집(集), 사화집(詞華集). **-gist** *n.* 그 편자.

An·tho·ny [ǽntəni, -θə-], **St.** 이집트의 은자·수도원 제도 창시자(251?–356?). ***St. ~'s fire*** 〖醫〗 단독(丹毒) (erysipelas).

an·thra·cite [ǽnθrəsàit] *n.* 무연탄.

an·thrax [ǽnθræks] *n.* (*pl.* ***-thra·ces*** [-θrəsìːz]) UC 〖醫〗 비탈저(脾脫疽); 탄저열(炭疽熱); 부스럼.

an·thro·po·cen·tric [æ̀nθrəpouséntrik] *a.* 인간 중심적인. **-trism** *n.* U 인간 중심주의.

an·thro·pog·ra·phy [æ̀nθrəpɑ́grəfi/-pɔ́g-] *n.* 인류지(誌).

an·thro·poid [ǽnθrəpɔ̀id] *a.* 인간[인류]비슷한. — *n.* 유인원(類人猿).

***an·thro·pol·o·gy** [æ̀nθrəpɑ́lədʒi/-ɔ́-] *n.* U 인류학. **-po·log·i·cal** [-pəlɑ́dʒikəl/-ɔ́-] *a.* ***-pól·o·gist** *n.* 인류학자.

an·thro·pom·e·try [-pɑ́mətri/-ɔ́-] *n.* U 인체 측정(학).

an·thro·po·mor·phism [-pəmɔ́ːrfizəm] *n.* U 신인(神人) 동형 동성설.

an·thro·poph·a·gi [-pɑ́fədʒài/-pɔ́fəgài] *n.* *pl.* 식인종.

an·ti [ǽnti, -tai] *n.* 《口》 반대론자.

anti- *pref.* 「반대·비(非)·역·대(對)」의 뜻.

an·ti-air [æ̀ntiέər] *a.* 《口》=⇩.

an·ti-air·craft [-έərkræ̀ft, -krɑ̀ːft] *a.* 대(對)항공기의, 고사(高射)(용)의, 방공(용)의 (*an* ~ *gun* 고사포).

an·ti·al·ler·gic [æ̀ntiələ́ːrdʒik] *a.* 〖醫〗 항알레르기의.

an·ti·bal·lis·tic míssile [-bəlístik] 탄도탄 요격 미사일.

an·ti·bi·o·sis [-baióusis] *n.* U 항생(抗生) 작용.

an·ti·bi·ot·ic [-baiɑ́tik/-ɔ́-] *n.*, *a.* 항생물질(의). **~s** *n.* (單數取扱) 항생물질학.

an·ti·bod·y [ǽntibɑ̀di/-ɔ̀-] *n.* (혈액 중의) 항체(抗體).

an·tic [ǽntik] *a.* 이상한, 야릇한, 기괴한(grotesque). — *n.* (종종 *pl.*) 익살맞은 짓; 《古》 어릿광대(clown). — *vi.* (*-ck-*) 익살떨다.

an·ti·can·cer [æ̀ntikǽnsər] *a.* 제암(制癌)성의.

an·ti·cath·ode [æ̀ntikǽθoud] *n.* 〖電〗 (엑스선관의) 대음극(對陰極); (진공간의) 양극.

an·ti·christ [ǽntikràist] *n.* 그리스도(교)의 적[반대자]. **an·ti·chris·tian** [⌐–krístʃən, -tai-] *a.*, *n.*

an·tic·i·pant [æntísəpənt] *a.* 예기한; 앞을 내다본; 기대한《*of*》.

‡**an·tic·i·pate** [æntísəpèit] *vt.* ① 예기[예상]하다; …을 기대하다; 예견하다. ② (수입을) 믿고 미리 쓰다. ③ …을 내다보고 근심하다. ④ 앞지르다, 선수 쓰다; 이르게 하다.

‡**an·tic·i·pa·tion** [æntìsəpéiʃən] *n.* U ① 예기, 예상. ② 미리 씀. ③ 앞지름; 예방. ***in ~*** 미리, 앞을 내다보고. ***in ~ of*** …을 미리 내다보고.

an·tic·i·pa·tive [æntísəpèitiv], **-pa·to·ry** [-pətɔ̀ːri, -tòu-] *a.* 예상의.

an·ti·cler·i·cal [æ̀ntiklérikəl] *a.* 교권 개입에 반대하는; 반교권적인.

an·ti·cli·max [-kláimæks] *n.* U 〖修〗 점강법(漸降法)(bathos); C 용두사미(의 일·사건).

an·ti·clock·wise [-klɑ́kwàiz / -ɔ́-] *ad.*, *a.* =COUNTERCLOCKWISE.

an·ti·co·ag·u·lant [-kouǽgjələnt] *a.*, *n.* 〖藥〗 항응혈(抗凝血)약(의).

an·ti-Com·mu·nist [-kɑ́mjunist / -kɔ́m-] *a.* 반공(反共)의.

an·ti·con·vul·sant [æ̀ntikənvʌ́lsənt] *a.*, *n.* 〖醫〗 항경련성의; 항경련제.

an·ti·cy·clone [-sáikloun] *n.* 역(逆)선풍.

an·ti·de·pres·sant [æ̀ntidiprésənt] *a.*, *n.* 〖醫〗 항우울의; 항우울제.

***an·ti·dote** [ǽntidòut] *n.* 해독제; 교정 수단(*to*, *against*, *for*). **án·ti·dot·al** [-l] *a.*

an·ti·dump·ing [æ̀ntidʌ́mpiŋ] *a.* 덤핑[투매] 방지의.

an·ti-Es·tab·lish·ment [-istǽbliʃmənt] *a.* 반체제(反體制)의.

an·ti·fe·brile [æ̀ntifíːbrəl] *a.* 해열의. — *n.* 해열제.

an·ti·for·eign·ism [-fɔ́ːrinizəm / -fɔ́r-] *n.* U 배외(排外) 사상.

an·ti·freeze [ǽntifrìːz] *n.* 《美》 부동제(不凍劑).

an·ti·gen [-dʒən] *n.* 〖生化〗 항원(抗原)《혈액중에 antibody의 형성을 촉진하는 물질》.

An·tig·o·ne [æntígəniː] *n.* 〖그神〗 안티고네《Oedipus와 그 어머니 Jocasta와의 사이의 딸》.

an·ti-Ǵ sùit [æntidʒíː] 〖空〗 내(耐)중력복(服).

an·ti·he·ro [ǽntihìːrou, -tai-] *n.* 〖文學〗 주인공답지 않은 주인공.

an·ti·his·ta·mine [æ̀ntihístəmiːn] *n.* UC 항(抗)히스타민제《알레르기나 감기 치료용》. **-mín·ic** [-hìstəmínik] *a.*

an·ti·knock [-nɑ́k/æ̀ntinɔ́k] *n.* 「안티녹」[폭연(爆燃)방지]제.

an·ti·log·a·rithm [-lɔ́ːgəriðəm, -ɑ́-/-ɔ́-] *n.* 〖數〗 진수(眞數).

an·ti·ma·cas·sar [-məkǽsər] *n.* 의

자덮개. 「〖理〗 반(反)물질.
an·ti·mat·ter [ǽntimæ̀tər] *n.* Ⓤ
an·ti·mil·i·ta·rism [æ̀ntimílətərìzəm] *n.* Ⓤ 반군국주의.
an·ti·mis·sile [-mísəl / æ̀ntimísail] *a.* 미사일 방어용의. 「용 미사일.
anti-missile míssile 미사일 요격
an·ti·mo·ny [ǽntəmòuni] *n.* Ⓤ 〖化〗 안티몬, 안티모니《기호 Sb》.
an·ti·neu·tron [æ̀ntinjúːtrɑn/-rɔn] *n.* 〖理〗 반중성자.
an·ti·no·mi·an·ism [æ̀ntinóumiənìzəm] *n.* Ⓤ 도덕률 폐기〔신앙 지상〕론. 「당착; 이율 배반.
an·tin·o·my [æntínəmi] *n.* ⓊⒸ 모순,
an·ti-nov·el [ǽntinɑ̀vəl/-ɔ̀-] *n.* 반소설《비전통적인 수법의》.
an·ti·nu·cle·ar [æ̀ntinjúːkliər] *a.* 핵무기 반대의, 반핵의.
an·ti·nuke [-njúːk] *a.* 《口》 = ANTINUCLEAR.
an·ti·ox·i·dant [æ̀ntiɑ́ksədənt/-ɔ́k-] *n.* 〖化〗 산화 방지제; (고무등의) 노화 방지제. 「반입자.
an·ti·par·ti·cle [-pɑ̀ːrtikəl] *n.* 〖理〗
an·ti·pas·to [æ̀ntipǽstou] *n.* (*pl.* ～*s*) (It.) 전채(前菜), 오르되브르.
an·tip·a·thy [æntípəθi] *n.* ⓊⒸ 반감, 진저리냄; Ⓒ 몹시 싫은 것(opp. sympathy). **an·ti·pa·thet·ic** [æ̀ntipəθétik], **-i·cal** [-əl] *a.* 웬일인지 싫은(*to*).
an·ti·per·son·nel [æ̀ntipə̀ːrsənél] *a.* 대인(對人) 살상용의(～ *bombs* 대인 폭탄).
an·ti·per·spi·rant [-pə́ːrspərənt] *n.* 발한 억제제.
an·ti·phlo·gis·tic [æ̀ntifləd͡ʒístik] *a.* 〖醫〗 *a.* 염증을 고치는. ── *n.* 소염제.
an·ti·phon [ǽntifɑ̀n, -fən/-fɔn] *n.* 〖樂〗 응답송가; 〖카톨릭〗 (번갈아 부르는) 교송가(交誦歌).
an·tiph·ra·sis [æntífrəsis] *n.* ⓊⒸ (*pl.* **-ses** [-sìːz]) 〖修〗 어의 반용(語意反用)(cf. irony).
an·ti·pode [ǽntəpòud] *n.* 정반대(의 것). **an·tip·o·des** [æntípədìːz] *n. pl.* (지구상의) 대척지(對蹠地)(의 사람들); 정반대의 일(*of*, *to*). **an·tip·o·dal** [æntípədl] *a.*
an·ti·pole [ǽntipòul] *n.* 반대의 극; 정반대의 것《*of* ; *to*》. 「*a.* 공해방지(의).
an·ti·pol·lu·tion [æ̀ntipəlúːʃən] *n.*,
an·ti·pov·er·ty [-pɑ́vərti/-pɔ́v-] *n.*, *a.* Ⓤ 빈곤 퇴치(의). 「〖理〗 반양자.
an·ti·pro·ton [-próutɑn/-tɔn] *n.*
an·ti·py·ret·ic [-pairétik] *a.*, *n.* 해열의; 해열제.
an·ti·py·rin(e) [-páirin, -tai-] *n.* Ⓤ 안티피린《해열·진통제》.
an·ti·quar·i·an [-kwέəriən] *a.*, *n.* 고물 연구〔수집〕의; =⇩.
an·ti·quar·y [ǽntikwèri] *n.* 고물 연구가, 고물〔골동〕 수집가.
an·ti·quate [ǽntikwèit] *vt.* 낡게〔시대에 뒤지게〕 하다. **-quat·ed** [-id] *a.* 낡은, 고풍의.
***an·tique** [æntíːk] *a.* 고풍의, 낡은; 고대 그리스〔로마〕의; 고래로부터의. ── *n.* 고물, 고기(古器); Ⓤ 안티크체(體)(의 활자).
***an·tiq·ui·ty** [æntíkwəti] *n.* ① Ⓤ 오래됨, 낡음. ② Ⓤ 고대. ③ 《集合的》 고대 사람들. ④ (*pl.*) 고대의 풍습〔제도〕; (*pl.*) 고기(古器), 고물.
an·ti·ra·chit·ic [æ̀ntirəkítik] *a.* 리케차〔구루병(佝僂病)〕 치료〔예방〕의.
an·ti·sci·ence [æ̀ntisáiəns] *a.* 인간성을 무시한 과학에 반대하는. ── *n.* Ⓤ 반과학(주의).
an·ti·scor·bu·tic [-skɔːrbjúːtik] *a.* 괴혈병 치료의. ── *n.* 항(抗)괴혈병제〔식품〕.
an·ti-Se·mit·ic [æ̀ntisimítik] *a.* 반(反)셈〔유태〕(주의)의.
an·ti-Sem·i·tism [-sémətìzəm] *n.* Ⓤ 셈족〔유태인〕 배척 (운동). **an·ti-Sem·ite** [-sémait, -síːm-] *n.* 유태인 배척자. 「腐)의; 방부제.
an·ti·sep·tic [-séptik] *a.*, *n.* 방부(防
an·ti·se·rum [ǽntisìərəm] *n.* ⓊⒸ 〖醫〗 항(抗)혈청.
an·ti·slav·er·y [æ̀ntisléivəri] *n.*, *a.* Ⓤ 노예 제도 반대(의). 「지의.
an·ti·smog [-smɑ́g/-ɔ́-] *a.* 스모그 방
an·ti·so·cial [-sóuʃəl] *a.* 반사회적인; 사교를 싫어하는. **～·ist** *n.* 반사회주의자; 비사교가.
an·ti·spas·mod·ic [-spæzmɑ́dik / -mɔ́d-] *a.*, *n.* 경련을 멈추는; 진경제.
an·ti·stat·ic [-stǽtik] *a.* 대전(帶電) 방지의《직물 등》.
an·tis·tro·phe [æntístrəfi] *n.* 〖古그劇〗 응답 가장(應答歌章); 〖樂〗 대조악절(對照樂節); 〖修〗 역용논법.
an·ti·sub·ma·rine [æ̀ntisʌ́bməriːn] *a.* 〖軍〗 대(對)잠수함의.
an·ti·sub·ver·sive [-sʌbvə́ːrsiv] *a.* 파괴 활동 방지의. 「의.
an·ti·tank [-tǽŋk] *a.* 대(對)전차용
an·tith·e·sis [æntíθəsis] *n.* Ⓤ (*pl.* **-ses** [-sìːz]) 정반대(*of*); 대조(*of*, *between*); 〖修〗 대조법; 〖哲〗 (변증법에서, 정(正)에 대하여) 반(反), 안티테제(cf. thesis, synthesis).
an·ti·tox·in [æ̀ntitɑ́ksin/-ɔ́-] *n.* 항독소. **an·ti·tóx·ic** *a.* 항독소의.
an·ti·trades [ǽntitrèidz] *n. pl.* 반대 무역풍, 역항풍(逆恒風).
an·ti·trust [æ̀ntitrʌ́st] *a.* 트러스트 반대의. ～ ***law*** 독점 금지법.
an·ti·tu·mor [-tjúːmər] *a.* 제암(制癌)성의, 항(抗)종양성의. 「러스의.
an·ti·vi·ral [-váiərəl, -tai-] *a.* 항바이
an·ti·war [-wɔ́ːr] *a.* 반전(反戰)의. ～ ***movement*** 반전 운동.
an·ti·world [ǽntiwə̀ːrld] *n.* (종종 *pl.*) 〖理〗 반세계(反世界). 「뿔.
ant·ler [ǽntlər] *n.* (사슴의) 가지진
ánt lìon 개미귀신.
An·toi·nette [æ̀ntwənét, -twɑː-], **Marie**(1755–93) Louse XⅥ의 왕비, 프랑스 혁명 때 사형당함.
an·to·no·ma·sia [æ̀ntənouméiʒə / -ziə] *n.* ⓊⒸ 〖修〗 환칭(換稱)《보기: a

Daniel=a wise judge). 「synonym).
‡an·to·nym [ǽntənim] n. 반의어(cf.
ant·sy [ǽntsi:] a. 《美俗》 초조한, 침착성이 없는. 「투(회색의 쥐약).
ANTU, an·tu [ǽntu:] n. 〖商標〗 안
Ant·werp [ǽntwə:rp] n. 벨기에의 주(州); 그 주의 항구 도시.
a·nus [éinəs] n. (L. =ring) 항문.
*an·vil [ǽnvil] n. (대장간용의) 모루. *on the ~* 심의[준비] 중에.
‡anx·i·e·ty [æŋzáiəti] n. Ⓤ ① 근심, 걱정, 불안; Ⓒ 걱정거리. ② 열망 (eager desire) (*for; to* do).
‡anx·ious [ǽŋkʃəs] a. ① 걱정스러운, 불안한(*about*). ② 열망하는, 몹시 …하고 싶어하는(*for, to* do).
*ánx·ious·ly ad.
†an·y [éni] a., *pron.* ① 《肯定》 무엇이나, 누구든, 얼마든지. ② 《疑問·條件》 무엇인가, 누군가, 얼마인가. ③ 《否定》 아무 것도, 아무도, 조금도. ― *ad.* 얼마간[좀]은, 조금은, 조금(이라)도. *~ longer* 이제 이 이상(은). *~ more* 이 이상(은), 이제(는). *~ one* =ANYONE. *~ time* 언제든지[라도]. *if ~* 만일 있다면; 설사 있다손치더라도. *in ~ case* 어떤 경우에든, 여하튼.
†an·y·bod·y [-bàdi, -bʌ̀di / -bɔ̀di] *pron.* ① 《疑問·條件》 누군가. ② 《否定》 누구도, 아무도. ③ 《肯定》 누구나. ― *n.* 어엿한 인물(*Is he ~?*); (*pl.*) 보통 사람.
‡an·y·how [-hàu] ad. 어떻게든 (in any way whatever); 어쨌든(in any case); 적어도; 적당히, 되는 대로 (carelessly). *feel ~* 몸이 좋지 않다.
†an·y·one [-wʌ̀n, -wən] *pron.* ① 《肯定》 누구(라)도. ② 《否定》 누구도. ③ 《疑問·條件》 누군가.
an·y·place [éniplèis] *ad.* 《美口》 어디나, 어디라도.
†an·y·thing [-θìŋ] *pron.* ① 《肯定》 무엇이든. ② 《疑問·條件》 무엇인가. ③ 《否定》 아무 것도. *~ but* …외에는 무엇이든; …는커녕, 어림도 없는 (far from) (*He is ~ but a poet.* 그는 결코 시인이랄 수가 없다). *as … as ~* 대단히 … (*He is as proud as ~.* 아주 뽐내고 있다). *for ~* 결단코(*I will not do it for ~.* 그런 일은 절대로 않는다). *if ~* 어느 편이냐 하면, 좀. *like ~* 《口》 아주, 몹시. *not ~ like* 전혀 … 아니다.
an·y·thing·ar·i·an [èniθiŋgέəriən] n. 일정한 신념[신조·신앙]이 없는 사람. 「짼든; 어떻게 해서든.
‡an·y·way [éniwèi] *ad.* 여하튼, 어
‡an·y·where [-hwὲər] *ad.* ① 《否定》 어디(에)든. ② 《疑問·條件》 어디엔가. ③ 《肯定》 어디(에)나. 「결코.
an·y·wise [-wàiz] *ad.* 아무리 해도;
An·zac, ANZAC [ǽnzæk] n. 호주·뉴질랜드 연합군 (<*Australian and New Zealand Army Corps*).
ANZUS [ǽnzəs] *n.* (<*Australia, New Zealand, & U.S.*) 앤저스 (미국·호주·뉴질랜드 공동 방위 체제).
A/O, a/o account of. **AOA** American Overseas Airlines. **AOC** Airport Operators Committee; Association of Olympic Committees.
A-OK, A-O·kay [èioukéi] *a.* 《美口》 완전한, 더할나위 없는. 「근.
A.O.L. absent over leave 휴가 결
Á óne 제1등급(로이드 선급(船級) 협회의 선박 등급 매김); 《口》 일류의, 극상(極上)의. 「과거.
a·o·rist [éiərist] n. 〖그文〗 부정(不定)
a·or·ta [eiɔ́:rtə] *n.* (*pl.* *~s, -tae* [-ti:]) 〖解〗 대동맥.
AOSO Advanced Orbiting Solar Observatory 고등 태양 관측 위성.
AP, A.P. Associated Press.
APA American Press Association.
*a·pace [əpéis] *ad.* 빨리, 신속히.
A·pach·e [əpǽtʃi] *n.* 아파치(아메리카 토인의 한 종족). 「패, 무뢰한.
a·pache [əpá:ʃ, -ǽ-] *n.* (파리의) 깡
APACL Asian People's Anti-Communist League 아시아 반공 연맹.
‡a·part [əpá:rt] *ad.* 떨어져; 떼어서. *~ from* …은 별문제로 하고. *come ~* 흐트러지다. *joking ~* 농담은 집어치우고. *take ~* 분해하다; 대들다.
a·part·heid [əpá:rtheit, -hait / -heit, -heid] *n.* (Du.) Ⓤ 《南阿》 민족 격리; 인종차별 정책.
‡a·part·ment [əpá:rtmənt] *n.* 방; 아파트; (*pl.*) (공동 주택내의) 한 세대의 방.
apártment hòuse 《美》 아파트.
ap·a·thy [ǽpəθi] *n.* ⓊⒸ 무감동; 냉담, 무관심. **ap·a·thét·ic** [ˋ-θétik] *a.*
ap·a·tite [ǽpətàit] *n.* Ⓤ 〖鑛〗 인회석.
APB 《美》 all-points bulletin (전국 지명 수배서).
*ape [eip] *n.* (꼬리 없는) 원숭이(침팬지·고릴라·오랑우탄·긴팔원숭이 따위); 《一般》 원숭이. *go ~* 《美俗》 발광하다; 열광하다. *play the ~* 서툴게 흉내내다. ― *vt.* 흉내내다.
ape-man [éipmæ̀n] *n.* (*pl.* *-men*) 원인(猿人).
Ap·en·nines [ǽpənàinz] *n.* *pl.* (이탈리아의) 아펜니노 산맥.
a·per·çu [æ̀pərsjú:] *n.* (F.) 대요(大要)(논문 따위의).
a·pe·ri·ent [əpíəriənt] *a., n.* 용변을 순하게 하는 (약), 완하제.
a·pé·ri·tif [ɑ:pèritíːf] *n.* (F.) 식전(食前) 술(식욕 촉진을 위한).
ap·er·ture [ǽpərtʃùər, -tʃər] *n.* 빠끔히 벌어진 데(opening), 구멍, 틈새 (gap); 렌즈의 구경.
a·pex [éipeks] *n.* (*pl.* *~es, apices*) 선단(先端), 꼭대기, 정점; 절정.
a·pha·sia [əféiʒiə] *n.* Ⓤ 〖醫〗 실어증(失語症).
a·pha·si·ac [əféiziæ̀k], **a·pha·sic** [-zik] *a., n.* 실어증의 (환자).
a·phe·li·on [æfí:liən] *n.* (*pl.* *-lia* [-liə]) 〖天〗 원일점(opp. perihelion).
a·phe·li·o·trop·ic [æfì:liətrápik / -rɔ́p-] *a.* 〖植〗 배광(背光)성의.

aph·i·cide [ǽfəsàid] *n.* 살충제 《진디용》.
a·phid [éifid, ǽf-] *n.* =⇩.
a·phis [éifis, ǽf-] *n.* (*pl.* ***aphides*** [-fədì:z]) 진디 (plant louse).
aph·o·rism [ǽfərìzəm] *n.* 격언; 경구(警句). **aph·o·ris·tic** [æ̀fərístik], **-ti·cal** [-əl] *a.* 격언이 풍부한.
aph·ro·dis·i·ac [æ̀froudíziæ̀k] *a.* 최음의. ―― *n.* 최음제, 미약(媚藥).
Aph·ro·di·te [æ̀frədáiti] *n.* 〖그神〗 사랑과 미(美)의 여신《로마 신화에서는 Venus》.
aph·tha [ǽfθə] *n.* (*pl.* ***-thae*** [-θì:]) 〖醫〗 아구창(牙口瘡).
API, A.P.I. (F.) *Association phonétique Internationale* 국제 음성학 협회.
a·pi·an [éipiən] *a.* 꿀벌의.
a·pi·ar·y [éipièri, -əri] *n.* 양봉장(養蜂場). **a·pi·a·rist** [éipiərist] *n.* 양봉가.
ap·i·cal [ǽpikəl, éi-] *a., n.* 정점[정상]의; 〖音聲〗 설단음(舌端音)(의).
ap·i·ces [ǽpəsì:z, éip-] *n.* apex의 복수.
a·pi·cul·ture [éipəkʌ̀ltʃər] *n.* Ⓤ 양봉(養蜂).
***a·piece** [əpí:s] *ad.* 한 사람[하나]에 대하여, 제각기, 각각.
ap·ish [éipiʃ] *a.* 원숭이 (ape) 같은; 어리석은.
APL American President Lines.
Apl. April.
a·plás·tic anáemia [eiplǽstik-] 〖醫〗 재생불량[불능]성 빈혈.
a·plen·ty [əplénti] *ad.* 《美口》 많이.
a·plomb [əplám/-lɔ́m] *n.* (F.) 수직, 평형; 태연자약, 침착, 평정.
APO Army Post Office; Asian Productivity Organization.
a·poc·a·lypse [əpákəlìps/-ɔ́-] *n.* 묵시(默示), 천계(天啓); (the A-) 〖新約〗 계시록(the Revelation). **a·poc·a·lyp·tic** [-ˋ-líptik] *a.*
a·poc·o·pe [əpákəpi/-ɔ́-] *n.* ⓊⒸ 〖言〗 끝음(절)생략《*my*<mine; *curio*(*sity*)》.
A·poc·ry·pha [əpákrəfə/-ɔ́-] *n. pl.* (구약 성서의) 경외전(經外典); (a-) 출처가 의심스러운 문서, 위서(僞書). **A·póc·ry·phal** [-fəl] *a.* 경외전의; (a-) 출처가 의심스러운.
a·pod·o·sis [əpádəsis / -ɔ́-] *n.* 〖文〗 (조건문의) 귀결절(opp. protasis).
ap·o·gee [ǽpədʒì:] *n.* 최고점; 정상; 〖天〗 원(遠)지점 (opp. perigee).
a·po·lit·i·cal [èipəlítikəl] *a.* 정치에 무관심[무관계]한.
‡A·pol·lo [əpálou/-ɔ́-] *n.* 〖그·로神〗 ① 아폴로《태양·시·음악·예언·의료의 신》. ② 미남. ③ 《詩》 태양. ④ (미국의) 아폴로 우주선[계획].
A·pol·lyon [əpáljən/-ɔ́-] *n.* 〖聖〗 악마(the Devil).
***a·pol·o·get·ic** [əpɑ̀lədʒétik / -ɔ̀-] *a.* 사죄의, 변명의. ―― *n.* 변명; (*pl.*) 〖神〗 변증론. **-i·cal** [-əl] *a.*
a·pol·o·gist [əpálədʒist/-ɔ́-] *n.* 변명[변호]자; (기독교의) 변증[호교론]자.
‡a·pol·o·gize [-dʒàiz] *vi.* 사죄[사과]하다 (*to* him *for* that); 변명하다.
ap·o·logue [ǽpəlɔ̀:g, -lɑ̀g/-lɔ̀g] *n.* 교훈담, 우화《보기: *Aesop's Fables*》.
‡a·pol·o·gy [əpálədʒi / -ɔ́-] *n.* ① 사죄, 사과; 해명, 변명(defence)(*for*). ② 《俗》 명색뿐인 것(*a mere* ∼ *for a library* 단지 이름만의 도서실).
ap·o·lune [ǽpəlù:n] *n.* 원월점(遠月點).
ap·o·phthegm [ǽpəθèm] *n.* =APOTHEGM.
ap·o·plex·y [ǽpəplèksi] *n.* Ⓤ 〖醫〗 졸중(풍). *cerebral* ∼ 뇌일혈. **ap·o·plec·tic** [æ̀pəpléktik] *a.* 졸중(풍)의 [에 걸리기 쉬운].
ap·o·si·o·pe·sis [æ̀pəsàiəpí:sis] *n.* (*pl.* ***-ses*** [-si:z]) 〖修〗 돈절법(頓絕法), 중단법.
a·pos·ta·sy [əpástəsi/-ɔ́-] *n.* ⓊⒸ 배교(背敎); 배신, 변절; 탈당. **a·pós·tate** [-teit, -tit] *n.* 배교자; 변절자; 탈당자. **a·pós·ta·tize** [-tàiz] *vt.* 신앙을 버리다; 변절하다(*from, to*).
a pos·te·ri·o·ri [éi pɑstì:riɔ́:rai/-pɔstèr-] (L.) 후천[귀납]적인[으로] (opp. *a priori*).
***a·pos·tle** [əpásl/-ɔ́-] *n.* ① (A-) 사도《예수의 12 제자의 한 사람》. ② (한 나라·한 지방의) 최초의 전도자. ③ (주의·정책·운동의) 주창자. **ap·os·tol·ic** [æ̀pəstálik/-ɔ́-] *a.* 사도의, 사도적인; 로마 교황의(papal).
Apóstles' Créed 사도 신경(信經).
a·pos·to·late [əpástəlit, -lèit/əpɔ́s-] *n.* Ⓤ 사도직; 교황의 직.
ap·os·tol·ic [æ̀pəstálik/-tɔ́l-] *a.* ① 사도의; 사도와 동시대의. ② 사도의 신앙[가르침]에 관한. ③ (베드로의 계승자로서의) 교황의.
‡a·pos·tro·phe [əpástrəfi/-ɔ́-] *n.* 생략[소유격]기호(ʼ); Ⓤ 〖修〗 돈호(頓呼)법. **a·pós·tro·phize** [-fàiz] *vt., vi.*
a·poth·e·car·y [əpáθəkèri/əpɔ́θəkə-] *n.* 약종상(druggist); 《古》 약제사.
ap·o·thegm [ǽpəθèm] *n.* 경구(警句); 격언. **ap·o·theg·mat·ic** [æ̀pəθegmǽtik], **-i·cal** [-əl] *a.*
a·poth·e·o·sis [əpɑ̀θióusis/əpɔ̀θ-] *n.* ⓊⒸ (*pl.* ***-ses*** [-si:z]) 신으로 모심; 찬미, 숭배.
a·po·tro·pa·ic [æ̀pətrəpéiik] *a.* 마귀를 쫓는 (힘이 있는).
app. apparent(ly); appendix; applied; appointed; approved.
Ap·pa·la·chi·ans [æ̀pəléitʃiənz, -lǽtʃi-] *n. pl.* 애팔래치아 산맥《북미 동해안을 세로 달리는》.
ap·pal**(l) [əpɔ́:l] (<pale) *vt.* (-ll-***) 섬뜩하게 하다. ***ap·páll·ing** *a.* 섬뜩한, 무서운; 끔찍한; 《俗》 심한, 대단한.
Ap·pa·loo·sa [æ̀pəlú:sə] *n.* 북미산의 말《흰 털에 검은 반점이 있음》.
ap·pa·nage [ǽpənidʒ] *n.* 왕자의 녹(祿), 왕자령(領); 속지(屬地); (사람의) 속성.
ap·pa·rat [æ̀pərǽt, ɑ̀:pərɑ́:t] *n.* (Russ.) (소련 등의) 공산당의 기관[조직].
‡ap·pa·rat·us [æ̀pərǽtəs, -réi-] *n.* (*pl.* ∼(*es*)) (한 벌의) 기구, 장치; 〖生〗 여러 기관(의 종합).
***ap·par·el** [əpǽrəl] *n.* Ⓤ 의복; 제복

(祭服)의 장식수(繡). **—— vt.** (**-ll-**) 입히다, 차리다, 꾸미다.

‡**ap·par·ent** [əpǽrənt] *a.* ① 보이는; **명백한**(*to*). ② 겉꾸밈의, **외견의**, 거죽만의. ‡**ap·pár·ent·ly** *ad.* **겉보기에는**, 일견(하여); **명백히**.

appárent tìme (해시계 등의) 태양의 위치로 측정하는 시간.

***ap·pa·ri·tion** [æpəríʃən] *n.* **유령**(ghost); 환영(幻影) (phantom); 요괴(specter); (초자연적인) 출현물; Ⓤ (별의) 출현. **~·al** [-əl] *a.* 환영 같은.

‡**ap·peal** [əpí:l] *vi.* ① **항소[상고]하다**(*to*). ② (무력·여론·양심에) **호소하다**, 애원[애소]하다(*to*). ③ 감동시키다, **흥미를 끌다**, 마음에 들다(*to*). **—— vt.** 《美》 항소[상고]하다. ***~ to the country*** (의회를 해산하고) 국민의 총의를 묻다. **—— n.** ① UC 소원(訴願); 항소. ② (여론에) **호소하기**; 애소(哀訴). ③ Ⓤ (마음을 움직이는) 힘, 매력. ***court of ~*** [《美》 ***~s***] 상고[항소] 법원. ***make an ~ to*** …에 호소하다. **~·ing** *a.* 호소하는 듯한. **~·ing·ly** *ad.*

†**ap·pear** [əpíər] *vi.* ① **나타나다**, 나오다, 보이다. ② 공표[발표]되다. ③ 출두하다. ④ … 같다.

‡**ap·pear·ance** [əpíərəns] *n.* CU ① **출현**(出現); 출두; 등장, 출연; 발간. ② **외관**, 풍채, 겉보기; 모양. ③ Ⓒ 현상; 곡두, 유령. ④ (*pl.*) 상황, 형세. ***for ~'s sake*** 체면상. ***keep up*** [***save***] ***~s*** 허세 피우다, (무리하게) 체면을 유지하다. ***make*** [***enter, put in***] ***an ~*** 나타나다, 얼굴을 내밀다. ***to*** [***by***] ***all ~***(***s***) 아무리[어느모로] 보아도; 얼핏 보아.

***ap·pease** [əpí:z] *vt.* ① **가라앉히다, 달래다**, 누그러지게 하다(quiet). ② (식욕·요구 따위를) 채우다. ③ 유화[양보]하다. **~·ment** *n.* Ⓤ **ap·péas·a·ble** *a.*

ap·pel·lant [əpélənt] *n.* 항소인, 상고인; 간원자. **—— a.** =⇩.

ap·pel·late [əpélit] *a.* 항소[상고]의.

appéllate còurt 항소[상고] 법원.

ap·pel·la·tion [æpəléiʃən] *n.* 명칭; 호칭; Ⓤ 《古》 명명(命名).

ap·pel·la·tive [əpélətiv] *n.*, *a.* 명칭(의), 명의(의); 〖文〗 보통명사.

ap·pel·lee [æpəlí:] *n.* 〖法〗 피항소인.

ap·pend [əpénd] *vt.* (표찰 등을) 붙이다 [달다] (attach); 부가[첨가]하다(add). **~·age** [-idʒ] *n.* 부가물; 부속 기관《다리·꼬리·지느러미 따위》.

ap·pend·ant, -ent [əpéndənt] *a.* 추가의, 부가의(*to*). **—— n.** 부속물[인].

ap·pen·dec·to·my [æpəndéktəmi] *n.* UC 충양돌기 절제술. 「맹장염.

ap·pen·di·ci·tis [əpèndəsáitis] *n.* Ⓤ

‡**ap·pen·dix** [əpéndiks] *n.* (*pl.* ***~es, -dices*** [-dəsì:z]) ① **부속물**, 부록. ② 〖解〗 충양돌기.

ap·per·cep·tion [æpərsépʃən] *n.* Ⓤ 〖心〗 통각(統覺)(작용); 유화(類化).

ap·per·tain [æpərtéin] *vi.* 속하다; 관계하다(*to*).

ap·pe·tence [ǽpitəns], **-cy** [-si] *n.* UC ① 〖心〗 강렬한 욕망[욕구]. ② 경향, 성향. ③ 〖化〗 친화력. **ap·pe·tent** [-tənt] *a.*

‡**ap·pe·tite** [ǽpitàit] *n.* CU ① **식욕**. ② **욕구**, 욕망; 기호(*for*). **áp·pe·tiz·er** [ǽpətàizər] *n.* 식욕을 돋우는 음식[술].

‡**ap·plaud** [əplɔ́:d] *vt.*, *vi.* **박수갈채하다**; 찬성[칭찬]하다.

‡**ap·plause** [əplɔ́:z] *n.* Ⓤ **박수갈채**; 찬성; 칭찬. ***general ~*** 만장의 박수. ***win ~*** 갈채를 받다.

†**ap·ple** [ǽpl] *n.* ① **사과《열매·나무》**. ② 《口》 야구 공. ③ 《美俗》 대도시; 지구(地球). ***~ of discord*** 분쟁의 불씨《황금 사과가 트로이 전쟁의 원인이 됐다는 그리스 전설에서》. ***~ of Sodom*** (집으면 재가 되는) 소돔의 사과; 실망거리. ***~ of the eye*** 눈동자; 귀중한 것.

ápple brándy =APPLE JACK.

ap·ple·cart [-kà:rt] *n.* 사과 운반 수레. ***upset the*** [***a person's***] ***~*** 계획을 망쳐놓다.

ápple dúmpling 사과를 넣은 경단.

ap·ple·jack [-dʒæk] *n.* 《美》 사과브랜디.

ápple knòcker 《美俗》 무경험자, 촌사람.

ápple píe 사과 파이.

ap·ple-píe bèd [ǽplpái] 시트를 접어 넣어 발이 못 나오도록 한 침대.

apple-píe órder 《口》 질서 있음, 정돈; 양호한 상태.

ap·ple-pol·ish [-pàliʃ/-pɔ̀l-] *vi.*, *vt.* 《口》 (…의, …에게) 비위 맞추다.

ap·ple-pol·ish·er [-pàliʃər / -ɔ̀-] *n.* 《口》 아첨 잘 하는 사람.

ap·ple·sauce [-sɔ̀:s] *n.* Ⓤ ① 《美》 사과 소스《난도질한 사과의 설탕찜》. ② 《俗》 허튼소리; 마음에도 없는 아첨. ***A-!*** 제발 그만해.

Áp·ple·ton láyer [ǽpltən] 애플턴층《지구 고층권 중, 헤비사이드층 너머의 전리층 상층부》.

***ap·pli·ance** [əpláiəns] *n.* 기구, 기계; 장치(device); UC 응용, 적용.

***ap·pli·ca·ble** [ǽplikəbəl] *a.* **응용[적용]할 수 있는**; 적절한(suitable). **-bly** *ad.* **ap·pli·ca·bil·i·ty** [æplikəbíləti] *n.* Ⓤ 적응성, 적당, 적절.

***ap·pli·cant** [ǽplikənt] *n.* 신청자; 응모자, 지원자, 후보자(*for*).

‡**ap·pli·ca·tion** [æplikéiʃən] *n.* ① UC 적용, 응용. ② CU **신청**, 출원(出願), 지원(*for*); Ⓒ **원서**, 신청서. ③ Ⓤ (약의) 도포(塗布); Ⓒ 바르는 (고)약. ④ Ⓤ 부지런함, 열심(*a man of close ~* 열심가). ***make an ~ for*** (*help*) ***to*** (*a person*) (아무)에게 (원조)를 의뢰하다. ***on ~*** 신청하는 대로(*to*).

ap·pli·ca·tor [ǽplikèitər] *n.* 도포구(塗布具); (화장용) 솔[도구]《아이새도 등을 펴기 위한》.

ap·plied** [əpláid] *a.* **응용된**. ***~ chemistry 응용 화학.

ap·pli·qué [æplikéi] *n.*, *vt.* (F.) 아플

리케(를 달다〔붙이다〕).

‡ap·ply [əplái] *vt.* ① **적용하다**, 응용하다. ② (물건을) **대다**, 붙이다, (약·페인트를) 바르다, 칠하다. ③ (열·힘 따위를) 가하다. ④ (용도에) 쓰다; 돌리다. —— *vi.* ① 적합하다, 꼭 들어맞다. ② **신청〔지원〕하다**(*for*). ③ 부탁〔요청〕하다(~ *to* him *for* help). ~ *oneself to* …에 전념하다.

ap·pog·gia·tu·ra [əpɑ̀dʒətúərə/əpɔ̀dʒətúərə] *n.* (It.) 〖樂〗 전타음(前打音)《장식음의 일종》.

‡ap·point [əpɔ́int] *vt.* ① **임명하다; 지명하다**. ② (날짜·장소를) **지정하다**. ③ 〖法〗 귀속을 정하다. ***~·ed** [-id] *a.* **지정된**; 약속의; 설비된. **~·er, ~·or** [-ər] *n.* 임명자. **‡ap·póint·ment** *n.* CU **임명**, 선정, **지정**; C 관직, 지위; (회합의) 약속; (*pl.*) 설비, 장구(裝具). 「임명자.

ap·point·ee [əpɔ̀intíː, æpɔin-] *n.* 피

ap·poin·tive [əpɔ́intiv] *a.* 《美》 (관직 따위) 임명에 의한(opp. elective). ~ *power* 임명권. 「姿).

ap·port [əpɔ́ːrt] *n.* 〖心靈〗 환자(幻

ap·por·tion [əpɔ́ːrʃən] *vt.* 할당하다, 벼르다, 나누다; 배분하다. **~·ment** *n.* UC 할당, 배분.

ap·pose [æpóuz] *vt.* 곁〔다음〕에 놓다; 늘어놓다, 병치(併置)하다.

ap·po·site [ǽpəzit] *a.* 적당〔적절〕한 (*to*). **~·ly** *ad.* **~·ness** *n.*

‡ap·po·si·tion [æ̀pəzíʃən] *n.* U ① 병치(並置), 나란히 놓음. ② 〖文〗 동격. **~·al** *a.* 병치한; 〖文〗 동격의.

ap·pos·i·tive [əpɑ́zətiv/-ɔ́-] *a., n.* 동격(同格)의 (어구). **~·ly** *ad.* 「감정.

ap·prais·al [əpréizəl] *n.* UC 평가,

ap·praise [əpréiz] *vt.* 평가하다(estimate); 감정하다. **ap·práis·er** *n.* 평가〔감정〕인; 《美》 (세관의) 사정관.

***ap·pre·ci·a·ble** [əpríːʃiəbəl] *a.* **평가할 수 있는**; 느낄 수 있을 정도의; 다소의. **-bly** *ad.*

‡ap·pre·ci·ate [əpríːʃièit] *vt., vi.* ① **평가하다**(opp. depreciate); 판단하다, …의 **진가를 인정하다**. ② 음미하다, 감상하다. ③ (좋음을) 이해하다. ④ 감사하다; 시세가 오르다.

‡ap·pre·ci·a·tion [əprìːʃiéiʃən] *n.* U ① **평가**; 진가의 인정. ② 감상, 맛봄. ③ 인식; **감사**. ④ (가격의) 등귀(騰貴); 증가. *in* ~ *of* …을 인정하여, …을 감사하여.

***ap·pre·ci·a·tive** [əpríːʃiətiv, -ʃièi-] *a.* **감상안(眼)이 있는**, 눈이 높은(~ *audience* 눈높은 관객〔청중〕); 감상(鑑賞)적인; 감사의 (~ *remarks* 감사의 말). **~·ly** *ad.* **~·ness** *n.*

ap·pre·ci·a·tor [əpríːʃièitər] *n.* 진가를 아는 사람; 감상자.

ap·pre·ci·a·to·ry [əpríːʃiətɔ̀ːri/-təri] *a.* 평가의; 감상(鑑賞)적인.

***ap·pre·hend** [æ̀prihénd] *vt.* ① **염려〔우려〕하다**. ② (**붙**)**잡다**, 체포하다. ③ (뜻을) **이해하다**, 감지하다. —— *vi.* 이해하다; 우려하다. **ap·pre·hén·si·ble** [-səbəl] *a.* 이해할 수 있는.

***ap·pre·hen·sion** [æ̀prihénʃən] *n.* U ① 파악; **이해**〔**력**〕. ② 체포. ③ (종종 *pl.*) **우려**, 걱정, 두려움. ***-hén·sive** *a.* **근심**〔**우려**〕**하는** (*for, of*); 이해가 빠른. **-hén·sive·ly** *ad.*

***ap·pren·tice** [əpréntis] *n., vt.* **도제**〔**계시**〕(로 삼다); 견습(으로 보내다). *be bound* ~ *to* …의 도제가 되다. **~·ship** [-ʃìp] *n.* U 도제살이 (*at*); 도제의 신분〔기한〕.

ap·prise, ap·prize[1] [əpráiz] *vt.* 알리다(~ *him of it*).

ap·prize[2] *vt.* 《古》 =APPRAISE.

ap·pro [ǽprou] *n.* 《英》〖商〗 =APPROVAL. *on* ~ =on APPROVAL.

‡ap·proach [əpróutʃ] *vt.* ① …에 **접근하다**; 접근시키다. ② (아무에게 이야기를) 꺼내다, (교섭을) 개시하다 (*on, with*); (매수 따위의 속셈으로) 접근하다. ③ (문제 해결에) 착수하다. —— *vi.* ① 접근하다. ② 거의 …와 같다. —— *n.* ① U **접근**, 다가감(~ *to the moon* 달에의 접근). ② 유사, 근사. ③ 길, 입구(*to*); (학문 따위에의) 입문. ④ (*pl.*) (아무에의) 접근; 구애(求愛); 교제의 제의. **~·a·ble** *a.* **~·ing** *a.*

ap·pro·bate [ǽprəbèit] *vt.* 《美》 인가〔면허〕하다, 시인〔찬동〕하다.

***ap·pro·ba·tion** [æ̀proubéiʃən] *n.* U **허가**; 시인; 칭찬.

‡ap·pro·pri·ate [əpróuprièit] *a.* **적당한**(*to, for*); **특유한**, 고유의(*to*). —— [-prièit] *vt.* ① **착복하다**, 도용하다, 후무리다. ② (어떤 목적에) **돌리다**, 충당하다. ~ *a thing to oneself* 물건을 횡령하다. **~·ly** *ad.*

***ap·pro·pri·a·tion** [əpròupriéiʃən] *n.* ① U **사용**(私用), 도용(盜用), 착복. ② UC **충당**, 충당금; 세출 예산. ~ *bill* 세출 예산안.

ap·pro·pri·a·tor [əpróuprièitər] *n.* 횡령자, 부당 점용자. 「수 있는.

ap·prov·a·ble [əprúːvəbəl] *a.* 인정할

‡ap·prov·al [əprúːvəl] *n.* U ① **시인**; 찬성. ② 인가. *on* ~ 〖商〗 반품(返品)할 수 있는 (조건으로).

‡ap·prove [əprúːv] *vt.* ① **시인하다**, 찬성하다, 마음에 들다. ② 인가하다; 실증하다, 보여주다(~ *oneself* …). —— *vt.* 시인〔찬성〕하다. **~d** *a.* 시인〔인가〕된; 정평 있는. **ap·próv·er** *n.* **ap·próv·ing** *a.* 시인하는, 찬성의.

approx. approximate(ly).

***ap·prox·i·mate** [əprɑ́ksimèit/-ɔ́k-] *a.* 근사한, 대체의. —— [-səmèit] *vt., vi.* **접근시키다**〔**하다**〕. **‡ ~·ly** *ad.* **대체로**, 대략. ***ap·prox·i·ma·tion** [-ˌ-méi-] *n.* UC **접근**; 〖數〗 근사치.

appt. appoint(ed) ; appointment.

ap·pur·te·nance [əpə́ːrtənəns] *n.* (종종 *pl.*) 부속품〔물〕; (*pl.*) 기계 장치; 〖法〗 종물(從物). **ap·púr·te·nant** *a., n.* 부속의〔된〕(*to*); 부속물.

Apr. April. 「CU **살구**(빛).

***ap·ri·cot** [ǽprəkɑ̀t, éip-/éiprikɔ̀t] *n.*

†A·pril [éiprəl, -pril] *n.* **4월**.

Ápril fóol 에이프릴 풀《만우절에

속아 넘어간 사람》; 그 장난. 「DAY.
Ápril Fóols' Dày = ALL FOOL'S
a pri·o·ri [éi praiɔ́:rai, ɑ: priɔ́:ri] (L.) 연역(演繹)적으로[인], 선천적으로[인](opp. *a posteriori*).
‡**a·pron** [éiprən] *n., vt.* 에이프런(같은 것), 앞치마(를 두르다); 〖劇〗 불쑥 나온 앞무대; 《美俗》 바텐더; 〖空〗 격납고 앞의 광장.
ápron strìng 앞치마의 끈. ***be tied to one's wife's apron strings*** 아내에게 쥐어 살다.
ap·ro·pos [æprəpóu] *ad.* 적당히, 적절히, 때맞춰. ~ ***of*** …에 대하여, …의 이야기로 생각나는데(talking of). ~ ***of nothing*** 느닷없이, 불쑥. ―― *a.* 적당한, 적절한.
APS American Press Society; Ascent Propulsion System.
apse [æps] *n.* 〖建〗 (교회 동쪽 끝의) 쑥 내민 반원[다각]형의 부분. 「점.
ap·sis [ǽpsis] *n.* 〖天〗 원일점; 근일
‡**apt** [æpt] *a.* ① (자칫) …하기 쉬운 (*to*). ② 적당한. ③ 이해가 빠른. *´~·**ly** *ad.* 적절히; 잘. ´~·**ness** *n.* 적절함; 성향; 재능.
ap·ter·ous [ǽptərəs] *a.* 날개 없는.
ap·ter·yx [ǽptəriks] *n.* 〖鳥〗 =KIWI.
***ap·ti·tude** [ǽptitù:d/-titjù:d] *n.* CU ① 적절함. ② 경향; 재능, 소질. ③ 적성.
APU Asian Parliamentary Union.
A. Q. achievement quotient(cf. IQ).
aq·ua [ǽkwə] *n.* (L.) 물; 용액.
aq·ua·belle [ǽkwəbèl] *n.* 수영복 차림의 미인. 「中) 쇼.
aq·ua·cade [-kèid] *n.* 《美》 수중(水
aq·ua·cul·ture [-kʌ̀ltʃər] *n.* U = AQUICULTURE; 양어, 양식(養殖).
aq·ua·farm [-fɑ̀:rm] *n.* 양어장, 양
áqua fórtis 〖化〗 질산. 「식장.
Aq·ua·lung [-lʌ̀ŋ] *n.* 〖商標〗 수중폐(肺)《장시간 잠수구》(cf. skin-dive).
aq·ua·ma·rine [ækwəmərí:n] *n.* 〖寶石〗 남옥(藍玉)《beryl의 일종》; U 청녹색. 「협가; 잠수 기술자.
aq·ua·naut [ǽkwənɔ̀:t] *n.* 해저 탐
aq·ua·plane [-plèin] *n., vi.* (모터보트로 끄는) 활주판(을 타다). 「水).
áqua ré·gi·a [rí:dʒiə] 〖化〗 왕수(王
aq·ua·relle [ækwərél] *n.* CU 수채화(법).
***a·quar·i·um** [əkwɛ́əriəm] *n.* (*pl.* ~*s*, *-ia* [-riə]) 양어지(養魚池)[조(槽)]; 수족관; 《俗》 목사관(館).
A·quar·i·us [əkwɛ́əriəs] *n.* 〖天〗 물병자리; 보병궁(寶瓶宮).
a·quat·ic [əkwǽtik, -kwɑ́-] *a.* 물의, 수중(水中)[수상]의; 물속에 사는[생장하는]. ―― *n.* 수생 동[식]물; (*pl.*) 수중[수상] 경기.
aq·ua·tint [ǽkwətìnt] *n.* UC 식각요판(蝕刻凹版) (판화).
áqua ví·tae [váiti:] 알콜; 독한 술.
aq·ue·duct [ǽkwədʌkt] *n.* 도수관(導水管), 수도; 수도교(橋); 〖生〗 (체내의) 관(管)(canal).
a·que·ous [éikwiəs, ǽk-] *a.* 물의[같은]; 수성(水成)의. 「양액(水樣液).
áqueous húmo(u)r 〖生〗 (눈의) 수
áqueous róck 수성암.
aq·ui·cul·ture [ǽkwəkʌ̀ltʃər] *n.* U 수경법(水耕法).
aq·ui·fer [ǽkwəfər] *n.* 〖地〗 대수층(帶水層).
aq·ui·line [ǽkwəlàin] *a.* 수리의[같은]; 독수리 부리 같은(*an* ~ *nose* 매부리코).
A·qui·nas [əkwáinæs, -nəs], **St. Thomas** (1225?–74) 이탈리아의 카톨릭교(教)의 신학자.
Ar 〖化〗 argon. **Ar.** Arabic; Aramaic.
A. R. A. Associate of the Royal Academy; American Railway Association.
‡**Ar·ab** [ǽrəb] *n.* 아라비아 사람[말(馬)]; (*or* a-) 부랑아(=STREET ~). ―― *a.* 아라비아(사람)의.
ar·a·besque [æ̀rəbésk] *n.* 당초무늬; 〖발레〗 아라베스크《양손을 앞뒤로 뻗치고 한 발로 섬》. ―― *a.* 당초무늬의; 이상한; 정교한.
‡**A·ra·bi·a** [əréibiə] *n.* 아라비아.
‡**A·ra·bi·an** [-n] *a., n.* 아라비아(사람)의; 아라비아 사람[말(馬)].
Arábian bìrd 불사조(phoenix).
***Ar·a·bic** [ǽrəbik] *a.* 아라비아의; 아라비아 사람[어(語)]의. ―― *n.* U 아라비아어. 「비아 숫자.
Árabic númerals [**fígures**] 아라
Ar·ab·ism [ǽrəbìzəm] *n.* 아랍어법; 아랍 민족주의.
Ar·ab·ist [ǽrəbist] *n.* 아랍학자.
ar·a·ble [ǽrəbəl] *a.* 경작에 적합한.
Árab Léague, the 아랍 연맹.
Árab Repúblic of Égypt, the 이집트 아랍 공화국. 「의 동물.
a·rach·nid [əræ̀knid] *n.* 거미 무리
A·ra·gon [ǽrəgɑ̀n, -gən] *n.* 스페인의 북동부 지방《본디 왕국》.
Ar·al·dite [ǽrəldàit] *n.* 〖商標〗 애럴다이트《접착제》.
Ár·al Séa [ǽrəl], **the** 아랄 해(海)《카스피 해 동쪽의 내해》.
Ar·a·ma·ic [æ̀rəméiik] *n.* U 아람어(語)《셈어(語)에 속하는 고대어》.
ARAMCO [ɑ:rǽmkou] the Arabian-American Oil Company.
ar·ba·lest, -list [ɑ́:rbəlist] *n.* (중세의) 노궁(弩弓), 석궁(cf. crossbow).
ar·bi·ter [ɑ́:rbitər] *n.* 중재인. **ár·bi·tra·ble** *a.* 중재할 수 있는.
árbiter e·le·gan·ti·á·rum [èligæ̀nʃiɑ́:rəm] (L.) (심미안·예법·에티켓의) 권위자.
ar·bi·trage [ɑ́:rbitrɑ̀:ʒ] *n.* U 〖商〗 시세차를 이용한 되넘기기 거래.
ar·bi·tral [ɑ́:rbitrəl] *a.* 중재의.
ar·bit·ra·ment [ɑ:rbítrəmənt] *n.* UC 중재(에 의한 재결).
***ar·bi·trar·y** [ɑ́:rbitrèri/-bitrəri] *a.* ① 제 마음[멋]대로의; 기분내키는 대로의. ② 횡포한, 전횡(專橫)의. **-trar·i·ly** *ad.* **-i·ness** *n.*
ar·bi·trate [ɑ́:rbətrèit] *vt., vi.* 중재하다; 재정(裁定)하다; 중재 재판에

제소하다. **ar·bi·tra·tion** [àːrbətréiʃən] *n.* UC 중재 (재판)《노동법에서는 arbitration(중재), conciliation(알선), mediation(조정)을 구별해서 씀》. **ár·bi·tra·tor** *n.*

***ar·bor**[1], 《英》 **-bour** [áːrbər] *n.* 정자, 나무 그늘의 휴게소. *grape* ~ 포도 시렁. **ar·bo·re·al** [ɑːrbɔ́ːriəl] *a.* 수목(樹木)의〔에 나는, 에 사는〕; 교목성(喬木性)의.

ar·bor[2] *n.* 〖機〗 주축(主軸) (main axle).

Árbor Dày 《美》 식목일 《4, 5월경 각 주(州)에서 행함》.

ar·bo·res·cent [àːrbərésnt] *a.* 나무 같은; 나뭇가지 모양의.

ar·bo·re·tum [àːrbəríːtəm] *n.* (*pl.* ~*s*, *-ta*) 수목원(樹木園), 산림 공원.

ar·bor·vi·tae [àːrbərváitiː] *n.* 〖植〗 지빵나무; 〖解〗 소뇌활수(小腦活樹).

ar·bo·vi·rus [àːrbəváirəs] *n.* 〖醫〗 아르보바이러스《뇌염 등을 일으키는 바이러스의 총칭》.

ar·bu·tus [ɑːrbjúːtəs] *n.* (북미 산의) 철쭉과의 일종; (남유럽 산의) 소귀나무, 마취목 (무리).

‡**arc** [ɑːrk] *n.* ① 호(弧). ② 〖電〗 전호(電弧), 아크.

ARC, A. R. C. American Red Cross.

***ar·cade** [ɑːrkéid] *n.* 아케이드《유개(有蓋) 도로 또는 상가》; 〖建〗 줄지은 홍예랑(紅霓廊).

Ar·ca·di·a [ɑːrkéidiə] *n.* 아르카디아《고대 그리스 산간의 목가적 전원》; 순박·평화로운 이상향. **Ar·cá·di·an** *a.*, *n.* 아르카디아의〔같은〕; 전원의; 목가적인; 순박한 (사람).

Ar·ca·dy [áːrkədi] *n.* 《詩》 =ARCADIA.

ar·ca·num [ɑːrkéinəm] *n.* (*pl.* ~*s*, *-na*) (보통 *pl.*) 비밀; 신비; 비방약.

‡**arch**[1] [ɑːrtʃ] *n.* 〖建〗 ① 아치, 홍예, 아치문(*a triumphal* ~ 개선문). ② 호(弧), 궁형(弓形). ── *vt.*, *vi.* 활 모양으로 굽(히)다; 홍예를 틀다.

arch[2] *a.* 주된; 장난〔익살〕스런; 교활한. ⌐**·ly** *ad.* 장난스럽게, 짓궂게. ⌐**·ness** *n.*

***ar·ch(a)e·ol·o·gy** [àːrkiálədʒi/-ɔ́-] *n.* U 고고(考古)학. **-o·log·i·cal** [-kiəlάdʒikəl/-ɔ́-] *a.* **-cal·ly** *ad.* **-gist** *n.*

***ar·cha·ic** [ɑːrkéiik] *a.* 고대의; 고풍의; 고문체의; (A-) 고대 그리스풍의.

ar·cha·ism [áːrkiìzəm, -kei-] *n.* UC 고어(古語), 고풍의 문장〔말투〕; 고풍; 의고(擬古)주의.

arch·an·gel [áːrkèindʒəl] *n.* 대(大)천사.

***arch·bish·op** [áːrtʃbíʃəp] *n.* (신교의) 대감독; (가톨릭·성공회의) 대주교. ~**·ric** [⌐⌐-rik] *n.* UC 위의 직〔교구〕.

arch·dea·con [⌐díːkən] *n.* (신교의) 부감독; 〖가톨릭〗 부주교. ~**·ry** [⌐⌐-ri] *n.* UC 그 직〔교구, 저택〕.

arch·di·o·cese [àːrtʃdáiəsis, -sìːs] *n.* archbishop의 교구.

arch·duch·ess [⌐dʌ́tʃis] *n.* 대공비(大公妃).

arch·duch·y [⌐dʌ́tʃi] *n.* 대공(大公)국, 대공령(領) 《archduke의》.

arch·duke [⌐djúːk] *n.* 대공 (大公) 《구 오스트리아의 왕자》.

Ar·che·an [ɑːrkíːən] *n.*, *a.* 〖地〗 시생대(始生代)(의).

arch·en·e·my [⌐énəmi] *n.* 대적(大敵); =SATAN.

Ar·che·o·zo·ic [àːrkiəzóuik] *n.*, *a.* 시생대(始生代)(의).

***arch·er** [áːrtʃər] *n.* 사수(射手)《활의》, 궁술가; (A-) 〖天〗 사수(射手)자리 (Sagittarius). ***árch·er·y** [-ri] *n.* U 궁술; 《集合的》 사수대(射手隊).

ar·che·typ·al [áːrkitàipəl] *a.* 원형의; 전형적인.

ar·che·type [áːrkitàip] *n.* 원형.

arch·fiend [áːrtʃfíːnd] *n.* 마왕(Satan).

ar·chi·bald [áːrtʃəbɔ̀ːld, -bəld] *n.* 《英俗》 고사포.

ar·chi·e·pis·co·pal [àːrkiipískəpəl] *a.* archbishop의.

Ar·chi·me·des [àːrkəmíːdiːz] *n.* 아르키메데스《고대 그리스의 수학·물리학자(287?–212 B.C.)》. **Ar·chi·me·de·an** [àːrkəmíːdiən, -mədíːən] *a.*

Árchimédes' prínciple 〖理〗 아르키메데스의 원리.

ar·chi·pel·a·go [àːrkəpéləgòu] *n.* (*pl.* ~*(e)s*) 군도(群島); 다도해; (the A-) 에게해(海).

‡**ar·chi·tect** [áːrkətèkt] *n.* 건축가; 건축 기사(*a naval* ~ 조선(造船) 기사); 제작자; (the A-) 조물주(Creator).

ar·chi·tec·ton·ic [àːrkətektάnik / -kitektɔ́n-] *a.* 건축〔설계〕의, 건축이〔설계가〕 교묘한; 조직〔구성〕적인; 체계적 지식의.

‡**ar·chi·tec·ture** [áːrkətèktʃər] *n.* ① U 건축술; 《集合的》 건조물. ② UC 건축 양식; 구성. ***ar·chi·tec·tur·al** [⌐-téktʃərəl] *a.* 건축(상)의.

ar·chi·trave [áːrkətrèiv] *n.* 〖建〗 평방(平枋)《entablature의 최저부》; 처마도리.

ar·chives [áːrkaivz] *n.* *pl.* 공문서 보관소; 공문서, 고(古)기록. **ar·chí·val** *a.* **ar·chi·vist** [áːrkəvist] *n.*

ar·chon [áːrkɑn, -kən] *n.* (고대 아테네의) 집정관(執政官).

arch·priest [áːrtʃpríːst] *n.* 주(主) 목사; 〖카톨릭〗 주석(主席) 사제.

arch·way [⌐wèi] *n.* 아치 길.

arch·wise [⌐wàiz] *ad.* 아치 꼴로.

ar·ci·form [áːrsəfɔ̀ːrm] *a.* 활〔아치〕 모양의.

árc làmp 〔**lìght**〕 〖電〗 호광등(弧光燈), 아크등.

‡**arc·tic** [áːrktik] *a.* 북극(지방)의; 극한(極寒)의. ── *n.* (the A-) 북극(지방); (*pl.*) 《美》 방한(防寒) 덧신.

Árctic Círcle, the 북극권.

Árctic Ócean, the 북빙양(北氷洋).

Árctic Zòne, the 북극대(帶).

Arc·tu·rus [ɑːrktjúərəs] *n.* 〖天〗 대각성(大角星)《목동자리의 가장 큰 별》.

ARD acute respiratory disease 급성 호흡기병.

***ar·dent** [áːrdənt] *a.* ① 열심인, 열렬한. ② 불 같은, 타는 듯한, 뜨거운; 빛나는. *~**·ly** *ad.* ~**·ness** *n.* **ár·den·cy** *n.* U 열렬(함).

árdent spírits 독한 술.

***ar·dor,** 《英》 **-dour** [áːrdər] *n.* U

열정; 열심, 열의(zeal).

*ar·du·ous [áːrdʒuəs/-dju-] a. 힘드는; 부지런한; 험악한. ~·ly ad.

†are[1] [強 ɑːr, 弱 ər] v. be의 2인칭 단수〔1·2·3인칭 복수〕의 직설법 현재.

‡are[2] [ɑːr, ɛər] n. (F.) 아르《100 m^2》 (cf. hectare).

‡ar·e·a [ɛ́əriə] n. ① UC 면적 공간. ② 지역, 지방; 영역; 범위. ③ 공지; 《英》 지하실 출입구.

área bòmbing (전)지역 폭격.

área còde (전화의) 시외 국번《미국은 숫자 3자리》.

ar·e·al [ɛ́əriəl] a. 면적의; 지역의.

ar·e·a·way [-wèi] n. 《美》 건물 사이의 통로.

*a·re·na [əríːnə] n. ① (원형 극장의 복판의) 투기장(鬪技場). ② 《一般》 경기장; 활동 장소, (투쟁 등의) 무대.

ar·e·na·ceous [æ̀rənéiʃəs] a. 모래 같은, 모래질의; 모래(땅)에 자라는.

aréna théater 《美》 원형 극장.

†aren't [ɑːrnt] are not의 단축.

Ar·e·op·a·git·i·ca [æ̀riɑ̀pədʒítəkə/-ɔ̀pədʒíti-] n. Milton이 출판의 자유를 주장한 팜플렛(1644)의 제목.

Ar·es [ɛ́əriːz] n. 〖그神〗 아레스《군신(軍神); 로마 신화의 Mars》.

a·rête [əréit] n. (F.) 〖地〗 험준한 산등성이《빙하 침식 등에 의한》.

Arg. Argentina. 「은(銀)(의).

ar·gent [áːrdʒənt] n., a. U 《古·詩》

ar·gen·tif·er·ous [ɑ̀ːrdʒəntífərəs] a. 은을 함유한.

*Ar·gen·ti·na [ɑ̀ːrdʒəntíːnə] n. 아르헨티나《남아메리카 남부의 공화국》.

*Ar·gen·tine [áːrdʒəntiːn, -tàin] a., n. 아르헨티나의; 아르헨티나 사람; (a-) 은(빛)의.

ar·gen·tite [áːrdʒəntàit] n. U 휘은광(輝銀鑛). 「도토(陶土).

ar·gil [áːrdʒil] n. U 백점토(白粘土),

ar·gi·nine [áːrdʒəniːn, -nàin] n. U 〖生〗 아르기닌《아미노산의 일종》.

Ar·give [áːrdʒaiv, -gaiv/-gaiv] a., n. 그리스의 (사람).

Ar·go [áːrgou] n. 〖그神〗 아르고선(船) 《Jason이 금 양털을 찾으러 간 배》; 〖天〗 아르고자리. 「르곤.

ar·gon [áːrgɑn/-gɔn] n. U 〖化〗 아

Ar·go·naut [áːrgənɔ̀ːt] n. 〖그神〗 아르고선(船) 승무원; =FORTY-NINER; (a-) 〖動〗 작은 낙지의 일종(paper nautilus).

ar·go·sy [áːrgəsi] n. 대(大)상선(대); 《詩》 배. 「語).

ar·got [áːrgou, -gət] n. U 은어(隱

‡ar·gue [áːrgjuː] vi. 논하다, 논쟁하다. — vt. ① …을 논하다(~ *it away* 〔*off*〕 논파(論破)하다). ② 주장하다; 찬부(贊否)의 이유를 말하다(*against, for*). ③ 입증하다, 보이다. ④ 설득하여 …시키다(*into, out of*). ár·gu·a·ble a. 논할 수 있는.

‡ar·gu·ment [áːrgjəmənt] n. UC 논의, 논증; (논문 따위의) 개요. ar·gu·men·ta·tion [ɑ̀ːrgjəmentéiʃən] n. UC 논의, 논쟁; 토의; 입론(立論).

ar·gu·men·ta·tive [ɑ̀ːrgjəméntətiv] a. 의론의, 논쟁을 좋아하는.

Ar·gus [áːrgəs] n. 〖그神〗 아르고스《백안(百眼)의 거인》; 엄중한 감시인.

Ar·gus-eyed [-àid] a. 눈이 날카로운; 방심 않는, 경계하는.

ar·gy-bar·gy [áːrgibáːrgi] n. 《英口》 입씨름(argument).

ar·gyle [áːrgail] n. (편물의) 마름모 색무늬; 그 무늬의 양말.

a·ri·a [áːriə, ɛ́ər-] n. (It.) 〖樂〗 아리아, 영창(詠唱).

Ar·i·ad·ne [æ̀riǽdni] n. 〖그神〗 Minos 왕의 딸《Theseus를 미궁에서 탈출케 함》.

Ar·i·an[1] [ɛ́əriən] a., n. 아리우스의; 아리우스파의(사람). ~·ism [-ìzəm]

Ar·i·an[2] a., n. =ARYAN. ⌊n.

ar·id [ǽrid] a. (토지 따위) 건조한; 불모의; 무미 건조한. ~·ness, a·rid·i·ty [ərídəti, æ-] n. U

Ar·i·el [ɛ́əriəl] n. 아리엘《중세 전설의 공기의 요정》. 「아산의》.

ar·i·el n. 영양(羚羊)의 일종《아라비

Ar·ies [ɛ́əriːz, -riìːz] n. 〖天〗 수양자리; (황도의) 백양궁(the Ram).

*a·right [əráit] ad. 바르게; 정확히.

a·ri·o·so [ɑːrióusou, ǽr-] n., a., ad. (It.) 영서창(詠敍唱)(의, 으로).

‡a·rise [əráiz] vi. (*arose; arisen* [ərízn]) ① 일어나다, 나타나다, (사건 따위가) 발생하다. ② (먼지·바람이) 일다. ③ 《詩》 부활〔소생〕하다. ④ (잠자리 따위에서) 일어나다.

*a·ris·en [ərízn] v. arise의 과거분사.

*ar·is·toc·ra·cy [æ̀rəstɑ́krəsi/-ɔ́-] n. UC 귀족 정치(의 나라); 귀족 (사회).

*a·ris·to·crat [ərístəkræ̀t, ǽrəs-] n. 귀족(주의자). *a·ris·to·crat·ic [ərìstəkrǽtik, æ̀rəs] a. 귀족 (주의자)의.

Ar·is·toph·a·nes [æ̀ristɑ́fəniːz/-ɔ́-] n. 그리스 희극 작가(448?–380? B.C.).

Ar·is·tot·le [ǽristɑ̀tl/-tɔ̀tl] n. 아리스토텔레스《그리스의 철학자; Plato의 제자(384–322 B.C.)》. Ar·is·to·te·li·an [æ̀ristətíːliən, -ljən/-tɔt-] a., n.

arith. arithmetic(al).

‡a·rith·me·tic [əríθmətik] n. UC 산수(책); 계산. ‡ar·ith·met·i·cal [æ̀riθmétikəl] a. a·rith·me·ti·cian [əriθmətíʃən, æ̀riθ-] n. 산술가. 「열.

arithmétic progréssion 등차 수

arithmétic séries 등차 급수.

Ariz. Arizona.

*Ar·i·zo·na [æ̀rəzóunə] n. 미국 남서부의 주(州)《생략 Ariz.》.

*ark [ɑːrk] n. ① 〖聖〗 (Noah의) 방주(方舟); 계약의 궤《모세의 십계명을 새긴 두 개의 석판을 넣어 둔》. ② 《口》 볼품 없는 대형의 배. *Noah's* ~ 노아의 방주; (동물 장난감을 넣은) 방주. *touch the* ~ 신성한 것 ⌊을 모독하다.

Ark. Arkansas.

*Ar·kan·sas [áːrkənsɔ̀ː] n. 미국 중남부의 주(州)《생략 Ark.》; [美+ɑːrkǽnzəs] 위 주(州)에 있는 강《Mississippi 강의 지류》.

Ar·kie [ɑ́:rki] *n.* 《美口》 Arkansas 주 출신의 방랑 농민.

Ár·ling·ton Nátional Cémetery [ɑ́:rliŋtən] 알링턴 국립 묘지.

ARM anti-radiation missile 대전자파(對電磁波) 미사일.

†**arm**[1] [ɑ:rm] *n.* ① 팔; (동물의) 앞발, 전지(前肢). ② 팔 모양의 것; 까치발; (의자의) 팔걸이; 큰 가지; 후미, 내포(內浦) (~ of the sea). ③ Ⓤ 힘, 권력. ~ ***in*** ~ 팔을 끼고. ***better*** ~ 오른팔. ***child in*** ~***s*** 갓난애. ***keep a person at*** ~***'s length*** 경원하다. ***make a long*** ~ 팔을 뻗치다. ***one's right*** ~ 오른팔; 유력한 부하. ***with folded*** ~***s*** 팔짱을 낀 채, 방관만 하여. ***with open*** ~***s*** 두 손을 벌려, 환영하여.

‡**arm**[2] *n.* ① (보통 *pl.*) **무기, 병기.** ② 병과(兵科). ③ (*pl.*) 군사, 전쟁; 무력. ④ (*pl.*) (방패·기 따위의) 문장(紋章). ***bear*** ~***s*** 무기를 들다, 병역에 복무하다. ***be up in*** ~***s*** 무장 궐기하다; 반기를 들다. ***carry*** ~***s*** 무기를 지니다(*Carry* ~*s!* 어깨에 총!). ***in*** ~***s*** 무장하고. ***lie upon one's*** ~***s*** 무장한 채로 자다. ***Present*** ~***s!*** 받들어 총! ***small*** ~***s*** 휴대 무기《권총·소총·기관총 따위》. ***To*** ~***s!*** 전투 준비!(의 나팔). ***under*** ~***s*** 무장하고. ── *vt., vi.* **무장시키다**[하다], 장갑시키다; 무기[기구]를 쥐(게 하)다. ~ ***against*** …에 대한 방위[예방]책을 세우다. ***be*** ~***ed to the teeth*** 충분히 무장을 갖추다.

ar·ma·da** [ɑ:rmɑ́:də, -méi-] *n.* **함대**; 비행대. ***the (***Invincible***) ***A-*** (스페인의) 무적 함대《1588년 영국 함대에 격파됨》.

ar·ma·dil·lo [ɑ̀:rmədílou] *n.* (*pl.* ~*s*) 〖動〗 아르마딜로《중남미산》.

Ar·ma·ged·don [ɑ̀:rməgédən] *n.* 〖聖〗 아마겟돈《세계의 종말 때 선(善)과 악(惡)의 대결전장》; (국제적인) 대결전, 대동란.

***ar·ma·ment** [ɑ́:rməmənt] *n.* **군비,** 병력; 병기; (진지·군함 등의) 장비.

ar·ma·ture [ɑ́:rmətʃər, -tʃùər] *n.* 갑옷(armor); 장갑(裝甲), 방호물; 〖建〗 보강 철재; (해저 전선의) 외장(外裝); 발전자《발전기의 회전부》; (계전기(繼電器)의) 접편(接片); 전기자(電氣子).

「장(喪章).

arm·band [ɑ́:rmbæ̀nd] *n.* 완장; 상

‡**arm·chair** [ɑ́:rmtʃɛ̀ər/ˊˊ] *n.* 팔걸이 의자, **안락 의자.**

arme blanche [ɑ́:rm blɑ́:nʃ] *n.* (F.) 백병기(白兵器) 《기병도(刀)·기병창》; 《集合的》 기병.

***armed** [ɑ:rmd] *a.* **무장한**(*an* ~ *robber* 무장 강도).

ármed fórces 〔**sérvices**〕 군대《육·해·공의》.

ármed neutrálity 무장 중립.

ármed péace 무장 평화.

Ar·me·ni·a [ɑ:rmí:niə, -njə] *n.* 아르메니아《본디 아시아 서부의 한 나라; 지금은 소련·이란·터키 삼국에 분속됨》. **-ni·an** *n., a.*

arm·ful [ɑ́:rmfùl] *n.* 한 아름의 분량, 한 팔(또는 두 팔) 그득.

arm·hole [ˊhòul] *n.* (옷의) 진동.

ar·mi·ger [ɑ́:rmidʒər] *n.* 기사의 종자; 대향사(大鄕士)《문장이 달린 무기를 가질 자격이 있음》.

arm·ing [ɑ́:rmiŋ] *n.* Ⓤ 무장; (자석의) 접극자(接極子); 《廢》 문장(紋章).

Ar·min·i·us [ɑ:rmíniəs], **Jacobus** (1560–1609) 네덜란드의 반 Calvin파 신학자.

***ar·mi·stice** [ɑ́:rməstis] *n.* **휴전.**

Ármistice Dày (제1차 대전의) 휴전 기념일《11월 11일》.

「미.

arm·let [ɑ́:rmlit] *n.* 팔찌; 좁은 후

‡**ar·mor,** 《英》 **-mour** [ɑ́:rmər] *n.* Ⓤ ① **갑옷(투구),** 갑주. ② 《美》 (군함·요새 따위의) 철갑. ③ 방호복(*a submarine* ~ 잠수복). ④ (동식물의) 방호 기관. ⑤ 기갑부대. ── *vt.* 장갑하다.

「章)의.

ar·mo·ri·al [ɑ:rmɔ́:riəl] *a.* 문장(紋

armórial béarings 문장(紋章).

***ar·mor·y,** 《英》 **-mour·y** [ɑ́:rməri] *n.* ① **병기고.** ② 《美》 병기 공장; 병기류. ③ Ⓤ 문장학(紋章學)(heraldry); 문장 화법(blazonry).

ar·mo(u)r-bear·er [ɑ́:rmərbɛ̀ərər] *n.* (중세 기사의) 갑옷 가지고 다니는 사람, 구종(驅從).

「MO(U)RED.

ar·mo(u)r-clad [-klæ̀d] *a.* ＝AR-

ar·mo(u)red [ɑ́:rmərd] *a.* 무장한, 장갑한, 외장을 한.

「블.

ármo(u)red cáble 외장(外裝) 케이

ármo(u)red cár (군용·현금 수송용) 장갑차.

ármo(u)red fórces 기갑부대.

ar·mo(u)r·er [ɑ́:rmərər] *n.* 무구(武具) 장색; 병기 제작자; 병기계(係).

ármo(u)r pláte 장갑판(板).

arm·pit [ɑ́:rmpìt] *n.* 겨드랑이.

árms ràce 군비 경쟁.

arm-twist·ing [ɑ́:rmtwìstiŋ] *n.* (개인적인) 압력. ── *a.* 강압적인.

†**ar·my** [ɑ́:rmi] *n.* **육군; 군대;** 군(부); 대군(大群). ***standing*** 〔***reserve***〕 ~ 상비〔예비〕군.

ármy còrps 군단.

Ármy Lìst 〔**Règister**〕 《美》 육해군 현역 장교 명부.

Ármy Póst Óffice 《美》 육군 우체국《생략 A.P.O.》.

Ármy Sérvice Còrps 《英》 육군 병참단.

「《농작물의 해충》.

ar·my·worm [-wə̀:rm] *n.* 거염벌레

ar·ni·ca [ɑ́:rnikə] *n.* 아르니카《약초》; Ⓤ 아르니카정기(丁幾)《외상용》.

Ar·nold [ɑ́:rnəld], **Matthew** (1822–88) 영국의 시인·비평가.

a·roint [ərɔ́int] *int.* 《古》《다음 用法뿐》 ***A- thee!*** 꺼져라!, 물러가라!

a·ro·ma [əróumə] *n.* ⓊⒸ 방향(芳香); (예술 작품의) 기품, 묘미. **ar·o·mat·ic** [æ̀rəmǽtik] *a.* 향기로운; 묘미 있는.

‡**a·rose** [əróuz] *v.* arise의 과거.

†**a·round** [əráund] *prep., ad.* ① (…의) 주변〔둘레〕에. ② (…의) 사방

에. ③ 《美》 (…을) 돌아; (…의) **여기저기**〔**이곳저곳**〕**에**〔**으로**〕. ④ (…의) 근처에. ⑤ 약, 대략. ***all ~*** 사면(팔방)에, 도처에(서); 일동에게. ***be ~*** 《美》 기상하다; 오다; 유행하고 있다.

‡**a·rouse** [əráuz] *vt.* ① **깨우다**, 일으키다(awaken). ② **자극하다**, 격려하다; 분발시키다(excite).

a·row [əróu] *ad.* 일렬로.

ARP, A.R.P. air-raid precautions.

ARPA Advanced Research Projects Agency 고등(우주)연구 계획국.

ar·peg·gi·o [ɑːrpédʒiou] *n.* (It.) (*pl.* ~*s*) 〖樂〗 아르페지오.

ar·que·bus [ɑ́ːrkwəbəs] *n.* =HARQUEBUS.

ar·raign [əréin] *vt.* 〖法〗 (법정에) 소환하다, 공소 사실의 사실 여부를 묻다; 나무라다, 문책〔비난〕하다. **~·ment** *n.* UC 죄상 인부(罪狀認否)(의 절차); 비난, 힐난, 문책.

‡**ar·range** [əréindʒ] *vt.* ① **가지런히 하다**, 정리〔정돈〕하다, **배열하다**. ② (분쟁을) **해결하다**; 조정〔처리〕하다. ③ 계획〔준비〕하다. ④ 각색〔편곡〕하다. — *vi.* 타합하다, 마련〔정〕하다, (사전) 준비하다(*for, about*).

‡**ar·range·ment** [-mənt] *n.* ① UC **정돈**, 정리. ② UC **배열**, 배치(*flower* ~ 꽃꽂이); 배합, 분류. ③ (*pl.*) 준비(preparation) (*for, with*). ④ CU 화해, 협정. ⑤ U 각색, 편곡.

ar·rant [ǽrənt] *a.* 전적인(*an* ~ *lie* 새빨간 거짓말); 악명 높은, 극악한.

ar·ras [ǽrəs] *n.* UC (프랑스의) 아라스천 (벽걸이).

ar·ray** [əréi] *vt.* ① **차리다**, 성장(盛裝)시키다. ② **배열**〔**정렬**〕**시키다**; (배심원을) 소집하다. — *n.* U ① 정렬; 벌여세움; 군세(軍勢). ② 《詩》 의장(衣裝), 치장. ***in proud ~ 당당히.

ar·rear [əríər] *n.* (*pl.*) (일·지불의) 밀림; 미불(未拂) 잔금; 잔무(殘務). ***in ~(s)*** 밀리어, 미불되어. ***in ~ of*** …에 뒤지어. ***in ~(s) with*** (*work*) (일)이 지체되어. **~·age** [əríəridʒ] *n.* UC 연체(延滯)(금); 부채; 잔무.

‡**ar·rest** [ərést] *vt.* ① **체포하다**, 붙들다. ② 막다, 저지하다. ③ (마음을) 끌다(attract). — *n.* CU 저지; **체포**, 구속, 구류. ***under ~*** 구류중. **~·ment** *n.* U

ar·rés·ter hòok [-ər] 속도 제어 장치《항공 모함의 비행기 착함용》.

ar·rest·ing [əréstiŋ] *a.* 주의를 끄는, 깜짝 놀라게 하는《목소리 등》; 인상적인, 눈부신.

arrésting gèar 착함기의 속도를 늦추기 위해 모함 갑판에 친 강색.

ar·rière-pen·sée [ǽrièərpɑ̃ːnséi] *n.* (F.) 저의(底意); 겨의; 본의 아님.

ar·ris [ǽris] *n.* 〖建〗 모서리, 귀퉁이.

‡**ar·ri·val** [əráivəl] *n.* ① UC **도착**, 입항; 도착자〔물〕; 출현. ② U 도달; 달성. ③ 《口》 출생, 신생아.

†**ar·rive** [əráiv] *vi.* ① **도착하다** (*at, in*). ② (연령·시기 따위에) 달하다 (*at*). ③ 명성을〔지위를〕 얻다(*a pianist who has ~d* 잘 팔리는〔인기 있는〕 피아니스트); (시기가) 오다.

ar·ri·viste [æriví:st] *n.* (F.) (목적을 위해 수단을 안 가리는) 야심가; 벼락 출세한 사람, 벼락부자.

***ar·ro·gant** [ǽrəgənt] *a.* **거만한**, 건방진. ***ár·ro·gance, -gancy** *n.* U **~·ly** *ad.*

ar·ro·gate [ǽrəgèit] *vt.* (칭호 따위를) 사칭(詐稱)하다; 멋대로 제것으로 하다; 정당한 이유 없이(…을 남에게) 돌리다. **ar·ro·ga·tion** [⌐-géiʃən] *n.* UC 사칭, 가로챔; 참람(僭濫), 월권 (행위).

‡**ar·row** [ǽrou] *n.* **화살**; 화살표; 굵은 화살표《영국 관유품 표시; 보통 BROAD ~ 라고 함》.

ar·row·head [-hèd] *n.* 화살촉; 쇠귀나물속(屬)의 식물.

ar·row·root [-rù:t] *n.* 칡의 일종; U 갈분.

ar·row·wood [-wùd] *n.* 가막살나무속(屬)의 식물.

ar·row·y [-i] *a.* 화살의〔같은〕; 빠른.

arse [ɑːrs] *n.* 《俗》 궁둥이(ass).

ar·se·nal [ɑ́ːrsənəl] *n.* 병기고, 군수품 창고; 조병창.

ar·se·nate [ɑ́ːrsənit] *n.* U 〖化〗 비산염(砒酸塩).

ar·se·nic [ɑ́ːrsənik] *n.* 〖化〗 U 비소. — [ɑːrsénik] *a.* 비소의.

arsénic ácid 비산.

ar·se·ni·ous [ɑːrsí:niəs], **ar·se·nous** [ɑ́ːrsənəs] *a.* 아비(亞砒)의.

arsénious ácid 아비산.

ar·son [ɑ́ːrsn] *n.* U 〖法〗 방화(죄). **~·ist** *n.* 방화범.

ars·phen·a·mine [ɑːrsfénəmì:n] *n.* U 〖藥〗 살바르산.

art[1] [ɑːrt] *vi.* 《古·詩》 (thou가 주어일 때) be의 2인칭·단수·직설법 현재.

†**art**[2] *n.* ① UC **예술**, 미술. ② **기술**, 기능. ③ (*pl.*) 과목, 교양 과목 (liberal arts). ④ U 인공, 기교, 숙련. ⑤ U (종종 *pl.*) 술책(trickery), 책략. ***applied ~*** 응용 미술. ***~ and part*** 〖法〗 방조죄, 종범(*in*). ***~s and crafts*** 공예 미술. ***~ editor*** 예술란 담당 편집자. ***Bachelor*** 〔***Master***〕 ***of Arts*** 문학사〔석사〕. ***black ~*** 마술. ***fine ~s*** 미술. ***the ~ preservative of all ~s*** 인쇄술. ***work of ~*** 예술품; 걸작. — *vt.* (영화·소설 등에) 기교를 가하다(*up*).

árt crìtic 미술 평론가.

árt dirèctor 〖映〗 미술 감독.

ar·te·fact [ɑ́ːrtəfæ̀kt] *n.* =ARTIFACT.

ar·tel [ɑːrtél] *n.* (소련의) 협동조합.

Ar·te·mis [ɑ́ːrtəmis] *n.* 〖그神〗 아르테미스《달·수렵의 여신; 로마 신화의 Diana》.

ar·te·ri·al [ɑːrtíəriəl] *a.* 동맥의〔같은〕; 동맥혈의.

ar·te·ri·og·ra·phy [ɑːrtìəriɑ́grəfi/-ɔ́g-] *n.* U 〖醫〗 조영법.

ar·te·ri·o·scle·ro·sis [ɑːrtìəriousklərόusis] *n.* U 동맥 경화증.

ar·te·ri·tis [ɑ̀ːrtəráitis] *n.* U 〖醫〗 동맥염.

***ar·ter·y** [ɑ́ːrtəri] *n.* **동맥**; 간선 도로.

ar·té·sian wéll [ɑːrtí:ʒən/-ziən] (물

줄기 있는 데까지) 깊이 판 우물.
***art·ful** [á:rtfəl] *a.* 교활한(sly). **～·ly** *ad.*
árt gàllery 미술관.
ar·thri·tis [ɑ:rθráitis] *n.* Ⓤ 관절염.
ar·thro·pod [á:rθrəpàd/-pɔ̀d] *n., a.* 절지 동물(의).
Ar·thur [á:rθər] *n.* 남자 이름. ***King ～*** 고대 영국의 전설적인 왕. **Ar·thu·ri·an** [ɑ:rθjúəriən] *a.*
ar·ti·choke [á:rtitʃòuk] *n.* 흰꽃엉겅퀴《꽃의 일부는 식용》. ***Jerusalem ～*** 뚱딴지《뿌리는 식용》.
†**ar·ti·cle** [á:rtikəl] *n.* ①(신문·잡지의) **논설, 기사**. ② (같은 종류의 물건의) **한 품목**, 한 개(*an ～ of furniture* 가구(家具) 한 점). ③ 물품. ④ **조목, 조항**. ⑤ 계약, 규약. ⑥〖文〗관사. ***～s of association*** 정관(定款). ***～s of war*** 군율. ***definite* [*indefinite*] *～*** 정〔부정〕관사. **—** *vt.* ① 조목별로 쓰다, 나열하다. ② 계약하여 도제로 삼다. ③ (죄상을 열거하여) 고발하다. **—** *vi.* 고발하다(*against*). **～d** [-d] *a.* 연기(年期) 도제 계약의.
ar·tic·u·lar [ɑ:rtíkjələr] *a.* 관절의.
***ar·tic·u·late** [ɑ:rtíkjəlit] *a.* ① (언어가) 음절이 있는. ② (논설이) 이로정연한; **분명한**, 또렷한. ③ 의견을 분명히 말할 수 있는. ④ 관절이 있는; 구분〔마디〕 있는. **—** [-lèit] *vt., vi.* 똑똑히 발음〔표현〕하다; 관절로 잇다〔이어지다〕.
ar·tic·u·la·tion [ɑ:rtìkjəléiʃən] *n.* 마디, 관절; 분절(分節); 접합; Ⓤ 똑똑히 발음함; 발음(법).
ar·ti·fact [á:rtəfækt] *n.* 가공품; (유사 이전의) 고기물(古器物).
ar·ti·fice [á:rtəfis] *n.* Ⓤ 책략; 모략; 기교, 고안(device). **ar·tif·i·cer** [ɑ:rtífəsər] *n.* 기술가〔공〕; 장색(匠色), 장인(匠人)(craftsman); 제작자 (*the Great ～r* 조물주, 하느님).
‡**ar·ti·fi·cial** [ɑ̀:rtəfíʃəl] *a.* ① **인공〔인조〕의**(*an ～ eye* [*leg, tooth*] 의안〔의족, 의치〕). ② **부자연스러운**, 일부러 꾸민 것 같은(*an ～ smile* 거짓웃음). **ar·ti·fi·ci·al·i·ty** [ɑ̀:rtəfiʃiǽləti] *n.* ⓊⒸ 인공(물).
artifícial flówers 조화(造花).
artifícial horízon 〖空〗 인공 수평의(儀).
artifícial inseminátion 인공 수정.
artifícial léather 인조 피혁.
artifícial pérson 〖法〗 법인.
artifícial respirátion 인공 호흡.
artifícial sátellite 인공 위성.
artifícial seléction 인위 도태.
artifícial sílk 인조견.
***ar·til·ler·y** [ɑ:rtíləri] *n.* Ⓤ ① 《集合的》 대포(cannon). ② **포병**(대). ③ 포술, 포학(砲學). **～·man, ar·til·ler·ist** [-rist] *n.* 포병.
ar·ti·san [á:rtəzən/ɑ̀:tizǽn] *n.* 장색(匠色).
‡**art·ist** [á:rtist] *n.* **예술가**, 화가.
ar·tiste [ɑ:rtí:st] *n.* (F.) 예능인.
‡**ar·tis·tic** [ɑ:rtístik], **-ti·cal** [-əl] *a.* ① 기술의, **예술**(가)의; 미술(가)의. ② **예술〔미술〕적인**, 멋〔풍류〕 있는.
art·ist·ry [á:rtistri] *n.* Ⓤ 예술적 기교; 예술품.
art·less [á:rtlis] *a.* 무기교(無技巧)의; 단순한; 천진스러운; 자연스러운; 서투른; 어리석은. **～·ly** *ad.*
árt pàper 아트지(紙).
art·y [á:rti] *a.* 《口》 예술가연(然)하는.
A. R. U. American Railway Union.
ar·um [ɛ́ərəm] *n.* 천남성과의 식물《calla (lily) 따위》.
A. R. V. American (Standard) Revised Version (of the Bible).
Ar·y·an [ɛ́əriən] *a., n.* 아리아족(族)〔말〕의; ⒸⓊ 아리아 사람〔말〕.
As 〖化〗 arsenic.
†**as**[1] [強 æz, 弱 əz] *ad., conj.* ① **같을 만큼**, 그만큼《as ... as ...의 앞의 as는 *ad.*, 뒤의 as는 *conj.*》. ② (*conj.*) 그러나, …이〔하〕지만; …이〔하〕므로 (*young as he is* 젊지만, 젊으므로). ③ …**처럼〔같이〕**, …대로 (*At Rome, do as Rome does.* 《俗談》 입향순속(入鄕循俗)). ④ 《*prep.* 처럼 써서》 …**로서(는)** (*live as a saint* 성인 같은 생활을 하다 / *act as chairman* 의장 노릇을 하다). ⑤ …하고 있을 때(when). ⑥ …하면서, …함에 따라(while). ⑦ (*conj.*) 《口》 =THAT. **—** *rel. pron.* 《such, the same, as에 수반되어》 …한 바의 (*such people as have seen it* 그것을 본 사람들 / *as many books as I bought* 내가 산 책이란 책은 모두). ***as ever*** 변함없이, 여전히. ***as for*** …에 관하여서는, … 따위는(as regards). ***as if*** 마치 …처럼. ***as it is* [*was*]** 있는 그대로; 그러나 실제로는 (이에 반(反)하여). ***as it were*** 말하자면. ***as of*** … 현재(로)(*as of Jan.* 1, 1991, 1991년 1월 1일 현재). ***as though*** =as if. ***as to*** =as for. ***as who should say*** 마치 …라고 할 것처럼, …라고 말하려는 듯이.
as[2] [æs] *n.* (*pl.* ***asses*** [ǽsiz]) 〖古로〗 청동화(貨); 중량 단위《약 327g》.
A. S. Anglo-Saxon. **A. S., A/S** 〖商〗 account sales. **As.** Asia(n); Asiatic. **a. s.** 〖商〗 at sight. **ASA** American Standards Association. **A. S. A.** American Statistical Association; Amateur Swimming Association.
as·a·fet·i·da, -foet- [æ̀səfétədə] *n.* ⒸⓊ 아위(의 수지에서 얻은 진정제).
a.s.a.p., ASAP as soon as possible.
as·bes·tine [æsbéstin, æz-] *a.* 석면(石綿)의〔같은〕, 불연성(不燃性)의.
as·bes·tos [æzbéstəs, æs-/-tɔs, əs-], **-tus** [-təs] *n.* Ⓤ 석면, 돌솜.
ASC, A. S. C. Air Service Command; American Standards Committee. **ASCAP** American Society of Composers, Authors and Publishers.
as·ca·rid [ǽskərid] *n.* 회충(蛔蟲).
‡**as·cend** [əsénd] *vi.* ① 올라가다; 오

르다; 오르막이 되다. ② (시대가) 거슬러 올라가다. ～·ance, ～·ence, ～·an·cy, ～·en·cy n. Ⓤ 우세, 우월, 우위, 주권(*over*). ～·ing a.

as·cend·ant, -ent [əséndənt] a. 상승(上昇)하는; 우세〔우월〕한. —— n. Ⓤ 우위, 세력. 「위; (예수의) 승천.

as·cen·sion [əsénʃən] n. Ⓤ 상승; 즉

Ascénsion Dày 예수 승천일《Easter 후 40일째의 목요일》.

‡**as·cent** [əsént] n. Ⓒ 상승, 오름, 등산, 오르막(길); 원천에의 소급.

ascént propúlsion sỳstem 우주 정거장 귀환용 로켓 엔진.

***as·cer·tain** [æsərtéin] vt. 확인하다; 알아내다. ～·a·ble a. ～·ment n.

as·cet·ic [əsétik] n. 고행자, 금욕 생활자. —— a. 고행의, 금욕적인. **-i·cism** [-təsìzəm] n. Ⓤ 금욕주의, 고행. 「초류(海鞘類)(의).

as·cid·i·an [əsídiən] n., a. 〖動〗 해

ASCOM Army Service Command 〖美軍〗 육군 기지창.

as·co·my·cete [æskəmaisí:t] n. 〖植〗 자낭균류.

a·scór·bic ácid [əskɔ́:rbik] 〖生化〗 아스코르빈산《비타민 C의 별명》.

As·cot [ǽskət] n. 영국 Ascot의 경마장; 애스컷 경마《6월 제 3주에 행함》; (a-) (스카프 모양의) 넥타이.

***as·cribe** [əskráib] vt. (…에) 돌리다, (…의) 탓으로 하다(*to*). **as·crib·a·ble** [-əbl] a. (…에(게)) 돌릴 수 있는, …에 의한(*to*). **as·crip·tion** [əskrípʃən] n. Ⓤ 돌림, 이유붙임; Ⓒ 송영(頌詠)《설교 끝에 행하는 신의 찬미》.

as·cus [ǽskəs] (*pl.* **-ci** [ǽsai]) n. 〖植〗 (자낭균류의) 자낭.

as·dic [ǽzdik] n. 잠수함 탐지기.

ASEAN Association of Southeast Asian Nations.

a·sep·sis [əsépsis, ei-] n. Ⓤ 무균(無菌)상태; 〖醫〗 무균법. **a·sép·tic** a. 균이 없는, 방부성(防腐性)의.

a·sex·u·al [eisékʃuəl] a. 〖生〗 성별(性別)이〔성기가〕 없는, 무성(無性)의. **a·sèx·u·ál·i·ty** n. Ⓤ 무성.

As·gard [ǽsgɑ:rd, ɑ́:s-] n. 〖北歐神話〗 아스가르드《신들의 천상의 거처》.

ash[1] [æʃ] n. 〖植〗 양물푸레나무.

‡**ash**[2] n. Ⓤ ① (보통 *pl.*) 재. ② (*pl.*) 유골; 《詩》 (*pl.*) 유해; 폐허. ③ 회색, 창백. ***be ruduced*** 〔***burnt***〕 ***to ～es*** 타서 재가 되다.

‡**a·shamed** [əʃéimd] a. 부끄러이 여겨(*of*), 낯을 붉히어; 부끄러워하여 (*to* do).

ásh càn 《美》 재 담는 통, 쓰레기통; 《口》 폭뢰(爆雷).

ash·en [ǽʃən] a. 양물푸레나무(ash[1])(제(製))의; 재(ash[2])의〔같은〕; 회색의, 창백한. 「한), 떨고 있는.

a·shiv·er [əʃívər] a. 몸을 떠는(듯

ash·lar, -ler [ǽʃlər] n. ⓊⒸ 〖建〗 떠내어 다듬은 돌 (쌓기). 「청소부.

ash·man [ǽʃmæ̀n] n. 《美》 쓰레기

‡**a·shore** [əʃɔ́:r] ad. 해변에, 물가에. ***go ～*** 상륙하다. ***run ～*** 좌초되다.

ash·tray [ǽʃtrèi] n. 재떨이.

Ásh Wédnesday 성회(聖灰) 수요일《Lent의 첫날》. 「재투성이의.

ash·y [ǽʃi] a. 재의〔같은〕; 회색의;

†**A·sia** [éiʒə, -ʃə] n. 아시아(주).

A·si·ad [éiʒiæ̀d, -ʃi-] n. ＝ASIAN GAMES.

Ásia Mínor 소아시아.

‡**A·sian** [éiʒən, -ʃən] a., n. 아시아(풍)의; 아시아 사람. ***A·si·at·ic** [èiʒiǽtik, -ʃi-] a., n. ＝ASIAN.

A·sian-Af·ri·can [éiʒənǽfrikən, -ʃən-] n., a. 아시아 아프리카(의).

Ásian Gàmes 아시아 경기 대회.

‡**a·side** [əsáid] ad. 옆〔곁〕에; 떼어서, 떨어져서. ***～ from*** 《美》 …은 차치〔별문제로〕하고, … 외에; 《美》 …은 제외하고. —— n. 〖劇〗 방백(傍白).

as·i·nine [ǽsənàin] a. 나귀의〔같은〕; 어리석은.

†**ask** [æsk, ɑ:sk] vt., vi. ① 묻다, 물어보다(*about, of, it*). ② 부탁하다, (요)청하다; 청구하다. ③ 초청하다; 필요로 하다. ④ 《古》 (…의) 결혼 예고를 발표하다. ***～ after*** …의 일을 묻다, …의 안부를 묻다. ***～ for*** …을 요구〔청구〕하다; …을 찾다〔방문하다〕; …을 요하다. ***～*** (*a person*) ***in*** (아무를) 불러 들이다, 들이다. ***～ …of*** (*a person*) (아무에게) …을 묻다〔부탁하다〕. ***be ～ed out*** 초대받다. ***for the ～ing*** 청구하는 대로, 거저.

a·skance [əskǽns], **a·skant** [-t] ad. 옆으로, 비스듬히; 곁눈질로. ***look askance at*** …을 곁눈질로 흘기다; 의심쩍게 보다.

a·skew [əskjú:] ad., *pred.* a. 한쪽에〔으로〕 (쏠리어); 반대로 뒤틀리어; 일그러져; 옆으로; 비스듬히.

a·slant [əslǽnt, əslɑ́:nt] ad., *pred.* a. 비스듬히, 기울어져. —— *prep.* …을 비스듬히, …을 가로질러.

†**a·sleep** [əslí:p] ad., *pred.* a. ① 잠들어. ② 영면(永眠)하여. ③ 활발치 않아; (몸이) 마비되어. ④ (팽이가) 서서. ***fall ～*** 잠들다.

ASM air-to-surface missile.

A. S. N. E. American Society of Newspaper Editors.

a·so·cial [eisóuʃəl] a. 비사교적인; 《口》 이기적인.

asp[1] [æsp] n. 독사(毒蛇)《특히 이집트의》.

asp[2] n. ＝ASPEN.

ASPAC Asian and Pacific Council.

***as·par·a·gus** [əspǽrəgəs] n. Ⓤ 아스파라거스.

as·par·tame [æspɑ́:rtèim] n. 강력한 인공감미료의 일종.

A. S. P. C. A. American Society for the Prevention of Cruelty to Animals 미국 동물 학대 방지회.

‡**as·pect** [ǽspekt] n. ① 국면, 양상; 광경. ② ⒸⓊ 모습, 얼굴 생김새. ③ Ⓤ 〖文〗 (동사의) 상(相). ④ 방향, 방위, 향.

as·pen [ǽspən] n. 사시나무. —— a. 사시나무의; (와들와들) 떠는.

as·per·i·ty [æspérəti] n. ⓊⒸ 꺼칠꺼

칠함; (말의) 격렬함, 퉁명스러움.
as·perse [əspə́:rs] *vt.* 나쁜 소문을 퍼뜨리다, 중상하다; (세례의) 물을 뿌리다. **as·pérs·er** *n.* **as·per·sion** [əspə́:rʃən, -ʒən] *n.* U.C
***as·phalt** [ǽsfælt, -fɔ:lt], **as·phal·tum** [æsfɔ́:ltəm / -fǽl-] *n.* U 아스팔트.
ásphalt jùngle 도시의 밀림《약육강식장으로서의 대도시》.
as·pho·del [ǽsfədèl] *n.* 아스포델《백합과의 식물; 남유럽산》; 〖그神〗 극락의 꽃; 《詩》 =DAFFODIL.
as·phyx·i·a [æsfíksiə] *n.* U 〖病〗 질식, 가사(假死).
as·phyx·i·ate [æsfíksièit] *vt.* 질식시키다. **as·phyx·i·a·tion** [-ˌ-éiʃən] *n.*
as·pic [ǽspik] *n.* U 고기젤리. ⌊U⌋.
as·pi·dis·tra [æ̀spədístrə] *n.* 〖植〗 엽란(葉蘭).
as·pir·ant [əspáiərənt, ǽspər-] *a.*, *n.* (높은 지위 등을) 갈망하는 (사람), 지망자 (*to, after, for*).
as·pi·rate [ǽspərit] *n.*, *a.* 기음(氣音)(의), 기식음(의), [h]음(의). —— [-pərèit] *vt.* 기식음으로 발음하다, [h]음을 넣어 발음하다.
‡**as·pi·ra·tion** [æ̀spəréiʃən] *n.* U.C ① 갈망, 대망(大望), 포부(*for, after*). ② 〖醫〗 빨아냄(suction); 기음(발음).
as·pi·ra·tor [ǽspərèitər] *n.* 〖化〗 아스퍼레이터; 〖醫〗 흡인기.
‡**as·pire** [əspáiər] *vi.* ① 큰 뜻을 품다; 갈망하다; 동경하다(*to, after, for; to* do). ② 《詩》 올라가다; 치솟다. 「피린.
***as·pi·rin** [ǽspərin] *n.* U.C 〖藥〗 아스
as·pir·ing [əspáiəriŋ] *a.* 열망〔갈망〕하는, 큰 뜻이 있는.
a·squint [əskwínt] *ad.*, *pred. a.* 곁눈질로〔의〕, 흘긋; 비스듬히〔한〕.
‡**ass** [æs] *n.* ① 당나귀. ② [英+ɑ:s] 바보; 외고집쟁이. ③ 《卑》 엉덩이. *~es' bridge* 못난이들이 못 건너는 다리《이등변 삼각형의 두 밑각은 서로 같다는 정리》. *make an ~ of* …을 우롱하다.
as·sa·fet·i·da, -foet- [æ̀səfétidə] *n.* =ASAFETIDA. 「(토인의) 창.
as·sa·gai, as·se- [ǽsəgài] *n.* 《南阿》
as·sa·i [əsɑ́:i] *ad.* (It.) 〖樂〗 매우. *allegro ~* 매우 빠르게.
***as·sail** [əséil] *vt.* ① 습격〔엄습〕하다; 논란하다. ② 감연히 …에 부닥치다. **~·a·ble** *a.* ***as·sáil·ant**, **~·er** *n.* **~·ment** *n.*
***as·sas·sin** [əsǽsin] *n.* 암살자, (고용된) 자객. **as·sas·si·nate** [-sənèit] *vt.* 암살하다. ***as·sas·si·na·tion** [-ˌ-néiʃən] *n.* U.C 암살. **as·sas·si·na·tor** [-néitər] *n.* 암살자.
‡**as·sault** [əsɔ́:lt] *n.* C.U ① 습격, 강습; 돌격; 강간. ② 〖法〗 폭행, 협박. —— *vt.* 강습하다, …에게 폭행을 가하다; 공격하다.
as·say [æséi, ǽsei] *n.*, *vt.* 시금(試金)(하다); 분석(하다), 분석물; 시도(하다), 기도(企圖)(하다); 시험(하다).
~·a·ble *a.* **~·er** *n.*
***as·sem·blage** [əsémblidʒ] *n.* ① 모임; 집합, 집회(assembly). ② U (기계의) 조립. ③ 〖樂〗 회음(回音).
‡**as·sem·ble** [əsémbəl] *vt.*, *vi.* 모으다, 모이다, 집합하다; (*vt.*) (기계를) 짜맞추다, 조립하다; 〖컴퓨터〗 컴퓨터 언어로 번역하다.
as·sem·bler [əsémblər] *n.* 조립자; 〖컴퓨터〗 어셈블러, 기호변환 프로그램.
‡**as·sem·bly** [əsémbəli] *n.* ① 집합, 집회; 무도회; 회의. ② (A-) 입법의회; 《美》 (주의회의) 하원. ③ 집합 신호〔나팔〕. ④ U (자동차 등 부품의) 조립; C 조립 부품. ***General A-*** (UN의) 총회; 《美》 주(州)의회. ***National A-*** 〖프史〗 국민 의회; 국회.
assémbly hàll 회의장; 조립 공장.
assémbly lànguage 〖컴퓨터〗 어셈블리 언어.
assémbly lìne 《美》 일관 작업 조직《인원과 기계》. 「(주의회) 의원.
as·sem·bly·man, A- [-mən] *n.* 《美》
assémbly plànt 〔**shòp**〕 조립 공장.
assémbly ròom 집회실, 회의실; 무도장; 조립실.
assémbly tìme 〖컴퓨터〗 어셈블리 타임《어셈블러가 기호언어를 기계어 명령으로 번역함에 요하는 시간》.
as·sent** [əsént] *n.*, *vi.* U 승낙〔동의〕(하다)(agree)(*to*). ***by common ~ 전원 일치로. ***Royal ~*** (국왕의) 비준, 재가. **as·sén·tor** *n.* 동의〔찬성〕자.
‡**as·sert** [əsə́:rt] *vt.* 주장하다; 단언하다. *~ oneself* 자설(自說)을 주장하다; 주제넘게 굴다. ***as·sér·tion** *n.* C.U 주장, 단언; 독단. **as·sér·tive** *a.*
as·sess [əsés] *vt.* (과세를 위해) 사정하다, 평가하다; 과세하다; 할당하다. **~·a·ble** *a.* 사정〔평가〕할 수 있는. ***~·ment** *n.* U 재산 평가, 수입 사정(査定); 부과; C 할당액. **as·sés·sor** *n.* 재산〔과세〕 평가인.
as·set** [ǽset] *n.* ① 자산의 한 항목; 가치 있는 것(*a cultural ~* 문화재). ② (*pl.*) 자산, 재산. ***~s and liabilities 자산과 부채. ***personal*** 〔***real***〕 ***~s*** 동〔부동〕산.
as·sev·er·ate [əsévərèit] *vt.* 서언(誓言)하다; 단언하다(state positively). **as·sev·er·a·tion** [əsèvəréiʃən] *n.* U.C 서언, 단언.
as·si·du·i·ty [æ̀sid*j*ú:əti] *n.* U 근면; (*pl.*) (아무에의) 배려.
as·sid·u·ous [əsídʒuəs] *a.* 근면〔부지런〕한; 빈틈없이 손이 미치는. **~·ly** *ad.* **~·ness** *n.*
‡**as·sign** [əsáin] *vt.* ① 할당〔배당〕하다. ② (구실을) 명하다, 맡기다; 지정하다; 돌리다(*to*). ③ (재산·권리 등을) 양도하다(transfer). —— *n.* 〖法〗 양수인(讓受人). ***~·ment** *n.* U.C 할당; 지정; 임무; 양도; 연구 과제.
as·sig·na·tion [æ̀signéiʃən] *n.* U.C 할당; 지정; 밀회의 약속; (재산·권리 따위의) 양도.

as·sign·ee [əsàiníː, æsiníː] *n.* 〖法〗 양수인; 수탁자; 관재인(管財人).

as·sign·or [əsáinər] *n.* 양도인.

as·sim·i·la·ble [əsímələbəl] *a.* 동화할 수 있는.

***as·sim·i·late** [əsímәlèit] *vt.* ① 동화(同化)하다, 흡수하다. ② 소화하다; 이해하다; 비교하다(*with*). ── *vi.* 동화하다; 비슷해지다. ── *n.* 《美》 동화된 물건〔사람〕. ***as·sim·i·la·tion** [–ˌ–léiʃən] *n.* UC 동화 (작용). **as·sím·i·la·tive** [-lèitiv] *a.* 동화의, 동화력 있는. **as·sím·i·la·tor** *n.*

‡**as·sist** [əsíst] *vt., vi.* 돕다, 거들다; 참석하다(*at*). ── *n.* 조력; 〖野〗 포살.

‡**as·sist·ant** [əsístənt] *a., n.* 보조의; 조수; 점원. ‡**as·síst·ance** *n.* U 조력, 원조; 《集合的》 참석자.

assístant proféssor 조교수.

as·size [əsáiz] *n.* 재판; (*pl.*) 《英》 순회 재판. *the Great A-* 최후의 심판.

assn., assoc. association.

as·so·ci·a·ble [əsóuʃiəbəl] *a.* 연상되는(*with*); 〖醫〗 교감성의.

‡**as·so·ci·ate** [əsóuʃièit] *vt.* ① 연합〔공동〕시키다(unite). ② 연상하다. ── *vt.* 교제하다(*with*). ── [-ʃiit] *n.* ① 동료, 한동아리. ② 준(準)회원. ③ 연상되는 것. ── *a.* 동아리〔동료〕의, 연합한; 준(準)….

assóciate júdge 배심 판사.

assóciate proféssor 부교수.

‡**as·so·ci·a·tion** [əsòusiéiʃən, -ʃi-] *n.* ① U 연합, 합동, 결합. ② 조합, 협회. ③ UC 연상, 관념 연합. ④ U 교제, 친밀. **~·al** *a.*

associátion fóotball 《英》 축구, 사커(soccer).

as·so·ci·a·tive [əsóuʃièitiv, -ʃə-] *a.* 연합의, 결합하는; 연상의.

as·soil [əsɔ́il] *vt.* 《古》 사면〔석방〕하다; 속(贖)하다, 보상하다.

as·so·nance [ǽsənəns] *a.* UC 유음(類音), 협음(協音); 〖韻〗 모운(母韻) 《모음만의 압운: m*a*ke—r*a*ce 따위》. **ás·so·nant** *a.*

as·sort [əsɔ́ːrt] *vt.* 분류하다; 갖추다; 짝〔골라〕맞추다. ── *vi.* 맞다, 갖춰지다, 일치하다; 교제하다(*with*). ***~·ed** [-id] *a.* 유별(類別)한; (각종) 구색을 갖춘(*~ed chocolates* (한 상자에) 여러 가지로 구색을 갖춘 초콜릿). ***~·ment** *n.* U 종별, 유별; C (각종의) 구색 맞춤.

ASSR, A.S.S.R. Autonomous Soviet Socialist Republic. **Asst., asst.** assistant.

as·suage [əswéidʒ] *vt.* 누그러지게 하다, 가라앉히다. **~·ment** *n.* U 경감, 완화.

as·sua·sive [-siv] *a.* 누그러지게 하는, 진정시키는.

‡**as·sume** [əsúːm] *vt.* ① (책임을) 지다; (임무를) 떠맡다. ② 짐짓 …을 가장하다(pretend). ③ 가로채다(usurp). ④ 생각〔가정〕하다, 미루어 헤아리다. ⑤ 몸에 차리다〔지니다〕, (양상을) 띠다. ── *vi.* 주제넘게 굴다. **as·súm·a·ble** *a.* 미루어 헤아릴 수 있는, 생각할 수 있는. **-bly** *ad.* 아마. ***~d** [-d] *a.* 짐짓 꾸민(*an ~d voice* 꾸민 목소리); 가짜의(*an ~d name* 가명). **-súm·ed·ly** [-idli] *ad.* 아마, 필시. **as·súm·ing** *a.* 주제넘은, 건방진.

***as·sump·tion** [əsʌ́mpʃən] *n.* UC ① (임무·책임의) 떠맡음. ② 횡령. ③ 짐짓 꾸밈, 가장. ④ 가정, 상상. ⑤ 건방짐, 주제넘음. ⑥ (the A-) 성모 몽소승천(蒙召昇天) (축일). **-tive** *a.* 가정의, 가설의; 건방진; 짐짓 꾸민.

‡**as·sur·ance** [əʃúərəns] *n.* U ① 보증. ② 확신, 자신; 철면피. ③ 《英》 보험. *have the ~ to* (do) 뻔뻔스럽게도 …하다. *life ~* 《英》 생명보험. *make ~ doubly* 〔*double*〕 *sure* 재삼 다짐하여 틀림없게 하다.

‡**as·sure** [əʃúər] *vt.* ① 보증하다, 확신시키다, 납득〔안심〕시키다. ② 보험에 넣다(insure). ③ 확실히 하다. *~ oneself of* …을 확인하다. *I ~ you.* 확실히, 틀림없이. ***~d** [-d] *a.* 확실한; 자신 있는; 보험에 부친. ***as·sur·ed·ly** [əʃúːəridli] *ad.* 확실하게; 자신 있게, 대담히. **as·súr·ed·ness** [-idnis] *n.* 확실, 확신; 철면피; 대담 무쌍.

As·syr·i·a [əsíriə] *n.* (고대) 아시리아. **~n** *a., n.* 아시리아의; CU 아시리아 사람〔말〕(의).

As·syr·i·ol·o·gy [əsiriɑ́lədʒi / -ɔ́l-] *n.* U 아시리아학(學)〔연구〕.

a·stat·ic [eistǽtik, æs-] *a.* 불안정한; 〖理〗 무정위(無定位)의. *~ galvanometer* 무정위 전류계. *~ needle* 무정위 (자)침.

as·ta·tine [ǽstətìːn, -tin] *n.* U 〖化〗 아스타틴《방사성 원소; 기호 At》.

as·ter [ǽstər] *n.* ① 〖植〗 과꽃; 탱알. ② 〖生〗 (핵분열의) 성상체(星狀體).

as·ter·isk [ǽstərìsk] *n., vt.* 별표(*)(를 달다).

as·ter·ism [ǽstərìzəm] *n.* 3 별표(⁂); 〖天〗 성군(星群), 별자리.

a·stern [əstə́ːrn] *ad.* 〖海〗 고물에〔쪽으로〕; 뒤에〔로〕. *Go ~!* 후진(後進)! 《구령》.

as·ter·oid [ǽstərɔ̀id] *a., n.* 별 모양의; (화성과 목성 궤도간의) 작은 유성; 〖動〗 불가사리.

as·the·ni·a [æsθíːniə] *n.* U 〖醫〗 무력증, 쇠약.

as·the·no·pi·a [æ̀sθənóupiə] *n.* U 〖醫〗 안정(眼睛) 피로.

asth·ma [ǽzmə, ǽs-] *n.* U 〖醫〗 천식.

asth·mat·ic [æzmǽtik, æs-] *a., n.* 천식의 (사람).

as·tig·mat·ic [æ̀stigmǽtik] *a.* 난시(亂視)의, 난시 교정(용)의.

a·stig·ma·tism [əstígmətìzəm] *n.* U 난시; 비점수차(非點收差).

a·stir [əstə́ːr] *ad., a.* 움직여; 일어나; 술렁거려; 활동하여.

‡**as·ton·ish** [əstɑ́niʃ/-tɔ́n-] *vt.* 놀라게 하다. ***~·ing** *a.* **~·ing·ly** *ad.* ‡**~·ment** *n.* U 경악 (*in* 〔*with*〕 *~ment* 놀라서).

*as·tound [əstáund] vt. (깜짝) 놀라게 하다. ～·ing a.
ASTP Army Specialized Training Program.
a·strad·dle [əstrǽdl] ad., a. 걸치어; 걸친.
as·tra·gal [ǽstrəgəl] n. 〖建〗 염주쇠시리.
as·tra·khan [ǽstrəkən/æstrəkǽn] n. Ⓤ 아스트라칸 《소련 Astrakhan 지방산 새끼양의 털가죽》; 아스트라칸을 모조한 직물.
as·tral [ǽstrəl] a. 별의, 별이 많은; 별로부터의.
ástral lámp 무영등(無影燈).
*a·stray [əstréi] a., ad. 길을 잃어; 타락하여. go ～ 길을 잃다, 잘못하다; 타락하다.
a·stride [əstráid] ad., prep. 걸터앉아, 걸치어.
as·trin·gent [əstríndʒənt] a., n. 수렴성의〔이 있는〕; 엄(격)한; 수렴제.
as·trín·gen·cy n. Ⓤ 수렴성.
as·tri·on·ics [æstriániks/-ɔ́n-] n. 〖로켓〗 우주 전자 공학.
as·tro·bi·ol·o·gy [æstroubaiálədʒi] n. Ⓤ 천체 생물학.
as·tro·dome [ǽstrədòum] n. 〖空〗 (기상(機上)의) 천체 관측실.
as·tro·dy·nam·ics [æstroudainǽmiks] n. 천체 역학.
as·tro·ga·tion [æstrougéiʃən] n. Ⓤ 우주 여행 (연구).
as·tro·ge·ol·o·gy [æstroudʒiálədʒi/-dʒiɔ́l-] n. Ⓤ 천체 지질학.
as·tro·labe [ǽstrəlèib] n. (고대의) 천체 관측의(儀).
as·trol·o·ger [əstrálədʒər/-ɔ́-] n. 점성가(占星家).
*as·trol·o·gy [əstrálədʒi/-ɔ́-] n. Ⓤ 점성학〔술〕. as·tro·log·i·cal [æstrəládʒikəl/-ɔ́-] a.
as·tro·me·te·or·ol·o·gy [æstroumì:tiərálədʒi/-rɔ́l-] n. Ⓤ 천체 기상학.
*as·tro·naut [ǽstrənɔ̀:t] n. 우주 비행사〔여행자〕.
as·tro·nau·tics [æstrənɔ́:tiks] n. 항주학(航宙學), 우주 비행술〔항행학〕.
as·tro·nav·i·ga·tion [æstrounævəgéiʃən] n. Ⓤ 천측 항법; 〖空〗 우주 비행.
‡as·tron·o·mer [əstránəmər/-ɔ́-] n. 천문학자.
*as·tro·nom·i·cal [æstrənámikəl/-ɔ́-] a. 천문학(상)의; (숫자가) 천문학적인, 거대한.
astronómical obsérvatory 천문대.
astronómical tíme 〔yéar〕 천문시(天文時)〔년(年)〕.
‡as·tron·o·my [əstránəmi/-ɔ́-] n. Ⓤ 천문학.
as·tro·pho·tog·ra·phy [æstroufətágrəfi/-ɔ́-] n. Ⓤ 천체 사진술.
as·tro·phys·ics [æstroufíziks] n. 천체 물리학.
As·tro·turf [ǽstrətə̀:rf] n. 〖商標〗 인공 잔디.
as·tute [əstjú:t] a. 날카로운, 기민한(shrewd); 교활한(crafty). ～·ly ad.
a·sty·lar [eistáilər] a. 〖建〗 무주식(無柱式)의.
A·sun·cion [əsùnsióun] n. 파라과이의 수도.
*a·sun·der [əsʌ́ndər] ad. 따로따로, 떨어져(apart); 조각조각〔토막토막, 동강동강〕으로, 따로따로 떨〔흩〕어져(in pieces).
A. S. V. American Standard Version (of the Bible).
As·wan [ɑ:swɑ́:n, æs-] n. 이집트 남동부의 도시; 그 부근의 댐.
*a·sy·lum [əsáiləm] n. ① 수용소, 양육원; 정신 병원. ② 도피처(refuge).
a·sym·me·try [eisímətri, æs-] n. Ⓤ 불균정(不均整), 비대칭(非對稱)(opp. symmetry). a·sym·met·ric [ˋ–mét-], -ri·cal [-əl] a.
as·ymp·tote [ǽsimptòut] n. 〖數〗 점근선(漸近線).
a·syn·chro·nism [eisíŋkrənìzəm / æs-] n. Ⓤ 비동시성(非同時性). -nous [-nəs] a. 비동시성의; 〖電〗 비동기(非同期)의.
†at [強 æt, 弱 ət] prep. ① 《位置》 …에(서)(at home). ② 《時間·時節·나이》 …(때)에 (at noon/ at (the age of) fifteen). ③ 《狀態·情況·從事》 …하는 중에, …하여〔하고〕 (at peace/ at work). ④ 《方向·目標》 …에 대하여, …을 향하여(look at it). ⑤ 《徑路》 …을 통하여; …에 의하여, …로부터(come in 〔out〕 at the window 창으로 들어가다〔나오다〕). ⑥ 《原因》 …에 접하여, …을 보고〔듣고〕, …으로(because of) (rejoice at the news 그 소식을 듣고 기뻐하다). ⑦ 《價格·比率》 …로(at a lower price 더 싼 값으로). ⑧ 《自由·任意》 …로, …에 따라서(at will 마음대로). ⑨ 《動作의 모양》 …하게, …으로(at a gallop 전속력으로).
At 〖化〗 astatine. at. atmosphere; atomic; attorney. AT, A. T. Air Transport(ation); ampere turn; anti-tank.
At·a·brine [ǽtəbrin, -brì:n] n. 〖商標〗 아타브린《말라리아 예방약》.
At·a·lan·ta [æ̀təlǽntə] n. 〖그神〗 걸음이 빠른 미녀(美女).
AT & T American Telephone and Telegraph Company.
at·a·rac·tic [æ̀tərǽktik] n., a. 정신 안정제(의).
at·a·vism [ǽtəvìzəm] n. ⓊⒸ 〖生〗 격세 유전.
a·tax·i·a [ətǽksiə], a·tax·y [-si] n. Ⓤ 〖醫〗 운동 실조《특히 손발의》.
at bát [æt bǽt] 〖野〗 타수《생략 ab.》.
ATC Air Traffic Control; Air Transport Command; automatic train control. A. T. C. O. Air Traffic Controllers Organization.
†ate [eit/et] v. eat의 과거.
at·el·ier [ǽtəljèi] n. 아틀리에, (화가·조각가의) 작업실.
a tem·po [ɑ:témpou] (It.) 〖樂〗 보통〔원래〕 속도로.
Ath·a·na·sius [æ̀θənéiʃəs], Saint (296?–373) Alexandria의 bishop, 아리우스교(敎)(Arianism)의 반대자.
Ath·a·na·sian [-ʒən, -ʃən] a.
*a·the·ism [éiθiìzəm] n. Ⓤ 무신론. *-ist n. a·the·is·tic [èiθiístik] a.
A·the·na [əθí:nə], -ne [-ni(:)] n.

〖그神〗 지혜·예술·공예·전술의 여신《로마 신화의 Minerva》.

Ath·e·nae·um, -ne·um [æθiníːəm] *n.* 아테네 신전《시인·학자가 모였음》; (a-) 문예〔과학〕 연구회; (a-) 독서실, 도서실.

***A·the·ni·an** [əθíːniən] *a., n.* 아테네의 (사람).

***Ath·ens** [ǽθinz] *n.* 아테네《그리스의 수도》.

ath·er·o·ma [æθəróumə] *n.* 〖醫〗 아테롬《동맥 내벽에의 지방 침적》.

ath·er·o·scle·ro·sis [æθərouskləróusis] *n.* Ⓤ 〖醫〗 동맥 경화증.

a·thirst [əθə́ːrst] *pred. a.* 목이 타〔말라〕서; 갈망하여.

***ath·lete** [ǽθliːt] *n.* **운동가**, 경기자.

áthlete's fóot (발의) 무좀.

‡**ath·let·ic** [æθlétik] *a.* **운동〔경기〕의**; 운동가 같은; 강장(強壯)한. ～ *meet(ing)* 운동〔경기〕회. *～**s** [-s] *n. pl.* **운동, 경기**; 체육; 《單數取扱》 체육 실기〔원리〕.

ath·o·dyd [ǽθədid] *n.* 도관(導管) 제트 (엔진).

at-home [əthóum] *n.* (보통 오후의) 면회; 가정 초대(회). ～ *day* 면회일.

a·thwart [əθwɔ́ːrt] *ad., prep.* …을 가로〔건너〕질러 (across); …에 거슬러, …에 반(反)하여 (against).

a·tin·gle [ətíŋgl] *pred. a.* =TINGLING.

-ation *suf.* 《名詞語尾》 동작·결과의 상태를 뜻함: medit*ation*, occup*ation*.

a·ti·shoo [ətíʃuː, ətjúː] *int.* 에취《재채기 소리》.

Atl. Atlantic.

at·lan·tes [ətlǽntiːz] *n. pl.* 〖建〗 남상(男像) 기둥.

‡**At·lan·tic** [ətlǽntik] *n., a.* **대서양**(의).

Atlántic Chárter, the 대서양 헌장《1941년 8월 14일 북대서양상에서 선언됨》.

At·lan·ti·cism [ətlǽntəsìzəm] *n.* Ⓤ 범대서양주의.

‡**Atlántic Ócean, the** 대서양.

Atlántic Páct, the 대서양 동맹.

Atlántic (Stándard) Tìme 대서양 표준시.

At·lan·tis [ətlǽntis] *n.* 신벌(神罰)을 받아 바다 밑으로 가라앉았다는 전설적인 대서양의 섬.

***at·las** [ǽtləs] *n.* ① **지도 책**. ② (A-) 〖그神〗 아틀라스《신벌(神罰)로 하늘을 어깨에 짊어졌다는 거인》. ③ (A-) 《美》 수폭 탄두를 적재한 대륙간 탄도 유도탄.

Átlas Móuntains, the 아프리카 북서부의 산맥.

ATM automated teller machine.

atm. atmosphere; atmospheric.

at·man [ɑ́ːtmən] *n.* 〖힌두教〗 생명의 본원; 영혼; (A-) 대아(大我), 우주아.

at·mom·e·ter [ætmɑ́mitər/-mɔ́m-] *n.* 증발계《습면(濕面)의》.

‡**at·mos·phere** [ǽtməsfiər] *n.* ① 대기, 공기. ② 분위기; 주위의 정황, 기분. ③ 기압; 천체를 싸고 있는 가스체. ④ (예술 작품의) 풍격, 운치.

***at·mos·pher·ic** [ætməsférik], **-i·cal** [-əl] *a.* **대기의**, 대기 중의 (*atmospheric pressure* 기압). **at·mos·phér·ics** *n. pl.* 공전(空電).

at. no. atomic number.

at·oll [ǽtɔːl, ətɑl/ǽtɔl, ətɔ́l] *n.* 환초(環礁).

‡**at·om** [ǽtəm] *n.* **원자**; 미진; 미량(微量). ～**·ism** [-ìzəm] *n.* 원자론〔설〕.

‡**a·tom·ic** [ətɑ́mik/-ɔ́-] *a.* **원자의** (cf. nuclear).

atómic áge 원자력 시대.

atómic áirplàne 원자력 비행기.

atóm(ic) bómb 원자 폭탄.

atómic cárrier 원자력 항공 모함.

atómic clóck 원자 시계.

atómic cócktàil 《俗》 (암 치료용의) 방사성 내복약.

atómic contról 원자력 관리.

atómic disìntegrátion 〖理〗 원자 붕괴.

atómic diséase 원자병.

atómic dúst 원자진(原子塵).

atómic elèctrícity 원자력 전기.

atómic énergy 원자력.

Atómic Énergy Commìssion 《美》 원자력 위원회.

atómic físsion 원자핵 분열.

atómic fórmula 〖化〗 원자식〔설〕.

atómic fúsion 원자핵 융합.

atómic gún 원자포.

atómic máss 〖化〗 원자 질량(質量).

atómic númber 원자 번호.

atómic píle 원자로(NUCLEAR REACTOR의 구칭).

atómic plánt 원자력 공장.

atómic pówer 원자력, 원자력 발전.

atómic pówer plànt 〔**stàtion**〕 원자력 발전소.

atómic propúlsion 원자력 추진.

atómic reáction 원자핵 반응.

atómic shíp 원자력 함선.

atómic súbmarìne 원자력 잠수함.

atómic théory 원자론.

atómic tíme clòck 원자 연대 시계.

atómic válue 〖化〗 원자가.

atómic wárfàre 원자력 전쟁.

atómic wárhèad 원자 탄두.

atómic wéapon 원자 병기.

atómic wéight 원자량.

at·om·is·tic [ætəmístik] *a.* 원자(론)의; 별개의 독립군(群)으로 이루어진. ～**s** *n.* 원자 과학.

at·om·ize [ǽtəmàiz] *vt.* 원자〔미분자〕로 만들다; 《俗》 원자 폭탄으로 분쇄하다; 분무(噴霧)하다. **át·om·iz·er** *n.* 분무기; 향수 뿌리개.

átom smàsher 원자핵 파괴 장치.

at·o·my [ǽtəmi] *n.* 원자; 난쟁이.

a·ton·al [eitóunl/æ-] *a.* 〖樂〗 무조(無調)의. **a·to·nal·i·ty** [∸-nǽləti] *n.* 〖樂〗 무조성〔주의〕.

***a·tone** [ətóun] *vt., vi* **보상**〔속(贖)〕하다, 배상하다(*for*); 속죄하다. *～**·ment** *n.* Ⓤ **보상**; (the A-) 속죄.

a·ton·ic [eitɑ́nik/ætɔ́n-] *a.* 〖音聲〗 악센트 없는; 무강세의; 〖醫〗 이완(증)의.

a·top [ətɑ́p/-ɔ́-] *ad., prep.* (…의) 꼭대기에(서).

at·o·py [ǽtəpi] *n.* 〖醫〗 아토피성

(체질)《태생이 천식·습진 등에 걸리기 쉬운 일종의 알레르기 체질》.

ATP adenosine triphosphate.

at·ra·bil·ious [ætrəbíljəs] *a.* 우울증〔성〕의; 침울한, 까다로운.

***a·tro·cious** [ətróuʃəs] *a.* ① **흉악한;** 흉포한, 잔학한. ② 지독한, 지겨운, 서투른. ***a·troc·i·ty** [ətrásəti/-ɔ́-] *n.* Ⓤ **극악;** 《俗》 지독함.

at·ro·phy [ǽtrəfi] *n., vi., vt.* Ⓤ 〖醫〗 쇠약〔위축〕(하다, 케 하다).

at·ro·pine [ǽtrəpì:n, -pin] *n.* Ⓤ 〖化〗 아트로핀《진경제(鎭痙劑)로 쓰이는 독약》.

ATS, A.T.S. American Temperance Society; Army Transport Service; Auxiliary Territorial Service 《英》 여자 국방군. **att.** attention; attorney.

at·ta·boy [ǽtəbɔ̀i] *int.* 《美俗》 좋아, 됐어, 잘한다!

‡**at·tach** [ətǽtʃ] *vt.* ① **붙이다,** 달다 (fasten). ② (서명 따위를) 곁들이다 (affix). ③ 부착하다, 소속〔부속〕시키다, 돌리다(attribute). ④ (중요성 따위를) 두다. ⑤ 애정으로 맺다; 이끌다. ⑥ 〖法〗 구속하다, 압류하다 (seize). **～ *oneself to*** …에 가입하다; …에 애착을 느끼다. **～·a·ble** *a.* ***～·ment** *n.* Ⓤ **부착,** 붙임, 닮; 애착(*for, to*); 〖法〗 체포; 압류; Ⓒ 붙이는 기구; 부속물〔품〕.

at·ta·ché [ætəʃéi, ətǽʃei] *n.* (F.) (대사·공사 등의) 수행원; 대〔공〕사관원. **～ *case*** 소형 서류 가방의 일종. ***military*** 〔***naval***〕 **～** 대〔공〕사관부 육〔해〕군 무관.

‡**at·tack** [ətǽk] *vt.* ① **공격하다,** 습격〔엄습〕하다. ② (병이) 침범하다. ③ (기운차게 일에) 착수하다. **—** *n.* ① **공격;** 비난. ② 발작(fit).

at·ta·gal [ǽtəgæl], **-girl** [-gə̀:*r*l] *int.* 《美俗》 좋아, 잘한다(cf. attaboy).

‡**at·tain** [ətéin] *vt., vi.* ① (목적을) **이루다,** 달성하다. ② (장소·위치 따위에) **이르다,** 도달하다. ***～·a·ble** *a.* ***～·ment** *n.* Ⓤ **달성,** (기술 등의) 터득; (*pl.*) 학식, 예능.

at·tain·der [ətéində*r*] *n.* Ⓤ 〖法〗 공권(公權)〔사권(私權)〕 상실.

at·taint [ətéint] *vt.* 〖法〗 공권〔사권〕을 상실케 하다; (명예를) 더럽히다. **—** *n.* Ⓤ 오명, 치욕. 「미 향수.

at·tar [ǽtə*r*] *n.* Ⓤ 꽃의 정(精); 장

†**at·tempt** [ətém*p*t] *vt.* ① **시도하다,** 해보다, 꾀하다. ② (생명을) 노리다. **—** *n.* 시도, 노력(*at*); 습격(*on*).

†**at·tend** [əténd] *vt., vi.* ① (…에) **출석하다,** (학교 등에) 다니다. ② 모시다, 섬기다; 간호하다(*on, upon*). ③ 주의하다, 주의하여 듣다. ④ 수행하다(go with). ⑤ 노력하다(*to*).

‡**at·tend·ance** [-əns] *n.* Ⓤ ① **출석,** 출근, 참석(*at*). ② **시중,** 돌봄, 간호(*on, upon*). ③ Ⓒ 《集合的》 **출석**〔**참석**〕**자.** ***in*** **～** 봉사하여, 섬기어. ***dance*** **～ *on*** …을 모시다; …에게 아첨하다.

‡**at·tend·ant** [-ənt] *a.* ① 시중드는, 수행의. ② **부수의,** 따르는(*on, upon*). ③ 출석의. **—** *n.* 곁에 따르는 사람, **수행원;** 수반물; 출석〔참석〕자; 《주로 英》 점원, 안내인.

†**at·ten·tion** [əténʃən] *n.* ① Ⓤ **주의,** 주목; 주의력. ② Ⓤ **고려,** 배려; 보살핌, 돌봄. ③ Ⓤ 친절, 정중. ④ (*pl.*) 정중한 행위; (구혼자의) 정중한 몸가짐, 구혼. ⑤ Ⓤ 응급 치료; (고객에 대한) 응대. ***A-!*** 차려! 《구령》. ***call away the*** **～** 주의를 딴 곳으로 돌리다. ***come to*** 〔***stand at***〕 **～** 차려 자세를 취하다〔하고 있다〕. ***with*** **～** 주의하여; 정중하게.

‡**at·ten·tive** [əténtiv] *a.* ① **주의깊은.** ② 경청하는(*to*). ③ **정중한,** 친절한(*to*). **～·ly** *ad.*

at·ten·u·ate [əténjuèit] *vt., vi.* 얇게〔가늘게〕 하다〔되다〕; 묽게〔희박하게〕 하다(dilute); 약화하다〔되다〕. **at·ten·u·a·tion** [-∸-éiʃən] *n.* Ⓤ 희박화; (전류·전압 등의) 감쇠, 저하. **at·tén·u·à·tor** *n.* (소리 크기 등의) 멸쇄기.

***at·test** [ətést] *vt., vi.* **증명**〔**증언**〕**하다;** 맹세〔선서〕시키다. **at·tes·ta·tion** [ætestéiʃən] *n.* ⓊⒸ 증명(서); 선서(宣誓); 증거. **～·er, -tés·tor** *n.*

Att. Gen. Attorney General.

At·tic [ǽtik] *a.* (옛 그리스의) Attica 〔Athens〕의; 아테네풍의; 고전풍의, 고아한. **—** *n.* Ⓤ Attica어(語)《Plato 나 Sophocles의 일상어》.

‡**at·tic** [ǽtik] *n.* **다락방;** 고미다락.

At·ti·ca [ǽtikə] *n.* 고대 그리스의 한 지방.

Áttic fáith 굳은 신의(信義).

Áttic órder 〖建〗 아티카식《각주식》.

Áttic sált 〔**wít**〕 기지, 점잖은 익살. 「(406?-453).

At·ti·la [ǽt*i*lə] *n.* 훈족(族)의 왕

‡**at·tire** [ətáiə*r*] *n.* Ⓤ **옷차림새;** 의복, 복장. **—** *vt.* 차려 입다, 차리다. **～·ment** *n.* Ⓤ 《廢》 의복, 복장.

‡**at·ti·tude** [ǽtitjù:d] *n.* ① 자세, 몸가짐; **태도**(*toward*). ② 〖空〗 비행 자세. ***strike an*** **～** 짐짓(점잔)빼다, 젠체하다. **at·ti·tu·di·nize** [∸-∸dənàiz] *vi.* 짐짓(점잔)빼다.

at·tor·ney** [ətə́:*r*ni] *n.* 변호사; **대리인.** **～ *at law 변호사. ***by*** **～** 대리인으로. ***letter*** 〔***warrant***〕 ***of*** **～** 위임장. ***power of*** **～** (위임에 의한) 대리권.

attórney géneral 법무 장관.

‡**at·tract** [ətrǽkt] *vt.* ① **끌다,** 끌어당기다. ② 매혹하다, 유혹하다. **～·a·ble** *a.* 끌리는.

at·tract·ant [ətrǽktənt] *a., n.* (특히 벌레를) 유인하는; 잡아끄는 것.

‡**at·trac·tion** [ətrǽkʃən] *n.* ① Ⓤ **끄는 힘,** 흡인(력); 〖理〗 인력. ② Ⓤ 매력; Ⓒ 인기거리. ③ 〖文〗 견인(牽引).

‡**at·trac·tive** [ətrǽktiv] *a.* ① **사람의 마음을 끄는;** 관심을 끄는. ② 인력이 있는. **～·ly** *ad.* **～·ness** *n.*

at·trib·ut·a·ble [ətríbjutəbəl] *a.* …에 돌릴 수 있는 〔기인하는〕 (*to*).

‡**at·trib·ute** [ətríbju:t] *vt.* …에 돌

리다, …의〔한〕 탓으로 돌리다. ── [ǽtribjù:t] *n.* 속성, 특질; 붙어다니는 것《Neptune이 갖고 있는 trident 따위》; 표지; 〖文〗 한정사.

at·tri·bu·tion [ætrəbjú:ʃən] *n.* Ⓤ 귀속, 귀인(歸因); 속성.

at·trib·u·tive [ətríbjətiv] *a.* 속성의; 〖文〗 한정적인, 관형적인(opp. predicative). ── *n.* 한정사.

at·tri·tion [ətríʃən] *n.* Ⓤ 마찰; 마손(摩損). ***war of*** ～ 소모전.

at·tune [ətjú:n] *vt.* 가락을〔음조를〕 맞추다; 〖無電〗 (파장에) 맞추다.

atty. attorney. **atty. gen.** attorney general. **ATV** all-terrain vehicle 전지형(全地形) 만능차. **at. vol.** atomic volume.

a·twit·ter [ətwítər] *a.* 안절부절 못하여.

at. wt. atomic weight. **AU** astronomical unit. **Au** 〖化〗 aurum (L. =gold). **Au., A. U., a. u.** angstrom unit. 「곡.

au·bade [oubɑ́:d] *n.* (F.) 아침의 (악)

***au·burn** [ɔ́:bərn] *n., a.* Ⓤ 적갈색(의). 「다).

***auc·tion** [ɔ́:kʃən] *n., vt.* Ⓤ 경매(하

áuction brìdge 〖카드〗 으뜸패를 경락시키는 브리지.

auc·tion·eer [ɔ̀:kʃəníər] *n.* 경매인. ── *vt.* 경매하다.

au·da·cious [ɔ:déiʃəs] *a.* 대담한; 뻔뻔스러운. ～**·ly** *ad.* ***au·dac·i·ty** [ɔ:dǽsəti] *n.* Ⓤ 대담; 뻔뻔스러움.

***au·di·ble** [ɔ́:dəbəl] *a.* 들리는. **-bly** *ad.*

‡**au·di·ence** [ɔ́:diəns / -djə-] *n.* ① 청중, 관객; (라디오·텔레비전의) 청취〔시청〕자; 독자(들). ② 알현; Ⓤ 들음, 청취(聽取). ***be received in*** ～ 알현이 허가되다. ***give*** 〔***grant***〕 ***an*** ～ ***to*** …에게 알현〔접견〕을 허락하다.

áudience chàmber 알현〔접견〕실.

áudience ràting (텔레비전·라디오의) 시청률.

au·di·o [ɔ́:diòu] *a.* 〖無電〗 저(低)〔가청(可聽)〕 주파의; 〖TV〗 음성의.

áudio frèquency 저〔가청〕주파.

au·di·om·e·ter [ɔ̀:diɑ́mitər/-ɔ́m-] *n.* 청력계; 음향 측정기.

au·di·o·phile [ɔ́:dioufàil] *n.* 고급 라디오, 하이파이 애호가. 「음 테이프.

au·di·o·tape [ɔ́:diouteìp] *n.* 음성 녹

áu·di·o-vis·u·al áids [ɔ́:diouvíʒuəl] 시청각 교육 용구《환등·레코드·8밀리영화·테이프레코더 따위》.

au·di·phone [ɔ́:difòun] *n.* 보청기.

au·dit [ɔ́:dit] *n.* ⓊⒸ 회계 검사; (회사의) 감사; 결산 (보고서). ── *vt., vi.* (회계를) 검사하다; 《美》 청강생으로서 출석하다.

au·di·tion [ɔ:díʃən] *n., vt., vi.* Ⓤ 들음; 청력, 청각; Ⓒ (가수의) 오디션; 시청(試聽)테스트를 하다〔받다〕.

***au·di·tor** [ɔ́:ditər] *n.* 방청자; 회계검사관; 감사; 《美》 청강생. ～**·ship** [-ʃip] *n.* Ⓤ 감사역의 직.

‡**au·di·to·ri·um** [ɔ̀:ditɔ́:riəm] *n.* (*pl.* ～***s***, ***-ria*** [-riə]) 청〔관〕중석; 《美》 강당; 공회당.

au·di·to·ry [ɔ́:ditɔ̀:ri/-təri] *a.* 귀의, 청각의. ── *n. pl.* 《古》 청중(석).

au fait [ou féi] (F.) 숙련하여, 정통하여. 「실제는.

au fond [ou fɔ́:ŋ] (F.) 근본적으로는,

auf Wie·der·seh·en [àuf ví:dərzèiən] (G.) 안녕.

***Aug.** August. **aug.** augmentative; augmented. 「사〕 송곳.

au·ger [ɔ́:gər] *n.* 큰 송곳, 타래〔나

aught**[1] [ɔ:t] *n., ad.* 《古》 ⇨ANYTHING. ***for ～ ***I care*** 내게는 관심 없다; 아무래도 상관 없다. ***for*** ～ ***I know*** 내가 알고 있는 한, 아마.

aught[2] *n.* 《美》 제로, 영, 무(無).

***aug·ment** [ɔ:gmént] *vt., vi.* 늘(리)다, 증대〔증가〕하다. ～**·a·ble** *a.*

aug·men·ta·tion [ɔ̀:gmentéiʃən] *n.* ⓊⒸ 증대(물); Ⓤ 증가율.

aug·men·ta·tive [ɔ:gméntətiv] *a.* 느는, 증대〔증가〕하는; 〖言〗 확대의. ── *n.* 〖言〗 확대사(辭).

au grand sé·rieux [ou grɑ́:ŋ seriə́:] (F.) 진지하게.

au gra·tin [ou grǽtin, -grætǽŋ] (F.) 그라탱 요리의(*prawns* ～ 새우 그라탱).

au·gur [ɔ́:gər] *n.* (고대 로마의) 복점관(卜占官); 예언자(prophet). ── *vt., vi.* 점치다, 예언〔예지(豫知)〕하다; (사건·현상이) 조짐이 되다. ～ ***well*** 〔***ill***〕 (재)수가 좋다〔나쁘다〕. **au·gu·ry** [ɔ́:gjuri] *n.* Ⓤ 점; Ⓒ 전조(omen).

au·gu·ral [ɔ́:gjərəl] *a.* 점의, 예언의; 전조의.

†**Au·gust** [ɔ́:gəst] *n.* 8월. 「～**·ly** *ad.*

***au·gust** [ɔ:gʌ́st] *a.* 당당한; 존귀한.

Au·gus·tan [ɔ:gʌ́stən] *a., n.* 로마 황제 Augustus(시대)의 (작가).

Augústan Áge 아우구스투스 시대《라틴 문학의 황금시대》; 《一般》 문운(文運) 융성시대《영국에서는 특히 Queen Anne의 시대(1702–14)를 포함한 반세기(1700–50)》.

Au·gus·tine [ɔ́:gəstì:n, əgʌ́stin, ɔ:gʌ́stin], **Saint**(354–430) 성아우구스티누스《초기 교회의 지도자》.

Au·gus·tus [ɔ:gʌ́stəs] (63 B.C.–14 A.D.) 로마 최초의 황제(재위 27 B.C.–14 A.D.) (cf. Augustan Age).

au jus [ou ʒú:s] (F.) (고기 요리에서) 고깃국물을 부은.

auk [ɔ:k] *n.* 바다쇠오리.

auk·let [ɔ́:klit] *n.* 작은 바다쇠오리.

auld [ɔ:ld] *a.* 《Sc.》 =OLD.

áuld làng sýne [ɔ́:ld lǽŋ záin, -sáin] 그리운 옛날.

AUM air-to-underwater missile.

au na·tu·rel [ou nætʃərél] (F.) 자연 그대로의; 간단히 요리한.

†**aunt** [ænt/ɑ:nt] *n.* 아주머니, 숙모, 백모, 이모, 고모(cf. uncle).

aunt·ie, aunt·y [ǽnti, ɑ́:nti] *n.* 아줌마《aunt의 애칭》; 《俗》 미사일 요격용 미사일.

Áunt Sálly 《英》 파이프를 떨어뜨리는 놀이; (공격의) 표적.

au pair [òu pέər] (F.) 상호 원조의.
àu páir gìrl 《英》 영어 공부를 위해 가사를 돕는 것을 교환으로 영국 가정에서 기거하는 외국인 여학생.
au pied de la let·tre [ou pjé də lɑ: létr] (F.) 문자 (그)대로.
au·ra [ɔ́:rə] *a.* (*pl.* **~s,** ***-rae*** [-ri:]) (사람이나 물체로부터의) 발기체(發氣體); 미묘한 분위기. 「청각의.
au·ral [ɔ́:rəl] *a.* 귀의; 청력(聽力)의,
au·ra·min(e) [ɔ́:rəmì:n, -min] *n.* Ⓤ 〖化〗 오러민《황색 물감》. 「의.
au·re·ate [ɔ́:riit, -èit] *a.* 금빛(도금)
Au·re·li·us [ɔ:rí:liəs] (*Marcus ~ Antoninus*) (121–180) 로마 황제(재위 161–180), 스토아파의 철학자.
au·re·ole [ɔ́:riòul] *n.* 후광(後光); (해·달의) 무리(halo).
Au·re·o·my·cin [ɔ:riou̯máisin] *n.* 〖商標〗 오레오마이신《항생 물질약》.
au re·voir [òu rəvwɑ́:r] (F.) 안녕!
au·ric [ɔ́:rik] *a.* 금의; 〖化〗 제 2 금의.
au·ri·cle [ɔ́:rikl] *n.* 〖解〗 귓바퀴, 외이(外耳); (심장의) 심이(心耳); 귀 비슷한 것〔부분〕.
au·ric·u·lar [ɔ:ríkjələr] *a.* 귀〔심이(心耳)〕의 〔같은〕; 청각의; 귓속말의, 가만히 말한. 「출〔함유〕하는.
au·rif·er·ous [ɔ:rífərəs] *a.* 금을 산
au·ri·form [ɔ́:rəfɔ̀:rm] *a.* 귀 모양의.
Au·ri·ga [ɔ:ráigə] *n.* 〖天〗 마차꾼자리. 「耳鏡).
au·ri·scope [ɔ́:rəskòup] *n.* 검이경(檢
au·rist [ɔ́:rist] *n.* 이과(耳科) 의사.
au·rochs [ɔ́:rɑks/-rɔks] *n.* *sing.* & *pl.* (유럽산의) 들소.
***au·ro·ra** [ərɔ́:rə, ɔ:r-] *n.* ① 극광(極光); 서광. ② (A-) 〖로神〗 오로라《새벽의 여신》. **au·ró·ral** *a.* 극광의; 새벽의; 빛나는.
auróra aus·trá·lis [ɔ:stréilis] (L.) 남극광(南極光). 「(L.) 북극광.
auróra bo·re·ál·is [bɔ̀:riǽlis, -éilis]
aur·ous [ɔ́:rəs] *a.* 금의; 금을 함유한; 〖化〗 제 1 금의.
au·rum [ɔ́:rəm] *n.* (L.) Ⓤ 〖化〗 금《금속 원소; 기호 Au》.
AUS, A. U. S. Army of the United States. **Aus.** Austria; Austrian. 「〖醫〗 청진; 들음.
aus·cul·ta·tion [ɔ̀:skəltéiʃən] *n.* Ⓤ
aus·land·er [áuslæ̀ndər] *n.* (G.) 외국인.
aus·pice** [ɔ́:spis] *n.* ① Ⓤ (새의 나는 모양으로 판단하는) 점. ② 조짐, 길조(omen); 유리한 정세. ③ (*pl.*) **후원,** 찬조(patronage). ***under the ~s of …의 찬조〔후원·주최〕로.
aus·pi·cious [ɔ:spíʃəs] *a.* 길조의, 상서로운; 행운의. **~·ly** *ad.*
Aus·sie [ɔ́:si/ɔ́(:)zi] *n.* 《俗》 오스트레일리아 (사람).
Aust. Austria; Austrian.
Aus·ten [ɔ́:stən], **Jane** (1775–1817) 영국의 여류 소설가.
***aus·tere** [ɔ:stíər] *a.* ① **엄(격)한;** 가혹한. ② (문체가) 극도로 간결한. ③ (맛이) 신; 떫은. ***aus·ter·i·ty** [-térəti/-téri-] *n.* Ⓤ **엄격,** 엄숙; 간결; Ⓒ 내핍; (보통 *pl.*) 내핍 생활.
austérity prógram 〖經〗 내핍 계획《국내 소비 억제, 수출 증대로 국민 경제를 개조하려는 계획》.
Aus·tin [ɔ́:stən] *n.* 영국제 자동차 이름. 「스트레일리아의.
aus·tral [ɔ́:strəl] *a.* 남쪽의; (A-) 오
Aus·tral·a·sia [ɔ̀:strəléiʒə, -ʃə] *n.* 오스트랄라시아, 남양주《호주 및 그 부근 여러 섬의 총칭》. **-sian** *a., n.* 오스트랄라시아의 (사람).
†**Aus·tral·ia** [ɔ:stréiljə] *n.* **오스트레일리아, 호주.** ‡**Aus·trál·ian** [-n] *a., n.* **호주의 (사람).**
Austrálian bállot 《美》 전(全)후보자 이름을 쓴 투표 용지에 표를 하는 방식. 「비 비슷한 구기.
Austrálian Rùles 18 명이 하는 럭
Aus·tra·lo·pith·e·cus [ɔ:strèilou̯píθəkəs] *n.* 오스트랄로피테쿠스《화석으로 남은 원인(猿人)》.
‡**Aus·tri·a** [ɔ́:striə] *n.* **오스트리아.**
‡**Aus·tri·an** [-n] *a., n.* **오스트리아의 (사람).**
Aus·tri·a-Hun·ga·ry [-hʌ́ŋgəri] *n.* 오스트리아헝가리《옛 연합 왕국》.
Aus·tro·ne·sia [ɔ̀:strou̯ní:ʒə] *n.* 오스트로네시아《태평양 중남부의 제도》. **-sian** [-ʒən] *a.* 오스트로네시아(인, 어족)의. —— *n.* Ⓤ 오스트로네시아어족. 「약물(自家藥物).
au·ta·coid [ɔ́:təkɔ̀id] *n.* 〖生〗 자가
au·tarch [ɔ́:tɑ:rk] *n.* 독재자.
au·tar·chy [ɔ́:tɑ:rki] *n.* Ⓤ 절대 주권; 전제 정치; 자치; =AUTARKY.
au·tár·chic, -chi·cal *a.*
au·tar·ky [ɔ́:tɑ:rki] *n.* ⓊⒸ 〖經〗 경제적 자급 자족, 경제 자립 정책.
***au·then·tic** [ɔ:θéntik] *a.* **믿을 만한,** 확실한; 진짜의, 진정한; 권위 있는. **-ti·cal·ly** *ad.* 확실히. **au·then·tic·i·ty** [ɔ̀:θentísəti] *n.* Ⓤ 진실성.
au·then·ti·cate [ɔ:θéntikèit] *vt.* 확증〔증명〕하다(prove). **au·then·ti·ca·tion** [-ˊ-kéiʃən] *n.* Ⓤ 확증, 증명.
‡**au·thor** [ɔ́:θər] *n.* ① **저자.** ② **창시자.** ③ 하수인, 본인. ④ 저작. **~·ess** [ɔ́:θəris] *n.* 여류 작가《'author'로 씀이 보통》. **~·ship** [-ʃip] *n.* Ⓤ
au·thor·i·tar·i·an [əθɔ̀:rətέəriən, -θɑ̀r-/ɔ:θɔ̀ritέər-] *a.* (민주주의에 대하여) 권위〔독재〕주의의. —— *n.* 권위〔독재〕주의자. **~·ism** [-ìzəm] *n.* Ⓤ
***au·thor·i·ta·tive** [əθɔ́:rətèitiv, -θɑ́-/ɔ(:)θɔ́ritətiv] *a.* **권위 있는,** 믿을 만한(*an ~ source*); 관헌의, 당국의; 명령적인. **~·ly** *ad.*
‡**au·thor·i·ty** [əθɔ́:riti, əθɑ́r-/ə-θɔ́ri-] *n.* ① Ⓤ **권위,** 권력(*over, with*). ② Ⓤ 권능, 권한. ③ ⒸⓊ 전거(典據). ④ 권위자, 대가(*on*). ⑤ (보통 *pl.*) 관헌; **당국,** 요로, 소식통. ⑥ 〖法〗 판례(判例). ***on good ~*** 권위〔근거〕 있는 출처로부터. ***on one's own ~*** 독단으로. ***the authorities concerned,*** or ***the proper authorities*** 관계 관청, 당국.

*au·thor·ize [ɔ́:θəràiz] *vt.* ① 권한〔권능〕을 주다; 위임하다. ② 인가하다. ③ 정당하다고 인정하다. **au·thor·i·za·tion** [⌐–izéiʃən] *n.* ⓊⒸ 위임; 인가. 「은, 공인된, 검정필의.
*au·thor·ized [-d] *a.* 권한을 부여받
Áuthorized Vérsion, the 흠정역(欽定譯) 성서《1611년 영국왕 James I의 명령으로 된; 생략 A. V.》.
au·tism [ɔ́:tizəm] *n.* Ⓤ 〖心·醫〗 자폐증(自閉症). **au·tis·tic** [ɔ:tístik] *a.*
‡au·to [ɔ́:tou] *n.* (*pl.* **~s**), *vi.* 《口》 자동차(automobile)(로 가다).
auto- self, same의 뜻의 결합사.
au·to·an·a·lyz·er [ɔ:touǽnəlàizər] *n.* 〖化〗 자동 분석기.
Au·to·bahn [áutɔbà:n, ɔ́:t-] *n.* (*pl.* **~s, ~en** [-bà:nən]) (G.) 아우토반《독일의 고속 도로》.
*au·to·bi·og·ra·phy [ɔ:təbaiágrəfi/-ɔ́g-] *n.* 자서전. **-pher** *n.* 자서전 작자. **au·to·bi·o·graph·ic** [ɔ:təbàiəgrǽfik], **-i·cal** [-əl] *a.*
au·to·boat [ɔ́:təbòut] *n.* 발동기선.
au·to·bus [-bʌ̀s] *n.* 버스.
au·to·cade [-kèid] *n.* 자동차 행렬.
au·to·ceph·a·lous [ɔ:təséfələs] *a.* 독립한; (교회 따위가) 독립한.
au·to-chang·er [ɔ́:tətʃèindʒər] *n.* (레코드를 자동적으로 바꾸는) 자동 연속 연주장치(달린 플레이어).
au·to·chrome [ɔ́:təkròum] *n.* 〖寫〗 컬러용 건판(乾板).
au·toch·thon [ɔ:tákθən/-ɔ́-] *n.* (*pl.* **~(e)s**) 토착인(人); 토착 동〔식〕물.
au·toch·tho·nous [-θənəs] *a.* 토생(土生)의, 토착의(aboriginal).
au·to·clave [ɔ́:təklèiv] *n.* 압력 가마
áuto còurt =MOTEL. 「〔냄비〕.
*au·toc·ra·cy [ɔ:tákrəsi/-ɔ́-] *n.* Ⓤ 독재〔전제〕 정치. ***au·to·crat** [ɔ́:təkræ̀t] *n.* 독재〔전제〕 군주; 독재자. **-crat·ic** [ɔ:təkrǽtik], **-i·cal** [-əl] *a.*
au·to·cue [ɔ́:toukjù:] *n.* 《英》 텔레프롬프터(Teleprompter).
au·to·cy·cle [ɔ́:tousàikl] *n.* 오토바이.
au·to-da-fé [ɔ:toudəféi] *n.* (*pl.* ***autos-da-fé*** [-z-]) (Port.) 종교 재판소의 판결; 그 처형《보통 화형(火刑)》.
au·to·er·o·tism [ɔ:touérətìzəm] *n.* Ⓤ 〖心〗 자기 색정, 자기 발정(發情).
au·to·gi·ro, -gy·ro [ɔ:toudʒáirou/-dʒáiər-] *n.* (*pl.* **~s**) 오토자이로.
au·to·graft [ɔ́:təgræ̀ft, -à:-] *n.* 〖醫〗 자가 이식편(片).
*au·to·graph [ɔ́:təgræ̀f, -à:-] *n.*, *a.* ⓊⒸ 자필(의), 자필 서명(한); 자필 원고. ── *vt.* 자필로 쓰다; 자서(自署)하다. **au·to·graph·ic** [ɔ:təgrǽfik], **-i·cal** [-əl] *a.*
au·to·hyp·no·sis [ɔ:touhipnóusis] *n.* Ⓤ 자기 최면.
au·to·in·oc·u·la·tion [-inàkjuléiʃən/-ɔ̀k-] *n.* Ⓤ 자기 접종(接種).
au·to·in·tox·i·ca·tion [-intàksəkéiʃən/-tɔ̀k-] *n.* Ⓤ 자가 중독.
au·to·ist [ɔ́:touist] *n.* =MOTORIST.
au·to·mat [ɔ́:təmæ̀t] *n.* 《美》 자동 판매기; 자동 판매식 음식점.
au·tom·a·ta [ɔ:támətə/-ɔ́-] *n.* automation의 복수.
au·to·mate [ɔ́:təmèit] *vt.* 오토메이션화하다, 자동화하다. ── *vi.* 자동 장치를 갖추다.
‡au·to·mat·ic [ɔ:təmǽtik] *a.* 자동(식)의; 기계적인, 무의식적인, 습관적인. ── *n.* 자동 기계〔장치, 권총〕. ***au·to·mát·i·cal·ly** *ad.* 「출.
automátic cálling 〖電話〗 자동 호
automátic dáta prócessing 자동 정보 처리《생략 ADP》.
automátic dríve〔transmíssion〕 자동 변속 장치.
automátic interplánetary státion 자동 혹성간 스테이션《우주 로켓에 대한 소련 호칭》.
automátic operátion 자동 조작.
automátic pílot 〖空〗 자동 조종 장치.
automátic télephone 자동 전화.
Automátic Tráin Contròl 열차 자동 제어 (장치). 「동 정지 장치.
Automátic Tráin Stòp 열차 자
‡au·to·ma·tion [ɔ:təméiʃən] (<*automatic*)+(oper)*ation*) *n.* Ⓤ 오토메이션, 자동 조작.
au·tom·a·tism [ɔ:támətìzəm/-ɔ́-] *n.* Ⓤ 자동 (작용), 자동 현상; 〖心〗 무의식 행동.
au·tom·a·ton [ɔ:támətàn/-tɔ́mətən] *n.* (*pl.* **~s, -ta**) 자동 인형〔장치〕; 기계적으로 행동하는 사람.
‡au·to·mo·bile [ɔ́:təməbi:l, ⌐–⌐, ɔ:təmóubi:l] *n.* 《美》 자동차. ── *vi.* 자동차에 타다〔로 가다〕. ── *a.* 자동(식)의. **-bil·ist** [ɔ:təməbí:list, -móubil-] *n.* 《美》 =MOTORIST.
au·to·mo·tive [ɔ:təmóutiv] *a.* 자동차의; 자동적인.
au·to·nom·ic [ɔ:tənámik/-ɔ́-], **-i·cal** [-əl] *a.* 자치적인; 자율적인 (*the ~ nervous system* 자율신경계).
au·ton·o·mist [ɔ:tánəmist/-ɔ́-] *n.* 자치론자, 자치주의자.
au·ton·o·mous [ɔ:tánəməs/-ɔ́-] *a.* 자치적인; 독립된. ***au·tón·o·my** [-nəmi] *n.* Ⓤ 자치(권); Ⓒ 자치체.
au·to·nym [ɔ́:tənim] *n.* 본명, 실제 이름; 본명으로 낸 저서. 「화.
au·to·phone [ɔ́:toufòun] *n.* 자동 전
au·to·pi·lot [ɔ́:toupàilət] *n.* 〖空〗 자동 조정 장치.
au·to·plas·ty [ɔ́:təplæ̀sti] *n.* Ⓤ 〖醫〗 자기 조직 이식술《피부의 이식 따위》. 「시(檢屍).
au·top·sy [ɔ́:tapsi, -təp-/-təp-] *n.* 검
au·to·ra·di·o·graph [ɔ:touréidiəgræ̀f, -grà:f] *n.* 방사선 사진.
au·to·sug·ges·tion [ɔ:tousəgdʒéstʃən/-sədʒés-] *n.* Ⓤ 〖心〗 자기 암시.
au·to·tron·ic [ɔ:toutránik/-trɔ́n-] *a.* (엘리베이터가) 자동 전자 장치의.
au·to·truck [ɔ́:toutrʌ̀k] *n.* 《美》 화물 자동차, 트럭.
au·to·type [ɔ́:tətàip] *n.* 오토타이프

《단색 사진판》; 복사, 모사. —— *vt.* 오토타이프 복사를 하다.

†**au·tumn** [ɔ́:təm] *n.* 가을. ***au·tum·nal** [ɔ:tʌ́mnəl] *a.*

aux., auxil. auxiliary.

‡**aux·il·ia·ry** [ɔ:gzíljəri] *a.* 보조의, 추가의. —— *n.* 보조자〔물〕; (*pl.*) 외인 부대; 〖文〗 조동사.

auxíliary vérb 조동사.

A.V. Authorized Version (of the Bible). **av.** avenue; average; avoirdupois. **a.v., a/v** (L.) *ad valorem.*

‡**a·vail** [əvéil] *vt., vi.* 이롭다, 도움〔소용〕이 되다. ~ *oneself of* …을 이용하다. —— *n.* 이익, 효용. *be of* ~ 〔*no* ~〕 도움이 되다〔되지 않다〕, 쓸모 있다 〔없다〕. *to no* ~, or *without* ~ 보람 없이, 무익하게.

‡**a·vail·a·ble** [-əbəl] *a.* ① 이용할 수 있는; 유효한(*for, to*). ② 손에 넣을 수 있는. ③ (일 따위에) 전심할 수 있는, 여가가 있는. **a·vail·a·bíl·i·ty** [əvèiləbíləti] *n.* Ⓤ 유효, 유익, 도움, 쓸모.

***av·a·lanche** [ǽvəlæ̀ntʃ, -lɑ̀:nʃ] *n., vi.* (눈·산)사태(나다); 쇄도(하다).

a·vant-garde [avɑ̀:ntgɑ́:rd] *n.* (F.) (예술상의) 전위, 아방가르드.

***av·a·rice** [ǽvəris] *n.* Ⓤ 탐욕. ***av·a·ri·cious** [æ̀vəríʃəs] *a.* 탐욕스러운.

a·vast [əvǽst, -ɑ́:-] *int.* 〖海〗 그만!, 멈춰! 「신, 권화(權化).

av·a·tar [æ̀vətɑ́:r] *n.* ⓊⒸ 〖印神〗 화

a·vaunt [əvɔ́:nt] *int.* 《古》 가라!, 물러가라!

AVC, A.V.C. American Veterans' Committee; Army Veterinary Corps. **avdp.** avoirdupois.

a·ve [ɑ́:vi, ɑ́:vei] *int.* 어서 오세요!; 안녕!, 자 그럼! —— *n.* (A-) =AVE MARIA.

Ave. Avenue.

Ave Ma·ri·a [mərí:ə] 아베마리아 《성모에의 기도》의 시각.

***a·venge** [əvéndʒ] *vt., vi.* (…의) 원수를 갚다, (…을 위해) 복수하다, 대갚음하다(~ *one's father* 아버지의 원수를 갚다)(cf. revenge). ~ *oneself,* or *be* ~*d* …에게 복수하다 (*on, upon*). **a·véng·er** *n.*

‡**av·e·nue** [ǽvənjù:] *n.* ① 가로수 길; 가로. ② 《美》 (번화한) 큰 거리 《특히 남북으로 뻗은》 (cf. street); (성공 따위에의) 길, 수단.

***a·ver** [əvə́:r] *vt.* (*-rr-*) 단언하다, 주장하다. ~**·ment** *n.* ⓊⒸ 주장, 단언.

‡**av·er·age** [ǽvəridʒ] *n., a.* ⒸⓊ ① 평균(의); 표준(의), 보통(의). ② 〖商〗 해손(海損). *on an* 〔*the*〕 ~ 평균하여; 대개는. —— *vt.* 《美 *vt., vi.*》 평균하다, 평균 …이 되다. ~ *down* 〔*up*〕 (증권 따위를 매매하여) 평균값을 내리다〔올리다〕.

A·ver·nus [əvə́:rnəs] *n.* 이탈리아의 나폴리 부근의 호수《지옥의 입구로 불려졌음》; 〖로神〗 지옥. 「하여(*to*).

***a·verse** [əvə́:rs] *a.* 싫어하여; 반대

***a·ver·sion** [əvə́:rʒən, -ʃən] *n.* Ⓤ 혐오, 반감; Ⓒ 싫은 물건〔사람〕.

***a·vert** [əvə́:rt] *vt.* 돌리다 피하다; 막다. 「(養禽舍).

a·vi·ar·y [éivièri] *n.* 새장, 양금사

***a·vi·a·tion** [èiviéiʃən] *n.* Ⓤ 비행

aviátion bàdge 항공 기장. └술.

aviátion còrps 항공대.

aviátion gròund 비행장.

aviátion médicine 항공 의학.

aviátion spìrit 항공용 경유(輕油).

***a·vi·a·tor** [éivièitər] *n.* (*fem.* **-tress, -trix**) 비행사, 비행가. 「(中耳炎).

áviator's éar 고공 비행성 중이염

a·vi·cul·ture [éivəkʌ̀ltʃər] *n.* Ⓤ 조류 사육(鳥類飼育).

av·id [ǽvid] *a.* 탐욕스런; 갈망하는 (*for, of*). **a·vid·i·ty** [əvídəti] *n.* Ⓤ 갈망, 탐욕. ~**·ly** *ad.*

a·vi·fau·na [èivəfɔ́:nə] *n.* 〖動〗 (한 지방 또는 한 나라의) 조류 (분포).

a·vi·on·ics [èiviɑ́niks/-ɔ́n-] *n.* 항공 전자 공학. 「통보함(艦).

a·vi·so [əváizou] *n.* (*pl.* ~*s*) (Sp.)

A.V.M. Air Vice-Marshal.

av·o·ca·do [æ̀vəkɑ́:dou] *n.* (*pl.* ~*s*) 애보카도《열대 아메리카산 과실》.

av·o·ca·tion [æ̀voukéiʃən] *n.* 부업; 여기(餘技), 취미; 직업; 본직.

av·o·cet [ǽvəsèt] *n.* 〖鳥〗 뒷부리장다리물떼새.

‡**a·void** [əvɔ́id] *vt.* ① 피하다, 회피하다 (do*ing*). ② 〖法〗 무효로 하다(annul). *~**·a·ble** [-əbl] *a.* *~**·ance** [-əns] *n.* Ⓤ 도피, 회피, 무효.

av·oir·du·pois [æ̀vərdəpɔ́iz] *n.* Ⓤ 상형(常衡) 《16온스를 1파운드로 정한 형량(衡量); 생략 avoir., avdp.》 (cf. troy); 《美口》 체중, 몸무게.

A·von [éivən, ǽ-] *n.* 영국 중부의 강; 잉글랜드 남서부의 주《1974년 신 └설》.

a·vo·set *n.* =AVOCET.

a·vouch [əváutʃ] *vt.* (진실하다고) 공언하다; 단언〔확언〕하다; 보증하다; 인정하다, 자백하다. ~**·ment** *n.* ⓊⒸ 단언, 주장.

a·vow [əváu] *vt.* 공언하다; 시인하다. ~**·al** *n* ⓊⒸ 공언; 자백; 시인. ~**·ed·ly** [-idli] *ad.* 공공연히; 명백히. 「씨〔백부·숙부〕의〔같은〕.

a·vun·cu·lar [əvʌ́ŋkjulər] *a.* 아저

aw [ɔ:] *int.* 오오!《항의·혐오의 기분》.

A.W. atomic weight. **A/W** actual weight; all water. **AWACS** 《美》 Airborne Warning and Control System 공중 경보 조정 장치.

‡**a·wait** [əwéit] *vt.* …을 기다리다.

†**a·wake** [əwéik] *vt.* (*awoke; awoke,* ~*d*) 일으키다, 깨우다(arouse); 자각시키다(*to*). —— *vi.* 눈뜨다, 깨다; 깨닫다; 분기하다(*to*). —— *a.* 깨어서, 방심 않는; 잘 알아채어(*to*). ~ *or asleep* 자나 깨나. 「AWAKE.

‡**a·wak·en** [əwéikən] *vt., vi.* =

a·wak·en·ing [-iŋ] *a.* 눈뜨게 하는, 깨우치는. —— *n.* ⓊⒸ 눈뜸, 각성.

‡**a·ward** [əwɔ́:rd] *vt.* ① 심사하여 주다, 수여하다. ② 재정(裁定)하다.

—— *n.* 심판, 판정; 상품. **a·ward·ee** [əwɔ̀:rdí:, –ˊ] *n.* 수상자.

‡**a·ware** [əwέər] *pred. a.* **깨닫고**, 알아차리고(*of; that*). *~·**ness** *n.* Ⓤ

†**a·way** [əwéi] *ad.* ① **떨어져서**, 멀리; 저쪽으로. ② **부재**(不在)**하여**. ③ 점점 소멸하여, 없어져. ④ **끊임없이**, 착착 (*work* ~). ~ *back* 《美口》 훨씬 이전; 훨씬 멀리에. ~ ***with*** 제거하다(*A- with him!* 그를 쫓아버려라/*A- with you!* 비켜라, 물러나라, 가라). ***do*** 〔***make***〕 ~ ***with*** …을 폐하다; 처리〔처분〕하다, 죽이다. ***far*** 〔***out***〕 ***and*** ~ (*the best*) 단연〔남을 훨씬 앞질러〕(일등). ***right*** 〔***straight***〕 ~ 곧, 즉각.

‡**awe** [ɔ:] *n., vt.* Ⓤ **외경**(畏敬)(시키다). ***stand in*** ~ ***of*** …을 외경〔두려워〕하다. ~·**less** *a.*

A-weap·on [éiwèpən] *n.* 원자 병기.

a·wear·y [əwíəri] *a.* 《詩》 = WEARY.

a·weath·er [əwéðər] *ad.* 〖海〗 바람 불어 오는 쪽에〔으로〕(opp. alee).

awe-in·spir·ing [ɔ́:inspàiəriŋ] *a.* 두려운 마음이 일게 하는, 옷깃을 바로잡게 하는, 엄숙한.

awe·some [ˊsəm] *a.* 두려운, 무서운.

awe-strick·en [ˊstrìkən], **-struck** [-strʌ̀k] *a.* 두려운 감이 들어, 두려워하여.

‡**aw·ful** [ɔ́:fəl] *a.* ① **두려운**; 장엄한. ② [ɔ́:fl] 《口》 **대단한**, 무서운, 굉장한. ‡~·**ly** *ad.* ① 무섭게. ② 《口》 [ɔ́:fli] **굉장히**(very).

AWG American Wire Gauge.

***a·while** [əhwáil] *ad.* **잠시** (for a while).

‡**awk·ward** [ɔ́:kwərd] *a.* ① 보기 흉한; **섣부른**, 서투른; 약빠르지 못한; …하기 어려운 (*to* do); 어색한. ② 사용하기 거북한 (*an* ~ *tool*); 다루기 어려운, 어거하기 힘든, 깔볼 수 없는. *~·**ly** *ad.* ~·**ness** *n.*

awl [ɔ:l] *n.* (구둣방 따위의) 송곳.

A. W. L., a. w. l. absent with leave 사가(賜暇) 결근. 「끄러기.

awn [ɔ:n] *n.* 〖植〗 (보리 따위의) 꺼

***awn·ing** [ɔ́:niŋ] *n.* (창에 단) **차일**, 비막이; (갑판의) 천막. 「(분사).

‡**a·woke** [əwóuk] *v.* awake의 과거

AWOL, a·wol [éiɔ̀:l] *n.* absent without leave 무단 결근(의).

a·wry [ərái] *pred. a., ad.* 뒤틀린, 뒤틀리어, 일그러진〔져〕; 잘못되어. ***go*** 〔***run***〕 ~ 실패하다. ***look*** ~ 스쳐〔곁눈질로〕 보다.

AWVS American Women's Volunteer Services. **ax.** axiom.

‡**ax**(**e**) [æks] *n.* (*pl.* ***axes*** [ˊiz]), *vt.* ① **도끼**(로 자르다). ② (인원·예산 따위를) 삭감(하다). ③ 《口》 면직〔해고〕(하다). ***have an*** ~ ***to grind*** 《美》 속 배포가 있다, 생각하는 바가 있다. ***put the*** ~ ***in the helve*** 수수께끼를 풀다.

axe-grind·ing [ǽksgràindiŋ] *a.* 딴 마음이 있는《인물 등》.

ax·el [ǽksəl] *n.* (스케이트에서) 액슬《점프하여 공중에서 1회전 반 함》.

a·xen·ic [eizénik, -zí:n-] *a.* 〖生〗 무균의, 무기생물(無寄生物)의.

ax·i·al [ǽksiəl] *a.* 굴대의, 축(軸)의 (둘레의).

ax·il [ǽksil] *n.* 〖植〗 엽액(葉腋). **ax·il·lar·y** [ǽksəlèri] *a.*

ax·il·la [æksílə] *n.* (*pl.* ***-lae*** [-li:]) 〖解〗 겨드랑이(armpit); 〖植〗 엽액(葉腋). 「〖哲〗 가치론, 가치 철학.

ax·i·ol·o·gy [æ̀ksiálədʒi/-ɔ́l-] *n.* Ⓤ

ax·i·om [ǽksiəm] *n.* 공리(公理), 자명한 이치. **ax·i·o·mat·ic** [æ̀ksiəmǽtik], **-i·cal** [-əl] *a.*

ax·is** [ǽksis] *n.* (*pl.* ***axes [ǽksi:z]) **굴대**, 축; 추축(樞軸). ***the A-*** (2차 대전의) 독이일(獨伊日) 추축(국).

***ax·le** [ǽksəl] *n.* **굴대**, 축(軸); =**ax·le·tree** [-trì:] 굴대, 차축(車軸).

Ax·min·ster [ǽksminstər] *n.* (영국산의) 부드러운 털융단.

ax·o·lotl [ǽksəlɑ̀tl/æksəlɔ́tl] *n.* 아홀로틀《멕시코산 도롱뇽의 총칭》.

ay[1], ‡**aye**[1] [ai] *int.* =YES. —— *n.* **찬성**; (*pl.*) 찬성자.

ay[2], **aye**[2] [ei] *ad.* 《詩·方》 언제나, 늘. ***for*** ~ 영구히, 영원히. 「모.

a·yah [ɑ́:jə, áiə] *n.* 《Ind.》 하녀, 유

a·ya·tol·lah [ɑ̀:jətóulɑ:] *n.* 아야톨라《이란의 이슬람 최고 지도자의 호칭》.

AYC American Youth Congress.

aye-aye [áiài] *n.* 〖動〗 다람쥐원숭이 《Madagascar 섬산》.

AYH American Youth Hostels.

A. Y. L. As You Like It. 《Shak.》.

a·zal·ea [əzéiljə] *n.* 진달래.

a·zan [ɑ:zɑ́:n] *n.* (회교국의 교당에서 하루에 5번 울리는) 기도의 종.

Az·er·bai·jan, -dzhan [ɑ̀:zərbaidʒɑ́:n, æ̀z-] *n.* 독립국 연합의 공화국의 하나《카스피해 연안에 있음》.

A·zil·ian [əzí:ljən] *a.* 아질기(期)《구석기 시대와 신석기 시대 중간》의.

az·i·muth [ǽzəməθ] *n.* 〖天·海〗 방위, 방위각(角).

a·zo·ic [əzóuik] *a.* 무생의; (*or* A-) 〖地〗 무생물 시대의.

A·zores [əzɔ́:rz, éizɔrz] *n. pl.* 북대서양의 군도(群島)《포르투갈령》.

A·zov [ǽ:zɔf, éi-], **the Sea of** 아조프해(海)《흑해의 북동》.

Az·tec [ǽztek] *n.* 아즈텍인(人)《1519년 스페인에 정복된 멕시코 토인》.

***az·ure** [ǽʒər] *n., a.* Ⓤ **하늘빛**(**의**); 《詩》 푸른 하늘.

az·ur·ite [ǽʒəràit] *n.* Ⓤ 남동광(藍銅鑛); (그것을 갈아 만든) 보석.

B

B, b [bi:] *n.* (*pl.* ***B's, b's*** [-z]) 〖樂〗 나음, 나조(調).

B 〖체스〗 bishop; black 《연필 따위의 흑색 농도》; 〖化〗 boron. **B.** Bay; Bible; British; Brotherhood. **b.**

bachelor; 〖野〗 base, baseman; bass; basso; bay; blended; blend of; book; born; bowled; breadth; brother. **B-** bomber 《미군 폭격기; B-52 따위》. **B/-** 〖商〗 bag; bale.

Ba 〖化〗 barium. **B. A.** Bachelor of Arts (=A.B.); British Academy.

baa [bɑ:] *n.*, *vi.* =BLEAT.

Ba·al [béiəl] *n.* (*pl.* ～*im* [-im]) 발신(神) 《고대 Phoenicia 사람의》; 사신(邪神).

baa-lamb [bá:læ̀m] *n.* 《兒》 매매 「새끼 양을 이름」.

B. A. A. S. British Association for the Advancement of Science.

Bab·bitt [bǽbit] *n.* S. Lewis 작의 소설(의 주인공); (*or* b-) 속물. **～·ry** *n.* (저속한) 실업가 기질.

bab·bitt *n.* Ⓤ 《美》 배비트 합금 《주석·안티몬·구리·납의 합금으로 마찰 방지용》.

*__bab·ble__ [bǽbəl] *n.*, *vi.*, *vt.* (어린이 등이) **떠듬거리는 말**(을 하다); 허튼 소리(를 하다), 수다(떨다) (*about*); 지껄여 누설하다(*out*); (시냇물의) 졸졸거림, (시냇물이) 졸졸 흐르다. **báb·bler** *n.* 수다쟁이, 입이 싼 사람; 〖鳥〗 꼬리치레(의 일종).

‡**babe** [beib] *n.* 《詩》 =BABY; 천진난만한 사람, 숫보기.

Ba·bel [béibəl, bǽb-] *n.* Shinar의 고도(古都); 바벨 탑(the Tower of Babel) 《옛날 Babylon 에서 하늘까지 닿도록 쌓으려던 탑; 천벌로 인부들이 서로 말이 통하지 않게 되어 완성에 실패(창세기 11:9)》; (*or* b-) 언어의 혼란, 소란(한 장소).

ba·bies'-breath [béibizbrèθ] *n.* 〖植〗 대나물; 광대나물.

ba·boo, -bu [bá:bu:] *n.* (Ind.) = MR.; 영어를 쓸 줄 아는 서기; 영국물이 든 인도인. 「보기 싫은 놈.

*__ba·boon__ [bæbú:n/bə-] *n.* **비비**(狒狒);

ba·bush·ka [bəbú:ʃkə] *n.* 세모꼴의 여자들 머리쓰개.

†**ba·by** [béibi] *n.* **갓난애**; 어린애 같은 사람, 작은 동물[물건]; 《俗》 젊은 여자, 소녀; 애인. ***hold the*** ～ 성가신 것을 떠맡다. ***pass the*** ～ 책임 회피하다.

báby blúe 엷은 푸른 색.

báby càrriage 《美》 유모차.

báby fàrm 육아원, 탁아소.

báby gránd 소형 그랜드 피아노.

ba·by·hood [-hùd] *n.* Ⓤ 유아기; 《集合的》 젖먹이.

Bab·y·lon [bǽbələn] *n.* 바빌론 《Babylonia 의 수도》; 화려한 도회; 타락의 도시.

Bab·y·lo·ni·a [bæ̀bəlóuniə, -njə] *n.* 아시아 남서부의 고대제국. **-ni·an** *a.*

ba·by-sit [béibisìt] *vi.* (*-sat; -tt-*) (시간제, 유료로) 어린애를 보아주다.

‡**bá·by-sit·ter** *n.* (시간제의) **어린애 봐주는 사람**.

báby tàlk 유아 말.

B. A. C. Business Advisory Council 경제 자문(諮問) 위원회.

bac·ca·lau·re·ate [bæ̀kəlɔ́:riit] *n.* 학사(bachelor)의 학위; (대학 졸업생에 대한) 송별 설교(～ sermon).

bac·ca·ra(t) [bæ̀kərá:, ⌐-⌐] *n.* Ⓤ (F.) 바카라《도박용 카드놀이의 일종》.

bac·cha·nal *a.* [bǽkənəl, -næ̀l] (*or* B-) 주신(酒神) 바카스의[같은]; 바카스 예찬의. **——***n.* 바카스 예찬자; 주정꾼; (B-) (*pl.*) =⇩.

Bac·cha·na·li·a [bæ̀kənéiliə, -ljə] *n. pl.* (고대 로마의) 주신제(祭); (b-) 통음난무(痛飮亂舞). **-li·an** [-n] *a.*, *n.* =BACCHANAL.

bac·chant [bǽkənt] *n.* (*fem.* ～*e*) 주신 Bacchus 의 사제(司祭); 술마시고 떠드는 사람.

Bac·chic [bǽkik] *a.* 주신 Bacchus 의; 만취한. 「카스 《술의 신》.

Bac·chus [bǽkəs] *n.* 〖그·로神〗 바

bac·co [bǽkou], **bac·cy** [bǽki] *n.* 《英口》 담배. 「독신 생활을 하다.

bach [bætʃ] *n.*, *vi.* 《美俗》 독신자;

Bach [bɑ:x, bɑ:k], **Johann Sebastian** (1685–1750) 독일의 작곡가.

‡**bach·e·lor** [bǽtʃələr] *n.* **독신자**; 학사 (*B- of Arts* 문학사).

bach·e·lor·dom [bǽtʃələrdəm] *n.* Ⓤ (남자의) 독신(의 신분), 독신 기질; 《集合的》 독신자.

báchelor gìrl 《口》 (자활하고 있는) 젊은 독신 여성.

bach·e·lor·hood [bǽtʃələrhùd] *n.* Ⓤ 독신 (생활), 독신 시절.

bach·e·lor's bùt·ton [-z bʌ̀tn] *n.* 수레국화(cornflower) 따위.

bach·e·lor·ship [-ʃìp] *n.* Ⓤ (남자의) 독신(bachelorhood); 학사의 자격.

bac·il·lar·y [bǽsəlèri] *a.* 간상(桿狀)의; 간균(桿菌)의[에 의한].

*__ba·cil·lus__ [bəsíləs] *n.* (*pl.* *-li* [-lai]) **간상균**(桿狀菌); 세균.

†**back** [bæk] *n.* ① **등**, 잔등. ② **뒤**; 후부, **안**; (손발의) 등; (의자의) 등널. ③ 등뼈. ④ 산등성이. ⑤ 〖球技〗 후위(後衛). ***at the*** ～ ***of*** …의 뒤에; 후원자로서. ～ ***and belly*** 의식(衣食). ***behind a person's*** ～ 아무가 없는 데서. ***break the*** ～ ***of*** …에 이겨내다; …을 꺾다[죽이다]; (어려운 일의) 고비를 넘기다. ***get one's*** [***a person's***] ～ ***up*** 성내다[나게 하다]. ***on one's*** ～ 등에 지고; 벌떡 누워; 몸져 누워, 무력하여. ***on the*** ～ ***of*** …의 등뒤에; …에 더하여. ***put one's*** ～ ***into*** …에 헌신하여 노력[일]하다. ***put*** [***set***] ***a person's*** ～ ***up*** 노하게 하다. ***see the*** ～ ***of*** …을 쫓아버리다; 면하다. ***turn the*** ～ 도망치다. ***turn the*** [***one's***] ～ ***on*** …을 저버리다, …에서 달아나다. ***with one's*** ～ ***to the wall*** 궁지에 빠져.

——*a.* ① **뒤의**, 배후의; 안의, 속의. ② 《美》 벽지의. ③ 거꾸로의; 밀린; 이전[과거]의. ～ ***number*** 달을 넘긴 잡지; 시대에 뒤진 사람[사상, 방법]. ～ ***slum*** 빈민굴. ～ ***vowel*** 후설 모음 《u, ɔ, ɑ 따위》.

——*ad.* ① **뒤로**, 뒤쪽으로, 뒤에;

되돌아가서. ② **소급하여**; (몇 년) 전에. ~ ***and forth*** 앞뒤로, 오락가락. ~ ***of*** 《美》 …의 뒤에; …을 지지하여. ***go ~ on*** 〔《英》 ***from***〕 …을 어기다, 배반하다. ***keep ~*** 누르다, 숨겨두다.
—— *vi.* **후퇴하다.** —— *vt.* ① **후퇴시키다.** ② (책 따위의) 등을 붙이다, 뒤를 대다. ③ …에 대하여 배경이 되다. ④ 원조〔지지〕하다. ⑤ (말에) 타다; (내기에) 걸다. ⑥ (어음에) 배서하다; 《口》 업어 나르다. ~ ***and fill*** 〖海〗 갈짓자로 나아가다; 《美口》 변덕부리다; 우물쭈물하다, (마음이) 동요하다. ~ ***down*** 물러서다, 포기하다. ~ ***out*** (***of***) 《口》 …에서 손을 떼다, …을 취소하다, 위약하다. ~ ***up*** 돕다; 〖球技〗 뒤를 지키다; 《美》 후퇴하다. ~ ***water*** (배를) 후진시키다; 《美口》 손떼다, 한 말을 취소하다. 「증.

back·ache [bǽkèik] *n.* UC 등의 통

back-al·ley [bǽkǽli] *a.* 은밀한, 음성적인; 뒤가 구린.

back·bench(·er) [⌐bèntʃər] *n.* 《英》 하원 뒷자리(에 앉은 평의원).

back·bite [⌐bàit] *vt., vi.* (***-bit; -bitten,*** 《口》 ***-bit***) (없는 데서) 험담하다.

back·board [⌐bɔ̀:rd] *n.* (짐차의) 뒤판; (농구의) 백보드; 〖醫〗 (어린이의) 척추 교정판.

***back·bone** [⌐bòun] *n.* ① **등뼈.** ② U 기골(氣骨). 「힘드는.

back·break·ing [⌐brèikiŋ] *a.* 몹시

back·chat [⌐tʃæ̀t] *n.* U 《口》 말대꾸, 대답; (만담 따위의) 수작; 모욕.

báck cóuntry 《美》 벽촌.

back·court [⌐kɔ̀:rt] *n.* 〖테니스·籠〗 백코트. 「밀한; 교활한.

back·door [⌐dɔ̀:r] *n., a.* 뒷문; 은

back·drop [⌐dràp/-ɔ̀-] *n.* 배경(막).

backed [bækt] *a.* 등〔안〕을 댄; 〖商〗 배서가 있는.

back·er [bǽkər] *n.* 후원자.

back·field [⌐fì:ld] *n.* 〖蹴〗 후위(後衛) 《quarterback, halfback, fullback》; 〖野〗 외야.

back·fire [⌐fàiər] *n.* (산불을 끄기 위한) 맞불; (내연기관의) 역화(逆火).

báck formàtion 〖言〗 역성(逆成), 역성어 《editor 로부터 동사 *edit* 가 만들어진 것 따위》.

back·gam·mon [⌐gæ̀mən, ⌐⌐] *n.* U 서양 쌍륙.

back·ground** [⌐gràund] *n.* ① **배경**; 이면. ② (의복의) 바탕색. ③ (무대의) 배경. ④ (사람의) 소양. ⑤ (연극·영화·방송 등의) 음악 효과, 반주음악. ***in the ~ 표면에 나서지 않고, 흑막 속에서.

back·hand [⌐hæ̀nd] *a., n.* =BACKHANDED; (테니스 따위의) 역타(逆打); U 왼쪽으로 기운 필적(筆跡).

back·hand·ed [⌐hæ̀ndid] *a.* 손등으로의; (필적이) 왼쪽으로 기운; 서투른; 간접적인; 성의 없는; 빈정대는.

back·house [⌐hàus] *n.* 《美》 옥외 변소.

back·ing [⌐iŋ] *n.* U (제본의) 등붙이기; 지원; 배서; 속널.

back·lash [⌐læ̀ʃ] *n.* (기계·톱니바퀴 등의 느슨해지거나 마모된 곳의) 덜거덕거림; 격한 반동, 반발. ***white ~*** 흑인에 대한 백인의 반격.

back·list [⌐lìst] *n.* (출판사의) 재고서적 목록.

back·log [⌐lɔ̀:g, -làg / -lɔ̀g] *n.* 《美》 (난로 속 깊숙이 넣는) 큰 장작; 《口》 주문 잔고, 체화; 잔무; 축적, 예비.

báck number ⇨ BACK (*a.*).

báck òut 《美口》 철회, 탈퇴; 변절.

back·out [⌐àut] *n.* 〖로켓〗 초읽기의 철회《발사 작업 행정(行程)의 초읽기 도중에, 한번 한 일을 취소하고 원상태로 되돌리는 일》.

back·pack [⌐pæ̀k] *n., vi.* 배낭(을 지고 여행하다).

báck pàssage 《口》 직장(直腸).

back·ped·al [⌐pèdl] *vi.* (자전거) 페달을 뒤로 밟다; 후퇴하다《특히 권투에서》.

báck ròom 뒷방.

báck·room bóy [⌐rù(:)m] 《英口》 비밀 연구원〔공작원〕.

back·scat·ter·ing [⌐skæ̀təriŋ] *n.* (방사선 등의) 후방 산란.

back·scratch·er [bǽkskræ̀tʃər] *n.* 등긁이; 《口》 타산적인 사람; 아첨꾼.

back·seat [⌐sì:t] *n.* 뒷자리; 말석, 하찮은 지위.

báckseat dríver 운전수에게 지시를 하는 승객; 간섭 좋아하는 사람.

back·side [⌐sàid] *n.* 등, 뒤쪽; (보통 *pl.*) 궁둥이(rump). 「하는 속어.

báck slàng 철자나 발음을 거꾸로

back·slide [⌐slàid] *vi.* (***-slid; -slid, -slidden***) 다시 과오에 빠지다, (신앙적으로) 타락하다.

back·spin [⌐spìn] *n.* 백스핀《테니스 따위에서 공의 역회전》. 「(의).

back·stage [⌐stéidʒ] *n., a.* 무대 뒤

báck stairs 뒷계단; 음모.

back·stay [⌐stèi] *n.* 〖海〗 (종종 *pl.*) (마스트의) 뒤쪽 버팀줄; 《一般》 버팀. 「트.

back·stop [⌐stàp/-ɔ̀-] *n.* 〖野〗 백네

back·street [⌐strì:t] *n.* 뒷골목.

back·stretch [⌐strétʃ] *n.* 〖競技〗 백스트레치《장방형 코스의 homestretch와 반대쪽 부분》.

back·stroke [⌐stròuk] *n.* 되치기; 〖테니스〗 역타(逆打); 배영(背泳).

back·sword [⌐sɔ́:rd] *n.* 한쪽 날의 검; (펜싱용의) 목검.

báck tàlk 말대꾸.

back-to-back [⌐təbǽk] *a.* 잇따른; 등을 맞대고 선《주로 연립주택에서》.

back·track [⌐træ̀k] *vi.* 《美》 물러나다, 되돌아가다.

back·up [⌐ʌ̀p] *n.* 뒷받침; 후원; 저장; (차량 따위의) 정체(停滯).

***back·ward** [⌐wərd] *a.* ① **뒤로의**, 거꾸로의(reversed). ② 싫어하는. ③ 개악의; 퇴보의; 뒤떨어진; 진보

가 느린〔뒤늦은〕. ④ 수줍은, 내향적인. ⑤ 철 늦은. —— *ad.* **뒤로,** 후방으로; 거꾸로; 퇴보하여. ~·**ly** *ad.* 마지못해; 늦어져. ~·**ness** *n.* ‡~**s** *ad.* = BACKWARD.

back·ward·a·tion [bæ̀kwərdéiʃən] *n.* Ⓤ 《英》〖證〗 수도(受渡) 유예(금·날변).

back·wash [bǽkwɑ̀ʃ, -ɔ̀:ʃ / -ɔ̀ʃ] *n.* 역류; 노로 저은 물; (사건의) 여파.

back·wa·ter [´wɔ̀:tər, -ɑ̀-] *n.* Ⓤ 되밀리는 물, 역수; Ⓒ (문화의) 침체, 정체.

back·wind [´wìnd] *n.* 역풍.

back·woods [´wúdz] *n. pl.* 《美》 변경의 삼림지, 오지(奧地).

back·woods·man [´wúdzmən] *n.* 《美》 변경 개척자.

back·yard [´já:rd] *n.* 《美》 뒤뜰; 늘 가는 곳.

‡**ba·con** [béikən] *n.* Ⓤ **베이컨**; 《美俗》 이익, 벌이. ***bring home the*** ~ 《口》 성공하다. ***save one's*** ~ 《口》 위해를 모면하다.

***Ba·con** [béikən], **Francis** (1561–1626) 영국의 (경험학파의) 철학자·수필가·정치가.

Ba·co·ni·an [beikóuniən] *a.* Bacon (학설)의.

‡**bac·te·ri·a** [bæktíəriə] *n. pl.* (*sing.* ***-rium***) **박테리아.** **-ri·al** *a.*

bac·te·ri·cide [bæktíərəsàid] *n.* 살균제. **bac·te·ri·cid·al** [bæktìərəsáidl] *a.* 살균(제)의.

bac·te·ri·o·gen·ic [bæktìəriədʒénik] *a.* 세균성의, 세균이 원인인.

bac·te·ri·ol·o·gy [bæktìəriɑ́lədʒi / -tìəriɔ́l-] *n.* Ⓤ 세균학. **-gist** *n.* **-ri·o·log·i·cal** [-riəlɑ́dʒikəl/-ɔ́-] *a.*

bac·te·ri·o·phage [bæktíəriəfèidʒ] *n.* (장·오줌·피속의) 살균소.

bac·te·ri·um** [bæktíəriəm] *n.* (*pl.* ***-ria) bacteria 의 단수형.

†**bad**[1] [bæd] *a.* (***worse; worst***) ① **나쁜,** 불량한; 부정한, 불길한. ② 나쁘게 된, 썩은. ③ **서투른,** 시원치 않은, 형편이 좋지 않은. ④ **아픈;** 악성의, 심한. ⑤ 무효의. ⑥ 《美》 적의가 있는, 위험한 (*a* ~ *man* 악한). ***feel*** ~ 편찮다; 불유쾌하게 느끼다, 유감스럽게 생각하다(*about*). ***go*** ~ 썩다, 못쓰게 되다. ***have a*** ~ ***time*** (***of it***) 혼나다. ***in a*** ~ ***way*** 《口》 중병으로; 경기가 좋지 않아. ***not*** ~, or ***not half*** 〔***so***〕 ~ 《口》 과히 나쁘지 않은, 꽤 좋은. —— *n.* Ⓤ 나쁜 것〔상태〕, 악운. ***be in*** ~ 《美口》 …의 호감을 못 사다. ***go from*** ~ ***to worse*** 점점 나빠지다. ***go to the*** ~ 파멸〔영락, 타락〕하다. ($ 1,000) ***to the*** ~ (천 달러) 결손이 되어. ´~·**ness** *n.* Ⓤ

bad[2] *v.* 《古》 bid의 과거.

bád blóod 나쁜 감정, 증오.

bád débt 대손(貸損)(금).

‡**bade** [bæd / beid] *v.* bid 의 과거.

bád égg 《俗》 악인, 신용 없는 인물.

BADGE [bædʒ] Base Air Defense Ground Environment 반자동 방공 경계 관제 조직.

‡**badge** [bædʒ] *n.* **기장**(記章), 표.

***badg·er** [bǽdʒər] *n.* **오소리;** Ⓤ 그 모피. —— *vt.* 지분대다, 괴롭히다.

Bádger Státe, **the** 미국 Wisconsin 주의 딴 이름.

bád hát 《英俗》 깡패.

bad·i·nage [bæ̀dinɑ́:ʒ] *n., vt.* (F.) Ⓤ 농담, 놀림; 놀리며 집적거리다.

bad·lands [bǽdlæ̀ndz] *n. pl.* 불모의 땅, 황무지; 암흑가.

‡**bad·ly** [bǽdli] *ad.* (***worse; worst***) **나쁘게,** 서투르게, 심하게. ***be*** ~ ***off*** 살림이 어렵다.

bad·min·ton [bǽdmintən] *n.* Ⓤ 배드민턴; 소다수로 만든 청량 음료.

bad-mouth [bǽdmàuθ, -màuð] *vt.* 《美》 혹평하다, 헐뜯다.

bad-tem·pered [bǽdtèmpərd] *a.* 기분이 언짢은, 피까다로운; 심술궂은.

bád tíme 곤경.

Bae·de·ker [béidikər] *n.* (베데커의) 여행 안내서.

***baf·fle** [bǽfəl] *vt.* **좌절시키다,** 깨뜨리다, 꺾다, 방해하다; 감당할 수 없게 되다. —— *vi.* …에 애태우다, 허위적거리다. —— *n.* 방해(물); 당황; (수류·기류·음향 따위의) 방지 장치. ~·**ment** *n.* **báf·fling** *a.* 방해하는; 이해하기 어려운; 당황케 하는, (바람이) 일정 방향으로 불지 않는.

baff·y [bǽfi] *n.* 〖골프〗 배피(클럽의 일종; wood의 4번).

†**bag** [bæg] *n.* ① **자루; 가방,** 손가방; 지갑. ② 주머니 모양의 것; (동물 체내의) 낭(囊)(sac); 눈 밑의 처진 살, 소의 젖통; (*pl.*) 음낭(陰囊). ③ (*pl.*) 《英俗》 (헐렁한) 바지. ④ 《美》 〖野〗 베이스, 누(壘). ⑤ 사냥감. ~ ***and baggage*** 소지품 일체; 짐을 모두 꾸려서, 몽땅. ***bear the*** ~ 재정권을 쥐다, 돈을 마음대로 쓰게 되다. ***empty the*** ~ 얘깃거리가 다 떨어지다. ***get the*** ~ 해고당하다. ***give a person the*** ~ (…을) 해고하다; 《俗》 …에게 말 없이 가버리다; (구혼자에게) 단호히 거절하다. ***give*** 〔***leave***〕 ***a person the*** ~ ***to hold*** 곤란을 당하여 아무를 돌보지 않다; 책임을 지우다. ***hold the*** ~ 혼자 책임을 뒤집어쓰다; 빈털터리가 되다. ***in the*** ~ 《口》 확실한; 손에 넣은 (것이나 마찬가지인). ***make a good*** ~ 사냥감을 많이 잡다. ***the whole*** ~ ***of tricks*** 온갖 술책〔수단〕. —— *vt.* (***-gg-***) 자루에 넣다; 《口》 잡다, 죽이다, 훔치다(steal). —— *vi.* 자루처럼 부풀다(swell).

bag·a·telle [bæ̀gətél] *n.* (F.) 사소한 일〔물건〕(a mere trifle); (피아노용의) 소곡(小曲); Ⓤ 배거텔놀이(당구의 일종).

ba·gel [béigəl] *n.* 도넛형의 굳은 빵.

bag·ful [bǽgfùl] *n.* 자루 하나 가득(의 분량).

‡**bag·gage** [bǽgidʒ] *n.* ① Ⓤ 《美》 수화물(《英》 luggage); 《英》 군용 행낭. ② 말괄량이; 닳고 닳은 여자, 논다니.

bággage càr 《美》 수하물차.

bággage chèck 《美》 수[소]화물표.
bággage ròom 《美》 =CLOAKROOM.
bággage tàg 《美》 꼬리표.
bag·ger [bǽgər] *n.* 《野俗》 …루타 (*a three-*∼ 삼루타).
bag·ging [bǽgiŋ] *n.* Ⓤ 자루 만드는 재료.
bag·gy [bǽgi] *a.* 자루 같은; 헐렁한; 불룩한. **-gi·ly** *ad.* **-gi·ness** *n.* Ⓤ
Bag(h)·dad [bǽgdæd, ∸́] *n.* 이라크의 수도.
bag·man [bǽgmən] *n.* 《英》 외판원, 세일즈맨.
bagn·io [bǽnjou, -á:-] *n.* (*pl.* ∼*s*) (동양풍의) 목욕탕; (노예를 가두는 터키의) 감옥; 매춘굴.
***bag·pipe** [bǽgpàip] *n.* (종종 *pl.*) 백파이프 《스코틀랜드 고지인의, 날라리 소리 비슷한 피리》. **-pip·er** *n.*
ba·guet(te) [bægét] *n.* 길쭉한 네모[골패짝]꼴(로 깎은 보석).
bag·worm [bǽgwə̀:rm] *n.* 도롱이벌레.
bah [bɑ:] *int.* 《蔑》 바보같은!; 흥!
Ba·ha·ism [bəhá:izəm] *n.* 바하이교(教) 《세계 평화를 창도하는 페르샤에서 일어난 종교》.
Ba·ha·mas [bəhá:məz] *n. pl.* 바하마 《미국 플로리다 반도 동남쪽에 있는 독립국》.
Bah·rein, -rain [bɑ:réin] *n.* 바레인 《페르샤만 서부의 독립국》.
baht [bɑ:t] *n.* (*pl.* ∼(*s*)) 태국의 화폐 단위.
bai·gnoire [beinwá:r/∸́] *n.* (F.) (극장의) 특별석.
bail**[1] [beil] *n.* Ⓤ **보석; 보석금;** Ⓒ 보석 보증인. ***accept [***allow***, or ***admit to take***] ∼ 보석을 허가하다. ***give leg*** ∼ 탈주하다. ***go*** ∼ ***for*** … 의 보석 보증인이 되다, …을 보증하다. ***out on*** ∼ 보석[출옥]중.
—— *vt.* (보증인이 수감자를) 보석받게 하다(*out*); (화물을) 위탁하다. ∸**a·ble** *a.* 보석할 수 있는; 죄가 가벼운. ∸**·ment** *n.* ⓊⒸ 보석; 위탁. ∸**·or** *n.* 위탁인.
bail[2] *n.* 〖크리켓〗 삼주문 위의 가로나무.
bail[3] *vt., vi., n.* 뱃바닥에 괸 물을 퍼내다(*out*); 그 물을 퍼내는 기구; 《口》 낙하산으로 뛰어내리다(*out*).
bail[4] *n.* (냄비·주전자 따위의) 들손; 통의 반달꼴 손잡이(arched handle).
bail·ee [beilí:] *n.* 수탁인(受託人).
bail·er [béilər] *n.* 뱃바닥에 괸 물을 퍼내는 사람; 파래박; 〖크리켓〗 bail[2]에 맞은 공.
bai·ley [béili] *n.* 성벽; 성안의 뜰.
bail·ie [béili] *n.* 《Sc.》 시참사(市參事)회원.
bail·iff [béilif] *n.* sheriff 밑의 집행리; 법정내의 간수; (지주의) 집사(執事); 《英》 (시의) 집행관.
bail·i·wick [béiləwìk] *n.* bailie 또는 bailiff 의 관할 구역; (전문) 분야, 영역.
bail·out [béilàut] *n.* 낙하산에 의한 탈출; 긴급 구조. —— *a.* 탈출의[을 위한].
bails·man [béilzmən] *n.* 보석 보증인.
bairn [bɛərn] *n.* 《Sc.》 어린이.
‡**bait** [beit] *n.* 미끼, 먹이; 유혹.
—— *vt.* 미끼를 달다; 유혹하다; 개를 추겨 (동물을) 지분거리다 (cf. bearbaiting); 구박하다, 괴롭히다.
—— *vi.* 《古》 (동물이) 먹이를 먹다; 여행중 (식사를 위해) 쉬다.
baize [beiz] *n.* Ⓤ 일종의 나사(羅紗) 《책상보·커튼용》.
‡**bake** [beik] *vt.* (빵을) **굽다,** 구워 만들다; (벽돌을) 구워 굳히다. —— *vi.* (빵이) 구워지다. —— *n.* (한 번) 굽기; 《美》 회식 《즉석에서 구워 내놓는》.
bake·house [∸hàus] *n.* 제빵소.
Ba·ke·lite [béikəlàit] *n.* 〖商標〗 베이클라이트 《그릇·절연체용 합성수지》.
‡**bak·er** [béikər] *n.* **빵집,** 빵 굽는 사람, 빵 제조업자; 《美》 휴대용 빵굽는 기구. ***Pull devil, pull*** ∼***!*** 청군 이겨라 백군 이겨라. ***bák·er·y** *n.* **제빵소,** 빵집.
báker's dózen 13 (개).
***bak·ing** [béikiŋ] *n.* **빵굽기,** 한 번 굽기. —— *a., ad.* 《俗》 태워버릴 것 같은[같아].
báking pòwder 베이킹 파우더.
báking sòda 중조(重曹).
bak·sheesh, -shish [bǽkʃi:ʃ] *n.* Ⓤ 행하, 팁 《터키·이집트·인도 등지에서》.
bal. balance; balancing.
Ba·laam [béiləm] *n.* 〖聖〗 발람 《메소포타미아의 예언자》; (b-) 《俗》 (신문의) 여백 메우는 기사.
bal·a·lai·ka [bæ̀ləláikə] *n.* 발랄라이카 《기타 비슷한 삼각형의 러시아의 악기》.
‡**bal·ance** [bǽləns] *n.* ① **저울, 천칭**(天秤). ② Ⓤ **균형,** 평형, 조화; 비교, 대조. ③ (B-) 〖天〗 천칭(天秤)자리. ④ Ⓤ 〖商〗 수지; 차액, 잔액; 《美口》 나머지. ∼ ***due*** …에 대출(*from*), …으로부터의 차입(*to*). ∼ ***of international payments*** 국제수지. ∼ ***of power*** 세력 균형. ∼ ***of trade*** 무역 수지. ***be*** [***hang, tremble***] ***in the*** ∼ 미결(상태)이다; 위기에 처해 있다. ***on (the)*** ∼ 차감하여, 결국. ***strike a*** ∼ 수지를 결산하다.
—— *vt., vi.* …의 **균형을 잡다;** 저울로 달다; 대조하다; 차감하다; 결산하다; 망설이다, 주저하다(*between*). ∼ ***oneself*** (몸의) 균형을 잡다. ∼**d** [-t] *a.* 균형이 잡힌(∼*d diet* 완전 영양식). **bál·anc·er** *n.* 다는 사람; 청산인; 평형기; 곡예사.
bálance shèet 〖商〗 대차 대조표.
bal·a·ta [bǽlətə] *n.* 열대나무의 일종 《발라타고무를 채취함》; Ⓤ 발라타고무 《껌용》.
bal·brig·gan [bælbrígən] *n.* Ⓤ 무명 메리야스의 일종; (흔히 *pl.*) 그것으로 만든 속옷·파자마 등.
‡**bal·co·ny** [bǽlkəni] *n.* **발코니;** (이층의) 노대(露臺); (극장의) 이층 특별석(gallery).
‡**bald** [bɔ:ld] *a.* **벗어진,** 털 없는, 대머리의; 노출된(bare); 있는 그대로의(plain); (문체가) 단조로운. ∸**·ing**

a. (약간) 벗어진. ∠·**ly** *ad.* 노골적으로. ∠·**ness** *n.*
bal·da·chin, -quin [bɔ́:ldəkin, bǽl-] *n.* Ⓤ 닫집; 금란(金襴)《비단》.
báld cóot 대머리; 〖鳥〗 큰물닭.
báld éagle 흰머리독수리《미국의 국장(國章)》.
bal·der·dash [bɔ́:ldərdæʃ] *n.* Ⓤ 헛소리.
bald-faced [bɔ́:ldfèist] *a.* (말 등의) 얼굴에 흰 반점이 있는.
bald·head [bɔ́:ldhèd] *n.* 대머리(의 사람). **-head·ed** [-id] *a.* 대머리의.
bald·pate [bɔ́:ldpèit] *n.* 대머리인 사람; 〖鳥〗 아메리카 홍머리오리.
bal·dric [bɔ́:ldrik] *n.* (어깨에서 비스듬히 걸치는) 장식띠《칼·나팔 따위를 다는》.
***bale**[1] [beil] *n., vt.* (상품을 꾸린) 짐짝, 가마니, 섬; 포장하다.
bale[2] *n.* Ⓤ 《詩·古》 재앙, 악(惡), 해; 슬픔; 고통. ∠·**ful** *a.* 해로운.
bale[3] *v., n.* =BAIL[3]. 「뼈.
ba·leen [bəlí:n] *n.* 고래 수염, 고래
bale·fire [béilfàiər] *n.* 봉화; 모닥불; 《廢》 화장용의 장작더미.
***balk, baulk** [bɔ:k] *n.* 장애, 방해; 《廢》 실책; 〖野〗 보크; 〖建〗 (귀를 둥글린) 각재(角材), 들보감.
— *vt.* 방해하다; 좌절시키다(*in*), 실망시키다(*in*); (기회를) 놓치다.
— *vi.* (말이 뒷걸음질 쳐) 급히 멈추다(jib); 진퇴양난이 되다.
Bal·kan** [bɔ́:lkən] *a.* 발칸 반도의; 발칸 제국(민)의〔에 관한〕. ***the ~ Peninsula 발칸 반도. ***the ~s,*** or ***the ~ States*** 발칸 제국. ~·**ize** [-àiz] *vt.* 작은 나라로 분열시키다.
balk·y [bɔ́:ki] *a.* 《美》 (말이) 움직이지 않는.
†**ball**[1] [bɔ:l] *n.* 공, 구(球); Ⓤ 구기; 야구; Ⓒ 〖野〗 볼(cf. strike); 탄알, 포탄; 둥근 것 《눈알 따위》; (고기·과자 등의) 덩어리; 천체, 지구. ***~ and chain*** 《美》 사슬 달린 철구《죄수의 족쇄》. ***catch*** 〔***take***〕 ***the ~ before the bound*** 선수를 쓰다. ***have the ~ at one's feet*** 〔***before one***〕 성공할 기회를 눈앞에 두다. ***keep the ~ rolling,*** or ***keep up the ~*** (좌석이 심심해지지 않도록) 이야기를 계속하다. ***play ~*** 경기를 시작하다; 행동을 개시하다; 《美》 협력하다. ***take up the ~*** …의 이야기를 받아서 계속하다. — *vt., vi.* 공(모양)으로 만들다〔되다〕.
‡**ball**[2] *n.* (공식의) 대무도회.
***bal·lad** [bǽləd] *n.* 민요; 전설 가요.
bal·last** [bǽləst] *n.* Ⓤ 밸러스트, 바닥짐; (기구의) 모래 주머니; 자갈, 쇄석; (마음의) 안정, 침착성(을 주는 것). ***in ~ (배가) 바닥짐만으로, 실은 짐 없이. — *vt.* 바닥짐을 싣다; (철도·도로에) 자갈을 깔다; 안정시키다. ~·**ing** *n.* Ⓤ 바닥짐 재료; 자갈.
báll béaring 〖機〗 볼베어링.
báll cártridge 실탄. 「조절》.
báll còck 부구(浮球) 콕 《물의 유출
bal·le·ri·na [bæ̀lərí:nə] *n.* (*pl.* **~s, -ne** [-ni]) (It.) 발레리나《여자 발레 무용가》. 「레단〔음악〕.
***bal·let** [bǽlei, bæléi] *n.* Ⓤ 발레, 발
bal·lis·ta [bəlístə] *n.* (*pl.* **-tae** [-ti:]) 〖史〗 투석포(投石砲).
bal·lís·tic míssile [bəlístik] 탄도 병기, 탄도탄. 「학.
bal·lis·tics [bəlístiks] *n.* 〖軍〗 탄도
bal·lon d'es·sai [balɔ̃:ŋ desé] (F.) 관측 기구(氣球), 시험 기구; 탐색 (kite)《여론의 반응을 알기 위한 성명·행동 따위》.
‡**bal·loon** [bəlú:n] *n., vi.* 기구, 풍선(처럼 부풀다); 기구(를 타고 올라가다). ~·**er,** ~·**ist** *n.*
ballóon barráge 조색(阻塞)〔방공〕 기구망. 「도라지.
bal·loon·flow·er [bəlú:nflàuər] *n.*
ballóon tìre 저압(低壓) 타이어.
***bal·lot** [bǽlət] *n.* 투표 용지, 투표용의 작은 공; Ⓤ (무기명) 투표; Ⓒ 투표 총수; Ⓤ 제비, 추첨; 투표권; Ⓒ 입후보자 명단. — *vi.* (무기명) 투표하다(*for, against*); 추첨으로 결정하다(*~ for a place* 추첨으로 장소를 정하다). ~·**age** [-ɑ:ʒ, ⌐-⌐] *n.* 결선 투표.
bállot bòx 투표함.
bállot pàper 투표 용지.
báll pàrk 《美》 야구장.
báll pén =BALL-POINT PEN.
ball·play·er [bɔ́:lplèiər] *n.* 야구 선수; 구기를 하는 사람.
báll-point pén [∠pɔ̀int] 볼펜.
ball·proof [∠prù:f] *a.* 방탄의.
ball·room [∠rù(:)m] *n.* 무도장.
bal·lute [bəlú:t] (<*balloon+parachute*) *n.* (우주선 귀환용) 기구 낙하산. 「지독하게; 정말로.
bal·ly [bǽli] *a., ad.* 《英俗》 지독한;
bal·ly·hoo [bǽlihù:] *n.* Ⓤ 《美》 (요란스러운) 대선전; 야단법석(uproar); 떠벌려 퍼뜨림. — [∠⌐, ⌐∠] *vt., vi.* 대선전하다.
balm** [bɑ:m] *n.* ① Ⓤ 향유; 방향 수지; 방향. ② 진통제; 위안물. ③ 〖植〗 멜리사, 서양 박하. ***~ of Gilead [gíliæd] 감람나무과의 상록수; (그 나무에서 채취되는) 향유.
***balm·y**[1] [∠i] *a.* 향기로운; 진통의 (soothing), 기분좋은, 상쾌한(refreshing). **bálm·i·ly** *ad.* 「돈.
balm·y[2] *a.* 《俗》 바보 같은; 머리가
bal·ne·ol·o·gy [bæ̀lniɑ́lədʒi / -ɔ́-] *n.* Ⓤ 〖醫〗 온천학, 광천학. 「소리.
ba·lo·ney [bəlóuni] *n.* Ⓤ 《美俗》 헛
bal·sa [bɔ́:lsə, bɑ́:l-] *n.* 발사《열대 아메리카산의 나무》; 발사재(材)《가벼움》; 뗏목(raft).
bal·sam [bɔ́:lsəm] *n.* Ⓤ 발삼, 방향 수지; Ⓒ 진통제; 봉선화.
bálsam fír 발삼전나무《북미산의 상록수, 테레빈이 채취됨》; 발삼전나무 재목.
Bal·tic** [bɔ́:ltik] *a.* 발트해의. ***the ~ Sea 발트해. ***the ~ States*** 발트 제국.

B

Bál·ti·more chóp [bɔ́:ltəmɔ̀:r] 〖野〗 높은 바운드의 내야 안타.
Báltimore óriole 북미산의 oriole의 일종《빛깔은 오렌지색과 흑색》.
bal·us·ter [bǽləstər] *n.* 난간 동자《난간의 작은 기둥》.
bal·us·trade [bǽləstrèid, ⌐–´] *n.* 난간. **-trad·ed** [-id] *a.* 난간이 달린.
Bal·zac [bǽlzæk, bɔ́:l-], **Honoré de** (1799–1850) 프랑스의 소설가.

B

bam·bi·no [bæmbí:nou] *n.* (*pl.* ***-ni*** [-ni:]) (It.) 어린 아이; 아기 예수의 상(像).
‡**bam·boo** [bæmbú:] *n.* Ⓤⓒ 대, 대나무; 죽재.
「막.
bámboo cúrtain (중공의) 죽의 장
bámboo shòot 〔**spròut**〕 죽순.
bámboo télegraph 대양주 원주민들의 정보 전달 방법 (grapevine telegraph).
bam·boo·zle [bæmbú:zəl] *vt., vi.* 《口》 속이다; 어리둥절케 하다, 당황케 하다. **∼·ment** *n.* Ⓤ
ban** [bæn] *vt.* (-nn-***)금지하다(forbid); 〖宗〗 파문하다. —— *n.* **금지(령)**; 파문; 〖史〗 소집령. ***lift*** 〔***remove***〕 ***a*** ∼ 해금(解禁)하다. ***nuclear test*** ∼ (***treaty***) 핵실험 금지 (조약). ***place*** 〔***put***〕 ***under a*** ∼ 금지하다.
ba·nal [bənɑ́:l, béinl] *a.* 평범한 (commonplace). **∼·ly** *ad.* **ba·nal·i·ty** [bənǽləti] *n.*
「나무》.
‡**ba·nan·a** [bənǽnə] *n.* **바나나**《열매·
banána repùblic 《蔑》 바나나 소국《국가 경제를 바나나 수출에 의존함》.
‡**band** [bænd] *n.* ① **끈, 밴드,** 띠; 테. ② **일대**(一隊), 집단, 군(群). ③ 악대, 악단(*a jazz* ∼). ④ 〖古〗 수갑, 족쇄, 굴레. ⑤ 〖라디오〗 주파수대(帶); 〖컴퓨터〗 자기(磁氣) 드럼의 채널. ***beat the*** ∼ 《美》 뛰어나다. —— *vi., vt.* 단결하다〔시키다〕 (*together*).
‡**band·age** [bǽndidʒ] *n., vt.* **붕대(를 감다)**; 안대(眼帶); 포대(布帶), 띠.
Band-Aid [⌐èid] *n.* ① 〖商標〗 반창고의 일종. ② (b-a-) 임시 방편, 미봉책; (形容詞的) 임시 방편의.
ban·dan·(n)a [bændǽnə] *n.* 무늬 있는 큰 비단 손수건.
b. & b. bed and breakfast 《英》 아침밥을 주는 셋방〔하숙·호텔〕.
band·box [bǽn*d*bɑ̀ks/-ɔ̀-] *n.* (모자나 칼라를 넣는) 종이 상자.
ban·deau [bǽndou, –´] *n.* (*pl.* **∼*x*** [-z]) 여자용 머리띠, 가는 리본.
「기.
ban·de·rol(e) [bǽndəròul] *n.* 작은
ban·dit** [bǽndit] *n.* (*pl.* ***∼s, ∼ti [bændíti]) **산적, 노상 강도**; 도둑, 악당. **∼·ry** *n.* Ⓤ 산적 행위; 《集合的》 산적단. 「*n.* 악장(樂長).
band·mas·ter [bǽn*d*mæ̀stər, -ɑ̀:-]
ban·dog [bǽndɔ̀:g/-ɔ̀-](<band dog) *n.* (사슬에 매인) 사나운 개, 탐정견.
ban·do·leer, -lier [bæ̀ndəlíər] *n.* 〖軍〗 (어깨에 걸쳐 띠는) 탄띠, 멜빵.

bánd sàw 띠톱.
bánd shèll 〔**stànd**〕 (야외) 음악당.
bands·man [bǽn*d*zmən] *n.* 악대원.
band·stand [bǽn*d*stæ̀nd] *n.* (야외) 연주대.
band·wag·on [bǽndwæ̀gən] *n.* 《美》 (행렬 선두의) 악대차; 《口》 (선거·경기 따위에서) 우세한 쪽; 사람의 눈을 끄는 것; 유행.
band·width [⌐wìdθ] *n.* 〖通信〗 대역폭(帶域幅).
ban·dy [bǽndi] *vt.* 서로 던지고 받고 하다, 주고 받다; (말을) 퍼뜨리다 (*about*). ∼ ***words*** 〔***blows***〕 ***with*** … 와 언쟁〔주먹질〕하다. —— *n.* 《英》 Ⓤ 하키. —— *a.* 밖으로 굽은.
ban·dy-leg·ged [-lègid] *a.* 안짱다리의(bow-legged).
bane [bein] *n.* Ⓤ 독; 해; 파멸. **⌐·ful** [béinfəl] *a.* 해로운, 유독한. **⌐·ful·ly** *ad.* **⌐·ful·ness** *n.*
‡**bang**¹ [bæŋ] *n.* **강타하는 소리**《탕, 쾅, 탁》; 돌연한 음향; 강타; 원기 (vigor); 《美俗》 드릴, 흥분. ***in a*** ∼ 서둘러서. —— *vt., vi.* 쿵쿵〔탁〕 치다, 쾅 닫다〔닫히다〕, 탕 발사하다〔울리다〕; 《俗》 (머리에) 주입시키다; 《美俗》 (여자와) 성교하다. —— *ad.* 쾅하고, 탁하고, 갑자기; 모두; 꼭. ***go*** ∼ 뻥〔탕〕 울리다; 쾅 닫히다.
bang² *n.* 단발 모양의 앞머리. —— *vt.* 앞머리를 가지런히 자르다.
bán·ga·lore torpédo [bǽŋgəlɔ̀:r] (TNT를 채운) 폭약 철관《철조망 파괴용》.
「*n.* 타이의 수도.
Bang·kok [bǽŋkɑk, –´/bæŋkɔ́k, ⌐´]
Ban·gla·desh [bǽŋglədéʃ] *n.* 방글라데시《1971년 파키스탄에서 분리·독립한 공화국》.
「고리.
ban·gle [bǽŋgəl] *n.* 팔찌; 손〔발〕목
bang-up [bǽŋʌ̀p] *a.* 《美俗》 최고의.
ban·ian [bǽnjən] *n.* (인도의) 상인 거간《육식을 않음》; (인도의) 헐렁한 샤쓰; 〖植〗 =BANYAN.
‡**ban·ish** [bǽniʃ] *vt.* **추방하다**(exile); (근심 따위를) 떨어 버리다. **∼·ment** *n.* Ⓤⓒ
ban·is·ter [bǽnəstər] *n.* =BALUSTER; (*pl.*) 난간.
ban·jo [bǽndʒou] *n.* (*pl.* **∼*(e)s***) 밴조《손가락 또는 깍지로 타는 현악기》. **∼·ist** *n.*
‡**bank**¹ [bæŋk] *n.* **둑,** 제방; 퇴적, 쌓여 오른 것(*a* ∼ *of cloud* 층운); 강변; 모래톱, 얕은 여울; 언덕; 〖空〗 「뱅크」《가로 경사》. —— *vt.* 둑을 쌓다; 쌓아 올리다; 에워싸다; (불을) 재에 묻다; 〖空〗 「뱅크」시키다. —— *vi.* 둑이 되다; 〖空〗 「뱅크」하다. **∼·ing** *n.* Ⓤ 둑 쌓기.
†**bank**² *n.* **은행**; 저장소; (the ∼) (노름의) 판돈〔물주〕. —— *vt.* 은행에 맡기다. —— *vi.* 은행을 경영하다; 은행과 거래하다. ∼ ***on*** 〔***upon***〕 《口》 …을 믿다〔의지하다〕. ‡**⌐·er** *n.* ⇨ BANKER¹. ***bánk·ing** *n.* Ⓤ **은행업.**
bank³ *n.* (갤리배의) 노젓는 자리; 한 줄로 늘어선 노; (건반의) 한 줄; (신

문의) 부제목.

bank·a·ble [ˊəbəl] *a.* 은행에 담보할 수 있는.

bánk accòunt 은행 계정; 당좌 예금.

bánk bìll 《英》 은행 어음; 《美》 지폐.

bank·book [ˊbùk] *n.* 예금 통장.

bánk dìscount (은행의) 어음 할인.

‡**bank·er**[1] [ˊər] *n.* **은행가**〔업자〕; (도박의) 물주; Ⓤ 카드놀이의 일종.

bank·er[2] [bǽŋkər] *n.* 대구잡이 배; 〖獵〗 둑을 뛰어 넘을 수 있는 말.

***bánk hòliday** 《美》 (일요일 이외의) **은행 공휴일**; 《英》 일반 공휴일.

bánk nìght 《美口》 (영화관에서 베푸는) 현상금 붙은 야간 흥행.

***bánk nòte** **은행권, 지폐.**

bánk ràte 어음 할인율; 은행 일변(日邊).

bank·roll [bǽŋkròul] *n.* 《美》 자금(원(源)), 자본. —— *vt.* 《美》 경제적으로 지지〔지원〕하다.

***bank·rupt** [bǽŋkrʌpt, -rəpt] *n.* **파산자.** —— *a.* 파산한, 지불 능력이 없는; (신용·명예 따위를) 잃은. *go* ~ 파산하다. —— *vt.* 파산시키다.

***bank·rupt·cy** [bǽŋkrʌptsi, -rəpt-] *n.* ⓊⒸ **파산, 파탄.**

‡**ban·ner** [bǽnər] *n.* **기,** 군기; 기치; 주장; 〖新聞〗 전단 표제. ***carry the ~*** 선두에 서다, 앞장서다. ***unfurl one's ~*** 주장을 밝히다. —— *a.* 《美》 일류의, 제 1 위의; 주요한.

ban·ner·et [bæ̀nərét] *n.* 작은 기.

ban·nock [bǽnək] *n.* 《Sc.》 빵.

banns [bænz] *n. pl.* (교회에서 연속 3회 행하는) 결혼 거행의 예고. ***ask*** 〔***call, publish***〕 ***the ~*** 결혼 예고를 공포하다. ***forbid the ~*** 결혼에 이의를 제기하다.

‡**ban·quet** [bǽŋkwit] *n.* **연회, 향연** —— *vt., vi.* 향응하다, 향응을 받다. **~·er** *n.*

ban·quette [bæŋkét] *n.* (성벽 안 쪽의) 사격용 발판; 《美》 보도(步道).

ban·shee, -shie [bǽnʃiː, ―ˊ] *n.* 《Sc., Ir.》 가족의 죽음을 예고한다는 요정(妖精).

bánshee wàil 《英俗》 공습 경보.

ban·tam [bǽntəm] *n.* 밴텀닭; 암팡지고 싸움 좋아하는 사람; 《美》 =JEEP. —— *a.* 몸집이 작은; 가벼운; 공격적인; 〖拳〗 밴텀급의.

ban·tam·weight [-wèit] *n.* 밴텀급 선수 《권투·레슬링 따위》.

ban·ter [bǽntər] *n., vt., vi.* Ⓤ 놀림, 놀리다(joke), 조롱(하다)(chaff).

ban·ting(·ism) [bǽntiŋ(izəm)] *n.* Ⓤ 《英》 (지방·당분의 감량에 의한) 체중 감량법.

bant·ling [bǽntliŋ] *n.* 《蔑》 꼬마, 풋나기(greenhorn).

Ban·tu [bǽntuː] *n.* (*pl.* **~(s)**) 반투족의 토인《아프리카 남·중부의》; Ⓤ 반투어(語).

ban·yan [bǽnjən] *n.* (인도산의) 벵골 보리수(~ tree).

ba·o·bab [béioubæ̀b, báː-] *n.* 바오밥 나무《아프리카산의 거목》.

Bap., Bapt. Baptist. **bapt.** baptized.

bap·tism** [bǽptizəm] *n.* ⓊⒸ **세례, 침례;** 명명(식). ~ ***of blood 피의 세례, 순교. ~ ***of fire*** 포화의 세례, 첫 출전; 〖宗〗 화형에 의한 순교; 괴로운 시련.

bap·tis·mal [bæptízməl] *a.* 세례의.

***Bap·tist** [bǽptist] *n.* **침례교도;** 세례자《요한》. **báp·tis·ter·y** [bǽptistəri], **-try** [-tri] *n.* 세례장, 세례실.

Báptist Chúrch 침례교회.

***bap·tize** [bæptáiz, ˊ―] *vt., vi.* **세례를 베풀다,** 침례를 행하다, 명명하다(christen).

‡**bar**[1] [baːr] *n.* ① **막대기;** 막대 모양의 것(*a ~ of soap* 막대 비누 / *a chocolate ~* 판(板)초콜렛); 쇠지레(crowbar); **가로장,** (문)빗장, 동살, 간막이의 가로 나무. ② 줄(무늬), (빛깔의) 띠; 〖紋〗 가로줄. ③ **술집,** 카운터, 술청, 목로, 바. ④ 〖樂〗 소절, 종선(縱線). ⑤ (강어귀의) 모래톱. ⑥ **장애,** 장벽, 관문, (통행 금지의) 차단봉; (난간의) 돌난대. ⑦ (법정안의) 난간; (the ~) **법정;** 피고석. ⑧ (the ~) 《集合的》변호사들, 법조계. ~ ***association*** 변호사 협회, 법조 협회. ~ ***gold*** 막대 금, 금덩어리. ***be admitted*** 〔《英》 ***called***〕 ***to the ~*** 변호사의 자격을 얻다. ***cross the ~*** 죽다. ***go to the ~*** 변호사가 되다. ***in ~ of*** 〖法〗 …을 방지하기 위하여. ***the ~ of public opinion*** 여론의 제재. ***trial at ~*** 전(全)판사 참석 심리. —— *vt.* (**-rr-**) …에 **빗장을 지르다,** (가로대로) 잠그다; (길을) 막다; 금하다, **방해하다,** 제외하다; 줄을 치다, 줄무늬를 넣다. ~ ***in*** 가두다. ~ ***out*** 내쫓다. —— *prep.* …을 제하고. ~ ***none*** 예외 없이 (cf. barring).

bar[2] *n.* 〖理〗 바 《압력의 단위》.

bar[3] *n.* 《美》 모기장.

BAR, B.A.R. Browning automatic rifle 〖軍〗 자동 소총. **bar.** barometer; barometric; barrel; barrister.

barb[1] [baːrb] *n.* (낚시 끝의) 미늘; (철조망의) 가시; (물고기의) 수염. —— *vt.* …에 가시를 달다. **~ed** [-d] *a.* 미늘이〔가시가〕 있는. ***~ed wire*** 가시 철사, 철조망.

barb[2] *n.* 바르바리 말《Barbary 산의 좋은 말》.

Bar·ba·dos [baːrbéidouz] *n.* 바르바도스 《서인도제도에 속하는 섬; 영연방내의 독립국》.

***bar·bar·i·an** [baːrbέəriən] *n.* **야만인;** (말이 통하지 않는) 외국인; 교양 없는 사람. —— *a.* 야만적인, 미개한.

bar·bar·ic [baːrbǽrik] *a.* 야만적인, 조야(粗野)한.

***bar·ba·rism** [báːrbərìzəm] *n.* Ⓤ **야만,** 미개 (상태); 조야; Ⓒ 조야한 행동〔말투〕.

bar·bar·i·ty [baːrbǽrəti] *n.* ⓊⒸ 만행; 잔인(한 행위); 조야.

bar·ba·rize [báːrbəràiz] *vt., vi.* 야만화하다.

***bar·ba·rous** [báːrbərəs] *a.* **야만**〔미개〕**의;** 잔인한, 조야한; 무식한. **~·ly** *ad.*

B

Bar·ba·ry [bɑ́ːrbəri] *n.* 바바리《이집트를 제외한 북아프리카 회교 지역의 옛 이름》.

Bárbary ápe 꼬리 없는 원숭이.

Bárbary Státes, the 바바리 제국《옛 Morocco, Algeria, Tunis, Tripoli 등의 회교국》.

***bar·be·cue** [bɑ́ːrbikjùː] *vt., n.* 통째로 굽다; 바비큐《고기 굽는 틀; 통돼지구이가 나오는 연회》.

bárbecue man(o)éuver [**ròll**] (우주선의) 바비큐 비행《태양열·냉기를 고루 받도록 1시간에 2번씩 자전하며 비행》. 「고기《잉어 따위》.

bar·bel [bɑ́ːrbəl] *n.* 수염이 있는 물

bar·bell [bɑ́ːrbèl] *n.* 바벨《역도용》.

‡**bar·ber** [bɑ́ːrbər] *n., vt.* 이발사; 이발하다; (…의) 수염을 깎다. **~'s *itch*** [***rash***] 〖醫〗 모창(毛瘡), 이발소 습진.

bar·ber·ry [bɑ́ːrbèri, -bəri] *n.* 〖植〗 매발톱나무; 그 열매.

bar·ber·shop [bɑ́ːrbərʃɑ̀p/-ɔ̀-] *n.* 이발소. ── *a.* 《美口》 (경음악의 남성 4중창의 구성이) (주로) 반음 차인, 〖樂〗 밀집 위치(密集位置)의, 부드러운- (*a* ~ *quartet, chord, &c.*). 「둥.

bárber('s) pòle 이발소의 간판 기

bar·bi·can [bɑ́ːrbikən] *n.* (도시·요새의) 외보(外堡); (성문 따위의) 망루, 성문탑.

bar·bi·tal [bɑ́ːrbitɔ̀ːl, -tæ̀l/-təl] *n.* Ⓤ 〖藥〗 바르비탈《진정·수면제; 상품명 베로날》.

bar·bi·tu·rate [bɑːrbítʃurit/-tju-] *n.* 〖化〗 바르비투르산염(酸塩)《수면제》.

bar·bi·tú·ric ácid [bɑ̀ːrbətjúərik-] 〖化〗 바르비투르산.

bar·ca·rol(l)e [bɑ́ːrkəròul] *n.* (Venice 의) 뱃노래; 뱃노래풍의 곡.

***bard** [bɑːrd] *n.* (고대 Celt 족의) 음유(吟遊) 시인; 시인(*the B- of Avon* =SHAKESPEARE).

‡**bare**¹ [bɛər] *a.* ① 벌거벗은, 알몸의, 노출된, 드러낸; 노골적인; 장식〔가구〕 없는; …이 없는(*of*). ② 닳아빠진(cf. threadbare), 써서 낡은. ③ 부족한, 결핍된. ④ 가까스로의, 간신히 …한 (*a* ~ *majority* 간신히 이뤄진 과반수); 다만 그것뿐인(mere). ~ ***feet*** 맨발. ~ ***livelihood*** 겨우 먹고 살아 갈 정도의 생활. ***lay*** ~ 털어놓다, 폭로하다. ***under*** ~ ***poles*** 돛을 올리지 않고; 벌거숭이로. ***with*** ~ ***life*** 겨우 목숨만 건지고. ── *vt.* 발가벗기다, 벗기다 (strip) (*of*); 들춰내다, 폭로하다. ⌐**·ness** *n.*

bare² 《古》 bear² 의 과거.

bare·back(ed) [⌐bæ̀k(t)] *a., ad.* 안장 없는 말의; 맨말에. ***ride*** ~ 안장 없는 말에 타다.

bare·faced [⌐fèist] *a.* 맨얼굴의; 후안(무치)의. **-fac·ed·ly** [-sidli, -féist-] *ad.* 뻔뻔스럽게.

***bare·foot** [⌐fùt] *a., ad.* 맨발의〔로〕.

***bare·foot·ed** [⌐fùtid/⌐⌐–, ⌐⌐–] *a., ad.* =⇧. 「손의; 맨손으로.

bare·hand·ed [⌐hǽndid] *a., ad.* 맨

bare·head [⌐hèd], **bare·head·ed** [⌐hédid, ⌐⌐–] *a., ad.* 맨머리 바람의〔으로〕. 「양말을 신지 않은〔않고〕.

bare·leg·ged [⌐légid/-légd] *a., ad.*

‡**bare·ly** [⌐li] *ad.* 간신히, 겨우; 거의 …않다; 드러내놓고, 꾸밈없이.

barf [bɑːrf] *vi., vt.* 《美俗》 토하다.

bar·fly [bɑ́ːrflài] *n.* 《美俗》 술집의 단골 (술꾼).

‡**bar·gain** [bɑ́ːrgən] *n.* 매매, 거래; (매매) 계약; 매득(買得) (副詞的으로 써서: *I got this a* ~. 싸게 샀다). ***bad*** 〔***good***〕 ~ 비싸게〔싸게〕 산 물건. ~ ***counter*** 특매장. ~ ***day*** 염가 판매일. ~ ***sale*** 대염가 판매. ***buy at a*** (***good***) ~ 싸게 사다. ***drive a hard*** ~ 심하게 값을 깎다(*with*). ***Dutch*** 〔***wet***〕 ~ 술자리에서의 계약. ***into the*** ~ 그 위에, 덤으로. ***make*** 〔***strike***〕 ***a*** ~ 매매 계약을 맺다. ***make the best of a bad*** ~ 역경에 견디다. ── *vi., vt.* (매매의) 약속을 하다, 흥정하다, 교섭하다(*with, that*). ~ ***away*** 헐값으로 팔아 버리다. ~ ***for*** …을 기대하다, …을 믿다(expect). ~**·ing** *n.* Ⓤ 거래, 계약; 교섭.

barge** [bɑːrdʒ] *n.* 거룻배, 짐배《바닥이 편편한 화물선》; 유람선; 집배 (houseboat); 《俗》 낡은 배. ── *vt., vi.* 거룻배로 나르다; 뒤뚱뒤뚱 걷다; 《口》 주제넘게 나서다. ~ ***into 〔***against***〕 난폭하게 부딪치다. ⌐**-man, bar·gee** [bɑːrdʒíː] *n.* barge 의 사공. 「(널).

barge·board [⌐bɔ̀ːrd] *n.* 〖建〗 박공

bar·hop [bɑ́ːrhɑ̀p/-hɔ̀p] *vi* (-*pp*-) 《美》 술집을 돌아다니며 마시다. ~**·per** *n.*

bar·i·at·rics [bæ̀riǽtriks] *n.* Ⓤ 비만병학. 「을 함유한.

bar·ic [bǽrik] *a.* 〖化〗 바륨의, 바륨

bar·ite [bɛ́ərait] *n.* Ⓤ 중정석(重晶石).

bar·i·tone, 《英》 **bar·y-** [bǽrətòun] *n.* 바리톤 (가수). ── *a.* 바리톤의.

bar·i·um [bɛ́əriəm] *n.* Ⓤ 〖化〗 바륨 《금속 원소》.

bark**¹ [bɑːrk] *n.* Ⓤ 나무 껍질; 기나피(quinine); 《俗》 피부. ***man with the ~ ***on*** 《美口》 우락부락한 사나이. ── *vt.* (나무에서) 껍질을 벗기다; 나무 껍질로 덮다; 《俗》 (…의 피부를) 까다; (가죽을) 무두질하다.

‡**bark**² *vi.* ① 짖다; 소리지르다(*at*). ② 《口》 기침을 하다. ③ 《美俗》 소리치며 손님을 끌다. ── *vt.* 소리지르며 말하다. ~ ***at the moon*** 쓸데없이 떠들어대다. ~ ***up the wrong tree*** 《美》 헛물켜다, 헛다리 짚다. ── *n.* 짖는 소리; 기침 소리; 포성, 총성. ***His*** ~ ***is worse than his bite.*** 입은 거칠지마는 근본은 나쁜 사람이 아니다.

bark³, **barque** *n.* 바크배《세대박이》; 《詩》 (돛)배.

bar·keep(·er) [bɑ́:rkì:p(ər)] *n.* 《美》 술집 주인; 바텐더.
bark·en·tine, -quen- [bɑ́:rkəntì:n] *n.* 〖海〗 세대박이 돛배의 일종.
bark·er[1] [bɑ́:rkər] *n.* 짖는 동물, 소리 지르는 사람; (구경 거리의) 손님 끄는 사람; 《英俗》 권총, 총, 포.
bark·er[2] *n.* (나무) 껍질 벗기는 사람〔기구〕. ～·**y** *n.* 무두질 공장, 가죽 다루는 곳(tanyard).
‡**bar·ley** [bɑ́:rli] *n.* Ⓤ 보리.
bar·ley·brake, -break [-brèik] *n.* Ⓤ 남녀 3인씩 편짜는 술래잡기.
bar·ley·corn [-kɔ̀:rn] *n.* 보리알; 《古》 길이의 단위($\frac{1}{3}$ inch; 보리알의 길이에서). ***John B-*** 「술」의 별명.
barm [bɑ:rm] *n.* Ⓤ 누룩, 효모(yeast).
bar·maid [bɑ́:rmèid] *n.* 《주로 英》 술집의 여급.
bar·man [ˊmən] *n.* =BARKEEP(ER).
Bár·me·cide féast [bɑ́:rməsàid] 말뿐인 잔치〔친절〕.
bar mítz·vah [mítsvə] 13세에 행하는 유태교의 남자 성년식; 13세가 된 유태교의 남자.
barm·y [bɑ́:rmi] *a.* 누룩 든; 발효하는; 《英俗》 머리가 돈, 어리석은. ***go ～*** 머리가 돌다, 멍청해지다.
‡**barn** [bɑ:rn] *n.* (농가의) **헛간,** 광; 《美》 가축 우리 겸용의 헛간; 전차 차고.
bar·na·cle [bɑ́:rnəkəl] *n.* 〖動〗 조개삿갓, 따개비; (지위에) 붙들고 늘어지는 사람, 무능한 관리.
bárn dànce 《美》 농가의 댄스 파티 《광에서 하는》; 폴카 비슷한 시골 춤.
bárn dòor 헛간의 큰 문. ***cannot hit a ～*** 사격이 매우 서투르다.
bárn-door fówl [bɑ́:rndɔ̀:r] 닭.
barn·storm [ˊstɔ̀:rm] *vi.* 《美口》 지방 순회 공연하다; 지방 유세하다.
barn·storm·er [ˊstɔ̀:rmər] *n.* 지방 순회 배우; 엉터리 배우; 지방 유세자.
***barn·yard** [ˊjɑ̀:rd] *n.* 《美》 **헛간의** 앞마당, 농가의 안뜰.
baro- *pref.* 「중량·기압」의 뜻: *barometer.*
bar·o·gram [bǽrəgræ̀m] *n.* 자기(自記) 기압 기록.
bar·o·graph [-græ̀f, -ɑ̀:-] *n.* 자기 기압계〔청우계〕.
‡**ba·rom·e·ter** [bərɑ́mitər / -rɔ́mi-] *n.* **기압계,** 청우계; 표준, 지표. ～ ***stock*** 표준주(株). **bar·o·met·ric** [bæ̀rəmétrik], **-ri·cal** [-əl] *a.*
bar·on** [bǽrən] *n.* ① **남작.** ② 《美口》 산업〔금융〕계의 거물. ③ 《英》 (영지를 받은) 귀족; 귀족원 의원. ④ 〖古法〗 남편. ⑤ (재무(財務) 재판소의) 재판관. ⑥ (소의) 허리에 붙은 고기. ～ ***and feme [fi:m] 〖古法〗 부부. ～·**age** [-rənidʒ] *n.* 남작의 지위; 《集合的》 남작들; 귀족. ～·**ess** *n.* 남작 부인; 여남작. ～·**et** [bǽrənit, -èt] *n., vt.* 준남작《baron의 아래, knight의 위》(의 작위를 주다). ～·**et·cy** *n.* 준남작의 작위.
ba·ro·ni·al [bəróuniəl] *a.* 남작의, 남작다운; 당당한.
bar·o·ny [bǽrəni] *n.* 남작의 작위; 남작령(領); 《古》 (아일랜드의) 군(郡) 《county의 소구분》.
***ba·roque** [bəróuk] *n., a.* 〖建〗 (16–18 세기의) **바로크식**(의); **기괴**〔기이〕**한** (양식·작품) (cf. rococo).
bar·o·scope [bǽrəskòup] *n.* 기압계의 일종.
ba·rouche [bərú:ʃ] *n.* 4인승 대형 4륜마차.
bár pìn 가늘고 긴 브로치《장식용 핀》.
barque [bɑ:rk] *n.* =BARK[3].
bar·quen·tine [bɑ́:rkəntì:n] *n.* = BARKENTINE.
***bar·rack**[1] [bǽrək] *n., vt.* (보통 *pl.*) **병사**(兵舍); 병영(에 수용하다); 가(假)막사, 바라크(식 건물).
bar·rack[2] *vi., vt.* 《英·濠》 (상대편 경기자를) 야유하다.
bárracks bàg 〖軍〗 잡낭(雜囊).
bar·ra·cu·da [bæ̀rəkú:də] *n.* 〖魚〗 (서인도산의) 창꼬치의 무리.
bar·rage [bərɑ́:dʒ/bǽrɑ:ʒ] *n.* 〖軍〗 탄막; (질문 등의) 연속; [bɑ́:ridʒ] 댐〔제방〕공사.
barráge ballòon (보통 *pl.*) 조색기구.
bar·ran·ca [bərǽŋkə] *n.* (Sp.) 협곡.
bar·ra·try [bǽrətri] *n.* ⓊⒸ 〖法〗 교사(教唆)죄; 소송 교사(죄); 성직 매매 (선주·하주에 대한 선장·선원의) 비행 《사기·태만》. **bár·ra·trous** [bǽrətrəs] *a.*
barred [bɑ:rd] *a.* 빗장(bar)이 있는 (*a ～ window*); 줄(무늬) 있는; 모래톱이 있는.
‡**bar·rel** [bǽrəl] *n.* ① **통;** 한 통의 분량, 한 배럴《미국에서는 31.5갈론, 영국에서는 36, 18 또는 9갈론》. ② 통 모양의 것《북통 따위》. ③ (소·말의) 몸통(trunk). ④ 총신(銃身). ***a ～ of*** 《美口》 하나 가득의, 많은. —— *vt.* (《英》 **-ll-**) (…을) 통에 담다.
bárrel chàir (등널이 둥근) 안락의자.
bárrel hòuse 통〔싸구려〕술집.
bárrel òrgan 손으로 돌려 연주하는 풍금.
bárrel ròll 〖空〗 통돌이, 연속 횡전(橫轉).
‡**bar·ren** [bǽrən] *a.* ① (땅이) **메마른;** (식물이) 열매를 맺지 않는. ② 임신 못 하는. ③ 빈약한(meager), 신통찮은(dull); 무능한. ④ …을 결한, …이 없는(*of*). —— *n.* (보통 *pl.*) 메마른 땅, 불모 지대. ～·**ly** *ad.* ～·**ness** *n.*
bar·rette [bərét] *n.* (여성용의) 머리핀.
***bar·ri·cade** [bǽrəkèid, ˌ-ˊ], **-cá·do** [ˌ-kéidou] *n.* ⓊⒸ (*pl.* **-does**) **방책,** 바리케이드; 통행 차단물, 장애물. —— *vt.* 방책을 만들다, 막다, 방해하다.
‡**bar·ri·er** [bǽriər] *n.* ① **울타리;** 방벽; 관문; (국경의) 성채. ② **장벽,** 장애(물), 방해(*to*) (*language ～* 언어 장벽 / *trade* 〔*tariff*〕 ～ 무역〔관세〕 장벽).
bárrier rèef 보초(堡礁)《해안과 나란히 뻗은 산호초》.
bar·ring [bɑ́:riŋ] *prep.* =EXCEPT.
bar·ri·o [bɑ́:riòu] *n.* (*pl.* ～**s**) (미국

의) 스페인어 통용 지역.
bar·ris·ter [bǽrəstər] (<bar) *n.* 《英》 법정(法廷) 변호사; 《美口》 변호사, 법률가. 「따위의) 바.
bar·room [bá:rù(:)m] *n.* 《美》 (호텔
bar·row[1] [bǽrou] *n.* (2 륜) 손수레; (1 륜) 손수레(wheelbarrow); 들것식의 하물 운반대.
bar·row[2] *n.* 무덤《봉분, 또는 석총(石塚)》; 《주로 英》 언덕.
bárrow bòy 《英》 손수레 행상인.
Bart. Baronet. 「美》 바텐더.
bar·tend·er [bá:rtèndər] *n.* 《주로
***bar·ter** [bá:rtər] *vt., vi.* **물물교환하다**(*for*); 교역하다; (이익에 현혹되어 영예·지위 따위를) 팔다(*away*). —— *n.* Ⓤⓒ **물물 교환**(품).
bárter sỳstem 〖經〗 바터제.
Bar·thol·o·mew [ba:rθáləmjù:/-ɔ́-] *n.* 〖聖〗 바돌로매《예수의 제자》. ***St. ~'s Day*** 성 바돌로매 축일《8 월 24 일》.
bar·ti·zan [bá:rtəzən, bà:tizǽn] *n.* 〖建〗 (옥상의) 퇴(退)망루. 「들.
bar·ton [bá:rtn] *n.* 《英方》 농가의
Bart's [ba:rts] *n.* 런던의 St. Bartholomew's Hospital 의 생략.
bar·y·on [bǽriàn/-ɔ́n] *n.* 〖理〗 바리온《neutron, proton, hyperon을 함유하는 소립자의 일종》.
ba·ry·ta [bəráitə] *n.* Ⓤ 〖化〗 각종의 바륨 화합물.
ba·ry·tes [bəráiti:z] *n.* =BARITE.
bar·y·tone [bǽrətòun] *n.* =BARITONE.
bas·al [béisəl] *a.* 기초의, 근본의. **~ *metabolism*** 기초 대사(代謝).
ba·salt [bəsɔ́:lt, bǽsɔ:lt] *n.* Ⓤ 현무암(玄武岩). 「STOCKING.
bas bleu [ba: blə́:] (F.) =BLUE-
bas·cule [bǽskju:l] *n.* 〖機〗 뒤개장치.
báscule brìdge 도개교(跳開橋).
†**base**[1] [beis] *n.* **기초**, 기부(基部), 기저(基底); 밑변; 토대(foundation); 기슭(foot); 기지; 〖競〗 출발점; 〖野〗 누(壘); 〖化〗 염기; 〖數〗 기수(基數); 색이 날지 않게 하는 약; 어간(stem); 〖植·動〗 기각(基脚), 기부; 〖測〗 기선; (복합물 중의) 주요소. —— *vt.* **기초를 두다**(*on*).
‡**base**[2] *a.* ① **천한**, 비열한(mean[2]); 비속한(~ *Latin* 통속 라틴어). ② (금속이) 열등한; (주화가) 조악한. ③ 〖樂〗 저음의. ④ 《古》 (태생이) 천한, 사생아의(bastard). **~ *coin*** 악화(惡貨)(debased coin), 위조 화폐(counterfeit coin). —— *n.* 〖樂〗 저음(bass). ∠·**ly** *ad.* ∠·**ness** *n.*
†**base·ball** [béisbɔ̀:l] *n.* Ⓤ **야구**; ⓒ 야구공.
base·board [∠bɔ̀:rd] *n.* 〖建〗 (벽 아랫도리의) 굽도리 널. 「한.
base·born [∠bɔ́:rn] *a.* 태생이 비천
base·bred [∠bréd] *a.* 천하게 자라난.
base·burn·er [∠bə̀:rnər] *n.* 《美》 (위에서 연료가 자동적으로 보급되는) 자동식 난로.
Bá·se·dow's disèase [bá:zədòuz] 바제도 병.
báse exchànge (미 공군의) 매점,
báse hít 안타. ⌊주보《생략 BX》.
base·less [∠lis] *a.* 기초[근거] 없는. **~·ly** *ad.*
báse lìne 기(준)선, 〖野〗 누선(壘線).
base·man [∠mən] *n.* 내야수, 누수(壘手). 「계(地階).
‡**base·ment** [∠mənt] *n.* **지하실**, 지
báse métal 비(卑)금속.
báse rùnner 주자.
báse rùnning 주루(走壘).
ba·ses[1] [béisi:z] *n.* basis 의 복수.
bas·es[2] [béisiz] *n.* base[1] 의 복수.
báse stèaling 도루.
báse úmpire 누심(壘審).
bash [bæʃ] *vt., n.* 《口》 후려갈기다, 후려갈김; 일격(을 가하다).
ba·shaw [bəʃɔ́:] *n.* 《口》 고관; 거만한 사람[관리]; =PASHA.
***bash·ful** [bǽʃfəl] *a.* **수줍어하는**, 수줍은(shy). **~·ly** *ad.* **~·ness** *n.*
‡**ba·sic** [béisik] *a.* **기초의**, 근본의; 〖化〗 염기성의. —— *n.* (B-) 《口》 =BASIC ENGLISH. ***-si·cal·ly** [-əli] *ad.* **기본**[근본]**적으로**, 원래.
BASIC, Ba·sic [béisik] *n.* 베이식《영어를 사용한 컴퓨터 용어》 (< *B*eginners *A*ll-purpose *S*ymbolic *I*nstruction *C*ode).
básic dréss 기본형 드레스《액세서리 따위의 변화로 다양하게 입을 수 있는 옷》.
Básic Énglish 베이식 영어 《Ogden 이 고안한 간이 영어; 어휘 850어》.
ba·sic·i·ty [beisísəti] *n.* Ⓤ 〖化〗 염기도(塩基度).
bas·il [bǽzəl] *n.* 〖植〗 박하 비슷한 향기 높은 식물《향미료》. 「(基部)의.
bas·i·lar [bǽsələr] *a.* 기초의, 기부
ba·sil·i·ca [bəsílikə, -zíl-] *n.* 〖古로〗 (장방형의) 공회당; (초기) 그리스도 교회당. 「(軟膏)의 일종.
ba·sil·i·con [bəsílikən, -zíl-] *n.* 연고
bas·i·lisk [bǽsəlìsk, -z-] *n.* 〖그·로神〗 괴사(怪蛇) 《그 눈빛·독기는 사람을 죽임》; (열대 아메리카산의) 등지느러미 도마뱀; 《古》 뱀무늬 대포.
‡**ba·sin** [béisən] *n.* **대야**; 세면기; 한 대야 가득한 분량; 웅덩이(pool), 못; 분지; 유역; 내만(內灣); 〖船〗 독.
‡**ba·sis** [béisis] *n.* (*pl.* **-ses**) **기초**, 근거(지); 근본 원리; 주성분.
***bask** [bæsk, -ɑ:-] *vi.* (햇볕·불을) 쬐다, 몸을 녹이다; (애정 따위에) 빠지다(*in*). —— *vt.* (열 따위에) 쬐다.
†**bas·ket** [bǽskit, -ɑ́:-] *n.* **바구니**, 광주리; 한 바구니(의 분량) (*a ~ of apples*); (농구의) 네트. ***~·ful** [-fùl] *n.* **한 바구니 가득**(한 분량).
‡**bas·ket·ball** [-bɔ̀:l] *n.* Ⓤ **농구**; ⓒ 농구공. 「자.
básket càse 《俗》 사지가 절단된 환
bas·ket·ry [-ri] *n.* Ⓤ 바구니 세공(품). 「니 세공(품).
bas·ket·work [-wə̀:rk] *n.* Ⓤ 바구
ba·so·phil [béisəfil], **-phile** [-fàil] *n.* 〖生〗 염기성 백혈구.

Basque [bæsk] *n.*, *a.* 바스크 사람 《Pyrenees 산맥 지방에 사는》(의); Ⓤ 바스크 말(의); Ⓒ (b-) 여자용의 꼭 맞는 웃옷.

bas-re·lief [bɑ̀:rilí:f, bæ̀s-] *n.* (*pl.* **~s**) Ⓤ,Ⓒ 얕은 돋을새김.

*__bass__[1] [beis] *n.* Ⓤ,Ⓒ 〖樂〗 저음(부), 베이스 (가수); 저음 악기. ── *a.* 저음의.

bass[2] [bæs] *n.* 〖魚〗 농어의 일종.

bass[3] *n.* ＝BASSWOOD; ＝BAST.

báss drúm [béis] (관현악용의) 큰 북. 「사냥개》.

bas·set [bǽsit] *n.* 바셋《다리가 짧은

bas·si·net [bæ̀sənét] *n.* (포장 달린) 요람; 그 모양의 유모차.

bas·so [bǽsou] *n.* (*pl.* **~s**, *bassi* [-si:]) (It.) 〖樂〗 저음(부); 저음 가수.

bas·soon [bəsú:n] *n.* 바순《저음 목관 악기》. **~·ist** *n.*

báss víol [béis] ＝VIOLA DA GAMBA.

bass·wood [bǽswùd] *n.* Ⓤ 참피나무; 그 재목.

bast [bæst] *n.* Ⓤ 〖植〗 인피부(靭皮部); (참피나무의) 속껍질《돗자리·바구니의 재료》.

*__bas·tard__ [bǽstərd] *n.* **서자, 사생아**; 가짜. ── *a.* 서출의; 가짜의 (sham); 열등의; 모양이 이상한, 비정상인. **~·ize** [-àiz] *vt.*, *vi.* 서자로 인정하다; 조악하게 하다, 나빠지다. **~·ly** *a.* 서출의, 사생의; 가짜의. **-tar·dy** *n.* Ⓤ

baste[1] [beist] *vt.* 가봉(假縫)하다. **bast·ing** *n.* Ⓤ 가봉, 시침질; (*pl.*) Ⓒ 시침실. 「치다, 버터를 바르다.

baste[2] *vt.* (고기를 구울 때) 기름을

baste[3] *vt.* 치다, 때리다(thrash).

Bas·til(l)e [bæstí:l, (F.) bastij] *n.* (the ~) (파리의) 바스티유 감옥; (b-) 감옥, 형무소. **~ Day** 프랑스 혁명 기념일《7월 14일》.

bas·ti·na·do [bæ̀stənéidou, -nɑ́:-] *vt.*, *n.* (*pl.* **~es**) 발바닥을 때리다, 곤장 치다; 그 형벌; 곤봉, 막대기.

bas·tion [bǽstʃən, -tiən] *n.* (성의) 능보(稜堡); 요새(要塞).

†**bat**[1] [bæt] *n.* (구기의) **배트**; 타봉, (크리켓의) 타자; 《口》 일격(blow); 덩어리, (벽돌·진흙 따위의) 조각; 《美俗》 야단 법석(spree). ***cross ~s with*** 《俗》 …와 시합하다. ***go on a ~*** 《美俗》 법석을 떨다. ***go to ~ for*** 《美口》 …을 위하여 지지〔변호〕하다. ***off one's own ~*** 자기의 타격으로; 혼자 힘으로. (***right***) ***off the ~*** 《美口》 즉시. ***times at ~*** 〖野〗 타수(打數). ── *vi.*, *vt.* (**-tt-**) **배트로 치다**; …의 타율을 얻다. ***~ around*** 〔***back and forth***〕 상세히 논의〔검토〕하다.

‡**bat**[2] [bæt] *n.* **박쥐**. (***as***) ***blind as a ~*** 장님이나 다름없는. ***have ~s in the belfry*** 머리가 돌다.

bat[3] *vt.* (**-tt-**) 《口》 (눈을) 깜박이다 (wink). ***never ~ an eyelid*** 한숨도 자지 않다. ***not ~ an eye*** 꿈적도 안 하다, 놀라지 않다.

bat[4] *n.* Ⓒ,Ⓤ 《英俗》 속력, 속도, 보속(步速). ***go full ~*** 전속력으로 가다.

bat., **batt.** battalion; battery.

bat·boy [bǽtbɔ̀i] *n.* 〖野球〗 팀의 잡일을 하는 소년.

batch [bætʃ] *n.* (빵·오지 따위의) 한 번 굽기; 한 번 구운 분량; 한 떼(의 손님), 한 묶음(의 편지) (따위).

bátch pròcessing 〖컴퓨터〗 자료의 일괄 처리.

bate[1] [beit] *vt.* 덜다, 줄이다(lessen); 약하게 하다(weaken). ── *vi.* 줄다; 약해지다. ***with ~d breath*** 숨을 죽이고.

bate[2] *n.* 《英俗》 분개, 노여움.

bate[3] *n.*, *vt.* Ⓤ (무두질용의) 알칼리액(에 담그다).

ba·teau [bætóu] *n.* (*pl.* **~x** [-z]) 《美》(앞뒤가 뾰족한) 평저선(平底船).

Bath [bæθ, bɑ:θ] *n.* 잉글랜드 Somerset 주의 도시·온천장; 바드 훈위〔훈장〕. ***the Order of the ~*** 《英》 바드 훈위〔훈장〕. ***Go to ~!*** 썩 나가!

†**bath** *n.* (*pl.* **~s** [bæðz, bɑ:ðz]) **목욕**; 목욕통(bathtub); 목욕실; (때로 *pl.*) 목욕탕; 탕치장(湯治場), 온천장; Ⓤ,Ⓒ 침액(浸液), 용액(의 그릇). ── *vi.*, *vt.* 《英》 목욕하다〔시키다〕.

Báth brìck 바드 숫돌《금속 닦는 데 씀》. 「린 의자.

Báth chàir (환자 외출용의) 바퀴 달

‡**bathe** [beið] *vt.*, *vi.* **잠그다**, 적시다, 끼얹다, 씻다; (빛·열 따위가) …을 덮다; 목욕하다; 헤엄치다. ***~ oneself in the sun*** 일광욕하다. ── *n.* 《英》 해수욕, 미역(*take* 〔*have*〕 *a ~*). **báth·er** *n.* 해수욕자, 미역감는 사람; 온천 요양객. ‡**báth·ing** *n.* Ⓤ 목욕, **수영**, 멱감기 (*a bathing beauty* (미인 대회에 나오는) 수영복 차림의 미인).

bath·house [bǽθhàus, -ɑ́:-] *n.* 목욕탕; (수영) 탈의장.

Bath·i·nette [bæ̀θənét, bɑ̀:θ-] *n.* 〖商標〗 유아용의 접이식 휴대 욕조.

báthing càp 수영모. 「ING SUIT.

báthing drèss 《주로 英》 ＝BATH-

báthing machìne 이동 탈의차.

báthing sùit (여성) 수영복.

báthing trùnks (남성) 수영 팬츠.

báth màt (욕실용의) 발 닦는 매트.

ba·thom·e·ter [bəθɑ́mitər/-θɔ́m-] *n.* 수심 측량계.

ba·thos [béiθɑs/-θɔs] *n.* ＝ANTICLIMAX.

bath·robe [bǽθròub, -ɑ́:-] *n.* 화장복 《목욕용》. 「曲》 변소.

‡**bath·room** [ˊrù(:)m] *n.* **욕실**; 《婉

Báth stòne 〖建〗 바드석(재).

bath·tub [ˊtʌ̀b] *n.* 욕조.

bath·y·scaph(e) [bǽθiskèif, -skæf] *n.* (F.) 배디스케이프《해저 탐험용 잠수정》.

bath·y·sphere [bǽθəsfiər] *n.* (심해 생물 조사용의) 구형 잠수기(器).

ba·tik [bətí:k, bǽtik] *n.*, *a.* Ⓤ 납결(臘纈) 염색(법), 납결 염색한 (천).

ba·tiste [bətí:st] *n.* Ⓤ 얇은 무명.

Bat·man [bǽtmən] *n.* 배트맨《망토

로 하늘을 나는 만화의 초인).
bat·man *n.* 《英》 장교의 당번병.
***ba·ton** [bətán, bæ-, bǽtən] *n.* (관직을 상징하는) 지팡이; **지휘봉**; 경찰봉; (릴레이의) **바통**.
báton twìrler (행렬의) 지휘봉 흔드는 사람 (cf. drum majorette).
ba·tra·chi·an [bətréikiən] *a., n.* 꼬리 없는 양서류의 (동물)《개구리류》.
bats [bæts] *a.* 《俗》 머리가 돈.
***bats·man** [bǽtsmən] *n.* =BATTER[1].
batt. battalion; battery.
***bat·tal·i·on** [bətǽljən] *n.* 〖軍〗 **포병**〔보병〕대대; 대부대; 육군(army); (*pl.*) 대군(armies).
bat·tels [bǽtlz] *n. pl.* 《英》 (Oxf. 대학의) 식비; 학비.
bat·ten[1] [bǽtn] *vi., vt.* 살찌(게 하)다; 많이 먹다(*on*).
bat·ten[2] *n., vt.* Ⓤ 〖建〗 (마루청용의) 작은 널빤지; 마루청(을 깔다); 작은 오리목(으로 누르다); 〖海〗 누름대(로 막다).
‡**bat·ter**[1] [bǽtər] *n.* 〖野〗 **타자**.
‡**bat·ter**[2] *vt., vi.* ① **연타〔난타〕하다** (pound) (*about, at*), 쳐부수다. ② 상하게 하다, 써서 헐게 만들다. ③ 학대하다, 혹평하다. ④ 포격하다. **\~ed** [-d] *a.* 써서 낡은, 찌그러진, 마멸된.
bat·ter[3] *n.* Ⓤ 〖料理〗 (우유·달걀·버터·밀가루 등의) 반죽. 「의 큰 망치.
báttering ràm 〖史〗 파성(破城)용
***bat·ter·y** [bǽtəri] *n.* ① Ⓤ 〖法〗 구타. ② 포열, 포대; (군함의) 비포(備砲); 포병 중대. ③ **한 벌의 기구**; **전지**; 〖野〗 배터리《투수와 포수》.
***bat·ting** [bǽtiŋ] *n.* Ⓤ ① 〖野·크리켓〗 **타격**, 배팅(\~ *order*). ② 탄 솜, 이불 솜.
†**bat·tle** [bǽtl] *n.* ⓊⒸ 싸움, **전투**(*a close* \~ 접전); 투쟁; (the \~) 승리, 성공. ***accept* 〔*give*〕 \~** 응전〔도전〕하다. ***general's* 〔*soldier's*〕 \~** 전략〔무력〕전. ***line of* \~** 전선.
báttle arrày 전투 대형, 진용.
bat·tle-ax(e) [-æ̀ks] *n.* (중세의) 전투용 도끼.
báttle crùiser 순양전함.
báttle crỳ 함성; 표어, 슬로건.
bat·tle·dore [-dɔ̀:r] *n.* 깃털 제기채; 빨랫방망이. ***\~ and shuttlecock*** 깃털 제기치기.
báttle drèss 전투복.
báttle fatìgue 전선에서 생기는 일종의 신경 쇠약. 「장.
***bat·tle·field** [-fì:ld] *n.* **싸움터**, 전
bat·tle·front [-frʌ̀nt] *n.* 전선.
bat·tle·ground [-gràund] *n.* 전쟁터;
báttle lìne 전선. ㄴ논쟁의 원인.
bat·tle·ment [-mənt] *n.* (보통 *pl.*) 〖築城〗 (총안(銃眼)이 있는) 흉벽.
báttle pìece 전쟁화(畫). 「기.
bat·tle·plane [-plèin] *n.* 《廢》 전투
bat·tle-read·y [-rèdi] *a.* 전투 준비
báttle róyal 난전; 대논전. ㄴ가 된.
***bat·tle·ship** [-ʃìp] *n.* **전함**.
bat·tle·wag·on [-wæ̀gən] *n.* 《美俗》 전함.
bat·tue [bætjú:] *n.* (F.) 〖獵〗 몰이(꾼); 몰살; 몰이해낸 사냥감.
bat·ty [bǽti] *a.* 박쥐 같은; 《俗》 머리가 돈(crazy).
bau·ble [bɔ́:bəl] *n.* 〖史〗 (광대가 가지는) 지팡이; 값 싸고 번지르르한 물건(gewgaw).
baud [bɔ:d] *n.* 〖컴퓨터〗 자료 처리 속도의 단위《1 초에 1 bit》.
baulk [bɔ:k] *v., n.* =BALK.
baux·ite [bɔ́:ksait / bóuzait] *n.* Ⓤ 〖鑛〗 보크사이트《알루미늄의 원광》.
bawd [bɔ:d] *n.* 창녀집의 포주《여자》. **báw·dry** *n.* ⓊⒸ 외설 (행위). **\~·y** *a.* 음탕한.
bawl** [bɔ:l] *vt., vi.* **고함지르다**; 《美口》 호통치다. \~ ***out 고함지르다; 《美口》 야단치다(scold). **—** ***n.*** 고함, 호통 소리. 「월계관; 영예.
bay[1] [bei] *n.* 월계수(laurel tree); (*pl.*)
‡**bay**[2] *n.* **만**《gulf보다 작음》, (바다·호수의) 내포(內浦), 후미; 산모롱이; 〖軍〗 (참호 안의) 좀 넓은 곳; 〖空〗 (기체 내의) 격실(隔室).
bay**[3] *n.* Ⓤ **궁지**, (사냥개의 길고도 굵은) 짖는 소리; 쫓겨서 몰린 상태. ***be* 〔*stand*〕 *at* \~** 궁지에 빠져 있다. ***bring* 〔*drive*〕 *to* \~** 궁지로 몰다. ***turn* 〔*come*〕 *to* \~** 궁지에 몰려 반항하다. **—** ***vi., vt. 짖다, 짖어대며 덤비다; 소리지르다. ***\~ a defiance*** 큰 소리로 반항하다. ***\~ (at) the moon*** 달을 보고 짖다《무익한 일》. 「묵 들어간 벽면.
bay[4] *n.* 〖建〗 기둥과 기둥 사이의 우
bay[5] *a., n.* 밤색의 (말).
bay·ber·ry [béibəri, -bèri] *n.* (북미산의) 소귀나무의 무리, 그 열매; (서인도산의) 베이베리 나무《그 잎으로 bay rum을 만듦》.
báy lìne 〖鐵〗 대피선, 측선.
bay·o·net** [béiənit] *n., vt.* **총검**(으로 찌르다); (the \~) 무력(으로 강요〔강박〕하다); (카메라의) 바요넷 (장치); (*pl.*) 보병, 군세(軍勢). ***Fix* 〔*Unfix*〕 *\~s! 꽂아〔빼어〕 칼!《구령》.
bay·ou [báiu:] *n.* 《美南部》 (강·호수 따위의) 늪 같은 후미, 내포.
báy rúm 베이럼《머릿 기름》.
báy wíndow 퇴(退)창, 내민 창.
bay·wreath [béirì:θ] *n.* 월계관.
***ba·za(a)r** [bəzɑ́:r] *n.* (동양의) 상점가, 시장; (백화점·큰 상점의) 특매장; 바자. ***charity* \~** 자선시.
ba·zoo·ka [bəzú:kə] *n.* 〖軍〗 바주카포《전차 공격용의 휴대 로케트포》.
B. B. Blue Book.
B́ bàttery 〖電〗 B 전지.
B. B. C. Baseball Club; British Broadcasting Corporation. **bbl.** (*pl.* ***bbls.***) barrel. 「BEBOP.
B-bop [bí:bɑ̀p / -bɔ̀p] *n.* 《俗》 =
‡**B. C.** Bachelor of Chemistry 〔Commerce〕; Before Christ 기원전; Bicycle Club; Boat Club; British Columbia. **BCG** Bacillus Calmette-Guérin (vaccine). **B. C. L.** Bachelor

of Civil Law. **B. Com.** Bachelor of Commerce. **bd.** (*pl. bds.*) band; board; bond; bound; bundle. **B. D.** Bachelor of Divinity. **B/D** bank draft; brought down 차기(次期) 이월. **Bde.** Brigade. **bd. ft.** board foot [feet]. **bdg.** binding 제본. **bdl.** bundle. **B. D. S. T.** British Double Summer Time. **Be** 〖化〗 beryllium.

†**be** [強 bi:, 弱 bi] *vi., aux. v.* (⇨권 말 변화표) …이다; 있다, 존재하다(exist).

be- *pref.* 「전면에」의 뜻(*be*sprinkle); 「아주」의 뜻(*be*dazzle); 「…으로 만들다」의 뜻(*be*little, *be*foul); 「…을 붙들다」의 뜻(*be*jewel); 「타동사화」(*be*smile).

B. E. Order of the British Empire.

B/E, b. e. bill of exchange.

B. E. A. (C.) British European Airways (Corporation).

†**beach** [bi:tʃ] *n.* 바닷가, 물가, 해변; 냇가, 호반; 《集合的》 (해변의) 모래, 조약돌. *on the* ~ 영락하여. —— *vi., vt.* 바닷가에 얹히다[얹히게 하다]; 바닷가에 끌어 올리다.

beach·comb·er [⌐kòumər] *n.* (바닷가의) 큰 파도; (부둣가의) 부랑자.

beach·head [⌐hèd] *n.* 〖軍〗 상륙 거점, 교두보.

beach-la-mar [bì:tʃləmá:r] *n.* (남서태평양 제도에서 쓰이는) 사투리 영어. 「풍경.

beach·scape [bí:tʃskèip] *n.* 해변

béach umbrèlla 《美》 비치 파라솔.

béach wàg(g)on ＝STATION WAG(G)ON.

beach·wear [⌐wὲər] *n.* Ⓤ 해변복.

***bea·con** [bí:kən] *n.* 횃불, 봉화; 등대; 수로[항로] 표지. —— *vt., vi.* 봉화를 올리다, 봉화로 신호하다; (비추어) 인도하다; 경고하다. 「지등].

béacon fìre [lìght] 신호의 횃불[표

bea·con·ry [bí:kənri] *n.* 무선 표지의 제작·이용에 관한 과학.

***bead** [bi:d] *n.* 구슬, 염주알; (*pl.*) 염주, 로자리오(rosary); (이슬·땀의) 방울; 거품; (총의) 가늠쇠. *count* [*say, tell*] *one's* ~*s* 염주알을 돌리며 기도를 올리다. *draw a* ~ *on* …을 겨누다. —— *vt.* 염주알을 꿰(어 장식하)다. —— *vi.* 염주 모양이 되다; 거품이 일다(sparkle). ⌐**·ed** [⌐id] *a.* 구슬이 달려 있는, 구슬 모양으로 된. ⌐**·ing** *n.* Ⓤ 구슬 세공; 〖建〗 구슬선 (장식); 거품. ⌐**·y** *a.* 구슬 같은, 구슬이 달린(~*y eyes* 또렷또렷한 눈); 거품이 인.

bea·dle [bí:dl] *n.* 《英》 (교구(教區)의) 하급 관리; (행렬 때) 대학 총장의 권표(mace)를 받드는 속관(屬官).

bead·work [bí:dwə̀:rk] *n.* Ⓤ 구슬 세공, 염주알 장식; 〖建〗 구슬선.

bea·gle [bí:gəl] *n.* (다리가 짧고 귀가 처진 토끼 사냥용의) 작은 사냥개.

‡**beak** [bi:k] *n.* (맹조 따위의) 부리(cf. bill[2]); (거북·낙지 따위의) 주둥이; (주전자 따위의) 귀때; (옛 전함의) 격돌 함수(擊突艦首); 《俗》 (매부리) 코; 〖建〗 누조(漏槽); 《英俗》 치안판사; 교사. **beaked** [bi:kt] *a.* 부리가 있는; 부리 비슷한. 「큰 잔.

beak·er [bí:kər] *n.* 비커; 굽 달린

bé-all and énd-all [bí:ɔ̀:l ənd énd-ɔ̀:l] (the ~) 요점, 정수; 중요부.

‡**beam** [bi:m] *n.* ① (대)들보, 도리; (배의) 가로들보; 선폭(船幅). ② (천칭의) 대; (쟁기의) 성에. ③ 광선; 방향 지시 전파; (확성기·마이크로폰의) 유효 가청(可聽) 범위. ④ 밝은 표정, 미소. *fly* [*ride*] *the* ~ 신호 전파에 따라 비행하다. *kick the* ~ (저울 한쪽이 가벼워) 저울대를 튀어오르게 하다, 가볍다; 압도되다. *off the* ~ 〖空〗 지시 전파로부터 벗어나서; 《俗》 잘못되어. *on the* ~ 〖海〗 용골과 직각으로, 정 옆으로; 〖空〗 지시 전파를 따라, 옳게 조종하여; 《俗》 바르게. *on the* [*one's*] ~*('s) ends* 거의 전복되어; 위험에 처하여. *the* ~ *in one's* (*own*) *eye* 〖聖〗 제 눈속에 있는 들보, 스스로 깨닫지 못하는 큰 결점. —— *vt., vi.* (빛을) 발하다, 빛나다, 번쩍이다; 미소짓다(*upon*); 신호 전파를 발하다; 방송하다; 레이다로 탐지하다. *⌐**·ing** *a.* 빛나는; 웃음을 띤.

béam rìder 전자 유도 미사일.

béam wínd 〖海〗 옆바람.

‡**bean** [bi:n] *n.* (pea 와 구별하여) (납작)콩《강낭콩·잠두류》; (콩 비슷한) 열매; 하찮은 것; 사소한 일; (*pl.*) 《口》 조금, 약간; (*pl.*) 《俗》 힐책, 벌; 《美俗》 머리; 《俗》 경화(硬貨). *full of* ~*s* 원기 왕성하여 (cf. ~-fed). *give a person* ~*s* 《俗》 꾸짖다. *not care a* ~ 《俗》 조금도 개의치 않다. *not know* ~*s* 아무것도 모르다. *Old* ~*!* 《英》 야 이 사람아! —— *vt.* 《俗》 (공으로) …의 머리를 때리다. 「으로 싼 공기

bean·bag [⌐bæ̀g] *n.* 콩 따위를 헝겊

bean·ball [⌐bɔ̀:l] *n.* 〖野〗 빈볼《고의로 타자의 머리를 겨눈 공》.

béan càke 콩깻묵.

béan cùrd [chèese] 두부. 「식점.

bean·er·y [bí:nəri] *n.* 《美俗》 싼 음

bean·feast [bí:nfi:st] *n.* 《英》 (연 1회의) 고용인에게 베푸는 잔치; 《俗》 즐거운 잔치. 「기 왕성한.

bean-fed [⌐fèd] *a.* 콩으로 키워진; 원

bean·ie [bí:ni] *n.* 빵모자.

bean·o [bí:nou] *n.* (*pl.* ~*s*) 《英俗》 ＝BEANFEAST; ＝BINGO.

bean·pod [bí:npɑ̀d/-ɔ̀-] *n.* 콩꼬투리

béan pòle 콩줄기를 받치는 막대기; 《口》 키다리.

béan sòup 잠두 수프. 「콩대.

béan spròuts 콩나물.

bean·stalk [bí:nstɔ̀:k] *n.* 콩줄기,

bean·y [bí:ni] *a.* 원기 왕성한.

†**bear**[1] [bɛər] *n.* 곰; 난폭자, 거동이 거친 사람; 〖證〗 (값 따위가) 내려갈 기세; 파는 편, 매도측(側), 함부로 파는 사람(opp. bull[1]). *a* ~ *market* 하락세, 약세. *the Great* [*Little*] *B-* 〖天〗 큰[작은] 곰자리. —— *vt.,*

vi. 팔아치우다.

†**bear²** *vt.* (*bore,* 《古》 *bare; borne, born*) ① **나르다.** ② **지니다;** (이름·특징 따위를) 가지다. ③ **견디다;** 받치다; …하기에 족하다, 적합하다. ④ (의무·책임을) 지다; (비용을) 부담하다; 경험하다, (비난·벌을) 받다. ⑤ (열매를) 맺다, 산출하다(yield); (애를) **낳다**(*born in Seoul; borne by Mary; She has borne two sons.*). ⑥ (불평·원한을) 품다. ⑦ 밀다, 쫓다. ⑧ 허락하다. ― *vi.* ① **지탱하다,** 배겨내다; 견디다. ② **덮치다,** 누르다, 밀다; 기대다; 다가가다(*on, upon*). ③ **영향을 주다,** 관계하다, 목표하다(*on, upon*). ④ …의 **방향을 잡다,** 나아가다(go) (~ *south*); …의 방향에 있다(*The island ~s due east.* 섬은 정동에 있다). **~ *a hand*** 거들어 주다. **~ *a part*** 참가〔협력〕하다(*in*). **~ *away*** 가지고 가버리다; (상을) 타다; 〖海〗 진로를 변경하다, 출항하다. **~ *back*** (군중 등을) 밀쳐내다. **~ *a person company*** …와 동행하다; …의 상대를 하다. **~ *down*** 압도하다; 넘어뜨리다, 내리누르다; 용쓰다. **~ *down on* 〔*upon*〕** 엄습하다; …에 내리누르다; 〖海〗 접근하다. **~ *hard* 〔*heavy, heavily*〕 *upon*** …을 압박하다. **~ *in mind*** 기억하다. **~ *off*** 참다; (상 따위를) 획득하다(carry off). **~ *on* 〔*upon*〕** …을 압박하다; …쪽을 향하다; …에 관계가〔영향이〕 있다. **~ *oneself*** (*erectly*) 자세를 (바로)잡다; 행동하다. **~ *out*** 지탱하다, 견디다; 합세〔변호〕하다; 증명하다. **~ *up*** 지지하다; (자락을) 걷어 올리다; (불행에) 굴하지 않다(*under*). **~ *with*** …을 참다. ***be borne in upon*** …가 확신하기에 이르다(*It was borne in upon us that...* (우리는) …이라고 확신하고 있었다). **∠·a·ble** *a.* 참을 수 있는; 지탱할 수 있는.

bear·bait·ing [bέərbèitiŋ] *n.* Ⓤ 〖英史〗(개를 덤비게 하는) 곰 놀리기.

bear·ber·ry [bέərbèri, -bəri] *n.* 까막월귤; 덩굴월귤(cranberry); = HOLLY.

‡**beard** [biərd] *n.* **(턱)수염;** (낚시의) 미늘; (보리 따위의) 꺼끄러기(awn). ***in spite of a person's ~*** …의 뜻을 거역하여. ***speak in one's ~*** 중얼거리다. ***take by the ~*** 대담하게 공격하다. ***to a person's ~*** …의 면전에서; …의 면전을 꺼리지 않고. ― *vt.* 수염을 잡다〔뽑다〕; 공공연히 반항하다(defy), 대담하게 대들다. **∠·ed** [∠id] *a.* 수염 있는; (화살·낚시 따위) 미늘 있는; 꺼끄러기 있는. **∠·less** *a.* 수염 없는; 젊은, 애송이의.

***bear·er** [bέərər] *n.* **나르는** 〔가지고 있는〕 **사람;** 짐꾼; (소갯장·수표의) 지참인; (공직의) 재임자; 꽃피는 〔열매 맺는〕 나무.

béar gàrden (bearbaiting 용의) 곰 사육장; 시끄러운 곳.

bear·hug [bέərhʌ̀g] *n.* (힘찬) 포옹.

bear·ing** [bέəriŋ] *n.* Ⓤ,Ⓒ **태도** (manner), 거동(behavior); Ⓤ,Ⓒ **관계,** 관련(*on, upon*); 말뜻; Ⓤ 인내; (보통 *pl.*) 방위(方位); 〖機〗 축받이; 〖紋〗 단문(單紋)(*armorial ~s* 문장). ***beyond* 〔*past*〕 *all ~s 도저히 참을 수 없는. ***bring a person to his ~s*** …에게 제 분수를 알게 하다; 반성시키다. ***lose one's ~s*** 방향을 잃다, 어찌할 바를 모르다. ***take one's* 〔*the*〕 *~s*** 자기의 위치를 확인하다.

bear·ish [bέəriʃ] *a.* 곰 같은; 우락부락한; 〖證〗 약세의(cf. bullish).

béar lèader (부호의 자제 곁을 따르는) 가정 교사.

bear·skin [bέərskìn] *n.* 곰 가죽 (제품); (영국 근위병의) 검은 털모자.

Béar Stàte Arkansas 주의 딴 이름.

‡**beast** [bi:st] *n.* **짐승,** 가축, 《英》 식용 소; 짐승 같은 놈, 「짐승」; (the ~) (인간의) 야수성. **~ *of burden* 〔*draft*〕** 짐 나르는 짐승《마소 따위》. ***beast·ly** [bí:stli] *a., ad.* **짐승 같은,** 잔인한; 더러운 (dirty); 《口》 불쾌한, 지겨운(*~ly weather* 고약한 날씨); 심히, 대단히(*~ly drunk* 곤드레만드레 취하여). **-li·ness** *n.*

beast·ings [bí:stiŋz] *n. pl.* 《美》 = BEESTINGS.

†**beat** [bi:t] *vt.* (*beat; beaten*) ① (계속해서) **치다;** 매질하다; (금속을) 두들겨 펴다; (길을) 밟아 고르다; 쳐서 울리다; 날개치다. ② (달걀을) 휘젓다. ③ 〖樂〗 박자를 맞추다. ④ **지게 하다;** …을 앞지르다; 녹초가 되게 하다; 《俗》 쩔쩔매게 만들다. ⑤ 《美口》 속이다. ⑥ 《美俗》 면하다; 공짜로 타다. ― *vi.* ① **연거푸 치다**(*at*); 때리다, 내리치다, 붙어치다, 내리쬐다(*at*). ② (심장·맥박이) **뛰다.** ③ (북이) 울리다. ④ 날개치다. ⑤ 〖海〗 돛에 바람을 비스듬히 받아 나아가다. ⑥ 《口》 (경기에서) 이기다. **~ *about*** 찾아 헤매다; 〖海〗 돛에 바람을 비스듬히 받아 나아가다. **~ *about the bush*** 넌지시 떠보다. **~ *a retreat*** 퇴각의 북을 울리다; 퇴각하다. **~ *away*** 계속해 치다; 두드려 떨다. **~ *down*** 타파하다; 값을 깎다; 실망시키다. **~ *it*** 《俗》 도망치다. **~ *off*** 쫓아버리다. **~ *one's way*** 《美》 부정 입장하다, (기차 따위에) 무임 승차하다. **~ *out*** (금속을) 두들겨 펴다; (뜻을) 분명히 하다; 해결하다; 몹시 지치게 하다. **~ *a person to it*** 《美》 아무를 앞지르다. **~ *up*** 기습하다; 북을 울려 소집하다; (달걀을) 휘저어 거품 일게 하다; 순회하다; 때리다. **~ *up and down*** 여기저기 뛰어 돌아다니다. ― *n.* ① 계속해서 치기; 치는 〔두들기는〕 소리; 고동; 〖樂〗 박자. ② 순찰 (구역); 세력권. ③ 《美》 (신문사 사이의) 특종기사 앞지르기, 특종기사, 「스쿠프」. ④ 《美俗》 이긴 사람 〔경기, 내기〕. ⑤ 《美俗》 거지, 부랑자; = BEATNIK. ***be in* 〔*out of, off*〕**

one's ~ 전문〔전문밖〕이다. —— *a.* 《口》 지친; 놀란; 비트족의. ∠·**dom** *n.* Ⓤ 《口》 비트족의 사회. ∠·**er** *n.* 치는 사람; 우승자; 뒤섞는 기구.

‡**beat·en** [bí:tn] *v.* beat 의 과거분사. —— *a.* 두들겨 맞은; 두들겨 편(~ *gold* 금박); 진; 밟아 다져진. ~ ***track*** 상도(常道), 관례.

béat generátion 비트족(의 세대).

be·a·tif·ic [bì:ətífik], **-i·cal** [-əl] *a.* 축복을 주는〔줄 수 있는〕; 행복에 넘친 (blissful). **-i·cal·ly** *ad.*

be·at·i·fy [bi:ǽtəfài] *vt.* 축복하다 (bless); 〖가톨릭〗 시복(諡福)하다. **be·at·i·fi·ca·tion** [-ˌ-fikéiʃən] *n.* Ⓤ

***beat·ing** [bí:tiŋ] *n.* Ⓤ 때림; Ⓒ 매질; 타파; Ⓤ (심장의) 고동; 날개치기; 〖海〗 바람을 비스듬히 받아 배가 나아감; (금속을) 두들겨 펴기.

be·at·i·tude [bi:ǽtətjù:d] *n.* Ⓤ 지복(至福); (the Beatitudes) 〖聖〗 지복, 팔복《마태복음 5:3–11》.

Bea·tles [bí:tlz] *n. pl.* (the ~) 비틀즈《영국의 록 그룹; 1962–70》.

beat·nik [bí:tnik] *n.* 《口》 비트족의 사람(cf. beat generation).

Be·a·trice [bí:ətris] *n.* 베아트리체《단테가 애인을 모델로 한 이상의 여성》.

beat-up [bí:tʌ́p] *a.* 《美口》 낡은.

beau[1] [bou] *n.* (*pl.* ~*s*, ~*x*) 호사바치, 멋장이(dandy); 구혼자, 애인.

beau[2] *a.* (F.) 아름다운, 좋은.

Béau·fort scále [bóufərt] 보퍼트 풍력 계급《풍력을 0–12 의 13 계급으로 나눔》. 「위.

beau geste [bóu ʒést] 아름다운 행

béau idéal 미의 극치; 최고의 이상.

Beau·jo·lais [bòuʒəléi] *n.* 프랑스 Beaujolais 산의 빨간〔백〕 포도주.

beau monde [bóu mánd / -mɔ́nd] 사교계, 상류 사회.

beaut [bju:t] *n.* 《美俗》 고운〔멋진〕 것〔사람〕.

***beau·te·ous** [bjú:tiəs] *a.* 《詩》 아름다운(beautiful). 「용사.

beau·ti·cian [bju:tíʃən] *n.* 《美》 미

†**beau·ti·ful** [bjú:təfəl] *a.* 아름다운; 훌륭한, 우수한. ***the*** ~ 아름다움. ‡~·**ly** *ad.*

***beau·ti·fy** [bjú:təfài] *vt., vi.* 아름답게 하다; 아름다워지다. **beau·ti·fi·ca·tion** [ˌ-fikéiʃən] *n.* Ⓤ 미화.

‡**beau·ty** [bjú:ti] *n.* Ⓤ 아름다움, 미(美); 좋은 점; 미관(美觀); Ⓒ 아름다운 것; 미인; 아름다운 동물; 《反語》 터무니 없는 것.

béauty cóntest 미인 선발 대회.

béauty pàrlo(u)r 〔**sàlon, shòp**〕 《美》 미장원.

béauty quèen 미인 대회의 여왕.

béauty slèep 《口》 초저녁잠.

béauty spòt 명승지, 아름다운 경치; 애교점《곱게 보이려고 붙인》.

beaux [bouz] *n.* beau[1] 의 복수. 「술.

beaux-arts [bòuzá:r] *n. pl.* (F.) 미

beaux yeux [bóuzjə́:] *pl.* (F. = pretty eyes) 명모(名眸), 미모. ***for your*** ~ 당신을 기쁘게 해주려고.

‡**bea·ver**[1] [bí:vər] *n.* 비버, 해리(海狸); Ⓤ 비버 모피; Ⓒ 그 모피로 만든 실크해트; 《美口》 부지런한 사람. ***eager*** ~ 《俗》 노력가.

bea·ver[2] *n.* 턱가리개《투구의 얼굴을 보호하는 것》; 《俗》 턱수염(beard).

béaver bòard 섬유로 만든 가벼운 널《건축 재료》. 「종.

be·bop [bí:bàp/-ɔ̀-] *n.* Ⓤ 재즈의 일

be·calm [biká:m] *vt.* 잠잠하게〔가라앉게〕 하다; 바람이 자서 (배를) 정지시키다. 「거.

†**be·came** [bikéim] *v.* become 의 과

†**be·cause** [bikɔ́:z, -káz, -kʌ́z/-kɔ́z] *conj.* (왜냐하면) …이므로〔하므로〕, …라는 이유로〔는〕, …이라고 해서. —— ***ad.*** ~ ***of*** … 때문에.

bec·ca·fi·co [bèkəfí:kou] *n.* (*pl.* ~*s*) 휘파람새 비슷한 철새《이탈리아에서 식용함》. 「의 일종.

be·cha·mel [béiʃəmèl] *n.* Ⓤ 흰 소스

be·chance [bitʃǽns, -á:-] *vi., vt.* (…에) 우연히 일어나다.

bêche-de-mer [bèiʃdəméər] *n.* (F.) 〖動〗 해삼; = BEACH-LA-MAR.

beck [bek] *n.* 손짓, (사람을 부르기 위한) 고갯짓(nod). ***be at a person's*** ~ ***and call*** 아무가 시키는 대로 하다. ***have a person at one's*** ~ 아무를 마음대로 부리다.

***beck·on** [békən] *vi., vt.* 손짓〔고갯짓·몸짓〕으로 부르다, (손·턱으로) 신호하다(*to*); 유인〔유혹〕하다.

be·cloud [bikláud] *vt.* 흐리게 하다; 애매하게 하다.

†**be·come** [bikʌ́m] *vi.* (*-came; -come*) …이 되다. —— *vt.* …에 어울리다, …에 적합하다(suit). ~ ***of*** (물건·사람이) 되어 가다(*What has* ~ *of that book?* 그 책은 어떻게 되었나?).

***be·com·ing** [-iŋ] *a.* 어울리는; 알맞은.

Béc·que·rel ràys [bekərél] 베크렐선《방사선》.

†**bed** [bed] *n.* 침대; = MATTRESS; 동물의 잠자리(lair); 취침, 숙박; 묘상(苗床), 화단; 하상(河床), 강바닥; 토대; 지층, 층(*a coal* ~ 탄층); 무덤. ***be brought to*** ~ ***of*** (*a child*) 해산하다. ***be confined to one's*** ~ 병상에 누워 있다. ~ ***and board*** 침식(을 같이하기), 부부 관계(*seperate from* ~ *and board* 별거하다). ~ ***of downs*** 〔***flowers, roses***〕 안락한 환경. ~ ***of dust*** 무덤. ***die in one's*** ~ 제명에 죽다. ***get out of*** ~ ***on the right*** 〔***wrong***〕 ***side*** 기분이 좋다〔나쁘다〕. ***go to*** ~ 자다. ***keep one's*** ~ 몸져 누워 있다. ***lie in*** 〔***on***〕 ***the*** ~ ***one has made*** 자업 자득하다. ***make a*** 〔***the***〕 ~ 잠자리를 깔다〔개다〕. NARROW ~. ***take to one's*** ~ 병 나다. —— *vt., vi.* (***-dd-***) 재우다; 자다; 화단에 심다(*out*); 고정시키다, 판판하게 놓다(lay flat); (벽돌 따위를) 쌓아 올리다.

be·dab·ble [bidǽbəl] *vt.* (물을) 튀기

B

다, 튀겨 더럽히다.

be·dad [bidǽd] *int.* (Ir.) =BEGAD.

be·daub [bidɔ́:b] *vt.* 더덕더덕 칠하다(cf. be-); 지나치게 꾸미다.

bed·bug [bédbʌ̀g] *n.* 《美》 빈대.

bed·cham·ber [ˊtʃèimbər] *n.* 《古》 침실(*a Lady of the* ～ 궁녀).

bed·clothes [ˊklòuðz, -ðz] *n. pl.* 침구《덮는 것만》.

bed·ding [bédiŋ] *n.* Ⓤ 침구; (마소에 깔아 주는) 깃; 토대, 기반; 〖地〗 성층(成層).

be·deck [bidék] *vt.* 장식하다(adorn).

be·del(l) [bí:dl, bidél] *n.* 《英》 대학의 의전선도계(儀典先導係).

be·dev·il [bidévəl] *vt.* (《英》 *-ll-*) 귀신들리게 하다; 매혹하다; 괴롭히다. **～·ment** *n.* Ⓤ 귀신들림, 광란.

be·dew [bidjú:] *vt.* (이슬·눈물로) 적시다. 「DEN.

bed·fast [bédfæ̀st, -ɑ̀:-] *a.* =BEDRID-

bed·fel·low [ˊfèlou] *n.* 잠자리를 같이하는 사람, 친구; 아내.

Béd·ford córd [bédfərd-] 코르덴 비슷한 두터운 천.

Bed·ford·shire [bédfərdʃiər, -ʃər] *n.* 영국 중부의 주. ***go to*** **～** 《兒》 코하다. 「《古》 장식하다(adorn).

be·dight [bidáit] *vt.* (～; ～*(ed)*)

be·dim [bidím] *vt.* (*-mm-*) 흐리게 하다; 어슴프레하게 하다.

be·di·zen [bidáizən, -dízən] *vt.* (잔뜩) 꾸미다(*with*). **～·ment** *n.*

bed·lam [bédləm] *n.* 정신병원; 큰 소동; 혼란; (B-) 런던 베들레헴 정신병원의 속칭. **-lam·ite** [-ləmàit] *n.* 미친 사람.

béd lìnen 시트와 베갯잇.

Bed·ou·in [béduin] *n.* 베두인 사람《유목의 아랍 사람》; 유랑민, 집시.

bed·pan [bédpæ̀n] *n.* (환자용의) 변기; 탕파(湯婆). 「받침판.

bed·plate [ˊplèit] *n.* 〖機〗 대(臺),

bed·post [ˊpòust] *n.* 침대 기둥《네 귀의》 (BETWEEN *you and me and the* ～). ***in the twinkling of a*** **～** 순식간에.

be·drag·gle [bidrǽgəl] *vt.* 질질 끌어 적시다〔더럽히다〕. 「전하고 있는.

bed·rid(·den) [bédrìd(n)] 자리 보

bed·rock [ˊrák/-ɔ́-] *n.* ⓊⒸ 〖地〗 기반(基盤)(암), 암상(岩床); 기초, 바닥; 기본 원리(*a* ～ *price* 최저 가격/*get down to* ～ 진상을 조사하다; 돈이 바닥나다). 「침구.

bed·roll [ˊròul] *n.* (똘똘 만) 휴대용

‡**bed·room** [ˊrù(:)m] *n.* **침실.**

Beds. Bedfordshire.

bed·side** [ˊsàid] *n., a.* 베갯머리(의), 침대곁(의), (환자의) 머리맡(의). ***have a good **～** ***manner*** (의사가) 환자를 잘 다루다.

béd-sít·ting ròom [ˊsítiŋ] 《英》 침실 겸 거실.

bed·sock [ˊsʌ̀k/ˊsɔ̀k] *n.* 침대용 두툼한 양말.

bed·sore [ˊsɔ̀:r] *n.* (오래 병상에 누워 생기는) 욕창(褥瘡).

bed·spread [ˊsprèd] *n.* 침대보.

bed·spring [ˊsprìŋ] *n.* (침대) 스프링; 《美俗》 미사일의 레이다 안테나.

bed·stead [ˊstèd] *n.* 침대(의 뼈대).

bed·straw [ˊstrɔ̀:] *n.* Ⓤ 갈퀴덩굴의 무리; 깔짚; 욧속의 짚.

bed·tick [ˊtìk] *n.* 욧잇.

***bed·time** [ˊtàim] *n.* Ⓤ **잘 시각.**

bed-wet·ting [ˊwètiŋ] *n.* Ⓤ 자면서 오줌싸기.

†**bee** [bi:] *n.* **꿀벌, 일꾼;** 《美》 (유희·공동작업 따위를 위한) 모임(*a spelling* ～ 철자 경기회). ***have a*** **～** ***in one's bonnet*** 〔***head***〕 열중해 있다; 머리가 돌아 있다.

bee·bread [ˊbrèd] *n.* Ⓤ 새끼 꿀벌의 먹이《벌집에 모은 꽃가루 반죽》.

***beech** [bi:tʃ] *n.* **너도밤나무;** Ⓤ 그 재목. **ˊ·en** *a.* 너도밤나무(재목)의.

beech·nut [ˊnʌ̀t] *n.* 너도밤나무의

bée cùlture 양봉. 「열매.

‡**beef** [bi:f] *n.* Ⓤ **쇠고기;** (*pl.* ***beeves***) 식용우(牛); Ⓤ 《口》 근육, 체력, 완력; 《俗》 무게; (*pl.* **～*s***) 《美俗》 불평. **— *vi.*** 《美俗》 불평을 하다. **ˊ·y** *a.* 건장한, 뚱뚱한.

beef·cake [bí:fkèik] *n.* Ⓤ 《美俗》 남성의 근육미 사진(cf. cheesecake).

béef càttle 식육용 소.

beef·eat·er [ˊì:tər] *n.* 런던탑의 수위; (왕의) 호위병.

béef éxtract 쇠고기 엑스트랙트.

‡**beef·steak** [ˊstèik] *n.* ⓊⒸ **두껍게 저민 쇠고기점; 비프스테이크.**

béef téa 진한 쇠고기 수프, 고깃국.

beef-wit·ted [ˊwìtid] *a.* 굼뜬, 둔한. 「붐비는 장소.

bee·hive [bí:hàiv] *n.* 꿀벌통; 사람이

Béehive Státe Utah 주의 딴 이름.

bee·keep·er [ˊkì:pər] *n.* 양봉가.

bée kèeping 양봉.

bee·line [ˊlàin] *n.* 직선, 최단거리 (*make* 〔*take*〕 *a* ～ 일직선으로 가다). **— *vi.*** 《美口》 직행하다. 「IL.

Be·el·ze·bub [bi:élzəbʌ̀b] *n.* =DEV-

bee·mas·ter [bí:mæ̀stər, -ɑ̀:-] *n.* 양봉가.

†**been** [bin/bi(:)n] *v.* be의 과거분사.

beep [bi:p] *n.* 삑하는 소리; 경적; 통화가 녹음 중임을 알리는 소리; (인공위성의) 발신음. **— *vi., vt.*** ～를 울리다〔발신하다〕. **ˊ·er** *n.* ～를 하는 장치〔사람〕.

‡**beer** [biər] *n.* Ⓤ **맥주.** ***～ and skittles*** 편안(한 생활). ***black*** 〔***draught***〕 **～** 흑〔생〕맥주. ***small*** **～** 약한 맥주; 시시한 것. ***think small*** **～** ***of*** …을 깔보다(*She thinks no small* ～ *of herself.* 자신 만만하다). **ˊ·y** [bíəri] *a.* 맥주 같은; 얼근히 취한.

béer bùst 《美俗》 맥주 파티.

béer gàrden 비어 가든《옥외에서 청량 음료·맥주 등을 파는 가게》.

béer hàll 《美》 맥주홀.

beer·house [ˊhàus] *n.* 《英》 맥주홀.

bée's knées 《俗》 최상급의 것; 월등히 좋은 것〔일〕.

beest·ings [bíːstiŋz] *n.* *pl.* 《單數取級》 (새끼 낳은 암소의) 초유(初乳).
bees·wax [bíːzwæ̀ks] *n.*, *vt.* Ⓤ 밀, 밀랍(蜜蠟)(을 바르다).
bees·wing [bíːzwìŋ] *n.* 묵은 포도주; 그 위의 얇은 더껑이.
***beet** [biːt] *n.* 비트《근대·사탕무우 따위》. *red* ~ 붉은 순무. *white* 〔*sugar*〕 ~ 사탕무우.
***Bee·tho·ven** [béitouvən], **Ludwig van** (1770–1827) 독일의 작곡가.
‡**bee·tle**[1] [bíːtl] *n.* 투구벌레(류), 딱정벌레; 《俗》 =VOLKSWAGEN. —— *vi.*, *a.* 돌출하다(project); 돌출한.
bee·tle[2] *n.*, *vt.* 나무메, 큰 망치(로 치다).
bee·tle-browed [-bràud] *a.* 눈썹이 굵은; 뚱한.
bee·tle·head [-hèd] *n.* 바보.
bee·tling [bíːtliŋ] *a.* 불거진《벼랑, 눈썹 따위》.
beet·root [bíːtrùːt] *n.* 《英》 사탕무우 뿌리《샐러드 용》.
béet sùgar 사탕무우 설탕. 「수.
beeves [biːvz] *n.* beef (식용 소)의 복
bef. before. **B. E. F.** British Expeditionary Force(s) 영국 해외 파견군.
***be·fall** [bifɔ́ːl] *vt.*, *vi.* (*-fell; -fallen*) 일어나다; (재난이) 닥치다(happen to).
be·fit [bifít] *vt.* (*-tt-*) 어울리다, 적합하다(suit). ~**·ting** *a.* 알맞은, 어울리는.
be·fog [bifɔ́ːg, -á-/-ɔ́-] *vt.* (*-gg-*) 안개로 덮다; 얼떨떨하게 하다; (설명 등을) 모호하게 하다(obscure).
be·fool [bifúːl] *vt.* 놀리다, 우롱하다; 속이다.
†**be·fore** [bifɔ́ːr] *prep.* …의 앞(쪽)에; …의 이전에. —— *ad.* 앞(쪽)에; 이전에. —— *conj.* …보다 이전에. ~ *everything* 무엇보다 먼저. ~ *God* 하늘에 맹세코. ~ *I was aware* 모르는 사이에. ~ *long* 오래지 않아. ~ *a person's face* 면전에서, 공공연히.
‡**be·fore·hand** [-hæ̀nd] *ad.* 전부터, 미리. *be* ~ *with* …에 앞서다(forestall), …에 대비하다, …을 예기하다. *be* ~ *with the world* 여유가 있다; 현금을 가지고 있다.
be·fore·men·tioned [-mènʃənd] *a.* 전술한. 「된.
be·fore-tax [-tæ̀ks] *a.* 세금이 포함
be·foul [bifául] *vt.* 더럽히다, 부정(不淨)하게 하다; 헐뜯다. 「다, 돕다.
be·friend [bifrénd] *vt.* 친구가 되
‡**beg** [beg] *vt.*, *vi.* (*-gg-*) 빌다(ask); 구걸하다, 빌어먹다; (개가) 앞발을 들고 서다(*B-!* 앞발 들고 섯!). ~ *for* …을 빌다, 바라다. ~ (*leave*) *to* 실례지만(*I* ~ *to disagree.* 미안하지만 찬성할 수 없읍니다). ~ *of a person* 아무에게 부탁〔간청〕하다. ~ *off* (의무·약속 따위를) 사정하여 면하다, 정중하게 거절하다. ~ *the question* 〖論〗 증명되지 않은 일에 근거하여 논하다. *go (a-)begging* 살〔맡을〕 사람이 없다.
be·gad [bigǽd] *int.* 맹세코!
†**be·gan** [bigǽn] *v.* begin의 과거.
***be·get** [bigét] *vt.* (*-got;* 《古》 *-gat; -gotten, -got; -tt-*) (아버지가 자식을) 보다, 낳다(become the father of); 생기다.
‡**beg·gar** [bégər] *n.* 거지; 가난뱅이; 악한; 놈; 자식(fellow). —— *vt.* 거지로 만들다, 가난하게 하다; 무력〔빈약〕하게 하다(*It* ~*s description.* 필설로 표현하기 힘들다). *I'll be* ~*ed if ...* 절대로 …하지 않다. ~**·li·ness** *n.* Ⓤ 빈궁, 빈약. ~**·ly** *a.* 거지 같은, 빈약한.
beg·gar·dom [bégərdəm] *n.* Ⓤ 거지 생활; 거지 패거리.
beg·gar('s)-lice [-(z)làis] *n.* *pl.* 옷에 열매가 달라붙는 식물《쇠무릎지기·뱀도랒 따위》. 「지 생활; 패거리.
beg·gar·y [bégəri] *n.* ⓊⒸ 극빈, 거
†**be·gin** [bigín] *vi.*, *vt.* (*-gan; -gun; -nn-*) 시작하다(*She began singing* 〔*to* sing〕.); 시작되다; 착수하다. ~ *by* (doing) …하기부터 시작하다, 우선 …하다. ~ *with* …부터 시작하다. *not* ~ *to* (do) 《美口》 …할 정도가 아니다(*They don't* ~ *to speak English.* 영어의 영자도 지껄이지 못한다). *to* ~ *with* 우선 제일 먼저. ‡**be·gín·ner** *n.* 초심자, 초학자; 창시자. †**be·gín·ning** *n.* 시작, 개시; 처음; 발단.
be·gird [bigə́ːrd] *vt.* (*begirt*, ~*ed*) 띠로 감다; 두르다, 둘러싸다(surround). **be·girt** [-gə́ːrt] *a.* 둘러싸인.
beg·ohm [bégòum] *n.* 〖電〗 10억 옴《저항의 단위》.
be·gone [bigɔ́ːn, -á-/-ɔ́-] *int.* 《보통 命令形으로》 가라.
be·go·ni·a [bigóuniə, -njə] *n.* 〖植〗 베고니아, 추해당.
***be·got** [bigát/-ɔ́-] *v.* beget의 과거(분사). ***-gót·ten** *v.* beget의 과거분사.
be·grime [bigráim] *vt.* 더럽히다.
be·grudge [bigrʌ́dʒ] *vt.* 아까워하다; 시기하다.
***be·guile** [bigáil] *vt.* ① 기만하다; 사취하다. ② 즐겁게 하다(amuse); 지루함〔지루한 시간〕을 잊게 하다.
be·guil·ing [-iŋ] *a.* 속이는; 기분을 전환시키는.
be·guine [bəgíːn, bei-] *n.* 비긴《서인도 제도 Martinique 섬 토인의 춤》; 비긴풍의 댄스(곡).
be·gum [bíːgəm, béi-] *n.* (인도 회교도의) 여왕, 공주. 「사.
†**be·gun** [bigʌ́n] *v.* begin의 과거분
‡**be·half** [bihǽf, -áː-] *n.* Ⓤ 이익(interest). *in* ~ *of...* …을 위하여. *on* ~ *of...* …을 위하여(in ~ of); …을 대신하여(representing).
‡**be·have** [bihéiv] *vt.*, *vi.* 처신하다; 행동하다(*toward*, *to*); 예모 있게 행동하다; 올바르게 행동하다; (기계가) 돌아가다; (약 따위가) 작용하다, 반응하다. ~ *oneself* 행동하다(*like*);

예모 있게 행동하다.

‡**be·hav·ior,** 《英》 **-iour** [bihéivjər] *n.* Ⓤ ① **행실**, 품행. ② 태도, **행동**. ③ (기계의) 돌아가는 상태. ④ (약의) 효능. ***on* [*upon*] *one's good* ~** 얌전히 하고; 수습중으로. **~·ism** [-izəm] *n.* Ⓤ 〖心〗 행동주의. 「식.

behávio(u)r pàttern 〖社〗 행동 양

Béh·çet's sỳndrome [disèase] [béitʃets] 〖醫〗 베이쳇병 《눈·입의 점막, 음부에 병이 생김》.

be·head [bihéd] *vt.* …의 목을 베다.

‡**be·held** [bihéld] *v.* behold 의 과거(분사).

be·he·moth [bihí:məθ, bí:əmɑ:θ / bihí:mɔθ] *n.* 〖聖〗 큰 짐승《욥기 40 장에 나오는 초식 짐승; 하마인 듯

be·hest [bihést] *n.* 명령. 「함》.

†**be·hind** [biháind] *ad.* **뒤에**[를], 뒤로, 나중에; 그늘에. —— *prep.* …의 **나중**[뒤, 그늘]**에**; …에 늦어서 (~ *time* 시간에 늦어서 / ~ *the* TIMES). ***from* ~** 뒤로부터.

be·hind·hand [-hæ̀nd] *ad.*, *a.* 늦어, 늦게 되어; (지불이) 밀려(*in, with*).

be·hind-the-scenes [-ðəsí:nz] *a.* 공개 안 된, 비밀리의; 흑막의(~ *conference* 비밀 회담).

‡**be·hold** [bihóuld] *vt.*, *vi.* (***-held; -held,*** 《古》 ***-holden***) **보다**. ***to and* ~!** 이 어찌된 셈인가! **~·en** [-ən] *a.* 은혜를 입은(*to*).

be·hoof [bihú:f] *n.* 이익《다음 成句로만》. ***in* [*for, to, on*] *a person's* ~** 아무를 위하여.

be·hoove [bihú:v], 《英》 **-hóve** [-hóuv] *vt.* (…함이) 당연하다, 의무이다《보통 it 를 主語로》 (*It ~s you to refuse such a proposal.* 이런 제안은 거절해야 마땅하다).

beige [beiʒ] *n.*, *a.* Ⓤ 원모(原毛)로 짠 나사, 밝은 **회갈색**(의).

be-in [bí:ìn] *n.* 《美俗》 히피족(族)의 모임; 우연히 모이는 일.

‡**be·ing** [bí:iŋ] *v.* be 의 현재분사. —— *n.* Ⓤ **존재, 실재**; 생존; Ⓒ 생물 (creature), 사람; 본질, 본체 (nature), (B-) 신(神). ***for the time* ~** 당분간. ***in* ~** 존재하는, 현존의.

Bei·rut [beirú:t, ˊ–] *n.* 레바논의

be·jan [bí:dʒən] *n.* =⇩. 「수도.

be·jaune [bidʒɔ́:n] *n.* (*fem.* ***-jauna*** [-dʒɔ́:nə]) (대학의) 신입생.

be·jew·el [bidʒú:əl] *vt.* (《英》 ***-ll-***) 보석으로 장식하다.

bel [bel] *n.* 〖理〗 벨《전압·전류나 소리의 강도의 단위; 실용상은 decibel 이 쓰임》.

be·la·bor, 《英》 **-bour** [biléibər] *vt.* 세게 치다, 때리다(thrash); 욕설하다, 호통치다.

be·lat·ed [biléitid] *a.* 늦은; 뒤늦은; 시대에 뒤진; 《古》 길이 저문.

be·laud [bilɔ́:d] *vt.* 격찬하다.

be·lay [biléi] *vt.*, *vi.* 〖海·登山〗 (밧줄걸이 따위에) 밧줄[자일]을 감아 매

beláying pìn 〖船〗 밧줄걸이. 「다.

bel can·to [bèl kɑ́:ntou, -kæ̃n-] (It.) 〖樂〗 벨칸토 창법.

***belch** [beltʃ] *n.*, *vi.*, *vt.* **트림(하다)**; (연기·불을) 내뿜다; 분출(하다); (폭언을) 퍼붓다. 「인 목도리.

bel·cher [béltʃər] *n.* 얼룩얼룩 물들

bel·dam(e) [béldəm] *n.* 할멈; 던적스러운[고약한] 노파(hag).

be·lea·guer [bilí:gər] *vt.* 포위하다; 둘러싸다; 괴롭히다.

Bel·fast [bélfæst, –ˊ, belfɑ́:st] *n.* 북아일랜드의 수도·항구.

bel·fry [bélfri] *n.* 종루(bell tower).

Belg. Belgian; Belgium.

***Bel·gium** [béldʒəm] *n.* **벨기에**. ***Bél·gian** [-dʒən] *a.*, *n.* **벨기에의**; 벨기에 사람(의).

Bel·grade [belgréid, ˊ–] *n.* 벨그라드《유고슬라비아의 수도; 현지명 Beograd》.

Bel·gra·vi·a [belgréiviə] *n.* 런던 Hyde Park 부근의 상류 주택 구역; 《英》 신흥 상류[중류] 계급.

Be·li·al [bí:liəl, -ljəl] *n.* 〖聖〗 사탄, 악마(the Devil) (*men of* ~ 악당들).

be·lie [bilái] *vt.* (***belying***) 속이다, 왜곡하여 전하다; (희망에) 어긋나다, (약속을) 어기다, 배반하다; …와 일치하지 않다.

‡**be·lief** [bilí:f] *n.* Ⓤ **믿음**; 신념(conviction); 생각; ⓊⒸ 신앙(faith); Ⓤ 신용(trust). ***to the best of my* ~** 확실히.

†**be·lieve** [bilí:v] *vt.*, *vi.* ① **믿다**, 신용하다; 신앙하다(*in*). ② 생각하다 (think); …이라야 한다고[…이 좋다고] 생각하다(*in*). ***B- me.*** 《口》 정말입니다. ***make* ~** …인 체하다.

be·líev·a·ble *a.* ***be·líev·er** *n.* **신자**(*in*).

be·like [biláik] *ad.* 《古》 아마.

Be·lí·sha béacon [bilí:ʃə] 《英》 (황색의) 횡단로 표지.

be·lit·tle [bilítl] *vt.* 얕보다; 헐뜯다; 작게 하다, 작아 보이게 하다.

†**bell**[1] [bel] *n.* **종**; 방울, 초인종; 종[방울] 소리; 종 모양의 것; (보통 *pl.*) 〖海〗 (30 분마다의) 시종(時鐘). ***bear* [*carry*] *away the* ~** 상품을 타다, 승리를 얻다. ***curse by* ~, *book, and candle*** 〖가톨릭〗 (종을 울리고, 파문 선고서를 읽은 후, 촛불을 끔으로써) 정식으로 파문하다. —— *vt.* …에 방울을 달다. ~ ***the cat*** 어려운 일을 맡다. —— *vi.* 종 모양으로 되다[벌어지다].

bell[2] *n.*, *vi.*, *vt.* (교미기의) 수사슴 울음 소리(처럼 울다).

Bell, **Graham** [gréiəm] (1847–1922) 미국의 과학자《전화의 발명자》.

bel·la·don·na [bèlədɑ́nə / -ɔ́-] *n.* 벨라도나《유독 식물; 아트로핀의 원료》.

bell-bot·tom [bélbɑ̀təm / -ɔ̀-] *a.* 바지 가랑이가 넓은; 판탈롱의. **~s** *n. pl.* 나팔바지, 판탈롱.

bell·boy [bélbɔ̀i] *n.* 《美》 (호텔이나 클럽의) 급사, 보이.

béll bùoy 〖海〗 타종 부표(打鐘浮標) 《파도에 흔들리어 울림》.

béll càptain (호텔의) 급사장.
***belle** [bel] *n.* (F.) 미인; 예쁜 소녀.
belles-let·tres [bellétrə, béllétr] *n. pl.* (F.) 순문학. **bel·let·rist** [bellétrist] *n.*
bell·flow·er [bélflàuər] *n.* 초롱꽃.
béll fòunder 종 만드는 사람.
béll glàss 종 모양의 유리 그릇.
bell·hop [bélhàp/-ɔ̀-] *n.* 《美口》 =BELLBOY.
bel·li·cose [bélikòus] *a.* 호전적인 (warlike). **bel·li·cos·i·ty** [bèlikásəti/-ɔ́-] *n.* Ⓤ
***bel·lig·er·ent** [bilídʒərənt] *a.* 교전 중의, 교전국의; 호전적인. ― *n.* 교전국; 교전자. **-ence** [-əns] *n.* Ⓤ 호전성; 교전. **-en·cy** [-ənsi] *n.* Ⓤ 교전 상태; Ⓤ 호전성.
bell·man [bélmən] *n.* 종 치는 사람; (어떤 일을 동네에) 알리고 다니는 사람.
béll mètal 종청동(鐘靑銅)《구리와 주석의 합금》.
Bel·lo·na [bəlóunə] *n.* 〖로神〗 전쟁의 여신; 키가 큰 미인.
***bel·low** [bélou] *vi., vt.* (황소가) 울다, (사람이) 고함을 지르다. ― *n.* (황소의) 우는 소리; 노한 목소리.
bel·lows** [bélouz] *n. sing.* & *pl.* 풀무; (사진기의) 주름 상자; 폐. ***have ~ to mend (말이) 헐떡거리다.
bell·pull [bélpùl] *n.* 종 치는 줄; 설렁줄.
béll tòwer 종루(belfry).
bell·weth·er [´wèðər] *n.* (선도의) 방울 달린 양; 선도자.
bell·wort [´wə̀ːrt] *n.* 초롱꽃속의 식물.
***bel·ly** [béli] *n.* 배, 복부; 위; 식욕; (병 따위의) 불룩한 부분, 배; 내부; 태내, 자궁. ― *vt., vi.* 부풀(게 하)다.
bel·ly·ache [-èik] *n.* Ⓤ,Ⓒ 《口》 복통. ― *vi.* 《俗》 불평을 말하다.
bel·ly·but·ton [-bʌ̀tn] *n.* 《美口》 배꼽.
bel·ly-flop [-flàp/-ɔ̀-] *n., vi.* (**-pp-**) 《口》 배로 수면을 치면서 뛰어 들기 (들다).
bel·ly-land [-læ̀nd] *vi.* 〖空〗 (고장으로) 동체(胴體) 착륙하다.
bélly lànding 〖空〗 (고장으로 인한) 동체 착륙.
bélly làugh 《美俗》 웃음거리, 홍소.
bel·ly-up [-ʌ́p] *a.* 《다음 성구로》 ***go ~*** 《美俗》 뻗다, 죽다, (사회 등이) 무너지다.
†**be·long** [bilɔ́ːŋ / -lɔ́ŋ] *vi.* …에 속하다, …의 것이다(*to, in*) (*Where do you ~ (to)?* 어디 사십니까? / *You don't ~ here.* 여기는 네가 있을 곳이 못 된다). ***be·lóng·ings** *n. pl.* 소지품; 재산; 성질, 재능.
‡**be·lov·ed** [bilʌ́vid] *a.* 가장 사랑하는; 소중한. ― [-lʌ́vd] *n.* 가장 사랑하는 사람, 애인; 남편, 아내.
†**be·low** [bilóu] *ad.* ① 아래에, 아래로; 지상에, 이승에; 지옥에; 아래층에. ② 하위〔하류〕에. ③ 후단(後段)(의 장)에. ***down ~*** 아래로; 땅속〔무덤·지옥〕에; 해저에; 밑바닥에. ***here ~*** 지상에, 현세에서. ― *prep.* ① …의 아래에. ② …의 하위〔아래쪽, 하류〕에. ③ …보다 못하여. ④ …의 가치가 없어.
be·low-the-line [-ðəlàin] *ad., a.* 〖經〗 특별 회계로(의).
‡**belt** [belt] *n.* 띠, 혁대; 〖機〗 피대, 벨트; 지대, 지방; 해협. ***below the ~*** 부정한, 부정하게; 비겁한, 비겁하게도. ***tighten one's ~*** 내핍 생활을 하다《허리띠를 졸라매어 배고픔을 잊다》. ― *vt.* …에 띠를 두르다〔매다〕; (혁대로) 때리다. ∠**·ing** *n.* Ⓤ 띠의 재료; 벨트 종류.
bélt convéyor 벨트콘베이어.
bélt·ed-bi·as tíre [béltidbàiəs] 바이어스 타이어《안이 가로무늬 직조로 된》.
bélt híghwày 《美》 (도시 주변의) 순환〔환상〕 도로.
bélt lìne (도시 주변 전차·버스의) 순환선.
bélt tìghtening 긴축 (정책); 내핍 (생활).
belt·way [béltwèi] *n.* =BELT HIGHWAY.
bel·ve·dere [bélvədìər] *n.* 전망대; (the B-) (로마의) 바티칸 미술관.
B. E. M. Bristish Empire Medal; Bachelor of Engineering of Mines.
Bem·berg [bémbəːrg] *n.* Ⓤ 〖商標〗 벰베르크《인조견의 일종》.
be·mire [bimáiər] *vt.* 진흙투성이로 만들다.
be·moan [bimóun] *vt., vi.* 비탄하다.
be·mock [bimák/-ɔ́-] *vt.* 비웃다.
be·muse [bimjúːz] *vt.* 멍하게 하다.
Ben. Benjamin.
Ben·a·dryl [bénədril] *n.* 〖藥〗 베나드릴《두드레기 등 알레르기성 질환용; 상표명》.
†**bench** [bentʃ] *n.* ① 벤치. ② (개의) 진열대; 작업대. ③ 판사석; 재판소; 《集合的》 판사들, 재판관; 의석; 〖野〗 「벤치」, 선수석. ④ 〖地〗 대지(臺地), 단구(段丘). ***~ and bar*** 법관과 변호사. ***be raised to the ~*** 판사〔《英》 주교〕로 임명되다. ***sit*** 〔***be***〕 ***on the ~*** 법관 자리에 있다; 심리중이다; (보결 선수로서) 대기하고 있다. ― *vt.* …에 벤치를 놓다; (어떤) 지위에 앉히다; 〖競〗 (선수를) 퇴장시키다. ∠**·er** *n.* 벤치에 앉는 사람; 《英》 법학원(the Inns of Court)의 간부.
bénch jòckey 《美俗》 벤치에서 상대팀을 야유하는 선수.
bénch shòw 개 품평회.
bénch wàrmer 〖野〗 보결 선수.
bénch wàrrant 구속 영장.
‡**bend** [bend] *vt.* (***bent,*** 《古》 ***~ed***) 구부리다; (활을) 당기다; 굴복시키다; (마음을) 기울이다, 주시하다(*to, toward, upon*); 〖海〗 (돛·닻줄을) 잡아매다. ― *vi.* 굽다; 굽히다(*down, over*); 굴복하다(*to, before*); 힘을 쏟다(*~ to the oars* 힘껏 노를 젓다). ***~ oneself to*** …에 정력을 쏟다. ***on ~ed knees*** 무릎 꿇고, 간절히. ― *n.* 굽이, 굴곡(부); 경향; 〖海〗 결삭(結索)(법) (cf. knot); 〖紋〗 평행사선. ***the ~s*** 《口》 케송병(cais-

son disease), 항공병. ⌐·er n. 구부리는 것〔사람〕; 곡구(曲球); 《美口》 주흥, 야단법석; 《英俗》 6 펜스 은화.

bénd sínister 〖紋〗 좌경 평행선《서출(庶出)의 표》.

bene- well의 뜻의 결합사: *bene*factor, *bene*volent (cf. mal-).

‡**be·neath** [biníːθ] *ad.* 아래쪽에; …보다 못하여. —— *prep.* …의 아래에 (below, under); …에 어울리지 않는; …의 가치(조차) 없는.

Ben·e·dic·i·te [bènədísəti/-dáis-] *n.* (L.) 만물의 송(頌); 그 악곡; (b-) 축복의 기도. —— *int.* 그대〔나·우리들〕에게 천복 있기를!

ben·e·dick [bénədik], **-dict** [-dìkt] *n.* (오랜 독신 생활 후의) 새 신랑; 기혼 남자.

Ben·e·dict [bénədìkt], **St.** (480?–543?) 베네딕트회를 창시한 이탈리아의 수도사.

Ben·e·dic·tine [bènədíktin] *a.* St. Benedict의; 베네딕트회의. —— *n.* 베네딕트회의 수사; (b-) [-tiːn] Ⓤ (프랑스의 Fécamp 산의) 달콤한 리큐르 술.

ben·e·dic·tion [bènədíkʃən] *n.* Ⓤ 축복(blessing); (예배 후의) 축도; (식사 전후의) 감사의 기도; (B-) 〖가톨릭〗 성체 강복식. 「어 찬송가의 하나.

Ben·e·dic·tus [bènədíktəs] *n.* 라틴

ben·e·fac·tion [bènəfǽkʃən] *n.* Ⓤ,Ⓒ 은혜; 선행, 자선(慈善).

***ben·e·fac·tor** [bénəfæ̀ktər, ⌐⌐⌐] *n.* (*fem.* **-tress**) 은인; 후원자, 보호자 (patron); 기증자.

ben·e·fice [bénəfis] *n.* 〖英國國敎〗 목사록(祿); 〖가톨릭〗 성직록(church living).

***be·nef·i·cent** [binéfəsənt] *a.* 인정 많은, 자선을 베푸는. ~·**ly** *ad.* ***-cence** *n.* Ⓤ 선행, 친절; Ⓒ 시여물(施與物). 「리〕한.

***ben·e·fi·cial** [bènəfíʃəl] *a.* 유익〔유

ben·e·fi·ci·ar·y [bènəfíʃièri, -ʃəri] *n.* 봉록〔은혜·이익〕을 받는 사람; 수익자; (연금·보험금 따위의) 수취인.

ben·e·fi·ci·ate [bènəfíʃièit] *vt.* (원료·광석 등을) 정련하다.

‡**ben·e·fit** [bénəfit] *n.* Ⓤ 이익; Ⓤ,Ⓒ 은혜, 은전(favor); 《反語》 된 봉변 (ill luck); Ⓒ (환자 등에의) 기부(금), 희사; 자선 흥행; (사회 보장 제도에 의한 각종의) 급부, 연금. ~ ***of clergy*** 〖史〗 성직자 특권《범죄를 범하여도 보통의 재판을 받지 않고, 또한 초범인 경우에는 사형을 받지 않음》; (결혼 따위의) 교회의 승인. ***for the ~ of*** …을 위하여; 《反語》 …을 괴롭히기 위하여, …에 빗대어. ***give*** (*a person*) ***the ~ of the doubt*** 〖法〗 (피고의) 의심스러운 점을 유리하게 해석하여 주다. —— *vt., vi.* 이익을 주다; 도움을 받다(profit)(*by*).

bénefit socìety〔**assocìation,** 《英》 **clùb**〕 공제 조합.

Ben·e·lux [bénəlʌ̀ks] *n.* 베넬룩스 3국《경제 협정(1948)을 맺고 있는 *B*elgium, the *Ne*therlands, *Lux*embourg의 총칭》.

***be·nev·o·lent** [binévələnt] *a.* 자비스러운(charitable), 친절한. ***be·nev·o·lence** *n.* Ⓤ 자비심, 인정; 덕행, 자선.

Beng. Bengal; Bengali. **B. Eng.** Bachelor of Engineering.

Ben·gal [beŋgɔ́ːl, ben-] *n.* 벵골《본래 인도 중부의 주》; Ⓤ 벵골 비단《견모 교직》.

Ben·gal·ee, -gal·i [beŋgɔ́ːli, ben-] *a., n.* 벵골의; Ⓒ,Ⓤ 벵골 사람〔말〕(의). 「벵골 사람; 벵골의.

Ben·ga·lese [bèŋgəlíːz, bèn-] *n., a.*

be·night·ed [bináitid] *a.* 길이 저문 (*a ~ traveler*); 무지한; 미개의.

be·nign [bináin] *a.* 인정 많은, 친절한; (기후가) 온화한(mild); 〖醫〗 (병·종기 따위가) 양성(良性)의 (opp. malign). **be·nig·ni·ty** [binígnəti] *n.* Ⓤ 친절, 자비; 온화.

be·nig·nant [binígnənt] *a.* 인정 많은, 인자한; 유익한; 〖醫〗 = BENIGN. ~·**ly** *ad.* **be·níg·nan·cy** *n.* Ⓤ

Be·nin [benín] *n.* 아프리카 서부의 공화국《1975 년 Dahomey를 개칭》.

ben·i·son [bénəzən, -sən] *n.* 《古》 축복.

Ben·ja·min [béndʒəmin] *n.* 〖聖〗 이스라엘 12 지파(支派)의 하나; 〖聖〗 Jacob의 막내아들; 막내, 귀동이. ~**'s mess** 큰 몫.

ben·ne [béni] *n.* 〖植〗 깨.

ben·net [bénit] *n.* 뱀무우의 일종.

Bèn Né·vis [bèn névis, -níːvis] 스코틀랜드 서쪽에 있는 산《영국의 최고봉》.

ben·ny [béni] *n.* 《美俗》 Benzedrine 정제.

bent**[1] [bent] *v.* bend의 과거(분사). —— *a.* 굽은; 허리가 굽은; 마음을 기울인, 열심인. ***be ~ on 〔***upon***〕 … 을 결심〔…에 열중〕하고 있다. —— *n.* 기호(taste); 경향; 성벽, 성질; 《古》 굴곡. ***to the top of one's ~*** 실컷.

bent[2] *n.* Ⓤ,Ⓒ 〖植〗 겨이삭속 또는 그와 비슷한 포아풀과의 잡초, 그 줄기; 《英方》 황야, 초원 (moor).

Ben·tham [béntəm, -θəm], **Jeremy** (1748–1832) 영국의 철학자·법학자. ~·**ism** [-ìzəm] *n.* 공리주의. ~·**ite** [-àit] *n.* 공리주의자.

ben·thic [bénθik] *a.* 심해저의〔에 사는〕.

ben·thos [bénθɑs/-θɔs] *n.* 《集合的》 바다 생물〔식물〕.

ben·ton·ite [béntənàit] *n.* Ⓤ 〖鑛〗 벤토나이트《화산재의 분해로 된 점토》. **ben·ton·it·ic** [bèntənítik] *a.*

ben tro·va·to [bèn trouvɑ́ːtou] (It.) 교묘한, 그럴 듯한.

bent·wood [béntwùd] *a.* 나무를 휘어 만든《의자 따위》.

be·numb [binʌ́m] *vt.* 감각을 잃게 하다(make numb); 마비시키다, 저리게 하다.

Benz [bents] *n.* 서독제 자동차명.

Ben·ze·drine [bénzədrì:n] *n.* 〖藥〗 amphetamine의 상표명《각성제》.
ben·zene [bénzi:n, ―ˊ] *n.* Ⓤ 〖化〗 벤젠. 「벤젠.
ben·zine [bénzi:n, ―ˊ] *n.* Ⓤ 〖化〗
ben·zo·ate [bénzouèit] *n.* 〖化〗 안식향산염. 「～ *acid* 안식향산.
ben·zo·ic [benzóuik] *a.* 안식향의.
ben·zo·in [bénzouin] *n.* Ⓤ 안식향.
ben·zol [bénzɑl, -zɔ(:)l] *n.* Ⓤ = BENZENE; 벤졸, 조제(粗製) 벤젠.
ben·zo·py·rene [bènzoupáiəri:n], **benz·py·rene** [bènz-] *n.* 〖化〗 벤조피렌《콜타르에 함유된 발암물질》.
ben·zyl [bénzil] *n.* Ⓤ 〖化〗 벤질.
Be·o·wulf [béiəwùlf] *n.* 8 세기 경 씌어진 고대 영어의 서사시; 그 시 속의 영웅 이름. 「(爐).
be·po [bí:pou] *n.* 영국의 원자 실험로
***be·queath** [bikwí:ð, -θ] *vt.* 남기다; (후세에) 전하다(hand down); (재산을) 유증하다. ～**·al** *n.* 유증.
be·quest [bikwést] *n.* Ⓤ 〖法〗 유증; Ⓒ 유산, 유물. 「단치다.
be·rate [biréit] *vt.* 《美》 꾸짖다, 야
Ber·ber [bə́:rbər] *n., a.* ⒸⓊ (북아프리카의) Barbary 사람〔말〕(의).
ber·ceuse [bɛərsə́:z] *n.* (F.) 자장가.
bere [biər] *n.* 《英》 보리의 일종.
be·reave** [birí:v] *vt.* (～**d**, ***bereft) 빼앗다(deprive) (*be* ～*d of one's mother* 어머니를 여의다 / *be bereft of hope* 희망을 잃다). 《注意》 사람의 경우는 *bereaved*, 그 이외는 *bereft* 의 형식. ～**·ment** *n.* ⓊⒸ 사별.
be·reft** [biréft] *v.* bereave 의 과거(분사). ***be utterly ～ 어찌할 바를 모르고 있다.
be·ret [bəréi, bérei] *n.* (F.) 베레모; 《英》 베레형 군모(*a green* ～ 《美》 〖軍〗 특전 부대원).
berg [bə:rg] *n.* 빙산(iceberg).
ber·ga·mot [bə́:rgəmɑ̀t/-mɔ̀t] *n.* 베르가모트《귤의 일종》; Ⓤ 그 껍질에서 채취하는 향유.
berg·schrund [bɛ́ərkʃrùnt] *n.* (G.) 〖登山〗 빙하(氷河)의 갈라진 데〔균열〕(crevasse).
Berg·son [bə́:rgsən, bɛ́ərg-], **Henri** (1859–1941) 베르그송《프랑스의 철학자》. 「을) 시로 짓다.
be·rhyme, -rime [biráim] *vt.* (…
be·rib·boned [biríbənd] *a.* (많은) 리본으로 장식한. 「기.
ber·i·ber·i [béribéri] *n.* Ⓤ 〖醫〗 각
Bér·ing Séa [bíəriŋ, bɛ́ər-/bér-], **the** 베링해(海).
Béring Stráit, the 베링 해협.
berke·li·um [bə́:rkliəm] *n.* Ⓤ 〖化〗 버클륨《알파 방사성 원소》.
Berks. Berkshire.
Berk·shire [bə́:rkʃiər/bɑ́:k-] *n.* 잉글랜드 남부의 주; 버크셔종의 돼지.
‡**Ber·lin** [bə:rlín] *n.* 베를린《본래 독일의 수도》; =ˊ **wóol** 질이 좋은 가는 털실. ～**·er** [-ər] *n.* 베를린 시민.
Ber·li·oz [bɛ́ərliòuz], **Hector** (1803–69) 프랑스의 작곡가.
Ber·mu·da [bə(:)rmjú:də] *n.* 대서양의 영령 군도.
Ber·nard [bə́:rnərd], **St.** 3 인의 프랑스 성자의 이름; 스위스의 알프스 산중의 고개의 이름; (성베르나르 고개의) 구명견(救命犬); (이런 종류의) 백색과 갈색의 반점이 있는 큰 개.
Bern(e) [bə:rn] *n.* 베른《스위스의 수도》.
Ber·nóul·li's príncíple [bərnú:li:z-] 〖理〗 베르누이의 정리.
‡**ber·ry** [béri] *n.* (딸기의) 열매; (커피의) 열매; (물고기·새우의) 알. ―― *vi.* 열매가 열리다; 열매를 따다.
ber·sa·glie·re [bɛ̀ərsɑ:ljɛ́əri] *n.* (*pl.* ***-ri*** [-ri]) (It.) (이탈리아의) 저격병.
ber·serk [bə(:)rsə́:rk] *a., ad.* 광포한, 사납게. ～**·er** *n.* 〖北歐傳說〗 사나운 전사(戰士); 폭한.
berth** [bə:rθ] *n.* (*pl.* ～**s** [-θs, -ðz]) (선박·기차의) 침대; 정박지; 조선 여지(操船餘地)(sea room); 숙소; 《주로 英》 지위, 직업. ***give a wide ～ ***to,*** or ***keep a wide*** ～ ***of*** …에서 떨어져 있다, …을 피하다. ―― *vi., vt.* 정박하다; 정박시키다. 「깃.
ber·tha [bə́:rθə] *n.* (여자옷의) 장식
Bér·til·lon sýstem [bə́:rtəlɑ̀n/-tilɔ̀n] 베르티용식 범인 식별법《지문을 중시》.
ber·yl [bérəl] *n.* Ⓤ 〖鑛〗 녹주석(綠柱石); 연한 청색.
be·ryl·li·um [bəríliəm] *n.* Ⓤ 〖化〗 베릴륨《금속 원소의 하나》.
be·seech** [bisí:tʃ] *vt.* (besought***) 간청〔탄원〕하다. ～**·ing·ly** *ad.* 탄원하듯이. 「적당하다.
be·seem [bisí:m] *vt.* …에 어울리다,
be·set** [bisét] *vt.* (beset; -tt-***) 둘러싸다; 방해하다; 공격하다, 괴롭히다; 꾸미다, 박아넣다. **be·sét·ting** *a.* 범하기〔빠지기〕 쉬운《죄·나쁜 버릇·유혹 따위》.
be·shrew [biʃrú:] *vt.* 《古》 저주하다 (curse). ***B- me!*** 지겨워!
†**be·side** [bisáid] *prep.* …의 곁에 (near); …와 비교하여; …의 외에; …을 벗어나서, …을 떨어져서. ***be*** ～ ***oneself*** 정신이 없다, 머리가 돌아 있다. ～ ***the mark*** 과녁〔대중〕을 벗어나서.
‡**be·sides** [bisáidz] *ad.* 그 위에, 게다가. ―― *prep.* …외에〔의〕, …에 더하여; 《否定文 속에서》 …을 제외하고(except).
***be·siege** [bisí:dʒ] *vt.* (장기간) 포위하다; (질문·요구 따위로) 몰아세우다. ～**·ment** *n.* Ⓤ
be·slav·er [bislǽvər] *vt.* 군침투성이가 되게 하다; 지나치게 아첨하다.
be·slob·ber [bislɑ́bər/-ɔ́-] *vt.* =⇧; 마구 키스하다.
be·smear [bismíər] *vt.* 뒤바르다.
be·smirch [bismə́:rtʃ] *vt.* 더럽히다, 때 묻히다.
be·som [bí:zəm] *n.* 마당비; 〖植〗 금작화(broom) 《빗자루 용》; 닳고닳은

여자. 「가누게 된; 취해버린.
be·sot·ted [bisátid / -ɔ́-] *a.* 정신 못
*__be·sought__ [bisɔ́:t] *v.* beseech 의 과거(분사). 「의 과거.
be·spake [bispéik] *v.* 《古》 bespeak
be·span·gle [bispǽŋgəl] *vt.* 금박〔은박〕으로 장식하다, 번쩍거리게 하다 (cf. spangle).
be·spat·ter [bispǽtər] *vt.* 튀기(어 더럽히)다; 욕설하다(slander).
be·speak [bispí:k] *vt.* (***-spoke,*** 《古》 ***-spake; -spoken, -spoke***) 예약하다 (reserve), 주문하다; 입증하다, 나타내다; 예시하다; 《詩》 말을 걸다.
be·spec·ta·cled [bispéktəkəld] *a.* 안경을 낀. 「거(분사).
be·spoke [bispóuk] *v.* bespeak 의 과
be·spo·ken [-ən] *v.* bespeak 의 과거분사. 「펼치다, 덮다.
be·spread [bispréd] *vt.* (***-spread***)
be·sprin·kle [bispríŋkəl] *vt.* 흩뿌리다, 살포하다.
Bés·se·mer stéel [bésəmər] 베세머강(鋼) 《Bessemer 의 전로(轉爐)로 만들어 낸 강철》.
†**best** [best] *a.* 《good, well 의 最上級》 **가장 좋은**, 최상의(***the ~ liar*** 큰 거짓말쟁이). ── *n.* Ⓤ **최량**, 최선; 전력. ── *ad.* 《well 의 最上級》 **가장 잘**, 제일; 《口》 심하게, 몹시. ── *vt.* …에게 이기다. ***at* (*the*) ~** 기껏해야, 잘해야. ***~ of all*** 무엇보다도, 첫째로. ***for the ~*** 최선의 결과를 얻고자(***All for the ~.*** 만사는 하느님의 뜻이다《체념의 말》). ***get* 〔*have*〕 *the ~ of it*** 이기다; (거래에서) 잘 해내다. ***give it ~*** 《英》 단념하다. ***had ~*** …하는 것이 제일 좋다(cf. had BETTER[1]). ***make the ~ of*** …을 될 수 있는 대로 이용하다; …로 때우다, 참다. ***make the ~ of one's way*** 길을 서두르다. ***one's ~ days*** 전성기. ***one's* (*Sunday*) *~*** 나들이옷. ***the ~ part of*** …의 대부분. ***to the ~ of one's*** (***ability*** 〔***power***〕) (힘)이 미치는 한. ***with the ~*** 누구에게도 지지 않고.
be·stead [bistéd] *vt., vi.* (***~ed; ~ed,*** or ***~***) 돕다; 소용에 닿다.
bes·tial [béstʃəl/-tiəl] *a.* 짐승 같은; 무도한, 비열한. **-ti·al·i·ty** [ˌ-tʃiǽlə-/bèsti-] *n.* Ⓤ 「의) 동물 우화집.
bes·ti·ar·y [béstʃièri / -əri] *n.* (중세
be·stir [bistə́:r] *vt.* (**-rr-**) 분기시키다. ***~ oneself*** 분기하다. 「명한.
best-known [béstnóun] *a.* 가장 유
bést mán 최적임자; 신랑 들러리 (groomsman).
‡**be·stow** [bistóu] *vt.* **주다**, 수여하다 (give)(*on*); 쓰다; 《古》 (간직하여) 두다; 《古》 숙박시키다. **~·al** *n.* ⓊⒸ
be·strad·dle [bistrǽdl] *vt.* =BESTRIDE.
be·strew [bistrú:] *vt.* (***~ed; ~ed, bestrewn*** [-n]) 흩뿌리다.
be·strid·den [bistrídn] *v.* bestride 의 과거분사.
be·stride [bistráid] *vt.* (***-strode, -strid; -strid*(*den*)**) …에 걸터타다; 가랑이를 벌리고 건너 뛰다. 「과거.
be·strode [bistróud] *v.* bestride 의
bést séller 베스트셀러《일정 기간에 가장 많이 팔린 책·레코드》; 그 저자.
best·sell·er·dom [béstsélərdəm] *n.* Ⓤ 《集合的》 베스트셀러. 「러의.
best-sell·ing [ˊ-séliŋ] *a.* 베스트셀
‡**bet** [bet] *n.* **내기**, 건 돈〔것〕. ── *vi.* (***bet, betted; -tt-***) **내기를 하다**; 걸다(*on, against*). ***I ~ you*** 《美口》 꼭, 틀림 없이. ***You ~!*** 《口》 정말이야; 꼭. ***You ~?*** 《口》 정말이지?
bet., betw. between.
be·ta [bí:tə, béi-] *n.* 베타《그리스어 알파벳의 둘째 자 *B, β*》.
be·take [bitéik] *vt.* (***-took; -taken***) ***~ oneself to*** 《古》 …로 가다; 《古》 …에 호소하다, …에 의지하다; 착수하다. ***~ oneself to one's heels*** 냅다 줄행랑치다. 「거분사.
be·tak·en [bitéikən] *v.* betake 의 과
béta mínus 〔**plús**〕 2 류의 하〔상〕; 2 류보다 좀 못한〔나은〕.
béta pàrticle 〖理〗 베타 입자.
béta ràys 〖理〗 베타선.
béta rhýthm 〔**wáve**〕 〖生〗 베타리듬〔파〕《매초 10 이상의 뇌파의 맥동》.
be·ta·tron [béitətràn/bí:tətrɔ̀n] *n.* 〖理〗 베타트론《전자 가속 장치》.
be·tel [bí:təl] *n.* 구장(蒟醬)《후추과의 나무; 인도 사람은 그 잎에 ~ nut 를 싸서 씹음》.
bétel nùt 빈랑나무의 열매.
bétel pàlm 〖植〗 빈랑나무.
Be·tel·geuse [bí:təldʒù:z] *n.* 〖天〗 오리온자리 중의 적색 일등성.
bête noire [béitnwá:r] (F. =black beast) 무서운〔질색인〕 것.
beth·el [béθəl] *n.* (선원의) 수상〔해안〕 교회; 《英》 비국교도 예배당.
*__be·think__ [biθíŋk] *vt.* (***-thought***) (~ oneself) **생각하다**; 숙고하다; 생각해내다(*of*).
Beth·le·hem [béθliəm, -lihèm] *n.* 베들레헴《Palestine 의 옛 도읍; 예수의 탄생지》.
be·thought [biθɔ́:t] *v.* bethink 의 과거(분사).
be·tide [bitáid] *vt., vi.* 발생하다, 생기다; …에게 닥치다.
be·times [bitáimz] *ad.* 일찍.
be·to·ken [bitóukən] *vt.* 보이다, 나타내다; …의 전조이다, 예시하다.
be·took [bitúk] *v.* betake 의 과거.
‡**be·tray** [bitréi] *vt.* ① **배반하다** (sell), 저버리다. ② (여자를) 유괴하다(seduce). ③ (비밀을) 누설하다(reveal). ④ (약점 따위를) 무심코 보이다, 나타내다. ***~ oneself*** 무심코 본성을 드러내다. **~·al** *n.* Ⓤ 배반, 배신. **~·er** *n.*
*__be·troth__ [bitrɔ́:θ, -tróuð] *vt.* **약혼하다**. ***~ oneself to*** …와 약혼하다. ***be ~ed to*** …와 약혼중이다. **~·al** *n.* ⒸⓊ 약혼.
†**bet·ter**[1] [bétər] *a.* 《good, well 의 比

較級) **더 좋은**. ── *n.* Ⓤ 더 좋은 것〔일〕; (보통 *pl.*) 손윗 사람, 선배. ── *ad.* (well의 比較級) **더 좋게;** 더욱; 오히려. ***be ~ off*** 전보다 더 잘 지내다. ***be ~ than one's word*** 약속 이상으로 잘 해주다. ***be the ~ for*** …때문에 오히려 좋다. ***for ~ (or) for worse*** 좋든 나쁘든, 어떤 일이 있어도. ***for the ~*** 나은 쪽으로(*change for the ~* 호전하다). ***get* 〔*have*〕 *the ~ of*** …에 이기다. ***had ~*** (do) …하는 편이 좋다(cf. had BEST). ***know ~*** 더 분별이 있다(*I know ~ than to quarrel.* 싸움할 정도로 바보는 아니다). ***no ~ than*** …도 마찬가지; …에 지나지 않다. ***not ~ than*** …보다 좋지 않다, …에 지나지 않다. ***one's ~ feelings*** 본심, 양심. ***one's ~ half*** 《口》 아내. ***one's ~ self*** 양심, 분별. ***so much the ~*** 더욱 좋다. ***the ~ part*** 대부분. ***think ~ of*** …을 고쳐 생각하다. ***think the ~ of*** (생각보다 좋다고) 다시 보다. ── *vt., vi.* 개선하다; …보다 낫다. ***~ oneself*** 승진하다. **~·ment** *n.* ⓊⒸ 개선. 「사람.

bet·ter[2], **-tor** [bétər] *n.* 내기하는

†be·tween [bitwíːn] *prep., ad.* (두 물건)의 **사이에,** …사이를; (성질이) …의 중간으로. ***~ A and B,*** A니 B니 해서(*~ work and worry* 일이다 걱정이다 하여). ***~ ourselves,*** or ***~ you and me (and the bed-* 〔*gate-, lamp-*〕 *post)*** 우리끼리 이야기지만. ***~ the cup and the lip*** 다 되어 가던 판에. ***choose ~ A and B,*** A나 B중 어느 하나를 고르다. ***(few and) far ~*** 극히 드물게. ***in ~*** 중간에, 사이에.

betwéen dècks 〖船〗 중창(中艙)《두 갑판 사이의 부분》. 「일 하는 하녀.

be·tween·maid [-mèid] *n.* 허드렛

be·tween·times [-tàimz], **-whiles** [-*h*wàilz] *ad.* 틈틈이, 때때로.

be·twixt [bitwíkst] *prep., ad.* 《古》 =BETWEEN. ***~ and between*** 중간에, 이도저도 아니게.

BeV, Bev, bev [bev] billion electron volt 〖理〗 10억 전자 볼트.

bev·a·tron [bévətrὰn/-trɔ̀n] *n.* 〖理〗 베바트론《고성능 사이클로트론》.

bev·el [bévəl] *n., a.* 사각(斜角)(의); 경사(진); =**∠ squàre** 각도자. ── *vt.* (《英》 *-ll-*) 사각을 만들다, 엇베다, 비스듬하게 하다.

bével gèar 〖機〗 베벨기어《삿갓 모양의 톱니바퀴》.

bev·er·age** [bévəridʒ] *n.* **음료.** ***alcoholic ~ 알콜 음료. ***cooling ~*** 청량 음료. 「따위의) 떼.

bev·y [bévi] *n.* (작은 새·사슴·미인

***be·wail** [biwéil] *vt., vi.* **비탄하다,** 슬퍼하다.

‡be·ware [biwέər] *vi., vt.* **주의〔조심〕하다** 《命令法·不定詞로서, 또는 助動詞의 다음에만》 (*B- of pickpockets!*)

be·wigged [biwígd] *a.* 가발을 쓴.

‡be·wil·der [biwíldər] *vt.* **당황케 하다**(confuse). **~·ing** *a.* ***~·ing·ly** *ad.* ***~·ment** *n.* ⓊⒸ

***be·witch** [biwítʃ] *vt.* **마법을 걸다** (enchant); 매혹하다(charm). **~·ing** *a.* 황홀케 하는, 매력 있는. **~·ment** *n.* ⓊⒸ

†be·yond [bijάnd/-ɔ́-] *prep.* ① …의 **저쪽〔저편〕에;** …을 넘어서. ② …이 미치지 않는, …보다 우수한. ③ …외에. ④ (시간을) 지나서, 늦어서. ***~ doubt*** 의심할 여지 없이. ***go ~ oneself*** 자제력을 잃다; 평소보다 잘하다. ── *ad.* 저쪽〔저편〕에; 외에. ── *n.* (the ~) 저편(의 것); 내세. ***the back of ~*** 세계의 끝.

bez·el [bézəl] *n.* (날붙이의) 날의 사면(斜面); (보석의) 사면(斜面); (반지의) 보석 물리는 데, 거미발; (시계의) 유리 끼우는 홈. 「일종.

be·zique [bəzíːk] *n.* Ⓤ 카드놀이의

be·zoar [bíːzɔːr] *n.* 우황(牛黃)《소·염소 따위의 위·장내의 결석(結石), 옛날 해독제로 썼음》.

B/F brought forward 〖簿〗 앞에서 이월(移越). **bf., b. f.** bold-faced (type). **B. F. O.** British Foreign Office 영국 외무성. **bg.** bag(s).

B-girl [bíːgəːrl] *n.* (바의) 여급.

B. G. (M.) background (music) 〖樂〗 반주 음악, 배경 음악.

B. H. BILL[1] of health. **BHA** butylated hydroxyanisole《지방 등의 산화 방지제의 일종》. **B. H. C.** benzene hexachloride **B. H. P., b. h. p.** brake horsepower.

bhang, bang(ue) [bæŋ] *n.* Ⓤ 인도대마; (그 잎을 말린) 마취약.

Bhu·tan [buːtάːn] *n.* 인도 북동부의 Himalaya 산맥중의 왕국.

B. I. British India. **Bi** 〖化〗 bismuth.

bi [bai] *a.* 《俗》 양성애(兩性愛)의.

bi- *pref.* 「둘, 쌍, 복, 등분, 2배, 2기 1회, 1기 2회」 따위의 뜻: *bi*valve, *bi*sect, *bi*carbonate, *bi*weekly. 「의.

bi·an·nu·al [baiǽnjuəl] *a.* 연 2회

***bi·as** [báiəs] *n.* (솔기·재단의) **사선,** 바이어스; 경사(slanting); 경향, 성벽; 편견; 〖無電〗 「바이어스」, 편의(偏倚). ── *vt.* (《英》 *-ss-*) 기울이다, 치우치게 하다, 편견을 갖게 하다. **~(s)ed** [-t] *a.* 비스듬한, 편견을 가진. 「픽 2종 경기 선수.

bi·ath·lete [baiǽθliːt] *n.* 동계 올림

bi·ath·lon [baiǽθlɑn] *n.* Ⓤ 〖競〗 동계 올림픽 2종 경기《스키의 장거리 레이스에 사격을 겸함》. 「축(軸)의.

bi·ax·i·al [baiǽksiəl] *a.* 〖光學〗 2

bib [bib] *n.* 《古》 턱받기; (에이프런 따위의) 가슴 부분. ***one's best ~ and tucker*** 나들이옷.

Bib., bib. Bible: Biblical.

bib·cock [bíbkὰk/-ɔ̀-] *n.* 수도꼭지.

bi·be·lot [bíːblou] *n.* ① 소형의 실내 장식품, 소골동품. ② 초소형판〔본〕.

Bibl., bibl. Biblical; bibliographical.
‡**Bi·ble** [báibəl] *n.* (the ～) 성서; (*or* b-) 성전; (b-) 권위 있는 참고서(*the golfer's b-*). **Bíb·li·cal, b-** [bíblikəl] *a.*
Bíble Bèlt, the 미국 남부의 신앙이 두터운 지역《fundamentalism을 굳게 믿음》.
Bib·li·cist [bíbləsist] *n.* 성서학자; 성서의 내용을 그대로 믿는 사람.
biblio- 「책의, 성서의」 뜻의 결합사.
bib·lio·film [bíbliəfìlm] *n.* 도서 복사 필름.
bibliog. bibliographer; bibliography.
bib·li·og·ra·phy [bìbliágrəfi / -ɔ́-] *n.* 참고서〔문헌〕 목록; Ⓤ 서지학(書誌學). **bib·li·óg·ra·pher** *n.* 서지학자. **bib·li·o·graph·ic** [bìbliəgrǽfik], **-i·cal** [-əl] *a.*
bib·li·ol·a·ter [bìbliálətər / -ɔ́-] *n.* 서적〔성서〕 숭배자. **bib·li·ól·a·trous** *a.* **bib·li·ól·a·try** *n.* Ⓤ
bib·li·o·ma·ni·a [bìbliouméiniə, -njə] *n.* Ⓤ 장서벽(藏書癖). **-ma·ni·ac** [-méiniæ̀k] *a., n.* 장서광의 (사람).
bib·li·o·phile [bíbliəfàil], **-phil** [-fil] *n.* 애서가.
bib·u·lous [bíbjələs] *a.* 술꾼의, 술을 좋아하는; 흡수성의(absorbent).
bi·cam·er·al [baikǽmərəl] *a.* 〚政〛 양원제(兩院制)의.
bi·carb [baiká:rb] *n.* Ⓤ 중탄산소다.
bi·car·bo·nate [baiká:rbənit, -nèit] *n.* 〚化〛 중탄산염; Ⓤ 중조. ～ *of soda* 중탄산소다.
bi·cen·te·nar·y [baiséntənèri / bàisentí:nəri] *a., n.* =⇩.
bi·cen·ten·ni·al [bàisenténiəl] *a., n.* 200년(째)의; 200년제(祭)(의); 200년기(忌)(의).
bi·cen·tric [baiséntrik] *a.* 2중심의, 쌍심(雙心)의.
bi·ceph·a·lous [baiséfələs] *a.* 쌍두(雙頭)의.
bi·ceps [báiseps] *n.* 〚解〛 이두근(二頭筋).
bi·chlo·ride [baiklɔ́:raid] *n.* Ⓤ〚化〛 이염화물(二塩化物). ～ *of mercury* 염화제이수은, 승홍(昇汞).
bi·chro·mate [baikróumeit] *n.* Ⓤ 〚化〛 중크롬산염; Ⓤ 중크롬산칼륨.
bi·cip·i·tal [baisípətəl] *a.* 머리가 두 개인; 〚解〛 이두근(二頭筋)의.
bick·er [bíkər] *n.* 말다툼; (불꽃이) 반짝거림; 후드득거림. —— *vi.* 말다툼하다; 반짝거리다; (비가) 후드득 떨어지다.
bi·cron [báikran/-krɔn] *n.* 〚理〛 비크론《1 m의 10억 분의 1》.
bi·cul·tur·al [baikʌ́ltʃərəl] *a.* 두 문화(병용)의.
bi·cus·pid [baikʌ́spid] *n.* 〚解〛 이두치(二頭齒). —— *a.* (이가) 뾰족한 끝이 둘 있는.
†**bi·cy·cle** [báisikəl] *n., vi.* 자전거(에 타다). **-clist** *n.* 자전거 타는 사람.
‡**bid** [bid] *vt.* (*bade, bad, bid; bidden, bid; -dd-*) ① 명하다(～ *him* (*to*) do). ② (인사를) 말하다 (～ *him farewell, welcome, etc.*). ③ 값매기다, 입찰하다, 값을 다투다《이 뜻의 과거(분사)는 *bid*》. ④ 초대하다; 공고하다. ⑤ (카드놀이에서) 선언하다. —— *vi.* 값을 매기다, 입찰하다. ～ *fair to* …할 가망이 있다, 유망하다. ～ *for* = ～ on. ～ *in* (입자가) 자기 앞으로 낙찰시키다. ～ *off* 낙찰시키다. ～ *on* …의 입찰을 하다. ～ *up* 경매에서 값을 올리다. —— *n.* 부른 값, 입찰; 제안; (호의를 얻는) 노력; 시도. *call for ～s on* …의 입찰을 하다. *make a* 〔*one's*〕 ～ *for* …에 값을 매기다; (호의를) 얻으려고 노력하다. **bíd·da·ble** *a.* 유순한; 〚카드〛 겨룰 수 있는. **bíd·der** *n.*
***bid·den** [ˊn] *v.* bid의 과거분사.
***bid·ding** [ˊiŋ] *n.* Ⓤ ① 입찰, 값 다투기. ② 명령. ③ 초대. ④ 공고; 선언.
bid·dy [bídi] *n.* 암탉(hen); 《美》 하녀.
***bide** [baid] *vt., vi.* (*～d, bode; ～d*) 기다리다(～ *one's time* 좋은 기회를 기다리다); 《古》 참다; 《古》 살다, 머물다.
bi·det [bidét/bí:dei] *n.* (F.) 비데《국부 세척기》.
bi·di·rec·tion·al [bàidirékʃənəl, -dai-] *a.* (안테나·마이크 등이) 양지향성(兩指向性)의.
bi·en·ni·al [baiéniəl] *a., n.* 2년에 한 번의; 2년간의; 〚植〛 2년생의 (식물); 2년마다 여는 전람회, 「비에날레」; 2년마다 보는 시험 (따위). **～·ly** *ad.*
bier [biər] *n.* 관가(棺架), 관대(棺臺).
Bierce [biərs], **Ambrose** (1842-1914?) 미국의 단편 작가.
biff [bif] *n., vt.* 《俗》 강타(하다).
bif·fin [bífin] *n.* 《英》 요리용의 검붉은 사과.
bi·fid [báifid] *a.* 〚植〛 이열(二裂)의, 두 갈래의.
bi·fo·cal [baifóukəl] *a., n.* 이중 초점의; (*pl.*) 이중 초점 안경.
bi·fo·li·ate [baifóuliit] *a.* 〚植〛 쌍엽의.
Bif·rost [bí:frast / -ɔ-] *n.* 〚北歐神話〛 무지개 다리《하늘과 땅 사이의》.
bi·fur·cate [*v.* báifərkèit, -ˊ-; *a.* -kit] *a., vt., vi.* 두 갈래진; 두 갈래로 가르다〔갈리다〕.
†**big** [big] *a.* (*-gg-*) ① 큰; 성장한 (grown-up). ② 중요한, 높은. ③ 잘난 체하는, 뽐내는(boastful) (*get too ～ for one's boots* 뽐내다); 임신한(*She is ～ with child.*). —— *ad.* 《口》 뽐내며.
big·a·my [bígəmi] *n.* Ⓤ 〚法〛 중혼(重婚)(죄) (cf. digamy).
bíg báng thèory 〚天〛 우주가 폭발에 의하여 생성하고 팽창·수축을 되풀이한다는 설.
bíg béat, the 로큰롤 음악.
Bíg Bén 영국 국회 의사당 탑 위의 큰 시계(종).
Bíg Bóard 《美口》 뉴욕 증권 거래소 (상장의 주식 시세표).
bíg bróther 형; (때로 B- B-)(고아·

불량 소년 등을 선도하는) 형 대신이 되는 남자; 독재 국가의 독재자.
bíg búg 〔**chéese, gún, nóise, númber, shòt, whéel**〕 《俗》 중요 인물, 거물(bigwig).
bíg búsiness 《口》 (종종 나쁜 뜻의) 큰 회사, 재벌.
bíg déal 《美俗》 하찮은 것.
Big Dípper, the ⇨ DIPPER.
bigg [big] *n.* Ⓤ 《英》 보리의 일종.
bíg gáme 큰 시합; 큰 사냥감《범 따위》.
big·gie [bígi] *n.* 《美俗》 훌륭하신 분; 대단한 것.
big·gish [bígiʃ] *a.* 좀 큰; 젠체하는.
big·head [bíghèd] *n.* ⓊⒸ 〖病〗 두부 팽창증《양(羊) 머리의 심한 염증》; 《美俗》 숙취; 《口》 자기 도취; Ⓒ 《美俗》 그런 사람.
big·heart·ed [-há:*r*tid] *a.* 친절한; 관대한.
bight [bait] *n.* 후미; 만곡부; 이완(弛緩).
big·no·ni·a [bignóuniə] *n.* 능소화나무의 무리.
big·ot [bígət] *n.* 완고한 사람; 광신자; 괴팍스런 사람. **~·ed** [-id] *a.* 편협한, 완고한. **~·ry** *n.* ⓊⒸ 고집불통, 완미(頑迷), 괴팍.
Big Scíence 거대 과학《대규모의 과학 연구》.
bíg síster 누나; (때로 B- S-)(고아·불량 소녀 등을 선도하는) 언니 구실을 하는 여자.
bíg stíck 《美》 (정치·군사적) 압력, 힘의 과시(*a* ~ *policy* 힘의 정책).
bíg tálk 《俗》 호언 장담, 허풍.
big-time [bígtàim] *a.* 《美俗》 일류의.
bíg tóe 엄지 발가락.
bíg trèe =SEQUOIA.
big·wig [-wìg] *n.* 《口》 높은 사람, 요인.
bi·jou [bí:ʒu:] *n.* (*pl.* **~*x*** [-z]), *a.* (F.) 보석(jewel); 작고 아름다운 (것).
bi·jou·te·rie [bi:ʒú:təri] *n.* Ⓤ 보석류; 자잘구레한 장신구.
bike [baik] *n., v.* 《口》 =BICYCLE.
bike·way [-wèi] *n.* 《美》 자전거 전용 도로.
Bi·ki·ni [bikí:ni] *n.* 비키니 환초(環礁) 《마샬 군도의》; (*or* b-) (투피스의) 여자 수영복.
bi·la·bi·al [bailéibiəl] *a., n.* 〖音聲〗 두 입술로 발음하는; 양순음(兩唇音)(b, p, m, w 따위).
bi·lat·er·al [bailǽtərəl] *a.* 양측〔양면〕이 있는; 양자간의; 〖法〗 쌍무적인(cf. unilateral).
bil·ber·ry [bílbèri, -bəri] *n.* 월귤나무속(屬).
bil·bo [bílbou] *n.* (*pl.* **~(*e*)*s*** [-z]) 《古》 검(sword), (스페인) 빌보검(劍); (*pl.* **~*es***) (옛날의) 쇠차꼬.
bile [bail] *n.* Ⓤ 담즙; 기분이 언짢음, 짜증.
bile·stone [-stòun] *n.* ⓊⒸ 〖醫〗 담석.
bi-lev·el [bailévəl] *a., n.* 상하 2층의; 《美》 준2층의 (가옥)《반지하식》.
bilge [bildʒ] *n.* (배 밑의) 만곡부; Ⓒ (통의) 중배; 《俗》 Ⓤ 허튼 소리(rot); = **∠ wàter** 배 밑에 괸 더러운 물. **—** *vt., vi.* (배 밑에) 구멍을 뚫다; 구멍이 뚫리다; 불룩하게 하다, 불룩해지다(bulge).
bil·i·ar·y [bílièri] *a.* 담즙의; 담즙을 나르는; 담즙 이상에 의한.
bi·lin·e·ar [bailíniə*r*] *a.* 〖數〗 쌍일차(雙一次)의.
***bi·lin·gual** [bailíŋgwəl] *a.* 두 나라 말을 하는, 두 나라 말로 쓴.
bil·ious [bíljəs] *a.* 담즙(bile)의; 담즙질의, 까다로운.
bilk [bilk] *vt.* (빚·셈을) 떼먹다, 떼먹고 도망치다. **—** *n.* 잘라 먹음; 사기꾼.
†**bill**[1] [bil] *n.* ① 계산서. ② 목록. ③ 벽보; 삐라, 포스터. ④ 《美》 지폐; 증서; 환어음. ⑤ 의안, 법안. ⑥ 〖法〗 소장(訴狀). ⑦ (연극의) 프로(printed program). **—** *vt.* 광고하다, 프로에 짜넣다; 예고하다; 청구서를 보내다. **~ *of exchange*** 환어음. **~ *of fare*** 식단표, 메뉴. **~ *of health*** 〖船〗 건강 증명서. **~ *of lading*** 선하 증권 《생략 B/L》. **~ *of mortality*** 사망 통계표. ***B- of Rights*** 《美》 (정부가 기본적 인권을 보장하는) 권리 장전, 《英》 권리 선언 (1689). **~ *of sale*** 〖商〗 매도 증서. ***fill the ~*** 《口》 요구를 충족시키다; 효과가 있다.
‡**bill**[2] *n.* 부리 (모양의 것) (cf. beak). **—** *vi.* (비둘기가) 부리를 맞대다. **~ *and coo*** (남녀가) 농탕치다, 희롱하다.
bill[3] *n.* (옛날의) 갈고리 창; =∠-**hook** [-hùk] 밀낫.
bill·board [-bɔ̀:*r*d] *n.* 게시판; 〖라디오·TV〗 방송 전후의 배역·스폰서 소개.
bill·book [-bùk] *n.* 어음장.
bíll bròker 증권〔어음〕 중매인.
bil·let[1] [bílit] *n.* 〖軍〗 (민가에 대한) 숙사 할당 명령서; (병영 이외의) 숙사(宿舍); 일자리, 직업. **—** *vt.* (병사에게) 숙사를 할당하다.
bil·let[2] *n.* 굵은 장작; 철봉.
bil·let-doux [bílidú:, -lei-] *n.* (*pl.* ***billets-doux*** [-z]) (F.) 연애 편지.
bill·fold [bílfòuld] *n.* 《美》 (둘로 접게 된) 지갑.
bill·head [-hèd] *n.* (청구서) 용지의 위쪽에 인쇄한 상호와 소재지명.
bil·liard [bíljərd] *a.* 당구(용)의. **~·ist** 당구가.
bílliard ròom 〔**tàble**〕 당구장〔대〕.
***bil·liards** [bíljərdz] *n. pl.* 당구.
bill·ing [bíliŋ] *n.* ⓊⒸ 게시, 광고; 〖劇〗 (배우의) 프로에서의 서열.
bílling machìne 자동 경리 계산기.
Bil·lings·gate [bíliŋzgèit / -git] *n.* 런던의 어시장; (b-) Ⓤ 폭언, 상말.
***bil·lion** [bíljən] *n., a.* 《美·프》 10억(의); 《英·獨》 1 조(兆)(의).
bil·lion·aire [bìljənέə*r*] *n.* 억만장자.
***bil·low** [bílou] *n., vi.* 큰 파도(가 일다), 놀치다. **~·y** *a.* 너울의, 물결이 높은.
bill·post·er [bílpòustə*r*], **bill·stick·er** [-stìkə*r*] *n.* 삐라 붙이는 사람.

bil·ly¹ [bíli] *n.* 곤봉, 《口》 경찰봉.
bil·ly² *n.* 《濠》 (양철) 주전자.
bil·ly·cock [-kɑ̀k/-ɔ̀-] *n.* 《英》 중절모(帽).
bílly gòat 《口》 숫염소.
bil·ly-o(h) [-(h)òu] *n.* 《다음 成句로만》 *like* ~ 《英口》 맹렬하게.
bil·tong [bíltɑ̀ŋ/-ɔ̀-] *n.* Ⓤ 육포.
bi·mes·tri·al [baiméstriəl] *a.* 2개월간의; 두 달에 한 번의.
bi·me·tal [baimétl] *a.* =BIMETALLIC. —— *n.* 바이메탈, 두 가지 합금.
bi·me·tal·lic [bàimətǽlik] *a.* 두 금속의〔으로 된〕; 복본위제의.
bi·met·al·lism [baimétəlìzəm] *n.* Ⓤ 복(複)본위제〔주의〕.
bi·month·ly [baimʌ́nθli] *a., ad.* 2개월에 한 번(의), 격월의, 격월로; 월 2회(의). —— *n.* 격월〔월 2회〕 발행지(誌).
***bin** [bin] *n., vt.* (*-nn-*) 큰 상자(에 넣어 저장하다).
bi·na·ry [báinəri] *a., n.* 둘의; 둘〔두 요소〕로 된 (것); = ∠ **stár** 〖天〗 연성(連星).
bi·nate [báineit] *a.* 〖植〗 쌍생의.
bin·au·ral [bainɔ́:rəl] *a.* 두 귀의, 두 귀에 쓰는; 입체 음향〔방송〕의 (cf. monaural).
‡**bind** [baind] *vt.* (*bound*) **동이다,** 매다; 감다; 제본하다; **속박〔구속〕하다;** 의무를 지우다; (타르·시멘트 따위로) 굳히다; 변비를 일으키게 하다 (constipate). —— *vi.* 동이다; 굳어지다; 구속하다. ***be bound to*** 꼭 …하다. ***be in duty bound to*** …할 의무가 있다. ~ ***oneself to*** …할 것을 맹세하다. ~ ***up*** 붕대를 감다, 단으로 묶다. —— *n.* 묶는 것; (식물의) 덩굴; 〖樂〗 연결선(tie). *∠**·er** *n.* **묶는 것〔사람〕,** 끈; 제본인; 굳히는 것; (서류 따위를) 철하는 표지. ∠**·er·y** [-əri] *n.* 제본소. *∠**·ing** *a., n.* **묶는,** ⓊⒸ 동이는 (것, 일); 제본; 붕대; 속박(하는), 의무를 지우는.
bínding ènergy 〖理〗 결합 에너지.
bíndle stìff 《美俗》 (침구를 갖고 다니는) 부랑인.
bind·weed [∠wì:d] *n.* 메꽃 (무리의 덩굴풀).
bine [bain] *n.* 〖植〗 덩굴 《특히, hop의》; 〖植〗 인동덩굴의 일종.
Bi·nét-Sí·mon tèst [binéisáimən] 비네시몽식 지능 검사법.
binge [bindʒ] *n.* 《口》 법석대는 술잔치.
bin·gle¹ [bíŋgəl] *n., vi.* 《野俗》 안타(를 치다).
bin·gle² *n., vt.* (bob¹와 shingle의 중간인) 치켜 깎은 단발(로 하다).
bin·go [bíŋgou] *n.* Ⓤ 빙고 《lotto의 일종》.
bin·na·cle [bínəkəl] *n.* 〖海〗 나침함(羅針函).
bin·o·cle [bínəkəl] *n.* 쌍안경.
bin·oc·u·lar [bənɑ́kjələr, bai-/-ɔ́-] *a., n.* 두 눈용의; (*pl.*) 쌍안경(opera glass).
bi·no·mi·al [bainóumiəl] *n., a.* 〖數〗 이항식(二項式)(의); 〖生〗 이명식(二名式)의, 이명식 이름. ~ ***nomenclature*** (속(屬)명과 종(種)명과의) 2명식 명명법 《보기: *Homo sapiens* 사람》. ~ ***theorem*** 2항 정리.
bi·nom·i·nal [bainɑ́mənəl / -ɔ́-] *a.* 〖生〗=BINOMIAL.
bint [bint] *n.* 《濠·英俗》 여자.
bio- 「생명」의 뜻의 결합사.
bi·o·as·say [bàiouəséi] *n.* 생물학적 정량(定量).
bi·o·as·tro·nau·tics [bàiouæ̀strənɔ́:tiks] *n. pl.* 우주 생리학.
bi·o·blast [báioublæ̀st, -ɑ:-] *n.* 〖生〗 부정형(不定形) 원형질의 작은 집단.
bi·o·ce·nol·o·gy [bàiousənɑ́lədʒi / -ɔ́-] *n.* Ⓤ 생물 군집학(群集學).
bi·o·chem·i·cal [bàioukémikəl] *a.* 생화학의. ~ ***oxygen demand*** 생화학적 산소요구량.
bi·o·chem·is·try [-kéməstri] *n.* Ⓤ 생화학. **bi·o·chém·ist** *n.*
bi·o·cide [báiəsàid] *n.* 생물독; 생명의 파괴.
bi·o·cli·ma·tol·o·gy [bàiouklàimətɑ́lədʒi/-ɔ́-] *n.* Ⓤ 생물 기후학.
bi·o·c(o)e·no·sis [-sənóusis], **-ce·nose** [-sí:nous] *n.* (*pl.* ***-ses*** [-si:z]) 〖生〗 생물 군집.
bi·o·de·grad·a·ble [-digréidəbəl] *a.* 미생물로 분해되는.
bi·o·dy·nam·ic [-dainǽmik] *a.* 생활 기능학의〔기능학적인〕. **~s** *n. pl.* 생활 기능학.
bi·o·e·col·o·gy [-ikɑ́lədʒi/-ɔ́-] *n.* Ⓤ 생물 생태학.
bi·o·en·gi·neer·ing [-èndʒiníəriŋ] *n.* Ⓤ 생의학 공학(biomedical engineering).
bi·o·eth·ics [-éθiks] *n.* Ⓤ 생명윤리(학) 《유전자공학이나 심장이식 등에 관해 야기되는》.
bi·o·feed·back [-fí:dbæk] *n.* Ⓤ 바이오피드백 《뇌파계를 따라 알파파(波)를 조절, 안정된 정신 상태를 얻는 방법》.
biog. biographer; biographical; biography.
bi·o·gen·e·sis [bàioudʒénəsis] *n.* 속생설(續生說) 《생물은 생물로부터만 발생한다는 설》.
bi·o·ge·og·ra·phy [-dʒi:ɑ́grəfi / -ɔ́-] *n.* Ⓤ 생물 지리학.
***bi·og·ra·pher** [baiɑ́grəfər / -ɔ́-] *n.* **전기 작가.**
‡**bi·og·ra·phy** [baiɑ́grəfi/-ɔ́-] *n.* Ⓒ **전기**(life). ***bi·o·graph·ic** [bàiougrǽfik], **-i·cal** [-əl] *a.*
biol. biological; biologist; biology.
‡**bi·ol·o·gy** [baiɑ́lədʒi/-ɔ́-] *n.* Ⓤ **생물학.** ***-gist** *n.* ***bi·o·log·i·cal** [bàiəlɑ́dʒikəl/-ɔ́-] *a.* **생물학(상)의;** 생물학 응용의 (*biological warfare* 세균전).
bi·o·lu·mi·nes·cence [bàioulù:mənésəns] *n.* Ⓤ 생물 발광(發光).
bi·ol·y·sis [baiɑ́ləsis/-ɔ́-] *n.* Ⓤ (생물체의) 미생물에 의한 분해.
bi·o·mass [báioumæ̀s] *n.* Ⓤ 〖生態〗 생물량.
bi·ome [báioum] *n.* 〖生態〗 생물군계(群系)(biotic formation).
bi·o·me·chan·ics [bàioumikǽniks] *n. pl.* 생물 역학. **-i·cal** *a.*

bi·o·med·i·cal [-médikəl] *a.* 생물 의학의. ~ ***engineering*** 생의학 공학 (bioengineering).
bi·o·med·i·cine [-médəsin] *n.* Ⓤ 생물 의학. 「물 측정학.
bi·o·met·rics [-métriks] *n. pl.* 생
bi·om·e·try [baiámətri/-ɔ́-] *n.* Ⓤ 수명 측정(법); =⇧.
bi·o·mol·e·cule [bàioumáləkjù:l/-ɔ́-] *n.* 유생 분자(有生分子) 《바이러스처럼 생명 있는》.
bi·on·ics [baiániks/-ɔ́-] *n. pl.* 생체 공학《인간·동물의 행동 양식을 연구하여 컴퓨터 설계에 응용하는 학문》.
bi·o·nom·ics [bàiounámiks/-ɔ́-] *n.* 생태학. 「명학; 생리학; 생태학.
bi·on·o·my [baiánəmi/-ɔ́-] *n.* Ⓤ 생
bi·o·phys·ics [bàioufíziks] *n. pl.* 생물 물리학.
bi·o·plasm [báiouplæ̀zəm] *n.* Ⓤ 〖生〗 원생질(原生質). **-plast** [-plæ̀st] *n.* 원생체, 원생질 세포.
bi·op·sy [báiɑpsi/-ɔ-] *n.* 〖醫〗 생검(生檢)(법)《생체조직의 현미경 검사》.
bi·o·rhythm [báiouriðəm] *n.* 바이오리듬《생체의 주기성》. 「위성.
bi·o·sat·el·lite [-sǽtəlàit] *n.* 생물
bi·o·sci·ence [báiousàiəns] *n.* Ⓤ 생물 과학; 우주 생물학.
bi·os·co·py [baiáskəpi / -ɔ́-] *n.* 〖醫〗 생사(生死) 반응 검사.
bi·o·sphere [báiəsfìər] *n.* 〖宇宙〗 생물권(圈). 「생물 정(靜)역학.
bi·o·stat·ics [bàioustǽtiks] *n. pl.*
bi·o·syn·the·sis [-sínθəsis] *n.* Ⓤ 〖生化〗 생합성(生合成). 「성의.
bi·o·syn·thet·ic [-sinθétik] *a.* 생합
bi·o·tech·nol·o·gy [-teknálədʒi/-ɔ́-] *n.* Ⓤ 생물 공학.
bi·o·te·lem·e·try [-təlémətri] *n.* Ⓤ 〖宇宙〗 생물 원격 측정법.
bi·ot·ic [baiátik/-ɔ́-], **-i·cal** [-əl] *a.* 생명에 관한; 생명의. ~ ***formation*** 〖生態〗 생물 군계(群系).
bi·o·tin [báiətin] *n.* Ⓤ 비타민 B 복합체.
bi·o·tite [báiətàit] *n.* Ⓤ 〖鑛〗 흑운모.
bi·o·tope [báiətòup] *n.* 〖生〗 소(小) 생활권.
bi·o·vu·lar [baiávjələr/-ɔ́v-] *a.* 〖生〗 2란 생 의《쌍 생 아》(cf. monovular).
bi·pack [báipæ̀k] *n.* 〖寫〗 2중 천연색 필름.
bi·par·ti·san, -zan [baipá:rtəzən] *a.* 양당(兩黨)의.
bi·par·tite [baipá:rtait] *a.* 2부로 〔2통으로〕 된; 〖植〗 (잎이) 두 갈래로 째진. 「*a.* 두 발의.
bi·ped [báiped] *n.* 두 발 동물. ——
bi·pet·al·ous [baipétələs] *a.* 꽃잎이 둘 있는. 「행)기.
bi·plane [báiplèin] *n.* 복엽(複葉)(비
bi·po·lar [baipóulər] *a.* 〖電〗 2극이 있는; (의견·성질이) 정반대의.
***birch** [bə:rtʃ] *n., vt.* **자작나무;** Ⓤ 그 재목; Ⓒ 자작나무 회초리(로 때리다).
†bird [bə:rd] *n.* 새; 엽조; 《俗》 녀석 (*a queer* ~ 괴짜), 계집아이; 《美俗》 (청중의) 야유 《휘파람이나 쉿쉿하는 소리》 (*give him a* ~ 야유하다); 《口》 비행기; 《美俗》 로케트; 인공 위성. —— *vi.* 들새를 관찰하다; 새를 잡다. ~ ***in the hand*** 〔***bush***〕 확실〔불확실〕한 것. ~ ***of paradise*** 극락조. ~ ***of passage*** 철새; 방랑자. ~ ***of peace*** 비둘기. ~ ***of prey*** 맹금(猛禽). ~***s of a feather*** 동류〔동호〕인. ***eat like a*** ~ 적게 먹다. ***get the*** ~ 《俗》 야유당하다; 해고되다. ***kill two*** ~***s with one stone*** 일석으로 이조를 얻다.
bird·brain [bə́:rdbrèin] *n.* 《俗》 얼간이.
bírd càge 새장. 「리.
bírd càll 새소리; 새소리가 나는 피
bírd dòg 새 사냥개.
bird·er [⊿ər] *n.* (특히 직업적) 새 사냥꾼; 들새 관찰자.
bird-eyed [⊿àid] *a.* 눈이 날카로운; 잘 놀라는.
bírd fàncier 조류 애호가; 새장수.
***bird·ie** [bə́:rdi] *n.* 《兒》 새, 작은 새 《애칭》. 「끈이.
bird·lime [⊿làim] *n.* Ⓤ (새잡는) 끈
bird·man [⊿mæ̀n, -mən] *n.* 조류 전문가; 《口》 비행가.
bird·seed [⊿sì:d] *n.* ⓊⒸ 새 모이.
bird's-eye [⊿zài] *a.* 위에서 본, 조감적(鳥瞰的)인 (*a* ~ *view* 조감도); 새눈(무늬)의. —— *n.* 새눈 무늬의 무명.
bird's-nest [⊿znèst] *n.* 새 둥우리; 바다제비집《요리용》. ~**·ing** *n.* 새둥지 뒤지기. 「〔위성〕 관측자.
bírd wàtcher 들새 관찰자; 로켓
bi·ret·ta [birétə] *n.* 〖카톨릭〗 모관(毛冠) 《4각의 성직모》.
***Bir·ming·ham** [bə́:rmiŋəm] *n.* 영국 중부의 공업 도시.
Bi·ro [báirou] *n.* 《英》 〖商標〗 볼펜의 일종.
‡birth [bə:rθ] *n.* ⓊⒸ **출생,** 탄생; 출산; Ⓤ 태생, 혈통, 가문(descent); Ⓒ 태어난 것; Ⓤ 기원. ***by*** ~ 태생은; 타고난. ***give*** ~ ***to*** …을 낳다, 생기게 하다. ***new*** ~ 신생, 갱생, 재
bírth certìficate 출생 증명서. ㄴ생.
bírth contròl 산아 제한.
†birth·day [⊿dèi] *n.* **생일**(*a* ~ *cake* 생일 케이크).
bírthday hónours 《英》 국왕〔여왕〕 생일에 행해지는 서훈(叙勳).
bírthday sùit 《口》 알몸. ***in one's*** ~ 알몸으로.
birth·mark [⊿mà:rk] *n.* 모반(母斑), (날 때부터 몸에 지닌) 점.
bírth pàng (출산의) 진통; (*pl.*) (사회 변화에 따른) 일시적 혼란, 불행한 사태.
bírth pìll 경구(經口) 피임약.
***birth·place** [⊿plèis] *n.* **출생지,** 발
bírth ràte 출산율. ㄴ생지.
birth·right [⊿ràit] *n.* ⓊⒸ 생득권(生

得權); 장자 상속권.
birth·stone [´stòun] *n.* 탄생석《난달을 상징하는 보석》.
bis. bissextile. **BIS, B.I.S.** Bank for International Settlements 국제 결제(決濟) 은행. British Information Service 영국 정보부.
Bis·cay [bískei, -ki], **the Bay of** 스페인 북쪽 해안과 프랑스 서해안 사이에 있는 큰 만.
‡**bis·cuit** [bískit] *n.* 《美》 작은 빵; 《英》 비스킷(《美》 cracker); Ⓤ 비스킷색; Ⓒ 《英俗》 매트리스. ***take the* ～** 《英俗》 일등상을 타다. **～*ware*** 애벌구이 오지그릇.
bi·sect [baisékt] *vt.* 2(등)분하다. **bi·séc·tion** *n.* Ⓤ **bi·sec·tor** [-séktər] *n.* 〖數〗 2등분선.
bi·sex·u·al [baisékʃuəl] *a.* 양성(兩性)의; 양성을 갖춘.
‡**bish·op** [bíʃəp] *n.* 〖聖公會·카톨릭〗 주교; 감독; 〖佛〗 승정(僧正); 〖체스〗 비숍《모자꼴의 말》. **～·less** *a.* **～·ric** *n.* 비숍의 직〔교구〕.
Bíshop's ríng 〖氣〗 비숍 고리《화산 폭발·원폭 실험 등으로 공중의 미소한 먼지에 의한 태양 주위의 암적색의 둥근 테》. 「따위의》.
bisk [bisk] *n.* Ⓤ 진한 수프《새고기
Bis·marck [bízmɑːrk], **Otto von** (1815-98) 독일 제국을 건설한 프러시아의 정치가.
bis·muth [bízməθ] *n.* Ⓤ 〖化〗 창연(蒼鉛). 「북미산》.
bi·son [báisən] *n.* (*pl.* ～) 들소《유럽·
bisque [bisk] *n.* ＝BISK; Ⓤ 애벌 구운 오지 그릇; Ⓒ (테니스 따위에서) 1점의 핸디캡.
bis·sex·tile [baisékstəl, bi-/-tail] *n.*, *a.* 〖天〗 윤년(의). 「동색(그림물감).
bis·ter, 《英》 **-tre** [bístər] *n.* Ⓤ 고
bis·tort [bístɔːrt] *n.* 〖植〗 범꼬리.
bis·tou·ry [bístəri] *n.* 유엽도(柳葉刀)《외과용 메스의 일종》.
bis·tro [bístrou] *n.* (*pl.* **～*s***) 작은 술집. 「〖化〗 중황산염(重黃酸塩).
bi·sul·fate, -phate [baisʌ́lfeit] *n.*
bi·sul·fide, -phide [baisʌ́lfaid, -fid], **-fid, -phid** [-fid] *n.* 이황화물(二黃化物).
†**bit**[1] [bit] *n.* **작은 조각, 조금, 소량;** 잠시(*Wait a* ～.); 잔돈; 《美俗》 12 센트 반; (음식의) 한입거리. ***a* ～ *of a*** ... 어느 편인가 하면, 좀. ***a good* ～** 오랫동안; 대단히. ***a nice* ～ *of*** 많은. **～ *by* ～** 점점, 조금씩. ***do one's* ～** 《口》 본분을 다하다. ***give a* ～ *of one's mind*** 잔소리를 말하다. ***not a* ～** 《口》 조금도 …않다.
bit[2] *n.* (말의) 재갈; 구속(물); (송곳의) 끄트머리; (대패의) 날. ***draw* ～** 말을 세우다; 삼가다. ***get* 〔*take*〕 *the* ～ *between the teeth*** (말이) 날뛰다; 반항하다. **—** *vt.* (*-tt-*) (…에게) 재갈을 물리다; 구속하다.
bit[3] (<*binary digit*) *n.* (보통 *pl.*) 〖컴퓨터〗 비트《정보량의 기본 단위》.
bit[4] *v.* bite의 과거(분사).
bitch [bitʃ] *n.* (개·이리·여우의) 암컷; 《俗》 개년; 갈보; 매춘부.
‡**bite** [bait] *vt.* (*bit; bitten, bit*) ① 물다, 물어뜯다. ② (추위가) 스미다. ③ (벼룩·모기가) 물다; (게가) 물다; (물고기가) 덥석 물다. ④ (톱니바퀴가) 맞물다(grip). ⑤ 《俗》《受動形으로》 속이다. ⑥ (산이) 부식하다(eat into) **—** *vi.* **물다,** 대들어 물다(*at*); 부식하다; 피부에 스미다; 먹이를 덥석 물다; 유혹에 빠지다. ***be bitten with*** …에 열중하다. **～ *away* 〔*off*〕** 물어 끊다. **～ *off more than one can chew*** 힘에 부치는 일을 하려고 들다. **～ *one's nails*** 분해하다. **～ *the dust* 〔*ground*〕** 쓰러지다; 지다; 전사하다. **—** *n.* **한 번 묾**〔**깨묾**〕, **한 입; 물린**〔**쏘인**〕 **상처;** (물고기가) 미끼를 물기; 부식. ***(a)* ～ *and (a) sup*** 급히 먹는 식사. ***make two* ～*s at* 〔*of*〕 *a*** CHERRY. **bít·er** *n.* 물어 뜯는 개; 무는 사람; 사기꾼 (*The biter (is) bit.* 《俗談》 남잡이가 제잡이). ***bít·ing** *a.* 찌르는 듯한, 날카로운; 부식성의.
bitt [bit] *n.* (보통 *pl.*) 〖船〗 계주(繫柱)《닻줄 따위를 매는》.
***bit·ten** [bítn] *v.* bite의 과거분사.
‡**bit·ter** [bítər] *a.* ① 쓴; 격심한(～ *cold* 몹시 추운). ② 가엾은; 비참한. ③ 모진(harsh). ***to the* ～ *end*** 끝까지. **—** *n.* 쓴맛; 《英》 쓴 맥주; (*pl.*) 고미제(苦味劑)《키니네 따위》. ‡**～·ly** *ad.* ***～·ness** *n.* Ⓤ
bit·ter-end·er [bítəréndər] *n.* 《美口》 끝까지 견디는 사람, 철저한 항전론자.
bit·tern [bítə(ː)rn] *n.* 〖鳥〗 알락해오라기. 「의 화초.
bit·ter·root [bítərrùːt] *n.* 쇠비름과
bit·ter·sweet [bítərswìːt] *a.*, *n.* 쓰고도 단 (것); 고생스럽고도 즐거운; 〖植〗 배풍등.
bit·ty [bíti] *a.* 단편적인, 가늘게 자른.
bi·tu·men [baitjúːmən, bítjumən] *n.* Ⓤ 가연(可燃) 광물《아스팔트·석유·피치 따위》.
bi·tu·mi·nous [baitjúːmənəs, bi-] *a.* 역청(瀝靑)의. **～ *coal*** 역청탄; 연탄(軟炭).
bi·va·lent [baivéilənt, bívə-] *a.* 〖化·生〗 2가의, 2가 염색체의. **-lence** *n.* Ⓤ 「조개(의); 굴; 양판(兩瓣)의.
bi·valve [báivæ̀lv] *n.*, *a.* 쌍각(雙殼)
biv·ou·ac [bívuæ̀k] *n.*, *vi.* (*-ack-*) 야영(하다), 〖登山〗 「비브액」(하다).
bívouac shéets (야영용) 천막《등산가용》.
bi·week·ly [bàiwíːkli] *a.*, *ad.* 격주(隔週)의〔로〕; 주 2회(의)(semiweekly). **—** *n.* 격주〔주 2회〕 간행물.
bi·year·ly [bàijíərli] *a.*, *ad.* 1년에 두 번(의); 2년에 한 번(의).
biz [biz] *n.* 《口》 ＝BUSINESS.
bi·zarre [bizɑ́ːr] *a.* 괴기한; 기묘한.
Bi·zone [báizòun], **Bi·zo·ni·a** [baizóuniə] *n.* 서독의 미영 점령 지구.

Björn·son [bjə́:rnsn], **Björnstjerne** (1832–1910) 뵤른손《노르웨이의 시인·소설가·극작가》.
BK 〖化〗 berkelium. **BK.** 〖野〗 balk(s). **bk.** bank; bark; block; book. **bkg.** banking. **bklr.** black letter. **bkpt.** bankrupt. **bkt.** basket(s). **B. L.** Bachelor of Laws; British Legion. **bl.** bale; barrel; black. **B/L, b. l.** bill of lading. **B. L. A.** Bachelor of Liberal Arts.
blab [blæb] *vt., vi.* (*-bb-*), *n.* 지절거리다, 비밀을 누설하다; 지절거리는〔비밀을 누설하는〕 사람; Ⓤⓒ 지절거림, 수다.
blab·ber (**·mouth**) [blǽbər (màuθ)] *n.* 수다쟁이.
†**black** [blæk] *a.* ① 검은; 더러운. ② 암담한(dismal). ③ 지르퉁한(~ *in the face* 안색을 변하여). ④ 불길한. ⑤ 사악한(wicked) (~ *cruelty* 굉장한 잔학). ⑥ 험악한. ⑦ 《口》 철저한. ***beat ~ and blue*** 멍이 들도록 때리다. ***~ and white*** 흑백 얼룩의〔으로〕; 분명(한); 인쇄된. ***say ~ in one's eye*** 비난하다. ——*n.* ① Ⓤⓒ **검정,** 흑색(물감), 흑점; Ⓤ 검은 그림물감〔잉크〕. ② 흑인. ③ Ⓤ 상복. ***~ and white*** 글씨 쓴 것; 펜 그림, 묵화. ***in ~ and white*** (글씨로) 써서; 인쇄되어; 흰 바탕에 검게. ——*vt., vi.* ① 검게 하다〔되다〕, (구두를) 닦다. ② 더럽히다. ***~ out*** …을 온통 검게 칠하다; 무대를 어둡게 하다; 등화 관제하다 (cf. DIM out); 〖空〗 blackout를 일으키다. ⌒**·ly** *ad.* *⌒**·ness** *n.* Ⓤ
black·a·moor [⌒əmùər] *n.* 흑인(Negro), (특히) 아프리카 흑인; 피부색이 검은 사람. 「서 멍이 든.
black-and-blue [⌒əndblú:] *a.* 맞아
bláck árt 마술, 마법.
black·ball [⌒bɔ̀:l] *n., vt.* 반대(투표)(하다); (사회에서) 배척하다.
black·bee·tle [⌒bì:tl] *n.* 〖蟲〗 바퀴.
Bláck Bèlt 《美》 (남부의) 흑인지대.
*__black·ber·ry__ [⌒bèri, -bəri] *n.* **검은 딸기.**
*__black·bird__ [⌒bə̀:rd] *n.* ① 《美》 **찌르레기**(의 무리); 《英》 **지빠귀**(의 무리). ② 《濠》 노예선에 붙잡힌 캐너커 원주민.
†**black·board** [⌒bɔ̀:rd] *n.* **칠판.**
bláck bòok 블랙리스트, 요시찰인
bláck bóx 《俗》 전자 장치. 」명부.
black·cap [⌒kæ̀p] *n.* (머리가 검은 유럽산의) 찌꼬리의 무리; (미국산의) 박새의 무리; 《美》 (열매가 검은) 나무딸기류(類).
Bláck Chámber (정부의) 첩보기관.
black·coat [⌒kòut] *n.* (검은 옷을 입는) 성직자; 《英》 월급장이.
bláck cómedy 블랙코메디《빈정대는 유머가 깃든 희극》.
Bláck Còuntry 흑향(黑鄕) 《잉글랜드 중부의 석탄·철공업 중심지》.
black·damp [⌒dæ̀mp] *n.* (탄갱 안의) 질식 가스.
Bláck Déath 흑사병, 페스트 《14세기 유럽에 유행》.
bláck díamond 석탄. 「음.
bláck dóg 《口》 우울, 기분이 언짢
bláck dráught 하제(下劑)의 일종.
*__black·en__ [⌒ən] *vt., vi.* ① **검게**〔어둡게〕 **하다**〔**되다**〕. ② 비방하다.
Bláck Énglish 흑인 영어. 「멍.
bláck éye (맞아서 생긴) 눈언저리의
black·face [⌒fèis] *n.* 흑인으로 분장한 배우〔가수〕; Ⓤ 〖印〗 굵은〔블랙〕 활자.
black·fish [⌒fìʃ] *n.* 둥근 머리의 돌고래; 검은 물고기《농어 따위》.
bláck flág (해골을 그린) 해적기.
Bláck Fórest 독일 서남부의 삼림지대. 「가 처형된》.
Bláck Fríday 불길한 금요일《예수
bláck góld 석유.
black·guard [blǽgərd, -gɑ:rd] *n., a., vt.* 악한(惡漢); 야비한, 입이 건; 욕지거리하다.
Bláck Hánd 《美》 흑수단(黑手團) 《범죄를 일삼던 이탈리아계 미국인의 비밀 단체》; 《一般》 폭력단.
black·head [blǽkhèd] *n.* 검은 여드름; 머리가 검은 각종 새. 「검은.
black-heart·ed [⌒há:rtid] *a.* 뱃속
bláck húmo(u)r 블랙 유머《빈정거리는 병적인 유머》.
black·ing [blǽkiŋ] *n.* Ⓤ 흑색 도료; 구두약. 「대변(貸邊).
bláck ínk 검정 잉크; 《美》 흑자,
black·jack [⌒dʒæ̀k] *n., vt.* 큰 잔, 조끼(jug); 해적기; 《美》 곤봉(으로 때리다); 협박하다.
bláck léad [-léd] 흑연. 「파업파괴자.
black·leg [⌒lèg] *n.* 《俗》 사기꾼; 《英》
bláck létter 〖印〗 고딕 활자.
bláck líe 악의 있는 거짓말.
black·list [⌒lìst] *n.* 요주의 인물 명
bláck lùng 탄진폐(炭塵肺). 」부.
black·mail [⌒mèil] *n., vt.* Ⓤ 갈취(한 돈), 공갈(하다).
Bláck María 《俗》 죄수 호송차.
bláck márk 흑점《벌점》.
bláck márket 암시장.
bláck marketéer 〔**márketer**〕 암거래 상인. 「첫 등교일.
Bláck Mónday 《學生俗》 방학 후의
Bláck Múslim 흑백인의 완전 격리를 주장하는 흑인 회교 단체.
bláck nátionalism (미국의) 흑인 민족주의.
black·out [⌒àut] *n.* (무대의) 암전(暗轉); 등화 관제; 〖空〗 (방향 급변 따위로 인한) 일시적 시력〔의식〕 상실.
Bláck Pánther 검은 표범《미국의 흑인 과격파 당원》. 「은》.
bláck pépper 후춧가루 《껍질째 빻
bláck póint (보리의) 흑수병. 「운동.
Bláck Pówer 《美》 흑인 (지위 향상)
bláck pùdding 검은 소시지《돼지의 피나 기름을 넣어 만듦》.
Bláck Séa, the 흑해. 「존재.
bláck shéep (가문·단체의) 귀찮은
Bláck Shírt 검은 셔츠 당원《이탈리아의 Fascist의 별명》.

‡**black·smith** [⌐smìθ] *n.* 대장장이.
black·snake [⌐snèik] *n.* Ⓤ (북아메리카의) 먹구렁이; 《美》 쇠가죽 채찍.
bláck spót 위험 구역.
Bláck Stréam 〔**Cúrrent**〕, **the** L흑조(黑潮).
bláck téa 홍차.
black·thorn [⌐θɔ̀:rn] *n.* 자두나무 《유럽산》, 산사나무 《미국산》.
bláck tíe 검은 넥타이; 신사, 명사.
black·wash [⌐wɑ̀ʃ/⌐wɔ̀ʃ] *vt.* 폭로하다.
Bláck Wátch 《英》 스코틀랜드 고지 제 42 연대.
bláck·wa·ter féver [⌐wɔ̀:tər-] 〚醫〛 흑수열《악성 말라리아》.
blad·der [blǽdər] *n.* 방광(膀胱); (물고기의) 부레.
blad·der·wort [-wə̀:rt] *n.* 〚植〛 통발속의 식물.
‡**blade** [bleid] *n.* ① (풀의) **잎**. ② **칼날**, 칼. ③ 검객(劍客); 멋장이. ④ (노의) 노깃, (프로펠러의) 날개. ⑤ 견갑골(骨)(scapula).
blade·bone [⌐bòun] *n.* 견갑골.
blah [blɑ:] *int.* 《美俗》 바보같이! ── *n.* ⓊⒸ 허튼 소리, 어리석은 짓.
blain [blein] *n.* 〚病〛 수포(水疱), 종기; 농포(膿疱).
Blake [bleik], **William**(1757–1827) 영국의 시인·화가.
blam·a·ble [bléiməbəl] *a.* 비난할 만「한.
‡**blame** [bleim] *vt.* ① **나무라다**, 비난하다(*for*). ② …의 탓으로 돌리다 (*on, upon*). ***be to*** ~ 책임을 져야 마땅하다(*You are to* ~. 네가 나쁘다). ── *n.* 비난; 책임; 허물. ⌐**·ful**(**·ly**) *a.* (*ad.*) *⌐**·less**(**·ly**) *a.* (*ad.*)
blame·wor·thy [⌐wə̀:rði] *a.* 나무랄 만한.
*__blanch__ [blæntʃ, blɑ:ntʃ] *vt., vi.* ① **희게 하다**〔되다〕(whiten), 표백하다. ② (얼굴을) 창백하게 하다, 창백해지다. ~ ***over*** (과실 따위를) 둘러대다.
blanc·mange [bləmɑ́:ndʒ/-mɔ́ndʒ] *n.* ⓊⒸ 블라망주《우유가 든 흰 젤리; 디저트용》.
*__bland__ [blænd] *a.* ① **온화한**, 부드러운. ② 기분 좋은 《산들바람 따위》. ③ 상냥한(suave). ④ 순한(sweet) 《담배·약 등》.
blan·dish [blǽndiʃ] *vt.* 비위를 맞추다, 아첨하다; (교묘하게) 설득하다 (coax). ~**·ment** *n.*
‡**blank** [blæŋk] *a.* ① **백지의**. ② 공허한; 흥미 없는, **단조로운**. ③ (벽 따위) 문이나 창이 없는. ④ 무표정한, **멍한**. ⑤ 순전한(~ *stupidity*). ── *n.* 백지; 《美》 기입 용지 (《英》 form); 여백, 공백; 공허; 대시(—) (*Mr.* — ('Mr. Blank'라 읽음) 모씨 (某氏)). ***draw a*** ~ 《口》 꽝을 뽑다; 실패하다. ***in*** ~ 공백인 채로. ── *vt.* 비우다, 공백으로〔무효로〕 하다; 《美口》 영패(零敗)시키다. ***B- him!*** 염병할! ⌐**·ly** *ad.* 단호히; 멍하니.
blánk chéck 백지 수표. ***give a person a*** ~ 얼마든지 돈을 주다; 멋대로 하게 하다.
‡**blan·ket** [blǽŋkit] *n.* **담요**, 모포. ***be born on the wrong side of the*** ~ 사생아로 태어나다. ***wet*** ~ 흥을 깨뜨리는 것〔사람〕; 탈을 잡는 사람. ── *a.* 총괄적인; 차별하지 않는; 일률적인. ── *vt.* ① 담요에 싸(서 헹가래하)다. ② 《口》 (사건을) 덮어 버리다(obscure). ③ 《美》 (전화를) 방해하다. ④ 《口》 숨기다. ⑤ (법률이) …에 대하여 총괄적으로 적용되다.
blánket àrea (방송국 주변의) 난청「구역.
blánket bómbing 《美》 융단〔무차별, 전면〕 폭격.
blánket chèst 이불장.
blánket insúrance 《美》 전종(全「種) 보험.
blánket vìsa 일괄 사증《세관이 선객 전부에게 일괄하여 주는 비자》.
blank·e·ty(**-blank**) [blǽŋkəti (blǽŋk)] *a., ad.* 《口》 괘씸한; 괘씸L하게도.
blánk fòrm 기입 용지.
blánk vérse 무운시(無韻詩)《보통 5 각약강격(五脚弱强格)》.
blan·quette [blɑ:ŋkét] *n.* (F.) ⓊⒸ 블랑켓《백 소스로 조리한 송아지 고기 스튜》.
blare [blɛər] *vi.* (나팔이) 울려 퍼지다; 외치다, (동물이 굵은 소리로) 울다. ── *vt.* 울리다. ── *n.* 울림; 외치는〔우는〕 소리.
blar·ney [blɑ́:rni] *n., vt., vi.* Ⓤ 알랑거리는 말(을 하다).「친.
bla·sé [blɑ:zéi, ⌐–] *a.* (F.) 환락에 지
*__blas·pheme__ [blæsfí:m, ⌐–] *vt., vi.* ① (신에 대하여) **불경한 언사를 쓰다**. ② …의 험담을 하다. *__blas·phe·my__ [blǽsfəmi] *n.* Ⓤ **불경**, 모독. **blás·phe·mous**(**·ly**) *a.* (*ad.*)
‡**blast** [blæst, -ɑ:-] *n.* ① **한 바탕 부는 바람**, 돌풍(gust). ② (나팔 따위의) 소리, 울려 퍼짐, 송풍(送風). ③ 발파, 폭파; 폭약. ④ (독기·악평의) 해독. ***in (full)*** ~ 한창 (송풍되어, 활약하여). ***out of*** ~ 송풍이 멎어; 활약을 중지하여. ── *vt., vi.* ① 폭파하다. ② 시들(게 하)다; 마르(게 하)다. ③ 파멸시키다〔하다〕 (*B- him!* 뒈져라! / *B- it!* 빌어먹을!). ⌐**·ed** [⌐id] *a.* 시든; 결단난; 저주받은.
blást fùrnace 용광로, 고로(高爐).
blast-off [⌐ɔ̀:f/-ɔ̀f] *n.* (로켓 등의) L발사.
blást pìpe 송풍〔배기〕관.
blást wàve 폭풍.
blat [blæt] *vt., vi.* (**-tt-**) (송아지·양이) 울다; 《口》 시끄럽게 지껄이다 (blurt out).
bla·tant [bléitənt] *a.* 소란스러운; 성가시게 참견하는; (차림이) 야한. **-tan·cy** *n.* Ⓤ
blath·er [blǽðər] *vt., vi., n.* Ⓤ 지껄여대다; 허튼 소리(를 하다).
blath·er·skite [-skàit] *n.* 《口》 허튼 소리를 하는 사람; 떠버리.
‡**blaze**[1] [bleiz] *n.* ① **화염**, (강한) 빛, 광휘(光輝). ② (명성의) 드날림. ③ (감정의) 격발(*in a* ~ 불끈 성나). ④ 《俗》 (*pl.*) 지옥(hell)(*Go to* ~*s!* 뒈져라!). ***like*** ~*s* 《俗》 맹렬히.

— *vi.* 불타다(*up*), 빛나다; 불같이 노하다(*up*). ~ ***away*** 펑펑 쏘아대다, 부지런히 일하다(*at*). ~ ***out*** [***up***] 확 타오르다; 격노하다.

blaze² *n.*, *vt.* (길잡이로 나무껍질을 벗긴) 안표(眼標)(를 만들다, 로 표시하다); (가축 얼굴의) 흰 점[줄].

blaze³ *vt.* 포고하다(proclaim), (널리) 알리다.

blaz·er [bléizər] *n.* 블레이저코트《화려한 빛깔의 스포츠용 상의》.

blaz·ing [bléiziŋ] *a.* 타는 (듯한); 강렬한, 심한.

blázing stár 리아트리스속의 식물; 《古》 흥미의 대상《사람·물건》.

bla·zon [bléizən] *n.* 문장(紋章); 문장 묘사[기술](법); 과시. — *vt.* 문장을 그리다, 문장으로 장식하다; 말을 퍼뜨리다, 공표하다. **~·ry** [-ri] *n.* ⌊U⌋ 문장; 미관.

bldg. building.

bleach** [bli:tʃ] *vt.* **표백하다,** 마전하다. **~*ing powder 표백분. **∠·er** *n.* 마전장이, 표백기, 표백제; (*pl.*) 《美》 (야구장 따위의) 노천 관람석.

bleach·er·ite [blí:tʃəràit] *n.* 《美》 외야석(外野席)의 구경꾼.

***bleak** [bli:k] *a.* ① **황량한.** ② 으스스 추운, 쌀쌀한. ③ 쓸쓸한(dreary). **∠·ly** *ad.* **∠·ness** *n.*

blear [bliər] *a.* 흐린, 침침한(~ *eyes*); 몽롱한(dim). — *vt.* 흐리게 하다. **∠·y** [blíəri] *a.* 눈이 흐린; 몽롱한.

blear-eyed [blíəràid] *a.* 흐린 눈의; 눈이 잘 보이지 않는.

***bleat** [bli:t] *vi.*, *n.* (염소·송아지 따위가) **매애 울다,** 매애 (우는 소리). **∠·ing** *n.* 울음소리; 우는 소리.

bleb [bleb] *n.* 〖醫〗 물집; 기포(氣泡).

bled [bled] *v.* bleed의 과거(분사).

‡**bleed** [bli:d] *vi.* (***bled***) ① **출혈하다.** ② 피흘리다《나라를 위하여 따위》. ③ 슬퍼하다(*for* him). — *vt.* ① (환자의) 피를 뽑다. ② 돈을 우려내다. ③ 〖製本〗 (잘못하여) 인쇄면의 한 끝을 잘라내다; (사진판에 미적 효과를 주려고) 페이지의 가를 자르다. — *n.* 〖印〗 찍힌 부분까지도 자른 사진, 인쇄된 부분까지도 자른 페이지. **∠·er** *n.* 피를 잘 흘리는 사람; 혈우병자(血友病者). **∠·ing** *n.* ⌊U⌋ 출혈; 방혈(放血)(bloodletting).

bléeding héart 〖植〗 금낭화.

bleep [bli:p] *n.* 삐익하는 소리《휴대용 라디오 등에서 나는》. — *vi.* 삐익 소리를 내다.

***blem·ish** [blémiʃ] *n.*, *vt.* **흠,** 결점(defect); 손상하다(injure).

blench¹ [blentʃ] *vi.* 뒷걸음치다, 주춤하다(flinch).

blench² *vi.*, *vt.* 희어[푸르러]지다, 희게[푸르게] 하다.

‡**blend** [blend] *vt.*, *vi.* (**~*ed*, *blent***) **섞(이)다,** 융화[조화]하다(harmonize). — *n.* 혼합(물). **∠·ing** *n.* ⌊UC⌋ 혼합(물); 〖言〗 혼성(어).

blende [blend] *n.* ⌊U⌋ 〖鑛〗 섬아연광.

blénded whískey 블렌드 위스키《보통 malt whiskey와 grain whiskey를 혼합한 것》.

blend·er [bléndər] *n.* ① 혼합하는 사람[것]. ② 《美》 믹서《주방용품》.

Blen·heim [blénəm] *n.* 블레넘《스파니엘 개의 일종》.

blent [blent] *v.* blend의 과거(분사).

bleph·a·ri·tis [blèfəráitis] *n.* 안검염(眼瞼炎).

‡**bless** [bles] *vt.* (***blest*, ~*ed***) ① **정화(淨化)하다.** ② (신을) 찬미하다(glorify). ③ (신이) **은총을 내리다.** ④ 수호하다. ⑤ …의 행복을 빌다; 행운을 감사하다. ⑥ 《反語》 저주하다. ***be ~ed*** …을 누리고 있다; 《反語》 …으로 곤란을 받고 있다. ***B- me!*** 야단났구나!; 당치도 않다. ***~ oneself*** 이마와 가슴에 십자를 긋다. ***~ one's stars*** 행운을 감사하다. ***God ~ you!*** 신의 가호가 있기를!; 고맙습니다!; 이런! ‡**∠·ing** *n.* (신의) 가호, **은총; 축복;** 식전[식후]의 기도; 행복; 고마운 것.

bless·ed** [blésid] *a.* ① 신성한. ② 복된, **축복을 받은,** 행복한. ③ 《反語》 저주받은(cursed). ***not a ~ one 《俗》 하나[한 사람]도 없는. (*my father*) ***of ~ memory*** 돌아가신 (우리 아버지).

***blest** [blest] *v.* bless의 과거(분사). — *a.* =BLESSED.

‡**blew** [blu:] *v.* blow¹,² 의 과거.

blg. building.

***blight** [blait] *n.* ⌊U⌋ ① 〖植〗 **말라 죽는 병.** ② (식물의) 병균, 해충. ③ ⌊C⌋ 파멸을[실패를] 초래하는 것; 암영. — *vt.* ① 말라 죽게 하다. ② 파멸시키다(ruin).

blimp [blimp] *n.* 《口》 소형 연식 비행선; 《俗》 완고한 보수주의자; 《美俗》 뚱뚱보.

†**blind** [blaind] *a.* ① **장님의;** 눈먼. ② 맹목적인, 어리석은, 이성을 잃은. ③ 숨은(*a ~ ditch* 암거(暗渠)). ④ 문[창]이 없는 《벽 따위》. ⑤ 막다른(*a ~ alley*). ***be ~ of an eye,*** or ***be ~ in*** [***of***] ***one eye*** 한 눈이 보이지 않다. ***go ~*** 장님이 되다. ***go it ~*** 맹목적으로 하다. — *vt.* 눈멀게 하다; 속이다. — *n.* 블라인드, 커튼, 발, 차일. **∠·er** *n.* (*pl.*) 《美》 (말의) 눈가리개(blinkers). ***∠·ly** *ad.* ‡**∠·ness** *n.* ⌊U⌋

blínd álley 막다른 골목; 막바지; 전도가 없는 형세《직업·지위 등》.

blínd dáte 《口》 (소개에 의한) 서로 모르는 남녀간의 데이트 (상대).

blínd flýing 맹목 비행《레이더 따위의 계기에만 의존하는 비행》.

blind·fold [bláindfòuld] *vt.* 눈을 가리다; 어찌할 바를 모르게 하다; 속이다. — *a.*, *ad.* 눈이 가려진[가려져]; 무모한[하게]. **~·ed** [-id] *a.*

blínd lánding 〖空〗 계기 착륙.

blínd màn 장님.

blind·man [bláindmæ̀n] *n.* (우체국의) 수신인 주소 성명 판독계원.

blínd·man's búff [-z] 소경놀이.

blínd píg 〔**tíger**〕 《廢·美俗》 주류 밀매점.

blind-read·er [ˊrìːdər] *n.* =BLINDMAN.

blínd shéll 불발탄.

blínd spòt (눈·주의의) 맹점; 〖無電〗 수신 감도가 나쁜 지역.

blind·worm [ˊwə̀ːrm] *n.* 〖動〗 발 없는 도마뱀의 일종《유럽산》.

***blink** [bliŋk] *vi., vt.* ① 깜박거리(게 하)다; (등불이) 반짝거리다. ② 힐끔 보다; 무시하다 (ignore) (*at*). ── *n.* ① 깜박거림. ② 힐끔 봄. ③ 섬광. **ˊ·er** *n.* 명멸(明滅) 신호등; (*pl.*) =BLINDER; (*pl.*) 보안용 안경.

blintz [blints], **blin·tze** [blíntsə] *n.* 《美》 일종의 엷은 핫 케이크.

blip [blip] *n.* (레이더의) 영상.

‡**bliss** [blis] *n.* Ⓤ ① 더없는 행복〔기쁨〕. ② 지복(至福)(heavenly joy). ***ˊ·ful(·ly)** *a.* (*ad.*)

blis·ter** [blístər] *n., vt., vi.* ① (화상 따위) 물집(이 생기(게 하)다). ② 돌출부. ③ (독설 따위로) 중상하다. **～ *gas 독가스의 일종《피부를 상케 함》.

blíster còpper 〖冶〗 조동(粗銅).

***blithe** [blaið], **blithe·some** [ˊsəm] *a.* 명랑〔쾌활〕한, 유쾌한; 행복한.

blith·er·ing [blíðəriŋ] *a.* 수다스러운.

blitz [blits], ***blitz·krieg*** [ˊkrìːg] *n., vt.* (G.) 전격전(을 가하다), 급습(하다).

bliz·zard [blízərd] *n.* 심한 눈보라.

bloat [blout] *vi., vt.* 부풀(리)다 (swell); 자부하(게 하)다; (*vt.*) (청어를) 훈제하다. **ˊ·ed** [ˊid] *a.* 부풀은; 우쭐대는. **ˊ·er** *n., vt.* 훈제한 청어; (청어를) 훈제하다.

blob [blɑb/-ɔ-] *n.* (걸쭉한 액체의) 한 방울; 작은 얼룩점; 〖크리켓〗 영점. ── *vi., vt.* (***-bb-***) 뚝하고 듣다, 떨어지다, 튀다.

***bloc** [blɑk/-ɔ-] *n.* (F.) (정치·경제상의) 블록, …권(圈); 《美》 의원 연합.

‡**block** [blɑk / -ɔ-] *n.* ① 덩어리, 토막. ② 받침 (나무); 경매대(競賣臺); 단두대. ③ 모탕; 조선대; 모자 골; 목판; 각석(角石). ④ 《英》 (큰 건축의) 한 채. ⑤ 《美》 (시가의) 한 구획; 한 벌. ⑥ 한 장씩 떼어 쓰게 된 것. ⑦ 활차, 도르래. ⑧ 장애, 방해. ⑨ 〖컴퓨터〗 블록《한 단위로 취급되는 연속된 언어의 집단》. **～ *and tackle*** 고패와 고팻줄. ***go to the*** **～** 단두대로 가다; 경매에 부쳐지다. ── *vt.* ① 방해하다; (길을) 막다(*up*). ② 봉쇄하다. **～ *in*** 〔***out***〕 약도를 그리다, (대체의) 설계를 하다. **～ *off*** 저지하다(check).

block·ade** [blɑkéid/blɔk-] *n.* 봉쇄, (항만) 폐쇄; 교통 차단; 경계 봉쇄. ***raise 〔***break***〕 ***a*** **～** 봉쇄를 풀다〔깨뜨리다〕. ── *vt.* 봉쇄하다.

block·ball [blɑ́kbɔ̀ːl/blɔ́k-] *n.* 〖野〗 장애구.

block·bust·er [ˊbʌ̀stər] *n.* 《口》 고성능의 대형 폭탄.

blóck dìagram 장치 부품 배치 도표.

block·head [ˊhèd] *n.* 바보.

block·house [ˊhàus] *n.* 토치카; 작은 목조 요새; 로켓 발사 관제소.

block·ish [blɑ́kiʃ/blɔ́k-] *a.* 목석 같은, 어리석은.

blóck lètter 〖印〗 블록 자체.

blóck prìnting 목판 인쇄.

block·y [blɑ́ki/blɔ́ki] *a.* 뭉툭한; 농담(濃淡)의 채가 있는《사진 등》.

bloke [blouk] *n.* 《英俗》 놈(fellow, chap).

‡**blond,** (*fem.*) ‡**blonde** [blɑnd/-ɔ-] *a., n.* 블론드《금발·흰 피부》의 (사람).

†**blood** [blʌd] *n.* Ⓤ ① 피, 혈액. ② 유혈, 살육. ③ 혈통, 가문. ④ (the ～) 왕족. ⑤ 순종. ⑥ Ⓒ 《英》 혈기 왕성한 사람, 멋쟁이. ⑦ 육욕. ***bad*** 〔***ill***〕 **～** 적의(敵意). **～ *and thunder*** (통속 소설의) 유혈과 소동〔폭력〕. ***in*** 〔***out of***〕 **～** 기운차게〔없이〕. ***in cold*** **～** 냉정히; 침착하게. ***in hot*** 〔***warm***〕 **～** 핏대를 올리고, 성나서. ***let*** **～** 〖醫〗 방혈(放血)하다. ***make a person's*** **～ *run cold*** …을 겁에 질리게 하다.

blóod bànk 혈액 은행.

blóod bàth 대학살.

blóod bróther 친형제; 피로써 맺은 형제.

blóod cèll 〔**còrpuscle**〕 혈구.

blóod clót 〖醫〗 혈병(血餠), (응)혈괴((凝)血塊).

blóod còunt 혈구수 측정.

blood·cur·dling [ˊkə̀ːrdliŋ] *a.* 소름 끼치는.

blóod dònor 헌혈자.

blóod gròup 〔**tỳpe**〕 혈액형.

blood·guilt·y [ˊgìlti] *a.* 사람을 죽인.

blóod hèat 혈온《인간의 표준 체온; 보통 37° C》.

blood·horse [ˊhɔ̀ːrs] *n.* 순종의 말.

blood·hound [ˊhàund] *n.* 경찰견; 《俗》 탐정.

blood·less [ˊlis] *a.* 핏기 없는; 피 흘리지 않는, 무혈의; 기운 없는; 무정한.

blood·let·ting [ˊlètiŋ] *n.* Ⓤ 방혈(phlebotomy); 유혈.

blood·mo·bile [ˊmoubìːl] *n.* 《美》 채혈차(採血車), 긴급 혈액 수송차.

blóod mòney 살인 사례금; 《軍俗》 (적기를 격추한 자에게 주는) 공로금; 피살자의 근친에게 주는 위자료.

blóod pòisoning 패혈증(敗血症).

blóod prèssure 혈압.

blóod relátion 〔**rélative**〕 혈족.

blood·root [ˊrùːt, ˊrùt] *n.* 양귀비과의 식물.

blóod róyal 왕족.

***blood·shed** [ˊʃèd] *n.* ⓊⒸ ① 유혈(의 참사). ② 살해.

blood·shot [ˊʃɑ̀t/-ɔ̀-] *a.* 충혈된.

blood·stained [ˊstèind] *a.* 피묻은; 살인을 한.

blood·stock [ˊstɑ̀k/-ɔ̀-] *n.* 《集合的》 순종의 말.

blood·stone [ˊstòun] *n.* ⒸⓊ 〖鑛〗 혈옥수(血玉髓).

blood·suck·er [ˊsʌ̀kər] *n.* =LEECH[1]; 고혈을 빠는 사람, 흡혈귀; 식객.

blóod tèst 혈액 검사.

blood·thirst·y [ˊθə̀ːrsti] *a.* 피에 굶주린.

blóod transfùsion 수혈(법).

blóod tỳpe =BLOOD GROUP.
blóod vèssel 혈관. 「이《낚싯밥용》.
blood·worm [⌐wə̀:rm] *n.* 붉은 지렁
‡**blood·y** [⌐i] *a.* ① 피의, 피 같은; 피투성이의. ② 잔인한. ③ 《英俗》 심한《꺼리어 b—(d)y라고도 씀》. —— *vt.* 피투성이를 만들다.
Blóody Máry 보드카와 토마토주스를 섞어 만든 칵테일.
bloo·ey, -ie [blú:i] *a.* 《美俗》 고장난.
‡**bloom**¹ [blu:m] *n.* Ⓤ ① Ⓒ 꽃. ② 개화기, 한창; (기운·아름다움의) 전성기(prime). ③ 건강한 얼굴빛, 앵두빛. ④ (포도 따위의 껍질의) 뿌연 가루. *in (full)* ~ 꽃이 피어; 만발하여. —— *vi.* 피다; 번영하다.
bloom² [blu:m] *n.* 〖冶〗 쇳덩이.
bloom·er [blú:mər] *n.* 《英俗》 = BONER.
bloom·ers [blú:mərz] *n. pl.* (여자·소녀용의) 블루머《운동용 팬츠》.
***bloom·ing** [blú:miŋ] *a.* ① 활짝 핀(in bloom). ② 한창인, 청춘의. ③ 번영하는. ④ 《英口》 지독한. ⑤ 《反語》 어처구니 없는. ~·**ly** *ad.*
bloop [blu:p] *vt.* 〖野〗 텍사스 히트를 치다.
bloop·er [blú:pər] *n.* 《俗》 큰 실수; 〖野〗 역회전의 높은 공; 텍사스 히트.
‡**blos·som** [blásəm/-ɔ́-] *n., vi.* Ⓤ (과실 나무의) 꽃 (cf. flower); 개화(기); 청춘; 피다; 번영하다.
‡**blot** [blɑt/-ɔ-] *n.* ① (잉크 따위의) 얼룩, 때(stain). ② 오점, 오명, 결점(*on*). —— *vt.* (*-tt-*) ① 더럽히다. ② (글씨를) 지우다. ③ (잉크를) 빨아들이다. ~ *out* 지우다; 감추다.
blót·ter *n.* 압지(壓紙); 기록부.
blotch [blɑtʃ / -ɔ-] *n.* (큼직한) 얼룩; 점, 종기(boil).
‡**blót·ting pàper** [blátiŋ/-ɔ́-] 압지.
blot·to [blátou/-ɔ́-] *a.* 《俗》 곤드레만드레 취한.
***blouse** [blauz, -s] *n.* 블라우스《여자·어린이용의 셔츠식의 웃옷》; 《美》 군복의 상의(上衣).
blou·son [bláusàn, blú:zɑn/blú:zɔn] *n.* 여성용 재킷《허리 부분을 고무나 벨트로 대어 불룩하게 되도록 한 옷》.
†**blow**¹ [blou] *vi.* (*blew; blown,* 《俗》 *~ed*) ① (입으로) 불다. ② (바람이) 불다(*It is ~ing.* = *The wind is ~ing.*). ③ 바람에 날리다(*The dust ~s.*). ④ (퓨즈·진공관이) 끊어지다. ⑤ (피리가) 울리다. ⑥ 헐떡이다(pant). ⑦ (고래가) 숨을 내뿜다(spout air). ⑧ 폭발하다. ⑨ 《口》 자랑하다, 풍떨다(brag). —— *vt.* ① 불다, 휘몰아치다(puff). ② (유리 그릇·비누 방울을) 불어서 만들다. ③ 취주하다. ④ 말을 퍼뜨리다. ⑤ 《美俗》 실패하다. ⑥ (파리가 쉬를) 슬다. ⑦ 《俗》 …에 돈을 쓰다; 한턱 내다. ⑧ 《俗》 비밀을 누설하다, 고자질하다. ⑨ (퓨즈를) 끊어지게 하다(melt). ⑩ 《俗》 저주하다(*B- it!* 빌어먹을! / *I'm ~ed if I do.* 절대 하지 않는다). ⑪ (코를) 풀다. ⑫ 《美俗》 마리화나를 피우다. ~ ***hot and cold*** 좋게 말했다 나쁘게 말했다 하다, 변덕스럽다. ~ ***in*** 《俗》 난데없이 나타나다; 들르다(drop in). ~ ***off*** 불어 날리다; (물·증기를) 내뿜다. ~ ***out*** 불어 끄다; 태풍이 멎다; (불이) 꺼지다; (용광로의) 운전을 정지하다, (용광로가) 활동을 정지하다; 빵꾸나다. ~ ***over*** (바람이) 멎다; (불행이) 지나가 버리다; (소문이) 잊혀지다. ~ ***sky-high*** 찍소리 못하게 윽박지르다. ~ ***up*** 부풀게 하다, 《比喩》 부풀다; 폭발〔폭파〕하다; 못쓰게 하다; (바람이) 점점 세차게 불다; 〖寫〗 확대하다; 일어나다(arise); 《口》노하다; 꾸짖다. —— *n.* ① (바람이) 한번 불기. ② 취주. ③ (고래의) 숨뿜기.
blow² *n., vi.* (*blew; blown*) ⒸⓊ 개화(開花); 꽃피다(bloom¹).
‡**blow**³ *n.* ① 강타, 타격(hard hit). ② 불행. ***at one*** ~ 일격에; 단번에. ***come*** 〔***fall***〕 ***to*** ~***s*** 주먹다짐을 시작하다. 「세한.
blow-by-blow [blóubàiblóu] *a.* 상
blow·er [⌐ər] *n.* 부는 사람〔것〕; 송풍기; 유리 부는 사람; 《英俗》 전화.
blow·fly [⌐flài] *n.* 〖蟲〗 금파리.
blow·hard [⌐hɑ̀:rd] *n.* 《俗》 허풍선이.
blow·lamp [⌐læ̀mp] *n.* =BLOW-TORCH. 「사.
‡**blown** [bloun] *v.* blow¹,² 의 과거분
blow·out [blóuàut] *n.* (공기·물의) 분출, 빵꾸; (퓨즈의) 용해; 《俗》 큰 잔치, 대향연. 「俗》 제트기.
blow·pipe [⌐pàip] *n.* 취관(吹管); 《空
blow·torch [⌐tɔ̀:rtʃ] *n.* (파이프공의) 발염(發炎) 장치, 토치램프.
blow·up [⌐ʌ̀p] *n.* 폭발; 발끈 화냄; 《美》 파산; 〖寫〗 확대. 「스의 분출.
blów wàsh (제트 엔진의) 뜨거운 가
blow·y [blóui] *a.* =WINDY.
blowz·y [bláuzi] *a.* 단정치 못한(untidy); 봉두난발의; 지저분한; 고상하지 못한; 얼굴이 불그레한.
blub·ber¹ [blʌ́bər] *vi., vt., n.* 엉엉 욺; 엉엉 울다; (얼굴을) 눈물로 얼룩지게 하다, 울며 말하다.
blub·ber² *n.* Ⓤ (고래의) 기름.
blúbber lìp 두꺼운 입술.
blu·chers [blú:tʃərz] *n. pl.* (구식의) 한 장의 가죽으로 된 구두.
bludg·eon [blʌ́dʒən] *n.* 곤봉.
†**blue** [blu:] *a.* ① 푸른. ② 음울한, 우울한, 낙담한. ③ 창백한(livid). ④ 푸른 옷을 입은. ⑤ 인텔리의《여자》. ⑥ 《口》 외설한(obscene). ⑦ 엄한《법률 따위가》. ***a*** ~ ***moon*** 거의 없는 일, 어리석은 일. ***like*** ~ ***murder*** 전속력으로. ***look*** ~ 우울해 보이다. ***once in a*** ~ ***moon*** 극히 드물게(cf. a ~ moon). ***till all is*** ~ 철저하게, 끝까지(drink *till all is* ~ 곤드레만드레 취하다). ***true*** ~ 충실한. —— *n.* ① ⓊⒸ 파랑(*dark* ~ 암청색), 남빛. ② (the ~) 푸른

하늘[바다]. ③ (*pl.*) 우울. ④ (*pl.*) 블루스《우울한 곡조의 재즈곡》. ***out of the ~*** (청천 벽력같이) 뜻밖에, 불시의.

blúe bàby 〖醫〗 청색아《선천성 심질환·폐확장 부전의 유아》.

Blue·beard [blúːbìərd] *n.* 푸른 수염《6명의 아내를 죽였다는 전설의 남자》; 잔인한 남편.

***blue·bell** [ˊbèl] *n.* 〖植〗 종 모양의 푸른 꽃이 피는 풀《야생의 히아신스·초롱꽃 따위》.

***blue·ber·ry** [ˊbèri/-bəri] *n.* **월귤나무의 일종**; 그 열매.

***blue·bird** [ˊbəːrd] *n.* (一般) **푸른 새**; (특히) 지빠귀과의 일종《미국산》.

blue-black [ˊblǽk] *a.* 암청색의.

blúe blòod 명문(名門)《피부가 희고 정맥이 비쳐 보이는 데서》, 《口》 귀족.

blue·bon·net [ˊbànit / -ɔ̀-] *n.* 스코틀랜드병(兵); 수레국화.

blúe bòok 영국 의회 보고서; (미국 대학 입시용의) 푸른 표지 답안지 철; 《口》 신사록; 《美》 자동차 도로 안내서. 「파리; 〖植〗 수레국화.

blue·bot·tle [ˊbàtl / -ɔ̀-] *n.* 〖蟲〗 금

blúe-brick univérsity 《英》 전통 있는 대학.

blue·coat [ˊkòut] *n.* 《美》 경관; 《美》 (19세기의) 병사.

blue-col·lar [ˊkάlər/-ɔ́-] *a.* 육체 노동의, 작업복의 (*a ~ worker* 공장 노동자) (cf. white-collar).

blúe dévils 우울(증). 「무리).

blue·fish [ˊfìʃ] *n.* 〖魚〗 전갱이(의

blue·grass [ˊgræ̀s, -ὰː-] *n.* 〖植〗 새포아풀속의 목초(牧草).

blue·jack·et [ˊdʒæ̀kit] *n.* 수병.

blue jeans 청바지 《jean 또는 denim 제(製)》.

blúe làws 《美》 엄법(嚴法)《주일의 오락·근로를 금지한 식민지 시대의 청교도적인 법률》.

blúe Mónday 사순절(Lent) 전의 월요일; 《美口》 우울한 월요일.

blue·nose [ˊnòuz] *n.* 극단적인 도덕가, 잔소리꾼.

blue-pen·cil [ˊpénsəl] *vt.* (《英》 *-ll-*) (편집자가) 파란 연필로 원고를 수정하다, 정정하다.

Blúe Péter 출범기(出帆旗).

blue·print [ˊprìnt] *n.*, *vt.* 청사진; 계획(하다).

blúe rácer 뱀의 일종《무해》.

blúe ríbbon (가터 훈장의) 푸른 리본; 일등상, 최고의 명예; 금주회 회원장(章). 「의, 최고의.

blue-rib·bon [ˊríbən] *a.* 《口》 일류

blúe-rìbbon júry (중대 형사 사건의) 특별 배심원.

blúe rúin 《口》 질이 낮은 진술.

blúe ský 푸른 하늘; 《美》 가짜 증권. 「단속법.

blúe-sky láw 《美》 부정 증권 거래

blue·stock·ing [ˊstὰkiŋ/-ɔ̀-] *n.* (18세기 런던의) 청탑(青鞜)회원; 여류 문학자.

blue·stone [ˊstòun] *n.* Ⓤ 황산동; 푸른 돌 《청회색의 바닥돌; 건축 재료》. 「화(같이 빠른 것).

blúe stréak 《美口》 번개, 전광석

blu·et [blúːit] *n.* 파란 꽃이 피는 식물; 꼭두서니과의 화초《북미산》.

***bluff**[1] [blʌf] *n.*, *a.* ① **절벽(의)**. ② 무뚝뚝하나 진실한. ③ 솔직한. ~·**ly** *ad.* 「속임; 속이다(cheat).

bluff[2] *n.*, *vt.*, *vi.* ⒸⓊ 허세(부리다);

blu·ing [blúːiŋ] *n.* Ⓤ (흰 천 세탁용) 청색 물감《표백제의 일종》.

***blu·ish** [blúːiʃ] *a.* **푸르스름한**.

***blun·der** [blʌ́ndər] *n.*, *vi.*, *vt.* 실책(을 하다), **큰 실수**(를 하다); 잘못 …하다, 머뭇머뭇하다.

blun·der·buss [blʌ́ndərbʌ̀s] *n.* (17-8세기의) 나팔총.

‡**blunt** [blʌnt] *a.* ① 날 없는, **날이 무딘**, 들지 않는(dull). ② (이해력이) 둔한(dull). ③ 거리낌없는(outspoken). ── *vt.*, *vi.* 무디게 하다, 무디어지다. *~·**ly** *ad.*

***blur** [bləːr] *vt.*, *vi.* (*-rr-*) ① **더럽히다**; 더러워지다. ② 흐리게 하다; **흐려지다**. ── *n.* ① **더러움**. ② 몽롱, 흐림. ③ 오점, 오명.

blurb [bləːrb] *n.* 《口》 (신간 서적의 커버(jacket)에 실린) 선전〔광고〕 문구. 「(*out*).

blurt [bləːrt] *vt.* 무심결에 말하다

‡**blush** [blʌʃ] *n.*, *vi.* ① **얼굴을 붉힘**〔붉히다〕. ② 부끄러워하다. ③ 빨개지다. ***at (the) first ~*** 일견하여. ***put to the ~*** 얼굴을 붉히게 만들다.

***blus·ter** [blʌ́stər] *vi.*, *n.* ① (파도·바람이) **휘몰아치다**〔침〕, 거세게 일다〔일기〕. ② Ⓤ 떠들어대다〔댐〕, 허세 부리다〔부림〕.

Blvd. boulevard. **B. M.** Bachelor of Medicine 의학사; Bachelor of Music 음악사; ballistic missile; British Museum. **BMEWS** 《美》 Ballistic Missile Early Warning System 미사일 조기 경보망(cf. DEW(S)). **B. M. O. C.** big man on campus 인기가 있는 유력한 학생. **B. Mus.** Bachelor of Music 음악사. **Bn.** Baron. **bn.** battalion. **b. n.** bank note. **B. O.** Board of Ordnance; body odo(u)r. **b. o.** back order; bad order; box office; branch office; broker's order; buyer's option. **b/o** 〖簿〗 brought over.

bo·a [bóuə] *n.* 큰 구렁이; 보아《모피로 만든 긴 목도리》. ~ ***constrictor*** (아메리카산의) 큰 구렁이.

B. O. A. C. British Overseas Airways Corporation.

***boar** [bɔːr] *n.* ① **수퇘지**. ② 멧돼지 (wild boar); Ⓤ 그 고기.

†**board** [bɔːrd] *n.* ① **널판**. ② 대판(臺板). ③ 판지(板紙), 마분지(pasteboard). ④ 식탁. ⑤ Ⓤ 식사. ⑥ 회의(council). ⑦ 평의원회, 위원회. ⑧ 부(部), 청, 국, 원, 처. ⑨ ⒸⓊ 〖海〗 뱃전, 배안; 《美》 (기차의) 차간. ⑩ (*pl.*) 무대. ⑪ 《美》 증권 거래소.

above ~ 공명 정대하게. ~ *and* 〔*on*〕 ~ (두 배가) 뱃전이 맞닿을 정도로 나란히. ~ *and lodging* 식사를 제공하는 하숙. ~ *of directors* 중역〔평의원〕회. *B- of Education* 《美》 교육 위원회; 《英》 교육국《구칭; 지금은 the Ministry of Education》. ~ *of health* 보건국. ~ *of trade* 《美》 실업(추진) 연맹《chamber of commerce 비슷한 딴 기구》; (B- of T-) 《英》 상무성(商務省). *go by the* ~ (돛대가 부러져) 배 밖으로 떨어지다; 실패하다. *on* ~ 배〔기차〕를 타고. *tread the* ~*s* 무대를 밟다, 배우가 되다.
— *vt.* ① …에 널을 대다. ② 식사를 주다. ③ 승차하다. — *vi.* ① 하숙하다(*with*). ② 식사하다(*at*). ~ *out* (하숙인이) 외식하다(dine out).
‡ˊ~·er *n.* **하숙인, 기숙생.**

***board·ing** [ˊiŋ] *n.* Ⓤ ① (널)**판장.** ② 기숙.
bóarding hòuse 하숙집; 기숙사.
bóarding òut 외식.
bóarding schòol 기숙사제 학교.
bóard mèeting 중역〔이사·평의원〕회.
board·room [ˊrù(:)m] *n.* (주로) 중역 회의실.
board·walk [ˊwɔ̀:k] *n.* 《美》 널을 깐 보도.
boar·ish [bɔ́:riʃ] *a.* 돼지 같은; 잔인한; 음욕이 성한.
‡**boast** [boust] *vi., vt.* ① **자랑하다** (*of, about; that*). ② …을 가졌음을 자랑하다, 가지고 있다. ˊ~·er *n.* ˊ~·ful *a.* ˊ~·ful·ly *ad.* ˊ~·ful·ness *n.*
†**boat** [bout] *n.* ① **보트.** ② **기선.** ③ 배 모양의 그릇(*a sauce* ~). *burn one's* ~*s* 배수의 진을 치다. *in the same* ~ 같은 처지에. *take* ~ 배를 타다. — *vi., vt.* ① 배로 가다〔나르다〕. ② 배에 싣다. ~ *it* 배로 가다. ˊ~·ing *n.* Ⓤ 뱃놀이.
boat·el [boutél] *n.* 《美》 보텔《자가용 배로 여행하는 사람을 위한 물가의 호텔》.
boat·house [bóuthàus] *n.* 보트 창고.
boat·load [ˊlòud] *n.* 배의 적재량; 배 한 척분의 화물.
***boat·man** [ˊmən] *n.* ① **뱃사공, 보트 젓는 사람.** ② 보트 세 놓는 사람.
boat·race [ˊrèis] *n.* 보트 경조(競漕).
boat·rock·er [ˊrὰkər/-rɔ̀k-] *n.* 문제를 일으키는 인물.
boat·swain [bóusən, bóutswèin] *n.* (상선의) 갑판장; (군함의) 병조장(兵曹長).
***bob**[1] [bɑb/-ɔ-] *n.* ① (시계·저울 따위의) 추. ② (낚시의) 찌. ③ **획 움직임.** ④ =CURTSY. ⑤ 한번 흔듦. ⑥ 단발(cf. shingle). ⑦ (말의) 자른 꼬리. ⑧ =BOBSLED. — *vt.* (*-bb-*) ① **획 움직이다.** ② 짧게 자르다. ③ 단발하다. — *vi.* ① 획 움직이다, 동실거리다. ② 획 머리를 들다(*up*). ③ 제물낚시로 낚다(*for*). ④ 꾸벅 절〔인사〕하다(*at*).
bob[2] *n., vt.* (*-bb-*) 가볍게 침〔치다〕 (tap[1]).
bob[3] *n. sing. & pl.* 《英口》 실링.
bob·ber [bábər/bɔ́b-] *n.* 《美》 낚시찌.
bob·ber·y [bábəri/bɔ́b-] *n.* 대소동, 야단 법석.
bob·bin [bábin/-ɔ́-] *n.* 실감개, 보빈; 가는 실; 〖電〗 (코일) 감는 틀.
bob·bish [bábiʃ/-ɔ́-] *a.* 《英俗》 기분 좋은; 기운찬.
bob·ble [bábəl/bɔ́b-] *vi., vt.* 《美口》 깐닥깐닥 상하로 움직이다; (공을) 놓치다.
bob·by [bábi / -ɔ́-] *n.* 《英口》 경관, 순경.
bóbby pìn 머리핀의 일종.
bob·by·socks [-sὰks/-ɔ̀-] *n. pl.* 《美口》 양말《발목까지 오는 소녀용》.
bob·by·sox·er [-sὰksər/-ɔ̀-] *n.* 《口》 (유행을 따르는) 10 대의 소녀.
bob·cat [bábkæ̀t/-ɔ́-] *n.* (아메리카산의) 살쾡이(lynx).
bob·o·link [bábəliŋk/-ɔ́-] *n.* 〖鳥〗 쌀새류《미국산의 명금(鳴禽)》.
bob·sled [bábslèd / -ɔ́-], **-sleigh** [-slèi] *n.* 연결 썰매, 봅슬레이 경기용 썰매. — *vi.* ~를 타다.
bob·stay [bábstèi/-ɔ́-] *n.* 〖海〗 제 1 사장(斜檣) 버팀《밧줄·쇠줄》.
bob·tail [bábtèil / -ɔ́-] *n.* 자른 꼬리(의 말·개).
bob·white [báb*h*wáit/bɔ́b-] *n.* 메추라기의 일종《북미산》.
Boc·cac·ci·o [boukɑ́:tʃiòu / bɔk -], **Giovanni** (1313–75) 이탈리아의 작가·시인.
bóck (bèer) [bɑk / -ɔ-] *n.* 독한 흑맥주.
bod [bɑd/-ɔ-] *n.* 《美俗》 몸(body).
BOD biochemical oxygen demand 생물 화학적 산소 요구량.
bode[1] [boud] *vt., vi.* (…의) 조짐을 나타내다〔이 되다〕(~ *ill* 〔*well*〕 징조가 나쁘다〔좋다〕).
bode[2] *v.* bide 의 과거.
bod·ice [bádis/-ɔ́-] *n.* 보디스《꽉 끼는》.
bod·i·less [bádilis/-ɔ́-] *a.* 몸통이 없는; 실체가 없는; 무형의.
‡**bod·i·ly** [bádəli/-ɔ́-] *a.* ① **몸의.** ② 육체적인. — *ad.* ① 몸소. ② **통째로,** 모조리.
bod·kin [bádkin/-ɔ́-] *n.* 돗바늘, 송곳 바늘; 긴 머리 핀. *sit* ~ 두 사람 사이에 끼어 앉다.
†**bod·y** [bádi/-ɔ́-] *n.* ① **몸, 육체.** ② 몸통 (부분). ③동의(胴衣). ④ 시체. ⑤ (범인의) 신병(身柄). ⑥ 주부(主部). ⑦ 본문《서문·일러두기·부록 따위에 대하여》. ⑦ 대(隊), 떼. ⑧ 《口》 사람(*an honest* ~ 정직한 사람). ⑨ 〖理〗 물체. ⑩ ⓊⒸ 실질, 농도(density) (*wine of a good* ~ 독한 포도주). ⑪ 차체, 선체. ⑫ 덩이(mass) (*a* ~ *of water, cloud, &c.*). ~ *corporate* 법인. ~ *of Christ* 성체 성사용의 빵. ~ *politic* 정치 통일체, 국가. *in a* ~ 하나로 되어. *in* ~ 몸소, 스스로. *keep* ~ *and soul*

together 겨우 생계를 유지하다. —— *vt.* 형체를 주다. ~ *forth* 표상하다; 체현하다(embody).

bod·y·build·er [-bìldər] *n.* 보디빌딩용 기구; 보디빌딩하는 사람; 영양식; 차체 제작공. **-build·ing** [-bìldiŋ] *n.*

bod·y·guard [-gɑ̀:rd] *n.* 호위(병).

bódy shòp 차체 (수리) 공장.

bódy stòcking 보디스타킹《꼭 맞는 스타킹식의 속옷》.

bod·y·work [-wə̀:rk] *n.* Ⓤ 차체; 차체의 제작〔수리〕.

Boe·o·tian [bióuʃən] *a., n.* 보에오티아《고대 그리스의 한 지방》의 (사람); 둔한, 느리광이(의).

Boer [bɔ:r, bouər] *n.* 보어 사람《남아프리카 Transvaal 등지의 네덜란드계의 백인》.

B. of E. Bank of England 영국 은행.

boff [bɑf/bɔf] *n.* 《美俗》 큰 웃음; 폭소를 노린 대사〔짓〕; 히트(친 연극, 노래 따위).

bof·fin [bɑ́fin/-ɔ́-] *n.* 《英俗》 과학자.

bof·fo [bɑ́fou/bɔ́f-] *a., n.* 《美俗》 히트의; =BOFF.

B. of H. Band of Hope 금주단(禁酒團); Board of Health 위생국.

Bó·fors (gùn) [bóufɔ:rz (-), -s(-)] *n.* 2 연장(聯裝) 자동 고사포.

B. of T. Board of Trade (영국) 상무성.

***bog** [bɑg, bɔ(:)g] *n., vi., vt.* (*-gg-*) 소택지, 수렁(에 가라앉다, 가라앉히다) (*be ~ged* 수렁에 빠지다; 궁지에 빠져 꼼짝 못하다). **⌐·gy** *a.* 수렁이 많은, 소택지의.

bo·gey, bo·gie [bóugi] *n.* =BOGY; 〖골프〗 기준 타수(打數)(par)(보다 하나 더 많은 타수).

bog·gle [bɑ́gəl / -ɔ́-] *vi., n.* 주춤거리다〔거림〕, 머뭇거리다〔거림〕 (*at, about*); (말이) 겁에 질려 멈춰서다, 펄쩍 뛰어 물러서다(shy); 펄쩍 뛰어 물러섬; 《口》 실수(를 하다).

bo·gle [bɑ́gəl / -ɔ́-] *n.* 도깨비, 귀신, 요괴.

Bo·go·ta [bòugətɑ́:] *n.* 남미 콜롬비아 공화국의 수도.

bog·trot·ter [bɑ́gtrɑ̀tər/bɔ́gtrɔ̀-] *n.* 《蔑》 =IRISHMAN.

bo·gus [bóugəs] *a.* 《美》 가짜의, 엉터리의(sham).

bog·wood [bɑ́gwùd/-ɔ́-] *n.* Ⓤ 묻힌 나무.

bo·gy [bóugi] *n.* 도깨비, 귀신; 유령; 《軍俗》 국적 불명의 항공기.

bo·hea [bouhí:] *n.* (중국의) 질이 낮은 홍차.

Bo·he·mi·a [bouhí:miə] *n.* 체코슬로바키아 서부의 주. ***Bo·hé·mi·an** [-n] *a., n.* 보히미아의; 보히미아 사람(의); Ⓤ 《古》 체코 말(의); 방랑의; Ⓒ 방랑자; 태평스러운 (사람); 습관에 구애받지 않는.

bo·hunk [bóuhʌ̀ŋk] *n.* 《美俗》 《蔑》 (외국인 특히, 동유럽계 이민의) 하급〔미숙련〕 노동자.

‡**boil**[1] [bɔil] *vi., vt.* ① 끓(이)다; 비등하다〔시키다〕. ② 삶(아지)다, 데치(어지)다. ③ 격분하다. ~ *down* 졸이다; 요약하다(digest). ~ *over* 끓어 넘다; 분통을 터뜨리다. —— *n.* (the ~) 비등 (상태). *at* 〔*on*〕 *the* ~ 비등하여. ***⌐·er** *n.* 보일러; 끓이는 그릇《냄비·솥》.

boil[2] *n.* 〖醫〗 종기, 부스럼(cf. carbuncle).

***boil·ing** [⌐iŋ] *n., a.* Ⓤ 끓음; 비등(하는). *the whole* ~ 《口》 전체, 전부.

bóiling pòint 비등점.

boil-off [bɔ́ilɔ̀(:)f, -ɑ̀ff] *n.* 〖宇宙〗 (로켓의 countdown 중의) 연료의 증발.

***bois·ter·ous** [bɔ́istərəs] *a.* ① (비바람이) 사납게 몰아치는(stormy). ② 소란스러운; 난폭한(rough); 야단법석의. ~**·ly** *ad.*

bo·ko [bóukou] *n.* (*pl.* ~*s*) 《英俗》 코.

bo·la(s) [bóulə(s)] *n.* (Sp.) (쇠알이 달린) 올가미.

‡**bold** [bould] *a.* ① 대담한. ② 거리낌 없는(forward). ③ (글씨·윤곽 따위) 굵은, 〖印〗 볼드체의; 뚜렷한. ④ 가파른(steep). *in* ~ *outline against* (*the sky*) (하늘)에 뚜렷이. *make* ~ *to* (do) 감히 …하다. ***⌐·ly** *ad.* ***⌐·ness** *n.* Ⓤ

bold·face [⌐fèis] *n.* 〖印〗 굵은 글자, 볼드체 활자.

bole [boul] *n.* 나무 줄기(trunk).

bo·le·ro [bəléərou] *n.* (*pl.* ~*s*) (Sp.) 볼레로《경쾌한 스페인 무도(곡)》; 볼레로《여자의 짧고 앞이 트인 웃옷》.

bol·i·var [bɑ́livər/-ɔ́-] *n.* Venezuela 은화·화폐 단위.

***Bo·liv·i·a** [bəlíviə] *n.* ① 남미의 공화국. ② Ⓤ (b-) 부드러운 모직물의 일종.

boll [boul] *n.* (목화·아마 따위의) 둥근 꼬투리.

bol·lard [bɑ́lərd/-ɔ́-] *n.* 〖海〗 배 매는 기둥.

bol·lix [bɑ́liks/bɔ́l-] *vt.* 《俗》 엉망이 되게 하다.

boll·worm [bóulwə̀:rm] *n.* 솜벌레의 유충《목화씨를 먹음》.

Bo·lo·gna [bəlóunjə] *n.* 이탈리아 북부 도시; 볼로냐소시지《굵고 네모》.

bo·lom·e·ter [boulɑ́mitər / -ɔ́-] *n.* 〖理〗 저항 방사열계.

bo·lo·ney [bəlóuni] *n.* =BALONEY.

***Bol·she·vik, b-** [bɑ́lʃəvik, bóul-, bɔ́(:)l-] *a., n.* 볼셰비키, 다수〔과격〕파의 (당원). **Bol·she·vik·i, b-** [bɑ́lʃəvìki:/-ɔ́-] *n. pl.* 다수파, 과격파《러시아 사회 민주당의 급진파, 동국 공산당 (1918–)의 모체》(cf. Mensheviki).

Bol·she·vism [-vìzəm] *n.* Ⓤ 과격주의〔사상〕. **-vist** *n.*

bol·ster [bóulstər] *n., vt., vi.* 긴 베개《시트 밑의》; 받침(을 대다); 메우는 물건, 메우다. ~ *up* 지지하다, (사기를) 북돋우다.

‡**bolt**[1] [boult] *n.* ① 빗장. ② 볼트. ③ 전광, 번갯불. ④ (큰 활의) 굵은 화살. ⑤ 도주. ⑥ (도배지·천 따위의) 한 통. ⑦ 《美》 탈당, 자당(自黨)의 정책〔후보자〕에 대한 지지 거절. *a* ~ *from the blue* 청천 벽력, 아닌 밤중의 홍두깨. —— *vi.* ① 뛰어

나가다. ② 도망하다. ③《美》 자당(의 후보자·정책)으로부터 이탈하다. —— *vt.* ① 빗장으로 걸다. ② 볼트로 죄다. ③《美》 탈퇴하다, 이탈하다. ④ (씹지 않고) 삼키다. ~ *in* 가두다. ~ *out* 내쫓다. ⌐**·er¹** *n.*

bolt² *n., vt.* 체(질하다); 음미하다 (sift). ⌐**·er²** *n.* 체.

bo·lus [bóuləs] *n.* 큰 알약《수의용》.

‡**bomb** [bɑm/-ɔ-] *n.* ① **폭탄**, 수류탄. ② 폭탄 선언. ③《美俗》(흥행의) 큰 실패. ④《英俗》 대성공. —— *vt.* 폭격하다 (*be ~ed out* 공습으로 집을 잃다). ~ *up* (비행기에) 폭탄을 싣다. ⌐**·er** *n.* 폭격기.

***bom·bard** [bɑmbɑ́:rd/bɔm-] *vt.* ① **포격〔공격〕하다.** ② 욕하다, 비방하다. *~**·ment** *n.* UC

bom·bar·dier [bɑ̀mbərdíər/bɔ̀m-] *n.* 폭격수; 《英》 포병 하사관.

bom·bar·don [bɑ́mbərdən/bɔ́m-] *n.* 대형 저음 금관악기의 일종; 〖樂〗 (풍금의) 저음 음전.

bom·bast [bɑ́mbæst/-ɔ́-] *n.* U 호언장담. —— *a.* 《廢》 과장된. **bom·bás·tic** *a.*

bómb bày (폭격기의) 폭탄실.

bómb dispòsal 불발탄 처리.

bombe [bɔ:mb] *n.* (F.) 멜론에 수종의 아이스크림을 넣어 얼린 식후용 과자.

bombed [bɑmd/-ɔ-] *a.* 《俗》 술이나 마약에 취한.

bómb·ing plàne 폭격기.

bómb lòad (비행기 한 대의) 폭탄 적재량.

bomb·proof [⌐prù:f] *a.* 폭격에 견디는.

bómb ràck (비행기의) 폭탄 시렁.

bomb·shell [⌐ʃèl] *n.* 폭탄; 돌발 사건.

bomb·sight [⌐sàit] *n.* 폭격 조준기.

bon [bɔ(:)n, bɔ̃] *a.* (F.) =GOOD. ~ ***jour*** [ʒúər] 안녕하십니까! 《아침·낮 인사》. ~ ***mot*** [móu] 명언. ~ ***soir*** [swɑ́:r] 안녕하십니까! 《저녁 인사》. ~ ***ton*** [tɔ̃:ŋ] 고상함; 상류 사회. ~ ***voyage*** [vwɑ:jɑ́:ʒ] (길떠나는 사람에게) 여행중 부디 안녕히!

bo·na fi·de [bóunə fáidi; -fàid] (L.) 진실한; 성의 있는.

bo·nan·za [bounǽnzə] *n.* (Sp.) (금·은의) 노다지 광맥; 《口》 대성공, 큰 벌이(거리). *in* ~ 크게 수지맞아.

Bo·na·parte [bóunəpɑ̀:rt] *n.* =NAPOLEON ~.

bon·bon [bɑ́nbɑ̀n/bɔ́nbɔ̀n] *n.* (F.) 봉봉《사탕》.

bon·bon·nière [bɑ̀nbaníər / bɔ̀nbɔ-njɛ́ər] *n.* (F.) 봉봉 그릇.

‡**bond¹** [band/-ɔ-] *n.* ① **묶는 것, 끈,** 새끼. ② 기반(羈絆), 인연(tie), (*pl.*) 속박, 쇠고랑(shackles); 감금. ③ 계약. ④ 증서; 증권, 공채 증서, 채권. ⑤ 보증인. ⑥ U (세금 납입까지의) 보세 창고 유치. ⑦ 접착제. ⑧ (벽돌 따위의) 쌓는 법. ⑨ 〖化〗 (원자의) 결합수(結合手), 가표(價標). —— *vt.* ① 채권으로 대체하다(~ *a debt*), 저당잡히다. ② 보세 창고에 넣다. ③ 결합하다. ④ (벽돌·돌을) 엇물림으로 쌓다.

bond² *a.* 사로잡힌, 노예의.

***bond·age** [⌐idʒ] *n.* U **노예의 신분;** 속박.

bónd·ed fáctory 〔**míll**〕 [⌐id] 보세 공장.

bónded wárehòuse 보세 창고.

bond·hold·er [bɑ́ndhòuldər/bɔ́nd-] *n.* 공〔사(社)〕채권 소유자.

bond·man [bɑ́ndmən/-ɔ́-] *n.* 노예; (중세의) 농노(serf).

bonds·man [⌐zmən] *n.* 보증인; =BONDMAN.

bond·stone [⌐stòun] *n.* 〖建〗 받침돌, 이음돌.

†**bone** [boun] *n.* ① **뼈,** 뼈로 만든 것. ② (*pl.*) 해골, 시체. ③ 골격, 몸. ④ (*pl.*) 캐스터네츠. ⑤ 코르셋 따위의 뼈대, 우산의 살. ⑥《美俗》(*pl.*) 주사위(dice). ⑦《美俗》 달러. ~ ***of contention*** 분쟁의 씨. ***have a ~ to pick*** (*with*) (…에게) 할 말〔불만〕이 있다. ***make no ~s of*** …을 태연히 하다, …을 주저하지 않다. ***make old ~s*** 장수하다. ***to the ~*** 골수까지, 완전히. —— *vt.* ① 뼈를 발라내다; 골분 비료를 주다. ② 《英俗》 훔치다. —— *vi.* 《俗》 공부만 들이파다(*up*).

bone-dry [⌐drái] *a.* 《口》 바싹 마른; 《口》 절대 금주의.

bóne dùst 〔**mèal**〕 골분《비료·사료》.

bone·head [⌐hèd] *n.* 《俗》 얼간이, 바보.

bon·er [bóunər] *n.* 《俗》 큰 실수, 실책.

bone·set [bóunsèt] *n.* 〖植〗 등골나물의 일종.

bone·set·ter [⌐sètər] *n.* (무면허) 접골사.

bone·yard [⌐jɑ̀:rd] *n.* 폐차장; 《俗》 묘지.

***bon·fire** [bɑ́nfàiər/-ɔ́-] *n.* ① (경축의) **화톳불.** ② 모닥불(*make a ~ of* …을 태워 버리다).

Bónfire Níght 《英》 11 월 15 일의 밤(cf. guy²).

bon·go¹ [bɑ́ŋgou/-ɔ́-] *n.* (*pl.* **~s**) 영양(羚羊)의 일종《아프리카산》.

bon·go² *n.* (*pl.* **~(e)s**) 봉고《손으로 두드리는 세로 긴 북, 2개 한벌》.

bon·ho·mie [bɑ̀nəmí:, ⌐⌐⌐/bɔ́nɔmì:] *n.* (F.) 온용(溫容); 붙임성.

Bon·i·face [bɑ́nəfèis / bɔ́n-] *n.* (*or* b-) 여인숙의 주인.

bo·ni·to [bəní:tou] *n.* (*pl.* **~(e)s**) 〖魚〗 가다랭이.

bon jour, bon mot ⇨ BON.

***Bonn** [ban/bɔn] *n.* 서부 독일의 수도.

‡**bon·net** [bɑ́nit / -ɔ́-] *n.* ① **보닛**《여자·어린애의 턱끈 있는 모자》. ② 《Sc.》 남자 모자. ③ (기계의) 덮개.

bon·ny, bon·nie [bɑ́ni / -ɔ́-] *a.* 《주로 Sc.》 (혈색 좋고) 아름다운; 건강해 보이는. **-ni·ly** *ad.* 《英方》 아름답게; 즐거운 듯이.

bon soir, bon ton ⇨ BON.

***bo·nus** [bóunəs] *n.* ① **보너스,** 상여〔위로〕금. ② 특별 배당금, 할증금(割增金), 리베이트, 경품.

bon voyage ⇨ BON.

***bon·y** [bóuni] *a.* ① **뼈의,** 골질(骨質)의. ② 뼈만 앙상한, 말라빠진.

bonze [banz/-ɔ-] *n.* (불교의) 중.

boo[1] [bu:] *int., vi., vt.* 피이《비난·경멸·남을 놀라게 할 때 지르는 소리》; (…에게) 피이하다.
boo[2] *n.* Ⓤ 마리화나.
boob [bu:b] *n.* 《美俗》 멍청이 (fool).
bóob tùbe 《美俗》 텔레비전.
boo·by [bú:bi] *n.* 견조(鰹鳥); 멍청이 (fool).
bóoby hàtch 《美俗》 정신 병원.
bóoby prìze (경기 등에서) 꼴찌상.
bóoby tràp 장난으로 꾸며 놓은 함정 장치; 〖軍〗 위장 폭탄.
boo·by-trap [-træ̀p] *vt.* (*-pp-*) booby trap을 장치하다.
boo·dle [bú:dl] *n.* 《美俗》 떼, 무리, 패; 뇌물; 매수금; 부정 이득; 많은 돈. ***the whole* (*kit and*) ~** 모두; 누구나 다.
boo·dler [bú:dlər] *n.* 《美俗》 독직 공무원; 수회자(收賄者).
boog·ie-woog·ie [bú(:)giwú(:)gi] *n.* ⓊⒸ 〖樂〗 부기우기《재즈피아노곡의 일종》. 「[울어 댐].
boo·hoo [bù:hú:] *vi., n.* 엉엉 울다
†**book** [buk] *n.* ① 책, (the B-) 성서. ② 권, 편. ③ 대본. ④ 장부, (*pl.*) 회계부. ⑤ 명부. ***be at one's ~s*** 공부하고 있는 중이다. ***~ of life*** 「생명 책」《천국에 들어갈 사람들의 기록》. ***bring a person to ~*** 힐문하다. ***close the ~s*** (회계) 장부를 마감하다. ***God's* [*the Good*] *~*** 성서. ***in a person's good* [*bad, black*] *~s*** 아무의 귀염을 받아[마음에 들지 않아]. ***keep ~s*** 치부하다. ***like a ~*** 정확하게; 충분히. ***on the ~s*** 명부에 올라. ***speak by the ~*** 전거를 들어 (정확하게) 이야기하다. ***speak like a ~*** 자세히[딱딱하게] 이야기하다. ***suit a person's ~*** 뜻에 맞다. ***the B- of Books*** 성서. ***without ~*** 외어서; 전거 없이. ── *vt.* ① (장부에) 기입하다. ② (좌석을) 예약하다. ③ (…행의) 표를 사다. ④ 《口》 (행동을) 예정하다, 약속시키다. ── *vi.* 좌석을 예약하다. ***be ~ed* (*for it*)** 붙들려 꼼짝 못하다. ***be ~ed for* [*to*]** …가는 표를 사가지고 있다.
bóok àgent 《美》 서적 외판원.
book·bind·er [búkbàindər] *n.* 제본 업자[공].
book·bind·er·y [ˊbàindəri] *n.* 《美》 제본소. 「본(술).
book·bind·ing [ˊbàindiŋ] *n.* Ⓤ 제
bóok bùrning 분서(焚書), 금서, 사상 탄압.
‡**book·case** [ˊkèis] *n.* 책장, 책꽂이.
bóok clùb 도서 클럽; 독서회.
bóok concèrn 《美》 도서 출판 회사.
bóok ènd 북엔드《책꽂이의 일종》.
book·ie [ˊi] *n.* 《口》 마권(馬券)업자.
book·ing** [ˊiŋ] *n.* ① Ⓤ 치부, 기입. ② ⓊⒸ 예약, 출연 계약; 출찰(出札). ***~ clerk 《英》 출찰계. ***~ office*** 《英》 출찰소, 매표소.
book·ish [ˊiʃ] *a.* 책의, 책을 좋아하는, 학식이 많은; 학자연하는; 서적상(上)의, 탁상의.
bóok jàcket 책 커버.
***book·keep·er** [ˊkì:pər] *n.* 장부계원.
book·keep·ing [ˊkì:piŋ] *n.* Ⓤ 부기. 「BOOKLORE.
bóok knòwledge [**lèarning**] =
***book·let** [ˊlit] *n.* 팸플릿, 작은 책자.
book·lore [ˊlɔ̀:r] *n.* 탁상의 학문.
bóok lòuse 〖蟲〗 책좀.
book·mak·er [ˊmèikər] *n.* (이익 본위의) 저작가, 편집가; 마권업자.
book·man [ˊmən] *n.* 학자, 문인.
book·mark(**·er**) [ˊmà:rk(ər)] *n.* 서표(書標).
bóok màtches 종이 성냥.
book·mo·bile [ˊmoubì:l] *n.* 《美》 이동 도서관. 「서 안내.
bóok nòtice (신문·잡지의) 신간 도
book·plate [ˊplèit] *n.* 장서표(藏書票)(*ex libris*).
book·rack [ˊræ̀k] *n.* 책장, 책꽂이;
bóok revìew 서평. 「독서대(臺).
***book·sel·ler** [ˊsèlər] *n.* 책장수.
book·shelf** [ˊʃèlf] *n.* (*pl.* ***-shelves [-ʃèlvz]) 서가, 책선반.
book·stall [ˊstɔ̀:l] *n.* 헌 책 파는 노점. 「(書架); =BOOKSTALL.
book·stand [ˊstæ̀nd] *n.* 《美》 서가
‡**book·store** [ˊstɔ̀:r], ‡**-shop** [-ʃɑp/-ɔ̀-] *n.* 서점. 「좋아하는 척하는.
book·sy [búksi] *a.* 《口》 책[학문]을
bóok tòken 도서 구입권.
bóok vàlue 장부 가격. 「광.
***book·worm** [ˊwə̀:rm] *n.* 좀; 독서
Bóol·e·an álgebra [bú:liən-] 불 대수(代數).
‡**boom**[1] [bu:m] *n.* ① (종·대포·파도·먼 데서 울리는 천둥 따위의) 쿵[쾅] 소리, 울림. ② 벼락 경기; (후보자의) 인기 상승. ③ 급등. ── *vi.* ① 진동하다, 울리다. ② 경기[인기]가 오르다. ── *vt.* 경기가 일게 하다, (후보자를) 추어올리다, 선전하다. **ˊ·ing** *a.*
boom[2] *n.* 〖海〗 돛의 아래 활대; (항구의) 방재(防材); 기중기의 가로대.
boom-and-bust [bú:mənbʌ́st] *n.* 《口》 (불경기 전후에 일어나는) 벼락 경기, 일시적 호황.
boom·er [bú:mər] *n.* 《특히 美》 신흥 지역으로 모이는 사람; 뜨내기 노동자; 《濠俗》 큰 수캥거루.
***boom·er·ang** [bú:məræ̀ŋ] *n.* 부메랑《던진 자리로 되돌아오는 오스트레일리아 토인의 무기》; 하늘에 대고 침뱉기, 긁어부스럼. 「흥 도시.
bóom tòwn (벼락 경기로 생긴) 신
***boon**[1] [bu:n] *n.* ① 은혜. ② 《古》 부탁.
boon[2] *a.* 유쾌한(merry), 명랑한(gay); 《雅》 (날씨가) 기분이 좋은.
boon·dog·gle [bú:ndɑ̀gəl / -ɔ̀-] *n., vi.* 《口》 쓸데 없는 것(을 하다).
boor [buər] *n.* 시골뜨기(rustic), 농사꾼; 우락부락한 사나이. **ˊ·ish** [búəriʃ] *a.*
***boost** [bu:st] *n., vt.* ① 뒤에서 밂[밀다]. ② (값을) 올리다.
boost·er [bú:stər] *n.* 《美》 후원자

(supporter); 〖電〗 승압기; (텔레비전·라디오 등의) 증폭기; 〖로켓〗 부스터《미사일·로켓의 보조 추진 장치》, 보조 로켓. ～ ***shot*** 〖醫〗 두번째의 예방 주사.

bóoster ròcket 부스터로켓《로켓·미사일의 추진·증속에 쓰는 보조로켓》.

‡**boot**[1] [bu:t] *n.*, *vt.* ① (보통 *pl.*) 《美》 **장화**(를 신기다); 《英》 목 긴 구두(를 신다). ② 구둣발질(하다). ③ 《口》 해고(하다). ④ 《俗》 (미해군의) 신병. ⑤ 칼집 모양으로 된 보호 커버. ***big in one's ～s*** 뽐내어. ***die in one's ～s*** 변사하다(die by violence). ***get* 〔*give*〕 *the* ～** 《口》 해고되다〔하다〕. ***have one's heart in one's ～s*** 겁을 집어먹다; 깜짝 놀라다. ***lick the ～s of*** …에게 아첨하다. ***like old ～s*** 《英俗》 맹렬〔철저〕히. ***Over shoes, over ～s.*** 《俗談》 이왕 내친 걸음이면 끝까지. ***The ～ is on the other leg.*** 사실은 정반대다; 당치도 않다. ***wipe one's ～s on*** …을 모욕하다.

boot[2] *n.* Ⓤ 《古·方》 덤. ***to ～*** 덤으로. **—** *vt.* 《古·詩》 쓸모 있다. 「이.

boot·black [ˊblæ̀k] *n.* 《美》 구두닦

boot·ee [bú:ti:, ─ˊ] *n.* 여자용의 목 긴 구두; 어린이용의 부드러운 구두.

Bo·ö·tes [bouóuti:z] *n.* 〖天〗 목자자리《일등성 Arcturus를 포함하는 북방 별자리》.

boot-faced [bú:tfèist] *a.* 엄한 표정의.

‡**booth** [bu:θ/-ð] *n.* (*pl.* ～*s* [bu:ðz]) ① 오두막. ② **노점**, 매점. ③ **전화실**; (선거용) 가설 기표소. 「기구.

boot·jack [bú:tdʒæ̀k] *n.* 장화 벗는

boot·lace [ˊlèis] *n.* 《주로 英》 구두끈.

boot·leg [ˊlèg] *vt.* (***-gg-***), *n.* 《美》 (주류를) 밀매〔밀수〕하다; Ⓤ 밀매〔밀수〕주. **～·ger** *n.* 밀매〔밀수〕자.

boot·less [bú:tlis] *a.* 무익한.

boot·lick [ˊlìk] *vt.*, *vi.* 《美俗》 아첨하다. 「잡이 가죽.

boot·strap [ˊstræ̀p] *n.* 편상화의 손

bóot trèe (보통 *pl.*) 구둣골.

***boo·ty** [bú:ti] *n.* Ⓤ ① 《集合的》 **전리품**; 포획물. ② (사업의) 이득.

booze [bu:z] *n.*, *vi.*, *vt.* 《口》 Ⓤ 술(을 들이키다)(drink deep); Ⓒ 주연.

bóoz·y *a.* 《口》 술취한.

bop [bɑp/-ɔ-] *n.* ＝BEBOP.

bo·peep [boupí:p] *n.* Ⓤ 「아웅 깍꿍」 놀이. ***play ～*** 아웅놀이하다, (행동이) 신출 귀몰하다, (좀처럼) 정체를 드러내지 않다.

BOQ Bachelor Officers' Quarters; Battalion Officers' Quarters. **bor.** 〖化〗 boron; borough.

bo·ra [bɔ́:rə] *n.* ① 보라《아드리아해 연안 겨울의 건조한 북동 한풍》. ② 《濠》 원주민의 성인식.

bo·rac·ic [bəræ̀sik] *a.* 〖化〗＝BORIC.

bor·age [bɔ́:ridʒ, bɔ́(:)-, bɑ́-] *n.* 〖植〗 서양지치. 「염(으로 처리하다).

bo·rate [bóureit, bɔ́:-] *n.*, *vt.* 붕산

bo·rax [bóuræks, bɔ́:-] *n.*, *a.* Ⓤ 붕사; 《俗》 값싸고 번쩍이는 (것).

bo·ra·zon [bɔ́:rəzɑ̀n/-zɔ̀n] *n.* Ⓤ 〖化〗 보라존《다이아몬드보다 굳은 질화붕소의 결정체》.

Bor·deaux [bɔ:rdóu] *n.* 보르도《프랑스 남서부의 항구 도시》; Ⓤ 보르도(산의) 포도주. ～ ***mixture*** 보르도액《살충·살균제》.

†**bor·der** [bɔ́:rdər] *n.* ① 가, **가장자리**; 가선. ② 경계(boundary); 국경, 변경. **—** *vt.*, *vi* ① 접하다. ② 가를 두르다. ～ ***on* 〔*upon*〕** …에 접하다; …와 비슷하다(resemble).

bor·de·reau [bɔ̀:rdəróu] *n.* 명세서, 각서. 「지대.

bor·der·land [-læ̀nd] *n.* 국경〔중간〕

***bor·der·line** [-làin] *n.*, *a.* ① **경계선**(의). ② 이것도 저것도 아닌(*a* ～ *case* 이것도 저것도 아닌 것〔경우〕).

‡**bore**[1] [bɔ:r] *v.* bear[2]의 과거.

‡**bore**[2] *n.*, *vt.*, *vi.* ① 송곳 구멍, 시굴공(試掘孔). ② 총구멍; 구경. ③ **구멍(을 뚫다)**. ④ **싫증〔넌더리〕나게 하다; 싫증나게 하는 사람〔일〕**. **ˊ～-some** *a.* 싫증나는.

bore[3] *n.* 밀물, 해일.

bo·re·al [bɔ́:riəl] *a.* 북쪽의; 북풍의.

Bo·re·as [bɔ́:riəs] *n.* 〖그神〗 북풍의 신; 《詩》 북풍. 「루한 것.

***bore·dom** [bɔ́:rdəm] *n.* Ⓤ **권태**; Ⓒ 지

bo·ric [bɔ́:rik] *a.* 붕소(硼素)의, 붕소를 함유하는. ～ ***acid*** 붕산.

bo·ride [bɔ́:raid] *n.* 〖化〗 붕화물(硼化物).

***bor·ing** [bɔ́:riŋ] *n.* Ⓤ 구멍뚫기; (채광의) 시굴, **보링**. **—** *a.* 싫증〔진저리〕나게 하는.

†**born** [bɔ:rn] *v.* bear[2]의 과거분사. **—** *a.* 태어난; **타고난**. ～ ***and bred***, or ***bred and ～*** 토박이의, 순수한. ～ ***of woman*** 무릇 인간으로 태어난. ***in all one's ～ days*** 나서 지금까지.

‡**borne** [bɔ:rn] *v.* bear[2]의 과거분사.

Bor·ne·o [bɔ́:rniòu] *n.* 보르네오(섬).

bo·ron [bɔ́:rɑn/-rɔn] *n.* Ⓤ 〖化〗 붕소(硼素).

bor·ough** [bə́:rou/bʌ́rə] *n.* ① 《美》 **자치 읍·면**; (New York 시의) 독립구《Manhattan, the Bronx 등 5구(區)》. ② 《英》 자치 도시; 국회의원 선거구(로서의 시). ***the B- (런던의) Southwark 자치구.

†**bor·row** [bɔ́:rou, bɑ́r- / bɔ́r-] *vt.*, *vi.* **빌다**, 차용하다. ～ ***troubles*** 군걱정을 하다. ***～·er** *n.*

bort [bɔ:rt] *n.* Ⓤ 저품질의 다이아몬드 《공업용》; 다이아몬드 부스러기. 「조이 개.

bor·zoi [bɔ́:rzɔi] *n.* (러시아의) 보르

bos [bɑs, bɔ:s/bɔs] *n.*, *vi.*, *vt.* (***-ss-***) 《英》 실책(을 하다). 「SENSE.

bosh [bɑʃ/-ɔ-] *n.*, *int.* 《口》 ＝NON-

bosk [bɑsk / -ɔ-], **bós·ket, -quet** [ˊit] *n.* 《古》 수풀.

bos'n [bóusn] *n.* 〖海〗＝BOATSWAIN.

‡**bos·om** [búzəm, bú:-] *n.* ① **가슴**.

② (의복의) 흉부, 품; 《美》 셔츠의 가슴(dickey). ③ **가슴속**, 내부. ④ (바다·호수의) 표면. —— *a.* 믿고 있는(*a* ~ *friend* 친구). —— *vt.* 껴안다; 마음속에 간직하다.

bo·son [bóusan/-sɔn] *n.* 〖理〗 보존, 보스 입자 《소립자의 일종》.

‡**boss**[1] [bɔ:s, bas/bɔs] *n.*, *vt.*, *vi.* 《口》 두목, 보스; 감독(하다); …의 우두머리가 되다. ∠·**y**[1] *a.*

boss[2] *n.* 둥근 돌기, 사마귀; 〖建〗 둥근 돋을새김, 양각 장식. ∠·**y**[2] *a.*

boss[3] *n.*, *vi.*, *vt.* 《英俗》 =BOS.

bós·sa nó·va [básə nóuvə/bɔ́s-] 보사노바《브라질 기원의 재즈·춤》.

boss-eyed [bɔ́:sàid, bás-/bɔ́s-] *a.* 《英俗》 애꾸눈의; 사팔뜨기의; 일방적인.

‡**Bos·ton** [bɔ́:stən, bás-/bɔ́s-] *n.* 미국 Massachusetts 주의 주도.

B. O. T. Board of Trade. 「의.

***bo·tan·i·cal** [bətǽnikəl] *a.* 식물학

botánical gárden(s) 식물원.

‡**bot·a·ny** [bátəni/-ɔ́-] *n.* Ⓤ **식물학**. ***bót·a·nist** *n.* **bót·a·nize** [-nàiz] *vi.* 식물을 채집〔연구〕하다.

botch [batʃ/-ɔ-] *vt.* 서투르게 수선하다; 망치다(spoil). —— *n.* 서투른 수선, 흉한 기움질.

bo·tel [boutél] *n.* =BOATEL.

bot·fly [bátflài/-ɔ́-] *n.* 말파리.

†**both** [bouθ] *pron.*, *a.* **둘 다(의)**, 쌍방(의). —— *ad.* 다같이(alike). ~ … *and*… …이기도 하고 …이기도 하다, …도 …도.

‡**both·er** [báðər / -ɔ́-] *vt.*, *n.* ⓊⒸ ① …을 **괴롭히다**, 귀찮게〔성가시게〕 하다, 귀찮은 사람〔일〕. ② 법석(fuss). —— *vi.* **괴로워하다**, 번민하다. ***B-*** *(it)!* 귀찮아!, 지긋지긋하다! **both·er·á·tion** [bàðəréiʃən / bɔ̀ð-] *n.*, *int.* =BOTHER (*n.*); 귀찮아!

both·er·some [báðərsəm/bɔ́ðə-] *a.* 귀찮은, 성가신.

bó trèe [bóu] (인도의) 보리수.

Bot·swa·na [batswá:nə/bɔts-] *n.* 아프리카 남부의 독립국 《수도는 Gaberones》.

†**bot·tle** [bátl/-ɔ́-] *n.* ① **병**. ② 젖병. ③ (the ~) 술. —— *vi.* ① **병에 담다**. ② 《英俗》 (범인을) 붙잡다. ③ (감정을) 억누르다(*up*).

bóttle bàby 인공 영양아.

bot·tle-fed [bátlfèd/-ɔ́-] *a.* 인공 영양의, 인공 영양으로 자란.

bot·tle·neck [-nèk] *n.* 애로; 장애.

bot·tle·nose [-nòuz] *n.* 〖動〗 돌고래의 일종《약 3미터》; 주먹코, (술꾼의) 주부코. 「파티.

bóttle pàrty 술을 각자 지참하는

bot·tle-wash·er [-wàʃər, -wɔ̀:ʃ- / -wɔ̀ʃ-] *n.* 병 씻는 사람〔기계〕; 《英口》 잡역부; (신분이나 지위의) 말석.

†**bot·tom** [bátəm/-ɔ́-] *n.* ① **(밑)바닥**, 기초. ② 바다 밑, 물밑. ③ 근거, 원인. ④ 배 밑; 배, 선복(船腹). ⑤ (의자의) 앉는 부분, (바지의) 궁둥이. ⑥ 말석, 꼴찌. ⑦ 《稀》 저력, 끈기. ⑧ 〖野〗 한 회(回)의 말(*the* ~ *of the fifth*, 5회 말). ***at (the)*** ~ 실제로는, 마음속은. ~ ***up*** 거꾸로. ***go to the*** ~ 가라앉다; 탐구하다. ***stand on one's own*** ~ 독립하다. ***touch*** ~ 바닥에 닿다, (값이) 밑바닥으로 떨어지다; 좌초하다. —— *vt.* 바닥을 대다; …을 근거로 하다. —— *vi.* 기초를 두다, 기인하다(rest)(*on*). —— *a.* 바닥의, 최저의(*the* ~ *price* 최저 가격/ *the* ~ *dollar* 마지막 한 달러). *~·**less** *a.*

bot·tom·most [-mòust] *a.* 제일 밑의, 최저의.

bot·u·lin [bátʃəlin/bɔ́-] *n.* Ⓤ 〖醫〗 보툴리누스 (독소) 《식중독의 원인이 됨》. 「Ⓤ 소시지 중독.

bot·u·lism [bátʃəlìzəm / bɔ́tju-] *n.*

bou·doir [bú:dwa:*r*] *n.* (F.) (상류) 부인의 침실.

bouf·fant [bu:fá:nt] *a.* (소매나 스커트 등이) 불룩한. —— *n.* 불룩하게 한 머리 모양.

bou·gain·vil·lae·a [bù:gənvíliə] *n.* 〖植〗 부겐빌리아《빨간 꽃이 피는 열대 식물》. 「대.

‡**bough** [bau] *n.* **큰 가지**; 《古》 교수

†**bought** [bɔ:t] *v.* buy의 과거(분사).

bouil·lon [búljan / búljɔn] *n.* (F.) 부용《소·닭고기의 맑은 수프》. 「옥석.

boul·der [bóuldər] *n.* 큰 둥근 돌,

Bou·le [bú:li:] *n.* (근대 그리스의) 의회, 하원; (b-) 〖古그〗 입법 의회.

boul·e·vard [bú(:)ləvà:*rd*] *n.* (F.) (가로수가 있는) 넓은 길; 《美》 한길.

boul·e·var·dier [bù(:)ləva:*r*díə*r*] *n.* 파리의 카페 단골; 플레이보이.

***bounce** [bauns] *vi.* ① **뛰어오르다**, 껑충 뛰다(jump). ② 튀다. ③ 《주로 英》 풍을 치다(talk big). —— *vt.* ① 튀어 돌아오게 하다. ② 《口》 꾸짖다. ③ 《英》 올러서 …시키다(*into*, *out of*). ④ 《美俗》 해고하다. —— *n.* 튀어 올라옴, **되튐**; Ⓤ 원기; 《英俗》 허풍, 허세; Ⓒ 《美俗》 해고. —— *ad.* 툭 튀어; 불쑥, 갑자기. **bóunc·er** *n.* 거대한 것; 뛰는 사람〔것〕; 허풍; 《英俗》 허풍선이; 《美俗》 경호인《나이트클럽 따위의》. **bóunc·ing** *a.* 튀는; 거대한; 강한; 기운찬, 원기 왕성한; 허풍떠는.

‡**bound**[1] [baund] *n.* ① **경계**. ② (*pl.*) 한계, 범위, 한도(limits). ***keep within*** ~***s*** 절도(節度)가 있다, 도를 지나치지 않다. ***know no*** ~***s*** 끝이 없다, 심하다. —— *vt.* ① 한정하다(limit). ② 경계를 접하다. —— *vi.* (…와) 인접하다(*on*).

‡**bound**[2] *n.* 뜀; (공 따위) 되튐; 탄력. —— *vi.*, *vt.* 뛰다; **되튀(게 하)다, 튀다**.

bound**[3] *v.* bind의 과거(분사). —— *a.* …의 **의무가 있는**(*to* do); 제본한; 확실한; 《美口》 결심을 한. ~ ***up 열중하여(*in*); 밀접한 관계에(*with*). ***I'll be*** ~. 틀림없어.

‡**bound**[4] *a.* …**행의**(*for*); …에 가려고

(*Where are you* ～? 어디 가십니까?). 「계.
‡**bound·a·ry** [báundəri] *n.* **경계,** 한
bound·en [báundən] *a.* 《英古》 책임〔의무〕 있는; 《古》 은혜를 입고(*to*). ～ ***duty*** 본분.
bound·er [báundər] *n.* 《英口》 버릇없는 사람, 벼락 출세자(upstart).
*__bound·less__ [báundlis] *a.* **한없는.**
*__boun·te·ous__ [báuntiəs] *a.* **활수한** (generous); 풍부한.
boun·ti·ful [báuntifəl] *a.* =⇧.
*__boun·ty__ [báunti] *n.* ① Ⓤ **활수함,** 관대(generosity). ② 하사품(gift); 장려금; 보수. 「향기(aroma).
*__bou·quet__ [boukéi, bu:-] *n.* **꽃다발,**
Bour·bon [búərbən, bɔ́:r] *n.* (프랑스의) 부르봉 왕가의 사람; 《蔑》 완고한 보수(정치)가; (b-) [bə́:r-] Ⓤ 위스키의 일종.
*__*bour·geois*__ [buərʒwɑ́:, ⌐—] *a., n.* (F.) (*pl.* ～) ① 〖프史〗 **중산 계급의 (사람).** ② (현대의) 유산 계급의 (사람), 부르조아(의) (opp. proletariat). ***bour·geoi·sie*** [bùərʒwɑzí:] *n.* (F.) 〖史〗 중산 계급; (무산 계급에 대한) 유산〔부르조아〕 계급. 「울.
bourn(e)¹ [buərn, bɔ:rn] *n.* 시내, 개
bourn(e)² *n.* 《古》 경계; 목적(지).
bourse [buərs] *n.* (F.) (특히 파리의) 증권 거래소.
bou·stro·phe·don [bù:strəfí:dən, bàu-] *n., a., ad.* Ⓤ 첫행을 우측에서 좌측으로 다음 행을 좌측에서 우측으로 번갈아 쓰는 초기 그리스어의 서법(의, 으로).
*__bout__ [baut] *n.* (일·발작 따위의) 한 바탕, 한참(spell); **한판.** ***drinking*** ～ 주연. 「복 장식품점.
bou·tique [bu:tí:k] *n.* 가게; 여성
bou·ton·nière [bù:təníər] *n.* (F.) 단추 구멍에 꽂는 꽃.
bo·vine [bóuvain] *a., n.* 소과의 (동물); 소의; 소 같은, 느린. 「기 엑스.
Bov·ril [bávril/-ɔ́-] *n.* 〖商標〗 (쇠)고
‡**bow**¹ [bou] *n.* ① **활.** ② (현악기의) 활(의 한 번 당기기). ③ 나비 넥타이 (bow tie); =BOWKNOT. ④ 만곡부. ***bend*** 〔***draw***〕 ***the*** 〔***a***〕 ***long*** ～ 허풍떨다. —— *vt., vi.* 구부리다; 꾸부러지다; (현악기를) 켜다. ⌐**·ing** *n.* Ⓤ (현악기의) 운궁법(運弓法).
‡**bow**² [bau] *n., vi.* ① **인사(하다), 절(하다).** ② 몸을 굽힘〔굽히다〕. ③ 굴복하다(yield) (*to*). ～ ***and scrape*** 절을 하며 왼쪽 발을 뒤로 빼다《옛날의 정중한 인사》; 지나치게 굽신굽신하다; 아첨하다. ～ ***down*** 인사하다(*to*). —— *vt.* 구부리다(bend); 굴복시키다.
*__bow__³ [bau] *n.* **이물,** 함수, 뱃머리.
Bów béllS [bóu] (런던 구시내의) St. Mary-le-Bow 성당의 종; 그 종소리가 들리는 범위; 런던 토박이.
bowd·ler·ize [báudləràiz, bóud-] *vt.* (책의) 속악한〔상스러운〕 데를 삭제하다(expurgate).
‡**bow·el** [báuəl] *n.* ① 장(腸)의 일부. ② (*pl.*) **창자;** 내부. ③ (*pl.*) 《古》 동정. ～***s of mercy*** 자비심. ***move the*** ～***s*** 대변을 보게 하다.
bow·er¹ [báuər] *n.* 정자; 나무 그늘; 내실; 침실. ～**·y** [báuəri] *a.* 나무 그늘의.
bow·er² *n.* 이물닻, 주묘(主錨).
bow·er³ *n.* (euchre에서) 최고의 패. ***best*** ～ 조커. ***left*** ～ 으뜸패와 같은 빛의 재크. ***right*** ～ 으뜸패의 재크.
bow·er⁴ *n.* 절하는 사람; 굴복자.
bow·fin [bóufìn] *n.* =MUDFISH.
bów·ie (**knìfe**) [bóui, bú:i] *n.* (외날의) 사냥칼. 「듭.
bow·knot [bóunɑ̀t/-nɔ̀t] *n.* 나비매
‡**bowl**¹ [boul] *n.* ① 대접, **사발,** 공기(의 양); 큰 잔. ② (the ～) 음주, 주연. ③ 저울의 접시, (숟가락의) 오목한 부분, (파이프의) 대통. ④ 축구 경기장.
‡**bowl**² *n.* ① (bowling 등의) **나무공.** ② (*pl.*) (잔디에서 하는) 볼링 경기. —— *vt.* ① (공을) 굴리다, 볼링을 하다. ② (차를) 굴리다. ③ 〖크리켓〗 투구하다. ④ (마차가) 미끄러지듯 달리다(*along*). ～ ***down*** 〔***over***〕 쓰러뜨리다; 당황케 하다. ～ ***out*** 〖크리켓〗 아웃시키다; 지우다. *⌐**·ing** *n.* Ⓤ **볼링**《구기》. ～***ing alley*** 볼링장, 볼링공의 주로(走路). ～***ing green*** 잔디 볼링장.
bowl·der [bóuldər] *n.* =BOULDER.
bow·leg [bóulèg] *n.* 앙가발. ～**·ged** [-*id*] *a.* 앙가발이의.
bowl·er¹ [bóulər] *n.* 《英》 중산모.
bowl·er² *n.* 공 굴리는〔볼링하는〕 사람; 〖크리켓〗 투수, 투구자.
bow·line [bóulin, -làin] *n.* 〖海〗 (가로돛의 양끝을 팽팽하게) 당기는 밧줄; = ⌐ **knòt** 일종의 옭매듭.
bow·man [bóumən] *n.* 활의 사수 (archer).
bow·ser [báuzər] *n.* (공항의) 급유용 트럭; 《濠》 급유용 펌프.
bow·shot [bóuʃɑ̀t/-ɔ̀-] *n.* Ⓤ 화살이 닿는 거리, 사정 거리.
bow·sprit [bóusprìt, báu-] *n.* 〖船〗 제일사장(第一斜檣).
bow·string [bóustrìŋ] *n., vt.* (～***ed*** or ***-strung***) (활) 시위; 교수용 밧줄; 교살(하다).
bów tìe [bóu] 나비 넥타이.
bów wíndow 활 모양의 퇴(退)창.
*__bow·wow__ [báuwáu] *n., vi.* **멍멍**(짖다). 「그 재목.
box¹ [bɑks/-ɔ-] *n.* 〖植〗 회양목; Ⓤ
†**box**² *n.* ① **상자.** ② (상자에 든) 선물(*a Xmas* ～). ③ 상자 모양의 것. ④ (신문·잡지의) 선을 두른 기사. ⑤ 마부석; (극장의) 특등석; 배심〔증인〕석(席); 〖野〗 타자석. ⑥ 초막(哨幕)(booth). ⑦ 《美》 사서함. ⑧ 《美俗》 여성의 성기. ⑨ 《俗》 텔레비전. ***be in a*** (***tight***) ～ 어찌할 바를 모르고 있다. ～ ***and needle*** 나침반. ***in the same*** ～ 같이 곤란한 입장으로. ***in the wrong*** ～ 장소를 잘못 알아, 잘못하여. —— *vt., vi.* 상자에

넣다(*up*); 상자 모양으로 만들다; 칸막이하다; 상자를 달다. ～ **off** 칸막다; 〖海〗 뱃머리를 돌리다. ～ **the compass** (토론이) 결국 원점으로 되돌아가다.

box³ [bɑks/-ɔ-] *n., vt., vi.* 따귀(를 갈기다); 손[주먹]으로 갈기다; 권투하다. ～ **on the ear(s)** 귀싸대기를 갈기다. *∠·**er** *n.* ‡∠·**ing** *n.* Ⓤ **권투**.

Bóx and Cóx 동시에는 안 나타나는 두 사람; 한 역할을 교대로 하는 두 사람 《J. M. Morton 의 희극 중의 인물에서》.

box·car [bɑ́kskɑ̀:r/-ɔ́-] *n.* 유개 화차.

bóxer shòrts 《美》 허리에 고무를 넣은 헐렁한 남성 바지.

Bóxing Dày 《英》 크리스마스의 이튿날 《고용인·우편배달부에게 Xmas box 를 줌》.

box·keep·er [∠kì:pər] *n.* (극장의) 좌석계원.

bóx kìte 상자 모양의 연 《주로 기상 관측용》.

bóx lùnch 《美》 (특히 주문받아 만드는 샌드위치, 튀김 닭·과일 등의) 도시락.

bóx òffice 매표소.

bóx-of·fice succéss [bɑ́ksɔ̀:fis, -ɑ̀-/bɔ́ksɔ̀fis] (흥행의) 대성공.

bóx séat (극장 따위의) 간막은 좌석, 특별 좌석.

bóx sùpper 《美》 box lunch 를 팔아 기금을 모으는 자선 단체·교회가 주최하는 파티.

†**boy** [bɔi] *n.* ① 사내아이, **소년**. ② 남(자)학생(*a collage* ～ 대학생). ③ (친숙하게) 놈, 녀석. ④ 급사, 보이. *my* ～ 얘《호칭》. ‡∠·**hood** [∠hùd] *n.* Ⓤ **소년기**; 소년 사회. *∠·**ish** *a.*

*__boy·cott__ [bɔ́ikɑt/-kɔt] *vt.* **불매동맹을 하다**, 배척[보이콧]하다. —— *n.* ⒸⓊ **보이콧**, 불매동맹, 배척.

‡**boy·friend** [bɔ́ifrènd] *n.* 《口》 (여성의) 애인, 남자 친구.

*__bóy scòut__ 소년단원《Boy Scouts 의 단원》.

bp. baptized; birthplace; bishop. **B/P** bills payable 지급어음(cf. B/R); boiling point. **B. Ph., B. Phil.** Bachelor of Philosophy. **Br** 〖化〗 bromine. **Br.** Britain; British. **br.** branch; brig; bronze; brother. **B/R** bills receivable 받을어음(cf. B/P).

bra [brɑ:] *n.* 《美口》 =BRASSIERE.

*__brace__ [breis] *n.* ① 지주(支柱), 버팀대(prop). ③ 〖建〗 거멀장; 꺾쇠; 죄는 끈; (*pl.*) 중괄호《{ }》. ④ (사냥개 따위의) 한 쌍. ⑤ (*pl.*) 《英》 바지 멜빵. ⑥ 〖醫〗 부목(副木); (*pl.*) 치열 교정기(齒列矯正器). ～ **and bit** 손잡이가 굽은 송곳, 회전 송곳. —— *vt., vi.* ① **버티다, 죄다**. ② 긴장시키다. ③ 〖印〗 { }로 묶다. ～ (*oneself*) **up** 기운을 내다. **brác·er** *n.* 밧줄, 띠; 《口》 술, 흥분제. *∠·**let** *n.* 팔찌. **brác·ing** *a.* 죄는, 긴장시키는; 상쾌한.

brach·y·ce·phal·ic [brӕkisəfǽlik] *a.* 〖解〗 단두(短頭)의(cf. dolichocephalic).

brack·en [brǽkən] *n.* 《英》 고사리(의 숲).

*__brack·et__ [brǽkit] *n.* ① **까치발**; 선반받이; 돌출한 전등의 받침대. ② (*pl.*) 각(角)괄호《[ ]》 (cf. braces, parenthesis). ③ 동류, 부류; (어떤) 계층 (*high income* ～*s* 고소득층). —— *vt.* ① bracket 로 받치다. ② 괄호로 묶다. ③ 일괄해서 다루다, 하나로 몰아 다루다.

brack·ish [brǽkiʃ] *a.* 소금기 있는; 맛없는.

brad [brӕd] *n.* 곡정(曲釘), 대가리가 작고 가는 못.

Brad·shaw [brǽdʃɔ:] *n.* 《英》 철도 안내서.

brae [brei] *n.* 《Sc.》 가파른 비탈; 산허리.

*__brag__ [brӕg] *vt., vi.* (**-gg-**) **자랑하다**, 허풍떨다(*of, about*). —— *n.* Ⓤ **자랑**, 흰소리; Ⓒ 허풍선이.

brag·ga·do·ci·o [brӕ̀gədóuʃiòu/-tʃi-] *n.* ⓊⒸ 자랑(꾼).

brag·gart [brǽgərt] *n., a.* 자랑꾼(의).

Brah·ma [brɑ́:mə] *n.* (Skt.) 범천(梵天) 《창조의 신》; 브라마닭[소].

Brah·man [brɑ́:mən] *n.* (*pl.* ～*s*) 브라만《인도의 사성(四姓) 중 최고의 caste》; 《美》 지식인.

Brah·min [brɑ́:min] *n.* =BRAHMAN;

Brahms [brɑ:mz], **Johannes** (1833–97) 독일의 작곡가.

*__braid__ [breid] *n.* ⒸⓊ ① **끈** 끈, 땋은 끈; 몰. ② 땋은 머리. —— *vt.* (끈을) 꼬다, 땋다(plait); 끈목으로 장식하다.

Braille, b- [breil] *n.* Ⓤ 브레일식 점자(법) 《소경용》.

†**brain** [brein] *n.* ① **뇌**. ② (보통 *pl.*) 두뇌, 지력. **beat** 〔**cudgel, rack**〕 **one's** ～**s** (**out**) 머리를 짜내다. **crack one's** ～**s** 발광하다, 미쳐버리다. ∠·**less** *a.* 어리석은.

bráin cèll 뇌신경 세포.

bráin chìld 《美口》 생각, 계획; 두뇌의 소산, 작품.

bráin dràin 두뇌 유출.

bráin fèver 뇌막염.

brain·pan [bréinpӕ̀n] *n.* 《口》 = SKULL.

bráin pìcker 남의 지혜를 이용하는 사람.

brain·sick [∠sìk] *a.* 미친, 광기의.

bráin stòrm (발작적인) 정신착란; 《口》 갑자기 떠오른 묘안, 영감.

brain·storm·ing [∠stɔ̀:rmiŋ] *n.* Ⓤ 브레인스토밍《회의에서 각자 의견을 제출하여 최선책을 결정하는 일》.

Bráins Trùst 〖放〗 (청취자의 질문에 대답하는) 응답 위원단; =⇩.

bráin trùst 《美》 브레인트러스트 《정부의 정책 고문단》.

bráin trùster 《美》 정책 고문.

brain·wash·ing [∠wɑ̀ʃiŋ, -ɔ̀:-/-ɔ̀-] *n.* Ⓤ 세뇌(洗腦).

bráin wàve 〖醫〗 뇌파; 《口》 영감, 묘안.

bráin wòrk(er) 정신 노동(자).

brain·y [∠i] *a.* 머리가 좋은.

braise [breiz] *vt.* (고기·채소를) 기름에 살짝 튀긴 후 뭉근불에 끓이다.

‡**brake¹** [breik] *n., vt., vi.* **브레이크**(를 걸다).

brake² *n.* 양치(羊齒)의 무리; 고사리(bracken).
brake³ *n.* 덤불(bush); 수풀(thicket.)
brake⁴ *v.* 《古》 break 의 과거.
brake·man [ˊmən], 《英》 **brakes-** [ˊsmən] *n.* 제동수(制動手).
bra·less [brɑ́:lis] *a.* 《口》 노브라의.
bram·ble [brǽmbəl] *n.* 가시나무, 찔레나무; 《英方》 검은 딸기, 나무딸기. **-bly** *a.* bramble이 무성한.
bran [bræn] *n.* Ⓤ 밀기울, 겨, 왕겨.
†**branch** [bræntʃ, brɑ:ntʃ] *n.* ① 가지(모양의 것). ② 분파, 분가, 지류, 지맥, 지선, 지점, 출장소; 부문. ③ 〖言〗 어족(語族). ④ 〖컴퓨터〗(프로그램의) 분지(分枝). —— *vi.* ① 가지를 내다. ② 갈라지다(*away, off, out*).
bran·chi·al [brǽŋkiəl] *a.* 아가미의, 아가미 같은.
⁑**brand** [brænd] *n.* ① 상표, 상품명; 품질. ② 타는 나무, 타다 남은 나무(동강). ③ (가축에 찍은) 낙인; 그 인두; 오명. ④ 《詩》 검(劍). —— *vt.* 낙인을 찍다; 오명을 씌우다; (…라고) 단정하다(*as*); (가슴에) 강하게 새겨두다.
bran·dish [brǽndiʃ] *vt.* (칼 따위를) 휘두르다(flourish).
bran(d)-new [brǽndnjú:] *a.* 아주 새로운.
***bran·dy** [brǽndi] *n.* Ⓤ 브랜디.
brant [brænt] *n.* 〖鳥〗 (북미·북유럽산의) 흑기러기.
Braque [bræk], Georges (1882–1963) 프랑스의 화가(cf. Fauvism).
brash [bræʃ] *a.* 《美》 성마른; 성급한; 경솔한; 뻔뻔스러운; 무른.
bra·sier [bréiʒər] *n.* =BRAZIER.
Bra·sil·ia [brəzí(:)ljə] *n.* 브라질의 수도.
⁑**brass** [bræs, -ɑ:-] *n.* ① ⓊⒸ 놋쇠(로 만든 것). ② (*pl.*) 금관악기(*a* ~ *band* 취주악단). ③ Ⓤ 《英俗》 금전; 《口》 철면피. ④ Ⓤ 《美俗》 《集合的》 고급 장교.
bras·sard [brǽsɑ:rd, brəsɑ́:rd], **-sart** [brǽsɑ:rt] *n.* 완장; (갑옷의) 팔막이.
bráss fárthing 《口》 하찮은 것; 조금.
bráss hát 《俗》 고급 장교; 고급 관리.
brass·ie [brǽsi, -ɑ́:-] *n.* 바닥에 놋쇠를 붙인 골프채.
bras·sière [brəzíər] *n.* (F.) 브래지어.
bráss tácks 놋쇠 못; 《口》 요점, 실제 문제.
brass·ware [brǽswɛ̀ər], **bráss-work** [ˊwə̀:rk] *n.* Ⓤ 놋그릇, 유기.
bráss wìnds 금관악기.
brass·y [brǽsi, -ɑ́:-] *a.* (빛깔·소리가) 놋쇠 같은; 뻔뻔스런. —— *n.* =BRASSIE.
brat [bræt] *n.* 《蔑》 꼬마놈, 선머슴.
brat·ty [brǽti] *a.* 《口》 건방진, 개구쟁이의.
braun·ite [bráunait] *n.* Ⓤ 브라운광(鑛).
Bráun tùbe 〖電〗 브라운관.

bra·va·do [brəvɑ́:dou] *n.* ⓊⒸ (*pl.* ~(*e*)*s*) 허세.
†**brave** [breiv] *a.* ① 용감한. ② 화려한(showy). ③ 《古》 훌륭한. —— *n.* 용사; 북미 토인의 전사. —— *vt.* 용감하게 해내다; 도전하다. ~ *it out* 태연히 밀고 나가다. ⁑ˊ**·ly** *ad.* ˊ**·ness** *n.* Ⓤ 용감(성).
⁑**brav·er·y** [ˊəri] *n.* Ⓤ 용감; 화려.
bra·vo [brɑ́:vou, –ˊ] *n.* (*pl.* ~(*e*)*s*) 갈채, 브라보를 외치는 소리; [ˊ–] 폭한, 자객. —— *int.* 잘한다!; 좋다!; 브라보!
bra·vu·ra [brəvjúərə] *n.* (It.) 화려한 곡[연주]; 용맹; 의기(意氣).
brawl [brɔ:l] *n., vi.* 말다툼[싸움](하다).
brawn [brɔ:n] *n.* Ⓤ 근육, 완력. ˊ**·y** *a.*
bray¹ [brei] *n.* 나귀의 울음소리; 나팔 소리. —— *vi.* (나귀가) 울다; (나팔 소리가) 울리다.
bray² *vt.* 으깨다, 찧다, 찧어 바수다(pound).
Braz. Brazil; Brazilian.
braze¹ [breiz] *vt.* 놋쇠로 만들다[장식하다]; 놋쇠빛으로 하다.
braze² *vt.* (놋쇠·납으로) 땜질하다.
***bra·zen** [bréizən] *a.* ① 놋쇠로 만든. ② 놋쇠빛의, 놋쇠처럼 단단한; 시끄러운. ③ 뻔뻔스러운(impudent). —— *vt.* 뻔뻔스럽게 …하다. ~ *it out* 뻔뻔스럽게 해내다. ~**·ly** *ad.* 뻔뻔스럽게. ~**·ness** *n.*
bra·zen·face [-fèis] *n.* 철면피.
bra·zen-faced [-fèist] *a.* 뻔뻔스러운, 염치 없는.
bra·zier, -sier [bréiʒər] *n.* 화로; 놋갓장이.
⁑**Bra·zil** [brəzíl] *n.* 브라질. *~**·ian** *a., n.* 브라질의; 브라질 사람.
Br. Col. British Columbia.
B.R.C.S. British Red Cross Society.
***breach** [bri:tʃ] *n.* ① 깨뜨림, 파괴. ② 위반, 파기. ③ 절교; 불화. ~ *of duty* [*faith*] 배임[배신]. ~ *of promise* 파약(破約); 〖法〗 약혼 불이행. ~ *of the peace* 치안 방해, 폭동. *stand in the* ~ 적의 정면에 서다, 난국에 처하다. —— *vt.* 깨뜨리다.
†**bread** [bred] *n.* Ⓤ ① 빵; 먹을 것, 양식. ② 생계. *beg one's* ~ 빌어먹다. ~ *and butter* 버터 바른 빵; 《口》 생계. ~ *and scrape* 버터를 조금 바른 빵. ~ *buttered on both sides* 매우 넉넉한 처지. *break* ~ 식사를 같이 하다(*with*); 성체성사에 참례하다. *know* (*on*) *which side one's* ~ *is buttered* 빈틈없다. *take the* ~ *out of* (*a person's*) *mouth* 남의 밥줄을 끊다.
bread-and-but·ter [ˊnbʌ́tər] *a.* 생계를 위한; 《주로 英》 한창 먹을 나이의 [자라는]; 환대에 감사하는 (*a* ~ *letter* 대접에 대한 사례장).
bread·bas·ket [ˊbæ̀skit, -ɑ̀:-] *n.* 빵광주리; 《美》 보리(따위)의 산지, 곡

창」; 《俗》 위, 밥통; 《俗》 소이탄.
bread·board [ˊbɔ̀:rd] *n.* 밀가루 반죽하는 대(臺); 빵을 써는 도마.
bread·board·ing [ˊbɔ̀:rdiŋ] *n.* Ⓤ 평평한 실험대 위의 회로 조립. 「매).
bread·fruit [ˊfrù:t] *n.* 빵나무 (열
bréad lìne 《美》 빵 배급을 받는 사람(의 열). 「곰팡이.
bréad mò(u)ld (빵에 생기는) 검은
bread·stuff [ˊstʌf] *n.* (보통 *pl.*) 빵의 원료; Ⓤ (각종의) 빵.
‡breadth [bredθ, bretθ] *n.* ① Ⓤ 폭, 나비. ② Ⓤ,Ⓒ 넓은 도량. ***by a hair's ~*** 아슬아슬하게. ***to a hair's ~*** 한치도 안 틀리게, 정확히.
bread·win·ner [brédwìnər] *n.* (집안의) 버는 사람.
†break [breik] *vt.* (***broke,*** 《古》 ***brake; broken,*** 《古》 ***broke***) ① **부수다, 깨뜨리다.** ② (뼈를) 부러뜨리다, (기를) 꺾다. ③ 타박상을 내다 (bruise). ④ 억지로 열다; 끊어지게 하다. ⑤ (약속·법규·질서를) **어기다,** 깨뜨리다. ⑥ (땅을) 갈다. ⑦ (기계를) 고장내다. ⑧ (말을) 길들이다; 교정하다. ⑨ 누설하다, 털어놓다. ⑩ (돈을) 헐다, 잔돈으로 바꾸다. ⑪ 파산〔파멸〕시키다; 해직하다; 좌천〔강등〕시키다. ⑫ (공을) 커브시키다.
— *vi.* ① **부서지다, 깨지다,** 꺾어지다. ② 침입하다(*into*); 탈출하다; 나타나다. ③ **돌발하다;** 급변하다, 변성(變聲)하다. ④ **교제〔관계〕를 끊다.** ⑤ **헤치고 나아가다.** ⑥ (압력·무게로) **무너지다.** ⑦ (주가가) 폭락하다, (구름 따위가) 조개지다, 흩어지다. ⑧ 도망치다, 내달리다(dash) (*for, to*). ⑨ 싹이 트다. ⑩ (공이) 커브하다. ***~ away*** 도망치다, 이탈하다 (*from*). ***~ down*** 파괴하다, 으스러뜨리다; 분류〔분해〕하다; 부서지다, 으스러지다, 실패하다; (몸이) 쇠약해지다; 울음을 터뜨리다; 정전(停電)되다. ***~ even*** 《美口》 득실이 없게 되다. ***~ forth*** 돌연 …하다; 떠들기〔지껄이기〕 시작하다. ***~ in*** 침입하다; (말을) 길들이다; 말참견하다; 갑자기 나타나다. ***~ into*** …에 침입하다; 갑자기 …하기 시작하다(*~ into tears*). ***~ in upon*** 갑자기 엄습하다, 방해하다; 퍼뜩 머리에 떠오르다. ***~ off*** 꺾다; 끊다; 부러지다, 갈라지다; 갑자기 그치다. ***~ out*** 일어나다, 발생하다; (부스럼 따위가) 내돋다; 시작하다. ***~ through*** …을 헤치고 나아가다; (구멍을) 뚫다; (햇빛이) …사이에서 새나다; 돌파하다. ***~ up*** (*vt., vi.*) 분쇄하다, 해산하다, 쫓아버리다; 《美口》 난처하게 하다; 쇠약하(게 하)다; 끝나게 하다; 《英》방학이 되다. ***~ with*** …와 절교하다; …을 분배하다.
— *n.* ① **깨진 틈.** ② 변환점. ③ 변성(變聲). ④ 중단. ⑤ 《美》 폭락. ⑥ 《美》 도망, 탈주; 개시. ⑦ 《口》 실책, 실언. ⑧ 《口》 운, 운명, 행운, 기회(*an even ~* 비김, 동점, 공평한 기회 / *bad ~* 불운, 실언, 실수). ⑨ 대형 4륜마차. ***~ of day*** 새벽. **ˊ~·a·ble** *a.* ***bréak·er** *n.* 깨뜨리는 사람〔기계〕; (암초를 나타내는) 부서지는 파도; 말을 길들이는 사람, 조마사(調馬士)(cf. ~ in).
break·age [bréikidʒ] *n.* Ⓤ 파손; 파손물; 파손(배상)액.
***break·down** [ˊdàun] *n.* ① (기계의) **고장,** 사고; 붕괴; 쇠약. ② **분해, 분석,** 분류. ③ 《美》 요란스러운 댄스. ④ 〖電〗 방전.
break-e·ven [ˊí:vən] *a.* 수입과 지출이 맞먹는; 이익도 손해도 없는.
bréak-éven pòint 채산점(採算點).
†break·fast [brékfəst] *n.* Ⓤ,Ⓒ **조반.** **—** *vt. vi.* 조반을 먹다 〔내다〕. **~·er** *n.* 조반을 먹는 사람.
break·in [bréikìn] *n.* (건물에의) 침입; 연습 운전.
break·ing [bréikiŋ] *n.* Ⓤ 파괴; 〖電〗 단선; (말의) 길들이기. 「파열점.
break·ing-point [-pɔ̀int] *n.* 극한;
break·neck [bréiknèk] *a.* 목이 부러질 것 같은, 위험한. ***at ~ speed*** 무서운 속도로. 「파〔탈출〕.
break·out [ˊàut] *n.* 〖軍〗 포위진 돌
break·through [ˊθrù:] *n.* 〖軍〗 적진 돌파; (난국의) 타개. 「말.
break·up [ˊʌ̀p] *n.* 해산; 붕괴; 종
break·wa·ter [ˊwɔ̀:tər, -wɑ̀tər] *n.* 방파제.
bream [bri:m] *n.* 잉어과의 담수어; 도미 비슷한 바다물고기.
‡breast [brest] *n.* ① **가슴,** 흉부. ② 유방(*a child at* 〔*past*〕 *the ~* 젖 떨어지지 않은〔젖 떨어진〕 아이); 마음(속). ***beat the ~*** 가슴을 치며 슬퍼하다. ***give the ~*** 젖 먹이다. ***make a clean ~ of*** …을 몽땅 털어놓다〔고백하다〕. **—** *vt.* ① 가슴에 받다. ② 무릅쓰다; 감연히 맞서다(face).
breast·bone [bréstbòun] *n.* 가슴뼈.
breast-fed [bréstfèd] *a.* 모유로 키운(cf. bottle-fed). 「(brooch).
breast·pin [bréstpìn] *n.* 브로치
breast·plate [bréstplèit] *n.* (갑옷의) 가슴받이.
bréast stròke 개구리 헤엄.
bréast wàll (제방의) 흉벽(胸壁).
breast·work [bréstwə̀:rk] *n.* 〖軍〗 (급히 만든) 흉벽.
‡breath [breθ] *n.* ① Ⓤ **숨,** 호흡 (작용). ② 한 호흡, 한 숨. ③ Ⓤ,Ⓒ 순간. ④ (바람의) 선들거림(*a ~ of air*); 속삭임. ⑤ (은근한) 향기(whiff). ⑥ 〖音聲〗 숨 (cf. voice). ⑦ Ⓤ 생기; 생명. ***at a ~*** 단숨에. ***below*** 〔***under***〕 ***one's ~*** 소곤소곤. ***~ of life*** 〔***one's nostrils***〕 귀중한〔불가결의〕 것. ***catch*** 〔***hold***〕 ***one's ~*** (움찔하여) 숨을 죽이다; 한차례 쉬다. ***draw ~*** 숨 쉬다. ***gather ~*** 숨을 돌리다. ***get out of ~,*** or ***lose one's ~*** 숨차다. ***give up the ~*** 죽다. ***in a ~*** 이구 동성으로, 단숨에. ***in the same ~*** 동시에. ***save*** 〔***spend, waste***〕 ***one's ~*** 잠자코 있다〔쓸데없이 지껄이다〕. ***take ~*** 쉬다. ***take***

a person's ~ (*away*) …을 깜짝 놀라게 하다. ***with one's last*** ~ 임종시에(도); 끝까지.

breath·a·lyz·er, -lys·er [bréθəlàizər] *n.* 〖商標〗 몸 속 알코올분 측정기.

‡breathe [bri:ð] *vi.* ① **호흡하다,** 살아 있다. ② 휴식하다, 쉬다(rest). ③ 선들거리다, (향기가) 풍기다. —— *vt.* ① 호흡하다. ② (생기·생명을) 불어넣다(infuse) (*into*). ③ 휴식시키다. ④ (향기를) 풍기다; 속삭이다. ⑤ (불평을) 털어놓다; 발언하다. ⑥ (나팔 따위를) 불다. ⑦ 〖音聲〗 무성음으로 발음하다 (cf. voice). ~ ***again*** 〔***freely***〕 마음 놓다, 안심하다. ~ ***one's last*** 죽다. ~ ***upon*** …에 숨을 내뿜다, …을 흐리게 하다; 더럽히다; 나쁘게 말하다.

breathed [breθt, bri:ðd] *a.* 〖音聲〗 무성음의(voiceless). ~ ***sound*** 무성음《p, t, k, s, ʃ, f, θ 따위》.

breath·er [brí:ðər] *n.* 심한 운동; 《口》 한 숨 돌리기; (숨쉬는) 생물; (잠수부에의) 송기 장치; 환기 구멍.

***breath·ing** [brí:ðiŋ] *n.* Ⓤ ① **호흡** (*deep* ~ 심호흡). ② 휴식; 미풍. ③ 발성, 말. ④ 열망, 동경. ⑤ [h] 음, 기음(氣音).

bréathing capàcity 폐활량. 「릴 짬.

bréathing spàce 휴식 (장소); 숨돌

***breath·less** [bréθlis] *a.* ① **숨가쁜.** ② 죽은. ③ 숨을 죽인. ④ 바람 없는. ~**·ly** *ad.*

***breath·tak·ing** [bréθtèikiŋ] *a.* **깜짝 놀랄 만한,** 손에 땀을 쥐게 하는, 흥분시키는(thrilling).

bréath tèst 《英》 주기(酒氣) 검사.

bred [bred] *v.* breed의 과거(분사). —— *a.* …하게 자란(*well-*~ 뱀뱀이 좋게 자란). 「총미(銃尾), 포미(砲尾).

breech [bri:tʃ] *n.* 궁둥이; 뒷부분;

breech·cloth [´klɔ̀θ, -klɔ̀(:)θ], **breech·clout** [´klàut] *n.* 《美》 (토인의) 허리에 두른 천.

breech·es** [brítʃiz] *n. pl.* ① **반바지.** ② (승마용) 바지(*wear the* ~ 남편을 쥐고 흔들다). ~ ***buoy (바지 모양의) 구명대. 「장총(後裝銃).

breech·load·er [brí:tʃlòudər] *n.* 후

‡breed [bri:d] *vt., vi.* (***bred***) ① (새끼를) **낳다;** 알을 까다. ② **기르다,** 키우다(raise); 길들이다. ③ 번식시키다〔하다〕. ④ …을 야기하다. ~ ***from*** (좋은 말 등)의 씨를 받다. ~ ***in and in*** 동종 교배를〔근친 결혼을〕 반복하다. —— *n.* 품종, 종류. ***happy*** ~ 행복한 종족《영국인을 가리킴(Shak.의 문장에서)》. *´**·er** *n.* **사육자;** 종축(種畜); 장본인. 「型) 원자로.

bréeder reàctor 〖理〗 증식형(增殖

***breed·ing** [´iŋ] *n.* Ⓤ ① **번식.** ② 사육. ③ 버릇, 뱀뱀이. ④ 〖理〗 증식 작용.

bréeding gròund 양식장, 사육장.

‡breeze [bri:z] *n.* ① **산들바람.** ② 소문. ③ 《英口》 법석, 소동, 싸움 (*kick up a* ~ 소동을 일으키다). —— *vi.* ① 산들바람이 불다. ② 거침없이〔힘차게〕 나아가다〔행동하다〕. ~ ***through*** 휙 지나치다; 대강 훑어보다. **bréez·y** *a.* 산들바람이 부는; 쾌활〔유쾌〕한. 「의 일종.

Brén (gùn) [bren] *n.* 《英》 경기관총

brer, br'er [brə:r] *n.* 《美南部》 형제 《brother의 간략형》.

‡breth·ren [bréðrən] *n. pl.* 《brother의 古形複數》 (종교상의) **형제;** 동포; 회원, 동인.

Bret·on [brétən] *a., n.* ⒸⓊ (프랑스의) 브르타뉴(Brittany; (F.) Bretagne)의 (사람·말).

breve [bri:v] *n.* 단모음 기호《ŏ, ĭ 따위의 ˘》; 〖樂〗 2온음표.

bre·vet [brəvét, brévit] *n., vt.* ⓊⒸ 〖軍〗 (봉급은 그대로인) 명예 진급(을 시키다); 그 사령.

bre·vi·ar·y [brí:vièri, brév-] *n.* 〖카톨릭〗 성무 일과서(聖務日課書).

***brev·i·ty** [brévəti] *n.* Ⓤ (문장 따위의) **간결**(簡潔), 짧음.

brew** [bru:] *vt.* ① **양조하다;** (음료를) 조합(調合)하다. ② (차를) 끓이다. ③ (음모를) 꾸미다. —— *vi.* ① 양조하다. ② 조짐이 보이다; (폭풍우가) 일어나려 하다. ***drink as one has ~***ed*** 자업자득하다. —— *n.* ⓊⒸ 양조(량). ´**·age** [´idʒ] *n.* ⓊⒸ 양조(주). ´**·er** *n.* (맥주) 양조업자. *´**·er·y** *n.* **양조장.** ´**·ing** *n.* ⓊⒸ (맥주) 양조(량); Ⓤ 조합(調合); 계획; (폭풍우의) 전조, 먹구름.

Brezh·nev [bréʒnef], **Leonid** (1906–82) 소련 공산당 서기장.

***bri·ar** [bráiər] *n.* =BRIER[1,2].

‡bribe [braib] *n., vt., vi.* **뇌물**(로 매수하다), …에게 증회하다. **bríb·a·ble** *a.* 매수할 수 있는. **bríb·er** *n.* 증회자. ***bríb·er·y** *n.* Ⓤ **증수회.**

bric-a-brac [bríkəbræ̀k] *n.* (F.) Ⓤ 《集合的》 골동품, 고물 (장식품).

‡brick [brik] *n.* ① ⓊⒸ **벽돌.** ② 벽돌 모양의 것; (장난감의) 집짓기 나무. ③ 《口》 서글서글한 사람, 호인. —— *vt.* 벽돌로 둘러싸다〔막다〕(*in, up*); 벽돌로 짓다; 벽돌을 깔다. ***drop a*** ~ 실수하다; 실언하다. ***feel like*** ~***s*** 《美口》 비참한 생각이 들다. ***have a*** ~ ***in one's hat*** 취해 있다. ***like a*** ~, or ***like*** ~***s*** 활발히, 맹렬히(*like a hundred of* ~*s* 맹렬한 기세로). 「러기〕; 《口》 통렬한 비평.

brick·bat [´bæ̀t] *n.* 벽돌 조각〔부스

bríck fìeld 《英》 벽돌 공장.

brick·field·er [´fì:ldər] *n.* (오스트레일리아에 부는) 뜨겁고 건조한 북풍.

brick·kiln [´kìln] *n.* 벽돌 가마.

brick·lay·er [´lèiər] *n.* 벽돌공.

brick-red [´réd] *a.* 붉은 벽돌색의.

brick·work [´wə̀:rk] *n.* Ⓤ 벽돌로 지은 것〔집〕; 벽돌쌓기〔공사〕.

brick·yard [´jà:rd] *n.* 《美》 벽돌 공장. 「**색시의,** 신부의.

***brid·al** [bráidl] *n., a.* 혼례(의), 새

brídal wrèath 조팝나무.

‡bride [braid] *n.* 새색시, **신부.**

bride·cake [ˊkèik] *n.* ＝WEDDING CAKE.

‡**bride·groom** [ˊgrù(:)m] *n.* **신랑.**

brides·maid [ˊzmèid] *n.* 신부 들러리《젊은 처녀》.

brides·man [ˊ-mən] *n.* 신랑 들러리《미혼 남성》.

Bride·well [bráidwel, -wəl] *n.* 감화원; 《口》(b-) 형무소, 유치장.

†**bridge**[1] [bridʒ] *n.* ① **다리.** ② 선교(船橋), 함교(艦橋). ③ 콧대; 가공의치(架工義齒); (바이올린 등의) 기러기발; (안경 중앙의) 브리지. ④ (방송국 등의 장면과 장면을 잇는) 연결 음악. ⑤ (당구의) 큐대. ***burn one's ～s*** 배수의 진을 치다. —— *vt.* ① 다리 놓다. ② 중개역을 하다.

bridge[2] *n.* Ⓤ 브리지《카드놀이의 일종》.

bridge·head[ˊhèd] *n.* 교두보. ⌊종》.

brídge tòll 다리 통행세.

‡**bri·dle** [bráidl] *n.* **굴레**《고삐·재갈 따위의 총칭》, 고삐; 구속(물). ***put a ～ on a person's tongue*** 아무에게 말조심시키다. —— *vt.* 굴레를 씌우다, 고삐를 매다; 구속하다. —— *vi.* 몸을 뒤로 젖히다(*up*) 《자랑·경멸·분개의 표정》.

brídle pàth 승마길.

brídle rèin 고삐. 「랑스산의 치즈.

Brie [bri:] *n.* Ⓤ 희고 말랑말랑한 프

‡**brief** [bri:f] *a.* **짧은;** 단시간의; **간결한.** ***to be ～*** 간단히 말하면. —— *n.* ① 대의, 요령; 〖法〗(소송 사실의) 적요서(*have plenty of ～s* (변호사가) 사건 의뢰를 많이 받다); (원고·피고의) 신청서; 영장(writ). ② (로마 교황의) 훈령. ③ ＝BRIEFING. ***hold a ～ for*** …을 변호하다. ***in ～*** 요컨대. ***make ～ of*** …을 신속히 처리하다. —— *vt.* ① 요약하다. ② (변호사에게) 소송 사실 적요서를 제출하다; 변호를 의뢰하다. ③ 명령(briefing)을 내리다. ˊ**·less** *a.* 의뢰자 없는(*a ～less lawyer*). ‡**bríef·ly** *ad.*

bríef càse 서류 가방.

brief·ing [ˊiŋ] *n.* ⓊⒸ (출발 전에 전투기 탑승원에게 주는) 간결한 명령(서); (간추린) 보고서.

***bri·er**[1], **-ar**[1] [bráiər] *n.* **찔레나무;** 들장미(wild rose).

***bri·er**[2], **-ar**[2] *n.* (철쭉과의) **브라이어 나무;** (그 뿌리로 만든) 파이프.

brig[1] [brig] *n.* 두대박이 범선.

brig[2] *n.* 《美》(군함의) 영창(營倉).

bri·gade** [brigéid] *n., vt.* 대(隊), **여단;** 대로〔여단으로〕 편성하다. ***fire ～ 소방대.

brig·a·dier [brìgədíər] *n.* 《英》여단장; 《美》＝ˊ **géneral** 육군 준장.

brig·and [brígənd] *n.* 산적, 도둑. **～·age** [-idʒ] *n.* Ⓤ 강탈, 산적 행위; 산적들.

brig·an·tine [brígəntì:n, -tàin] *n.* brig[1] 비슷한 범선.

†**bright** [brait] *a.* ① **환한,** 밝게 빛나는; 갠, 화창한. ② **머리가 좋은.** ③ (색깔이) 선명한. ④ 쾌활한. ⑤ (액체가) 맑은. ⑥ 유망한; 명성이 있는. ***～ and early*** 아침 일찌기. —— *ad.* ＝BRIGHTLY. ‡ˊ**·ly** *ad.* ‡ˊ**·ness** *n.* Ⓤ

‡**bright·en** [bráitn] *vt., vi.* **반짝이(게 하)다; 밝아지다; 밝게 하다,** 상쾌하게 되다〔하다〕.

Bríght's disèase [bráits] 브라이트씨병《신장염의 일종》. 「미의 무리.

brill [bril] *n.* (*pl.* ～(*s*)) 〖魚〗가자

***bril·liance**[bríljəns], ***-lian·cy** [-si] *n.* Ⓤ ① **광휘, 광채;** 빛남. ② 훌륭함; 재기. ③ (빛깔의) 명도 (cf. hue, saturation).

‡**bril·liant** [-ənt] *a.* ① **찬란하게 빛나는,** 번쩍번쩍하는(sparkling). ② 훌륭한(splendid). ③ **재기에 넘치는.** —— *n.* 브릴리언트형의 다이아몬드. **～·ly** *ad.*

bril·lian·tine [bríljəntì:n] *n.* Ⓤ 포마드의 일종; 알파카 비슷한 천.

‡**brim** [brim] *n.* (속에서 본) **가, 가장자리;** (모자의) 양테. ***to the ～*** 넘치도록. —— *vt., vi.* (*-mm-*) (가장자리까지) 가득 채우다, 넘치다(*over*). ˊ**·fúl(l)** [ˊfúl] *a.* 넘치는, 넘칠 것 같은.

brim·stone [brímstòun] *n.* Ⓤ ＝SULFUR《주로 상업 용어》. ***fire and ～*** 제기랄! **-ston·y** *a.*

brin·dle [bríndl] *n.* 얼룩(개), 얼룩진 색. **～d** [-d] *a.* 얼룩진, 얼룩덜룩한, 얼룩 갈색〔회색〕의.

brine [brain] *n.* 소금물, 바닷물; (the ～) 바다. ***～ pan*** 소금 가마.

†**bring** [briŋ] *vt.* (***brought***) ① **가지고〔데리고〕 오다.** ② 오게 하다; **초래하다,** 일으키다. ③ 이끌다. ④ 낳다. ⑤ (소송 등을) 제기(提起)하다 (*against*). ⑥ (이익을) 가져오다. ***～ about*** 야기하다; 수행하다. ***～ around*** 《口》의식을 회복시키다; 설득하다. ***～ back*** 데리고 돌아오다; 상기시키다. ***～ down*** 내리다, 떨어뜨리다; 넘어뜨리다, 멸망시키다; (자랑을) 꺾다; (기록을) 보유하다. ***～ forth*** 낳다, (열매를) 맺다(bear); 초래하다, (비밀을) 밝히다(reveal). ***～ forward*** 내놓다, 제출하다. ***～ in*** 들여오다; 소개하다, 판결하다; (…만큼의) 수입이 있다; 〖野〗생환시키다. ***～ on*** (병을) 일으키다; …을 야기하다. ***～ out*** 내놓다; (비밀을) 밝히다; 발표하다; 나타내다. ***～ over*** 넘겨주다; 개종(改宗)시키다; 제편으로 끌어넣다. ***～ round*** 《英》＝～ AROUND. ***～ to*** 의식을 회복시키다; (배를) 멈추다. ***～ to bear*** (영향·압력을) 가하다; (총을) 들이대다, 집중하다. ***～ to pass*** 일으키다. ***～ under*** 진압하다; 억제하다. ***～ up*** 기르다; 훈육〔교육〕하다; 제안하다; 토하다.

bring·ing-up [ˊiŋʌ́p] *n.* Ⓤ 양육; (가정에서의) 교육.

brink** [briŋk] *n.* ① (벼랑의) **가장자리.** ② 물가. ③ (…할) 찰나, 위기, (…한) 고비(verge[1]). ***on the ～ of …에 임하여, …의 직전에.

brink·man·ship [ˊmənʃip] *n.* Ⓤ

(외교 교섭 등을 위험한 사태까지 몰고 가는) 극한 정책. 「brine).
brin·y [bráini] *a.* 소금물의; 짠 (cf.
bri·oche [brí:ouʃ, -ɑʃ/-ɔʃ] *n.* (F.) 버터와 달걀이 든 빵. 「탄.
bri·quet(te) [brikét] *n.* 연탄; 조개
‡**brisk** [brisk] *a.* ① **기운찬, 활발한,** 활기 있는(lively). ② 상쾌한(crisp).
‡∠**·ly** *ad.* 「(고기).
bris·ket [brískət] *n.* (짐승의) 가슴
bris·tle** [brísəl] *n.* **강모**(剛毛), (돼지 등의) 빳빳한 털《브러시용》. ***set up one's [*a person's*] **~*s*** 화내다[나게 하다]. — *vt., vi.* 털을 곤두세우다, 털이 곤두서다; 촘촘히 나다(~ *with hair* 털이 촘촘히 나 있다); 줄을 짓다(~ *with spears* 창을 죽 늘어 세우다).
bris·tle·tail [brísltèil] *n.* 〖蟲〗 반대좀. 「Briton.
Brit. Britain; Britannia; British;
‡**Brit·ain** [brítən] *n.* 대(大)브리튼 (Great Britain).
Bri·tan·ni·a [britǽniə, -njə] *n.* 《詩》 =GREAT BRITAIN. **Bri·tan·nic** [-nik] *a.* 「국식 영어 (어법).
Brit·i·cism [brítəsìzəm] *n.* UC 영
‡**Brit·ish** [brítiʃ] *a.* **영국(인)의.** ~**·er** *n.* 《美》 영국인. 「원.
Brítish Acádemy, the 대영 학사
Brítish Cómmonwèalth (of Nátions), the 영연방.
Brítish Émpire, the =⇧.
Brítish Énglish 영국 영어.
Brítish Ísles, the 영국 제도. 「관.
Brítish Muséum, the 대영 박물
Brítish thérmal ùnit 영국 열량 단위《1 파운드의 물을 화씨 1 도 올리는 열량》.
Brítish wárm 〖英軍〗 짧은 외투.
***Brit·on** [brítn] *n.* ① **브리튼 사람** 《로마인 침입 당시의 Britain 남부의 켈트인》. ② 영국인.
Brit·ta·ny [brítəni] *n.* 브르타뉴《프랑스 북서부의 반도 Bretagne 의 영어명》. 「《詩》 덧없는.
***brit·tle** [brítl] *a.* **부서지기 쉬운;**
Bro., bro. brother.
broach [broutʃ] *n.* (고기 굽는) 꼬치, 꼬챙이; 송곳; 교회의 뾰족탑(spire). — *vt., vi.* 꼬챙이에 꿰다; 입을 열다; (이야기를) 꺼내다; 공표하다, 널리 알리다.
†**broad** [brɔ:d] *a.* ① (폭·면적이) **넓은.** ② **광대한.** ③ 마음이 넓은. ④ 밝은, 명백한, 노골적인, 야비한(*a* ~ *joke*). ⑤ **대강의,** 넓은 뜻의, 일반적인. ***as*** **~** ***as it is long*** 《口》 폭과 길이가 같은; 결국 마찬가지인. ***in*** **~** ***daylight*** 대낮에, 공공연히. — *n.* 넓은 곳; 《英》 (강이 넓어진) 호수; 《俗》《蔑》 계집(애). ∠**·ish** *a.* 넓으스름한. *∠**·ly** *ad.*
bróad árrow 《英》 (관물(官物)·죄수복에 붙이는) 세 갈래의 화살표.
broad·band [∸bæ̀nd] *a.* 〖電〗 광(주파수)대역의.
bróad bèan 〖植〗 잠두.
broad·blown [∠blòun] *a.* (꽃이) 만발한.
broad·brim [∠brìm] *n.* 양테가 넓은 모자; (B-) 《美口》 퀘이커 교도.
broad·brow [∠bràu] *n.* 《口》 취미나 관심이 광범위한 사람.
‡**broad·cast** [∠kæ̀st, -ɑ̀:-] *vt., vi.* (~, ~***ed***) ① **방송하다,** 방송 프로. ② 살포(撒布); 흩뿌리다. — *n.* CU ① 방송(프로). ② (씨) 살포. — *a.* 방송의, 방송된; 살포한. ~**·er** 방송자[장치]; 살포기.
***broad·cast·ing** [∠kæ̀stiŋ, -kɑ̀:st-] *n.* U **방송,** 방송 사업. 「파수.
bróadcasting frèquency 방송 주
bróadcasting stàtion 방송국.
Bróad Chúrch (영국 국교의) 광교회파(廣敎會派).
broad·cloth [∠klɔ̀:θ / -klɔ̀θ] *n.* U 《英》(검은) 고급 양복감; 《美》 브로드 《셔츠용 포플린》. 「지다.
***broad·en** [∠n] *vt., vi.* **넓히다;** 넓어
broad·gauge(d) [∠gèidʒ(d)] *a.* 광궤의; 《美》 =BROAD-MINDED.
bróad jùmp 넓이뛰기.
broad·loom [∠lù:m] *a.* 폭 넓게 짠.
***broad-mind·ed** [∠máindid] *a.* **도량이 넓은,** 관대한.
bróad séal 국새; 정부의 관인.
broad·sheet [∠ʃì:t] *n.* 한 면만 인쇄한 대판지(大版紙)《광고·포스터 등》.
broad·side [∠sàid] *n.* 뱃전; 한쪽 뱃전의 대포의 전부; 그의 일제 사격; (비난 따위의) 일제 공격.
broad-spec·trum [∸spéktrəm] *a.* 광역 항균 스펙트럼의《광범위한 미생물에 유효한 약 등에 이름》. 「칼.
broad·sword [∠sɔ̀:rd] *n.* 날 넓은
***Broad·way** [brɔ́:dwèi] *n.* 뉴욕시의 남북으로 뻗은 번화가《부근에 큰 극장이 많음》.
Brob·ding·nag [brɑ́bdiŋnæ̀g/-ɔ́-] *n.* (걸리버 여행기 중의) 거인국. **Brob·ding·nag·i·an** [∸nǽgiən] *a., n.* 거대한; 거인.
bro·cade [broukéid] *n., vt.* U 비단(으로 꾸미다); …을 비단으로 짜다.
broc·(c)o·li [brɑ́kəli/-ɔ́-] *n.* UC 〖植〗 모란채《cauliflower 의 일종; 식용》.
bro·chure [brouʃúər, -ʃɔ́:r] *n.* (F.) 팸플릿, 가철(假綴)한 책.
bro·de·rie ang·laise [broudrí: ɑ:ŋgléiz] (F.) 영국 자수《바탕천을 도려내어 하는》. 「한 구두.
brogue[1] [broug] *n.* (생가죽의) 튼튼
brogue[2] *n.* 아일랜드 사투리; 시골 사투리. 「BROIDER.
broi·der [brɔ́idər] *v.* 《古》 =EM-
***broil**[1] [brɔil] *vt., vi., n.* **굽다;** 쬐다; 굽기; 쬐기; 불고기.
broil[2] *n., vi.* 싸움[말다툼](하다).
broil·er [brɔ́ilər] *n.* 《美》 불고기용 철판[석쇠]; 불고기용 영계.
†**broke** [brouk] *v.* break 의 과거[《古》 과거분사]. — *a.* 《口》 무일푼의; 파산한. ***go for*** **~** 기를 쓰고 해 보다.
†**bro·ken** [bróukən] *v.* break 의 과거분사. — *a.* ① **깨진, 부서진;** 끊어

진, 부러진. ② **파산한,** 멸망한, 쇠약한. ③ (말 따위가) 길든(tamed). ④ 울퉁불퉁한. ⑤ (외국어 따위) 서투른, 변칙적인(~ *English* 엉터리 영어). ~ ***heart*** 실연(失戀). ~ ***line*** 파선(破線); 절선(折線); 고속 도로의 차선 변경 금지 표지. ~ ***meat*** 먹다 남은 고기, 고깃점. ~ ***money*** 잔돈. ~ ***numbers*** 분수; 우수리. ~ ***time*** 짬짬이 나는 시간; 방해가 된 (근무) 시간. ~ ***weather*** 변덕스러운 날씨.

bro·ken-down [-dáun] *a.* 부서진; 기가 꺾인; 몰락한, 파산한.

bro·ken-heart·ed [-há:rtid] *a.* 슬픔에 잠긴; 실연한.

bro·ken-neck·ed [-nékt] *a.* 목뼈가 부러진; 결딴난.

bro·ken-wind·ed [-wíndid] *a.* (말이) 폐기종에 걸린; 숨찬.

***bro·ker** [bróukər] *n.* **중개인.** ~**·age** [-idʒ] *n.* Ⓤ 중개 (수수료), 구전.

bro·king [bróukiŋ] *n.* Ⓤ 중개업.

brol·ly [bráli / -ɔ́-] *n.* 《英口》 양산; 《英俗》 낙하산.

bro·mate [bróumeit] *vt., n.* 〖化〗 브롬과 화합시키다; Ⓤ 브롬산염.

bro·mic [bróumik] *a.* 〖化〗 브롬(취소)의(을 함유한). ~ ***acid*** 브롬산.

bro·mide [bróumaid] *n.* 브롬화물; 취화칼리《약한 수면제》; 브로마이드 사진(인화지); 《美》 진부한 말, 상투어. **bro·míd·ic** [broumídik] *a.* 《美口》 평범한, 진부한(trite).

bro·mine [bróumi(:)n] *n.* Ⓤ 〖化〗 브롬.

bro·mism [bróumizəm] *n.* Ⓤ 브롬 중독.

bron·chi [bráŋkai/-ɔ́-], **bron·chi·a** [-kiə] *n. pl.* 기관지. **brón·chi·al** [-kiəl] *a.* 기관지의. **bron·chí·tis** [braŋkáitis/brɔŋ-] *n.* Ⓤ 기관지염.

bron·c(h)o [bráŋkou/-ɔ́-] *n.* (*pl.* ~*s*) (미국 서부의) 야생마(wild pony).

bron·cho·bust·er [-bʌ̀stər] *n.* 《美俗》 야생마를 길들이는 카우보이.

bron·cho·pneu·mo·nia [-nju:móunjə] *n.* Ⓤ 〖醫〗 기관지 폐렴.

bron·cho·scope [bráŋkəskòup/brɔ́ŋ-] *n.* 〖醫〗 기관(지)경.

bron·chot·o·my [braŋkátəmi/brɔŋkɔ́t-] *n.* 〖醫〗 기관지 절개술.

Bron·të [bránti/-ɔ́-], **Charlotte** (1816–55), **Emily** (1818–48) 영국의 작가 자매.

bron·to·sau·rus [brántəsɔ̀:rəs/brɔ́n-] *n.* 〖古生〗 (아메리카 주라기(紀)의) 뇌룡(雷龍).

Bronx [braŋks/-ɔ-] *n.* (the~) 뉴욕시 북부의 독립구의 하나(cf. borough).

Brónx chéer 《美》 혀를 입술 사이에서 떨어 내는 소리《경멸을 나타냄》(cf. raspberry).

‡**bronze** [branz/-ɔ-] *n., a.* Ⓤ **청동;** 청동(색)의(*a* ~ *statue* 동상). —— *vt., vi.* 청동색으로 만들다(되다); (햇볕에 태워) 갈색으로 만들다(되다).

Brónze Àge, the 청동기 시대.

***brooch** [broutʃ, bru:tʃ] *n.* **브로치.**

‡**brood** [bru:d] *n.* ① **한배의 병아리;** (동물의) 한배 새끼. ② 《蔑》 **아이들.** ③ 종류, 종족(breed). —— *vi.* ① **알을 품다**(안다). ② 생각에 잠기다, **곰곰 생각하다**(*on, over*). ③ (구름·걱정이) 내리 덮이다(*over, on*). —— *vt.* 숙고하다(~ *vengeance* 복수의 계획을 짜다). ∠**·er** *n.* 인공 부화기.

‡**brook**[1] [bruk] *n.* **시내.** ∠**·let** *n.* 실개천.

brook[2] *vt.* 견디다, 참다(endure).

***Brook·lyn** [brúklin] *n.* 뉴욕시 독립구의 하나 (cf. borough).

‡**broom** [bru(:)m] *n., vt.* **비**(로 쓸다), 청소하다; 〖植〗 금작화.

broom·corn [∠kɔ̀:rn] *n.* 수수.

broom·stick [∠stìk] *n.* 빗자루. ***marry*** (***jump***) ***over the*** ~ 내연의 관계를 맺다.

Bros. Brothers.

brose [brouz] *n.* 《英》 더운 물이나 밀크를 부은 오트밀.

***broth** [brɔ(:)θ, brɑθ] *n.* **묽은 수프**(thin soup).

broth·el [brɔ́:θəl, bráθ-] *n.* 갈봇집.

†**broth·er** [brʌ́ðər] *n.* **형제,** 친구, 동료; 동지, 동포 (cf. brethren). ~ ***in arms*** 전우. ~**·less** *a.* 형제가 없는. *~**·ly** *a.* **형제의**(같은); 친절한.

bro·ther-ger·man [-dʒə́:rmən] *n.* (*pl.* ***brothers-german***) 부모가 같은 형제, 피를 나눈 형제.

***broth·er·hood** [-hùd] *n.* Ⓤ **형제**(동포) **관계;** 동료; Ⓒ 친선 단체, 협회, 결사, 조합; 《美》 철도 종업원 조합.

broth·er-in-law** [-inlɔ̀:] *n.* (*pl.* ***brothers-in-law) 매부, 처남, 시숙 등.

Bróther Jónathan 《英古》(전형적) 미국인(cf. John Bull).

bróther úterine 이부(異父) 형제.

brough·am [brú:əm] *n.* 브룸《마부·운전사의 자리가 밖에 있는 마차·자동차》.

†**brought** [brɔ:t] *v.* bring의 과거(분사).

‡**brow** [brau] *n.* ① **이마.** ② (보통 *pl.*) 눈썹. ③ (돌출한) 벼랑 꼭대기. ***bend*** (***knit***) ***one's*** ~***s*** 눈살을 찌푸리다.

brow·beat [∠bì:t] *vt.* (~; ~*en*) 노려보다, 위협하다.

†**brown** [braun] *n.* ① Ⓤ,Ⓒ **다갈색,** 밤색. ② Ⓤ 갈색 그림물감. —— *a.* **다갈색의;** 햇볕에 탄(tanned), 거무스름한. ***do*** ~ (빵을) 엷은 갈색으로 굽다; 《英俗》 속이다. ***do up*** ~ 《美俗》 완전히 마무리하다. —— *vt., vi.* 갈색이 되(게 하)다; 햇볕에 타다. ~ ***off*** 《俗》 지루하게 만들다; 꾸짖다. ~ ***out*** 《美》 =DIM out. ∠**·ish** *a.*

brówn Bétty 사과 푸딩.

brówn bréad 흑빵.

brówn cóal 갈탄.

Brówn·i·an móvement [bráuniən-] 〖理〗 브라운 운동《액체 속의 미립자의 불규칙 운동》.

brown·ie [∠i] *n.* 〖Sc. 傳說〗 (농가의 일을 도와 준다는) 작은 요정(妖精) (brown elf); 땅콩이 든 판(板) 초콜릿; (B-) (소녀단의) 유년단원.

Brown·ing[1] [∠iŋ] *n.* 브라우닝 자동권총.

Brown·ing², **Robert** (1812–89), **Elizabeth** (1806–61) 영국의 시인 부부.
brown·out [bráunàut] *n.* =DIM-OUT.
brówn páper 갈색 포장지.
brówn ráce 말레이 인종.
brówn ríce 현미.
Brówn Shìrt 나치스 당원.
brówn stúdy 멍하니 생각에 잠김 《brown=gloomy》, 몽상.
brówn súgar 노란 설탕.
***browse** [brauz] *n.* **어린 잎,** 새싹; 〖컴퓨터〗 주사(走査). —*vi., vt.* (소 따위가 어린 잎을) 먹다(feed) (*on*); 책을 여기저기 읽다.
bru·cine [brú:si(:)n/-sain], **bruc·in** [-sin] *n.* 〖化〗 브루친《일종의 유독 알칼로이드》.
bru·in [brú(:)in] *n.* 곰; (B-) (옛날 이야기의) 곰.
‡**bruise** [bru:z] *n.* 타박상; (과일의) 흠. —*vi., vt.* (몸·마음에) 상처 나다〔내다〕; 감정을 상하(게 하)다. **brúis·er** *n.* 권투가; 《口》 난폭자.
bruit [bru:t] *vt.* 소문을 내다(*about*).
Brum [brʌm] *n.* 《英口》 =BIRMINGHAM.
brunch [brʌntʃ] (<*break*fast + l*unch*) *n.* 《口》 늦은 조반, 조반 겸 점심.
Bru·nei [brú:nai] *n.* 보루네이 북서부의 영국 보호령.
bru·net [bru:nét] *a., n.* (*fem.* **-nette** [-nét]) 브루네트의 (사람)《머리와 눈이 검거나 갈색이고 피부색이 거무스름함》 (cf. blond).
bru·nette [bru:nét] *a.* (여성이) 브루네트인 (*cf*. blonde). —*n.* 브루네트인 여자.
brunt [brʌnt] *n.* 공격의 주력〔예봉〕. ***bear the ~*** …의 정면에 맞서다(*of*).
‡**brush¹** [brʌʃ] *n.* ① **브러시, 솔.** ② 붓, 화필, (the ~) 미술, 화풍; (여우 따위의) 꼬리(bushy tail). ③ (솔·붓으로) 한 번 문지르기. ④ 찰과(擦過); (작은) 싸움. ⑤ 질주. ⑥ 《美》 (꺾은) 작은 가지, 물거리. ***at a ~*** 일거에. ***give ... another ~*** …을 더 공들여 손질하다. —*vt.* 솔질하다; 털다, 비비다(rub); 스치다 (*against*). —*vi.* 질주하다. ***~ aside*** 〔***away***〕 털어버리다; 무시하다. ***~ over*** 가볍게 칠하다. ***~ up*** 《口》 멋을 내다; 닦다, (학문 따위를) 다시 하다.
brush² *n.* 숲, 잡목림; Ⓤ =BRUSHWOOD; 《美》 미개척지.
brush-burn [brʌ́ʃbə̀:rn] *n.* 찰과상.
brúsh dischàrge 〖電〗 브러시 방전.
brush·fire [ˊfàiər] *n., a.* (전투가) 소강 상태(인).
brush·off [ˊɔ:f/ˊɔf] *n.* 《美俗》 (매정한) 거절; 해고.
brush·stroke [ˊskròuk] *n.* (회화·서도의) 일필, 일획, 필법.
***brush·up** [ˊʌp] *n.* 닦음, 수리, 손질, 몸단장; 복습.
brush·wood [ˊwùd] *n.* Ⓤ 숲; 베어낸 작은 나뭇가지, 물거리.
brusque [brʌsk/-u-] *a.* 무뚝뚝한.
Brus·sels** [brʌ́səlz] *n.* **브뤼셀**《벨기에의 수도》. ***~ sprouts 평지과의 다년생 초본《양배추의 일종》.
‡**bru·tal** [brú:tl] *a.* **짐승 같은;** 잔인한; 조야한. **bru·tal·i·ty** [bru:tǽləti] *n.* Ⓤ 야수성, 잔인, 무도. **~·ize** [-təlàiz] *vt., vi.* 짐승같이 만들다〔되다〕. ***~·ly** *ad.*
‡**brute** [bru:t] *n.* ① **짐승.** ② 《口》 싫은 놈. —*a.* ① 야수적인. ② 잔인한, 육욕적인. ③ 감각이 없는(~ *matter* 무생물). ***the ~*** (인간의) 수성, 수욕. ***the ~s*** 짐승. **brút·ish** *a.*
B. S. Bachelor of Science〔Surgery〕. **B/S, b. s.** balance sheet; bill of sale. **B. Sc.** Bachelor of Science. **B. S. T.** British summer time. **Bt.** Baronet. **BTN** Brussels Tariff Nomenclature. **B. T. U., B. th. u.** British thermal unit.
bub¹ [bʌb] *n.* (보통 *pl.*) 유방.
bub² *n.* 《美口》 아가, 젊은이《소년·젊은이에 대한 호칭》.
‡**bub·ble** [bʌ́bəl] *n.* Ⓤ ① **거품**(잃). ② 거품같이 허망한 계획; 속임수, 사기. —*vt., vi.* ① 거품일(어 넘쳐 흐르)다. ② 부글부글 소리 내다. ***blow ~s*** 비눗방울을 불다; 공론(空論)에 열중하다. ***~ over*** 거품일어 넘치다; 기를 쓰다. ***a ~ company*** (이내 쓰러지는) 포말(泡沫) 회사. ***~ gum*** 풍선껌. **búb·bler** *n.* (역 따위의) 분수식 수도.
bu·bo [bjú:bou] *n.* (*pl.* **-boes**) *n.* 〖醫〗 임파선종《특히 서혜부, 겨드랑이의》.
bu·bon·ic [bju:bánik / -ɔ́-] *a.* 〖醫〗 서혜선종(鼠蹊腺腫)의. ***~ plague*** 선(腺)페스트.
buc·cal [bʌ́kəl] *a.* 입의; 볼(cheek)의.
buc·ca·neer [bʌ̀kəníər] *n., vi.* 해적(질하다).
Bu·cha·rest [bjù:kərést] *n.* 루마니아의 수도.
Buch·man·ism [búkmənìzəm, bʌ́k-] *n.* Ⓤ 미국인 Frank Buchman(1878–1961)이 일으킨 종교 운동《영국에서는 Oxf. Group 운동, 미국에서는 MRA 운동으로 발전》.
buck¹** [bʌk] *n.* ① **수사슴;** (토끼·염소 따위의) 수컷. ② 멋쟁이 (남자) (dandy). ③ 《美口》 흑인 남자; 《美俗》 달러. ***as hearty as a ~ 원기 왕성한. ***~ private*** 《美軍俗》 이등병《Pfc.의 아래》.
buck² *vi., vt.* (말이 등을 굽히고) 뛰어오르다; (탄 사람을) 날뛰어 떨어뜨리다(*off*); 《美口》 저항하다; 《美》 (머리·뿔로) 받다(butt). ***~ up*** 《美口》 기운을 내다; 격려하다. —*n.* (말의) 뛰어오름; 도약; 반항.
buck³ *n.* 《美》 (포커에서) 패를 나눌 차례인 사람 앞에 놓는 표지. ***pass the ~ to*** 《美口》 …에게 책임을 전가하다.
buck·a·roo [bʌ́kərù:, ˌ-ˊ] *n.* 《美西部》 목동.
búck bàsket 세탁물 광주리.
‡**buck·et** [bʌ́kit] *n.* **바께쓰, 물통.** ***a ~ of bolts*** 《美俗》 고물 자동차.

give a person the ～《俗》 아무를 해고하다. *kick the* ～ 《俗》 죽다. ～·**ful** [-fùl] *n.* 한 바께쓰 가득. *come down* ～*ful* 《口》 비가 억수로 쏟아지다.

búcket sèat (자동차 따위의) 접의자.

búcket shòp 무허가 중개소; 엉터리 거래소; 《英》 (주식의) 장외 거래점.

buck·eye [bʌ́kài] *n.* 《美》 칠엽수류(七葉樹類); (B-) Ohio 주 사람.

buck·horn [bʌ́khɔ̀:rn] *n.* 사슴 뿔.

Búck·ing·ham Pálace [bʌ́kiŋəm] 버킹엄 궁전《런던의 왕실 궁전》.

Buck·ing·ham·shire [-ʃiər, -ʃər] *n.* 영국의 한 주. 《생략 Bucks.》

buck·ish [bʌ́kiʃ] *a.* (남자가) 멋부리는, 플레이보이인.

***buck·le** [bʌ́kəl] *n., vt., vi.* ① 혁대장식(으로 채우다), 죔쇠(로 죄다)(*up*). ② 구부리다, 굽다. ③ 비틀어지(게 하)다. ～ (*down*) *to,* or ～ *oneself to* …에 전력을 기울이다.

buck·ler [bʌ́klər] *n.* 둥근 방패.

buck·o [bʌ́kou] *n.* (*pl.* ～*es*) 《俗》 =BULLY[1]

buck-pass·ing [bʌ́kpæ̀siŋ, -pɑ̀:s-] *n., a.* Ⓤ 책임 회피〔전가〕(의).

buck·ram [bʌ́krəm] *n.* Ⓤ 〖製本〗 아교를 먹인 천.

buck·saw [bʌ́ksɔ̀:] *n.* 틀톱.

buck·shot [⌐ʃɑ̀t/-ɔ̀-] *n.* 사슴 사냥용 총알.

buck·skin [⌐skìn] *n.* Ⓤ 사슴 가죽; 《美》 Ⓤ,Ⓒ 고동색(의 말); (*pl.*) 사슴가죽 바지.

buck·thorn [⌐θɔ̀:rn] *n.* 털갈매나무.

buck·tooth [⌐tú:θ] *n.* (*pl.* **-teeth**) 뻐드렁니.

buck·wheat [⌐hwì:t] *n.* Ⓤ 메밀; 《美》 메밀 가루.

bu·col·ic [bju:kɑ́lik / -kɔ́l-] *a., n.* 시골〔전원〕의; 양치는 사람의, 전원 생활의; 목가.

‡**bud**[1] [bʌd] *n.* 눈, 싹, 꽃봉오리. *nip in the* ～ 미연에 방지하다. ── *vi., vt.* (**-dd-**) 싹트(게 하)다.

bud[2] *n.* 《美口》 =BUDDY.

Bu·da·pest [bú:dəpèst, ⌐-⌐] *n.* 부다페스트《헝가리의 수도》.

***Bud·dha** [bú:də] *n.* Ⓤ 부처. ***Búd·dhism** *n.* Ⓤ 불교. ***Búd·dhist** *n.*

bud·dy [bʌ́di] *n.* 《美口》 동료, 소년; 여보게《부르는 말》. ～-～ *a.* 《美俗》 아주 친한.

budge [bʌdʒ] *vi., vt.* 조금 움직이다; 몸을 움직이다.

‡**budg·et** [bʌ́dʒit] *n., vi.* 예산(안); (뉴스·편지 따위의) 한 묶음; 예산을 세우다(*for*). *open the* ～ (의회에) 예산안을 제출하다. **budg·et·ar·y** [-èri/ ⌊-əri] *a.*

bud·let [bʌ́dlit] *n.* 어린 싹.

Bué·nos Ài·res [bwéinəs áiəriz] 아르헨티나의 수도.

***buff** [bʌf] *n.* ① Ⓤ (물소 따위의) 담황색의 가죽. ② 그것으로 만든 군복. ③ Ⓤ 담황색(dull yellow). ④ 《口》 (사람의) 맨 살, 알몸. *strip to the* ～ 발가벗기다. ── *vt.* 부드러운 가죽으로 닦다.

‡**buf·fa·lo** [bʌ́fəlòu] *n.* (*pl.* ～(*e*)*s,* 《集合的》 ～) ① 물소. ② 아메리카들소(bison). ③《軍俗》 수륙 양용 탱크.

buff·er [bʌ́fər] *n.* (기차 따위의) 완충기. ～ *state* 완충국.

***buf·fet**[1] [bʌ́fit] *n.* 일격, 한 대(blow); (운명·파도·바람의) 타격. ── *vt., vi.* 치다, 때리다; (운명·파도·바람과) 싸우다(*with*).

buf·fet[2] [bəféi, bu-/bʌ́fit] *n.* 찬장(sideboard); [búfei] 뷔페, 간이 식당. ～ *car* 《주로 英》 식당차.

buf·foon [bəfú:n] *n.* 익살꾼, 어릿광대(clown). *play the* ～ 익살떨다. ～·**er·y** [-əri] *n.* Ⓤ,Ⓒ 익살; 조잡한 농담. ～·**ish** *a.*

***bug** [bʌg] *n.* ①《주로 英》 빈대. ② 벌레, 곤충, 딱정벌레. ③ 《美口》 (기계·조직 따위의) 고장, 결함. ④ 젠체하는 사람. ⑤《美俗》 소형 자동차. *big* ～ 《비꼼》 거물, 명사. *go* ～ 발광하다, 미치다. *smell a* ～ 《美》 수상쩍게 여기다.

bug·a·boo [bʌ́gəbù:] *n.* =⇩.

bug·bear [bʌ́gbɛ̀ər] *n.* 도깨비; 무서운 것.

bug-eyed [⌐áid] *a.* 《美俗》 (놀라서) 눈알이 튀어나온.

bug·ger [bʌ́gər] *n.* ① 비역쟁이. ② 《卑》 싫은 놈〔일〕; 《俗》 (形容詞에 붙어) (…란) 놈. ── *vt., vi.* …와 비역하다. ～ *about* 《卑》 빈둥빈둥하다; 혼내주다. *B- off!* 《卑》 꺼져. ～ *all* 《英俗》 전무, 제로.

***bug·gy**[1] [bʌ́gi] *n.* 《美》 말 한 필이 끄는 4륜〔2륜〕마차.

bug·gy[2] *a.* 빈대가 많은.

bug·house [bʌ́ghàus] *n.* 《美俗》 정신 병원.

bug·hunt·ing [⌐hʌ̀ntiŋ] *n.* Ⓤ 곤충채집.

***bu·gle** [bjú:gəl] *n., vi., vt.* (군대용) 나팔(을 불다, 불어 집합시키다); 《古》 뿔피리. **bú·gler** *n.* 나팔수.

bu·gloss [bjú:glɑs/-ɔ-] *n.* 〖植〗 지치과의 약초의 일종(alkanet).

buhl [bu:l] *n.* Ⓤ (별갑(鱉甲)·금은 따위의) 상감(象嵌).

†**build** [bild] *vt.* (**built**) ① 짓다, 세우다, 만들다, (재산·지위 따위를) 쌓아올리다. ② …에 의지〔의존〕하다(*on, upon*). ～ *in* 붙박이로 짜넣다; (집·벽 따위로) 에워싸다. ～ *up* 빽빽이 세우다; (명성을) 조작하다; (건강을) 증진하다; 고쳐 짓다; 〖劇〗 (최고조로) 돋구어 올리다. ── *n.* Ⓤ 만듦새, 구조, 뼈대. ‡**búild·er** [bíldər] *n.* †⌐·**ing** *n.* 건물, 빌딩; Ⓤ 건축(술)(*the main* ～ 주건물).

búilding blòck (장난감의) 집짓기 나무; (건축용) 블록.

búilding lìne (도로 따위에 임하는) 건축 제한선.

búilding lòt 건축용 대지(=building site).

build-up [bíldʌ̀p] *n.* 형성; 발전; 선전, 매명(賣名); 〖劇〗 (장면을) 최고조로 돋구어올리기; 《美口》 날조, 조작.

†**built** [bilt] *v.* build 의 과거(분사).

built-in [bíltìn] *a.* 붙박이의, 짜넣은; (성질이) 고유의.

‡**bulb** [bʌlb] *n.* **구근**(球根); 구근 식물; **전구**, 진공관. **∠·ous** *a.* 구근(모양의); 둥글둥글한.
bul·bul [búlbul] *n.* 명금(鳴禽)의 일종《nightingale의 일종》; 가수, 시⌊인.
Bulg. Bulgaria(n).
Bul·gar·i·a [bʌlgέəriə] *n.* 불가리아. **-an** *n., a.* 불가리아 사람(의); 불가리아의; Ⓤ 불가리아 말(의).
***bulge** [bʌldʒ] *n.* ① **부푼 것**; (물통 따위의) **중배**(의 불룩함). ② 《口》 이익, 잇점. ③ 〖海〗 배 밑의 만곡부(bilge). ④ 〖軍〗 (전선의) 돌출부. —*vi.* 부풀다(swell out). **búl·gy** *a.*
bu·lim·i·a [bjuːlí(ː)miə] *n.* Ⓤ 〖醫〗 식욕 항진, 병적 기아.
‡**bulk** [bʌlk] *n.* ① **부피**(volume); **크기**. ② (the ~) 대부분(*of*). ③ 더미(heap). ④ 적하(積荷). ***break ~*** 짐을 부리다. ***in ~*** 포장 않은 채로; 대량으로. —*vi., vt.* 부풀(리)다, 쌓아 올리다; 중요하게 보이다. ***~ large*** 〔***small***〕 커〔작아〕지다; 중요하게〔하지 않게〕 보이다. ***∠·y** *a.* 부피가 큰, 거대한; 다루기 힘든.
búlk bùying 매점(買占). 「뱃짐.
búlk càrgo (곡류 따위) 포장 않은
búlk fàre 단체 여행 할인 항공 운임.
bulk·head [∠hèd] *n.* (배 따위의) 격벽(隔壁); (지하실의) 들어서 여는 문.
‡**bull**¹ [bul] *n.* ① **황소**. ② (코끼리·고래 따위의) 수컷 (cf. ox). ③ (B-) 〖天〗 황소자리(Taurus). ④ 〖證〗 사는 편, 시세가 오르리라고 내다보는 사람 (cf. bear¹). ⑤ 《美俗》 경관. ⑥ Ⓤ 《俗》 쓸데 없는 소리. ⑦ =BULLDOG. ***a ~ in a china shop*** 남에게 방해가 되는 난폭자. ***take the ~ by the horn*** 감연히 난국에 맞서다. —*a.* 수컷과 같은, 황소 같은, 센, 큰. **∠·ish** *a.*
bull² *n.* (로마 교황의) 교서.
bull·bait·ing [∠bèitiŋ] *n.* Ⓤ (개를 부추겨서 괴롭히는) 소 놀리기 (cf. bearbaiting). 「맹〔완강〕한 사람.
***bull·dog** [búldɔ̀ːg/-dɔ̀g] *n.* **불독**; 용
bull·doze [∠dòuz] *vt.* 불도저로 고르다; 《美口》 위협하다; 못살게 굴다; 《美口》 (무리하게) 강행하다.
***bull·doz·er** [-ər] *n.* **불도저**; 《美口》
‡**bul·let** [búlit] *n.* **소총탄**. ⌊위협자.
‡**bul·le·tin** [búlətin] *n.* **게시**, 공보; 회보. ***~ board*** 게시판. —*vt.* 공시하다, 게시하다.
bul·let·proof [-prùːf] *a.* 방탄의.
bull·fight [búlfàit] *n.* 투우. **~·er** *n.*
bull·finch [∠fìntʃ] *n.* 〖鳥〗 피리새.
bull·frog [∠fràg, -ɔ̀(ː)-/-ɔ̀-] *n.* 식용개구리《북미산》. 「기; 완고한 사람.
bull·head [∠hèd] *n.* 〖魚〗 둑중개, 메
bull·head·ed [∠hédid] *a.* 완고한.
bull·horn [∠hɔ̀ːrn] *n.* 《美》 전기 메가폰.
bul·lion [búljən] *n.* Ⓤ 금〔은〕덩어리.
bull-necked [búlnèkt] *a.* 목이 굵은.
bull·ock [búlək] *n.* 불깐 소(steer).
búll pèn 소의 우리; 《美口》 유치장; 〖野〗 구원 투수 연습장.
búll rìng 투우장.
búll sèssion 《俗》 (비공식의) 토론, 자유 토론; 남자끼리의 잡담 (모임).
bull's-eye [búlzài] *n.* 과녁의 중심점, 정곡; 둥근창; 볼록 렌즈(를 단 각등(角燈)). 「일.
bull·shit [búlʃit] *n.* 《卑》 무의미한
búll térrier 불테리어《불독과 테리어의 잡종》. 「큰 쟁기.
búll tòngue 《美》 (목화 재배용의)
***bul·ly**¹ [búli] *n.* **약자를 괴롭히는 자**. —*vt., vi.* 위협하다; 못살게 굴다(tease). —*a.* 《口》 훌륭한. —*int.* 《口》 멋지다!, 장하다!
bul·ly² *n.* Ⓤ 통조림 쇠고기.
bul·ly·rag [-ræ̀g] *vt.* (**-gg-**) 위협하다, 못살게 굴다. 「애기부들.
bul·rush [búlrʌ̀ʃ] *n.* 〖植〗 큰고랭이;
***bul·wark** [búlwərk] *n.* ① **누벽**(壘壁). ② 방파제. ③ (*pl.*) (상(上)갑판의) 뱃전. —*vt.* 방어하다.
bum [bʌm] *n.* 《美口》 게으름뱅이; 부랑자(tramp). ***get the ~'s rush*** 《美俗》 내쫓기다. —*a.* 쓸모없는; 품질이 나쁜. —*vi., vt.* (**-mm-**) 《美口》 빈둥빈둥 놀고 지내다; 술에 빠지다; 《美俗》 떼를 써 빼앗다(sponge on), 조르다.
bum·ble·bee [bʌ́mblbìː] *n.* 뒝벌.
bumf, bumph [bʌmf] *n.* 《英俗》 화장지; 《英卑》 논문, 신문, 문서.
bum·mer [bʌ́mər] *n.* 《口》 빈둥거리는 자, 부랑자; 《美俗》 불쾌한 경험〔감각, 일〕.
‡**bump** [bʌmp] *vt., vi.* ① **부딪치다, 충돌하다**(*against, into*). ② 털썩 떨어뜨리다(*down, on*). ③ 덜거덕거리며 나아가다. ***~ off*** 부딪쳐 떨어뜨리다; 《美俗》 죽이다. —*ad., n.* ① 텅〔쿵〕(하는 소리). ② 때려서 생긴 멍〔혹〕. ③ (수레의) 동요. ④ (보트의) 충돌. ⑤ 악기류(惡氣流), 돌풍. ⑥ 재능, 능력, 육감. ***búmp·er** [∠ər] *n., a.* ① 부딪는 (사람·것). ② **범퍼, 완충기**. ③ 가득 채운 잔; 초만원(의); 풍작(의) (***~er crop*** 대풍작), 풍어의, 대히트(의). 「뒤틈바리.
bump·kin [bʌ́mpkin] *n.* 시골뜨기,
bump·tious [bʌ́mpʃəs] *a.* 주제넘은.
bump·y [bʌ́mpi] *a.* (지면이) 울퉁불퉁한(rough); (수레가) 덜커덕거리는(jolting).
bun** [bʌn] *n.* ① **롤빵**《건포도를 넣은 단 빵》. ② (롤빵 모양으로) 묶은 머리. ***take the ~ 《英俗》 일등이 되다, 이기다.
Bu·na [bjúːnə] *n.* 〖商標〗 부나《합성 고무의 일종; 천연 고무에 흡사함》.
‡**bunch** [bʌntʃ] *n., vi., vt.* (포도 따위) **송이**〔다발, 떼〕(가 되다, 로 만들다). **∠·y** *a.*
bun·co [bʌ́ŋkou] *n.* (*pl.* **~s**), *vt.* ⓊⒸ 《美口》 속임수의 내기; 야바위(치다).
bun·combe, -kum [bʌ́ŋkəm] *n.* Ⓤ 《美》 인기 위주의 연설, 빈 말.
bund [bʌnd] *n.* 바닷가의 거리.
Bun·des·tag [búndəstàːg] *n.* (서독

의) 하원(下院).

‡**bun·dle** [bʌ́ndl] *n., vi., vt.* ① 다발, 꾸러미. ② 꾸리다, 다발지어 묶다, 싸다. ③ 서둘러 떠나(게 하)다(*away, off*). **~ *of nerves*** 핑장히 신경질적인 사람. **~ *oneself up*** (많이) 껴입다.

bún fight 《英俗》 =TEA PARTY.

bung [bʌŋ] *n., vt., vi.* 마개(를 하다), 막다; 《俗》 상처를 입히다, 쳐부수다(*up*).

*__bun·ga·low__ [bʌ́ŋgəlòu] *n.* 방갈로(식 주택) 《베란다 있는 목조 단층집》.

bung·hole [bʌ́ŋhòul] *n.* 통주둥이.

bun·gle [bʌ́ŋgəl] *n., vt., vi.* 실수(하다). **bún·gling** *a.* 서투른.

bun·gle·some [-səm] *a.* 서툰, 솜씨 없는. 「의) 염증, 못.

bun·ion [bʌ́njən] *n.* (엄지발가락 살

bunk[1] [bʌŋk] *n., vi.* (배·기차 따위의) 침대〔잠자리〕(에서 자다), 등결잠자다.

bunk[2] *n.* 《美俗》 =BUNCOMBE.

bunk[3] *n., vi.* 《英俗》 도망(하다), 빼소니치다. ***do a ~*** 도망하다.

bunk-bed [bʌ́ŋkbèd] *n.* 2단 침대.

bunk·er [bʌ́ŋkər] *n., vt.* (배의) 연료 창고(에 쌓아 넣다); 〖골프〗 벙커《모래땅의 장애 구역》(에 쳐서 넣다);〖軍〗 지하 엄폐호. 「용(自航用) 연료탄(炭).

búnker cóal (석탄 수송선의) 자항

búnker óil 연료유. 「숙소.

bunk·house [bʌ́ŋkhàus] *n.* 산막; 합

bun·ko [bʌ́ŋkou] *n.* 《美口》 =BUNCO.

bun·kum [bʌ́ŋkəm] *n.* =BUNCOMBE.

*__bun·ny__ [bʌ́ni] *n.* 《口》 토끼; 《方》 다람쥐.

*__bunt__ [bʌnt] *vt., vi., n.* (머리·뿔로) 받다〔받기〕; 가볍게 치다〔침〕; 〖野〗 번트〔연타(軟打)〕(하다).

bun·ting[1] [bʌ́ntiŋ] *n.* 멧새의 무리.

bun·ting[2] *n.* Ⓤ 기(旗) 만드는 천; (장식) 기(flags).

Bun·yan [bʌ́njən], **John** (1628–88) 영국의 목사·작가《*Pilgrim's Progress*》.

‡**buoy** [bú(:)i, bɔi] *n.* 부표(浮標), 부이. **—— *vt., vi.*** ① 띄우다. ② 기운을 돋우다, 지지하다(support). ③ 뜨다(*up*). **~·age** [⌐idʒ] *n.* 《集合的》 부표; 부표 설치(방식).

*__buoy·ant__ [bɔ́iənt, bú:jənt] *a.* ① 부력이 있는. ② 경쾌한(light), 쾌활한 (cheerful). ③ (값이) 오름세의. **búoy·an·cy** *n.* Ⓤ 부력(浮力); 쾌활, 경쾌; (시세 따위의) 오름세.

B. U. P. British United Press.

bur[1] [bəːr] *n.* 우엉의 열매; 가시 있는 식물; 성가신 사람; =BURR[1]

bur[2] *vi., n.* =BURR[2]

Bur·ber·ry [bə́:rbəri, -bèri] *n.* 바바리코트; Ⓤ 바바리 방수포.

bur·ble [bə́:rbəl] *vi.* 부글부글 소리나다; 투덜거리다. **—— *n.*** 부글부글 소리내기; 투덜대기.

‡**bur·den**[1] [bə́:rdn] *n.* ① 짐(load). ② 무거운 짐, 부담; 귀찮은 일. ③ Ⓤ (배의) 적재량. ***~ of proof*** 거증(擧證)의 책임. ***lay down life's ~*** 죽다. **—— *vt.*** 무거운 짐을 지우다; 괴로움을 끼치다. **~·some** *a.* 무거운; 귀찮은. 「복.

bur·den[2] *n.* 요지, 요점; (노래의) 반

bur·dock [bə́:rdɑ̀k/-ɔ̀-] *n.* 〖植〗우엉.

‡**bu·reau** [bjúərou] *n.* (*pl.* **~s, ~x** [-z]) ① 《美》 경대 붙은 옷장. ② 《英》 양소매〔서랍 달린〕 책상. ③ 사무소(*a ~ of information* 안내소). ④ (관청의) 국, 부.

bu·reauc·ra·cy [bjuərɑ́krəsi/bjuərɔ́-] *n.* ⓊⒸ 관료 정치; 《集合的》 관료 (사회) (officialdom). **bu·reau·crat** [bjúərəkræ̀t] *n.* 관료. **bu·reau·crat·ic** [⌐–krǽtik] *a.* **bu·reau·crat·ism** [bjuərɑ́krətìzəm / bjuərɔ́kræt-] *n.* Ⓤ 관료주의.

bu·ret(te) [bjuərét] *n.* 〖化〗 뷰렛《눈금 있는 유리관》.

burg [bəːrg] *n.* 《美口》 시, 읍.

bur·geon [bə́:rdʒən] *n., vi.* 싹(트다).

burg·er [bə́:rgər] *n.* 《美口》 햄버거 스테이크(가 든 빵)(hamburger).

bur·gess [bə́:rdʒis] *n.* (borough 의) 시민.

burgh [bəːrg/bʌ́rə] *n.* 《Sc.》=BOROUGH. **⌐·er** [bə́:rgər] *n.* (네덜란드·독일의) 시민(citizen).

‡**bur·glar** [bə́:rglər] *n.* 밤도둑. **~·ize** [-àiz] *vt., vi.* 《口》 (불법으로) 침입하다. **-gla·ry** *n.* ⓊⒸ 밤도둑(질), (야간의) 불법 주거 침입.

búrglar alàrm 자동 도난 경보기.

bur·glar·proof [-prù:f] *a.* 도난 방지의. 「질하다.

bur·gle [bə́:rgəl] *vt., vi.* 《口》 밤도둑

bur·go·mas·ter [bə́:rgəmæ̀stər, -mɑ̀:-] *n.* (네덜란드·독일 등지의) 시장, 읍장.

Bur·gun·dy [bə́:rgəndi] *n.* 부르고뉴《프랑스의 남동부 지방》; ⓊⒸ (b-) 그 곳에서 나는 붉은 포도주, 「부르고뉴」. 「식.

‡**bur·i·al** [bériəl] *n.* ⓊⒸ 매장, 매장

búrial gròund 〔**plàce**〕 묘지.

búrial sèrvice 매장식.

bur·i·er [bériər] *n.* 매장자〔도구〕.

bu·rin [bjúərin] *n.* (동판) 조각칼. **~·ist** *n.* (동판·대리석 등의) 조각사.

burke [bəːrk] *vt.* ① 질식시켜 죽이다, 몰래 처치하다《사람을》. ② (소문을) 휘지비지해버리다; (의안을) 묵살하다.

burl [bəːrl] *n.* (실·털실의) 마디; (나무의) 옹이. 「굵은 삼베.

bur·lap [bə́:rlæp] *n.* Ⓤ (부대용의)

*__bur·lesque__ [bəːrlésk] *a.* 익살스러운(comic). **—— *n.*** 익살스런 풍자, (개작한) 해학시(parody); 광대짓, 《美》 저속한 소극(笑劇)(horseplay). **—— *vt.*** 익살스럽게 흉내내다.

bur·ley [bə́:rli] *n.* (*or* B-) 《美》 Kentucky 주(부근)산의 담배.

bur·ly [bə́:rli] *a.* 강한, 억센; 덜렁대는.

*__Bur·ma__ [bə́:rmə] *n.* 버마.

Bur·mese [bəːrmí:z] *a., n.* (*pl.* **~**)

버마의; CU 버마 사람[말](의).

†**burn**[1] [bəːrn] *vt., vi.* (*~ed, burnt*) ① 태우다; 타다; (불을) 때다; 타게 하다. ② 그슬리다; 그을다. ③ 불에 데다, 얼얼하다. ④ 화끈거리다, 화내다. ⑤ 흥분하다, 열중하다. ⑥ 내리쬐다, 볕에 타다. ⑦ 〖化〗 소작(燒灼)하다. ⑧ 산화시키다. ***be burnt to death*** 타 죽다. ***~ away*** 태워버리다; 타 없어지다. ***~ down*** 몽땅 태워버리다; 약해지다. ***~ for*** …을 열광[동경]하다. ***~ one's finger*** 공연히 참견[당황]하여 되게 혼나다. ***~ out*** 타버리다; 다 타다. ***~ powder*** 발사[발포]하다. ***~ up*** 타버리다, 다 타다; 열광시키다. ***have*** (*books*) ***to ~***《美》(책이) 주체 못할 만큼 있다. **búrn·er** *n.* 태우는[굽는] 사람; 버너. ‡**~·ing** *a.* (불)타는; 열렬한, 격렬한; 긴급한.

burn[2] [bəːrn] *n.* 《北英·Sc.》 시내, 개울.

bur·net [bə́ːrnit] *n.* 〖植〗 오이풀.

Búr·nham scàle [bə́ːrnæm] 《英》 공립 학교 교원 봉급 기준표《1924 년 설정》.

búrning glàss 화경(火鏡).

búrning móuntain 화산.

búrning pòint 발화점.

***bur·nish** [bə́ːrniʃ] *vt., vi.* 닦다(polish); 광나다, 닦이다. —— *n.* U,C 윤, 광택.

bur·noose, -nous [bəːrnúːs] *n.* (아라비아·무어인의) 두건 달린 망토.

burn·sides [bə́ːrnsàidz] *n. pl.* 《美》 구레나룻.

***burnt** [bəːrnt] *n.* burn 의 과거(분사).

burp [bəːrp] *n., vi.* 《口》 트림(하다).

búrp gùn 《美》 자동 권총.

***burr**[1] [bəːr] *n., vt.* ① (치과 의사 등의) 리머(reamer). ② 깔쭉깔쭉하게 깎다[깎은 자리], 깔쭉깔쭉함.

burr[2] *vi., n.* 그릉그릉[윙윙]하다; 그 소리; 목젖을 울려서 내는 r 음《[R]》, 후음(喉音)(으로 말하다).

bur·ro [búərou, bə́ːr-] *n.* 당나귀(donkey).

***bur·row** [bə́ːrou, bʌ́r-] *n.* (토끼 따위의) 굴, 숨어 있는 곳. —— *vt., vi.* ① 굴을 파다. ② 굴에 살다; 숨다. ③ 찾다; 탐구하다(*in, into*).

bur·sa [bə́ːrsə] *n.* (*pl.* ***-sae*** [-siː], ***~s***) 〖動·解〗 낭(囊)(sac).

bur·sar [bə́ːrsər] *n.* (대학의) 회계원(treasurer); 《주로 Sc.》 (대학) 장학생.

bur·si·tis [bəːrsáitis] *n.* 〖醫〗 활액낭염(滑液囊炎).

‡**burst** [bəːrst] *vt., vi.* (***burst***) ① 파열[폭파]하다. ② 째(어지)다, 터뜨리다, 터지다. ③ 충만하다. ④ 별안간 나타나다 (*forth, out, upon*); 갑자기 …하기 시작하다(break) (*into*). ***be ~ing to*** (do) 《口》 …싶어 못견디다. ***~ away*** 파열하다; 뛰쳐나가다. ***~ in*** (문이 안으로) 핵 열리다; 뛰어들다; 말참견하다. ***~ open*** 핵 열다. ***~ out laughing*** 웃음을 터뜨리다. ***~ up*** 폭발하다; 《俗》 파산하다. ***~ with*** …으로 충만하다 (*She is ~ing with health*). —— *n.* 파열, 폭발; 돌발; 분발.

bur·then [bə́ːrðən] *n., v.* = BURDEN[1].

Bur·ton [bə́ːrtn] *n.* 《英》 맥주의 일종.

Bu·run·di [bərʌ́ndi, burún-] *n.* 아프리카 중앙부의 공화국.

‡**bur·y** [béri] *vt.* ① 묻다, 감추다. ② 매장하다, 장사지내다. ③ 몰두하게 하다(*in*); 초야에 묻히다. ***~ oneself in*** …에 몰두하다; …에 묻히다. ***~ing ground*** 묘지.

†**bus** [bʌs] *n.* (*pl.* ***~(s)es***) ① 버스. ② 《口》 여객기, (낡은 대형의) 자동차. —— *vi.* (***-ss-***) ***~ it*** 버스에 타고 가다.

bús bòy [**gìrl**] 식당 웨이터의 조수[여자 조수], 접시닦이.

bus·by [bʌ́zbi] *n.* (영국 기병의) 털모자.

‡**bush** [buʃ] *n.* ① 관목(shrub). ② U 덤불, 숲. ③ 담쟁이 덩굴의 가지 《옛날의 술집 간판》(*Good wine needs no ~.* 《俗談》 좋은 술에 간판은 필요 없다). ④ U 삼림지, 오지(奧地). ***beat about the ~*** 남을 떠보다; 요점을 피하다. ***take to the ~*** 벽지로 달아나다, 산적이 되다. —— *vi., vt.* 무성하게 자라다[하다]. ***~ out*** 미개척지에 길을 내다 **~·ed** [-t] *a.* 《口》 = WORN-OUT.

‡**bush·el**[1] [búʃəl] *n.* 부셸 《건량(乾量) 단위; 미국에서는 1.95 말, 영국에서는 2.01 말》; 부셸 되.

bush·el[2] *vt., vi.* ((《英》 ***-ll-***) 《美》 (옷을) 고쳐 만들다; 수선하다.

bush·fight·er [búʃfàitər] *n.* 유격병, 게릴라.

bush·ing [búʃiŋ] *n.* 〖機〗 굴대받이 통; (구두 따위 끈 꿰는 구멍의) 고리쇠; 〖電〗 투관(套管).

búsh lèague 《俗》〖野〗 = MINOR LEAGUE.

bush·man [búʃmən] *n.* (오스트레일리아의) 벽지 개척자; (B-) (남아프리카의) 부시먼 토인; 나무꾼.

bush·mas·ter [ˊmæ̀stər, -àː-] *n.* 열대 아메리카산의 큰 독사.

búsh pìlot 《美》 미[반]개척지를 비행하는 비행사.

bush·rang·er [ˊrèindʒər] *n.* (호주의) 산적; 산림 지대에 사는 사람.

búsh tèlegràph (밀림에서의) 정보 전달(법).

búsh wàrbler (오스트레일리아산) 휘파람새의 무리.

bush·whack [búʃhwæ̀k] *vi.* 《美》 덤불을 베어 헤쳐 길을 내다. —— *vt.* 매복하다.

***bush·y** [búʃi] *a.* 덤불 같은[이 많은]; 털이 많은.

‡**bus·i·ly** [bízəli] *ad.* 바쁘게.

†**busi·ness** [bíznis] *n.* U ① 실업; 상업, 거래. ② 직업, 직무. ③ 사무, 영업. ④ C 사업, 점포. ⑤ 용건, 볼일. ⑥ C 사건, 일. ⑦ (연극의) 몸짓(action). ***Business as usual.*** (금일) 영업합니다《게시》. ***do a big ~*** 장사가 잘 되다, 번창하다. ***enter into ~*** 실업계에 투신하다. ***have no ~ to*** (do) (…할) 권리가 없다. ***make the ~ for*** …을 없애버리다, 해치우다. ***make a great ~ of*** …을 감당 못하다. ***mean ~*** 《口》

진정이다. ***mind one's own*** ~ 자기 분수를 지키다, 남의 일에 간섭 않다. ***on*** ~ 용무로(*No admittance except on* ~). ***send a person about his*** ~ 꾸짖다; 추방하다; 해고하다.

búsiness àgent 《英》 업무 대리(점).
búsiness càrd 업무용 명함.
búsiness cènter 번화가.
búsiness còllege 〔**schòol**〕 《美》 실무 학교《부기·속기·타이프 등을 훈련》. 「신.
búsiness correspòndence 상업 통
búsiness cỳcle 《美》 경기 순환.
búsiness Ènglish 상업 영어.
búsiness fluctuàtion 경기 변동.
búsiness hòurs 근무〔영업〕 시간.
***busi·ness·like** [-làik] *a.* 사무적〔실제적〕인; 민첩한.
‡**busi·ness·man** [-mæ̀n] *n.* 실업가; 사무가, 회사원.
bus·kin [bʌ́skin] *n.* 반장화; (고대 그리스·로마의 비극 배우가 신은) 두꺼운 바닥의 편상화; 비극.
bus·load [bʌ́slòud] *n.* 버스 한 대분, 버스 가득.
bus·man [bʌ́smən] *n.* 버스 승무원. **~'s *holiday*** 《美》 평상시와 비슷한 일을 하며 보내는 휴일.
bús stòp 버스 정류소.
‡**bust**[1] [bʌst] *n.* ① 흉상(胸像), 반신상. ② 상반신; (여자의) 가슴.
bust[2] *n.* 《俗》 파열, 빵꾸; 실패, 파산; 《口》 후려침. —— *vt., vi.* 《俗》 =BURST; 《俗》 파산〔실패〕하다; 《口》 좌천하다; (트러스트를 해체하여) 몇 작은 회사로 가르다; 때리다; 길들이다; 《俗》 체포하다.
bus·tard [bʌ́stərd] *n.* 〖鳥〗 능에.
bust·er [bʌ́stər] *n.* ① 거대한〔크게 효과적인, 파괴적인〕 것. ② 《美》 법석, 소란. ③ (특히 B-) 《美》 《蔑》 젊은 친구《호칭》. ④ 《濠》 서늘한 남풍.
‡**bus·tle**[1] [bʌ́sl] *vi., vt.* ① 떠들다; 떠들게 하다. ② 재촉하다; 서두르(게 하)다(*up*). —— *n.* 야단법석. **bús·tling·ly** *ad.* 떠들썩하게; 번잡하게.
bus·tle[2] *n.* (옛날, 여자 스커트를 부풀리는) 허리받이.
bust-up [bʌ́stʌ̀p] *n.* 파열; 해산; 《俗》 싸움.
bust·y [bʌ́sti] *a.* 버스트가 큰《여성》.
†**bus·y** [bízi] *a.* ① 바쁜; (…으로) 분주한 (*doing, at, in, with*). ② (전화가) 통화중인(*The line is* ~. 통화중). ③ 교통이 번잡한, 번화한(*a* ~ *street* 번화가). ④ 참견 잘 하는. —— *vt.* 바쁘게 만들다. **~ *oneself at*** 〔***in, with, doing***〕 …하기에 분주하다. ***get*** ~ 일에 착수하다. **~·ness** *n.* Ⓤ 바쁨. 「좋아하는 사람.
bus·y·bod·y [-bɑ̀di/-ɔ̀-] *n.* 참견하기
†**but** [強 bʌt, 弱 bət] *conj.* ① 그러나, 그렇지만. ② (not, never 등과 함께 써서) (…이) 아니고(*He is not a statesman,* ~ *a politician.* 정치가가 아니고 정객이다); …하는 것이 아니면(unless) (*It never rains* ~ *it pours.* 《俗諺》 비가 오면 꼭 억수같이 온다; 화불단행(禍不單行)). ③ ~ =but that …하지 않을 만큼(that… not) (*He is not such a fool* ~ *he can tell that.* 그것을 모를 만큼 어리석지는 않다). ④ 《否定語 하나 다음에 but (that)가 오면》 ~=that …not (*It can hardly be* ~ *that it is intended as a satirical hit.* 그것은 빈정댈 의도로 한 비평이 아닐 리가 없다). ⑤ 《否定語 둘 다음에 but 가 오면, 즉 3중의 否定語가 겹치면 but 는 뜻이 없어짐》 ~ (that)=that (*It is not impossible* ~ *such a day as this may come.* 이러한 날이 올 것은 불가능하지 않다). ⑥ 《마찬가지로 否定構文 중에 deny, doubt 따위 否定的 의미의 동사와 함께 써서》 ~ that= that (*I don't doubt* ~ *that they will do it.* 그들은 그것을 꼭 하리라고 생각한다). ⑦ …이외에는, …을 제하고는(*All* ~ *she went away.* 그 여자 외에는 모두 다 떠났다《이 경우 *All* ~ *her* 라면 but 는 *prep.*》). ⑧ 《무의미한 but》 (*Heavens! B- it rains!* 제기랄, 비가 오네!/ *B- how nice!* 야, 근사하구나!). —— *rel. pron.* 《but=who 〔that〕 … not》 (*There is no one* ~ *knows it.* 모르는 사람은 한 사람도 없다). —— *ad.* 다만 …뿐(*There is* ~ *one God.* 신은 단 하나다/ *He is* ~ *a child.* 그는 한낱 어린애다). —— *prep.* …이외에는(except)(*All* ~ *him remained.* 그 사람 외에는 모두 남았다); …을 제외하면, …이 없더라면(*B- that you were there, he would have been drowned.* 네가 없었더라면 그는 빠져 죽었을 것이다). ***all*** ~ 거의. ***cannot choose*** ~ (do) …하지 않을 수 없다. ~ ***for*** …이 없었더라면 (if it were not for; if it had not been for). ~ ***then*** 그렇지만, 그러나 한편. ***not*** ~ ***that*** 〔***what***〕 …이 아니라는 것은 아니다 (*Not* ~ *that* 〔*what*〕 *he thought otherwise.* 다른 생각을 하지 않은 것은 아니나). (***It is***) ***not that…,*** ~ ***that…*** …라는 것이 아니고 …인 것이다; …라고 해서가 아니라 …이기 때문이다(*Not that I like this house,* but *that I have no other place to live in.* 이 집이 마음에 들어서가 아니고, 이밖에는 살 집이 없기 때문이다). ***nothing*** ~ …에 지나지 않는다(*It is nothing* but *a joke.* 그저 농담에 지나지 않는다). —— *vt., n.* 「그러나」라고 말하다; 「그러나」라는 말(*B- me not* ~*s!* 「그러나, 그러나」라고 말하는 것은 그만두어 주게).
bu·ta·di·ene [bjù:tədáii:n, ⌐–⌐] *n.* Ⓤ 〖化〗 부타디엔《합성고무 제조용》. 「《가연성 탄화수소》.
bu·tane [bjú:tein, –⌐] *n.* 〖化〗 부탄
‡**butch·er** [bútʃər] *n., vt.* ① 푸주한; 도살업자. ② 학살자. ③ 《俗》 외과의사. ④ (열차·관람석에서의) 판매

원. ⑤ 권투 선수. ⑥ (먹기 위해) 도살하다; 학살하다(massacre). ~'s *meat* 식육. **bútch·er·y** *n.* 도살; 학살; 도살장.
bútcher bìrd 때까치.
***but·ler** [bʌ́tlər] *n.* ① **집사**, 하인 우두머리. ② 식사 담당원. ~'s *pantry* 식기실.
butt[1] [bʌt] *n.* 큰 (술)통.
butt[2] *n.* 과녁; 무겁; (*pl.*) 사적장(射的場); 비웃음의 대상, 웃음거리.
***butt**[3] *vt., vi.* ① (머리·뿔 따위로) **받다**; 부딪치다(*against, into*). ② 불쑥 나오다, 돌출하다(*on, against*).
butt[4] *n.* (막대·총 따위의) 굵은 쪽의 끝; 나무밑동; 꽁초; 《俗》 궁둥이.
butte [bju:t] *n.* 《美》 외따로 선 산, 독메.
bútt ènd 굵은 쪽의 끝; 그루터기; 남은 부분〔조각〕.
†**but·ter**[1] [bʌ́tər] *n., vt.* Ⓤ ① **버터**(를 바르다). ② 《口》 아첨(하다)(*up*). *look as if ~ would not melt in one's mouth* 시치미떼다, 태연하다.
but·ter[2] *n.* 머리〔뿔〕로 받는 짐승; 미는 사람.
***but·ter·cup** [-kʌ̀p] *n.* 〖植〗 미나리아재비.
but·ter·fat [-fæ̀t] *n.* Ⓤ 우유의 지방 (《버터 원료》).
but·ter·fin·gers [-fìŋgərz] *n. pl.* 《單數取扱》 물건을 잘 떨어뜨리는 사람; 데퉁스런〔서투른〕 사람.
but·ter·fish [bʌ́tərfìʃ] *n.* 미끈거리는 물고기《미꾸라지 따위》.
‡**but·ter·fly** [-flài] *n.* **나비**; 멋쟁이, 바람둥이.
bútterflỳ nùt (손으로 죄는) 집게나사.
bútterflỳ stròke 버터플라이 수영법, 접영(蝶泳).
but·ter·ine [bʌ́tərì:n] *n.* Ⓤ 인조 버터.
bútter knìfe 버터나이프《빵에 버터를 바르는》.
but·ter·milk [bʌ́tərmìlk] *n.* Ⓤ 버터밀크 《버터를 뺀 후의 우유》.
but·ter·nut [-nʌ̀t] *n.* (북미산의) 호두《열매·재목》.
but·ter·scotch [-skɑ̀tʃ/-ɔ̀-] *n.* 버터스코치《버터가 든 사탕·버터볼》.
bútter sprèader 버터 바르는 주걱.
but·ter·y[1] [bʌ́təri] *a.* 버터 비슷한〔를 함유하는〕; 버터 바른; 《口》 알랑거리는.
bút·ter·y[2] *n.* (주류의) 저장실; 식료품 저장실(pantry).
but·tocks [bʌ́təks] *n. pl.* 엉덩이 (rump).
‡**but·ton** [bʌ́tn] *n.* **단추**, 누름단추; 단추 모양의 것; (*pl.*) 《주로 英》 급사. —*vt., vi.* …에 단추를 달다; 단추를 채우다〔가 채워지다〕.
***but·ton·hole** [-hòul] *n., vt.* ① **단추구멍**(에 꽂는 꽃). ② 단추구멍을 내다. ③ (아무를) 붙들고 길게 이야기하다.
but·ton·hook [-hùk] *n.* 단추걸이《신 따위의 단추 끼는 고리》.
but·ton-on [-ɑ́n/-ɔ́n] *a.* 단추로 채우는, 단추식의.
bútton trèe =⇩.
but·ton-through [-θrù:] *a.* (위에서 아래까지) 단추를 채우는《옷》.
but·ton·wood [-wùd] *n.* (북미의) 단추나무, 플라타너스.
but·ton·y [-i] *a.* 단추 같은〔가 많이 달린〕.
but·tress [bʌ́tris] *n., vt.* 〖建〗 버팀벽(으로 버티다); 지지(하다)(*up*).
but·ty[1] [bʌ́ti] *n.* 《英方》 동료; (탄광의) 십장, 감독.
but·ty[2] *n.* 《英方》 버터를 바른 빵한 조각; 샌드위치.
bu·tyl [bjú:til] *n.* Ⓤ 부틸《합성고무의 일종》.
bu·tyr·ic [bju:tírik] *a.* 버터의〔에서 뽑은〕; 〖化〗 낙산(酪酸)의.
butýric ácid 낙산(酪酸).
bux·om [bʌ́ksəm] *a.* (여자가) 토실토실한; 건강하고 쾌활한.
†**buy** [bai] *vt., vi.* (**bought**) ① **사다**. ② 매수하다(bribe). ③ (희생을 치르고) 손에 넣다. ④ 한턱 내다(~ *him beer*). ⑤ (아무의) 의견을 받아들이다. ⑥ 선전에 넘어가다. ***B- American Policy*** 미국 상품 우선 매입 정책. ~ ***off*** (협박자 등을) 돈을 주어 내쫓다; 돈을 내고 면제받다. ~ ***out*** (권리 따위를) 돈으로 사다. ~ ***over*** 매수하다. ~ ***up*** 매점(買占)하다. —*n.* 《美》 구입, 물건 사기; 《美口》 매득(bargain). ‡**∠·er** *n.* **사는 사람**, 작자; 구매계원.
búyer's màrket 〖經〗 (공급 과잉으로 구매자가 강한) 구매자 시장.
‡**buzz** [bʌz] *n.* ① (벌레의) 날개 소리(humming); (기계의) 소리; (극장 따위의) 웅성거림. ② 《美口》 전화의 호출 소리. ③ 속삭임(whisper); 잡담, 소문. —*vt., vi.* ① **윙윙거리다**; 왁자지껄하다, 웅성거리며 퍼뜨리다. ② 《口》 …에게 전화를 걸다. ③ 〖空〗 저공 비행하다. ~ ***about*** 바삐 돌아다니다. ~ ***off*** 전화를 끊다, 《英口》 떠나다, 가다.
buz·zard [bʌ́zərd] *n.* 〖鳥〗 말똥가리; 아메리카독수리; 멍청이.
búzz bòmb 폭명탄(爆鳴彈).
buzz·er [bʌ́zər] *n.* 윙윙거리는 벌레; 버저, 사이렌, 경보.
búzz sàw 《美》 둥근톱(circular saw).
búzz sèssion 소그룹으로 나누어 개개인의 의견을 개진하는 과정.
BVD's [bì:vi:dí:z] *n. pl.* 《美口》 남성용 내의. (<商標)
B. V. M. Blessed Virgin Mary.
B. V. Sc. Bachelor of Veterinary Science. **B. W.** 《英》 Board of Works. **bx.** (*pl.* **bxs.**) box.
†**by**[1] [bai] *ad., prep.* ① (…의) **곁에**(near) (*He lives close by.* 바로 이웃에 살고 있다/ *south by west* 서쪽으로 약간 치우친 남쪽, 서미남(西微南). ② (…을) **지나서**(past) (*Many days went by.* 여러 날이 지났다/ *go by the house* 집앞을 지나가다). ③ 제쳐놓고(*lay by* 제쳐놓다). ④ 《美口》 (지나는 길에) 집으로〔에〕(*at, in, into*) (*Please come by.* 들르십시오); …의 동안에〔은〕(*by day* 낮에는). ⑤ **…까지에는**(*by noon*). ⑥ …에 의하여, …을 써서, …으로(*a poem by Poe*/ *by rail* 기차로). ⑦

…로, …씩 (*sell by the pound* 1파운드 얼마로 팔다/ *by degrees* 차차로). ⑧ …에 대하여, …에 관하여, …은 (*my duty by them* 그들에 대한 나의 의무/ *Alice by name* 이름은 앨리스/ *a doctor by profession* 직업은 의사/ *2 ft. by 7 in.* 길이 2피트 폭 7인치의). ⑨ …에 걸고, …에 맹세코(*By God!* 신에 맹세코, 꼭). ── *a.* 부수적인, 우연한; 본도를 벗어난, 궁벽한; 내밀의. ***by and again*** 《美》 때때로. ***by and by*** 곧, 멀지 않아서. ***by and large*** 전반적으로, 어느 모로 보나; 대체로. ***by oneself*** 혼자, 독력으로; 단독으로, 고립하여. ***by the by*** 〔**bye**〕 ⇨ BYE.

by², **bye** [bai] *n.* (토너먼트 경기에서 짝지을 상대가 없어) 남은 사람〔상태〕(odd man or condition). ***by the by*(e)** 말이 난 김에 말이지, 그런데, 그건 그렇고. 「래.

by-and-by [báiən*d*bái] *n.* 가까운 미

bye-bye¹ [báibài] *n.* Ⓤ 《兒》 잠(sleep). ***go to*** ∼ 코하다.

bye-bye² [´´] *int.* 《口》 안녕. 「선거.

by(e)-e·lec·tion [´ilèkʃən] *n.* 보궐

by-ef·fect [báiifèkt] *n.* 부차적 효과, 부작용.

by(e)·law [´lɔ̀:] *n.* 내규; 부칙; 세칙; (지방 단체의) 조례(條例).

by·gone** [báigɔ̀:n/-ɔ̀-] *a.*, *n.* **과거의**; (*pl.*) 과거(the past). ***Let ∼s be ∼s. 《俗談》 과거를 묻지 말라.

by-line [´làin] *n.* (철도의) 평행선; 《美》 (신문·잡지의) 필자명을 적는 줄; 부업; 내직(side-line).

by-name [´nèim] *n.* 성(姓) (surname); 별명.

BYOB bring your own bottle.

***by-pass** [´pæ̀s, -ɑ̀:-] *n.* ① **우회로**, 보조 도로, 측도(側道). ② (수도의) 측관(側管); 〖電〗 측로(shunt). ── *vt.* 우회하다; 회피하다; 무시하다.

by-path [´pæ̀θ, -ɑ̀:-] *n.* 사도(私道); 샛길, 옆길.

by-play [´plèi] *n.* 〖劇〗 (본 줄거리에서 벗어난) 부수적인 연극; (회화중의) 본제를 벗어난 이야기.

***by-prod·uct** [´prɑ̀dəkt/-ɔ̀-] *n.* **부산**

byre [báiə*r*] *n.* 외양간. 」물.

by-road [báiròud] *n.* 옆길, 샛길.

By·ron [báiərən], **George Gordon** (1788–1824) 영국의 시인.

bys·si·no·sis [bìsənóusis] *n.* Ⓤ 〖醫〗 면폐증(綿肺症).

***by·stand·er** [báistæ̀ndə*r*] *n.* **방관자, 구경꾼**, 국외자. 「리.

by-street [´strì:t] *n.* 뒷골목, 뒷거

by-talk [´tɔ̀:k] *n.* Ⓤ 여담; 잡담.

byte [bait] *n.* 〖컴퓨터〗 바이트 《정보 단위로서 8 bit로 됨》. ∼ ***mode*** 바이트 단위 전송 방식. ∼ ***storage*** 바이트 기억기(機).

by-way [báiwèi] *n.* 옆길, 샛길; (학문·연구 따위의) 별로 알려지지 않은 방면. 「음거리; 속담(proverb).

by·word [´wə̀:*r*d] *n.* 우스운 것, 웃

by·work [´wə̀:*r*k] *n.* Ⓤ 부업, 내직 (by-line).

Byz·an·tine** [bízəntì:n, -tàin, bizǽntin] *a.*, *n.* **비잔틴**(Byzantium)의 (사람); 〖建·美術〗 비잔틴식〔파〕의 (사람). ∼ ***architecture 비잔틴식 건축. ∼ ***Empire*** 동로마 제국(395–1453). **By·zan·tin·ism** [bizǽntənìzəm] *n.* Ⓤ 비잔틴풍.

By·zan·ti·um [bizǽnʃiəm, -ti:əm] *n.* Constantinople의 옛 이름; 지금의 Istanbul.

Bz benzene.

C

C, c [si:] *n.* (*pl.* ***C's, c's*** [-z]) 〖樂〗 다음(音); 다조(調); 〖數〗 제3기지수; (로마 숫자의) 백 (centum); 《美俗》 100달러 (지폐); 제 3의 가정자, 병(丙); C 모양의 것; 《美》 (학업 성적의) 가(可).

C 〖化〗 carbon; 〖電〗 coulomb.

C.¹ Cape; Catholic; Celsius; Celtic; Centigrade.

C.², c. candle; capacity; case; catcher; cent; center; centigrade; *centime;* centimeter; century; chapter; *circa* (L.=about); cirrus; city; copyright; cost; cubic; current.

© copyrighted. **Ca** 〖化〗 calcium.

CA, C.A.¹ Central America; chief accountant; chronological age 생활 연령(cf. MA); Consular Agent; Court of Appeal. **C.A.²**, **c.a.** chartered accountant. **ca.** cent(i)are 1/100 아르; *circa* (L.=about).

C/A capital account; credit account; current account. **CAA** 《英》 Civil Aeronautics Administration; **CAB** 《美》 Civil Aeronautics Board; Consumers' Advisory Board.

‡cab [kæb] *n.* **택시**(taxi); 승합 마차; 기관사실; 트럭의 운전대(臺); 《英》 자습서. ── (**-bb-**) *vi.* 택시로 가다.

ca·bal [kəbǽl] *n.*, *vi.* (**-ll-**) 도당, 비밀결사; 음모(를 꾸미다)(conspire).

cab·a·la [kǽbələ, kəbɑ́:lə] *n.* =CABBALA.

ca·bal·le·ro [kæ̀bəljɛ́ərou] *n.* (Sp.) (스페인의) 신사, 기사; 《美》 말 탄 사람; 여성 숭배자.

ca·ba·na [kəbɑ́:nə], **ca·ba·ña** [-njə] *n.* 오두막《해변 등의》; 방갈로풍의 집.

cab·a·ret [kæ̀bəréi/´–`] *n.* (F.) 카바

‡cab·bage¹ [kǽbidʒ] *n.* **양배추**. 」레.

cab·bage² *n.*, *vt.* Ⓤ 재단할 때 떼어먹은 천; 후무리다.

cábbage bùtterflỳ 배추흰나비.

cab·ba·la [kǽbələ/kəbɑ́:lə] *n.* Ⓤ (히브리의) 신비 철학; Ⓒ 신비로운 교리(敎理)〔설(說)〕. 「택시 운전사.

cab·by [kǽbi] *n.* 《口》 마부(cabman);

‡cab·in [kǽbin] *n.* (통나무) **오두막**; 캐빈《1·2등 선실(船室), 여객기의 객실, 군함의 함장실·사관실, 우주선의 선실 따위》. 「의) 보이, 급사.

cábin bòy (1·2등 선실 또는 사관실

cábin clàss (기선의) 특별 2등.
cábin crùiser =CRUISER.
‡**cab·i·net** [kǽbənit] *n.* ① 상자, 용기; 장식 장〔찬장〕, 진열용 (유리)장, 캐비닛. ② 〖寫〗 카비네판. ③ 회의실, 각의실. ④ (C-) 내각; 《美》 대통령의 고문단; 《古》 사실(私室). *C- council* 각의(閣議). *~ edition* 카비네판(4·6판). *C- government* 내각 책임제(하의 내각). *C- member* 〔*minister*〕 각료.
cab·i·net·mak·er [-mèikər] *n.* 가구상(家具商), 소목장이; 《英·諧》(조각중의) 신임 수상. 「사진 《4×6 인치》.
cábinet phòtograph 카비네판의
cábinet pìano 소형 피아노.
cábinet pùdding 건포도나 설탕에 졸인 과일을 넣어 만든 푸딩.
cábinet wìne 독일산의 질 좋은 포도주. 「《고급의》.
cab·i·net·work [-wə̀:rk] *n.* Ⓤ 가구
cábin fèver (인적이 드문 곳에 있음으로써 일어나는) 초조, 소외감, 사람 그리움; 밀실 공포증.
cábin pàssenger 특별 2등 선객.
‡**ca·ble** [kéibəl] *n., vt., vi.* (철사·삼 따위의) 케이블; 굵은밧줄, 강삭(鋼索); 닻줄; 피복(被覆) 전선, 케이블선(線), 해저 전선〔전신〕, 해외 전보(를 치다). *nothing to ~ home about* 《口》 평범한, 중요하지 않은.
cáble addrèss 해외 전보 수신 약호.
cáble càr 케이블카.
ca·ble·cast [-kæ̀st, -kɑ̀:st] *n.* 유선 TV 방송. 「해외 전보.
ca·ble·gram [-grӕ̀m] *n.* 해저 전신;
cáble ráilwày 케이블〔강삭〕 철도.
ca·blese [kèibəlí:z] *n.* Ⓤ 해외 전보 용어. 「선.
cáble shìp 〔**làyer**〕 해저 전선 부설
cáble('s) lèngth 〖海〗 연(鏈) 《거리의 단위; 100길 =1/10 해리 =182m》.
cáble tránsfer 《美》 (외국) 전신환.
cáble TV 유선 텔레비전 《생략 CATV》.
ca·ble·vi·sion [-vìʒən] *n.* = CATV. 「〔케이블〕.
ca·ble·way [kéiblwèi] *n.* 공중 삭도
cab·man [kǽbmən] *n.* 택시 운전사; (cab의) 마부.
ca·boo·dle [kəbú:dl] *n.* 《口》 물건 〔사람〕의 모임, 무리, 한떼. *the whole ~* 모두, 누구든지 다.
ca·boose [kəbú:s] *n.* 《美》 (화물 열차 끝의) 승무원차; 《英》 (배의) 요리실.
cab·o·tage [kǽbətɑ̀:ʒ, -tidʒ] *n.* Ⓤ 연안 무역〔항행〕; 국내 항공(권(權)).
cab·ri·ole [kǽbriòul] *n.* (가구의) 굽은 다리; 〖발레〗 도약중 한쪽 발로 딴 발을 치는 동작.
cab·ri·o·let [kæ̀briəléi] *n.* 한 필이 끄는 2륜마차; coupé 비슷한 자동차.
cab·stand [kǽbstæ̀nd] *n.* (cab의) 주〔승〕차장.
ca' can·ny [kɑ:kǽni, kɔ:-] *n., vi.* ⓊⒸ 《英》 태업; 《Sc.》 신중히 하다.
ca·ca·o [kəkɑ́:ou, -kéiou] *n.* (*pl.* *~s*) 카카오나무(의 열매).
cach·a·lot [kǽʃəlɑ̀t, -lòu/-lɔ̀t] *n.* 향유고래.
cache [kæʃ] *n., vi., vt.* (식료 따위의) 감춰 두는 곳(에 저장하다, 감추다) 《탐험가·동물 등이》.
ca·chet [kæʃéi, ⌐–] *n.* (F.) (편지 따위의) 봉인; 특징; 〖醫〗 교갑(capsule).
cach·in·nate [kǽkənèit] *vi.* 큰 소리로 웃다. **cach·in·na·tion** [⌐–néiʃən] *n.* ⓊⒸ 「향정(口中香錠).
ca·chou [kəʃú:, kǽʃu:] *n.* (F.) 구중
ca·cique [kəsí:k] *n.* (Sp.) (서인도 제도의) 추장; (정계의) 보스.
***cack·le** [kǽkl] *n., vi., vt.* 꼬꼬댁〔꽥꽥〕하고 우는 소리〔울다〕; 수다(떨다); 새되게 웃는 소리〔웃다〕. *cut the ~* 《俗》 서론을 생략하고 본론으로 들어가다; 《命令形으로》 입닥쳐!
CACM Central American Common Market 중미 공동 시장.
cac·o·dyl [kǽkədil] *n.* 〖化〗 Ⓤ 카코딜. 「음.
cac·o·e·py [kǽkouèpi] *n.* Ⓤ 틀린 발
ca·cog·ra·phy [kækɑ́grəfi/-ɔ́-] *n.* Ⓤ 철자가 틀림, 잘못 씀; 악필(惡筆).
ca·coph·o·ny [kækɑ́fəni/-ɔ́-] *n.* 불협화음; 불쾌한 음(조).
cac·tus [kǽktəs] *n.* (*pl.* *~es, -ti* [-tai]) 선인장.
CAD 〖컴퓨터〗 computer-aided design 컴퓨터 보조 설계.
cad [kæd] *n.* 비열한〔천격스런〕 사람.
ca·das·ter, 《英》 **-tre** [kədǽstər] *n.* 토지대장. **-tral** *a.* ***cadastral survey*** 〔***map***〕 과세지 측량 〔지도〕.
ca·dav·er·ous [kədǽvərəs] *a.* 송장 같은, 창백한.
cad·die [kǽdi] *n., vi.* 캐디 《골프백을 메고 따라다니는 사람》(로 일하다).
cad·dis[1] [kǽdis] *n.* Ⓤ 털실의 일종.
cad·dis[2] *n.* =CADDIS WORM.
cáddis flỳ 〖蟲〗 날도래.
cad·dish [kǽdiʃ] *a.* 천한, 비열〔야비〕한(cf. cad). 「미끼》.
cáddis wòrm 날도래의 유충《낚시
Cad·dy [kǽdi] *n.* 《美俗》 캐딜락 (Cadillac)《고급차》(cf. Chevy).
cad·dy *n.* 《英》 차통(茶筒).
***ca·dence** [kéidəns] *n.* ⒸⓊ 운율(meter); (목소리의) 억양; 〖樂〗 종지법.
ca·den·za [kədénzə] *n.* (It.) 〖樂〗 카덴차《협주곡 따위의 장식 악구》.
ca·det [kədét] *n.* 《美》 육군〔해군〕 사관 학교 생도; 상선(商船) 학교 학생; 아우; 차남 이하의 아들, (특히) 막내아들; [kædéi] 아우(쪽) 《이름 뒤에 붙임》 (opp. *aîné*).
cadge [kædʒ] *vi., vt.* 《英》 도부치다, 행상하다; 조르다.
ca·di [kɑ́:di, kéidi] *n.* (회교국의) 하급 재판관.
Cad·il·lac [kǽdilæ̀k] *n.* 〖商標〗 미국제 고급 자동차; Ⓤ 《美俗》 헤로인, 코카인. 「카드뮴.
cad·mi·um [kǽdmiəm] *n.* Ⓤ 〖化〗
ca·dre [kɑ́:drei, (軍) kǽdri] *n.* 테두리; 뼈대, 구조, 조직; 개요; [kǽdri] 〖軍〗 간부 (조직), 기간 요원.

ca·du·ce·us [kədjú:siəs, -ʃəs] *n.* (*pl.* **-cei** [-siái]) 〖그神〗 Hermes의 지팡이《두 마리 뱀이 감기고 꼭대기에 작은 날개가 있음; 평화·의술·상업의 상징; 미육군 의무대의 기장》.
cae·cum, ce·cum [sí:kəm] *n.* (*pl.* **-ca** [-kə]) 〖解〗 맹장. 「군주.
***Cae·sar**[1] [sí:zər] *n.* 로마 황제; 전제
Cae·sar[2], **Gaius Julius** (100–44 B.C.) 로마의 장군·정치가.
Cae·sar·e·an, -i·an [sizέəriən] *a.* 황제의; 케사르의.
Caesárean operátion〔**séction**〕 제왕 절개, 개복(開腹) 분만(술). 「종.
Cáesar's sàlad (고급) 샐러드의 일
Cáesar's wìfe 공정함을 요구받는 사람.
cae·si·um [sí:ziəm] *n.* = CESIUM.
cae·su·ra [siʒúrə, -zjúrə] *n.* (시행(詩行)의) 중간 휴지.
C.A.F., c.a.f. cost and freight 운임 포함 가격; cost, assurance and freight 운임 보험료 포함 가격.
***ca·fé** [kæféi, kə-] *n.* 커피점, 다방; 요리점; 바; 술집(barroom); Ⓤ 커피.
CAFEA Commission on Asian and Far Eastern Affairs.
café au lait [ou léi] (F.) 우유를 탄 커피.
café noir [nwá:r] (F.) 블랙 커피.
‡**caf·e·te·ri·a** [kæ̀fətíəriə] *n.* 《주로 美》 카페테리아《객 자신이 요리를 나름》. **~ *court*** (교통 법규 위반자의) 즉결 재판소. ***school* ~** 교내식당.
caf·fein(e) [kǽfi:n, ⌐–] *n.* Ⓤ 〖化〗 카페인, 다소(茶素).
caf·tan [kǽftən, kɑ:ftɑ́:n] *n.* 터키〔이집트〕사람의 긴 소매 옷.
‡**cage** [keidʒ] *n.* 새장, 조롱(鳥籠); (동물의) 우리; 감금실; 포로 수용소; 승강기의 칸; 철골 구조. **—** *vt.* 새장〔우리〕에 넣다; 가두다.
cáge bìrd 새장에 기르는 새.
cage·ling [⌐liŋ] *n.* 조롱 속의 새.
cag·er [kéidʒər] *n.* 《美俗》 농구 선수.
cag(e)·y [kéidʒi] *a.* 《口》 빈틈없는.
ca·hoot(s) [kəhú:t(s)] *n.* 《美俗》 공동, 공모. ***go* ~** 《俗》 한패가 되다; 똑같이 나누다. ***in* ~** 《俗》 공모하여.
CAI computer-assisted instruction 컴퓨터 원용(援用) 수업. 「CAYMAN.
cai·man [kéimən, -⌐] *n.* (*pl.* **~*s***) =
Cain [kein] *n.* 〖聖〗 가인《동생 Abel을 죽인 Adam과 Eve의 장남》; 동기 살해자. ***raise* ~** 《俗》 큰 소동을 일으키다. **~ *and Abel*** 《英俗》 테이블.
Cai·no·zo·ic [kàinəzóuik, kèi-] *a.* = CENOZOIC.
Cai·rene [káiəri:n] *a.*, *n.* Cairo(시민)의; Cairo 시민.
cairn [kεərn] *n.* 돌무더기.
cairn·gorm [⌐gɔ̀:rm] *n.* Ⓤ (스코틀랜드산의) 연수정(煙水晶).
Cai·ro** [káiərou] *n.* 이집트의 수도. ***the* ~ *Conference 〔***Declaration***〕 카이로 회담〔선언〕.
cais·son [kéisɑn, kéisən/-son] *n.* 탄약 상자〔차〕; 케이슨《수중 공사용 잠
cáisson disèase 잠함병. ⌊함(潛函)》.
cai·tiff [kéitif] *a.*, *n.* (*pl.* **~*s*** [-s]) 《古·詩》 비열한 (사람).
ca·jole [kədʒóul] *vt.* 꿔삶다(flatter); 그럴듯한 말로 〔감언으로〕 속이다 (*into doing*). **ca·jól·er·y** [-əri], **~-ment** *n.* ⓊⒸ 감언, 그럴싸하게 속임.
†**cake** [keik] *n.* ① ⓊⒸ 케이크, 양과자. ② (딱딱한) 덩어리, (비누 따위의) 한 개. ***a piece of* ~** 쉽게 할 수 있는 일. **~*s and ale*** 과자와 맥주; 인생의 쾌락; 연회. ***My* ~ *is dough.*** 내 계획은 실패했다. ***take the* ~** 《口》 상품을 타다, 남보다 빼어나다(excel). ***You cannot eat your* ~ *and have it* (*too*).** 《俗談》 동시에 양쪽 다 좋은 일은 할 수 없다. **—** *vi.*, *vt.* 굳다; 굳게 하다.
cáke èater 《俗》 유약한 남자, 쾌락만을 쫓는 사람.
cake·walk [⌐wɔ̀:k] *n.* 《美》 (남녀 한 쌍의) 걸음걸이 경기《흑인의 경기로서, 상품으로 과자를 줌》; 일종의 스텝댄스.
Cal. California; large calorie(s).
cal. calendar; caliber; small calorie(s). 「병박의 일종.
cal·a·bash [kǽləbæ̀ʃ] *n.* 〖植〗 호리
cal·a·boose [kǽləbù:s] *n.* 《美口》 유치장, 교도소.
cal·a·mine [kǽləmàin] *n.* Ⓤ 이극광(異極鑛); 《英》 능아연광(菱亞鉛鑛).
ca·lam·i·tous [kəlǽmitəs] *a.* 비참한; 재난을 일으키는.
‡**ca·lam·i·ty** [kəlǽməti] *n.* ⒸⓊ 재난; 비참, 참화. **~ *howler*** 《美俗》 불길한 예언만 하는 사람.
cal·a·mus [kǽləməs] *n.* (*pl.* **-mi** [-mài]) 창포; (열대산의) 등(籐).
ca·lan·do [kɑlɑ́:ndou] *a.*, *ad.* (It.) 〖樂〗 점점 느린〔느리게〕; 약한, 약하게. 「장(hood).
ca·lash [kəlǽʃ] *n.* 2륜 포장마차; 포
cal·car·e·ous, -i·ous [kælkέəriəs] *a.* 석회(질)의.
cal·ce·o·lar·i·a [kæ̀lsiəlέəriə] *a.* 〖植〗 칼세올라리아《남미 원산의 현삼과의 관상 식물》.
cal·ces [kǽlsi:z] *n.* calx의 복수.
cal·cic [kǽlsik] *a.* 칼슘의〔을 함유한〕.
cal·cif·er·ol [kælsífəròul, -rɔ̀:l] *n.* Ⓤ 〖生化〗 칼시페롤《비타민 D_2》.
cal·cif·er·ous [kælsífərəs] *a.* 탄산석회를 함유하는〔가 생기는〕.
cal·ci·fy [kǽlsəfài] *vt.*, *vi.* 석회화하다; 석회염류의 침적(沈積)에 의해 경화(硬化)하다. **cal·ci·fi·ca·tion** [–fikéiʃən] *n.* Ⓤ
cal·ci·mine [kǽlsəmàin, -min] *n.*, *vt.* Ⓤ 칼시민《백색 수성 도료(水性塗料)》(을 바르다).
cal·ci·na·tion [kæ̀lsənéiʃən] *n.* ⓊⒸ 〖化〗 하소(煆燒), 하소물(物).
cal·cine [kǽlsain, -sin] *vt.*, *vi.* (구워) 생석회로 하다〔가 되다〕. **~*d alum*** 백반(白礬).

cal·cite [kǽlsait] *n.* Ⓤ 방해석.

***cal·ci·um** [kǽlsiəm] *n.* Ⓤ 칼슘.

cálcium cárbide 탄화칼슘; 카바이드.

cálcium cárbonate 탄산칼슘.

cálcium chlóride 염화칼슘.

cálcium lìght 칼슘광(光), 석회광.

cálcium óxide 산화칼슘, 생석회.

cal·cu·la·ble [kǽlkjələbəl] *a.* 계산〔신뢰〕할 수 있는.

cal·cu·la·graph [kǽlkjələgræ̀f, -grɑ̀:f] *n.* 통화 시간 기록기.

‡**cal·cu·late** [kǽlkjəlèit] *vt., vi.* **계산하다**; 산정〔추정〕하다; 기대〔전망〕하다(depend)(*on*); 계획하다; …할 작정〔예정〕이다(intend); 《美口》 …라고 생각하다; 《보통 受動으로》 (어떤 목적에) 적합시키다(adapt)(*for*). ***be ~d to*** (do) …하기에 적합하다; …하도록 계획되어 있다. **-lat·ed** [-id] *a.* 계획적인; 고의적인; 적합한(*a ~d crime* 계획적 범죄/*~d risk* 산정(算定) 위험률). **-lat·ing** *a.* 계산하는, 타산적인; 빈틈없는. ‡**cal·cu·lá·tion** [kæ̀lkjəléiʃən] *n.* Ⓤ **계산**; 타산; ⓊⒸ 계획; 예측. **-la·tive** [-lèitiv, -lətiv] *a.* 계산상의; 타산적인; 계획적인.

cál·cu·la·tor *n.* 계산자〔기〕; 타산적인 사람.

cal·cu·lous [kǽlkjələs] *a.* 〖病〗 결석(질)의, 결석증에 걸린, 결석에 의한.

cal·cu·lus [kǽlkjələs] *n.* (*pl.* **-li** [-lài], **~es**) 〖醫〗 결석(stone); 〖數〗 계산법; 미적분학. ***differential*** 〔***integral***〕 ~ 미〔적〕분학.

Cal·cut·ta [kælkʌ́tə] *n.* 인도 동북부의 항구 도시.

Cál·de·cott awàrd [kɔ́:ldəkət] 콜더커트상(賞)《미국의 우수한 아동 그림책에 대한 상》.

cal·dron [kɔ́:ldrən] *n.* 큰 솥〔가마〕(large kettle).

Cal·e·do·ni·a [kæ̀lidóuniə] *n.* 《詩》 =SCOTLAND. **Cal·e·dó·ni·an** *a., n.*

†**cal·en·dar** [kǽləndər] *n.* ① **달력**, 역법(曆法). ② (공문서의) 기록부; 일람표; 연중행사 일람; (의회의) 의사 일정(표). —— *vt.* 달력〔연대표〕에 적다; 일람표로 하다. ***solar*** 〔***lunar***〕 ~ 태양〔태음〕력.

cálendar àrt (달력 따위에 실린) 값싼 그림.

cálendar clòck 〔**wàtch**〕 날짜 시계 《월·일·요일 등도 나타냄》.

cálendar dáy 역일(曆日)《오전 영시부터 다음 날 영시까지의 24시간》.

cálendar gìrl 캘린더에 인쇄된 (건강한 살결의) 미인.

cálendar mónth 역월(曆月).

cálendar yéar 역년(曆年) 《1월 1일부터 12월 31일까지의 1년; cf. fiscal year》.

cal·en·der [kǽləndər] *n., vt.* 윤내는 기계(에 걸다), 윤을 내다.

cal·ends [kǽləndz] *n. pl.* (고대 로마력(曆)의) 초하루.

cal·en·ture [kǽləntʃùər, -tʃər] *n.* Ⓤ (열대 지방의) 일사병.

‡**calf**[1] [kæf, -ɑ:-] *n.* (*pl.* **calves** [-vz]) **송아지**; (코끼리·고래·바다표범 따위의) 새끼; 《口》 머리 나쁜 아이; =CALFSKIN; (빙산의) 분괴(分塊). ***in*** 〔***with***〕 ~ (소가) 새끼를 배어. ***kill the fatted ~ for*** (돌아온 탕아 등)을 환대하다, …의 준비를 하다. ***slip the*** 〔***her***〕 ~ (소가) 유산하다.

calf[2] *n.* (*pl.* **calves** [-vz]) 장딴지, 종아리.

calf·bound [kǽfbàund, -ɑ́:-] *a.* 송아지 가죽으로 장정한.

cálf lòve 《英》 풋사랑《소년·소녀의》.

calf·skin [ˊskìn] *n.* Ⓤ 송아지 가죽.

***cal·i·ber,** 《英》 **-bre** [kǽləbər] *n.* ① (총포의) **구경**. ② Ⓤ 기량(器量); 재능(ability); 인품. ③ Ⓤ 품질; 등급. **cal·i·brate** [kǽləbrèit] *vt.* …의 구경을 측정하다, 눈금을 조사하다. **cal·i·bra·tion** [ˋ-bréiʃən] *n.* Ⓤ 구경 측정; (*pl.*) 눈금.

cal·i·bra·tor [kǽləbrèitər] *n.* 구경(口徑) 측정기; 눈금 검사기.

***cal·i·co** [kǽlikòu] *n.* (*pl.* **~(e)s**), *a.* ⓊⒸ 《英》 **옥양목**(의); 《美》 사라사(무늬)(의).

cal·i·duct [kǽlidʌkt] *n.* 난방용 배관(配管).

Calif. California.

‡**Cal·i·for·ni·a** [kæ̀ləfɔ́:rniə, -njə] *n.* (미국) **캘리포니아주**. ***-ni·an** *n., a.*

Califórnia póppy 양귀비(의 일종) 《California의 주화(州花)》.

cal·i·for·ni·um [kæ̀ləfɔ́:rniəm] *n.* Ⓤ 〖化〗 칼리포르늄《알파 방사성 원소》.

cal·i·per [kǽləpər] *n.* (*pl.*) 캘리퍼스, 양각 측경기(測徑器).

***ca·liph, -lif** [kéilif, kǽl-] *n.* **칼리프**《회교국의 왕, Mohammed의 후계자의 칭호, 지금은 폐지》. **cal·iph·ate** [kǽləfèit] *n.* 그 지위.

cal·is·then·ic [kæ̀ləsθénik] *a.* 미용체조의. **~s** *n.* 미용 체조(법).

calk[1] [kɔ:k] *vt.* 뱃밥(oakum)을 메우다.

calk[2] *n., vt.* (편자의) 뾰족징(을 박다); 《美》 (구두의) 바닥징(을 박다).

cal·kin [kɔ́:kin] *n.* (편자의) 꺾어 구부린 끝; (구두의) 바닥징.

calk·ing [kɔ́:kiŋ] *n.* (틈·갈라진 곳을) 메우는 것, 충전재.

†**call** [kɔ:l] *vt.* ① **부르다**, 불러내다; 불러오다; 소집하다; (…에게) 전화를 걸다. ② **…라고 이름붙이다**; …라고 부르다; 명(命)하다. ③ …라고 생각하다. ④ (리스트 등을) 죽 읽다. ⑤ 〖競〗 (경기를) 중지시키다, (심판이) …의 판정을 내리다, …을 선언하다; (지불을) 요구하다; (채권 따위의) 상환을 청구하다; (포커에서 전 패를) 보이라고 요구하다. —— *vi.* ① **소리쳐 부르다**; (새가) 울다; (나팔이) 울리다. ② **들르다**, 방문〔기항〕하다. ③ 전화를 걸다. ④ (포커에서) 든 패를 보일 것을 요구하다. **~ *after*** …을 쫓아가서 부르다; …을 따서〔에 연유하여〕 이름짓다. **~ *at*** (집을) 방문하다. **~ *away*** (기분을) 풀다(divert), 주의를 딴 데로 돌리다; 불러가다. **~ *back*** 되불러들이다; 취소하다(revoke); 《美》 (전화 걸린 사람이) 나중에 되걸다. **~ *down*** (신에게) 기구하다(invoke); (천벌을) 가져오다; 《美

俗》 꾸짖다. ~ ***for*** 요구하다; 가지러〔데리러〕 가다. ~ ***forth*** (용기를) 불러 일으키다. ~ ***in*** 회수하다; 불러들이다, 초청하다, (의사를) 부르다. ~ ***into play*** 작용〔활동케〕하다. ~ *a person* NAMES. ~ ***off*** (주의를) 딴 데로 돌리다(divert); 《口》 (약속을) 취소하다; 손을 떼다, 돌아보지 않다; (명부를) 죽 읽다, 열거하다. ~ ***on*** 〔***upon***〕(*a person*) 방문하다; 부탁〔요구〕하다. ~ ***out*** 큰 소리로 외치다; (경관대·군대 등을) 출동시키다; …에 도전하다; 《美口》 (노동자를) 파업에 몰아넣다. ~ ***over*** 점호(點呼)하다. ~ ***up*** 불러내다; 전화로 불러내다; 《美》 상기(想起)하다; (군인을) 소집하다. ***what you*** 〔***we, they***〕 ~, or ***what is*** ~***ed*** 소위, 이른바. —— *n.* ① **외치는 소리**; (새의) 울음소리; (나팔·호루라기의) 소리; 부름, (전화의) 불러냄; **초청**; 소집; 점호 (roll call). ② 유혹(lure). ③ 요구, 필요. ④ **방문**; 기항(寄港). ⑤ 천직(天職)(calling). ***at*** 〔***on***〕 ~ 요구 있는 대로. ~ ***of the wild*** 〔***sea***〕 광야(曠野)〔바다〕의 매력. ~ ***to quarters*** 《美軍》 귀영 나팔《소등 나팔 15분 전》. ***have the*** ~ 인기〔수요〕가 있다. ***within*** ~ 지호지간에, 지척에; 대기하고. 「란의 일종.

cal·la (lìly) [kǽlə] *n.* 〖植〗 칼라; 토

call·back [kɔ́:lbæ̀k] *n.* (결함 부품 개수를 위한) 제품 회수.

cáll-back pày 호출 초과 근무 수당.

cáll bèll 초인종.

cáll bìrd 미끼새, 후림새.

cáll bòx 《美》 (우편의) 사서함; 경찰〔소방〕서의 연락 전화; 《英》 공중 전화실; 화재 경보기.

call·boy [kɔ́:lbɔ̀i] *n.* (배우에게 무대에 나갈 차례를 알리는) 호출계; 호텔의 보이 (bellboy).

cálled gàme 〖野〗 콜드게임.

‡**call·er** [kɔ́:lər] *n.* **방문자**, 손님.

call-fire [kɔ́:lfàiər] *n.* (상륙군의 요구에 의한) 함포 사격. 「춘부).

cáll gìrl 콜걸 《전화로 불러내는 매

cáll hòuse 콜걸이 사는 집.

cal·lig·ra·phy [kəlígrəfi] *n.* Ⓤ 서예(書藝); 능서(能書).

***call·ing** [kɔ́:liŋ] *n.* ⓊⒸ **부름**, 소집, 점호; 신〔하늘〕의 뜻, 천직; 직업.

cálling càrd 명함.

Cal·li·o·pe [kəláiəpi] *n.* 〖그神〗 칼리오페 《웅변과 서사시의 여신》.

cal·li·per [kǽləpər] *n.* ＝CALIPER.

cal·lis·then·ic(s) [kæ̀ləsθénik(s)] *a.* (*n.*) ＝CALISTHENIC(S).

cáll lètters ＝CALL SIGN.

cáll lòan 콜론, 콜〔당좌〕 대부금.

cáll mòney (은행간의) 콜머니, 콜〔당좌〕 차입금. 「서 신청 번호.

cáll nùmber 〔**màrk**〕 (도서관의) 도

cal·los·i·ty [kəlɑ́səti / -ɔ́-] *n.* (피부의) 못; Ⓤ 무감각; 무정.

***cal·lous** [kǽləs] *a.* (피부가) **못이 박힌**; 무정한, 무감각한; 냉담한(*to*). ~**·ly** *ad.* ~**·ness** *n.*

call-o·ver [kɔ́:lòuvər] *n.* 점호.

cal·low [kǽlou] *a.* 아직 깃털이 다 나지 않은; 미숙한, 풋내기의.

cáll sìgn 〖無線〗 호출 부호.

call-up [kɔ́:lʌ̀p] *n.* (군대의) 소집 (인원); (특히 매춘부와의) 약속.

cal·lus [kǽləs] *n.* 굳은 살, 피부 경결; 〖病〗 가골(假骨); 〖植〗 유합 조직.

‡**calm** [kɑ:m] *a.* **고요한**, 바람이 없는, 평온한; 차분한; 《口》 뻔뻔스러운. ~ ***belt*** 무풍대. —— *vt., vi.* 가라앉(히)다 (*down*). —— *n.* **고요함**, 바람 없음, 정온(靜穩). ‡**cálm·ly** *ad.* *´~**·ness** *n.* Ⓤ

cal·ma·tive [kǽlmətiv, kɑ́:mə-] *a., n.* 〖醫〗 진정시키는; 진정제.

cal·o·mel [kǽləmèl] *n.* Ⓤ 〖化〗 감홍(甘汞), 염화제일수은《하제》.

Cálor gàs [kǽlər-] 〖商標〗 ＝BUTANE.

ca·lor·ic [kəlɔ́:rik, -ɑ́-/-ɔ́-] *n., a.* 열(熱)(의). 「량.

***cal·o·rie, -ry** [kǽləri] *n.* **칼로리**, 열

cal·o·rif·ic [kæ̀lərífik] *a.* 열을 내는, 열의. ~ ***value*** 발열량.

cal·o·rim·e·ter [kæ̀lərímitər] *n.* 열량계.

ca·lotte [kəlɑ́t/-ɔ́-] *n.* 〖카톨릭〗 (성직자가 쓰는) 반구형 모자. 「用)어구.

calque [kælk] *n.* 〖言〗 번역 차용(借

cal·u·met [kǽljəmèt] *n.* (북아메리카 토인의) 장식 담뱃대 《화친의 표시로 그것을 빪》.

ca·lum·ni·ate [kəlʌ́mnièit] *vt.* 중상(中傷)하다 (slander). **ca·lum·ni·a·tion** [kəlʌ̀mniéiʃən], **cal·um·ny** [kǽləmni] *n.* ⓊⒸ 중상. **ca·lum·ni·ous** [kəlʌ́mniəs] *a.*

Cal·va·ry [kǽlvəri] *n.* 예수가 못박힌 땅, 십자고상(十字苦像) 《Golgotha의 라틴어 역》; (c-) 고통, 수난.

calve [kæv, -ɑ:-] *vt., vi.* (소·고래 따위가) 새끼를 낳다; (빙산이) 갈라져 분리되다(cf. calf[1]).

***calves** [kævz, -ɑ:-] *n.* calf[1, 2]의 복수.

Cal·vin [kǽlvin], **John** (1509–64) 프랑스의 종교 개혁자. **Cál·vin·ism** [-izəm] *n.* **Cál·vin·ist** *n.* 「석회(灰).

calx [kælks] *n.* (~***es, calces***) 〖化〗 금

Ca·lyp·so [kəlípsou] *n.* 〖그神〗 Odysseus를 7년간 자기 섬에 잡아가둔 nymph; (c-) (*pl.* ~***s***) 칼립소 《Trinidad 토인의 노래》; 그 리듬을 이용한 재즈곡.

ca·lyx [kéiliks, kǽl-] *n.* (*pl.* ~***es***, ***-lyces*** [-lisì:z]) 꽃받침.

cam [kæm] *n.* 〖機〗 캠 《회전 운동을 왕복 운동 따위로 바꾸는 장치》.

Cam., Camb. Cambridge.

cam·a·ril·la [kæ̀məríla] *n.* (Sp.) 왕의 사설 고문단; 비밀 결사.

cam·ber [kǽmbər] *n., vi., vt.* ⓊⒸ 위로 (볼긋이) 휨〔휘(게 하)다〕.

cam·bist [kǽmbist] *n.* (각국의) 도량형〔화폐〕 비교표; 환전상. 「층.

cam·bi·um [kǽmbiəm] *n.* 〖植〗 형성

Cam·bo·di·a [kæmbóudiə] *n.* 캄보디아 《인도차이나 남서부의 공화

국》.
Cam·bri·a [kǽmbriə] *n.* Wales의 구칭. **Cám·bri·an** *n., a.* 웨일즈의 (사람); 〖地〗 캄브리아기(紀)〔계〕(의).
cam·bric [kéimbrik] *n., a.* Ⓤ (상질의 얇은) 아마포(亞麻布)(제의); Ⓒ 백마(白麻) 손수건.
cámbric téa 열탕(熱湯)에 우유·설탕(때로 홍차)을 넣은 음료.
***Cam·bridge** [kéimbridʒ] *n.* 잉글랜드 중동부의 대학 도시; 케임브리지 대학; (미국의) Harvard, M.I.T. 두 대학 소재지. 「ford blue).
Cámbridge blúe 담청색 (cf. Ox-
Cam·bridge·shire [kéimbridʒʃiər, -ʃər] *n.* 잉글랜드 중서부의 주.
Cambs. Cambridgeshire.
†**came**[1] [keim] *v.* come의 과거. 「틀.
came[2] *n.* (격자창 등의) 납으로 만든
‡**cam·el** [kǽməl] *n.* 낙타. *break the ~'s back* 차례로 무거운 짐을 지워 견딜 수 없게 하다.
cam·el·back [-bæ̀k] *n.* 낙타등; 《美》 재생고무의 일종《타이어 수리용》.
cámel drìver 낙타 모는 사람.
cam·el·eer [kæ̀məlíər] *n.* 낙타 모는 사람; 낙타 기병(騎兵). 「꽃).
ca·mel·lia [kəmí:ljə] *n.* 동백《나무·
cam·el·ry [kǽməlri] *n.* 낙타 기병(대).
cámel('s) hàir 낙타털 (모직물).
Cam·em·bert [kǽməmbɛ̀ər] *n.* Ⓤ (프랑스의) 카망베르 치즈《연하고 향기가 강함》.
cam·e·o [kǽmiòu] *n.* (*pl.* **~s**) 일종의 돋을새김(을 한 조가비·마노 등).
cámeo ròle (유명한 배우의) 특별 출연.
‡**cam·er·a** [kǽmərə] *n.* 카메라, 사진기; 텔레비전 카메라; 암실; (구식 사진기의) 어둠상자; (*pl.* **-erae** [-rì:]) 판사의 사실(私室). *in ~* 판사의 사실에서, 비밀히.
cam·er·a-con·scious [-kánʃəs/-ɔ́-] *a.* 《美》 카메라에 익숙지 않은.
cam·er·a-eye [-ài] *n.* 사진과 같이 정밀한 관찰력〔보도〕.
cámera gùn 〖空〗 카메라총《전투기의 사격 연습용》.
cam·er·a·man [-mæ̀n] *n.* (영화의) 촬영 기사; (신문사의) 사진반원.
cam·er·a-shy [-ʃài] *a.* 카메라를 싫어하는.
cámera tùbe 〖TV〗 촬상관(撮像管).
cam·er·a-wise [-wàiz] *a.* 《美》 카메라에 익숙한.
Cam·e·roon, -roun [kæ̀mərú:n] *n.* 아프리카 서부의 공화국.
cam·i·on [kǽmiən] *n.* (F.) 군용 트럭.
cam·i·sole [kǽməsòul] *n.* 《英》 여성용의 (소매 없는) 속옷; 여자용 화장옷; 구속용 재킷 (strait jacket).
cam·let [kǽmlit] *n.* ⓊⒸ 〖史〗 낙타〔염소〕 모직물; 방수포; 명주와 털의 교직. 「밀레의 일종.
cam·o·mile [kǽməmàil] *n.* 〖植〗 카
***cam·ou·flage** [kǽməflɑ̀:ʒ, kǽmu-] *n., vt.* ① 〖軍〗 ⓊⒸ 위장(僞裝)(하다), 미채(迷彩), **카무플라주**. ② Ⓤ 변장, 속임, 속이다, 눈속임(하다).
†**camp** [kæmp] *n.* ① **야영(지)**; 《美》 캠프(촌). ② 텐트 생활(camping); 군대 생활. ③ 동지(들); **진영**. ④ 수용소, 억류소(concentration camp). *be in the same* 〔*enemy's*〕 *~* 동지〔적〕이다. *~ school* 임간 학교. **—***vi., vt.* 야영하다〔시키다〕 (encamp). *~ out* 캠프 생활을 하다; 노숙하다. ***ㅗ·er** *n.* **캠프하는 사람**.
‡**cam·paign** [kæmpéin] *n.* ① (일련의) **군사 행동**. ② 종군. ③ (조직적인) **운동**, 유세(canvass). *election ~* 선거전. **—***vi.* 종군〔운동, 유세〕하다. *go ~ing* 종군하다; 운동하다. **~·er** *n.*
campáign bàdge 종군 기장.
campáign biógraphy 《美》 (대통령) 후보자 약력.
campáign bùtton 선거 운동 기장.
campáign chèst 〔**fùnd**〕 선거 운동 자금.
campáign clùb 《美》 선거 후원회.
campáign èmblem 《美》 정당의 심볼《미국 공화당의 독수리, 민주당의 수탉 따위》.
campáign mèdal 종군 기장.
cam·pa·ni·le [kæ̀mpəní:li] *n.* (*pl.* **~s, -nili** [-ní:li:]) 종루(鐘樓).
cam·pan·u·la [kæmpǽnjələ] *n.* 종상 화관(鐘狀花冠)의 식물.
cámp bèd 〔**chàir**〕 캠프용 접침대〔의자〕. 「Ⓤ 캠프 (생활) 기술.
camp·craft [kǽmpkræ̀ft, -krɑ̀:ft] *n.*
cámp fèver 노영병(露營病) 《특히, 티푸스》.
***camp·fire** [ㅗfàiər] *n.* **캠프파이어**, 야영의 모닥불(을 둘러싼 모임·친목회) (*a ~ girl* 미국 소녀단원).
cámp fòllower 비전투 종군자 《노무자, 세탁부, 위안부 등》.
camp·ground [ㅗgràund] *n.* 야영지; 야외 전도(傳道) 집회지.
***cam·phor** [kǽmfər] *n.* Ⓤ **장뇌**(樟腦). **cam·phor·ic** [kæmfɔ́:rik, -fár-/-fɔ́r-] *a.* 「를 넣다.
cam·pho·rate [-rèit] *vt.* (…에) 장뇌
cámphor bàll 장뇌〔나프탈렌〕 알.
cámphor trèe 〖植〗 녹나무.
cam·pim·e·ter [kæmpímitər] *n.* (안과(眼科)용의) 시야계(視野計).
camp·ing(-out) [kǽmpiŋ(áut)] *n.* Ⓤ 캠프 생활; 야영. 「라.
cam·pi·on [kǽmpiən] *n.* 〖植〗 전추
cámp mèeting 야외 전도 집회.
camp·o·ree [kæ̀mpərí:] *n.* 《美》 (소년단의) 지방 대회(cf. jamboree).
camp-out [kǽmpàut] *n.* (그룹에 의한) 야영.
camp·site [ㅗsàit] *n.* 캠프장, 야영지.
camp·stool [ㅗstù:l] *n.* 캠프용 접의자. 「학〔학교〕 (생활).
‡**cam·pus** [kǽmpəs] *n.* 《美》 **교정**; 대
camp·y [kǽmpi] *a.* 《俗》 ① 동성애의; 가냘픈. ② 과장되고 우스운〔진부한〕; 짐짓 하는 듯한; 낡은.

Ca·mus [kæmjú:], **Albert** (1913–60) 카뮈《프랑스의 작가》.

‡**can**[1] [kæn] *n.* **양철통**; 《美》 (통조림 따위의) (깡)통 (《英》 tin); 액체를 담는 그릇; 물 마시는 컵; 변소; 엉덩이; 《美俗》 교도소. ***carry the ~*** 《美俗》 남의 실패의 뒷수쇄를 하다. ***in the ~*** 〖映〗 촬영이 끝나; 《一般》 준비가 되어. —— *vt.* (*-nn-*) ① 통〔병〕조림으로 하다(cf. canned). ② 《美俗》 해고하다 (fire); 중지하다. CANNED ***program***. **cán·ning** *n.* Ⓤ 《美》 통〔병〕조림 제조(업).

†**can**[2] [強 kæn, 弱 kən] *aux. v.* (*could*) ① **…할 수 있다**. ② 해도 좋다(may) (*C- I go now?*). ③ …하고 싶다(feel inclined to); …나 해라(*You ~ go to* HELL!). ④ 《否定·疑問》 …할〔일〕 리가 없다(*It ~not be true.* 그건 정말일 리가 없다); …일까, …인지 몰라 (*C- it be true?* 정말일까). ***as ... as ~ be*** 더(할 나위) 없이. ***~not but*** do …하지 않을 수 없다. ***~not ... too*** 아무리 …하여도 지나치지 않다〔지나치단 법은 없다〕 (*We ~not praise the book too much.* 그 책은 아무리 칭찬해도 오히려 부족할 지경이다).

Can. Canada; Canadian. **can.** canon; canto.

Ca·naan [kéinən] *n.* 〖聖〗 가나안의 땅 《Palestine의 서부》; 약속된 땅 (Land of Promise.) **~·ite** [-àit] *n.* 가나안 사람.

†**Can·a·da** [kǽnədə] *n.* **캐나다**.

‡**Ca·na·di·an** [kənéidiən] *a., n.* **캐나다의 (사람)**.

Canádian Frénch 캐나다 프랑스말.

ca·naille [kənéil, kənáil] *n.* (F.) 최하층민(riffraff), 우민(rabble).

‡**ca·nal** [kənǽl] *n., vt.* (*-ll-;* 美+*-l-*) ① 운하(를 개설하다); 수로. ② 〖解·植〗 도관(導管). **ca·nal·ize** [kənǽlaiz, kǽnəlàiz] *vt.* …에 운하〔수로〕를 파다〔내다〕.

ca·nal·boat [-bòut] *n.* (운하용의 좁고 긴) 화물선. 「이온선.

canál rày [-rèi] (보통 *pl.*) 〖電〗 양

Canál Zòne, the 파나마 운하 지대 《미국의 조차지》.

ca·na·pé [kǽnəpi, -pèi] *n.* (F.) 카나페《얇게 썬 토스트에 치즈 얹은 빵》.

ca·nard [kənɑ́:rd] *n.* 허보(虛報).

‡**ca·nar·y** [kənέəri] *n.* ① 〖鳥〗 **카나리아**. ② Ⓤ 카나리아빛《담황색》. ③ 《俗》 여자 가수. ④ 《俗》 동료를 파는 범인, 밀고자.

Canáry Íslands, the 카나리아 제도《아프리카 서북쪽; the Canaries》.

canáry sèed 카나리아의 모이〔사료〕.

canáry yéllow 카나리아색.

ca·nas·ta [kənǽstə] *n.* Ⓤ rummy[2] 비슷한 카드놀이.

Ca·nav·er·al [kənǽvərəl], **Cape** *n.* ⇨ CAPE KENNEDY.

Can·ber·ra [kǽnbərə] *n.* 캔버라《오스트레일리아의 수도》.

can·can [kǽnkæ̀n] *n.* (F.) 캉캉《다리를 차올리는 춤》.

‡**can·cel** [kǽnsəl] *n., vt.* (《英》 *-ll-*) **삭제(하다)**; 취소(하다); 상쇄〔말소〕(하다). ***~ed check*** 지불필(畢) 수표. **can·cel·la·tion** [kæ̀nsəléiʃən] *n.* ⓊⒸ

‡**can·cer** [kǽnsər] *n.* ① ⓊⒸ 〖醫〗 **암**(癌). ② 사회악. ③ (C-) 〖天〗 게자리. ***~ of the stomach*** 〔***breast***〕 위암〔유암〕. **~·ous** *a.*

can·cer·pho·bi·a [kæ̀nsərfóubiə], **can·cer·o·pho·bi·a** [-roufóubiə] *n.* Ⓤ 암 공포증.

cáncer stìck 《俗》 궐련(cigarette).

can·de·la [kændí:lə] *n.* 칸델라《광도의 단위, 촉광과 거의 비슷함》.

can·de·la·brum [kæ̀ndilɑ́:brəm] *n.* (*pl.* *~s, -bra(s)* [-brə(z)]) 가지 촛대.

C. & F. cost and freight 운임 포함 가격.

***can·did** [kǽndid] *a.* **솔직한**(frank); 성실한; 공정한; 입바른, 거리낌없는; 〖寫〗 자연 그대로의. **~·ly** *ad.*

can·di·da·cy [kǽndidəsi] *n.* Ⓤ 《美》 후보 자격, 입후보. ‡**can·di·date** [kǽndədèit/-dit] *n.* **후보자**; 지원자. **can·di·da·ture** [∠dətʃùər, -tʃər/-tʃə] *n.* 《英》 =CANDIDACY.

cándid cámera (스냅용) 소형 카메라.

can·died [kǽndid] *a.* 당(분)화된; 설탕을 쓴〔친〕; 말솜씨 교묘한; 달콤한.

‡**can·dle** [kǽndl] *n.* (양)**초**; 촉광. ***burn the ~ at both ends*** 재산〔정력〕을 낭비하다. ***cannot*** 〔***be not fit to***〕 ***hold a ~ to*** …의 발밑에도 못미치다. ***hold a ~ to another*** 남을 위해 등불을 비추다, 조력하다. ***not worth the ~*** 애쓴 보람이 없다, 돈 들인 가치가 없다. —— *vt.* (달걀을) 등불에 비쳐서 조사하다.

cándle ènds 촛동강; (인색한 사람이) 조금씩 주워 모은 잡동사니.

can·dle·hold·er [-hòuldər] *n.* = CANDLESTICK.

***can·dle·light** [-làit] *n.* Ⓤ **촛불**(빛); 불을 켤 무렵, 저녁.

Can·dle·mas [-məs] *n.* 〖카톨릭〗 성촉절(聖燭節) 《2월 2일》.

can·dle·pin [-pìn] *n.* 초 모양의 볼링 핀; (*pl.*) 일종의 볼링.

cándle pòwer 촉광 (cf. lux).

***can·dle·stick** [-stìk] *n.* **촛대**.

can·dle·wick [-wìk] *n.* 초의 심지.

***can·dor,** 《英》 **-dour** [kǽndər] *n.* Ⓤ **공평함**; 솔직; 담백함.

C and W country and western.

†**can·dy** [kǽndi] *n.* ⓊⒸ 《美》 **사탕, 캔디** (《英》 sweets); 《英》 얼음 사탕. —— *vt.* 설탕절임으로 하다, 설탕으로 굶이다, (말을) 달콤하게 하다 (sweeten)(cf. candied).

cándy stòre 《美》 과자 가게(《英》 sweet shop).

can·dy-striped [-stràipt] *a.* 흰색과 기타 색과의 줄무늬의.

can·dy·tuft [-tʌ̀ft] *n.* 〖植〗 이베리스꽃《겨자과》.

‡**cane** [kein] *n.* 등(籐), 대, 사탕수수 (따위의 줄기); **지팡이**, 단장, 회초리; 유리 막대. —— *vt.* 매로 치다.

cane·brake [ˊbrèik] *n.* 등〔대나무〕
cáne cháir 등(籐)의자. ⌊숲.
cáne sùgar 사탕수수 설탕. ⌈공(품).
cane·work [ˊwə̀:rk] *n.* Ⓤ 등(籐)세
can·ful [kǽnfùl] *n.* 깡통 가득함〔가
득한 분량〕. ⌈틀》.
cang(ue) [kæŋ] *n.* 칼《옛 중국의 형
Ca·nic·u·la [kəníkjələ] *n.* 〖天〗 천랑
성(天狼星).
ca·nine [kéinain] *a.*, *n.* 개의〔같
은〕; 개, 개과(科)의 (동물); =ㄴ
tòoth 송곳니, 견치(犬齒). ⌈(笞刑).
can·ing [kéiniŋ] *n.* Ⓤ 매질, 태형
Ca·nis [kéinis] *n.* (L.) 〖動〗 개속(屬).
～ *Major* 〔***Minor***〕 〖天〗 큰〔작은〕
개자리. ⌈통, 담배〔산탄(散彈)〕통.
can·is·ter [kǽnistər] *n.* 차통, 커피
***can·ker** [kǽŋkər] *n.* Ⓤ 〖醫〗 옹(癰),
구암, 구강 궤양; 〖獸醫〗 마제암(馬蹄
癌); (개·고양이의) 이염(耳炎); 〖植〗
암종(癌腫); 병독; 고민. **—** *vi.*, *vt.*
canker에 걸리(게 하)다; 파괴하다,
부패하다〔시키다〕. **～·ous** [-əs] *a.*
can·ker·worm [-wə̀:rm] *n.* 자벌레.
can·na [kǽnə] *n.* 칸나(꽃). ⌈나.
can·na·bis [kǽnəbis] *n.* Ⓤ 마리화
***canned** [kænd] *v.* can[1]의 과거(분
사). **—** *a.* 《美》 **통조림으로 한**; 《俗》
녹음된; 《俗》 미리 준비한; 《俗》 취한.
～ *goods* 통조림 식품. **～ *heat***
휴대 연료; 독한 술; 《俗》 폭탄. **～**
music 레코드 음악. **～ *program***
〖放〗 녹음〔녹화〕 프로. ⌈활 타오름》.
can·nel [kǽnl] *n.* Ⓤ 촉탄(燭炭)《활
can·ner [kǽnər] *n.* 《美》 통조림업자.
can·ner·y [kǽnəri] *n.* 통조림 공장.
***can·ni·bal** [kǽnəbəl] *n.*, *a.* **식인종**;
서로 잡아먹는 동물; 식인의, 서로
잡아먹는. **～·ism** [-ìzəm] *n.* Ⓤ 식
인(의 풍습); 잔인한 행위.
can·ni·bal·ize [kǽnəbəlàiz] *vt.* 사
람 고기를 먹다; (차·기계 따위를) 해
체하다; 뜯어서 짜맞추다〔조립하다〕;
인원을 차출하여 다른 부대를 보충
하다. **—** *vi.* 수선 조립업을 하다.
can·ni·kin [kǽnəkin] *n.* 작은 양철
통; 컵.
can·ning [kǽniŋ] *n.* ⇨ CAN[1].
‡**can·non** [kǽnən] *n.* (*pl.* **～s**, 《集合
的》 **～**), *vi.* **대포(를 쏘다)**; 〖空〗 기
관포; 《俗》 권총; 《俗》 소매치기; 《英》
〖撞〗 캐논(《美》 carom)(을 치다); 맹
렬히 충돌하다. **～·áde** [kæ̀nənéid]
n., *vt.*, *vi.* 연속 포격(하다). **～·éer**
[kæ̀nəníər] *n.* 포수, 포병. **～·ry**
[kǽnənri] *n.* 《集合的》 포(砲); ⓊⒸ
포격. ⌈《俗》 특급 열차.
cánnon bàll 포탄 《본디 구형》; 《美
cánnon cràcker 대형 꽃불〔폭죽〕.
cánnon fòdder 대포 밥《병졸 등》.
cánnon shòt 포탄; 포격; 착탄거리.
†**can·not** [kǽnɑt/-ɔt] =can not.
can·ny [kǽni] *a.* 조심성 많은, 세심
한(cautious); 빈틈없는; 《Sc.》 알뜰
한; 조용한. **-ni·ly** *ad.* **-ni·ness** *n.*
‡**ca·noe** [kənú:] *n.*, *vi.* (**～*ing***) **카누**〔마
상이〕(를 젓다, 로 가다). ***paddle
one's own* ～** 독립 독행하다.

can·on [kǽnən] *n.* 교회법; 정전(正
典) (cf. Apocrypha); 성인록(聖人錄);
미사(mass)의 일부; 법전(code); 규
범, 규준; 〖樂〗 전칙곡(典則曲); Ⓤ
〖印〗 캐넌 활자《48포인트》; Ⓒ 《英》
성직자회 평의원.
ca·ñon [kǽnjən] *n.* (Sp.) =CANYON.
ca·non·i·cal [kənɑ́nikəl / -nɔ́n-] *a.*
교회법의; 정전(正典)의; 정규의.
～s *n. pl.* 제복(祭服). ⌈시간.
canónical hóurs (하루 7회의) 기도
can·on·ize [kǽnənàiz] *vt.* 시성(諡聖)
하다, 찬미하다; 정전(正典)으로 인
정하다. **can·on·i·za·tion** [ˋ-nizéi-
ʃən/-nai-] *n.* Ⓤ ⌈평의원의 직〔녹〕.
can·on·ry [kǽnənri] *n.* Ⓤ 성직자회
ca·noo·dle [kənú:dl] *vi.*, *vt.* 《美俗》
키스하다, 껴안다, 애무하다(fondle).
cán òpener 《美》 깡통따개 (《英》 tin
opener); 《美俗》 금고 도둑.
***can·o·py** [kǽnəpi] *n.*, *vt.* **닫집**(으로
덮다); 차양; 하늘. ***under the* ～** 《美
俗》 도대체 (in the world). **-pied** *a.*
canst [強 kænst, 弱 kənst] *aux. v.*
《古·詩》 can[2]의 2인칭 현재.
cant[1] [kænt] *n.* Ⓤ (거지 등의) 우는
소리; 암호의 말; 변말, 은어(lingo);
유행어; 위선적인 말. **～ *phrase***
유행어. **—** *vi.* 변말을〔유행어를〕
쓰다; 위선적인 말을 하다.
cant[2] *n.*, *vi.*, *vt.* 경사(면); 기울(이)다.
†**can't** [kænt, -ɑ:-] cannot의 단축.
Cant. Canterbury; Canticles.
Cantab. Cantabrigian.
can·ta·bi·le [kɑ:ntɑ́:bilèi, kəntɑ́:-
bilei] *a.*, *n.*, *ad.* (It.) 〖樂〗 노래하는
듯한 (느낌의 곡); 노래하듯이.
Can·ta·brig·i·an [kæ̀ntəbrídʒiən]
a., *n.* Cambridge 〔Harvard〕 대학
의 (재학생, 출신자).
can·ta·loup(e) [kǽntəlòup/-lù:p] *n.*
멜론의 일종; =MUSKMELON.
can·tan·ker·ous [kæntǽŋkərəs,
kən-] *a.* 비꼬인, 심술 사나운 (ill-
natured).
can·ta·ta [kəntɑ́:tə/kæn-] *n.* (It.)
〖樂〗 칸타타. ⌈V(E)Y.
cant·dog [kǽntdɔ̀:g/-ɔ̀-] *n.* =PEA-
can·teen [kæntí:n] *n.* 《英》 주보; (기
지 등의 간이 식당〔오락장〕; 《美》 수
통, 빨병; (캠프용) 취사 도구 상자.
can·ter [kǽntər] *n.*, *vi.*, *vt.* 〖馬術〗
(gallop와 trot 중간의) 보통 구보(로
몰다, 나아가다, 달리게 하다).
***Can·ter·bur·y** [kǽntərbèri/-bəri] *n.*
잉글랜드 남동부의 도시. ***the* ～
*Tales*** 캔터베리 이야기《중세 영어로
씌어진 Chaucer 작의 운문 이야기
Cánterbùry bèll 〖植〗 풍경초. ⌊집》.
cánt hòok 《美》 (통나무를 움직이기
위한) 갈고리 지레(cf. peavey).
can·ti·cle [kǽntikəl] *n.* 찬송가. ***the
Canticles*** 〖聖〗 아가(雅歌) (the Song
of Solomon).
can·ti·lev·er [kǽntəlèvər, -lì:v-] *n.*
〖建〗 외팔보.
can·tle [kǽntl] *n.* 안미(鞍尾)《안장
뒤의 활처럼 휜》; 조각, 끄트러기.

C

***can·to** [kǽntou] *n.* (*pl.* **~s**) (장시의) 편(篇)《산문의 chapter 에 해당》.

can·ton [kǽntn, -tɑn/-tɔn] *n.* (스위스의) 주(州); (프랑스의) 군(郡); [-tən] 〖紋〗 소(小)구획. ── *vt.* [kǽntɑn, -ˊ/-tɔ́n] 주〔군으〕로 나누다; 분할하다; [kæntóun/kəntú:n] 〖軍〗 숙영(宿營)시키다. **~·ment** [kæntóunmənt, -tɑ́n-/kəntú:n-] *n.* 숙영(지).

Can·ton·ese [kæ̀ntəní:z] *a.*, *n.* 광동(廣東)(사람, 말)의; (*sing.* & *pl.*) 광동 사람; Ⓤ 광동말.

can·tor [kǽntər] *n.* 합창 지휘자; 독창자《유대 교회의》.

Cantuar. *Cantuariensis* (L. =of Canterbury).

Ca·nuck [kənʌ́k] *n.* 《美俗》 《蔑》 (프랑스계) 캐나다 사람.

‡**can·vas** [kǽnvəs] *n.* Ⓤ 《集合的》 돛; 범포(帆布); 《集合的》 텐트; 캔버스, 화포; Ⓒ 유화. ***under*** **~** 돛을 올리고; 〖軍〗 야영하여.

***can·vass** [kǽnvəs] *vt.* 조사하다; 논하다; 유세〔선거 운동〕하며 돌아 다니다; 부탁하며 다니다, 주문 맡으러 다니다. ── *n.*, *vi.* 선거 운동(하다); 권유(하다); 정사(精査)(하다). **~·er** *n.* 운동〔권유〕원.

can·yon** [kǽnjən] *n.* 《美》 협곡 (cañon). ***Grand C- Colorado 강의 대계곡《국립 공원》.

can·zo·ne [kænzóuni/-tsóu-] *n.* (It.) (*pl.* **-ni** [-ni:]) 칸초네. 「소(小)가곡.

can·zo·net [kæ̀nzənét] *n.* 서정적인

caou·tchouc [káutʃuk, kautʃú:k] *n.* Ⓤ 탄성〔생〕 고무.

†**cap** [kæp] *n.* ① (양테 없는) 모자, 제모. ② 뚜껑, 캡, (버섯의) 갓. ③ 정상, 꼭대기. ④ 뇌관; 포장한 소량의 화약; (수리한 타이어의) 지면 접촉 부분. **~** ***and bells*** (어릿광대의) 방울 달린 모자. **~** ***and gown*** (대학의) 식복(式服). **~** ***in hand*** 《口》 모자를 벗고; 겸손하게. ***set one's*** **~** ***for*** 《俗》 (여자가 남자에게) 연애를 걸어오다. ***the*** **~** ***fits*** (비평이) 아픈 데를 찌르다. ***the*** **~** ***of fools*** 큰 바보. ── *vt.* (**-pp-**) ① 모자를〔뚜껑을〕 씌우다. ② …의 꼭대기〔위〕를 덮다〔씌우다〕. ③ 탈모하다. ④ (남을) 지게 하다; (인용구·익살 따위를) 다투어 꺼내다. **~** ***an anecdote*** 앞서 이야기보다 재미있는 이야기를 하다. ── *vi.* 모자를 벗다. **~** ***to*** …에 찬성하다(*I* **~***ped to that plan.* 그 계획에 찬성했다). ***to*** **~** ***all*** 결국에는, 필경〔마지막〕에는.

CAP, C.A.P. Civil Air Patrol.

cap. capacity; capital; capitalize; captain; *caput* (L. =chapter).

‡**ca·pa·ble** [kéipəbəl] *a.* 유능한; 자격 있는 (*for*); …할 수 있는, …되기 쉬운 (*of*). ***ca·pa·bil·i·ty** [kèipəbíləti] *n.* Ⓤ 능력; (*pl.*) 뻗을 소질, 장래성. **-bly** *ad.* 「러운.

***ca·pa·cious** [kəpéiʃəs] *a.* 넓은; 너그

ca·pac·i·tance [kəpǽsətəns] *n.* Ⓤ 〖電〗 (도체의) 용량; Ⓒ 콘덴서.

ca·pac·i·tate [kəpǽsətèit] *vt.* (…을) 가능하게 하다; …에게 능력〔자격〕을 주다 (*for*). 「전기(condenser).

ca·pac·i·tor [kəpǽsətər] *n.* 〖電〗 축

‡**ca·pac·i·ty** [kəpǽsəti] *n.* Ⓤ ① 수용력; 용량, 용적. ② 능력, 재능, 역량(ability). ③ Ⓒ 자격, 지위. ***be filled to*** **~** 가득 차다. ***be in*** **~** 법률상의 능력이 있다. **~** ***house*** 대만원(의 회장).

cap-a-pie, ***cap-à-pie*** [kæ̀pəpí:] *ad.* (F.) 머리에서 발끝까지, 완전히, 온몸에(*armed* **~** 완전 무장하여).

ca·par·i·son [kəpǽrisən] *n.*, *vt.* (중세의 기사·군마의) 성장(盛裝); 미장(美裝)(시키다).

Cap·Com, Cap·com [kǽpkɑ̀m/-kɔ̀m] (<*Cap*sule *com*municator) *n.* 우주선 교신 담당자.

***cape**[1] [keip] *n.* 어깨망토; (여성·어린이옷의) 케이프.

‡**cape**[2] *n.* 곶. ***the C-*** (***of Good Hope***) (남아프리카의) 희망봉.

Cápe Cólo(u)red (남아프리카의) 유럽인과 아프리카인 또는 말레이인과의 혼혈아. 「동풍.

cápe dòctor (남아프리카의) 거센 남

Càpe Kénnedy 미국 Florida 주에 있는 우주 로켓 발사 기지《구칭 Cape Canaveral》.

ca·per**[1] [kéipər] *vi.*, *n.* (까불까불) 뛰어다니다〔다님〕, 깡총거리다(frisk)〔거림〕; (종종 *pl.*) 광태(狂態). ***cut **~*s*** 〔***a*** **~**〕 깡총거리다; 광태를 다하다. 「《지중해 연안산》.

ca·per[2] *n.* 풍조목(風鳥木)의 관목

cape·skin [kéipskìn] *n.* (주로 장갑에 쓰이는) 튼튼한 가죽.

Cape·town, Cápe Tòwn [kéiptàun] *n.* 케이프타운《남아프리카 공화국의 입법 기관 소재지》. 「양).

cap·ful [kǽpfùl] *n.* 모자 가득(한

cáp gùn =CAP PISTOL. 「영장.

ca·pi·as [kéipiəs, kǽ-] *n.* (L.) 구속

cap·il·lar·i·ty [kæ̀pəlǽrəti] *n.* 〖理〗 모세관 현상.

cap·il·lar·y [kǽpəlèri/kəpíləri] *a.*, *n.* 털 같은; 모세관(의), 모관 현상(의). 「인력.

cápillàry attráction 모관(毛管)

cápillàry tùbe 모세관.

†**cap·i·tal** [kǽpitl] *a.* ① 주요한, 으뜸〔수위〕의. ② 《英》 훌륭한. ③ 사형에 처할 만한; 중대한, 대단한 (gross). ***C-!*** 됐어!, 좋아! **~** ***city*** 수도. **~** ***letter*** 대문자, 머릿글자. **~** ***punishment*** 사형. ── *n.* ① 수도; 머릿글자, 대문자. ② Ⓤ 자본(금); 자본가측〔계급〕; 이익. ③ 〖建〗 기둥머리. **~** ***and labor*** 노자(勞資). ***circulating*** 〔***fixed***〕 **~** 유동〔고정〕자본. ***make*** **~** (***out***) ***of***…을 이용하다. ***working*** **~** 운전 자본. ***~·ism** [-ìzəm] *n.* Ⓤ 자본주의. ***~·ist** *n.* 자본가〔주의자〕. **cap·i·tal·is·tic** [ˋ-ístik] *a.* **~·ize** [-àiz] *vt.* 자본화하다; 자본으로 산입〔평가〕하다; 투자하다; 《美》 (*vt.*, *vi.*) 이용

하다(*on*); 《美》 머릿글자〔대문자〕로 쓰다〔인쇄하다〕. **cap·i·tal·i·za·tion** [kæ̀pətəlizéiʃən] *n.* Ⓤ **~·ly** *ad.*

cápital góods 자본재.

cap·i·tal-in·ten·sive [-inténsiv] *a.* 자본 집약적인.

cápital lèvy 자본세(稅).

cápital shìp 주력함(主力艦).

cápital stóck (회사의) 주식 자본.

cap·i·ta·tion [kæ̀pətéiʃən] *n.* 인두세(人頭稅).

***Cap·i·tol** [kǽpətl] *n.* (고대 로마의) Jupiter 신전(의 언덕); 《美》 **국회**〔주의회〕 **의사당**. 「는 언덕).

Cápitol Híll 《美》 국회(의사당이 있

ca·pit·u·late [kəpítʃəlèit] *vi.* (조건부 또는 무조건으로) 항복하다, 굴복하다. **ca·pit·u·la·tion** [-ˌ-léiʃən] *n.* Ⓤ (조건부 또는 무조건) 항복; Ⓒ 항복 문서.

Cap'n [kǽpən] *n.* =CAPTAIN.

ca·po [ká:pou] *n.* (It.) (마피아 등의) 조장.

ca·pon [kéipən, -pɑn] *n.* (거세하여 살찌운) 식용 수탉; 《美俗》 여성적인 남자; 면《남색의 상대》(catamite).

cap·o·ral [kǽpərəl, kæ̀pərǽl] *n.* (F.) Ⓤ 프랑스산의 살담배.

cáp pìstol 장난감 권총 (cap gun).

Ca·pri [ká:pri, kæprí:] *n.* 카프리섬 《이탈리아 나폴리만의 명승》.

cáp·ric ácid [kǽprik-] 〖化〗 카프르산(酸).

ca·pric·ci·o [kəprí:tʃiòu] *n.* (*pl.* *~s, -ci* [-tʃi:]) (It.) 장난 (prank); 변덕(caprice); 〖樂〗 기상곡(綺想曲).

***ca·price** [kəprí:s] *n.* ⓊⒸ **변덕**; 〖樂〗 =CAPRICCIO. ***ca·prí·cious** [kəpríʃəs] *a.*

Cap·ri·corn [kǽprikɔ̀:rn], **Cap·ri·cor·nus** [kæ̀prikɔ́:rnəs] *n.* 〖天〗 염소자리.

cap·ri·ole [kǽpriòul] *n.* 〖馬術〗 도약. **—** *vi.* (말이) 도약하다.

ca·pró·ic ácid [kəpróuik] 〖化〗 카프로산(酸) 《무색·불쾌한 냄새가 있는 액체상 지방산》.

caps. capital letters; capsule.

cap·si·cum [kǽpsikəm] *n.* 고추(의 열매). 「복(하다, 시키다).

cap·size [kǽpsaiz, -ˊ] *n., vi., vt.* 전

cap·stan [kǽpstən] *n.* 〖海〗 (닻을 감아 올리는) 고패. 「따위의) 갓돌.

cap·stone [kǽpstòun] *n.* (돌기둥·담

***cap·sule** [kǽpsəl/-sju:l] *n.* ① (약·우주 로켓 등의) **캡슐**. ② 〖植〗 (씨·포자의) **꼬투리**, 삭과; 두겁쇠, 왕관 《코르크마개의》; 작은 용기(容器). ③ (강연 등의) 요약. **—** *vt., a.* 요약하다〔한〕.

cap·sul·ize [-àiz] *vt.* (정보 등을) 요약하다.

Capt. Captain.

†**cap·tain** [kǽptin] *n.* ① **장**(長), 수령, 두목. ② **선장**, 함장. ③ 육군〔공군〕 대위; 해군 대령; 군사(軍師). ④ 주장(主將). ~ ***of industry*** 대실업가. **~·cy** *n.* ⓊⒸ ~의 지위〔임무, 직, 임기〕.

Cáptain Géneral 총사령관.

cáptain's búiscuit 굳게 구운 고급 비스킷.

cap·tion [kǽpʃən] *n.* (페이지·장 따위의) 표제(title), 제목(heading); (삽화의) 설명; (영화의) 자막. **—** *vt.* …에 표제를 붙이다; 자막을 넣다.

cap·tious [kǽpʃəs] *a.* 꾀까다로운; 흠〔트집〕잡는.

cap·ti·vate [kǽptəvèit] *vt.* 황홀하게 하다, 매혹하다(fascinate). **cáp·ti·vat·ing** *a.* **cap·ti·va·tion** [ˋ-véiʃən] *n.* Ⓤ

‡**cap·tive** [kǽptiv] *n.* **포로**. **—** *a.* 포로가 된; 매혹된. ***cap·tiv·i·ty** [kæptívəti] *n.* Ⓤ (사로)**잡힌 상태**〔몸〕; 감금.

cáptive áudience 싫어도 들어야 하는 청중《라디오·확성기 따위를 갖춘 버스의 승객 등》.

cáptive ballóon 계류 기구.

cáptive fíring (로켓의) 지상 분사.

cáptive tèst 로켓 본체를 고정시킨 채 하는 엔진 시험. 「람; 포획자.

cap·tor [kǽptər] *n.* 잡는〔빼앗는〕 사

‡**cap·ture** [kǽptʃər] *n., vt.* ⓊⒸ **잡음**, 포획(물); **잡다**, 포획〔생포〕하다, 빼앗다.

Cap·u·chin [kǽpjutʃin] *n.* (프란체스코파의 일파의) 수도사; (c-) (남아메리카의) 꼬리말이원숭이.

ca·put mor·tu·um [kéipət mɔ́:rtʃuəm] (L.) 찌꺼기, 가치가 없는 잔여(殘餘).

cáp vèrses 반가(返歌)〔연가〕의 일종.

CAR Civil Air Regulations.

†**car** [kɑ:r] *n.* ① **자동차; 차**. ② 전차, (열차의) 객차. ③ (비행선·경기구의) 객실; 조롱(吊籠).

ca·ra·ba·o [kæ̀rəbáu, kɑ̀:rəbɑ́:ou] *n.* (*pl.* ~*s*, 《集合的》 ~) (필리핀의) 물소(water buffalo).

car·a·bi·neer, -nier [kæ̀rəbiníər] *n.* 기총병(騎銃兵) (cf. carbine).

Ca·ra·cas [kərɑ́:kəs, -rǽ-] *n.* 카라카스《Venezuela의 수도》.

car·a·col [kǽrəkɑ̀l/-kɔ̀l] *n., vi., vt.* (*-ll-*) 〖馬術〗 반회전(하다, 시키다).

car·a·cole [kǽrəkòul] *n., v.* =⇧.

car·a·cul [kǽrəkəl] *n.* Ⓤ 카라쿨 모피《새끼양 가죽, 아스트라칸 비슷함》.

ca·rafe [kərǽf, -ɑ́:-] *n.* 유리 물병.

***car·a·mel** [kǽrəməl, -mèl] *n.* Ⓤ 캐러멜, 구운 설탕 《조미·착색용》.

***car·at** [kǽrət] *n.* 캐럿《보석의 단위; $^1/_5$ g》; 금위(金位)(*gold 14 ~s fine*, 14금).

‡**car·a·van** [kǽrəvæ̀n] *n.* ① (사막의) **대상**(隊商). ② (집시·서커스 등의) 포장 마차. ③ 《英》 이동 주택, 하우스 트레일러. **car·a·van·sa·ry** [kæ̀rəvǽnsəri], **-se·rai** [-rài] *n.* 대상 숙박 여관.

car·a·vel [kǽrəvèl] *n.* (15–16세기의) 쾌속 범선《Columbus가 이것을 탐》.

car·a·way [kǽrəwèi] *n.* 〖植〗 캐러웨이《회향풀의 일종》.

cáraway sèeds 캐러웨이의 열매《향료》.
car·barn [ká:rbà:rn] *n.* 《美》 전차〔버스〕 차고. 「화물, 카바이드.
car·bide [ká:rbaid, -bid] *n.* 〖化〗 탄
car·bine [ká:rbain, -bi:n] *n.* 카빈총, 기병총.
***car·bo·hy·drate** [kà:rbouháidreit] *n.* 〖化〗 **탄수화물, 함수탄소.**
car·bo·lat·ed [ká:rbəlèitid] *a.* 석탄산을 함유한. 「타르」에서 얻은.
***car·bol·ic** [ka:rbálik/-ɔ́-] *a.* **탄소〔콜**
carbólic ácid 석탄산.
car·bo·lize [ká:rbəlàiz] *vt.* 석탄산을 가하다, 석탄산으로 처리하다.
C
‡**car·bon** [ká:rbən] *n.* ⓊⒸ **탄소**(막대); **카본지** (복사). 「탄소의〔를 함유한〕.
car·bo·na·ceous [kà:rbənéiʃəs] *a.*
car·bo·na·do [kà:rbənéidou] *n.* (*pl.* **-do(e)s**) 흑다이아몬드의 일종《드릴용》.
car·bon·ate [*n.* ká:rbənit, -nèit; *v.* -nèit] *n.*, *vt.* 〖化〗 탄산염(화하다), 탄소화하다. 「원료).
cárbon blàck 카본 블랙《인쇄 잉크
cárbon cópy (탄산지(紙)에 의한) 복사; 《口》 아주 닮은 사람〔물건〕.
cárbon dáting 탄소의 방사성 동위원소 함유량에 의한 연대 측정.
cárbon dióxide 이산화탄소, 탄산가스.
cárbon 14 탄소의 방사성 동위원소《기호 ^{14}C; 원자량 14; 생물체의 연대 측정에 이용》.
car·bon·ic** [ka:rbánik / -ɔ́-] *a.* **탄소〔탄산〕의.** ~ ***acid (***gas***) 탄산 (가스).
car·bon·if·er·ous [kà:rbənífərəs] *a.* 석탄을 산출하는; (C-) 〖地〗 석탄기〔계〕의. ── *n.* (the C-) 석탄기.
car·bon·ize [ká:rbənàiz] *vt.* 탄화(炭化)하다; 숯으로 만들다(char). **car·bon·i·za·tion** [kà:rbənizéiʃən] *n.* Ⓤ
cárbon monóxide 일산화탄소.
cárbon pàper 〔**tìssue**〕 카본〔탄산〕지.
cárbon pìle 탄소 원자로.
cárbon pròcess 〖寫〗 카본 인화법.
cárbon stèel 탄소강(鋼)《2% 이하의 탄소와 철의 합금》.
cárbon 13 탄소의 방사성 동위원소《기호 ^{13}C; 원자량 13; 생체내의 추적 표지(tracer)로써 쓰임》.
car·bo·run·dum [kà:rbərʌ́ndəm] *n.* Ⓤ 금강사(砂)《연마재》.
car·box·yl [ka:rbáksil/-bɔ́k-] *n.* 〖化〗 카르복실기.
car·boy [ká:rbɔi] *n.* 상자〔채롱〕에 든 유리병《극약 용기》.
car·bun·cle [ká:rbʌŋkəl] *n.* 〖鑛〗 홍옥(紅玉)《루비 등》; 석류석; 〖醫〗 정(疔), 뾰루지; (모주의) 붉은 코.
car·bu·ret [ká:rbərèit, -bjərèt] *vt.* (《英》 **-tt-**) 탄소와 화합시키다; 탄소화합물《가솔린 따위》을 섞다. **-re(t)·tor** *n.* 기화기(氣化器), 탄화기; (자동차의) 카뷰레터. 「의) **시체.**
***car·cass, -case** [ká:rkəs] *n.* (짐승

cárcass méat 날고기, 생육(生肉).
car·cin·o·gen [ka:rsínədʒən] *n.* 〖醫〗 발암(發癌) 물질〔인자〕.
car·ci·no·ma [kà:rsənóumə] *n.* (*pl.* ~***s***, ~***ta*** [-tə]) 〖醫〗 암(cancer).
cár còat 《美》 카코트《짧은 외투》.
card[1] [ka:rd] *n.* 금속빗〔솔〕. ── *vt.* (양털·삼 따위를) 빗다, 훑다, 솔질하다. ∠·**er** *n.* ∠·**ing** *n.* Ⓤ
†**card**[2] *n.* ① **카드;** 판지(板紙); **명함;** 엽서; 초대장. ② 트럼프, 카드; (*pl.*) 카드놀이; 프로(그램). ③ 《口》 인물, 놈; 별난 사람, 괴짜. ④ 《英口》 (the ~) 적절한 것(*for*). ***castle*** 〔***house***〕 ***of*** ~***s*** (어린이가 만드는) 카드의 집; 무너지기 쉬운 것, 위태로운 계획. ***have a*** ~ ***up one's sleeve*** 준비가〔비책이〕 있다. ***in*** 〔***on***〕 ***the*** ~***s*** 아마 (…인〔일〕 것 같은) (likely). ***lay*** 〔***place, put***〕 ***one's*** ~***s on the table*** 계획〔비법〕을 밝히다〔말하다〕. ***leave one's*** ~ (***on***) (…에) 명함을 두고 가다. ***play one's best*** ~ 비장의 수법을 쓰다. ***queer*** ~ 괴짜. ***play one's*** ~***s well*** 〔***rightly***〕 재치있게 조치하다, 일 처리를 잘 하다. ***show one's*** ~***s*** (손에) 든 패를 보이다, 계획〔비밀〕을 보이다. ***speak by the*** ~ 정확히 말하다. ***the best*** ~ 인기 있는 것. ***throw*** 〔***fling***〕 ***up one's*** ~***s*** 계획을 포기하다.
Card. Cardinal.
car·da·mom, -mum [ká:rdəməm], **-mon** [-mən] *n.* 생강과의 식물(의 열매) 《향료》. 「(板紙), 마분지.
***card·board** [ká:rdbɔ̀:rd] *n.* Ⓤ **판지**
card-car·ry·ing [∠kæ̀riiŋ] *a.* 정식 당원〔회원〕의.
cárd càse 명함 케이스; 카드 상자.
cárd càtalog(ue) (도서관의) 카드식 목록.
car·di·ac [ká:rdiæ̀k] *a.*, *n.* 심장의; (위(胃)의) 분문(噴門)의; 강심제; 심장
cárdiac cýcle 심장 주기. 「병 환자.
cárdiac glýcoside 강심 배당체(強心配糖體).
car·di·gan [ká:rdigən] *n.* 카디건《앞단추의 스웨터》.
***car·di·nal** [ká:rdənl] *a.* **주요한, 기본적인; 주〔진〕홍색의** (scarlet). ── *n.* 〖카톨릭〗 (교황청의) 추기경 (樞機卿)《진홍색 옷·모자를 착용》; Ⓤ **진〔주〕홍색;** =∠ **bírd** (북미산의) 알록 참새《finch 무리》. ~·**ate** [-èit, -it] *n.* Ⓤ 추기경의 직〔지위〕.
cárdinal flòwer 〖植〗 빨간로벨리아.
cárdinal númber 〔**númeral**〕 기수(基數).
cárdinal pòints 〖天〗 방위 기점(基點)《north, south, east, west》.
cárdinal vírtues 기본 도덕《justice, prudence, temperance, fortitude, faith, hope, charity 일곱 가지 덕》.
cárd ìndex 카드식 색인. 「지 덕).
card-in·dex [ká:rdìndeks] *vt.* 카드식 색인을 만들다.
car·di·o·gram [ká:rdiəgræ̀m] *n.*

심전도(心電圖).
car·di·o·graph [ká:rdiəgræ̀f, -grɑ̀:f] *n.* 심장 운동계(計).
car·di·ol·o·gy [kɑ̀:rdiɑ́lədʒi / -ɔ́-] *n.* Ⓤ 심장학.
car·di·o·vas·cu·lar [kɑ̀:rdiou-vǽskjələr] *a.* 〖醫〗 심장혈관의. ～ ***disease*** 심장 혈관병.
car·di·tis [kɑ:rdáitis] *n.* 〖醫〗 심장염.
card·play·er [ká:rdplèiər] *n.* (흔히) 카드놀이를 하는 사람. 「공기.
cárd pùnch 《英》 (컴퓨터 카드의) 천
card·sharp(·er) [ká:rdʃɑ̀:rp(ər)] *n.* 카드놀이 사기꾼.
cárd tàble 카드놀이용 테이블.
CARE [kɛər] Cooperative for American Relief to Everywhere, Inc. 미국 대외 원조 물자 발송 협회 (～ *goods* 케어 물자).
†**care** [kɛər] *n.* Ⓤ ① 근심, **걱정**(worry); Ⓒ 근심거리. ② 시중, 돌봄, 간호, 감독(charge); 고생(pains). ③ **주의**, 조심(caution). ④ **관심**; 관심사. ***C- killed the cat.*** 《俗談》 걱정은 몸에 해롭다. ～ ***of*** …방(方) 《생략 c/o》. ***take*** ～, or ***have a*** ～ 조심하다. ***take*** ～ ***of*** …을 돌보다, 소중히 하다; …에 조심하다; 《美》 다루다. ***take*** ～ ***of oneself*** 몸을 조심하다; 자기 일은 자기가 하다. ***under the*** ～ ***of*** …의 신세를 지고, …의 보호 밑에. ***with*** ～ 조심하여. —— *vi.* ① **걱정〔근심〕하다**. ② **돌보다**, 시중들다, 병구완하다. ③ **하고자 하다**, 좋아하다. ～ ***about*** …을 염려〔걱정〕하다, …에 주의하다. ～ ***for*** …을 좋아하다, 탐내다; …을 돌보다, 걱정〔근심〕하다. ～ ***nothing for*** 〔***about***〕 …에 전혀 흥미가〔관심이〕 없다. ***for all I*** ～ 나는 알 바 아니나〔아니지만〕; 어쩌면, 혹시. ***I don't*** ～ ***if*** (I go). 《口》 (가도) 괜찮다《권유에 대한 긍정적 대답》. ***Who*** ～***s?*** 알 게 뭐야.
ca·reen [kərí:n] *vi., vt.* 〖海〗 (배를) 기울(이)다; (기울여) 수리하다. —— *n.* 경선(傾船) (수리).
‡**ca·reer** [kəríər] *n.* ① Ⓤ 질주; 속력. ② 인생 행로, 생애; **경력**, 이력; (교양·훈련을 요하는) 직업. ③ 성공, 출세. ***in full*** 〔***mad***〕 ～ 전속력으로. ***make a*** ～ 출세하다. —— *a.* 직업적인, 본격적인. ～ ***diplomat*** 직업 외교관. ～ ***woman*** 〔***girl***〕 《口》 (자립하고 있는) 직업 여성. —— *vi.* 질주〔쾌주〕하다(speed) (*about*). ～**·ism** [-izəm] *n.* Ⓤ 입신 출세주의. ～**·ist** *n.*
caréer's máster 〔**místress**〕 학생 진로 지도 교사〔여교사〕.
***care·free** [kɛ́ərfrì:] *a.* **근심 걱정 없는**, 태평한, 행복한, 명랑한.
†**care·ful** [kɛ́ərfəl] *a.* ① **주의깊은**, 조심스런(cautious)(*of*). ② 소중히 하는〔여기는〕(mindful)(*of*). ‡～**·ly** *ad.* *～**·ness** *n.* Ⓤ
care-la·den [⌐-lèidn] *a.* 근심〔고생〕이 많은.
‡**care·less** [kɛ́ərlis] *a.* ① **부주의한**, 경솔한. ② 괘념치〔걱정하지〕 않는 (nonchalant). ③ 《古》 마음 편한 (carefree). *～**·ly** *ad.* *～**·ness** *n.* Ⓤ
***ca·ress** [kərés] *n., vt.* **애무**《키스·포옹 등》(하다); 가볍게 어루만지다.
ca·ress·ing [-iŋ] *a.* 애무하는; 달래는 듯한. ～**·ly** *ad.* 「삽입 기호《∧》.
car·et [kǽrət] *n.* 탈자(脫字) 기호,
care·tak·er [kɛ́ərtèikər] *n.* 돌보는 사람, 관리인; 지키는 사람, 《英》 고원(雇員)《「사환·수위」를 점잖게 이르는 말》 (cf. 《美》 custodian). ～ ***government*** 선거 관리 정부〔내각〕.
care·worn [⌐wɔ̀:rn] *a.* 근심걱정으로 야윈〔찌든〕. 「요금.
car·fare [ká:rfɛ̀ər] *n.* (전차·버스의)
car·fax [ká:rfæ̀ks] *n.* 《英》 십자로 지대. 「**짐**, 선하, **적하**(積荷).
‡**car·go** [ká:rgou] *n.* (*pl.* ～(*e*)*s*) 뱃
cárgo bòat 화물선. 「송기.
cárgo lìner 정기 화물선, 화물 수
car·hop [ká:rhɑ̀p/-ɔ̀-] *n.* 《美》 (차를 탄 채 들어가는 식당의) 급사《특히, 여급사》. 「카리브인〔말〕.
Car·ib [kǽrəb] *n.* ⒸⓊ (서인도제도의)
Car·ib·be·an [kæ̀rəbí:ən, kəríbiən] *a.* 카리브 사람〔해(海)〕의. ***the*** ～ (***Sea***) 카리브해.
car·i·bou [kǽrəbù:] *n.* (*pl.* ～***s***, 《集合的》 ～) 북미산 순록(馴鹿).
***car·i·ca·ture** [kǽrikətʃùər, -tʃər] *n.* (풍자) **만화**, 풍자그림〔글〕; ⓊⒸ 만화화(化). —— *vt.* 만화화하다. **-tur·ist** *n.*
car·ies [kɛ́əri:z] *n.* (L.) Ⓤ 〖醫〗 카리에스, 골양(骨瘍); 충치.
car·il·lon [kǽrəlɑ̀n / kəríljən] *n.* (F.) 명종악(鳴鐘樂)(용의 한 벌의 종).
car·i·ole [kǽriòul] *n.* 말 한 필이 끄는 짐마차; 유개(有蓋) 짐차.
car·i·ous [kɛ́əriəs] *a.* 카리에스에 걸린; 부식한.
cark·ing [ká:rkiŋ] *a.* 마음을 괴롭히는. ～ ***cares*** 근심 걱정. 「원.
cár knòcker 철도 차량 검사〔수리〕
car·load [ká:rlòud] *n.* 《주로 美》 화차 1 량분(輛分)의 화물. 「준량.
cárload lòt 《美》 화차 대절 취급 표
cárload ràte 화차 대절 운임(률).
***Car·lyle** [kɑ:rláil], **Thomas** (1795–1881) 스코틀랜드의 평론가·역사가.
car·man [ká:rmən] *n.* 승무원; 운전사, 마부. 「멜파의 수도사(의).
Car·mel·ite [ká:rməlàit] *n., a.* 카르
car·mine [ká:rmain, -min] *n., a.* Ⓤ 양홍(洋紅)색(의). 「살.
car·nage [ká:rnidʒ] *n.* Ⓤ (다수) 학
***car·nal** [ká:rnl] *a.* 육체의, **육욕적인**, 육감적인(sensual); 물질적인, 현세〔세속〕적인(worldly).
cárnal abúse 〖法〗 (보통 성교가 따르지 않는) 미성년자에 대한 강제 외설 행위; (소녀에 대한) 강간.
cárnal knówledge 성교.
‡**car·na·tion** [kɑ:rnéiʃən] *n., a.* **카네이션**; Ⓤ 살빛(의).
***Car·ne·gie** [ká:rnəgi, kɑ:rnéigi],

Andrew(1835–1919) 미국의 강철왕·자선가.

Cárnegie Háll 카네기홀《New York 시의 연주회장》.

car·nel·ian [kɑ:rní:ljən] *n.* 〖鑛〗 홍옥수(紅玉髓).

car·net [kɑ:rnéi] *n.* (F.) (자동차의) 국경통과 허가증; 회수권철.

car·n(e)y, -nie [ká:rni] *n.* 순회 흥행〔배우〕, 순회 오락장(에서 일하는 사람).

‡**car·ni·val** [ká:rnəvəl] *n.* **사육제**《Lent 전의 축제》; 축제, 법석.

Car·niv·o·ra[kɑ:rnívərə] *n. pl.* (L.) 〖動〗 식육류(食肉類); (c-) 육식 동물.

car·ni·vore [ká:rnəvɔ̀:r] *n.* 육식 동물; 식충(食蟲) 식물. **car·nív·o·rous** [kɑ:rnívərəs] *a.* 육식성의(cf. herbivorous, omnivorous).

car·ny [ká:rni] *n.* 《美口》 (여흥이나 회전목마가 있는) 순회 흥행; 거기에서 일하는 연예인.

‡**car·ol** [kǽrəl] *n.* **기쁨의 노래**; 찬(미)가(hymn); 《詩》 새의 지저귐. —— *vi., vt.* 《英》 (*-ll-*) **기뻐 노래하다**, 지저귀다.

Car·o·li·na [kæ̀rəláinə] *n.* 미국 대서양안의 두 주(North ~, South ~).

Car·o·line [kǽrəlàin, -lin] *a.* 영국왕 Charles Ⅰ·Ⅱ (시대)의; =CAROLINGIAN.

Cároline Íslands, the 캐롤린 제도.

Car·o·lin·gi·an [kæ̀rəlíndʒiən] *a., n.* Charlemagne 왕조의 (군주).

car·om [kǽrəm] *n., vi.* 《美》〖撞〗 캐럼《연속해 두 공을 맞힘》(하다).

car·o·tene, -tin [kǽrəti:n] *n.* Ⓤⓒ 〖化〗 카로틴《일종의 탄수화물》.

ca·rot·id [kərátid / -ɔ́-] *n., a.* 〖解〗 경(頸)동맥(의).

ca·rous·al [kəráuzəl] *n.* =⇩.

ca·rouse[kəráuz]*n.* 큰 술잔치(noisy feast). —— *vi., vt.* 통음(痛飮)하다(drink heavily); 술을 마시며 떠들다.

***carp**[1] [kɑ:rp] *n.* (*pl.* ~*s*, 《集合的》 ~) 잉어.

carp[2] [kɑ:rp] *vi.* 흠을 찾다, 약점을 잡다, 트집잡다(*at*). ∠**·ing** *a.* 흠〔탈〕잡는.

car·pal [ká:rpəl] *n., a.* 〖解〗 손목뼈〔완골(腕骨)〕(의).

cár pàrk 《英》 주차장(parking lot).

Car·pa·thi·ans [kɑ:rpéiθiənz] *n. pl.* (the ~) (중부 유럽의) 카르파티아 산맥.

‡**car·pen·ter** [ká:rpəntər] *n., vi., vt.* **목수**(일을 하다). ~*'s rule*〔*square*〕 접자〔곱자〕. **cár·pen·try** [-tri] *n.* Ⓤ 목수직; 목수일; 목공품.

‡**car·pet** [ká:rpit] *n.* ① **융단**, 양탄자(cf. rug); 깔개. ② (풀의) 온통 깔림. *on the* ~ 심의〔연구〕중에; 《口》 야단맞아.

car·pet·bag [-bæ̀g] *n.* (융단감으로 만든) 여행 가방. ~**·ger** *n.* (한 몫 보려고 타고장에서 온) 뜨내기; 〖美史〗 《蔑》 (남북전쟁 후의 부흥기에 남부로 건너간) 북부의 야심(정치)가.

cárpet bèdding 융단 무늬로 화단 꾸미기.

cárpet bòmbing 융단〔초토〕 폭격.

cárpet dànce 약식 무도(회).

car·pet·ing [ká:rpitiŋ] *n.* Ⓤ 깔개용 직물, 양탄자감; 깔개.

cárpet knìght 《蔑》 무공〔실전 경험〕 없는 기사; 곰살궂은 사내.

cárpet slìpper (모직천으로 만든) 실내용 슬리퍼.

cárpet swèeper 양탄자 (전기) 청소기.

car·pol·o·gy [kɑ:rpálədʒi/-pɔ́l-] *n.* 과일(분류)학.

cár pòol (통근 따위에서) 몇 사람이 그룹을 만들어 교대로 자기 차에 태워다 주는 방식.

car·port [ká:rpɔ̀:rt] *n.* (간이) 자동차 차고.

car·pus [ká:rpəs] *n.* (*pl.* ***-pi*** [-pai]) 〖解〗 손목; 손목뼈.

car·rel(l) [kǽrəl] *n.* (도서관의) 개인 열람석; 수도원(회랑)의 작은 방.

‡**car·riage** [kǽridʒ] *n.* ① **탈것**, 마차; 《英》 (철도의) 객차; 포차(砲車). ② [美+kǽriidʒ] Ⓤ **운반**; 수송(비), 운임. ③ **몸가짐**; 자세, 태도. ④ Ⓤ 처리, 경영. ~ *and pair*〔*four*〕 쌍두〔4두〕 4륜 마차.

cárriage drìve 《英》 (공원 따위의) 마차길.

cárriage fórward 《英》 운임 수취인 지급으로.

car·riage-free[-frí:] *ad.* 운임 없이.

cárriage pòrch 차 대는 곳.

cárriage tràde 부자 단골 손님; 부자 상대의 장사.

car·riage·way [-wèi] *n.* (가로의) 차도. *dual* ~ 《英》 중앙 분리대가 있는 도로.

‡**car·ri·er** [kǽriər] *n.* **운반인**〔업자〕; 《美》 우편 집배원; 운송 회사; 전서 비둘기; 항공모함; (자전거의) 짐받이; 보균자; = ∠ **wàve** 〖無電〗 반송파(搬送波).

cárrier pìgeon 전서(傳書) 비둘기.

car·ri·ole [kǽriòul] *n.* =CARIOLE.

car·ri·on [kǽriən] *n.* Ⓤ 사육(死肉), 썩은 고기; 불결물. —— *a.* 썩은 고기의〔같은〕, 썩은 고기를 먹는.

cárrion cròw 〖鳥〗 《英》 까마귀; 《美》 검은 매의 일종.

Car·roll [kǽrəl], **Lewis** (1832–98) 영국의 수학자·동화 작자.

cár·ron òil [kǽrən] 화상(火傷)의 기름약.

***car·rot**[kǽrət]*n.* **당근**. ~ *and stick* 회유와 위협 (정책). ~**·y** *a.* 당근색의; (머리털이) 붉은.

car·rot·top [-tàp/-ɔ̀-] *n.* 《俗》 머리털이 붉은 사람.

car·rou·sel [kæ̀rusél, -zél]*n.* 《美》 회전 목마(merry-go-round).

†**car·ry** [kǽri] *vt.* ① **운반하다**, 나르다; **휴대하다**; (아이를) 배다; 버티다; (몸을 어떤 자세로) 유지하다(hold); 행동하다(~ *oneself*). ② (액체를) 이끌다, (소리를) 전하다; 미치다; 연장하다(extend); 감복시키다;(주장·의안 따위를) 통과〔관철〕시키다. ③ **수반하다**, (의미 따위를) 띠다; (이자 따위를) 낳다. ④ (진지 따위를) 점령하다; 획득하다. ⑤ 〖簿〗 (다른 장부에) 전기(轉記)하다; 이월하다; 〖數〗 한 자

리 올리다; 《美》 (신문에) 싣다; (명부에) 올리다. ⑥ 기억해 두다. ⑦ 가게에 놓다〔팔다〕. —— *vi.* 가져가다, 나르다; (소리·총 따위가) 미치다. ~ *all* 〔*everything, the world*〕 *before one* 파죽지세로 나아가다. ~ *away* 앗아〔채어〕가다; 도취시키다. ~ (*a person*) *back* 생각나게 하다. ~ *forward* (사업 등을) 진행〔추진〕하다; (부기에서) 차기(次期)〔다음 페이지〕로 이월하다. ~ *off* 앗아〔채어〕가다, 유괴하다; (상을) 타다; 잠시 견디다 (palliate); 해치우다. ~ *on* 계속하다; (사업을) 영위하다. ~ *oneself* 행동하다. ~ *out* 성취하다, 수행하다. ~ *over* 이월하다. ~ *the audience* 〔*house*〕 청중〔만장〕을 도취시키다. ~ *the* DAY. ~ *through* 완성하다; 견디어내다, 버티다; 극복하(게 하)다. ~ *weight* 중시되다, 유력하다; 〖競馬〗 핸디캡이 붙여지다. ~ *a person with one* 납득시키다. ~ *something with one* 어떤 일을 기억하고 있다; …을 수반〔휴대〕하다.

car·ry·all [-ɔ̀:l] *n.* 《美》 마차《4인(이상)승》; (긴 좌석의) 합승 자동차.

car·ry-cot [-kɑ̀t/-kɔ̀t] *n.* (유아용) 휴대 침대.

cárrying capàcity (차의) 적재량.

cárrying chàrge 운송비; 선불경비《자산이 이익을 올리지 않는 동안에 치러야 할 경비》.

car·ry·ings-on [kǽriiŋzán/-ɔ́n] *n. pl.* 《口》 (남녀의) 농탕치기, 바람.

cárrying tràde 운송업.

car·ry-on [kǽriɑ̀n / -ɔ̀n] *a.* (비행기 안으로) 휴대할 수 있는.

car·ry-o·ver [-òuvər] *n.* 〖簿〗 이월; 〖放〗 (음악에 의한) 장면 연결.

car·sick [ká:rsìk] *a.* 차멀미 난.

‡**cart** [kɑ:rt] *n., vi.* ① 2륜마차〔손수레〕(로 나르다). ② 수월히 이기다. *in the* ~ 《英俗》 곤경에 빠져(in a fix). *put the* ~ *before the horse* 본말을 전도하다. ∠·**age** *n.* Ⓤ (짐차) 운송(료). ∠·**er** *n.* (짐)마차꾼. ∠·**ful** [∠fùl] *n.* 한 차(車)분.

carte [kɑ:rt] *n.* (F.) 명함; 메뉴. ~ ***blanche*** [∠ blɑ́:nʃ] 백지 (위임장). ~ ***de vi·site*** [∠ də vizí:t] 명함, 명함용 사진.

car·tel [kɑ:rtél] *n.* 〖經〗 카르텔, 기업 연합《가격 유지·시장 독점을 위한》 (cf. syndicate, trust); 포로 교환 조약서.

Car·ter [ká:rtər], **James Earl** (1924–) 미국 제 39대 대통령 (재직 1977–81)《애칭 Jimmy》.

Car·te·sian [kɑ:rtí:ʒən] *a., n.* 데카르트(Descartes) (파)의 (학도).

car·to·man·cy [ká:rtəmæ̀nsi] *n.* 카드 점.

Car·thage [ká:rθidʒ] *n.* 카르타고《아프리카 북안에 있던 고대 도시 국가》. **Car·tha·gín·i·an** [kɑ̀:rθədʒíniən] *a., n.*

cárt hòrse 짐마차 말.

Car·thu·sian [kɑ:rθú:ʒən] *a., n.* (프랑스의) 카르투지오 교단(教團)의 (수도자).

car·ti·lage [ká:rtilidʒ] *n.* ⓊⒸ 연골(軟骨). **car·ti·lag·i·nous** [kɑ̀:rtilǽdʒənəs] *a.*

cart·load [ká:rtlòud] *n.* 한 수레(의 양)(cartful); 《口》 대량.

car·to·gram [ká:rtəgræ̀m] *n.* 통계지도.

car·to·graph [ká:rtəgræ̀f, -grɑ̀:f] *n.* (그림) 지도. **-tóg·ra·pher** *n.* 지도 제작자. **-tóg·ra·phy** *n.* Ⓤ 지도 제작(법).

car·ton [ká:rtən] *n.* 판지(板紙), 마분지; 두꺼운 종이 상자.

***car·toon** [kɑ:rtú:n] *n.* 《美》 (모자이크·벽화 따위의) (실물크기의) 밑그림; **풍자화**, 시사 만화; (연속) 만화; 만화 영화. —— *vt.* 만화로 풍자하다. ~·**ist** *n.* 만화가.

car·top [ká:rtɑ̀p/-ɔ̀-] *a.* 자동차 지붕 위에 싣기 알맞은 (*a* ~ *canoe*). ~·**per** [-ər] *n.* 자동차 지붕 위에 싣고 다닐 수 있는 보트(cartop boat).

car·touche [kɑ:rtú:ʃ] *n.* 소용돌이 장식; (이집트의 왕 이름·신 이름을 둘러싼) 타원형 윤곽.

car-tracks [ká:rtræ̀ks] *n. pl.* 궤도.

***car·tridge** [ká:rtridʒ] *n.* **탄약통**, 약포(藥包); (카메라의) 필름통(에 든 필름); (전축의) **카트리지**《바늘 꽂는 부분》; (내연 기관의) 기동(起動) 장치.

cártridge bèlt 탄띠.

cártridge bòx 탄약 상자.

cártridge càse 약협(藥莢), 탄피.

cártridge clìp 삽탄자(揷彈子).

cártridge pàper 약협(藥莢) 용지; 도화지.

cart·way [ká:rtwèi] *n.* 짐(마차) 길.

cárt whèel (짐차의) 바퀴; 옆재주넘기.

cárt whìp (짐마차몰이가 쓰는) 굵은 채찍.

‡**carve** [kɑ:rv] *vt.* (~*d*; 《詩》 ~*n*) ① 자르다, (요리한 고기를) 썰다. ② 파다, **조각하다**. ③ (진로를) 트다〔열다〕. ~ *for oneself* 제멋대로 하다〔굴다〕. ~ *out* 베어〔떼어, 잘라〕 내다; 분할하다; 개척하다. ~ *up* (유산·땅 따위를) 가르다. ***cárv·er** *n.* **조각가**; (요리 고기를) 써는 사람; (*pl.*) 고기 써는 나이프와 포크. ***cárv·ing** *n.* ⓊⒸ **조각(물)**; 고기 썰어 놓기.

car·vel [ká:rvəl] *n.* =CARAVEL.

carv·en [ká:rvən] *v.* 《詩》 carve의 과거분사. —— *a.* 조각한.

cárving knìfe (식탁용) 고기 써는 나이프.

car·wash [ká:rwɔ̀:ʃ, -wɑ̀ʃ] *n.* 《美》 세차장; 세차 장치; 세차.

Cas·a·no·va [kæ̀zənóuvə, -sə-] *n.* (or c-) 엽색(獵色)꾼, 색마.

***cas·cade** [kæskéid] *n., vi.* (계단 모양의) 분기(分岐) 폭포, **작은 폭포**(를 이루어 떨어지다); 현애(懸崖)식 가꾸기(의 꽃); 〖電〗 (축전기의) 직렬.

cascáde shòwer 〖理〗 방사선이 단계적으로 입자 수를 늘리어가는 현상.

cas·car·a [kæskέərə] *n.* 털갈매나무의 일종.

cascára sa·grá·da [səgréidə, -grɑ́:-] 털갈매나무의 껍질《완화제》.

†**case**[1] [keis] *n.* ① **경우**, 사건. ② 소

송. ③ 실정, **사정**. ④ 실례, 예, 사실(*a* ~ *in point* 적례(適例)). ⑤ 병증(*a bad* 〔*hard*〕 ~ 난증(難症)), 환자. ⑥ 〖文〗 격; 《口》 괴짜. ***as is often the ~ with*** …에는 흔히 있는 일이지만. ***as the ~ may be*** 경우에 따라서. ***be in good ~*** 어지간히 (잘) 살고 있다. ***~ by ~*** 하나하나, 축조적(逐條的)으로. DROP ***a ~***. ***in any ~*** 어떤 경우에도, 어떻든, 아무튼. ***in ~*** 만일 (…한 경우에) (if); …에 대비하여. ***in ~ of*** …한 때〔경우〕에는. ***in nine ~s out of ten*** 십중팔구. ***in no ~*** 결코 …않다. ***in the ~ of*** …에 관해 말하면, …의 입장에서 말하면.

†**case²** *n.* ① **상자, 케이스, 갑**. ② (칼)집, 자루, 주머니, 통, 용기, 겉싸개, 외피(外被), (시계의) 딱지; 한 벌. ③ 활자 케이스. ***upper*** 〔***lower***〕 ~ 대〔소〕문자 활자 케이스. —— *vt.* case에 넣다〔로 싸다〕.

case·book [∠bùk] *n.* 판례집, 사례집.

case·hard·en [∠hà:rdn] *vt.* 〖冶〗 담금질하다《표면을 경화(硬化)하는》; (사람을) 무정하게〔무신경하게〕 만들다.

cáse hístory 〔**récord**〕 개인 경력〔기록〕; 병력(病歷).

ca·sein [kéisi:n] *n.* Ⓤ 카세인, 건락소《치즈의 주성분》.

cáse knìfe 집 있는〔식탁용〕 나이프.

cáse làw 판례법.

case·mate [kéismèit] *n.* (성의) 방탄실(防彈室); (군함의) 포탑.

*__case·ment__ [kéismənt] *n.* (두 짝) **여닫이 창**(의 한 쪽) (~ window); 창틀; 《一般》 창.

cáse méthod 사례 연구 교육법; = CASE SYSTEM.

cáse shòt 산탄(散彈). 「의 하나」.

cáse stúdy 사례 연구《사회 조사법

cáse sýstem 판례주의 교육법(case method).

*__case·work__ [kéiswə̀:rk] *n.* Ⓤ **케이스 워크**《개인이나 가족의 특수 사정에 따라 개별적으로 원조·지도하는 사회사업 활동》. **~·er** *n.* 케이스워크를 하는 사람. 「(따위).

case·worm [∠wə̀:rm] *n.* 도롱이벌레

CASF composite air strike force 〖美軍〗 혼성 공중 기동 공격군.

‡**cash** [kæʃ] *n.* Ⓤ 현금. ***be in*** 〔***out of***〕 ~ 현금을 갖고 있다〔있지 않다〕. ***~ down*** 즉전(卽錢). ***~ in*** 〔***on***〕 ***hand*** 현금 시재. ***~ on delivery*** 대금 상환 (인도) 《생략 C.O.D.》. ***hard ~*** 경화(硬貨). —— *vt.* 현금으로 (지불)하다. ***~ in*** 《美》 현금으로 바꾸다; 청산하다; 죽다. ***~ in on*** 《口》 …로 벌다. ***~ in one's checks*** 《美俗》 죽다.

cásh accóunt 현금 계정.

cash-and-car·ry [∠ənkǽri] *a.* 《美》 (슈퍼마켓 따위의) 현금 상환 인도의, 현금 판매제의.

cash·book [∠bùk] *n.* 현금 출납부.

cash·box [∠bɑ̀ks/-bɔ̀ks] *n.* 돈궤, 금

cásh crédit 당좌 대부. 「고.

cásh cròp 바로 현금으로 바꿀 수 있는 농작물.

cásh díscount 현금 할인.

cash·ew [kǽʃu:/-∠] *n.* 캐슈《아메리카 열대 식물; 열매는 식용》.

*__cash·ier¹__ [kæʃíər] *n.* **출납〔회계〕계원** (teller); (은행의) 지배인.

cash·ier² [kæʃíər, kə-] *vt.* 면직하다.

cashíer's chéck 자기앞 수표.

cash·mere [kǽʒmiər, kǽʃ-] *n.* Ⓤ (인도 Kashmir 지방산 염소털의) 캐시미어천.

cásh prìce 현찰 가격.

cásh règister 금전 등록기.

cásh sàle 현찰 판매.

cas·ing [kéisiŋ] *n.* 상자, 집, 싸개; 포장; 창〔문〕틀; 둘러싼 것; 《美》 타이어의 외피(外被). 「가스.

cás·ing·head gàs [-hèd] 유정(油井)

ca·si·no [kəsí:nou] *n.* (*pl.* **~s**) (춤·도박 따위를 할 수 있는) 오락장, 클럽; =CASSINO. 「량).

*__cask__ [kæsk, -ɑ:-] *n.* **통**; 한 통(의 분

*__cas·ket__ [kǽskit, -ɑ́:-] *n.* (보석·편지용의) **작은 상자**; 《美》 관(棺).

Cás·pi·an Séa [kǽspiən], **the** 카스피해, 이해(裏海).

casque [kæsk] *n.* 투구.

Cas·san·dra [kəsǽndrə] *n.* 〖그神〗 카산드라《Troy 의 여자 예언자》; 세상에서 믿어 주지 않는 (흉사의) 예언자.

cas·sa·tion [kæséiʃən] *n.* ⓊⒸ 〖法〗 파기(破棄). ***Court of C-*** 파기원(院)《프랑스의 최고 법원》.

cas·sa·va [kəsɑ́:və] *n.* 〖植〗 카사버《열대 식물; 뿌리의 전분으로 tapioca를 만듦》.

cas·se·role [kǽsəròul] *n.* 뚜껑 달린 찜 냄비; 오지 냄비 요리; 《英》 스튜 냄비.

*__cas·sette__ [kæsét, kə-] *n.* **필름통**(cartridge); (보석 따위를 넣는) 작은 상자; (녹음 테이프의) **카세트**.

cassétte tàpe recòrder 카세트식 테이프레코더.

cas·sia [kǽʃə, -siə] *n.* Ⓤ 계피.

cas·si·mere [kǽsəmìər] *n.* =CASHMERE. 「이의 일종.

cas·si·no [kəsí:nou] *n.* Ⓤ 카드 놀

Cas·si·o·pe·ia [kæ̀siəpí:ə] *n.* 〖天〗 카시오페이아 자리. 「복.

cas·sock [kǽsək] *n.* (성직자의) 통상

cas·so·war·y [kǽsəwὲəri] *n.* 화식조(火食鳥) 《오스트레일리아 등지산》.

‡**cast** [kæst, -ɑ:-] *vt.* (**cast**) ① **던지다** (throw); (표를) 던지다; 내던지다, 벗어버리다. ② (광선·그림자·암담한 기분 따위를) 던지다. ③ (눈길을) 향하다, 돌리다. ④ (나무가 덜 익은 과실을) 떨어뜨리다, 짐승이 새끼를 조산하다, 지우다. ⑤ 허물〔뿔〕을 벗다〔갈다〕(shed). ⑥ (녹인 금속을 거푸집에 부어) 뜨다; 〖印〗 연판으로 뜨다. ⑦ 계산하다. ⑧ 배역(配役)하다. ⑨ 해고하다. —— *vi.* ① 주사

위를 던지다. ② 낚싯줄을 드리우다. ③ 생각〔궁리〕하다; 예상하다. ④ 계산하다. ~ ***about*** 찾다; 생각하다. ~ ACCOUNTs. ~ ***aside*** (내던져) 버리다, 배척하다. ~ ***away*** (내) 버리다; 물리치다; 파선시키다. ~ ***down*** 태질치다; 낙담시키다. ~ ***off*** (벗어) 던지다, (속박에서) 벗어나다; 끝마무르다; 〖海〗 (배를) 풀어놓다. ~ ***on*** 재빨리 입다; (뜨개질의) 첫 코를 뜨다〔잡다〕. ~ ***out*** 내던지다; 쫓아내다. ~ ***up*** 던져〔쳐〕 올리다; 합계하다(add up). —— *n.* ① **던짐**; 한 번 던짐; 사정(射程). ② 시도. ③ 거푸집(mold), 주물(鑄物), 주조. ④ 배역. ⑤ 계산, 셈. ⑥ (생긴) 모양; 종류, 타이프. ⑦ 색조, (빛깔의) 기미(tinge). ⑧ (가벼운) 사팔뜨기 (slight squint). ~ ***of mind*** 기질. ***have a ~ in the eye*** 사팔눈이다. ***the last ~*** 최후의 모험적 시도. —— *a.* (말 따위가) 일어설 수 없는 모양의.

cas·ta·nets [kæ̀stənéts] *n. pl.* 〖樂〗 캐스터네츠 《손에 쥐고 딱딱 소리내는 두 짝의 나무》.

cast·a·way [kǽstəwèi, -ɑ́:-] *a., n.* 파선한 (사람); 버림받은 (자); 무뢰한.

caste** [kæst, -ɑ:-] *n.* (인도 사성(四姓)의) **계급**; 《一般》 계급, 신분. ***lose ~ 영락하다. 「람; =CASTOR².

cast·er [kǽstər, -ɑ́:-] *n.* cast 하는 사

cas·ti·gate [kǽstəgèit] *vt.* 매질하다; 징계하다; 혹평하다. **cas·ti·ga·tion** [⌐–géiʃən] *n.* Ⓤ Ⓒ

Cas·tíle sóap [kæstí:l] 캐스틸 비누 《올리브유를 주원료로 하는 고급 비누》. 「주물(鑄物).

cast·ing [kǽstiŋ, -ɑ́:-] *n.* Ⓤ 주조; Ⓒ

cásting nèt 좽이, 투망(cast net).

cásting vóte 결정 투표《의장이 던

cást íron 주철(鑄鐵), 무쇠. ⌊짐》.

cast-i·ron [kǽstáiərn] *a.* 무쇠로 만든; 견고한, 불굴의; (규칙 따위) 융통성 없는.

†**cas·tle** [kǽsl, -ɑ́:-] *n.* ① **성**; 큰 저택, 누각. ② (체스의) 성장(城將)《차(車)에 해당》. ③ (the C-) 《英》 더블린 성, 아일랜드 정청(政廳). ~ ***in the air*** 〔***in Spain***〕 공중 누각, 공상. **~d** [-d] *a.* 성을 두른, 성으로 튼튼히 한, 성이 있는.

cast·off [kǽstɔ̀:f/kɑ́:stɔ̀f] *a., n.* 벗어버린, 버림받은 사람〔것〕.

Cas·tor [kǽstər, -ɑ́:-] *n.* 〖天〗 쌍둥이자리의 알파성. ~ ***and Pollux*** 〖그神〗 Jupiter의 쌍둥이 아들 《우애의 전형》.

cas·tor[1] [kǽstər, -ɑ́:-] *n.* 해리(海狸), 비버; 해리 가죽 모자; Ⓤ 해리향(香).

cas·tor[2] *n.* 양념 병(cruet); (가구 다리의) 바퀴.

cástor bèan 《美》 아주까리 열매.

cástor óil 아주까리 기름. 「마자.

cás·tor-óil plànt [-ɔ́il] 아주까리, 피

cas·trate [kǽstreit] *vt.* 거세하다 (geld); 골자를 빼버리다(mutilate); (마땅치 않은 곳을) 삭제하다. **cas·tra·tion** [kæstréiʃən] *n.* Ⓤ Ⓒ

cást stéel 주강(鑄鋼).

‡**cas·u·al** [kǽʒuəl] *a.* ① **우연의**. ② 뜻하지 않은, 무심결의. ③ 임시의; 《廢》 불확실한. ④ 태평한. ~ ***laborer*** 임시 노동자. ~ ***wear*** 약식 평상복《산책·스포츠용 따위》. —— *n.* 임시 노동자; 《英》 임시 구제를 받는 사람. **~·ize** [-àiz] *vt.* (상시 고용자를) 임시 고용자로 하다. ***~·ly** *ad.*

***cas·u·al·ty** [-ti] *n.* **상해, 재해, 재난**(mishap); **사상자〔병〕**; (*pl.*) 사상자 수.

Cásualty Cléaring Stàtion (소개지역내의) 상병(傷病) 군인 임시 수용소.

cásualty insùrance 상해 보험.

cas·u·ist [kǽʒuist] *n.* 〖神〗 결의론자(決疑論者); 궤변가(quibbler). **~·ry** *n.* Ⓒ Ⓤ 결의론《개개의 행위를 비판하는 이론》; 궤변.

cas·u·is·tic [kæ̀ʒuístik], **-ti·cal** [-əl] *a.* 결의론적인; 궤변의. **-ti·cal·ly** *ad.*

ca·sus bel·li [kéisəs bélai, kɑ́:səs béli:] (L.) 개전(開戰)의 이유(가 되는 사건·사태).

CAT Civil Air Transport.

†**cat** [kæt] *n.* ① **고양이**; 고양이속(屬)의 동물《사자·표범·범 따위》. ② 메기(catfish). ③ 심술궂고 앙칼진 여자. ④ =CAT-O'-NINE-TAILS. ⑤ 《美俗》 (열광적인) 스윙 연주가, 재즈광(狂). ⑥ 《美俗》 사내 녀석(fellow), 멋쟁이 사내; 《美俗》 룸펜. ***A ~ has nine lives.*** 《俗談》 고양이는 목숨이 아홉 《질겨서 좀처럼 안 죽는다》. ***A ~ may look at a king.*** 《俗談》 고양이도 상감을 뵐 수 있다《누구나 각자에 상당한 권리가 있다》. CARE ***killed the ~. fight like ~s and dogs*** 쌍방이 쓰러질 때까지 싸우다. ***It is enough to make a ~ speak.*** 《英》 (고양이도 한 마디 없을 수 없을 만큼) 기막힌 맛이다《술 따위》. ***It rains ~s and dogs.*** 억수같이 퍼붓는다. ***let the ~ out of the bag*** 《口》 비밀을 누설하다. ***see which way the ~ jumps*** 형세를 관망하다(sit on the fence). ***The ~ jumps.*** 대세가 결정되다. ***turn the ~ in the pan*** 배신하다.

ca·tab·o·lism [kətǽbəlìzəm] *n.* Ⓤ 〖生〗 이화(異化)〔분해〕 작용 (opp. anabolism). **cat·a·bol·ic** [kæ̀təbɑ́lik/ -ɔ́-] *a.* 「(*pl.* **-ses** [-si:z]) (말의) 오용.

cat·a·chre·sis [kæ̀təkrí:sis] *n.* Ⓤ Ⓒ

cat·a·clysm [kǽtəklìzəm] *n.* 홍수(deluge); (지각의) 대변동; (사회·정치상의) 대변혁. **cat·a·clys·mal** [kæ̀təklízməl], **-clýs·mic** [-mik] *a.*

cat·a·comb [kǽtəkòum] *n.* (보통 *pl.*) 지하 묘지.

ca·tad·ro·mous [kətǽdrəməs] *a.* (물고기가) 강류성(降流性)의.

cat·a·falque [kǽtəfælk] *n.* 영구대(靈柩臺); 영구차.

cat·a·lase [kǽtəlèis] *n.* 〖生化〗 과산화수소를 물과 산소로 분해하는 효소.

cat·a·lec·tic [kætəléktik] *a., n.* 〖韻〗 각운(脚韻)이 1음절 적은 (행).
cat·a·lep·sy [kǽtəlèpsi], **cat·a·lep·sis** [kætəlépsis] *n.* Ⓤ 〖醫〗 경직증.
‡**cat·a·log(ue)** [kǽtəlɔ̀:g, -làg / -lɔ̀g] *n.* 목록, 카탈로그; 《美》 (대학 등의) 편람(便覽). — *vt.* 카탈로그로 만들다〔에 올리다〕.
ca·ta·logue rai·son·né [rèizənéi] (F.) 해설 붙은 분류 목록. 「나무.
ca·tal·pa [kətǽlpə] *n.* 〖植〗 개오동
ca·tal·y·sis [kətǽləsis] *n.* ⓊⒸ (*pl.* **-ses** [-sì:z]) 〖化〗 접촉 반응. **cat·a·lyst** [kǽtəlist] *n.* 접촉 반응제. **cat·a·lyt·ic** [kætəlítik] *a.* **cat·a·lyz·er** [kǽtəlàizər] *n.* 촉매.
cat·a·ma·ran [kætəmərǽn] *n.* 뗏목; (두 척을 나란히 연결한) 안정선(船); 《口》 앙알거리는 여자. 「경(menses).
cat·a·me·ni·a [kætəmí:niə] *n. pl.* 월
cat·a·mite [kǽtəmàit] *n.* 면《남색의 상대》. 「이.
cat·a·mount [kǽtəmàunt] *n.* 살쾡
cat-and-dog [kǽtəndɔ́:g/-dɔ́g] *a.* 사이가 나쁜 (~ *life* 아웅다웅하는 (부부) 생활); 《俗》 (증권 따위가) 투기적인.
cát and móuse 〔**rát**〕 (여럿이 원형으로 손을 잡고 도망하는 아이는 손을 들어 통과시키고 쫓는 아이는 손을 내려 방해하는) 아이들의 놀이.
cat·a·plasm [kǽtəplæ̀zəm] *n.* 〖醫〗 찜질, 엄법(罨法).
cat·a·plex·y [kǽtəplèksi] *n.* 〖醫〗 탈력(脫力) 발작《과도한 긴장에 의한》.
***cat·a·pult** [kǽtəpʌ̀lt] *n.* 〖史〗 **쇠뇌**, 투석기(投石機), (돌 던지는) 새총; 〖空〗 캐터펄트 《함재기 사출 장치》. — *vi., vt.* 투석기로〔새총으로〕 쏘다; 발사〔사출〕하다.
***cat·a·ract** [kǽtərӕkt] *n.* ① **큰 폭포**; 호우(豪雨); 분류(奔流), 홍수. ② 〖醫〗 (눈의) 백내장(白內障).
***ca·tarrh** [kətá:r] *n.* Ⓤ 〖醫〗 **카타르**; 《英》 감기. **~·al** [-əl] *a.*
***ca·tas·tro·phe** [kətǽstrəfi] *n.* ① (희곡의) 대단원(*dénouement*); (비극의) 파국. ② **대이변**, 큰 재변, 파멸. **cat·a·stroph·ic** [kætəstráfik/-ɔ́-] *a.*
cat·a·to·ni·a [kætətóuniə] *n.* Ⓤ〖醫〗 긴장병.
Ca·taw·ba [kətɔ́:bə] *n.* 카토바 포도《북미산》; Ⓤ 카토바 포도주.
cat·bird [kǽtbə̀:rd] *n.* 〖鳥〗 (북미산의) 개똥지빠귀. 「배.
cat·boat [´bòut] *n.* 외대박이 작은
cát búrglar (2층 따위 높은 곳으로부터 침입하는) 도둑, 강도.
cat·call [´kɔ̀:l] *vi., vt., n.* (고양이 소리를 내어) 야유하다〔하는 소리〕.
†**catch** [kætʃ] *vt.* (***caught***) ① (**붙)잡다**, 붙들다; 집다, 잡다(take). ② (…하고 있는 것을) 발견하다〔보다〕. ③ 뒤따라 미치다. ④ (폭풍우가) 휩쓸다. ⑤ (기차에) 때맞추다, 대다. ⑥ 움켜잡다, 휘감다; (던진 것을) 받다. ⑦ 맞(히)다, (주먹을) 먹이다(give). ⑧ (…에) **감염하다** (~ *a bad cold* 악성 감기에 걸리다). ⑨ 불이 붙다, 불이 옮아 번지다. ⑩ (주의를) 끌다. ⑪ **이해하다**, 알다(get). ⑫ (벌을) 받다. — *vi.* ① (붙)잡으려고 하다, 이해하려고 하다(*at*). ② (자물쇠가) 걸리다; 휘감기다, (목소리가) 잠기다. ③ 불이 붙다. ④ 감염하다. ***be caught in*** (*the rain, a trap*) (비를) 만나다, (함정·올가미에) 걸리다. ***~ as ~ can*** 닥치는 대로〔기를 쓰고〕 붙들다〔덤비다〕. *~* (*a person*) ***a blow on the head*** (상대의) 머리를 치다. ***~ a person at*** 〔*in* (do*ing*)〕 …하고 있는 것을 붙들다(*C- me at it!* =I'll never do it.). ***~ at a*** STRAW. ***~ it*** 《口》 야단맞다. ***C- me!*** 내가 그런 일을 할 것 같아! ***~ off*** 잠들다. ***~ on*** 《口》 인기를 얻다, (연극이) 히트하다; 《美》 이해하다. ***~ out*** 〖野〗 (공을 잡아 타자를) 아웃시키다. ***~ up*** 뒤따라 미치다, 호각(互角)이 되다(*on, to, with*); (이야기하는 사람을) 헤살을 놓다, 질문 공세를 펴다(heckle), (상대방의 말을) 중도에 꺾다. — *n.* ① (붙)잡음, 포획; 포구(捕球); 포수(捕手). ② 《口》 좋은 결혼 상대; 발굴물, 횡재. ③ 손잡이; 걸쇠; 《口》 올가미, 함정, 트릭; (목소리·숨의) 걸림; 캐치볼(*play* ~). ④ 〖樂〗 윤창곡(輪唱曲). ***by ~es*** 때때로.
catch·all [kǽtʃɔ̀:l] *n.* 잡동사니 넣는 그릇; 〖化〗 받아넣는 용기.
catch-as-catch-can [´əzkǽtʃkǽn] *n., a.* Ⓤ 랭카셔식 레슬링; 함부로의, 되는 대로의. 「수.
‡**catch·er** [´ər] *n.* **잡는 사람**; 〖野〗 포
catch·ing [´iŋ] *a.* 전염하는; 마음을 빼앗는. 「표제; 선전 문구.
catch·line [´làin] *n.* (주의를 끄는)
catch·ment [´mənt] *n.* Ⓤ 집수(集水); Ⓒ 집수량 (*a ~ area* 집수 지역, 유역); 저수지.
catch·pen·ny [´pèni] *n., a.* 값싼, 굴퉁이(의), 값싸고 번드르르한 (것).
cátch phrâse 주의를 끄는 문구, 캐치프레이즈, 표어.
catch-22 [kǽtʃtwentitú:] *n.* 《俗》 (희생자는 보상받지 못한다는) 딜레마, 곤경 《H. Heller의 작품에서》.
catch·up [kǽtʃəp, kétʃ-] *n.* 《美》 케첩(catsup). 「복.
catch-up [kǽtʃʌp] *n.* 격차 해소, 회
catch·weight [´wèit] *n.* 〖競〗 (규정에 구애받지 않는) 선수의 체중. — *a., ad.* 무차별제의〔로〕.
catch·word [´wə̀:rd] *n.* 표어(slogan); (연극 대사에서) 상대 배우가 이어받게 되는 계기 말; (사전의) 난외(欄外) 표제어.
catch·y [´i] *a.* 외기 쉬운; 매력 있는; 미혹시키는. 「(珍味).
cate [keit] *n.* (보통 *pl.*) 《古》 진미
cat·e·chet·ic [kætəkétik], **-i·cal** [-əl] *a.* 문답식(교수법)의; 〖宗〗 교리 문답의.
cat·e·chism [kǽtəkìzəm] *n.* 교리 문

답서; 문답집; 연속적 질문. **cát·e·chist** *n.* 문답 교수자; 전도사.
cat·e·chize, -chise [kǽtəkàiz] *vt.* 문답으로 가르치다; 세세한 점까지 질문하다. **-chiz·er** *n.*
cat·e·chu·men [kæ̀təkjúːmən/-men] *n.* 〖宗〗 (교의(敎義) 수강 중의) 예비 신자; 초심자, 입문자.
cat·e·gor·i·cal [kæ̀təgɔ́ːrikəl/-ɔ́-] *a.* 범주(範疇)의; 절대적인, 무조건의; 명백한; 〖論〗 단언적인. **～·ly** *ad.* **～·ness** *n.*
categórical impérative (칸트 철학에서) 지상 명령《양심의》.
***cat·e·go·ry** [kǽtəgɔ̀ːri/-gəri] *n.* 부류, 부문(class); 〖哲〗 **범주**.
cat·e·nar·y [kǽtənèri/kətíːnəri] *n., a.* 쇠사슬 모양(의); 〖數〗 현수선(懸垂線)(의).
cat·e·nate [kǽtənèit] *vt.* 사슬꼴로 연결하다, 연속하여 사슬로 하다, 연쇄하다. **càt·e·ná·tion** *n.*
ca·ter[1] [kéitər] *vi.* 음식을〔식사를〕 조달하다, 제공하다(*for*); 오락을 제공하다(*for, to*). **～·er** *n.* 음식〔식사〕 제공인; 음식점〔다방〕 경영자.
ca·ter[2] *n.* 《廢》 (주사위·트럼프의) 4.
cat·er·cor·nered [kǽtərkɔ̀ːrnərd] *a., ad.* 대각선의〔으로〕.
‡**cat·er·pil·lar** [kǽtərpìlər] *n.* ① **모충**(毛蟲), 풀쐐기. ② 욕심쟁이. ③ 무한궤도.
cat·er·waul [kǽtərwɔ̀ːl] *vi., n.* (고양이가) 야옹야옹 울다〔우는 소리, 울〕, 으르렁대다〔댐〕.
cát fìght 서로 맹렬히 으르렁거림.
cat·fish [kǽtfiʃ] *n.* 〖魚〗 메기.
cat·gut [ˊgʌt] *n.* (현악기·라켓의) 줄, 장선, 거트; 바이올린, 《集合的》 현악기.
***ca·thar·sis** [kəθáːrsis] *n.* 〖醫〗 (위·장(腸)의) **세척**(洗滌), 배변(排便); 〖哲〗 카타르시스, 정화(淨化) (emotional relief) 《걸작 비극 등이 끼치는 효과》.
Cath. cathedral; catholic.
ca·thar·tic [kəθáːrtik], **-i·cal** [-əl] *n.* 하제(下劑). **—** *a.* 통리(通利)의, 설사의.
Ca·thay [kæθéi, kə-] *n.* 《古·詩》= CHINA.
cat·head [kǽthèd] *n.* 〖海〗 (이물 양쪽의) 닻걸이, 양묘가(揚錨架).
ca·the·dra [kəθíːdrə] *n.* (L.) (bishop의) 교좌(敎座); 교수의 의자. *ex* ～ 권위에 의한.
‡**ca·the·dral** [kəθíːdrəl] *n.* (cathedra가 있는) **대성당**; 대회당.
Cath·er [kǽðər], **Willa** (1873–1947) 미국 여류 소설가.
cath·e·ter [kǽθitər] *n.* 〖醫〗 카테터, 도뇨관(導尿管). **～·ize** [-ràiz] *vt.* …에 카테터를 꽂다.
ca·thex·is [kəθéksis] *n.* 〖精神分析〗 (특정인·사물·관념에 대한) 정신 집중.
cath·ode [kǽθoud] *n.* 〖電〗 음극(opp. anode).
cáthode ràу 음극선.
cáth·ode-ray tùbe [-rèi] 브라운관.
‡**cath·o·lic** [kǽθəlik] *a.* **전반**〔보편〕**적인**; 도량〔속〕이 넓은, 관대한; (C-) **카톨릭**〔천주〕(교)**의**. **—** *n.* (C-) 카톨릭 교도; 구교도. ***Ca·thol·i·cism** [kəθáləsìzəm/-ɔ́-] *n.* Ⓤ **카톨릭**〔천주〕**교**(의 교의·신앙·조직). **cath·o·lic·i·ty** [kæ̀θəlísəti] *n.* Ⓤ 보편성; 관용; 도량; (C-) = CATHOLICISM.
Cátholic Chúrch (로마) 카톨릭 교회.
Cátholic Epístles 〖聖〗 공동 서한 《James, Peter, Jude 및 John이 평신도에게 준 일곱 가지 교서》.
ca·thol·i·cize [kəθáləsàiz/-ɔ́-] *vt., vi.* 일반화하다; (C-) 카톨릭교적으로 하다〔되다〕.
ca·thol·i·con [kəθálikən/-θɔ́-] *n.* 만병 통치약.
cat·house [kǽthàus] *n.* 《美俗》 매춘굴.
cat·i·on [kǽtàiən] *n.* 〖化〗 양(陽) 이온(cf. anion).
cat·kin [kǽtkin] *n.* 〖植〗 (낫버들 따위의) 유제화서(葇荑花序).
cat·like [ˊlàik] *a.* 고양이 같은; 재빠른.
cat·ling [ˊliŋ] *a.* 절단용 양날 칼《외과용》; 〖樂〗 장선(腸線)《현악기의》.
cat·mint [ˊmìnt] *n.* 《英》 = CATNIP.
cat·nap [ˊnæ̀p] *n., vi.* (**-pp-**) 걸잠〔풋잠〕(들다).
cat·nip [ˊnìp] *n.* 〖植〗 개박하.
cat-o'-nine-tails [ˊənáintèilz] *n.* *sing. & pl.* 아홉 가닥 끈 채찍.
cát's cràdle 실뜨기(놀이).
cat's-eye [ˊsài] *n.* 묘안석(猫眼石); 야간 반사 장치《횡단 보도 표지·자전거 후미(後尾) 따위의》.
cát's mèat 고양이 먹이의 고기《지스러기 고기나 말고기》; 하치 고기.
cat's-paw [ˊspɔ̀ː] *n.* 앞잡이(로 쓰이는 사람)(tool); (해면에 잔 물결을 일으키는) 연풍.
cat·sup [kǽt-səp, kétʃəp] *n.* = CATCHUP.
cat('s) whìsker 광석 수신기나 전자회로 접속용의 가는 철사.
cat·tail [kǽttèil] *n.* 〖植〗 부들.
cat·tish [kǽtiʃ] *a.* 고양이 같은; 교활한.
‡**cat·tle** [kǽtl] *n.* 《集合的》 ① 《美》 **소**, 축우. ② 《稀》 가축(livestock). ③ (사람을 경멸적으로) 개새끼들.
cáttle brèeding 목축(업).
cat·tle-cake [-kèik] *n.* 《英》 가축용 고형 사료.
cáttle lèader 쇠코뚜레.
cat·tle-lift·er [-lìftər] *n.* 소 도둑.
cat·tle·man [-mən] *n.* 《美》 목축업자.
cáttle shòw 축우〔가축〕 품평회.
cat·tle·ya [kǽtliə] *n.* 〖植〗 카틀레야 《양란(洋蘭)의 일종》.
cat·ty [kǽti] *a.* = CATTISH.
cat·ty-cor·nered [kǽtikɔ̀ːrnərd] *a., ad.* 《美》 = CATER-CORNERED.
CATV community antenna television 유선〔공동 안테나〕 텔레비전.
cat·walk [kǽtwɔ̀ːk] *n.* 좁은 도로.
Cau·ca·sia [kɔːkéiʒə, -ʃə/-zjə] *n.* 코카서스《흑해와 카스피해와의 중간 지방; 소련 영토》. **Cau·cá·sian** [-n] *a., n.* 코카서스의; 코카서스 인종(의); 백인(의).
***Cau·ca·sus** [kɔ́ːkəsəs] *n.* **코카서스 산맥**〔지방〕.

cau·cus [kɔ́:kəs] *n.*, *vi.* (정당 따위의) 간부회(를 열다). 「~ *fin*).

cau·dal [kɔ́:dəl] *a.* 꼬리의[같은] (*a*

cau·date [kɔ́:deit] *a.* 꼬리가 있는.

cau·dle [kɔ́:dl] *n.* (포도주나 맥주에 달걀·빵·설탕 따위를 넣은) 자양(滋養) 음료《산모·환자용》.

†**caught** [kɔ:t] *v.* catch의 과거(분사).

caul [kɔ:l] *n.* 〖解〗 대망(大網); (태아의) 양막의 일부; 헤어네트; 부인모(帽)의 후부.

caul·dron [kɔ́:ldrən] *n.* =CALDRON.

***cau·li·flow·er** [kɔ́:ləflàuər] *n.* 〖植〗 콜리플라워《양배추의 일종》.

cáuliflower éar (권투로 상한) 찌그러진 귀.

caulk [kɔ:k] *v.* =CALK[1]

caus·al [kɔ́:zəl] *a.* 원인의, 인과율의. ~·**ly** [-zəli] *ad.*

cau·sal·i·ty [kɔ:zǽləti] *n.* UC 원인 작용, 인과 관계. *law of* ~ 인과율.

cau·sa·tion [kɔ:zéiʃən] *n.* U 원인(이 됨); 인과 관계. *law of* ~ 인과율.

caus·a·tive [kɔ́:zətiv] *a.* 원인이 되는, 일으키는 (*of*); 〖文〗 사역의. —— *n.* =∠ **vèrb** 사역 동사《make, let, get 따위》. ~·**ly** *ad.* 원인으로서; 사역적으로.

†**cause** [kɔ:z] *n.* ① UC **원인**; 이유, 동기(*for*). ② UC 소송(의 사유); 사건; 문제. ③ 대의(大義), **주의**, 주장; 명분; 운동. *in the* ~ *of* …을 위해서. *make common* ~ *with* …와 협력하다, …에(게) 편들다. *plead a* ~ 소송의 이유를 개진하다. *the first* ~ 제일 원인; (the F- C-) 조물주, 하느님. —— *vt.* …을 야기시키다; …시키다(~ *him to do* …). ∠·**less** *a.* 이유[원인] 없는, 우발적인. ∠·**less·ly** *ad.* 「유명한 소송 사건.

cause cé·lè·bre [kɔ́:z səlébrə] (F.)

cau·se·rie [kòuzərí:] *n.* (F.) 한담(閑談)(chat), 담론; 문예 수필.

cause·way [kɔ́:zwèi] *n.* (습지 따위 사이의) 두렁길; (높인) 인도.

caus·tic [kɔ́:stik] *a.* 부식성의 (corrosive), 가성(苛性)의; 빈정대는. ~ *silver* 질산은(窒酸銀). ~ *soda* 가성소다. —— *n.* UC 부식제(劑); 빈정댐.

cáustic líme 생석회.

cau·ter·ize [kɔ́:təràiz] *vt.* (달군 쇠나 바늘로) 지지다; 마비시키다; 뜸질하다; 부식시키다. **cau·ter·i·za·tion** [kɔ̀:tərizéiʃən] *n.* U

cau·ter·y [kɔ́:təri] *n.* U 소작(燒灼)법, 뜸질; C 소작 기구.

‡**cau·tion** [kɔ́:ʃən] *n.* ① U **조심**(스럼), 신중함. ② UC 경계, 경고. ③ 《口》 묘한 녀석; 야릇한[기발한] 것. —— *vt.* 경고[충고]하다. ~·**ar·y** [-èri/-əri] *a.* 경고의[적인], 교훈의.

‡**cau·tious** [kɔ́:ʃəs] *a.* **조심스러운**, 신중한. *~·**ly** *ad.* ~·**ness** *n.*

cav·al·cade [kæ̀vəlkéid] *n.* 기마 행렬[행진]; 행렬, 퍼레이드.

***cav·a·lier** [kæ̀vəlíər] *n.* ① **기사**. ② (귀부인의) 시중드는 남자, 춤 상대; 명랑하고 스마트한 군인; 상냥한 남자; 정중한 신사. ③ (C-) (Charles I 시대의) 왕당원. —— *a.* 무관심한, 돈단무심의; 거만한. ~·**ly** *ad.*

***cav·al·ry** [kǽvəlri] *n.* 《集合的》 **기병(대)**.

cav·al·ry·man [-mən] *n.* 기병.

cav·a·ti·na [kæ̀vətí:nə] *n.* (It.) 〖樂〗 카바티나, 짧은 서정 가곡.

‡**cave** [keiv] *n.* ① **굴**, 동굴. ② 《英》 탈당(파). —— *vi.*, *vt.* 함몰하다 (*in*); 《口》 항복하다[시키다]; 움푹 들어가(게 하)다. 「절차 정지 신청.

ca·ve·at [kéiviæ̀t] *n.* (L.) 경고; 〖法〗

càveat émp·tor [-émptɔ:r] (L.) 〖商〗 매주(買主)의 위험 부담.

cáve dwèller (유사 이전의) 혈거인.

cave-in [kéivìn] *n.* 함몰 (지점).

cáve màn 혈거인; 야인.

cav·en·dish [kǽvəndiʃ] *n.* U 판(板)담배《단맛을 가하여 판처럼 압축한 씹는 담배》.

***cav·ern** [kǽvərn] *n.* **동굴**, 굴(large cave). ~·**ous** *a.* 동굴이 많은; 움푹 들어간[팬].

cav·i·ar(**e**) [kǽvià:r, ⌐⌐∠] *n.* U 철갑상어의 알젓(진미). ~ *to the general* 너무 고상해 세속에 안 맞는 것.

cav·il [kǽvəl] *n.*, *vi.* (《英》 -*ll*-) 흠[탈]잡음, 흠[탈]잡다 (carp) (*at*, *about*).

cav·i·ta·tion [kæ̀vətéiʃən] *n.* 〖機〗 공동 현상《추진기의 뒤쪽에 생기는》; 〖醫〗 공동(화).

***cav·i·ty** [kǽvəti] *n.* 어웅하게 뚫림, **구멍**, 굴; 〖解〗 (체)강(腔).

ca·vort [kəvɔ́:rt] *vi.* 《美口·英俗》 껑충거리다, 뛰다; 활약하다.

CAVU ceiling and visibility unlimited 〖空〗 시계(視界) 양호. 「모르.

ca·vy [kéivi] *n.* 〖動〗 기니피그,

caw [kɔ:] *vi.*, *n.* (까마귀가) 깍깍 울다[우는 소리].

Cax·ton [kǽkstən], **William** (1422?–91) 영국 최초의 인쇄업자.

cay [kei, ki:] *n.* 암초(reef); 낮은 섬.

cay·enne [keién, kai-] *n.* 고추.

cayénne pépper =⇧.

cay·man [kéimən] *n.* (*pl.* ~*s*) 〖動〗 아메리카악어.

cay·use [káiju:s, ⌐∠] *n.* (북미 토인의) 조랑말; 《一般》 말.

CB convertible bonds 전환 사채. **C. B.** Companion of the Bath; confined to barracks. **Cb** 〖化〗 columbium. **CBC** Canadian Broadcasting Corporation. **C. B. D.** cash before delivery 〖商〗 출하(出荷) 전 현금 지불. 「bomb) *n.* 코발트 폭탄.

C-bomb [sí:bɑ̀m / -bɔ̀m] (<cobalt

CBR chemical, biological and radiological 화생방의. **C. B. S.** Columbia Broadcasting System. **CBW** chemical and biological warfare. **C. C., c. c.** city council; county council. **cc.** chapters. **C. C., c. c.** carbon copy. **cc, c.c.** cubic centimeter(s). **CCD** Civil Censorship Department. **C. C. S.** Casualty Clearing Station. **CCTV** closed-circuit television. **CCUS** Chamber of Commerce of the United States. **Cd** 〖化〗 cadmium. **C. D.** 《英》 Civil Defence. **cd.** cord(s). **Cdr.** Commander. **CDT** 《美》 Central Daylight Time. **CDU, C. D. U.** Christian Democrat(ic) Union. **Ce** 〖化〗 cerium. **C. E.** Church of England; Civil Engineer. **CEA** 《美》 Council of Economic Advisers.

‡**cease** [si:s] *vi., vt.* 그치다, 끝나다; 그만두다, 멈추다, 중지하다. —— *n.* Ⓤ 중지, 중단. ***without*** ~ 끊임없이.

cease-fire [sí:sfáiər] *n.* 정전(停戰).

***cease·less** [sí:slis] *a.* 끊임없는. ~-**ly** *ad.* 끊임없이.

ce·cec·to·my [siséktəmi] *n.* 맹장 절제. 「〖醫〗 맹장.

ce·cum [sí:kəm] *n.* (*pl.* **-ca** [-kə])

CED Committee for Economic Development 《美》 경제 개발 위원회.

***ce·dar** [sí:dər] *n.* (히말라야) 삼목.

cédar bìrd (**wáxwìng**) 〖鳥〗 황여새.

ce·darn [sí:dərn] *a.* 《詩》 cedar(s)의, cedar제의. 「다, 양도하다.

cede [si:d] *vt.* (권리 따위를) 이양하

ce·dil·la [sidílə] *n.* 세딜라 《façade, François 따위의 c 밑의 부호; [k] 가 아닌 [s] 음임을 표시》; 작은 점.

C. E. E. C. Council for European Economic Cooperation.

CEEB 《美》 College Entrance Examination Board 대학 입시 위원회.

ceil [si:l] *vt.* …에 천장을 대다.

†**ceil·ing** [sí:liŋ] *n.* ① 천장(널). ② 한계; 〖空〗 상승 한도.

céiling prìce 최고(한계) 가격.

ceil·om·e·ter [si:lámitər/-5-] *n.* 〖氣〗 운고계(雲高計). 「Ⓤ 청자색(의).

cel·a·don [sélədàn, -dn/-dɔ̀n] *n., a.*

cel·an·dine [séləndàin] *n.* 〖植〗 애기똥풀《노랑꽃이 핌》; 미나리아재비의 일종. 「標〗 셀러니즈《인견의 일종》.

Cel·a·nese [séləni:z, ⌐–⌐] *n.* Ⓤ 〖商

ce·leb [səléb] *n.* 《俗》 명사(celebrity).

Cel·e·bes [séləbì:z, səlí:biz] *n.* 셀레베스 섬. 「祭〗; 집전자(執典者).

cel·e·brant [séləbrənt] *n.* 사제(司

‡**cel·e·brate** [séləbrèit] *vt.* ① (의식 따위를) 거행하다(perform); 경축하다. ② 찬양(찬미)하다; 기리다. —— *vi.* 식을 거행하다, 흥청거리며 떠들다. ‡**cel·e·brat·ed** [-id] *a.* 유명한. **cel·e·bra·tor** [-ər] *n.* 축하하는 사람. ‡**cel·e·bra·tion** [⌐–bréiʃən] *n.* Ⓤ 식(전); 축하; ⓊⒸ 칭찬.

***ce·leb·ri·ty** [səlébrəti] *n.* Ⓤ 명성 (fame); Ⓒ 명사(名士).

ce·ler·i·ty [səlérəti] *n.* Ⓤ 빠르기; 속도; 신속.

***cel·er·y** [séləri] *n.* 〖植〗 셀러리.

ce·les·ta [siléstə] *n.* 첼레스타《종소리 같은 소리를 내는 작은 건반 악기》.

ce·les·tial** [səléstʃəl] *a.* 하늘의; 천상(天上)의; 신성한. ~ ***body 천체. —— *n.* (C-) 중국인. ~·**ly** *ad.*

Celéstial Émpire, the 왕조 시대의 중국. 「測〗 유도.

celéstial guídance 〖로켓〗 천측(天

celéstial mechánics 천체 역학.

celéstial navigátion 천측 항법.

ce·li·ac [sí:liæ̀k] *a.* 〖解〗 복강(배)의. ~ ***disease*** 〖醫〗 소아 지방변증.

cel·i·ba·cy [séləbəsi] *n.* 독신 생활.

cel·i·bate [séləbit] *a., n.* 독신(주의)의; 독신자(주의자).

‡**cell** [sel] *n.* ① 작은 방, (형무소의) 독방; 《詩》 무덤. ② (벌집의) 구멍. ③ 전지(電池); 〖理〗 전해조(電解槽). ④ 〖生〗 세포; (정치 단체의) 세포.

‡**cel·lar** [sélər] *n.* ① 지하실, 땅광. ② 포도주 저장실. ③ 저장 포도주. ***keep a good*** (***small***) ~ 포도주의 저장이 많다(적다). ~·**age** [sélərídʒ] *n.* Ⓤ 《集合的》 땅광(cellars); 땅광 사용료.

cel·lar·et [sèlərét] *n.* (식당의) 술병 선반. 「세포 분열(막).

céll divìsion (**mèmbrane, wàll**)

(')**cel·list** [tʃélist] *n.* 첼로 연주가.

*(')**cel·lo** [tʃélou] *n.* (*pl.* ~*s*) 첼로 《violoncello의 단축》.

cel·lo·phane [séləfèin] *n.* Ⓤ 셀로판.

cel·lu·lar [séljələr] *a.* 세포로 된, 세포(모양)의; 구획된.

cel·lule [sélju:l] *n.* 〖生〗 작은 세포.

***cel·lu·loid** [séljəlɔ̀id] *n.* Ⓤ 셀룰로이드, 영화. —— *a.* 《美》 영화의.

***cel·lu·lose** [séljəlòus] *n.* 섬유소(素).

cel·lu·lous [séljələs] *a.* 세포가 많은, 세포로 이루어진.

Cel·o·tex [sélətèks] *n.* 〖商標〗 셀로텍스《단열·방음용 건재》.

***Celt** [selt, k-] *n.* 켈트 사람, (*pl.*) 켈트족(Ireland, Wales, Scotland 등지에 삶). ***Célt·ic** *n., a.* Ⓤ 켈트 말(의), 켈트족의.

Celt. Celtic.

cel·tuce [séltəs] *n.* Ⓤ 셀터스《셀러리와 상추 중간의 야채》.

‡**ce·ment** [simént] *n.* Ⓤ 시멘트; 접합제; (우정 따위의) 유대. —— *vt., vi.* 접합하다, 결합하다(unite); (우정 따위를) 굳게 하다.

ce·ment·ite [siméntait] *n.* 〖鑛〗 시멘타이트, 탄화철.

‡**cem·e·ter·y** [sémətèri/-tri] *n.* 공동묘지, 매장지(graveyard).

cen. central; century.

ce·no·bite [sénəbàit, sí:-] *n.* 수도사.

cen·o·taph [sénətæ̀f, -ɑ̀:-] *n.* 기념비; (the C-) (런던의) 세계대전 영령 기념비. 「〖地〗 신생대(의), 신생대층.

Ce·no·zo·ic [sì:nəzóuik, sèn-] *n., a.*

cen·ser [sénsər] *n.* 향로(香爐)《쇠사슬에 매달아 흔드는》.

***cen·sor** [sénsər] *n.* ① (고대 로마의) 감찰관. ② 검열관; 풍기 단속원, 까다롭게 구는 사람. ③ Ⓤ 〖精神分析〗 잠재의식 억압력(censorship) —— *vt.* 검열하다. *~·**ship** [-ʃip] *n.* 검열; 검열관의 직(무); =CENSOR ③. 「의.

cen·so·ri·al [sensɔ́:riəl] *a.* 검열(관)

cen·so·ri·ous [-riəs] *a.* 잔소리가 심한, 까다로운; 혹평하는 (hypercritical). ～·**ly** *ad.*

***cen·sure** [sénʃər] *n.* UC 비난, 견책, 혹평. ── *vt.* 비난하다(blame), 견책하다 (reprimand); 혹평하다.
cén·sur·a·ble *a.* 비난할 (만한).

***cen·sus** [sénsəs] *n.* 국세〔인구〕조사.

‡**cent** [sent] *n.* 센트《미국과 캐나다의 화폐 단위; 1센트 동전; 백분의 1달러》.

cent. centigrade; central.

cen·taur [séntɔ:r] *n.* 〖그神〗 인두마신(人頭馬身)의 괴물; (C-) 〖天〗 켄타우루스자리, 인마(人馬)자리.

cen·tau·ry [séntɔ:ri] *n.* 〖植〗 도깨비부채.

cen·ta·vo [sentá:vou] *n.* (*pl.* ～*s*) 남아메리카 제국(諸國)·필리핀 등지의 화폐《백분의 1 페소》.

cen·te·nar·i·an [sèntənéəriən / -néər-] *a., n.* 백 살의 (사람).

***cen·te·nar·y** [senténəri, séntənèri/ sentí:nəri] *a.* 백의, 백 년(마다)의. ── *n.* 백 년간; 백년제(祭).

***cen·ten·ni·al** [senténiəl] *a.* 백년제(祭)의; 백 년(마다)의; 백 살〔세〕의. ── *n.* 백년제. ～·**ly** *ad.* 백 년마다.

Centénnial Státe, the 《美》 Colorado 주의 딴 이름.

†**cen·ter,** 《英》 **-tre** [séntər] *n.* ① 중심, 중앙; 핵심, 중추. ② 중심지〔인물〕. ③ 중간〔중도〕파. ～ ***field*** 〖野〗 센터 (필드). ～ ***of gravity*** 중심(重心). ── *vi., vt.* 집중하다(*in, at, on, about, around*).

cen·ter·fold [séntərfòuld] *n.* (잡지 따위의) 접어서 넣은 광고; 중앙 페이지의 좌우 양면 광고.

cen·ter·piece, 《英》 **-tre-** [séntərpì:s] *n.* 식탁 중앙에 놓는 장식물《유리 제품, 레이스 따위》, (천장의) 중앙부 장식.

cen·tes·i·mal [sentésəməl] *a.* 백분의 1의; 백진(법)의.

centi- 「100, 100분의 1」의 뜻의 결합사.

***cen·ti·grade** [séntəgrèid, -ti-] *a.* 백분도의; 섭씨의《생략 C.》.

céntigrade thermómeter 섭씨 온도계.

cen·ti·gram, 《英》 **-gramme** [-græm] *n.* 센티그램.

cen·ti·li·ter, 《英》 **-tre** [-lì:tər] *n.* 센티리터.

cen·til·lion [sentíljən] *n.* 《美》 10^{303}; 《英》 10^{600}.

cen·time [sá:ntì:m] *n.* (F.) 상팀《백분의 1 프랑》.

‡**cen·ti·me·ter,** 《英》 **-tre** [séntəmì:tər] *n.* 센티(미터).

cen·ti·mo [séntəmòu] *n.* (*pl.* ～*s*) 스페인·베네수엘라 등의 화폐《백분의 1 페세타》.

***cen·ti·pede** [-pì:d] *n.* 지네.

cent·ner [séntnər] *n.* 센트너《유럽 수개국의 중량 단위; 50 kg》.

CENTO, Cento [séntou] Central Treaty Organization 중앙 조약 기구.

cen·to [séntou] *n.* (*pl.* ～*s*) 명시구(名詩句)의 따 모은 글; 명곡을 추려모아 만든 악곡.

‡**cen·tral** [séntrəl] *a.* 중심(center)의; 중앙의; 주요한. ── *n.* 《美》 전화 교환국; 교환수(operator). ～ ***nervous system*** 중추신경 계통. ～·**ly** *ad.* 중심〔중앙〕에.

Céntral África̋n Repúblic 중앙 아프리카 공화국.

Céntral América 중앙 아메리카, 중미.

Céntral Ásia 중앙 아시아.

céntral héating 중앙 난방 (장치).

Céntral Intélligence Ágency 《美》 중앙 정보부《생략 CIA》.

cen·tral·ism [-ìzəm] *n.* U 중앙집권제〔주의〕.

cen·tral·ist [-ist] *n.* 중앙집권주의자.

cen·tral·is·tic [sentrəlístik] *a.* 중앙집권 주의적인.

cen·tral·ize [séntrəlàiz] *vt., vi.* 집중하다; 중앙 집권화하다. **cen·tral·i·za·tion** [∸-izéi-/-laiz-] *n.* U 중앙 집권; (인구등의) 집중(*urban centralization* 도시 집중).

céntral reservátion 《英》 (도로의) 중앙 분리대.

Céntral Tìme (미국의) 중앙표준시.

†**cen·tre** [séntər] *n., v.* 《英》 =CENTER.

cen·tric [séntrik], **-tri·cal** [-əl] *a.* 중심의; 중추적인.

cen·trif·u·gal [sentrífjəgəl] *a.* 원심(성)의 (opp. centripetal).

centrífugal fórce 원심력.

cen·tri·fuge [séntrəfjù:dʒ] *n.* 원심 분리기(機).

cen·trip·e·tal [sentrípətl] *a.* 구심(성)의 (opp. centrifugal).

centrípetal fórce 구심력.

cen·trism [séntrìzəm] *n.* U 중도주의.

cen·trist [séntrist] *n.* 중도파 (당원·의원); 온건파.

cen·tro·some [séntrousòum] *n.* 〖生〗 (세포의) 중심체.

cen·tro·sphere [séntrəsfiər] *n.* 〖生〗 (세포의) 중심질; 〖地〗 (지구의) 중심핵.

cen·tu·ple [séntəpəl/-tju-] *n., a.* 백(배)의. ── *vt.* 백배하다.

cen·tu·pli·cate [sentjú:pləkit] *n., a.* 100배 (의). ── [-kèit] *vt.* 백배하다.

cen·tu·ri·on [sentjúəriən] *n.* (고대 로마의) 백인 대장(百人隊長).

†**cen·tu·ry** [séntʃuri] *n.* ① 세기, 백년. ② 백인조; (고대 로마의) 백인대(隊). ③ 《美俗》 백 달러 (지폐).

céntury plánt 〖植〗 용설란(agave).

CEO chief executive officer.

ceph·a·lal·gi·a [sèfəlǽldʒiə] *n.* 〖醫〗 두통.

ce·phal·ic [səfǽlik] *a.* 머리의, 두부의; 두부에 있는.

ceph·a·lo·pod [séfəlǝpàd/-pɔ̀d] *n.* 두족류(頭足類)《낙지·오징어 따위》.

ce·ram·ic [sərǽmik] *a.* 도(자)기의, 제도(製陶)(술)의. ～**s** *n.* 《單數取扱》 제도술〔업〕; 《複數取扱》 도자기.

cer·a·mist [sérəmist] *n.* 제도가〔업자〕, 도예가(陶藝家).

Cer·ber·us [sə́:rbərəs] *n.* 〖그·로神〗 지옥의 문지기 개《머리가 셋, 꼬리는 뱀》; 무서운 문지기.

‡**ce·re·al** [síəriəl] (<Ceres) *a.* 곡물의. ── *n.* (보통 *pl.*) 곡물(류); U

《美》 곡물식(食)《오트밀 따위》.

cer·e·bel·lum [sèrəbéləm] *n.* (*pl.* **~s**, **-bella**) (L.) 소뇌(小腦).

cer·e·bral [sérəbrəl, sərí:-] *a.* 뇌의; 대뇌(cerebrum)의. **~ *anemia* 〔*concussion*〕** 뇌빈혈〔진탕〕.

cérebral hémorrhage 뇌일혈.

cer·e·brate [sérəbrèit] *vi.* 뇌를 쓰다, 생각하다. **cer·e·bra·tion** [sèrəbréiʃən] *n.* Ⓤ 뇌의 작용; 사고(思考).

cer·e·bri·tis [sèrəbráitis] *n.* Ⓤ 뇌염.

cer·e·bro·spi·nal [sèrəbrouspáinəl] *a.* 뇌척수의. **~ *meningitis*** 뇌척수막염.

cer·e·brum [sérəbrəm, sərí:-] *n.* (*pl.* **~s**, **-bra**) (L.) 대뇌, 뇌.

cere·ment [síərmənt] *n.* (*pl.*) 밀랍입힌 천《시체를 쌈》(cerecloth); 수의.

***cer·e·mo·ni·al** [sèrəmóuniəl] *n.*, *a.* 의식(의); =⇩. **~·ly** *ad.*

cer·e·mo·ni·ous [-niəs] *a.* 격식〔형식〕을 차린, 딱딱한(formal). **~·ly** *ad.*

‡cer·e·mo·ny [sérəmòuni/-məni] *n.* ① (보통 *pl.*) 식, **의식**. ② 예의, 딱딱함(formality). ***Master of Ceremonies*** 사회자《생략 M. C.》; 《英》 의전(儀典)관. ***stand on* 〔*upon*〕 ~** 격식 차리다; 스스러워하다. ***without* ~** 스스럼 없이, 마음 편히.

Ce·res [síəri:z] *n.* 〖로神〗 곡물(穀物)의 여신(cf. Demeter; cereal).

ce·rise [sərí:s, -z] *n.*, *a.* (F.) Ⓤ 연분홍(의).

ce·ri·um [síəriəm] *n.* Ⓤ 〖化〗 세륨《금속 원소》.

cer·met [sə́:rmet] *n.* 서멧《도성(陶性) 합금; 내열합금의 일종》.

CERN (F.) *Conseil Européen pour la Recherche Nucleáire* 유럽 공동 원자핵 연구소.

ce·ro·plas·tic [sìərouplǽstik] *n.* (*pl.*), *a.* 밀랍 세공; 밀랍으로 형을 뜬.

cert [sə:rt] *n.* 《英俗》 확실함.

†cer·tain [sə́:rtən] *a.* ① **확실한** (sure). ② 틀림없이 …하는. ③ 확신한(convinced) (*of*; *that*). ④ 신뢰할〔믿을〕 수 있는. ⑤ (어떤) 일정한, 정해진(fixed); 어떤 (some). ***for* ~** 확실히. ***make* ~ *of*** 확인〔다짐〕하다. **†~·ly** *ad.* **확실히**; (대답에서) 알았습니다; 물론이죠, 그렇고 말고요. ***~·ty** *n.* Ⓤ 확신; **확실(성)**. ***for* 〔*of*, *to*〕 *a* ~*ty*** 확실히.

‡cer·tif·i·cate [sərtífəkit] *n.* **증명서**, 면(허)장, 인가증; 증서; 주권. ── [-kèit] *vt.* …에게 증명서를〔면허장을〕 주다. ***cer·ti·fi·cá·tion** [sə̀:rtəfəkéiʃən] *n.* Ⓤ **증명**, 검정; 증명서 교부, 면허.

cer·ti·fied** [sə́:rtəfàid] *a.* 증명된, **보증된**. **~ *check 지불보증 수표. **~ *milk*** 보증 우유. **~ *public accountant*** 《美》 공인 회계사《생략 C.P.A.》 (cf. 《英》 CHARTERed accountant). **-fi·a·ble** [-əbəl] *a.* 증명〔보증〕할 수 있는. **-fi·er** [-ər] *n.* 증명자.

***cer·ti·fy** [sə́:rtəfài] *vt.*, *vi.* (정당성·자격 따위를) **증명하다**, 보증하다; 《美》 지불을 보증하다.

***cer·ti·tude** [sə́:rtətjù:d] *n.* Ⓤ 확신 (conviction); 확실(성).

ce·ru·le·an [sərú:liən] *n.*, *a.* Ⓤ 하늘빛(의).

ce·ru·men [sirú:mən/-men] *n.* Ⓤ 귀지.

ce·ruse [síəru:s] *n.* Ⓤ 백연(白鉛); 분.

Cer·van·tes [sərvǽnti:z], **Miguel de**(1547-1616) 스페인의 소설가《*Don Quixote*》.

cer·vi·cal [sə́:rvikəl] *a.* 목의, 경부(頸部)의.

cer·vine [sə́:rvain] *a.* 사슴의〔같은〕.

ce·si·um [sí:ziəm] *n.* Ⓤ 〖化〗 세슘.

ces·sa·tion** [seséiʃən] *n.* ⓊⒸ 중지, 휴지(ceasing). **~ *of diplomatic relations 외교 관계 단절. **~ *of hostilities* 〔*arms*〕** 휴전.

ces·sion [séʃən] *n.* ⓊⒸ 할양, 양도 (ceding).

ces·sion·ar·y [séʃənèri/-nəri] *n.* 양수인(讓受人).

cess·pit [séspìt] *n.* 쓰레기 버리는 구멍; 《英》 쓰레기장.

cess·pool [séspù:l] *n.* 구정물 웅덩이; 더러운 곳.

CET Central European Time 중앙 유럽 표준시《파리나 베를린 등의》.

ce·ta·cean [sitéiʃən] *a.*, *n.* 고래 무리의 (포유 동물).

ce·tane [sí:tein] *n.* Ⓤ 〖化〗 (석유 속의) 세탄.

cétane nùmber 〖化〗 세탄가(價)(cf. octane number).

ce·te·ris pa·ri·bus [sétəris pǽribəs/sí:-] (L.) 다른 사정이 같다면 (other conditions being equal).

cet. par. *ceteris paribus*.

cé·vi·tám·ic ácid [sì:vaitǽmik] 비타민 C.

Cey·lon [silán/-ɔ́-] *n.* 실론 섬 (Sri Lanka 공화국). **Cey·lo·nése** [sì:ləní:z] *a.*, *n.* 실론 섬의〔사람〕.

Cé·zanne [sizǽn], **Paul** (1839-1906) 프랑스 후기 인상파의 화가.

C. F., c. f. 〖商〗 cost and freight.

Cf californium.

‡cf. [sí:éf, kəmpéər] *confer* (L.=compare).

c. f., cf. center field(er). **c/f** carried forward 〖簿〗 (다음으로) 이월. **c.f.c.** 〖商〗 cost, freight and commission. **C. F. I.** cost, freight, and insurance《보통 C. I. F.》. **C. G.** Coast Guards; Consul General; commanding general. **cg, cg.** centigram(s). **C. G. M.** Conspicuous Gallantry Medal. **C. G. S., c. g. s.** centimeter-gram-second. **C. G. T.** *Confédération Générale du Travail* (F.=General Confederation of Labor). **ch.** (*pl.* **Chs., chs.**) chapter.

cha-cha(-cha) [tʃá:tʃà:(tʃá:)] *n.* 〖樂〗 차차차《서인도 제도의 4분의 2 박자의 빠른 무도곡》. ***hot cha-cha*** 핫차차《차차차보다 속도가 빠른 재즈곡》.

cha·conne [ʃəkɔ́:n] *n.* 샤콘《스페인 기원의 우아한 춤; 또 그 음악》.

Chad [tʃæd] *n.* 아프리카 중서부의

공화국《전 프랑스령; 1959년 독립》.

chad [tʃæd] *n.* Ⓤ 〖컴퓨터〗 차드《펀치카드에 구멍을 뚫을 때 생기는 종이 부스러기》, 천공 밥.

chad·or [tʃʌ́dər] *n.* 차도르《이란 등의 여성이 쓰는 검은 천》.

***chafe** [tʃeif] *vt.* ① (손을) 비벼서 녹이다. ② (쓸려서) 벗어지게〔닳게〕 하다. ③ 성나게 하다. —— *vi.* ① 벗겨지다. ② 성나다(*at*). ③ 몸을 비비다(rub) (*against*). ～ *under* …으로 짜증내다. —— *n.* ① 찰과상(의 아픔). ② 짜증(fret). *in a* ～ 짜증이 나서.

chaf·er [tʃéifər] *n.* 《英》 풍뎅이(beetle).

***chaff**[1] [tʃæf/-ɑ:-] *n.* Ⓤ ① (왕)겨; (말먹이) 여물. ② 폐물, 시시한 것. ③ 레이더 탐지 방해용 금속편. *be caught with* ～ 쉽사리 속다. ⌐**·y** *a.* 겨가 많은, 겨 같은; 쓸데 없는.

chaff[2] *n., vi., vt.* Ⓤ (악의 없는) 놀림, 놀리다; 농담하다.

chaff·cut·ter [⌐kʌtər] *n.* 작두.

chaff·er[1] [tʃǽfər/-ɑ́:-] *n.* 놀리는 사람.

chaf·fer[2] [tʃǽfər] *vi., vt., n.* 값을 깎다 (bargain); 값을 깎음, 흥정. ～**·er** *n.* 값을 깎는〔흥정하는〕 사람.

chaf·finch [tʃǽfintʃ] *n.* 〖鳥〗 검은 방울새, 되새(무리).

cháf·ing dìsh [tʃéifiŋ] 식탁용 풍로.

Cha·gall [ʃɑ:gɑ́:l, ʃə-], **Marc** (1887–1985) 러시아 태생의 프랑스 화가.

cha·grin [ʃəgrín/ʃǽgrin] *n.* ⓊⒸ 분함, 유감. —— *vt.* 《보통 受動態》 분하게 하다. *be* ～*ed* 분해하다.

†**chain** [tʃein] *n.* ① (쇠)사슬; 연쇄, 연속. ② (보통 *pl.*) 속박, 굴레, 기반(羈絆), 구속물. ③ 〖測量〗 측쇄(의 길이)《측량용은 66피트, 기술용은 100피트》. ④ 연쇄점 조직. ⑤ 〖化〗 원자의 연쇄; 연쇄 반응. *in* ～*s* 감옥에 갇혀. —— *vt.* (쇠)사슬로 연결하다; 구속〔속박〕하다; 투옥하다.

cháin bràke 사슬 브레이크.

cháin brídge 사슬 조교(吊橋).

cháin gàng 《美》 (호송 중의) 한 사슬에 매인 죄수.

cháin lètter 행운의〔연쇄〕 편지.

cháin máil 사슬〔미늘〕 갑옷.

cháin reàction 〖理〗 연쇄 반응.

cháin reàctor 〖理·化〗 연쇄 반응로, 원자로.

chain-smoke [⌐smòuk] *vi.* 줄담배를 피우다.

cháin smòker 줄담배 피우는 사람.

cháin stìtch (바느질의) 사슬땀.

chain·stich [⌐stìtʃ] *vt., vi.* 사슬땀으로 바느질하다〔뜨다〕.

***cháin stòre** 《美》 연쇄점, 체인 스토어.

†**chair** [tʃɛər] *n.* ① 의자(cf. stool). ② (대학의) 강좌; 의장〔교수〕석(席)〔직〕, 의장; 대통령〔지사·시장〕의 자리. ③ 《美》 전기 (사형) 의자. *appeal to the* ～ 의장에게 채결(採決)을 요청하다. *escape the* ～ 《美》 사형을 모면하다. ～ *socialism* (실천적이 못되는) 강단 사회주의. *take a* ～ 참석하다. *take the* ～ 의장석에 앉다, 개회〔사회〕하다. —— *vt.* 자리〔직〕에 앉히다; 의자에 앉히어 메고 다니다.

cháir lìft 체어리프트《등산·스키 따위의 사람을 산 위로 나르는》.

‡**chair·man** [⌐mən] *n.* 의장, 사회자, 위원장. ～**·ship** [-ʃip] *n.* Ⓤ chairman의 지위〔신분·자격〕.

chair·warm·er [⌐wɔ̀:rmər] *n.* 《美俗》 (호텔 로비 따위에서) 의자에 오래 앉아 있는 사람; 게으름뱅이.

chair·wom·an [⌐wùmən] *n.* (*pl.* **-women** [-wìmin]) 《주로 英》 여(女)의장〔위원장〕 《호칭은 Madame Chairman》.

chaise [ʃeiz] *n.* 2륜〔4륜〕경(輕)마차.

cháise lóngue [lɔ́:ŋ/lɔ́ŋ] (F.) 긴 의자의 일종.

chal·ced·o·ny [kælsédəni, ⌐sidòu-] *n.* ⓊⒸ 옥수(玉髓)《보석》.

chal·co·py·rite [kæ̀lkoupáirait / -páiə-] *n.* Ⓤ 황동광(黃銅鑛).

Chal·de·a [kældí(:)ə] *n.* 칼데아《페르시아만 연안의 옛 왕국》. **-an** [-n] *a., n.* 칼데아(사람)의; ⓊⒸ 칼데아 사람〔말〕; 점성가(占星家) (astrologer).

Chal·dee [kǽldi:, -⌐] *a., n.* =CHALDEAN.

cha·let [ʃæléi, ⌐-] *n.* (스위스 산중의) 양치기의 오두막; (그 비슷한) 처마가 긴 집.

chal·ice [tʃǽlis] *n.* 성작(聖爵) 《굽달린 큰 잔》; 《詩》 잔 (비슷한 꽃) 《나리 따위》.

†**chalk** [tʃɔ:k] *n.* ⓊⒸ 분필; Ⓤ 백악(白堊)(질). *by a long* ～, or *by long* ～*s* 《口》 훨씬 (by far). (*He does*) *not know* ～ *from cheese.* 선악의 분간을 못 하다. —— *vt.* 분필로 쓰다〔문지르다〕. ～ *out* 윤곽을 뜨다〔잡다〕, 설계하다. ～ *up* (득점을) 기록하다. ⌐**·y** *a.* 백악(질)의.

chálk tàlk 칠판에 그림 등을 그려 가며하는 강연.

‡**chal·lenge** [tʃǽlindʒ] *n.* ① 도전(장); 결투의 신청. ② (보초 등의) 수하. ③ 청구, 요청. ④ Ⓤ 〖法〗 기피. —— *vt.* ① 도전하다, (싸움을) 걸다; (시합을) 신청하다. ② 수하하다. ③ (주의를) 촉구하다. ④ 이의를 말하다; 기피하다. ～ *attention* 주의를 끌다; 주의를 요하다. ～ (*a person*) *to a duel* 결투를 신청하다. **chál·leng·er** *n.* **chál·leng·ing** *a.*

chállenge cùp 〔**tròphy**〕 우승컵.

chal·lis [ʃǽli/-lis], **chal·lie** [ʃǽli] *n.* Ⓤ 메린스 비슷한 여성복의 모직 또는 비단. 「이 있는 (광천 따위).

cha·lyb·e·ate [kəlíbiit] *a., n.* 철분

‡**cham·ber** [tʃéimbər] *n.* ① 방; 침실. ② 회의실. ③ (*pl.*) 변호사〔판사〕 사무실. ④ 〖解〗 (체내의) 소실(小室). ⑤ (총의) 약실. ⑥ =⌐ **pòt** 변기(便器). ～ *of commerce* 상업 회의소. *the upper* 〔*lower*〕 ～ 상〔하〕원.

chámber concert 실내악 연주회.

chámber còunsel 법률 고문.

chámber còunsil 비밀 회의.

***cham·ber·lain** [-lin] *n.* 시종, 집사(執事) (steward); (시(市)의) 수납관 (treasurer). *Lord C-* (*of the*

Household) 《英》 궁내 장관. ***Lord Great C-*** (***of Great Britain***) 《英》 의전 장관.

cham·ber·maid [-mèid] *n.* 하녀, 시녀.

chámber mùsic 〔**òrchestra**〕 실내 악〔악단〕.

cham·bray [ʃǽmbrei] *n.* Ⓤ 굵은 줄〔바둑판〕 무늬의 (린네르) 천.

cha·me·le·on [kəmíːliən, -ljən] *n.* 카멜레온; 변덕쟁이.

cham·fer [tʃǽmfər] *n.* 〖建〗 목귀 《목재·석재 등의 모서리를 둥글린》. —— *vt.* …의 모서리를 깎아내다, …에 목귀질하다.

cham·ois [ʃǽmi/ʃǽmwɑː] *n.* (*pl.* ~, *-oix* [-z]) 영양(羚羊)(의 무리); [英+ʃǽmi] Ⓤ 새미 가죽《영양·사슴·염소 따위의 부드러운 가죽, 렌즈닦이용》.

cham·o·mile [kǽməmàil] *n.* = CAMOMILE.

champ[1] [tʃæmp] *vt., vi., n.* 어적어적〔우둑우둑〕 씹다〔깨묾, 깨무는 소리〕; (말이 재갈을) 우적우적 물다.

champ[2] *n.* 《俗》 = CHAMPION.

***cham·pagne** [ʃæmpéin] *n.* Ⓤ **샴페인.**

cham·paign [ʃæmpéin] *a., n.* 드넓은〔질펀한〕 (평야), 평원.

‡**cham·pi·on** [tʃǽmpiən] *n.* ① 투사; (주위의) 옹호자(*for*). ② **우승자, 챔피언,** 선수권 보유자. —— *vt.* …을 대신해 싸우다, 옹호하다. —— *a.* 일류의, 선수권을 가진, 더 없는 (*a* ~ *idiot* 지독한 바보). ‡~**·ship** [-ʃìp] *n.* **선수권;** 우승; Ⓤ 옹호.

champ·le·vé [ʃǽmpləvei] *a.* (F.) 바탕에 새겨 에나멜을 입힌. —— *n.* 에나멜식 칠보(七寶) (cf. *cloisonné*).

Champs É·ly·sées [ʃɑ̀ːnzeilizéi] (F.) 샹젤리제《파리의 번화가》.

Chanc. Chancellor; Chancery.

†**chance** [tʃæns/-ɑː-] *n.* ① **기회,** 호기. ② ⓊⒸ 우연(한 일), 운. ③ 가망(성); 승산, 가능성. ***by any*** ~ 만일. ***by*** ~ 우연히(accidentally). ***even*** ~ 반반의 성산〔가망성〕. ***game of*** ~ 운에 맡긴 승부. ***on the*** ~ ***of*** 〔***that***〕 …을 기대〔예기〕하고. ***take*** ~***s*** 〔***a*** ~〕 성패(成敗)를 하늘에 맡기고 해 보다. ***take one's*** 〔***the***〕 ~ (…을) 무릅쓰고 해 보다, 추세에 내맡기다. ***the main*** ~ 절호의 기회. —— *a.* 우연의(casual). ~ ***customer*** 뜨내기 손님. ~ ***resemblance*** 남남끼리 우연히 닮음. —— *vi.* 우연히 발생하다, 공교롭게(도) …하다(happen). —— *vt.* 운에 맡기고 해보다. ~ ***on*** 〔***upon***〕 우연히 만나다〔발견하다〕.

chan·cel [tʃǽnsəl/-ɑː-] *n.* 성단소(聖壇所), 성상 안치소.

chan·cel·ler·y [tʃǽnsələri/-ɑː-] *n.* ⓊⒸ chancellor의 직〔관청〕; Ⓒ 대사관〔영사관〕 사무국.

chan·cel·lor** [tʃǽnsələr / -ɑː-] *n.* ① 《英》 여러 고관의 칭호《장관·대법관·상서(尙書) 등》. ② (독일의) **수상.** ③ 《英》 (대학의) 명예 총장. ④ 대사관 1등 서기관. ***the C- of the Exchequer 《英》 재무 장관. ***Lord*** (***High***) ***C-*** 《英》 대법관《최고 사법관이며 각료·추밀원 의원·상원 의장을 겸함》. ~**·ship** [-ʃìp] *n.* Ⓤ

chance-med·ley [tʃǽnsmèdli/-ɑ́ː-] *n.* Ⓤ 〖法〗 과실 치사, 방위 살인.

chan·cer·y [tʃǽnsəri/-ɑ́ː-] *n.* 《美》 형평(衡平) 재판소(court of equity); 《英》 대법관청(大法官廳); 기록소. ***in*** ~ 형평법 재판소에서 (소송 중인); 〖拳〗 머리가 상대 겨드랑이에 끼여; 진퇴양난이 되어.

chan·cre [ʃǽŋkər] *n.* 〖醫〗 경성 하감(硬性下疳).

chan·croid [ʃǽŋkrɔ̀id] *n.* 〖醫〗 연성(軟性) 하감.

chanc·y [tʃǽnsi, tʃɑ́ːn-] *a.* 《口》 불확실한, 위태로운; (Sc.) 행운을 가져오는.

***chan·de·lier** [ʃæ̀ndəlíər] *n.* **샹들리에.**

chan·dler [tʃǽndlər/-ɑ́ː-] *n.* 양초 제조인; 양초 상인; 잡화상. ~**·y** *n.* 양초 창고; 잡화점; Ⓤ 잡화류.

†**change** [tʃeindʒ] *vt.* ① **변하다, 바꾸다**(*into*), 고치다. ② 바꿔치다, 갈다. ③ 환전(換錢)하다; 잔돈으로 하다; (수표를) 현금으로 하다. ④ 갈아타다(~ *cars*); 갈아 입다. —— *vi.* ① **변하다,** 바뀌다. ② 갈아 입다; 바꿔타다. ③ 교대하다. ~ ***about*** 《口》 변절하다; (지위 등이) 바뀌다. ~ ***at*** …에서 갈아 타다. ~ ***for*** …행으로 갈아 타다. ~ (***a*** £5 ***note***) ***for gold*** (5 파운드 지폐를) 금화로 바꾸다. ~ ***into*** …으로 갈아 입다. —— *n.* ① **변화,** 변경, 변천; 바꿈, 갈아 입음, 갈아 탐, 전지(轉地). ② Ⓤ 거스름돈, 잔돈. ③ 〖樂〗 (보통 *pl.*) 편종(編鐘)을〔종소리를〕 다르게 침; 전조(轉調). ④ (C-) (상업의) 거래소 《'Change라고도 씀》. ~ ***of air*** 전지 요양. ~ ***of cars*** 갈아 탐. ~ ***of clothes*** 갈아입음. ~ ***of heart*** 변심; 전향. ~ ***of life*** (여성의) 갱년기. ***for a*** ~ 변화를〔기분 전환을〕 위해. ***ring the*** ~***s*** 여러 가지 명종법(鳴鐘法)을 시도하다; 이리저리 해 보다. ***small*** ~ 잔돈; 쓸데 없는 것. ***take the*** ~ ***out of*** (***a person***) …에게 대갚음하다. ⌐**·ful** [⌐fəl] *a.* 변화 많은.

‡**change·a·ble** [tʃéindʒəbəl] *a.* **변하기 쉬운,** 불안정한, 변덕스러운(fickle); 가변성의. ~**·ness** *n.* **-bly** *adv.*

change·a·bil·i·ty [⌐-bíləti] *n.* Ⓤ

change·less [⌐lis] *a.* 변화 없는, 불변의; 단조로운. ~**·ly** *ad.*

change·ling [⌐liŋ] *n.* 바꿔친 아이 《요정이 예쁜 아이 대신 두고 간다는 못생긴 아이 따위》; 저능아.

change·mak·er [⌐mèikər] *n.* 자동 주화 교환기.

change·o·ver [⌐òuvər] *n.* (정책) 전환; 개각(改閣).

change-up [⌐ʌ̀p] *n.* 〖野〗 체인지업 《투수가 모션을 바꾸지 않고 속도를 낮추어 던지는 공》.

‡**chan·nel** [tʃǽnəl] *n.* ① **수로, 해협,** 강바닥, 하상(河床). ② (문지방 등의) 홈(groove). ③ 루트, 경로(*through the proper* ~ 정당한 경로로); 계

통, (수송의) 수단. ④ 〖放〗 통신로(路), 채널《일정한 주파대(帶)》. ⑤ 〖컴퓨터〗 (정보의 전달·기억 등에 쓰이는) 회로. ***the*** (***English***) ***C-*** 영국 해협. —— *vt.* ((英)) ***-ll-***) …에 수로를 트다〔열다〕; 홈을 파다.

Chánnel Íslands, the 채널 제도(諸島)《영국 해협의 Alderney, Guernsey 등의 네 섬》.

chan·son [ʃǽnsən/ʃɑːŋsɔ́ːŋ] *n.* (F.) 「노래; 샹송.

chant** [tʃænt/-ɑː-] *n.* ① 노래; (기도서의) 성가; 영창(詠唱). ② (억양 없는) 음영조(吟詠調); 단조로운 얘기투. —— *vt., vi.* ① 노래하다(sing). ② 읊다, 단조롭게 이야기하다, 되풀이하여 말하다. ③ 기리어 노래하다; 크게 찬양하다. ~ ***the praises of …을 되풀이하여 칭찬하다. ∠**·er** *n.* 가수, 성가대원〔장〕.

chan·teuse [ʃæntúːz] *n.* (F.) 나이트클럽의 여가수.

chant·(e)y [ʃǽnti/tʃǽːn-] *n.* (뱃사람의) 노래《일할 때 가락 맞추는》.

chan·ti·cleer [tʃǽntəkliər] *n.* 수탉(rooster); (C-) (의인적(擬人的)으로) 수탉씨 (cf. Reynard, Bruin, Puss).

***cha·os** [kéiɑs/-ɔs] *n.* Ⓤⓒ ① (천지 창조 이전의) 혼돈. ② 혼란 (상태); 무질서. ***cha·ót·ic** [keiɑ́tik/-ɔ́-] *a.*

‡**chap**[1] [tʃæp] *n.* 《口》 놈, 녀석.

chap[2] *n.* (보통 *pl.*) (살갗의) 틈, 동창(凍瘡); (목재·지면의) 균열. —— *vt., vi.* (***-pp-***) (추위로) 트(게 하)다.

chap[3] *n.* (보통 *pl.*) (동물·바이스의) 턱(jaws); 뺨(cheeks). ***lick one's ~s*** 입맛 다시다; 군침을 삼키며 기다리다.

chap. chaplain; chapter.

cha·pa·ra·jos, -re- [tʃæpəréious/tʃɑːpəréihous] *n. pl.* 《美》 (카우보이의) 두꺼운 가죽 바지.

chap·ar·ral [tʃæpərǽl, ʃæp-] *n.* 《美》 관목 수풀〔덤불〕.

chap·book [tʃǽpbùk] *n.* (이야기·노래의) 싸구려 책《옛날 행상인이 판》.

‡**chap·el** [tʃǽpəl] *n.* ① (학교·관저 따위의) 부속 예배당(cf. church; chaplain). ② (영국 국교회 이외의) 교회당. ③ (대학에서의) 예배(에의 참석). ④ (채플의) 성가대(choir).

chap·er·on(e) [ʃǽpəròun] *n., vt.* 샤프롱《사교 석상에 나가는 아가씨에 붙어다니는 (나이 지긋한) 부인》; (…에) 붙어 다니다. **-on·age** [-idʒ] *n.* Ⓤ 샤프롱 노릇.

chap·fall·en [tʃǽpfɔ̀ːlən] *a.* 풀이 죽은(dispirited), 낙심한(dejected).

***chap·lain** [tʃǽplin] *n.* 목사《chapel 전속의》, 군목(軍牧).

chap·let [tʃǽplit] *n.* 화관(花冠); 〖카톨릭〗 (rosary의 3분 1 길이의) 묵주(默珠); 기도. 「인.

chap·man [tʃǽpmən] *n.* 〖史〗 행상

chaps [tʃæps] *n. pl.* 《美》 = CHAPARAJOS.

‡**chap·ter** [tʃǽptər] *n.* ① (책의) 장(章). ② 부분; 한 구간, 한 시기; 연속. ③ (조합의) 지부. ④ 《英》 성직자단(의 집회). ~ ***and verse*** 출처, 전거(典據)《성서의 장과 절(verse)에서》. ~ ***of*** (*accidents*) 사고의 연속. ***read*** (*a person*) ***a*** ~ 설교를 하다. ***to the end of the*** ~ 최후까지.

chápter hòuse (cathedral 부속의) 참사회 회의장; 《美》 학생 회관 《대학의 fraternity 나 sorority 의 집합장·숙사》.

char[1] [tʃɑːr] *n.* Ⓤ 숯, 목탄; 까맣게 탄 것. —— *vt., vi.* (***-rr-***) 숯으로 굽다; (새까맣게) 태우다〔타다〕.

char[2] *n., v.* (***-rr-***) = CHARE.

char-à-banc [ʃǽrəbæ̀ŋk] *n.* (F.) 대형 유람 버스〔마차〕.

†**char·ac·ter** [kǽriktər] *n.* ① Ⓤⓒ 인격, 성격; 특질. 특징, ② 인물. ③ Ⓤⓒ 평판; 명성. ④ Ⓤ 지위, 신분, 자격. ⑤ (소설·극의) 인물, 역(役). ⑥ 괴짜; (전 고용주가 사용인에 주는) 인물 증명서. ⑦ 글자, 기호. ***in*** ~ 격에 맞아. ***man of*** ~ 인격자. ***out of*** ~ 어울리지 않아〔않게〕. ~**·less** *a.* 특징이 없는.

cháracter àctor 성격 배우.

cháracter assassinátion 《美》 인신 공격, 중상.

‡**char·ac·ter·is·tic** [kæ̀riktərístik] *a.* 특색의〔있는, 을 나타내는〕(*of*). —— *n.* 특질, 특징. **-ti·cal·ly** *ad.* 독특하게, 특징으로서.

char·ac·ter·i·za·tion [-rizéiʃən] *n.* Ⓤ 성격 묘사, 특색지음.

***char·ac·ter·ize,** 《英》 **-ise** [kǽriktəràiz] *vt.* 특징을 나타내다〔그리다〕; 특색짓다.

char·ac·ter·ol·o·gy [kæ̀riktərɑ́lədʒi/-ɔ́-] *n.* Ⓤ 〖心〗 성격학.

cháracter skètch 인물〔성격〕 묘사.

cha·rade [ʃəréid/-rɑ́ːd] *n.* 벙어리놀이《인형(doll)과 지느러미(fin)의 그림 또는 동작을 보여 'dolphin'을 알아맞히게 하는 따위》.

char·broil [tʃɑ́ːrbrɔ̀il] *vt.* (고기 따위를) 숯불로 굽다.

***char·coal** [tʃɑ́ːrkòul] *n.* ① Ⓤ 숯(char). ② 목탄화; (목탄화용의) 목탄.

chárcoal bùrner 숯장이.

chárcoal gràỳ 〔《英》 **grèy**〕 진회색.

chare [tʃɛər] *n., vi.* (보통 *pl.*) 허드렛일(을 하다); 잡역부(婦)(로 일하다).

†**charge** [tʃɑːrdʒ] *vt.* ① 채워넣다, (총에) 탄환을 재다(load), 채우다; (전기를) 통하다, (전지를) 충전하다. ② (책임 따위를) 지우다, (임무를) 맡기다 (entrust) (*with*); 명하다, 지시하다. ③ 비난하다, (죄를) 씌우다, 고소하다(accuse) (*with*). ④ (지불의 책임을)지우다; (대금 따위를) 청구〔요구〕하다, (세를) 부과하다. ⑤ 습격〔엄습〕하다, …을 향해 돌격하다. —— *vi.* 대금〔요금〕을 청구하다(*for*); 돌격하다(*at, on*); …라고 비난하다, 고발하다(*against, that…*). ~ ***high*** (*for*) …에 대하여 고액(高額)을 요구하다. ~ ***off*** 손해 공제를 하다; …의 탓으로 돌리다, …의 일부로 보다. ~ ***oneself with*** …을 떠맡다. —— *n.*

① 짐, 하물. ② UC (총의) 장전; (탄알의) 한번 잼; 충전(充電). ③ U 보호(care); 관리; **책임**, 의무; 위탁(trust); C 위탁물〔인〕. ④ U 명령, 지시. ⑤ 혐의, 소인(訴因), 고소; 비난. ⑥ 부채; 대금; 세; (보통 *pl.*) 비용. ⑦ 돌격 신호 (나팔). ⑧ 문장(紋章) (의 의장(意匠)). ***bring a ~ against*** 고소하다. ***free of ~*** 무료로. ***give in ~*** 맡기다. ***in ~ of*** …을 맡아, …담당〔책임〕의 (*the nurse in ~ of the child*); …에게 맡겨져(*the child in ~ of the nurse*). ***in full ~*** 쏜살같이, 곧장. ***on the ~ of*** …의 이유〔혐의〕로. ***take ~*** 《口》 (사물이) 수습할 수 없게 되다. ***take ~ of*** …을 떠맡다, …을 돌보다.

charge·a·ble [tʃáːrdʒəbəl] *a.* (세금·비용·책임·죄 따위가) 부과〔고발〕되어야 할.

chárge accòunt 외상 계정.

char·gé d'af·faires [ʃaːrʒéi dəfέər/⌐– –⌐] (*pl.* ***chargés d'-***) (F.) 대리 공사〔대사〕. 「군마; 충전기.

charg·er [tʃáːrdʒər] *n.* (장교용의)

char·i·ly [tʃέərili] *ad.* 조심스럽게, 소심하게; 아까운 듯이.

char·i·ness [tʃέərinis] *n.* U 조심성; 아까워함.

***char·i·ot** [tʃǽriət] *n.* (옛 그리스·로마의) **2륜 전차**〔마차·개선차〕.

char·i·ot·eer [tʃæ̀riətíər] *n.* chariot의 마부. 「어지는) 신의 은총.

char·ism [kǽrizəm] *n.* (신앙자에 주

cha·ris·ma [kərízmə] *n.* UC (*pl.* ***-mata*** [-mətə]) 카리스마 《개인적인 매력, 대중을 끄는 힘》. **char·is·mat·ic** [kæ̀rizmǽtik] *a.*

***char·i·ta·ble** [tʃǽrətəbəl] *a.* **자비로운**, 인정 많은.

‡**char·i·ty** [tʃǽrəti] *n.* ① U **사랑** 《기독교적인》, 자비. ② UC **베풂**, 기부(금), 자선 (사업). ③ 양육원. ***be in* 〔*out of*〕 *~ with*** …을 가엾게 여기다〔여기지 않다〕. ***~ concert* 〔*hospital, school*〕** 자선 음악회〔병원, 학교〕. ***out of ~*** 가엾이〔딱하게〕 여겨.

cha·riv·a·ri [ʃərìvəríː, ʃìvəríː/ʃɑ̀ːrəváːri] *n.* 시끄러운 음악; 법석.

char·la·dy [tʃáːrlèidi] *n.* 《英》 = CHARWOMAN.

char·la·tan [ʃáːrlətən] *n.* 흰소리꾼; 사기꾼; 돌팔이 의사(quack). **~·ry** *n.* U 아는 체함, 허풍.

Char·le·magne [ʃáːrləmèin] *n.* (742–814) 샤를마뉴 대제(大帝) 《프랑크의 왕; 신성 로마 제국을 일으켜 황제(Charles I)가 됨》.

Charles [tʃɑːrlz] *n.* 남자 이름. ***~'s*** [⌐iz] ***Wain*** 북두칠성.

Charles·ton [tʃáːrlztən, -stən] *n.* 《美》 찰스턴《fox trot의 일종》.

char·lie [tʃáːrli] *n.* 《英俗》 바보; 《美俗》《蔑》 백인; (*pl.*) 유방.

Char·lotte [ʃáːrlət] *n.* 여자 이름; (c-) 과일 등을 카스텔라에 싼 푸딩.

chárlotte rússe [rúːs] (F.) 커스터드가 든 푸딩.

‡**charm** [tʃɑːrm] *n.* ① UC **매력**; (보통 *pl.*) (여자의) 애교, 미모. ② **마력**, 마법. ③ 주문(呪文); 주물(呪物), 호부(護符)(amulet). ④ 작은 장식 《시곗줄·팔찌 따위》. — *vt., vi.* ① 마법을 걸다, 호리다, **매혹하다**, 황홀케 하다(bewitch); 기쁘게 하다. ② (땅꾼이 피리로 뱀을) 부리다, 길들이다. ***be ~ed with*** …에 넋을 잃다〔열중하다〕. **chárm·er** *n.* 뱀부리는 사람. ‡**⌐·ing** *a.* **매력적인**, 아름다운; 즐거운; 재미있는.

char·meuse [ʃɑːrmúːz] *n.* (F.) U 샤머즈《수자직(繻子織)의 일종》.

chárm schòol 신부 학교《여성이 미용·교양·사교를 배움》. 「당(納骨堂).

chár·nel (hòuse) [tʃáːrnl] *n.* 납골

Char·on [kέərən] *n.* 〖그神〗 카론 《삼도내(Styx)의 뱃사공》; 《諧》 뱃사공(ferryman).

‡**chart** [tʃɑːrt] *n.* ① 그림, **도표**. ② 해도(海圖), 수로도. — *vt.* 그림으로〔도표로〕 나타내다.

‡**char·ter** [tʃáːrtər] *n.* (자치 도시·조합 따위를 만드는) 허가서; 특허장; (국제 연합 등의) **헌장**; 계약서; = **⌐ pàrty** 용선(傭船) 증서. ***the Atlantic C-*** 대서양 헌장. ***the C- of the United Nations*** 유엔 헌장. ***the Great C-*** = MAGNA C(H)ARTA. ***the People's C-*** 〖英史〗 인민 헌장. — *vt.* 특허하다; (배를) 빌다. **~ed** [-d] *a.* 특허를 받은; 용선 계약을 한. ***~ed accountant*** 《英》 특허 회계사. ***~ed ship*** 세낸 배, 용선(傭船).

chárter mémber (회사·단체 따위의) 창립 위원.

chart·ism [tʃáːrtizəm] *n.* U 〖英史〗 인민 헌장주의〔운동〕(1837–48).

Char·treuse [ʃɑːrtrúːz/-trúːs] *n.* 카르투지오회의 수도원; U (c-) 위 수도원제(製)의 리큐어; 연두빛.

char·wom·an [tʃáːrwùmən] *n.* (빌딩의 날품팔이) 잡역부(婦); 《英》 파출부.

char·y [tʃέəri] *a.* 몹시 조심하는; 스스러워하는(shy); 아끼는(*of*).

Cha·ryb·dis [kəríbdis] *n.* Sicily 앞 바다의 큰 소용돌이《배를 삼킴》.

Chas. Charles.

‡**chase**[1] [tʃeis] *vt.* ① **뒤쫓다**. ② 쫓아〔몰아〕내다, 사냥하다. — *vi.* 쫓아가다, 부리나케 걷다, 달리다. — *n.* ① **추적**, 출격. ② 사냥(터). ③ 쫓기는 짐승〔배〕. ***give ~ to*** …을 뒤쫓다.

chase[2] *vt.* (금속에) 돋을새김 〔섭새김〕하다, (돋을무늬를) 새겨〔찍어〕내다(emboss). 「잼틀.

chase[3] *n.* (벽면의) 홈; 〖印〗 (조판의)

chas·er [tʃéisər] *n.* 추격자; 사냥꾼; 추격함〔포·기〕; 《口》 (독한 술 다음에 마시는) 입가심 음료《맥주·물 따위》; 조각사(<chase[2]).

***chasm** [kǽzəm] *n.* (바위·지면의) **깊게 갈라진 틈**; 틈새(gap); (감정·의견 따위의) 간격, 차.

chas·sé [ʃæséi/⌐–] *n.* (F.) U 〖댄스〗 샤세《발을 빨리 앞·옆으로 옮기는 스

텝》. ―― *vi.* 샤세로 추다.
chas·sis [ʃǽsi] *n.* (*pl.* ~ [-z]) (비행기·자동차·마차 따위의) 차대; (포차의) 포대; (라디오·TV의) 조립 밑판.
***chaste** [tʃeist] *a.* ① **정숙〔순결〕한**(virtuous). ② (문체·취미 등) 담박한, 수수한(simple), 고아한, 점잖은. ⌐·**ly** *ad.*
***chas·ten** [tʃéisən] *vt.* (신이) **징계〔응징〕하다**; (글을) 다듬다; (열정을) 억제하다; 누구러뜨리다. ~·**er** *n.* 응징자〔물〕; 시련자〔물〕.
***chas·tise** [tʃæstáiz] *vt.* 《詩》 **응징〔징계〕하다**, 벌하다(punish). ~·**ment** [tʃæstáizmənt/tʃǽstiz-] *n.* UC
***chas·ti·ty** [tʃǽstəti] *n.* U 정숙, 순결.
chástity bèlt 정조대.
chas·u·ble [tʃǽzjəbəl, tʃǽs-] *n.* (미사 때 사제가 alb 위에 입는 소매 없는) 제의(祭衣).
‡**chat** [tʃæt] *n.*, *vt.* (**-tt-**) ① **잡담(하다)**. ② 지빠귀과의 작은 새.
****châ·teau*** [ʃætóu] *n.* (*pl.* ~***x*** [-z]) (F.) 성; 대저택.
chat·e·laine [ʃǽtəlèin] *n.* 성주(城主)의 부인; 여자 성주; (열쇠·시계 따위를 다는) 여자의 허리 장식 사슬.
cha·toy·ant [ʃətɔ́iənt] *a.* 광택이〔색채가〕 변화하는《견직물, 보석 따위》.
chat·tel [tʃǽtl] *n.* (보통 *pl.*) 가재(家財); 〖法〗 동산(動產); 《古》 노예.
‡**chat·ter** [tʃǽtər] *vi.*, *n.* ① **재잘거리다**, 수다. ② (기계가) 털털거리다〔거리는 소리〕; (이가) 덜덜 떨리다〔떪, 떨리는 소리〕; (새·원숭이가) 시끄럽게 울다〔우는 소리〕. ③ (시냇물이) 졸졸 흐르다〔흐르는 소리〕; 여울.
chat·ter·box [-bɑ̀ks/-ɔ̀-] *n.* 수다쟁이. 「기를 좋아하는.
chat·ty [tʃǽti] *a.* 수다스러운, 이야
Chau·cer [tʃɔ́:sər], **Geoffrey** (1340?–1400) 영국의 시인.
***chauf·feur** [ʃóufər, ʃoufə́:r] *n.*, *vi.* (F.) (자가용의) **운전사** (노릇하다); (자가용차에) 태우고 가다.
chau·tau·qua, C- [ʃətɔ́:kwə] *n.* 《美》 (성인을 위한) 하기(夏期) 대학, 문화 강습회《New York주의 호수(가의 마을) 이름》.
chau·vin·ism [ʃóuvənìzəm] *n.* U 맹목적 애국주의, 극우적(極右的) 배타사상. **-ist** *n.*
chaw [tʃɔ:] *vt.*, *vi.* 《俗》 (질겅질겅) 씹다. ~ ***up*** 《美》 완전히 해내다.
Ch.E. Chemical Engineer.
†**cheap** [tʃi:p] *a.* ① **싼**; 값싼, 싸구려의, 시시한. ② (인플레 등으로) 값어치가 떨어진. ~ ***money*** 가치가 떨어진 돈. ***feel*** ~ 초라하게 느끼다, 풀이 죽다. ***hold*** (*a person*) ~ (아무를) 얕보다. ***on the*** ~ 《주로 英》 (값)싸게. ―― *ad.* 싸게. ⌐·**ly** *ad.* ⌐·**ness** *n.* U 「싸지다.
cheap·en [⌐ən] *vt.*, *vi.* 싸게 하다;
cheap-jack [⌐dʒæ̀k] *n.* 싸구려 행상인. ―― *a.* 싸구려의.
cheap·skate [⌐skèit] *n.* 《美口》 구두쇠.
‡**cheat** [tʃi:t] *vt.*, *vi.* ① **속이다**; 속여 빼앗다 (~ ***him*** (***out***) ***of a thing***). ② (시간을) 보내다(beguile). ③ 용케 피하다(elude). ―― *n.* 속임, 협잡(꾼). ⌐·**er** *n.* 협잡〔사기〕꾼.
†**check** [tʃek] *n.* ① **저지**(물), (돌연한) 방해, 억제; 정지, 휴지; 반격, 격퇴; 〖체스〗 장군. ② (갈라진) 틈〔금〕; 〖獵〗 실적(失跡)《냄새를 놓침》. ③ (잘못을 막기 위한) **대조**(표), 체크, 점검. ④ (하물) 상환표〔패〕, 물표; **수표**(《英》 cheque); 《美》 (먹은) 음식의 계산서. ⑤ 바둑판〔체크〕 무늬. ***pass*** 〔***hand***〕 ***in one's*** ~***s*** 죽다. ~ ***bouncer*** 부정 수표 남발자. ***hold*** 〔***keep***〕 ***in*** ~ 저지하다; 억제하다. ―― *vt.* ① (갑자기) 제지하다, 방해〔억제〕하다. ② 〖체스〗 장군 부르다. ③ 〖野〗 견제하다. ④ 〖軍〗 책하다. ⑤ (하물의) 물표〔상환표〕를 붙이다; 물표를 받고 보내다〔맡기다〕; 체크표를 하다, 점검〔대조·검사〕하다. ⑥ 균열〔금〕을 내다. ―― *vi.* ① (장애로 인해) 갑자기 멈추다; (사냥개가 냄새를 잃고) 멈춰서다. ② 《美》 수표를 쓰다〔떼다〕. ~ ***at*** …에게 화를 내다. ~ ***in*** 여관에 들다; 《美俗》 죽다; 《美口》 도착하다; 출근하다. ~ ***off*** 체크하다, 표를 하다. ~ ***out*** 《美》 (셈을 마치고) 여관을 나오다; 《俗》 죽다; 《美口》 물러나다, 퇴근하다. ~ ***up*** 대조〔사조(査照)〕하다. ―― *int.* 〖체스〗 장군!; 《美口》 좋아!, 찬성!, 맞았어!
chéck bèam 〖空〗 (착륙하려는 항공기에 보내는) 유도 전파.
check·book [⌐bùk] *n.* 수표장(帳).
checked [-t] *a.* 체크〔바둑판〕무늬의.
***check·er** [⌐ər] *n.* ① 《美》 **바둑판〔체크〕무늬**. ② (체커의) 말; (*pl.*) 《美》 체커 《서양 장기》 (《英》 draughts). ―― *vt.* 바둑판 무늬로 하다, 교착(交錯)시키다, 변화를 주다(vary). ~**ed** [-d] *a.* 바둑판 무늬의; 교착된, 변화가 많은.
check·er·board [⌐ərbɔ̀:rd] *n.* 체커《서양 장기》판. 「수속, 체크인.
check-in [⌐ìn] *n.* (호텔에의) 숙박
chécking accòunt 《美》 당좌 예금 《수표로 찾음》. 「거인 명부.
chéck lìst 《美》 대조표, 일람표; 선
check·mate [⌐mèit] *n.* (체스의) 외통 장군; (사업의) 막힘, 실패; 대패(大敗). ―― *vt.* 외통 장군을 부르다; 막히게〔막다르게〕 하다.
check·off [⌐ɔ̀:f, ɑ̀f] *n.* (봉급에서의) 조합비 공제.
check·out [⌐àut] *n.* (호텔에서의) 퇴숙(退宿) 수속; 점검, 검사. 「소.
check·point [⌐pɔ̀int] *n.* 《美》 검문
check·roll [⌐ròul] *n.* 점호 명부; 선거인 열람 명부. 「품 맡기는 곳.
check·room [⌐rù(:)m] *n.* 《美》 휴대
check·up [⌐ʌ̀p] *n.* 대조, 사조(査照).
Ched·dar [tʃédər] *n.* U 치즈의 일종 (~ cheese).
†**cheek** [tʃi:k] *n.* ① **볼**, 뺨. ② U 철

면피; 건방진 말〔태도〕. ~ *by jowl* 사이좋게 나란히, 친밀히. *have plenty of* ~ 낯가죽이 두껍다. *None of your* ~*s!* 건방진 소리 마라.
cheek·bone [⌐bòun] *n.* 광대뼈.
chéek tòoth 어금니.
cheek·y [tʃíːki] *a.* 《口》 건방진. **-i·ly** *ad.* **-i·ness** *n.*
cheep [tʃiːp] *vi., n.* 삐악삐악 울다; 그 소리.
‡**cheer** [tʃiər] *n.* ① **갈채, 환호,** 응원. ② Ⓤ 기분, 기운(spirits). ③ Ⓤ 음식, 성찬. *give three* ~*s for* …을 위해 만세를 삼창하다. *make good* ~ 유쾌하게 음식을 먹다. *of good* ~ 명랑한, 기분이 좋은. *The fewer the better* ~. 《俗談》 좋은 음식은 사람이 적을수록 좋다. *What* ~*?* 기분은 어떤가. —— *vt., vi.* 갈채하다; 격려하다, 기운이 나다, 기운을 북돋다. *C- up!* 기운을 내라. ~ *up at* …을 듣고〔보고〕 기운이 나다. ⌐~·**ing** [tʃí(ː)riŋ / tʃíər-] *n.* 갈채. ⌐~·**less** *a.*
‡**cheer·ful** [⌐fəl] *a.* **기분〔기운〕이 좋은; 즐거운;** 유쾌한; 기꺼이 하는. ‡~·**ly** *ad.* *~·**ness** *n.*
cheer·i·o(**h**) [tʃìərióu] *int.* 《英口》 여어(hello); 잘 있게(goodby); 축하한다; 만세(hurrah).
***cheer·lead·er** [tʃíərlìːdər] *n.* 응원단장.
cheer-oh [tʃíərou] *int.* 또 봄세, 안녕.
***cheer·y** [tʃíəri] *a.* **기분〔기운〕 좋은.** *·**i·ly** *ad.* **-i·ness** *n.*
†**cheese**[1] [tʃiːz] *n.* Ⓤ **치즈.** *green* ~ 생치즈. *make* ~*s* (여성이) 무릎을 굽히고 인사하다.
cheese[2] *n.* 《俗》 일류품; 「대장」; 거짓말; 돈; 대단한〔귀중한〕 것.
cheese[3] *vt.* 《俗》 그만두다, 멈추다. *C- it!* 멈춰(Have done!); 정신 차려(Take care!); 튀어라(Run away!).
cheese·burg·er [⌐bə̀ːrgər] *n.* 치즈가 든 햄버거(스테이크) 샌드위치.
cheese·cake [⌐kèik] *n.* 치즈·설탕·달걀을 개어서 넣은 케이크; 《俗》 각선미 사진(의 촬영); 매력 있는 여자.
cheese·cloth [⌐klɔ̀ːθ, -klɑ̀θ] *n.* Ⓤ 일종의 설핀 무명.
cheese·par·ing [⌐pɛ̀əriŋ] *n., a.* 치즈 겉껍질을 깎은 지스러기, 하찮은 것; (*pl.*) 사천; 몹시 인색한.
chees·y [⌐i] *a.* 치즈 같은; 《美俗》 볼품없이 된, 나쁜.
chee·tah [tʃíːtə] *n.* 치타; Ⓤ 그 털가죽.
chef [ʃef] *n.* (F.) 쿡(장(長)), 주방장(廚房長).
chef-d'oeu·vre [ʃeidə́ːvər] *n.* (*pl.* ***chefs-*** [ʃei-]) (F.) 걸작(masterpiece).
Che·khov [tʃékɔːf/-ɔ-], **Anton** (1860–1904) 러시아의 극작가·단편 작가.
Chel·sea [tʃélsi] *n.* 런던 남서부의 구.
Chélsea bùn 건포도를 넣은 롤빵.
chem. chemical; chemist; chemistry.
‡**chem·i·cal** [kémikəl] *a.* **화학(상)의;** 화학적인. ~ *combination* 화합. ~ *engineering* 화학 공업. ~ *formula* 〔*warfare*〕 화학식〔전〕. —— *n.* (*pl.*) 화학 약품. ~·**ly** *ad.*
chémical Máce 〖商標〗 분사식 최루 가스.
chem·i·co·bi·ol·o·gy [kèmikoubaiálədʒi/-ɔ́l-] *n.* Ⓤ 생화학.
***che·mise** [ʃəmíːz] *n.* 슈미즈, 속치마.
chem·i·sette [ʃèmizét] *n.* 보디스《여성의 목·가슴을 가리는 속옷》.
‡**chem·ist** [kémist] *n.* **화학자;** 《英》 약제사, 약종상.
‡**chem·is·try** [-ri] *n.* Ⓤ **화학.**
chem·o·sphere [kéməsfìər, kíːm-] *n.* 〖氣〗 화학권《성층권 상부부터 중간권·온도권에 걸친》.
chem·o·syn·the·sis [kèmousínθəsis, kìːm-] *n.* Ⓤ 〖植·生化〗 화학 합성.
chem·o·ther·a·py [kèmouθérəpi, kìː-] *n.* Ⓤ 화학 요법.
chem·ur·gy [kémə̀ːrdʒi] *n.* Ⓤ 농산(農産)화학.
che·nille [ʃəníːl] *n.* (자수용의) 끈실; 코르텐풍의 골진 피륙《깔개·커튼용》.
***cheque** [tʃek] *n.* 《英》 **수표** (《美》 check).
cheque·book [tʃékbùk] *n.* 《英》 = CHECKBOOK.
***cheq·uer**(**ed**) [tʃékər(d)], **&c.** 《英》 = CHECKER(ED), &c.
C(**h**)**e·rén·kov radiátion** [tʃəréŋkɔːf, -kəf/-kɔf] 체렌코프 방사《물질 속을 하전 입자가 고속도로 통과할 때 일어나는 에너지 방사》.
‡**cher·ish** [tʃériʃ] *vt.* ① **귀여워하다;** 소중히 하다〔키우다〕. ② (희망·원한을) 품다(foster).
Cher·o·kee [tʃérəkìː, ⌐-⌐] *n.* 체로키족《북미 인디언의 한 종족》.
che·root [ʃərúːt] *n.* 양끝을 자른 여송연.
‡**cher·ry** [tʃéri] *n.* ① **벚나무;** Ⓤ 그 재목. ② 버찌. ③ Ⓤ 체리(색), 선홍색. ④ 《美俗》 처녀막〔성〕. *make two bites at* 〔*of*〕 *a* ~ 꾸물거리다. —— *a.* 벚나무 재목으로 만든; 선홍색의.
‡**chérry blòssom** 벚꽃.
chérry brándy 버찌를 넣어 만든 브랜디.
chérry pìe 버찌가 든 파이; 《美俗》 손쉬운 일〔벌이〕.
chérry stòne 버찌의 씨.
‡**chérry trèe** 벚나무.
***cher·ub** [tʃérəb] *n.* (*pl.* ~*im* [-im]) ① **게루빔**《둘째 계급의 천사》(cf. seraph). ② 날개 있는 천동(天童)(의 그림·조상(彫像)). ③ (*pl.* ~*s*) 귀여운 아이; 통통하고 순진한 사람.
che·ru·bic [tʃərúːbik] *a.* 귀여운.
cher·vil [tʃə́ːrvil] *n.* 〖植〗 파슬리의 무리《샐러드용》.
Ches. Cheshire.
Chesh·ire [tʃéʃər] *n.* 영국 서부의 주(州). *grin like a* ~ *cat* 이유 없이 징그럽게 웃다.
‡**chess** [tʃes] *n.* Ⓤ **체스,** 서양 장기.
chess·board [⌐bɔ̀ːrd] *n.* 체스 판.
chess·man [⌐mæ̀n, ⌐mən] *n.* 체스의 말.
‡**chest** [tʃest] *n.* ① **가슴.** ② (뚜껑 있는) **큰 상자,** 궤. ~ *of drawers* 옷장. ~ *trouble* 폐병.
ches·ter·field [tʃéstərfìːld] *n.* (침대

겸용) 큰 소파의 일종; (벨벳 깃을 단) 싱글 외투의 일종.

‡**chest·nut** [tʃésnʌt, -nət] *n., a.* ① 밤《나무·열매》; Ⓤ 밤나무 재목; = HORSE CHESTNUT. ② 밤색(의); 구렁말(의). ③ 《口》 진부한 이야기〔익살〕.

chést vòice 〖樂〗 흉성(胸聲).

chest·y [tʃésti] *a.* 《俗》 뽐내는; 자만〔자부〕하는.

chet·nik [tʃétni:k, -ˊ] *n.* (*pl.* **~s,** ***chetnici*** [-ní:tsi:]) (유고의) 게릴라 대원《2차 대전 때 나치군을 괴롭힌》.

che·vál glàss [ʃəvǽl] 체경, 거울.

chev·a·lier [ʃèvəlíər] *n.* (중세의) 기사; (프랑스의) 최하위의 레종 도뇌르 훈위(勳位) 소유자; (옛 프랑스 귀족의) 둘째〔셋째〕 아들.

Chev·i·ot [tʃéviət, tʃí:v-] *n.* (Eng.와 Scot.와의 경계의) ~ Hills 원산의 양; (c-) 〔美+ʃév-〕 Ⓤ 체비옷 모직(비슷한 무명). 「시보레《자동차 이름》.

Chev·ro·let [ʃèvrəléi/ˊ-ˋ] *n.* 〖商標〗

chev·ron [ʃévrən] *n.* 갈매기표 무늬《∧》; (하사관·경관 등의) 갈매기표 수장(袖章). 「LET (cf. Caddy).

Chev·y [ʃévi] *n.* 《美俗》 = CHEVRO-

chev·y [tʃévi] *n.* 《英》 사냥(의 몰잇소리), 추적(追跡). —— *vt., vi.* 뒤쫓다(chase); 쫓아 다니다; 혹사(酷使)하다, 괴롭히다; 뛰어 다니다.

‡**chew** [tʃu:] *vt., vi* ① 씹다, 씹어〔깨물어〕 부수다(cf. crunch, munch). ② 숙고(熟考)하다(*over*). —— *n.* 씹음, 씹는 물건; 한 입, 한 번 씹음〔깨

chéwing gùm 껌. 〔물〕.

Chey·enne [ʃaién, -ǽn] *n.* (*pl.* **~(*s*)**) 샤이엔족《북아메리카 원주민》.

chg. (*pl.* **chgs.**) change; charge.

chgd. changed; charged.

chi [kai] *n.* 그리스어 알파벳의 스물 둘째 글자 《*X, x*》.

Chiang Kai-shek [tʃǽŋ káiʃék] (1887–1975) 장개석(蔣介石)《중국 총통》. 「리아산 붉은 포도주.

Chi·an·ti [kiǽnti, -ɑ́:n-] *n.* Ⓤ 이탈

chi·a·ro·scu·ro [kiɑ̀:rəskjú(:)rou] *n.* (It.) (그림·문예상의) 명암(明暗)의 배합〔대조〕(법).

chi·as·ma [kaiǽzmə] *n.* (*pl.* ***~ta*** [-tə]) Ⓤ 키아스마, 염색체 교차.

chi·as·mus [kaiǽzməs] *n.* 〖修〗 교착법《어구의 X 모양 교착 배치; 보기: *Grief joys, joy grieves*》.

chic [ʃi(:)k] *n., a.* (F.) Ⓤ 멋짐, 멋진, 스마트한〔함〕.

‡**Chi·ca·go** [ʃikɑ́:gou, -kɔ́:-] *n.* 시카고《미국 중부의 대도시》.

chi·cane [ʃikéin] *n.* 책략, 궤변, 속임. —— *vt., vi* 얼버무리다, 어물쩍거리다, 속이다. 「말).

chi·can·er·y [-əri] *n.* ⓊⒸ 속임(수의

Chi·ca·no [tʃikɑ́:nou] *n.* (*pl.* **~*s***) 《美》 멕시코계 미국인.

chi·chi, chi-chi [tʃí:tʃi:] *a., n.* 멋진 (스타일), 스마트한 (디자인).

‡**chick** [tʃik] *n.* ① 병아리, 열쭝이. ② 아이, 어린애. ③ 《美俗》 젊은 여자.

chick·a·dee [tʃíkədì:] *n.* 박새(무리).

chick·a·ree [tʃíkərì:] *n.* 붉은 털의 다람쥐《북미산》.

†**chick·en** [tʃíkin] *n.* (*pl.* **~(*s*)**) ① 새새끼, 병아리. ② 《美俗》 닭; Ⓤ 영계 고기, 닭고기. ③ 《口》 어린애, 풋내기, 계집아이, 약골. ④ 하찮은 일, 거짓말, 성마름.

chícken brèast 새가슴. 「잔돈.

chícken fèed 《美》 닭모이; 《美俗》

chick·en-heart·ed [-hɑ́:rtid] *a.* 소심한.

chícken pòx 수두(水痘), 작은마마.

chícken yàrd 《美》 양계장.

chick·weed [tʃíkwì:d] *n.* 〖植〗 별꽃.

chíc·le (gúm) [tʃíkl] *n.* Ⓤ 《美》 치클《껌 원료》.

chic·o·ry [tʃíkəri] *n.* 〖植〗ⓊⒸ 치커리《뿌리는 커피 대용》; 《英》 = ENDIVE.

chid [tʃid] *v.* chide의 과거(분사).

chid·den [tʃídn] *v.* chide의 과거분사.

chide** [tʃaid] *vt., vi.* (chid, ~d; chidden, chid, ~d***) 꾸짖다; 꾸짖어 내쫓다(*away*).

†**chief** [tʃi:f] *n.* ① 장(長), 수령, 지도자. ② 추장, 족장(族長). ③ 장관, 국장, 소장, 과장 (따위). ~ ***of staff*** 참모장. ***in*** ~ 최고위의; 주로 (*the editor in* ~ 편집장). —— ***a.*** ① 첫째의, 제 1 위의, 최고의. ② 주요한. ‡**chíef·ly** *ad.* 주로.

Chíef Exécutive 《美》 대통령; 행정 장관《주지사·시장 등》. 「법원장.

chíef jústice 재판(소)장; (C- J-) 대

***chief·tain** [ˊtən] *n.* 지도자, 두목, 추장, 족장. **~·cy, ~·ship** [-ʃìp] *n.* ⓊⒸ

chiff·chaff [tʃíftʃæ̀f] *n.* 〖鳥〗 솔새속(屬)《꾀꼬리 무리》의 명금(鳴禽).

chif·fon [ʃifɑ́n/ʃífɔn] *n.* (F.) Ⓤ 시퐁《얇은 비단》; (보통 *pl.*) 옷의 장식《리본 따위》. 「린) 옷장.

chif·fo·nier [ʃìfəníər] *n.* (거울 달

chig·ger [tʃígər] *n.* 털진드기; = CHIGOE. 「발(束髮)의) 쪽.

chi·gnon [ʃí:njɑn/ʃi:nʌ́n] *n.* (F.) (속

chig·oe [tʃígou] *n.* 모래벼룩《서인도·남미산》, 진드기의 일종.

chil·blain [tʃílblèin] *n.* 동상(凍傷).

†**child** [tʃaild] *n.* (*pl.* ***~ren***) ① 아이, 어린이, 유아. ② 자식; (*pl.*) 자손. ③ 미숙자. ***with*** ~ 임신하여. ˊ**·less** *a.* 아이〔어린애〕 없는.

child·bear·ing [ˊbèəriŋ], **child·birth** [ˊbə̀:rθ] *n.* ⓊⒸ 출산, 해산.

child·bed [ˊbèd] *n.* Ⓤ 산욕(産褥); 해산.

‡**child·hood** [ˊhùd] *n.* Ⓤ 유년기, 어림; 초기의 시대.

‡**child·ish** [ˊiʃ] *a.* 어린애 같은, 앳된, 유치한. **~·ly** *ad.* **~·ness** *n.*

chíld lábo(u)r 미성년자 노동.

***child·like** [ˊlàik] *a.* (좋은 뜻으로) 어린애다운, 천진한(cf. childish).

child·proof [ˊ-prù:f] *a.* 아이가 열〔장난칠〕 수 없는.

chíld psychólogy 아동 심리(학).

†**chil·dren** [tʃíldrən] *n.* child의 복수.

***Chil·e, Chil·i** [tʃíli] *n.* 칠레 《공화국》. **Chíl·e·an** [tʃíliən] *a., n.* 칠레의, 칠레 사람(의). 「(의 일종).

chil·i [tʃíli] *n.* (*pl.* ~*es*) UC 고추

chíl·i con cár·ne [tʃíli kɑn káːrni, -kɔn-] chili를 넣고 기계로 저민 고기와 강낭콩을 끓인 멕시코 요리.

‡**chill** [tʃil] *n.* ① 한기(寒氣), 냉기 (coldness). ② 으스스함, 오한; 냉담함; 섬뜩함, 두려움. ***cast a ~ over*** …의 흥을 깨다. ***catch* 〔*have*〕 *a ~*** 오싹〔으스스〕하다. ***~s and fever*** 《美》 〖醫〗 학질, 간헐열. ***take the ~ off*** (음료 따위를) 조금 데우다. —*a.* ① 차가운, 찬. ② 냉담한. —*vt.* ① 차게 하다, 냉동하다. ② 흥을 잡치다; 낙심시키다 (dispirit). ③ (용철(熔鐵)을) 냉강(冷剛)하다. ④ (음료를) 알맞게 데우다 (cf. mull³). —*vi.* 식다, 차가워〔추워〕지다, 한기가 들다. **~ed** [-d] *a.* 냉각된, 냉장한. ‡**chíl·ly** *a.* 찬, 차 └가운.

chíll càr 《美》 냉동차(車).

Chíl·tern Húndreds [tʃíltərn] 《英》 Chiltern Hills 부근의 왕의 영지. ***accept* 〔*apply for*〕 *the ~*** 하원의원을 사퇴하다. 「MERA.

chi·mae·ra [kaimíːrə, ki-] *n.* =CHI-

‡**chime** [tʃaim] *n.* ① 차임 《조율(調律)한 한 벌의 종》, (*pl.*) 그 소리; (시보(時報)의) 차임. ② UC 조화. ***keep ~ with*** …와 가락을 맞추다. —*vt., vi.* ① 가락을 맞추어 울리다; (종·시계가) 아름다운 소리로 울리다. ② 울리어 알리다. ③ 일치〔조화〕하다, 가락을 맞추다. ***~ in*** 찬성하다, 맞장구치다; …와 가락〔장단〕을 맞추다(*with*); 일치하다.

chi·me·ra [kaimíːrə, ki-] *n.* (*or* C-) 〖그神〗 키메라 《사자의 머리, 염소의 몸, 용〔뱀〕의 꼬리를 한 괴물; 입으로 불을 뿜음》; 괴물; 환상. **chi·mér·ic** [-mérik] **-i·cal** [-əl] *a.* 환상의, 정체를 알 수 없는.

‡**chim·ney** [tʃímni] *n.* 굴뚝, (남포의) └등피.

chímney còrner 노변(爐邊).

chímney nòok = CHIMNEY CORNER.

chímney pìece = MANTELPIECE.

chímney pòt 연기 잘 빠지게 굴뚝 위에 얹은 토관; 《英》 실크햇.

chímney stàck 짜맞춘 굴뚝; (공장 따위의) 큰 굴뚝.

chímney stàlk (공장의) 큰 굴뚝; (굴뚝의) 돌출부. 「수 있는) 제비.

chímney swàllow 《英》 (흔히 볼

chímney swèep(er) 굴뚝 청소부.

chímney swìft (북미산의) 제비, 칼새.

chimp [tʃimp] *n.* 《口》 =CHIMPANZEE. 「-pən-, -pæn-] *n.* 침팬지.

***chim·pan·zee** [tʃìmpænzíː, ⸗⸗/

‡**chin** [tʃin] *n.* 턱; 턱끝. **keep one's ~** 버티다, 굴하지 않다. ***wag one's ~*** 지껄이다(talk). —*vt., vi.* 《美》 지껄이다; (바이올린 따위를) 턱에 대다. ***~ oneself*** (철봉대에서) 턱걸이하다. ***C- up!*** 《俗》 기운을 내라.

†**Chi·na** [tʃáinə] *n.* 중국. ***Red ~*** 중공《the People's Republic of ~》. ***the Republic of ~*** 중화민국. —*a.* 중국(산)의. 「자기(porcelain).

‡**chi·na** *n., a.* U 자기(磁器)(의), 도

Chína àster 〖植〗 과꽃.

chína clày 도토(陶土), 고령토.

Chína ìnk 먹.

Chi·na·man [-mən] *n.* 《蔑》 중국인 (Chinese); (c-) 질그릇 장수.

Chína trèe 〖植〗 멀구슬나무.

chi·na·ware [-wɛ̀ər] *n.* U 도자기.

chinch [tʃintʃ] *n.* 빈대(bedbug).

chin·chil·la [tʃintʃílə] *n.* 친칠라; U 그 모피; 친칠라 모피 제품.

chin-chin [tʃíntʃìn/⸗⸗] *int.* 《英》 축배!, 안녕!, 야아! 「〖醫〗 백일해.

chin·cough [tʃínkɔ̀ːf, -ɑ̀-] *n.* U

chine [tʃain] *n.* 등뼈(살); 산등성이, 산마루. 「NESE.

Chi·nee [tʃainíː] *n.* 《俗》 =CHI-

†**Chi·nese** [tʃainíːz, ⸗⸗] *a., n.* 중국의; U 중국어; (*sing.* & *pl.*) 중국인.

Chínese béllflòwer 도라지.

Chínese ínk 먹.

Chínese lántern 종이 초롱.

Chínese lántern plànt 꽈리. 「제.

Chínese púzzle 복잡한 퀴즈; 난문

Chínese Rèvolútion, the 신해(辛

Chínese Wáll 만리 장성. └亥) 혁명.

Chínese whíte 아연백(亞鉛白) 《그림물감》.

chink¹ [tʃiŋk] *n., vi., vt.* 갈라진 틈; 균열(이 생기다, 을 만들다), 금(이 가다, 이 가게 하다); 《美》 …의 틈을 메우다〔막다〕.

chink² *vi., vt., n.* 짤랑짤랑 소리나(게 하)다; 그 소리; UC 《俗》 주화, └돈.

chín mùsic 《美俗》 잡담, 회화.

chi·no [tʃíːnou, ʃíː-] *n.* 질긴 능직천의 일종; (*pl.*) 그것으로 만든 바지.

Chi·nook [tʃinúk, ʃinúːk] *n.* (*pl.* ~(*s*)) 치누크 (미국 북서부의 토인); U 그 언어.

chin·qua·pin [tʃíŋkəpìn] *n.* (북미산) 밤나무의 일종; 그 열매.

chintz [tʃints] *n., a.* U (광택을 낸) 사라사 무명(의). 「는) 턱걸이.

chin-up [tʃínʌ̀p] *n.* (철봉에서 하

chin·wag [tʃínwæ̀g] *n.* 《俗》 수다, 잡담. —*vi.* (*-gg-*) 《俗》 수다떨다.

chi·o·no·dox·a [kaiənədɑ́ksə / -ɔ́-] *n.* 〖植〗 초봄에 청색 또는 백색의 작은 꽃이 피는 백합과의 풀.

‡**chip** [tʃip] *n.* ① (나무·금속 따위의) 조각, 나무때기. ② 얇은 조각. ③ 사기 그릇 따위의 이빠진 곳〔흠〕; 깨진 조각, 쪼가리. ④ (포커 따위의) 점수패. ⑤ 너절한 것. ⑥ (*pl.*) 《英》 (감자 따위) 얇게 썬 것(의 튀김). ⑦ 건조한 수분(獸糞) 《연료용》. ⑧ (*pl.*) 《俗》 돈. ***a ~ of* 〔*off*〕 *the old block*** 아비 닮은 아들. ***a ~ in porridge* 〔*pottage, broth*〕** 있으나마나 한 것. ***a ~ on one's shoulder*** 《美口》 시빗조. ***dry as a ~*** 무미 건조한. ***in ~s*** 《俗》 돈많은. ***The ~s are down.*** 《美俗》 주사위는 던져졌

다; 결심이 섰다. —— *vt.* (**-pp-**) 자르다, 깎다, 쪼개다. —— *vi.* 떨어져 나가다, 빠지다(*off*). ～ ***at*** …에 덤벼〔대〕들다; 독설을 퍼붓다. ～ ***in*** 《口》 (이야기 도중에) 말참견하다; 돈을 추렴하다(contribute). 「판지.

chip·board [ˊbɔ̀:rd] *n.* ⓊⒸ 마분지,

chip·munk [ˊmʌ̀ŋk] *n.* 얼룩다람쥐 《북미산》.

chip·per [tʃípər] *a.* 《美口》 쾌활한.

chip·ping [tʃípiŋ] *n.* (보통 *pl.*) 지저깨비. 「새.

chípping spàrrow (북미산의) 참

chip·py[1] [tʃípi] *a.* 지저깨비의; 《俗》 너절한; 《俗》 숙취(宿醉)로 기분이 나쁜; 성마른, 잔뜩 성이 난.

chip·py[2] *n.* chipmunk 및 chipping sparrow의 애칭; 《俗》 갈보.

chirk [tʃə:rk] *a., vi.* 《美俗》 쾌활한〔해지다, 하게 행동하다〕; (문 따위가) 삐걱거리다. 「서, 자필 증서.

chi·ro·graph [káirougræf] *n.* 증

chi·rog·ra·phy [kairágrəfi / -rɔ́g-] *n.* Ⓤ 글씨, 필〔글씨〕체, 필적.

chi·ro·man·cer [káirəmæ̀nsər] *n.* 수상가(手相家).

chi·rop·o·dy [kirápədi. kai-/kirɔ́-] *n.* Ⓤ (손)발치료《못·부르튼 곳 등의》.

chi·ro·prac·tic [kàirəprǽktik] *n.* (척추) 지압 요법.

chi·ro·prac·tor [káirəpræ̀ktər] *n.* 지압(指壓)치료사.

‡**chirp** [tʃə:rp] *vi., n.* (새·벌레가) **짹짹〔찍찍〕 울다**; 그 우는 소리.

chirr [tʃə:r] *vi., n.* (귀뚜라미 등이) 귀뚤귀뚤〔찌르찌르〕 울다; 그 소리.

chir·rup [tʃírəp, tʃə́:r-] *vi., n.* 지저귀다〔는 소리〕; (갓난애를) 혀를 차서 어르다〔는 소리〕; 어르러.

***chis·el** [tʃízl] *n.* **끌**, 조각칼; Ⓤ (the ～) 조각술; ⓊⒸ 《俗》 잔꾀, 사기. —— *vt.* 《英》 (**-ll-**) 끌로 깎다〔파다〕; 《美俗》 속이다.

chit[1] [tʃit] *n.* 어린애; (건방진) 계집애; 새끼 고양이. 「따위의) 전표.

chit[2] *n.* 짧은 편지, 메모; (식당·다방

chit[3] *n., vi.* (**-tt-**) 싹(을 내다). 「얘기.

chit·chat [tʃíttʃæ̀t] *n.* 잡담; 세상

chi·tin [káitin] *n.* Ⓤ 〖生化〗 키틴질(質), 각질(角質)《곤충·갑각류의 겉을 싸는 성분》.

chit·ter·lings [tʃítliŋz] *n. pl.* (돼지 따위의) 곱창《튀김 등으로 씀》.

***chiv·al·rous** [ʃívəlrəs] *a.* **기사적인** (knightly), 의협적인, 용감하고 관대한; 여성에게 정중한(gallant). ～**·ly** *ad.* 「도).

***chiv·al·ry** [ʃívəlri] *n.* Ⓤ **기사도**〔제

chive [tʃaiv] *n.* 〖植〗 골파.

chiv·(v)y [tʃívi] *n., v.* =CHEVY.

chlo·ral [klɔ́:rəl] *n.* Ⓤ 《化》 클로랄 《알데히드의 일종》; =ˊ **hýdrate** 포수(抱水) 클로랄《마취제》.

chlo·ram·phen·i·col [klɔ̀:ræmféni-kɔ̀:l] *n.* =CHLOROMYCETIN. 「염.

chlo·rate [klɔ́:reit] *n.* 〖化〗 염소산

chlor·dane [klɔ́:rdein] *n.* 클로르데인《강력한 살충제》.

chlo·rel·la [klərélə] *n.* 〖植〗 클로렐라 《녹조(綠藻)의 일종》.

chlo·ric [klɔ́:rik] *a.* 〖化〗 염소를 함유하는. ～ ***acid*** 염소산.

chlo·ride [klɔ́:raid] *n.* Ⓤ 염화물; 《口》 표백분. ～ ***of lime*** 표백분.

chlo·rine [klɔ́:rin] *n.* Ⓤ〖化〗 염소.

chlórine dióxide 2산화 염소《주로 목재 펄프·지방·기름·소맥분의 표백제용》. 「산염.

chlo·rite[1] [klɔ́:rait] *n.* 〖化〗 아염소

chlo·rite[2] *n.* 〖鑛〗 녹니석(綠泥石).

chlo·ro·dyne [klɔ́:roudàin] *n.* Ⓤ 클로로다인 《진통 마취약》.

chlo·ro·form [klɔ́:rəfɔ̀:rm] *n., vt.* Ⓤ 클로로포름(으로 마취시키다).

chlo·ro·my·ce·tin [klɔ̀:roumaisí:-tn] *n.* 〖藥〗 클로로마이세틴 《항생물질의 일종; 티푸스·폐렴약》.

chlo·ro·phyl(l) [klɔ́:rəfil] *n.* Ⓤ 엽록소(葉綠素).

chlo·ro·prene [klɔ́:roupri:n] *n.* Ⓤ 클로로프린《합성고무의 원료》. 「의.

chlo·rous [klɔ́:rəs] *a.* 〖化〗 아염소산

chlor·prom·a·zine [klɔ:rprámə-zi:n/-prɔ́m-] *n.* 〖藥〗 클로르프로마진《진정제·구토 억제》.

chock [tʃak/-ɔ-] *n., vt.* 굄목; (배의) 밧줄걸이; 쐐기(로 고정시키다); (가구 따위로) 꽉 채우다(*up*) (～ ***up*** *a room with furniture*). —— *ad.* 꽉, 빡빡이; 아주.

chock·a·block [tʃákəblák / tʃɔ́kə-blɔ́k] *a., ad.* 꽉 찬; 꽉 차서(*with*).

chock-full [ˊfúl] *a.* 꽉 찬.

‡**choc·o·late** [tʃɔ́:kəlit, -á-/-ɔ́-] *n., a.* Ⓤ **초콜릿**(과자·빛)(의).

choc·o·late-box [-báks/-bɔ́ks] *a.* 표면적으로 고운, 번쩍번쩍하는.

chócolate sóldier 전투를 좋아하지 않는 병사.

‡**choice** [tʃɔis] *n.* ① **선택**(selection); 가림(preference). ② Ⓤ 선택권〔력〕; Ⓒ 선택의 기호. ③ 뽑힌 것〔사람〕, 우량품, 정선(精選)된 것 (best part) (*of*). ④ 《集合的》 고르는 물건의 범위(variety) (*We have a large* 〔*great*〕 ～ *of ties.* 여러 가지 넥타이가 있습니다). ***at one's*** ～ 좋아하는〔마음〕대로. ***by*** ～ 좋아서, 스스로 택하여. ～ ***for the tokens*** 《英俗》 베스트 셀러, 날개돋힌 책. ***for*** ～ 어느 쪽인가를 택해야 한다면. ***have no*** ～ 가리지 않다(아무것이나 좋다); 이것저것 가릴 여지가 없다. ***have no*** ～ ***but to*** (do) …할 수밖에 없다. ***make*** ～ ***of*** …을 고르다. ***Hobson's*** ～ (주어진 것을 갖느냐 안 갖느냐의) 명색뿐인 선택. —— *a.* 고르고 고른(select), 우량한.

‡**choir** [kwaiər] *n.* (교회의) **성가대**(석).

choir·boy [ˊbɔ̀i] *n.* 성가대 소년가수.

chóir lòft (교회의 2층) 성가대석.

chóir màster 성가대 지휘자.

chóir òrgan (성가대 반주용) 최저음 파이프 오르간.

‡**choke** [tʃouk] *vt.* ① 막히게 하다, **질식시키다**. ② 목졸라 죽이다; 꽉

채워 넣다(fill), (틀어)막다(block). ③ 멈추다, (불을) 끄다. ④ (감정을) 억제하다. —— *vi.* **숨이 막히다,** (목)메다(*with*); 막히다. ～ ***back*** 억누르다(hold back). ～ ***down*** 간신히 삼키다; 꿀꺽 참다. ～ ***off*** 질식〔중지〕시키다. ～ ***up*** 막다(*with*); 막히게 하다; 말라죽게 하다. —— *n.* ① 질식. ② (파이프의) 폐색부.

choke·damp [∠dæ̀mp] *n.* Ⓤ (탄갱·우물 등의) 탄산〔유독〕가스.

choke-full [∠fúl] *a.* =CHOCK-FULL.

chok·er [∠ər] *n.* choke시키는 물건〔사람〕; 《口》 초커《꽉 끼는 목걸이》.

cho·le·li·thi·a·sis [kòuləliθáiəsis] *n.* 〖醫〗 담석증.

chol·er [kálər/-ɔ́-] *n.* Ⓤ 《古》 담즙(bile); 울화, 노여움, 성마름. **chol·er·ic** [kálərik/-ɔ́-] *a.* 담즙질(質)의; 성마른, 잘 불끈거리는.

chol·er·a** [kálərə/-ɔ́-] *n.* Ⓤ **콜레라.** ***Asiatic 〔***epidemic, malignant***〕 ～ 진성 콜레라.

chólera bèlt (보온용의) 복대(腹帶).

cho·les·ter·ol [kəléstəròul, -rɔ̀(:)l] *n.* Ⓤ 〖生化〗 콜레스테롤《혈액·뇌·담즙 등에 있는 지방질》.

cho·li·amb [kóuliæ̀mb] *n.* 〖韻〗 파행 단장격(跛行短長格).

cho·line [kóuli:n] *n.* Ⓤ 〖生化〗 콜린《비타민 B 복합체의 하나》.

chon·dri·tis [kandráitis/kɔn-] *n.* 〖醫〗 연골염.

choo-choo [tʃú:tʃù:] *n.* 《美兒》 기차, 칙칙폭폭(《英》 puff-puff).

†**choose** [tʃu:z] *vt., vi.* (***chose; chosen***) ① **고르다**(select), 선택하다. ② 선거하다(elect). ③ …하고 싶은 기분이 들다, …하려고 생각하다. ***as you*** ～ 좋으실〔마음〕대로. ***cannot*** ～ ***but*** (do) …하지 않을 수 없다.

choos·(e)y [∠i] *a.* 《口》 가리는, 까다로운.

‡**chop**[1] [tʃap/-ɔ-] *vt.* (***-pp-***) ① **찍다,** 쳐〔팍〕 자르다, 싹뚝 베다(hack), 잘게 자르다(mince)(*up*). ② (길을) 트다. ③ 〖테니스〗 (공을) 깎아치다. —— *vi.* ① 자르다; 잘라지다, 가르다; 갈라지다; 금이 가다. ② 중뿔나게 참견하다(*in*). ～ ***about*** 난도질하다. ～ ***in*** 《口》 불쑥 말참견하다. —— *n.* ① 절단(한 한 조각), 두껍게 베어낸 고깃점. ② 〖테니스〗 (공을) 깎아치기.

chop[2] *n.* 턱, 뺨; (*pl.*) 입, (항구·골짜기의) 입구, 어귀.

chop[3] *vi., vt.* (***-pp-***) 갑자기 바꾸다〔바뀌다〕. ～ ***about*** (바람이) 끊임없이 바뀌다; 갈팡질팡하다, 마음이 바뀌다. ～ ***and change*** (생각·직업 따위를) 자꾸 바꾸다. ～ ***logic*** 억지이론〔궤변〕을 늘어놓다. ～ ***words*** 언쟁〔말다툼〕하다.

chop[4] *n.* (인도·중국의) 관인(官印), 면허증; 상표; 《印度口》 품질 (등급), 품종. ***first*** ～ 일급품.

chop-chop [∠tʃáp/∠tʃɔ́p] *ad., int.* 《俗》 빨리, 서둘러.

chop·fall·en [∠fɔ̀:lən] *a.* =CHAPFALLEN.

chop·house [∠hàus] *n.* 고기 요리점; 《古》 (중국의) 세관.

Cho·pin [ʃóupæn/ʃɔ́pæn], **Frédéric François** (1810–49) 폴란드 태생의 프랑스 작곡가.

chop·per [tʃápər/-ɔ́-] *n.* 자르는〔써는〕 사람; 고기 써는 식칼(cleaver); 《美俗》 헬리콥터; 《俗》 (특히) 의치; 〖電子〗 직교(直交) 교환기.

chop·py [tʃápi/-ɔ́-] *n.* (바람이) 변하기 쉬운; 삼각파가 이는.

chop·stick [∠stìk] *n.* (보통 *pl.*) 젓가락.

chóp sú·ey [sú:i] 《美》 잡채(雜菜).

cho·ral [kɔ́:rəl] *a., n.* 성가대(choir)의; 합창(chorus)의; 합창대, 성가. ～ ***service*** 합창 예배.

cho·rale [kəræ̃l/kɔrá:l] *n.* =CHORAL.

chóral spéaking 〖劇〗 제창(齊唱), 쉬프레히코르(G. *Sprechchor*) 《한떼의 사람이 같은 말을 동시에 하기》.

***chord** [kɔ:*r*d] *n.* ① (악기의) **현,** 줄(string). ② 화현(和弦), 화음. ③ **심금**(心琴), 정서. ④ (원의) 현(弦).

chor·date [kɔ́:*r*deit] 〖生〗 *a.* 척삭(脊索)이 있는; 척삭동물의. —— *n.* 척삭동물.

chore [tʃɔ:*r*] *n.* 《美》 잡일, 허드렛일, 싫은 일.

cho·re·a [kɔ:rí:ə, kə-] *n.* Ⓤ 무도병 (St. Vitus's dance).

cho·re·og·ra·pher [kɔ̀:riágrəfər / kɔ̀:riɔ́-] *n.* 〖발레〗 안무사(按舞師).

cho·re·og·ra·phy [-fi], 《英》 **cho·reg·ra·phy** [kərégrəfi] *n.* Ⓤ 발레(의 안무); 무용술.

cho·ric [kɔ́:rik/-ɔ́-] *a.* =CHORAL.

cho·rine [kɔ́:ri:n] *n.* 《俗》 =CHORUS GIRL.

chor·is·ter [kɔ́:ristər, -á-/-ɔ́-] *n.* 성가대원; 성가대 지휘자(choir leader).

cho·rog·ra·phy [kɔ:rágrəfi / kɔ:rɔ́g-] *n.* Ⓤ 지방지지(地方地誌), 지세도.

cho·rol·o·gy [kərálədʒi/-rɔ́l-] *n.* Ⓤ 생물 분포학.

chor·tle [tʃɔ́:*r*tl] *vi.* 의기 양양하게 웃다.

‡**cho·rus** [kɔ́:rəs] *n.* **합창,** 코러스; 합창곡〔단〕. ***in*** ～ 이구동성으로, 일제히. —— *vt.* 합창하다.

chórus gìrl 코러스걸《레뷔 가수·무용수》.

‡**chose**[1] [tʃouz] *v.* choose의 과거.

chose[2] [ʃouz] *n.* 〖法〗 물(物), 재산, 동산.

‡**cho·sen** [tʃóuzn] *v.* choose의 과거분사. —— *a.* **선택된,** 뽑힌. ***the*** ～ ***people*** (신의) 선민《유태인의 자칭》.

chou [ʃu:] *n.* (*pl.* ***choux*** [ʃu:]) 슈크림.

Chou En-lai [tʃóu énlái] (1898–1976) 주 은래(周恩來)《중공의 정치가》.

chow [tʃau] *n.* (혀가 검은) 중국종 개; Ⓤ 《美俗》 음식, 식사. —— *vi.* 《美俗》 먹다.

chow·der [tʃáudər] *n.* 《美》 (조개·생선의) 잡탕《요리》.

chòw méin [tʃàu méin] (Chin.) 초면(炒麵).

CHQ Corps Headquarters 〖軍〗 군단 사령부.

Chr. Christ; Christian.

chres·tom·a·thy [krestáməθi/-ɔ́-]

n. (외국어 학습용의) 명문집(名文集).
‡**Christ** [kraist] *n.* **그리스도**, 구세주. ～**·ly** *a.* 그리스도의〔같은〕.
*__chris·ten__ [krísn] *vt., vi.* ① **세례를 주다**(baptize). ② 세례하여 명명하다; 이름을 붙이다. ③《口》처음으로 사용하다. ～**·ing** *n.* UC 세례(식); 명명(식).
Chris·ten·dom [krísndəm] *n.*《集合的》기독교국〔교도〕.
Christ·er [kráistər] *n.*《美學生俗》술 못 먹는 녀석.
‡**Chris·tian** [krístʃən] *n.* ① **기독교도**. ②《口》신사, 숙녀, 문명인. ***Let's talk like a ～s.*** 점잖게 얘기하자. **—** *a.* ① 그리스도(교)의. ②《口》신사적인.
Chrístian búrial 교회장(葬).
Chrístian Éra 서력 기원.
Chris·tia·ni·a [krìstʃiǽniə] *n.*〖스키〗회전법의 하나.
*__Chris·ti·an·i·ty__ [krìstʃiǽnəti] *n.* U **기독교** (신앙).
Chris·tian·ize [krístʃənàiz] *vt.* 기독교화하다. **-i·zá·tion** [krìstʃənizéiʃən/-tjənai-, -tʃə-] *n.*
‡**Chrístian náme** 세례명, 이름.
Chrístian Science 신앙 치료를 특색으로 하는 미국의 M. B. Eddy 여사가 창시(1866)한 교파.
Christ·like [kráistlàik] *a.* 예수 같은; 그리스도적인.
†**Christ·mas** [krísməs] *n.* **크리스마스**, 성탄절 (～ Day) 《12월 25일》. ～ ***book*** 크리스마스의 읽을거리. ***Merry ～!*** 크리스마스를 축하합니다.
Chrístmas bòx《英》크리스마스 선물《우체부·하인 등에 대한》.
Chrístmas càrd 크리스마스 카드.
Chrístmas càrol 크리스마스 송가(頌歌).
Chrístmas Dày 성탄절.
Chrístmas Éve 크리스마스 전야(제).
Chrístmas sèal 크리스마스실.
Christ·mas·tide [-tàid] *n.* 크리스마스 계절《Dec. 24–Jan. 6》.
Chrístmas trèe 크리스마스 트리.
Chris·tol·o·gy [kristálədʒi/-ɔ́-] *n.* U 그리스도론(論).
chro·mate [króumeit] *n.*〖化〗크롬산염.
chro·mat·ic [kroumǽtik] *a.* 색(채)의; 염색성의;〖樂〗반음계의 (cf. diatonic).
chromátic aberrátion〖光〗색수차(色收差).
chromátic scále 반음계.
chromátic sensátion 색채 감각.
chro·ma·tin [króumətin] *n.* U〖生〗염색질, 크로마틴.
chro·ma·to·phore [króumətəfɔ̀ːr] *n.*〖動·植〗색소세포, 색소체.
chrome [kroum] *n.* U〖化〗크롬, 크로뮴(chromium); 황색 그림물감.
chro·mic [ˊik] *a.* 크롬을 함유하는.
chróme stéel 〔**yéllow**〕 크롬강(鋼)〔황(黃)〕.
chro·mi·um [króumiəm] *n.* U〖化〗크로뮴.
chro·mo [króumou] *n.*《美》=⇩.
chro·mo·gen [króumədʒən] *n.*〖化·染〗색원체; 매염염료의 일종.
chro·mo·lith·o·graph [kròumouliθougrǽf, -grɑ̀ːf] *n.* 착색 석판화(畫).
chro·mo·some [króuməsòum] *n.*〖生〗염색체.
chro·mo·sphere [-sfìər] *n.*〖天〗채층(彩層)《태양 주변을 덮는 붉은 색 가스층》.
Chron.〖舊約〗Chronicles.
*__chron·ic__ [kránik/-ɔ́-] *a.* 오래 끄는, 만성의; 고질이 된. **-i·cal·ly** *ad.*
*__chron·i·cle__ [kránikl/-ɔ́-] *n.* **연대기**(年代記); 기록; 이야기; (C-) …신문 (*The News C-*). ***the Chronicles***〖舊約〗역대기. **—** *vt.* (연대순으로) 기록하다. **chrón·i·cler** *n.* 연대기 작자, 기록자.
chrónicle plày 시대극, 사극.
chron(o)- 「시(時)」의 뜻의 결합사.
chron·o·log·i·cal [krɑ̀nəlɑ́dʒikəl/krɔ̀nəlɔ́dʒ-] *a.* 연대순의. ～**·ly** *ad.*
chro·nol·o·gy [krənɑ́lidʒi/-ɔ́-] *n.* U 연대학; C 연대기. **-gist** *n.* 연대학자.
chro·nom·e·ter [krənɑ́mitər/-nɔ́mi-] *n.* 크로노미터《항해용 정밀 시계》;《一般》정밀 시계.
chro·nom·e·try [krənɑ́mitri/-nɔ́m-] *n.* U 시각 측정《과학적인》.
chron·o·pher [krɑ́nəfər/-ɔ́-] *n.* 시보(時報)장치.
chron·o·scope [krɑ́nəskòup/krɔ́nə-] *n.* 크로노스코프《전자에 의한 극미 시간 측정기》.
chrys·a·lid [krísəlid] *n., a.* 번데기(의); 준비기(期)(의).
chrys·a·lis [krísəlis] *n.* (*pl.* ～***es***, ***-lides*** [krisǽlədìːz]) 번데기(chrysalid); 준비기.
*__chry·san·the·mum__ [krisǽnθəməm] *n.* **국화**(꽃).
chrys·o·ber·yl [krísoubèril] *n.* U〖鑛〗금록옥(金綠玉).
chrys·o·lite [krísəlàit] *n.* U 귀감람석(貴橄欖石).
chrys·o·prase [krísouprèiz] *n.*〖鑛〗녹옥수(綠玉髓).
chub [tʃʌb] *n.* (*pl.* ～***s***,《集合的》～) 황어 무리의 민물고기.
chub·by [tʃʌ́bi] *a.* 토실토실 살찐(plump[1]).
*__chuck__[1] [tʃʌk] *vt.* ① **가볍게 두드리다**(pat). ② (휙) **던지다**. ③《英俗》(친구를) 버리다. ④ (턱 밑 따위를 장난삼아) 톡톡 치다. ～ ***away*** 버리다; 낭비하다. ***C- it!*** 집어쳐! 그만둬! 닥쳐! ～ ***out*** (성가신 자를) 쫓아내다, 끌어 내다; (의안을) 부결하다. ～ ***up*** 그만두다; 포기〔방기〕하다. **—** *n.* 던짐; 가볍게 침; 중지; 투전(投錢). ***give the*** ～《俗》갑자기 해고하다; (친구를) 뿌리쳐 버리다.
chuck[2] *n., vt.*〖機〗척《선반(旋盤)의 물림쇠》; 지퍼(zipper); (소의) 목부분의 살, 목정;《美西部俗》음식;〖機〗척에 걸다〔으로 죄다〕.
chuck[3] *vt., vi., n.* (암탉이 병아리를) 꼬꼬하고 부르다; 그 소리.
chuck[4] *n.*《古》귀여운 아이《애칭》.
chuck-full [ˊfúl] *n.* =CHOCKFULL.
chuck·hole [tʃʌ́khòul] *n.* 도로상의 구멍.
‡**chuck·le** [tʃʌ́kl] *vi., n.* ① **킬킬 웃다**〔웃는 소리〕. ② (암탉이) 꼬꼬거리

다〔는 소리〕. 「천치. **~·ed** *a.*
chuck·le·head [-hèd] *n.* 《口》 바보,
chúck wàgon 《美西部》 농장〔목장〕의 취사(炊事)용 마차.
chuff [tʃʌf] *n.* 시골뜨기; 뒤틈바리.
chug [tʃʌg] *n., vi.* (*-gg-*) (발동기 따위가) 칙칙〔폭폭〕 소리를 내다; 그 소리.
***chum** [tʃʌm] *n., vi.* (*-mm-*) **단짝**; 한 방의 동무; 친구; 한 방을 쓰다, 사이좋게 지내다. **chúm·my** *n., a.* 《口》 단짝(의), 사이좋은.
chump [tʃʌmp] *n.* 큰 나뭇조각〔고깃점〕; 《口》 멍텅구리, 바보(blockhead); 《俗》 대가리(head).
chunk [tʃʌŋk] *n.* 《口》 큰 덩어리; 땅딸막한 사람〔말〕. **chúnk·y** *a.* 《口》 통통한, 앙바름한.
chun·ter [tʃʌ́ntər] *vi.* 중얼거리다, 투덜거리다.
†**church** [tʃəːrtʃ] *n.* ① **교회당**, 성당. ② UC (교회에서의) 예배(*early* ~ 새벽 예배). ③ (C-) 교파. ④ 전기독교도; 교권. ⑤ (the C-) 성직(聖職). ***after*** ~ 예배 후. ***Anglican C-*** = C- of England. ***as poor as a ~ mouse*** 몹시 가난하여. ***at*** ~ 예배중에. ***C- of England*** 영국 국교회, 성공회 《장(長)은 왕 또는 여왕》. ***C- of Jesus Christ of Latter-day Saints*** 모르몬 교회. ***Eastern C-*** 동방〔그리스〕 교회. ***English C-***=C- of England. ***enter*** 〔***go into***〕 ***the C-*** 성직자〔목사〕가 되다. ***High*** 〔***Low***〕 ***C-*** 고파(高派)〔저파(低派)〕 교회《의식 등을 중시하는〔하지 않는〕 영국 국교의 일파》. ***talk*** ~ 종교적인 말을 하다; 《俗》 재미도 없는 말을 하다. ***Western C-*** 서방〔가톨릭〕 교회.
church·go·er [ˊgòuər] *n.* (늘) 교회에 다니는 사람.
church·going [ˊgòuiŋ] *a., n.* U 교회에 다니는〔다니기〕.
***Church·ill** [tʃə́ːrtʃil], **Winston**(1874–1965) 영국 보수당의 정치가·수상 (1940–45, 1951–55).
church·man [tʃə́ːrtʃmən] *n.* 목사.
church·ward·en [ˊwɔ̀ːrdn] *n.* 교구위원〔집사〕; 《英》 긴 사기 담뱃대.
***church·yard** [ˊjɑ̀ːrd] *n.* **교회의 경내**(境內); 교회 묘지.
churl [tʃəːrl] *n.* 촌사람; 야비한 사나이; 구두쇠. **ˊ·ish** *a.*
churn [tʃəːrn] *n.* 교유기(攪乳器) 《버터를 만드는 대형 통》. —— *vt., vi.* (우유·크림을) 휘젓다(stir); (휘저어) 버터를 만들다; 휘저어지다, 거품일(게 하)다. **ˊ·er** *n.*
churr [tʃəːr] *v., n.* =CHIRR. 「을 때》.
chut [ɬ, tʃʌt] *int.* 쳇, 쯧쯧《마땅찮
chute [ʃuːt] *n.* (물·재목 따위의) 활강로(滑降路); 급류, 폭포(rapids); 《口》 낙하산.
chut·ist [ˊist] *n.* 낙하산병.
chut·ney, -nee [tʃʌ́tni] *n.* 처트니 《라이스카레이 따위에 쓰는 달콤맵싸한 조미료》.
chutz·pa(h) [hútspə] *n.* U 《俗》 대단한 자신; 뻔뻔스러움.
chyle [kail] *n.* U 〖生〗 유미(乳糜) 《소장에서 만드는 지방성 임파액》.
chyme [kaim] *n.* 〖生〗 유미죽《위에서 위액으로 변화된 음식》.
C. I. Channel Island. **CIA** 《美》 Central Intelligence Agency. **CIC** Counterintelligence Corps.
ciao [tʃau] *int.* (It.) 여어《인사》; 안녕.
ci·ca·da** [sikéidə, -kɑ́ː-] (*pl.* **~s**, ***-dae [-diː]) **매미**.
cic·a·trice [síkətris], **-trix** [-triks] *n.* (*pl.* ***-trices*** [ˎ-tráisiːz]) 흉터, 상처 자국; 〖植〗 엽흔(葉痕).
cic·a·trize [síkətràiz] *vi., vt.* 흉터가 나(게 하)다; 아물(게 하)다.
Cic·e·ro [sísəròu], **Marcus Tullius** (106–43 B.C.) 키케로《로마의 웅변가·정치가》. **Cic·e·ró·ni·an** [sìsəróuniən] *a., n.* 키케로적인; 웅변인, 키케로 숭배자.
cic·e·ro·ne [sìsəróuni, tʃìtʃə-] *n.* (*pl.* ***-ni*** [-niː], **~s**) (It.) (관광) 안내인.
ci·cis·be·o [tʃìːtʃizbéiou] *n.* (*pl.* ***-bei*** [-béiiː]) (It.) (특히 18세기 이탈리아의, 유부녀의 공공연한) 애인.
C. I. D. Criminal Investigation Department 《美》 검찰국, 〖軍〗 범죄수사대, 《英》 (런던 경찰국의) 수사과.
ci·der** [sáidər] *n.* U **사과술**《한국의 「사이다」와는 다름》. ***all talk and no ~ 공론(空論).
cíder prèss 사과 착즙기(搾汁器).
C. I. E. Civil Information and Education (Section) 민간정보교육(국).
C. I. F., c. i. f., cif. cost, insurance, and freight 운임 보험료 포함 (가격).
‡**ci·gar** [sigɑ́ːr] *n.* 엽궐련, **여송연**.
‡**cig·a·ret(te)** [sìgərét, ˊ-ˋ] *n.* **궐련**.
cil·i·a [síliə] *n. pl.* (*sing.* ***-ium*** [-iəm]) 속눈썹; 〖植·生〗 섬모(纖毛), 솜털.
CIM computer-integrated manufacturing 컴퓨터 통합 생산체제.
Cim·me·ri·an [simíəriən] *a.* 〖그神〗 (아득한 옛날, 영원한 암흑 세계에 살았다는) 킴메르 사람의. **~ *darkness*** 칠흑, 암흑. 「Chief.
C. in C., C-in-C Commander-in-
cinch [sintʃ] *n.* 《美》 (말의) 뱃대끈; 《口》 꽉 쥠〔잡음〕; 《俗》 확실한 일, 수월한 일 (*That's a* ~. 그런 것 식은 죽먹기다); 《美》 (말의) 뱃대끈을 죄다; 《俗》 꽉 붙잡다, 확보하다, 확실히 하다.
cin·cho·na [sinkóunə, siŋ-] *n.* 기나 나무; U 기나피《키니네를 채취》.
cin·cho·nine [síŋkənìːn] *n.* 〖藥〗 싱코닌《키나 껍질에서 채취한 알칼로이드》.
Cin·cin·nat·i [sìnsənǽti] *n.* 미국 오하이오주의 상공업 도시.
cinc·ture [síŋktʃər] *n.* 《詩》 띠(girdle), 띠끈; 울. —— *vt.* 띠로 감다, 둘러싸다.
***cin·der** [síndər] *n.* U (석탄 따위의) **타다 남은 찌꺼기**; 뜬숯; (*pl.*) 타다 남은 것, 재(ashes); =CINDER TRACK.

cínder blòck 속이 빈 건축용 블록.
*__Cin·der·el·la__ [sìndərélə] (<cinder) *n.* 신데렐라(=G. *Aschenbrödel;* F. *Cendrillon*); 숨은 미인〔재원〕; 하녀; 밤 12시까지만의 무도회 (~ dance).
cínder pàth 〔**tràck**〕 경주로.
cine- cinema의 뜻의 결합사.
cin·e·cam·er·a [sínəkæmərə] *n.* 영화 촬영기.
cin·e·film [sínəfilm] *n.* 영화용 필름.
‡**cin·e·ma** [sínəmə] *n.* 《英》 **영화(관)** (*go to the* ~). ***the*** ~ 《集合的》영화.
cínema cìrcuit 영화관의 흥행 계통.
cin·e·mac·tor [sínəmæktər] *n.* 《美俗》 영화 배우. 「화 여배우.
cín·e·mac·tress [-tris] *n.* 《美俗》 영
Cín·e·ma·Scope [sínəmaskòup] *n.* 〖商標〗 시네마스코프《와이드 스크린 방식 영화의 하나》. 「협 영화 극장.
cin·e·ma·theque [sìnəmaték] *n.* 실
cin·e·mat·o·graph [sìnəmætəgræf, -grɑ̀:f] *n.* 《주로 英》 영사기; 촬영기.
cin·e·mat·o·graph·ic [⌐─⌐─græf-] *a.*
cin·e·ma·tog·ra·phy [sìnəmətɑ́grəfi/-ɔ́-] *n.* Ⓤ 영화 촬영 기술〔기법〕.
cin·e·ma·to·ra·di·og·ra·phy [sìnəmætərèidiɑ́grəfi/-ɔ́g-] *n.* (움직이는 장기(臟器)를 찍는) 엑스선 영화 촬영법.
Cin·e·ram·a [sìnərɑ́:mə, -rǽ-] *n.* 〖商標〗 시네라마 《3대의 영사기를 써서 호상(弧狀) 영사막에 비치어 입체감을 내는 영화의 한 방식》.
cin·e·rar·i·a [sìnərέəriə] *n.* 시네라리아《엉거시과 식물》.
cin·e·rar·i·um [sìnərέəriəm] *n.* (*pl.* ***-ia*** [-iə]) 납골소(納骨所).
cin·er·a·tor [sínərèitər] *n.* 화장로(爐).
Cin·ga·lese [sìŋgəlí:z] *a., n.* (*pl.* ~) Ⓒⓤ Ceylon(섬)의 (사람·말).
cin·na·bar [sínəbɑ̀:r] *n.* Ⓤ 〖鑛〗 진사(辰砂)《수은 원광》; 선홍색; 주홍.
*__cin·na·mon__ [sínəmən] *n., a.* Ⓤ **계피**; 육계색(肉桂色)의.
cinque [siŋk] *n.* 5; (주사위·카드의) 5, 5의 수.
cin·que·cen·to [tʃìŋkwitʃéntou] *n.* Ⓤ (It.) 16세기(의 이탈리아 예술). **-cén·tist** *n.*
CIO, C.I.O. Congress of Industrial Organizations 《美》 산업별 노동조합 회의《⇨AFL-CIO》.
*__ci·pher__ [sáifər] *n.* **영(零)**(zero); 하찮은 사람〔것〕; 아라비아 숫자; Ⓤⓒ 암호 (해독서). ***in*** ~ 암호로. —*vt., vi.* 계산하다; 암호로 쓰다.
cípher kèy 암호 해독법.
cir·ca [sɔ́:rkə] *prep.* (L.) 약 (…년경) 《생략 c., ca.》.
Cir·ce [sɔ́:rsi] *n.* 〖그神〗 키르케《사람을 돼지로 바꾼 마녀》.
†**cir·cle** [sɔ́:rkl] *n.* ① **원(주)**, 권(圈). ② 원형의 장소. ③ 〖天〗 궤도(orbit); 주기(cycle). ④ **집단**, 사회; …계(界), 범위(*have a large* ~ *of friends* 안면이 넓다). ***come*** 〔***go***〕 ***full*** ~ 일주하다. ***family*** ~ 집안, 가족. ***in***
a ~ 둥그렇게, 원을 그리며. —*vi., vt.* 돌다, 둘러싸다.
cir·clet [sɔ́:rklit] *n.* 작은 원〔고리〕; 팔찌, 반지, 머리띠.
‡**cir·cuit** [sɔ́:rkit] *n.* ① 주위, 주행, **순회(구)**. ② **우회** (도로). ③ 범위. ④ 순회 재판(구). ⑤ 〖電〗 회로. ⑥ 흥행 계통(chain); =CINEMA CIRCUIT. ***closed*** ~ 폐회로. ***go the*** ~ ***of*** …을 일주하다. ***short*** ~ 〖電〗 단락(短絡), 합선. —*vt., vi.* 순회하다.
círcuit brèaker 〖電〗 차단기.
círcuit cóurt 순회 재판소.
círcuit drìve 〖野〗 본루타.
cir·cu·i·tous [sərkjú:itəs] *a.* 에움길의, 에두르는, 완곡한 (roundabout). ~**·ly** *ad.* 「순회 목사.
círcuit rìder 《美》 (Methodist 파의)
‡**cir·cu·lar** [sɔ́:rkjələr] *a.* ① **원형**(circle)의, 고리 모양〔환상〕의. ② **순환〔순회〕하는**. ③ 회람의. —*n.* 회장(回章); 선전 삐라; 안내장; 광고 쪽지. ~**·ize** [-àiz] *vt.* …에(게) 삐라〔광고〕를 도르다; 원형이 되다.
círcular létter 회장(回章), 회문(回
círcular númber 순환수. ∟文).
círcular sáw 둥근톱《동력을 씀》.
‡**cir·cu·late** [sɔ́:rkjəlèit] (<circle) *vi., vt.* ① **돌다, 돌게 하다**, 순환하다〔시키다〕. ② **유포〔유통〕하다〔시키다〕**. ③ 널리 미치다, 배포하다.
círculàting cápital 유동 자본.
círculàting décimal 순환 소수.
círculàting líbrary (회원끼리 돌려보는) 회람식 도서관.
‡**cir·cu·la·tion** [sə̀:rkjəléiʃən] *n.* Ⓤ ① **순환; 유통**. ② 유포; 배포(配布); Ⓤⓒ **발행**(액). ③ 유통 (어음), 통화.
cir·cu·la·tor [sɔ́:rkjəlèitər] *n.* 소문 퍼뜨리는 사람; 〖數〗 순환 소수.
cir·cu·la·to·ry [sɔ́:rkjələtɔ̀:ri / sə̀:kjəléitəri] *a.* (혈액) 순환의; 유통의.
circum- 「둘레, 원형, 원주(圓周)」 따위의 뜻의 결합사.
cir·cum·am·bi·ent [sə̀:rkəmǽmbiənt] *a.* 주위의; 둘러싼.
cir·cum·cen·ter, 《英》**-tre** [-séntər] *n.* 〖數〗 외심(外心).
cir·cum·cise [sɔ́:rkəmsàiz] *vt.* (유태교 따위) 할례를 행하다; (마음을) 깨끗이 하다. 「Ⓤ 할례; 포경 수술.
cir·cum·ci·sion [sə̀:rkəmsíʒən] *n.*
*__cir·cum·fer·ence__ [sərkʌ́mfərəns] *n.* Ⓤⓒ **원주**, 주위, 주변. **cir·cum·fer·en·tial** [sərkʌ̀mfərénʃəl] *a.*
cir·cum·flex [sɔ́:rkəmflèks] *n., a.* 곡절(曲折) 악센트(의).
círcumflex áccent 곡절 악센트 기호《모음 글자 위의 ˆ, ^, ˜》. 「비행.
cir·cum·flight [-flàit] *n.* 천체 궤도
cir·cum·lo·cu·tion [sə̀:rkəmlou-kjú:ʃən] *n.* Ⓤⓒ 에두름, 에두르는 말투; 완곡; 어물거림. **cir·cum·lóc·u·to·ry** [-lɑ́kjətɔ̀:ri/-lɔ́kjətəri] *a.*
cir·cum·nav·i·gate [-nǽvəgèit] *vt.* (세계를) 일주하다. **cir·cum·nav·i·ga·tion** [-næ̀vəgéiʃən] *n.* Ⓤ
cir·cum·nu·tate [-njú:tèit] *vi.* 〖植〗

(덩굴손 따위가 자라면서) 둘둘 감기다, 회전 운동을 하다.
cir·cum·scribe [sə́:rkəmskràib] *vt.* 둘레에 선을 긋다, 한계를 정하다; 에워싸다(surround); 제한하다; 〖幾〗 외접(外接)시키다.
cir·cum·scrip·tion [sə̀:rkəmskrípʃən] *n.* Ⓤ 한계 설정, 제한; 경계선; 범위; 〖幾〗 외접.
cir·cum·spect [sə́:rkəmspèkt] *a.* 조심성 많은; 빈틈없는. **cir·cum·spec·tion** [ᐩ-spékʃən] *n.* Ⓤ
‡**cir·cum·stance** [-stæ̀ns/-əns] *n.* ① (보통 *pl.*) **사정, 정황**; (*pl.*) **환경**, 처지, 생활 형편. ② 일어난 일. ③ Ⓤ 부대 사항, 상세. ④《古》Ⓤ 어마어마함(*pomp and* ~ 당당한 위의(威儀)). ***in easy*** 〔***good***〕 ***~s*** 아무 부자유 없이. ***not a ~ to***《俗》… 와 비교가 안 되다. ***the whole ~s*** 자초지종. ***under no ~s*** =NEVER. ***under*** 〔***in***〕 ***the ~s*** 이러한 사정에서는. ***with ~*** 자세히. ***without ~*** 형식차리지 않고. **~d** [-t] *a.* (어떤) 사정〔처지〕에 놓인(*be awkwardly ~d* 거북한 입장에 놓여 있다).
cir·cum·stan·tial [sə̀:rkəmstǽnʃəl] *a.* 정황에 의한, 추정상의; 상세한(detailed) (*a ~ report*); 우연한, 부수적인, 중요치 않은. ~ ***evidence*** 〖法〗 정황 증거.
cir·cum·stan·ti·ate [-stǽnʃièit] *vt.* (정황에 의해) 실증하다; …에 관하여 상술(詳述)하다. 「위의〔를 도는〕.
cir·cum·stel·lar [-stélər] *a.* 별 주
cir·cum·vent [-vént] *vt.* 선수치다, 속이다, (함정에) 빠뜨리다; 에워싸다. **-vén·tion** *n.* ⓊⒸ.
cir·cum·vo·lu·tion [-vəljú:ʃən] *n.* ⓊⒸ 완곡(한 표현), 우여 곡절.
‡**cir·cus** [sə́:rkəs] *n.* **서커스**, 곡예, 곡마단〔장〕; (고대 로마의) (원형) 경기장; 《英》 (방사상 도로가 모이는) 원형 광장(*Piccadilly* ~ (런던의) 피카딜리 광장); 재미있는 사람〔일·것〕.
cirque [sə:rk] *n.* 《詩》 천연의 원형 극장; 원형의 공간; 〖地〗 권곡(圈谷).
cir·rho·sis [siróusis] *n.* Ⓤ 〖醫〗 (특히 과음에 의한 간·신장 등의) 경변증(硬變症). 「변증의.
cir·rhot·ic [sirɑ́tik/-ɔ́-] *a.* 〖醫〗 경
cir·ro·cu·mu·lus [sìroukjú:mjələs] *n.* 〖氣〗 권적운(卷積雲), 휜차일구름.
cir·ro·stra·tus [-stréitəs, -rǽt-] *n.* 권층운(卷層雲), 조개구름.
cir·rus [sírəs] *n.* (*pl.* ***-ri*** [-rai]) 〖氣〗 권운(卷雲), 새털구름; 〖植〗 덩굴손(tendril); 〖動〗 촉모(觸毛).
cis·al·pine [sisǽlpain, -pin] *a.* (이탈리아 쪽에서 보아) 알프스 산맥의 이편〔남쪽〕의.
cis·at·lan·tic [sìsətlǽntik] *a.* 《美》 대서양의 이편〔유럽〕쪽의.
cis·co [sískou] *n.* (*pl.* ~(*e*)*s*) (미국 5대호의) 민물 청어.
cis·lu·nar [sislú:nər] *a.* 〖天〗 달궤도 안쪽의, 달과 지구 사이의.
CISM *Conseil International du Sports Militaire* (F. =International Military Sports Council).
cis·mon·tane [sismɑ́ntein/-ɔ́-] *a.* (독일측에서 본) 알프스 산맥의 이편〔북〕쪽의.
cis·sy [sísi] *n.* 《口》 무기력한 사내; 《美俗》 동성애의 남자(sissy).
Cis·ter·cian [sistə́:rʃən] *a.*, *n.* (프랑스의) 시토(Citeaux)파 수도회의 (수도사). 「**저수 탱크**; 〖解〗 체강(體腔).
***cist·ern** [sístərn] *n.* (흔히, 옥상의)
cit·a·ble [sáitəbəl] *a.* 인용할 수 있는; 소환할 수 있는.
***cit·a·del** [sítədl, -dèl] *n.* (도시를 지키는) **요새**; 거점; 피난처; (군함의) 포탑.
ci·ta·tion [saitéiʃən] *n.* Ⓤ 인용; Ⓒ 인용문; 소환(장); 〖美軍〗 열기(列記) 《수훈 군인, 부대 따위의》, 감사장.
***cite** [sait] *vt.* **인용하다**(quote); 〖法〗 소환하다(summon); (훈공 따위를) 열기(列記)하다.
cith·er [síθər] *n.* 옛 그리스의 하프 비슷한 악기; =⇩.
cith·ern [síθərn] *n.* (16–7 세기의) 기타 비슷한 악기(cittern).
cit·i·fied [sítəfàid] *a.* 《口》 (습관·복장 등이) 도시풍의.
‡**cit·i·zen** [sítəzən] *n.* ① **시민, 공민**. ② 도회 사람. ③《美》 민간인(civilian). ④ 국민(member of a nation). ~ ***of the world***=COSMOPOLITAN. **~·ry** *n.* 《集合的》 시민. ***cit·i·zen·ship** [-ʃìp] *n.* Ⓤ **시민의 신분**, 공민〔시민〕권; 국적.
CITO Charter of International Trade Organization 국제 무역 헌장.
cit·rate [sítreit, sáit-] *n.* 〖化〗 구연산염. 「한〕. ~ ***acid*** 구연산.
cit·ric [sítrik] *a.* 레몬의〔에서 채취
cit·rin [sítrin] *n.* Ⓤ 비타민 P. 「(의).
cit·rine [sítri:n] *a.*, *n.* Ⓤ 레몬색
cit·ron [sítrən] *n.* 〖植〗 시트런, 둥근불수감《나무·열매》; 그 껍질의 사탕절임; Ⓤ 레몬빛.
cit·ron·el·la [sìtrənélə] *n.* Ⓤ 시트러넬라유(油)《향료·모기약》.
cit·tern [sítərn] *n.* =CITHERN.
†**cit·y** [síti] *n.* ① **시**(市) 《미국에서는 주청(州廳)이 인정한 도시; 영국에선 칙허장에 의함, 또 cathedral이 있는 도회》. ② **도시**. ③ (the C-) 런던 시부(市部)〔상업 지구〕.
cíty árticle (신문의) 경제 기사.
cíty assèmbly 시의회. 「의.
cit·y-born [sítibɔ̀:rn] *a.* 도시 태생
cit·y-bred [-brèd] *a.* 도시에서 자란.
cit·y·bust·er [-bʌ̀stər] *n.* 《口》 원자폭탄, 수소 폭탄.
cíty cóuncil(**or**) 시(市) 참사회(원).
cíty éditor 〖新聞〗《美》 사회부장; 《英》 경제부장.
cíty háll 《美》 시청.
cíty màn 《英》 실업가.
cíty mánager 《美》 (시의회 임명의) 시정 관리자; 사무 시장.
cíty plán(**ning**) 도시 계획.
cit·y·scape [sítiskèip] *n.* 도시 풍

경(화) 《빌딩이 즐비한》. 「시인.
cíty slícker 《美口》 (닳아빠진) 도
cit·y-state [-stéit] *n*. 도시 국가《아
civ. civil; civilian. 」테네 따위》.
civ·et [sívit] *n*. 사향고양이; Ⓤ 그것에서 얻는 향료.
*__civ·ic__ [sívik] *a*. **시(市)의,** 시민〔공민·국민〕의. ~ ***rights*** 시민〔공민〕권. ~**s** *n*. 공민학〔과〕, 시정학. 「심지.
cívic cénter 〔《英》 **céntre**〕 시의 중
civ·i·cism [sívəsìzəm] *n*. Ⓤ 시민주의, 시정(市政) 존중.
‡**civ·il** [sívəl] *a*. **시민〔국민〕의;** 문관〔민간〕의; 일반인의; 민사〔민법상〕의 (cf. criminal); 국내의; 예의 바른; 문명의. ~**·ly** *ad*. 정중히, 예절바르게; 민법상.
cívil áction 〚法〛 민사 소송.
cívil códe 민법. 「탈〔상실〕.
cívil déath 〚法〛 시민〔공민〕권 박
cívil defénce 〔《英》 **defénse**〕 민간 방위〔방공〕. 「방공국.
Cívil Defénce Sèrvice 《英》 민간
cívil dìsobédience 시민적 저항《반세(反稅) 투쟁 따위》.
cívil èngineér 토목 기사. 「사〕.
cívil èngineéring 토목 공학 〔공
*__ci·vil·ian__ [sivíljən] *n*. ① (군인에 대한) **일반인,** 민간인; 문관; 비전투원. ② 민법〔로마법〕 학자. —— *a*. 일반인〔문민·민간〕의; 문관의.
ci·vil·ian·ize [-àiz] *vt*. 시민권을 주다; 군관리를 민간에 이양하다.
*__ci·vil·i·ty__ [sivíləti] *n*. Ⓤ **정중함;** (*pl*.) 정중〔공손〕한 태도.
‡**civ·i·li·za·tion** [sìvəlizéiʃən] *n*. Ⓤ ① **문명;** 개화, 교화(敎化). ② 문명 제국(민).
*__civ·i·lize__ [sívəlàiz] *vt*. **문명으로 이끌다;** 교화하다. ‡**cív·i·lized** [-d] *a*. **문명의;** 교양 있는, 세련된(refined).
cívil láw 민법; (C- L-) 로마법(法).
cívil líberty 공민의 자유.
cívil márriage 종교 의식에 의하지 않은 신고 결혼.
cívil ríghts (공)민권.
cívil sérvant 《英》 문관, 공무원.
cívil sérvice 문관 근무, 행정 사무; (전)공무원 (~ *examination* 공무원
cívil súit 민사 소송. 」임용 시험).
*__cívil wár__ **내란;** (the C- W-) 《美》 남북 전쟁(1861–65); 《英》 Charles I세와 의회와의 싸움(1642–49).
cívil yéar 역년(曆年).
civ·vy, -vie [sívi] *n*. 《俗》 일반인; 시민; (*pl*.) 평복.
Cívvy Strèet 《英俗》 민간인 생활.
C. J. Chief Justice. **ck.** cask; check; cook. **Cl** 〚化〛 chlorine. **cl.** centiliter; claim; class; clause.
clab·ber [klǽbər] *n*. Ⓤ 상해서 응고한 우유(cf. yog(h)urt). —— *vt*. (우유가) 굳어지다; 신 맛이 생기다.
clack [klæk] *n*., *vi*. 잘깍〔딱〕 소리(내다); 지껄임; 지껄여대다(chatter).
*__clad__ [klæd] *v*. 《古·雅》 clothe의 과거(분사). —— *a*. **갖춘,** 장비한(*iron-clad vessels* 철갑선).

‡**claim** [kleim] *n*. ⓊⒸ ① (당연한) **요구,** 청구(demand); (권리의) 주장. ② 권리, 자격(title). ③ (보험·보상금의) 지불 청구, 「클레임」. ***jump a*** ~ 《美》 (남이) 선취한 땅〔채굴권〕을 가로채다. ***lay*** ~ ***to*** …의 소유권을 주장하다, …을 요구하다; …라고 자칭하다. —— *vt*. ① **요구〔청구·신청〕하다.** ② 주장〔공언·자칭〕하다. ③ …의 가치가 있다, 필요로 하다. —— *vi*. 손해 배상을 청구하다(*against*).
*__claim·ant__ [ˊənt] *n*. **청구자,** 신청자.
cláiming ràce (경주후에 말을 매도하는 조건의) 특약(特約) 경마.
clair·voy·ance [klɛərvɔ́iəns] *n*. Ⓤ 천리안, 투시(력); 굉장한 통찰력. **-ant** *a*., *n*. (*fem*. ***-ante***) 천리안의 (사람).
*__clam__ [klæm] *n*. (*pl*. ~(*s*)), *vi*. (***-mm-***) **대합조개**(를 잡다); 《美口》 과묵한 사람, 뚱보. ~ ***up*** 《美口》 입을 다물다.
cla·mant [kléimənt] *a*. 시끄러운; 긴급한(urgent).
clam·bake [klǽmbèik] *n*. 《美》 (바닷가에서) 대합을 구워 먹는 피크닉.
*__clam·ber__ [klǽmbər] (cf. climb) *vi*., *n*. (애를 써서) **기어 오르다**〔오름〕.
clam·my [klǽmi] *a*. 끈끈한.
‡**clam·or,** 《英》 **-our** [klǽmər] *n*. **외치는 소리,** 와자지껄 떠듦, 소란(uproar); (불평·요구 등의) 외침; 들끓는 비난. —— *vi*., *vt*. 와글와글 떠들다; 시끄럽게 말하다; 떠들어 …시키다. ~ ***down*** 야유를 퍼부어 (연사를) 침묵시키다. 「운. ~**·ly** *ad*.
*__clam·or·ous__ [klǽmərəs] *a*. **시끄러**
*__clamp__[1] [klæmp] *n*., *vt*. **죔쇠**(로 죄다). ~ ***down*** 《美口》 탄압하다, 억누르다.
clamp[2] *vi*., *n*. 쿵쿵거리며 걷다; 그 소리. 「렁이.
clam·worm [klǽmwə̀ːrm] *n*. 갯지
*__clan__ [klæn] *n*. ① **씨족,** 일가, 일문; (스코틀랜드 고지 사람의) 일족. ② 당과, 파벌(派閥) (coterie).
clan·des·tine [klændéstin] *a*. 비밀의; 은밀한(underhand) (~ *dealings* 비밀 거래). 「(울리다).
*__clang__ [klæŋ] *n*., *vi*., *vt*. **쾅〔땡그랑〕**
clan·gor, 《英》 **-gour** [klǽŋgər] *n*. 쾅쾅〔땡그랑땡그랑〕 울리는 소리. ~**·ous** *a*.
clank [klæŋk] *vi*., *n*. (무거운 쇠사슬 따위가) 탁〔철거덕〕 소리를 내다; 그 소리. 「의; 파벌적인; 배타적인.
clan·nish [klǽniʃ] (<clan) *a*. 씨족
clan·ship [klǽnʃip] *n*. Ⓤ 씨족 제도〔정신〕; 파벌 감정. 「가〕의 한 사람.
clans·man [klǽnzmən] *n*. 가문〔일
‡**clap**[1] [klæp] *vt*., *vi*. (***-pp-***) ① **철썩 때리다,** 치다(slap); 날개치다(flap). ② 박수하다. ③ 쾅 닫히다(slam); (돛을) 싹 펴다. ④ 투옥하다. ~ ***eyes*** …을 보다, 발견하다《보통 否定文에서》. ~ ***hold of*** 붙들다. ~ ***up*** 〔***together***〕 서둘러 만들다; (거래를) 재빨리 해치우다. —— *n*. clap하기〔하는 소리〕.
clap[2] *n*. 《卑》 임질.

clap·board [ˊbɔ̀:rd, klǽbərd] *n.* 《美》 미늘벽널.
Clap·ham [klǽpəm] *n.* 《다음 句로》 ***the man on the ~ omnibus*** 평균적인 인간.
clap·per [ˊər] *n.* 박수〔손뼉〕치는 사람; 종의 추; 딱다기; 설렁; 《俗》 혀.
clap·trap [ˊtræ̀p] *a., n.* Ⓤ (인기·주목을 끌기 위한) 과장된 (연설, 작품).
claque [klæk] *n.* (F.) 《集合的》 한통속《극장 따위에 고용된 박수꾼》; 빌붙는 패거리.
Clar. clarendon (type).
clar·en·don [klǽrəndən] *n.* Ⓤ 〖印〗 클래런던《약간 길이가 길고 굵은 활자의 일종》.
clar·et [klǽrit] *n., a.* Ⓤ 클라레《보르도 포도주》; 적자색(赤紫色)(의).
***clar·i·fy** [klǽrəfài] *vt., vi.* **맑게〔정하게〕 하다**, 맑아〔정해〕지다; 명백히 하다〔되다〕. **clar·i·fi·ca·tion** [ˋ–fikéiʃən] *n.* Ⓤ 「관 악기》.
***clar·i·net** [klæ̀rənét] *n.* **클라리넷**《목
***clar·i·on** [klǽriən] *n.* **클라리언**《예전에 전쟁 때 쓰인 나팔》. ― *a.* 낭랑하게 울려 퍼지는.
***clar·i·ty** [klǽrəti] *n.* Ⓤ **맑음**, 투명함; 뚜렷함(clearness).
‡**clash** [klæʃ] *n.* ① 우지끈, 쾅, 쨍강《부딪치는 소리》. ② **충돌**; 불일치, 불화(conflict). ― *vt., vi.* ① 쾅〔우지끈, 쨍강〕 울리다. ② **충돌하다**(collide) (*against, into, upon*). ③ (의견이) 대립하다(*with*).
‡**clasp** [klæsp, -ɑ:-] *n., vt., vi.* **물림쇠**(로 물리다), **죔쇠**(로 죄다); 악수(하다); 포옹; 껴안다.
clasp·er [ˊər] *n.* 달라붙는 것〔사람〕; 〖植〗 덩굴손.
clásp knìfe 접칼.
†**class** [klæs, -ɑ:-] *n.* ① ⒸⓊ **계급**. ② ⒸⓊ **학급, 반**; 수업 시간. ③ 《美》《集合的》 동기생, 동기병(兵). ④ **등급**. ⑤ (the ~es) 상류 계급. ⑥ Ⓤ 《口》 우수. ⑦ 〖動·植〗 강(綱) 《phylum과 order의 중간》. ***be in a ~ by oneself*** 타의 추종을 불허하다. ***be no ~*** 너절하다. ***in ~*** 수업중. ***the ~es and the masses*** 상류 계급과 일반 대중. ― *vt.* 분류하다, 가르다.
cláss àction 집단〔공동〕 소송.
cláss àlien 딴 계층의 사람처럼 구는 사람.
class·book [ˊbùk] *n.* 《英》 교과서; 《美》 학급 기록부; 졸업생 앨범.
class-con·scious [ˊkánʃəs/-ɔ́-] *a.* 계급 의식이 있는. **~·ness** *n.* Ⓤ 계급 의식.
‡**clas·sic** [klǽsik] *a.* ① 고급의, 명작의; 고상한, 고아한. ② **고전적인**, (문학·예술이) 고대 그리스·로마풍의. ③ 유서깊은, 유명한; (복장 등) 유행과 동떨어진. ④ 《英》 멋진; 우수한. ***~ myth*** 그리스〔로마〕 신화. ― *n.* ① 고급의 문예, 명작. ② (그리스·로마의) **고전** (작자). ③ 고전학자; 《古》 고전주의자. ***the ~s*** (그리스·라틴의) 고전어(語)〔문학〕.
‡**clas·si·cal** [-əl] *a.* ① 그리스·라틴 문학의, **고전적인**. ② 고전주의의; (재즈·탱고 따위에 대하여) 고전 음악의. ③ 우수〔고상〕한(classic). **~·ly** *ad.*
clássical educátion 고전어(語) 교육(cf. humanities).
clássical lánguages, the 고전어《그리스·라틴어》.
clássical músic 고전 음악(cf. popular music).
clássical schòol 〖經〗 고전 학파《Adam Smith, Ricardo 등》.
clas·si·cism [klǽsəsìzəm] *n.* Ⓤ 고전주의〔숭배〕; 의고(擬古)주의《그리스·라틴 문학·어법의 모방》(cf. romanticism). **clás·si·cist** *n.*
***clas·si·fied** [klǽsəfàid] *a.* **분류〔분배〕된**; 《美》 (공문서 따위) 기밀의, ㊙의; 《俗》 비밀의, 은밀한.
clássified ád 《美》 (구인·구직 따위의) 3행 광고(want ad).
‡**clas·si·fy** [klǽsəfài] *vt.* **분류〔유별〕하다**; 등급으로 가르다, 격을 매기다. ‡**clas·si·fi·ca·tion** [ˋ–fikéiʃən] *n.* ⓊⒸ 분류; 《美》 (정부·군 문서의) 기밀 종별. 「학의) 우등 시험 합격자.
class·man [klǽsmən, -ɑ:-] 《英》 (대
‡**class·mate** [klǽsmèit, -ɑ:-] *n.* **급우**, 동급생. 「류 번호.
cláss nùmber (도서관의) 도서 분
†**class·room** [ˊrù(:)m] *n.* **교실**.
cláss strúggle 〔**wár, wárfàre**〕 계급 투쟁. 「급의, 멋있는.
class·y [klǽsi, klɑ́:si] *a.* 《美俗》 고
clast [klæst] *n.* 〖地〗 쇄설(碎屑)《풍화로 인한 바위 부스러기》. **clás·tic** *a.*
clath·rate [klǽθreit] *n.* 〖化〗 포접(包接) 화합물.
‡**clat·ter** [klǽtər] *n., vi., vt.* **덜걱덜걱〔덜거덕덜거덕〕 소리** (나다, 나게 하다); 수다; 재잘거리다.
‡**clause** [klɔ:z] *n.* **조목, 조항**(*a saving ~* 단서); 〖文〗 절(節). ***main ~*** 주절. ***subordinate ~*** 종속절.
claus·tro·pho·bi·a [klɔ̀:strəfóubiə] *n.* Ⓤ 〖醫〗 밀실 공포증.
clave [kleiv] *v.* 《古》 cleave²의 과거.
clav·i·chord [klǽvəkɔ̀:rd] *n.* 클라비코드《피아노의 전신》. 「(鎖骨).
clav·i·cle [klǽvəkəl] *n.* 〖解·動〗 쇄골
cla·vier [kləvíər] *n.* 건반 악기.
‡**claw** [klɔ:] *n.* ① (새·짐승의) **발톱**(이 있는 발); (게의) **집게발**. ② 움켜잡음. ③ 《比喩》 (공격의) 발톱. ***cut the ~s of*** …에서 공격력을 빼앗다, …을 무력하게 만들다. ― *vt., vi.* (발톱으로) 할퀴다; (욕심부려) 긁어모으다. ***~ hold of*** …을 꽉 잡다〔움켜잡다〕. ***C- me and I'll ~ thee.*** 《俗談》 가는 정에 오는 정.
cláw bàr 노루발 지렛대. 「연미복.
cláw hàmmer 노루발 장도리; 《口》
‡**clay** [klei] *n.* Ⓤ ① **찰흙, 점토**; 흙(earth). ② 육체. ***potter's ~*** 도토(陶土). **cláy·ey** [kléii] 점토질의; 점토를 바른(clayish).
clay·more [kléimɔ̀:r] *n.* (고대 스코틀랜드 고지인(人)의) 양날의 큰 칼.

cláymore míne 작은 금속 파편을 비산시키는 지뢰.
cláy pígeon 클레이《사격용으로 공중에 치던지는 둥근 표적》.
cláy pípe 토관(土管); 사기 파이프.
CLC Child Labo(u)r Committee.
cld. called; cleared; colored.
†**clean** [kli:n] *a.* ① **깨끗한, 청결한.** ② **순결한**; 결백한. ③ (산란기를 지나서, 위험 없이) 식용에 적합한(*a ~ fish* 식용어). ④ 미끈한, 균형이 잡힌; 모양이 좋은. ⑤ 흠없는(*a ~ copy* 청서(淸書) / *~ timber* 마디〔옹두리〕 없는 재목). ⑥ 훌륭한, (솜씨가) 멋진(skillful) (*a ~ hit*). ⑦ 마땅한, 당연히 해야 할(*That's the ~ thing for us to do.* 바로 우리들이 해야 할 일이다). ⑧ 완전한(*He lost a ~ 10,000 won.* 고스란히 만 원이나 손해를 보았다). ⑨ (원자탄 따위) 대기를 오염치 않는, 「깨끗한」. ***be ~ in one's person*** 몸차림이 말쑥하다. ***come ~*** 《俗》 자백〔실토〕하다. ***~ record*** 흠없는 (훌륭한) 경력. ***~ tongue*** 깨끗한 말씨 (쓰기). ***make a ~*** BREAST ***of. Mr. C-*** 정직한〔청렴결백한〕 사람 《세제(洗劑)의 상표명에서》. ***show a ~ pair of*** HEEL[1]***s.*** —— *ad.* ① 깨끗이. ② 아주, 완전히. —— *vt.* ① 깨끗이 하다; 청소하다; 씻다. ② 처치하다, 치우다. ***~ out*** 깨끗이 청소〔일소〕하다; 다 써버리다; 《俗》 (아무를) 빈털터리로 만들다. ***~ up*** 치우다; 청소하다, (악인·적을) 일소하다; 《美口》 (돈을) 벌다. ‡**∠·er** *n.* **청소부〔기〕.** ‡**∠·ing** *n.* Ⓤ 세탁. **∠·ness** *n.* Ⓤ 청결, 결백.
clean-cut [∠kʌ́t] *a.* (윤곽이) 또렷한(neat); (설명 따위) 명확한; 단정하고 건강한 (*a ~ boy*).
clean-hand·ed [∠hǽndid] *a.* 결백한.
clean-limbed [∠límd] *a.* 수족의 균형이 잡힌.
***clean·ly** [∠li] *ad.* **청결히, 깨끗이**; 완전히(completely). —— [klénli] *a.* 깨끗한 것을 좋아하는, **말쑥한**(neat). 청결한. ***cléan·li·ness** [klénlinis] *n.* Ⓤ **깨끗함, 청결**; 명백함; 결백.
***cleanse** [klenz] *vt.* **청결히 하다**; 깨끗이 하다(*from, of*). **cléans·er** *n.* 세제(洗劑). 「끗이 면도한.
clean-shav·en [klí:nʃéivən] *a.* 깨
cleans·ing [klénziŋ] *n.* Ⓤ 깨끗이 함, 정화; (죄의) 청결. —— *a.* 깨끗이하는, 정화하는. ***~ cream*** 피부의 때빼기 크림. ***~ department*** (지방 자치체의) 청소국.
clean·up [∠ʌ̀p] *n.* 청소, 정화(淨化), (범죄 등의) 일소; 《俗》 벌이; 이득(profit); 〖野〗 4번 타자.
†**clear** [kliər] *a.* ① 밝은, **맑은**, 갠; ((목)소리가) 청아한. ② (머리가) **명석한; 명백한.** ③ **가리는 것이 없는; 방해받지 않는.** ④ 죄 없는; **결점 없는,** 더럽혀지지 않은; **흠 없는**(clean). ⑤ 순전한, 깔축없는, 정미〔알속〕의(*a ~ hundred dollars* 깔축없는 백 달러). ⑥ **확신을 가진.** ⑦ 접촉하지 않은, 떨어진. ***get ~ of*** …에서 떨어지다, 피하다. ***keep ~ of*** …에서 떨어져 있다, …에 접근치 않다. —— *ad.* **분명히**; 완전히, 아주. —— *vt.* ① 분명히 하다; 맑게 하다; 깨끗이 하다. ② 처치하다, 치우다(*They ~ed the land of* 〔*from*〕 *trees.* 그 토지의 나무를 베어 버렸다). ③ (토지를) 개간하다. ④ (빚을) 갚다. ⑤ (배의) 출항 준비를 하다. ⑥ 뛰어 넘다. ⑦ (정리를 위해) 떨이로 팔다 (cf. clearance). ⑧ (어음·셈을) 결제(決濟)하다. ⑨ 순이익을 올리다(*from*). —— *vi.* ① 분명해지다; 맑아지다; 개다. ② 출항 절차를 마치다; 출항하다; 떠나다. ***~ away*** 처치하다; (안개가) 걷히다; 떠나다, 사라지다. ***~ out*** 쓸어내다; (급히) 떠나가다. ***~ the sea*** 소해(掃海)하다. ***~ up*** (날씨가) 개다; 풀다(solve), 밝히다(explain); 깨끗이 치우다〔처리하다〕; (빚을) 청산하다. —— *n.* ***in the ~*** 안목으로; (혐의 등이) 풀리어; 결백하여; 무죄하여; 명문(明文)으로; 《美俗》 빚지지 않고. ‡**cléar·ly** *ad.* **똑똑히,** 분명히, 확실히. ***cléar·ness** *n.* Ⓤ
***clear·ance** [klíərəns] *n.* ① Ⓤ **제거,** 일소; 처치; (상품의) 떨이; 해제. ② Ⓤ (산림지의) 개간; Ⓒ 개간한 곳. ③ (은행간의) 어음 교환(액). ④ 출항 인가(증), 통관 절차. ⑤ 〖機〗 빈틈, 여유. 「매.
cléarance sàle 재고 정리 매출, 특
clear-cut [klíərkʌ́t] *a.* 윤곽이 뚜렷한(*a ~ face*); 명쾌한. 「좋은.
clear-head·ed [∠hédid] *a.* 머리가
***clear·ing** [klíəriŋ] *n.* Ⓤ ① **청소**; 제거. ② Ⓒ (산림 속의) 개간지. ③ 어음 교환. 「야전 병원.
cléaring hòspital 〔**stàtion**〕 〖軍〗
cléaring hòuse 〖商〗 어음 교환소.
clear-sight·ed [klíərsáitid] *a.* 눈이 잘 보이는; 명민한; 선견지명 있는.
clear·way [∠wèi] *n.* 《英》 정차금지 구간.
cleat [kli:t] *n.* 쐐기 모양의 미끄럼막이; 〖船〗 (볼록한) 지색전(止索栓). —— *vt.* 지색전에 밧줄을 고정시키다.
cleave**[1] [kli:v] *vt., vi.* (clove, cleft, ~d; cloven, cleft, ~d***). ① **짜개〔빠개〕(지)다,** 가르다, 갈라지다. ② 베어 헤치며 나아가다. ③ (물·공기를) 헤치며 나아가다. **cléav·age** *n.* Ⓤ Ⓒ 갈라짐, 터진 금. **cléav·er** *n.* 고기 써는 식칼.
cleave[2] *vi.* (***~d,*** 《古》 ***clave, clove; ~d***) 집착하다(stick)(*to*); 단결하다(*together*). 「갈퀴덩굴.
cleav·ers [∠ərz] *n. sing. & pl.* 〖植〗
clef [klef] *n.* 〖樂〗 음자리표. ***C*** 〔***F, G***〕 ***~*** 다〔바, 사〕음자리표, 중〔저, 고〕음자리표.
cleft** [kleft] *v.* cleave[1]의 과거(분사). —— *a., n.* **짜개진,** 갈라진; 갈라진 금〔틈〕(crack, chink). ***in a ~ stick 진퇴양난에 빠져.
cléft líp 〔**pálate**〕 언청이.
clem·a·tis [klémətis] *n.* 〖植〗 참으

아리속의 식물《선인장·위령선·사위질빵 무리》.
clem·en·cy [klémənsi] *n.* UC 관대함, 인정 많음; 자비로운 행위〔조처〕. **clém·ent** *a.*
clem·en·tine [kléməntàin] *n.* 클레멘타인《오렌지의 일종》.
*__clench__ [klentʃ] *vt.* ① 꽉 죄다〔쥐다〕; (이를) 악물다. ② (못의) 대가리를 쳐서 구부리다(clinch). ③ (의론을) 결정짓다. ― *vi.* 단단히 죄어지다. **∠·er** *n.* =CLINCHER.
*__Cle·o·pa·tra__ [klì:əpǽtrə, -pá:-] *n.* (69?–30 B.C.)(절세 미인으로 알려진) 이집트 최후의 여왕.
clere·sto·ry [klíərstɔ̀:ri, -stouri] *n.* 〖建〗(교회 등의) 고창층(高窓層).
*__cler·gy__ [klə́:rdʒi] *n.* 《集合的》 목사(들), 성직자. 「사.
‡**cler·gy·man** [-mən] *n.* 성직자, 목
cler·ic [klérik] *n., a.* 목사(의). *__∼-al__ *n., a.* 목사(의), 성직의; 서기의 (cf. clerk); 베끼는(데 있어서의) (*a ∼al error* 잘못 씀, 오자); (*pl.*) 목사〔성직〕복. ***clerical staff*** 사무직원. **cler·i·cal·ism** [-əlizəm] *n.* U 성직 존중주의; 성직자의 (정치적) 세력.
†**clerk** [klə:rk, -ɑ:-] *n.* ① 사무원, 회사원; 서기. ② 《美》 점원, 판매원. ③ 〖宗〗 목사, 성직자(clergyman). ④ 《古》 학자. ***∼ in holy orders*** 목사, 성직자. ***the C- of the weather*** 《美俗》 관상대장.
Cleve·land [klí:vlənd] *n.* 잉글랜드 북동부의 주《1974년 신설》.
†**clev·er** [klévər] *a.* ① 영리한, 머리가 좋은. ② 교묘한(*at*). *__∼·ly__ *ad.* *__∼·ness__ *n.* U
clev·is [klévis] *n.* U 자형 연결기.
clew [klu:] *n., vt.* 실꾸리(로 감다); = CLUE.
*__*cli·ché*__ [kli(:)ʃéi] *n.* (*pl.* **∼*s*** [-z]) (F.) 진부한 문구《'My wife' 대신 'my better half'라고 하는 따위》.
*__click__ [klik] *n., vi., vt.* 짤까닥〔째깍〕 (소리가 나(게 하)다); 〖音聲〗 혀 차는 소리; 《口》 크게 히트치다, 성공하다.
clíck stòp 카메라의 회전 눈금이 새긴 자국에서 찰칵하고 멎는 방식.
*__cli·ent__ [kláiənt] *n.* 변호 의뢰인; 단골, 고객. ***∼ state*** 무역 상대국.
cli·en·tele [klàiəntél, klì:ɑ:ntéil] *n.* 《集合的》 소송 의뢰인들(clients); 고객들, (연극의) 단골 팬들(customers).
‡**cliff** [klif] *n.* (*pl.* **∼*s***) 벼랑, 절벽.
clíff dwèller 암굴에 사는 사람; 《口》 (도시의) 고층 아파트 주민.
cliff·hang·er [∠hæ̀ŋər] *n.* 연속〔연재〕 드릴러〔소설〕, 대모험물〔담〕.
cliff-hang·ing [∠hæ̀ŋiŋ] *a.* (끝까지) 손에 땀을 쥐게 하는.
cli·mac·ter·ic [klaimǽktərik] *n., a.* 위기(의); 갱년〔폐쇄〕기의; (7 년마다 오는) 액년(의).
cli·mac·tic [klaimǽktik], **-ti·cal** [-əl] *a.* 절정(climax)의.
‡**cli·mate** [kláimit] *n.* ① UC 기후, 풍토. ② (사회·시대의) 풍조, 사조.
cli·mat·ic [klaimǽtik] *a.*
cli·ma·tol·o·gy [klàimətɑ́lədʒi/-ɔ́-] *n.* U 기후학, 풍토학.
‡**cli·max** [kláimæks] *n., vi., vt.* ① 〖修〗 점층법(漸層法). ② 절정〔최고조〕(에 달하다, 달하게 하다).
†**climb** [klaim] *vt., vi.* ① 기어오르다 (*up*); 오르다(rise). ② (식물이) 기어오르다. ③ 출세하다. ***∼ down*** 기어내리다; 《口》 물러나다, 양보〔단념〕하다(give in). ― *n.* 오름; 오르는 곳, 비탈; 치받이. *__∠·er__ *n.* 오르는 사람, 야심가; 등산자〔가〕; 덩굴 식물.
clímbing àccident 등반 조난 사고.
clímbing ìrons (등산용) 동철;쉬타이크아이젠. 「나라.
clime [klaim] *n.* 《詩》 풍토; 지방,
cli·mo·graph [kláimougræ̀f, -grɑ̀:f] *n.* 클리모그래프, 기후도.
*__clinch__ [klintʃ] *vt., vi.* ① (빠지지 않도록 못대가리를) 쳐 구부리다; 죄다. ② (의론의) 결말을 짓다. ③ 〖拳〗 얼러붙다, 클린치하다. ― *n.* ① 못대가리를 두드려 구부림. ② 〖拳〗 맞붙듦, 클린치. ③ (밧줄의) 매듭(knot). **∠·er** *n.* 두드려 구부리는 연장; 결정적인 의론, 매듭지음.
cline [klain] *n.* 연속〔단계적〕 변이《원래 생물학 용어》.
‡**cling** [kliŋ] *vi.* (***clung***) 들러붙다 (stick), 달라붙다(*to*); 고수〔집착〕하다(adhere)(*to*). **∠·y** [∠i] *a.*
*__clin·ic__ [klínik] *n.* 임상 강의(실, 클라스); (외래) 진찰실; 진료소.
*__clin·i·cal__ [-əl] *a.* 임상(臨床)의. ***∼ lectures*** 임상 강의. ***∼ medicine*** 임상 의학. ***∼ thermometer*** 체온계.
clin·i·car [klínikɑ̀:r] *n.* 병원 자동차.
cli·ni·cian [kliníʃən] *n.* 임상의(醫).
clink[1] [kliŋk] *n., vi., vt.* 쨍〔절그렁〕 (소리가 나다〔를 내다〕); 《古》 각운(脚韻) (rhyme).
clink[2] *n.* 《口》 교도소; 유치장.
clink·er [klíŋkər] *n.* (네덜란드식 구이의) 경질(硬質) 벽돌; 교착 벽돌덩이; (용광로 속의) 용재(溶滓) 덩이; 《英俗》 (종종 regular ∼) 극상품, 일품(逸品); 뛰어난 인물; 《俗》 실패(작). 「*n.* 경사계(傾斜計).
cli·nom·e·ter [klainɑ́mətər/-ɔ́mi-]
Cli·o [kláiou] *n.* 〖希神〗 역사의 여신 《Nine Muses의 한 사람》.
‡**clip**[1] [klip] *vt.* (***∼ped, clipt; -pp-***) ① (가위로) 자르다(cut), 짧게 자르다〔깎다〕(cut short) (*away, off*). ② 바싹 자르다, 잘라〔오려〕내다. ③ (어미의 음을) 발음하지 않다. ④ 《口》 때리다. ― *vi.* ① 질주하다, 달리다(cf. clipper). ② (신문을) 오려내다. ***∼ped word*** 생략어《'ad' 따위》. ― *n.* ① 가위로 잘라냄, 한번 가위질; 벤〔오려낸〕 물건. ② 쾌주(快走). ③ 《美口》 회(回)(*at one ∼* 한번에). **∠·per** *n.* 베는〔깎는〕 사람; 가위, 이발기계; 쾌속선(船), 쾌속(여객)기; (C-) 클리퍼기(機). **∠·ping** *n., a.* UC 깎기, 깎아〔베어〕낸

털〔풀〕; 《美》(신문 따위의) 오려낸 것; 《口》 강타; 《俗》 굉장한; 일류의.
‡**clip²** *n., vt.* (~*ped, clipt; -pp-*) **클립**, 종이 끼우개, 클립(으로 물리다).
clíp jòint 《俗》 하급 카바레〔나이트 클럽〕.「의) 여차장.
clip·pie [klípi] *n.* 《英口》 (버스·전차
clipt [klipt] *v.* clip¹·²의 과거(분사).
clique [kli:k] *n., vi.* 도당(을 짜다), 파벌(을 만들다).
cliq·uy [klíki] *a.* 당파심이 강한, 배타적인. **clí·qui·ness** *n.*
clit·ic [klítik] *a., n.* 〖言〗 부접어(付接語)(의); 부접(의) (cf. enclitic, proclitic).
clit·o·ris [klítəris, kláit-] *n.* 〖解〗 음핵.
‡**cloak** [klouk] *n.* ① (소매 없는) **외투**, 망토. ② 가면; 구실. ***under the ~ of*** …을 빙자〔구실로〕하여; …을 틈타. **—** *vi., vt.* 외투를 입(히)다; 덮어 가리다.
cloak-and-dag·ger [klóukəndǽgər] *a.* (소설·연극이) 음모나 스파이 활동을 다룬, 음모극의.
cloak·room [⌐rù(:)m] *n.* 휴대품 보관소(baggage room); 《美》 (의사당) 의원 휴게실 (《英》 lobby); 《英》 변소.
clob·ber¹ [klábər/-ɔ́-] *n.* 《英·豪俗》 의복, 장비.
clob·ber² *vt.* 《俗》 때려눕히다; 쳐서 이기다; 통렬히 비판하다.
cloche [klouʃ] *n.* 헬멧형 여자 모자; 〖園藝〗 (종 모양의) 유리 덮개.
†**clock¹** [klak/-ɔ-] *n.* **시계**《괘종·탁상시계 따위》. ***around the ~,*** 24시간 내내, 밤낮없이. **—** *vt.* …의 시간을 재다〔기록하다〕; 〖競〗 …의 속도에 달하다. **~ *in* 〔*out*〕** 타임리코더로 출〔퇴〕근 시간을 기록하다.
clock² *n.* (발목에서 위로 걸쳐서의) 양말의 장식 수.
clock·face [⌐fèis] *n.* 시계의 문자판.
clock·hour [⌐àuər] *n.* 〖敎育〗 60 분 수업.「한, 규칙적인.
clock·like [⌐làik] *a.* 시계처럼 정확
clóck wàtcher 끝나는 시간에만 마음 쓰는 사람, 태만한 사람.
clock·wise [⌐wàiz] *ad., a.* (시계 바늘처럼) 오른쪽으로 도는〔돌아〕.「치.
clock·work [⌐wə̀:rk] *n.* Ⓤ 태엽 장
***clod** [klad/-ɔ-] *n.* **흙덩이**; Ⓤ 흙; Ⓒ 투미한〔우둔한〕 사람.
clod·hop·per [⌐hàpər/-ɔ̀-] *n.* 시골뜨기, 농사꾼; (*pl.*) 무겁고 투박한 구두.
***clog** [klag/-ɔ-] *n.* **방해**〔**장애**〕(**물**); 바퀴멈추개《제동 장치》; 나무창 신(을 신고 추는 춤). **—** *vt., vi.* (*-gg-*) **방해하다**; (틀어)막다; 막히다.
clog·gy [klági/klɔ́gi] *a.* 막히기 쉬운; 들러붙는.
cloi·son·né [klɔ̀izənéi/klwa:zɔ́nei] *n., a.* (F.) 칠보 자기(七寶磁器)(의)(*a ~ medal* 칠보 메달).
***clois·ter** [klɔ́istər] *n.* **수도원**(monastery), 수녀원(nunnery); 은둔처; (the ~) 은둔 생활; (안뜰을 싼) 회랑.
clois·tered [klɔ́istərd] *a.* 초야에 묻힌; 수도원에 들어박힌.
clois·tral [-trəl] *a.* 수도원의; 은둔적(隱遁的)인.
clo·nus [klóunəs] *n.* 〖醫〗 간대성(間代性) 경련.「빠지는 소리》.
cloop [klu:p] *n., vi.* 펑(하다)《마개
clop [klap/klɔp] *n.* 따가닥따가닥《말굽 소리; clóp-clòp 라고도 함》.
†**close¹** [klouz] *vt.* ① **닫다**; (눈을) **감다**. ② (틀어)막다; 메우다(fill up). ③ **끝내다**. ④ (조약을) 체결하다. ⑤ 〖電〗 접속하다. ⑥ 둘러싸다, 에우다; 접근하다, 다가가다. **—** *vi.* ① **닫히다**. ② 합쳐지다; 막히다, 메이다. ③ **끝나다**. ④ 다가들다; (다가들어) 맞붙다(*with*); 일치하다 (*on, upon, with*). **~ *about*** 둘러싸다. **~ *an account*** 거래를 끊다; 청산하다. **~ *down*** 폐쇄하다; (반란을) 진압하다; (마약 거래를) 단속하다. **~ *in*** 포위하다; (밤 따위가) 다가오다(*upon*). **~ *out*** (물건을) 떨이로 팔다; (업무를) 폐쇄하다. **~ *the eyes of*** …의 임종을 지켜보다. **~ *the ranks*** 〖軍〗 열의 간격을 좁히다. **~ *up*** 닫다, 폐쇄하다; 밀집하다〔시키다〕; (상처 따위가) 아물다; 낫다. ***with ~d doors*** 비공개로. **—** *n.* **결말, 끝**(장); 드잡이; [klous] 구내, 경내(境內); 〖樂〗 마침.
†**close²** [klous] *a.* ① **가까운**, 접근한. ② **닫은**(closed), 좁은, 꼭 끼는, 거북한; 갇힌; 바람이 잘 안 통하는, **답답한**(stuffy), 무더운(sultry), 밀접한, **밀집된**(crowded) (~ *order* 밀집 대형); 친밀한. ③ 비밀의; 말없는. ④ **정밀한**, (번역 따위가) 정확한. ⑤ 한정된; 금렵(禁獵)의. ⑥ 인색한 (stingy) (~ *with one's money* 돈에 인색한). ⑦ 아슬아슬한, 접전(接戰)의. ⑧ 〖音聲〗 폐쇄(음)의 (*a ~ vowel* 폐모음; [i], [u]처럼 입을 작게 벌리는 모음). **—** *ad.* **밀접하여**, 바로 곁에; 가깝게; 친하게; 정밀〔정확〕히. **~ *application*** 정려(精勵). **~ *at hand*** 가까이, 절박하여. **~ *by*** 바로 가까이. **~ *call*** 〔***shave***〕 《口》 위기 일발. **~ *on*** 〔***upon***〕 거의, 대략. **~ *resemblance*** 아주 닮음. ***come to ~ quarters*** 접전이 되다. ***keep*** 〔***lie***〕 **~** 숨어 있다. ***press*** (*a person*) **~** 호되게 곯리다. ***sail ~ to the wind*** 〖海〗 바람을 거의 마주 받으며 배를 진행시키다; 법률에 저촉될락말락한 짓을 하다; 음탕한 이야기를 하다. ‡**⌐·ly** *ad.* 꼭, **빽빽이**, 갑갑하게; 가까이; **면밀히**, 찬찬히; 친밀히; 일심으로; 알뜰〔검소〕하게. **⌐·ness** *n.* Ⓤ
close-cropped [klóuskrápt/-krɔ́-] *a.* 머리를 짧게 깎은.「잡(交雜).
close·cross [⌐krɔ̀s] *n.* 〖生〗 근친 교
close-cut [⌐kʌ́t] *a.* 짧게 깎은〔벤〕.
‡**closed** [klouzd] *a.* 폐쇄한.
clósed círcuit 〖電〗 폐회로(閉回路).
clósed cláss 〖社會〗 폐쇄 계급.
clósed(-dóor) sèssion [⌐(dɔ́:r)] 비밀 회의.

closed-end [ˊénd] *a.* 〖經〗 (투자 신탁이) 폐쇄〔자본액 고정〕식의, 유니트식의(opp. open-end).

close·down [klóuzdàun] *n.* 《美》 공장 폐쇄.

clósed séason 《美》 금렵기 (《英》 close season).

clósed shóp 노조원(勞組員)만을 고용하는 공장(opp. open shop).

clósed sýllable 폐음절《자음으로 끝나는 음절; melody의 *mel-*》.

close-fist·ed [klóusfístid] *a.* 구두쇠의, 인색한.

close-fit·ting [ˊfítiŋ] *a.* (옷 따위가) 꼭 맞는.

close-grained [ˊgréind] *a.* 나뭇결이 고운〔촘촘한〕.

clóse hármony 〖樂〗 밀집 화음.

close-hauled [ˊhɔ́:ld] *a., ad.* 〖海〗 돛을 바람이 불어오는 쪽으로 (활짝) 편〔펴고〕.

close-lipped [-lípt] *a.* 말수가 적은, 입이 무거운.

close-mouthed [ˊmáuðd, -máuθt] *a.* 좀처럼 입을 떼지 않는, 입이 무거운.

close-out [klóuzáut] *n.* 《美》 재고떨이 대매출.

***clos·er** [klóuzər] *n.* 닫는 것〔사람〕, 폐색기.

clóse sháve 《口》 위기일발.

clóse shòt 〖映·TV〗 근접 촬영.

close·stool [klóusstù:l] *n.* 의자식 실내용 변기.

‡clos·et [klázit/-ɔ́-] *n.* 벽장, 다락장(cupboard); 작은 방, 사실(私室); 변소. *of the ~* 이론상〔뿐〕의. —— *vt.* 사실에 가두다. *be ~ed with* …와 밀담하다. —— *a.* 비밀의; 실제적이 아닌, 서재용의.

clóset dràma 서재극(書齋劇), 레제드라마《읽기 위한 드라마》.

clóset pòlitìcian 비실제적인 정치가.

close-up [klóusʌ̀p] *n.* 〖映·TV〗 근접 촬영, 클로즈업; 정사(精査)(close examination).

close-wo·ven [ˊwóuvən] *a.* 촘촘히 짠, 피륙이 톡톡한.

***clos·ing** [klóuziŋ] *n.* ⓊⒸ 폐쇄; 마감, 폐점; 종결. —— *a.* 끝의, 마지막의; 폐점〔폐회〕의. *~ price* 파장 시세. *~ address* 폐회사(辭). *~ quotations* 〖證〗 입회 최종 가격. *~ time* 폐점〔폐장〕 시간.

clo·sure [klóuʒər] *n.* ⓊⒸ 폐쇄, 체결; 울타리; (표결에 들어가기 위한) 토론 종결. —— *vt.* (…에 대하여) 토론 종결을 선언하다.

clot [klɑt/-ɔ-] *vi.* (*-tt-*) *n.* 엉기다; (혈액·대변 따위의) 엉긴 덩어리. **ˊ·ted** [ˊid] *a.* 엉겨붙은 (*~ted nonsense* 잠꼬대, 허튼 소리).

†cloth [klɔ:θ, klɑθ] *n.* (*pl.* *~s* [-θs, -ðz]) Ⓤ ① 피륙, 옷감. ② 표지(表紙) 헝겊(*~ binding* 클로스 장정). ③ Ⓒ (어떤 용도에 쓰이는) 천, 걸레, 행주, 식탁보. ④ 법의(法衣). ⑤ (the ~) 《集合的》 목사(the clergy), 성직자(clergymen). ⑥ 돛, 범포(帆布). *lay* 〔*draw, remove*〕 *the ~* 상을 차리다〔치우다〕.

‡clothe [klouð] *vt.* (*~d,* 《古》 *clad*) ① (옷을) 주다; 입히다. ② 덮다, 가리다. ③ (권한 따위를) 주다(furnish)(*with*). *be ~d* 〔*clad*〕 *in* …을 입고 있다. *~ and feed* …에 의식(衣食)을 대다.

†clothes [klouðz] *n. pl.* ① 옷(*two suits of ~* 옷 두 벌). ② 침구. ③ 빨랫감. *in long ~* 배내옷을 입고, 유치하여.

clóthes bàg 〔**bàsket**〕 세탁물 주머니〔광주리〕.

clothes·horse [ˊhɔ̀:rs] *n.* 빨래 너는 틀.

clothes·line [ˊlàin] *n.* 빨랫줄.

clóthes mòth 옷좀나방《그 유충은 옷감을 해침》.

clothes-peg [ˊpèg], 《英》 **-pin** [-pìn] *n.* 빨래 무집게.

clothes·press [ˊprès] *n.* 옷장.

clóthes trèe (기둥 모양의) 모자·외투걸이.

cloth·ier [klóuðjər, -ðiər] *n.* 피륙〔옷감〕 장수.

‡cloth·ing [klóuðiŋ] *n.* Ⓤ 《集合的》 의류(衣類).

clóthing wòol 방모(紡毛) 사용 양털.

Clo·tho [klóuθou] *n.* 〖希神〗 클로토 《Fates 중의 하나; 생명의 실을 잣는다 함》.

clo·ture [klóutʃər] *n.* =CLOSURE.

†cloud [klaud] *n.* ① ⓊⒸ 구름. ② 연기, 사진(砂塵). ③ (움직이는) 큰 떼 (*a ~ of birds* 새 떼). ④ (거울 따위의) 흐림; 구름무늬; 의운(疑雲), 암운, 근심의 빛. *a ~ of words* 구름잡는 것 같은 말. *in the ~s* 하늘 높이; 비현실적으로, 공상하여; 멍하여. *on a ~* 《俗》 행복〔득의〕의 절정에. *under a ~* 의혹을 받고; 미움받고 (out of favo(u)r), 풀이 죽어 (chapfallen). —— *vi., vt.* 흐려지(게 하)다, 어두워지(게 하)다. *~ over* 〔*up*〕 잔뜩 흐리다. **ˊ·ed** [ˊid] *a.* 흐린; 구름무늬의. ***ˊ·less** *a.* 구름 없는, 맑게 갠.

cloud·burst [ˊbə̀:rst] *n.* 호우(豪雨).

cloud-capped [ˊkæ̀pt] *a.* 구름이 덮인; 구름 위에 솟은.

clóud càstle 몽상, 백일몽.

clóud chàmber 〖理〗 안개상자《원자(립)의 궤적(軌跡)을 보기 위한》.

cloud-cuck·oo-land [ˊkúku:læ̀nd] *n.* 이상향.

cloud-hop·ping [ˊhɑ̀piŋ / -ɔ̀-] *n.* 〖空〗 운층(雲層) 돌파 비행.

cloud·land [ˊlæ̀nd] *n.* ⓊⒸ 꿈나라, 몽환경(夢幻境), 선경(仙境).

cloud·let [ˊlit] *n.* 조각 구름.

clóud níne 《俗》 행복의 절정, 지복(至福).

clóud sèeding (인공 강우를 위해) 구름에 드라이아이스를 뿌리기.

†cloud·y [kláudi] *a.* 흐린; 똑똑〔또렷〕하지 않은; 탁한; (대리석 따위) 구름무늬가 있는. **clóud·i·ness** *n.*

clout [klaut] *vt., n.* 《口》 탁 때리다〔때림〕.

clóut nàil 징.

clove[1] [klouv] *v.* cleave[1]의 과거.

clove[2] *n.* 정향(丁香)《향료를 채취함》.

clove[3] *n.* 〖植〗 (마늘 따위의) 주아(珠芽), 구슬순.

clo·ven [klóuvən] *v.* cleave[1]의 과거분사. —— *a.* 갈라진, 째진.

clo·ven-foot·ed [-fútid], **-hoofed** [-hú:ft] *a.* 발굽이 갈라진, 악마(의 발) 같은 (devilish).

‡**clo·ver** [klóuvər] *n.* ⓊⒸ **클로버, 토끼풀.** ***live in ~*** 호화로운 생활을 즐기다《소에 비유하여》.

clo·ver·leaf [-lì:f] *n.* 클로버의 잎; (네 잎 클로버형의) 입체 교차로.

***clown** [klaun] *n.* **어릿광대**(jester); 촌뜨기(rustic), 교양 없는 사람. **∠·er·y** *n.* 익살맞음, 무무함. **∠·ish** *a.*

cloy [klɔi] *vt.* (미식(美食)·열락(悅樂)에) 물리게 하다(satiate)(*with*). **∠·ing** *a.* 넌더리나게 하는.

clóze tèst [klóuz] 클로즈식 독해 테스트《공란의 문장을 채우는》.

†**club** [klʌb] *n.* ① **곤봉**, 굵은 몽둥이; (구기용의) **클럽**, 타봉(bat). ② (동지가 모이는) **클럽**. 회; 클럽 회관; (트럼프의) 클럽의 패(*the king of ~s*). **—** *vt.* (**-bb-**) 곤봉으로 치다; (막대 모양으로 어우르다란 뜻에서) 단결시키다; (돈 따위를) 분담하다. **—** *vi.* 클럽을 조직하다; 협력하다, 돈을 추렴하다(*together, with*).

club·by [∠i] *a.* 사교적인.

clúb chàir [**sòfa**] 낮고 푹신한 안락 의자.

clúb fòot (가구 따위의) 굽은 발.

club·foot(·ed) [∠fùt(id)] *n., a.* 내반족(內反足)(의).

club·house [∠hàus] *n.* 클럽 회관.

clúb làw 폭력(주의).

***cluck** [klʌk] *vt., n.* (암탉이) **꼬꼬 울다**; 그 우는 소리.

***clue** [klu:] *n.* 단서, 실마리, (해결의) 열쇠; (이야기의) 줄거리 (*cf.* clew).

***clump** [klʌmp] *n., vi.* **풀숲**, 덤불(bush), 수풀; 덩어리; 쿵쿵 (무겁게 걷다).

***clum·sy** [klʌ́mzi] *a.* **솜씨 없는**; 볼품〔모양〕 없는; 무뚝뚝한; 볼썽사나운; 어설픈(awkward). **clúm·si·ly** *ad.* **clúm·si·ness** *n.*

‡**clung** [klʌŋ] *v.* cling의 과거(분사).

clunk [klʌŋk] *n., vi.* 텅(하고 둔한 소리를 내다).

clun·ker [klʌ́ŋkər] *n.*《美俗》털털이 기계, 고물 차; 시시한 것.

‡**clus·ter** [klʌ́stər] *n., vi.* **덩어리**, 떼(를 이루다), 몰리다; **송이**〔멀기, 덩어리〕(bunch)(를 이루다).

clúster bòmb 집속(集束) 폭탄《폭발시 입탄(粒彈)이 튐》.

clúster còllege《美》(종합 대학내의 독립된) 교양학부.

‡**clutch**[1] [klʌtʃ] *vt., vi.* **꽉**〔단단히〕 **붙들다**(grasp tightly); 달려들어 움켜쥐다(snatch)(*at*). **—** *n.* 붙잡음, 파악; 연동기, 클러치; (보통 *pl.*) 움켜잡는 손, 독수(毒手), 지배(력)(power).

clutch[2] *n.* 한번에 품는 알, 한 둥지의 날짐승의 갓깬 새끼.

clut·ter [klʌ́tər] *n.* 혼란. ***in a ~*** 어수선하게 흩뜨리어. **—** *vt.* 어수선하게 하다, 흩뜨리다(*up*). **—** *vi.* 후닥닥 뛰어가다;《方》떠들다.

clys·ter [klístər] *n.*〖醫〗관장(灌腸)(enema), 관장액. **—** *vt.* …에 관장하다.

Cly·tem·nes·tra [klàitəmnéstrə] *n.*〖그傳說〗Agamemnon의 부정(不貞)한 아내.

Cm〖化〗curium. **Cm., Cm** centimeter(s). **Cmdr.** Commander. **C.M.G.** Companion (of the Order) of St. Michael and St. George. **CNO** chief of naval operations. **Co**〖化〗cobalt. **CO., C, O.** Commanding Officer; conscientious objector. ***Co., CO.** company; county. ***C O., C/O** care of; carried over.

co- *pref.* with, together, joint, equally 등의 뜻: *co*operate, *co*-ed.

‡**coach** [koutʃ] *n.* ① **대형의 탈것**; 4륜 대형 마차; 객차;《美》=BUS;《英》(장거리용) 대형 버스. ② (경기의) 코치; (수험 준비의) 가정 교사. ***~ and four*** 사두(四頭) 마차. **—** *vt.* 코치하다 (teach) (*~ swimming; ~ a team*); 수험 준비를 해 주다; (전투기에) 무전 지령을 하다. **∠·er** *n.*

cóach bòx 마부석.

coach-built [∠bìlt] *a.* (차체가) 목제인.

cóach dòg =DALMATIAN.

***coach·man** [∠mən] *n.* coach의 마부.

coach·work [∠wə̀:rk] *n.* Ⓤ 자동차의 설계〔디자인〕.

co·act [kouǽkt] *vi.* 같이 일하다, 협력하다.

co·ac·tion [kouǽkʃən] *n.* Ⓤ 협동 작용;〖生態〗(유기체간의) 상호 작용.

co·ad·ju·tant [kouǽdʒətənt] *n.* 협력자, 조수. **—** *a.* 서로 돕는, 협동하는.

co·ad·ju·tor [kouǽdʒətər, kòuədʒú:tər] *n.* (*fem.* **-tress**) 보좌(역); 부주교, 보좌 신부.

co·a·gen·cy [kouéidʒənsi] *n.* Ⓤ 협동; 공동 작업.

co·ag·u·lant [kouǽgjələnt] *n.* 응고제.

co·ag·u·late [kouǽgjəlèit] *vi., vt.* 엉겨 굳(게 하)다. **co·ag·u·la·tion** [-∸-léiʃən] *n.* ⓊⒸ

co·ag·u·lum [kouǽgjələm] *n.* (*pl.* **-la** [-lə]) 응결〔응고〕물.

†**coal** [koul] *n.* Ⓤ **석탄**; Ⓒ 석탄 덩어리; 숯(charcoal). ***call*** 〔***drag, haul, take***〕 ***(a person) over the ~s*** 호되게 꾸짖다. ***carry ~s to Newcastle*** 헛수고하다《N.은 탄광지》. ***cold ~ to blow at*** 가망이 없는 일. ***heap ~s of fire on a person's head*** (원수를 은혜로써 갚아) 부끄럽게 하다. **—** *vt.* 태워 숯으로 하다; …에 석탄을 공급하다. **—** *vi.* 석탄을 싣다.

cóal bèd 탄층(炭層).

coal-black [∠blǽk] *a.* 새까만.

cóal brèaker 쇄탄기(碎炭機), 쇄탄소.

cóal bùnker (배·기차의) 석탄고(庫).

cóal bùrner 석탄을 쓰는 배.

cóal dèpot 저탄소(貯炭所).

co·a·lesce [kòuəlés] *vi.* 합체〔합동〕하다; 유착하다. **co·a·lés·cence** *n.* Ⓤ **-cent** *a.*

cóal fàce (탄갱의) 막장, 채벽(採壁).

cóal fìeld 탄전(炭田).

cóal gàs 석탄가스.
cóal hèaver 석탄 인부.
cóaling dèpot 급탄소(給炭所).
cóaling stàtion 급탄역〔항(港)〕.
coal·ite [kóulait] *n.* 콜라이트《저온(低溫) 코크스》.
***co·a·li·tion** [kòuəlíʃən] *n.* UC **연합**, 제휴, 합동, 연립. ~ *cabinet* 연립 ∟내각.
cóal mèasures 탄층(炭層).
cóal mìne 탄갱.
cóal òil 《美》 등유(燈油).
cóal pìt 탄갱(炭坑).
cóal scùttle (실내용) 석탄 그릇.
cóal tàr 콜타르.
coam·ing [kóumiŋ] *n.* 〖船〗 (갑판 승강구 따위에 해수 침투를 막는) 테두리판(板). 「뼈맞추기, 접골.
co·ap·ta·tion [kòuæptéiʃən] *n.* U
‡**coarse** [kɔːrs] *a.* ① **조잡한**, 조악한 (~ *fare* 조식(粗食)). ② 눈〔올, 결〕이 성긴, 거친(rough). ③ 야비〔조야〕한, 음탕한. ∠·**ly** *ad.* **cóars·en** [∠n] *vt., vi.* 조악하게〔거칠게〕 하다〔되다〕. 「거친; 조야한.
coarse-grained [∠gréind] *a.* 결이
†**coast** [koust] *n.* ① **해안**(seashore); 연안 지방. ② (the C-) 《美口》 태평양 연안 지방. ③ U 《美·캐나다》 (썰매·자전거 따위로의) 내리받이 활주. *from* ~ *to* ~ 《美》 전국〔미국〕 방방곡곡(에). ***The ~ is clear.*** 해안 감시《방해》가 없다(이제야말로 호기다). ── *vi.* ① 연안을 항행하다. ② (썰매·자전거 따위로) 미끄러져 내려오다. ③ (우주선이) 타력으로 추진하다. *∠·**al** *a.* ∠·**er** *n.* 연안 무역선; 활강 썰매〔자전거〕; ＝ROLLER COASTER; 작은 쟁반; 컵(을 받치는) 접시. ∠·**ing** *n.* U 연안 항행; 연안 무역; (썰매·자전거의) 내리받이 활주.
cóaster bràke (자전거의) 코스터 브레이크《페달을 뒤로 밟아 거는》.
cóast guàrd 해안 경비대(원).
cóasting tràde 연안 무역.
coast·land [∠lǽnd] *n.* U 연안 지대.
***coast·line** [∠làin] *n.* **해안선**.
coast·ward(s) [∠wərd(z)] *ad.* 해안쪽으로.
coast·ways [∠wèiz] *ad.* 《古》 ＝⇩.
coast·wise [∠wàiz] *ad., a.* 해안을 따라서; 연안의.
†**coat** [kout] *n.* ① **상의**; (여자의) 코트, 외투. ② (동·식물의) 외피(外被); 덮개; (회칠·뺑끼 따위의) 칠, 막(膜). *change* 〔*turn*〕 *one's* ~ 변절하다. ~ *of arms* 문장(紋章). ~ *of mail* 쇠미늘 갑옷. *cut one's* ~ *according to one's cloth* 수입에 걸맞는 지출을 하다. ── *vt.* 덮다; (도료를) 칠하다, 입히다, 도금하다 (*with*).
cóat càrd (트럼프의) 그림 패.
coat·ee [koutíː] *n.* (여성·어린이의) 몸에 착 붙는 짧은 상의.
co·a·ti [kouɑ́ːti] *n.* raccoon 비슷하며 코가 뾰족한 중남미산 곰.
***coat·ing** [kóutiŋ] *n.* UC ① **걸칠**, 겉입힘, 도금. ② 도료, 칠. ③ 상의용 옷감. ④ 〖光〗 「코팅」. 「著者).
co·au·thor [kouɔ́ːθər] *n.* 공저자(共
***coax** [kouks] *vt.* ① **어르다**, 달래다; 교묘히 설복하다(persuade softly) (*into* doing; *to* do). ② 감언으로 사취하다(*out of*). ③ (열쇠·관(管)·실 등을) 살살 (잘) 집어넣다.
co·ax·i·al [kouǽksiəl] *a.* 〖理〗 동축(同軸)의.
coáxial cáble 〖電〗 동축 케이블.
cob [kɑb/-ɔ-] *n.* 다리 짧고 튼튼한 조랑말; 《美》 ＝CORNCOB; (석탄·돌 따위의) 둥근 덩이.
***co·balt** [kóubɔːlt/-∠] *n.* U **코발트** 《금속 원소》; 코발트색(그림물감).
cóbalt blùe 진한 청색.
cóbalt bòmb (의학용) 방사성 코발트 용기; 코발트 폭탄《수폭을 코발트로 싼 것》.
cóbalt 60 〖醫〗 방사성 코발트《암치료용》. 「갈〕(을 깔다).
cob·ble[1] [kɑ́bəl/-ɔ́-] *n., vt.* 조약돌〔자
cob·ble[2] *vt.* (구두를) 수선하다 (*up*); 어설프게 꿰매다. ***cób·bler** *n.* **신기료장수**, 구둣방장이; 서투른 장인(匠人); 《英》 과일 파이의 일종.
cob·ble·stone [-stòun] *n.* (철도·도로용의) 조약돌, (밤)자갈.
co·bel·lig·er·ent [kòubəlídʒərənt] *n.* 공동 참전국. ── *a.* 협동하여 싸우는. 「열매《식용》.
cob·nut [kɑ́bnʌt/-ɔ́-] *n.* 개암나무의
COBOL [kóuboul] (<*co*mmon *b*usiness *o*riented *l*anguage) *n.* 〖컴퓨터〗 코볼《일반 사무 처리용 프로그램 언어》.
***có·bra (de ca·pél·lo)** [kóubrə (di kəpélou)] *n.* **코브라** 《인도의 독사》.
***cob·web** [kɑ́bwèb/-ɔ́-] *n., vt.* (**-bb-**) ① **거미집**; 거미줄(로 덮다). ② 얄팍한 것《레이스 따위》. ③ 올가미, 함정.
co·ca [kóukə] *n.* 코카《남미산의 약용 식물》; U 코카 잎.
Co·ca-Co·la [kòukəkóulə] *n.* 〖商標〗 코카콜라.
co·cain(e) [koukéin, kóu∠] *n.* U 〖化〗 코카인《coca 잎에서 얻는 마취제》.
co·cáin·ism *n.* U 〖醫〗 코카인 중독.
coc·cus [kɑ́kəs/-ɔ́-] *n.* (*pl.* ***cocci*** [kɑ́ksai /-ɔ́-]) 〖細菌〗 구균(球菌); 〖植〗 소건과(小乾果).
coc·cyx [kɑ́ksiks/-ɔ́-] *n.* (*pl.* ***coccyges*** [kɑksáidʒiːz/kɔk-]) 〖解〗 미저골(尾骶骨). 「《닭》.
co·chin, C- [kóutʃin, -ɑ́-] *n.* 코친
coch·i·neal [kɑ́tʃəniːl/kóutʃ-] *n.* 연지벌레; UC (그것에서 얻은) 양홍(洋紅) (carmine).
‡**cock**[1] [kɑk/-ɔ-] *n.* ① 《英》 **수탉**; (새의) 수컷(cf. peacok). ② 지도자; 두목. ③ ＝WEATHERCOCK. ④ 마개, 꼭지(faucet). ⑤ (총의) 공이치기, 격철(의 발사 직전의 위치). ⑥ (짐짓 새침을 떼는 코의) 위로 들림; (눈의) 칩떠보기; (모자의) 위로 잦힘. ⑦ 《卑》 음경(penis). *at full* 〔*half*〕

～ (총의) 공이치기를 충분히〔반쯤〕 당기어; 충분히〔반쯤〕 준비하여. ～ *of the loft* 〔*walk*〕 통솔자, 보스, 두목. *Old* ～*!* 이봐 자네! *That* ～ *won't fight.* 그따위 것〔변명·계획〕으론 통하지 않아, 그렇게 (간단히는) 안 될걸. ── *vt.* ① (총의) 공이치기를 올리다. ② 짐짓 새침떨며 코끝을 위로 치키다. ③ (귀를) 쫑긋 세우다. ④ (눈을) 칩떠보다, 눈짓하다. ── *vi.* 쫑긋 서다.

cock² *n., vt.* 건초 더미(를 쌓아 올리다). 「모표.

cock·ade [kakéid/kɔ-] *n.* 꽃 모양의

cock-a-doo·dle-doo [kákədù:dldú:/kɔ́-] *n.* 꼬끼오 《닭의 울음》; 《兒》 꼬꼬, 수탉.

cock-a-hoop [kàkəhú:p/kɔ̀-] *a., ad.* 크게 의기 양양한〔하여〕.

cock·a·ma·my, -mie [kákəmèimi/kɔ́k-] *a., n.* 《美俗》 어처구니 없는 〔바보같은〕 (것).

cock-and-bull [kákənbúl/kɔ́-] *a.* 허황된, 황당한 (*a* ～ *story*).

cock-and-hen [ˊənhén] *a.* 《口》 남녀가 섞인《클럽 따위》.

cock·a·too [kàkətú:/kɔ̀-] *n.* (호주·동인도 제도산의) 큰 앵무새.

cock·a·trice [kákətris/kɔ́kətràis] *n.* (한 번 노려 사람을 죽인다는 전설상의) 괴사(怪蛇). 「트.

cock·boat [ˊbòut] *n.* 부속 소형 보

cock·chaf·er [ˊtʃèifər] *n.* 풍뎅이.

cock·crow(·ing) [ˊkròu(iŋ)] *n.* Ⓤ 계명(鷄鳴), 첫새벽.

cócked hát [kákt/-ɔ́-] 정장용 삼각 모자; 챙이 젖혀진 모자.

Cock·er [kákər/-ɔ́-] *n.* 《다음 句로》 *according to* ～ 올바른, 올바르게, 정확하게《산수책을 쓴 E. Cocker 의 이름에서》 「하다.

cock·er¹ *vt.* (어린이를) 응석부리게

cock·er² *n.* 투계 사육자, 투계사; = ˊ **spániel** 스파니엘종의 개《사냥·애완용》. 「혈기의 젊은이.

cock·er·el [ˊərəl] *n.* 어린 수탉; 한창

cock·eye [ˊài] *n.* 사팔눈, 사시(斜視).

cock·eyed [ˊàid] *a.* 사팔눈의; 《俗》 한쪽으로 쏠린〔뒤틀린〕 (tilted or twisted). 「투계(鬪鷄).

cock·fight·ing [kákfàitiŋ/-ɔ́-] *n.* Ⓤ

cock·horse [ˊhɔ̀:rs] *n.* (장난감의) 말 《빗자루, 막대기 따위》.

cock·le¹ [kákəl/-ɔ́-] *n.* 새조개(의 조가비); 편주(扁舟). ～*s of the* 〔*one's*〕 *heart* 깊은 마음속. 「다).

cock·le² *n., vt., vi.* 주름(잡다, 잡히

cock·le·shell [-ʃèl] *n.* = COCKLE¹.

***cock·ney** [kákni/-ɔ́-] *n.* ① (종종 C-) 런던내기, 런던 토박이《Bow Bells가 들리는 범위내에 태어나, 그곳에 사는 사람》; (East End 방면의) 주민. ② Ⓤ 런던 말투. ── *a.* 런던내기〔말투〕의. ～**·ism** [-ìzəm] *n.* ⓊⒸ 런던내기풍; 런던 말씨.

***cock·pit** [kákpìt/-ɔ́-] *n.* 투계장, 싸움터; 〖空〗 조종실.

cock·roach [ˊròutʃ] *n.* 〖蟲〗 바퀴.

cocks·comb [ˊskòum] *n.* (수탉의) 볏; 〖植〗 맨드라미; 멋쟁이 사내.

cock·sure [ˊʃúər] *a.* 확신하여 (*of*); 반드시 일어나는〔하는〕 (*to* do); 자신 만만한 (too sure), 독단적인(dogmatic).

***cock·tail** [ˊtèil] *n.* ① 칵테일《얼음 넣은 혼합주》. ② 꼬리 자른 말. ③ 유리 그릇에 넣은 조개〔과일의 잔 조각〕《전채용》. ④ 벼락 출세자.

cócktàil pàrty 칵테일 파티. 「방진.

cock·y [ˊi] *a.* 《口》 젠체하는, 시건

cock·y-leek·y, -ie [kàkilí:ki/kɔ̀k-] *n.* 《Sc.》 부추가 든 치킨 수프.

co·co, co·coa¹ [kóukou] *n.* (*pl.* ～*s*) 〖植〗 코코야자《나무·열매》.

***co·coa²** [kóukou] *n.* Ⓤ 코코아(색).

***co·co(a)·nut** [kóukənʌ̀t] *n.* 코코야자 열매.

COCOM [kóukam/-kɔm] *Coordinating Committee for Export to Communist Areas* 〔for Export Control〕 코콤《대(對)공산권 수출 통제 위원회》.

co·coon [kəkú:n] *n.* 누에고치.

co·cotte [koukát/-kɔ́t] *n.* 매춘부.

***cod¹** [kad/-ɔ-] *n.* (*pl.* ～*s*, 《集合的》 ～) 〖魚〗 대구. 「롱하다.

cod² *vt., vi.* (**-dd-**) 《俗》 속이다, 우

COD chemical oxygen demand 화학적 산소 요구량. **C. O. D¹.** Concise Oxford Dictionary. **C. O. D²., c.o.d.** 〖商〗 collect 〔《英》 cash〕 on delivery. 「악장.

co·da [kóudə] *n.* (It.) 〖樂〗 코다, 종

cod·dle [kádl/-ɔ́-] *vt.* 소중히 하다; 어하다(pamper); (달걀 따위를) 뭉근 불에 삶다.

†**code** [koud] *n.* ① 법전. ② 규정 (set of rules); (사교의) 예법, 규율. ③ (전신) 부호(*the Morse* ～ 모르스 부호); (전문(電文)용) 암호; (수기(手旗)용) 신호. ④ 〖컴퓨터〗 코드, 부호; 부호 시스템. *civil* ～ 민법전. ～ *of honor* 의례(儀禮); 결투의 예법. ── *vt.* ① 법전으로 만들다. ② 암호(문으)로 고치다(cf. decode). ③ (프로그램을) 계산기 용어로 고치다.

códe bòok 전신 암호부(簿)〔약호장〕.

co·deine [kóudi:n], **co·de·in** [-diin] *n.* Ⓤ 〖藥〗 코데인《진통·최면제》.

cod·er [kóudər] *n.* 〖컴퓨터〗 코더《프로그래머가 지시하는 정보를 코드화하여, 펀치 원고를 작성하는 사람》.

códe tèlegram 암호 전보.

códe wòrd 전신 약호 문자.

co·dex [kóudeks] *n.* (*pl.* **-dices** [-disì:z]) 고사본(古寫本)《특히 성서의》.

cod·fish [kádfìʃ/-ɔ́-] *n.* (*pl.* ～*es*, 《集合的 ～》) = COD¹.

códfìsh àristócracy 《美》 (대구잡이로 한몫 본) 벼락부자들; 신흥 계급. 「괴팍한 사람《특히 노인》.

codg·er [kádʒər/-ɔ́-] *n.* 《口》 괴짜,

cod·i·cil [kádəsil/kɔ́d-] *n.* 유언 보충서.

cod·i·fy [kádəfài, kóu-/kɔ́-, kóu-] *vt.* 법전으로 편찬하다. **cod·i·fi·ca-**

tion [⌐-fikéiʃən] *n.* Ⓤ **cód·i·fi·er** *n.* 법전 편찬자.
cod·ing [kóudiŋ] *n.* Ⓤ 부호화; 〖컴퓨터〗 코딩《정보를 계산 조작에 편리한 부호로 바꾸는 일》.
cod·ling [kádliŋ/-ɔ́-], **-lin** [-lin] *n.* 덜 익은 사과.
cód·liv·er óil [kádlivər/-ɔ́-] 간유.
co·don [kóudan/-dɔn] *n.* 〖生〗 코돈《nucleotide 3개로 된 유전 정보 단위》.
co·ed, co-ed [kóuéd] *n.* 《美口》 (대학 등의) 남녀 공학의 여학생. 「者).
co·ed·i·tor [kouéditər] *n.* 공편자(共編
***co·ed·u·ca·tion** [kòuedʒukéiʃən] *n.* Ⓤ 남녀 공학. **~·al** *a.*
co·ef·fi·cient [kòuifíʃənt] *n.* 〖數·理〗 계수. **~ *of expansion*** 팽창계수.
coe·la·canth [síːləkæ̀nθ] *n.* 실러캔스《현존하는 중생대의 강극어(腔棘魚)의 하나》.
coe·len·ter·ate [siːléntərèit, -rit] *n., a.* 〖動〗 강장동물(의).
co·en·zyme [kouénzaim] *n.* 〖生化〗 보효소(補酵素), 조(助)효소.
co·e·qual [kouíːkwəl] *a., n.* (지위·연령 따위가) 동등한 (사람).
***co·erce** [kouə́ːrs] *vt.* 강제하다(compel); (권력 따위로) 억누르다(*into* doing, *to* do). 「위압. **co·ér·cive** *a.*
co·er·cion [kouə́ːrʃən] *n.* Ⓤ 강제,
co·e·val [kouíːvəl] *a., n.* 같은 시대의 (사람).
co·ex·ec·u·tor [kòuigzékjətər] *n.* (*fem.* ***-trix*** [-triks]) 〖法〗 (유언 따위의) 공동 집행자.
co·ex·ist [kòuigzíst] *vi.* 공존하다 (*with*). ***~·ence** *n.* Ⓤ **~·ent** *a.*
co·ex·tend [-iksténd] *vi., vt.* 같은 넓이〔길이〕로 퍼지다〔펼치다〕.
co·ex·ten·sive [-ikstensiv] *a.* 같은 시간〔공간〕에 걸친.
†**cof·fee** [kɔ́ːfi, -á-/-ɔ́-] *n.* Ⓤ 커피.
cóffee bèan 커피의 열매.
cóffee brèak (오전·오후의) 차 마시는 시간, 휴게 (시간).
cóffee cùp 커피 잔. 「기계.
cóffee grìnder 〔**mìll**〕 커피 가는
cóffee gròunds 커피 (우려낸) 찌끼.
cóffee hòuse (고급) 다방. 「談會).
cóffee klàt(s)ch [klætʃ] 간담회(懇
cóffee plànt 커피나무.
cóffee pòt 커피 (끓이는) 주전자.
cóffee ròom (호텔 따위의 간단한 식당을 겸한) 다실. 「벌).
cóffee sèt 커피세트《다구(茶具) 한
cóffee shòp 《美》 다방; ＝COFFEE
cóffee trèe 커피나무. 〔ROOM.
cof·fer [kɔ́ːfər, -á-/-ɔ́-] *n.* (귀중품) 상자; 금고; (*pl.*) 재원(財源)(funds).
‡**cof·fin** [kɔ́ːfin, -á-/-ɔ́-] *n., vt.* 관(에 넣다).
co·fig·u·ra·tive [kòufígjərətiv] *a.* 각 세대가 독자적인 가치관을 가지는.
cof·fle [káfl/-ɔ́-] *n.* (사슬 등으로 늘여 묶인) 일단의 짐승〔노예〕.
cog[1] [kag/-ɔ-] *n.* 톱니바퀴(의 톱니).
slip a ~ 실수하다, 그르치다.
cog[2] *n., vt.* (*-gg-*) 속임수, 부정(한 수
cog. cognate. 〔단으로 속이다).
co·gent [kóudʒənt] *a.* 수긍케 하는, (의론 따위) 설득력 있는. **có·gen·cy** *n.* Ⓤ©
cog·i·tate [kádʒətèit/-ɔ́-] *vi., vt.* 숙고(熟考)하다 (meditate). **cog·i·tá·tion** [⌐-téiʃən] *n.* Ⓤ
co·gi·to er·go sum [kádʒitòu ə́ːrgou sʌ́m / kɔ́dʒ-] (L.) ＝I think, therefore I exist. 나는 생각한다, 그러므로 나는 존재한다《Descartes의 말》. 「《프랑스산의 브랜디》.
co·gnac [kóunjæk, kán-] *n.* Ⓤ 코냑
***cog·nate** [kágneit/-ɔ́-] *a., n.* 동족(同族)의 (사람); 같은 어계(語系)의 (언어); 같은 어원의 (말) 《*cap* 와 *chief* 따위》.
cógnate óbject 〖文〗 동족 목적어 《보기: dream a pleasant *dream*》.
cog·ni·tion [kagníʃən/kɔg-] *n.* Ⓤ 인식. 「상의, 인식력이 있는.
cog·ni·tive [kágnətiv/kɔ́g-] *a.* 인식
cog·ni·za·ble [kágnəzəbəl/kɔ́g-] *a.* 인식할 수 있는; (범죄가) 재판 관할권내에 있는. 「**-zance** *n.* Ⓤ
cog·ni·zant [-nəzənt] *a.* 인식하여(*of*).
cog·no·men [kagnóumən / kɔgnóumen] *n.* 성(surname.); (고대 로마인의) 셋째 이름《보기: Marcus Tullius *Cicero*》; 별명.
co·gno·scen·te [kànjəʃénti/kɔ̀-] *n.* (*pl.* ***-ti*** [-tiː]) (It.) (미술품의) 감정가(connoisseur).
cog·rail [kágrèil/-ɔ́-] *n.* (아프트식 철도의) 톱니 모양의 철로. 「퀴.
cog·wheel [kághwìːl/-ɔ́-] *n.* 톱니바
co·hab·it [kouhǽbit] *vi.* (흔히 미혼자가 부부처럼) 동거 생활을 하다.
co·háb·it·ant *n.* 동서자. **co·hab·i·ta·tion** [-⌐-téiʃən] *n.* Ⓤ
co·heir [kóuέər] *n.* (*fem.* ***~ess***) 공동 상속인.
co·here [kouhíər] *vi.* 밀착하다(stick together); 응집(凝集)〔결합〕하다; (논리의) 조리가 서다, 동이 닿다(be consistent). ***co·her·ent** [-híərənt] *a.* 밀착하는; 앞뒤의 동이 닿는, 조리가 선. **-ence, -en·cy** *n.* Ⓤ
***co·he·sion** [kouhíːʒən] *n.* Ⓤ 점착(성), 결합(력) (sticking together); Ⓤ 〖理〗 (분자의) 응집력(凝集力).
***co·hé·sive(·ly)** *a.* (*ad.*)
co·hort [kóuhɔːrt] *n.* (고대 로마의) 보병대《legion의 $^1/_{10}$ (300–600명)》; 군대, 한 나라(의 사람들). 「tion.
C.O.I. Central Office of Informa-
coif [kɔif] *n.* 두건《수녀·병사·변호사 등의》; 《英》 변호사직. 「(hairdresser).
coif·feur [kwɑːfə́ːr] *n.* (F.) 이발사
coif·fure [kwɑːfjúər] *n.* (F.) 결발(結髮) (양식) (hairdo).
coign(e) [kɔin] *n.* (돌의) 뾰족 내민 귀. **~ *of vantage*** (관찰·행동에) 유리한 지위〔지점〕.
‡**coil** [kɔil] *n., vi.* 둘둘 감음; 둘둘감(기)다; 사리(다)(*up*); 〖電〗 코일.

COIN *co*unter-*in*surgency aircraft.
†**coin** [kɔin] *n.* **경화**(硬貨); 화폐; 《俗》 돈. ***pay** (a person) (**back**) **in his** [**her**] **own** ~* 앙갚음하다. —*vt.* (화폐를) 주조하다; (신어를) 만들다. ~ ***money*** 《口》 돈을 척척 벌다. ~ ***one's brains*** 머리를 써 돈을 벌다.
*__coin·age__ [ˊidʒ] *n.* Ⓤ **화폐 주조**; 《集合的》 화폐; Ⓤ 화폐 제도; Ⓒ 조어(造語); 신조어.
*__co·in·cide__ [kòuinsáid] *vi.* **일치**〔**합치**〕**하다**(correspond)(*with*).
*__co·in·ci·dent__ [kouínsədənt, -si-] *a.* **일치하는.** *__-dence__ *n.* Ⓤ **co·in·ci·den·tal** [kouìnsədéntl] *a.* =COINCIDENT.
cóin machìne 자동 판매기.
co·i·tion [kouíʃən], **co·i·tus** [kóuitəs] *n.* Ⓤ 성교. 「만들다, 가 되다).
coke[1] [kouk] *n., vt., vi.* 코크스(로
coke[2] *n.* (종종 C-) =COCA-COLA; 《俗》 =COCAIN.
Col. Colombia; Colonel; Colorado; Colossians.
col. collected; collector; college; colonel; colonial, colony; colo(u)r(ed); column.
col·an·der [kʌ́ləndər, -á-] *n.* 물 거르는 장치, 여과기(濾過器).
†**cold** [kould] *a.* ① **추운,** 차가운; 한기가 도는. ② 냉정한, 열의 없는(indifferent), 냉담한. ③ (뉴스 따위가) 좋지 않은, 불쾌한. ④ 〖獵〗 (냄새가) 희미한(faint). ⑤ 한색(寒色)의. ***have ~ feet*** 《口》 겁을 먹고 있다. ***in ~ blood*** 냉연히, 태연히. —*n.* 추위, 한기; 감기. ***catch*** 〔***take***〕 (***a***) ~ 감기가 들다. ~ ***in the head*** 코감기, 코카타르. ~ ***without*** (감미를 가하지 않은) 물 탄 브랜디(cf. WARM with). ***have a*** ~ 감기에 걸려 있다. ***leave out in the*** ~ 따돌리다, 배돌게 하다. ***of*** ~ 빙점하(에서) (*3 degrees of* ~). ‡ˊ**-ly** *ad.* *ˊ**-ness** *n.*
cold-blood·ed [kóuldblʌ́did] *a.* 냉혈의; 냉혹한, 태연한.
cóld chìsel (금속을 쪼는) 정.
cóld cólors 한색《청·회색 따위》.
cóld crèam (화장용) 콜드크림.
cóld frònt 한랭 전선.
cold-heart·ed [ˊhá:rtid], **-livered** [-lívərd] *a.* 냉담한, 무정한.
cold·ish [ˊiʃ] *a.* 으슬으슬 추운.
cóld líght 무열광(無熱光)《인광·형광 따위》.
cóld méat 냉육(冷肉); 《俗》 시체.
cóld pàck 냉찜질; (통조림의) 저온 처리법.
cold-pack [ˊpæk] *vt.* …에게 냉찜질을 하다; (주스 따위를) 저온 처리법으로 통조림하다. 「냉대〔무시〕하다.
cold-shoul·der [ˊʃóuldər] *vt.* 《口》
cóld sòre (코감기 때의) 입속〔입 언저리〕 발진.
cóld stéel 칼〔날〕붙이.
cóld stórage 냉동; 냉장(고).
cóld swéat 식은 땀.
cóld wár 냉전(冷戰).
cóld wàve 한파; 콜드파마.

co·le·op·ter·ous [kòuliáptərəs, kà-/kɔ̀liɔ́p-] *a.* 초시류(鞘翅類) 《무구벌레 따위》의.
Cole·ridge [kóulridʒ], **Samuel Taylor**(1772–1834) 영국의 시인·비평가. 「지의 일종.
cole·seed [kóulsì:d] *n.* ⓊⒸ 〖植〗 평
cole·slaw [kóulslɔ̀:] *n.* 《美》 양배추 샐러드.
cole(·wort) [kóul(wə̀:rt)] *n.* 평지류(類), 양배추(의 일종).
col·ic [kálik/-ɔ́-] *n., a.* Ⓤ 복통(의), 산통(疝痛)의. **cól·ick·y** [-i] *a.*
có·li còunt [káli/-ɔ́-] (바닷물속 따위의) 대장균의 수(coliform count).
col·i·form [káləfɔ̀:rm / kɔ́li-] *n., a.* 대장균(~ bacillus)(의, 비슷한).
có·li·form bacíllus [káləfɔ̀:rm / kɔ́l-] 〖醫〗 대장균.
col·i·se·um [kàlisí:əm/kɔ̀lisí(:)əm] *n.* (원형) 대경기장, (원형) 큰 연기장; (C-) =COLOSSEUM. 「장염.
co·li·tis [kəláitis, kou-/kɔ-] *n.* Ⓤ 결
coll. colleague; college; collected; collect(ion); collective(ly); collector; colloquial.
*__col·lab·o·rate__ [kəlǽbərèit] *vi.* **함께 일하다, 협력하다;** 공동 연구하다(*with*); 적측〔점령군〕에 협력하다. **-ra·tor** *n.* *__col·lab·o·ra·tion__ [kəlæ̀bəréiʃən] *n.* ⓊⒸ
col·lage [kəlá:ʒ] *n.* (F.) 〖美術〗 콜라주《신문이나 광고를 오려 붙여 선이나 색채로 처리한 추상적 회화 구성법》.
col·la·gen [kálədʒən/-ɔ́-] *n.* 〖生化〗 교원질(膠原質). ~ ***disease*** 교원병.
‡**col·lapse** [kəlǽps] *n., vi.* Ⓤ **붕괴**(**하다**); 쇠약(해지다); 실패(하다); 찌부러〔무너〕지다. **col·láps·i·ble, -a·ble** *a.* 접칠 수 있는.
‡**col·lar** [kálər/-ɔ́-] *n.* ① **칼라,** 깃. ② 목걸이《훈장의 일종》. ③ 목걸이; 고리 모양의 물건. ***against the*** ~ (말의) 목걸이가 어깨에 스치어; 괴로움〔어려움〕을 견디어; 마지못해. ***in*** ~ (말이) 목걸이를 걸고; 일할 준비를 하고; 《古》 직업을 얻어. ***out of*** ~ 《古》 실직하여. —*vt.* ① …에 칼라〔목걸이〕를 달다. ② 멱살을 잡다, 붙잡다.
col·lar·bone [-bòun] *n.* 쇄골(鎖骨).
collat. collateral(ly).
col·late [kəléit, káleit/kɔléit, kə-] *vt.* 대조 조사하다, 교합(校合)하다; 〖宗〗 성직을 주다. **col·lá·tion** *n.* ⓊⒸ 대조, 사조(查照); ⓊⒸ 성직 수여; Ⓒ 가벼운 (저녁) 식사. **col·lá·tor** *n.*
*__col·lat·er·al__ [kəlǽtərəl / kɔ-] *a.* ① 평행하는(parallel); 부차적인. ② 방계의. ③ 증권류를 담보로 한. —*n.* 방계의 친척; 담보 물건, 부저당품《증권류》. ~**·ly** *ad.* 「리.
*__col·league__ [káli:g/-ɔ́-] *n.* **동료;** 동아
†**col·lect**[1] [kəlékt] *vt.* ① **모으다,** 수집하다. ② (세를) 징수하다, 거둬들이다. ③ (기운을) 회복하다, (생각을) 가다듬다. —*vi.* ① 모이다, 쌓이

다. ② 수금하다. ∼ ***a horse*** 말을 제어하다. ∼ ***one's courage*** 용기를 떨치어 일으키다. ∼ ***one's faculties*** 〔***feelings, emotions, ideas, wits***〕 자신(自信)을 되찾다, 제 정신으로 돌아오다. ∼ ***one's scattered senses*** 흐트러진 마음을 가다듬다. ∼ ***oneself*** 정신을 가다듬다, 마음을 가라앉히다. —— *a., ad.* 《美》 대금상환의〔으로〕, 선불로. ∼**·ed** [-id] *a.* 모은; 침착〔냉정〕한. ***col·léc·tor*** *n.* **수집가**, 수금원, 세금 징수리(吏).

col·lect² [kálikt, -lekt/-ɔ́-] *n.* 축도(祝禱) 《짧은 기도문》.

‡**col·lec·tion** [kəlékʃən] *n.* ① Ⓤ **수집**; Ⓒ 수집물, 「컬렉션」. ② ⓊⒸ 수금, 징수. ③ (쓰레기 등의) 더미.

***col·lec·tive** [-tiv] *a.* **집합적인**, 집단〔전체〕적인. —— *n.* ① 〖文〗 집합명사. ② 집단농장. ∼**·ly** *ad.* **-tiv·ism** [-ìzəm] *n.* Ⓤ 집산주의. **-tiv·ist** *n.*

colléctive agréement 단체 협약.

colléctive bárgaining 단체 교섭.

colléctive fárm =KOLKHOZ.

colléctive nóun 집합명사.

colléctive secúrity 집단 안전 보장.

colléctive uncónscious 〖心〗 집단적 무의식.

col·leen [káli:n/-ɔ́-] *n.* 《Ir.》 소녀.

†**col·lege** [kálidʒ/-ɔ́-] *n.* ① **단과 대학**. ② (특수) 전문학교. ③ 《英》 (Oxf., Camb. 양대학의) 학료(學寮) (*Balliol* [béiljəl] ∼). ④ 단체, 학회.

cóllege wìdow 《美口》 대학가에 살면서 학생과 교제하는 미혼 여성.

col·le·gian [kəlí:dʒiən] *n.* 대학생; 전문 학교생. ***col·lé·giate*** [-dʒiit] *a.* **대학**(생)의.

***col·lide** [kəláid] *vi.* **충돌하다**(*with*).

col·lie [káli/-ɔ́-] *n.* 콜리《원래는 양 지키는 개; 스코틀랜드 원산》.

col·lier [káljər/kɔ́liə] *n.* 《주로 英》 석탄 운반선; 탄갱부(coal miner). ∼**·y** *n.* (지상 시설을 포함한) 탄갱, 채탄소.

col·lins¹ [kálinz/-ɔ́-] *n.* 《英口》 방문 후의 인사장.

col·lins² [kálinz/-ɔ́-] *n.* 칵테일의 일종.

‡**col·li·sion** [kəlíʒən] *n.* ⓊⒸ **충돌**(colliding).

col·lo·cate [káləkèit/-ɔ́-] *vt.* 함께〔나란히〕 두다; 배치하다. ***col·lo·cá·tion*** [⌐–kéiʃən] *n.* ⓊⒸ **배열**, 배치; ⓊⒸ 〖文〗 연어(連語)(법).

col·lo·di·on [kəlóudiən], **-di·um** [-diəm] *n.* Ⓤ 〖化〗 콜로디온, 교액(膠液).

col·loid [kálɔid/-ɔ́-] *n., a.* 〖化〗 콜로이드(모양의), 아교질(의). **col·loi·dal** [kəlɔ́idl] *a.*

col·lop [káləp/-ɔ́-] *n.* 《英方》 얇은 고깃점; (피부의) 주름.

colloq. colloquial(ly); colloquialism.

‡**col·lo·qui·al** [kəlóukwiəl] *a.* **구어**(체)의. ∼**·ism** [-ìzəm] *n.* ⓊⒸ 구어체(의 말)(cf. slang). ∼**·ly** *ad.*

col·lo·qui·um [kəlóukwiəm] *n.* (*pl.* ∼***s***, ***-quia*** [-kwiə]) 전문가 회의, 세미나.

col·lo·quy [káləkwi/-ɔ́-] *n.* ⓊⒸ 대화; 회담; 토의.

col·lo·type [kálo*u*tàip/-ɔ́-] *n.* 콜로타이프판; 콜로타이프 인쇄물.

col·lude [kəlú:d] *vi.* 밀의(密議)에 가담하다, 공모하다. **col·lú·sion** [-ʒən] *n.* ⓊⒸ 공모.

col·lyr·i·um [kəlíriəm] *n.* (*pl.* ***-ia*** [-riə], ***-iums***) *n.* 눈약, 점안약.

col·ly·wob·bles [káliwàblz / kɔ́liwɔ̀b-] *n. pl.* 《口·方》 (배의) 꾸루룩거림(rumbling), 복통.

Cól·ney Hátch [kóuni hǽtʃ] 정신병원《런던의 병원 이름에서》.

Colo. Colorado.

Co·logne [kəlóun] *n.* (독일의) 쾰른 (G. *Köln*); (c-) Ⓤ=EAU DE COLOGNE.

Co·lom·bi·a [kəlʌ́mbiə/-ɔ́-, -ʌ́-] *n.* 콜롬비아《남미의 공화국》. ∼**n** *a., n.*

Co·lom·bo [kəlʌ́mbou] *n.* Sri Lanka의 수도. ∼ ***Group*** 〔***Powers***〕 콜롬보 회의 제국 《인도·파키스탄·버마·인도네시아·스리랑카의 5개 중립국》. ∼ ***Plan*** 콜롬보 계획《1950년 Colombo 회의에서 채택된 영연방의 동남아 개발 계획》.

‡**co·lon¹** [kóulən] *n.* **콜론**《:》.

co·lon² *n.* 결장(結腸)《대장의 하부》.

‡**colo·nel** [kə́:rnəl] *n.* **육군 대령**; 연대장. ∼**·cy**, ∼**·ship** [-ʃip] *n.*

cólonel commándant 《英》 =BRIGADIER.

‡**co·lo·ni·al** [kəlóuniəl/-njəl] *a.* **식민**(지)의; (종종 C-)《美》 영국 식민지 시대의, 낡아빠진. —— *n.* 식민지 거주민. ∼**·ism** [-ìzəm] *n.* Ⓤ

‡**col·o·nist** [kálənist/-ɔ́-] *n.* 식민(사업)가; **식민지 사람**, 이주민; 외래 동〔식〕물.

col·o·nize [kálənàiz/-ɔ́-] *vt.* 식민지로 삼다; 식민하다; 이식하다(transplant). —— *vi.* 개척자가 되다; 입식(入植)하다(settle). **cól·o·niz·er** *n.* **col·o·ni·za·tion** [⌐–nizéiʃən/-nai-] *n.* Ⓤ

col·on·nade [kàlənéid/-ɔ̀-] *n.* 〖建〗 「주열(柱列), 주랑(柱廊).

‡**col·o·ny** [káləni/-ɔ́-] *n.* **식민지**, 거류지, 조계; 식민(단); 거류민(단); …인(人) 거리(*the Chinese* ∼ *in California* 캘리포니아주(州)의 중국인 거리); 〖生〗 군체(群體), 군락(群落). ***summer*** 〔***winter***〕 ∼ 피서〔피한〕지.

col·o·phon [káləfàn, -fən / kɔ́ləfən] *n.* 책의 간기(刊記); 출판사의 마크.

col·o·pho·ny [káləfòuni, kəláfəni/ kəlɔ́f-] *n.* 수지, 송진(resin).

†**col·or,** 《英》 **-our** [kʌ́lər] *n.* ① ⓊⒸ **색**, 색채; 채색. ② (*pl.*) 그림물감. ③ ⓊⒸ **안색**, 혈색. ④ Ⓤ (작품의) 맛, 음조. ⑤ 분위기, 활기, 생채(生彩); (흥미를 돋우는) 곁들이 프로. ⑥ Ⓤ 겉모습, 꼴; 가장, 구실(pretext). ⑦ (*pl.*) 군기(旗), 선〔함〕기(船〔艦〕旗); 국기〔군기〕 게양〔하기〕식. ⑧ (*pl.*) 색리본, 무색옷. ***change*** ∼ 낯빛이 (파랗게, 붉게) 변하다. ***come off with flying*** ∼***s*** 군기를 휘날리며 개선하다, 성공을 거두다, 면목을 세우다. ***gain*** ∼ 혈색이 좋아지다. ***give*** 〔***lend***〕 ∼ ***to*** ... (이야기 따위를) 그럴 듯이 해 보이다. ***local*** ∼ 지방〔향

토]색. *lose* ~ 창백해지다; 색이 바래다. *nail one's ~s to the mast* 주의[주장]을 선명하게 하다; 의지를 굽히지 않다. *off* ~ 《口》 기운 없는, 건강을 해치어, 《美俗》 상스러운. *see the ~s of a person's money* (…에게서 현금으로) 지불을 받다. *show one's ~s* 본심을 나타내다, 본성[본색]을 드러내다; 의견을 말하다. *with the ~s* 병역에 복무하여; 현역인. — *vt., vi.* ① 물들이다. ② 윤색(潤色)하여 전하다. ③ 물들다, 얼굴을 붉히다(*up*). **~·a·ble** 착색할 수 있는; 그럴 듯한; 겉꾸밈의. ***~ed** [-d] *a.* 채색한, 유색의, 흑인(Negro)의; 윤색한; 편견이 있는. **‡cól·o(u)r·ful** *a.* 다채로운; (문체를) 꾸민, 화려한(florid). ***~·ing** *n.* Ⓤ 착색(법), 채색, 색조. **~·ist** *n.* 착색[채색]의 명수; 미문가(美文家). ***~·less** *a.* 색이 없는; 퇴색한; 공평한.

***Col·o·rad·o** [kὰlərǽdou, -ɑ́:- / kɔ̀lərɑ́:-] *n.* 미국 서부의 주 《생략 Colo., Col.》.

col·or·ant [kʌ́lərənt] *n.* 《美》 착색제. 「색, 채색; 배색; 색조.

col·or·a·tion [kʌ̀ləréiʃən] *n.* Ⓤ 착

col·o·ra·tu·ra [kʌ̀lərətjúərə / kɔ̀lərətúərə] *n., a.* 콜로라투라《성악의 화려한 장식적 기교》(의); 콜로라투라 가수(의). ~ *soprano* 콜로라투라 소프라노 가수.

cólor bàr 백인과 유색 인종과의 법률적·사회적 차별. 「수(旗手).

col·or-bear·er [kʌ́lərbὲərər] *n.* 기

col·or-blind [-blàind] *a.* 색맹의.

cólor bòx 그림물감 상자.

col·or·cast [-kæ̀st/-ɑ̀:-] *n., vt.* (~, ~*ed*) 컬러텔레비전(으로 방송하다).

cólor fìlm 컬러 필름; 천연색 영화.

col·or·im·e·ter [kʌ̀lərímitər] *n.* 비색계(比色計), 색채계.

col·or·ing [kʌ́ləriŋ] *n.* Ⓤ ① 착색(법); 채색(법). ② 안료, 그림물감. ③ (살갗, 모발의) 색. ④ 색조. ⑤ 스타일; 윤색. ⑥ 외견. ⑦ (유아가 하는) 색칠 그림.

cóloring màtter 물감, 안료(顏料), 그림물감. 「회적·정치적) 차별.

cólor lìne 《美》 백인과 흑인과의 (사

col·or·man [kʌ́lərmən] *n.* 《英》 그림물감 장수.

cólor phóto 천연색[컬러] 사진.

cólor photógraphy 천연색 사진술.

cólor prìnt 채색 판화.

cólor prìnting 색판 인쇄. 「합 설계.

cólor schème (장식 등) 색채의 배

cólor sèt 컬러 텔레비전 수상기.

cólor télevìsion 컬러 텔레비전(color TV). 「위 K(elvin)》.

cólor témperatùre 〖理〗 색온도《단

col·or(-)wash [-wɑ̀ʃ, -ɔ̀:-/-ɔ̀-] *n., vi., vt.* 질척한 그림물감(으로 그리다).

***co·los·sal** [kəlɑ́səl/-ɔ́-] *a.* 거대한; 《口》 굉장한.

Col·os·se·um [kὰləsí:əm/kɔ̀ləsí(:)-] *n.* 콜로세움《고대 로마의 원형 대연기장》(의 유적).

Co·los·sians [kəlɑ́ʃənz/-ɔ́-] *n. pl.* 〖聖〗 골로새서(書)《신약의 한 편》.

co·los·sus [kəlɑ́səs/-ɔ́-] *n.* (*pl.* ~*es*, -*si* [-sai]) 거상(巨像), 거인; (C-) (Rhodes 항(港) 어귀에 있던 거대한) Apollo의 동상.

co·los·to·my [kəlɑ́stəmi/-lɔ́s-] *n.* 〖醫〗 결장 조루술(結腸造瘻術), 인공항문 성형(술).

co·los·trum [kəlɑ́strəm/-lɔ́s-] *n.* (임산부의) 첫 모유.

†col·our [kʌ́lər], **&c.** 《英》=COLOR, &c.

col·po·scope [kɑ́lpəskòup/kɔ́l-] *n.* 〖醫〗 질경(膣鏡).

Col. Sergt. Colo(u)r Sergeant 〖軍〗 군기(軍旗) 호위 상사.

Colt [koult] *n.* 〖商標〗 콜트식 자동권총(~ revolver).

‡colt [koult] *n.* (너댓 살까지의 수컷) 망아지; 당나귀 새끼; 미숙한 사람, 풋내기(greenhorn). **∠·ish** *a.* (망아지처럼) 깡총거리는, 까부는.

col·ter [kóultər] *n.* 보습의 날.

colts·foot [kóultsfùt] *n.* 〖植〗 머위.

***Co·lum·bi·a** [kəlʌ́mbiə] *n.* 컬럼비아 《미국 S. Carolina 주의 주도》; (N.Y. 시의) 컬럼비아 대학; 《詩》 미국(<Columbus). **~n** *a., n.* Columbia의; Columbus의; Ⓤ 〖印〗 16 포인트 활자.

col·um·bine [kɑ́ləmbàin/-ɔ́-] *n.* 〖植〗 매발톱꽃. — *a.* 비둘기의[같은].

co·lum·bi·um [kəlʌ́mbiəm] *n.* Ⓤ 《古》 〖化〗 콜룸븀《niobium의 구칭》.

‡Co·lum·bus [kəlʌ́mbəs], **Christopher** (1446?–1506) 콜럼버스.

Colúmbus Dày 콜럼버스 기념일 《10월 12일》.

‡col·umn [kɑ́ləm/-ɔ́-] *n.* 원주(圓柱) (모양의 물건); (신문의) 난; (군사·군함·숫자 따위의) 종렬(縱列). **~·ist** [-*n*ist] *n.* (신문 따위의) 기고가.

co·lum·nar [kəlʌ́mnər] *a.* 원주(모양)의.

com. comedy; common(ly); commerce. **Com.** Commander; Commission(er); Committee; Commodore.

com- *pref.* 「함께, 전혀」의 뜻《b, p, m의 앞》 (*com*bine, *com*pare).

co·ma [kóumə] *n.* 혼수(昏睡)(stupor).

com·a·tose [kóumətòus, kɑ́m-] *a.*

Co·man·che [kəmǽntʃi] *n.* (아메리카 인디언의) 코만치족.

‡comb [koum] *n.* 빗 (모양의 것); (닭의) 볏 (모양의 것)《산봉우리·물마루 따위》; 벌집. *cut a person's* ~ 기를 꺾다. — *vt.* (머리를) 빗다; (양털을) 빗질하여 가르다; 샅샅이 뒤지어 찾다. — *vi.* (놀이) 굽이치다 (roll over), 부서지다(break). ~ *out* 가려내다. **∠·er** *n.* 빗질하는[훑는] 사람; 훑는 기계, 소모기(梳毛機); 밀려드는 물결, 길고 흰 파도.

‡com·bat [kɑ́mbæt, kʌ́m-/kɔ́mbət] *n.* 격투, 전투(~ *plane* 전투기). *in single* ~ 일대일[맞상대] 싸움으로.

— [kəmbǽt, kámbæt/kɔ́mbət] *vi., vt.* 격투하다(*with, against*); 분투하다(*for*).

***com·bat·ant** [kəmbǽtənt, kámbət-/kɔ́mbətənt, -ˊ-] *n., a.* 전투원; 싸우는; 전투적인, 호전적인.

cómbat càr 《美》 전차, 탱크.

cómbat cròp 스포츠형 머리.

cómbat fatìgue 전쟁 신경증.

com·ba·tive [kəmbǽtiv, kámbə-/kɔ́mbə-, kʌ́m-] *a.* 호전적인(bellicose). 「을 위한) 연합 전투 부대.

cómbat tèam 〖美軍〗 (특정 작전

cómbat ùnit 전투 단위.

combe [ku:m] *n.* =COOMB.

‡**com·bi·na·tion** [kàmbənéiʃən/kɔ̀mb-] *n.* UC ① **결합**, 단결; 공동 동작; 배합, 짝지움. ② 〖化〗 화합; (*pl.*) 〖數〗 조합(組合) (cf. permutation). ③ (*pl.*) 콤비네이션《내리닫이 속옷》. ④ (자물쇠의) 이리저리 맞추는 글자〔숫자〕.

còmbinátion drùg 복합약《2종 이상의 항생 물질 등의 혼합약》.

còmbinátion lòck (금고 따위의) 글자〔숫자〕 맞춤 자물쇠.

‡**com·bine** [kəmbáin] *vt.* **결합〔합동〕 시키다**; 겸하다, 아우르다, 화합시키다. — *vi.* 결합〔화합〕하다(*with*). — [kámbain/-ɔ́-] *n.* 《美口》 기업 합동, 「콤비나트」; 도당; 연합; 복식 수확기, 「콤바인」《베기와 탈곡을 동시에 하는 농구》.

combíning fòrm 〖文〗 결합사《보기: *Anglo-, -phone* 따위; 접두·접미사가 종위적(從位的)임에 대해 이것은 등위적인 연결을 함》.

com·bo [kámbou/-ɔ́-] *n.* 《美》 소편성의 재즈 악단 (<*combi*nati*o*n); 《濠俗》 토인 여자와 동서하는 백인.

comb-out [kóumàut] *n.* 행정 정리; 일제 검사〔검색〕; (신병의) 일제 징집.

com·bus·ti·ble [kəmbʌ́stəbl] *a., n.* 타기 쉬운 (것), 연소성의; 격하기 쉬운(fiery). **com·bus·ti·bil·i·ty** [-ˋ-bíləti] *n.* U 가연성(可燃性).

***com·bus·tion** [kəmbʌ́stʃən] *n.* U 연소, (유기물의) 산화(oxidation); 격동.

comdg. commanding. **Comdr.** commander. **Comdt.** commandant.

†**come** [kʌm] *vi.* (*came; come*) ① 오다, (상대쪽으로) 가다 (*I will ~ to you tomorrow.* 내일 댁으로 가겠습니다). ② 일어나다, 생기다(occur), (생각이) 떠오르다. ③ …태생〔출신〕이다(*of, from*). ④ 만들어지다(*The ice cream will not ~.* 아이스크림이 좀처럼 되지 않는다). ⑤ …하게 되다, …해지다(*I have ~ to like him.* 그가 좋아졌다). ⑥ 합계〔결국〕 …이 되다(*What you say ~s to this.* 너의 말은 결국 이렇게 된다). ⑦ 《形容詞, p.p.형의 補語를 수반하여》 …이 되다〔해지다〕, …이다(*~ untied* 풀려지다 / *It came true.* 참말이었다〔임을 알았다〕). ⑧ 손에 넣을 수 있다, 살 수 있다(*The suitcases ~ in three sizes.* 여행 가방에는 대·중·소 세 종류가 있습니다). ⑨ 《命令形》 자! (now then), 이봐, 어이(look), 그만 둬(stop), 좀 삼가라(behave) (*C-, ~, don't speak like that!* 어이 이봐, 그런 말투는 삼가는 게 좋아). ⑩ 《假定法 現在形으로》 …이 오면〔되면〕(*She will be ten ~ Christmas.* 크리스마스가 오면 열 살이 된다). ⑪ 《美俗》 오르가슴에 이르다. — *vt.* (어떤 나이에) 달하다(*The dog is coming five.*); 하다(do) (*I can't ~ that.* 그것은 나로선 못한다); 《口》 …체〔연〕하다(pretend to be) (*~ the moralist* 군자연하다). **~ *about*** (사건 따위가) 일어나다; (바람 방향이) 바뀌다. **~ *across*** 만나다; 우연히 발견하다; 떠오르다. **~ *again*** 다시 한번 말하다. **~ *along*** 《口》 《命令形으로》 자 빨리. **~ *around*** =~ round. **~ *at*** …에 달하다; …을 엄습하다, 덤벼들다; 손에 넣다. **~ *away*** 끊어지다, 떨어지다; (자루 따위가) 빠지다. **~ *back*** 돌아오다, 《口》 회복하다, 되돌아오다; 《美俗》 되쏘아 주다(retort). **~ *between*** 사이에 들다; 사이를 갈라 놓다. **~ *by*** …을 손에 넣다(get); …의 옆을 지나다〔에 오다〕; 《美》 들르다(call). **~ *down*** 내리다; 《英口》 돈을 지불하다(*with*), 돈을 주다; 전래하다(*from*); 영락하다; 병이 되다. **~ *down on* 〔*upon*〕** 불시에 습격하다; 요구하다; 《口》 꾸짖다. **~ *forward*** 자진해 나아가다, 지원하다. **~ *from*** …의 출신이다. **~ *from behind*** 〖競〗 역전승을 거두다. **~ *in*** 들(어 가)다; 당선〔취임〕하다; 도착하다; 유행되기 시작하다; (익살 따위의) 재미〔묘미〕가 …에 있다(*Where does the joke ~ in?* 그 익살의 묘취(妙趣)는 어디 있지). **~ *in handy* 〔*useful*〕** 도움〔소용〕이 되다. **~ *into*** 되다; 상속하다(inherit). **~ *off*** 떨어지다, 빠지다; 이루다, 이루어지다; 행해지다(be held); …이 되다(turn out) (*~ off a victor* 〔*victorious*〕). **~ *on*** 다가오다, 가까워지다, 일어나다; 엄습하다; 등장하다; 진보하다; (의안이) 상정되다; 《口》 자 오너라. **~ *on in*** 《美》 들어오다. **~ *out*** 나오다; 드러나다; 출판되다; 첫무대〔사교계〕에 나가다; 판명하다; 스트라이크를 하다; 결과가 …이 되다. **~ *out with*** 보이다; 입밖에 내다, 누설하다. **~ *over*** 오다; (감정이) 엄습하다; 전래하다; (적측에서) 오다, 자기편이 되다. **~ *round*** 돌아서 오다; 회복하다; 기분을 고치다; …의 기분을〔비위를〕 맞추다; 의견을 바꾸다. **~ *through*** 해내다; 지불하다; 성공하다. **~ *to*** 합계〔결국〕 …이 되다; 제정신이 들다; …의 상태가 되다; 닻을 내리다; (배가) 머물다《to는 *ad.*》. **~ *to oneself*** 제 정신으로 돌아오다. **~ *to pass*** 일어나다. **~ *to stay*** 영구적인 것이 되다. **~ *up***

오르다; 올라오다; 접근하다, 다가오다; 일어나다; 유행하기 시작하다; 《英》 (대학의) 기숙사에 들다. ~ *upon* 만나다; …을 요구하다. ~ *up to* …에 달하다, 필적하다. ~ *up with* …에 따라 붙다; 공급하다; 제안하다. ~ *what may* 무슨 일이 일어나더라도. *First* ~, *first served.* 《諺》 빠른 놈이 장땡이다, 선착자 우선('come'은 p. p.). ***cóm·er** *n.* ‡**cóm·ing** *n., a.* ⇨ COMING.

come-at-a·ble [kʌmǽtəbəl] *a.* 《口》 가까이하기 쉬운; 손에 넣기 쉬운.

come·back [kʌ́mbæ̀k] *n.* 《口》 회복, 복귀, 되돌아옴; 《俗》 말대꾸 (retort); 《美俗》 불평.

COMECON [kámikàn/kɔ́mikɔ̀n] Council for Mutual Economic Assistance 동유럽 경제 상호 원조 회의.

***co·me·di·an** [kəmí:diən] *n.* 희극 배우, 희극 작자.

co·me·di·enne [kəmì:dién, -mèid-] *n.* (F.) 희극 여우.

com·e·do [kámədòu/kɔ́m-] *n.* (*pl.* ~*nes* [⌐-dóuni:z], **-dos**) 〖醫〗 여드름.

come·down [kʌ́mdàun] *n.* 《口》 영락; 퇴보.

‡**com·e·dy** [kámədi/kɔ́m-] *n.* (1편의) 희극(영화); Ⓤ 희극(문학).

come-hith·er [kʌmhíðər] *a., n.* (특히 성적으로) 도발적인; 유혹. ~·**y** *a.* 매혹적인.

***come·ly** [kʌ́mli] *a.* 자색이 고운, 아름다운; 《古》 적당한; 걸맞는. **-li·ness** *n.* Ⓤ

co·mes·ti·ble [kəméstəbəl] *a., n.* 먹을 수 있는(eatable); (*pl.*) 식료품.

‡**com·et** [kámit/-ɔ́-] *n.* 혜성, 살별.

com·et·ar·y [kámitèri/-təri], **co·met·ic** [kəmétik] *a.* 혜성의(같은).

come·up·(p)ance [kʌmʌ́pəns] *n.* 《美口》 (당연한) 벌.

com·fit [kʌ́mfit] *n.* 사탕, 캔디.

‡**com·fort** [kʌ́mfərt] *n.* ① Ⓤ 위로, 위안(solace); 안락; 마음 편함(ease). ② 위안을[위로를] 주는 사람[것], 즐거움; (*pl.*) 생활을 안락하게 해 주는 것, 위안물(necessities와 luxuries와의 중간). *be of* (*good*) ~ 원기 왕성하다. *cold* ~ 달갑지 않은 위안. —— *vt.* 위로[위안]하다(console). ***cóm·fort·er** *n.* 위안하는 사람, 위안물; 조붓하고 긴 털실 목도리; 《美》 이불(comfortable); 《英》 (젖먹이의) 고무 젖꼭지 (pacifier); (the C-) 성신(聖神). ~·**less** *a.*

‡**com·fort·a·ble** [kʌ́mfərtəbəl] *a.* 기분 좋은; 안락한, 마음 편한; (수입 따위) 충분한. —— *n.* 《美》 이불. *-**bly** *ad.*

cómfort bàg 위문대(袋).

cómfort stàtion[**ròom**] 《美》 공중변소.

cómfort stòp 《美》 (버스 여행의) 휴식 정거.

cómfort zòne 쾌적대(快適帶)《대부분의 사람이 쾌적하게 느끼는 온도·습도·풍속의 범위》.

‡**com·ic** [kámik/-ɔ́-] *a.* 희극의; 우스운(funny). —— *n.* 희극 배우; 《口》 만화책(comic book); (*pl.*) 만화(란) (funnies). ***cóm·i·cal** *a.*

cómic ópera 희가극 (cf. musical comedy).

cómic strìp = FUNNIES.

Com. in Chf. Commander in Chief.

Com·in·form [káminfɔ̀:rm/-ɔ́-] *n.* 코민포름《공산당 정보국(*Com*munist *Inform*ation Bureau); 1947–1956》.

‡**com·ing** [kʌ́miŋ] *n., a.* ⒸⓊ 도래; 내방(來訪); 다가올, 미래의; 다음의 (next); 신진의, 유명해지기 시작한.

Com·in·tern [kámintə̀:rn/-ɔ́-] *n.* 코민테른(*Com*munist *Intern*ational) 《제 3 인터내셔널》.

COMISCO [kəmískou] *Com*mittee of *I*nternational *S*ocialist *Co*nference 코미스코《국제 사회주의자 회의 위원회; 1947년 창설》.

com·i·ty [káməti/-ɔ́-] *n.* ⓊⒸ 예양(禮讓), 겸양(courtesy); 〖國際法〗 국제 예양(~ *of nations*).

‡**com·ma** [kámə/-ɔ́-] *n.* 쉼표, 콤마.

cómma bacìllus 〖醫〗 콤마상(狀)균 《아시아 콜레라의 병원균》.

†**com·mand** [kəmǽnd/-á:-] *vt.* ① 명(命)하다, 명령하다. ② 지휘[지배]하다. ③ 마음대로 할 수 있다. ④ (존경·동정 따위를) 얻다. ⑤ 바라보다, 내려다보다(overlook) (~ *a fine view* 좋은 경치가 보이다). ~ *oneself* 자제하다. —— *vi.* 지휘[명령]하다. —— *n.* ① 명령, (컴퓨터에의) 지령; Ⓤ 지휘(권); 지배(력)(*over*). ② 〖軍〗 관구; 관하[예하] 부대[함선]. ③ (말의) 구사력(mastery) (*have a good* ~ *of French* 프랑스어에 능통하다). ④ 전망. *at* ~ 손안에 있는. ~ *of the air* [*sea*] 제공[제해]권. *high* ~ 최고 사령부. *in* ~ *of* …을 지휘하여. *officer in* ~ 지휘관. *~·**ing** *a.* 지휘하는; 위풍당당한; 전망이 좋은. ***com·mánd·ment** *n.* 계율(*the Ten Commandments* 〖聖〗 (여호와가 Moses에게 내린) 십계.

com·man·dant [kámǝndæ̀nt, -dà:-/kɔ̀məndǽnt] *n.* (요새·군항 등의) 사령관.

commánd càr 〖美陸軍〗 사령관 전용차.

com·man·deer [kàməndíər/-ɔ̀-] *vt.* 징발[징용]하다; 《口》 강제로[제멋대로] 뺏다.

‡**com·man·der** [kəmǽndər/-á:-] *n.* 지휘[사령]관; 해군 중령.

commánder in chíef (*pl.* ~*s in chief*) (종종 C- in C-) 총사령관; 최고 사령관. 《생략 CM》.

commánd mòdule 〖宇宙〗 사령선

com·man·do [kəmǽndou / -á:-] *n.* (*pl.* ~(*e*)*s*) 남아프리카의 보어 민군 (民軍); 전격 특공대.

com·man·do·man [-mən] *n.* (특히 남아프리카 보어 사람의) 민병대; (*or* C-) 《주로 英》 (제 2 차 대전 때의) 특공대(원).

commánd pàper 《英》 칙령서(勅令書)《생략 Cmd.》.

commánd perfórmance 어전(御前) 연주〔연극〕.
commánd pòst 〖美陸軍〗 (전투) 지휘소《생략 CP》; 〖英軍〗 포격 지휘소.
***com·mem·o·rate** [kəmémərèit] *vt.* **기념하다,** 축하하다; …의 기념이 되다. **-ra·tive** [-rətiv, -rèi-] *a.* **-ra·to·ry** [-rətɔ̀:ri/-təri] *a.* ***-mem·o·rá·tion** [-⌐-réiʃən] *n.* Ⓤ **기념;** 축전(祝典).
‡**com·mence** [kəméns] *vt., vi.* **개시하다**《begin보다 격식을 차린 말》. ***∼·ment** *n.* ⓊⒸ **개시;** 학사 학위 수여식〔일〕, 졸업식.
***com·mend** [kəménd] *vt.* **칭찬하다** (praise); 추천하다(*to*); (…의 관리를) 위탁하다. *∼ itself to* …에게 좋은 인상을 주다. *C- me to* 《古》 …에게 안부 전해 주시오; 《口》 오히려 …이 낫다〔좋다〕; 《諧》《反語》 …이라니 고맙기도 하군, (…은) …이 제일이다(*C- me to callers on such a busy day!* 이렇게 바쁜 중에 손님이라니 반갑기도 하군). **∼·a·ble** *a.* 권장〔추천〕할 수 있는.
***com·men·da·tion** [kɑ̀məndéiʃən / -ɔ-] *n.* Ⓤ **칭찬,** 추천. **com·mend·a·to·ry** [kəméndətɔ̀:ri / -təri] *a.* 칭찬의; 추천의.
com·men·sal [kəménsəl] *a., n.* 식탁을 같이 하는 (사람); 공생하는 (동·식물).
com·men·su·ra·ble [kəménʃərəbəl] *a.* 같은 단위로 잴 수 있는, 〖數〗 통약〔약분〕할 수 있는(*with*); 균형잡힌.
com·men·su·rate [-rit] *a.* 같은 양〔크기〕의(*with*); 균형잡힌(*to, with*).
‡**com·ment** [kɑ́ment/-ɔ-] *n.* ⓊⒸ **주석** (note); 해설; 논평, 의견. *No ∼.* 의견 없음《신문 기자 등의 질문에 대한 상투 어구》. **—** *vi.* 주석〔논평〕하다(*on, upon*).
***com·men·tar·y** [kɑ́məntèri/kɔ́məntəri] *n.* **주석(서),** 논평, 비평.
com·men·tate [kɑ́məntèit / kɔ́-men-] *vi.* 해설하다, 논평하다.
***com·men·ta·tor** [kɑ́məntèitər/kɔ́-mən-] *n.* **주석자;** (라디오 따위의) 뉴스 해설자(cf. newscaster).
‡**com·merce** [kɑ́mərs/-ɔ́-] *n.* Ⓤ **상업, 통상, 무역;** 교제.
‡**com·mer·cial** [kəmə́:rʃəl] *a.* ① **상업**〔통상·무역〕(상)의. ② 판매용의. ③ 벌고 보자식의(*∼ novels*); 《美》 (방송이) 광고용의(*a ∼ program* 광고 프로 / *a ∼ song* 선전용 노래). **—** *n.* 광고 방송, 커머셜; (스폰서의) 제공 프로(cf. SUSTAINing program). **∼·ism** [-ʃəlìzəm] *n.* Ⓤ 영리주의; 상관습; ⓊⒸ 상용어(법). **∼·ize** [-àiz] *vt.* 상업〔상품〕화하다. **∼·ly** *ad.*
commércial àgency 상업 흥신소.
commércial àgent 상무관(商務官); 대리상(代理商). 「사관의) 상무관.
commércial attaché [-⌐-⌐-⌐] (대
commércial pàper 상업 어음.
commércial ròom 《英》 세일즈맨 전용 여관〔객실〕. 「도는) 외교원.
commércial trável(l)er (지방을
commércial tréaty 통상 조약.
com·mie, C- [kɑ́mi/kɔ́-] *n.* =COMMUNIST.
com·mi·na·tion [kɑ̀mənéiʃən / kɔ̀m-] *n.* ⒸⓊ 위협; ⒸⓊ 신벌(神罰)의 선언(denuciation).
com·min·gle [kəmíŋgl/kɔ-] *vt., vi.* 혼합하다. 「njù:t] *vt.* 잘게 바수다.
com·mi·nute [kɑ́mənjù:t / kɔ́m-
com·mis·er·ate [kəmízərèit] *vt.* 동정하다, 가엾이 여기다(pity). **com·mis·er·a·tion** [-⌐-éiʃən] *n.* ⓊⒸ
com·mis·sar [kɑ́məsɑ̀:r / kɔ̀misɑ́:] *n.* (소련의) 인민 위원(cf. ⇩) 《지금은 'minister'》.
com·mis·sar·i·at [kɑ̀məsέəriət/kɔ̀-mi-] *n.* 〖軍〗 병참부; (소련의) 인민 위원회《타국의 성(省)·부에 해당; 지금은 'ministry'》.
com·mis·sar·y [kɑ́məsèri/ kɔ́məsə-ri] *n.* 《美》 (광산·군대 등의) 양식 판매점; 《廢》 〖軍〗 병참 장교; 대표자 (deputy).
‡**com·mis·sion** [kəmíʃən] *n.* ① ⓊⒸ 위임(장), (권한·직무의) 위탁. ② Ⓤ (위탁의) 임무, 직권. ③ 위원회. ④ Ⓤ (업무의) 위탁; Ⓒ 대리수수료. ⑤ 《美》 장교 임명 사령. ⑥ 부탁. ⑦ ⓊⒸ 범행, 수행. *in* 〔*out of*〕 *∼* 현역〔퇴역〕의. **—** *vt.* 위임〔임명〕하다. *∼ed officer* (육군) 장교, (해군) 사관. *∼ed ship* 취역함.
commíssion àgent 〔**mèrchant**〕 위탁 판매인, 객주.
com·mis·sion·aire [kəmìʃənέər] *n.* 《英》 (제복의) 수위, 사환.
‡**com·mis·sion·er** [kəmíʃənər] *n.* **위원,** 이사; 국장, 장관; 판무관; 커미셔너(프로스포츠의 최고 책임자). *High C-* 고등 판무관. 「買)점.
commíssion hòuse 증권 중매(仲
commíssion sàle 위탁 판매.
‡**com·mit** [kəmít] *vt.* (*-tt-*) ① **저지르다**(*∼ suicide, a crime, an error*). ② **위탁**〔위임〕**하다,** 위원에게 맡기다(entrust)(*to*). ③ (감옥·정신 병원에) 넣다. ④ (체면을) 손상하다. ⑤ 속박하다(*∼ oneself to do ..., to a promise*); 언질을 주다(pledge). *∼ to memory* 기억해 두다. *∼ to paper* 적어 두다. *∼ to the earth* 〔*flames*〕 매장〔소각(燒却)〕하다. ***∼·ment, ∼·tal** *n.* ⓊⒸ 범행, 수행; Ⓤ **위임,** 위원에게 맡김; ⓊⒸ 언질; 수용 (영장).
‡**com·mit·tee** [kəmíti] *n.* ① **위원회,** 위원들. ② [kəmíti/kɔ̀mitíː] 〖法〗 수탁자(受託者); (미친 사람의) 후견인. **∼·man** *n.* 위원 (한 사람).
commn. commission.
com·mode [kəmóud] *n.* 옷장, (서랍 있는) 장농; 실내 세면대〔변기〕.
com·mo·di·ous [-iəs] *a.* (집·방이) 넓은(roomy); 편리한. **∼·ly** *ad.*
‡**com·mod·i·ty** [kəmɑ́dəti/-ɔ́-] *n.* **물품,** 상품; 일용품(*∼ prices* 물가).
***com·mo·dore** [kɑ́mədɔ̀:r/-ɔ́-] *n.* 《美》 해군 준장; 《英》 전대(戰隊) 사령관;

(넓은 뜻의 경칭으로서) 제독.
†**com·mon** [kámən / -ɔ́-] *a.* ① 공통의, 공동의, 공유의 (*to*). ② 공중의 (public). ③ 일반의, 보통의, 흔히 있는. ④ 평범한, 통속적인; 품위 없는(~ *manners* 무무함). ***in*** ~ 공통으로, 공동하여(*with*). ***make ~ cause with*** …와 협력하다. ***the Book of C- Prayer*** (영국 국교회의) 기도서. —— *n.* ① (부락의) 공유지(共有地), 공유지(公有地)《울 없는 들판·황무지》. ② Ⓤ 〖法〗 공유〔공용(公用)〕권, 입회권. ③ (*pl.*) 평민, 서민. ④ (*pl.*)(C-) (영국·캐나다의) 하원(의원). ⑤ (*pl.*) 《英》 (대학 따위의 공동 식탁의) 정식; 《一般》 식료. ***out of*** (***the***) ~ 보통이 아닌. ***put a person on short ~s*** 감식시키다. ***the House of Commons*** 《英》 하원. ~**·age** [-idʒ] *n.* Ⓤ 공용권; Ⓒ 공유지. ~**·al·ty** *n.* 평민, 대중. ~**·er** *n.* 평민; (Oxf. 대학 등의) 자비생(自費生); 토지 공용자; 《英》 하원 의원. ‡~**·ly** *ad.*
cómmon cárrier 운송업자〔회사〕.
cómmon cáse 〖文〗 통격(通格).
cómmon cóuncil 시〔읍·면〕의회.
cómmon críer 광고하는 사람.
cómmon denóminàtor 〖數〗 공분모; 공통점〔신조〕.
Cómmon Éra =CHRISTIAN ERA.
cómmon fáctor 〔**divísor**〕 공약수.
cómmon fráction 〖數〗 분수.
cómmon génder 〖文〗 통성(通性) 《*child, parent* 등》 (cf. neuter).
cómmon gróund 《美》 (사회 관계·논쟁·상호 이해 등의) 공통 기반.
cómmon góod 공익(公益).
cómmon làw 관습법.
cóm·mon-làw márriage [kámənlɔ̀ː/-ɔ́-] 내연 (관계).
Cómmon Márket 유럽 공동 시장.
cómmon méasure 〔**tíme**〕 보통 박자《4 분의 4 박자, 기호 C》.
cómmon múltiple 공배수(公倍數).
cómmon nóun 〖文〗 보통명사.
‡**com·mon·place** [-plèis] *a., n.* 평범한 (일·말); 비망록(~ book).
cómmon pléas 《美》 민사 재판소; 《英》 〖法〗 민사 소송.
cómmon ròom 교원 대기실, 담화실, 휴게실.
cómmon schòol 《美》 공립 국민 학교.
‡**cómmon sénse** 상식, 양식.
com·mon·sense [-sèns] *a.* 상식적인.
cómmon sóldier 병(졸).
cómmon stóck 《美》 보통주(株).
cómmon trúst fùnd 공동 투자 신탁 자금.
com·mon·weal [-wìːl] *n.* Ⓤ 안녕, 공익(公益).
com·mon·wealth** [-wèlθ] *n.* 국가 (state); 공화국(republic); 《美》 주(州) 《Pa., Mass., Va., Ky. 의 4 주(州)의 공식명; cf. state》; 단체, 연방. ***the (***British***) ***C- of Nations*** 영연방. ***the C- of Australia*** 오스트레일리아 연방.
Cómmonwèalth Dày 영연방의 날《5월 24일; 구칭 Empire Day》.
***com·mo·tion** [kəmóuʃən] *n.* ⓊⒸ 동요, 동란, 격동, 폭동.
commr. commissioner; commoner.
com·mu·nal [kəmjúːnəl, kámjə-/kɔ́m-] *a.* 자치체(commune)의, 공동〔공공〕의; 사회 일반의. ~**·ism** [-nəlìzəm] *n.* Ⓤ ~**·ly** *ad.*
***com·mune**[1] [kəmjúːn] *vi.* 간담하다 (*with*); 성체(聖體)(Holy Communion)를 영하다. —— [kámjuːn/-ɔ́-] *n.* Ⓤ 간담(懇談); 친교; 심사(深思).
com·mune[2] [kámjuːn/-ɔ́-] *n.* 코뮌 《프랑스·이탈리아·벨기에 등의 시읍면 자치체(최소 행정 구분)》; (중공의) 인민 공사; 히피 부락.
com·mu·ni·ca·ble [kəmjúːnikəbəl] *a.* 전할 수 있는; 전염성의.
com·mu·ni·cant [-kənt] *n., a.* 성체(聖體)를 영하는 사람; 전달〔통지〕자, 전달하는.
‡**com·mu·ni·cate** [kəmjúːnəkèit] *vt.* (열·동력·사상 따위를) 전하다; 감염시키다(*to*). —— *vi.* 통신〔서신왕래〕하다(*with*); 통하다; 성체를 영하다. **-ca·tor** *n.* 전달자; 발신기; (차내의) 통보기.
‡**com·mu·ni·ca·tion** [kəmjùːnəkéiʃən] *n.* ① Ⓤ 전달, 통신, 서신 왕래, 연락. ② ⓊⒸ 교통 (기관). ***means of*** ~ 교통 기관. ~***s gap*** 연령층·사회 계층 간의 의사 소통 결여. ~***s satellite*** 통신 위성. ~(***s***) ***theory*** 정보 이론.
communicátion engineèring 통신 공학.
communicátions zòne 〖軍〗 (싸움터의) 후방 지대, 병참 지대.
com·mu·ni·ca·tive [kəmjúːnikèitiv, -nikə-] *a.* 얘기를 좋아하는 (talkative); 터놓고 이야기하는; 통신(상)의, 전달의.
***com·mun·ion** [kəmjúːnjən] *n.* ① Ⓤ 공유(共有) (관계). ② Ⓤ 친교; 간담; 영적인 교섭(*hold ~ with nature* 자연을 마음의 벗으로 삼다). ③ 종교 단체; (C-) 성찬, 영성체.
com·mu·ni·qué [kəmjúːnəkèi, ⌐-⌐] *n.* (F.) 코뮈니케, 공보.
‡**com·mu·nism** [kámjənìzəm/-ɔ́-] *n.* Ⓤ 공산주의. ‡**-nist** *n., a.* 공산주의자; (*or* C-) 공산당원; 공산주의의. **com·mu·nis·tic** [⌐-nístik], **-ti·cal** [-əl] *a.*
Cómmunist Manifésto (Marx 와 Engels에 의한) 공산당 선언《1848》.
Cómmunist Párty 공산당.
‡**com·mu·ni·ty** [kəmjúːniti] *n.* (지역) 사회; 부락, 공동 생활체; (the C-) 공중; Ⓤ 공유, (사상의) 일치.
commúnity anténna télevision 공동 시청 안테나 《생략 CATV》.
commúnity cènter 공회당.
commúnity chèst 공동 모금.
commúnity cóllege 지역 주민에게 초급 대학 정도의 직업 교육을 베푸는 기관.
commúnity hòme 《英》 비행 소년 소녀 교정 시설.

commúnity próperty 〖美法〗 (남편과 아내의) 공유 재산.
commúnity schòol 《美》 지역 사회 학교《현실 사회 생활을 교재로 함》.
com·mu·nize, -ise [kámjənàiz/ kɔ́m-] *vt.* (토지·재산 등을) 공유화하다.
com·mut·a·ble [kəmjú:təbəl] *a.* 교환〔대체〕할 수 있는. **com·mùt·a·bíl·i·ty** *n.*
com·mu·tate [kámjətèit/-ɔ́-] *vt.* 〖電〗 정류(整流)하다. **-ta·tor** 정류자(整流子); 〖數〗 교환자(子).
com·mu·ta·tion [kàmjətéiʃən/-ɔ̀-] *n.* Ⓤ 교환; Ⓒ 교환물; ⓊⒸ 대체; 감형; Ⓤ 《美》 정기권(定期券) 통근.
commutátion tìcket 《美》 정기권.
com·mu·ta·tive [kəmjú:tətiv] *a.* 교호의; 〖數〗 교환의.
com·mute [kəmjú:t] *vt.* 교환하다; 대상(代償)하다; 감형하다; 대체하다; 〖電〗 정류(整流)하다. —— *vi.* 대상하다; 정기〔회수〕권으로 승차〔통근〕하다. **com·mút·er** *n.* (정기권에 의한) 통근자.
comp. comparative; compare; comparison; compilation; compiled; composer; composition; compositor; compound.
‡**com·pact**[1] [kəmpǽkt] *a.* 잔뜩〔꽉〕 찬(firmly packed), 질이 밴; (몸이) 잘 짜인(well-knit), (집·자동차 따위가) 아담한; 간결한; …로 된(composed) (*of*). —— *vt.* 잔뜩〔꽉〕 채우다; 빽빽하게〔배게〕 하다, 굳히다, 안정시키다; 결합하여 만들다. —— [kámpækt/-ɔ́-] *n.* 콤팩트《분갑》. **~·ly** *ad.* **~·ness** *n.* 「약(agreement).
*__com·pact__[2] [kámpækt/-ɔ́-] *n.* ⓊⒸ 계
com·pact·or [kəmpǽktər] *n.* (흙·쓰레기를) 다지는 기계.
com·pa·dre [kəmpá:drei] *n.* 《美》 친한 친구; 동아리(buddy).
‡**com·pan·ion**[1] [kəmpǽnjən] *n.* 동료, 동무, 동반자, 반려; 짝; 최하급의 knight 작(爵) (*C- of the Bath* 바스 훈작사). **~·a·ble** *a.* 친하기 쉬운. *__~·ship__ [-ʃìp] *n.* Ⓤ 교우 관계.
com·pan·ion[2] *n.* (배의, 뒷갑판의) 채광창(窓).
com·pan·ion·ate [-it] *a.* 우애적인.
compánionate márriage 우애 결혼(cf. common-law marriage).
com·pan·ion·way [-wèi] *n.* 〖海〗 갑판 승강구〔계단〕.
†**com·pa·ny** [kʌ́mpəni] *n.* ① Ⓤ 친구, 동아리; 교제, 교우(交友), 친교 (*in* ~ 동행하여). ② Ⓤ 《口》 손님(들), 방문자. ③ 일단, 일행, 패거리. ④ 회사, 상사《생략 Co.》. ⑤ 〖軍〗 (보병) 중대 (*a* ~ *commander* 중대장); 〖海〗 승무원. ***bear* 〔*keep*〕 *a person* ~** 동행하다, 교제〔상종〕하다. ***be good* ~** 사귀어(보아) 재미있다. ***err* 〔*sin*〕 *in good* ~** 높은 양반들도 실패한다(고로 나의 실패도 무리 아니다). ***for* ~** 교제〔의리〕상, 따라서(*weep for* ~ 따라서 울다). ***keep* ~ *with*** …와 사귀다; …와 친밀해지다. ***part* ~ *with*** …와 (도중에) 헤어지다; 절교하다. ***Two's* ~, *three's none.*** 《俗談》 둘은 친구, 셋이면 갈라진다.
cómpany màn (동료를 배신하는) 회사측 종업원. 「앞에서의 예의.
cómpany mánners 짐짓 꾸미는 남
cómpany ófficer 〖軍〗 위관(尉官).
cómpany stóre (회사의) 매점, 구매부.
cómpany tòwn 1기업 의존 도시.
cómpany ùnion 《美》 (한 회사만의) 단독〔어용(御用)〕 노동 조합.
compar. comparative; comparison.
*__com·pa·ra·ble__ [kámpərəbəl/-ɔ́-] *a.* 비교할 수 있는(*with*); 필적하는(*to*). **-bly** *ad.*
*__com·par·a·tive__ [kəmpǽrətiv] *a.* 비교의, 비교적인, 상당한; 〖文〗 비교급의. **~ *anatomy* 〔*literature, philology*〕** 비교 해부학〔문학, 언어학〕. **~ *degree*** 〖文〗 비교급. —— *n.* 〖文〗 비교급. ‡**~·ly** *ad.*
com·par·a·tor [kámpərèitər/kɔ́m-] *n.* 〖機〗 컴퍼레이터, 비교 측정기.
‡**com·pare** [kəmpέər] *vt.* 비교하다 (*with*); 참조하다; 비유하다, 비기다 (*to*). —— *vi.* 필적하다(*with*). **(*as*) ~*d with*** …와 비교하여. ***cannot* ~ *with*, or *not to be* ~*d with*** …와는 비교도 안 되다. **~ *favorably with*** …와 비교하여 낫다. —— *n.* 《詩》 비교. ***beyond* 〔*past, without*〕 ~** 비길 데 없이.
‡**com·par·i·son** [kəmpǽrisən] *n.* ⓊⒸ ① 비교 (*There is no ~ between them.* 비교가 되지 않는다). ② 유사. ③ 〖修〗 비유; 〖文〗 비교 변화. ***bear* 〔*stand*〕 ~ *with* 〔*to*〕** …에 필적하다. ***in* ~ *with*** …와 비교하여. ***without* ~** 비길 데 없이.
compárison shòpper 상품 비교 조사계《경쟁 상대점(店)을 다니며 상품의 종류·품질·가격 등을 조사하는 소매점 종업원》.
*__com·part·ment__ [kəmpá:rtmənt] *n.* 구획, 구분; 칸을 막은 방〔찻간〕.
‡**com·pass** [kʌ́mpəs] *n.* 나침반, 자석; (보통 *pl.*) (제도용) 컴퍼스; ⓊⒸ 둘레(circuit); 한계, 범위(limits); ⓊⒸ 〖樂〗 음역(音域). BOX ***the* ~.** ***in small* ~** 간결하게. —— *vt.* 일주하다; 에우다(*with*); 손에 넣다; 이해하다; 이루다, 달성하다; (음모 따위를) 꾸미다(plot). 「面).
cómpass càrd (나침반의) 반면(盤
*__com·pas·sion__ [kəmpǽʃən] *n.* Ⓤ 연민(憐憫)(pity), 동정(*on*).
*__com·pas·sion·ate__ [-it] *a.* 자비로운; 온정적인; 정상을 참작한. **~ *allowance*** (규정 외의) 특별 수당.
cómpass sàw 실톱.
*__com·pat·i·ble__ [kəmpǽtəbəl] *a.* 양립할 수 있는(*with*); 〖TV〗 (컬러 방송에서 흑백 수상기로는 흑백으로 수상할 수 있는) 겸용식의. **~ *colo(u)r system*** 흑백 겸용식 컬러 텔레비전.

com·pat·i·bil·i·ty [—ˎ—bíləti] *n.* Ⓤ
com·pa·tri·ot [kəmpéitriət/-pǽ-] *n.*, *a.* 동국인, 동포; 같은 나라의.
com·peer [kəmpíər, kámpiər / kɔ-] *n.* 대등한 사람; 동료.
‡**com·pel** [kəmpél] *vt.* (*-ll-*) 강제하다(force), 억지로 …시키다. *~·**ling** *a.* 강제적인; 어쩔수 없게 하는; 사람을 움직이고야 마는, 마음을 끄는.
com·pen·di·um [kəmpéndiəm] *n.* (*pl.* ~*s*, *-dia*) 대요(大要). **-di·ous** *a.* 간결한.
***com·pen·sate** [kámpənsèit/-ɔ́-] *vt.* 보상하다, 변상하다(make up for) (~ *a loss*/~ *him for a loss*); 지불하다; (금의 함유량을 바꾸어 달러화(貨)의) 구매력을 안정시키다(*a* ~*d dollar* 보정(補正) 달러). — *vi.* 보상하다. **com·pen·sa·to·ry** [kəmpénsətɔ̀:ri/-təri] *a.*
‡**com·pen·sa·tion** [kàmpənséiʃən / kɔ̀mpen-] *n.* ⓊⒸ ① 보상(금). ② 《美》 보수; 봉급. ③ 〖心·生〗 대상 작용. ④ 〖經〗 (달러화의) 구매력 보정.
com·père, com·pere [kámpɛər/-ɔ́-] *n.*, *vt.* (F.) 《주로 英》 (방송·레뷔 따위의) 사회자; …의 사회를 맡아보다.
‡**com·pete** [kəmpí:t] *vi.* (사람이) 경쟁하다(*with; for, in*); (물건이) 필적하다(*with*).
***com·pe·tent** [kámpətənt/kɔ́mp-] *a.* 유능한(capable), 적당한(fit); 상당한, 충분한(*a* ~ *income* 충분한 수입); 자격〔권능〕이 있는. ***cóm·pe·tence, -ten·cy** *n.* Ⓤ 적성, 능력, 자격; Ⓤ 권능, 권한; 충분한 자산.
‡**com·pe·ti·tion** [kàmpətíʃən/kɔ̀mp-] *n.* ⓊⒸ 경쟁; Ⓒ 경기회, 콩쿠르(contest). ***com·pet·i·tive** [kəmpétətiv] *a.* 경쟁적인. ***com·pet·i·tor** [kəmpétətər] *n.* 경쟁자.
***com·pile** [kəmpáil] *vt.* (자료 따위를) 모으다; 편집하다; 〖컴퓨터〗 다른 부호〔컴퓨터 언어〕로 번역하다. **com·píl·er** *n.* 편집자; 〖컴퓨터〗 compile 하기 위한 프로그램 (언어). **com·pi·la·tion** [kàmpəléiʃən/kɔ̀m-] *n.* ⓊⒸ 편집(물).
com·pla·cent [kəmpléisnt] *a.* 자기만족의, 득의의, 느긋한(selfsatisfied). ~·**ly** *ad.* **com·pla·cence, -cen·cy** *n.* ⓊⒸ
‡**com·plain** [kəmpléin] *vi.* 불평을 하다 (*of, against*); 고소하다(appeal) (*to*); (병상·고통을) 호소하다, …이 아프다고 하다(~ *of a headache* 골치가 아프다고 하다). ~·**ant** *n.* 불평꾼; 원고(plaintiff). ~·**ing·ly** *ad.* 불평〔불만〕스러운 듯이, 투덜대며.
‡**com·plaint** [kəmpléint] *n.* ① ⓊⒸ 불평; 비난; 불평거리. ② 《美》 고소(accusation). ③ 병.
com·plai·sant [kəmpléisənt, -zənt] *a.* 공손〔친절〕한; 상냥한(affable). **-sance** *n.* Ⓤ
‡**com·ple·ment** [kámpləmənt/kɔ́mplə-] *n.* 보충(물), 〖文〗 보어; 〖數〗 여각(餘角), 여집합; (합선 승무원의) 정원. — [-mènt] *vt.* 메워 채우다, 보충하다. ***com·ple·men·ta·ry** [kàmpləméntəri/kɔ̀m-] *a.* 보충적인.
†**com·plete** [kəmplí:t] *a.* 완전한; 순전〔철저〕한(thorough). — *vt.* 완성하다, 끝마치다(finish). ‡~·**ly** *ad.* ~·**ness** *n.* ***com·ple·tion** [-plí:ʃən] *n.* Ⓤ 완성, 종료.
‡**com·plex** [kəmpléks, kámpleks / kɔ́mpleks] *a.* 복잡한(complicated); 복합의(composite); 〖文〗 복문(複文)의. — [kámpleks/-ɔ́-] *n.* 집합〔복합〕체; 〖精神分析〗 복합, 콤플렉스; 고정〔강박〕 관념; 콤비나트. ***com·plex·i·ty** [kəmpléksəti] *n.* ⓊⒸ 복잡(성); Ⓒ 복잡한 것. 「分數).
cómplex fráction 〖數〗 번분수(繁
***com·plex·ion** [kəmplékʃən] *n.* 안색, 형세, 모양(aspect)(*the* ~ *of the sky*).
cómplex númber 〖數〗 복소수(複素數). 「《종속절이 있는 문장》.
cómplex séntence 〖文〗 복문(複文)
com·pli·ance** [kəmpláiəns] *n.* Ⓤ 응낙; 순종(*to*). ***in ~ ***with*** …에 따라서. **-ant** *a.*
***com·pli·cate** [kámplikèit/kɔ́mpli-] *vt.* 복잡하게 하다, 뒤얽히게 하다. ‡**-cat·ed** [-id] *a.* 복잡한. ***com·pli·cá·tion** [ˎ-kéiʃən] *n.* ⓊⒸ 복잡, 분규(紛糾); 병발증(secondary disease).
com·plic·i·ty [kəmplísəti] *n.* ⓊⒸ 연루(連累), 공범.
‡**com·pli·ment** [kámpləmənt/kɔ́mpl-] *n.* 찬사, 겉말, 치렛말; (*pl.*) (의례적인) 인사, 치하의 말. ***Give my*** ~***s to*** …에게 안부 전해 주십시오. ***return the*** ~ 답례하다; 대갚음〔보복〕하다. ***with the*** ~***s of*** …근정(謹呈), 혜존(惠存) 《저서 증정의 서명 형식》. — [-mènt] *vt.*, *vi.* 인사하다; 칭찬하다(*on*); 치렛말하다; 증정하다(*with*). ***-men·ta·ry** [ˎ-méntəri] *a.* 인사의; 경의를 표하는〔표하기 위한〕(*a* ~*ary ticket* 우대권); 치렛말의〔을 잘하는〕. 「다, 승낙하다(*with*).
‡**com·ply** [kəmplái] *vi.* 응하다, 따르
com·po [kámpou/-ɔ́-] *n.* (*pl.* ~*s*) ⒸⓊ 혼합물, 합성품; (특히) 회반죽, 모르타르; 모조품.
***com·po·nent** [kəmpóunənt] *a.*, *n.* 구성하는(*a* ~ *part* 구성 분자); 요소, 부분; 〖數〗 (벡터장의) 성분, 〖理〗 (힘·속력 등의) 분력(分力).
com·port [kəmpɔ́:rt] *vt.* 행동하다 (behave)(~ *oneself*). — *vi.* 합치〔적합〕하다(agree)(*with*).
‡**com·pose** [kəmpóuz] *vt.*, *vi.* ① 짜맞추다, 구성하다(make up). ② 짓다(~ *a poem*), 저작〔작곡·구도(構圖)〕하다. ③ 〖印〗 (판을) 짜다. ④ (안색·태도 등을) 누그러뜨리다; (마음을) 진정시키다(calm)(*oneself*). ⑤ 논쟁·싸움 따위를) 가라앉히다, 조정하다(settle). *~**d** [-d] *a.* 침착〔태연〕한. **com·pós·ed·ly** [-idli] *ad.* ***com·pós·er** *n.* 작곡가.
***com·pos·ite** [kəmpázit/kɔ́mpɔ-] *a.* ① 합성의, 혼성의. ② (C-) 〖建〗 혼

합식의. ③ 〖로켓〗 다단식(多段式)의; (발사 화약이) 혼합 연료와 산화제로 이루어진. 「진, 몽타주 사진.
compósite phótogràph 합성 사
compósite schòol (캐나다의) 혼성〔종합〕 중〔고등〕학교《인문·상업·공업과를 포함》.
‡**com·po·si·tion** [kàmpəzíʃən/-ɔ̀-] *n.* [U] **짜맞춤,** 조립, 조성(組成), 조직, 구도(構圖); [UC] 배합; 식자; [U] 성질; **작곡; 작문;** [C] 혼합물; 화해.
com·pos·i·tor [kəmpázitər/-pɔ́zi-] *n.* 식자공(工).
com·post [kámpoust/kɔ́mpɔst] *n.* 혼합물; [U] 혼합 비료, 퇴비.
***com·po·sure** [kəmpóuʒər] *n.* [U] **침착,** 냉정, 자제.
com·pote [kámpout/kɔ́mpɔt] *n.* 과일 따위의 설탕찜; 굽 달린 과일 접시.
‡**com·pound**[1] [kəmpáund, kɑm- / kɔm-] *vt.* ① **혼합〔조합(調合)〕하다** (mix) (*with, into*). ② 〖言〗 (낱말·문장을) 복합하다(combine). ③ 사화〔화해〕시키다. ④ 돈으로 무마하다. ⑤ (이자를) 복리 계산으로 치르다. ~ ***a felony*** (돈을 받고) 중죄의 기소를 중지하다. —— [kámpaund/-ɔ́-] *a.* 혼합〔복합·합성〕의. —— [kámpaund/-ɔ́-] *n.* 혼〔화〕합물; 복합어《보기: textbook, bluebell》.
com·pound[2] [kámpaund/-ɔ́-] *n.* (인도·말레이 따위의) 백인 저택(의 구내); (아프리카의) 현지 노무자의 주택 지구; 포로 수용소.
Cómpound É =CORTISONE.
com·pound·er [kɑmpáundər/kɔm-] *n.* (부채의) 일부 지불자; (범죄의) 기소 중지자. 「눈.
cómpound éye 〖蟲〗 복안(複眼), 겹
cómpound frácture 〖醫〗 복잡 골
cómpound ínterest 복리. 「절.
cómpound rélative 〖文〗 복합 관계사《보기: what, where, whoever 따위》.
cómpound séntence 〖文〗 중문(重文)《and, but, or, for 따위의 등위 접속사로 단문(單文)을 결합한 문장》.
cómpound wórd 복합어, 합성어.
com·preg [kámprèg/-ɔ́-] *n.* [UC] (합성 수지로 접착한) 고압 합판.
‡**com·pre·hend** [kàmprihénd/kɔ̀m-] *vt.* **이해하다;** 포함하다(include).
com·pre·hen·si·ble [-hénsəbəl] *a.* 이해할 수 있는(understandable). **com·pre·hen·si·bil·i·ty** [--̀-bíləti] *n.* [U]
‡**com·pre·hen·sion** [-hénʃən] *n.* [U] ① **이해(력).** ② 포함; 함축.
‡**com·pre·hen·sive** [-hénsiv] *a.* **이해력이 있는;** 포함하는, 함축성이 풍부한, 광범위에 걸친.
còmprehénsive schòol 《英》 종합중(등) 학교《여러 과정이 있는》.
***com·press** [kəmprés] *vt.* **압축〔압착〕하다;** 줄이다(*into*). —— [kámpres/-ɔ́-] *n.* 습포(濕布). *~**ed** *a.* **압축된;** 간결한(~*ed air* 압축 공기). ~-**i·ble** *a.* ***com·prés·sion** *n.* [U] ***com·prés·sor** *n.* **압축기**〔장치〕.
***com·prise, -prize** [kəmpráiz] *vt.* **포함〔함유〕하다;** …로 되다〔이루어지다〕(consist of).
‡**com·pro·mise** [kámprəmàiz/-ɔ́-] *n.* [UC] **타협;** 절충(안); 사화(*between*); (명예·신용 등을) 위태롭게 하는 것. —— *vt.* 사화〔화해〕하다, 서로 양보하여 해결하다; (신용·명예를) 위태롭게 하다(endanger); (의혹·불평 등을) 입게 하다. ~ ***oneself*** 신용을 의심받게 하다, 의심받을 일〔짓〕을 하다. —— *vi.* 타협하다, 서로 양보하다.
Comp·tom·e·ter [kɑmptámitər / kɔmptɔ́mi-] *n.* 〖商標〗 고속도 계산기. 「감사관(controller).
comp·trol·ler [kəntróulər] *n.* 회계
com·pul·sion** [kəmpʌ́lʃən] *n.* [U] **강제;** 〖心〗 강박 충동. ***by ~ 강제적으로. ***com·púl·sive** *a.*
***com·pul·so·ry** [kəmpʌ́lsəri] *a.* **강제적인;** 의무적, 필수의. **-so·ri·ly** *ad.*
com·punc·tion [kəmpʌ́ŋkʃən] *n.* [U] 양심의 가책; 후회(하는 마음)(regret).
***com·pute** [kəmpjú:t] *vt., vi.* **계산〔산정〕하다**(*at*). ***com·pu·tá·tion** [kàmpjutéiʃən/-ɔ̀-] *n.* [UC]
‡**com·put·er, -pu·tor** [-ər] *n.* **전자 계산기**(electronic ~), 컴퓨터; 계산기(器), 계산하는 사람.
com·put·er·ese [kəmpjù:tərí:z] *n.* [U] (컴퓨터에 주는) 일련의 지시 기호.
com·put·er·ize [kəmpjú:təràiz] *vt.* 컴퓨터로 처리〔관리, 자동화〕하다. **com·put·er·i·za·tion** [kəmpjù:tərizéiʃən] *n.* [U] 컴퓨터화.
com·put·er·nik [kəmpjú:tərnìk] *n.* 컴퓨터 조작자; 컴퓨터광.
com·put·e·ry [kəmpjú:təri] *n.* [U] 컴퓨터 시설; 컴퓨터의 기술〔조작〕.
‡**com·rade** [kámræd/kɔ́mrid] *n.* **동무,** 동지(mate), 친구, 요우(僚友)(companion). ~ ***in arms*** 전우. ~**·ship** [-ʃìp] *n.* [U] 동지로서의 사귐; 동지애, 우애.
COMSAT, Com·sat [kámsæt/-ɔ́-] (<*com*munications+*sat*ellite) *n.* 통신 위성; (미국의) 통신 위성 회사.
Com·stock·er·y [kʌ́mstɑ̀kəri/-ɔ̀-] *n.* [UC] (미술·문학의) 풍기상 엄한 단속〔검열〕. 「프랑스의 철학자·사회학자.
Comte [kɔ:nt], **Auguste** (1798–1857)
comte [kɔ̃:nt] *n.* (F.) 백작.
con[1] [kɑn/-ɔ-] *vt.* (**-nn-**) 정독(精讀)하다; 공부〔암기〕하다; 정사(精査)하다.
con[2] *ad.* 반대하여(against)(cf. pro[1]). —— *n.* 반대론〔투표(자)〕.
con[3] (<confidence) *a.* 《美俗》 사기의, 속이는(~ *game* 사기/ *a* ~ *man* 사기꾼). —— *vt.* (**-nn-**) 속이다.
con[4] *vt.* (**-nn-**) 조타(操舵)를 지휘하다. —— *n.* 조타 지휘.
con[5] (<convict) *n.* 《美俗》 죄수.
con. conclusion; consolidated; *contra* (L.=against); conversation.
con- *pref*=COM-《b, h, l, m, p, r, w 이외의 자음 앞에서》.
con a·mo·re [kɑ̀n əmɔ́:ri/kɔ̀n-] (It.) 〖樂〗 애정을 갖고, 부드럽게;

열심히. 「능동, 의욕(감).
co·na·tion [kounéiʃən] *n.* UC 〖心〗
con bri·o [kanbrí:ou/kɔn-] (It.) 〖樂〗 활발히, 기운차게.
con·cat·e·nate [kankǽtənèit/kɔn-] *vt.* 잇다, 연결시키다. **con·cat·e·na·tion** [kankæ̀tənéiʃən/kɔn-] *n.* UC
***con·cave** [kankéiv/kɔ́nkeiv] *n., a.* 옴폭〔오목〕함〔한〕; 요면(凹面)(의) (opp. convex). **con·cav·i·ty** [kankǽvəti/kɔn-] *n.* UC 오목한 상태 〔물건·부분〕, 요면.
‡**con·ceal** [kənsí:l] *vt.* 숨기다(hide) (*from*). *∼·**ment** *n.* U 숨김, 숨음, 감춤; C 숨기는〔숨는〕 장소.
***con·cede** [kənsí:d] *vt., vi.* 인정하다; (권리 따위를) 용인하다, 주다; (승리를) 양보하다(*to*).
‡**con·ceit** [kənsí:t] (<conceive) *n.* U 자부; 생각; 혼자〔제딴의〕 생각; 착상, 기상(奇想)(fancy); 《古》 사견(私見). ***be out of ∼ with*** …이 시뜻해지다, 싫증이 나다. ***in one's own ∼*** 자기 혼자 생각으로. *∼·**ed** [-id] *a.* 자부심이 강한.
‡**con·ceive** [kənsí:v] *vt., vi.* ① (생각·의견·감정 등을) 마음에 품다 (entertain); 생각하다, 생각해내다 (*of*), 상상하다. ② 《흔히 受動構文으로》 (말로) 나타내다(express). ③ 임신하다(*with*). ***con·ceiv·a·ble** *a.* 생각할 수 있는.
con·cen·ter [kənséntər, kan-/kɔn-] *vt., vi.* …을 중심으로 모으다 〔모이다〕, 집중하다.
‡**con·cen·trate** [kánsəntrèit, kɔ́n-] *vt., vi.* 집중하다; 전념하다(*on, upon*); 〖化〗 농축하다. ***∼d uranium*** 농축 우라늄.
***con·cen·tra·tion** [kànsəntréiʃən, kɔ̀n-] *n.* UC ① 집중; 전념. ② 농축, 농도. 「《포로, 정치범 등의》.
concentrátion càmp 강제 수용소
con·cen·tra·tor [kánsəntrèitər/kɔ́n-] *n.* 집중시키는 사람〔것〕; 농축기.
con·cen·tric [kənséntrik] *a.* 동심(同心)의 (*with*).
***con·cept** [kánsept/-ɔ́-] *n.* 개념.
‡**con·cep·tion** [kənsépʃən] *n.* U 개념 작용; 임신; C 개념(idea); 착상 (conceiving); 계획(plan). **con·cép·tu·al** *a.* 개념의.
con·cep·tu·al·ism [kənséptʃuəlìzəm] *n.* U 〖哲〗 개념론.
‡**con·cern** [kənsə́:rn] *vt.* ① …와 관계가 있다; 영향하다. ② 《受動으로》 관계하다. ③ 걱정케 하다. ***as ∼s*** …에 관해서는. ***be ∼ed about*** …에 관심을 가지다; 걱정하다. ***∼ oneself about*** …을 염려〔괘념〕하다. ***∼ oneself in*** 〔***with***〕 …에 관계하다. ***so far as*** (***I am***) ***∼ed*** (내)게 관한한. ***To whom it may ∼*** 관계자〔관〕 앞《서류의 수신인 쓰기 형식》. ── *n.* ① (이해) 관계. ② U 관심, 걱정, 염려. ③ (종종 *pl.*) 관심사, 사건. ④ 영업, 사업; 회사, 상사(firm). ⑤ 《口》 것, 일, 놈(*I dislike the whole ∼.* 어디까지나 싫다). *∼**ed** [-d] *a.* 근심〔걱정〕하여; 관계의〔있는〕(*the authorities ∼ed* 당국자); 종사하여(*in*). ‡∼·**ing** *prep.* …에 관하여. ∼·**ment** *n.* 《文語》 U 중요함; C 관계하고 있는 일; U 걱정.
‡**con·cert** [kánsə(:)rt/-ɔ́-] *n.* ① 합주(곡); 연주회(cf. recital). ② U 협조, 제휴 (*in ∼* 협력하여); 협력, 일치. ── [kənsə́:rt] *vt.* 협정하다. ∼·**ed** [kənsə́:rtid] *a.* 협정의, 협동의; 〖樂〗 합창〔합주〕용으로 편곡한.
cóncert gránd (**piáno**) 연주회용의 그랜드 피아노.
con·cer·ti·na [kànsərtí:nə / kɔ̀n-] *n.* 〖樂〗 (보통 육각형의 소형) 손풍금(cf. accordion).
con·cert·mas·ter [kánsərtmæ̀stər/kɔ́nsərtmà:-] *n.* 합주장(合奏長) 《보통 수석 바이올리니스트》.
con·cer·to [kəntʃértou] *n.* (*pl.* ***∼s, -ti*** [-ti:]) 〖樂〗 콘체르토, 협주곡.
cóncert pìtch 〖樂〗 합주조(合奏調); (능률 따위의) 이상적(異常的) 호조.
***con·ces·sion** [kənséʃən] *n.* ① UC 양보, 양여(conceding), 허가. ② 면허(grant); 이권. ③ 조차지, 조계. ④ 《美》 구내 매점 (사용권). **con·cés·sive** *a.* 양보의, 양보적인.
concéssive cláuse 〖文〗 양보절 《though, even if 따위로 시작되는 부사절》.
conch [kaŋk, kantʃ/-ɔ-] *n.* (*pl.* ***∼s*** [-ks], ***∼es*** [kántʃiz/-ɔ́-]) (대형의) 고둥《소라 따위》; 귓바퀴.
con·chie, -chy [kántʃi/kɔ́n-] *n.* = CONSCIENTIOUS OBJECTOR.
con·chol·o·gist [kaŋkálədʒist/kɔŋkɔ́l-] *n.* 패류학자, 패류 연구가.
con·chol·o·gy [kaŋkálədʒi/kɔŋkɔ́l-] *n.* U 패류학(貝類學).
con·ci·erge [kànsiέərʒ/kɔ̀n-] *n.* (F.) 수위, 문지기; (아파트의) 관리인.
con·cil·i·ate [kənsílièit] *vt.* 달래다 (soothe), 화해시키다(reconcile); 회유하다(win over); (아무의) 호의(따위)를 얻다; 〖法〗 알선하다. **con·cil·i·a·tion** [-ˌ-ˊ-éiʃən] *n.* U 달램; 〖法〗 조정, 화해(cf. arbitration). ***the Conciliation Act*** 《英》 (노동쟁의) 조정 법률. **con·cil·i·a·to·ry** [kənsíliətɔ̀:ri/-təri] *a.*
‡**con·cise** [kənsáis] *a.* 간명〔간결〕한 (succinct). ∼·**ly** *ad.* ∼·**ness** *n.*
con·clave [kánkleiv/-ɔ́-] *n.* 비밀 회의; 교황 선거 회의(실).
‡**con·clude** [kənklú:d] *vt., vi.* ① 끝내다; 결론〔추단〕하다(infer). ② 결심하다. ③ (조약을) 체결하다. ***To be ∼d.*** (연재물 따위가) 차회(次回) 완결. ***to ∼*** 결론으로서 말하면.
‡**con·clu·sion** [kənklú:ʒən] *n.* ① U 종결; 결과(result); 결론; 추단(推斷). ② UC 체결. ***in ∼*** 최후로. ***try ∼s with*** …와 자웅을 결하다.

***con·clu·sive** [kənklúːsiv] *a.* **결정적인**; 확정적인; 명확한; 종국의, 최종의. ～**·ly** *ad.*

con·coct [kankákt, kən-/kənkɔ́kt] *vt.* (음식 따위를) 한데 섞어서 만들다, 조합하다; 조작하다; (음모 등을) 꾸미다(make up). **con·cóc·tion** *n.* Ⓤ 조합〔조제〕물; 날조(물); 책모.

con·com·i·tant [kənkámətənt / -kɔ́m-] *a., n.* 부수(附隨)하는 (물건·일). **-tance, -tan·cy** *n.* Ⓤ 부수.

‡**con·cord** [kánkɔːrd, káŋ- / kɔ́ŋ-, kɔ́n-] *n.* Ⓤ ① **일치**, 화합; 협약. ② 협화음(opp. discord).

***con·cord·ance** [kənkɔ́ːrdəns, kan-] *n.* ① Ⓤ **일치**. ② (성서나 중요한 작가의) 용어 색인.

con·cord·ant [-ənt] *a.* 맞는(*with*).

con·cor·dat [-dæt] *n.* 협약; (로마 교황과 정부간의) 조약.

Con·corde [kankɔ́ːrd/kɔn-] *n.* 콩코드《영·불 공동 개발의 초음속 여객기》. 「경연.

con·cours [kɔ̃kuːr] *n.* (F.) 콩쿠르,

***con·course** [káŋkɔːrs/-ɔ́-] *n.* ① (사람·물건의) **집합**; 군집, 군중; (강의) 합류. ② 큰 길(driveway); (역·공항의) 중앙 홀.

con·cres·cence [kənkrésəns] *n.* Ⓤ 〖生〗 (조직·세포 따위의) 유착.

‡**con·crete** [kankríːt, ⌐⌐ / kɔ́nkriːt] *a.* **구체적인** (real) (opp. abstract); 콘크리트(제)의. —— [kánkriːt/-ɔ́-]*n.* 구체(물); Ⓤ 콘크리트. —— *vt., vi.* 콘크리트로 굳히다; [-⌐] 응결시키다〔하다〕. **con·cre·tion**[kankríːʃən/kən-] *n.* ⓊⒸ 응결(물).

cóncrete músic 뮈지크 콩크레트(F. *musique concrète*)《악음 외의 모든 자연음·인공음을 구사한 음악》.

cóncrete númber 〖數〗 명수(名數).

cóncrete póetry 구상시(具象詩).

con·cre·tize [kánkrətàiz/kɔ́n-] *vt.* 구체〔현실〕화하다, 유형화하다.

con·cu·bine [káŋkjəbàin/-ɔ́-] *n.* 첩.

con·cu·bi·nage [kankjúːbənidʒ / kɔn-] *n.* Ⓤ 첩을 둠; 첩의 신분.

con·cu·pis·cence [kankjúːpisəns/kɔn-] *n.* Ⓤ 음욕; 탐욕; 〖聖〗 욕망.

***con·cur** [kənkə́ːr] *vi.* (**-rr-**) ① **동시에 일어나다**; 병발하다(*with*). ② 협력하다(*to* do), (여러 가지 사정이) 서로 관련되다. ③ (의견이) 일치하다, 동의하다(agree) (*with*).

con·cur·rent [kənkə́ːrənt, -kʌ́rənt] *a.* 동시에 일어나는, 병발하는(concurring); 동시의; 일치〔조화〕하는; 같은 권한〔권리〕의; 동일점에 집중하는; 겸임의(*a* ～ *post* 겸직). —— *n.* 병발사(건); 동시에 작용하는 원인; 《古》 경쟁자. ～**·ly** *ad.* 병발〔일치·겸무〕하여. **-rence** *n.* Ⓤ

con·cuss [kənkʌ́s] *vt.* 뒤흔들다; …에게 뇌진탕을 일으키게 하다.

con·cus·sion [kənkʌ́ʃən] *n.* ⓊⒸ 격동; 뇌진탕. 「동일 원주상의.

con·cyc·lic [kansáiklik/-ɔ-] *a.* 〖幾〗

‡**con·demn** [kəndém] *vt.* ① 비난하다; (죄를) 선고하다. ② 운명짓다(*to*). ③ (의사가) 포기하다; 불량품으로〔위험물로〕 결정하다. ④ 《美》 (정부가 공용으로) 수용하다. ～**ed** *a.* 유죄 선고를 받은; 비난된; 사형수의. ***con·dem·na·tion** [kàndemnéiʃən/kɔ̀n-] *n.* ⓊⒸ

‡**con·dense** [kəndéns] *vt., vi.* ① **응축(凝縮)하다**; (기체를) 액화하다. ② (이야기 등을) 단축하다, 간결히 하다. ③ (전기의) 강도를 더하다. **con·den·sa·tion** [kàndenséiʃən / kɔ̀n-] *n.* ⓊⒸ *～**d** [-t] *a.* **압축된**, 간결한.

condénsed mílk 연유(練乳).

***con·dens·er** [-ər] *n.* ① **응결기**, 응축기. ② 집광(集光) 렌즈. ③ **축전기**, 콘덴서. 「제조 공장.

con·den·ser·y [-səri] *n.* 《美》 연유

***con·de·scend** [kàndisénd/-ɔ̀-] *vi.* ① (아랫사람에게) **겸손히 행하다**. ② 스스로를 낮추어 …하다(deign) (*to*). ③ (짐짓 은혜나 베푸는 듯이) 친절히 하다〔생색쓰다〕. ～**·ing** *a.* 겸손한(humble); 짐짓 겸허한; 덕색질하는. **-scén·sion** *n.* Ⓤ 겸허, 겸손; 덕색질하는〔생색쓰는〕 태도. 「당한.

con·dign [kəndáin] *a.* (처벌이) 지

con·di·ment [kándəmənt/-ɔ́-] *n.* ⒸⓊ 양념《겨자, 후추 따위》.

†**con·di·tion** [kəndíʃən] *n.* ① Ⓤ **상태**, 처지, 신분(social position). ② (*pl.*) 상황, 사정, 형세; 조건(term). ③ 《美》 재시험. ***change one's*** ～ 결혼하다. ***in*** ～ 건강하여, 양호한 상태로. ***on*** ～ ***that*** …라는 조건으로, 만일 …이면 (if). ***out of*** ～ 건강을 해쳐; (보존이) 나쁜. —— *vt.* ① **조건짓다**, …의 조건이 되다; 좌우〔결정〕하다. ② 조절하다; (양털 등을) 검사하다. ③ 《美》 재시험을 조건으로 가(假)진급시키다. ～**ed** [-d] *a.* 조건이 붙은; (어떤) 상태의; (실내 공기 등) 조절된. ～**·er** *n.* 조건 붙이는 사람〔물건〕; (유용성 증가를 위한) 첨가물; 공기 조절 장치. ～**·ing** *n.* Ⓤ 검사; (공기) 조절.

con·di·tion·al** [-əl] *a.* **조건부의**; 가정의. ～ ***clause 〖文〗 조건절 《if, unless 따위로 인도되는 부사절》. ～**·ly** *ad.*

condítional sále 《英》 (안 팔리는 물건을 함께) 끼어 파는 판매; 《美》 조건부 판매《지불 완료 후에 소유권이 옮겨짐》. 「〖心〗 조건 반사.

condítioned réflex 〔**respónse**〕

con·do [kándou/kɔ́n-] *n.* 《美口》 (분양 맨션 등의) 전유 공유식 주택, 콘도미니엄.

con·do·la·to·ry [kəndóulətɔ̀ːri / -təri] *a.* 문상〔조위〕의.

con·dole [kəndóul] *vi.* 조상하다, 조위하다(*with*). **con·dó·lence** *n.* Ⓤ

con·dom [kándəm, -ʌ́-/-ɔ́-] *n.* 콘돔.

con·dom·i·nate[kəndámənit, kan-/-ɔ́-] *a.* 공동 통치〔지배〕의.

con·do·min·i·um [kàndəmíniəm/kɔ̀n-] *n.* (*pl.* ～***s***, ***-ia*** [-niə]) 공동 관리〔통치〕; 분양 아파트〔맨션〕.

con·done [kəndóun] *vt.* 용서하다; 〖法〗 (간통을) 용서하다. **con·do·na·tion** [kɑ̀ndounéiʃən / kɔ̀n-] *n.* Ⓤ

con·dor [kɑ́ndər/ kɔ́ndɔːr] *n.* 콘도르《남미산의 큰 매의 일종》.

con·duce [kəndjúːs] *vi.* 도움이 되다, 이바지하다(contribute)(*to, toward*). **con·du·cive** *a.* …에 도움이 되는〔이바지하는〕(*to*).

‡**con·duct** [kɑ́ndʌkt/kɔ́n-] *n.* Ⓤ ① **행위**, 행동, 품행. ② 지도, 지휘. ③ 취급, 관리. ④ 취향(趣向), 줄거리의 전개(법), 각색. —— [kəndʌ́kt] *vt., vi.* ① **행동하다**(~ *oneself*); 이끌다(*over*). ② 지도〔지휘〕하다; 처리〔경영〕하다. ③ (전기·열을) 전하다. **con·duct·ance** [kəndʌ́ktəns] *n.* Ⓤ 〖電〗 전도 계수. **con·duct·i·ble** [-əbl] *a.* 전도성(傳導性)의. **con·dúc·tion** *n.* Ⓤ (물 따위를) 끌기; (열 따위의) 전도. **con·dúc·tive** *a.* **con·duc·tiv·i·ty** [kɑ̀ndʌktívəti/kɔ̀n-] *n.* Ⓤ 전도성.

cónduct móney 증인 출두비, (응모병의) 응소 여비.

‡**con·duc·tor** [kəndʌ́ktər] *n.* ① **지도자**, 지휘자. ② 안내자, 차장《단, 영국에서는 기차 차장은 'guard'라고 함》. ③ 〖理〗 전도체. ④ 피뢰침. **~·ship** [-ʃip] *n.* Ⓤ ~의 직.

con·duit [kɑ́ndjuːit/kɔ́ndit] *n.* 도관(導管); 수도(aqueduct), 암거(暗渠), 수멍; (매몰 전선의) 선거(線渠).

cónduit sýstem (전차의) 선거 전로(線渠電路)식.

Cón·dy('s flúid) [kɑ́ndi(z)-/kɔ́n-] *n.* Ⓤ 콘디 소독액.

***cone** [koun] *n.* ① **원추(형)**(의 물건) (*an ice cream* ~ (웨이퍼로 만든 아이스크림 컵); 솔방울. ② (원추형의) 폭풍 신호(storm cone).

CONEFO Conference of Newly Emerging Forces 신생국 회의.

Con·el·rad [kɑ́nəlræ̀d/-ɔ́-] *n.* 전파관제《적기의 방송 청취를 방지하는 방공 수단의 하나》.

cone·nose [kóunnòuz] *n.* 흡혈 곤충의 일종.

Con·es·tó·ga (wágon) [kɑ̀nistóugə/kɔ̀n-] *n.* (미 서부 개척 시대의) 대형 포장마차.

co·ney [kóuni] *n.* =CONY.

Có·ney Ísland [kóuni] New York 시의 해수욕장, 대중적 환락향.

con·fab [kɑ́nfæb/-ɔ́-] *n., vi.* (*-bb-*) 《口》 =CONFABULATION; CONFABULATE.

con·fab·u·late [kənfǽbjəlèit] *vi.* 담소하다(chat). **con·fab·u·lá·tion** [-ˌ-léiʃən] *n.* ⓊⒸ

con·fect [kɑ́nfekt/kɔ́n-] *n.* 캔디, 봉봉, 설탕절임 과일(따위). —— [kənfékt] *vt.* 성분을 섞어서 …을 만들다; (이야기·구실 등을) 지어내다.

con·fec·tion [kənfékʃən] *n.* 당과(糖菓). **~·er** *n.* 과자 제조인, 과자상(商). **~·ar·y** [-èri/-əri] *n.* ⓊⒸ 과자; 과자점; 과자 제조(소).

con·fed·er·a·cy** [kənfédərəsi] *n.* ① 연합; 동맹(국), 연방. ② (the C-) 〖美史〗 남부 연방. ③ 도당(league); ⓊⒸ 공모(共謀). ***Southern C- =the CONFEDERATE STATES OF AMERICA.

***con·fed·er·ate** [-rit] *a.* 연맹〔연합〕한; 공모한; (C-) 〖美史〗 남부연방(측)의. —— *n.* 동맹국; 한패, 공모자. —— [-rèit] *vt., vi.* **동맹시키다**〔하다〕; 한패로 하다〔되다(*with*)〕. ***con·fed·er·a·tion** [-ˌ-éiʃən] *n.* ⓊⒸ **동맹(국)**; 연방.

Conféderate Státes of América, the 〖美史〗 미국 남부연방《남북전쟁 때의 남부 11주》(cf. Federal States).

***con·fer** [kənfə́ːr] *vt.* (*-rr-*) **주다**, 수여하다(bestow) (*on, upon*). —— *vi.* 회담〔협의〕하다 (*with*). **con·fer·ée** [kɑ̀nfəríː/-ɔ̀-] *n.* 《美》 회의 출석자; 상담 상대. **~·ment** *n.* Ⓤ 수여; 협의. **~·er** *n.* 수여〔협의〕자.

‡**con·fer·ence** [kɑ́nfərəns/-ɔ́-] *n.* ① **회의**; Ⓤ 상담, 협의. ② 《美》 (학교간의) 경기 연맹.

‡**con·fess** [kənfés] *vt., vi.* ① 자공(自供)하다, **자백하다**; 자인하다. ② 신앙을 고백하다; (신부에게) 참회하다. ③ (신부가) 고해를 듣다. ~ ***to*** (약점·과실 따위를) 시인하다, …은 정말이라고 말하다. ***to*** ~ ***the truth*** 사실은. **~ed** [-t] *a.* 공인된, 명백한 (*stand* ~*ed as* …임〔죄상〕이 뚜렷하다). **~·ed·ly** [-idli] *ad.* 명백히.

‡**con·fes·sion** [kənféʃən] *n.* ① Ⓤ **자백**. ② ⓊⒸ 신앙 고백. ③ Ⓤ 〖카톨릭〗 고해. **~·al** *a., n.* 참회의 (자리).

con·fes·sor [kənfésər] *n.* 고백자; 참회〔고해〕자; 고해 (듣는) 신부; (박해에 굴치 않는) 신앙 고백자, 독신자. ***the C-*** 독신왕(篤信王)《영국왕 Edward(재위 1042–66)》.

con·fet·ti [kənféti(ː)] *n. pl.* 《單數取扱》 (It.) 캔디; (사육제 같은 때의) 색종이 조각.

con·fi·dant [kɑ̀nfidǽnt, ˊ-ˋ/kɔ̀nfidǽnt] *n.* (*fem.* ~*e*) (속을 털어놓을 수 있는) 친구, 심복.

‡**con·fide** [kənfáid] *vi.* ① (속을) **털어놓다**; 신임〔신뢰〕하다(*in*). ② 신탁〔위탁〕하다(*to*). **con·fíd·ing** *a.* 믿기 쉬운; 믿어버리고 있는.

‡**con·fi·dence** [kɑ́nfidəns / kɔ́nfi-] *n.* Ⓤ ① **신임**, 신용, 신뢰(trust). ② (만만한) 자신; 대담함(boldness). ③ 뻔뻔스러움(assurance). ④ 털어놓는 이야기, 비밀. ***in*** ~ 내밀히. ***make a*** ~ 〔~*s*〕 ***to*** (*a person*), or ***take*** (*a person*) ***into one's*** ~ (아무에게) 비밀을 털어놓다.

cónfidence gàme 〔《英》 **trìck**〕 신용 사기.

cónfidence lìmits 〖統〗 신뢰성 한계.

cónfidence màn 사기꾼.

‡**con·fi·dent** [kɑ́nfidənt/kɔ́nfi-] *a.* ① **확신〔신용〕하여**〔하고 있는〕. ② 자신 있는; 자부심이 강한; 대담한. —— *n.* =CONFIDANT. ***~·ly** *ad.*

***con·fi·den·tial** [kɑ̀nfidénʃəl / kɔ̀nfi-] *a.* ① **신임하는**, 심복의. ② 비밀의; (편지가) 친전(親展)의. ③

무간한, 격의 없는(*a ~ tone*). **~·ly** *ad.*

confidéntial communicátion 〖法〗 비밀 정보 《법정에서 증언을 강요당하지 않는》.

confidéntial pàpers 기밀 서류.

confidéntial príce lìst 내시(內示) 가격표.

con·fig·u·ra·tion [kənfìgjəréiʃən] *n.* 구성, 배치, 형상; 〖心〗 =GESTALT.

‡**con·fine** [kənfáin] *vt.* **제한하다**(*to, within*); 가두다, 감금하다(*in*). ***be ~d*** 죽치고〔틀어박혀〕 있다; 해산을 하다(*be ~d of a child*). —— [kánfain/-ɔ́-] *n.* (보통 *pl.*) 경계, 한계. ***~·ment** *n.* Ⓤ **감금**, 억류; 제한, 한계; ⓊⒸ 해산 (자리에 눕기), 산욕.

‡**con·firm** [kənfə́:rm] *vt.* ① **강하게**〔**굳게**〕 **하다**, 견고히 하다. ② 확인〔다짐〕하다, (조약을) 비준하다. ③ …에게 견진성사(堅振聖事)〔안수례〕를 베풀다. ***~ing the conjecture*** 과연, 생각〔예기〕했던 바와 같이. **~·a·ble** *a.* 확인〔확증〕할 수 있는. ***~ed** [-d] *a.* **확인된**; 뿌리깊은, 만성의, 손댈 수 없는.

***con·fir·ma·tion** [kànfərméiʃən/-ɔ̀-] *n.* ① Ⓤ **확정**, 확인. ② ⓊⒸ 〖宗〗 견진성사(堅振聖事), 안수례.

con·firm·a·tive [kənfə́:rmətiv], **-to·ry** [-tɔ̀:ri / -təri] *a.* 확증〔확인〕하는.

***con·fis·cate** [kánfiskèit/-ɔ́-] *vt.* 몰수〔징발〕하다. **con·fis·cá·tion** [⌐-kéiʃən] *n.* ⓊⒸ

Con·fit·e·or [kənfítiɔ̀:r] *n.* 〖카톨릭〗 (미사 처음 등에 하는) 고백 기도.

***con·fla·gra·tion** [kànfləgréiʃən / -ɔ̀-] *n.* **큰 불**(big fire).

con·flate [kənfléit] *vt.* 융합시키다; 혼합하다; (특히) 2종류의 이본(異本)을 융합시키다. 「(合成本).

con·fla·tion [kənfléiʃən] *n.* 합성본

‡**con·flict** [kánflikt/-ɔ́-] *n.* ⒸⓊ **투쟁**; 모순, 충돌. ***~ of laws*** 법률 저촉; 국제 사법(私法). —— [kənflíkt] *vt.* **다투다**; 충돌하다(disagree) (*with*). **~·ing** *a.*

con·flu·ence [kánfluəns/-ɔ́-] *n.* 합류(점), 집합, 군중, 군집. **-ent** *a., n.* 합류하는 (강), 지류(tributary).

con·flux [kánflʌks/-ɔ́-] *n.* =⇧.

***con·form** [kənfɔ́:rm] *vi., vt.* **일치하다**〔**시키다**〕, 따르(게 하)다, 적합하다〔시키다〕 (*to*). **~·a·ble** *a.* 적합〔조화〕된(adapted) (*to, with*); 순종하는(obedient)(*to*). **~·ist** *n.* 준봉자(遵奉者); (C-) 영국 국교도.

con·for·ma·tion [kànfɔ:rméiʃən/-ɔ̀-] *n.* 구조, 형상; 조화적 배치; Ⓤ 적합; 순종(*to*).

con·form·i·ty** [kənfɔ́:rməti] *n.* Ⓤ 일치, **상사**(相似), 적합; 따름; 국교 신봉(信奉). ***in ~ with 〔***to***〕 …에 따라서.

‡**con·found** [kənfáund] *vt.* ① **혼동하다**(*with*). ② 곤혹(困惑)케 하다. ③ (희망·계획을) 꺾다(defeat). ④ 저주하다《damn보다 좀 약한 말》(*C-it!* 에이 지겨워!, 아뿔싸!). ***~·ed** [-id] *a.* **지겨운**, 어이없는.

con·fra·ter·ni·ty [kànfrətə́:rnəti / -ɔ̀-] *n.* (종교·자선 등의) 결사, 단체.

con·frère [kánfrɛər/-ɔ́-] *n.* (F.) 동지, 회원(fellow member), 동료.

‡**con·front** [kənfrʌ́nt] *vt.* **직면하다**; 맞서다(oppose); 대항시키다; (어려움이) …의 앞에 나타나다. ***be ~ed with*** …에 직면하다. **~·er** *n.* 대항자〔물〕, 대결자.

con·fron·ta·tion [kànfrəntéiʃən/ kɔ̀n-] *n.* ⓊⒸ 직면; 〖法〗 (불리한 증인과의) 법정 대결, 대심(對審).

Con·fu·cius [kənfjú:ʃəs] *n.* (<공부자(孔夫子)(551–479 B.C.) 공자. **-cian** [-ʃən] *a., n.* 공자의; 유교의; 유학자. **-cian·ism** [-ʃənìzəm] *n.* Ⓤ 유교.

‡**con·fuse** [kənfjú:z] *vt.* ① **혼란시키다**; 혼동하다(mix up). ② **당황케**〔어쩔줄 모르게〕 하다(perplex). ***~d** [-d] *a.* **혼란**〔**당황**〕**한**; 낭패한. **con·fús·ed·ly** [-idli] *ad.*

‡**con·fu·sion** [kənfjú:ʒən] *n.* Ⓤ ① **혼란**; 혼동. ② 당황; 착란. ***~ worse confounded*** 혼란에 또 혼란《Milton의 *'Paradise Lost'*에서》. ***drink ~ to*** …을 저주하여 잔을 들다.

con·fute [kənfjú:t] *vt.* 논파(論破)하다; 논박하다. **con·fu·ta·tion** [kànfjutéiʃən/-ɔ̀-] *n.* Ⓤ 「gress(ional).

Cong. Congregational(ist); Con-

con·ga [káŋgə/-ɔ́-] *n.* 콩가 《Cuba의 춤(곡)》. 「(解職).

con·gé [kánʒei / -ɔ́:-] *n.* (F.) 해직

con·geal [kəndʒí:l] *vi., vt.* 동결〔응결〕하다〔시키다〕. **con·ge·la·tion** [kàndʒəléiʃən/-ɔ̀-] *n.* ⓊⒸ 「사(하다).

con·gee [kándʒi:/-ɔ́-] *n., vi.* 작별 인

con·ge·ner [kándʒənər/-ɔ́-] *n.* 동류〔동종〕의 것. **con·ge·ner·ic** [⌐-nérik] *a.* 동종의.

***con·gen·ial** [kəndʒí:njəl] *a.* ① **같은 성질의**; 마음이 맞는. ② (기분에) 맞는. **con·ge·ni·al·i·ty** [kəndʒì:niǽləti] *n.* ⓊⒸ

con·gen·i·tal [kəndʒénətl] *a.* 타고난, 선천적인. 「장어.

cón·ger (èel) [káŋgər/-ɔ́-] *n.* 〖魚〗 붕

con·ge·ries [kándʒərì:z / kəndʒíəri:z] *n. sing. & pl.* 뭉친 덩이, 집적.

***con·gest** [kəndʒést] *vi., vt.* ① **충혈하다**〔**시키다**〕. ② 충만〔밀집〕하다〔시키다〕. **~·ed** [-id] *a.* **con·ges·tion** [-dʒéstʃən] *n.* Ⓤ 밀집, 혼잡, 충혈. **con·gés·tive** *a.* 충혈(성)의.

con·glo·bate [kanglóubeit, káŋgloubèit / kɔ́n-] *a.* 공 모양의. —— *vt., vi.* 공 모양으로 하다〔되다〕.

con·glom·er·ate [kənglámərit/-ɔ́-] *a., n.* (잡다한 것이) 밀집하여 뭉친 (것), 집괴상(集塊狀)의 (바위). —— [-rèit] *vt., vi.* 한데 모아 뭉치게 하다; 모여 뭉치다. **con·glom·er·a·tion** [kənglàməréiʃən/-ɔ̀-] *n.* 모여 뭉친 덩이, 집괴(集塊).

con·glu·ti·nate [kənglú:tənèit] *vt.,*

vi. 교착시키다〔하다〕, 유착시키다〔하다〕. **con·glù·ti·ná·tion** *n.* Ⓤ
Con·go [káŋgou/kɔ́ŋ-] *n.* 콩고 공화국; (the ～) 콩고강. 「일종.
Cóngo dỳe 〔**còlo(u)r**〕 인공 물감의
con·grats [kəngrǽts], **con·grat·ters** [kəngrǽtərz] *int.* 《口》 =CONGRATULATIONS.
‡**con·grat·u·late** [kəngrǽtʃəlèit] *vt.* 축하하다, 축하의 말을 하다(～ *him on his birthday*). ～ ***oneself on*** 〔***upon***〕 …을 의기양양〔우쭐〕해 하다. ‡**con·grat·u·la·tion** [-ˏ-léiʃən] *n.* 축하; (*pl.*) 축하의 말(*Congratulations!* 축하합니다!).
con·grat·u·la·to·ry [-lətɔ̀ːri / -təri] *a.* 축하의. ～ ***telegram*** 축전(祝電).
***con·gre·gate** [káŋgrigèit/-ɔ́-] *vi., vt.* 모이다, 모으다 (assemble). ***con·gre·ga·tion** [ˋ-géiʃən] *n.* 집합; 〖宗〗 집회, 회중(會衆). **-ga·tive** [-gèitiv] *a.*
con·gre·ga·tion·al [kàŋgrigéiʃənəl/-ɔ̀-] *a.* 회중의; (C-) 조합교회의. ***C- Church*** 조합 교회. ～**·ism** [-ìzəm] *n.* Ⓤ 조합교회주의. ～**·ist** *n.*
‡**con·gress** [káŋgris / kɔ́ŋgris] *n.* ① 회의, 위원회. ② (C-) (미국·중남미의) 국회. ***con·gres·sion·al** [kəngréʃənəl/kɔŋ-] *a.* 회의의; (C-) 《美》 국회의.
***con·gress·man** [-mən] *n.* (종종 C-) 《美》 국회〔하원〕의원. ～**-at-lárge** (*pl.* **-men-**) *n.* 주 선출 국회의원.
con·gress·wom·an [-wùmən] *n.* (종종 C-) 《美》 여자 국회〔하원〕의원.
con·gru·ent [káŋgruənt / -ɔ́-] *a.* 일치〔조화〕하는; 〖幾〗 합동의. **-ence** *n.*
con·gru·i·ty [kəngrúːiti / kɔŋ-] *n.* Ⓤⓒ 적합; 일치, 조화; 〖幾〗 합동.
con·gru·ous [káŋgruəs / -ɔ́-] *a.* = CONGRUENT; 적당한(fitting).
con·ic [kánik/-ɔ́-], **-i·cal** [-əl] *a.* 원뿔〔원추〕 모양(cone)의.
con·i·coid [kánikɔ̀id/kɔ́ni-] *n.* 〖幾〗 2차 곡면(曲面).
cónic séction 〖幾〗 원뿔 곡선.
co·nid·i·um [kənídiəm] *n.* (*pl.* **-ia** [-iə]) 〖植〗 분생자(分生子) 《무성 단세포의 포자》.
co·ni·fer [kánəfər, kóunə-] *n.* 침엽수. **co·nif·er·ous** [kounífərəs] *a.*
co·ni·form [kóunəfɔ̀ːrm] *a.* 원뿔꼴의.
co·ni·o·sis [kòunióusis] *n.* 〖醫〗 폐진(증).
conj. conjugation; conjunction; conjunctive.
***con·jec·ture** [kəndʒéktʃər] *n., vt., vi.* Ⓤⓒ 추측(하다). **con·jec·tur·al** *a.* 「다, 연합하다.
con·join [kəndʒɔ́in] *vt., vi.* 결합하
con·joint [kəndʒɔ́int/kɔ́ndʒɔint] *a.* 결합한(united); 공동의(joint). ～**·ly** *ad.* 「의.
con·ju·gal [kándʒəgəl/-ɔ́-] *a.* 결혼
***con·ju·gate** [kándʒəgèit / -ɔ́-] *vt.* (동사를) 변화〔활용〕시키다; 결합시키다. ‡**con·ju·ga·tion** [ˋ-géiʃən] *n.* Ⓤⓒ (동사의) 변화.
con·junct [kəndʒʌ́ŋkt] *a.* 결합한.
‡**con·junc·tion** [kəndʒʌ́ŋkʃən] *n.* 결합, 접합; 〖文〗 접속사. ***in*** ～ ***with*** …와 함께. ***con·júnc·tive** *a., n.* 접속의; 접속법. 「*n.* 〖解〗 결막.
con·junc·ti·va [kàndʒʌŋktáivə/-ɔ̀-]
con·junc·ti·vi·tis [kəndʒʌ̀ŋktəváitis] *n.* Ⓤ 결막염.
con·junc·ture [kəndʒʌ́ŋktʃər] *n.* 경우, 때(*at this* ～ 이 때); 위기(crisis).
con·jur·a·tion [kàndʒəréiʃən / -ɔ̀-] *n.* Ⓤⓒ 주술(呪術), 마법; 주문.
con·jure**[1] [kándʒər, kʌ́n-] *vt., vi.* 마법〔요술〕을 쓰다. ～ ***up (유령 따위를) 마법으로 불러내다(summon); (환상을) 불러일으키다. **cónjur·er, -or** *n.* 마술〔주술〕사.
con·jure[2] [kəndʒúər] *vt.* 서원(誓願)하다. 「(를 때리다); 《英俗》 코.
conk[1] [kaŋk/kɔŋk] *n., vt.* 《俗》 머리
conk[2] *vi.* 《口》 망그러지다; 실신하
Conn. Connecticut. 「다.
con·nat·u·ral [kənǽtʃərəl] *a.* 타고난(*to*); 동질성의; 동족의.
‡**con·nect** [kənékt] *vt.* ① 잇다, 결합〔연결〕하다. ② 연상하다. —— *vi.* 이어지다, 접속하다(*with*); 〖野〗 강타하다. ～**·ed** [-id] *a.* 관계〔연락〕 있는.
***Con·nect·i·cut** [kənétikət] *n.* 미국 북동부의 주《생략 Conn.》.
connécting ròd (기관 따위의) 연접봉.
‡**con·nec·tion,** 《英》 **-nex·ion** [kənékʃən] *n.* ① Ⓤⓒ 연결, (열차·배 따위의) (시간적) 연락; 관계. ② Ⓤⓒ 교섭, 사귐, 친밀함; 정교; 친척〔연고〕 관계; 연줄. ③ 거래처, 단골(customers). ***criminal*** ～ 간통. ***in*** ～ ***with*** …와 관련하여. ***in this*** ～ 이와 관련하여, 이에 덧붙여.
con·nec·tive [kənéktiv] *a., n.* 연결의; 연결물, 〖文〗 연결사《관계사·접속사 따위》.
connéctive tìssue 〖解〗 결합 조직.
con·nec·tor, -nect·er [kənéktər] *n.* 연결자; (철도의) 연결수; 연결물〔관〕; 〖電〗 접속용 소켓; 〖電話〗 접속기; 〖컴퓨터〗 연결자.
‡**con·nex·ion** *n.* =CONNECTION.
cón·ning tòwer [kániŋ/-ɔ́-] (군함의) 사령탑; (잠수함의) 전망탑.
con·nive [kənáiv] *vi.* (나쁜 일을) 못 본 체하다, 묵인하다(wink)(*at*); 공모하다, 서로 짜다(*with*). **-nív·ance** *n.* Ⓤ
con·nois·seur [kànəsə́ːr/-ɔ̀-] *n.* 감정〔감식〕가, 익수, 전문가(expert).
con·no·ta·tive [kánoutèitiv/-ɔ́-] *a.* 〖論〗 내포적인; 함축하는; 암시하는.
con·note [kənóut / kɔ-] *vt.* (특별한 뜻을) 품다(imply); 〖論〗 내포(內包)하다. **con·no·ta·tion** [kànətéiʃən / -ɔ̀-] *n.* Ⓤⓒ 〖論〗 내포(opp. denotation).
con·nu·bi·al [kənjúːbiəl] *a.* 결혼의, 부부의.
con·nu·bi·al·i·ty [-ˋbiǽləti] *n.* Ⓤⓒ 결혼 (생활), 부부 관계.

‡con·quer [káŋkər/-ɔ́-] *vt.* **정복하다;** 극복하다. —*vi.* 이기다. **~·a·ble** *ad.* 정복할 수 있는. **‡~·or**[-ər] *n.* **정복자,** 승리자; (the C-) 영국왕 William I의 별명.

‡con·quest [káŋkwest/-ɔ́-] *n.* UC **정복**(한 토지·인민). *the* (NORMAN) *C-*.

con·quis·ta·dor [kɑnkwístədɔ̀:r / kɔn-] *n.* 정복자 《16세기 멕시코·페루를 정복한 스페인인의》.

Cons., cons. constable; constitution; consul.

con·san·guin·e·ous [kɑ̀nsæŋgwíniəs/-ɔ̀-] *a.* 혈족[동족]의. **con·san·guin·i·ty** [-gwínəti] *n.* U

‡con·science [kánʃəns/-ɔ́-] *n.* UC **양심**(*a bad* [*guilty*] ~ 양심에 꺼릴 못된 마음). ***for*** **~(')** ***sake*** 양심을 위해[에 꺼리어]; 제발. ***have ... on one's*** **~** …을 마음에 꺼리다, …이 양심에 걸리다. ***have the*** **~** ***to*** (do) 철면피하게도(…하다). ***in all*** **~,** or ***upon one's*** **~** 양심상, 정말.

cónscience clàuse 〖法〗 양심 조항 《병역 면제 등에 관한》. 「속죄 납금.

cónscience mòney (탈세자 따위의)

con·science-strick·en [-strìkən] *a.* 양심에 찔린[꺼리는].

***con·sci·en·tious** [kɑ̀nʃiénʃəs / -ɔ̀-] *a.* **양심적인.** **~·ly** *ad.* **~·ness** *n.*

consciéntious objéctor 양심[종교]적 병역 기피자《생략 C.O.》.

‡con·scious [kánʃəs/-ɔ́-] *a.* **의식**[자각] **있는;** 알아채어(*of, that*). ***become*** **~** 제정신이 들다. ***~·ly** *ad.* **의식적으로,** 알면서.

‡con·scious·ness [-nis] *n.* U **의식.** ***stream of*** **~** 〖心〗 의식의 흐름.

con·script [kánskript/-ɔ́-] *a., n.* 징집된; 징병, 장정. — [kənskrípt] *vt.* 군인으로 뽑다, 징집[징용]하다.

con·scrip·tion [kənskrípʃən] *n.* U 징병, 징용. 「로원 의원.

cónscript fáthers (옛 로마의) 원

***con·se·crate** [kánsikrèit/-ɔ́-] *vt.* ① **하느님에게 바치다**(dedicate) (~ *a church* 헌당(獻堂)하다). ② 성화[성별]하다(hallow). ③ …을 바치다. ***con·se·cra·tion** [ˌ-‐kréiʃən] *n.* UC **봉헌;** 정진, 헌신(devotion); 성직 수임. 「봉헌자.

con·se·cra·tor [-krèitər] *n.* 성별자,

con·se·cu·tion [kɑ̀nsikjú:ʃən/kɔ̀n-] *n.* U 연속; 이론적 일관성.

con·sec·u·tive** [kənsékjətiv] *a.* 연속적인; 〖文〗 결과의. **~** ***numbers 연속 번호. **~·ly** *ad.* **~·ness** *n.*

***con·sen·sus** [kənsénsəs] *n.* (의견 등의) **일치,** 총의; 〖生〗 교감(交感).

‡con·sent [kənsént] *n., vi.* U **동의**(하다)(*to*). ***by common*** [***general***] **~** 만장일치로. **con·sén·tient** [-ʃənt] *a.* 일치한.

‡con·se·quence [kánsikwèns/kɔ́nsikwəns] *n.* ① **결과**(result), 추세; 영향(effect). ② 〖論〗 결론. ③ U 중대함, 주요성. ***in*** **~** ***of*** …의 결과, …로 인해. ***of*** **~** 유력한; 중대한. ***of no*** **~** 사소한, 중요치 않은. ***take*** [***answer for***] ***the*** **~*s*** 결과를 감수하다, 결과에 대해 책임지다.

***con·se·quent** [kánsikwènt / kɔ́nsikwənt] *a.* **결과로서 일어나는**(resulting) (*on, upon*); 필연의. — *n.* (필연적) 결과; (논리의) 귀결. **‡~·ly** *ad.* **따라서.**

con·se·quen·tial [kɑ̀nsikwénʃəl / -ɔ̀-] *a.* 결과로서 일어나는, 필연의; 중대한; 거드름 부리는. **~·ly** *ad.*

con·serv·an·cy [kənsə́:rvənsi] *n.* 《英》 (하천·산림 등의) 관리 위원회; U (하천·산림 등의) 관리, 보존.

***con·ser·va·tion** [kɑ̀nsə:rvéiʃən / -ɔ̀-] *n.* U ① **보존;** (하천·산림의) 국가 관리. ② C 보안림(林)[하천]. ③ 〖理〗 (질량의) 불변, (에너지의) 불멸.

‡con·serv·a·tive [kənsə́:rvətiv] *a.* ① **보수적인;** (C-) 보수당의. ② 보존력이 있는. ③ 신중한, 조심스러운. ***the C- Party*** (영국의) 보수당. — *n.* 보수적인 사람; (C-) 보수당원. ***-tism** [-ìzəm] *n.* U **보수주의.**

con·ser·va·toire [kənsə̀:rvətwá:r, ˌ-ˊ-ˋ] *n.* (F.) 음악[미술] 학교.

con·ser·va·tor [kánsərvèitər/kɔ́n-] *n.* 보호자; [kənsə́:rvətər] (박물관 등의) 관리인; 《英》 (항해·어업의) 관리 위원.

con·serv·a·to·ry [kənsə́:rvətɔ̀:ri / -təri] *n.* 온실; =CONSERVATOIRE.

***con·serve** [kənsə́:rv] *vt.* ① **보존**[저장]**하다**(preserve). ② 설탕절임으로 하다. — *n.* [kánsə:rv / kənsə́:rv, kɔ́n-](보통 *pl.*) 설탕절임한 과일; 잼.

†con·sid·er [kənsídər] *vt.* ① **생각하다**(ponder); 고려[참작]하다. ② …로 생각하다[보다](regard as). — *vi.* 생각하다, 숙고하다. ***all things*** **~*ed*** 여러 가지[모]로 생각한 끝에.

‡con·sid·er·a·ble [kənsídərəbəl] *a.* ① (수량·금액 등이) **상당한,** 적지 않은. ② 고려할 만한[해야 할]; 중요한. — *ad.* 《俗》 어지간히, 듬뿍. — *n.* 《美口》 다량, 다액. **‡-bly** *ad.* 꽤, 상당히, 많이.

***con·sid·er·ate** [kənsídərit] *a.* ① **동정**[인정] **있는.** ② 사려 깊은, 신중한. **~·ly** *ad.* **~·ness** *n.*

‡con·sid·er·a·tion [-sìdəréiʃən] *n.* ① UC **고려**(할 만한 일). ② 생각. ③ 보수. ④ U 감안, 헤아림. ⑤ U 중요함; 존중. ***for a*** **~** 보수를 주면[받으면]. ***in*** **~** ***of*** …을 고려[감안]하여; …의 사례로서. ***on*** [***under***] ***no*** **~** 절대로 …않는. ***take into*** **~** 고려하다. ***under*** **~** 고려중.

‡con·sid·er·ing [kənsídəriŋ] *prep.* (…한 점을) **고려한다면,** …에 비해서는(for) (~ *his age* 나이에 비해서는). — *ad.* 《口》 비교적.

***con·sign** [kənsáin] *vt.* ① **위탁하다** (entrust), 넘겨주다. ② 〖商〗 탁송하다. **~·ée** [kɑ̀nsainí:/-ɔ̀-] *n.* 맡는 사람, 수탁자, 하수인(荷受人). **~·ment** *n.* UC 위탁 (상품·화물), 적송품(積送品). **~·or** [kənsáinər] *n.*

위탁자. 「하 통지서.
consígnment nòte 《주로 英》 출
consígnment sàle 위탁 판매.
‡**con·sist** [kənsíst] *vi.* ① …로 되다 (*of*). ② …에 있다〔가로놓이다〕(lie) (*in*). ③ 양립〔일치〕하다(*with*).
***con·sist·en·cy** [-ənsi], **-ence** [-əns] *n.* Ⓤ ① 단단함. ② 농도, 밀도. ③ 견실함; 시종 일관. ④ 일치, 조화.
***con·sist·ent** [-ənt] *a.* 일치하는; 모순 없는(*with*), 시종 일관돼 있는. ～·**ly** *ad.*
con·sis·to·ry [kənsístəri] *n.* 교회 회의(실), 종교 법원; 〖카톨릭〗 추기경 회의; 《一般》 집회.
con·so·ci·ate [kənsóuʃièit] *vt., vi.* 합동〔연합〕하다. —— [-ʃiit] *a.* 합동 〔연합〕한.
consol. consolidated.
***con·so·la·tion** [kὰnsəléiʃən / -ɔ-] *n.* Ⓤ 위자(慰藉), 위로; Ⓒ 위안이 되는 것〔사람〕. **con·sol·a·to·ry** [kənsάlətɔ̀:ri/-sɔ́lətəri] *a.* 「부활전.
consolátion màtch 〔**ràce**〕 패자
consolátion mòney 위자료.
consolátion prìze 애석상(賞).
‡**con·sole**[1] [kənsóul] *vt.* 위로하다, 위자하다. **con·sól·a·ble** *a.*
con·sole[2] [kάnsoul / -ɔ́-] *n.* (오르간 따위의) 연주대(臺); 〖建〗 소용돌이 모양의 까치발; (라디오·텔레비전·전축의) 콘솔형 〔대형〕 캐비닛 《바닥에 놓음》; (컴퓨터 따위의) 조작〔제어〕 탁자; =∠ **tàble** (벽면) 고정 테이블.
***con·sol·i·date** [kənsάlidèit / -sɔ́li-] *vt., vi.* ① 굳게〔공고하게〕 하다, 굳어〔튼튼해〕지다, 견실하게 하다〔되다〕. ② 결합〔합병〕하다; 정리〔통합〕하다; 〖軍〗 (새 점령지를) 기지로서 굳히다. **-da·to·ry** [-dətɔ̀:ri/-təri] *a.* 통합하는, 굳히는.
consólidated annúities =CONSOLS. 「리 공채 기금.
Consólidated Fúnd, the 《英》 정
consólidated schòol (몇 개 학구의) 통합 (국민) 학교.
***con·sol·i·da·tion** [kənsὰlədéiʃən / -ɔ̀-] ① Ⓤ 통합; 강화. ② 통합체.
con·sols [kənsάlz/-ɔ́-] *n. pl.* (영국 정부의) 정리〔콘솔〕 공채.
con·som·mé [kὰnsəméi/ kənsɔ́mei] *n.* (F.)콩소메《맑간 수프》(clear soup).
‡**con·so·nant** [kάnsənənt/-ɔ́-] *a., n.* ① 일치〔조화〕된(*with, to*). ② 자음(의). **-nance, -nan·cy** *n.* Ⓤ 일치, 조화; ⓊⒸ 〖樂〗 협화(음). **con·so·nan·tal** [∸-nǽntl] *a.* 자음의.
con·sort** [kάnsɔ:*r*t/-ɔ́-] *n.* (주로 왕·여왕의) 배우자(spouse); 요함(僚艦). ***prince ～ 여왕의 부군(夫君) 《왕의 칭호가 없어서 이렇게 부름》. —— [kənsɔ́:*r*t] *vi., vt.* 교제하다〔시키다〕; 조화〔일치〕하다(agree)(*with*).
con·sor·ti·um [kənsɔ́:*r*ʃiəm, -tiəm] *n.* (*pl.* ***-tia*** [-ʃiə]) (개발 도상 국가의 원조를 위한) 국제 차관단; 연합, 협회.
con·spe·cif·ic [kὰnspisífik/kɔ̀n-] *a.* 〖動·植〗 동종의.
con·spec·tus [kənspéktəs] *n.* 개관(概觀); 개설, 적요(摘要); 일람.
‡**con·spic·u·ous** [kənspíkjuəs] *a.* 두드러진. ***be ～ by its*** 〔***his***〕 ***absence*** 없음〔결근〕으로 해서 오히려 더 드러나다. ***cut a ～ figure*** 이채를 띠다. ～·**ly** *ad.*
conspícuous consúmption 〔**wáste**〕 과시적인 낭비.
***con·spir·a·cy** [kənspírəsi] *n.* ⓊⒸ 공모; 음모(단)(plot); 동시 발생.
***con·spir·a·tor** [kənspírətə*r*] *n.* 공모〔음모〕자. **-to·ri·al** [-∸tɔ́:riəl] *a.* 공모의.
***con·spire** [kənspáiə*r*] *vi., vt.* ① 공모하다, (음모를) 꾸미다(plot)(*against*). ② 협력하다. 「안관; 《英》 경관.
***con·sta·ble** [kʌ́nstəbəl, -ά-] *n.* 치
con·stab·u·lar·y [kənstǽbjulèri / -ləri] *n.* 경찰대, 경찰 (관구).
***con·stan·cy** [kάnstənsi/-ɔ́-] *n.* Ⓤ ① 불변성, 항구성. ② 정절, 성실함.
‡**con·stant** [kάnstənt/-ɔ́-] *a.* ① 불변의, 일정한. ② 마음이 변치 않는 (not fickle), 성실한(faithful). —— *n.* 〖數·理〗 상수(常數)《생략 k》; 변치 않는 것. ‡～·**ly** *ad.*
con·stant·an [kάnstəntæ̀n/kɔ́n-] *n.* Ⓤ 콘스탄탄《동과 니켈의 합금》.
***Con·stan·ti·no·ple** [kὰnstæntinóupəl/-ɔ̀-] *n.* Istanbul의 옛 이름.
con·stel·late [kάnstəlèit/-ɔ́-] *vt., vi.* (별자리의 별처럼) 모으다, 모이다.
***con·stel·la·tion** [kὰnstəléiʃən/-ɔ̀-] *n.* ① 별자리. ② 기라성 같은 모임.
con·ster·na·tion [kὰnstə*r*néiʃən / -ɔ̀-] *n.* Ⓤ 깜짝 놀람, 경악(dismay).
con·sti·pate [kάnstəpèit/-ɔ́-] *vt.* 변비나게 하다(bind). **-pat·ed** [-id] *a.* 변비의(bound). **con·sti·pa·tion** [∸-péiʃən] Ⓤ *n.* 변비.
con·stit·u·en·cy [kənstítʃuənsi] *n.* 선거구; 《集合的》 선거구민; 고객.
con·stit·u·ent** [-ənt] *a.* ① 구성〔조직〕하는. ② 선거권이 있는. —— *n.* ① (구성) 요소, 성분. ② 〖文〗 구성소. ③ (선거) 유권자. ***immediate ～ 〖文〗 직접 구성소.
Constítuent Assémbly 〖프史〗 국민 의회.
constítuent bódy 선거 모체.
‡**con·sti·tute** [kάnstitjù:t / kɔ́nstitjù:t] *vt.* ① 구성〔조직〕하다. ② 제정하다(establish). ③ 선임하다; 임명하다(appoint). **-tut·or** [-ə*r*] *n.* 구성〔제정〕자.
‡**con·sti·tu·tion** [kὰnstitjú:ʃən/kɔ̀nstitjú:-] *n.* ① Ⓤ 구성, 조직. ② ⓊⒸ 체격, 체질. ③ Ⓤ 제정, 설립. ④ 법령, 규약; (the C-) 헌법.
con·sti·tu·tion·al** [-əl] *a.* ① 타고난, 체질의. ② 헌법의, 입헌적인. ③ 보건(상)의. ④ 구성〔조직〕의. ～ ***formula 〖化〗 구조식. ～ ***government*** 〔***monarchy***〕 입헌 정치〔군주국〕. —— *n.* (건강을 위한) 운동, 산책. ～·**ism** [-nəlizəm] *n.* Ⓤ 입헌제〔주의〕; 헌정(憲政) 옹호. ～·**ist** *n.*

-al·i·ty[ˌ--ˌ-ǽləti] n. Ⓤ 합헌성. ~-ly ad. 선천[본질]적으로; 헌법상.
‡con·strain [kənstréin] vt. ① 강제하다(compel)(to). ② 억누르다(repress). ③ 속박하다. be ~ed to (do) 부득이[하는 수 없이] …하다. ~ed [-d] a. 강제된, 무리한. *con·stráint n. Ⓤ 강제; 억압; 속박.
con·strict [kənstríkt] vt. 단단히[꽉] 죄다. ~·ed [-id] a. 꽉 죄인; 갑갑한. con·stríc·tion n. Ⓤ -tive a. con·stríc·tor n. 왕뱀(cf. boa); 괄약근; 압축기. ┌n. Ⓤ 수축성.
con·strin·gen·cy [kənstríndʒənsi]
‡con·struct [kənstrʌ́kt] vt. ① 조립하다; 세우다, 구성하다. ② 〖幾〗 작도(作圖)하다. —— [kánstrʌkt/kɔ́n-] n. 구조물; 구문(構文); 〖心〗 구성 개념. ~·er, -struc·tor n.
‡con·struc·tion [kənstrʌ́kʃən] n. ① Ⓤ,Ⓒ 건조, 건축. ② Ⓤ 건축 양식, 구성. ③ 건조물. ④ 구문(構文). ⑤ Ⓤ 작도(a ~ problem 작도 문제). ⑥ 해석(<construe). put a false ~ on …을 곡해하다. ~·al [-ʃənəl] a. ~·ism [-ìzəm] n. =CONSTRUCTIVISM. ~·ist n. 법령 해석자; 〖美術〗 =CONSTRUCTIVIST.
*con·struc·tive [-tiv] a. 구성[구조]상의, 구성적인; 건설적인(opp. destructive).
con·struc·tiv·ism [-tivìzəm] n. Ⓤ 〖美術〗 구성주의, 구성파. -ist n.
*con·strue [kənstrú:] vt. (구문을) 해부하다(analyze), 해석하다. —— vi. 해석하다; (문장이) 해석되다. ⇨ CONSTRUCTION.
con·sub·stan·tial [kànsəbstǽnʃəl/kɔ̀n-] a. 동체[동질]의.
con·sue·tude [kánswitjù:d/kɔ́nswitjù:d] n. Ⓤ 습관; (법적인) 관례.
*con·sul [kánsəl/-ɔ́-] n. ① 영사. ② (고대 로마의) 집정관. ③ 〖프史〗 집정. acting [hono(u)rary] ~ 대리[명예] 영사. ~·ship [-ʃìp] n. Ⓤ 영사의 직[임기].
con·su·lar [kánsələr/kɔ́nsju-] a. 영사의; 집정(관)의. ┌송장.
cónsular ínvoice 〖商〗 영사 증명
con·su·late [kánsəlit/kɔ́nsju-] n. 영사관; Ⓤ 영사의 직[임기].
cónsulate géneral 총영사관.
cónsul géneral 총영사.
‡con·sult [kənsʌ́lt] vt. ① 상의[의논]하다; 의견을 듣다; (의사의) 진찰을 받다. ② (참고서를) 조사하다, (사전을) 찾다. ③ (이해·감정 따위를) 고려하다(consider). —— vi. 상의하다 (with). ~·a·tive a. 협의[자문]의.
con·sul·tan·cy [-ənsi] n. 컨설턴트업(무).
*con·sult·ant [kənsʌ́ltənt] n. ① 의논자; 의논[상의] 상대. ② 고문; 고문 의사, 고문 기사.
*con·sul·ta·tion [kànsəltéiʃən / -ɔ̀-] n. Ⓤ ① 상담, 협의(회); ② 진찰; (변호사의) 감정. ③ 참고, 참조.
con·sult·ing [kənsʌ́ltiŋ] a. 진찰[고문]의. ~ physician [lawyer] 고문 의사[변호사]. ~ room 진찰실.
con·sum·a·ble [kənsú:məbəl] a. 소비[소모]할 수 있는. —— n. (보통 pl.) 소모품.
‡con·sume [kənsú:m] vt. ① 소비[소모]하다, 다 써버리다(use up). ② 다 먹어[마셔]치우다, 다 불태워버리다. —— vi. 다하다, 소멸[소모]하다. be ~d with (비탄으로) 몸이 여위다, (질투·분노로) 가슴을 태우다.
‡con·sum·er [-ər] n. 소비자.
consúmer reséarch 소비자 수요조사. ┌RESISTANCE.
consúmer resístance =SALES
consúmer(s') gòods 소비재(財).
consúmer(s') príce ìndex 소비자물가 지수(생략 CPI).
*con·sum·mate [kánsəmèit / kɔ́n-] vt. 이루다, 성취[완성]하다. —— [kənsʌ́mət] a. 무상의, 완전한(perfect). con·sum·ma·tion [ˌ-méiʃən] n. Ⓤ 완성.
‡con·sump·tion [kənsʌ́mpʃən] n. Ⓤ ① 소비(consuming); 소모. ② 소모병, (폐)결핵. -tive a., n. 소비[소모]의; 폐병의 (환자). ┌ER(S') GOODS.
consúmption gòods =CONSUM-
Cont. Continental. cont. containing; contents; continent(al); continue(d); contract.
‡con·tact [kántækt / -ɔ́-] n. Ⓤ 접촉(touch); 교제. —— [kəntǽkt] vt., vi. 접촉시키다[하다]; 연락을 취하다. come in [into] ~ with …와 접촉하다.
cóntact brèaker (전류의) 차단기.
cóntact càtalysis 〖化〗 접촉[촉매] 작용. ┌(視界) 비행.
cóntact flỳing [flìght] 유시계(有
cóntact lèns 콘택트 렌즈.
cóntact màker 전류 접촉기.
cóntact mìne 촉발 수뢰.
con·tac·tor [kántæktər/kɔ́n-] n. 〖電〗 전류 단속기.
cóntact prìnt 밀착 인화.
con·ta·gion [kəntéidʒən] n. Ⓤ (접촉) 전염, 전염병; (관리의) 부패; 악영향. *con·tá·gious a. 전염성의.
†con·tain [kəntéin] vt. ① 포함[함유]하다; 넣다. ② …이 들어가다[있다](hold). ③ (감정·소변 따위를) 참다. ~·ment n. Ⓤ 견제; 봉쇄.
‡con·tain·er [kəntéinər] n. 용기(容器); (화물 수송용) 컨테이너. ~·ize [-àiz] vt. 컨테이너에 넣다[로 수송하다]. ~·ship [-ʃìp] n. 컨테이너선.
contáinment pólicy (공산 세력에 대한) 봉쇄 정책. ┌오염균[물].
con·tam·i·nant [kəntǽmənənt] n.
con·tam·i·nate [kəntǽmənèit] vt. 더럽히다, 오염하다.
*con·tam·i·na·tion [kəntæ̀mənéiʃən] n. Ⓤ ① 오염. ② Ⓒ 더럽히는 것. ③ 〖言〗 혼성(混成). radioactive ~ 방사능 오염.
con·tan·go [kəntǽŋgou] n. 《英》

〖證〗 인수 유예금, 이월 일변(移越日邊). ~ *day* 이월 결산일.

contd. contained; continued.

conte [kɔ̃:nt] *n.* (F.) 콩트.

con·temn [kəntém] *vt.* 경멸하다.

‡**con·tem·plate** [kántəmplèit / kɔ́ntem-] *vt.* ① **응시하다, 눈여겨**〔뚫어지게〕 보다(gaze at). ② 숙고하다(study carefully), 심사(深思)하다. ③ 예기하다; 꾀〔계획〕하다(~ *a trip*; ~ *visiting Lake Como*). —— *vi.* 심사하다. **-pla·tor** [-ər] *n.* 숙고자.

‡**con·tem·pla·tion** [kàntəmpléiʃən / kɔ̀ntem-] *n.* Ⓤ ① **눈여겨 봄.** ② 숙고, 명상. ③ 계획; 예상. *in* ~ 계획중. **con·tem·pla·tive** [kəntémplə-tiv, kántəmplèi-/kɔ́ntemplèi-] *a.*

con·tem·po·ra·ne·ous [kəntèmpə-réiniəs] *a.* 동시대의. ~**·ly** *ad.*

‡**con·tem·po·rar·y** [kəntémpərèri / -pərəri] *a., n.* ① **같은 시대의 (사람·잡지).** ② 같은 나이의 (사람). ③ 현대의. ④ (신문의) 동업자.

‡**con·tempt** [kəntémpt] *n.* Ⓤ **모욕,** 경멸(disdain) (*for*); 치욕. *~**·i·ble** [-əbl] *a.* **야비한**(mean).

***con·temp·tu·ous** [kəntémptʃuəs] *a.* **경멸적인**〔하는〕. *~**·ly** *ad.* ~**-ness** *n.*

‡**con·tend** [kənténd] *vi.* **다투다**(fight), 경쟁하다(compete) (*with*); 논쟁하다(debate). —— *vt.* 주장하다(maintain) (*that*). ~**·er** *n.* 경쟁〔주장〕자.

‡**con·tent**[1] [kántent / -ɔ́-] *n.* Ⓤ ① (*pl.*) 알맹이; 내용, 목차. ② 용적, 용량; 수용력. ③ 요지. ~ ***analysis*** 〖社會·心〗 내용 분석《매스커뮤니케이션의》.

‡**con·tent**[2] [kəntént] *vt.* **만족시키다**(satisfy)(~ *oneself* 만족하다)(*with*). —— *pred. a.* 만족하여; 흐뭇해하여. —— *n.* Ⓤ **만족.** ***to one's heart's*** ~ 마음껏. *~**·ed** [-id] *a.* **만족한.** *~**·ment** *n.* Ⓤ **만족.**

***con·ten·tion** [kəntén∫ən] *n.* ① Ⓤ 다툼; **경쟁**(contest). ② ⓊⒸ 논쟁(dispute). ③ 논(쟁)점. **con·tén·tious** *a.* 다투기〔말다툼〕 좋아하는, 걸핏하면 싸우려 드는; 〖法〗 소송의.

con·ter·mi·nous [kəntə́:rmənəs / kɔn-] *a.* 경계를 같이하는, 서로 인접하는; 동일 연장(延長)의.

†**con·test** [kántest/-ɔ́-] *n.* **다툼,** 논쟁; 경쟁, 경연, 콩쿠르. —— [kən-tést] *vt., vi.* **다투다,** 경쟁하다; 논쟁하다. **con·tést·ant** *n.* 경쟁자; 경기〔경연〕자, 소송 당사자. **con·tes·ta·tion** [kàntestéi∫ən / -ɔ̀-] *n.* Ⓤ 논쟁, 주장, 쟁점.

***con·text** [kántekst/-ɔ́-] *n.* ⒸⓊ **문맥;** 정황, 배경, 경위. **con·tex·tu·al** [kəntékstʃuəl] *a.*

con·tig·u·ous [kəntígjuəs] *a.* 접촉〔인접〕하는(adjoining). **con·ti·gu·i·ty** [kàntəgjú(:)iti/kɔ̀n-] *n.* ⓊⒸ

†**con·ti·nent**[1] [kántənənt/kɔ́n-] *n.* **대륙;** 본토, 육지; (the C-) 유럽 대륙.

con·ti·nent[2] (<contain) *a.* 절제하는(temperate), 금욕적인; 정절의(chaste). **-nence, -nen·cy** *n.* Ⓤ 절제; 정조(chastity). ~**·ly** *ad.*

‡**con·ti·nen·tal** [kàntənéntl/kɔ̀n-] *a.* **대륙의.** ~**·ism** [-təlìzəm] *n.* Ⓤ 대륙주의〔기질〕.

continéntal bréakfast (커피, 롤빵, 주스 정도의) 가벼운 아침 식사.

Continéntal Cóngress 〖美史〗 대륙회의《독립 전후 필라델피아에서 두 번(1774–89) 열린 각 주 대표자 회의》.

continéntal divíde 대륙 분수령; (the C- D-) 로키 산맥 분수령.

continéntal shélf 〖地〗 대륙붕.

continéntal Súnday (휴식이나 예배보다는) 레크리에이션을 위한 일요일.

continéntal sỳstem 대륙 봉쇄《나폴레옹의 1806 년 대영 정책》.

con·tin·gen·cy [kəntíndʒənsi] *n.* Ⓤ 우연(성); Ⓒ 우발 사건.

contíngency tàble 〖統〗 분할표.

con·tin·gent [-dʒənt] *a.* 뜻하지 않은, 임시의; 있을 수 있는(*to*); …나름인(*upon*). —— *n.* = CONTINGENCY; 몫; 분견(分遣)(함)대. ~**·ly** *ad.*

contíngent liabílity 불확정 책임액《우발 사건에 대해 지출된》.

‡**con·tin·u·al** [kəntínjuəl] *a.* **끊임없는,** 연속적인, 빈번한(~ *bursts of laughter* 잇단 폭소). ‡~**·ly** *ad.*

***con·tin·u·ance** [kəntínjuəns] *n.* ⓊⒸ 연속, 계속 (기간); 〖法〗 연기.

con·tin·u·ant [kəntínjuənt] *a., n.* 〖音聲〗 계속음(의)《[f, r, s, v] 등 음색을 바꾸지 않고 길게 발음할 수 있는 자음》.

***con·tin·u·a·tion** [kəntìnjuéi∫ən] *n.* ① Ⓤ **계속,** 연속. ② (이야기의) 계속, 속편(sequel). ③ ⓊⒸ 연장 (부분).

continuátion schòol 보습 학교.

con·tin·u·a·tive [kəntínjuèitiv/-ə-tiv] *a., n.* 연속적인 (것); 〖文〗 계속사.

†**con·tin·ue** [kəntínju:] *vi.* **계속하다;** 계속해서〔변함없이〕 …하다〔이다〕. —— *vt.* 계속하다, 연장〔연기〕하다. ~***d fraction*** 〔***proportion***〕 〖數〗 연분수〔연비례〕. ~***d story*** 연재 소설. ***To be*** ~***d.*** 계속, 이하 다음 호에.

***con·ti·nu·i·ty** [kàntənjú:əti/kɔ̀n-] *n.* ① Ⓤ **연속,** 계속, 연결. ② 촬영〔방송〕 대본(scenario; radio script).

continúity gìrl 〔**clèrk**〕 〖映〗 필름 편집원.

‡**con·tin·u·ous** [kəntínjuəs] *a.* **연속적인,** 끊이지 않는(unbroken)(*a* ~ *flow, rain, &c.*). *~**·ly** *ad.*

contínuous cúrrent 〖電〗 직류.

contínuous índustry 일관 생산업.

con·tin·u·um [kəntínjuəm] *n.* (*pl.* ***-tinua*** [-tínjuə], ~***s***) 연속(체).

con·tort [kəntɔ́:rt] *vt.* 비틀다, 구부리다(twist), 일그러지게 하다; 왜곡하다. **-tór·tion** *n.* ⓊⒸ **-tór·tion·ist** *n.* (몸을 자재로 구부리는) 곡예사.

***con·tour** [kántuər/-ɔ́-] *n.* 윤곽(out-

line).
cóntour lìne 등고선.
cóntour màp 등고선 지도.
contra- 「반〔비, 역〕…」의 뜻의 결합사: *contra*ception, *contra*dict.
con·tra·band [kántrəbæ̀nd/-ɔ́-] *a.*, *n.* 금제의; Ⓤ 금제〔밀매〕품; 밀무역(smuggling). ～ ***of war*** 전시 금제품. **～·ist** *n.*
con·tra·bass [-bèis] *n.* 콘트라베이스(double bass).
con·tra·bas·soon [-bəsúːn] *n.* 콘트라바순(double bassoon).
con·tra·cep·tion [kàntrəsépʃən / -ɔ̀-] *n.* Ⓤ 피임. **con·tra·cép·tive** *a.*, *n.* 피임의; 피임약〔용구〕.
‡**con·tract** [kántrækt/-ɔ́-] *n.* ① 계약(서), 정관. ② 청부. ③ 약혼. ④ =∠ **brídge** 〖카드〗 점수 계약식의 브리지. ── [kən∠] *vt.* ① **계약하다.** ② (혼인·친교를) 맺다. ③ (못된 버릇이) 들다, (병에) 걸리다, (감기가) 들다; (빚을) 지다. ④ 수축(收縮)시키다. ～ ***note*** 약속 어음, 계약서. ── *vi.* 계약하다; 수축되다. **～·ed** [-id] *a.* 수축된; 도량이 좁은. **con·tract·i·ble** [kəntræ̀ktəbəl] *a.* 수축할 수 있는. **con·trac·tile** [-t*i*l/-tail] *a.* 수축성의. ***con·trác·tion** *n.* ⓊⒸ 단축, 수축; 〖文〗 생략, 축약. ***con·trác·tor** *n.* 청부인; 수축근(筋). **con·trac·tu·al** [-tʃuəl] *a.*
con·tra·dance [kántrədæ̀ns / kɔ́n-trədɑ̀ːns] *n.* =CONTREDANSE.
con·tra·dict** [kàntrədíkt/-ɔ̀-] *vt.* ① **부정하다**(deny); 반박하다. ② (…와) 모순되다. ～ ***oneself 모순된 말〔짓〕을 하다. ***-dic·tion** [-díkʃən] *n.* ⓊⒸ **-díc·to·ry** [-təri] *a.*
con·tra·dis·tinc·tion [-distíŋkʃən] *n.* Ⓤ 대조, 대비(對比).
con·tra·dis·tin·guish [-distíŋgwiʃ] *vt.* …을 대조하여 구별하다(A *from* B); …을 대비하다.
con·trail [kántreil/-ɔ́-] (<*con*densation *trail*) *n.* =VAPOR TRAIL.
con·tral·to [kəntræ̀ltou] *n.* (*pl.* **～*s***, ***-ti*** [-tiː]) 〖樂〗 여성 최저음 (가수).
con·tra·prop [kántrəpràp / kɔ́ntrəprɔ̀p] *n.* 〖空〗 동축(同軸) 이중 반전(反轉) 프로펠러.
con·trap·tion [kəntræ̀pʃən] *n.* 《美口》 신안(新案)(device); 《英俗》 (기묘한) 장치(gadget).
con·tra·pun·tal [kàntrəpʌ́ntl / -ɔ̀-] *a.* 〖樂〗 대위법(counterpoint)의〔에 의한〕. **～·ly** [-təli] *ad.*
con·tra·ri·e·ty [-ráiəti] *n.* ⓊⒸ 반대, 모순(점).
con·tra·ri·ly [kántrerəli/kɔ́n-] *ad.* 반대로; [kəntrέərəli] 심술궂게(perversely).
con·tra·ri·wise [kántreriwàiz/kɔ́n-trəri-] *ad.* 거꾸로, 반대로; 짓궂게.
‡**con·tra·ry** [kántreri/kɔ́ntrəri] *a.* ① 거꾸로의, 반대의. ② [kəntrέəri] 빙퉁그러진(perverse). ── *n.* 반대, 역(逆). ***by contraries*** 정반대로. ***on the*** ～ 이에 반하여; …이긴커녕. ***to the*** ～ 그와는 반대로〔의〕(*an opinion to the* ～ 반대 의견). ── *ad.* (…에) 반하여(*to*).
‡**con·trast** [kántræst / kɔ́ntrɑː-] *n.* 대조(*between*), 현저한 차이(점). ── [kəntræ̀st, -ɑ́ː-] *vt.* 대조하다(～ *this with that* 이것과 저것과를 비교하다). ── *vi.* …와 현저히 다르다(*with*).
con·tras·tive [kəntræ̀stiv] *a.* 대조적인. ～ ***linguistics*** 대조 언어학.
con·tra·vene [kàntrəvíːn / -ɔ̀-] *vt.* 어기다, 위배하다, 범하다(violate); 반대하다; …과 모순되다. **con·tra·vén·tion** *n.* ⓊⒸ
con·tre·danse [kántrədæ̀ns / kɔ́n-] *n.* (F.) 대무(對舞)(곡).
con·tre·temps [kántrətɑ̀ːŋ / kɔ́n-] *n.* (*pl.* ～ [-z]) (F.) 뜻밖의 일〔사고〕.
‡**con·trib·ute** [kəntríbjuːt] *vt.*, *vi.* ① **기부〔기증〕하다.** ② 기고(寄稿)하다. ③ 이바지〔공헌·기여〕하다. ***con·trib·u·tor** [-tríbjətər] *n.*
‡**con·tri·bu·tion** [kàntrəbjúːʃən / kɔ̀n-] *n.* ⓊⒸ ① **기부**(금), 기증. ② 기고(寄稿). ③ **공헌.**
con·trib·u·tive [kəntríbjətiv] *a.* 기여〔이바지〕하는(*to*).
con·trib·u·to·ry [kəntríbjətɔ̀ːri / -təri] *a.* 기여하는. ～ ***negligence*** 〖法〗 기여 과실(寄與過失).
con·trite [kəntráit/kɔ́ntrait] *a.* (죄를) 뉘우친(penitent). **-tri·tion** [-tríʃən] *n.* Ⓤ
‡**con·trive** [kəntráiv] *vt.* ① **연구**〔발명·고안〕하다. ② 꾀하다(plot). ③ 그럭저럭 …하다(manage)(*to* do); (불행 따위를) 일부러 부르다. ── *vi.* 연구〔계획〕하다. ***con·trív·ance** [-əns] *n.* ⓊⒸ **고안(품)**; 장치; 계략. **con·trív·er** *n.*
†**con·trol** [kəntróul] *n.* ① Ⓤ **지배**(력), 관리, 통제, 억제. ② (실험의) 대조 표준. ③ (*pl.*) 조종 장치. ***bring*** 〔***keep***〕 ***under*** ～ (억)누르다, 억제하다. **～*ed economy*** 통제 경제. ～ ***of production*** 생산 관리. ***out of*** 〔***beyond***〕 ～ 지배가 미치지 못하는, 억누를 수 없는. ***without*** ～ 제멋대로. ── *vt.* (***-ll-***) 지배〔관리·통제·억제〕하다; (회계를) 감사하다. ***con·tról·ler** *n.* 다잡는 사람, 관리인; (회계) 감사관(comptroller); 〖電〗 제어기.
contról còlumn 〖空〗 회전식 조종간.
contról ròd (원자로의) 제어봉.
contról ròom (녹음 스튜디오 등의) 조정실.
contról stìck 〖空〗 (앞뒤 및 좌우로 움직이는) 조종간.
contról tòwer 〖空〗 관제탑.
***con·tro·ver·sy** [kántrəvə̀ːrsi / -ɔ́-] *n.* ⓊⒸ **논쟁**, 논의. **con·tro·vér·sial** [∸-vɔ́ːrʃəl] *a.*
con·tro·vert [-və̀ːrt] *vt.* 반박하다; 논쟁하다. **con·tro·vert·i·ble** [∸-və́ːrtəbəl] *a.* 논의의 여지가 있는.
con·tu·ma·cious [kàntjuméiʃəs /

kɔ̀n-] *a.* 복종하지 않는; 법정의 소환에 응하지 않는. **cón·tu·ma·cy** [kántʃuməsi/kɔ́n-] *n.*

con·tu·me·ly [kəntʃú:məli, kántʃu-mì:li/kɔ́ntjumi-] *n.* 오만 무례; 모욕. **con·tu·me·li·ous** [⌐-mí:liəs] *a.* 모욕적인, 무례함.

con·tuse [kəntjú:z] *vt.* 타박상을 입히다(bruise). **-tú·sion** [-ʒən] *n.* UC

co·nun·drum [kənʌ́ndrəm] *n.* 신소리 수수께끼; 수수께끼 같은 인물.

con·ur·ba·tion [kànə:rbéiʃən / -ɔ̀-] *n.* 집합 도시《London 따위》.

con·va·lesce [kànvəlés / -ɔ̀-] *vi.* (병이) 차도가 있다, 건강을 회복하다.

con·va·les·cent [-nt] *a., n.* 회복기의 (환자). **-cence** *n.* U 회복(기).

con·vec·tion [kənvékʃən] *n.* U〖理·氣〗대류(對流); 전달.

convéction cùrrent〖電〗대류 전류.

con·vec·tor [kənvéktər] *n.* 대류식(對流式) 난방기.

con·vene [kənví:n] *vt.* 소집〔소환〕하다(summon). ── *vi.* 회합하다.

‡**con·ven·ience** [kənví:njəns] *n.* ① U 편리, 형편좋음. ② (의식주의) 편의; 편리한 것; 《英》 변소(privy). ***at one's*** ~ 편리하도록〔한 때에〕.

convénience fòod 인스턴트 식품.

convénience gòods 일용 잡화식품.

convénience òutlet 실내 콘센트.

convénience stòre 일용 잡화 식품점.

‡**con·ven·ient** [-njənt] *a.* **편리한,** 형편이 좋은. ***when it is*** ~ ***to*** (*you*) (당신)의 형편이 좋을 때. *~**·ly** *ad.*

***con·vent** [kánvənt / -ɔ́-] *n.* **수녀원** (nunnery) (cf. monastery); 수녀단.

con·ven·ti·cle [kənvéntikl] *n.* 〖英史〗비(非)국교도의 비밀 집회; (그런) 집회소.

‡**con·ven·tion** [kənvénʃən] *n.* ① **협의회,** 집회. ② 협약. ③ (사회의) 관례〔관습〕, 인습.

con·ven·tion·al** [-ʃənəl] *a.* **관습**〔인습〕**적인.** ~ ***weapons (핵무기에 대해) 재래식 병기. ~**·ism** [-ʃənəlìzəm] *n.* U 관례 고수, 전통주의; 상투 어구. ~**·ist** [-ʃənəlist] *n.* ~**·i·ty** [-vènʃənǽləti] *n.* UC 관례 존중, 인습, 인습적 형성. ~**·ize** [-ʃənəlàiz] *vt.* 인습화하다. ~**·ly** *ad.*

convéntional tàriff 협정 세율.

con·ven·tion·eer [kənvènʃəníər] *n.* 《美》 대회〔회의〕 참석자.

con·verge [kənvə́:rdʒ] *vi., vt.* 한 점에 집중하다〔시키다〕. **con·vér·gent** [-ənt] *a.* (한 점에) 집중하는. **con·vér·gence** *n.* U

con·vérg·ing léns [-iŋ] 수렴 렌즈.

con·vers·a·ble [kənvə́:rsəbl] *a.* 말하기 좋아하는, 말붙이기 쉬운.

con·ver·sant [kənvə́:rsənt] *a.* 잘 알고 있는, 친한 (사이의)(*with*).

†**con·ver·sa·tion** [kɑ̀nvərséiʃən/-ɔ̀-] *n.* U **회화;** C 담화. *~**·al** [-ʃənəl] *a.* **회화**(체)의; 좌담을 잘〔좋아〕하는. ~**·al·ist** *n.* 「가 되는 것.

cònversátion pìece 풍속화; 화제

‡**con·verse**[1] [kənvə́:rs] *vi.* 이야기〔담화〕하다(*with*). ── [kánvə:rs / -ɔ́-] *n.* U 담화. 「(逆)(의).

***con·verse**[2] [kánvə:rs/-ɔ́-] *n., a.* 역

***con·ver·sion** [kənvə́:rʒən, -ʃən] *n.* U ① **전환;** 전향; 개종. ② 환산. ③ 횡령. ④〖컴퓨터〗변환.

convérsion còst〖經〗(원료를 상품으로 만드는 과정의) 전환 코스트.

convérsion ràtio〖理〗변환비《원자로 속에서 핵분열성 원자 1개에서 새로 생기는 원자수》. 「산표.

convérsion tàble (도량형 등의) 환

‡**con·vert** [kənvə́:rt] *vt.* ① **바꾸다,** 전환〔전향·개심〕시키다(turn). ② 태환〔환산〕하다. ③ 횡령하다. ④〖컴퓨터〗변환하다. ── [kánvə:rt/-ɔ́-] *n.* 개종〔전향〕자. **con·vért·er, -vér·tor** *n.* convert 하는 사람;〖電〗변류기;〖冶〗전로(轉爐). ~**·i·bil·i·ty** [-və̀:rtəbíləti] *n.* U *~**·i·ble** [-əbl] *a.* ~***ible note*** 태환권.

con·vert·i·plane, -vert·a- [kən-və́:rtəplèin] *n.* (수직 비행이 가능한) 전환식 비행기.

***con·vex** [kanvéks, ⌐-/kɔnvéks] *a.* **볼록한,** 철면(凸面)(의) (opp. concave). ── [kánveks / kɔ́nveks] *n.* 볼록면〔렌즈〕. **con·vex·i·ty** [kənvéksəti, -ɑ-/-ɔ-] *n.* UC

‡**con·vey** [kənvéi] *vt.* ① **나르다;** 운반하다. ② 전하다, 전달하다(transmit), 나타내다. ③〖法〗양도하다.

***con·vey·ance** [-əns] *n.* UC ① **운반,** 수송 (기관); 전달. ②〖法〗양도 (증서). **-anc·er** *n.* 운반〔전달〕자;〖法〗(부동산) 양도 취급인.

con·vey·er, -or [-ər] *n.* 수송자〔장치〕, 컨베이어; 양도인.

convéyor bèlt 벨트 컨베이어.

convéyor sýstem 유동 작업 방식.

***con·vict** [kənvíkt] *vt.* **유죄를 증명하다**(*of*); 유죄를 선고하다(declare guilty). ── [kánvikt/-ɔ́-] *n.* 죄인, 죄수(*an ex-*~ 전과자).

‡**con·vic·tion** [kənvíkʃən] *n.* ① UC **유죄 판결.** ② U 죄의 자각, 회오. ③ U 심복시킴, 설득. ④ UC 확신, 신념.

‡**con·vince** [kənvíns] *vt.* **확신**〔**납득**〕**시키다**(*of, that*). ***be*** ~***d*** 확신하다 (*of, that*). **con·vín·ci·ble** [-əbəl] *a.* 설득할 수 있는. ***con·vínc·ing** *a.* **납득이 가는.**

con·viv·i·al [kənvíviəl] *a.* 연회의; 연회〔잔치〕를 좋아하는, 명랑한(jovial). **con·viv·i·al·i·ty** [-vìviǽlə-] *n.*

con·vo·ca·tion [kɑ̀nvəkéiʃən/-ɔ̀-] *n.* U (회의의) 소집; C 집회; (C-)〖英大學〗평의회; (C-)〖英國國教〗성직회의. **cón·vo·ca·tor** [⌐-⌐tər] *n.* (회의) 소집자, 참집자. 「소집하다.

con·voke [kənvóuk] *vt.* (의회 등을)

con·vo·lute [kánvəlù:t/-ɔ́-] *a., vt., vi.* 회선상(回旋狀)의; 말다, 감다.

con·vo·lú·tion [⌐-⌐ʃən] *n.*

con·volve [kənválv/-vɔ́lv] *vt., vi.* …을 감다; …에 감기다; 둘둘 말다.
con·vol·vu·lus [kənválvjələs/-ɔ́-] *n.* (*pl.* *~es, -li* [-lài]) 〖植〗 메꽃(류).
***con·voy** [kánvɔi, kənvɔ́i/kɔ́nvɔi] *vt.* 호위〔호송〕하다. —— [kánvɔi] *n.* UC 호송; 호위자, 호위함(艦).
con·vulse [kənvʌ́ls] *vt.* (격렬히) 진동시키다; (경련을) 일으키다, 몸을 떨다(*be ~d with laughter, anger, &c.*). ***con·vúl·sion** *n.* 격동; (사회적) 동요; (*pl.*) 몸의 뒤틂. **-sive** *a.*
co·ny, -ney [kóuni] *n.* 《古》 토끼의 털가죽(rabbit fur); 토끼.
***coo** [ku:] *vi., n.* (비둘기가) 구구 울다〔우는 소리〕; 밀어를 속삭이다 (BILL² *and ~*).
cooch [ku:tʃ] *n.* 몸을 꼬는 춤의 일종.
†**cook** [kuk] *vt.* ① (불에) 요리하다. ② 《口》 조작〔날조〕하다, 변경하다 (tamper with) (*~ accounts* 장부를 속이다). ③ 《俗》 잡치다(ruin); 해치우다(*~ his goose* 그를 해치우다); 피로케 하다(*I am ~ed.* 몹시 지쳤다). —— *vi.* 요리되다(*The dinner is ~ing.*); 취사하다; 숙수로 일하다. *~ up* 조작하다. —— *n.* 요리사, 쿡. ∠**·er** *n.* 남비, (가마)솥; 요리용 식품〔과일〕.
cook·book [∠bùk] *n.* 《美》 요리책.
***cook·er·y** [∠əri] *n.* ① U 요리(법). ② 취사장.
cóokery bòok 《英》 =COOKBOOK.
cook·house [∠hàus] *n.* 취사장.
***cook·ie, -y** [∠i] *n.* 《美》 쿠키(납작한 케이크); 《Sc.》 빵. 「요리용의.
‡**cook·ing** [∠iŋ] *n., a.* U 요리(법);
cook·out [∠àut] *n.* 야외 요리〔파티〕.
cook·shop [∠ʃàp/-ɔ̀-] *n.* 작은 요리점.
cóok's tóur 일정이 꽉 짜인 관광여행. 「로.
cook·stove [∠stòuv] *n.* 《美》 요리 풍
†**cool** [ku:l] *a.* ① 시원〔서늘〕한; (기분 좋게) 차가운. ② 냉정〔침착〕한 (calm); 냉담한(cold). ③ 뻔뻔스러운 (impudent)(*have a ~ cheek* 철면피다). ④ 《口》 정미(正味)의, 에누리 없는(*It cost me a ~ thousand dollars.* 에누리 없는 천 달러나 들었다). —— *n.* U 냉기; 서늘한 곳. —— *vt., vi.* ① 차게 하다〔식히다〕; 차지다, 식다. ② (마음을) 가라앉히다, 가라앉다. *~ one's heels* 《口》 오래 기다리게 되다. ‡∠**·er** *n.* 냉각기; 청량음료; 《美俗》 형무소. ∠**·ish** *a.* 좀 차가운. *∠**·ly** [kú:*l*li] *ad.* *∠**·ness** *n.* U
cool·ant [∠ənt] *n.* 〖機〗 냉각제〔수〕.
cool-head·ed [∠hédid] *a.* 침착한.
coo·lie, -ly [kú:li] *n.* (인도·중국 등의) 인부, 쿨리. 「(쟁의의) 냉각기(간).
cóol·ing-óff pèriod [∠iŋɔ̀:f, -àf/-ɔ̀f]
coomb(e) [ku:m] *n.* 《英》 협곡(峽谷) (ravine); 산허리의 깊은 골짜기 (hollow). 「coon); 《美口》 녀석.
coon [ku:n] *n.* 너구리의 일종(rac-
cóon's àge 《口》 기나긴 동안.

coop [ku:p] *n., vt.* 닭장〔계사〕(에 넣다); 가두다(confine)(*in, up*).
co-op [kóuɑp, -∠/kóuɔp] *n.* 《口》 소비조합 매점(cooperative store).
co-op. cooperative; cooperative society. 「(통을) 고치다.
coop·er [kú:pə*r*] *n., vt.* 통(메)장이;
‡**co·op·er·ate** [kouápərèit/-ɔ́-] *vi.* ① 협동〔협력〕하다. ② (사정 따위가) 서로 돕다. ‡**co·op·er·a·tion** [-∸-éiʃən] *n.* UC 협력, 협동(조합). **co·óp·er·a·tor** *n.* 협력자; 소비조합원(員).
***co·op·er·a·tive** [-ápərətiv/-ɔ́-] *a., n.* 협동의; 협동조합(의). *~ society* 협동〔소비〕조합. *~ store* =CO-OP.
co-opt [-ápt/-ɔ́-] *vt.* 호선(互選)하다. **co-op·ta·tion** [∸-téiʃən] *n.* U 호선.
***co·or·di·nate** [-ɔ́:*r*dənit] *a., n.* ① 동등〔동격〕의 (것). ② 〖文〗 등위(等位)의. ③ 〖數〗 좌표(의). —— [-nèit] *vt.* ① 동격으로 하다. ② 조정하다(adjust), 조화시키다(harmonize). ***co·or·di·na·tion** [-∸-néiʃən] *n.* U 동격(화); 조정. **co·ór·di·na·tive** *a.* ***co·ór·di·na·tor** *n.* 조정자; 방송 진행계.
coórdinate cláuse 등위절. 「속사.
coórdinate conjúnction 등위 접
coot [ku:t] *n.* 〖鳥〗 검둥오리; 큰물닭; 《口》 바보.
coot·ie [kú:ti] *n.* 《口》 =LOUSE.
co-own·er [kòuóunə*r*] *n.* 공동 소유자. *~***·ship** [-ʃip] *n.* 공유(권).
cop¹ [kɑp/-ɔ-] *n.* 《美俗》 =POLICEMAN; 《英俗》 체포. —— *vt.* (**-pp-**) 《美俗》 체포하다; 훔치다. *~ it* 벌받다, 죽다. —— *vi.* (다음 句로) *~ out* 《美俗》 도망하다, 손을 떼다, 체념하다, 배반하다.
cop² *n.* (방적기의) 원추상의 실톳.
co·pal [kóupəl] *n.* U 니스 수지.
co·par·ce·nar·y [koupá:*r*sənèri/-nəri] *n., a.* U 〖法〗 공동 상속(의).
co·part·ner [koupá:*r*tnə*r*] *n.* 협동자. *~***·ship** [-ʃip] *n.* U 협동.
‡**cope**¹ [koup] *vi.* 다투다, 대항하다; 잘 대처하다(struggle) (*with*).
cope² *n.* (사제의) 깝바; 덮개《닫집·하늘 따위》. —— *vt.* (cope로) 덮어 가리다.
co·peck [kóupek] *n.* =KOPECK.
***Co·pen·ha·gen** [kòupənhéigən] *n.* 코펜하겐《덴마크의 수도》.
***Co·per·ni·cus** [koupə́:*r*nikəs], **Nicolaus** (1473–1543) 폴란드의 천문학자. **Co·pér·ni·can** *a.* 코페르니쿠스의 (*the Copernican system* 〔*theory*〕 코페르니쿠스설, 지동설).
cope·stone [kóupstòun] *n.* (담의) 갓돌; 끝마무리, 극치.
cop·i·er [kápiə*r*/-ɔ́-] *n.* =COPYIST; 복사하는 사람, 복사기. 「사.
co·pi·lot [kóupàilət] *n.* 〖空〗 부조종
cop·ing [kóupiŋ] *n.* U 갓돌(copestone) (공사), (돌담·벽돌담의) 지붕
cóping sàw 활톱, 실톱. 」돌.
co·pi·ous** [kóupiəs] *a.* 많은; 말수가 많은(*~ notes* 상주(詳註)). *~·ly** *ad.*

~·ness *n.*

co·pol·y·mer [koupáləmər/-pɔ́lə-] *n.* 〖化〗 혼성 중합체.

‡**cop·per** [kápər/-ɔ́-] *n., a.* ① Ⓤ 구리, 동(銅). ② 동전; 동기; 구리(제)의; 구리빛의. ── *vt.* 구리로 싸다〔를 입히다〕; 구리 도금을 하다.

cop·per·as [kápərəs/-ɔ́-] *n.* 〖化〗 Ⓤ 녹반(綠礬).

cop·per·head [kápərhèd/-ɔ́-] *n.* 미국의 독사; (C-) 〖美史〗 남북전쟁 때 남부에 동정한 북부 사람.

Cópper Índian 북아메리카 원주민.

cópper nítrate 〖化〗 질산동. 「쇄).

cop·per·plate [-plèit] *n.* ⒸⓊ 동판(인

cop·per·smith [-smìθ] *n.* 구리 세공

cópper súlfate 〖化〗 황산동. 「인.

cop·pice [kápis/-ɔ́-] *n.* =COPSE.

cop·ra [káprə, -óu-/-ɔ́-] *n.* Ⓤ 코프라 《야자나무의 건과》.

co·pro·duce [kòuprədjú:s] *vt.* 공동 제작하다. **-dúc·er** *n.*

cop·ro·lite [kúprəlàit/-ɔ́-] *n.* Ⓤ 분석(糞石) 《동물 똥의 화석》.

copse [kaps/-ɔ-] *n.* 잡목〔덤불〕숲.

Copt [kapt/kɔpt] *n.* ① 콥트인《고대 이집트인의 자손》. ② 콥트 교도.

cop·ter, 'cop- [káptər/-ɔ́-] *n.* 《口》 =HELICOPTER.

cop·u·la [kápjələ/-ɔ́-] *n.* (*pl.* **~s, -lae** [-lì:]) 〖論·文〗 계사(繫辭)《'be' 따위》.

cop·u·late [kápjəlèit / -ɔ́-] *vi.* 교접하다. **cóp·u·la·tive** [-lèitiv, -lə-] *a., n.* 연결〔교접〕의; 연사(連辭)《'be'》, 연결〔연계〕 접속사 《'and' 따위》. **cop·u·la·tion** [ˋ–léiʃən] *n.* Ⓤ

†**cop·y** [kápi/-ɔ́-] *n.* ① 베낌, 복사; 모방. ② 등본, 초본. ③ (책·신문 따위의) (한) 부. ④ ⒸⓊ 원고; (습자의) 본. ***clean* 〔*fair*〕 ~** 청서. ***foul* 〔*rough*〕 ~** 초고. ***make good* ~** 좋은 원고가 되다, (신문의) 특종이 되다. ── *vt., vi.* 베끼다; 모방하다(imitate); (남의 답안을) 몰래 보고 베끼다. 「진부(陳腐)한.

cop·y·book [-bùk] *n., a.* 습자장(帳);

cop·y·cat [-kæ̀t] *n.* 《口》 흉내〔입내〕 장이, 모방자. 「「데스크」.

cópy dèsk (신문사의) 편집 책상,

cop·y·hold [-hòuld] *n., a.* 〖英法〗 Ⓤ 등록 부동산(소유권)(의). **~·er** *n.* 위의 소유권 보유자.

cópying ìnk 복사용 잉크.

cópying prèss 복사기. 「자.

cop·y·ist [-ist] *n.* 베끼는 사람; 모방

cop·y·read [ˊ-rì:d] *vt.* (원고를) 정리하다.

cop·y·read·er [-rì:dər] *n.* 《美》 원고 편집〔정리〕원 《신문사·출판사의》.

***cop·y·right** [-ràit] *n., vt., a.* ⓊⒸ 판권〔저작권〕(을 얻다; 을 가진).

***cop·y·writ·er** [-ràitər] *n.* 광고 문안 작성자.

co·quet [koukét/kɔ-] *vi., vt.* (*-tt-*) (여자가) 교태를 짓다, (…에 대하여) 아양을 떨다(*with*). **có·quet·ry** [ˊkə-tri] *n.* ⓊⒸ 교태, 아양, 요염한 행위.

co·quette [koukét/kɔ-] *n.* 요염한 계집, 요부. **co·quét·tish** *a.* 요염한.

co·quille [koukí(:)l] *n.* (F.) 코키유 《조가비(형의 그릇)에 구운 요리》.

Cor. Corinthians; Coroner. **cor.** corner; cornet; coroner; correct(ed); correlative; correspondence; correspondent; corresponding.

cor·a·cle [kɔ́:rəkl, ká-/kɔ́-] *n.* 《英》 가죽을〔방수포를〕 입힌 고리배. 「의).

***cor·al** [kɔ́:rəl/-ɔ́-] *n., a.* Ⓤ 산호(빛

córal ìsland 산호 섬.

córal rèef 산호초(礁).

córal snàke 독사의 일종. 「림받침.

cor·bel [kɔ́:rbəl] *n.* 〖建〗 (벽의) 내물

‡**cord** [kɔ:rd] *n., vt.* ⓊⒸ 가는 바〔코드〕로 묶다. **ˊ·age** [ˊidʒ] *n.* Ⓤ 《集合的》 밧줄. **ˊ·ed** [ˊid] *a.* 밧줄로 동인〔묶은〕; 골지게 짠.

‡**cor·dial** [kɔ́:rdʒəl/-diəl] *a.* ① 충심〔진심〕으로의, 성실한. ② 강심성(強心性)의. ── *n.* 강심〔강장〕제; Ⓤ 달콤한 (리큐어) 술. ***ˊ·ly** *ad.* **cor·di·al·i·ty** [ˋdʒiǽləti/-di-] *n.* 성실, 친절.

cor·dil·le·ra [kɔ̀:rdəljέərə, -dílərə] *n.* (Sp.) 대산맥, 연산.

cord·ite [kɔ́:rdait] *n.* Ⓤ 끈 모양의 무연 화약.

cor·don [kɔ́:rdn] *n.* 비상(경계)선; 장식끈; (어깨에서 걸치는) 수장(綬章). POST² *a* **~**.

cor·don sa·ni·taire [kɔ́:rdɔ̃ŋ sɑni:tέr] (F.) 방역선(防疫線).

cor·do·van [kɔ́:rdəvən] *n.* Ⓤ 코도반 가죽《상질의 구두 가죽》.

***cor·du·roy** [kɔ́:rdərɔ̀i] *n.* Ⓤ 코르덴; (*pl.*) 코르덴 바지.

córduròy róad 《美》 통나무 길.

CORE Congress of Racial Equality.

***core** [kɔ:r] *n.* ① (과일의) 속; 나무속. ② 핵심, 마음속. ***to the* ~** 철저하게. ── *vt.* 속을 빼내다(*out*).

Co·ré·a(n) *n., a.* =KOREA(N).

co·re·spond·ent [kòurispándənt / kóurispɔ́nd-] *n.* 〖法〗 (간통 사건의) 공동 피고《처와 간통한 남자》.

Cor·fam [kɔ́:rfæm] *n.* 〖商標〗 코르팸《부드럽고 미소한 구멍이 있는 인조 피혁》. 「리에 장신》.

Cor·gi [kɔ́:rgi] *n.* 코르기 개《짧은 다

co·ri·an·der [kɔ̀:riǽndər / kɔ̀r-] *n.* 〖植〗 고수풀《미나리과》.

***Co·rin·thi·an** [kərínθiən] *a.* (고대 그리스 도시) Corinth 의; 코린트 사람의; 〖建〗 코린트식의; 호화스런, 사치한. ── *n.* 코린트 사람. ***the* ~s** 〖新約〗 고린도서.

Co·ri·ó·lis fòrce [kɔ̀:rióulis] 〖理〗 코리올리 힘.

‡**cork** [kɔ:rk] *n.* ⓊⒸ 코르크(마개·찌); =CORK OAK. ── *vt.* 코르크 마개를 하다; (감정을) 억누르다(*up*); (얼굴을) 태운 코르크로 검게 칠하다. **ˊ·y** *a.* 코르크 같은; 《口》 들뜬, 쾌활한.

cork·er [kɔ́:rkər] *n.* ① (코르크) 마개를 하는 사람〔기구〕. ② 《俗》 찍

소리 못하게 하는 의론〔사실〕; 새빨간 거짓말; 좋아하는 사람〔것〕.
cork·ing [kɔ́:*r*kiŋ] *a.* 《俗》 큼직한; 특출한; 좋아하는.
córk òak 〔**trèe**〕 코르크나무.
cork·screw [ˊskrù:] *n., a., vt., vi.* 타래송곳 (모양의)(*a* ~ *staircase* 나사층층대); 나사 모양으로 나아가(게 하)다(~ *oneself out of the crowd* 군중 속에서 간신히 빠져 나오다).
cor·mo·rant [kɔ́:*r*mərənt] *n., a.* 가마우지(같은); 탐욕스러운, 많이 먹는; 대식가.
†**corn**[1] [kɔ:*r*n] *n.* Ⓤ ① Ⓒ **낟알**(grain). ② 곡물(cereals). ③ 《英》 밀; 《美》 옥수수(maize); 《Sc., Ir.》 귀리(oats). ④ 《俗》 고리타분〔진부〕한 것. ⑤ 《美口》 =**córn whìsk(e)y** 옥수수 술.
corn[2] *vt.* (고기를) 소금에 절이다; 곡물을 심다. ~*(ed) beef* 콘비프.
corn[3] *n.* (발가락의) 못, 티눈.
Corn. Cornish; Cornwall. 「지대.
Córn Bèlt (미국 중서부의) 옥수수
corn·brash [ˊbræʃ] *n.* 〖地〗 석회 사암층《곡물 재배에 적합》.
córn brèad 《美》 옥수수 빵.
córn chàndler 《英》 곡물상(商).
corn·cob [ˊkɑ̀b/-ɔ̀-] *n.* 옥수수 속대 (로 만든 파이프). 「막.
cor·ne·a [kɔ́:*r*niə] *n.* 〖解〗 (눈의) 각
***corned** [kɔ:*r*nd] *a.* **소금에 절인**; 《英俗》 만취한.
†**cor·ner** [kɔ́:*r*nə*r*] *n.* ① **구석**; (길의) **모퉁이**. ② 궁벽한 시골; 궁지, 궁경. ③ (증권이나 상품의) 매점(買占) (buying up) (*make a* ~ *in cotton*). ***around*** 〔***round***〕 ***the*** ~ 길 모퉁이에, 길 어귀에; 가까이. ***cut*** ~***s*** 질러가다; (돈·시간을) 바싹 조리 차하다. ***drive into a*** ~ 궁지에 몰아넣다. ***turn the*** ~ 모퉁이를 돌다; (병·불경기가) 고비를 넘다. — *vt., vi.* 구석에 처박다; 궁지에 몰아넣다〔빠지다〕(*up*); 《美》 길모퉁이에서 만나다; 매점하다. 「랑자〔깡패〕.
córner bòy 〔**màn**〕 《英》 거리의 부
cor·ner·stone [kɔ́:*r*nə*r*stòun] *n.* (건축의) 주춧돌, 초석, 귀돌; 기초.
cor·net [kɔ:*r*nét, kɔ́:*r*nit] *n.* 코넷《나팔》; (종이를 말아 한 끝을 비틀어 만든) 종이봉지; 《英》 =ice cream CONE. 「밀밭; 옥수수 밭.
***corn·field** [kɔ́:*r*nfì:ld] *n.* **곡물 밭**;
corn·flakes [kɔ́:*r*nflèiks] *n. pl.* 콘플레이크《cereal의 일종》.
córn flòur 《英》 =CORNSTARCH.
corn·flow·er [ˊflàuə*r*] *n.* 〖植〗 수레국화《엉거시과》. 「껍질.
corn·husk [ˊhʌ̀sk] *n.* 《美》 옥수수
cor·nice [kɔ́:*r*nis] *n.* 〖建〗 (처마·기둥 꼭대기의) 배내기.
Cor·nish [kɔ́:*r*niʃ] *a., n.* ⒸⓊ (영국의) Cornwall(사람)의 (말)《고대 켈트
córn lìquor 옥수수 위스키. ⌊어》.
córn mèal 곡식〔옥수수〕 가루.
córn mìll 《英》 제분기; 《美》 옥수수 빻는 기계《가축 사료 제조용》.
córn pòne 《美南部》 (네모진) 옥수수 빵.
córn pòppy 〖植〗 개양귀비.
corn·row [ˊròu] *n.* 흑인 머리형의 일종《여러 가닥으로 땋아 드림》.
córn sìlk 옥수수 수염《이뇨제》.
corn·stalk [ˊstɔ̀:k] *n.* 밀〔옥수수〕의 줄기〔대〕; 《英口》 키다리. 「수수 전분.
corn·starch [ˊstɑ̀:*r*tʃ] *n.* 《美》 옥
cor·nu·co·pi·a [kɔ̀:*r*nəkóupiə, -njə-] *n.* 〖그神〗 풍요의 뿔(horn of plenty); Ⓤ 풍부(의 상징); 뿔 모양의 그릇.
Corn·wall [kɔ́:*r*nwɔ:l/-wəl] 잉글랜드 남서단의 주《생략 Corn.》.
corn·y [kɔ́:*r*ni] *a.* 곡물의; 《美俗》 (재즈가) 감상적인(oversentimental); 진부한. 「(petals).
co·rol·la [kərɑ́lə/-ɔ́-] *n.* 〖植〗 꽃부리
cor·ol·lar·y [kɔ́:rəlèri, kɑ́r- / kərɔ́ləri] *n.* (정리(定理)에 대한) 계(系); 당연한 〔자연의〕 결과.
co·ro·na** [kəróunə] *n.* (*pl.* ~s***, ***-nae*** [-ni:]) 관(冠); 〖天〗 코로나《태양의 광관(光冠)》; 〖電〗 코로나 방전.
cor·o·nach [kɔ́:rənək, kɑ́r-/kɔ́r-] *n.* 《Sc., Ir.》 만가(輓歌).
cor·o·nal [kəróunəl, kɔ́:rə-, kɑ́rə-] *a.* 화관의; 〖天〗 코로나의. — [kɔ́:rənəl, -ɑ́-/-ɔ́-] *n.* 보관(寶冠); 화관, 화환(wreath).
***cor·o·na·tion** [kɔ̀:rənéiʃən, kɑ̀r- / kɔ̀r-] *n.* **대관식**; Ⓤ 대관, 즉위.
cor·o·ner [kɔ́:rənə*r*, kɑ́r-/kɔ́r-] *n.* 검시관(檢屍官). ~***'s inquest*** 검시.
***cor·o·net** [kɔ́:rənit, kɑ́r- / kɔ́r-] *n.* (귀족의) **작은 관**(冠); (금·은제의) 여자용 머리 장식.
Corp., corp. Corporal; Corporation.
Corpl. Corporal.
***cor·po·ral**[1] [kɔ́:*r*pərəl] *a.* **육체의** (bodily); 개인의. ~**·ly** *ad.*
cor·po·ral[2] *n.* 〖軍〗 상병《sergeant의 아래》; (C-) 《美》 지대지 미사일.
cor·po·rate** [kɔ́:*r*pərit] *a.* **단체의, 법인 조직의**; 단결한. ***body ~ 법인.
Córporate Rehabilitátion Làw 회사 갱생법.
‡**cor·po·ra·tion** [kɔ̀:*r*pəréiʃən] *n.* **법인**; 자치 단체; 시의회; 《美》 유한회사, 주식회사(company); 《口》 올챙이배(potbelly).
cor·po·re·al [kɔ:*r*pɔ́:riəl] *a.* 육체(상)의; 물질적인; 형이하(形而下)의; 〖法〗 유형의.
‡**corps** [kɔ:*r*] *n.* (*pl.* ***corps*** [-z]) **군단, 단**(團), **대, 반**. ~ ***de ballet*** (F.) 발레단. ~ ***diplomatique*** (F.) ⌊외교단.
***corpse** [kɔ:*r*ps] *n.* **시체**.
cor·pu·lent [kɔ́:*r*pjələnt] *a.* 뚱뚱한 (fat). **cór·pu·lence** *n.* Ⓤ
cor·pus** [kɔ́:*r*pəs] *n.* (*pl.* ***-pora [-pərə]) ① **신체**; 시체. ② (문헌 따위의) 집성. 「성체 축일.
Córpus Chrís·ti [krísti] 〖카톨릭〗
cor·pus·cle [kɔ́:*r*pʌsəl] *n.* 〖解〗 소구(小球); 혈구(*red* ~*s*). **cor·pús·cu·lar** [kɔ:*r*pʌ́skjulə*r*] *a.*
córpus de·líc·ti [dilíktai] (L. =body

of the crime) 범죄 사실; (피해자의) 시체. 「법규집, 법전.
córpus jú·ris [dʒúəris] 대법전;
cor·ral [kərǽl/kɔrá:l] *n.*, *vt.* (*-ll-*) (짐승 잡는) 우리(에 몰아 넣다); 《美口》 잡다; 가축 우리.
†**cor·rect** [kərékt] *a.* **바른, 정확한**; 예의에 맞는(proper). —— *vt.* **바로잡다**, 정정하다; (결점을) 고치다, 교정하다(cure)(*of*); 징계하다. *~·**ly** *ad.* ~·**ness** *n.*
*__cor·rec·tion__ [kərékʃən] *n.* Ⓤ **정정**, 정오(正誤); 교정; 바로잡음, 질책; 〖證〗 너무 오른〔내린〕 값의 정정. ***house of*** ~ 감화원, 소년원.
cor·réc·tive *a.*, *n.* 고치는, 바로잡는; (해를) 완화하는; 징계하는; 교정물〔수단〕.
corréctive tráining 《英》 징치(懲治) 교육《교도 시설에서의 직업 및 일반 교육》.
Cor·reg·i·dor [kərégidɔ:r] *n.* (마닐라 만의) 코레히도르 요새 《제 2 차 대전의 싸움터》.
*__cor·re·late__ [kɔ́:rəlèit, kár-/kɔ́r-] *vt.*, *vi.*, *n.* **서로 관계하다〔시키다〕**; 상관물. *__cor·re·la·tion__ [⌐–léiʃən] *n.* ⓊⒸ **상호 관계**.
cor·rel·a·tive [kərélətiv/kɔ-, kə-] *a.* 상호 관계 있는(*with, to*). ~ ***conjunctions*** 〖文〗 상관 접속사《either ... or, not only ... but 따위》. —— *n.* 상관물〔어구〕. ~·**ly** *ad.*
‡**cor·re·spond** [kɔ̀:rəspánd, kàr- / kɔ̀rəspɔ́nd] *vi.* (…에) **상당하다**(*to*); 일치〔부합·조화〕하다(*to, with*); 서신 왕래〔교환〕하다(*with*).
‡**cor·re·spond·ence** [-əns] *n.* Ⓤ ① 서신 왕래, 왕복 서한(letters). ② **일치**, 상당; 조응(照應); 조화.
correspóndence còlumn (신문의) 독자 통신난, 투서난.
correspóndence còurse 〔schòol〕 통신 강좌〔교육 학교〕.
‡**cor·re·spond·ent** [-ənt] *n.* **서신 왕래자**; 통신원(*a special* ~ 특파원); 거래처.
*__cor·re·spond·ing__ [-iŋ] *a.* ① **대응하는**, 상당〔일치〕하는. ② **서신 내왕〔통신〕하는**. ~·**ly** *ad.* (…에) 상당하여.
cor·ri·da [kɔ:rí:də] *n.* (Sp.) 투우.
‡**cor·ri·dor** [kɔ́:ridər, kár-/kɔ́ridɔ:r] *n.* **복도**(long hallway); (*or* C-) 회랑(回廊) (지대)(*the Polish* ~).
córridor tràin 《英》 각 차량의 복도가 통한 열차.
cor·ri·gen·dum [kɔ̀:rədʒéndəm, kàr-/kɔ̀r-] *n.* (*pl.* ***-da*** [-də]) 바로잡아야 할 잘못〔틀림〕; (*pl.*) 정오표(errata). 「*a.* 교정할 수 있는.
cor·ri·gi·ble [kɔ́:ridʒəbəl, kár-/kɔ́r-]
cor·rob·o·rate [kərábərèit / -ɔ́-] *vt.* 확실히 하다(verify), 확증하다(confirm). **cor·rob·o·ra·tion** [–⌐–réiʃən] *n.* ⓊⒸ 확증; 확증적인 진술〔사실〕.
cor·rode [kəróud] *vt.*, *vi.* 부식하다.
cor·ro·sion [kəróuʒən] *n.* Ⓤ 부식〔침식〕 작용〔상태〕. **cor·ró·sive** *a.*, *n.* 부식(성)의; 부식제.
cor·ru·gate [kɔ́:rəgèit, kár- / kɔ́rə-] *vt.* 주름지게 하다, 물결 모양으로 하다. —— *vi.* 주름이 지다. —— [-git, -gèit] *a.* 물결 모양의. **cor·ru·ga·tion** [⌐–géiʃən] *n.* ⓊⒸ
córrugàted íron 골함석.
córrugàted páper 골판지.
‡**cor·rupt** [kərʌ́pt] *a.* ① **타락〔부패〕한**; 사악(邪惡)한; **뇌물이 통하는**. ② (원고 등) 틀림투성이의; 전와(轉訛)된. —— *vt.*, *vi.* ① 타락시키다〔하다〕. ② (말을) 전와(轉訛)시키다; (원문을) 개악하다(cf. interpolate, tamper). ~·**i·ble** *a.* 타락하기 쉬운; 뇌물이 통하는.
*__cor·rup·tion__ [kərʌ́pʃən] *n.* Ⓤ ① **부패**; 타락, 부정 (행위); 증수회. ② (언어의) 전와(轉訛). **cor·rúp·tive** *a.* 타락시키는.
cor·sage [kɔ:rsá:ʒ] *n.* 여성복의 동체; (어깨나 허리에 다는) 꽃 장식.
cor·sair [kɔ́:rsɛər] *n.* (특히, 아프리카 북부 해안의) 해적(선).
corse [kɔ:rs] *n.* 《詩》 =CORPSE.
cor·se·let [kɔ́:rslit] *n.* 몸통에 두르는 갑옷; [kɔ̀:rsəlét] 코르셋 비슷한 속옷.
*__cor·set__ [kɔ́:rsit] *n.* **코르셋**.
cor·tège [kɔ:rtéiʒ] *n.* (F.) 《集合的》 행렬; 수행원 (대열).
Cor·tes [kɔ̀:rtez,/-tes], **the** *n. pl.* (스페인·포르투갈의) 국회.
cor·tex [kɔ́:rteks] *n.* (*pl.* ***-tices*** [-təsì:z]) 외피(外皮); 피부; 피층(皮層); 나무껍질. **cór·ti·cal** *a.*
cor·tin [kɔ́:rtin] *n.* 〖生化〗 코르틴《부신피질 호르몬의 유효 성분》.
cor·ti·sone [kɔ́:rtəsòun, -zòun / -tizòun] *n.* Ⓤ 코티손《부신피질에서 분비되는 호르몬; 류머티즘 치료약》.
co·run·dum [kərʌ́ndəm] *n.* Ⓤ 〖鑛〗 강옥(鋼玉).
cor·us·cate [kɔ́:rəskèit, kár-/kɔ́r-] *vi.* 번쩍 빛나다, 번쩍하다(sparkle). **cor·us·ca·tion** [⌐–kéiʃən] *n.* Ⓤ
cor·vet(te) [kɔ:rvét] *n.* 일단(一段) 포열의 범장(帆裝) 군함; 《英》 상선 호송용 쾌속함. 「〖植〗 산방(繖房)화서.
cor·ymb [kɔ́:rimb, kár- / kɔ́r-] *n.*
cor·y·phée [kɔ̀:riféi, kàr- / kɔ́rifèi] *n.* (F.) 발레의 주역 멤버. 「카타르.
co·ry·za [kəráizə] *n.* Ⓤ 코감기, 코
cos[1] [kas/-ɔ-] *n.* 〖植〗 상추의 일종.
cos[2] cosine.
C.O.S., c.o.s. cash on shipment.
cos. companies; counties.
Có·sa Nós·tra [kóuzə nóustrə] 코사노스트라《미국의 마피아》.
co·script·er [kòuskríptər] *n.* 〖映〗 각본 합작가.
cosec cosecant.
co·se·cant [kousí:kənt, -kæt] *n.*〖數〗 코시컨트, 여할(餘割).
cosh [kaʃ/-ɔ-] *n.*, *vt.* (쇠붙이 대가리가 붙은) 막대(로 치다).
co·sign [kousáin] *vt.*, *vi.* (어음의) 연대 보증인이 되다; …에 공동서명하다.
co·sig·na·to·ry [kousígnətɔ̀:ri/-təri]

a. 연서(連署)의. —— *n.* 연서인.
co·si·ly [kóuzili] *ad.* =COZILY.
co·sine [kóusain] *n.* 〖數〗 코사인, 여현(餘弦).
***cos·met·ic** [kazmétik/-ɔ-] *n., a.* (피부·두발용의) **화장품**; 화장용의.
cos·me·ti·cian [kàzmətíʃən/kɔ̀z-] *n.* 화장품 제조[판매]업자; 미용사.
cos·me·tol·o·gy [kàzmətálədʒi / kɔ̀zmətɔ́l-] *n.* Ⓤ 미용술.
***cos·mic** [kázmik/-ɔ́-] *a.* **우주의**; 광대한; 질서정연한.
cósmic ráys 우주선.
cos·mo·drome [kázmədròum / -ɔ́-] *n.* (소련의) 인공 위성·우주선 기지.
cos·mog·o·ny [kazmágəni / kɔz-mɔ́g-] *n.* Ⓤ Ⓒ 우주 발생(설).
cos·mog·ra·phy [-mágrəfi / -ɔ́-] *n.* Ⓤ Ⓒ 우주(형상)지(誌).
cos·mol·o·gy [-málədʒi / -ɔ́-] *n.* Ⓤ 우주론.
cos·mo·naut [kázmənɔ̀:t/-ɔ́-] *n.* 우주 비행사[여행자].
***cos·mo·pol·i·tan** [kàzməpálətən / kɔ̀zməpɔ́l-] *a., n.* ① **세계주의적인** (사람), 세계를 집으로 삼는 (사람). ② (소련의) 자유주의 경향의 인텔리. **~·ism** [-ìzəm] *n.* Ⓤ 세계주의.
cos·mop·o·lite [kazmápəlàit / kɔz-mɔ́p-] *n.* =COSMOPOLITAN.
***cos·mos** [kázməs, -mas/kɔ́zmɔs] *n.* Ⓤ **우주**; 질서, 조화; Ⓒ 코스모스.
cos·mo·tron [kázmətràn / kɔ́zmə-trɔ̀n] *n.* 〖理〗 양자(陽子) 가속장치.
COSPAR Committee on Space Research 국제 우주 공간 연구 위원회.
co-spon·sor [kouspánsər/-spɔ́n-] *n.* 공동 스폰서[주최자].
Cos·sack [kásæk/-ɔ́-] *n.* 카자흐 사람; 〖史〗 카자흐 기병.
†**cost** [kɔ:st/kɔst] *n.* Ⓤ Ⓒ **값, 원가**; 비용(expense), 희생, 손해(loss). ***at all ~s,*** or ***at any ~*** 어떤 희생을 치르더라도, 무슨 일이 있어도. ***at ~*** 원가로. ***at the ~ of*** …을 희생하여. ***~ of living*** 생활비. ***to one's ~*** 손실을 입어, …에 데어. —— *vt.* (*cost*) 요하다; …이 들게 하다, 잃게 하다. ‡**cóst·ly** *a.* **값이 비싼**; 사치한.
cóst accòunting 원가 계산.
co-star [kóustà:r] *vi., vt.* (*-rr-*) 〖映·劇〗 공연하다[시키다]. —— [⌐⌐] *n.* 공연자(共演者).
Cós·ta Rí·ca [kástə rí:kə, kɔ́:s- / kɔ́s-] 중앙 아메리카의 공화국.
cos·ter(·mon·ger) [kástər(mʌ̀ŋgər)/kɔ́-] *n.* 《英》 (생선·야채 따위의) 행상인.
cost·ing [kɔ́:stiŋ] *n.* Ⓤ 〖商〗 원가계산.
cos·tive [kástiv/-ɔ́-] *a.* 변비의.
cost-plus [⌐plʌ́s] *n., a.* (생산 원가에 대한) 이윤 가산 방식(의).
cóst-push (**inflàtion**) [kɔ́:stpùʃ/kɔ́-] *n.* 코스트 인플레이션《임금 수준과 이에 수반되는 생산비의 상승이 초래하는 인플레이션》.
‡**cos·tume** [kástju:m / kɔ́stju:m] *n.* ① Ⓤ (나라·시대·계급 특유의) **복장**; 의상(衣裳). ② (한 벌의) 여성복. —— [⌐⌐, ⌐⌐/⌐⌐] *vt.* 입히다(dress).
cóstume jéwelry 인조 장신구《모조 보석 따위》.
cóstume pìece [**plày**] 시대 의상극(衣裳劇).
cos·tum·er [kástju:mər, ⌐⌐⌐/kɔs-tju:-], **-i·er** [kastjú:miər/kɔstjú:m-] *n.* (연극·무도용) 의상 제조[판매·세놓는] 업자.
***co·sy** [kóuzi], **&c.** =COZY, &c.
cot[1] [kat/-ɔ-] *n.* 오두막집; 우리; 가리개, 씌우개.
cot[2] *n.* 즈크 침대; 《英》 소아용 침대(crib).
cot[3] cotangent.
co·tan·gent [koutǽndʒənt, kóu-] *n.* 〖數〗 코탄젠트, 여접(餘接).
cote [kout] *n.* (비둘기 따위의) 집, (양 따위의) 우리; 《英》 =COTTAGE.
Côte d'Ivoire [kòut divwá:r] 코트디브와르《서아프리카의 공화국; 상아(象牙) 해안》.
co·te·rie [kóutəri] *n.* 한패, 동아리, 동지; 그룹, 일파(clique).
co·til·lion [koutíljən, kə-] *n.* 짝춤; 《美》 둘이 선두에 서는 QUADRILLE.
‡**cot·tage** [kátidʒ/-ɔ́-] *n.* **시골집**, 작은 주택, 교외 주택; 오두막집; (시골의) 별장. **cót·tag·er** *n.* cottage에 사는 사람.
cóttage chèese (시어진 우유로 만든) 연한 흰 치즈.
cóttage lòaf 《英》 대소 두 개를 겹친 빵.
cóttage piáno (19세기의) 소형 피아노.
cot·ter[1] [kátər/-ɔ́-] *n.* 가로쐐기, 쐐기전(栓).
cot·ter[2], **-tar** *n.* 《Sc.》 (오두막에 사는) 소작인.
cótter pìn 〖機〗 고정[쐐기]핀.
†**cot·ton** [kátn/-ɔ́-] *n.* Ⓤ **목화**(나무); 솜; **무명**, 면사, 무명실. —— *vi.* 《口》 사이가 좋아지다(*to*). **~ *on*** 《俗》 …을 알다. **~ *up*** 친해지다(*with*).
cótton bátting 정제면(精製綿) 《quilt에 넣거나, 수술 등에 쓰임》.
Cótton Bèlt, the (미국 남부의) 목화(木花) 지대.
Cótton Bòard 《英》 면화국(局).
cótton bòll 목화 다래.
cótton càke 목화씨 깨묵《사료용》.
cótton flánnel 면플란넬.
cótton gìn 조면기(繰綿機).
cótton mìll 방적 공장.
cot·ton·mouth [-màuθ] *n.* 《美》 독사의 일종.
cot·ton-pick·ing [-pìkən, -pìkiŋ] *a.* 《美俗》 비열한, 시시한; 《强調用法》 너무나, 괘씸한. —— *ad.* = VERY.
cótton pòwder 면(綿)화약.
cot·ton·seed [-sì:d] *n.* (*pl.* **~*s***, 《集合的》 ~) 목화씨《기름을 빼는》.
cóttonsèed òil 면실유《식용》.
cótton spìnning 방적업.
cot·ton·tail [-tèil] *n.* 《美》 산토끼의 일종.
cot·ton·wood [-wùd] *n.* 《美》 사시나무.
cótton wóol 면화, 솜.
cot·ton·y [kátni/-ɔ́-] *a.* 솜[무명]의 [같은].
cótton yárn 방적사(絲).
cot·y·le·don [kàtəlí:dən/kɔ̀-] *n.* 〖植〗 자엽(子葉), 떡잎.

‡couch [kautʃ] *n.* ① 《詩》 침대, 침상; 잠의자. ② (짐승의) 집(lair). ── *vt.* ① 눕히다, 재우다(~ *oneself* 눕다). ② **말로 나타내다**(*in*), 함축시키다(*under*). ── *vi.* 눕다, 자다; 웅크리다.

cou·chette [ku:ʃét] *n.* (F.) 〖鐵〗 침대차, 낮에는 좌석이 되는 침대.

cou·gar [kú:gər] *n.* 〖動〗 퓨마.

‡cough [kɔ:f/kɔf] *n., vi., vt.* **기침**(하다, 하여 내뱉다). ~ **out** [**up**] 기침하여 뱉어내다; 《俗》 주다(give); 내다; 돈을 내다(pay).

cóugh dròp 진해(鎭咳) 드롭.

†could [強 kud, 弱 kəd] can² 의 과거. ① 《特殊用法》 …하고 싶은 (마음이 들다)(*I* ~ *laugh for joy.* 기뻐서 웃고 싶을 지경이다); …해 주시다[하시다] (*C- you come and see me tomorrow?* 내일 와주실 수 없겠습니까《can보다 정중》). ② 《否定詞와 함께 쓰이어》 아주 …(못하다)(*I* ~*n't sing.* 노래 같은 건 아주 못 합니다).

†could·n't [kúdnt] could not 의 단축.

cou·lee [kú:li] *n.* 《美》 깊은 골짜기; 〖地〗 용암류(熔岩流).

cou·lomb [kú:lɑm/-lɔm] *n.* 〖電〗 쿨롱《전기량의 단위》.

cou·lom·e·try [ku:lɑ́mətri/ -ɔ́-] *n.* 〖化〗 전량(電量) 분석.

coul·ter [kóultər] *n.* 《英》=COLTER.

‡coun·cil [káunsəl] *n.* ① **회의**, 평의회. ② 주(州)[시·읍·면·동] 의회. ③ (the C-) 《英》 추밀원. **cabinet** ~ 각의(閣議). ~ **of war** 군사회의. **Great C-** 〖英史〗 노르만 왕조 시대의 귀족·고위 성직자 회의《상원의 시초》.

***coun·ci·lor,** 《英》 **-cil·lor** [káunsələr] *n.* 평의원; (주·시·읍·면·동 의회의) 의원; 고문관.

‡coun·sel [káunsəl] *n.* ① Ⓤ̲Ⓒ **상담**, 협의, **충고**. ② Ⓤ 목적, 계획. ③ (*sing.* & *pl.*) 변호사(단). **keep one's own** ~ 계획 등을 밝히지 않다. **King's** [**Queen's**] **C-** 《英》 왕실 고문 변호사. **take** ~ 상의하다. ── *vt.* (《英》 *-ll-*) **조언**[**권고**]**하다**. ── *vi.* 상의[의논]하다. **cóun·sel·(l)ing** *n.* 〖教育·心〗 상담, 조언. **‡cóun·se·lor,** 《英》 **-sel·lor** *n.* **고문**; 《美》 변호사; 〖教育〗 상담 지도 교사.

†count¹ [kaunt] *vt.* **세다**, 계산하다, …라고 생각하다(consider). ── *vi.* 수를 세다; 축에 들다[끼다], 큰 비중을 이루다[차지하다]; …을 믿다[기대하다](rely)(*on, upon*). **be** ~**-ed on one's fingers** 손으로 꼽을 정도밖에 없다. ~ **down** (로켓 발사 때 따위에, …10, 9, 8, 7…하고) 초(秒) 읽기하다. ~ **for little** [**much**] 대수롭지 않다[중요하다]. ~ **off** 같은 수의 조(組)로 나누다. ~ **out** 세면서 꺼내다; 제외하다, 셈에서 빠뜨리다; 〖拳〗 'count-out'를 선언하다; 〖英下院〗 정족수 미달로 휴회하다. ── *n.* Ⓤ̲Ⓒ **계산**. **keep** ~ **of** …의 수를 기억하고 있다. **lose** ~ **of** …을 잘못 세다; 못다 세다; …의 수를 잊다. **out of** ~ 무수한. **take no** ~ **of** 무시하다. **‡∠·less** *a.* **무수한**.

***count**² *n.* (유럽의) 백작 (《英》 earl).

***count·a·ble** [káuntəbəl] *a., n.* **셀 수 있는**; 〖文〗 가산(可算) 명사.

count·down [∠dàun] *n.* (로켓 발사 따위의) 초(秒)읽기.

‡coun·te·nance [káuntənəns] *n.* ① Ⓤ̲Ⓒ **생김새**, 용모, 표정. ② Ⓤ 침착(composure). ③ Ⓤ 찬성, 애고(愛顧), 원조. **give** [**lend**] ~ **to** …을 원조[장려]하다. **keep in** ~ 체면을 세워주다. **keep one's** ~ 새침떨고 있다, 웃지 않고 있다. **put** (*a person*) **out of** ~ (아무를) 당황케 하다; 면목을 잃게 하다. ── *vt.* (암암리에) 장려하다; 승인[묵인]하다.

‡coun·ter¹ [káuntər] *n.* ① 카운터, **계산대**, 판매대. ② (게임의) 셈표[셈돌], 산가지. ③ 모조 화폐.

***count·er**² *a., ad.* **반대의**[**로**], 역(逆)의[으로]. **run** ~ **to** (가르침·이익 등에) 반하다. ── *vt., n.* 역습하다, 〖拳〗 되받아치다[치기].

counter- 「반대·대응·보복」의 뜻의 결합사.

***coun·ter·act** [kàuntərǽkt] *vt.* **반작용하다**; 방해하다; 중화(中和)하다. **-ác·tion** *n.*

coun·ter·at·tack [káuntərətæ̀k] *n.* 반격. ── [∠─∠] *vt., vi.* 반격하다.

coun·ter·bal·ance [káuntərbæ̀ləns] *n.* 균형 추(錘); 평형력. ── [∠─∠─] *vt.* 균형잡히게 하다; 에끼다, 상쇄하다(offset).

coun·ter·blast [káuntərblæ̀st] *n.* 맹렬한 반대[반박] (*to*).

coun·ter·blow [-blòu] *n.* 반격; 역습; 〖拳〗 카운터블로.

coun·ter·check [káuntərtʃèk] *n.* ① 저지, 방해; 대항 수단. ② 재조회. ── [∠─∠] *vt.* …을 저지[방해]하다; …을 재조회하다.

coun·ter·claim [-klèim] *n.* 〖法〗 반대 요구, 반소(反訴). ── [∠─∠] *vi.* 반소하다(*against, for*).

coun·ter·clock·wise [kàuntərklɑ́kwàiz/kàuntəklɔ́k-] *a., ad.* (시계 바늘의 반대로) 왼쪽으로 도는[돌게].

coun·ter·cul·ture [káuntərkʌ̀ltʃər] *n.* Ⓤ (젊은이의) 반(체제)문화[교양].

coun·ter·dem·on·stra·tion [-dèmənstréiʃən] *n.* 대항 데모《어떤 데모에 반대하기 위한 데모》.

coun·ter·es·pi·o·nage [-éspiənɑ̀:ʒ] *n.* 방첩책(策)[조직].

***coun·ter·feit** [káuntərfìt] *a., n., vt.* ① **모조의**, 가짜의. ② 가짜 물건, 모조품. ③ 위조하다; 흉내내다, 시늉을 하다. ~**·er** *n.* 위조자.

coun·ter·foil [-fɔ̀il] *n.* 《英》 (수표·영수증 따위를 떼어주고 남는) 부본.

coun·ter·force [-fɔ̀:rs] *n.* 반대 세력.

coun·ter·in·sur·gen·cy [kàuntərinsə́:rdʒənsi] *n., a.* Ⓤ 대(對)게릴라 활동(의).

coun·ter·in·tel·li·gence [-intélə-

dʒəns] *n.* Ⓤ 《美》 〖軍〗 방첩 활동.
coun·ter·mand [-mǽnd / -mɑ́:nd] *vt.* (명령·주문 등을) 취소[철회]하다; 반대 명령을 하여 되불러 들이다[중지시키다]. —— [ˊ-ˋ] *n.* ⓊⒸ 반대 명령; 취소.
coun·ter·march [*n.* káuntərmɑ̀:rtʃ; *v.* ˋ-ˊ] *n., vi., vt.* 후퇴(하다, 시키다).
coun·ter·meas·ure [-mèʒər] *n.* 대책; 보복[대항] 수단.
coun·ter·of·fer [kàuntərɔ́:fər, -ɑ́f-, ˊ-ˋ-/-ɔ́f-] *n.* 반대 신청; 〖商〗 수정 제의. 「불 (coverlet).
coun·ter·pane [káuntərpèin] *n.* 이
***coun·ter·part** [-pɑ̀:rt] *n.* (짝을 이룬 것의) **한 짝**; (정부(正副)서류의) **한 통**; 한 쪽; 비슷한 사람[것].
cóunterpàrt fúnd 〖經〗 대충 자금.
coun·ter·plot [-plɑ̀t / -plɔ̀t] *n., vt.* (*-tt-*) 대항책; (적의 책략의) 의표[허]를 찌르다; …의 대항책을 마련하다.
coun·ter·point [-pɔ̀int] *n.* Ⓤ 〖樂〗 대위법; Ⓒ 대위법에 의한 곡.
coun·ter·poise [-pɔ̀iz] *vt., n.* …와 균형되다, …와 평형하다[시키다]; 균형, 평형; 분동(分銅).
coun·ter·prop·a·gan·da [kàuntərprɑ̀pəgǽndə/-prɔ̀p-] *n.* Ⓤ 역선전.
coun·ter·punch [-pʌ̀ntʃ] *n.* = COUNTERBLOW; 〖拳〗 카운터 펀치.
coun·ter·rev·o·lu·tion [-rèvəlú:ʃən] *n.* ⓊⒸ 반혁명. **~·ist** *n.* 반혁명주의자.
coun·ter·shaft [káuntərʃæ̀ft/-ʃɑ̀:ft] *n.* 〖機〗 중간축(軸), 대축(對軸).
coun·ter·sign [-sàin] *n., vt.* (군대의) 암호; 〖海〗 응답 신호; 부서(副署)(하다).
coun·ter·sig·na·ture [kàuntərsígnətʃər] *n.* 부서(副署), 연서.
coun·ter·sink [-sìŋk] *n., vt.* (*-sunk*) (나사못의 대가리를 박기 위한) 구멍(을 파다).
coun·ter·step [-stèp] *n.* 대책.
coun·ter·vail [ˋvéil] *vt., vi.* 《古》 …와 같다; 에끼다; 보충[보상]하다.
cóuntervàiling dúty 상쇄 관세.
coun·ter·weight [-wèit] *n.* = COUNTERBALANCE.
coun·ter·word [-wə̀:rd] *n.* 대용어 《흔히 본래의 뜻과는 만 뜻으로 쓰이는 말: *lousy* = unpleasant 따위》.
count·ess [káuntis] *n.* 백작 부인 《count 또는 earl 의 아내》; 여백작.
cóunting hòuse 《주로 英》 회계 사무소.
cóunt nòun 〖文〗 가산 명사.
count-out [káuntàut] *n.* 〖英下院〗 (정수 미달에 의한) 휴회; 〖拳〗 카운트아웃. 「의.
coun·tri·fied [kʌ́ntrifàid] *a.* 시골풍
†**coun·try** [kʌ́ntri] *n.* ① **나라**, 국가. ② 고국. ③ 국민(nation). ④ 시골, 지방. ***appeal to the ~*** (의회를 해산하여) 국민의 총의를 묻다. ***go*** (***out***) ***into the ~*** 시골로 가다. —— *a.* 시골(풍)의(rustic.). 「회원제 클럽.
cóuntry clùb 사교·스포츠를 위한
cóuntry cóusin (도시 사정에 낯선) 시골 친척. 「사람들.
coun·try·folk [kʌ́ntrifòuk] *n.* 시골
cóuntry géntleman 지방의 대지주; 지방 신사.
cóuntry hòuse 시골의 본집; 시골 신사(country gentleman)의 저택.
cóuntry lìfe 전원 생활. 「동향인.
***coun·try·man** [-mən] *n.* **시골 사람**;
coun·try·seat [-sì:t] *n.* 《英》 (귀족·부호의) 시골 저택.
‡**coun·try·side** [-sàid] *n.* **시골**; 지방(의 주민). 「(nation-wide).
coun·try·wide [-wáid] *a.* 전국적인
coun·try·wom·an [-wùmən] *n.* 시골 여자; 동향의 여성.
‡**coun·ty** [káunti] *n.* 《美》 군(郡)《주(州)의 아래 구획》; 《英》 **주**.
cóunty fàir 《美》 농업 박람회, 농산물 공진회. 「명문.
cóunty fámily 주(州)의 문벌가,
cóunty schóol 《英》 공립의 국민학교[중학교].
cóunty séat 《美》 군청 소재지.
cóunty tówn 《英》 주청 소재지.
coup [ku:] *n.* (*pl.* **~s** [-z]) (F.) (멋진) 일격; 대성공; (기상천외의) 명안.
coup de grace [kú: də grɑ́:s] (F.) 자비의 일격《죽음의 고통을 멎게 하는》; 최후의 일격.
coup de main [-mɛ̃] (F.) 기습.
coup d'é·tat [kú: deitɑ́:] 쿠데타.
coup d'oeil [-də́:i] (F.) 일별, 개관; 통찰.
cou·pé [ku:péi/ˊ-] *n.* (F.) 상자 모양의 2인승 4륜마차; [ku:p] 쿠페 《2-6인승의 상자형 자동차》.
†**cou·ple** [kʌ́pl] *n.* **한 쌍**[**짝**], **둘**, 두 사람, 한 쌍(의 남녀), **부부**. —— *vt.* 연결하다(unite); 결혼시키다; 짝짓다; 연상하다(associate). —— *vi.* 결합[결혼]하다; 교미[흘레]하다(mate).
cóu·pler *n.* 연결기.
cou·plet [kʌ́plit] *n.* (시의) (각운(脚韻)) 대구(對句). 「기(器).
cou·pling [kʌ́pliŋ] *n.* Ⓤ 연결; 연결
***cou·pon** [k*j*ú:pɑn / kú:pɔn] *n.* **쿠폰**(권), 떼어내게 된 표[배급권(따위)]; 이자 지불표.
†**cour·age** [kə́:ridʒ/kʌ́ridʒ] *n.* **용기**. ***pluck up*** [***take***] ***~*** 용기를 내다. ***take one's ~ in both hands*** 대담하게 나서다[감행하다].
‡**cou·ra·geous** [kəréidʒəs] *a.* **용기 있는**(brave), 대담한(fearless). **~·ly** *ad.*
Cour·bet [kuərbéi], **Gustave** (1819–77) 쿠르베《프랑스의 사실파 화가》.
cour·i·er [kúriər, kə́:r-] *n.* 급사(急使); (여행단의 시중을 드는) 수원(隨員); 시중꾼; 안내원, 동행.
†**course** [kɔ:rs] *n.* ① ⒸⓊ **진행**, 경과. ② 코스, **진로**, 길; 주로(走路), 경마장. ③ **방침**; 행위; 경력, 생애; (*pl.*) 행실. ④ 학과, **교육 과정**. ⑤ 과목, 〖美大學〗 단위. ⑥ 한 시합. ⑦ (요리의) 코스. ⑧ 연속(series), (바른) 순서. ⑨ (기와 따위의) 줄지은 열(row); 층. (***as***) ***a mat-***

ter of ～ 당연한 일(로서). *by* ～ *of* …의 관례에 따라서. ～ *of events* 일의 추세. *in* ～ *of* …하는 중으로. *in due* ～ 당연한 순서를 따라. *in due* ～ (*of time*) 때가 와서〔오면〕, 불원간. *in the* ～ *of* (*today*) (오늘) 중에. *lower* 〔*upper*〕 ～ 하〔상〕류. *of* ～ 물론. ── *vt.* (토끼 따위를) 뒤쫓다, …의 뒤를 밟다; 달리게 하다. ── *vi.* 달리다, 뒤쫓다. **cóurs·er** *n.* 사냥개; 《詩》 준마; 말.

†**court** [kɔːrt] *n.* ① **안뜰**(courtyard). ② (보통 C-) **궁전**; 왕실; 왕궁; 《集合的》 조정의 신하. ③ **법정**, 재판소, 《集合的》 재판관. ④ 정구장; 뒷거리(의 공터), 뒷골목. ⑤ Ⓤ 아첨; 구혼. *at C-* 궁중에(서). ～ *of* APPEAL(*s*). ～ *of justice* 〔*law*〕 법정. *C- of St. James's* [snt dʒéimziz] 영국 궁정. *High C- of Parliament* 《英》 최고 법원으로서의 의회. *pay* 〔*make*〕 *one's* ～ *to* …의 비위를 맞추다; 지싯거리다, 구혼하다 (woo). *put out of* ～ 무시하다. ── *vt., vi.* 비위를 맞추다; 구혼하다; (칭찬 따위를) 받고자 하다(seek); (사람을) 초청하다, (위험을) 초래하다.

cóurt càrd 《英》 (카드의) 그림 패.

Cóurt Círcular 《英》 (신문지상의) 궁정 기사(宮廷記事).

cóurt drèss (입궐(入闕)용의) 예복.

‡**cour·te·ous** [kə́ːrtiəs/kɔː-] *a.* **정중한**; **예의 바른**(polite). *～·ly *ad.*

cour·te·san, -zan [kɔ́ːrtəzən, kə́ːr-/kɔ̀ːtizǽn] *n.* (고급) 매춘부.

‡**cour·te·sy** [kə́ːrtəsi] *n.* **예의**, **정중함**; **호의**; 인사(curtsy). *by* ～ 예의상. *by* ～ *of* …의 호의로.

cóurt gùide 《英》신사록. 「《美》군청.

***court·house** [kɔ́ːrthàus] *n.* **법원**;

***cour·ti·er** [kɔ́ːrtiər] *n.* **정신**(廷臣); 아첨꾼.

cóurt làdy 궁녀.

***court·ly** [kɔ́ːrtli] *a.* ① **궁정의**; **예의 바른**, 품위있는, 점잖은. ② 아첨하는. **cóurt·li·ness** *n.*

court-mar·tial [⸗máːrʃəl] *n.* (*pl.* *courts-*), *vt.* (《英》 *-ll-*) 군법 회의(에 부치다).

cóurt plàster 반창고.

court·room [⸗rù(ː)m] *n.* 법정.

***court·ship** [⸗ʃip] *n.* Ⓤ **구혼**, 구애.

cóurt tènnis 코트테니스《벽면을 사용하여 하는 실내 테니스의 일종》.

***court·yard** [⸗jàːrd] *n.* **안뜰**, 마당.

†**cous·in** [kʌ́zn] *n.* **사촌**《형제·자매》; 먼 친척(*Don't call* ～*s with me.* 친척이라고 부르지 말라). *first* ～ *once removed*, or *second* ～ 육촌, 재종(再從). 「촌(first cousin).

cous·in-ger·man [-dʒə́ːrmən] 친사

couth [kuːθ] *a.* 교양이 있는; 행실이 바른《uncouth 부터의 역성어》.

cou·ture [kuːtjúər] *n.* (F.) 여성복 디자인; 《集合的》 여성복 디자이너(들); 그 가게.

cou·tu·ri·er [kuːtúərièi] *n.* (F.) 양재사《남자》.

co·va·lence [kouvéiləns] *n.* Ⓤ 〖化〗 공유 원자가.

co·vá·lent bónd 〖化〗 공유 결합.

co·vá·lent crýstal 〖化〗 공유 결정(結晶).

co·var·i·ance [kouvɛ́əriəns] *n.* Ⓤ 〖統計〗 공분산(共分散).

***cove** [kouv] *n.* (깊숙한) **후미**, 작은 만(灣); 한 구석.

***cov·e·nant** [kʌ́vənənt] *n., vi., vt.* **계약**(하다); (C-) 〖聖〗 (신이 인간에게 준) 성약(聖約).

Cóv·ent Gárden [kʌ́vənt, ká-/kɔ́-] (런던의) 청과물 시장; (그 곳의) 극장.

Cov·en·try [kʌ́vəntri, -á-/-ɔ́-] *n.* 잉글랜드의 Birmingham 동쪽에 있는 도시. *send* a person *to* ～ 한 패에서 제외시키다.

†**cov·er** [kʌ́vər] *vt.* ① **덮다**, **가리다**; 싸다(wrap up). ② 모자를 씌우다. ③ 숨기다. ④ (닭이 알을) 품다; 교미〔흘레〕하다; (수말이 암말에) 덮치다. ⑤ 표지를 붙이다. ⑥ (비용·손실을) 메우다; 보호〔비호〕하다, 감싸주다; 포함하다; 겨누다(～ *him with a rifle*). ⑦ (어떤 거리를) 통과하다 (go over); (범위가) …에 걸치다〔미치다〕(extend). ⑧ 〖商〗 (공(空)계약 ('short' contract)을 경계하여 상품·증권 따위를) 투기적으로 사들이다; (노름에서 상대가 건 돈과) 같은 액을 태우다. ⑨ 〖新聞〗 (…의 보도를) 담당하다(act as reporter of) (～ *a crime, conference, &c.*). ── *n.* ① **덮개**, 걸싸개; 뚜껑; 표지; 봉투. ② Ⓤ (새·짐승의) 숨는 곳; 풀숲; 보호물 (*under* ～ *of night* 야음을 틈타서); 〖軍〗 (폭격기 엄호의) 전투기대. ③ 걸꾸밈, 가장(pretense), 구실. ④ 한 사람분의 식기〔식탁〕 (*a dinner of fifteen* ～*s*, 15인분의 만찬). *break* ～ (새·짐승이) 숨은 곳에서 나오다. *take* ～ 〖軍〗 지형을 이용하여 숨다, 피난하다. *under* ～ 지붕 밑에; 몰래; 봉투에 넣어. *under the same* ～ 동봉하여. ～**ed** [-d]*a.* 덮개〔뚜껑·지붕〕 있는(*a* ～*ed wag*(*g*)*on* 포장 마차; 《英》 유개 화차); 집안의; 모자를 쓴; …로 덮인.

***cov·er·age** [kʌ́vəridʒ] *n.* **적용 범위**, 《一般》 범위; 〖經〗 정화(正貨) 준비금; 보험 적용액; 보도 (범위); (광고의) 분포 범위; 〖放〗 유효 시청 범위; 〖保險〗 보상 범위, (보상하는) 위험 범위.

cov·er·all [kʌ́vərɔ̀ːl] *n.* (상의와 바지가 붙은) 작업복. 「스료.

cóver chàrge (요리점 따위의) 서비

cóver gìrl 잡지 표지에 실린 미인.

‡**cov·er·ing** [kʌ́vəriŋ] *n.* Ⓒ **덮개**; 지붕; Ⓤ 피복; 엄호. ── *a.* 덮는; 엄호하는.

cóvering lètter (동봉한) 설명서.

***cov·er·let** [kʌ́vərlit] *n.* **침대 커버**.

cóver stòry 커버스토리《잡지 등의 표지에 관련된 기사》.

cov·ert [kʌ́vərt] *a.* 비밀의, 숨긴.

은밀한(furtive)(~ *glances*) (opp. overt); 〖法〗 보호를 받고 있는; 남편이 있는. ── *n.* (새·짐승의) 숨는 곳; Ⓤⓒ 피난처. 「일종.
cóvert clòth 모(毛)나 면(綿) 능직의
cov·er·ture [kʌ́vərtʃər] *n.* Ⓤⓒ 덮개; 숨는 곳, 은신처; Ⓤ 〖法〗 유부녀의 신분. 「폐(책).
cov·er-up [kʌ́vərʌ̀p] *n.* (사건의) 은
***cov·et** [kʌ́vit] *vt., vi.* **몹시 탐[욕심]내다.** ~·**ous** *a.* 탐내는(*of*); 탐욕스러운. 「일대(一隊), 한 무리.
cov·ey [kʌ́vi] *n.* (엽조의) 떼(bevy),
†**cow**[1] [kau] *n.* **암소**(opp. bull); (코끼리·고래 따위의) 암컷.
cow[2] *vt.* 으르다, 겁을 먹게 하다.
‡**cow·ard** [káuərd] *n., a.* **겁쟁이, 열쭝이;** 겁많은. ***ców·ard·ice** [-is] *n.* Ⓤ **겁,** 소심. ***ców·ard·ly** *a., ad.* **겁많은;** 겁을 내어.
cow·bell [káubèl] *n.* 워낭.
‡**cow·boy** [´bɔ̀i] *n.* 목동, **카우보이.**
cow·catch·er [´kæ̀tʃər] *n.* (기관차의) 에이프런, 배장기(排障器); 〖放〗 (프로 직전의) 짧은 광고 방송《제2차 제품의》. 「方」 웅크리다.
cow·er [káuər] *vi.* 움츠러들다, 《英
cow·girl [káugə̀:rl] *n.* 목장에서 일하는 여자.
cow·herd [´hə̀:rd] *n.* 소치는 사람.
cow·hide [´hàid] *n.* 소의 생가죽; 쇠가죽 (채찍).
cowl [kaul] *n.* (수도사의) 망토 두건 (hood); (굴뚝의) 갓; 자동차[비행기]의 앞쪽[전부(前部)].
cow·lick [káulìk] *n.* (이마 위의 소가 핥은 듯) 일어선 머리털.
cow·man [´mən] *n.* (미국 서부의) 목장 주인; 《英》 소치는 사람.
cow·pea [´pì:] *n.* 〖植〗 광저기.
cow·pox [´pàks/-ɔ̀-] *n.* 우두.
cow·punch·er [´pʌ̀ntʃər] *n.* 《美口》 =COWBOY.
cow·slip [´slìp] *n.* 《美》 〖植〗 애기미나리아재비 (따위); 《英》 앵초과의 식물. 「거리.
ców tòwn 《美》 (목장 지역의) 시골
cox [kɑks/-ɔ-] *n., vt., vi.* 《口》 (보트의) 키잡이(coxswain)(가 되다).
cox·comb [´kòum] *n.* 멋쟁이(dandy); 〖植〗 맨드라미(cockscomb).
cox·swain [kɑ́kswèin, kɑ́ksn / ´ɔ́-] *n.* (보트의) 키잡이(cox).
***coy** [kɔi] *a.* **수줍어하는** (shy), 스스럼 타는; 짐짓 부끄러운 체하는, 요염하게 수줍어하는(coquettishly shy).
coy·o·te [káiout, kaióuti / kɔ́iout] *n.* 이리의 일종《북아메리카 초원의》; 악당.
coy·pu [kɔ́ipu:] *n.* 〖動〗 누트리아《남미산의 설치류의 동물; 그 털가죽(nutria)은 비쌈》.
coz·en [kʌ́zn] *vt., vi.* 속이다(cheat). ~·**age**[´ənidʒ] *n.* Ⓤ 속임(수); 기만.
co·zy [kóuzi] *a.* (따뜻하여) 기분이 좋은, 포근한(snug). ── *n.* 보온 커버 《tea-cozy 따위》. **có·zi·ly** *ad.* **có·zi·ness** *n.*
cp. compare; coupon. **C.P.** Chief Patriarch; Command Post; Common Pleas; Common Prayer; Communist Party. **c.p.** candle power; center of pressure; chemically pure; circular pitch; **CPA** critical path analysis 〖컴퓨터〗 대형 계획 최적 스케줄 분석. **C.P.A.** Certified Public Accountant 공인 회계사. **CPAL** Canadian Pacific Airlines. **cpd.** compound. **C.P.I.** Consumer Price Index. **Cpl. cpl.** corporal. **CPM** critical path method 〖컴퓨터〗 대형 계획의 유효 순서 결정 방법. **C.P.O.** Chief Petty Officer 해군 상사. **C.P.R.** Canadian[Central] Pacific Railway. **cps** cycles per second. **C.P.S.** Consumer Price Survey. **C.P.U.** central processing unit 〖컴퓨터〗 중앙 처리 장치. **CPX** Command Post Exercise 지휘소 훈련. **CQ** call to quarters (아마추어 무전의) 통신 신호; Charge of Quarters 〖軍〗 야간의 당직. **C.R.** Costa Rica. **Cr** 〖化〗 chromium. **cr.** cathode ray; credit; creditor; crown.
‡**crab**[1] [kræb] *n.* ① 〖動〗 **게.** ② (C-) 〖天〗 게자리(Cancer). ③ 자아틀. ④ 짓궂은 사람. ── *vt.* (**-bb-**) 《口》 흠[탈]잡다(find fault with). 「매).
cráb[2] (**àpple**) *n.* 야생 능금(나무·열
crab·bed [krǽbid] *a.* 까다로운, 성난(cross), 빙퉁그러진(perverse); 읽기 어려운.
‡**crack** [kræk] *n.* ① 금, **균열,** 갈라진 틈. ② (채찍·불꽃 따위의) **철썩, 퍽** (하는 소리); 철썩[딱] 때림. ③ 《口》 순간. ④ 《口》 재치 있는 말; 신소리. ⑤ 농담. ⑥ 변성(變聲). ⑦ 결점; (가벼운) 정신 이상. ⑧ 《口》 시도, 찬스; 《英古·英俗》 자랑(거리), 허풍. ~ *of doom* 최후의 심판 날의 천둥. *in a* ~ 순식간에. ── *vt., vi.* ① 깨뜨리다, 깨지다, 빠개(지)다, 갈라지다; 금이 가(게 하)다. ② 목소리가 변하다. ③ **딱[철썩] 소리가 나(게 하)다;** 딱 때리다. ④ 굴(복)하다 (give way). ⑤ (농담·익살)을 부리다(~ *a joke*). ⑥ 《口》 (금고 따위를) 비집어 열다. ⑦ 《口》 (술병을) 따다[열다], 따서 마시다. ~ **down** 《美口》 혼내다, 단호한 조처를 취하다 (*on*). ~ **up** 《俗》 (건강·신경이) 결딴나다; 《口》 칭찬하다; 《口》 (착륙할 때 따위에) 기체를 손상시키다; (기체가) 상하다. ── *a.* 《口》 멋진, 훌륭한(swell). ── *ad.* 딱, 퍽, 철썩. *~**ed** [-t] *a.* 깨진, 빠개진, 갈라진, **금이 간;** 목소리가 변한; =´·**brained**[´brèind] 머리가 돈(crazy).
crack·a·jack [krǽkədʒæ̀k] *a., n.* 《美俗》 특출한 (사람), 특상품(의).
crack·down [´dàun] *n.* 단호한 조처.
***crack·er** [´ər] *n.* ① 깨뜨리는[빠개는] 사람[것]. ② (*pl.*) 호두 까는 집게(nutcracker). ③ 폭죽; 딱총(fire cracker); 크래커 봉봉《양끝을 당기

면 터져 과자·종이 모자 등이 튀어 나옴). ④ **크래커**《과자》. ⑤《學生俗》 거짓말; 《美》(Georgia, Florida 등지의) 가난한 백인.

crack·er-bar·rel [-bærəl] *a.* 평범한, 세련되지 않은.

crack·er·jack [ˊərdʒæ̀k] *a., n.* 《美俗》 뛰어나게 훌륭한 (사람, 것).

crack·ers [ˊərz] *a.* 《英俗》 머리가 돈. *go* ~ 머리가 돌다. 「(分溜).

crack·ing [krǽkiŋ] *n.* Ⓤ 〖化〗 분류

***crack·le** [krǽkəl] *n., vt.* Ⓤ **딱딱**〔바스락바스락〕(소리가 나다)《종이를 구길 때 따위》; (도자기 등의) 구울 때 생긴 잔금. **cráck·ling** *n.* Ⓤ 딱딱〔우지끈〕 소리; (바삭바삭하는) 그슬린 돼지의 걸가죽.

crack-pot [krǽkpɑ̀t/-pɔ̀t] *a., n.* 《口》 정신나간(사람), 기묘한(사람).

cracks·man [krǽksmən] *n.* (*pl.* **-men** [-mən]) 《俗》 강도, 금고털이.

crack-up [krǽkʌ̀p] *n.* 파손, 분쇄; 《口》 신경 쇠약, 약간 돎.

‡**cra·dle** [kréidl] *n., vt.* ① **요람**(搖籃)(에 넣다, 넣어 흔들다); 어린 시절; 키우다; (문명 등의) 발상지. ② (배의) 진수대(進水臺)(에 올리다); (비행기의) 수리대. ③ 〖採〗 선광대(選鑛臺)(로 선광하다). 「상지.

cra·dle·land [-lӕnd] *n.* 요람지, 발

crádle sòng 자장가.

crádle tèlephone 탁상 전화.

‡**craft** [kræft, krɑːft] *a.* ① Ⓤ **기능**, 기교, 교묘함. ② 기술(이 드는 직업). ③ Ⓤ 간지(奸智); 못된 술책. ④ (*sing.* & *pl.*) 배; 항공기. *art and* ~ 미술 공예. *the gentle* ~ 낚시질 (친구). 「예술가.

***crafts·man** [ˊsmən] *n.* **장색**(匠色);

cráft ùnion ＝HORIZONTAL UNION.

***craft·y** [ˊi] *a.* **교활한**(sly). **cráft·i·ly** *ad.* **cráft·i·ness** *n.*

crag [kræg] *n.* 너설바위(steep rugged rock). ˊ**·ged** [-id], ˊ**·gy** *a.*

crags·man [krǽgzmən] *n.* 바위 잘 타는 사람. 「(의 울음소리).

crake [kreik] *n.* 〖鳥〗 흰눈썹뜸부기

***cram** [kræm] *vt., vi.* (**-mm-**) ① (장소·그릇에) **억지로 채워 넣다**; 잔뜩 먹(이)다. ② 《口》 (학과를) 쑤셔 넣다. ③ (*vt.*) 《古》 …에게 허풍떨다. —— *n.* 채워〔처박아〕 넣음; 《口》 벼락공부; 《口》 거짓말. ˊ**·mer** *n.* 《英口》 벼락공부꾼 《교사·학생》. ˊ**·ming** *n.* 주입식 교육, 벼락공부.

cram-full [ˊfúl] *a.* 넘치도록 가득한, 꽉 찬.

cramp[1] [kræmp] *n., vt.* 꺾쇠(로 죄다); 속박하다〔하는 것〕. —— *a.* 제한된(restricted), 비좁은, 갑갑〔답답〕한; 읽기〔알기〕 어려운.

***cramp**[2] *n., vt.* **경련**(을 일으키다). ~**ed** [-t] *a.* 경련을 일으킨; 압축된; 답답한; 읽기〔알기〕 어려운.

cran·ber·ry [krǽnbèri/-bəri] *n.* 넝쿨월귤《진한 소스의 원료》.

‡**crane** [krein] *n., vt., vi.* ① 〖鳥〗 **두루미**. ② **기중기**; 〖TV·映〗 카메라 이동 장치. ③ (두루미처럼 목을) 늘이다, 뻗어 오르다; 기중기로 나르다.

cráne flỳ 꾸정모기(daddy-longlegs); 《美》 장님거미.

cra·ni·om·e·try [krèiniɑ́mitri/-ɔ́m-] *n.* Ⓤ 두개(골) 측정(학).

cra·ni·um [kréiniəm] *n.* (*pl.* ~**s**, **-nia**) 〖解〗 두개(頭蓋)(골). **crá·ni·al** [-niəl, -njəl] *a.*

***crank** [kræŋk] *n.* 〖機〗 **크랭크**; 굴곡; 변덕(맞은 생각·말); 《口》 괴짜, (성격이) 비뚤어진 사람. —— *a.* 비슬거리는, 병약한; 〖海〗 뒤집히기 쉬운. —— *vt., vi.* 크랭크 꼴로 굽히다; 크랭크를 달다; 크랭크를 돌리다. ~ *up* (크랭크로) 발동기를 돌리다. ˊ**·y** *a.* 심술궂은; 야릇한; 흔들흔들한; 병약한; 꾸불꾸불한.

crank·shaft [ˊʃæ̀ft, ˊʃɑ̀ːft] *n.* 〖機〗 크랭크 축, 크랭크샤프트.

cran·ny [krǽni] *n.* 갈라진 틈〔금〕.

crap [kræp] *n.* (크랩 노름(craps)에서) 주사위를 굴려 나온 지는 끗수; 《俗》 찌꺼기, 너절한 물건. ~**s** *n. pl.* 《單數取扱》 크랩 노름.

***crape** [kreip] *n.* ＝CREPE.

‡**crash**[1] [kræʃ] *n., vi.* ① **와지끈**〔탁·쾅·아지직·뎅그렁·쩽그렁·와르르〕**소리**(를 내며 부서지다). ② **충돌**(하다); 《俗》 실패(하다). ③ 파산(하다); **추락**(하다). —— *vt.* ① …을 탁〔쾅·와지끈·와르르·뎅그렁·쩽그렁〕 부수다; 찌부러뜨리다; 격추하다. ② 《口》 (불청객이) 오다. —— *ad.* 쾅, 탁, 쩽〔뎅〕그렁, 와지끈.

crash[2] *n.* Ⓤ (수건·커튼 따위에 쓰는) 설핀 삼베.

crash-dive [ˊdàiv] *vi.* (잠수함이) 급잠항하다.

crash-halt [ˊhɔ̀ːlt] *n.* 급정거. 「멧.

crásh hèlmet (자동차 경주용) 헬

crash-land [ˊlǽnd] *vi., vt.* 〖空〗 불시착하다〔시키다〕. 「는.

crass [kræs] *a.* 우둔한; 터무니 없

crate [kreit] *n.* (가구·유리 따위 운송용의) 나무틀, 나무판 상자; (과일을 나르는) 바구니, 광주리.

***cra·ter** [kréitər] *n.* **분화구**; 지뢰〔포탄〕 구멍; (달 표면의) 운석(隕石) 구멍, 크레이터. 「도리(scarf).

cra·vat [krəvǽt] *n.* 〖商〗 넥타이; 목

***crave** [kreiv] *vt., vi.* 간절히 바라다, **열망하다**(*for*); 필요로 하다. ***cráv·ing** *n.* ⓊⒸ **갈망**.

cra·ven [kréivən] *a., n.* 겁많은〔비겁한〕(자). *cry* ~ 항복하다.

Crav·en·ette [krӕvənét, krèiv-] *n.* 〖商標〗 크래버넷《방수포의 외투》.

craw [krɔː] *n.* (새의) 멀떠구니, (동물의) 위. 「절자.

craw·fish [ˊfiʃ] *n.* 가재; 《美口》 변

‡**crawl** [krɔːl] *vi.* ① **기(어가)다**; 느릿느릿 나아가다; 살금살금 걷다. ② 살살 환심을 사다(creep) (*into*). ③ 벌레가 기는 느낌이 들다; 근실거리다. —— *n.* 기다싶이〔느릿느릿〕 걷는 걸음, 서행(徐行); ＝ˊ **stròke** 크롤

수영법. ∠·er *n.* 길짐승; 아첨꾼; 《英》 손님을 찾아 천천히 달리는 빈 택시. ∠·y *a.* 《口》 근실거리는.
cray·fish [kréifiʃ] *n.* 가재.
‡cray·on [kréiən, -ɑn/-ɔn] *n.*, *vt.* **크레용** (그림); 크레용으로 그리다.
***craze** [kreiz] *vi.*, *vt.* ① **미치(게 하)다**. ② (도자기에) 금이 가다〔금을 넣다〕. —— *n.* ① 미침, 열광(mania); 대유행. ② (도자기의) 금.
‡cra·zy [∠i] *a.* ① **미친**; 《口》 열광한. ② (건물 따위가) 흔들흔들하는. ③ 《俗》 굉장한, 멋진.
crázy bòne =FUNNY BONE.
crázy quìlt 조각보 이불.
CRB 《美》 Central Reserve Bank.
creak** [kri:k] *vi.*, *vt.*, *n.* **삐걱거리(게 하)다, 그 소리.** ***Creaking doors hang the longest. 《俗談》 주그렁 밤송이 삼 년 간다. ∠·y *a.*
‡cream [kri:m] *n.* Ⓤ ① **크림**(색); 유제(乳劑)(emulsion). ② (the ~) 가장 좋은〔알짜〕 부분, 노른자, 정수. —— *vt.* 크림(모양으로) 하다; 크림으로〔크림 소스로〕 요리하다. ∠·er·y *n.* 크림 제조〔판매〕소. *∠·y *a.* **크림 모양**〔빛〕**의**; 크림을 포함한.
créam pùff 슈크림; 《美俗》 고급 중고차; 《俗》 계집 같은 남자.
crease [kri:s] *n.*, *vi.*, *vt.* 주름〔금〕(이 잡히다, 을 내다).
‡cre·ate [kri:éit] *vt.* ① **창조**〔**창작**〕**하다**; 창시하다. ② (…에게 작위(爵位)를) 주다(invest with) (*He was ~d (a) baron.* 남작의 작위가 수여되었다). ③ 일으키다. —— *vi.* 《英俗》 법석을 떨다(*about*). **‡cre·á·tion** *n.* ⓊⒸ **창조**(물), 창작(품); 창설; 수작(授爵); (the C-) 천지 창조. ***cre·á·tive** *a.* **창조**〔**창작**〕**적인** (재능이 있는). ***cre·á·tor** *n.* **창조**〔**창작**〕**자**; (the C-) 조물주, 하느님.
cre·a·tine [krí:əti:n, -tin] *n.* 〖生化〗 크레아틴《척추 동물의 근육 조직 속에 있는 아미노산의 일종》.
‡crea·ture [krí:tʃər] *n.* ① **창조물, 생물**, 동물. ② 인간, 남자, 여자. ③ 녀석(*Poor ~!* 가엾은 놈). ④ 부하, 수하, 노예. ⑤ 《俗·方》 (the ~) 위스키.
créature cómforts 육체적 쾌락을 주는 것 《특히 음식물》.
crèche [kreiʃ] *n.* (F.) 《英》 탁아소 (day nursery).
cre·dence [krí:dəns] *n.* Ⓤ 신용; 신임.
cre·den·tial [kridénʃəl] *n.* (*pl.*) 신임장; 추천장.
cred·i·ble [krédəbəl] *a.* 신용할〔믿을〕 수 있는. **cred·i·bíl·i·ty** [>–bíləti] *n.* Ⓤ 신뢰성, 진실성.
‡cred·it [krédit] *n.* Ⓤ ① **신용; 명예**; 명성. ② ⓊⒸ 자랑(거리). ③ **신용 대부**〔거래〕; (국제 금융상의) 크레디트. ④ 〖簿〗 대변(貸邊) (opp. debit); 채권. ⑤ Ⓒ 《美》 과목 이수증(證), 이수 단위(unit). ⑥ 〖放〗 광고 〔스폰서명〕 방송; =CREDIT LINE. ***do** (a person)* ~ …의 명예가〔공이〕 되다. ***give ~ to*** …을 믿다. ***letter of ~*** 신용장 《생략 L/C》. ***on ~*** 신용 대부로, 외상으로. ***reflect ~ on*** …의 명예가 되다. —— *vt.* 신용하다; 대변에 기입하다(~ *him with a sum*; ~ *a sum to him*); 신용 대부하다, 외상 주다; 《美》 단위 이수 증명을 주다; …에(게) 돌리다(ascribe) (*to*). ***~·a·ble** *a.* **신용할**〔믿을〕 **만한**; 훌륭한. **~·a·bly** *ad.* 훌륭히. ***créd·i·tor** *n.* **채권자**; 〖簿〗 대변《생략 Cr.》 (opp. debtor).
crédit bùreau 상업 흥신소.
crédit càrd 크레디트 카드.
crédit lìne 크레디트라인《기사·회화·사진·텔레비전 프로 등에 밝힌 제공자의 이름》.
crédit stànding (지불 능력에 관한) 신용 상태.
crédit ùnion 신용 조합.
cred·it·worth·y [-wə̀:rði] *a.* 〖商〗 신용도가 높은, 지불 능력이 있는.
cre·do [krí:dou] *n.* (*pl.* ~*s*) 신조 (creed); (the C-) 〖宗〗 사도 신경.
cred·u·lous [krédʒələs] *a.* 믿기〔속기〕 쉬운. **~·ness**, ***cre·dú·li·ty** [kridjú:ləti] *n.* Ⓤ
‡creed [kri:d] *n.* **신조**, 교의(教義). ***the C-*** or ***Apostles' C-*** 사도 신경.
‡creek [kri:k] *n.* **작은 내**; 후미, 내포, 작은 만(灣).
creel [kri:l] *n.* (낚시질의) 물고기 바구니; 통발.
‡creep [kri:p] *vi.* (***crept***) ① **기다** (crawl); (담쟁이 따위가) 휘감겨 붙다. ② **가만히**〔발소리를 죽이어〕 **걷다**. ③ 슬슬 환심을 사다(~ *into favor*). ④ 굽실거리다, 오싹하다. —— *n.* 김, 포복; (the ~s) 《口》 오싹하는 느낌. ∠·er *n.* 기는 것; 덩굴풀, 담쟁이(ivy); (*pl.*) 어린이용의 헐렁한 옷; (다리 짧은) 닭의 일종; 〖鳥〗 나무발바리. ∠·y *a.* 기는; 굽실굽실하는, 오싹하는.
creep·ing [∠iŋ] *a.* 기는, 기어다니는; 휘감겨 붙는; 진행이 더딘, 느린; 아첨하는; 굽실거리는. **~·ly** *ad.*
créep jòint 《美俗》 밀매(密賣) 술집.
creese [kri:s] *n.* (말레이 사람이 쓰는) 단검(短劍).
cre·mate [krí:meit, kriméit] *vt.* 화장(火葬)하다. **cre·má·tion** *n.* Ⓤ
cre·ma·to·ry [krí:mətɔ̀:ri, krém-/krémətəri] *n.* 화장터.
cren·el(le) [krénl] *n.* (성벽의) 총안(銃眼).
cren·el·(l)ate [krénəlèit] *vt.* 총안을 만들다〔설비하다〕.
Cre·ole [krí:oul] *n.* (Louisiana 주에 정착한) 프랑스인의 자손; 그 주(州)에서 쓰이는 프랑스 말; 서인도 〔남아메리카〕 태생의 유럽 사람; (c-) 미국 태생의 흑인.
cre·o·sol [krí:əsɔ̀(:)l, -sɑ̀l] *n.* Ⓤ 〖化〗 크레오솔《방부제》.
cre·o·sote [krí(:)əsòut] *n.* Ⓤ 〖化〗 크레오소트.
crepe, *crêpe [kreip] *n.* (F.) Ⓤ **크레이프**《바탕이 오글오글한 비단의 일종》; 상장(喪章). ***~ de Chine*** [> dəʃí:n] (크레이프)드신《얇은 비단 크레이프》.

crépe pàper (냅프킨용의) 오글오글 한 종이.
crépe rùbber 크레이프 고무《구두 창용》.
crep·i·tate [krépətèit] *vi.* 딱딱 소리 나다(crackle); 〖醫〗 (폐가) 염발음(捻髮音)을 내다.
‡**crept** [krept] *v.* creep의 과거(분사).
cre·pus·cu·lar [kripʌ́skjələr] *a.* 새벽〔해질 무렵〕의(of twilight); 어스레한(dim).
cres., cresc. 〖樂〗 *crescendo.*
cre·scen·do [kriʃéndou] *ad., a., n.* (*pl.* ~*s*) (It.) 〖樂〗 점점 세게, 점점 세어지는 (일·음).
***cres·cent** [krésənt] *n., a.* **초승달**(의); 초승달 모양의 (것); (예전 터키의) 초승달기(旗). 「레졸.
cre·sol [krí:soul/-sɔl] *n.* Ⓤ 〖化〗 크
cress [kres] *n.* Ⓤ 〖植〗 양갓냉이《식용》. 「단지.
cres·set [krésit] *n.* (화톳불의) 기름
‡**crest** [krest] *n.* ① (닭 따위의) 볏(comb), 도가머리, (투구의) 앞꽂이 장식 깃. ② 갈기(mane). ③ 봉우리, 산꼭대기; 물마루. ④ 문장(紋章)의 꼭대기 부분. ∠·**ed** [∠id] *a.*
crest·fall·en [∠fɔ̀:lən] *a.* 풀죽은.
cre·ta·ceous [kritéiʃəs] *a., n.* 백악(白堊)(질)의; (C-) 〖地〗 백악기(紀)(의). 「섬; 그리스령(領)》.
Crete [kri:t] *n.* 크레타 섬《지중해의
cre·tic [krí:tik] *n.* 〖韻〗 장단장의 운각(韻脚).
cre·tin [krí:tn/kré-] *n.* 크레틴병 환자; 백치(idiot). ~·**ism** [-ìzəm] *n.* 크레틴병.
cre·tonne [krí:tɑn, kritɑ́n/kretɔ́n, ∠-] *n.* Ⓤ (커튼용) 크레톤 사라사.
cre·vasse [krivǽs] *n.* (F.) (빙하의) 갈라진 틈, 균열. 「곳.
***crev·ice** [krévis] *n.* **갈라진 틈**, 터진
‡**crew**[1] [kru:] *n.* 《集合的》 **승무원**, 《蔑》 동아리, 패거리.
crew[2] *v.* 《주로 英》 crow[2]의 과거.
crew·el [krú:əl] *n.* 자수용 털실.
crew·man [krú:mən] *n.* 승무원.
créw nèck 크루넥《깃 없는 넥라인》.
***crib** [krib] *n.* ① (난간이 둘린) 소아용 침대. ② **구유**(manger); 통나무〔귀틀〕집, 작은 방. ③ 《口》 (학생의) 주해서. —— *vt.* (*-bb-*) ① 가두다; 도용(盜用)하다; 표절하다. —— *vi.* 《口》 주해서를 쓰다, 몰래 베끼다.
crib·bage [kríbidʒ] *n.* Ⓤ 카드놀이의 일종.
‡**crick·et**[1] [kríkit] *n.* **귀뚜라미.**
‡**crick·et**[2] *n.* 크리켓. ~·**er** *n.*
cri·er [kráiər] *n.* 부르짖는〔우는〕 사람; (포고 따위를) 외치며 알리는 사람; 광고꾼, 외치며 파는 상인.
crim. con. 〖法〗 criminal conversation. 「sin).
‡**crime** [kraim] *n.* **범죄**, 나쁜 짓(cf.
Cri·me·a [kraimí:ə, kri-] *n.* (the ~) 크리미아 반도. **Cri·mé·an** *a.*
crime pas·si·o·nel [krì:m pɑ:siənél] 치정에 의한 범죄.
‡**crim·i·nal** [krímənl] *a., n.* **범죄의**; 범인. ~·**ly** *ad.* 죄를 저질러; 형법상의. 「욕죄.
críminal contémpt 〖法〗 법정 모
críminal cònversátion 〖法〗 간통.
crim·i·nal·is·tics [krìmənəlístiks] *n. pl.* 범죄 수사학.
crim·i·nal·i·ty [krìmənǽləti] *n.* 범죄(행위); Ⓤ 범죄적 성질, 범죄성.
críminal láw 형법.
crim·i·nate [krímənèit] *vt.* 유죄로 하다; 죄를 묻다. 「*n.* Ⓤ 범죄학.
crim·i·nol·o·gy [krìmənɑ́lədʒi/-ɔ́-]
crimp [krimp] *vt., n.* (머리 등을) 지지다, 오그라지게 하다; 고수머리, 오그라짐; 주름(잡기); 제한, 장애(물).
‡**crim·son** [krímzn] *n., a., vt., vi.* Ⓤ **진홍색**(의, 으로 하다, 이 되다).
crímson láke 진홍색 (그림 물감).
cringe [krindʒ] *vi., n.* 움츠러들다〔드는 일〕; 아첨(하다).
crin·kle [kríŋkl] *n., vi., vt.* 주름(지게 하)다); 오그라들(게 하)다, 오글쪼글하게 하다; 바스락〔바삭바삭〕 소리 나다. 「〖動〗 갯나리(의, 같은).
cri·noid [kráinɔid, krín-] *n., a.*
crin·o·line [krínəli(:)n] *n.* 〖史〗 버팀테(hoop)를 넣은 스커트.
cripes [kraips] *int.* 《俗》 어이구나, 야아 이거 참《놀람》.
‡**crip·ple** [krípl] *n., vt.* ① **신체 장애자**, 뚝발이〔불구자〕(로 만들다). ② 해치다, 약하게 하다. ~***d soldier*** 상이 군인. 「위기; 〖經〗 공황.
‡**cri·sis** [kráisis] *n.* (*pl.* **-ses** [-si:z])
‡**crisp** [krisp] *a.* ① **아삭아삭**〔**파삭파삭**〕하는; (병 따위가) 깨지기 쉬운(brittle). ② 오그라든. ③ (공기가) 상쾌한(bracing), 팔팔한; 시원시원한, 명확한. —— *vi., vt.* 아삭아삭〔파삭파삭〕하게 되다〔하다〕; 오그라들(게 하)다. —— *n.* 아삭아삭〔파삭파삭〕한 상태; (*pl.*) 《주로 英》 파삭파삭하도록 기름에 튀긴 얇게 썬 감자. *∠·**ly** *ad.* ∠·**y** *a.*
crisp·er [kríspər] *n.* (냉장고의) 야채 저장실.
criss·cross [krískɔ̀:s/-krɔ̀s] *a., ad., n.* 열십자(무늬)(의, 로); =TICK-TACK-TOE. —— *vt.* 열십자(무늬)로 하다. —— *vi.* 교차하다.
cris·tate [krísteit] *a.* 〖生〗 볏이〔도가머리가〕 있는.
***cri·te·ri·on** [kraitíəriən] *n.* (*pl.* ~*s*, *-ria*) (판단의) **표준**, (비판의) 기준.
‡**crit·ic** [krítik] *n.* **비평**〔**평론**〕**가**; 흠〔트집〕잡는 사람.
‡**crit·i·cal** [-əl] *a.* ① **비평의**(of criticism); 눈이 높은; 비판적인, 입이 건. ② 위독한, 위험한(of a crisis) (~ *condition* 위독 상태); 〖理·數〗 임계(臨界)의(~ *temperature* 임계온도). ~·**ly** *ad.* 비판적으로; 아슬아슬하게, 위험한 정도로(*be ~ly ill* 위독하다).
crítical páth análysis 크리티컬 파스 분석《어떤 계획의 최장 경로를 컴퓨터로 분석하여 가장 유효한 순

서를 결정하는 방법). 「철학.
crítical philósophy (칸트의) 비판
‡crit·i·cism [krítisìzəm] *n.* 비평, 비판, 평론; 혹평, 비난.
‡crit·i·cize [krítisàiz] *vt., vi.* 비평[비판]하다; 비난하다.
cri·tique [kritíːk] *n.* UC 평론(문); 서평; 비판 (*The C- of Pure Reason by Kant* 칸트의 「순수 이성 비판」).
***croak** [krouk] *vi., vt., n.* (까마귀·해오라기·개구리가) 깍깍[개골개골] 울다, 그 소리; 목쉰 소리(로 말하다); 음울한 소리를 내(어 말하)다; 불길한 말을 하다. ∠·**er** *n.*
Cro·at [króuət, -æt] *n.* (유고슬라비아의) 크로아티아 사람.
cro·chet [krouʃéi/∠-, -ʃi] *n., vi., vt.* 코바늘 뜨개질(하다).
crock [krɑk/-ɔ-] *n.* (토기의) 항아리, 독. ∠·**er·y** [∠əri] *n.* U 토기류(土器類), 사기그릇.
crocked [krɑkt/krɔkt] *a.* 《美俗》 술취한.
***croc·o·dile** [krákədàil/-ɔ́-] *n.* 악어.
croc·o·dil·i·an [∸-díliən] *a., n.* 악어류의 (동물); 악어.
crócodìle tèars 거짓 눈물.
***cro·cus** [króukəs] *n.* (*pl.* ~*es, -ci* [-sai]) ① 〖植〗 크로커스(의 꽃). ② 산화철《마분(磨粉)》.
Croe·sus [kríːsəs] *n.* 크리서스《기원전 6세기의 Lydia 왕》(와 같은 갑부). (*as*) ***rich as*** ~ 대부호인.
croft [krɔːft/krɔft] *n.* 《英》 (주택에 접한) (텃)밭; 작은 소작 농장. ∠·**er** *n.* 소작농(小作農). 「달형의 롤빵.
crois·sant [krwɑsɑ́ːnt] *n.* (F.) 초생
Cro-Mag·non [kroumǽgnən, -mæ-njəŋ] *n., a.* (구석기 시대의) 크로마뇽 사람(의).
crom·lech [krámlek/-ɔ́-] *n.* 〖考〗 환열 석주(環列石柱)(stone circle); = DOLMEN.
Crom·well [krámwəl, -wel/-ɔ́-], **Oliver** (1599–1658) 영국의 정치가·군인.
crone [kroun] *n.* (주름투성이의) 노파. 「짝.
cro·ny [króuni] *n.* 다정한 친구, 단
crook** [kruk] *n.* ① 굽은 것; (양치는 목동의) 손잡이가 굽은 지팡이. ② 만곡, 굽음. ③ 《口》 사기꾼, 도둑놈. ***a ~ ***in one's lot*** 불행. ***by*** HOOK ***or by*** ~. ***on the*** ~ 《俗》 부정수단으로. —*vt., vi.* 구부리다; 구부러지다.
crook·back [krúkbæ̀k] *n.* 곱사등이(hunchback). **-backed** *a.*
‡crook·ed [∠id] *a.* 꼬부라진, 뒤틀린, 부정직한; [krukt] 갈고리[굽은 손잡이]가 달린.
Cróokes túbe [krúks] 〖電〗 크룩스(진공)관.
croon [kruːn] *n., vi., vt.* 작은 소리로 읊조림[읊조리다]; 웅얼웅얼 노래하다(hum); (저음으로 노래하는) 재즈송. ∠·**er** *n.* 작은 소리로 읊조리는[노래하는] 사람; 저음 가수.

†crop [krɑp/-ɔ-] *n.* ① 작물, 수확[생산](량)(*a bad* [*bumper, large*] ~ 흉[풍]작); (the ~s)(한 지방·한 계절의) 전(全)농작물. ② 많음, 모임; 속출. ③ (새의) 멀떠구니(craw). ④ (쇠가죽의) 한 장 (전부). ⑤ (가축의) 귀를 베어서 낸) 귀표시. ⑥ (머리를) 짧게 깎기(cf. bob[1], shingle[1]). ⑦(끝에 가죽 고리가 달린) 채찍. ***be out of*** [*in, under*] ~ 농작물이 심어져 있지 않다[있다]. —*vt.* (*-pp-*) (땅에) 재배하다, 심다(~ *a field with seed, wheat, &c.*); (짧게) 깎다; 수확하다. —*vi.* (농작물이) 되다; 깎아[베어]내다(clip); (광상(鑛床)이) 노출하다(*out*), (불시에) 나타나다(*forth, out, up*); (양·새 따위가) 싹을 먹다.
crop·per [krápər/krɔ́p-] *n.* 농부, 《美》 (반타작의) 소작인; 작물(*a good* ~ 잘 되는 작물); 베는[깎는] 사람[것]; 추락, 낙마(落馬), 대실패(*come* [*fall, get*] *a* ~ 말에서 떨어지다, 실패하다). 「*n.* U 농약 살포.
crop·dust·ing [krápdʌ̀stiŋ/krɔ́p-]
cróp ròtàtion 윤작.
cro·quet [kroukéi/∠-, -ki] *n.* U 크로케이《나무공을 나무 망치로 ⊓형의 틀 안으로 쳐 넣는 게임》.
cro·quette [kroukét/-ɔ-] *n.* (F.) 〖料理〗 크로켓.
cro·sier [króuʒər] *n.* 〖宗〗 (bishop 또는 abbot 의) 사목장(司牧杖).
†cross [krɔːs/krɔs] *n.* ① 십자가; (the C-) 예수의 수난(의 십자가), 속죄 (the Atonement); 기독교. ② 고난, 시련, 고생; 방해(*bear one's* ~ 고난을 참다). ③ 십자형, 십자로(路), 네거리; 십자 훈장(*the Victoria C-* 빅토리아 훈장). ④ 교배, 잡종. ⑤ 《俗》 부정, 속임. ***on the*** ~ 엇갈리게, 교차되게; 《俗》 부정 행위를 하여(살다, 따위). ***take the*** ~ 십자군[개혁 운동]에 참가하다(join the crusade). —*a.* ① 열십자(형)의; 비스듬한, 가로의. ② 반대의(~ *luck* 불운). ③ (질문·대답 따위) 심술궂은, 찌무룩한. ④ 잡종의(crossbred). ***as*** ~ ***as two sticks*** 《口》 성미가 지독히 까다로운. ***run*** ~ ***to*** …와 충돌하다. —*vt.* ① 가로지르다, 건너다. ② (팔짱을) 끼다, (발을) 꼬다. ③ (선을) 가로 긋다[그어 지우다] (*off, out*). ④ 반대[방해]하다. ⑤ (편지 따위가) …와 엇갈리다; 교배시키다; 〖電話〗 혼선되게 하다. —*vi.* 가로[건너]지르다; 교차하다; 엇갈리게 하다; 잡종이 되다. ***be*** ~***ed in*** … 에 실망하다. ~ ***a horse*** 말에 걸터앉다. ~ *a person's* ***hand*** [*palm*] ***with silver*** 아무에게 뇌물을 쥐어주다. ~ *a person's* ***path*** …을 만나다; …의 앞길[계획]을 방해하다. ~ ***oneself*** [*one's heart*] 가슴(또는, 이마)에 십자를 긋다. ~ ***one's fingers*** 두 손가락을 열 십자로 걸다 《재난의 액막이로》. ~ ***one's mind*** 마음에 떠오르다. ~**ed** [-t] *a.* 열십

자로 교차된, 횡선을 그은(*a* ~*ed check* 횡선 수표); (열십자 또는 횡선으로) 말소한; 방해〔저지〕된. *∠·ly *ad.* **가로**, 거꾸로; **심술궂게**, 뾰로통해서. ∠·**ness** *n.*
cross·bar [∠bà:*r*] *n.* 가로장, 빗장; (높이 뛰기 등의) 바. 「리.
cross·beam [∠bì:m] *n.* 가로보, 도
cross-bench [∠bèntʃ] *n.* 〖英下院〗 무소속 의원석(席). —— *a.* 중립의.
cross·bill [∠bìl] *n.* 잣새. 「訴狀).
cross·bill *n.* 〖法〗 반대 소장(反對
cross·bones [∠bòunz] *n.* 2개의 대퇴골을 교차시킨 그림《죽음의 상징》.
cross·bow [krɔ́:sbòu/krɔ́s-] *n.* 석궁(石弓).
cross·breed [∠brì:d] *n.*, *vt.*, *vi.* (*-bred*) 잡종(을 만들다).
cróss bùn 《주로 英》 십자가(모양을 찍은) 빵《Good Friday 용》.
cross-but·tock [∠bʌtək] *n.*, *vt.* 〖레슬링〗 허리치기(로 메치다).
cross-coun·try [∠kʌ́ntri] *a.* 들판 횡단의(*a* ~ *race* 단교(斷郊) 경주).
cross-cul·tur·al [∠kʌ́ltʃərəl] *a.* 문화 비교의. 「(톱), 동가리톱; 지름길.
cross·cut [∠kʌ̀t] *a.*, *n.* 가로 켜는
cross-ex·am·i·na·tion [∠igzæ̀mənéiʃən] *n.* Ⓤⓒ 힐문, 반문; 〖法〗 반대 심문.
cross-ex·am·ine [∠igzǽmin] *vt.* 〖法〗 반대 심문하다; 호되게 추궁하다. 「히) 모들뜨기의.
cross-eyed [∠àid] *a.* 사팔눈의, (특
cross-fer·ti·li·za·tion [∠fə̀:*r*təlizéiʃən] *n.* Ⓤ 〖植〗 이화(異花) 수정.
cross-file [∠fáil] *vt.* 《美》 양당의 예선에 입후보하다.
cróss fìre 〖軍〗 십자 포화; 활발히 주고받는 질의 응답; (전화의) 잡음.
cross-grained [∠gréind] *a.* 나뭇결이 불규칙한; (성격이) 비뚤어진.
cróss hàirs (망원경 등의 초점에 그은) 십자선.
cross·hatch [∠hæ̀tʃ] *vt.* (펜화(畫)에서) 종횡선의 음영(陰影)을 넣다.
cross-im·mu·ni·ty [∠imjú:nəti] *n.* Ⓤ 〖醫〗 (다른 균에 의한) 교차 면역.
‡**cross·ing** [∠iŋ] *n.* ① Ⓤⓒ **횡단**, 교차. ② (가로의) 교차점, 네거리, (선로의) 건널목. ③ Ⓤⓒ 방해, 반대. ④ Ⓤⓒ 십자를 긋기. ⑤ Ⓤⓒ 이종 교배. ⑥ Ⓤⓒ (수표의) 횡선. 「(엇건).
cross-leg·ged [∠légid] *a.* 발을 꼰
cross-link [*n.* ∠lìŋk; *vt.* ∠∠] *n.*, *vt.* 〖化〗 교차 결합(하다). 「러기.
cross·patch [∠pæ̀tʃ] *n.* 《口》 심술꾸
cross·piece [∠pì:s] *n.* 가로장(나무).
cross-pol·li·nate [∠pálənèit/-pɔ́l-] *vt.* 이화(異花) 수분시키다.
cross-pol·li·na·tion [∠pàlənéiʃən / -pɔ̀l-] *n.* 이화(異花) 수분.
cross-pur·pose [∠pə́:*r*pəs] *n.* 목적〔의향〕의 엇갈림(*at* ~ 이야기가〔행동이〕 엇갈려, 서로 오해하여).
cross-ques·tion [∠kwéstʃən] *vt.* = CROSS-EXAMINE.
cross-re·fer [∠rifə́:*r*] *vi.* (*-rr-*) (같은 책에서) 앞뒤를 참조하다. 「참조.
cróss réference 앞뒤 참조, 상호
***cross·road** [∠ròud] *n.* **교차 도로**, 갈림길; 골목길; (*pl.* 單數取扱) 네거리. *at the* ~*s* 갈림길에 서서, 할 바를 몰라. 「단면도.
cróss sèction 횡단면; 대표적인 면;
cross-stitch [∠stìtʃ] *n.*, *vt.*, *vi.* (바느질의) 십자뜨기(를 하다).
cróss tàlk 〖電話〗 혼선; 《英》 (하원에서의) 논쟁. 「대 꼭대기의 활대.
cross·trees [∠trì:z] *n.* *pl.* 〖海〗 돛
cross-vot·ing [∠vóutiŋ] *n.* Ⓤ 교차 투표《자당·타당의 구별 없이 자유로이 찬부를 투표할 수 있음》.
cross-walk [∠wɔ̀:k] *n.* 횡단 보도.
cross·way [∠wèi] *n.* =CROSSROAD.
cross·ways [∠wèiz], ***cróss·wise** [∠wàiz] *ad.* ① **옆으로**, 가로; 열십자(모양으)로. ② 심술궂게.
***cróss·wòrd (pùzzle)** [∠wə̀:*r*d] *n.* **크로스워드퍼즐**, 십자 말풀이.
crotch [krɑtʃ/-ɔ-] *n.* (발의) 가랑이, (손의) 갈래, 손살, (나무의) 아귀; 《俗》 여성의 음부.
crotch·et [krátʃit/-ɔ́-] *n.* 별난 생각, 변덕(whim); 갈고리(small hook); 〖樂〗 4분 음표. ~·**y** *a.* 변덕스러운; 별난.
‡**crouch** [krautʃ] *vi.*, *n.* Ⓤ **쭈그〔웅크〕리다〔림〕**; 바싹 웅크리다〔웅크림〕; (비굴하게) 움츠리다.
croup[1] [kru:p] *n.* Ⓤ 〖病〗 크루프, 위막성(僞膜性) 후두염.
croup[2] *n.* (말 따위의) 궁둥이(rump).
crou·pi·er [krú:piə*r*] *n.* (노름판의) 물주.
crou·ton [kru:tɑn] *n.* (F.) 크루통《수프에 띄우는 튀긴 빵 조각》.
‡**crow**[1] [krou] *n.* **까마귀**《raven, rook 도 포함》. ***as the*** ~ ***flies*** 일직선으로. ***eat*** ~ 《美口》 굴욕을 참다. ***white*** ~ 진품.
crow[2] *vi.* (*crew*, ~*ed*; ~*ed*) (수탉이) 울다; 홰를 쳐 때를 알리다; (~*ed*) (갓난애가) 까르륵 웃다; 환성〔함성〕을 지르다〔올리다〕(*over*).
crow·bar [∠bà:*r*] *n.* 쇠지레.
†**crowd** [kraud] *n.* ① **군중**, 붐빔; (the ~) 민중. ② 다수(*a* ~ *of books*). ③ 《口》 패거리, 동아리. ④ 관객, 구경꾼. —— *vi.* 모여들다, 북적대다; 서로 밀치며 들어가다. —— *vt.* 밀치락달치락하다, 잔뜩 처넣다; 찌부러뜨리다(*down*); 밀(어 붙이)다; 《口》 강요하다. ‡**crówd·ed** [∠id] *a.* **붐비는**, 만원의.
crow·foot [króufùt] *n.* (*pl.* ~*s*) = BUTTERCUP.
†**crown** [kraun] *n.* ① **왕관**, (the ~) 왕위, 군주권; (the C-) 군주, 제왕. ② 화관(花冠), 영관, 영예. ③ 왕관표(가 달린 것). ④ 5실링 은화. ⑤ Ⓤ 크라운판(判) 용지《15×20 인치》. ⑥ 꼭대기; (모자 따위의) 위; 머리, 정수리; 극치(acme). ⑦ 〖齒科〗 (이의) 금관; (닻의) 하단부. —— *vt.* (왕)관을 주다, 즉위시키다; 꼭대기에 얹

다〔를 꾸미다〕; (명예 따위를) 주다; …의 최후를 장식하다, 완성하다. *to ∼ all* 끝판〔결국〕에 가서는, 게다가. ⌐·**ing** *a.* 최후를 장식하는; 더 없는(*the ∼ing folly* 더할 나위 없는 어리석음).
crówn cólony 《英》 직할 식민지.
crówn lànd 왕실 영유지.
crówn prínce (영국 이외의) 황태자.
crow's-foot [króuzfùt] *n.* (*pl.* **-feet**) 눈초리의 주름.
crow's-nest [-nèst] 돛대 위의 망대.
***cru·cial** [krúːʃəl] *a.* ① **최종〔결정〕적인,** 중대한. ② **혹독한, 어려운,** 곤란한 (*a ∼ period* 어려운 시기).
cru·ci·ble [krúːsəbl] *n.* 도가니(melting pot).
cru·ci·fix [krúːsəfiks] *n.* 십자가(의 예수상(像)). **-fix·ion** [⌐-fíkʃən] *n.* Ⓤ (십자가에) 못박음; (the C-) 십자가에 못박힌 예수; Ⓒ 그 그림〔상〕; ⓊⒸ 모진 박해, 큰 시련. 「형의.
cru·ci·form [krúːsəfɔ̀ːrm] *a.* 십자
***cru·ci·fy** [krúːsəfài] *vt.* **십자가에 못박다;** 괴롭히다(torture).
crud [krʌd] *n.* 《俗》 앙금; 쓸모없는 자, '쓰레기'; 《軍俗》 뚜렷치 않은 〔기분만의〕 병.
‡**crude** [kruːd] *a.* **천연 그대로의,** 생것〔날것〕의(raw)(*∼ gum* 생고무); 미숙한(unripe); 조잡〔엉성〕한(rough), 무무〔조야〕한(*∼ manners* 예절없음); 노골적인(bald). ⌐·**ly** *ad.* ⌐·**ness,**
cru·di·ty [krúːdəti] *n.* ⓊⒸ
crúde óil 〔petróleum〕 원유.
‡**cru·el** [krúːəl] *a.* **잔인한;** 비참한. — *ad.* 《方》 몹시, 아주. ***crú·el·ly** *ad.* ‡**crú·el·ty** *n.* ⓊⒸ **잔학**(행위).
crú·et [krúːit] *n.* (소금·후추 따위를 넣은) 양념병.
crúet stànd 양념병대(臺).
***cruise** [kruːz] *n., vi.* ① **순항**(巡航)**(하다).** ② (택시가 손님을 찾아) 돌아다니다. ③ 순항 속도로 비행하다. ***crúis·er** *n.* **순양함;** 행락용 모터보트; 손님 찾아 돌아다니는 택시; (경찰의) 순찰차(prowl car).
crúise míssile 크루즈 미사일《컴퓨터로 조정되며 저공 비행함》. 「도.
crúising spèed 순항 속도, 경제 속
crul·ler [krʌ́lər] *n.* 꽈배기 도넛.
***crumb** [krʌm] *n.* ① (보통 *pl.*) (빵·과자의) **작은 조각,** 빵부스러기. ② Ⓤ (빵의) 말랑말랑한 속(cf. crust). ③ 소량, 조금(*∼s of learning*).
‡**crum·ble** [krʌ́mbl] *vt., vi.* 산산이 바수다〔바스러지다〕; **무너〔부서〕지다,** 붕괴하다. **-bly** *a.* 무른, 부서지기 쉬운. 「싸구려의, 하찮은.
crum·my [krʌ́mi] *a.* 《俗》 구중중한;
crump [krʌmp] *vt.* 쾅하고 폭파시키다. — *n.* 쾅, 빵빵.
crum·pet [krʌ́mpit] *n.* 《주로 英》 일종의 구운 과자; 《俗》 성적 매력(이 있는 여자); 대가리.
***crum·ple** [krʌ́mpl] *n., vt., vi.* 주름, 꾸김; **꾸기다,** 쭈굴쭈굴하게 하다, 꾸겨지다(*up*).
crunch [krʌntʃ] *vi., vt., n.* 우두둑우두둑〔어적어적〕 깨물다〔깨묾〕; 어쩍 깨물다〔깨무는 소리〕; 저벅저벅 걷다〔걷기, 소리〕; 금융 핍박, 경제 위기.
crup·per [krʌ́pər] (＜croup[2]) *n.* (말의) 껑거리끈; (말의) 궁둥이.
***cru·sade** [kruːséid] *n.* ① 〖史〗 **십자군.** ② 성전(聖戰); 개혁〔박멸〕 운동 (*against*). ***cru·sád·er** *n.* **십자군 전사**(戰士); 개혁〔박멸〕 운동가.
cruse [kruːz] *n.* 항아리, 주전자, 병. ***the widow's ∼*** 무진장《〖聖〗 열왕기上 XVII : 10∼17》.
‡**crush** [krʌʃ] *vt.* ① **짓눌러 찌부러뜨리다,** 으깨다, 부수다. ② 꽉 껴안다. ③ 꺾다; 진압하다. — *vi.* ① 쇄도하다 (*into, through*). ② 찌그러〔으깨〕지다; 꾸기다(wrinkle). — *n.* ① 분쇄. ② 붐빔, 붐비는 군중. ③ 《口》 홀딱 반함 〔반하는 상대〕. ⌐·**er** *n.* 쇄광기(碎鑛機). ⌐·**ing** *a.* (타격 따위) 철저한.
Cru·soe [krúːsou], **Robinson** Defoe 작의 소설(의 주인공).
‡**crust** [krʌst] *n.* ① **식빵의 껍질**(cf. crumb). ② 생활의 양식(糧食); 〖地〗 지각(地殼). — *vt., vi.* 외피〔겉껍데기〕로 덮다; 껍질이〔딱지가〕 생기다. ⌐·**ed** [⌐id] *a.* 겉 껍데기〔껍질〕 있는; 오래된; 굳어버린(*∼ed habits; a ∼ed egoist*). ⌐·**y** *a.* 껍질이 딱딱한〔굳은〕; 심통 사나운(surly).
crus·ta·cean [krʌstéiʃən] *a., n.* 갑각류의 (동물).
crus·ta·ceous [krʌstéiʃəs] *a.* (새우·게의) 껍질〔딱지〕 같은; ＝⇧.
***crutch** [krʌtʃ] *n.* **협장**(脇杖); 버팀.
crux [krʌks] *n.* (*pl.* **∼es, cruces** [krúːsiːz]) 십자가; 난문제, 난점; 요점(essential part); (the C-) 〖天〗 남십자성.
†**cry** [krai] *n.* ① **외침,** 외치는〔부르짖는〕 소리. ② **울음〔우는〕 소리.** ③ 여론. ***a far ∼*** 원거리, 큰 차이(*to*). ***in full ∼*** (사냥개가) 일제히 추적하여, 일제히. ***Much 〔Great〕 ∼ and no 〔little〕 wool.*** 《俗談》 태산 명동에 서일필, 헛소동. ***within 〔out of〕 ∼*** 소리가 미치는〔미치지 않는〕 곳에. — *vi.* ① 부르짖다, 우짖다. ② **큰소리로 외치다.** ③ (소리내어) **울다;** 흐느껴 울다; (새 등이) 울다. — *vt.* **외쳐 알리다,** 외치며 팔다. ***∼ against*** …에 반대를 외치다. ***∼ down*** 야유를 퍼붓다, 비난하다. ***∼ for*** 다급함을 호소하다, 울며 청하다; 필요로 하다. ***∼ off*** (협정 따위를) 취소하다. ***∼ one's eyes 〔heart〕 out*** 훌쩍훌쩍 울다. ***∼ out*** 큰 소리로 외치다. ***∼ to 〔unto〕*** …에게 조력을 청하다. ***∼ up*** 극구 칭찬하다. **∼·ing** *a.* 다급〔긴급〕한 (*a ∼ing need* 긴급히 필요한 일); 심한 (*a ∼ing shame* 호된 수치).
cry·ba·by [⌐bèibi] *n.* 울보.
cry·o·gen [kráiədʒən] *n.* 한제(寒劑), 냉각제.
cry·on·ics [kraiɔ́niks] *n.* 《單數取扱》

인간 냉동 보존술. 「U 저온 수술.
cry·o·sur·ger·y [kràiəsə́:rdʒəri] *n.*
cry·o·tron [kráioutràn/-ɔ̀n] *n.* 〖電子〗 크라이오트론《자계(磁界)에 의하여 제어할 수 있는 초전도성(超電導性)의 소자(素子); 컴퓨터의 연산 회로용》.
crypt [kript] *n.* (교회의) 지하실《옛적에는 납골소》; 〖解〗 선와(腺窩).
crypt·a·nal·y·sis [krìptənǽləsis] *n.* UC 암호 해독(법). 「밀의; 신비스런.
cryp·tic [kríptik], **-ti·cal** [-əl] *a.* 비
cryp·to [kríptou] *n.* (*pl.* ~*s*) (정당 따위의) 비밀 당원.
cryp·to·gam [kríptougæ̀m] *n.* 〖植〗 은화(隱花)식물(cf. phanerogam).
cryp·to·gram [-græ̀m] *n.* 암호문.
cryp·to·graph [-græ̀f, -ὰ:-] *n.* 암호법; ⇧.
cryp·tog·ra·pher [kriptágrəfər / -ɔ́-] *n.* 암호 사용자〔해독자〕.
cryp·tog·ra·phy [kriptágrəfi/-tɔ́g-] *n.* 암호 사용〔해독〕법; 암호방식.
cryp·tol·o·gy [kriptálədʒi / -ɔ́-] *n.* U 은어, 변말; 암호 연구.
cryp·to·mer·i·a [krìptəmíəriə] *n.* (일본)삼나무.
‡**crys·tal** [krístl] *n., a.* ① 결정(체); 검파용 광석. ② U **수정**(처럼 투명한); 크리스털 유리. ③ 수정 제품.
crýstal detéctor 〖無電〗 광석 검파
crýstal gàzer 수정 점쟁이. ㄴ기.
crýstal gàzing 수정점(水晶占).
crýstal gláss =FLINT GLASS.
***crys·tal·line** [krístəlin, -təlàin] *a.* ① **수정의〔같은〕**; 결정성의. ② 투명한, 맑은. ── *n.* (눈알의) 수정체 (crystalline lens).
***crys·tal·lize** [krístəlàiz] *vt., vi.* ① **결정**(結晶)**하다〔시키다〕**. ② (계획 따위를) 구체화하다. ③ 설탕절임으로 하다. **crys·tal·li·za·tion** [ㅅ-lizéiʃən/ -lai-] *n.* U 결정(과정); 구체화; C 결정(체).
crýstal píckùp 〖電蓄〗 (다이아·사파이어 등을 쓴) 크리스털 픽업.
Cs 〖化〗 cesium. **C.S.** Chief of Staff.
csc cosecant. **C.S.C.** Civil Service Commission 고시(考試) 위원회.
CSCE Conference on Security and Cooperation in Europe 유럽 안전보장 협력회의.
CS gas 최루 가스의 일종《CS는 군용 기호》.
CSM command and service module 사령 기계선(司令機械船). **CST** Central Standard Time. **ct.** cent(s); country; court. **CTC** centralized traffic control 열차 집중 제어 장치.
cts. centimes; cents. **Cu** 〖化〗 cuprum (L. =copper). **cu.** cubic; cumulus.
***cub** [kʌb] *n.* ① (곰·사자·여우 따위의) 새끼. ② 본데〔버릇〕 없는 아이; 애송이. ③ 수습 기자(cub reporter).
cub. cubic.
***Cu·ba** [kjú:bə] *n.* **쿠바**《서인도 제도 중의 공화국》. *~**n** *a., n.* **쿠바**(사람)의; 쿠바 사람.
cub·age [kjú:bidʒ] *n.* 체적, 용적.
cu·ba·ture [kjú:bətʃər] *n.* U 입체 구적법(求積法); C =CUBAGE.
cub·by(·hole) [kʌ́bi(hòul)] *n.* 아늑한 〔쾌적한〕 장소.
‡**cube** [kju:b] *n.* **입방(체)**; **세 제곱**. ── *vt.* 입방체로 하다; 주사위 모양으로 베다; 세제곱하다.
cúbe róot 입방근, 세제곱근.
cúbe súgar 각사탕.
‡**cu·bic** [kjú:bik] *a.* **입방(체)의**, 세제곱의. ~ ***equation*** 3차 방정식.
cú·bi·cal [-əl] *a.*
cu·bi·cle [kjú:bikl] *n.* (기숙사 따위의) 작은 침실; 작은 방.
cúbic méasure 체적, 용적.
cub·ism [kjú:bizəm] *n.* U 〖美術〗 입체파, 큐비즘. **cúb·ist** *n.*
cu·bit [kjú:bit] *n.* 큐빗 자, 완척(腕尺)《팔꿈치에서 가운뎃손가락 끝까지; 40-55 cm》. 「우트 단원.
cúb scòut 《美》 8-11세의 보이스카
cuck·old [kʌ́kəld] *n.* 부정한 여자의 남편. ── *vt.* (아내가) 오쟁이지다; (남의) 아내와 간통하다.
‡**cuck·oo** [kú(:)ku:] *n.* (*pl.* ~*s*), *a.* **뻐꾸기**; 뻐꾹《그 울음 소리》; 《美俗》 얼간이, 멍청이, 《美俗》 정신이 돈; 얼빠진.
cu. cm. cubic centimeter(s).
***cu·cum·ber** [kjú:kʌmbər] *n.* **오이**. *(as) cool as a* ~ 침착한, 냉정한.
cud [kʌd] *n.* (반추 동물의) 되새김질 먹이. ***chew the*** ~ 되새기다; 숙고(熟考)하다.
***cud·dle** [kʌ́dl] *vt., vi., n.* ① **꼭 껴안다〔안음〕**(hug); 포옹, (어린애를) 안고 귀여워하다. ② 웅크리고 자다 (*up*); 바싹 붙어 자다. ~**·some** [-səm] *a.* 껴안고 싶어지는.
cudg·el** [kʌ́dʒəl] *n., vt.* (《英》 *-ll-*) **곤봉**(으로 때리다). ~ ***one's brains 머리를 짜내다. ***take up the*** ~***s*** 강력히 변호하다(*for*).
cue**[1] [kju:] *n.* ① **큐**(대사의 실마리 말); 계기; 단서, 실마리, 신호, 힌트. ② 역할(role). ③ 기분(mood). ***in the ~ ***for*** (*walking*) (산보)하고 싶은 기분이 되어.
cue[2] *n.* 변발(queue); (차례를 기다리는) 열(*stand in* ~ 줄을 서다); (당구의) 큐.
***cuff**[1] [kʌf] *n.* **소맷부리**〔동〕, 커프스, (바지의) 접어젖힌 단; (*pl.*) 쇠고랑 (handcuffs).
cuff[2] *n., vt.* 손바닥으로 치기 〔치다〕
cúff bùtton 커프스 단추. ㄴ(slap).
cúff lìnk 커프스 버튼 (《英》 sleeve
cu. ft. cubic foot 〔feet〕. ㄴlink).
cu·i bo·no [kwí: bóunou/-bɔ́n-] (L.) 이(利)를〔득을〕 보는 건 누구냐《흑막은 누군가》; 무슨 소용이 있나.
cu. in. cubic inch(es).
cui·rass [kwiræ̀s] *n.* 몸통 갑옷.
cui·sine [kwizí:n] *n.* U 요리(법); C 《古》 부엌(kitchen), 조리실.
cuisse [kwis] *n.* (갑옷의) 넓적다리

가리개.
cul-de-sac [kʌ́ldəsǽk, kúl-] *n.* (F.) 막다른 골목(blind alley).
cu·lex [kjú:leks] *n.* (*pl.* ***-lices*** [-lisì:z]) 쿨렉스 모기《유럽·북미의》.
cú·li·nar·y [kʌ́lənèri, kjú:- / kʌ́lənəri] *a.* 요리(용)의(~ ***art*** 요리법).
cull [kʌl] *vt., n.* (꽃을) 따다; 가려〔골라〕내다; (보통 *pl.*) 열등품.
culm[1] [kʌlm] *n.* (벼 따위의) 줄기, 대.
culm[2] *n.* Ⓤ 분탄(粉炭), 찌꺼기탄.
*__cul·mi·nate__ [kʌ́lmənèit] *vi., vt.* **절정에 이르다**〔이르게 하다〕; 드디어 …이 되다(*in*); 〖天〗 남중(南中)하다. **-na·tion** [⌐–néiʃən] *n.* ⓊⒸ 절정; 전성; 완성; 〖天〗 남중.
cu·lottes [kjuːláts / kjuːlɔ́ts] *n. pl.* 퀼로트(여성의 바지 같은 스커트).
cul·pa·ble [kʌ́lpəbəl] *a.* 책〔비난〕할 만한, 유죄(有罪)의. **cul·pa·bil·i·ty** [⌐–bíləti] *n.* ⓊⒸ 유죄.
*__cul·prit__ [kʌ́lprit] *n.* **피의자**, 미결수; **죄인**.
*__cult__ [kʌlt] *n.* ① **예배**(식), 제례. ② 숭배, 예찬(*of*). ③ 열광, 유행, …열 (*the ~ of baseball* 야구열). ④ 숭배자〔팬〕들.
cul·ti·va·ble [kʌ́ltəvəbəl] *a.* 재배할 수 있는.
‡**cul·ti·vate** [kʌ́ltəvèit] *vt.* ① **갈다**, 경작하다, **재배하다**; 배양하다. ② 교화하다, (정신·기능을) 닦다. ③ (수염을) 기르다. ④ (교제를) 청하다; (우정을) 깊게 하려 하다. *__-vat·ed__ [-id] *a.* **경작된**; **교양 있는**; 세련된. *__cúl·ti·va·tor__ *n.* **재배자**, 경작자〔기〕; 교화〔수련〕자. ‡**cul·ti·va·tion** [⌐–véiʃən] *n.* Ⓤ **경작**, **재배**; (세균의) 배양; 수양; 교양; 교화.
‡**cul·tur·al** [kʌ́ltʃərəl] *a.* ① **문화의**, 교양의. ② 배양하는, 경작〔재배〕의 (~ *studies* 교양 과목). *__~·ly__ *ad.*
cúltural anthropólogy 문화 인류학.
cúltural lág 〖社〗 문화적 지체(遲滯).
Cúltural Rèvolútion (중국의) 문화 대혁명.
‡**cul·ture** [kʌ́ltʃər] *n.* ① Ⓤ **경작**, 재배(cultivation); 배양. ② Ⓤ **교양**, 수양. ③ ⓊⒸ **문화**. ~ ***area*** 〖社〗 (동질) 문화 영역. ~ ***complex*** 〖社〗 문화 복합체. ~ ***pattern*** 〖社〗 문화 형식. ~ ***trait*** 〖社〗 문화 단위 특성. ***intellectual*** 〔***physical***〕 ~ 지육〔체육〕. ***silk*** ~ 양잠(養蠶). **~d** [-d] *a.* 계발된, 교양 있는, 점잖은; 배양〔약식〕된.
cúlture(d) péarl 양식 진주.
cúlture mèdium 〖細菌〗 배양기(基).
cúlture shòck 문화 쇼크《타문화에 처음 접했을 때의 충격》.
cul·vert [kʌ́lvərt] *n.* 암거(暗渠), 지하 수로.
cum [kʌm] *prep.* (L. =with) …와 함께〔더불어〕, …이 딸린, …부(附)(의). ~ ***rights*** 〖證〗 (신주(新株)) 권리부(附).
cum·ber [kʌ́mbər] *n., vt.* 방해(하다); 폐〔누〕(를 끼치다), 괴롭히다 (trouble). **~·some, cum·brous** [kʌ́mbrəs] *a.* 성가신; 부담이 되는.
Cum·bri·a [kʌ́mbriə] *n.* 잉글랜드 북서부의 주《1974 년 신설》.
cùm dívidend 〖證〗 배당부(配當附) 《생략 cum. div.》.
cum·quat [kʌ́mkwɑt / -ɔt] *n.* = KUMQUAT.
cu·mu·late [kjú:mjəlèit] *vt.* 쌓아 올리다. —— [-lit] *a.* 쌓아 올린.
*__cu·mu·la·tive__ [kjú:mjəlèitiv, -lə-] *a.* **누적적**(累積的)**인**. ~ ***dividend*** 누적 배당.
cúmulative évidence 〖法〗 누적증거.
cu·mu·lus [kjú:mjələs] *n.* (*pl.* ***-li*** [-lài]) 산봉우리구름; 퇴적, 누적.
cu·ne·i·form [kju:níːəfɔ̀ːrm, kjú:niə-] *a., n.* 쐐기 모양의; Ⓤ 설형(楔形)문자.
cun·ni·lin·gus [kʌ̀nilíŋgəs] *n.* Ⓤ 여성 성기의 구두 애무.
‡**cun·ning** [kʌ́niŋ] *a.* ① **교활한**(sly), 약삭빠른. ② 교묘한(skillful). ③ 《口》 귀여운(charming). —— *n.* Ⓤ 교활함; 교묘함. *__~·ly__ *ad.*
†**cup** [kʌp] *n.* ① **찻종**; (양주용의) (굽달린) 컵, 글라스. ② 성배(聖杯); 포도주, 술; (찻잔·컵에) 한 잔; 운명(의 잔). ③ 우승배(*the Davis ~* 데이비스 컵); 잔 모양의 것. ***a bitter ~*** (인생의) 고배, 쓰라린 경험. ***be a ~ too low*** 기운이 없다; 침울해 있다. ***~ and ball*** 장난감의 일종, 그 놀이. ***~ and saucer*** 접시에 받친 찻잔. ***in one's ~s*** 취하여. ***The*** 〔***One's***〕 ***~ is full.*** 더없는 슬픔〔기쁨·분함〕에 젖어〔빠져〕 있다. —— *vt.* (***-pp-***) (손을) 컵 모양으로 하다; 컵으로 받다. **⌐·ful** [⌐fùl] *n.* 한 잔 그득(한 분량).
cup·bear·er [⌐bὲərər] *n.* (궁정·귀족 집 등의) 술 따르는 사람.
‡**cup·board** [kʌ́bərd] *n.* **찬장**; 《英》 작은 장, 벽장. ***cry ~*** 배고픔을 호소하다. SKELETON ***in the ~.***
cúpboard lòve 타산적인 애정.
cup·cake [kʌ́pkèik] *n.* ⓊⒸ 컵 모양의 틀에 구운 과자.
cup·hold·er [⌐hòuldər] *n.* 우승자, 우승컵 소지자.
*__Cu·pid__ [kjú:pid] *n.* ① 〖羅神〗 **큐피드** 《연애의 신; Venus 의 아들; 그리스 신화의 Eros 에 해당》. ② (c-) 사랑의 사자. ③ (c-) 미소년.
cu·pid·i·ty [kju:pídəti] *n.* Ⓤ 탐욕.
Cúpid's bów 큐피드의 활; (윗 입술의) 윤곽.
cu·po·la [kjú:pələ] *n.* 〖建〗 둥근 지붕(의 탑).
cup·ping [kʌ́piŋ] *n.* Ⓤ 〖醫〗 흡각법(吸角法); 부항에 의한 피빨아내기.
cúpping glàss 부항, 흡종(吸鐘).
cu·pric [kjú:prik] *a.* 〖化〗 제 2 동(銅)의(~ *oxide* 산화 제 2 동).
cu·prum [kjú:prəm] *n.* Ⓤ 〖化〗 동(銅), 구리《원자기호 Cu》. **cú·prous** [-prəs] *a.* 〖化〗 제1동의.
cur [kəːr] *n.* 들개; 불량배.
*__cur·a·ble__ [kjúərəbəl] *a.* **치료할 수 있는**.
cu·ra·çao [kjùərəsóu] *n.* Ⓤ 큐라소(술).
cu·ra·cy [kjúərəsi] *n.* ⓊⒸ curate 의 직(職)〔지위·임기〕.

cu·rate [kjúərit] *n.* 《주로 英》 부목사(rector, vicar의 보좌역). ~*'s egg* 《英》 좋은 점과 나쁜 점이 있는 물건.

cur·a·tive [kjúərətiv] *a., n.* 치료의, 치료에 효과 있는; 치료법, 의약.

cu·ra·tor [kjuəréitər] *n.* (박물관·도서관 등의) 관장(custodian); [kjúərətər] 〖法〗 후견인, 보호자.

*__curb__ [kə:rb] *n., vt.* (말의) 고삐〔재갈〕(을 당기어 멈추다); 구속(하다), 억제(하다); 《美》 =CURB MARKET.

cúrb bìt 재갈.

cúrb bròker 《美》 장외(場外) 거래 중개인.

cúrb màrket 《美》 장외(場外) 시장.

cúrb sèrvice (주차중인 손님에게의) 가두(街頭) 판매.

curb·stone [ˊstòun] *n.* 보도(步道)의 연석(緣石).

cúrbstòne opínion 거리의 여론.

*__curd__ [kə:rd] *n.* (보통 *pl.*), *vi.* 응유(凝乳)(로 되다).

cur·dle [kə́:rdl] *vi., vt.* 엉겨 굳(어지게 하)다. ~ ***the blood*** 오싹〔섬뜩〕하게 하다.

curd·y [kə́:rdi] *a.* 응결한.

‡**cure** [kjuər] *vt.* ① 치료하다, (병·못된 버릇을) 고치다(remedy); 제거하다. ② (고기나 과일 따위를 절여〔말려〕) 저장하다. ③ (고무를) 경화(硬化)시키다. —— *n.* ① (병의) 치유. ② 치료법, 약(*for*). ③ 〖宗〗 목회(牧會). ˊ~·**less** *a.* 불치의.

cu·ré [kjuəréi] *n.* (F.) (프랑스의) 교구(教區) 목사.

cure-all [kjúərɔ̀:l] *n.* 만능약(panacea).

cu·ret·tage [kjùərətá:ʒ, kjurétidʒ/kjùərətá:ʒ] *n.* ⓊⒸ 〖醫〗 소파(수술), 인공 임신 중절.

cu·rette [kjurét] *n.* 〖醫〗 큐렛《이물 적출용 뾰족한 숟가락》. —— *vt.* 큐렛으로 적출〔소파〕하다.

cur·few [kə́:rfju:] *n.* 만종, 저녁 종《8시쯤》; 소등(消燈) 명령.

cu·rie [kjúəri, kjurí:] *n.* 〖理〗 퀴리《방사능의 단위》.

Cu·rie, Marie (1867–1934), **Pierre** (1859–1906) 라듐을 발견한 프랑스의 물리·화학자 부부.

cu·ri·o [kjúəriòu] *n.* (*pl.* ~*s*) 골동품.

‡**cu·ri·os·i·ty** [kjùəriásəti / kjùəriɔ́s-] *n.* ① Ⓤ 호기심. ② 진기한 것, 골동품(curio). ~ ***shop*** 골동품점.

‡**cu·ri·ous** [kjúəriəs / kjúər-] *a.* ① 진기한, 이상한, 호기심을 끄는. ② 호기심이 강한(*about*); 무엇이나 알고 싶어하는(inquisitive). ③ (책이) 외설한. ~ ***to say*** 이상한 얘기지만. ~***er and*** ~***er*** 기기 묘묘한. *__cú·ri·ous·ly__ *ad.* ~·**ness** *n.* Ⓤ

cu·ri·um [kjúəriəm] *n.* Ⓤ 〖化〗 퀴륨《방사성 원소 (Cm)》.

‡**curl** [kə:rl] *n.* 고수머리, 컬; Ⓤ 컬된 상태, 컬하기. —— *vt., vi.* ① 곱슬곱슬하게 하다; 뒤틀(리)다(twist); 굽이치(게 하)다. ② (연기가) 맴돌다; (공이) 커브하다. ~ ***oneself up*** 잔뜩 꼬부리고 자다. ~ ***one's lip*** (경멸적으로) 윗입술을 비쭉하다. ~ ***up*** 말아 올리다, 웅그리게 하다; 몸을 웅그리다; 《口》 기운이 없어지다. ~**ed** [-d] *a.* 고수머리의, 오그라든. *ˊ~·**y** *a.* 오그라든; 고수머리가 있는; 소용돌이치는.

cur·lew [kə́r:lu:] *n.* 〖鳥〗 마도요.

cur·li·cue [kə́:rlikjù:] *n.* 소용돌이 무늬; 장식체로 쓰기.

curl·ing [kə́:rliŋ] *n.* Ⓤ 컬링《둥근 돌을 미끄러뜨려 과녁을 맞히는 얼음판 놀이》; ⓊⒸ 머리의 컬, 지짐.

cúrling ìrons 〔**tòngs**〕 헤어아이론.

cur·mudg·eon [kərmʌ́dʒən] *n.* 심술 사나운 구두쇠.

cur·rant [kə́:rənt, kʌ́r-] *n.* (씨 없는) 건포도; 까치밥나무(의 열매).

‡**cur·ren·cy** [kə́:rənsi, kʌ́r-] *n.* ① Ⓤ 유통, 통용; 유포, 퍼짐(circulation). ② ⓊⒸ 통화(通貨). ③ Ⓤ 성가(聲價). ***paper*** ~ 지폐.

cúrrency prìnciple 〔**dòctrine**〕 통화주의, 통화설.

‡**cur·rent** [kə́:rənt, kʌ́r-] *a.* ① 통용하는; 유행하는. ② 현재의; 당좌(當座)의. ③ 흐르는; 갈겨쓴, 초서〔흘림〕체의(cursive). ~ ***English*** 시사 영어. ~ ***issue***, or ~ ***number*** 이달〔금주〕호. ~ ***month*** 〔***week, year***〕 이달〔금주, 금년〕. ~ ***price*** 싯가. ~ ***thoughts*** 현대 사조. ~ ***topics*** 오늘의 화제. —— *n.* ① 흐름, 조류, 해류, 기류, 전류. ② 경향, 풍조(trend). *~·**ly** *ad.* 일반적으로, 널리; 현재.

cúrrent accóunt 당좌 계정.

cúrrent dènsity 전류 밀도.

cúrrent mòney 통화.

‡**cur·ric·u·lum** [kəríkjələm] *n.* (*pl.* ~*s*, *-la* [-lə]) 교과 과정, 커리큘럼 (course(s) of study). **cur·ríc·u·lar** *a.*

currículum ví·tae [váiti:] 이력; 이력서.

cur·ri·er [kə́:riər, -ʌ́-] *n.* 가죽 다루는 사람(leather dresser).

cur·rish [kə́:riʃ] *a.* 들개(cur) 같은; 야비한.

*__cur·ry__[1], **cur·rie** [kə́:ri, kʌ́ri] *n., vt.* Ⓤ 카레 (가루); ⓊⒸ 카레 요리(하다). ~ (***and***) ***rice*** 카레라이스.

cúrry pòwder 카레 가루.

cur·ry[2] *vt.* (말 따위를) 빗질하다; (무두질한 가죽을) 다듬다; (사람을) 치다. ~ ***favor with*** …의 비위를 맞추다.

cur·ry·comb [-kòum] *n., vt.* 말빗(으로 빗질하다).

‡**curse** [kə:rs] *n.* ① 저주(의 대상), 욕설, 악담, 저주의 말《Damn! 따위》. ② 재앙, 빌미, 소수(所祟), 버력; 재해. ③ 《俗》 (the ~) 월경(기간). ***Curses come home to roost.*** 《俗談》 남 잡이가 제잡이. ***not care a*** ~ 조금도〔전혀〕 상관 없다(*for*). ***under a*** ~ 저주를 받아. —— *vt., vi.* (~***d***, ***curst*** [-t]) 저주하다; 욕을 퍼붓다; 〖宗〗 파문하다; 빌미 붙다, 괴롭히다. ***be*** ~***d with*** …으로 괴로워하다. ***C- it!*** 빌어먹을!

***curs·ed** [kə́:rsid, -st] *a.* **저주받은,** 빌미 붙은, 동티 난; 저주할; 지겨운, 지긋지긋한; 《口》 지독한. ～·**ly** *ad.* ～·**ness** *n.*

cur·sive [kə́:rsiv] *a.* 잇대어 쓰는, 초서체의. —— *n.* Ⓤⓒ 초서체(의 문자·활자·글)(cf. grass hand).

cur·sor [kə́:rsər] *n.* 커서《계산자, 컴퓨터 화면 등의》.

cur·so·ry [kə́:rsəri] *a.* 조잡〔소략〕한, 엉성한. 「—— *a.* =CURSED.

curst [kə:rst] *v.* curse 의 과거(분사).

curt [kə:rt] *a.* 짧은, 간략한(brief); 무뚝뚝한. ∠·**ly** *ad.* ∠·**ness** *n.*

***cur·tail** [kə:rtéil] *vt.* **줄이다, 단축하다;** (비용·봉급을) 삭감하다. ～·**ment** *n.* Ⓤⓒ

†**cur·tain** [kə́:rtən] *n., vt.* **커튼**(을 달다); 막〔휘장〕(을 치다). ***behind the*** ～ 그늘〔뒤〕에서. ***draw a*** 〔***the***〕 ～ ***on*** 〔***over***〕 …을 휘장으로 가리다; (어떤 일을) 더 이상 거론 않다. ***lift the*** ～ 막을 올리다; 터놓고 이야기하다, 폭로하다(reveal).

cúrtain càll 〖劇〗 커튼콜《관객의 박수로 배우가 다시 무대에 나오는 일》.

cúrtain fàll 종말, 대단원.

cúrtain fìre 탄막(彈幕).

cúrtain lècture 잠자리에서의 아내

cúrtain ràiser 개막극. ∟의 잔소리.

cúrtain wàll 〖建〗 간막이 벽.

curt·s(e)y** [kə́:rtsi] *n., vi.* (여성이 무릎을 약간 굽혀서 하는) **인사, 절;** 인사하다. ***drop 〔***make***〕 ***a*** ～ 무릎을 굽혀 (형식대로) 인사하다.

cur·va·ceous [kə:rvéiʃəs] *a.* 《口》 곡선미의; 육체미의《여성에 대한 말》.

cur·va·ture [kə́:rvətʃər] *n.* Ⓤ 굽음, 휨, 만곡(curve); Ⓒ 만곡부; 〖幾〗 곡률(曲率).

‡**curve** [kə:rv] *n.* ① **곡선.** ② (길의) **굽음.** ③ 〖野〗 곡구(曲球); 커브. ***French*** ～ 운형(雲形) 곡선〔자〕. —— *vt., vi.* 구부리다, 구부러지다; 곡구를 던지다. 「(trick).

cúrve bàll 《美》 〖野〗 곡구; 계략

cur·vet [kə́:rvit] *n.* 〖馬術〗 등약(騰躍)《아름다운 도약법》. —— *vi., vt.* (《英》 *-tt-*) 등약하다〔시키다〕.

cu·sec [kjú:sek] (<*cu*bic *sec*ond) *n.* 큐섹《유량(流量)의 단위; 매초 1 입방 피트》.

‡**cush·ion** [kúʃən] *n., vt.* ① **쿠션〔방석〕**(에 올려〔얹어〕 놓다, 을 대다); (당구대의) 고무 쿠션. ② 〖放〗 (방송시간 조절을 위한) 간주(間奏) 음악. ③ (충격 따위에 대한) 완충물; (불평·충격을) 가라앉히다.

cusp [kʌsp] *n.* 뾰족한 끝, 첨단.

cus·pid [kʌ́spid] *n.* 송곳니(canine).

cus·pi·date [kʌ́spədèit], **-dat·ed** [-id] *a.* 뾰족한, 날카로운(*a* ～ *leaf*/ *a* ～ *tooth* 송곳니). 「구(唾具).

cus·pi·dor [kʌ́spədɔ̀:r] *n.* 《美》 타

cuss [kʌs] *n.* 《美口》 저주; 욕; 놈, 자식. —— *vt., vi.* 《美口》 저주하다, 욕을 퍼붓다.

cus·tard [kʌ́stərd] *n.* ⒸⓊ 커스터드《우유·달걀·설탕에 향료를 가미하여 만든 과자》.

cus·tard-pie [-pái] *a.* =SLAPSTICK.

cus·to·di·an [kʌstóudiən] *n.* 관리인, 보관자(keeper); 수위(janitor).

cus·to·dy** [kʌ́stədi] *n.* Ⓤ ① **보관,** 관리(keeping). ② 후견, 보호(care). ③ 감금. ***in ～ 구류〔구금〕되어. ***take into*** ～ 구금하다(arrest).

†**cus·tom** [kʌ́stəm] *n.* ① ⒸⓊ **습관** (habit), 관습, 풍습(usage) (*It is* ～ *to do so.*). ② Ⓤ 〖法〗 관습법, 관례. ③ Ⓤ (평소의) 애호, 돌봐줌(patronage); 《集合的》 고객(customers). ④ (*pl.*) **관세, 세관.**

‡**cus·tom·ar·y** [kʌ́stəmèri/-məri] *a.* **관습〔관례〕상의;** 〖法〗 관례에 의한. —— *n.* 관례집. **-ar·i·ly** *ad.*

cus·tom-built [kʌ́stəmbílt] *a.* (자동차 따위) 주문제(製)의.

‡**cus·tom·er** [-ər] *n.* ① **고객.** ② 《口》 (성가신) 녀석, 사내(fellow).

cústom hòuse 〔**òffice**〕 세관.

cus·tom·ize [kʌ́stəmàiz] *vt.* 주문에 따라 만들다.

cus·tom-made [-méid] *a.* 《美》 맞춤의(opp. ready-made). 「맹.

cústoms ùnion (국가간의) 관세 동

†**cut** [kʌt] *vt.* (*cut; -tt-*) ① **베다,** 자르다, 잘라〔베어〕내다; 상처를 입히다. ② 가르다, 뻐〔조〕개다; 깎다; (옷감을) 마르다; 재단하다; 가로지르다. ③ **긴축하다.** 줄이다, 조리차하다. ④ 파서 내다〔트다〕, (도로·도랑을) 내다; 파다, 새기다; (보석을) 잘라 가공하다. ⑤ (태도·모습을) 보이다(*He* ～*s a poor figure.* 비참한 몰골을 하고 있다); 《口》 (관계를) 끊다, 모르는 체하다 (*He* ～ *me* (*dead*) *in the street.* 길에서 만나도 나를 모르는 체했다). ⑥ 《口》 (무단히) 빠지다(avoid)(～ *a meeting*). ⑦ 몸에 스미다〔사무치다〕, …의 감정을 해치다. ⑧ (알코올 따위를) 타다, 녹이다. ⑨ (공을) 깎아 치다; (카드를) 떼다(cf. shuffle); 거세하다. ⑩ (이를) 나게 하다(～ *a tooth*); 《口》 (레코드에) 취입(吹入)하다. —— *vi.* (날이) 잘 들다 (*This knife* ～*s well.*); 헤치고 나아가다(make way); 가로지르다; 《口》 도망하다; (바람이) 몸에 스며들다〔몸을 에다〕. ***be*** ～ ***out for*** 《美口》 …의 능력이 있다. ～ ***about*** 《口》 뛰어 돌아다니다. ～ ***across*** 횡단하다. ～ ***after*** …을 급히 좇다〔따르다〕. ～ ***and come again*** (식탁의 고기·파이를 썰어) 몇번이고 마음대로 집어 먹다. ～ ***and run*** 재빨리 도망치다. ～ ***a person dead*** 만나도 짐짓 모른 체하다. ～ ***at*** 맹타하다; (희망 등을) 빼앗다. ～ ***a tooth*** 이가 나다. ～ ***away*** 잘라〔떼어〕내다; 도망치다. ～ ***back*** (나뭇)가지를 치다; 〖映〗 cutback 하다; 〖蹴〗 갑자기 후퇴하다. ～ ***both ways*** 양다리 걸치다. ～ ***down*** 베어〔잘라〕 넘기다; 바싹 줄이다, 아끼다; (병이) …을 쓰러뜨리다. ～ ***in*** 끼어들다; 간섭하

다; 말참견하다; (댄스 중인 남자로부터) 여자를 가로채다. ~ *it* 도망치다; 입 닥쳐! ~ *it* (*too*) FINE[1]. ~ *off* 떼어[잘라]내다; (공급을) 중단하다; 차단하다; (병이) …의 목숨을 빼앗다. ~ *off with a shilling* (약간의 재산을 주어) 폐적(廢嫡)하다. ~ *out* 떼 버리다, 잘라내다, 제거하다; 《口》 멈추다, 중지하다; 잘라[베어] 만들다; 준비하다(*Your work is ~ out for you.* 자네가 (해줘야) 할 일이 있다); 적합시키다(*He is ~ out for the work.* 그 일에 아주 적격자이다); 연구하다; (경쟁 상대를) 앞지르다[제쳐 놓다]; …에 대신하다, 대신 들어앉다(supplant). ~ *short* 바싹 줄이다; 갑자기 그치다; (남의) 말을 가로막다(*He ~ me short.* 그는 내 말을 가로막았다). ~ *under* 《美》 …보다 싸게 팔다(undersell). ~ *up* 째다, 난도질하다; 분쇄하다; 혹평하다; 《美口》 허세를 피우다(show off); (옷감이 몇 벌 분으로) 마를 수 있다; 마음을 아프게 하다(hurt); 《口》 농담하다, 장난치다. —— *n.* ① **절단**, 삭제, 한번 자르기. ② **벤 상처**, 칼자국; **벤[자른] 곳**; 도랑. ③ 베어낸 조각, 살점; 벌채량. ④ **지름길**. ⑤ 마름질; 지어내기; 베(어내)기; 만듦새, 모양. ⑥ (카드 패를) 떼기; (공을) 깎아 치기. ⑦ 삭제, 〖映〗 컷; (비용을) 줄이기; 값을 깎기; 깎아내림(*a ~ in salary*). ⑧ 모른 체하기; 빠지기. ⑨ 목판(화), 삽화, 컷. ⑨ 《俗》 (이득의) 몫. ~ *and thrust* 백병전; 격투, 드잡이. *draw* ~ 제비뽑다. —— *a.* 자른, 벤; 저민(~ *tobacco* 살담배); 조탁(彫琢) 세공의(⇨ CUT GLASS); 바싹 줄인, 깎아내린; 볼깐, 거세한; 《俗》 술취한.

cut-and-come-a·gain [kʌ́tənd-kʌ́məgèn] *n.* UC (고기 따위) 몇 번이고 먹고 싶은 대로 베어 먹기; 무진장. —— *a.* (음식이) 풍부한, 푸짐한.

cut-and-dried [ˊənddráid] *a.* (이야기·계획이) 사전에[미리] 준비된; 진부한, 틀에 박힌. 「의.

cu·ta·ne·ous [kju:téiniəs] *a.* 피부

cut·a·way [kʌ́təwèi] *a.* (상의의) 앞자락을 뒤로 어슷하게 재단한; 〖機〗 (내부가 뵈도록) 일부 떼어낸. —— *n.* 앞자락을 비스듬히 재단한 옷《모닝코트 따위》(~ coat).

cut·back [ˊbæ̀k] *n.* 〖映〗 컷백《장면 전환을 한 후 다시 먼저 장면으로 되돌아가기》(cf. flashback); (생산 등의) 축소, 삭감. 「〖醫〗 정맥 절개.

cut·down [ˊdàun] *n.* 삭감, 감소;

***cute** [kju:t] (<acute) *a.* ① 《口》 **약삭빠른**; 영리한. ② 《美口》 **귀여운**, 예쁜. 「글라스.

cút gláss 조탁(彫琢) 세공 유리, 컷

cu·ti·cle [kjú:tikl] *n.* 표피(表皮); (손톱 뿌리의) 연한 살갗. 「멋진 여자.

cut·ie [kjú:ti] *n.* 《美口》 예쁜 처녀,

cut-in [kʌ́tìn] *n.* 〖映·TV〗 컷인; 삽입 장면.

cut·las(s) [kʌ́tləs] *n.* (옛 선원의) 휘우듬한 단도.

cut·ler [kʌ́tlər] *n.* 날붙이 장인(匠人)[장수]. **cút·ler·y** [-ləri] *n.* U 날붙이; (식탁용) 철물《나이프·포크·스푼 따위》; 날붙이 영업[상(商)]. 「점).

***cut·let** [kʌ́tlit] *n.* **커틀릿**(용의 고깃

cut·line [kʌ́tlàin] *n.* 〖新聞〗 (사진의) 설명 문구(caption).

cut·off [ˊɔ̀:f, ˊɑ̀f/ˊɔ̀f] *n.* 지름길; (증기의) 차단 (장치).

cut·out [ˊàut] *n.* 도려내기, 오려낸 그림; (영화·각본의) 삭제된 부분; 〖電〗 안전기; 〖機〗 (내연 기관의) 배기판.

cut·purse [ˊpə̀:rs] *n.* 소매치기. 「금).

cút ráte 《美》 할인 가격[운임·요

***cut·ter** [ˊər] *n.* ① **자르는[베는] 사람**; **재단사**, 〖映〗 편집자. ② 절단기(器), 깡통따개, 앞니(incisor). ③ (외대박이) 소형 쾌속 범선; (군함의) 잡역정(雜役艇). ④ 《美》 (연안 경비용) 소형 감시선, (한 필이 끄는) 말썰매. 「개가 붙은 뚜껑.

cut·ter-lid [ˊərlìd] *n.* (통조림의) 따

cut·throat [ˊθròut] *n.*, *a.* 살해자, 자객; 흉악한, 잔인한; 〖카드놀이〗 셋이서 하는. ~ *razor* 《俗》 서양 면도칼.

‡**cut·ting** [ˊiŋ] *n.* ① UC **자름**, 벰, 베어[오려, 도려]냄. ② 베어낸 물건; (신문의) 베어[도려]낸 것. ③ UC (보석의) 절단 가공. ④ UC (철도·운하를 위한) 개착. ⑤ UC 《口》 떨이로 팔기. —— *a.* 잘 드는, 예리한; 신랄한, 통렬한; 《口》 할인의. ~·**ly** *ad.*

cut·tle·fish [kʌ́tlfìʃ] *n.* (*pl.* ~(*es*)) 오징어. 「기; 허세꾼.

cut·up [kʌ́tʌ̀p] *n.* 《美口》 장난꾸러

cut·wa·ter [ˊwɔ̀:tər, -wɑ̀-] *n.* (이물의) 물결 헤치는 부분.

cut·worm [ˊwə̀:rm] *n.* 뿌리 잘라먹는 벌레, 거염벌레.

C.V.O. Commander of the Victorian Order. **CWA** Civil Works Administration. **CWO** Chief Warrant Officer 상급 준위. **c.w.o.** cash with order 〖商〗 현금불(現金拂) 주문. **cwt.** hundredweight.

-cy *suf.* 《名詞語尾》 직·지위·성질·상태 등을 나타냄: abba*cy*, fluen*cy*.

cy·an·ic [saiǽnik] *a.* 〖化〗 시안을 함유한; 푸른. ~ *acid* 시안산(酸).

cy·a·nide [sáiənàid, -nid], **-nid** [-nid] *n.* 〖化〗 시안화물(化物), 청산염(青酸塩); U (특히) 청산칼리(potassium ~).

cy·a·no·co·ba·la·min [sàiənoukou-bǽləmin] *n.* 비타민 B_{12}의 별칭.

cy·an·o·gen [saiǽnədʒin] *n.* U 〖化〗 시안, 청소(青素)《유독 가스》.

cy·a·no·sis [sàiənóusis] *n.* U 〖病〗 치아노제《혈액 중의 산소 결핍에 의한 피부 청변증(青變症)》.

cy·ber·na·tion [sàibərnéiʃən] *n.* U 전산기에 의한 자동 제어.

cy·ber·net·ic [sàibərnétik] *a.* 인공 두뇌(학)의. 「의학.

cybernétic médicine 인공 두뇌

cy·ber·net·ics [sàibərnétiks] *n.* 인공 두뇌학《인간의 두뇌와 복잡한 (전자) 계산기 따위와의 비교 연구》.
cy·borg [sáibɔ:rg] *n.* 생리의 한계를 넘어 활동할 수 있도록 특수 기기로 강화된 인간 또는 생물체.
cy·cad [sáikæd] *n.* 〖植〗 소철(蘇鐵).
cyc·la·men [síkləmən, sái-, -mèn] *n.* 〖植〗 시클라멘.
‡**cy·cle** [sáikl] *n.* ① **주기**(周期), **순환**, 일순(一巡). ② 한 시대, 오랜 세월. ③ (시·이야기의) 일련(一連), 담총(談叢)(series)(*the Arthurian* ~ 아더 왕 전설집). ④ 자전거. ⑤ 주파, 사이클. —— *vi.* 순환하다; 자전거를 타다. **cy·clic** [sáiklik, sík-], **-cli·cal** [-əl] *a.* 주기의, 주기적인, 순환하는. ‡**cý·cling** *n.* Ⓤ 자전거 타기, **사이클링**. *__cy·clist__ [sáiklist] *n.* **자전거 타는 사람**.
cy·cle-track [-træk], **cy·cle·way** [-wèi] *n.* 자전거 도로.
cy·clo·drome [sáiklo*u*dròum] *n.* 경륜장(競輪場).
cy·cloid [sáiklɔid] *n.* 〖數〗 사이클로이드, 파선. **cy·cloi·dal** [saiklɔ́idl] *a.*
cy·clom·e·ter [saiklámitər / -klɔ́-] *n.* (차바퀴의) 주정계(走程計).
cy·clone [sáikloun] *n.* 회리바람, 선풍 (tornado). **cy·clon·ic** [-klán-/-ɔ́-] *a.*
cy·clo·nite [sáiklənàit, sík-] *n.* Ⓤ 강력 고성능 폭약.
cy·clo·pe·di·a, -pae- [sàiklo*u*pí:diə] *n.* =ENCYCLOP(A)EDIA. **-dic** *a.*
Cy·clops [sáiklaps / -klɔps] *n.* (*pl.* *Cyclopes* [saiklóupi:z]) 〖그神〗 애꾸눈의 거인; 애꾸. 「원형 파노라마.
cy·clo·ram·a [sàikləræ̀mə, -á:-] *n.*
cy·clo·thy·mi·a [sàikləθáimiə] *n.* Ⓤ 〖心〗 조울 정신병, 순환 기질.
cy·clo·tron [sáiklətràn / -trɔ̀n] *n.* 〖理〗 사이클로트론《이온 가속기》.
cyg·net [sígnit] *n.* 백조 새끼.
‡**cyl·in·der** [sílindər] *n.* ① **원통**(형). ② 기관의 실린더. ③ 〖幾〗 원기둥(*a right* ~ 직원기둥). ④ (권총(revolver)의) 탄창. **cy·lin·dric** [silíndrik], **-dri·cal** [-əl] *a.* 「즈.
*__cym·bal__ [símbəl] *n.* (*pl.*) 〖樂〗 **심벌**
cyme [saim] *n.* 〖植〗 취산화서.
Cym·ry [kímri, sím-] *n.* 웨일즈 사람. **Cým·ric** *a.* =WELSH.
*__Cyn·ic__ [sínik] *a.*, *n.* ① (고대 그리스의) 견유학파(犬儒學派)의 (사람). ② (c-) **냉소자**; 빈정거리는, 비꼬는. *__cýn·i·cal__ *a.* **냉소적인**, 빈정대는.
cyn·i·cism [sínəsìzəm] *n.* Ⓤ 빈정댐〔대는 말〕; (C-) 견유 철학.
cy·no·sure [sáinəʃùər, sínə-] *n.* 주목〔찬미〕의 대상; 목표; (the C-) 〖天〗 작은곰자리 (Little Bear); 북극성 (polestar).
Cyn·thi·a [sínθiə] *n.* 달의 여신 Diana(의 별명); 《詩》 달.
cy·pher [sáifər] *n.*, *v.* =CIPHER.
cý prés [sí: préi] 〖法〗 (실행 가능한 범위내에서) 될 수 있는 한 빨리〔빠르게〕. 「그 가지《애도의 상징》.
*__cy·press__ [sáipris] *n.* 삼나무의 일종;
Cyp·ri·an [síprian] *a.*, *n.* Cyprus 섬의 (사람); 음탕한 (사람); 매춘부.
Cy·prus [sáiprəs] *n.* 키프로스《지중해 동부의 섬; 공화국》. 「낭종(囊腫).
cyst [sist] *n.* 〖生〗 포(胞), 포낭; 〖醫〗
cys·tec·to·my [sistéktəmi] *n.* 〖醫〗 방광 절제술.
cys·ti·tis [sistáitis] *n.* Ⓤ 〖醫〗 방광염.
cys·tot·o·my [sistátəmi/-tɔ́t-] *n.* Ⓤ 〖醫〗 방광 절개(술).
Cyth·er·e·a [sìθərí:ə] *n.* 〖그神〗 = APHRODITE.
cy·to·ge·net·ics [sàitoudʒənétiks] *n.* (單數取扱) 세포 유전학. 「포학.
cy·tol·o·gy [saitálədʒi/-ɔ́-] *n.* Ⓤ 세
cy·to·plasm [sáito*u*plæ̀zm], **-plast** [-plæ̀st] *n.* 〖生〗 세포질.
cy·to·sine [sáitəsì:n] *n.* Ⓤ 〖生化〗 시토신《핵산중의 물질》.
C. Z. Canal Zone 파나마 운하 지대.
*__Czar__ [za:r] *n.* ① 구(舊)러시아 황제. ② (c-) **황제**, **전제 군주**. **Czar·e·vitch** [zá:rəvìtʃ] *n.* 구러시아의 황태자. **Cza·rev·na** [za:révnə] *n.* 구러시아 공주〔황태자비〕. **Cza·ri·na** [-rí:nə] *n.* 구러시아 황후. 「〔말〕(의).
*__Czech__ [tʃek] *n.*, *a.* Ⓒ Ⓤ **체코 사람**
Czech. Czechoslovakia.
Czech·o·sló·vak, -Sló- [tʃèkəslóuva:k/-væk] *a.*, *n.* 체코슬로바키아의; 체코슬로바키아 사람.
Czech·o·slo·va·ki·a, -Slo- [-sləvá:kiə, -væ̀-] *n.* **체코슬로바키아**.

D

D, d [di:] *n.* (*pl.* ***D's, d's*** [-z]) 〖樂〗 라음(音), 라조(調); (로마 숫자의) 500 (*DCC*=700; *CD*=400).
D. December; Department; 〖理〗 density; *Deus* (L.= God); Dutch.
d. date; daughter; day(s); delete; *denarii* (L. =pence); *denarius* (L. =penny); dialect; diameter; died; dime; dollar; dose.
d—— [di:, dæm] =DAMN.
DA, D. A. 《美》 District Attorney; document for acceptance.
dab [dæb] *vt.*, *vi.* (***-bb-***), *n.* (분 따위를) 가볍게 두드리다〔두드림〕(pat); 톡톡 갖다대다〔대기〕; 바르다, 칠하다(*on, over*), 한 번 쓱 칠하기〔바르기〕; 소량; 《俗》 지문(을 채취하다).
*__dab·ble__ [dǽbəl] *vt.*, *vi.* (물을) **튀기다** (splash), 물장난을 하다; 도락삼아 하다(*in, at*).
da ca·po [da:ká:pou] (It.) 〖樂〗 처음부터 반복하여《생략 D.C.》.
Dac·ca [dǽkə, dá:kə] *n.* 다카《방글라데시의 수도》. 「(~) 황어.
dace [deis] *n.* (*pl.* ~*s*, 《集合的》
da·cha [dá:tʃə] *n.* (Russ.) 교외 별장, 시골 저택.

dachs·hund [dá:kshùnd, -hùnt, dǽʃhùnd] *n.* 닥스훈트《긴 몸, 짧은 발의 독일 개》.
Da·cron [déikrɑn, dǽk-/-rɔn] *n.* 〖商標〗 데이크론《폴리에스테르계 합성 섬유》.
dac·tyl [dǽktil] *n.* 〖韻〗 강약약격(´××). **dac·tyl·ic** [-tílik] *a.*
dac·ty·lol·o·gy [dæ̀ktəlɑ́lədʒi/-lɔ́l-] *n.* Ⓤ (농아자 등의) 지화법(指話法), 수화(手話).
DAD digital audio disc.
‡**dad** [dæd], ***dad·dy** [dǽdi] *n.* 《口》 =PAPA.
Da·da(·ism) [dɑ́:dɑ:(ìzəm), -də-] *n.* (때로 d-) 다다이즘《허무적인 예술의 한 파》.
dad·dy-long·legs [dǽdilɔ́:ŋlègz / -lɔ́ŋ-] *n. sing.* & *pl.* 꾸정모기(crane fly); 긴발장님거미(harvestman).
da·do [déidou] *n.* (*pl.* ~(*e*)*s*) 〖建〗 징두리 판벽.
‡**daf·fo·dil** [dǽfədìl] *n.* **나팔수선화.**
daff·y [dǽfi], **daft** [dæft / -ɑ:-] *a.* 《美口》 어리석은(silly); 미친(crazy).
‡**dag·ger** [dǽgər] *n.* **단도**; 칼표(†). ***at ~s drawn*** 심한 적의를 품고. ***double ~*** 이중칼표(‡). ***look ~s*** 무서운 눈초리로 노려보다(*at*). ***speak ~s*** 독설을 퍼붓다(*to*).
da·go [déigou] *n.* (*pl.* ~(*e*)*s*) (종종 D-) 《美俗》 《蔑》 남유럽인(人)《이탈리아·스페인 사람 등》.
da·guerre·o·type [dəgέərətàip, -riə-] *n.* (Daguerre가 발명한 옛적의) 은판(銀板) 사진.
Dag·wood [dǽgwùd] *n.* ① 미국의 유명한 만화의 주인공. ② (or d-) 여러겹으로 겹친 샌드위치(~ sandwich).
dahl·ia** [dǽljə, dɑ́:l-, déil-] *n.* **달리아.** ***blue ~ 진기한 것.
Da·ho·mey [dəhóumi] *n.* 다호메이《아프리카 서부 Benin 공화국의 구칭》.
†**dai·ly** [déili] *a., ad., n.* **날마다(의)**; 일간 신문; 《英》 파출부(派出婦).
‡**dain·ty** [déinti] *a.* **우아한**; 품위 있는(elegant); **성미가 까다로운**(particular), (취미 등이) 퍽 까다로운(over-nice); **맛좋은**(delicious). —— *n.* 진미. **dáin·ti·ly** *ad.* **-ti·ness** *n.*
dai·qui·ri [dáikəri, dǽk-] *n.* 다이커리《럼을 밑술로 한 칵테일》.
‡**dair·y** [dέəri] *n.* ① **낙농장**[실]; Ⓤ 낙농업. ② **우유점**(店), 유제품 판매소. ③ 《集合的》 (목장의) 젖소.
dáiry càttle 젖소(*cf.* beef cattle).
dáiry chèmistry 낙농[유(乳)]화학.
dáiry fàrm 낙농장.
dáiry fàrmer 낙농(업자).
dáiry fàrming 낙농(업).
dair·y·maid [-mèid] *n.* 젖 짜는 여자.
dair·y·man [-mən] *n.* 낙농장 주인 [일꾼]; 우유 장수.
da·is [déiis, dái-] *n.* (응접실·식당 등의) 높은 단(壇), 상좌《귀빈석》; 연단.
‡**dai·sy** [déizi] *n., a.* **데이지**; 《俗》 상등품, 썩 훌륭한 (물건)(*She's a real ~.* 천하일색이다); 《美》 훈제(燻製)의 햄. ***push up daisies*** 《口》 무덤에 잠들다, 죽다.
Dak. Dakota.
***Da·ko·ta** [dəkóutə] *n.* **다코타**《미국 중북부의 주; 남북으로 갈림; 생략 Dak.》.
dal, dal. decaliter.
Dal·ai La·ma [dɑ́:laiIɑ́:mə] 달라이 라마《티베트의 활불》.
***dale** [deil] *n.* 《주로 英》 **골짜기**(valley).
dal·ly [dǽli] *vi., vt.* 희롱[새롱]거리다, 장난치다; 빈둥거리다, 빈들빈들 거닐다(loiter); 우물쭈물 (때를) 헛되게 보내다(idle). **dál·li·ance** *n.* Ⓤ
Dal·ma·tian [dælméiʃiən] *n.* 달마티아 개《포인터 비슷한 큰 바둑이》.
dal se·gno [dɑ:lséinjou, dæl-] (It.) 〖樂〗 기호 있는 곳에서 반복하여 《생략 D.S.》.
‡**dam**[1] [dæm] *n.* **댐**, 둑; 둑으로 막아 놓은 물. —— *vt.* (**-mm-**) 둑으로 막다; 저지하다, 막다(*up*).
dam[2] *n.* 어미 짐승; 어미(cf. sire); 《蔑》 아이 딸린 여자.
‡**dam·age** [dǽmidʒ] *n.* ① Ⓤ **손해**(harm), 손상(injury). ② (*pl.*) 손해 배상(금). —— *vt.* 해치다, 손상시키다(injure). —— *vi.* 못쓰게 되다.
Dam·a·scene [dǽməsì:n, ⌐–´] *a.* 다마스쿠스의; (d-) 다마스크 세공(細工)의; 다마스크풍의 물결무늬가 있는. —— *n.* 다마스쿠스 사람; (d-) 다마스크 세공; 물결무늬. —— *vt.* 물결무늬를 넣다; (칼날에) 물결무늬를 띠게 하다; (쇠붙이에) 금은으로 상감하다.
Da·mas·cus [dəmǽskəs/-mɑ́:s-] *n.* 다마스쿠스《시리아의 수도》.
dam·ask [dǽməsk] *n.* Ⓤ 다마스크 천, 능직; 석죽색. —— *a.* 다마스크 천[능직]의; 석죽색의. =´ **stéel** 다마스크 강철《도검용》. —— *vt.* 능직으로 짜다; (빰을) 붉히다.
dame [deim] *n.* 《古》 귀부인(lady); 부인《knight, baronet 부인의 경칭》.
dam·mit [dǽmit] *int.* =DAMN it.
‡**damn** [dæm] *vt., vi.* **비난하다**; 저주하다(curse), 욕을 퍼붓다, (관객이) 들어가라고 외치다; 파멸시키다; 빌어먹을!; 지겨워!《꺼리어 d— 또는 d—n 따위로도 씀》. ***D- it*** [***him, you***]*!* 빌어먹을! ***D- the flies!*** 이 경칠놈의 파리! ***~ with faint praise*** …을 냉담한 칭찬으로 깎아 내리다. ***I'll be ~ed if...*** 절대로 …할 리가 없다. —— *n.* 저주; 조금도. ***don't care a ~*** 조금도 개의[상관]치 않다. —— *int.* 《俗》 제기랄!, 빌어먹을!
dam·na·ble [´nəbəl] *a.* 저주할; 지겨운. ***damned** [dæmd] *a., ad.* **저주받은**(cursed); **지겨운**; 《俗》 지독히.
dam·na·tion [dæmnéiʃən] *n.* Ⓤ 비난, 저주; 지옥에 떨어뜨림; 파멸(ruin). —— *int.* 《俗》 제기랄!; 아뿔싸(Damn!). **dam·na·to·ry** [dǽmnətɔ̀:ri/-təri] *a.*
dam·ni·fy [dǽmnəfài] *vt.* 〖法〗 손상하다.

Dam·o·cles [dǽməklìːz] *n.* 〖그神〗 Syracuse의 참왕(僭王) Dionysius의 가신(家臣). ***sword of*** ~ (왕자(王者)의) 몸에 따라다니는 위험《왕이 Damocles의 머리 위에 칼을 매달아 놓고 왕의 자리가 편안치 못함을 깨닫게 한 고사에서》.
Da·mon [déimən] *n.* ~ ***and Pythias*** [píθiəs] 〖그神〗 막역한 벗(의 전형). 「=DAMSEL.
dam·o·sel, -zel [dǽməzèl] *n.* 《詩·古》
‡**damp** [dæmp] *n.* Ⓤ 습기; 낙담, 실망; 방해; (탄갱 등의) 독가스. ── *a.* 축축한, 습기 있는. ── *vt.* 축축하게 하다(dampen); 낙담시키다(discourage), 기를 꺾다, 못살게 굴다; (불을) 끄다; 〖理〗 (전파의) 진폭을 감퇴시키다. **∠·en** [∠ən] *vt.* =damp (*v.*). **∠·er** *n.* 흥을 깨뜨리는 사람, 기를 꺾는 것; (피아노의) 단음(斷音) 장치; (현악기의) 약음기(弱音器); (난로의) 공기 조절판.
dámp còurse 〖建〗 (벽속의) 방습층.
damp-dry [∠drái] *vt.* (빨래를) 설말리다. ── [∠∠] *a.* 설말린.
damp·proof [∠prùːf] *a.* 방습(防濕)의, 습기를 막는.
dam·sel [dǽmzəl] *n.* 처녀; 《古·詩》 (지체 높은) 소녀.
dam·site [dǽmsàit] *n.* 댐 건설 부지.
dam·son [dǽmzən] *n.* 서양자두 (나무). ── *a.* 암자색의
Dan [dæn] *n.* (성서 시대의) 팔레스티나 북단의 마을. ***from ~ to Beersheba*** [biərʃíːbə] 전체에 걸쳐, 끝에서 끝까지《Beersheba는 그 남단의 마을》.
Dan. Daniel; Danish.
dán (bùoy) [dæn] *n.* (심해 어업용의) 소형 부표(浮標).
†**dance** [dæns/-ɑː-] *vi., vt.* 춤추(게 하)다; 뛰다; (불그림자 따위가) 흔들거리다; (아기를) 어르다. ~ ***off*** 《美》 죽다. ~ ***to*** [***after***] ***a person's tune*** [***piping***] 아무의 장단에 춤추다, 하라는 대로 하다. ~ ***upon nothing*** 교수형을 받다. ── *n.* 춤, 무도(곡), 무도회. ***lead the*** ~ 솔선하다. ‡**dánc·er** *n.*
‡**danc·ing** [∠iŋ] *n.* Ⓤ 춤, 무도. ~ ***girl*** 무희(舞姬). ~ ***hall*** 댄스홀, 무도장. ~ ***master*** 댄스 교사. 「레.
***dan·de·li·on** [dǽndəlàiən] *n.* 민들
dan·der [dǽndər] *n.* Ⓤ 《美口》 뱃성, 역정. ***get one's ~ up*** 노하다.
dan·dle [dǽndl] *vt.* (안고) 어르다; 귀여워하다, 어하다. 「비듬.
dan·druff [dǽndrəf] *n.* Ⓤ (머리의)
***dan·dy** [dǽndi] *n.* 멋쟁이; 《口》 썩 좋은 물건[사람], 일품. ── *a.* 멋진; 《美口》 훌륭한. 「인 사람.
***Dane** [dein] *n.* 덴마크(계의) 사람; 데
Dane·law [déinlɔ̀ː] *n.* 〖史〗 9-11세기에 데인 사람이 지배한 영국 북동부; 그 지역에서 행하여진 법률.
†**dan·ger** [déindʒər] *n.* ① ⓊⒸ 위험(한 상태) (risk). ② 장애, 위협. ***be in ~ of*** …의 위험[우려, 걱정]이 있다.
†**dan·ger·ous** [déindʒərəs] *a.* 위험한. *~**·ly** *ad.* 위험하게, 몹시. ***be ~ly ill*** 위독하다, 위독 상태에 있
dánger sìgnal 위험 신호. 「다.
***dan·gle** [dǽŋgəl] *vi.* 매달리다; 뒤쫓다; 따라[붙어]다니다(*about, after*). ── *vt.* (매)달다; 어른거려 뵈다.
Dan·iel [dǽnjəl] *n.* 〖聖〗 다니엘서(書); 히브리의 예언자; 명재판관.
***Dan·ish** [déiniʃ] *a., n.* Ⓤ 덴마크(사람, 말)의; Ⓤ 덴마크 말. 「찬.
dank [dæŋk] *a.* 축축한(damp), 습기
Danl. Daniel. 「철사.
dán·nert wìre [dǽnərt] 《口》 가시
dan·seuse [dɑːnsə́ːz] *n.* (*pl.* ~***s*** [-sə́ːziz]) (F.) (여자) 댄서.
***Dan·te** [dǽnti, dɑ́ːntei] *n.* (1265–1321) 단테《이탈리아 시인: *Divina Commedia* (신곡) 의 작가》.
Dan·tesque [dæntésk] *a.* 단테식의.
***Dan·ube** [dǽnjuːb] *n.* 흑해로 흐르는 독일의 한 강《독일명 **Donau** [dóu-nau]》.
Daph·ne [dǽfni] *n.* 〖그神〗 Apollo에게 쫓겨 월계수(laurel)로 화한 요정; 〖植〗 (d-) 월계수, 팥꽃나무.
dap·per [dǽpər] *a.* (복장이) 단정한; 작고 활발한.
dap·ple [dǽpəl] *a., n., vt.* 얼룩진 (말·개); 얼룩지게 하다. **~d** [-d] *a.* 얼룩진.
‡**dare** [dɛər] *vt., vi.* (~, ***d***《古》***durst;*** ~***d***) 감히[결기 있게, 대담히] …하다《이 뜻으로 쓰일 때 否定文·疑問文에서는 助動詞 취급》; (위험을) 무릅쓰다, 도전하다. ***I ~ say***, or ***I ~ say*** 아마(probably). 「람).
dare·dev·il [∠dèvəl] *a., n.* 무모한 (사
dare·say [∠séi] *v.* =DARE say.
‡**dar·ing** [dέəriŋ] *n., a.* Ⓤ 대담무쌍(한); 겁이 없는.
Da·ri·us [dəráiəs] (558?–486? B.C.) (페르시아의) 다리우스 왕(재위 521–486? B.C.).
†**dark** [dɑːrk] *a.* 어두운, 캄캄한; (피부가) 거무스레한(swarthy); 비밀의, 숨은; 수수께끼 같은; 무지한; 사악한; 음울한; 슬픈, 우울한(sad); 부루퉁한(sullen); 방송이 정지된. ***keep a thing*** ~ 사물을 숨기어 두다. ── *n.* Ⓤ 암흑, 어둠, 땅거미; 무지. ***a stab in the*** ~ 억측, 근거 없는 추측에 따른 행동. ***at*** ~ 해질녘에. ***in the*** ~ 어둠속에, 어두운 곳에서; 비밀히; 모르고. ***∠·ly** *ad.* ‡**∠·ness** *n.* Ⓤ 어둠, 암흑; 무지; 실명; 애매.
Dárk Áges, the 암흑 시대《중세》.
Dárk Cóntinent, the 암흑 대륙 《아프리카》. 「기.
dárk dáys 불우한 시대, 슬럼프 시
dárk déeds 비행(非行).
‡**dark·en** [∠ən] *vt., vi.* 어둡게 하다 [되다], 모호하게 하다(keep in the dark). ***Don't ~ my door again.*** 다시는 내 집에 발을 들여놓지 말라.
dárk hórse 다크 호스《경마·선거 등에서 역량 미지의 유력한 상대》.
dárk lántern 초롱, 등롱(燈籠).

dark·ling [⌐liŋ] *a., ad.* 《주로 詩》 어두운, 어둠 속의〔에〕.
dark·room [⌐rù(:)m] *n.* 〖寫〗 암실.
dark·some [⌐səm] *a.* 《詩》 어스레한, 어둑한, 음울한. 「(Negro).
dark·y [⌐i] *n.* 《口》 깜둥이, 흑인
‡**dar·ling** [dá:rliŋ] *a., n.* 귀여운; (부부·연인간의 호칭으로서) 당신, **가장 사랑하는 (사람)**. 「서 깁다〔깁는 곳〕.
darn[1] [dɑ:rn] *vt., n.* 꿰매 깁다, 떠
darn[2] *vt., vi., n.* 《美口》 ＝DAMN.
darned [dɑ:rnd] *a., ad.* 《口》 말도 안 되는, 우라질; 심한, 몹시, 터무니없는〔게〕.
***dart** [dɑ:rt] *n.* **던지는 창〔화살〕**, 표창(鏢槍); (*pl.*) 창던지기놀이; 돌진; (벌 따위의) 침(stinger); 〖裁縫〗 다트. —— *vt., vi.* **던지다**, 발사하다; 돌진하다.
Dart·moor [dá:rtmuər] *n.* 잉글랜드 남서부의 바위가 많은 고원; (그곳에 있는) 다트무어 형무소.
darts [dɑ:rts] *n. pl.* **(單數取扱)** 다츠《둥근 과녁에 쇠 화살을 던져 득점을 다투는 놀이》.
***Dar·win** [dá:rwin], **Charles** (1809–82) 다윈《영국의 박물학자》. **Dar·win·ism** [-izəm] *n.* Ⓤ 다윈설, 진화론. **∼·ist** *n.* 「윈설(說)의; 진화론자.
Dar·win·i·an [dɑ:rwíniən] *a., n.* 다
‡**dash** [dæʃ] *vt.* ① **던지다, 내던지다** (throw). ② (물을) 끼얹다(splash). ③ 약간 섞다. ④ 때려부수다; (기를) 꺾다; 부끄럽게 하다(abash). ⑤ ＝DAMN. —— *vi.* **돌진하다**(*forward*), 부딪다(*against*); 단숨에 하다, 급히 쓰다〔해내다〕(*off*). ***D- it!*** 염병할! —— *n.* ① **돌진; 충돌.** ② Ⓤ 위세, 기운, 허세. ③ (가미(加味)된) 소량, (…의) 기미(touch) (*of*). ④ (부호의) 대시(—). ⑤ 단거리 경주. ⑥ ＝DASHBOARD. ***at a ∼*** 단숨에. ***cut a ∼*** 허세를 부리다. ***⌐·ing** *a.* 기운찬; 화려한, 멋부린.
dash·board [⌐bɔ̀:rd] *n.* (보트 전면의) 물보라 막이, (마차의) 흙받기; (자동차 따위 조종석의) 계기반(計器盤).
das·tard [dǽstərd] *n.* 비겁한 자, 겁쟁이(coward). **∼·ly** *a.* 비겁한, 겁
dat. dative. 「약한, 못난.
‡**da·ta** [déitə, dǽt-] *n., pl.* (*sing.* ***datum***) **재료, 자료, 데이터.** 「은행.
dáta bànk 〖컴퓨터〗 데이터〔정보〕
dáta communicátion 〖컴퓨터〗 데이터 통신.
dat·a·phone [-fòun] *n.* 데이터폰《컴퓨터에 데이터를 보내는 전화》. 「리.
dáta pròcessing 데이터 〔정보〕 처
date[1] [deit] *n.* 대추야자(의 열매).
†**date**[2] *n.* **날짜, 연월일; 기일, 시대;** 《美口》 **만날 약속,** 데이트 (상대자). (***down***) ***to ∼*** 오늘까지(의). ***out of ∼*** 시대에 뒤진. ***up to ∼*** 현재까지(의); 최신식의. —— *vt.* 날짜를 쓰다; 시일을 정하다. —— *vi.* 날짜가 적혀 있다; 시작되다(*from*). ***∼ back to*** …에 소급하다. **dat·ed** [⌐id] *a.* 날짜 있는; 시대에 뒤진(out-of-date). **⌐-less** *a.* 날짜 없는; 무(기)한의; 태고의; 시대를 초월하여 흥미 있는.
dáte lìne (보통 the ∼) 일부 변경
dáte pàlm 대추야자(date). 「선.
da·tive [déitiv] *n., a.* 〖文〗 여격(의).
da·tum** [déitəm] *n.* (*pl.* ***data) (보통 *pl.*) 자료, 데이터; 논거; 〖數〗 기지수.
da·tu·ra [dətjúərə] *n.* 〖植〗 흰독말풀.
daub [dɔ:b] *vt., vi., n.* 바르다(*with*); 바르기; 처덕처덕 칠하다〔칠하기〕; 서투른 그림(을 그리다).
†**daugh·ter** [dɔ́:tər] *n.* 딸.
dáughter élement 〖理〗 (방사 물질의 분열로 생기는) 자원소(cf. parent element). 「*-s-in-law*) 며느리.
daugh·ter-in-law [-inlɔ̀:] *n.* (*pl.*
daunt** [dɔ:nt] *vt.* **으르다,** 놀라게 하다(scare); …의 기세를 꺾다. ***nothing ∼ed 조금도 겁내지 않고. ***⌐-less** *a.* 대담한. **⌐-less·ly.** *ad.*
dau·phin [dɔ́:fin] *n.* 〖프史〗 (종종 D-) 황태자. 「Veterans.
DAV, D.A.V. Disabled American
dav·en·port [dǽvənpɔ̀:rt] *n.* 《美》 침대 겸용의 긴 소파.
Da·vid [déivid] *n.* 〖聖〗 다윗《이스라엘의 제 2 대 왕》.
da Vín·ci [də víntʃi], **Leonardo** (1452–1519) 이탈리아의 화가·조각가·건축가·과학자.
Dá·vis apparátus [déivis] 잠수함으로부터의 탈출 장치의 하나.
Dávis Cùp 데이비스컵《국제 테니스 시합 우승배》. 「보트 매다는 기둥.
dav·it [dǽvit, déivit] *n.* (상갑판의)
Da·vy [déivi] *n.* David의 애칭.
Dávy Jónes 해마(海魔). ***in ∼'s locker*** 물고기 밥이 되어.
Dávy làmp 갱부용 안전등.
daw [dɔ:] *n.* 바보; ＝JACKDAW.
daw·dle [dɔ́:dl] *vt., vi.* 빈둥빈둥 시간을 보내다(idle)(*away*).
‡**dawn** [dɔ:n] *n.* Ⓤ **새벽,** 동틀녘, 여명. —— *vi.* **동이 트다,** 밝아지다; 시작되다; **점점 분명해지다.** ***It*** 〔***Morning, The day***〕 ***∼s.*** 날이 샌다. ***It has ∼ed upon me that....*** …라는 것을 나는 알게 되었다.
†**day** [dei] *n.* ① **날, 하루.** ② Ⓤ **낮,** 주간 (***before ∼*** 날 새기 전에). ③ 축일; 약속날. ④ (종종 *pl.*) 시대(period), 일생(lifetime); 전성 시대. ⑤ (하루의) 싸움, (그날의) 승부; 승리. ***all ∼*** (***long***), or ***as the ∼ is long*** 종일. ***between two ∼s*** 밤을 새워. ***by ∼*** 낮에는. ***carry the ∼*** 이기다. ***∼ about*** 하루 걸러. ***∼ after ∼,*** or ***∼ by ∼,*** or ***from ∼ to ∼*** 매일, 날마다, 나날이, 하루하루. ***∼ in, ∼ out*** 해가 뜨나 해가 지나, 날마다. ***end one's ∼s*** 죽다. ***have one's ∼*** 때를 만나다. ***in broad ∼*** 대낮에. ***in one's ∼*** 젊었을〔한창이었을〕 때에. ***in the ∼s of old*** 옛날에. ***keep one's ∼*** 약속날을 지키다. ***know the time of ∼*** 만사에 빈틈이 없다. ***lose***

the ～ 지다. (men) of the ～ 당시〔당대〕의 (명사). on one's ～《口》 한창 때에. one of these ～s 근일중에. this ～ week 〔month〕 전주〔전달〕의 오늘; 내주〔내달〕의 오늘. win the ～ 이기다. without ～ 기일을 정하지 않고.
dáy bèd 침대 겸용 소파《낮에는 소파로 씀》.
day·board·er [déibɔ̀:rdər] n. 《英》 (식사를 학교에서 하는) 통학생.
day·book [∠bùk] n. 업무 일지; 일기.
dáy bòy 《英》 통학생.
‡**day·break** [∠brèik] n. Ⓤ 새벽, 동틀녘.
dáy-care cènter 보육소, 탁아소.
dáy coàch 《美》 (침대차와 구별하여) 보통 객차.
***day·dream** [∠drì:m] n., vi. 백일몽, 공상(에 잠기다). ～·er n. 공상가.
day·fly [∠flài] n. 〖蟲〗 하루살이.
dáy làbo(u)rer 날품팔이 (인부).
dáy lètter 《美》 주간 완송(緩送) 전보《요금이 쌈》.
‡**day·light** [∠làit] n. Ⓤ 일광; 낮, 주간. burn ～ 쓸데없는 짓을 하다. in broad ～ 대낮에.
dáy·light-sav·ing tìme [-sèiviŋ] 하기 일광 절약 시간.
day·long [∠lɔ̀(:)ŋ, -làŋ] a., ad. 온종일(의).
dáy nùrsery 탁아소.
dáy ròom (기지·공공 시설 내의) 오락실.
dáy schòol (boarding school에 대한) 통학 학교; 주간 학교.
dáy shìft (교대 근무의) 낮 근무.
‡**day·time** [∠tàim] n. 낮, 주간.
day-to-day [∠tə∠] a. 나날의; 그날 벌어 그날 사는.
‡**daze** [deiz] vt. 현혹시키다; 멍하게 하다(stun); 눈이 부시게 하다(dazzle). —— n. 현혹; 얼떨떨한 상태.
‡**daz·zle** [dǽzl] vt., vi., n. 눈이 부시(게 하)다; 현혹(케)하다; ⓊⒸ 눈부심; 부신 빛.
dázzle pàint 〖軍〗 미채(迷彩), 위장.
***daz·zling** [dǽzliŋ] a. 눈부신.
d. b. daybook. **d.b.a.** doing business as. **D. B. E.** Dame Commander of the British Empire. **dbl.** double. **dbt.** debit. **D. C.**[1] da capo (It. =from head) 〖樂〗 처음부터 (반복하라); District of Columbia. **DC, D. C.**[2] direct current. **DCB** Defense Commission Board. **D. C. L.** Doctor of Civil Law. **D. C. M.** Distinguished Conduct Medal. **D. D.** Doctor of Divinity. **D. D., D/D, d. d.** demand draft. **d. d.** days after date, day's date (수표의) 일자(日字)후 …일. **dd., d/d** delivered.
d—d [di:d, dæmd] =DAMNED.
D-day [dí:dèi] n. 〖軍〗 공격 개시 예정일; 《一般》 행동 개시 예정일.
D. D. S. Doctor of Dental Surgery.
DDT dichloro-diphenyl-trichloroethane 《살충제》. **DE** destroyer escort.

de- pref. 「분리(dethrone), 제거(deice), 반대(decentralize), 저하(depress), 완전(despoil)」 따위의 뜻.
***dea·con** [dí:kən] n. (교회의) 집사, 〖카톨릭〗 부제(副祭).
de·ac·ti·vate [di:ǽktəvèit] vt. (전투부대를) 해산하다; 활성을 잃게 하다.
†**dead** [ded] a. ① 죽은; 무감각한(insensible)(to); 활기 없는(not lively). ② 지쳐버린; 고요한; 쓸모 없이 된. ③ 완전한; 확실한(sure). ～ above ears 《俗》 골이 빈, 바보 같은. in ～ earnest 진정으로. —— ad. 아주, 완전히; 몹시. CUT a person ～. ～ tired 녹초가 되어. ～ (set) against 정면으로 반대하여. —— n. (the ～) 《集合的》 죽은 사람; 가장 생기가 없는 시각; 죽은 듯이 고요함; 가장 …한 때. at ～ of night 한밤중에. in the ～ of winter 한겨울에. rise from the ～ 부활하다.
déad áir 송신 기계 고장 등에 의한 방송의 중단.
dead-a·live [∠əláiv] a. 기운〔활기〕없는; 불경기의.
déad ángle 사각(死角).
déad báll 〖野〗 사구(死球).
dead·beat [∠bí:t] a. (계기(計器)의 바늘이) 흔들리지 않는, 제 눈금에 딱 서는. —— [∠∠] n. 《美口》 (외상·빚 등을) 떼먹는 사람; 게으름뱅이, 식객.
déad béat 《口》 지친(exhausted).
dead·born [∠bɔ̀:rn] a. 사산(死産)의.
déad cálm 죽은 듯이 고요함, 무풍.
déad cát 《美俗》 (서커스의 전시용) 사자, 범(따위); 신랄한〔조소적〕 비판.
déad cértainty 절대 확실한 것.
dead·en [dédn] vt. 약하게 하다(weaken); 둔하게 하다; 무감각하게 하다; 소리〔윤기〕를 없애다. —— vi. 죽다; 약해지다; 둔해지다.
déad énd 막다른 데〔골목〕.
dead-end [∠énd] a. 막다른; 빈민가의.
dead·eye [∠ài] n. 세 구멍 도르래; 《俗》 명사수(名射手).
dead·fall [∠fɔ̀:l] n. 《美》 무거운 물체를 떨어뜨려 동물을 눌러 잡는 올가미; (삼림의) 서로 엉켜 쓰러진 나무들.
déad fòrms 허례.
déad gróund 사각(死角); 〖電〗 완전 접지(接地).
dead·head [∠hèd] n. 무임 승객; 무료 입장자; 멍청이; 비어서 가는 차.
déad héat 팽팽한 접전(接戰).
dead·house [∠hàus] n. 임시 시체 안치소.
déad lánguage 사어(死語)《라틴·고대 그리스어 따위》.
déad létter 배달 불능의 우편; (법령 따위의) 공문(空文).
***dead·line** [∠làin] n. (포로 수용소 등의) 사선(死線); (기사의) 마감 시간.
***dead·lock** [∠làk/-ɔ̀-] n. 막힘, 정돈(停頓).
déad lóss 전손(全損).
‡**dead·ly** [dédli] a. 죽음 같은; 치명적인(fatal); 심한; 용서할 수 없는 (the seven ～ SIN[1]s). —— ad. 주검〔송장〕처럼; 몹시.
déad màrch (특히, 군대의) 장송(葬送) 행진곡(funeral march).

déad mátter 무기물(無機物).
dead-on [dédɔ̀n/-ɔ̀n] *a.* 바로 그대로의, 완전하게 정확한.
dead·pan [⌐pæ̀n] *n., vi.* (*-nn-*) 무표정한 얼굴(을 하다).
Déad Séa, the 사해.
déad séason 사교·거래 등이 한산한 계절.
déad sèt (사냥개가) 사냥감을 가리키는 부동의 자세; 맹공격; 끈질긴 노력.
déad shót 사격의 명수.
déad spòt 《美》 (라디오의) 난청 지대(blind spot).
déad stóck 팔다 남은 물건; 농기구(農機具).
déad wàll 창 따위가 없는 평벽(平壁).
déad wáter 괸 물, 갇힌 물.
déad wéight (차량의) 자중(自重).
dead·wood [⌐wùd] *n.* Ⓤ 죽은 나무; 《俗》 무용지물《사람·물건》.
‡**deaf** [def] *a.* 귀머거리의; 들으려 하지 않는(*to*).
***deaf·en** [défən] *vt.* 귀먹게〔안 들리게〕 하다; 큰 소리가 (다른 소리를) 죽이다. **~·ing** *a., n.* 귀청이 터질 듯한; Ⓤ 방음 장치〔재료〕.
deaf-mute [⌐mjù:t, ⌐⌐] *n.* (선천적) 벙어리, 농아자(聾啞者).
†**deal**¹ [di:l] *vt.* (**dealt**) 나누다(*out*), (카드를) 도르다 (distribute); 베풀다; (슬픔을) 주다, (타격을) 가하다. —— *vi.* 장사하다; 거래하다(*in*); (문제 등을) 처리하다, 다루다; (사건·일 등에서) 행동하다 (*by, toward, with*). —— *n.* (어떤) 분량; (카드놀이의) 패 도르는 일〔차례〕, 한 판; 분배; 《口》 거래; 정책. ***a*** (***good, great***) ***~*** 많이, 다량으로. ***Fair*** 〔***New***〕 ***D-***, Truman 〔Roosevelt〕 대통령의 페어딜〔뉴딜〕 정책.
deal² *n.* Ⓤ 소나무 재목〔판자〕, 전나무 재목〔판자〕.
‡**deal·er** [dí:lər] *n.* ① 상인, …상(商). ② 패도르는 사람. ③ 어떤 특정의 행동을 하는 사람(*a double* ~).
deal·er·ship [-ʃìp] *n.* Ⓤ (어느 지역내의) 상품 총판권〔점〕.
‡**deal·ing** [⌐iŋ] *n.* ① Ⓤ 취급; (타인에의) 태도. ② (*pl.*) (거래) 관계, 교제.
‡**dealt** [delt] *v.* deal¹의 과거(분사).
***dean** [di:n] *n.* 〖宗〗 사제장(司祭長) 《Cathedral 등의 장》; (대학의) 학장; 《美》 학생 과장; 《英》 학생감.
†**dear** [diər] *a.* 친애하는, 귀여운; 귀중한(precious)(*to*); 비싼(costly)(opp. cheap). ***D- Sir*** 근계(謹啓). ***for ~ life*** 간신히 (도망치다, 따위); 열심히. —— *n.* 사랑하는 사람, 귀여운 사람, 애인. —— *ad.* 사랑스레; 비싸게. —— *int.* ***D-, ~!,*** or ***D- me!,*** or ***Oh, ~!*** 어머나!; 참!, 아니 그런데! ‡**⌐·ly** *ad.* 애정 깊이; 비싸게.
***dearth** [də:rθ] *n.* 부족, 결핍; 기근(famine).
dear·y [díəri] *n.* 《口》 =DARLING.
†**death** [deθ] *n.* ① ⓊⒸ 죽음, 사망. ② (the ~) 소멸; 사인. ③ Ⓤ 살해, 유혈. ④ (D-) Ⓤ 사신(死神). ⑤ Ⓤ 사형. ***be at ~'s door*** 죽음이 가깝다. ***be ~ on*** 《口》 …에 능하다; …을 아주 좋아〔싫어〕하다. ***be the ~ of*** …의 사인이 되다, …을 죽이다. ***civil ~*** 〖法〗 (범죄 따위에 의한) 공민권 상실. ***to ~*** 극도로, 몹시. ***to the ~*** 죽을 때까지, 최후까지. **⌐·less** *a.* 죽지 않는; 불멸의(~ *poem* 불멸의 시). **⌐·ly** *a., ad.* 죽은 듯한〔듯이〕; 치명적인〔으로〕; 몹시.
déath ágony 죽음의 고통, 임종.
death·bed [⌐bèd] *n.* 죽음의 자리, 임종.
death·blow [⌐blòu] *n.* 치명적 타격.
déath chàir 《美》 =ELECTRIC CHAIR.
déath cùp 파리버섯속(屬)《독버섯》.
death-deal·ing [⌐dì:liŋ] *a.* 치명적인, 죽음을 초래하는.
déath dùties 〖英法〗 상속세 (《美》 death tax).
déath hòuse 《美》 사형수 감방.
death·mask [⌐mæ̀sk/-à:-] *n.* 사면(死面), 데스마스크.
déath ràte 사망률(mortality).
déath ràttle 임종 때의 꼬르륵 소리.
déath rày 살인 광선.
death-roll [⌐ròul] *n.* 사망자 명단, 과거장.
déath sànd 〖軍〗 죽음의 재(radioactive dust).
déath sèntence 사형 선고.
death's-head [⌐shèd] *n.* 해골《죽음의 상징》.
déath tòll 사망자 수.
death·trap [⌐træ̀p] *n.* 위험한 장소; 화재 위험이 있는 건물.
déath wàrrant 사형 집행 명령.
death·watch [⌐wàtʃ/-ɔ̀-] *n.* 임종의 간호; 경야(經夜); 살짝수염벌레.
de·ba·cle, *dé·bâ·cle* [deibá:kl, -bǽkl] *n.* (F.) (강의) 얼음이 깨짐, 사태; 괴멸, 붕괴; 재해; 대홍수.
de·bar [dibá:r] *vt.* (*-rr-*) 제외하다, 저지하다(*from*). **~·ment** *n.* Ⓤ
de·bark¹ [dibá:rk] *vi., vt.* =DISEMBARK.
de·bark² (나무의) 껍질을 벗기다.
de·base [dibéis] *vt.* (품성·품질 따위를) 저하시키다(degrade). **~d** [-t] *a.* 저하된; 야비한. **~·ment** *n.* Ⓤ
de·bat·a·ble [dibéitəbəl] *a.* 이론(異論)의 여지가 있는.
debátable ground (자칫 문제가 일어나기 쉬운) 국경 지대; 논쟁점.
‡**de·bate** [dibéit] *n.* ⓊⒸ 토론, 논쟁; Ⓤ 숙고; Ⓒ 토론회. —— *vt., vi.* 토론〔논쟁〕하다(*on, upon*). ***~ with oneself*** 숙고하다.
de·bauch [dibɔ́:tʃ] *vt.* 타락시키다 (corrupt); 유혹하다(seduce); (생활을) 퇴폐시키다. —— *n.* 방탕, 난봉. **~ed** [-t] *a.* **deb·au·chee** [dèbɔ:tʃí:] *n.* 난봉꾼. **de·bauch·er·y** [dibɔ́:tʃəri] *n.* Ⓤ 방탕; 유혹(seduction); (*pl.*) 유흥.
de·ben·ture [dibéntʃər] *n.* 사채(社債)(권).
debénture bònd 무담보 사채권(券).
debénture stòck 《英》 사채(권(券)).
de·bil·i·tate [dibílətèit] *vt.* 쇠약하게 하다(weaken). **de·bíl·i·ty** *n.* Ⓤ 쇠약.
deb·it [débit] *n., vt.* 〖簿〗 차변(借邊)(에 기입하다)(opp. credit).
deb·o·nair(**e**) [dèbənéər] *a.* 점잖고

쾌활한, 사근사근한.
de·boost [dibú:st] *vt., n.* (우주선 따위를) 감속(하다).
de·bouch [dibú:ʃ, -báutʃ] *vi.* (좁은 곳에서 넓은 곳으로) 진출하다. **~·ment** *n.* Ⓤ (군대의) 진출; 하구.
de·brief [di:brí:f] *vt.* (귀환 비행사 등으로부터) 보고를 듣다.
de·bris, ***dé·bris*** [dəbrí:, déibri:/déb-] *n.* Ⓤ 파괴의 자취; 파괴물〔암석〕의 파편; 쓰레기.
‡**debt** [det] *n.* ① Ⓤⓒ **부채, 빚.** ② ⒸⓊ 의리, 은혜(obligation). ③ 죄(sin). ***bad* ~** 대손(貸損). ***be in* 〔*out of*〕 ~** 빚이 있다〔없다〕(*to*). **~ *of honor*** (노름에서의) 신용빚. ***get* 〔*run*〕 *into* ~** 빚지다. ***pay one's* ~ *of* 〔*to*〕 *Nature*** 죽다. ***débt·or** *n.* 꾼 사람, 차주(借主), **채무자;** 〖簿〗 차변《생략 Dr.》 (opp. creditor).
de·bug [di:bʌ́g] *vt.* (**-gg-**) 《口》 …에서 해충을 제거하다; …에서 잘못〔결함〕을 제거하다; 〖컴퓨터〗 (프로그램에서) 잘못을 찾아 정정하다; …에서 도청기를 제거하다.
de·bunk [di:bʌ́ŋk] *vt.* 《美口》 (명사 등의) 정체를 폭로하다.
De·bus·sy [deibjú:si, dèbjusí:], **Claude Achille**(1862–1918) 프랑스의 작곡가.
de·but,** ***dé·but [deibjú:, ∠–, di-, déb-] *n.* (F.) 사교계에의 첫발, 첫무대, 첫출연, **데뷔.** ***make one's* ~** 처음〔공식으로〕 사교계에 나오다; 첫 무대를 밟다, 초연(初演)하다.
deb·u·tant [débjutὰ:nt, -bjə-] *n.* (*fem.* ***-tante*** [débjutὰ:nt]) (F.) 처음으로 사교계에 나선 사람〔처녀〕; 첫 무대를 밟는 사람.
***Dec.** December. **dec.** decease(d); decimeter; declaration; declension.
deca- *pref.* 「10」의 뜻: *deca*gon; *deca*liter (=10 *l*).
***dec·ade** [dékeid, dəkéid] *n.* 10; 10개; **10년간.**
dec·a·dence [dékədəns, dikéidns], **dec·a·den·cy** [-i] *n.* Ⓤ 쇠미, 퇴폐. **dec·a·dent** [-dənt] *a., n.* 쇠미〔퇴폐〕한; (19세기말 프랑스의) 퇴폐〔데카당〕파의 (예술가).
dec·a·gon [dékəgὰn / -gɔn] *n.* 〖幾〗 십각〔십변〕형. **de·cag·o·nal** [dikǽgənəl] *a.*
dec·a·gram, 《英》 **-gramme** [dékəgræ̀m] *n.* 데카그램《10그램》.
dec·a·he·dron [dèkəhí:drən] *n.* (*pl.* **~s,** ***-dra***) 〖幾〗 십면체.
de·cal·co·ma·ni·a [dikæ̀lkəméiniə] *n.* Ⓤ 전사술(轉寫術) 《도기·목제품 따위에 무늬 넣는 법》; 전사화(畫).
dec·a·li·ter, 《英》 **-tre** [dékəlì:tər] *n.* 데카리터《10리터》.
Dec·a·logue [dékəlɔ̀:g, -lὰg] *n.* 〖宗〗 십계(十誡)(the Ten Commandments).
De·cam·er·on [dikǽmərən], **the** (Boccaccio 작의) 데카메론.
dec·a·me·ter, 《英》**-tre** [dékəmì:tər] *n.* 데카미터《10미터》.
de·camp [dikǽmp] *vi.* 야영을 걷어치우다, 진을 거두고 물러나다; 도망치다(depart quickly). **~·ment** *n.*
de·cant [dikǽnt] *vt.* (용액 따위의 웃물을 딴 그릇에) 가만히 옮기다. **~·er** *n.* 〖化〗 경사기(傾瀉器); (식탁용의) 마개 달린 유리 술병.
de·cap·i·tate [dikǽpətèit] *vt.* …의 목을 베다(behead); 《美口》 해고하다. **de·cap·i·ta·tion** [–∸–téiʃən] *n.* Ⓤ
dec·a·pod [dékəpὰd/-pɔ̀d] *n.* 십각류(十脚類)의 동물《새우·게》; 십완류(十腕類)의 동물《오징어》.
de·car·te·lize [di:kά:rtəlàiz] *vt.* (독점 금지법으로) 카르텔을 해체시키다.
dec·a·syl·lab·ic [dèkəsilǽbik] *a., n.* 〖韻〗 10음절 (시행)(의).
dec·a·syl·la·ble [dékəsìləbəl] *n.* 10음절(의 시행). 「기 선수.
de·cath·lete [dikǽθli:t] *n.* 10종 경
de·cath·lon [dikǽθlɑn / -lɔn] *n.* Ⓤ 10종 경기 (cf. pentathlon).
‡**de·cay** [dikéi] *vi.* **썩다,** 부패하다 (rot); 쇠미하다. **—** *n.* Ⓤ **부패,** 쇠미; 〖理〗 (방사성 물질의) 자연 붕괴. **~ed** [-d] *a.*
Dec·can [dékən] *n.* 데칸 반도《인도 Narbada강 이남의 지역》; 데칸 고원 《데칸 반도의 태반을 차지하는 고원》.
de·cease [disí:s] *n., vi.* Ⓤ 사망(하다). ***~d** [-t] *a.* **죽은,** 고(故)…. ***the* ~*d*** 고인(故人). 「(故人).
de·ce·dent [disí:dənt] *n.* 〖法〗 고인
‡**de·ceit** [disí:t] *n.* Ⓤⓒ ① **사기.** ② 허위, 거짓(deceiving). ***~·ful** *a.* **거짓의.**
‡**de·ceive** [disí:v] *vt.* **속이다;** 미혹시키다(mislead). **~ *oneself*** 잘못 생각하다. **de·céiv·a·ble** *a.* 속(이)기 쉬운. **de·céiv·er** *n.* 사기꾼.
de·cel·er·ate [di:sélərèit] *vt., vi.* 감속(減速)하다(opp. accelerate).
†**De·cem·ber** [disémbər] *n.* **12월.**
de·cen·cy** [dí:snsi] *n.* Ⓤ ① **보기 싫지 않음;** 체면. ② 예의(바름)(decorum), (태도·언어의) 점잖음(propriety); 품위. ③ 《口》 친절. ***for* ~*'s sake 체면상. ***the decencies*** 예의 범절; 보통의 살림에 필요한 물건(cf. comforts). 「간〔마다〕의; 10년제(祭).
de·cen·ni·al [diséniəl] *a., n.* 10년
‡**de·cent** [dí:snt] *a.* ① **적당한,** 어울리는(proper). ② 점잖은; 상당한 신분의. ③ 《口》 상당한(fair). ④ 관대한, 친절한. **~·ly** *ad.*
de·cen·tral·ize [di:séntrəlàiz] *vt.* (권한을) 분산하다. **de·cen·tral·i·za·tion** [di:sèntrəlizéiʃən] *n.* Ⓤ 분산, 집중 배제, 지방 분권(화).
***de·cep·tion** [disépʃən] *n.* Ⓤ ① **속임**(deceiving); 속은 상태. ② 사기(fraud), 야바위. **de·cép·tive** *a.* 속임의, 미혹케 하는. **-tive·ly** *ad.*
deci- *pref.* 「10분의 1」의 뜻: *deci*gram(=1/10 g), *deci*meter(=1/10 m).
dec·i·bel [désəbèl] *n.* 데시벨《전압·음향 측정 단위》.

†**de·cide** [disáid] *vt.* **결정하다,** 해결하다; 결심시키다. ── *vi.* **결심하다** (*on, upon; to* do); 결정하다(*against, between, for*).

‡**de·cid·ed** [-id] *a.* **뚜렷한,** 명백한(clear); 단호한(resolute). *~·**ly** *ad.*

de·cid·u·ous [disídʒu:əs] *a.* 탈락성의; 낙엽성의. ~ *tooth* 젖니.

dec·i·gram, 《英》 **-gramme** [désigræ̀m] *n.* 데시그램《1그램의 1/10》.

dec·ile [désil] *n.* 〖統〗 십분위수(十分位數).

dec·i·li·ter, 《英》 **-tre** [désili:tər] *n.* 데시리터《1리터의 1/10》.

***dec·i·mal** [désəməl] (cf. deci-) *a.*; *n.* **십진법의;** 소수(의). 「진 분류법.

décimal classification (도서의) 십

décimal fràction 소수.

décimal pòint 소수점.

décimal sỳstem 십진법.

dec·i·mate [désəmèit] *vt.* (고대 형법에서) 열 명에 하나씩 죽이다; (질병·전쟁 따위가) 많은 사람을 죽이다.

dec·i·me·ter, 《英》 **-tre** [-mì:tər] *n.* 데시미터《1미터의 1/10》.

de·ci·pher [disáifər] *vt.* (암호(cipher)·난해한 글자 따위를) 풀다, 번역〔판독〕하다. ~·**ment** *n.* Ⓤ

‡**de·ci·sion** [disíʒən] *n.* ⓊⒸ ① **결정;** 해결. ② 판결; Ⓤ 〖拳〗 판정승. ③ **결심,** 결의. ④ Ⓤ 결단력.

‡**de·ci·sive** [disáisiv] *a.* **결정적인,** 움직이기 어려운; 단호〔확고〕한; 명확한. *~·**ly** *ad.* ~·**ness** *n.*

‡**deck** [dek] *n.* **갑판**(과 비슷한 것); (빌딩의) 평평한 지붕; 《주로 美》 (카드패의) 한 벌(pack[1]); 《俗》 지면. *clear the ~s* 전투 준비를 하다. *on ~* 갑판에 나와서; 《口》 준비되어; 《口》〖野〗 다음 타자가 되어. *upper* 〔*main, middle, lower*〕 ~ 상〔중, 제2중, 하〕갑판. ── *vt.* 갑판을 깔다; 꾸미다, 단장하다(dress).

déck chàir (즈크로 된) 갑판 의자.

déck hànd 〖海〗 갑판원, 평선원; 〖劇〗 무대계원《장치·조명 따위의》.

déck òfficer 갑판부 사관.

déck pàssenger 3등 선객.

de·claim [dikléim] *vi.* (미사여구를 늘어놓아) 연설하다, 열변을 토하다. ── *vt.* (극적으로) 낭독하다(recite).

dec·la·ma·tion [dèkləméiʃən] *n.* ⓊⒸ

de·clam·a·to·ry [diklǽmətɔ̀:ri / -təri] *a.* 연설조의; 낭독의.

‡**dec·la·ra·tion** [dèkləréiʃən] *n.* ⓊⒸ ① **선언,** 포고; 신고. *the D- of Independence* 미국 독립 선언《1776년 7월 4일》. ~ *of war* 선전 포고.

***de·clar·a·tive** [diklǽrətiv], **-to·ry** [-tɔ̀:ri/-təri] *a.* 선언하는, 단언적인; 서술적인. 「文).

declárative séntence 평서문(平叙

‡**de·clare** [dikléər] *vt.* **선언**〔포고·발표〕하다(proclaim); **언명하다**(assert); (소득액·과세품을) 신고하다. ── *vi.* 공언〔성명〕하다. ~ *off* (언명해 놓고) 그만두다, 해약하다. *Well, I ~!* 이거 놀라운데〔야단났다〕! ~**d** [-d] *a.* 공언한; 숨김 없는, 공공연한.

de·clas·si·fy [di:klǽsəfài] *vt.* 《美》 기밀 취급을 해제하다; 기밀 리스트에서 빼다.

de·clen·sion [diklénʃən] *n.* ⓊⒸ (명사·대명사 등의) 격변화(cf. conjugation); Ⓤ 쇠미(decline); 경사, 기욺.

dec·li·na·tion [dèklənéiʃən] *n.* ⓊⒸ ① 경사(傾斜). ② 쇠미. ③ 《美》 사퇴(polite refusal). ④ 〖天〗 적위(赤緯); 〖理〗 (지자기의) 편차, 편각.

‡**de·cline** [dikláin] *vi., vt.* ① **아래로 향**(하게)**하다,** 기울(이)다; (해가) 지다. ② 사퇴〔사절〕하다. ③ (*vi.*) 쇠하다. ④ 〖文〗 격변화하다〔시키다〕. ── *n.* **경사,** 기욺, (물가의) 하락; 쇠미, 쇠약(병); 늘그막(declining years). *on the ~* 기울어; 쇠하여.

de·clin·ing [-iŋ] *a.*

de·cliv·i·ty [diklívəti] *n.* ⓊⒸ 하향(下向), 내리막(opp. acclivity).

Dec·lo·my·cin [dèkloumáisin] *n.* 〖藥·商標〗 데클로마이신《광범위 항생 물질의 일종》.

de·coct [di:kákt/-ɔ́-] *vt.* (약초 따위를) 달이다. **de·coc·tion** *n.* Ⓤ 달이기; Ⓒ 달인 즙〔약〕.

de·code [di:kóud] *vt.* 암호(code)를 풀다. **de·cód·er** *n.* 암호 해독자; 자동 암호 해독 장치; 〖無電〗 아군 식별 장치; 〖컴퓨터〗 해독기(器).

dé·col·le·té [deikɑ̀lətéi / deikɔ́lətei] (*fem.* ***-tée*** [-téi/-tei])*a.* (F.) 어깨와 목을 드러낸, 로브 데콜테(*robe décolletée*)를 입은. 「백〕하다.

de·col·o(u)r [di:kʌ́lər] *vt.* 탈색〔표

de·col·o(u)r·ant [di:kʌ́lərənt] *n.* 표백제.

***de·com·pose** [dì:kəmpóuz] *vt., vi.* 분해〔환원〕하다; 썩(이)다. ***de·com·po·si·tion** [-kɑmpəzíʃən/-ɔ-] *n.* Ⓤ

de·con·tam·i·nate [dì:kəntǽmənèit] *vt.* 정화(淨化)하다, (…에서 방사능 따위) 오염을 제거하다. **de·con·tam·i·na·tion** [⌐⌐⌐néiʃən] *n.* Ⓤ

de·con·trol [dì:kəntróul] *vt.* (*-ll-*) …의 통제를 해제하다. ── *n.* Ⓤ 통제 해제. 「(무대) 장치.

dé·cor [deikɔ́:r, ⌐–] *n.* Ⓤ (F.) 장식;

‡**dec·o·rate** [dékərèit] *vt.* **꾸미다,** 장식하다(adorn); **훈장을 수여하다.**

‡**dec·o·ra·tion** [dèkəréiʃən] *n.* Ⓤ **장식**(법); Ⓒ 장식품; **훈장,** 서훈(叙勳). *the D- Day* =the MEMORIAL DAY.

***dec·o·ra·tive** [dékərèitiv, -rə-] *a.* **장식적인.** ***dec·o·ra·tor** [dékərèitər] *n.* (실내) **장식업자.**

dec·o·rous [dékərəs] *a.* 예의바른, 점잖은(decent). ~·**ly** *ad.*

de·co·rum [dikɔ́:rəm] *n.* Ⓤ (태도·말·복장 따위의) 고상함, 예의바름.

de·cou·ple [di:kʌ́pl] *vt.* 〖電〗 감결합(減結合)하다《전기의 유해한 귀환 작용을 덜기 위하여 회로의 결합도를 낮춤》.

***de·coy** [dí:kɔi, dikɔ́i] *n.* 미끼새, **유혹물**(lure). ── [dikɔ́i] *vt.* 꾀어들이다, **유인하다.**

‡**de·crease** [dí:kri:s, dikrí:s] (opp. increase) *n.* ⓊⒸ 감소(량)(*in*). ***on the* ～** 감소되어. —— [dikrí:s] *vi., vt.* 줄(이)다; 저하하다, 쇠하다. **de·creas·ing** [dikrí:siŋ] *a.*

‡**de·cree** [dikrí:] *n.* **법령**, 포고; 명령; 하늘의 뜻, 신명(神命); **판결**. —— *vt., vi.* 명하다; 포고〔판결〕하다; (하늘이) 정하다. 「소(량)(decrease).

dec·re·ment [dékrəmənt] *n.* ⓊⒸ 감

de·crep·it [dikrépit] *a.* 노쇠한. **de·crep·i·tude** [dikrépit*j*ù:d] *n.* Ⓤ 노쇠, 노후(老朽).

de·cre·scen·do [dì:kriʃéndou, dèi-] *ad.* (It.) 〖樂〗 점점 여리게.

de·cres·cent [dikrésnt] *a.* 점감(漸減)하는; (달이) 이지러지는, 하현(下弦)의. 「서.

de·cre·tal [dikrí:təl] *n.* 로마 교황 교

de·cry [dikrái] *vt.* 비난하다, 헐뜯다. **de·crí·er** *n.* 비난자.

‡**ded·i·cate** [dédikèit] *vt.* 봉납〔헌납〕하다; **바치다**(devote); (자기 저서를) 증정하다. ***Dedicated to*** …께 드림. ～ ***oneself*** 전념하다(*to*). **déd·i·ca·tor** *n.* ***ded·i·ca·tion** [dèdikéiʃən] *n.* Ⓤ **바침**, 헌신; 헌정(獻呈); Ⓒ 헌정사(辭). **ded·i·ca·to·ry** [dédikətɔ̀:ri/-təri] *a.* 봉납의; 헌상〔헌정〕의.

***de·duce** [did*j*ú:s] *vt.* **추론**(推論)〔추정〕하다, **연역**(演繹)**하다** (*from*) (opp. induce); …의 유래를 캐다(trace¹) (～ *one's descent* 조상을 더듬어 찾다). **de·dúc·i·ble** *a.*

***de·duct** [didʌ́kt] *vt.* **빼다**, 할인하다.

***de·duc·tion** [didʌ́kʃən] *n.* Ⓤ **뺌**, **공제**; ⓊⒸ 추론, 추정; Ⓤ 〖論〗 연역법(opp. induction). **de·dúc·tive** *a.* 추론〔추정〕의, 연역적인.

dee [di:] *n.* D자; D자형 마구(馬具) 고리; (사이클로트론의) 반원형 전극.

‡**deed** [di:d] *n.* ① **행위**. ② ⓊⒸ 행동(action), 실행(performance). ③ 행하여진 일; 공적, 사적(事績); 사실. ④ 〖法〗 증서. ***in*** ～ 실로, 실제로. ***in word and*** (***in***) ～ 언행이 함께.

dee·jay [dí:dʒèi] *n.* 《美俗》 =DISK JOCKEY. 「로 간주하다.

***deem** [di:m] *vt., vi.* **생각하다**, …으

†**deep** [di:p] *a.* ① **깊은**; 심원한 (profound). ② 깊이 파묻힌. ③ 몰두해 있는. ④ (목소리가) 굵고 낮은, (색이) 짙은. ⑤ 심한, 마음으로부터의. ⑥ 음험한, 속검은. ～ ***one*** 《俗》 교활한 놈. —— *ad.* 깊이, 깊숙이; 늦게. ～ ***into the night*** 밤깊도록. —— *n.* 깊은 곳, 심연(abyss); (the ～) 《詩》 바다; 깊음, (겨울·밤의) 한창. ‡**∠·ly** *ad.* **∠·ness** *n.*

deep-chest·ed [∠tʃéstid] *a.* 가슴이 두툼한; (목소리가) 낮고 힘센.

‡**deep·en** [dí:pn] *vt., vi.* **깊게 하다**, 깊어지다; 짙게〔굵게〕하다; 짙어〔굵어〕지다. 「명 깊은, 충심으로의.

deep-felt [∠félt] *a.* 강하게 느낀, 감

Deep·freeze [dí:pfrí:z] *n.* 〖商標〗 급속 냉동 냉장고. —— (d-) *vt.* (**～d**, ***-froze***; **～d**, ***-frozen***) (음식을) 급속 냉동하다.

deep-fried [∠fráid] *a.* 기름에 튀긴.

déep kíss =SOUL KISS. 「한.

deep-laid [∠léid] *a.* 교묘히〔몰래〕꾀

déep-mined cóal [∠màind] 깊은 갱에서 캐낸 석탄. 「환한.

deep-read [∠réd] *a.* 학식이 깊은,

deep-root·ed [∠rú:tid, -rút-] *a.* 깊이 뿌리 박힌; (감정 등이) 뿌리 깊은.

deep-sea [∠sí:] *a.* 심해〔원양〕의.

déep-sea físhery 원양 어업.

deep-seat·ed [∠sí:tid], **-set** [-sét] *a.* (원인·병·감정 따위가) 뿌리 깊은.

déep spáce 태양계 밖의 우주.

déep thérapy 〖醫〗 심부 X선 치료 《주대상은 악성 종양》.

‡**deer** [diər] *n.* (*pl.* ～, **～s**) **사슴**.

deer·hound [∠hàund] *n.* 사슴 사냥개. 「(의 옷).

deer·skin [∠skìn] *n.* ⓊⒸ 사슴 가죽

de-es·ca·late [di:éskəlèit] *vi., vt.* 단계적으로 축소하다〔시키다〕.

de-es·ca·la·tion [di:èskəléiʃən] *n.* ⓊⒸ 단계적 축소.

deet [di:t] *n.* 방충제의 일종.

def. defective; defendant; deferred; defined; definite; definition.

de·face [diféis] *vt.* 표면을 손상〔마멸〕시키다; 흠 내다(mar), 흉하게 하다(disfigure). **～·ment** *n.* ⓊⒸ

de fac·to [di: fǽktou] (L.) 사실상(의)(cf. *de jure*).

de·fal·cate [difǽlkeit/dí:fælkèit] *vi.* 〖法〗 위탁금을 써 버리다(cf. embezzle).

de·fame [diféim] *vt.* …의 명예를 손상하다(dishonor), 중상하다(slander). **def·a·ma·tion** [dèfəméiʃən] *n.* Ⓤ **de·fam·a·to·ry** [difǽmətɔ̀:ri/-təri] *a.*

de·fault [difɔ́:lt] *n.* Ⓤ 태만, (채무) 불이행; (재판에의) 결석; 결핍. ***in*** ～ ***of*** …이 없을 때에는, …이 없어서. ***judgment by*** ～ 결석 재판. **～·er** *n.* 불이행자; (재판) 결석자; 위탁금 소비자.

de·fea·sance [difí:zəns] *n.* Ⓤ (권리의) 폐기, (계약의) 파기.

‡**de·feat** [difí:t] *vt.* **격파하다**, **지우다** (overcome); 방해하다(thwart); 〖法〗 무효로 하다. —— *n.* ⓊⒸ 격파, 타파; 패배; 〖法〗 파기. **～·ism** *n.* Ⓤ 패배주의. **～·ist** *n.*

def·e·cate [défikèit] *vt.* 맑게〔정하게〕하다(purify). —— *vi.* 맑아지다 (clarify); 뒤를〔대소변을〕보다.

‡**de·fect** [difékt, dí:fekt] *n.* **결함**, 결점; ⓊⒸ 부족. ***in*** ～ 부족〔결핍〕하여. ***in*** ～ ***of*** …이 없는 경우에.

de·fec·tion [difékʃən] *n.* ⓊⒸ 배반, 변절, 탈당, 탈회; 결함, 부족.

de·fec·tive** [diféktiv] *a.* **결점 있는**, 불완전한. ～ ***verbs 〖文〗 결여 동사 《*will, can, may* 따위》. **～·ly** *ad.*

‡**de·fence** [diféns] *n.* 《英》=DEFENSE.

‡**de·fend** [difénd] *vt.* **지키다**, **방위하다**(protect) (*against, from*); 변호〔옹호〕하다(vindicate). ***～·er** *n.*

D

***de·fend·ant** [-ənt] *n.*, *a.* 피고(의) (opp. plaintiff).

‡**de·fense** [diféns, dí:fens] *n.* ① UC 방위, 수비(protection). ② (*pl.*) 방어물. ③ U 변명; UC 〖法〗 변호; (피고의) 답변; 피고측. ④ 〖競〗 수비측. ～ *in depth* 종심(縱深) 방어(법). *in* ～ *of* …을 지키어; …을 변호하여. *～·less *a.* 무방비의. ～·less·ness *n.*

defénse mèchanism 〖心〗 (자기) 방위기제(防衛機制).

de·fen·si·ble [difénsəbəl] *a.* 방어〔변호〕할 수 있는. **-bly** *ad.*

‡**de·fen·sive** [difénsiv] *n.*, *a.* 방위(의), 수세(의) (opp. offensive). *be* 〔*stand*〕 *on the* ～ 수세를 취하다. ～**·ly** *ad.*

***de·fer**[1] [difə́:*r*] *vt.*, *vi.* (-*rr*-) 늦추다, 물리다, 늦춰지다, 연기하다. ～·**ment** *n.* UC 연기; 《美》 징병 유예.

D

de·fer[2] *vi.* (-*rr*-) (남의 의견에) 따르다(*to*); 경의를 표하다(*to*). ***def·er·ence** [défərəns] *n.* U 복종, 경의. **def·er·en·tial** [dèfərénʃəl] *a.* 공경하는, 공손한(respectful). ～**·ly** *ad.*

de·fer·ra·ble [difə́:rəbəl] *a.*, *n.* 연기〔유예〕할 수 있는; 《美》 징병 유예자.

de·ferred [difə́:*r*d] *a.* 연기한; 거치한; 《美》 징병 유예된(～ *savings* 거치 예금/*a* ～ *telegram* 간송 전보).

***de·fi·ance** [difáiəns] *n.* U 도전; 반항, 무시. *bid* ～ *to* 무시하다; 도전하다. *set at* ～ 무시하다. *in* ～ *of* …을 무시하여, …에 상관 않고.

***de·fi·ant** [difáiənt] *a.* 도전〔반항〕적인; 무례한; 무시하는(*of*). 「핍, 결함.

***de·fi·cien·cy** [difíʃənsi] *n.* CU 결

defíciency disèase 〖醫〗 영양 실조, 비타민 결핍증.

defíciency páyment (농민에 대한 정부의) 최저 보증금.

***de·fi·cient** [difíʃənt] *a.* 결함 있는; 불충분한(insufficient)(*in*).

***def·i·cit** [défəsit] *n.* 결손, 부족(액).

déficit spénding 적자 지출.

de·file[1] [difáil] *vt.* 더럽히다(soil[2]). ～·**ment** *n.* U 더럽힘; C 부정물.

de·file[2] *vi.* 종대(縱隊)로 나아가다. —— *n.* 애로, 좁은 길〔골짜기〕.

‡**de·fine** [difáin] *vt.* 한계를 정하다; 명확히 하다, 정의를 내리다. **de·fín·a·ble** *a.* 정의〔한정〕할 수 있는.

‡**def·i·nite** [défənit] *a.* 명확한, 뚜렷한(clear); 일정한. ‡～**·ly** *ad.*

‡**définite árticle** 〖文〗 정관사(the).

***def·i·ni·tion** [dèfəníʃən] *n.* U 한정; C 정의, 해석; U (렌즈의) 선명도, (라디오의) 충실도; 선명(하기).

de·fin·i·tive [difínətiv] *a.* 결정적인, 최종적인(conclusive). —— *n.* 〖文〗 한정사(*the*, *this*, *all*, *some* 따위). ～**·ly** *ad.*

de·flate [difléit] *vt.* …에서 공기〔가스〕를 빼다; (통화를) 수축시키다.

***de·fla·tion** [difléiʃən] *n.* U ① 공기〔가스〕를 빼기. ② 통화 수축; 디플레이션.

de·flect [diflékt] *vt.*, *vi.* …의 진로를 빗나가게 하다; (생각을) 삐뚤어지게 하다; 빗나가다(turn aside). **de·fléc·tion**, 《英》 **-fléx·ion** *n.* UC

def·lo·ra·tion [dèfləréiʃən/dì:flɔ:-] *n.* U 꽃을 땀; 미(美)를 빼앗음; (처녀) 능욕.

de·flow·er [difláuə*r*] *vt.* 꽃을 따다〔꺾다〕; (처녀를) 능욕하다(ravish).

De·foe [difóu], **Daniel**(1659?–1731) 영국의 소설가(*Robinson Crusoe*).

de·fo·li·ant [di(:)fóuliənt] *n.* 고엽제(枯葉劑)《월남전에서 미군이 쓴》.

de·fo·li·ate [di(:)fóulièit] *vt.*, *vi.* 잎을 따내다〔말리다〕; 잎이 떨어지다.

de·fo·li·a·tion [di(:)fòuliéiʃən] *n.* U 낙엽(기); 나무를 자르거나 숲을 불태우거나 하는 작전.

de·for·est [di:fɔ́:rist, -fár-/-fɔ́r-] *vt.* (…의) 산림〔수목〕을 베어내다; 개척하다. **de·for·est·a·tion** [-⌒-éiʃən] *n.* U 산림 벌채〔개척〕.

de·form [difɔ́:*r*m] *vt.* 흉하게 하다, 모양 없이 하다(misshape); 불구로 하다. *～**ed** [-d] *a.* 흉한, 일그러진; 불구의. ***de·for·ma·tion** [dì:fɔ:*r*méiʃən] *n.* U 변형; 〖美術〗 데포르마시옹《미적 효과를 위한 변형》.

***de·form·i·ty** [difɔ́:*r*məti] *n.* U 불구; 추함; UC (인격상의) 결함.

***de·fraud** [difrɔ́:d] *vt.* 편취하다(～ *him of his money*), 속이다(cheat).

de·fray [difréi] *vt.* (경비를) 지불하다(pay). ～**·al**, ～**·ment** *n.* U

de·frost [di:frɔ́:st, -frást/-frɔ́st] *vt.* (식품의) 언 것을 녹이다; (냉장고의) 서리를 제거하다. ～**·er** *n.* 제상(除霜) 장치.

deft [deft] *a.* 솜씨 좋은, 능숙한(skillful). ⌐**·ly** *ad.* ⌐**·ness** *n.*

deft. defendant.

de·funct [difʌ́ŋkt] *a.* 소멸한; 죽은; (the ～) 고인(the deceased).

de·fuse, de·fuze [di:fjú:z] *vt.* (폭탄에서) 신관을 제거하다; (긴장 상태에서) 위험성을 없애다.

‡**de·fy** [difái] *vt.* 도전하다(～ *him to* do); 반항하다, 거부하다; 무시하다, 깔보다; 방해하다.

deg. degree(s).

dé·ga·gé [dèigɑ:ʒéi/⌒⌐] *a.* (F.) 편안한; (마음) 편한《태도 따위》.

De·gas [dəgá:], **Edgar** (1834–1917) 프랑스의 화가.

de Gaulle [də góul], **Charles** (1890–1970) 프랑스의 장군·정치가.

de Gaull·ist [də góulist] *n.* (프랑스의) 드골파의 사람.

de·gen·er·a·cy [didʒénərəsi] *n.* U 퇴보, 타락; 퇴화.

***de·gen·er·ate** [didʒénərèit] *vi.* 나빠지다(grow worse); 퇴보〔타락〕하다. —— [-dʒénərit] *a.*, *n.* 퇴보한 (것), 타락한 (사람). ***de·gen·er·a·tion** [didʒènəréiʃən] *n.* U 퇴보, 타락, 악화; U 〖生〗 퇴화. **de·gén·er·a·tive** [-rətiv, -rèit-] *a.* 타락(적인 경향)의.

***de·grade** [digréid] *vt.* 하위로 낮추다; 타락〔악화〕시키다, (현재의 지

위·직책·소임으로부터) 떨어뜨리다; 〖生〗 퇴화시키다. **—** *vi.* 떨어지다; 타락〔퇴화〕하다.

***deg·ra·da·tion** [dègrədéiʃən] *n.* Ⓤ ① 격하, 좌천; 면직. ② 타락, 저하. ③ 〖地〗 침식. ④ 〖化〗 분해.

de·grease [di:grí:s] *vt.* …에서 유지를 빼다.

†**de·gree** [digrí:] *n.* ① ⒸⓊ 정도. ② 도, 눈금. ③ Ⓤ 지위, 계급; Ⓒ 학위, 칭호. ④ 〖文〗 (비교의) 급. ⑤ 〖數〗 차(次). ***by ~s*** 점차. ***to a ~*** 몹시; 다소. ***to the last ~*** 극도로.

de·hu·man·ize [di:hjú:mənàiz] *vt.* …의 인간성을 빼앗다. **de·hu·man·i·za·tion** [di:hjù:mənizéiʃən/-nai-] *n.* Ⓤ 인간성 말살.

de·hu·mid·i·fy [dì:hju(:)mídəfài] *vt.* 습기를 없애다; (…을) 건조시키다.

de·hy·drate [di:háidreit] *vt., vi.* 탈수하다; 수분이 없어지다. ***~d eggs*** 건조 달걀.

de·hy·dro·freez·ing [di:háidrəfrì:ziŋ] *n.* Ⓤ 건조 냉동법.

de·ice [di:áis] *vt.* 제빙(除氷)하다.

de·ic·er [di:áisər] *n.* 〖空〗 제빙(除氷)〔방빙〕 장치.

deic·tic [dáiktik] *a.* 〖文〗 지시적인; 〖論〗 직증적(直證的)인.

de·i·fy [dí:əfài] *vt.* 신으로 삼다〔모시다〕, 신성시하다. **de·i·fi·ca·tion** [dì:əfikéiʃən] *n.* Ⓤ

deign [dein] *vi.* 황송하옵게도 …하시다, …하옵시다(*to* do). **—** *vt.* 내리시다. **~ *a reply*** (왕 등이) 대답해 주시다. 「神敎). **-ist** *n.*

de·ism [dí:izəm] *n.* Ⓤ 자연신교(自然

***de·i·ty** [dí:əti] *n.* Ⓤ신성(神性)(divine nature); Ⓒ 신, 여신; (the D-) 우주신, 하느님(God).

déjà vu [dèiʒɑ:vjú:] (F.) 달라진 것이 없는, 이미 본, 재탕의.

***de·ject·ed** [didʒéktid] *a.* 낙담한, 기운 없는. **de·jéc·tion** *n.* Ⓤ 낙담, 실의; ⓊⒸ 〖醫〗 변통(便通); 배설물.

de ju·re [di: ʒúəri] (L.) 정당한 권리로, 합법의(cf. *de facto*).

Del. Delaware. **del.** delegate; delete; *delineavit*(L. =he 〔she〕 drew it).

De·la·croix [dəlɑkrwá:], **Ferdinand Victor Eugène** (1798–1863) 들라크루아《프랑스의 화가》.

***Del·a·ware** [déləwɛ̀ər] *n.* 미국 동부의 주《생략 Del.》; 미국 동부의 강.

‡**de·lay** [diléi] *vt.* 늦게 하다, 지연〔지체〕시키다, 연기하다(postpone); 방해하다. **—** *vi.* 늦어지다, 지체하다. **—** *n.* ⓊⒸ 지연, 유예. ***without ~*** 즉시, 곧. **~ed** [-d] *a.* (뒤) 늦은.

de·layed-ac·tion [diléidǽkʃən] *a.* 지효성(遲效性)의; 지발(遲發)의. **~ *bomb*** 시한 폭탄. 「빼라(delete).

de·le [dí:li] *vt.* (L.) 〖校正〗 삭제하라,

de·lec·ta·ble [diléktəbəl] *a.* 매우 즐거운, 유쾌한. **-bly** *ad.* **~·ness** *n.*

de·lec·ta·tion [dì:lektéiʃən, dilèk-] *n.* Ⓤ 유쾌, 환희, 환락.

del·e·ga·cy [déligəsi] *n.* 대표단; Ⓤ 대표자 파견〔지위·임명〕.

‡**del·e·gate** [déligèit, -git] *n.* 대표자(representative), 사절. **—** [-gèit] *vt.* 대표〔대리〕로서 보내다〔임명하다〕; 위임하다(entrust).

***del·e·ga·tion** [dèligéiʃən] *n.* ① Ⓤ 대리〔위원〕 파견; 위임. ② (파견) 위원단, 대표단.

de·lete [dilí:t] *vt.* (문자를) 삭제하다, 지우다(strike out). **de·lé·tion** *n.* Ⓤ 삭제; Ⓒ 삭제 부분.

del·e·te·ri·ous [dèlətíəriəs] *a.* (심신에) 해로운, 유독한. **~·ly** *ad.*

delf(t) [delf(t)], **delft·ware** [ˊwɛ̀ər] *n.* Ⓤ (네덜란드의) 델프 도자기.

***de·lib·er·ate** [dilíbərèit] *vt., vi.* 숙고하다; 협의〔논의〕하다. **—** [-bərit] *a.* 숙고한; 신중한; 유유한. ‡**~·ly** *ad.* 숙고한 끝에; 신중히; 완만히.

***de·lib·er·a·tion** [dilìbəréiʃən] *n.* Ⓤ 숙고; ⓊⒸ 심의; Ⓤ 신중. **de·lib·er·a·tive** [dilíbərèitiv, -rit-] *a.* 신중한; 심의의, 심의를 위한.

***del·i·ca·cy** [délikəsi] *n.* ① Ⓤ 우미, 정교, (감각의) 섬세함. ② Ⓤ 민감. ③ Ⓤ 허약, 연약함(weakness). ④ Ⓤ 미묘함(nicety). ⑤ 진미(dainty).

‡**del·i·cate** [délikit] *a.* ① 우미〔섬세〕한, 정표한. ② 고상한. ③ 민감한. ④ 허약한, 다루기 힘든. ⑤ 미묘한(subtle). ⑥ 맛있는. ***~·ly** *ad.*

del·i·ca·tes·sen [dèlikətésn] *n. pl.* 《美》《複數取扱》 조제(調製) 식료품; 《單數取扱》 조제 식료품점.

‡**de·li·cious** [dilíʃəs] *a.* 맛있는; 유쾌한. **—** *n.* (D-) 델리셔스 《사과》. **~·ly** *ad.*

‡**de·light** [diláit] *n.* Ⓤ 기쁨, 유쾌; Ⓒ 좋아하는 것. **—** *vi., vt.* 기뻐하다, 기쁘게 하다, 즐기다, 즐겁게 하다(*in*). ***~·ed** [-id] *a.* 매우 즐거운(highly pleased), 기쁜(glad)(*about, at*). **~·some** [-səm] *a.* =⇩.

‡**de·light·ful** [-fəl] *a.* 매우 기쁜〔즐거운〕, 유쾌한. **~·ly** *ad.*

De·li·lah [diláilə] *n.* 〖聖〗 델릴라《SAMSON의 불실한 애인》; 요부.

de·lim·it [dilímit], **de·lim·i·tate** [di(:)límətèit] *vt.* 한계〔경계〕를 정하다. **de·lim·i·ta·tion** [dilìmətéiʃən] *n.* ⓊⒸ 경계, 한계; Ⓤ 한계 결정.

de·lim·it·er [dilímitər] *n.* 〖컴퓨터〗 구분짓는 기호《테이프상에서 데이터 항목을 구분짓는》.

de·lin·e·ate [dilínièit] *vt.* 윤곽을 그리다; 묘사하다(describe). **de·lin·e·a·tion** [dilìniéiʃən] *n.* Ⓤ 윤곽 묘사; 약도, 도형; 서술.

de·lin·quent [dilíŋkwənt] *a.* 의무를 게을리하는, 태만한; 체납되어 있는; 죄〔과실〕 있는. **—** *n.* 태만한 사람; 과실〔범죄〕자. ***juvenile ~*** 비행 소년〔소녀〕. **de·lín·quen·cy** *n.* Ⓤ 태만; 과실(fault); ⓊⒸ 비행, 범죄. ***juvenile delinquency*** 소년 범죄.

del·i·quesce [dèlikwés] *vi.* 용해〔액화〕하다; 〖化〗 조해(潮解)하다.

-qués·cence *n.* UC 용해(액); 조해.
***de·lir·i·ous** [dilíriəs] *a.* **정신 착란의**; 헛소리하는; 무아경의, 황홀한.
de·lir·i·um [-riəm] *n.* UC 정신 착란; 황홀, 무아경.
delírium tré·mens [tríːmənz] (알코올 중독에 의한) 섬망증(譫妄症)《생략 D. T.》.
‡**de·liv·er** [dilívər] *vt.* ① **넘겨주다**. ② **배달하다**. ③ (연설을) 하다. ④ (의견)을 말하다. ⑤ (타격을) 가하다; (공을) 던지다. ⑥ 구해내다(rescue), 해방〔석방〕하다(*from*). ⑦ 분만시키다. ***be ~ed of*** (아이를) 낳다; (시를) 짓다. ***~ oneself of*** (*an opinion*) (의견을) 말하다. ***~ the goods*** 물품을 건네주다; 약속을 이행하다; 기대에 어그러지지 않다. ***~·ance** *n.* U 구출, 석방; UC 진술; (의견의) 발표; 결론(verdict). ***~·er** *n.*
‡**de·liv·er·y** [dilívəri] *n.* UC ① **배달**. ② **인도**, 교부. ③ 연설을 하는 식, **이야기투**. ④ 분만. ⑤ 투구(投球). ⑥ 석방; 구조. 「품의) 배달인.
de·liv·er·y·man [-mæn] *n.* 《美》 (상
delívery ròom 분만실; 도서 출납실.
dell [del] *n.* 작은 골짜기.
Dél·lin·ger phe·nóm·e·non [délindʒər] 〖無線〗 델린저 현상《태양 활동에 기인한 전파 이상》. 「없애다.
de·louse [diːláus, -z] *vt.* …에서 이를
Del·phi·an [délfiən], **-phic** [-fik] *a.* (그리스의 옛도읍) Delphi의; (Delphi의 Apollo 신탁과 같이) 모호한.
del·phin·i·um [delfíniəm] *n.* 〖植〗 참제비고깔(larkspur).
***del·ta** [déltə] *n.* 그리스어 알파벳의 네째 글자(Δ, δ); **삼각주**; 삼각형의 물건.
del·ta-wing, D- [-wiŋ] *a.* 삼각익(三角翼)의. ~ ***jet plane*** 삼각익 제트기. 「*n.* 〖解〗 (어깨의) 삼각근.
del·toid [déltɔid] *a.* 삼각형의. ——
***de·lude** [dilúːd] *vt.* **속이다**; 호리다, 미혹시키다(mislead).
del·uge** [déljuːdʒ] *n.* **대홍수**; 큰비; (the D-) 노아(Noah)의 홍수; 쇄도. ***After me 〔***us***〕 ***the ~.*** 나중에야 어찌되든 알 바 아니다. —— *vt.* 범람시키다; …에 쇄도하다.
***de·lu·sion** [dilúːʒən] *n.* U **속임**, 미혹(deluding); UC 미망(迷妄); 환상, 착각. **de·lú·sive** [-siv], **de·lú·so·ry** [-səri] *a.* 호리는, 속이는.
de luxe [dəlúks, -lʌ́ks] *a.*, *ad.* (F.) 호화로운, 호화판의; 호화롭게. ***a ~ edition*** 호화판. 「row); 《古》 파다.
delve [delv] *vt.*, *vi.* 탐구하다(bur-
Dem. Democrat(ic).
dem·a·gog(ue) [déməgɔ̀ːg, -gàg / -gɔ̀g] *n.* 선동(정치)가. **dem·a·gog·ic** [dèməgádʒik, -gág-/-gɔ́g-, -gɔ́dʒ-], **-i·cal** [-əl] *a.* **dem·a·go·gy** [déməgòudʒi, -gàgi/-gɔ̀gi, -gɔ̀dʒi] *n.* U 선동; 《集合的》 민중 선동가.
†**de·mand** [dimǽnd/-áː-] *n.* **요구**, 청구; U 〖經〗 **수요**(량)(*for*, *on*). ***be in ~*** 수요가 있다. ***on ~*** 청구하는 대로, 일람불의. —— *vt.*, *vi.* **요구〔청구〕하다**(ask) (*of*, *from*); …을 요하다; **심문하다**. **~·a·ble** *a.*
demánd bìll 요구불 어음.
demánd depòsit 요구불 예금.
de·mánd-pull inflátion [-pùl] 수요 과잉 인플레(demand inflation).
de·mar·cate [dimáːrkeit, díːmaːrkèit] *vt.* …의 경계〔한계〕를 정하다; …을 한정하다; …을 구획하다, 구별하다.
de·mar·ca·tion [dìːmaːrkéiʃən] *n.* U 한계〔경계〕 설정; C 구별, 구분.
dé·marche [deimáːrʃ/⌐–] *n.* (F.) 〖外交〗 수단, 전환책(cf. about-face).
de·mean[1] [dimíːn] *vt.* 《보통 再歸的》 (품위를) 떨어뜨리다(humble).
de·mean[2] *vt.* 처신하다; 행동하다. ***~ oneself like a gentleman*** 〔***lady***〕 신사〔숙녀〕답게 행동하다.
***de·mean·or,** 《英》 **-our** [dimíːnər] *n.* U **행동**, 태도. 「란의, 미친.
de·ment·ed [diméntid] *a.* 정신 착
dé·men·ti [dèimáːntiː] *n.* (F.) (풍설 따위의) 공식적인 부인 (성명).
de·men·tia [diménʃiə] *n.* (L.) U 〖醫〗 치매(癡呆).
deméntia práe·cox [príːkaks/-kɔks] 조발(성) 치매《정신 분열증(schizophrenia)의 구칭》.
de·merg·er [diːməːrdʒər] *n.* (한 번 합병한 기업체의) 재분리.
de·mer·it [diːmérit] *n.* 결점, 과실; 죄과; (학교의) 벌점(~ mark).
de·mesne [diméin, -míːn] *n.* U (토지의) 소유; C 소유지; 영지; 범위; 영토(domain).
De·me·ter [dimíːtər] *n.* 〖그神〗 농업의 여신(cf. Ceres). 「semi-).
demi- *pref.* 「반(半)」의 뜻(cf. hemi-,
dem·i·god [démigàd/-ɔ̀-] *n.* 반신(半神). 「든) 목이 가는 병.
dem·i·john [-dʒàn / -ɔ̀-] *n.* (채롱에
de·mil·i·ta·rize [diːmílətəràiz] *vt.* 비군사화하다; 군정에서 민정으로 이양하다. ***~ed zone*** 비무장 지대《생략 DMZ》. **de·mil·i·ta·ri·za·tion** [–⌐–rizéiʃən/-rai-] *n.* U 비군사화.
dem·i·monde [démimànd/⌐–mɔ́nd] *n.* (F.) 화류계(의 여자들).
de·mise [dimáiz] *n.* UC (재산의) 유증; 양위(讓位); 죽음, 서거; 폐지, 소멸. —— *vt.* 물려주다, 양위하다, 유증(遺贈)하다.
dem·i·sem·i·qua·ver [dèmisémikwèivər/⌐–⌐–] *n.* 〖樂〗 32분 음표.
de·mit [dimít] *vt.* (**-tt-**) (직을) 사임하다.
dem·i·tasse [démitæ̀s, -tàːs] *n.* 작은 찻종《식후의 블랙커피용》.
Dem·o [démou] *n.* (*pl.* **~s**) 《美》 민주당원(Democrat).
dem·o *n.* (*pl.* **~s**) 《口》 데모 (참가자); 레코드나 상품의 견본.
de·mob [diːmáb/-ɔ́-] *vt.* (**-bb-**) 《英口》 =⇩.
de·mo·bi·lize [diːmóubəlàiz] *vt.* 〖軍〗 복원(復員)하다, 제대시키다.

de·mo·bi·li·za·tion [di:mòubəlizéiʃən/-lai-] *n.* Ⓤ 동원 해제, 복원.
‡**de·moc·ra·cy** [dimákrəsi/-5-] *n.* ① Ⓤ 민주주의, 민주 정체. ② 민주국. ③ (D-) 《美》 민주당 (강령).
***dem·o·crat** [déməkræ̀t] *n.* 민주주의자; (D-) 《美》 민주당원.
‡**dem·o·crat·ic** [dèməkrǽtik] *a.* 민주주의〔정체〕의; 민주적인. ***the D- Party*** 《美》 민주당. **-i·cal·ly** *ad.*
de·moc·ra·tize [dimákrətàiz/-ɔ́-] *vt., vi.* 민주화하다. **de·moc·ra·ti·za·tion** [dimàkrətizéiʃən/-mɔ̀krətai-] *n.* Ⓤ 민주화; 평등화.
de·mog·ra·phy [dimágrəfi/di:mɔ́g-] *n.* Ⓤ 인구 통계학.
***de·mol·ish** [dimáliʃ/-ɔ́-] *vt.* 파괴하다; 《口》 먹어치우다.
dem·o·li·tion [dèməlíʃən, dì:-] *n.* Ⓤ 파괴; 폭파. 「기《남은 차가 우승》.
demolítion dèrby (차의) 격돌 경
***de·mon** [dí:mən] *n.* 악마, 귀신(fiend); (일·사업에) 비범한 사람.
de·mo·ni·ac [dimóuniæ̀k] *a.* 악마의, 악마와 같은(devilish); 미친 듯한(frantic). ── *n.* 귀신들린 사람.
de·mo·ni·a·cal [dì:mənáiəkəl] *a.* = DEMONIAC. 「*n.* Ⓤ 악마 (신앙) 연구.
de·mon·ol·o·gy [dì:mənálədʒi/-ɔ́-]
de·mon·stra·ble [démənstrəbəl, dimán-] *a.* 논증〔증명〕할 수 있는.
‡**dem·on·strate** [démənstrèit] *vt.* ① 논증〔증명〕하다(prove). ② 실지 교수하다, (상품을) 실물 선전하다. ── *vi.* ① 시위 운동을 하다; (감정을) 드러내다 (exhibit). ② 〖軍〗 양동(陽動)〔견제〕하다. **-stra·tor** *n.*
‡**dem·on·stra·tion** [dèmənstréiʃən] *n.* ⓊⒸ ① 논증. ② 실지 교수; 실물 선전; 실연(實演). ③ 표시. ④ 데모, 시위 (운동). ⑤ 〖軍〗 양동 (작전).
***de·mon·stra·tive** [dimánstrətiv/-ɔ́-] *a.* 감정을 노골적으로 나타내는 (*of*); 논증적인; 〖文〗 지시의; 시위적인. ── *n.* = ∠ **ádjective** 〔**prónoun**〕 〖文〗 지시 형용사〔대명사〕.
de·mor·al·ize [dimɔ́:rəlàiz, -már-/-mɔ́r-] *vt.* 퇴폐시키다; …의 사기를 꺾다; 혼란시키다, 당황케 하다. **de·mor·al·i·za·tion** [dimɔ̀:rəlizéiʃən, -màr-/-mɔ̀rəlai-] *n.* Ⓤ 퇴폐; 혼란.
de·mos [dí:mas/-ɔ-] *n.* 민중.
de·mote [dimóut] *vt.* 강등〔좌천〕시키다(opp. promote).
de·mot·ic [dimátik/-ɔ́-] *a., n.* 민중의 (문자), 통속적인 (말); (고대 이집트의) 민간 문자(의); 현대 그리스어(의). 「의; 진통제.
de·mul·cent [dimʌ́lsənt] *a., n.* 진통
***de·mur** [dimə́:r] *n., vi.* (*-rr-*) 이의(異議)를 말하다(*at, to*); 항변(하다).
de·mur·rer [dimə́:rər, -mʌ́r-] *n.* 〖法〗 방소(妨訴) 항변; 항변자; 반대, 이의.
de·mure [dimjúər] *a.* 기품 있는, 침착한; 젠체하는, 점잔 빼는, 근직〔근엄〕한, 진지한. **～·ly** *ad.*
de·mur·rage [dimə́:ridʒ, -mʌ́r-] *n.* Ⓤ 〖商〗 (선박·화차·트럭의) 초과 정류; 정류 일수 초과 할증금.
‡**den** [den] *n.* (야수의) 굴; (도둑의) 소굴; 작고 아늑한 사실(私室).
Den. Denmark.
de·nar·i·us [dinέəriəs] *n.* (*pl.* ***-narii*** [-riài]) 고대 로마의 은화《영국은 1971년까지 pence, penny를 그 머릿자 *d.*로 약기했음》.
de·na·tion·al·ize [di:nǽʃənəlàiz] *vt.* …의 국적〔국민성〕을 박탈하다; 독립국의 자격을 빼앗다; …의 국유를 해제하다. **de·na·tion·al·i·za·tion** [di:næ̀ʃənəlizéiʃən/-lai-] *n.* Ⓤ
de·nat·u·ral·ize [di:nǽtʃərəlàiz] *vt.* …을 부자연하게 하다; …을 변성〔변질〕시키다; …의 시민〔귀화〕권을 박탈하다. **de·nat·u·ral·i·za·tion** [dí:næ̀tʃərəlizéiʃən/-lai-] *n.* Ⓤ 변질(함, 시킴); 시민권 박탈.
de·na·ture [di:néitʃər] *vt.* 변성(變性)시키다.
de·na·zi·fy [di:ná:tsəfài, -nǽtsə-] *vt.* 비(非)나치스화하다 (cf. Nazi). **de·na·zi·fi·ca·tion** [di:nà:tsifikéiʃən, -næ̀tsi-] *n.* Ⓤ
den·drite [déndrait] *n.* 모수석(模樹石); (신경의) 수상(樹狀) 돌기.
den·drol·o·gy [dendrálədʒi/-drɔ́l-] *n.* Ⓤ 수목학(樹木學).
de·neu·tral·ize [di:njú:trəlàiz/-njú:-] *vt.* (국·지역을) 비중립화하다.
D. Eng. Doctor of Engineering.
den·gue [déŋgi, -gei] *n.* Ⓤ 〖醫〗 (열대 지방의) 뎅그열.
de·ni·al** [dináiəl] *n.* ⓊⒸ ① 부정, 부인. ② 거부. ③ 극기(克己). ***take no ～ 싫다는 말을 못하게 하다.
de·nic·o·tin·ize [di:níkətinàiz] *vt.* (담배의) 니코틴을 없애다.
de·ni·er[1] [dináiər] *n.* 부인하는 사람.
de·nier[2] [diníər] *n.* 프랑스의 옛 은화; 소액의 돈; 데니르《견사(絹絲)·나일론실의 굵기 단위》.
den·i·grate [dénigrèit] *vt.* 검게 하다; …을 더럽히다, …의 평판을 떨어뜨리다.
den·im [dénim] *n.* Ⓤ 데님《작업복(overall)용의 능직 무명》; (*pl.*) (푸른 데님천의) 작업복.
den·i·zen [dénizən] *n.* 주민; 외래어; 외래 동〔식〕물; 《英》 귀화인. ── *vt.* 귀화를 허가하다, 시민권을 주다.
***Den·mark** [dénma:rk] *n.* 덴마크.
de·nom·i·nate [dinámənèit/-ɔ́-] *vt.* 명명하다(name). ── [-nit] *a.* 특정한 이름이 있는. **de·nom·i·na·tor** [-námənèitər/-nɔ́m-] *n.* 〖數〗 분모(cf. numerator); 《古》 명명자.
***de·nom·i·na·tion** [dinàmənéiʃən/-nɔ̀mi-] *n.* ① Ⓤ 명명; Ⓒ (특히 종류의) 명칭. ② 종파, 교파(sect). ③ 종류; 계급. ④ (도량형·화폐의) 단위 명칭; (화폐법에 의한) 액면 금액. **～·al** *a.* 종파〔교파〕의 (지배하의). **～·al·ism** [-ìzəm] *n.* Ⓤ 종파심; 파벌주의.
de·nom·i·na·tive [dinámənèitiv, -nə-/-nɔ́minə-] *a.* 이름 구실을 하는, 이름을 표시하는; 〖文〗 명사〔형용사〕

에서 나온. —— *n.* 명사〔형용사〕 유래 동사《보기: *horse* a carriage》.

de·no·ta·tion [dì:noutéiʃən] *n.* UC 지시, 표시; 표(mark); 명칭, (표면상의) 뜻; 〖論〗 외연(opp. connotation).

de·no·ta·tive [dinóutətiv, dí:noutèitiv] *a.* 〖論〗 외연적인; 객관적인, 과학적인.

***de·note** [dinóut] *vt.* **나타내다, 표시하다**(indicate); 의미하다.

dé·noue·ment [deinú:mɑ:ŋ] *n.* (F.) 대단원(大團圓), 종결.

***de·nounce** [dináuns] *vt.* ① **공공연히 비난하다**. ② 고발하다(accuse). ③ (조약 따위의) 종결을 통고하다. ④ 《古》 (경고로서) 선언하다.

‡**dense** [dens] *a.* **조밀한**; 짙은(thick); 우둔한. ∠·**ly** *ad.* ∠·**ness** *n.*

den·sim·e·ter [densímitər] *n.* 〖化·理〗 비중계, 밀도계.

den·si·tom·e·ter [dènsitámitər / -tɔ́mi-] *n.* 사진 농도계.

***den·si·ty** [dénsəti] *n.* U **밀도**, 농도. *traffic* ～ 교통량.

***dent** [dent] *n., vt., vi.* **움푹 팬 곳**; 움푹 패(게 하)다.

dent. dental; dentist(ry).

***den·tal** [déntl] *a., n.* **이의**; 치과의; 〖音聲〗 치음(齒音)(의)《θ, ð, t, d 따위》; 치음자.

den·tate [dénteit] *a.* 〖動·植〗 이빨이 있는; 톱니 모양의. 「분; 치약.

den·ti·frice [déntəfris] *n.* U 치마

den·tine [dénti:n], **-tin** [-tin] *n.* U (치아의) 상아질(cf. enamel).

‡**den·tist** [déntist] *n.* **치과 의사**. ～·**ry** *n.* U 치과 의술.

den·ti·tion [dentíʃən] *n.* UC 이가 나기; 치열(齒列).

den·ture [déntʃər] *n.* 치열(齒列), 잇속; 의치(義齒), 틀니(의 치열).

de·nu·cle·ar·ize [di:njú:kliəràiz] *vt.* 핵무장〔핵실험〕을 금지〔해제〕하다. ～*d zone* 비핵무장〔핵실험〕 구역.

de·nude [dinjú:d] *vt.* 발가벗기다, (옷 따위를) 벗기다(strip)(*of*); (바위 따위를) 삭박(削剝)하다. **den·u·da·tion** [dì:nju(:)déiʃən, dèn-] *n.* U 노출(시키기); 박탈; 삭박(削剝).

***de·nun·ci·a·tion** [dinʌ̀nsiéiʃən, -ʃi-] *n.* UC **공공연한 비난**; 고발(accusation); (조약 따위의) 파기 통고. **de·nun·ci·a·to·ry** [dinʌ́nsiətɔ̀:ri, -ʃiə-/-təri] *a.* 비난하는; 위협〔협박〕적인.

‡**de·ny** [dinái] *vt.* **부정〔부인〕하다**; (주기를) **거절하다**(refuse); 면회를 거절하다. ～ *oneself* 자제(自制)하다. ～ *oneself to callers* 방문객을 만나지 않다.

de·o·dar [dí:ədɑ̀:r] *n.* 〖植〗 히말라야삼목. 「취의; 방취제.

de·o·dor·ant [di:óudərənt] *a., n.* 방

de·o·dor·ize [di:óudəràiz] *vt.* 탈취(脫臭)〔방취〕하다. **de·o·dor·iz·er** *n.* 방〔탈〕취제.

de·or·bit [di:ɔ́:rbit] *vt., n.* U (우주선 따위를) 궤도에서 벗어나게 하다〔하는 일〕. 「산(脫酸)〔환원〕하다.

de·ox·i·dize [di:áksədàiz/-ɔ́-] *vt.* 탈

de·ox·y·ri·bo·nu·clé·ic ácid [di:àksəràibounju:klí:ik / -ɔ̀ksiràibounju:-] 〖生化〗 디옥시리보 핵산(核酸)《생략 DNA》.

dep. departed; department; departs; departure; deponent; deposed; deposit; depot; deputy.

‡**de·part** [dipɑ́:rt] *vi., vt.* **출발〔발차〕하다, 떠나다; 벗어나다**, 빗나가다(deviate); 죽다. ～ *from one's word* 약속을 어기다. *～·**ed** [-id] *a.* **지나간**(gone), 과거의(past); **죽은**. *the* ～*ed* 고인, 죽은 사람.

‡**de·part·ment** [-mənt] *n.* **부(문)**; 성(省), 국, 과. **de·part·men·tal** [di:pɑ̀:rtméntl/dì:pɑ:rt-] *a.*

†**depártment stòre** 백화점.

‡**de·par·ture** [dipɑ́:rtʃər] *n.* UC ① **출발, 발차**. ② **이탈**(離脫), 변경(*from*). ③ U 《古》 서거(逝去). *a new* ～ 새 방침, 신기축(新機軸).

‡**de·pend** [dipénd] *vi.* **…나름이다, …여하에 달리다**(*on, upon*); **의지〔신뢰〕하다**(rely)(*on, upon*). ～ *upon it* 《口》 확실히. *That* ～*s.* 그것은 사정 여하에 달렸다. *～·**a·ble** *a.*

de·pend·ant [dipéndənt] *n., a.* = DEPENDENT.

***de·pend·ence** [-əns] *n.* U **종속**; 의존; 신뢰(reliance); 의지. **de·pénd·en·cy** *n.* UC 종속(물); 속령, 속국.

‡**de·pend·ent** [-ənt] *a.* (…에) **의지하고 있는**, 의존하는(relying), **…나름의**(*on, upon*); 〖文〗 종속의(subordinate). —— *n.* **의존하는 사람**; 부양 가족; 식객; 하인.

depéndent cláuse 〖文〗 종속절.

***de·pict** [dipíkt] *vt.* (그림·글로) **묘사하다**. **de·pic·tion** [dipíkʃən] *n.* UC

dep·i·late [dépəlèit] *vt.* 털을 뽑다, 탈모하다.

de·pil·a·to·ry [dipílətɔ̀:ri/-təri] *a., n.* 탈모 (작용)의; 탈모제.

de·plane [di:pléin] *vi.* 비행기에서 내리다(opp. enplane).

de·plete [diplí:t] *vt.* 비우다(empty), 고갈시키다. **de·plé·tion** *n.* U

***de·plor·a·ble** [diplɔ́:rəbl] *a.* **슬퍼할**; 가엾은, 애처로운, 비참한; 한탄할 만한. **-bly** *ad.* 「다.

***de·plore** [diplɔ́:r] *vt.* (…을) **비탄하**

de·ploy [diplɔ́i] *n., vi., vt.* U 〖軍〗 전개(하다, 시키다). ～·**ment** *n.* UC 전개; 〖軍〗 비군사적 사역(使役).

de·pol·lute [dì:pəlú:t] *vt.* …의 오염을 제거하다. **de·pol·lú·tion** *n.* U

de·po·nent [dipóunənt] *a., n.* 〖그·라틴文〗 의(擬)수동형의 (동사) 《L. *hortari* 따위》; 〖法〗 선서 증인.

de·pop·u·late [di:pápjəlèit/-ɔ́-] *vt., vi.* …의 주민을 없애다〔감소시키다〕; 인구가 줄다. **de·pop·u·la·tion** [di:pɑ̀pjəléiʃən/-ɔ̀-] *n.* U

de·port [dipɔ́:rt] *vt.* **처신하다**; 이송〔추방〕하다(expel). ～ *oneself*

D

(*well*) (잘) 행동하다. *~·ment *n.* Ⓤ 행동, 태도. **de·por·ta·tion** [dìːpɔːrtéiʃən] *n.* Ⓤ 추방.

***de·pose** [dipóuz] (cf. deposit) *vt.* 면직시키다, (왕을) 폐하다; 〖法〗 증언하다. —— *vi.* 증언하다(testify). **de·pós·al** *n.* Ⓤ

‡**de·pos·it** [dipázit/-ɔ́-] *vt.* 놓다, (알을) 낳다(lay), 침전시키다; 맡기다, 공탁하다(~ *a thing with him*); 계약금을 걸다. —— *n.* 부착〔퇴적〕물; 침전물; 예금, 공탁금, 보증금, 계약금. **de·pós·i·tor** *n.* 공탁자; 예금자. **de·pos·i·to·ry** [-pázitɔ̀ːri/-pɔ́zitəri] *n.* 수탁자; 보관소, 저장소.

de·pos·i·tar·y [dipázitèri/-pɔ́zitə-] *n.* 피신탁인, 관재인(管財人).

dep·o·si·tion [dèpəzíʃən, dìːp-] *n.* 면직; 퇴위; 증언.

***de·pot** [díːpou/dép-] *n.* ① 《美》 정거장, 버스 정류장. ② 《英》 저장소, 창고. ③ [dépou] 〖軍〗 보충 부대; 병참부.

dépot shìp 모함(母艦).

de·prave [dipréiv] *vt.* 타락〔악화〕시키다(corrupt). **de·práved** [-d] *a.* 타락한. **dep·ra·va·tion** [dèprəvéiʃən], **de·prav·i·ty** [diprǽvəti] *n.* Ⓤ 타락; 비행.

dep·re·cate [déprikèit] *vt.* 비난〔반대〕하다. **dep·re·ca·tion** [dèprikéiʃən] *n.* ⓊⒸ **dép·re·ca·to·ry** [-kətɔ̀ːri/-təri] *a.* 반대의; (비난에 대하여) 변명적인.

***de·pre·ci·ate** [dipríːʃièit] *vt.* (…의) 가치를 떨어뜨리다; 깎아내리다, 얕보다; 경시하다(belittle) (opp. appreciate). —— *vi.* 가치가 떨어지다.

***de·pre·ci·a·tion** [diprìːʃiéiʃən] *n.* ⓊⒸ 가치 하락; 감가 상각; 경시. **de·pre·ci·a·to·ry** [dipríːʃiətɔ̀ːri / -təri] *a.* 가치 하락의; 경시하는.

dep·re·da·tion [dèprədéiʃən] *n.* Ⓤ 약탈(ravaging).

***de·press** [diprés] *vt.* 내리 누르다 (press down); 저하시키다; (활동을) 약화시키다; 풀이 죽게 하다(dispirit); 불경기로 만들다. ~·**i·ble** *a.* ~·**ing** *a.* ~·**ing·ly** *ad.*

de·pres·sant [diprésənt] *a., n.* 〖醫〗 진정 작용이 있는; 진정제(sedative).

‡**de·pressed** [-t] *a.* 내리 눌린; 저하된; 움푹 들어간; 풀이 죽은; 불황의. ~ ***area*** 빈곤 지구. ~ ***classes*** (인도의) 최하층민.

‡**de·pres·sion** [dipréʃən] *n.* ① 하락; 침하. ② 우묵 팬 곳. ③ 〖氣〗 저기압. ④ ⓊⒸ 불황. ⑤ Ⓤ 의기 소침.

‡**de·prive** [dipráiv] *vt.* 빼앗다(divest); 면직시키다; 저해하다(~ *him of his popularity* 그의 인기를 잃게 하다). **dep·ri·va·tion** [dèprəvéiʃən] *n.* ⓊⒸ

de pro·fun·dis [dìː proufʌ́ndis] (L.) (슬픔·절망의) 구렁텅이에서 (from the depths).

dept. department; deponent; deputy.

‡**depth** [depθ] *n.* ① ⓊⒸ 깊이, (땅·집 등의) 세로길이. ② Ⓤ 농도; 저음(低音). ③ (보통 *pl.*) 깊은 곳, 심연, 바다, (겨울·밤 따위의) 한중간(middle). ④ (숲 따위의) 깊은 곳.

dépth bòmb 〔**chàrge**〕 폭뢰(爆雷).

dépth psychòlogy 심층 심리학.

dep·u·ta·tion [dèpjətéiʃən] *n.* Ⓤ 대리 임명〔파견〕; Ⓒ 대표, 대표단.

de·pute [dipjúːt] *vt.* 대리를 명하다 (appoint as deputy); (임무·권한을) 위임하다(commit).

dep·u·tize [dépjətàiz] *vi., vt.* 대리를 보다〔삼다〕.

dep·u·ty** [dépjəti] *n.* ① 대리, 대표자; 사절. ② (프랑스·이탈리아의) 민의원. ***the Chamber of Deputies (프랑스 제3 공화국의) 하원.

députy góvernor 부지사.

De Quin·cey [də kwínsi], **Thomas** (1785–1859) 영국의 수필가.

der., deriv. derivation; derivative; derive(d).

de·rac·i·nate [dirǽsənèit] *vt.* ① …을 뿌리째 뽑다, 근절하다. ② …을 고립시키다, 소외시키다《모국, 환경으로부터》.

de·rail [diréil] *vi., vt.* 탈선하다〔시키다〕. ~·**ment** *n.* ⓊⒸ

De·rain [dərɛ̃ːŋ], **André** (1880–1954) 드랭《프랑스의 화가; cf. Fauvism》.

de·range [diréindʒ] *vt.* 어지럽히다, 혼란시키다, 방해하다; 발광시키다. ~·**ment** *n.* Ⓤ 혼란, 발광.

de·ra·tion [diːréiʃən/-rǽʃ-] *vt.* (식품 따위를) 배급에서 제외하다.

de·rat·i·za·tion [diːrætəzéiʃən] *n.* 〖海〗 (특히 상선 안의) 쥐잡기.

***Der·by** [dɔ́ːrbi / dáːrbi] *n.* (the ~) (영국 Epsom시에서 매년 열리는) 더비 경마, 대경마; (d-) 《美》 중산 모자 (《英》 bowler).

der·e·lict [dérəlikt] *a.* 버려진, 버림받은, 유기된(forsaken); 직무 태만의. —— *n.* 유기물, 유기〔표류〕선; 버림받은 사람. **der·e·lic·tion** [dèrəlíkʃən] *n.* ⓊⒸ 유기, 태만.

de·req·ui·si·tion [diːrèkwəzíʃən] *n., vt., vi.* Ⓤ 《英》 접수 해제(하다).

***de·ride** [diráid] *vt.* 조롱하다 (ridicule).

de ri·gueur [də rigɔ́ːr] (F.) 예의상 필요한 (required by etiquette) (*Tuxedo is* ~. (당일은) 턱시도를 착용할 것).

***de·ri·sion** [diríʒən] *n.* Ⓤ 비웃음, 조롱(ridicule), 경멸 (contempt); Ⓒ 조소〔웃음〕거리. **de·ri·sive** [diráisiv], **de·rí·so·ry** [-səri] *a.*

‡**de·rive** [diráiv] *vt.* (…에서) 끌어내다(*from*); 기원을〔유래를〕 더듬다 (trace); (…에) 기원을 발하다. ***be*** ~***d from*** …에 유래하다. ***der·i·va·tion** [dèrəvéiʃən] *n.* ⓊⒸ 유도; 유래, 기원; 〖文〗 파생. ***de·riv·a·tive** [dirívətiv] *a., n.* 파생의; 파생어.

der·ma [dɔ́ːrmə] *n.* Ⓤ 피부, (특히) 진피(眞皮).

der·ma·ti·tis [dɔ̀ːrmətáitis] *n.* Ⓤ 〖醫〗 피부염.

der·ma·tol·o·gy [dɔ̀ːrmətálədʒi / -ɔ́-] *n.* Ⓤ 피부(병)학.

der·ma·to·sis [dəːrmətóusis] *n.* 피부병.
der·mis [dɔ́ːrmis] *n.* =DERMA.
der·o·gate [dérougèit] *vi.* 명성을〔가치를〕 떨어뜨리다〔손상하다〕(*He ~d from his ancestors.* 조상 얼굴에 똥칠을 했다). **der·o·ga·tion** [dèrəgéiʃən] *n.* Ⓤ **de·rog·a·to·ry** [dirágətɔ̀ːri/-rɔ́gətəri], **de·rog·a·tive** [dirágətiv/-ɔ́-] *a.* (명예·품격을) 손상시키는(detracting) (*from, to*); (말씨가) 경멸적인. 「유정탑(油井塔).
der·rick [dérik] *n.* 데릭 기중기; 《美》
der·ring-do [dériŋdúː] *n.* 《古》 대담한 행위(daring deeds).
der·rin·ger [dérindʒər] *n.* 《美》 구경이 큰 소형 권총.
der·ris [déris] *n.* 〖植〗 데리스《동인도 제도산 식물》; 그 뿌리에서 만든 살충제. 「승.
der·vish [dɔ́ːrviʃ] *n.* (회교의) 탁발
de·salt [diːsɔ́ːlt] *vt.* 염분을 제거하다, 담수화하다.
des·cant [deskǽnt] *vi.* 상설(詳說)하다(*on, upon*); 노래하다. —— [déskænt] *n.* 상설; 《詩》 노래; 가곡; 〖樂〗 수반(隨伴) 선율.
Des·cartes [deikáːrt], **René** (1596–1650) 데카르트《프랑스의 철학자·수학자》.
‡**de·scend** [disénd] *vi.* ① 내리다, 내려가다〔오다〕 (opp. ascend). ② (성질·재산 따위가 자손에게) 전해지다. ③ (도덕적으로) 타락하다, 전락하다(stoop). ④ 급습하다(*on, upon*). ‡**~·ant** [-ənt] *n.* 자손. **~·ent** *a.*
‡**de·scent** [disént] *n.* Ⓤ,Ⓒ 하강; 내리받이(opp. ascent); Ⓤ 가계(lineage), 상속; 급습.
‡**de·scribe** [diskráib] *vt.* 기술〔묘사〕하다(depict); 그리다(draw).
‡**de·scrip·tion** [diskrípʃən] *n.* Ⓤ,Ⓒ 서술, 기술, 묘사; 특징; 종류, 종목. ***beggar (all) ~***, or ***be beyond ~*** 이루 말할 수 없다. ***de·scrip·tive** *a.* 서술〔기술〕적인. ***descriptive grammar*** 기술 문법《규범 문법에 대하여》.
de·scrip·tor [diskríptər] *n.* 〖컴퓨터〗 서술자(敍述子). 「다.
de·scry [diskrái] *vt.* (멀리서) 발견하
des·e·crate [désikrèit] *vt.* …의 신성을 더럽히다(profane). **des·e·cra·tion** [dèsikréiʃən] *n.* Ⓤ
de·seg·re·gate [diːségrigèit] *vt., vi.* 《美》 (학교 등의) 인종〔흑인〕 차별 대우를 그만두다.
de·seg·re·ga·tion [diːsègrigéiʃən] *n.* Ⓤ 흑인〔인종〕차별 대우 폐지.
de·sen·si·tize [diːsénsətàiz] *vt.* 〖寫〗 …의 감광도를 줄이다; 〖生〗 …의 과민성을 없애다; 최면술에 걸리지 않게 하다.
de·sert[1] [dizɔ́ːrt] (<deserve) *n.* 공적(merit); (보통 *pl.*) 공죄(功罪), 당연한 응보.
***de·sert**[2] *vt.* 버리다(forsake); 도망〔탈주〕하다(*from*). ***~·ed** [-id] *a.* 사람이 살지 않는; 황폐한; 버림받은. **~·er** *n.* 유기자; 탈주자. ***de·sér·tion** *n.* Ⓤ 유기, 탈당, 탈함(脫艦), 탈주. 「(의); 불모의.
‡**des·ert**[3] [dézərt] *n., a.* 사막(지방)
‡**de·serve** [dizɔ́ːrv] *vt.* (상·벌을) 받을 만하다, …할 가치가 있다, …할 만하다(be worthy)(*of*). **de·sérv·ed·ly** [-idli] *ad.* 당연히. **de·sérv·ing** *a.* 당연히 …을 받아야 할, …할 만한 (*of*); 공적 있는. 「거세하다.
de·sex [diːséks] *vt.* 성기를 제거하다,
des·ic·cate [désikèit] *vi., vt.* 건조시키다〔하다〕.
des·ic·ca·tor [désikèitər] *n.* (식품) 건조기; (유리) 건조용 용기.
de·sid·er·a·tum [disìdəréitəm, -ráː-/-zìd-, -sìd-] *n.* (*pl.* **-ta**) 필요를 느끼게 하는 것, 꼭 바라는 것.
†**de·sign** [dizáin] *n.* ① Ⓤ 설계; 디자인; Ⓒ 밑그림, 도안. ② Ⓤ 구상, 줄거리. ③ 계획(scheme), 목적, 의도; 음모(plot)(*against, on*). —— *vt.* ① 도안을 만들다, 설계하다. ② 계획〔기도〕하다(plan). ③ …으로 예정하다, 마음먹다(intend) (*~ one's son for*〔*to be*〕 *an artist*). ‡**~·er** *n.* 설계자; 도안가, 디자이너; 음모가. **~·ing** *a., n.* Ⓤ
‡**des·ig·nate** [dézignèit] *vt.* 가리키다; 명명하다; 지명〔선정〕하다; 임명하다(appoint). —— [-nit, -nèit] *a.* 지명〔임명〕된. ***des·ig·na·tion** [dèzignéiʃən] *n.* Ⓤ 명시; 지정; Ⓤ 임명; 명칭.
de·signed [dizáind] *a.* 설계된; 계획적인, 고의의. **de·sígn·ed·ly** [-nidli] *ad.* 계획적으로, 일부러.
‡**de·sir·a·ble** [dizáiərəbəl] *a.* 바람직한; 갖고 싶은. ***de·sir·a·bil·i·ty** [dizàiərəbíləti] *n.* Ⓤ,Ⓒ
†**de·sire** [dizáiər] *vt.* 원하다, 바라다, 요구〔욕구〕하다, 구하다(ask for). —— *n.* 소원(wish); 욕구; 바라는 것; Ⓤ 정욕.
***de·sir·ous** [dizáirəs/-záiər-] *a.* 바라는(*of*); 원하는(*to* do; *that*).
de·sist [dizíst] *vi.* 단념하다, 그만두다(cease)(*from*).
†**desk** [desk] *n.* 책상; 《美》 (신문사의) 편집부, 데스크; 《美》 설교단 (pulpit).
désk làmp 전기 스탠드.
desk-top [⌐tàp/⌐tɔ̀p] *a.* 탁상용의《컴퓨터 등》.
désk wòrk 사무, 책상에서 하는 일.
‡**des·o·late** [désəlit] *a.* 황폐한, 황량한(waste), 사람이 안 사는(deserted); 고독한, 쓸쓸한; 음산한(dismal). —— [-lèit] *vt.* 황폐케 하다; 주민을 없애다; 쓸쓸〔비참〕하게 하다. **~·ly** *ad.* ***des·o·la·tion** [dèsəléiʃən] *n.* Ⓤ 황폐, 황량, 쓸쓸함, 서글픔; Ⓒ 폐허.
de·sorb [diːsɔ́ːrb, -zɔ́ːrb] *vt.* 〖理·化〗 흡수제로부터 흡수된 물질을 제거하다.
‡**de·spair** [dispέər] *n., vi.* Ⓤ 절망(하다); Ⓒ 절망의 원인. **de·spair·ing**

[-spέəriŋ] a. ⌈PATCH.
des·patch [dispǽtʃ] *v., n.* =DIS-
des·per·a·do [dèspəréidou, -rá:-] *n.* (*pl.* ~(*e*)*s*) 목숨 아까운 줄 모르는 흉한(兇漢), 무법자.
‡**des·per·ate** [déspərit] *a.* **절망적인; 필사적인; 자포자기의**; 터무니없는. *a ~ fool* 형편없는 바보. ‡~·**ly** *ad.* *****des·per·a·tion** [dèspəréiʃən] *n.* Ⓤ **절망; 기를 씀, 필사**, 자포자기.
des·pi·ca·ble [déspikəbəl, dispík-] *a.* 야비한; 비열한(mean). **-bly** *ad.*
‡**de·spise** [dispáiz] *vt.* **경멸하다**.
‡**de·spite** [dispáit] *n.* Ⓤ 모욕; 《古》 원한, 증오. (*in*) ~ *of* …에도 불구하고. ―*prep.* **…에도 불구하고**.
de·spoil [dispɔ́il] *vt.* 약탈하다.
de·spo·li·a·tion [dispòuliéiʃən] *n.* Ⓤ 약탈, 강탈.
de·spond [dispánd / -ɔ́-] *vi.* 낙담하다. ~·**ence**, ~·**en·cy** [-ənsi] *n.* Ⓤ 낙담. ~·**ent** *a.*
*****des·pot** [déspət, -pat/-pɔt, -pət] *n.* **전제 군주**, 독재자(autocrat); 폭군(tyrant). ~·**ism** [-ìzəm] *n.* Ⓤ 압제, 압박, 횡포; 독재 정치; Ⓒ 절대 군주국. **des·pot·ic** [despátik/-ɔ́-], **-i·cal** [-əl] *a.* 횡포[포악]한.
‡**des·sert** [dizə́:*r*t] *n.* ⓊⒸ **디저트**《dinner 끝에 나오는 과자·과일 따위》.
de-Sta·lin·i·za·tion [di:stà:linizéiʃən/-naiz-] *n.* (1956년 이후 공산권의) 스탈린 격하 운동.
de·ster·i·lize [di:stérəlàiz] *vt.* 《美》 (유휴 물자를) 활용하다; …의 봉쇄를 풀다.
‡**des·ti·na·tion** [dèstənéiʃən] *n.* **목적지; 보낼 곳**; ⓊⒸ 목적, 용도.
‡**des·tine** [déstin] *vt.* **운명짓다; 예정하다**, 할당하다. *be ~d for* …에 가기로[…이 되기로] 되어 있다.
‡**des·ti·ny** [déstəni, -ti-] *n.* Ⓤ **운명**, 천명(fate).
*****des·ti·tute** [déstət*j*ù:t/-tjù:t] *a.* **결핍한**, …이 없는(*of*); (생활이) **군색한**(needy). **des·ti·tu·tion** [ˋ-t*j*ú:ʃən/-tjú:-] *n.* Ⓤ 결핍; 빈궁.
†**de·stroy** [distrɔ́i] *vt.* **파괴하다** (demolish); 멸(滅)하다, 죽이다; 폐하다 (abolish). *****~·**er** *n.* **파괴자; 구축함**. ⌈함용) 호송 구축함.
destróyer èscort 《美》 (대(對)잠수
de·struct [distrʌ́kt] *n., a.* (고장난 로켓의) 고의적 파괴; 파괴용의. ~ *button* (미사일을 공중 폭파시키는) 파괴 버튼. ―*vt.* (로켓을) 파괴하다. ⌈괴할 수 있는.
de·struct·i·ble [distrʌ́ktəbəl] *a.* 파
‡**de·struc·tion** [distrʌ́kʃən] *n.* Ⓤ **파괴**(destroying); 멸망.
‡**de·struc·tive** [distrʌ́ktiv] *a.* **파괴적인**; 파멸시키는(*of*); 유해한(*to*). ~·**ly** *ad.*
destrúct lìne 〖로켓〗 자폭선(自爆線), 파괴 한계선《미사일이 그 탄도를 넘어서면 파괴되는 선》.
de·struc·tor [-ər] *n.* 파괴자; 《英》 폐물 소각로(爐); (미사일 따위의) 파괴 장치.
des·ue·tude [déswit*j*ù:d / disjú(:)itjù:d] *n.* Ⓤ 폐용, 폐지(disuse).
des·ul·to·ry [désəltɔ̀:ri/-təri] *a.* 산만한, 종작 없는. **-ri·ly** *ad.* **-ri·ness** *n.*
det. detachment.
*****de·tach** [ditǽtʃ] *vt.* **분리하다**(separate) (*from*); 분견[파견]하다. ~·**a·ble** *a.* *****de·táched** [-t] *a.* **떨어진**; 공평한 (impartial); 분견된. *~ed palace* 이궁(離宮). *****~·**ment** *n.* Ⓤ **분리**(opp. attachment); 초월; Ⓒ 분견대. ***artistic detachment*** 〖文〗 초연 기교《작품 속에 필자의 생활 감정 등을 개입시키지 않는 일》.
‡**de·tail** [dí:teil, ditéil] *n.* ⓊⒸ **세부**; 부분도; (*pl.*) 상세한 내용; 분견대. *go into ~* 자세히 말하다. *in ~* 상세히. ―*vt.* 상술(詳述)하다; 〖軍〗 선발[특파]하다. *****~**ed** [-d] *a.* **상세한**(minute).
*****de·tain** [ditéin] *vt.* **말리다**, 붙들다(hold back); 억류[구류]하다.
de·tain·ee [diteiní:] *n.* 억류자.
de·tain·er [ditéinə*r*] *n.* 〖法〗 Ⓤ (타인 소유물의) 불법 점유; Ⓒ 감금 계속 영장.
‡**de·tect** [ditékt] *vt.* **발견하다**(find out). **de·téc·tion** *n.* ⓊⒸ 발견, 탐지. *****de·téc·tor** *n.* **발견자**, 탐지자[기](*a lie* ~); (라디오의) 검파기. ‡**de·téc·tive** *n., a.* **탐정**[형사](의). *detective story* 탐정[추리] 소설.
de·tec·ta·phone [ditéktəfòun] *n.* 전화 도청기. ⌈의) 긴장 완화.
dé·tente [deitá:nt] *n.* (F.) (국제간
de·ten·tion [diténʃən] *n.* Ⓤ 붙듦(detaining); 억류, 구류 (confinement). ~ *home* 소년원. ~ *hospital* 격리 병원.
de·ter [ditə́:*r*] *vt.* (**-rr-**) 방해하다(*from*); 단념시키다(*from doing*). ~·**ment** *n.* Ⓤ 방해, 방지; 단념시키는 사정(事情).
de·ter·gent [ditə́:*r*dʒənt] *a., n.* 깨끗하게 하는; 세제(洗劑).
*****de·te·ri·o·rate** [ditíəriərèit] *vt., vi.* 악화[저하·타락]시키다[하다]. **de·te·ri·o·ra·tion** [ditìəriəréiʃən] *n.* ⓊⒸ
de·ter·mi·nant [ditə́:*r*mənənt] *n., a.* 결정자[물], 결정 요소[하는]; 〖數〗 행렬식; 〖生〗 결정소(素); 〖論〗 한정사(辭).
de·ter·mi·nate [ditə́:*r*mənit] *a.* 일정한; 확정[결정]적인; 단호한; 〖數〗 기지수의.
‡**de·ter·mine** [ditə́:*r*min] *vt.* **결심시키다; 결정[확정]하다**(fix); 한정하다; 측정하다. *be ~d* 결심하(고 있)다. ―*vi.* **결심하다**; 결정하다. *****~**d** [-d] *a.* **결정된**; 단호한. ‡**de·ter·mi·na·tion** [-ˋ-néiʃən] *n.* Ⓤ **결심**; 확정(確定); 판결; 측정. **de·ter·mi·na·tive** [ditə́:*r*minèitiv, -nə- / -nə-] *a., n.* 결정[한정]적인; 〖文〗 한정사《관사·지시대명사 따위》. **de·tér·min·ism** [-ìzəm] *n.* Ⓤ 〖哲〗 결정론.

de·ter·rent [ditə́:rənt, -tér- / -tér-] *a., n.* 제지하는, 방해하는(deterring) (것), 방해물(*nuclear* ~ *power* 핵저지력); 《英》 핵무기.

***de·test** [ditést] *vt.* 미워〔싫어〕하다(hate). **~·a·ble** *a.* 몹시 싫은. **de·tes·ta·tion** [dì:testéiʃən] *n.* Ⓤ 혐오; Ⓒ 몹시 싫은 것.

de·throne [diθróun] *vt.* (왕을) 폐하다(depose). **~·ment** *n.* Ⓤ 폐위, 퇴위.

det·o·nate [détənèit] *vt., vi.* 폭발시키다〔하다〕(explode). **det·o·na·tion** [dètənéiʃən, dì:-] *n.* ⓊⒸ **dét·o·na·tor** *n.* 뇌관; 기폭약; 〖鐵〗 신호용 뇌관.

de·tour [dí:tuər, ditúər] *n.* 우회로.

de·tox·i·fy [di:tɑ́ksəfài/-tɔ́k-] *vt.* …의 독성을 제거하다, …을 해독하다.

de·tract [ditrǽkt] *vt., vi.* (가치·명성 따위를) 떨어뜨리다, 손상시키다 (*from*). **de·trác·tion** *n.* ⓊⒸ 훼손; 비방. **de·trác·tive** *a.* **de·trác·tor** *n.*

det·ri·ment [détrəmənt] *n.* Ⓤ 손해(damage). **det·ri·men·tal** [dètrəméntl] *a., n.* 유해한(*to*); 《英俗》 탐탁지 않은 구혼자《차남·삼남 따위》.

de·tri·tion [ditríʃən] *n.* Ⓤ 마멸(작용), 마손.

de·tri·tus [ditráitəs] *n.* 쇄석(碎石), 암설(岩屑); =DEBRIS.

***De·troit** [ditrɔ́it] *n.* 미국 Michigan주 남동부의 대공업 도시《자동차 공업의 중심지》.

deuce [dju:s/dju:s] *n.* (주사위·카드놀이의) 2점(의 눈·패); Ⓤ 〖테니스〗 듀스《3대 3》; 불운, 재액; Ⓒ 악마. *a* 〔*the*〕 ~ *of a* …굉장한, 대단한. ~ *a bit* 결코 …아니다. *D- knows!* 알게 뭐야! *D- take it!* 염병할!, 아뿔싸! *go to the* ~ 멸망하다; (D-) 뒈져라! *the* ~ 도대체. *The* ~ *is in it if I cannot!* 내가 못하다니 말이 돼. ── *vt.* 〖테니스〗 (시합을) 듀스로 만들다. **deuc·ed** [⌐sid, -st] *a., ad.* 《英口》 지독한〔히〕. **deuc·ed·ly** [-sidli] *ad.* 지독히, 지겹도록.

de·us ex ma·chi·na [déiəs èks mǽkinə] (L.) (극·소설 속의)절박한 장면을 구해주는 사건〔기적〕; 부자연한 해결(책).

Deut. Deuteronomy.

deu·te·ri·um [dju:tíəriəm] *n.* Ⓤ 〖化〗 중(重)수소《기호 D 또는 H²》. ~ *oxide* 중수(重水).

deu·ter·og·a·my [djù:tərɑ́gəmi / -rɔ́g-] *n.* 재혼.

deu·ter·on [djú:tərɑ̀n/djú:tərɔ̀n] *n.* 〖理〗 중양자《중수소(↑)의 원자핵》.

Deu·ter·on·o·my [djù:tərɑ́nəmi / djù:tərɔ́n-] *n.* 〖聖〗 신명기.

Deut·sche·mark [dɔ́itʃmɑ̀:rk] *n.* (*pl.* **~s**) 독일 마르크《서독의 화폐 단위; 생략 DM》.

de·val·u·ate [di:vǽljuèit] *vt.* (…의) 가치를 내리다; (화폐의) 평가를 절하하다. **de·val·u·a·tion** [di:vӕljuéiʃən] *n.* Ⓤ

***dev·as·tate** [dévəstèit] *vt.* 약탈하다; 망치다, (국토를) 황폐케 하다. **dev·as·ta·tion** [dèvəstéiʃən] *n.* ⓊⒸ

dev·as·tat·ing [-iŋ] *a.* 《특히》 호된 《반론, 조소 등》; 《口》 아주 좋은, 대단한, 못견딜.

†**de·vel·op** [divéləp] *vt., vi.* 발달〔발전〕시키다〔하다〕; 계발하다; 〖寫〗 현상하다; 〖樂〗 (선율을) 전개시키다. ‡**~·ment** *n.* Ⓤ **발달, 발전**; 전개. **~·er** *n.* **~·ing** *a.* 발전 도상의.

devélopment àrea 《英》 (산업) 개발 지구.

de·vi·ate [dí:vièit] *vi., vt.* (옆으로) 빗나가(게 하)다(turn aside). **dé·vi·a·tor** *n.* 일탈자; 빗나가는 것.

***de·vi·a·tion** [dì:viéiʃən] *n.* ⓊⒸ 벗어남, 일탈(逸脫); 오차; 〖統〗 편차. **~·ism** [-ìzəm] *n.* Ⓤ (정당에서의) 당규 일탈, (주류에서의) 이탈. **~·ist** *n.* 일탈〔편향〕자.

‡**de·vice** [diváis] *n.* **계획; 고안; 장치;** 도안(design), 의장; 기장(記章); 계략(trick). *be left to one's own* **~s** 혼자 힘으로 하게 내버려두다.

‡**dev·il** [dévl] *n.* ① **악마**《저주를 나타내는 말의 용법은 deuce와 같음》; (the D-) =SATAN. ② 악인. ③ 비상한 정력가; (인쇄소의) 사동. ④ 〖料理〗 매운 불고기. *between the* ~ *and the deep sea* 진퇴 양난에 빠져서. ~ *a bit* 조금도 …아닌. *~'s advocate* 헐구가, 트집쟁이. *~'s books* 카드 패. *beat the ~'s* TATTOO¹. *give the* ~ *his due* 어떤〔싫은〕 상대에게도 공평히 하다. *go to the* ~ =go to the DEUCE. *raise the* ~ 《俗》 소동을 일으키다. *The* ~ *take the hindmost!* 뒤떨어진 놈 따위 알게 뭐야 (악마에게나 잡아 먹혀라). *the* ~ *to pay* 앞으로 일어날 골칫거리〔곤란〕. ── *vt., vi.* (《英》 **-ll-**) (고기에) 후추(따위)를 발라 굽다; 짓찧다; 《美口》 괴롭히다; 하청(下請)일 〔대작(代作)〕을 하다(*for*). ***~·ish** *a., ad.* **악마 같은**, 극악무도〔잔혹〕한; 《口》 극도의〔로〕. **~·ment** *n.* ⓊⒸ 악행.

dev·il·fish [-fiʃ] *n.* 〖魚〗 아귀의 일종; 쥐가오리; 낙지.

dev·il(l)ed [-d] *a.* 맵게 한.

dev·il-may-care [-meikέər] *a.* 무모한(reckless); 태평한.

dév·il's-food càke [-zfù:d] 《美》 초콜릿〔코코아〕케이크.

dev·il·(t)ry [-(t)ri] *n.* ⓊⒸ 악마의 소행, 악행; 마법.

de·vi·ous [dí:viəs, -vjəs] *a.* 꾸불꾸불한(winding); 우회하는; 인륜(人倫)을 벗어난.

‡**de·vise** [diváiz] (cf. device, divide) *vt.* 안출〔궁리〕하다; 〖法〗 유증(遺贈)하다. ── *n.* Ⓤ 유증 (재산).

dev·i·see [dèvəzí:, divàizí:] *n.* 〖法〗 (부동산의) 수유자(受遺者).

de·vis·er [diváizər] *n.* 고안자.

dev·i·sor [diváizər] *n.* 〖法〗 (부동

산의) 유증자(遺贈者).
de·vi·tal·ize [di:váitəlàiz] *vt.* …의 생기를〔활력을〕빼앗다. 「음화하다.
de·vo·cal·ize [di:vóukəlàiz] *vt.* 무성
***de·void** [divɔ́id] *a.* …을 결한, …이 전혀 없는(lacking)(*of*).
de·voir [dəvwáːr, dévwaːr] *n.* (F.) 의무(duty); (*pl.*) 경의; 예의.
de·volve [diválv/-ɔ́-] *vt., vi.* (임무 따위) 맡기(어지)다; 넘겨지다, 넘어가다; 전하(여지)다, (임무가) 돌아오다(*to, upon*). **dev·o·lu·tion** [dèvəlúːʃən/dìːv-] *n.* Ⓤ 상전(相傳); 양도; 계승; 〖生〗 Ⓤ 퇴화.
Dev·on [dévən] *n.* 잉글랜드 남서부의 주.
De·vo·ni·an [dəvóuniən/de-] *a., n.* Devonshire의 (사람); 〖地〗 데번기(紀)(의).
‡de·vote [divóut] *vt.* (심신을) **바치다** (*to*). ~ **oneself to** …에 전념하다; …에 빠지다〔몰두하다〕. ***de·vót·ed** [-id] *a.* **헌신적인**; 열애(熱愛)하는. **de·vót·ed·ly** *ad.* **-vót·ed·ness** *n.* **dev·o·tee** [dèvou tíː] 귀의자(歸依者); 열성가(*of, to*).
‡de·vo·tion [divóuʃən] *n.* Ⓤ **헌신; 전념**, 귀의; 애착; (*pl.*) 기도. **~·al** *a.*
‡de·vour [diváuər] *vt.* ① **게걸스럽게 먹다**; 먹어치우다. ② (화재 따위가) 멸망시키다(destroy). ③ 탐독하다; 뚫어지게 보다; 열심히 듣다. ④ 열중케 하다(absorb). **~·ing·ly** *ad.* 게걸들린 듯이, 탐하듯이.
***de·vout** [diváut] *a.* **경건한**; 열심인; 성실한. **~·ly** *ad.* **~·ness** *n.*
‡dew [djuː/djuː] *n.* Ⓤ **이슬**; (땀·눈물의) 방울. **—** *vt., vi.* 이슬로 적시다; 이슬이 내리다. ***It ~s.*** 이슬이 내린다. **dew·y** [∠i] *a.* 이슬을 머금은; (잠 따위) 상쾌한.
dew·drop [∠dràp/-ɔ̀-] *n.* 이슬 (방울).
Dew·ey [djúːi], **John**(1859-1952) 미국의 철학자·교육가.
Déwey sỳstem 〔**décimal classificàtion**〕(도서의) 듀이 10진 분류법.
dew·lap [∠læ̀p] *n.* (소의) 목정, 군턱.
DÉW lìne [djúː] (<*D*istant *E*arly *W*arning) 《美》 듀라인《북극권 북부에 있는 미국·캐나다 공동의 원거리 조기 경보망》.
Dex·e·drine [déksədrìːn] *n.* 〖商標〗 덱세드린《중추신경 자극제》.
dex·ter·ous [dékstərəs] *a.* (손재간이) 능란한(skillful); 기민한, 영리한. **~·ly** *ad.* ***dex·tér·i·ty** [-térə-] *n.* Ⓤ
dex·tran [dékstræn, -rən] *n.* Ⓤ 〖化·藥〗 덱스트런《혈장(血漿) 대용품》.
dex·trin [dékstrin], **-trine** [-tri(ː)n] *n.* Ⓤ 호정(糊精)《접착제·반수용(礬水用)》. 「DEXTRAN.
Dex·trone [dékstrən] *n.* 〖商標〗 =
dex·trose [dékstrous] *n.* Ⓤ 포도당.
dex·trous [-trəs] *a.* =DEXTEROUS.
D. F. *Defensor Fidei*(L. =Defender of the Faith); direction finder.
D. F. C. Distinguished Flying Cross. **D. F. M.** Distinguished Flying Medal. **dg.** decigram.
D. H. Q. Division Headquarters.
DI 〖經〗 diffusion index; discomfort index; 《美》 Department of the Interior. **Di** 〖化〗 didymium.
di [diː] *n.* 〖樂〗 디《do와 re의 중간음》.
di·a·base [dáiəbèis] *n.* 휘록암(輝綠岩).
di·a·be·tes [dàiəbíːtis, -tiːz/-tiːz] *n.* Ⓤ 〖醫〗 당뇨병. **di·a·bet·ic** [-bétik, -bíː-] *a., n.* 당뇨병의 (환자).
di·a·bol·ic [dàiəbálik/-ɔ́-], **-i·cal** [-əl] *a.* 악마(적)인, 극악 무도한.
di·ab·o·lism [daiǽbəlìzəm] *n.* Ⓤ 마법; 악마 숭배; 비행.
di·ab·o·lo [diǽbəlòu] *n.* 디아볼로, 공중팽이《손에 든 두 막대 사이에 친 실 위로 팽이를 던졌다 받았다 함》.
di·a·chron·ic [dàiəkránik/-ɔ́-] *a.* 〖言〗 통시적(通時的)인; 시대순의.
di·ac·o·nate [daiǽkənit, -nèit] *n.* ⓊⒸ 집사의 직; 《集合的》 집사들.
di·a·crit·ic [dàiəkrítik], **-i·cal** [-əl] *a.* 구별하는, 구별하기 위한. ~ ***mark*** 〔***point, sign***〕 발음 구별 기호 (ā[ei], ă[æ], ä[ɑː]의 ¯, ˘, ¨ 등).
di·a·dem [dáiədèm] *n.* 왕관; 왕권, 왕위, 주권.
di·aer·e·sis [daiérəsis] *n.* (*pl.* **-ses** [-sìːz]) =DIERESIS.
di·ag·nose [dàiəgnóus, -nóuz/dáiəgnòuz, ∖-∠] *vt.* 〖醫〗 진단하다. ***di·ag·no·sis** [dàiəgnóusis] *n.* (*pl.* **-noses** [-siːz]) ⒸⓊ **진단**(법); 〖生〗 표징(標徵). **di·ag·nos·tic** [-nástik/-ɔ́-] *a.*
di·ag·o·nal [daiǽgənəl] *n., a.* 〖數〗 대각선(의), 비낀.
‡di·a·gram [dáiəgræ̀m] *n.* **도표**, 도식. **di·a·gram·mat·ic** [dàiəgrəmǽtik], **-i·cal** [-əl] *a.* **-i·cal·ly** *ad.*
di·a·graph [dáiəgræ̀f, -gràːf] *n.* 〖測〗 분도척; 작도기, 원도 확대기.
‡di·al [dáiəl] *n.* (시계·계기·라디오·전화 따위의) **다이얼**, 문자반, 지침반 (~ plate); =SUNDIAL. **—** *vt., vi.* (《英》 **-ll-**) 다이얼을 돌리다; 전화를 걸다. 「log(ue).
dial. dialect(al); dialectic(al); dia-
***di·a·lect** [dáiəlèkt] *n.* **방언**; 파생 언어; (어떤 직업·계급 특유의) 통용어, 말씨. **di·a·lec·tal** [dàiəléktl] *a.*
di·a·lec·tic [dàiəléktik] *a.* 변증(법)적인. **—** *n.* (보통 *pl.*) 변증법.
di·a·lec·ti·cal [-əl] *a.* =⇧.
dialéctical matérialism 변증법적 유물론.
di·a·lec·tol·o·gy [dàiəlektálədʒi/-ɔ́-] *n.* Ⓤ 방언학.
‡di·a·log(ue) [dáiəlɔ̀ːg, -làg/-lɔ̀g] *n.* **문답**, 대화; Ⓤ 대화체.
díal tòne (전화의) 발신음.
diam. diameter.
‡di·am·e·ter [daiǽmitər] *n.* **직경**. **di·a·met·ri·c** [dàiəmétrik], **-ri·cal** [-əl] *a.* 직경의; 정반대의. **di·a·mét·ri·cal·ly** *ad.*
‡dia·mond [dáiəmənd] *n.* ⒸⓊ

다이아몬드, 금강석; Ⓒ 유리칼; (카드의) 다이아; 마름모꼴; 〖野〗 야구장, 내야. ~ *cut* ~ (불꽃 튀기는 듯한) 호적수의 대결. *a* ~ *in the rough,* or *a rough* ~ 천연(그대로의) 다이아몬드; 거칠지만 실은 훌륭한 인물. ~ *of the first water* ⇨ *of the first* WATER.

dia·mond·back [-bæ̀k] *n.* 마름모 무늬가 있는 동물《뱀·거북 따위》; =∠ **térrapin** 마름모무늬거북.

díamond wédding 다이아몬드혼식《결혼 75 또는 60주년 기념식》.

***Di·an·a** [daiǽnə] *n.* 〖로神〗 달의 여신《처녀성과 사냥의 수호신》(cf. Artemis); 독신 여성; 미녀.

di·a·pa·son [dàiəpéizən, -sən] *n.* 〖樂〗선율(melody); (음성·악기의) 음역; (파이프오르간의) 기본 음전(音栓).

di·a·per [dáiəpər] *n., vt.* Ⓤ 마름모꼴 무늬의 무명; Ⓒ 기저귀(를 채우다); Ⓤ 마름모꼴 무늬(로 꾸미다).

di·aph·a·nous [daiǽfənəs] *a.* 투명한, 비치는. ~·**ly** *ad.* ~·**ness** *n.*

di·a·pho·ret·ic [dàiəfərétik] *a.* 발한 촉진성의. —— *n.* 발한약.

di·a·phragm [dáiəfræ̀m] *n.* 〖解〗 횡격막(橫隔膜); (전화기의) 진동판; (사진기의) 조리개.

di·ar·rhe·a, 《英》 **-rhoe·a** [dàiərí:ə] *n.* Ⓤⓒ 설사(loose bowels).

†**di·a·ry** [dáiəri] *n.* 일기(장). **dí·a·rist** *n.*

Di·as·po·ra [daiǽspərə] *n.* ① 유대인의 이산《Babylon 포수(捕囚) 이후의》; 〖聖〗 팔레스타인 이외에 사는 유대인(集合的). ② (d-) 해외 이산.

di·a·stase [dáiəstèis] *n.* Ⓤ 〖生化〗 디아스타제, 전분 당화〔소화〕 효소.

di·as·to·le [daiǽstəlì(:)] *n.* Ⓤ 〖生〗 심장 확장(기(期))(opp. systole).

di·as·tro·phism [daiǽstrəfìzəm] *n.* 〖地〗 지각 변동.

di·a·ther·my [dáiəθə̀:rmi] *n.* Ⓤ 〖醫〗 투열(透熱) 요법.

di·ath·e·sis [daiǽθəsis] *n.* (*pl.* **-ses** [-sì:z]) 〖醫〗 질병 체질《특정 병에 걸리기 쉬운 소질》.

di·a·to·ma·ceous [dàiətəméiʃəs] *a.* 〖植〗 규조류의; 규조토의.

di·a·tom·ic [dàiətámik/-tɔ́m-] *a.* 〖化〗 2가(價)의.

di·a·ton·ic [dàiətánik/-ɔ́-] *a.* 〖樂〗 온음계의(cf. chromatic).

di·a·tribe [dáiətràib] *n.* Ⓤⓒ 통렬한 비난, 혹평. 「(二塩基)의.

di·ba·sic [daibéisik] *a.* 〖化〗 이염기

dib·ble [díbəl] *n.* 〖農〗 (종묘용(種苗用)의) 구멍 파는 기구. —— *vt.* (땅에) 구멍을 파다.

***dice** [dais] *n.* (die¹의 *pl.*) 주사위(노름); 작은 입방체(small cubes). —— *vi.* 주사위 놀이를 하다. —— *vt.* (주사위) 노름으로 잃다; (야채 따위를) 골패짝 모양으로 썰다.

dice·box [∠bɑ̀ks/-ɔ̀-] *n.* (주사위를 흔들어 내는) 주사위통.

di·chot·o·mize [daikátəmàiz/-ɔ́-] *vt., vi.* 2분하다.

di·chot·o·my [daikátəmi/-ɔ́-] *n.* Ⓤⓒ 2분하는〔되는〕 일; 〖論〗 2분법; 〖生〗 2차분지(二叉分枝); 〖天〗 반월 배열(半月配列). 「두 색의.

di·chro·mat·ic [dàikroumǽtik] *a.*

dick¹ [dik] *n.* 《俗》 《다음 용법뿐》 *take one's* ~ 선서하다(*to, that*).

dick² *n.* 《俗》 형사.

dick·ens [díkinz] *n., int.* 《口》 = DEVIL. 「영국의 소설가.

***Dick·ens** [díkinz], **Charles**(1812–70)

dick·er [díkər] *n., vi.* Ⓤⓒ 조그마한 장사(를 하다); 물물 교환(을 하다); 값을 깎다(haggle).

dick·ey, dick·y [díki] *n.* 당나귀; =∠·**bird** [-bə̀:rd] 작은 새; (와이셔츠·블라우스의, 뗄 수 있는) 가슴판, 앞 장식; (아이의) 턱받이; 《英方》 (마차의) 마부석.

di·cot·y·le·don [dàikɑtəlí:dən/dái-kɔ̀t-] *n.* 쌍자엽 식물. ~·**ous** *a.*

dict. dictation; dictator; dictated; dictionary.

dic·ta [díktə] *n.* dictum의 복수.

Dic·ta·phone [díktəfòun] *n.* 〖商標〗 딕터폰《속기용 구술 녹음기》.

‡**dic·tate** [díkteit, -∠] *vt., vi.* 받아쓰게 하다; 명령하다. —— [∠-] *n.* (보통 *pl.*) 명령, 지령. ‡**dic·tá·tion** [diktéiʃən] *n.* Ⓤ 구술(口述), 받아쓰기; 명령, 지령.

***dic·ta·tor** [díkteitər, -∠-] *n.* 구술자; 명령〔독재〕자.

dic·ta·to·ri·al [dìktətɔ́:riəl] *a.* 독재자의, 독재적인(despotic); 명령적인, 오만한.

***dic·ta·tor·ship** [díkteitərʃip, -∠-∠] *n.* Ⓤ 독재국〔정권〕, 독재(권); 집정관의 지위.

***dic·tion** [díkʃən] *n.* Ⓤ 말씨; 용어.

†**dic·tion·ar·y** [díkʃənèri/-nəri] *n.* 사전, 사서(辭書).

Dic·to·graph [díktəgræ̀f, -grɑ̀:f] *n.* 〖商標〗 딕토그래프《고성능 송화기로 별실의 대화를 몰래 청취 녹음해 두는 장치》. 「단언, 언명; 격언.

dic·tum [díktəm] *n.* (*pl.* ~**s,** *-ta*)

†**did** [did] *v.* do¹의 과거.

di·dac·tic [daidǽktik], **-ti·cal** [-əl] *a.* 교훈적인.

did·dle [dídl] *vt., vi.* 《口》 편취하다(swindle); (시간을) 낭비하다(waste).

Di·de·rot [dí:dəròu], **Denis**(1713–84) 프랑스의 철학자·비평가.

†**did·n't** [dídnt] did not의 단축.

di·do [dáidou] *n.* (*pl.* ~(*e*)*s*) 《口》 까불기, 까불며 떠들기(prank).

didst [didst] *v.* 《古》 =DID (thou가 主語일 때).

di·dym·i·um [daidímiəm, di-] *n.* Ⓤ 〖化〗 디디뮴 《희금속》.

did·y·mous [dídəməz] *a.* 〖生〗 쌍생의, 쌍의.

***die¹** [dai] *n.* ① (*pl.* **dice**) 주사위. ② (*pl.* ~*s*) 거푸집, 나사틀. ③ 찍어내는 틀, 수나사를 자르는 틀. ④

다이스. ***be upon the*** ~ 위태롭다(be at stake). ***straight as a*** ~ 똑바른. ***The*** ~ ***is cast.*** 주사위는 던져졌다, 벌린 춤이다.

†**die²** *vi.* (*dying*) ① 죽다(~ *of hunger* 〔*illness*〕 아사〔병사〕하다/ ~ *from wounds* 부상 때문에 죽다/ ~ *by violence* 횡사하다); 말라죽다. ② 희미해지다, 소멸하다 (*away, down*). ③ 그치다(*off, out*). ***be dying*** (탐나, 하고 싶어) 못견디다(itch) (*for; to* do). ~ GAME¹ (*a.*). ~ ***hard*** 쉽사리 죽지 않다〔없어지지 않다〕. ~ ***in one's boots*** 〔***shoes***〕 변사하다; 교수형을 받다. ***Never say*** ~***!*** 죽는 소리 하지 마라.

die·hard [ˊhὰːrd] *a., n.* 끝까지 저항하는〔버티는〕(사람); 끈덕진 사람.

diel·drin [díːldrin] *n.* 디엘드린《살충제의 일종》.

di·e·lec·tric [dàiiléktrik] *a.* 유전성(誘電性)의; 절연성의. —*n.* (전도체와 구별하여) 유전체; 절연체.

di·er·e·sis [daiérəsis] *n.* (*pl.* ***-ses*** [-sìːz]) 분음(分音) 기호《naïve, coöperate 따위에 있는 복점(¨)》.

die·sel, D- [díːzəl, -səl] *n.* 디젤차〔선〕; =⇩.

***díesel èngine** 디젤 엔진〔기관〕.

die·sel·ize [díːzəlàiz, -səl-] *vt.* (배·기차에) 디젤 기관을 달다.

die·sink·er [dáisìŋkər] *n.* 찍어내는 틀(die¹)을 만드는 사람.

‡**di·et¹** [dáiət] *n.* Ⓒⓤ 상식(常食); Ⓒ 규정식. ***be put on a*** (***special***) ~ 규정식을 취하도록 지시되다. —*vt., vi.* 규정식을 주다〔취하다〕.

‡**di·et²** *n.* 정식 회의; (덴마크·스웨덴 등지의) 국회, 의회.

di·e·tar·y [dáiətèri/-təri] *a., n.* 식사〔음식〕의 (규정량); 규정식.

di·e·tet·ic [dàiətétik] *a.* 식사의.

di·e·tet·ics [-s] *n.* 식이 요법, 영양학.

di·e·ti·tian, -cian [dàiətíʃən] *n.* 영양사〔학자〕.

diff. difference; different; differential.

‡**dif·fer** [dífər] *vi.* 다르다(*from*); 의견을 달리하다(disagree) (*from, with*).

†**dif·fer·ence** [dífərəns] *n.* Ⓒⓤ 다름, 차이(점); 차(액); 불화; (종종 *pl.*) (국제간의) 분쟁. ***make a*** ~ 차가 있다; 중요하다; 구별짓다(*between*). ***split the*** ~ 타협하다; 서로 양보하다.

†**dif·fer·ent** [dífərənt] *a.* 다른(*from; to,* 때로 *than*); 여러가지의. *~***-ly*** *ad.*

dif·fer·en·tial** [dìfərénʃəl] *a.* 차별의, 차별적인, 차별하는; 특징의; 〖數〗 미분의; 〖機〗 차동(差動)의. ~ ***calculus 미분. ~ ***gear*** 차동 장치. —*n.* ⓤ 미분; Ⓒ 차동 장치; 〖經〗 차별 관세, 협정 임금차.

***dif·fer·en·ti·ate** [dìfərénʃièit] *vt., vi.* 차별〔구별〕하다〔이 생기다〕; 분화시키다〔하다〕; (*vi.*) 미분하다. **dif·fer·en·ti·a·tion** [dìfərènʃiéiʃən] *n.* ⓊⒸ 구별; 〖生〗 분화, 변이(變異); 특수화; 〖數〗 미분(微分).

†**dif·fi·cult** [dífikʌ̀lt, -kəlt] *a.* 어려운; 까다로운, 다루기 힘든(hard).

†**dif·fi·cul·ty** [-i] *n.* ① ⓤ 곤란. ② 난국; 지장(obstacle). ③ 이의(異議); 《美》 논쟁. ④ (보통 *pl.*) 경제적 곤란, 궁박(窮迫). ***make*** 〔***raise***〕 ~ 이의를 제기하다. ***with*** ~ 간신히.

dif·fi·dent** [dífidənt] *a.* 자신 없는, 수줍은(shy). ~·ly*** *ad.* ***díf·fi·dence** *n.* ⓤ 자신 없음, 암띰, 망설임(opp. confidence).

dif·fract [difrǽkt] *vt.* 〖理〗 (광선·음향 등을) 회절(回折)시키다. **dif·frác·tion** *n.* ⓤ 〖理〗 회절. **dif·frác·tive** *a.* 회절〔분해〕하는.

dif·fuse** [difjúːz] *vi., vt.* 발산〔유포〕하다〔시키다〕(spread). — [-s] *a.* 퍼진, 유포한; (문장·말 등이) 산만한. ~·ly*** *ad.* ~***·ness*** *n.*

***dif·fu·sion** [difjúːʒən] *n.* ⓤ 산포; 유포, 보급; 산만. **dif·fú·sive** *a.*

diffúsion ìndex 〖經〗 확산 지수, 경기 동향 지수.

diffúsion pùmp 확산 진공 펌프《가스의 확산을 이용하여 높은 진공도를 만듦》.

‡**dig** [dig] *vt.* (*dug,* 《古》 ~***ged; -gg-***) ① 파다, 파〔캐〕내다, 탐구하다(burrow) (*up, out*). ② 《口》 (손가락·팔꿈치로) 찌르다, (손톱·칼을) 찔러넣다(*into, in*). ③ 《美俗》 보다, 듣다, 주의를 기울이다, 알다, 좋아하다. —*vi.* ① 파다; 파서 뚫다, 파나가다. ② 탐구하다(*for, into*). ③ 《美口》 꾸준히 공부하다(*at*). ~ ***in*** 파묻다, 찔러〔박아〕넣다; 참호를 파서 몸을 숨기다; 《口》 열심히 일하다. ~ ***into*** 《口》 …을 맹렬히 공부하다; 맹공격하다. ~ ***out*** 파내다; 조사해 내다; 《美俗》 도망치다. ~ ***up*** 파서 일구다; 발굴하다; 《口》 드러내다, 들추어〔밝혀〕내다; 《美俗》 (이상〔불쾌〕한 사람·물건)을 만나다. —*n.* 한 번 찌르기, 쿡 찌르기(poke); 빈정댐; (*pl.*) 《주로 英口》 하숙(diggings). ⌈bigamy).

dig·a·my [dígəmi] *n.* ⓤ 재혼(cf.

di·gen·e·sis [daidʒénəsis] *n.* ⓤ 〖動〗 세대 교번(世代交番).

‡**di·gest** [didʒést, dai-] *vt.* ① 소화하다, 이해하다, 납득하다. ② (모욕·손해 따위를) 참다, 견디다. ③ 요약하다, 간추리다. —*vi.* 소화되다, 삭다. — [dáidʒest] *n.* 요약(summary); 법률집. **di·gést·i·ble** *a.* 소화되기 쉬운; 요약할 수 있는.

***di·ges·tion** [didʒéstʃən, dai-] *n.* ⓊⒸ 소화(작용, 기능). ***di·gés·tive** *a., n.* 소화의〔를 돕는〕; 소화제.

***dig·ger** [dígər] *n.* 파는 사람 〔도구〕; (금광의) 갱부; (D-) 음식물을 도르는 따위의 봉사를 하는 히피.

dig·ging [dígiŋ] *n.* 채굴지; 채광; (*pl.*) 채광지; 금광; (*pl.*) 《주로 英古》 하숙(lodgings).

dig·it [dídʒit] *n.* 손〔발〕가락(finger, toe); (0에서 9까지의) 아라비아 숫자.

dig·it·al [dídʒitl] *a.* 손가락의; (컴퓨터 등이) 계수형인, 디지털형의.
dígital compúter 계수형(計數型) (전자) 계산기.
dig·i·tal·is [dìdʒətǽlis/-téilis] *n.* UC 디기탈리스(의 마른 잎)《강심제》.
dig·i·tate [dídʒətèit] *a.* 〖動〗 손가락이 있는; 〖植〗 손가락〔손바닥〕 모양의.
dig·i·tize [dídʒətàiz] *vt.* 〖컴퓨터〗 …을 디지털화하다, 계수화하다. **dig·i·tíz·er** *n.* 디지털〔계수화〕 장치.
***dig·ni·fy** [dígnəfài] *vt.* 위엄을〔품위를〕 부여하다. ***dig·ni·fied** [-d] *a.* 위엄〔품위·관록〕 있는; 고귀한.
dig·ni·tar·y [dígnətèri/-təri] *n.* 고위 성직자, 고승; 귀인, 고관.
‡**dig·ni·ty** [dígnəti] *n.* U 위엄, 존엄, 관록, 품위; C 고위층 인물. ***be beneath one's*** ~ 체면에 관계되다, 위신을 손상시키다.
di·graph [dáigræf, -grɑ:f] *n.* (두 자 한 음의) 겹자(字)《ch, th, ea 등》.
di·gress [daigrés, di-] *vi.* 본론에서 벗어나다, 탈선하다(deviate). **di·grés·sion** *n.* UC **di·grés·sive** *a.*
di·he·dral [daihí:drəl] *a.*, *n.* 이면(二面)으로 된; 이면각(角); (비행기 날개의) 상반각(上反角).
dike [daik] *n.*, *vt.* 둑(을 쌓다)(bank); 도랑(을 만들다, 을 만들어서 배수(排水)하다); 《美俗》 레스비언.
di·lap·i·dat·ed [dilǽpədèitid] *a.* 황폐한, 황량한. **di·lap·i·da·tion** [-ˌ-déiʃən] *n.* UC
***di·late** [dailéit, di-] *vt.* 넓게 펴다, 팽창〔확장〕시키다. ―― *vi.* 넓어지다; 상세히 말하다, 부연하다(*upon*). **dil·a·ta·tion** [dìlətéiʃən, dàil-], **di·la·tion** [dai-, di-] *n.* U
dil·a·tom·e·ter [dilətámətər/-tɔ́m-] *n.* 〖理〗 (체적) 팽창계.
di·la·tor [dailéitər, di-] *n.* 〖解〗 확장근(筋); 〖醫〗 확장기(器).
dil·a·to·ry [dílətɔ̀:ri/-təri] *a.* 완만한, 느린. 「로 만든 성구(性具).
dil·do [díldou] *n.* 《俗》 남근 모양으
‡**di·lem·ma** [dilémə] *n.* 진퇴양난, 궁지, 딜레마; 〖論〗 양도(兩刀) 논법.
dil·et·tan·te [dìlətǽnti, -tá:nt] *n.* (*pl.* ~***s***, ***-ti*** [-ti:]) 예술 애호가, 아마추어 예술가. ―― *a.* 딜레탕트(풍)의. **dil·et·tant·ism** [-ìzəm] *n.* U 예술 애호; 서투른 기예, 도락.
‡**dil·i·gence** [dílədʒəns] *n.* U 부지런함, 근면; [díliʒɑ̀:ns] (프랑스 등지의) 승합 마차. 「*~·ly *ad.*
‡**dil·i·gent** [dílədʒənt] *a.* 부지런한.
dill [dil] *n.* 〖植〗 시라(蒔蘿).
díll píckle 시라로 양념한 오이지.
dil·ly [díli] *n.* 《美俗》 멋진〔놀랄 만한〕 것〔사람, 일〕. ―― *a.* 《濠》 어리석은.
dil·ly·dal·ly [dílidæ̀li] *vi.* 꾸물대다(waste time); 빈둥거리다(loiter).
di·lute [dilú:t, dailú:t] *vt.*, *vi.* 묽게 하다(thin), 희석(稀釋)하다; 약하게 하다(weaken). ―― *a.* 묽게 한, 약한, 묽은. **di·lú·tion** *n.* 희석(액). ***dilution of labor*** (비숙련공 때문에 생기는) 노동 희석〔능률 저하〕.
dil·u·tee [dìlu:tí:, dài-] *n.* (노동 희석(↑)을 가져오는) 비숙련공.
di·lu·vi·al [dilú:viəl, dai-], **-vi·an** [-viən] *a.* (특히 노아의) 홍수의; 〖地〗 홍적(기)의. 「(洪積層).
dilúvial formátion 〖地〗 홍적층
di·lu·vi·um [-viəm] *n.* 〖地〗 홍적층.
‡**dim** [dim] *a.* (***-mm-***) 어둑한, 어슴푸레한, (소리 따위) 희미한; (빛깔·이해력이) 둔한; 비관적인(*a* ~ *view*). ―― *vi.*, *vt.* (***-mm-***) 어둑하게 하다, 어둑해지다; 둔하게 하다, 둔해지다, 흐려지다, 흐리게 하다. ~ ***out*** 등불을 어둡게 하다. ***dím·ly** *ad.* ˊ~·**ness** *n.* 「minutive.
dim. dimension; *diminuendo;* di-
***dime** [daim] *n.* (미국·캐나다의) 10 센트 은화. 「한; 값싼; 서투른.
dime-a-doz·en [ˊəd ʌ́zn] *a.* 《俗》 헐
díme muséum 《美》 간이 박물관; 싸구려 구경거리.
díme nóvel 《美》 삼문〔저질〕 소설.
***di·men·sion** [diménʃən, dai-] *n.* (길이·폭·두께의) 치수; 〖數〗 차(次); 차원; (*pl.*) 용적; 규모, 크기(size); 《美俗》 (여자의) 버스트·웨이스트·히프의 사이즈. ~·**al** *a.*
‡**di·min·ish** [dimíniʃ] *vt.*, *vi.* 줄이다, 감소시키다〔하다〕; (*vt.*) 〖樂〗 반음 낮추다. ~***ed fifth*** 감오도(減五度). 「(It.) 〖樂〗 점점 여리게.
di·min·u·en·do [dimìnjuéndou] *ad.*
***dim·i·nu·tion** [dìmənjú:ʃən] *n.* U 감소, 축소.
***di·min·u·tive** [dimínjətiv] *a.* 작은; 〖言〗 지소(指小)의. ―― *n.* 〖言〗 지소사(辭)《owl*et*, lamb*kin*, book*let*, duck*ling* 따위》(opp. augmentative).
dim·i·ty [díməti] *n.* UC 돋을줄무늬 무명《어린이 양복감》.
dim·mer [dímər] *n.* (헤드라이트의) 제광기(制光器), (무대 조명의) 조광기(調光器).
di·mor·phic [daimɔ́:rfik], **di·mor·phous** [-fəs] *a.* 〖生·化·鑛〗 동종 이형(태)의; 〖結晶〗 동질 이상(二像)의.
dim·out [dímàut] *n.* 등화 관제(blackout, brownout).
***dim·ple** [dímpəl] *n.*, *vt.*, *vi.* 보조개(를 짓다, 가 생기다); 움푹 들어간 곳; 움푹 들어가(게 하)다; 잔물결을 일으키다, 잔물결이 일다.
din** [din] *n.*, *vt.*, *vi.* (-nn-***) 소음(을 일으키다, 이 나다); 뇌고 되뇌다(say over and over).
DIN *Deutsche Industrie Normen* (G. =German Industry Standard) 독일 공업품 표준 규격.
‡**dine** [dain] *vi.*, *vt.* 식사를 하다〔시키다〕; 정찬(dinner)을 들다〔에 초대하다〕. ~ ***on*** 〔***off***〕 식사에 …을 먹다. ~ ***out*** (초대되어) 밖에서 식사하다. **dín·er** *n.* 식사하는 사람; 식당차; 식당차식 음식점.

Díner's Clúb 다이너스 클럽《회원제 신용 판매 조직》.
di·neu·tron [dainjú:tran / -njú:trɔn] *n.* 〖理〗 이중 중성자(中性子).
ding [diŋ] *vi., vt.* 땡땡 울리다; 시끄럽게 말하다, 자꾸 뇌까리다, 되풀이하여 일러주다.
ding-a-ling [ˊəliŋ] *n.* 《美俗》 바보, 얼간이, 괴짜.
ding-dong [ˊdɔ̀:ŋ/-dɔ́ŋ] *n.* 땡땡, 뎅뎅《종소리 등》. —— *ad.* 부지런히. —— *a.* (경쟁 따위) 접전(接戰)의.
din·ghy, din·gey [díŋgi] *n.* (인도의) 작은 배.
din·gle [díŋgəl] *n.* 깊은 협곡.
ding·us [díŋgəs] *n.* 《口》 (이름을 알 수 없는) 것, 거시키.
***din·gy** [díndʒi] *a.* **거무스름한**(dark); 더러운, 지저분한; 그을은(smoky). **-gi·ly** *ad.* **-gi·ness** *n.*
din·ing [dáiniŋ] *n.* 식사.
díning càr 식당차.
díning hàll 대식당.
†**díning ròom** 식당.
díning tàble 식탁. 「트남 사람.
dink [diŋk] *n.* 《卑》 음경; 《美俗》 베
dink·y [díŋki] *a.* 《口》 작은, 왜소한, 빈약한; 《英口》 말쑥한, 청초한, 멋진, 예쁜. —— *n.* 소형 기관차.
†**din·ner** [dínər] *n.* Ⓤ Ⓒ **정찬**(正餐)《하루 중의 으뜸 식사》; (손님을 초대하는) 만찬, 오찬(午餐).
dínner còat 〔**jàcket**〕 = TUXEDO.
***di·no·saur** [dáinəsɔ̀:r] *n.* 〖古生〗 **공룡**(恐龍).
dint** [dint] *n.* 두들겨 움푹 들어간 곳〔자국〕(dent); Ⓤ **힘**(force). ***by ~ of …의 힘으로, …에 의하여. —— *vt.* (두들겨서) 자국을 내다(dent).
di·o·cese [dáiəsis, -sì:s] *n.* 주교 관구.
di·oc·e·san [daiásəsən / -ɔ́-] *a., n.* 주교(bishop) 관구의 (주교).
di·ode [dáioud] *n.* 〖電〗 다이오드, 2극(二極) 진공관. 「이주〔이체〕의.
di·oe·cious [daií:ʃəs] *a.* 〖生〗 자웅
Di·og·e·nes [daiádʒəni:z / -ɔ́-] *n.* (412?–323 B.C.) 디오게네스《통 속에서 알몸으로 살았다는 그리스의 철인》.
Di·o·ny·si·us [dàiəníʃiəs, -siəs] *n.* (430?–367 B.C.) 그리스의 Syracuse의 참왕(僭王)(cf. Damocles).
Di·o·ny·sus, -sos [dàiənáisəs] *n.* 〖그神〗 = BACCHUS.
Di·o·phán·tine equátion [dàiəfǽntàin, -tn] 〖數〗 디오판투스 방정식《부정방정식의 해법을 연구한 그리스 수학자의 이름에서》.
di·op·ter, 《英》 **-tre** [daiáptər/-ɔ́p-] *n.* 〖光學〗 디옵터《렌즈 굴절률 등의 단위》.
di·op·tric [daiáptrik/-ɔ́p-] *a.* 굴절(광학)의.
di·o·ram·a [dàiərǽmə, -rá:mə] *n.* 디오라마〔투시화(透視畵)〕(관(館)).
di·o·rite [dáiəràit] *n.* 〖鑛〗 섬록암.
***di·ox·ide** [daiáksaid, -sid/-ɔ́ksaid] *n.* 〖化〗 **이산화물.**
‡**dip** [dip] *vt.* (~***ped,*** 《古》 ~***t; -pp-***) ① **담그다,** 적시다; 살짝 적시다. ② 침례를 베풀다. ③ (신호기 따위를) 조금 내렸다 곧 올리다. ④ (양 따위를) 살충액에 담그어 씻다. ⑤ 퍼내다(*out*), 건져올리다(*up*). ⑥ (양초를) 만들다. —— *vi.* ① 젖다, 잠기다; 가라앉다, 내려가다. ② (떠내기 위해 손·국자를) 디밀다. ③ 대충 읽다(~ *into a book*). —— *n.* ① 담금, 적심; 한번 잠기기〔멱감기〕. ② 경사; 하락; 우묵함. ③ 실심지 양초. ④ (비행기의) 급강하. ⑤ 《俗》 소매치기.
di·phos·phate [daifásfèit / -ɔ́-] *n.* 〖化〗 이인산염(二燐酸塩).
***diph·the·ri·a** [difθíəriə, dip-] *n.* Ⓤ 〖醫〗 **디프테리아.**
diph·thong [dífθɔ:ŋ, díp- / -θɔŋ] *n.* 〖音聲〗 2중 모음《ai, ɔi, ou, ɛə 따위》.
dip·lo·coc·cus [dìpləkákəs/-kɔ́k-] *n.* (*pl.* ***-ci*** [-sai]) 〖生〗 쌍구균.
dip·loid [díplɔid] *a.* 2중의; 〖生〗 2배성의, 배수의. —— *n.* 〖生〗 복상(2배체)(複相(2倍體)).
***di·plo·ma** [diplóumə] *n.* **졸업 증서;** 학위 증서; 면허장; 상장.
***di·plo·ma·cy** [-si] *n.* Ⓤ **외교** (수완).
diplóma mìll 《美口》 학위 남발 (삼류) 대학.
***dip·lo·mat** [dípləmæ̀t] *n.* **외교관**〔가〕. **di·plo·ma·tist** [diplóumətist] *n.* 《英》 = DIPLOMAT.
***dip·lo·mat·ic** [dìpləmǽtik] *a.* **외교상의;** 외교에 능한; 고문서학의.
dìplomátic immúnity 외교관 면책 특권《관세·체포 등을 면한》.
di·pole [dáipòul] *n.* 〖理·化〗 쌍극자; 〖라디오·TV〗 2극〔쌍극〕 안테나.
dip·per** [dípər] *n.* 적시는〔푸는〕 사람〔것〕, **국자**(ladle); (D-) **북두(칠)성.** ***the Big D- 북두칠성. ***the Little D-*** (작은곰자리의) 소북두칠성.
dip·so·ma·ni·a [dìpsouméiniə] *n.* Ⓤ 발작성 음주광(飮酒狂). **-ma·ni·ac** [-méiniæ̀k] *n.* 음주광, 술미치광이.
dip·stick [dípstìk] *n.* 유량계(油量計)《탱크 등의 속에 넣어 재는》.
dip-switch [dípswìtʃ] *n.* 방현(防眩) 스위치《헤드라이트를 숙이는》.
dipt [dipt] *v.* dip의 과거(분사).
***dire** [daiər] *a.* **무서운;** 극도의(extreme); 긴급한.
†**di·rect** [dirékt, dai-] *vt.* ① **지도**〔지시〕**하다;** 관리〔감독〕하다(manage); 통제하다(control). ② (영화·극 따위를) 연출하다(cf. produce). ③ (주의·노력을) **돌리다**(aim)(*at, to, toward*). ④ …앞으로 (편지를) **내다**〔**겉봉을 쓰다**〕(*to*). ⑤ 길을 가리키다. —— *a.* **똑바른; 직접의; 솔직한;** 완전한, 정확한(exact)(*the ~ opposite*). ***a ~ descendant*** 직계 자손.
diréct áction 직접 행동《권리를 위한 파업·데모·시민적 저항 등》.
diréct cúrrent 〖電〗 직류.
†**di·rec·tion** [dirékʃən, dai-] *n.* ① Ⓒ Ⓤ 방위, **방향.** ② 경향; 범위. ③ (보통 *pl.*) **지휘,** 명령, 지시. ④ Ⓤ Ⓒ 지도; 관리. ⑤ Ⓤ 〖劇·映〗 연출.

⑥ (우편물의) 수신인 주소 성명. *in all ~s* 사면 팔방으로. **~·al** *a.* 방향[방위]의. **di·réc·tive** *a., n.* 지휘[지도]하는; 〖無電〗 지향(식)의; 지령.
diréction fìnder 〖無電〗 방향 탐지기, 방위 측정기. 「시기.
diréction ìndicator 〖空〗 방향 지
‡**di·rect·ly** [diréktli, dai-] *ad.* 곧바로; 직접(으로); 즉시. ── *conj.* = as SOON as.
diréct máil 다이렉트메일《직접 개인이나 가정으로 보내지는 광고 우편물》. 「접 화법[목적어].
diréct narrátion [**óbject**] 〖文〗 직
‡**di·rec·tor** [diréktər, dai-] *n.* 지휘자, 지도자; 중역, 이사; 교장; 감독, 〖劇〗 연출가(《英》 producer). **~·ship** [-ʃip] *n.* Ⓤ director의 직[임기].
di·rec·to·rate [diréktərit, dai-] *n.* Ⓤ director의 직; Ⓒ 중역[이사]회, 간부회; 중역진.
di·rec·to·ri·al [direktɔ́:riəl, dài-] *a.* 지휘(자)의; 관리(자)의.
***di·rec·to·ry** [diréktəri, dai-] *n.* 주소 성명록, 인명부; 지령[훈령]서; 예배 규칙서; 중역[이사·간부]회(directorate). *telephone ~* 전화 번호부. ── *a.* 지휘[관리]의.
diréct prímary 〖政〗 직접 예선.
diréct propórtion 〖數〗 정비례.
diréct táx 직접세. 「무시한.
dire·ful [dáiərfəl] *a.* 무서운, 무시
dirge [də:rdʒ] *n.* 만가(挽歌), 애도가(funeral song).
dir·i·gi·ble [díridʒəbəl, dirídʒ-] *a., n.* 〖空〗 조종할 수 있는; 비행선.
dirk [də:rk] *n., vt.* 단검(으로 찌르다). 「가의) 여성복.
dirn·dl [də́:rndl] *n.* (Tyrol 지방 농
‡**dirt** [də:rt] *n.* Ⓤ ① 쓰레기, 먼지; 오물. ② 진흙; 흙; 《蔑》 토지. ③ 비열한 언사, 욕. *eat ~* 굴욕을 참다. *fling* [*throw*] *~* 욕을 하다(*at*).
dirt-cheap [ˊtʃi:p] *a., ad.* 《美口》 똥값의[으로]. 「man farmer).
dírt fàrmer 《口》 자작농(cf. gentle-
dírt ròad 포장하지 않은 도로.
‡**dirt·y** [də́:rti] *a.* ① 더러운, 추잡한. ② 비열한(base). ③ 날씨가 험악한. ④ 공기 오염도가 높은. *~ bomb* 원자[수소] 폭탄(opp. CLEAN bomb).
dírt·i·ly *ad.*
dis. discharge; disciple; discipline; discount; distance; distribute.
dis- *pref.* 「비(非)·반(反)·부(不)(*dis*honest), 분리(*dis*connect), 제거(*dis*cover)」 따위의 뜻.
***dis·a·ble** [diséibəl] *vt.* 무력하게 하다(*from doing; for*); 불구로 만들다(cripple); 무자격하게 하다(cripple). **~·ment** *n.* Ⓤ 무력(화). ***dis·a·bil·i·ty** [dìsəbíləti] *n.* ⓊⒸ 무력, 무능; 불구; 〖法〗 무자격.
dis·a·buse [dìsəbjú:z] *vt.* …의 어리석음[잘못]을 깨닫게 하다(*of*).
***dis·ad·van·tage** [dìsədvǽntidʒ, -vá:n-] *n.* 불리(한 입장), 불편; Ⓤ 손(해). **dis·ad·van·ta·geous** [disædvəntéidʒəs, dìsæd-] *a.* **-geous·ly** *ad.*
dis·af·fect·ed [dìsəféktid] *a.* 싫어진, 불만스러운(discontented); 정떨어진, 마음이 떠난, 이반(離反)한(disloyal). **dis·af·féc·tion** *n.* Ⓤ
***dis·a·gree** [dìsəgrí:] *vi.* 일치하지 않다, 맞지 않다(*with, in*); 의견을 달리하다, 다투다(*with*); (음식·풍토가) 맞지 않다(*with*). ***~·ment** *n.* Ⓤ
***dis·a·gree·a·ble** [dìsəgrí:əbəl] *a.* 불쾌한; 까다로운 (hard to please). **~·ness** *n.* **-bly** *ad.*
dis·al·low [dìsəláu] *vt.* 허가[인정]하지 않다; 부인하다; 각하하다(reject). **~·ance** *n.* Ⓤ 「[무효로]하다.
dis·an·nul [dìsənʌ́l] *vt.* (*-ll-*) 취소
‡**dis·ap·pear** [dìsəpíər] *vi.* 안 보이게 되다; 소실[소멸]하다(vanish). ***~·ance** *n.* Ⓤ 소멸, 소실; 〖法〗 실종.
‡**dis·ap·point** [dìsəpɔ́int] *vt.* 실망[낙담]시키다, (기대를) 어기다(belie) (*I was ~ed in him* [*of my hopes*]. 그에게 실망했다[나는 희망이 없어졌다]); (계획 등을) 좌절시키다, 꺾다(upset). **~·ed** [-id] *a.* 실망[낙담]한. ***~·ing** *a.* 실망[낙담]시키는. ⁑**~·ment** *n.* ⓊⒸ 실망[낙담](시키는 것·사람). 「ʃən] *n.* =DISAPPROVAL.
dis·ap·pro·ba·tion [dìsæproubéi-
***dis·ap·prove** [dìsəprú:v] *vt.* …을 안 된다고 하다, 인가하지 않다, 비난하다(*of*). ***dis·ap·prov·al** [-əl] *n.* Ⓤ 불찬성; 비난, 부인.
***dis·arm** [disá:rm, -z-] *vt.* 무기를 거두다, 무장 해제하다; (노여움·의혹을) 풀다. ── *vi.* 군비를 해제[축소]하다. ***dis·ár·ma·ment** *n.* Ⓤ 무장 해제; 군비 축소.
dis·ar·range [dìsəréindʒ] *vt.* 어지럽게 하다, 난잡[어수선]하게 하다. **~·ment** *n.* ⓊⒸ 혼란, 난맥.
dis·ar·ray [dìsəréi] *n., vt.* Ⓤ 난잡(하게 하다); (복장이) 흐트러지다[흐트러짐], 흐트러진 복장; 《詩》 옷을 벗기다(undress), 벌거벗기다.
dis·as·sem·ble [dìsəsémbəl] *vt.* (기계 따위를) 분해하다(take apart).
‡**dis·as·ter** [dizǽstər, -zá:s-] *n.* Ⓤ 천재(天災), 재해(calamity); Ⓒ 재난, 참사. 「해의; 비참한. **~·ly** *ad.*
***dis·as·trous** [dizǽstrəs, -á:s-] *a.* 재
dis·a·vow [dìsəváu] *vt.* 부인[거부]하다(disown). **~·al** *n.* ⓊⒸ **~·er** *n.*
dis·band [disbǽnd] *vt.* (부대·조직을) 해산하다; (군인을) 제대시키다. ── *vi.* 해산[제대]하다. **~·ment** *n.* Ⓤ
dis·bar [disbá:r] *vt.* (*-rr-*) 〖法〗 (…에게서) 변호사 자격을 빼앗다.
***dis·be·lief** [dìsbilí:f] *n.* Ⓤ 불신(unbelief), 의혹(*my ~ in him*).
dis·be·lieve [dìsbilí:v] *vt., vi.* 믿지 않다, 의심하다.
dis·bound [disbáund] *a.* (책에서) 떼어낸.
dis·branch [disbrǽntʃ, -brá:ntʃ] *vt.* 가지를 잘라내다[치다]; (가지

를) 꺾다.

dis·bur·den [disbə́:rdn] *vt., vi.* 짐을 내리다, (마음의) 무거운 짐을 벗다; 한시름 놓(게 하)다.

dis·burse [disbə́:rs] *vt.* 지불하다; 지출하다(pay out). **~·ment** *n.* Ⓤ 지불, 지출.

***disc** [disk] *n.* =DISK.

disc. discount; discover(ed); discoverer.

dis·calced [diskǽlst] *a.* 맨발의.

***dis·card** [diská:rd] *vt.* 〖카드〗 (필요없는 패(card)를) 버리다; (애인·신앙 따위를) **버리다**(abandon); 해고하다(discharge). —— [´–] *n.* 버림받은 사람, 내버린 패.

‡**dis·cern** [dizə́:rn, -s-] *vt., vi.* **인식하다,** 지각하다(perceive); **분간하다** (~ *A and B*/ ~ *A from B*/ ~ *between A and B*). **~·i·ble** *a.* 인식〔식별〕할 수 있는. **~·ing** *a.* 식별력이 있는; 명민한. **~·ment** *n.* Ⓤ

‡**dis·charge** [distʃá:rdʒ] *vt.* ① 발사하다(shoot); (물 따위를) 방출하다(pour forth). ② (배에서) **짐을 부리다**(unload). ③ **해고하다;** 해방〔제대·퇴원〕시키다; (부채를) 갚다, 지불하다. ④ (직무·약속을) **이행하다** (~ (*oneself of*) *one's duties* 의무를 이행하다). ⑤ 탈색하다. ⑥ 〖電〗 방전(放電)하다. ⑦ 〖法〗 (명령을) 취소하다. ——*vi.* 짐을 부리다; 발사〔방출·방전〕하다; 번지다, 퍼지다(run). —— [´–, –´] *n.* 발사, 방출; Ⓤ 짐부리기; 방전; Ⓒ 해고, 해임; Ⓤ 이행; 반제(返濟) (따위).

dis·charg·ee [distʃɑ:rdʒí:] *n.* 소집해제자.

dis·charg·er [distʃá:rdʒər] *n.* discharge하는 사람〔것〕; 〖電〗 방전자.

dis·ci [dísai/dískai] *n.* discus의 복수.

***dis·ci·ple** [disáipəl] *n.* **제자; 사도.** *the* (*twelve*) **~s** (예수의) 12제자.

dis·ci·pli·nar·i·an [dìsəplinέəriən] *a.* 훈련〔훈육〕(상)의; 규율의. ——*n.* 훈육가; 엄격한 사람.

dis·ci·pli·nar·y [dísəplinèri/-nəri] *a.* 훈육상의; 징계의.

‡**dis·ci·pline** [dísəplin] *n.* ⓊⒸ **훈련,** 훈육; Ⓤ (정욕의) 제어; **규율,** 풍기(order); 징계. ——*vt.* 훈련하다; 징계하다(punish).

dísc jòckey =DISK JOCKEY.

dis·claim [diskléim] *vt.* (권리를) 포기하다; (…와의) 관계를 부인하다. **~·er** *n.* 포기(자); 부인(자).

‡**dis·close** [disklóuz] *vt.* **나타〔드러〕내다,** 노출시키다; 폭로하다; (비밀을) 털어놓다; 발표하다. ***dis·clo·sure** [-klóuʒər] *n.* ⓊⒸ

dis·co [dískou] *n.* =DISCOTHEQUE.

dis·coid [dískɔid] *a., n.* 원반(disk) 모양의 (물건).

dis·col·or, 《英》 **-our** [diskʌ́lər] *vi., vt.* 변색하다〔시키다〕. **~·a·tion** [-`-éiʃən] *n.* Ⓤ 변색, 퇴색.

dis·com·fit [diskʌ́mfit] *vt.* 쳐부수다; (상대방의) 계획〔목적〕을 뒤엎다; 당황케 하다(disconcert). **dis·cóm·fi·ture** *n.* ⓊⒸ

***dis·com·fort** [diskʌ́mfərt] *n., vt.* Ⓤ **불쾌**(하게 하다); Ⓒ 불편(을 주다).

dis·com·mode [diskəmóud] *vt.* 괴롭히다, 폐를 끼치다.

dis·com·pose [dìskəmpóuz] *vt.* (…의) 마음을 어지럽히다, 불안케 하다(make uneasy). **dis·com·po·sure** [-póuʒər] *n.* Ⓤ 불안; 당황, 낭패.

***dis·con·cert** [dìskənsə́:rt] *vt.* **당황하게 하다**(discompose); (계획 따위를) 좌절〔혼란〕시키다(upset). **~·ment** *n.* Ⓤ

dis·con·nect [dìskənékt] *vt.* …와 연락을〔관계를〕 끊다; 자르다, 떼다, 분리하다. **~·ed** [-id] *a.* 연락〔일관성〕이 없는. **dis·con·néc·tion,** 《英》 **-néx·ion** *n.* Ⓤ 분리, 절단.

dis·con·so·late [diskɑ́nsəlit/-ɔ́-] *a.* 쓸쓸한, 허전한; 서글픈. **~·ly** *ad.*

***dis·con·tent** [dìskəntént] *n., a., vt.* Ⓤ **불만**(인)(*with*); 불만을 품게 하다. ***~·ed** [-id] *a.* **불만스러운**(*with*). **~·ment** *n.* Ⓤ 불만, 불평.

***dis·con·tin·ue** [dìskəntínju:] *vt., vi.* **중지〔중단·정지〕하다;** (신문 따위의) 구독을 그만두다; 〖法〗 (원고가 소송을) 취하하다. **dis·con·tin·u·ance, -tin·u·a·tion** [`-`-éiʃən] *n.* Ⓤ

dis·con·tin·u·ous [dìskəntínjuəs] *a.* 중도에서 끊어진, 중단된. ***dis·con·ti·nu·i·ty** [dìskɑntnjú:əti / -kɔ̀n-] *n.* Ⓤ 불연속; **중단;** 끊어짐.

dis·co·phile [dískəfàil] *n.* 레코드 수집가.

***dis·cord** [dískɔ:rd] *n.* Ⓤ **부조화, 불일치, 불화**(disagreement); ⓊⒸ 〖樂〗 불협화음(opp. concord). *the* APPLE *of* ~.

dis·cord·ant [diskɔ́:rdənt] *a.* 조화〔일치〕하지 않는; 충돌하는; 불화한. **~·ly** *ad.* **dis·córd·ance** *n.* Ⓤ

dis·co·theque [dískətèk] *n.* 레코드에 맞추어 춤을 추는 나이트클럽.

‡**dis·count** [dískaunt] *n.* **할인**(액)(reduction). *at a* ~ 할인해서. —— [–´] *vt.* 할인하다(deduct)(~ *10%,* 1할 감하다/ *get a bill* **~ed** 어음을 할인해 받다); 에누리하여 듣다; …의 가치〔효과〕를 감하다〔잃다〕.

díscount bròker 어음 할인 중개인.

díscount còmpany 《美口》 채권 감정 할인 회사.

dis·coun·te·nance [diskáuntənəns] *vt.* 싫은 내색을 하다, 반대하다; 창피를 주다; 낭패케 하다.

díscount hòuse 싸게 파는 가게.

díscount màrket 어음 할인 시장.

díscount ràte 〖財政〗 어음 할인율; 재할인율.

‡**dis·cour·age** [diskə́:ridʒ, -kʌ́r-] *vt.* **용기를 잃게 하다;** 낙담〔단념〕시키다(*from*) (opp. encourage). ***~·ment** *n.* Ⓤ

***dis·course** [dískɔ:rs, –´] *n.* ① **강연,** 설교; 논설; 논문. ② Ⓤ **이야기,** 담화. —— [–´] *vt., vi.* 강연〔설교〕하

다; 논술하다(*upon, of*).
dis·cour·te·ous [diskə́:rtiəs] *a.* 무례한(impolite). **~·ly** *ad.* **~·ness** *n.* **dis·cour·te·sy** [-təsi] *n.* UC
†**dis·cov·er** [diskʌ́vər] *vt.* **발견하다,** 찾아내다; 《古》 나타내다, 밝히다. *__~·er__ *n.* **발견자.** ‡**dis·cóv·er·y** *n.* UC **발견(물).**
***dis·cred·it** [diskrédit] *n.* U **불신;** 불명예; 의혹. **—** *vt.* 신용하지 않다; 신용을[명예를] 잃게 하다. **~·a·ble** *a.* 불명예스러운.
***dis·creet** [diskrí:t] *a.* **사려가 깊은;** 신중한, 분별 있는. **~·ly** *ad.*
dis·crep·ant [diskrépənt] *a.* 어긋나는, 상위(相違)하는. **-an·cy** *n.* UC
dis·crete [diskrí:t] *a.* 분리한; 구별된, 개별적인; 불연속의; 〖哲〗 추상적인. **~·ly** *ad.* **~·ness** *n.*
dis·cre·tion** [diskréʃən] *n.* U 사려(깊음), 분별, **신중**(discreetness); **행동[판단]의 자유,** 자유 재량(free decision). ***age of ~ 분별 연령《영국법에서는 14세》. ***at ~*** 마음대로. ***with ~*** 신중히. **~·ar·y** [-èri/-əri] *a.* 임의(任意)의; 무조건의.
***dis·crim·i·nate** [diskrímənèit] *vt.* **분간** [식별]**하다** (distinguish) (*between, from*). **—** *vi.* 식별하다; **차별하다**(*against, in favor of*). **—** [-nət] *a.* 차별적인; (식별이) 명확한. **dis·crím·i·nat·ing** *a.* 식별력있는; 차별적인. ***dis·crim·i·na·tion** [-ˌ-néiʃən] *n.* U **구별;** 식별(력); 차별 대우. **dis·crim·i·na·tive** [-mənèitiv, -nə-], **dis·crim·i·na·to·ry** [-mənətɔ̀:ri/-təri] *a.* 식별력이 있는; 차별을 나타내는.
dis·cur·sive [diskə́:rsiv] *a.* 산만한. **~·ly** *ad.* 만연히. **~·ness** *n.*
dis·cus [dískəs] *n.* (*pl.* ***~es, disci*** [dísai/dískai]) 원반; (the ~) 원반던지기.
‡**dis·cuss** [diskʌ́s] *vt.* (여러 각도에서) 음미하다, **토론[논의]하다,** 논하다(debate); 상의하다, **서로 이야기하다**(talk over); 《古口》 맛있게 먹다[마시다](enjoy). 「움 등의) 토론자.
dis·cus·sant [diskʌ́snt] *n.* (심포지
‡**dis·cus·sion** [diskʌ́ʃən] *n.* ① UC **토론,** 토의, 논의; 변론. ② 논문(*on*); ③ U 《口》 상미(賞味)(*of*).
díscus thròw 투원반.
***dis·dain** [disdéin] *n., vt.* U **경멸**(하다)(scorn). **~·ful** *a.* 경멸적인; 거만한(haughty). **~·ful·ly** *ad.*
‡**dis·ease** [dizí:z] (<dis-+ease) *n.* UC **병.** *__-eased__ [-d] *a.* **병의,** 병적인.
dis·em·bark [dìsembá:rk] *vt., vi.* (선객·짐을) 양륙하다; 상륙시키다[하다]. **dis·em·bar·ka·tion** [disèmba:rkéiʃən] *n.* U
dis·em·bar·rass [dìsembǽrəs] *vt.* (격정 따위에서) 벗어나게 하다(rid), 안심시키다(relieve) (~ ***him of his anxiety*** 걱정 안 해도 좋도록 해주다).
dis·em·bod·y [dìsembádi / -ɔ́-] *vt.* (혼을) 육체에서 분리시키다. **-bód·i·ment** *n.* U
dis·em·bow·el [dìsembáuəl] *vt.* (《英》 *-ll-*) 창자를 빼내다. ***~ oneself*** 할복하다. **~·ment** *n.* U
dis·en·chant [dìsintʃǽnt, -tʃá:nt] *vt.* (…을) 미몽(迷夢)에서 깨어나게 하다; 마법을 풀다. **~·ment** *n.* U
dis·en·cum·ber [dìsinkʌ́mbər] *vt.* (…에서) 장애물[괴로움]을 제거하다.
dis·en·fran·chise [dìsenfrǽntʃaiz] *vt.* =DISFRANCHISE.
dis·en·gage [dìsingéidʒ] *vt.* 풀다(loosen); 해방하다(set free); 〖軍〗 …와의 싸움을 중지하다. **—** *vi.* 떨어지다; 관계를 끊다. **-gaged** [-d] *a.* 자유로운, 한가한, 약속이 없는. **dis·en·gáge·ment** *n.* U 해방; 이탈; 파혼; 자유, 여가.
dis·en·tan·gle [dìsintǽŋgl] *vt.* 엉킨 것을 풀다(*from*). **~·ment** *n.* U
dis·e·qui·lib·ri·um [disì:kwəlíbriəm] *n.* 불균형, 불안정.
dis·es·tab·lish [dìsistǽbliʃ] *vt.* (설립된 것을) 폐지하다; (교회의) 국교제를 폐하다. **~·ment** *n.* U
dis·es·teem [dìsistí:m] *n., vt.* U 경시(하다), 깔보다.
dis·fa·vor, 《英》 **-vour** [disféivər] *n.* U 소외(疎外), 냉대; 싫어함(dislike); 인기없음. ***be in ~ with*** …의 마음에 들지 않다; 인기가 없다. **—** *vt.* 소홀히[냉대]하다, 싫어하다.
***dis·fig·ure** [disfígjər / -fígər] *vt.* **모양[아름다움]을 손상하다,** 보기 흉하게 하다(deform). **~·ment** *n.* UC
dis·fran·chise [disfrǽntʃaiz] *vt.* (개인에게서) 공민권[선거권]을 빼앗다. **~·ment** [-tʃaizmənt] *n.* U
dis·gorge [disgɔ́:rdʒ] *vt., vi.* 토해내다, 게우다; (부정 이득 따위를) 게워내다.
‡**dis·grace** [disgréis] *n., vt.* U **창피,** 치욕(을 주다); 욕보이다. *__~·ful__ *a.* **수치스러운,** 욕된. **~·ful·ly** *ad.*
dis·grun·tle [disgrʌ́ntl] *vt.* 불만을 품게 하다. **~d** [-d] *a.* 시무룩한; 불평을 품은.
‡**dis·guise** [disgáiz] *vt.* ① **변장[가장]하다,** 거짓 꾸미다. ② (감정 따위를) 속이다, 감추다. ***be ~d,*** or ***~ oneself*** 변장하다. **—** *n.* UC **변장,** 가장(복); U 거짓꾸밈(pretense), 구실(pretext). ***in ~*** 변장한[하여]; 가장의[하여].
‡**dis·gust** [disgʌ́st] *vt.* 역겹게[싫증나게] 하다, 정떨어지게 하다. ***be ~ed at*** [***by, with***] …에 넌더리 나다. **—** *n.* U **역겨움, 혐오**(*against, at, for, toward*); 유감. ***to one's ~*** 불쾌하게도, 유감스럽게도. ‡__~·ing__ *a.* **구역질나는,** 지겨운. **~·ing·ly** *ad.*
†**dish** [diʃ] *n.* ① (큰)**접시,** 푼주. ② 요리; 식품. ③ 접시꼴(의 물건). ④ 《美俗》 성적 매력이 있는 여자. ⑤ 《美俗》〖野〗 홈베이스. ⑥ 파라볼라 안테나. ***~ of gossip*** 잡담. **—** *vt.* 접시에 담다; 접시꼴로 만들다; 가운데를 우묵하게 하다; 《俗》 해치우다,

지우다, 속이다(cheat); 《俗》 파산〔낙심〕시키다. ── *vi.* (접시꼴로) 움푹해지다. ~ *out* 논아 담다. ~ *up* 음식을 내놓다; 《口》 재미나게 이야기하다.

dis·ha·bille [dìsəbí:l] *n.* Ⓤ 평(상)복, 약복(略服). *in* ~ 평복 차림으로. 「부조화, 불협화.

dis·har·mo·ny [dishá:rməni] *n.* ⓊⒸ

dish·cloth [díʃklɔ̀:θ/-ɔθ] *n.* 행주.

***dis·heart·en** [dishá:rtn] *vt.* 낙담〔실망〕시키다(discourage). ~**·ment** *n.* Ⓤ

di·shev·el(l)ed [diʃévld] *a.* (머리카락이) 헝클어진, 주제가 단정치 못한(untidy).

‡**dis·hon·est** [disánist / -ɔ́-] *a.* **부정직한**. ~**·ly** *ad.* *~**·es·ty** [-i] *n.* ⓊⒸ

‡**dis·hon·or,** 《英》 **-our** [disánər/-ɔ́-] *n.* ① Ⓤ **불명예**, 치욕. ② 경멸. ③ (어음·수표의) 부도. ── *vt.* 치욕을 주다, 이름을 더럽히다(disgrace); (어음 지불을) 거절하다. ~**·a·ble** *a.* 불명예스러운, 부끄러운(shameful).

dish·pan [díʃpæ̀n] *n.* 개수통; 《俗》 사발 모양의 대형 안테나.

dish·wash·er [díʃwɔ̀:ʃər, -wàʃ- / -wɔʃ-] *n.* 접시 닦는 사람〔기계〕.

dish·wa·ter [díʃwɔ̀:tər, -wàt-] *n.* Ⓤ 개숫물; 《俗》 맛없는 수프, 멀건 코피.

***dis·il·lu·sion** [dìsilú:ʒən] *n., vt.* ⓊⒸ 환멸(을 느끼게 하다), **미몽**〔잘못〕을 **깨우치다**〔기〕. ~**·ment** *n.* Ⓤ 환멸.

dis·in·cen·tive [dìsinséntiv] *a., n.* 행동〔의욕·(특히 경제적) 발전〕을 방해하는 (것).

dis·in·cline [dìsinkláin] *vi., vt.* 싫증나(게 하)다, 마음이 내키지 않(게 하)다. **dis·in·cli·na·tion** [disìnkli-néiʃən] *n.* 마음 없음, 꺼림. 싫증.

dis·in·fect [dìsinfékt] *vt.* 소독〔살균〕하다. ~**·ant** *a., n.* 소독하는; 소독제. **dis·in·féc·tion** *n.* Ⓤ

dis·in·fest [dìsinfést] *vt.* …에서 해충·쥐 따위를 (잡아) 없애다.

dis·in·fla·tion [dìsinfléiʃən] *n.* Ⓤ 〖經〗 디스인플레이션. ~**·a·ry** *a.*

dis·in·for·ma·tion [disìnfərméi-ʃən] *n.* Ⓤ 그릇된 정보《특히 적의 간첩을 속이기 위한》.

dis·in·gen·u·ous [dìsindʒénjuəs] *a.* 불성실한(insincere); 부정직한; 음흉한. ~**·ly** *ad.* ~**·ness** *n.*

dis·in·her·it [dìsinhérit] *vt.* 〖法〗 폐적(廢嫡)〔의절(義絕)〕하다, 상속권을 박탈하다. **-i·tance** *n.* Ⓤ

dis·in·te·grate [disíntigrèit] *vi., vt.* 분해〔붕괴〕하다〔시키다〕. **-gra·tor** *n.* 분해〔분쇄〕기. **dis·in·te·gra·tion** [-⌐-gréiʃən] *n.* ⓊⒸ

dis·in·ter [dìsintə́:r] *vt.* (*-rr-*) (무덤 따위에서) 발굴하다(dig up). ~**·ment** *n.* ⓊⒸ

***dis·in·ter·est·ed** [disíntəristid, -rèst-] *a.* **사심이 없는**; 공평한(fair); 《美口》 무관심한(not interested). ~**·ly** *ad.* ~**·ness** *n.*

dis·in·vest [dìsinvést] *vt., vi.* 〖經〗 (…에서) 해외 투자를 회수하다.

dis·join [disdʒɔ́in] *vt.* 분리하다.

dis·joint [disdʒɔ́int] *vt.* 관절을 퉁기다, 탈구(脫臼)시키다; 뿔뿔이 해체〔분해〕하다; (질서를) 어지럽히다. ~**·ed** [-id] *a.*

dis·junc·tion [disdʒʌ́ŋkʃən] *n.* ⓊⒸ 분리, 분열(separation); 〖論〗 선언(選言), 이접(離接). **dis·junc·tive** *a., n.* 분리의; 〖論〗 선언〔이접〕적인; 〖論〗 선언〔이접〕 명제; 〖文〗 선택 접속사 《*but, yet, or, either … or* 등》.

***disk** [disk] *n.* **평원반**(모양의 것); 원반; 레코드; 〖컴퓨터〗 자기(磁氣) 디스크 기억 장치.

dísk hàrrow (트랙터용) 원판 쟁기.

dísk jòckey 《美》 디스크자키《생략 DJ, D. J.》.

‡**dis·like** [disláik] *vt., n.* **싫어하다**, 미워하다; ⓊⒸ 혐오, 증오(aversion) (*to, for, of*).

dis·lo·cate [dísloukèit] *vt.* 관절을 삐다〔퉁기다〕, 탈구시키다; (순서를) 어지럽히다(disturb). ***dis·lo·ca·tion** [⌐-kéi-] *n.* ⓊⒸ **탈구**; 〖地〗 단층.

dis·lodge [disládʒ/-ɔ́-] *vt.* 쫓아내다(expel); 격퇴하다; 떼어내다. ~**·ment** *n.* Ⓤ

***dis·loy·al** [dislɔ́iəl] *a.* 불충(不忠)한, **불충실**〔불성실〕**한**(unfaithful). ~**·ly** *ad.* ~**·ty** *n.* ⓊⒸ

***dis·mal** [dízməl] *a.* ① **음침한**, 어두운; 쓸쓸한(dreary). ② 무시무시한. ③ 참담한. ~**·ly** *ad.*

dis·man·tle [dismǽntl] *vt.* (아무에게서) 옷을 벗기다(strip) (*of*); (집의 설비·가구, 배의 삭구(索具)·장비 따위를) 철거하다; 분해하다.

‡**dis·may** [disméi] *vt.* 깜짝 놀라게 하다, 근심시키다. ── *n.* Ⓤ **당황**, 경악(horrified amazement); 낭패.

dis·mem·ber [dismémbər] *vt.* 손발을 자르다; 분할하다. ~**·ment** *n.* Ⓤ

‡**dis·miss** [dismís] *vt.* ① 면직〔해고·퇴학〕시키다. ② **떠나게 하다**, (하녀 등에게) 물러가라고 말하다. ③ (생각에서) 물리치다, (의혹 따위를) 잊어버리다. ④ 〖法〗 기각하다. *~**·al** [-əl] *n.* Ⓤ

dis·mis·sive [dismísiv] *a.* (사람을) 무시하는 듯한 (*of*), 깔보는 듯한《태도, 말 따위》.

***dis·mount** [dismáunt] *vi., vt.* (말·탈것에서) **내리다**; 말에서 떨어뜨리다; (기계를 대좌(臺座) 따위에서) 떼어내다; 분해(검사)하다(take apart).

Dis·ney [dízni], **Walt**(1901–66) 미국의 (만화) 영화 제작가.

Dis·ney·land [-læ̀nd] *n.* 디즈니랜드《Walt Disney가 Los Angeles에 만든 유원지》.

***dis·o·be·di·ent** [dìsəbí:diənt] *a.* **순종치 않는**, 따르지 않는, 불효한. ~**·ly** *ad.* ***dis·o·bé·di·ence** *n.* Ⓤ

***dis·o·bey** [dìsəbéi] *vt., vi.* 반항하다, (어버이 등의 말을) **듣지 않다**.

dis·o·blige [dìsəbláidʒ] *vt.* 불친절하게 하다, 바라는 대로 안해주다; 노하게 하다(offend); 폐를 끼치다. **dis·o·blíg·ing** *a.* 불친절한.

‡**dis·or·der** [disɔ́:rdər] *n., vt.* UC 무질서, 혼란(시키다); 소동 (social unrest); 병(들게 하다). **~ed** [-d] *a.* 혼란된, 고장난; 병에 걸린. *__~·ly__ *a.* 무질서한, 어수선한; 난잡한.

disórderly hóuse 매음굴; 도박장.

dis·or·gan·ize [disɔ́:rgənàiz] *vt.* 조직을〔질서를〕 파괴하다; 혼란시키다 (confuse). **dis·or·gan·i·za·tion** [-⌐-izéiʃən] *n.* U

dis·o·ri·ent [disɔ́:riènt], **dis·o·ri·en·tate** [disɔ́:riəntèit] *vt.* …에게 방향〔위치〕감각을 잃게 하다; …의 머리를 혼란케 하다. **dis·o·ri·en·ta·tion** [-⌐--téiʃən] *n.* U 방향감각의 상실; 〖醫〗 지남력 상실; 혼미.

dis·own [disóun] *vt.* (관계·소유·의무 따위를) 부인하다; 의절하다.

dis·par·age [dispǽridʒ] *vt.* 얕보다 (belittle); 헐뜯다(depreciate). **~·ment** *n.* U **dis·pár·ag·ing·ly** *ad.* 경멸하여; 비난하여.

dis·pa·rate [dísparit] *a.* 본질적으로 다른. 「름, 상이; 불균형.

dis·par·i·ty [dispǽrəti] *n.* UC 다

dis·pas·sion·ate [dispǽʃənit] *a.* 냉정한(calm); 공평한(impartial). **~·ly** *ad.*

dis·patch [dispǽtʃ] *vt., vi.* 급송〔급파〕하다; (일·식사를) 재빨리 처리하다〔마치다〕; (사람을) 해치우다〔죽이다〕. —*n.* U 발송, 급송, 급파; 신속한 조처; UC 살해, 처형. ***happy ~*** 할복. ***with ~*** 재빠르게.

dispátch nòte (국제 우편 소하물에 다는) 꼬리표.

dis·peace [dispí:s] *n.* 평화 부재.

*__dis·pel__ [dispél] *vt.* (*-ll-*) 쫓아 버리다; 흩뜨리다.

dis·pen·sa·ble [dispénsəbəl] *a.* 없어도 좋은(not essential); 과히 중요치 않은; 〖카톨릭〗 특면(特免)될 수 있는.

dis·pen·sa·ry [dispénsəri] *n.* 약국, 무료 진료소, (학교 등의) 양호실.

dis·pen·sa·tion [dìspənséiʃən, -pen-] *n.* U ① 분배; 시여(施與). ② C 조제(調劑). ③ C (하늘의) 섭리, 하늘의 뜻; 하늘이 준 것. ④ (어떤 특별한) 관리, 지배; 제도(regime). ⑤ 〖카톨릭〗 특면(特免); 〖神〗 천계법(天啓法), 율법.

dis·pen·sa·to·ry [dispénsətɔ̀:ri/-təri] *n.* 약품 해설서, 약국법 주해서. —*a.* 분배의, 시여하는.

*__dis·pense__ [dispéns] *vt.* ① 분배하다. ② 조제하다. ③ 실시하다. ④ (의무를) 면제하다(*from*). ⑤ 〖카톨릭〗 (타교도와의 결혼 등을) 특면하다. —*vi.* 면제하다; 특면하다. ***~ with*** …의 수고를 덜다; 면제하다 (exempt); 없이 마치다.

dis·pens·er [dispénsər] *n.* ① 약제사, 조제사. ② 분배자, 시여하는 사람; 실시〔실행〕자. ③ 필요한 만큼 인출하는 용기《우표 자동 판매기 (stamp ~), 자동 현금 인출기 (cash ~), 휴지를 빼내 쓰게 된 용기 등》.

dis·peo·ple [dispí:pəl] *vt.* …의 주민을 전멸시키다; …의 인구를 감소시키다(depopulate).

*__dis·perse__ [dispə́:rs] *vi., vt.* 흩어지다, 흩뜨리다; 분산하다〔시키다〕. **dis·per·sal** [-əl], **dis·per·sion** [-pə́:rʃən, -ʒən] *n.* U 산란, 산포; 분산; 소산(消散). **dis·pér·sive** *a.*

dis·pir·it [dispírit] *vt.* 낙담시키다.

*__dis·place__ [displéis] *vt.* 바꾸어 놓다, 이동시키다; 면직하다; …대신 들어서다, 대치하다; 〖海〗 배수하다. ***~d person*** (전쟁) 유민(流民), 난민. ***Displaced Persons Act*** 《美》 난민 보호법(1948). *__~·ment__ *n.* U 바꿔 놓음, 이동, 대체; 면직; 〖海〗 배수량 (cf. tonnage); 〖機〗 배기량; 〖心〗 감정 전이(感情轉移).

‡**dis·play** [displéi] *vt.* 보이다, 진열하다; (기 따위를) 올리다; 펼치다; 과시하다. —*n.* UC 진열, 전시; 표시, 과시; 〖印〗 (돋보이게 하기 위한) 특별 조판. ***out of ~*** 보란 듯이.

displáy ad(vertising) (신문·잡지의) 대형 광고. 「대형 활자.

displáy tỳpe 〖印〗 (표제·광고용의)

‡**dis·pléase** [displí:z] *vt.* 불쾌하게 하다, 성나게 하다(offend). **dis·pléas·ing** *a.* 불쾌한, 싫은. *__dis·pleas·ure__ [-pléʒər] *n.* U 불쾌; 골.

dis·port [dispɔ́:rt] *vi., vt.* 놀다; 즐겁게 하다. ***~ oneself*** 즐기다. —*n.* UC 즐거움, 놀이.

dis·pos·a·ble [dispóuzəbəl] *a.* 처리할 수 있는; 마음대로 할〔쓸〕 수 있는.

dispósable íncome 가처분 소득, (세금을 뺀) 실수입.

‡**dis·pos·al** [dispóuzəl] *n.* U ① 배치(arrangement). ② 처리, 처분; 양도. ***at*** 〔***in***〕 ***a person's ~*** …의 마음대로(되는, 쓸 수 있는).

dispósal bàg (여객기 내에 비치된) 구토용의 종이 봉지.

‡**dis·pose** [dispóuz] *vt.* 배치하다(arrange); …할 마음이 내키게 하다 (incline) (*for, to*). ***~ of*** 처리〔처분〕하다, 결말짓다; 없애〔죽여〕버리다; 《口》 먹어치우다. —*vi.* 적당히 처치하다. ***Man proposes, God ~s.*** 《俗談》 일은 사람이 꾸미되 성패는 하늘에 달렸다.

*__dis·posed__ [-d] *a.* …하고 싶어하는; …한 기분〔성질〕의 ***be ~ to*** (do) 하고 싶은 마음이 들다. ***be well-***〔***ill-***〕***~*** 성품이 좋다〔나쁘다〕; 호의〔악의〕를 갖다.

‡**dis·po·si·tion** [dìspəzíʃən] *n.* CU ① 배치(arrangement); 처리(disposal). ② 성질, 성향.

dis·pos·sess [dìspəzés] *vt.* 박탈하다, 빼앗다(*of*); 몰아내다. **dis·pos·sés·sion** *n.* U 「난(하다).

dis·praise [dispréiz] *n., vt.* UC 비

dis·proof [disprú:f] *n.* UC 반증.

dis·pro·por·tion [dìsprəpɔ́:rʃən] *n., vt.* Ⓤ 불균형(되게 하다), 어울리지 않음〔않게 하다〕.

dis·pro·por·tion·ate [-it] *a.* 불균형한. **~·ly** *ad.*

dis·prove [disprú:v/ˊˊ] *vt.* 반증〔논박〕하다(refute).

dis·put·a·ble [dispjú:təbəl] *a.* 논의의 여지가 있는, 의심스러운.

dis·pu·tant [dispjú:tənt] *n.* 논쟁자.

dis·pu·ta·tion [dìspjutéiʃən] *n.* ⓊⒸ 논쟁. **-tious** [-ʃəs], **dis·put·a·tive** [dispjú:tətiv] *a.* 의론〔논쟁〕을 좋아하는; 논쟁적인.

‡**dis·pute** [dispjú:t] *vt., vi.* ① **의론〔논쟁〕하다**(debate). ② 싸우다. ③ 반대〔반항〕하다(oppose). ④ **다투다**, 겨루다. **—** *n.* 논쟁, 분쟁. ***beyond*** **〔*past*〕** **~** 의론의 여지 없이. ***in*** **~** 논쟁중에(*a point in* ~ 논쟁점).

dis·qual·i·fy [diskwáləfài/-ɔ́-] *vt.* 자격을 빼앗다. ***be disqualified*** 실격하다(*from, for*). **dis·qual·i·fi·ca·tion** [-ˋ-fikéiʃən] *n.* Ⓤ 불합격, 실격; Ⓒ 그 이유〔조항〕.

dis·qui·et [diskwáiət] *n., vt.* Ⓤ 불안(하게 하다). **dis·qui·e·tude** [-tjù:d] *n.* Ⓤ 불안(한 상태).

dis·qui·si·tion [dìskwəzíʃən] *n.* 논문, 논설(*on*).

***dis·re·gard** [dìsrigá:rd] *n., vt.* ⓊⒸ **무시**(하다), 경시(*of, for*).

dis·rel·ish [disréliʃ] *n., vt.* Ⓤ 혐오(하다)(dislike).

dis·re·mem·ber [dìsrimémbər] *vt., vi.* 《美口·英方》 …을 잊다, 생각이 안 나다.

dis·re·pair [dìsripέər] *n.* Ⓤ 파손(상태).

dis·rep·u·ta·ble [disrépjətəbəl] *a.* 평판이 나쁜, 불명예스러운.

dis·re·pute [dìsripjú:t] *n.* Ⓤ 악평; 불명예.

dis·re·spect [dìsrispékt] *n.* ⓊⒸ 실례, 무례(*to*). **~·ful** *a.* **~·ful·ly** *ad.*

dis·robe [disróub] *vi., vt.* 옷을 벗(기)다.

***dis·rupt** [disrʌ́pt] *vi., vt.* **찢어 발기다**; 분열하다〔시키다〕. ***dis·rúp·tion** *n.* Ⓤ **dis·rúp·tive** *a.*

***dis·sat·is·fac·tion** [dissæ̀tisfǽkʃən] *n.* Ⓤ **불만**; Ⓒ 불만의 원인.

***dis·sat·is·fy** [dissǽtisfài] *vt.* …에게 **불만을 주다**. **dis·sat·is·fied** [-d] *a.* 불만인.

***dis·sect** [disékt] *vt.* 해부〔분석〕하다. **dis·séc·tion** *n.* ⓊⒸ

dis·sem·ble [disémbəl] *vt.* (감정 따위를) 숨기다, 속이다(disguise); 《古》 무시하다(ignore). **—** *vi.* 시치미떼다, 본심을 안 보이다. **dis·sém·bler** *n.*

dis·sem·i·nate [disémənèit] *vt.* (씨를) 흩뿌리다; (사상 등을) 퍼뜨리다. **dis·sem·i·na·tion** [-ˋ-néiʃən] *n.* Ⓤ **dis·sém·i·na·tor** *n.*

***dis·sen·sion** [disénʃən] *n.* ⓊⒸ **의견의 차이**〔충돌〕; 불화.

***dis·sent** [disént] *vi.* ① **의견을 달리하다**, 이의를 말하다(*from*). ② 〖宗〗 영국 교회〔국교〕에 반대하다(*from*). **—** *n.* Ⓤ 이의; 국교 반대(자들). **~·er** *n.* 반대자; (보통 D-) 비국교도(Nonconformist). **~·ing** *a.* 반대하는; 비국교파의.

dis·sen·tient [disénʃiənt] *a., n.* 불찬성의 (사람).

dis·sep·i·ment [disépəmənt] *n.* 〖動·植〗 격막(隔膜), 격벽; 〖植〗 자방(子房) 격막.

dis·ser·ta·tion [dìsərtéiʃən] *n.* 논문(treatise); 학위 논문.

dis·serv·ice [dissə́:rvis] *n.* Ⓤ 학대; 위해(危害).

dis·sev·er [dissévər] *vt.* 가르다, 분리〔분할〕하다(sever). **~·ance** *n.* Ⓤ

dis·si·dent [dísədənt] *a., n.* 의견을 달리하는 (사람). **dís·si·dence** *n.* Ⓤ 불일치.

dis·sim·i·lar [dissímələr] *a.* 같지 않은. **-lar·i·ty** [-ˋ-lǽrəti] *n.* Ⓤ

dis·sim·i·late [disímjəlèit] *vt.* 〖言〗 이화(異化)시키다. **dis·sim·i·la·tion** [-ˋ-léiʃən] *n.* ⓊⒸ 이화 (작용).

dis·sim·u·late [disímjəlèit] *vt., vi.* (감정 따위를) 숨기다; 몽따다(dissemble). **dis·sim·u·la·tion** [-ˋ-léiʃən] *n.* ⓊⒸ (감정·의지 등의) 위장; 위선; 〖精神病理〗 위장《정신 이상자가 보통인을 위장하는 일》.

***dis·si·pate** [dísəpèit] *vt.* **흩뜨리다**, (공포 따위를) 몰아내다; (돈·시간을) 낭비하다(waste). **—** *vi.* 사라지다; 방탕하다. **-pat·ed** [-id] *a.* 방탕한. **dis·si·pa·tion** [ˋ-péiʃən] *n.* Ⓤ

dis·so·cial [disóuʃəl] *a.* 반사회적인, 비사회적인 (unsocial); 비사교적인 (unsociable).

dis·so·ci·ate [disóuʃièit] *vt.* 분리하다(separate)(*from*); 분리해서 생각하다(opp. associate); 의식을 분열시키다. **dis·so·ci·a·tion** [-ˋ-éi-] *n.* Ⓤ

dis·sol·u·ble [disáljəbəl/-ɔ́-] *a.* 용해〔해산〕할 수 있는.

dis·so·lute [dísəlù:t] *a.* 방탕한, 난봉 피우는.

***dis·so·lu·tion** [dìsəlú:ʃən] *n.* ⓊⒸ ① **용해**, 분해(dissolving). ② **해산**, 해체, 붕괴, 사멸(死滅); 해소, 해약.

‡**dis·solve** [dizálv/-ɔ́-] *vt., vi.* ① **녹이다**, 녹다(liquefy), 분해하다(decompose). ② (의회·회사를) 해산하다; 해소시키다, 취소하다. ③ (마력·주문(呪文)을) 풀다, 깨치다. ④ (*vi.*) 〖映·TV〗 용암(溶暗)으로 장면전환을 하다(fade in and then out). ***be ~d in tears*** 하염없이 울다. **dis·sólv·a·ble** *a.* **dis·sol·vent** [-ənt] *a., n.* 용해력이 있는; 용해제.

dis·so·nance [dísənəns] *n.* ⓊⒸ 부조화(discord); 불협화. **dís·so·nant** *a.*

dis·suade [disweíd] *vt.* 단념시키다(*from*)(opp. persuade). **dis·sua·sion** [-ʒən] *n.* Ⓤ **dis·sua·sive** [-siv] *a.*

dis·syl·lab·ic [dìsilǽbik] *a.* 2음절의.

dis·syl·la·ble [disíləbəl] *n.* 2음절어.

dis·sym·me·try [dissímətri] *n.* ⓊⒸ 비대칭, 불균형; 〖生〗 반대 대칭《사람의 좌우 손 따위》.

dist. distance; distinguish(ed); district.

dis·taff [dístæf, -ɑ:-] *n.* (실 자을 때의) 실감는 막대; (the ~) 여성.
dístaff sìde, the 모계, 어머니쪽 (opp. spear side).
dis·tal [dístəl] *a.* 〖生〗(체구의) 말초부의.
†**dis·tance** [dístəns] *n.* Ⓤⓒ 거리, 간격; 사이; 먼 데. ***at a ~*** 다소 멀어져서. ***in the ~*** 먼 곳에, 멀리. ***keep a person at a ~*** (사람을) 멀리하다, 쌀쌀[서먹서먹]하게 대하다. ***keep one's ~*** 가까이하지 않다, 거리를 두다. —*vt.* 사이를[간격을] 두다; 앞지르다; 능가하다.
†**dis·tant** [dístənt] *a.* 먼; 어렴풋한 (faint); (태도가) 쌀쌀한; 에두르는 (indirect). ***a ~ relative*** 먼 친척. ***in no ~ future*** 조만간, 멀지 않아. **~·ly** *ad.*
***dis·taste** [distéist] *n.* Ⓤ =DISLIKE (*for*). **~·ful** *a.*
Dist. Atty. district attorney 지방 검사.
dis·tem·per[1] [distémpər] *n.* Ⓤ 디스템퍼《개의 병》; 사회적 불안, 소동 (tumult). —*vt.* 탈나게 하다, 어지럽히다(disturb).
dis·tem·per[2] *n., vt.* Ⓤ 디스템퍼《끈끈한 채료》(로 그리다)(cf. tempera).
dis·tend [disténd] *vi., vt.* 부풀(리)다 (expand). **dis·tén·sion, -tion** *n.* Ⓤ
dis·tich [dístik] *n.* =COUPLET.
***dis·til(l)** [distíl] *vt.* (*-ll-*) 증류하(여 만들)다; …의 정수(精粹)를 뽑다(extract)(*from*); (뚝뚝) 듣게 하다. —*vi.* 뚝뚝 듣다(trickle down). **dis·til·land** [dístəlæ̀nd] *n.* 〖化〗증류물. **dis·tíll·er** *n.* 증류기; 증류주 제조업자. **dis·tíll·er·y** *n.* 증류소; 증류주 제조장(cf. brewery).
dis·til·late [dístəlèit, -lit] *n.* Ⓤⓒ 증류액[물], 엑스(extract). **dis·til·la·tion** [ˋ-léiʃən] *n.* Ⓤ 증류(법); Ⓤⓒ 증류액[물].
‡**dis·tinct** [distíŋkt] *a.* 명백[명확]한; 별개의, 다른(*from*). ‡**~·ly** *ad.*
‡**dis·tinc·tion** [-ʃən] *n.* ① Ⓤ 차별, 구별. ② Ⓤ 특질; 걸출, 탁월(superiority). ③ Ⓤⓒ 명예. ***a ~ without a difference*** 쓸데없는 구별짓기. ***gain ~*** 유명해지다. ***with ~*** 공훈을 세워서; 훌륭한 성적으로. ***without ~*** 차별없이.
***dis·tinc·tive** [distíŋktiv] *a.* 독특한, 특수한. ***~·ly** *ad.* **~·ness** *n.*
‡**dis·tin·guish** [distíŋgwiʃ] *vt.* 분간하다, 구별하다 (~ *A from B*/~ *between A and B*); 분류하다(classify)(*into*); 두드러지게 하다. ***~ oneself*** 이름을 떨치다; 수훈을 세우다. **~·a·ble** *a.* 구별할 수 있는. ‡**~ed** [-t] *a.* 저명한; 고귀한 (신분의), 상류의; 수훈(殊勳)의.
***dis·tort** [distɔ́:rt] *vt.* (얼굴을) 찡그리다, 비틀다; 〖電〗(전파·음파 따위를) 일그러뜨리다; (사실을) 왜곡하다(twist). **~·ed** [-id] *a.* 일그러진, 뒤틀린, 곱새긴. **dis·tór·tion** *n.* Ⓤⓒ 일그러짐; 왜곡, 억지맞춤.
dis·tract** [distræ̀kt] *vt.* (마음을) 딴 데로 돌리다, 흩뜨리다(divert); (마음을) 어지럽히다; 착란시키다(madden). **~·ed** [-id] *a.* 어수선한; 광란의. ***dis·trác·tion** *n.* Ⓤ 정신의 흩어짐, 주의 산만; ⓒ 기분 전환, 오락; Ⓤ 광기. ***to distraction 미칠듯이.
dis·train [distréin] *vt.* 〖法〗(동산을) 압류하다(seize). **dis·train·ee** [dìstreiní:] *n.* 〖法〗피압류자. **~·er, -trai·nor** *n.* 〖法〗(동산) 압류인. **dis·traint** [distréint] *n.* Ⓤ 〖法〗동산 압류.
dis·traught [distrɔ́:t] *a.* 몹시 고민한, 마음이 상한; 마음이 산란한, 정신이 돈.
‡**dis·tress** [distrés] *n.* Ⓤ ① 심통(心痛), 고통, 고민(trouble); 비탄; ⓒ 고민거리. ② 고난; 재난, (배의) 조난 (*a ship in ~* 난파선). ③ 빈궁; 피로. ④ 〖法〗압류(distraint). —*vt.* 괴롭히다; 피로하게 하다. **dis·tréssed** [-t] *a.* 궁핍한; 피로한. **~·ful** *a.* 고난 많은, 비참한, 고통스런. **~·ing** *a.* 괴롭히는; 비참한.
distréssed área 재해 지구(災害地區); 빈민 지구.
distréss gùn 〖海〗조난 신호포.
distréss mèrchandise (흠이 있어 싸게 파는) 불량 상품.
distréss sèlling 출혈 투매. 「위》.
distréss sìgnal 조난 신호《SOS 따
dis·trib·u·tar·y [distríbjutèri/-təri] *n.* (본류에서 흘러나온) 지류.
‡**dis·trib·ute** [distríbju:t] *vt.* ① 분배[배급]하다(deal out)(*among, to*). ② 분류하다. ③ 분포[산포]하다; 널리 펴다. ④ 〖論〗확충하다, 주연하다; 〖印〗해판(解版)하다. ‡**dis·tri·bú·tion** [ˋtrəbjú:-] *n.* Ⓤⓒ
dis·trib·u·tive [distríbjutiv] *a.* 분배[배포]의; 〖文〗배분적인. —*n.* 〖文〗배분사(配分詞) 《*each, every, (n)either* 따위》. **~·ly** *ad.* 분배하여; 따로따로. **~·ness** *n.* 「판매]자.
***dis·trib·u·tor** [-ər] *n.* 분배[배급·
‡**dis·trict** [dístrikt] *n.* ① 지구, 구역, 지방. ② 《英》(county를 나눈) 구. ***D- of Columbia*** (미국) 콜럼비아 특별 행정구《미국 수도의 소재지; 생략 D.C.》.
dístrict attórney [**cóurt**] 《美》지방 검사[법원].
dístrict hèating 지역 난방.
***dis·trust** [distrʌ́st] *n., vt.* Ⓤ 불신, 의혹(을 품다), 의심하다. **~·ful** *a.* 신용치 않는, 의심 많은(*of*); 의심스러운 (*of*). **~·ful·ly** *ad.*
‡**dis·turb** [distə́:rb] *vt.* 어지럽히다, 소란하게 하다; 방해하다, 불안하게 하다. ‡**dis·túrb·ance** *n.* Ⓤⓒ 소동; 방해(물); 불안. 「분열; 불화.
dis·un·ion [disjú:njən] *n.* Ⓤⓒ 분리,
dis·u·nite [disju:náit] *vt., vi.* 분리[분열]하다[시키다](divide).
***dis·use** [disjú:z] *vt.* 사용을 그만두다. — [-jú:s] *n.* Ⓤ 쓰이지 않음.
dis·u·til·i·ty [dìsju:tíləti] *n.* Ⓤ 비

효용, 무익; 유해. 「LABLE.
di·syl·la·ble [disíləbəl] *n.* =DISSYL-
‡**ditch** [ditʃ] *n.* 도랑; (the D-) 《英空軍俗》 영국 해협, 북해(北海); 《美口》 파나마 운하. ***die in the last*** ~ 죽을 때까지 분전하다. —*vt.*, *vi.* …에 도랑을 파다; 도랑에 빠뜨리다〔빠지다〕; 《美俗》 …을 버리다, (일을) 잘 회피하다; (육상 비행기를) 해상에 불시착시키다〔하다〕.
dith·er [díðər] *n.*, *vi.* (공포나 흥분에 의한) 떨림; 몸을 떨다; 전율(하다); 《口》 착란 상태.
dith·y·ramb [díθəræ̀mb] *n.* (보통 *pl.*) 바커스(Bacchus)의 찬가; (일반적으로) 열광시(詩)〔문(文)〕.
dit·to [dítou] *n.* (*pl.* ~*s*), *a.* 동상(同上)《생략 do., d°》(의); 같은 것 (*a suit of* ~*s* 《英》 위아래를 갖춘 옷). —*ad.* 같이, 마찬가지로. —*vt.* 복제〔복사〕하다; 되풀이하다.
dítto machìne 복사기. 「《〃》.
dítto màrk (종종 *pl.*) 중복 부호
dit·ty [díti] *n.* 소가곡, 소곡(小曲).
di·u·ret·ic [dàijuərétik] *a.*, *n.* 〖醫〗 이뇨의; 이뇨제.
di·ur·nal [daiə́ːrnəl] *a.* 매일의; 낮〔주간〕의 (opp. nocturnal).
div. diversion; divide(d); dividend; divine; division; divisor; divorced.
di·va [díːvə] *n.* (It.) (오페라의) 여성 제1 가수; 여성의 명오페라 가수.
di·va·lent [daivéilənt / ⌐⌐-] *a.* 〖化〗 이가(二價)의.
di·van [daivǽn, divǽn] *n.* (벽 가에 놓는) 긴 의자의 일종; (담배 가게에 딸린) 흡연실; (터키 등지의) 국정(國政) 회의(council), 법정.
‡**dive** [daiv] *n.* 잠수; 다이빙; 〖空〗 급강하; 몰두, 탐구; 《美口》 하급 술집, 《英》 지하 식당. —*vi.* (~*d*, 《美口》 ***dove***; ~*d*) 잠수〔잠입〕하다, **뛰어들다**; 급강하하다; 갑자기 없어지다; 손을 쑥 쳐넣다(*into*); 몰두〔탐구〕하다.
dive-bomb [⌐bɑ̀m / -ɔ̀-] *vt.* 급강하 폭격하다. 「폭격기〔폭격〕.
díve bòmber 〔**bòmbing**〕 급강하
div·er [dáivər] *n.* 잠수부〔함〕, 해녀, 잠수업자; 무자맥질하는 새《아비·농병아리 따위》.
*__di·verge__ [divə́ːrdʒ, dai-] *vi.* **갈리다** (cf. converge); 빗나가다, 벗어나다 (deviate); (의견이) 차이지다. **di·vér·gent** [-ənt] *a.* 갈리는. **di·vér·gence** *n.* ⓊⒸ 「(various); 약간의.
*__di·vers__ [dáivəːrz] *a.* 여러 가지의
*__di·verse__ [divə́ːrs, dai-, dáivəːrs] *a.* 다른; **다양한** (varied), 여러가지의. ~**·ly** *ad.*
di·ver·si·fy [divə́ːrsəfài, dai-] *vt.* 변화를 주다, 다양하게 하다.
*__di·ver·sion__ [divə́ːrʒən, dai-, -ʃən] *n.* Ⓤ **전환**(diverting); Ⓒ 기분 전환, 오락; Ⓤ 〖軍〗 견제 (작전). ~**·ism** [-ìzəm] *n.* Ⓤ 편향. 「름; ⓊⒸ 다양성.
*__di·ver·si·ty__ [divə́ːrsəti, dai-] *n.* Ⓤ 다
‡**di·vert** [divə́ːrt, dai-] *vt.* Ⓤ ① (딴 데로) **돌리다**, 전환하다. ② 기분을 전환시키다(distract); 즐겁게 하다. ③ 전용(轉用)하다. ~ ***oneself in*** …으로 기분을 풀다.
di·ver·ti·men·to [divɜ̀ːrtəméntou] *n.* (*pl.* ***-ti*** [-tiː], ***-tos***) (It.) 〖樂〗 자유로운 기악의 모음곡.
di·ver·tisse·ment [divə́ːrtismənt] *n.* (F.) ① 오락. ② 〖樂〗 가벼운 기악곡; 막간〔극중〕의 여흥《가요, 춤, 막간의 짤막한 발레 등》.
di·vest [divést, dai-] *vt.* 옷을 벗(기)다(strip)(*of*); 빼앗다(deprive)(*of*).
†**di·vide** [diváid] *vt.*, *vi.* ① **가르다**, 갈라지다, **나누(이)다**(*up*). ② 분리〔구별〕하다(*from*). ③ 분배하다 (*among*, *between*). ④ (의견을) 대립시키다. ⑤ 표결하다. —*n.* 《美》 분수계. ***the Great D-*** (로키 산맥의) 대분수령; (운명의) 갈림길; 죽음.
*__div·i·dend__ [dívidènd] *n.* (주식) 배당금; 〖數〗 **피제수**(被除數).
di·vid·er [diváidər] *n.* 분배자; 분할자〔물〕; (*pl.*) 양각기(兩脚器), 컴퍼스; 간막이.
div·i·na·tion [dìvənéiʃən] *n.* Ⓤ 점, ⓊⒸ (종종 *pl.*) 예언; 전조; 예감.
‡**di·vine** [diváin] *a.* **신의**, 신성(神性)의, **신성한**(holy); 종교적인; 신수(神授)의; 신에게 바친; 비범한; 《口》 훌륭한(excellent). ~ ***right of kings*** 〖史〗 왕권 신수(설). ***the D- Comedy*** (Dante의) 신곡. ***To err is human, to forgive*** ~ 허물은 인지상사요 용서는 신의 소업이다《Pope》. —*n.* 신학자; 성직자, 목사. —*vt.*, *vi.* 점치다, 예언하다(predict), 알아채다(guess). ~**·ly** *ad.* **di·vín·er** *n.* 점장이, 예언자.
‡**div·ing** [dáiviŋ] *a.*, *n.* **잠수(용)의**; Ⓤ **잠수(업)**; (수영의) 다이빙.
díving bèll (종 모양의) 잠수기(器).
díving bòard 다이빙대.
díving sùit 〔**drèss**〕 잠수복.
di·vín·ing ròd [diváiniŋ] (지하의 물·석유·광맥 따위를 찾아내는 데 쓰던) 점지팡이.
*__di·vin·i·ty__ [divínəti] *n.* ① Ⓤ **신성**(神性). ② (the D-) 신. ③ Ⓤ 신학.
di·vis·i·ble [divízəbəl] *a.* 나누어지는; 분할〔분류〕할 수 있는.
‡**di·vi·sion** [divíʒən] *n.* ① ⓊⒸ **분할**, **분배**. ② ⓊⒸ 의견의 차이; 분열. ③ 구획, 눈금. ④ ⓊⒸ 나눗셈. ⑤ 구(區); 국(局), 부(部), 과; 학부. ⑥ 〖軍〗 사단, 〖海軍〗 분대. ⑦ ⓊⒸ 〖園藝〗 포기나누기. ~ ***of labor*** 분업. ~ ***of powers*** 삼권 분립. ~**·al** *a.*
di·vi·sive [diváisiv] *a.* 《특히》 의견의 불일치를〔분열을〕 일으키는, 분파적. ~**·ness** *n.* 불화, 대립.
*__di·vi·sor__ [diváizər] *n.* 〖數〗 **제수**.
‡**di·vorce** [divɔ́ːrs] *n.*, *vt.* ⓊⒸ **이혼**(하다); 별거; 분리(하다).
di·vor·cée, -cee [divɔːrséi, -síː] *n.* (F.) 이혼한 여성; 미혼자.
di·vulge [divʌ́ldʒ, dai-] *vt.* (비밀을) 누설하다, 폭로하다(disclose).
div·vy [dívi] 《俗》 *vt.*, *vi.* …을 나누

다(*up*), …에게 몫을 주다. — *n.* 분할; 몫; 《英》(협동 조합의) 배당.
dix·ie, dix·y [díksi] *n.* (병사의 캠프용) 큰 쇠냄비. 「매기용) 종이 컵.
Díx·ie Cùp [díksi] 〖商標〗(자동 판
Díxie·ie (Lànd) *n.* 미국 남부 제주(諸州)의 별칭.
D.I.Y. 《英》 do-it-yourself.
diz·en [dáizn, dízn] *vt.* 《古》 치장하다(dress gaudily).
***diz·zy** [dízi] *a., vt.* 현기증 나는, 어질어질한; 당혹한〔케 하다〕; 현기증 나게 하다. **díz·zi·ly** *ad.* **-zi·ness** *n.*
D.J. disk jockey; district judge; (L.) *Doctor Juris*(=Doctor of Law).
dk. dark; deck; dock. **D.K.** don't know. **dl, dl.** deciliter(s). **D.L.** Deputy Lieutenant; Doctor of Law.
D/L demand loan. 「최하층).
D̀ làyer 〖無電〗 D 층(層) 《전리층의
D.L.F. 《美》 Development Loan Fund. **D. Lit., D. Litt.** Doctor of Literature 〔Letters〕. **DM** Deutsche mark. **D.M.** Doctor of Mathematics; Doctor of Medicine; Daily Mail. **dm.** decameter(s); decimeter(s). **D.M.D.** (L.) *Dentariae Medicinae Doctor* (=Doctor of Dental Medicine).
D.M.S. Doctor of Medical Science(s). **DMSO** dimethyl sulfoxide.
D.Mus. Doctor of Music. **DMT** dimethyltryptamine. **DMZ** Demilitarized zone. **DN.** debit note.
D.N. Daily News.
d — n [dæm, di:n] =DAMN.
DNA deoxyribonucleic acid.
DNB, D.N.B. Dictionary of National Biography.
D-no·tice [dí:nòutis] *n.* 《英》(기밀보전(defense)을 위한) 공표 금지 요청.
†**do**[1] [強 du:, 弱 du, də] *vt.* (*did; done*) ① 행하다, 하다; 수행하다, 실행하다. ② 처리〔학습·번역〕하다. ③ (문제를) 풀다. ④ …의 도움〔소용〕이 되다(serve). ⑤ (남을 위해) 해주다 (*do a person a favor* 은혜를 베풀다). ⑥ 요리하다(cf. half-done). ⑦ 매만져 가지런히 하다, 꾸미다, 손질하다. ⑧ 《口》 여행하다(*do twenty miles a day* 하루 20마일 여행하다), 《口》 구경〔방문〕하다(*do Paris* 〔*the sight*〕 파리〔명소〕 구경을 하다). ⑨ 《俗》 속이다. ⑩ 《口》 지치게 하다 (*I am done up.* 녹초가 됐다). ⑪ 《美俗》(성행위)를 하다; (마약)을 사용하다. — *vi.* ① 행하다, 일하다, 활동〔관계〕하다. ② 소용되다(*This will do.* 이만하면 됐다). ③ 잘 해나가다, 지내다, 건강하다(*How do you do?* (1) 안녕하십니까? (2) 처음 뵙겠습니다《인사》 (3) 어떻게 지내십니까?). ④ 해치우다, 끝마치다. ***do away with*** …을 폐지하다; 없애다; 버리다. ***do by*** …을 (좋게, 나쁘게) 대우하다. ***do a person down*** 《英口》 속이다, 꼭뒤지르다. ***do for*** 《口》 망쳐 놓다; 죽이다; 《英口》 …의 신변을 돌보다; …의 소용이 되다; …의 대신이 되다. ***do in*** 《俗》 죽이다; 속이다. ***do it*** 성공하다. ***do out*** 《口》 청소하다. ***do over*** 다시 하다; 《口》 개조〔개장〕하다. ***do up*** 《口》 꾸리다; (단추를) 채우다; (끈을) 매다; 수선〔청소〕하다; 《p.p. 형으로》 지치게 하다. ***do with*** 처리〔희망〕하다, 참다. ***do without*** …없이 지내다. ***Have done!*** (1) 해치워라! (2) 그만! ***have done with*** …을 끝내다, 그만두다; …와 관계를 끊다, 떨어지다. HAVE ***to do with.*** — *aux. v.* ① 《疑問〔否定〕文을 만듦》 (*Do you like it? No, I don't.*). ② 《肯定文에서 強調를 나타냄》(*He did come.* 정말 왔다). ③ 《副詞 先行에 의한 倒置》(*Never did I see such a thing.*). — [du:] *n.* 《英俗》 사기.
do·a·ble [dú:əbəl] *a.* 할 수 있는.
do[2] [dou] *n.* 〖樂〗(장음계의) 도.
do. ditto (It. =the same).
DOB date of birth.
dob·bin [dábin/-ɔ́-] *n.* 농사말; 짐말.
Dó·ber·man pín·scher [dóubərmən pínʃər] 도베르만《털이 짧은 테리어 개의 일종》. 「(呼稱).
doc [dɑk/dɔk] *n.* 《美口》 =DOCTOR
do·cent [dóusənt] *n.* 《美》(대학의) 비상근 강사; (미술관 등의) 안내원.
***doc·ile** [dásəl/dóusail] *a.* 유순한; 가르치기 쉬운. **do·cil·i·ty** [dousíləti, dɑ-] *n.* Ⓤ
‡**dock**[1] [dɑk/-ɔ-] *n.* ① 선거(船渠), 도크. ② 《美》 선창, 부두(wharf). ③ 〖空〗 격납고(hangar). ④ 〖劇〗(무대 밑) 무대장치 창고. ***in dry*** ~ 《口》 실직하여. — *vt., vi.* ① dock에 넣다〔들어가다〕. ② (우주선이) 결합〔도킹〕하다〔시키다〕.
dock[2] *n.* (법정의) 피고석.
dock[3] *n.* 〖植〗 참소루쟁이속의 식물《수영 따위》. 「짧게 자르다.
dock[4] *n.* (동물 꼬리의) 심. — *vt.*
dock·age [ˊidʒ] *n.* Ⓤ 도크 설비〔사용료〕; 배를 입거(入渠)시킴 (cf. dock[1]); 잘라냄; 삭감(cf. dock[4]).
dock·er [ˊkər] *n.* 부두 노동자.
dock·et [dákit/-ɔ́-] *n.* 〖法〗(미결) 소송 사건 (일람)표; 〖英法〗 판결 요록; 《美》 사무 예정표; (회의의) 협의 사항; 내용 적요(摘要); (화물의) 꼬리표. — *vt.* 소송 사건표 (따위)에 써넣다; 꼬리표를 달다.
dock·ing [dákiŋ/-ɔ́-] *n., a.* Ⓤ 입거(入渠)(의); (우주선의) 결합〔도킹〕(의).
dock-tailed [ˊtèild] *a.* 꼬리를 자른.
dock·yard [ˊjɑ̀:rd] *n.* 조선소; 해군 공창(工廠) (《美》 navy yard).
†**doc·tor** [dáktər/-ɔ́-] *n.* ① 의사; 박사; 《呼稱으로》 선생. ② 《俗》 숙수《배의 요리인》. ③ 《口》 수선하는 사람. ***be under the*** ~ 가료중이다. — *vt.* 치료하다; 《口》 수선하다.
~**·al** [-tərəl] *a.* 박사의; 학위〔권위〕 있는. ~**·ate** [-it] *n.* 박사 학위.
doc·tri·naire [dɑ̀ktrənέər/-ɔ̀-] *n., a.* 공론가(空論家), 순이론가; 공론적인.

‡**doc·trine** [dáktrin/-ɔ́-] *n.* UC ① 교의, 교리. ② 주의, 학설. **doc·tri·nal** [dáktrinəl/dɔktrái-, dɔ́ktri-] *a.* 교의〔교리〕의; 학리상의.

doc·u·dra·ma [dákjudrǽmə, -drɑ̀:mə/dɔ́kju-] *n.* 다큐멘터리 드라마.

‡**doc·u·ment** [dákjəmənt/-ɔ́-] *n.* ① **문서, 서류;** 증서; 기록, 문헌. ② 증거(가 되는 것). —— [-mènt] *vt.* ① 문서로 증명하다, 문서〔증서〕를 교부하다. ② 증거〔자료〕를 제공하다.

doc·u·men·ta·ry** [dàkjəméntəri / dɔ̀-] *a.* ① **문서〔증서〕의**〔에 의한〕. ② 〖映·放〗 기록물의. —— *n.* 〖映·放〗 다큐멘터리, 기록물. ***a ~ bill 〖商〗 화환(貨換) 어음.

DOD Department of Defense 《美》 국방성.

dod·der [dádər / -ɔ́-] *vi.* 흔들리다; (쇠약·노령으로) 비틀〔비실〕거리다.

do·dec·a·gon [doudékəgàn/-gɔn] *n.* 〖幾〗 12각형.

do·dec·a·pho·ny [doudékəfòuni] *n.* U 〖樂〗 12음 작곡(법). **do·dec·a·phon·ic** [doudèkəfánik/-ɔ́-] *a.*

***dodge** [dadʒ/-ɔ-] *vi.* ① 홱 몸을 피하다(*about*), 살짝 숨다. ② 속이다. —— *vt.* ① **날쌔게 피하다**〔비키다〕. ② 말을 둘러대다; (질문을) 피하다 (evade). —— *n.* ① 몸을 돌려 피함. ② 《口》 속임수; 묘안. **dódg·er** *n.* ~하는 사람; 교활한 놈; 《美》 작은 삐라; 《美南部》 corn bread의 일종.

dodg·em [dádʒəm / -ɔ́-] (<*dodge them*) *n.* 꼬마 전기자동차의 충돌(회피) 놀이.

dódge bàll 도지볼; 피구.

dodg·y [dádʒi/dɔ́-] *a.* 교묘히 도망치는; 속임질 잘하는, 교활한; 교묘한.

do·do [dóudou] *n.* (*pl.* ~(*e*)*s*) (멸종한) 도도《4피트 정도의 못날고 보기 흉한 새》; 《俗》 구식 사람, 얼간이.

doe [dou] *n.* (사슴·토끼 따위의) 암컷(cf. buck¹).

***do·er** [dú:ər] *n.* **행위자;** 실행가.

†**does** [強 dʌz, 弱 dəz] *v.* do¹의 3인칭·단수·직설법 현재.

†**does·n't** [dʌ́znt] does not의 단축.

doff [daf, -ɔ:- / -ɔ-] (<do¹+off) *vt.* (모자 따위를) 벗다(take off) (opp. don¹); (습관·태도 등을) 버리다.

†**dog** [dɔ:g/-ɔ-] *n.* ① 개; 수캐; (여우·이리 따위의) 수컷. ② (D-) 〖天〗 개자리. ③ 《口》 망나니, 녀석(fellow). ④ 《口》 허세, 겉꾸밈, 과시. ⑤ = FIREDOG. ***a ~ in the manger*** 심술꾸러기. ***a ~s' age*** 《美口》 장기간. ***a ~'s chance*** 거의 없는 가망. ***~ eat ~*** 동족 상잔, 함께 망함. ***~'s life*** 비참한 생활. ***~s of war*** 전쟁의 참화. ***Every ~ has his day.*** 《俗談》 누구나 한 번은 때가 있다. ***Give a ~ an ill name, and hang him.*** 한 번 낙인 찍히면 마지막이다. ***go to the ~s*** 《口》 영락하다. ***put on the ~*** 《美口》 젠체하다. ***teach an old ~ new tricks*** 노인에게 새 방식을 가르치다. ***throw to the ~s*** 내버리다. —— *vt.* (*-gg-*) 미행하다, 뒤를 따르다(follow).

dog·bane [∠bèin] *n.* 〖植〗 개정향풀《약용》.

dog·cart [∠kɑ̀:rt] *n.* 2륜 마차의 일종; 개(가 끄는) 수레.

dog-cheap [∠tʃí:p] *a.*, *ad.* 《口》 개값의〔으로〕.

dóg còllar 개의 목걸이.

dóg dàys 삼복, 복중.

doge [doudʒ] *n.* 〖史〗 (옛 Venice, Genoa 공화국의) 총독.

dog-ear [dɔ́:giər/-ɔ́-] *n.* = DOG'S-EAR.

dog-eat-dog [∠í:tdɔ́:g] *a.* 먹느냐 먹히느냐의.

dog·face [∠fèis] *n.* 《美俗》 군인, 《특히》 보병.

dóg fàncier 애견가; 개장수.

dog·fight [∠fàit] *n.* 개싸움; (치열한) 공중전; 난전, 난투.

dog·fish [∠fìʃ] *n.* 〖魚〗 돔발상어.

***dog·ged** [∠id] *a.* **완고한.** **~·ly** *ad.*

dog·ger·el [dɔ́:gərəl/-ɔ́-] *n.* U 서투른 시. —— *a.* 빈약한, 서투른.

dog·gie, -gy [dɔ́:gi/-ɔ́-] *n.*, *a.* 강아지; 멍멍(dog); 개의.

dóggie bàg 식당 등에서 손님이 먹고 남은 음식을 넣어주는 종이 봉지.

dog·go [dɔ́:gou] *ad.* 《俗》 몰래 숨어서, 남의 눈을 피하며(*lie ~* 꼼짝 않고 있다, 숨어 있다).

dog·hole [∠hòul] *n.* 누추한 곳.

dog·house [∠hàus] *n.* 개집. ***in the ~*** 《俗》 인기를 잃고, 체면이 깎여.

dóg Làtin 변칙 라틴어.

dog·leg [∠lèg] *a.*, *n.* (개의 뒷다리처럼) 급각도로 휜(것).

***dog·ma** [dɔ́:gmə, -á-/-ɔ́-] *n.* UC ① 교의, 교조(教條), 교리. ② 독단론.

***dog·mat·ic** [dɔ:gmǽtik, dag-/dɔg-], **-i·cal** [-əl] *a.* ① **독단적인.** ② 교의(教義)의, 교리의. **-i·cal·ly** *ad.*

***dog·ma·tism** [dɔ́:gmətìzəm, dág-/dɔ́g-] *n.* U **독단론;** 교조주의. **-tist** *n.* 독단론자. **-tize** [-tàiz] *vi.*, *vt.* 독단적으로 주장하다〔말하다, 쓰다〕.

do-good·er [dú:gúdər] *n.* 《口》《蔑》 (공상적) 사회 개량가. **-ism** [∠ìzəm] *n.* U

dóg pàddle 개헤엄.

dog-poor [dɔ́:gpúər/-ɔ́-] *a.* 몹시 가난한.

dóg ròse 찔레의 일종.

dog's-ear [∠zìər] *n.* (페이지 귀퉁이의) 접힘. —— *vt.* (책의) 페이지 모서리를 접다.

dog·sleep [∠slì:p] *n.* UC 겉잠, 풋잠.

dóg sòldier 고참병.

Dóg Stàr = SIRIUS; = PROCYON.

dog-tag [∠tæ̀g] *n.* (개의) 감찰; 《軍俗》 (군인의) 인식표.

dog-tired [∠táiərd] *a.* 《口》 녹초가 된.

dog·tooth [∠tù:θ] *n.* 송곳니.

dog·trot [∠tràt/-ɔ̀-] *n.* 종종걸음.

dog·watch [∠wàtʃ/-ɔ̀-] *n.* 〖海〗 (2시간 교대의) 절반 (당)직.

dog·wood [∠wùd] *n.* 〖植〗 말채나무.

doi·ly [dɔ́ili] *n.* 도일리《꽃병 따위 받침용의 레이스 또는 종이 냅킨》.

***do·ing** [dú:iŋ] *n.* U ① **행위,** 실행. ② (*pl.*) **행실,** 소행; 행동.

doit [dɔit] *n.* 옛 네덜란드의 동전;

조금(bit). **do not care a ~** 조금도 개의치 않다.

do-it·your·self [dú:itjərsélf, -itʃər-] *a.* 《口》 (조립·수리 따위) 손수하는, 자작의. **~·er** *n.* 자작 취미가 있는 사람.

dol. dollar(s).

Dól·by sỳstem [dóulbi] 돌비 방식《녹음 테이프의 잡음을 줄이는 방법》.

dol·drums [dáldrəmz, dóul-/-ɔ́-] *n. pl.* (적도 부근의) 무풍대; 의기소침, 침울.

*__dole__[1] [doul] *n.* ① (약간의) 시여(물). ② 《英口》 실업 수당. ③ 《古》 운명. **be** [**go**] **on the ~** 실업 수당을 받고 있다. **—*vt.*** 짤름거리다(*out*).

dole[2] *n.* Ⓤ 《古》 비탄(sorrow, grief). ***∠·ful*** *a.* 슬픔에 잠긴(sad); 음침한 (dismal).

dol·er·ite [dáləràit/dɔ́l-] *n.* Ⓤ 〖鑛〗 조립(粗粒) 현무암.

dol·i·cho·ce·phal·ic [dàlikousəfǽlik/dɔ́likousəfǽlik] *a.* 장두(長頭)의 (opp brachycephalic).

†**doll** [dɑl, dɔ:l/dɔl] *n.* 인형; (머리는 둔한) 인형 같은 미녀; 《俗》 (매력있는) 젊은 여자. **—*vt., vi.*** 《俗》 차려입다; 멋내다(~ *oneself up*).

†**dol·lar** [dálər/-ɔ́-] *n.* 달러(지폐·은화)(생략 $). ***bet one's bottom ~*** 《美口》 전재산을 걸다; 확신하다. ***earn an honest ~*** 정직하게 벌다.

dóllar crísis [**gàp**] 〖經〗 (수입 초과로 인한) 달러 위기 〔부족〕.

dóllar diplòmacy 달러 외교.

doll·house [dálhàus, dɔ́:l-/dɔ́l-] *n.* 인형의 집; 장난감같이 작은 집(《英》 doll's house).

***doll·y** [dáli/dɔ́-] *n.* 《兒》 인형 〖映·TV〗 이동식 촬영대.

dólly shòt 〖映·TV〗 이동 촬영.

dol·man [dálmən/-ɔ́-] *n.* (*pl.* **~s**) 돌먼《소매가 케이프 같이 넓은 여성용 망토》; (터키 사람의) 긴 외투.

dol·men [dálmən, dóulmen/dɔ́lmen] *n.* 〖考〗 돌멘, 고인돌(cromlech).

do·lo·mite [dóuləmàit, dál-/dɔ́l-] *n.* Ⓤ 〖鑛〗 백운석.

do·lor, 《英》 **-lour** [dóulər] *n.* Ⓤ 《詩》 비애(sorrow). 「諧」 슬픈.

dol·or·ous [dálərəs, -óu-/-ɔ́-] *a.* 《詩·

***dol·phin** [dálfin/-ɔ́-] *n.* 돌고래.

dolt [doult] *n.* 얼간이, 바보.

-dom *suf.* 「지위·세력·범위·…계·기질·상태」 등의 뜻: free*dom*, king*dom*, official*dom*.

***do·main** [douméin] *n.* ① 영토, 영역(territory); 토지(estate), 개인 소유지(의 소유권). ② 범위, 영역. ③ 〖數〗 변역, 영역; 〖理〗 자구(磁區).

‡**dome** [doum] *n.* ① 둥근 천장〔지붕〕; 둥근 꼭대기. ② 반구(半球) 형의 것. ③ 《詩》 대가람. **~d** [-d] *a.*

Dómes·dày Bòok [dú:mzdèi] 〖英史〗 토지 대장《1086년 William I세가 만들게 한 잉글랜드 전역의》.

‡**do·mes·tic** [douméstik] *a.* ① 가정(내)의, 가사(家事)의. ② 가정에 충실한, 가정적인(fond of home). ③ 국내〔자국(自國)〕의, ④ 국산의; 자가제의. ⑤ (사육되어) 길들여진. **—*n.*** 하인, 하녀; (*pl.*) 국산품.

doméstic affáirs 가사.

doméstic ánimal 가축.

***do·mes·ti·cate** [douméstəkèit] *vt.* ① 길들이다(tame). ② (이민·식물 등을) 토지에 순화(順化)시키다. ③ 가정〔가사〕에 익숙케 하다. **do·mes·ti·cá·tion** [-⌐-kéiʃən] *n.* Ⓤ

doméstic ecónomy 가계(家計).

doméstic fówl 가금(家禽).

doméstic índustry 가내 공업.

do·mes·tic·i·ty [dòumestísəti] *n.* ⓊⒸ 가정적임; 가정 생활(에의 애착); (*pl.*) 가사(家事). 「원.

doméstic relátions còurt 가정 법

doméstic scíence 가정학.

dom·i·cile [dáməsàil, -səl/dɔ́m-] *n.* 주소; 주거; 〖商〗 어음 지급지.

dom·i·nant** [dámənənt/dɔ́m-] *a., n.* 우세(한)(ascendant), 지배적인; 〖遺傳〗 우성(의); 〖樂〗 딸림음(의), 속음(의). ***the ~ seventh 딸림 7화음.

dóm·i·nance *n.* Ⓤ 우세; 〖遺傳〗 우성.

dom·i·nate** [dámənèit/dɔ́m-] *vt.* ① 지배하다. ② (격정을) 억제하다 (*over*). ③ (…위에) 우뚝 솟다, 우세하다. **—*vi. ① 지배하다, 위압하다. ② 치솟다(tower). ***dom·i·ná·tion** [⌐-néiʃən] *n.* Ⓤ

dom·i·neer [dàməníər/dɔ̀m-] *vi.* 권력을 휘두르다; 뻐기다(*over*). **~·ing** *a.*

Dom·i·nic [dámənik/dɔ́m-], **Saint** (1170–1221) 스페인의 수도사, 도미니크 교단의 개조.

Dom·i·ni·ca [dàməní:kə, dəmínəkə/dɔ̀mìní:kə] *n.* 서인도 제도의 한 섬.

Do·min·i·can [dəmínikən] *a., n.* St. Dominic의; 도미니크 교단의 (수도사); 도미니카 공화국의 (주민).

do·min·i·cal [dəmínikəl] *a.* 주의, 예수의; 주일의. ***the ~ day*** 주일, 일요일. ***the ~ letter*** 주일 문자《교회력에서 그해의 일요일을 표시하는 A에서 G까지 중의 한 자》. ***the ~ year*** 서기(西紀), 서력.

Domínican Repúblic, the 도미니카 공화국《수도 Santo Domingo》.

***do·min·ion** [dəmínjən] *n.* ① Ⓤ 통치권, 주권(sovereignty); 〖法〗 소유권. ② ⓊⒸ 통치, 지배(rule)(*over*). ③ (종종 *pl.*) 영토; (the D-) (영연방) 자치령(*the ~ (of Canada)* 캐나다).

dom·i·no [dámənòu/dɔ́m-] *n.* (*pl.* **~(e)s**) 후드가 붙은 겉옷(을 입은 사람); 무도회용의 가면; 도미노패(牌), (*pl.* 單數取扱) 도미노 놀이.

don[1] [dɑn/-ɔ-] (<do[1]+on) *vt.* (**-nn-**) 걸치다, 입다(opp. doff).

don[2] *n.* (D-) 스페인의 남자의 경칭; 명사; 《口》 명수, 능수꾼; 《口》 (영국 대학의) 학감(學監)(head)·지도 교수(tutor)·특별 연구원(fellow).

do·nate [dóuneit, -⌐] *vt., vi.* 기증〔기

부]하다; 주다. ***do·ná·tion** *n.* U.C 기증(품), 기부(금).

†**done** [dʌn] *v.* do¹의 과거분사.

do·nee [douní:] *n.* 수증자(受贈者).

don·jon [dʌ́ndʒən, -á-/-ɔ́-] *n.* 아성(牙城), 내성.

Don Ju·an [dàn dʒú:ən, dàn wá:n/dɔ̀n-] 돈환《전설상의 스페인의 방탕한 귀족》; 난봉꾼, 엽색군.

‡**don·key** [dáŋki/-ɔ́-] *n.* **당나귀**(ass); 멍텅구리; 고집통이.

dónkey èngine 〖機〗 (소형의) 증기기관. 「안《~'s ears의 익살》.

dónkey's yèars 《俗》 매우 오랜동

dónkey wòrk 단조롭고 고된 일.

Donne [dʌn], **John**(1573–1631) 영국의 (종교) 시인.

do·nor [dóunər] *n.* 기증〔기부〕자.

do-noth·ing [dú:nʌθiŋ] *a.*, *n.* 아무것도 하지 않는; 게으름뱅이.

Don Quix·o·te [dàn ki*h*óuti, -kwíksət / dɔ̀n kwíksət] 돈키호테《Cervantes 작 풍자 소설의 주인공》.

†**don't** [dount] do not의 단축. —— *n.* 《口》 (*pl.*) 금지 조항서(cf. must¹).

doo·dad [dú:dæ̀d] *n.* 《美口》 싸구려 장식품. 「《생각 등에 잠겨》.

doo·dle [dú:dl] *n.*, *vt.*, *vi.* 낙서(하다)

doo·dle·bug [-bʌ̀g] *n.* 《美方》 〖蟲〗 개미귀신; 《英口》 =BUZZ BOMB.

‡**doom** [du:m] *n.* U ① (흔히, 나쁜) **운명**. ② 파멸, 죽음. ③ (유죄) 판결. ***till the crack of*** ~ 세상의 종말까지. —— *vt.* ① **운명짓다**(destine) (*to*). ② 선고하다. 「최후의 심판일.

dooms·day [´zdèi] *n.* 세계의 종말;

†**door** [dɔ:*r*] *n.* ① **문**, 문짝. ② **출입구**, 문간. ③ 한 집. ***answer the*** ~ 손님맞으러 나가다. ***in*** 〔***out of***〕 ~***s*** 집안〔집밖〕에서. ***lay ... at the ~ of a person*** …을 (아무)의 탓〔책임〕으로 돌리다. ***next ~ but one*** 한 집 건너 이웃. ***next ~ to*** …의 이웃에; 거의. ***show a person the*** ~ 쫓아내다.

***door·bell** [´bèl] *n.* (현관의) **초인종**.

dóorbell púsher 《俗》 (선거 따위의) 운동원.

door·case [´kèis] *n.* 문틀.

dóor chèck 〔**clòser**〕 도어체크《문이 천천히 닫히게 하는 장치》.

door·keep·er [´kì:pər] *n.* 문지기.

door·knob [´nàb/-ɔ̀-] *n.* 문의 손잡이.

door·man [´mæ̀n, ´mən] *n.* (호텔·나이트 클럽 등의) 문 열어주는 사람. 「도) 잠자코 있는 사람.

dóor màt 신흙 털개; 《口》 (억울해

dóor mòney 입장료.

door·nail [´nèil] *n.* 문에 박는 대갈못(*as dead as a* ~ 완전히 죽어).

door·plate [´plèit] *n.* 문패.

***door·step** [´stèp] *n.* **현관 계단**.

‡**door·way** [´wèi] *n.* **문간**, 입구.

door·yard [´jà:rd] *n.* 《美》 문앞 뜰.

D.O.P. developing-out paper 〖寫〗 현상 인화지.

do·pa [dóupə] *n.* 〖生化〗 아미노산의 일종.

do·pa·mine [doupəmì:n] *n.* 〖生化〗 도파민《뇌신경의 전달 작용에 필요한 물질》.

do·pant [dóupənt] *n.* U 〖化〗 doping을 위해 반도체에 첨가하는 소량의 화학적 불순물.

dope [doup] *n.* U 도프 도료《비행기 날개 따위에 칠하는 일종의 와니스》; 《俗》 마(취)약, (경마말에 먹이는) 흥분제; 《美俗》 경마 정보. —— *vt.* 도프를 바르다; 《俗》 …에 마약을〔흥분제를〕 먹이다.

dópe fìend 《美俗》 마약 상용자.

dope·ster [´stər] *n.* 《口》 예상가.

dop·ey [dóupi] *a.* 《口》 마약에 마취된 것 같은; 멍한; 얼간이의.

Dóp·pler efféct 〔**shìft**〕 [dáplər/-ɔ́-] 〖理〗 도플러 효과〔편이(偏移)〕.

Dor·ic [dɔ́:rik, dár-/dɔ́r-] *a.*, *n.* (옛 그리스의) Doris 지방의; 〖建〗 도리아식(式)(의). 「RY.

dorm [dɔ:rm] *n.* 《美口》 =DORMITO-

dor·mant** [dɔ́:rmənt] *a.* **잠자는**; 활동 휴지중인(inactive), 정지한. ~ ***volcano 휴화산. **dór·man·cy** *n.* U 휴면 상태. 「붕창(의 돌출부).

dór·mer (**wíndow**) [dɔ́:rmər] *n.* 지

‡**dor·mi·to·ry** [dɔ́:rmətɔ̀:ri/-təri] *n.* ① 《美》 **기숙사**. ② 《英》 교외 택지(~ town, bedroom suburb).

dor·mouse [dɔ́:rmàus] *n.* (*pl.* **-mice** [-màis]) 〖動〗 산쥐류(類).

dor·my, -mie [dɔ́:rmi] *a.* 〖골프〗 남은 홀 수(holes)만큼 이겨나가고 있는.

dor·sal [dɔ́:rsəl] *a.* 등의. ~ ***fin*** 등지느러미.

Dor·set(**·shire**) [dɔ́:rsit(ʃiər, ʃər)] *n.* 영국 남서부의 주《생략 Dors.》.

dos·age [dóusidʒ] *n.* ① U 투약, 조제; U.C (약의) 복용량; (X선 방사 등의) 적응량. ② (포도주의 품질 개량을 위한) 당밀·브랜디 따위의 첨가〔섞음질〕. ③ (**一般的**) 주어진 분량.

***dose** [dous] *n.*, *vt.* ① (약의) **1회분**. ② …에 투약(投藥)하다, 복용시키다. **dós·age** [´idʒ] *n.* U 투약, 조제; U.C 약 1회분의 양; 〖理〗 방사선의 적정 조사량(照射量).

do·sim·e·ter [dousímitər] *n.* 약량계(計); (방사선의) 선량계. 「서류.

dos·si·er [dásièi/-ɔ́-] *n.* (F.) (일건)

dost [強 dʌst, 弱 dəst] *v.* 《古》 thou가 주어일 때의 do¹.

Dos·to·ev·ski [dàstəjéfski / -ɔ-], **Feodor**(1821–81) 러시아의 소설가.

‡**dot** [dat/-ɔ-] *n.*, *vt.*, *vi.* (**-tt-**) ① 점(을 찍다). ② 점재(點在)시키다(*with*). ~ ***the i's and cross the t's*** 세세한 데까지(소홀히 않고) 분명하게 하다. ***off one's*** ~ 《英俗》 얼이 빠져; 정신이 돌아. ***on the*** ~ 《口》 제시간에. ***to a*** ~ 《美》 정확〔완전〕히.

dot·age [dóutidʒ] *n.* U 노망; 익애(溺愛).

do·tard [dóutərd] *n.* 노망든 사람.

dote [dout] *vi.* 노망들다; 익애하다 (*on, upon*). **dót·er** *n.* **dót·ing** *a.*
doth [強 dʌθ, 弱 dəθ] *v.* 《古》=DOES.
dot·ted [dátid/-ɔ́-] *a.* 점이 있는, 점을 찍은; 점재한. ~ ***line*** 점선. ***sign on the*** ~ ***line*** 무조건 승낙하다.
dot·tle [dátl/dɔ́tl] *n.* (골통대에 남아 굳은) 담뱃진.
dot·ty [dáti/dɔ́-] *a.* ① 《口》 정신이 이상한, …에 열중한(*about*); 다리를 저는, 휘청휘청하는. ② 점이 많은, 점투성이의.
Dou·ay [du:éi] *n.* 프랑스 북부의 도시.
Dóu·ay Bíble 〔**Vérsion**〕 [dú:ei] 〖카톨릭〗 두에이 성서《Latin Vulgate로부터의 영역(英譯)》.
†**dou·ble** [dʌ́bəl] *a., ad.* ① **2배의**〔로〕, **2중의**〔으로〕. ② 짝〔쌍〕의(coupled). ③ 〖植〗 겹꽃의, 중판의. ④ 표리가 있는, 거짓의. ⑤ 모호한. ***play*** ~ 쌍방에 내통하다. ***ride*** ~ (말에) 합승하다. ***see*** ~ (취해서) 물건이 둘로 뵈다. ***sleep*** ~ 동침하다(lie with). —— *vt.* ① **2배 하다, 2중〔두겹〕으로 하다.** ② 겹치다, 접다(fold). ③ (주먹을) 쥐다. ④ 〖劇〗 (혼자서) …의 2역을하다. ⑤ 〖海〗 (곶을) 회항하다. —— *vi.* ① **2배가〔2중이, 두 겹이〕 되다.** ② 달리다. ③ 급히 몸을 돌리다〔돌다〕. ④ 일을 겸하다. ⑤ 〖野〗 2루타를 치다. ~ ***back*** 되돌리다; 몸을 홱 되돌려 달리다. ~ ***up*** 한 방을 쓰(게하)다; 몸을 굽히다; 개키다, 접(히)다; 〖野〗 병살하다. —— *n.* ① (두)배. ② 아주 비슷한 것〔사람〕; 〖劇〗 대역. ③ 되돌아 옴. ④ 속임수. ⑤ 접어 겹친 것; 주름. ⑥ 〖軍〗 구보. ⑦ 〖野〗 2루타. ⑧ (*pl.*) 복식 경기, 더블즈. ⑨ 〖競馬〗 복식. **dóu·ble·ness** *n.* Ⓤ **-bly** *ad.* 2배로; 2중〔두겹〕으로.
dóuble ágent 이중 간첩.
dou·ble-bar·rel(l)ed [dʌ́blbǽrəld] *a.* 쌍총열의, 2연발의; 이중 목적의, 애매한.
dóuble báss =CONTRABASS.
dóuble bassóon 〖樂〗 더블바순, 콘트라바순.
dóuble béd 더블베드, 2인용 침대.
dóuble bíll 〔**féature**〕 (영화·연극의) 2편 동시 상영.
dóu·ble-blind tést [-blàind-] 〖醫〗 이중맹(二重盲) 검사법《신약 효과의 검사법》.
dóuble bóiler 이중 냄비〔밥솥〕.
dou·ble-breast·ed [-bréstid] *a.* (상의가) 더블인.
dóuble chín 이중턱.
dóuble clóth 이중직(二重織).
dou·ble-crop [-kráp / -ɔ́-] *vt.* (*-pp-*) 〖農〗 혼작(混作)하다. —— *vt.* (토지를) 혼작으로 사용하다.
dóuble crópping 〖農〗 혼작.
dóuble cróss 《口》 배반.
dou·ble-cross [-krɔ́:s, -krás/-krɔ́s] *vt.* 《口》 배반하다, 속이다.
dóuble dágger ⇨DAGGER.
dou·ble-deal·er [-dí:lər] *n.* 언행에 표리가 있는 사람, 협잡꾼.
dou·ble-deal·ing [-dí:liŋ] *n.* ⓊⒸ 표리있는 언행; 사기. —— *a.* 표리있는, 불성실한.
dou·ble-deck·er [-dékər] *n.* 2중 갑판의 배; 이층 버스〔전차〕.
dóuble dígit 두 자리(의).
dóuble dòme 《俗》 인텔리(egghead).
dóuble dóor 양쪽으로 여(닫)는 문.
dóuble Dútch 통 알아 들을 수 없는 말.
dou·ble-edged [-édʒd] *a.* 양날의; (의론 따위) 모호한.
dou·ble-en·ten·dre [dú:blɑ:ntɑ́:ndrə] *n.* ⓊⒸ (F.) 두가지 뜻의 어구《그 한쪽은 야비한 뜻》.
dóuble éntry 〖簿〗 복식 부기(법).
dou·ble-faced [dʌ́blféist] *a.* 양면의; (언행에) 표리가 있는, 위선적인.
dóuble hárness 쌍두 마차용 마구; 결혼 생활, 협력. ***work in*** ~ 맞벌이하다.
dou·ble-head·er [-hédər] *n.* 〖野〗 더블 헤더; 《美》 기관차를 둘 단 열차.
dóuble ímage 〖美術〗 (쉬르레알리슴에서의) 이중상(二重像).
dóuble méaning =DOUBLE-ENTENDRE.
dóuble négative 〖文〗 2중 부정.
dóuble nóte 〖樂〗 배 온음표.
dou·ble-page [-péidʒ] *a.* 두 페이지 크기의.
dou·ble-park [-pɑ́:rk] *vi., vt.* (보도에 대어 세운 차에) 나란히 주차하다〔시키다〕.
dóuble pláy 〖野〗 병살(倂殺).
dóuble quíck =DOUBLE TIME.
dou·ble-space [-spéis] *vi., vt.* 한 줄씩 띄어서 타자하다.
dóuble stándard 이중 표준《여성보다 남성에게 관대하게 된 성(性)도덕률》; 〖經〗 복본위제(bimetalism).
dóuble stár 〖天〗 이중성(二重星).
Dóuble Súmmer Tìme 《英》 이중서머타임《표준시보다 2시간 빠름》.
dou·blet [dʌ́blit] *n.* (14-18세기의 꼭 끼는) 남자용 상의; (짝의) 한쪽; 자매어《같은 어원의 말: *cattle*과 *chattel*, *disk*와 *dish* 따위》.
dóuble táke 《口》 (희극 배우가) 처음엔 무심히 듣다가 뒤늦게 깨닫고 깜짝 놀라는 체하는 것.
dóuble tàlk 횡설수설; 조리가 안서는 말.
Dóuble Tén〔**Ténth**〕, **the** 쌍십절《중국 건국 기념일; 10월 10일》.
dóuble tìme 〖軍〗 구보(cf. run).
dou·ble·tree [dʌ́bltrì:] *n.* (수레·쟁기 따위의) 가로대.
dóuble trúck (신문의) 좌우 양면 광고〔기사〕.
dou·bloon [dʌblú:n] *n.* 옛 스페인의 금화.
†**doubt** [daut] *n.* ⒸⓊ **의심, 의문.** —— *vt., vi.* **의심하다.** ***beyond***〔***no, out of, without***〕 ~ 의심할 여지없이. ***give*** (*a person*) ***the*** BENEFIT ***of the*** ~. ***make no*** ~ ***of*** …을 의심하지 않다. ⁑**∠·ful** *a.* **의심스러운;** 의심쩍은(uncertain)(*of*). ***∠·ful·ly** *ad.* ⁑**∠·less** *ad.* **확실히.**
dóubting Thómas 의심많은 사람.

douche [du:ʃ] *n., vt., vi.* 〖醫〗 관수(灌水); 주수기(注水器); 관수하다.

***dough** [dou] *n.* Ⓤ ① **반죽;** 생빵. ② 《俗》 =MONEY.

dough·boy [ˊbɔ̀i] *n.* 《美口》 보병.

***dough·nut** [ˊnʌ̀t] *n.* **도넛.**

dough·ty [dáuti] *a.* 《古·諧》 용감한, 「굳센.

dough·y [dóui] *a.* 생빵(dough)의 〔같은〕; 생짜의, 설구운; 창백한; 투미한.

dour [duər, dauər] *a.* 뚱한, 부루퉁한; 엄한, 가혹한.

‡**dove**[1] [dʌv] *n.* ① **비둘기.** ② 온유〔순진〕한 사람. ***Doves*** 《美》 비둘기파, 온건파(cf. hawk).

dove[2] [douv] *v.* 《美口·英方》 dive의 「과거.

dove·cote [dʌ́vkòut], **dove·cot** [ˊkɑ̀t/-ɔ̀-] *n.* 비둘기장, 비둘기집.

dove·let [ˊlit] *n.* 새끼 비둘기.

***Do·ver** [dóuvər], **Strait(s) of** 도버 해협.

dove·tail [dʌ́vtèil] *n., vt., vi.* 〖建〗 열장이음(으로 하다); 꼭 들어 맞(추)다.

dow·a·ger [dáuədʒər] *n.* 귀족의 미망인; 기품있는 노부인. ~ ***duchess*** 공작 미망인. ***an Empress D-*** 황태후. ***a Queen D-*** 태후, 대비(大妃).

dow·dy [dáudi] *a., n.* 초라한(shabby); 단정치 못한 (여자); 시대에 뒤진. **dów·di·ly** *ad.*

dow·el [dáuəl] *n., vt.* 〖建〗 장부촉(으로 잇다).

dow·er [dáuər] *n., vt.* ⓊⒸ 과부산(寡婦產)(을 주다); (신부의) 지참금(을 주다); 천부의 재능; 재능을 부여하다.

Dów-Jónes àverage 〔**ìndex**〕 [dáudʒóunz] 〖證〗 다우(식) 평균 (주가).

down[1] [daun] *n.* Ⓤ (새의) 솜털; 배내털; (민들레 따위의) 관모(冠毛).

down[2] *n.* 《英》 언덕, 사구(砂丘); (*pl.*)(영국 남부의) 구원(丘原).

†**down**[3] *ad* ① **밑으로,** 밑에; **아래쪽으로,** 내려서; 아래층으로, 하류로, 바람 불어가는 쪽으로. ② 가라앉아; 떨어져, 넘어져. ③ (바람이) 자서; (기세가) 줄어서; (값이) 떨어져; 영락하여, 《口》 풀이 죽어서(~ *in the* MOUTH). ④ 마지막 가까이, 뒤쪽으로, 죽 계속하여(*hunt* ~ 바짝 몰아대다/ ~ *to date* 오늘날까지). ⑤ 그 자리에서, 즉석에서, 현금으로(*pay* ~ 지불해버리다, 현금으로 치르다/ *money* ~ 맞돈). ⑥ 씌어져(*take* ~ 받아 쓰다). ⑦ (도시·대학에서) 떠나서, 떨어져서. ⑧ 완전히, 실제로, 정식으로. ⑨ 〖野〗 아웃되어(*one*〔*two*〕 ~ 1〔2〕사(死)). ***be*** ~ ***on***〔***upon***〕 …에 불평을 말하다. ~ ***and out*** 녹아웃되어; 영락하여. ~ ***to the ground*** 아주, 철저히. ***D- with*** (*the tyrant; your money*) (폭군)을 타도하라; (가진 돈)을 내놔라. — *prep.* ① …을 내려가. ② …의 아래쪽에, 하류에. ③ …에〔을〕 따라서 (*go* ~ *a street* 거리를 (따라)가다). ~ ***the wind*** 바람 불어 가는 쪽으로. ~ ***town*** 상가(에, 로), 상업 지구(에, 로). — *a.* ① 아래(쪽으)로의. ② 내려가는(*a* ~ *train* 하행 열차). ③ 풀이 죽은(*a* ~ *look* 침울한 얼굴). — *vt., vi.* ① 쓰러뜨리다, 쏘아 떨어뜨리다. ② 《英口》 …을 삼키다, 마시다. ③ 《口》 내리다. ~ ***tools*** 《口》 파업에 들어가다. — *n.* ① 내려감. ② (*pl.*) 불운, 역경(*the ups and ~s of life* 인생의 부침). ③ 《口》 원한(grudge), 증오(*have a* ~ *on* …을 미워하다).

down-and-out [ˊəndáut] *a., n.* 영락한 (사람); 〖拳〗 다운당한 (선수).

down·beat [ˊbì:t] *n., a.* 〖樂〗 강박(強拍); 《美口》 우울한, 불행한.

***down·cast** [ˊkæ̀st, -ɑ̀:-] *a.* **풀이 죽은;** 눈을 내리뜬; 고개를 숙인. — *n.* ⓊⒸ 파멸; 풀죽은 모습; Ⓒ (광산 등의) 통풍갱(通風坑).

down·draft [ˊdræ̀ft, ˊdrɑ̀:ft] *n.* 〖氣〗 하강 기류.

***down·fall** [ˊfɔ̀:l] *n.* ⓊⒸ ① **낙하.** ② 호우. ③ **몰락,** 멸망.

down·grade [ˊgrèid] *n., a., ad., vt.* 내리받이(의, 가 되어); 좌천시키다.

down·heart·ed [ˊhá:rtid] *a.* 낙담한.

***down·hill** [ˊhíl] *n., a., ad.* ① **내리받이**(의, 로). ② 쇠퇴(하는); 편한. ③ 비탈을 내려서(*go* ~).

Dówn·ing Stréet [dáuniŋ] 다우닝가(街) 《런던의 관청가》; 영국 정부〔내각〕.

down-lead [ˊlì:d] *n.* (안테나의) 옥내 도입선.

down·play [ˊplèi] *vt.* 얕보다, 가볍게 말하다.

down-point [ˊpɔ́int] *vt.* (배급품의) 가짓수를 줄이다.

down·pour [ˊpɔ̀:r] *n.* 억수, 호우.

***down·right** [ˊràit] *a., ad.* **솔직한, 명확한**(definite); 철저히. ② 완전한〔히〕; 아주.

Dówn's sýndrome 〖醫〗 다운 증후군(Mongolism).

‡**down·stairs** [ˊstέərz] *ad., a.* **아래층에**〔으로〕. — *n.* (單數取扱) 아래층(방); 아래층에 사는 사람들.

***down·stream** [ˊstrí:m] *ad., a.* **하류에**〔의〕, 물줄기를 따라 내려가서.

‡**down·town** [ˊtáun] *n., ad., a.* **도심지**(에, 의), 중심가〔상가〕(에서, 의).

down·train [ˊtrèin] *n.* 하행 열차.

down·trend [ˊtrènd] *n.* (경기 등의) 하락세, 하향세.

down·trod·den [ˊtrɑ́dn/-ɔ́-] *a.* 짓밟힌; 압박된.

down-turn [ˊtə́:rn] *n.* 하강; (경기 등의) 침체.

‡**down·ward** [ˊwərd] *a., ad.* ① **내려가는,** 내리받이의; 아래(쪽으)로. ② 이래, 이후. ③ 쇠미한, 쇠잔하여.

‡**down·wards** [ˊwərdz] *ad.* =⇧.

***down·y** [dáuni] *a.* ① **솜털의,** 솜털 같은〔로 덮인〕. ② 《俗》 교활한.

dow·ry [dáuəri] *n.* =DOWER.

dox·ol·o·gy [dɑksɑ́lədʒi/dɔksɔ́l-] *n.* 송영(頌榮) 《예배 때 부르는 짧은 찬송》.

doy·en [dɔ́iən] *n.* (F.)(*fem.* ***doyenne*** [dɔién]) (단체 등의) 고참, 장로.

***doze** [douz] *n., vi., vt.* 졸기(nap); 졸다, 졸며 (시간을) 보내다(*away*). ~ *off* 꾸벅꾸벅 졸다.

‡**doz·en** [dʌ́zn] *n.* (*pl.* ~(*s*)) ① 1 다스, 12 개. ② (*pl.*) 다수(*of*). ~**th** *a.*

DP., D.P. displaced person(s).

DP & E 〖寫〗 developing printing and enlargement.

D.Ph(il). Doctor of Philosophy.

dpt. department; deponent.

†**Dr., Dr** [dáktər/dɔ́k-] Doctor.

dr. debit, debtor; drachm; dram(s).

drab[1] [dræb] *n., a.* Ⓤ (*-bb-*) 담갈색(의); 단조(로운).

drab[2] *n.* 허튼계집; 매춘부(prostitute).

drab·ble [drǽbəl] *vt., vi.* (옷자락 등을) 끌어 더럽히다.

drachm [dræm] *n.* =DRAM; =DRACHMA.

drach·ma [drǽkmə] *n.* (*pl.* ~*s*, *-mae* [-mi:]) 옛 그리스 은화(銀貨).

‡**draft, draught** [dræft, -ɑ:-] (draw의 명사형; cf. draw) *n.* 《주의: 역어의 *표는 영미 모두 흔히 **draught**, ‡표는 미국에서는 **draft**, 영국은 **draught**, 기타는 모두 **draft**》. ① 끌기, 견인(牽引)(*a beast of* ~ 짐수레 끄는 마소); 견인 중량; (짐수레·그물 따위를) 끌기. ② 한 그물(로 잡은 것)*. ③ 뽑아 냄, 선발, 분견대; 《美》 **징병**. ④ (한 번) 마심〔들이쉼〕; 그 양*, (물약의) 1회분*. ⑤ 〖商〗 지불 명령서, 환어음 (bill of exchange). ⑥ 통기(通氣)‡, 외풍‡, **통풍**(조절 장치)‡. ⑦ 빼기, 빼내는 것. ⑧ (스포츠에서) 드래프트제(制). ⑨ **도면**(drawing), 설계도, **초안**, 초고. ⑩ ⓊⒸ 흘수(吃水)*. ⑪ (*pl.*) 드래프트 장기*(checkers). *at a* ~ 한 입에, 단숨에. ~ *on demand* 요구불 환어음. *make a* ~ (*up*)*on* (자금 등을) 찾아 내다; (우정을) 강요하다; (자산을) 줄이다. *telegraphic* ~ 전신환. —*vt.* ① 선발하다; 분견하다. ② 기초〔입안〕하다; 밑그림을 그리다. **draft·ee** [dræftí:, drɑ:-] *n.* 소집병. **dráft·er** *n.* 기초〔입안〕자; 복마(卜馬).

dráft bèer =DRAUGHT BEER.

dráft bòard 《美》 징병 위원회.

dráft dòdger 《美》 징병 기피자.

draft·ette [dræftét, -ɑ:-] *n.* 《美口》 여군 (병사).

dráft e·vád·er [ivéidər] 징병 기피자.

dráft hòrse 복마, 짐말.

dráfting ròom 《美》 제도실(《英》 drawing room).

dráft nèt 예인망.

drafts·man [drǽftsmən, -ɑ́:-] *n.* 기초〔입안〕자; 제도자.

draft·y [ˊi] *a.* 외풍(draft)이 들어오는.

‡**drag** [dræg] *vi.* (*-gg-*) ① (질질) 끌리다. ② 발을 질질 끌며 걷다. ③ 느릿느릿 나아가다(*along, on*). ④ 물밑을 뒤져 훑다. —*vt.* ① **끌다**, 당기다, 질질 끌다. ② 오래 끌게 하다. ③ (물밑을) 훑다(dredge). ④ 써레질하다. ~ *one's feet* 발을 질질 끌며 걷다, 《口》 꾸물거리다. —*n.* ① 질질 끌기, 질질 끄는〔끌리는〕 것. ② 써레(harrow). ③ (수레의) 바퀴 멈추개. ④ 소해. ⑤ 장애물. ⑥ 《俗》 사람을 움직이는 힘, 매력. ⑦ 연고, 연줄, 줄(pull), 호감. ⑧ (항공기에 대하여 작용하는) 항력(抗力). ⑨ 《美俗》 도로, 가로. ⑩ 《美俗》 데이트 상대《여성》. ⑪ (자동차)의 스피드레이스. ⑫ 《俗》 (동성애의) 여장(女裝). ⑬ 《俗》 (상대하기) 따분한 사람, 지루한 것.

drag·gle [drǽgəl] *vi.* 질질 끌다; 뒤처져서 따라가다(drag along). — *vt.* 질질 끌어 더럽히다〔적시다〕.

drag·gle·tail [-tèil] *n.* 지저분한 사람; 칠칠치 못한 여자.

drag·net [drǽgnèt] *n.* 저인망(底引網); 수사〔포위〕망, 대량 검거.

drag·o·man [drǽgəmən] *n.* (*pl.* ~*s*, *-men*) (근동(近東) 제국의) 통역, 안내원.

‡**drag·on** [drǽgən] *n.* ① 용. ② (D-) 〖天〗 용자리; 마왕(Satan). ③ 엄격한 샤프롱(stern chaperon)〔감시인〕.

***drag·on·fly** [-flài] *n.* 잠자리.

drágon's tèeth 내분(內紛)의 씨; 《英俗》 대전차(對戰車) 방어 설비.

dra·goon [drəgú:n] *n.* 〖史〗 용기병(龍騎兵)(cf. cavalier); 난폭한 사람.

drág pàrachute 감속 낙하산.

‡**drain** [drein] *vt.* ① **배수하다**(draw off); (물을) 빼내다(*away, off*); (배수(排水)하여) 말리다. ② 들이켜다, 마시다, 비우다. ③ (조금씩) **다 써버리다**. —*vi.* ① 흘러 없어지다; 뚝뚝 듣다, 비어 없어지다(*away, off*). ② 배수하다, 마르다. *put* (*something*) *down the* ~ (물쓰듯) 낭비하다. —*n.* ① 배수(도랑); 하수(관)(sewer). ② 유실, 출비; 부담(*on*).

***drain·age** [ˊidʒ] *n.* ① **배수** (설비). ② Ⓤ 배수(법). ③ Ⓤ 하수, 오수.

dráinage bàsin 배수 분지(盆地), 유역.

dráinage wòrk 배수 공사.

drain·pipe [ˊpàip] *n.* 하수〔배수〕관.

drake [dreik] *n.* 수오리 (cf. duck[1]). *play* DUCK[1]*s and* ~*s.*

dram [dræm] *n.* 드램《보통 1/16온스, 약량(藥量)은 1/8온스》; 미량(微量); (술의) 한 잔.

‡**dra·ma** [drɑ́:mə, -ǽ-] *n.* ① **극**, 희곡; 각본. ② 극적 사건. ③ Ⓤ (the ~) 극문학, 연극.

Dram·a·mine [drǽməmì:n] *n.* 〖商標〗 드라마민《멀미에 듣는 항(抗) 히스타민제》.

‡**dra·mat·ic** [drəmǽtik] *a.* (연)**극의**; **극적인**(exciting). ***-i·cal·ly** *ad.*

dra·mat·ics [-s] *n. sing. & pl.* 연기, 연출법; 《複數取扱》 소인극; 신파조의 몸짓.

dram·a·tis per·so·nae [drǽmətis pərsóuni:, drɑ́:mətis pə:sóunai, -ni] (L.) *pl.* 〖劇〗 등장 인물.

***dram·a·tist** [drǽmətist] *n.* **극작가** (playwright). ***drám·a·tize** [-tàiz] *vt.* **극화하다**, 각색하다. **dram·a·ti·zá·tion** [ˋ–tizéiʃən] *n.* ⓊⒸ 각색 (작품).

dram·a·turge [drǽmətə̀ːrdʒ] *n.* 극작가. **-tur·gy** *n.* Ⓤ 극작〔연출〕법.
Dram. Pers. *dramatis personae.*
dram·shop [drǽmʃɑ̀p/-ɔ̀-] *n.* 《古》 술집, 목로 주점.
†**drank** [dræŋk] *v.* drink의 과거.
***drape** [dreip] *vt.* **곱게 주름잡아 걸치다.** ── *n.* 주름잡아 드리운 천; Ⓤ (스커트·블라우스의) 드레이프.
drap·er [dréipər] *n.* 《英》 피륙상, 포목상 (《美》 dry-goods store).
***dra·per·y** [-i] *n.* ① ⒸⓊ (곱게 주름잡은) **휘장,** 커튼. ② ⓊⒸ 포목, 피륙; (드림천·커튼 따위의) 주름. ③ Ⓤ 〖美術〗 (회화·조각의) 착의(着衣).
***dras·tic** [drǽstik] *a.* (수단 따위) **철저한, 과감한**(*a* ~ *measure* 비상 수단). ***-ti·cal·ly** *ad.* **맹렬**〔철저〕히.
D-ra·tion [díːrǽʃən] *n.* 〖美軍〗 야전용 긴급 휴대 식량.
***draught** [dræft, -ɑː-] *n., v.* =DRAFT.
dráught bèer 생맥주.
dráught hòrse =DRAFT HORSE.
draughts·man [⌐smən] *n.* = DRAFTSMAN.
draught·y [⌐i] *a.* =DRAFTY.
†**draw** [drɔː] *vt.* (***drew; drawn***) ① **끌다**(pull, drag); (끌어) **당기다,** 이끌다; 자아내다; **이끌어 내다,** 얻다. ② (칼을) 빼다, (권총을) 뽑아내다; (물을) 푸다. ③ (이익을) 가져오다. ④ (숨을) 쉬다. ⑤ (선을) 긋다, **줄을 그어** (도면·그림을) **그리다;** (문장으로) 묘사하다; 기술하다. ⑥ (문서를) 작성하다. ⑦ (어음 등을) 발행〔취결〕하다. ⑧ (제비를) 뽑아 맞히다. ⑨ 끌어내다, 생기게 하다. ⑩ (결론을) 가져오다. ⑪ 흘수(吃水)가 …이다(displace)(*a ship* ~*ing* 20 *feet of water* 흘수 20피트의 배). ⑫ (금속봉을 잡아 늘여서 철사를) 만들다. ⑬ (얼굴을) 찡그리다; 오므리다; 주름을 만들다. ⑭ (여우를) 끌어 내다, 몰이해 내다, (피를) 흘리게 하다. ⑮ …의 내장〔속〕을 뽑아내다. ⑯ (차를) 달여 내다(make). ── *vi.* ① 끌다; **접근하다**(*to, toward*); 끌리다, 빠지다. ② 움직이다, 모이다, 모여들다. ③ **그리다,** 제도하다. ④ 칼을 뽑다; 권총을 빼다. ⑤ 어음을 발행하다, 청구하다; 강요하다; 의지하다(*on*). ⑥ 오그라들다(shrink), 주름이 잡히다. ⑦ 흘수가 …이다. ⑧ 무승부가 되다(cf. drawngame). ⑨ 인기를 끌다(cf. drawing card). ⑩ 제비를 뽑다. ⑪ (차가) 우러나다(steep) (*The tea is* ~*ing.* 차가 우러났다). ~ ***a full house*** 초만원을 이루다. ~ ***away*** (경쟁에서 상대를) 떼어놓다; 〖競馬〗 선두에 나서다. ~ ***back*** 물러서다; 손을 떼다; 〖軍〗 철수하다. ~ ***down*** 내리다; 초래하다. ~ ***in*** 끌어 들이다; 피어 들이다; 들이켜다; 줄이다; (해가) 짧아지다, 저물다. ~ ***it mild*** 〔***strong***〕 《주로 英》 온건하게〔과장하여〕 말하다. ~ ***level*** (경주에서) 뒤따라 미치다; 대등하게 되다. ~ ***near*** 접근하다. ~ ***off*** 철퇴하다〔시키다〕; (물을) 빼내다; (주의를) 딴 데로 돌리다. ~ ***on*** 다가오다; 몸에 걸치다, 신다, 입다; 끌어 들이다. ~ ***oneself up*** 자세를 고치다; 정색을 하다. ~ ***out*** 끄집어〔뽑아〕내다; 떼놓다, 늘이다, (대(隊)를) 정렬시키다; 《口》 (…로 하여금) 이야기하게 하다(induce to talk); (해가) 길어지다; 오래 끌다; (문서를) 작성하다; (예금을) 인출하다. ~ ***up*** 끌어 올리다; 정렬시키다; 몸을 일으키다; (마차 따위를) 멈추(게 하)다. ── *n.* ① 끌(어 내)기. ② 《口》 추첨. ③ 비기기. ④ 인기물, 히트. ***beat a person to the*** ~ 남을 앞지르다, 선수치다.
***draw·back** [drɔ́ːbæ̀k] *n.* ① **결점,** 약점; 장애(*to*); 핸디캡. ② ⓊⒸ 환부(금) (還付(金)).
draw·bridge [⌐brìdʒ] *n.* 도개교(跳開橋).
draw·down [⌐dàun] *n.* 삭감(削減).
draw·ee [drɔːíː] *n.* (어음) 수취인.
‡**draw·er** [drɔ́ːər] *n.* ① (어음) 발행인. ② **제도사**(製圖士). ③ [drɔːr] 서랍, (*pl.*) **장롱**(*a chest of* ~*s*). ④ (*pl.*) [drɔːrz] 드로어즈, 속바지.
‡**draw·ing** [drɔ́ːiŋ] *n.* ① (연필·펜 등으로 그린) **그림,** 선화(線畵), 데상; Ⓤ 제도. ② Ⓤ (문서의) 작성. ③ 추첨. ④ Ⓤ (어음의) 발행. ⑤ 《英》 (*pl.*) 매상고. ⑥ Ⓤ (차를) 달여내기. ***out of*** ~ 잘못 그려진; 조화가 안 된〔안되어〕.
dráwing blòck 〔**pàd**〕 (떼어 쓰게 된) 스케치북.
dráwing bòard 제도판, 그림판.
dráwing càrd (대성황이 확실한) 인기 프로, 인기 있는 극〔연예인〕.
dráwing ìnstrument 제도 기구.
dráwing pàper 도화지, 제도용지.
dráwing pèn (제도용) 오구(烏口).
dráwing pìn 《英》 제도용 핀, 압정.
‡**dráwing ròom** **응접실,** 객실; 《英》 제도실 (《美》 drafting room).
draw·knife [drɔ́ːnàif] *n.* (양쪽에 손잡이가 달린) 당겨 깎는 칼〔대패〕.
drawl [drɔːl] *vt., vi.* 느릿느릿〔점잔 빼며〕 말하다. ── *n.* 느린 말투.
‡**drawn** [drɔːn] *v.* draw의 과거분사. ── *a.* ① **잡아 뽑은,** 빼낸. ② 팽팽히 잡아늘인; (얼굴 따위) 찡그린. ③ (새 따위) 속을 빼낸. ④ 비긴.
dráwn gáme 드론게임, 무승부.
dráwn nèt (올이 성긴) 새그물.
dráwn wòrk 올을 뽑아 얽은 레이스의 일종.
draw·shave [drɔ́ːʃèiv] *n.* =DRAWKNIFE.
dráw wèll 두레우물.
dray [drei] *n.* 큰 짐마차《낮은 차대, 울이 없음》; 화물 자동차.
dráy hòrse 짐마차말.
dray·man [⌐mən] *n.* 짐마차꾼.
‡**dread** [dred] *vt., vi.* **두려워하다;** 걱정하다. ── *n.* Ⓤ 두려움, **공포**(fear). ‡**⌐·ful** *a.* 무서운(fearful); 지독한, 싫은. **⌐·ful·ly** *ad.* 《口》 몹시; 지독하게.
dread·nought, -naught [⌐nɔ̀ːt] *n.*

(D-) 대형 전함, 노급함(弩級艦); 용감한 사람.
†**dream** [dri:m] *n., vi., vt.* (*dreamt, ~ed* [dri:md, dremt]) ① **꿈(꾸다,** 에 보다). ② 몽상(하다), 공상(하다) (*about, of*)(*I little ~t of it.* 꿈에도 생각지 않았다). **~ *a* ~** 꿈을 꾸다. **~ *away*** 꿈결같이 보내다. **~ *up*** 《口》 퍼뜩 생각해내다. *´~·**er** *n.* **꿈꾸는 사람**; 몽상가.
dream·land [´læ̀nd] *n.* UC 꿈나라; 「잠.
dream·like [´làik] *a.* 꿈(결) 같은, 「덧 없는.
dréam rèader 해몽가.
***dreamt** [dremt] *v.* dream의 과거(분사).
dream·world [´wə̀:rld] *n.* 꿈〔공상〕「의 세계.
***dream·y** [drí:mi] *a.* **꿈(결) 같은,** 어렴풋한(vague); **공상적인. dréam·i·ly** *ad.* **dréam·i·ness** *n.*
drear [driər] *a.* 《詩》 =DREARY.
‡**drear·y** [dríəri] *a.* ① **황량한,** 쓸쓸한, 처량한(dismal). ② **울적한,** 음울한; 지루한(dull). **dréar·i·ly** *ad.* **dréar·i·ness** *n.*
dredge[1] [dredʒ] *n., vt.* 준설기(로 치다) (*up*); 저예망(으로 훑어 잡다).
dredge[2] *vt.* …에 가루를 뿌리다.
dredg·er [´ər] *n.* 준설기〔선〕; 가루 뿌리는 기구.
dreg [dreg] *n.* (보통 *pl.*) 찌끼, 앙금; 지스러기; 미량(微量). ***drain*** 〔***drink***〕 ***to the ~*** 남김 없이 다 마시다; (인생의) 쓴맛 단맛 다 맛보다.
D règion 〖理〗 D층《이온권의 최하층; =D layer》.
Drei·ser [dráisər], **Theodore**(1871–1945) 미국의 소설가.
‡**drench** [drentʃ] *vt.* ① **흠뻑 적시다** (soak). ② (소·말에) 물약을 먹이다.
†**dress** [dres] *vt.* (*~ed* [-t], 《古》 *drest*) ① **(옷을) 입히다;** 치장하다; **정장시키다.** ② 꾸미다(decorate). ③ 다듬다, (가죽을) 무두질하다, (머리를) 매만지다. ④ (상처를) 치료하다. ⑤ (대열을) 정렬시키다. ⑥ 조리하다(prepare). **—*vi.*** ① **옷을 입다,** (야회복 따위를 입어) **정장하다.** ② 정렬하다. **~ *down*** 《口》 꾸짖다; 갈기다. **~ *oneself*** (외출 따위의) 몸치장을 하다. **~ *out*** (옷)치장하다, (상처를) 가료하다. **~ *up,*** or ***be ~ed up*** 성장하다, 한껏 차려입다. **—*n.*** ① (원피스형의) 여성복, 드레스. ② U **의복,** 의상. ③ U (남자의) 예복, 정장.
dréss círcle (극장의) 특등석.
dréss cóat 예복, 연미복.
***dress·er** [drésər] *n.* ① 옷 입히는 사람; **의상 담당자;** 장식하는 사람. ② 옷을 잘입는 사람(*a smart ~* 멋쟁이). ③ 《英》 (외과의) 조수. ④ 요리인〔대〕. ⑤ 찬장. ⑥ 《美》 경대.
dréss gòods (*pl.*) 《때로 單數取扱》 옷감, 양복감.
***dress·ing** [´iŋ] *n.* ① UC **마무리**(재료), 장식. ② U (몸)치장. ③ UC 〖料理〗 드레싱, 소스. ④ UC 치료용품《붕대 따위》. ⑤ U 비료(fertilizer). ⑥ 《口》 꾸지람, 매질.
dréssing càse (여행용) 화장품 그릇.
dréssing gòwn 화장옷, 실내복.
dréssing ròom (극장의) 분장실; (흔히, 침실곁의) 화장실.
dréssing stàtion 〖軍〗 전방 치료소.
dréssing tàble 《英》 화장대, 경대.
***dress·mak·er** [drésmèikər] *n., a.* **양재사,** 양장점; 여성복다운, 장식이 많은. 「재(업).
***dress·mak·ing** [´mèikiŋ] *n.* U 양
dréss paràde 사열식, 열병식.
dréss rehéarsal 〖劇〗 (의상을 입고 하는) 마지막 총연습. 「는) 땀받이.
dréss shìeld (여성의 겨드랑 밑에 대
dréss súit (남자용) 야회복.
dréss úniform 〖美軍〗 예복.
dress·y [´i] *a.* 《口》 옷차림에 마음을 쓰는; (옷이) 맵시있는, 멋진(cf. sporty).
drest [drest] *v.* 《古》 dress의 과거
†**drew** [dru:] *v.* draw의 과거. 「(분사).
drib·ble [dríbəl] *vi., vt.* 똑똑 떨어지다〔뜨리다〕; 군침을 흘리다(drivel); 〖球技〗 드리블하다. **—*n.*** 물방울; 가랑비; 드리블.
drib·(b)let [dríblit] *n.* 조금, 소량.
dríbs and drábs [dríbz] 적은 양.
‡**dried** [draid] *v.* dry의 과거(분사). **—*a.*** 건조한. ***a ~ fish*** 건어물.
dri·er** [dráiər] *n.* 말리는 사람; **건조기〔제(劑)〕. —*a. dry의 비교급.
‡**drift** [drift] *n.* ① UC 흐름, 조류; **표류.** ② 표류물, 휘몰아쳐 쌓인 것. ③ 떼밀어 보냄, 떼밀림. ④ UC **동향,** 경향; U 추세에 맡기기. ⑤ UC 추세; 취지, 목적, 대의. ⑥ UC 〖空〗 편류(偏流). ⑦ 〖鑛〗 횡갱(橫坑). **—*vt., vi.*** **표류시키다〔하다〕;** 휘몰아쳐〔날리어〕 쌓(이)다; (*vt.*) (악습 따위에) 부지중에 빠져들다. ´~·**age** [´idʒ] *n.* U 표류; C 표류〔퇴적〕물; UC (배의) 편류 거리; (탄알의) 편차; ´~·**er** *n.* 표류자〔물〕; 유망(流網) 어선.
dríft àngle 〖空〗 편류각; 〖海〗 (배가) 침로를 벗어나는 편차.
dríft ìce 성엣장, 유빙(流氷).
dríft nèt 유망(流網).
drift·wood [´wùd] *n.* U 유목(流木), 부목(浮木).
‡**drill**[1] [dril] *n.* ① UC **훈련,** 교련. ② **송곳,** 천공기(穿孔機). **—*vt., vi.*** ① 훈련하다〔받다〕. ② (송곳으로) 구멍을 뚫다, 꿰뚫다.
drill[2] *n., vt.* 고랑(small furrow); 조파기(條播機)(로 씨를 뿌리다).
drill[3] *n.* U 능직 무명〔린네르〕.
drill[4] *n.* 〖動〗 비비(狒狒)의 일종《mandrill보다 작음》.
drill·er [´ər] *n.* 구멍 파는 사람; 천공기; 훈련 교관; 고랑파는 사람.
drill·mas·ter [´mæ̀stər, -ɑ̀:-] *n.* 훈련 교관. 「사관.
dríll sèrgeant 〖軍〗 훈련 담당 하
***dri·ly** [dráili] *ad.* =DRYLY.
†**drink** [driŋk] *vt.* (*drank; drunk*) ① **마시다.** ② …을 위해서 축배를 들다(*~ a person's health*). ③ 빨아들

이다, 흡수하다(*in, up*). ④ (돈·시간을) 술에 소비하다. ⑤ (경치 따위에) 도취되다(*in*). ── *vi.* ① 마시다, 술 마시다. ② 축배를 들다. ③ 취하다. ④ 마시면 …한 맛이 나다(*This beer ~s flat.* 이 맥주는 김이 빠졌다). **~ *away*** 술로 (재산을) 날리다, 마시며 (시간을) 보내다. **~ *deep*** 흠뻑 마시다. **~ *off*** 단숨에 들이켜다. **~ *oneself*** 술마시다. **~ *up*** 다 들이켜다; 빨아올리다. ── *n.* ① UC 음료. ② U 술; 음주. ③ 한잔(*of*). ***in ~*** 취하여. **∠·a·ble** *a., n.* 마실 수 있는; (*pl.*) 음료. ***∠·er** *n.* **마시는 사람**; 술꾼.

‡drink·ing [dríŋkiŋ] *a., n.* U **마시기**; 음주(의), 음용(飮用)의(*~ water*).

drínking bòut 주연; 통음(痛飮).

drínking fòuntain 음료 분수(bubbler).

drínking wàter 음료수.

drínk òffering 제주(祭酒).

‡drip [drip] *n., vi., vt.* (*~ped, dript; -pp-*) ① **똑똑 떨어지다**[뜨리다]. ② **물방울**(의 똑똑 떨어짐). ***dríp·ping** *a., n.* 물방울이 떨어지는; U **똑똑 떨어짐**, 적하(滴下); (종종 *pl.*) 물방울; (불고기의) 떨어지는 국물.

drip-dry [∠drái] *vi., vt.* (나일론 따위) 짜지 않고 그냥 마르다[말리다]. ── *n., a.* [∠∠] 속건성의 천(으로 만든).

Drip·o·la·tor [drípəlèitər] *n.* 〖商標〗 드립식 커피 끓이개.

†drive [draiv] *vt.* (***drove; driven***) ① **쫓다, 몰다**, (새·짐승을) 몰이하다 (chase[1]). ② 몰다, 부리다, 혹사하다; **운전**[조종]**하다**. ③ 차로 나르다. ④ 영위하다, 하다. ⑤ (말뚝·못 등을) 쳐 박다; (굴·터널을) 파다. ⑥ 추진하다. ⑦ 강박[강제]하다, 억지로 …하게 하다(force) (*to, into*); …하게 하다(make). ⑧ 밀고 나아가다; (바람이 구름·비·눈을) 불어보내다. ⑨ 〖野〗 직구(直球)를 던지다; 〖테니스〗 드라이브를 걸다. ⑩ (시간적으로) 질질 끌다, 미루다. ── *vi.* ① **차를 몰다**, 차로 가다, 드라이브하다. ② 공을 치다; 투구(投球)하다. ③ **목적으로 하다**, 노리다(aim) (*at*). ④ **돌진하다**, 부딪치다 (*against*). **~ *at*** 의도[뜻]하다, 노리다. **~ *away*** 몰아[쫓아]내다; 차를 몰아 가버리다; 열심히 (일)하다 (*at*). **~ *in*** 몰아넣다; 때려박다. **~ *out*** 추방하다; 드라이브나가다. ***let ~ at*** …을 향해 던지다; …을 꾸짖다. ── *n.* ① **드라이브**; 마차[자동차] 여행. ② U 몰아대기[내기]. ③ (저택내의) 차도; 몰이, 맹진; 〖軍〗 진격; (공의) 강타. ④ UC 추진력, 박력, 정력. ⑤ U 경향. ⑥ (대규모의) **선전**, 모금 운동, 캠페인(campaign) (*a Red Cross* [*community chest*] ~ 적십자[공동] 모금 운동). **‡drív·er** *n.* **조종자**, 마부, 운전수, 기관사; 치는 사람[것].

***drive-in** [∠ìn] *n.* **드라이브인** 《차 탄 채로 들어갈 수 있는 상점·식당·영화관 등》. ── *a.* 드라이브인의.

driv·el [drívəl] *n.* (《英》 *-ll-*) U 군침; 허튼소리. ── *vi.* 군침을 흘리다[이 흐르다]; 철없는 소리를 하다. ── *vt.* (시간을) 허비하다(*away*). **~·(l)er** *n.* 침흘리개; 바보.

‡driv·en [drívən] *v.* drive의 과거분사.

***drive·way** [dráivwèi] *n.* 《美》 ① 드라이브 길, 차도. ② (대문에서 현관까지의) **차도**.

‡driv·ing [dráiviŋ] *a.* ① **추진하는**, 동력 전달의. ② (남을) **혹사하는**. ③ 정력적인. ── *n.* U ① **운전**. ② 몰기, 쫓기. ③ 두드려박기.

dríving rànge 골프 연습장.

***driz·zle** [drízl] *n., vi.* U **이슬비**(가 내리다)(*It ~s.*). **dríz·zly** *a.*

droit [drɔit] *n.* (법적인) 권리.

droll [droul] *a., n.* 익살스러운 (사람). **∠·er·y** *n.* UC 익살맞은 짓[이야기].

drome [droum] *n.* 《英口》 비행장.

drom·e·dar·y [drámidèri, drʌ́midəri] *n.* (아라비아의) 단봉(單峰)낙타.

***drone** [droun] *n.* ① (꿀벌의) **수펄**. ② 게으름뱅이(idler). ③ (벌·비행기의) 윙윙(하는 소리). ④ (무선 조종의) 무인기. ── *vi.* ① **윙윙**[붕붕] **거리다**(buzz). ② 단조로운 소리로 말하다. ③ 빈둥대다.

drool [dru:l] *n., vi.* 《주로 美》 = DRIVEL.

‡droop [dru:p] *vi.* ① 처지다. ② **수그러지다**(hang down); 눈을 내리 깔다; 풀이 죽다; (기력이) 쇠하다. ── *n.* ① 수그러짐. ② 고개 숙임, 풀이 죽음; (가지 따위의) 늘어짐.

†drop [drɑp/-ɔ-] *n.* ① **물방울**, 들음, 한방울; (*pl.*) 점적약(點滴藥); **소량**(의 술). ② **낙하**, 강하(fall). ③ 늘어뜨린 장식, 귀걸이. ④ 〖建〗 단대공(pendant). ⑤ 눈깔 사탕, 드롭스. ⑥ (우체통의) 넣는 구멍. ── *vi., vt.* (*~ped, ~t; -pp-*) ① **듣**(게 하)**다**; 뚝뚝 떨어지(게 하)다; **떨어지다**[**뜨리다**]. ② 낮아지다, 낮추다. ③ 내리(어놓)다. ④ 쓰러지다[뜨리다]. ⑤ 낙제하다[시키다]. ⑥ (동물이) 태어나다[새끼를 낳다]. ⑦ **그치다**, 그만두다(*~ a case* 소송을 취하하다). ⑧ 〖美蹴〗 드롭킥하다. ⑨ 목숨을 잃다[뺏다]. ⑩ 《이하 *vi.*》 (바람이) 자다; 정지(靜止)하다; 사라지다. ⑪ (개가) 웅크리다. ⑫ 뒤처지다, 낙오하다 (*behind*). ⑬ 《이하 *vt.*》 《俗》 (도박으로 돈을) 없애다. ⑭ 《美》 해고하다. ⑮ 무심코[얼결에] 말하다. ⑯ **버리다**. ⑰ 제명하다. ⑱ 우체통에 넣다; 써서 부치다. **~ *across*** …를 우연히 만나다; 꾸짖다. **~ *asleep*** 어느결에 잠들다; 죽다. **~ *away*** = ~ off. **~ *in*** (*on*) (잠깐) 들르다; 우연히 만나다. **~ *into*** 들르다; (습관에) 빠지다; (사람을) 꾸짖다. ***D-it!*** 그만둬! **~ *off*** 하나 둘 가버리다; 차차 줄어들다; 어느 결에 잠들다; (갑자기) 죽다. **~ *on to*** …을 꾸짖다. **~ *out*** 물러가다(withdraw); 은퇴하다; 없어지다; 쇠퇴하다. **~ *through*** 아주 못쓰게 되다.

dróp cùrtain 〖劇〗 말아서 오르내리는 막.
drop-forge [drápfɔ̀:rdʒ/-ɔ́-] *vt.* 〖冶〗 드롭해머로 벼리다.
dróp frónt 젖히면 그대로 책상이 되는 서가 뚜껑.
dróp hàmmer 〖機·建〗 (단조용(鍛造用)) 드롭해머, 말뚝박는 해머(ram).
drop-in [drápìn/-ɔ́-] *n.* 훌쩍 들르는 사람〔곳〕.
dróp kìck 〖美蹴〗 드롭킥.
drop·let [ˊlit] *n.* 작은 물방울.
dróp lètter 《美》 같은 우체국 관할 내에 보내는 우편물.
drop-off [ˊɔ̀:f/-ɔ̀f] *n.* 아주 가파른 내리받이, 벼랑; 감소, 쇠미, 하락.
drop·out [ˊàut] *n.* 〖럭비〗 드롭아웃; 《口》 수업을 빼먹기, 또 그 학생; 낙제생, 중퇴생; 탈락자.
drop·per [drápər/-ɔ́-] *n.* (안약 따위의) 점적기(點滴器)〔병〕.
drop·sy [drápsi/-ɔ́-] *n.* Ⓤ 〖醫〗 수종(水腫). **dróp·si·cal** *a.* 「거(분사).
dropt [drɑpt/-ɔ-] *v.* 《古》 drop의 과
drosh·ky [dráʃki/-ɔ́-], **dros·ki, -ky** [drás-/-ɔ́-] *n.* (러시아의) 무개(無蓋) 4륜 마차.
dro·soph·i·la [drousáfilə/-ɔ́-] *n.* (*pl.* **-lae** [-lìː]) 〖蟲〗 초파리.
dross [drɔ:s, drɑs/drɔs] *n.* Ⓤ (녹은 금속의) 쇠똥; 찌끼(refuse), 부스러기.
***drought** [draut] (cf. dry) *n.* ⒸⓊ 가뭄, 한발. ˊ**·y** *a.*
†**drove**[1] [drouv] *v.* drive의 과거.
drove[2] *n.* (몰려가는) 가축 떼; (움직이는) 인파. **dró·ver** *n.* 가축 떼를 시장까지 몰고 가는 사람; 가축 상인.
dróve ròad 《Sc.》 가축 모는 길.
‡**drown** [draun] *vt.* ① 물에 빠뜨리다. ② 흠뻑 젖게 하다. ③ 들리지 않게 하다(~ *one's grief in wine* 슬픔을 술로 달래다). ~ *oneself* 투신자살하다. ── *vi.* ① 물에 빠지다; 익사하다. ② 달래다, 잊어버리다.
drowse [drauz] *n., vi., vt.* Ⓤ 꾸벅꾸벅 졺〔졸다, 졸게 하다〕; (*vt.*) 졸며 말며 (시간을) 보내다(*away*).
drow·si·head [ˊihèd] *n.* 《古》 졸림.
***drow·sy** [ˊi] *a.* ① 졸린. ② 졸음 오게 하는. **dróws·si·ly** *ad.* **dróws·si·ness** *n.* 「Party.
D.R.P. Democratic Republican
drub [drʌb] *vt.* (**-bb-**) 몽둥이로 치다, 매질하다; (큰 차로) 패배시키다.
drudge [drʌdʒ] *vi., n.* (고되고 단조로운 일을) 꾸준히〔뼈빠지게〕 하다〔하는 사람〕. **drúdg·er·y** [ˊəri] *n.* Ⓤ 단조롭고 고된 일《교정 따위》.
‡**drug** [drʌg] *n.* 약, 약제, 약품; 마약. ~ *in*〔*on*〕 *the market* 안팔리는 물건. ── *vt.* (**-gg-**) ① …에 (독)약을 넣다. ② 마취시키다. ③ 물리게 하다. 「상; 약제사(chemist).
***drug·gist** [ˊist] *n.* 《美·Sc.》 약종
drug·gy [drʌ́gi] *a.* 마약(상용)의.
‡**drug·store** [ˊstɔ̀:r] *n.* 《美》 약방《담배·화장품 등도 팔고 다방도 겸함》.
Dru·id, d- [drú:id] *n.* (옛 켈트족의) 드루이드교 단원.
‡**drum** [drʌm] *n.* ① 북(소리). ② 〖機〗 고동(鼓胴); 드럼통; 〖解〗 고실(鼓室), 고막. ── *vt.* (**-mm-**) ① (곡을) 북으로 연주하다. ② (북을 쳐서) 불러 모으다(*up*) 〔몰아내다(*out of*)〕, 모집하다. ③ (학문·교훈을 머리에) 억지로 주입시키다. ── *vi.* ① 북을 치다. ② 북을 치고 돌아다니다, 북을 치고 돌아다니며 모집하다(*for*). ~ *down* …을 침묵시키다. ~ *out* 선전하다. ~ *up* 불러 모으다.
drum·beat [drʌ́mbì:t] *n.* 북소리.
drum·fire [ˊfàiər] *n.* Ⓤ 맹렬한 연속 포화(砲火); (질문 등의) 연발.
drum·head [ˊhèd] *n.* 북가죽.
drúmhead cóurt-martial (전선의) 임시 군법 회의. 「長), 악장.
drúm màjor (악대의) 고수장(鼓手
drúm màjorètte (행진의 선두에서) 지휘봉을 휘두르는 소녀, 바통걸(cf. baton twirler). 「《美》 외판원.
***drum·mer** [ˊər] *n.* 고수, 드러머;
drum·stick [ˊstìk] *n.* 북채; (요리한) 닭다리. 「근 탁자.
drúm tàble 외다리의 (회전식) 둥
†**drunk** [drʌŋk] *v.* drink의 과거분사. ── *a., n.* 술취한; 《口》 주정뱅이. *get* ~ 취하다.
***drunk·ard** [ˊərd] *n.* 술고래.
***drunk·en** [ˊən] *a.* 술취한; 술고래의. *~**·ness** *n.* Ⓤ 술취함, 명정(酩酊).
drunk·om·e·ter [drʌŋkámitər / -ɔ́mi-] *n.* 취도(醉度) 측정기.
drupe [dru:p] *n.* 〖植〗 핵과(核果).
†**dry** [drai] *a.* ① 마른, 건조한; 바싹 마른. ② 가무는; 젖이 안나오는. ③ 《美口》 금주법이 시행되는(*a ~ State* 금주주(禁酒州)). ④ 버터를 바르지 않는. ⑤ 울지 않는; 가래가 나오지 않는(*a ~ cough* 마른 기침). ⑥ 쌀쌀한, 냉담한. ⑦ 노골적인(plain). ⑧ 무미 건조한. ⑨ 무표정하게 말하는(*a ~ joker*). ⑩ 씁쓸한(~ *wine*) (opp. sweet). ⑪ 〖軍〗 실탄을 쓰지 않는, 연습의. ~ *behind the ears* 《口》 (완전히) 성인이 된. ── *vt., vi.* ① 말리다, 마르다, 널다. ② 고갈시키다〔되다〕. ~ *up* 말리다, 널다; 바싹 마르다; 《口》 입 다물다. **drý·ly** *ad.* 냉담하게, 웃지도 않고, 무미 건조하게. ˊ**·ness** *n.*
dry·ad, D- [dráiəd, -æd] *n.* 〖그神〗 숲〔나무〕의 요정(妖精). 「조한.
dry-as-dust [dráiəzdʌ̀st] *a.* 무미 건
drý bàttery (dry cell을 모은) 건전
drý brèad 버터 안 바른 빵. 「지.
drý cèll 건전지《1개》.
drý cléaner 드라이클리닝 업자〔약품〕.
drý cléaning Ⓤ 드라이클리닝(법).
dry·cure [ˊkjúər] *vt.* 절여서 말리다.
***Dry·den** [dráidn], **John** (1631-1700) 영국의 시인·극작가.
drý dòck 건선거(乾船渠).
dry-dock [dráidàk/-ɔ̀-] *vt., vi.* 건선거에 들어가다〔넣다〕.

drý fárming 건지(乾地) 농법.
drý gòods 《美》 직물류; 《英》 곡류(穀類), 잡화.
dry·house [⌐hàus] *n.* (종업원의) 갱의실(更衣室); (공장의) 건조실. 「살.
drý húmo(u)r 천연스레 말하는 익
Drý Íce 〖商標〗 드라이아이스.
drý làw 《美》 금주법.
drý lòdging 잠만 자는 하숙(cf. boardinghouse).
drý martíni ⇨ MARTINI.
drý méasure 건량(乾量)《곡물·야채·과일 등의 계량 단위》.
drý mílk 분유. 「wet nurse).
drý nùrse 보모, 아이 보는 여자(cf.
dry-nurse [⌐nə̀:rs] *vt.* 아이를 보다.
drý plàte 〖寫〗 건판.
dry·point [⌐pɔ̀int] *n.* 동판(銅版) 조각침; 그 동판화; Ⓤ 동판 조각법.
drý rót (목재의) 건식(乾蝕)(병).
drý rún 《俗》 예행 연습; 〖軍〗 공포 사격 연습; 시운전; 견본(見本).
dry-shod [⌐ʃɑ̀d/-ɔ̀-] *a., ad.* 신〔발〕을 적시지 않는〔않고〕.
drý wàsh 빨아 말리기만 하고 다림질을 않은 세탁물.
D/S, d.s. days after sight. **D.S., D.Sc.** Doctor of Science. **D.S.C.** Distinguished Service Cross. **D.S.M.** Distinguished Service Medal. **D.S.O.** Distinguished Service Order. **DST, D.S.T.** Daylight Saving Time. **D.T.'s, d.t.** DELIRIUM tremens. **D.Th(eol).** Doctor of Theology. **Du.** Duke; Dutch.
du·al** [djú:əl] *a.* 둘의, 이중의(twofold), 이원적인. ～ ***economy 이중 경제. ～ ***nationality*** 이중 국적. ～ ***personality*** 이중 인격. ～**·ism** [-ìzəm] *n.* Ⓤ 이원론. ～**·ist** *n.* **du·al·is·tic** [djù:əlístik] *a.* 이원(론)적인, 이원론상의.
du·al·i·ty [dju:ǽləti] *n.* ⓊⒸ 이원〔이중〕성(性).
du·al-pur·pose [djú:əlpə́:rpəs] *a.* 두 가지 목적〔용도〕의.
dub[1] [dʌb] *vt.* (*-bb-*) (나이트 작위 수여식에서) 칼로 가볍게 어깨를 두드리다; …라고 부르다.
dub[2] *n.* 《美俗》 서투른 사람.
dub[3] (<double) *vt., n.* (*-bb-*) 〖映·放〗 새로이 〔이중〕녹음하다; 그 녹음.
dub[4] *vt., vi.* (*-bb-*) 찌르다; (북을) 둥둥치다. ── *n.* 찌르기; 북치는 소리.
dub·bin [dʌ́bin], **dub·bing** [dʌ́biŋ] *n.* Ⓤ 보혁유(保革油)《가죽의 방수·경화 방지용》.
***du·bi·ous** [djú:biəs] *a.* ① 의심스러운, 수상한. ② 미정의, 불명한. ③ 불안한. ～**·ly** *ad.* ～**·ness** *n.* **du·bi·e·ty** [dju(:)báiəti] *n.* ⓊⒸ
***Dub·lin** [dʌ́blin] *n.* Eire (아일랜드 공화국)의 수도.
du·cal [djú:kəl] *a.* 공작(duke)의.
duc·at [dʌ́kət] *n.* 〖史〗 다컷 금화.
du·ce [dú:tʃei/-tʃi] *n.* (It.) 수령, 지도자(the leader). ***il D-*** 총통 《B. Mussolini의 칭호》. 「공작.
duch·ess [dʌ́tʃis] *n.* 공작 부인; 여
duch·y [dʌ́tʃi] *n.* 공작령〔영지〕.
‡**duck**[1] [dʌk] *n.* ① (집)오리(류의 암컷)(cf. drake). ② Ⓤ (집) 오리의 고기. ③ 《英口》 귀여운 사람; 녀석, 놈. ***play ～s and drakes with money*** 돈을 물쓰듯하다. ***a wild ～*** 들오리.
duck[2] *vi., vt., n.* 물에 쑥 잠기게 하다〔잠김, 처박음〕; 홱 머리를 숙이다〔숙임〕; (타격·위험 등을) 피하다.
duck[3] *n.* Ⓤ 즈크; (*pl.*) 즈크 바지.
duck[4] [dʌk] *n.* 〖美軍〗 (제2차 대전에 쓰던) 수륙양용 트럭.
duck·bill [⌐bìl] *n.* 〖動〗 오리너구리.
duck·ing [dʌ́kiŋ] *n.* Ⓤ 오리 사냥; ⓊⒸ 물에 처넣기; 〖拳〗 ⓊⒸ 더킹《몸·머리를 홱 숙이는 것》. 「끼 오리.
duck·ling [⌐liŋ] *n.* 집오리 새끼, 새
duck·pins [dʌ́kpinz] *n. pl.* (單數取扱) tenpins 비슷한 구기.
dúck('s) ègg 《英》 〖크리켓〗 영점.
dúck sóup 《美俗》 쉬운〔편한〕 일.
duck·tail [dʌ́ktèil] *n.* (10대 소년들이 가운데는 짧고 양 옆을 길게 하는) 머리 모양.
duck·weed [⌐wì:d] *n.* 〖植〗 좀개구리밥《오리 먹이》. 「(腺).
duct [dʌkt] *n.* 관, 도관(導管); 〖解〗 선
duc·tile [dʌ́ktil] *a.* (금속이) 연성(延性)이 있는; (진흙처럼) 마음대로 (모양이) 되는; 가르치기 쉬운, 고분고분한(docile). **duc·til·i·ty** [dʌktíləti] *n.* Ⓤ
duct·less [dʌ́ktlis] *a.* 관〔선(腺)〕이 없는. ～ ***gland*** 〖解〗 내분비선.
dud [dʌd] *n.* 《口》 (*pl.*) 옷; 누더기 옷; 소지품; 《口》 결딴난 일, 버린 사람; 〖軍〗 불발탄.
dude [dju:d] *n.* 멋쟁이; 《俗》 (특히 미국 동부의) 도회지 사람; 《美西部》 (휴가로 서부 목장에 온) 동부인(人).
dúde rànch 관광 목장.
dudg·eon [dʌ́dʒən] *n.* Ⓤ 성냄, 분개. ***in high ～*** 크게 노하여.
‡**due** [dju:] *a.* ① 응당 치러야할; 지불 기일이 된, 만기의. ② 응당 …에 돌려야할, …에 의한(*to*). ③ …할 예정인, 도착하게 되어 있는. ④ 당연한, 정당한(proper); 적당한. ***become*** 〔***fall***〕 ～ (어음 따위가) 만기가 되다. ***in ～ form*** 정식으로. ***in ～ (course of) time*** 때가 오면, 멀지 않아, 불원. ── *ad.* (방향이) 정확히, 정(正)… (*The wind is ～ north.* 바람은 정북풍이다). ── *n.* ① 마땅히 줄〔받을〕 것, 당연한 몫, 정당한 권리. ② (보통 *pl.*) 세금, 조합비, 회비; 수수료. ***give a person his ～*** 아무를 공평히 다루다〔대우하다〕. ***give the*** DEVIL ***his ～.***
dúe bìll 《美》 차용 증서.
dúe dàte (어음의) 만기〔지급〕일.
du·el** [djú:əl] *n., vi.* (《英》 *-ll-*) 결투(하다); (the ～) 결투의 규칙. ～ ***of wits 재치 겨루기. ～**·(l)ing**

n. Ⓤ ～·(l)ist *n.*
du·en·na [djuːénə] *n.* (Sp., Port.) =CHAPERON.
*__du·et__ [djuét] *n.* **2중창, 2중주(곡).**
duff[1] [dʌf] (cf. dough) *n.* 푸딩의 일종; 《美俗》 엉덩이. 「미다.
duff[2] *vt.* 《俗》 속이다; 새것처럼 꾸
duf·fel, -fle [dʌ́fəl] *n.* 《美》 캠프 용품; 나사(羅紗)의 일종.
dúffel bàg 〖軍〗 즈크 자루.
duff·er [dʌ́fər] *n.* 《口》 바보, 병신; 《俗》 가짜. 「보, 데마.
dúff gèn 《軍俗》 믿을 수 없는 정
*__dug__[1] [dʌg] *v.* dig의 과거(분사).
dug[2] *n.* (짐승의) 젖꼭지.
du·gong [dúːgɑŋ, -gɔːŋ] *n.* 듀공《돌고래 비슷함》.
*__dug·out__ [dʌ́gàut] *n.* ① 마상이, 통나무배. ② (태고의) 땅굴집. ③ 대피〔방공〕호. ④ 〖野〗 (야구장의) 선수대기소.
*__duke__ [djuːk] *n.* ① 《英》 **공작.** ② (유럽의 공국(公國)·작은 나라의) 군주, ··공(*the Grand D-* 대공). ∠·**dom** *n.* 공령(公領), 공국. 「(sweet).
dul·cet [dʌ́lsit] *a.* (음색이) 아름다운
dul·ci·mer [dʌ́lsəmər] *n.* 거문고 비슷한 옛 현악기. 「미료》.
Dul·cin [dʌ́lsin] *n.* 〖商標〗 둘신《감
‡**dull** [dʌl] *a.* ① **둔한, 무딘**(opp. sharp) (*a ～ pain* [*knife*]). ② **둔감한.** ③ (빛·색이) 또렷하지 않은. ④ 활기 없는, 지루한(boring). ⑤ (시황(市況)이) 침체한. ―― *vt.* ① 무디게 하다. ② 흐리게 하다. ③ (아픔을) 누그러뜨리다. ∠·**ish** *a.* *__dúl·ly__ *ad.* *∠·**ness** *n.* Ⓤ 「이(dunce).
dull·ard [∠ərd] *n.* 둔한 사람, 멍청
dulse [dʌls] *n.* 홍조(紅藻)류의 해초 《아이슬란드 해안산, 식용》.
‡**du·ly** [djúːli] *ad.* ① **정식으로,** 바로; 당연히. ② 적당〔충분〕히. ③ 제시간에(punctually). 「회.
Du·ma [dúːmə] *n.* 제정 러시아의 국
Du·mas [djumáː / djúːmɑː], **Alexandre**(1802–70 ; 1824–95) 프랑스의 소설가 부자(父子).
‡**dumb** [dʌm] *a.* ① **벙어리의**(mute); 말못하는. ② **말이 없는;** 무언의. ③ (놀라거나 부끄러워) 말문이 막힌. ④ 《美俗》 우둔한. ***strike a person ～*** 깜짝 놀라게 하다; 아연케 하다.
dumb·bell [∠bèl] *n.* 아령; 《美俗》 얼간이.
dum(b)·found [dʌ̀mfáund] *vt.* 아연케 하다; 깜짝 놀라게 하다(amaze).
Dum·bo [dʌ́mbou] *n.* 《美海軍俗》 구명(비행)기; 《美俗》 귀가 큰 사람.
dúmb shòw 무언극(pantomime).
dumb·struck [∠strʌ̀k] *a.* 놀라서 말도 못하는.
dumb·wait·er [dʌ́mwèitər] *n.* 《美》 식품 전용 엘리베이터; 《英》 (식탁 위의) 회전 식품대. 「《美俗》 멍텅구리.
dum·dum [dʌ́mdʌ̀m] *n.* 덤덤탄(彈);
dúm·dum (bùllet) [dʌ́mdʌ̀m] 덤덤탄(彈).
*__dum·my__ [dʌ́mi] *n.* ① (양복점의) **모델 인형;** (표적의) 짚인형. ② 《美口》 얼뜨기. ③ (실물의 대신이 되는) 견본, 모형, 모조품. ④ **바꿔친 것**〔사람〕, 〖映〗 대역(代役) 인형; (어린이의) 고무젖꼭지. ⑤ 꼭둑각시, 앞잡이. ⑥ 〖製本〗 가제본. ⑦ 〖카드놀이〗 (네 사람 놀이를 셋이 할 때의) 빈자리. ⑧ 〖컴퓨터〗 가상(假想), 더미. ―― *a.* 가짜의.
*__dump__ [dʌmp] *vt.* ① (차에서 쓰레기 따위를) **털썩 부리다.** ② (외국 시장에 쓰레기라도 버리듯이) 덤핑하다. ③ 〖컴퓨터〗 덤프하다. ―― *n.* ① 쓰레기 더미, 쓰레기 버리는 곳. ② 〖컴퓨터〗 덤프《기억 장치의 내용을 출력 장치에 전사(轉寫)하기》. ∠·**ing** [∠iŋ] *n.* Ⓤ (쓰레기 따위를) 내버림; 염가 수출, 덤핑; (*pl.*) =DUMPS.
dúmp càr 덤프(화)차.
dump·cart [∠kàːrt] *n.* (경사식으로 된) 쓰레기 버리는 손수레.
dump·ling [dʌ́mpliŋ] *n.* 고기〔사과〕단자; 《口》 땅딸보.
dumps [dʌmps] *n. pl.* 《口》 침울(low spirits). ***in the ～*** 울적하여, 「기운없이.
dúmp trùck 덤프트럭.
dump·y[1] [dʌ́mpi] *a.* 땅딸막한.
dump·y[2] *a.* 울적한, 뚱한.
dun[1] [dʌn] *vt.* (***-nn-***), *n.* (특히, 빚을) 성화같이 독촉하다〔독촉하는 사람〕; 독촉(장).
dun[2] *n., a., vt.* (***-nn-***) Ⓤ 암갈색(의, 으로 하다). 「보.
*__dunce__ [dʌns] *n.* **열등생,** 저능아; 바
dúnce('s) càp 게으르거나 공부 못하는 학생에게 벌로서 씌우던 깔대기 모양의 종이 모자. 「이.
dun·der·head [dʌ́ndərhèd] *n.* 멍청
dune [djuːn] *n.* (해변의) 모래 언덕.
dung [dʌŋ] *n., vt.* Ⓤ (동물의) 똥, 거름(을 주다)(manure).
dun·ga·ree [dʌ̀ŋgəríː] *n.* Ⓤ (인도산의) 굵게 짠 무명; Ⓒ (*pl.*) (그 천의) 작업복, 노동복.
*__dun·geon__ [dʌ́ndʒən] *n.* **토굴 감옥;** 「=DONJON.
dúng flỳ 똥파리.
dúng fòrk (거름주는) 쇠스랑.
dung·hill [dʌ́ŋhìl] *n.* 똥〔거름〕더미.
dunk [dʌŋk] *vt.* (먹으며) 적시다(～ *bread into coffee, tea &c*).
Dun·kirk [dʌ́nkəːrk] *n., vi., vt.* 됭케르크《북프랑스의 항구》; (폭격하의) 필사의 철수(를 하다, 시키다).
dúnk shòt 〖籠〗 높이 점프해서 바스켓 속에 메어꽂듯이 하는 숫.
dun·lin [dʌ́nlin] *n.* 〖鳥〗 민물도요.
dun·nage [dʌ́nidʒ] *n.* Ⓤ 〖海〗 파손을 막기 위해 뱃짐사이에 끼우는 멍석(따위); 소지품, 의류. 「KNOW.
dun·no [dʌnóu] 《口》 =(I) DO NOT
du·o·dec·i·mal [djùːoudésəməl] *n., a.* 12(한 벌)의, 12진법(의).
du·o·dec·i·mo [-désəmòu] *n.* (*pl.* ～*s*) Ⓤ 12절판《생략 12mo, 12°》; Ⓒ 12절판〔4·6판〕의 책.
dup. duplicate.
dupe [djuːp] *vt.* 속이다(deceive). ―― *n.* 속기 쉬운 사람.

du·ple [djú:pəl] *a.* 2배의, 이중의(double). ~ ***time*** 〖樂〗 2박자.
du·plet [djú:plit] *n.* 〖化〗 이중 전자; 〖理〗 이중 입자(粒子).
du·plex [djú:pleks] *a.* 2중의, 2배의; 〖機〗 (구조가) 복식으로 된.
dúplex apártment 복식 아파트 《아래 위층의 방을 한 단위로 함》.
dúplex hóuse 《美》 연립 주택.
du·pli·cate** [djú:pləkit / djú:plə-] *a.* ① **이중의**; 복제의; 한쌍의. ② 부(副)의, 복사[베낌벌]의. ── *n.* ① 등본, 부본, 사본, 베낌벌(second copy) (cf. triplicate); 복제물. ② 물표, 전당표. ***made [***done***] ***in*** ~ (정부(正副)) 두 통으로 작성된. ── [-kèit] *vt.* 이중으로 하다, 복사하다, 정부 두통으로 하다. ***du·pli·cá·tion** [⌐-kéiʃən] *n.* Ⓤ **이중**, 중복; 복제, 복사; Ⓒ 복제물. **dú·pli·ca·tor** [⌐-kèitər] *n.* 복사기, 복제자.
dúplicàting machìne 복사기.
du·plic·i·ty [dju:plísəti] *n.* Ⓤ 이심(二心), 표리 부동; 불성실.
du·ra·ble** [djúərəbəl] *a.* **오래 견디는**, 튼튼한; 지속[지탱]하는(lasting). ~ ***goods 〖經〗 (소비재 중의) 내구재(耐久財). ~**·ness** *n.* **-bly** *ad.*
du·ra·bil·i·ty [⌐-bíləti] *n.* Ⓤ 지속력, 내구성; 영속성.
du·ral·u·min [djuərǽljəmin] *n.* Ⓤ 두랄루민《알루미늄 합금》.
du·ra·men [djuréimin/djuəréimen] *n.* Ⓤ 〖植〗 심재(心材), 적목질(赤木質), 나무의 심(opp. alburnum).
dur·ance [djúərəns] *n.* Ⓤ 감금. ***in*** ~ ***vile*** 부당하게 감금되어.
***du·ra·tion** [djuəréiʃən] *n.* Ⓤ **지속** (기간).
dur·bar [də́:rbɑ:r] *n.* 《印英》 알현실.
Dü·rer [djúərər/djúər-], **Albrecht** (1471-1528) 독일의 화가·조각가.
du·ress(e) [djuərés, djúəris] *n.* Ⓤ 속박, 감금; 〖法〗 강박, 강제.
Du·rex [djúəreks] *n.* 〖商標〗 condom의 일종.
Dur·ham [də́:rəm, dʌ́r-] *n.* 영국 북동부의 주《생략 Dur.》.
Dúrham Bòok =LINDISFARNE GOSPELS.
du·ri·an, -on [dúəriən, -ɑ:n] *n.* 두리언(의 열매)《동남아산(産); 독특한 향미가 있음》.
†**dur·ing** [djúəriŋ] *prep.* **…의 동안, …사이.**
dur·ra [dúərə] *n.* 수수, 고량(高粱).
durst [də:rst] *v.* dare의 과거.
du·rum [djúərəm] *n.* Ⓤ 밀의 일종《마카로니의 원료》.
dusk** [dʌsk] *n.* Ⓤ ① **땅거미**, 황혼. ② 그늘(shade). ***at ~ 해질 녘에. ── *a.* 《詩》 어스레한.
***dusk·y** [⌐i] *a.* ① **어스레한**; 거무스름한(darkish). ② 음울한(gloomy). **dúsk·i·ly** *ad.* **-i·ness** *n.*
‡**dust** [dʌst] *n.* Ⓤ ① **먼지**, 티끌. ② **가루**, 분말, 화분(花粉); 사금(砂金). ③ 《英》 쓰레기. ④ 유해(遺骸) (*honored* ~ 명예의 유해); 인체; 인간; 흙, 무덤. ⑤ 《俗》 현금. BITE ***the*** ~. ***humbled in*** [***to***] ***the*** ~ 굴욕을 받고. ***in the*** ~ 죽어서. ***kick up*** [***make, raise***] ***a*** ~ 소동을 일으키다. ***shake the*** ~ ***off one's feet*** 분연히 떠나다. ***throw*** ~ ***in a person's eyes*** 속이다(cheat). ── *vt., vi.* 가루를 뿌리다(sprinkle); 먼지를 떨다. *⌐**·er** *n.* **먼지 터는 사람**, 총채, 걸레; (후춧가루·소금을) 치는 기구; 《美》 DUST COAT; (여자의) 헐렁한 실내복. ⌐**·less** *a.*
dust-bath [⌐-bæ̀θ, ⌐-bɑ̀:θ] *n.* (새의) 사욕(砂浴).
dúst bìn 《英》 쓰레기통(《美》 ash can).
dúst bòwl 《美》 (모랫바람이 심한) 건조 지대.
dúst càrt 《英》 쓰레기차(《美》 ash cart).
dúst chùte 더스트 슈트《건물의 위층에서 쓰레기를 떨어뜨려 밑에서 모으는 장치》.
dúst còat 《英》 먼지 방지용 외투.
dúst còver =DUST JACKET.
dúst dèvil 흙먼지의 작은 회오리바람.
dúst disèase 《口》 =PNEUMOCONIOSIS.
dust·ing [dʌ́stiŋ] *n.* Ⓤ 청소; 《俗》 때리기; Ⓤ,Ⓒ 《海俗》 폭풍우(때의 배의 동요).
dúst jàcket 책 커버(book jacket).
dust·man [dʌ́stmən] *n.* 《英》 쓰레기 청소부(《美》 ashman); 〖海〗 화부; 《口》 졸음(의 요정) (*The* ~ *is coming.* 졸린다).
dúst mòp (마루 훔치는) 자루 걸레.
dust·pan [⌐pæ̀n] *n.* 쓰레받기.
dust·proof [⌐-prù:f] *a.* 먼지가 안 묻는; 방진(防塵)의.
dúst stòrm 큰 모랫바람, 황진.
dust·up [⌐ʌ̀p] *n.* 《俗》 소동; 싸움.
dúst wràpper =DUST JACKET.
‡**dust·y** [⌐i] *a.* ① **먼지[티끌]투성이의.** ② 가루의. ③ 먼지 빛의(grayish). **dúst·i·ly** *ad.* **dúst·i·ness** *n.*
‡**Dutch** [dʌtʃ] *a.* **네덜란드의**; 네덜란드 사람[말]의. ***go*** ~ 《口》 각자 부담으로 하다. ── *n.* ① Ⓤ **네덜란드 말.** ② (the ~) 《集合的》 **네덜란드 사람.**
Dútch áuction 값을 조금씩 떨어뜨리며 하는 경매.
Dútch chéese 네덜란드 치즈《탈지유로 만드는 둥글고 연한 치즈》.
Dútch cóurage 《口》 (술김에 내는) 용기, 객기.
Dútch dóor 상하 2단으로 된 문; (잡지의) 접혀진 광고《펴서 봄》.
Dútch Èast Índies, the 구(舊)네덜란드령 동인도 제도《지금의 인도네시아 공화국》.
Dútch lúnch [**súpper, tréat**] 비용 각자 부담의 점심[저녁, 회식].
***Dutch·man** [⌐mən] *n.* **네덜란드 사람[배]**; 《俗》 독일 사람.
Dutch·man's-breech·es [-zbrítʃiz] *n. sing. & pl.* 금낭화류(類)의 풀.
Dútch óven 고기 구이용 오븐.
Dútch úncle 《口》 가차없이 비판

〔비난〕하는 사람. ***talk like a*** ~ 차근차근이 타이르다.

Dútch wífe 죽부인(竹夫人).

du·te·ous [djú:tiəs] *a.* =DUTIFUL.

du·ti·a·ble [djú:tiəbəl] *a.* 관세를 물어야 할; 유세(有稅)의.

du·ti·ful [djú:tifəl] *a.* 충실한; 본분을 지키는; 효성스러운. ~**·ly** *ad.* ~**·ness** *n.*

‡**du·ty** [djú:ti] *n.* ① Ⓤ **의무,** 본분, 책임. ② ⓊⒸ (보통 *pl.*) 직무, **임무,** 일. ③ Ⓤ 경의(respect). ④ 관세, 조세. ⑤ Ⓤ 〖機〗 효율. ⑥ Ⓤ 〖宗〗 종무(宗務). ***customs duties*** 관세. ***do*** ~ ***for*** …의 대용이 되다. ***off*** 〔***on***〕 ~ 비번〔당번〕으로. ***pay*** 〔***send***〕 ***one's*** ~ ***to*** …에 경의를 표하다.

du·ty-free [-frí:] *a.* 면세(免稅)의.

du·ty-paid [-péid] *a.* 납세필의.

D.V. *Deo volente*(L. =God willing) 하느님께서 허락하신다면.

D.V.M.(S.) Doctor of Veterinary Medicine (and Surgery).

Dvo·řak [dvɔ́:rʒɑ:k, -ʒæk], **Anton** (1841-1904) 드보르작 《체코슬로바키아의 작곡가》.

‡**dwarf** [dwɔ:rf] *n., a.* ① **난쟁이.** ② (지지러져) 작은. **——** *vt., vi.* ① 작게 하다〔보이다〕; 작아지다. ② 작게〔지지러지게〕하다. **⌐·ish** *a.* 난쟁이 같은; 지지러진, 작은.

‡**dwell** [dwel] *vi.* (***dwelt,*** ~***ed***) ① **살다,** 거주하다(*at, in, on*). ② 곰곰이 생각하다(ponder), 길게 논하다〔얘기하다, 쓰다〕(*on, upon*). ③ (음계·말 따위를) 천천히 발음하다. *⌐**·er** *n.* **거주자.** 「주.

‡**dwell·ing** [⌐iŋ] *n.* **주거, 주소;** Ⓤ 거

dwélling hòuse 주택.

dwélling plàce 주소.

‡**dwelt** [dwelt] *v.* dwell의 과거(분사).

DWI driving while intoxicated 음주 운전.

***dwin·dle** [dwíndl] *vi.* ① 점점 작아지다〔줄어들다〕, **줄다.** ② 야위다; 타락하다.

dwt. denarius weight (=penny-weight). **DX, D.X.** [dí:éks] 〖無電〗 distance; distant. **Dy** 〖化〗 dysprosium.

‡**dye** [dai] *n.* ⓊⒸ ① **물감.** ② 염색, 색조(tint). **——** *vi., vt.* (***dyed; dye-ing***) **물들(이)다.** **⌐·ing** *n.* Ⓤ 염색(법); 염색업.

dyed-in-the-wool [⌐dinðəwúl] *a.* (사상 따위가) 철저한(thorough); (짜기 전에) 실을 물들인.

dy·er [⌐ər] *n.* 염색하는 사람〔업자〕.

dye·stuff [⌐stʌf] *n.* 염료, 물감.

dýe wòrks 염색 공장.

‡**dy·ing** [dáiiŋ] *a.* ① **죽어 가는;** 임종의. ② 꺼져〔망해〕가는; 《俗》…하고 싶어 못견디는. **——** *n.* Ⓤ죽음, 임종.

dyke [daik] *n., v.* =DIKE.

dyn. dynamics.

dy·nam·ic** [dainǽmik] *a.* ① 역학(상)의. ② **동력의,** 동적인(opp. static). ③ 힘찬, 힘센. ~ ***economics 동태 경제학. **——** *n.* Ⓤ 원동력. *~**s** *n.* **역학. -i·cal** *a.* 역학적인. **-i·cal·ly** *ad.* 「역본설(力本說).

dy·na·mism [dáinəmìzəm] *n.* Ⓤ〖哲〗

***dy·na·mite** [dáinəmàit] *n., vt.* Ⓤ **다이너마이트**(로 폭발하다). **-mit·er** [-ər] *n.* 다이너마이트 사용자; 《美》 적극적인 야심가.

dy·na·mit·ism [dáinəmàitizəm] *n.* Ⓤ (다이너마이트를 사용하는) 급진적 (정치) 혁명주의.

dy·na·mo [dáinəmòu] *n.* (*pl.* ~***s*** [-z]) 발전기; 《口》 정력가.

DYNAMO [dáinəmòu] *n.* 〖컴퓨터〗 다이너모《시뮬레이터의 일종》.

dy·na·mo·e·lec·tric [dàinəmouilék-trik] *a.* 기계 에너지를 전기 에너지로(또는 그 반대로) 바꾸는.

dy·na·mom·e·ter [dàinəmámitər/ -mɔ́mi-] *n.* 역량〔동력〕계; 악력계(握力計); 망원경 배율계.

dy·nast [dáinæst, -nəst/dínæst] *n.* 군주, (세습적) 주권자.

***dy·nas·ty** [dáinəsti / dín-] *n.* **왕조. dy·nas·tic** [dainǽstik/di-] *a.*

dy·na·tron [dáinətràn/-ɔ̀n] *n.* 〖電〗 4극(極)진공관의 일종; 〖理〗=MESON.

dyne [dain] *n.* 〖理〗 다인《힘의 단위; 질량 1g의 물체에 매초 1cm의 가속도를 일으키는 힘》.

Dy·nel [dainél] *n.* 〖商標〗 합성 섬유의 일종.

dys·en·ter·y [dísəntèri/-tri] *n.* Ⓤ 이질. **dys·en·ter·ic** [dìsəntérik] *a.*

dys·func·tion [disfʌ́ŋkʃən] *n.* ⓊⒸ 〖醫〗 기능 장애; 〖社〗 역(逆)기능.

dys·gen·ic [disdʒénik] *a.* (유전적으로) 자손에 나쁜 영향을 끼치는, 비우생학적인. ~**s** *n. pl.* (單數取扱) 〖生〗 열생학(劣生學). 「독증(失讀症).

dys·lex·i·a [disléksiə] *n.* Ⓤ 〖醫〗 실

dys·pep·si·a [dispépʃə, -siə/-siə] *n.* Ⓤ 〖醫〗 소화 불량, 위약(胃弱). **dys·pép·tic** [-tik], **-ti·cal** [-əl] *a., n.* 소화불량의; 기운 없는.

dys·pha·si·a [disféiʒiə] *n.* 〖醫〗 부전실어(不全失語), 실어증.

dys·pho·ni·a [disfóuniə] *n.* 발성 장애, 음성 장애.

dysp·n(o)e·a [dísp*p*ni(:)ə] *n.* Ⓤ 〖醫〗 호흡 곤란. **dysp·n(o)e·ic** [disp*p*ní:-ik] *a.* 호흡 곤란성의.

dys·pro·si·um [dispróusiəm, -ziəm, -ʃiəm] *n.* Ⓤ 〖化〗 디스프로슘《금속 원소; 기호 Dy》.

dys·to·pi·a [distóupiə] *n.* 《俗》 결함 사회, 살기 어려운 곳. 「양 실조.

dys·tro·phy [dístrəfi] *n.* Ⓤ 〖醫〗 영

dys·u·ri·a [disjúəriə] *n.* Ⓤ 〖醫〗 배뇨(排尿)곤란.

dz. dozen(s).

E

E, e [i:] *n.* (*pl.* ***E's, e's*** [-z]) 〖樂〗 마음, 마조(調); 제 2 등급《영국 Lloyd

선박 협회의 선박 등록부에 의한 등급). COMPOUND **E.**
E, E. east; eastern.
E. Earl; Earth; English.
E. A., EA educational age.
†**each** [i:tʃ] *pron., a.* **각각(의).** 제각기(의). ~ *other* 서로. — *ad.* 각각에 (대해서).
‡**ea·ger** [í:gər] *a.* 열심인(*in*); **열망하여**(*for, about, after; to* do). ~ BEAVER[1]. ‡**éa·ger·ly** *ad.* *__éa·ger·ness__ *n.*
‡**ea·gle** [í:gəl] *n.* 수리; 수리표(의 기·금화); (the E-) 《天》 독수리자리.
ea·gle-eyed [-àid] *a.* 눈이 날카로운.
éa·gle-flỳ dày [-flài] 《美軍俗》 = PAYDAY.
éagle rày 《魚》 매가오리.
ea·glet [-it] *n.* 새끼수리.
ea·gre [í:gər, éi-] *n.* 《주로 英》 = BORE[3].
E. & O. E. 《商》 errors and omissions excepted.
E. and P. Extraordinary and Plenipotentiary 특명 전권(特命全權).
†**ear**[1] [iər] *n.* ① **귀.** 귓바퀴. ② 귀꼴의 물건《손잡이 등》. ③ 청각; 경청. *about one's ~s* 주위에. *be all ~s* 열심히 듣다. *by the ~s* 사이가 나빠. *catch* 〔*fall on*〕 *one's ~s* 귀에 들어오다, 들리다. *fall on deaf ~s* 무시당하다. *gain the ~ of* …에게 듣게 하다; …의 주목을 끌다. *give* 〔*lend an*〕 *~ to* …에 귀를 기울이다. *have an ~ for music* 음악을 알다. *have* 〔*hold, keep*〕 *an* 〔*one's*〕 *~ to the ground* 여론에 귀를 기울이다. *over head and ~s,* or *up to the ~s* (사랑 따위에) 깊이 빠져, 몰두하여; (빚 때문에) 꼼짝 못하게 되어. PRICK *up one's ~s. turn a deaf ~* 들으려 하지 않다(*to*). *Were your ~s burning last night?* 어제 밤에 귀가 가렵지 않던가《네 이야기를 하였는데》.
*__ear__[2] *n.* (보리 따위의) **이삭,** (옥수수) 열매. *in the ~* 이삭이 패어서.
ear·ache [íərèik] *n.* Ⓤⓒ 귀앓이.
ear·drop [íərdràp/-ɔ̀-] *n.* 귀고리.
ear·drum [∠drʌ̀m] *n.* 고막, 귀청.
ear·flap [∠flæ̀p] *n.* (방한모의) 귀덮개.
*__earl__ [ə:rl] *n.* 《英》 **백작**(伯爵) 《영국 이외의 외국의 count에 해당》. **∠·dom** *n.* Ⓤ 백작의 신분.
ear·lap [íərlæ̀p] *n.* 귓불 (earlobe); 외이(外耳); =EARFLAP.
ear·less [∠lis] *a.* 귀 없는; 이삭 없는.
†**ear·ly** [ə́:rli] *a.* **이른; 초기의;** (과일 따위) 일되는; 만물의; 어릴 때의; 가까운 장래의. *at an ~ date* 금명간에, 머지 않아. *keep ~ hours* 일찍 자고 일찍 일어나다. — *ad.* **일찍;** 이른 때〔시기〕에, 초기에 *~ or late* 조만간에(sooner or later).
éarly bìrd 《口》 일찍 일어나는 사람; 정한 시각보다 일찍 오는 사람.
éar·ly-wárn·ing ràdar 〔**sỳstem**〕 [-wɔ́:rniŋ] 《軍》 (핵공격에 대한) 조기 경보 레이더〔레이더망〕.
ear·mark [íərmὰ:rk] *n., vt.* (소유자를 표시하는) 양의 귀표(를 하다); 페이지 모서리의 접힘(dog's-ear); (자금의 용도를) 지정하다.
ear·muff [∠mʌ̀f] *n.* (*pl.*) 《美》 (방한용) 귀싸개.
‡**earn** [ə:rn] *vt.* ① **벌다,** 일하여 얻다. ② 손에 넣다, (명예 따위를) 차지하다, 받다, 얻다(get). ③ (감사 따위를) 받을 만하다. *__éarn·ing__ *n.* Ⓤ 벌이; (*pl.*) **소득,** 수입.
éarned íncome [ə́:rnd] 근로 소득.
‡**ear·nest**[1] [ə́:rnist] *a.* ① **성실한,** 진지한(serious); 열심인(ardent). ② 중대한, 엄숙한. — *n.* Ⓤ 성실, 진심, 진지, 정식. *in ~* 성실〔진지〕하게, 진심〔정식〕으로. ‡**~·ly** *ad.* *__~·ness__ *n.*
ear·nest[2] *n.* 보증(pledge); =∠ **mòney** 착수금.
*__ear·phone__ [íərfòun] *n.* **이어폰.**
ear·pick [∠pìk] *n.* 귀이개.
ear·piece [∠pì:s] *n.* =EARPHONE.
ear·plug [∠plʌ̀g] *n.* 귀마개.
ear·reach [íərì:tʃ] *n.* =EARSHOT.
*__ear·ring__ [íəriŋ] *n.* 이어링, **귀고리.**
éar shèll 전복.
ear·shot [íərʃὰt/-ɔ̀-] *n.* Ⓤ (소리가) 들리는 거리.
ear-split·ting [∠splìtiŋ] *a.* 귀청이 터질 듯한.
†**earth** [ə:rθ] *n.* ① (the ~, the E-) **지구.** ② 이 세상, 사파 세계. ③ 육지; **대지,** 땅; 지면. ④ Ⓤ 흙. ⑤ Ⓤⓒ 《英》 (여우 따위의) 굴. ⑥ ⓒⓤ 《電》 어드, 접지(接地). ⑦ (*pl.*) 《化》 토류(土類). *come back to ~* (꿈에서) 현실로 돌아오다, 제정신이 들다. *on ~* 지구상의〔에〕, 이 세상의; 《what, why, who 따위와 함께》 도대체; 《否定構文》 도무지, 조금도(*It's no use on ~!* 아무짝에도 쓸모 없다). *run to ~* (여우 따위) 굴 속으로 달아나다〔몰아넣다〕; 추궁하다; 규명해 내다. — *vt.* 흙 속에 파묻다; (뿌리 따위에) 흙을 덮다; 《電》 …을 접지(接地)하다.
earth·born [∠bɔ̀:rn] *a.* 땅 위에〔이 세상에〕 태어난, 인간적인, 세속의.
earth·bound [∠bàund] *a.* 땅에 고착한; 세속적인; 지구로 향하는.
éarth cùrrent 《電》 지전류(地電流).
Éarth Dày 지구의 날(환경 보호의 날; 4월 22일).
*__earth·en__ [∠ən] *a.* 흙의, **흙으로 만든;** 오지로 만든.
*__earth·en·ware__ [∠ənwὲər] *n.* Ⓤ **질그릇,** 오지 그릇.
earth·ling [∠li:ŋ] *n.* 인간; 속인(俗人).
‡**earth·ly** [∠li] *a.* ① **지구〔지상〕의;** 이 세상의, 세속의(worldly). ② 《口》 《否定·疑問構文》 전혀(at all), 도대체(on earth).
earth·man [∠mæ̀n, -mən] *n.* 지구의 주민, 지구인.
éarth mòther 《神話》 땅의 요정; 관능적인 여자.
earth·mov·er [∠mù:vər] *n.* 땅차, 토목 기계.
earth·nut [∠nʌ̀t] *n.* 낙화생, 땅콩.
‡**earth·quake** [∠kwèik] *n.* **지진;** 대변동.
earth·rise [∠ràiz] *n.* (달에서 본) 지구의 떠오름.
éarth sátellite 인공 위성.

éarth science 지학(地學).

earth·work [ˊwə̀:rk] *n.* 〖軍〗 방어용 흙둑; Ⓤ 토목 공사; (*pl.*) 대지(大地) 예술《흙·돌·모래·얼음 등 자연물을 소재로 함》.

earth·worm [ˊwə̀:rm] *n.* 지렁이.

earth·y [ˊi] *a.* 흙의, 흙 같은; 세속의; 야비한, 하치의.

éar trùmpet (나팔꼴) 보청기.

ear·wax [íərwæ̀ks] *n.* Ⓤ 귀에지.

ear·wig [ˊwìg] *n.* 집게벌레.

‡**ease** [i:z] *n.* Ⓤ ① 편안, 안락. ② 쉬움. ③ 여유; 넉넉함. ***at (one's) ~*** 편안히, 마음놓고. ***feel at ~*** 안심하다. ***ill at ~*** 불안하여, 마음놓이지 않아, 긴장하여. ***take one's ~*** 편히 쉬다, 마음 푹 놓다. ***well at ~*** 안심하여, 편히. ***with ~*** 쉽게. ——*vt., vi.* 마음을 편히 하다, 안심시키다, (고통을) 덜다(*off, up*); 쉽게 하다; (새끼·줄 따위를) 늦추다 (loosen) (*off, up*). **ˊ·ment** *n.* ⓊⒸ (고통 따위의) 완화; Ⓤ 〖法〗 지역권(地役權) 《남의 땅을 통행하는 권리 등》.

ease·ful [ˊfəl] *a.* 마음편한, 안락한.

***ea·sel** [í:zəl] *n.* 화가(畫架). 「안히.

‡**eas·i·ly** [í:zəli] *ad.* 쉽게, 쉽사리; 편

eas·i·ness [í:zinis] *n.* Ⓤ 용이함, 쉬움; (문체의) 평이(平易)(plainness); 마음편함; 평정.

†**east** [i:st] *n.* ① 동쪽, 동방, 동부(지방). ② (the E-) 동양(the Orient). ③ (the E-) 미국 동부의 여러 주. ***down E-*** 《美》 =NEW ENGLAND (의 동부). ***~ by north*** 〔***south***〕 동미북〔남〕(東微北〔南〕). ***in*** 〔***on, to***〕 ***the ~ of*** …의 동부〔동쪽에 접하여, 동쪽에 면하여〕. ***the Far E-*** 극동. ***the Middle E-*** 중동 《근동과 극동의 사이》. ***the Near E-*** 근동 《터키·이란·발칸 등지》. ——*a., ad.* 동쪽의; 동부의; 동쪽으로〔에〕. ***ˊ·ward** *n., a., ad.* 동쪽; 동쪽의〔으로〕. **ˊ·wards** *ad.* 동(쪽)으로.

Éast Ásia 동(東) 아시아.

Éast Berlín 동베를린(동독의 수도).

east·bound [ˊbàund] *a.* 동쪽으로 가는. 「의 빈민가》.

Éast Énd, the 런던 동쪽 끝《이전

†**East·er** [ˊər] *n.* 부활절 《3월 21일 이후의 첫 만월 다음 일요일》. ***~ Island*** 남태평양의 화산도《칠레령》.

Éaster ègg 부활절의(선물용) 채색

Éaster éve 부활절 전야. ⌊달걀.

Éaster lìly (부활절 장식용) 백합.

east·er·ly [ˊərli] *a., ad., n.* 동쪽에 치우친〔치우쳐〕; 동쪽에서 부는; 동풍.

Éaster Mónday 부활절의 다음날.

‡**east·ern** [í:stərn] *a.* ① 동(쪽)의. ② (E-) 미국 동부의; 동양의. **~·er** *n.* 〖美〗 (E-) 동부 지방 사람. **~·most** [-mòust] *a.* 가장 동쪽의.

Éastern Chúrch, the 동방 교회《그리스 정교회》.

Éastern Hémisphere, the 동반구(東半球).

Éastern Róman Émpire, the 동로마 제국.

Éastern Stándard Tìme 동부 표준시 《캐나다 동부, 미국 동부, 오스트레일리아 동부》. 「Day).

Éaster Súnday 부활 주일(=Easter

East·er·tide [í:stərtàid] *n.* 부활절부터 강림절까지의 50일간; =EASTER WEEK. 「주일.

Éaster Wéek 부활절로 시작되는 1

Éast Síde, the 뉴욕 Manhattan 섬 동부의 하층 이민(移民) 지구.

†**eas·y** [í:zi] *a.* ① 쉬운. ② 안락한; 마음편한; 편안한. ③ 여유 있는; 넉넉한. ④ 안일(安逸)에 빠진, 게으른. ⑤ 부드러운, 관대한. ⑥ 다루기 쉬운, 말을 잘 듣는. ⑦ (문체가) 평이한(plain), 딱딱하지 않은. ⑧ 까다롭지 않은, 담박한. ⑨ (시장이) 한산한, (상품이) 수요가 적은, 놀고 있는. ***in ~ circumstances,*** or 《美俗》 ***on ~ street*** 유복하게, 넉넉하게 지내어. ——*ad.* 《口》 쉽게; 편안히, 태평스럽게. ***E- all!*** 〖海〗 노젓기 그만! ***Take it ~!*** 천천히 하여라!; 걱정말라!; 침착하라! ——*n.* 《口》

éasy chàir 안락 의자. ⌊휴식.

eas·y-does-it [ì:zidʌ́zit] *a.* 마음편한, 느긋한.

***eas·y·go·ing** [í:zigóuiŋ] *a.* 태평한; 단정치 못한; (말의) 느린 걸음의.

éasy márk 《美口》 호인. 「한 돈.

éasy móney 수월하게 번 돈; 부정

†**eat** [i:t] *vt.* (***ate, eat*** [et, i:t]; ***eaten, eat*** [et, i:t]) ① 먹다, (수프·국 따위를 숟가락으로) 떠먹다. ② 먹어 들어가다; (산(酸) 따위가) 침식하다; 파괴하다. ——*vi.* ① 식사하다. ② 《美口》 (…처럼) 먹을 수 있다; 먹으면 (…의) 맛이 있다(*This cake ~s crisp.* 먹으면 바삭 바삭한다). ***~ away*** 먹어 없애다; 잠식〔부식〕하다. ***~ into*** 먹어 들어가다, 부식하다. ***~ one's heart out*** 슬픔에 잠기다. ***~ one's words*** 식언하다, 약속을 어기다. ***~ out*** 다 먹어 버리다, 침식하다; 《美》 외식하다(dine out); 《俗》 호되게 꾸짖다. ***~ up*** 다 먹어버리다; 모두 써버리다(use up), 탕진하다; 열중케 하다. ***I'll ~ my hat*** 〔***hands, boots***〕 ***if ...*** 《口》 만일 …이라면 내 목을 내놓겠다. **ˊ·a·ble** *a., n.* 먹을 수 있는; (*pl.*) 식료품. **ˊ·er** *n.*

†**eat·en** [í:tn] *v.* eat의 과거분사.

eat·er·y [í:təri] *n.* 《口》 음식점.

‡**eat·ing** [í:tiŋ] *n.* Ⓤ 먹기; 식품. ——*a.* 좀먹어들어가는; 식용의.

éating hòuse 식당.

eau [ou] *n.* (F.) 물.

eau de Co·logne [òu də kəlóun] 〖商標〗 오드콜론《향수》.

eau de vie [òu də ví:] (F.) 브랜디.

***eaves** [i:vz] *n. pl.* 처마, 차양.

eaves·drop [ˊdràp/-ɔ̀-] *vi.* (**-pp-**) 엿듣다. **~·per** *n.* **~·ping** *n.* 엿듣기.

ebb** [eb] *n.* ① 간조; 썰물. ② 쇠퇴. ***~ and flow 〔***flood***〕 썰물; 성쇠. ——*vi.* (조수가) 써다; 기울다, 쇠해지다.

ébb tìde 썰물; 쇠퇴(기).

EbN east by north
E-boat [íːbòut] *n.* 《英》 (제 1 차 대전 때의) 독일 쾌속 어뢰정.
eb·on [ébən] *n., a.* 《詩》 =EBONY.
eb·on·ite [ébənàit] *n.* Ⓤ 에보나이트. 「檀)(의); 칠흑의.
***eb·on·y** [ébəni] *n., a.* ⓊⒸ 흑단(黑
EBR Experimental Breeder Reactor 실험용 증식로(增殖爐).
EbS East by South.
e·bul·lient [ibʌ́ljənt] *a.* 펄펄 끓는; 넘쳐 흐르는; 열광적인. **-lience** *n.* Ⓤ
eb·ul·li·tion [èbəlíʃən] *n.* ⓊⒸ 비등(沸騰); (전쟁 따위의) 돌발; (감정의) 격발(outburst), (물·용암(熔岩) 따위의) 분출.
ec [ek] *n.* Ⓤ 《口》 경제학.
EC European Communities.
E. C. East Central (London 우편구).
ECA 《美》 Economic Cooperation Administration.
e·cad [íːkæd] *n.* 〖生〗 어떤 형태가 유전이 아니고, 외부 환경에 의한 변화 형태라고 인정되는 것.
ECAFE [ekǽfei, -ɑ́ː-] Economic Commission for Asia and Far East.
é·car·té [èikɑːrtéi / -⌐-] *n.* (F.) Ⓤ 에카르테(32장을 가지고 두 사람이 하는 카드놀이).
ec·bol·ic [ekbɑ́lik/-bɔ́l-] *a., n.* 〖醫〗 낙태(약); 분만을 촉진하는, 유산시키는.
ECC (Korea-U. S.) Economic Cooperation Committee.
ec·ce ho·mo [éksi hóumou] (L. = behold the man) 가시 면류관을 쓴 그리스도의 초상.
***ec·cen·tric** [ikséntrik, ek-] *a.* ① 〖數〗 편〔이〕심(偏〔離〕心)의 (opp. concentric); 〖天〗 (궤도가) 편심적인. ② 별난, 괴짜의 (odd). —*n.* 괴짜, 별난 사람; 〖機〗 편심륜(輪). **-tri·cal·ly** *ad.* ***ec·cen·tric·i·ty** [èksentrísəti] *n.* ① Ⓤ (복장·행동 등의) 별남. ② 」괴벽.
eccl(es). ecclesiastical.
ec·cle·si·a [iklíːziə] *n.* (*pl.* ***-si·ae*** [-ziìː]) (고대 그리스의) 국민회의; 〖基〗 교회; 전(全)교회원.
Ec·cle·si·as·tes [iklìːziǽstiːz] *n.* 전도서.
ec·cle·si·as·tic [-tik] *n., a.* 목사〔성직자〕(의). ***-ti·cal** *a.* 교회의, 성직의.
ec·dy·sis [ékdəsis] *n.* (*pl.* ***-ses*** [-sìːz]) 〖動〗 (뱀 따위의) 탈피, 허물.
ECE Economic Commission for Europe. **ECG** electrocardiogram.
ech·e·lon [éʃəlɑ̀n / -ɔ̀-] *n., vi.* 〖軍〗 사다리꼴 편대(가 되다).
e·chid·na [ikídnə, e-] *n.* (*pl.* ~***s***, ***-nae*** [-niː]) 〖動〗 바늘두더지.
e·chi·no·derm [ikáinədəːrm, ékinə-] *n.* 극피 동물 《섬게·불가사리·해삼 따위》.
‡ech·o [ékou] *n.* (*pl.* ~***es***) ① 메아리. ② 반향. ③ 흉내내기; 모방. ④ (E-) 〖그神〗 숲의 요정(妖精) 《Narcissus 에 대한 사랑을 이루지 못하여 말라 죽어서 소리만 남았음》. ⑤ 〖樂〗 에코; 〖無電〗 반사 전파. —*vt., vi.* 메아리치다, 반향하다; 그대로 되풀이하여 대답하다; 모방하다.
ech·o·lo·ca·tion [èkoulouкéiʃən] *n.* 〖生〗 반향 정위(定位) 《박쥐 등이 초음파를 내어 그 반사로 물체의 위치를 아는 것》. 「(測深機).
écho sòunder 〖海〗 음향 측심기
ech·o·vi·rus [ékouvàirəs] *n.* 〖生〗 에코바이러스《인체의 장내에 번식하며 수막염 등을 일으킴》.
ECLA Economic Commission for Latin America.
é·clair [eikléər/⌐-] *n.* (F.) 에클레어 《가늘고 길쭉한 슈크림》. 「대갈채.
é·clat [eiklɑ́ː, ⌐-] *n.* (F.) Ⓤ 대성공;
ec·lec·tic [ekléktik] *a., n.* 취사선택적인; 절충주의의 (사람). **-ti·cism** [-təsìzəm] *n.* Ⓤ
e·clipse** [iklíps] *n.* ① 〖天〗 (해·달의) 식(蝕). ② ⒸⓊ (명성 따위의) 실추(失墜). ③ ⒸⓊ 빛의 소멸. ***solar 〔***lunar***〕 ~ 일〔월〕식. —*vt.* 식을 일으키다; 가리다; …의 명성을 빼앗다, 능가하다(outshine).
e·clip·tic [iklíptik] *a., n.* 〖天〗 식(蝕)의; 황도(黃道)(의).
ec·logue [éklɔːg / -ɔ-] *n.* (대화체의) 목가(牧歌); 전원시.
ECM European Common Market.
ECNR European Council of Nuclear Research 유럽 원자력 연구센터.
e·co-ac·tiv·ist [ìːkouǽktivist] *n.* 환경 운동가. 「괴.
e·co·cide [íːkousàid] *n.* Ⓤ 환경 파
ec·o·log·i·cal [èkəlɑ́dʒikəl/-lɔ́dʒ-] *a.* 생태학의. 「태학자.
e·col·o·gist [i(ː)kɑ́lədʒist / -ɔ́-] *n.* 생
e·col·o·gy [iːkɑ́lədʒi / -ɔ́-] *n.* Ⓤ 생태학; ⓊⒸ (통속적으로) 환경; 사회형태학; (생체와의 관계에 있어서의) 환경. 「economy.
econ. economic(s); economical;
e·con·o·met·rics [ikɑ̀nəmétriks/ -ɔ̀-] *n.* 계량(計量) 경제학.
‡e·co·nom·ic [ìːkənɑ́mik, èk-/-ɔ́-] *a.* ① 경제학상의. ② 경제〔재정〕상의. ③ 경제〔실리〕적인. ***E- and Social Council*** (국제 연합의) 경제 사회 이사회. ~ ***blockade*** 경제 봉쇄. ~ ***man*** 〖經〗 (이념으로서의) 경제인. ***-i·cal** *a.* 절약하는, 검약한(*of, in*); 실용〔경제〕적인. **-i·cal·ly** *ad.* *~***s*** *n.* 경제학; (한 나라의) 경제 상태.
***e·con·o·mist** [ikɑ́nəmist/-ɔ́-] *n.* ① 경제학자. ② 《古》 검약가.
***e·con·o·mize** [ikɑ́nəmàiz/-ɔ́-] *vt., vi.* ① 경제적으로 사용하다. ② 절약하다.
‡e·con·o·my [-mi] *n.* Ⓤ ① 경제. ② 검약, 절약. ③ Ⓒ 유기적 조직; 제도. ④ 섭리. ***practice*** 〔***use***〕 ~ 절약하다. ***vegetable*** ~ 식물(체)의 조직. 「등.
ecónomy clàss (열차·비행기의) 2
ECOSOC (United Nations) Econo-

mic and Social Council.
e·co·sys·tem [í:kousìstəm] *n.* 생태계.
E.C.S.C. European Coal and Steel Community.
***ec·sta·sy** [ékstəsi] *n.* ⒸⓊ ① 무아경, 황홀(trance); 법열(法悅). ② 의식 혼미 상태. **ec·stat·ic** [ekstǽtik, ik-] *a.* **-i·cal·ly** *ad.*
ec·to·derm [éktoudə̀:rm] *n.* 〖生〗 외배엽(外胚葉).
ec·to·plasm [-plæ̀zəm] *n.* (원생 동물의) 외질; 〖心靈術〗 영매체로부터의 발산 물질, 영기(靈氣).
ec·type [éktàip] *n.* 재생물; 모형, 복사.
ECU [eikú:, ì:sì:jú:] (<*E*uropean *C*urrency *U*nit) *n.* 유럽 통화 단위, 에큐.
E. C. U. English Church Union.
Ecua. Ecuador.
Ec·ua·dor [ékwədɔ̀:r/ˋ--ˊ] *n.* (Sp. = equator) (남아메리카의) 에콰도르 (공화국).
ec·u·men·i·cal [èkjuménikəl / ì:k-] *a.* 전반〔보편〕적인; 전기독교(회)의.
ecuménical pátriarch (동방 교회의) 총대주교.
ec·u·me·nop·o·lis [èkjumənápəlis/ -nɔ́p-] *n.* Ⓤ 세계 도시.
ec·ze·ma [éksəmə, igzí:-] *n.* Ⓤ 습진.
-ed *suf.* 《形容詞語尾》「…을 한」「…을 가진」의 뜻; curtain*ed*, green-ey*ed*, short-tail*ed*.
Ed. Edward. **ed.** edited; edition; editor.
É·dam (chéese) [í:dæm] *n.* (네덜란드 산의) 붉은 공 모양의 치즈.
Ed. B. Bachelor of Education.
EDC, European Defence Community.
É/D card 출입국 카드.
Ed·da [édə] (Old Icel. = great-grandmother) *n.* 에더 《고대 아이슬란드의 신화 시집》.
***ed·dy** [édi] *n., vi.* (작은) 소용돌이 (치다) (whirl).
e·del·weiss [éidlvàis] *n.* (G.) 에델바이스, 왜솜다리 《고산 식물》.
e·de·ma [i:dí:mə] *n.* (*pl.* **-ma·ta** [-mətə]) 〖醫〗 부종(浮腫), 수종(水腫).
***E·den**[1] [í:dn] *n.* 〖聖〗 에덴 동산; 낙원(paradise).
É·den[2], **Sir Robert Anthony** (1897–) 영국의 정치가·수상(1955–57).
edge** [edʒ] *n.* ① 날. ② 가장자리, 모. ③ 날카로움. ④ 《口》 거나하게 취함. ⑤ 《美口》 우세. ***be on ~ 《美》 흥분해〔신경이 예리해져〕 있다. ***dull the ~ of pleasure*** 흥을 깨다. ***give an ~ to*** …에 날을 세우다; (식욕 등을) 돋우다. ***have the ~ on*** …보다 우세하다; 얼근히 취하다. ***not to put too fine an ~ upon it*** 솔직히 말하면. ***set on ~*** 세로 놓다; 짜증나게 하다. ***set the teeth on ~*** 진저리나게 하다; 염증을 느끼게 하다. ***take the ~ off*** …의 기세를 꺾다; (날을) 무디게 하다. ——*vt.* 날을 붙이다. 날카롭게 하다; 가장자리를〔가선을〕 달다; 천천히 나아가게 하다. ——*vi.* (배가) 비스듬히〔옆으로〕 나아가다; 천천히 움직이다. (*along, away, off, out*). **~ *up*** 한발 한발 다가서다. **ˊ·ways** [ˊwèiz], **ˊ·wise** [ˊwàiz] *ad.* (칼)날을 돌려대고; 비스듬히; 옆에서; 언저리를 따라.
edg·ing [ˊiŋ] *n.* Ⓤ 가선, 가(border); 가장자리 장식 (trimming).
edh [eð] *n.* ð의 글자 《고영어; 발음기호 [ð]의 호칭》.
***ed·i·ble** [édəbəl] *a., n.* 먹을 수 있는; 「(보통 *pl.*) 식료품.
e·dict [í:dikt] *n.* 칙령, 법령, 포고.
ed·i·fi·ca·tion [èdəfikéiʃən] *n.* Ⓤ 교화.
***ed·i·fice** [édəfis] *n.* ① (대규모의) 건물. ② 조직, 체계.
ed·i·fy [édəfài] *vt.* 교화하다, 개발〔훈도〕하다. **~·ing** *a.* 교훈이 되는, 유익한.
***Ed·in·burgh** [édinbə̀:rou, -bə̀:rə] *n.* 에딘버러 《스코틀랜드의 수도》.
***Ed·i·son** [édəsən], **Thomas Alva** (1847–1931) 미국의 발명가.
***ed·it** [édit] *vt.* ① 편집하다. ② 《美》 삭제하다. ——*n.* 《口》 ① 필름 편집. ② 사설(社說).
edit. edited; edition; editor.
‡**e·di·tion** [idíʃən] *n.* (서적·신문의) 판. ***édition* 〔*edítion*〕 *de luxe*** [də lúks, -lʌ́ks] (F.) 호화판(版).
‡**ed·i·tor** [édətər] *n.* 편집자〔장〕. ***chief* 〔*managing*〕 ~** 편집 주간, 주필. **~·ship** [-ʃìp] Ⓤ 편집자의 지위〔수완〕.
‡**ed·i·to·ri·al** [èdətɔ́:riəl, èdi-] *n., a.* 《美》 사설, 논설; 편집자〔주필〕의 〔에 의한〕. **~ *staff*** 편집진. **~·ize** [-àiz] *vt.* 《美》 …을 사설로 쓰다 〔취급하다〕. **~·ly** *ad.* 사설로.
EDP electronic data processing.
EDPS electronic data processing system. **EDT** 《美》 Eastern Daylight Time.
ed·u·ca·ble [édʒukəbəl] *a.* 교육할 수 있는.
***ed·u·cate** [édʒukèit] *vt.* ① 교육〔교화〕하다; 양성〔양육〕하다. ② (동물을) 훈련하다. ‡**-cat·ed** [-id] *a.* ***-ca·tor** *n.*
‡**ed·u·ca·tion** [èdʒukéiʃən] *n.* Ⓤ 교육, 훈도; 양육. ‡**~·al** *a.* **~·al·ly** *ad.* **~·(al·)ist** *n.* 교육가, 교육학자.
ed·u·cá·tion·al-in·dús·tri·al cómplex [èdʒukéiʃənəlindʌ́striəl] 산학(産學) 협동.
educátional pàrk 학원 도시.
ed·u·ca·tive [édʒukèitiv / -kə-] *a.* 교육적인 (instructive).
e·duce [idjú:s] *vt.* 빼어내다; 추론〔연역〕하다; 〖化〗 추출하다.
Ed·ward [édwərd] *n.* 남자 이름. **~** Ⅵ(1537–53) 영국왕 (재위 1547–53); Henry Ⅷ의 아들. **~** Ⅷ(1894–1972) 영국왕; 퇴위하여 미국 여자(Mrs. Simpson)와 결혼, 그 후 Duke of Windsor라 칭함. **~ *the* C**ONFERSOR.
Ed·ward·i·an [edwá:rdiən, -wɔ́:r-] *a., n.* (화려와 고상함을 뽐낸) 영국 에드워드(7세) 시대의 (사람).
-ee *suf.* 「…당하는 사람」의 뜻 (employ*ee*, examin*ee*); 《稀》 「…하는 사

람」의 뜻 (refug**ee**). ⌈**ee.**)
'ee [i:] *pron.* 《俗》 =YE (보기: *Thank'-*
E. E. Electrical Engineer.
E. E. & M. P. Envoy Extraordinary and Minister Plenipotentiary.
EEC European Economic Community. **EEG** electroencephalo- ⌊gram.
eek [i:k] *int.* 이크.
***eel** [i:l] *n.* ① 뱀장어. ② 《美俗》 빈틈없는 사람. ⌈리말 《해초》.
eel·grass [ˊgræ̀s/-ɑ̀:-] *n.* 《美》 거머
eel·pout [ˊpàut] *n.* 〖魚〗 괴또라지.
e'en [i:n] *ad., n.* 《詩》 =EVEN[2].
e'er [ɛər] *ad.* 《詩》 =EVER.
ee·rie, -ry [íəri] *a.* 무시무시한, 요기(妖氣) 있는(weird).
E. E. T. S. Early English Text Society 《1864 창설》.
ef·face** [iféis] *vt.* **지우다**; 삭제하다; 존재를 희미하게 만들다. ~ ***oneself 눈에 띄지 않게 하다, 표면에서 물러나다. ~**·ment** *n.* Ⓤ 말소, 소멸.
‡**ef·fect** [ifékt] *n.* ① ⓊⒸ **결과**; 영향. ② Ⓤ **효과**; 유효. ③ ⓊⒸ 느낌, 인상; 〖美術〗 빛깔의 배합. ④ Ⓤ **취지**, 대의, 의미. ⑤ Ⓤ〖法〗실시, 효력. ⑥Ⓤ 외관, 외양. ⑦ (*pl.*) 〖劇〗 효과 《의음(擬音) 따위》. ⑧ (*pl.*) 《英》 가짜(*flannel ~s* 모조 플란넬, 융). ⑨ (*pl.*) 동산, 재산. ***bring to*** 〔***carry into***〕 ~ 실행하다. ***come*** 〔***go***〕 ***into*** ~ 실시되다, 효력을 발하다. ***for*** ~ 효과를 노려; 체재상. ***give*** ~ ***to*** …을 실시〔실행〕하다. ***in*** ~ 실제로; 요컨대; 실시되어. ***love of*** ~ 치레를〔겉치장을〕 좋아함. ***no*** ~***s*** 예금없음 《은행에서 부도 수표에 N/E로 약기(略記)함》. ***of no*** ~ 무효의, 무익한. ***take*** ~ 효과가 있다; (법률이) 실시되다. ***to no*** ~ 보람없이. ***to the*** ~ ***that*** …라는 의미〔취지〕의. ── *vt.* (결과를) 가져오다, 낳다; (목적을) 이루다.
ef·fec·ti·vate [iféktəvèit] *vt.* (법률 따위를) 실시하다.
‡**ef·fec·tive** [iféktiv] *a.* ① **유효한**. ② **효과적인**; 인상적인, 눈에 띄는. ③ 사실상의, 실제의. ④ (법률이) 효력있는. ⑤ (군대가) 동원 가능한. ── *n.* (보통 *pl.*) (동원한 수 있는) 병력, 실병력(*an army of two million ~s* 병력 2백만의 육군). *~**·ly** *ad.* **유효하게**; 실제상.
ef·fec·tor [iféktər] *n.* 〖醫〗 효과기 《신경 자극을 받아 작용하는 말초 조직》.
***ef·fec·tu·al** [iféktʃuəl] *a.* **효과적인**; 유효〔유력〕한. *~**·ly** *ad.*
ef·fec·tu·ate [iféktʃuèit] *vt.* 유효하게 하다; 이루다; 달성하다.
***ef·fem·i·nate** [ifémənit] *a.* 연약한, 여자 같은. ~**·ly** *ad.* **ef·fém·i·na·cy** *n.* Ⓤ
ef·fen·di [iféndi/e-] *n.* 'Sir'에 해당하는 터키의 경칭; 그렇게 불리우는 사람《학자·의사·관리 등》.
ef·fer·vesce [èfərvés] *vi.* 거품일다 (bubble), 비등(沸騰)하다; 들뜨다, 흥분하다. **ef·fer·vés·cent** *a.* **-cence** *n.* Ⓤ
ef·fete [efí:t, i-] *a.* 노쇠한; 생산력을 잃은(sterile); 무력해진.
ef·fi·ca·cious [èfəkéiʃəs] *a.* 유효한.
***ef·fi·ca·cy** [éfəkəsi] *n.* Ⓤ **효력**.
‡**ef·fi·cien·cy** [ifíʃənsi] *n.* Ⓤ **능률**; **능력**; 효력; 효율. ~ ***wages*** 능률급.
effíciency apàrtment 《美》 간이 아파트《부엌과 거실 겸 침실로 된》.
effíciency engineèr 〔**expert**〕 《美》 경영 능률 전문가.
‡**ef·fi·cient** [ifíʃənt] *a.* ① **효과 있는** ② **유능한**. ③ **능률적인** *~**·ly** *ad.*
ef·fi·gy [éfədʒi] *n.* 상(像), 초상 (image). ***burn*** 〔***hang***〕 (***a person***) ***in*** ~ (아무의) 인형을 만들어서 화형〔교수형〕에 처하다 《악인 따위에 대한 저주로》 (cf. guy[2]).
ef·flo·resce [èflərés/-lɔ:-] *vi.* 꽃피다; 번영하다; 〖化〗 풍화하다; (벽의) 표면에 (꽃과 같은) 염분이 뿜어나오다. **ef·flo·rés·cence** [-ns] *n.* Ⓤ 개화기; 풍화(물); 〖醫〗 발진. **-cent** *a.*
ef·flu·ent [éfluənt] *a.* 유출(流出)하는. ── *n.* =**éffluence** 유출물; Ⓤ (액체·광선·전기의) 유출, 방출.
ef·flu·vi·um [eflú:viəm] *n.* (*pl.* ***-via*** [-viə]) 발산기(發散氣); 독기; 악취.
ef·flux [éflʌks] *n.* ⓊⒸ 유출(물); 발산; 시일의 경과, 만기.
‡**ef·fort** [éfərt] *n.* ① ⓊⒸ **노력**, 수고. ② 《口》 노력의 성과, 역작(力作). ③ Ⓤ 〖機〗 작력(作力). ④ 《주로 英》 (모금 등의) 운동. ~**·less** *a.*
ef·fron·ter·y [efrʌ́ntəri] *n.* ⓊⒸ 뻔뻔스러움.
ef·ful·gent [ifʌ́ldʒənt, e-] *a.* 빛나는(radiant). **-gence** *n.* Ⓤ 광휘.
ef·fuse [ifjú:z, e-] *vt., vi.* 유출〔발산〕하다; (심정을) 토로하다. **ef·fú·sion** [-ʒən] *n.* Ⓤ (액체·빛·향기 따위의) 유출, 발산; (감정의) 토로, 발로. **ef·fú·sive** [-siv] *a.* 넘치는, 넘칠 듯한; (감정을) 거창하게 나타내는 (*She was effusive in her gratitude.* 거창하게 과장해서 감사의 뜻을 표하였다). ⌈newt).
eft [eft] *n.* 〖動〗 영원(蠑螈) (small
EFTA, Efta [éftə] European Free Trade Association (Area).
eft·soon(**s**) [eft-sú:n(z)] *ad.* 《古》 다시; 얼마 안 있어; 가끔.
e. g. [i:dʒí:, fərigzǽmpəl/-zɑ́:m-] *exempli gratia*(L. =for example).
e·gal·i·tar·i·an [igæ̀lətɛ́əriən] *a.* 평등주의의. ── *n.* 평등주의자. ~**·ism** [-ìzəm] *n.* Ⓤ 평등주의.
†**egg**[1] [eg] *n.* ① **알**; **달걀**; 난(卵) 세포. ② 둥근 물건. ③ 《美俗》 영점 (goose ~). ④ 《俗》 폭탄. ⑤ 《俗》 놈, 사람; 《英》《蔑》 애송이. ***as sure as*** ~***s is*** ~***s*** 《英》 틀림없이. ***bad*** ~ 썩은 알; 《俗》 불량자. ***golden*** ~***s*** 큰벌이, 횡재. ***have*** 〔***put***〕 ***all one's*** ~***s in one basket*** 전 재산을 한 사업에 걸다. ***in the*** ~ 미연에, 초기에. ***lay an*** ~ 《俗》 (농담·흥행이)

들어맞지 않다, 실패하다; 《軍俗》 폭탄을 던지다; 기뢰를 부설하다.

egg[2] *vt.* 격려하다, 부추기다(urge) (*on*). 「스푼레이스.

égg-and-spóon ràce [égənspúːn]

egg·beat·er [ˊbìːtər] *n.* 달걀 교반기(攪拌器); 《美俗》 헬리콥터.

égg cèll 난세포, 난자.

egg·cup [ˊkʌ̀p] *n.* 삶은 달걀 컵.

égg flìp =EGGNOG.

egg·head [ˊhèd] *n.* 《美俗》 《蔑》 인텔리, 지성인; 대머리.

égg làyer 《俗》 폭격기.

egg·nog [ˊnɑ̀g, -ɔ̀(ː)-] *n.* UC 에그노그《달걀·우유·설탕에 포도주·브랜디를 탄 음료》. 「매》.

egg·plant [ˊplæ̀nt, -ɑ̀ː-] *n.* 가지《열

egg·shaped [ˊʃèipt] *a.* 달걀꼴의.

egg·shell [ˊʃèl] *n.* 알〔달걀〕껍질.

égg whìte (요리용의) 달걀 흰자위.

e·gis [íːdʒis] *n.* =AEGIS. 「들장미.

eg·lan·tine [égləntàin, -tìːn] *n.*

e·go [íːgou, é-] *n.* (*pl.* **~s**) CU 자아; 《口》 자부심. **~·ism** [-ìzəm] *n.* U 이기주의; 자부. **~·ist** *n.* **e·go·is·tic** [ˋ-ístik], **-ti·cal** [-əl] *a.* **~·tism** [íːgou*t*ìzəm/ég-] *n.* U 자기중심벽(癖)《회화·문장 중에 I my me를 연발하는 버릇》; 제멋대로; =EGOISM. **~·tist** [íːgoutist / ég-] *n.* **e·go·tis·ti·cal** [ìːgou*t*ístikəl/èg-] *a.* 「기 중심의.

e·go·cen·tric [ìːgouséntrik/è-] *a.* 자

e·go·ma·ni·a [-méiniə] *n.* U 이상(異常) 자기 중심벽, 병적 자부심.

e·gre·gious [igríːdʒəs] *a.* 터무니없는, 지독한(flagrant); 엉터리없는.

e·gress [íːgres] *n.* U 외출, 밖으로 나감; C 출구, 배출구.

e·gret [íːgrit, égr-/-gret] *n.* 큰 해오라기(의 깃털 장식).

‡**E·gypt** [íːdʒipt] *n.* 이집트. ‡**E·gyp·tian** [idʒípʃən] *a., n.* 이집트 (사람)의; 이집트 사람〔말〕.

E·gyp·tol·o·gy [ìːdʒiptɑ́lədʒi/-ɔ́-] *n.* U (고대) 이집트학.

***eh** [ei] *int.* 뭐?; 엣?; 그렇지요?

EHF, Ehf extremely high frequency. **EHP, e. h. p.** electric horsepower; effective horsepower. **E. I.** East India(n); East Indies. **EIB(W)** Export-Import Bank (of Washington).

ei·der [áidər] *n.* 〖鳥〗 아이더오리 (~ duck); U 그 솜털.

eider·down [-dàun] *n.* UC (아이더오리의) 솜털 (이불).

ei·det·ic [aidétik] *a., n.* 〖心〗 직관적인 (사람), 직관상(像)이 보이는 사람.

Éif·fel Tówer [áifəl] (파리의) 에펠탑. 「理〗 고유치(固有値).

ei·gen·val·ue [áigənvæ̀ljuː] *n.* 〖數·

†**eight** [eit] *n., a.* ① 8(의). ② (보트의) 에이트《노젓는 8명》. **ˊ·fold** [ˊfòuld] *a., ad.* 8배의〔로〕. †**eighth** [eitθ] *n., a.* 제8(의); 8분의 1(의). ***eighth note*** 〖樂〗 8분 음표.

éight bàll 《美》 〖撞〗 8이라고 쓴 검은 공; 《口》 무지향식(無指向式) 구형(球形) 마이크; 《俗》 바보. ***behind the ~*** 《美俗》 어려운〔불리한〕 입장에서.

†**eight·een** [éitíːn] *n., a.* 18, 18의.

‡**éight·éenth** *n., a.* 제18(의); 18분의 1(의). 「80분의 1(의).

eight·i·eth [éitiiθ] *n., a.* 제80(의);

†**eight·y** [éiti] *n., a.* ① 80(의). ② (*pl.*) 80(세)대; 80년대《1780–89, 1980–89 따위》.

Ein·stein [áinstain], **Albert** (1879–1955) 상대성 이론을 창설한 독일 태생의 미국 물리학자.

ein·stein·i·um [ainstáiniəm] *n.* U 〖化〗 아인슈타이늄 《방사성 원소; 기호 Es》. 「대성 원리.

Éinstein thèory 아인슈타인의 상

Eir·e [ɛ́ərə] *n.* 에이레《Republic of IRELAND의 딴이름·구칭》.

Ei·sen·how·er [áizənhàuər], **Dwight** (1890–1969) 미국 제34대 대통령(1953–61) 《애칭 **Ike** [aik]》.

eis·tedd·fod [eistéðvɑd/aistéðvɔd] *n.* 영국 Wales의 예술제.

†**ei·ther** [íːðər, áiðər] *a., pron.* (둘 중) 어느 것인가, 어느 것이든지. ***on ~ side*** 어느 쪽에도 —— *ad., conj.* ① (**~ ... or ...**의 꼴로) …이든가 또는 …이든가. ② 《否定構文으로》 …도 또한 (…하지 않다) (*I don't like it, ~.* 나도 또한 좋아하지 않는다) (cf. neither).

ei·ther-or [-ɔ́ər] *a.* 양자 택일의.

e·jac·u·late [idʒǽkjəlèit] *vt., vi.* 갑자기 소리지르다(exclaim); (액체를) 사출(射出)하다(eject). **e·jac·u·la·tion** [-ˋ-léiʃən] *n.* UC 절규; 사출; 사정(射精). **e·jac·u·la·to·ry** [idʒǽkjələtɔ̀ːri/-təri] *a.*

e·ject [idʒékt] *vt.* 분출〔사출〕하다(discharge); 토해내다(emit); 쫓아내다(expel). **~·ment** *n.* U **e·jéc·tion** *n.* UC

e·jec·ta [idʒéktə] *n. pl.* 《單複數取扱》 (화산 등의) 분출물.

ejéction càpsule (로켓의) 방출(放出) 캡슐.

ejéction sèat 〖空〗 (긴급 탈출용) 사출 좌석.

e·jec·tor [idʒéktər] *n.* eject하는 사람〔물건〕; 배출기〔관〕.

eke[1] [iːk] *vt.* 보충하다(*out*); (생계를) 꾸려나가다.

eke[2] *ad., conj.* 《古》 …도 또한; 그

EKG electrocardiogram. ㄴ리고 또.

e·kis·tics [ikístiks] *n.* 생활 도시 계획학.

el [el] *n.* L자; 《美口》 고가 철도(<*elevated railroad*); =TELL[2].

‡**e·lab·o·rate** [ilǽbərit] *a.* 공들인, 면밀〔정교〕한, 힘들인. —— [-rèit] *vt.* 애써서 만들(어내)다; 퇴고(推敲)하다. ***~·ly** [-ritli] *ad.* 정성들여, 면밀〔정교〕하게. **e·lab·o·ra·tion** [ilæ̀bəréiʃən] *n.* U 면밀한 마무리; 퇴고; C 역작. **e·lab·o·ra·tive** [-ərèitiv, -rət-] *a.* 공들인.

é·lan [eiláːn, -lǽn] *n.* (F.) U 열의(熱

意); 예기(銳氣); 약진(dash). ～ **vi·tal** [vi:tá:l] 〖哲〗 생(生)의 약동《Bergson 의 용어》.

e·land [í:lənd] *n*. (아프리카의) 큰 영양(羚羊).
***e·lapse** [ilǽps] *vi*. (때가) 경과하다.
***e·las·tic** [ilǽstik] *a*. ① **탄력 있는**; 낭창한; (걸음걸이 따위가) 경쾌한. ② (기분이) 밝은, 쾌활한. ③ 융통성 있는. —— *n*. 고무줄. **e·las·tic·i·ty** [ilæ̀stísəti, ì:læs-] *n*. Ⓤ
e·las·tin [ilǽstin] *n*. 〖化〗 엘라스틴, 탄력소(彈力素)《단백질의 일종》.
e·las·to·mer [ilǽstəmər] *n*. 〖化〗 탄성(彈性) 물질.
e·late [iléit] *vt*. 기운을 북돋우다, 의기 양양하게 만들다(exalt). **e·lát·ed** [-id] *a*. 의기 양양한(in high spirits); 신명이 난. **e·lá·tion** *n*. Ⓤ
É làyer E층《지상 80-150 킬로의 하층 전리층》.
El·be [elb, (G.) élbə] *n*. 북해로 흐르는 독일의 강.
‡**el·bow** [élbou] *n*. ① **팔꿈치**. ② L자 모양의 굴곡, L자 모양의 파이프 〔이음새〕, 기역자 관(管), (의자의) 팔걸이. ***out at ～s*** (의복의) 팔꿈치가 뚫어져; 가난하여. ***up to the ～s*** 몰두하여; 분주하여. —— *vt., vi*. **팔꿈치로 찌르다**〔밀다, 밀어 제치고 나아가다〕.
el·bow·chair [-tʃɛ̀ər] *n*. 팔걸이 의자.
élbow grèase 《口》 힘든 육체 노동.
el·bow·room [-rù(:)m] *n*. Ⓤ 팔꿈치를 자유롭게 놀릴 수 있는 여유; 활동의 여지.
‡**eld·er**[1] [éldər] *a*. ① **손위의**, 연장의. ② 고참의. ③ 이전의, 옛날의(earlier). ～ ***brother*** 〔***sister***〕 형〔누이〕. —— *n*. ① **연장자**. ② 고참; 손윗사람. ③ 장로; 〖史〗 원로《～ statesman이라고도 함》. ***éld·er·ly** *a*. 나이 지긋한, **중년의**, 초로의 **～·ship** [-ʃip] *n*. Ⓤ 연장자의 신분; (장로 교회의) 장로직.
el·der[2] *n*. 양딱총나무. **～·ber·ry** [-bèri] *n*. 양딱총나무의 열매.
‡**eld·est** [éldist] *a*. **가장 나이 많은**, 맏….
Èl Do·rà·do, El·do- [èl dərά:dou] *n*. (Sp.) 황금의 나라, 보물산.
‡**e·lect** [ilékt] *vt*. **뽑다**(choose); 선거하다. —— *a*. 뽑힌, 당선된. ***bride ～*** 약혼자(*fiancée*). ***president-～*** (아직 취임하지 않은) 당선 대통령.
‡**e·lec·tion** [ilékʃən] *n*. ①선택, 선정 (choice). ② **선거**, 선임. **～·éer** [ilèkʃəníər] *vi., n*. 선거 운동을 하다; 선거 운동원.
Eléction Dày 《美》 정부통령 선거일《11월 첫째 월요일 다음의 화요일》; (e- d-) 선거일.
eléction dìstrict 선거구.
e·lec·tive [iléktiv] *a., n*. 선거하는; (관직 따위) 선거에 의한, 선임의(opp. appointive); 《美》 (학과가) 선택의; 선택 과목. ～ ***affinity*** 〖化〗 (원소간의) (선택) 친화력.
e·lec·tor [iléktər] *n*. 선거인, 유권자; 《美》 정부통령 선거 위원; 〖獨史〗 선제후(選帝侯).
e·lec·tor·al [iléktərəl] *a*. 선거(인)의; 선제후의.
eléctoral cóllege 정부통령 선거 위원회.
eléctoral dístrict 선거구.
eléctoral vóte 〖美政〗 (각 주에서 선출된) 대통령 선거인단에 의한 정·부통령 선거(cf. popular vote).
e·lec·tor·ate [iléktərit] *n*. 《集合的》 유권자 (전체); 선거민; 선제후령(領).
E·lec·tra [iléktrə] *n*. 〖그神〗 Agamemnon과 Clytemnestra의 딸《동생 Orestes의 도움으로 부정한 어머니와 그 정부를 죽였음》.
Eléctra còmplex 〖精神分析〗 엘렉트라 콤플렉스(opp. Oedipus complex).
e·lec·tress [iléktris] *n*. 여성 유권자.
†**e·lec·tric** [iléktrik] *a*. ① **전기의**, 전기 장치의. ② 두근거리는(thrilling). ～ ***brain*** ＝ELECTRONIC BRAIN. ～ ***discharge*** 방전. ～ ***fan*** 선풍기. ～ ***heater*** 전기 풍로; 《英》 전기 난로. ～ ***iron*** 전기 다리미. ～ ***lamp*** 전등〔구〕. ～ ***outlet*** 〖電〗 콘센트 (power socket). ～ ***power*** 전력.
‡**e·lec·tri·cal** [-əl] *a*. **전기의**〔같은〕; 강렬한. **～·ly** *ad*.
eléctrical transcríption 녹음 방송용 (레코드, 테이프); 녹음.
eléctric cháir (사형용) 전기 의자; (the ～) 전기 사형.
eléctric chárge 전하(電荷).
eléctric círcuit 전기 회로.
eléctric cúrrent 전류.
eléctric éel (남미산) 전기뱀장어.
eléctric éye 광전지, 광전관(光電管); 〖라디오〗 ＝MAGIC EYE.
eléctric éye càmera 자동 노출 카메라.
eléctric fíeld 전계(電界).
eléctric fúrnace 전기로(爐).
eléctric guitár 전기 기타.
e·lec·tri·cian [ilèktríʃən, i:lek-] *n*. 《美》 전기 기술자〔학자〕.
†**e·lec·tric·i·ty** [ilèktrísəti, ì:lek-] *n*. Ⓤ ① **전기**. ② 전류. ③ 극도의 긴장.
eléctric líght 전광, 전등.
eléctric néedle 〖外〗 전기침(針).
eléctric néws tàpe 전광 뉴스.
eléctric órgan 전기 오르간; (전기뱀장어 따위의) 발전기.
eléctric poténtial 전위(電位).
eléctric ráy 〖魚〗 시끈가오리.
eléctric shóck 감전, 전격.
eléctric stórm 뇌우(雷雨).
eléctric tórch 《英》 회중 전등.
eléctric wáve 전파.
***e·lec·tri·fy** [iléktrəfài] *vt*. ① **전기를 통하다**, 감전시키다. ② 전화(電化)하다. ③ 놀라게 하다, 감동〔흥분〕시키다(thrill). **e·lec·tri·fi·cá·tion** [-ˌ-fikéiʃən] *n*. Ⓤ
e·lec·tro [iléktrou] *n*. (*pl*. **～s**) 《口》 ＝ELECTROTYPE; ELECTROPLATE.
e·lec·tro·a·nal·y·sis [ilèktrouənǽləsis] *n*. Ⓤ 전기 분해.
e·lec·tro·car·di·o·gram [-kά:rdiougræ̀m] *n*. 심전도(心電圖).
e·lec·tro·car·di·o·graph [-kά:r-

diougræf, -grɑ̀:f] *n.* 심전계(計).
e·lec·tro·chem·is·try [-kémistri] *n.* Ⓤ 전기 화학.
e·lec·tro·cor·ti·co·gram [-kɔ́:rtikougræ̀m] *n.* 뇌파도(腦波圖).
e·lec·tro·cute [iléktrəkjù:t] *vt.* 전기 사형에 처하다. **e·lec·tro·cu·tion** [-⌒-kjú:ʃən] *n.* Ⓤ 감전사; 전기 사형.
e·lec·trode [iléktroud] *n.* 전극.
e·lec·tro·dy·nam·ic [ilèktroudainǽmik] *a.* 전기 역학의. **~s** *n.* 전기 역학.
e·lec·tro·dy·na·mom·e·ter [-dàinəmɑ́mitər/-mɔ́m-] *n.* 전기 동력계.
e·lec·tro·en·ceph·a·lo·gram [-enséfələgræ̀m] *n.* 뇌파(腦波). **-graph** [-græ̀f, -grɑ̀:f] *n.* 뇌파 기록 장치.
e·lec·tro·graph [iléktrəgræ̀f, -grɑ̀:f] *n.* 전위 기록장치; 전위판 조각기; 사진 전송기.
e·lec·tro·jet [iléktrədʒèt] *n.* 고층 전류《상층 대기의 이온의 흐름》.
e·lec·tro·lier [ilèktrouliər] *n.* 꽃전등, 샹들리에.
e·lec·tro·lu·mi·nes·cence [ilèktroulù:mənésns] *n.* Ⓤ 〖電〗 전자 발광.
e·lec·trol·y·sis [ilèktrɑ́ləsis/-ɔ́-] *n.* Ⓤ 전해(電解).
e·lec·tro·lyte [iléktroulàit] *n.* 전해액; 전해질. **-lyze** [-làiz] *vt.* 전해하다.
e·lec·tro·mag·net [ilèktroumǽgnit] *n.* 전자석. **~·ism** [-nətìzəm] *n.* Ⓤ 전자기(학). **-mag·nét·ic** [-mægnétik] *a.* 〖理〗 전자기의.
e·lec·trom·e·ter [ilèktrɑ́mitər / -ɔ́mi-] *n.* 전위계.
e·lec·tro·mo·tive [ilèktrəmóutiv] *a.* 전동의 ── *n.* 전기 기관차.
electromótive fórce 동〔기〕전력(動〔起〕電力).
e·lec·tro·mo·tor [-móutər] *n.* 발전기; 전동기(electric motor).
e·lec·tro·my·o·gram [-máiəgræ̀m] *n.* 〖醫〗 근전도《생략 EMG》.
***e·lec·tron** [iléktrɑn/-trɔn] *n.* 전자.
eléctron bòmb 일렉트론 소이탄.
e·lec·tro·neg·a·tive [ilèktrounégətiv] *a.* 〖電·化〗 음전기의, 음성의.
eléctron gùn 〖TV〗 전자총 《브라운관의 전자류 집중관》.
***e·lec·tron·ic** [ilèktrɑ́nik/-ɔ́-] *n.* 전자의. ***e·lec·trón·ics** *n.* 전자 공학.
elèctrónic bráin 전자 두뇌 《전자계산기 따위》.
electrónic cálculator 〔**compúter**〕 전자 계산기.
electrónic dáta prócessing 전자 정보 처리.
electrónic engineéring 전자 공학.
electrónic flásh 〖寫〗 스트로보《방광 장치》.
electrónic máil 전자 우편.
electrónic músic 전자 음악.
electrónic órgan 전자 오르간.
eléctron lèns 전자 렌즈.
eléctron microscope 전자 현미경.
e·lec·tro·no·graph [ilektrɑ́nəgræ̀f, -grɑ̀:f] *n.* 전자 사진.
eléctron òptics 전자 광학.
eléctron tùbe 전자관《X선관 따위》.
e·lec·tron-volt [iléktrɑnvòult / -trɔn-] *n.* 〖理〗 전자 볼트《이온·소립자 에너지 단위; 생략 EV, ev》.
e·lec·tro·phone [iléktroufòun] *n.* 전기 악기; 전자 보청기.
e·lec·tro·pho·re·sis [-fərí:sis] *n.* Ⓤ 〖理〗 전기 이동, 전기 영동법.
e·lec·troph·o·rus [ilèktrɑ́fərəs/-ɔ́-] *n.* (*pl.* **-ri** [-rài]) 전기 쟁반, 기전반(起電盤).
e·lec·tro·pho·tog·ra·phy [ilèktroufətɑ́grəfi/-tɔ́g-] *n.* Ⓤ 전자 사진술.
e·lec·tro·plate [iléktroupleìt] *vt., n.* …에 전기 도금을 하다; 전기 도금 제품.
e·lec·tro·pos·i·tive [ilèktroupɑ́zətiv/-ɔ́-] *a.* 양전기의, 양성의.
e·lec·tro·pult [iléktroupʌ̀lt] *n.* 〖空〗 전기 캐터펄트 《짧은 활주로에서의 발진 장치》.
e·lec·tro·scope [iléktrəskòup] *n.* 검전기.
e·lec·tro·shock [iléktrouʃɑ̀k/-ʃɔ̀k] *n.* ⓊⒸ (정신병의) 전격(電擊) 요법.
electrostátic precípitator 전기 집진장치《연기·먼지·기름 등에 부유하는 불순물을 채집함》.
e·lec·tro·stat·ics [ilèktroustǽtiks] *n.* 정전학(靜電學).
e·lec·tro·tech·nics [-tékniks] *n.* 전기 공(예)학.
e·lec·tro·ther·a·py [-θérəpi] *n.* Ⓤ 전기 요법.
e·lec·tro·type [iléktroutàip] *n., vt.* 전기판(版)(으로 만들다, 을 뜨다).
e·lec·tro·va·lence [ilèktrouvéiləns] *n.* 〖理·化〗 이온 원자가; 전자 이동.
e·lec·trum [iléktrəm] *n.* Ⓤ 호박금(琥珀金) 《금·은의 합금; 고대 그리스 화폐로 사용했음》.
el·ee·mos·y·nar·y [èlimɑ́sənèri/èlii:mɔ́sənəri] *a., n.* 베푸는, 자선의; 자선을 받는 (사람).
‡**el·e·gant** [éligənt] *a.* ① 우미(優美)한, 우아한, 품위있는. ② 《口》 훌륭한, 근사한. **~·ly** *ad.* ***él·e·gance, -gan·cy** *n.* Ⓤ 우미, 우아, 단아(端雅), 고상함; Ⓤ (과학적인) 정밀성; Ⓒ 우아한 말씨〔태도〕.
el·e·gi·ac [èlədʒáiək, ilí:dʒiæ̀k] *a.* 만가(挽歌)의, 애가〔엘레지〕조(調)의; 슬픈(sad). ── *n.* (*pl.*) 만가 형식의 시가(詩歌).
el·e·gize [élədʒàiz] *vt., vi.* 애가를 짓다; 애가로 애도하다(*upon*).
***el·e·gy** [élədʒi] *n.* 만가, 애가, 엘레지.
‡**el·e·ment** [éləmənt] *n.* ① 요소, 성분; 분자(*discontented ~s* 불평 분자); 〖化〗 원소. ② (*pl.*) 자연력, 풍우. ③ 고유의 환경; 활동 영역 《물고기라면 물》; (사람의) 본령, 천성. ④ (*pl.*) 기본, 초보. ⑤ 〖宗〗 (성체 성사의) 빵과 포도주. ⑥ 〖軍〗 소부대, 분대; 〖空〗 (2-3대의) 전투기 편대. *in* 〔*out of*〕 *one's ~* 자기 실력을 충분히 발휘할 수 있는 〔없는〕 처지에. ***strife*** 〔***war***〕 ***of the ~s*** 폭

풍우. *the four ~s* 사대(四大)《흙·물·불·바람》.

*__el·e·men·tal__ [èləméntl] *a.* 원소〔요소〕의; 본질적인(essential), 원리의; 사대(四大)《흙·물·불·바람》의; 근원적인; 초보의.

‡__el·e·men·ta·ry__ [èləméntəri] *a.* 기본〔초보〕의; 본질의; 원소의.

__eleméntary párticles__ 〖理〗 소립자.

__eleméntary schòol__ 국민 학교.

‡__el·e·phant__ [éləfənt] *n.* (*pl.* ~*s*, 《集合的》 ~) 코끼리《미국 만화에서는 공화당을 표시함》. *see the* ~《美俗》 세상을 보다〔알다〕; 구경하다. *white* ~ 흰 코끼리; 주체스러운 물건.

__el·e·phan·ti·a·sis__ [èləfəntáiəsis] *n.* Ⓤ 상피병(象皮病).

__el·e·phan·tine__ [èləfǽnti:n, -tain] *a.* 코끼리의, 코끼리와 같은; 거대한; 볼품없는; 느린; 거친, 대범한.

‡__el·e·vate__ [éləvèit] *vt.* ① 올리다, 높이다. ② 승진시키다. ③ 기운을 북돋아주다; 향상시키다, (희망·정신·자부심을) 앙양하다. ④ 기분을 들뜨게 하다. *__-vat·ed__ [-id] *a.*, *n.* 높인, 높은; 고상한(lofty); 쾌활한, 《口》 거나한; 《美》 = ∠**d ráilwày** (시내) 고가 철도.

*__el·e·va·tion__ [èləvéiʃən] *n.* ① Ⓤ 올리는 〔높이는〕 일. ② 승진, 향상; 기품, 고상; 높은 곳, 고지. ③ ⓊⒸ 고도(高度); 해발. ④ 입면〔정면〕도.

__*é·lé·va·tion*__ [èilèivàsjɔ̃:ŋ] *n.* (F.) 〖발레〗 (공중의) 순간 정지.

†__el·e·va·tor__ [éləvèitər] *n.* ① 《美》 승강기 (《英》 lift). ② 《美》 (큰) 곡물 창고. ③ 〖空〗 승강타(舵).

__élevator shàft__ 〖建〗 승강기 통로.

__Élevator shòe__ 〖商標〗 키가 크게 보이려고 두꺼운 안창을 깐 구두.

†__e·lev·en__[ilévən]*n.*, *a.* ① 열하나(의); 열 한사람(개). ② (크리켓·축구 따위의) 팀. ③ (the E-) (예수의 사도(使徒) 가운데 Judas를 제외한) 11사도. ④ (*pl.*) 《英口》 =ELEVENSES. †~**th** *n.*, *a.* 열한째(의); 11분의 1(의). *at the ~th hour* 막판에.

__e·lév·en-plús (examinátion)__[ilévənplʌ́s] *n.* 《英》 (11–12 세 학생에 대한) 진학 자격 인정 시험.

__e·lev·ens·es__ [ilévənziz] *n. pl.* 《英口》 (오전 11시경의) 가벼운 점심.

*__elf__ [elf] *n.* (*pl.* *elves*) ① 꼬마 요정(妖精). ② 난쟁이, 꼬마. ③ 개구쟁이. ∠·**ish** *a.* ∠·**like** [∠làik] *a.*

__elf-bolt__ [∠bòult] *n.* 돌 화살촉.

__élf chìld__ 바꿔친 아이 (changeling).

__elf·in__ [élfin] *n.*, *a.* 꼬마 요정(elf) (과 같은).

__elf·land__ [élflæ̀nd] *n.* ⓊⒸ 요정의 나라.

__elf·lock__ [∠lɑ̀k/-ɔ̀-] *n.* 엉킨 머리.

__El Gré·co__ [el grékou] (1541–1614) (엘) 그레코《스페인의 화가·조각가》.

__e·lic·it__ [ilísit] *vt.* (갈채·웃음·대답 따위를) 끌어내다 (*from*). __e·lic·i·ta·tion__ [ilìsətéiʃən] *n.* Ⓤ

__e·lide__ [iláid] *vt.* (모음·음절을) 생략하다.

*__el·i·gi·ble__ [élidʒəbəl] *a.*, *n.* ① 택해도 좋은, 뽑힐 자격 있는. ② 적임의, 바람직한. ③ 적격자. __el·i·gi·bil·i·ty__ [èlidʒəbíləti] *n.* Ⓤ

__E·li·jah__ [iláidʒə] *n.* 〖聖〗 엘리야《히브리의 예언자》.

__e·lim·i·na·ble__ [ilímənəbəl] *a.* 제거할 수 있는.

‡__e·lim·i·nate__ [ilímənèit] *vt.* ① 제거하다(remove), 삭제하다(*from*); 무시하다; 생략하다. ② 〖數〗 소거하다. ② 〖生〗 배설하다. *__e·lim·i·ná·tion__ [ilìmənéiʃən] *n.* ⓊⒸ 제거; 배출; 예선(豫選); 〖數〗 소거. __e·lím·i·na·tor__ *n.* 제거하는 물건; 일리미네이터《교류에서 직류를 얻는 장치》; 〖라디오〗 교류 수신기.

__ELINT, él·int__ [élint] 전자 정보 (<*el*ectronic *int*elligence).

__El·i·ot__ [éliət, -jət] ① __George__ (1819–80) (Mary Ann Evans의 필명) 영국의 여류 소설가. ② __Thomas Stearns__ (1888–1965) 영국의 시인·비평가.

__E·li·sha__ [iláiʃə] *n.* 〖聖〗 엘리샤《히브리의 예언자; Elijah의 후계자》.

__e·li·sion__ [ilíʒən] *n.* ⓊⒸ 〖音聲〗 모음〔음절〕의 생략(eliding).

*__e·líte, *é·lite*__ [eilí:t] *n.* (F.) 정예(精銳), 엘리트. *the ~ of society* 명사들.

__e·lix·ir__ [ilíksər] *n.* (연금술의) 영액(靈液); 불로 장수의 영약; 만병 통치약(cure-all); =~ ***vi·tae*** [váiti:] (L.) =*the ~ of life* 불로 장생약.

__Eliz.__ Elizabeth(an).

‡__E·liz·a·beth__ [ilízəbəθ] *n.* ① ~ **I** (1533–1603) 영국 여왕 (1558–1603) 《Henry Ⅷ와 Anne Boleyn 의 딸》. ② ~ **Ⅱ** (1926–)현 영국 여왕 (1952–) 《George Ⅵ의 장녀》.

*__E·liz·a·be·than__ [ilìzəbí:θən, -béθ-] *a.*, *n.* 엘리자베스 1세 시대의 (문인·정치가).

__Elizabéthan sónnet__ 엘리자베스조(朝)풍의 소네트《Shakespearian sonnet라고도 함; 압운(押韻) 형식은 *abab cdcd efef gg*》.

__elk__ [elk] *n.* (*pl.* ~*s*, 《集合的》 ~) 고라니, 큰사슴《아시아·북유럽산(産)》 (cf. moose).

__ell__[1] [el] *n.* 엘 《45인치에 상당하는 옛날의 영국 척도》. ***Give him an inch and he'll take an*** ~. 《俗談》 봉당을 빌려 주니 안방까지 달란다.

__ell__[2] *n.* L형의 물건; 〖建〗 L형〔기역자꼴〕; 증축 (부분).

__el·lipse__ [ilíps] *n.* 타원, 장원(長圓)형. __el·líp·soid__ [-ɔid] *n.* 타원체.

*__el·lip·sis__ [ilípsis] *n.* (*pl.* *-ses*[-si:z]) ① ⓊⒸ 〖文〗 생략. ② 〖印〗 생략부호 《—, *** 따위》.

__el·lip·soid__ [ilípsɔid] *n.* 〖數〗 타원면. __el·lip·soi·dal__ [ilipsɔ́idl, èlip-] *a.* 타원체의.

__el·lip·tic__ [ilíptik], __-ti·cal__ [-əl] *a.* 타원(ellipse)의; 생략의.

*__elm__ [elm] *n.* 느릅나무; Ⓤ 그 재목.

__El Ní·ño (Cúrrent)__ [elní:njou] (Sp.) 엘니뇨《남아메리카 북서부 연

안을 남하하는 난류》.

*el·o·cu·tion [èləkjú:ʃən] n. [U.C] 웅변술, 화술; 낭독[발성]법. ~·ar·y [-èri/-əri] a. ~·ist n. 웅변가.

él·oge [eilóuʒ] n.(F.)(고인에의) 찬사.

E·lo·him [elóuhim] n. 엘로힘《여호와의 별칭》.

E. long. east longitude.

e·lon·gate [i(:)lɔ́:ŋgeit/í:lɔŋgèit] vt., vi. 길게 하다, 길어지다, 연장하다. ── a. 길어진, 가늘고 긴. e·lon·ga·tion [i(:)lɔ̀:ŋgéiʃən] n. [U.C] 연장(선); 신장(伸張).

e·lope [ilóup] vi. (남녀가) 눈맞아 달아나다(*with*); 도망하다. ~·ment n. [U.C]

‡el·o·quent [éləkwənt] a. ① 웅변의. ② 표정이 풍부한; …을 잘 나타내는(*of*). ~·ly ad. ‡él·o·quence n. [U] 웅변(술).

El Sál·va·dor [el sǽlvədɔ̀:r] n. 엘살바도르《중앙 아메리카의 공화국》.

El·san [élsæn] n. 〖商標〗(탈취 등에 화학 약품이 쓰이는) 휴대 변기.

†else [els] ad. 달리, 그 밖에. ── conj. 《보통 or ~의 형식으로》 그렇지 않으면. 「곳에.

‡else·where [ˊhwὲər] ad. 어딘가 딴

e·lu·ci·date [ilú:sədèit] vt. 밝히다; 설명하다. e·lu·ci·da·tion [-ˌ-déiʃən] n. [U]

*e·lude [ilú:d] vt. (살짝 몸을 돌려) 피하다; 벗어나다(evade). e·lu·sion [ilú:ʒən] n. [U] 회피, 도피.

e·lu·sive [ilú:siv] a. 용하게 빠져나가는; 포착하기 어려운, 알기 어려운. ~·ly ad. ~·ness n.

e·lute [ilú:t] vt. 〖化〗…을 용리(溶離)하다. e·lú·tion n. 용리.

*elves [elvz] n. elf의 복수.

É·ly·sée [eili:zéi] n. 엘리제궁(宮)《프랑스 대통령 관저》.

E·ly·si·um [ilíʒəm, -zi-] n. 〖그神〗(영웅·미인이 죽은 후에 산다는) 극락; 낙토, 이상향. E·lý·si·an [-ʒiən] a.

em [em] n. M자; 〖印〗 전각(全角).

EM〖軍〗education manual; enlisted man〔men〕. EM., eman. emanation. EMA European Monetary Agreement. 「THEM.

'em [əm] (<ME *hem*) *pron.* 《口》=

em- *pref.* ⇨EN-

e·ma·ci·ate [iméiʃièit] vt. 쇠약케 하다. -at·ed a. e·ma·ci·a·tion [-ˌ-éiʃən] n. [U]

em·a·nate [émənèit] vi. (빛·열·소리 따위가) 발산〔방사〕하다(*from*). em·a·ná·tion [ˌ-néiʃən] n. [U.C] 발산(물), 방사(물); [U] 〖化〗 에마나티온《방사성 기체》.

e·man·ci·pate [imǽnsəpèit] vt. 해방하다. *e·man·ci·pa·tion [-ˌ-péiʃən] n. [U.C] 해방. e·man·ci·pá·tion·ist [-ist] n. (노예) 해방론자. e·mán·ci·pa·tor n. 해방자.

e·mas·cu·late [imǽskjəlèit] vt. 불까다, 거세하다(castrate); 유약(柔弱)하게 하다. ── [-lit] a. 불깐, 거세된; 유약한, 연약한 (effeminate). e·mas·cu·la·tion [-ˌ-léiʃən] n. [U]

em·balm [imbá:m] vt. (시체에) 향유(balm)〔방부제〕를 발라서 보존하다; (이름을) 길이 기억에 남기다; 향기를 풍기다, 향료를 치다. ~·ment n. [U]

em·bank [imbǽŋk] vt. 둑으로 두르다, 둑을 쌓다. *~·ment n. 제방, 둑; [U] 축제(築堤).

*em·bar·go [embá:rgou] n. (*pl.* ~*es*) ① (선박의) 항내 출입 금지. ② 통상 금지. ③ (일반적으로) 금지. *lay* 〔*lift*〕 *an* ~ *on* 만내(灣內) 출입을 금지하다〔금지를 해제하다〕. ── vt. (선박의) 출〔입〕항을 금지하다; (통상을) 금지하다; (배·상품을) 몰수하다.

*em·bark [embá:rk] vi. ① 배를 타다, 출범하다(*for*). ② (사업·생활을) 시작하다. ~ *on* 〔*in*〕 *matrimony* 결혼 생활에 들어가다. ── vt. ① 배에 태우다. ② 종사케 하다. ③ 투자하다. *em·bar·ka·tion [èmba:rkéiʃən] n. [U.C]

‡em·bar·rass [embǽrəs] vt. ① 곤란케 하다, 당혹케 하다(confuse). ② (문제를) 분규케 하다; …의 (자유로운) 행동을 방해하다; 재정을 곤란케 하다. *be* 〔*feel*〕 ~*ed* 거북하게〔어색하게〕 느끼다. ~·ing a. 곤란한, 귀찮은. *em·bár·rass·ment n. [U] 난처함, 당혹; (재정상의) 곤란; 방해, 장애. 「AMBASSADOR.

em·bas·sa·dor [embǽsədər] n. =

*em·bas·sy [émbəsi] n. 대사관; 사절(단); [U] 대사의 임무.

em·bat·tle[1] [imbǽtl] vt. 진을 치다, 포진(布陣)하다. ~d [-d] a.

em·bat·tle[2] vt. (성에) 총안(銃眼) 달린 흉장(胸墻)을 갖추다(cf. battlement).

em·bed [imbéd] vt. (-*dd*-) 묻다, 매장하다; (마음 속에) 깊이 간직하다.

em·bel·lish [imbéliʃ] vt. 장식하다 (adorn). ~·ment n.

*em·ber[1] [émbər] n. (*pl.*) 타다 남은 것, 여신(餘燼). 「계재(季齋).

em·ber[2] n. 〖카톨릭〗 단식과 기도의

Ember days 사계재일(四季齋日).

em·bez·zle [embézl] vt. (위탁금 따위를) 써버리다. ~·ment n. [U] (위탁금 따위의) 유용(流用), 착복.

em·bit·ter [embítər] vt. 쓰게 하다; 고되게 〔비참하게〕 하다; …의 감정을 상하게 하다; 심하게 하다. ~·ment n. [U]

em·bla·zon [embléizən] vt. (방패를) 문장으로 장식하다; (화려하게) 장식하다; 찬양하다. ~·ment n. [U] 문장 장식. ~·ry n. 문장 화법(畫法); 《集合的》 문장; 장식.

*em·blem [émbləm] n., vt. 상징(하다); 기장〔문장〕(으로 나타내다). em·blem·at·ic [èmblimǽtik], -i·cal [-əl] a. 상징의〔적인〕; …을 상징하는(*of*).

***em·bod·y** [imbádi/-ɔ́-] *vt.* ① **형체를 부여하다**; 형체 있는 것으로 만들다, 구체화하다, 구체적으로 표현하다. ② 일체화하다; 통합하다; 포함하다. **em·bód·i·ment** *n.* Ⓤ 구체화, 구현; Ⓒ 화신(化身).

em·bold·en [imbóuldən] *vt.* 대담하게 하다, 용기를 주다(encourage).

em·bo·lism [émbəlìzəm] *n.* Ⓤ 〖醫〗 색전증(塞栓症).

em·bo·lis·mic [embəlízmik] *a.* (유태력으로) 윤년〔달, 일〕이 들어 있는.

em·bo·lus [émbələs] *n.* (*pl.* **-li** [-lài]) 〖醫〗 색전물(物).

em·bon·point [ɑ̀:mbɔ(:)mpwǽŋ/ɔ(:)m-] *n.* (F.) (여인의) 비만(肥滿).

em·bos·om [imbú(:)zəm] *vt.* 품에 안다; 둘러싸다(*with*).

em·boss** [embás, -bɔ́:s/-bɔ́s] *vt.* **돋을새김(으로 장식)하다**; (무늬를) 도드라지게〔도도록하게〕 하다. **~*ed printing (우표·고급 명함·초대장 등의) 돋을인쇄. **~·ment** *n.*

em·bou·chure [ɑ̀:mbuʃúər/ɔ̀m-] *n.* (F.) 하구(河口); 골짜기의 어귀; 취주악기의) 주둥이.

em·bow·er [embáuər] *vt.* 나뭇잎으로 가리다; 숨기다. —— *vi.* 나무 그늘에서 쉬다〔묵다〕.

‡**em·brace** [embréis] *vt.* ① **포옹하다, 껴안다**(hug). ② 〖法〗 (배심원 등을) 매수〔포섭〕하다. ③ 포함하다, 둘러싸다, 에워싸다. ④ (의견·종교 등을) 받아들이다; 채용하다, (기회를) 붙잡다. ⑤ 깨닫다, 간파하다(take in). —— *vi.* 서로 껴안다. —— *n.* 포옹. **~·able** *a.* **~·ment** *n.* Ⓤ **em·brác·er·y** *n.* Ⓤ 〖法〗 매수.

em·bra·sure [embréiʒər] *n.* 〖築城〗 (밖을 향하여 쐐기 모양으로 열린) 총안.

em·bro·cate [émbrəkèit] *vt.* 〖醫〗 …에 약을 바르다; …에 찜질하다(*with*). **-cá·tion** [ㅅ-kéiʃən] *n.*

***em·broi·der** [embrɔ́idər] *vt.* **자수하다**, 수놓다; 윤색(潤色)하다; 과장하다. ***em·brói·der·y** *n.* Ⓤ **자수**, 수(놓기); Ⓒ 자수품; Ⓤ 윤색, 과장.

em·broil [embrɔ́il] *vt.* 분규(紛糾)〔혼란〕시키다; (분쟁에) 휩쓸어 넣다(*in*). **~·ment** *n.*

***em·bry·o** [émbriòu] *n.* (*pl.* **~s**) **배(아)**(胚芽); **태아**; 움, 싹. ***in* ~** 미발달의; 생각중에 있는. —— *a.* 배(아)의, 태아의; 미발달의; 초기의.

em·bry·on·ic [èmbriánik/-ɔ́-] *a.* 배(胚)의, 태아의; 미발달〔초기〕의.

em·bry·ol·o·gy [èmbriálədʒi/-ɔ́-] *n.* Ⓤ 발생〔태생〕학.

em·bus·qué [ɑ̃:mbúskei] *n.* (F.) 정부의 일을 하며〔관직에 있으면서〕 병역을 기피하는 자.

em·cee [émsí:] (<M. C.) *n.* 《美口》 사회자(master of ceremonies). —— *vt., vi.* 사회하다.

e·meer [emíər] *n.* =EMIR.

e·mend [iménd] *vt.* (문서 따위를) 교정하다(correct). **e·men·da·tion** [ì:mendéiʃən, èmən-] *n.* Ⓤ 교정.

***em·er·ald** [émərəld] *n.* 녹옥(綠玉), **에메랄드** (빛깔). —— *a.* 선녹색(鮮綠色)의.

Émerald Ísle, the 아일랜드의 미「칭.

‡**e·merge** [imə́:rdʒ] *vi.* **나타나다**; (문제가) 일어나다; (곤궁에서) 빠져나오다. **e·mér·gence** [-əns] *n.* Ⓤ 출현; 탈출.

‡**e·mer·gen·cy** [-ənsi] *n.* ⓊⒸ **비상 사태**, 긴급(한 때), 위급 사태.

emérgency bràke (열차 따위의) 비상 브레이크.

emérgency càll 비상 소집.

emérgency càse 구급 상자.

emérgency dòor 〔**èxit**〕 비상구.

emérgency mèasures 응급 조처.

emérgency pòwer (전시·재해시의) 비상 지휘권〔통치권〕.

emérgency stàircase 비상 계단.

e·mer·gent [imə́:rdʒənt] *a.* 불시에 나타나는, 뜻밖의; 긴급한.

e·mer·i·tus [imérətəs] *a.* 명예 퇴직의. **~ *professor* =*professor* ~** 명예 교수.

e·mer·sion [imə́:rʃən, -ʒən] *n.* = EMERGENCE; 〖天〗 (식(蝕) 또는 엄폐 후 일월의) 재현.

***Em·er·son** [émərsn], **Ralph Waldo** (1803–82) 미국의 시인·철인.

em·er·y [éməri] *n.* 금강사(金剛砂).

émery bòard 손톱줄.

émery pàper (금강사로 만든) 사지(砂紙), 속새.

e·met·ic [imétik] *a., n.* 토하게 하는; 토제(吐劑).「force.

E.M.F., e.m.f., emf electromotive

***em·i·grant** [émәgrәnt] *a., n.* (타국에) **이주하는** (사람), 이민(cf. immigrant).

***em·i·grate** [émәgrèit] *vi., vt.* (타국에) **이주하다**〔시키다〕(*from*) (cf. immigrate). **em·i·gra·tion** [ㅅ-gréiʃən] *n.* Ⓤ **이주**.

é·mi·gré [émigrèi] *n.* (F.) 이민; 〖프史〗 망명한 왕당원(王黨員).

***em·i·nence** [émənəns] *n.* ① 높은 곳, 언덕. ② Ⓤ (지위·신분 따위의) **고위**, 고귀; 탁월; **저명**; 현직(顯職). ③ (E-) 〖카톨릭〗 전하(殿下) 《cardinal의 존칭》. ‡**ém·i·nent** *a.* **우수한; 유명한**; 현저한. **-nent·ly** *ad.*

e·mir [əmíər] *n.* (아라비아의) 대공(大公), 족장; Mohammed의 자손을 부르는 칭호; 터키의 고관 칭호.

em·is·sar·y [éməsèri/-səri] *n.* 사자(使者); 밀사, 간첩.

***e·mis·sion** [imíʃən] *n.* ⓊⒸ ① **방사(물)**, 발산(물). ② (지폐의) 발행.

***e·mit** [imít] *vt.* (**-tt-**) ① **내다**, 발하다. ② (지폐를) 발행하다.「예술상》.

Em·my [émi] *n.* 에미상 《미국의 TV

e·mol·li·ent [imáljənt/-ɔ́-] *a.* (피부·점막을) 부드럽게 하는; 완화하는. —— *n.* 연화제(軟化劑).

e·mol·u·ment [imáljəmənt/-ɔ́-] *n.* (보통 *pl.*) 급료; 보수.

e·mote [imóut] *vi.* 《美口》 과장된 행

동을 하다; 정서를 보이다, 감정을 내다. **e·mó·tive** *a.*
‡e·mo·tion [imóuʃən] *n.* UC 정서, **감동.** ***~·al** [-ʃənəl] *a.* **감정의,** 감정적인; 감동하기 쉬운, 정에 무른; 감동시키는. **~·al·ism** [-əlìzəm] *n.* U 감격성; 감정에 호소함; 감정 노출 경향. ***~·al·ly** *ad.* 「=IMPANEL.
em·pan·el [impǽnəl] *v.* (《英》 *-ll-*)
em·pa·thy [émpəθi] *n.* U 〖心〗 감정이입(感情移入) 《상대방의 감정의 완전한 이해》. 「empire).
‡em·per·or [émpərər] *n.* **황제**(cf.
‡em·pha·sis [émfəsis] *n.* (*pl.* **-ses** [-si:z]) UC ① **강조,** 강세. ② 어세, 문세(文勢). 「하다.
‡em·pha·size [-sàiz] *vt.* **강조**〔역설〕
***em·phat·ic** [imfǽtik] *a.* ① **어세가 강한,** 강조한. ② 단호한, 절대적인. ③ 두드러진. ***-i·cal·ly** *ad.*
em·phy·se·ma [èmfəsí:mə] *n.* U 〖醫〗 기종(氣腫).
‡em·pire [émpaiər] *n.* **제국**(帝國)(cf. emperor); U 절대 지배권.
Émpire Cìty 〔**Státe**〕 뉴욕시〔주〕.
Émpire Dày ⇨ COMMONWEALTH DAY.
em·pir·ic [empírik] *n.* 경험에만 의존하는 사람; 경험주의자; 《古》 돌팔이 의사(quack). **——** *a.* 경험의, 경험적인; 돌팔이 의사 같은. **-i·cal** *a.* =EMPIRIC. ***-ical philosophy*** 경험 철학. **-i·cism** [-rəsìzəm] *n.* U경험주의.
em·place·ment [empléismənt] *n.* U 설치, 고정; 위치(고정); C 〖軍〗 포상(砲床). 「에 타다〔태우다〕.
em·plane [empléin] *vi., vt.* 비행기
‡em·ploy [emplɔ́i] *vt.* **고용하다,** 쓰다; (시간·정력 따위를) 소비하다. **~ *oneself*** …에 종사하다(*in*). **——** *n.* U 사용, 고용. ***in the ~ of*** …에 고용되어서. ***out of ~*** 실직하여. **‡~·er** *n.* **고용주.** **‡em·plóy·ment** *n.* U **고용,** 직(職), 일(*~ment agency* 〔*office*〕 직업 소개소).
‡em·ploy·ee [emplɔ́ii:, èmplɔií:], ***em·ploy·é*** [emplɔ́ii: / ɔmplɔ́iei] *n.* **고용인,** 종업원.
em·po·ri·um [empɔ́:riəm] *n.* (*pl.* ***~s, -ria***) 상업 중심지, 큰 시장; 큰 상점.
***em·pow·er** [impáuər] *vt.* …에게 권한〔권력〕**을 주다;** …할 수 있도록 하다(enable). 「후.
‡em·press [émpris] *n.* 여제(女帝); **황**
†emp·ty [émpti] *a.* **빈,** 비어 있는; **공허한,** 무의미한; 《口》 배고픈; …이 없는, 결여된(*of*). **——** *vt., vi.* **비우다, 비다**(*~ a glass* 잔을 비우다). **émp·ti·ness** *n.*
emp·ty-hand·ed [-hǽndid] *a.* 빈 손의〔으로〕, 맨손으로.
emp·ty-head·ed [-hédid] *a.* 머리가 텅 빈, 무식한.
em·pur·ple [empə́:rpl] *vt.* 자주빛으로 하다〔물들이다〕.
em·py·e·ma [èmpaií:mə] *n.* 축농(증).
em·pyr·e·al [èmpairí:əl, empíriəl] *a.* 최고천(最高天)의, 하늘의, 정화(淨火)로 이루어진.
em·py·re·an [-ən] *n.* 화천(火天) 《고대 천문학의 오천(五天) 중의 최고천》; 천공. **——** *a.* =⇧.
EMS European Monetary System.
e·mu [í:mju:] *n.* 에뮤《타조 비슷한 큰 새; 날지 못함》.
EMU extravehicular mobility unit.
e.m.u. electromagnetic unit(s).
em·u·late [émjəlèit] *vt.* (…와 우열을) 다투다(strive to equal or excel). **em·u·lá·tion** [ˌ–léiʃən] *n.* U **ém·u·la·tive** [-lə-, -lèi-] *a.* **ém·u·la·tor** *n.* 경쟁자.
em·u·lous [émjələs] *a.* 경쟁심이 강한(*She is ~ of him.* 그에게 지지 않으려고 한다); (명성·성공을) 열망하는(desirous) (*of*); 경쟁심에서 나온. **~·ly** *ad.*
e·mul·si·fi·ca·tion [imʌ̀lsəfikéiʃən] *n.* U 유제화(乳劑化). 「만들다.
e·mul·si·fy [imʌ́lsəfài] *vt.* 젖같이
e·mul·sion [imʌ́lʃən] *n.* 유제(乳劑).
en- *pref.* 《b, m, p 앞에서는 em-》 ① 명사에 붙여 「…속에 넣다, 위에 놓다」의 뜻을 만듦: *en*gulf. ② 명사·형용사에 붙여 「…로 하다」의 뜻을 만듦: *en*slave. ③ 동사에 붙여 「안에, 속에」의 뜻을 더함: *en*fold.
‡en·a·ble [enéibəl] *vt.* **…할 수 있게 하다**(make able); …의 권능〔가능성〕을 주다.
***en·act** [enǽkt] *vt.* **법률화하다;** (법을) 제정하다; …의 역(役)을 하다(play). **~·ment** *n.* U 제정, 설정; C 법령(law).
***e·nam·el** [inǽməl] *n., vt.* (《英》 *-ll-*) UC **에나멜**(을 칠하다); (오지그릇의) 유약(釉藥)(을 입히다); 법랑(琺瑯); U (이(齒)의) 법랑질, 사기질(cf. dentine). 「철기.
e·nam·el·ware [-wὲər] *n.* U 법랑
en·am·or, 《英》 **-our** [inǽmər] *vt.* 매혹하다. ***be ~ed of*** 〔***with***〕 …에 매혹되다〔반하다〕.
en·an·ti·o·morph [inǽntioumɔ̀:rf] *n.* 〖化〗 경상체(鏡像體).
en bloc [ɑn blák, en- / -blɔ́k] (F.) 일괄하여, 총괄적으로(all together). ***resign ~*** 총사직하다.
en·cae·ni·a [ensí:niə, -njə] *n.* (도시·교회의) 창립 기념제; (E-) 《英》 옥스퍼드 대학 창립 기념제.
en·cage [enkéidʒ] *vt.* 새장〔우리〕에 넣다; 가두다.
***en·camp** [enkǽmp] *vt., vi.* **진을 치**(게 하)**다;** 야영(케)하다. **~·ment** *n.*
en·case [enkéis] *vt.* (상자·칼집에) 넣다; 싸다, 둘러싸다.
en·cash [enkǽʃ] *vt.* 《英》 (증권·어음 등을) 현금화하다; 현금으로 받다.
en·caus·tic [enkɔ́:stik] *a., n.* UC 납화(법)(蠟畫)(法)(의), 낙화(烙畫)(의).
en·ceinte [enséint/ɑ̃:ŋsɛ̃́:nt] *a.* (F.) 임신하여.
en·ceph·a·li·tis [ensèfəláitis] *n.* U 뇌염.

en·ceph·a·lo·gram [enséfələgræ̀m] *n.* 뇌조영〔촬영〕도.

en·ceph·a·lo·my·e·li·tis [ensèfəloumàiəláitis] *n.* 〖醫〗 뇌척수염.

en·ceph·a·lon [enséfəlàn] (*pl.* **-la** [-lə]) *n.* 뇌, 대뇌.

en·chain [entʃéin] *vt.* 사슬로 매다, 속박하다; 강하게 끌다.

‡**en·chant** [entʃǽnt, -á:-] *vt.* ① 마술을 걸다. ② 매혹〔뇌쇄〕하다. **∼·er** *n.* *****∼·ing** *a.* 매혹적인. *****∼·ment** *n.* UC **∼·ress** *n.* 여자 마법사; 매혹적인 여자.

en·chase [intʃéis] *vt.* (아로)새기다; 박아 넣다, 상감(象嵌)하다.

en·chi·la·da [èntʃəlá:də] *n.* (Sp.) 얇은 옥수수 빵에 기계로 저민 고기를 끼워 기름에 튀겨 chili 소스를 친 멕시코 요리.

*****en·cir·cle** [ensə́:rkl] *vt.* 둘러〔에워〕 싸다(surround); 일주하다. **∼·ment** *n.* U 일주; 포위; 〖政〗 고립화《적성 국가군(群)에 의한 포위》.

en·clave [énkleiv] *n.* (F.) (타국내의) 고립된 영토.

en·clit·ic [enklítik] *a., n.* 〖文〗 전접어(前接語)(의), 전접(의).

‡**en·close** [enklóuz] *vt.* ① 울타리를 두르다; 에워싸다. ② (그릇에) 넣다; (편지에) 동봉하다 (*I ∼ a check herewith./Enclosed please find the invoice.* 〖商〗 송장(送狀)을 동봉하오니 사수(査受)하시오).

*****en·clo·sure** [enklóuʒər] *n.* ① UC 울(두르기), 담, 울타리. ② U 〖英史〗 (15–18세기에 대지주가 교환 분합(交換分合)에 의하여 한 곳에 모은) 종획지(綜劃地). ③ U 울안, 구내. ④ 동봉한 물건.

en·code [enkóud] *vt., vi.* (보통 글을) 암호로 고쳐 쓰다; 암호화하다. **en·cód·er** *n.* 〖컴퓨터〗 부호기.

en·co·mi·um [enkóumiəm] *n.* (*pl.* **∼s, -mia** [-miə]) 찬사, 찬미(eulogy). **en·có·mi·ast** [-æ̀st] *n.* 예찬자.

en·com·pass [enkʌ́mpəs] *vt.* 둘러싸다; 포함하다.

en·core [áŋkɔ:r/ɔŋkɔ́:r] *int., n., vt.* 앙코르〔재청〕(하다).

‡**en·coun·ter** [enkáuntər] *n., vi., vt.* 우연히 만남〔만나다〕; 회전(會戰).

*****en·cour·age** [enkə́:ridʒ, -kʌ́r-] *vt.* ① 기운을 북돋아 주다, 격려하다. ② 조장〔지원〕하다 (opp. discourage). *****∼·ment** *n.* U **en·cóur·ag·ing** *a.*

en·croach [enkróutʃ] *vt.* 침입〔침해〕하다(intrude)(*on, upon*). **∼·ment** *n.* UC 「(보석을) …에 박다.

en·crust [enkrʌ́st] *vt.* 껍질로 덮다;

*****en·cum·ber** [enkʌ́mbər] *vt.* ① 거치적거리게 하다, 방해하다; (장소를) …으로 막다(*with*); 번거롭게 하다. ② (빚을) 지게 하다.

en·cum·brance [-brəns] *n.* 방해, 장애(물); 골칫거리, (특히) 자식; 〖法〗 저당권 (따위).

ency(c). encyclop(a)edia.

en·cyc·lic [ensíklik], **-li·cal** [-əl] *a., n.* 회람의; (로마 교황의) 회장(回狀).

‡**en·cy·clo·pae·di·a, -pe-** [ensàikləpí:diə] *n.* 백과 사전; (E-) (프랑스의 Diderot, d'Alembert 등이 공동 편집한) 백과 전서. ***E- Americana*** [əmèrəká:nə] 미국 백과 사전. ***E- Britannica*** [britǽnikə] 대영 백과 사전. **-dic** *a.* **-dist** *n.* 백과 사전 편집자.

†**end** [end] *n.* ① 끝, 마지막, 종말; 가, 말단; 최후, 죽음; 행위의 종말. ② 목적. ③ 결과. ④ 조각, 끄트러기, 파편(fragment). ⑤ 《美》 부분, 부문, 방면. ⑥ 〖美式蹴〗 전위(前衛) 양끝의 선수. ***at a loose ∼*** 《口》 빈둥빈둥; 미해결로; 어찌할 바를 모르고, 무직으로. ***at loose ∼s*** 산란하여. ***∼ for ∼*** 거꾸로. ***∼ to ∼*** 끝과 끝을 접하여. ***in the ∼*** 마침내. ***make an ∼ of*** 끝나게 하다. ***make both ∼s meet*** 수지를 맞추다. ***no ∼*** 《口》 몹시. ***no ∼ of*** 《口》 …을 한 없이, 얼마든지. ***on ∼*** 세로, 똑바로; 계속하여. ***put an ∼ to*** …을 그만두다; 죽이다. ***to the (bitter) ∼*** 마지막까지, 어디까지나. **—*vt., vi.*** 끝마치다; 끝나다; 그만두다, 그치다; 죽이다. ***∼ in*** (…의 결과)로 끝나다. ***∼ off*** [*up*] 끝나다. ‡**´·ing** *n.* 결말, 종결; 말미; 어미; 사망.

end-all [´ɔ̀:l] *n.* 종결, 대단원; 만사의 결말. 「게 하다.

*****en·dan·ger** [endéindʒər] *vt.* 위태롭

*****en·dear** [endíər] *vt.* 사랑스럽게 여기게 하다, 그리워지게 하다. **∼·ing** [endíəriŋ] *a.* 사랑스러운. **∼·ing·ly** *ad.* 귀엽게. **∼·ment** *n.* U 친애; 애무.

‡**en·deav·or,** 《英》 **-our** [endévər] *n., vt., vi.* 노력(하다) (*after; to* do), 시도(하다).

en·dem·ic [endémik] *a.* 한 지방 특유의, 풍토(병)의. **—*n.*** 풍토〔지방〕병. **-i·cal·ly** *ad.* 「상추 《샐러드용》.

en·dive [éndaiv/-div] *n.* U 〖植〗 꽃

‡**end·less** [éndlis] *a.* 끝없는; 무한한, 영원한; 〖機〗 순환의. **∼·ly** *ad.* **∼·ness** *n.*

énd màn 열 끝의 사람; 쇼의 무대 양끝에 있는 흑인 광대 (cf. middleman, interlocutor).

end·most [éndmòust] *a.* 말단의.

en·do·bi·ot·ic [èndəbaiátik/-ɔ́t-] *a.* 〖生〗 생물체내에 사는《숙주에 기생하는》.

en·do·carp [éndoukà:rp] *n.* 〖植〗 내과피(內果皮).

en·do·crine [-krin, -kràin] *a., n.* 내분비의; 내분비물, 호르몬; 내분비선.

en·dog·a·my [endágəmi/-ɔ́-] *n.* U 동족 결혼(cf. exogamy).

en·dog·e·nous [endádʒənəs/-dɔ́dʒ-] *a.* 〖生〗 내부로부터 발생하는, 내생(內生)의; 〖生·生化〗 내인성(內因性)의. 「〖生〗 내질(內質).

en·do·plasm [éndouplæ̀zəm] *n.* U

*****en·dorse, in-** [endɔ́:rs] *vt.* 배서(背

書)하다; 보증하다. ～·ment *n.*
en·dórs·er *n.* 배서인. **en·dor·see** [endɔ̀ːrsíː, ˌ-ˈ-] *n.* 피(被)배서인, 양수인(讓受人).
en·do·scope [éndəskòup] *n.* 〖醫〗 (직장·요도 등의) 내시경(內視鏡).
en·do·sperm [éndouspə̀ːrm] *n.* 〖植〗 배유(胚乳).
en·do·therm [éndəθə̀ːrm] *n.* 〖生〗 온혈 동물.
en·do·ther·mal [èndəθə́ːrməl], **-mic** [-mik] *a.* 〖化〗 흡열성의, 흡열 반응의.
‡**en·dow** [endáu] *vt.* ① (공공 단체에) 기금을 기부하다. ② (자질·능력 따위를) 부여하다(furnish) (*with*). *～·ment *n.* Ⓤ 기부; Ⓒ 기금(基金); (보통 *pl.*) (천부의) 재능.
endówment insùrance (《英》 **as-sùrance**) 양로 보험.
énd pàper (책의) 면지.
énd pròduct (연속 변화의) 최종 결과; 〖理〗 최종 생성물. 「따위).
énd stòp 문미(文尾) 기호 (「.」·「?」
end-stopped [éndstápt/-ɔ́-] *a.* 〖韻〗 행말 종지(行末終止)의 (cf. run-on).
en·due [endjúː] *vt.* (재능 따위를) 부여하다(endow)(*with*); (옷을)입다〔입히다〕.
‡**en·dur·ance** [endjúərəns] *n.* Ⓤ 인내; 내구성〔력〕.
‡**en·dure** [endjúər] *vt.* 견디다, 참다; 겪다, 받다. —— *vi.* 인내하다; 지속하다, 지탱하다. **en·dúr·a·ble** *a.* ***en·dur·ing** [-djúəriŋ] *a.* 참는; 영속적인.
en·du·ro [indjúərou] *n.* (자동차 등의) 내구(耐久) 레이스.
énd úse 〖經〗 최종 용도.
end·ways [éndwèiz], **-wise** [-wàiz] *ad.* 끝을 위로〔앞쪽으로〕 하고, 세로(on end).
ENE east-northeast.
en·e·ma [énəmə] *n.* (*pl.* **～s, *ene-mata*** [enémətə]) 관장(灌腸)기〔제(劑)〕. 「적합.
†**en·e·my** [énəmi] *n.* 적, 원수; 적군,
***en·er·get·ic** [ènərdʒétik] *a.* 정력적인, 원기 왕성한(vigorous). **-i·cal·ly** *ad.* 「하다.
en·er·gize [énərdʒàiz] *vt.* 활기띠게
en·er·gu·men [ènərgjúːmən] *n.* 귀신 들린 사람; 광신자.
‡**en·er·gy** [énərdʒi] *n.* Ⓤ ① 정력, 활기, 원기(vigor). ② 에너지.
en·er·vate [énərvèit] *vt.* 약하게〔쇠하게〕 하다(weaken). **en·er·va·tion** [ˌ-véiʃən] *n.* Ⓤ
en·fant ter·ri·ble [ɑ̃ŋfɑ́ːŋ teríːblə] (F.) (어른 뺨칠) 깜찍한 아이.
en·fee·ble [enfíːbəl] *vt.* 약〔쇠〕하게 하다. ～·ment *n.* Ⓤ
en·fet·ter [infétər] *vt.* 차꼬를 채우다; 속박하다. 「사(縱射)(하다).
en·fi·lade [ènfəléid, ˈ-ˌ] *n., vt.* 종
en·fold [enfóuld] *vt.* ＝INFOLD.
‡**en·force** [enfɔ́ːrs] *vt.* ① (법률 따위를) 실시〔시행〕하다. ② 강요하다, 떠맡기다(*on*). ～·a·ble *a.* *～·ment *n.* Ⓤ 실시, 시행. 「액자에 끼우다.
en·frame [enfréim] *vt.* (그림 등을)
en·fran·chise [enfrǽntʃaiz] *vt.* 해방〔석방〕하다(set free); 공민권〔선거권〕을 부여하다. ～·ment [-tʃiz-mənt, -tʃaiz-] *n.* Ⓤ
Eng. England; English. **eng.** engine; engineer(ing); engraved.
‡**en·gage** [engéidʒ] *vt.* ① 종사시키다. ② 당기다; (주의·흥미를) 끌다. ③ 속박〔약속〕하다; 보증하다; 약혼시키다(*to*). ④ (방 따위를) 예약하다(reserve); (사람을) 고용하다, (탈것을) 세내다. ⑤ (군대를) 교전시키다, …와 교전하다. ⑥ 〖機〗 걸다, (톱니바퀴를) 맞물리다(*with*). **～ one-self to** (do) (…하겠다)고 서약하다. —— *vi.* ① 약속하다, 보증하다(*for; to* do; *that*). ② 종사〔관계〕하다(*in*). ③ 교전하다(*with*). ④ 〖機〗(톱니바퀴 따위가) 걸리다, 맞물다. ***en-gáged** [-d] *a.* 약속〔계약·예약〕된; 약혼중인, 용무중인, 바쁜, 고용된, (전화가) 통화중인; 교전중인. **en-gág·ing** *a.* 마음을 끄는, 매력 있는.
en·ga·gé [ɑ̃ːŋgɑːʒéi] *a.* (F. ＝engaged) 관계된; (문학 작품이) 정치에 관계된.
‡**en·gage·ment** [engéidʒmənt] *n.* ① 약속, 계약; 약혼. ② Ⓤ 용무, 볼일; 고용, 초빙, 직업. ③ (*pl.*) 채무; 교전; Ⓤ 〖機〗 (맞)물림. ***enter into* 〔*make*〕 *an* ～ *with*** …와 약속하다.
engágement rìng 약혼 반지.
En·gel [éŋgəl], **Ernst**(1821–96) 독일의 통계학자.
En·gels [éŋgəls], **Friedrich** (1820–95) 독일의 사회주의자, Marx의 협력자.
Éngel's coefficient 엥겔 계수.
Éngel's làw 〖經〗 엥겔의 법칙.
en·gen·der [endʒéndər] *vt., vi.* 야기하다; 발생하다.
†**en·gine** [éndʒin] *n.* ① 기관, 엔진. ② 기관차. ③ 기계(장치), 기구. ④ 병기(～s of war).
éngine drìver 《英》 (철도의) 기관사 (《美》 (locomotive) engineer).
†**en·gi·neer** [èndʒiníər] *n.* ① 공학가, 기술자, 기사; (기계 따위의) 설계〔제작〕자. ② 《美》 (철도의) 기관사 (《英》 engine driver). ③ (육군의) 공병; (해군의) 기관 장교. —— *vt.* 설계〔감독〕하다; 능란하게 처리〔타개〕하다(manage cleverly). ‡～**·ing** [-níəriŋ] *n.* Ⓤ 공학, 기술; 기관술〔학〕; (토목) 공사. 「등의) 차고.
éngine hòuse 《美》 (전차·소방차
éngine ròom (배 따위의) 기관실.
en·gine·ry [éndʒənri] *n.* Ⓤ 기관, 기계류; 병기; 계략.
†**Eng·land** [íŋglənd] *n.* 잉글랜드 (Great Britain에서 Scotland와 Wales를 제외함); 영국. ～**·er** *n.*
†**Eng·lish** [íŋgliʃ] *a.* 잉글랜드의; 영국(인)의; 영어의. —— *n.* ① Ⓤ (넓은 뜻으로) 영어; (스코틀랜드 방언 따위와 구별하여) 잉글랜드의 말. ②

(the ～) 《集合的》 영국 사람. ③ (*or* e-) 《美》 〖撞〗 틀어치기. ***in plain*** ～ 분명히〔쉽게〕 말하자면. ***Middle*** ～ 중세 영어 《1100–1500년 경; 생략 ME》. ***Modern*** ～ 근대 영어 《1500년 경 이후》. ***Old*** ～ 고대 영어 《700–1100년 경; 생략 OE》. ***the King's*** 〔***Queen's***〕 ～ 표준 영어. —— *vt.* (*or* e-) 영어로 번역하다; 《美》 〖撞〗 틀어치다.

Énglish Chánnel, the 영국 해협.

Énglish Énglish 영국 영어.

Énglish hórn 잉글리시 호른《oboe 류의 목관 악기》. 「〔풍〕으로 하다.

Eng·lish·ize [íŋgliʃàiz] *vi.* 영국식

‡**Eng·lish·man** [-mən] *n.* **영국 사람.**

***Eng·lish·wom·an** [-wùmən] *n.* **영국 여자.**

en·gorge [engɔ́:rdʒ] *vt.* 게걸스레 먹다; 〖醫〗 충혈케 하다.

en·graft [engrǽft, -á:-] *vt.* 접붙이다, 접목하다; (사상을) 주입하다 (implant).

en·grain [engréin] *vt., a.* = INGRAIN.

***en·grave** [engréiv] *vt.* **새기다,** 조각하다(carve); (마음 속에) 새겨넣다. **en·gráv·er** *n.* ***en·gráv·ing** *n.* Ⓤ **조각,** 조판(彫版); Ⓒ 판화.

***en·gross** [engróus] *vt.* ① 큰 글자로 쓰다; 정식으로 쓰다〔말하다〕, 정서하다. ② 독점하다; (마음을) **빼앗다, 몰두시키다,** 열중케 하다(*in*). **～·ing** *a.* 마음을 빼앗는, 몰두시키는. **～·ment** *n.* Ⓤ 열중, 몰두; 큰 글자로 쓰기; Ⓒ 정서한 것; Ⓤ 독점.

en·gulf [engʌ́lf] *vt.* 휘말아 들이다, 삼키다.

***en·hance** [enhǽns, -á:-] *vt.* **높이다;** 늘리다, 강화하다. **～·ment** *n.* ⓊⒸ

en·har·mon·ic [ènha:rmánik/-mɔ́-] *a.* 〖樂〗 사분음의; (평균율에서는) 이명 동음(異名同音)의 《올림 라음과 내림 마음 따위》.

ENIAC, én·i·ac [éniæ̀k] (< *E*lectronic *N*umerical *I*ntegrator *a*nd *C*omputer) *n.* 〖商標〗 (미 육군의) 에니악 전자 계산기.

e·nig·ma [inígmə] *n.* 수수께끼(riddle); 수수께끼의 인물; 불가해한 사물. **en·ig·mat·ic** [ènigmǽtik], **-i·cal** [-əl] *a.*

En·i·we·tok [èniwí:tak/-tɔk] *n.* (Marshall 군도 중의) 에니웨톡 환초(環礁) 《미국의 원폭 실험지》.

***en·join** [endʒɔ́in] *vt.* **명령하다;** 과(課)하다(*on*); 〖法〗 …에게 금지하다 (～ *a person from doing*).

†**en·joy** [endʒɔ́i] *vt.* ① **즐기다,** 향락하다. ② (이익·특권 따위를) 누리다, 향유하다. ③ (건강·재산 따위를) 가지고 있다. ～ ***oneself*** 즐기다, 즐겁게 지내다〔시간을 보내다〕. **～·a·ble** *a.* 향유할〔누릴〕 수 있는; 즐거운. ***en·jóy·ment** *n.* ⓊⒸ **즐거움,** 쾌락; Ⓤ 향락; 향유.

en·kin·dle [enkíndl] *vt.* (불·감정을) 타오르게 하다.

‡**en·large** [enlá:rdʒ] *vt.* **확대하다;** 증보하다; 〖寫〗 확대하다. —— *vi.* 넓어지다, 퍼지다; 부연〔상술〕하다(*on*). ***～·ment** *n.* **en·lárg·er** *n.* 확대기.

‡**en·light·en** [enláitn] *vt.* 교화하다, **계몽하다;** (의미를) 명백하게 하다. **～ed** [-d] *a.* **～·ing** *a.* 계몽적인. ***～·ment** *n.* Ⓤ

***en·list** [enlíst] *vt.* ① **병적에 넣다** (enrol); (사병)을 징모(徵募)하다. ② …의 지지〔원조〕를 얻다. —— *vi.* 입대〔참가〕하다, 협력하다. **～·ment** *n.* Ⓤ 병적 편입(기간); 입대; 징모; 응모. 「《생략 EM》.

enlísted màn 《美》 사병; 지원병

***en·liv·en** [enláivən] *vt.* **활기를 띠게 하다,** 기운을 돋게 하다.

en masse [en mǽs] *ad.* (F.) 함께, 한꺼번에, 통틀어서.

en·mesh [enméʃ] *vt.* (그물 코에) 얽히게 하다; 빠뜨리다(*in*).

***en·mi·ty** [énməti] *n.* ⓊⒸ **적의;** 증오.

***en·no·ble** [enóubl] *vt.* **고귀〔고상〕하게 하다;** 귀족으로 만들다.

en·nui [a:nwí:, ⌐–] *n.* Ⓤ (F.) (cf. annoy) 권태, 「앙뉘」.

e·nol·o·gy [i:nálədʒi/-ɔ́-] *n.* 《美》 = OENOLOGY. 「Ⓒ 범죄 행위.

e·nor·mi·ty [inɔ́:rməti] *n.* Ⓤ 극악;

‡**e·nor·mous** [inɔ́:rməs] *a.* **거대한** (huge), 막대한(immense); 흉악한. ***～·ly** *ad.* **～·ness** *n.*

†**e·nough** [inʌ́f] *a.* **충분한;** (…에)족한(*for; to* do). —— *n., ad.* Ⓤ **충분**(히), 많이, 참으로. ***be kind*** ～ ***to*** (do) 친절하게도 …하다. ***cannot*** (do) ～ 아무리 …하여도 부족하다. ～ ***and to spare*** 남을 만큼. ***sure*** ～ 과연. ***well*** ～ 상당히; 웬만하게; 충분히.

E·no·vid [í:nəvid] *n.* 〖商標〗 월경 주기 조절약〔경구 피임약〕의 일종.

en pas·sant [ɑ̃:n pǽsɑ̃:ŋ] (F.) …하는 김에.

en·plane [enpléin] *vi.* 비행기에 타다. 「QUIRE, &c.

***en·quire** [enkwáiər], **&c.** = IN-

***en·rage** [enréidʒ] *vt.* **격노하게 하다.** 「〔공명〕하여.

en rap·port [ɑ̃:n rapɔ́:r] (F.) 동정

en·rap·ture [enrǽptʃər] *vt.* 미칠 듯이 기쁘게 하다; 황홀케 하다 (entrance). ***be*** **～*d with*** 〔***over***〕 …으로 기뻐서 어쩔 줄 모르다.

‡**en·rich** [enrítʃ] *vt.* ① **부〔풍부〕하게 하다,** (땅을) 기름지게 하다. ② (색·맛 따위를) 짙게 하다, 농축하다(*～ed uranium* 농축 우라늄); (음식물의) 영양가를 높이다. **～·ment** *n.* ⓊⒸ

***en·ról(l)** [enróul] *vt.* (*-ll-*) **등록하다,** 명부에 올리다, 입회〔입대〕시키다. ***～·ment** *n.* ⓊⒸ 「(*to, for*).

en route [ɑ̃:n rú:t] (F.) 도중(에)

ENSA, En·sa [énsə] Entertainment National Service Association 《英》 위문 봉사회.

en·sconce [enskáns/-ɔ́-] *vt.* 몸을 편히 앉히다, 안치하다; 숨기다(hide). ～ ***oneself in*** (좌석 따위에) 자리잡

고 앉다, 안정하다.

***en·sem·ble** [ɑ̃:nsɑ́:mbl] *n.* (F.) ① 총체; 전체적 효과(general effect). ② 전(全) 합창[주], 합창[합주]단. ③ 앙상블 《잘 조화된 한벌의 여성복》. ④ 〖劇〗 공연자(전원), 총출연.

en·shrine [enʃráin] *vt.* …을 사당에 모시다[안치하다]; (마음 속에) 간직하다(cherish). **～·ment** *n.* Ⓤ

en·shroud [enʃráud] *vt.* 수의(壽衣)를 입히다; 덮어가리다.

***en·sign** [énsain] *n.* ① (관위(官位) 따위의) 표장(標章)(badge); 기, 군기, 국기(flag, banner). ② 《英》 기수. ③ [énsn] 《美》 해군 소위. ***national* ～** 국기. ***red* ～** 영국 상선기. ***white* ～** 영국 군함기.

en·si·lage [énsəlidʒ] *vt., n.* 건초실(silo)에 저장하다[하기]; Ⓤ (저장한) 생(生)목초 (～*d green fodder*) (cf. hay).

en·sile [ensáil] *vt.* (생목초를) 사일로에 저장하다.

***en·slave** [ensléiv] *vt.* 노예로 만들다. **～·ment** *n.* Ⓤ 「어 넣다.

en·snare [ensnέər] *vt.* 올가미에 걸

en·sue** [ensú:] *vi.* 계속해서[결과로서] 일어나다(follow) (*from, on*). ***the ensuing year 그 이듬해.

en suite [ɑ̃:n swí:t] (F.) 연달아.

***en·sure** [enʃúər] *vt.* ① 안전하게 하다(*against, from*). ② 책임지다, 확실하게 하다; 확보하다(secure); 보증하다. 「이비인후과.

ENT [ent] ear, nose, and throat

en·tab·la·ture [entǽblətʃər] *n.* 〖建〗 돌림띠 《처마에서 기둥머리까지의 부분으로 cornice, frieze, architrave의 세 층》.

***en·tail** [entéil] *vt.* ① (부동산의) 상속권을 한정하다. ② (결과를) 남기다, 수반하다. ③ 필요로 하다; 과(課)하다. **—** *n.* Ⓤ 〖法〗 한정 상속 (재산).

***en·tan·gle** [entǽŋgl] *vt.* ① 얽히게 하다(tangle); 휩쓸려[말려] 들게 하다(involve) (*in*). ② 혼란시키다, 곤란케 하다(perplex). **～·ment** *n.* ⓊⒸ

en·ta·sis [éntəsis] *n.* ⓊⒸ 〖建〗 엔타시스《원주(圓柱)의 불룩함》, 흘림.

en·tente [ɑ̃:ntɑ́:nt] *n.* (F.) 협상(국).

entente cor·di·ale [kɔ:rdjɑ́:l] 협정, 협상.

†**en·ter** [éntər] *vt.* ① …에 들어가다. ② …에 들다[가입하다]; 참가하다; 가입[입회]시키다. ③ 기입하다. ④ (항의를) 제기하다. ⑤ 시작하다, (직업에) 들어서다. **—** *vi.* ① 들다, 들어가다. ② 참가[입회]하다. ③ 등장하다. **～ *for*** …에 참가(를 신청)하다. **～ *into*** …에 들어가다, 들어서다; (담화·교섭을) 시작하다; (관계·협정을) 맺다; (계획에) 참가하다; 논급하다; 헤아리다. **～ *on* [*upon*]** 소유권을 얻다; 시작하다; 논급하다. **～ *up*** (정식으로) 기장(記帳)하다.

en·ter·ic [entérik] *a.* 장(腸)의 (intestinal). **～ *fever*** 장티푸스, 장질부사. 「장염, 장카타르.

en·ter·i·tis [èntəráitis] *n.* Ⓤ 〖醫〗

en·ter·o·cri·nin [èntəroukráinin] *n.* Ⓤ 〖生化〗 엔테로크리닌 《소화 촉진 호르몬》.

en·ter·o·gas·trone [-gǽstroun] *n.* Ⓤ 〖生化〗 엔테로가스트론 《위분비 억제 호르몬》.

en·ter·o·ki·nase [-káineis, -kí-] *n.* Ⓤ 〖生化〗 엔테로키나아제《장내 효소의 일종》.

en·ter·on [éntərɑ̀n/-rɔ̀n] *n.* 〖解〗 소화관.

en·ter·o·tox·in [-tɑ́ksin/-tɔ́k-] *n.* 〖醫〗 엔테로톡신, 장독소(腸毒素).

‡**en·ter·prise** [éntərpràiz] *n.* ① ⓊⒸ 사업, 기업. ② 기획, (모험적인) 기도. ③ Ⓤ 기업[모험]심. ***man of* ～** 진취의 기상이 있는 사람. ***én·ter·pris·ing** *a.* 기업심이 왕성한; 모험적인.

‡**en·ter·tain** [èntərtéin] *vt.* ① 즐겁게 하다(amuse). ② 대접[환대]하다, 접대하다. ③ (마음에) 품다(cherish); 고려하다. **～ *angels unawares*** 〖聖〗 고귀한 분인 줄 모르고 접대하다. ***～·er** *n.* 접대하는 사람; 연예인, 요술사. **～·ing** *a.* 유쾌한, 재미있는. ‡**～·ment** *n.* ⓊⒸ 대접; Ⓒ 연회; 연예, 여흥; Ⓤ 오락; 마음에 품음.

en·thrál(l) [enθrɔ́:l] *vt.* (**-ll-**) 매혹하다; 노예로 만들다(enslave). **～·ment** *n.* Ⓤ

***en·throne** [enθróun] *vt.* 왕위에 앉히다. **～·ment** *n.* ⓊⒸ 즉위(식).

en·thuse [enθjú:z/-θjú:z] (<⇩) *vt., vi.* 《口》 열중[감격]하다[시키다].

‡**en·thu·si·asm** [enθjú:ziæ̀zəm] *n.* Ⓤ 열심, 열중; 열광, 열의 (*for, about*). **-ast** [-æ̀st] *n.* 열심[열성]가, …광(狂)(*for*). ‡**en·thu·si·as·tic** [–ˌ–æ̀stik] *a.* ***-ti·cal·ly** *ad.*

***en·tice** [entáis] *vt.* 유혹하다, 꾀다 (allure) (*into, out of*). **～·ment** *n.* Ⓤ 유혹; Ⓒ 유혹물, 미끼. **en·tíc·ing** *a.* 유혹적인.

‡**en·tire** [entáiər] *a.* ① 전체의, 완전한, 온전한. ② (소·말 따위) 불까지 않은(not gelded). ‡**～·ly** *ad.* 전혀, 완전히, 전적으로. **～·ty** *n.*

‡**en·ti·tle** [entáitl] *vt.* ① 칭호를 주다; 제목을 붙이다. ② 권리를[자격을] 주다. ***be* ～*d to*** …에 대한 권리가[자격이] 있다. 「본체.

en·ti·ty [éntiti] *n.* Ⓤ 실재; 실체,

en·tomb [entú:m] *vt.* 매장하다 (bury). **～·ment** *n.* Ⓤ 매장.

en·to·mol·o·gy [èntəmɑ́lədʒi/-ɔ́-] *n.* Ⓤ 곤충학. **-gist** *n.* **en·to·mo·log·ic** [èntəməlɑ́dʒik/-ɔ́-], **-i·cal** [-əl] *a.*

en·to·moph·i·lous [-mɑ́fələs / -ɔ́-] *a.* 〖植〗 충매(蟲媒)의 (cf. anemophilous).

en·tou·rage [ɑ̀:nturɑ́:ʒ/ɔ̀n-] *n.* (F.) 환경; 주위(의 사람들), 측근.

en·to·zo·on [èntozóuɑn / -ɔn] (*pl.* ***-zoa*** [-zóuə]) *n.* 〖動〗 체내 기생충.

en·tr'acte [ɑ:ntrǽkt, ɑ́:ntrækt] *n.* (F.) 막간(의 연기·연주).
en·trails [éntreilz, -trəlz] *n. pl.* 내장; 내부. 「운반해 가다.
en·train[1] [entréin] *vt.* 잡아 당기다,
en·train[2] *vt., vi.* 기차에 태우다[타다]. 「활기.
en·train [ɑ̃:ŋtrǽ:ŋ] *n.* (F.) 열의,
‡**en·trance**[1] [éntrəns] *n.* ① UC **들어감,** 입장, 등장; 입회, 입학, 입사. ② **입구.** ③ UC 취업, 취임. ④ UC 입장료[권]. ~ ***examination*** 입학 시험. ~ ***fee*** 입장료, 입학[입회]금. ~ ***free*** 무료 입장.
en·trance[2] [entrǽns, -ɑ́:-] *vt.* 황홀하게 하다, 도취시키다(*with*); 실신케 하다(put into a trance). **~·ment** *n.* UC
en·tranc·ing [-iŋ] *a.* 황홀케 하는, 넋[정신]을 빼앗는.
en·trant [éntrənt] *n.* 신입[참가]자.
en·trap [entrǽp] *vt.* (**-pp-**) 올가미에 걸다; (함정에) 빠지게 하다.
‡**en·treat** [entrí:t] *vt.* **간절히 부탁하다,** 탄원하다(implore). **~·ing·ly** *ad.* ‡**en·tréat·y** *n.* UC **간원**(懇願).
en·tre·chat [ɑ̀ntrəʃɑ́:] *n.* (F.) 〖발레〗 앙트르샤 《도약중에 양다리 교차나 두 발꿈치를 여러번 치기》.
en·trée [ɑ́:ntrei, -ˊ] *n.* (F.) 입장(권(權)); 《英》 앙트레 《생선과 고기 사이에 나오는 요리》; 《美》 (정찬의) 주요한 요리.
en·trench [entréntʃ] *vt.* 참호를 두르다[로 지키다]; 견고하게 지키다. ~ ***oneself*** 자기의 입장을 지키다. **—** *vi.* 침해하다(trespass) (*on, upon*). **~·ment** *n.* UC
en·tre nous [ɑ́:ntrə nú:] (F.) 우리끼리만의[비밀] 얘깁니다만(between ourselves).
en·tre·pre·neur [ɑ̀:ntrəprənə́:*r*] *n.* (F.) 기업가; 흥행주.
en·tro·py [éntrəpi] *n.* U 〖理〗 엔트로피.
***en·trust** [entrʌ́st] *vt.* **맡기다,** 위임하다 (charge) (~ *him with my goods;* ~ *my goods to him*).
‡**en·try** [éntri] *n.* ① **들어감, 입장,** 참가; 입구 (entrance). ② CU **기입,** 등록(registry); (사전의) 표제어; 기입 사항. ③ UC 〖法〗 점거, 토지 점유, 가택 침입.
en·try·way [-wèi] *n.* 입구의 통로.
en·twine [entwáin] *vi., vt.* 휘감기(게 하)다.
***e·nu·mer·ate** [injú:mərèit] *vt.* **일일이 헤아리다, 열거하다;** 세다. **e·nú·mer·a·tive** [-rətiv, -rèi-] *a.* **e·nu·mer·a·tion** [-ˌ-éi-] *n.* UC
e·nun·ci·ate [inʌ́nsièit, -ʃi-] *vt., vi.* 언명[선언]하다(announce); 발음하다. **e·nun·ci·a·tion** [-ˌ-éi-] *n.* UC
en·u·re·sis [ènjurí:sis] *n.* U 〖醫〗 유뇨[야뇨](증).
***en·vel·op** [envéləp] *vt.* **싸다,** 봉하다; 〖軍〗 포위하다. **~·ment** *n.* U 쌈, 봉해 넣음, 포위; C 덮개 (covering), 포장지.
†**en·ve·lope** [énvəlòup] *n.* **봉투;** 포장 재료; (기구·비행선의) 기낭(氣囊).
en·ven·om [envénəm] *vt.* 독을 넣다[바르다] (poison); 악의를 갖게 하다.
Env. Extr. Envoy Extraordinary.
en·vi·a·ble [énviəbəl] *a.* 부러운; 바람직한(desirable). **-bly** *ad.*
‡**en·vi·ous** [énviəs] *a.* **부러워하는,** 시기하는(*of*); 샘내는 듯한. **~·ly** *ad.*
***en·vi·ron** [inváiərən] *vt.* **둘러[에워] 싸다.**
‡**en·vi·ron·ment** [-mənt] *n.* UC 둘러[에워]쌈; U **환경,** 주위, 둘레.
en·vi·ron·men·tal** [invàiərənméntl] *a.* **환경의,** 주위의; 환경 예술의. ~ ***pollution 환경 오염. ~ ***resistance*** (인간·생물의 증가에 미치는) 환경 저항《가뭄·자원 결핍·경쟁 등》. **~·ist** *n.* 환경 보호론자.
environméntal wàrfare 환경전 《환경을 바꾸거나 파괴하는 전략》.
en·vi·rons [inváiərənz] *n. pl.* 부근, 근교.
en·vis·age [invízidʒ] *vt.* …을 마음속에 그리다(visualize), 상상하다; 착상하다; 꾀하다; 《古》 (사실을) 직시하다. 「(結句); 발문(跋文).
en·voi, -voy[1] [énvɔi] *n.* (시의) 결구
en·voy**[2] *n.* **사절;** 전권 공사. ~ ***extraordinary (***and minister plenipotentiary***) 특명(전권)공사.
‡**en·vy** [énvi] *vt.* **시기하다,** 부러워하다. **—** *n.* UC **부러움,** 질투, 선망(의 대상). 「싸다; 열중시키다.
en·wrap [enrǽp] *vt.* (**-pp-**) 휩싸다,
en·zyme [énzaim] *n.* 〖生化〗 효소.
EO Engineering Office. **EOE** Errors and Omissions Excepted.
EOEC European Organization for Economic Cooperation. 「대의.
e·o·lith·ic [ì:əlíθik] *a.* 원시 석기 시
E.O.M. end of the month.
e·on [í:ən] *n.* = AEON.
e·on·ism [í:ənìzəm] *n.* U 〖精神分析〗 남자의 여성 모방벽.
E·os [í:ɑs/-ɔs] *n.* 〖그神〗 새벽의 여신 《로마 신화의 Aurora에 해당함》.
EP Extended Play (record). **E.P.** electroplate. **EPA** 《美》 Environmental Protection Agency.
ép·au·let(te) [épəlèt, -lit] *n.* (장교의) 견장(肩章).
E.P.B. Economic Planning Board. **E.P.D.** Excess Profits Duty; Export Promotion Department 《英》 수출 진흥국.
é·pée [eipéi, épei] *n.* (F.) 〖펜싱〗 에페 《끝이 뾰족한 경기용 칼》.
Eph. Ephesians.
e·phed·rine [ifédrin, éfidrì:n] *n.* U 에페드린 《감기·천식의 약》.
e·phem·er·a [ifémərə] *n.* (*pl.* ~***s***, ***-rae*** [-rì:]) 〖蟲〗 하루살이(May fly).
e·phém·er·al *a.* 하루밖에 못 사는[안가는]; 단명한, 덧없는. **e·phém·er·id** *n.* = EPHEMERA.

E

E·phe·sian [ifí:ʒən] *a.*, *n.* Ephesus의 (주민); (*pl.*) 〖聖〗 에베소서(書). 「시아의 옛 도읍).
Eph·e·sus [éfisəs] *n.* 에베소 《소아
E·phra·im [í:friəm, í:frəm] *n.* 〖聖〗 에브라임 《요셉의 차남》; (그 자손인) 이스라엘 민족; 이스라엘 왕국.
*__ep·ic__ [épik] *n.*, *a.* 서사시(의) (cf. lyric)
ep·i·carp [épəkà:*r*p] *n.* 〖植〗 외과피(外果皮). 「*n.* 〖地〗 진앙(震央).
ep·i·cen·ter, 《英》 **-tre** [épisèntə*r*]
ep·i·cure [épikjùə*r*] *n.* 미식가(美食家) (gourmet); 쾌락주의자. **ép·i·cur·ism** [-izəm] *n.* Ⓤ 향락주의; 미식주의, 식도락.
ep·i·cu·re·an [èpikjurí:ən, -kjú(:)ri-] *a.*, *n.* 향락주의[식도락]의 (사람); (E-) Epicurus의 (철학자). **~·ism** [-izəm] *n.* Ⓤ 쾌락주의; (E-) Epicurus 주의
Ep·i·cu·rus [èpikjúərəs] *n.* (341–270 B.C.) 에피쿠로스《쾌락을 인생의 최고선으로 여긴 그리스의 철인》.
ep·i·cy·cloid [èpəsáiklɔid] *n.* 〖幾〗 외(外)사이클로이드.
*__ep·i·dem·ic__ [èpədémik] *n.*, *a.* (질병·사상의) 유행; **유행병**; 유행성의.
ep·i·der·mis [èpədə́:*r*mis] *n.* (몸의) 표피(表皮). **ep·i·dér·mal** *a.*
ep·i·di·a·scope [èpədáiəskòup] *n.* 실물 환등기 《투명체·불투명체 양용의》. 「염(會厭) (연골).
ep·i·glot·tis [èpəglátis/-glɔ́t-] *n.* 회
*__ep·i·gram__ [épigræ̀m] *n.* **경구**(警句) 《보기: *'Beauty is but skin-deep' is but a skin-deep saying.* (H. Spencer)》; 경구적 표현; (짤막한) 풍자시. **ep·i·gram·mat·ic** [èpigrəmǽtik] *a.* 경구의, 풍자적인. **ep·i·gram·ma·tize** [èpigrǽmətàiz] *vt.*, *vi.* 경구[풍자시]로 만들다.
ep·i·graph [épigræ̀f, -grà:f] *n.* 제명(題銘), 제사(題詞), 비문. 「연구.
e·pig·ra·phy [epígrəfi] *n.* Ⓤ 비문
ep·i·lep·sy [épəlèpsi] *n.* Ⓤ 〖醫〗 지랄병, 간질. **ep·i·lep·tic** [èpəléptik] *a.*, *n.* 간질병의(환자).
*__ép·i·log(ue)__ [épəlɔ̀:g, -làg / -lɔ̀g] *n.* ① (책의) **발문**(跋文), 맺음말; 후기, 발시(跋詩). ② 〖劇〗 **끝맺음말**(cf. prologue).
ep·i·neph·rine [èpənéfri(:)n] *n.* 〖化〗 = ADRENALINE.
E·piph·a·ny [ipífəni] *n.* 〖基〗 주현절(主顯節) 《1월 6일》.
ep·i·phyte [épəfàit] *n.* 〖植〗 착생(着生) 식물 《이끼 따위》.
e·pis·co·pa·cy [ipískəpəsi] *n.* Ⓤ (교회의) 감독(bishop) 제도.
*__e·pis·co·pal__ [ipískəpəl] *a.* **감독**(제도)**의**; (E-) 감독(파)의. **E·pis·co·pa·li·an** [ipiskəpéiliən, -jən] *a.*, *n.* 감독파의 (사람).
‡__ep·i·sode__ [épəsòud, -zòud] *n.* **삽화**, 에피소드. **ep·i·sod·ic** [èpəsádik/-ɔ́-], **-i·cal** [-əl] *a.* 「부체(副體).
ep·i·some [épəsòum] *n.* 〖生〗 유전자
Epis(t). Epistle(s).

e·pis·te·mol·o·gy [ipìstəmálədʒi/-ɔ́-] *n.* Ⓤ 〖哲〗 인식론.
*__e·pis·tle__ [ipísl] *n.* 서간(書簡). ***the Epistles*** 〖新約〗 사도의 서간.
e·pis·to·lar·y [ipístəlèri/-ləri] *a.* 서간(체)의. 「(碑銘).
*__ep·i·taph__ [épətæ̀f, -tà:f] *n.* (묘)비명
ep·i·tha·la·mi·um [èpəθəléimiəm] *n.* (*pl.* **~s**, **-mia** [-miə]) 결혼 축하의 시[노래].
*__ep·i·thet__ [épəθèt] *n.* 형용사(辭); **별명**, 통칭. TRANSFER***red*** **~.**
e·pit·o·me [ipítəmi] *n.* 대요(summary); 발췌; 대표적인 것. **e·pít·o·mize** [-màiz] *vt.* 요약하다.
ep·i·zo·on [èpəzóuan, -ən/-ɔn] *n.* (*pl.* **-zoa**) 체외 기생충.
e plu·ri·bus u·num [í: plú(:)ribəs jú:nəm] (L.) 다수로 이루어진 하나 (one out of many) 《미국의 모토》.
EPN [í:pì:én] (<*e*thyl *p*ara-*n*itrophenyl) *n.* 이피엔《살충제의 일종》.
E.P.N.S. electroplated nickel silver 전기도금 양은.
‡__ep·och__ [épək/í:pɔk] *n.* 신기원, 신시대; (중대 사건이 있던) **시대**. **~·al** *a.*
*__ep·och-mak·ing__ [-mèikiŋ] *a.* **획기적인**.
ep·ode [époud] *n.* 길고 짧은 행이 번갈아 있는 서정시.
ep·o·nym [épou*n*ìm] *n.* 이름의 시조 《인종·토지·시대 따위의 이름의 유래가 된 인물》.
ep·si·lon [épsəlàn, -lən/-lɔn] *n.* 그리스어 알파벳의 다섯째 글자(E. ε; 영어의 short 'e'에 해당; cf. eta).
Ep·som [épsəm] *n.* 잉글랜드 Surrey 주의 도시; = **~ Dòwns** 에프섬 경마장 (⇨ DERBY). 「《황산마그네슘》.
Épsom sàlt(s) 〖化〗 사리염(瀉利塩)
E. P. T. Excess Profits Tax. **EPU** European Payment Union. **EQ, E. Q.** educational quotient 〖心〗 교육 지수. **eq.** equal; equation; equivalent.
eq·ua·ble [ékwəbəl, í:k-] *a.* 한결같은, 균등한(uniform); 평정(平靜)한. **-bíl·i·ty** [-bíləti] *n.* ⓊⒸ
‡__e·qual__ [í:kwəl] *a.* ① **같은**; 한결같은 (equable). ② …에 지지 않는; 필적하는. ③ …에 견디어 낼 수 있는 (*to*); 평정(平靜)한. **~ *mark*** [***sign***] 등호(等號) 《=》. **~ *to the occasion*** 일을 당하여 동하지 않는, 훌륭하게 처리할 수 있는. **—*n.*** 대등한 물건, **필적자**; 같은 또래. **—*vt.*** (《英》 **-ll-**) …**에 필적하다**, …과 똑같다(be ~ to). ‡**~·ly** *ad.*
e·qual·i·tar·i·an [ikwàlitέəriən / ikwɔ̀litέər-] *n.*, *a.* = EGALITARIAN.
*__e·qual·i·ty__ [i(:)kwáliti/-ɔ́-] *n.* ⓊⒸ **동등**, 평등; 대등. 「의 속칭.
Equálity Stàte 미국 Wyoming 주
e·qual·ize [í:kwəlàiz] *vt.* 똑같게 하다, 평등하게 하다. **—*vi.*** 같아지다, 평등해지다; (경기에서) 동점이 되다. **e·qual·i·za·tion** [ì:kwəlizéiʃən/-laiz-] *n.* Ⓤ 평등화. **é·qual·iz·er** *n.*

등화기(等化器); 평형 장치; 〖電〗 균압선(均壓線).

e·qua·nim·i·ty [ìːkwəníməti, èk-] *n.* Ⓤ (마음의) 평정(平靜), 침착, 냉정(composure).

e·quate [i(ː)kwéit] *vt.* (다른 수치와) 같다고 표시하다; 방정식을 세우다.

***e·qua·tion** [i(ː)kwéiʒən, -ʃən] *n.* ① Ⓤ **같게 함**, 균분(법). ② 방정식.

‡**e·qua·tor** [i(ː)kwéitər] *n.* **적도**(赤道).

***e·qua·to·ri·al** [ìːkwətɔ́ːriəl, èk-] *a.*, *n.* **적도**(부근)의; 적도의(儀).

Equatórial Guínea 적도 기니《적도 아프리카 서단(西端)의 공화국》.

eq·uer·ry [ékwəri] *n.* (왕가·귀족의) 말 관리인, 주마관(主馬官); (영국 왕실의) 시종 무관.

e·ques·tri·an [ikwéstriən] *a.*, *n.* 기마의, 말 탄; 승마자.

e·ques·tri·enne [ikwèstrién] *n.* 여자 마술가(馬術家); 여자 곡마사.

e·qui·dis·tant [ìːkwidístənt] *a.* 같은 거리의.

e·qui·lat·er·al [-lǽtərəl] *a.*, *n.* 등변(等邊)의; 등변형.

e·quil·i·brate [ikwíləbrèit, ìːkwəlái-breit] *vi.*, *vt.* 평형되다〔시키다〕.

***e·qui·lib·ri·um** [ìːkwəlíbriəm] *n.* ⓊⒸ ① **평형**, 균형. ② (마음의) 평정(mental poise).

e·quine [íːkwain] *n.*, *a.* 말(horse); 말의, 말과 같은.

e·qui·noc·tial [ìːkwənɑ́kʃəl/-ɔ́-] *a.* 주야 평분(晝夜平分)의; 춘분·추분(께)의. —— *n.* = ∠ **líne** 〖天〗 주야 평분선(線); (*pl.*) = ∠ **gáles** 춘분·추분 무렵의 폭풍.

e·qui·nox** [íːkwənɑ̀ks/-ɔ̀-] *n.* **주야 평분시**, 낮과 밤이 똑같은 때. ***au-tumnal 〔***vernal***〕 ∼ 추〔춘〕분.

‡**e·quip** [ikwíp] *vt.* (**-pp-**) ① **갖추다**, 준비하다 (*for*). ② 꾸미다; 장비하다(*with*). ‡**∼·ment** *n.* ⓊⒸ 채비, **준비**; **장비**, 설비(선박의 의장품(艤裝品); (일에 필요한) **능력**, 기술.

eq·ui·page [ékwəpidʒ] *n.* 마차·마부 따위의 한 갖춤, 마차 장비 일체, 용구(用具) 일습.

e·qui·poise [ékwəpɔ̀iz, íːk-] *n.* Ⓤ 균형, 평형 (상태) (equilibrium).

e·qui·po·ten·tial [ìːkwəpəténʃəl] 〖理〗 *a.* 등압선〔등전위〕의. —— *n.* 등압선, 등전위.

eq·ui·se·tum [èkwəsíːtəm] *n.* (*pl.* ∼, **-ta** [-tə]) 〖植〗 속새류(類).

eq·ui·ta·ble [ékwətəbəl] *a.* 공평한(fair), 공정한(just); 〖法〗 형평법(衡平法)(equity)상의. **-bly** *ad.*

éq·ui·time póint [ékwətàim] 〖空〗 행동〔진출〕 한계점.

***eq·ui·ty** [ékwəti] *n.* Ⓤ **공평**, 공정; 형평법.

***e·quiv·a·lent** [ikwívələnt] *a.* **동등의**, …에 **상당하는**(*to*); 동등한 가치의; 등량(等量)의; 동의(同義)의(*to*). —— *n.* 동등한 (가치의) 물건; 대등한 물건; 동의어. **-lence** *n.* ⓊⒸ

e·quiv·o·cal [ikwívəkəl] *a.* 두 가지 뜻으로 해석될 수 있는, 모호한; 의심스러운(questionable); 미결정의; 명백하지 않은. **∼·ly** *ad.*

e·quiv·o·cate [-kèit] *vi.* 이렇게도 저렇게도 해석될 수 있는〔모호한〕 말을 쓰다; 속이다. **e·quiv·o·ca·tion** [–∸–kéiʃən] *n.* ⓊⒸ

***er** [əːr] *int.* **에에**, **저어**《망설이거나 말이 막혔을 때 내는 소리》.

-er *suf.* ①「…을 하는 사람〔물건〕」「…에 사는 사람」: creep*er*, farm*er*, hunt*er*, London*er*. ② 원말에 관계가 있는 일〔물건〕: read*er* (독본), sleep*er*(=sleeping-car), fiv*er*(5달러 지폐), teen-ag*er*. ③ 비교급을 만듦: fre*er*, hott*er*, long*er*. ④ 속어를 만듦: rugg*er*, socc*er*. ⑤ 반복 동사를 만듦: chatt*er*, glitt*er*, wand*er* (cf. -le).

E. R. East Riding (of Yorkshire); *Eduardus Rex* (L. = King Edward); *Elizabeth Regina* (L. = Queen Elizabeth). **Er** erbium. **ERA, E. R. A.** equal rights amendment 《美》 미국 헌법 남녀 동권 수정 조항; earned run average 〖野〗(투수의) 방어율; Emergency Relief Administration; Educational Research Administration.

‡**e·ra** [íərə, érə] *n.* **기원, 연대**, 시대; 〖地〗 대(代), 기(紀).

e·ra·di·ate [i(ː)réidièit] *vt.* (빛·열을) 방사하다.

e·rad·i·ca·ble [irǽdəkəbəl] *a.* 근절할 수 있는.

***e·rad·i·cate** [irǽdəkèit] *vt.* **근절하다**. **e·rad·i·ca·tion** [–∸–kéiʃən] *n.* Ⓤ **e·rád·i·ca·tor** *n.* 제초기; 얼룩 빼는 약; 잉크 지우개.

***e·rase** [iréis/iréiz] *vt.* **지워버리다**, 말살〔삭제〕하다(blot out). ‡**e·rás·er** *n.* **칠판 지우개**(duster); 고무지우개; 잉크 지우개. **e·rá·sure** [-ʃər/-ʒə] *n.* Ⓤ 말살; Ⓒ 말살 부분.

E·ras·mus [irǽzməs], **Desiderius** (1466?–1536) 네덜란드의 인문학자, 문예 부흥의 선구자의 한 사람.

er·bi·um [ə́ːrbiəm] *n.* Ⓤ 〖化〗 에르븀.

ere [ɛər] *prep.* 《詩·古》 …의 전(前)에(before). —— *conj.* …이전에; …보다 차라리.

Er·e·bus [érəbəs] *n.* 〖그神〗 (이승과 저승(Hades) 사이에 있는) 암흑계.

‡**e·rect** [irékt] *a.* **꼿꼿이 선**(upright). —— *vt.* **꼿꼿이 세우다**; 건립하다. **∼·ly** *ad.* **∼·ness** *n.* Ⓤ

e·rec·tile [iréktil, -tail] *a.* 꼿꼿이 설〔발기(勃起)할〕 수 있는.

***e·rec·tion** [irékʃən] *n.* Ⓤ ① **직립**, 건립, 설립. ② Ⓒ 건물. ③ 〖生〗 발기.

ere·long [ɛ̀ərlɔ́ːŋ/-lɔ́ŋ] *ad.* 《古》 머지 않아.

er·e·mite [érəmàit] *n.* 은자(隱者)(hermit).

ere·while [ɛ̀ərhwáil] *ad.* 《古》 조금 전에.

erg [əːrg] *n.* 〖理〗 에르그 《1 다인의 힘이 물체를 1cm 만큼 움직이는 일의 양》.

er·go [ə́ːrgou] *ad.*, *conj.* (L.) = THEREFORE.

er·gol·a·try [əːrgɑ́lətri / -ɔ́-] *n.* Ⓤ 노동 숭배.

er·gom·e·ter [əːrgámitər/-gɔ́m-] *n.* 측력계(測力計), 에르그 측정기.
er·go·nom·ics [əːrgənámiks/-ɔ́-] *n.* 작업 능률 (효과) 연구, 인간 공학.
er·gos·ter·ol [əːrgástəròul/-ɔ́-] *n.* Ⓤ 에르고스테롤《자외선 조사(照射)로 비타민 D로 변화함》.
er·got [ə́ːrgət] *n.* Ⓤ (호밀의) 맥각병(麥角病); 〖藥〗 맥각《지혈제·자궁수축제》.
E·rie [íəri / íəri] *n.* 미국 북동부의 오대호의 하나.
Er·in [érin, íːr-, ɛ́ər-] *n.* 《詩》 = IRELAND.
E·ris [í(ː)ris, ér-] *n.* 〖그神〗 다툼과 불화의 여신.
erk [əːrk] *n.* 《英空軍俗》 신병, 지상근무원; 《俗》 얼간이.
erl·king [ə́ːrlkìŋ] *n.* 〖北歐神話〗(폭풍우를 일으키고, 또 어린이를 해치는) 마왕.
er·mine [ə́ːrmin] *n.* (*pl.* **~s**, 《集合的》 ~) 〖動〗 흰담비 (cf. stoat); Ⓤ 그 모피; 흰담비의 모피로 안을 댄 법복; 법관의 지위〔신분〕; 〖紋〗 흰 바탕에 검은 점박이 무늬 《카드의 'king'의 깃에서 볼 수 있음》.
Er·nie [ə́ːrniː] (<*e*lectronic *r*andom *n*umber *i*ndicator *e*quipment) *n.* 《英》 상금〔할증금〕부 채권의 당선 번호를 추첨하는 장치.
e·rode [iróud] *vt.* 부식〔침식〕하다.
E·ros [éras, íər-/érɔs, íər-] *n.* 〖그神〗 에로스《사랑의 신, 로마 신화의 Cupid에 해당함》.
***e·ro·sion** [iróuʒən] *n.* ⓊⒸ 부식, 침식. **e·ró·sive** [-siv] *a.* 부〔침〕식성의.
***e·rot·ic** [irátik/-ɔ́-] *a.* **성애의**, 애욕의. **e·rót·i·cism** [-təsizəm] *n.* Ⓤ 색정적 경향, 호색; 〖精神分析〗 성적흥분.
e·rot·i·ca [irátikə/irɔ́t-] *n. pl.* 성애를 다룬 문학〔예술 작품〕.
e·ro·to·ma·ni·a [iròutəméiniə] *n.* 색정광.
ERP European Recovery Program.
‡**err** [əːr] (cf. error) *vi.* ① **잘못하다**, 그르치다. ② 죄를 범하다(sin). ***To ~ is human, to forgive*** DIVINE.
‡**er·rand** [érənd] *n.* **심부름**(다니기); 볼일; 사명. ***go*** 〔***run***〕 ***~s*** 심부름 다니다. ***go on an ~*** 심부름 가다.
érrand bòy 심부름꾼 소년.
er·rant [érənt] *a.* (모험을 찾아) 편력(遍歷)하는(*a* KNIGHT-ERRANT); 잘못된. **~·ry** *n.* ⓊⒸ 무사 수련(武士修鍊), 편력.
er·ra·ta [eráːtə, iréi-] *n.* erratum의 복수.
er·rat·ic [irǽtik] *a.* 변덕스러운, 일정치 않은, 불규칙한; 별난, 상궤(常軌)를 벗어난. **-i·cal·ly** *ad.*
er·ra·tum [eráːtəm, iréi-] *n.* (*pl.* **-ta** [-tə]) 오자, 오식; 잘못; (*pl.*) 정오표.
***er·ro·ne·ous** [iróuniəs] *a.* **잘못된**, 틀린(mistaken).
‡**er·ror** [érər] *n.* ① **잘못**, 틀림(mistake). ② Ⓤ 잘못 생각. ③ 과실, 실책(fault), 〖野〗 에러. ④ 죄(sin). ⑤ 〖數·理〗 오차; 〖法〗 오심.
er·satz [érzaːts, -saːts] *a., n.* (G.) 대용의; 대용품.
Erse [əːrs] *n., a.* Ⓤ 어스말 《스코틀랜드의 게일말, 또는 아일랜드의 켈트어(語)》(의).
erst [əːrst] *ad.* 《古》 이전에, 옛날에.
erst·while [ˊhwàil] *ad.* 《古》 =⇧. **—** *a.* 이전의, 옛날의(former).
ERTS [əːrts] Earth Resources Technology Satellites.
e·ruct [irʌ́kt], **e·ruc·tate** [-eit] *vi., vt.* 트림하다(belch); 분출하다.
er·u·dite [érjudàit] *a., n.* 박식한 (사람). **~·ly** *ad.*
er·u·di·tion [èrjudíʃən] *n.* Ⓤ 박식, 해박(該博).
e·rupt [irʌ́pt] *vi., vt.* 분출하다〔시키다〕; (*vi.*) 분화하다, 발진(發疹)하다. ***e·rúp·tion** *n.* ⓊⒸ **폭발**, **분출**, **분화**; 돌발; 발진. **e·rúp·tive** *a.* 폭발〔돌발〕적인, 발진성의.
-ery *suf.* 《名詞語尾》 「…업」 「제조소」 따위의 뜻: brew*ery*, confection*ery*, hatch*ery*.
er·y·sip·e·las [èrəsípələs] *n.* Ⓤ 〖醫〗 단독(丹毒).
e·ryth·ro·cyte [iríθrəsàit] *n.* 〖解〗 적혈구(red blood cell).
e·ryth·ro·my·cin [irìθrəmáisin] *n.* Ⓤ 〖藥〗 에리스로마이신《항생물질》.
Es 〖化〗 einsteinium.
ESA European Space Agency 유럽 우주(개발) 기구.
E·sau [íːsɔː] *n.* 〖聖〗 에서 《이삭의 큰 아들, 야곱의 형》.
ESC (United Nations) Economic and Social Council.
es·ca·drille [éskədrìl] *n.* (F.) (6대의) 비행대; (8척의) 소함대(艦隊).
es·ca·lade [éskəlèid, ˌ--ˊ/ˌ--ˊ] *vt., n.* Ⓤ 사닥다리로 오르다〔오름〕; 성벽을 기어오름〔기어 오르다〕.
***es·ca·late** [éskəlèit] *vt., vi.* (군사 행동 따위를) **단계적으로 확대〔강화〕하다**, 점증하다(opp. de-escalate).
es·ca·la·tion [èskəléiʃən] *n.* Ⓤ (가격·임금·운임 등의) 에스컬레이터식 수정(修正) (cf. escalator clause).
‡**es·ca·la·tor** [éskəlèitər] *n.* **에스컬레이터**, 자동 계단. **—** *a.* 〖經〗 에스컬레이터 (방)식의.
éscalator clàuse (런던 해군 조약 (1930)의) 신축 조항(伸縮條項); (임금 계약의) 에스컬레이터 조항《물가 변동에 따라 임금을 증감하는 규정》.
es·cal·(l)op [iskáləp, es-, -kǽl- / iskɔ́l-] *n., v.* =SCALLOP.
ESCAP [éskæ̀p] Economic and Social Commission for Asia and the Pacific (유엔) 아시아·태평양 경제사회 위원회.
es·ca·pade [éskəpèid, ˌ--ˊ/ˌ--ˊ] *n.* ⓊⒸ 멋대로 구는〔엉뚱한〕 짓; 장난(prank); 도피, 탈출.
†**es·cape** [iskéip] *vi., vt.* ① **달아나다**, 탈출하다(*from*); **면하다**. ② (기억에) 남지 않다(*His name ~s me.* 그의 이름은 곧 잊어 버린다). ③ (가스 따위가) 새다; (말·한숨 따위가) 무심결에 나오다(*A sigh of relief ~d his lips.* 안도의 숨이 나왔다). **—** *n.* ⒸⓊ **탈출**, **도망**; (현

실) 도피; Ⓒ 누출. ***make one's*** ~ 달아나다. ***narrow*** ~ 구사일생. — *a*. (현실) 도피의; 면책의. ~**·ment** *n*. 도피구(口); (시계 톱니바퀴의) 탈진(脫進) 장치.
escápe clàuse 면제〔면책〕 조항.
es·cap·ee [iskèipí:, èskei-] *n*. 도피자; 탈옥자.
escápe hàtch (비행기 따위의) 피난용 비상구; (어려운 사태 등에서의) 도피구.
escápe lìterature 도피 문학.
escápe ràmp 〔**ròad, ròute**〕 피난 도로.
escápe vàlve 배기 밸브.
escápe velòcity (로켓의) 탈출 속도.
es·cap·ism [iskéipìzəm] *n*. Ⓤ 현실 도피(주의). **-ist** *n*., *a*.
es·car·got [èskɑ:rgóu] *n*. (F.) 식용 달팽이.
es·ca·role [éskəròul] *n*. 〖植〗 꽃상추(endive)의 일종 《잎이 큼, 샐러드용》.
es·carp·ment [iskɑ́:rpmənt] *n*. 급사면(急斜面); 벼랑(cliff).
es·cha·tol·o·gy [èskətɑ́lədʒi/-ɔ́-] *n*. 〖神〗 Ⓤ (세계) 종말론, 내세관.
es·cheat [istʃí:t, es-] *vi*., *vt*. (토지 따위가 국왕·영주에게) 귀속하다; 귀속시키다, 몰수하다. — *n*. Ⓤ 토지의 복귀〔몰수〕; Ⓒ 몰수지.
Esch·e· rích·ia cól·i [èʃərí:kiə kóulì] 대장균.
es·chew [istʃú:, es-] *vt*. 피하다(shun).
***es·cort** [éskɔ:rt] *n*. ① **호위자**〔병·대〕. ② Ⓤ 호위, 호송. — [iskɔ́:rt] *vt*. **호위**〔**호송**〕**하다**.
es·cri·toire [èskritwɑ́:r] *n*. (F.) (서랍 달린) 책상(writing desk).
es·cu·do [eskú:dou] *n*. (*pl*. ~***s***) 포르투갈〔칠레〕의 화폐 단위; 에스쿠도 금〔은〕화.
es·cu·lent [éskjələnt] *a*., *n*. 식용에 알맞은; 식용품, (특히) 야채.
es·cutch·eon [iskʌ́tʃən] *n*. 방패 모양의 문장(紋章) 바탕; 방패 모양의 물건. ***a blot on one's*** ~ 가문(家門)의 오점(汚點), 불명예.
ESE east-southeast.
-ese *suf*. 「…의 국민(의)」「…의 주민(의)」「…어〔말〕의」의 뜻: Chin*ese*, Milan*ese*.
‡**Es·ki·mo, -mau** [éskəmòu] *n*. (*pl*. ~***e***(***s***), ~, ***-maux*** [-z]) *a*. ⒸⓊ **에스키모 사람**〔**말**〕(**의**).
Éskimo ròll 〖카누〗 에스키모식 전도복원(轉倒復元).
e·so·pha·ge·al [ì:səfədʒí:əl] *a*. 식도(食道)의. ~ ***cancer*** 식도암.
e·soph·a·gus [isɑ́fəgəs/ -sɔ́f-] *n*. (*pl*. ***-gi*** [-dʒài/-gài]) 식도(食道)(gullet).
es·o·ter·ic [èsoutérik] *a*. 소수의 고제(高弟)〔학자〕에게만 전수되는, 비전(秘傳)의, 비교(秘教)의 (opp. exoteric); 비밀의(secret).
E. S. P. extrasensory perception.
esp., espec. especially.
es·pal·ier [ispǽljər, es-] *n*. 과수〔나무〕를 받치는 시렁(trellis).
Es·pa·ña [espɑ́:njɑ:] *n*. 스페인 《스페인식 명칭》.
‡**es·pe·cial** [ispéʃəl, es-] *a*. **특별**〔**각별**〕**한**(exceptional). †~**·ly** *ad*. **특히**; 현저히.
Es·pe·ran·to [èspərǽntou, -ɑ́:-] *n*. Ⓤ 에스페란토 《폴란드의 Dr. L. L. Zamenhof가 인류의 평화를 위하여 창안한 배우기 쉬운 국제 보조어》. **Es·pe·rán·tist** *n*.
es·pi·al [ispáiəl] (<espy) *n*. Ⓤ 정찰; 감시.
es·pi·o·nage [éspiənɑ̀:ʒ, -nidʒ/ èspiənɑ́:ʒ] *n*. Ⓤ (F.) 탐색, 간첩 행위; 간첩을 씀.
es·pla·nade [èsplənéid] *n*. (특히 바닷가·호숫가 따위의) 산책길(promenade); (요새와 시내 민가 사이를 격리하는) 공터.
es·pouse [ispáuz] *vt*. …와 결혼하다; 시집보내다(marry); 채용하다(adopt), (의견·학설 등을) 지지하다. **es·póus·al** *n*. 약혼, (*pl*.) 혼례; Ⓤ 채용, 지지, 옹호.
es·prit [esprí:/ ´–] *n*. Ⓤ (F. =spirit) 정신; 에스프리, 재치 (lively wit).
esprit de corps [də kɔ́:r] (F.) 단체 정신, 단결심 《애교심(愛校心) 따위》.
esprit d'es·ca·lier [deskəljéi] (F. =wit on the staircase) 사후(事後)의 명안(名案).
***es·py** [ispái] *vt*. (숨은 물건, 작은 물건 등을) **찾아내다**(detect, spy); 발견하다, 알아채다.
Esq., Esqr. Esquire.
***es·quire** [iskwáiər] *n*. (E-) 《英》 (성명 다음에 붙여서) **님, 귀하**(*John smith, Esq.*); 《古》 =SQUIRE.
ESRO [ésrou] European Space Research Organization.
-ess *suf*. 여성 명사를 만듦(actr*ess*, empr*ess*, tigr*ess*, waitr*ess*).
Ess. Essex.
ESSA [ésə] Environmental Science Services Administration.
‡**es·say** [ései] *n*. **수필**, (문예상의) **소론**(小論), 시론(試論); 평론; [eséi] 시도 (*at*). — [eséi] *vt*., *vi*. 시도하다; 시험하다. *~**·ist** *n*. **수필가**.
es·say·ette [èseiét] *n*. 짧은 수필(short essay).
‡**es·sence** [ésəns] *n*. ① Ⓤ **본질**, 정수; 〖哲〗 실체. ② ⓊⒸ **에센스**, 엑스(extract), 정(精); 향수.
‡**es·sen·tial** [isénʃəl] *a*. ① **본질적인**, 실질의. ② **필수의**(necessary). ③ 정수의, 에센스의, 기본의. ~ ***oil*** 정유. ~ ***proposition*** 〖論〗 본질적 명제. — *n*. 본질; 요점, 요소. ~***s of life*** 생활 필수품. ***es·sén·tial·ly** *ad*. **본질적으로**, 본래.
Es·sex [ésiks] *n*. 영국 남동부의 주.
EST, E. S. T. Eastern Standard Time. **est.** established; estate; estimate(d); estuary.
-est *suf*. 최상급을 만듦(great*est*, hott*est*, seren*est*).
‡**es·tab·lish** [istǽbliʃ, es-] *vt*. ① **설립**〔**확립**〕**하다**, 제정하다. ② (사람의)

기반을 잡게 하다, (지위에) 앉히다; 개업시키다, 안정된 지위에 놓이게 하다. ③ 정하다; 인정하다; 입증〔확증〕하다; (교회를) 국교회로 만들다. ~ ***oneself*** 정착〔정주〕하다, 취업(就業)하다, 개업하다. **~ed** [-t] *a.* ‡**~·ment** *n.* Ⓤ **설립**, 설정, 설치; 확립; Ⓒ 설립물, **시설**; 세대; 조직, 제도; 회사, 점포; 고정 수입; Ⓤ 상비 병력, 정원. ***Church Establishment,*** or ***the Establishment*** (영국) 국교(회).

Estáblished Chúrch, the (영국) 「국교(회).

es·tab·lish·men·tar·i·an [istæbliʃməntέəriən] *n., a.* 영국 국교회(의), 그 신봉자(의); 체제파(의), 체제주의자(의).

‡**es·tate** [istéit, es-] *n.* ① Ⓤ **재산**, 유산; 소유〔재산〕권. ② **토지**, 소유지. ③ Ⓤ 살림살이, 처지; 사회적 지위〔신분〕. ④ (정치·사회적) 계급. ***personal***〔***real***〕 ~ 동〔부동〕산. ***the fourth*** ~ 《諧》 신문(기자들), 언론계(the press). ***the third*** ~ 평민; (프랑스 혁명 전의) 중산 계급. ***the Three Estates*** (***of the Realm***) 〖史〗 귀족과 성직자와 평민; 《英》 성직자 상원 의원과 귀족 상원 의원 및 하원 의원. 「〔중개업자〕.

estáte àgent 《英》 부동산 관리인

éstate càr 〔**wàg(g)on**〕 《英》 = STATION WAG(G)ON.

estáte tàx 상속세(death duties).

‡**es·teem** [istíːm, es-] *vt.* ① **존경**〔**존중**〕하다, 귀중히 여기다. ② …이라고 생각〔간주〕하다(consider). —— *n.* Ⓤ **존경**, 존중(regard). ***hold in*** ~ 존경〔존중〕하다.

es·ter [éstər] *n.* Ⓤ 〖化〗 에스테르.

Esth. Esther. 「에스더서(書).

Es·ther [éstər] *n.* 여자 이름; 〖舊約〗

es·thete [ésθiːt/íːs-] *n.* = AESTHETE.

es·thet·ic [esθétik/iːs-], **-i·cal** [-əl] *a.* **es·thét·ics** *n.* = AESTHETICS.

es·ti·ma·ble [éstəməbəl] *a.* (< esteem) 존경할 만한; (<estimate) 평가〔어림〕할 수 있는.

‡**es·ti·mate** [éstəmèit, -ti-] *vt., vi.* **평가**〔**어림**, 개산, 견적〕**하다**; 견적서를 작성하다. —— [-mit] *n.* **평가**, 견적(서), 개산; 판단. ***the estimates*** 《英》 (정부의) 예산.

***es·ti·ma·tion** [èstəméiʃən, -ti-] *n.* ① Ⓤ **의견**, **판단**, 평가. ② Ⓤ 존중(esteem). ③ 견적, 개산.

Es·to·ni·a [estóuniə] *n.* 에스토니아 《발트해에 면한 소비에트 연방의 한 공화국》.

es·trade [estráːd] *n.* 단, 교단(教壇).

es·trange [estréindʒ] *vt.* 소원하게 하다, 멀리하다. **~·ment** *n.* ⓊⒸ

es·tri·ol [éstriɔ̀ːl] *n.* Ⓤ 〖生化〗 에스트리올《여성 호르몬의 일종》.

es·tro·gen [éstrədʒən] *n.* Ⓤ 〖生化〗 발정 호르몬.

es·trone [éstroun] *n.* Ⓤ 〖生化〗 에스트론《여성 호르몬의 일종》.

es·trus [éstrəs] *n.* Ⓤ 발정(기).

~ ***cycle*** 성주기(性週期).

es·tu·ar·y [éstʃuèri/-tjuəri] *n.* 강어귀, 내포(內浦).

ESV experimental safety vehicle.

ET. Eastern Time; Easter term.

Et. ethyle. 「is*let*.

-et *suf.* 《指小辭》: bull*et*, coron*et*,

e·ta [íːtə; éi-] *n.* 그리스어(語) 알파벳의 일곱째 글자《*H*, *η*; 영어의 long 'e'에 해당함: cf. epsilon》.

ETA, e.t.a. estimated time of arrival 도착 예정 시간.

et al. *et alibi* (L. =and elsewhere); *et alii* (L. =and others).

‡**etc.** [ənsóufɔ̀ːrθ, etsétərə/itsétrə] *et cetera*(⇩).

***et cet·er·a** [et sétərə/it sétrə] (L. = and the rest) **따위**《생략 etc., &c.》.

etch [etʃ] *vt.* …에 에칭하다, …을 식각(蝕刻)하다. —— *vi.* 식각법을 행하다. **∠·er** *n.* **∠·ing** *n.* Ⓤ 식각법, 에칭; Ⓒ 부식 동판(화). 「departure.

ETD, e.t.d. estimated time of

‡**e·ter·nal** [itə́ːrnəl] *a.* ① **영원**〔**영구**〕**한**(perpetual); 불멸의; 끝없는. ② 변함 없는, 평상시의, 예(例)의 (*Enough of your ~ joke!* 자네의 농담은 이제 그만). ***the E-*** 신(神). ***the ~ triangle*** (남녀의) 삼각 관계. **~·ize** [-àiz] *vt.* =ETERNIZE ***~·ly** *ad.* 「《로마》.

Etérnal Cíty, the 불멸의 도읍

e·ter·ni·ty** [itə́ːrnəti] *n.* Ⓤ ① **영원**, 영구. ② 내세. ***the eternities (영구) 불변의 사물〔사실, 진리〕.

e·ter·nize [itə́ːrnaiz] *vt.* 불멸하게 하다; 영원히 전하다.

eth [eð] *n.* =EDH.

Eth. Ethiopia. **eth.** ethical; ethics.

-eth *suf.* ⇨ -TH.

eth·ane [éθein] *n.* Ⓤ 〖化〗 에탄 《석유에서 나는 가스》.

eth·a·nol [éθənɔ̀ːl] *n.* 〖化〗 에탄올 《(에틸) 알코올을 말함》.

***e·ther** [íːθər] *n.* Ⓤ 〖理·化〗 **에테르**; 정기(精氣); 하늘.

e·the·re·al, -ri·al [iθíːriəl] *a.* 공기와 같은, 가벼운, 영기(靈氣)의 〔같은〕, 영묘(靈妙)한; 천상의, 상공의; 〖化〗 에테르 같은. **~·ize** [-àiz] *vt.* 영화(靈化)하다; 에테르화〔기화〕하다.

e·ther·ize [íːθəràiz] *vt.* 〖醫〗 에테르 마취를 시행하다, 〖化〗 에테르화하다.

eth·ic [éθik] *a.* =ETHICAL. —— *n.* 《稀》 =ETHICS.

eth·i·cal** [-əl] *a.* **도덕**(상)의, 윤리적인. ~ ***drug 처방약 《의사의 처방전 없이는 시판을 허용치 않는 약제》. **~·ly** [-i] *ad.* 「도덕 (원리).

***eth·ics** [-s] *n. sing. & pl.* **윤리학**;

***E·thi·o·pi·a** [ìːθióupiə] *n.* **에티오피아**. **E·thi·ó·pi·an** [-n], **E·thiop**(**e**) [íːθiɑ̀p/-ɔ̀p] *a., n.* 에티오피아의(사람); =NEGRO.

eth·nic [éθnik], **-ni·cal** [-əl] *a.* 인종의, 민족의; 인종학의; 이교의(neither Christian nor jewish; pagan). ~ ***group*** 인종, 민족. **-cal·ly** *ad.*

eth·no·cen·tric [èθnouséntrik] *a.* 자민족 중심주의의.

eth·nog·ra·phy [eθnágrəfi / -ɔ́-] *n.* 민족지(民族誌); Ⓤ (특히 기술적) 민족지학. **eth·no·graph·ic** [èθnəgrǽfik], **-i·cal** [-əl] *a.*

eth·nol·o·gy [eθnálədʒi/-ɔ́-] *n.* Ⓤ 인종학. **eth·no·log·ic** [èθnəládʒik / -ɔ́-], **-i·cal** [-əl] *a.* **-i·cal·ly** *ad.* **-gist** *n.*

e·thol·o·gy [eθálədʒi, i:-/i(:)θɔ́l-] *n.* Ⓤ 인성학(人性學); 동물 행동학.

e·thos [í:θas/-θɔs] *n.* (시대·민족·사회·종교 단체 따위의, 독특한) 기풍; 민족 정신; (예술 작품의) 기품, 「에토스」(cf. pathos).

eth·yl [éθəl] *n.* Ⓤ 〖化〗 에틸.

éthyl álcohol 에틸 알코올, 주정.

eth·yl·ene [éθəlì:n] *n.* Ⓤ 〖化〗 에틸렌. 「인(病因)(학); 원인학.

e·ti·ol·o·gy [ì:tiálədʒi/-ɔ́-] *n.* ⓊⒸ 병

‡et·i·quette [étikit, -kèt] *n.* Ⓤ 에티켓, 예의, 예법; 관례. ***medical*** ～ 의사들(사이)의 불문율.

Et·na [étnə] *n.* Sicily 섬의 화산; (e-) 알코올로 물 끓이는 기구.

***E·ton** [í:tn] *n.* 런던 서쪽의 도시; =∠ **Cóllege** 이튼교(校) 《이 시(市)에 있는 public school; Henry Ⅵ의 창립(1440)》. **E·to·ni·an** [i:tóuniən] *a., n.* Eton의; Eton 교(校) 학생〔출신자〕.

é·tran·ger [etrɑ̃ʒe] *n.* (F.) 이방〔외국〕인, 낯선 사람; (É-) Albert Camus 작의 소설(1942).

E·tru·ri·a [itrúəriə] *n.* 이탈리아 서부에 있던 옛 나라.

E·trus·can [itrʌ́skən] *a., n.* Etruria (사람)의; ⒸⓊ Etruria 사람〔말〕.

ETS expiration term of service 복무 완료 기간; 《美》 Educational Testing Service.

et seq. *et sequens*(L. =and the following); *et sequentes* or *sequentia* (L. =and those that follow).

-ette *suf.* ① 「작은」의 뜻: cigar*ette*, statu*ette*). ② 「…여성」의 뜻: coqu*ette*, suffrag*ette*.

E. T. U. Electrical Trades Union.

é·tude [éitju:d] *n.* (F. =study) (회화·조각 따위의) 습작(習作); 연습곡, 에튀드.

ETV Educational Television. **etym.** etymological; etymology.

***et·y·mol·o·gy** [ètəmálədʒi/-imɔ́-] *n.* ⒸⓊ 어원(학). **-gist** *n.* **et·y·mo·log·i·cal(·ly)** [ètəməládʒikəl(i)/-ɔ́-] *a.(ad.)*

et·y·mon [étəmàn/-ɔ̀n] *n.* (*pl.* ***-ma*** [-mə]) 〖言〗 어근; 말의 원형.

Eu 〖化〗 europium.

eu·ca·lyp·tus [jù:kəlíptəs] *n.* (*pl.* ***～es, -ti*** [-tai]) 유칼리나무 《높이 90 m, 오스트레일리아 원산》.

Eu·cha·rist [jú:kərist] *n.* 성체성사 (Holy Communion); 성체용의 빵과 포도주; (e-) 감사(의 기도).

eu·chre [jú:kər] *n.* Ⓤ 《美》유커 《카드놀이의 일종》. ── *vt.* 유커에서 지게 하다; 《美口》 책략으로 이기다, (속임수로) 앞지르다(*out*).

***Eu·clid** [jú:klid] *n.* 그리스의 수학자 (fl. *c.* 300 B.C.); Ⓤ 유클리드 기하학.

eu·di·om·e·ter [jù:diámitər/-ɔ́mi-] *n.* 〖化〗 유디오미터 《주로 공기 중의 산소량을 측정함》.

eu·gen·ic [ju(:)dʒénik], **-i·cal** [-əl] *a.* 우생(학)적인. **-i·cal·ly** *ad.* **eu·gén·ics** *n.* 우생학.

eu·lo·gi·um [ju:lóudʒiəm] *n.* (*pl.* ***～s, -gia*** [-dʒiə]) =EULOGY. **-gist** *n.* 찬미자. **eu·lo·gis·tic** [jù:lədʒístik], **-ti·cal** [-əl] *a.* **-ti·cal·ly** *ad.*

eu·lo·gize [jú:lədʒàiz] *vt.* 칭찬하다.

eu·lo·gy [jú:lədʒi] *n.* Ⓤ 칭찬, 찬양; Ⓒ 찬사.

eu·nuch [jú:nək] *n.* 거세된 남자; 환관, 내시; 〖聖〗 독신자.

eu·pep·si·a [ju(:)pépsiə, -ʃə] *n.* Ⓤ 〖醫〗 소화 양호(opp. dyspepsia).

eu·pep·tic [ju(:)péptik] *a.* 소화 양호의; 소화를 돕는.

eu·phe·mism [jú:fəmìzəm] *n.* Ⓤ 〖修〗 완곡 어법(婉曲語法)《*pass away* (=die) 따위》. **eu·phe·mis·tic** [∸-místik] *a.*

eu·phon·ic [ju:fánik/-ɔ́-] *a.* 음편(音便)의, 발음 편의상의; =EUPHONIOUS.

eu·pho·ni·ous [ju:fóuniəs] *a.* 음조가 좋은, 듣기 좋은.

eu·pho·ny [jú:fəni] *n.* Ⓤ 듣기 좋은 음조; 어조가 좋음; 음편(音便).

eu·phor·bi·a [ju:fɔ́:rbiə] *n.* 〖植〗 등대풀(의 무리) (spurge).

eu·pho·ri·a [ju:fɔ́:riə] *n.* Ⓤ 〖心〗 행복감; 〖醫〗 건강; 《俗》 (마약에 의한) 도취감. **-phór·ic** [-rik] *a.*

***Eu·phra·tes** [ju:fréiti:z] *n.* Mesopotamia 지방의 강.

Eu·phros·y·ne [ju:frásənì: / -frɔ́-] *n.* 〖그神〗 기쁨의 여신.

eu·phu·ism [jú:fju:ìzəm] *n.* Ⓤ〖修〗 과식체(誇飾體), 미문체(美文體) 《두운(頭韻)·대구(對句) 따위를 많이 사용한 J. Lyly의 *Euphues* 식의 문체》. **-ist** *n.* 미문체를 좋아하는 작가〔사람〕. **eu·phu·is·tic** [∸-ístik] *a.* 미문(조)(美文(調))의, 화려한.

Eur. Europe; European.

Eur·af·ri·can [jùərǽfrikən] *a.* 유라프리카 (혼혈)의.

Eu·rail·pass [júəreilpæ̀s] *n.* 유럽 철도 주유권.

Eur·a·mer·i·can [jurəmérikən] *a.* 구미(歐美)(공통)의.

***Eur·a·sia** [juəréiʒə, -ʃə] *n.* 유라시아, 구아(歐亞).

Eur·a·sian [-n] *a., n.* 유라시아 (혼혈)의; 유라시아 혼혈아.

Eur·at·om [juərǽtəm] *n.* 유라톰 《유럽 원자력 공동체》 (<*European Atomic* Energy Community).

eu·re·ka [juərí(:)kə] *int.* (Gr.) 알았다! (I have found it!) 《California 주의 표어》. ── *n.* 발견의 기쁨의 소리.

eu·rhyth·mics [ju:ríðmiks] *n. pl.* (單數取扱) 리듬 체조.

Eu·rip·i·des [juərípədi:z] *n.* 그리스의 비극 시인(480?–406? B. C.).

Eu·ro·bond [júərəbɑ̀nd/-bɔ̀nd] *n.* 유로채(債).

Eu·ro·crat [júərəkræ̀t] *n.* 유럽 공동체의 행정관.

Eu·ro·cur·ren·cy [-kə̀:rənsi] *n.* 유로머니 《유럽 시장에서 쓰이는 각국의 통화》.

Eu·ro·dol·lars [-dɑ̀lərz / -ɔ̀-] *n.* 유로달러 《유럽에서 국제 결제에 쓰이는 US dollar》.

Eu·ro·mar·ket [jùərəmɑ́:rkit] *n.* =COMMON MARKET.

Eu·ro·pa [juəróupə] *n.* 〖그神〗 유로파 《Phoenicia의 왕녀》.

†**Eu·rope** [júərəp] *n.* 유럽(주).

‡**Eu·ro·pe·an** [jùərəpí:ən] *a., n.* 유럽의; 유럽 사람(의). ~**·ism** [-ìzəm] *n.* Ⓤ 유럽주의〔정신〕, 유럽풍〔식〕. ~**·ize** [-àiz] *vt.* 유럽풍〔식〕으로 하다. **Eu·ro·pe·an·i·za·tion** [-pì:əni-zéiʃən/-nai-] *n.* Ⓤ

Européan Atómic Énergy Commùnity =EURATOM.

Européan Cómmon Márket 유럽 공동 시장 《European Economic Community의 속칭》.

Européan Commúnity 유럽 공동체 《생략 EC》.

Européan Defénse Commúnity 유럽 방위 공동체 《생략 E. D. C.》.

Européan Económic Commúnity 유럽 경제 공동체 《속칭 European Common Market》.

Européan Frée Tráde Associátion 유럽 자유 무역 연합체 《유럽 공동 시장에 대항하여 조직된 무역 블록》.

Européan plàn 《美》 유럽식 《호텔에서 방값과 식사 대금을 따로 계산하는 것》 (cf. American plan).

Européan Polítical Commúnity 유럽 정치 공동체.

Européan Recóvery Prògram (미국 국무장관 Marshall 제안의) 유럽 부흥 계획 《생략 E.R.P.》.

eu·ro·pi·um [juəróupiəm] *n.* Ⓤ 〖化〗 유로퓸 《희토류 원소》.

Eu·ro·port [júərəpɔ̀:rt] *n.* 유로포트 《유럽 공동체의 수출입항》.

Eu·ro·sat [-sæ̀t] *n.* 유러샛 《유럽 통신 위성 회사》.

Eu·ro·space [-spèis] *n.* 유러스페이스 《유럽 우주 산업 연합회》.

Eu·ro·vi·sion [-vìʒən] *n.* 〖TV〗 유러비전 《서유럽 텔러비전 방송망》.

EUSA Eighth U. S. Army.

EUSAPC Eighth U. S. Army Personnel Center.

Eu·stá·chi·an tùbe [ju:stéiʃiən, -kiən] 〖解〗 유스타키관, 구씨관(歐氏管) 《중이(中耳)에서 목으로 통하는 관》.

Eu·ter·pe [ju:tə́:rpi] *n.* 〖그神〗 음악의 여신 《Nine Muses의 하나》.

eu·tha·na·si·a [jù:θənéiʒiə, -ziə] *n.* Ⓤ (편안한) 죽음; (불치의 병고로부터 구원하는) 안락사(술(術)) (mercy killing). 「우생학, 생활 개선학.

eu·then·ics [ju:θéniks] *n.* 《美》 환경

eu·tro·phy [jú:trəfi] *n.* 〖醫〗 영양 양호; (하천 등의) 부(富)영양.

e. v. electron volt(s). **EVA** extra-vehicular activity (우주)선외 활동.

***e·vac·u·ate** [ivǽkjuèit] *vt.* ① 비우다; 배설하다; 명도하다. ② 철퇴〔철병〕하다; 퇴거시키다. ③ (공습·전재로부터) 피난〔소개〕시키다. —— *vi.* 피난〔소개〕하다. ***e·vac·u·a·tion** [-⌒-éiʃən] *n.* ⓊⒸ

e·vac·u·ee [ivæ̀kjuí:] *n.* 피난자, 소개자(疎開者).

***e·vade** [ivéid] *vt.* ① …을 면하다, …으로부터 교묘하게 빠져 나가다 (~ *a tax* 탈세하다). ② 둘러대어 모면하다.

***e·val·u·ate** [ivǽljuèit] *vt.* 평가하다 (appraise); 〖數〗 …의 값을 구하다. ***e·val·u·a·tion** [-⌒-éiʃən] *n.* Ⓤ

ev·a·nesce [èvənés] *vi.* (점차로) 사라지다. **-nés·cent** *a.* **-cence** *n.* Ⓤ

e·van·gel [ivǽndʒəl/-dʒel, -dʒəl] *n.* 《古》 복음; (E-) (성서의) 복음서 《마태 복음 이하 4 복음서의 하나》; 길보(吉報); =EVANGELIST.

e·van·gel·ic [ì:vændʒélik, èvən-], **-i·cal** [-əl] *a., n.* 복음(전도)의; 복음주의자.

e·van·ge·lism [ivǽndʒəlìzəm] *n.* Ⓤ 복음전도〔주의〕. **-list** *n.* (복음) 전도자; (E-) 신약 복음서의 저자.

e·van·ge·lis·tic [ivæ̀ndʒəlístik] *a.* 복음서 저자의; 복음 전도자의.

e·van·ge·lize [ivǽndʒəlàiz] *vt., vi.* 복음을 전하다, 전도하다.

e·vap·o·rate** [ivǽpərèit] *vi.* 증발하다; 김을 내다; 사라져 없어지다. —— *vt.* 증발시키다. ~d milk*** 《美》 농축 우유. **-ra·tor** *n.* ***e·vap·o·ra·tion** [-⌒-réiʃən] *n.* Ⓤ

e·va·sion [ivéiʒən] *n.* ⓊⒸ 도피, 회피, 둘러댐(evading).

e·va·sive [ivéisiv] *a.* 포착하기 어려운, 회피적인; 둘러대(기 잘 하)는 (elusive). ~**·ly** *ad.*

Eve** [i:v] *n.* 이브, 하와《Adam의 아내; 신이 창조한 최초의 여자》. ***daughter of ~ 여자(라는 것).

‡**eve** [i:v] *n.* 전야(제), 명절의 전날 밤; (사건 등의) 직전; 《詩》 저녁, 밤.

†**e·ven¹** [í:vən] *a.* ① 평평한(flat¹), (…와) 수평의(*with*). ② 한결같은, 규칙적인, 평등한, 호각(互角)의; 우수리 없는, 정확한(*an* ~ *mile* 꼭 1마일); 공평한. ③ 침착한, 평정한. ④ 빚 없는, (모욕 따위에 대하여) 앙갚음이 끝나(*I will be* ~ *with you for this scorn.* 이 모욕의 앙갚음은 꼭 하겠다). ⑤ (수가) 2등분할 수 있는; 우수〔짝수〕의 (cf. odd). ***break*** ~ 《口》 득실이 없게 되다. ~ CHANCE. ***get*** ~ ***with*** 앙갚음하다. ***of*** ~ ***date*** 같은 날짜의. —— *ad.* ① …조차,

…라도. ② 한층, 더욱. ③ 평등하게, 호각으로. ④ 《古》 꼭, 바로. ~ *if* 〔*though*〕 비록 …일지라도. ~ *now* 지금이라도; 《古》 바로 지금. —— *vt.* 평평하게 하다, 고르게 하다; 평등하게 하다〔다루다〕. ~ *up* 평등하게 하다; 《美》 보복하다(*on*). *é·ven·ly *ad.* 「무렵, 밤.

e·ven² *n.* 《詩》 저녁때, 땅거미 질

e·ven·fall [-fɔ̀:l] *n.* Ⓤ 《詩》 황혼.

e·ven-hand·ed [-hǽndid] *a.* 공평한.

†**eve·ning** [í:vniŋ] *n.* ① **저녁**, 해질녘, **밤**. ② 《美南部》 오후. 「스.

évening drèss 야회복, 이브닝드레

évening glòw 저녁 놀.

évening gòwn 여성용 야회복.

évening pàper 석간.

évening pàrty 야회(夜會).

évening prímrose 〈금〉달맞이꽃.

eve·nings [-z] *ad.* 《美》 매일 저녁.

évening schòol = NIGHT SCHOOL.

évening stár 개밥바라기, 금성, 태백성(太白星).

éven móney 대등하게 태우는 돈.

e·ven·song [í:vənsɔ̀:ŋ/-ɔ̀-] *n.* (영국 국교회의) 만도(晩禱).

‡**e·vent** [ivént] *n.* ① **사건**, 큰 사건. ② 경과(development), **결과**. ③ 경우(case). ④ 〖競〗 **종목**, 시합. *at all ~s* 좌우간, 하여튼. *in any ~* 무슨 일이 있어도, 하여튼. *in the ~ of* …의 경우에는. **~·ful** *a.* 다사다난한, 파란 많은; 중대한. **~·ful·ly** *ad.* 「미질 때.

e·ven·tide [í:vəntàid] *n.* 《詩》 땅거

*__e·ven·tu·al__ [ivéntʃuəl] *a.* ① **종국의** (final). ② (경우에 따라서는) **일어날 수도 있는**, 있을 수 있는(possible). ‡**~·ly** *ad.* **결국(은)**, 필경(에는).

e·ven·tu·al·i·ty [-⌒-ǽləti] *n.* 예측 못할 사건, 만일의 경우; Ⓤ 우발성 (possibility).

e·ven·tu·ate [ivéntʃuèit] *vi.* 결국 …이 되다(result) (*in*); 일어나다, 생기다.

†**ev·er** [évər] *ad.* ① **언젠가**, 일찌기. ② 언제나(always). ③ 《強意》 **도대체**, 적어도. *as … as ~* 여전히. (*better*) *than ~* 지금까지보다 점점 더 (잘). *~ and* ANON. *~ since* 그 후 줄곧. *~ so* 아무리 …(해도); =VERY. *~ such* 대단히. *for ~ (and ~)* 영구〔영원〕히. *hardly* 〔*scarcely*〕 *~* 좀처럼 …않다. *seldom, if ~* (설사 있다 하더라도) 극히 드물게. *yours ~* 언제나 그대의 벗 《편지의 끝맺음말》.

*__Ev·er·est__ [évərist], **Mount** 히말라야 산맥 중의 세계 최고봉(8, 848 m).

ev·er·glade [évərglèid] *n.* 《美》 습지대. *the Everglades*, Florida 남부의 소택지.

*__ev·er·green__ [évərgri:n] *a., n.* ① **상록의**(opp. deciduous). ② 상록수.

Évergreen Státe 미국 Washington 주의 속칭.

‡**ev·er·last·ing** [èvərlǽstiŋ/-á:-] *a.* ① **영구〔영원〕한**; 끝없는. ② 변함없는, 지루한(tiresome). *the E-* 신(神). —— *n.* Ⓤ 영원, 영겁(eternity). **~·ly** *ad.*

ev·er·more [èvərmɔ́:r] *ad.* 언제나, 항상; 《古·詩》 영구〔영원〕히. *for ~* 영구〔영원〕히.

e·vert [ivə́:rt] *vt.* (눈꺼풀 따위를) 뒤집다, 외번(外飜)시키다. **e·vér·sion** [-ʃən, -ʒən] *n.* Ⓤ

†**eve·ry** [évri:] *a.* ① **모든**, 일체의, 어느 …이나 다, 각 …마다(~ *man, day, &c*). ② 《數詞와 함께 써서》 …**마다**(~ *five days*, or ~ *fifth day* 닷새마다, 나흘 걸러 / *E- third man has a car.* 세 사람에 한 사람 꼴로 자동차를 가지고 있다). *~ bit* 어느 모로 보나, 아주. *~ moment* 〔*minute*〕 시시 각각(으로). *~ now and then*, or *~ once in a while* 때때로, 가끔. *~ one* 누구나 모두, 각자. *~ other* 〔*second*〕 *day* 하루 걸러. *~ time* 매번, …할 때마다.

†**eve·ry·bod·y** [-bɑ̀di/-ɔ̀-] *pron.* **누구나, 각 사람** (모두).

‡**eve·ry·day** [-dèi] *a.* **매일의**, 일상의. *~ clothes* 평상복.

Eve·ry·man [-mæ̀n] *n.* 보통 사람 《15 세기의 영국의 권선 징악극 *Everyman* 의 주인공에서》.

†**eve·ry·one** [-wʌ̀n, -wən] *pron.* = EVERYBODY.

†**eve·ry·thing** [-θiŋ] *pron.* **무엇이든지 모두**, 만사; 가장 소중한 것(*to*).

ev·er·y·way [-wèi] *ad.* 어느 점으로 보아도.

†**eve·ry·where** [-*h*wɛ̀ər] *ad.* **어디에나**, 도처에.

e·vict [ivíkt] *vt.* 퇴거시키다, 쫓아내다(expel); 되찾다. **e·víc·tion** *n.* ⓊⒸ

‡**ev·i·dence** [évidəns] *n.* ① Ⓤ **증거**(proof); 증언(testimony). ② (*pl.*) **징후**, 형적(sign). *bear* 〔*give, show*〕 *~ of* …의 형적을 보이다. *give ~* 증언하다. *in ~* 눈에 띄게. *turn the King's* 〔*Queen's, State's*〕 *~* (공범자가) 한패에게 불리한 증언을 하다. —— *vt.* 증명〔증언〕하다.

‡**ev·i·dent** [évidənt] *a.* **뚜렷한**, 명백한(plain). ‡**~·ly** *ad.*

ev·i·den·tial [èvədénʃəl] *a.* 증거(상)의, 증거가 되는(*of*). **~·ly** *ad.*

‡**e·vil** [í:vəl] *a.* (*worse; worst*) ① **나쁜**, 사악한. ② 해로운; 불운한; **불길한**. *~ eye* 재난의 눈, 흉안(凶眼) 《재난을 준다는》. *~ tongue* 독설. *the E- One* 악마(Devil). —— *n.* ① Ⓤ **악**; 악행(sin). ② **해악**; 병. *king's ~* 연주창(scrofula) 《왕의 손이 닿으면 낫는다는 미신이 있음》. *the social ~* 사회악; 매춘(賣春). *wish a person ~* 아무의 불행을 기원하다. —— *ad.* 《稀》 나쁘게, 사악하게, 해롭게(ill); 불행하게. *speak ~ of* …의 험담을 하다. 「나쁜.

e·vil·dis·posed [-dispóuzd] *a.* 질이

e·vil·do·er [-dù:ər, ⌒-⌒-] *n.* 악인.

e·vil·do·ing [-dù:iŋ, ⌐-⌐-] *n.* Ⓤ 나쁜 짓, 악행.
e·vil-mind·ed [-máindid] *a.* 흑심이 있는, 사악한.
e·vince [ivíns] *vt.* (명백히) 나타내다(show).
e·vis·cer·ate [ivísərèit] *vt.* 창자를 끄집어 내다; 골자를 빼버리다. 「는.
ev·i·ta·ble [évətəbəl] *a.* 피할 수 있
***e·voke** [ivóuk] *vt.* (영·기억·감정 따위를) **불러일으키다,** 환기하다(call forth). **ev·o·cá·tion** [èvəkéiʃən, ì:vou-] *n.* Ⓤⓒ
‡**ev·o·lu·tion** [èvəlú:ʃən/ì:və-] *n.* ① Ⓤ (생물의) **진화**(evolving); (사건·의론 따위의) **전개, 발전.** ② Ⓤ (빛·열 따위의) 발생, 방출(releasing). ③ Ⓤ 〖數〗 개방(開方). ④ (댄스·스케이트 따위의) 선회(旋回); 〖軍〗 기동 연습. **～·al,** ***～·ar·y** [-èri/-əri] *a.* **발달의, 진화의,** 진화(론)적인. **～·ism** [-ìzəm] *n.* Ⓤ 진화론(theory of ～). **～·ist** *n.*
***e·volve** [iválv/-ɔ́-] *vi. vt.* ① **전개하다;** 진화하다〔시키다〕; 발달〔발전〕하다〔시키다〕. ② (*vt.*) (빛·열 따위를) 발생〔방출〕하다.
EVR electronic video recorder.
e·vul·sion [ivʌ́lʃən] *n.* Ⓤ 뽑아냄, 빼냄.
E.V.W. European Voluntary Worker 《英》 비영(非英) 유럽인 자원(自願) 노무자.
ewe [ju:] *n.* 암양(cf. ram). 「병.
ew·er [jú:ər] *n.* (주둥이가 넓은) 물
ex [eks] *prep.* (L.) …으로부터 (*ex ship* 〖商〗 본선 인도(引渡)); …때문에 《成句는 각항 참조》.
EX. Exodus. **ex.** examination; examined; example; exception; exchange; executive.
ex- *pref.* 「앞의」의 뜻: *ex*convict 전과자; *ex*-premier 전수상; *ex*-husband 전남편).
ex·ac·er·bate [igzǽsərbèit, iksǽs-] *vt.* (고통 따위를) 악화시키다(aggravate); 분격시키다(exasperate). **ex·ac·er·ba·tion** [-⌐-béiʃən] *n.* Ⓤ
‡**ex·act** [igzǽkt] *a.* ① **정확한;** 엄밀한, 정밀한. ② **꼼꼼한,** 엄격한, 까다로운. *to be* ～ 자세히 말하면. ── *vt.* (금전·노력·복종을) 엄하게 요구하다; **강요하다**(demand) (*from, of*). **～·ing** *a.* 엄한, 가혹한, 힘드는, 쓰라린. **ex·ác·tion** *n.* Ⓤ 강요, 강제 징수; Ⓒ 강제 징수금, 가세(苛稅). ‡**ex·áct·ly** *ad.*
ex·act·i·tude [igzǽktətjù:d/-tjù:d] *n.* Ⓤⓒ 정확, 정밀: 엄격함, 꼼꼼함.
exáct scíence 정밀 과학 《수학·물리학 따위》.
‡**ex·ag·ger·ate** [igzǽdʒərèit] *vt.* **과장하다,** 허풍떨다. ***-at·ed** [-id] *a.* ***ex·ag·ger·a·tion** [-⌐-éiʃən] *n.* Ⓤ **과장;** Ⓒ 과장적 표현. **ex·ág·ger·a·tor** *n.*
ex·alt [igzɔ́:lt] *vt.* (신분·관직·품위·명예 따위를) 높이다; 의기 양양하게 만들다(elate), 치살리다(extol); (빛깔을) 짙게 하다. ～ *a person to the skies* 아무를 극구 칭찬하다.
ex·al·ta·tion [ègzɔ:ltéiʃən] *n.* Ⓤ 높임; 승진; 찬양, 고귀(nobility); 우쭐함, 의기 양양; 〖冶〗 정련(精鍊). ***～·ed** [-id] *a.* **고귀〔존귀〕한,** (신분이) 높은; 고원〔고상〕한; 우쭐한, 의기 양양한, 신바람난.
ex·am [igzǽm] *n.* 《口》 =⇩.
‡**ex·am·i·na·tion** [igzæ̀mənéiʃən, -mi-] *n.* **시험**(*in*); Ⓤⓒ 검사; **조사,** 심사(*of, into*); Ⓒⓤ 〖法〗 심문, 심리. *medical* ～ 진찰. *on* ～ 조사해 보니; 조사한 뒤에. *physical* ～ 신체검사. *sit for an* ～ 시험치르다. *under* ～ 조사〔검사〕중인.
examinátion pàper 시험 용지; 시험 문제〔답안〕.
‡**ex·am·ine** [igzǽmin] *vt.* ① **조사하다,** 검사〔음미〕하다; 검정〔심사〕하다; **시험하다**(*in*). ② 〖法〗 심문하다. ③ **진찰하다.** ～ *oneself* 내〔반〕성하다. ── *vi.* 조사하다(*into*). ***ex·ám·in·er** *n.* **시험관;** 검사하는 사람, 심사관.
ex·am·i·nee [igzæ̀məní:] *n.* 수험자.
†**ex·am·ple** [igzǽmpl/-á:-] *n.* ① **실례,** 보기. ② **견본,** 표본(sample). ③ **모범,** 본보기(model). ④ 본때, 경계(warning). *beyond* ～전례 없는. *for* ～ 예를 들면. *make an* ～ *of* …를 본보기로 (징계)하다. *set* 〔*give*〕 *an* ～ *to* …에게 모범을 보이다. *take* ～ *by a person* (아무를) 본보기로 하다. *to cite an* ～ 일례를 들면. *without* ～ 전례 없는.
ex·an·the·ma [ègzænθí:mə, èks-] *n.* 〖病〗 발진, 피진(皮疹).
***ex·as·per·ate** [igzǽspərèit, -rit] *vt.* ① **격노케 하다;** 감정을 자극하다. ② 악화시키다, 더하게 하다(intensify). **-at·ing** *a.* 화나는, 짜증나게 하는; 악화시키는. **ex·as·per·a·tion** [-⌐-éiʃən] *n.* Ⓤ 격노; (병의) 악화.
Exc. Excellency.
Ex·cal·i·bur [ekskǽləbər] *n.* Arthur 왕의 마법의 검(劍).
ex ca·the·dra [èks kəθí:drə] (L. = from the chair) 권위를 가지고 (with authority); 권위 있는.
ex·ca·vate [ékskəvèit] *vt.* 파다; 도려내다; 발굴하다. **-va·tor** *n.* ***ex·ca·va·tion** [⌐-véiʃən] *n.* Ⓤⓒ
‡**ex·ceed** [iksí:d] *vt., vi.* (한도를) **넘다,** 초과하다; …보다 낫다, …을 능가하다(excel). ***～·ing** *a.* 대단한. ‡**～·ing·ly** *ad.* 대단히.
‡**ex·cel** [iksél] *vt., vi.* (*-ll-*) (…을) **능가하다**(surpass)(*in*); **뛰어나다**(*in*).
***ex·cel·lence** [éksələns] *n.* ① Ⓤ 탁월, **우수.** ② 장점, 미점(美點).
***Ex·cel·len·cy** [-i] *n.* 장관·대사 등에 대한 존칭(*Good morning, Your* ～*!* 각하, 안녕하십니까/*Do you know where His* ～ *is?* 각하께서 어디 계신지 아십니까).
‡**ex·cel·lent** [éksələnt] *a.* **우수한,** 탁

월한(exceedingly good). ~·ly *ad.*
ex·cel·si·or [iksélsiər, ek-] *int.* (L. =higher) 더 한층 높이!, 오직 향상! 《New York 주의 표어》. —— [-siər] *n.* =WOOD WOOL. ⌈CENTRIC.
ex·cen·tric [ikséntrik] *a.* =EC-
†**ex·cept** [iksépt] *vt.* **제외하다**(*from*). —— *vi.* 반대〔기피〕하다 (object) (*against*). —— *prep.* …을 **제외하고**(는), … 이외에는(save). ~ *for* …이 없으면 (but for); …이외에는. —— *conj.* 《古》=UNLESS. ‡~·ing *prep.* =EXCEPT.
‡**ex·cep·tion** [iksépʃən] *n.* ① Ⓤ **예외**, 제외. ② 이의(異議)(objection). *take ~ to* 〔*against*〕 …에 반대하다. *with the ~ of* …을 제외하고는 (except). ~·a·ble *a.* 비난할 만한. *~·al *a.* **예외적인**, 특별한, 보통이 아닌. ~*al child* (심신장애로 인한) 비정상아. *~·al·ly *ad.*
***ex·cerpt** [éksə:rpt] *n.* (*pl.* ~*s*, *-ta* [-tə]) **발췌**, 인용(구); 초록(抄錄); 발췌 인쇄(물). —— [eksə́:rpt] *vt.* 발췌하다(extract), 인용하다.
‡**ex·cess** [iksés, ékses] *n.* ① Ⓤ 과다, 과잉; **과도**; **초과**. ② 초과량〔액〕. ③ Ⓤ **부절제**(*in*); (보통 *pl.*) 지나침, 난폭, 폭음 폭식. ~ *of imports over exports* 수입 초과. ~ *profits tax* (전시) 초과 이득세. *go* 〔*run*〕 *to* ~ 지나치다, 극단으로 흐르다. *in* 〔*to*〕 ~ 너무나, 과도하게. *in ~ of* …을 초과하여, … 이상으로.
ex·céss-de·mánd inflàtion [-dimǽnd/-ɑ́:-] 수요 인플레.
éxcess fàre (철도의) 거리 초과 요금, 초과 요금.
‡**ex·ces·sive** [-iv] *a.* **과도한**, 극단적인, 터무니없는 (too much). ~·ly *ad.* ~·ness *n.*
‡**ex·change** [ikstʃéindʒ] *vt.* ① **교환하다** (*for* a thing; *with* a person); 주고받다. ② 환전하다. ~ *greetings* 인사를 나누다. —— *vi.* 환전할 수 있다(*for*); 교환하다. —— *n.* ① ⓊⒸ **교환**; 주고받음. ② Ⓤ 환전, 환; (*pl.*) 어음 교환고. ③ 거래소, 전화 교환국. *bill of* ~ 환어음. ~ *bank* 외환 은행. *E- (is) no robbery.* 교환은 강탈이 아니다 《불공평한 교환을 강요할 때의 상투 문구》. ~ *quotation* 외환 시세표. ~ *reaction* 〖理〗 교환 반응. *in ~ for* …와 상환으로. *make an* ~ 교환하다. *rate of* ~ (외국)환 시세, 환율. *stock* ~ 증권 거래소. ~·a·ble *a.* 교환할 수 있는.
exchánge contròl 환 관리.
exchánge ràte 환율.
exchánge stùdent 교환 학생.
exchánge tìcket 상품권.
ex·cheq·uer [ikstʃékər, éks-] *n.* 국고(國庫); Ⓤ 《口》 (개인의) 재원, 소득(finances); (E-)《英》 재무성.
exchéquer bìll 《英》 재무성 증권.
exchéquer bònd 《英》 국고 채권.
ex·cise[1] [éksaiz/-⌐] *n.*, *vt.* 물품세(를 부과하다); 엄청나게 받다〔청구하다〕.
ex·cise[2] [iksáiz] *vt.* 잘라내다(cut out). **ex·ci·sion** [eksíʒən] *n.* Ⓤ 삭제, 절제.
***ex·cit·a·ble** [iksáitəbəl] *a.* **흥분하기 쉬운**. ⌈자극성의; 자극물, 흥분제.
ex·cit·ant [iksáitənt, éksə-] *a.*, *n.*
ex·ci·ta·tion [èksaitéiʃən/-si-] *n.* Ⓤ 자극; 흥분. ⌈인.
ex·cit·a·tive [iksáitətiv] *a.* 자극적
‡**ex·cite** [iksáit] *vt.* ① **자극하다**, 자극하여 일으키다; 흥분시키다. ② 격려하다; 설레게 하다(stir up); 선동하다. *-**cít·ed** [-id] *a.* **흥분한**; 〖理〗 여기(勵起)한 (~*d atoms* 여기 원자). *-**cít·ed·ly** [-idli] *ad.* ‡~·**ment** *n.* Ⓤ **자극**, 격앙; **흥분**; ⓊⒸ 법석; 동요; Ⓒ 자극하는 것. ‡**ex·cít·ing** *a.* 자극적인, **흥분시키는**, 가슴 죄게 하는 (thrilling); 재미 있는.
ex·ci·ton [éksitɑ̀n/-tɔ̀n] *n.* 〖理〗 여기자(勵起子).
‡**ex·claim** [ikskléim] *vi.*, *vt.* ① **외치다**; 큰 소리로 말하다. ② 비난하다 (*against*).
‡**ex·cla·ma·tion** [èkskləméiʃən] *n.* ① Ⓤ **외침**, 절규, 감탄. ② 〖文〗 감탄사, 감탄 부호 (=~ mark) 《!》.
***ex·clam·a·to·ry** [iksklǽmətɔ̀:ri / -təri] *a.* **절규의**; 감탄의.
‡**ex·clude** [iksklú:d] *vt.* **몰아내다**; 배척하다(reject); 제외하다; 추방하다(expel).
***ex·clu·sion** [-klú:ʒən] *n.* ⓊⒸ **몰아냄**, 제외, 배척(excluding). *to the ~ of* …을 제외하고. ~·**ism** [-ìzəm] *n.* Ⓤ 배타주의. ~·**ist** *n.*
‡**ex·clu·sive** [-klúsiv] *a.* ① **배타**〔배제〕**적인**. ② 독점적인; 독특한, 유일의. ③ 고급의, 일류의. ~ *of* …을 제외하고. *~·**ly** *ad.* 독점적으로, **오로지**. ~·**ness** *n.* **ex·clú·siv·ism** [-ìzəm] *n.* Ⓤ 배타〔쇄국·독점〕주의.
ex·cog·i·tate [ekskɑ́dʒətèit/-kɔ́dʒ-] *vt.* 안출하다. **ex·cog·i·ta·tion** [-⌐-téiʃən] *n.* ⓊⒸ
ex·com·mu·ni·cate [èkskəmjú:nəkèit] *vt.* 〖宗〗 파문하다; 제명하다. **-ca·tion** [⌐-⌐-kéiʃən] *n.* ⓊⒸ
ex·con·vict [ekskɑ́nvikt] *n.* 전과자.
ex·co·ri·ate [ikskɔ́:rièit] *vt.* …의 가죽을 벗기다, 껍질을 까다; 혹평하다; 심한 욕을 퍼붓다. **ex·co·ri·a·tion** [-⌐-éiʃən] *n.* ⓊⒸ ⌈설물.
ex·cre·ment [ékskrəmənt] *n.* Ⓤ 배
ex·cres·cence [ikskrésns, eks-] *n.* 자연 발생물 《손톱·발톱·머리털 따위》; 이상 발생물《혹, 사마귀 따위》; 무용지물. **-cent** *a.* 군, 가외의(superfluous); 혹 같은. ⌈비〕물; 대변.
ex·cre·ta [ikskrí:tə] *n. pl.* 배설〔분
ex·crete [ikskrí:t] *vt.* 배설하다(discharge). **ex·cré·tion** *n.* ⓊⒸ 배설(물). **ex·cré·tive** [-iv], **ex·cre·to·ry** [ékskritɔ̀:ri /ekskrí:təri] *a.* 배설의.
ex·cru·ci·ate [ikskrú:ʃièit] *vt.* …을 고문하다(torture); 심한 고통을 주다, 몹시 괴롭히다(distress). **-at·ing**

a. **-at·ing·ly** *ad.*

ex·cul·pate [ékskʌlpèit] *vt.* 무죄로 하다, 무죄를 증명하다. ~ ***oneself*** 자기의 무죄를 입증하다(*from*). **ex·cul·pa·tion** [ˊ–péiʃən] *n.* Ⓤ

‡**ex·cur·sion** [ikskə́:rʒən, -ʃən] *n.* ① 소풍, 수학〔유람〕 여행, 단체 여행. ② 관광단. ③ 일탈. ④ 《廢》 습격. **~·ist** *n.*

excúrsion tìcket 〔**tràin**〕 유람 차표〔열차〕.

ex·cur·sive [ikskə́:rsiv] *a.* 배회하는, 산만한; 지엽적인.

ex·cus·a·ble [ikskjú:zəbəl] *a.* 용서할 수 있는, 변명이 서는.

†**ex·cuse** [ikskjú:z] *vt.* ① 변명하다. ② 용서하다, 보아주다. ③ (의무 따위를) 면제하다(exempt). ***E- me!*** 실례합니다, 미안합니다. ~ ***oneself*** 변명하다. ~ ***oneself from*** 사퇴하다, 그만두고 싶다고 말하다(beg to be ~d). —— [-s] *n.* ⒸⓊ ① 변명, 사과. ② 발뺌, 구실, 핑계. ***thin*** ~ 빤한 변명〔핑계〕.

ex div·i·dend [èks dívədènd] (L.) 〖商〗 배당락(配當落) 《생략 ex div., x. d.》.

exec. executive; executor.

ex·e·cra·ble [éksikrəbəl] *a.* 밉살스러운, 귀찮은, 몹시 싫은(detestable).

ex·e·crate [éksikrèit] *vt.* 저주하다 (curse), 몹시 싫어하다, 혐오하다 (abhor). **ex·e·cra·tion** [ˊ–kréiʃən] *n.* ⓊⒸ

ex·ec·u·tant [igzékjutənt] *n.* 연주자, 실행자.

‡**ex·e·cute** [éksikjù:t] *vt.* ① 실행하다, 수행하다; 실시하다(enforce). ② (미술품을) 제작하다; (곡을) 연주하다(perform). ③ (유언을) 집행하다; (증서 따위에) 서명 날인하다. ④ (사형을) 집행하다. **éx·e·cut·a·ble** *a.* **éx·e·cut·er** *n.* =EXECUTOR.

ex·e·cu·tion** [èksikjú:ʃən] *n.* Ⓤ ① 실행, 수행, 이행(achievement). ② 사형 집행, 처형. ③ (증서의) 작성, 서명 날인. ④ (미술품의) 제작; 연주(하는 품). ⑤ 솜씨; 효과. ***carry 〔***put***〕 ***into*** ~ 실행하다, 실시하다. ***do*** ~ 주효하다, 위력을 발휘하다; (탄알이) 명중하다. ***writ of*** ~ 집행 영장. **~·er** *n.* 실행자; 사형 집행인.

‡**ex·ec·u·tive** [igzékjətiv] *a.* ① 실행의; 실행력이 있는. ② 행정(상)의. —— *n.* ① 행정부〔관〕. ② 간부, 간사; 지배인. ③ (the E-, *or* the Chief E-) 대통령, 주(州) 지사.

exécutive committee 집행〔실행〕 위원(회).

exécutive còuncil (최고 집행 권한을 갖는) 평의회; (정부 수반 권고를 위한) 평의회.

Exécutive Mánsion 《美》 대통령〔주지사〕 관저.

exécutive ófficer 행정관.

exécutive órder 《美》 (군(軍)·각 주에 대한) 대통령 명령, 행정 명령.

exécutive séssion (수뇌부 등의) 비밀회.

ex·ec·u·tor [éksəkjù:tər] *n.* 집행인; [igzékjətər] 〖法〗 지정 유언 집행자.

ex·ec·u·trix [igzékjətriks] *n.* (*pl.* **~es** [-i:z], ***-trices*** [–ˊ–tráisi:z]) executor 의 여성형.

ex·e·ge·sis [èksədʒí:sis] *n.* (*pl.* ***-ses*** [-si:z]) (성서·경전의) 주석, 해석. **ex·e·gét·ic** [-dʒétik], **-i·cal** [-əl] *a.* 주석(상)의.

ex·em·plar [igzémplər] *n.* 모범, 본보기(model), 견본. **ex·ém·pla·ry** [-pləri] *a.* 모범적인; 전형적인; 징계적인.

***ex·em·pli·fy** [igzémpləfài] *vt.* ① 예증〔예시〕하다; …의 실례〔보기〕가 되다〔이다〕. ② 〖法〗 인증 등본을 만들다. **ex·em·pli·fi·ca·tion** [–ˊ––kéiʃən] *n.* ⓊⒸ 예증, 예시; 〖法〗 Ⓒ 인증 등본.

ex·em·pli gra·ti·a [igzémplai gréiʃiə] (L.) 예를 들면 《생략 e. g.》.

***ex·empt** [igzémpt] *vt.* 면제하다 (*from*). —— *a.*, *n.* 면제된 (사람), 면세자. ***ex·émp·tion** *n.* ⓊⒸ

†**ex·er·cise** [éksərsàiz] *n.* ① Ⓤ (신체의) 운동; Ⓒ 체조. ② 연습. ③ Ⓤ (정신·신체를) 작용시킴; 실천. ④ 학과; 연습 문제. ⑤ (*pl.*) 의식, 예배; 교련. ***graduation ~s*** 졸업식. ***take*** ~ 운동하다. —— *vt.* ① 훈련하다; 운동시키다. ② (정신·능력을) 활동시키다. ③ (권리를) 행사하다; (소임을) 다하다(perform). ④ 괴롭히다, 번거롭게 하다. —— *vi.* 연습〔운동·체조〕하다.

‡**ex·ert** [igzə́:rt] *vt.* ① (힘·능력을) 내다, 활동시키다(use actively). ② (영향을) 미치다, 끼치다 (*on, upon*). ~ ***oneself*** 노력하다. ***ex·ér·tion** *n.* 노력; 진력; Ⓤ (위력의) 발휘.

ex·e·unt [éksiənt, -únt] *vi.* (L. = They go out.) 〖劇〗 퇴장하다 (cf. exit). ~ ***om·nes*** [ámni:z/ɔ́-] 일동 퇴장.

ex·ha·la·tion [èks*h*əléiʃən, ègzəl-] *n.* ⓊⒸ 발산(물); 호기(呼氣), 날숨; 증기.

***ex·hale** [eks*h*éil, igzéil] *vt., vi.* ① (공기 따위를) 내뿜다 (opp. inhale). ② (냄새 따위를) 발산하다(emit); 증발하다(evaporate); 소산(消散)하다.

‡**ex·haust** [igzɔ́:st] *vt.* ① (그릇 따위를) 비우다. ② 다 써 버리다, 없애다(use up). ③ 샅샅이 연구하다, 남김없이 논하다. ④ (체력을) 소모하다, 지쳐버리게〔피폐케〕 하다. ***be ~ed*** 다하다, 없어지다; 지쳐버리다. —— *vi.* 유출〔배출〕하다 (discharge). —— *n.* ⓊⒸ 배출; 배기(排氣)(장치). **~·ed** [-id] *a.* 다 써버린; 써서 다 낡은; 고갈된; 지쳐버린. **~·i·ble** [-əbl] *a.* 다 써버릴 수 있는. **~·ing** *a.* 심신을 피로케 할〔하는〕 (정도의). **~·less** *a.* 무진장의.

exháust fàn 환풍기.

exháust fùmes 배기 가스.

***ex·haus·tion** [igzɔ́:stʃən] *n.* Ⓤ ① 소모; 고갈. ② 배출. ③ (극심한) 피

로. ④ (문제의) 철저한 연구. *ex·háus·tive *a.* 남김없는, 완전한, 철저한.
exháust pìpe 배기관.
exháust vàlve 배기판(瓣).
‡**ex·hib·it** [igzíbit] *vt.* ① **출품〔진열·공개〕하다.** ② 보이다, 나타내다. ③ 〖法〗(문서를) 제시하다. ④ 〖醫〗투약하다. ── *n.* 전시, 출품(물); 〖法〗증거물〔서류〕. *on* ~ 전시〔공개〕중이어서〔중의〕. ~·**er**, **-i·tor** *n.* 출품자; 영화 흥행주.
‡**ex·hi·bi·tion** [èksəbíʃən] *n.* ① Ⓤ Ⓒ **공개, 전시, 과시.** ② 출품물. ③ 전람회, 박람회. ④ (증거 서류의) 제시. ⑤ 《英》장학금 (scholarship). ⑥ Ⓤ 시약(施藥). ~ ***match*** 시범 경기〔시합〕. ***make an*** ~ ***of oneself*** 웃음거리가 되다, 창피를 당하다. ~·**er** [èksəbíʃənər, -si-] *n.* 《英》장학생. ~·**ism** [-izəm] *n.* Ⓤ 과시벽; 노출증. ~·**ist** *n.*
ex·hil·a·rate [igzílərèit] *vt.* 기운을 북돋우다(enliven); 명랑하게 만들다. **-rat·ed** *a.* 기분이 들뜬, 명랑한 (merry). **-rat·ing** *a.* 유쾌하게 만드는; 유쾌한. **ex·hil·a·ra·tion** [-ˌ-réiʃən] *n.* Ⓤ 유쾌(하게 만듦).
***ex·hort** [igzɔ́:rt] *vt., vi.* **열심히 권하다** (urge strongly); 권고〔훈계〕하다(warn). **ex·hór·ta·tive** [-tət-] *a.* **ex·hór·ta·to·ry** [-tɔ̀:ri/-təri] *a.*
***ex·hor·ta·tion** [ègzɔ:rtéiʃən, èksɔ:r-] *n.* Ⓤ Ⓒ **권고**(의 말), 훈계.
ex·hume [igzjú:m, iks-/ekshjú:m, igz-] *vt.* 발굴하다(dig out). **ex·hu·ma·tion** [èkshju:méiʃən] *n.* Ⓤ Ⓒ
ex·i·gent [éksədʒənt] *a.* 긴급의; …을 요하는 (*of*); 살아가기 힘드는. **éx·i·gence, éx·i·gen·cy** [-dʒənsi] *n.* Ⓤ Ⓒ 긴급, 위급(한 사정), (*pl.*) 급무.
ex·ig·u·ous [igzígjuəs] *a.* 미소한, 작은; 부족한. **ex·i·gu·i·ty** [èksəgjú:əti] *n.* Ⓤ
‡**ex·ile** [égzail, éks-] *vt.* ① Ⓤ **망명; 유형;** 국외 추방. ② 망명〔유랑〕자; 유형자; 추방인. ── *vt.* 추방하다, 유형에 처하다. ~ ***oneself*** 망명하다.
Ex·im·bank [éksímbæ̀ŋk] *n.* 수출입 은행.
‡**ex·ist** [igzíst] *vt.* **존재하다,** 실재〔실존〕하다; 생존하다(live). ~·**ing** *a.* 현존하는.
‡**ex·ist·ence** [-əns] *n.* ① Ⓤ **존재,** 실재; 생존, 생활. ② 실재물. ***bring*** 〔***call***〕 ***into*** ~ 생기게 하다, 낳다; 성립시키다. ***come into*** ~ 생기다, 나다; 성립하다〔되다〕. ***in*** ~ 존재〔실재〕하여, 실재의. ***ex·íst·ent** *a.*
ex·is·ten·tial·ism [ègzisténʃəlìzəm] *n.* Ⓤ 〖哲〗실존주의. **-ist** *n.*
***ex·it** [égzit, éks-] *n.* ① **출구,** 퇴출구. ② 나감, 퇴거; 〖劇〗퇴장. ── *vt.* (L.) 〖劇〗퇴장하다(He 〔She〕 goes out.) (cf. *exeunt*).
ex li·bris [eks láibris, -lí:-] (L. =from the library) 장서표(藏書票) (bookplate).
ex ni·hi·lo [eks náihilòu] (L.) 무(無)에서 (out of nothing).
ex·o·at·mos·phere [èksouǽtməsfiər] *n.* 외기권.
ex·o·bi·ol·o·gy [èksoubaiɑ́lədʒi/-ɔ́-] *n.* Ⓤ 우주 생물학.
ex·o·cen·tric [èksouséntrik] *a.* 〖文〗외심(外心)적인.
ex·o·crine [éksəkrin, -kràin] *a.* 〖生理〗외분비의. ~ ***gland*** 외분비선.
Exod. Exodus.
ex·o·dus [éksədəs] *n.* (많은 사람의) 출발, 출국; (the E-) 이스라엘인의 이집트 출국; (E-) 〖舊約〗출애급기.
ex of·fi·ci·o [èks əfíʃiòu] (L.) 직권에 의한〔의하여〕.
ex·og·a·my [eksɑ́gəmi/-ɔ́-] *n.* Ⓤ 이족(異族) 결혼(cf. endogamy).
ex·on·er·ate [igzɑ́nərèit/-ɔ́-] *vt.* (비난 따위로부터) 구하다(free from blame), (혐의를) 벗다, 풀다. **ex·on·er·á·tion** [-ˌ-éiʃən] *n.* Ⓤ
ex·or·bi·tant [igzɔ́:rbətənt] *a.* 터무니없는, 엄청난. **-tance, -tan·cy** *n.*
ex·or·cise, -cize [éksɔ:rsàiz] *vt.* (악마를) 내쫓다; 액막이하다 (*of*). **éx·or·cism** [-sìzəm] *n.* Ⓤ Ⓒ 액막이 (기도, 굿).
ex·or·di·um [igzɔ́:rdiəm, iks-] *n.* (*pl.* ~***s***, ***-dia*** [-diə]) (논문·강연의) 머리말, 서론.
ex·o·sphere [éksousfiər] *n.* 외기권 「《대기권의 최고층》.
ex·o·ter·ic [èksətérik] *a.* 공교(公敎)적인 (opp. esoteric); 공개적인, 통속적인, 이해할 수 있는. **-i·cal·ly** *ad.* 「〖化〗발열(성)의.
ex·o·ther·mic [èksouθə́:rmik] *a.*
***ex·ot·ic** [igzɑ́tik/-ɔ́-] *a.* ① **외국의,** 외래의(foreign); 이국풍〔식〕의. ② 《口》색다른, 희한한(rare). **-i·cism** [-əsìzəm] *n.* Ⓤ
exótic dáncer 《美》스트리퍼.
exp. expenses; expired; exponential; export(er); express.
‡**ex·pand** [ikspǽnd] *vt., vi.* ① **넓히다, 넓어지다,** 펴다, 펴지다(spread out). ② 팽창시키다〔하다〕 (swell); 확장시키다〔하다〕 (extend). ③ 발전시키다〔하다〕. ④ 〖數〗전개하다. ~***ing bullet*** 산탄(散彈).
***ex·pand·ed** [-id] *a.* **확대〔팽창〕한;** 〖印〗(영문 활자가) 평체인.
expánded métal 엑스팬드 메탈 《엷은 그물 모양의 금속판; 모르타르벽 외(椳)용》.
***ex·panse** [ikspǽns] *n.* **넓음,** 넓은 장소; 확장, 팽창. **ex·pán·si·ble** *a.* 팽창〔전개〕할 수 있는.
‡**ex·pan·sion** [ikspǽnʃən] *n.* Ⓤ **확장,** 확대; 발전; Ⓒ 팽창(량·부). ~·**ism** [-ìzəm] *n.* Ⓤ 팽창론; 영토 확장론. ~·**ist** *n.* **ex·pán·sive** *a.* 팽창력〔발전력〕 있는; 광활한; 마음이 넓은; 〖醫〗과대망상적인. **-sive·ly** *ad.*
ex·pa·ti·ate [ekspéiʃièit] *vi.* 상세히 설명하다, 부연하다 (*on, upon*). **-a·tion** [-ˌ-éiʃən] *n.*
ex·pa·tri·ate [ekspéitrièit / -pǽt-,

-péi-] *vt.*, *n.* (국외로) 추방하다(exile); 추방자, 이주자. —— [-triit, -trièit] *a.* 추방된(exiled). **ex·pat·ri·a·tion** [-ˋ-éiʃən] *n.* UC

†**ex·pect** [ikspékt] *vt.* ① **기대〔예기〕하다**; 예상하다, 당연한 일로 여기다; 바라다. ② 《口》 …라고 생각하다. *as might have been ~ed* 생각한 대로.

ex·pect·ance [-əns], *-**an·cy** [-si] *n.* UC 예기, 기대(되는 것); 가망. *life expectancy* = EXPECTATION of life.

***ex·pect·ant** [-ənt] *a.* **예기하는**, 기다리고 있는(expecting); 임신중인; 〖法〗 추정(상속)의. *~ attitude* 기회주의적 태도. *an ~ mother* 임신부. —— *n.* 기대하는 사람; 지망자. ~·**ly** *ad.*

‡**ex·pec·ta·tion** [èkspektéiʃən] *n.* ① U **기대**; **예기**, **예상**(anticipation); 가망성(prospect). ② (*pl.*) 유산 상속의 가망성. *~ of life* 〖保險〗 평균 여명.

ex·pec·to·rant [ikspéktərənt] *a.*, *n.* 〖藥〗 가래 제거를 돕는; 거담제.

ex·pec·to·rate [ikspéktərèit] *vt.*, *vi.* 기침하여 뱉다; 가래를〔침을〕 뱉다. **ex·pec·to·ra·tion** [-ˋ-réiʃən] *n.*

ex·pe·di·ence [ikspí:diəns], **-en·cy** [-si] *n.* UC 편의; 형편 (좋음), 방편; 사리(私利); 편의한 것.

***ex·pe·dient** [ikspí:diənt] *a.* ① **형편 좋은**, 편의한, 상책의, 시의를 얻은. ② 편의주의의; (자기에게) 유리한, 정략적인(politic); 공리적인. —— *n.* 수단, 방편, 편법; 임기 응변의 조처. ~·**ly** *ad.* 편의상; 형편 좋게, 마침.

ex·pe·di·en·tial [ikspì:diénʃəl] *a.* 편의주의적인; 편의상의.

ex·pe·dite [ékspədàit] *vt.* 촉진〔재촉〕하다, 재빨리 해치우다. **éx·pe·dit·er** *n.* 원료(공급)계; 공보 (발표) 담당자; (공사) 촉진계.

‡**ex·pe·di·tion** [èkspədíʃən] *n.* ① **원정**(대); 탐험(대). ② U 신속, 급속. ~·**ar·y** [-èri/-əri] *a.*

ex·pe·di·tious [èkspədíʃəs] *a.* 신속한, 날쌘. ~·**ly** *ad.* 척척, 신속히.

***ex·pel** [ikspél] *vt.* (*-ll-*) **쫓아내다**, 추방하다; 제명하다; 방출〔발사〕하다.

ex·pel·lant, -lent [-ənt] *a.* 내쫓는 힘〔구제력〕 있는. —— *n.* 구제약.

ex·pel·lee [èkspelí:] *n.* 국외 추방자.

***ex·pend** [ikspénd] *vt.* **소비하다**; (시간·노력을) 들이다 (use) (*on*). ~·**a·ble** *a.* 소비해도 좋은; 〖軍〗 소모용의, 버릴 수 있는. ~·**a·bles** *n. pl.* 소모 병원(兵員); 소모 자재(資材). ‡~·**i·ture** *n.* UC **소비**, 경비(*annual expenditure* 세비/ *current expenditure* 경상비/*extraordinary expenditure* 임시비).

‡**ex·pense** [ikspéns] *n.* ① **비용**, **지출**. ② (보통 *pl.*) 지출금. ③ UC 손실, 희생(sacrifice). *at the ~ of* …을 희생시키고; …에게 폐를 끼치고. *go to the ~ of* 큰 돈을 들이다. *put a person to ~* 돈을 쓰게 하다. 「비.

expénse accòunt 〖簿〗 교제〔접대〕

‡**ex·pen·sive** [ikspénsiv] *a.* **비싼**; 사치스런(costly). ~·**ly** *ad.* ~·**ness** *n.*

†**ex·pe·ri·ence** [ikspíəriəns] *n.* ① U **경험**, **체험**; 경력. ② (*pl.*) 경험담. —— *vt.* 경험하다, 경험으로 알다. *-**enced** [-t] *a.* **경험이 풍부한**, 노련한(expert).

‡**ex·per·i·ment** [ikspérəmənt] *n.* **실험**, 시험(*of*). —— [-mènt] *vi.* 실험하다(*on, in, with*). ***ex·per·i·men·tal** [ikspèrəméntl, -ri-] *a.* **실험적인**, 실험상의. **-mén·tal·ly** *ad.* **-mén·tal·ism** [-təlìzəm] *n.* U 실험주의. **-men·ta·tion** [ikspèrəmentéiʃən] *n.* U 실험 작업〔법〕.

‡**ex·pert** [ékspə:rt] *n.* **숙련자**, 노련가, **전문가**(veteran) (*in, at*); 기사; 감정인. —— [ikspə́:rt] *a.* **숙달된**, 노련한(*in, at, with*). ~·**ly** *ad.*

ex·per·tise [èkspərtí:z] *n.* U 전문적 의견〔기술·지식〕.

ex·pi·ate [ékspièit] *vt.* (죄를) 속(贖)하다(atone for). **ex·pi·a·tion** [ˋ-éiʃən] *n.* U

ex·pi·a·to·ry [ékspiətɔ̀:ri / -təri] *a.* 속죄의, 보상(補償)의.

ex·pi·ra·tion [èkspəréiʃən] *n.* U 종결; 만료; 만기; 날숨; 《古》 죽음.

ex·pir·a·to·ry [ikspáirətɔ̀:ri/-təri] *a.* 날숨의.

***ex·pire** [ikspáiər] *vi.* ① **끝나다**, 만기가 되다. ② 숨을 내쉬다, 죽다. —— *vt.* 내쉬다, 뿜어 내다.

ex·pi·ry [ikspáiəri, ékspəri] *n.* U 종료; 만기.

†**ex·plain** [ikspléin] *vt.*, *vi.* **설명하다**, 해석하다(interpret); 변명하다 (account for). *~ away* (용하게) 발뺌하다, 석명(釋明)하다. *~ oneself* 변명하다; 심중을 털어놓다. ‡**ex·pla·na·tion** [èksplənéiʃən] *n.* UC ***ex·plan·a·to·ry** [iksplǽnətɔ̀:ri/-təri] *a.*

ex·ple·tive [éksplətiv] *a.* 부가적인, 가외의. —— *n.* 군더더기, 덧붙이기; (거의 무의미한) 간투사 《*My word* nice *!* 근사하다 !); 욕설《This *bloody* dog ! 이 개새끼 ! 따위》; 〖文〗 허사(虛辭) 《one *fine* morning(어느날 아침)의 fine 따위》.

ex·pli·ca·ble [éksplikəbəl, iksplík-] *a.* 설명〔납득〕할 수 있는.

ex·pli·cate [éksplәkèit] *vt.* (원리 따위를) 차례로 풀이하다(unfold); 설명하다(explain). **ex·pli·ca·tion** [èkspləkéiʃən] *n.* UC **ex·pli·ca·tive** [éksplikèitiv, iksplíkə-], **-to·ry** [éksplikətɔ̀:ri, iksplíkətəri] *a.*

***ex·plic·it** [iksplísit] *a.* 명백히 말한; **명백한**(clear); 노골적인, 숨김없는 (outspoken) (opp. implicit). ~·**ly** *ad.* ~·**ness** *n.*

‡**ex·plode** [iksplóud] *vt.* ① **폭발시키다**. ② 타파〔논파〕하다. —— *vi.* ① **폭발하다**. ② (감정이) 격발하다. *~ with laughter* 웃음을 터뜨리다.

***ex·ploit** [iksplɔ́it] *vt.* ① **개척〔개**

발]하다, 채굴하다. ② 이용하다, 미끼삼다, 착취하다. —— [éksplɔit] *n.* 위업(偉業), 공훈. ***ex·ploi·ta·tion** [èksplɔitéiʃən] *n.* [UC] 개발; 이용; 착취.

***ex·plo·ra·tion** [èkspləréiʃən] *n.* [UC] 탐험; 탐구. 「구]하다.

‡**ex·plore** [iksplɔ́:*r*] *vt., vi.* 탐험[탐

‡**ex·plor·er** [-ə*r*] *n.* ① 탐험가; 탐구자. ② (E-) (미국의) 인공 위성 이름 (cf. Sputnik). 「발; 파열; 급증.

‡**ex·plo·sion** [iksplóuʒən] *n.* [UC] 폭

***ex·plo·sive** [iksplóusiv] *a.* ① 폭발성의. ② 격정적인. ③〖音聲〗파열음의. —— *n.* [UC] 폭약;〖音聲〗파열음.

explósive bòlt 폭발 볼트《우주선의 분리 부분 등에 쓰임》. 「sition).

Ex·po [ékspou] *n.* 박람회 (<*expo-*

ex·po·nent [ikspóunənt] *n.* 대표적 인물, 대표물; 형(型); 설명자;〖數〗멱지수(冪指數).

ex·po·nen·tial [èkspou*n*énʃəl] *a.*〖數〗지수(指數)의. **~·ly** *ad.*《통속적으로》기하급수적으로《붇다》.

‡**ex·port** [ikspɔ́:*r*t, ⌐-] *vt.* 수출하다. —— [íkspɔ:*r*t] *n.* [U] 수출; [C] (보통 *pl.*) 수출품(액). **~·er** *n.* **-por·ta·tion** [ìkspɔ:*r*téiʃən] *n.* [UC]

‡**ex·pose** [ikspóuz] *vt.* ① (일광·비·바람 따위에) 쐬다. ②〖寫〗노출하다. ③ 폭로[적발]하다. ④ 진열하다 (display). ⑤ (아이를) 집 밖에 내버리다. *__~d__ [-d] *a.* 「냄, 폭로.

ex·po·sé [èkspouzéi] *n.* (F.) 들추어

***ex·po·si·tion** [èkspəzíʃən] *n.* [UC] ① 설명, 해설. ② [C] 전람회; [U] 제시. ③ (아이의) 유기. ④〖樂〗(소나타·푸가 등의) 제시부. **ex·pos·i·tive** [ikspázətiv / -ɔ́-], **-to·ry** [-zitɔ̀:ri / -zitəri] *a.* 해설적인. 「[해설]자.

ex·pos·i·tor [ikspázətə*r*/-ɔ́-] *n.* 설명

ex post fac·to [éks pòust fǽktou] (L.) 사후(事後)의; 소급하는.

ex·pos·tu·late [ikspástʃulèit/-pɔ́s-] *vt.* 간(諫)하다 (remonstrate) (*with*). **-la·tor** *n.* **-la·to·ry** [-lətɔ̀:ri/-təri] *a.* 충고의. **ex·pos·tu·la·toin** [-⌐-léiʃən] *n.* 간(諫), 충고.

‡**ex·po·sure** [ikspóuʒə*r*] *n.* ① [U] (일광·바람·비·위험에) 버려 둠(exposing). ② (집·방의) 향 (*a southern* ~ 남향). ③ [U]〖寫〗노출. ④ [U] 진열(display). ⑤ [U] 폭로, 적발 (reveal). ⑥ [U] (어린애의) 유기.

expósure ìndex〖寫〗노광 지수.

expósure mèter〖寫〗노출계.

***ex·pound** [ikspáund] *vt.* 설명하다; 상술하다.

ex-pre·mier [èksprí:miə*r* / -prémjə] *n.* 전수상[총리].

ex-pres·i·dent [iksprézi*d*ənt] *n.* 전대통령.

†**ex·press** [iksprés] *vt.* ① 표현하다, 나타내다. ② (기호 따위로) 표시하다. ③ (과즙 따위를) 짜내다(squeeze out). ④《美》지급편으로 보내다. ~ *oneself* 생각하는 바를 말하다 (*on*). —— *a.* ① 명시된; 명백한, 정확한(exact). ② 특별한(special). ③ 급행의; 지급(편)의;《美》운송편의. ~ ***mail*** 속달 우편. ~ ***train*** 급행 열차. —— *ad.* 특별히; 급행(열차편)으로; 속달로. —— *n.* ① [U] 지급[속달]편; 특별편. ② 급행 열차[전차]. ③《美》운송 회사. ***by*** ~ 속달[급행 열차]로. **~·i·ble** *a.* 표현할 수 있는. **~·ly** *ad.* 명백히; 특(별)히. 「운송업; 그 운임.

ex·press·age [-idʒ] *n.* [U]《美》속달

expréss còmpany [**àgency**]《美》통운 회사. 「special delivery).

expréss delívery《英》속달편《美》

expréss hìghway =EXPRESSWAY.

‡**ex·pres·sion** [ikspréʃən] *n.* [UC] 표현(법); 말투; 표정. ***beyond*** ~ 표현할 수 없는. **~·al** *a.* 표현상의; 표정의. **~·ism** [-ìzəm] *n.*《美》[U] 표현주의, 표현파. **~·less** *a.* 무표정한.

***ex·pres·sive** [iksprésiv] *a.* 표현하는; 의미 심장한, 표정이 풍부한; 표현의[에 관한]. **~·ly** *ad.* **~·ness** *n.*

ex·press·man [iksprésmæ̀n, -mən] *n.*《美》운송업자; 급행 트럭 운전사.

expréss rìfle 속사 엽총.

expréss wàg(g)on 지급 수송용 왜건. 「고속 도로.

ex·press·way [ikspréswèi] *n.*《美》

ex·pro·pri·ate [ekspróuprièit] *vt.* (토지·재산 따위를) 몰수하다, 빼앗다 (~ *him from the land*). **ex·pro·pri·a·tion** [-⌐-éiʃən] *n.* [UC]

ex·pul·sion [ikspʌ́lʃən] *n.* [UC] 추방, 제명(*from*). **ex·púl·sive** *a.*

ex·punc·tion [ikspʌ́ŋkʃən] *n.* [U] 말소.

ex·punge [ikspʌ́ndʒ] *vt.* 지우다 (erase), 말살하다(*from*).

ex·pur·gate [ékspərgèit] *vt.* (책의 불온한 대목을) 삭제(정정)하다. ~***d edition*** 삭제판(版). **ex·pur·ga·tion** [⌐-géiʃən] *n.*

ex·pur·ga·to·ry [ekspə́:*r*gətɔ̀:ri / -təri] *a.* 삭제의. ***E- Index***〖카톨릭〗금서(禁書) 목록.

‡**ex·qui·site** [ékskwizit, ikskwí-] *a.* ① 절묘한, 우미한, 더할나위 없는. ② (즐거움이) 깊은. ③ 예민한(sensitive). ④ 정교한. ⑤ (취미·태도의) 우아한. —— *n.* 멋쟁이 남자(dandy); 취미가 까다로운 사람. **~·ly** *ad.* **~·ness** *n.*

ex·san·guine [ekssǽŋgwin] *a.* 핏기 없는, 빈혈의. 「케 하다.

ex·sert [eksə́:*r*t] *vt.* 내밀다, 돌출

ex-ser·vice·man [èkssə́:*r*vismæ̀n] *n.*《英》퇴역 군인 (《美》VETERAN).

éx shíp〖商〗선측(船側) 인도(의).

ex·sic·cate [éksikèit] *vt., vi.* 건조시키다[하다].

éx stóre〖商〗점두 인도(의).

ex·tant [ekstǽnt, ékstənt] *a.* (기록 따위) 현존하는.

ex·tem·po·ra·ne·i·ty [ekstèmpərəní:əti] *n.* 임시 변통, 즉석(입).

ex·tem·po·ra·ne·ous [ikstèmpəréiniəs], **ex·tem·po·rar·y** [ikstémpərèri/-rəri] *a.* 즉석의; 임시(변통)의.

ex·tem·po·re [ikstémpəri] *a., ad.* 즉석의[에서](offhand); 즉흥적(으로).

ex·tem·po·rize [ikstémpəràiz] *vt., vi.* 즉석에서 만들다[연설하다, 노래하다, 연주하다].

‡**ex·tend** [iksténd] *vt.* ① 뻗다, 늘이다; 넓히다; 확장[연장]하다. ② (동정·호의를) 베풀다; (구조의 손길을) 뻗치다. ③ (밧줄을) 건너치다. ④ (속기를) 보통 글자로 옮겨 쓰다; 〖法〗 평가하다; (토지를) 압류하다. **ex·tén·si·ble** *a.* 뻗을 수 있는, 신장성(伸張性)의. **ex·tén·sile** [-səl/-sail] *a.* 〖動·解〗 넓어지는, 연장되는 [될 수 있는].

***ex·tend·ed** [-id] *a.* ① 뻗친; 장기간에 걸친. ② 광범위한, 확장된; 증대한. ③ 〖印〗 평체인.

exténded fámily 확대 가족 《핵가족과 근친으로 된》.

exténded pláy EP 판 《1 분간 45 회전 레코드; 생략 EP》.

‡**ex·ten·sion** [iksténʃən] *n.* ① Ⓤ 신장(伸張), 연장; 확장, 증축. ② (철도의) 연장선(線); (전화의) 내선(內線). ③ Ⓤ (어귀의) 부연. ④ Ⓤ 〖論〗 외연(外延) (opp. intension). ~ *lecture* (대학의) 공개 강의. *university* ~ 대학 공개 강좌.

exténsion làdder 신축 사닥다리.

exténsion tàble 신축 테이블.

‡**ex·ten·sive** [iksténsiv] *a.* ① 넓은; 광범위에 걸친(opp. intensive); 대규모의. ② 〖農〗 조방(粗放)의 (~ *agriculture* 조방 농법). ~ *reading* 다독(多讀). *~**·ly** *ad.*

ex·ten·sor [iksténsər] *n.* 〖解〗 신축근(cf. flexor).

‡**ex·tent** [ikstént] *n.* ① Ⓤ 넓이 (space), 크기(size), 범위(range); 정도. ② 넓은 장소.

ex·ten·u·ate [iksténjuèit] *vt.* (죄 따위를) 경감하다. **ex·ten·u·a·tion** [-⌐-éiʃən] *n.*

***ex·te·ri·or** [ikstíəriər] *a.* 외부의 (outer), 외면의(outward). —— *n.* 외부; 외면, 외관(opp. interior).

extérior ángle 〖幾〗 외각(外角).

ex·ter·mi·nate [ikstə́:rmənèit] *vt.* 근절하다. **ex·ter·mi·na·tion** [-⌐-néiʃən] *n.* ⓊⒸ

‡**ex·ter·nal** [ikstə́:rnəl] *a.* ① 외부[외면]의 (cf. internal); 외계의. ② 외면적인, 피상적인. ③ 대외적인. —— *n.* Ⓤ 외부; 외면; (보통 *pl.*) 외관. ~**·ism** [-izəm] *n.* Ⓤ 형식주의; 현상론(現象論). ~**·ist** *n.* ~**·ly** *ad.*

ex·ter·ri·to·ri·al [èksteritɔ́:riəl] *a.* 치외 법권의. **ex·ter·ri·to·ri·al·i·ty** [-⌐-⌐-ǽləti] *n.* Ⓤ 치외 법권.

***ex·tinct** [ikstíŋkt] *a.* ① 꺼진; 끊어진, 사멸한. ② 폐지된. ***ex·tinc·tion** *n.* ⓊⒸ

‡**ex·tin·guish** [ikstíŋgwiʃ] *vt.* ① 끄다(put out); (희망을) 잃게 하다, 꺾다. ② 절멸시키다. ③ (상대를) 침묵시키다(silence); 무색하게 하다 (eclipse). ④ 〖法〗 (부채를) 상각하다. ~**·a·ble** *a.* 끌 수 있는; 절멸[멸종] 시킬 수 있는. ~**·er** *n.* 소화기.

ex·tir·pate [ékstərpèit] *vt.* 근절[박멸]하다(eradicate). **ex·tir·pa·tion** [⌐-péiʃən] *n.* ⓊⒸ

***ex·tol(l)** [ikstóul] *vt.* (*-ll-*) 절찬[격찬]하다. ~**·ment** *n.* Ⓤ

ex·tort [ikstɔ́:rt] *vt.* (약속·돈을) 강요하다, 갈취하다(*from*); (뜻을) 억지로 갖다붙이다.

ex·tor·tion [ikstɔ́:rʃən] *n.* ⓊⒸ 강탈(물); (관리의) 재물 강요죄, 부당한 요금. ~**·ar·y** [-èri/-əri], ~**·ate** [-it] *a.* 강요적인, 착취적인. ~**·er** *n.* 강탈자; 강요자; 착취자.

‡**ex·tra** [ékstrə] *a., ad.* 가외의[로]; 특별한[히], 임시의[로]. —— *n.* 가외[특별한] 물건; 경품(景品); 호외; 〖映〗 엑스트라. 「뜻.

extra- *pref.* 「…외의」(outside)의

éx·tra-báse hít [ékstrəbéis] 〖野〗 장타(長打).

‡**ex·tract** [ikstrǽkt] *vt.* ① 끌어[뽑아, 빼어]내다 (~ *a tooth* 이를 뽑다); 알아내다. ② 달여내다; 짜내다, …에서 엑스(트랙트)를 뽑다. ③ 발췌하다(select). ④ (쾌락을) 얻다. —— [ékstrækt] *n.* ① ⓊⒸ 추출물, 정(精), 엑스(트랙트). ② 인용구. ***ex·trác·tion** *n.* ⓊⒸ 뽑아냄, 추출; 발췌, 인용; 정(수)(精髓), 엑스(트랙트) (essence); 혈통, 태생(descent). **ex·trác·tor** *n.* 「jələr] *a.* 과외의.

ex·tra·cur·ric·u·lar [èkstrəkərík-

ex·tra·dite [ékstrədàit] *vt.* (당국·상대국에 도망 범인을) 인도하다(deliver); …의 인도(引渡)를 받다. **ex·tra·di·tion** [⌐-díʃən] *n.*

ex·tra·le·gal [-lí:gəl] *a.* 법률의 지배를 받지 않는. ~**·ly** *ad.*

ex·tra·mar·i·tal [èkstrəmǽrətəl] *a.* 혼외 성교의, 간통[불륜]의.

ex·tra·mun·dane [-mʌ́ndein] *a.* 지구 이외의, 물질 세계 밖의.

ex·tra·mur·al [-mjúərəl] *a.* 성(벽) 밖의, 교외(郊外)의; 대학 밖의, 교외(校外)의.

ex·tra·ne·ous [ikstréiniəs] *a.* 외부로부터의, 외래의, 질이 다른; 관계없는. ~**·ly** *ad.* ~**·ness** *n.*

‡**ex·traor·di·nar·y** [ikstrɔ́:rdənèri/-nəri] *a.* 보통이 아닌, 비범한 (exceptional); 엄청난; 특명의. *ambassador* ~ *and plenipotentiary* 특명 전권 대사. ***ex·traór·di·nar·i·ly** *ad.* 「광선.

extraórdinary rày 〖光·結晶〗 이상

ex·trap·o·late [ikstrǽpəlèit] *vt., vi.* 〖統計〗 외삽하다; …을 (기지의 사실에서) 추정하다; …을 추정의 기초로 삼다. **ex·trap·o·la·tion** [-⌐-léiʃən] *n.* Ⓤ

ex·tra·sen·so·ry [èkstrəsénsəri] *a.* 초감각적인; 영감적인, 영감의. ~ *perception* 〖心〗 영감.

ex·tra·ter·res·tri·al [-tiréstriəl] *a.*

지구 밖의, 대기권외의.
ex·tra·ter·ri·to·ri·al [èkstrətèritɔ́:riəl] *a.* 치외법권의. **-to·ri·al·i·ty** [-tèritɔ̀:riǽləti] *n.* 치외법권.
ex·tra·u·ter·ine [-jú:tərin, -ràin] *a.* 자궁외의. ～ ***pregnancy*** 자궁외 임신.
***ex·trav·a·gant** [ikstrǽvəgənt] *a.* ① 낭비하는. ② 터무니 없는, 엄청난. ～**·ly** *ad.* ***-gance** *n.* U,C 낭비; 방종; 터무니 없음.
ex·trav·a·gan·za [ikstræ̀vəgǽnzə] *n.* U,C (문학·악극 등의) 광상적 작품; 광태(狂態).
ex·trav·a·sate [ikstrǽvəsèit] *vt., vi.* (혈액 따위가) 맥관에서 넘쳐나(게 하)다, 내출혈하다.
ex·tra·ve·hic·u·lar [èkstrəvi:híkjələr] *a.* 우주선 밖의. ～ ***activity*** 우주선외 활동.
‡**ex·treme** [ikstrí:m] *a.* ① 극도의; 극단의, 과격한. ② 맨끝의; 최후의. —— *n.* 극단, 극도; (*pl.*) 양극단, 극단적인 수단. ***go to*** ～***s*** 극단으로 흐르다. ***in the*** ～ 극도로. ‡**ex·treme·ly** *ad.* 극도로.
extréme únction 〖카톨릭〗 병자성사(病者聖事). 「자, 과격파.
ex·trem·ist [ikstrí:mist] *n.* 극단론
***ex·trem·i·ty** [ikstréməti] *n.* ① 끝(end), 말단, 선단; 극단, 극한. ② 곤경. ③ (보통 *pl.*) 비상 수단. ④ (*pl.*) 수족(手足).
ex·tri·cate [ékstrəkèit] *vt.* 구해내다(set free) (*from*). **ex·tri·ca·ble** [ékstrəkəbəl] *a.* **ex·tri·ca·tion** [∸-kéiʃən] *n.* U
ex·trin·sic [ekstrínsik] *a.* 외부의, 외래적인; 비본질적인(opp. intrinsic). **-si·cal·ly** *ad.*
ex·tro·ver·sion [èkstrouvə́:rʒən, -ʃən] *n.* U 〖病〗 (눈꺼풀·방광 등의) 외전(外轉); 〖心〗 외향성.
ex·tro·vert [ékstrouvə̀:rt] *n., a.* 〖心〗 외향성의 (사람) (opp. introvert).
***ex·trude** [ikstrú:d] *vt.* 내밀다, 밀어내다. —— *vi.* 돌출하다. **ex·trú·sion** [-ʒən] *n.*
ex·u·ber·ant [igzú:bərənt] *a.* 무성한; 풍부한; 원기 왕성한; (문체 따위) 화려한(florid). ～**·ly** *ad.* **-ance, -an·cy** *n.* U 「하다; 탐닉하다(*in*).
ex·u·ber·ate [-bərèit] *vi.* 풍부[충일]
ex·ude [igzú:d, iksú:d] *vi., vt.* 배어나오(게 하)다, 발산하다[시키다]. **ex·u·da·tion** [èksədéiʃən, èksju-, ègzə-] *n.* U,C
***ex·ult** [igzʌ́lt] *vi.* 무척 기뻐하다 (rejoice greatly). **ex·últ·ant** *a.* ***ex·ul·ta·tion** [ègzʌltéiʃən, èks-] *n.* U,C
ex·urb [éksə:rb, égz-] *n.* 준(準)교외. 「교외 지역 거주자.
ex·ur·ban·ite [eksə́:rbənàit] *n.* 준
ex·u·vi·ate [igzú:vièit] *vi., vt.* (짐승이 허물을) 벗다. 「헌]물.
ex vo·to [eks vóutou] (L.) 봉납[봉
Eyck [aik], **Hubert van** (1366?–1426); **Jan van** (1385?–1440) 플랑드르의 화가 형제.
†**eye** [ai] *n.* ① 눈. ② 눈매; 시력(eyesight). ③ 주목. ④ 안식(眼識); 보는 눈, 견해(view). ⑤ 눈 모양의 것 《바늘 구멍·감자싹 따위》. ⑥ 《美俗》 탐정; 레이더 수상기(受像機). ***an*** ～ ***for an*** ～ (***and a tooth for a tooth***) 눈에는 눈 (이에는 이) 《동등한 보복》. ***be all*** ～***s*** 정신차려 주시하다. ***catch a person's*** ～***s*** 눈에 띄다. ***do a person in the*** ～ 《俗》 속이다. ***have an*** ～ ***for*** …의 잘잘못을 알다, …을 보는 눈이 있다. ***have an*** ～ ***to,*** or ***have … in one's*** ～ 꾀하고 있다. ***in my*** ～***s*** 내가 보는 바로는, 내 소견에는. ***in the*** ～ ***of the wind,*** or ***in the wind's*** ～ 바람을 안고. ***make*** ～***s at*** …에게 추파를 던지다. ***open a person's*** ～***s*** 아무를 깨우치다(*to*). ***see*** ～ ***to*** ～ ***with…*** …을 정면으로 마주 보다, …와 의견이 일치하다. ***shut one's*** ～***s to*** …을 못 본 체하다. ***up to the*** ～***s*** (일에) 몰두하여 (*in*); (빚에) 빠져서(*in*). ***with an*** ～ ***to*** …을 목적으로 [노리고]. ***with half an*** ～ 언뜻 보아, 쉽게. —— *vt.* 잘[자세히] 보다. 「력.
éye appèal 《口》 사람 눈을 끎, 매
eye·ball [∸bɔ̀:l] *n.* 눈알, 안구.
éye bànk 안구(眼球) 은행.
***eye·brow** [∸bràu] *n.* 눈썹.
eye-catch·er [∠kæ̀tʃər] *n.* 《美口》 미인, 사람 눈을 끄는 것. 「type).
éye chàrt 〖醫〗 시력 검사표(cf. test
éye dìalect 시각 와어(訛語) 《발음대로 낱말을 쓴 것》. 「기.
eye·drop·per [∸dràpər/-ɔ̀-] *n.* 점안
eye·ful [áifùl] *n.* 한껏 보고 싶은 것; 《俗》 미인. 「(*pl.*) 안경.
eye·glass [∠glæ̀s/-à:-] *n.* 안경알;
eye·hole [∠hòul] *n.* 안와(眼窩); 작은 구멍(eyelet).
eye·lash [∠læ̀ʃ] *n.* 속눈썹. 「목적인.
eye·less [∠lis] *a.* 눈[구멍] 없는; 맹
eye·let [∠lit] *n.* 작은 구멍, 끈 꿰는 구멍, (구두·서류 따위의 끈 꿰는 구멍에 달린) 작은 쇠고리.
***eye·lid** [∠lìd] *n.* 눈꺼풀, 눈두덩.
éye lìner 아이라이너 《속눈썹을 그리는 화장품》. 「시각형(視覺型)의.
eye-mind·ed [∸máindid] *a.* 〖心〗
eye-o·pen·er [∠òupənər] *n.* 깜짝 놀랄 만한 일[사건]; 《美口》 아침 술.
eye·piece [∠pì:s] *n.* 접안(接眼) 렌즈.
eye-pop·ping [∠pàpiŋ/-ɔ̀-] *a.* 《美俗》 (눈이 튀어나올 정도로) 대단한, 굉장한, 놀라운.
eye·reach [∠rì:tʃ] *n.* 안계(眼界).
éye rhỳme 시각운(視覺韻) 《*love*와 *move* 따위》.
eye·shade [∠ʃèid] *n.* 보안용 챙.
éye shàdow 아이섀도.
eye·shot [∠ʃàt/-ɔ̀-] *n.* 안계(眼界).
eye·sight [∠sàit] *n.* 시각, 시력.
éye sòcket 안와(眼窩), 눈구멍.
eye·sore [∠sɔ̀:r] *n.* 눈에 거슬리는 것.
eye·spot [∸spàt/∸spɔ̀t] *n.* 〖生〗 (하

등동물 등의) 감광기관; 안점; (공작 깃털 등의) 눈모양의 반점.
eye·strain [ˊstrèin] *n.* Ⓤ 눈의 피로.
Eye·tie [ˊtai] *n., a.* 《俗》《蔑》 이탈리아 사람(의).
eye·tooth [ˊtù:θ] *n.* (*pl.* *-teeth*) 견치(犬齒), 송곳니.
eye·wall [ˊwɔ̀:l] *n.* 〖氣〗 태풍 눈 주위의 구름 벽.
eye·wash [ˊwɔ̀:ʃ, -ɑ̀-/-ɔ̀-] *n.* 안약; 「속임, 사기.
eye·wit·ness [ˊwìtnis] *n.* 목격자.
ey·rie, ey·ry [ɛ́əri, íə-] *n.* =AERIE.
Ez., Ezr. Ezra. **Ezek.** Ezekiel.
E·ze·ki·el [izí:kiəl, -kjəl] *n.* 〖聖〗 에스겔《유대의 예언자》; 에스겔서.
Ez·ra [ézrə] *n.* 〖聖〗 에스라《유대의 예언자》; 〖舊約〗 에스라서(書).

F

F, f [ef] *n.* (*pl.* ***F's, f's*** [-z]) 〖樂〗 바음, 바조(調). ***F number*** 〖寫〗 F 수(數).
F Fahrenheit; farad; fighter; 〖化〗 fluorine. ***F.** February; Fellow; franc; France; French; Friday. ***f*** *forte.* **f.** farad; farthing; fathom; feet; female; feminine; folio; following; foot; franc(s); 〖數〗 function.
fa [fɑ:] *n.* 〖樂〗 파《장음계의 네째 음》.
FA, F. A. field artillery; Football Association. **FAA** Federal Aviation Agency; free of all average. **F.A.A.A.S.** Fellow of the Amer. Assoc. for the Advancement of Science.
Fa·bi·an [féibiən] *a.* (Hannibal을 괴롭힌 옛 로마의 장군) Fabius 식(전법)의; 지구전적인; 페이비언 협회의. **~·ism** [-ìzəm] *n.* 페이비언주의.
Fábian Society, the 페이비언 협회《영국의 점진적 사회주의 단체; Webb, Shaw 등이 창설(1884)》.
‡**fa·ble** [féibəl] *n., vt., vi.* ① 우화(寓話)(를 이야기하다); 꾸민 이야기(를 하다), 거짓말(하다). ② ⓊⒸ 《集合的》 전설, 신화. **~d** [-d] *a.* 우화로 유명한; 전설적인; 가공(架空)의.
fab·li·au [fǽbliòu] *n.* (*pl.* ***~x*** [-z]) (중세 프랑스의) 우화시(寓話詩).
‡**fab·ric** [fǽbrik] *n.* ⒸⓊ ① 직물, 천 바탕. ② 조직, 구조. ③ 건조물.
fab·ri·cate [fǽbrikèit] *vt.* 제작하다; 조립하다; (거짓말, 옛 이야기 등을) 꾸미다; 날조하다; (문서를) 위조하다. **fáb·ri·ca·tor** *n.* **fab·ri·ca·tion** [fæ̀brikéiʃən] *n.* ⓊⒸ
Fab·ri·koid [fǽbrikɔ̀id] *n.* 〖商標〗 일종의 방수 직물.
fab·u·list [fǽbjəlist] *n.* 우화 작가; 거짓말쟁이.
***fab·u·lous** [fǽbjələs] *a.* ① 우화〔전설〕적인. ② 믿기 어려운. ③ 매우 훌륭한. **~·ly** *ad.* **~·ness** *n.*
FAC Federal Atomic Commission.
fac. facsimile; factor; factory.
fa·çade [fəsɑ́:d] *n.* (F.) (건물의) 정면; (사물의) 외관.
†**face** [feis] *n.* ①낯, 얼굴 (표정). ② Ⓤ 면목, 체면(dignity). ③ Ⓤ 《口》 넉살좋음, 뻔뻔스러움. ④ 외관; 겉치레; 표면, 정면; (기구 등의) 사용면, (활자의) 자면(字面). ⑤ 찡그린 얼굴. ⑥ 액면. ***~ to ~ (with)***(…와) 마주보고. ***fly in the ~ of*** …에 정면으로 반대〔도전〕하다. ***have the ~ to*** (do) 뻔뻔스럽게도 …하다. ***have two ~s*** 표리가 부동하다. ***in the ~ of*** …의 면전에서; …에도 불구하고. ***look*** (*a person*) ***in the ~*** (아무의) 얼굴을 (거리낌없이 빤히) 보다, 바로 보다. ***lose ~*** 면목〔체면〕을 잃다. ***make*** 〔***pull***〕 ***~s*** 〔***a ~***〕 얼굴을 찡그려 보이다. ***on the ~ of it*** 언뜻보아. ***pull*** 〔***wear***〕 ***a long ~*** 음울한〔지르퉁한〕 얼굴을 하다. ***put*** 〔***set***〕 ***one's ~ against*** …에 반대하다. SAVE[1] ***one's ~.*** ***to a person's ~*** 아무와 얼굴을 맞대고. **—** *vt.* ① 면하다; 대항하다; 마주 대하다. ② 가장자리를 대다; (돌의) 면을 곱게 다듬다; (카드의) 거죽을 까놓다. **—** *vi.* 면하다; 〖軍〗 방향 전환하다. ***About ~!*** 뒤로 돌아! **~ *up*** 맞서다, 대항하다(*to*).
fáce càrd (카드의) 그림 패.
fáce crèam 얼굴 화장용 크림.
fáce guàrd (펜싱의) 얼굴 가리개.
face·less [ˊlis] *a.* 얼굴〔문자반 등〕이 없는; 익명〔무명〕의; 개성이 없는.
fáce lìfting 주름살 없애는 정형 수술; 신식화(化); 개장(改裝).
face-off [ˊɔ̀:f / -ɔ̀f] *n.* 〖아이스하키〗 경기 개시; 대결.
face-pack [ˊpæ̀k] *n.* 화장용 팩.
fáce pòwder (화장)분.
face-sav·er [ˊsèivər] *n.* 체면〔면목〕을 세우는 것. 「목을 세우는 (행위).
face-sav·ing [ˊsèiviŋ] *a., n.* Ⓤ 면
fac·et [fǽsit] *n.* (보석의) 작은 면; (사물의) 면(aspect). **—** *vt.* (《英》 *-tt-*) (보석에) 작은 면을 내다〔깎다〕.
fa·ce·tious [fəsí:ʃəs] *a.* 익살맞은, 우스운(waggish); 농담의. **~·ly** *ad.* **~·ness** *n.*
face-to-face [féistəféis] *a.* 얼굴을 서로 맞대고서의, 직면해서의.
fáce tòwel 소형 타월.
fáce vàlue 액면 가격.
***fa·cial** [féiʃəl] *a., n.* 얼굴의; 얼굴에 사용하는; ⓊⒸ 안면 마사지; 미안술.
fácial àngle 안면각.
fácial índex 안면 계수.
fácial nèrve 〖解〗 안면 신경.
fácial neurálgia 안면 신경통.
fácial tíssue 고급 휴지.
fac·ile [fǽsil / -sail] *a.* 용이한, 쉬운; 경쾌하게 움직이는; 고분고분한, 붙임성 있는.
***fa·cil·i·tate** [fəsílətèit] *vt.* 쉽게 하다; 촉진하다. **-ta·tor** *n.* **fa·cil·i·ta·tion** [-ˋ-téiʃən] *n.* Ⓤ 촉진, 조장;

〖生〗 소통.

‡fa·cil·i·ty [fəsíləti] *n.* UC **용이함**; 숙련; 재능; 온순; (*pl.*) **편의**, 설비.

***fac·ing** [féisiŋ] *n.* ① (건물의) 겉단장, **마무리 치장**. ② U (의복의) 가선두르기. ③ 〖軍〗 방향 전환.

fac·sim·i·le [fæksíməli] *n.*, *vt.* 복사(를 뜨다); 사진 전송. ***in* ～** 복사로, 원본대로. —— *a.* 복사의.

facsímile tèlegraph 복사 전송기.

†fact [fækt] *n.* **사실**; U 진상. ***after*** 〔***before***〕 ***the* ～** 사후〔사전〕에. ***as a matter of* ～**, or ***in*** (***point of***) **～** 사실상.

fáct fìnder 실정 조사원.

fact-find·ing [⌐fàindiŋ] *n.*, *a.* U 실정 조사(의).

***fac·tion** [fǽkʃən] *n.* 당내의 파, **파당**; U 당파심; 내분. **～·al, fác·tious** *a.* 당파적인, 당파심이 강한.

fac·ti·tious [fæktíʃəs] *a.* 인위적인, 부자연한. **～·ly** *ad.* **～·ness** *n.*

fac·ti·tive [fǽktətiv] *a.* 〖文〗 작위적인. **～ *verb*** 작위 동사(They *call* him chief. / He *made* his son a lawyer.).

‡fac·tor [fǽktər] *n.* ① **요소**, **요인**. ② 〖數〗 인수. ③ 〖生〗 (유전) 인자. ④ 대리인; 중매인. **～ *cost*** 생산비. ***prime* ～** 소인수(素因數). ***principal* ～** 주인(主因). —— *vt.* (…을) 인수로 분해하다. **fác·tor·age** [-ridʒ] *n.* U 대리업; 중개 수수료. **fac·to·ri·al** [fæktɔ́:riəl] *a.*, *n.* 대리점의; 〖數〗 인수〔계승(階乘)〕의; 계승.

fac·tor·i·za·tion [fæ̀ktərizéiʃən] *n.* U 〖數〗 인수분해.

‡fac·to·ry [fǽktəri] *n.* ① **공장**, 제작소. ② 대리점, 재외 지점. ③ =⇩.

fáctory shìp 공작선, 공선(工船) 《게공선 따위》.

fáctory sỳstem (산업 혁명 이후의) 공장 제도.

fac·to·tum [fæktóutəm] *n.* 잡역부.

***fac·tu·al** [fǽktʃuəl] *a.* **사실상의**. **～·ly** *ad.*

fac·u·la [fǽkjələ] *n.* (태양의) 백반(白斑).

‡fac·ul·ty [fǽkəlti] *n.* ① CU **능력**, **재능**. ② (신체적·정신적) 기능. ③ 《美》 교수단〔회〕; (대학) 학부.

***fad** [fæd] *n.* **일시적인 열**(craze) 〔유행〕; 변덕. **⌐·dish, ⌐·dy** *a.* 일시적으로 유행〔열중〕하는. **⌐·dism** *n.* U 일시적인 열중. **⌐·dist** *n.*

‡fade [feid] *vi.* **시들다**; (색이) 바래다; 지다. —— *vt.* 색을 바래게 하다. **～ *in*** 〔***out***〕 〖映·TV〗 용명(溶明)〔용암(溶暗)〕하다. **fad·ed** [⌐id] *a.* 시든; 색이 바랜. **fad·er** [⌐ər] *n.* 〖放送·錄音〗 음량 조절기. **⌐·less** *a.* 시들지〔바래지〕 않는.

fade-in〔**-out**〕 [féidin〔-àut〕] *n.* 〖映·TV〗 용명(溶明)〔용암(溶暗)〕.

fad·ing [féidiŋ] *n.* U 〖無電〗 페이딩《전파 강도가 시간적으로 변하는 현상》.

fae·ces [fí:si:z] *n. pl.* =FECES.

fa·er·ie, fa·er·y [féiəri, fέəri] *n.*, *a.* 요정의 나라; 《集合的》 선녀들(의).

fag [fæg] *vi.* 《英口》 (**-gg-**) 열심히 일하다(*at*); (public school에서) 상급생의 잔심부름을 하다. —— *vt.* (일이) 지치게 하다(*out*); 《英口》 (하급생을) 부리다. —— *n.* 노역(자); 《英口》 상급생의 시중드는 하급생.

fág énd (피륙의) 토끝; (밧줄 따위의) 풀어진 끝; (물건의) 말단; 남는 것.

fag·got [fǽgət] 《英》 =FAGOT.

fággot vòte 〖英史〗 긁어 모으기 투표《재산의 일시적 양여로 투표권을 얻게 하여 표를 모음》.

fag·ot, 《英》 **fag·got** [fǽgət] *n.* 나뭇단. —— *vt.*, *vi.* 다발짓다.

***Fahr·en·heit** [fǽrənhàit, fá:r-] *n.*, *a.* 화씨 (온도계)(의)《생략 F》.

†fail [feil] *vi.* ① **실패하다**(*in*, *of*); 낙제하다. ② **부족하다**, 동나다. ③ (건강·기력 따위가) 쇠약해지다, 다하다. ④ 그르치다, …하지 않다(*to* do); 파산하다. —— *vt.* ① …**을 실망시키다**, 저버리다(～ *a friend in need* 곤궁한 친구를 못 본 체하다). ② …의 소용에 닿지 않다(*My tongue* ～*ed me.* 말을 못 했다). ③ (약속 따위를) 태만히 하다(～ *to come* 오지 않다). ④ 낙제시키다. ***not* ～ *to*** (do) 반드시 …하다. —— *n.* =FAILURE 《다음 구에만 쓰임》. ***without* ～** 반드시, 틀림없이, 꼭. ***⌐·ing** *n.*, *prep.* UC **실패**; 결점; …이 없는 경우에는; …이 없어서.

fáil sáfe (만일의 고장·잘못된 조작에 의한 사고 방지를 위한) 자동 안전〔제어〕 장치《원자로·핵탑재기 등의》.

fail-safe [féilsèif] *a.* 자동 안전〔제어〕 장치의 (*a* ～ *system*).

‡fail·ure [féiljər] *n.* ① UC **실패(자)**; 낙제(자, 점). ② 태만, 불이행. ③ UC 부족; 쇠약; 파산.

fain[1] [fein] *pred. a.* 기꺼이 (하는) (willing); 부득이 (하는); …하고 싶은, …이고 싶은. —— *ad.* 《古》 (***would* ～**의 형식으로) 기꺼이.

fain[2], **fains** [-z] *vt.* 《英俗》 ***F- I* …** (유희에서)…(의 역 같은 건) 나는 안 할래; 나는 싫어!

‡faint [feint] *a.* ① **희미한**; 연약한. ② 마음이 약한. ③ 현기증 나는, 어질어질한. —— *n.*, *vi.* 기절(하다) (swoon)(*away*). **‡⌐·ly** *ad.* **⌐·ness** *n.*

faint-heart·ed [⌐há:rtid] *a.* 마음이 약한.

faint·ing [féintiŋ] *n.* U 실신, 기절, 졸도.

†fair[1] [fεər] *a.* ① **아름다운**; 흰; 금발의. ② 깨끗한; 맑은, 갠. ③ 순조로운; 정중한; 《古》 장애 없는. ④ **정당한**; **공평한**. ⑤ 평평한; 꽤 좋은. ⑥ 치레말의. ⑦ 여성의(*a* ～ *reader*). ***be in a* ～ *way to*** (do) …할 가망이 있다. ***by* ～ *means or foul*** 수단이 옳고 그름을 가리지 않고(cf. by HOOK or by crook). **～ *and softly*** 그렇게 (결론을) 서두르지 말고. **～ *words*** 치레말, 입에 발린 말. —— *ad.* ① 공정히; 정통으로. ② 순조롭게; 깨끗이. ③ 정중히. BID ～

to. ~ *and square* 《口》 공정히. ―*n.* 《古》 여성; 애인. ∠·**ish** *a.* 상당한. ‡∠·**ly** *ad.* **바르게, 공평하게**; 바로; 상당히; 꽤; 똑똑히; 충분히; 완전히, 아주. *∠·**ness** *n.*

‡**fair²** *n.* ① **정기시**〔**장**〕; 자선시(慈善市). ② 박람회, 공진회. *a day after the* ~ 사후 약방문, 행차후 나팔.

fáir báll 〖野〗 페어볼(cf. foul ball).

Fáir Déal ⇨ DEAL¹

fáir emplóyment (종교·인종·성별 등의 차별 없는) 평등 고용.

fair-faced [∠féist] *a.* 살갗이 흰, 미모의; 《英》 (벽돌벽이) 회를 안 바른.

fair·ground [∠gràund] *n.* (종종 *pl.*) 박람회 등이 열리는 장소.

fair-haired [∠hέərd] *a.* 금발의.

fair-mind·ed [∠máindid] *a.* 공정한. ~·**ness** *n.*

***fáir pláy** 정정당당한(경기) 태도.

fáir séx, the 《集合的》 여성.

fair-spo·ken [∠spóukən] *a.* 정중한; 구변 좋은.

fair-to-mid·dling [∠təmídliŋ] *a.* 보통보다 좀 나은.

fáir tráde 공정 거래.

fair-trade [∠tréid] *vt., vi.* 호혜 무역 협정에 따라 거래하다.

fáir-tráde agrèement 《美》 호혜 무역 협정, 최혜국 약관(最惠國約款).

fair·way [∠wèi] *n.* 항로; 〖골프〗 tee 와 putting green 사이의 잔디밭.

fair-weath·er [∠wèðər] *a.* 순조로운〔날씨가 좋은〕 때만의. ~ *friendship* 믿지 못할 우정.

‡**fair·y** [fέəri] *n., a.* ① **요정**(의, 같은); 아름다운. ② 《口》 동성애의 남자, 「호모」.

fáiry làmp 〔**lìght**〕 (옥외 장식용의) 꼬마 램프. 「의 나라.

***fair·y·land** [-lǽnd] *n.* **요정**〔**동화**〕

fáiry rìng 요정의 동그라미〔춤터〕 《균 때문에 잔디가 둥그렇게 검푸르게 된 부분》. 「야기, 거짓말.

fáiry tàle 〔**stòry**〕 동화; 지어낸 이

fait ac·com·pli [féit əkɔ́mpli:] (F.) 기성 사실.

‡**faith** [feiθ] *n.* Ⓤ ① **신뢰**; 신념. ② **신앙**; Ⓒ 교리. ③ 신의; 서약. *bad* ~ 배신, 불신. *by my* ~ 맹세코. *give* 〔*pledge, plight*〕 *one's* ~ 맹세하다. *good* ~ 성실. *in* ~ 실로, 참으로. *on the* ~ *of* …를 믿고; …의 보증으로.

fáith cùre 〔**hèaling**〕 신앙 요법.

‡**faith·ful** [∠fəl] *a.* **성실한**; 신뢰할 수 있는; 정확한. ―*n.* (the ~) 신자들. ‡ ~·**ly** *ad.* *Yours ~ly* 여불비례(餘不備禮). ~·**ness** *n.*

***faith·less** [∠lis] *a.* **불성실한**, 믿을 수 없는; 신심 없는. ~·**ly** *ad.*

***fake** [feik] *vt., vi.* **날조하다**(*up*); …인 체하다. ―*n., a.* **위조의** (**물건**); 가짜(의); 사기꾼. **fák·er** *n.* 협잡군, 사기군(fraud); 노점 상인.

fa·kir [fəkíər, féikər], **-keer** [fəkíər] *n.* (회교·브라만교의) 행자 (行者).

Fa·lange [féilændʒ] *n.* (Sp.) 팔랑헤당《스페인 내란 후 정권을 잡은 우익 정당》. 「양의.

fal·cate [fǽlkeit] *a.* 낫〔갈고리〕 모

fal·chion [fɔ́:ltʃən, -ʃən] *n.* 언월도(偃月刀); 《詩》 칼(sword).

***fal·con** [fǽlkən, fɔ́:l-, fɔ́:k-] *n.* **송골매**; (매사냥에 쓰는) 매. ~·**er** *n.* 매부리. ~·**ry** *n.* 매사냥.

fal·de·ral [fǽldəræ̀l], **-rol** [-rɑ̀l/-ɔ̀-] *n.* 하찮은 것; 허튼 수작, 잠꼬대; (민요 등의) 무의미한 후렴.

†**fall** [fɔ:l] *vi.* (*fell; fallen*) ① **떨어지다**; 강하하다; (온도·값 따위가) **내리다**. ② (머리털이) 늘어지다; (털이) 빠지다. ③ (눈이) 아래로 향하다. ④ 넘어지다; 함락하다; 쇠하다; 기울다. ⑤ (조수(潮水)가) 삐다; (기분이) 침울해지다; 타락하다. ⑥ …이 되다; 우연히 오다. ⑦ (악센트가 …에) 오다, 있다(*on*); (제비에서) 뽑히다. ⑧ 분류되다. ~ *across* 우연히 마주치다. ~ *away* 버리다; 쇠하다. ~ *back* 물러나다; 위약하다; 퇴각하다. ~ *behind* 늦어지다. ~ *down* 넘어지다; 엎드리다; 《口》 실패하다. ~ *in* 내려〔주저〕앉다; 정렬하다, 마주치다. ~ *into* (위치에) 서다; …에 빠지다; 시작하다. ~ *in with* 우연히 마주치다; 의견이 일치하다; 조화되다. ~ *off* (따로) 떨어지다; 줄다, 쇠하다. ~ *on* 〔*upon*〕 넘어지다; 마주치다; 공격하다; 몸에 닥치다. ~ *out* 사이가 틀어지다; 일어나다, 생기다; 〖軍〗 열을 벗어나다, 낙오되다. ~ *over* (담 따위가) 무너지다. ~ *through* 실패하다. ~ *to* (먹기) 시작하다; 싸움을 시작하다. ~ *under* (부류 따위에) 들다.

―*n.* ① **낙하**; 강우〔강설〕량. ② 도괴; 쇠미, 함락. ③ 강하 (거리); 하락; 내리막. ④ (보통 *pl.*) 폭포. ⑤ 〖레슬링〗 「폴」; 한 시합, 한판 승부. ⑥ 《美》 가을. *the F-* 인간의 타락 《아담과 이브의 원죄》.

fal·la·cious [fəléiʃəs] *a.* 그릇된; 허위의, 속이는. ~·**ly** *ad.* ~·**ness** *n.*

fal·la·cy [fǽləsi] *n.* ⓊⒸ 오류; 틀린 생각; 사기성. 「장신구.

fal·lal [fæ̀llǽl/∠-] *n.* 싸고 야한

†**fall·en** [fɔ́:lən] *v.* fall 의 과거 분사. ―*a.* ① **떨어진, 쓰러진**. ② 죽은 (*the* ~ 전사자들); 파멸한, 타락한. ~ *angel* (천국에서 쫓겨난) 타락한 천사. 「쓰는 사람; 어수룩한 사람.

fáll gùy 《美俗》 남의 죄를 뒤집어

fal·li·ble [fǽləbəl] *a.* 속아 넘어가기 쉬운; 틀리기 쉬운; 오류가 있는.

fal·li·bil·i·ty [∸-bíləti] *n.*

fall·ing [fɔ́:liŋ] *n., a.* 낙하(하는), 함락(하는); 타락(하는). ~ *off* 쇠미; 감소. *the* ~ *tide* 썰물.

fall·ing-out [-áut] *n.* 불화, 다툼.

fálling sìckness 《古》 간질(epilepsy).

fálling stár 별똥별, 유성.

Fal·ló·pi·an tùbe [fəlóupiən-] (보통 *pl.*) ＝OVIDUCT.

fall·out [fɔ́:làut] *n.* UC 방사성 낙진, 원자 재(~ *shelter* 방사성 낙진 대피소).

***fal·low**[1] [fǽlou] *a., n., vt.* U **묵히고 있는** (밭 따위); 유휴(遊休)(지); 유휴하다, 놀리다. *lie* ~ (밭 따위) 묵히고 있다.

fal·low[2] *a.* 담황색의.

fállow déer (유럽산의) 노랑사슴.

fall-trap [fɔ́:ltræ̀p] *n.* 허방다리.

‡**false** [fɔ:ls] *a.* ① **틀린; 거짓의;** 가짜의; 부정의. ② 가(假)의. ③ 〖樂〗 가락이 맞지 않는. ~ *charge* 무고. ~ *colors* 외국기; 가장. —— *ad.* 잘못하여; 거짓으로; 불실(不實)하게. *play* (*a person*) ~ 《古·廢》 배신하다, 속이다. ***false·hood** [ˊhùd] *n.* U **잘못;** 허위. ˊ**·ly** *ad.* ˊ**·ness** *n.*

fálse acácia 아카시아.

fálse arrést 〖法〗 불법 체포.

fálse bóttom (상자·트렁크 따위의) 이중 바닥《특히 숨기게 된 것》.

fálse éye 의안(義眼), 해박은 눈.

fálse fáce 가면.

false-heart·ed [ˊhá:rtid] *a.* 불(성)실한, 사기적인.

fálse imprísonment 〖法〗 불법 감금.

fálse kéy (도둑용의) 결쇠 (pick lock).

fálse posítion 궁지.

fálse preténses 〖法〗 사기(죄).

fálse stép 곱드러짐; 실책.

fálse tóoth 의치(義齒), 틀니.

fal·set·to [fɔ:lsétou] *n.* (*pl.* ~*s*), *a., ad.* 〖樂〗 가성(假聲)(의, 으로).

false·work [fɔ́:lswə̀:rk] *n.* U 〖土木〗 비계; 가설물.

fals·ie [fɔ́:lsi] *n.* (보통 *pl.*) 《口》 여성용 가슴받이《유방을 풍만하게 보이기 위한》.

fal·si·fy [fɔ́:lsəfài] *vt.* 속이다; (서류를) 위조하다; …이 거짓임〔틀림〕을 증명하다; (기대 따위를) 저버리다. **fal·si·fi·ca·tion** [ˋ-fəkéiʃən] *n.* UC 허위; 위조; 곡해; 반증.

fal·si·ty [fɔ́:lsəti] *n.* UC 허위; 거짓말; 틀림.

Fal·staff [fɔ́:lstæf, -stɑ:f] *n.* Shakespeare 사극에 나오는 명랑하고 겁 많은 허풍쟁이 뚱뚱보 기사. **Fal·staff·i·an** [-ˊiən] *a.*

falt·boat [fá:ltbòut] *n.* 접이 보트.

***fal·ter** [fɔ́:ltər] *vi.* ① **비틀거리다.** ② 말을 더듬다. ③ 머뭇거리다. —— *vt.* 우물우물〔더듬더듬〕 말하다. —— *n.* 비틀거림; 머뭇거림; 더듬음〔는 말〕. ~**·ing·ly** *ad.* 비틀거리며, 머뭇거리며, 말을 더듬으며.

F. A. M. Free and Accepted Masons.

‡**fame** [feim] *n.* **명성,** 평판. *earn* ~ 명성을 얻다. —— *vt.* 유명하게 만들다. *~**d** [-d] *a.* **유명한**(*for*).

‡**fa·mil·iar** [fəmíljər] *a.* ① **잘 알려져 있는,** 흔한. ② 잘 알고 있는, 친한(*with*); 무람없는; 스스럼없는, 탁터 놓은. ③ 뻔뻔스러운. ④ (짐승이) 길들여진 ~**·ly** *ad.* ***fa·mil·i·ar·i·ty** [fəmìljǽrəti, -liǽr-/-liǽr-] *n.*

fa·mil·iar·ize [fəmíljəràiz] *vt.* 친〔익숙〕해지게 하다(*with*); 통속화하다. **fa·mil·iar·i·za·tion** [-ˋ-rizéiʃən] *n.* U

†**fam·i·ly** [fǽməli] *n.* ① **가족, 식구,** 일가. ② (한 집안의) 아이들. ③ 일족(clan). ④《英》 문벌, 명문. ⑤ 〖生〗 과(科)《order 의 아래, genus 의 위》. *in the ~ way* 임신하여.

fámily allówance 가족 수당; 《英》 정부의 아동 수당.

fámily círcle 일가 사람들; 가족석.

fámily cóurt 가정 재판소.

fámily dòctor 단골 의사.

fámily màn 가정을 가진 남자; 가정적인 남자.

‡**fámily náme** 성(姓).

fámily plánning 가족 계획.

fámily relátions cóurt =FAMILY COURT.

fámily skéleton 집안 내의 비밀.

fámily stỳle (각자가 떠먹게) 큰 그릇에 담음〔담은〕.

fámily trée 가계도(家系圖); 족보.

‡**fam·ine** [fǽmin] *n.* **기근;** 대부족. *house* ~ 주택난.

***fam·ish** [fǽmiʃ] *vi., vt.* **굶주리(게) 하다.**

†**fa·mous** [féiməs] *a.* **유명한**(*for*); 《口》 근사한(first-rate).

‡**fan**[1] [fæn] *n.* ① **부채, 선풍기;** 부채 모양의 것. ② 키. —— *vt., vi.* (*-nn-*) ① 부채질하다; 키질하다; (부채 따위로) 쫓다. ② 부추기다. ③ 〖野〗 삼진하다〔시키다〕. ④ 부채꼴로 펼치(어지)다.

‡**fan**[2] *n.* 《口》 **팬,** 열광자(*fan*atic devotee) (*a baseball* ~ 야구 팬).

***fa·nat·ic** [fənǽtik] *a., n.* **열광적인;** 열광〔광신〕자. **-i·cal** *a.* =FANATIC. **fa·nát·i·cism** [-təsìzəm] *n.*

***fan·cied** [fǽnsid] *a.* **공상**〔가공〕**의.**

fan·ci·er [fǽnsiər] *n.* (꽃·개 등의) 애호가(*a tulip* ~ 튤립 재배가).

***fan·ci·ful** [fǽnsifəl] *a.* **변덕스런;** 기발한; 공상의. ~**·ly** *ad.* ~**·ness** *n.*

‡**fan·cy** [fǽnsi] *n.* ① UC **공상(력);** 공상(의 산물). ② 변덕. ③ U 취미, 도락. ④ (the ~) 《集合的》 (동식물 등의) 애호〔사육·재배〕가들. *catch the ~ of* …의 마음에 들다. *have a ~ for* …을 좋아하다, …을 갖고 싶다. *take a ~ for* 〔*to*〕 …을 좋아하다. *to one's ~* 마음에 드는, 뜻에 맞는. —— *a.* ① **공상의.** ② 장식적인. ③ 극상품의. ④ 곡예의(~ flying 곡예 비행). ⑤ 변종의. ⑥ 터무니 없는. *at a ~ price* 터무니없는 값으로. —— *vt.* 공상하다; (어쩐지) …라고 생각하다; 좋아하다.

fáncy báll 가장 무도회.

fáncy dán 《美俗》 허세 부리는 사람.

fáncy dréss 가장복.

fáncy fáir 《英》(방물)자선시.

fan·cy-free [fǽnsifrì:] *a.* 연애를 모르는.

fáncy góods 방물; 장신구; 특선품.

fáncy màn (매춘부의) 정부.

fáncy wòman 〔**gìrl, làdy**〕 정부(情婦); 매춘부.

fan·cy·work [-wə̀:rk] *n.* U 수예품(手藝品).

fán dànce 큰 부채를 사용하는 선정적인 누드댄스.

fan·dan·go [fændǽŋgou] *n.* (*pl.*

～*s*) (스페인의) 3 박자의 활발한 춤.
F and F furniture and fixtures.
fane [fein] *n.* 《古·詩》 신전; 교회당.
fan·fare [fǽnfὲər] *n.* Ⓤ 「팡파르」; 과시; 《口》 광고.
fan·fa·ron·ade [fæ̀nfərənéid / -færənɑ́:d] *n.* ⓊⒸ 호언장담, 허세.
fan·fold [fǽnfòuld] *n.* 복사장(複寫帳)《사이사이에 먹지를 끼워 철한》.
fang [fæŋ] *n.* 엄니; (뱀의) 독아(毒牙); (끌이나 찬칼 따위의) 슴베.
fan·gle [fǽŋgəl] *n.* 유행.
fán jèt 팬제트기; 제트엔진의 일종.
fán lètter 〔**màil**〕 팬레터.
fan·light [fǽnlàit] *n.* (문 위 따위의) 부채꼴 창(窓).
fán màrker 부채꼴 위치 표지《공항 부근에 배치되어 전파로 비행기를 유도함》.
fan·ner [fǽnər] *n.* 부채질하는 사람; 선〔송〕풍기. 「이; 여성의 성기.
fan·ny [fǽni] *n.* 《英口》《婉曲》 궁둥
fan-out [fǽnàut] *n.* 〖軍〗 부채꼴 전개.
fan·tab·u·lous [fæntǽbjələs] *a.* 《俗》 믿을 수 없을 만큼 굉장한.
fan·tail [fǽntèil] *n.* 부채꼴의 꼬리; 공작비둘기; 농어과의 담수어; 《美》〖海〗 고물의 돌출부.
fan-tan [fǽntæ̀n] *n.* (Chin.) 판탄《종발을 사용하는 중국 도박》; 카드놀이의 하나.
fan·ta·sia [fæntéiʒiə, -téiziə] *n.* 〖樂〗 환상곡; (명곡 멜로디를 이어 만든) 혼성곡(potpourri).
‡**fan·tas·tic** [fæntǽstik], **-ti·cal** [-əl] *a.* ① **공상적인**; 변덕스러운. ② 기묘한. ③ 상상상의. **-cal·ly** *ad.*
***fan·ta·sy** [fǽntəsi, -zi] *n.* ① ⓊⒸ **공상**; 기상(奇想); 변덕; 백일몽. ② =FANTASIA.
F. A. N. Y. First Aid Nursing Yeomanry 응급 간호 봉사반. **FAO, F.A.O.** Food and Agriculture Organization 유엔 식량 농업 기구.
†**far** [fɑ:r] *a.* (*farther, further; farthest, furthest*) **먼**; 저쪽의. *F- East(ern)* 극동(의). *a* ～ *cry* 원거리(*from*). —— *ad.* (시간·공간적으로) **멀리**; 크게. *as* 〔*so*〕 ～ *as* …까지, 하는 한. ～ *and away* 훨씬. ～ *and near* 〔*wide*〕 도처에. ～ *be it from me to* (do) 단연코 …않다. ～ *from* …커녕. *go* ～ 크게 효력이 있다. *how* ～ 어디까지. *in so* ～ *as* …하는 한. *so* ～ 이제까지. SO ～ *as. So* ～ *so good.* 지금까지는 잘 돼 가고 있다. —— *n.* Ⓤ 먼 곳; 높은 정도. *by* ～ 훨씬, 단연코. *from* ～ *and near* 원근에서, 도처에서. 「용량의 단위).
far·ad [fǽrəd] (<⇩) *n.* 패럿《전기
Far·a·day [fǽrədèi, -di], **Michael** (1791-1867) 영국의 물리학자.
far·a·day *n.* 〖電〗 전기 분해에 쓰이는 전기량의 단위.
far·a·dize [fǽrədàiz] *vt.* 감응 전류로 자극·치료하다.
***far·a·way** [fɑ́:rəwèi] *a.* (시간·거리·연고 등이) **먼**; (눈이) 꿈꾸는 듯한.
***farce** [fɑ:rs] *n.* ⓊⒸ **소극**(笑劇), 익살극. —— *vt.* (문장·담화에) 익살미(味)를 가하다. **fár·ci·cal** [ˊikəl] *a.* 우스운, 익살맞은.
‡**fare** [fɛər] *n.* ① (탈것의) **요금**; 승객. ② Ⓤ 음식물. —— *vi.* 지내다; 일어나다(happen); 먹다, 대접받다; 《詩》 가다, 여행하다.
Fár Éast, the ⇨ FAR (*a.*).
fare-thee-well [ˊ-θi:wél] *n.* 《美口》 완전; 극단. *to a* ～ 완전히; 끝장까지.
‡**fare·well** [fέərwél] *int., a., n.* **안녕!**; 작별의 (인사); 고별.
fare-you-well [fέərju:wél] *n.* (다음의 句로) 《美口》 *to a* ～ 끝까지; 최후를 장식하여, 완벽하게.
far-famed [fɑ́:rféimd] *a.* 이름이 널리 알려진.
far-fectched [ˊfétʃt] *a.* 견강부회의, 억지로 갖다대는. 「널리 퍼진.
far-flung [ˊflʌ́ŋ] *a.* 광범위에 걸친,
far-gone [ˊgɔ́:n] *a.* 먼; (병 따위가) 훨씬 악화된; 피로에 지친.
fa·ri·na [fəríːnə] *n.* Ⓤ 곡분(穀粉), 전분. **far·i·na·ceous** [fæ̀rənéiʃəs] *a.* 전분(질)의. 「나무의 일종.
far·kle·ber·ry [fɑ́:rkəlbèri] *n.* 월귤
†**farm** [fɑ:rm] *n.* ① **농장**, 농가; 사육장(*an oyster* ～ 굴 양식장). ② 〖野〗 (대(大)리그 소속의) 선수 양성팀. —— *vt.* ① 토지를 대차(貸借)하다; (땅을) **경작하다**. ② (세금 징수 따위를) 도급맡다; (일정한 요금을 받고 어린아이 등을) 맡다. —— *vi.* 경작하다; 농장을 경영하다. ～ *out* 도급 맡기다; (어린애를) 맡기다; 〖野〗 양성팀에 맡기다. †**fárm·er** *n.* (농지를 가진) **농부**〔농가〕(cf. peasant); 유아를 맡는 사람; (세금 등의) 징수 도급인. ˊ**·ing** *n.* Ⓤ 농업, 농사; 탁아소 경영; (세금의) 징수 도급.
fárm hànd 농장 노동자.
***farm·house** [ˊhàus] *n.* **농가**.
***farm·land** [ˊlæ̀nd] *n.* Ⓤ **농지**.
farm·stead [ˊstèd] *n.* (건물을 포함한) 농장.
farm·yard [ˊjɑ̀:rd] *n.* 농가의 안뜰.
far·o [fέərou] *n.* 은행놀이《카드놀이의 일종》.
***far-off** [fɑ́:rɔ́:f/-ɑ́f] *a.* **아득히 먼**.
far-out [ˊáut] *a.* 훨씬 앞선; 《美俗》 참신한. 「뒤범벅.
far·ra·go [fəréigou, -ɑ́:-] *n.* (*pl.* ～*es*)
***far-reach·ing** [fɑ́:rríːtʃiŋ] *a.* **멀리까지 미치는**, 광범위한.
far·ri·er [fǽriər] *n.* 《주로 英》 편자공; 말 의사, 수의(獸醫). ～**·y** *n.* Ⓤ 제철술(蹄鐵術); Ⓒ 제철 공장.
far·row [fǽrou] *n.* 한 배의 돼지 새끼. —— *vt., vi.* (돼지가) 새끼를 낳다.
far-see·ing [fɑ́:rsíːiŋ] *a.* 먼눈이 밝은; 선견지명이 있는.
far-sight·ed [ˊsáitid] *a.* 원시(遠視)의; =⇧. ～**·ness** *n.*
‡**far·ther** [fɑ́:rðər] (far의 比較級) *a.*,

ad. ① 더 먼〔멀리〕. ② 그 위에〔의〕, 더욱더, 좀 더《이런 의미로는 보통 further》. *wish* (*a person, thing*) ～ 그 곳에 없으면 좋겠다고 생각하다. *I'll see you* ～ (=FURTHER) *first.* **～·most** [-mòust] *ad.* 가장 먼(farthest).

‡**far·thest** [fá:rðist] 《far의 최상급》 *a., ad.* **가장 먼〔멀리〕.** *at* (*the*) ～ 멀어도; 늦어도, 고작(at most).

***far·thing** [fá:rðiŋ] *n.* 영국의 동전 (1/4 penny).

far·thin·gale [fá:rðiŋgèil] *n.* (16–17세기 영국의) 둥근 뼈 속버팀 스커트.

Fár Wést, the 극서부 지방《미국 로키 산맥 지방에서 태평양안 일대》.

F. A. S., f. a. s. free alongside ship (화물의) 선측 인도.

fas·ces [fǽsi:z] *n. pl.* (*sing.* **-cis** [-sis]) 〖古로〗 속간표(束桿標)《집정관 권위의 표지》.

fas·ci·a, fa·ci·a [fǽʃiə, féiʃə] *n.* (머리 매는) 끈, 띠; 〖外科〗 붕대; 〖解〗 근막(筋膜).

fas·ci·ate [fǽʃièit], **-at·ed** [-èitid] *a.* 띠로 묶은; 〖植〗 띠 모양의; 〖動〗 무늬 있는.

fas·ci·cle [fǽsikəl] *n.* 작은 다발 (small bundle); 〖植〗 밀산화서(密繖花序); 분책(分册).

fas·cic·u·lar [fəsíkjələr] *a.* 〖植〗 총생(叢生)의.

***fas·ci·nate** [fǽsənèit] *vt.* ① **매혹하다.** ② (공포로) 움츠러지게 하다, 눈독들이다. ***fás·ci·nat·ing** *a.* **매혹적인.** **fás·ci·na·tor** *n.*

***fas·ci·na·tion** [fæ̀sənéiʃən] *n.* ① Ⓤ **매혹;** 눈독들임. ② 매력 있는것. ③ 황홀한 상태.

Fas·cism [fǽʃizəm] *n.* (Mussolini 치하 이탈리아의) 파시즘; (f-) 《一般》 국가 사회주의. **Fás·cist, f-** *n.*

‡**fash·ion** [fǽʃən] *n.* ① ⓊⒸ **유행**(～ *book* 유행 복장 견본집/ ～ *show* 〔*parade*〕 패션 쇼); 상류 사회(의 풍습·사람들). ② ⓊⒸ 방법. ③ 형, 종류. ④ 유행아〔물〕. *after* 〔*in*〕 *a* ～ 이럭저럭. *come into* ～ 유행되다. *go out of* ～ 한물가다. *in this* ～ 이렇게, 이런 식으로. —— *vt.* 형성하다. ‡**fásh·ion·a·ble** *a.* **유행의;** 상류 사회의. **～·mon·ger** [-mʌ̀ŋgər] *n.* 유행 연구가; 유행을 좇는 사람.

fáshion plàte (원색 인쇄한) 유행 복장도(圖).

†**fast**[1] [fæst / fɑ:st] *a.* ① **빠른,** 재빠른. ② **단단한;** 고정된. ③ (색이) 바래지 않는. ④ (잠이) 깊은. ⑤ (시계가) 더가는. ⑥ 충실한. ⑦ 방탕한. ⑧ 빈틈 없는. ⑨ 피할 수 없는. ⑩ (필름이) 고감도의. ⑪ (특히 미생물이 약품 따위에) 저항력이 있는. *make* ～ 죄다, 잇다. *pull a* ～ *one on* 《美俗》 (…를) 속임수로 이기다. —— *ad.* 굳게; (잠 따위를) 푹; 빨리; 착착; 방탕하여. *live* ～ 방탕하다. *play* ～ *and loose* 태도가 (흔들려) 믿을 수 없다. **∠·ish** *a.* 꽤 빠른; 방탕적인. **∠·ness** *n.* Ⓤ 견고; 고착; 신속; Ⓒ 요새.

***fast**[2] *vi., n.* **단식하다;** 단식(기간·일). *break one's* ～ 단식을 그만두다; 아침을 먹다. **∠·ing** *n.* Ⓤ 단식. 「형 지붕(의 자동차)》.

fast·back [∠bæ̀k] *n.* 파스트백《유선

fást bréeder 〖理〗 고속 증식로.

fast·buck [∠bʌ̀k] *n.* 《美俗》 쉽게 번 돈(easy money).

fást dày 단식일.

‡**fas·ten** [fǽsn/-ɑ́:-] *vt.* ① **단단히 고정시키다〔죄다〕**(*on*); 붙들어 매다(*to*). ② (눈을) 멈추다(*upon*). ③ (열쇠 따위로 문을) 잠그다. —— *vi.* **고착하다,** (문 등이) 잠기다; 꽉 달라붙다 (*on*). ～ *down* (못으로) 박다. ～ *up* 단단히 고착시키다; 붙박아놓다. **～·er** *n.* 죄는 사람〔도구〕; 지퍼. **～·ing** *n.* Ⓤ 죔; Ⓒ 죄는 것.

fást fóod 즉석 또는 가져가서 먹게 만든 요리《햄버거나 닭튀김 등》.

fas·tid·i·ous [fæstídiəs, fəs-] *a.* 꾀까다로운.

fast-talk [fǽsttɔ́:k/fɑ́:st-] *vt.* (유창하게) 말하다 〔말로 구워 삶다〕.

†**fat** [fæt] *a.* (**-tt**) ① **살찐, 지방이 많은.** ② 비옥한; 유복한; 풍부한. ③ 둔감한. *a* ～ *chance* 《俗》 많은 기회, 《反語》 가망이 희박함. *a* ～ *lot* 《俗》 많이, 듬뿍; 《反語》 조금도. *cut it* (*too*) ～ 드러내어 자랑하다. *cut up* ～ 많은 돈을 남기고 죽다. ～ *year* 풍년. —— *n.* Ⓤ ① **지방; 기름기;** 고기의 기름기가 많은 부분. ② 제일 좋은 부분; 〖劇〗 중요하고 어울리는 역. *chew the* ～ 《英俗》 불평하다; 꾸짖다; 《美俗》 지껄이다. (말을) 늘어 놓다. *eat* 〔*live on*〕 *the* ～ *of the land* 사치스런 생활을 하다. —— *vi., vt.* (**-tt-**) 살찌(게 하)다. **fat·tish** [fǽtiʃ] *a.* 좀 살이 찐. **∠·ty** *a.* 기름기의〔많은〕.

‡**fa·tal** [féitl] *a.* ① **치명**〔파멸〕**적인.** ② 숙명적인; 결정적인. **～·ism** [-təlìzəm] *n.* 숙명론. **～·ist** [-təlist] *n.* **fa·tal·is·tic** [fèitəlístik] *a.* ***fa·tal·i·ty** [feitǽləti, fə-] *n.* ⓊⒸ **숙명;** 재난; 죽음, 변사. ***～·ly** [-təli] *ad.*

fát cát 《美俗》 다액의 정치 헌금을 하는 부자; 특권을 가지는 부호.

‡**fate** [feit] *n.* ① **운명,** 숙명; 운(運). ② 죽음; 파멸. *meet one's* ～ 비명에 죽다. *the Fates* 〖그·로神〗 운명의 세 여신(女神). **fát·ed** [∠id] *a.* 운명의; 운이 다한. **∠·ful** *a.* 숙명적인; 치명〔파멸〕적인; 중대한.

fát fàrm 《美俗》 살 빼는 도장. 「보.

fat·head [fǽthèd] *n.* 《口》얼간이, 바

†**fa·ther** [fá:ðər] *n.* ① **아버지;** 조상; 창시자; 시조. ② 신부. ③ (옛로마의) 원로원 의원. ④ (the F-) 하느님. *be a* ～ *to* …에 대해서 아버지처럼 행동하다. *be gathered to one's* ～*s* 죽다. SPITIRUAL ～. *the* ～*s*. (초기 기독교의) 교부들. *the Holy F-* 로마 교황. *The wish is* ～ *to the thought.* 《俗談》 바라고 있으면 정말인 것처럼 여기게 된다. ——

vt. …의 아버지이다; 아버지처럼 행동하다; 창시하다; …의 말이라고 일컫다(*The saying is ~ed on Pascal.* 그것은 파스칼의 말이라고 일컬어진다). **~·hood** [-hùd] *n.* Ⓤ 아버지임. **~·less** *a.* **~·ly** *a.* 아버지의[다운]; 자비깊은. 「CLAUS.

Fáther Chrístmas 《英》 =SANTA

fáther conféssor 〖카톨릭〗 고해신부. 「버지; 장인.

father-in-law [fɑ́:ðərinlɔ̀:] *n.* 시아

fa·ther·land [-læ̀nd] *n.* 조국.

Fáther's Dày 《美》 아버지 날《6월 세째 일요일》.

*__fath·om__ [fǽðəm] *n.* 〖海〗 길《6 feet, 약 1.8 m》. ── *vt.* (수심을) 재다; 헤아리다, 추측하다. **~·a·ble** *a.* 잴 수 있는; 추측할 수 있는. **~·less** *a.* 헤아릴 수 없는.

Fa·thom·e·ter [fæðɑ́mitər/-ðɔ́m-] *n.* 〖商標〗 음향 측심기.

fa·tid·ic [feitídik, fə-], **-i·cal** [-əl] *a.* 예언의, 예언적인.

‡**fa·tigue** [fətí:g] *n.* ① Ⓤ 피로. ② 노역(勞役). ③ Ⓤ (금속의) 약화; 〖軍〗 사역(使役); (*pl.*) 작업복. ── *vt.* 지치게 하다; (금속 등을) 약화시키다.

fatígue dùty 〖軍〗 사역(使役).

fatígue pàrty 〖軍〗 사역반.

Fat·i·ma [fǽtimə] *n.* ① (606?–632) 여성의 귀감으로 일컬어진 마호메트의 딸. ② Bluebeard의 비밀을 간파한 그의 일곱째 아내; (여자의) 캐(묻)는 버릇. 「육용).

fat·ling [fǽtliŋ] *n.* 살찌운 가축《식

*__fat·ten__ [fǽtn] *vt., vi.* 살찌우다, (땅을) 기름지게 하다; 살찌다.

fat·u·ous [fǽtʃuəs] *a.* 얼빠진; 분별없는; 철없는; 실체(實體)가 없는. *~ fire* 도깨비불. **fa·tu·i·ty** [fətjú:əti/-tjú:-] *n.* Ⓤ 「頭).

fau·ces [fɔ́:si:z] *n. pl.* 〖解〗 인두(咽

fau·cet [fɔ́:sit] *n.* 수도꼭지, 고동.

faugh [fɔ:] *int.* 피이!; 쳇!; 흥!

Faulk·ner [fɔ́:knər], **William** (1897–1962) 미국의 소설가.

‡**fault** [fɔ:lt] *n.* ① 과실. ② 결점. ③ Ⓤ 책임. ④ 〖테니스〗 폴트《서브 실패》. ⑤ 〖地〗 단층(斷層). *at ~* 잘못하여; 당황하여. *find ~ with* …의 흠을 잡다; …을 비난하다. *in ~* 잘못된, 나쁜. *to a ~* 과도히, 극단적으로. **∠·ing** *n.* 단층 형성. *__∠·less__ *a.* 더할 나위없는. *__∠·y__ *a.* 결점 있는, 불완전한.

fault·find·er [∠fàindər] *n.* 트집쟁이, 잔소리꾼. 「잡기.

fault·find·ing [∠fàindiŋ] *n.* Ⓤ 흠

faun [fɔ:n] *n.* 〖로神〗 목축·농업을 맡은 반인(半人) 반염소의 신.

fau·na [fɔ́:nə] *n.* (한 시대·한 지역의) 동물상(相), 동물군; 동물지(誌) (cf. flora).

Faust [faust] *n.* 지상에서의 쾌락과 맞바꾸어 혼을 악마에게 팔아 넘긴 남자; Goethe작의 극의 이름.

Fau·vism [fóuvizəm] *n.* Ⓤ 〖美術〗 야수파주의, 포비즘《Matisse, Braque, Segonzac, Rouault 등》.

fáux pás [fóu pɑ́:] (F.) (*pl.* ~ [-pɑ́:z]) 실례되는 말[행위]; 품행이 좋지 못함; (여성의) 문란한 행위.

†**fa·vor,** 《英》 **-vour** [féivər] *n.* ① Ⓤ 호의, 친절. ② 은혜, 은고. ③ Ⓤ 편벽된 사랑. ④ 선물. ⑤ (여자가 몸을 허락하는) 동의(同意). *ask a ~ of a person* 아무에게 (무엇을) 부탁하다. *by your ~* 실례입니다만. *do a person a ~* 아무를 위해 힘쓰다. *find ~ with a person* 아무의 눈에 들다. *in ~ of* …에 찬성하여; …을 위해; …에게 지급될. *out of ~ with* …의 눈밖에 나서.

‡**fa·vo(u)r·a·ble** [féivərəbəl] *a.* 호의를 보이는; 형편[계제] 좋은; 유리한; 유망한(promising). *__fá·vo(u)r·a·bly__ *ad.*

‡**fa·vo(u)r·ite** [féivərit] *n.* 마음에 드는 것; 인기 있는 사람; (경기·경마 따위의) 우승 후보. ── *a.* 맘에 드는, 좋아하는. **fá·vo(u)r·it·ism** [-ìzəm] *n.* Ⓤ 편애; 정실, 편파.

fa·vus [féivəs] *n.* 〖醫〗 황선(黃癬).

fawn[1] [fɔ:n] *n., a.* (한 살 이하의) 새끼 사슴; Ⓤ 엷은 황갈색(의).

fawn[2] *vi.* 아첨하다, 해롱거리다(*on, upon*); (개가) 재롱떨다(*on, upon*).

fay [fei] *n.* 《詩》 =FAIRY.

faze [feiz] *vt.* 《美口》 …을 방해하다, …의 마음을 혼란케 하다.

f. b. 〖蹴〗 fullback; freight bill (운임 청구서). **F. B. A.** Fellow of the British Academy. **F. B. E.** foreign bills of exchange. **FBI, F. B. I.** 《美》 Federal Bureau of Investigation. **F. C.** Football Club; Free Church. **fcap, fcp.** foolscap. **FCC** Federal Communications Commission; First-class Certificate; Food Control Committee. **F. C. D.** Food Control Department. **F. C. S.** Fellow of the Chemical Society. **F. D.** Fidei Defensor (L.) (=Defender of the Faith); Fire Department. **FDA** Food and Drug Administration. **FDIC** Federal Deposit Insurance Corporation. **FDR, F. D. R.** Franklin Delano Roosevelt. **Fe** 〖化〗 ferrum (L. =iron). **fe.** =FEC.

fe·al·ty [fí:əlti] *n.* Ⓤ (영주에 대한 신하의) 충성; 《一般》 성실.

†**fear** [fiər] *n.* Ⓤ ① 두려움, 공포, 걱정. ② (신에 대한) 경외(awe). *for ~ of* …을 두려워하여; …이 없도록. *in ~ of* …이 무서워서. *without ~ or favo(u)r* 공평하게. ── *vt., vi.* 무서워하다; 걱정하다; 경외하다. ‡**∠·less** *a.*

‡**fear·ful** [∠fəl] *a.* 무서운; 두려워하여; 걱정하여(afraid)(*of*); 지독한. *__~·ly__ *ad.* **~·ness** *n.* 「은.

fear·some [∠səm] *a.* 무서운; 겁많

*__fea·si·ble__ [fí:zəbəl] *a.* 실행할 수 있는, 가능한; 있을 법한; 적당한. **fea·si·bil·i·ty** [∸–bíləti] *n.*

‡feast [fiːst] *n.* **축제**(일); **축연**, 대접; 즐거움. ~ *of reason* 명론탁설(名論卓說). —— *vt., vi.* 잔치를 베풀다, 대접을 받다; 즐기(게 하)다.

***feat** [fiːt] *n.* UC 위업(偉業); 공적; 묘기(妙技).

†feath·er [féðər] *n.* 깃털(같이 가벼운 것). ***a ~ in one's cap*** [*hat*] 자랑거리, 명예. ***Birds of a ~ flock together.*** 《俗談》 유유상종(類類相從). ***crop*** (*a person's*) ***~s*** (아무의) 콧대를 꺾어 주다. ***Fine ~s make fine birds.*** 《俗談》 옷이 날개. ***in fine*** [*good, high*] ~ 의기양양하게, 힘차게. ***make the ~s fly*** 《口》 (상대를) 혼내주다; 큰 소동을 일으키다. ***not care a ~*** 조금도 개의치 않다. ***show the white ~*** 겁내다, 꽁무니를 빼다. —— *vt.* 깃으로 장식하다. —— *vi.* 깃털이 나다; 날개처럼 움직이다. ~ ***one's nest*** 사복(私腹)을 채우다. **~ed** [-d] *a.* 깃이 있는, 깃으로 장식한. **~·y** *a.* 깃이 난, 깃으로 덮인; 깃털 같은; 가벼운.

feath·er·bed·ding [-bèdiŋ] *n.* U 페더베딩《노동 조합의 실업 대책의 하나; 고의적 제한 생산으로 정원외 고용을 꾀하는 일》.

feath·er·brain [-brèin] *n.* 얼간이.

féather mèrchant 《美俗》 병역 기피자; 책임 회피자, 게으름뱅이.

feath·er·stitch [féðərstìtʃ] *n., vt.* 페더스티치(로 꾸미다).

feath·er·weight [-wèit] *n.* 〖拳〗 페더급 선수《체중 118–126 파운드》.

‡fea·ture [fíːtʃər] *n.* ① **얼굴의 일부** 《이마·눈·코·입 따위》. ② (*pl.*) 용모. ③ **특징.** ④ 〖映〗 장편(물); (라디오·신문의) 특집 기사, 특종. —— *vt.* …의 특징을 이루다; 인기 거리로 내세우다. **~d** [-d] *a.* 인기 있는; …의 얼굴(모양)을 한. **~·less** *a.* 특징[특색] 없는.

fea·tur·ette [fiːtʃərét] *n.* 단편 특작
Feb. February. └영화.

feb·ri·fuge [fébrifjùːdʒ] *n.* 해열제.

fe·brile [fíːbrəl, féb-/fíːbrail] *a.* 열병의(feverish); 발열의[로 생기는].

†Feb·ru·ar·y [fébruèri, fébrju-/fébruəri] *n.* **2 월.**

fec. *fecit* (L. = He [She] made (it)).

fe·ces [fíːsiːz] *n. pl.* 배설물; 찌꺼기.

feck·less [féklis] (<effectless) *a.* 쓸모없는; 약하디 약한. 「오물.

fec·u·lence [fékjələns] *n.* U 불결;

fe·cund [fíːkənd, fé-] *a.* 다산(多産)의, 비옥한. 「생산력.

fe·cun·di·ty [fikʌ́ndəti] *n.* U 다산;

‡fed [fed] *v.* feed의 과거(분사).

fe·da·yeen [fèdəjíːn] *n. pl.* 아랍 게릴라.

‡fed·er·al [fédərəl] *a.* **동맹의**; 연방(정부의); (F-) 《美》 중앙 정부의; 〖美史〗 (남북 전쟁 당시의) 북부 연맹의 (*the F- States*) (opp. Confederate). ***the F- Government*** 미국 연방 정부[중앙 정부]. **~·ism** [-ìzəm] *n.* U 연방주의. **~·ist** *n.* **~·ize** [-àiz] *vt.* 연방으로 하다.

Féderal Búreau of Investigátion 《美》 연방 수사국 《생략 FBI》.

Féderal Repúblic of Gérmany 독일 연방 공화국《통칭 West Germany; 수도 Bonn》.

Féderal Resérve Bànk 《美》 연방 준비 은행.

Féderal Resérve Bòard 《美》 연방 준비국.

Féderal Resérve Sỳstem 《美》 연방 준비 제도《중앙 은행 제도》.

fed·er·ate [fédərèit] *vt., vi.* 연합시키다[하다]. —— [-rit] *a.* 연합한. ***fed·er·a·tion** [ˋ–éiʃən] *n.* UC **연합**, 연방. **fed·er·a·tive** [fédərèitiv, -rə-] *a.* 연합의. 「절모의 일종.

fe·do·ra [fidɔ́ːrə] *n.* (챙이 젖혀진) 중

Fed. Res. Bd. Federal Reserve Board. **Fed. Res. Bk.** Federal Reserve Bank.

‡fee [fiː] *n.* 보수; **요금**; 행하(tip); U (봉건 시대에 군주로부터 받은) 영지; 〖法〗 상속지[권], 상속 재산. ***hold in ~*** 토지를 무조건으로 영유하다. —— *vt.* (*feed, fee'd*) 요금[입회금(등)]을 치르다. 「바보, 등신.

feeb [fiːb] *n.* 《美俗》 겁많은 사람,

‡fee·ble [fíːbəl] *a.* **약한.** ***-bly** *ad.* **~·ness** *n.*

fee·ble·mind·ed [-máindid] *a.* 의지가 약한; 저능한. **~·ness** *n.* 정신 박약.

‡feed[1] [fiːd] *vt.* (*fed*) ① **음식물을 주다.** ② (원료를) 공급하다. ③ 만족시키다. ④ 기르다. ⑤ 〖劇〗 (연기자에) 대사의 실마리를 주다. —— *vi.* (가축이) 먹이를 먹다. ***be fed up*** 《口》 체하다, 물리다(*with, on*). ~ ***a cold*** 감기 들렸을 때 많이 먹다 《치료법》. ~ ***up*** (영양 불량아 등에게) 맛있는 것을 많이 먹이다; 살찌게 하다. —— *n.* 먹을 것을 줌; 사료; 《口》 식사; (원료의) 공급 (장치); 공급 재료; 〖劇〗 (연기자에) 대사 실마리를 주는 사람. ***ˊ~·er** *n., a.* **사육자**(飼育者); 먹는 사람[짐승]; 수유병(授乳瓶); 지류(支流); 원료 공급 장치; 부차적; 하청(下請)의. **ˊ~·ing** *n.* U 급식(給食); 수유(授乳).

feed[2] *v.* fee의 과거(분사).

***feed·back** [fíːdbæ̀k] *n.* UC 〖電子〗 **피드백**《출력 에너지의 일부를 입력으로 되돌리는 조작》; 종합 작용, 반향. —— *a.* 피드백의, 재생의.

féeding bòttle 젖병.

feed·lot [fíːdlɑ̀t/-lɔ̀t] *n.* (가축의) 사육장.

féed pìpe 급수관.

feed·stock [ˊstɑ̀k/ˊstɔ̀k] *n.* (기계에의) 공급 원료.

†feel [fiːl] *vt.* (*felt*) **만지다**, 만져 보다[알아채다]; 느끼다, 생각하다. —— *vi.* 느끼다; …이라는 느낌이 들다(*This cloth ~s rough.* 이 천은 꺼칠꺼칠하다); 동정하다(*for, with*). ~ ***for*** 더듬어 찾다; …에 동정하다.

~ *like* do*ing* …하고 싶은 마음이 들다. ~ *one's way* 더듬어 나아가다. —*n.* 느낌, 촉감. ⁓·**er** *n.* 만져 보는 사람; (상대방 의향을) 떠봄; 〖動〗 촉각(觸角)(antenna).

***feel·ing** [fíːliŋ] *n.* ① UC **촉감**; 지각. ② UC 느낌. ③ **감각**, (*pl.*) **감정**. ④ U 동정. ⑤ U 흥분; 감수성. —*a.* 느끼는, 감각이 있는, 다감한. ~·**ly** *ad.* 감정을 넣어.

fée símple 무조건 토지 상속권, 단순 봉토권.

†**feet** [fiːt] *n.* foot의 복수.

fee-TV [fíːtìvíː] *n.* 유료 TV (subscription television).

***feign** [fein] *vt.* **겉으로 꾸미다**; (구실 따위를) 만들어 내다. ~ *illness* = ~ *to be ill* 꾀병부리다. —*vi.* **짐짓 …인 체하다**.

feint [feint] *n., vt.* 가장(假裝)(하다); (권투·배구 등에서) 치는 시늉〔페인트〕(하다); 〖軍〗 양동 작전(을 하다).

F.E.I.S. Fellow of the Educational Institute of Scotland.

feld·spar [féldspɑ̀ːr] *n.* UC 장석(長石).

fe·lic·i·tate [filísətèit] *vt.* 축하하다. **fe·lic·i·ta·tion** [–⁀–téiʃən] *n.* U (보통 *pl.*) 축하; 축사.

fe·lic·i·tous [filísətəs] *n.* (행동·표현 등이) 적절한; 표현이 교묘한.

***fe·lic·i·ty** [filísəti] *n.* UC **경사**; (더없는) 행복, 지복; (표현의) 교묘함; 적절한 표현.

fe·line [fíːlain] *a., n.* 고양이과(科)의 (동물); 고양이의〔같은〕.

†**fell**[1] [fel] *v.* fall의 과거.

fell[2] *n., vt.* 벌채(하다); (사람을) 쳐서 넘어 뜨리다; (바느질에서) 공그르기(하다).

fell[3] *a.* 잔인한; 무서운; 치명적인.

fell[4] *n.* 짐승의 가죽; 털가죽.

fell[5] *n.* 《Sc.·北英》 고원 지대, 구릉 지대(down[2]); (지명에서) …산(山).

fel·la·ti·o [fəlάːtiòu, -léiʃiòu, fe-] *n.* U 펠라티오《음경에의 구강 성교》.

fel·loe [félou] *n.* (수레 바퀴의) 테.

†**fel·low** [félou] *n.* ① **동무**, 동지, 동료. ② 일원; (한 쌍의) 한 쪽. ③ 《口》 **사람**, 남자(man, boy); 《蔑》 **놈**, 자식. ④ 《口》 정부(情夫), 애인. ⑤ (대학의) 평의원〔특별 연구원〕; (F-) (학회의) 특별 회원. —*a.* 동지의, 동무의.

féllow créature 같은 인간, 동포.

féllow féeling 동정(同情); 공감.

***fel·low·man** [féloumǽn] *n.* **동포**.

***fel·low·ship** [-ʃip] *n.* ① U **친구**〔**동지**〕**임**; **우정**, 친교, 교우. ② U 공동(共同). ③ (뜻이 같은 사람들의) 단체; (동업) 조합. ④ (대학의) 특별 연구원의 지위〔급여〕.

féllow trável(l)er 길동무; (정당의) 후원자; (특히 공산당의) 동조자.

fel·ly [féli] *n.* =FELLOE.

fel·on[1] [félən] *n., a.* 〖法〗 중죄인; 《古》 흉악〔잔인〕한.

fel·on[2] *n.* U 〖醫〗 표저(瘭疽).

fel·o·ny [féləni] *n.* UC 〖法〗 중죄.

fe·lo·ni·ous [filóuniəs] *a.* 중죄의; 흉악한.

†**felt**[1] [felt] *v.* feel의 과거(분사).

***felt**[2] *n., a.* U **펠트**(의). ~ *hat* 펠트 모자, 중절모.

fem. feminine.

‡**fe·male** [fíːmeil] *n., a.* (opp. male) **여성**(의); 〖動·植〗 암(의).

fém·cée [fémsíː] *n.* 〖라디오·TV〗 여성 사회자.

feme [fem, fiːm] *n.* 〖法〗 여성; 처.

féme cóvert 〖法〗 기혼 부인.

féme sóle 〖法〗 독신 여성; 독립 부인《법률상 남편과 독립된 재산이 있는 부인》.

***fem·i·nine** [fémənin, -mi-] *a.* **여성의**, 여자다운; 〖文〗 여성의. **fem·i·nin·i·ty** [⁀–nínəti] *n.* 여자다움; 계집애 같음; 《集合的》 여성.

féminine rhýme 〖韻〗 여성운(韻) 《보기: *motion, nation*》 (cf. masculine rhyme).

fem·i·nism [fémənìzəm] *n.* U 여권 신장론; 남녀 동권주의. **-nist** *n.*

fem·i·nize [fémənàiz] *vt.* (남자를) 여성화하다; 여성적으로 하다, 유약하게 하다; 〖生〗 암컷화하다.

Fém Líb [fém líb] =WOMAN'S LIB.

femme [fem] *n.* (F.) 여자, 아내; 동성애의 여자역.

fe·mur [fíːmər] *n.* (*pl.* ~***s***, ***femora*** [fémərə]) 〖解〗 대퇴골.

fen [fen] *n.* 《英》 소택지, 늪지대.

F.E.N. Far East Network.

‡**fence** [fens] *n.* ① U 검술, 펜싱. ② **울타리**, 담. ③ 변론의 교묘함. ④ 장물 취득인〔소〕. *come down on the right side of the* ~ 이길 듯한〔우세한〕 쪽에 붙다. *on the other side of the* ~ 반대당에 가담하여. *sit* 〔*stand*〕 *on the* ~ 기회주의적인 태도를 취하다, 형세를 관망하다. —*vi., vt.* 울타리를 하다; 방어하다; 검술을 하다; (질문을) 받아넘기다(*with*); (말이) 담을 뛰어넘다. ~ *about* 〔*up*〕 울타리를 두르다. **fénc·er** *n.* 검객. ‡**fénc·ing** *n.* U **펜싱**, 검술; 담(의 재료).

fend [fend] *vt., vi.* 막다; 저항하다. ~ *off* 피하다, 받아넘기다. ~ *for oneself* 자활(自活)하다, 혼자 꾸려 나가다.

fend·er [féndər] *n.* (각종의) 완충물(緩衝物) 《난로울·배의 방현재(防舷材)·자동차의 흙받기·전차의 완충기 따위》.

fen·nec [fénik] *n.* (아프리카산의) 귀가 긴 여우의 일종.

fen·nel [fénəl] *n.* 〖植〗 회향풀.

fen·ny [féni] *a.* 소택성의, 늪이 많은.

feoff [fef, fiːf] *n.* =FIEF.

FEPC, F.E.P.C. Fair Employment Practices Committee.

fe·ral [fíərəl] *a.* 야성의; 흉포한.

fer·e·to·ry [férətɔ̀ːri/-təri] *n.* 〖宗〗 사리(舍利) 용기.

***fer·ment** [fə́ːrment] *n.* **효소**; 발효; 흥분; 동란. —[fərmént] *vt., vi.* **발효시키다**〔하다〕; 대소동을 벌이(게 하)다. ***fer·men·ta·tion** [⁀–téiʃən,

-mən-] *n.* Ⓤ **발효** (작용); 흥분; 동란. 「조분의 1 인치》.
fer·mi [féərmi] *n.* 〖理〗 페르미《10
fer·mi·um [féərmiəm, fə́:r-] *n.* Ⓤ 〖化〗 페르뮴《방사성 원소; 기호 Fm》.
***fern** [fə:rn] *n.* ⓊⒸ 〖植〗 **양치**(羊齒)(류). **∠·er·y** *n.* 양치식물의 재배지〔원〕. 「인〔흉악〕한.
***fe·ro·cious** [fəróuʃəs] *a.* **사나운**; 잔
***fe·roc·i·ty** [fərásəti/-ɔ́-] *n.* Ⓤ 잔인(성); Ⓒ **광포한 행동**. 「(鐵酸鹽).
fer·rate [féreit] *n.* ⒸⓊ 〖化〗 철산염
fer·ret [férit] *n.* 흰족제비《쥐잡기·토끼 사냥용》. —— *vt., vi.* 흰족제비로 사냥을 하다; 찾아내다 (*out*).
fer·ric [férik] *a.* 철의〔을 포함한〕; 〖化〗 제 2 철의 (cf. ferrous).
Fér·ris wheel [féris] 페리스식 회전 관람차.
fer·rite [férait] *n.* 〖化〗 페라이트.
fer·ro·con·crete [fèroukánkri:t, -kɔ́ŋ-] *n.* 철근 콘크리트.
fer·ro·mag·net·ism [fèroumǽgnətìzəm] *n.* Ⓤ 〖理〗 강자성(强磁性).
fer·ro·type [féroutàip] *n.* 〖寫〗 페로타이프《광택 인화법》; 광택 사진. —— *vt.* …을 페로타이프에 걸다.
fer·rous [férəs] *a.* 철의〔을 포함한〕; 〖化〗 제 1 철의(cf. ferric).
fer·ru·gi·nous [fərú:dʒənəs] *a.* 철의〔같은〕; 철을 포함한; 쇠녹빛의.
fer·rule [férəl, -ru:l] *n.* (지팡이 따위의) 물미.
‡**fer·ry** [féri] *n.* **나루터**; 나룻배; 도선업(渡船業); 항공 수송(로), (신조 비행기의) 자력 현지 수송. —— *vt.* 도선(渡船)〔공수〕하다. 「선.
***fer·ry·boat** [-bòut] *n.* 나룻배, **연락**
fer·ry·man [-mən] *n.* 나룻배 사공; 도선업자.
‡**fer·tile** [fə́:rtl/-tail] *a.* **비옥한**; 다산하는, 풍부한; 〖生〗 번식력이 있는(opp. sterile). 「산; 풍요.
***fer·til·i·ty** [fə:rtíləti] *n.* **비옥**; 다
fertílity drùg 임신 촉진제.
***fer·ti·lize** [fə́:rtəlàiz/-ti-] *vt.* **비옥**〔**풍부**〕**하게 하다**; 〖生〗 수정시키다. **fer·ti·li·za·tion** [∸–lizéiʃən/-lai-] *n.* Ⓤ 비옥화(化); 수정 (현상). ***fér·ti·liz·er** *n.* ⓊⒸ **비료**.
fer·ule[1] [férəl, -ru:l] *n.* (벌로 어린이의 손바닥을 때리기 위한) 매. —— *vt.* 손 때리는 매로 때리다.
fer·ule[2] *n.* =FERRULE.
***fer·vent** [fə́:rvənt] *a.* **뜨거운**; 강렬한; 열렬한. **∼·ly** *ad.* **-ven·cy** *n.* Ⓤ 열렬. 「*ad.*
fer·vid [fə́:rvid] *a.* =FERVENT. **∼·ly**
fer·vid·i·ty [fə:rvídəti] *n.* Ⓤ =⇩.
***fer·vor,** 《英》 **-vour** [fə́:rvər] *n.* Ⓤ 열렬, 열정; **백열**. 「초》.
fes·cue [féskju:] *n.* 〖植〗 김의털《목
fess(e) [fes] *n.* 〖紋〗 중대(中帶)《가로띠무늬》.
fes·tal [féstl] *a.* 축제의; 명랑한.
fes·ter [féstər] *vi., vt.* 곪다, 곪게 하다; 진무르(게 하)다; 괴로워하다, 괴롭히다. —— *n.* 화농 상태.

‡**fes·ti·val** [féstəvəl] *n.* **축제**(일); 축제 소동; (정기적인) 행사. —— *a.* **축제의.**
***fes·tive** [féstiv] *a.* ⓊⒸ **축제의**; 즐거운; 명랑한. ***fes·tív·i·ty** *n.* ⓊⒸ **축제**; 축제 소동, 법석; (*pl.*) 축하 행사. 「장식하다, 로 만들다).
fes·toon [festú:n] *n., vt.* Ⓒ 꽃줄(로
Fest·schrift [féstʃrìft] *n.* (*pl.* **∼-*en*** [-ən], **∼*s***) (G.) 기념 논문집.
‡**fetch** [fetʃ] *vt.* ① (가서) **가져**〔**데려**〕**오다**, 불러오다, 오게 하다. ② (탄식·신음소리를) 내다. ③ (얼마)에 팔리다. ④ 《口》 (타격을) 가하다. ⑤ 《口》 매료하다, 호리다. ⑥ 〖海〗 《方》 닿다. —— *vi.* 물건을 가져오다; 〖海〗 항진〔도달〕하다. **∼ *and carry*** (소문을) 퍼뜨리고 다니다; 심부름 다니다. **∼ *down*** 쏘아 떨어뜨리다; (시가를) 내리다. **∼ *up*** 토하다; 생각해 내다; 회복시키다; …에 가 닿다; 기르다; (딱) 멈추다. **∠·ing** *a.* 《口》 매혹하는, 사람의 눈을 끄는.
fete, fête [feit] *n.* (F.) 축제(일); 축연. —— *vt.* 잔치를 베풀어 축하하다, 환대하다.
fe·ti·cide [fí:təsàid] *n.* Ⓤ 태아살해, 낙태(落胎).
fet·id [fétid] *a.* 악취를 풍기는.
fet·ish [fétiʃ, fí:tiʃ] *n.* 물신(物神)《미개인이 숭배하는 나뭇 조각·돌 따위》. **∼·ism** [-izəm] *n.* Ⓤ 물신 숭배; 〖心〗 페티시즘《이성의 몸의 일부나 의복 등에서 성적 만족을 얻는 변태 심리》.
fet·lock [fétlàk/-lɔ̀k] *n.* 거모(距毛)《말굽 뒤쪽 위의 텁수룩한 털》; 구절(球節)《말굽 뒤의 털이 난 곳》.
fe·tos·co·py [fi:táskəpi/-tɔ́s-] *n.* 〖醫〗 태아 검사경.
fet·ter** [fétər] *n., vt.* **차꼬**(를 채우다); (*pl.*) 속박(하다). ***in* ∼*s 잡혀 있는 몸으로.
fet·tle [fétl] *n.* Ⓤ (심신의) 상태. ***in fine*** 〔***good***〕 **∼** 원기 왕성하여.
fe·tus [fí:təs] *n.* 태아(胎兒).
feud**[1] [fju:d] *n.* ⓊⒸ (집안·종족간의) **불화**, 반목; 싸움. ***be at* ∼ *with …와 반목하고 있다.
feud[2] *n.* 영지(cf. feudalism).
feu·dal** [fjú:dl] *a.* **영지**(feud²)**의**; **봉건 제도의**. **∼ *system 봉건 제도. **∼ *times*** 〔***age, days***〕 봉건 시대. ***∼·ism** [fjú:dəlìzəm] *n.* Ⓤ **봉건 제도**. **feu·dal·is·tic** [fjù:dəlístik] *a.*
féudal lòrd 영주. 「봉건적인.
feu·da·to·ry [fjú:dətɔ̀:ri / -təri] *a.* 봉건의; 가신(家臣)의. —— *n.* 가신; 영지.
‡**fe·ver** [fí:vər] *n.* ⓊⒸ **열**; Ⓤ **열병**; 열광. —— *vt.* 발열시키다. ***fé·ver·ish,** **∼·ous** *a.* **열이 있는**; 열병의; 열광적인. **∼·ish·ly, ∼·ous·ly** *ad.*
féver hèat (섭씨 37° 를 넘는) 신열; 열광적 흥분.
féver thèrapy 〖醫〗 발열 요법.
†**few** [fju:] *n., a.* 《a 를 붙이지 않는 경우》 **적은**, **별로 없는**(*very* **∼** 거의 없는); 《a 를 붙이는 경우》 다소(의).

a ~ days 이삼 일. *a good ~*; *quite a ~* 《口》 상당한. *~ and far between* 아주 드물게. *He has ~ [very ~] books.* 그는 책이 별로[거의] 없다. *no ~er than* …만큼(이나)(as many as). *not a ~* 적지 않은. *the ~* 소수.

fez [fez] *n.* (*pl.* *~zes*) 터키 모자.

ff. and the following (pages, verses, etc.); and what following; folio; fortissimo (It. =very loud).

F.F.A. free from alongside (ship).

FFC Foreign Funds Control.

F.G. Foot Guards. **f.g.** fully good. **FGM** field guided missile.

F.G.S. Fellow of the Geological Society. **F.H.** fire hydrant. **FHA** Federal Housing Administration.

f.i. for instance. **FIA** *fédération Internationale de l'Automobile.*

fi·an·cé [fiːɑːnséi, fiɑ́ːnsei] *n.* (*fem.* *-cée*) (F.) 약혼자. 「대실패.

fi·as·co [fiǽskou] *n.* (*pl.* *~(e)s*) (It.)

Fiat [fíət, fíːæt] *n.* 피아트 회사(제 자동차).

fi·at [fáiət, -æt] *n.* 명령, 인가.

fíat mòney 《美》 법정 불환 지폐.

fib[1] [fib] *n., vi.* (*-bb-*) (사소한) 거짓말(을 하다). 「서) 타격(을 주다).

fib[2] *n., vt.* (*-bb-*) 《英》 (복싱 따위에

‡fi·ber, 《英》 **-bre** [fáibər] *n.* UC 섬유(질); 《集合的》 단섬유; U 성격; 〖植〗 수염 뿌리.

fi·ber·board, 《英》 **-bre-** [-bɔ̀ːrd] *n.* 섬유판(板)《건재(建材)》.

fi·ber·fill [´-fil] *n.* U (쿠션 등의) 속에 넣는 합성섬유.

Fi·ber·glass [-glæ̀s / -ɑ̀ː-] *n.* 〖商標〗 섬유 유리《절연체·직물용》.

fíber óptics 《單數取扱》 섬유 광학 《유리나 플라스틱 섬유관을 통하여 광상을 굴절시켜 전달하는 기술》.

fi·ber·scope, 《英》 **-bre-** [fáibərskòup] *n.* 〖光〗 파이버스코프《유리 섬유에 의한 내시경》.

fi·bril [fáibril] *n.* 가는 섬유.

fi·brin [fáibrin] *n.* UC (혈액 응고 때에 생기는) 섬유소; 〖植〗 부질(麩質)(gluten).

fi·broid [fáibrɔid] *a.* 섬유질의; 섬유 모양의. **—** *n.* 〖醫〗 (유(類))섬유종(腫).

fi·bro·in [fáibrouin] *n.* U 〖生化〗 피브로인《경단백질의 일종》.

fi·brous [fáibrəs] *a.* 섬유(질)의.

fib·u·la [fíbjulə] *n.* (*pl.* *~s, -lae* [-lìː]) 〖解〗 비골(腓骨).

F.I.C. Fellow of the Institute of Chemistry (of Great Britain and Ireland); French Indo-China.

fiche [fiːʃ, fiʃ] *n.* (마이크로) 피시《정보 정리용의 마이크로카드나 필름》.

fich·u [fíʃuː, fíː-] *n.* (F.) (삼각형의) 숄. 「변덕스러운.

***fick·le** [fíkəl] *a.* (기후·기분 따위가)

‡fic·tion [fíkʃən] *n.* ① U **소설** (novels). ② 꾸며낸 일, 허구. ③ 〖法〗 의제(擬制). *~·al a.*

fic·ti·tious [fiktíʃəs] *a.* 가공의, 거짓의; 〖法〗 의제의. *~ capital* 의제 자본. *~ person* 법인. *~·ly ad.*

***fid·dle** [fídl] *n.* 《口》 =VIOLIN. *as* FIT[1] *as a ~. hang up one's ~ when one comes home* 밖에서는 명랑하고 집에서는 침울하다. *have a face as long as a ~* 우울한 얼굴을 하고 있다. *play first* [*second*] *~* 주역[단역]을 맡다. **—** *vi., vt.* 바이올린을 켜다; 농락하다(toy)(*with*); (시간)을 헛되이 보내다, (*vi.*) 빈둥빈둥 보내다; 《俗》 속이다.

fíddle bòw [bòu] 바이올린의 활.

fid·dle-fad·dle [fídlfæ̀dl] *n.* 부질없는 일. **—** *vi.* 하찮은 일을 하다. **—** *int.* 시시하다, 어이[부질]없다.

fid·dler [fídlər] *n.* 바이올린 켜는 사람《특히 고용된》.

Fíddler's Gréen (여자와 술과 노래가 있는) 뱃사람의 낙원《뱃사람·기병이 죽은 후에 간다고 생각된》.

fid·dle·stick [fídlstìk] *n.* 바이올린의 활; 하찮은 일. 「없다; 시시하다.

fid·dle·sticks [-stìks] *int.* 어처구니

fid·dling [fídliŋ] *a.* 하찮은; 헛된; 사소한; 《口》 다루기 곤란한, 귀찮은.

***fi·del·i·ty** [fidéləti, -li-, fai-] *n.* UC **충실**; (약속의) 엄수; (묘사의) 정확함; 〖라디오·전축〗 (원음에의) 충실도. *high ~* 고충실도(cf. hi-fi). *with ~* 충실히; 원물(原物) 그대로.

fidg·et [fídʒit] *vi., vt.* 싱숭생숭하(게 하)다; 마음졸이(게 하)다. **—** *n.* 싱숭생숭함[하는 사람]. *have the ~s* 싱숭생숭하다. *~·y a.*

FIDO [fáidou] *n.* Fog Investigation and Dispersal Operation 〖空〗 (비행장의) 농무(濃霧) 제거 작업.

fi·du·ci·ar·y [fidjúːʃièri/-ʃiəri] *a.* 신용[신탁]의; 수탁자의; (지폐가) 신용 발행의. **—** *n.* 수탁자.

fie [fai] *int.* 체!; 에잇! 《경멸·불쾌 따위를 나타냄》.

fief [fiːf] *n.* 영지, 봉토.

†field [fiːld] *n.* ① **들, 벌판.** ② **밭.** ③ 광장; (너른) 표면. ④ 산지(産地). ⑤ 싸움터; 싸움. ⑥ (트랙 안의) 경기장; 구장; 〖野〗 내[외]야; (야외) 경기. ⑦ (활동의) 분야. ⑧ 〖理〗 장(場), 계(界). ⑨ (기·화폐·문장·그림 따위의) 바탕. ⑩ 〖TV〗 영상면. *coal ~* 탄전. *fair ~ and no favor* 공명정대한, 정실없는 (승부). *~ of fire* 〖軍〗 (유효) 사계(射界). *hold the ~* 진지를 지키다, 한발도 물러서지 않다. *in the ~* 전쟁터에서. *take the ~* 전투[경기]를 개시하다. *´-·er *n.* 〖野〗 =OUTFIELDER; 〖크리켓〗 =FIELDSMAN. 「병원.

fíeld àmbulance 〖軍〗 이동 야전

fíeld àrmy 〖軍〗 야전군. 「병.

fíeld artìllery 〖軍〗 야포, 야전 포

fíeld bàttery 〖軍〗 야포대, 야전 포병 중대. 「집 메모장(帳).

fíeld bòok (측량자의) 야외 수첩; 채

fíeld còil 〖電〗 계자(界磁) 코일.

field dày 야외 연구〔연습〕일, 채집일; 특별한 행사가 있는 날.
field evènt 필드 경기.
field glàss (보통 *pl.*) 쌍안경.
field gràde 〖軍〗 영관급(領官級).
field gùn 야포.
field hòckey 육상 하키.
field hòspital 야전 병원.
field màrshal 육군 원수.
field mùsic 〖軍〗 군악대, (군악 대용) 행진곡.
field òfficer (육군의) 영관급 장교.
field·piece [ˊpìːs] *n.* 〖軍〗 야포.
field ràtion 〖美陸軍〗 야전 양식.
field sèrvice 〖軍〗 야전 근무.
fields·man [ˊzmən] *n.* 〖크리켓〗 야수(野手). 「따위); 필드 경기.
field spòrts 야외 운동《사냥·낚시
field trìp 야외 수업, 실지 견학(연구) 여행.
field·work [ˊwə̀ːrk] *n.* 〖軍〗 (임시의) 야전 진지; Ⓤ 야외 작업〔연구〕. **∼·er** *n.* 야외 연구가; 실지 시찰원.
***fiend** [fiːnd] *n.* **악마**; 악령; 잔인한 사람; 《口》 …중독자, …광(狂), 팬; (the F-) =SATAN. **ˊ·ish** *a.*
‡**fierce** [fiərs] *a.* ① **흉포한**, 사나운. ② 맹렬〔열렬〕한. ③ 《口》 싫은, 지독한. ‡**ˊ·ly** *ad.* ***ˊ·ness** *n.* Ⓤ
***fi·er·y** [fáiəri/fáiəri] *a.* ① **불의, 불 같은**; 불빛의; 불타고 있는(듯한); 작열하는. ② **열렬한**; 격하기 쉬운. ③ 염증(炎症)을 일으킨. 「일.
fi·es·ta [fiéstə] *n.* (Sp.) 축제(일); 휴
fife [faif] *n., vi., vt.* 저(를 불다).
fi·fo [fáifou] *n.* Ⓤ 〖會計〗 선입 선출법(先入先出法).
FIFO [fáifòu] first in, first out《재고품 평가의 한 방법》.
†**fif·teen** [fíftíːn] *n., a.* 15(의); (15인의) 럭비 팀; 〖테니스〗 (최초의 1 포인트를 얻었을 때의 호칭) 15점. ***fif·téenth** *n., a.* **열다섯째(의)**; 15분의 1(의).
†**fifth** [fifθ] *n., a.* 제 5(의); 5분의 1(의). **ˊ·ly** *ad.* 다섯 번째로.
fifth cólumn (적을 이롭게 하는) 제 5열. **∼·ist** 제 5열 대원.
†**fif·ty** [fífti] *n., a.* 50(의). ***fif·ti·eth** [-iθ] *a., n.* 「반씩(의), 반반으로.
fif·ty-fif·ty [-fífti] *ad., a.* 《口》 절
fig** [fig] *n.* 무화과《나무·열매》; 조금, 하찮은 것. ***A* ∼ *for (*you, &c.*)! 시시하다!; (네)까짓 게 뭐야!
fig. figurative(ly); figure(s).
†**fight** [fait] *n.* **전투**; 다툼; 전투력. **투지**. ***give*** 〔***make***〕 ***a*** ∼ 일전을 벌이다. ***show*** ∼ 투지를 보이다, 저항하다. **—*vi.*** (***fought***) **싸우다**. **—*vt.*** ① …와 싸우다; (싸움을) 벌이다(∼ *a battle*). ② 싸워 얻다. ③ (투견 등을) 싸우게 하다. ④ 〖軍〗 지휘하다, 움직이다. ∼ ***one's way*** 혈로를 트다. ∼ (***it***) ***out*** 끝까지 싸우다. ∼ ***shy of*** …을 피하다.
***fight·er** [fáitər] *n.* **싸우는 사람**, 투사; 권투 선수; **전투기**.
fight·er-bomb·er [-bámər/-bɔ́m-] *n.* 〖軍〗 전투 폭격기. 「투.
‡**fight·ing** [fáitiŋ] *n.* Ⓤ,Ⓒ **싸움**, 전
fighting chánce 크게 노력해야만 얻어질 성공의 가능성〔기회〕, 희박한 가능성.
fighting cóck 투계, 싸닭; 《口》 싸움을 좋아하는 사람. 「야기〕.
fig·ment [fígmənt] *n.* 꾸며낸 일〔이
fig·u·rant [fígjəræ̀nt, -rənt] *n.* (*fem.* ***-rante*** [ˊràːnt]) (F.) 발레 댄서.
fig·ur·a·tion [fìgjəréiʃən] *n.* Ⓤ,Ⓒ 성형(成形); 모양; 장식.
fig·ur·a·tive** [fígjərətiv] *a.* 비유적인; (문장이) 수식적인; 상징적인; 조형의. ∼ ***arts 조형 미술. **∼·ly** *ad.* **∼·ness** *n.*
†**fig·ure** [fígjər/-gər] *n.* ① **모양**, 모습. ② 초상. ③ 외관; 풍채. ④ **인물**. ⑤ 상징. ⑥ 도면; 도안; 도해. ⑦ (아라비아) **숫자**; 자릿 수(*three* ∼*s* 세 자릿수); 합계액〔량〕; 값; (*pl.*) 산수, 셈. ⑧ 〖스케이트〗 피겨《빙상에 지쳐서 그리는 도형》. ⑨ 〖幾〗 도형. ⑩ 〖修〗 말의 멋. ⑪ 〖樂〗 선율 음형(音型). ⑫ 〖댄스〗 1 선회, 1 회전. ***cut*** 〔***make***〕 ***a*** (***brilliant***) ∼ 이채를 띠다. ***cut a poor*** 〔***sorry***〕 ∼ 초라하게 보이다. ***cut no*** ∼ 《美》 문제가 안되다. ∼ ***of fun*** 우습게 생긴 사람. ∼ ***of speech*** 수사, 말의 표현; 《諧》 거짓말. ***go the whole*** ∼ 《美口》 철저히 하다. ***miss a*** ∼ 《美口》 그르치다, 틀리다. **—*vt.*** 본을 뜨다; 도시〔표상·상상·계산〕하다; 무늬를 넣다; 비유로 나타내다; 《美口》 …라고 생각하다. **—*vi.*** (…으로서) 나타나다; 두드러지다; 계산하다. ∼ ***on*** 《美》 …을 기대하다〔계산에 넣다〕. ∼ ***out*** 계산〔해결·양해〕하다. ∼ ***up*** 합계하다. ***∼d** [-d] *a.* **모양으로 나타낸**; 무늬 있는.
fig·ure·head [-hèd] *n.* 〖海〗 이물 장식; 표면상의 명목, 명목상의 우두머리; 《諧》 (사람의) 얼굴.
fígure skàting 피겨 스케이트.
fig·ur·ine [fìgjuríːn] *n.* 작은 조상(彫像), 주상(鑄像)(statuette).
fig·wort [fígwə̀ːrt] *n.* 〖植〗 현삼과(玄蔘科)의 식물.
Fí·ji Íslands [fíːdʒiː/ˊ-ˊ] 피지 군도《태평양 남부의 322개의 작은 섬으로 된 군도》.
***fil·a·ment** [fíləmənt] *n.* 섬유; 〖植〗 (수술의) 꽃실; 〖電〗 **필라멘트**.
fi·lar·i·a [filέəriə] *n.* (*pl.* ***-ae*** [-riìː]) 필라리아, 사상충(絲狀蟲).
fil·a·ture [fílətʃər] *n.* Ⓤ (누에 고치에서) 실뽑기; 물레; 제사 공장.
fil·bert [fílbərt] *n.* (유럽종의) 개암나무(cf. hazel)(의 열매). 「**ˊ·er** *n.*
filch [filtʃ] *vt., vi.* 좀도둑질하다,
‡**file**[1] [fail] *n.* ① **서류철**, (서류·신문 따위의) 철하기, 파일; 정리 카드. ② 〖軍〗 대오, 종렬(cf. rank[1]). ③ 목록, 명부. ④ 〖컴퓨터〗 파일《정보 기록철》. ***on*** ∼ 철해져; 정리 보관되어. **—*vt.*** 철하다; (서류·신청서

F

따위를) 제출하다; 종렬 행진시키다.
file² *n., vt.* 줄(질하다); 퇴고(하다).
file·fish [´fiʃ] *n.* 〖魚〗 쥐치의 일종.
fi·let [filéi, ´–] *n.* (F.) 등심〔필레〕살(fillet); Ⓤ 망사 레이스.
***fil·i·al** [fíliəl, -ljəl] *a.* **자식(으로서)의.** ～ *duty* 〔*piety*〕 효도.
fil·i·bus·ter [fíləbʌstər] *n.* (외국땅을 침입하는) 약탈병; 해적; 《美》 ⓊⒸ 의사(議事) 방해(자). —— *vi., vt.* 약탈〔침공〕하다; 해적 행위를 하다; 의사를 방해하다. ～**·er** *n.*
fil·i·cide [fíləsàid] *n.* Ⓤ 자식 살해; Ⓒ 자식 살해범. 「齒)끝의.
fi·lic·i·form [filísəfɔ̀:rm] *a.* 양치(羊
fil·i·gree [fíləgrì:] *n.* Ⓤ (금은의) 가는 줄 세공; 섬세한 물건.
fil·ings [fáiliŋz] *n. pl.* 줄밥.
Fil·i·pine [fíləpì:n] *a.* =PHILIPPINE.
Fil·i·pi·no [filəpí:nou] *n.* (Sp.) (*pl.* ～**s**) 필리핀 사람.
‡**fill** [fil] *vt.* **채우다;** (지위를) 차지하다; 보충하다. —— *vi.* **가득 차다.** ～ *in* 채우다; 적어넣다. ～ *out* 부풀(게 하)다; 둥글게 하다〔되다〕; (문서의) 여백을 채우다. ～ *up* 가득 채우다; (여백을) 메우다; 만원이 되다. —— *n.* 충분, 가득참. ´～**·er** *n.* 채우는 사람〔것〕; 충전물〔재(材)〕.
fill·dike [fíldàik] *n.* (2월의) 눈석임.
***fil·let** [fílit] *n.* ① (머리털을 매는) **리본;** 가는 띠. ② [fílei] 등심살, (생선의) 저민 고기. ③〖製本〗 (표지의) 윤곽선. —— *vt.* 리본으로 매다〔장식하다〕; [fílei] 등심살〔필레〕 고기를 떼다, (생선을) 저미다.
***fill·ing** [fíliŋ] *n.* ⓊⒸ **충전(물).**
fílling stàtion (자동차의) 주유소.
fil·lip [fíləp] *vt., n.* 손가락으로 튀기다〔튀기기〕; 자극(을 주다), 원기를 북돋우다. 「량이.
fil·ly [fíli] *n.* 암망아지; 《口》 말괄
‡**film** [film] *n.* ① **얇은 껍질〔막〕.** ② **필름.** ③ **영화.** ④ (거미줄 같은) 가는 실; 엷은 안개; (눈의) 흐림. —— *vt., vi.* 얇은 껍질로 덮(이)다; 촬영하다; 영화화하다〔에 알맞다〕. ´～**·y** *a.* 얇은 껍질의〔같은〕; 아주 얇은; 얇은 막으로 덮인.
film·dom [fílmdəm] *n.* ⓊⒸ 영화계.
film·ize [fílmaiz] *vt.* …을 영화화하다.
fílm tèst (영화 배우 지망자의) 카메라 테스트. 「(小) 뒤마).
fils [fi:s] *n.* (F.) 아들(*Dumas* ～ 소
***fil·ter** [fíltər] *n.* **여과기;** 여과재(材) 《모래·종이·필터 따위》; 〖寫〗 필터. —— *vi., vt.* 거르다, 여과하다 (strain); (*vi.*) 스미다, 배다(*into*); (소문 따위가) 새다(*out, through*).
fílter cènter 〔《英》 **cèntre**〕 〖軍〗 대공(對空) 정보 본부, 정보 심사소.
fílter pàper 여과지.
fílter tìp 필터(담배).
***filth** [filθ] *n.* Ⓤ ① **오물.** ② 외설; 추잡(한 말). *´～**·y** *a.* **더러운,** 추잡한. ´～**·i·ly** *ad.*
fil·trate [fíltreit] *vt., vi., n.* 여과하다; [-trit] 여과액. **fil·trá·tion** *n.* Ⓤ 여과 (작용).
FIM field intercepter missile.
***fin** [fin] *n.* **지느러미** (모양의 물건); 《俗》 팔, 손; 〖空〗 수직 안정판; 〖海〗 수평타(舵); (*pl.*) (잠수부의) 발갈퀴.
fin [fæ̃n] *n.* (F.) 끝(end).
Fin. Finland; Finnish. **fin.** finance; financial; finis; finished.
‡**fi·nal** [fáinəl] *a.* **최종의;** 결정적인; 목적의〔에 관한〕. —— *n.* 최후의 것; (*pl.*) 결승(전), (대학 따위의) 최종 시험. ～**·ist** *n.* 결승전 출장 선수.
†**fí·nal·ly** *ad.* **최후로,** 마침내.
***fi·na·le** [finá:li, -nǽli] *n.* (It.) 〖樂〗 종악곡; 종막, **피날레;** 종국.
fi·nal·i·ty [fainǽləti, fi-] *n.* 종국; 최후의 것〔언행〕. *an air of* ～ 결정적 태도. *with* ～ 딱 잘라서.
fi·nal·ize [fáinəlàiz] *vt.* 결말을 짓다; 끝마치다.
‡**fi·nance** [finǽns, fáinæns/fainǽns, fi-] *n.* Ⓤ **재정;** (*pl.*) 재원. ***Minister*** 〔***ministry***〕 ***of F-*** 재무부 장관〔재무부〕. —— *vt., vi.* 자금을 공급하다, 융자하다; 재정을 처리〔관리〕하다. 「(상)의. *～**·ly** *ad.*
‡**fi·nan·cial** [finǽnʃəl, fai-] *a.* **재정**
***fin·an·cier** [finənsíər, fài-/fainǽnsiə, fi-] *n.* **재정가;** 금융업자; 자본
fin·back [fínbæ̀k] *n.* 큰고래. 〔가.
finch [fintʃ] *n.* 〖鳥〗 피리새류(類).
†**find** [faind] *vt.* (***found***) ① **찾아내다, 발견하다;** 우연히 만나다. ② **알다; 깨닫다;** 알아차리다. ③ 확인하다. ④ 쓰이게 하다; 이르다, 닿다. ⑤ 판결〔판정〕을 내리다. ⑥ 공급하다. —— *vi.* 판결〔판정〕을 내리다. ～ ***oneself*** 자기 천분〔능력〕을 깨닫다〔알다〕; 의식(衣食)을 자변(自辨)하다; 기분이 …하다. ***How do you*** ～ ***yourself today?*** 오늘은 기분이 어떠십니까. ～ ***out*** 발견하다; 문제를 풀다; 간파하다. —— *n.* 발견(물).
fínd·ing** *n.* ⓊⒸ **발견(물);** (재판소·심판관 등의) 판정, (배심의) 평결; (*pl.*) 《美》 (직업에 따르는) 연장·재료 따위. ***shoemakers' ～***ings*** 구둣방의 재료《칼·장도리·못·실·가죽 따위》.
find·er [´ər] *n.* 발견자; (카메라의) 파인더; 〖天〗 (대망원경 부속의) 조정 망원경.
fínders kéepers 《口》 먼저 발견한 사람의 승리, 빠른 놈이 장땡.
fin de siè·cle [fæ̃n də sjékl] (F.) (19)세기 말의, 데카당〔퇴폐〕파의.
†**fine¹** [fain] *a.* ① 아름다운. ② 훌륭한. ③ 맑게 갠. ④ 품위있는, 고상한. ⑤ 가는, 섬세한; (날이) 예리한. ⑥ 고운, 미세한. ⑦ (금, 은이) 순도가 높은. ⑧ (얼굴이) 아리따운; 화려한. ～ ***gold*** 순금. ～ ***paper*** 〔***bill***〕 일류 어음. ～ ***rain*** 는개, 이슬비. ***gold 24 carats*** ～, 24금, 순금. ***not to put too*** ～ ***a point upon it*** 까놓고 말하면. ***one*** ～ ***day*** 〔***morning***〕 어느날 〔아침〕('fine'은 허사). ***one of these*** ～ ***days***

조만간. ―n. 청천. *rain or* ~ 비가 오건 개건 관계 없이. ―ad. 훌륭히, 멋지게. *cut* 〔*run*〕 *it* (*too*) ~ 바싹 줄이다. *say* ~ *things* 발림말을 하다. *talk* ~ 멋진 말을 하다. *fíne·ly ad.

‡fine² *n., vt.* **벌금**(을 과하다); Ⓤ 결말. *in* ~ 결국; 요컨대.

fíne árts 미술.

fine-drawn [⌐drɔ́:n] *a.* 곱게 꿰맨; 가늘게 늘인; (논의 따위가) 정밀한.

fine-grained [⌐gréind] *a.* 결이 고운. 「식〕, 장신구.

fin·er·y [⌐əri] *n.* ⓊⒸ 화려한 옷〔장

fine·spun [⌐spʌ́n] *a.* 섬세하게 자은; (논의 등이) 너무 정밀한.

fi·nesse [finés] *n.* ⓊⒸ 수완; 술책.

fíne-toothed cómb [fáintù:θt] 가늘고 촘촘한 빗. *go over with a* ~ 세밀하게 음미(탐색)하다.

†fin·ger [fíŋgər] *n.* **손가락** (cf. toe); (장갑의) 손가락; 손가락 모양의 물건. *burn one's* ~*s* (섣불리 참견하여) 혼나다〔신물나다〕. *have a* ~ *in the pie* (사건에) 관여하다; 쓸데 없이 간섭하다. *have ... at one's* ~(*s'*) *ends* …에 정통하고 있다. *His* ~*s are all thumbs.* 그는 손재주가 없다. *lay* 〔*put*〕 *a* ~ *upon* 손을 대다. *put one's* ~ *on* 딱 지적하다. *twist* 〔*turn*〕 *a person round one's* (*little*) ~ 아무를 마음대로 주무르다. ―*vt., vi.* 손가락을 대다, 만지다; 〖樂〗 탄주〔지주(指奏)〕하다; 켜다. ~·**ing** *n.* Ⓤ 손가락으로 만짐; ⓊⒸ 〖樂〗 운지법(運指法)〔기호〕.

fínger alphabet (농아자용의) 지문자(指文字).

fin·ger·board [-bɔ̀:rd] *n.* 〖樂〗 건반; (바이올린·기타 등의) 지판(指板). 「락 씻는 물그릇.

fínger bòwl 〔**glàss**〕 (식탁의) 손가

fínger màn 《美俗》 밀고자.

fin·ger·mark [-mà:rk] *n.* (더럽혀진) 손가락자국; 지문.

fin·ger·nail [-nèil] *n.* 손톱.

fínger pòst (손가락 꼴의) 길표.

fin·ger·print [-prìnt] *n.* 지문.

fínger rèading 점자 독법(點字讀法).

fínger rìng 반지.

fin·ger·stall [-stɔ̀:l] *n.* 손가락 싸개, 손가락 색(sack).

fin·ger·tips [-tìps] *n. pl.* 손끝.

fínger wàve 손가락 웨이브 《기름 바른 머리를 손가락으로 눌러 만듦》.

fin·i·al [fíniəl, fái-] *n.* 〖建〗 정식(頂飾). 「나치게 공들인〔정교한〕.

fin·i·cal [fínikəl] *a.* 피까다로운; 지

fi·nis [fínis, fái-] *n.* ⓊⒸ (L.) 끝.

†fin·ish [fíniʃ] *vt.* ① **끝내다, 완성하다,** 마무리하다. ② 마무리칠을 하다. ③ 해치우다; 죽이다. ④ (음식물을) 먹어치우다. ―*vi.* **끝나다.** ~ *off* 마무리하다; 죽이다. ~ *up* 마무르다; 먹어치우다(eat up). ~ *with* 끝막음하다; 절교하다. ―*n.* **끝;** 끝손질 (재료). *be in at the* ~ 끝판에 참가하다. *put a fine* ~ 끝손질하다, 다듬다(*on*). *to a* ~ 끝까지. ~·**er** *n.* 끝손질하는 직공, 마무리 기계; 결정적인 일격.

fínishing schòol (여성의) 교양 완성 학교《일종의 신부 학교》.

fínish lìne 결승선.

***fi·nite** [fáinait] *a.* **유한의**(opp. infinite); 〖文〗 정형(定形)의.

fínite vérb 정동사(定動詞). 「밀고자.

fink [fiŋk] *n.* 《美俗》 파업 파괴꾼;

***Fin·land** [fínlənd] *n.* **핀란드.**

Finn [fin] *n.* 핀란드 사람. ⌐·**ish** *a., n.* 핀란드(인·어)의; 핀란드어.

Fin·no-U·gric [finoujú:grik] *a., n.* 피노우그리아어족(의).

fin·ny [fíni] *a.* (<fin) 지느러미 있는〔같은〕. 「만(峽灣), 피오르드.

fiord [fjɔ:rd] *n.* (노르웨이 등의) 협

***fir** [fə:r] *n.* **전나무;** Ⓤ 그 재목.

†fire [faiər] *n.* ① Ⓤ **불.** ② 화롯불, 모닥불. ③ ⒸⓊ 화재. ④ (보석 등의) 광채. ⑤ Ⓤ 정열(*a kiss of* ~). ⑥ Ⓤ 열병, 염증. ⑦ ⒸⓊ 시련. ⑧ ⓊⒸ 발사, 점화; 포화. *between two* ~*s* 앞뒤로 포화를 받아. *catch* 〔*take*〕 ~ 불이 붙다. *go through* ~ *and water* 물불을 가리지 않다, 온갖 위험을 무릅쓰다. HANG ~. *lay a* ~ (불을 피우기 위해서) 장작을 쌓다. *miss* ~ 불발로 끝나다; 실패하다. *on* ~ 불타서; 열중하여. *open* ~ 포문(砲門)을 열다. *set* ~ *to* ..., or *set ... on* ~ 불을 지르다; …을 흥분시키다, 복돋우다. *set the Thames on* ~ 세상을 놀라게 하다 *under* ~ 포화를〔비난·공격을〕 받아. ―*vt.* ① 불붙이다, 불태우다. ② 불지르다, 자극하다, 흥분시키다. ③ (벽돌을) 굽다. ④ 발포하다; 폭파하다. ⑤ 《口》 (돌 등을) 던지다. ⑥ 《美俗》 해고시키다. ―*vi.* 불이 붙다; 빛나다; 발포하다; 흥분하다. ~ *away* 《口》 시작하다; 《命令形으로》 척척 해라; (탄알을) 다 쏘아버리다. ~ *off* 발포하다; 쏘다, 띄우다. ~ *out* 《美俗》 해고시키다. ~ *up* 불을 지피다; 불끈하다.

fíre alàrm 화재 경보(기).

***fire·arm** [⌐à:rm] *n.* (보통 *pl.*) 화기, (특히 소총·단총 등의) 소화기.

fire·ball [⌐bɔ̀:l] *n.* 수류탄; 대유성(大流星); 《美口》 정력가.

fire·base [⌐bèis] *n.* 발사 기지, 포격진지.

fire·boat [⌐bòut] *n.* 소방선.

fíre bòmb 소이탄. 「화실(火室).

fire·box [⌐bàks/-ɔ̀-] *n.* (보일러 등의)

fire·brand [⌐brænd] *n.* 횃불; 선동자; 열렬한 정력가. 「돌.

fire·brick [⌐brìk] *n.* 내화(耐火) 벽

fíre brigàde 소방대; 《英》 소방서; 《美軍俗》 긴급 출동 부대.

fire·bug [⌐bʌ̀g] *n.* 《美》 개똥벌레 (firefly); 《口》 방화광(狂).

fíre clày 내화 점토(粘土).

fíre còmpany 소방대; 《英》 화재 보험 회사.

fíre contról 〖軍〗 사격 지휘. 「딱총.

fire·crack·er [⌐krækər] *n.* 폭죽,

fire·damp [ˊdæ̀mp] *n.* Ⓤ (탄갱(炭坑)의) 폭발성 가스.

fíre depàrtment 소방서.

fire·dog [ˊdɔ̀:g/ˊɔ̀-] *n.* =ANDIRON.

fíre drìll 소방 연습.

‡**fíre ѐngine** 소방 펌프; 소방차.

fíre escàpe 비상구〔계단〕, 피난 사다리 (따위).

fíre extìnguisher 소화기.

fíre fìghter 의용(義勇) 소방사(cf. fireman).

***fire·fly** [ˊflài] *n.* 개똥벌레.

fire·guard [ˊgὰ:rd] *n.* 난로 울; 《英》 화재 감시인.

fíre hòok (소방용) 갈고랑 장대.

fire·house [ˊhàus] *n.* 소방서.

fíre insùrance 화재 보험.

fire·light [ˊlàit] *n.* (난로의) 불빛.

fire·lock [ˊlὰk/ˊɔ̀-] *n.* =FLINTLOCK.

‡**fire·man** [ˊmən] *n.* (직업적) 소방사; 화부, 보일러공; 《野俗》 구원 투수.

‡**fire·place** [ˊplèis] *n.* 벽 (난로).

fire·plug [ˊplʌ̀g] *n.* 소화전.

fire·pow·er [-pàuər] *n.* Ⓤ 〖軍〗 화력.

***fire·proof** [ˊprù:f] *a.* 내화(耐火)의.

fire·rais·ing [ˊrèiziŋ] *n.* Ⓤ 《英》 방화.

fire-re·sist·ant [ˊrizìstənt] *a.* 내화(구조)의, 내화 규격에 맞은.

fire-re·tard·ant [ˊritὰ:rdənt] *a.* (건물·도료 등이) 방화성의.

fíre sàle 타다 남은 물품 특매.

fíre screèn (난로용) 화열 방지 간막이.

fire·side** [ˊsàid] *n.* ① 난로가(의 모임). ② 가정 (생활). ~ ***chat 노변담화《F. D. Roosevelt 의, 친근감을 주는 정견 발표 형식》.

fíre stàtion 소방서.

fire·trap [ˊtræ̀p] *n.* 화재 때 피할 길이 없는 위험한 건물.

fíre wàll 방화벽; 〖空〗 기관부 격벽.

fire·wa·ter [ˊwɔ̀:tər, -ὰ-] *n.* Ⓤ《口》 화주(火酒) 《독주》.

fire·weed [ˊwì:d] *n.* 불탄 자리에 나는 잡초.

***fire·wood** [ˊwùd] *n.* Ⓤ 장작.

***fire·works** [ˊwə̀:rks] *n. pl.* 불꽃; 분노의 폭발, 기지 등의 번득임.

fíre wòrship 〖宗〗 배화(교). ~·**(p)er** 배화교도.

fíring squàd 〖軍〗 조총대(弔銃隊); 총살대.

fir·kin [fə́:rkin] *n.* 1/4 배럴(barrel) 상당의 영국의 용량 단위; 버터를 넣는 작은 나무 통.

‡**firm**[1] [fə:rm] *a.* ① 굳은, 견고한. ② 고정된. ③ 강경한. ④ (가격이) 변동 없는. — *ad.* 단단히, 굳게. — *vt., vi.* 굳게 하다, 굳어지다. ‡**fírm·ly** *ad.* ***fírm·ness** *n.* Ⓤ

‡**firm**[2] *n.* 합자 회사, 상사.

fir·ma·ment [fə́:rməmənt] *n.* 《詩》 하늘, 창공.

firm·ware [fə́:rmwὲər] *n.* Ⓤ 〖컴퓨터〗 펌웨어《hardware 도 software 도 아닌 데이터 보존 부분 따위》.

†**first** [fə:rst] *a.* 제1의, 주요한; 〖樂〗 수위의. ***at ~ hand*** 직접으로. ***at ~ sight*** 한눈에, 언뜻 보아서는. ***~ thing*** 《口》 우선 무엇보다도, 첫째로. ***for the ~ time*** 처음으로. ***in the ~ place*** 우선 첫째로. — *n.* 제일; 일등, 일위; 최초; 초하루; 〖野〗 1루. ***at ~*** 처음에는. — *ad.* 첫째로; 최초로; 처음으로; 차라리, 오히려. ***~ and foremost*** 맨먼저. ***~ and last*** 전후를 통하여, 통틀어. ***F-*** COME, ***~ served.*** ***~ of all*** 우선 첫째로. **fírst·ly** *ad.* 첫째로.

fírst áid 응급 치료.

fírst báse 〖野〗 일루(一壘)(수).

first-born [ˊbɔ́:rn] *a., n.* 최초로 태어난 (자식).

***first-class** [fə́:rstklǽs, -ά:-] *a., ad.* 일류의; (기차 따위) 일등의〔으로〕.

Fírst dày (Quaker 교도 사이에서) 일요일.

first-de·gree [fə́:rstdigrí:] *a.* (선·악 양면에서 정도가) 제 1 급인.

fírst fámily (어떤 지역에서) 명문; 《美》 대통령〔주지사〕 일가.

fírst fínger 집게손가락.

fírst frúits 만물, 햇것; 첫수확〔성과〕.

***first-hand** [ˊhǽnd] *a., ad.* 직접의〔으로〕.

fírst lády 미국 대통령 부인.

fírst lieuténant (미육·공군) 중위.

first·ling [ˊliŋ] *n.* 만물, 첫수확; (가축의) 맏배.

***fírst nàme** =CHRISTIAN NAME.

first·night·er [ˊnáitər] *n.* (극·오페라 따위의) 첫날에 꼭 보러 가는 사람.

fírst ófficer 〖海〗 (상선의) 1등 항해사.

fírst pápers 《美》 제 1 차 서류《외국인이 미국에 귀화할 때 최초로 제출하는 서류》.

fírst pérson 〖文〗 제 1 인칭.

fírst quárter 〖天〗 (달의) 상현(上弦); 상현의 기간.

first-rate [ˊréit] *a., ad.* 일류의; 훌륭한; 《口》 굉장히.

Fírst Repúblic (프랑스의) 제 1 공화국.

first-run [ˊrʌ́n] *a.* 〖映〗 개봉 흥행의. ~·**ner** [-ər] *n.* 〖映〗 개봉관.

fírst sérgent 《美》 육군 상사.

first-strike [ˊstràik] *a.* (핵공격에서) 선제의; 제 1 격의.

firth [fə:rθ] *n.* 후미, 강 어귀.

FIS *Fédération Internationale de Ski.*

***fis·cal** [fískəl] *a.* 국고의, 재정상의, 회계의.

físcal stámp 수입 인지.

físcal yéar 회계 연도.

†**fish** [fiʃ] *n.* (*pl.* ~*es*, 《集合的》 ~) 물고기; 생선, 어육; 《口》 (별난) 사람, 놈. ***feed the ~es*** 익사하다; 뱃멀미하여 토하다. ***make ~ of one and flesh of another*** 차별 대우하다. ***neither ~, flesh, nor fowl*** 〔***good red herring***〕 정체를 알 수 없는. ***the Fishes*** 〖天〗 물고기자리; 쌍어궁(雙魚宮). — *vt., vi.* 물고기를 잡다, 낚다; 찾다(*for*); (속에서) 끄집어내다; (*vt.*) (바다·강 등에서) 낚시질하다(~ *a stream*). ***~ for*** 찾다; 낚아내다, 캐어내다. ***~ in troubled waters*** 혼란을 틈타서 이

득을 취하다. ～ *out* 〔*up*〕 물고기를 몽땅 잡아 내다.
físh cùlture 양어, 양어법.
***fish·er** [fíʃər] *n.* ① 물고기를 잡는 동물《특히 담비(weasel)》. ② 어부.
‡**fish·er·man** [´ərmən] *n.* 어부; 어선. 「장.
***fish·er·y** [´əri] *n.* Ⓤ 어업(권); 어
físh fàrm 양어장.
físh flòur 식용 정제 어분.
físh hàwk 〖鳥〗 물수리(osprey).
fish·hook [´hùk] *n.* 낚시.
‡**fish·ing** [´iŋ] *n.* 낚시질.
físhing bànks 〔**grὸund(s)**〕 어장.
físhing bòundary 어업 전관 수역.
físhing lìne 〔**rὸd**〕 낚싯줄〔낚싯대〕.
físh(ing) stòry 허풍.
físhing tàckle 낚시 도구.
fish·mon·ger [´mʌŋgər] *n.* 《주로 英》 생선 장수.
físh òil 어유(魚油).
fish·wife [´wàif] *n.* 여자 생선 장수; 입이 건 여자.
fish·y [´i] *a.* 물고기의〔같은, 많은〕; 비린; 《口》 의심스런; (눈이) 흐리멍덩한. 「운; 분열성의.
fis·sile [físəl / ·sail] *a.* 갈라지기 쉬
fis·sion [fíʃən] ⓊⒸ 열개(裂開); 〖生〗 분열; 〖理〗 (원자의) 핵분열(cf. fusion). ～**·a·ble** *a.* 핵분열하는.
físsion bòmb 원자 폭탄.
fis·sip·a·rous [fisípərəs] *a.* 〖生〗 분열생식의.
fis·sure [fíʃər] *n.* 금, 틈; 분할. ── *vt., vi.* 틈이 생기게 하다; 갈라지다.
‡**fist** [fist] *n., vt.* 주먹(으로 치다); 《口》 손; 필적; 〖印〗 손가락표(☞). ´**·ic** *a.* 권투〔주먹질〕의. 「짐, 난투.
fist·i·cuff [fístikʌf] *n.* (*pl.*) 주먹다
fis·tu·la [fístʃulə/-tju-] *n.* (*pl.* ～*s*, *-lae* [-lìː]) (곤충 등의) 관상(管狀) 기관; 〖醫〗 누(瘻). *anal* ～ 치루(痔瘻).
†**fit**[1] [fit] *a.* (*-tt-*) 적당〔지당〕한; 당장 …할 듯한; 《口》 건강한. *as* ～ *as a fiddle* 〔*flea*〕 씽씽하게 건강한. ── *vt., vi.* (*-tt-*) …에 적합하다〔시키다〕; (사이즈 따위) 꼭 맞다; 준비시키다; 조달하다. ～ *in* 적합하(게하)다; 조화하다. ～ *on* …에 맞는지 입어보다; 잘 끼(우)다. ～ *out* 장비〔채비〕하다. ～ *up* 준비〔설비〕하다. *see* 〔*think*〕 ～ *to* (do) (하는 것이) 적당하다고 생각하다. ── *n.* ⓊⒸ 적합; (의복 따위의) 만듦새; Ⓒ 몸에 맞는 옷. ´**·ly** *ad.* 적당히; 꼭; 알맞게. ***fít·ness** *n.* Ⓤ 적당, 적합; 건강.
‡**fit**[2] *n.* (병의) 발작; 경련, 경풍; 일시적인 기분〔흥분〕, 변덕; (감정의) 격발. *beat a person into* ～*s* 아무를 여지없이 혼내주다. *by* ～*s* (*and starts*) 발작적으로, 이따금 생각난 듯이. *give a person a* ～ 《口》 깜짝 놀라게 하다; 노하게 만들다. *give a person* ～*s* 여지없이 혼내주다; 호되게 꾸짖다; 성나게 만들다. *when the* ～ *is on one* 마음이 내키면. ´**·ful** *a.* 발작적인; 단속적인; 변덕스러운. ´**·ter** *n.* (기계·비품 따위의) 설비〔정비〕공, (가봉한 것을) 입혀 맞추는 사람; 조립공.
fitch [fitʃ], **fitch·et** [´it], **fitch·ew** [´uː] *n.* (유럽산의) 족제비의 일종; Ⓤ 그 모피.
***fit·ting** [fítiŋ] *a.* 적당한, 어울리는. ── *n.* 적합; (가봉한 것의) 입혀 보기; 설치; (*pl.*) 가구, 비품; 부속품. ～**·ly** *ad.*
†**five** [faiv] *n., a.* 5(의). **fív·er** *n.* 《俗》 5 달러〔파운드〕 지폐.
fíve-and-tén(-cent stòre) [fáivəntén(sènt)] *n.* 《美》 싸구려 잡화점.
five·fold [fáivfòuld] *a., ad.* 5배의〔로〕; 5겹의〔으로〕, 5중의〔으로〕.
fíve o'clὸck shàdow 「다섯 시의 그림자」《아침에 깎은 수염이 오후 다섯시경에는 거무스름하게 자람》.
fíve percénter 《美》 (정부 상대의 사업 계약을) 5푼 수수료를 받고 알선하는 사람.
fíve-star géneral [´stὰːr] 《美口》 육군〔해군〕 원수. 「획.
Fíve-Year Plán [´jìəːr] 5개년 계
‡**fix** [fiks] *vt.* ① 고정시키다. ② (의견 따위를) 고정〔결정〕하다. ③ (눈·주의 따위를) 집중시키다〔끌다〕. ④ (책임을) 지우다. ⑤ 염착(染着)시키다. ⑥ 〖寫〗 정착시키다. ⑦ (기계 등을) 수리〔조정〕하다. ⑧ 《美》 조리〔준비〕하다. ⑨ 매수하다. ⑩ 《口》 대갚음하(여 청산하)다, 대차를 청산하다. ⑪ 응고시키다. ── *vi.* ① 고정하다. ② 응고하다. ③ 결정하다. ④ (눈이 …에) 머물다. ⑤ 《美口·方》 준비하다, (…할) 작정이다. ～ *on* 〔*upon*〕 …으로 결정하다, …을 고르다. ～ *out* 《美口》 의장(艤裝)하다. ～ *up* 《美口》 준비하다; 수리〔정돈〕하다; 결정하다; 해결하다. ── *n.* 《口》 곤경; 위치 (측정). *in a* ～ 곤란하여, 곤경에 빠져. *out of* ～ (기계가) 고장나, 상태가 나빠.
fix·a·tion [fikséiʃən] *n.* ⓊⒸ 고정; 〖化〗 응고; 〖寫〗 정착; 색고착(色固着); 〖精神分析〗 정착《성욕 성숙 장애》; 병적 집착.
fix·a·tive [fíksətiv] *a., n.* 정착력 있는; 정착제, 염착제(染着劑).
‡**fixed** [fikst] *v.* fix의 과거(분사). ── *a.* ① 고정된. ② 부동〔불변〕의. ③ 정돈된. ④ 《美俗》 부정하게 결정된, 짬짜미의. ⑤ 〖化〗 응고된. **fíx·ed·ly** [fíksidli] *ad.*
fíxed idéa 〖心〗 고정 관념(F. *idée fixe*) 《강박 관념의 일종》.
fíxed stár 〖天〗 항성(cf. planet).
fix·ing [fíksiŋ] *n.* Ⓤ 고정; 〖寫〗 정착; (*pl.*) 《美口》 설비, 비품.
fíxing solútion 정착액.
fix·i·ty [fíksəti] *n.* 고정(물); 영구〔불변〕성.
***fix·ture** [fíkstʃər] *n.* ① 정착물; 비품. ② (어떤 직책·자리 따위에) 오래 앉아 있는 사람. ③ 〖機〗 공작물 고정 장치. ④ 《英》 (경기의) 예정일.

fizz, fiz [fiz] *vi., n.* 부글부글(하다); 거품이 이는 음료. **fíz·zy** *a.* 부글부글하는, 거품 이는.
fiz·zle [fízl] *vi., n.* 희미하게 「쉬잇」하는 소리(를 내다).
fjord [fjɔ:rd] *n.* =fiord.
Fl 〖化〗 fluorine. **Fl.** Flanders; Flemish. **fl.** floor; florin(s); fluid.
FLA., F. L. A. 《美》 Federal Loan Agency. **Fla., Flor.** Florida.
flab·ber·gast [flǽbərgæ̀st/-ɑ:-] *vt.* 《口》 깜짝 놀라게 하다.
flab·by [flǽbi] *a.* 흐늘흐늘하는; 기력 없는. **fláb·bi·ly** *ad.* **-bi·ness** *n.*
flac·cid [flǽksid] *a.* 흐늘흐늘한 (limp); 맥없는. **~·ly** *ad.* **~·ness** *n.* 「의) 작은 병.
flac·on [flǽkən] *n.* (F.) (향수 따위
†**flag**[1] [flæg] *n.* 기; (*pl.*) (매·올빼미 따위의) 발의 긴 털; (새 날개의) 둘째줄 칼깃. ── *vt.* **(-gg-)** 기를 올리다, 기로 꾸미다〔신호하다〕.
flag[2] *n., vt.* **(-gg-)** 판석(板石)〔포석(鋪石)〕을 깔다; (*pl.*) 판석 포장 도로. **flág·ging**[1] *n.* 판석(을 깐 도로).
flag[3] *vi.* **(-gg-)** 시들다(droop), 약해지다, 축 늘어지다. **flág·ging**[2] *a.*
flag[4] *n.* 〖植〗 창포(菖蒲), 황창포; 창포 꽃(잎).
flág càptain 〖海軍〗 기함의 함장.
Flág Dày 《美》 국기 제정 기념일 (6월 14일).
flag·el·lant [flǽdʒələnt] *a., n.* 채찍질하는 (사람); (F-, f-) (13–14세기의 광신적인) 채찍질 고행자.
flag·el·late [flǽdʒəlèit] *vt.* 채찍질하다. ── *a.* 〖生〗 편모(鞭毛)가 있는; 〔植〕 포복경이 있는. **flag·el·la·tion** [ˋ–léiʃən] *n.* U̲C̲ (특히 종교적·성적인) 채찍질.
fla·gel·lum [flədʒéləm] *n.*, (*pl.* **~s,** ***-la*** [-lə]) 〖生〗 편모; 〖植〗 포복경(匍匐莖); 매, 채찍.
flag·eo·let [flæ̀dʒəlét] *n.* (여섯 구멍의) 피리. 「한.
fla·gi·tious [flədʒíʃəs] *a.* 극악무도
flág lieuténant 〖海軍〗 장관(將官) 부 부관(참모).
flág lìst 〖海軍〗 현역 장성 명부.
flag·man [flǽgmən] *n.* 신호기수.
flág òfficer 해군 장성; (함대·선대의) 사령관.
flag·on [flǽgən] *n.* (손잡이·주둥이·뚜껑이 달린) 술병; 큰 병《약 2쿼터 들이》. 「-ɑ:-] *n.* 깃대.
flag·pole [flǽgpòul], **-staff** [-stæ̀f,
fla·grant [fléigrənt] *a.* 극악한, 악명 높은. **flá·grance, -gran·cy** *n.* U̲
flag·ship [flǽgʃìp] *n.* 기함(旗艦).
flág stàtion (신호가 있을 때만 정거하는) 신호 정거장. 「석.
flag·stone [ˊstòun] *n.* U̲C̲ 판석, 포
flag-wag·ging [ˊwæ̀giŋ] *n.* 수기 신호. 「(agitator).
flag-wav·er [ˊwèivər] *n.* 선동자
flail [fleil] *n., vt., vi.* 도리깨(질하다).
fláil tànk 〖軍〗 대 지뢰 전차.
flair [flɛər] *n.* 예리한 안식(眼識), 육감(*for*), 천부의 재능(*for*).
flak [flæk] *n.* 〖軍〗 (G.) 고사포(화).
‡**flake** [fleik] *n., vi., vt.* **얇은 조각,** 박편(薄片)(이 되(게 하)다. …이 되어 펄펄 날리다, …으로 덮이다). ***corn* ~** 콘플레이크《옥수수를 으깨어 말린 경식품》. **flák·y** *a.* 박편의; 벗겨져 떨어지기 쉬운. 「조끼.
flák jàcket 〔**vèst**〕 〖美空軍〗 방탄
flam·beau [flǽmbou] *n.* (F.) (*pl.* **~s, ~x** [-z]) 횃불.
flam·boy·ance [flæmbɔ́iəns] *n.* U̲ 현란함, 화려함.
flam·boy·ant [flæmbɔ́iənt] *a.* 타는 듯한; 화려한; 불길 모양의《고딕 건축의 창, 가스 난로의 격자 따위》.
‡**flame** [fleim] *n.* U̲C̲ **불길,** 화염; 광휘, 정열; C̲ 《俗》 애인. ── *vi.* 훨훨 타다; 빛나다; 정열을 드러내다; 발끈하다(*up, out*). ***flám·ing** *a.*
fla·men·co [flɑ:méŋkou] *n.* 플라멩코《남부 스페인 Andalusia 지방의 민속 무용》, 그 기악(곡).
flame-out [fléimàut] *n.* 비행중 또는 이륙시의 제트엔진의 돌연한 정지.
fláme projèctor 〖軍〗 화염 방사기.
flame·throw·er [ˊθròuər] *n.* =⇧.
fla·min·go [fləmíŋgou] *n.* (*pl.* **~(e)s**) 〖鳥〗 홍학(紅鶴). 「MABLE.
flam·ma·ble [flǽməbəl] *a.*=INFLAM-
Flan·ders [flǽndərz/-ɑ́:-] *n.* 플랑드르《유럽의 옛나라; 벨기에 서부·북프랑스·네덜란드 남서부 등 포함》.
flange [flændʒ] *n., vt.* (수레바퀴 따위의) 테〔턱진 테〕(를 씌우다).
‡**flank** [flæŋk] *n.* ① **옆구리**(살); 측면. ② 〖軍〗 부대의 측면, 익(翼). ── *vt.* …의 측면에 서다〔을 우회하다〕; 측면을 지키다〔공격하다〕.
***flan·nel** [flǽnl] *n.* U̲ ① **플란넬,** 융의 일종. ② (*pl.*) 플란넬제 의류, 모직 속옷. **flan·nel·et(te)** [ˋ–ét] *n.* U̲ 목 플란넬, 융.
flan·nel·mouth [flǽnəlmàuð, -θ] *n.* 《蔑》 아첨꾼; 자기 자랑 잘하는 사람.
‡**flap** [flæp] *vi., vt.* **(-pp-)** **펄럭거리**(게 하)다; 날개를 퍼덕이다; 찰싹 때리다; 축 늘어지(게 하)다. ── *n.* 펄럭임; 날개침; 찰싹; 늘어진 것; 〖空〗 보조익(翼); 《俗》 흥분; 비행 접시의 집중 목격. **fláp·per** *n.* 펄럭이는〔늘어지는〕것; 말괄량이.
flap·doo·dle [ˊdù:dl] *n.* U̲C̲ 《口》 허튼〔엉터리 없는〕 소리.
flap·jack [ˊdʒæ̀k] *n.* 핫케이크 (griddlecake); 《英》 (화장용) 콤팩트.
***flare** [flɛər] *vi.* **너울너울 타오르다** (*up*); 번쩍번쩍 빛나다; 발끈하다(*out, up*); (스커트가) 플레어가 되다. ── *vt.* 너울너울 타오르게 하다; (스커트를) 플레어로 하다. ── *n.* **너울거리는 화염,** 불길의 너울거림; 화염 신호; (감정의) 격발; (스커트의) 플레어; 〖寫〗 「플레어」《속칭 「유령」》.
fláre bòmb 조명탄.
fláre pàth (비행장의) 조명 활주로.
fláre stàck 배(排)가스 연소탑.
flare-up [flɛ́(:)rʌ̀p/flɛ́ər-] *n.* 타오름;

격노.
flar·ing [ˊiŋ] *a.* 타오르는; 현란한; 벌어진, 나팔꽃 모양의. **∼·ly** *ad.*
‡**flash** [flæʃ] *n.* ① **섬광**; (재치 등의) 번득임; (번쩍이는) 순간. ② 〖映〗 플래시《순간 장면》; (신문의) 짧은 속보. ③ 허식. ④ (둑의) 방류수(放流水). *in a* ∼ 곧. ── *vi.* 번쩍 빛나다; (기지가) 번득이다; 휙 지나가다〔스치다〕; 책 나오다; 퍼뜩 생각나다. ── *vt.* (빛을) 번쩍이다; 번개같이 전달하다; (전보·라디오로) 통신하다; 《口》 자랑해 보이다.
flash·back [ˊbæ̀k] *n.* [UC] 〖映〗 플래시백《과거를 회상하는 장면 전환》; (소설 등의) 회고법적 묘사.
flásh bùlb 〔**làmp**〕 〖寫〗 섬광 전구.
flásh bùrn (원자탄 따위에 의한) 섬광 화상(火傷).
flásh càrd 플래시카드《시청각 교육에서 잠시 보여 단어·산수 등을 외게 하는 카드》.
flash·er [flǽʃər] *n.* 자동 점멸 장치, 점멸광. 「사전 삽입.
flásh fòrward 〖映〗 미래 장면의
flásh gùn 〖寫〗 섬광 발화 장치.
***flash·light** [ˊlàit] *n.* ① 《美》 **회중 전등**. ② 〖寫〗 [U] 플래시. ③ [U] (등대의) 명멸광; [C] 회전〔섬광〕등.
flash·y [ˊi] *a.* 섬광적인; 야한.
***flask** [flæsk, -ɑ:-] *n.* **플라스크**; (호주머니용의) 작은 병.
‡**flat**[1] [flæt] *a.* (*-tt-*) ① **편평한**; 납작한; 납죽 엎드린. ② 공기가 빠진, 납작해진. ③ (맥주 등) 김빠진, (음식이) 맛없는; 불경기의. ④ 광택 없는; (색채·소리 등이) 단조로운. ⑤ 노골적인, (거절이) 단호한. ⑥ 〖樂〗 내림음의, 반음 낮은(opp. sharp). ⑦ 〖音聲〗 평설(平舌)의《æ, ə 따위》; 유성의; 〖文〗 접사(接辭) 없는. ∼ *adverb* 무접사 부사《보기: She breathed *deep*.》. ∼ *infinitive*. 'to' 없는 부정사. *That's* ∼. 바로 맞았어. ── *ad.* **편평하게**; 꼭(*ten seconds* ∼, 10초 플랫); 아주; 단호히; 〖樂〗 반음 낮게. *fall* ∼ 푹 쓰러지다; 넙죽 엎드리다; 실패하다, 효과 없다. ── *n.* **평면**; 평평한 부분; 평지; 여울; 〖樂〗 내림표(♭); 《口》 바람 빠진 타이어. ── *vt., vi.* (*-tt-*) 평평하게 하다〔되다〕. ∼ *out* 《美口》 용두사미로 끝나다. *ˊ**·ly** *ad.* ˊ**·ness** *n.*
***flat**[2] ① 《주로 英》 **플랫식(式) 주택** 《같은 층의 여러 방을 한 가구가 전용하는 아파트》. ② 《英》 (건물의) 층.
flat·boat [ˊbòut] *n.* (큰) 너벅선(船).
flat-bot·tomed [ˊbátəmd/-ɔ́-] *a.* 바닥이 편평한. 「목판차.
flat·car [ˊkɑ̀:r] *n.* 《美》 무개 화차,
flat·fish [ˊfìʃ] *n.* 가자미·넙치류.
flat·foot [ˊfùt] *n.* (*pl.* *-feet*) 편평족; 《俗》 순경(巡警).
flat·foot·ed [ˊfútid] *a.* 편평족의; 《俗》 단호한, 타협을 않는.
flat·i·ron [ˊàiərn] *n.* 다리미, 인두.
flat-nosed [ˊnóuzd] *a.* 코가 납작한.
flat-out [ˊáut] *a.* 《俗》 솔직한; 전적인(∼ *lie* 새빨간 거짓말); 《英》 최고 속도의. 「위」.
flát sìlver 은기(銀器) 《칼·포크 따
***flat·ten** [ˊn] *vt., vi.* **평평〔납작〕하게 하다〔되다〕**; 단조롭게 하다〔되다〕; 김이 빠지다, 맛없게〔싱겁게〕 하다〔되다〕; 반음 내리다. ∼ *out* 〖空〗 수평 비행 자세로 돌아가(게 하)다.
‡**flat·ter** [flǽtər] *vt.* ① **아첨하다**; 알랑거리다. ② **우쭐케 하다**. ③ (사진·초상화 따위를) 실물보다 좋게 그리다〔찍다〕. ④ 기쁘게 하다. ∼ *oneself that* ... 우쭐하여 …이라고 생각하다. ***flát·ter·er** *n.* **알랑쇠**. *∼**·ing** *a.* **빌붙기 잘하는**. ‡**flát·ter·y** *n.* [U] **아첨**(하는 말), 치레말.
flát tíre 바람 빠진 타이어. 「모합.
flat·top [flǽttɑ̀p/-ɔ̀-] *n.* 《美口》 항공
flat·u·lence [flǽtʃuləns/-tju-] *n.* [U] 뱃속에 가스가 참, 고창(鼓脹); 공허, 자부심. **flát·u·lent** *a.* 고창(鼓脹)의; 젠체하는.
flat·worm [flǽtwə̀:rm] *n.* 편충.
Flau·bert [floubέər], **Gustave** (1821–80) 프랑스의 소설가.
flaunt [flɔ:nt] *vt.* 과시하다, 자랑해 보이다. ── *vi.* 허세부리다, 옷치장하다; (기가) 휘날리다. ── *n.* [U] 과시.
flau·tist [flɔ́:tist] *n.* =FLUTIST.
‡**fla·vor**, 《英》 **-vour** [fléivər] *n.* [UC] **풍미**(를 더하는 것); 풍취, **맛**; 향기. ── *vt.* …에 맛을 내다; 풍미를 곁들이다. ∼**·ing** *n.* 조미(료).
***flaw**[1] [flɔ:] *n.* **금, 흠**; 결점. ── *vt., vi.* 금가(게 하)다, 흠집을 내다. ˊ**·less** *a.* 흠없는; 흠잡을 데 없는.
flaw[2] *n.* 돌풍(gust); 한차례의 폭풍.
***flax** [flæks] *n.* **아마**(亞麻), 아마실, 린네르. ˊ**·en** *a.* 아마(제)의; 아마색의, 엷은 황갈색의.
flay [flei] *vt.* 가죽을〔깝데기를〕 벗기다; 홀랑 빼앗다, 강탈하다(rob); 혹평하다. 「층」.
F làyer 〖無電〗 F층《최상층의 전리
fld. field; fluid.
‡**flea** [fli:] *n.* **벼룩**. ∼ *in one's ear* 빗댐, (듣기) 싫은 소리.
flea·bag [ˊbæ̀g] *n.* 《俗》 침대, 침낭; 싸구려 하숙. 「식물, (특히) 봄망초.
flea·bane [ˊbèin] *n.* 개망초속(屬)의
flea·bite [ˊbàit] *n.* 벼룩에 물린 자국; 물림. 「고물 시장.
fléa màrket 〔**fàir**〕 (특히 유럽의)
fleck [flek] *n., vt.* (색·빛의) 반점(을 내다); 작은 조각(을 흩뿌리다).
flec·tion [flékʃən] *n.* [U] 굴곡(부); 〖文〗 [UC] 어미 변화. 「사).
‡**fled** [fled] *v.* flee와 fly[2]의 과거(분
fledge [fledʒ] *vt.* (날기까지) 새끼를 기르다; 깃털로 덮다. ── *vi.* 깃털이 나다. **flédg·ling**, 《英》 **flédge·** *n.* 날기 시작한 새 새끼, 열쭝이; 풋나기(cf. greenhorn).
‡**flee** [fli:] *vi.* (***fled***) **도망하다**; 질주하다; 사라지다(vanish). ── *vt.* …에서 도망하다. **flé·er**[1] *n.* 도망자.
***fleece** [fli:s] *n.* [UC] ① **양털**; 한 마리

에서 한번 깎는 양털. ② 양털 모양의 것. ③ 보풀이 보드라운 피륙. —— *vt.* (양의) 털을 깎다; (속여서 혹은 을러메어) 빼앗다. ***fléec·y*** *a.* **양털 모양**〔제품〕의; 양털로 덮인.

fleer²[fliər]*vi., vt., n.* 조소(하다)(*at*).

‡**fleet¹** [fli:t] *n.* **함대, 선대**(船隊); (항공기의) 기단(機團); (트럭 등의) 차량 대열; (the ～) (한 나라의) 해군(력).

*__fleet²__ *a., vi.* 《詩》 빠른; **빨리 지나가 버리다.** **∠·ing** *a.* 순식간의; (세월이) 덧없이 지나가 버리는.

fleet³ *n.* 《英方》 후미; (the F-) 《英》 옛적 런던 Fleet 강가에 있던 감옥(the F- Prison).

fléet àdmiral 〖美海軍〗 해군 원수.

*__fleet·ing__ [∠iŋ] *a.* 빨리 지나가는; 덧없는, 무상한.

Fléet Strèet 플리트가(街) 《런던의 신문사 거리》; 《比喩》 (영국의) 신문계.

Flem·ing [flémiŋ] *n.* 플랑드르인; (플랑드르 말을 쓰는) 벨기에 사람.

Flem·ish[flémiʃ]*a., n.* 플랑드르 (사람·말)의; Ⓒ̲Ⓤ̲ 플랑드르인〔어〕.

†**flesh**[fleʃ] *n.* Ⓤ **살**; 살집; 식육, 고기; 과육; 살색; (the ～) 육체; 육욕; 인류; 생물; 친척. *～ **and blood*** (피가 통하는) 육체; 인간성; 육친. *～ **and fell*** 살도 가죽도, 전신; 《副詞的으로》 전혀, 죄다. ***go the way of all*** ～ 죽다. ***in the*** ～ 이승의 몸이 되어; 살아서. ***lose*** 〔***gain, put on***〕 ～ 살이 빠지다〔찌다〕. ***make a person's*** ～ ***creep*** 오싹하게 하다. **∠·ly** *a.* 육체의; 육감적인; 인간적인. **∠·y** *a.* 살〔고기〕의〔같은〕; 살집이 좋은; 〖植〗 다육질의.

flesh-col·ored, 《英》 **-oured** [∠kʌ̀lərd] *a.* 살색의.

flésh èater 육식자, 육식 동물.

flésh flỳ 쉬파리.

flesh·ings [∠iŋz] *n. pl.* (무대용의) 살색 타이츠.

flesh·pot [∠pɑ̀t / -ɔ̀-] *n.* 고기 냄비; (*pl.*) 미식(美食), 사치; 《俗》 유곽.

flésh wòund 얕은 상처, 경상.

fleur-de-lis [flə̀:rdəlí:s] *n.* 붓꽃; (프랑스 왕가의) 붓꽃 문장.

†**flew** [flu:] *v.* fly² 의 과거.

flex [fleks] *vt., vi.* 〖解〗 (관절 등을) 구부리다, 구부러지다(bend).

*__flex·i·ble__ [fléksəbəl] *a.* **구부리기 쉬운;** 어거하기 쉬운; 융통성 있는. ***flex·i·bil·i·ty*** [∸-bíləti] *n.* Ⓤ

fléxible respónse 〖軍〗 신축적 대응(전략) 《1967년에 NATO가 바르샤바 조약군에 대해서 채택한 전략》.

flex·ion[flékʃən]*n.* 《英》 ＝FLECTION.

flex·(i)·time [fléks(ə)tàim] *n.* Ⓤ 자유 근무시간제.

flex·or [fléksər] *n.* 〖解〗 굴근(屈筋).

flex·ure [flékʃər] *n.* Ⓤ̲Ⓒ̲ 굴곡(부); 〖地〗 습곡(褶曲).

flib·ber·ti·gib·bet [flíbərtidʒìbit] *n.* 수다쟁이; 촐랑거리는 여자; 경박한 사람.

*__flick¹__ [flik] *n.* **가볍게 침**; 탁(하는 소리); 튀. —— *vt.* 가볍게 때리다〔털어 버리다〕; (총채 따위로) 떨다. —— *vi.* 퍼덕이다; 훌쩍 날다(flit).

flick² *n.* (＜⇩) 《俗》 영화 필름; (*pl.*) 영화. ***go to the ～s*** 영화를 보러 가다.

*__flick·er¹__ [flíkər] *vi.* (빛이) **가물거리다**; 흔들거리다; 펄럭이다; 얼른거리다; 언뜻 보이다. —— *n.* 깜박이는 빛; 반짝임; 번득임.

flick·er² *n.* (북미산의) 딱따구리.

flíck knìfe 《英》 날이 자동적으로 튀어나오게 된 칼.

fli·er [fláiər] *n.* 나는 사람〔것〕; 비행가; 급행 열차〔버스〕, 쾌속정; 《美俗》 투기(投機); 《美》 전단; 삐라.

‡**flight¹** [flait] *n.* ① Ⓤ̲Ⓒ̲ **날기, 비행.** ② (나는 새의) 떼; 〖軍〗 비행 편대〔소대〕. ③ Ⓤ (시간의) 경과. ④ 항공 여행, (로켓 등에 의한) 우주 여행. ⑤ Ⓤ̲Ⓒ̲ (사상·야심의) 고양(高揚), 분방(奔放). ⑥ Ⓤ 비행술〔법〕. ⑦ Ⓤ̲Ⓒ̲ 한번 나는 거리. ⑧ (계단의, 꺾이지 않은) 한 연속(*two ～s of steps* 두번 오르는 꺾인 계단). **flíght·less** *a.* 날지 못하는.

*__flight²__ [flait] *n.* Ⓤ̲Ⓒ̲ **도주, 패주.** ***put to*** ～ 패주시키다. ***take*** (***to***) ～ 도주하다.

flíght contròl (이 착륙의) 관제(소).

flíght dèck (항공 모함의) 비행 갑판; (항공기의) 조종실.

flíght fèather (새의) 칼깃.

flíght òfficer 《美》 공군 장교.

flíght recòrder 〖空〗 (사고 해명에 필요한) 비행 기록 장치.

flíght strìp 활주로.

flight·y [∠i] *a.* 들뜬; 머리가 좀 돈.

flim·sy [flímzi] *a.* 무른, 취약한; (이유 등이) 천박한, 박약한. —— *n.* 얇은 종이; (신문 기자의) 얇은 원고지.

flinch [flintʃ] *n., vi.* 주춤함〔하다〕, 꽁무니 뺌〔빼다〕.

flin·der [flíndər] *n.* (*pl.*) 파편, 단편.

‡**fling** [fliŋ] *vt.* (***flung***) ① (내)**던지다**; (두 팔을) 갑자기 내뻗다, 태질치다, 메어치다(*off*). ② (돈을) 뿌리다. ③ (옥에) 처넣다. —— *vi.* 돌진하다. *～ **away*** 떨쳐버리다. *～ **off*** 따버리다. *～ **oneself into*** (사업 따위) 본격적으로 시작하다. *～ **oneself on*** 〔***upon***〕 (***a person's mercy***) (아무의 인정에) 기대다. *～ **out*** 내던지다; (말이) 날뛰다; 욕설을 퍼붓다. —— *n.* (내)던짐; (말의) 발질; 방종; 욕; 스코틀랜드의 활발한 춤; 《口》 시험, 시도. ***have a ～ at*** 해보다; 욕하다; 조롱하다. ***have one's ～*** 하고 싶은 대로 하다, 멋대로 놀아나다.

*__flint__ [flint] *n.* Ⓤ̲Ⓒ̲ ① **부싯돌,** 라이터 돌. ② 《比喩》 아주 단단한 물건. **∠·y** *a.* 부싯돌 같은; 냉혹한; 아주 단단한; 고집 센.

flínt glàss 납유리, 플린트 유리.

flint-heart·ed [∠há:rtid] *a.* 냉혹한.

flint·lock [∠lɑ̀k/-ɔ̀-] *n.* 부싯돌식 발화 장치; 화승총(火繩銃).

flip¹ [flip] *vt., vi.* (**-pp-**), *n.* 손톱으

로 튀기다〔튀김〕; 홈칫 움직이(게 하)다, 홱 움직임; 톡 치다〔침〕; 《口》 (비행기의) 한 번 날기.

flip² *n.* Ⓤ 맥주 등에 설탕·향료·달걀 따위를 섞은 따뜻한 음료.

flip³ *a., n.* 《口》 건방진 (녀석).

flip-flop [flípflàp / -flɔ̀p] *n.* 〖電〗 진공관 회로의 일종.

flip·pant [flípənt] *a.* 주제넘은; 경박한. **flíp·pan·cy** *n.* Ⓤ.Ⓒ

‡**flip·per** [flípər] *n.* (바다표범 따위의) **물갈퀴**; (잠수용) 고무 물갈퀴.

flíp sìde 《美口》 레코드의 B면.

***flirt** [flə:rt] *vt.* (활발히) 흔들어대다; 던지다. — *vi.* 깡총깡총〔홈칫홈칫〕 움직이다; (남녀가) **새롱거리다**, 농탕치다(*with*); 가지고 놀다(*with*). — *n.* 바람둥이; 급속한 움직임; 휙 던짐. **flir·tá·tion** *n.* Ⓤ 농탕치기, 무분별한 연애. **flir·tá·tious** *a.*

***flit** [flit] *vi.* (*-tt-*), *n.* **훌쩍 날다**〔날기〕; 이리저리 날아다니다〔다니기〕; (시간이) 지나가다〔감〕.

flitch [flitʃ] *n.* 소금에 절여 훈제(燻製)한 돼지의 옆구리 살.

flit·ter [flítər] *vi., n.* 훨훨 날다 〔나는 것〕. 「싼 고물 자동차.

fliv·ver [flívər] *n.* 《美俗》 (특히) 값

‡**float** [flout] *vi., vt.* **뜨다, 띄우다,** 표류하다〔시키다〕; (소문이) 퍼지다; 떨어져가다; (회사가) 서다〔세워지다〕; (어음이) 유통되다; 물에 잠기게 하다; (*vi.*) (공채를) 발행하다; (미장이가) 흙손으로 고르다. — *n.* 부낭(浮囊), 뗏목; (낚시의) 찌; (무대를 높이 띄운) 산디; (수상기의) 플로트, 부주(浮舟); (미장이의) 마무리흙손. **float·á·tion** *n.* 《英》 ＝FLOTATION. **∠·er** *n.* 뜨는 사람〔것〕; 《美口》 집〔직장〕을 자꾸 옮기는 사람; 《美》 (여러 곳에서 투표하는) 부정 투표자.

***float·ing** [∠iŋ] *a.* **떠 있는;** 부동〔유통〕하는; 유동하는.

flóating brídge 부교, 배다리.

flóating cápital 유동 자본.

flóating dóck 부선거(浮船渠).

flóating móney 유휴 자금.

flóatingríbs 〖解〗 유리 늑골(遊離肋骨).

flóating vòte 부동표(票).

floc·cu·lent [flákjələnt/-ɔ́-] *a.* 보드라운〔수북한〕 털 같은 〔로 된〕.

‡**flock¹** [flak / -ɔ-] *n.* ① (양·새의) **떼**. ② 군중, 무리. ③ (같은 교회의) 신도. — *vi.* **떼〔무리〕짓다,** 모이다; 떼지어 오다〔가다〕.

flock² *n.* (양)털뭉치; (침대 따위에 채워 넣는) 털솜 부스러기. 「原).

floe [flou] *n.* 큰 성엣장; 부빙원(浮氷

flog [flag, -ɔ:-/-ɔ-] *vt.* (*-gg-*) 세게 때리다; 매질〔채찍질〕하다.

‡**flood** [flʌd] *n.* **홍수**; 만조; (물건의) 범람, 쇄도; (the F-) 노아의 홍수; 《古·詩》 대해, 호수, 강. — *vt.* …에 넘쳐 흐르다; 관개하다; 다량의 물을 쏟다; (홍수처럼) 밀어닥치다. — *vi.* 범람하다; (조수가) 들어오다; 쇄도하다.

flóod contròl 치수(治水).

flood·gate [∠gèit] *n.* 수문.

flood·ing [∠iŋ] *n.* Ⓤ.Ⓒ 범람; 큰물.

flood·light [∠làit] *n., vt.* 플러드라이트(를 비추다) 《무대·건축물 따위에》.

flóod tìde 밀물.

†**floor** [flɔ:r] *n.* **마루**; 층; 의원석; (의원의) 발언권; (거래소의) 입회장; 바닥; 〖映〗 촬영소, 제작; 《美俗》 최저 가격. ***first*** 〔***second***〕 ～ 《美》 1〔2〕층; 《英》 2〔3〕층. ***get*** 〔***have***〕 ***the*** ～ 발언권을 얻다〔갖다〕. ***ground*** ～ 《英》 1층. ***take the*** ～ (발언하려고) 일어서다. — *vt.* 마루를 깔다; 마루에 때려 눕히다; (벌로 학생을) 마루(바닥)에 앉히다; 《口》 쳐부셔 이기다, 질리게 하다. ～ ***a paper*** 〔***question***〕 《英大學俗》 시험 문제를 전부 해 치우다.

floor·board [∠bɔ̀:rd] *n.* 마루청

floor·cloth [∠klɔ̀:θ/-klɔ̀(:)θ] *n.* 마룻걸레; 마룻깔개《리놀륨 따위》.

floor·ing [∠iŋ] *n.* Ⓤ 마루, 바닥, 바닥깔기; 마루까는 재료.

flóor làmp 마루에 놓는 램프. 「무

flóor lèader 《美》 (정당의) 원내 총

flóor mànager 《美》 (정당 대회 등의) 지휘자; (텔레비전의) 무대 감독.

flóor plàn 건물의 평면도.

flóor shòw (나이트클럽의) 플로어쇼.

floor·walk·er [∠wɔ̀:kər] *n.* 《美》 (백화점의) 매장(賣場) 감독(《英》 shopwalker). 「이 나쁜 여자, 매춘부.

floo·zy, -zie [flú:zi] *n.* 《美俗》 품행

flop** [flap / -ɔ-] *vi.* (-pp-***) **털썩 떨어지다**〔넘어지다, 앉다〕; 퍼덕거리다; 싹 변하다; 《口》 실패하다. — *vt.* **쿵 떨어뜨리다**; 펄떡펄떡거리다. — *n.* 털썩 떨어짐〔쓰러짐, 앉음〕, 그 소리; 실패; 《美俗》 여인숙. **∠·py** *a.* 《口》 필럭거리는, 퍼덕이는; 홀게늦은. 「숙, 간이 숙박소.

flop·house [∠hàus] *n.* 《美俗》 여인

flop·o·ver [∠òuvər] *n.* 〖TV〗 플랩오버《영상이 상하로 흔들리기》.

flop·per [flápər/-ɔ́-] *n.* 《美俗》 (정치 등의) 변절자; 룸펜.

flo·ra [flɔ́:rə] *n.* (한 시대·한 지역의) 식물상(相), 식물군(群); 식물지(誌) (cf. fauna). 「숫한〕.

***flo·ral** [flɔ́:rəl] *a.* **꽃의**〔에 관한, 비

***Flor·ence** [flɔ́:rəns, -á-/-ɔ́-] *n.* 피렌체, 플로렌스《이탈리아 중부의 도시》. **Flór·en·tine** [-tì:n/-tàin] *a., n.* 피렌체 시의 (사람).

flo·res·cence [flɔ:résəns] *n.* 개화(기); 전성(기). **flo·rés·cent** *a.*

flo·ret [flɔ́:rit] *n.* 작은 꽃; (엉거시과 식물의) 작은 통상화(筒狀花).

flo·ri·cul·ture [flɔ́:rəkʌ̀ltʃər] *n.* Ⓤ 화초 재배. **-cul·tur·al** [∸-kʌ́ltʃərəl] *a.* **-cúl·tur·ist** *n.* 화초 재배자.

flor·id [flɔ́:rid, -á-/-ɔ́-] *a.* 불그레한, 혈색이 좋은; 화려한, 현란한.

***Flor·i·da** [flɔ́:rədə, -á- / -ɔ́-] *n.* 미국 동남쪽 끝의 주〔반도〕《생략 Fla.》

Flórida wóod (상감(象嵌) 세공용의) 단단한 나무의 일종.

flor·in [flɔ́:rin, -á-/-ɔ́-] *n.* 영국의 2실링 은화.

flo·rist [flɔ́:rist, -á-/-ɔ́-] *n.* 화초 재배자; 꽃집.
floss [flɔ:s, -ɑ-/-ɔ-] *n.* Ⓤ (누에 고치의) 괴깔; 풀솜; 삶은 명주실. **∠·y** *a.*
flóss sílk 명주실; 풀솜.
flo·ta·tion [floutéiʃən] *n.* Ⓤ 뜸; (회사) 설립; (공채) 발행. **~ *of loan*** 기채(起債).
flo·til·la [floutílə] *n.* 소함대, 정대(艇隊).
flot·sam [flátsəm/-ɔ́-] *n.* Ⓤ (난파선의) 부하(浮荷), 표류 하물; 표류자〔물〕. **~ *and jetsam*** 표류 하물; 잡동사니; 부랑자.
flounce¹ [flauns] *n., vt.* (스커트의) 자락 주름 장식(을 달다).
flounce² *vt.* (물·진탕 따위 속에서) 허위적거리다; (몸이나 팔을 흔들며) 뛰어나가다. **──** *n.* 몸부림.
floun·der¹ [fláundər] *n.* 〖魚〗 넙치류.
***floun·der²** *vi., n.* **버둥〔허위적〕거리다〔거림〕**, 갈팡대다〔거림〕.
‡flour [fláuər] *n.* Ⓤ **밀가루**; 가루. **──** *vt.* 《美》 가루를 뿌리다; 가루로 만들다. **∠·y** [fláuri/fláuəri] *a.* 가루(모양)의; 가루투성이의.
‡flour·ish [flə́:riʃ, -ʌ́-] *vi.* ① 무성하다; **번영하다**; (사람이) 활약하다. ② (칼·팔 따위를) 휘두르다, (낚싯대 등을) 휘두르다. ③ 자랑해 보이다. ④ 장식 문자로 쓰다; 화려하게 쓰다〔말하다, 연주하다〕. **──** *vt.* 휘두르다; 자랑해 보이다; 장식 문자를 쓰다. **──** *n.* ① 세찬 휘두름. ② (서명 등의) 장식 문자. ③ 과시; 화려한 표현. ④ 〖樂〗 장식 악구(樂句); (나팔의) 화려한 취주, 「팡파르」.
flóur mìll 제분기〔소〕.
flout [flaut] *n., vt., vi.* 조롱(하다).
†flow [flou] *vi.* ① **흐르(듯이 나오)다.** ② (머리칼이) 늘어지다; (바람에) 쏠리다. ③ (조수가) 밀다. ④ 많이 있다(*with*). **──** *vt.* 흐르게 하다; 범람시키다. **──** *n.* **흐름**; 유출(량); 밀물; 냇물. **~ *of soul*** 격의 없는 담화, 환담(cf. FEAST of reason).
flow·age [flóuidʒ] *n.* Ⓤ 유동; 유출(물); 〖理〗 (점성 물질의) 유동.
flów chàrt 생산 공정도(工程圖).
flów díagram 〖컴퓨터〗 문제 처리를 위한 순위표.
†flow·er [fláuər] *n.* ① **꽃**, 화초(cf. blossom). ② Ⓤ 만개, 개화. ③ (the ~) 정화(精華) (*of*); 전성기; 〖化〗 화(華). **~*s of sulfur*** 유황화. ***in*** **~** 개화하여. **──** *vi.* 꽃이 피다; 번영하다. **──** *vt.* 꽃으로 꾸미다. **~ed** [-d] *a.* 꽃을 단, 꽃으로 꾸민.
flówer bèd 꽃밭, 화단.
flówer bùd 꽃망울.
flówer chìldren 《美俗》 히피족.
flówer cùp 꽃받침.
flow·er·et [-it] *n.* 작은 꽃.
flówer gìrl 《英》 꽃파는 아가씨.
flow·er·ing [-iŋ] *a.* 꽃이 피는.
flówer pìece 꽃 그림.
flow·er·pot [-pàt/-ɔ̀-] *n.* 화분.
flówer pòwer 《美俗》 히피족(의 세력).
flówer shów 화초 품평회.
***flow·er·y** [-i] *a.* **꽃이 많은**; 꽃 같은; (문체가) 화려한(florid).
***flow·ing** [flóuiŋ] *a.* **흐르는**(듯한); (말이) 유창한; (멋지게) 늘어진.
***flown** [floun] *v.* fly²의 과거분사.
flów shèet =FLOW DIAGRAM.
FLQ Front for the Liberation of Quebec. **F.L.S.** Fellow of the Linnaean Society.
***flu** [flu:] *n.* Ⓤ 《口》 =INFLUENZA.
fluc·tu·ate [flʌ́ktʃuèit] *vi.* 변동하다, 파동하다, 오르내리다. ***fluc·tu·a·tion** [∠-éiʃən] *n.* ⓊⒸ
flue¹ [flu:] *n.* (연통의) 연기 구멍; 송기관; =∠ **pìpe** (파이프오르간의) 순관(脣管).
flue² *n.* 《口》 =FLU.
‡flu·ent [flú:ənt] *a.* **유창한**; 능변의; 흐르는(듯한). **‡~·ly** *ad.* ***flú·en·cy** *n.* Ⓤ **유창함**.
fluff [flʌf] *n.* 괴깔, 솜털. **──** *vt., vi.* 괴깔이 일게 하다; 푸해지다. **flúff·y** *a.* 괴깔의〔로 덮인〕; 푸한.
‡flu·id [flú:id] *n.* ⓊⒸ 유체, **유동체** 《액체·기체의 총칭》. **──** *a.* 유동성의; 변하기 쉬운. **flu·íd·i·ty** *n.* Ⓤ 유동성.
flu·id·ics [flu:ídiks] *n. pl.* (單數取扱) 〖理〗 응용 유체역학. **flu·íd·ic** *a.*
flúid mechánics (單數取扱) 유체역학.
flúid pówer 유체 동력.
fluke¹ [flu:k] *n.* 닻혀; (창·작살 등의) 미늘.
fluke² *n.* 요행수; 〖撞〗 플루크《요행으로 맞는 일》. **flúk·y** *a.* 《口》 요행수로 맞힌.
fluke³ *n.* 가자미류.
fluke⁴ *n.* (가축의) 간(肝)디스토마.
flume [flu:m] *n.* 《美》 용수로(用水路); 홈통, 물받이; 좁은 계류(溪流).
flum·mer·y [flʌ́məri] *n.* ⓊⒸ 오트밀〔밀가루〕 죽; 허튼소리.
‡flung [flʌŋ] *v.* fling의 과거(분사).
flunk [flʌŋk] *vi., vt.* 《美口》 (시험 따위에) 실패하다〔시키다〕; 낙제점을 매기다; (*vi.*) 단념하다(give up). **──** *n.* 실패, 낙제.
flun·k(e)y [flʌ́ŋki] *n.* 《蔑》 (제복 입은) 하인; (하인처럼 구는) 아첨꾼.
flun·ky·ism [-ìzəm] *n.* Ⓤ 하인 근성, 추종주의, 사대 사상.
flu·o·resce [flù:ərés] *vi.* 형광을 내다. **flu·o·rés·cence** [-əns] *n.* Ⓤ 형광(성). **flu·o·rés·cent** *a.* 형광(성)의.
fluoréscent lámp 형광등.
fluor·i·date [flúərideit, flɔ́:ri-] *vi.* (충치 예방으로) 음료수에 불소(弗素)를 넣다. **flu·o·ri·da·tion** [∠--déiʃən] *n.* Ⓤ 불화물 첨가(법).
flu·o·ride [flúəràid, flɔ́:r-] *n.* 〖化〗 불화물(弗化物).
flu·o·rine [flúəri(:)n, flɔ́:r-], **-rin** [-rin] *n.* 〖化〗 불소《기호 F》.
flu·o·rite [flúəràit, flɔ́:r-] *n.* 형석(螢石).
fluor·o·scope [flúərəskòup, flɔ́:r-] *n.* (X선의) 형광 투시경. **fluor·os·co·py** [∠áskəpi/-ɔ́-] *n.* Ⓤ 형광 투시법〔검사〕.
flur·ry [flə́:ri/-ʌ́-] *n., vt.* 휙 몰아치는 비〔눈〕; 소동, 당황(케 하다); (작

살 맞은 고래의) 단말마의 고통. ***in a ~*** 당황하여, 허둥지둥.

‡**flush**[1] [flʌʃ] *vt.* (물을) 왈칵 흐르게 하다; 물을 흘려서 씻다; 얼굴을 붉히다; 득의양양하게 하다. ── *vi.* (물이) **왈칵 흐르다**; (얼굴이) **붉어지다**. ── *n.* ① 왈칵 흐름. ② (얼굴의) **홍조**; 흥분, 득의 양양. ③ (새 풀이 온통) 싹터 나옴. ④ 원기 발랄, 신선함. ⑤ (열의) 발작. ── *a.* (물이) 넘칠 듯한; 풍부한; 원기 왕성한; (빰이) 불그레한; 같은 평면〔높이〕의. ── *ad.* 평평하게; 바로, 정통으로.

flush[2] *vt., vi.* 〖獵〗 (새를) 날아가게 하다; (새가) 푸드득 날다. ── *n.* 날아오른 새(의 떼).

flush[3] *n.* 〖카드〗 짝모으기.

flúsh tòilet 수세식 변소.

flus·ter [flʌ́stər] *n., vi., vt.* 당황(하다, 하게 하다).

‡**flute** [fluːt] *n., vi., vt.* **플루트**, 피리(를 불다, 같은 소리를 내다); (옷감·기둥 따위의) 세로골(을 내다, 파다). **flút·ist** *n.* **flút·y** *a.* 피리〔플루트〕 같은; (목소리·소리가) 맑은.

‡**flut·ter** [flʌ́tər] *vi.* ① **퍼덕거리다**; 홰치다, 훨훨 날다; 나부끼다. ② (가슴이) **두근거리다**, (맥박이) 빠르고 불규칙하게 뛰다; 동요하다. ── *vt.* 날개치다; 펄럭이게 하다; 당황케 하다. ── *n.* **홰치기**, 펄럭임; (마음의) 동요; 큰 소동. 「물장구질.

flútter kìck 〖水泳〗 (크롤 영법에서)

***flux** [flʌks] *n.* ① **흐름**; 유동(율). ② Ⓤ 밀물. ③ Ⓤ 연속적인 변화. ④ ⓊⒸ 〖醫〗 이상(異常) 배출《출혈·설사 등》. ⑤ 용제(溶劑).

‡**fly**[1] [flai] *n.* **파리**; 〖낚시〗 제물낚시. ***a ~ in amber*** 호박(琥珀) 속의 파리 화석; (고스란히 남아 있는) 보물. ***a ~ in the ointment*** 옥에 티. ***a ~ on the wheel*** 자만하는 사람.

†**fly**[2] *vi.* (***flew; flown;*** 「달아나다」의 뜻으로는 *p. & pp.* ***fled***) 비행하다; **날다**, (나는 듯이) **달리다**; **달아나다**; (시간·돈이) **순식간에 없어지다**; 펄럭이다; 〖野〗 플라이를 치다《*p. & pp.* ***flied***》. ── *vt.* **날리다**; (기 따위를) 올리다; 나부끼게 하다; (비행기를) 조종하다; …에서 도망하다. ***~ about*** 날아다니다; 흩어지다. ***~ blind*** 계기비행을 하다. ***~ high*** 높이 날다; 대망을 품다. ***~ in the face of*** … 에 반항하다. ***~ low*** 《口》 남의 눈을 기이다. ***~ off*** 날아가 버리다, 달아나다; 증발하다; 위약하다. ***let ~*** 쏘다, 날리다; 욕하다(*at*). ***make the money ~*** 돈을 낭비하다. ***send*** (*a person*) ***~ing*** 내쫓다, 해고하다. ***with flags ~ing*** 의기양양하여. ── *n.* 비행; (양복의) 단추 가리개; (텐트 입구의) 자락 막; 〖野〗 플라이; (*pl.* **~*s***) 경장(輕裝) 유람마차. ***on the ~*** 비행중. **∠·er** *n.* =flier.

flý báll 〖野〗 플라이. 「이.

fly·bane [∠bèin] *n.* (파리잡는) 끈끈

fly·blow [∠blòu] *vt.* (파리가) 쉬를 슬다; 부패시키다.

fly·blown [∠blòun] *a.* 파리가 쉬를 슨; 더럽워진.

fly·boy [∠bɔ̀i] *n.* 《美俗》 항공기 승무원, 항공대원

fly·by [∠bài] *n.* 의례 비행; (우주선의 천체에의) 근접 통과.

fly-by-night [∠bainàit] *a.* (금전적으로) 믿을 수 없는. 「〖鳥〗 딱새.

fly·catch·er [∠kæ̀tʃər] *n.* 파리통;

fly·fish [∠fìʃ] *vi.* 제물낚시로〔파리를 미끼로〕 낚시질하다. 「swatter).

fly·flap [∠flæ̀p] *n.* 파리채(《美》 fly

‡**fly·ing** [∠iŋ] *n.* Ⓤ **비행**; 질주. ── *a.* **나는**, 급히 서두르는; 공중에 뜨는〔휘날리는〕; 나는 듯이 빠른. ***~ colors*** 승리, 성공(*come off with ~* COLORS.)

flýing bòat 비행정.

flýing bòmb (무인 비행기가 적재한) 비행 폭탄(*cf.* robot bomb).

flýing búttress 〖建〗 부연 벽받이, 벽날개《조붓한 연결 아치》.

flýing còlumn 〔**párty**〕 유격대.

flýing dèck (항공 모함의) 비행 갑판.

flýng dóctor 《濠》 먼 곳의 환자에 비행기로 왕진하는 의사.

Flýing Dútchman, the 유령선.

flýing fìeld 작은 비행장.

flýing fìsh 날치.

Flýing Fórtress 《美》 「하늘의 요새」 《2차 대전시의 B17 중폭격기 (機)》.

flýing fóx 큰박쥐.

flýing machìne 항공기.

flýing máre 〖레슬링〗 업어치기.

flýing òfficer 공군 장교; 《英》 공군 중위.

flýing sáucer 〔**dísk**〕 비행 접시.

flýing schòol 항공〔비행〕 학교.

flýing spót 〖TV〗 비점(飛點).

flýing squàd 기동 경찰대.

flýing squírrel 〖動〗 날다람쥐.

fly·leaf [∠lìːf] *n.* (책의 권두·권말의) 백지.

flý nèt 방충망.

fly·pa·per [∠pèipər] *n.* Ⓤ 파리잡이 끈끈이.

fly·past [∠pæ̀st, -ɑ̀ː-] *n.* 《英》 =FLYBY.

flý shèet 삐라, 전단; 안내〔사용 설명〕서.

fly·speck [∠spèk] *n.* 파리똥 자국.

fly·trap [∠træ̀p] *n.* 파리통; 〖植〗 파리풀.

fly·way [∠wèi] *n.* 철새의 통로.

fly·weight [∠wèit] *n.* 〖拳〗 플라이급(선수)《체중 112 파운드 이하》.

fly·wheel [∠*h*wìːl] *n.* 〖機〗 플라이휠, 조속륜(調速輪).

FM, F.M., frequency modulation. **F.M.** Field Marshal; Foreign Mission. **F.M.S.** Federated Malay States《⇨Federation of MALAYSIA》.

fn. footnote. **F.O.** field 〔flying〕 officer; Foreign Office. **FOA, F.O.A.** Foreign Operation Administration (미국) 해외 활동 본부.

foal [foul] *n., vt., vi.* 망아지〔당나귀 새끼〕(를 낳다).

***foam** [foum] *n., vi., vt.* ⓊⒸ **거품(일다**, 일게 하다); (말이) 거품을 내뿜다; 《詩》 바다. **∠·y** *a.* 거품의〔같

은]; 거품이 이는; 거품투성이의.
fóam rúbber 스폰지 고무.
fob[1] [fɑb/-ɔ-] *n.* 바지의 시계 주머니; 《美》 fob 에서 늘어진 시곗줄; 그 끝의 장식.
fob[2] *vt.* (*-bb-*) 《古》 속이다. ~ ***something off on a person*** 아무에게(가짜 따위를) 안기다. ~ ***a person off with*** (*empty promises*) (빈 약속)으로 아무를 속이다.
F. O. B., f. o. b. 〖商〗 free on board.
FOBS Fractional Orbital Bombardment System 부분 궤도 폭격 체계. **FOC** free of charge.
***fo·cal** [fóukəl] *a.* **초점의.**
fócal dìstance 〔**lèngth**〕 초점 거리.
fócal infèction 〖醫〗 병소 감염(病巢感染).
fócal plàne (shùtter) 〖寫〗 촛점면(개폐식 셔터).
fo·co [fóukou] *n.* 게릴라 거점.
‡**fo·cus** [fóukəs] *n.* (*pl.* ~***es***, ***foci*** [fóusai]) ① **초점**; 초점 맞춤; 중심; 집중점. ② 〖地〗 진원(震源); 〖病〗 병소(病巢); 〖光〗 초점 거리. ***in*** 〔***out of***〕 ~ 초점이 맞아〔벗어나〕, 뚜렷〔흐릿〕하여. — *vt., vi.* (《英》 *-ss-*) 초점에 모으다〔모이다〕; **초점을 맞추다; 집중시키다**〔하다〕.
fócusing glàss 〖寫〗 초점 확대경.
fod·der [fɑ́dər/-ɔ́-] *n.,* Ⓤ *vt.* 마초〔꼴〕(를 주다).
‡**foe** [fou] *n.* **적,** 원수; 적군; (경기 등의) 상대. ⌐**·man** *n.* 《詩》 적병.
foe·tus [fí:təs] *n.* =FETUS.
‡**fog** [fɔ:g, -ɑ-/-ɔ-] *n.* ⓊⒸ **안개;** 혼미; 당혹(當惑); 〖寫〗 (인화·원판의) 흐림. — *vt.* (*-gg-*) 안개로 덮다〔싸다〕; 당황케 하다; 〖寫〗 흐리게 하다. *⌐**·gy** *a.* **안개 짙은;** 흐릿한; 당황한; 〖寫〗 흐린, (빛이 새어) 흐려진.
fóg bànk 무봉(霧峰).
fog·bound [⌐bàund] *a.* 농무로 항행〔이륙〕이 불가능한.
fo·g(e)y [fóugi] *n.* 시대에 뒤진 사람, 구식 사람.
Fóggy Bóttom 미국무성의 통칭.
fog·horn [⌐hɔ̀:rn] *n.* 무적(霧笛).
föhn [fein] *n.* 〖氣〗 푄《고산에서 불어내리는 건조한 열풍》.
foi·ble [fɔ́ibəl] *n.* 약점, 결점.
foil**[1] [fɔil] *n.* ① Ⓤ (금속의) **박**(箔); (요리용) 알루미늄 박; (보석의 밑에 까는) 금속 조각; (거울 뒤의) 아말감. ② (다른 사람이나 물건을) 돋보이게 하는 것. ③ 〖建〗 판(瓣) 《꽃잎 모양으로 파낸 무늬》. ***serve as a ~ 돋보이게 하는 역할을 하다. — *vt.* **박을 입히다**〔**대다**〕.
foil[2] *n.* (끝을 가죽으로 싼) 연습용 펜싱 칼.
foil[3] *vt.* (계략의) 허를 찌르다, 좌절시키다.
foist [fɔist] *vt.* (가짜를) 안기다(*off, on, upon*); (부정한 문구를) 슬그머니 삽입하다(*in, into*).
fol. folio; following.
‡**fold**[1] [fould] *vt.* ① **접다,** 개키다. ② (팔을) **끼다,** (발을) 꼬다. ③ **안다;** 끌어 안다. ④ **싸다.** — *vi.* 접히다, 개켜지다. ~ ***up*** 접(히)다; 무너지다, (장사에) 실패하다. — *n.* 접음; **주름,** 켜, 주름살, 접은 금〔자리〕; 〖地〗 습곡(褶曲).
fold[2] *n.* 양 우리; (우리 안의) 양떼; 교회; 한 교회의 신자들.
-fold *suf.* 「…배, …겹〔중(重)〕」의 뜻: six*fold*.
fold·er [fóuldər] *n.* 접는 사람〔기계〕; 접지기; 접책, 접이 팸플릿; 종이 끼우개.
fol·de·rol [fɑ́ldərɑ̀l/fɔ́ldərɔ̀l] *n.* ⓊⒸ 겉꾸민 싸구려; 하찮은 장신구; 객적은 수다.
fólding dóor(s) 접게 된 문.
fólding móney 《美口》 지폐.
fo·li·a·ceous [fòuliéiʃəs] *a.* 잎 같은〔이 많은〕; 얇은 조각으로 이루어진.
***fo·li·age** [fóuliidʒ] *n.* Ⓤ ① 《集合的》 (한 초목의) **잎.** ② 잎 장식.
fo·li·ate [fóuliit, -èit] *a.* 잎이 있는〔으로 덮인〕. — [-èit] *vi.* 잎이 나다. **fo·li·a·tion** [⌐-éiʃən] *n.* Ⓤ 잎이 남; 잎 장식; 책의 장수 매기기.
fó·lic ácid [fóulik] 〖生化〗 엽산(葉酸) 《빈혈의 특효제》.
fo·li·o** [fóuliòu] *n.* (*pl.* ~s***) **이절지**(二折紙)〔판(判)〕 《최대의 판》 (cf. quarto); 높이 11 인치 이상의 책; (책의) 페이지 수; (원고 등 겉에만 페이지를 매긴) 한 장. ***in*** ~ 이절(二折)의.
‡**folk** [fouk] *n.* (흔히 *pl.*) **사람들;** 민족; (*pl.*) 《口》 **가족.**
***fólk dànce 향토 무용**(곡).
fólk etymólogy 통속 어원(설).
***folk·lore** [⌐lɔ̀:r] *n.* Ⓤ **민간 전승;** 민속학.
fólk mùsic 민속 음악.
folk·nik [⌐nik] *n.* 《俗》 포크송 가수〔광〕.
folk-rock [⌐rɑ̀k/⌐rɔ̀k] *n.* Ⓤ 《美》 포크록《포크송에 록의 리듬을 가미한 것》.
***fólk sòng 민요.**
fólk tàle 〔**stòry**〕 민간 설화, 전설.
folk·way [⌐wèi] *n.* (보통 *pl.*) 습속, 민속, 사회적 관행(慣行).
fol·li·cle [fɑ́likəl/-ɔ́-] *n.* 〖解〗 소낭(小囊); 난포(卵胞); 〖植〗 골돌과(蓇葖果).
†**fol·low** [fɑ́lou/-ɔ́-] *vt.* ① …을 **따라가다,** …에 **계속하다.** ② …을 좇다; …에 따르다. ③ …의 결과로 일어나다. ④ **뒤쫓다,** 추적하다. ⑤ (…에) **종사하다.** ⑥ **주목하다.** ⑦ 이해하다. — *vi.* 뒤따르다; 잇따라 일어나다; 당연히 …이 되다. ***as*** ~***s*** 다음과 같이. ~ ***out*** 끝까지 해내다. ~ ***suit*** (카드놀이에서) 앞 사람과 같은 종류의 패를 내다; 선례에 따르다. ~ ***the*** SEA. ~ ***through*** 〖테니스·골프〗 공을 친 후 채를 충분히 휘두르다. ~ ***up*** 끝까지 추구

〔추적〕하다; 끝까지 해내다; 속행하여 효과를 올리다. ── *n.* (요리의) 추가분. **‡fól·low·er** *n.* **수행자,** 종자(從者), 부하; **추적자**; 신봉자; 애인.

†fol·low·ing [fálouiŋ/-ɔ́-] *a., n.* **다음**(의); 〖海〗 순풍의; 《集合的》 종자, 문하; (the ～) **다음에 말하는 것**〔일〕.

***fol·low-up** [-ʌ̀p] *n., a.* 추적; 〖商〗 연속적인 (권유 편지).

‡fol·ly [fáli/-ɔ́-] *n.* Ⓤ 어리석음; Ⓒ 어리석은 짓, 우론(愚論); 어리석게 돈만 많이 들인 물건〔사업·건물〕.

fo·ment [foumént] *vt.* 찜질하다; (반란 따위를) 조장〔선동〕하다. **fo·men·ta·tion** [ˋmentéiʃən] *n.* Ⓤ 선동; 찜질; Ⓒ 찜질약.

†fond [fand/-ɔ-] *a.* (…이) **좋아서**(*of*); 애정있는, **다정한;** 정에 무른, 사랑에 빠진; 실없는; 《주로 方》 어리석은. *ˊ**·ly** *ad* *ˊ**·ness** *n.* ⓊⒸ

fon·dant [fándənt/-ɔ́-] *n.* Ⓤ (F.) 퐁당《과자의 재료〔장식〕용으로 쓰이는 크림 모양의 당과》.

fon·dle [fándl / -ɔ́-] *vt., vi.* 귀여워하다.

F_1 làyer [éfwʌ́n] 〖通信〗 F_1층《지상 200–300 km 상층의 전리층; 단파를 반사》.

font[1] [fant/-ɔ-] *n.* 세례〔성수(聖水)〕반(盤); 《古》 원천, 샘.

font[2] *n.* 〖印〗 동일형 활자의 한 벌. ***wrong*** ～ 고르지 않은 활자《생략 w. f.》

†food [fu:d] *n.* Ⓤ **식품, 식량;** 자양분; (마음의) 양식.

fóod chàin 〖生態〗 먹이 연쇄; 식료품 연쇄점.

fóod cycle 〖生態〗 먹이 순환.

***food·stuff** [ˊstʌ̀f] *n.* (종종 *pl.*) **식료품**; 식량; 영양소.

†fool [fu:l] *n.* **바보**(취급받는 사람); 〖史〗 (왕후 귀족에게 고용된) 어릿광대. ***be a*** ～ ***to*** …와는 비교가 안되다, 훨씬 못하다. ***make a*** ～ ***of*** 우롱하다. ***play the*** ～ 어리석은 짓을 하다. ── *vt.* 우롱하다, 속이다. ── *vi.* 어리석은 짓을 하다; 농담〔희롱〕하다. ～ ***about*** 〔***along,*** 《美》 ***around***〕 빈둥빈둥 지내다. ～ ***away*** 낭비하다. ～ ***with*** 농락하다.

fool·er·y [ˊəri] *n.* ⓊⒸ 어리석은 짓.

fool·har·dy [ˊhà:rdi] *a.* 무모한.

†fool·ish [ˊiʃ] *a.* 바보 같은, **미련한;** 하찮은. *～**·ly** *ad.* *～**·ness** *n.* Ⓤ

fool·proof [ˊprù:f] *a.* 바보라도 할 수 있을(만큼 수월한).

fools·cap [ˊzkæ̀p] *n.* 대판 양지《13×17 인치》.

fóol's càp 어릿광대의 방울 달린 깔때기 모자; =DUNCE CAP.

fóol's góld 황철〔황동〕광.

fóol's páradise 가공의 행복; 헛된 기대.

†foot [fut] *n.* (*pl.* ***feet***) **발, 발부분** (cf. leg); 《英》《集合的》 보병; (산) 기슭; (페이지) 아랫 부분; (물건의)(최)하부; 말석, 골찌; 〖韻〗 운각(韻脚); 피트(=12 인치). ***carry a person off his feet*** (파도 등이) 아무의 발을 쓸어 가다; 아무를 열중케 하다. ***have one*** ～ ***in the grave*** 한 발을 관(棺)에 들여놓고 있다, 죽음이 임박해 있다. ***jump*** 〔***spring***〕 ***to one's feet*** 벌떡 일어서다. ***keep one's*** ～ 〔***feet***〕 쓰러지지 않다. *Pretty* 〔*Rich*〕 *my* ～*!* 《口》 (저것이 미인이〔부자〕라고?) 농담 좀 작작해! ***on*** ～ 도보로; 진행중, 착수되어. ***on one's feet*** 일어서서; 기운을 회복하여; 독립하여. ***put one's*** ～ ***in(to) it*** 곤경에 빠지다, 실패하다. ***set*** ～ ***on*** 발을 들여 놓다. ***set*** 〔***put, have***〕 ***one's*** ～ ***on the neck of*** …을 완전히 정복하다. SHAKE ***a foot. with one's feet formost*** 두 발을 앞으로 내뻗고; 시체가 되어. ── *vt.* 걷다; 딛다; (양말에) 족부(足部)를 대다; 《口》 (셈을) 치르다. ── *vi.* 걷다; 춤추다; 합계 …가 되다. ～ ***it*** 걷다, 걸어가다; 춤추다.

foot·age [fútidʒ] *n.* ⓊⒸ 피트 수.

†foot·ball [ˊbɔ̀:l] *n.* ⓊⒸ **축구**(공).

foot·board [ˊbɔ̀:rd] *n.* 발판; 디딤판.

foot·boy [ˊbɔ̀i] *n.* 사환.

foot·bridge [ˊbrìdʒ] *n.* 인도교.

foot-can·dle [ˊkæ̀ndl] *n.* 1피트 촉광《1피트 거리에 있는 표준 초(燭)의 밝기》.

foot·cloth [ˊklɔ̀(:)θ, -à-] *n.* 깔개.

foot·er [ˊər] *n.* 보행자; 《英俗》 축구; 신장 …피트의 사람(*a six-*～).

foot·fall [ˊfɔ̀:l] *n.* 발걸음, 발소리.

fóot fàult 〖테니스〗 서브할 때 라인을 밟는 반칙.

foot·gear [ˊgìər] *n.* Ⓤ 《集合的》 발에 신는 것.

foot·hill [ˊhìl] *n.* (흔히 *pl.*) 산기슭의 작은 언덕.

***foot·hold** [ˊhòuld] *n.* **발판;** 거점.

***foot·ing** [ˊiŋ] *n.* ⒸⓊ **발밑,** 발판; 입장; 확고한 지반; 지위; 관계; 합계; 〖舞〗 스텝 밟기; 〖軍〗 편제, 정원.

foo·tle [fú:tl] 《俗》 *n.* Ⓤ 바보같은 일. ── *vi.* 바보같은 소리하다, 바보같은 짓을 하다(*about, around*), 일을 적당히 하다.

***foot·lights** [ˊlàits] *n. pl.* 풋트라이트, **각광**; 무대; 배우 직업.

foot·ling [ˊliŋ] *a.* 《口》 바보같은, 시시한.

foot·lock·er [ˊlàkər/-lɔ̀k-] *n.* 《美》 (침대 곁에 두는 군인의) 사물함.

foot-loose [ˊlù:s] *a.* 가고 싶은 곳에 갈 수 있는, 자유로운.

***foot·man** [ˊmən] *n.* (제복 입은) **종복.**

***foot·mark** [ˊmà:rk] *n.* **발자국**(footprint).

foot·muff [ˊmʌ̀f] *n.* (보온용) 발싸개.

***foot·note** [ˊnòut] *n.* **각주**(脚注).

foot·pace [ˊpèis] *n.* ① 보통 걸음(속도). ② 연단; (층계의) 층계참.

foot·pad [ˊpæ̀d] *n.* (도보의) 노상

강도; (우주선의) 연착륙용 각부.
fóot pàssenger 보행자, 통행인.
foot·path [⌐pæ̀θ, -ɑ̀:-] *n.* 작은 길.
foot-pound [⌐páund] *n.* 〖理〗 피트 파운드《일의 양의 단위》.
***foot·print** [⌐prìnt] *n.* **발자국.**
fóot ràil (의자·책상의) 발걸이.
fóot rùle 피트 자.
foot·scrap·er [⌐skrèipər] *n.* (현관 따위의) 신발 흙털개.
fóot sòldier 보병.
foot·sore [⌐sɔ̀:r] *a.* 발병 난.
‡**foot·step** [⌐stèp] *n.* **걸음걸이;** 발소리; 보폭(步幅); 발자국.
foot·stool [⌐stù:l] *n.* 발판, 발받침.
foot·wear [⌐wɛ̀ər] *n.* Ⓤ 신는 것《양말·신발·슬리퍼 따위》.
***foot·work** [⌐wə̀:rk] *n.* Ⓤ **발놀림;** (기자 등의) 걸어다니는 취재.
foo·zle [fú:zəl] *n., vt., vi.* 실책(을 하다); 〖골프〗 잘못침〔치다〕.
fop [fɑp / -ɔ-] *n.* 멋쟁이 (남자). **⌐·per·y** *n.* ⓊⒸ 멋(부림). **⌐·pish** *a.* 멋부린.
†**for** [强 fɔ:r, 弱 fər] *prep.* ① **…대신,** …을 대표하여; **…을 향하여**(*start ~ London*). ② 《利益·目的》 …을 **위해**(*go ~ a walk*). ③ 《理由·原因》 … 때문에, …로 인하여(*dance ~ joy*). ④ 《意圖·用途》 …을 위한(*books ~ children*). ⑤ 《時間·距離》 …동안, 사이(*~ a long time*). ⑥ 《關聯》 …의 점에서, …에 비해서(*clever ~ his age*). ⑦ …을 지지하여, …을 위해서(*vote ~ him*); …로서(*choose him ~ a leader*). ⑧ …에도 불구하고(*~ all his wealth*). ⑨ 매(每) …에(*ten dollars ~ a day*). ⑩ …을 추구하여(*desire ~ fame*). ⑪ …에 대해서, …의 분(分)으로서(*another plan ~ tomorrow*). ***as ~ me*** 나로서는. ***~ all*** …에도 불구하고. ***~ all I care*** 내가 알 바 아니다. ***~ all I know*** 아마 …일 것이다. ***~ good*** (*and all*) 영원히. ***~ my part*** 나로서는. ***~ once*** 이번만은. ***~ oneself*** 자기를 위해서; 혼자 힘으로; 독립해서. ***~ one thing*** 하나는; 일례를 들면. ***I, ~ one*** 나(같은 사람)도 **——** *conj.* 까닭인즉〔왜냐하면〕 …이니까.
F.O.R., f.o.r. free on rails 〖商〗 철도〔화차〕인도 (引度).
***for·age** [fɔ́:ridʒ, -ɑ́-/-ɔ́-] *n.* Ⓤ **꼴;** ⒸⓊ 마초 징발; 식량을 찾아 헤맴. **——** *vt., vi.* 식량을〔마초를〕 주다〔찾아다니다〕; 찾아다니다; 약탈하다.
for·a·min·i·fer [fɔ̀:rəmínəfər] *n.* 〖動〗 유공충. **fo·ram·i·nif·er·ous** [fəræ̀mənífərəs] *a.*
for·as·much [fɔ̀:rəzmʌ́tʃ / fərəz-] *conj.* 《雅·古》 ***~ as*** …인 까닭에.
for·ay [fɔ́:rei/fɔ́r-] *n., vt., vi.* 침략〔약탈〕하다.
***for·bade** [fərbéid], **-bad** [-bǽd] *v.* forbid 의 과거.
‡**for·bear**[1] [fɔ:rbɛ́ər] *vt., vi.* (***-bore; -borne***) (감정을) **억누르다;** 참다.
*~**·ance** [-bɛ́(:)rəns/-bɛ́ər-] *n.* Ⓤ **자제,** 인내; 〖法〗(권리 행사의) 보류.
for·bear[2] [fɔ́:rbɛ̀ər] *n.* ＝FOREBEAR.
‡**for·bid** [fərbíd] *vt.* (***-bad(e); -bidden; -dd-***) **금하다;** (사용을) 금지하다; (들어가는 것을) 허락지 않다; 방해하다. ***God* 〔*Heaven*〕 *~!*** 당치도 않다, 단연코 아니다. **for·bídding** *a.* 싫은; (장소·가격 등) 가까이하기 어려운; (인상 등이) 험상궂은.
‡**for·bid·den** [-n] *v.* forbid 의 과거분사. **——** *a.* **금지된,** 금단의.
Forbídden Cíty, the 금단의 도시 《북경의 자금성(紫禁城)》.
forbídden degrée 〖法〗 금혼 촌수.
forbídden frúit 금단의 열매《아담과 이브가 따 먹고 에덴 동산에서 쫓겨남》; 불의(不義)의 쾌락.
***for·bore** [fɔ:rbɔ́:r] *v.* forbear[1]의 과거.
***for·borne** [-n] *v.* forbear[1]의 과거분사.
†**force** [fɔ:rs] *n.* ① Ⓤ **힘.** ② Ⓤ 완력, 폭력. ③ 무력; 경찰대; (종종 *pl.*) 군대. ④ ⓊⒸ 지배력; 압력; 효력. ⑤ (어구의) 참뜻. ⑥ (어떤) 그룹, 집단. ⑦ Ⓤ (법률·협정 등의) 실시, 시행. ⑧ 〖理〗 Ⓤ 힘, 에너지(centrifugal ~ 원심력). ***by ~ of*** …에 의해서. ***come into ~*** (법률이) 시행되다. ***in ~*** 시행중; 대거(大擧). **——** *vt.* 폭력을 가하다; 억지로 …시키다; 강제로 내게 하다; 강탈하다; 무리로 열다〔통과하다〕; (미소 따위를) 억지로 짓다; 〖카드〗 으뜸패를 내게 하다, (어떤 패를) 떼어놓게 하다; 촉성 재배하다. **⌐·ful** [⌐fəl] *a.* 힘있는, 힘찬, 세찬. **⌐·ful·ly** *ad.*
forced** [fɔ:rst] *a.* **강제의;** 억지로 지은〔만든〕; 억지의. ***~ smile 억지웃음. **forc·ed·ly** [fɔ́:rsidli] *ad.*
fórced lánding 불시착.
fórced márch 강행군.
fórce ma·jéure [məʒə́:r] (강국의 약소국에 대한) 압력; 〖法〗 불가항력《계약 불이행이 허용되는》.
force·meat [fɔ́:rsmi:t] *n.* Ⓤ (소로 쓰이는) 양념한 다진 고기.
force-out [⌐àut] *n.* 〖野球〗 봉살(封殺).
for·ceps [fɔ́:rsəps, -seps] *n.* (*sing. & pl.*) 핀셋(pinsette), 겸자(鉗子).
fórce pùmp 밀펌프, 무자위.
***for·ci·ble** [fɔ́:rsəbəl] *a.* **강제적인;** 강력한; 유효한; 설득력 있는. ***-bly** *ad.*
fórcing bèd 〔**hòuse**〕 (촉성 재배용) 온상〔온실〕.
***Ford** [fɔ:rd], **Gerald R.** (1913–) 미국 38대 대통령(재직 1974–77); **Henry**(1863–1947) 미국의 자동차 제작자.
ford [fɔ:rd] *n., vt.* **여울**(을 건너다).
fore** [fɔ:r] *a., ad.* **전방〔앞쪽〕의〔에〕.** **——** *n.* 전방, 앞쪽, 전면. ***to the ~ 전면에; 눈에 띄는 곳에; 곧 도움되어〔이용할 수 있는〕; 살아있어.
fore- *pref.* before 의 뜻: *fore*arm, *fore*father.

fore·arm[1] [fɔ́:rɑ̀:rm] *n.* 팔뚝.
fore·arm[2] [fɔ:rɑ́:rm] *vt.* 미리 무장〔준비〕하다.
fore·bear [fɔ́:rbὲər] *n.* (보통 *pl.*) 조상.
fore·bode [fɔ:rbóud] *vt.* 전조를 보이다; 예감이 들다. **fore·bód·ing** *n.* UC 전조; 예감.
fore·brain [fɔ́:rbrèin] *n.* 〖解〗 전뇌(前腦).
‡**fore·cast** [fɔ́:rkæ̀st/-ɑ̀:-] *n.*, *vt.* (~, ~*ed*) 예상〔예보·예정〕(하다).
fore·cas·tle [fóuksəl] *n.* (군함의) 앞갑판; (상선의) 선수루(船首樓) (안의 선원실); 선수루 갑판.
fore·close [fɔ:rklóuz] *vt.* 못들어 오게 하다; 방해하다; (저당권 설정자를) 배제하다. —— *vi.* 유전(流典) 처분하다. **fore·clo·sure** [-klóuʒər] *n.* UC 저당물 환수권 상실, 유전.
fore·doom [fɔ:rdú:m] *vt.* 미리 운명을 정하다.
‡**fore·fa·ther** [fɔ́:rfɑ̀:ðər] *n.* (보통 *pl.*) 조상.
Fórefathers' Dày 《美》 청교도 상륙 기념일《12 월 21 일》.
*__fore·fin·ger__ [ˊfìŋgər] *n.* 집게손가락.
fore·foot [ˊfùt] *n.* (*pl.* *-feet*) 앞발; 〖海〗 용골(龍骨)의 앞부분.
fore·front [ˊfrʌ̀nt] *n.* 맨 앞, 최전부(最前部); 최전방〔선〕.
fore·gath·er [fɔ:rgǽðər] *vi.* =FORGATHER.
fore·gift [fɔ́:rgìft] *n.* 《英》 (셋집의) 권리금, 보증금.
fore·go[1] [fɔ:rgóu] *vt.*, *vi.* (*-went*; *-gone*) 선행하다. *~·**ing** *a.* 앞의; 전술한.
fore·go[2] *vt.* =FORGO.
fore·gone [-gɔ́(:)n, -ɑ́-] *n.* forego 의 과거분사. —— *a.* 기왕의.
fóregóne conclúsion 처음부터 알고 있는 결론; 필연〔불가피〕의 결과.
*__fore·ground__ [fɔ́:rgràund] *n.* 전경(前景); 가장 두드러진 지위〔위치〕.
fore·hand [ˊhæ̀nd] *a.*, *n.* 〖테니스〗 정타(正打)(의); 최전부의; 선두의. ~·**ed** [-id] *a.* 〖테니스〗 정타의; 장래에 대비한; 검약한; 유복한.
‡**fore·head** [fɔ́:rid, fɔ́:rhèd / fɔ́rid, -red] *n.* 이마; 앞부분, 전부(前部).
†**for·eign** [fɔ́(:)rin, -ɑ́-] *a.* 외국의; 외래의; 이질의; 관계없는. ‡~·**er** *n.* 외국인.
fóreign affáirs 외무; 국제 관계.
fóreign áid 해외 원조.
for·eign-born [-bɔ́:rn] *a.* 외국 태생의.
fóreign exchánge 외국환.
fóreign légion 외인 부대.
Fóreign Òffice 〔**Mínister**〕 외무부〔외무부 장관〕.
fore·judge [fɔ:rdʒʌ́dʒ] *vt.* 미리 판단하다.
fore·know [-nóu] *vt.* (*-knew*; *-known*) 미리 알다.
fore·knowl·edge [fɔ́:rnɑ̀lidʒ, ˌ-ˊ-/ -nɔ̀l-] *n.* U 예지(豫知).
fore·land [ˊlənd] *n.* 곶(cape); 전면의 토지.
fore·leg [ˊlèg] *n.* 앞다리.
fore·lock [ˊlɑ̀k/-ɔ̀-] *n.* 앞머리. ***take time*** 〔***opportunity***〕 ***by the*** ~ 기회를 잡다.
*__fore·man__ [ˊmən] *n.* (노동자의) 십장, 직공장; 배심장(陪審長).
fore·mast [ˊmæ̀st, -məst / -mɑ̀:st] *n.* 앞돛대.
‡**fore·most** [ˊmòust] *a.*, *ad.* 맨앞의〔에〕; 일류의.
*__fore·noon__ [ˊnù:n] *n.* 오전.
fo·ren·sic [fərénsik] *a.* 법정의; 토론의.
forénsic médicine 법의학.
fore·or·dain [fɔ:rɔ:rdéin / ˊ-ˊ] *vt.* 운명을 미리 정하다.
fore·part [fɔ́:rpɑ̀:rt] *n.* 앞부분.
fore·paw [ˊpɔ̀:] *n.* 앞발.
fore·quar·ter [ˊkwɔ̀:rtər] *n.* (짐승 고기의) 앞 4 반부.
fore·ran [fɔ:rǽn] *v.* forerun 의 과거.
fore·run [-rʌ́n] *vt.* (*-ran*; *-run*; *-nn-*) 앞장서다; 앞지르다; 예고하다. *~·**ner** *n.* 선구자; 전조; 선인, 선조.
fore·sail [fɔ́:rsèil, (海) -sl] *n.* (가로 돛배의) 앞돛대 (맨밑의) 큰 돛; (스쿠너의) 앞돛대의 세로돛.
fore·saw [fɔ:rsɔ́:] *v.* foresee 의 과거.
‡**fore·see** [-sí:] *vt.*, *vi.* (*-saw*; *-seen*) 예견하다, 미리 알다. ~·**ing** *a.* 선견지명이 있는. ~·**ing·ly** *ad.*
*__fore·seen__ [-sí:n] *v.* foresee 의 과거분사.
fore·shad·ow [-ʃǽdou] *vt.* 예시하다.
fore·shock [fɔ́:rʃɑ̀k / -ɔ̀-] *n.* (지진의) 초기 미동.
fore·shore [ˊʃɔ̀:r] *n.* 물가《간조선과 만조선과의 사이》.
fore·short·en [fɔ:rʃɔ́:rtn] *vt.* 원근법에 따라 그리다; …을 단축하다.
fore·show [-ʃóu] *vt.* (*-showed*; *-shown*) 예시하다.
*__fore·sight__ [fɔ́:rsàit] *n.* U 선견(지명); 심려(深慮); 전망. ~·**ed** [-id] *a.* 선견지명이 있는.
fore·skin [ˊskìn] *n.* U 〖解〗 포피(包皮)(prepuce).
†**for·est** [fɔ́(:)rist, -ɑ́-] *n.* UC 숲, 삼림(의 수목). —— *vt.* 식림(植林)하다, 숲으로 만들다. ~·**er** *n.* 임무관(林務官), 산감; 삼림 거주자. ~·**ry** *n.* U 임학; 임업; 산림 관리(법); 산림(지).
fore·stall [fɔ:rstɔ́:l] *vt.* 앞지르다, 선수쓰다; 매점(買占)하다.
for·est·a·tion [fɔ̀(:)ristéiʃən, -ɑ̀-] *n.* U 식림(植林).
fore·stay [fɔ́:rstèi] *n.* 〖海〗 앞돛대의 버팀줄.
fórest fìre 산불.
fórest presèrve 〔**resèrve**〕 보호림.
fore·taste [fɔ́:rtèist] *n.* 시식(試食); 기대, 예상. —— [ˊ-] *vt.* 시식하다;

미리 맛보다; 예기하다.

***fore·tell** [fɔːrtél] *vt., vi.* (*-told*) 예고〔예언〕하다.

fore·thought [fɔ́ːrθɔ̀ːt] *n.* Ⓤ 사전의 고려, 심려(深慮).

fore·time [ˊtàim] *n.* Ⓤ 이전, 왕년, 과거.

fore·to·ken [ˊtòukən] *n.* 전조, 조짐 — [-ˊ-] *vt.* …의 전조가 되다.

***fore·told** [fɔːrtóuld] *v.* foretell 의 과거(분사).

fore·top [fɔ́ːrtɑ̀p/-tɔ̀p; (海) -təp] *n.* 〖海〗 앞돛대의 장루(檣樓).

†**for·ev·er** [fərévər] *ad.* 영원히, 언제나. ～·**móre** [-ˋ-mɔ́ːr] *ad.* 앞으로 영원히.

fore·warn [fɔːrwɔ́ːrn] *vt.* 미리 경계〔경고〕하다.

fore·went [-wént] *v.* forego 의 과거.

fore·wom·an [fˊwùmən] *n.* 여성 직공장; 여성 배심원장.

fore·word [fɔ́ːrwə̀ːrd] *n.* 머리말, 서문.

***for·feit** [fɔ́ːrfit] *n.* ① ⓊⒸ 벌금; 몰수물. ② (*pl.*) 벌금놀이. — *vt., a.* 상실하다; 몰수되다「된」. **for·fei·ture** [-fətʃər/-fi-] *n.* ⓊⒸ 상실; 몰수(물); 벌금.

for·fend [fɔːrfénd] *vt.* 지키다, 방호하다; 《古》 피하다.

for·gat [fərgǽt] *v.* 《古》 forget 의 과거.

for·gath·er [fɔːrgǽðər] *vt.* 모으다; (우연히) 만나다; 교제하다.

***for·gave** [fərgéiv] *v.* forgive 의 과거.

***forge**[1] [fɔːrdʒ] *n.* 철공장〔대장간〕(의 노(爐)); (대장간의) 풀무. — *vt.* (쇠를) 불리다; (계획·허위 따위를 짜서) 꾸며내다; (문서·남의 서명을) 위조하다; (사기를 목적으로) 남의 이름을 서명하다. **fórg·er** *n.* 위조자. **fór·ger·y** *n.* ⓊⒸ 위조(물·죄).

forge[2] *vt.* 서서히 나아가다.

†**for·get** [fərgét] *vt.* (*-got,* 《古》 *-gat; -got(ten); -tt-*) (두고) 잊어버리다; 게을리하다. ～ *oneself* 몰두하다; 제 분수를 잊다; 부주의한 짓〔말〕을 하다. *～·**ful** *a.* 잘 잊는; 잊고(*of*). ～·**ful·ly** *ad.* *～·**ful·ness** *n.* Ⓤ

for·get-me-not [-minɑ̀t/-nɔ̀t] *n.* 물망초《Alaska 의 주화(州花)》.

fórging ìndustry 단조물(鍛造物) 산업.

‡**for·give** [fərgív] *vt.* (*-gave; -given*) 용서하다; (빚을) 탕감하다〔삭치다〕. *～·**ness** *n.* Ⓤ 용서, 면제, 관대(함). **for·gív·ing** *a.*

for·giv·en [-ən] *v.* forgive 의 과거분사.

for·go [fɔːrgóu] *vt.* (*-went; -gone*) 없이 때우다; 절제하다; 삼가다; 끊다.

†**for·got** [fərgɑ́t/-ɔ́-] *v.* forget 의 과거(분사).

†**for·got·ten** [fərgɑ́tn/-ɔ́-] *v.* forget 과거 분사. ～ ***man*** 실업자.

‡**fork** [fɔːrk] *n.* 포크; 쇠스랑; (나무의) 아귀, 갈래; (도로·강의) 분기점. — *vt.* 갈라지게 하다; (마른 풀 따위를) 쇠스랑으로 던지다〔떠 올리다〕. ～**ed** [-t] *a.* 아귀진, 아귀 모양의.

fork·lift [fɔ́ːrklìft] *n.* 포크리프트 《짐을 들어올리는 크레인》. ～ ***truck*** 포크리프트 차.

***for·lorn** [fərlɔ́ːrn] *a.* 버림 받은, 고독한; 비참한, 절망적인.

forlórn hópe 허망한 기대; 절망적 기도.

†**form** [fɔːrm] *n.* ① ⒸⓊ 모양; 외형; (사람의) 모습; (사람의) 몸매; (경기자 등의) 폼. ② ⒸⓊ (일정한)형식, 방식, 형; Ⓒ 서식; (기입) 용지; 종류. ③ Ⓤ (문예 작품 등의) 표현 형식, 형식; 예식, 예절. ④ Ⓤ 〖哲〗(내용에 대한) 형식. ⑤ Ⓤ 심신의 상태. ⑥ ⓊⒸ 〖文〗 형태, 어형; Ⓒ 《英》 (public school 따위의) 학급; 〖印〗 조판; 《英》 (등널 없는) 장의자. ***for ～'s sake*** 형식상. ***good*** 〔***bad***〕 ～ 바른 예절〔무례〕. ***in due*** ～ 정식으로. — *vt.* 형성하다, 만들다; 설립〔조직〕하다; 생기게 하다; (습관을) 붙이다; 〖文〗 꾸미다; 〖軍〗 (대열을) 짓다(～ *a line,* 1 줄로 서다 / ～ *fours,* 4 열을 짓다). — *vi.* 형성되다; 생기다; 대형이 되다. ˊ·**less** *a.* 모양이 없는, 무정형의.

‡**for·mal** [fɔ́ːrməl] *a.* 모양의, 형식〔외형〕상의; 정식의; 의례적인; 딱딱한; 규칙 바른; 형식적인; 형식을 갖춘〔뿐인〕; 〖論〗 형식의; 〖哲〗 본질적인. ～ ***object*** 〔***subject***〕 〖文〗 형식 목적어〔주어〕. ～·**ism** [-ìzəm] *n.* Ⓤ 형식주의. ～·**ist** *n.* ～·**ize** *vt.* 정식〔형식적〕으로 하다; 형식화하다. *～·**ly** *ad.*

form·al·de·hyde [fɔːrmǽldəhàid] *n.* Ⓤ 〖化〗 포름알데히드.

For·ma·lin [fɔ́ːrməlin] *n.* 〖商標〗 포르말린《살균·방부제》.

***for·mal·i·ty** [fɔːrmǽləti/-li-] *n.* Ⓤ 형식 존중; Ⓒ 딱딱함 형식적 행위; (*pl.*) 정식의 절차; 의식.

for·mat [fɔ́ːrmæt] *n.* ⒸⓊ (책의) 체재, 형, 판; (방송 프로의) 구성; 〖컴퓨터〗 테이프나 펀치카드에 넣는 기호 체계.

‡**for·ma·tion** [fɔːrméiʃən] *n.* ① Ⓤ 형성; 조직; 구조, 배치. ② ⓊⒸ 〖軍〗 대형. ③ 형성물; 〖地〗 층.

form·a·tive [fɔ́ːrmətiv] *a.* 형성하는; 구성하는, 발달의; 〖文〗 말을 구성하는. — *n.* (말의) 구성 요소《접두〔접미〕사 따위》.

†**for·mer** [fɔ́ːrmər] *a.* 앞의, 이전의. ***the*** ～ 전자(opp. the latter). ‡～·**ly** *ad.*

form·fit·ting [fɔ́ːrmfìtiŋ] *a.* 《美》 몸에 꼭 끼는《옷》.

for·mic [fɔ́ːrmik] *a.* 개미의; 〖化〗 의산(蟻酸)의.

For·mi·ca [fɔːrmáikə] *n.* 〖商標〗 내열 플라스틱 판(板).

fórmic ácid 의산(蟻酸).

***for·mi·da·ble** [fɔ́:rmidəbəl] *a.* 만만찮은, 무서운. **-bly** *ad.*

fórm lètter 같은 글의 편지《인쇄·복사된》.

For·mo·sa [fɔ:rmóusə] *n.* 대만. **For·mó·san** *a., n.* 대만(어)의; ⓒⓤ 대만 사람(어).

‡for·mu·la [fɔ́:rmjələ] *n.* (*pl.* **~s, -lae** [lì:]) 일정한 형식; 〖數·化〗 식, 공식; 법식; 처방; 상투어.

for·mu·lar·y [-lèri/-ləri] *a.* 방식의. **—** *n.* 정식문(定式文)집; 상투어; 처방(서).

***for·mu·late** [fɔ́:rmjəlèit] *vt.* 공식으로 나타내다, 공식화하다. ***for·mu·la·tion** [ˌ-éiʃən] *n.* ⓤ

fórm wòrd 〖文〗 =FUNCTION WORD.

for·ni·cate [fɔ́:rnəkèit] *vi.* (미혼자와) 사통하다(*with*). **for·ni·ca·tion** [ˌ-kéiʃən] *n.* ⓤ

‡for·sake [fərséik] *vt.* (*-sook; -sak-en*) (친구를) 저버리다; (습관·신앙을) 버리다.

***for·sak·en** [ˊ-ən] *v.* forsake의 과거분사. **—** *a.* 버림 받은; 고독한.

***for·sook** [fərsúk] *v.* forsake의 과거.

for·sooth [-sú:θ] *ad.* 《비꼬아》 참말이지, 정말.

for·swear, fore- [fɔ:rswέər] *vt.* (*-swore; -sworn*) 맹세코 끊다〔부인하다〕. **~ *oneself*** 거짓 맹세하다. **—** *vi.* 거짓 맹세하다.

for·sworn [-swɔ́:rn] *v.* forswear의 과거분사. **—** *a.* 거짓 맹세의.

for·syth·i·a [fərsíθiə, fɔ:r-, -sáiθiə] *n.* 〖植〗 개나리.

‡fort [fɔ:rt] *n.* 보루(堡壘), 성채.

forte [fɔ:rt] *n.* 장점, 장기(長技).

for·te [fɔ́:rtei, -ti] *a., ad.* (It.) 〖樂〗 강음의; 세게.

†forth [fɔ:rθ] *ad.* 앞으로; 보이는 곳에, 밖으로; …이후. ***and so* ~** …등등. ***come* ~** 나타나다. ***from this day* ~** 오늘 이후. ***right* ~** 즉시. ***so far* ~** 거기까지는, 그만큼은.

***forth·com·ing** [fɔ:rθkʌ́miŋ] *a.* 곧 나오려고〔나타나려고〕하는; 준비돼 있는.

***forth·right** [fɔ:rθráit] *ad.* 솔직히; 똑바로.

forth·with [fɔ:rθwíθ, -wíð / fɔ́:θ-] *ad.* 당장, 즉시.

***for·ti·eth** [fɔ́:rtiiθ] *n., a.* 제 40(의); 40 분의 1(의).

***for·ti·fi·ca·tion** [fɔ:rtəfikéiʃən / -ti-] *n.* ① ⓤ 방비; 축성(築城)(학). ② (보통 *pl.*) 방비 시설, 요새. ③ ⓤ (음식 영양가의) 강화.

for·ti·fy** [fɔ́:rtəfài / -ti-] *vt.* 강〔견고〕하게 하다; 방어 공사를 하다; (영양가·알코올 성분을) 높이다(enrich); (설(說)을) 뒷받침하다. **~ *oneself 몸을 지키다, 기운을 북돋다. **fór·ti·fied** *a.* 방비된. ***fortified zone*** 요새 지대.

for·tis [fɔ́:rtis] *a., n.* (*pl.* ***fortes*** [-ti:z]) 〖音聲〗 경음(硬音)(의)《무성 파열 자음 따위: cf. lenis》.

for·tis·si·mo [fɔ:rtísəmòu] *a., ad.* (It.) 〖樂〗 매우 센〔세게〕.

***for·ti·tude** [fɔ́:rtətjù:d/-titjù:d] *n.* ⓤ 용기, 불굴의 정신.

***fort·night** [fɔ́:rtnàit] *n.* 《주로 英》 2주간, 14일. **~·ly** *a., ad., n.* 2주간마다(의); 격주 간행물.

FORTRAN [fɔ́:rtræn] *n.* ⓤ 포트란《과학 기술 계산 프로그램 용어》.

‡for·tress [fɔ́:rtris] *n.* (대규모의) 요새(要塞); 《一般》 안전 지대.

for·tu·i·tous [fɔ:rtjú:ətəs/-tjú(:)-] *a.* 우연(발생)의. **~·ly** *ad.* **for·tú·i·ty** *n.* ⓤ 우연(성); ⓒ 우발 사건.

‡for·tu·nate [fɔ́:rtʃənit] *a.* 행운의〔을 갖다 주는〕. **‡fór·tu·nate·ly** *ad.*

‡for·tune [fɔ́:rtʃən] *n.* ⓤ 운(명); 행운; ⓒⓤ 부, 재산; ⓤⓒ (재산으로 인한) 사회적 지위; (F-) 운명의 여신. ***have* ~ *on one's side*** 운이 트이다. ***seek one's* ~** 입신 출세의 길을 찾다. ***spend a small* ~ *on*** 《俗》 …에 큰돈을 들이다.

fórtune hùnter 재산을 노리고 결혼하려는 사람.

for·tune·tell·er [-tèlər] *n.* 점쟁이.

for·tune·tell·ing [-tèliŋ] *n.* ⓤ 점.

†for·ty [fɔ́:rti] *n., a.* 40(의).

for·ty-five [-fáiv] *n.* 45; 《美俗》 45 구경 권총《보통 .45라고 씀》; 45회전 레코드《EP판》.

for·ty-nin·er [-náinər] *n.* 〖美史〗 1849 년 California 로 금광을 찾아간 사람.

fórty wínks 《口》 낮잠.

***fo·rum** [fɔ́:rəm] *n.* (*pl.* **~s, -ra** [-rə]) ① (고대 로마의) 공회(公會)의 광장(시장). ② 법정. ③ (공개·TV 등의) 토론회.

†for·ward [fɔ́:rwərd] *ad.* 앞으로; 앞에. ***from this day* ~** 오늘 이후. **—** *a.* 전방의; 급진적인; 진보적인; 올된, 조숙한; 자진하여 …하는; 주제 넘은; 〖商〗 선물(先物)의. **—** *n.* (축구 따위의) 전위, 포워드; =ˊ~ **páss** 〖蹴〗 포워드 패스. **—** *vt.* 촉진하다; (우편물을) 회송하다; 발송하다. **~s** [-z] *ad.* =FORWARD. **~·er** *n.* 운송업자. **~·ing** *n.* ⓤⓒ 추진; 회송. **~*ing agent*** 운송업자.

for·ward-look·ing [-lùkiŋ] *a.* 앞을 향한; 적극〔진보〕적인.

for·went [fɔ:rwént] *v.* forgo의 과거.

fos·sa [fásə/-ɔ́-] *n.* (*pl.* ***-sae*** [-si:]) 〖解〗 와(窩).

foss(e) [fɔ:s, fas/fɔs] *n.* 해자; 도랑; 운하.

***fos·sil** [fásl/-ɔ́-] *n., a.* 화석(의); 《口》 시대에 뒤진 (사람). **~·ize** [-səlàiz] *vt., vi.* 화석이 되(게 하)다; (*vt.*) 시대에 뒤지게 하다; (*vi.*) 화석 채집을 하다. **fos·sil·i·za·tion** [fàsəlizéiʃən/fɔ̀silai-] *n.* ⓤ 화석화.

‡fos·ter [fɔ́:stər, -á-/-ɔ́-] *vt.* 기르다, 양육하다; 돌보다; (생장·발달 따위를) 촉진하다; (희망·사상·증오 따위

를) 마음속에 키우다〔품다〕. —— *a.* (혈연이 아닌) 양육 관계의.
***Fos·ter, Stephen Collins** (1826–64) 미국의 작곡가.
fóster bróther 〔**síster**〕 젖형제〔자매〕.
fóster chíld 〔**párents**〕 양자〔양부모〕.
fóster dáughter 〔**són**〕 양녀〔양자〕.
fóster fáther 〔**móther**〕 양부〔양모〕.
fos·ter·ling [fɔ́:stərliŋ] *n.* 양자.
‡**fought** [fɔ:t] *v.* fight 의 과거(분사).
‡**foul** [faul] *a.* 더러운; 악취 있는; 〖海〗 (닻줄이) 엉클어진; (검댕 따위가) 꽉 막힌; (날씨가) 나쁜, 궂은; 역풍의; 상스러운, 야비한; 심히 불쾌한; (경기에서) 반칙의; 사악한; (배가 암석·다른 배 따위에) 부딪친; 〖野〗 파울의. —— *ad.* 부정하게. ***fall*** 〔***go, run***〕 *~ **of*** …와 충돌하다, 부딪다; 싸우다. —— *n.* 〖海〗 가벼운 충돌; (경기의) 반칙; 〖野〗 파울. —— *vt., vi.* 더럽히다, 더러워지다; 엉키(게 하)다; (…에) 충돌하다; 반칙하다. **∠·ly** *ad.* **∠·ness** *n.* U,C
fóul báll 〖野〗 파울볼.
fóul líne 〖野〗 파울선(線).
foul-mouthed [∠máuðd] *a.* 입이 건.
fóul pláy (경기의) 반칙; 부정 행위.
foul-spo·ken [∠spòukən] *a.* =FOUL-MOUTHED.
fóul típ 〖野〗 파울팁.
†**found**[1] [faund] *v.* find 의 과거(분사).
‡**found**[2] *vt.* 기초를 두다; 창설하다; 근거로〔의거〕 하다(*on, upon*). ‡**∠·er** *n.* 창설자; 시조.
found[3] *vt.* 주조(鑄造)하다(cast). **∠·er** *n.*
‡**foun·da·tion** [faundéiʃən] *n.* ① 토대. ② C,U 기초; 근거. ③ U 창설. ④ 기금; (기금에 의한) 설립물, 재단. ⑤ 코르셋 류(類). ⑥ U,C 기초 화장, 파운데이션. **~·er** [-ər] *n.* 《英》 장학생.
foundátion schòol 재단 설립 학교.
foundátion stòne 주춧돌, 초석.
‡**found·er**[1] [fáundər] *n.* ⇨ FOUND[2, 3].
foun·der[2] *vi.* (둑·건물 따위가) 무너지다; 넘어지다; (배가) 침수되어 침몰하다; (말이) 쓰러지다, 절름발이가 되다; 실패하다. —— *vt.* 침몰시키다; (말을) 쓰러뜨리다.
found·ling [fáundliŋ] *n.* 기아(棄兒); 주운 아이. *~ **hospital*** 고아원.
found·ress [fáundris] *n.* 여성 창립자.
found·ry [fáundri] *n.* 주조장(鑄造場); U 주조법.
fóundry ìron 주철(鑄鐵).
fóundry pròof (정판(整版)전의) 최종 교정쇄.
fount[1] [faunt] *n.* 《雅》 샘(fountain); 원천.
fount[2] *n.* 《英》 =FONT[2].
‡**foun·tain** [fáuntin] *n.* 샘; (음용) 분수; 원천; 〖機〗 기름통; 〖印〗 잉크 통.
foun·tain·head [-hèd] *n.* 수원; 근원.
‡**fóuntain pèn** 만년필.
†**four** [fɔ:r] *n., a.* 4(의). ***on all ~s*** 네 발로 기어; 꼭 들어 맞아(*with*).
four-bag·ger [∠bǽgər] *n.* 《野俗》 홈런(homer).
four-di·men·sion·al [∠diménʃənəl] *a.* 4 차원의.
four-eyed [∠àid] *a.* 네 눈의; 안경을 쓴.
four-flush·er [∠flʌ̀ʃər] *n.* 《口》 허세를 부리는 사람.
four·fold [∠fòuld] *a., ad.* 4 중〔배〕의〔(으)로〕.
four-foot·ed [∠fútid] *a.* 네발 달린.
fóur fréedoms 4 개의 자유《1941 년 미국 대통령 F. D. Roosevelt 가 선언한 인류의 기본적 자유》.
four·hand(·ed) [∠hǽnd(id)] *a.* 4 사람이 하는; (피아노에서) 연탄(連彈)의.
Fóur-H́ clùb [∠éitʃ] 4H 클럽 《'head, hand, heart, health'를 모토로 하는 농촌 청년 교육 기관》.
four-in-hand [fɔ́:rinhæ̀nd] *n.* 4 두(頭) 마차; 매듭 넥타이.
fóur-leaf clóver [fɔ́:rlì:f] 네잎 클로버.
Fóur Húndred, f- h- 《美》 지역 사회의 엘리트, 상류 사회 (사람들)《400 이라고도 씀》.
fóur-let·ter wórd [∠lètər] 4 글자 말《비속한 말》.
four-o'clock [∠əklɑ̀k / -ɔ̀k] *n.* 〖植〗 분꽃; 〖鳥〗 (오스트레일리아산의) 밀식조(蜜食鳥).
four-part [∠pɑ̀:rt] *a.* 4부(합창)의.
four·pence [∠pəns] *n.* 4 펜스; 옛 영국의 4 펜스 은화.
four·pen·ny [∠pəni] *a.* 4 펜스의.
four-post·er [∠póustər] *n.* (커튼 달린) 4 기둥의 대형 침대.
four·score [∠skɔ́:r] *n.* 80. *~ **and ten,*** 90.
four-seat·er [∠sí:tər] *n.* 4 인승.
four·some [∠səm] *n.* 〖골프〗 포섬《4 인이 2 조로 나뉨》; 그것을 하는 4 사람; 4 인조.
four·square [∠skwɛ́ər] *a.* 4 각의; 솔직〔견고〕한.
four-star(red) [∠stɑ̀:r(d)] *a.* 4 성(星)의.
†**four·teen** [fɔ́:rtí:n] *n., a.* 14(의). ***fóur·téenth** *n., a.* 제 14(의), 열네째(의); 14 분의 1(의).
†**fourth** [fɔ:rθ] *n., a.* 제 4〔네째〕(의); 4 분의 1(의). ***the F- of July*** 미국 독립 기념일《7 월 4 일》. **∠·ly** *ad.* 네째로.
fourth-class [∠klǽs, -klɑ́:s] *a., ad.* 《美》 4 종 우편물의〔로〕.
fóurth diménsion, the 제 4 차원.
fóurth estáte, the 신문계, 언론계(the press), 저널리즘.
fóurth márket 《美》 장외(場外) 시

장.

four-wheel·er [fɔ́:rhwí:lər] *n.* 4륜 마차.

‡fowl [faul] *n.* (*pl.* **~s,** 《集合的》 ~) 닭; 가금(家禽); Ⓤ 닭[새]고기; 《古》 새. ***barn-door* ~** 닭. **—** *vi.* 들새를 잡다. **ˊ~·er** *n.* 들새 사냥꾼. **ˊ~·ing** *n.* Ⓤ 들새 포획, 새사냥. **fówling pìece** 새총.

†fox [faks/-ɔ-] *n.* (*pl.* **~es,** 《集合的》 ~) 여우; Ⓤ 여우 모피; Ⓒ 교활한 사람. **—** *vt., vi.* 속이다; 변색시키다[하다]. **ˊ~·y** *a.* 여우같은; 교활한; 여우털빛의; 변색한.

fox·glove [ˊglʌv] *n.* 〖植〗 디기탈리스《약용》.

fox·hole [ˊhòul] *n.* 〖軍〗 (1인 내지 3인용의 작은) 참호.

fox·hound [ˊhàund] *n.* 여우 사냥개.

fox·hunt [ˊhʌnt] *n., vi.* 여우 사냥(을 하다).

fox·tail [ˊtèil] *n.* 여우의 꼬리; 〖植〗 금강아지풀, 뚝새풀.

fóx térrier 폭스테리어《애완견》.

fóx tròt 폭스트롯; 말의 걸음걸이의 일종《walk 와 trot 의 중간》.

fox-trot [ˊtrɑ̀t / -ɔ̀-] *vi.* (*-tt-*) 폭스트롯을 추다[으로 (말이) 달리다].

foy·er [fɔ́iei, fɔ́iər] *n.* (F.) (극장·호텔 따위의) 휴게실; 현관의 홀.

fp *forte piano* 〖樂〗 세게 그리고 (다음 음을) 여리게. **F. P.** fireplug. **FPC** 《美》 Federal Power Commission. **fpm, f. p. m.** feet per minute. **FPO** Fleet Post Officer. **F. P. S.** Fellow of the Philological [Philosophical, Philharmonic] Society. **fps, f. p. s.** feet per second; foot-pound-second (system). **Fr** 〖化〗 francium. **Fr.** Father; France; Francis; *Frater* (L.＝Brother); French; Friday. **fr.** fragment; franc; from.

Fra [frɑ:] *n.* (It.) 수사(修士)의 칭호《이름 앞에 붙임》.

fra·cas [fréikəs, frǽkɑ:] *n.* 싸움, 소동.

‡frac·tion [frǽkʃən] *n.* **단편; 부분; 분수.** ***complex* [*common, vulgar*] ~** 번(繁)[보통]분수. **~·al** *a.* **~·al·ly** *ad.*

frac·tious [frǽkʃəs] *a.* 성마른; 다루기 힘든.

***frac·ture** [frǽktʃər] *n.* ① Ⓤ **부숨,** 파손. ② 갈라진 틈, 금; 〖鑛〗 단구(斷口). ③ 골절(骨折). **—** *vt., vi.* 부수다; 부러뜨리다; 골절하다.

***frag·ile** [frǽdʒəl/-dʒail] *a.* (cf. frail) **부서지기 쉬운;** (몸이) 약한. **fra·gil·i·ty** [frədʒíləti] *n.* Ⓤ

‡frag·ment [frǽgmənt] *n.* **파편;** 단편; 미완성 유고(遺稿). ***-men·tar·y** [-èri / -əri] *a.*

frag·men·tal [frægméntl] *a.* ＝FRAGMENTARY; 〖地〗 쇄설질(碎屑質)의.

frag·men·ta·tion [frægməntéiʃən] *n.* Ⓤ (폭탄·암석 등의) 파쇄; 분열, 붕괴; 〖컴퓨터〗 분편화(分片化). **~ *bomb*** 파쇄 폭탄[수류탄].

‡fra·grant [fréigrənt] *a.* **냄새가 좋은;** 상쾌한. **~·ly** *ad.* ***frá·grance, frá·gran·cy** *n.* Ⓤ **방향.**

‡frail [freil] *a.* (cf. fragile) **(체질이) 허약한;** 무른; (성격이) 약한, 유혹에 빠지기 쉬운. **fráil·ty** *n.* ⓊⒸ 무름, 허약; (성격·의지의) 박약(에서 오는 과실).

F.R.A.M. Fellow of the Royal Academy of Music.

‡frame [freim] *n.* ① **구조;** 조직; 기구; **뼈대.** ② 모양; 체격. ③ 액자; 테, (온상의) 틀, 프레임. ④ 〖映〗 (필름의) 한 화면. ⑤ 〖撞〗 (공을 놓는) 삼각형틀; 〖野·볼링〗 개입의 1회. **~ *of mind*** 기분. **—** *vt.* ① 조립하다; 형태[뼈대]를 만들다. ② 고안하다. ③ 틀에 맞추다; (…의) 틀이 되다. ④ 《口》 없는 죄를 씌우다, (죄를) 조작하다(*up*).

fráme hóuse 《美》 목조 가옥.

frame-up [ˊʌp] *n.* 《口》 (아무를 죄에 빠뜨리는) 계략, 음모; 조작된 죄.

***frame·work** [ˊwə̀:rk] *n.* **틀, 뼈대;** Ⓤ 구성, 구조, 체제.

franc [fræŋk] *n.* 프랑《프랑스·벨기에·스위스의 화폐 단위》; 1프랑 화폐.

†France [fræns, -ɑ:-] *n.* **프랑스.**

***fran·chise** [frǽntʃaiz] *n.* **선거권;** 특권; 총판(總販)권.

Fran·cis·can [frænsískən] *a., n.* 프란체스코회(會)의 (수사).

fran·ci·um [frǽnsiəm] *n.* Ⓤ 〖化〗 프란슘.

Franck [frɑ̃:ŋk], **César** (1822-90) 벨기에 태생의 프랑스 작곡가.

Fran·co [frǽŋkou, frɑ́:ŋ-], **Francisco** (1892-1975) 스페인의 군인·총통.

fran·co·phone [frǽŋko*u*fòun] *n., a.* 프랑스어를 하는 (사람).

fran·gi·ble [frǽndʒəbəl] *a.* 부서지기 쉬운.

Fran·glais [frɑ:ngléi] *n.* Ⓤ 프랑스어화한 영어.

Frank [fræŋk] *n.* 프랑크족의 사람; (서)유럽인. **ˊ~·ish** *a., n.* Ⓤ 프랑크족의 (언어).

‡frank[1] [fræŋk] *a.* **솔직한;** 숨김없는. **—** *vt.* (우편물을) 무료로 송달하다. **—** *n.* 〖英史〗 무료 배달의 서명[특전·우편물]. **‡fránk·ly** *ad.* ***fránk·ness** *n.* Ⓤ

frank[2] [fræŋk] *n.* 《美口》 ＝FRANKFURTER.

Frank·en·stein [frǽŋkənstàin] *n.* 자기를 파멸시키는 괴물이나 파괴력을 창조하는 사람《Mary Shelly의 소설 속의 주인공 이름에서》; ＝ˊ **mònster** 저를 만든 사람을 죽이는 괴물.

***frank·furt(·er)** [frǽŋkfərt(ər)] *n.* **프랑크푸르트 소시지**《쇠고기·돼지고기를 혼합한 것》.

frank·in·cense [frǽŋkinsèns] *n.* Ⓤ 유향(乳香).

fránk·ing machìne 《英》 =POSTAGE METER.

frank·lin [frǽŋklin] *n.* 〖英史〗 (14–15 세기의) 자유 보유 지주.

*__Frank·lin__ [frǽŋklin], **Benjamin** (1706–90) 미국의 정치가·과학자.

*__fran·tic__ [frǽntik] *a.* 심히 흥분한; 《古》 미친. *__-ti·cal·ly__, **-tic·ly** *ad.*

frap·pé [fræpéi] *a.* (F. =iced) 얼음으로 냉각한. —*n.* 냉동 과즙〔식품·음료〕.

F.R.A.S. Fellow of the Royal Astronomical Society.

frat [fræt] *n.* 《美學生俗》 FRATERNITY ③.

*__fra·ter·nal__ [frətə́ːrnəl] *a.* 형제의; 우애의.

fratérnal órder 〔**society**〕 《美》 우애 조합.

fratérnal twíns 이란성 쌍생아(cf. identical twins).

*__fra·ter·ni·ty__ [-nəti] *n.* ① Ⓤ 형제간(의 우애). ② 우애 조합; 동업〔동호〕자들. ③ 《美》 (남자 대학생의) 친목회(cf. sorority).

frat·er·nize [frǽtərnàiz] *vi.* 형제로 사귀다; (적국민과) 친하게 사귀다. **frat·er·ni·za·tion** [⌐–nizéiʃən] *n.* Ⓤ

frat·ri·cide [frǽtrəsàid, fréi-] *n.* ⓊⒸ 형제 살해(자).

Frau [frau] *n.* (*pl.* **~*s***, (G.) **~*en*** [-ən]) (G. =Mrs.) 부인; 처.

*__fraud__ [frɔːd] *n.* ① Ⓤ 사기, 협잡. ② 부정 수단; 사기꾼; 가짜.

fraud·u·lent [frɔ́ːdʒulənt] *a.* 사기의; 사기적인; 속여서 손에 넣은. **~·ly** *ad.* **-lence, -len·cy** *n.* Ⓤ

*__fraught__ [frɔːt] *a.* (cf. freight) …을 내포한, …으로 가득 차 있는; 《詩》 …을 가득실은 (*with*).

Fräu·lein [frɔ́ilain] *n.* (*pl.* **~*s***, (G.) **~**) (cf. *Frau*) (G. =Miss) 양, 아가씨; 미혼 여성.

fray[1] [frei] *n.* 떠들썩한 싸움, 다툼.

*__fray__[2] *vt., vi.* 문지르다; 닳아 빠지(게 하)다; 풀(리)다; 해지(게 하)다.

fraz·zle [frǽzəl] *vt., vi.* 닳아 빠지(게 하)다; 지치(게 하)다. —*n.* 너덜너덜〔휘주근〕한 상태.

FRB, F.R.B. 《美》 Federal Reserve Bank. **F.R.B.S.** Fellow of the Royal Botanic Society (of London). **FRC, F.R.C.** Foreign Relations Committee. **F.R.C.P.** Fellow of the Royal College of Physicians. **F.R.C.S.** Fellow of the Royal College of Surgeons.

*__freak__ [friːk] *n.* ⓊⒸ 변덕; Ⓒ 기형, 괴물. **⌐·ish** *a.*

freak-out [fríːkàut] *n.* 《俗》 마약 사용(에 의한 황홀상태); 히피화(化).

*__freck·le__ [frékl] *n., vt., vi.* 주근깨; 얼룩(이 생기(게 하)다). **fréck·ly** *a.* 주근깨투성이의.

†**free** [friː] *a.* ① 자유로운; 자주적인. ② 분방한; 솔직한. ③ 규칙에 구애되지 않는; 문자에 얽매이지 않는; 딱딱하지 않은. ④ 풍부한. ⑤ 한가한; (방 따위가) 비어 있는; 장애가 없는; 무료의; 세 없는; 개방된; 자유로 드나들 수 있는. ⑥ 참가 자유의. ⑦ 무조건의. ⑧ 고정되어 있지 않은. ⑨ 손이 큰; 아끼지 않는. ⑩ …이 없는, …이 면제된(*from*). ⑪ 〖化〗 유리된. **~ *fight*** 난투(亂鬪). **~ *on board*** 본선 인도(本船引渡). ***get* ~** 자유의 몸이 되다. ***make* ~ *with*** 허물없이 굴다. ***set* ~** 해방하다. —*ad.* 자유로; 무료로. —*vt.* (***freed***) 자유롭게 하다, 해방하다; 면제하다(*of, from*). ‡**frée·ly** *ad.*

free·bee, -bie [fríːbiː] *n.* 《美俗》 공짜의 것《무료입장권 등》.

free·board [⌐bɔ̀ːrd] *n.* 〖海〗 건현(乾舷) 《흘수선과 상갑판과의 사이》.

free·boot·er [⌐bùːtər] *n.* 해적.

free·boot·ing [⌐bùːtiŋ] *n.* 해적 행위.

free·born [⌐bɔ̀ːrn] *a.* 자유민으로 태어난, 자유민다운.

frée cíty 자유시《독립 국가로 된》.

freed [friːd] *v.* free의 과거(분사).

freed·man [⌐mən] *n.* (*fem.* ***-woman***) (노예 신분에서 해방된) 자유민.

‡**free·dom** [fríːdəm] *n.* Ⓤ 자유; 자유 독립; (시민·회원 등의) 특권; 해방; 면제; 자유 사용권; 허물〔스스럼〕없음, 무람없음; (동작의) 자유 자재. **~ *from care*** 속편함, 태평. **~ *of the press*** 출판〔언론〕의 자유.

frée énterprise (정부의 간섭을 받지 않는) 자유 기업.

frée-fíre zòne [fríːfáiər] 〖軍〗 무차별 포격 지대《움직이는 것은 빠짐없이 사격당하는 지대》.

frée flíght (로켓의 동력 정지 후의) 타력(惰力) 비행.

free-for-all [⌐fərɔ́ːl] *n.* 누구나 참가할 수 있는 경기; 난투.

frée fórm 〖言〗 자유 형식〔형태〕.

frée góods 비과세품; 자유재.

frée grátis 무료로.

free·hand [⌐hæ̀nd] *a.* (기구를 쓰지 않고) 손으로 그린. **~ *drawing*** 자재화(自在畫).

free-hand·ed [⌐hǽndid] *a.* 통이 큰; 한가한.

free-heart·ed [⌐háːrtid] *a.* 쾌활한; 자발적인; 솔직한. **~·ly** *ad.*

free·hold [⌐hòuld] *n.* Ⓤ (토지의) 자유 보유권; Ⓒ 자유 보유 부동산.

frée hòuse 《英》 (여러 가지 상표의 주류를 파는) 술집.

frée kíck 〖蹴〗 프리킥.

frée lánce (중세의) 용병(傭兵); 무소속의 작가〔기자·출연자〕.

free-lance [⌐lǽns, -áː-] *vi.* 자유 계약으로〔프리랜서로〕 일하다.

free-lanc·er [⌐lǽnsər, -áː-] *n.* 자유 계약자, 프리랜서.

frée líver 미식가(美食家); 쾌락주의자.

frée líving 미식; 쾌락적 생활.

*__free·man__ [⌐mən] *n.* (노예가 아닌)

자유민; (시민권 등이 있는) 공민.
Free·ma·son [frí:mèisn] *n.* 프리메이슨단(團)《비밀 결사》의 회원.
Free·ma·son·ry [ˊmèisnri] *n.* 프리메이슨단의 주의·강령; Ⓤ (f-) 자연적인 우정〔공감〕.
frée pórt 자유항.
free·si·a [frí:ziə, -ʒiə] *n.* 〖植〗 프리지어.
frée sóil 〖美史〗 (남북 전쟁 전부터 노예 제도를 인정하지 않은) 자유 지역.
free-soil [frí:sɔ́il] *a.* 〖美史〗 자유 지역의.
free-spo·ken [ˊspóukən] *a.* 마음먹은 대로 말하는, 솔직한.
free·stone [ˊstòun] *a., n.* ⓊⒸ 어느 쪽으로나 쪼개지는 (돌); Ⓒ 씨가 잘 빠지는 (과일) 《복숭아 따위》; Ⓤ = ˊ **wáter** 단물, 연수(軟水).
free·style [ˊstàil] *n.* 〖水泳〗 자유형.
free·think·er [ˊθíŋkər] *n.* 자유 사상가.
frée thóught 자유 사상.
frée tráde 자유 무역.
frée vérse 〖韻〗 자유시.
free·way [ˊwèi] *n.* (무료) 고속 도로.
frée wíll 자유 의사.
free·will [ˊwíl] *a.* 자유 의사의.
frée wórld 자유 세계〔진영〕.
‡**freeze** [fri:z] *vi., vt.* (*froze; frozen*) 얼다(*It ~s.*); **얼게 하다**; 얼(리)다; (추위로) 곱(게 하)다; 섬뜩〔오싹〕하(게 하)다; (자산을) 동결시키다. ~ ***out*** 《口》 (냉대하여) 못 배기게 하다. ~ 〔***be frozen***〕 ***to death*** 얼어 죽다. ***fréez·er** *n.* **냉동기**, 냉장고. ***fréez·ing** *a., n.* 어는, 얼어 붙는; **몹시 추운**; 냉동용의; (태도가) 쌀쌀한; ⓊⒸ 냉동; 동결.
fréezing mìxture 〖化〗 한제(寒劑) 《얼음과 소금의 혼합물 따위》.
fréezing pòint 빙점.
‡**freight** [freit] *n.* ① Ⓤ **화물 수송**, 《英》 수상(水上) 화물 수송. ② 운송 화물; 적하(積荷). ③ Ⓤ 운임. ④ 《美》 = ˊ **tràin** 화물 열차. — *vt.* 화물을 싣다; 운송하다; 출하(出荷)하다. ˊ**·age** *n.* Ⓤ 화물 운송; 운임; 운송 화물. ˊ**·er** *n.* 화물선.
fréight càr 《美》 화차.
†**French** [frentʃ] *a.* **프랑스**(인·어)**의**. ***take ~ leave*** 인사 없이 슬쩍 나가다. — *n.* ① Ⓤ **프랑스어**. ② 《集合的》 **프랑스인**〔국민〕.
Frénch bèan 《주로 英》 강낭콩.
Frénch Canádian 프랑스계 캐나다인; 그 프랑스어.
Frénch chálk 〖裁縫〗 초크.
Frénch Commúnity 프랑스 공동체《프랑스와 그 옛 식민지로 구성》.
Frénch frìed potátoes 프랑스식 감자 튀김《잘게 채친》.
Frénch hórn 프렌치호른《소리가 부드러운 금관 악기》.
‡**French·man** [ˊmən] *n.* **프랑스인**.
Frénch Revolútion, the 프랑스 (대)혁명 《1789-99》.
Frénch Únion, the 프랑스 연합 《본국 및 영토의 연맹; 1958년 the French Community로 개칭》.
Frénch wíndow 프랑스식 창《도어 겸용의 좌우로 열게 된 큰 유리창》.
French·wom·an [ˊwùmən] *n.* (*pl.* ***-women*** [-wìmin]) 프랑스 여자.
fre·net·ic [frinétik] *a.* 열광적인. **-i·cal·ly** [-ikəli] *ad.*
***fren·zy** [frénzi] *vt.* **격앙**(激昻)〔**광란**〕**시키다**. — *n.* ⓊⒸ **격앙**, 열광, 광란. **frén·zied** *a.*
Fre·on [frí:ɑn/-ɔn] *n.* 〖商標〗 프레온 (가스)《전기 냉장고 등의 냉동제》.
freq. frequent(ly); frequentative.
***fre·quen·cy** [frí:kwənsi] *n.* ⓊⒸ **자주 일어남**, 빈발; 빈번; Ⓒ 빈도(수); 〖理〗 회수(回數), 진동수, 주파수.
fréquency bànd 〖電〗 주파수대.
fréquency chànger 〔**convèrter**〕 〖電〗 주파수 변환기.
fréquency distribùtion 〖統〗 도수 분포.
fréquency modulátion 〖電〗 주파(수) 변조《생략 FM; opp. amplitude modulation (AM)》.
‡**fre·quent** [frí:kwənt] *a.* 빈번한, **자주 일어나는**; 상습적인; 수많은. — [fri(:)kwént] *vt.* 자주 가다〔출입하다〕; 늘 모이다. **~·er** *n.* 자주 가는 사람, 단골 손님. ‡**~·ly** *ad.*
fre·quen·ta·tive [fri(:)kwéntətiv] *a., n.* 〖文〗 반복의; 반복동사.
fres·co [fréskou] *n.* (*pl.* ~(*e*)*s* [-z]) *vt.* ⒸⓊ 프레스코화(풍) (으로 그리다). ***in ~*** 프레스코 화법으로.
†**fresh** [freʃ] *a.* **새로운**; **신선한**; 원기〔안색〕좋은, 젊디젊은; 상쾌한; 선명한; 갓 나온; 경험이 없는; 소금기 없는; (바람이) 센; 《美》 뻔뻔스러운, 건방진. — *ad.* 새로이, 새롭게. ***frésh·ly** *ad.* **새로이**; 신선하게. ***frésh·ness** *n.* Ⓤ
frésh áir (공기가 신선한) 야외의.
fresh-caught [ˊkɔ́:t] *a.* 갓잡은.
fresh·en [ˊən] *vt., vi.* 새롭게 하다〔되다〕; 염분을 없애다〔이 없어지다〕. ~ ***up*** 기운 나다, 기운을 돋우다; (외출전 따위에) 몸치장하다.
fresh·er [ˊər] *n.* 《英俗》 =FRESHMAN.
fresh·et [fréʃit] *n.* (폭우나 눈녹은 뒤의) 큰물; (바다로 흘러드는) 민물의 분류(奔流).
***fresh·man** [ˊmən] *n.* (대학의) **신입생**, 1년생.
frésh wàter 민물, 담수.
fresh-wa·ter [ˊwɔ̀:tər, -wɑ̀t-] *a.* 담수(산)의.
frésh wàter còllege 시골 대학.
‡**fret**¹ [fret] *vt., vi.* (*-tt-*) **초조하**(**게 하**)다; 먹어 들어가다, 개개다; 부식〔침식〕하다; 물결치(게 하)다. ~ ***oneself*** 속태우다. — *n.* Ⓤ 속태움, 조바심, 고뇌. ***frét·ful** *a.* ˊ**·ful·ly** *ad.* 「모양」(으로 장식하다).
fret² *n., vt.* (*-tt-*) 뇌문(雷紋)〔격자

fret³ *n.* (현악기의) 기러기발.
frét sàw 실톱. 「紋) 장식 (세공).
fret·work [frétwə̀:rk] *n.* Ⓤ 뇌문(雷
Freud [frɔid], **Sigmund** (1856–1939) 오스트리아의 정신 분석학자. **Fréud·i·an** *a., n.* 프로이드(설)의 (학도). 「Geographical Society.
F.R.G.S. Fellow of the Royal
***Fri.** Friday.
fri·a·ble [fráiəbəl] *a.* 부서지기 쉬운.
fri·ar [fráiər] *n.* 수사, 탁발승. **~·y** *n.* 수도원, 수도회. 「팅크.
fríar's bálsam 〖藥〗 안식향(安息香)
fríar's lántern 도깨비불.
F.R.I.B.A. Fellow of the Royal Institute of British Architects.
frib·ble [fríbəl] *a., n.* 쓸데없는(짓을 하는 사람); Ⓤ 부질 없는 (일, 생각). —— *vi., vt.* 쓸데없는 짓을 하다; (시간을) 허비하다.
fric·a·tive [fríkətiv] *a., n.* 〖音聲〗 마찰로 생기는; 마찰음《f, v, ʃ, ʒ 등》.
***fric·tion** [fríkʃən] *n.* Ⓤ 마찰; 불화. **~·al** *a.* **~·al·ly** *ad.*
fríction lòss 〖機〗 마찰 손실.
fríction màtch 마찰 성냥.
†Fri·day [fráidi, -dei] *n.* 금요일.
fri(d)ge [fridʒ] *n.* 《英口》 =REFRIGERATOR.
***fried** [fraid] *v.* fry¹ 의 과거(분사). —— *a.* 기름에 튀긴; 《俗》 술취한.
fried·cake [⌐kèik] *n.* UC 도넛.
†friend [frend] *n.* 친구, 벗; 자기편, 지지자; 동지; (*pl.*) 근친; 《呼稱》 자네; (F-) 프렌드파의 사람, 퀘이커 교도(Quaker). ***a ~ at* 〔*in*〕 *court*** 좋은 지위에 있는 친구, 좋은 연줄. ***keep* 〔*make*〕 *~s with*** …와 친하다, 친하게 하다, 화해하다. ***the Society of Friends*** 프렌드파 (Quakers). ***⌐·less** *a.* **†⌐·ship** [⌐ʃip] *n.* UC 우정; 친교.
†friend·ly [⌐li] *a.* 친구의〔다운〕; 우정이 있는; 친한; 친절한, 붙임성 있는; 호의를 보이는; 형편 좋은. ***fríend·li·ness** *n.* Ⓤ
Fríendly Socíety 《英》 공제 조합.
fri·er [fráiər] *n.* =FRYER.
frieze¹ [fri:z] *n.* 〖建〗 프리즈, 띠 모양의 장식(벽).
frieze² *n.* UC 프리즈 《한쪽에만 괴깔이 있고 바탕이 거친 두꺼운 나사천》. —— *vt.* 괴깔 일게 하다.
frig [frig] *vi.* 《**-gg-**》《卑》 수음하다; 성교하다.
frig·ate [frígit] *n.* (옛날의 빠른) 세대박이 군함; (현대의) 프리깃함(艦).
frígate bìrd 군함새.
‡fright [frait] *n.* ① UC 돌연한 공포. ② (몹시) 추악한〔우스운〕 사람〔물건〕. ***in a ~*** 흠칫〔섬뜩〕하여. ***take ~ at*** …에 놀라다. —— *vt.* 《詩》 =⇩.
‡fright·en [⌐n] *vt.* 놀라게 하다; 을러대어 …시키다. —— *vi.* 겁내다. ***be ~ed at*** …에 놀라다, 섬뜩하다. **~·ing** *a.* 무서운, 놀라운. **~ed** *a.*
***fright·ful** [⌐fəl] *a.* 무서운; 추악한; 《口》 불쾌한; 대단한. ***fríght·ful·ly** *ad.* **~·ness** *n.*
***frig·id** [frídʒid] *a.* 극한(極寒)의; 쌀쌀한; 형식적인, 딱딱한; (여성이) 불감증의. **~·ly** *ad.* **fri·gíd·i·ty** *n.* Ⓤ 냉담; 딱딱함; (여성의) 불감증.
Frig·id·aire [frìdʒədέər] *n.* 〖商標〗 전기 냉장고.
Frígid Zòne, the 한대.
***frill** [fril] *n.* (가두리의) 주름 장식; (새나 짐승의) 목털; 필요없는 장식품, 허식. —— *vt.* 주름 장식을 하다. **⌐·ing** *n.* UC 가장자리 주름 장식.
***fringe** [frindʒ] *n.* 술장식; 가장자리, 가두리. —— *vt.* 술을 달다; 가를 두르다.
frínge àrea 프린지 에어리어《라디오·텔레비전의 시청 불량 지역》.
frínge bènefit 부가 급부(給付), 특별 급여《노동자가 받는 연금·유급 휴가·의료 보험 따위》.
frip·per·y [frípəri] *n.* UC 싸고 야한 옷〔장식품〕; 허식; 과시.
Fris·bee [frízbi:] *n.* 〖商標〗 (원반던지기 놀이의) 플라스틱 원반.
Fris·co [frískou] *n.* 《美口》 =SAN FRANCISCO.
Fri·sian [frí(:)ʒən / -ziən] *a., n.* Friesland《네덜란드 북부 지방》의; CU 프리즈란드 사람〔말〕(의).
frisk [frisk] *vi.* 껑충껑충 뛰어 돌아다니다, 까불다. —— *vt.* 《俗》 (옷위를 더듬어 흉기·장물 따위를) 찾다; 옷위를 더듬어 훔치다. **⌐·y** *a.* 뛰어 돌아 다니는, 희롱대는, 씽씽한.
frith [friθ] *n.* 《주로 Sc.》 =FIRTH.
frit·ter¹ [frítər] *vt.* 찔끔찔끔 낭비하다; 잘게 자르다〔부수다〕. —— *n.* 잔 조각.
frit·ter² *n.* (과일을 넣은) 튀김.
fritz [frits] *n.* (F-) 《俗》 독일 사람. ***go on the ~s*** 고장나다.
***friv·o·lous** [frívələs] *a.* 하찮은, 시시한; 경박한. **~·ly** *ad.* **~·ness** *n.* **fri·vol·i·ty** [friváləti/-ɔ́-] *n.* Ⓤ 천박, 경박; Ⓒ 경박한 언동.
friz(z)¹ [friz] *vt., vi.* 지지다; (직물의 표면을) 보풀보풀하게 만들다. —— *n.* 고수머리.
frizz² *vi.* (튀김이) 지글지글하다.
friz·zle¹ [frízl] *vt., vi., n.* 곱슬곱슬해지다〔하게 하다〕; 고수머리. **fríz-**
friz·zle² *vi.* =FRIZZ² ⌊**zly** *a.*
Frl. *Fräulein* (G. =Miss).
‡fro [frou] *ad.* 저쪽에〔으로〕 《다음 成句로만 쓰임》. ***to and ~*** 이리저리, 앞뒤로.
‡frock [frak / -ɔ-] *n.* (내리닫이) 부인〔여아〕복; 작업복; 성직자의 옷; = **⌐ còat** 프록코트.
†frog¹ [frɔ:g, -ɑ-/-ɔ-] *n.* 개구리; 〖鐵〗 철차(轍叉). ***~ in the throat*** (목)쉰 소리.
frog² *n.* 말굽 중앙의 연한 부분.
frog³ *n.* (트럼프의 클로버 모양으로 맨) 가슴팍의 끈목 단추; (군복 가슴팍의) 늑골 모양의 장식.
fróg kìck 〖水泳〗 개구리차기.

frog·man [ˊmæ̀n, -mən] *n.* 잠수 공작원〔병〕.
frog-march [ˊmɑ̀ːrtʃ] *vt., n.* (날뛰는 죄수 등을 엎어 놓고) 넷이 팔다리를 붙들고 나르다〔나르는 일〕.
***frol·ic** [frɑ́lik/-ɔ́-] *n.* Ⓤ 장난, 들떠 떠듦, 까붊, 법석. ― *vi.* (*-ck-*) **장난치다, 까불다.** ～**·some** *a.* 장난치는, 까부는.
†**from** [frʌm, -ɑ-, 弱 -ə-/-ɔ-, 弱 -ə-] *prep.* ① 《動作의 起點》 …**에서** (*rise ～ a sofa*). ② 《時間·順序의 起點》 …**부터**(*～ childhood*). ③ 《距離》 …에서 (*ten miles ～ Seoul*). ④ 《原因·理由》 …때문에, …으로, 인해서(*die ～ fatigue/ suffer ～ cold*). ⑤ 《原料》 …에서, …으로 (*make wine ～ grapes*). ⑥ 《差異》 …과 달라, 구별하여(*know a Ford ～ a Renault* 포드와 르노를 판별할 줄 알게 되다). ⑦ 《分離·除去》 …에서 (*take six ～ ten*). ⑧ 《出處·由來》 …에서(의)(*quote ～ Milton*).
frond [frɑnd / -ɔ-] *n.* (양치 식물의) 잎; 엽상체(葉狀體).
†**front** [frʌnt] *n.* ① **앞쪽, 전면;** 표면; (건물의) 정면; 앞부분에 붙이는 것《와이셔츠의 가슴판, 붙인 앞머리 등》. ② (통로·강 따위에 면한) 땅; (해안의) 산책길; **전선**(前線), 싸움터 (*at the ～* 출정중의); **전선**(戰線). ③ 〖氣〗 전선(前線). ④ Ⓤ **용모,** 태도; 뻔뻔스러움; (지위·재산 따위) 있는 티. ⑤ 《口》 간판(으로 내세운 명사) (front man). *cold* 〔*warm*〕 *～* 한랭〔온난〕 전선. *come to the ～* 전면에 나서다〔나타나다〕, 유명해지다. *in ～ of* …의 앞에. *the people's* 〔*popular*〕 *～* 인민 전선. ― *a.* 전면〔정면〕의; 〖音聲〗 앞혀의. ― *vt., vi.* 면하다, 향하다, 맞서다.
front·age [ˊidʒ] *n.* (건물의) 정면(의 방위); 가옥·토지의 정면의 폭; (길·강 따위에 면한) 빈터; 건물과 도로 사이의 공지. 「〖解〗 앞이마의 (뼈).
fron·tal [frʌ́ntəl] *a., n.* 정〔전〕면의;
frónt bénch 《英》 (의회의) 정면석 《의장석에 가까운 장관 및 야당 간부의 자리》.
frónt béncher 《英》 (front bench에 앉는) 장관, 야당 간부.
frónt dóor 정면 현관.
‡**fron·tier** [frʌntíər, ˊ-, -ɑ-/frʌ́ntiə, -ɔ́-] *n.* **국경 지방;** 《美》 변경(邊境); 미지의 영역. ― *a.* 국경 지방의, 《美》 변경의. *new ～* 《美》「뉴프런티어」《Kennedy 대통령의 포부인 외교·내정상의 신개척면》.
fron·tiers·man [-zmən] *n.* 《美》 변경의 주민; 변경 개척자.
frontíer spírit 개척자 정신.
***fron·tis·piece** [frʌ́ntispìːs] *n.* **권두**(卷頭) **삽화;** 〖建〗 정면, 입구 위쪽의 합각머리. 「이마 장식.
front·let [frʌ́ntlit] *n.* (동물의) 이마;
frónt màn (부정 단체 따위의) 간판(으로 내세운 명사). 「뇌부.
frónt óffice (회사 따위의) 본사, 수
frónt pàge (책의) 속 표지; (신문의) 제 1 면.
front-page [ˊpéidʒ] *a.* (신문의) 제 1 면 감의; 중요한. ― *vt.* 제 1 면에 싣다〔게재하다〕.
frónt vówel 앞모음《i, e, ɛ, æ, a》.
frosh [frɑʃ/frɔʃ] *n.* (*pl.* ～) 《美口》 대학 1년생(freshman).
‡**frost** [frɔːst/-ɔ-] *n.* Ⓤ ① **서리.** ② ⓊⒸ 빙결(氷結), 결상(結霜). ③ 빙점 이하의 온도. ④ 냉담. ⑤ Ⓒ 《口》 실패. ― *vt.* 서리로 덮다; 서리를 맞아 시들게 하다, 서리 (피)해를 주다; (유리·금속의) 광택을 없애다; 설탕을 뿌리다. ˊ**·ing** *n.* ⓊⒸ 당의(糖衣); (유리·금속의) 광택을 지움. ***fróst·y** *a.* **서리가 내리는**〔내린〕; 혹한의; 냉담한; (머리가) 반백인.
frost·bite [ˊbàit] *n., vt.* (*-bit; -bitten*) Ⓤ 동상(에 걸리게 하다). **frost·bit·ten** [ˊbìtn] *a.* 「위가) 얼어붙은.
frost·bound [ˊbàund] *a.* (지면 따
frost·work [ˊwəːrk] *n.* Ⓤ (유리창 따위에 생기는) 성에; (은그릇·유리 표면 따위의) 성에 무늬 장식.
***froth** [frɔːθ/-ɔ-] *n.* ⓊⒸ **거품;** 시시한 것; 쓸데없는 얘기. ― *vt., vi.* 거품을 일으키다; 거품으로 덮다; 거품을 뿜다. ˊ**·y** *a.* 거품의〔같은〕; 공허한. 「비단 스치는 소리.
frou-frou [frúːfrùː] *n.* (여성 옷의)
fro·ward [fróuərd, -wərd] *a.* 비뚤어진, 완고한, 고집 센. ～**·ly** *ad.*
‡**frown** [fraun] *vt., vi., n.* **눈살을 찌푸리다**〔찌푸림〕; 상을 찡그리다〔찡그림〕, 언짢은 얼굴(을 하다)(*on, upon*). *～ down* 무서운 얼굴을 하여 위압하다.
frown·ing [ˊiŋ] *a.* 언짢은, 찌푸린 얼굴의; 험한. ～**·ly** *ad.*
frowz·y, frows·y [fráuzi] *a.* 추레한; 악취가 나는. **-i·ly** *ad.*
***froze** [frouz] *v.* freeze의 과거.
‡**fro·zen** [fróuzn] *v.* freeze의 과거분사. ― *a.* **언;** 냉동의; 극한(極寒)의; 동상에 걸린; 동사한; 얼음으로 덮인; 냉담한; (자산이) 동결된. *the ～ limit* 인내의 한계. *a ～ man* 미석방 포로. ～**·ly** *ad.*
frózen fóod 냉동 식품.
F.R.S. Fellow of the Royal Society. **frs.** francs. **F.R.S.A.** F.R.S. of Arts. **F.R.S.E.** F.R.S. of Edinburgh. **F.R.S.L.** F.R.S. of Literature; F.R.S., London. **F.R.S.S.** Fellow of the Royal Statistical Society. **frt.** freight.
fruc·ti·fy [frʌ́ktəfài] *vi., vt.* 열매를 맺(게 하)다; 비옥하게 하다. 「糖).
fruc·tose [frʌ́ktous] *n.* Ⓤ 과당(果
frug [fruːg] *n., vi.* 프루그(를 추다) 《로큰롤의 일종》.
***fru·gal** [frúːgəl] *a.* **검소한,** 알뜰한. **fru·gal·i·ty** [fruːgǽləti] *n.* ⓊⒸ
†**fruit** [fruːt] *n.* ① Ⓤ 《種類를 나타낼 때는 Ⓒ》 **과실,** 과일. ② (*pl.*) 생산물; 소산; 결과. ③ 《古》 자손.

bear ~ 열매 맺다. —— *vi.*, *vt.* 열매를 맺(게 하)다. ∠·age [∠idʒ] *n.* Ⓤ 결실; 《集合的》 과실; 결과. ∠·er *n.* 과실선(船); 열매가 열리는 나무; 과수(果樹) 재배자. ***frúit·less** *a.* 열매를 맺지 않는; 효과가 없는. ∠·y *a.* 과일의 풍미가 있는. 「이크.
fruit·cake [∠kèik] *n.* ⒸⓊ 프루트 케
frúit cócktàil 과일 샐러드의 일종.
fruit·er·er [∠ərər] *n.* 과일상(商).
‡fruit·ful [∠fəl] *a.* 열매가 잘 열리는; 다산(多産)인; (토지가) 비옥한; 이익이 많은. ~·ly *ad.* ~·ness *n.*
fru·i·tion [fru:íʃən] *n.* Ⓤ 결실; (목적의) 달성; 성과; 소유(의 기쁨).
frúit sálad 프루트〔과일〕 샐러드.
frúit sùgar 과당(果糖).
frúit trèe 과수. 「ish, ∠·y *a.*
frump [frʌmp] *n.* 추레한 여자. ∠·
***frus·trate** [frʌ́streit] *vt.* (계획·노력 등을) 좌절시키다; 사람을 실망시키다. **frus·tra·tion** [frʌstréiʃən] *n.* ⓊⒸ 타파; 좌절, 실패; 〖心〗 욕구불만.
†fry[1] [frai] *vt.*, *vi.*, *n.* 기름에 튀기다〔튀겨지다〕; 프라이(하다), 프라이로 되다; 《美》 (옥외의) 프라이 회식(會食). ~ ***the fat out of***... (실업가 등)에게 헌금(獻金)시키다. ***have other fish to*** ~ 다른 더 중요한 일이 있다. ∠·er 프라이 요리사, 프라이용 식품.
fry[2] *n. sing. & pl.* 치어(稚魚); 작은 물고기 떼; 동물의 새끼; 아이들. ***small*** 〔***lesser, young***〕 ~ 잡어(雜魚); 아이들; 시시한 녀석들.
frýing pàn 프라이 팬. ***jump*** 〔***leap***〕 ***out of the*** ~ ***into the fire*** 소난(小難)을 면하여 대난에 빠지다.
FSA, F.S.A. Federal Security Agency; Fellow of the Society of Antiquaries. **FSCC, F.S.C.C.** Federal Surplus Commodities Corporation. **FSIC** Financial System Investigation Council.
F-16 [éfsikstí:n] *n.* 미공군 신예 전투기《애칭 Fighting Falcon》.
ft. feet; foot; fort. **FTC** 《美》 Federal Trade Commission. **ft-lb.** foot-pound.
F_2 làyer [éftú:] 〖通信〗 F_2층 《지상 약 250~500 km의 범위 안에 존재하여 전파를 반사하는 전리층 F층 중의 하나》.
FTX field training exercise.
fuch·sia [fjú:ʃə] *n.* 〖植〗 퓨셔《바늘꽃과의 관상용 관목》.
fuck [fʌk] *vt.*, *vi.* 《卑》 성교하다; 가혹한 취급을 하다; 실수하다. —— *n.* (the ~) hell 따위 대신에 쓰이는 강의어(強意語). 「시키다.
fud·dle [fʌ́dl] *vt.* 취하게 하다; 혼란
fudge [fʌdʒ] *n.* ⓊⒸ (설탕·밀크·버터를 넣은) 캔디의 일종; 허튼 소리. —— *int.* 당치 않은! —— *vi.* 허튼소리를 하다; 꾸며내다; 속이다.
Fueh·rer [fjúərər] *n.* =FÜHRER.
‡fu·el [fjú:əl] *n.* Ⓤ ① 《種類를 나타낼 때는 Ⓒ》 연료. ② 감정을 불태우는 것. ~ ***capacity*** 연료 적재력; 연료 저장량. ~(***l***)***ing station*** 연료 보급소. —— *vt.*, *vi.* (《英》 *-ll-*) 연료를 얻다〔공급하다, 적재하다〕.
fúel cèll 연료 전지.
fúel òil 연료유; 중유. 「의.
fu·gal [fjú:gəl] *a.* 〖樂〗 푸가(fugue)
***fu·gi·tive** [fjú:dʒətiv] *a.*, *n.* 도망친; 도망자; 일시적인; 덧없는; (작품이) 일시적인 주제를 다룬.
fugue [fju:g] *n.* 〖樂〗 푸가, 둔주곡(遁走曲).
Füh·rer [fjúərər] *n.* (G.) 지도자. ***der*** ~ (히틀러) 총통.
-ful *suf.* ① 「…이 가득 찬, …이 많은, …한 성질이 있는」의 뜻의 형용사를 만듦: beauti*ful*, forget*ful*. ② 「…에 하나 가득」의 뜻의 명사를 만듦: hand*ful*, spoon*ful*.
Ful·bright [fúlbràit] *a.* 풀브라이트 장학 기금의 (~ *professors*). —— *n.* 풀브라이트 장학금(=~ scholarship).
ful·crum [fúlkrəm, fʌ́l-] *n.* (*pl.* ~***s***, ***-cra*** [-krə]) (지레의) 받침점; 지주.
‡ful·fill, 《英》 **-fil** [fulfíl] *vt.* (*-ll-*) (약속·의무 따위를) 수행하다; (명령에) 따르다; (목적을) 달성하다; 완성하다; (조건을) 만족시키다. *~·**ment** *n.* Ⓤ 수행, 실행, 달성.
†full[1] [ful] *a.* 찬, 충분한; 풍부한; 완전한(~ *age* 성년); 최대한의; 불룩〔통통〕한; (의복이) 낙낙한; (성량이) 낭랑한. —— *ad.* 충분히; 꼬박; 《詩》 완전히, 몹시. —— *n.* 전부; 충분; 한창. ***at*** 〔***to***〕 ***the*** ~ 한창때에, 충분히. ***in*** ~ 상세하게; 전액(全額). *∠·**ness** *n.* Ⓤ 충분, 풍족, 충만, 비만(肥滿), (음색의) 풍부함.
full[2] *vt.*, *vi.* (천을) 축융(縮絨)하다; (빨거나 삶아서) 천의 올을 배게 하다.
fúll áge 성년.
full·back [∠bæ̀k] *n.* 〖蹴〗 풀백, 후위.
fúll blòod 순종(純種)의 사람〔동물〕.
full-blood·ed [∠blʌ́did] *a.* 순종의; 혈기 왕성한. 「개한.
full-blown [∠blóun] *a.* 만발한, 만
full-bod·ied [∠bádid/-ɔ́-] *a.* 내용이 충실한; (술 따위가) 진한 맛이 있는; (사람이) 살찐. 「형제〔자매〕.
fúll bróther 〔**sístér**〕 부모가 같은
fúll dréss 정장(正裝).
full-dress [∠drés] *a.* 정장의.
fúll emplóyment 완전 고용.
full·er [fúlər] *n.* (직물의) 축융공(縮絨工).
fúller's èarth 백토, 표토.
full·face [∠fèis] *n.* Ⓤ 〖印〗 굵은 활자. **-faced** [∠féist] *a.* 둥근 얼굴의; 정면을 향한; 〖印〗 (활자가) 굵은.
full-fash·ioned [∠fǽʃənd] *a.* (스타킹을) 다리에 꼭 맞게 짠.
full-fledged [∠flédʒd] *a.* 깃털이 다 난; 충분히 자격 있는. 「란.
full-grown [∠gróun] *a.* 충분히 자
fúll hánd 〖포커〗 동점의 패 두 장과 석 장을 갖춤. 「신〕에 찬.
full-hearted [∠há:rtid] *a.* 용기〔자

fúll hóuse (극장 따위의) 만원; = FULL HAND. 「身大)의.
full-length [∠léŋkθ] *a.* 등신대(等
fúll móon 만월(滿月).
fúll náme ⇨ NAME.
fúll nélson 〖레슬링〗 풀넬슨《목누르기의 일종》. 「인.
full-out [∠àut] *a.* 전면적인, 본격적
fúll proféssor 대학 교수.
full-rigged [∠rígd] *a.* (돛배가) 전(全)장비를 갖춘.
full-scale [∠skéil] *a.* 실물대(實物大)의; 본격적인, 전면적인.
fúll stóp 종지부. 「무)의.
full-time [∠táim] *a.* 전(全)시간(근
full-tim·er [∠tàimər] *n.* 전(全)수업 시간 출석 학생(cf. part-timer).
‡**ful·ly** [∠i] *ad.* 충분히, 완전히, 아주.
ful·ly-fash·ioned [-fǽʃənd] *a.* = FULL-FASHIONED.
ful·mi·nate [fʌ́lmənèit] *vi., vt.* 번쩍하다, 천둥치다; 호통치다 (*against*); 폭발하다〔시키다〕, 맹렬한 비난을 받다〔퍼붓다〕. **ful·mi·na·tion** [∠-néiʃən] *n.* ⓊⒸ
ful·ness [fúlnis] *n.* = FULLness.
ful·some [fúlsəm, fʌ́l-] *a.* 몹시 역겨운, 치근치근한. ~**·ly** *ad.*
fu·ma·role [fjú:məròul] *n.* (화산의) 분기공(噴氣孔).
***fum·ble** [fʌ́mbəl] *vi., vt.* 더듬다; 만지작〔주물럭〕거리다; 〖野〗 (공을) 펌블하다. —— *n.* 더듬질; 펌블《공을 잘못 받는 것》.
‡**fume** [fju:m] *n.* (종종 *pl.*) 연기, 증기; 향기; 훗훗한 기; 노기(怒氣), 흥분. —— *vi., vt.* 연기가 나(게 하)다; 증발하다〔시키다〕; 불뚱이 내다.
fu·mi·gate [fjú:məgèit] *vt.* 그을리다; 훈증(燻蒸) 소독하다; (향을) 피우다. **-ga·tor** [-gèitər] *n.* 훈증〔소독〕기〔자〕. **fu·mi·ga·tion** [∠-géiʃən] *n.* Ⓤ
fum·y [fjú:mi] *a.* 연기〔증기〕로 가득 찬〔를 내는〕; 증기 모양의.
†**fun** [fʌn] *n.* Ⓤ 장난; 재미. ***for*** 〔***in***〕 ~ 농담으로. ***make*** ~ ***of,*** or ***poke*** ~ ***at*** 놀리다. —— *vi.* (***-nn-***) 《口》 장난하다, 까불다. 「의 별칭》.
Fún Cìty 환락의 도시《New York
‡**func·tion** [fʌ́ŋkʃən] *n.* ① 기능, 작용. ② 임무; 직무. ③ 의식. ④ 〖數〗 함수. —— *vi.* 작용하다; 직분을 다하다. *~**·al** *a.* 기능의(*a* ~*al disease* 기능적 질환)(opp. organic); 직무상의; 여러모로 유용한. ~**·ar·y** *n., a.* 직원, 관리; 기능〔직무〕의.
fúnctional illíterate 읽기·쓰기의 능력 부족으로 사회 생활에 지장이 있는 사람.
func·tion·al·ism [fʌ́ŋkʃənəlìzəm] *n.* Ⓤ (건축 등의) 기능주의《일종의 실용주의》. 「사·접속사·조동사 등》.
fúnction wòrd 〖文〗 기능어《전치
‡**fund** [fʌnd] *n.* 기금; 적립금; (지식·기능의) 온축(蘊蓄); (*pl.*) 소지금, 돈; (*pl.*) (국가의) 재원, 《英》 공채. ***in*** 〔***out of***〕 ~***s*** 돈을 가지고〔돈이 떨어져서〕. —— *vt.* (단기 차입금을) 장기 공채로 바꾸다; (이자 지불을 위해) 자금을 준비하다.
fun·da·ment [fʌ́ndəmənt] *n.* 〖解〗 둔부; 항문.
‡**fun·da·men·tal** [fʌ̀ndəméntl] *a.* 근본적인; 중요한; 〖樂〗 기음(基音)의. —— *n.* 근본, 원리; 〖樂〗 기음; 〖理〗 기본파(波). ~**·ism** [-ìzəm] *n.* Ⓤ 〖宗〗 기본주의《성서를 문자대로 믿고 진화론을 배격함》. ~**·ist** *n.* *~**·ly** *ad.*
‡**fu·ner·al** [fjú:nərəl] *n., a.* 장례식(의), 장례 행렬(의).
fúneral màrch 장송 행진곡.
fu·ner·ar·y [fjú:nərèri/-rəri], **fu·ne·re·al** [fju:níəriəl] *a.* 장례식의, 장례식 같은; 음울한.
fún fàir 《주로 英》 = AMUSEMENT
fún fùr 싼 모조 모피 옷. 」park.
fun·gi [fʌ́ndʒai, fʌ́ŋgai] *n.* fungus 의 복수.
fun·gi·cide [fʌ́ndʒəsàid] *n.* 살균제.
fun·go [fʌ́ŋgou] *n.* 〖野〗 연습 플라이; = ∠ **bàt** 녹〔연습〕 배트.
fun·goid [fʌ́ŋgɔid] *a.* 균 비슷한; 균성〔질〕의. 「균에 의한; 일시적인.
fun·gous [fʌ́ŋgəs] *a.* 균의, 균 같은;
fun·gus** [fʌ́ŋgəs] *n.* (*pl.* ~es, -gi***) 진균류(眞菌類)《곰팡이·버섯 따위》; 〖醫〗 균상종(菌狀腫).
fu·nic·u·lar [fju(:)níkjulər] *a.* 케이블의〔로 움직이는〕.
funícular ráilway 케이블카.
funk [fʌŋk] *n.* 《口》 공포; 공황; 겁쟁이. ***be in a*** ~ 겁내고 있다. —— *vt.* …을 겁내다; 두려워하게 하다. —— *vi.* 겁을 집어먹다.
fun·ky[1] [fʌ́ŋki] *a.* 《口》 겁먹은; 겁 많은.
fun·ky[2] *a.* 《俗》 ① 몹시 구린. ② 관능적인. ③ 〖재즈〗 펑키한《소박하고 정열적》.
fun·nel** [fʌ́nl] *n.* 깔때기; (깔때기 모양의) 통풍통(通風筒), 채광(採光) 구멍; (기관차·기선의) 굴뚝. —— *vt., vi.* (《英》 ***-ll-) 깔때기로 흐르게 하다; 깔때기 꼴이 되다; 집중하다.
†**fun·ny** [fʌ́ni] *a.* 우스운; 《口》 이상한; 《口》 (몸의) 상태가 나쁜; 《口》 술취한; 《美》 (신문의) 만화(란)의. ~ ***column*** 〔***strips***〕 만화란. —— *n.* 《口》 농담; (*pl.*) 《美口》 연재 만화(란) (cf. comic strip). **fún·ni·ly** *ad.*
fúnny bòne (팔꿈치의) 척골(尺骨)의 끝《치면 짜릿한 곳》.
fun·ny-ha·ha [fʌ́nihà:há:] *a.* 《口》 재미있는, 우스운. 「군; 어릿광대.
fun·ny·man [-mən] *n.* 《美口》 익살
fun·ny-pe·cul·iar [-pikjú:ljər] *a.* 이상한. 「부록.
fúnny pàper 《美口》 신문의 만화
†**fur** [fə:r] *n.* ① 모피; Ⓤ 부드러운 털; (*pl.*) 모피 제품. ② Ⓤ 《集合的》 모피 동물. ③ Ⓤ 설태(舌苔); 물때. ~ ***and feather*** 사냥짐승과 사냥새. —— *vt.* (***-rr-***) 모피로 덮다〔안을 대다〕; 설태〔물때〕를 끼게 하다.
fur. furlong; furnished.

fur·be·low [fə́:rbəlòu] *n.*, *vt.* 옷 가두리〔옷자락〕 장식(으로 꾸미다).
fur·bish [fə́:rbiʃ] *vt.* 갈다, 닦다; (어학 따위 실력을) 다듬어 연마하다; 새롭게 하다, 부활시키다(*up*).
fur·cate [fə́:rkit] *a.* (끝이) 갈라진, 두갈래진. — *vi.* [fə́:rkeit] 갈라지다, 두갈래지다.
fur·fur [fə́:rfər] (*pl.* **-fures** [-fəri̇̀:z]) *n.* (머리의) 비듬.
Fu·ries [fjúəriz] *n. pl.* 〖그·로神〗 (the ～) 복수의 세 여신(女神).
‡**fu·ri·ous** [fjúəriəs] *a.* **격노한**; 미쳐 날뛰는; 맹렬한. *～**·ly** *ad.*
furl [fə:rl] *vt.*, *vi.* (깃·돛 따위를) 감다, 접다, 접히다. — *n.* 감기; 접은 것. 「의 단위; 1/8 마일》.
fur·long [fə́:rlɔ:ŋ/-ɔ-] *n.* 펄롱《거리
fur·lough [fə́:rlou] *n.*, *vt.* [UC] 말미〔휴가〕(를 주다). *on* ～ 휴가중에.
‡**fur·nace** [fə́:rnis] *n.* **화덕**; **용광로**; 난방로; 작열하는 곳; 시련.
‡**fur·nish** [fə́:rniʃ] *vt.* **공급하다**; (가구 따위를) 설비하다. *～**ed** [-t] *a.* **가구 달린**. ～**·er** *n.* 가구상. *～**·ing** *n.* [U] **(가구의) 설비**; (*pl.*) 비치된 가구; 《美》 복식품(服飾品).
‡**fur·ni·ture** [fə́:rnitʃər] *n.* [U] 《集合的》 **가구**; 비품; 내용. *the* ～ *of one's pocket* 〔*shelves*〕 돈〔책〕.
fu·ror [fjúrɔ:r, fjúrər] *n.* [UC] 노도와 같은 감격〔흥분〕; 열광.
fu·rore [fjúrɔ:r/fjuərɔ́:ri] *n.* =ⓤ.
furred [fə:rd] *a.* 털가죽(제품)을 붙인, 모피로〔모피 제품으로〕 덮인, 모피제의; 설태〔물때〕가 낀.
fur·ri·er [fə́:riər/fʌ́r-] *n.* 모피상; 모피 장색(匠色). ～**·y** *n.* [UC] 모피류; 모피업.
*__fur·row__ [fə́:rou/-ʌ́-] *n.* ① **고랑**; 보습자리. ② 항적(航跡). ③ **주름살**. — *vt.* (쟁기로) 갈다; 두둑〔고랑〕을 짓다; 주름살이 생기게 하다.
fur·ry [fə́:ri] *a.* 모피의, 모피 같은; 모피로 덮인; 설태〔물때〕가 낀.
fúr sèal 물개.
†**fur·ther** [fə́:rðər] (far의 比較級) *a.* 더 먼; 그 이상의. — *ad.* **더 멀리**; **더욱**. *I'll see you* ～ *first.* 《口》 딱 질색이다. — *vt.* 나아가게 하다, 조장하다. ～**·ance** *n.* [U] 조장, 촉진. ‡**fúr·ther·more** [-mɔ̀:r] *ad.* **더욱 더**, **그 위에 더**. ～**·most** [-mòust] *a.* 가장 먼.
‡**fur·thest** [fə́:rðist] (far의 最上級) *a.*, *ad.* =FARTHEST.
fur·tive [fə́:rtiv] *a.* 은밀한, 남몰래 하는, (아무가) 남의 눈을 기이는. ～ *glance* 슬쩍 엿봄. ～**·ly** *ad.*
‡**fu·ry** [fjúəri] *n.* ① [UC] **격노**, 분격. ② [U] 광포; 격렬. ③ 표독한 여자(virago). ④ (F-) FURIES의 하나. *like* ～ 《口》 맹렬하게.
furze [fə:rz] *n.* [U] 〖植〗 (유럽산) 바늘금작화(金雀花)(gorse).
fu·sain [fju:zéin, ⌐-] *n.* [U] (데생용) 목탄; [C] 목탄화. 「키다〔하다〕.
*__fuse__[1] [fju:z] *vt.*, *vi.* **녹(이)다**; 융합시
*__fuse__[2] *n.* **신관**(信管), 도화선; 〖電〗 퓨즈. 「적색 섬광 신호.
fu·see [fju:zí:] *n.* 내풍(耐風) 성냥;
fu·se·lage [fjú:səlà:ʒ, -lidʒ, -zə-/-zi-] *n.* (비행기의) 동체(胴體).
fú·sel òil [fjú:zəl] 퓨젤유(油).
fu·si·bil·i·ty [fjù:zəbíləti] *n.* [U] 가용성; 용해도.
fu·si·ble [fjú:zəbəl] *a.* 녹기 쉬운.
fu·sil [fjú:zəl] *n.* 〖史〗 (가벼운) 수발총(燧發銃). 「총병(兵).
fu·sil·ier, -eer [fjù:zəlíər] *n.* 수발
fu·sil·lade [fjú:səlèid, -zə-] *n.* (총포·질문 따위의) 일제 사격; 〖野〗 맹타 연발.
*__fu·sion__ [fjú:ʒən] *n.* ① [U] **융해**; 〖理〗 핵융합(cf. fission). ② 융해물. ③ [UC] (정당의) 합동. *nuclear* ～ 핵융합. ～**·ist** *n.* 합동론자.
fúsion bòmb 수소 폭탄.
fúsion pòint 융점, 융해점.
‡**fuss** [fʌs] *n.* ① [UC] (하찮은 일에 대한) **야단법석**; 흥분, 안달복달. ② (하찮은 일에) 떠들어대는 사람. ③ 《口》 싸움; 말다툼. *get into a* ～ 마음 졸이다, 흥분하다. *make a* ～ 야단법석하다. — *vi.*, *vt.* (하찮은 일로) 법석떨(게 하)다, 속타(게 하)다. *⌐**·y** *a.* (사소한 일에) **법석떠는**; 성가신; (의복·문체 따위) 몹시 신경을 쓰는〔꼼꼼한〕(finical); 세밀한.
fuss·budg·et [fʌ́sbʌ̀dʒit] *n.* 《口》하찮은 일에 떠들어대는 사람, 떠벌이.
fus·tian [fʌ́stʃən] *n.*, *a.* [UC] 퍼스티언(제(製)의) 《면·마직의 거친 천, 코르덴식의 능직 무명》; [U] 과장된(말). 「빠진; 완고한.
fus·ty [fʌ́sti] *a.* 곰팡내 나는; 낡아
‡**fu·tile** [fjú:tl, -tail] *a.* **쓸데없는**; 하찮은(trifling). *__fu·til·i·ty__ [fju:tíləti] *n.* [U] **무용**; [C] 무익한 것.
†**fu·ture** [fjú:tʃər] *n.*, *a.* [CU] **미래**(의) (*the* ～ *life* 내세); 장래; 전도; 〖文〗 미래 시제(의); (*pl.*) 〖商〗 선물(先物). *for the* ～, or *in* (*the*) ～ 장래엔, 금후는. *in the near* ～, or *in no distant* ～ 멀지 않아. ～**·less** *a.* 미래가 없는, 장래성 없는.
fu·tur·ism [-rìzəm] *n.* [U] 미래파《전통의 포기를 주장하고 1910년경 이탈리아에서 일어난 예술상의 일파》.
fú·tu·rist *n.* 미래파 화가〔문학자·음악가〕(따위).
fu·tu·ri·ty [fju:tjúərəti] *n.* [U] 미래(성); [U] 후세; [C] 미래의 상태〔일〕. 「*n.* [U] 미래학.
fu·tu·rol·o·gy [fjù:tʃərálədʒi/-rɔ́l-]
fuze [fju:z] *n.* =FUSE[2]
fu·zee [fju:zí:] *n.* =FUSEE.
fuzz [fʌz] *n.* [U] 보풀, 잔털, 솜털. — *vi.*, *vt.* 보풀이 일다; 보풀을 일으키다; 훌훌 흩어져 날다. ⌐**·y** *a.* 보풀의, 보풀〔괴깔〕 같은; 보풀이 일어난; 희미한.
FY fiscal year.
fyl·fot [fílfɑt/-fɔt] *n.* 만자(卍).
F.Z.S. Fellow of the Zoological Society.

G

G, g [dʒi:] *n.* (*pl.* ***G's, g's*** [-z]) 〖樂〗 사음(音), 사조(調); (로마 숫자의) 400; 〖理〗 중력의 상수(常數); 《美俗》 천, 천 달러(grand).

G, G. German; gravity. **g** gram(me). **g.** guinea. **Ga** 〖化〗 gallium. **Ga.** Gallic; Georgia. **GA, G. A.** General Agent; General Assembly (유엔) 총회; General of the Army. **G. A., g. a.** general average 〖保險〗 공동 해손(共同海損). **GAB** General Agreement to Borrow 국제 통화 기금(IMF)의 일반 차입 협정.

gab [gæb] *n., vi.* (***-bb-***) Ⓤ 《口》 수다(떨다). ***gift of the* ~** 능변.

gab·ar·dine, gab·er- [gǽbərdì:n, ⌐-⌐] *n.* Ⓤ 개버딘《레인코트감》.

***gab·ble** [gǽbəl] *vi., vt., n.* **지껄이다**; Ⓤ 지껄여대기. **-bler** *n.*

gab·bro [gǽbrou] *n.* Ⓤ,Ⓒ 〖鑛〗 반려암.

gab·by [gǽbi] *a.* 수다스러운.

ga·bi·on [géibiən] *n.* (둑·보루용) 돌

***ga·ble** [géibəl] *n.* 〖建〗 **박공.** ⌊담은 통.

gáble ròof 박공 지붕.

Ga·bon [gæbɔ́:ŋ] *n.* 가봉《아프리카 남서부의 공화국; 수도 Libreville》.

Ga·bri·el [géibriəl] *n.* 〖聖〗 가브리엘《위안·희소식을 가져오는 천사》.

ga·by [géibi] *n.* 《英俗》 바보.

gad[1] [gæd] *vi.* (***-dd-***), *n.* 어슬렁거리다, 돌아다니다; 어슬렁거리기.

gad[2] *n.* =GOAD.

gad[3] *n., int.* (*or* G-) 《口》 아이구!, 맙소사! ***by* ~** =by GOD.

gad·a·bout [⌐əbàut] *a., n.* 빈들빈들 돌아다니는 (사람).

gad·fly [⌐flài] *n.* 등에, 말파리, 쇠파리; 성가신 사람.

***gadg·et** [gǽdʒit] *n.* (기계의) **부속품,** 간단[편리]한 장치; 묘안.

gad·o·lin·i·um [gæ̀dəlíniəm] *n.* Ⓤ 〖化〗 가돌리늄《희토류 원소; 기호 Gd》.

Gael [geil] *n.* 게일 사람《스코틀랜드 고지·아일랜드 등지의 켈트 사람》. **⌐·ic** [⌐ik] *a., n.* 게일족[어]의; Ⓤ

Gael. Gaelic. ⌊게일어.

gaff[1] [gæf] *n., vt.* 작살(로 찌르다); (물고기를) 갈고리(로 끌어 올리다); 〖海〗 사형(斜桁); Ⓤ,Ⓒ 《英俗》 (객적은) 수다, 엉터리; 《美俗》 괴로운 일. ***blow the* ~** 《俗》 계획[비밀]을 누설하다. ***stand the* ~** 《美俗》 싫은 일을 참다; 벌을 달게 받다.

gaff[2] *n.* 《英俗》 싸구려[삼류] 극장 《보통 penny ~ 라고 함》.

gaffe [gæf] *n.* 실수, 실책.

gaf·fer [gǽfər] *n.* 노인, 영감.

gag[1] [gæg] *n.* 재갈; 언론 탄압; 〖英議會〗 토론 종결; 〖外〗 개구기(開口器). **—** *vt., vi.* (***-gg-***) 재갈을 물리다; 언론을 탄압하다; 게우게 하다; 웩웩거리다.

gag**[2] *n.* ① 〖劇〗 **개그**《배우가 임기응변으로 하는 익살·농담》. ② 사기, 거짓말. **—** *vt., vi.* (-gg-***) 개그를 넣다; 속이다. **⌐·man** [⌐mæ̀n] *n.* 개그 작가; 희극 배우.

ga·ga [gá:gà:] *a., n.* 《俗》 어수룩한 (영화팬) (*the* **~s** 무비판한 족속들); 늙은, 망령들린; 열중한.

gage[1] [geidʒ] *n.* 저당물; 도전(의 표시로 던지는 물건)《장갑 따위》.

gage[2] *n.* =GAUGE.

gag·gle [gǽgəl] *n., vi.* 거위떼(가 꽥꽥 울다); (여자들의) 무리; (시끄러운) 집단.

gág làw [**rùle**] 《美》 토론 금지(령).

***gai·e·ty** [géiəti] *n.* ① Ⓤ **유쾌,** 쾌활. ② Ⓤ (의복 등의) 호사, 화려. ③ (*pl.*) 환락, 법석.

***gai·ly** [géili] *ad.* **유쾌[화려]하게.**

†**gain** [gein] *vt.* ① **얻다; 이기다.** ② 획득하다. ③ (무게·힘 등이) 늘다; (시계가) 더 가다. **—** *vi.* ① 이익을 얻다. ② 나아지다; 잘 되다. **~ (*up*)*on*** …에 접근하다; (아무에게) 빌붙다; …에 침식하다. **~ *over*** 설복시키다; (자기 편으로) 끌어들이다. **~ *the*** EAR[1] ***of.*** **~** TIME. **—** *n.* **이익;** 증가; 진보; (*pl.*) 이득, 벌이. **⌐·er** *n.* 이득자; 승리자. **⌐·ful** *a.* 유리한. **⌐·ing** *n.* (*pl.*) 이득, 소득, 벌이. 「과거(분사).

gain·said [gèinséid] *v.* gainsay의

gain·say [⌐séi] *vt.* (***-said***) 부정[반박]하다. 「=AGAINST.

(')**gainst** [genst / gein-] *prep.* 《詩》

***gait** [geit] *n.* **걸음걸이;** (말의) 보조

gait·er [géitər] *n.* 각반. ⌊(步調).

gal[1] [gæl] *n.* 《俗》 =GIRL.

gal[2] *n.* 가속도 단위 (1 ~=1cm/sec^2).

Gal. Galatians. **gal.** gallon(s).

ga·la [géilə, gá:-, gǽlə] *n., a.* 축제(의). 제례(의). **~ *dress*** 나들이 옷.

ga·lac·tic [gəlǽktik] *a.* 〖天〗 은하의; 젖의, 젖에서 얻은.

Gal·a·had [gǽləhæ̀d] *n.* Arthur 왕의 원탁 기사의 한 사람; (a ~) 고결한 사람. 「肉) 요리의 일종.

gal·an·tine [gǽləntì:n] *n.* 냉육(冷

ga·lán·ty shòw [gəlǽnti] 그림자 그림 연극; 겉만 화려한 구경거리.

Ga·la·tians [gəléiʃiənz] *n. pl.* 〖聖〗 갈라디아서(書).

***gal·ax·y** [gǽləksi] *n.* ① (G-) **은하,** 은하수; 〖天〗 은하계 (우주). ② (미인·재사 등의) 화려한 무리.

‡**gale**[1] [geil] *n.* ① 〖氣〗 **강풍, 큰바람;** 〖海〗 폭풍. ② 《詩》 실바람. ③ 《美》 폭소; 환희; 흥분 상태.

gale[2] *n.* 버드소귀나무의 일종 《늪지대에 남》. 「(鑛.

ga·le·na [gəlí:nə] *n.* Ⓤ 방연광(方鉛

Gal·i·le·an [gæ̀ləlí:ən] *a., n.* Galilee 의(사람); (the ~)=JESUS; Galileo의.

Gal·i·lee [gǽləlì:] *n.* 〖聖〗 갈릴리 《Palestine 북부의 옛 로마의 주》.

***Gal·i·le·o** [gæ̀ləlí:ou, -léiou] **~ Galilei** (1564–1642) 이탈리아의 물리학자·천문학자.

G

gal·i·ot [gǽliət] *n.* 〖史〗 (옛날 지중해에서 쓰던) 작은 돛배; 네덜란드의 작은 어선〔상선〕.

gall**[1] [gɔ:l] *n.* Ⓤ ① **담즙**(膽汁)(bile). ② Ⓒ 담낭, 쓸개. ③ 쓴 것; 진절머리, 증오. ④ 《美俗》 뻔뻔스러움. ***dip one's pen in **~** 독필(毒筆)을 휘두르다.

gall[2] *vt.* 스쳐 벗어지게 하다; 노하게 하다, 애태우다. **——** *n.* 찰과상, (특히 말의 등의) 스쳐서 벗겨진 상처; 걱정거리.

gall[3] *n.* 오배자, 몰식자(沒食子)《균·벌레 등이 잎·줄기에 만든 충영(蟲癭)》.

gall. gallon(s).

‡**gal·lant** [gǽlənt] *a.* ① 훌륭한, 당당한. ② 화려한. ③ **용감한,** 기사적인. ④ [gəlǽnt] 여성에게 친절한; 연애의. **~** ***adventures*** 정사(情事). **——** [gǽlənt, gəlǽnt] *n.* 용감한 사람; 여성에게 친절한 남자, 상냥한 남자. ***~·ly** *ad.* ***~·ry** [gǽləntri] *n.* Ⓤ **용감;** 여성에게 친절함; Ⓒ 정중한 말씨〔태도〕; ⓊⒸ 정사.

gáll blàdder 담낭, 쓸개.

gal·le·on [gǽliən] *n.* 〖史〗 스페인의 큰 돛배《상선·군함》.

‡**gal·ler·y** [gǽləri] *n.* ① **회랑.** ② (교회의) 특별석(의 사람들); 〖劇〗 맨 위층 보통 관람석(의 관객), 맨 뒤의 입석. ③ **화랑,** 진열장; 긴 방. ④ 〖鑛〗 갱도. ***play to the*** **~** 일반 관중의 취미에 맞춰 연기하다; 저속 취미에 영합하다. **gál·ler·ied** *a.* ~가 있는.

***gal·ley** [gǽli] *n.* ① 〖史〗 **갈리배**《노예가 노를 젓는 돛배》. ② (고대 그리스·로마의) 군함; 대형 보트. ③ (선내의) 취사실. ④ 〖印〗 게라《스틱(composing stick)으로부터 옮긴 활자를 담는 목판》; =⇩.

gálley pròof 게라쇄(刷).

gálley slàve 갤리배를 젓는 노예.

gall·fly [gɔ́:lflài] *n.* 몰식자(沒食子)벌.

Gal·lic [gǽlik] *a.* 골(사람)의 (cf. Gaul); 프랑스의.

gal·lic[1] *a.* 〖化〗 갈륨의.

gal·lic[2] *a.* 오배자의; 몰식자성(沒食子性)의.

gál·lic ácid [gǽlik-] 갈산(酸).

gal·li·cism, G- [gǽləsìzəm] *n.* ⓊⒸ (독특한) 프랑스어법(語法); 프랑스어풍(風).

gall·ing [gɔ́:liŋ] *a.* 울화치미는, 속타게 하는(cf. gall[2]).

gal·li·nule [gǽlənjù:l] *n.* 〖鳥〗 쇠물닭류(類)의 물새.

gal·li·pot [gǽləpàt / -pɔ̀t] *n.* (작은) 약 단지.

gal·li·um [gǽliəm] *n.* Ⓤ 〖化〗 갈륨《희금속 원소; 기호 Ga》.

gal·li·vant [gǽləvæ̀nt/ˌ-ˊ] *vi.* 이성의 꽁무니를 쫓아다니다; 건들건들 놀러 다니다.

gall·nut [gɔ́:lnʌ̀t] *n.* 몰식자, 오배자(gall[3]).

***gal·lon** [gǽlən] *n.* **갤런**《=4 quarts; 영국에서는 약 4.5리터, 미국에서는 약 3.8리터》.

‡**gal·lop** [gǽləp] *n.* **갤럽**《말의 전속력 구보》; 급속도. **——** *vi., vt.* 갤럽으로 달리(게 하)다; 급속도로 나아가다.

***gal·lows** [gǽlouz] *n.* (*pl.* **~** (*es*)) 교수대; 교수형; (*pl.*) 《美俗》 바지 멜빵.

gállows bìrd 《口》 극악한 사람.

gall·stone [gɔ́:lstòun] *n.* ⓊⒸ 〖病〗 담석(膽石).

Gál·lup pòll [gǽləp] 《美》 (통계학자 G. H. Gallup 지도의) 갤럽 여론 조사.

ga·loot [gəlú:t] *n.* 《美俗》 얼빠진 사람, 어리보기.

gal·op [gǽləp] *n.* 갤롭《경쾌한 춤》; 그 곡. **——** *vi.* 갤롭을 추다.

ga·lore [gəlɔ́:r] *ad.* 풍부하게.

***ga·losh** [gəlάʃ/-ɔ́-] *n.* =OVERSHOE.

gals. gallons.

Gals·wor·thy [gɔ́:lzwə̀:rði, gǽl-], **John** (1867–1933) 영국의 소설가·극작가《1932년 노벨 문학상》.

ga·lumph [gəlʌ́mf] *vi.* 《口》 의기양양하게 걷다.

Gal·va·ni [gælvά:ni], **Luigi**(1737–98) 이탈리아의 생물학자·물리학자.

gal·van·ic [gælvǽnik] *a.* 동(動)전기의; (웃음 따위가) 경련적인; 깜짝 놀라게 하는. **-i·cal·ly** *ad.*

gal·va·nism [gǽlvənìzəm] *n.* Ⓤ 동전기; 〖醫〗 전기 요법.

gal·va·nize [-nàiz] *vt.* 동전기를 통하다; 활기 띠게 하다; 전기 도금하다. **~*d iron*** 함석. **gal·va·ni·za·tion** [ˌ--nizéiʃən] *n.* Ⓤ

gal·va·nom·e·ter [gæ̀lvənάmitər/ -nɔ́mi-] *n.* 검류계(檢流計). **gal·va·no·met·ric** [gæ̀lvənoumétrik] *a.* 검류계의, 검류계로 잰.

gal·va·no·scope [gǽlvənəskòup] *n.* 검류기.

Gam·bi·a [gǽmbiə] *n.* 아프리카 서북의 공화국. **~n** *n., a.* 감비아의 (사람).

gam·bit [gǽmbit] *n.* 〖체스〗 (졸 따위를 희생하고 두는) 첫수; (거래 등의) 시작.

‡**gam·ble** [gǽmbəl] *vi.* **도박**〔**모험**〕**하다.** **~** ***in stocks*** 투기하다. **——** *vt.* 도박으로 잃다(*away*). ***-bler** *n.* ***-bling** *n.* Ⓤ

gam·boge [gæmbú:ʒ, -bóudʒ] *n.* Ⓤ 자황(雌黃)《열대 수지에서 뽑는 치자빛 그림물감, 하제(下劑)》; 치자색(yellow orange).

gam·bol [gǽmbəl] *vi.* (《英》 *-ll-*), *n.* 깡충깡충 뛰놀다〔뛰놀기〕.

gam·brel [gǽmbrəl] *n.* (말 따위의) 과(踝) 관절(hock); =ˊ~ **ròof** 〖建〗 (물매가 2단으로 굽은) 지붕.

†**game**[1] [geim] *n.* ① **유희,** 오락. ② Ⓤ 농담. ③ **경기,** 한판. ④ 승부의 점수. ⑤ (*pl.*) 경기회(*the Olympic ~s*). ⑥ (종종 *pl.*) 책략(trick). ⑦ Ⓤ 《集合的》 엽수(獵獸)〔조(鳥), 어(魚)〕, 잡은 사냥감(의 고기); (백조의) 무리; 목적물. ***be on*** 〔***off***〕 ***one's*** **~** (경기자의) 컨디션이 좋다〔나쁘다〕. ***big*** **~** 〖獵〗 큰 짐승《범·곰 따위》. ***fair*** 〔***forbidden***〕 **~** (수렵법에서) 허가된〔금지된〕 사냥감. ***fly at high*** **~** 큰 짐승을 노리다; 대망(大望)을 품다. **~** ***and*** (***set***) 〖테니스〗 게임세트. **~** ***and*** **~** 1대 1(의 득

점). ~ *of chance* 운에 맡기는 승부. ***have a ~ with*** …(의 눈)을 속이다. ***make ~ of*** …을 놀리다. ***play a person's ~,*** or ***play the ~ of a person*** 무의식적으로 아무의 이익이 될 일을 하다. ***play the ~*** 《口》 (당당하게) 규칙에 따라 경기를 하다; 훌륭히 행동하다. ***The ~ is up.*** 〖獵〗 짐승은 도망쳤다; 계획은 실패했다. ***The same old ~!*** 또 그 수법이군. Two ***can play at that ~.*** ── *a.* 투지에 찬; 용감한; 자진해서 …하는(*for; to* do). ***die ~*** 용감히 싸우고 죽다, 끝까지 버티다. ── *vt., vi.* 내기하다; 내기에서 잃다(*away*).

game² *a.* ＝LAME (*his ~ leg*).

gáme bàg 사냥감 넣는 주머니.

gáme bìrd 엽조(獵鳥).

game·cock [⌐kɑ̀k/-ɔ̀-] *n.* 싸움닭.

gáme fìsh (낚시의 대상이 되는)물 └고기.

gáme fòwl 싸움닭.

game·keep·er [⌐kì:pər] *n.* 《英》 사 └냥터지기.

gáme làws 수렵법.

gáme lìcense 수렵 면허.

game·ly [géimli] *ad.* 용감히.

gáme presèrve 금렵구.

game·some [⌐səm] *a.* 장난 좋아하는; 쾌활한.

game·ster [⌐stər] *n.* 도박꾼.

gam·ete [gǽmi:t] *n.* 〖生〗 배우자.

gáme thèory 〖經〗 게임의 이론《불확정한 요소 중에서 최대의 효과를 올리는 수학적 이론》.

ga·me·to·phyte [gəmí:təfàit] *n.* 〖植〗 배우체(配偶體).

gáme wàrden 수렵 감시관.

gam·in [gǽmin] *n.* (F.) 부랑아.

gam·ing [géimiŋ] *n.* Ⓤ 도박, 내기.

gam·ma [gǽmə] *n.* 그리스어 알파벳의 세째 자(*Γ, γ*; 영어의 G, g에 해당).

gam·ma·di·on [gəméidiən/gæ-] *n.* (*pl.* **-dia** [-diə]) (Gk.) ＝FYLFOT.

gámma glóbulin 〖生化〗 감마글로불린《혈장에 포함된 단백질의 한 성 └분》.

gámma rày 〖理〗 감마선.

gam·mon¹ [gǽmən] *n.* Ⓤ 《英口》 허튼소리; 사기. ── *vt., vi.* 속이다.

gam·mon² *n.* 베이컨의 허벅지 고기; Ⓤ 훈제(燻製)햄.

gamp [gæmp] *n.* 《英》 큰 박쥐우산.

gam·ut [gǽmət] *n.* 〖樂〗 온음정(音程); 전범위, 전역. ***run the ~ of*** (*expressions*) 온갖(표현)을 해보다.

gam·y [géimi] *a.* 엽조〔엽수〕의 냄새가 나는; (고기가) 약간 상한 (cf. high). 「얼간이.

gan·der [gǽndər] *n.* goose의 수컷;

Gan·dhi [gǽndi, gɑ́:n-], **Mohandas Karamchand** (1869–1948) 간디《무저항주의를 내세운 인도의 지도자》. 「열한 기회주의자.

ga·nef [gɑ́:nəf] *n.* 《俗》 좀도둑; 비

‡gang [gæŋ] *n.* ① (노예·노동자 등의) **일단**(一團), 패; (악한의) 일당. ② 《俗》 놀이 친구, 한동아리. ③ (조립식 도구의) 한 벌. ── *vi.* 《美》 집단을 이루다(*up*).

gang·board [⌐bɔ̀:rd] *n.* ＝GANGPLANK. 「갱 소탕 경관.

gang·bust·er [⌐bʌ̀stər] *n.* 《美口》

Gan·ges [gǽndʒi:z] *n.* (the ~) 갠지스 강《인도의》.

gang·land [⌐lǽnd, -lənd] *n.* ⓊⒸ《美》 암흑가. 「후리한, 껑충한.

gan·gling [gǽŋgliŋ] *a.* (몸이) 후리

gan·gli·on [gǽŋgliən] *n.* (*pl.* **~s, -glia**) 신경절(神經節)《특히, 뇌·척수의》; (활동의) 중심.

gang·plank [gǽŋplæ̀ŋk] *n.* (배와 선창 사이에 걸쳐 놓는) 널판.

gáng plòw 연동식 보습.

gan·grene [gǽŋgri:n, ⌐⌐] *n., vi., vt.* Ⓤ 〖醫〗 회저(壞疽)(가 되다, 되게 하다). **gan·gre·nous** [gǽŋgrənəs] *a.*

gang·ster [gǽŋstər] *n.* 《口》 갱의 한 사람, 악한. **~·ism** [-ìzəm] *n.* Ⓤ 갱 행위, 폭력 행위.

gangue [gæŋ] *n.* Ⓤ 맥석(脈石).

gang·way [⌐wèi] *n., int.* 현문(舷門); ＝GANGPLANK; 〖劇〗 좌석의 통로; (G-!) (방해다) 비켜라! 「조》.

gan·net [gǽnit] *n.* 북양가마우지《해

gan·oid [gǽnɔid] *n., a.* 경린어(硬鱗魚)《철갑상어 따위》; 경린(어)의.

gant·let [gɔ́:ntlit, gǽnt-] *n.* ＝GAUNTLET[1,2].

gan·try [gǽntri] *n.* (이동 기중기의) 구대(構臺); 〖鐵〗 (신호기를 받치는) 구름다리.

gántry cràne 고가 이동 기중기.

Gan·y·mede [gǽnəmì:d] *n.* 〖그神〗 Olympus 신들의 술 시중을 드는 미소년; (젊은) 술 시중꾼; 〖天〗 가니메데성(星)《목성의 제 3 위성》.

GAO General Accounting Office 회계 감사원.

***gaol** [dʒeil] 《英》 ＝JAIL. *⌐·**er** *n.* 《英》 ＝JAILER.

‡gap [gæp] *n., vt.* (**-pp-**) ① **갈라진 틈**(을 내다). ② 산이 끊어진 데; 산협. ③ 결함; 간격; 차이.

GAPA, ga·pa [gǽpə] ground-to-air pilotless aircraft 무선 유도 비행기.

gape** [geip] *n., vi.* ① **하품(하다)**, 딱 벌린 입; 입을 크게 벌리다. ② 입을 벌리고 (멍하니) 바라보다〔보기〕; (지각 등의) 갈라진 틈(이 생기다). ***the ~s 《諧》 하품(의 연발); (닭 따위의) 부리를 헤벌리는 병.

gar [gɑ:r] *n.* (*pl.* **~s,** 《集合的》 **~**) 〖魚〗 동갈치.

G. A. R. 《美》 Grand Army of the Republic 남북 전쟁 종군 군인회.

‡ga·rage [gərɑ́:ʒ / gǽrɑ:ʒ, -ridʒ] *n.* (자동차) **차고**, 개라지; 격납고.

gárage sàle 《美》 (중고 가구 등의) 투매《이사 갈 때 따위》. 「동식 소총.

Gár·and rífle [gǽrənd] 〖美軍〗 반자

garb** [gɑ:rb] *n.* ① Ⓤ (직업·직위 등을 알 수 있는) **복장**. ② (한 벌의) 옷. ③ ⓊⒸ 외관, 모양. ── *vt.* …에게 (…의) 복장을 입히다. ***~ oneself (***as***) (…의) 복장을 하다.

***gar·bage** [gɑ́:rbidʒ] *n.* Ⓤ ① (부엌

의) 쓰레기. ② 고기찌끼; 찌꺼기.
gárbage càn (부엌의) 쓰레기통.
gárbage trùck 쓰레기차.
gar·ble [gá:rbəl] *vt.* (자료·원고 등을) 멋대로 고치다, (고의로) 오전(誤傳)하다.
「이.
gar·çon [gɑ:rsɔ̃:] *n.* (F.) 급사, 보
†**gar·den** [gá:rdn] *n.* ① **정원**, 뜰; 채원(菜園). ② (*pl.*) 유원(지). ③ 비옥한 땅. ‡**~·er** *n.* **정원사**. ‡**~·ing** *n.* Ⓤ 뜰〔밭〕 가꾸기, **원예**.
gárden apàrtments 정원에 둘러싸인 저층(低層) 아파트.
gárden bálsam 봉선화.
gárden cíty (종종 G- C-)(19세기 영국의) 전원 도시(田園都市) (운동).
gárden fràme 촉성 재배용 온상.
gar·de·ni·a [gɑ:rdí:niə, -njə] *n.* 치자(꽃).
gárden pàrty 원유회.
gárden plòt 정원〔채원〕 부지.
gárden séat 정원 벤치.
Gárden Státe 미국 New Jersey주의 별칭.
「가꾼) 야채.
gárden stùff (집안의 채마밭에서
gárden súburb 《英》 전원 주택지.
gar·fish [gá:rfiʃ] *n.* (*pl.* **~es;** 《集合的》 **~**) =GAR.
「(하다); 양치약.
gar·gle [gá:rgəl] *vt., vi., n.* 양치질
gar·goyle [gá:rgɔil] *n.* 〖建〗 (괴물 모양으로 만든) 홈통주둥이, 낙수홈.
GARIOA [gæriouə] Government Appropriation for Relief In Occupied Areas (미국) 점령지 구제 기금.
gar·ish [gέəriʃ] *a.* 야한.
***gar·land** [gá:rlənd] *n., vt.* **화환**〔화관〕(으로 꾸미다).
gar·lic [gá:rlik] *n.* Ⓤ 마늘.
‡**gar·ment** [gá:rmənt] *n.* 옷(한 가지) 《skirt, coat, cloak 등》; (*pl.*) 의복.
garn [gɑ:rn] *int.* 허어《불신, 모멸》.
gar·ner [gá:rnər] *n., vt.* 곡창, 저장소; 축적(하다)(store).
「石); 심홍색.
gar·net [gá:rnit] *n.* Ⓤ 석류석(石榴
***gar·nish** [gá:rniʃ] *n., vt.* **장식(을 달다)**; 문식(文飾)(하다); (음식에) 고명(을 얹다). **~·ment** *n.* Ⓤ,Ⓒ 장식; 〖法〗 압류 통고; 출정(出廷) 명령.
gar·nish·ee [gɑ̀:rniʃí:] *n.* 〖法〗 garnishment를 받은 사람. ── *vt.* (채권을) 압류하다; 압류를 통고하다.
gar·ni·ture [gá:rnitʃər] *n.* Ⓤ,Ⓒ 장식(품), 요리에 곁들인 것, 고명.
GARP Global Atmospheric Research Program 〔Project〕.
***gar·ret** [gǽrət] *n.* **고미다락** (attic).
***gar·ri·son** [gǽrəsən] *n., vt.* **수비대(를 두다)**, 요새지(로서 수비하다).
gárrison decrée 위수령(衛戍令).
gárrison státe 군국(軍國).
gárrison tówn 위수 도시, 수비대 주둔 도시.
gar·rote [gərát, -róut/-rɔ́t], **gar·rotte** [gərát / -rɔ́t] *n., vt.* (Sp.) 교수형(구); 교수형에 처하다; 교살하고 소지품을 빼앗다.
gar·ru·lous [gǽrjələs] *a.* 잘 지껄이는. **~·ly** *ad.* **gar·ru·li·ty** [gərú:ləti] *n.* Ⓤ
***gar·ter** [gá:rtər] *n., vt.* ① **양말 대님**(으로 동이다). ② (the G-) 《英》 가터 훈장〔훈위(勳位)〕.
†**gas** [gæs] *n.* ① Ⓤ,Ⓒ **기체**; **가스**. ② Ⓤ 웃음 가스(laughing gas). ③ Ⓤ,Ⓒ 독가스. ④ Ⓤ 《美口》 가솔린. ⑤ Ⓤ 《俗》 허풍, 객적은 소리. ***step on the ~*** 액셀러레이터를 밟다, 가속하다; 서두르다. ── *vt.* (**-ss-**) 가스를〔가솔린을〕 공급하다; 가스로 중독시키다; 독가스를 뿌리다. ── *vi.* 가스를 내다; 《俗》 허풍떨다, 객담하다.
gas·bag [⌐bæ̀g] *n.* 가스 주머니; 《俗》 허풍선이, 수다쟁이.
gás bòmb 〖軍〗 독가스탄.
gás bùrner 가스 버너.
「치스의》.
gás chàmber 가스 처형실《특히, 나
Gas·con [gǽskən] *n.* (프랑스 남서부의) Gascony 사람; (g-) 자랑꾼.
gas·con·ade [gæ̀skənéid] *n., vi.* Ⓤ 자랑(하다).
「리에.
gas·e·lier [gæ̀səlíər] *n.* 가스등 샹들
gás èngine 가스 내연 기관.
***gas·e·ous** [gǽsiəs, -sjəs] *a.* **가스 모양의**, 기체의; 공허한.
gás fìeld 천연 가스 발생지.
gás fìtter 가스공; 가스 기구 설치업
gás fìttings 가스 기구.
⌊자.
***gash** [gæʃ] *n., vt.* **깊은 상처**(를 주다); 깊이 갈라진 틈(을 내다).
gás hèlmet =GAS MASK.
「크.
gas·hold·er [gǽshòuldər] *n.* 가스 탱
gas·i·fy [gǽsəfài] *vt.* 기화(氣化)시키다. **gas·i·fi·ca·tion** [⌐–fikéiʃən] *n.* Ⓤ
「꽃.
gás jèt 가스 화구(火口); 가스의 불
gas·ket [gǽskit] *n.* 〖船〗 괄범삭(括帆索); 〖機〗 (고무·코르크 따위의) 틈메우개, 개스킷.
gás làmp 가스등.
gas·light [gǽslàit] *n.* Ⓤ 가스불; Ⓒ 가스등.
「이터.
gás lìghter 가스의 점화구; 가스라
gás màin 가스 (공급용) 본관(本管).
gas·man [gǽsmæ̀n] *n.* 가스공(工); 가스 검침원; 〖鑛〗 가스 폭발 경계원.
gás màsk 방독면.
⌊〔방지〕원.
gas·o·hol [gǽsəhɔ̀:l] *n.* Ⓤ 가소홀《가솔린과 에틸알코올을 혼합한 연료》.
‡**gas·o·line, -lene** [gǽsəlì:n, ⌐–⌐] *n.* Ⓤ 《美》 **가솔린** (《英》 petrol).
gásoline èngine 《美》 가솔린 기관.
gas·om·e·ter [gæsámitər/-ɔ́m-] *n.* 가스 계량기〔저장기〕; 가스 탱크.
‡**gasp** [gæsp, -ɑ:-] *vi.* **헐떡거리다**; (놀라) **숨이 막히다**. **~ *for*** 〔***after***〕 간절히 바라다. ── *vt.* 헐떡거리며 말하다(*out*). ── *n.* 헐떡임, 숨참. ***at the last ~*** 임종시에.
gas·per [gǽspər, -á:-] *n.* 《英俗》 싸구려 궐련.
gás pìpe 가스관.
gás pòisoning 가스 중독.
gás rànge (요리용) 가스 레인지.
gás rìng 가스 풍로.
gassed [gæst] *a.* 《美俗》 술취한; 마약으로 멍해진.
gás shèll 독가스탄.

G

gás stàtion 《美》 주유소.

gás stòve 가스 스토브.

gas·sy [gǽsi] *a.* 가스가 찬; 가스(모양)의; 기체(모양)의; 《口》 공허한; 허풍떠는. 「ometer).

gás tànk 가스 탱크, 가스 통(gas-

gas·tric [gǽstrik] *a.* 위(胃)의 (근처

gástric cáncer 위암. 「의).

gástric júice 위액(胃液).

gástric úlcer 위궤양. 「(胃炎).

gas·tri·tis [gæstráitis] *n.* Ⓤ 위염

gastr(o)- 「위(胃)」의 뜻의 결합사.

gas·tro·en·ter·i·tis [gæ̀strouèntəráitis] *n.* Ⓤ 위장염.

gas·trol·o·gy [gæstrálədʒi/-ɔ́-] *n.* Ⓤ 위학(胃學); 요리학.

gas·tron·o·my [gæstránəmi/-ɔ́-] *n.* Ⓤ 미식(美食)(법), 식도락.

gas·tro·pod [gǽstrəpàd/-ɔ̀-] *n.* 복족(腹足) 동물《달팽이·괄태충 따위》.

gas·tro·pto·sis [gæ̀strɑptóusis/-trɔp-] *n.* Ⓤ 위하수(胃下垂).

gas·tro·scope [gǽstrəskòup] *n.* 〖醫〗 위경(胃鏡).

gás wàrfàre 독가스전.

gas·works [gǽswə̀:rks] *n. pl.* 가스 제조〔공급〕소; 《英俗》 하원(下院).

gat[1] [gæt] *v.* 《古》 get의 과거.

gat[2] *n.* 《美俗》 권총.

†**gate** [geit] *n.* ① **문**, 문짝; 수문; 출입구. ② Ⓤ (전람회·경기회 등의) 입장자 수, 입장권 매상 총액. ***get the ~*** 《美俗》 내쫓기다, 해고되다. ── *vt.* 《英》 (학생에게) 금족을〔외출 금지를〕 명하다.

ga·teau [gɑtóu / gǽtou] *n.* (*pl.* ***-teaus, -teax*** [-z]) (F.) 대형 장식 케이크.

gate-crash·er [∠kræ̀ʃər] *n.* 《俗》 (연회 등의) 불청객; 입장권 없이 입장한 자.

gate·house [∠hàus] *n.* 수위실.

gate·keep·er [∠kì:pər] *n.* 문지기; 건널목지기.

gáte-leg(ged) táble [∠lèg(d)] 접테이블(cf. Pembroke table).

gáte mòney 입장료 (수입).

gate·post [∠pòust] *n.* 문 기둥. ***between you and me and the ~*** 이것은 비밀이지만.

‡**gate·way** [∠wèi] *n.* ① **출입구**. ② (…에 이르는) 길, 수단(*to*).

†**gath·er** [gǽðər] *vt.* ① **모으다**; 채집하다. ② 증가〔증대〕하다; **점차 늘리다**. ③ (눈살을) 찌푸리다; 〖裁縫〗 (…에) 주름을〔개더를〕 잡다. ④ **추측하다**(*that*). ⑤ (힘·용기를) 내다, (지혜를) 짜내다; (몸을) 긴장시키다. ── *vi.* ① **모이다**; 증대하다, 점점 더해지다; 수축하다, 주름이 잡히다. ② (종기가) 곪다. ***be ~ed to one's fathers*** 죽다. ***~ flesh*** 살찌다; 뚱뚱해지다. ***~ head*** (종기가) 곪다; (폭풍 등의) 세력이 커지다. ***~ oneself up*** 〔***together***〕 긴장하고 전신에 힘을 모으다《도약(跳躍)의 직전 따위》. ***~ up*** 그러모으다; 한데 마무르다; (손발을) 움츠리다; 힘을 주다. ~ WAY². ── *n.* (*pl.*) 〖裁縫〗 개더, 주름. ‡**~·ing** *n.* **집합**, 집회; Ⓤ 수금(收金); 거두어 들이기; 화농; Ⓒ (곪은) 종기; 개더, 주름. ***~ing ground*** 수원(水源) 지대.

Gát·ling (gùn) [gǽtliŋ] *n.* 개틀링 기관총《초기의 기관총》.

GATT [gæt] General Agreement on Tariffs and Trade 관세 무역 일반 협정. 「투른.

gauche [gouʃ] *a.* (F.) 재치 없는; 서

Gau·cho [gáutʃou] *n.* (*pl.* **~*s***) (Sp.) 남아메리카의 목동《스페인 사람과 인디언의 혼혈》. 「건.

gaud [gɔ:d] *n.* 값싸고 번지르르한 물

***gaud·y**[1] [∠i] *a.* **번쩍번쩍 빛나는**, 야한, 값싸고 번지르르한. **gáud·i·ly** *ad.* **gáud·i·ness** *n.* 「대회.

gaud·y[2] *n.* 《英》 (대학 따위의) 교우

gauge, gage** [geidʒ] *n.* ① **표준 치수**〔규격〕. ② 자; 계기, 게이지. ③ (레일의) 궤간(軌間). ④ (평가·검사의) 표준, 방법. ⑤ 《영국에서는 보통 **gage**》 〖海〗 흘수 범위; (바람과 딴 배에 대한) 위치 관계. ***broad 〔***narrow***〕 **~** 광궤(廣軌) 〔협궤〕. ***take the ~ of*** …을 계측〔평가〕하다. ── *vt.* 측정하다; 평가하다. **∠·a·ble** **gáug·er** *n.* 계량하는 사람; 계기(計器); 《Sc.》 (술통의) 검사관, 징세리(徵稅吏). 「水管).

gáuge glàss (보일러의) 험수관(驗

Gau·guin [gougǽŋ], **Paul**(1848–1903) 프랑스의 후기 인상파의 화가.

***Gaul** [gɔ:l] *n.* **갈리아**《유럽 서부에 있었던 옛나라》; 갈리아인; 프랑스인.

Gaull·ist [gɔ́:list] *n.* =DE GAULLIST.

Gau·loise [góulwɑ:z] *n.* 프랑스 담배의 하나.

***gaunt** [gɔ:nt] *a.* ① **수척한**, 여윈. ② 무시무시한. **∠·ly** *ad.*

gaunt·let[1] [gɔ́:ntlit] *n.* (기사·골키퍼 등의) 손가리개; 긴 장갑. ***fling*** 〔***throw***〕 ***down the ~*** 도전하다. ***take*** 〔***pick***〕 ***up the ~*** 도전에 응하다.

gaunt·let[2] *n.* 〖史〗 (병사의) 태형(笞刑). ***run the ~*** (두 줄로 선 사람들 사이를 걸으며) 태형을 받다; 혹평(酷評)을 받다.

gaun·try [gɔ́:ntri] *n.* =GANTRY.

gauss [gaus] *n.* 〖理〗 가우스《전자(電磁) 단위》.

Gau·ta·ma [gáutəmə, gɔ́:-] *n.* 석가모니의 처음 이름(Buddha).

***gauze** [gɔ:z] *n.* ⓊⒸ ① **성기고 얇은 천**, 사(紗); 가제. ② (가는) 철망. ③ 엷은 안개. **gáuz·y** *a.*

†**gave** [geiv] *v.* give의 과거.

gav·el [gǽvəl] *n.* 《美》 (의장 등이 쓰는) 의사봉《작은 망치》.

ga·vi·al [géiviəl] *n.* 인도악어.

ga·vot(te) [gəvát/-ɔ́-] *n.* 가보트《minuet식의 경쾌한 댄스(곡)》.

gawk [gɔ:k] *n.* 아둔한〔열통적은〕 사람; 멍청이. ── *vi.* 열통적은〔얼빠진〕 행동을 하다; 멍하니 쳐다보다(*at*). **∠·y** *a.*

G

‡**gay** [gei] *a.* ① 쾌활한. ② 화려한. ③ 방탕한. ~ ***quarters*** 화류계. *∠·**ly** *ad.* =GAILY.

gay·e·ty [géiəti] =GAIETY.

Gay-Pay-Oo [géipèiúː] *n.* 게페우(G. P. U.)《소련의 비밀 경찰; 1934년 폐지》.

gaz. gazette; gazetteer.

‡**gaze** [geiz] *n., vi.* 응시(하다)(*at, on, upon*). ***stand at*** ~ 응시하고 있다. **gáz·er** *n.* 응시하는 사람.

ga·zelle [gəzél] *n.* 가젤《아프리카·아시아산 영양(羚羊)의 일종》.

***ga·zette** [gəzét] *n., vt.* 신문; 《英》 관보(로 공시하다).

gaz·et·teer [gæ̀zətíər] *n.* 지명(地名) 사전; 《古》 관보 〔신문〕 기자.

gaz·o·gene [gǽzədʒìːn] *n.* 가스 발생 장치; 탄산수 제조기《휴대형》.

G. B. Great Britain; 〖野〗 Games Behind 승차(勝差). **G. B. E.** Knight (*or* Dame) Grand Cross of the British Empire. **G. B. S.** George Bernard Shaw. **G. C.** George Cross. **GCA** 〖空〗 ground control(-led) approach. **g-cal.** gram calorie(s). **G. C. B.** (Knight) Grand Cross of the Bath. **G. C. D.** 〔**F.**〕 greatest common divisor 〔factor〕. **G. C. E.** 《英》 General Certificate of Education 보통 학력 증명서. **G. C. L. H.** Grand Cross of the Legion of Hono(u)r. **G. C. M.**, **g. c. m.**, **gcm** greatest common measure. **g. c. m.** general court martial 〖軍〗 보통 군법 회의. **G. C. M. G.** Grand Cross of the Order of St. Michael and St. George. **G. C. S. I.** Grand Commander of the Order of the Star of India. **GCT**, **G. C. T.** Greenwich civil time 그리니치 상용시. **G. C. V. O.** (Knight) Grand Cross of the (Royal) Victorian Order. **Gd** 〖化〗 gadolinium. **G. D.** Grand Duke 〔Duchess〕. **gds.** goods. **Ge** 〖化〗 germanium. **GE** General Electric (Company).

G

‡**gear** [giər] *n.* ① Ⓒ Ⓤ 전동 장치(傳動裝置), 기어, 톱니바퀴. ② 장치; 도구(*a steering* ~ 조타기(操舵機)); 선구(船具). ③ Ⓤ (기계의) 상태. ④ Ⓤ 《英口》 의복. ***be in*** 〔***out of***〕 ~ 기어가 잘〔안〕 든다; 컨디션이 좋다〔나쁘다〕. ── *vt.* (…의) 운전 준비를 하다, (기계를) 걸〔틀, 돌리〕다; 마구를 달다(*up*); 준비하다; 적응시키다(*to*); (노력을) 기울이다. ── *vi.* (톱니바퀴가) 맞물리다(*into*), (기계가) 걸리다 (*with*), 돌아가다. ∠·**ing** [gíəriŋ / gíər-] *n.* Ⓤ Ⓒ (톱니바퀴의) 맞물림; 전동 장치.

gear·shift [∠ʃìft] *n.* 《美》 변속(變速) 「장치.

géar whèel 톱니바퀴. 「뱀붙이.

geck·o [gékou] *n.* (*pl.* ~(*e*)*s*) 도마

gee [dʒiː] *int.* 이러!, 어디여! 《마소 부리는 소리》; 《口》 에이 참! 《실패·실망·화날 때의 소리》.

‡**geese** [giːs] *n.* goose의 복수.

gee-whiz(z) [dʒíːhwíz] *int.* 《美俗》 아이고!, 깜짝이야!

Ge·hen·na [gihénə] *n.* 〖聖〗 게헤나 《지옥》; 고난의 땅.

Géi·ger(-Mül·ler) cóunter [gáigər(mjúːlər)] 가이거 계수관(計數管).

Gei·gers [gáigərz] *n. pl.* 《集合的》 방사성 입자.

Géiss·ler tùbe [gáislər] 가이슬러관 《진공 방전의 실험 진공관》.

gel [dʒel] *n.* 〖理·化〗 교화체(膠化體), 겔. ── *vi.* (*-ll-*) 교화(膠化)하다; 굳어지다.

ge·län·de·sprung [gəléndəsprùŋ] *n.* (G.) 〖스키〗 겔렌더슈프룽《도랑 등의 장애물 뛰어넘기》.

***gel·a·tin** [dʒélətən], **-tine** [-tin/∠-tíːn] *n.* Ⓤ Ⓒ 젤라틴, 갖풀. **ge·lat·i·nous** [dʒəlǽtənəs] *a.*

geld [geld] *vt.* (~*ed*, ***gelt***) 거세(去勢)하다. ∠·**ing** *n.* 불깐 말.

Gel·foam [dʒélfòum] *n.* 〖商標〗 (외과용) 지혈제.

gel·id [dʒélid] *a.* 얼음같이 차가운.

gel·ig·nite [dʒélignàit] *n.* Ⓤ 젤리그나이트《폭파용 폭약의 일종》.

gelt [gelt] *v.* geld의 과거(분사).

‡**gem** [dʒem] *n., vt.* (*-mm-*) 보석(을 박다); 소중한〔아름다운〕 것〔사람〕.

Ge·mein·schaft [gəmáinʃɑ̀ːft] *n.* (G.) 공동 사회.

gem·i·nate [dʒémənèit] *vt., vi.* 쌍〔두 겹〕으로 하다〔되다〕. ── [-nit] *a.* 두 겹〔쌍〕의.

Gem·i·ni [dʒémənài, -nì] *n. pl.* 〖天〗 쌍둥이자리; 쌍자궁(雙子宮); (미국의) 2인승 우주선.

gem·ma [dʒémə] *n.* (*pl.* ***-mae*** [-miː]) 〖植〗 싹; 무성아(無性芽); 〖動〗 아체(芽體). **-mate** [-meit] *vi.* 발아하다, 싹트다; 아체에 의해 번식하다.

gem·(m)ol·o·gy [dʒemálədʒi/-5-] *n.* Ⓤ 보석학. 「는; 보석같은.

gem·my [dʒémi] *a.* 보석을 함유하

Gém Stàte 미국 Idaho 주의 속칭.

gen [dʒen] *n.* 《英俗》 정보; 일반 포고(布告).

Gen. General; Genesis; Geneva(n).

gen. general(ly); genitive; genus.

gen·darme [ʒɑ́ːndɑːrm] *n.* (F.) 헌병; 〖登山〗 (산릉 위의) 뾰족한 바위 봉우리. ***gen·dar·me·rie*** [-∠məri] *n.* 헌병대.

gen·der [dʒéndər] *n.* Ⓤ Ⓒ 〖文〗 성(性); 《口》 =SEX. ~·**less** *a.* 〖文〗 성이 없는, 무성의.

gene [dʒiːn] *n.* 〖生〗 유전(인)자.

ge·ne·a·log·i·cal [dʒìːniəládʒikəl, dʒèn-/-5-] *a.* 계도(系圖)의.

genealógical trée (생물) 계통〔가계(家系)〕수(樹).

ge·ne·al·o·gy [dʒìːniǽlədʒi, -ál-, dʒèn-] *n.* Ⓤ Ⓒ 계도; 가계(家系)(lineage); Ⓤ 계통학. **-gist** *n.*

gen·er·a [dʒénərə] *n.* genus의 복수.

†**gen·er·al** [dʒénərəl] *a.* ① 전반〔보편〕적인; 광범위에 걸친; 일반적인, 보

통의; 개괄〔총칭〕적인. ② 최고위의, 주된. *as a ~ rule* 대체로. *in a ~ way* 일반적으로, 대체로. —— *n.* ① 일반, 총체. ② (육군) **대장, 장군**; 전술가, 병법가. ③ 〖宗〗(수도회의) 총회장. ④ 《英口》 잡역부(婦). *G- of the Army* 《美》 육군원수. *in ~* 전반적으로; 일반적으로(*people in ~* 일반 대중). *in the ~* 개괄적으로; 대체로. †**~·ly** *ad.* ⇨GENERALLY. **~·ship** [-ʃip] *n.* Ⓤ 대장의 직〔신분·수완〕.

géneral ágent 총대리인.

Géneral Américan 일반 미국 영어《미국 New England 지방 및 남부를 제외한 전역에서 일상 사용되고 있는 영어》. 「《美》 주(州)의회.

Géneral Assémbly (유엔) 총회;

géneral attáck 총공격.

géneral cónsul 총영사.

géneral déaler 잡화상(인). 「우편.

géneral delívery 《美》 유치(留置)

géneral eléction 총선거. 「거일.

Géneral Eléction Dày 《美》 총선

géneral héadquarters 총사령부《생략 G. H. Q., GHQ》. 「병원.

géneral hóspital 종합 병원; 육군

gen·er·al·is·si·mo [dʒènərəlísəmòu] *n.* (*pl.* **~s**) (영·미 이외 나라의) 대원수; 총통.

gen·er·al·ist [dʒénərəlist] *n.* 만능형 인간(opp. specialist).

gen·er·al·i·ty [dʒènərǽləti] *n.* Ⓤ 일반성, 보편성; 통칙(通則); Ⓒ (구체적이 아닌) 일반적 진술, 개설; (the ~) 대부분, 대다수.

***gen·er·al·ize** [dʒénərəlàiz] *vt., vi.* **일반화하다**; 개괄〔종합〕하다, 개괄적으로 말하다. ***gen·er·al·i·za·tion** [ˌ--lizéiʃən/-lai-] *n.* ⓊⒸ **일반화**; 개괄, 종합.

†**gen·er·al·ly** [dʒénərəli] *ad.* **일반적으로, 보통.** *~ speaking* 대체로 말하자면, 일반적으로.

géneral mánager 총지배인. 「免).

géneral párdon 일반 사면(一般赦

géneral póst (오전) 첫번째 배달 우편; 실내 유희의 일종. 「체국.

Géneral Póst Òffice 런던 중앙 우

géneral practítioner (전문의가 아닌) 일반의(一般醫).

géneral públic 일반 대중.

géneral sérvant 잡역부(雜役夫〔婦〕).

géneral stáff ⇨STAFF.

Géneral Stáff Òffice 참모 본부.

géneral stóre 잡화점.

géneral stríke 총파업.

***gen·er·ate** [dʒénərèit] *vt.* ① **낳다**, 산출하다. ② 일으키다, 생기다. ③ 〖數〗(점·선·면이 움직여 선·면·입체를) 이루다. ***-a·tor** *n.* (가스 등의) 발생기; **발전기**; 낳는 것. 「소.

génerating stàtion〔plànt〕 발전

‡**gen·er·a·tion** [dʒènəréiʃən] *n.* ① Ⓤ 출생; 생식; **산출; 발생.** ② 자손; 일족(一族). ③ (일)대(代)《약 30년》; 시대, **세대**; 동시대의 사람들. ALTERNATION *of ~s. from ~ to ~,* or *~ after ~* 대대로 계속해서. *rising ~* 청년(층), 젊은이들.

generátion gáp 세대차, 세대간의 단절. 「생산〔생식〕의〔하는〕.

gen·er·a·tive [dʒénərèitiv, -rə-] *a.*

génerative grámmar 생성 문법.

ge·ner·ic [dʒənérik] *a.* 〖生〗 속(屬)(genus)의; 일반적인; 〖文〗 총칭적인. *~ name* 속명. **-i·cal·ly** *ad.*

***gen·er·os·i·ty** [dʒènərásəti/-ɔ́s-] *n.* Ⓤ **관대**; 도량이 큼, 활수함.

‡**gen·er·ous** [dʒénərəs] *a.* ① **관대한**, 마음이 넓은; 도량이 큰; **활수한.** ② 풍부한. ③ (토지가) 비옥한, (술이) 감칠맛이 있는. ***~·ly** *ad.*

***gen·e·sis** [dʒénəsis, -ni-] *n.* (*pl.* **-ses**) **발생**, 기원; (G-) 〖舊約〗 창세기.

gen·et [dʒénit] *n.* 사향고양이; Ⓤ 그 모피; =JENNET.

ge·net·ic [dʒinétik] *a.* 기원의; 발생(학)〔유전학〕적인. **~s** *n.* 발생〔유전〕학.

genétic códe 〖生〗 유전 코드《DNA 분자 중의 화학적 기초 물질의 배열》.

ge·net·i·cist [dʒinétəsist] *n.* 유전학자.

***Ge·ne·va** [dʒəní:və] *n.* **제네바** 《스위스의 도시》.

Genéva Convéntion 제네바 협정 《1864-65년 조인의 적십자 조약》.

Genéva króss 적십자.

Ge·ne·van [dʒəní:vən], **Gen·e·vese** [dʒènəví:z/-ni-] *a., n.* 제네바의 (사람); 칼뱅파(派)의 (교도).

Gen·ghis Khan [dʒéŋgis ká:n, dʒén-] (1162-1227) 징기스칸.

***gen·ial** [dʒí:njəl, -niəl] *a.* ① **온화한**; 쾌적한, 온난한. ② **친절한**; 다정한. **~·ly** *ad.*

ge·ni·al·i·ty [dʒì:niǽləti] *n.* Ⓤ 온화; 쾌적(快適); 친절.

gen·ic [dʒénik] *a.* 〖生〗 유전자(gene)의; 발생의.

ge·nie [dʒí:ni] *n.* (*pl.* **-nii, ~s**) 귀신.

ge·ni·i [dʒí:niài] *n.* genie, genius의 복수. 「(*pl.*) 생식기.

gen·i·tal [dʒénətəl] *a., n.* 생식의;

gen·i·tive [dʒénətiv] *n., a.* 〖文〗 속(屬)〔소유〕격(의).

‡**gen·ius** [dʒí:njəs, -niəs] *n.* (*pl* **~es**) ① ⓊⒸ **천재**《능력·사람》. ② **천성**, (타고난) 자질. ③ Ⓤ **특질**; 진수(眞髓); 사조, 경향; (고장의) 기풍(⇨GENIUS LOCI). ④ (*pl.* **genii**) (날 때부터 사람에 붙어 다니는) 수호신, 귀신(genie).

ge·ni·us lo·ci [dʒí:niəs lóusai] (L. = genius of the place) 고장의 수호신; 고장의 기풍(氣風).

Gen·o·a [dʒénouə] *n.* 이탈리아 북서부의 주; 그 주도.

gen·o·cide [dʒénəsàid] *n.* 《美》(인종·국민의 계획적) 몰살, 민족 섬멸.

Gen·o·ese [dʒènouí:z] *a., n.* (*pl.* **~**) Genoa의 (사람).

gen·o·type [dʒénətàip] *n.* 〖生〗 유전형, 인자형; 공통 유전형을 갖는

G

개체군.
gen·re [ʒɑ́:nrə] *n.* (F. = kind; manner) 유형, 양식, 장르; Ⓤ《美》 풍속화.
gens [dʒenz] *n.* (*pl.* *gentes* [dʒénti:z]) (고대 로마의) 씨족, 일족.
gent [dʒent] *n.* 《口》 신사, 사이비 신사.
Gent., **gent.** gentleman; gentlemen.
***gen·teel** [dʒentí:l] *a.* ① 지체 높은, 품위 있는, 우아한; 예의바른. ② 멋진, 현대적인. ③ 점잖은 체하는. **～·ism** [-izəm] *n.* 고상한 말, 점잖은 말투. **～·ly** *ad.*
gen·tian [dʒénʃiən] *n.* 〖植〗 용담속(屬)의 식물.
***gen·tile, G-** [dʒéntail] *n.*, *a.* 〖聖〗 (유대인측에서 본) **이방인**(의), 이교도(의).
gen·til·i·ty [dʒentíləti] *n.* Ⓤ 지체 높음; 품위, 예절바름; (*pl.*) 점잔 빼기; (the ～) 《集合的》 상류층 사람.
†gen·tle [dʒéntl] *a.* ① **상냥한, 온화한**, 얌전한. ② 지체 높은. ③ 품위 있는. **～ *and simple*** (상하) 귀천. ***the ～ sex*** 여성. **—*n.*** 《古》 양갓집 사람; (낚싯밥의) 구더기. **—*vt.*** (말 따위를) 길들이다. **‡gén·tly** *ad.* ***gén·tle·ness** *n.* Ⓤ
géntle bréeze 〖氣〗 산들 바람.
gen·tle·folk(**s**) [-fòuk(s)] *n. pl.* 양갓집 사람들.
†gen·tle·man [-mən] *n.* ① **신사**; 지체 높은〔점잖은〕 사람. ② 남자, 남자분. ③ 종복(從僕). ④ 수입은 있지만 직업이 없는 남자, 유한 계급. ⑤ 《*pl.* 單數取扱》 남자용 변소. **～ *at large*** 무직자. **～ *of fortune*** 해적; 모험가; 협잡군. ***my* ～** (지금 말한) 그치, 그 남자. **～·like, ～·ly** *a.* 신사적인.
gen·tle·man-at-arms [-ətɑ́:rmz] *n.* 《英》 (국왕의) 호위관.
géntleman fármer (*pl.* ***-men farmers***) 《英》 (지방의) 호농(豪農); 취미로 농업을 하는 신사.
géntleman's〔**-men's**〕 **agréement** 신사 협정.
géntleman's géntleman 종복(從僕).
gen·tle·wom·an [-wùmən] *n.* 귀부인, 숙녀; 귀부인의 시녀.
gen·try** [dʒéntri] *n.* (영국에서는 귀족 다음 가는) **상류 계급**; 《蔑》 패거리. ***the light-fingered **～** 소매치기들.
gen·u·flect [dʒénjuflèkt] *vi.* (특히 예배볼 때) 무릎을 굽히다; 무릎 꿇고 절하다. **gen·u·flec·tion**, 《英》 **-flex·ion** [⌐–flékʃən] *n.* Ⓤ
‡gen·u·ine [dʒénjuin] *a.* 순수한; 진실의, **진짜의**; 성실한. ***～·ly** *ad.*
ge·nus** [dʒí:nəs] *n.* (*pl.* ***genera [dʒénərə], ***～es***) ① 〖生〗 속(屬) 《보기: 고양이의 학명 *Felis catus*의 *Felis*》. ② **종류**. ③ 〖論〗 유(類), 유개념.
Geo. George.
ge·o·bot·a·ny [dʒì:oubɑ́təni/-bɔ́t-] *n.* Ⓤ 식물 지리학.
ge·o·cen·tric [dʒì:ousént rik] *a.* 〖天〗 지구를 중심으로 하는〔하여 측정한〕.
ge·o·chem·is·try [dʒì:oukémistri] *n.* Ⓤ 지구 화학.
ge·od·e·sy [dʒi:ɑ́dəsi/-ɔ́d-], **ge·o·det·ics** [dʒì:oudétiks] *n.* 측지학(測地學). **ge·o·des·ic** [dʒì:oudésik], **ge·o·det·ic** [dʒì:oudétik] *a.*
‡ge·og·ra·phy [dʒi:ɑ́grəfi/dʒiɔ́g-] *n.* ① Ⓤ **지리학**. ② ⓊⒸ 지리; 지세(地勢). ③ 지지(地誌), 지리학 책. ***-pher** *n.* ***ge·o·graph·ic** [dʒì:əgrǽfik / dʒiə-], **-i·cal** [-əl] *a.* **-i·cal·ly** *ad.*
geol. geologic(al); geology.
***ge·ol·o·gy** [dʒi:ɑ́lədʒi/dʒiɔ́l-] *n.* Ⓤ **지질학**; 지질. ***-gist** *n.* ***ge·o·log·ic** [dʒì:əlɑ́dʒik / dʒiəlɔ́-], **-i·cal** [-əl] *a.* **-i·cal·ly** *ad.*
geom. geometric(al); geometry.
ge·o·mag·net·ic [dʒì:oumægnétik] *a.* 지자기(地磁氣)의. **ge·o·mag·net·ism** [⌐mǽgnətìzəm] *n.* Ⓤ 〖理〗 지자기; 지자기학.
ge·o·med·i·cine [dʒì:oumédəsən] *n.* Ⓤ 환경 의학, 지리적 의학.
ge·om·e·ter [dʒi:ɑ́mitər / dʒiɔ́mi-] *n.* 기하학자; 〖蟲〗 자벌레.
***ge·o·met·ric** [dʒì:əmétrik / dʒiə-], **-ri·cal** [-əl] *a.* **기하(학)적인**. **-ri·cal·ly** *ad.*
geométric(**al**) **progréssion** 〔**séries**〕 〖數〗 기하〔등비〕급수.
ge·om·e·tri·cian [dʒi:àmitríʃən, dʒì:ə-/dʒiə-] *n.* 기하 학자.
‡ge·om·e·try [dʒi:ɑ́mətri/dʒiɔ́m-] *n.* Ⓤ **기하학**; Ⓒ 기하학 책. ***analytic*** **～** 해석 기하학. ***Euclidean*** **～** 유클리드 기하학. ***plane*** 〔***solid, spherical***〕 **～** 평면〔입체, 구면〕 기하학.
Ge·o·phone [dʒí:əfòun] *n.* 〖商標〗 지중 청음기.
ge·o·phys·ics [dʒì:oufíziks] *n.* 지구 물리학. **-i·cal** [-kəl] *a.* **-i·cist** *n.*
ge·o·pol·i·tics [-pɑ́litiks/-ɔ́-] (<G.) *n.* 지정학(地政學).
ge·o·ram·a [dʒì:ərǽmə / -rɑ́:m-] *n.* 지오라마(동식 파노라마).
George [dʒɔ:rdʒ] *n.* 《英》 (가터 훈장에 딸린) St. George 보석상(像) 《용을 퇴치하는 모습의》; 《口》 〖空〗 자동 조종 장치. ***by*** **～** 정말; 저런 《맹세 또는 감탄》. ***St.*** **～** (died 303?) 잉글랜드의 수호 성인(守護聖人).
Géorge Cróss 《英》 조지 훈장 《George Ⅵ 세 때 제정(1943)》.
Geor·gétte (**crèpe**) [dʒɔ:rdʒét] *n.* 〖商標〗 조젯《얇은 본견 크레이프》.
***Geor·gia** [dʒɔ́:rdʒə/-dʒjə] *n.* (미국 남부의) 조지아주; 그루지야《소련 남부의 한 지방》. **Géor·gian** *a.*, *n.* Georgia의 (사람); Ⓤ 그루지야어(語); (영국의) 조지 (왕조) 시대(조지 Ⅰ－Ⅳ)의; 조지 5세 시대의.
ge·o·ther·mal [dʒì:ouθə́:rməl] *a.* 지열의.
ge·o·ther·mic [-θə́:rmik] *a.* ＝⇧.
ge·ot·ro·pism [dʒi:ɑ́trəpìzəm / dʒiɔ́-] *n.* Ⓤ 〖生〗 굴지성(屈地性).
Ger. German(y). **ger.** gerund.

ge·ra·ni·um [dʒəréiniəm, -njəm] *n.* 제라늄; 양아욱; Ⓤ 선홍색.
ger·fal·con [dʒə́:rfɔ̀:lkən, -fæ̀l-] *n.* (아이슬란드·북극 부근의) 송골매의 일종. ⌈의; 고연령(층)의, 노인의.
ger·i·at·ric [dʒèriǽtrik] *a.* 노인병
ger·i·a·tri·cian [dʒèriətríʃən] *n.* 노인병 학자(전문의). ⌈병학.
ger·i·at·rics [dʒèriǽtriks] *n.* 노인
***germ** [dʒə:rm] *n.* ① 배종(胚種), 어린 싹. ② **병원균**, 세균. ③ 싹틈, **근원**. *in* ~ 미발달(상태)로. —— *vi.* 발아하다.
†**Ger·man** [dʒə́:rmən] *a., n.* **독일**(사람·어)의; **독일 사람**; Ⓤ **독일어**. ***High*** ~ 고지 독일어《독일 표준어》. ***Low*** ~ 저지 독일어《네덜란드어 등을 포함한 북부 독일 방언》. ***Old High*** ~ 고대 고지 독일어《800–1100년 경의》. ⌈모의(에서 나온).
ger·man [dʒə́:rmən] *a.* 같은 (조)부
Gérman Democrátic Repúblic 동독(East Germany).
ger·mane [dʒə:rméin] *a.* 밀접한 관계가 있는; 적절한(pertinent) (*to*).
Ger·man·ic [dʒə:rmǽnik] *a.* 독일(민족)의; 게르만(튜튼)(어)족의. —— *n.* Ⓤ 게르만(튜튼)어. ***East*** ~ 동(東)게르만어 《고트어 (Gothic) 등》. ***North*** ~ 북게르만어《Scandinavia의 여러 말》. ***West*** ~ 서(西)게르만어《영·독·네덜란드·프리지아어 등》.
ger·ma·ni·um [dʒə:rméiniəm] *n.* Ⓤ 〖化〗 게르마늄《희금속 원소, 트랜지스터의 재료; 기호 Ge》.
Gérman méasles 〖醫〗 풍진.
Gérman shépherd (dòg) 독일종 셰퍼드《경찰견》.
Gérman sílver 양은(洋銀).
Gérman téxt 독일(장식) 문자(文字)《Hitler는 이를 장려했음》.
†**Ger·ma·ny** [dʒə́:rməni] *n.* **독일**. ***Federal Republic of*** ~ 독일 연방 공화국 《통칭 West Germany》.
gérm cèll 〖生〗 생식 세포.
ger·mi·cide [dʒə́:rməsàid] *n., a.* 살균제; 살균력이 있는. **ger·mi·cid·al** [⌐-sáidl] *a.* ⌈균 배양.
ger·mi·cul·ture [-kʌ̀ltʃər] *n.* Ⓤ 세
ger·mi·nal [dʒə́:rmənəl] *a.* 어린 싹(배종(胚種))의; 초기(원시)의.
***ger·mi·nate** [-nèit] *vi., vt.* **싹트다**(싹트게 하다), 발아하다(시키다). **-nant** *a.* **ger·mi·na·tion** [⌐-néiʃən] ⌊*n.* Ⓤ
gérm wárfare 세균전.
ger·on·tol·o·gy [dʒèrəntálədʒi/-ɔn-tɔ́l-] *n.* Ⓤ 노인병학, 장수학(長壽學). **-gist** *n.*
ger·ry·man·der [dʒérimæ̀ndər, gér-] *vt., n.* 《美》 (선거구를) 자당(自黨)에 유리하게 고치다(고치기); 부정하게 손을 대어 고치다(고치기).
Gersh·win [gə́:rʃwin], **George** (1898–1937) 미국의 작곡가.
‡**ger·und** [dʒérənd] *n.* 〖文〗 **동명사**.
ge·run·di·al [dʒərʌ́ndiəl] *a.*
ge·run·dive [dʒirʌ́ndiv] *a.* 〖文〗 동명사의. —— *n.* (라틴어의) 동사상(狀) 형용사.
ges·so [dʒésou] *n.* (It.) (회화·조각용) 석고(분); (회화용) 석고 바탕.
Ge·stalt [gəʃtá:lt] *n.* (G.) ⓊⒸ 〖心〗 형태.
Gestált psychólogy 형태 심리학.
Ge·sta·po [gəstá:pou / ge-, G. gəʃtá:po] *n.* (G.) (나치스의) 비밀 경찰. ⌈(기간).
ges·ta·tion [dʒestéiʃən] *n.* Ⓤ 임신
ges·tic·u·late [dʒestíkjəlèit] *vi., vt.* 손(몸)짓으로 나타내다. **-la·tion** [-⌐-léiʃən] *n.* Ⓤ
‡**ges·ture** [dʒéstʃər] *n.* ① ⓊⒸ **몸짓**, 손짓. ② 태도, 거동《암시적 의사 표시가 포함된》; 선전적 행위, 제스처.
ge·sund·heit [gəzúnthàit] *int.* (G.) 몸조심하세요!《특히 재채기를 한 사람에게 하는 말; God bless you!라고도 함; 이 때의 대답은 Thank you 또는 Danke schön [dǽnkə ʃə:n]》.
†**get** [get] *vt.* (***got,*** 《古》 ***gat; got,*** 《美·古》 ***gotten; -tt-***) ① **얻다**, 취하다; **잡다**; (전화에) 불러 내다; 달하다; 손에 넣다, 사다; (병에) 걸리다. ② **가져오다**(**가다**); (식사의) 준비를 하다. ③ (동물이 새끼를) 낳다. ④ 때리다; 곤란케 하다; 해치우다, 《美口》 죽이다. ⑤ 《口》 이해하다. ⑥ 《口》 먹다. ⑦ (어떤 상태로) 만들다. ⑧ 《~+O+p.p.의 형으로》 **…시키다**, …하게 하다, …하여지다. —— *vi.* ① **도착하다**. ② 벌다, 이익을 얻다. ③ 《~+*a.* (p.p.)의 형으로》…**이 되다**, …당하다. ④ …**하기 시작하다**; 《美》 그럭저럭 …하다. ~ ***about*** 돌아다니다; (완쾌되어) 기동하다; (소문이) 퍼지다. ~ ***across*** 건너다; 성공하다; 《口》 상대방에게 통하다(이해되다). ~ ***ahead*** 나아가다, 진보하다; 출세하다. ~ ***along*** 지내다; 사이좋게 해나가다; 나아가다, 성공하다; 가다, 떠나다. ***G- along with you!*** 《口》 가버려라; 바보 소리 작작 해! ~ ***around*** 돌아다니다; (소문이) 퍼지다; 회피하다; 압도하다, …에 이기다; 속이다. ~ ***at*** 도달하다; 찾아내다; 《口》 매수하다; 《俗》 공격하다; 《口》 놀리다; 속이다; 양해하다. ~ ***away*** 떠나다, 나가다; …을 갖고 도망가다(*with*); 처치하다, 죽이다(*with*). ~ ***away with it*** (벌받지 않고) 잘 해 내다. ~ ***back*** 되돌아오다; 되찾다; 《俗》 대갚음하다(*at, on*). ~ ***behind*** 남에게 뒤지다; 회피하다; …의 내막을 꿰뚫어보다; 지지(후원)하다. ~ ***better*** (병 따위가) 나아가다. ~ ***by*** 통과하다; 《口》 무사히 빠져나가다. ~ ***down*** 내리다; 내려놓다; 마셔버리다; 《美》 점점 싫어지다(*on*). ~ EVEN[1] ***with.*** ~ ***in*** 들어가다, 타다; 도착하다; 거둬들이다; 징수하다; (씨를) 뿌리다; 당선하다; 《口》 …와 친해지다(*with*). ~ ***into*** …의 속에 들어가다(넣다); …을 입다, 신다; (습관 따위)에 빠지다; (술이) 오르다; …을 연구하다; …을 조사하다. ~ ***it*** 《口》 벌을 받

다, 꾸지람 듣다; 《口》 이해하다. ~ NOWHERE. ~ **off** (우편물을) 내다; 면하다; 구해내다; (말에서) 내리다; (농담 따위를) 하다; 외다; 출발하다; 벗다; 《주로 英》 연애 관계를 맺다(*with*). ~ **on** (…에) 타다; 나아가다(*with*); 성공하다; 지내다; 친하게 하다; 입다, 신다. ~ **on in the** WORLD. ~ **out** 내리다; 뽑아내다; 새다; 알려지다; 찾아내다; 도망치다; 구해내다; (…에서) 나오다, 나가다(*of*). ~ **over** 넘다; 이겨내다; (병자가) 회복하다; 용서하다; 잘 알아듣게 말하다; 《俗》 꼭뒤지르다; 《美俗》 성공하다. ~ READY. ~ **round** 속이다, (용케) 면하다; 완쾌하다. **G- set!** (경주에서) 준비! 《신호총을 안 쏠 경우: *G- set, go!* 라고 구령함》. ~ **there** 목적을 이루다. ~ **through** 끝내다, …을 해내다, 완성하다(*with*); 통과하다; 목적지에 달하다; (시험에) 합격하다. ~ **to** …에 닿다, …에 착수하다; …에 영향을 주다. ~ **together** 모으다, 모이다; 타결하다. ~ **under** 이겨내다, 누르다; 가라앉히다; 불을 잡다. ~ **up** 일어나다; 일어서다; (불·바람·바다가) 거세어지다, 거칠어지다; 날아가다; 준비하다, 계획〔기초〕하다; 갖추다, 꾸미다(~ *oneself up*); 《命令形으로》 앞으로! 《말에게》. ~ WELL². **have got** 《口》 갖고 있다. **have got to** (*go*) (가지) 않으면 안 되다. —— *n.* (동물의) 새끼 낳기; (동물의) 새끼.

G

get·at·a·ble [getǽtəbəl] *a.* 도달할〔손에 넣을〕 수 있는, 접근하기 쉬운.

get·a·way [gétəwèi] *n.* 도망; 스타트, (경주의) 출발.

Geth·sem·a·ne [geθséməni] *n.* 겟세마네 《예루살렘 동쪽의 동산; 예수 수난의 땅》. 「일확 천금의.

get-rich-quick [gétritʃkwík] *a.* 《美》

get-to·geth·er [ˊtəgèðər] *n.* 《美口》 친목회, (비공식의) 회합.

Get·tys·burg [gétizbə̀:rg] *n.* Pennsylvania 주의 시 《남북 전쟁의 싸움터; Lincoln의 '~ *Address*'로 유명》.

get·up [gétʌ̀p] *n.* 《口》 몸차림; (책의) 장정; Ⓤ 《美》 창의; 정력.

gew·gaw [gjú:gɔ:] *a., n.* 값싸고 번지르르한 (물건); 장난감.

gey·ser [gáizər, -s-] *n.* 간헐천(間歇泉), 분천(噴泉); [gí:zər] 《英》 자동 온수 장치.

g-force [dʒí:fɔ̀:rs] (<gravitational force) *n.* 〖理〗 중력. 「개).

g. gr. great gross 12그로스(=1728

GHA 〖海〗 Greenwich hour angle.

Gha·na [gá:nə] *n.* 서아프리카의 공화국 《수도 Accra》. **Gha·na·ian** [gɑ:néiən], **Gha·ni·an** [gá:niən] *a., n.* 가나의, 가나 사람(의).

***ghast·ly** [gǽstli, -á:-] *a., ad.* ① 할쑥한〔하게〕, 송장〔유령〕 같은〔같이〕; 파랗게 질린〔질려〕; 무시무시한〔하게〕. ② 지독한. **-li·ness** *n.*

gher·kin [gə́:rkin] *n.* 작은 오이.

ghet·to [gétou] *n.* (*pl.* ~**s**, **-ti** [géti:]) (It.) 유대인 거리; (특정 사회 집단) 거주지; 《美》 빈민구.

‡**ghost** [goust] *n.* ① 유령; 망령. ② 환영, 환상. ③ 〖TV〗 =GHOST IMAGE. ④ 근소한 가능성. ⑤ 《美口》=GHOSTWRITER. **give up the ~** 죽다. **have not the ~ of** (*chance*) 조금(의 가망)도 없다. **Holy G-** 성령. **The ~ walks.** 유령이 나온다; 《劇場俗》 급료(給料)가 나온다〔나왔다〕. —— *vt., vi.* …을 따라 다니다; 《美口》=GHOSTWRITE. ˊ**·like** [ˊlàik] *a.* 유령 같은, 무시무시한. *ˊ**·ly** *a.* 유령의 〔같은〕; 영(靈)〔종교〕적인(*a ~ly father* 목사).

ghóst ìmage 〖TV〗 다중상(多重像).

ghóst stòry 괴담; 꾸며낸 이야기.

ghóst sùrgery (환자에게 알리지 않고 행하는) 대리 외과 의사의 수술.

ghóst tòwn 유령 도시 《전쟁·기근·불경기 따위로 주민이 떠난 도시》.

ghost·write [ˊràit] *vt., vi.* (**-wrote; -written**) 《美口》 대작(代作)하다.

ghost·writ·er [-ər] *n.* 「는) 악귀.

ghoul [gu:l] *n.* (무덤속의 시체를 먹

G. H. Q. General Headquarters.

GI, G. I. [dʒí:ái] (<*G*overnment *I*ssue, or *G*eneral *I*ssue) *a.* 관급의; 《口》 규정〔표준형〕의(*a ~ dress*); 군대식의(*the ~ cut* 군대식 이발). —— *n.* (*pl.* **G.I.'s, GI's**) 《美口》 병(사). ~ **Jane** 〔**Joan**〕 《美俗》 여군 병사. ~ **Joe** 《美俗》 미군 병사.

gi· gill(s). 「거대한.

‡**gi·ant** [dʒáiənt] *n., a.* 거인; 위인;

gi·ant-pow·der [dʒáiəntpáudər] *n.* 다이너마이트의 일종.

gíant sequóia =BIG TREE.

gíant('s) strìde 회전 그네.

giaour [dʒauər] *n.* 이단자 《기독교도에 대한 회교도의 멸칭(蔑稱)》.

Gib. Gibraltar.

gib·ber [dʒíbər, gíb-] *vi., n.* Ⓤ 횡설수설(하다). 「횡설수설.

gib·ber·ish [dʒíbəriʃ, gíb-] *n.* Ⓤ

gib·bet [dʒíbit] *n., vt.* 교수대; 교수형에 처하다; (공공연히) 망신 주다.

gib·bon [gíbən] *n.* (인도의) 긴팔원숭이.

gib·bous [gíbəs] *a.* 철면의 (convex); (달이) 반달보다 큰; 곱추의.

gib·bos·i·ty [gibásəti /gibɔ́-] *n.* 철면(凸面); Ⓤ 볼록 모양.

gibe [dʒaib] *n., vt., vi.* 조롱(하다) (*at*). **gíb·er** [ˊər] *n.*

gib·let [dʒíblit] *n.* (*pl.*) (닭·거위 등의) 내장; 찌꺼기. 「터.

Gi·bral·tar [dʒibrɔ́:ltər] *n.* 지브롤

***gid·dy** [gídi] *a.* 현기증나는; 들뜬. —— *vt.* 현기증 나게 하다. **-di·ly** *ad.* **-di·ness** *n.*

Gide [ʒi:d], **André** (**Paul Guillaume**) (1869–1951) 프랑스의 소설가·평론가; Nobel상 수상(1947).

Gid·e·on [gídiən] *n.* 〖聖〗 유대의 용사. **the ~s** 《美》 성서 기증 협회 《행상인들이 설립(1899)》.

‡gift [gift] *n.* ① **선물**, 기증품. ② 천분, 재능. ── *vt.* ① 선사하다. ② (재능을) 부여하다(*with*). ***⌐·ed** [⌐id] *a.* **천부의 재주가 있는**; 수재의.
gift·book [⌐bùk] *n.* 증정본, 기증본.
gíft certìficate 〔**còupon**〕 상품〔경품〕권.
gíft tàx 증여세.
gift-wrap [⌐ræ̀p] *vt.* (리본 따위로) 예쁘게 포장하다.
gig [gig] *n.* (한 필이 끄는) 2륜 마차; (돛이나 노를 쓰는) 가벼운 보트; (배에 실은) 소형 보트.
gig·a·bit [dʒígəbit, gíg-] *n.* 〖컴퓨터〗 10억 비트.
gig·a·hertz [dʒígəhə̀:rts, gíg-] *n.* 〖電〗 10억 헤르츠.
***gi·gan·tic** [dʒaigǽntik] *a.* **거인 같은**; 거대한.
gi·ga·ton [dʒígətʌ̀n, gíg-] *n.* 기가톤 《10억 톤 TNT의 폭발력에 상당》.
***gig·gle** [gígəl] *vi., n.* **낄낄거리다**〔거림〕.
gíg làmps 《俗》 안경.
gig·o·lo [dʒígəlòu, ʒíg-] *n.* (*pl.* **~s**) 남자 직업 댄서; 기둥 서방, (매춘부의) 정부(情夫).
Gí·la mónster [hí:lə] (미국 남부산) 독도마뱀《약 45 cm》.
gil·bert [gílbə:rt] *n.* 〖電〗 길버트 《지자력의 단위》.
Gil·ber·ti·an [gilbə́:rtiən] *a.* (영국의 희가극 작가) Gilbert식의; 우스운, 앞뒤가 닿지 않고 익살맞은.
gild**[1] [gild] *vt.* (**~ed, gilt**) ① **금(박)을 입히다**, 금도금하다; 금빛으로 물들이다. ② …을 실물보다 아름답게 꾸미다; 장식하다. **~ the pill** 환약을 금빛으로 칠하다; 싫은 것을 보기 좋게 만들다. **⌐·ed** [⌐id] *a.* 금도금한; 부자의. **~ed youth** 귀공자. ***the Gilded Chamber 영국의 상원.
gild·ing *n.* Ⓤ 금도금 (재료); 장식.
gild[2] [gild] *n.* =GUILD.
Gil·de·roy [gíldərɔ̀i] *n.* 《다음 성구로》 ***higher than ~'s kite*** 《美口》 터무니없이 높은.
***gill**[1] [gil] *n.* (보통 *pl.*) (물고기의) **아가미**.
gill[2] [dʒil] *n.* 질《액량 단위: 1/4파인트》.
gil·lie [gíli] *n.* 《Sc.》 시종; 하인.
gil·lion [dʒíljən] *n.* 억조, 방대한 수.
gil·ly·flow·er [dʒíliflàuər] *n.* 비단향꽃무우《4·5월경 자줏빛꽃이 핌》.
***gilt** [gilt] *v.* gild[1]의 과거(분사). ── *a., n.* 금도금한; Ⓤ 금박, 금분, 금니(金泥).
gilt-edged [⌐édʒd] *a.* 금테의; (어음·증권 따위) 확실한.
gim·bals [dʒímbəlz, gím-] *n. pl.* 수평 유지 장치; 〖海〗 (나침반의) 칭평환(稱平環).
gim·crack [dʒímkræ̀k] *a., n.* 싸고 허울만 좋은 (물건).
gim·let [gímlit] *n., vt.* T자형 나사송곳(으로 구멍을 뚫다).
gim·let-eyed [-àid] *a.* 눈이 날카로운.
gim·me [gími] 《口》 =GIVE ME.
gim·mick [gímik] *n.* 《美俗》 (요술장이의) 비밀 장치, 트릭.
gimp [gimp] *n.* (철사 넣은) 장식 끈; 가선.
***gin**[1] [dʒin] *n.* Ⓤ 진《증류주의 일종》.
gin[2] *n., vt.* (**-nn-**) 기중기; 씨아(로 씨를 빼다); 덫(으로 잡다).
gin[3] [gin] *v.* (**-nn-**) 《古》 =BEGIN.
gín fízz [dʒín] 진피즈《탄산수·레몬을 탄 진》.
***gin·ger** [dʒíndʒər] *n.* Ⓤ ① **생강**. ② 《口》 원기; 활력. ③ 고동색.
gínger àle 〔**bèer**〕 생강을 넣은 청량 음료의 일종.
gin·ger·bread [-brèd] *n., a.* Ⓤ 생강이 든 빵; 싸구려, 값싼 (물건).
gínger gròup 《英》 (정당 따위 조직 내부의) 혁신파.
gin·ger·ly [-li] *a., ad.* 주의 깊은〔깊게〕.
gin·ger·snap [-snæ̀p] *n.* (얇고 바삭바삭한) 생강이 든 쿠키.
gin·ger·y [-ri] *a.* 생강같은; 매운; 성마른.
ging·ham [gíŋəm] *n.* Ⓤ 깅엄《줄무늬 따위가 있는 무명》; Ⓒ 《英口》 = UMBRELLA.
「**~es**) 〖植〗 은행나무.
gink [giŋk] *n.* 《美俗》 놈, 사내; 기인(奇人).
gink·go, ging·ko [gíŋkou] *n.* (*pl.*
gínkgo nùt 은행.
gín mìll [dʒín] 《美俗》 싸구려 술집.
gín rúmmy rummy[2]의 일종.
gin·seng [dʒínseŋ] *n.* 인삼.
Gio·con·da [dʒoukándə/-ɔ́-], **La** 모나리자(Mona Lisa)의 초상화.
Giot·to [dʒátou/-ɔ́-] (1266?–1337) 르네상스 이전의 이탈리아 최대의 화가.
***Gip·sy, g-** [dʒípsi] *n.* =GYPSY.
‡gi·raffe [dʒəræ̀f/dʒirá:f] *n.* **지라프**, 기린(麒麟).
gird**[1] [gə:rd] *vt.* (**~ed, girt**) ① **허리띠로 졸라매다**. ② …을 허리에 두르다, 몸에 붙이다, 허리에 차다. ③ (권력 따위를) 주다(*with*). ④ 둘러싸다. **~ *oneself, or **~ (*up*) *one's loins*** 단단히 허리띠를 죄다 〔태세를 갖추다, 긴장하다, 준비하다〕.
gird[2] *n., vi.* 조롱(하다)(*at*).
gird·er [gə́:rdər] *n.* 도리; 대들보; 거더.
***gir·dle** [gə́:rdl] *n., vt.* ① **띠**(로 두르다〔감다〕); 거들《고무가 든 간단한 코르셋의 일종》; 두르는〔싸는〕 것. ② 둘러싸다; …의 나무껍질을 고리 모양으로 벗기다.
†girl [gə:rl] *n.* ① **계집아이**. ② 소녀, (미혼의) 젊은 여자, 숫처녀. ③ 하녀. ④ 《口》 =SWEETHEART; 《口》 (一般) 여자. **⌐·ish** *a.*
‡gírl frìend 걸프렌드, **여자 친구**.
gírl gúide 《英》, **gírl scòut** 《美》 소녀단원.
Gírl Gúides 《英》, **Gírl Scòuts** 《美》 소녀단.
***girl·hood** [⌐hùd] *n.* Ⓤ 소녀임, 소녀 시절; 《集合的》 소녀들.
girl·ie [⌐i] *n.* 소녀, 아가씨.
Gi·ro [dʒáirou/dʒáiər-] *n.* 《英》 은행〔우편〕 대체(對替) 제도.
Gi·ronde [dʒərάnd/-ɔ́-] *n.* (F.) (혁명 당시의) 지롱드당, 온건파(cf. Jacobin). **Gi·rón·dist** *n., a.*
***girt** [gə:rt] *v.* gird[1]의 과거(분사).
girth [gə:rθ] *n.* ⓊⒸ (말의) 뱃대끈; 띠; 둘레의 치수《가슴둘레 따위》.

— *vt., vi.* 뱃대끈을〔으로〕 졸라매다; 치수가 …이다.
Gis·card d'Es·taing [ʒi:skɑr dɛstɛ̃], **Valéry**(1926–) 프랑스 대통령(1974–81).
gis·mo [gízmou] *n.* =GIZMO.
Gis·sing [gísiŋ], **George Robert** (1857–1903) 영국의 소설가.
***gist** [dʒist] *n.* **요점**, 본질, 골자; 〖法〗 주요 소인(訴因). 「악기.
git·tern [gítə:rn] *n.* 기타 비슷한 옛
†**give** [giv] *vt.* (*gave; given*) ① **주다**; 선사하다; 공급하다; 건네다, 맡기다; 치르다; 바치다, 몰두시키다. ② (말을) **전하다**; (병을) 옮기다; 양보하다. ③ 산출하다, 내다, 발하다; ((목)소리를) 내다, 말하다. ④ (회를) 열다; (강연을) 하다; 진술하다; 묘사하다; (이유·예 따위를) 들다. ⑤ (손을) 내밀다. — *vi.* ① 자선〔기부〕하다; 굴복〔양보〕하다. ② (빛이) 바래다〔날다〕; 약해지다, 무너지다; (얼음이) 녹다. ③ (창·복도가) …쪽을 향〔면〕하다(*upon*), 통하다(*into, on*). ~ ***about*** 배포하다, (소문 따위를) 퍼뜨리다. ~ ***again*** 갚다, 돌려주다. ~ ***and take*** 서로 양보〔타협〕하다. ~ ***away*** 선사하다; (결혼식에서 신부를) 신랑에게 넘겨주다; 《俗》 (무심히) 비밀을 누설하다; 폭로하다(~ *oneself away* 정체를 보이다). ~ ***back*** 돌려주다, 돌려 보내다; 반향(反響)하다; 움츠리다. ~ ***forth*** (소리·냄새를) 내다; 퍼뜨리다. ~ ***in*** 건네어 주다, (서류를) 제출하다; 양보〔굴복〕하다(*to*). ~ ***it*** (*a person*) (*hot*) 벌하다. ~ JOY. ~ ***off*** 발(산)하다. ~ ***oneself up to*** …에게 바치다; 몰두〔열중〕하다. ~ ***out*** 발표하다; 퍼뜨리다; 분배하다; 할당하다; 발(산)하다; 부족하다, 다 되다; 끝나다. ~ ***over*** 그만두다, 중지하다, 버리다; 인도하다. ~ (*a person*) ***to know*** 〔***understand***〕 알게 하다. ~ ***up*** 내놓다, 포기하다; (죄인을) 인도하다; 그만두다, 단념하다; 헌신하다. ~ WAY[1]. ~ (*a person*) ***what for*** (아무를) 벌하다, 나무라다. — *n.* Ⓤ 탄력성; (정신·성격의) 순응성, 유연성.
give-and-take [gívəntéik] *n.* Ⓤ 공평한 교환; 상호 양보, 타협; 담화〔농담〕의 응수.
give·a·way [⌐əwèi] *n.* 무심코 지껄여버림; =⌐ **shòw** 〔**prògram**〕 (라디오 따위의) 청취자 참가 프로《상품 따위가 붙어 있는》. — *a.* 손해를 각오하고 싸게 파는.
†**giv·en** [gívən] *v.* give의 과거분사. ***be*** ~ ***to*** …에 열중하다. — *a.* 주어진; 이미 알고 있는, 일정〔특정〕한; 경향을 띠어, 탐닉하여.
***gíven náme** (성(姓)에 대한) **이름**.
giv·er [⌐ər] *n.* 주는 사람.
giz·mo [gízmou] *n.* (*pl.* ~*s*) 《美口》 이름도 없는 것; 설비, 장치(gadget).
giz·zard [gízərd] *n.* (새의) 모래주머니; 《口》 (사람의) 위(胃).

G

Gk. Greek.
Gl 〖化〗 glucinum. 「들반들한.
gla·brous [gléibrəs] *a.* 털 없는, 반
gla·cé [glæséi/⌐–] *a.* (F.) (천·가죽 따위를) 반들반들하게 만든; 설탕(등)을 입힌〔바른〕(iced).
gla·cial [gléiʃəl/-sjəl] *a.* 얼음(모양)의; 빙하(기)의; 차가운.
glácial èpoch 〔**pèriod**〕, **the** 〖地〗 빙하기〔시대〕.
gla·ci·ate [gléiʃièit/glǽsi-, gléisi-] *vt.* 얼리다; 빙하로 덮다.
gla·cier [gléiʃər, glǽsjər] *n.* 빙하.
†**glad** [glæd] *a.* (*-dd-*) ① **기쁜**. ② 기쁜 듯한; 유쾌한, (듣기만 해도) 기쁜. (*give*) ***the*** ~ ***eye*** 《俗》 추파(를 던지다). ‡**glád·ly** *ad.* ***glád·ness** *n.* Ⓤ 「다; 기뻐하다.
glad·den [glǽdn] *vt., vi.* 기쁘게 하
glade [gleid] *n.* 숲속의 빈 터.
glád hànd 《口》 환영(의 손).
glad·i·a·tor [glǽdièitər] *n.* (옛 로마의) (직업적) 검투사(劍鬪士); 논객.
glad·i·a·to·ri·al [⌐iətɔ́:riəl] *a.*
glad·i·o·lus [glæ̀dióuləs] *n.* (*pl.* ~*es*, *-li* [-lai]) 〖植〗 글라디올러스.
glád ràgs 《俗》 나들이옷; 야회복.
glad·some [glǽdsəm] *a.* 《詩》 기쁜, 즐거운.
Glad·stone [glǽdstòun, -stən], **William E.** (1809–98) 영국의 정치가; =⌐ **bàg** 소형 여행 가방의 일종.
glair [glɛər] *n., vt.* Ⓤ 알의 흰자위(를 바르다).
glam·or·ize [glǽmərὰiz] *vt.* 매력을 갖추게 하다, 돋보이게 하다.
***glam·o(u)r** [glǽmər] *n.* ⓊⒸ **마법**; 매력. — *vt.* 매혹하다. **glám·or·ous** *a.* 「는 청년〔여자〕.
glámour bòy 〔**gìrl**〕 (성적) 매력 있
‡**glance** [glæns, -ɑ:-] *n.* ① **흘긋 봄**, 별견(瞥見), 일견(*at, into, over*). ② 흘긋《눈짓》, 번쩍임, 번득임; 스침. ***at a*** 〔***the first***〕 ~ 일견하여, 잠깐 보아서. ***cast*** 〔***throw***〕 ***a*** ~ 흘긋 보다(*at*). — *vi.* ① **흘긋 보다**, 일견하다, 훑어 보다(*at, over*). ② 번쩍 빛나다. ③ (이야기가) 잠깐 언급〔시사〕되다; (이야기가) 옆길로 새다 (*off, from*). ④ (탄환·창 따위가) 스치고 지나가다, 빗나가다(*aside, off*). — *vt.* 잠깐 (훑어)보다; 흘긋 돌리다.
***gland** [glænd] *n.* 〖解〗 선(腺). **glán·du·lar** [⌐dʒələr / -dju-], **-du·lous** [-ləs] *a.* 「《말의 전염병》.
glan·ders [glǽndərz] *n. pl.* 비저병
‡**glare**[1] [glɛər] *n.* ① Ⓤ **번쩍이는 빛**, 눈부신 빛. ② Ⓤ 야함, 현란함. ③ 날카로운 눈씨. — *vi., vt.* ① **번쩍번쩍**〔**눈부시게**〕 **빛나다**〔비추다〕; 눈에 띄다. ② 노려〔흘겨〕보다.
glare[2] *n., a.* 《美》 얼어붙은 얼음의 표면(과 같은). ~ ***ice*** 번쩍번쩍 빛나는 얼음.
***glar·ing** [glɛ́əriŋ] *a.* ① **번쩍 번쩍 빛나는**, 눈부신. ② 야한; 눈에 띄는. ③ 명백한. ④ 흘겨보는.
glar·y [⌐i] *a.* =GLARING.

***Glas·gow** [glǽsgou, -kou] *n.* 스코틀랜드 남서부의 항구 도시.

†**glass** [glæs, -ɑ:-] *n.* ① Ⓤ 유리. ② ⓊⒸ 유리 모양[질]의 물질. ③ **컵**, 글라스; 한 컵의 양; 술. ④ **거울**, 창유리; (시계의) 유리면(面); 렌즈; 망원경, 현미경; 온도계, 청우계; 모래 시계. ⑤ (*pl.*) **안경**, 쌍안경. ⑥ Ⓤ 《集合的》 유리 제품. ***under* ~** 온실에서 (재배한); 유리장에 (진열된). ── *vt.* ① 유리를 끼우다[로 덮다]. ② 거울에 비추다. **∠·ful** [∠fùl] *n.* 한 컵[잔] 가득.

gláss blòwer [**blòwing**] 유리 부는 직공[기술·작업].

gláss càse 유리를 넣은 상자; [∠∠] 유리 그릇[진열장].

gláss cùlture 온실 재배.

gláss cùtter 유리칼, 유리공(工).

gláss éye 의안, 사기눈; (말의) 흑내장(黑內障).

gláss fìber [**fìbre**] 유리 섬유.

glass·house [∠hàus] *n.* 유리 공장; 온실.

glass·ine [glæsí:n] *n.* Ⓤ 유리 박엽지《책 커버 등에 씀》.

gláss pàper 사포.

gláss snàke (북미의) 유리뱀, 무족(無足) 도마뱀.

***glass·ware** [∠wɛ̀ər] *n.* Ⓤ 《集合的》 유리 그릇[제품].

glass·work(s) [∠wə̀:rk(s)] *n.* (*pl.*) 유리 공장[제품].

***glass·y** [∠i] *a.* **유리질**[모양]의; 매끄러운; (눈이) 흐린. **gláss·i·ly** *ad.* **-i·ness** *n.*

Glas·we·gi·an [glæswí:dʒiən] *a., n.* Glasgow의 (사람).

glau·co·ma [glɔ:kóumə] *n.* Ⓤ 《醫》 녹내장(綠內障).

glau·cous [glɔ́:kəs] *a.* 녹회색의; 《植》 (포도처럼) 시설(柹雪)이 덮인.

***glaze** [gleiz] *vt.* ① **판유리를 끼우다**. ② (질그릇에) 유약을 칠하다; (종이·가죽에) 윤을 내다. ③ 《料理》 (…에) 조미한 국물을 치다. ── *vi.* 매끄럽게 되다, 윤이 나다; (눈이) 흐려지다. ── *n.* ⒸⓊ ① 윤내는 약; (질그릇의) 유약. ② 《料理》 고물, 조미한 국물. ③ 《美》 《氣》 우빙(雨氷)《빗물이 땅 위에 얼어 붙는 현상》. **~d** *a.*

gla·zier [gléiʒər/-zjə] *n.* 유리 장수. ***Is your father a ~?*** 《諧》 앞이 보이지 않으니 비켜 주시오(너는 유리로 된 사람이냐).

glaz·ing [gléiziŋ] *n.* Ⓤ 유리 끼우기[세공]; 유약 바르기; Ⓒ 유약.

GLC Greater London Council 대런던 시의회.

‡**gleam** [gli:m] *n.* ① **어렴풋한 빛**, 번쩍임. ② 희미한 징조. ── *vi.* ① 희미하게 번쩍이다. ② (생각이) 번득이다.

gleam·y [glí:mi] *a.* (미광이) 번득이는; 희미한; 볕나고 비가 오는.

***glean** [gli:n] *vt., vi.* (이삭을) **줍다**; (사실 따위를) **조금씩 모으다**. **∠·er** *n.* 이삭 줍는 사람; (끈기 있는) 수집가. **∠·ing** *n.* Ⓤ 이삭 줍기; Ⓒ (주워 모은) 이삭; (보통 *pl.*) 습유(拾遺), 집록(集錄).

glebe [gli:b] *n.* 《英》 교회 부속지, 성직 영지; Ⓤ 《古》 땅, 들, 밭.

***glee** [gli:] *n.* Ⓤ **환희**, 유쾌; Ⓒ (무반주) 합창곡. **∠·ful, ∠·some** *a.* 유쾌한; 명랑한.

glée clùb 합창단.

glee·man [glí:mən] *n.* 《古》 음유(吟遊) 시인.

gleep [gli:p] *n.* 《理》 실험용 증식로(增殖爐).

***glen** [glen] *n.* **작은 골짜기**, 협곡.

Glen·gar·ry, g- [glengǽri] *n.* 스코틀랜드 고지 사람의 챙 없는 모자.

glib [glib] *a.* (**-bb-**) 유창한; 입담좋은, 말솜씨가 훌륭한; 행동이 스마트한. **∠·ly** *ad.*

‡**glide** [glaid] *vi.* ① **미끄러지**(듯 나아가)**다**; 활주[활공]하다. ② (시간이) 나는 듯이 지나다(*by*). ── *vt.* 미끄러뜨리다. ── *n.* **미끄러짐**, 활주(면), 활공; 《美》 =SLUR; 《音聲》 경과음. ‡**glíd·er** *n.* **미끄러지는 사람**[물건]; **글라이더**, 활공기. **glíd·ing** *n., a.* Ⓤ 활주(하는).

***glim·mer** [glímər] *vi., n.* ① **희미하게**[반짝] **빛나다**; 어렴풋이 보이다[보임]. ② **미광**; 어렴풋한 인식, 막연한 생각. ***~·ing** *n., a.* **미광**; 희미하게 빛나는; (어렴풋이) 알아차림, 생각나는 일.

‡**glimpse** [glimps] *n.* **흘긋봄**[**보임**], 일견(一見). ***catch*** [***get, have***] ***a ~ of*** …을 흘긋 보다. ── *vt., vi.* **흘긋 보**(**이**)**다**; 《古》 희미하게 보이다.

***glint** [glint] *vi., vt., n.* **반짝 빛나다**[빛나게 하다]; 반짝임, 섬광.

glis·sade [glisɑ́:d, -séid] *n.* ① 《登山》 글리사드, 제동활강《피켈로 평형을 잡으면서 미끌어져내림》. ② 《발레》 글리사드《미끌어지듯 발을 옮김》.

glis·san·do [glisɑ́:ndou] *n., a., ad.* (*pl.* **-di** [-di:]) 《樂》 글리산도[활주법]의; 활주부.

***glis·ten** [glísn] *vi., n.* (부드럽게) **반짝 빛나다**; 빛남, 섬광.

glis·ter [glístər] *vi., n.* 《古》 =⇩.

‡**glit·ter** [glítər] *vi., n.* **반짝반짝 빛나다**; ⓊⒸ **반짝임**; 광채; Ⓤ 화려. ***All is not gold that ~s.*** 《俗談》 빛나는 것이 다 금은 아니다. ***~·ing** *a.*

gloam·ing [glóumiŋ] *n.* (the ~) 《詩》 땅거미, 황혼.

gloat [glout] *vi.* 황홀한 듯이[만족한 듯이, 빤히] 바라보다(*over, on*).

***glob·al** [glóubəl] *a.* (지)**구상**(球狀)**의**; 전세계의. **~·ism** [-ìzəm] *n.* Ⓤ 세계적 관여주의.

glo·bate [glóubeit] *a.* 공 모양의.

‡**globe** [gloub] *n.* ① **공**, 구체(球體). ② (the ~) **지구**; 지구[천체]의(儀). ③ 공 모양의 물건《눈알·어항·유성(遊星) 따위》. ── *vt., vi.* 공 모양으로 하다[되다].

globe·fish [∠fìʃ] *n.* (*pl.* **~es**, 《集合的》 ~) 복어.

globe-trot·ter [∠tràtər/-ɔ̀-] *n.* 세계 관광 여행자.

glo·bose [glóubous, -∠] *a.* 공 모양의.

G

glob·u·lar [glάbjələr/-ɔ́-] *a.* 공 모양의; 작은 알로 된. 「알.
glob·ule [glάbju:l/-ɔ́-] *n.* 소구(小球),
glob·u·lin [glάbjəlin/-ɔ́-] *n.* 〖生化〗 Ⓤⓒ 글로불린, 혈구소.
glock·en·spiel [glάkənspi:l/-ɔ́-] *n.* 〖樂〗 철금(鐵琴); (한 벌의) 음계종.
glom·er·ate [glάmərit/-ɔ́-] *a.* (빈틈없이) 꼭 뭉친.
‡**gloom** [glu:m] *n.* Ⓤ ① **어둠**, 암흑; 암영(暗影). ② **우울**, 음울; 음울한 표정. ── *vi., vt.* 어두워〔음울해〕지(게 하)다; 어두운 얼굴을 하다.
‡**gloom·y** [ˊi] *a.* **어두운**; **우울한**. *-**i·ly** *ad.*
glo·ri·a [glɔ́:riə] *n.* (신을 찬송하는) 영광의 찬가; 송영곡(頌榮曲); 후광; Ⓤ 견모(絹毛)〔견면〕 교직물의 일종.
***glo·ri·fy** [glɔ́:rəfài] *vt.* ① (신을) **찬미〔찬송〕하다**; (사람을) 칭찬하다; 영광을 더하다. ② 꾸미다, 장식하다.
glo·ri·fi·ca·tion [ˋ-fikéiʃən] *n.* Ⓤ
glo·ri·ole [glɔ́:riòul] *n.* 후광, 원광.
‡**glo·ri·ous** [glɔ́:riəs] *a.* ① **영광스러운**, 빛나는, **장려한**; 현란한. ② 유쾌한, 기분 좋은. *~·**ly** *ad.*
‡**glo·ry** [glɔ́:ri] *n.* ① Ⓤ **영광**, 명예; 찬미, 송영(頌榮); 하늘의 영광; 천국. ② Ⓤ 장관; 번영, 융성. ③ Ⓤ 득의 양양함; 큰 기쁨. ④ 후광. ***Old Glory*** 《口》 미국 국기, 성조기. ***go to ~*** 승천하다, 죽다. ── *vi.* **기뻐하다**; 뽐내다(*in*); 《廢》 자랑하다.
glo·ry-of-the-snow [-əvðəsnóu] *n.* =CHIONODOXA.
gloss**[1] [glɑs, -ɔ:-/-ɔ-] *n.* ① Ⓤ **윤**, 광택; Ⓒ 광택면. ② Ⓤ 허식. ── *vt.* 윤〔광택〕을 내다; 겉치레하다. ***~ over 용케 숨기다, 속이다. *ˊ~·**y** *a.*
gloss[2] *n.* (여백에 적는) 주석; 해석; 어휘; 그럴듯한 설명. ── *vi., vt.* 주석〔해석〕하다; 그럴듯하게 해설하다.
***glos·sa·ry** [glάsəri, -ɔ́:-/-ɔ́-] *n.* **어휘**; (특수) 용어 해설; (주석서 권말의) 주요 용어집. **glos·sar·i·al** [-sέəriəl] *a.* 어휘의, 용어풀이의.
glos·se·mat·ics [glὰsəmǽtiks, -ɔ̀:-/-ɔ̀-] *n. pl.* 언리학(言理學), 언어 기호학.
gloss·me·ter [glάsmì:tər, -ɔ́:-/-ɔ́-] *n.* (물체 표면의 광택을 재는) 광택계.
glot·tal [glάtl/-ɔ́-] *a.* 성문(聲門)의.
glot·tis [glάtis/-ɔ́-] *n.* 〖解〗 성문.
Glouces·ter [glάstər, -ɔ́:-/-ɔ́-] *n.* (Gloucestershire)(⇩)의 주도; Ⓤ 글로스터치즈. 「영국 남서부의 주.
Glouces·ter·shire [-ʃiər, -ʃər] *n.*
†**glove** [glʌv] *n.* **장갑**; (야구·권투용) 글러브. ***fit like a ~*** 꼭 맞다. ***handle with ~s*** 친절히 다루다. ***take off the ~s*** 본격적으로 덤벼들다. ***throw down*** 〔***take up***〕 ***the ~*** 도전하다〔도전에 응하다〕. **glóv·er** *n.* 장갑 제조인; 장갑 장수.
‡**glow** [glou] *vi.* ① **백열(白熱)빛을 내다**; (개똥벌레 등이) 빛을 발하다. ② (눈이) 빛나다, (몸이) 달다; 열중하다, (감정이) 불붙다. ── *n.* ① 백열, 작열, 빛. ② (몸이) 닮; 만족감, 기쁨; 열중, 열정; 빛남, 붉어짐; 선명함. *ˊ~·**ing** *a.* **백열의; 샛빨간**, 홍조된; 열렬한, 열심인.
glow·er [gláuər] *vi., n.* 노려보다, 노려봄, 무서운〔찡그린〕 얼굴(을 하다).
glow·worm [glóuwə̀:rm] *n.* 개똥벌레의 유충.
glox·in·i·a [glɑksíniə/-ɔ-] *n.* 〖植〗 글록시니아《관상 식물의 하나》.
gloze [glouz] *vt., vi.* 그럴듯하게 설명하다, 말을 꾸며대다(*over*); 아첨하다.
glu·ca·gon [glú:kəgὰn/-gɔ̀n] *n.* 〖化〗 글루카곤《췌장에서 나오는 호르몬의 일종》.
glu·ci·num [glu:sáinəm] *n.* =BERYLLIUM.
glu·cose [glú:kous, -z] *n.* Ⓤ 포도당.
***glue** [glu:] *n., vt.* Ⓤ **아교**(로 붙이다)(*to*). ˊ~·**y** *a.* 아교의〔같은〕.
glum [glʌm] *a.* (*-mm-*) 음울한; 무뚝뚝한.
glut [glʌt] *n., vt.* (*-tt-*) 포식(시키다), 식상(食傷)(케 하다); 공급 과잉(되게 하다). 「글루타민산.
glu·tám·ic ácid [glu:tǽmik] 〖化〗
glu·ta·mine [glú:təmi:n] *n.* Ⓤ 〖化〗 글루타민《아미노산의 일종》.
glu·ta·thi·one [glù:təθáioun] *n.* Ⓤ 〖化〗 글루타티온《생물 세포 속에 들어 있는 글루타민산》.
glu·ten [glú:tən] *n.* Ⓤ 〖化〗 글루텐, 부질(麩質). 「***~ rice*** 찹쌀.
glu·ti·nous [glú:tənəs] *a.* 점착성의.
glut·ton [glʌ́tn] *n.* 대식가; 지칠 줄 모르는 사람; 악착꾸러기, 끈덕진 사람; 〖動〗 족제비과의 동물《오소리 비슷함》. **~·ous** *a.* 많이 먹는. **~·y** *n.* Ⓤ 대식(大食).
***glyc·er·in** [glísərin], **-ine** [-rin, -ri:n], **glyc·er·ol** [glísəròul, -ɔ̀:-/-ɔ̀-] *n.* Ⓤ 〖化〗 **글리세린**.
gly·co·gen [gláikədʒən, -dʒèn] *n.* Ⓤ 〖生化〗 글리코겐.
gly·co·su·ri·a [glàikousjúəriə, glìk-] *n.* Ⓤ 〖醫〗 당뇨.
GM Geiger-Müller counter. **gm** guided missile. **gm.** gram(s).
G. M. 《英》 George Medal.
G-man [dʒí:mæ̀n] (<*G*overnment *man*) *n.* 《美俗》 연방 수사국원.
GM(C) General Motors (Corporation). **G. M. C.** General Medical Council. **G.M.T.** Greenwich mean time.
gnarl [nɑ:rl] *n.* (나무의) 마디, 옹이, 혹. ── *vt.* …에 마디를〔혹을〕 만들다; 비틀다. ── *vi.* (개 따위가) 으르렁거리다. **~ed** [-d], ˊ~·**y** *a.* 마디〔옹이〕가 많은(knotty); 울퉁불퉁한; 비뚤어진, 비꼬인.
gnash [næʃ] *vi., vt.* 이를 악물다. ***~ one's teeth*** (노여워) 이를 갈다.
gnat** [næt] *n.* **각다귀**; 《英》 모기. ***strain at a ~ and swallow a camel 작은 일에 구애되어 큰 일을 모르고 지나다.

G

***gnaw** [nɔː] *vt.*, *vi.* (~*ed;* ~*ed, gnawn*) ① **물다, 쏠다**; 부식하다. ② 괴롭히다, 애먹이다. ⌐**·er** *n.* 무는 사람; 부식시키는 것; 설치 동물.
gneiss [nais] *n.* Ⓤ 《地》 편마암.
GNI gross national income.
gnome¹ [noum] *n.* 땅속의 요정《탄갱 등의 수호신》. 「의, 격언적인.
gnome² *n.* 격언. **gnó·mic** *a.* 격언
gno·mon [nóumɑn/-mɔn] *n.* (해시계의) 바늘. 「식; 영지(靈知).
gno·sis [nóusis] *n.* Ⓤ 영적(靈的) 인
Gnos·tic [nástik/-ɔ́-] *n.*, *a.* 영지교도(靈知敎徒)(의); (g-) 영지의〔있는〕; 《諧》 똑똑한. **-ti·cism** [-təsìzəm] *n.* Ⓤ 영지〔그노시스〕설《초기 기독교 시대의 신비 철학》.
GNP gross national product.
gnu [njuː] *n.* (*pl.* ~*s*, 《集合的》 ~) (남아프리카산) 암소 비슷한 영양.
†**go** [gou] *vi.* (*went; gone*) ① **가다**, 나아가다; 지나가다; **떠나다**; 죽다; 없어지다; 망치다; 못쓰게 되다; (불이) 꺼지다; 꺾이다, 항복하다. ② (…의 상태에) **있다**(*go hungry* 늘 배를 곯고 있다); …라고 (씌어) 있다 (*Thus goes the Bible*); (…의 상태)가 되다(*go mad* 정신이 돌다/*go bad* 나빠지다, 썩다). ③ **움직이다**, 운동하다, 일하다; (일이) 진전하다. ④ 놓이다, 들다, 속하다. ⑤ (종·총성이) 울리다; (시계가) 시간을 치다(*The clock went six.* 6시를 쳤다). ⑥ (화폐 따위가) **통용되다**, (소문 따위가) 퍼지다; …의 손에 돌아가다; **뻗다**, …에 달하다, …으로 되다. ⑦ 소비되다, 팔리다(*His house went cheap.* 싼 값으로 팔렸다). ⑧ …하기 쉽다 (tend); 《口》 권위가 있다, (그대로) 통하다. — *vt.* 《口》 (내기를) 걸다 (*I will go you a dollar.* 1달러를 걸겠다); 《口》 견디다, 참다. ***as*** 〔***so***〕 ***far as it goes*** 그것에 관한 한. ***as people*** 〔***things***〕 ***go,*** or ***as the world goes*** 세상 풍습으로는, 일반적으로는. ***as the saying goes*** 속담에도 있듯이. ***be going on*** …에 가까와지고 있다; 일어나고 있다. ***be going to*** do... (막, 바야흐로) …하려 하고 있다. ***go about*** 돌아다니다, 퍼지다; 침로를 바꾸다; …에 진력하다, 착수하다. ***go across*** 건너다, 넘다. ***go after*** 《口》 쫓다; 구하다, 찾다. ***go against*** 반항하다; …에 불리하게 되다. ***go along*** 나아가다. ***go a long way*** 매우 쓸만하다(*toward*); 여러 가지를 살 수 있다; 크게 도움이 되다. ***go and*** do …하러 가다; 어리석게도 …하다 (*I have gone and done it.*); 《命令形》 멋대로 …해라(*Go and be miserable!* 멋대로 골탕먹어봐라). ***go around*** 돌아다니다, 골고루 미치다. ***go at*** 《口》 공격〔착수〕하다. ***go away*** 떠나다; 갖고 도망가다(*with*). ***go back*** 되돌아가다; 거슬러 올라가다; 회고하다; 내리받이가 되다. ***go behind*** (사실의) 이면〔진상〕을 조사하다; 손해를 보다. ***go between*** 중재〔매개〕하다. ***go by*** (때가) 지나다; (표준)에 의하다; …에 지배되다; 《美》 방문하다, 들르다. ***go down*** 내려가다, 떨어지다; 가라앉다; 이해가 가다, 납득되다; 굴복하다(*before*); (후세에) 전해지다; 기억〔기록〕되다. ***go for*** 가지러〔부르러〕 가다; 지지〔찬성〕하다; 《口》 맹렬히 덤벼들다. ***go forth*** 발행〔발포〕되다. ***go in*** 들어가다; 참가하다, 관계하다. ***go in for*** 《口》 …에 찬성하다; …을 얻으려 노력하다, …하려고 마음먹다; …을 특히 좋아하다; …에 열중하다; 시험을 치다, (후보)로 나서다. ***go into*** …에 들다, 포함되다; 조사하다; 논하다. ***go it*** 《口》 급히〔부리나케〕 가다; 척척 하다; 난봉부리다. ***go off*** 떠나가다; 죽다; (빛이) 날다; 잠자다; 발사되다, 폭발하다; 일어나다(happen); 팔리다; (일이) 진척되다(*well, badly*). ***go on*** 계속되〔하〕다, 계속해 나가다(*Go on!* 계속해라; 《反語》 어리석은 소리 말라); 지내다; 거동하다; 《口》 욕설하다(*at*); 교대하다; (배우가) 무대에 나오다; (옷·신발이) 맞다; …에 접근하다 (*for*). ***go out*** 나가다, 외출하다; (여자가 취직해서) 일하러 나가다; 물러가다; (불이) 꺼지다, 소멸하다〔시키다〕; 《俗》 죽다; 쇠퇴하다; 〖野〗 아웃되다; 출판되다; 파업을 하다; 동정하다(*to*). ***go over*** 건너다, 넘다; 다른 (종)파로 전향하다; 반복하(여 읽)다, 복습하다; 검사하다; 《口》 성공하다. ***go round*** 순력하다; 한 바퀴 돌다; (음식이) 모든 사람에게 돌아갈 만큼 있다; 《口》 잠깐 들르다. ***go through*** 통과〔경험〕하다; (끝까지) 해내다 (*with*); 다 써버리다; 조사하다; (판을) 거듭하다. ***go together*** 같이 가다; 어울리다, 조화되다; 《口》 (애인끼리) 사이가 좋다, 마음이 변치 않다. ***go under*** 가라앉다; 굴복하다; 《美口》 파산하다; 《美口》 죽다. ***go up*** 오르다, 올라가다; 늘다; 등귀하다; 폭발하다. ***go with*** …와 함께 가다, …와 행동을 같이 하다; …에 동의하다; …와 조화하다. ***go without*** …없이 지내다〔견디다〕. ***It goes without saying that....*** …은 말할 것도 없다. ***let go*** 도망치게 하다, 놓아주다; 단념하다, 상태를〔컨디션을〕 나쁘게 하다. ***let oneself go*** 자기의 감정〔욕망〕에 지다; (몸 따위의) 상태가 나빠지다. — *n.* (*pl.* ***goes***) ① Ⓤ 가기, 진행. ② Ⓤ 기력, 정력. ③ 《口》 사태, (특수한) 상태; 난처〔곤란〕한 일 (*Here's a go!* or *What a go!* 난처한데). ④ 《口》 유행(*all the go* 대유행); 시도(試圖), 기회; 《口》 성공(한 것), 호조(好調). ⑤ 한 잔(의 술); (음식의) 한 입. ***near go*** 《英口》 위기일발, 아슬아슬한 순간. ***no go*** 《口》 실패, 틀림 (*It's no go.* 그것은 틀렸다). ***on the go*** 쉴새없이 활동하여, 내처 일하여; 《俗》 거나해서.

Go·a [góuə] *n.* 고아《인도 남서안의 옛 포르투갈 영토》.

goad [goud] *n., vt.* (가축을 몰기 위한) 뾰족한 막대기(로 찌르다); 자극(을 주다), 격려(하다).

go-a·head [góuəhèd] *a., n.* 전진하는; 진취적인 (행동); Ⓤ 야심, 기력.

‡**goal** [goul] *n.* 골, 결승점; 목적(지), 목표.

goal·ie [⌐i] *n.* 《口》 =⇩.

***goal·keep·er** [⌐kìːpər] *n.* 골키퍼.

góal lìne 골라인.

goal·post [⌐pòust] *n.* 골대.

goal·tend·er [⌐tèndər] *n.* 《美》 빙구의 골키퍼.

‡**goat** [gout] *n.* ① 염소; (G-) 〖天〗 염소자리. ② 색골; 악인. ③ 《口》 (남의) 희생. ***get a person's ~*** 《美口》 아무를 노하게 하다〔괴롭히다〕.

goat·ee [goutíː] *n.* 염소 수염.

goat·herd [góuthə̀ːrd] *n.* 염소 지기.

goat·skin [⌐skìn] *n.* Ⓤ 염소 가죽.

goat·suck·er [⌐sʌ̀kər] *n.* 〖鳥〗 쏙독새.

gob[1] [gab/gɔb] *n.* 《俗》 수병.

gob[2], **gob·bet** [⌐it] *n.* 덩어리.

gob·ble[1] [gábəl/-ɔ́-] *vt., vi.* 게걸스레 먹다; 통째로 삼키다.

gob·ble[2] *vi., n.* (칠면조가) 골골 울다〔우는 소리〕. **gób·bler** *n.* 칠면조의 수컷.

gob·ble·de·gook, -dy·gook [-digùk] *n.* Ⓤ,Ⓒ 《美口》 (공문 서식의) 딱딱하고 꾀까다로운 표현〔강연〕, 뜻 모를 소리.

Gob·e·lin [gábəlin, -óu-/-óu-, -ɔ́-] *a.* (프랑스의 Gobelin 공장에서 만든) 고블랭천의〔같은〕. ***~ tapestry*** 고블랭천《정교한 무늬 있는 직물》.

go-be·tween [góubitwìːn] *n.* 매개인; 중매장이.

Go·bi [góubi] *n.* 고비 사막.

***gob·let** [gáblit/-ɔ́-] *n.* 받침 달린 컵〔잔〕.

***gob·lin** [gáblin/-ɔ́-] *n.* 악귀, 도깨비.

go·bo [góubou] *n.* (*pl.* ~*(e)s*) 《美》 텔레비전 카메라용 차광막(遮光幕).

go·by [góubi] *n.* (*pl.* ***-bies***, 《集合的》 ~) 〖魚〗 문절망둑.

go-by [góubài] *n.* 지나쳐 감, 못 본 체함. ***give*** 〔***get***〕 ***the ~*** 무시하다〔당하다〕, 못 본 체하다〔체함을 당하다〕.

G.O.C. General Officer Commanding.

go-cart [góukàːrt] *n.* 유모차; (유아용) 보행기(步行器).

†**God** [gad/gɔd] *n.* ① Ⓤ 〖基〗 신; 하느님, 조물주(the Creator). ② (g-) (초자연적인) 신, 우상, 중요한 사람. ③ (*pl.*) 삼등석의 관객. ***by*** (***my***) ***~*** 하느님께 맹세코, 꼭. ***for ~'s sake*** 제발. ***~ bless …!*** …에게 행복이 있기를! ***~ bless me*** 〔***my life, my soul***〕***!*** 저런!, 아이쿠! ***~ bless you!*** 하느님의 축복이 있기를! ***~ damn you!*** 이 죽일 놈! ***~ grant*** 신이여 …하게 하소서! ***~ knows*** 맹세코, 하느님만이 알고 있다, 아무도 모른다(*He went away ~ knows where.* 어디론가 가버렸다). ***~'s acre*** (교회의) 묘지. ***~'s image*** 인체. ***~ speed you!*** 《古》 성공〔안전〕을 빈다; 안녕히《인사말》. ***~ willing*** 사정이 허락하면. ***Good*** 〔***My***〕 ***~!*** 야단났는데, 큰일인데; 한심하군! ***Thank ~!*** 고마워라, 됐다 됐어! ***sight for the ~s*** 장관. ── *vt.* (*-dd-*) (g-) 신격화하다, 숭배하다. **gód·hood** [⌐hùd] *n.* Ⓤ 신성, 신격. **gód·less** *a.* 무신의, 믿음이 없는, 신을 믿지 않는. ***gód·like** [⌐làik] *a.* 신 같은. **gód·li·ness** *n.* 믿음, 신을 공경함(piety). **gód·ly** *a.* 신을 공경하는, 신앙심이 깊은.

god-aw·ful, G- [⌐ɔ́ːfəl] *a.* 《俗》 정말 싫은; 지독한.

god·child [⌐tʃàild] *n.* (*pl.* ***-children***) 대자(代子)(cf. godfather).

god·daugh·ter [⌐dɔ̀ːtər] *n.* 대녀(代女).

‡**god·dess** [gádis/-ɔ́-] *n.* 여신.

go·det [goudét] *n.* (의복에 넣는) 바대.

***god·fa·ther** [⌐fàːðər] *n., vt.* 대부(代父)(가 되다).

God-fear·ing [⌐fìəriŋ] *a.* (악마를 두려워 않고) 신을 두려워하는, 믿음이 깊은.

god·for·sak·en [⌐fərsèikən] *a.* 신에게 버림받은; 타락한; 황량한, 쓸쓸한.

god-giv·en [⌐gìvən] *a.* 하늘이 준, 고마운; 절호의.

God·head [⌐hèd] *n.* Ⓤ 신성, 신격; (the ~) 신, 하느님.

god-king [⌐kìŋ] *n.* 신격화된 군주.

God-man [⌐mæ̀n] *n.* =CHRIST.

***god·moth·er** [⌐mʌ̀ðər] *n.* 대모(代母).

go·down [goudáun/⌐⌐] *n.* (동남 아시아의) 창고.

god·par·ent [gádpɛ̀ərənt/gɔ́dpɛ̀ər-] *n.* 대부, 대모.

Gód's còuntry 풍광 명미한 전원; 고향, 고국.

god·send [⌐sènd] *n.* 하늘이 준 것, 뜻밖의 행운.

god·son [⌐sʌ̀n] *n.* 대자(代子).

God·speed [⌐spíːd] *n.* Ⓤ 행운, 성공〔안전〕(의 기원).

go·er [góuər] *n.* 가는 사람〔것〕.

***Goe·the** [gə́ːtə], **Johann Wolfgang von** (1749–1832) 괴테《독일의 문호》.

go-get·ter [góugétər] *n.* 《美口》 활동가, 수완가.

gog·gle [gágəl/-ɔ́-] *vi., vt., n.* (눈알을) 희번덕거리다〔거리기〕, 눈알을 굴리다〔굴리기〕; 눈을 부릅뜨고 보다〔보기〕, 부릅뜬 눈; (*pl.*) 먼지 막는 안경. ── *a.* 통방울눈의, 희번덕거리는.

gog·gle-eyed [-àid] *a.* 통방울눈의; 희번덕거리는.

Gogh [gou, gɔk, (Du.) gɔx], **Vincent van** (1853–90) 고호《네덜란드의 후기 인상파의 화가》.

go-go [góugòu] *a.* 고고 댄스(곡)의; 《俗》 활발한, 현대적인, 생기가 넘치는.

Go·gol [góugəl], **Nikolai Vasilievich** (1809–52) 러시아의 소설가.

‡**go·ing** [góuiŋ] *n.* Ⓤ 가기, 보행, 진행 (속도), 출발; (도로의) 상태. ── *a.* 진행〔운전·활동〕 중의(*She is ~*

(*on*) *ten.* 곧 10살이 된다); 현행의. ***in ~ order*** 고장 없이; 건전하게. ***keep ~*** …을 계속하다; 유지하다.

góing-away dréss 《美》 (신부의) 신혼 여행용 드레스.

go·ing-o·ver [-óuvər] *n.* 철저한 조사〔심문〕; 호통; 때리기.

go·ings-on [-zán / -ɔ́n] *n. pl.* 《口》 행위, 행실. 「상선종(甲狀腺腫).

goi·ter, 《英》 **-tre** [gɔ́itər] *n.* Ⓤ 갑

†**gold** [gould] *n.* ① Ⓤ **금,** 황금; 금빛; **금화;** 부(富); 금도금. ② (과녁의) 정곡 (bull's-eye). ***as*** GOOD ***as ~.*** ***heart of ~*** 아름다운 마음(의 소유자). ***old ~*** 낡은 금빛. ── *a.* 금(빛)의, 금으로 만든. 「箔師).

gold·beat·er [ˊbìːtər] *n.* 금박사(金

gold·brick [ˊbrìk] *n.* 《口》 모조품, 정체가 곧 드러날 가짜; 《軍俗》 농땡이 사병; 피부리는 사람. ── *vi.* 피부리다, 태만하다. **~·er** *n.* 《軍俗》 =GOLDBRICK.

góld bùg 풍뎅이; 《美俗》 갑부.

Góld Còast 황금 해안《현 Ghana 공화국의 일부》.

gold·cup [ˊkʌ̀p] *n.* =BUTTERCUP.

góld dìgger 금광부(夫); 황금광(狂); 《俗》 남의 돈을 옭아내는 여자.

góld dùst 사금(砂金).

góld embàrgo 금 수출 금지.

†**gold·en** [ˊən] *a.* ① **금빛의;** 《古》 금의. ② **귀중한,** 굉장한, 절호의. ③ 융성한.

gólden áge, the 황금 시대, 융성기.

gólden áger 《美》 (65세 이상의 은퇴한) 노인.

gólden bálls 전당포(의 간판).

gólden éagle 〖鳥〗 검둥수리.

Gólden Fléece 〖그神〗 금양모(金羊毛) 《Jason이 용(龍)으로부터 빼앗아 갖고 온》 (cf. Argo).

Gólden Gáte 금문만(金門灣) 《샌프란시스코의 입구》. 「《동화 속의》.

gólden góose 황금알을 낳는 거위

Gólden Hórn Istanbul의 내항.

gólden kéy 뇌물, 코 아래 진상.

gólden méan 중용, 중도(中道).

gold·en-mouthed [-màuðd] *a.* 웅변의.

gólden númber 황금수《서력 연수에 1을 더하여 19로 나눈 나머지 수; 부활절의 날짜를 산출하는 데 씀》.

gold·en-plat·ed [-plèitid] *a.* 금도금의, 금을 입힌.

gold·en·rod [-ràd/-ɔ̀-] *n.* 〖植〗 메역취.

gólden rúle 황금률《마태복음의 산상수훈 중의 말; 「무엇이든지 남에게 대접을 받고자 하는 대로 너희도 남을 대접하라」》.

gólden sáying 금언(金言).

gólden séction, the 황금 분할.

Gólden Státe, the 미국 California 주의 속칭.

gólden wédding (결혼후 50년을 축하하는) 금혼식 (cf. jubilee).

góld fèver 금광열(金鑛熱).

gold·field [góuldfìːld] *n.* 채금(採金)지, 금광지.

gold-filled [ˊfíld] *a.* 금을 입힌.

gold·finch [ˊfìntʃ] *n.* 〖鳥〗 검은방울새의 일종; 《英俗》 1파운드 금화.

‡**gold·fish** [ˊfìʃ] *n.* (*pl.* **~es,** 《集合的》 **~**) **금붕어.**

góld fòil 금박(金箔).

góld làce 금(金)몰.

góld lèaf 금박《gold foil보다 얇은》.

góld mìne 금광; 보고(寶庫).

góld nòte 《美》 금태환(兌換) 지폐.

góld pláte 금으로 된 식기류. 「다.

gold-plate [góuldplèit] *vt.* 금을 입히

góld resèrve 정화 준비(正貨準備).

góld rùsh 금광열(金鑛熱).

gold·smith [ˊsmìθ] *n.* 금 세공인.

Gold·smith, Oliver (1730?–74) 아일랜드 태생의 영국의 시인·극작가·소설가.

góld stàndard 〖經〗 금본위제.

Góld Stíck 《英》 (국가적 행사 때에 근위 기병 연대 대령 및 호위대 대장이 가지는) 금색의 막대; 그것을 잡는 사람. 「(를 하다). **ˊ·er** *n.*

‡**golf** [gɑlf, -ɔː-/-ɔ-] *n., vi.* Ⓤ **골프**

gólf bàll 골프공.

gólf clùb 골프채, 골프클럽.

gólf còurse 〔**lìnks**〕 골프장, 골프코스. 「내.

gólf wìdow 《口·諧》 골프광(狂)의 아

Gol·go·tha [gálgəθə/-ɔ́-] *n.* 〖聖〗 골고다《예수가 십자가에 못박힌 곳》; 예수의 십자가상(像); (g-) 묘지.

Go·li·ath [gəláiəθ] *n.* 〖聖〗 골리앗《다윗(David)에게 살해된 거인》; (g-) 이동 기중기. 「괴한 얼굴의 인형.

gol·li·wog [gáliwàg/gɔ́liwɔ̀g] *n.* 기

gol·ly [gáli/-ɔ́-] *int.* 《口》 저런, 어머나, 맹세코《놀람·맹세 등을 나타냄》.

go·losh [gəláʃ/-ɔ́-] *n.* =OVERSHOE.

Go·mor·rah, -rha [gəmɔ́ːrə, -á-/-ɔ́-] *n.* 〖聖〗 고모라 시《천벌로 이웃 도시 Sodom과 함께 멸망됨; 창세기 18, 19, 24》. 「(生殖腺).

go·nad [góunæd, -á-/-ɔ́-] *n.* 생식선

go·nad·o·tro·pin [gounædətróupin], **-phin** [-fin] *n.* 〖生化〗 성선(性腺) 자극 호르몬.

Gon·court [gɔ̃ːŋkúːr], **Edmond de** (1822–96), **Jules de**(1830–70) 프랑스의 소설가 형제.

Góncourt Príze 공쿠르상《매년 우수 문학 작품에 수여》.

***gon·do·la** [gándələ/-ɔ́-] *n.* **곤돌라;** 《美》 너벅선; (기구(氣球) 따위의) 조롱(吊籠). 「의 사공.

gon·do·lier [gàndəlíər/-ɔ̀-] *n.* 곤돌라

†**gone** [gɔːn, -ɑ-/-ɔ-] *v.* go의 과거분사. ── *a.* ① **지나간.** ② 가망 없는; 영락한. ③ 희미한. ④ 《美俗》 훌륭한, 일류의. ***far ~*** (훨씬) 앞선, 깊이 들어간〔개입된〕. ***~ on*** 《口》 …와 사랑하여. **gón·er** *n.* 《口》 죽은 사람, 가망 없는 사람.

gon·fa·lon [gánfələn/-ɔ́-] *n.* 〖史〗 (끝이 여러 가닥으로 갈라진) 기(旗).

gong** [gɑŋ, -ɔː-/-ɔ-] *n.* **징, 그 소리;** 접시 모양의 종. ── *vt.* …에게 징을 울려 신호하다. ***be ~ed (교통

위반으로) 정지 명령을 받다.
gon·na [góunə, gɔ́:-/gɔ́-] 《美俗》 …할 예정인(going to).
gon·or·rhe·a, 《英》 **-rhoe·a** [gɑ̀nəríːə/-ɔ̀-] *n.* Ⓤ 〖醫〗 임질. **-al** *a.*
goo [guː] *n.* Ⓤ 《美口》 찐득거리는 것; 지나친 감상(感傷).
goo·ber [gúːbər] *n.* 《美南部》 땅콩.
†**good** [gud] *a.* (*better; best*) ① **좋은**, 잘된, 훌륭한; 아름다운. ② 행복한, 유쾌한, 즐거운. ③ 선량한, 예의바른; 현명한, **친절한**; 관대한. ④ 능숙한(*be ~ at counting*); **유능한**. ⑤ 참된, 거짓 없는; 완전한; 깨끗한; 건전한; 틀림없는. ⑥ 유효한; 유익한; 적당한(*This is ~ to eat.* 먹을 수 있다); **충분한**, 상당한. ***a ~*** MANY. ***a ~'un*** 그럴듯한〔솔깃한〕 이야기, 거짓말, 농담. ***as ~ as*** (*dead, &c.*) (죽은 것)과 같은. ***as ~ as gold*** (어린이가) 매우 착한, 얌전한. ***be as ~ as one's word*** 약속을 지키다. ***Be ~ enough to …,*** or ***Be so ~ as to …*** 아무쪼록 …해 주십시오. ***G- day*** 〔***morning, afternoon, evening***〕***!*** 안녕하십니까《낮〔아침, 오후, 저녁〕 인사》; (‘Good’에 stress를 붙이고, 끝을 올려 발음하여) 안녕. ***~ for*** …에 유효〔유익〕한; …동안 유효; …의 지불이 가능한; …에 착수 가능한. ***G- for you!*** 《美》 잘한다!; 됐어! ***G- man!*** 잘한다!; 됐어! ***G- night!*** 안녕!; 안녕히 주무십시오!; 《美卑》 기가 막히는군; 제기랄! ***~ old*** 옛날의《good는 아주 가벼운 뜻》. ***G- show!*** 《俗》 훌륭하다!; 잘 했다! ***hold ~*** 유효하다, …에도 해당되다. ***keep ~*** 보존하다. ***make ~*** 보상하다; 달성하다; (약속을) 이행하다; 실증하다; 수복(修復)하다; 확보하다. ***no ~*** 틀렸다. ***Not so ~!*** 《俗》 어처구니없는 실수〔실패〕다! ***the ~ people*** 요정(妖精)들. **—** *n.* ① Ⓤ **선**, 선량함; **이익**; 행복. ② (the ~) 선량한 사람들. ③ (*pl.*) 《英》(철도) 화물, 상품. ④ (*pl.*) 동산, 재산. ⑤ (*pl.*) 《美》 천. ***come to ~*** 좋은 열매를 맺다. ***come to no ~*** 아무짝에도 쓸모 없다, 실패로 끝나다. DELIVER ***the ~s. do ~ to*** …에 친절을 다하다; …을 이롭게 하다; …에 유효하다. ***for ~*** (***and all***) 영구히. ***get the ~s on*** (*the pickpocket*) 《英俗》 (소매치기의) 확실한 증거를 발견하다, …의 꼬리를 잡다. ***~s agent*** 운송업자. ***the ~s*** 《俗》 진짜; 필요한 물건〔자격〕. ***to the ~*** 〖簿〗 대변(貸邊)에; 순이익으로. ***up to no ~*** 장난에 팔려서.
†**good-by,** 《英》 **good-bye** [gùdbái] *int., n.* **안녕히**; 고별, 작별.
góod fáith 성실, 성의.
good-for-noth·ing [gúdfərnʌ̀θiŋ] *n., a.* 쓸모 없는 (사람).
Góod Fríday 성(聖) 금요일《부활절 전의 금요일, 예수 수난을 기념함》.
good-hu·mo(u)red [ˊhjúːmərd] *a.* 기분 좋은, 싹싹한.
good·ish [ˊiʃ] *a.* 꽤 좋은; 《英》 상당히 큰, 상당한.
góod lífe 〖保險〗 평균 수명까지 살 가망이 있는 사람. 「핸섬한.
‡**good-look·ing** [ˊlúkiŋ] *a.* **잘 생긴**,
‡**góod lúck** 행운. 「당한.
***good·ly** [ˊli] *a.* **훌륭한**; 잘생긴; 상
good·man [ˊmən] *n.* 《古·方》 주인; 남편(husband); (G-) ‘Gentleman’ 보다 아랫 신분의 사람의 경칭(*G- Smith* 스미스 씨). 「은 급료.
góod móney 양화(良貨); 《英俗》 많
‡**good-na·tured** [ˊnéitʃərd] *a.* 사람이 좋은, **온후한**.
‡**good·ness** [ˊnis] *n.* Ⓤ 좋음; **선량함**; 미덕; 친절; 신(God). ***for ~' sake*** 제발, 부디. ***G-*** (***gracious***)***!*** 앗 저런!; (자) 큰일 났군!; 제기랄!
‡**goods** [-z] *n.* ⇨GOOD (*n.*).
góod sénce 상식, 양식, 분별.
góods tràin 《英》 화물 열차 (《美》 freight train).
good-tem·pered [ˊtémpərd] *a.* 상냥한, 온순한. 「(*pl.*) 진미(珍味).
góod thìng 행운; 돈벌이; 명예;
‡**good·will** [ˊwíl] *n.* Ⓤ ① **호의**, 동정. ② (상점의) 영업권, 단골.
good·y[1] [ˊi] *n.* 《口》 맛있는 것, 과자, 봉봉. **—** *a.* ＝GOODY-GOODY. **—** *int.* 《兒》 좋아 좋아!
good·y[2] *n.* (G-) 《古》 아주머니《신분이 낮은 여자에 대하여 씀》; 신분이 낮은 여자.
good·y-good·y [-gúdi] *a., n.* 《口》 믿음이 깊은 체하는 (사람), 유달리 잘난 체하는 (사람).
goof [guːf] *n.* 《美俗》 바보. **—** *vi.* 바보 짓을 하다; 빈둥거리다. **—** *vt.* 실수하다; (마취약 따위로) 멍청하게 만들다. **ˊ·y** *a.*
goof·ball [ˊbɔ̀ːl] *n.* 《美俗》 정신 안정제, 수면제. 「시.
go-off [góuɔ̀ːf/-ɔ̀-] *n.* 《口》 착수, 개
góo-goo èyes [gúːgùː] 《美俗》 추파.
gook [guk] *n.* 《俗》 ⓊⒸ 오물, 때; Ⓤ 점액; 바보; 《美軍俗》 아시아인에 대한 멸칭.
goon [guːn] *n.* 《口》 난폭자, (고용된) 폭한(暴漢); 《俗》 얼간이.
‡**goose** [guːs] *n.* (*pl. geese*) ① **거위**(의 암컷)(cf. gander). ② Ⓤ 거위 고기. ③ (*pl.* ~*s*) 대형 다리미《손잡이가 거위목 비슷함》. ④ 바보, 얼간이. ***All his geese are swans.*** 저 사람은 자기의 거위가 모두 백조로 보인다; 제 자랑만 한다. ***The ~ hangs high.*** 《美口》 일이 잘 될 것 같다; 만사 호조(萬事好調). ***sound on the ~*** 《美》 (생각·방침이) 온건하여; (주의 등에) 충실하여.
goose·ber·ry [gúːsbèri, gúːz-, gúzbəri] *n.* 〖植〗 구즈베리.
góose ègg 거위알; 《俗》 영점.
góose flèsh (추위·공포에 의한) 소름. 「는 사람.
goose·herd [gúːshəːrd] *n.* 거위 치
goose·neck [ˊnèk] *n.* 거위의 목(모

양의 물건). 「드《자유로이 굽음》.

góoseneck lámp 거위목 전기 스탠

góose pìmples =GOOSE FLESH.

goose-step [ˊstèp] *n.*, *vi.* 〖軍〗 무릎을 굽히지 않고 발을 높이 들어 걷는 보조(로 행진하다).

GOP, G.O.P. Grand Old Party 미국 공화당(Republican Party)의 미칭(美稱). 「(類).

go·pher [góufər] *n.* 《美》 뒤쥐(류)

Gór·di·an knót [gɔ́:rdiən] 아주 어려운 일, 어려운 문제. ***cut the ～*** 용단으로 어려운 일을 해결하다 《Alexander 대왕이 단단한 매듭을 풀지 않고 칼로 끊어버렸다는 이야기에서》. 「혈(凝血).

***gore¹** [gɔ:r] *n.* Ⓤ **흘린**〔엉긴〕**피**, 응

gore² *n.* 삼각형의 헝겊 조각, (옷의) 무; 삼각형의 토지. ── *vt.* 무를 달다. 「다.

gore³ *vt.* (창·뿔 따위로) 찌르다, 꿰

gorge** [gɔ:rdʒ] *n.* ① **골짜기**. ② 삼킨 음식. ③ Ⓤ 불쾌. ④ 좁은 통로〔시내〕를 막는 물건. ── *vt.* **게걸스레 먹다**; 가득 채우다〔틀어넣다〕. ***～ oneself 게걸스레 먹다(*with*).

‡**gor·geous** [gɔ́:rdʒəs] *a.* **호화스러운**; 《口》 멋진. **～·ly** *ad.* 「리개.

gor·get [gɔ́:rdʒit] *n.* (갑옷의) 목가

Gor·gon [gɔ́:rgən] *n.* 〖그神〗 고곤 《보는 사람을 돌로 변하게 했다는 세 자매의 괴물: cf. Medusa》; (g-) 지독한 추녀(醜女), 무서운 여자.

Gor·gon·zo·la [gɔ̀:rgənzóulə] *n.* (이탈리아 고르곤촐라 시(市)산) 치즈의 일종. 「한.

***go·ril·la** [gərílə] *n.* **고릴라**; 《俗》 폭

Gor·ki, -ky [gɔ́:rki], **Maxim**(1868–1936) 러시아의 극작가·소설가.

gor·mand [gɔ́:rmənd] *n.* =GOURMAND. **～·ize** [-àiz] *vt.*, *vi.* 많이〔게걸스레〕 먹다. **～·iz·er** *n.* 대식가.

gorse [gɔ:rs] *n.* Ⓤ 《英》 가시금작화 (furze) (덤불).

gor·y [gɔ́:ri] (<gore¹) *a.* 피투성이의.

***gosh** [gaʃ/-ɔ-] *int.* **아이쿠**; 큰일 났군; 기필코. 「날 매 사냥에 쓴》.

gos·hawk [gáshɔ̀:k/-ɔ́-] *n.* 참매《옛

Go·shen [góuʃən] *n.* 〖聖〗 고센 땅; 기름진 땅, 낙토(樂土).

gos·ling [gázliŋ/-ɔ́-] *n.* 거위 새끼.

go-slow [góuslóu] *a.* (일부러) 천천히 하는, 태업(전술)의.

***gos·pel** [gáspəl/-ɔ́-] *n.* Ⓤ ① (예수의) **복음**; (기독교의) 교리; ⓊⒸ 교의(敎義), 신조, 진리, 주의. ② (G-) 복음서. 「적인 진리.

góspel trúth 복음서의 진리; 절대

Gos·plan [gasplá:n/-ɔ-] *n.* (소련의) 국가 계획 위원회.

gos·port [gáspɔ̀:rt/-ɔ́-] *n.* 〖空〗 (비행기의) 기내 통화관.

gos·sa·mer [gásəmər/-ɔ́-] *n.* ⓊⒸ 작은 거미의 집〔줄〕; Ⓤ 섬세한 물건, 얇은 천; ⓊⒸ 《美》 얇은 방수포. ── *a.* 섬세한, 가냘픈.

‡**gos·sip** [gásip/-ɔ́-] *n.*, *vi.* **잡담**〔세상 이야기, 한담〕(을 하다); 수다(쟁이); Ⓤ **소문**, 험담.

gos·sip·mon·ger [-mʌ̀ŋgər] *n.* 소문을 퍼뜨리는 사람.

gos·soon [gasú:n/-ɔ-] *n.* (Ir.) 소년, 심부름하는 아이.

†**got** [gat/-ɔ-] *v.* get의 과거(분사).

Goth [gaθ/-ɔ-] *n.* 〖史〗 고트 사람《3–5세기경 로마 제국에 침입한 튜튼계 민족》; 야만인.

Goth·am [gátəm, góu-/gɔ́-] *n.* (영국의) 고텀 마을; 바보의 마을; [gáθəm, góu-/ gɔ́-] New York 시의 이명(異名). ***wise man of ～*** 바보.

***Goth·ic** [gáθik/-ɔ́-] *a.* **고딕 건축**(양식)의; 고트족〔말〕의; 중세의; 야만적인. ── *n.* Ⓤ 고딕 건축 양식; 고트말; 《美》〖印〗 고딕 활자. 「출용의.

go-to-meet·ing [góutəmí:tiŋ] *a.* 외

got·ta [gátə/-ɔ́-] 《口》 =(have) got to; =(have) got a. ⇨ GET.

***got·ten** [gátn/-ɔ́-] *v.* get의 과거분사.

gou·ache [gwá:ʃ, guá:ʃ] *n.* (F.) ⓊⒸ 고무 수채화(법); 고무 수채화 채료.

Gou·da [gáudə] *n.* Ⓤ 고다 치즈《네덜란드 원산》.

gouge [gaudʒ] *n.*, *vi.* 둥근 끌(로 파다); 후벼 내다(*out*); 《美口》 사기(꾼); 속이다.

gou·lash [gú:la:ʃ, -læʃ] *n.* ⓊⒸ (송아지)고기와 야채의 (매운) 스튜요리.

Gou·nod [gú:nou], **Charles François** (1818–93) 프랑스의 작곡가.

gourd [gɔ:rd, guərd] *n.* 호리병박(으로 만든 용기). 「미식가.

gour·mand [gúərmənd] *n.* 대식가;

gour·met [gúərmei] *n.* 미식가, 식통(食通).

gout [gaut] *n.* Ⓤ 〖醫〗 통풍(痛風); 《古·詩》 (특히, 피의) 방울, 응혈. **ˊ·y** *a.* 통풍의〔에 걸린〕.

goût [gu:] *n.* (F.) 맛, 취미.

Gov., gov. government; governor.

‡**gov·ern** [gʌ́vərn] *vt.* ① **통치**〔**지배**〕**하다**; 관리하다. ② 제어〔억제〕하다. ③〖文〗 지배〔요구〕하다《격(case), 법(mood) 등을》. **～·a·ble** *a.* **～·ance** *n.* Ⓤ 지배, 통치(법).

***gov·ern·ess** [gʌ́vərnis] *n.* ① **여자 가정 교사**. ② 여성 지사. ③ 《古》 지사〔총독〕 부인.

†**gov·ern·ment** [gʌ́vərnmənt/-vən-] *n.* ① Ⓤ **통치**, 지배, 정치; 정체(政體). ② (*or* G-) **정부**, 내각. ③Ⓤ〖文〗 지배. ***gov·ern·men·tal** [ˋ–méntl] *a.*

góvernment màn 관리, 국가 공무원; 정부 지지자. 「행 유가 증권.

góvernment pàper 〖商〗 정부 발

‡**gov·er·nor** [gʌ́vərnər] *n.* ① **통치**〔**지배**〕**자**. ② 지사, 장관, 사령관. ③ 《英》 (은행·협회 등의) 회장, 총재. ④ 《英口》 두목, 주인어른(sir). ⑤ 〖機〗 (배기·속도 등의) 조절기. **～·ship** [-ʃip] *n.* Ⓤ governor의 직〔지위·

góvernor géneral 총독. 」임기〕.

Govt., govt. government.

‡**gown** [gaun] *n.* ① (여자의) **긴 겉옷**, 야회복. ② 잠옷, 화장복. ③ **가운**《법관·성직자·대학 교수·학생 등의 제

복》. ④ 《集合的》 대학생. *take the* ~ 성직자〔교수·변호사〕가 되다. TOWN *and* ~. —— *vt.* 가운을 입히다(*be* ~*ed*). ~**ed**[-d] *a.* 가운을 입은.

gowns·man [ˊzmən] *n.* 법관, 변호사; 성직자; 교수, 학생.

Go·ya [gɔ́iə], **Francisco** (1746-1828) 스페인의 화가.

G. P. general practitioner; *Gloria patri* (L. =Glory to the Father); Graduate in Pharmacy; *Grand Prix* (F.). **G. P. A.** General Procurement Agency 〔Agent〕 《美》 물자 조달청〔관〕; 《美》 Grade Point Average 학업 성적 평균점. **G. P. I.** general paralysis of the insane 〖醫〗 뇌(腦) 매독. **GPO** Government Printing Office. **G. P. O.** General Post Office. **GPU** General Postal Union. **G. P. U.** (Russ.) Gay-Pay-Oo. **Gr.** Grecian; Greece; Greek. **gr.** grade; grain(s); grammar; gram(me); grand; great; gross; group. **G. R.** 〖軍〗 General Reserve.

***grab** [græb] *vt., vi.* (*-bb-*) 움켜잡〔쥐〕다(*at*); 잡아채다, 빼앗다. —— *n.* ① 움켜잡〔쥐〕기, 잡아채기; 횡령. ② 〖機〗 집(어 올리)는 기계. *have the* ~ *on* 《俗》 …보다 유리한 입장을 차지하다, …보다 낫다.

gráb bàg 《美口》 =LUCKY bag.

‡**grace** [greis] *n.* Ⓤ ① **우미**, 우아, 얌전함; 고상함. ② 은혜, 은고, 편들기, 친절(*good* ~*s* 호의). ③ 천혜(天惠), (신의) **은총**. ④ (*pl.*) 장점, 미덕; 애교; 매력. ⑤ 특사(特赦). ⑥ 〖法〗 (지급) 유예, 연기. ⑦ 식전〔식후〕의 감사 기도(*say* ~). ⑧ 〖樂〗 장식음. ⑨ (G-) (archbishop, duke, duchess에 대하여) 각하 (부인). ACT *of* ~. *be in a person's good* ~*s* 아무의 마음에 들다(cf. good BOOKs). *by the* ~ *of God* 신의 은총에 의하여《왕의 이름 밑에 기록하는 공문서 형식》. *days of* ~ (어음 만기 후의) 지급 유예 기간. *fall from* ~ 신의 은총을 잃다; 타락하다. *have the* ~ *to* (do) …할 정도의 분별〔아량〕은 있다. *the* (*three*) *Graces* 〖그. 神〗 미의 세 여신(자매). *the year of* ~ (*1980*), 서력 기원(1980년). *with a good* 〔*bad, ill*〕 ~ 선선히 〔마지 못해〕. —— *vt.* 아름답게〔우아하게〕 하다, 꾸미다; 영광을〔품위를〕 더하다. ‡ˊ**·ful(·ly)** *a.* (*ad.*) **우미**〔우아〕한〔하게〕. ˊ**·ful·ness** *n.* 우미, 단아(端雅)함. ˊ**·less(·ly)** *a.* (*ad.*) 무례한〔하게〕, 상스러운〔스럽게〕. ˊ**·less·ness** *n.*

gráce nòte 〖樂〗 장식음(裝飾音).

‡**gra·cious** [gréiʃəs] *a.* ① **우아**〔고상〕한, 우미한, 기품 있는. ② **친절**〔정중〕한. ③ 자비로운, 관대한; 존귀한. *Good* 〔*My*〕 *G-!*, or *G- me!*, or *G- goodness!* 저런 어쩌면!; (이거) 큰 일이군! *~**·ly** *ad.* ~**·ness** *n.*

grack·le [grǽkəl] *n.* 〖鳥〗 찌르레기류.

grad [græd] *n.* 《美口》 졸업생(graduate).

***gra·da·tion** [greidéiʃən, grə-/grə-] *n.* ① Ⓤ **등급매기기**. ② (보통 *pl.*) 순위, 단계, 순서. ③ ⓊⒸ (단계적인) 변화. ④ Ⓤ (빛깔의) 바림, 농담법(濃淡法). ⑤ Ⓤ 〖言〗 모음 전환.

†**grade** [greid] *n.* ① **계급**, 단계, 품등; 정도; 도수. ② 《美》 (초등·중학교의) 학년; (the ~s) 초등학교. ③ 《美》 물매, 경사. ④ 〖牧畜〗 개량잡종. *at* ~ 《美》 (교차점이) 동일 평면에서. *make the* ~ 가파른 언덕을 올라가다; 어려움을 이겨내다. *on the down* 〔*up*〕 ~ 《美》 내리〔치〕받이에서, 쇠〔성〕하여. —— *vt.* **등급을 정하다**〔매기다〕; 《美》 경사를 완만하게 하다. —— *vi.* (…의) 등급이다; 서서히 변화하다. **grád·er** *n.* 등급 매기는 사람; …학년생; 땅 고르는 기계, 그레이더. **grád·ing** *n.* ⓊⒸ 등급 매기기; 정지(整地).

gráde cròssing 《美》 건널목.

gráde schòol 《美》 = ELEMENTARY SCHOOL.

gráde separàtion 입체 교차.

gráde tèacher 《美》 초등 학교 교사.

***gra·di·ent** [gréidiənt] *n.* ① 《英》 (통로 등의) **물매**. ② 언덕, 경사진 곳. ③ (온도·기압 따위의) 변화율.

‡**grad·u·al** [grǽdʒuəl] *a.* **점차**〔점진, 순차〕**적인**, 서서히 하는. ***grád·u·al·ly** *ad.* ~**·ism** [-ìzəm] *n.* Ⓤ 점진주의.

‡**grad·u·ate** [grǽdʒuèit, -it] *vt.* ① 등급(grade)〔눈금〕을 매기다. ② **학위**(degree)**를 수여하다**; (대학을) 졸업시키다(*He was* ~*d at Oxford.* Oxf. 대학을 졸업했다). ③ 〖化〗 농축(濃縮)하다. —— *vi.* ① 《英》 학위를 받다, (대학을) **졸업하다**(*at, from*); 《美》 (학교 종류에 관계 없이) 졸업하다. ② 자격을 얻다(*as, in*). ③ 점차로 변하다〔옮기다〕(*into, away*). —— [-it] *n.* 《英》 **학사**; 《美》 졸업생. —— [-it] *a.* 졸업한. **-a·ted** *a.* 눈금을 매긴; 등급별로 구분한; 누진적인. ~*d glass* 액량계, 미터글라스. **grád·u·a·tor** *n.* 눈금이 표시된 그릇; 각도기.

gráduate nùrse 《美》 (양성소 졸업의) 유자격 간호사.

gráduate schòol 대학원.

‡**grad·u·a·tion** [grӕdʒuéiʃən] *n.* ① ⓊⒸ 《美》 **졸업**(식); 《英》 학위 수여. ② 눈금; ⓊⒸ 등급(매기기).

Grae·co-Ro·man [grìːkouróumən] *a., n.* =GRECO-ROMAN.

graf·fi·to [grəfíːtou] *n.* (*pl.* **-ti** [-ti]) 〖考〗 (벽·기둥에 긁어 그린) 그림〔글〕; (*pl.*) (변소 등의) 낙서.

graft [græft, -ɑː-] *n., vt., vi.* 접목(하다), 눈접 (붙이다); 〖外〗 식피(植皮)〔식육(植肉)〕(하다); Ⓤ 《口》 독직(瀆職)(하다). ˊ**·er** *n.* 《口》 수회자. ˊ**·ing** *n.* ⓊⒸ 접목(법).

gra·ham [gréiəm] *a.* 정맥(精麥)하지 않은, 현맥(玄麥) 가루로 만든.

grail [greil] *n.* 잔. *the* (*Holy*) *G-* 성배(聖杯) 《예수가 최후의 만찬 때

쓴 잔; Arthur왕의 원탁 기사들이 이것를 찾아 다녔음》.

‡**grain** [grein] *n.* ① **낟알**. ② Ⓤ 《集合的》 **곡물**, 곡식(《英》 corn); 곡초(穀草). ③ (모래·사금 따위의) 알. ④ **미량**(微量). ⑤ 그레인《형량 단위 =0.0648 g》. ⑥ Ⓤ 나뭇결, 돌결; (가죽의 털을 뽑은) 껄껄한 면. ⑦ Ⓤ (나뭇결에 비유한) 특성, 성미, 성질. ***against the*** ~ 비위에 거슬려, 마음이 없이. ***dye in*** ~ (짜기 전) 실에 물들이다. ***in*** ~ 타고난, 본질적인. (***take***) ***with a*** ~ ***of salt*** 에누리하여 (듣다). ***without a*** ~ ***of*** …은 조금도 없이. —— *vt.* (낟)알로 만들다; 나뭇결 모양으로 하다. 「精).

gráin àlcohol 에틸알코올, 주정(酒

gráin èlevator 《美》 곡물 창고.

‡**gram** [græm] *n.* **그램**.

‡**gram·mar** [grǽmər] *n.* ① Ⓤⓒ **문법**. ② 문법책, 문전(文典). ③ Ⓤ 초보, 원리. ***bad*** ~ 잘못된 어법. ***comparative*** 〔***descriptive***〕 ~ 비교〔기술〕 문법. ***gram·mar·i·an** [grəmέəriən] *n.* **문법가**; 문법 교사. ***gram·mat·i·cal** [grəmǽtikəl] *a.* **-i·cal·ly** [-ikəli] *ad.*

grámmar schòol 《美》 (공립) 초급중학; 《英》 대학 진학 예비 과정으로 public school에 준하는 중등 학교; 〖史〗 고전 문법 학교.

gramme [græm] *n.* 《英》 =GRAM.

grám mòlecule 〖化〗 그램 분자, 몰(mol). 「《英》 축음기.

‡**gram·o·phone** [grǽməfòun] *n.*

gram·pus [grǽmpəs] *n.* 범고래; 돌고래과의 일종; 《口》 코고는 사람, 숨결이 거친 사람.

Grám's méthod 〖病〗 그램 염색법.

***gra·na·ry** [grǽnəri, gréi-] *n.* **곡창** (지대).

‡**grand** [grænd] *a.* ① **웅대**〔**장려**〕**한**, 장엄한. ② 위대〔훌륭〕한, 거룩한, 풍채가 당당한(*the* ~ *manner* (노인 등의) 관록 있는 태도). ③ 거만한; 중대한, 큰, 주되는. ④ 전부의. ⑤ 《口》 **굉장한**, 멋진. ***do the*** ~ 젠체하다. ***live in*** ~ ***style*** 호화롭게 살다. —— *n.* =GRAND PIANO; 《美俗》 천 달러. **∠·ly** *ad.* **∠·ness** *n.*

gran·dad [grǽndæ̀d] *n.* 《口》 = GRANDDAD. 「[-deim] *n.* 조모; 노파.

gran·dam [grǽndæm], **-dame**

grand·aunt [grǽndæ̀nt, -ɑ̀:nt] *n.* 대고모《조부모의 자매》. 「부의 대협곡.

Gránd Cányon 《美》 애리조나주 북

***grand·child** [grǽndtʃàild] *n.* **손자**, 손녀.

grand·dad [∠dæ̀d] *n.* 《口》 할아버지.

grand·daugh·ter [∠dɔ̀:tər] *n.* 손녀.

Gránd Dúchy 대공국(大公國).

Gránd Dúke 대공; (제정 러시아의) 황태자.

gran·dee [grændí:] *n.* 대공《스페인·포르투갈의 최고 귀족》; 귀인, 고관.

grande te·nue [grɑ̃:ŋd tənjú:] (F.) 정장.

***gran·deur** [grǽndʒər] *n.* Ⓤ 웅대, 장엄, 화려, 성대; 장관; **위대**; 고귀.

†**grand·fa·ther** [grǽndfɑ̀:ðər] *n.* **조부**; 조상. ~**·ly** *a.* 「계.

grándfather('s) clóck 큰 괘종 시

gránd finále 대단원(大團圓).

gran·dil·o·quence [grændíləkwəns] *n.* Ⓤ 호언 장담. **-quent** *a.*

gran·di·ose [grǽndiòus] *a.* 장대〔웅대〕한; 과장한, 어마어마한. **gran·di·os·i·ty** [∸diɑ́səti/-ɔ́-] *n.* Ⓤ

gránd júry ⇨ JURY[1].

Gránd Láma, the =DALAI LAMA.

gránd lárceny 〖法〗 중절도(죄).

***grand·ma** [grǽndmɑ:], **-ma(m)·ma** [-mɑ̀:mə, -məmɑ̀:] *n.* 《口》 **할머니**.

†**grand·moth·er** [grǽndmʌ̀ðər] *n.*, *vt.* **조모**; 어하다. ~**·ly** *a.* 할머니다운, 친절한, 지나치게 친절한.

Gránd Òld Párty, the 미국 공화당.

gránd ópera 대가극《회화의 부분이 모두 가곡으로 꾸며진》.

***grand·pa** [grǽndpɑ̀:, grǽm-], **-pa·pa** [-pɑ̀:pə/-pəpɑ̀:] *n.* 《口》 **할아버지**.

***grand·par·ent** [grǽndpὲərənt] *n.* **조부**〔**모**〕.

gránd piáno 그랜드 피아노.

grand prix [grɑ̃:ŋ prí:] *n.* (F. = great prize) 그랑프리, 대상(大賞); (파리의) 대경마; 장거리 자동차 경주. 「부.

grand·sire [grǽndsàiər] *n.* 《古》 조

***grand·son** [grǽndsʌ̀n] *n.* **손자**.

gránd stáircase (현관의) 큰 계단.

grand·stand [grǽndstæ̀nd] *n.* (경마장·경기장 따위의) 정면 관람석.

gránd stýle 장엄체《Milton 등의 시

gránd tótal 총계. 」풍(詩風)》.

gránd tóur 대여행《영국 청년 귀족들이 하던 유럽 수학 여행》.

grand·un·cle [grǽndʌ̀ŋkl] *n.* 종조부《조부모의 형제》.

gránd vizíer (회교 국가의) 수상.

grange [greindʒ] *n.* (건물과) 농장, 《英》 농장의 집《헛간 등을 포함》; 호농의 저택; (G-) 《美》 (소비자와 직결하는) 농가 공제 조합(의 지부). **gráng·er** *n.* 농민; (G-) 《美》 농가 공제 조합(지부)원.

gran·ite** [grǽnit] *n.* Ⓤ 쑥돌, **화강암**. ***bite on ~ 헛수고를 하다.

gran·ny, -nie [grǽni] *n.* 《口》 = GRANDMOTHER; =OLD WOMAN.

†**grant** [grænt, -ɑ:-] *vt.* ① 승낙〔청허〕하다, 허가하다. ② **수여하다**. ③ 양도하다. ④ 하사(下賜)하다, 내리다; 인정하다; …라고 하다(admit). ~***ed*** 〔~***ing***〕 ***that…*** 설사 …이라고 하더라도. ***take … for*** ~***ed*** …을 당연한 것으로 여기다. —— *n.* ① Ⓤⓒ 허가, 인가. ② Ⓤ 양도. ③ Ⓤⓒ 하사, 교부. ④ 교부금. **gran·tée** *n.* 〖法〗 양수인. **gran·tor** [grǽntər, grɑ:ntɔ́:r] *n.* 〖法〗 양도인.

Grant [grænt, -ɑ:-], **Ulysses Simpson**(1822–85) 미국의 군인·정치가《남북 전쟁의 북군 총사령관; 제18대 대통령(1869–77)》.

gran·u·late [grǽnjəlèit] *vt., vi.* 알 모양으로 만들다〔되다〕, (표면 따위) 껄껄하게 되다〔만들다〕; (*vi.*) (상처에) 새살이 나오다. **-lá·tion** [ˋ-léiʃən] *n.* UC

gran·ule [grǽnju:l] *n.* 미립(微粒), 고운 알. **grán·u·lar** *a.* 알(모양)의.

‡**grape** [greip] *n.* 포도(나무, 알). ***sour ~s*** 오기(傲氣). 「루츠, 그 나무.

grape·fruit [ˊfrù:t] *n.* 그레이프프

grápe jùice 포도 주스.

grape·shot [ˊʃɑ̀t/-ɔ̀-] *n.* 《古》 포도

grápe sùgar 포도당(糖). 탄(彈).

grape·vine [ˊvàin] *n.* 포도 덩굴〔나무〕; CU 《美口》 비밀 등을 전달하는 특수 경로, 정보망; 데마, 소문.

***graph** [græf, -ɑ:-] *n., vt.* 그래프〔도표〕(로 나타내다).

***graph·ic** [grǽfik], **-i·cal** [-əl] *a.* 필사(筆寫)의, 문자〔그림〕의; 도표〔그래프〕로 나타낸; 생생한. **-i·cal·ly** *ad.*

gráphic fórmula 도식; 〖化〗 구조식. 「(石墨); 흑연.

graph·ite [grǽfait] *n.* U 〖鑛〗 석묵

graph·ol·o·gy [græfɑ́lədʒi/-ɔ́-] *n.* U 필적학(筆跡學), 필적 관상법.

gráph pàper 방안지, 모눈종이, 그래프 용지 (《英》 section paper).

grap·nel [grǽpnəl] *n.* (4 또는 5 가지) 소형 닻; (닻 모양의) 갈고리.

***grap·ple** [grǽpəl] *vt.* 꽉 쥐다〔잡다〕, 붙잡다. — *vi.* (갈고리로) 고정하다; 맞붙어 싸우다(*with*); 접전하다(*with*). — *n.* 드잡이, 격투; =GRAPNEL.

grap·pling [-iŋ] *n.* UC 걸어 잡는 도구, 갈고랑쇠; 드잡이; =GRAPNEL.

GRAS [græs] Generally Recognized as Safe 미국 식품 의약국의 합격증.

‡**grasp** [græsp, -ɑ:-] *vt.* ① 잡다, 쥐다. ② 이해하다. ***~ at*** 덤벼들다, 잡으려 하다, 달려들다. — *n.* UC 쥠; 지배(력); 이해(력); U 손잡이, 자루. **ˊ·ing** *a.* 탐욕스러운; 잡는, 쥐는.

†**grass** [græs, -ɑ:-] *n.* ① U 풀, 목초, 잔디; 목초지. ② 〖植〗 (集合的) 포아풀과의 풀; (*pl.*) 풀잎. ③ 풀 돋는 계절; 봄. ④ 〖鑛〗 지표(地表), 갱구(坑口). ⑤ 《美俗》 =MARIJUANA. ***at ~*** 방목되어; 일을 쉬고. ***be between ~ and hay*** 《美》 아직 어른이 못 되다. ***go to ~*** (소·말이) 목장으로 가다; 《美口》 일을 쉬다; 《美俗》 얻어맞아 쓰러지다. ***lay down in ~*** 잔디를 심다. ***let the ~ grow under one's feet*** 꾸물거리다, 게으름 피우다. ***put*** 〔***send, turn out***〕 ***to ~*** 방목하다; 《口》 해고하다; 은퇴시키다; 《美口》 때려 눕히다. — *vt.* 풀로 덮다; 목초를 먹이다; 풀〔지면〕 위에 펴다; 《口》 때려 눕히다.

gráss hànd (한자의) 초서(草書); 《英》 〖印〗 임시 식자공.

‡**grass·hop·per** [ˊhɑ̀pər/-ɔ̀-] *n.* ① 메뚜기, 여치, 황충 (따위). ② 《口》 〖軍〗 (비무장의) 소형 정찰기.

grass·land [ˊlæ̀nd] *n.* U 목초지.

grass·plot [ˊplɑ̀t/-ɔ̀-] *n.* U 잔디.

grass-roots [ˊrù:ts] *a. n., sing. & pl.* 풀 뿌리; 기초; 농목 지대(의); 농민(의); 민중의. ***get down to the ~*** 문제의 근본에 대해 논급하다.

gráss wídow 이혼한 여자; 별거 중인 아내. 「중인 남편.

gráss wídower 이혼한 남자; 별거

***grass·y** [ˊi] *a.* 풀이 무성한, 풀 같은, 풀의. 「상(火床); =GRATING.

***grate**[1] [greit] *n.* (난로의) 쇠살판, 화

***grate**[2] *vt.* ① (치즈 따위를 강판으로) 갈다; 으깨어 빻다. ② 삐걱거리게 하다. — *vi.* ① 서로 갈리다; 삐걱거리다(*against, on, upon*). ② 불쾌감을 주다. **grát·er** *n.* 문지르는〔가는〕 사람; 강판.

‡**grate·ful** [ˊfəl] *a.* 감사히 여기는; 고마운, 기쁜, 즐거운. ***~·ly** *ad.*

***grat·i·fi·ca·tion** [grǽtəfikéiʃən] *n.* ① U 만족(감), 기쁨. ② 만족시키는 것. ③ 《古》 보수.

‡**grat·i·fy** [grǽtəfài] *vt.* 만족시키다; 기쁘게 하다. **~·ing** *a.* 만족시키는, 기쁜.

grat·in [grǽtn, -ɑ́:-] *n.* (F.) 그라탱 《빵가루를 입혀 구운 요리》.

grat·ing[1] [gréitiŋ] *n.* 격자(문).

grat·ing[2] *a.* 삐걱거리는, 서로 갈리는, 귀에 거슬리는. **~·ly** *ad.*

gra·tis [gréitis, -ǽ-] *ad., a.* 무료로〔의〕. 「사(하는 마음).

‡**grat·i·tude** [grǽtətjù:d] *n.* U 감

gra·tu·i·tous [grətjú:ətəs] *a.* 무료의; 공짜의; 필요 없는, 이유〔까닭〕 없는; 무상(無償)의. **~·ly** *ad.*

gra·tu·i·ty [grətjú:əti] *n.* UC 사례금, 팁(tip); 《英》 (제대하는 군인에의) 하사금.

grat·u·la·tion [grǽtʃəléiʃən] *n.* UC 《古》 =CONGRATULATION.

gra·va·men [grəvéimən/-men] *n.* (*pl.* ***-vamina*** [-vǽmənə]) 불평, 불만; 〖法〗 소송의 요점.

†**grave**[1] [greiv] *n.* 무덤. ***beyond the ~*** 저승에서. ***make (a person) turn in his ~*** (아무로 하여금) 죽어서도 눈을 못 감게 하다. ***Someone is walking over my ~.*** 찬바람이 돈다《공연히 몸이 떨릴 때 하는 말》.

‡**grave**[2] *a.* 중대한, 예사롭지 않은; 장중한, 진지한; 충충한, 수수한. ‡**gráve·ly** *ad.* 「파다; 명심하다.

grave[3] *vi.* (**~d; ~d, ~n**) 새기다,

grave·clothes [ˊklòuðz] *n. pl.* 시체에 입히는 옷, 수의. 「는 일꾼.

grave·dig·ger [ˊdìgər] *n.* 무덤 파

‡**grav·el** [grǽvəl] *n., vt.* (《英》 ***-ll-***) ① U 자갈(을 깔다). ② UC 〖醫〗 결사(結砂). ③ 《口》 난처하게 하다, 괴롭히다. **~·ly** *a.* 자갈이 많은.

grav·el-blind [-blàind] *a.* 반소경의.

grável pìt 자갈 채취장.

grável wàlk 자갈길.

grav·en [gréivən] *v.* grave[3]의 과거분사. — *a.* 조각된; 감명 깊은.

gráven ímage 조상(彫像); 우상(idol).

grave·stone [gréivstòun] *n.* 묘석.

*grave·yard [ˊjɑ̀:rd] n. 묘지.
gra·vim·e·ter [grəvímitər] n. 중력계.
grav·i·tate [grǽvətèit] vt. 인력에 끌리다, 침강(하강)하다; 끌리다(to, toward). *grav·i·ta·tion [ˋ-téiʃən] n. Ⓤ 인력 (작용), 중력.
‡grav·i·ty [grǽvəti] n. Ⓤ ① 중력, 지구 인력. ② 중량. ③ 진심, 엄숙; 중대. ④ 〖樂〗 저음.
gra·vure [grəvjúər, gréivjər] n. ⓊⒸ =PHOTOGRAVURE.
*gra·vy [gréivi] n. ⓊⒸ 고깃국물 (소스); Ⓤ 《美俗》 부정 이득.
grávy tràin 《美俗》 놀고 먹을 수 있는 지위〔수입〕.
†gray, 《英》 grey [grei] n., a. ① ⓊⒸ 회색(의). ② 박명(薄明), 황혼. ③ (얼굴이) 창백한. ④ 백발의. ⑤ 음침한. ⑥ 늙은; 원숙한. ˊ-·ish a. 회색빛이 나〔도〕는.
Gray, Thomas (1716-71) 영국의 시인.
gray·beard [ˊbìərd] n. 노인.
gráy éminence 흑막(적인 인물).
gray-haired [ˊhɛ̀ərd] a. 백발의; 노년의.
gráy hàirs 노년.
gray·hound [ˊhàund] n. =GREYHOUND.
gray·lag [ˊlæ̀g] n. 기러기의 일종.
gray·ling [ˊliŋ] n. 〖魚〗 살기; 〖蟲〗 뱀눈나비과의 나비《굴뚝나비 따위》.
gráy máre 내주장하는 아내.
gráy márket 회색 시장《구하기 힘든 물품을 비싸게 파는 합법적 암시장》.
gráy màtter 〖解〗 (뇌의) 회백질(灰白質); 《口》 지력(知力).
gray·wacke [gréiwæ̀kə] n. Ⓤ 〖地〗 경사암(硬砂岩).
‡graze¹ [greiz] (<grass) vi., vt. 풀을 먹(이)다. ── n. 목축; 목초.
graze² vt., vi., n. 스치다, 스치기, (지나가면서) 약간 닿다〔닿음〕; 스쳐 벗기다〔벗어지다〕, 찰과상(擦過傷).
gra·zier [gréiʒər] (<graze¹) n. 《英》 목축업자. ~·y n. Ⓤ 목축업.
graz·ing [gréiziŋ] n. Ⓤ 방목, 목축; 목장, 목초지.
Gr. Br., Gr. Brit. Great Britain.
GRBM Global Range Ballistic Missile. Grc. Greece.
‡grease [gri:s] n. Ⓤ ① (짐승의) 기름, 그리스. ② 《俗》 뇌물. ── [gri:z, -s] vt. …에 기름을 바르다〔으로 더럽히다〕; 《俗》 …에게 증회하다. ~ *a person's palm* 뇌물을 안기다.
*greas·y [ˊsi, ˊzi] a. 기름을 바른〔으로 더럽힌〕; 기름기 많은; 미끈미끈한; 진창의. ③ 알랑거리는.
gréase pàint 도란《배우의 메이크업용》; 무대 화장.
gréasy spóon 《美俗》 싸구려 식당, 변두리의 스넥.
†great [greit] a. ① 큰. ② 훌륭한, 위대한. ③ 대단한 (*my ~ friend* 친우). ④ 중대한. ⑤ 주된. ⑥ 고귀한, 마음이 넓은. ⑦ 《口》 근사한, 즐거운. ⑧ 《口》 잘 하는(*at*), 열심인(*on*). ⑨ 큼직한, 어마어마한. ⑩ 《古·方》 임신한. *G- God* 〔*Scott*〕*!* 저런!; 아이 깜짝이야. ‡gréat·ly ad. 크게, 대단히. *gréat·ness n. Ⓤ
great-aunt [ˊǽnt, -ɑ́:-] n. 대고모.
Gréat Béar, the 〖天〗 큰곰자리.
‡Gréat Brítain 대브리튼《England, Scotland, Wales의 총칭》.
gréat círcle (구면(球面)의) 대권(大圈).
great·coat [ˊkòut] n. 《英》 무거운 외투.
Gréat Dáne 덴마크종의 큰 개.
Gréat Divíde 《美》 로키 산맥.
Gréat Dóg, the 〖天〗 큰개자리.
‡great·er [ˊər] a. (보통 G-) 대(大)… 《대도시를 그 교외를 포함시키어 부를 때》.
Gréater Mánchester 영국 서부의 주《1974년 신설》.
gréatest cómmon divísor 〖數〗 최대 공약수.
great·grand·child 〔-fa·ther, -moth·er〕 [ˊgrǽndtʃàild 〔-fɑ̀:ðər, -mʌ̀ðər〕] n. 증손〔증조부, 증조모〕.
great-heart·ed [ˊhɑ́:rtid] a. 고결한, 관대한; 용감한.
Gréat Lákes 《美》 5대호.
Gréat Pláins (로키산맥 동쪽의) 대평원.
Gréat Pówer 강국, 열강, 대국.
gréat séal 국새(國璽).
Gréat Wáll of Chína, the (중국의) 만리장성.
Gréat Wár, the (제1차) 세계 대전.
Gréat Whíte Wáy 《美》 뉴욕 시 Broadway의 극장 거리.
greave [gri:v] n. (*pl.*) (갑옷의) 정강이받이.
grebe [gri:b] n. 농병아리.
*Gre·cian [grí:ʃən] a., n. (건축·얼굴 모습 따위가) 그리스식의; 그리스 사람〔학자〕.
Gre·co-Ro·man [grì:kouróumən] a., n. 그리스와 로마의; Ⓤ 〖레슬링〗 그레코로만형(型)(의).
‡Greece [gri:s] n. 그리스.
*greed [gri:d] n. ⓊⒸ 탐욕, 욕심. ‡ˊ-·y a. 탐욕스러운; 열망하는(*of, for*); 걸신들린, 게걸스러운. *ˊ-·i·ly ad. ˊ-·i·ness n. ⓊⒸ
‡Greek [gri:k] a., n. ① 그리스의; ⒸⓊ 그리스 사람〔어〕(의). ② 《俗》 사기꾼. *It is (all) ~ to me.* 도무지 알 수 없다. *When ~ meets ~, then comes the tug of war.* 《俗談》 두 영웅이 만나면 싸움은 피할 수 없다.
Gréek Chúrch ⇨ GREEK ORTHODOX CHURCH.
Gréek-let·ter fratérnity [ˊlètər] 《美》 그리스 문자 클럽《그리스 문자로 이름을 붙인 학생 사교 단체》.
Gréek Órthodox Chúrch 그리스정(正)교회.
†green [gri:n] a. ① 초록색의, 푸릇푸릇한. ② 안색이 나쁜(pale); (샘·공포 등으로) 얼굴이 창백한. ③ 푸른 풀〔잎으〕로 덮인. ④ (과실 등이) 익지 않은. ⑤ 풋내기의, 숫된, 속기 쉬운. ⑥ 신선한, 날것의. ⑦ 원기 있는. ── n. ① ⓊⒸ 녹색; Ⓒ 녹색 안료. ② 초원; 공유의 풀밭 (*a village ~*). ③ Ⓤ 녹색의 물건〔옷〕. ④ (*pl.*) 야채; (*pl.*) 푸른 잎〔가지〕.

⑤ Ⓤ 청춘, 젊음, 원기; =PUTTING GREEN. ⑥ 골프장. *in the* ~ 혈기 왕성하여. — *vt., vi.* 녹색으로 하다〔되다〕; (*vt.*) 속이다. ∠·ness *n.* Ⓤ
green·back [∠bæ̀k] *n.* (뒷면이 녹색인) 미국 지폐. 「녹지대.
green·belt [∠bèlt] *n.* (도시 주변의)
Gréen Bérets 그린베레《영·미국 군대의 전격 특공대》. 「色盲)의.
green-blind [∠blàind] *a.* 녹색맹(綠
gréen còrn 설여문 옥수수《요리용》.
Greene [gri:n], **Graham** (1904–) 영국의 소설가. 「른 잎; 푸른 나무.
green·er·y [∠əri] *n.* Ⓤ 《集合的》 푸
green-eyed [∠àid] *a.* 초록빛 눈의; 질투에 불타는(*the* ~ *monster* 질투).
gréen flỳ =APHIS. 「종.
green·gage [∠gèidʒ] *n.* 양자두의 일
green·gro·cer(·y) [∠gròusər(-səri)] *n.* 《英》 청과물상(점).
green·horn [∠hɔ̀:rn] *n.* 《俗》 풋내기.
***green·house** [∠hàus] *n.* **온실.**
***green·ish** [∠iʃ] *a.* **초록빛이 도는.**
***Green·land** [grí:nlənd] *n.* 북미 동북쪽의 세계 최대의 섬《덴마크령》.
gréen líght 청〔전진〕신호; 《口》 (정식) 허가.
gréen manúre 녹비(綠肥).
gréen mèn 우주인, 화성인.
Gréen Móuntain Státe, the 《美》 Vermont 주의 속칭.
Gréen Páper 《英》 녹서(綠書) 《정부의 심의용 시안 문서》. 「료》.
gréen pépper 양고추, 피망《조미
gréen revolútion 품종 개량에 의한 식량 증산.
green·room [grí:nrù(:)m] *n.* (극장의) 배우 휴게실. *talk* ~ 내막 이야기를 하다.
green(s)·keep·er [grí:n(z)kì:pər] *n.* 골프장 관리인. 「야채.
green·stuff [∠stʌ̀f] *n.* Ⓤ 푸성귀,
green·sward [∠swɔ̀:rd] *n.* 잔디.
gréen téa 녹차(綠茶).
***Green·wich** [grínidʒ, -tʃ, grén-] *n.* **그리니치**《런던 남동부 교외; 원래 왕립 천문대가 있었으나 1948년 Hurstmonceux로 옮김》. 「치 표준시.
Gréenwich (méan) tìme 그리니
green·wood [grí:nwùd] *n.* (한여름의) 푸른 숲, 녹림(綠林).
‡**greet** [gri:t] *vt.* ① **인사하다,** 맞이하다. ② (눈·귀 따위에) 들어오다, 보이다, 들리다.
‡**greet·ing** [∠iŋ] *n.* ① **인사.** ② 환영(의 말); (보통 *pl.*) 인사말; 인사장.
gréeting càrd (크리스마스 따위의) 인사장, 축하 카드.
gre·gar·i·ous [grigέəriəs] *a.* 〖動·植〗 군거〔집단〕성(性)의; 사교적인. ~·**ly** *ad.* ~·**ness** *n.*
Gre·gó·ri·an cálendar [grigɔ́:riən] 그레고리오력(曆), 신력(新曆) 《로마 교황 Gregory ⅩⅢ 제정(1582)》.
grem·lin [grémlin] *n.* (비행기에 장난을 한다는) 작은 마귀.
grem·mie [grémi] *n.* 《美》 파도타기의 신출내기.

gre·nade [grənéid] *n.* 수류탄; 소화탄; 최루탄.
gren·a·dier [grènədíər] *n.* 척탄병(擲彈兵); 키가 큰 (당당한) 보병; 《英》 근위(近衛) 보병 제1연대의 병사.
gren·a·dine [grènədí:n, ∠–∠] *n.* Ⓤ 얇은 사(紗)의 일종; 석류 시럽.
Grén·fell fàctory [grénfel] 《英》 공상자(公傷者) 고용 공장.
Grésh·am's láw [gréʃəmz] 그레셤의 법칙《악화는 양화를 구축한다》.
Grét·na Gréen [grétnə] 스코틀랜드 남부의 촌《혼인법이 간단해서 잉글랜드에서 눈맞아 도망친 남녀는 흔히 이곳에서 결혼했음》 (cf. Reno).
†**grew** [gru:] *v.* grow의 과거. 「SOME.
grew·some [grú:səm] *a.* =GRUE-
†**grey** [grei] *n., a.* 《英》 =GRAY.
***grey·hound** [∠hàund] *n.* **그레이하운드**《몸·다리가 길고 빠른 사냥개》.
grid [grid] *n.* (쇠)격자; 석쇠(gridiron); 〖電〗 그리드《다극(多極) 진공관내의 격자판》.
grid·dle [grídl] *n., vt.* (과자를) 철판〔번철〕(에 굽다). 「크.
grid·dle·cake [-kèik] *n.* 핫케이
gride [graid] *vt., n.* 맞스치다; 삐걱거리다, 그 소리.
grid·i·ron [grídàiərn] *n.* (고기 등을 굽는) 석쇠; 격자 모양의 것; 도로망; 〖劇〗 무대 천장의 창살 모양의 대들보; 미식 축구장. 「항기의 하나》.
gríd lèak 〖電子〗 그리드 리크《고저
grid·lock [grídlɑ̀k/-lɔ̀k] *n.* 《美》 (교차점 등의) 전면적 교통정체《어느 방향으로도 움직이지 못하는》.
‡**grief** [gri:f] *n.* Ⓤ **비탄**〔의 씨〕; 《古》 재난, 불운. *come to* ~ 재난을 당하다, 실패하다.
Grieg [gri:g], **Edvard** (1843–1907) 노르웨이의 작곡가. 「(거리).
***griev·ance** [grí:vəns] *n.* **불만,** 불평
‡**grieve** [gri:v] *vt., vi.* **슬퍼(하게)하다;** 괴로워하다, 괴롭히다.
***griev·ous** [grí:vəs] *a.* ① 괴로운, 쓰라린; 심한. ② **슬픈,** 비통한, 애처로운.
grif·fin [grífin], **-fon** [-fən] *n.* 〖그神〗 독수리 머리와 날개에 사자 몸을 한 괴물. 「뚜라미; 여치.
grig [grig] *n.* 《方》 작은 뱀장어; 귀
***grill** [gril] *n.* **석쇠**(gridiron); 고기〔생선〕구이 요리; 그릴; 쇠격자. — *vt.* **굽다,** 쬐다; 뜨거운 열로 괴롭히다; 《美口》 엄하게 심문하다. — *vi.* 구워지다, 쬐어지다.
grille [gril] *n.* (창 따위의) 쇠격자, 쇠창살. 「불고기 식당》.
grill·room [grílrù(:)m] *n.* 그릴《즉석
grilse [grils] *n. sing. & pl.* (바다에서 강으로 올라온) 연어 새끼.
‡**grim** [grim] *a.* (*-mm-*) ① **엄한,** 불굴의. ② (얼굴이) 무서운, 험상궂은. ③ 잔인한. *hold on like* ~ *death* 단단히 달라붙어서 떨어지지 않다. *∠·**ly** *ad.* ∠·**ness** *n.*
***grim·ace** [gríməs, griméis/griméis] *n., vi.* **찡그린 얼굴**(을 하다); 짐짓

(점잔을 빼며) 찌푸린 상을 하다.

gri·mal·kin [grimǽlkin, -mɔ́:l-] *n.* 고양이; 늙은 고양이〔암코양이〕; 심술궂은 할멈.

grime [graim] *n., vt.* Ⓤ 때, 그을음, 검댕; 더럽; 더럽히다, 때묻히다.

‡Grimm [grim], **Jakob**(1785–1863), **Wilhelm**(1786–1859) 독일의 언어학자·동화 작가 형제.

Grímm's láw [⌐z] 〖言〗 그림의 법칙《Jakob Grimm이 발견한 인도유럽어의 자음 전환의 법칙》.

grim·y [gráimi] *a.* 때묻은.

‡grin [grin] *vi.* (**-nn-**), *n.* ① 씩〔싱긋〕 웃다〔웃음〕. ② (고통·노여움·웃음 따위로) 이빨을 드러내다〔드러냄〕. *~ **and bear it*** (억지로) 웃으며 참다. *~ **like a*** CHESHIRE ***cat.***

‡grind [graind] *vt.* (***ground***, (稀) *~**ed***) ① (맷돌로) 타다; 가루로 만들다; 분쇄하다. ② (맷돌·핸들 따위를) 돌리다. ③ 닦다, 갈다; 갈아서 닳게 하다. ④ 문지르다. ⑤ 착취하다, 학대하다. ⑥ 《口》 주입시키다. ⑦ 바드득거리다. —*vi.* 맷돌질하다; 가루를 타다; (가루로) 갈리다, 가루가 되다; 닦아〔갈아〕지다; 삐걱거리다; 《口》 부지런히 일하다, 끈기있게 공부하다(*away, at*). —*n.* ① (맷돌로) 타기, 빻기, 으깨기. ② 《口》 힘드는 일; 억척스럽게 공부하기〔하는 사람〕.

grind·er** [⌐ər] *n.* ① (맷돌을) 가는 사람; (칼 따위를) 가는 사람. ② 맷돌 위짝; 어금니, 구치(臼齒). ③ (수험생의) 가정 교사. ④ 연마기, 그라인더. ***take a ~ =cut a SNOOK.

grind·ing** [⌐iŋ] *a.* ① (맷돌로) 타는, 가는; 삐걱거리는. ② 힘드는, 지루한. ③ 압제의; 매우 아픈. —*n.* Ⓤ ① 제분, 타기, 갈기. ② 《美口》 주입식 교수. *~**·ly *ad.* 부지런히.

grind·stone** [gráin*d*stòun] *n.* 회전 숫돌. ***have 〔***keep, put***〕 ***one's nose to the ~*** 꾸준히 일하다.

‡grip [grip] *n.* ① 잡기; 악력(握力). ② 쥐는〔잡는〕 기계, 손잡이, 핸들. ③ (비밀 결사원의) 암호적인 악수. ④ 《美》 소형 여행가방, 핸드백; =GRIPPE. ***come to ~s*** 드잡이하다. —*vt.* (**-pp-**) 잡다; …의 마음을 사로잡다; 이해하다. —*vi.* 고착(固着)하다.

gripe [graip] *vt.* 잡다; 쥐어짜다; 《흔히 受動態로》 가슴 아프게 하다; 배를 아프게 하다; 괴롭히다. —*vi.* 잡다; 배앓이로 고생하다; 《美口》 우는 소리〔불평〕하다. —*n.* 잡기; 제어(制御); (*pl.*) 배앓이(colic).

grippe [grip] *n.* (F.) =INFLUENZA.

grip·sack [grípsæ̀k] *n.* 《美》 여행 가방.

gri·sette [grizét] *n.* (F. =girl in gray) (프랑스의) 여점원; 여직공.

gris·ly [grízli] *a.* 무서운, 무시무시한.

grist [grist] *n.* Ⓤ 제분용 곡식; 곡식 가루; 《美口》 (다)수, (다)량. ***bring ~ to one's*** 〔***the***〕 ***mill*** 돈벌이가 되다, 수지가 맞다. 「tilage).

gris·tle [grísl] *n.* Ⓤ 연골(軟骨)(car-

grist·mill [grístmìl] *n.* 제분소.

grit [grit] *n.* Ⓤ (기계에 장애가 되는) 잔 모래; 《美》 용기. —*vi.* (**-tt-**) 중얼거리다, 이를 갈다. **⌐·ty** *a.* 잔 모래가 들어 있는; 《美口》 용감한.

grits [grits] *n. pl.* 거칠게 탄 곡식; 《美南部》 탄 옥수수 (가루).

griz·zle [grízəl] *vi.* 《英》 (어린이가) 칭얼거리다.

griz·zled [grízld] *a.* =GRIZZLY.

griz·zly [grízli] *a.* 회색의.

grízzly bèar (북미의) 큰 곰.

‡groan [groun] *vi., n.* ① 으르렁거리다. ② 신음하다, 그 소리; 괴로와하다(*under*). ③ 열망하다(*for*). *~ **inwardly*** 남몰래 번민하다.

groat [grout] *n.* 옛 영국의 4펜스 은화; (아주) 조금. ***not care a ~*** 조금도 개의치 않다. 「알곡.

groats [-s] *n. pl.* 탄〔간〕 밀; 귀리의

‡gro·cer [gróusər] *n.* 식료품상. **‡~·y** *n.* 《美》 식료품점; (*pl.*) 식료품류.

gro·ce·te·ri·a [gròusətíəriə] *n.* 《美俗》 셀프서비스 식료품점.

grog [grɑg, -ɔ-] *n.* Ⓤ 물 탄 화주(火酒); 독한 술.

grog·ger·y [⌐əri] *n.* 《美俗》 선술집.

grog·gy [⌐i] *a.* 《口》 비틀〔휘청〕거리는, 그로기가 된; 《古》 곤드레만드레 취한. 「모(絹毛) 교직물의 일종.

grog·ram [grɑ́grəm/-ɔ́-] *n.* ⓊⒸ 견

grog·shop [grɑ́gʃɑp/grɔ́gʃɔ̀p] *n.* 《英》 =GROGGERY.

groin [grɔin] *n.* 〖解〗 샅, 고간(股間); 〖建〗 그로인, 궁릉(穹稜)《아치형 선》. 「리어식 〔호화〕 장정의.

Gro·li·er [gróuliər] *a.* 〖製本〗 그롤

grom·met [grɑ́mit/-ɔ́-] *n.* 〖機〗 (꿰는 구멍 가장자리의) 덧테쇠; 〖海〗 밧줄고리.

***groom** [gru(:)m] *n.* 마부; 신랑. —*vt.* (말에) 손질을 하다; 몸차림시키다; 《美》 (…에게) 입후보의 준비를 해주다. 「신랑 들러리.

grooms·man [⌐zmən] *n.* (결혼식의)

groove** [gru:v] *n.* ① (나무·금속에 판) 가는 홈; (레코드의) 홈. ② 정해진 순서〔자리〕, 상궤(常軌). ***in the ~ 〖재즈〗 신나는 연주로; 호조(好調)로, 최고조(最高調)로.

groov·y [grú:vi] *a.* 홈이 있는; 틀에 박힌; 《美俗》 (연주 따위가) 멋진.

grope** [group] *vi., vt.* 더듬(어서 찾아내)다, 암중모색하다, 찾다(*after, for*). *~ **one's way 손으로 더듬어 나아가다. 「(류(類)).

gros·beak [gróusbì:k] *n.* 〖鳥〗 콩새

gros·grain [gróugrèin] *n.* Ⓤ 그로그레인《비단·인견 등의 골진 천》; Ⓒ 그 리본.

‡gross [grous] *a.* ① 조악〔조잡〕한. ② (지나치게) 뚱뚱한. ③ 투박한, 거친. ④ 울창한; 짙은(dense). ⑤ 굉장한(~ *mistakes*). ⑥ 총량의(cf. net²); 전체의. *~ **proceeds*** 총매상고. —*n. sing. & pl.* 그로스《12다스》;

총체. *in the* ~ 총체적으로. ⌐́·**ly** *ad.* 「생산《생략 GNP》.
gróss nátional próduct 국민 총
gróss tón 영국 톤(=2,240 lbs.).
***gro·tesque** [groutésk] (<grotto) *a.* **그로테스크 무늬의**; 기괴한; 터무니 없는, 우스운. ── *n.* (그림·조각 따위의) 괴기미(怪奇美), 그로테스크풍; 《英》〖印〗 고딕체 (활자). ~·**ly** *ad.* ~·**ness** *n.* 「동굴, 암굴.
grot·to [grɑ́tou/-ɔ́-] *n.* (*pl.* ~*(e)s*)
grouch [grautʃ] *n.* 《美口》 불유쾌; 까다로운 사람. ── *vi.* 《美口》 토라지다, 불평을 말하다. ⌐́·**y** *a.*
†**ground**[1] [graund] *n.* ① Ⓤ **지면**, 토지, 땅. ② Ⓤ 흙. ③ 지역, …장(場); **운동장**. ④ (*pl.*) 마당, 정원; 구내(構內). ⑤ Ⓤ 물 밑, 바다 밑; 얕은 바다. ⑥ (*pl.*) (커피 따위의) 앙금, 찌끼. ⑦ (*pl.*) **기초**, 근거; (그림의) 바탕(칠하기); (피륙의) 바탕빛. ⑧ ⓊⒸ 〖電〗 어스, 접지(接地). ⑨ Ⓤ 이유, 동기. ⑩ ⒸⓊ 입장, 지반; 의견. *above* ~ 지상에; 살아서. *below* ~ 지하에; 죽어서. *break* ~ 땅을 일구다; 땅을 갈다; 건축〔일〕을 시작하다. *break fresh* ~ 새로이 땅을 개간〔간척〕하다; 신국면을 개척하다, 신기축(機軸)을 내다. *come* 〔*go*〕 *to the* ~ 지다; 멸망하다. *down to the* ~ 《口》 모든 점에서; 남김없이. *gain* ~ 전진하다, 진보하다; 세력을 더하다. *give* 〔*lose*〕 ~ 후퇴하다; 세력을 잃다. *shift one's* ~ 입장〔논법〕을 바꾸다. *stand one's* ~ 주장〔입장〕을 지키다. *take* ~ 좌초(座礁)하다. *touch* ~ 물 밑바닥에 닿다; (이야기가) 구체적으로 되다. ── *vt.* ① 세우다, 수립하다 (establish); (주의(主義) 등을) 입각시키다, …의 기초를 두다(*on*). ② 초보〔기초〕를 가르치다. ③ (무기를) 땅에 놓다. ④ 〖電〗 접지〔어스〕하다. ⑤ 〖海〗 좌초시키다; 〖英空〗 비행을 허락치 않다. ── *vi.* 좌초하다. *be well* 〔*ill*〕 ~*ed on* …의 지식이 충분〔불충분〕하다.
ground[2] [graund] *v.* grind의 과거(분사). ──*a.* 가루로 만든; 닦은, 간.
gróund contròl 〖空〗 (비행장의) 지상 관제(관).
gróund-con·tròl(led) appròach [⌐́kəntròul(d)] 〖空〗 (무전에 의한) 지상 유도 착륙 방식《생략 GCA》.
gróund-controlled intercéption 〖軍〗 지상 조작 적기 요격법.
gróund crèw 〖軍〗 (비행장의) 지상 근무원, 지상 정비원.
gróund effèct machìne 〖空〗 지면 효과기, 호버크라프트. 「볼.
ground·er [⌐́ər] *n.* (야구 따위의) 땅
gróund flóor 《英》 일층; 《美口》 유리한 입장.
gróund gláss 젖빛 유리.
gróund hòg (북미산) 마못(woodchuck); 《美俗》 철도의 제동수.
ground·less [⌐́lis] *a.* 근거 없는.
ground·ling [⌐́liŋ] *n.* 지상 동물; 물밑바닥에 사는 물고기; 저속한 관객〔독자〕; 《廢》 (Elizabeth 왕조 때의) 입석 관람객.
gróund lòop 〖空〗 (이착륙 때 일어나는 급격한) 이상 선회.
ground·nut [⌐́nʌ̀t] *n.* 땅콩.
gróund pìne 〖植〗 석송(石松) 《크리스마스 장식용》. 「계획, 원안.
gróund plàn (건물의) 평면도; 기초
gróund rènt 지대(地代).
gróund rùle 〖野〗 야구장에 따른 규칙; (사회 등의) 기본적인 규칙.
ground·sel[1] [gráundsəl] *n.* 개쑥갓 (약용).
ground·sel[2], **-sill** [gráundsil] *n.* 《古》 토대, 기초.
gróund spèed (비행기의) 대지(對地) 속도(opp. air speed).
gróund squìrrel (북미산의) 얼룩다람쥐(chipmunk).
gróund stàff 《英》=GROUND CREW.
gróund swèll (지진·폭풍우 따위로 인한) 큰 파도, 여파(餘波).
ground-to-air [⌐́tuɛ́ər] *a.* 〖軍〗 지대공(地對空)의. 「〖軍〗 지대지의.
ground-to-ground [⌐́təgráund] *a.*
gróund wàter 지하수. 「(선).
gróund wìre 〖電〗 어스(선), 접지
ground·work [⌐́wə̀:rk] *n.* Ⓤ 기초, 토대; (자수·그림 등의) 바탕(색).
gróund zéro 〖軍〗 (정확한) 폭격 지점; (원폭의) 폭발 직하(直下) 지점.
†**group** [gru:p] *n.* ① 무리, **그룹**. ② 〖空〗《美》 비행 대대, 《英》 비행 연대. ── *vt., vi.* 모으〔이〕다; (*vt.*) 분류하다(*into*). ⌐́·**er** *n.* (따뜻한 해안의) 농성어과(科)의 물고기. *⌐́·**ing** *n.* **모으는〔모이는〕 일**; 배치; 그룹.
gróup càptain 《英》 공군 대령.
gróup márriage (미개 인종의) 집단 결혼, 잡혼.
gróup mínd 군중 심리.
Gróup of Séven, G-7, the 선진 공업 7개국 그룹.
Gróup of 77, the 77개국 그룹《UN의 무역개발 회의(UNCTAD)의 회원인 발전 도상국 그룹》.
gróup thérapy 〖心〗 집단 요법.
group-think [⌐́θìŋk] *n.* Ⓤ 집단 사고《전문가들에 의한 합동 토의》.
grouse[1] [graus] *n. sing. & pl.* 뇌조(雷鳥)(류).
grouse[2] *n., vi.* 《口》 불평(하다).
grout [graut] *n., vt.* Ⓤ 묽은 모르타르〔시멘트〕(를 부어 넣다).
‡**grove** [grouv] *n.* **작은 숲**.
grov·el [grʌ́vəl, -ʌ́-/-ɔ́-] *vi.* (《英》 *-ll-*) 기다, 엎드리다. ~ *in the dust* 〔*dirt*〕 땅에 머리를 대다, 아첨하다. ~·(**l**)**er** *n.* 넙죽 엎드리는 사람, 비굴한 사람. ~·(**l**)**ing** *a.* 넙죽 엎드리는; 비굴한, 천박한.
†**grow** [grou] *vi.* (*grew; grown*) ① **성장하다, 자라다, 나다; 크다, 늘다**(*in*), 강해지다. ② 점점 더해 지다; 점차로 …하게 되다. ── *vt.* 생〔성〕장시키다, 자라게 하다, 재배하다. ~ *on* 〔*upon*〕 점점 증대하다;

더해지다; 감당하기 어렵게 되다; 점점 알게 되다. ～ ***out of*** (성장해서) …을 버리다, …에서 탈피하다; (자라서) 옷이 입을 수 없게 되다. ～ ***together*** 하나로 되다, 아물다. ～ ***up*** 성장하다, 어른이 되다; 발생하다. ⌐**·er** *n.* 재배자; 성장하는 것.

‡**grow·ing** [⌐iŋ] *a.* **성장하는**; 증대하는. ── *n.* Ⓤ **성장**, 발육; 생성.

gröwing pàins 성장기 신경통《청소년의 급격한 성장에 의한 수족 신경통》; (신계획·사업 등의) 발전도상의 곤란.

‡**growl** [graul] *vi., n.* (맹수가) 짖다, **으르렁거리다**, (천둥이) 울리다; 불평을 터뜨리다; 으르렁거리는〔짖는〕 소리; (천둥 따위의) 우르르 소리.

†**grown** [groun] *v.* grow의 과거분사.

‡**grown-up** [⌐ʌp] *n., a.* **어른(이 된)**.

‡**growth** [grouθ] *n.* Ⓤ ① **성장**, 생장, 발육, 발달; 증대. ② 재배. ③ Ⓒ 생장〔발생〕물, 산물.

grówth hòrmone 성장 호르몬.

grówth stòck 성장주(成長株).

***grub** [grʌb] *vt.* (**-bb-**) **파 일으키다**; (그루터기를) 파내다; 애써서 찾아내다. ── *n.* 구더기, 굼벵이; 단정치 못한 사람, 삼류 문인; Ⓤ 《俗》 음식.

grub·by [⌐i] *a.* 더러운; 벌레가 끓는.

grub·stake [⌐stèik] *vt., n.* 《美俗》 (탐광자(探鑛者)에게) 이익 분배를 조건으로 금품을 주다; 그 금품.

Grúb Strèet (옛 런던의) 가난뱅이 문인 거리; 삼류 문인들.

grudge** [grʌdʒ] *vt.* ① **아까워하다**, 주기 싫어하다. ② 샘내다, 싫어하다. ── *n.* **원한**, 유한. ***bear a ～ ***against*** …에 대해 원한을 품다.

grudg·ing [⌐iŋ] *a.* 인색한, 마지못해서 하는. ～**·ly** *ad.*

gru·el [grú:əl] *n.* Ⓤ 묽은 죽; 《英》 엄벌. ***get one's*** ～ 《俗》 호된 벌을 받다.

grue·some [grú:səm] *a.* 무시무시한, 무서운, 소름이 끼치는 듯한.

***gruff** [grʌf] *a.* ① 쉰 목소리의. ② 거친, 난폭한. ⌐**·ly** *ad.*

‡**grum·ble** [grʌ́mbəl] *vi., vt.* ① **불평하다**, 투덜거리다. ② (천둥이) 우르르 울리다. ── *n.* 불평, 넋두리; (우레 따위의) 울림. 「뚝뚝한.

grump·y [grʌ́mpi] *a.* 부루퉁한; 무

Grun·dy [grʌ́ndi], **Mrs.** 세상(의 귀찮은 소문). ***What will Mrs.*** ～ ***say?*** 세상에선 무어라고들 할까.

***grunt** [grʌnt] *vi., n.* (돼지처럼) **꿀꿀거리다**〔거리는 소리〕, 불평의 소리.

grun·tled [grʌ́ntld] *a.* 《口》 만족하고 있는, 기쁜《disgruntled의 역성어》.

Gru·yère [gru:jέər, gri:-] *n.* (F.) (스위스산의) 그뤼에르 치즈.

gr. wt. gross weight.

gryph·on [grífən] *n.* =GRIFFIN.

G. S. General Secretary; General Service; General Staff; Girl Scouts; ground speed. **gs.** guineas; grandson. **G.S.A.** Girl Scouts of America; General Service Administration. **G. S. C.** General Staff Corps. **GSO** General Staff Officer.

G-string [dʒí:strìŋ] *n.* ① 들보; (스트리퍼의) 버터플라이. ② 〖樂〗 (현악기의) G선.

GT glass tube; grand touring. **G.T.** gross ton. **gt.** gilt; great; *gutta* (L. =drop). **g. t.** 〖製本〗 gilt top 윗둘레 금박. **Gt. Br., Gt. Brit.** Great Britain. **G. T. C., g. t. c.** good till canceled 〔countermanded〕 취소할 때까지 유효. **gtd.** guaranteed.

Guam [gwɑ:m] *n.* 괌섬《남태평양 북서 마리아나제도 남단의 미국령》.

gua·no [gwɑ́:nou] *n.* (*pl.* ～**s**) Ⓤ 구아노《바다새의 똥; 비료》.

‡**guar·an·tee** [gæ̀rəntí:] *n.* ① ⓊⒸ **보증**; 보장(guaranty); 담보. ② 보증인; 〖法〗 피보증인. ── *vt.* **보증하다**.

guar·an·tor [gǽrəntɔ̀:r, -tər] *n.* 〖法〗 보증인. 「담보.

***guar·an·ty** [gǽrənti] *n.* 〖法〗 **보증**;

†**guard** [gɑ:rd] *n.* ① Ⓤ **경계**. ② **망꾼**, 파수병, 보호〔호위〕자; 수위(대); (*pl.*) 근위대. ③ 방위물〔용구〕; 보호물, (칼의) 날밑; (차의) 흙받기; 난로의 불어리, (총의) 방아쇠울. ④ (권투 등의) 방어 자세. ⑤ 《英》 차장. ***be on*** 〔***keep, mount***〕 ～ 파수보다, 보초를 서다(*over*). ～ ***of honor*** 의장병(儀仗兵). ***be on*** 〔***off***〕 ***one's*** ～ 조심〔방심〕하다(*against*). ── *vt.* ① 망보다, 감시하다. ② 지키다, 방위하다(*from, against*); 경계하다(*against*). ③ (언어 따위에) 주의〔조심〕하다.

guárd bòat 순회 경비정, 감시선.

guárd chàin (시계 따위의) 사슬줄.

guárd dùty 〖軍〗 보초 근무, 위병 근무. 「중한.

guard·ed [⌐id] *a.* 조심성 있는, 신

guard·house [⌐hàus] *n.* 위병소; 영창, 유치장.

‡**guard·i·an** [gɑ́:rdiən] *n.* ① **보호자**, 수호자, 관리인. ② 후견인. ── *a.* 보호〔수호〕하는. ～**·ship** [-ʃip] *n.* Ⓤ 보호, 후견역(後見役).

guárdian ángel 수호 천사.

guard·rail [gɑ́:rdrèil] *n.* 난간.

guard·room [⌐rù(:)m] *n.* =GUARDHOUSE. 「*n.* 중미의 공화국.

Gua·te·ma·la [gwɑ̀:təmɑ́:lə, -te-]

gua·va [gwɑ́:və] *n.* 〖植〗 물레나물과의 과수(果樹)《열대 아메리카산》.

gua·yu·le [gwɑ:jú:li, wɑ:-] *n.* 멕시코·텍사스산 엉거시과 관목《고무 채취》.

gu·ber·na·to·ri·al [gjù:bərnətɔ́:riəl] *a.* 《美》 지사〔장관·총독 등〕의.

gudg·eon [gʌ́dʒən] *n.* (유럽산) 담수어의 일종《쉽게 잡히므로, 낚싯밥으로 쓰임》; 잘 속는 사람. 「(reward).

guer·don [gə́:rdən] *n.* 《詩》 ⓊⒸ 보답

Guern·sey [gə́:rnzi] *n.* 영국 해협상의 영국령 섬; Jersey 종(種) 비슷한 큰 젖소; (g-) 청색 털실의 (어린이용) 스웨터. 「병〔전〕(의), 비정규병(의).

***gue(r)·ril·la** [gəríla] *n., a.* **게릴라**

†**guess** [ges] *n., vi.* **추측(하다)**, 알아맞히다; 《美口》 **생각하다.** 「작.
***guess·work** [ˊwə̀:rk] *n.* Ⓤ **어림 짐**
†**guest** [gest] *n.* ① **손님**, 빈객(賓客), 내방자. ② 숙박인. *the ~ of honor* 주빈. *paying ~* 하숙인.
guest·house [ˊhàus] *n.* 영빈관; 고급 하숙집. 「웃다).
guf·faw [gʌfɔ́:] *n., vt.* 너털웃음(을
Gui·an·a [giǽnə, gai-] *n.* 남아메리카 북동부의 가이아나 공화국·수리남 공화국·프란스령 기아나의 세 나라; =GUYANA.
‡**guid·ance** [gáidns] *n.* Ⓤ **안내, 지도**; 지휘; (우주선·미사일 등의) 유도.
†**guide** [gaid] *n.* ① **안내자**, 가이드; 지도자, 지휘자. ② (*pl.*) 정찰대, 소녀단(cf. Girl Guide). ③ **길잡이**, 안내, 도표(道標). —— *vt.* ① **안내하다.** ② 이끌다, 지도〔지배〕하다. ③ 움직이다, 재촉하다.
‡**guide·book** [ˊbùk] *n.* **여행 안내서.**
guíded míssile 유도탄.
guíde dòg 맹도견(盲導犬). 「기준.
***guide·post** [ˊpòust] *n.* **이정표**; 지도
guide·way [ˊwèi] *n.* 〖機〗 홈.
gui·don [gáidn] *n.* 삼각기(의 기수); (신호용의) 작은 기; 《美》 부〔중·연〕 대기.
***guild** [gild] *n.* **길드**《중세의 동업 조합》, (오늘날의) 조합, 협회. 「화.
guil·der [gíldər] *n.* 네덜란드의 은
guild·hall [gíldhɔ̀:l] *n.* 《英》 길드 회의소; 시청.
***guile** [gail] *n.* Ⓤ **교활**, 간지(奸智); 배신; 간교한 책략. **ˊ·ful** *a.* 간사한, 교활한. **ˊ·less** *a.* 교활하지 않은, 정직한. 「오리류《auk의 무리》.
guil·le·mot [gíləmɑ̀t/-mɔ̀t] *n.* 바다
guil·lo·tine [gílətì:n, gí:jə-] *n.* 길로틴, 단두대; 〖英議會〗 토론 종결(gag). —— *vt.* 길로틴으로 목을 자르다.
‡**guilt** [gilt] *n.* Ⓤ **죄**, 비행.
***guilt·less** [ˊlis] *a.* **죄 없는**; 모르는, 경험 없는(*of*); 갖지 않은. *be ~ of (wit)* (위트)가 없다.
‡**guilt·y** [gílti] *a.* ① **죄가 있는, 죄를 범한**(*of*). ② 죄에 해당하는; 죄가 있는 듯한. ③ 죄에 대한 가책〔의식〕을 느끼는. *~ conscience* 꺼림칙한 마음. *plead ~* 복죄(服罪)하다. *plead not ~* 무죄를 주장하다. **guílt·i·ly** *ad.* **-i·ness** *n.*
guimpe [gæmp, gimp] *n.* 옷 밑에 입는 블라우스.
Guin·ea [gíni] *n.* 기니《아프리카 서해안 지방》; 기니 공화국.
***guin·ea** [gíni] *n.* **기니 금화**(=21 s.).
guínea fòwl 뿔닭.
guínea hèn 뿔닭의 암컷.
guínea pìg 기니피그, 모르모트《속칭》; 실험 재료, 실험대; 《英口》 명목상의 회장〔사장〕.
Guin·e·vere [gwínəvìər], **-ver** [-vər] *n.* Arthur 왕의 비(妃).
***guise** [gaiz] *n.* ① **외관**; 태도, 모습. ② 가면, 구실. ③ 《古》 옷차림, 복장. *in* 〔*under*〕 *the ~ of* …으로 모습을 바꿔서, …을 가장하여; …을 구실삼아.
†**gui·tar** [gitɑ́:r] *n.* **기타.** **~·ist** *n.*
gu·lag [gú:læg, -lɑ:g] *n.* 강제노동 수용소.
gulch [gʌltʃ] *n.* 《美》 협곡(峽谷).
gules [gju:lz] *n., a.* 〖紋〗 붉은 빛(의).
‡**gulf** [gʌlf] *n.* ① **만**(灣). ② **심연**(深淵), 깊은 구멍, 소용돌이, 화방수. ③ 큰 간격(*between*).
Gúlf Stàtes 《美》 멕시코 만 연안의 다섯 주《Florida, Alabama, Mississippi, Louisiana, Texas》.
Gúlf Strèam 멕시코 만류.
***gull**[1] [gʌl] *n.* **갈매기.**
gull[2] *vt., n.* 속이다; 속기 쉬운 사람. **gúl·li·ble** *a.* 속기 쉬운.
Gul·lah [gʌ́lə] *n.* 《美》 (South Carolina, Georgia 두 주의 연안 지방에 사는) 걸라족의 토인; Ⓤ 걸라족이 쓰는 영어 방언. 「수로(水路).
gul·let [gʌ́lit] *n.* 식도(食道), 목구멍;
gul·ly [gʌ́li] *n.* 작은 골짜기, 도랑, 배수구(溝).
***gulp** [gʌlp] *vt., vi.* ① **꿀떡꿀떡 마시다**, 꿀꺽 삼켜버리다. ② 억제하다, 참다. —— *n.* 꿀꺽 삼킴, 그 소리; 한 모금(의 양); 한 입 가득.
‡**gum**[1] [gʌm] *n.* ① Ⓤ **고무**, 생고무; 탄성(彈性) 고무. ② 고무나무, 유칼리나무. ③ (*pl.*) 덧신, 고무 장화. ④ 고무풀, 《美》 껌. —— *vt.* (**-mm-**) 고무를 바르다〔로 굳히다〕; 《美俗》 속이다. —— *vi.* 고무를 분비하다; 고무질(質)이 되다; 달라붙다.
gum[2] *n.* (보통 *pl.*) 잇몸.
gúm árabic 아라비아 고무.
gum·bo [gʌ́mbou] *n.* (*pl.* **~s**) 오크라(okra)《나무·열매》; ⓊⒸ 오크라 열매를 넣은 수프.
gúm bòots 《美》 고무 장화.
gum·my [gʌ́mi] *a.* 고무질의, 고무 같은; (나무가) 고무 수지를 내는.
gump·tion [gʌ́mpʃən] *n.* Ⓤ 《口》 진취의 기상, 적극성; 양식, 판단력, 빈틈 없음. 「SHOES.
gum·shoes [gʌ́mʃù:z] *n. pl.* =OVER-
gúm trèe 고무나무, 유칼리나무.
‡**gun** [gʌn] *n.* ① **대포**, 소총; 평사포(平射砲); 《美口》 피스톨. ② 발포, 호포(號砲). ③ 《俗》 도둑; 직업적 살인자. *blow great ~s* (바람이) 세차게 불다.
gun·boat [ˊbòut] *n.* 포함(砲艦).
gúnboat diplómacy 포함(砲艦) 외교《약소국에 대한 무력 외교》.
gun·cot·ton [ˊkɑ̀tn/-ɔ̀-] *n.* Ⓤ 면화약(綿火藥). 「사, 포화, 포격.
gun·fire [ˊfàiər] *n.* Ⓤ (대포의) 발
gung-ho [gʌ́ŋhóu] *a.* 《美俗》 열심인, 열렬한. 「권총 가진 악한.
***gun·man** [gʌ́nmən] *n.* 《美》 **총잡이,**
gún mètal 포금(砲金).
gun·nel [gʌ́nl] *n.* =GUNWALE.
***gun·ner** [gʌ́nər] *n.* **포수**; 포술 장교; 총사냥꾼. **~·y** *n.* Ⓤ 포술.
gun·ny [gʌ́ni] *n.* Ⓤ 굵은 삼베; Ⓒ 즈크 자루.

gun·point [gʌ́npɔ̀int] *n.* 총끝. ***at* ~** 《美》 권총을 들이대고.

***gun·pow·der** [⌐pàudər] *n.* Ⓤ **화약**; 중국산 녹차(~ tea). 「기(보존)실.

gún ròom (군함의) 하급 사관실; 총

gun·shot [⌐ʃàt/-ɔ̀-] *n.* 포격; Ⓤ 착탄 거리. 「상(銃床).

gun·stock [⌐stàk/-ɔ̀-] *n.* 개머리, 총

gun·wale [gʌ́nl] *n.* 〖海〗 (갑판의) 현연(舷緣); (보트 등의) 뱃전의 위 끝.

***gur·gle** [gə́ːrgəl] *vi., n.* ① **콸콸 흘러나오다**; 그 소리. ② (새나 사람이) 까르륵 목을 울리다; 그 소리.

Gur·kha [gə́ːrkə, gúər-] *n.* 구르카 사람《인도 Nepal에 사는 용맹한 종족》.

gur·nard [gə́ːrnərd] *n.* (*pl.* **~s,** 《集合的》 ~) 〖魚〗 성대.

gu·ru [gu(ː)rúː, ⌐] *n.* 힌두교의 도사(導師); 정신적 지도자.

***gush** [gʌʃ] *vi., vt., n.* ① **용솟음(치다)**; 분출하다[시키다]. ② (감정 따위의) 복받침; (감정의) 과시(誇示). **⌐·er** *n.* 분출하는 유정(油井); 감정가. **⌐·ing, ⌐·y** *a.* 분출하는; 감상적인. 「천, 바대, 섶.

gus·set [gʌ́sit] *n.* (옷의) 덧붙이는

gus·sy [gʌ́si] *vt.* 모양내다, 차리다(*up*).

***gust** [gʌst] *n.* ① **일진(一陣)의 바람, 돌풍.** ② (소리·불·감정 따위의) 돌발. **⌐·y** *a.* 바람이 거센, 사납게 불어대는 바람의. 「각(味覺)의.

gus·ta·to·ry [gʌ́stətɔ̀ːri/-təri] *a.* 미

gus·to [gʌ́stou] *n.* Ⓤ (*pl.* **~s**) 취미, 좋아함; 기호(嗜好); 마음으로부터의 기쁨.

gut [gʌt] *n.* 장, 창자; (*pl.*) 내장, 내용; 《俗》 용기, 인내; (바이올린·라켓 따위의) 장선(腸線), 거트; 좁은 통로. —— *vt.* (**-tt-**) …의 내장을[창자를] 끄집어내다; (집 따위) 안의 물건을 약탈하다.

***Gu·ten·berg** [gúːtənbə̀ːrg], **Johannes** (1400?–68) 독일의 활판 인쇄 발명가. 「구타페르카《고무의 일종》.

gut·ta-per·cha [gʌ́təpə́ːrtʃə] *n.* Ⓤ

gut·tate [gʌ́teit] *a.* 물방울 모양의; 〖植·動〗 반점(斑點)이 있는.

***gut·ter** [gʌ́tər] *n.* ① **홈통**; (인도·차도 사이의) 얕은 도랑[배수구], 수로. ② 빈민가(貧民街). ③ 〖製本〗 좌·우 양페이지 사이의 여백. —— *vt., vi.* 도랑을 만들다[이 되다]; (자국을 남기며) 흐르다; 촛농이 흘러내리다.

gútter préss (선정적인) 저급 신문.

gut·ter·snipe [-snàip] *n.* 최하층 계급의 사람, 부랑아.

gut·tur·al [gʌ́tərəl] *a., n.* 목구멍의; 〖音聲〗 후음(喉音)(의) 《k, g 따위》.

guy[1] [gai] *n., vt.* 〖海〗 버팀 밧줄(로 안정시키다).

‡**guy**[2] *n.* ① 《英》 (화약 사건(Gunpowder Plot)의 주모자) Guy Fawkes 의 기괴한 상(像) 《11월 5일 이 상을 태우는 풍습이 있음》. ② 《英》 괴상한 옷차림을 한 사람. ③ 《口》 **놈, 녀석,** 친구. —— *vt.* 놀리다, 괴롭히다.

Guy·a·na [gaiǽnə, -áːnə] *n.* 남미의 독립국《수도 Georgetown》.

gúy ròpe 친 줄, 당김 밧줄.

guz·zle [gʌ́zəl] *vt., vi.* 폭음하다.

GW guided weapon 〖軍〗 유도 병기.

‡**gym** [dʒim] *n.* =⇩.

‡**gym·na·si·um** [dʒimnéiziəm] *n.* (*pl.* **~s, -sia** [-ziə]) ① **체육관,** 체조장. ② (G-) (독일의) 고등 학교.

gym·nast [dʒímnæst] *n.* 체조[체육] 교사.

‡**gym·nas·tic** [dʒimnǽstik] *a.* **체조의,** 체육의. ‡**~s** *n.* (*pl.* 單數取扱) **체조;** 훈련.

gym·nos·o·phy [dʒimnásəfi / -ɔ́-] *n.* Ⓤ 나행(裸行); 나체주의.

gym·no·sperm [dʒímnəspə̀ːrm] *n.* 나자(裸子) 식물(cf. angiosperm).

gým shòe 운동화.

gy·n(a)e·col·o·gy [gàinəkálədʒi, dʒìn-, dʒài- / -ɔ́-] *n.* Ⓤ 부인병학. **-gist** *n.*

gy·nar·chy [dʒínɑːrki, gái-, dʒái-] *n.* 여인에 의한 지배, 여권 정치, 여인 천하.

gyp [dʒip] *vi., vt.* (**-pp-**) 《美口》 속이다, 속여서 빼앗다. —— *n.* 사기꾼; 사기. **gýp·per** *n.* 사기꾼.

gyps [dʒips], **gyp·sum** [dʒípsəm] *n.* Ⓤ 석고; 깁스.

gyp·soph·i·la [dʒipsáfilə / -ɔ́-] *n.* 〖植〗 광대나물.

***Gyp·sy** [dʒípsi] *n.* ① **집시**《유랑 민족》. ② Ⓤ 집시어. ③ (g-) 집시 같은 사람, 방랑벽이 있는 사람, 바람끼 있는 여자.

gýpsy mòth 매미나방《해충》.

Gýpsy's wàrning 불길한 경고[예고], 수수께끼 같은 예고[조짐].

gýpsy tàble (세 다리의) 작은 원탁.

gy·rate [dʒàiəréit] *vi.* 회전[선회]하다. **gy·rá·tion** *n.* ⓊⒸ **gy·ra·to·ry** [dʒáiərətɔ̀ːri/ -təri] *a.*

gy·ro [dʒáiərou] *n.* (*pl.* **~s**) 《口》 =GYROSCOPE; 《口》 =GYROCOMPASS; (G-) (국제적 봉사 단체의) 회원.

gy·ro·com·pass [dʒáiəroukʌ̀mpəs] *n.* 자이로컴퍼스, 회전 나침의(羅針儀). 「헬리콥터.

gy·ro·dine, -dyne [-dàin] *n.* 고속

gy·ro·scope [dʒáiərəskòup] *n.* 회전의(回轉儀). **gy·ro·scop·ic** [ˋ-skáp-ik/-ɔ́-] *a.*

gy·ro·sta·bi·liz·er [dʒàiəroustéibəlàizər] *n.* (선박·비행기의) 자이로식 동요 방지 장치.

gyve [dʒaiv] *n.* (*pl.*), *vt.* 차꼬(를 채우다).

H

H[1], **h** [eitʃ] *n.* (*pl.* ***H's, h's*** [⌐iz]).

H[2] hard (of pencil); 〖電〗 henry; 《俗》 heroin; 〖化〗 hydrogen. **H., h.** harbo(u)r; hard, hardness; height; high; 〖野〗 hit(s); hour(s); hundred;

husband. 「뽐·의심》.

‡ha [hɑ:] *int.* 하아!; 허어! 《놀람·기

ha. hectare(s). **H. A.** heavy artillery; Hockey Association; Horse Artillery. **h. a.** *hoc anno* (L. =in this year). **HAA** heavy anti-aircraft. **Hab.** 〖舊約〗 Habakkuk.

Ha·bak·kuk [hǽbəkʌk, -kùk, həbǽkək] *n.* 히브리의 예언자; 〖舊約〗 하박국서(書).

ha·ba·ne·ra [hɑ̀:bənέərə] *n.* (Sp.) 하바네라《2/4박자의 댄스(곡)》.

ha·be·as cor·pus [héibiəs kɔ́:rpəs] (L.) 〖法〗 인신 보호 영장. ***H- C- Act*** 〖英史〗 인신 보호법《1679년 Charles Ⅱ가 발포》.

hab·er·dash·er [hǽbərdæ̀ʃər] *n.* 《주로 英》 방물 장수; 《美》 남자용 장신구 상인. **~·y** *n.* Ⓤ,Ⓒ 《주로 英》 방물 (가게); 《美》 남자용 장신구류; 그 가게.

hab·er·geon [hǽbərdʒən] *n.* (중세의) (소매 없는) 사슬 미늘 갑옷.

ha·bil·i·ment [həbíləmənt] *n.* (*pl.*) 복장; 의복.

†hab·it [hǽbit] *n.* ① Ⓒ,Ⓤ 습관, 버릇. ② (동·식물의) 습성. ③ Ⓤ,Ⓒ 체질; 기질. ④ 복장; 여성 승마복. ***be in the*** 〔***a***〕 ***~ of*** (*doing*) (…하는) 버릇이 있다. ***~ of body*** 〔***mind***〕 체질〔성질〕. **—** *vt.* ① 입히다. ② 《古》 …에 살다. **~·a·ble** *a.* 살기에 알맞은, 살 수 있는.

hab·i·tat [hǽbətæ̀t] *n.* (동식물의) 생육지(生育地), (원)산지; 주소; (해저 실험용) 수중 거주실.

***hab·i·ta·tion** [hæ̀bətéiʃən] *n.* ① Ⓤ 거주. ② 주소, 주택.

***ha·bit·u·al** [həbítʃuəl] *a.* 습관〔상습〕적인, 평소의; 습관상의. ***~·ly** [-əli] *ad.* 습관〔상습〕적으로.

ha·bit·u·ate [həbítʃuèit] *vt.* 익히다, 익숙케 하다(*to*). **ha·bit·u·a·tion** [-⌐-éiʃən] *n.* Ⓤ

hab·i·tude [hǽbətjù:d] *n.* Ⓤ 습관, 습성; 체질, 기질.

ha·bit·u·é [həbítʃuèi] *n.* (F.) 늘 오는〔다니는〕 손님, 단골 손님; 마약 상습자.

ha·ci·en·da [hɑ̀:siéndə/hæ̀s-] *n.* (Sp.) (중남미의) 농장, 큰 목장; 토지; (시골의) 공장, 광업소.

***hack**[1] [hæk] *vt.*, *vi.* 자르다, 쳐서 자르다, 난도질하다; 잘게 썰다; 파서 헤치다〔부수다〕; (짤막한) 마른 기침을 하다. **—** *n.* ① 벤〔칼〕 자국, 새긴 자국. ② (발로) 걷어찬〔깐〕 상처. ③ 도끼. ④ 마른 기침.

hack[2] *n.* 《英》 삯말; 《美》 전세 마차; 《口》 택시 (운전사); (보통의) 승용 말; 늙은〔여윈〕 말; 짐말; (저술가의) 일 거드는 사람; 3류 작가; (돈을 위해) 무엇이든 하는 사람. **—** *vt.* (말을) 승용으로 빌려 주다; 써서 낡게 하다. **—** *vi.* 삯말을 타다; 말타고 가다(*along*); 남의 밑에서 고된 일을 하다. **—** *a.* 고용된; 써서 낡게 한.

hack·a·more [hǽkəmɔ̀:r] *n.* 《美西部》 (말의) 고삐 (halter).

hack·ber·ry [⌐bèri, -bəri] *n.* (미국산) 팽나무(류).

hack·er [hǽkər] *n.* 〖컴퓨터〗 ① 컴퓨터매니어. ② 컴퓨터 침해자.

hack·le[1] [hǽkəl] *n.* 빗; (닭 등의) 목털. **—** *vt.* (삼 따위를) 빗으로 훑다.

hack·le[2] *vt.* 잘게 저미다〔베다〕, 동강치다, 찢어 발기다(hack[1]).

hack·ney [hǽkni] *n.* (보통의) 승용말, 전세 마차(hack[2]). **—** *vt.* (말·마차를) 빌려 주다; 써서 낡게 하다. **~ed** [-d] *a.* 낡아 빠진, 진부한. ***~ed phrase*** (케케묵은) 상투구.

háckney còach 〔**càrriage**〕 전세 마차. 「띠톱.

hack·saw [hǽksɔ̀:] *n.* (금속 절단용)

háck wrìter 삼문 문사; 2류 작가.

†had [hæd, 弱 həd, əd] *v.* have의 과거(분사). ***had*** BETTER[1]. ***had*** LIKE[2] ***to. had*** RATHER.

had·dock [hǽdək] *n.* 〖魚〗 (북대서양산의) 대구.

Ha·des [héidi:z] *n.* 〖그神〗 황천, 명부(冥府); 저승; (h-) Ⓤ 《口》 지옥.

Ha·dith [hɑ:dí:θ] *n.* 〖回敎〗 Muhammad 및 그 교우들의 언행을 기록한 성전(聖傳).

hadj [hædʒ] *n.* (Ar.) Mecca 순례.

†had·n't [hǽdnt] had not의 단축.

had·ron [hǽdrɑn/-ɔn] *n.* 〖理〗 하드론《강한 상호 작용을 하는 소입자족(素粒子族)》.

hadst [hædst, 弱 hədst] *v.* 《古》 《主語가 thou일 때》 have의 2인칭 단수·과거.

haem·a·tite *n.* =HEMATITE.

hae·mo·glo·bin *n.* =HEMOGLOBIN.

hae·mo·phil·i·a *n.* =HEMOPHILIA.

haem·or·rhage *n.* =HEMORRHAGE.

haem·or·rhoids *n.* =HEMORRHOIDS.

ha·fiz [hɑ́:fiz] *n.* 코란을 전부 암기한 회교도의 칭호.

haf·ni·um [hǽfniəm] *n.* Ⓤ 〖化〗 하프늄《금속 원소; 기호 Hf》. 「달다).

haft [hæft/-ɑ:-] *n.*, *vt.* (칼) 자루(를

hag [hæg] *n.* 버커리; 마귀 할멈, 마녀(witch).

Hag. Haggai.

hag·fish [hǽgfìʃ] *n.* 〖魚〗 먹장어.

Hag·ga·i [hǽgiài, -geiài] *n.* 히브리의 예언자; 〖舊約〗 학개서(書).

***hag·gard** [hǽgərd] *a.*, *n.* ① 여윈, 바싹 마른. ② 야생의 (매). **~·ly** *ad.*

hag·gis [hǽgis] *n.* 《Sc.》 양의 내장과 오트밀을 섞어 끓인 요리.

hag·gle [hǽgəl] *vi.*, *vt.* (끈덕지게) 값을 깎다; 입씨름하다(*over*, *about*); 토막쳐 자르다(hack[1]). **—** *n.* 값을 깎기; 말다툼. 「Ⓤ,Ⓒ 성직 정치〔지배〕.

hag·i·oc·ra·cy [hæ̀giɑ́krəsi / -ɔ́-] *n.*

hag·i·ol·o·gy [hæ̀giɑ́lədʒi / -ɔ́-] *n.* Ⓤ,Ⓒ 성인〔성도〕전, 성도록(錄).

hag·rid·den [hǽgrìdn] *a.* (악몽에) 시달린, 가위 눌린; (공포에) 시달린.

***Hague** [heig], **The** 헤이그《네덜란드의 행정 수도; 정식 수도는 Amsterdam》.

Hágue Tribúnal 국제 사법 재판소《공식명은 Parmanent Court of Arbitration》. 「음 소리》.
ha·ha[1] [hɑ:hɑ́:] *int.*, *n.* 하하! 《웃
ha·ha[2] [hɑ́:hɑ̀:] *n.* (전망을 가리지 않는) 나지막한 담, 은장(隱墻).
‡**hail**[1] [heil] *n.*, *vi.*, *vt.* ① Ⓤ 싸락눈〔우박〕(이 오다) (*It ~s.*). ② (…에) 빗발치듯 쏟아지다, 퍼붓다.
‡**hail**[2] *vt.*, *vi.* ① 큰 소리로 부르다. ② (…을) …이라 부르며 (환호로) 맞이하다(*They ~ed him (as) king.*). ③ 인사하다. **~ *from*** (배가) …에서 오다; (아무가) …의 출신이다. **—** *n.* ⒸⓊ 환호; 인사. ***within*** 〔***out of***〕 ~ 소리가 미치는〔미치지 않는〕 곳에. **—** *int.* 《詩》 어서 오십시오. ***All ~!***, or ***H- to you!*** 어서 오십시오!; 만세!
Háil Colúmbia 미국 국가.
hail-fel·low(-well-met) [ˊfélou(-wélmét)] *n.* (*pl.* ***-fellows-***), *a.* 친한 친구; 친밀한.
hail·stone [ˊstòun] *n.* 우박.
hail·storm [ˊstɔ̀:*r*m] *n.* 마구 쏟아지는 우박.
†**hair** [hɛə*r*] *n.* ① Ⓤ 털, 머리털(*She has gray ~* 〔*~s*〕. 머리가 하얗다〔희끗희끗하다〕). ② 털 모양의 것; (a ~) 극히 약간의 물건〔거리·정도〕. ***against the ~*** =against the GRAIN. ***a ~ of the dog that bit (a person)*** 제독약(制毒藥), (숙취(宿醉)를 풀기 위한) 해장술《문 미친개의 털이 특효약이 된다고 생각한 데서》. ***by the turn of a ~*** 위기 일발의 아슬아슬한 고비에서; 간신히. ***get a person by the short ~s*** 아무를 지배하다. ***get in*** 〔***out of***〕 ***a person's ~*** 아무의 방해가 되다〔되지 않다〕; 속상하게 하다〔하지 않다〕. ***keep one's ~ on*** 《俗》 (머리칼 하나 까딱하지 않고) 태연히 있다. ***let*** 〔***put***〕 ***down one's ~*** 머리를 풀다. ***let one's ~ down*** 《俗》 터놓고〔스스럼 없이〕 이야기하다. ***make a person's ~ stand on end*** 머리끝을 쭈뼛하게 하다. ***not turn a ~*** 까딱도 안하다, 아주 태연하다. ***put*** 〔***turn***〕 ***up one's ~*** (소녀가 어른이 되어서) 머리를 얹다. SPLIT ***~s. to (the turn of) a ~*** 조금도 틀림없이, 아주 꼭. **ˊ·less** *a.* 털〔머리칼〕이 없는. *__ˊ·y__ [hɛ́əri] *a.* 털〔머리칼〕의〔같은〕; 털이 많은.
hair·breadth [ˊbrèdθ] *n.*, *a.* 좁은 틈; 위기 일발(의), 아슬아슬한.
hair·brush [ˊbrʌʃ] *n.* 머리솔.
hair·cloth [ˊklɔ̀:θ/-ɔ̀-] *n.* Ⓤ 마미단(馬尾緞).
hair·cut [ˊkʌ̀t] *n.* 이발(의 형).
hair·cut·ter [ˊkʌ̀tə*r*] *n.* 이발사.
hair·do [ˊdù:] *n.* 머리형.
hair·dress·er [ˊdrèsə*r*] *n.* 미용사; 《주로 英》 이발사.
hair·line [ˊlàin] *n.* 가는 선, 타락줄; (이마의) 머리털 난 언저리, 두발선.
hair·net [ˊnèt] *n.* 헤어네트.
hair·pin [ˊpìn] *n.* 헤어핀, 머리 핀.
hair·rais·ing [ˊrèiziŋ] *a.* 머리 끝이 주뼛해지는. 「HAIRBREADTH.
hair's-breadth [ˊzbrèdθ] *n.*, *a.* =
háir shírt (고행자가 알몸에 걸치는) 거친 모직 셔츠.
hair·split·ting [hɛ́ə*r*splìtiŋ] *a.*, *n.* Ⓤ 사소한 일에 구애되는〔됨〕. 「사.
hair·spring [ˊsprìŋ] *n.* (시계의) 유
háir trìgger (권총의) 촉발 방아쇠.
hair-trig·ger [ˊtrìgə*r*] *a.* 촉발적인, 반응이 빠른. 「게.
hair·tweez·ers [ˊtwì:zə*r*z] *n.* 족집
Hai·ti [héiti] *n.* 서인도 제도중의 한 공화국《수도 Port-au-Prince》.
hajj, hadj, haj [hædʒ] *n.* (*pl.* **~ *es***) (회교도의) 메카 순례.
hake [heik] *n.* (*pl.* **~*s***, 《集合的》 ~) 〖魚〗 대구류.
Ha·ken·kreuz [hɑ́:kənkrɔ̀its] *n.* (G.) 나치스 독일의 기장(記章)《卐》.
ha·kim [hɑkí:m] *n.* (이슬람 국가의) 현자, 학자; 의사.
ha·la·tion [heiléiʃən, hæ- / hə-] *n.* ⓊⒸ 〖寫〗 헐레이션《역광선 등에 의한 뿌연 흐림》.
hal·berd [hǽlbə*r*d], **-bert** [-bə*r*t] *n.* 미늘창. **hal·berd·ier** [ˋ-íə*r*] *n.* 미늘창을 가진 무사.
hal·cy·on [hǽlsiən] *n.* 《古·詩》 파도를 가라앉히는 새 《물총새(kingfisher)를 이름; ⇩》. **—** *a.* 잔잔한, 평온한, 평화스러운.
hálcyon dáys (물총새가 파도를 가라앉히고 집을 짓는다는) 동지 무렵의 2주간; 평온 무사한 날〔시대〕.
*__hale__[1] [heil] *a.* (노인이) 정정한; 근력이 좋은. **~ *and hearty*** 원기 왕성한, 정정한. 「잡아 끌다.
hale[2] *vt.* (우악스럽게) 잡아 당기다,
†**half** [hæf, hɑ:f] *n.* (*pl.* ***halves***) (절)반; 중간, 중도. ***and a ~*** 《俗》 특별한, 아주 훌륭한(*That was a game and a ~.* 훌륭한 경기였다). ***by ~*** 반쯤; 대단히(*She is too alert by ~.* 지나치게 영리하다). ***by halves*** 불완전하게, 중도에; 얼마간, 아무렇게나, 적당히. ***cry halves*** 절반의 분배를 요구하다. ***go halves with*** …와 반분하다. ***to the halves*** 절반까지, 불충분하게; 《美》 (이익 따위) 반분하여. **—** *a.*, *ad.* (절)반(의)(*a ~ mile;* 《口》 *~ a mile*); 불충분한〔하게〕; 어지간히, 거의. **~ *as many*** 〔***much***〕 ***again as*** …의 1배 반. **~ *as many*** 〔***much***〕 ***as*** …의 (절)반. ***I ~ wish*** …하고 싶은 듯한 생각도 있다. ***not ~*** 《口》 그다지〔조금도〕 …않다(*Not ~ bad.* 꽤 좋다); 《卑》 몹시(*She didn't ~ cry.* 어지간히 울어댔다).
half-and-half [ˊənˊ] *a.*, *n.*, *ad.* 반반씩의 (것); 이도 저도 아닌, 열치기의; (백·흑인의) 트기; 반반으로. 「衛).
half·back [ˊbæ̀k] *n.* 〖蹴〗 중위(中
half-baked [ˊbéikt] *a.* 설구워진; 불완전한, (경험이) 미숙한.
hálf blòod 이복(異腹), 배다른〔씨

H

다른] 관계(*a brother of the* ~ 배다른[씨다른] 형[동생]).
half-blood [ˊblʌ̀d] *a., n.* 배다른[씨다른] (형제·자매); =HALFBREED.
half-boiled [ˊbɔ́ild] *a.* 설익은, 반숙의.
hálf bòot 반장화.
half-bred [ˊbrèd] *a.* 혼혈의; 잡종의.
half-breed [ˊbrì:d] *n., a.* 혼혈아, 트기(의); 〖生〗 잡종(의).
hálf bròther 배[씨]다른 형제.
half-caste [ˊkæ̀st/-ɑ̀:-] *n.* (특히, 유럽인 아버지와 인도인 어머니와의) 트기; 신분이 다른 양친에게서 난 아이.
hálf cóck (총의) 안전 장치; 마음가짐이 덜된 상태. *go off (at)* ~ 설불리 발사하다; (조급히) 서두르다.
half-cock [ˊkɑ́k/-ɔ́-] *vt.* (총의 공이치기를) 안전 위치에 놓다.
hálf crówn 《英》 반 크라운 은화(銀貨) (1970년 폐지).
half-dead [ˊdéd] *a.* 초주검이 된, 아주 지친.
hálf dóllar 《美·캐나다》 50센트 은화.
half-done [ˊdʌ́n] *a.* 불완전한, 설구운, 설익은.
half-doz·en [ˊdʌ́zən] *a., n.* 반 다스(의).
hálf éagle 〖美史〗 5달러 금화.
half-faced [ˊféist] *a.* 옆 모습의; 불완전한, 불충분한.
half-har·dy [ˊhɑ́:rdi] *a.* 〖植〗 반내한성의.
half-heart·ed [ˊhɑ́:rtid] *a.* 마음이 내키지 않는. ~**·ly** *ad.*
hálf hítch 〖海〗 (밧줄의) 외가닥 매듭.
***half hóliday** 반공일.
***half-hour** [ˊáuər] *n., a.* 반 시간, 30분(의).
half-length [ˊlèŋkθ] *a., n.* 반신의; 반신상(像).
hálf lìfe 〖理〗 (방사능) 반감기(半減期).
half-mast [ˊmǽst / -ɑ́:-] *n., vt.* Ⓤ 반기(半旗)의 위치(에 걸다).
hálf méasure 미봉책, 임시 변통.
hálf móon 반달(형의 것).
hálf nélson 〖레슬링〗 목덜미 죄기.
hálf nòte 〖樂〗 2분 음표.
half·pence [héipəns] *n.* halfpenny의 복수.
half·pen·ny [héipəni] *n., a.* 반 페니 (동전); 《英口》 잔돈; 하찮은 (of little value); (신문이) 선정적인.
half·pen·ny·worth [héipəniwə̀:rθ, héipəθ] *n.* 반 페니어치; 극소량.
hálf pínt 반 파인트; 《口》 좀팽이; 《美俗》 보잘것 없는 인간.
half-read [hǽfréd/hɑ́:f-] *a.* 데아는, 겉핥기로 배운.
hálf-seas óver [ˊsì:z] 《俗》 취한 (drunk).
half-shot [ˊʃɑ́t/-ɔ́-] *a.* 《俗》 설취한.
hálf sìster 배[씨]다른 자매.
hálf sòle (구두의) 앞창.
half-sole [ˊsòul] *vt.* (구두에) 앞창을 대다.
half-staff [ˊstǽf/-stɑ́:f] *n.* 《美》 =HALF-MAST.
hálf stèp 〖樂〗 반음; 〖美軍〗 반걸음.
half-tim·bered [ˊtímbərd] *a.* 〖建〗 나무 뼈대의.
hálf tìme 반일(半日) 노동, 반일급; 〖競〗 중간 휴식.
hálf tínt 간색(間色); (수채화의) 엷게 하는 칠.
half·tone [ˊtòun] *n., a.* 〖印·寫〗 망판(網版)(화(畵))(의); 〖美術〗 간색(間色)(의); 〖樂〗 반음.
half-track [ˊtræ̀k] *n.* 후부(後部) 무한 궤도(자동)차.
half-truth [ˊtrù:θ] *n.* ⓊⒸ (사실의) 한쪽만의 진실.
‡**half·way** [ˊwéi] *a., ad.* ① 중도의[에], 어중된[되게]. ② 《口》 반쯤, 어느 정도. *meet a person* ~ 타협하다.
hálfway hòuse 두 마을 중간의 여인숙; 타협점.
half-wit [hǽfwìt/-ɑ́:-] *n.* 반편이, 얼뜨기.
half-world [ˊwə̀:rld] *n.* 반구(半球); 화류계; 암흑가(underworld).
hálf yéar 반년; (2학기제의) 학기.
hal·i·but [hǽləbət] *n.* (*pl.* ~*s,* 《集合的》 ~) 〖魚〗 핼리벗《큰 넙치》.
hal·ite [hǽlait, héi-] *n.* Ⓤ 〖鑛〗 암염(岩塩).
hal·i·to·sis [hæ̀lətóusis] *n.* Ⓤ 구취(口臭).
†**hall** [hɔ:l] *n.* ① 현관; 복도. ② 넓은 방, 홀; (공)회당. ③ 《美》 (대학의) 교사(校舍). ④ 조합 본부; 사무소. ⑤ 《英》 (지주의) 저택. ⑥ (the H-) 〖英大學〗 (대학의) 대 식당, (대식당에서의) 회식. *H- of Fame* 명예의 전당(殿堂)《뉴욕 대학에 있는 위인·국가 유공자를 위한 기념관》. *Students' H-* 학생 회관[집회소].
hal·le·lu·jah, -iah [hæ̀ləlú:jə] *int., n.* (Heb.) 할렐루야《「하느님을 찬송하라(Praise ye the Lord!)」의 뜻》; 찬송가.
Hál·ley's cómet [hǽliz-] 〖天〗 핼리 혜성.
hal·liard [hǽljərd] *n.* =HALYARD.
hall·mark [hɔ́:lmɑ̀:rk] *n., vt.* (금·은의) 순분 인증 각인(純分認證刻印)(을 찍다); 보증 딱지(를 붙이다).
***hal·lo(a)** [həlóu] *int., n.* 여보세요[여보, 이봐, 이런](하는 소리).
***hal·loo** [həlú:] *int., vt., vi., n.* (*pl.* ~*s*) 어이[이봐](하고 큰 소리로 말하다[기], 부르다[부름]) 《사냥개를 추기거나, 사람의 주의를 끌 때》.
***hal·low**[1] [hǽlou] *vt.* ① 신성하게[깨끗하게] 하다; 하느님께 바치다. ② 숭배하다. ~*ed ground* 영역(靈域).
hal·low[2] *int., v., n.* =HALLOO.
‡**Hal·low·een, -e'en** [hæ̀loui:n] *n.* 제성절(諸聖節)(All Saints' Day)의 전야《10월 31일 밤》.
Hal·low·mas [hǽloumæ̀s, -məs] *n.* 《古》 =ALL SAINTS' DAY.
háll trèe (현관 따위의) 모자[외투]걸이.
hal·lu·ci·nate [həlú:sənèit] *vt.* 환각 (증상)을 일으키게 하다.
hal·lu·ci·na·tion [həlù:sənéiʃən] *n.* ⓊⒸ 환각(幻覺), 환시(幻視), 환청(幻聽); 환상(幻想).
hal·lu·ci·no·gen [həljú:sənədʒən] *n.* 환각제.
hall·way [hɔ́:lwèi] *n.* 《美》 현관; 복도.
ha·lo [héilou] *n.* (*pl.* ~*(e)s*), *vt.* (해·달의) 무리(를 씌우다); 후광(後光)(으로 두르다).
hal·o·gen [hǽlədʒən] *n.* Ⓤ 〖化〗 할로겐.

‡**halt**¹ [hɔ:lt] *n.*, *vi.*, *vt.* ① **정지**〔휴식〕(하다, 시키다). ② 《주로 英》 정류소. *call a* ~ 정지를 명하다, 정지시키다.

halt² *vi.* 망설이다; 《古》 다리를 절다.

hal·ter [hɔ́:ltər] *n.* (소·말을 끌거나, 매어 두는) 고삐; 교수(絞首)(용 밧줄); (팔과 등이 드러나는) 여자용 운동 셔츠.

hal·va(h) [hɑ:lvɑ́:] *n.* 할바《깨와 꿀로 만드는 터키의 과자》.

halve [hæv/hɑ:v] *vt.* 등분하다; 반감하다.

***halves** [hævz/-ɑ:-] *n.* half의 복수 《成句는 half의 항을 보라》.

hal·yard [hǽljərd] *n.* (돛·기의) 고팻줄.

‡**ham** [hæm] *n.* ① Ⓤ **햄**《소금에 절여 훈제(燻製)한 돼지의 허벅다리 고기》. ② 오금; (*pl.*) 허벅다리와 궁둥이. ③ 《俗》 (몸짓을 과장하는) 서투른 배우; Ⓤ 과장된 연기. ④ 《口》 「햄」《아마추어 무선 통신자》.

Ham *n.* 〖聖〗 Noah의 둘째 아들.

ham·a·dry·ad [hæ̀mədráiəd, -æd] *n.* 〖그神〗 나무의 요정.

Ham·burg [hǽmbə:rg] *n.* 함부르크.

***ham·burg·er** [ㅅ-ər] *n.* =**Hámburg stèak** 〖料理〗 **햄버거스테이크.**

ham-fist·ed [hǽmfístid], **-hand·ed** [-hǽndid] *a.* 《英俗》 솜씨 없는, 뒤틈바리의.

Ham·it·ic [hæmítik, hə-] *a.* (Noah의 둘째 아들) Ham의 (자손의); 햄(어)족의.

***Ham·let** [hǽmlit] *n.* Shak. 작의 비극; 그 주인공.

ham·let *n.* 작은 마을.

Ham·mar·skjöld [hɑ́:mərʃòuld, hǽm-], **Dag Hjalmar** ~ (1905–61) 스웨덴의 정치가·전 UN 사무총장 《Nobel 평화상 수상(1961)》.

‡**ham·mer** [hǽmər] *n.* ① (쇠·나무) **망치, 해머.** ② 〖競〗 (투)해머. ③ (경매자의) 나무망치. ④ (총(銃)의) 공이치기. ***bring*** 〔***send***〕 ***to the*** ~ 경매에 부치다. ***come under*** 〔***go to***〕 ***the*** ~ 경매되다. ~ ***and sickle*** 망치와 낫《노농(勞農)의 상징; 소련의 국기》. ~ ***and tongs*** 《口》 열심히, 맹렬히. ── *vt.* ① **망치로 두드리다**; 두들겨〔쳐박아, 주입해〕 넣다. ② 연달아 때리다〔포격하다〕. ③ 《口》 (상대방을) 호되게 해치우다. ④ 두드려서 만들다. ⑤ 생각해 내다. ── *vi.* ① 망치로 두드리다. ② 부지런히 일하다. ~ ***away*** 마구 두드리다; 부지런히 일하다(*at*). ~ ***out*** 두드려서 …으로 만들다; 애써서 생각해 내다.

ham·mer·head [-hèd] *n.* 망치의 대가리; 멍텅구리; 〖魚〗 귀상어.

hámmer lòck 〖레슬링〗 팔꺾기《한 팔을 등 뒤로 틀어 젖히는 공격》.

***ham·mock** [hǽmək] *n.* **해먹.**

Hám·mond órgan [hǽmənd] 〖商標〗 해먼드 오르간《전기 오르간》.

ham·my [hǽmi] *a.* (맛·외양이) 햄 같은; 《口》 (연극·배우가) 멜로드라마식의, 과잉 연기의.

***ham·per**¹ [hǽmpər] *vt.* **방해하다.**

ham·per² *n.* (뚜껑 달린) 손바구니; 바스켓.

Hamp·shire [hǽmpʃiər] *n.* 영국 남해안의 주; (미국산, 검은 바탕에 흰 얼룩이 있는) 돼지의 일종; = ㅅ **Dówn** (영국산, 뿔 없는) 양의 일종.

ham·ster [hǽmstər] *n.* 〖動〗 일종의 큰 쥐《동유럽·아시아산》.

ham·string [hǽmstrìŋ] *n.*, *vt.* (~***ed***, ***-strung***) (사람·말의) 오금의 힘줄(을 잘라 절름발이로 만들다); …을 좌절시키다.

†**hand** [hænd] *n.* ① **손**; (동물의) 앞발. ② (시계의) 바늘; 손 모양의 것 《바나나 송이 따위》. ③ 핸드《손바닥 폭을 기준으로 한 척도; 4인치》 (*a horse 14 ~s high* 어깨높이 14핸드의 말). ④ (종종 *pl.*) 소유; 지배. ⑤ 직공, 일꾼; 승무원(*all ~s* 전원). ⑥ 솜씨; 수완. ⑦ **필적**(*write a good ~* 글씨를 잘 쓰다); 서명, 필치. ⑧ **쪽,** 측(*the right ~* 오른쪽), 방면. ⑨ 〖카드〗 가진 패; 경기자; 한 판. ⑩ (남자에게 손을 주어) 약혼(함). ⑪ 박수 갈채. ***a good*** 〔***poor***〕 ~ ***at*** …이 능한〔서투른〕. ***at first*** 〔***second***〕 ~ 직접〔간접〕으로. (*close, near*) ***at*** ~ 가까운 곳에, 가까운 장래에, 바짝 다가와. ***bear a*** ~ ***in*** …에 관계하다; …을 거들어 주다. ***by*** ~ 손으로; 손수. ***change*** ~***s*** 임자〔소유주〕가 바뀌다. ***come to*** ~ 손에 들어오다; 발견되다. ***eat out of a person's*** ~ 지도〔지휘〕에 따르다, 온순하다. ***fight*** ~ ***to*** ~ 접전하다; 드잡이하다. ***from*** ~ ***to mouth*** 하루 벌어 하루 먹는, 그날 그날 간신히 지내어; (저축심 없이) 버는 족족 써버리어. ***give one's*** ~ (계약 따위의) 실행을 다짐하다(*on*); (남자에게 손을 주어) 약혼하다(*to*). ~ ***and foot*** 손발을 모두, 완전히; 부지런히. ~ ***and*** 〔***in***〕 ***glove with*** …와 친밀하여. ~ ***in*** ~ 손에 손을 잡고; 제휴하여(*with*). ~ ***over*** ~ 두 손을 번갈아 당겨서; 척척(돼나가다, 따위). ~***s down*** 손쉽게 (이기다, 따위). ***Hands off!*** 손대지 말 것; 손을 떼라, 간여 말라. ***Hands up!*** 손 들어라《항복 또는 찬성하여》. ***have one's*** ~***s full*** 바쁘다. ***heavy on*** 〔***in***〕 ~ 힘에 겨워, 다루기 곤란하여, 주체 못하여. ***in*** ~ 손에 들고; 제어하여; 진행〔연구〕 중의. ***keep one's*** ~ ***in*** …에 종사하고 있다〔익숙하다〕, 끊임없이 연습하다. ***lay*** ~***s on*** 〔***upon***〕 …에 손을 대다, …을 (붙)잡다; 폭행하다(*He laid ~s on himself.* 자살했다); 〖宗〗 (사람의 머리 위에 손을 얹고) 축복하다. ***make a*** ~ 이득을 보다, 성공하다. ***off*** ~ 즉석에서, 즉각. ***on*** 〔***off***〕 ***a person's*** ~***s*** (아무의) 책임〔부담〕으로〔없이〕. ***on*** ~ 가지고〔준비돼〕 있는; 가까이; 《美》 출석하여. ***on the one*** ~ 한편으로는. ***on the other*** ~ 또 (다른) 한편으로는, 이에 반(反)하여. ***out of*** ~ 즉석에서, 즉석에;

H

끝나서; 힘에 겨워, 다루기 어려워. ***pass into other ~s*** 남의 손으로 넘어가다. ***sit on one's ~s*** 좀처럼 박수〔칭찬〕하지 않다. ***take in ~*** 처리하다; 떠맡다, 돌보다. ***to one's ~s*** 힘 안들이고 (아무가) 얻을 수 있도록(*be ready to his ~s* 즉시 쓸 수 있다). ***turn one's ~ to*** …에 착수하다. ***wash one's ~s of*** …와 손을 끊다. ***with a high* 〔*heavy*〕 *~*** 고압적으로. —*vt.* ① 넘겨〔건네〕 주다; 전하다(*to*). ② 손으로 이끌다〔돕다〕. ③ 〖海〗 (돛을) 접다. ***~ down to*** (자손에게) 전하다. ***~ in*** 건네다, 제출하다. ***~ on*** 전하다; 다음으로 건네 주다. ***~ out*** 건네 주다; 분배하다; 《俗》 돈을 내다〔쓰다〕. ***~ over*** 넘겨 주다; 양도하다. ***~ round*** (차례로) 돌리다, 도르다. ***~ up*** (높은 곳에) 손으로 건네 주다, 주다. ***‡∠·ful*** [hǽndfùl] *n.* 손에 그득, 한 줌; 소량; 《口》 다루기 힘든 사람〔것〕.

hánd àx(e) 손도끼(cf. hatchet).

hand·bag [hǽndbæ̀g] *n.* 핸드백.

hand·ball [hǽndbɔ̀ːl] *n.* Ⓤ 벽에 던져 튀는 공을 상대가 받게 하는 공놀이; 〖競〗 핸드볼; Ⓒ 그 공.

hand·bar·row [hǽn*d*bæ̀rou] *n.* (들것식의) 운반대(臺); =HANDCART.

hand·bell [∠bèl] *n.* 〖樂〗 요령.

hand·bill [∠bìl] *n.* 삐라, 광고지.

***hand·book** [∠bùk] *n.* 편람(便覽), 안내서, 교본.

hand·breadth [∠brèdθ] *n.* 한 손 폭 《2.5–4인치》.

hand·cart [∠kɑ̀ːrt] *n.* 손수레.

hand·clap [∠klæ̀p] *n.* 박수 갈채.

hand·clasp [∠klæ̀sp/-ɑ̀ː-] *n.* 악수.

hand·craft [∠kræ̀ft / -krɑ̀ːft] *n.* =HANDICRAFT.

H

hand·cuff [∠kʌ̀f] *n., vt.* (보통 *pl.*) 수갑, 쇠고랑(을 채우다).

hand·ed [hǽndid] *a.* 손(잡이)이 있는; (보통 複合語로) 손이 …한 (*heavy-~* 손재주가 없는).

Han·del [hǽndl], **George Frederick** (1685–1759) 헨델《독일 태생의 영국 작곡가; (G.) Händel》.

hánd glàss 손거울; 돋보기, 확대경.

hánd grenàde 수류탄; 소화탄.

hand·grip [hǽndgrìp] *n.* 쥐기, 악수; (*pl.*) 드잡이, 백병전; 손잡이, 핸들.

hand·hold [hǽndhòuld] *n.* 파악; 손잡을〔(붙)잡을〕 데.

‡hand·i·cap [hǽndikæ̀p] *n., vt.* (*-pp-*) ① 핸디캡〔강자에게 불리한, 약자에게는 유리한, 조건〕(을 주다), 핸디를 붙이다. ② 핸디 붙은 경주〔경마〕. ***the ~ped*** 신체〔정신〕 장애자.

hand·i·craft [hǽndikræ̀ft/ -krɑ̀ːft] *n.* 수세공(手細工), 수예(手藝); Ⓤ 손끝의 숙련.

Hand·ie-Talk·ie [hǽnditɔ́ːki] *n.* 〖商標〗 휴대용 소형 무선 송수신기.

hand·i·work [hǽndiwə̀ːrk] *n.* ⓊⒸ 수세공(품); 짓, 소행.

‡hand·ker·chief [hǽŋkərtʃif, -tʃìːf] *n.* (*pl.* *~s*) ① 손수건. ② =NECKERCHIEF.

han·kie, -ky [hǽŋki] *n.* 《口》 손수건.

hand-knit(·ted) [hǽndnít(id)] *a.* 손으로 짠〔뜬〕.

‡han·dle [hǽndl] *n.* ① 자루, 손잡이, 핸들. ② 구실; 기회. ***fly off* 〔*at*〕 *the ~*** 《口》 욱하다. ***up to the ~*** 《美口》 극단으로; 철저히. —*vt.* ① 손으로 다루다, 조종하다, 손대다. ② 처리하다, 논하다. ③ 대우하다; (군대를) 지휘하다. ④ 장사하다. **hán·dler** *n.* 취급하는 사람; 〖拳〗 트레이너, 매니저, 세컨드.

hándle bàrs (자전거의) 핸들; 팔자(八字) 수염.

han·dling [hǽndliŋ] *n.* Ⓤ 손에 대기〔잡기〕; 취급, 조종, 운용; 수법.

hand·made [hǽndmèid] *a.* (기계가 아닌) 손으로 만든.

hand·maid(·en) [∠mèid(n)] *n.* 시녀; 「하녀.

hand-me-down [hǽn*d*midàun] *a., n.* 《美》 만들어 놓은, 기성의, 기성복.

hánd mìll 맷돌.

hánd mòney 계약금, 착수금.

hánd òrgan 수동식(手動式) 오르간.

hand·out [hǽndàut] *n.* 《美俗》 거지에게 주는 음식〔돈·의류〕; (신문사에 돌리는) 공식 성명(서), 유인물.

hand-picked [hǽndpíkt] *a.* 정선(精選)된; (과일 따위)손으로 딴.

hand·post [∠pòust] *n.* 길표, 도표 「(道標).

hand·rail [∠rèil] *n.* 난간.

hand·saw [∠sɔ̀ː] *n.* (한손으로 켜는) 작은 톱.

hand·sel [hǽnsəl] *n., vt.* (《英》 *-ll-*) 새해〔축하〕 선물(을 주다); (신부에 대한) 예물(을 주다); 착수금(earnest) (을 내다), 첫 불입금.

hand·set [hǽndsèt] *n.* (탁상 전화의) 「송수화기.

hand·sewn [hǽndsòun] *a.* 손으로 「꿰맨.

***hand·shake** [∠ʃèik] *n.* 악수.

hands-off [∠zɔ́ːf/-ɔ́f] *a.* 무간섭(주의)의.

‡hand·some [hǽnsəm] *a.* ① (남자가) 단정하게 잘 생긴. ② (선물 따위) 활수(滑手)한; 상당한.

hand·spike [hǽn*d*spàik] *n.* 지레.

hand·spring [∠sprìŋ] *n.* 《美》 공중제비.

hand·stand [hǽndstæ̀nd] *n.* 물구 「나무서기.

hand-to-hand [hǽndtəhǽnd] *a.* 주먹다짐〔드잡이〕의, 접전의.

hand-to-mouth [∠təmáuθ] *a.* 그날 그날 살아가는; 불안한; 앞일을 생각 「않는.

hánd trùck 손수레.

hand·work [hǽndwə̀ːrk] *n.* Ⓤ 손으로 하는 일, 수세공.

‡hand·writ·ing [∠ràitiŋ] *n.* ① Ⓤ 육필(肉筆). ② ⓊⒸ 필적. ③ 필사본. ***the ~ on the wall*** 흉조(凶兆).

‡hand·y [hǽndi] *a.* ① 가까이 있는, 알맞은, 편리한. ② 솜씨좋은. COME *in ~.* 「재주 있는 사람; 선원.

handy·man [-mæ̀n] 허드렛일꾼; 잔

Han·ford [hǽnfərd] *n.* 미국 Washington 주의 마을 《플루토늄 생산 공

장인 Hanford Engineer Works의 소재지).

†**hang** [hæŋ] *vt., vi.* (*hung,* ~*ed*) ① 걸(리)다, 매달(리)다; 늘어뜨리다, 늘어지다. ② (벽지를) 벽에 바르다. ③ 교살(絞殺)하다(*Be* ~*ed!, H- it!, H- you!* 뒈질 놈아, 제기랄!), 목을 매달아 죽다. ~ ***about*** 어슬렁거리다; 붙어다니다. ~ ***a*** 〔***the***〕 JURY[1]. ~ ***back*** 주춤거리다. ~ ***fire*** (총이) 즉시 발사되지 않다; (일이) 시간이 걸리다. ~ ***in the balance*** ~ 결정하지〔되지〕 않다. ~ ***on*** 〔***upon***〕 …에 달라붙다, 붙잡고 늘어지다; …나름이다; 속행하다, 인내하다; 미결이다; (병이) 낫지 않다. ~ ***oneself*** 목매어 죽다. ~ ***out*** 몸을 내밀다; 《俗》 거주하다; (기따위를) 내걸다; 《俗》 드나들다. ~ ***over*** 위에 쑥 나오다〔걸리다〕; 닥쳐오다. ~ ***together*** 협력〔단결〕하다; 조리가 서다. ~ ***up*** 걸다, 매달다; 중지하다; 지체케 하다, 연기하다; 전화를 끊다; 《俗》 전당 잡히다. ——*n.* ① 걸림새, 늘어진 모양. ② 《口》 사용법, 방식, 요령; 취지(idea). ③ 《口》 조금(도) (*I don't care a* ~.) *ˊ~·**er** *n.* **거는** 〔**매다는**〕 **사람**〔**것**〕, **옷걸이**; 갈고리, 매단 광고; 단검 《혁대에 차는》; =HANGMAN.

hang·ar [hǽŋər] *n.* 격납고, 곳집.

hang·bird [hǽŋbəːrd] *n.* 《美》 둥지를 나뭇가지에 매다는 새.

hang·dog [ˊdɔ̀(ː)g/-ɔ̀-] *a., n.* 비굴〔비열〕한 (사내).

hang·er-on [ˊərɑ́n/-ɔ́(ː)n] *n.* (*pl.* ***-ers· on***) 식객, 추종자; 엽관 운동자.

háng glìder 행글라이더.

***hang·ing** [ˊiŋ] *n.* ① Ⓤ Ⓒ 교살, **교수형**. ② (*pl.*) 걸린 것, 커튼. ③ Ⓒ Ⓤ 내리막, 급경사. ——*a.* ① 교수형에 처할. ② 매달린. ③ 급경사의. ④ 임박한.

hánging brìdge 조교(弔橋).

hánging commíttee (전람회의) 심사 위원회.

hánging júdge 교수형 내리기 좋아하는 판사. 「리.

hang·man [ˊmən] *n.* 교수형 집행

hang·nail [ˊnèil] *n.* 손거스러미.

hang·out [ˊàut] *n.* 《美口》 (주로 악한의) 소굴.

hang·o·ver [ˊòuvər] *n.* 《美口》 잔존물; 유물, 남은 영향, 유습; 《美俗》 숙취(宿醉); (약의) 부작용.

hang·tag [ˊtæ̀g] *n.* (기구에 붙인) 설명서 (쪽지).

hank [hæŋk] *n.* (실) 한 다발, 타래.

han·ker [hǽŋkər] *vi.* 갈망〔동경〕하다(*for, after*). 「HANDKERCHIEF.

han·ky, -kie [hǽŋki] *n.* 《口》 =

han·ky-pan·ky [hǽŋkipǽŋki] *n.* Ⓤ 《英口》 협잡, 사기; 요술; 《美》 객적은 이야기〔짓〕.

Ha·noi [hænɔ́i] *n.* 베트남의 수도.

Han·o·ver [hǽnouvər] *n.* 독일 북서부의 도시; (영국) 하노버 왕가 《Goerge I 부터 Victoria 여왕까지》.

Hans [hæns, -z] *n.* 독일〔네덜란드〕 사람의 별명.

han·sa [hǽnsə, -zə], **hanse** [hæns] *n.* (중세 유럽의) 상인 조합(商人組合); 그 가입금. 「의사록.

Han·sard [hǽnsərd] *n.* 영국 국회

Han·se·at·ic [hæ̀nsiǽtik, -zi-] *a.* 〖史〗 한자 동맹의.

Hanseátic Léague, the 한자 동맹《독일을 중축으로 하는 중세 여러 도시의 상업 동맹》.

han·sel [hǽnsəl] *n., v.* =HANDSEL.

Hán·sen's disèase [hǽnsənz]〖病〗 한센병, 문둥병.

hán·som (cáb) [hǽnsəm] *n.* (2인승의) 말 한 필이 끄는 2륜 마차.

ha'nt, ha'n't [heint] 《英方》 have 〔has〕 not의 단축. 「름).

Hants. Hampshire 《영국의 주 이

hap [hæp] *n., vi.* (***-pp-***) 《古》 Ⓤ 우연, 행운; Ⓒ 우연한 일; (우연히) 일어나다. ˊ~·**less** *a.* 불행한. ˊ~·**ly** *ad.* 《古》 우연히; 《古》 =PERHAPS.

ha'·pen·ny [héipəni] *n.* 《英口》 = HALFPENNY.

hap·haz·ard [hæ̀phǽzərd/ˊˊ—] *n.* Ⓤ 우연(한 일). ***at*** 〔***by***〕 ~ 우연히, 아무렇게나. ——*a., ad.* 우연의〔히〕; 되는대로(의).

†**hap·pen** [hǽpən] *vi.* ① **일어나다,** 생기다. ② **우연히**〔**공교롭게도**〕 …**하다**(*to* do, *that*). ***as it*** ~***s*** 우연히(도). ~ ***on*** 우연히〔뜻밖에〕 …을 만나다〔발견하다〕. *~·**ing** *n.* **우발사(偶發事)**, 사건; 《美俗》 해프닝《즉흥적인 행위나 행사》.

hap·pen·so [hǽpənsòu] *n.* Ⓤ 《美方》 우연한〔생각잖은〕 일.

†**hap·pi·ness** [hǽpinis] *n.* Ⓤ ① **행복**; 행운. ② 유쾌. ③ 교묘, (용어의) 적절.

†**hap·py** [hǽpi] *a.* ① **행복한,** 행운의. ② **즐거운,** 유쾌한. ③ (용어가) 적절한, 교묘한. ‡**háp·pi·ly** *ad.*

hap·py-go-luck·y [-goulʌ́ki] *a.* 낙천적인, 태평스러운; 되는 대로의.

ha·rangue [hərǽŋ] *n., vt., vi.* (장황한) 열변(을 토하다), 장광설(을 늘어놓다). 「다.

***har·ass** [hǽrəs, hərǽs] *vt.* **괴롭히**

har·bin·ger [hɑ́ːrbindʒər] *n., vi.* 예고(하다); 선구자(forerunner).

‡**har·bor,** 《英》 **-bour** [hɑ́ːrbər] *n.* ① **항구.** ② **피난처,** 은신처. ——*vt.* ① **피난처를 제공하다,** 숨기다. ② (원한·악의를) **품다.** ——*vi.* ① 숨다. ② 정박하다.

har·bo(u)r·age [-ridʒ] *n.* Ⓤ 정박, 피난; Ⓤ Ⓒ 정박〔피난〕소; Ⓤ 보호.

hárbo(u)r màster 항무관(港務官).

†**hard** [hɑːrd] *a.* ① **딱딱한, 굳은,** 단단한, 견고한. ② (…하기) **어려운.** ③ (몸이) 튼튼한; 열심히 일하는. ④ (시세가) 강세의. ⑤ **엄격한, 까다로운, 무정한**(*on*). ⑥ **격렬한;** 심한, 모진. ⑦ 고된, 괴로운. ⑧ (음식이) 조악한. ⑨ 부지런한, **근면한.** ⑩ 《美》 알코올 함유량이 많은. ⑪〖化〗

H

경질(硬質)의; (소리가) 새된, 금속성의. ⑫ 〖音聲〗 무성 자음의《k, t, p 따위》, 경음(硬音)의《gum의 [g] 따위》. ⑬ 〖理〗 (X선의) 투과 능력이 큰. ~ *and fast* (규칙 따위) 엄중한; (배가) 좌초하여 움직이지 않는. ~ *fact* 엄연한 사실. ~ *of hearing* 귀가 잘 안들리는. *have a* ~ *time of it* 몹시 혼나다〔고생하다〕. —— *ad.* ① 굳게, 단단〔견고〕하게. ② **열심히**; 격렬히, 몹시, ③ 간신히; 애써서. ④ 가까이. ⑤ 《美俗》 매우. *be* ~ *put to it* 곤경에 빠지다. *go* ~ *with* …을 혼나게 하다. ~ *by* 바로 곁에. ~ *hit* 심한 타격을 받고. ~ *on* 〔*upon*〕 …에 바싹 다가서서. ~ *up* 돈에 궁하여; …에 곤란을 당하여 (*for*). *look* ~ *at* 가만히 응시하다. —— *n.* ① 《주로 英》 상륙〔양륙〕장. ② Ⓤ 《英俗》 징역; 중노동. *⌐·ness *n.* Ⓤ

hard·back [háːrdbæ̀k] *n.* 두꺼운 표지의 책.

hard-baked [⌐béikt] *a.* 딱딱하게 구운.

hard·ball [⌐bɔ̀ːl] *n.* Ⓤ 경식 야구; 〔Ⓒ (야구의) 경구(硬球).

hard·bit·ten [⌐bítn] *a.* 만만치 않은; 완고한; 산전수전 겪은.

hard-boiled [⌐bɔ́ild] *a.* (달걀 따위) 단단하게 삶은; 《口》 (소설 따위) 비정(非情)한, 감상적이 아닌; 현실적인; 완고한.

hárd-bóiled schòol 비정파(非情派).

hard·case [⌐kèis] *n.* (회복 가망이 없는) 환자; (개전의 가망이 없는) 죄인; 난국; 형편이 딱한 사람.

hárd cásh 〔**cúrrency**〕 경화(硬貨).

hárd cóal 무연탄.

hárd córe (단체·운동 등의) 핵심, 강경파.

hard·cov·er [⌐kʌ̀vər] *n., a.* 두꺼운 표지의 (책).

hárd drúg 《美口》 습관성 마약.

hard-earned [⌐ə́ːrnd] *a.* 고생하여 얻은〔번〕.

‡**hard·en** [⌐n] *vt., vi.* **굳어지다, 굳히다**, 단단하게 하다〔되다〕, 경화(硬化)하다; 단련〔강화〕하다; 무정하게 하다〔되다〕.

hard-fa·vo(u)red [⌐féivərd], **-fea·tured** [-fíːtʃərd] *a.* 감때 사나운 얼굴을 한; 험상궂게 생긴.

hard-fist·ed [⌐fístid] *a.* 인색한, 구두쇠의(close-fisted); 매정한, 강압적인.

hard-fought [⌐fɔ́ːt] *a.* 격전(激戰)의 〔(결과 획득한).

hárd gòods 내구재(耐久財).

hard-grained [⌐gréind] *a.* (목재 등이) 결이 단단한; (성격이) 모진, 완고한.

hard-hand·ed [⌐hǽndid] *a.* (일해서) 손이 거친; 엄한; 압제적인.

hárd hát (공사장의) 안전모.

hard-head·ed [⌐hédid] *a.* (성질이) 냉정한, 실제적인, 완고한.

hard-heart·ed [⌐háːrtid] *a.* 무정한.

har·di·hood [⌐ihùd] *n.* Ⓤ 대담; 뻔뻔스럼.

hárd lábo(u)r (형벌로서의) 중노동.

hárd lánding (우주선의) 경착륙.

hárd línes 강경 노선〔방침〕.

hárd líquor 독한 술《증류주》.

†**hard·ly** [⌐li] *ad.* **거의 …않다**, 간신히, 겨우, 아마 …아니다; 애써서, 고생하여; 엄하게, 가혹하게. ~ *ever* 좀처럼 없다. ~ *... when* 〔*before*〕 …하자마자, …하기가 무섭게.

hárd néws 정치·경제 관계의 뉴스 (cf. soft news).

hard-of-hear·ing [⌐əvhíəriŋ] *a.* 난청(難聽)의, 잘 안 들리는.

hárd pálate 경구개(硬口蓋).

hard·pan [⌐pæ̀n] *n.* 《주로 美》 경질(硬質) 지층, 암상(岩床); 확고한 기반; 현실의 바탕; 최저선〔가격〕.

hard-pressed [⌐prést] *a.* (일·돈에) 쫓기는; 곤경에 처한.

hárd scíence 자연 과학.

hárd séll 강압적인 판매 (방법) (cf. soft sell).

‡**hard·ship** [⌐ʃìp] *n.* Ⓤ Ⓒ **고난, 고생**; 학대.

hard-sur·face [⌐sə́ːrfis] *vt.* (도로를) 포장하다.

hard·tack [⌐tæ̀k] *n.* Ⓤ 건빵.

hárd tímes 불경기.

hard·top [⌐tɑ̀p/-ɔ̀-] *n.* 덮개가 금속제이고 옆창에 중간 기둥이 없는 승용차.

‡**hard·ware** [⌐wɛ̀ər] *n.* Ⓤ ① **철물**, 철기류. ② 《美俗》 무기류. ③ 〖컴퓨터〗 하드웨어《컴퓨터의 기계 설비》. ④ (우주 로켓·미사일 등의) 본체. ~·**man** [-mən] *n.* 철물상(商).

hárd wáter 센물, 경수(硬水).

hard·wood [⌐wùd] *n.* Ⓤ 단단한 나무《떡갈나무·마호가니 등》.

hárd wòrds 어려운 말; 화내는 말.

*__hard-work·ing__ [⌐wə̀ːrkiŋ] *a.* **근면한**.

‡**har·dy** [háːrdi] *a.* ① **내구력이 있는**, 고난〔학대〕에 견디는. ② 대담〔용감〕한; 무모한. ③ (식물 따위) 내한성(耐寒性)의. **hár·di·ly** *ad.* **hár·di·ness** *n.* Ⓤ 강장(強壯); 내구력; 대담; 철면피, 뻔뻔스럼.

Har·dy [háːrdi], **Thomas** (1840–1928) 영국의 소설가·시인.

hárdy ànnual 일년생 내한(耐寒) 식물; 해마다 되풀이되는 문제.

‡**hare** [hɛər] *n.* **산토끼**《rabbit보다 큼》. *as mad as a March* ~ (교미기의 산토끼처럼) 미쳐 날뛰는. ~ *and hounds* 산지(散紙) 술래잡기《토끼가 된 아이가 종이 조각(scents)을 뿌리며 달아나는 것을 사냥개가 된 아이가 쫓아 집에 닿기 전에 잡으면 이김》. *run with the* ~ *and hunt with the hounds* 어느 편에나 좋게 굴다.

hare·bell [⌐bèl] *n.* 〖植〗 초롱꽃(류); 〔=BLUEBELL.

hare·brained [⌐brèind] *a.* 경솔한.

hare·lip [⌐lìp] *n.* 언청이. **-lipped** [-lìpt] *a.* 언청이의.

har·em [hɛ́ərəm] *n.* (회교국의) 도장방, 후궁(의 처첩들).

har·i·cot [hǽrikòu] *n.* (F.) 강낭콩이 든 양고기 스튜; =⌐ **bèan** 강낭콩.

*__hark__ [hɑːrk] *vi.* 듣다; 경청하다《주

로 命令文에). ***Hark (ye)!*** 들어 보아라! ~ ***back*** 되돌아 오다〔가다〕.

Har·lem [hɑ́:rləm] *n.* (New York 시의) 흑인 구역.

har·le·quin [hɑ́:rlikwin, -kin] *n.* (*or* H-) (pantomime의) (가면) 어릿광대역(役); 어릿광대.

Hár·ley Strèet [hɑ́:rli] 할리가(街) 《런던의 일류 의사들이 많이 사는 거리》.

har·lot [hɑ́:rlət] *n.* 매춘부. **~·ry** *n.* Ⓤ 매춘.

‡**harm** [hɑ:rm] *n., vt.* Ⓤ 해(치다); 손해〔손상〕(을 주다). ***come to ~*** 괴로움을 당하다; 된서리 맞다. ***do ~ to*** …을 해치다. ***out of ~'s way*** 안전〔무사〕하게. ‡**∠·ful** *a.* 해로운. **∠·ful·ly** *ad.* **∠·ful·ness** *n.* ‡**∠·less** *a.* 해없는; 악의 없는. **∠·less·ly** *ad.* **∠·less·ness** *n.*

har·mon·ic [hɑ:rmɑ́nik/-ɔ́-] *n.* 〖樂〗 배음; (*pl.*) 〖無電〗 고조파(高調波). **—** *a.* 조화의〔된〕; 화성(和聲)의. **~s** *n.* 〖樂〗 화성학.

har·mon·i·ca [hɑ:rmɑ́nikə/-ɔ́-] *n.* 하모니카.

‡**har·mo·ni·ous** [hɑ:rmóuniəs] *a.* 가락이 맞는; 조화된, 균형잡힌; 화목한, 의좋은. **~·ly** *ad.*

har·mo·ni·um [hɑ:rmóuniəm] *n.* 소형 오르간.

***har·mo·nize** [hɑ́:rmənàiz] *vt., vi.* ① 조화〔화합〕시키다〔되다〕. ② (선율에) 화음을 가하다.

‡**har·mo·ny** [hɑ́:rməni] *n.* ⓊⒸ **조화**, 화합, 일치; 〖樂〗 화성. **-nist** *n.* 화성 학자.

‡**har·ness** [hɑ́:rnis] *n.* Ⓤ ① (마차말·짐말의) **마구**(馬具). ② 《古》 갑옷. ③ (작업용의) 설비. ***in ~*** 나날의 일에 종사하여, 집무중에. ***work in double ~*** 맞벌이하다. **—** *vt.* ① **마구를 채우다**. ② (폭포 등 자연력을) 이용하다.

‡**harp** [hɑ:rp] *n.* ① **하프**, 수금(竪琴). ② (H-) 〖天〗 거문고자리. **—** *vi.* ① 하프를 타다. ② (같은 이야기를) 몇 번이고 되뇌다(*on, upon*). **∠·er, ∠·ist** *n.* 하프 연주자.

har·poon [hɑ:rpú:n] *n., vt.* 〖捕鯨〗 작살(을 쳐〔쏴〕박다). **~·er** *n.*

harp·si·chord [hɑ́:rpsikɔ̀:rd] *n.* 하프시코드《16-18세기의 피아노 비슷한 악기》.

Har·py [hɑ́:rpi] *n.* 〖그神〗 여자 얼굴에 새의 몸을 가진 괴물; (h-) 탐욕스런 사람.

har·que·bus [hɑ́:rkwibəs] *n.* 〖史〗 화승총(火繩銃).

har·ri·dan [hǽridən] *n.* 추악한 노파, 마귀 할멈.

har·ri·er [hǽriər] *n.* 해리어 개《토끼 사냥용》; CROSS-COUNTRY race의 경주자; 매의 일종; 약탈자.

Hár·ris Twéed [hǽris] 〖商標〗 스코틀랜드산의 손으로 짠 모직.

Har·ro·vi·an [həróuviən] *a., n.* 영국 Harrow 학교의 (학생, 출신자).

Har·row [hǽrou] *n.* Harrow 학교 《영국 London 근교에 있는 public school; 1571년 창립》; 영국 London 근교의 Harrow-on-the-Hill 지구 《Harrow 학교의 소재지》.

har·row** *n.* 써레. ***under the ~ 괴로움〔어려움〕을 당하여. **—** *vt.* ① 써레질하다(*up*). ② 상하다; 괴롭히다. **~·ing** *a.* 마음아픈, 비참한.

***har·ry** [hǽri] *vt.* ① **침략〔유린〕하다**, 약탈〔노략〕하다. ② **괴롭히다**.

‡**harsh** [hɑ:rʃ] *a.* ① 거친, 껄껄한. ② **귀에 거슬리는**. ③ (빛깔이) 야한. ④ **엄한**, 호된, 가혹한. ***∠·ly** *ad.* **∠·ness** *n.*

hart [hɑ:rt] *n.* (다섯 살 이상의) 고라니의 수컷.

har·te·beest [hɑ́:rtəbì:st] *n.* (남아프리카산의) 큰 영양.

harts·horn [hɑ́:rtshɔ̀:rn] *n.* 수사슴 뿔; Ⓤ 녹각정(鹿角精)《옛날에, 각성제로 쓰던 탄산 암모늄》.

har·um-scar·um [héərəmskéərəm] *a.* 덤벙대는, 경솔한, 무모한. **—** *n.* ⓊⒸ 경솔, 덤벙댐〔대는 사람〕; Ⓤ 무모한 짓.

Har·vard [hɑ́:rvərd] *n.* 미국에서 가장 오래된 대학《1636년, Massachusetts주에 설립》.

‡**har·vest** [hɑ́:rvist] (cf. G. *Herbst* =autumn) *n.* ① ⒸⓊ **수확**, 추수. ② **수확기**. ③ 결과, 보수, 소득. **—** *vt., vi.* 거두어 들이다, 수확〔추수〕하다. **~·er** *n.* 수확자〔기(機)〕. **~·ing** *n.* ⓊⒸ 거두어 들임, 추수. **~·man** *n.* 거두어 들이는 사람; 긴발장님거미.

hárvest hóme 수확 축제; 수확 완료.

hárvest móon 추분경의 만월.

†**has** [強 hæz, 弱 həz, əz] *v.* have의 3인칭·단수·직설법 현재.

has-been [hǽzbìn] *n.* 《口》 (인기·영향력이 없어진) 과거의 사람; 시대에 뒤진 사람〔것〕; (*pl.*) 《美俗》 옛날.

hash [hæʃ] *n.* Ⓤ 해시 〔잘게 썬〕 고기 요리; 《美口》 식사; ⓊⒸ 주워 모은 것; 고쳐 만듦. ***make a ~ of*** 《口》 …을 망쳐놓다, …을 요절내다. ***settle a person's ~*** 《口》 (아무를) 찍소리 못하게 하다, 윽박지르다. **—** *vt.* 잘게 썰다(*up*); 엉망으로 만들다.

hash·er [∠ər] *n.* 《俗》 급사.

hásh hòuse 《美俗》 간이 식당.

hash·ish, hash·eesh [hǽʃi:ʃ] *n.* Ⓤ 인도 대마(大麻)의 말린 잎(따위)《마취약용》.

†**has·n't** [hǽznt] has not의 단축.

hasp [hæsp/-ɑ:-] *n.* 걸쇠, 고리(쇠); 실타래; 방추(紡錘).

Ha(s)·sid [hǽsid] *n.* 하시드교《유대교의 일파》.

has·sle [hǽsl] *n,* 《美口》 난투, 싸움.

has·sock [hǽsək] *n.* (무릎 꿇고 예배하기 위한) 무릎 방석; 풀숲.

hast [強 hæst, 弱 həst, əst] *v.* 《詩·古》《主語가 thou일 때의》 have의 2인칭·단수·직설법 현재.

‡**haste** [heist] *n.* Ⓤ **서두름**, 급속; 성급. ***H- makes waste.*** 《俗談》 서둘면 일을 잡친다. ***make ~*** 서두르다. **—** *vi.* 《雅》 서두르다. **—** *vt.* 《雅》 재촉하다; 서두르게 하다.

‡has·ten [héisn] *vt., vi.* **서두르다〔게 하다〕**, 재촉하다.

‡hast·y [héisti] *a.* **급한; 성급한**; 경솔한. ~ *conclusion* 속단, 지레짐작. **‡hást·i·ly** *ad.* **hást·i·ness** *n.* Ⓤ

†hat [hæt] *n., vt.* (*-tt-*) (테가 있는) **모자**(를 씌우다). *hang up one's* ~ 오래 머무르다, 푹 쉬다. ~ *in hand* 공손히. *lift one's* ~ 모자를 좀 들어 인사하다. *My* ~! 《俗》 어마!; 저런! *send* 〔*pass*〕 *round the* ~ (모자를 회중에게 돌려) 헌금을〔기부를〕 모으다. *talk through one's* ~ 《口》 큰〔흰〕소리치다. 「리본.

hat·band [∠bæ̀nd] *n.* 모자(에 두른)

‡hatch¹ [hætʃ] *vt.* ① (알을) **까다**. ② (음모를) **꾸미다** (~ *a plot*). ― *vi.* ① (알이) 깨다. ② (음모가) 꾸며지다. ― *n.* 부화, 한 배(의 병아리); 한배 새끼. *~es, catches, matches and dispatches* (신문의) 출생·약혼·결혼·사망란. **∠·er·y** *n.* (물고기·새의) 부화장.

‡hatch² *n.* ① 〖海〗 (배의) **승강구**, 창구(艙口) (뚜껑), 「해치」. ② (내리닫이의) 아래짝 문. ③ 수문. *under ~es* 갑판 밑에, 비번이어서; 영락하여, 매장되어, 죽어.

hatch³ *n., vt.* 〖製圖·彫刻〗 (사선(斜線) 따위의) 음영(陰影)(을 긋다).

***hatch·et** [hǽtʃit] *n.* **자귀**. *bury the* ~ 휴전하다, 화해하다. *dig* 〔*take*〕 *the* ~ 싸움을 시작하다.

hátchet fàce 마르고 뾰족한 얼굴.

hátchet jòb 중상(中傷).

hátchet màn 《口》 살인 청부업자; 두목의 심복(cf. henchman); 독설가, 독설 기자.

hatch·ment [hǽtʃmənt] *n.* 《英》 (묘앞·문앞 따위에 거는) 죽은이의 문표(紋標). 「(艙口).

hatch·way [hǽtʃwèi] *n.* 〖海〗 창구

‡hate [heit] *vt.* ① **미워하다, 몹시 싫어하다**. ② (가벼운 뜻으로) 좋아하지 않다, 유감으로 생각하다. *I ~ to trouble you.* 수고를〔번거로움을〕 끼쳐서 죄송합니다. ~ *out* 《美》 (미워서) 내쫓다, 따돌리다. ― *n.* Ⓤⓒ 증오(의 대상). **‡háte·ful** *a.* **가증한, 싫은**. **∠·ful·ly** *ad.*

hath [hæθ, 弱 həθ] *v.* 《古》 =HAS.

hat·rack [hǽtræ̀k] *n.* 모자걸이.

‡ha·tred [héitrid] *n.* Ⓤ **증오**, 혐오.

hat·ter [hǽtər] *n.* 모자상(商).

hátter's shákes 수은(水銀) 중독.

hau·berk [hɔ́:bə:rk] *n.* 〖史〗 사슬 미늘 갑옷.

‡haugh·ty [hɔ́:ti] *a.* **오만한**, 거만한. ***háugh·ti·ly** *ad.* **-ti·ness** *n.* Ⓤ

‡haul [hɔ:l] *vt.* **잡아 끌다**, 잡아〔끌어〕 당기다; **운반하다**. ― *vi.* ① 잡아당기다(*at, upon*). ② (배가 바람 불어오는 쪽으로) 침로를 바꾸다. ~ *down one's flag* 항복하다. ~ *off* 침로를 바꾸다; 물러서다; 《美口》 (때리려고) 팔을 뒤로 빼다. ~ *up* 이물을 바람 불어 오는 쪽으로 돌리다. ― *n.* ① 세게 당기기. ② 운반(물·거리). ③ (물고기의) 한 그물; 《口》 잡은〔번〕 것. *make a fine* ~ 풍어(豊漁)이다. **∠·age** [∠idʒ] *n.* Ⓤ haul하기; 견인(牽引)(력·량); 운임.

haunch [hɔ:ntʃ] *n.* 엉덩이(hip); (사슴·양 따위의) 다리와 허리의 고기.

‡haunt [hɔ:nt] *vt., vi.* ① **자주 가다**〔다니다〕. ② (유령이) 나오다, **출몰하다**. ③ **마음에 붙어 다니다**. *~ed house* 유령이 나오는 집. ― *n.* 자주 가는〔모이는〕 장소, 소굴.

haut·boy [hóubɔi] *n.* 《古》 =OBOE.

haute cou·ture [òut ku:túər] (F.) 고급 복식(점); 최신 유행복(점).

hau·teur [houtə́:r] *n.* (F.) Ⓤⓒ 오만.

Ha·van·a [həvǽnə] *n.* 아바나《쿠바의 수도》; 아바나 여송연.

†have [hæv, 弱 həv, əv] *vt.* (*p. & pp.* ***had;*** 권말의 변화표 참조) ① **가지다**, 소유하다. ② **취하다**, 얻다, 받다. ③ 마음속에 먹다, 품다(~ *a hope*). ④ **먹다**, 마시다. ⑤ (자식을) 낳다, 얻다. ⑥ 하다, 경험하다 (~ *a talk with her*). ⑦ 용납하다, 참다 (*He won't ~ anyone whispering while giving a lecture.* 강의중에는 사담(私談)을 용서치 않는다). ⑧ 《不定詞 또는 過去分詞와 함께》 …**시키다**, …하게 하다, …당하다(*I had him do it.* 그에게 그것을 시켰다 / *I had my hair cut* 〔*pocket picked*〕. 머리를 깎았다〔지갑을 소매치기 당했다〕. ⑨ 알고 있다, 알다 (*He has no English.*). ⑩ 주장하다, …이라고 하다(*The rumor has it that* …이라는 소문이다). ⑪ …이라는 용례(用例)가 있다(*Shakespeare has 'shoon' for 'shoes'.*). ⑫ 《俗》 속이다(*You've been had.* 자넨 속아넘어 갔단 말야). ⑬ 《口》 이기다, 낫다(*You ~ him there.* 그 점은 네가 낫다). *be had up* 고소 당하다. ~ *and hold* 〖法〗 보유하다. ~ *at* 덤벼들다, 공격하다. *H- done!* ⇨ DO¹. ~ *got* ⇨ GET. ~ *got to* …⇨ GET. ~ (*a person*) *in* 《口》 (아무를) 맞아들이다. ~ *it* 이기다, 지우다; 《口》 꾸중 듣다; 《俗》 죽이다. ~ *it in for* 《口》 …을 원망하다; …을 벼르다. ~ *it on* 《美口》 …보다 낫다 〔우세하다〕. ~ *it out* 《口》 (논쟁·결투의) 결말을 맺다〔짓다〕 (*with*); (이를) 뽑게 하다. *H- it your own way!* 마음대로 해라. ~ *not to* = NEED not. ~ *nothing on* (*a person*) 《美》 (아무)보다 나은 것이 없다; 약속이 없다. ~ *on* 입고〔신고, 쓰고〕 있다; 《英口》 골탕먹이다, 속이다. ~ *one's eye on* …에 주의〔주시〕하다. ~ ONLY *to* (do). ~ *to* 〔(자음 앞) hǽftə; (모음 앞) -tu, -tə〕 = MUST. ~ *to do with* …와 관계가 있다. (*He*) *has had it.* 《英口》 끝장이다, 때늦었다; 살해되었다; 《俗》 실패하다; 《美俗》 더는 싫다, 충분하다. ~ (*a thing*) *to oneself* 독점하다. ~ (*a person*) *up* (아무를) 고소하다; 자

극하다; 문책하다.
— *aux. v.* 《p. p. 를 수반하여 (現在·過去·未來) 完了形을 만듦》. — [hæv] *n.* (보통 *pl.*) ① 《口》 유산자(有産者); (부(富)·자원·핵무기를) 가진 나라(*the* ~*s and* ~*-nots* 가진 자와 못 가진 자). ② 《英俗》 사기.
have·lock [hǽvlɑk/-lɔk] *n.* (군모 뒤에 늘어뜨린) 차양. 「fuge).
ha·ven [héivən] *n.* 항구; 피난처(re-
have-not [hǽvnɑ̀t/-ɔ̀-] *n.* (보통 *pl.*) 《口》 무산자, (부(富)·자원·핵무기를) 갖지 못한 나라.
†**have·n't** [hǽvənt] have not의 단축.
hav·er·sack [hǽvərsæ̀k] *n.* 잡낭.
hav·ing [hǽviŋ] *n.* 소유; (*pl.*) 소유물품; 재산.
hav·oc** [hǽvək] *n.* Ⓤ **파괴**, **황폐**. ***make ~ ***of***, or ***play*** 〔***work***〕 ~ ***with*** 〔***among***〕 …을 크게 망쳐놓다 〔파괴시키다〕. 「thorn)(의 열매).
haw[1] [hɔː] *n.* 〖植〗 산사나무(haw-
haw[2] *int., vi.* 에에, 저어(하다)《더듬을 때》; 저라(하다)《말·소를 왼쪽으로 돌릴 때》.
‡**Ha·wai·i** [həwáːiː, -wáːjə, -wáiiː] *n.* **하와이**. ‡~**an** [-wáːjən, -wáiən] *a., n.* **하와이(사람)의**; ⒸⓊ 하와이 사람〔말〕.
‡**hawk**[1] [hɔːk] *n.* ① **매**. ② 탐욕한 사람. ③ 매파(派), 강경론자《국제관계에 대하여》. — *vi., vt.* 매를 부리다; 매사냥을 하다. ⌐**·er**[1] *n.* 매사냥꾼, 매부리.
hawk[2] *n., vt., vi.* 기침(하다).
hawk[3] *vt., vi.* 돌아다니며〔외치며〕 팔다; (뉴스를) 알리며 다니다. ⌐**·er**[2] *n.* 행상인. 「운, 방심않는.
hawk-eyed [⌐àid] *a.* 눈이 날카로
Háwk·eye Státe [hɔ́ːkài] 《美》 Iowa 주의 딴 이름.
háwk mòth 〖蟲〗 박각시나방 종류.
hawks·bill [hɔ́ːksbìl] *n.* 〖動〗 대모(玳瑁).
hawse [hɔːz] *n.* (이물의) 닻줄 구멍이 있는 부근; =⌐**·hole** [⌐hòul] 닻줄 구멍. **háw·ser** [⌐ər] *n.* 닻줄, 굵은 밧줄.
***haw·thorn** [hɔ́ːθɔːrn] *n.* 〖植〗 **산사나무**. 「(1804-64) 미국의 소설가.
Haw·thorne [hɔ́ːθɔːrn], **Nathaniel**
‡**hay** [hei] *n.* Ⓤ **건초**, 마초. ***Make ~ while the sun shines.*** 《俗談》 좋은 기회를 놓치지 말라. ***make ~ of*** …을 뒤죽박죽 해 놓다. — *vt., vi.* 건초를 만들다〔주다〕. 「〔가리〕.
hay·cock [⌐kɑ̀k/-ɔ̀-] *n.* 건초 더미
háy fèver 건초열《꽃가루에 의한 코·목 따위의 알레르기성 질환》.
hay·field [⌐fiːld] *n.* 건초(용 풀)밭.
hay·fork [⌐fɔ̀ːrk] *n.* 건초용 쇠스랑.
hay·loft [⌐lɔ̀ːft/-ɔ̀-] *n.* (헛간 윗 부분의) 건초간(間).
hay·mak·er [⌐mèikər] *n.* 건초 만드는 사람, 건초기(機); 《美口》 〖拳〗 녹아웃 펀치.
hay·mak·ing [⌐mèikiŋ] *n.* Ⓤ 건초 만들기.
hay·mow [⌐màu] *n.* =HAYLOFT(의 건초).
hay·rick [⌐rìk] *n.* 《英》 =HAYSTACK.
hay·seed [⌐sìːd] *n.* Ⓤ 건초에서 떨어진 풀 씨; Ⓒ 《美口》 촌뜨기, 농사꾼. 「더미.
hay·stack [⌐stæ̀k] *n.* (커다란) 건초
hay·wire [⌐wàiər] *n., a.* Ⓤ 건초 다발을 동여매는 철사; 《口》 뒤엉킨, 난장판의, 혼란된, 미친.
haz·ard** [hǽzərd] *n.* ① **위험**, 모험. ② ⒸⓊ **우연**(한 일), 운. ③ Ⓤ 주사위 놀이의 일종. ***at all ~s 만난을 무릅쓰고, 무슨 일이 있어도 꼭. ***at*** ~ 운에 맡기고, 아무렇게나. — *vt.* ① 위태롭게 하다, 걸다. ② (운을 하늘에 맡기고) 해보다. ~ ***a conjecture*** 어림짐작으로 한 번 말해 보다.
haz·ard·ous [-əs] *a.* 위험한, 모험적인; 운에 맡기는. ~**·ly** *ad.*
***haze**[1] [heiz] *n.* ⓊⒸ ① **아지랑이**, 이내, 안개. ② (정신의) 몽롱 (상태).
haze[2] *vi.* (선원을) 혹사하다; 《美》 (신입생을) 못살게 굴다, 곯리다.
***ha·zel** [héizəl] *n., a.* **개암(나무)**; Ⓤ 담갈색(의).
ha·zel·nut [-nʌ̀t] *n.* 개암.
***ha·zy** [héizi] *a.* **이내**(haze) 낀, 안개 짙은; **흐릿한**, 몽롱한. **há·zi·ly** *ad.* **há·zi·ness** *n.*
HB hard-black (of pencil). **Hb** hemoglobin. **H.B.M.** His (*or* Her) Britannic Majesty. 「탄.
H-bomb [éitʃbɑ̀m/-bɔ̀m] *n.* 수소 폭
H. C. (B.) House of Commons (Bill). **H. C. F., h. c. f.** highest common factor 최대 공약수. **h. c. l.** high cost of living. **hd.** head. **HDTV** high-definition television 고화질 TV. **He** 〖化〗 helium.
†**he** [強 hiː, 弱 *hi*, iː] *pron.* (*pl.* ***they***) **그(는, 가)**; 사람, 자(者)(anyone)(*He who talks much errs much.* 《俗談》 말이 헤프면 실언(失言)도 많은 법). — *n.* 남자, 수컷.
H. E. high explosive; His Eminence; His (*or* Her) Excellency.
†**head** [hed] *n.* ① **머리**, 대가리. ② **두뇌**, 지력. ③ **우두머리**, **장**(長), 주인; 장관; 교장. ④ 한 사람, 한 마리. ⑤ **정상부**, 윗 부분. ⑥ (못·쇠망치 따위의) 대가리; (통의) 뚜껑; (북의) 가죽. ⑦ (맥주 등의 표면에 뜨는) 거품. ⑧ 선두, 수석; 상석(上席)(자) (cf. foot). ⑨ 이물; 곶. ⑩ 머리털; (보리 따위의) 이삭. ⑪ (강물의) 원천, 수원; (호수의) 물목《강물이 흘러 들어오는 곳》; 낙차(落差). ⑫ (종기의 터질 듯한) 뿌다구니. ⑬ 절정, 극점. ⑭ 위기, 결말. ⑮ (*pl.*) (화폐의) 앞면(opp. tail[2]). ⑯ (신문의) 표제, 항목, 제목. ⑰ 《口》 (숙취의) 두통. ⑱ 《俗》 입. ***by the ~ and ears***, or ***by ~ and shoulders*** 억지로. ***come*** 〔***draw, be brought***〕 ***to a*** ~ (부스럼이) 곪다; (사건이) 위기에 직면하다. ***give a horse*** 〔***a***

person] his ~ 말의 고삐를 늦추어 서 머리를 자유롭게 하다〔아무의 행동의 자유를 주다〕. ***go to one's*** ~ 취기가 돌다, 현기증나게〔우쭐대게〕 하다. ~ ***and shoulders*** 출중하여. ~ ***first*** 〔***foremost***〕 곤두박이〔거꾸〕로; 무모하게. ~ ***over heels*** 곤두박질쳐(*turn* ~ *over heels* 공중제비 하다); 허둥지둥; 완전히 깊이 빠져. ***keep one's*** ~ 침착하다. ***keep one's*** ~ ***above water*** 물에 빠지지 않고 있다; 빚지지 않고 있다. ***lay*** ~***s together*** 상의〔의논〕하다. ***lose one's*** ~ 목 잘리다; 당황하다, …에 정신 없다, 골몰〔열중〕하다. ***make*** ~ (무작정) 나아가다. ***make neither*** ~ ***nor tail of*** ... (…의 정체를) 전혀 알 수 없다. ***off*** 〔***out of***〕 ***one's*** ~ 《口》 정신이 돌아. ***old*** ~ ***on young shoulders*** (젊은) 나이에 어울리지 않는 지혜〔분별〕. ***on*** 〔***upon***〕 ***one's*** ~ 물구나무 서서; 책임이 있어. ***over one's*** ~ 너무 어려운, 모르는; …을 앞질러; …에게 상의없이. ***over*** ~ ***and ears*** 쏙 빠져, 반하여; (빚으로) 옴쭉달싹 못하게 되어. ***put*** (*a thing*) ***into*** 〔***out of***〕 ***a person's*** ~ (아무에게) 생각나게〔잊게〕 하다. ***show one's*** ~ 나타나다. ***talk a person's*** ~ ***off*** 긴 이야기로 지루하게 하다. ***turn a person's*** ~ 흥분시키다, 현기증 나게 하다, 우쭐케 하다.

— *vt.* ① …을 거느리다, …의 선두에 서다. ② 방해하다. ③ …에 머리를 붙이다〔향하다〕. — *vi.* ① 향하다, 진행하다(*for*). ② 발생하다. ③ (양배추가) 결구(結球)하다. ④ (여드름이) 툭툭 비어지다. ~ ***back*** 〔***off***〕 …의 앞으로 돌다, 가로막다, (싸움 따위를) 말리다.

H

‡**head·ache** [hédèik] *n.* ⓤⓒ **두통**; 《美口》 두통〔골칫〕거리.

head·cheese [⸗tʃìːz] *n.* ⓤ 돼지 머리나 족을 잘게 썰어 삶은 치즈 모양의 식품, 돼지 족편.

héad còld 코감기.

héad còunt 《口》 여론〔국세〕 조사.

héad dòctor 《俗》 정신과 의사. 「개.

head·dress [⸗drès] *n.* 머리 장식, 쓰

head·er [⸗ər] *n.* 머리〔끝〕 잘라내는 사람〔기계〕, 이삭베는 기계; 《口》 (수영의) 거꾸로 뛰어들기, 다이빙.

head·first [⸗fə́ːrst], **-fore·most** [-fɔ́ːrmòust] *ad.* 거꾸로, 곤두박이로, 황급히. 「장식.

head·gear [⸗gìər] *n.* ⓤ 모자, 머리

head·hunt [⸗hʌ̀nt] *n., vt., vi.* 《美俗》 간부 스카우트(를 하다).

***head·ing** [⸗iŋ] *n.* ① **제목, 표제**; 연제(演題). ② 〖鑛〗 수평갱. ③ ⓤⓒ 〖蹴〗 헤딩. ④ ⓤⓒ (초목의) 순치기. ⑤ 〖空·海〗 비행〔항행〕방향.

head·land [⸗lənd] *n.* 곶, 갑(岬).

head·less [⸗lis] *a.* 머리 없는; 지도자 없는; 어리석은.

***head·light** [⸗làit] *n.* **헤드라이트.**

***head·line** [⸗làin] *n., vt.* (신문의) 표제(를 붙이다); 〖放〗 (뉴스의) 주요한 제목. 「자, 스타.

head·lin·er [⸗làinər] *n.* 《俗》 주연

head·lock [⸗làk/-ɔ̀-] *n.* 〖레슬링〗 헤드록《머리조이기》.

‡**head·long** [⸗lɔ̀ːŋ/-lɔ̀ŋ] *ad., a.* ① **거꾸로(의)**; 곧바로; 성급한. ② **무모하게**〔한〕. 「직공장(長).

head·man [⸗mæ̀n] *n.* 수령; [⸗⸗]

head·mas·ter** [⸗mǽstər / -áː-] *n.* (*fem.* ***-mistress) **교장.**

héad mòney 인두세(人頭稅); (포로·범인의 체포한 수에 따른) 상금.

head·most [⸗mòust] *a.* 맨 앞의.

héad òffice 본사, 본점.

head-on [⸗án/-ɔ́-] *a.* 정면의.

head·phone [⸗fòun] *n.* (*pl.*) 머리에 거는 수화기.

head·piece [⸗pìːs] *n.* 투구, 머리 쓰개, 모자; 두뇌, 지능; =HEADPHONE.

‡**head·quar·ters** [⸗kwɔ̀ːrtərz, ⸗⸗⸗] *n. pl.* 《종종 單數取扱》 **본부**, 사령부.

head·set [⸗sèt] *n.* =HEADPHONE.

head·ship [⸗ʃìp] *n.* ⓤ 수령〔지도자〕의 지위〔권위〕. 「람, 망나니.

heads·man [⸗zmən] *n.* 목베는 사

head·spring [⸗sprìŋ] *n.* 원천, 수원(水源); 근거. 「《마구》.

head·stall [⸗stɔ̀ːl] *n.* 굴레 장식 띠

head·stand [⸗stæ̀nd] *n.* 물구나무서기. 「대(主軸臺).

head·stock [⸗stàk/-ɔ̀-] *n.* 〖機〗 주축

head·stone [⸗stòun] *n.* (무덤의) 주석(主石), 묘석; 〖建〗 초석(礎石), (토대의) 귀돌. 「流).

head·stream [⸗strìːm] *n.* 원류(源

head·strong [⸗strɔ̀ːŋ/-ɔ̀-] *a.* 완고한.

héad tàx 《美》 =POLL TAX.

héad vòice 두성(頭聲) 《가장 높은 음역》.

head·wait·er [⸗wéitər] *n.* 급사장.

head·wa·ters [⸗wɔ̀ːtərz] *n. pl.* 원류(源流), 상류.

head·way [⸗wèi] *n.* ⓤ 전진, 진척, 배의 속도; (아치·터널 따위의) 천정 높이. 「람.

head·wind [⸗wìnd] *n.* 〖海·空〗 맞바

head·work [⸗wə̀ːrk] *n.* ⓤ 정신 노동, 사색.

head·y [⸗i] *a.* 무모한, 성급한; 머리에 오르는 《술》; 분별있는, 기민한.

‡**heal** [hiːl] *vt.* (병·상처를) **낫게 하다,** 고치다. — *vi.* **낫다,** 회복되다. ~ ***over*** 〔***up***〕 (상처가) 아물다, 낫다. ⸗·**er** *n.* 치료하는 사람, 약.

heal-all [⸗ɔ̀ːl] *n.* 만병 통치약.

†**health** [helθ] *n.* ⓤ ① **건강**; (정신의) 건전; 건강 상태(*in good* 〔*poor*〕 ~). ② 건강을 축복하는 축배. ~ RESORT. *⸗·**ful** *a.* **건강에 좋은**; 건강〔건전〕한. ⸗·**ful·ness** *n.*

héalth cèntre 《英》 보건소.

héalth clùb 헬스 클럽.

héalth fòod 건강 식품. 「진의.

health-giv·ing [⸗gìviŋ] *a.* 건강 증

héalth insùrance 건강 보험.

héalth phýsics 《單數取扱》 보건 물리학.

héalth sèrvice (국민) 건강 보험.
héalth vìsitor 《英》 (노인·환자를 정기적으로 회진하는) 보건관〔부〕.
‡**health·y** [hélθi] *a.* ① 건강한, 건전한. ② 건강에 좋은. **héalth·i·ly** *ad.* **-i·ness** *n.*
‡**heap** [hiːp] *n.* ① 더미, 쌓아 올린 것. ② (*pl.*) 《俗》《副詞的》 많이, 퍽 (*This is ~s better.*). ***all of a ~*** 《口》 깜짝 놀라; 느닷없이. ***be struck all of a ~*** 《口》 압도되다, 기가 푹 꺾이다. ―*vt.* 쌓다, 쌓아 올리다(*up, together*).
†**hear** [hiər] *vt.* (***heard***) ① 듣다; …이 들리다, …을 듣다. ② 들어 알다. ③ 방청하다; 청취하다. ④ 들어주다. ⑤ 재판〔심문〕하다. ―*vi.* ① 들리다. ② 소문으로 듣다, …에 관해 들어 알고 있다(*of, about; that*). ③ 《美口》 승낙하다(*of*) 《보통 否定句文》 (*He will not ~ of it.* 듣지 않을걸). ***~ from*** …한테서 소식이 있다. ***H-! H-!*** 옳소!; 찬성! ***~ a person out*** 끝까지 듣다. ***~ tell*** 〔***say***〕 ***of*** 《口》 …의 소문을 듣다. ***~ the grass grow*** 귀신같이 육감이 빠르다. ***I ~ (that …)*** …이라는 이야기다. ***You will ~ of this.*** 이 일에 관해서 어느 때건 말이 있을 것이다〔혼날 줄 알아라〕. ***∠·er** *n.*
‡**∠·ing** [hí(ː)riŋ / híər-] *n.* Ⓤ 청취; 청력(*be hard of ~ing* 귀가 먹었다); Ⓤ 가청(可聽) 거리(*in* 〔*out of*〕 *their ~ing* 그들이 들을 수 있는〔못 듣는〕 곳에서); ⓊⒸ 심문(審問), 공청회; 들어줌(*Give us a fair ~ing.* 이쪽 말도 좀 들어 주기 바란다).
†**heard** [həːrd] *v.* hear의 과거(분사).
héaring àid 보청기(補聽器).
heark·en [háːrkən] *vi.* 귀를 기울이다(*to*).
hear·say [híərsèi] *n.* Ⓤ 소문.
héarsay èvidence 〖法〗 전문(傳聞) 증거.
hearse [həːrs] *n.* 영구차; 《古》 관가(棺架), 무덤; 〖카톨릭〗 대형 촉대.
†**heart** [hɑːrt] *n.* ① 심장. ② 가슴(속), 마음(cf. mind). ③ Ⓤ 마음속, 본심. ④ Ⓤ 애정. ⑤ Ⓤ 용기, 기력, 원기. ⑥ 《좋은 뜻의 形容詞와 함께》 사람(*my sweet ~* 애인 / *a brave ~* 용사). ⑦ 중심, 중앙; 핵심, 진수; 급소. ⑧ (카드의) 하트; (*pl.*) 카드놀이의 일종《하트 패가 적은 사람이 이김》. ***after one's (own) ~*** 마음에 드는〔맞는〕. ***at ~*** 내심은. ***be of good ~*** 건강하다. ***break a person's ~*** 아무를 극도로 슬프게 하다. ***come home*** 〔***go***〕 ***to one's ~*** 통감하다. ***cross one's ~*** 십자를 긋다, 진실을 맹세하다. EAT ***one's ~ out. find it in one's ~ to*** (*do*)… …할 마음이 나다, …하고자 하다. ***give*** 〔***lose***〕 ***one's ~ to*** …을 사랑하다. ***go to one's ~*** 가슴을 찌르다. ***have*** (*a thing*) ***at ~*** 깊이 마음 속에 두다. ***have one's ~ in one's mouth*** 〔BOOT[1]***s***〕 간이 콩알만해지다. ***have one's ~ in the right place*** 악의가 없다. ***H- alive!*** 어럽쇼!; 첫! ***~ and soul*** 열심히, 몸과 마음을 다하여; 아주. ***~ of oak*** 용기; 용자(勇者). ***~'s blood*** 생피; 생명. ***in one's ~*** (***of ~s***) 마음 속으로는, 본심은. ***lay*** (*a thing*) ***to ~*** 마음에 (새겨)두다, …을 깊이 생각하다. ***learn*** 〔***say***〕 ***by ~*** 암기하다, 외다. ***lose ~*** 낙담하다. ***lose one's ~ to*** 〔***over***〕 …에 마음을 빼기다, 사랑하다. ***near one's ~*** 그리운, 소중한. ***out of ~*** 기운없이; (땅이) 메말라서. ***set one's ~ on*** …에 희망을 걸다. ***sick at ~*** 비탄에 잠겨. ***take ~*** 용기를 내다. ***take*** (*a thing*) ***to ~*** 걱정하다; 슬퍼하다. ***wear one's ~ on one's sleeve*** 감정을 노골적으로 나타내다. ***with all one's ~,*** or ***with one's whole ~*** 진심으로 기뻐하여. ***with half a ~*** 마지 못해. 「픔, 비탄.
heart·ache [háːrtèik] *n.* Ⓤ 마음 아
héart attàck = HEART FAILURE.
heart·beat [∠bìːt] *n.* 고동; 정서.
heart·break [∠brèik] *n.* Ⓤ 애끊는 마음. **∼·er** *n.* **∼·ing** *a.* 「젖은.
heart·bro·ken [∠bròukən] *a.* 비탄에
heart·burn [∠bəːrn] *n.* Ⓤ 가슴앓이; =**∼·ing** 질투, 시기.
héart disèase 심장병.
heart·en [∠n] *vt.* 용기를 북돋우다, 격려하다(*up*).
héart fàilure 심장 마비; 죽음.
heart·felt [∠fèlt] *a.* 마음으로부터의.
heart-free [∠frìː, ∠∠] *a.* 사랑을 않는, 미련이 없는.
‡**hearth** [hɑːrθ] *n.* ① 노(爐), 노변(爐邊). ② 〖冶〗 화상(火床). ③ 가정.
hearth·rug [∠rʌ̀g] *n.* 벽난로 앞의 깔개.
hearth·stone [∠stòun] *n.* (벽난로 바닥의) 재받이 돌; 노변; 가정.
‡**heart·i·ly** [háːrtili] *a.* 마음으로부터, 정중히; 열의를 갖고; 매우; 배불리.
heart·land [∠læ̀nd] *n.* 심장 지대《경제적·군사적으로 자급 자족하며, 공격에 대해 안전한 중핵(中核)지구》.
heart·less [∠lis] *a.* 무정한. **∼·ly** *ad.* **∼·ness** *n.*
héart-lúng machìne [∠lʌ́g-] 〖醫〗 인공심폐《심장수술시 심장기능을 대행시키는》.
heart-rend·ing [∠rèndiŋ] *a.* 가슴이 터질 듯한; 비통한. 「트」형의.
heart-shaped [∠ʃèipt] *a.* 심장〔하
heart·sick [∠sìk] *a.* 심뇌(心惱)하는, 비탄에 젖은; 불행한. 「잠긴.
heart·sore [∠sɔ̀ːr] *a.* 근심〔시름〕에
heart-strick·en [∠strìkən] *a.* 비탄에 잠긴. 「깊은 감정〔애정〕.
heart·strings [∠strìŋz] *n. pl.* 심금,
heart·throb [∠θrɑ̀b/-ɔ̀-] *n.* (심장의) 고동; (*pl.*) 《俗》 정열, 감상(感傷); 《俗》 애인. 「솔직한.
heart-to-heart [∠tə∠] *a.* 숨김없는,
héart transplánt 〖醫〗 심장 이식.
heart-whole [∠hòul] *a.* (아직) 연정

(戀情)을 모르는; 진심으로의.
heart·wood [∠wùd] *n.* Ⓤ 심재(心材), 적목질(赤木質).
‡**heart·y** [∠i] *a.* ① **마음으로부터의,** 친절한; 열심인. ② 튼튼[건강]한. ③ 배부른. ④ 풍부한, 충분한. HALE[1] *and* ~. —— *n.* 원기왕성한 사람; 친구. **héart·i·ness** *n.* Ⓤ
†**heat** [hi:t] *n.* Ⓤ ① **열, 더위;** 〖理〗 열. ② 달아 오름, 상기(上氣). ③ 열심; 가열(加熱); 한창 …하는 중, 한창, 클라이 맥스; 격렬, 격노, 흥분. ④ Ⓒ (1회의) 노력, 단숨, 단번, (경기의) 1회. ⑤ (짐승의) 발정(기). *at a* ~ 단숨에. *final* ~ 결승. *trial* ~*s* 예선. —— *vt., vi.* ① 뜨겁게 하다, 뜨거워지다, 따뜻이 하다, 따뜻해지다. ② 격하게 하다, 격해지다.
héat àpoplexy =SUNSTROKE.
héat bàrrier (항공기의) 속도 한계점《공기와의 마찰열의 한도》.
heat·ed [∠id] *a.* 뜨거워진; 격한, 흥분한. ~·**ly** *ad.*
héat exhàustion 〖醫〗 열사병.
***heat·er** [∠ər] *n.* ① **난방 장치,** 히터. ② 《美俗》 권총.
***heath** [hi:θ] *n.* ⓊⒸ **히스**《황야에 저절로 나는 소관목》; 《英》 히스가 무성한 들. *one's native* ~ 고향.
***hea·then** [hí:ðən] *n.* ① **이교도** 《기독교도·유대교도·회교도 이외》. ② 불신자; 미개인. —— *a.* 이교(도)의 (pagan); 미개한. *the* ~ 이교도. ~·**dom** *n.* Ⓤ 이교의 신앙; ⓊⒸ 《集合的》 이교국; 이교도. ~·**ish** *a.* ~·**ism** [-ìzəm] *n.* Ⓤ 이교. ~·**ry** *n.* Ⓤ 이교의 신앙[관습]; 이교도[국].
***heath·er** [héðər] *n.* Ⓤ 히스(heath)
héating càbinet 온장고. ⌊속의 식물.
héating pàd 전기 담요 [방석].
héat lìghtning (천둥 없는) 먼곳의
héat pollùtion 열공해. ⌊번개.
héat pùmp 열 이동 펌프《냉·난방 장치 등의》.
héat ràys 〖理〗 열선(熱線), 적외선.
héat sìnk 불요열 제거 장치《열을 흡수하고, 산일시킴》. ⌈병; 열사병.
heat·stroke [hí:t-stròuk] *n.* Ⓤ 일사
heat-treat [∠trì:t] *vt.* 열처리하다.
héat wàve 열파(熱波).
‡**heave** [hi:v] *vt.* (~*d, hove*) ① (무거운 것을) **들어 올리다.** ② (닻 따위를) 들어서 던져 넣다. ③ (가슴을) 펴다, 부풀리다, (바람이 파도를) 높이다. ④ (한숨을) 쉬다. —— *vi.* ① **오르다,** 들리다. ② 높아지다, 부풀다, 기복하다, 굽이치다. ③ 허덕이다. ④ 토하다. ⑤ 〖海〗 끌다, 감다(*at*), (배가) 움직이다, 나아가다. *H-ho!* 영차 (닻감아라)! ~ *in sight* (배가) 보이기 시작하다. ~ *to* (배를) 멈추다; 정선(停船)하다. —— *n.* ① (들어) 올림. ② 융기; (파도의) 기복, 굽이침. ③ 〖地〗 수평 전위. ④ (*pl.*) 《單數取扱》 (말의) 천식.
†**heav·en** [hévən] *n.* ① Ⓤ **천국.** ② Ⓤ (H-) **하느님.** ③ ⓊⒸ (보통 *pl.*) 상공, **하늘.** *by H-* 맹세코. *Good* [*Gracious, Great*] ~*s!* 뭐라고!; 가엾어라!; 저런!; (그것) 큰 일[야단]났군! *Go to* ~ 죽다. *Thank H-!* 고마워라! *move* ~ *and earth* 온갖 수단을 다하다. *the seventh* ~ 제7천국, 최고천(最高天). ~·**ward** *ad., a.* 천국[하늘]을 향해서(의). ~·**wards** *ad.* =HEAVENWARD (*ad.*)
‡**heav·en·ly** [-li] *a.* ① **하늘의.** ② **천국 같은,** 거룩한. ③ 천부의, 타고난. ④ 《俗》 근사한, 훌륭한. **héav·en·li·ness** *n.* 거룩함; 《俗》 근사[훌
héavenly bódy 천체. ⌊륭]함.
Héavenly Cíty, the 〖聖〗 거룩한 성(城); =NEW JERUSALEM.
heav·i·er-than-air [héviərðənέər] *a.* (항공기가) 공기보다 무거운.
Héav·i·side láyer [hévisàid] 헤비사이드층《단파 통신을 가능케 하는 지상 약 100킬로미터 높이의 대기층》.
†**heav·y** [hévi] *a.* ① **무거운;** 묵직한 (~ *silk*). ② 대량의; 다액의. ③ 격렬한, 도가 강한. ④ 심한, 고된, 모진. ⑤ 질척거리는; 찐득찐득한. ⑥ (음식이) 소화되지 않는, 징건한; (빵이) 부풀지 않는. ⑦ 굵은. ⑧ (동작 따위가) 느린, 둔한, 서투른; 단조로운. ⑨ (날씨가) 흐린, 음울한. ⑩ 느른한. ⑪ 슬픈; 모진, 괴로운. ⑫ (포성 따위) 크게 울리는, 진동하는. ⑬ 〖軍〗 중장비의. ⑭ 중대한; 〖劇〗 장중한. ⑮ 임신한. *lie* [*sit, weigh*] ~ *on* [*upon, at*] (*a person*) (아무를) 괴롭히다. *time hangs* ~ (*on one's hands*) 시간이 남아 주체 못하다. —— *n.* 무거운 사람[물건]; 〖劇〗 악인역(役). ‡**héav·i·ly** *ad.* ***héav·i·ness** *n.* Ⓤ ⌈의.
heav·y-armed [-á:rmd] *a.* 중장비
héavy artíllery 중포(重砲)(병).
héavy bómber 중폭격기.
héavy cróp 풍작.
heav·y-foot·ed [-fútid] *a.* 동작이 둔하고 느린; 《方》 임신한.
héavy gún 중포.
heav·y-hand·ed [-hǽndid] *a.* 서투른; 압제적인. ⌈한, 슬픈.
heav·y-heart·ed [-há:rtid] *a.* 우울
héavy hýdrogen 〖化〗 중수소.
héavy índustries 중공업.
heav·y-lad·en [-léidn] *a.* 무거운 짐을 진[실은]; 압박된, 짓눌린.
héavy métal 중금속; 훌륭[유력]한
héavy óil 중유. ⌊사람; 《俗》 강적.
héavy óxygen 〖化〗 중산소.
héavy párt 〖劇〗 악인역(惡人役).
héavy séa 격랑(激浪).
héavy ský 흐린 하늘.
héavy wáter 중수(重水).
heav·y·weight [-wèit] *n.* 보통보다 체중이 무거운 사람; 〖拳·레슬링〗 헤비급 선수; 《美口》 유력자, 중진.
Heb., Hebr. Hebrew; 〖新約〗 Hebrews. ⌈=WEEKLY.
heb·dom·a·dal [hebdámədl/-ɔ́-] *a.*
He·be [hí:bi:] *n.* 〖그神〗 청춘의 여신 《제신(諸神)에게 술을 따르는 여신》.
heb·e·tate [hébətèit] *vt., vi.* 둔하게

하다〔되다〕. 「람〔말〕의.
He·bra·ic [hi:bréiik] *a.* 히브리 사
He·bra·ism [hí:briìzəm, -brei-] *n.* UC 히브리어풍(語風); 히브리주의〔사상·기질〕. **Hé·bra·ist** *n.* 히브리(어) 학자.
***He·brew** [hí:bru:] *n.*, *a.* ① **히브리**〔유대〕 **사람**(의). ② U (고대의) 히브리말(구약 성서는 이것으로 기록되었음), (현대의) 이스라엘말.
Heb·ri·des [hébrədì:z] *n. pl.* 스코틀랜드 북서부의 열도(列島).
Hec·a·te [hékəti:] *n.* 〖그神〗 달·대지·하계를 주관하는 여신; 마녀.
hec·a·tomb [hékətòum] *n.* 〖古그〗 큰 희생(소 백마리의 제물); 대학살.
heck[1] [hek] *n.* (베틀의) 바디집; 방적기의 실타래에 방적사를 거는 장치.
heck[2] *n.* U 《俗》 지옥(hell의 완곡한 말). —— *int.* 《口》 염병할, 빌어먹을. 「세를 취하다.
heck·le [hékəl] *vt.* 괴롭히다; 질문 공
***hec·tare** [héktɛər] *n.* **헥타르**(=100 아르=1만 평방 미터).
hec·tic [héktik] *a.* 소모열의, (열이) 소모성인, (병적으로) 얼굴이 붉그레한; 몹시 흥분한, 열광적인. —— *n.* 결핵 환자; U 소모열(홍조).
hecto- 「백」의 뜻의 결합사.
hec·to·gram(me) [héktougræ̀m] *n.* =100 g. 「젤라틴 판(版).
hec·to·graph [héktəgræ̀f, -grɑ̀:f] *n.*
hectol. hectoliter(s).
hec·to·li·ter, 《英》 **-tre** [-lì:tər] *n.* =100 liter. 「*n.* =100 m.
hec·to·me·ter, 《英》 **-tre** [-mì:tər]
hec·tor [héktər] *vt.*, *vi.*, *n.* 허세를 부리다〔부리는 사람〕, 약한 자를 괴롭히다, 그런 사람; (H-) Homer의 *Iliad*에 나오는 용사. 「의 단축.
†**he'd** [hi:d, 弱i:d, *h*id] he had〔would〕
‡**hedge** [hedʒ] *n.* ① (산)**울타리**; 장벽. ② 양다리 걸치기, 기회보기. ***be on the* ~** 두길마 보다. ***dead* ~** 마른 나무 울타리, 바자울. ***quickset* ~** 산울타리. —— *vt.* ① (산)울타리로 두르다. ② …에 장벽을 만들다; 막다. ③ 방해하다. —— *vi.* ① (산)울타리를 만들다. ② (내기에서) 양쪽에 걸다. ③ 확언을 피하다. **~ *in*** 둘러싸다, 속박하다(*with*). **~ *off*** 가로막다, 방해하다. 「종.
hédge fùnd 《美》 투자 신탁의 일
***hedge·hog** [hédʒhɑ̀g, -hɔ̀:g/-hɔ̀g] *n.* **고슴도치**; 《美》 호저(豪猪); 빙퉁그러진 사람; 〖軍〗 견고한 요새.
hedge·hop [ˊhɑ̀p/-ɔ̀-] *vt.*, *vi.* (**-pp-**) 초(超)저공 비행을 하다. 「목의 줄.
***hedge·row** [ˊròu] *n.* (산울타리의) 관
hédge spàrrow 바위종다리의 일종.
he·don·ism [hí:dənìzəm] *n.* U 〖倫〗 쾌락주의; 향락주의. **-ist** *n.* **-nis·tic** [ˋ-nístik] *a.*
‡**heed** [hi:d] *n.* U **조심**, 주의. ***give* 〔*pay*〕 ~ *to*** …에 주의하다. ***take* ~ *to* 〔*of*〕** …에 조심하다. —— *vt.*, *vi.* 조심〔주의〕하다. *ˊ~**·ful** *a.* *ˊ~**·less** *a.* **부주의한**, 경솔한.
hee-haw [hí:hɔ̀:/ˊˊ] *n.* 나귀의 울음소리; 바보 웃음.
‡**heel**[1] [hi:l] *n.* ① **뒤꿈치**; (말 따위의) 뒷발, (뒷)굽. ② 《美口》 비열한 놈〔자식〕. ***at* 〔*on*〕 *a person's* ~*s*** 아무의 바로 뒤에 바싹 따라. ***come to* ~** 따르다, 추종하다. ***down at* ~(*s*)** 뒤축이 닳은 신을 신고; 초라〔꾀죄죄〕한 모습으로, 단정치 못한〔못하게〕. ***have the* ~*s of*** …을 앞지르다, …을 이기다. HEAD ***over* ~*s*.** ***kick* 〔*cool*〕 *one's* ~*s*** 오래 기다리게 되다. ***lay* 〔*clap*〕 *a person by the* ~*s*** 투옥하다. ***out at* ~*s*** (터져서) 발뒤꿈치가 보이는 신을 신고, 영락하여. ***show a clean pair of* ~*s*,** or ***take to one's* ~*s*** 부리나케 빼소니치다. ***to* ~** (개가) 바로 뒤따라서. ***turn on one's* ~*s*** 홱 돌아서다. ***with the* ~*s foremost*** 시체가 되어. —— *vt.* ① (신발에) 뒤축을 대다. ② …의 바로 뒤를 따르다. —— *vi.* ① (개가) 바로 뒤따르다. ② 뒤꿈치로 춤추다.
heel[2] *n.*, *vi.*, *vt.* (배의) 경사; 기울어지다, 기울이다(*over*).
heeled [-d] *a.* 《口》 부자인, 유복한; 《俗》 권총을 갖고 있는. ***be well* ~** 담뿍 갖고 있다.
heel·tap [ˊtæ̀p] *n.* 구두의 뒤축 가죽; 잔에 남은 술(*No* ~*s!* 죽 들이켜자!).
heft [heft] *n.* U 《英方》 무게, 중량; 영향, 대부분. —— *vt.* 들(어서 무게를 달)다. **ˊ~·y** *a.* 무거운; 근골(筋骨)이 늠름한.
He·gel [héigəl], **Georg Wilhelm Friedrich**(1770–1831)독일의 철학자.
he·gem·o·ny [hidʒéməni, hédʒəmòuni] *n.* UC 패권, 지배권.
He·gi·ra [hidʒáirə, hédʒərə/hédʒirə, hidʒáiərə] *n.* 〖史〗 Mohammed의 도주(逃走) (622); 회교 기원; (h-) 도피(flight).
he-goat [hí:góut] *n.* 숫염소.
Hei·del·berg [háidəlbə̀:rg] *n.* 독일 서남부의 도시; Heidelberg 대학 소재지.
heif·er [héfər] *n.* (아직 새끼를 낳지 않은 3살 미만의) 암소.
Hei·fetz [háifits], **Jascha** (1901–) 러시아 태생의 미국 바이올리니스트.
heigh [hei, hai] *int.* 여보, 어어, 야아(주의·격려·기쁨 따위의 외침).
heigh-ho [ˊhóu] *int.* 음, 아아(기쁨·지루함·낙담 따위의 외침).
†**height** [hait] *n.* ① UC **높이**, 고도. ② (종종 *pl.*) 고지, 둔덕. ③ 절정, 극치; 한창. ④ 〖聖〗 하늘. ***at its* ~** …의 절정에, …이 한창이어서. ***in the* ~** (*of summer*) 한(여름)에.
***héight·en** [ˊn] *vt.*, *vi.* **높이다**, 높아지다; 증가〔증대〕하다.
Hei·ne [háinə], **Heinrich**(1797–1856) 독일의 시인. 「도한.
hei·nous [héinəs] *a.* 가증한, 극악무
‡**heir** [ɛər] *n.* ① **상속인**, 사자(嗣子)

(*to*). ② (특질·전통 등의) 계승자, 후계자. **∼·dom** [ˊdəm] *n.* Ⓤ 상속인임.
héir appárent 법정 추정 상속인.
***heir·ess** [ɛ́əris] *n.* **여자 상속인**.
heir·loom [ɛ́ərlù:m] *n.* 조상 전래의 가보(家寶); 〖法〗 법정 상속 동산(動產).
héir presúmptive 추정 상속인.
He·ji·ra =HEGIRA.
†**held** [held] *v.* hold¹의 과거(분사).
Hel·en [hélin] *n.* 여자 이름; 〖그神〗 Sparta의 왕 Menelaus의 미비(美妃) 《Paris의 유괴로 트로이 전쟁이 일어 났음》. 「로 운반되는.
hel·i·borne [héləbɔ̀:rn] *a.* 헬리콥터
hel·i·cal [hélikəl] *a.* 나선 모양의.
hel·i·ces [héləsì:z] *n.* helix의 복수.
he·lic·i·ty [hi:lísəti] *n.* 〖理〗 헬리시티《소립자의 운동 방향의 스핀 성분의 값》.
hel·i·cline [hélәklàin] *n.* (완만한 경사의) 나선상 도로.
hel·i·coid [héləkɔ̀id] *a.* 나선 모양의. ― *n.* 나선체〔면〕; 〖機〗 헬리코이드식《카메라의 경동(鏡胴) 따위》.
Hel·i·con [hélikàn, -kən / -kɔ̀n] *n.* 〖그神〗 헬리콘산(山) 《Muses 가 살던 곳》; 시상(詩想)의 원천; (h-) 저음 튜바《취주악기의 일종》.
†**hel·i·cop·ter** [hélikàptər/-kɔ̀p-] *n.*, *vi.*, *vt.* **헬리콥터**(로 가다〔나르다〕).
hel·i·drome [hélidròum] *n.* 헬리콥터용 공항.
helio- 「태양」의 뜻의 결합사.
he·li·o·cen·tric [hì:liouséntrik] *a.* 태양 중심의. ∼ ***theory*** 태양 중심설.
he·li·o·chrome [hí:lioukròum] *n.* 천연색 사진; (H-) 그 상표명.
he·li·o·graph [hí:liougræ̀f, -grɑ̀:f] *n.*, *vt.* (초기의) 사진 제판; 회광(回光) 신호기(로 통신하다). 「경(鏡).
he·li·o·scope [hí:liəskòup] *n.* 태양
he·li·o·trope [hí:liətròup/héljə-] *n.* 〖植〗 헬리오트로프, 쥐오줌풀; Ⓤ 그 향기, 엷은 자줏빛; Ⓤ 혈석(血石).
he·li·ot·ro·pism [hì:liɑ́trəpìzəm/-ɔ́-] *n.* Ⓤ 〖植〗 해굽성.
hel·i·ox [héliɑks/-ɔks] *n.* Ⓤ (잠수용의) 헬륨과 산소의 혼합 기체.
hel·i·pad [héləpæ̀d] *n.* 헬리콥터 발
hel·i·port [héləpɔ̀:rt] *n.* =仝. ⌊착장.
***he·li·um** [hí:liəm] *n.* Ⓤ 〖化〗 **헬륨** 《희(稀)가스 원소의 하나》.
he·lix [hí:liks] *n.* (*pl.* ∼*es, helices*) 나선(spiral), 소용돌이 (장식); 〖解〗 귓바퀴.
‡**hell** [hel] *n.* ① Ⓤ **지옥**. ② ⒸⓊ 지옥과 같은 상태〔장소〕, 마굴. ***a*** ∼ ***of a*** … 《美俗》 대단한. ***be*** ∼ ***on*** 《美俗》 …에 해롭다. ***be the*** ∼ ***for*** 《俗》 …에 열중하고 있다. ***give a person*** ∼ 아무를 흠씬 욕보이다〔혼내주다〕. ***Go to*** ∼! 이 새끼!, 뒈져라! ∼ ***of*** … 지옥 같은(*the* ∼ *of a life* 생지옥). ***Hell's bells!*** (아아) 속탄다!, 제기랄! ***like*** ∼ 미친 듯이, 맹렬히, 지독히. ***to*** ∼ ***and gone*** 《俗》 굉장히 멀리에. ***What*** 〔***Who***〕 ***the*** ∼ …? 도대체 뭐냐〔누구냐〕. ***You can go to*** ∼! (너 같은 건) 뒈져버려라!
†**he'll** [hi:l] he will 〔shall〕의 단축.
Hel·las [hélәs/-læs] *n.* 그리스의 옛 이름. 「롱농(미국 동부산).
hell·bend·er [hélbèndər] *n.* 미국도
hell-bent [hélbènt] *a.* 《美口》 꼭 하고야 말 기세의, 필사의.
héll bòmb 수소 폭탄. 「녀.
hell·cat [hélkæ̀t] *n.* 못된 계집; 마
hel·le·bore [héləbɔ̀:r] *n.* 〖植〗 크리스마스로즈, 박새.
Hel·lene [héli:n] *n.* 그리스 사람.
Hel·len·ic [helénik/-lí:-] *a.* 그리스(사람·말)의.
Hel·len·ism [hélənìzəm] *n.* ⓊⒸ 그리스어풍; 그리스주의〔문화·국민성〕. **-nist** [-nist] *n.* 그리스(어) 학자〔심취자〕. **Hel·len·is·tic** [ˋ-ístik] *a.*
Hel·len·ize [hélənàiz] *vt.*, *vi.* 그리스화(化)하다; 그리스 말을 사용하다.
hel·ler [hélər] *n.* 《美俗》 난폭자.
hell·fire [hélfàiər] *n.* Ⓤ 지옥의 불; 지옥의 형벌. 「악귀.
hell·hound [ˊhàund] *n.* 지옥의 개;
hel·lion [héljən] *n.* 《口》 난폭자, 무법자. 「증한; 소름끼치는.
hell·ish [héliʃ] *a.* 지옥 같은; 《口》 가
†**hel·lo** [helóu, hə-, hélou] *int.*, *n.* 어이, 여보, 어머(라고 외침); (전화로) 여보세요. ― *vi.* 'hello!'라고 하다.
Héll's Ángels 오토바이 폭주족(族).
Héll's kítchen 《美》 우범 지역.
‡**helm**¹ [helm] *n.*, *vt.* ① **키(자루)**, 키(를 잡다). ② 지도(하다). **hélms·man** [ˊzmən] *n.* 키잡이.
helm² *n.* 《古》 =HELMET.
‡**hel·met** [hélmit] *n.* 투구; **헬멧**. 「충.
hel·minth [hélminθ] *n.* (장내) 기생
Hel·ot [hélət, hí:-] *n.* 〖史〗 (Sparta의) 농노(農奴) (serf); (h-) 《一般》 노예. **hél·ot·ry** *n.* Ⓤ
†**help** [help] *vt.* ① **돕다, 거들다**. ② (음식을) 담다, 권하다. ③ 구(救)하다. ④ 고치다. ⑤ 《can, cannot와 더불어》 피하다, 억누르다, …을 안하다(*I can't* ∼ *it., It cannot be* ∼*ed.* 어쩔 도리가 없다/*Don't tell him more than you can* ∼. 공연한 말은 하지 말라). ― *vi.* ① 돕다; 도움이 되다, 유용하다. ② (식사) 시중을 들다. ***cannot*** ∼ (do)***ing*** = ***cannot but*** (do) 《주로 美口》 …하지 않을 수 없다. ***God*** ∼ ***him!*** 가엾어라! ∼ ***forward*** 조성하다. ∼ ***off*** 거들어서 벗겨주다〔차에서 내려주다〕. ∼ ***on*** 거들어서 입히다〔차에 태우다〕 (*with*); 진척시키다, 조성하다. ∼ ***oneself to*** … …을 마음대로 집어먹다. ∼ ***out*** 구해내다; 도와서 완성시키다. ***So*** ∼ ***me God!*** 신에게 맹세코, 정말. ― *n.* ① Ⓤ **도움, 구조**. ② 거드는 사람, 고용인, 하인(*a lady* ∼ 가정부). ③ Ⓤ 구제책, 피할 길(*for*). ④ 《方》 (음식물의) 한 그릇. ‡**hélp·er** *n.* ˊ**·ing** *n.* Ⓤ 구조, 조력; Ⓒ 한 그릇.

‡help·ful [ˊfəl] *a.* **도움이 되는,** 유용한(*to*). ~**·ly** *ad.* ~**·ness** *n.*
‡help·less [ˊlis] *a.* **어찌할 도리 없는,** 무력한, 의지할 데 없는. *~**·ly** *ad.* *~**·ness** *n.* Ⓤ **무력,** 무능.
help·mate [ˊmèit], **-meet** [-mì:t] *n.* 협력자; 배우자.
Hel·sin·ki [hélsiŋki] *n.* 핀란드의 수도.
hel·ter-skel·ter [héltərskéltər] *n., ad., a.* 당황(하여, 한).
helve [helv] *n.* (도끼 따위의) 자루.
Hel·ve·tia [helví:ʃə] *n.* 《詩》 스위스의 라틴어 이름. **-tian** *a., n.* (스위스에 살았던) 고대 헬베티아족의(사람); 스위스의; 스위스 사람(의).
***hem**[1] [hem] *n.* ① (옷·손수건 따위의) **가선;** 감침질. ② 경계. —— *vt.* (*-mm-*) ① (…을) 감치다. ② 두르다, 에워싸다(*in, about, round*). ~ *out* 쫓아내다.
hem[2] [m̩m, hm] *int.* 에헴!, 헴!《헛기침 소리》. —— [hem] *n., vi.* (*-mm-*) 에헴, 헴(하다).
he-man [hí:mæ̀n] *n.* 남자다운 남자.
hem·a·tite [hémətàit, hí:m-] *n.* Ⓤ 적철광(赤鐵鑛).
hem·a·tol·o·gy [hèmətálədʒi, hì:m-/-ɔ́-] *n.* Ⓤ 〖醫〗 혈액학.
hemi- *pref.* 「반(半)」의 뜻.
Hem·ing·way [hémiŋwèi], **Ernest** (1899–1961) 미국의 소설가.
hem·i·ple·gi·a [hèmiplí:dʒiə] *n.* Ⓤ 〖醫〗 편마비, 반측마비.
he·mip·ter·ous [himíptərəs] *a.* 반시류(半翅類)의《진디·매미·이 따위》.
‡hem·i·sphere [hémisfiər] *n.* **반구** (*the Eastern* ~ 동반구). **hem·i·spher·ic** [hèmisférik], **-i·cal** [-əl] *a.*
hem·i·stich [hémistik] *n.* (시의) 반행(半行); 미완구(未完句).
***hem·lock** [hémlak/-lɔk] *n.* 《英》 **독당근;** Ⓤ 거기서 뽑은 독약; Ⓒ (북미산의) 솔송나무(~ spruce).
hemo- 「피」의 뜻의 결합사.
he·mo·glo·bin [hí:məglòubin, hèm-] *n.* Ⓤ 〖生化〗 헤모글로빈, 혈색소.
he·mo·phil·i·a [hì:məfíliə, hèm-] *n.* Ⓤ 〖醫〗 혈우병.
hem·or·rhage [héməridʒ] *n.* Ⓤ 출혈.
hem·or·rhoids [hémərɔ̀idz] *n. pl.* 치질, 치핵.
he·mo·stat·ic [hì:məstǽtik, hèm-] *a.* 지혈의. —— *n.* 지혈제.
***hemp** [hemp] *n.* ① Ⓤ **삼,** 대마(大麻). ② 《諧》 교수형용의 밧줄. ˊ**·en** [ˊən] *a.* 대마의, 대마로 만든.
hem·stitch [hémstìtʃ] *n., vt.* 헴스티치(하다), 가장자리 올을 뽑아 몇 가닥씩 묶다.
†hen [hen] *n.* ① **암탉.** ② 암컷(*a pea-*~ 공작의 암컷). ***like a ~ with one chicken*** 작은 일에 마음 졸여.
Hen. Henry.
hen·bane [ˊbèin] *n.* 〖植〗 사리풀(에서 뽑은 독약).
‡hence [hens] *ad.* ① **그러므로,** 그 결과. ② 이제부터(*a week* ~ 이제부터 일주일 후에). ③ 《古》 여기서부터, 사라져(*H- with him!* 끌어내라; *H-!* 나가라!/ *go* ~ 죽다). ‡~**-forth** [ˊfɔ́:rθ], ~**·for·ward** [ˊfɔ́:rwərd] *ad.* 이후, 차후.
hench·man [héntʃmən] *n.* 믿을 수 있는 부하; (갱 등의) 졸개.
hen·coop [hénkù:p] *n.* 닭장, 닭 둥우리.
hen·dec·a·gon [hendékəgàn / -gən] *n.* 《稀》 11각형.
hen·di·a·dys [hendáiədis] *n.* 〖修〗 중언법(重言法), 두말 한뜻《보기: *death and honor* =honorable death》.
***hen·house** [hénhàus] *n.* **닭장,** 계사.
Hen·ley [hénli] *n.* Thames 강변의 지명; 이곳에서 매년 열리는 보트 레이스.
hen·na [hénə] *n.* 헤너《관목》; Ⓤ 헤너 머리 염색제《적갈색》.
hen·ner·y [hénəri] *n.* 양계장.
hén pàrty 《口》 여자들만의 모임 (cf. stag party).
hen·peck [hénpèk] *vt., n.* (남편을) 깔고 뭉개다; 공처가. ~**ed** [-t] *a.* 여편네 손에 쥐인.
Hen·ry [hénri] *n.* 남자 이름; **O. Henry**(1862–1910) 미국의 단편 작가《본명 William Sidney Porter》; (h-) 〖電〗 헨리 《전자(電磁) 유도 계수의 실용 단위; 생략 H》.
hep [hep] *a.* 《美俗》 …에 자세한〔밝은〕(*to*), (최근 유행·사정에) 환한, …통(通)인; 재즈에 미친(cf. hepster, hipster). —— *int.* 〖재즈〗 으윽《열연중에 장단 맞추는 소리》; 하나 둘《행진의 보조를 맞추는 구령》.
hep·a·rin [hépərin] *n.* Ⓤ 〖生化〗 헤파린《간장이나 폐의 혈액 응고를 막는 물질》.
he·pat·ic [hipǽtik] *a.* 간(肝) (빛)의. —— *n.* 간장약.
he·pat·i·ca [hipǽtikə] *n.* 〖植〗 노루귀.
hep·a·ti·tis [hèpətáitis] *n.* Ⓤ 간장염.
hep·cat [hépkæ̀t] *n.* 《俗》 스윙 연주가; 스윙통(通). =HIPSTER.
hep·ster [hépstər] *n.* 재즈광(狂);
hep·ta·gon [héptəgàn/-gən] *n.* 7 각형. **hep·tag·o·nal** [-tǽg-] *a.*
hep·tam·e·ter [heptǽmitər] *n.* 〖韻〗 칠보격(七步格).
hep·tar·chy [héptɑ:rki] *n.* 칠두(七頭) 정치; (the H-) (5–9세기의 앵글로 색슨 민족의) 7왕국.
†her [強 hə:r, 弱 ə:r, hər] *pron.* **그 여자의〔에게, 를〕.**
her. heir; heraldic; heraldry.
He·ra [hírə, hérə] *n.* 〖그神〗 Zeus 신의 아내《로마 신화에서는 Juno》.
‡her·ald [hérəld] *n.* ① **전령관,** 사자(使者). ② 문장관(紋章官), 의전관. ③ **고지자,** 보도자; (H-) 신문의 이름. —— *vt.* 전달〔보고·예고〕하다.
he·ral·dic [herǽldik] *a.* 전령(관)의; 문장(학)의.
her·ald·ry [hérəldri] *n.* Ⓤ 문장학; 으리으리함; herald의 직〔임무〕; Ⓒ 문장.
***herb** [hə:rb] *n.* **풀;** 초본(草本) 《작약·상치·양배추 따위를 포함하며, 식용·약용이 많음》(cf. grass).

her·ba·ceous [hə:rbéiʃəs] *a.* 초본의, 줄기가 연한; 잎 모양의, 초록색의.
herb·age [hə́:rbidʒ] *n.* Ⓤ 초본(草本)류; 목초; 〖英法〗 방목권(權).
herb·al [ˊəl] *a., n.* 초본의; 본초서(本草書), 식물지(植物誌). **~·ist** [-bəlist] *n.* 본초학자; 약초상.
her·bar·i·um [hə:rbέəriəm] *n.* (*pl.* **~s, -ia**) 식물 표본집〔실, 관〕.
hérb bènnet 뱀무.
hérb dòctor 한의사.
herb·i·cide [hə́:rbəsàid] *n.* 제초제.
her·biv·o·rous [hə:rbívərəs] *a.* 초식(草食)의(cf. carnivorous, omnivorous).
Her·cu·le·an [hə̀:rkjəlíːən, hə:rkjú:liən] *a.* Hercules와 같은; (h-) 큰 힘의〔을 요하는〕, 지난(至難)한(*a* ~ *task* 극히 어려운 일).
***Her·cu·les** [hə́:rkjəli:z] *n.* ① 〖그神〗 헤르쿨레스《괴력(怪力)의 영웅》. ② 초인적인 힘을 가진 사람. ③ 〖天〗 헤르쿨레스 자리.
‡herd [hə:rd] *n.* ① (소·말 따위의) 무리. ② (the ~) 군중, 민중. ③ 《보통 複合語로》 목자 (cow*herd*, shep*herd*). **—** *vt.* (소·말을) 몰아 모으다, 지키다. **—** *vi.* 떼지어 모이다 (*with, together*).
***herds·man** [ˊzmən] *n.* 《주로 英》 목자; (H-) 〖天〗 목동자리.
†here [hiər] *ad.* ① 여기에(서), 이리로. ② 이 점에서, 이 때에. ③ 이 세상에서. ***H-!*** 예! 《호명의 대답》. ***~ and there*** 여기저기에. ***~ below*** 이 세상에서는. ***H- goes!*** 《口》 자 시작한다!; 자! ***H- I am!*** 다녀왔습니다!, 자 다 왔다. ***H- it is.*** 옜다, 자 여기 있다. ***Here's to you*** 〔***your health***〕***!*** 건강을 축하합니다. ***H- you are!*** 《口》 (원하는 물건·돈 따위를 내놓으면서) 자 받아라. ***neither ~ nor there*** 요점을 벗어나, 무관계한. **—** *n.* Ⓤ 여기(*from* ~); 이 세상. 「이 근처에.
here·a·bout(s) [híərəbàut(s)] *ad.*
‡here·af·ter [hiəræ̀ftər, hiərɑ́:f-] *ad.* 앞으로, 금후, 내세(來世)에서.
***here·by** [hìərbái] *ad.* 이에 의하여, 이로 말미암아. 「HERITABLE.
he·red·i·ta·ble [hirédətəbəl] *a.* =
***he·red·i·tar·y** [hirédətèri/-rédətəri] *a.* 유전의; 세습의, 대대의.
he·red·i·ty [hirédəti] *n.* ⓊⒸ 유전; 유전형질.
Her·e·ford [hə́:rfərd, hérə-] *n.* 헤리퍼드종(種)의 소《식육용》.
Héreford and Wórcester 잉글랜드 서부의 주《1974년 신설》.
***here·in** [hìərín] *ad.* 이 속에, 여기에; 이런 까닭으로.
here·in·af·ter [hìərinæ̀ftər, hìərinɑ́:f-] *ad.* (서류 등에서) 이하에.
here·in·be·fore [-bifɔ́:r] *ad.* (서류 등에서) 위에, 윗 글에.
here·of [hìərɑ́v/hìərɔ́v] *ad.* 이것의, 이에 관해서. 「UPON.
here·on [hìərɑ́n/hìərɔ́n] *ad.* =HERE-
†here's [hiərz] here is의 단축.
***her·e·sy** [hérəsi] *n.* ⒸⓊ 이교, 이단.
***her·e·tic** [hérətik] *n., a.* 이교도; 이단의. **he·ret·i·cal** [hərétikəl] *a.* 이교의, 이단의. 「관하여.
here·to [hiərtú:] *ad.* 여기까지; 이에
***here·to·fore** [hìərtəfɔ́:r] *ad.* 지금까지, 이제까지.
here·un·to [hìərʌntú:] *ad.* 여기〔지금〕까지. 「있어서.
here·up·on [hìərəpɑ́n] *ad.* 여기에
***here·with** [hìərwíð, -wíθ] *ad.* 이와 함께; 이에 의하여; 여기에 (동봉하여); 이 기회에. 「있는; 유전하는.
her·it·a·ble [héritəbəl] *a.* 상속할 수
her·it·age** [héritidʒ] *n.* ① 세습〔상속〕 재산. ② 유산(遺産); 전승(傳承); 유전. ***God's ~ 하느님의 선민; 이스라엘 사람; 그리스도 교도.
her·maph·ro·dite [hə:rmæ̀frədàit] *n.* 양성(兩性) 동물, 어지자지; 양성화(花); 두 상반된 성질의 소유자〔물〕. **—** *a.* 양성(구유(具有))의, 자웅 동체의. **-ro·dit·ic** [-ˋ-dítik] *a.*
Her·mes [hə́:rmi:z] *n.* 〖그神〗 학예·상업·변론의 신《신들의 사자로, 로마 신화의 Mercury에 해당》.
her·met·ic [hə:rmétik], **-i·cal** [-əl] *a.* 밀봉한(airtight); 연금술(鍊金術)의. **-i·cal·ly** *ad.*
‡her·mit [hə́:rmit] *n.* 은자(隱者).
her·mit·age [-idʒ] *n.* 은자의 집.
hérmit cràb 〖動〗 소라게.
Hérmit Kìngdom 중국 이외의 나라와 접촉을 않던 근세 조선 왕조.
hern [hə:rn] *n.* 《英方》 =HERON.
her·ni·a [hə́:rniə] *n.* ⓊⒸ 탈장(脫腸), 헤르니아.
‡he·ro [híərou] *n.* (*pl.* **~es;** *fem.* ***heroine***) ① 영웅, 용사. ② (이야기 따위의) 주인공. 「헤롯.
Her·od [hérəd] *n.* 〖聖〗 (잔학한 왕)
He·rod·o·tus [hirɑ́dətəs / -rɔ́d-] *n.* (484?–425? B. C.) 그리스의 역사가.
‡he·ro·ic [hiróuik] *a.* ① 영웅적인, 용감한, 장렬한. ② (문체가) 웅대한. ③ 〖韻〗 영웅시(격)의. ④ 〖美術〗 (조상(彫像) 따위가) 실물보다 큰(~ *size*). **—** *n.* ① 영웅시(격). ② (*pl.*) 과장된 표현〔감정·행위〕.
heróic áge, the 신인(神人)의 시대 《Hesiod가 주장한 인간 역사의 5기 중의 한 시대》.
heróic cóuplet 약강 오보격(弱强五步格)의 압운 대구(押韻對句).
heróic póetry 영웅시, 사시(史詩).
heróic vérse 역사시(격)《영시에서는 약강 5보격; 그리스·라틴·프랑스 시에서는 6보격》. 「정)제.
her·o·in [hérouin] *n.* Ⓤ 모르핀(진
‡her·o·ine [hérouin] *n.* ① 여장부, 여걸, 열부(烈婦). ② (이야기의) 여주인공. 「자질; Ⓒ 영웅적 행위.
***her·o·ism** [hérouìzəm] *n.* Ⓤ 영웅적
***her·on** [hérən] *n.* (*pl.* **~s,** 《集合的》 ~) 〖鳥〗 왜가리.

héro sándwich 《美》 고기를 듬뿍 넣은 샌드위치.
héro wòrship 영웅 숭배. 「(疱疹).
her·pes [hə́:rpi:z] *n.* Ⓤ 〖醫〗 포진
her·pe·tol·o·gy [hə̀:rpətɑ́lədʒi/-pətɔ́l-] *n.* Ⓤ 파충류학.
Herr [hɛər] *n.* (G.) (*pl.* ***Herren*** [hérən]) 군, 씨《Mr.에 해당함》.
Her·rick [hérik], **Robert** (1591–1674) 영국의 서정시인.
her·ring** [hériŋ] *n.* 청어. ***kippered (***red***) ～ =KIPPER.
her·ring·bone [-bòun] *n., a.* (피륙 등의) 오늬무늬(의), 「헤링본」(의). — *vt.* 헤링본으로 꿰매다(짜다). — *vi.* 〖스키〗 개각 등행(開脚登行)하다.
†**hers** [hə:rz] *pron.* 그 여자의 것.
†**her·self** [hə:rsélf, 弱 hərsélf] *pron.* (*pl.* ***themselves***) 그 여자 자신.
hertz [hə:rts] *n.* 〖電〗 헤르츠《생략 Hz》. 「iən] 무선 전신.
Hértz·i·an telégraphy [hə́:rts-
†**he's** [hi:z] he is (he has)의 단축.
hes·i·tant [hézətənt] *a.* 망설이는, 주춤거리는. **-tance, -tan·cy** *n.* ⓊⒸ
‡**hes·i·tate** [hézətèit] *vi.* 망설이다, 주저하다. **hés·i·tat·ing** *a.* **-ing·ly** *ad.* ‡**hes·i·ta·tion** [ˌ-téiʃən] *n.* Ⓤ 망설임, 주저. **hés·i·ta·tive** *a.*
Hes·per [héspər] *n.* =HESPERUS.
Hes·per·i·des [hespérədì:z] *n. pl.* 〖그神〗 Hera의 금(金) 사과를 지키는 4명의 님프. 「기, 태백성.
Hes·per·us [héspərəs] *n.* 개밥바라
Hes·se [hésə], **Hermann** (1877–1962) 독일의 시인·소설가.
Hes·sian [héʃən] *a., n.* (독일 남서부의) Hesse의 (사람); 《美》 용병(傭兵); 돈만 주면 일하는 사람.
Héssian flý (밀을 해치는) 파리의 일종.
hest [hest] *n.* 《古》 명령(behest).
Hes·ti·a [héstiə] *n.* 〖그神〗 화로·화덕의 여신《로마 신화의 Vesta》.
het [het] *a.* 흥분하여(～ *up* 흥분한).
he·tae·ra [hitíərə] *n.* 〖古그〗 첩, 노는 계집.
hetero- 「다른, 딴…」의 뜻의 결합사.
het·er·o·dox [hétərədɑ̀ks/-ɔ̀-] *a.* 이단의, 이설(異說)의(opp. orthodox). **-dox·y** *n.* ⓊⒸ 이단, 이설(異說).
het·er·o·dyne [hétərədàin] *n., a.* Ⓤ 〖無電〗 헤테로다인(의)《진공관이 맥놀이를 내는》; Ⓒ 헤테로다인 수신기.
het·er·o·ge·ne·ous [hètərədʒí:niəs] *a.* 이종(異種)의, 이질의, 잡다한 (opp. homogeneous). **het·er·o·ge·ne·i·ty** [-dʒəní:əti] *n.* ⓊⒸ
het·er·o·nym [hétərənìm] *n.* 같은 철자의 이음이의(異音異義)의 말《*gill* [gil]과 *gill* [dʒil] 따위》.
het·er·o·sphere [hétərəsfìər] *n.* (대기의) 이질권《약 90km 보다 위》.
het·er·o·struc·ture [hètəroustrʌ́ktʃər] *n.* 〖電子〗 헤테로 구조체《복합 반도체 장치》.
hew** [hju:] *vt., vi.* (～ed; hewn,*** ～***ed***) ① (도끼 따위로) 자르다(*at, off*), 찍어 넘기다(*down*). ② (석재(石材) 따위를) 잘라서(깎아서, 새겨서) 만들다. ～ ***one's way*** 길을 개척하여 나아가다. **～·er** [ˊ-ər] *n.* 자르는 사람, 채탄부.
HEW 《美》 (Department of) Health, Education, and Welfare.
hewn [hju:n] *v.* hew의 과거분사.
he-wolf [hí:wúlf] *n.* 수늑대.
hex [heks] *n.* 마녀; 마술. — *vt.* 마법을 걸다, 호리다, 매혹하다.
hex(a)- 「6」의 뜻의 결합사.
hex·ad [héksæd] *n.* 여섯; 6개로 된 한조; 〖化〗 6가 원소(원자, 기).
hex·a·gon [héksəgɑ̀n/-gən] *n.* 6각형. **-ag·o·nal** [-ǽgənl] *a.*
hex·a·he·dron [hèksəhí:drən] *n.* (*pl.* ～***s, -dra***) 6면체.
hex·am·e·ter [heksǽmitər] *n.* 〖韻〗 육보격(六步格)(의 시).
hex·ane [héksein] *n.* Ⓤ 〖化〗 헥산《파라핀 탄화 수소에 속하는 5종 이성체의 총칭으로 용제·중간물 등에 쓰임》.
hex·ose [héksous] *n.* 〖生化〗 6탄당(炭糖).
hey** [hei] *int.* 야아!; 어어; 이봐, 어이!《놀람·기쁨·주의·환기 따위의 외침》. ***H- for ...! …잘 한다!; …만세! ～ PRESTO.
hey·day[1] [héidèi] *int.* 이런!, 야아!
hey·day[2] (<high day) *n.* 전성기.
Hf 〖化〗 hafnium. **hf.** half. **HF., H.F., hf, h.f.** high frequency.
HG higher grade; High German; Home Guard; Horse Guards. **Hg** 〖化〗 *hydrargyrum* (L. =mercury).
hg hectogram(s); heliogram. **H.G.** His (*or*) Her Grace. **HGH** human growth hormone. **hgt.** hight.
hh heavy hydrogen. **H.H.** His (*or* Her) Highness; His Holiness.
hhd. hogshead. **hhf** household furniture. **HHFA** Housing and Home Finance Agency. **HHG** household goods. **HH(H)** double (treble) hard (of pencil).
H-hour [éitʃàuər] *n.* 〖軍〗 공격(작전) 개시 시각.
***hi** [hai] *int.* 야아(How are you?), 어이(Hello!).
H.I. Hawaiian Islands; 《美》 human interest.
hi·a·tus [haiéitəs] *n.* (*pl.* ～***(es)***) 중절(中絕), 틈; 〖音〗 모음 접속《보기: ide*a o*f》. 「겨울 같은.
hi·ber·nal [haibə́:rnl] *a.* 겨울의,
hi·ber·nate [háibərnèit] *vi.* 겨울잠 자다, 동면하다. **hi·ber·na·tion** [ˌ-néiʃən] *n.* Ⓤ 「=IRELAND.
Hi·ber·ni·a [haibə́:rniə] *n.* 《詩》
hi·bis·cus [hibískəs, hai-] *n.* 목부용속의 식물《목부용·무궁화 등》.
hic [hik] *int.* 딸꾹《딸꾹질 의성음》.
hic·cup, hic·cough [híkʌp] *n., vi., vt.* 딸꾹질(하다, 하며 말하다).
hic ja·cet [hik dʒéisit] (L. =here

lies) 여기에 (길이) 잠드시다《생략 H.J.》; 묘비명. 「박한 (사람).
hick [hik] *n., a.* 《口》 농부(다운), 순
hick·o·ry [híkəri] *n.* 호두과(科)의 나무; Ⓤ 그 재목《스키 용재(用材)》.
***hid** [hid] *v.* hide¹의 과거(분사).
hi·dal·go [hidǽlgou] *n.* (*pl.* ~*s*) 스페인의 하급 귀족(grandee의 다음). 「—— *a.* 숨은, 숨겨진.
‡**hid·den** [hídn] *v.* hide¹의 과거분사.
†**hide**¹ [haid] *vt., vi.* (***hid; hidden, hid***) 숨(기)다. ~ ***oneself*** 숨다.
***hide**² *n., vt.* 짐승의 가죽(을 벗기다), 피혁; 《口》 때리다(beat).
hide-and-seek [ˊənsí:k], **hide-and-go-seek** [-gou-] *n.* Ⓤ 숨바꼭질. 「숙한 음식점〔오락장〕.
hide·a·way [ˊəwèi] *n.* 은신처; 으
hide·bound [ˊbàund] *a.* (가축이) 여윈; 완고〔완미〕한; (마음이) 편협한, 편벽된; (식물이) 껍질이 말라붙은.
***hid·e·ous** [hídiəs] *a.* 끔찍한, 섬뜩한, 오싹해지는, 무서운. ~·**ly** *ad.* 소름 끼칠 만큼. ~·**ness** *n.* 「처.
hide-out [háidàut] *n.* (범인의) 은신
hid·ing¹ [ˊiŋ] *n.* Ⓤ 은닉; Ⓒ 은신〔은닉〕처(~ place).
hid·ing² *n.* 《口》 매질, 후려갈김.
hie [hai] *vt., vi.* 서두르다, 급히 가다 (*H- thee!* 서둘러라/*He ~d him* 〔*himself*〕 *home.*).
hi·er·arch [háiərὰ:rk] *n.* 〖宗〗 교주.
***hi·er·ar·chy** [-i] *n.* Ⓤⓒ ① 위계(位階) 제도〔조직〕; 성직 정치; 성직자의 계급; 성직자단. ② 천사의 계급; 《集合的》 천사들. **hi·er·ar·chic** [hàiərά:rkik], **-i·cal** [-əl] *a.*
hi·er·at·ic [hàiərǽtik], **-i·cal** [-əl] *a.* 성직자의; 신성한 (용도의). 「문자.
hi·er·o·glyph [háiərəglìf] *n.* 상형
hi·er·o·glyph·ic [hàiərəglífik] *a.* 상형 문자의. —— *n.* Ⓤⓒ (*pl.*) 상형문자(표기법); 비밀 문자.
hi-fi [háifái] (<*high-fidelity*) *a., n.* 〖電子〗 고충실도(高忠實度) 음향 재생 장치; 하이파이의.
hig·gle(-hag·gle) [hígəl(hǽgəl)] *vi.* 값을 깎다, 흥정하다(*with*).
hig·gle·dy-pig·gle·dy [hígəldipígəldi] *n., a., ad.* Ⓤ 엉망진창(인, 으로). 「하는 사람.
hig·gler [híglər] *n.* 행상인; 에누리
†**high** [hai] *a.* ① 높은(cf. tall), …높이의. ② 높은 곳(으로부터)의; 고지의; 고귀〔고상·숭고〕한; 고원한; 고위의. ③ 고급의; 값비싼. ④ 격렬한, 극도의(~ *folly* 지극히 어리석은 짓); 과격한(*a ~ anarchist*). ⑤ 짙은(~ *crimson*), (소리가) 날카로운. ⑥ 거만한(*a ~ manner*). ⑦ (때가) 된〔한창인〕(*It is ~ time to go.* 이제 떠날 시간이다). ⑧ 〖料理〗 (새나 짐승의 고기가 막 상하기 시작하여) 먹기에 알맞은(cf. gamy). ⑨ 《口》 거나하게 취한. ~ ***and dry*** (배가) 물가에 얹혀; 시대에 뒤져. ~ ***and low*** 상하 귀천을 막론하고. (cf. high *ad.*). ~ ***and mighty*** 《古》 고위의; 거만한. ***How is that for ~?*** 《俗》 (그런데) 어때(놀랍지, 굉장하지). —— *n.* ① 높은 곳; 천상(天上). ② 비싼 값. ③ Ⓤ (자동차의) 고속 기어. ④ 《口》 고등 학교. ⑤ 고기압권. ⑥ 《美俗》 마약·술로 기분좋은 상태. ***from on ~*** 천상으로부터. ***on ~*** 공중높이, 하늘에, 천상에. ***the H-*** =HIGH TABLE; 《英口》 =HIGH STREET. ***the Most H-*** 천주(God). —— *ad.* 높이; 크게, 현저하게, 강하게. ~ ***and low*** 도처에. ***live ~*** 호화롭게 살다. ***play ~*** 큰 도박을 하다. ***run ~*** (바다의) 물살이 거칠어지다; 흥분하다; (값이) 오르다.
high-an·gle [ˊǽŋgl] *a.* 〖軍〗 고각도의, 고각 사격의.
high·ball [ˊbɔ̀:l] *n.* 《美》 하이볼《위스키에 소다수 따위를 섞은 음료》.
high·bind·er [ˊbàindər] *n.* 《美口》 불량배; 사기꾼, 살인 청부업자.
high·born [ˊbɔ̀:rn] *a.* 집안이 좋은, 명문 출신의. 「옷장(《英》tallboy).
high·boy [ˊbɔ̀i] *n.* 《美》 다리가 높은
high·bred [ˊbrèd] *a.* 순종의; 본데 있는, 예의바른, 교양있는.
high·brow [ˊbràu] *n., a.* 인텔리; 인텔리인 체하는 사람; 인텔리를 위한 〔에 적합한〕. 「은) 어린이 의자.
high·chair [ˊtʃὲər] *n.* (다리가 높
Hígh Chúrch 고교회파《영국 교회파 중, 교회의 교의 및 의식을 존중하는 한 파》(cf. Low Church).
high-class [ˊklǽs, -ά:-] *a.* 고급의.
high-col·o(u)red [ˊkʌ́lərd] *a.* 혈색 좋은.
hígh cómedy (연기의 익살 따위에 중점을 두지 않는) 고급 희극.
hígh commánd 최고 사령부.
hígh commíssioner (식민지의) 고등 판무관.
Hígh Cóurt (of Jústice) 《英》 고
hígh dày 축제일. ⌊등 법원.
high-def·i·ni·tion [ˊdèfəníʃən] *a.* 〖TV〗 선명한; 〖寫〗 (렌즈가) 선예(鮮銳)한. 「지〔소입자〕 물리학.
hígh énergy phýsics 고(高)에너
high·er-up [háiərʌ́p] *n.* 《美口》 상사(上司); (*pl.*) 높으신 양반들.
hígh explósive 고성능 폭약.
high·fa·lu·tin(g) [ˊfəlú:tin(-tiŋ)] *a., n.* Ⓤ 《口》 과장된 (말).
hígh fárming 집약 농업.
hígh féeding 미식(美食).
high-fi·del·i·ty [ˊfidéləti] *a.* 〖電子〗 고충실도의, 하이파이의(hifi).
high·fli·er, -fly·er [ˊflàiər] *n.* 높이 나는 새〔비행가〕; 야심가, 높은 소망을 가진 사람.
high-flown [ˊflóun] *a.* 엄청나게 희망이 큰; 과대한. 「〖電〗 고주파의.
high-fre·quen·cy [ˊfrí:kwənsi] *a.*
Hígh Gérman ⇨ GERMAN.
high-grade [ˊgréid] *a.* 고급의. 「인.
high-hand·ed [ˊhǽndid] *a.* 고압적
high-hat [ˊhǽt] *n., vi., vt.* (**-tt-**) 《美俗》 실크해트; 뽐내는 사람; 뽐내다.
high·jack [ˊdʒæ̀k] *vt., vi.* 《美口》 =

HIJACK. ～·**er** *n.*
hígh júmp 높이뛰기.
***high·land** [∠lənd] *n.* ① (*pl.*) **고지,** 산지(山地). ② (H-) 스코틀랜드 고지. **Hígh·land·er** *n.* 스코틀랜드 고지 사람.
high-lev·el [∠lévl] *a.* 고관에 의한, 고관의; 높은 곳으로부터의.
hígh lìfe 상류 생활.
***high·light** [∠làit] *n., vt.* (～*ed*) ① 〖美術〗 (화면의) **하이라이트.** ② 중요 부분; (뉴스 중의) 중요 사건, 화제거리. ③ 두드러지게 하다; 강조하다; 돋보이게 하다.
hígh lìving 호화스러운 생활.
‡**high·ly** [∠li] *ad.* **높이,** 크게(*speak* ～ *of* …을 격찬하다).
Hígh Máss 〖카톨릭〗 장엄 미사.
high-mind·ed [∠máindid] *a.* 고결한; 《稀》 거만한.
high-muck-a-muck [∠mʌkəmʌ́k] *n.* 《美俗》 높은 사람; 젠체하는 사람.
***high·ness** [∠nis] *n.* ① Ⓤ **높음,** 높이; 고위(高位), 고가(高價). ② (H-) 전하(殿下).
hígh nóon 한낮, 정오. 「탄가(價)의.
high-oc·tane [∠áktein/-ɔ́-] *a.* 고옥
high-pitched [∠pítʃt] *a.* 가락이 높은; 급경사의; 고상한; 몹시 긴장된.
hígh pòlymer 〖化〗 고분자〔거대분자〕 물질. 「적인; 고성능의.
high-pow·ered [∠páuərd] *a.* 정력
high-pres·sure [∠préʃər] *a., vt.* 고압의; 고압적인; 강요하는.
high-priced [∠práist] *a.* 값 비싼.
hígh príest 고위 성직자; (옛 유대의) 제사장.
high-proof [-́prúːf] *a.* 알코올 도수가 높은.
high-rank·er [∠rǽŋkər] *n.* 고관; 고급 장교.
high-rank·ing [∠rǽŋkiŋ] *a.* 고급
hígh ríse 고층 건물. 〔고관〕의.
high-rise [∠ráiz] *ad., n.* 고층 건물(의); 높이 올린.
high·road [∠ròud] *n.* 큰길, 대로; 쉬운 길. 「노름꾼.
hígh róller 《美俗》 낭비자; 난봉군;
‡**hígh schòol** 《美》 **고등 학교;** 중등학교. 「해(公海).
hígh séa 높은〔거친〕 파도; (*pl.*) 공
hígh sìgn (몸짓·표정에 의한) 신호.
hígh socíety 상류 사회. 「장된.
high-sound·ing [∠sáundiŋ] *a.* 과
high-speed [∠spíːd] *a.* 고속도의.
hígh-speed stéel 고속도강(鋼).
hígh spírit 용기.
high-spir·it·ed [háispíritid] *a.* 기개 있는; 용감한; 기운찬, 기세 좋은.
hígh spírits 아주 기분이 좋음, 기력 왕성.
hígh spót 두드러진 특색〔부분〕(*hit the* ～*s* 《口》 대속력으로 가다; 대강 말하다). 「(街).
Hígh Strèet 《英》 큰 거리, 중심가
high-strung [háistrʌ́ŋ] *a.* 과민한, 흥분하기 쉬운. 「어지는.
hight [hait] *a.* 《古》 …이라고 불리
hígh táble 《英》 대학 학료(學寮)의 fellows ·학장·교수 등의 식탁 (the High). 「으로 달아나다.
high-tail [háitèil] *vi.* 《口》 전속력
hígh téa 《英》 (고기 요리가 따르는) 오후의 차.
high-tech [-́ték] *n.* (고도의) 첨단기술(high technology).
high·teen [∠tíːn] *a., n.* 《俗》 18·9 세의 (소년·소녀), 하이틴(의). 「압의.
high-ten·sion [∠ténʃən] *a.* 〖電〗 고
high-test [∠tést] *a.* 엄격한 시험에 패스하는; 비등점이 낮은(가솔린 등).
hígh tíde 고조(高潮); 한창인 때.
hígh tíme 좋은 때〔시기〕, 호기; 《俗》 흥겨울〔유쾌한〕 때.
high-toned [∠tóund] *a.* 가락이 높은, 새된; 고상한; 《美口》 (옷차림이) 멋진, 스마트한.
hígh tréason 대역(大逆), 대역죄.
high-up [∠ʌ́p] *a., n.* 《口》 현직(顯職)의 (사람), 높은 지위의 (사람).
hígh wáter 고조(高潮), 만조, 사리.
hígh-wá·ter màrk [∠wɔ́ːtər, -wát-] 고조표(標), 최고 수위점(水位點); 최고 수준.
‡**high·way** [∠wèi] *n.* ① **공도**(公道); 간선 도로. ② 상도(常道). 「강도.
high·way·man [∠wèimən] *n.* 노상
hígh wórds 격론(激論), 시비조.
H. I. H. His (*or* Her) Imperial Highness.
hi·jack [háidʒæ̀k] *vt.* 《美俗》 (배·비행기 등을) 약탈하다, 공중〔해상〕납치하다; (수송중인 물품 등을) 강탈하다. ～·**er** *n.*
‡**hike** [haik] *n., vi., vt.* ① **도보 여행**〔**하이킹**〕(**을 하다**). ② 인상(하다).
***hík·er** *n.* ***hík·ing** *n.* Ⓤ
hi·lar·i·ous [hiléəriəs, hai-] *a.* 매우 명랑한(very merry). **hi·lar·i·ty** [hilǽrəti, hai-] *n.* Ⓤ
Híl·a·ry tèrm [híləri] 《英》 대학의 1월부터 시작되는 학기.
†**hill** [hil] *n.* ① **언덕,** 작은 산, 야산. ② 흙무더기, 흙더미(*a mole* ～). ***the gentlemen on the*** ～ 《美》 국회의원들. ── *vt.* 쌓아 올리다; 북주다.
hill·bil·ly [∠bìli] *n.* 《美口》 (미국 남부의) 산지〔두메〕 사람; 시골뜨기.
híll mỳna 구관조(九官鳥). 「둑.
hill·ock [∠ək] *n.* 작은 언덕; 봉토,
‡**hill·side** [∠sàid] *n.* **산중턱,** 산허리.
***hill·top** [∠tàp/-ɔ̀-] *n.* 언덕〔야산〕의 꼭대기.
hill·y [∠i] *a.* 언덕이 많은.
***hilt** [hilt] *n.* (칼)자루. (*up*) *to the* ～ 충분히, 완전히. 「(종자의) 배꼽.
hi·lum [háiləm] *n.* (*pl.* *-la*) 〖植〗
†**him** [him, 弱 im] *pron.* 그를〔에게〕.
H. I. M. His (*or* Her) Imperial Majesty.
***Him·a·la·yas** [hìməléiəz, himáːləjəz] (<Skt. =snow house) *n. pl.* 히말라야 산맥. **Him·a·lá·yan** *a.*
†**him·self** [himsélf, 弱 im-] *pron.* (*pl.* ***themselves***) **그 자신**(*He did it* ～. 그 스스로가 했다). ***by*** ～ 혼자

서, 혼자 힘으로. *for* ~ 자기용으로 (*He bought it for* ~.); 자기 스스로, 혼자 힘으로.

‡**hind**¹ [haind] *a.* 뒤의. ~**·most** [háindmòust] *a.* 맨 뒤의.

hind² *n.* 고라니(hart)의 암컷.

hind³ *n.* 《北英·古》 농장 일꾼, 머슴; 시골뜨기. 「Hindustani.

Hind. Hindi; Hindu; Hindustan;

hind·brain [háindbrèin] *n.* 후뇌(後腦) 《소뇌와 연수(延髓)》.

‡**hin·der**¹ [híndər] *vt.* 방해하다 (*from*). —— *vi.* 방해가 되다.

hind·er² [háindər] *a.* 뒤의, 뒤쪽의 (rear). ~**·most** [-mòust] *a.* 《廢》 =HINDMOST. 「힌디어.

Hin·di [híndi:] *a., n.* 북인도의; Ⓤ

hínd lèg (네발짐승의) 뒷다리.

hind·quar·ter [háindkwɔ̀:rtər] *n.* (쇠고기·양고기 등의) 뒷다리 및 볼기.

***hin·drance** [híndrəns] *n.* ① Ⓤ 방해, 장애. ② 방해물.

hind·sight [háindsàit] *n.* Ⓤ 《諧》 때 늦은 지혜(opp. foresight); (총의) 후부가늠자.

***Hin·du, -doo** [híndu:] *n.* 힌두 사람〔교도〕, (아리안계) 인도인. —— *a.* 힌두(교·말)의. **Hin·du·ism** [híndu:ìzəm] *n.* Ⓤ 힌두〔인도〕교.

Hin·du·sta·ni, -doo- [hìndustǽni, -ɑ́:-] *n., a.* Ⓤ 힌두스탄어; 힌두스탄의; 힌두스탄인〔어〕의.

***hinge** [hindʒ] *n.* 경첩; 요점. *off the* ~*s* 탈〔고장〕이 나서; (질서가) 어지러워. —— *vt., vi.* 경첩을 달다〔으로 움직이다〕; …에 달려 있다.

hin·ny [híni] *n.* 수말과 암나귀의 잡종.

‡**hint** [hint] *n., vt., vi.* 암시(하다); 변죽울리기〔울리다〕(*at*). *drop a hint* 넌지시 비추다, 힌트〔암시〕를 주다. *take a* ~ 깨닫다.

hin·ter·land [híntərlæ̀nd] *n.* (해안·강안 등의) 배후지; 오지(奧地); 시골.

‡**hip**¹ [hip] *n.* 엉덩이; 허리. *on the* ~ 불리한 조건〔입장〕에.

hip² *n.* (들)장미의 열매. 「하다).

hip³ *n., vt.* (**-pp-**) Ⓤ 《古》 우울(하게

hip⁴ *a.* 《美俗》 최신 유행의, 정보통의; 히피의. 「*rah!*).

hip⁵ *int.* 갈채의 첫소리(*H-,* ~, *hur-*

híp bàth 뒷물. 「(座骨).

hip·bone [⌐bòun] *n.* 무명골, 좌골

hipe [haip] *n., vt.* 〖레슬링〗 안아치기(로 던지다).

híp flàsk 포켓 위스키병; 《俗》 45구경 권총.

hipped [hipt] *a.* 《英》 우울한; 《美口》 …에 열중한(*on*).

hip·pie [hípi] *n.* 《美俗》 히피(족)《일체의 기성제도·가치관을 부인, 야릇한 몸차림을 하고 다니는 젊은이》.

hip·pi(e)·dom [hípidəm] *n.* 히피족의 세계〔생활 태도〕.

hip·po [hípou] *n.* (*pl.* ~*s*) 《口》 = HIPPOPOTAMUS. 「뒷주머니.

hip·pock·et [híppɑ̀kit/-ɔ̀-] *n.* (바지)

Hip·poc·ra·tes [hipɑ́krəti:z/-ɔ́-] *n.* (460?–377? B.C.) 히포크라테스《그리스의 명의(名醫)》.

Híppocratic óath Hippocrates 가 지었다는 의사의 윤리 강령.

Hip·po·crene [hípəkrì:n, hìpəkrí:-ni:] *n.* 〖그神〗 (시신(詩神) Muses 에게 봉헌된) 영천(靈泉); Ⓤ 시적 영감(의 원천).

hip·po·drome [hípədròum] *n.* 〖古그·로〗 마차 경주장, 경마장; 곡마장; 《美俗》 짬짜미 (경기); 연예장.

***hip·po·pot·a·mus** [hìpəpɑ́təməs / -ɔ́-] *n.* (*pl.* ~*es,* **-mi** [-mài]) 하마.

hip·ster [hípstər] *n.* 《美俗》 재즈팬; 비트족(beatnik). 「의〔같은〕.

hir·cine [hə́:rsain, -sin] *a.* 염소

‡**hire** [haiər] *vt.* 고용하다; (물건을) 세내다; 세놓다. ~ *oneself out* 고용되다. ~ *out* 대출(貸出)하다. —— *n.* Ⓤ 임대(료), 임차(료)(賃借(料)); 고용. *for* ~ 세를 받고서. *on* ~ 임대(賃貸)의〔로〕.

hire·ling [⌐liŋ] *a., n.* 고용되어 일하는 (사람); 삯 말; 《蔑》 돈이면 무엇이나 하는 (사람).

hire-pur·chase [⌐pə́:rtʃəs] *n., a.* Ⓤ 《英》 분할불〔월부〕 구입(의).

hir·sute [hə́:rsu:t, -⌐] *a.* 털많은.

†**his** [hiz, 弱 iz] *pron.* 그의; 그의 것.

His·pan·io·la [hìspənjóulə] *n.* 히스파니올라 섬《서인도 제도 중 Haiti, Dominica 양 공화국을 포함하는 섬; 옛 이름은 Haiti 섬》.

***hiss** [his] *n., vi., vt,* 쉿〔쉬이〕하다 (~ *his poor acting* 서투른 연극을 야유하다); 뱀이 내는 소리. ~ *off* 〔*away*〕「쉬이」소리를 내어 (무대에서) 물러나게 하다.

hist [s:t, hist] *int.* 쉬잇 (조용히)!

hist. histology; historian; historical; history.

his·ta·mine [hístəmì:n, -min] *n.* Ⓤ 〖生化〗 히스타민《혈압강하·위액 촉진제》. 「〖生〗 조직학.

his·tol·o·gy [histɑ́lədʒi / -ɔ́-] *n.* Ⓤ

his·tone [hístoun] *n.* Ⓤ 〖生化〗 히스톤《단순 단백질의 일종》.

‡**his·to·ri·an** [histɔ́:riən] *n.* 역사가.

‡**his·tor·ic** [histɔ́:rik, -ɑ́-/-ɔ́-] *a.* 역사상 유명한, 역사에 남은(*the* ~ *post* 사적(史跡)).

‡**his·tor·i·cal** [histɔ́:rikəl, -ɑ́- / -ɔ́-] *a.* 역사(상)의, 사적(史的)인. ~**·ly** *ad.*

histórical matérialism 사적(史的) 유물론. 「현재.

históric(al) présent 〖文〗 역사적

históricai schòol 〖經·法〗 역사학파.

his·tor·i·cism [histɔ́:rəsìzəm, -ɑ́-/ -ɔ́-] *n.* Ⓤ 역사주의《역사는 현대적 각도에서 볼 것이 아니라는 학설》; 역사 필연주의《역사의 발전은 인간의 의지에 의한 것은 아니라는 학설》.

his·to·ri·ette [histɔ̀:riét] *n.* (F.) 소사(小史); 사화(史話); 단편 소설.

his·to·ri·og·ra·pher [histɔ̀:riɑ́grə-fər/-ɔ́g-] *n.* 역사 편찬자, 사료(史料)

편찬관. **-ra·phy** *n.* UC

†**his·to·ry** [hístəri] ① U **역사,** 사학; C 사서(史書). ② 연혁, 경력. ③ 사극(史劇).

his·tri·on·ic [histriánik / -ɔ́-] *a.* 배우의, 연극의; 연극같은. —— *n.* 《古》 배우; (*pl.*) 연극; 연극조(調).

†**hit** [hit] *vt.* (*hit; -tt-*) ① **치다,** 맞히다, 적중하다. ② …에 공교롭게 부닥치다; 생각이 미치다. ③ 감정을 상하게 하다. ④ 꼭 맞다. ⑤ 의뢰[요구]하다. ⑥ 《美俗》 (마약을) 주사하다; 벌떡벌떡 들이켜다(~ *the bottle*). —— *vi.* ① 치다, 치고 덤비다(*at*). ② 부딪다(*against, on, upon*). ③ 우연히 발견하다[생각해 내다] (*on, upon*). ~ ***a*** LIKENESS. ~ ***at*** …에게 치고 덤비다; …을 비평[조소]하다. ~ ***it*** 잘 알아맞히다. ~ ***it off*** 《口》 용케 (뜻이) 맞다(*with, together*). ~ ***it up*** 버티다; 황급히 나아가다. ~ ***off*** 즉석에서 잘 표현하다, 잘 묘사하다[(시를) 짓다]. ~ ***on*** [***upon***] …에 부딪치다, 만나다; 생각이 미치다. ~ ***or miss*** 맞든 안 맞든. ~ ***out*** 세게 치다[찌르다]. ~ ***up*** 재촉하다, 박차를 가하게 하다. —— *n.* ① **타격;** 명중(탄). ② **히트, 성공.** ③ 명언(名言); 빗댐(*at*). ④ 〖野〗 안타, 히트(*a sacrifice* ~ 희생타(打)). ***make a*** ~ 히트치다, 호평을 받다, 성공하다.

hit-and-run [⌐nrʌ́n] *n., a.* 〖野〗 히트앤드런(의); 치어놓고 뺑소니치는 (*a* ~ *driver*); (공격이) 전격전인.

hitch** [hitʃ] *vt.* ① (소·말을) **매다;** (밧줄·갈고리 따위로) 걸다. ② **와락 잡아당기다**[끌어 당기다, 움직이다]. ③ (이야기 속에) 끌어 넣다(*into*). —— *vi.* ① 와락 움직이다. ② 다리를 절다. ③ 걸리다(*on; on to*). ~ ***horses 일치[공동]하다. ~ ***one's wag(g)on to a star*** 자기의 힘 이상의 힘을 이용하려고 하다; 높은 뜻을 품다. —— *n.* ① 와락 움직임[끎]; 급히 멈춤. ② 걸림, 뒤얽힘. ③ 고장, 지장. ④ 〖海〗 결삭(結索)(법) (cf. knot).

‡**hitch·hike** [⌐hàik] *n., vi., vt.* 《美口》 **히치하이크** 《지나가는 자동차에 편승해서 하는 무전 여행》(을 하다).

***hith·er** [híðər] *ad.* **여기로,** 이리로 《지금은 보통 here》. —— *a.* 이쪽의. ~**·most** [-mòust] *a.* 가장 이쪽의. ⌈(는).

‡**hith·er·to** [hìðərtú:] *ad.* **지금까지**

Hit·ler [hítlər], **Adolf** (1889–1945) 독일(Nazi 당) 수상·독재자. **Hit·ler·ism** [-ìzəm] *n.* U (독일) 국가 사회주의. **Hit·ler·ite** [-àit] *n.* 그 주의자.

hít paràde 히트퍼레이드 《히트곡·베스트셀러 소설 등의 (순위) 공개》.

hit-run [hítrʌ́n] *a.* 치어놓고 뺑소니치는(hit-and-run).

HIV human immunodeficiency virus 사람 면역결핍바이러스; AIDS 바이러스.

‡**hive** [haiv] *n.* ① **꿀벌통;** 벌집(모양의 것). ② (한 벌통의) 꿀벌 떼. ③ 와글와글하는 군중[장소]. —— *vt.* 벌통에 넣다, 축적하다. —— *vi.* 벌통에 들어가다; 군거(群居)하다. ⌈기.

hives [haivz] *n.* 〖醫〗 발진, 두드러

H. J. (S.) *hic jacet* (*sepultus*). **hl., hl** hectoliter. **H. L.** House of Lords; **hm, hm.** hectometer.

h'm [m̩m, hm] *int.* =HEM²; HUM.

H. M. His (*or* Her) Majesty; **H. M. S.** His (*or* Her) Majesty's Service (*or* Ship.). **Ho** 〖化〗 holmium. **H. O.** head office; 《英》 Home Office.

***ho, hoa** [hou] *int.* **호;** 어이; 저런; 허허!, 흥!; (말에게) 와!; 서!

hoar [hɔ:r] *a.* 흰, 회색의; 백발의. —— *n.* U 회백(색); 흰 서리.

***hoard** [hɔ:rd] *n.* ① **저장(물),** 비장(秘藏). ② 축적. —— *vt., vi.* 저장하다, 사모으다(*up*). ⌐**·er** *n.* ⌈C 저장물.

hoard·ing[1] [⌐iŋ] *n.* U 저장, 사재기;

hoard·ing[2] *n.* 《英》 판장; 게시판.

hoar·frost [hɔ́:rfrɔ̀(:)st, -frɑ̀st] *n.* U 흰 서리.

***hoarse** [hɔ:rs] *a.* **목이 쉰,** 목쉰 소리의(cf. husky¹). *⌐**·ly** *ad.*

hoar·stone [hɔ́:rstòun] *n.* 《英》 (고대부터 있던) 경계석; 기념석.

***hoar·y** [hɔ́:ri] *a.* ① **회백색의,** 백발의. ② 고색이 창연한, 나이 들어 점잖은; 오래된.

hoax [houks] *vt., n.* (장난으로) 속이다[속임], 골탕 먹이다[먹임]; 장난.

hob[1] [hɑb/-ɔ-] *n.* (난로 속의 안쪽 또는 측면의) 시렁; 톱니 내는 기계; (고리 던지기 놀이(quoits)의) 표적 기둥.

hob[2] *n.* 요괴(妖怪). ***play*** [***raise***] ~ 《口》 장난을 치다, 귀찮게 굴다.

Hobbes [hɑbz/-ɔ-], **Thomas**(1588–1679) 영국의 철학자(*Leviathan*).

***hob·ble** [hɑ́bəl / -ɔ́-] *vi., n.* ① **다리를 절다**[절뚝거림]. ② 쉬엄쉬엄 이야기하다; (시의) 운율이 고르지 않다. ③ 《稀》 곤경, 곤란. —— *vt.* ① 절뚝거리게 하다. ② (말의) 다리를 묶다.

hob·ble·de·hoy [-dihɔ̀i] *n.* 풋내기, 애송이; 꾀바르지 못한 젊은이.

‡**hob·by** [hɑ́bi/-ɔ́-] *n.* ① **취미;** 자랑삼는 것, 장기(長技). ② 목마(木馬). ***mount*** [***ride***] ***one's*** ~ (듣기 싫을 정도로) 자랑을 늘어놓다.

hob·by·horse [-hɔ̀:rs] *n.* 목마; (말머리가 달린) 죽마 《아이들이 타고 놂》.

hob·gob·lin [hɑ́bgɑ̀blin/hɔ́bgɔ̀b-] *n.* 도깨비; 작은 요괴. ⌈(의) 징.

hob·nail [hɑ́bnèil/-ɔ́-] *n.* (구둣 바닥

hob·nob [hɑ́bnɑ̀b/hɔ́bnɔ̀b] *vi.* (**-bb-**) 사이 좋게[허물없이] 지내다; 권커니 잣거니 하다. —— *n.* 환담.

ho·bo [hóubou] *n.* (*pl.* ~(*e*)*s*) 《美》 부랑자; 뜨내기 노동자. ⌈CHOICE.

Hób·son's chóice [hɑ́bsnz / -ɔ́-] ⇨

Ho Chi Minh [hóu tʃí: mín] (1892–1969) 호지명《월맹 대통령》. ~ ***trail*** 호지명 루트.

hock[1] [hɑk/-ɔ-] *n., vt.* (네 발 짐승의 뒷발의) 과(踝)관절(의 건(腱)을 끊어 불구로 만들다).

hock² *n.* Ⓤ 《英》 흰 포도주의 일종.
hock³ *n., vt.* 《俗》 전당(잡히다).
***hock·ey** [háki/-ɔ́-] *n.* Ⓤ **하키**; Ⓒ 그 타구봉(～ stick). 「《俗》 전당포.
hock·shop [hákʃàp/hɔ́kʃɔ̀p] *n.* 《美
ho·cus [hóukəs] *vt.* ((英)) -*ss*-) 속이다; 마취제를 타다; 마취시키다.
ho·cus-po·cus [-póukəs] *n.* Ⓤ 요술; 기술사(奇術師)의 상투적 문구; 야바위. —— *vi., vt.* ((英)) -*ss*-) 요술을 부리다; 감쪽같이 속이다.
hod [had/-ɔ-] *n.* 호드《벽돌·회반죽 나르는 그릇》; 《美》 석탄통. **ˊ-·man** *n.* 《英》 hod 운반인.
hodge·podge [hádʒpàdʒ/hɔ́dʒpɔ̀dʒ] *n.* Ⓤ 엉망진창, 뒤죽박죽.
***hoe** [hou] *n., vt.* **괭이**(로 파다, 갈다). 「수수 빵.
hoe·cake [ˊkèik] *n.* Ⓤ,Ⓒ 《美南部》 옥
hog** [hag, -ɔː-/-ɔ-] *n.* ① **돼지**, (식용의) 불깐 수퇘지. ② 《口》 욕심쟁이, 더러운 사람. ***go the whole ～ 《俗》 철저히 하다. —— *vt.* (-*gg*-) 《美俗》 탐내어 제몫 이상으로 갖다. **hóg·gish** *a.* 돼지 같은; 주접스러운.
hóg chòlera 《주로 美》 돼지콜레라.
hóg·nose snàke [ˊnòuz] (북미산의) 독 없는 뱀의 일종.
hog·pen [ˊpèn] *n.* 《美》 =PIGSTY.
hogs·head [ˊzhèd] *n.* 액량 단위《미국 63 갤런; 영국 52.5 갤런》; 큰 통.
hog·tie [ˊtài] *vt.* …의 네 발을 한데 묶다; …의 자유를 빼앗다.
hog·wash [ˊwàʃ, -wɔːʃ/-wɔ̀ʃ] *n.* Ⓤ 돼지 먹이《부엌 찌꺼기》; 너절한 것.
ho-ho [houhóu] *int.* 오오《놀람·승리·조소의 소리》.
hoi·den [hɔ́idn] *n.* =HOYDEN.
hoi pol·loi [hɔ́i pəlɔ́i] (Gk.) 민중.
***hoist¹** [hɔist] *vt.* (기 따위를) **내걸다**, 올리다; 들어 올리다. —— *n.* 끌어〔감아〕 올리기; 기중기.
hoist² 폐어(廢語) hoise (=HOIST¹)의 과거분사. ～ ***with one's own petard*** 제손으로 장치한 지뢰에 날리어〔함정에 빠져〕.
hoi·ty-toi·ty [hɔ́ititɔ́iti] *int.* 거참!, 아니 이거!; 어이없군!《놀람·분노·경멸 등의 탄성》. —— *a.* 거만한; 《주로 英》 경박한, 까불어대는.
ho·key-po·key [hóukipóuki] *n.* Ⓤ 값싼 아이스크림; 요술, 속임수.
ho·kum [hóukəm] *n.* Ⓤ (영화·연극 연설 따위에서) 되는대로의 저속한 대사〔연기〕. 「Corporation.
HOLC 《美》 Home Owners' Loan
†**hold¹** [hould] *vt.* (***held***) ① (손에) **갖고 있다**, 쥐다, 잡다(grasp); 안다, 품다. ② 소유〔보유〕하다; 차지하다. ③ (붙잡고) 놓지 않다; 보전〔유지〕하다, 보류하다. ④ (주의를) 끌다. ⑤ 수용하다. ⑥ (분노 따위를) 억누르다, 억제하다. ⑦ 〖레슬링〗 상대방을 꽉 붙잡다. ⑧ (약속을) 지키게 하다, (의무·책임을) 지우다. ⑨ …이라고 생각하다〔여기다〕. ⑩ 주장하다. ⑪ 거행하다, 개최하다, 열다. —— *vi.* ① **쥐고 있다**. ② 유지〔보존〕하다, 지탱하다. 견디다. ③ 버티다. ④ 나아가다. ⑤ 효력이 있다. ⑥ (토지·재산·권리를) 보유하다 (*of, from*). ***H-!*** 멈춰!; 기다려! ～ ***back*** (*vt.*) 제지하다; 억제하다; (*vi.*) 삼가다, 망설이다(*from*). ～ ***by*** 굳게 지키다. ～ (a person) ***cheap*** (아무를) 깔보다. ～ ***down*** 억누르다; 《美口》 (지위·직(職)을) 유지하다. ～ ***forth*** 내밀다, 제공하다; 말하다, 설교하다. ～ ***good*** 〔***true***〕 유효하다; 적용되다. ～ ***in*** 억제하다, 참다. ～ ***off*** (*vt.*) 멀리하다, 가까이 못 오게 하다; (*vi.*) 떨어져 있다, 지체하다. ～ ***on*** …을 계속해나가다; 지속하다, 붙잡고 늘어지다(*to*); 지탱하다; 《命令形으로》 멈춰!; 기다려! ～ ***one's hand*** 보류하다. ～ ***one's own*** 〔***ground***〕 자기의 위치를 〔입장을〕 지키다; 뒤지지 않다. ～ ***on one's way*** 발을 옮기다. ～ ***out*** (*vt.*) 제출〔제공〕하다; (손을) 내밀다; 주장하다; (*vi.*) 지탱하다, 견디다. ～ ***over*** 연기하다; 사임 후에도 그 자리에 머물러 있다. ～ ***to*** 굳게 지키다. ～ ***together*** 결합하다, 통일을 유지하다. ～ ***up*** 들다, 받치다; 지지하다; 명시〔제시〕하다; (아무를 모범으로서) 보이다; (본때로서) 여러 사람에게 보이다; 막다, 방해하다; 《美口》 (사람·은행 따위를) 권총으로 위협하여 돈을 강탈하다〔정지를 명하다〕; 지탱하다; (좋은 날씨가) 계속되다, 오래가다; (속도를 늦추지 않고) 빨리 가다. ～ WATER. ～ ***with*** …에 편들다, …에 찬성하다.
—— *n.* ① Ⓤ,Ⓒ **파악**, 파지(把持), 유지, 버팀. ② 지지, 손〔발〕붙일 곳, 잡을 데; 자루, 손잡이. ③ 〖레슬링〗 꽉 붙잡는 수; Ⓤ 누름, 제압, 지배 (*on*). ④ 〖樂〗 늘임표(𝄐). ⑤ 형무소; 《古》 요새(要塞). ***catch*** 〔***get, lay, take***〕 ～ ***of*** …을 움켜 잡다〔쥐다〕, 잡다. ***have a*** ～ ***on*** …의 급소를 쥐고 있다, …을 압복(壓服)시키는 위세가 있다. ***lose*** ～ ***of*** 손〔발〕 붙일 곳을 잃다.
hold² *n.* 〖海〗 선창; 화물실.
hold·all [hóuldɔ̀ːl] *n.* 여행용 옷가방〔자루〕; 잡낭.
hold·back [ˊbæ̀k] *n.* 장애(물).
‡**hold·er** [ˊər] *n.* **소유자**; hold 하는 물건(*a cigarette* ～ / *a pen* ～).
hold·fast [ˊfæ̀st, -ɑ̀ː-] *n.* 고정시켜 두는 기구.
***hold·ing** [ˊiŋ] *n.* ① Ⓤ **보유**, 파지(把持), 유지, 소유. ② 토지. ③ 소유주, 지주(持株). ④ 〖競〗 (축구·농구 등의) 홀딩《공을 너무 오래 갖고 있거나 상대를 방해하는 등의 반칙 행위》. 「모회사(母會社).
hólding còmpany 〖經〗 지주 회사,
hold·o·ver [ˊòuvər] *n.* 이월(移越)(carry-over); 잔존물; 잔류〔유임〕자; 낙제자, 재수생.
hold·up [ˊʌ̀p] *n.* 《美口》 (노상) 강도(짓); (교통 기관 등의) 정체.
†**hole** [houl] *n.* ① **구멍**; (짐승의) 소

굴; 틈; 토굴 감옥(과 같은 장소). ② 결점. ③ 궁지(窮地). ④ 〖골프〗 구멍, 홀; tee에서 putting green까지의 구역; 득점. ***a ~ in the wall*** 지저분한〔비좁은〕 장소. ***every ~ and corner*** 구석 구석, 샅샅이. ***in a ~*** 궁하여. ***make a ~ in*** 큰 구멍을 뚫다, 크게 축내다. ***pick ~s in*** …의 흠을 잡다. ── *vt., vi.* 구멍을 뚫다〔에 들어가다〕. **~ *up*** 동면하다; 《俗》 숨다, 몸을 숨기다.

hole-and-cor·ner [ˊəndkɔ́:rnər] *a.* 비밀의; 하찮은.

†**hol·i·day** [hɑ́lədèi / hɔ́lədèi] *n.* ① (공)휴일, 축일(祝日). ② (보통 *pl.*) 《英》 휴가. ~ ***clothes*** 〔***attire***〕 나들이 옷.

hol·i·day·mak·er [-mèikər] *n.* 휴일을 즐기는 사람; 시끄럽고 저속한 유람객.

ho·li·er-than-thou [hóuliərðən-ðáu] *a., n.* 《美》 짐짓 체하는, 독선적인 (사람), 군자연하는 (자식).

ho·li·ness** [hóulinis] *n.* Ⓤ 신성. ***His 〔***Your***〕 ***H-*** 성하(聖下)《교황의 존칭》.

hol·la, hol·loa [hɑ́lə, həlɑ́:/hɔ́-], **hol·lo** [hɑ́lou, həlóu/hɔ́-] *int., n., vi.* 어어이!(하고 외치다).

‡**Hol·land** [hɑ́lənd/-ɔ́-] *n.* ① 네덜란드(the Netherlands). ② (*pl.*) =ˊ-***gín*** 네덜란드산의 진 술. **~·er** *n.* 네덜란드 사람〔배〕.

hol·ler [hɑ́lər/-ɔ́-] *vi., vt.* 《口》 큰 소리로 부르다, 외치다.

‡**hol·low** [hɑ́lou/-ɔ́-] *n.* ① 구멍; 움푹 들어간 곳, 우묵한 곳. ② 골짜기. ── *vi., vt.* 우묵 들어가(게 하)다; 도려〔후벼〕내다(*out*). ── *a.* ① 우묵 들어간; 속이 텅빈. ② 굴 속에서 울리는 (듯한), (목소리가) 힘없는. ③ 거짓의; 공허한; 실속 없는, 싱거운. **~ *praise*** 입에 발린 말. **~ *race*** 〔***victory***〕 싱거운 경주〔승리〕. ── *ad.* 《口》 완전히. ***beat*** (a person) **~** (아무를) 여지없이 해내다. **~·ly** *ad.* **~·ness** *n.*

hol·low-eyed [-àid] *a.* 눈이 우묵한.

***hol·ly** [hɑ́li/-ɔ́-] *n.* 호랑가시나무(의 잎과 열매)《크리스마스 장식용》.

hol·ly·hock [-hɑ̀k/-ɔ̀-] *n.* 접시꽃.

***Hol·ly·wood** [hɑ́liwùd / -ɔ́-] *n.* Los Angeles시의 한 지구, 영화의 도시.

holm[1], **holme** [houm] *n.* 《英方》 강 가운데 있는 섬, 강섬. 「리의 일종.

hólm[2] **(òak)** *n.* 〖植〗 너도밤나무 무

Holmes [houmz], **Sherlock** 영국 소설가 Arthur Conan Doyle의 작품중의 명탐정; 《一般》 명탐정.

hol·mi·um [hóulmiəm] *n.* Ⓤ 〖化〗 홀뮴《희유 금속 원소; 기호 Ho》.

Hol·o·caine [hɑ́ləkèin, hóul-/-ɔ́-] *n.* Ⓤ 〖藥·商標〗 홀로카인《안과용 국소 마취제》(phenacaine).

hol·o·caust [hɑ́ləkɔ̀:st/hɔ́l-] *n.* (유대인 등이 짐승을 통째로 구워서 신에게 바친) 희생; 대희생, 대학살.

hol·o·graph [hɑ́ləgræ̀f / hɔ́ləgrɑ̀:f] *n.* 자필의 문서.

ho·log·ra·phy [həlɑ́grəfi/-lɔ́g-] *n.* Ⓤ 홀로그래피《레이저 광선에 의한 입체 사진술》.

Hol·stein(-Frie·si·an) [hóulstain, -sti:n(frí:ziən)/-ɔ́-] *n.* 홀스타인《젖소》. 「케이스.

hol·ster [hóulstər] *n.* (가죽제) 권총

‡**ho·ly** [hóuli] *a.* ① 신성한, 거룩한. ② 성인 같은. **~ *of holies*** (유대 전의) 지성소(至聖所).

Hóly Allíance, the 〖史〗 신성 동맹(同盟)《1815년》.

Hóly Bíble, the 성서.

Hóly Cíty, the 성도(聖都) 《Jerusalem, Mecca 따위》.

Hóly Commúnion 성찬식; 〖카톨릭〗 영성체(領聖體).

hóly dày 종교상의 축제일.

Hóly Fámily, the 성가족(聖家族) 《성모 마리아의 팔에 안긴 어린 예수, 요셉, 어린 성(聖) 요한 등을 표현한 그림·조각》.

Hóly Fáther, the 〖카톨릭〗 교황 (의 존칭).

Hóly Ghóst 성신《Trinity의 제 3 위》.

Hóly Gráil, the ⇨ GRAIL.

Hóly Lànd, the 성지(聖地) 《Palestine》. 「세주; 천주.

Hóly Òne, the 예수 그리스도; 구

hóly órders 성직(聖職).

Hóly Róman Émpire, the 신성 로마 제국《962-1806》.

Hóly Scríptures, the 성서(Bible).

Hóly Sée, the ⇨ SEE[2].

Hóly Spírit =HOLY GHOST.

ho·ly·stone [hóulistòun] *n., vt., vi.* 〖海〗 닦음돌(로 갑판을 닦다).

Hóly Thúrsday 승천 축일; 〖카톨릭〗 성(聖) 목요일《부활절 전주의 목요일》.

Hóly Wèek 부활절의 전주(前週).

Hóly Wíl·lie [wíli] 가짜 신앙가〔종교가〕.

Hóly Wrít, the 성서(聖書).

hom·age** [*h*ɑ́midʒ/hɔ́m-] *n.* Ⓤ 존경; 복종; 신종(臣從)의 예(禮). ***do 〔***pay***〕 **~ *to*** …에게 경의를 표하다; 신하로서의 예를 다하다. 「나이, 놈.

hom·bre [ɑ́mbrei/ɔ́m-] *n.* (Sp.) 사

hom·burg, H- [hɑ́mbə:rg/-ɔ́-] *n.* 테가 좁은 중절모자의 일종.

†**home** [houm] *n.* ① ⓊⒸ 집, 가정, 자택; 주거. ② Ⓤ 본국, 고향. ③ 본고장, 중심지. ④ ⓊⒸ 안식처. ⑤ 수용소, 요양소. ⑥ 결승점; 〖野〗 본루(本壘). ***at ~*** 집에 있어; 면회일이어서; 고향〔본국〕에; 편히; 정통하여, 환하여, 숙달하여(*in, with*). ***from ~*** 부재하여, 본국을 떠나. ***last*** 〔***long***〕 **~** 무덤. (***Please***) ***make yourself at ~.*** (부디) 스스럼 없이 편하게 하십시오. ── *a.* ① 가정의, 자택(부근)의. ② 자기 나라의, 본토의, 국내의. ③ 중심을 〔급소를〕 찌르는, 통렬한. ── *ad.* ① 내〔우리〕 집으로, 고향〔본국〕으로. ② 급소를 찔러서, 따끔하게. ***bring ~ to*** 통

절〔절실〕히 느끼게 하다. *come* 〔*go*〕 ～ 귀가〔귀국〕하다; 가슴에 찔리다 (*to*). *get* ～ 집으로 돌아가다〔오다〕; 회복하다. *see a person* ～ 집까지 바래다 주다. —— *vi., vt.* ① 귀가하다〔시키다〕; (비둘기가) 보금자리로 돌아오다〔가다〕. ② (비행기·미사일 따위가) 유도되다, (미사일 따위를) 자동제어로 유도하다. ③ 가정을 갖다, 집을 주다.

hóme báse 〖野〗 본루(本壘).

home·bred [hóumbréd] *a.* 제 집에서 자란; 조잡한; 순진한; 국산의.

home-brew [´brúː] *n.* 자가 양조 음료. ～**ed** *a.*

home-com·ing [´kʌmiŋ] *n.* Ⓤ 귀가; 귀향; Ⓒ 《美》 (대학 등에서 1년에 한번 여는) 동창회. 「내무성.

Hóme Depártment 〔**Óffice**〕 《英》

hóme económics 가정학.

hóme ecónomist 가정학자.

hóme fòlks 고향 사람들《특히 일가 친척》. 「지의 경기장); 본거지.

hóme gròund 홈그라운드《팀 소재

home-grown [´gróun] *a.* 본토〔본국〕산의.

Hóme Guárd 《美》 국방 의용병; 《英》 향토 방위대원.

home·keep·ing [´kìːpiŋ] *a.* 집안에만 틀어박혀 있는.

home·land [´lænd] *n.* 고국, 본국.

***home·less** [´lis] *a.* **집없는.**

home·like [´làik] *a.* 마음 편한.

‡**home·ly** [´li] *a.* ① **가정의**, 가정적인. ② 검소한, 수수한, 꾸밈 없는, 평범한. ③ 《美》 얼굴이 못생긴. **-li·ness** *n.*

‡**home·made** [´méid] *a.* ① **손으로 만든**; 집에서 만든. ② 국산의.

home·mak·er [´mèikər] *n.* 《美》 주부.

Hóme Mínister 내무부 장관.

ho·me·op·a·thy [hòumiápəθi/-ɔ́-] *n.* Ⓤ 동종 요법(同種療法)(opp. allopathy). **ho·me·o·path·ic** [⌐–əpǽθik] *a.*

hóme pláte ＝HOME BASE.

hóme quéstion 급소를 찌른 질문.

Ho·mer [hóumər] *n.* 호머, 호메로스《기원 전 10세기경의 그리스 서사시인; *Iliad, Odyssey* 의 작자》.

***hom·er** [hóumər] *n.* 《口》 ① 〖野〗 홈런. ② 전서(傳書) 비둘기.

Ho·mer·ic [houmérik] *a.* Homer (풍)의. 「홍소, 가가대소.

Homéric láughter 참을 수 없는

‡**hóme ròom, home·room** [hóumrù(ː)m] *n.* Ⓤ̲Ⓒ 《美》 〖敎育〗 **홈룸.**

hóme rúle 지방 자치.

‡**hóme rún** 〖野〗 **홈런.**

Hóme Sécretàry, the 《英》 내무대신, 내상.

‡**home·sick** [hóumsìk] *a.* **회향병의,** 홈식에 걸린. ～**·ness** *n.* 향수.

home·site [´sàit] *n.* Ⓤ (집의) 대지.

***home·spun** [´spʌn] *a., n.* ① **손으로 짠.** ② 평범한, 조야한. ③ Ⓤ 손으로 짠 직물, 홈스펀.

***home·stead** [´stèd, -stid] *n.* ① (농가의) **집과 부속지** 《밭을 포함해서》. ② 《美·캐나다》(이민에게 분양되는) 자작 농장.

home·stretch [´strétʃ] *n.* (결승점 앞의) 직선 코스; 마지막 부분.

hóme stúdy 통신 교육.

home·town [´táun] *n., a.* 고향의 도시(의), 살아서 정든 도시(의).

hóme trúth 결점, 약점.

***home·ward** [´wərd] *a., ad.* **귀로의;** 집〔본국〕으로(향해서)의. ～**s** *ad.* ＝ HOMEWARD.

†**home·work** [´wəːrk] *n.* Ⓤ ① **숙제,** (집에서 하는) 예습, 복습. ② 집안 일, 가내 공업. ③ (회의 등을 위한) 사전 조사.

home·y [´i] *a.* 가정적인, 아늑한.

hom·i·cide [hάməsàid/-ɔ́-] *n.* Ⓤ 살인; Ⓒ 살인자. **hom·i·cid·al** [⌐–sáidl] *a.* 「설교의. ～**s** *n.* 설교술.

hom·i·let·ic [hὰməlétik / hɔ̀m-] *a.*

hom·i·ly [hάməli/hɔ́m-] *n.* 설교.

hom·ing [hóumiŋ] *a.* 귀소성(歸巢性)의.

hóming ìnstinct 귀가〔귀소〕본능.

hóming pìgeon 전서(傳書) 비둘기.

hóming torpèdo 자동 유도 어뢰.

hom·i·ny [hάməni / -ɔ́-] *n.* Ⓤ 《美》 묽게 탄 옥수수(죽).

ho·mo [hóumou] *n., a.* 《俗》＝HOMOSEXUAL.

ho·mo [hóumou] *n.* (*pl.* ***homines*** [hάmənìːz/-ɔ́-]) (L.) 사람《학명》.

homo- 「같은, 동일」의 뜻의 결합사.

ho·moe·op·a·thy [hòumiápəθi/-ɔ́-] *n.* ＝HOMEOPATHY.

ho·mo·ge·ne·ous [hòumədʒíːniəs / hɔ̀m-] *a.* 동종〔동질·동성〕의 (opp. heterogeneous). **ho·mo·ge·ne·i·ty** [hòumədʒəníːəti/hɔ̀m-] *n.* Ⓤ

ho·mog·e·nize [həmάdʒənàiz / həmɔ́dʒ-] *vt.* 균질화(均質化)하다. ～***d milk*** 균질 우유.

hom·o·graph [hάməgræf / hɔ́məgrὰːf] *n.* 동형 이의어(同形異義語) 《보기: seal[1, 2]》.

ho·mol·o·gous [houmάləgəs / hɔmɔ́l-] *a.* (위치 따위가) 상응〔대응〕하는, 일치하는.

ho·mol·o·gy [houmάlədʒi, hə- / hɔmɔ́l-] *n.* Ⓤ̲Ⓒ 상동(相同), 상응.

hom·o·nym [hάmənìm/-ɔ́-] *n.* 동음 이의어(同音異義語) 《*here* 와 *hear*; *pen*[1] 과 *pen*[2](울타리) 따위》(cf. ⇩).

hom·o·phone [hάməfòun/-ɔ́-] *n.* 동음 이자(同音異字)《*since* 의 *s*, *c* 나 *cake* 의 *c*, *k*》; 동음 이철어(同音異綴語)《*here* 와 *hear* 따위》(cf. ⇧).

Ho·mo sa·pi·ens [hóumou séipiənz] (L. ＝wise man) 인류.

ho·mo·sex·u·al [hòuməsékʃuəl] *a., n.* 동성애(同性愛)의 (사람). **-sex·u·al·i·ty** [⌐–⌐–ǽləti] *n.* Ⓤ

hom·y [hóumi] *a.* ＝HOMEY.

Hon., hon. Hono(u)r; Hono(u)rable; Honorary.

Hon·du·ras [hɑndjúərəs/hɔndjúər-] *n.* 중앙 아메리카의 공화국.

-dú·ran [-rən] *n., a.* ～의 (사람).

hone [houn] *n., vt.* 면도날 숫돌(로 갈다).

†hon·est [ánist/ɔ́n-] *a.* ① **정직한**, 성실한. ② (술·우유 따위) 진짜의, 섞지 않은. ③ (돈 따위) 떳떳이 번. ***earn*** 〔***turn***〕 ***an ～ penny*** 정당한 수단으로 돈을 벌다. ***make an ～ woman of*** …을 정식 아내로 삼다. **‡hón·est·ly** *ad.*

Hónest Ínjun (=Indian) 《口》 정직하게 말해서, 정말로.

Hónest Jóhn 원자 로켓포의 일종.

‡hon·es·ty [-i] *n.* Ⓤ **정직**, 성실, 솔직.

‡hon·ey [hʌ́ni] *n.* ① Ⓤ (벌)꿀; 화밀(花蜜). ② =DARLING. —— *a.* 감미로운; 귀여운. —— *vi.* 정다운〔달콤한〕 말을 하다; 《口》 발림말하다.

hon·ey·bee [-bìː] *n.* 꿀벌.

***hon·ey·comb** [-kòum] *n., vt., vi.* ① **꿀벌의 집**. ② 벌집 모양으로 만들다; 구멍 투성이로 만들다. ③ (악폐가) 침식하다, 위태롭게 하다.

hon·ey·dew [-djùː] *n.* Ⓤ (나무 껍질, 진디 따위의) 분비물, 감로(甘露); =∠ **mèlon** 감로 멜론.

hon·eyed [-d] *a.* 달콤한; 간살스러운; 꿀로 달게 한.

hóney lòcust 〖植〗 (북미산의) 쥐엄나무.

***hon·ey·moon** [-mùːn] *n., vi.* ① 밀월《결혼 후의 1개월》(을 보내다); **신혼 여행**(을 하다). ② 이상하게 친밀한 기간; 협조 관계.

***hon·ey·suck·le** [hʌ́nisʌ̀kl] *n.* 〖植〗 **인동덩굴**(의 무리).

***Hóng Kóng, Hong·kong** [háŋkáŋ/hɔ́ŋkɔ́ŋ] **홍콩**.

honk [hɔːŋk, haŋk/-ɔ-] *vi., n.* (기러기가) 울다〔우는 소리〕; 경적을 울리다〔울리는 소리〕.

honk·y-tonk [háŋkitàŋk, hɔ́ːŋkitɔ̀ːŋk/hɔ́ŋkitɔ̀ŋk] *n., a.* 《美口》 저속한 카바레〔댄스홀, 나이트클럽〕; 저속한 (음악, 레코드).

‡Hon·o·lu·lu [hànəlúːluː/hɔ̀n-] *n.* 하와이 주의 주도.

†hon·or, 《英》 **-our** [ánər/ɔ́-] *n.* Ⓤ ① **명예**; 명성; 면목, 체면. ② 자존심, 염치심, 정절. ③ 경의. ④ 고위, 고관; (H-) 각하(*His* 〔*Her, Your*〕 *H-*). ⑤ (보통 *pl.*) 예우(禮遇), 작위(爵位); 훈장; 서훈; 의례(儀禮). ⑥ ⒸⓊ (단체 등이 수여하는) 영광〔명예〕(의 표시). ⑦ (*pl.*) (대학의) 우등 (*an ～ man* 우등 졸업생). ⑧ (카드놀이의) 주요(主要)패 《에이스 및 그림패》. ***be on one's ～ to*** (do), or ***be bound in ～ to*** (do) 명예를 위해서도 …하지 않으면 안된다. ***do ～ to*** …을 존경하다; …의 명예가 되다. ***do the ～s*** 주인 노릇을 하다(*of*). ***do*** 〔***render***〕 ***the last ～s*** 장례식을 행하다. ***give one's*** (***word of***) ***～*** 맹세하다. ***～ bright*** 《口》 맹세코, 기어코. ***～s of war*** (투항군(投降軍)에 대한) 무인(武人)의 예(禮)《무장을 허용하는 따위》. ***in ～ of*** …에게 경의〔축의〕를 표하여, …을 기념하여. ***military ～s*** 군장(軍葬)의 예. ***point of ～*** 체면 문제. ***upon my ～*** 명예를 걸고〔위해서〕, 맹세코. ***with ～s*** 우등으로. —— *vt.* ① 존경하다. ② 명예〔영예〕를 주다, (관위(官位)에) 서(敍)하다(*with*). ③ 〖商〗 (어음을) 인수하고 지불하다(cf. dishonor).

‡hon·or·a·ble, 《英》 **-our-** [ánərəbl/ɔ́n-] *a.* ① **존경할 만한**, 명예로운; 수치를 아는, 훌륭한. ② 고귀한; (H-) (영국에서는 각료·재판관 등, 미국에서는 의원(議員) 등의) 인명에 붙이는 존칭. ***Most H-*** 후작(侯爵)(Marquis)의 존칭. ***Right H-*** 백작 이하의 귀족·런던 시장·추밀 고문관의 존칭. ***-bly** *ad.*

hon·o·rar·i·um [ànəréəriəm/ɔ̀nəréər-] *n.* 사례금.

hon·or·ar·y [ánərèri/ɔ́nərəri] *a.* 명예상(上)의, 명예직의. ***～ degree*** 〔***member, secretary***〕 명예 학위〔회원, 간사〕.

hon·or·if·ic [ànərífik/ɔ̀n-] *a.* 존경〔경칭〕의. —— *n.* 경칭《Dr., Prof., Hon. 따위》; (한국 말 등의) 경어.

hónor sỳstem 《美》 (학교의) 무감독 (시험) 제도, (형무소의) 무감시 제도.

†hon·our, ‡hon·our·a·ble, &c. = HONOR, HONORABLE, &c.

hons. hono(u)rs. **Hon. Sec.** Honorary Secretary.

hooch [huːtʃ] *n.* Ⓤ 《美俗》 주류, 밀주(密酒); Ⓒ (오두막)집.

‡hood [hud] *n., vt.* ① **두건**(으로 가리다). ② 덮개〔포장〕(을 씌우다); 뚜껑(을 하다); 〖寫〗 (렌즈의) 후드. **hóod·ed** [∠id] *a.* 두건을 쓴; 포장을 씌운.

Hood [hud], **Robin** 전설적인 영국의 의적(義賊), 활의 명수《12세기경》.

-hood *suf.* 《名詞語尾》 상태·인격 따위를 나타냄: child*hood*, likeli*hood*, man*hood*.

hood·lum [húːdləm] *n.* 불량자, 갱.

hoo·doo [húːduː] *n.* (*pl.* **～s**) 불운(不運); 불길한 물건〔사람〕; =VOODOO.

hood·wink [húdwìŋk] *vt.* (말·사람의) 눈을 가리다; 속이다.

hoo·ey [húːi] *n., int.* Ⓤ 《美口》 허튼 소리〔짓〕; 바보 같은!

‡hoof [huːf, huf] *n.* (*pl.* **～s, hooves**) **(발)굽**. ***on the ～*** (소·말이) 살아서. —— *vi.* 《俗》 걷다; 춤추다. —— *vt.* 발굽으로 차다; (걷어) 차다; 내어 쫓다. **～ed** [-t] *a.* 발굽 있는.

hoof·beat [∠bìːt] *n.* 발굽 소리.

hoo-ha [húːhàː] *n.* 《英口》 소란, 시끄러움. —— *int.* 와아《떠드는 소리》.

‡hook [huk] *n.* ① **갈고리**, 훅; 걸쇠. ② 낚시, 코바늘. ③ 갈고리 모양의 곳, (하천의) 굴곡부. ④ 〖拳〗 훅; 〖野〗 곡구(曲球). ⑤ 〖樂〗 음표 꼬리 《8분 음표 따위의 대에 붙은 것》. ***by ～ or by crook*** 무슨 수를 써서라도, 수단을 가리지 않고. ***drop off the ～s*** 《英俗》 죽다. ***get the ～*** 《俗》 해고되다. ***～ and eye*** 훅 단추. ***on one's own ～*** 《口》 독립하여, 혼자 힘으로. —— *vt.* ① 갈고

리로 걸다(*on, up*); 훅으로 채우다. ②〖拳〗훅을 먹이다. ③ 낚다, (아무를) 올가미로 호리다. ④《俗》훔치다. —— *vi.* 갈고리에 걸리다; 갈고리처럼 휘다. **~ *it*** 도망치다. **~ *up*** 갈고리로 걸다, 훅으로 채우다〔고정시키다〕; 〖라디오·電話〗중계〔접속〕하다; 관계하다(*with*); 〖野〗대항 시합을 하다(*with*). 「대.

hook·a(h) [húkə] *n.* 수연통, 물담뱃

***hooked** [hukt] *a.* ① **갈고리 모양의**; 훅이 달린. ②《俗》마약 중독의.

hóoked rúg 황마천 등에 털실이나 천조각으로 자수한 융단.

hook·er[1] [húkər] *n.* 네덜란드의 두대박이 어선; 영국의 외대박이 어선; 《海俗》구식의〔볼품 없는〕배.

hook·er[2] *n.* 《俗》도둑, 사기꾼; 독한 술; 매춘부; 〖럭비〗후커.

hook·nose [húknòuz] *n.* 매부리코 (hooked nose).

hóok órder 소의 사회 서열《소의 사회에서 약자를 뿔로 받고 강자에게 받히는 일정한 순위》.

hook·up [ˊʌp] *n.* 배선〔접속〕(도); (방송) 중계; 《口》제휴, 친선. 「충.

hook·worm [ˊwəːrm] *n.* 십이지장

hook·y [húki] *a.* 갈고리의, 갈고리 같은〔많은〕. —— *n.* Ⓤ《美》학교를 빼먹음. ***play ~*** 학교를 빼먹다.

hoo·li·gan [húːligən] *n.* 깡패, 불량자.

hoop**[1] [huːp] *n.* ① **테**, 굴렁쇠. ② (스커트 폭을 벌어지게 하는) 버팀테. ③ (체조용의) 후프. ④ (croquet 의) 기둥문. ⑤ (농구에서 망을 드리우는) 쇠테. ***go through the ~(s) 《口》고생하다. —— *vt.* 테를 메다〔두르다〕; 둘러싸다. **ˊ·er** *n.* 통(메)장이.

hoop[2] *vi., n., int.* 《古》 =WHOOP.

Hoop·e·rat·ing [húːpərèitiŋ], **Hóoper ràting** 《美》〖放〗청취율〔시청율〕순위. 「COUGH.

hóoping còugh =WHOOPING

hoop·la [húːplɑː] *n.* Ⓤ 고리던지기 놀이; 《口》대소동; 과대 선전.

hoop·man [húːpmən] *n.* (*pl.* **-men** [-mən]) 《俗》농구 선수.

hoo·poe [húːpuː] *n.* 〖鳥〗후투티.

hóop skìrt 버팀살대로 퍼지게 한 스커트.

hoop·ster [húːpstər] *n.* 《俗》농구선수; 훌라후프를 돌리는 사람. 「RAH.

hoo·ray [hu(ː)réi] *int., n., v.* =HUR-

hoos(e)·gow [húːsgau] *n.* 《俗》교도소. 「사람; 《俗》촌놈.

Hoo·sier [húːʒər] *n.* Indiana 주의

***hoot** [huːt] *vt., vi., n.* ① **야유하다**〔하는 소리〕. ② (올빼미가) 부엉부엉 울다〔우는 소리〕. ③ 《주로 英》(기적·나팔 따위가) 울리다〔울리는 소리〕. ④《口》《否定文에서》조금. **ˊ·er** *n.*

hoot·en·an·ny [húːtənæ̀ni] *n.* 청중이 참가하는 포크송 집회; 《주로 方》거시키, 아무것《기계 장치 등의 정확한 명칭을 모를 때 쓰임》.

Hoo·ver [húːvər] *n., vt.* 《英口》진공 청소기《상표명》; (h-) 진공 청소기(로 청소하다).

Hoo·ver, Herbert Clark (1874–1964) 미국의 31대 대통령(1923–33).

‡**hop**[1] [hɑp / -ɔ-] *vi.* (**-pp-**) ① **뛰다** (*about, along*). ②《口》춤추다. ③ 이륙하다(*off*). —— *n.* ① 앙감질. ② 도약. ③《口》무도(회). **~, *step*** 〔***skip***〕 ***and jump*** 삼단도(三段跳).

hop[2] *n.* 〖植〗홉; (*pl.*) 그 열매《맥주에 쓴 맛을 냄》; Ⓤ《俗》마약, 아편. —— *vt., vi.* (**-pp-**) 홉 열매를 따다; 홉으로 맛을 내다.

†**hope** [houp] *n.* ① ⓊⒸ **희망, 기대.** ② 유망한 사람〔것〕, 호프. —— *vt., vi.* 희망〔기대〕하다. **~ *against ~*** 만일을 바라다. **~ *for the best*** 낙관하다. ***I ~ not.*** …은 아니라고 생각한다.

hópe chèst 《美》처녀의 혼수감 함.

‡**hope·ful** [ˊfəl] *a.* **유망한** (종종 反語). ***young ~*** 장래가 촉망되는 청년; 《反語》싹수가 노란 젊은이. ***~·ly** *ad.* **~·ness** *n.*

‡**hope·less** [ˊlis] *a.* **희망〔가망〕없는**; 절망의. ***~·ly** *ad.* **~·ness** *n.*

hop·head [hɑ́phèd/-ɔ́-] *n.* 《美俗》마약 중독자. 「hɔ́pəmi-] *n.* 난쟁이.

hop-o'-my-thumb [hɑ́pəmaiθʌ́m /

hop·per[1] [hɑ́pər/-ɔ́-] *n.* (껑충) 뛰는 사람〔벌레〕; (제분기 따위의) 큰 깔때기 모양의 투입구; 《濠》캥거루.

hop·per[2] *n.* 홉(hop²)을 따는 사람.

hop·scotch [hɑ́pskɑ̀tʃ / hɔ́pskɔ̀tʃ] *n.* Ⓤ 오랏말놀이.

Hor·ace [hɔ́ːris/hɔ́ris] *n.* (65–8 B. C.) 호라티우스《로마의 서정 시인》.

***horde** [hɔːrd] *n.* ① **유목민의 무리.** ② 군중, 큰 무리〔떼〕.

hore·hound [hɔ́ːrhàund] *n.* Ⓤ (유럽산의) 쓴 박하(에서 얻는 기침약).

‡**ho·ri·zon** [həráizən] *n.* ① **수평선,** 지평선. ② 한계, 범위, 시계(視界), 시야. ***enlarge one's ~*** 안목〔식견〕을 넓히다.

‡**hor·i·zon·tal** [hɔ̀ːrəzɑ́ntl/hɔ̀rəzɔ́n-] *a.* **지평선의**; 수평의; 가로의(opp. vertical); 평면의, 평평한. —— *n.* 지평선, 수평선, 수평위치. **~·ly** *ad.*

hòrizóntal bár (기계 체조의) 철봉.

hórizòntal éngine 수평 엔진.

hórizòntal únion 직업별 조합(cf. vertical union). 「르몬.

***hor·mone** [hɔ́ːrmoun] *n.* 〖生化〗호

‡**horn** [hɔːrn] *n.* ① **뿔**(모양의 것). ②〖動〗촉각, 촉수. ③ 뿔제품. ④ 각적(角笛); 호른, 경적. ***draw*** 〔***pull***〕 ***in one's ~s*** 움츠리다, (으쓱거리던 사람이) 슬그머니 기죽은 소리를 하다, 조심하다. **~ *of plenty*** =CORNUCOPIA. ***on the ~s of dilemma*** 딜레마〔진퇴유곡〕에 빠져서. ***the H-*** =***Cape Horn*** 남아메리카의 남단. —— *vt., vi.* ① **뿔로 받다.** ② 뿔이 나다〔돋치다〕. ③《美口》주제넘게 나서다(*in*).

horn·beam [ˊbìːm] *n.* 〖植〗서나무.

horn·bill [ˊbìl] *n.* 코뿔새.

horn·blende [´blènd] *n.* Ⓤ 각섬석(角閃石).

horn·book [´bùk] *n.* (어린이에게 글을 가르치던 예전의) 글자판(板).

horned [hɔːrnd, (詩) hɔ́ːrnid] *a.* 뿔이 있는.

hórned ówl 부엉이.

hórned póut 메기.

hor·net [hɔ́ːrnit] *n.* 〖蟲〗 말벌의 일종; 귀찮은 사람. ***bring a ~s' nest about one's ears*** 큰 소동을 일으키다; 많은 원수를 만들다.

Hórn of África, the 아프리카의 뿔《아프리카 북동부의 돌출부에 대한 속칭》.

horn·pipe [hɔ́ːrnpàip] *n.* (옛 웨일즈의) 나무 피리.

horn·swog·gle [´swàgəl/-ɔ̀-] *vt.* 《美俗》 속이다.

horn·wort [´wə̀ːrt] *n.* 〖植〗 붕어마름.

horn·y [hɔ́ːrni] *a.* 뿔의, 뿔있는, 각질(角質)의, 단단〔딱딱〕한; 《俗》 호색(好色)의.

hórny hánd (막일로) 피부가 두꺼워진 손.

hor·o·loge [hɔ́ːrəlòudʒ, -làdʒ/hɔ́rəlɔ̀dʒ] *n.* 시계(timepiece).

ho·rol·o·gy [houráləd͡ʒi/hɔrɔ́l-] *n.* Ⓤ 시계학, 시계 제조술. **ho·ról·o·ger** *n.* 시계 연구가, 시계공.

hor·o·scope [hɔ́ːrəskòup/hɔ́r-] *n.* 점성(占星); 탄생시의 별 위치(관측); (점성용) 천궁도(天宮圖), 12 궁도.

hor·ren·dous [hɔːréndəs / hɔr-] *a.* 무서운.

‡**hor·ri·ble** [hɔ́ːrəbəl, -á-/-ɔ́-] *a.* ① 무서운. ② 심한, 지겨운. ***-bly** *ad.*

***hor·rid** [hɔ́ːrid, -á-/-ɔ́-] *a.* =⇧.

***hor·ri·fy** [hɔ́ːrəfài, -á-/-ɔ́-] *vt.* 무섭게 하다, 소름끼치게 하다. **hor·ri·fi·ca·tion** [hɔ̀ːrəfikéiʃən / -ɔ̀-] *n.* Ⓤⓒ **~·ing** *a.*

‡**hor·ror** [hɔ́ːrər, -á-/-ɔ́-] *n.* ① Ⓤ 공포. ② Ⓤⓒ 염오. ③ 무서운 것〔사람·사건〕; 형편없는 것, 열등품. —— *a.* (소설·영화 등) 소름끼치게 하는.

hor·ror-strick·en [-strìkən], **-struck** [-strʌ̀k] *a.* 공포에 질린.

hors d'oeu·vre [ɔːr də́ːrv] (F.) 〖料理〗 오르되브르, 전채(前菜).

†**horse** [hɔːrs] *n.* ① 말; 수말(cf. mare), 씨말. ② 《集合的》 기병(cf. foot). ③ 다리가 있는 물건걸이, 발판. ④ 〖體操〗 목마, 안마. ⑤ 《美俗》 자습서(crib). ***entire ~*** 씨말. ***light ~*** 경기병(輕騎兵). ***look a gift ~ in the mouth*** 받은 선물의 트집을 잡다《말은 이빨로 나이를 판단하는 데서》. ***Master of the H-*** 주마(主馬) 장관. ***mount*** 〔***ride***〕 ***the high ~*** 으스대다. ***play ~*** (아이가) 말로 알고 타다(*with*). ***play ~ with*** …을 무례하게 대하다, 무시하다. ***pull the dead ~*** 선불받은 임금 때문에 일하다. (***straight***) ***from the ~'s mouth*** 《俗》 (뉴스·속보(速報)가) 확실한〔믿을만한〕 소식통에서 (직접). ***take ~*** 말을 타다, 말을 빌다; (암말이) 교미하다. ***talk ~*** 허풍떨다. ***To ~!*** 《口令》 승마! —— *vt.* (수레에) 말을 달다; 말에 태우다; 혹사하다. —— *vi.* 승마하다; (말이) 암내내다.

horse-and-bug·gy [hɔ́ːrsənbʌ́gi] *a.* 케케 묵은.

‡**horse·back** [´bæ̀k] *n.* 말의 등(*on ~* 말을 타고).

hórse blòck 승마용 디딤대.

hórse bòx 말 운반용 화차.

horse·break·er [´brèikər] *n.* 조마사(調馬師).

horse·car [´kàːr] *n.* 《美》 철도 마차; 말 운반차.

hórse chéstnut 〖植〗 마로니에.

horse·feath·ers [´fèðərz] *n. sing. & pl.* 《俗》 난센스, 허튼 소리.

horse·flesh [´flèʃ] *n.* Ⓤ 말고기; 《集合的》 말.

hórse flỳ 〖蟲〗 등에, 말파리.

Hórse Guàrds, the 근위 기병.

horse·hair [´hɛ̀ər] *n.* Ⓤ 말총《갈기 및 꼬리》; 마소직(馬巢織).

horse·hide [´hàid] *n.* 말가죽.

hórse látitudes (대서양의) 무풍대(無風帶).

horse·laugh [´læ̀f, -làːf] (특히 조소적인) 너털웃음.

horse·less [´lis] *a.* 말없는, 말이 필요 없는.

‡**horse·man** [´mən] *n.* ① 승마자, 기수. ② 기병. ③ 마술가(馬術家). **~·ship** [-ʃìp] *n.* Ⓤ 마술.

hórse marìne (상상의) 말탄 해군; 부적격자. ***Tell that to the ~!*** 그 바보 같은 소리 좀 그만둬!

hórse òpera 《美》 서부 영화〔극〕.

hórse pìstol 마상용(馬上用) 대형 피스톨.

horse·play [´plèi] *n.* Ⓤ 야단법석.

***horse·pow·er** [´pàuər] *n. sing. & pl.* 마력(馬力).

***hórse ràce** 경마. 「~·er *n.* 경마광.

horse·rad·ish [´rædiʃ] *n.* 〖植〗 양고추냉이.

hórse sènse 《口》 (어설픈) 상식.

***horse·shoe** [hɔ́ːrʃʃùː, hɔ́ːrs-] *n., vt.* 편자(를 박다); 〖動〗 =´ **cráb** 참게.

hórseshoe màgnet 말굽 자석.

horse·tail [hɔ́ːrstèil] *n.* 말 꼬리; 〖植〗 속새.

horse-trad·ing [´trèidiŋ] *n.* 사기.

horse·whip [´hwìp] *n., vt.* (**-pp-**) 말채찍(으로 치다); 징계하다.

horse·wom·an [´wùmən] *n.* 여자 기수.

hors·(e)y [´i] *a.* 말의, 말 같은, 말을〔경마를〕 좋아하는; 기수 같은.

hort. horticultural; horticulture.

hor·ta·tive [hɔ́ːrtətiv], **-ta·to·ry** [-tətɔ̀ːri/-təri] *a.* 권고〔충고〕의.

hor·ti·cul·ture [hɔ́ːrtəkʌ̀ltʃər/-ti-] *n.* Ⓤ 원예(술). **hor·ti·cul·tur·al** [⌐–kʌ́ltʃərəl] *a.* 원예(상)의. **hor·ti·cul·tur·ist** [⌐–kʌ́ltʃərist] *n.* 원예가.

Hos. Hosea.

ho·san·na [houzǽnə] *int., n.* 호산나《하느님 또는 예수를 찬미하는 말》.

***hose** [houz] *n.* (*pl.* ~, 《古》 ~*n*) ① 《集合的》 긴 양말. ② Ⓤⓒ (*pl.* ~, ~*s*) 호스. —— *vt.* 긴 양말을 신기다; 호스로 물을 끼얹다.

Ho·se·a [houzíːə, -zéiə] *n.* 〖舊約〗 호세아서(書)(의 저자)《기원 전 8세기

의 히브리의 선지자).
hóse càrt (소방용) 호스 운반차.
hose·pipe [hóuzpàip] *n.* 호스.
ho·sier [hóuʒər] *n.* (메리야스·양말 따위의) 양품상(商) 《사람》. **～·y** *n.* Ⓤ 양품류; 양품업.
hos·pice [háspis/-5-] *n.* (종교 단체 등이 경영하는) 숙박소.
***hos·pi·ta·ble** [háspitəbəl / -ɔ́-] *a.* ① 극진한, 따뜻하게 대접하는. ② (새로운 사상 따위를) 기꺼이 받아들이는(*to*). **-bly** *ad.*
†**hos·pi·tal** [háspitl/-ɔ́-] *n.* **병원**. **～·ize** [-àiz] *vt.* 입원시키다.
hóspital féver 발진티푸스.
‡**hos·pi·tal·i·ty** [hàspətǽləti/hɔ̀spi-] *n.* ⓊⒸ **친절한 대접**, 환대, 후대.
‡**host**[1] [houst] *n.* ① (손님에 대하여) **주인**; (여관의) (남자) 주인. ② 〖生〗 (기생 생물의) 숙주(宿主). ***reckon* 〔*count*〕 *without one's* ～** 제멋대로 치부〔판단〕하다.
‡**host**[2] *n.* ① **많은 떼**, 다수. ② 《古》 군세(軍勢). ***heavenly* ～*s*,** or ～(*s*) ***of heaven*** 하늘의 별; 천사의 떼.
host[3], **H-** *n.* 〖宗〗 (미사용의) 성체, 제병(祭餠).
hos·tage** [hástidʒ/-ɔ́-] *n.* **볼모**; 저당. ～ ***to fortune 언제 잃을지 모르는 (덧없는) 것 《처자·재산 따위》.
‡**hos·tel** [hástəl/-ɔ́-] *n.* ① **호스텔** 《여행하는 청년들을 위한 숙박소》; 《英》 (대학의) 기숙사. ② 《古》 여관. **～·ler** [-lər] *n.* 호스텔 이용〔경영〕자. **～·ry** *n.* 여관.
‡**host·ess** [hóustis] *n.* ① **여주인**, (연회석 따위의) 주부역 《host[1] 의 여성》. ② 스튜어디스; 여급. ③ (여관의) 여주인.
‡**hos·tile** [hástil/hɔ́stail] *a.* ① **적(敵)의**. ② 적의(敵意) 있는, 적대하는. ‡**hos·til·i·ty** [-tíl-] *n.* ⓊⒸ **적의**, 적대, 저항; 전쟁 상태; (*pl.*) 전쟁 행위.
hos·til·i·ties-on·ly [hastílətizóunli/hɔ-] *a.* 〖軍〗 (병역이) 전시만의.
hos·tler [háslər/ɔ́s-] *n.* (여관의) 마부(ostler).
†**hot** [hat/-ɔ-] *a.* (*-tt-*) ① **뜨거운**; 더운. ② 매운; (빛깔이) 강렬한. ③ 열렬한, 열심인(*on*); 격한; 격렬한. ④ 호색적인; 드릴에 찬, 흥분시키는. ⑤ (뉴스 따위) 최신의, 아주 새로운. ⑥ (요리가) 갓 만든. ⑦ 《美俗》 (연기·경기가) 훌륭한. ⑧ 《俗》 갓 훔친 (～ *goods* 갓 훔친 물건). ⑨ 〖재즈〗 열광적인 《즉흥적으로 변주한》. ⑩ (고압) 전류의〔가 통하고 있는〕; 방사능을 띤(～ *wire* 고압선). BLOW[1] ～ ***and cold. get it* ～** 호되게 야단맞다. ***give it* ～** 몹시 꾸짖다. **～ *and heavy* 〔*strong*〕** 몹시, 호되게. **～ *and* ～** 갓 만든, 따끈따끈한. **～ *under the collar*** 《俗》 노하여. ***in* ～ *blood*** (열화같이) 노하여. **～ *with anger*** 격하여, 몹시 노하여. ***make it too* ～ *for* (*a person*)** = ***make a place too* ～ *for a person*** (아무를 박해하거나 지분거려) 못 견디게 만들다. **—** *vt., vi.* (*-tt-*) 《英口》 (식은 음식물을) 데우다(*up*); 격화하다; (배·자동차의) 속도를 더 내다(*up*). ***∠·ly** *ad.* **∠·ness** *n.*
hót áir 《俗》 잡담; 허풍.
hót átom 방사성 원자.
hot·bed [∠bèd] *n.* 온상(溫床).
hot-blood·ed [∠blʌ́did] *a.* 노하기〔흥분하기〕 쉬운; 앞뒤를 돌보지 않는, 무모한; 정열적인; (가축이) 혈통이 좋은. 「HOTHEADed.
hot-brained [∠brèind] *a.* 《古》 =
hót càke 핫케이크. ***sell* 〔*go*〕 (*off*) *like* ～*s*** 날개 돋치듯 팔리다.
hót céll 방사성 물질 처리용 차폐실.
hot·cha [hátʃə/-ɔ́-] *n., a.* 《俗》 호차(차)《핫 재즈》; 매력적인.
hotch·pot [hátʃpàt / hɔ́tʃpɔ̀t] *n.* Ⓤ 〖法〗 재산 병합《유언이 없는 경우 유산의 균등 분배를 위해 모든 재산을 그러모으는 일》.
hotch·potch [hátʃpàtʃ / hɔ́tʃpɔ̀tʃ] *n.* Ⓤ 잡탕찜; 《英》 뒤범벅.
hót cross bún 십자가가 그려 있는 빵《Good Friday 에 먹음》.
hót dòg 핫 도그 《뜨거운 소시지를 끼운 긴 빵》.
‡**ho·tel** [houtél] *n.* **호텔**, 여관.
ho·tel·keep·er [-kì:pər] *n.* 호텔 경영자. 「텔 경영.
ho·tel·keep·ing [-kì:piŋ] *n.* Ⓤ 호
hotél règister 숙박자 명부.
hot·foot [hátfùt/-ɔ́-] *ad., vi.* 《美口》 부리나케 (가다).
hot·head [∠hèd] *n.* 성급한 사람. **～·ed** [-id] *a.* 성급한, 격하기 쉬운.
hot·house [∠hàus] *n.* 온실; 온상.
hót láb(oratory) (방사성 물질을 다루는) 원자핵 연구소.
hót lìne 긴급 직통 전화선; (the ～) 미소 수뇌간의 직통 전용 텔레타이프선.
hót móney 《俗》 핫 머니《국제 금융 시장에서 고리를 위해 이동하는 단기 자금》; 부정한 돈. 「색정.
hót pànts (여성용) 핫 팬츠; 《美俗》
hót plàte 요리용 철판; 전기〔가스〕 풍로. 「감자를 찐 요리.
hót pòt 《주로 英》 쇠고기·양고기와
hót potáto 《美口》 난처한〔불쾌한〕 상태〔문제〕.
hot-press [∠près] *n., vt.* 가열(加熱) 압착기; 가열 압착하다.
hót ròd 《美俗》 (개조) 쾌속차. 「입장.
hót sèat 《美俗》 전기 의자; 곤란한
hot-short [∠ʃɔ̀:*r*t] *a.* 열에 약한.
hot·shot [∠ʃàt/-ʃɔ̀t] *n.* 《俗》 《反語》 수완가; 소방수; 급행 화물 열차.
hót spòt 분쟁 지역; 환락가.
***hót spríng 온천**. 「쉬운」 사람.
hot·spur [∠spə̀:r] *n.* 성급한〔격하기
hót stúff 《俗》 정열가, 정력가; 대단한 것〔사람〕. 「급한, 성마른.
hot-tem·pered [∠témpərd] *a.* 성미
Hot·ten·tot [hátntàt / hɔ́tntɔ̀t] *n.* ⒸⓊ (남아프리카의) 호텐토트 사람〔말〕; 미개인.
hót wár 무력전, 열전(cf. cold war).

hót wáter 더운 물, 뜨거운 물; 《口》 곤경. 「tər] 탕파(湯婆).
hót-wá·ter bàg 〔**bòttle**〕 [ˊwɔ́:-
hót-wáter hèating 온수 난방.
hót-wáter sỳstem 스팀용 배관(配管).
hót wèll =HOT SPRING; 탕조(湯槽) 《보일러에 되돌리기 전의 응축 증기를 모으는 곳》.
hou·dah [háudə] *n.* =HOWDAH.
hough [hɑk/-ɔ-] *n., v.* =HOCK¹.
‡**hound** [haund] *n.* ① **사냥개**; 개. ② 비열한 자. ③ 《口》 (무엇인가에) 열중하는 사람. ***follow the ~s,*** or ***ride to ~s*** 사냥개를 앞세워 말타고 사냥하다. —— *vt.* ① 사냥개로 사냥하다. ② 맹렬히 쫓다. ③ (부)추기다, 격려하다(*on*).
†**hour** [auər] *n.* ① **한 시간**(의 노정, 거리). ② 시각, 시. ③ (*pl.*) 영업〔집무·기도〕 시간(*after ~s*). ***every ~ on the ~*** 매 정시《1 시, 2 시, 3 시…》. ***in an evil ~*** 나쁜 때에. ***keep bad*** 〔***late***〕 ***~s*** 밤샘하고 늦잠 자다. ***keep good*** 〔***early***〕 ***~s*** 일찍 자고 일찍 일어나다. ***of the ~*** 목하〔현재〕의(*a man of the ~* 당대의 인물). ***the small ~s*** 자정부터 오전 3·4 시경까지, 야밤중. ***to an ~*** 제 시각에. ***what is the ~?*** =What time is it? *ˊ**·ly** *a., ad.* **한 시간마다(의)**; 빈번한, 빈번히.
hour·glass [ˊglæ̀s, -ɑ̀:-] *n.* 각루(刻漏) 《모래〔물〕시계 따위》.
hóur hànd 시침(時針).
hou·ri [húəri, háu-] *n.* 〖回教〗 천녀(天女); 미인.
†**house** [haus] *n.* (*pl.* ***houses*** [háuziz]) ① **집**, 가옥; 집안, 일문, …가(家)(*the H- of Windsor* 윈저가(家)《지금의 영국 왕가》). ② 건물, 상점, 회사. ③ 회관; 극장; 《集合的》 관객, 청중. ④ 의사당, (H-) 의회. ⑤ (the H-) 《英口》 증권 거래소. ⑥ 〖天〗 궁(宮), 성수(星宿). ⑦ 《英》 = HOUSEY-HOUSEY. ***bring down the*** (***whole***) ***~*** 《口》 만장의 대갈채를 받다. ***clean ~*** 집을 정리하다; 숙청하다. ***empty ~*** (극장의) 입장자가 적음. ***full ~*** 대만원. ***~ and home*** 가정. ***~ of cards*** (어린이가) 카드로 지은 집; 위태로운 계획. ***~ of correction*** (경범) 교정원. ***~ of God*** 교회, 예배당. ***~ of ill fame*** 청루(青樓), 갈보집. ***Houses of Parliament*** 《英》 의사당. ***keep a good ~*** 호화로운 생활을 하다. ***keep ~*** 가정을 갖다, 살림 살이를 맡다. ***keep the ~*** 집에 들어박히다. ***like a ~ on fire*** 《俗》 맹렬히, 빨리. ***on the ~*** 사업주가 부담하는, 무료의. ***the H- of*** COMMONS 〔LORDS, REPRESENTATIVES〕. —— [hauz] *vt.* ① **집에 들이다**, 숙박시키다, 수용하다. ② 덮다. ③ 〖建〗 끼우다, 박다. —— *vi.* ① 안전한 곳에 들다. ② 묵다, 살다.
hóuse àgent 《英》 집주릅, 복덕방.
hóuse arrèst 자택 감금(監禁), 연금(軟禁).
house·boat [ˊbòut] *n.* 집배.
house·boy [ˊbɔ̀i] *n.* (가정에서 잡일을 하는) 일꾼.
house·break [ˊbrèik] *vi.* (**-broke, -broken**) (대낮에) 침입 강도짓을 하다. **~·er** *n.* (가택) 침입 강도. **~·ing** *n.*
house·bro·ken [ˊbròukən], **-broke** [-bròuk] *a.* 집안에서 길러 길이 든.
hóuse càll 왕진. 「청소; 숙청.
house·clean·ing [ˊklì:niŋ] *n.* Ⓤ 대
house·coat [ˊkòut] *n.* 자락이 긴 여자용 실내복. 「특별 만찬회.
hóuse dìnner (클럽·학교 따위의)
hóuse dùty 가옥세. 「(社旗).
hóuse flàg 〖海〗 (소속 회사의) 사기
house·fly [ˊflài] *n.* 집파리.
house·ful [ˊfùl] *n.* 집에 가득.
hóuse fùrnishings 가정용품.
‡**house·hold** [ˊhòuld] *n., a.* ① **가족**(의); (고용인도 포함한) 온 집안 사람. ② 가사(의), 가정의. ③ (the H-) 《英》 왕실.
hóusehold árts 가정(학). 「세대주.
house·hold·er [ˊhòuldər] *n.* 호주,
hóusehold góds (옛 로마의) 가정 수호신; 가보(家寶); 가정 필수품.
hóusehold stúff 가재(家財).
hóusehold wórd 흔히 잘 쓰이는 말〔속담, 이름〕.
‡**house·keep·er** [ˊkì:pər] *n.* **주부; 가정부**; 하녀 우두머리. 「정(家政).
***house·keep·ing** [ˊkì:piŋ] *n.* Ⓤ 가
house·lights [ˊlàits] *n. pl.* (극장의) 객석 조명.
house·maid [ˊmèid] *n.* 가정부.
house·mas·ter [ˊmæ̀stər, -ɑ̀:-] *n.* (남자 기숙사의) 사감.
house·mis·tress [ˊmìstris] *n.* (여자 기숙사의) 사감; 여자 주인.
hóuse òrgan 사내보(社內報).
hóuse pàrty (별장 따위에서의, 수일간에 걸친) 접대회; 그 체재객들.
house·phone [ˊfòun] *n.* (호텔·아파트 등의) 내선 전화.
hóuse physícian (병원·여관 등의) 입주 내과 의사. 「의 수용력; 숙박.
house·room [ˊrù(:)m] *n.* Ⓤ 집〔가옥〕
house-to-house [ˊtəháus] *a.* 집집마다의, 호별의.
house·top** [ˊtɑ̀p/-ɔ̀-] *n.* 지붕. ***proclaim from the ~s 널리 알리다〔선전하다〕.
hóuse tràiler 이동 주택차.
house·wares [ˊwɛ̀ərz] *n. pl.* 가정 용품. 「집들이.
house·warm·ing [ˊwɔ̀:rmiŋ] *n.* Ⓤ
‡**house·wife** [ˊwàif] *n.* ① **주부**. ② [hʌ́zif] (*pl.* **~s, -wives** [-ivz]) 반짇고리. **~·ly** *a.* 주부다운; 알뜰한.
house·wif·er·y [ˊwàifəri] *n.* Ⓤ 가정(家政), 가사.
***house·work** [ˊwə̀:rk] *n.* Ⓤ 가사.
house·y-house·y [háusiháusi] *n.* Ⓤ 《英口》 lotto 비슷한 카드놀이.
***hous·ing**[1] [háuziŋ] *n.* Ⓤ ① **주택 공**

급 (계획). ② 《集合的》 집, 주택. ③ 피난소. ④ 〖機〗 가구(架構).
hous·ing[2] *n.* (보통 *pl.*) 마의(馬衣), 말의 장식.
hóusing devèlopment 〔《英》 **es·tàte**〕 집단 주택(용지), 단지(團地).
hóusing pròblem 주택 문제.
hóusing pròject 《美》 주택 계획; (저소득자용) 공영 단지.
Hous·ton [hjúːstən] *n.* 미국 Texas 주의 도시《우주선 비행 관제 센터가 있음》.
Hou·yhn·hnm [huːínəm, hwí-, hwínʼmʼmʼm--- /húihnəm] *n.* (걸리버 여행기 중의) 이성(理性)을 갖춘 「말나라」의 말.
hove [houv] *v.* heave 의 과거(분사).
hov·el [hʌ́vəl, hɑ́v-] *n.* 《주로 英》 오두막집, 광, 헛간. ── *vt.* (*-ll-*) 《廢》 오두막집에 넣다.
‡**hov·er** [hʌ́vər, hɑ́v-] *vi., n.* ① **하늘에 날다**〔낢〕(*about, over*). ② 배회〔방황〕(하다), 어정거리다; 주저(하다).
Hov·er·craft [-kræ̀ft , -krɑ̀ːft] *n.* 〖商標〗 호버크라프트《고압 공기를 분출하여 기체를 띄워 달리는 탈것》 (ground effect machine).
hov·er·plane [-plèin] *n.* 《英》 = HELICOPTER.
†**how** [hau] *ad.* ① 《手段·方法》 **어떤 식**〔**모양**〕**으로**, 어떻게 하여, 어떻게. ② 《程度》 얼마만큼; 얼마나. ③ 《感嘆文으로》 참으로(*H- hot it is!*). ④ 《狀態》 (건강·날씨 따위가) 어떤 상태로(*H- is she* 〔*the weather*〕*?*). ⑤ …하다는 것(that) (*I taught the boy ~ it was wrong to tell a lie.* 《注意》 이것은 'that' 보다도 impressive 한 용법; 그러나 how-clause 중에 *a., ad.* 를 포함하고 있지 않은 때에는 옛날 용법; *She told me ~ she had read about it in the papers.*). ⑥ 《關係 副詞로서》 …만큼, …정도로. ***and ~*** 《口》 대단히. ***H-?*** 《美》 뭐라고요?, 한번 더 말씀해 주세요 (《英》 What ?). ***H- about ...?*** …에 관해서 어떻습니까. ***H- are you?*** 안녕하십니까《인사말》. ***H- do you do?*** 안녕하십니까; 《초면의 인사로서》 처음 뵙겠습니다. ***H- do*** 〔***did***〕 ***you like it?*** 감상은 어떠하십니까, 느끼신 감상은. ***H- much is it?*** (값은) 얼마입니까. ***H- now*** 〔***then***〕***?*** 이는 어찌된 일일까. ***H- say you?*** 자네의 의견은? ***H- so?*** 어째서 그런가. ── *n.* 방법. ***the ~ and the why of it*** 그 방법과 그 이유.
how·be·it [haubíːit, ⌐⌐⌐] *conj., ad.* 《古》 …라고는 하지만, 그렇지만.
how·dah [háudə] *n.* 상교(象轎) 《코끼리의 등의 닫집 가마》.
how-do-you-do [háudəjədúː], **how-d'ye-do** [háudidúː] *n.* 《口》 곤란한 일〔입장〕. 「안녕하세요.
how·dy [háudi] *int.* 《方·口》 여어
how·e'er [hauέər] 《雅》 = HOWEVER.
†**how·ev·er** [hauévər] *ad.* ① **아무리 …일지라도**. ② 도대체 어떻게 해서 (*H- did you do it ?*). ── *conj.* 그렇지만.
how·itz·er [háuitsər] *n.* 곡사포.
‡**howl** [haul] *vi., n.* ① (개·늑대 따위가 소리를 길게 빼어) **짖다**〔**짖음**〕, 멀리서 짖다〔짖음〕. ② (사람이) 크게 울부짖다〔짖음〕, 큰 소리를 내다〔냄〕. ③ (바람이) 윙윙 휘몰아 치다, 그 소리. ── *vt.* ① 울부짖으며 말하다(*out, away*). ② 호통쳐서 침묵시키다(*down*). **⌐·er** *n.* 짖는 짐승; 〖動〗 짖는 원숭이; 큰 소리를 내는 것《사람·라디오 따위》; 큰 실수. **⌐·ing** *a.* 울부짖는; 쓸쓸한; 《口》 터무니 없는, 대단한.
how·so·ev·er [hàusouévər] *ad.* 아무리 …일지라도(however).
hoy [hɔi] *int., n.* 어어이! 「**ish** *a.*
hoy·den [hɔ́idn] *n.* 말괄량이. **~·**
Hoyle [hɔil] *n.* 카드놀이 규칙(의 책). ***according to ~*** 규칙대로(의); 올바른.
H. P. 《俗》 = HIRE PURCHASE. **H. P., HP, hp, h. p.** high pressure; horsepower. **HQ, H. Q., hq., h. q.** headquarters. **hr.** hour(s). **H. R.** Home Rule; House of REPRESENTATIVES. **H. R. H.** His 〔*or* Her〕 Royal Highness. **hrs.** hours. **H. S. E.** *hic sepultus est* (L. = here is buried). **H. S. H.** His 〔*or* Her〕 Serene Highness. **HST** hypersonic transport. **ht.** height; heat. **h. t.** high tension.
hub [hʌb] *n.* 바퀴통《수레바퀴의 중심》; 중심(부); (the H-) Boston 시의 별칭.
hub·ba-hub·ba [hʌ́bəhʌ́bə] *int.* 《美俗》 좋아좋아!; 빨리빨리!
hub·ble [hʌ́bəl] *n.* 작은 혹. **-bly** *a.* 혹투성이의, 우툴두툴한.
hub·bub [hʌ́bʌb] *n.* 왁자지껄, 소란.
hub·by [hʌ́bi] *n.* 《口》 = HUSBAND.
huck·a·back [hʌ́kəbæ̀k] *n.* Ⓤ 타월천의 일종. 「산의) 월귤(나무).
huck·le·ber·ry [hʌ́kəlbèri] *n.* (미국
huck·ster [hʌ́kstər] *n.* 소상인(小商人), 행상인; (돈에 다라운) 상인; 《美口》 선전〔광고〕업자. ── *vi., vt.* 자그마하게 장사하다, 외치며 팔다, 도부치다; 값을 깎다. **~·ism** [-ìzəm] *n.* Ⓤ 판매 제 1 주의.
hud·dle** [hʌ́dl] *vt.* ① **뒤죽박죽 섞어 모으다**〔처넣다, 쌓아 올리다〕 (*together, into*). ② 되는대로 해치우다 (*up, through*). ③ 급히 입다(*on*). ── *vi.* 붐비다, 떼지어 모이다(*together*). ***~ oneself up, or ***be ~d up*** 몸을 움츠리다〔곱송그리다〕. ── *n.* ① ⓊⒸ 난잡(하게 쌓은 것). ② 밀담. ③ 〖美式蹴〗 (다음 작전 지시를 위한) 선수의 집합. ***go into a ~*** 밀담하다. 「를 흐르는 강.
***Hud·son** [hʌ́dsən] *n.* New York 주
Húdson Báy 캐나다 북부의 큰 만.
Húdson séal 모조 바다표범 털가죽.
‡**hue**[1] [hjuː] *n.* ① **빛깔**, 색채. ② 〖理·美術〗 색상(cf. brilliance, sat-

uration), 색조.
hue² *n.* 고함, 외침(소리) (outcry). ***a ~ and cry*** 추적〔공격〕의 함성; 비난〔탄핵〕의 소리.
huff [hʌf] *vt.* 못살게 굴다, 을러대다; 성나게 하다; (checker 에서) 상대의 말을 잡다. —*vi.* 성내다. —*n.* 분개, 화. ***take ~*** 성내다. **∠·ish, ∠·y** *a.* 성난; 뻐기는; 성마른.
huff-duff [hʌ́fdʌ́f] *n.* 《俗》 고주파 대(對) 잠수함 탐지기.
‡**hug** [hʌg] *vt.* (**-gg-**) ① (꽉) 껴안다. ② (편견 따위를) 고집하다. ③ …에 접근하여 지나다. —*n.* 꽉 껴안음; 〖레슬링〗 끌어안기.
‡**huge** [hju:dʒ] *a.* **거대한.** **∠·ly** *ad.*
hug·ger-mug·ger [hʌ́gərmʌ̀gər] *n., a., ad.* Ⓤ 혼란(한, 하여); 비밀(의, 히). —*vt.* 숨기다. —*vi.* 비밀〔내밀〕히 하다.
Hu·go [hjú:gou], **Victor** (1802–85) 위고《프랑스의 작가·시인·극작가》.
Hu·gue·not [hjú:gənɑ̀t/-nɔ̀t] *n.* 위그노《16–17세기 프랑스의 신교도》.
huh [hʌ] *int.* 하아, 흥, 허어, 뭐라고《놀람·경멸·의문 따위를 나타냄》.
hu·i [hú:i:] *n.* (하와이의) 공동 영업 (partnership); 클럽, 협회; 회합.
hu·la [hú:lə] *n., vi.* (하와이의) 훌라댄스《hula-hula 라고도 함》(를 추다).
húla hòop 훌라 후프.
húla skìrt (긴 풀로 엮은) 훌라댄스용 스커트.
hulk [hʌlk] *n.* 노후선, 폐함(廢艦)《창고·옥사(獄舍)로 쓰던》; 멋없이 큰 배〔거인·하물〕. **∠·ing** *a.* 부피 큰; 멋없는, 볼품없는.
***hull¹** [hʌl] *n., vt.* ① **껍데기**〔껍질·깍지〕(를 **제거하다**). ② 덮개(를 벗기다).
hull² *n.* 선체(船體)《마스트나 돛은 포함하지 않음》; (비행정의) 정체(艇體). ***~ down*** (돛대만 보이고) 선체가 수평선 밑에 안보일 정도로 멀리. —*vt.* (탄알로) 선체를 꿰뚫다.
hul·la·ba·loo [hʌ́ləbəlù:, ∸–∠] *n.* 와자지껄함, 떠들썩함, 시끄러움.
hul·lo(a) [həlóu, hʌ́lóu] *int., n.* 《주로 英》 =HELLO.
‡**hum** [hʌm] *vi.* (**-mm-**) ① (벌·팽이가) **윙윙하다,** 웅얼리다. ② 우물우물 말하다. ③ 콧노래를 부르다, **허밍으로 노래하다.** ④ (불만스런 듯이) 흥하다. ⑤ (사업이) 경기가 좋다. ***~ (a baby) to sleep*** 콧노래를 불러 (아기를) 잠들게 하다. ***~ and ha*** 〔***haw***〕 (대답에 궁하여) 말을 우물쭈물하다; 머뭇거리다. ***make things ~*** 경기〔활기〕를 띠게 하다. —*n.* ① 붕, 윙윙; 멀리서 들려오는 소음. ② (라디오의) 험; 음 (하는 소리)《망설일 때의》. —[m:, m̩m:] *int.* 흥, 흠《당혹·놀람·의혹의 기분으로》.
†**hu·man** [*h*jú:mən] *a.* ① **사람의,** 인간적인. ② 인간에게 있기 쉬운 (*To err is ~, to forgive* DIVINE.). ***~ affairs*** 인간사. ***~ being*** 인간. ***less than ~*** 인도를 벗어나서. ***more than ~*** 초인적이어서. —*n.* 사람. **~·ly** *ad.* ***be ~ly possible*** 인간의 힘으로 할 수 있다.
húman dócument 인간 기록.
‡**hu·mane** [*h*ju(:)méin] *a.* ① **인정있는,** 친절한. ② 사람을 고상하게 만드는; 우아한. ***~ studies*** 인문 과학. **~·ly** *ad.* **~·ness** *n.*
húman èngineéring 인간 공학.
Humáne Society 동물 애호 협회; 《英》 수난(水難) 구조회.
húman geógraphy 인문 지리(학).
hu·man·ics [*h*ju:mǽniks] *n. pl.* 《單數取扱》 인간학.
***hu·man·ism** [*h*jú:mənìzəm] *n.* Ⓤ ① **인문〔인본〕주의.** ② 인문학《14–16세기의 그리스·로마의 고전 연구》. ③ 인도주의. ***-ist** *n.* **hu·man·is·tic** [∸–ístik] *a.* 인문〔인도〕주의적인.
hu·man·i·tar·i·an [*h*ju:mæ̀nətέəriən] *a.* 인도주의의, 박애의. —*n.* 인도〔박애〕주의자. **~·ism** [-ìzəm] *n.* Ⓤ
‡**hu·man·i·ty** [*h*ju:mǽnəti] *n.* Ⓤ ① 인간, **인류;** 인간임; **인간성.** ② 인도, 인정; 박애; (*pl.*) 사람의 속성(屬性), 자선 행위. ***the humanities*** 그리스·라틴 문학; 인문 과학《어학·문학·철학·예술 따위》.
hu·man·ize [*h*jú:mənàiz] *vt., vi.* 인간답게 하다〔되다〕; 교화하다〔되다〕, 인정있게 만들다〔되다〕.
hu·man·kind [*h*jú:mənkáind] *n.* Ⓤ 인류.
hu·man·oid [*h*jú:mənɔ̀id] *a.* 인간에 근사한. —*n.* 원인(原人); (SF 소설에서) 인간에 유사한 우주인. 「관계.
húman relátions 인간 관계, 대인
húman torpédo 인간 어뢰(魚雷)《목표 가까이까지 인간이 유도함》.
‡**hum·ble** [*h*ʌ́mbl] *a.* ① (신분이) **비천한;** (스스로를) 낮추는, 겸손한. ② (식사 따위) 검소한. ***eat ~ pie*** 굴욕을 참다. —*vt.* (품위·지위 따위를) 천하게〔떨어지게〕 하다, 욕을 보이다, 창피를 주다. ***~ oneself*** 스스로를 낮추다. ***húm·bly** *ad.* (스스로를) **낮추고,** 겸손히. **~·ness** *n.*
hum·ble·bee [-bì:] *n.* 《주로 英》 = BUMBLEBEE.
hum·bug [hʌ́mbʌ̀g] *n.* ⓊⒸ 협잡, 속임수; 야바위; Ⓒ 사기꾼, 협잡꾼. —*vt.* (**-gg-**) 속이다, 협잡하다. —*vi.* 속임수를 쓰다. —*int.* 엉터리!; 시시하다! **húm·bug·ger·y** *n.* Ⓤ 속임(수), 협잡, 사기.
hum·drum [hʌ́mdrʌ̀m] *n., a.* ⓊⒸ 평범(한), 단조(로운); Ⓒ 지루한 (이야기·일 따위).
Hume [hju:m], **David** (1711–76) 스코틀랜드의 철학자·역사가.
hu·mec·tant [*h*ju:méktənt] *n.* 휴멕턴트《흡습성 물질》.
hu·mer·us [hjú:mərəs] *n.* (*pl.* **-meri** [-mərài]) 〖解·動〗 상완골.
***hu·mid** [*h*jú:mid] *a.* **습기있는.**
hu·míd·i·fy [–∠əfài] *vt.* (실내 따

위에 적당한) 습도를 주다. ***hu·míd·i·ty** [-ˊəti] *n.* Ⓤ 습기, 습도.

hu·mid·i·stat [*h*ju:mídəstæ̀t] *n.* 습도 자동 조절 장치.

***hu·mil·i·ate** [*h*ju:mílièit] *vt.* 욕보이다, 굴욕을〔창피를〕 주다. **hu·míl·i·at·ing** *a.* 굴욕적인. ***hu·mil·i·a·tion** [-ˋ-éiʃən] *n.* ⓊⒸ 부끄러움(을 줌), 창피(를 줌), 굴욕.

‡**hu·mil·i·ty** [*h*ju:míləti] *n.* Ⓤ 겸손, 겸허.

***hum·ming** [hʌ́miŋ] *a., n.* ① Ⓤ 붕붕〔윙윙〕하는 (소리), 콧노래(를 부르는). ② 활발한, 씽씽한, (장사가) 번성하는, (맥주가) 거품 이는.

hum·ming·bird [-bə̀:rd] *n.* 〖鳥〗 벌새.

húmming tòp 윙윙 소리 나는 팽이.

hum·mock [hʌ́mək] *n.* 작은 언덕.

‡**hu·mor,** 《英》 **-mour** [*h*jú:mər] *n.* ① Ⓤ 유머, 해학, 우스개. ② Ⓤ 기질. ③ ⓊⒸ 일시적인 기분, 심기; 변덕. ④ (옛 생리학에서) 체액(體液)(blood, phlegm, choler, melancholy의 4종류). ***in good* 〔*ill*〕 ~** 기분이 좋아〔언짢아〕. ***out of* ~** 기분이 나빠서, 성이 나서. ── *vt.* ① 만족시키다; 비위를 맞추다, 어르다. ② 양보하다. **~·ist** *n.* 해학가, 익살꾼; 유머 작가. **~·less** *a.*

hu·mor·esque [*h*jù:mərésk] *n.* 〖樂〗 유머레스크, 표일곡(飄逸曲).

‡**hu·mor·ous,** 《英》 **-mour-** [*h*jú:mərəs] *a.* 해학적인, 익살맞은, 유머러스한, 우스운, 희롱하는. **~·ly** *ad.* **~·ness** *n.*

hu·mor·some, 《英》 **-mour-** [*h*jú:mərsəm] *a.* 변덕스러운.

hump** [hʌmp] *n., vt.* ① (등의) 혹, 육봉(肉峰). ② (the ~) 《英俗》 우울, 화가 남. ③ (등을) 둥그렇게 하다(*up*). ***get the* ~** 화를 내다. **~ *oneself 《美口》 노력하다, 열심히 하다. **ˊ-·y** *a.* 혹 모양의, 혹이 있는.

hump·back(ed) [ˊbæ̀k(t)] *n., a.* 곱사등〔꼽추〕(의), 새우등(의).

humph [m̩m, m̩mm̩, həh, hʌmf] *int.* 흥!《불신·불만·경멸 등을 나타냄》.

Hump·ty-Dump·ty [hʌ́mptidʌ́mpti] *n.* 땅딸막한 사람, 넘어지면 못 일어나는 사람《마더구스에 나오는 계란의 의인》; 어떤 기분이라도 말로 나타낼 수 있는 사람《L. Carroll의 작품에서》.

hu·mus [hjú:məs] *n.* (L.) Ⓤ 부식토.

Hun [hʌn] *n.* 훈 족, 흉노(匈奴)《4-5세기경 유럽을 휩쓴 아시아의 유목민》; (예술 따위의) 파괴자; 야만인; (蔑) 독일 사람〔병사〕.

***hunch** [hʌntʃ] *n.* ① 육봉(肉峰), 혹. ② 두꺼운 조각, 덩어리. ③ 《美口》 예감, 육감. ── *vt.* (등 따위를) 구부리다(*out, up*).

hunch·back [ˊbæ̀k] *n.* 곱사등(이).

†**hun·dred** [hʌ́ndrəd] *a.* 백 (사람·개)의, 많은. ***a* ~ *and one*** 많은. ── *n.* ① 백, 백 사람〔개〕; 다수, 많음. ② 백야드 경주; 《美口》 백 달러; 《英口》 백 파운드. ***by* ~*s*** 몇 백이고, 많이. ***a great* 〔*long*〕 ~** 백 이십. **~*s and thousands*** 몇 십만, 무수; 굵은 설탕. ***like a* ~ *of bricks*** 《口》 대단한 무게〔기세〕로. **~·fold** [-fòuld] *n., a., ad.* 백 배(의, 로). ***~th** *n., a.* 제(第) 100(의), 100번째의; 100 분의 1(의).

Húndred Dáys 〖史〗 (나폴레옹의) 백일 천하《1815년 3월 20일—6월 28일》.

húndred hòurs 《방송 용어》 …시 (*twelve* 〔*twenty*〕 ~, 12〔20〕시).

hun·dred-proof [-prú:f] *a.* (위스키가) 알코올 농도 50도인; 《美俗》 순수한, 진짜의.

hun·dred·weight [-wèit] *n.* 무게의 단위 《美=110 lb., 英=112 lb.; 생략 cwt》.

Húndred Yéars' Wár 백년 전쟁 《1337-1453의 영불 전쟁》.

‡**hung** [hʌŋ] *v.* hang의 과거(분사).

Hung. Hungarian; Hungary.

Hun·ga·ry [hʌ́ŋgəri] *n.* 헝가리. **Hun·gar·i·an** [hʌŋgέəriən] *a., n.* 헝가리의; ⒸⓊ 헝가리 사람〔말〕(의).

‡**hun·ger** [hʌ́ŋgər] *n.* ⓊⒸ ① 굶주림, 공복. ② 갈망(*for, after*). ***die of* ~** 굶어 죽다. ── *vi., vt.* ① 굶주리(게 하)다. ② 갈망하다(*for, after*).

húnger cùre 절식〔단식〕 요법.

húnger màrch 《英》 기아 행진《실업자의 데모 행진》.

húnger strìke 단식 투쟁.

†**hun·gry** [hʌ́ŋgri] *a.* ① 굶주린, 공복의, 배고픈. ② 갈망하는(*after, for*). ③ (토지가) 메마른. **hún·gri·ly** *ad.* 굶주린 듯이, 게걸스럽게.

hunk [hʌŋk] *n.* 《口》 (빵 따위의) 두꺼운 조각; 《美俗》 훌륭한 사람.

hunks [hʌŋks] *n.* 노랑이, 구두쇠.

hunk·y-do·ry [hʌ́ŋkidɔ́:ri] *a.* 《美俗》 만족스러운, 최상〔최고〕의.

‡**hunt** [hʌnt] *vt.* ① 사냥하다; (개·말을) 사냥에 쓰다. ② 몰이하다, 찾다(*up, out*). ③ 추적하다; 쫓아 버리다(*out, away*). ④ 괴롭히다, 박해하다. ── *vi.* ① 사냥을 하다. ② 찾다(*after, for*). **~ *down*** (궁지 따위에) 몰아넣다. **~ *up*** 찾아내다. ── *n.* 사냥; 수렵대(隊)〔회·지(地)〕; 탐색.

húnt and péck 타자기를 제멋대로 치는 일.

‡**hunt·er** [ˊər] *n.* ① 사냥꾼, 사냥개. ② 탐구자(*a fortune* ~ 재산을 노리고 구혼하는 사람). ③ 양(兩)딱지 회중 시계.

Húnt·er-Rús·sel sy̆ndrome [hʌ́ntərrʌ́sl] 헌터 러셀 증후군《유기 수은 중독》.

húnter's móon 사냥 달《harvest moon 다음 달로, 사냥 계절의 시작》.

‡**hunt·ing** [hʌ́ntiŋ] *n.* Ⓤ ① 사냥. ② 탐색, 추구.

húnting bòx 〔**lòdge**〕 《주로 英》 사냥 산막.

húnting càp 헌팅캡, 사냥모.

húnting cròp 사냥용 채찍.
húnting dòg 사냥개.
húnting ground 사냥터.
húnting hòrn 수렵용 나팔.
húnting sèason 사냥철.
hunt·ress [ˊris] *n.* 여자 사냥꾼.
hunts·man [hʌ́ntsmən] *n.* 사냥꾼; 사냥개지기.
hunt-the-slip·per [hʌ́ntðəslípər] *n.* Ⓤ 슬리퍼 찾기《놀이》.
***hur·dle** [hə́:rdl] *n.* ① (울타리 대용의) 바자. ② (장애물 경주의) 허들; (the ~s) 장애물 경주. ③ 장애. ***high* 〔*low*〕 ~** 고〔저〕장애물 경주. — *vt.* (장애·곤란을) 뛰어 넘다. **húr·dler** *n.* 허들 선수.
húrdle ràce 허들〔장애물〕 경주.
hur·dy-gur·dy [hə́:rdigə̀:rdi] *n.* 손잡이를 돌려서 타는 오르간.
‡**hurl** [hə:rl] *vt., n.* ① (내)던지다, 내던짐. ② (욕을) 퍼붓다〔퍼부음〕. ˊ-**ing** *n.* Ⓤ 던짐; 헐링《아일랜드식 하키》.
hurl·y-burl·y [hə́:rlibə̀:rli] *n.* Ⓤ 혼란, 혼잡, 소동.
‡**hur·rah** [hərá:, -rɔ́:/hurá:], **hur·ray** [huréi] *int., vi., n.* 만세!(하고 외치다〔외치는 소리〕). — *vt.* 환호하여〔환호성으로〕 맞이하다.
***hur·ri·cane** [hə́:rəkèin/hʌ́rikən] *n.* ① 폭풍; (열대의) 구풍(颶風). ② (감정의) 폭발. ③ (H-) 《英》 허리케인 전투기.
húrricane dèck 상갑판.
húrricane glòbe 램프의 등피.
húrricane làmp 〔**làntern**〕 강풍용 램프.
‡**hur·ried** [hə́:rid, hʌ́rid] *a.* 매우 급한. ‡**húr·ried·ly** *ad.* 매우 급히.
†**hur·ry** [hə́:ri, hʌ́ri] *n.* (매우) 급함〔서두름〕. ***in a* ~** 급히, 서둘러서, 허둥대어; 《否定文에서》 쉽사리; 《否定文에서》 자진하여, 기꺼이. — *vi., vt.* 서두르(게 하)다. ***H- up!*** 서둘러라!; 꾸물거리지 말라!
húrry càll 비상 호출.
hur·ry-scur·ry, -skur·ry [-skə́:ri/-skʌ́ri] *ad., a., vi., n.* 황급히, 황급한, 허둥지둥(하는), 허둥대다.
hurst [hə:rst] *n.* 숲, 숲 있는 언덕; 모래 언덕〔톱〕.
†**hurt** [hə:rt] *n., vt.* (***hurt***) ① 상처(를 입히다), 부상(을 입히다), 다치다. ② 고통(을 주다). — *vi.* 아프다. ***feel* ~** 불쾌하게 생각하다, 감정을 상하다. **~ *oneself*** 다치다. ˊ·**ful** *a.* 해로운. ˊ·**ful·ly** *ad.* ˊ·**ful·ness** *n.*
hurt·er [hə́:rtər] *n.* (비녀장 끝의) 바퀴 멈추개.
hur·tle [hə́:rtl] *vi.* (돌·화살 따위가) 부딪치다.
†**hus·band** [hʌ́zbənd] *n.* 남편; 《古》 절약가. ***good* ~** 검약가. — *vt.* ① 절약하다. ② 《古》 …의 남편이 되다. **~·man** *n.* 농부. ***~·ry** *n.* Ⓤ 농업; 절약 (*bad* **~*ry*** 규모 없는 살림살이).
‡**hush** [hʌʃ] *n., vi., vt.* ⓊⒸ 침묵(하다, 시키다), 고요(해지다, 하게 하다). **~ *up*** 입 다물게 하다, (소문을) 쉬쉬해버리다; (*vi.*) 입 밖에 내지 않다. — *int.* 쉿!
hush·a·by(e) [hʌ́ʃəbài] *int.* 자장자장《아기를 잠 재울 때》.
hush-hush [ˊhʌ́ʃ] *n., a.* 내밀(의), 극비(의).
húsh mòney 입막음 돈.
húsh pùppy 《美南部》 허시퍼피《옥수수 가루의 둥근 튀김 빵》.
***husk** [hʌsk] *n., vt.* ① (과실·옥수수 따위의) 껍질(을 벗기다). ② (일반적으로) 쓸데 없는 외피.
húsk·ing bèe [ˊiŋ] 《美》 옥수수 껍질을 까기 위한 (친한 사람끼리의) 모임.
***husk·y**[1] [ˊi] *a.* ① 깍지의〔와 같은, 가 많은〕. ② 쉰 목소리의; (재즈 싱어의 목소리가) 허스키(husky voice)인. ③ 《美口》 억센, 실팍진. — *n.* 《美口》 실팍한 사람. **húsk·i·ly** *ad.* 쉰 목소리로; 허스키(보이스)로. **húsk·i·ness** *n.* Ⓤ
husk·y[2] *n.* 에스키모 개; (H-) 에스키모 사람.
Huss [hʌs], **John** (1369?–1415) 보히미아의 종교 개혁자.
hus·sar [huzá:r] *n.* 경기병(輕騎兵).
hus·sy [hʌ́si, -z-] *n.* 말괄량이.
hus·tings [hʌ́stiŋz] *n. sing. & pl.* 《英》 (국회의원 선거의) 연단(演壇).
***hus·tle** [hʌ́səl] *vi., vt.* ① 힘차게 밀다〔서로 떠밀다〕. ② 서두르다. ③ (*vi.*) 《美口》 맹렬히〔정력적으로〕 일하다. — *n.* ⓊⒸ 서로 떠밀기; 서두름; 《口》 정력. **hús·tler** *n.* 세게 미는 사람; 《美口》 적극적인 활동가; (H-) 《美》 〖로켓〗 추진 엔진.
‡**hut** [hʌt] *n., vt., vi.* (*-tt-*) ① 오두막(집). ② 임시 병사(兵舍)(에 머무르(게 하)다). 「간, 우리; 오두막(hut).
hutch [hʌtʃ] *n.* (작은 동물용) 우릿
hüt·te [hýtə] *n.* (G.) 휘테, 산막(山幕).
hut·ting [hʌ́tiŋ] *n.* Ⓤ (병사 따위의) 건재(建材).
Hux·ley [hʌ́ksli], **Aldous** (1894–1963) 영국의 소설가.
huz·za(h) [həzá:] *int., n., vi.* 만세! (의 외침); 환호하다.
Hwang Ho [hwǽŋ hóu] (중국의) 황하.
Hy. Henry.
***hy·a·cinth** [háiəsìnθ] *n.* ① 〖植〗 히아신스. ② Ⓤ 보라색. ③ ⓊⒸ 〖鑛〗 풍신자석(風信子石).
hy·ae·na [haií:nə] *n.* =HYENA.
hy·a·line [háiəlin, -làin, -lì:n] *n., a.* 유리 같은 (물건), 투명한; Ⓤ 〖生化〗 히알린.
hy·a·lu·rón·ic ácid [hàiəlurάnik/-ɔ́-] 〖生化〗 히알루론산(酸)《산성 다당류(多糖類)》.
***hy·brid** [háibrid] *n., a.* ① 잡종(의); 혼성(混成)(의). ② 혼성어〔물〕. **~·ism** [-izəm] *n.* Ⓤ 잡종성(hybridity); 교배, 혼성. **~·ize** [-àiz] *vt., vi.* 교배시키다; 잡종을 낳다; 혼성어를 만들다. **~·i·za·tion** [ˌ–aizéiʃən] *n.* Ⓤ
hyd. hydraulics; hydrostatics.
hydr- =HYDRO-《모음 또는 h로 시작되는 말 앞에서》.

hy·dra [háidrə] *n.* (H-) 〖그神〗 (머리를 베면 다시 또 나는) 아홉 머리의 괴이한 뱀; 근절하기 어려운 것; 〖動〗 히드라; (H-) 〖天〗 바닷뱀자리.
hy·drac·id [haidrǽsid] *n.* 〖化〗 수소산. 「수국(속(屬)).
hy·dran·gea [haidréindʒiə] *n.* 〖植〗
hy·drant [háidrənt] *n.* 급수전(給水栓), 소화전(消火栓).
hy·drar·gy·rum [haidrá:rdʒərəm] *n.* Ⓤ 〖化〗 수은(기호 Hg).
hy·drate [háidreit] *n.* 〖化〗 수화물(水化物). **hy·dra·tion** [-dréiʃən] *n.* Ⓤ 수화(水化) (작용).
hy·drau·lic [haidrɔ́:lik] *a.* 수력〔수압〕의; 유체(流體)의〔에 관한〕. **∼s** *n.* 수력학(水力學).
hy·dra·zide [háidrəzàid] *n.* Ⓤ 〖化〗 하이드라지드《결핵 치료제》.
hy·dra·zine [háidrəzì:n, -zin] *n.* Ⓤ 〖化〗 히드라진《환원제·로켓 연료용》.
hy·dric [háidrik] *a.* 〖化〗 수소의〔를 함유한〕.
hy·dride [háidraid] *n.* 〖化〗 수소화물. 「화(沃化)수소산의.
hy·dri·od·ic [hàidriάdik/-ɔ́d-] *a.* 옥
hydro- 「물·수소」의 뜻의 결합사.
hy·dro·air·plane [hàidrouέər-plèin], 《英》 **-aer·o-** [-έərə-] *n.* 수상 비행기.
hy·dro·bomb [háidroubὰm / -ɔ̀m] *n.* (뇌격기에서 발사하는) 공중 어뢰.
hy·dro·bro·mic [hàidroubróumik] *a.* 〖化〗 브롬화수소의. 「화수소.
hy·dro·car·bon [-ká:rbən] *n.* Ⓤ 탄
hy·dro·ceph·a·lus [-séfələs] *n.* Ⓤ 〖病〗 뇌수종. 「-klɔ́(:)-] 염산.
hy·dro·chló·ric ácid [-klɔ́:rik /
hy·dro·cy·án·ic ácid [-saiǽnik] 시안화수소산(酸), 청산.
hy·dro·dy·nam·ics [-dainǽmiks] *n.* 유체 역학; 유체 동역학.
***hy·dro·e·lec·tric** [-iléktrik] *a.* **수력 전기의.** ***-e·lec·tric·i·ty** [-ilektrísəti] *n.* Ⓤ **수력 전기.** 「DROVANE.
hy·dro·foil [háidroufɔ̀il] *n.* =HY-
hy·dro·gas·i·fi·ca·tion [hàidrougæ̀səfikéiʃən] *n.* Ⓤ 석탄의 메탄 가스화. 「**수소**《기호 H》.
‡**hy·dro·gen** [háidrədʒən] *n.* Ⓤ 〖化〗
hy·dro·gen·ate [háidrədʒənèit / haidrɔ́dʒ-], **-gen·ize** [-dʒənàiz] *vt.* 〖化〗 수소와 화합시키다.
hýdrogen bòmb 수소 폭탄.
hýdrogen ìon 〖化〗 수소 이온.
hy·drog·e·nous [haidrάdʒənəs/-ɔ́-] *a.* 수소의, 수소를 함유하는.
hýdrogen peróxide 과산화 수소.
hýdrogen súlfide 〔**súlphide**〕 황화(黃化)수소. 「爆彈頭).
hýdrogen wárhead 수폭 탄두(水
hy·drog·ra·phy [haidrάgrəfi / -ɔ́-] *n.* Ⓤ 수로학(水路學)《하천학 따위》; 수로 측량(학).
hy·droid [háidrɔid] *a., n.* 〖動〗 히드로충의 (수상군체(樹狀群體)).
hy·dro·ki·net·ics [hàidroukinétiks, -kai-] *n.* 유체 동역학.
hy·drol·y·sis [haidrάləsis/-ɔ́-] *n.* ⓊⒸ 〖化〗 가수분해. 「〖化〗 가수분해하다.
hy·dro·lyze [háidroulàiz] *vt., vi.*
hy·dro·me·chan·ics [hàidroumikǽniks] *n.* 〖理〗 유체(流體) 역학.
hy·drom·e·ter [haidrάmitər/-ɔ́mi-] *n.* 액체 비중계.
hy·drop·a·thy [haidrάpəθi / -ɔ́-] *n.* Ⓤ (광천(鑛泉)에 의한) 수(水)치료법.
  hy·dro·path·ic [hàidroupǽθik] *a.*
hy·dro·pho·bi·a [hàidroufóubiə] *n.* Ⓤ 공수병, 광견병. **-phó·bic** *a.*
hy·dro·phone [háidrəfòun] *n.* 수관 검루기(水管檢漏器); 수중 청음기《잠수함 탐색 등에 씀》.
hy·dro·phyte [háidroufàit] *n.* 수생 식물(水生植物). 「(비행)기.
hy·dro·plane [háidrouplèin] *n.* 수상
hy·dro·pon·ic [hàidrəpάnik/-ɔ́-] *a.* 수경법(水耕法)의. **∼s** *n.* 수경법, 물재배(栽培).
hy·dro·pow·er [háidrəpàuər] *n.* Ⓤ 수력 전기. 「(水腫病).
hy·drops [háidrɑps/-ɔ-] *n.* 수종병
hy·dro·qui·none [hàidroukwinóun] *n.* Ⓤ 하이드로퀴논《사진 현상액》. 「안경.
hy·dro·scope [hádrəskòup] *n.* 수중
hy·dro·sphere [háidrəsfiər] *n.* (대기중의) 물기; (지구면의) 수권(水圈), 수계(水界).
hy·dro·stat [-stæ̀t] *n.* 누수(漏水) 검출기; (보일러의) 폭발 방지 장치.
hy·dro·stat·ic [hàidrəstǽtik] *a.* 유체 정역학의. **∼s** *n.* 유체 정역학.
hydrostátic prèss 수압기.
hy·dro·ther·a·peu·tics [hàidrouθèrəpjú:tiks], **-ther·a·py** [-θérəpi] *n.* Ⓤ 물요법(療法).
hy·drot·ro·pism [haidrάtrəpìzəm / -ɔ́-] *n.* Ⓤ 〖植〗 굴수성(屈水性).
hy·drous [háidrəs] *a.* 수소를〔물을〕 함유하는, 함수의.
hy·dro·vane [háidrəvèin] *n.* (잠수함·비행정 따위의) 수중익(水中翼); 수중익선(船). 「〖化〗 수산화물.
hy·drox·ide [haidrάksaid / -ɔ́-] *n.*
hy·dróx·yl ràdical [haidrάksil / -ɔ́-] 〖化〗 수산기(水酸基). 「로충(蟲).
hy·dro·zo·an [hàidrəzóuən] *n.* 히드
hy·e·na [haií:nə] *n.* 〖動〗 하이에나; 욕심꾸러기. 「-grὰ:f] *n.* 우량도.
hy·e·to·graph [haiétəgræ̀f, háiitə-,
Hy·ge·ia [haidʒí:ə] *n.* 〖그神〗 건강의 여신. 「섭생법. **hý·gi·en·ist** *n.*
***hy·giene** [háidʒi:n] *n.* Ⓤ **위생학,**
hy·gi·en·ic [hàidʒiénik, haidʒí:n-], **-i·cal** [-əl] *a.* 위생(학)의. **∼s** *n.* 위생학. 「*n.* 자기(自記) 습도계.
hy·gro·graph [háigrəgræ̀f , -grὰ:f]
hy·grom·e·ter [haigrάmitər/-ɔ́mi-] *n.* 습도계. 「계, 검습계.
hy·gro·scope [háigrəskòup] *n.* 습도
hy·ing [háiiŋ] *v.* hie 의 현재분사.
Hyk·sos [híksous / -sɔs] *n.* 힉소스《B.C. 18–16 세기경의 이집트 왕조》.
hy·la [háilə] *n.* 청개구리 (tree toad).
Hy·men [háimən/-men] *n.* 〖그神〗

결혼의 신; (h-) 〖解〗 처녀막. **hy·me·ne·al** [hàimənı́:əl/-me-] *a., n.* 결혼의 (노래).

‡**hymn** [him] *n.* **찬송가.** —— *vt.* 찬송〔찬미〕하다. **hym·nal** [hı́mnəl] *a., n.* 찬송가의; 찬송가집(集).

hy·os·cine [háiəsì:n] *n.* Ⓤ 〖藥〗 =SCOPOLAMINE.

hy·os·cy·a·mine [hàiəsáiəmì:n, -min] *n.* Ⓤ 〖藥〗 히오시아민《진정제·동공 확산제》.

hy·pal·la·ge [haipǽlədʒi:, hi-] *n.* Ⓤ 〖修〗 대환(법)(代換(法)) 《'*Fish swarm* in this lake.' 대신 '*This lake swarms* with fish.'로 하는 등》; =TRANSFERred epithet.

hype [haip] *n.* 《美俗》 =HYPODERMIC; 마약 중독(자); 사기, 과대 광고. —— *vt.* 《美俗》 (마약을 주사하여) 흥분시키다, 자극하다; 속이다, 과대 선전하다.

hyper- *pref.* 「과거·초(超)…」의 뜻.

hy·per·a·cid·i·ty [hàipərəsı́dəti] *n.* Ⓤ 위산 과다증.

hy·per·aes·the·sia [hàipərəsθı́:ʒiə, -ri:sθı́:ziə] *n.* 〖醫〗 지각 과민, 과민증.

hy·per·bar·ic [hàipərbǽrik] *a.* 〖醫〗 고압산소 요법의. 「쌍곡선.

hy·per·bo·la [haipə́:rbələ] *n.* 〖幾〗

hy·per·bo·le [-bəli] *n.* Ⓤ,Ⓒ 〖修〗 과장(법). **hy·per·bol·ic** [hàipə:rbɑ́lik/-ɔ́-], **-i·cal** [-əl] *a.* 과장(법)의; 쌍곡선의. 「〖數〗 쌍곡면.

hy·per·bo·loid [haipə́:rbəlɔ̀id] *n.*

Hy·per·bo·re·an [hàipərbɔ́:riən/-bɔ:rı́(:)ən] *n., a.* 〖그神〗 (북풍 저쪽의) 상춘(常春)의 나라의 주민(의); (h-) 극북〔극한(極寒)〕의.

hy·per·crit·i·cal [hàipərkrı́tikəl] *a.* 혹평의, 혹평적인. 「Ⓤ 혹평.

hy·per·crit·i·cism [-krı́tisìzəm] *n.*

hy·per·es·the·sia [hàipərisθı́:ʒiə/-ri:sθı́:ziə] *n.* 《美》 =HYPERAESTHESIA.

hy·per·gly·ce·mi·a [háipərglaisı́:miə] *n.* 〖醫〗 과혈당증.

hy·per·met·ric [hàipərmétrik], **-i·cal** [-əl] *a.* 〖韻〗 음절 과잉의.

hy·per·on [háipərɑ̀n/-ɔ̀n] *n.* 〖理〗 중핵자(重核子). 「〖醫〗 원시(遠視).

hy·per·o·pi·a [hàipəróupiə] *n.* Ⓤ

hy·per·sen·si·tive [hàipərsénsətiv] *a.* 과민증의.

hy·per·son·ic [-sɑ́nik/-ɔ́-] *a.* 〖理〗 극초음속(極超音速)의(cf. supersonic). 「수송기.

hypersónic tránsport 극초음속

hy·per·ten·sion [-ténʃən] *n.* Ⓤ 고혈압. **-ten·sive** [-ténsiv] *a., n.* 고혈압의 (환자).

hy·per·ther·mi·a [-θə́:rmiə] *n.* 〖醫〗 (체온의) 이상 고열 (상태).

hy·per·tro·phy [haipə́:rtrəfi] *n., vi., vt.* Ⓤ 〖醫·植〗 비대(肥大)(해지다, 하게 하다). 「〖植〗 균사(菌絲).

hy·pha [háifə] *n.* (*pl.* **-phae** [-fi:])

‡**hy·phen** [háifən] *n., vt.* **하이픈**(으로 연결하다, 끊다). **hy·phen·ate** [háifənèit] *vt.* =HYPHEN.

hy·phen·at·ed [háifənèitid] *a.* 하이픈으로 연결한. ~ ***Americans*** 외국계(系) 미국인《Korean-Americans 등》. 「수면〔최면〕학.

hyp·nol·o·gy [hipnɑ́lədʒi/-ɔ́-] *n.* Ⓤ

hyp·no·sis [hipnóusis] *n.* Ⓤ,Ⓒ 최면(술); 최면 상태. **hyp·not·ic** [-nɑ́tik/-ɔ́-] *a., n.* 최면(술)의; 최면제; 최면술에 걸린〔걸리기 쉬운〕 사람.

hyp·no·ther·a·py [hìpnouθérəpi] *n.* Ⓤ 최면(술) 요법.

hyp·no·tism [hı́pnətìzəm] *n.* Ⓤ 최면(술), 최면 상태. **-tist** *n.* **-tize** [-tàiz] *vt.* 최면술을 걸다; 매혹(魅惑)하다(charm).

hy·po [háipou] *n.* (*pl.* ~*s*) Ⓤ 〖化〗 하이포《현상(現像) 정착액》; 《美口》 =HYPODERMIC. 「벼운」의 뜻.

hypo- *pref.* 「밑에, 밑의, 이하, 가

hy·po·blast [háipoublæ̀st, -ɑ̀:-] *n.* Ⓤ 〖發生〗 내배엽(內胚葉).

hy·po·cen·ter [háipəsèntər] *n.* (핵폭발의) 폭심(爆心)(지).

hy·po·chlo·rite [hàipəklɔ́:rait] *n.* 〖化〗 하이포아염소산염(亞塩素酸塩).

hy·po·chon·dri·a [-kɑ́ndriə/-ɔ́-] *n.* Ⓤ 우울증, 히포콘드리. **-chón·dri·ac** [-driæ̀k] *a., n.* 우울증의 (환자).

***hy·poc·ri·sy** [hipɑ́krəsi/-ɔ́-] *n.* Ⓤ,Ⓒ **위선,** 위선적 행위.

***hyp·o·crite** [hı́pəkrit] *n.* **위선자.** **hyp·o·crit·i·cal** [ˌ-krı́tikəl] *a.*

hy·po·cy·cloid [hàipəsáiklɔid] *n.* 〖數〗 (기하학의) 내(內)사이클로이드.

hy·po·der·mic [hàipədə́:rmik] *a., n.* 피하의; 피하 주사(액).

hy·po·phos·phate [-fɑ́sfeit/-ɔ́-] *n.* 〖化〗 아인산염.

hy·po·phos·phite [-fɑ́sfait/-ɔ́-] *n.* 〖化〗 하이포아인산염(亞燐酸塩).

hy·poph·y·sis [haipɑ́fəsis/-ɔ́-] *n.* 〖解〗 뇌하수체.

hy·po·spray [háipəsprèi] *n.* 〖醫〗 피하 분사기《바늘을 쓰지 않고 고압으로 피하에 주사함》.

hy·pos·ta·sis [haipɑ́stəsis/-ɔ́-] *n.* (*pl.* **-ses** [-sì:z]) 실체, 본질; 삼위일체의 (어느) 1위.

hy·po·sul·fite, -sul·phite [hàipəsʌ́lfait] *n.* 〖化〗 하이포아황산염(亞黃酸塩); 하이포아황산나트륨, 하이포(sodium hyposulfite).

hy·po·tax·is [-tǽksis] *n.* Ⓤ 〖文〗 종속(cf. parataxis). 「저혈압(증).

hy·po·ten·sion [-ténʃən] *n.* Ⓤ 〖病〗

hy·pot·e·nuse [haipɑ́tənjù:s/-pɔ́tənjù:s] *n.* 〖數〗 (직각 삼각형의) 빗변.

hy·po·thal·a·mus [hàipəθǽləməs] *n.* (*pl.* **-mi** [-mài]) 〖生〗 시상(視床)하부.

hy·poth·ec [haipɑ́θik/-ɔ́-] *n.* Ⓤ 담보권.

hy·poth·e·cate [haipɑ́θikèit/-ɔ́-] *vt.* 저당 잡히다, 담보로 넣다.

hy·po·ther·mi·a [hàipəθə́:rmiə] *n.* 〖醫〗 (심장 수술을 용이하게 하기 위

한) 인공적 체온 저하(법).
*hy·poth·e·sis [haipάθəsis/-ɔ́-] n. (pl. -ses [-sì:z]) 가설; 가정. hy·póth·e·size [-sàiz] vi., vt. 가설을 세우다; 가정하다. hy·po·thet·ic [hàipəθétik], -i·cal [-əl] a. 가설〔가정〕의. -i·cal·ly ad. 「U 고도 측정(술).
hyp·som·e·try [hipsάmitri/-ɔ́-] n.
hys·sop [hísəp] n. 〖植〗 히솝, 버들박하《유럽산 박하의 일종》; 〖聖〗 우슬초(牛膝草)《고대 유대인들이 불제(祓除) 의식에 그 가지를 사용했음》.
hys·ter·ec·to·my [hìstəréktəmi] n. UC 〖醫〗 자궁 절제(술).
hys·ter·e·sis [hìstərí:səs] n. U 〖理〗 (자기·전기 등의) 이력 현상.
hys·te·ri·a [histíəriə] n. U 〖醫〗 히스테리(증); 병적 흥분.
hys·ter·ic [histérik] a. =HYSTERICAL. —— n. (보통 pl.) 히스테리의 발작. *hys·tér·i·cal a. 히스테리의〔적인〕; 병적으로 흥분한. -i·cal·ly ad.
hys·ter·on prot·er·on [hístəràn próutəràn/-rɔ̀n prɔ́tərɔ̀n] (Gk.) 〖修〗 전후 도치(倒置) 《보기: *bred and born*》; 〖論〗 도역 논법(倒逆論法) (BEGging the question).
hys·ter·ot·o·my [hìstərάtəmi/-ɔ́-] n. UC 〖醫〗 자궁 절개(술).
hy·zone [háizoun] n. U 〖化〗 3원자 수소, 히존(H_3).
Hz, hz hertz.

I

I, i [ai] n. (pl. *I's, i's* [-z]) 로마숫자의 1; I자형의 것.
†I [ai] pron. (pl. *we*) 나는, 내가.
I 〖化〗 iodine. I. Island(s); Isle(s).
Ia. Iowa. I. A. A. F. International Amateur Athletic Federation. IAC International Apprentices Competition. IADB Inter-American Development Bank. I. A. E. A., IAEA International Atomic Energy Agency.
í·amb [áiæmb] n., a. 〖韻〗 약강격(의). i·am·bic [aiǽmbik] n. 약강격; (pl.) 약강격의 시.
i·am·bus [aiǽmbəs] n. =IAMB.
IANF Inter-Allied Nuclear Force.
IARU International Amateur Radio Union. IAS 〖空〗 indicated airspeed 지시 대기(對氣) 속도.
IATA International Air Transport Association. IAUP International Association of University Presidents. ib., ibid. ibidem.
I·be·ri·a [aibíəriə] n. 이베리아 반도《스페인과 포르투갈을 포함》. -ri·an a.
i·bex [áibeks] n. (pl. *~es, ibices* [íbəsì:z, ái-], 《集合的》 ~) (알프스 산중의) 야생 염소.
*ibid. ibidem.
i·bi·dem [ibáidem] ad. (L.) 같은 장소〔책·장·페이지〕에《생략 ib., ibid.》.
i·bis [áibis] n. 〖鳥〗 따오기의 무리.
I. B. M., IBM Intercontinental Ballistic Missile; International Business Machines《미국 컴퓨터 제작 회사명》. I. B. R. D. International Bank for Reconstruction and Development = World Bank).
Ib·sen [íbsən], Henrik (1828–1906) 노르웨이의 극작가·시인.
IC immediate constituent 〖文〗 직접 구성소; integrated circuit 〖電〗 집적(集積)회로. I. C. A., ICA International Cooperation Administration.
-ic(al) *suf.* 「…의, …의 성질」 등의 형용사를 만듦: hero*ic*, chem*ical*, econom*ic(al)*.
ICAO International Civil Aviation Organization. ICBM intercontinental ballistic missile. ICC, I. C. C. International Chamber of Commerce; International Control Commission; Interstate Commerce Commission.
†ice [ais] n. U ① 얼음; 얼음판의 얼음. ② C 얼음과자, 아이스크림. ③ 당의(糖衣). ④ 《美俗》 다이아몬드. *break the* ~ 착수하다; 말을 꺼내다; 터놓고 대하다. *cut no* ~ 《美口》 효과가 없다. *on* ~ 《美俗》 장차에 대비하여; 옥에 갇혀. *on thin* ~ 위험한 상태로. ——vt. ① 얼리다; 얼음으로 채우다〔덮다〕. ② (과자에) 당의를 입히다.
Ice. Iceland(ic).
íce àge 빙하 시대.
íce àx(e) (등상용의) 얼음 깨는 도끼.
íce bàg 얼음 주머니.
*ice·berg [⌐bə̀:rg] n. 빙산(cf. calf[1]).
ice·boat [⌐bòut] n. 빙상선(氷上船); 쇄빙선(碎氷船).
ice·bound [⌐bàund] a. 얼음에 갇힌.
ice·box [⌐bὰks/-ɔ̀-] n. 냉장고. 「〔기〕.
ice·break·er [⌐brèikər] n. 쇄빙선
ice·cap [⌐kæ̀p] (높은 산의) 만년설.
ice-cóld [⌐kóuld] a. 얼음처럼 찬; 냉담한.
‡íce créam 아이스크림.
íce-cream còne [áiskrì:m] (아이스크림을 넣는) 원뿔꼴 웨이퍼.
íce-cream frèezer 아이스크림 제조기. 「빙(角氷).
íce cùbe (냉장고에서 만들어지는) 각
iced [aist] a. 얼음에 채운; 당의를 입힌(*glacé*).
íce fìeld 빙원(氷原).
ice-free [⌐frí:] a. 얼지 않는(*an* ~ *port* 부동항(不凍港)).
íce hòckey 아이스하키.
ice·house [⌐hàus] n. 얼음 창고, 빙실(氷室).
Icel. Iceland(ic).
*Ice·land [áislənd] n. 아이슬란드《공화국》. ~·er n. 아이슬란드 사람. Ice·lán·dic a., n. 아이슬란드(사람·말)의; U 아이슬란드 말. 「용·약용》.
Íceland móss 아이슬란드 이끼《식
Íceland spár 빙주석(氷州石)《무색 투명한 방해석》. 「캔디.
ice·lol·ly [⌐lὰli:/-ɔ̀-] n. 《英》 아이스
ice·man [⌐mæ̀n, -mən] n. 얼음 장수.
íce pàck 부빙군(浮氷群); 얼음 주머니.
íce pìck 얼음 깨는 송곳.

íce pòint 빙점(氷點)《물의 응고점》.
íce rìnk (옥내) 스케이트장.
íce shèet 빙상(氷床).
íce shòw 아이스 쇼.
ice-skate [ˊskèit] *vi.* 스케이트 타다.
íce skàtes 스케이트 (구두).
íce stòrm 진눈깨비.
íce tòngs 얼음 집게.
íce wàter 《美》 얼음으로 차게 한 물.
ICFTU International Confederation of Free Trade Unions.
ich·neu·mon [iknjú:mən] *n.* 〖動〗 몽구스의 일종; = ˊ **flỳ** 맵시벌.
ICHPER International Council on Health, Physical Education and Recreation 국제 보건 오락 협의회.
Ich·thy·ol [íkθiòul, -ɔ̀:l, -ɑ̀l] *n.* 〖商標〗 이히티올《피부병 외용약》.
ich·thy·o·lite [íkθiəlàit] *n.* 물고기의 화석.
ich·thy·ol·o·gy [ìkθiɑ́lədʒi / -ɔ́-] *n.* Ⓤ 어류학(魚類學).
ich·thy·o·saur [íkθiəsɔ̀:r] *n.* 〖古生〗 어룡(魚龍).
ich·thy·o·sau·rus [ìkθiəsɔ́:rəs] *n.* (*pl.* **-ri** [-rai], **~es**) =ICHTHYOSAUR.
i·ci·cle [áisikəl] *n.* 고드름.
i·ci·ness [áisinis] *n.* Ⓤ 얼음 같은 차가움; 냉담.
ic·ing [áisiŋ] *n.* Ⓤ (과자에) 입힌 설탕, 당의(糖衣); 〖空〗 비행기 날개에 생기는 착빙(着氷).
ICJ International Court of Justice.
ick·y [íki] *a.* 《美俗》 싫은, 불쾌한; 취미가 나쁜; 세련되지 않은.
i·con [áikɑn/-ɔ-] *n.* (*pl.* **~s**, **-nes** [-nì:z]) 〖그正教〗 성상(聖像), 화상; 초상.
i·con·o·clasm [aikɑ́nəklæ̀zəm / -ɔ́-] *n.* Ⓤ 성상(聖像) 파괴, 우상 파괴; 인습 타파. **-clast** [-klæ̀st] *n.* 우상 파괴자; 인습 타파주의자. **-clas·tic** [-ˋ-klǽstik] *a.*
i·co·nog·ra·phy [àikənɑ́grəfi/-kɔnɔ́grə-] *n.* Ⓤ 《美》 도상학(圖像學).
i·con·o·scope [aikɑ́nəskòup / -ɔ́-] *n.* 〖TV〗 (카메라의) 송상관(送像管) 《라디오의 마이크에 해당함》(cf. ike).
ICPO =INTERPOL. **ICRC** International Committee of Red Cross. **I. C. S.** Indian Civil Service. **ICSU** International Council of Scientific Unions.
ic·tus [íktəs] *n.* (*pl.* **~(es)**) 〖韻〗 강음; 〖醫〗 발작.
I. C. U. International Christian University.
‡**i·cy** [áisi] *a.* ① **얼음의, 얼음 같은;** 얼음이 많은; 얼음으로 덮인. ② 얼음같이 찬; 냉담한. **í·ci·ly** *ad.* **í·ci·ness** *n.*
id [id] *n.* (the ~) 〖精神分析〗 이드 《본능적 충동의 근원》.
Id., Ida. Idaho. **id.** idem.
†**I'd** [aid] I had 〔would, should〕의 단축.
IDA International Development Association.
*****I·da·ho** [áidəhòu] *n.* 미국 북서부의 주《생략 Ida., Id.》.
ID càrd [áidí:] 신분 증명서(identity card).
†**i·de·a** [aidí:ə] *n.* ① ⓊⒸ **개념, 관념;** 생각, 사상. ② 견해, 신념. ③ 계획; 상상. ④〖哲〗 개념, 이념. ***The ~!*** 이건 지독하군〔어이없군〕.
*****i·de·al** [aidí:əl] *a.* ① **이상적인,** 완전한. ② **상상의;** 관념적인, 가공적인. **——*n.*** 이상, 전형(典型). *****~·ism** [-ìzəm] *n.* Ⓤ **이상주의;** 〖哲〗 관념론, 유심론; 〖藝〗 관념주의. **~·ist** *n.* 이상주의자; 공상가; 관념론자, 관념주의자. **i·de·al·is·tic** [-ˋ-ístik] *a.* 이상주의의; 몽상가의; 관념론의. **~·ly** *ad.*
i·de·al·ize [aidí:əlàiz] *vt., vi.* 이상화하다; 이상을 그리다. **i·de·al·i·za·tion** [-ˋ-izéiʃən] *n.*
i·dée fixe [ì:dei fí:ks] (F.) 고정 관념.
i·dem [áidem] *n., a.* (L.) 위와 같음〔같은〕, 동서(同書)(의)《생략 id.》.
i·den·tic [aidéntik] *a.* =IDENTICAL; 〖外交〗 동문(同文)의. ~ ***note*** 동문 통첩.
‡**i·den·ti·cal** [aidéntikəl] *a.* **동일한;** 같은(*with*).
idéntical twín 일란성 쌍생아(cf. fraternal twin).
*****i·den·ti·fi·ca·tion** [aidèntəfikéiʃən] *n.* ① Ⓤ **동일하다는**〔동일인·동일물이라는〕 **증명.** ② ⓊⒸ 신분 증명(이 되는 것).
identificátion 〔idéntity〕 càrd 신분 증명서.
identificátion dìsk 〔tàg〕 (군인의) 인식표(認識票).
‡**i·den·ti·fy** [aidéntəfài] *vi.* ① **동일하다고**〔동일인·동일물임을〕 **인정하다.** ② 동일시하다. ③ …이 무엇이〔누구〕라는 것을 확인하다. **~ *oneself with*** …와 제휴하다. **-fi·a·ble** [-fàiəbəl] *a.* 동일함을 증명할 수 있는.
I·den·ti·kit [aidéntəkìt] *n.* 〖商標〗 몽타주식 얼굴 사진 합성 장치; (i-) 몽타주 사진.
*****i·den·ti·ty** [aidéntəti] *n.* ① Ⓤ **동일한 사람〔것〕임,** 동일성. ② ⓊⒸ 자기 자신〔그것 자체〕임; 신원.
id·e·o·gram [ídiəgræ̀m, áidiə-], **-graph** [-græ̀f, -grɑ̀:f] *n.* 표의(表意) 문자.
*****i·de·ol·o·gy** [àidiɑ́lədʒi, ìd- / -ɔ́l-] *n.* ① **이데올로기,** 관념 형태. ② Ⓤ 관념학; 공리 공론(空理空論). **i·de·o·log·i·cal** [ˋ--lɑ́dʒikəl/-ɔ́-] *a.*
ides [aidz] *n. pl.* 〖古로마曆〗 (3, 5, 7, 10 월의) 15 일; (그 밖의 달의) 13 일.
id·i·o·cy [ídiəsi] *n.* ⓊⒸ 백치(같은 짓).
id·i·o·lect [ídiəlèkt] *n.* 〖言〗 개인 방언《일생중 어떤 시기에 쓰는 말투》.
‡**id·i·om** [ídiəm] *n.* ① **이디엄,** 관용구, **숙어.** ② (어떤 언어의 정해진) 어법; (어떤 민족의) 언어; 방언. ③ (특수한) 직업 용어. ④ (화가·음악가 등의) 독특한 맛, 특색, 특징.
*****id·i·o·mat·ic** [ìdiəmǽtik], **-i·cal** [-əl] *a.* **관용구적인,** 관용어법적인. **-i·cal·ly** *ad.*
id·i·o·syn·cra·sy, -cy [ìdiəsíŋkrə-

si] *n.* 특질, 특이성; (특이한) 성벽 (eccentricity); 〖醫〗 (알레르기 따위의) 특이 체질.

*__id·i·ot__ [ídiət] *n.* 바보; 〖心〗 백치 《지능 지수 0–25 (최저도)의 정신 박약자; imbecile, moron》. **id·i·ót·ic** [ìdiátik/-ɔ́-] *a.*

ídiot bòard 〔**càrd**〕 텔레비전 출연자용 문자판 《대사를 잊었을 때 보이는》.

ídiot bòx 《英俗》 텔레비전.

‡__i·dle__ [áidl] *a.* ① 태만한. ② 일이 없는, 한가한. ③ 활용되지 않고 있는; 무용의, 쓸모 없는. ④ (공포·근심 따위) 까닭〔근거〕 없는. ***money lying* ～** 유휴금. ——*vi.* ① 게으름피우다; 빈둥거리다, 빈둥빈둥 놀고 지내다. ② 〖機〗 헛돌다, 공전(空轉)하다. ——*vt.* 태만하게 지내다, 낭비하다. ‡__í·dle·ness__ *n.* 태만; 무위. **í·dler** *n.* 게으름뱅이. *__i·dly__ *ad.*

ídle pùlley 〔**whèel**〕 〖機〗 유치차(遊齒車)《두 톱니바퀴 사이에 쓰이는 톱니바퀴》.

IDLS International Digital Leased-Line Service 국제 디지털 전용회선.

IDO International Disarmament Organization.

I·do [í:dou] *n.* Ⓤ 이도어《Esperanto를 기초로 한 국제 보조 언어》.

‡__i·dol__ [áidl] *n.* ① 우상. ② 〖聖〗 사신(邪神). ③ 숭배받는 것〔사람〕, 인기 있는 사람. ④ 선입적 유견(謬見) (fallacy). **～·ize** [áidəlàiz] *vt.* 우상화〔숭배〕하다. **i·dol·i·za·tion** [àidəlizéiʃən/-lai-] *n.* Ⓤ 〔배자.

i·dol·a·ter [aidálətər/-ɔ́-] *n.* 우상 숭

*__i·dol·a·try__ [-ətri] *n.* 우상 숭배. **i·dól·a·trous** *a.* 우상 숭배의, 우상 숭배적인.

i·do·lum [aidóuləm] *n.* (*pl.* **-la**)(*pl.*) 〖論〗 (Francis Bacon의) 선입적 유견(謬見); 개념, 관념, 표상.

i·dyl(l) [áidl] *n.* 목가(牧歌), 전원시; (한가한) 전원 풍경. **i·dyl·lic** [aidílik] *a.* 목가적인.

IE, I. E. Indo-European; Industrial Engineer.

-ie *suf.* aunt*ie*, bird*ie*. ⇨-Y.

*__i. e.__ [áii:, ðǽtíz] *id est* (L. ＝that is) 즉, 이를테면.

†**if** [if] *conj.* ① 만약 …이라면. ② 비록 …일지라도(even if). ③ …인지 어떤지 (whether)(*Let me know if he will come.* 올 것인지 안 올 것인지 알려 주십시오.). ***if only*** …이〔하〕기만 하다면(*If only I knew!* or *If I only knew!* 알기만 한다면 좋으련만!). ***if it were not*** 〔***had not beeu***〕 ***for*** 만약 …이 없(었)〔아니었〕다면. ——*n.* 가정.

IF, I.F., i.f. intermediate frequency. **IFB** invitation for bid. **I. F. C.** International Finance Corporation. **IFF** identification, friend or foe 적·아군 판별 전자장치. **IFFA** International Federation of Football Association.

if·fy [ífi] *a.* 《口》 불확실한; 의심스러운.

IFR instrument flight rules 계기(計器) 비행 방식. **IFRB** International Frequency Registration Board 국제 주파수 등록 위원회. **I. F. S.** Irish Free State. **IFTU** International Federation of Trade Unions.

-ify *suf.* ⇨-FY.

ig·loo [íglu:] *n.* (에스키모 사람의) 눈으로 만든 작은 집.

Ig·na·tius Loy·o·la [ignéiʃəs lɔióulə], **Saint** (1491–1556) 스페인의 성직자, Jesuit 교단의 창설자.

ig·ne·ous [ígniəs] *a.* 불의, 불 같은, 〖地〗 화성(火成)의.

ig·nes·cent [ignésənt] *a.*(돌 따위) 치면 불꽃이 나는. ——*n.* 발화물(질).

ig·nis fat·u·us [ígnəs fǽtʃuəs] (*pl.* ***ignes fatui*** [ígni:z fǽtʃuài]) (L.) 도깨비불; 헛된 기대.

ig·nite [ignáit] *vt.* 점화하다; 〖化〗 높은 온도로 가열하다. ——*vi.* 발화하다. **ig·nít·er, -ní·tor** [-ər] *n.* 점화자〔장치〕; 〖電子〗 점고자(點孤子).

ig·ni·tion [-níʃən] *n.* Ⓤ 점화, 발화; Ⓒ 점화 장치(*an ignition plug* 점화 플러그/ *an ignition point* 발화점).

ig·ni·tron [ígnitràn/-ɔn] *n.* 수은 방전관(放電管).

ig·no·ble [ignóubl] *a.* 천한; 시시한; 불명예스러운; 《古》 (태생이) 비천한 (opp. noble).

ig·no·min·i·ous [ìgnəmíniəs] *a.* 수치〔불명예〕스런; 비열한. **～·ly** *ad.*

ig·no·min·y [ígnəmìni] *n.* Ⓤ 치욕, 불명예; 수치스러운 행위.

ig·no·ra·mus [ìgnəréiməs] *n.* 무지몽매〔무식〕한 사람.

‡__ig·no·rance__ [ígnərəns] *n.* Ⓤ ① 무지, 무식. ② 모르고 있음. ***I- is bliss.*** 《俗談》 모르는 것이 약이다.

‡__ig·no·rant__ [ígnərənt] *a.* ① 무지 몽매〔무식〕한. ② …을 모르는(*of*). **～·ly** *ad.*

‡__ig·nore__ [ignɔ́:*r*] *vt.* 무시하다.

Ig·o·rot [ìgəróut, ì:g-], **Ig·or·ro·te** [-róuti] *n.* (*pl.* **～**(**s**)) 이고로트 사람《필리핀 군도의 Luzon 섬에 삶》; Ⓤ 이고로트 말.

i·gua·na [igwá:nə] *n.* 이구아나《열대 아메리카의 큰 도마뱀》.

i·guan·o·don [igwá:nədàn/-dɔn] *n.* 이구아노돈, 금룡(禽龍)《초식 공룡의 하나》.

IGY, I.G.Y. International Geophysical Year 국제 지구 관측년. **IHP, i.h.p.** indicated horsepower. **IHS, I. H. S.** 그리스어 *IHΣOΥΣ* (＝Jesus)의 생략형. **IIC** International Industrial Conference. **IIE** International Institute of Education.

ike [aik] *n.* ＝ICONOSCOPE.

i·kon [áikan/-ɔ-] *n.* ＝ICON.

il-, im-, in-, ir- *pref.* 《l 앞에서는 il-로, b, m, p 앞에서는 im-으로, r 앞에서는 ir-로 바뀜》 in, into, not, without, un- 따위의 뜻: *im*brute;

*in*close; *ir*rational.
-ile *suf.* 성질·적응성 따위를 나타내는 형용사를 만듦: doc*ile*, infant*ile*, juven*ile*, volat*ile*. 「炎).
il·e·i·tis [ìliáitis] *n.* Ⓤ 회장염(回腸
il·e·um [íliəm] *n.* 〖解〗 회장.
i·lex [áileks] *n.* 〖植〗 너도밤나무의 일종(cf. holm²); 호랑가시나무.
il·i·ac [íliæ̀k] *a.* 장골(腸骨)(ilium)의.
Il·i·ad [íliəd] *n.* Homer 작으로 전하여지는 Ilium (=Troy) 전쟁의 서사시. 「〖解〗 장골.
il·i·um [íliəm] *n.* (*pl.* ***ilia*** [íliə])
ilk [ilk] *a.* (Sc.) 같은. ——*n.* 가족; 같은 종류. ***of that*** ~ 같은 곳[이름·무리]의.
†**ill** [il] *a.* (***worse; worst***) ① **건강이 나쁜; 병든.** ② 나쁜; 해로운. ③ 형편이 나쁜; 불길한. ④ 불친절한; 서투른. ***fall*** [***be taken***] ~ 병에 걸리다. ***I- news runs apace.*** 《俗諺》 악사 천리(惡事千里). ***It is an ~ wind*** (***that***) ***blows nobody good.*** 《俗諺》 갑의 손해는 을의 이득. ——*n.* ① Ⓤ 악(惡), 해(害). ② 병; (*pl.*) 불행, 고난. ——*ad.* ① 나쁘게, 서투르게. ② 운[형편]나쁘게. ③ 불친절하게. ④ 간신히, 거의 …않게 (scarcely) (***We can ~ afford to waste time.*** 시간을 낭비할 수 없다). ***be ~ at*** (counting) (계산이) 서투르다. ***be ~ at ease*** 마음이 놓이지 않다, 불안하다. ***I- got, ~ spent.*** 《俗諺》 나쁜 짓 하여 번 돈 오래 가지 않는다(cf. ill-spent). ***take ... ~*** …을 나쁘게 여기다, 성내다.
Ill. Illinois. **ill., illus**(**t**)**.** illustrated; illustration.
†**I'll** [ail] I will, I shall 의 단축.
ill-ad·vised [ìlədváizd] *a.* 무분별한.
ill-af·fect·ed [ˊəféktid] *a.* 《古》 호의를 갖지 않은; 불만을 가진.
il·la·tive [ílətiv, iléi-] *a.* 추리의; 〖文〗 추단적인. ~ ***conjunction*** 〖文〗 추리 접속사(*so, therefore* 등).
íll blóod 악의, 원한.
ill-bred [ílbréd] *a.* 가정 교육이 나쁜, 버릇 없는. 「음.
íll bréeding 조야, 버릇[본데] 없
ill-con·di·tioned [ˊkəndíʃənd] *a.* 성질이 못된, 심술궂은; 건강이 좋지 않은. 「각을 잘못한.
ill-con·sid·ered [ˊkənsídərd] *a.* 생
ill-dis·posed [ˊdispóuzd] *a.* 악의를 품은, 불친절한, 비우호적인.
‡**il·le·gal** [ilíːgəl] *a.* **불법의.** ~·**ly** *ad.* **il·le·gal·i·ty** [ìliːgǽləti] *n.*
il·leg·i·ble [ilédʒəbəl] *a.* 읽기 어려운. **il·leg·i·bil·i·ty** [–ˋ–bílə-] *n.* Ⓤ
***il·le·git·i·mate** [ìlədʒítəmit] *a.* ① **불법의.** ② 사생[서출]의. ③ 비논리적인. ~·**ly** *ad.* **il·le·gít·i·ma·cy**
íll fáme 악평, 악명. 「*n.* Ⓤ
ill-fat·ed [ílféitid] *a.* 불운한.
ill-fa·vo(**u**)**red** [ˊféivərd] *a.* (얼굴이) 못생긴; 불쾌한.
ill-found·ed [ˊfáundid] *a.* 근거가 박약한.
ill-got·ten [ˊgátn / -ɔ́-] *a.* 부정 수단으로 얻은.
íll hèalth 건강이 좋지 않음.
íll húmo(**u**)**r** 기분이 언짢음.
ill-hu·mo(**u**)**red** [ˊhjúːmərd] *a.* 기분이 언짢은.
il·lib·er·al [ilíbərəl] *a.* 인색한; 옹졸한; 교양 없는. ~·**ness** *n.* **il·lib·er·al·i·ty** [–ˋərǽləti] *n.* 「~·**ly** *ad.*
***il·lic·it** [ilísit] *a.* **불법의**(illegal).
il·lim·it·a·ble [ilímitəbəl] *a.* 무한한.
il·lin·i·um [ilíniəm] *n.* Ⓤ 〖化〗 일리늄《promethium 의 본래 이름》.
***Il·li·nois** [ìlənɔ́i, -z] *n.* 미국 중부의 주《생략 Ill.》. 「기 어려운.
il·liq·uid [ilíkwid] *a.* 현금으로 바꾸
***il·lit·er·ate** [ilítərit] *a., n.* 무식한 (사람), **문맹인** (사람). **-er·a·cy** *n.* Ⓤ
ill-judged [íldʒʌ́dʒd] *a.* 무분별한.
ill-man·nered [ˊmǽnərd] *a.* 버릇
íll náture 심술. 「[교양] 없는.
***ill-na·tured** [ˊnéitʃərd] *a.* **심술궂**
‡**ill·ness** [ílnis] *n.* ⓊⒸ **병.** 「**은.**
il·log·i·cal [iládʒikəl/-ɔ́-] *a.* 비논리적인, 불합리한. ~·**ly** *ad.* ~·**ness** *n.*
il·log·i·cal·i·ty [–ˋ–kǽləti] *n.* ⓊⒸ 불합리(한 것). 「길한, 재수 없는.
ill-o·mened [ílóumənd/-mend] *a.* 불
ill-spent [ílspént] *a.* 낭비된.
ill-starred [ˊstáːrd] *a.* 불운한.
ill-suit·ed [ˊsúːtid] *a.* 부적당한.
ill-tem·pered [ˊtémpərd] *a.* 심술궂은, 꾀 까다로운.
ill-timed [ˊtáimd] *a.* 기회가 나쁜.
ill-treat [ˊtríːt] *vt.* 학대하다. ~·**ment** *n.* Ⓤ **학대.** 「계몽하다.
il·lume [ilúːm] *vt.* 《古·詩》 비추다;
il·lu·mi·nant [-inənt] *a.* 빛을 내는. ——*n.* 발광체.
‡**il·lu·mi·nate** [-ənèit] *vt.* ① **비추다.** ② 《주로 英》 전식(電飾)[일류미네이션]을 달다. ③ 분명히 하다. ④ 계몽하다(enlighten). ⑤ (사본 따위를) 색무늬나 금박 문자로 장식하다. ⑥ 명성을 높이다. **-na·tive** [-nèitiv] *a.* **-na·tor** *n.*
‡**il·lu·mi·na·tion** [ilùːmənéiʃən] *n.* Ⓤ ① **조명.** ② 광량(光量). ③ 일류미네이션, 전식(電飾). ④ 해명, 계몽. ⑤ (사본의) 채색.
il·lu·mine [ilúːmin] *vt., vi.* 비추다, 밝게 하다[되다].
illus(**t**)**.** illustrated; illustration.
ill-us·age [íljúːsidʒ, -z-] *n.* =⇩.
ill-use [ˊjúːz] *vt.* 학대하다. —— [-júːs] *n.* Ⓤ 학대.
‡**il·lu·sion** [ilúːʒən] *n.* ⓊⒸ **환영**; 환상; 착각. **il·lú·sive** [-siv], ***-so·ry** [-səri] *a.* **환영적인**; 사람을 속이는.
‡**il·lus·trate** [íləstrèit, ilʌ́streit] *vt.* ① (실례 따위로) **설명하다.** ② (설명·장식을 위한) 삽화를 넣다. ***íl·lus·tra·tor** *n.* **삽화가.**
‡**il·lus·tra·tion** [ìləstréiʃən] *n.* ① **실례**, 삽화; 도해. ② (실례·그림 따위에 의한) 설명.
***il·lus·tra·tive** [íləstrèitiv, ilʌ́strə-] *a.* **실례가 되는,** 설명적인(*of*).

I

~·ly *ad.*

il·lus·tri·ous [ilʌ́striəs] *a.* 유명한; 현저한, (공훈 따위) 찬란한. ~·ly ⌊*ad.*

íll wíll 악의.

ill-wish·er [ílwíʃər] *n.* 남의 불행을 원하는 사람.

ILO, I.L.O. International Labor Organization (Office). **ILS** instrument landing system.

†**I'm** [aim] I am 의 단축.

‡**im·age** [ímidʒ] *n.* ① **상(像), 초상,** 화상, 조상(彫像). ② **영상**; 형상. ③ 꼭 닮음. ④ 전형. ⑤ 〖理〗 영상(映像); 〖心〗 심상(心像); 〖修〗 비유. ——*vt.* ① 상을 만들다. ② 그림자를 비추다. ③ 상상하다; 상징하다.

ímage órthicon 〖TV〗 촬상관(撮像管)의 일종.

im·age·ry [ímidʒəri] *n.* UC 《集合的》 상, 초상, 화상, 조상; 심상; 〖文學〗 심상(心象), 사상(寫像); 비유.

*__im·ag·i·na·ble__ [imǽdʒənəbəl] *a.* **상상할 수 있는** (한의).

‡**im·ag·i·nar·y** [imǽdʒənèri/-dʒənə-] *a.* **상상의.** ~ ***number*** 〖數〗 허수.

†**im·ag·i·na·tion** [imæ̀dʒənéiʃən] *n.* UC ① **상상력**; 창작력. ② 상상(의 소산), 공상.

*__im·ag·i·na·tive__ [imǽdʒənèitiv, -nə-] *a.* ① **상상의**; 상상〔공상〕적인. ② 상상력이 풍부한, 공상에 잠기는.

†**im·ag·ine** [imǽdʒin] *vt., vi.* ① **상상〔추상〕하다.** ② 생각하다.

im·ag·ism [ímədʒìzəm] *n.* U 사상(寫像)주의 《영국의 비평가 T.E. Hulme [hju:m] 의 영향하에, 미국 시인 Ezra Pound 가 주창한 자유시 운동》. **ím·ag·ist** *n.*

i·ma·go [iméigou] *n.* (*pl.* ~*s*, ***imagines*** [-méidʒənì:z]) 〖蟲〗 성충.

ima(u)m [imɑ́:m] *n.* 이맘《이슬람의 도사(導師)》; (종종 I-) 종교적〔정치적〕 지도자.

im·bal·ance [imbǽləns] *n.* =UNBALANCE.

im·be·cile [ímbəsil, -sàil/-sì:l] *n., a.* 저능(한); 우둔(한); 〖心〗 치우(痴愚)《지능지수 25-50》(cf. idiot). **im·be·cil·i·ty** [ìmbəsíləti] *n.* U 저능; C 어리석은 언동.

im·bed [imbéd] *vt.* (***-dd-***)=EMBED.

im·bibe [imbáib] *vt.* 마시다; 흡수하다; (사상 따위를) 받아들이다.

im·bri·cate [ímbrəkèit] *vt., vi.* (기왓장 모양으로) 겹치다〔겹쳐지다〕. —— [-kít] *a.* 겹쳐진. **im·bri·ca·tion** [⁻-kéi-] *n.* UC 비늘 모양(의 배열).

im·bro·glio [imbróuljou] *n.* (*pl.* ~*s*) 분규; 분쟁. 「다; 적시다.

im·brue [imbrú:] *vt.* (피로) 더럽히

im·bue [imbjú:] *vt.* 침투시키다, 배게 하다; (사상·야심 따위를) 불어 넣다, 고취하다(inspire)(*with*).

I. M. C. International Music Council. **IMCC** International Management Cooperation Committee. **IMCO** Inter-Governmental Maritime Consultative Organization. **IMF** International Monetary Fund.

im·ide [ímaid] *n.* 〖化〗이미드.

i·mine [imí:n, ímin] *n.* 〖化〗 이민.

‡**im·i·tate** [ímitèit] *vt.* ① **모방하다,** 흉내내다. ② 모조하다; 위조하다. ③ **모범으로 삼다. im·i·ta·ble** [ímətəbəl] *a.* 모방할 수 있는. **im·i·ta·tive** [ímətèitiv, -tə-] *a.* 모방의; 흉내 잘 내는; 모조의. ***be imitative of*** …의 모방이다. **im·i·ta·tor** [ímətèitər] *n.* 모방자.

‡**im·i·ta·tion** [ìmitéiʃən] *n.* ① U **모방.** ② 모조품.

*__im·mac·u·late__ [imǽkjəlit] *a.* 때 묻지 않은; 죄없는; **깨끗한**; 결점없는.

Immáculate Concéption 〖카톨릭〗 (성모의) 무염시잉모태(無染始孕母胎)《'virgin birth'와는 다른 개념》.

im·ma·nent [ímənənt] *a.* 내재하는 (inherent); 〖神〗 (신이 우주에) 편재하는. **-nence, -nen·cy** *n.* U 내재성; 〖神〗 (신의, 우주에서의) 내재(성).

Im·man·u·el [imǽnjuəl] *n.* = CHRIST.

im·ma·te·ri·al [ìmətíəriəl] *a.* 비물질적인; 영적인; 중요치 않은.

*__im·ma·ture__ [ìmətjúər] *a.* **미숙한,** 미완성의. **im·ma·tu·ri·ty** [-tjúərəti] *n.* U

*__im·meas·ur·a·ble__ [iméʒərəbəl] *a.* **측정할 수 없는,** 끝없는. **-bly** *ad.* 「성.

im·me·di·a·cy [imí:diəsi] *n.* U 직접

‡**im·me·di·ate** [imí:diit] *a.* ① **직접의,** 바로 옆의. ② 즉시의; 당면한; 가까운. ‡~·**ly** *ad.* **즉시**; 직접; 가까이에. —— *conj* …하자마자.

im·med·i·ca·ble [imédikəbəl] *a.* 불치의.

*__im·me·mo·ri·al__ [ìmimɔ́:riəl] *a.* **기억에 없는,** 옛적의, 태고(로 부터)의. ***from time*** ~ 태고적부터.

*__im·mense__ [iméns] *a.* ① **거대한** (huge). ② 《俗》 훌륭한. *~·**ly** *ad.* **im·mén·si·ty** *n.* U 광대; 무한한 공간〔존재〕.

*__im·merse__ [imə́:rs] *vt.* ① **잠그다,** 담그다. ② 〖宗〗 침례를 베풀다. ③ 몰두하게〔빠지게〕 하다(*in*). **im·mér·sion** [-ʃən] *n.* U 침수.

immérsion hèater 침수식 물끓이개《코드 끝의 발열체를 속에 넣어 우유·홍차 등을 데움》.

*__im·mi·grant__ [ímigrənt] *n., a.* (외국으로부터의) **이민**(cf. emigrant); 이주하여 오는.

*__im·mi·grate__ [íməgrèit] *vi., vt.* (…로부터) **이주하다〔시키다〕** (cf. emigrate). *__im·mi·gra·tion__ [⁻-gréiʃən] *n.* UC (외국으로부터의) **이주**; **이민.**

*__im·mi·nent__ [ímənənt] *a.* **절박한**(impending). ~·**ly** *ad.* **-nence, -nen·cy** *n.* U 절박; 촉박한 위험〔사정〕. 「수 없는.

im·mis·ci·ble [imísəbəl] *a.* 혼합할

im·mit·i·ga·ble [imítigəbəl] *a.* 완화

할 수 없는. **-bly** *ad.*

im·mix [imíks] *vt.* 혼합하다. **～·ture** [-tʃər] *n.* Ⓤ 혼합, 혼화.

im·mo·bile [imóubəl, -bi:l] *a.* 움직일 수 없는, 고정된; 움직이지 않는, 부동의. **-bi·lize** [-bəlàiz] *vt.* 고정하다, 움직이지 않게 하다. **-bil·i·ty** [⌐–bíləti] *n.* Ⓤ

im·mod·er·ate [imádərit/-ɔ́-] *a.* 절도 없는; 극단적인. **～·ly** *ad.*

im·mod·est [imádist/-ɔ́-] *a.* 조심성 없는; 거리낌 없는, 주제넘은(forward). **～·ly** *ad.* **im·mód·es·ty** *n.* ⓊⒸ

im·mo·late [íməlèit] *vt.* 신에게 바치기 위하여 죽이다; 희생하다(*to*). **im·mo·la·tion** [⌐–léiʃən] *n.*

***im·mor·al** [imɔ́:rəl / imɔ́r-] *a.* **부도덕한**, 품행이 나쁜. **～·ly** *ad.* **im·mo·ral·i·ty** [ìmərǽləti] *n.* ⓊⒸ 부도덕(한 짓), 품행 나쁨.

‡im·mor·tal [imɔ́:rtl] *a.* ① **불사의**; 영원한; 불후의. ② 신의. —— *n.* 죽지 않는 사람; 불후의 명성이 있는 사람; (*pl.*) 〖그·로神〗 여러 신. **～·ize** [-təlàiz] *vt.* 불멸〔불후〕하게 하다. ***im·mor·tal·i·ty** [⌐–tǽləti] *n.* Ⓤ **불후**(의 명성).

***im·mov·a·ble** [imú:vəbəl] *a.* ① **움직일 수 없는**; 움직이지 않는. ② 확고한; 감정에 좌우되지 않는. —— *n.* (*pl.*) 〖法〗 부동산. **im·mov·a·bil·i·ty** [–⌐–bíləti] *n.* Ⓤ 부동〔고정〕성.

im·mune [imjú:n] *a.* 면제된(*from*); 면역이 된(*from, against*). ***im·mú·ni·ty** *n.* Ⓤ **면역**(성); 면제.

im·mu·nize [ímjənàiz] *vt.* 면역되게 하다. **im·mu·ni·za·tion** [⌐–nizéiʃən] *n.* Ⓤ

im·mu·no·bi·ol·o·gy [ìmjənəbaiáləd3i/-ɔ́-] *n.* Ⓤ 면역 생물학.

im·mu·no·chem·is·try [-kéməstri] *n.* Ⓤ 면역 화학.

im·mu·no·gen [imjú:nəd3ən] *n.* 〖醫〗 면역원.

im·mu·no·glob·u·lin [ìmjənəglábjulin/-glɔ́b-] *n.* 〖生化〗 면역 글로불린.

im·mu·nol·o·gy [ìmjənáləd3i / -ɔ́-] *n.* Ⓤ 면역학.

im·mu·no·sup·press·ive [imjù:nəsəprésiv] *n., a.* 거부 반응 억제의 (약).

im·mure [imjúər] *vt.* 가두다, 유폐「하다. **～·ment** *n.* Ⓤ

im·mu·ta·ble [imjú:təbəl] *a.* 불변의. **im·mu·ta·bil·i·ty** [–⌐–bíləti] *n.* Ⓤ 불변성.

***imp** [imp] *n.* ① **악마의 새끼**; 꼬마 악마. ② 개구쟁이. **⌐·ish** *a.* 장난스런, 개구쟁이의.

***im·pact** [ímpækt] *n.* ⓊⒸ ① **충돌** (*on, upon*). ② 영향, 효과. ③ (새로운 개념·사상 따위가) 발휘하는 힘. —— [–⌐] *vt.* ① 밀어넣다. ② …에 충격을 가하다, …와 충돌하다. ③ …에 몰려들다, …에 밀어 닥치다. —— *vi.* 충돌하다, 접촉하다.

ímpact cràter 운석 낙하로 인한 크레이터.

***im·pair** [impέər] *vt., vi.* **해치다**; (가치 등을) 감하다. **～·ment** *n.* Ⓤ 손상.

im·pale [impéil] *vt.* (찔러) 꽂다; 찔러 꿰는 형에 처하다. **～·ment** *n.*

im·pal·pa·ble [impǽlpəbəl] *a.* 만져도 모르는; 이해할 수 없는.

im·pan·el [impǽnəl] *vt.* (《英》 *-ll-*) 배심 명부에 올리다; (배심원을) 배심 명부에서 선임하다. 「(不同), 차이.

im·par·i·ty [impǽrəti] *n.* ⓊⒸ 부동

***im·part** [impá:rt] *vt.* ① (나눠) **주다**; 곁들이다. ② 전하다, 말해버리다. **im·par·ta·tion** [⌐–téiʃən] *n.* ⓊⒸ 나누어 줌; 통지.

***im·par·tial** [impá:rʃəl] *a.* **치우치지 않은**; 공평한. **im·par·ti·al·i·ty** [–⌐ʃiǽləti] *n.* Ⓤ 공평.

im·pass·a·ble [impǽsəbəl, -pá:-] *a.* 통행할〔지나갈〕 수 없는.

im·passe [ímpæs, –⌐] *n.* (F.) 막다른 골목(*cul-de-sac*); 난국.

im·pas·si·ble [impǽsəbəl] *a.* 아픔을 느끼지 않는; 무신경한, 태연한.

im·pas·sioned [impǽʃənd] *a.* 감격한; 열렬한.

im·pas·sive [impǽsiv] *a.* 둔감한, 태연한; 냉정한. **im·pas·siv·i·ty** [⌐–sívəti] *n.* Ⓤ

‡im·pa·tience [impéiʃəns] *n.* Ⓤ ① **성급**. ② 조바심, 초조. ③ (고통·냉대·기다림 등에) 견딜 수 없음.

‡im·pa·tient [impéiʃənt] *a.* ① **성마른**. ② 참을 수 없는(*of*). ③ (…하고 싶어) 못 견디는, 안절부절 못 하는(*for, to* do). ***～·ly** *ad.*

***im·peach** [impí:tʃ] *vt.* ① 문제삼다. ② (…의 허물로) **책하다**, 비난하다 (*of, with*). ③ (공무원을) **탄핵하다**. **～·a·ble** *a.* **～·ment** *n.* ⓊⒸ

im·pearl [impə́:rl] *vt.* …을 진주같이 하다; 《雅》 진주(같은 것으)로 꾸미다.

im·pec·ca·ble [impékəbəl] *a.* 죄를 범하지 않은; 결점 없는. **-bly** *ad.* **im·pec·ca·bil·i·ty** [–⌐–bíləti] *n.* Ⓤ

im·pe·cu·ni·ous [ìmpikjú:niəs] *a.* 돈없는, 가난한. **im·pe·cu·ni·os·i·ty** [ìmpikjù:niásəti/-ɔ́-] *n.* Ⓤ

im·ped·ance [impí:dəns] *n.* Ⓤ 〖電〗 임피던스《교류에서 전압의 전류에 대한 비》.

***im·pede** [impí:d] *vt.* **방해하다**.

***im·ped·i·ment** [impédəmənt] *n.* ① **고장**, 장애(물). ② 언어 장애, 말더듬이.

im·ped·i·men·ta [impèdəméntə] *n. pl.* (여행용) 수하물; 〖軍〗 병참, 보급품; 〖法〗 (혼인 따위의) 장애.

***im·pel** [impél] *vt.* (*-ll-*) **추진하다**; **재촉하다**, 억지로 …시키다(force) (*to*). **im·pél·lent** *a., n.* 추진하는 (힘).

im·pend [impénd] *vi.* 《古》 (위에) 걸리다(*over*); 임박하다. ***～·ing** *a.* **절박한**, 곧 일어날 것 같은.

im·pen·e·tra·ble [impénətrəbəl] *a.* 꿰뚫을〔뚫고 들어갈〕 수 없는; 헤아릴 수 없는, 불가해한; (새 사상에)

I

동요되지 않는, 물들지 않는, 둔한. **-bly** *ad.* **im·pen·e·tra·bil·i·ty** [-ˎ--bíləti] *n.* Ⓤ

im·pen·i·tent [impénətənt] *a.* 회개하지 않는. **-tence, -ten·cy** *n.* Ⓤ

imper., imperat. imperative.

im·per·a·tive** [impérətiv] *a.* **명령적인**, 엄연한; 피할 수 없는, **긴급한**; 〖文〗 명령법의. **—** *n.* 명령; 〖文〗 명령법(의 동사)(cf. indicative, subjunctive). ~ ***mood 〖文〗 명령법. **~·ly** *ad.*

im·per·cep·ti·ble [ìmpərséptəbəl] *a.* 관찰〔감지(感知)〕할 수 없는; 근소한; 점차적인(gradual). **-bly** *ad.*

‡**im·per·fect** [impə́:rfikt] *a.* **불완전한**, 미완성의; 미완료의. **~·ly** *ad.* **im·per·fec·tion** [ˎ-fékʃən] *n.* Ⓤ **불완전** (상태); Ⓒ 결점.

im·per·fo·rate [impə́:rfərit], **-rat·ed** [-rèitid] *a.* 구멍 없는.

‡**im·pe·ri·al** [impíəriəl] *a.* ① **제국의**; 대영 제국의. ② **황제의**; 제권(帝權)의; 지상의; 당당한; 오만한 (imperious). ③ (상품이) 특대〔고급〕의; (도량형이) 영국 법정규준의. ~ ***gallon*** 영국 갤런《4.546 리터, 미국 갤런의 약 1.2 배》. ***I- Household*** 황실, 왕실. **—** *n.* 황제 수염《아랫 입술 밑에 기른 뾰족한 수염》; (종이의) 임페리얼판(判)《(美) 23×31 인치, Ⓤ 제(英) 22×30 인치》; **~·ism** [-ìzəm] *n.* 국주의; 제정. **~·ist** *n.* 제국〔제정〕주의자. **im·pe·ri·al·is·tic** [-ˎ--ís-tik] *a.* 제국주의적인.

im·per·il [impéril] *vt.* (《英》 *-ll-*) (생명·재산 따위를) 위태롭게 하다.

***im·pe·ri·ous** [impíəriəs] *a.* **전제적인**, 건방진; **긴급한**. **~·ness** *n.*

im·per·ish·a·ble [impériʃəbəl] *a.* 불멸의, 영원한.

im·per·ma·nent [impə́:rmənənt] *a.* 일시적인. 「스며들지 않는.

im·per·me·a·ble [impə́:rmiəbəl] *a.*

impers. impersonal.

***im·per·son·al** [impə́:rsənəl] *a.* (특정한) **개인에 관계 없는**, 비개인적인; 비인격적인; 〖文〗 **비인칭의**. **~·ly** *ad.* **im·per·son·al·i·ty** [-ˎ-ǽləti] *n.* ⓊⒸ

im·per·son·ate [impə́:rsənèit] *vt.* 《稀》 인격화〔체현(體現)〕하다; 대표하다; 흉내내다; …의 역(役)을 맡아하다. **im·per·son·a·tion** [-ˎ-éiʃən] *n.* ⓊⒸ **im·pér·son·a·tor** *n.* 배우 (등).

***im·per·ti·nent** [impə́:rtənənt] *a.* **건방진**, 무례한; 부적당한, 당치 않은. **~·ly** *ad.* **-nence, -nen·cy** *n.* ⓊⒸ

im·per·turb·a·ble [ìmpərtə́:rbəbəl] *a.* 침착한, 동요치 않는; 냉정한.

im·per·vi·ous [impə́:rviəs] *a.* (물·공기·광선 등을) 통하지 않는; (마음이) …을 받아들이지 않는(*to*).

***im·pet·u·ous** [impétʃuəs] *a.* (기세·속도가) **격렬한**, 맹렬한; **성급한**. **~·ly** *ad.* **im·pet·u·os·i·ty** [-ˎ-ásəti/-ɔ́-] *n.*

***im·pe·tus** [ímpətəs] *n.* Ⓤ (움직이고 있는 물체의) **힘**, 운동량, 관성; Ⓒ (정신적인) 기동력, 자극.

imp. gal. imperial gallon.

im·pi·e·ty [impáiəti] *n.* Ⓤ 불경, 불신; Ⓒ 신앙심이 없는 행위.

im·pinge [impíndʒ] *vi.* 치다(hit), 충돌하다(*on, upon, against*); 범하다(encroach)(*on, upon*). **~·ment** *n.* ⓊⒸ

im·pi·ous [ímpiəs] *a.* 신앙심이 없는; 불경〔불효〕한(opp. pious); 사악

imp·ish [ímpiʃ] *a.* ⇨ IMP. 「한.

im·plac·a·ble [implǽkəbəl, -pléi-] *a.* 달랠 수 없는; 집요한(inexorable).

im·plant [implǽnt, -á:-] *vt.* (마음에) 뿌리 박히게 하다; 심다; 〖醫〗 (조직을) 이식하다. **—** *n.* 〖醫〗 이식된 조직; (암의 환부에 꽂아 넣는) 라듐판. **im·plan·ta·tion** [ˎ-téiʃən] *n.* ⓊⒸ

‡**im·ple·ment** [ímpləmənt] *n.* (끝마무리를 위한) **도구**, 용구. **—** [-mènt] *vt.* (끝마무리하기 위해) 도구를 공급하다; 수행하다, (복수 따위를) 실행하다; (법률·조약 따위를) 실시〔이행〕하다. **im·ple·men·ta·tion** [ìmpləməntéiʃən] *n.* Ⓤ 수행, 이행, 실시.

im·pli·cate [ímpləkèit] *vt.* 얽히게 하다(entangle); 관계시키다, 휩쓸려 들게 하다; 함축하다. ***im·pli·ca·tion** [ˎ-kéiʃən] *n.* Ⓒ 연루(連累); ⓊⒸ **함축**, 언외의 의미; 암시(*by implication* 은연중에).

im·plic·it** [implísit] *a.* ① **암암리의**, 묵계적인(implied) (opp. explicit). ② **절대의**; 필연적으로 포함되어 있는. ***give ~ consent 묵낙(默諾)을 하다. ~ ***obedience*** 절대 복종. **~·ly** *ad.* 「종의. **im·plí·ed·ly** *ad.*

im·plied [impláid] *a.* 함축된, 은연

‡**im·plore** [implɔ́:r] *vt.* **간청〔애원〕하다**. **im·plór·ing** *a.* 탄원의. **im·plór·ing·ly** *ad.* 애원적으로.

‡**im·ply** [implái] *vt.* **함축하다**; …의 뜻을 포함하다; **뜻〔암시〕하다**.

***im·po·lite** [ìmpəláit] *a.* **무례한**, 버릇 없는. **~·ly** *ad.* **~·ness** *n.*

im·pol·i·tic [impálitik/-ɔ́-] *a.* 생각 없는, 어리석은, 졸렬한.

im·pon·der·a·ble [impándərəbəl/-ɔ́-] *a.* 무게가 없는; 아주 가벼운; 평가할 수 없는. **—** *n.* 불가량물(不可量物)《열·빛 따위》.

‡**im·port** [impɔ́:rt] *vt.* ① **수입하다**; 끌어들이다. ② 《古》 **의미하다**. ③ …에 크게 영향하다. ***It ~s us*** (*to know...*). (…을 아는 것)은 중요하다. **—** *vi.* 중요하다. ***It ~s little.*** 그다지 중요치 않다. **—** [ˊ-] *n* Ⓤ 수입; (보통 *pl.*) 수입품; Ⓤ **의미**, 중요성. **~·er** *n.* **im·por·ta·tion** [ˎ-téiʃən] *n.* ⓊⒸ 수입(품).

‡**im·por·tance** [impɔ́:rtəns] *n.* Ⓤ 중요(성); 중요한 지위; 오만(한 태도).

†**im·por·tant** [-tənt] *a.* ① **중요한**; 유력한. ② 거만한. **~·ly** *ad.*

im·por·tu·nate [impɔ́:rtʃənit] *a.* 끈덕진, 귀찮은. **~·ly** *ad.*

im·por·tune [ìmpɔːrtjúːn, impɔ́ːrtʃən] *vt., vi.* 조르다. **im·por·tu·ni·ty** [ìmpɔːrtjúːnəti] *n.* UC 끈질기게 조름; (*pl.*) 끈덕진 재촉.

‡**im·pose** [impóuz] *vt.* ① (의무·세금 따위를) **과하다.** ② **강요하다;** 떠맡기다. ③ (가짜 등을) 안기다(*on, upon*); 〖印〗 정판하다. —— *vi.* (남의 약점 따위에) **편승하다,** 속이다(*on, upon*). ***im·pós·ing** *a.* **당당한.**

im·po·si·tion [ìmpəzíʃən] *n.* U 부과; C 세금; 부담; 사람좋음을 기화로 이용하기; 사기.

‡**im·pos·si·ble** [impásəbəl / -ɔ́-] *a.* ① **불가능한,** 있을 수 없는; 어림도 없는 (*I-!* 설마!). ② 어려운; 참을〔견딜〕수 없는, 지독한. **-bly** *ad.* ***im·pos·si·bíl·i·ty** [-⌐-bíləti] *n.* U **불가능**(성); C 불가능한 일.

im·post [ímpoust] *n.* 세금; 관세; 〖建〗 (기둥 꼭대기의) 대륜(臺輪). —— *vt.* (수입품목별로) 관세를〔관세액을〕 결정하다.

im·pos·tor [impástər / -ɔ́-] *n.* 남의 이름을 사칭하는 자; 사기꾼.

im·pos·ture [-tʃər] *n.* UC 사기.

***im·po·tent** [ímpətənt] *a.* **무(기)력한,** 노쇠한; 음위(陰萎)의(cf. frigid). **ím·po·tence, -ten·cy** *n.* 무(기)력; 〖醫〗 음위.

im·pound [impáund] *vt.* (가축을) 울안에 넣다; (물건을) 거두어 넣다; (아무를) 가두다; 〖法〗 압류〔몰수〕하다.

***im·pov·er·ish** [impávəriʃ/-ɔ́-] *vt.* ① **가난하게 만들다.** ② (토지를) 메마르게 하다. **~·ment** *n.* U

***im·prac·ti·ca·ble** [impræ̀ktikəbəl] *a.* ① **실행 불가능한;** 《稀》 처치 곤란한, 다루기 힘든. ② (도로가) 통행할 수 없는. **im·prac·ti·ca·bil·i·ty** [-⌐--bíləti] *n.* UC

***im·prac·ti·cal** [impræ̀ktikəl] *a.* **실제적이 아닌,** 실행할 수 없는; 비실용적인.

‡**im·pre·cate** [ímprikèit] *vt.* (재앙 있기를) 빌다(call down) (*on, upon*). **im·pre·ca·tion** [⌐-kéiʃən] *n.* 저주; U 방자.

im·preg·na·ble [imprégnəbəl] *a.* 난공 불락의; 확고한; 굴치않는. **im·preg·na·bil·i·ty** [-⌐-bíləti] *n.* U

im·preg·nate [imprégnèit, ⌐-⌐] *vt.* 임신시키다; 수정시키다; 충만시키다(*with*); (마음에) 심어넣다; 불어넣다(imbue)(*with*). —— [-nit] *a.* 임신하고 있는; 스며든; 포화한. **im·preg·na·tion** [⌐-néiʃən] *n.* U

im·pre·sa·ri·o [ìmprəsáːriòu] *n.* (*pl.* **~s, -sari** [-sáːriː]) (It.) (가극·음악회 따위의) 흥행주.

im·pre·scrip·ti·ble [ìmpriskríptəbəl] *a.* 〖法〗 시효로 소멸되지 않는.

‡**im·press**[1] [imprés] *vt.* ① (도장을) 찍다(imprint). ② **인상을 주다**(*on, upon, with*); 감동시키다(*with*). —— [⌐-] *n.* 날인; 흔적; 특징. **~·i·ble** *a.* 감수성이 강한.

im·press[2] *vt.* 징발하다; (해군 등에) (강제) 징집하다; (의론에 실례 등을) 인용하다. **~·ment** *n.* U 징발; 징용.

‡**im·pres·sion** [impréʃən] *n.* ① UC **인상;** C 느낌, 생각. ② 흔적; 날인; (책의) 쇄(刷)(*the third ~ of the fifth edition* 제 5판의 제 3쇄). ***~·a·ble** *a.* **감수성이 강한. ~·ism** [-ìzəm] *n.* U 〖美術·樂〗 인상주의. **~·ist** *n.* 인상주의자; 인상파의 예술가《Manet, Monet, Pissarro, Sisley, Degas, Renoir; Rodin; Debussy 등》. **im·pres·sion·is·tic** [-⌐-ístik] *a.*

‡**im·pres·sive** [imprésiv] *a.* **인상적인.**

im·pri·ma·tur [ìmprimέitər, -máː-] *n.* (L.) 〖카톨릭〗 출판 인가; 《一般》 인가.

***im·print** [imprínt] *vt.* (도장을) **찍다;** 명기(銘記)하다(*on, in*). —— [⌐-] *n.* ① 날인; 흔적. ② (책의 안표지나 판권장에 인쇄한) 발행자의 주소·성명·출판 연월일 (따위).

‡**im·pris·on** [imprízən] *vt.* **투옥하다;** 감금〔구속〕하다. ***~·ment** *n.* U **투옥;** 감금, 구금.

***im·prob·a·ble** [imprábəbəl/-ɔ́-] *a.* **일어날〔있을〕법하지 않은;** 참말같지 않은(unlikely). **-bly** *ad.* **im·prob·a·bil·i·ty** [-⌐-bíləti] *n.* U

im·promp·tu [imprámptjuː / -prɔ́mptjuː] *ad., a.* 즉석에서〔의〕; 즉흥적으로〔인〕. —— *n.* 즉흥곡〔시〕; 즉석의 연설 (따위).

***im·prop·er** [imprápər/-ɔ́-] *a.* **부적당한;** 그른; **온당치 못한,** 버릇없는. **~·ly** *ad.*

impróper fráction 〖數〗 가분수.

im·pro·pri·e·ty [ìmprəpráiəti] *n.* UC 부적당; 버릇없음; 행실 나쁨.

‡**im·prove** [imprúːv] *vt.* ① **개선〔개량〕하다;** 진보시키다. ② **이용하다.** ③ (토지·부동산의) **가치를 올리다.** —— *vi.* **좋아지다.** ~ *on* 〔*upon*〕… 을 개선하다. ~ *oneself* 진보하다. **im·próv·a·ble** *a.* 개선할 수 있는. ‡**~·ment** *n.* ① UC **개선〔개량〕;** 진보, **향상;** U 이용. ② 개량 공사; 개선점; 개량된 것.

im·prov·i·dent [imprávədənt / -ɔ́-] *a.* 선견지명 없는, 준비성 없는; 절약심 없는(not thrifty). **-dence** *n.* U

im·prov·i·sa·tor [imprávəzèitər / -prɔ́-] *n.* 즉흥 시인〔연주가〕.

im·prov·i·sa·to·re [impràvizətɔ́ːri/-ɔ-] *n.* (L.) (*pl.* ***-ri*** [-ri]) =↑.

***im·pro·vise** [ímprəvàiz,] *vt., vi.* (시·음악을) **즉석에서 만들다**(extemporize); 임시변통으로 만들다. **im·prov·i·sa·tion** [impràvəzéiʃən / ìmprəvə-] *n.* U 즉석에서 하기; C 즉흥적 작품.

***im·pru·dent** [imprúːdənt] *a.* **경솔한,** 무분별한. ***-dence** *n.* UC

‡**im·pu·dent** [ímpjədənt] *a.* **뻔뻔스러운;** 건방진. ***-dence** *n.* UC

im·pugn [impjúːn] *vt.* 논박하다.

‡**im·pulse** [ímpʌls] *n.* **추진(력),** 충

격; 자극; UC (마음의) 충동, 순간적 기분. ***on the ~*** 일시적 기분으로. ***on the ~ of the moment*** 그 때의 순간적 기분으로.

ímpulse bùying 충동 구매(衝動購買). 「동; 자극; 추진.

im·pul·sion [impʌ́lʃən] *n.* UC 충

im·pul·sive [impʌ́lsiv] *a.* 충동적인; 추진적인; 감정에 흐른. **~·ly** *ad.*

im·pu·ni·ty** [impjú:nəti] *n.* U **처벌되지 않음.** ***with ~ 벌받지 않고, 무사[무난]히.

***im·pure** [impjúər] *a.* 더러운; 불순한; 섞인 것이 있는; 부도덕한; 다른 색이 섞인. ***im·pu·ri·ty** [impjúərəti] *n.* U **불결**, 불순; 음란; (*pl.*) **불순물.**

***im·pute** [impjú:t] *vt.* (주로 나쁜 뜻으로) …의 **탓으로 하다**(*to*). **im·pút·a·ble** *a.* 돌릴 수 있는. **im·pu·ta·tion** [ˌ–téiʃən] *n.* U 돌아감; C 비난.

†in [in] *prep.* ① 《場所·位置·方向》 **…의 속에**[에서, 의]. ② 《時間》 …의 안에, …의 동안, …중; … 뒤에, …이 경과하여(*in a week* 일주일 후에). ③ 《狀態》 **…한 상태로[의]**(*in good health*). ④ 《着用》 …을 입고, 착용하고(*a woman in white* 백의의 여자/ *in spectacles* 안경을 쓰고). ⑤ 《所屬》 …에 속하는. ⑥ 《範圍》 …의 점에서(는) (*blind in one eye*). ⑦ 《材料·方法》 …으로(써)(of, made of) (*a dress in silk / write in ink / in this way*). ⑧ 《全體와의 關係》 … 가운데서, …에 대하여(out of) (*one in a hundred*). ⑨ 《目的》 …을 위하여(for) (*speak in reply*). ⑩ 《動作의 方向》 …의 속으로(into). ***in that*** 《古》 …한 이유로. —— *ad.* 속으로[에]; 집에 있어; 도착하여; 정권을 잡아; 유행하여. ***be in for*** 피할 수 없다; (시험을) 치르기로 되어 있다; 급도젔도 할 수 없다. ***be in with*** …와 친하다; …와 한패이다. ***in and out*** 들락날락; 출몰(出沒)하여; 안팎 모두; 완전히. ***In for a penny, in for a pound.*** 《俗談》 1 페니 지불하니 곧 1 파운드 또 쓰게 된다; 사물은 갈 때까지 가게 마련; 시작했으면 끝까지 하라. —— *a.* 내부의. —— *n.* (*pl.*) (정부) 여당. ***ins and outs*** 여당과 야당; (강의) 굴곡; 구석구석; 자세한 내용.

In 〖化〗 indium. **in.** inch(es). 「무력.

***in·a·bil·i·ty** [ìnəbíləti] *n.* U 무능,

***in·ac·ces·si·ble** [ìnəksésəbəl] *a.* 접근[도달]하기 어려운, 얻기 힘든. **in·ac·ces·si·bil·i·ty** [ˌ–ˌ–bíləti] *n.* U

in·ac·cu·rate [inǽkjərit] *a.* 부정확한; 잘못이 있는. **~·ly** *ad.* **-ra·cy** *n.* UC 「나태.

in·ac·tion [inǽkʃən] *n.* U 불활동;

***in·ac·tive** [inǽktiv] *a.* **불활동의**, 활발치 않은; 나태한; 〖軍〗 현역이 아닌; 〖理〗 비선광성(非旋光性)의. **~·ly** *ad.* **in·ác·ti·vate** *vt.* 불활발하게 하다. **in·ac·tiv·i·ty** [ˌ–tívəti] *n.* U

‡in·ad·e·quate [inǽdikwit] *a.* 부적당한, 불충분한. **~·ly** *ad.* **-qua·cy** *n.* UC

in·ad·mis·si·ble [ìnədmísəbəl] *a.* 허용할 수 없는, 승인하기 어려운.

in·ad·vert·ent [ìnədvə́:rtənt] *a.* 부주의한; 나태한; (행위가) 부주의에 의한; 무심결에 한. **~·ly** *ad.* **-ence, -en·cy** *n.* U 부주의; C 실수.

in·ad·vis·a·ble [ìnədváizəbəl] *a.* 권할 수 없는; 어리석은.

in·al·ien·a·ble [inéiljənəbəl] *a.* 양도[탈취]할 수 없는.

in·am·o·ra·ta [inæ̀mərɑ́:tə] *n.* (*pl.* ~*s*) 애인, 정부(情婦).

in-and-in [ínəndín] *a.*, *ad.* 동종 교배의[로](~ *breeding* 동종 교배).

in·ane [inéin] *a.* 공허한; 어리석은. ***the ~*** 허공, 공간.

***in·an·i·mate** [inǽnəmit] *a.* **생명[활기] 없는.** 「영양 실조; 기아.

in·a·ni·tion [ìnəníʃən] *n.* U 공허;

in·an·i·ty [inǽnəti] *n.* U 공허; 어리석음; C 시시한 것[짓·말].

in·ap·pli·ca·ble [inǽplikəbəl] *a.* 응용[적용]할 수 없는; 부적당한. **in·ap·pli·ca·bil·i·ty** [–ˌ–kəbíləti] *n.* U

in·ap·po·site [inǽpəzit] *a.* 부적당한, 동닿지 않는.

in·ap·pre·ci·a·ble [ìnəprí:ʃiəbəl] *a.* 근소한; 하찮은. **-bly** *ad.*

in·ap·pre·hen·si·ble [inæprihénsəbəl] *a.* 이해할 수 없는, 불가해한.

in·ap·proach·a·ble [ìnəpróutʃəbəl] *a.* 가까이 할 수 없는; 비길 데 없는.

in·ap·pro·pri·ate [ìnəpróupriit] *a.* 부적당한. **~·ly** *ad.*

in·apt [inǽpt] *a.* 부적당한; 서투른. **~·ly** *ad.* **in·ap·ti·tude** [-tətjù:d] *n.* U

in·ar·tic·u·late [ìnɑ:rtíkjəlit] *a.* 발음이 분명치 않은; 혀가 잘 돌지 않는, 말 못하는; 모호한; 〖解·動〗 관절 없는.

in·ar·ti·fi·cial [inɑ̀:rtəfíʃəl] *a.* 인공을 가하지 않은, 기교 없는; 자연 그대로의.

in·ar·tis·tic [ìnɑ:rtístik], **-ti·cal** [-əl] *a.* 비예술적인; 몰취미한.

in·as·much [ìnəzmʌ́tʃ] *ad.* ***~ as*** …이므로, …때문에; 《稀》 …인 한은 (insofar as).

in·at·ten·tion [ìnətenʃən] *n.* U 부주의; 태만(negligence); 무뚝뚝함, 실례. **in·at·tén·tive(·ly)** *a.* (*ad.*)

in·au·di·ble [inɔ́:dəbəl] *a.* 알아들을 수 없는, 들리지 않는. **-bly** *ad.* **~·ness, in·au·di·bil·i·ty** [–ˌ–bíləti] *n.* U

***in·au·gu·ral** [inɔ́:gjərəl] *a.* **취임(식)의**, 개회의. —— *n.* 취임식; 《美》 = ∠ **address** 취임 연설.

***in·au·gu·rate** [-rèit] *vt.* 취임식을 올리다, **취임시키다**(install); (공동물의) 개시식(開始式)을 행하다; 시작[개시]하다. ***in·au·gu·ra·tion** [–ˌ–réi-] *n.* UC **취임(식)**; 개시(식).

Inaugurátion Dày 《美》 대통령 취임식 날《선거 다음 해 1월 20일》.

in·aus·pi·cious [ìnɔːspíʃəs] *a.* 불길〔불운〕한.
in·board [ínbɔ̀ːrd] *a.*, *ad.* 〖海·空〗 선내(船內)의〔에〕, 기내(機內)의〔에〕.
***in·born** [ínbɔ́ːrn] *a.* **타고난.**
in·bound [ínbáund] *a.* 본국행의.
in·bred [ínbréd] *a.* 타고난, 생래의; 동계(同系)〔근친〕 번식의.
in·breed [inbríːd] *vt.* 동계(同系) 번식시키다; 《稀》 …을 내부에 발생시키다. **~·ing** *n.* Ⓤ 동계 번식.
***Inc.** Incorporated. **inc.** inclosure; including; inclusive; income; increase.
In·ca [íŋkə] *n.* 잉카 사람《스페인 정복 이전에 페루를 지배하던 인디언》.
In·ca·bloc [íŋkəblɑ̀k/-ɔ̀-] *n.* 〖商標〗 (손목 시계의) 내진(耐震) 장치.
in·cal·cu·la·ble [inkǽlkjələbəl] *a.* 셀 수 없는; 예상할 수 없는; 기대할 수 없는. **-bly** *ad.* 무수히.
in·can·desce [ìnkændés] *vi.*, *vt.* 백열화하(게 하)다. **-dés·cent** [-snt] *a.* 백열(광)의; 번쩍이는. **-dés·cence** *n.* Ⓤ
in·can·ta·tion [ìnkæntéiʃən] *n.* ⓊⒸ 주문(呪文)(을 욈); 마법, 요술.
‡in·ca·pa·ble [inkéipəbəl] *a.* ① **무능한**; …을 못하는(*of* do*ing*). ② …에 견딜 수 없는(*of*); 자격 없는(*of*).
in·ca·pac·i·tate [ìnkəpǽsətèit] *vt.* 무능력하게 하다; 감당 못하게 하다; 〖法〗 자격을 박탈하다. **-pác·i·ty** *n.* Ⓤ
in·car·cer·ate [inkɑ́ːrsərèit] *vt.* 감금하다. **in·car·cer·a·tion** [-ˌ-ˊ-éiʃən] *n.* Ⓤ
in·car·na·dine [inkɑ́ːrnədàin, -din, -dìːn] *a.*, *vt.*, *n.* 붉은(pale red); Ⓤ 살빛(의); 붉게 물들이다.
in·car·nate [inkɑ́ːrnit] *a.* 육체를 갖춘; 사람 모습을 한, 화신의. —— [-neit] *vt.* 육체를 부여하다, 구체화하다(embody); 실현하다; …의 화신〔권화〕이 되다. **in·car·na·tion** [ˌ-néiʃən] *n.* ⓊⒸ 화신, 권화, 구체화. ***the Incarnation*** 강생《신이 예수로서 지상에 태어남》.
in·case [inkéis] *vt.* (상자에) 넣다, 싸다(encase). 「무모한.
in·cau·tious [inkɔ́ːʃəs] *a.* 부주의한;
in·cen·di·ar·y [inséndièri] *a.* 방화의; 불을 붙이는; 선동적인. —— *n.* 방화 범인; 선동자; 소이탄. **~ *bomb*** 소이탄. **-a·rism** [-ərìzəm] *n.* Ⓤ 방화; 선동, 교사(敎唆).
***in·cense**[1] [ínsens] *n.* Ⓤ **향**(연기·냄새); 아첨. —— *vt.*, *vi.* 향을 피우다, 분향하다. 「하다.
in·cense[2] [inséns] *vt.* (몹시) 노하게
íncense bùrner 향로(cf. censer).
in·cen·tive** [inséntiv] *a.*, *n.* **자극적인**; 장려적인; **자극**; 유인. **~ *pay 〔***wage***〕 장려급(給)〔임금〕.
in·cep·tion [insépʃən] *n.* ⓊⒸ 개시(beginning). **in·cép·tive** *a.* 개시의, 처음의.
in·cer·ti·tude [insə́ːrtətjùːd] *n.* Ⓤ 불확실; 의혹.
‡in·ces·sant [insésənt] *a.* **끊임없는**(unceasing). ***~·ly** *ad.*
in·cest [insest] *n.* Ⓤ 근친 상간(죄).
in·ces·tu·ous [-séstʃuəs] *a.*
†inch [intʃ] *n.* **인치**《1/12 피트》; 강우〔강설〕량 단위; 소량; (*pl.*) 신장, 키. ***by ~es***, or **~ *by* ~** 조금씩, 점차. ***every* ~** 어디까지나, 완전히. ***within an* ~ *of*** 거의 …할 정도까지. —— *vt.*, *vi.* 조금씩 움직이다.
inch·meal [ˊmìːl] *ad.* 조금씩. ***by* ~** 조금씩.
in·cho·ate [inkóuit/ínkouèit] *a.* 막 시작한; 불완전한. **in·chó·a·tive** *a.* 발단의; 〖文〗 기동상(起動相)의.
inch·worm [íntʃwə̀ːrm] *n.* 자벌레.
in·ci·dence [ínsidəns] *n.* 낙하; 떨어지는 모양; 세력 또는 영향이 미치는 범위; 발생률; (세금 따위의) 궁극의 부담; =***angle of* ~** 〖理〗(광선의) 투사각(投射角), 입사각(入射角).
‡in·ci·dent [-dənt] *a.* ① **일어나기 쉬운**(liable to happen)(*to*). ② 부수하는(*to*). ③ 투사하는(*upon*). —— *n.* ① 부대 사건; **사건**; 사변. ② (소설·극·시 속의) 삽화(揷話).
in·ci·den·tal** [ìnsidéntl] *a.* ① **곧잘 일어나는**; 부수하는(*to*). ② 주요하지 않은. ③ **우연의**. **~ *expenses 임시비, 잡비. **~ *music*** (극·영화 따위의) 반주 음악. —— *n.* 부수적 사건. ***~·ly** [-təli] *ad.* **하는 김에**, 부수적으로; **우연히**.
in·cin·er·ate [insínərèit] *vt.* 태워서 재가 되게 하다. **in·cin·er·a·tion** [-ˌ-ˊ-éiʃən] *n.* Ⓤ 소각. **in·cín·er·a·tor** *n.* (쓰레기 등의) 소각로.
in·cip·i·ent [insípiənt] *a.* 시작의, 초기의. **-ence, -en·cy** *n.* Ⓤ
in·cise [insáiz] *vt.* 베다; 새기다, 조각하다. **in·ci·sion** [insíʒən] *n.* ⓊⒸ 벰; 벤자리; 절개; 〖植〗 결각(缺刻).
in·ci·sive [insáisiv] *a.* 예민한; 통렬한. **~·ly** *ad.*
in·ci·sor [insáizər] *n.* 앞니, 문치.
***in·cite** [insáit] *vt.* **자극하다**; 격려하다; 선동하다(*to* an action, *to* do). **~·ment, in·ci·ta·tion** [ˌ-téiʃən] *n.* ⓊⒸ 자극(물); 격려; 선동.
in·ci·vil·i·ty [ìnsivíləti] *n.* ⓊⒸ 버릇없음, 무례(한 짓). 「sive(ly).
incl. inclosure; including; inclu-
in·clem·ent [inklémənt] *a.* (기후가) 혹독한; (날씨가) 험악한. **-en·cy** *n.* Ⓤ
‡in·cli·na·tion [ìnklənéiʃən] *n.* ⓊⒸ **경사**; **경향**(*to*); **기호** (preference)(*for*); 기욺, 기울임; 〖數〗 경각, 경도(傾度).
‡in·cline [inkláin] *vt.* **기울이다**; 굽히다; (마음을) 내키게 하다(*to*). —— *vi.* **기울다**; 마음이 내키다(*to*). ***be ~d to*** …에 마음이 내키다; …의 경향이 있다. —— [ˊ-] *n.* 경사(면). **‡~d** [-d] *a.* …에 **마음이 내키는**, …의 경향이 있는; 경사진; 경각을 이루는.
in·cli·nom·e·ter [ìnklənɑ́mitər/-nɔ́mi-] *n.* 경사계(傾斜計).

***in·close** [inklóuz] *vt.* =ENCLOSE.
in·clo·sure [inklóuʒər] *n.* =ENCLOSURE.
‡**in·clude** [inklú:d] *vt.* **포함하다.**
in·clud·ing [-iŋ] *prep.* …을 포함하여, …을 넣어서.
***in·clu·sion** [inklú:ʒən] *n.* Ⓤ **포함,** 함유, 산입; Ⓒ 함유물.
***in·clu·sive** [inklú:siv] *a.* …을 **포함하여**(*of*)(opp. exclusive); 일체를 포함한. **~·ly** *ad.*
in·cog [inkάg/-ɔ́-] *a., ad., n.* 《口》=INCOGNITO.
in·cog·ni·to [-nitòu] *a., ad.* 변명(變名)의〔으로〕, 미복잠행(微服潛行)의〔으로〕, 신분을 숨기고. **—** *n.* (*pl.* **~s**) 익명(자); 미행자.
in·co·her·ent [ìnkouhíərənt] *a.* 조리가 맞지 않는; 지리 멸렬의; 점착성이 없는. **~·ly** *ad.* **-ence, -en·cy** *n.* ⓊⒸ
in·com·bus·ti·ble [ìnkəmbʌ́stəbəl] *a., n.* 불연성(不燃性)의 (물질).
‡**in·come** [ínkʌm] *n.* ⓊⒸ **수입,** 소득.
in·com·er [ínkʌmər] *n.* 들어오는 사람; 신참자; 후계자.
íncome tàx 소득세.
in·com·ing [ínkʌmiŋ] *n.* Ⓤ 들어옴; (*pl.*) 수입. **—** *a.* 들어오는; 후임의.
in·com·men·su·ra·ble [ìnkəménʃərəbəl] *a.* 같은 표준으로 잴 수 없는, 비교할 수 없는; 〖數〗 약분할 수 없는(*with*).
in·com·men·su·rate [ìnkəménʃərit] *a.* 어울리지 않는, 걸맞지 않는(*with, to*); =⇧.
in·com·mode [ìnkəmóud] *vt.* 난처하게 하다; 방해하다.
in·com·mo·di·ous [ìnkəmóudiəs] *a.* 불편한; (방 따위) 옹색한.
in·com·mu·ni·ca·ble [ìnkəmjú:nəkəbəl] *a.* 전달〔이야기〕할 수 없는.
in·com·mu·ni·ca·do [ìnkəmjù:nəkά:dou] *a.* (Sp.) 《美》 (포로 등이) 외부와의 연락이 끊어진.
***in·com·pa·ra·ble** [inkάmpərəbəl / -ɔ́-] *a.* **견줄 나위 없는;** 비교할 수 없는(*with, to*). **-bly** *ad.*
***in·com·pat·i·ble** [ìnkəmpǽtəbəl] *a.* **상반되는,** 서로 용납치 못할; 조화되지 않는; 모순하는(*with*). **in·com·pat·i·bil·i·ty** [ˋ-ˋ-bíləti] *n.* ⓊⒸ
***in·com·pe·tent** [inkάmpətənt / -kɔ́m-] *a.* **무능한;** 〖法〗 무능력〔무자격〕의. **-tence, -ten·cy** *n.* Ⓤ
***in·com·plete** [ìnkəmplí:t] *a.* **불완전한,** 미완성의. **~·ly** *ad.* **~·ness** *n.*
in·com·pre·hen·si·ble** [inkɑmprihénsəbəl, inkàm-/inkɔ̀m-] *a., n.* **불가해한;** 《古》 무한한 (것). ***the three ~s 성부와 성자와 성령. **-hen·si·bil·i·ty** [-hènsəbíləti] *n.* Ⓤ
in·com·press·i·ble [ìnkəmprésəbəl] *a.* 압축할 수 없는.
in·com·put·a·ble [ìnkəmpjú:təbəl] *a.* 계산할〔셀〕 수 없는.
***in·con·ceiv·a·ble** [ìnkənsí:vəbəl] *a.* **상상도 할 수 없는;** 믿어지지 않는. **-bly** *ad.*
in·con·clu·sive [ìnkənklú:siv] *a.* 결론이 나지 않는, 결정적이 아닌.
in·con·den·sa·ble [ìnkəndénsəbəl] *a.* 응축〔압축〕할 수 없는.
in·con·form·i·ty [ìnkənfɔ́:rməti] *n.* Ⓤ 불일치, 불복종; 국교(國教) 반대.
in·con·gru·ous [inkάŋgruəs/-ɔ́-] *a.* 조화되지 않는(*with*); 부적당한. **in·con·gru·i·ty** [ˋ-grú:əti] *n.* ⓊⒸ 부적당(한 것); 불일치(점).
in·con·se·quent [inkάnsikwènt / -kɔ́nsikwənt] *a.* 조리가 맞지 않는; 당치 않은. **-quence** *n.* Ⓤ
in·con·se·quen·tial [inkɑ̀nsikwénʃəl/-ɔ̀-] *a.* 하찮은, 논리에 맞지 않는. 「*a.* 사소한, 중요치 않은.
in·con·sid·er·a·ble [ìnkənsídərəbəl]
in·con·sid·er·ate [ìnkənsídərit] *a.* 동정심 없는(*of*); 무분별한. **~·ly** *ad.* **~·ness** *n.*
***in·con·sist·ent** [ìnkənsístənt] *a.* **조화되지 않는;** 양립하지 않는(*with*); 주견이 없는. **~·ly** *ad.* ***-en·cy** *n.* ⓊⒸ **불일치;** 무정견(無定見); 모순(된 것·언행).
in·con·sol·a·ble [ìnkənsóuləbəl] *a.* 위로할〔달랠〕길 없는. **-bly** *ad.*
in·con·so·nant [inkάnsənənt / -ɔ́-] *a.* 조화되지 않는. **-nance** *n.* Ⓤ
in·con·spic·u·ous [ìnkənspíkjuəs] *a.* 두드러지지 않은.
in·con·stant [inkάnstənt / -ɔ́-] *a.* 변덕스러운(fickle). **-stan·cy** *n.* ⓊⒸ
in·con·test·a·ble [ìnkəntéstəbəl] *a.* 논쟁의 여지가 없는. **-bly** *ad.*
in·con·ti·nent [inkάntənənt/-kɔ́n-] *a.* 자제심이 없는, 절제(節制)없는; 음란한. **~·ly** *ad.* **-nence** *n.* Ⓤ
in·con·tro·vert·i·ble [ìnkɑntrəvə́:rtəbəl/-kɔn-] *a.* 논쟁의 〔다툴〕 여지가 없는. **-bly** *ad.*
‡**in·con·ven·ience** [ìnkənví:njəns] *n.* ⓊⒸ **불편,** 부자유(한 일), **폐**(되는 일). **—** *vt.* 불편을 주다, 폐를 끼치다. ‡**in·con·vén·ient** *a.* **불편**〔부자유〕**한; 형편이 나쁜,** 폐가 되는. **-ient·ly** *ad.*
in·con·vert·i·ble [ìnkənvə́:rtəbəl] *a.* 바꿀 수 없는; (지폐가) 불환(不換)의. **in·con·vert·i·bil·i·ty** [ˋ-ˋ-bíləti] *n.* Ⓤ 「*a.* 이해〔납득〕시킬 수 없는.
in·con·vin·ci·ble [ìnkənvínsəbəl]
‡**in·cor·po·rate** [inkɔ́:rpərèit] *vt.* ① **합동시키다,** 합병하다(combine). ② **법인 조직으로 하다;** 《美》 **주식 회사로 하다,** 유한 책임 회사로 만들다. ③ 채용하다; 구체화하다. **—** *vi.* 합동하다. **—** [-rit] *a.* 합동한; 법인 조직의. ***-rat·ed** [-rèitid] *a.* **법인 조직의;** 합동한; 《美》 **주식 회사의,** 유한 책임의《생략 inc.》. **in·cor·po·ra·tion** [ˋ-ˋ-réiʃən] *n.* Ⓤ 합동; Ⓒ 법인 조직, (주식) 회사.
in·cor·po·re·al [ìnkɔ:rpɔ́:riəl] *a.* 무형의; 영적인. **~·ly** *ad.*
‡**in·cor·rect** [ìnkərékt] *a.* **부정확한,** 틀린; 타당치 않은. **~·ly** *ad.* **~-**

ness *n.*

in·cor·ri·gi·ble [inkɔ́:ridʒəbəl] *a.* 교정할 수 없는; 어거하기 어려운; 완고한. **-bly** *ad.*

in·cor·rupt·i·ble [inkərʌ́ptəbəl] *a.* 썩지 않는; 매수되지 않는. **in·cor·rupt·i·bil·i·ty** [ˌ-ˌ-bíləti] *n.* Ⓤ

†**in·crease** [ínkri:s, -ˊ] (opp. decrease) *n.* ⓊⒸ **증가**(량); 이익, 이자; (토지의) 산물; 《廢》 자손. *on the* ~ 증가 일로의. —— [-ˊ] *vt.*, *vi.* **늘(리)다,** 확대하다, 증강시키다 [하다]. **in·créas·ing** *a.* 증가하는. ***in·créas·ing·ly** *ad.* **점점.**

‡**in·cred·i·ble** [inkrédəbəl] *a.* **믿기 어려운; 거짓말 같은.** **-bly** *ad.* 믿을 수 없을 만큼. **in·cred·i·bil·i·ty** [-ˌ-bíləti] *n.* Ⓤ

***in·cred·u·lous** [inkrédʒələs] *a.* **쉽게 믿지 않는,** 의심많은. **in·cre·du·li·ty** [inkridjú:ləti] *n.* Ⓤ

in·cre·ment [ínkrəmənt] *n.* Ⓤ 증가; Ⓒ 증가량.

in·crim·i·nate [inkríməǹeit] *vt.* 죄를 씌우다(accuse of a crime).

in·crust [inkrʌ́st] *vt.* 외피[껍데기]로 덮다; (보석 따위를) 박다. —— *vi.* 외피[껍데기]가 생기다.

in·crus·ta·tion [inkrʌstéiʃən] *n.* Ⓤ 외피로 덮(이)기; Ⓒ 외피; 상감(象嵌).

in·cu·bate [íŋkjəbèit, ínk-] *vt.* (새가 알을) 품다, 까다; 꾀하다. —— *vi.* 알을 품다, (알이) 깨다; 숙고하다. **ín·cu·ba·tor** *n.* 부화기; 조산아 보육기; 세균 배양기. **in·cu·ba·tion** [ˌ-béiʃən] *n.* Ⓤ 알을 품음, 부화; ⓊⒸ 《醫》 잠복(기).

in·cu·bus [íŋkjəbəs, ínk-] *n.* (*pl.* ~*es*, *-bi* [-bài]) 가위(눌림), 몽마(夢魔); 압박하는 것, (마음의) 부담.

in·cul·cate [inkʌ́lkeit, ˊ-ˌ] *vt.* 가르쳐 주입시키다(instil) (*on, upon*). **in·cul·ca·tion** [ˌ-kéiʃən] *n.* Ⓤ

in·cul·pate [inkʌ́lpeit, ˊ-ˌ] *vt.* 죄를 씌우다; 비난하다; 유죄로 하다.

in·cum·bent [inkʌ́mbənt] *a.* 기대는; 의무로서 지워지는, 의무인(*on, upon*). —— *n.* (영국 교회의) 재직 목사; 재직자. **-ben·cy** *n.* ⓊⒸ 재직 목사의 지위[임기]. 「BER.

in·cum·ber [inkʌ́mbər] *v.* =ENCUM-

in·cum·brance [-brəns] *n.* =ENCUMBRANCE.

in·cu·nab·u·la [ìnkjunǽbjələ] *n.* *pl.* (*sing.* *-lum* [-ləm]) 초기; 고판본(古版本)《1500 년 이전에 인쇄된》.

‡**in·cur** [inkə́:r] *vt.* (**-rr-**) ① **…에 부딪치다,** …에 빠지다. ② (손해 등을) 초래하다. ~ *debts* 빚지다.

in·cur·a·ble [inkjúərəbəl] *a.*, *n.* 불치의 (병자). **-bly** *ad.* 나을[고칠] 수 없을만큼.

in·cu·ri·ous [inkjúəriəs] *a.* 호기심 없는, 알려고 하지 않는; 흥미 없는.

in·cur·sion [inkə́:rʒən, -ʃən] *n.* 침입; 습격. **in·cur·sive** [inkə́:rsiv] *a.*

in·curve [ínkə̀:rv] *n.* 《野》 인커브.

in·cus [íŋkəs] *n.* (*pl.* ***incudes*** [inkjú:di:z]) 《解》 (중이(中耳)의) 침골(砧骨).

Ind. India; Indian; Indiana; Indies.

I. N. D. *in nomine Dei* (=in the name of God) 하느님의 이름으로.

***in·debt·ed** [indétid] *a.* ① **빚이 있는**(*to*). ② **은혜를 입은**(*to*). ~**·ness** *n.* Ⓤ 부채가 있음; 은혜; Ⓒ 부채액.

in·de·cent [indí:snt] *a.* 꼴사나운; 천한, 상스러운, 외설한. **-cen·cy** *n.* Ⓤ 예절 없음, 꼴사나움; 외설; Ⓒ 추잡한 행위[말].

in·de·ci·pher·a·ble [ìndisáifərəbəl] *a.* 판독(判讀)할 수 없는. 「부단.

in·de·ci·sion [indisíʒən] *n.* Ⓤ 우유

in·de·ci·sive [-sáisiv] *a.* 결정적이 아닌; 우유 부단한. ~**·ly** *ad.*

in·de·clin·a·ble [ìndikláinəbəl] *a.* 《文》 어미 변화를 하지 않는. 「는.

in·dec·o·rous [indékərəs] *a.* 버릇없

in·de·co·rum [indikɔ́:rəm] *n.* ⓊⒸ 무례(한 행위·복장 따위).

†**in·deed** [indí:d] *ad.* ① **실로, 참으로;** 과연. ② 《讓步》 **과연,** 하긴(*He is clever* ~, *but*...). ③ 《상대의 질문을 되받아 同意 또는 빈정거려》 정말로, …하다니 어이없군 (‘*Who wrote this?*’ ‘*Who wrote this,* ~*!* 이것은 누가 썼을까? 정말 누가 썼을까? 《비꼬아》 새삼스레 누가 썼느냐고 묻다니 기가 막히는군!). ④ 《接續詞的》 더구나, 그리고 또한; 그렇기는커녕(*He is not honest. I-, he is a great liar.*). —— [ˊˊ] *int.* 흥, 설마! (*She a singer,* ~*!* 저것이 가수라고 흥).

indef. indefinite.

in·de·fat·i·ga·ble [ìndifǽtigəbəl] *a.* 지칠 줄 모르는, 끈기있는. **-bly** *ad.*

in·de·fea·si·ble [ìndifí:zəbəl] *a.* 무효로 할 수 없는.

in·de·fen·si·ble [ìndifénsəbəl] *a.* 방어[변호]할 수 없는.

in·de·fin·a·ble [ìndifáinəbəl] *a.* 정의(定義)[설명]할 수 없는.

‡**in·def·i·nite** [indéfənit] *a.* **불명료한;** 한계 없는; **일정하지 않은;** 《文》 부정(不定)의. ***~·ly** *ad.* 「(a, an).

‡**indéfinite árticle** 《文》 **부정관사**

in·del·i·ble [indéləbəl] (cf. dele) *a.* 지울[잊을] 수 없는. **-bly** *ad.*

in·del·i·cate [indélikit] *a.* 상스러운; 외설한. **in·dél·i·ca·cy** *n.* Ⓤ 상스러움; 외설; Ⓒ 상스러운 언행.

in·dem·ni·fy [indémnəfài] *vt.* (손해없도록) 보장하다(*from, against*); 변상하다(*for*). **in·dem·ni·fi·ca·tion** [-ˌ-fikéiʃən] *n.* ⓊⒸ

in·dem·ni·ty [indémnəti] *n.* ⓊⒸ 손해 배상; Ⓤ 형벌의 면제; Ⓒ 배상금.

***in·dent**[1] [indént] *vi.* ① (가장자리에) 톱니 자국을 내다; (증서를 지그재그 선에 따라 떼어) 정부(正副) 2통으로 만들다. ② **만입시키다,** 움푹 들어 가게 하다; (원고의 새로 시작되는 행의 처음을) 한 칸 들이켜 시작하다. —— [ˊ-, -ˊ] *n.* 톱니 모양의 자국; 두장 잇달린 계약서. ~**·ed** [-id] *a.* 톱니 자국이 있는, 들쭉날

쭉한. **in·dén·tion** *n.* Ⓤ (새 행의) 한 칸 들이킴; Ⓒ (한 칸 들이킨) 빈 곳; =INDENTATION. 「찍다.
in·dent² *vt.* 홈을 만들다; (도장을)
in·den·ta·tion [indentéiʃən] *n.* 톱니 모양의 자국(을 냄); (해안선의) 만입(灣入); 〖印〗 =INDENTION.
in·den·ture [indéntʃər] *n.* (정부 2통의) 계약서; (*pl.*) 기한부 고용살이 계약서; 톱니 자국〔깔쭈기금〕(을 냄). ── *vt.* (계약서를 내고) 기한부 고용살이로 보내다.
‡in·de·pend·ence [indipéndəns] *n.* Ⓤ ① 독립(심). ② 《稀》 자활할 수 있는 수입. **in·de·pénd·en·cy** *n.* Ⓤ 독립; Ⓒ 독립국. 「념일《7월 4일》.
Indepéndence Dày (미국) 독립 기
‡in·de·pend·ent [-dənt] *a.* ① 독립〔자립〕의; 남의 영향을 받지 않는, 독자의(*of*); (재산이) 일하지 않아도 살아갈 수 있는; 독립심이 있는. ② 무소속의; 멋대로의. ③ (I-) 〖宗〗 조합 교회파의(Congregational). ── *n.* 독립자; 무소속 의원; (I-) 〖宗〗 조합 교회파의 사람. ***in·de·pénd·ent·ly** *ad.*
***in·de·scrib·a·ble** [indiskráibəbəl] *a.* 형언할 수 없는, 막연한.
in·de·struct·i·ble [indistrʌ́ktəbəl] *a.* 파괴할 수 없는, 불멸의.
in·de·ter·mi·na·ble [inditə́:rmənəbəl] *a.* 결정하기 어려운; 확인할 수 없는.
in·de·ter·mi·nate [inditə́:rmənit] *a.* 불확정의; 막연한(vague). **in·de·ter·mi·na·tion** [‐‐‐néiʃən] *n.* Ⓤ 불확정; 결단력 없음.
‡in·dex [índeks] *n.* (*pl.* ~*es*, *-dices*) ① 색인; 지표; 지침; 집게손가락; 지수; 손(가락)표(☞). ② (the I-) 〖카톨릭〗 금서(禁書) 목록. ── *vt.* (책에) 색인을 붙이다; 색인에 넣다.
Índex Ex·pur·ga·tó·ri·us [ikspə̀:rgətɔ́:riəs] 〖카톨릭〗 (서적의) 삭제 부분 지정 목록.
índex fìnger 집게 손가락.
índex nùmber 지수(指數).
†In·di·a [índiə] *n.* 인도.
Índia ínk 먹. 「의) 대형 무역선.
In·di·a·man [-mən] *n.* (동인도 회사
†In·di·an [índiən] *a.* 인도(사람)의; 동인도의; (아메리카) 인디언의. ── *n.* (동) 인도 사람; ⒸⓊ (아메리카) 인디언(의 언어). *Red* ~ 아메리카 토인. 「부의 주《생략 Ind.》.
***In·di·an·a** [indiǽnə] *n.* 미국 중서
Indianápolis 500 [indiənǽpəlis-] 미국 인디애나폴리스 시에서 매해 열리는 500마일 자동차 경주.
Índian clùb 체조용 곤봉.
Índian córn 옥수수.
Índian fìle 일렬 종대.
Índian gìft 《美口》 답례〔대가〕를 바라고 주는 선물.
Índian gìver 《美口》 보낸 선물을 나중에 되찾는 사람; 답례를 바라고 선물하는 사람.
Índian hémp 개정향풀의 일종.
In·di·an·ize [índiənàiz] *n.* 인디언화(化)하다; 영국인 관리를 인도인으로 바꾸다.
Índian Ócean, the 인도양.
Índian pípe 《美》 〖植〗 수정란풀(의 무리). 「든 푸딩.
Índian púdding 옥수수가루로 만
Índian súmmer 《본디 美》 늦가을의 맑고 따뜻한 날씨가 계속되는 시
Índian wéed 담배. ⌊기.
Índian wréstling 팔씨름; 밀치기 씨름; 엎치락뒤치락하는 씨름. 「지》.
Índia pàper 인도지《얇은 인쇄용
Índia rúbber 탄성 고무; 지우개.
‡in·di·cate [índikèit] *vt.* ① 지적하다; 보이다; 나타내다; 암시하다; 말하다. ② (증상이 어떤 요법의) 필요성을 나타내다. ***in·di·ca·tion** [‐‐kéiʃən] *n.* Ⓤ 지시; ⓊⒸ 징후; (계기의) 시도(示度), 지시 도수. ***ín·di·ca·tor** *n.* 지시하는 사람〔것〕; 표시기; (계기의) 지침; 〖化〗 지시약.
índicated hórsepower 지시 마력, 실(實)마력.
***in·dic·a·tive** [indíkətiv] *a.* ① 〖文〗 직설법의. ② 표시하는(*of*). ── *n.* 직설법(동사)《I *am* a student의 *am*; if it *rains*...의 *rains* 따위》(cf. imperative, subjunctive).
in·di·ca·to·ry [índikətɔ̀:ri / indíkətəri] *a.* 지시하는. 「수.
in·di·ces [índisì:z] *n.* index의 복
in·dict [indáit] *vt.* 〖法〗 기소〔고발〕하다. **~·a·ble** *a.* ***~·ment** *n.* ⓊⒸ 기소(장).
***In·dies** [índiz] *n. pl.* ① 인도 제국(諸國)《인도·인도지나·동인도 제도》. ② 동〔서〕 인도 제도.
‡in·dif·fer·ent [indífərənt] *a.* ① 무관심한; 냉담한. ② 공평한; 좋지도 나쁘지도 않은; 대수롭지 않은, 아무래도 좋은. ③ 시원치 않은(rather bad). ④ 〖理〗 중성의. *be ~ to*… 에 무관심하다; …에게는 아무래도 좋다(*She was ~ to him.* 그 여자는 그에게 무관심했다; 그여자 따위는 그에게는 아무래도 좋았다. 《두 가지 뜻이 있음》). ***~·ly** *ad.* 무관심하게; 좋지도 나쁘지도 않게, 중 정도로; 상당히; 시원치 않게, 서투르게. **‡in·díf·fer·ence, -en·cy** *n.* Ⓤ
in·dig·e·nous [indídʒənəs] *a.* 토착의(*to*); 타고난(*to*). 「**-gence** *n.* Ⓤ
in·di·gent [índidʒənt] *a.* 가난한.
***in·di·gest·i·ble** [indidʒéstəbəl, -dai-] *a.* 소화 안되는, 이해하기 힘든. **-i·bly** *ad.*
***in·di·ges·tion** [indidʒéstʃən, -dai-] *n.* Ⓤ 소화 불량, 소화가 안됨; 미숙. **-gés·tive** [-tiv] *a.*
***in·dig·nant** [indígnənt] *a.* (부정 등에 대해) 분개한(*at* it; *with* him). ***in·díg·nant·ly** *ad.* 분연히.
‡in·dig·na·tion [indignéiʃən] *n.* Ⓤ (부정·불의 따위에 대한) 분개, 의분.
indignátion mèeting 항의〔궐기〕집회. 「욕(적 행위), 경멸.
***in·dig·ni·ty** [indígnəti] *n.* ⓊⒸ 모

***in·di·go** [índigòu] *n.* (*pl.* ～(*e*)*s*), *a.* Ⓤ 쪽, 인디고《물감》; 남〔쪽〕빛(의); Ⓒ 〖植〗 인도쪽.

índigo blúe 남빛.

‡**in·di·rect** [ìndirékt, -dai-] *a.* **간접의**; 2차적인(secondary); 우회하는; 에두른; 부정한. *～**·ly** *ad.* **in·di·rec·tion** *n.* 간접적 행동〔수단〕; 부정직.

índirect discóurse 〔**narrátion, spéech**〕 〖文〗 간접 화법(cf. represented SPEECH).

índirect líghting 간접 조명.

índirect óbject 〖文〗 간접 목적어.

índirect táx 간접세.

in·dis·cern·i·ble [ìndisə́:rnəbəl, -zə́:r-] *a.* 식별할 수 없는.

***in·dis·creet** [ìndiskrí:t] *a.* **분별**〔지각〕**없는**, 경솔한. ～**·ly** *ad.* ***in·dis·cre·tion** [-kréʃən] *n.* ⓊⒸ **무분별**(한 행위).

in·dis·crim·i·nate [ìndiskrímənit] *a.* 무차별의; 난잡한. ～**·ly** *ad.* **in·dis·crim·i·na·tion** [ˋ-ˋ-néiʃən] *n.* ⓊⒸ

‡**in·dis·pen·sa·ble** [ìndispénsəbəl] *a.*, *n.* **절대 필요한** (것); (의무 따위가) 피할 수 없는. **in·dis·pen·sa·bil·i·ty** [ˋ-ˋ-bíləti] *n.* Ⓤ

in·dis·pose [ìndispóuz] *vt.* 싫증나게 하다(*to*); 부적당〔불능〕하게 하다(*for*); (가벼운) 병에 걸리게 하다. ～**d** [-d] *a.* 기분이 나쁜; …할 마음이 내키지 않는(*to* do).

in·dis·po·si·tion [ìndispəzíʃən] *n.* ⓊⒸ 기분이 언짢음; (가벼운) 병; 마음이 내키지 않음, 싫증.

in·dis·pu·ta·ble [ìndispjú:təbəl, indíspju-] *a.* 논의의 여지가 없는, 명백한. **-bly** *ad.*

in·dis·sol·u·ble [ìndisáljəbəl/-ɔ́-] *a.* 분해〔분리〕할 수 없는; 확고한; 영구적인. 「한. ～**·ly** *ad.*

in·dis·tinct [ìndistíŋkt] *a.* 불명료

in·dis·tinc·tive [-tiv] *a.* 눈에 띄지 않는, 특색〔차별〕이 없는.

in·dis·tin·guish·a·ble [-tíŋgwiʃəbəl] *a.* 구별할 수 없는. **-bly** *ad.*

in·dite [indáit] *vt.* (시·글 따위를) 짓다, 쓰다. ～**·ment** *n.* Ⓤ

in·di·um [índiəm] *n.* Ⓤ 〖化〗 인듐《금속 원소의 하나》.

‡**in·di·vid·u·al** [ìndəvídʒuəl] *a.* (opp. universal) **개인의**, 개개의, 단일한; **독특한**. ── *n.* **개인**, 개체; 사람. *～**·ism** [-ìzəm] *n.* Ⓤ **개인 주의**; 개성; =EGOISM. *～**·ist** *n.* **개인주의자**; =EGOIST. ～**·is·tic** [ˋ-ˋ-ístik] *a.* 개인주의적인; =EGOISTIC. *～**·ly** *ad.* 하나하나, **개별적으로**; 개인적으로.

***in·di·vid·u·al·i·ty** [ìndəvìdʒuǽləti] *n.* Ⓤ **개성**; Ⓒ 개체, 개인; (*pl.*) 개인적 특징.

in·di·vid·u·al·ize [ìndəvídʒuəlàiz] *vt.* 낱낱이 구별하다; 개성을 부여〔개성화〕하다; 특기하다(specify).

in·di·vis·i·ble [ìndivízəbəl] *a.* 분할할 수 없는; 〖數〗 나뉘어 떨어지지 않는. **-vis·i·bil·i·ty** [ˋ-ˋ-bíləti] *n.* Ⓤ

Indo- 「인도 (사람)」의 뜻의 결합사. ˊ-**Chí·na** [índou-] *n.* 인도지나《넓은 뜻으로 Burma, Thailand, Malay를 포함하는 경우와, 구 불령 인도지나를 가리키는 경우가 있음》. ˊ-**Chi·nése** *a.*, *n.* 인도지나의 (사람). ˊ-**Eu·ro·pe·an** 〔**-Ger·man·ic**〕 [-jùərəpí:ən 〔dʒə:rmǽnik〕] *n.*, *a.* 〖言〗 Ⓤ 도 유럽〔게르만〕어족(의), 인구(印) 어족(의).

doc·ile [indásil/-dɔ́sil] *a.* 가르치기 힘드는, 고분고분하지 않은. **in·do·cil·i·ty** [ˋ-síləti] *n.* Ⓤ

in·doc·tri·nate [indáktrənèit / -ɔ́-] *vt.* (교의 따위를) 주입하다; 가르치다. **in·doc·tri·na·tion** [-ˋ-néiʃən] *n.* Ⓤ

in·dole·a·cé·tic ácid [ìndouləsétik-] 〖生化〗 인돌 초산《식물의 성장 호르몬》.

***in·do·lent** [índələnt] *a.* **게으른**;〖醫〗 무통(성)의. ～**·ly** *ad.* **-lence** *n.* Ⓤ

***in·dom·i·ta·ble** [indámətəbəl/-ɔ́-] *a.* **굴복하지 않는**. **-bly** *ad.*

In·do·ne·sia** [ìndouní:ʒə, -ʃə] ***Republic of ～ 인도네시아 공화국《1950년 독립》. **-sian** *n.*, *a.* ⒸⓊ 인도네시아 사람〔말〕(의).

***in·door** [índɔ̀:r] *a.* **옥내의**, 실내의.

índoor báseball 실내 야구.

‡**in·doors** [indɔ́:rz] *ad.* **옥내에(서)**.

in·dorse [indɔ́:rs], **&c.** =ENDORSE, &c.

in·du·bi·ta·ble [indjú:bətəbəl] *a.* 의심할 여지 없는, 확실한.

‡**in·duce** [indjú:s] *vt.* ① 설득하여 …시키다, **권유하다**. ② 일으키다, **야기하다**(cause); 귀납하다(opp. deduce); 〖電〗 유도하다. ～***d current*** 유도 전류. *～**·ment** *n.* ⓊⒸ 유인; **권유**; 자극; 동기.

in·duct [indʌ́kt] *vt.* (자리에) 인도하다; 취임시키다; 초보를 가르치다(initiate); 《美》 군에 입대시키다. ～**·ance** *n.* 〖電〗 자기(自己) 유도(계수).

in·duc·tee [indʌktí:, ˋ-ˊ] *n.* 《美》 징집병.

in·duc·tile [indʌ́ktil] *a.* 잡아늘일 수 없는; 고분고분하지 않은.

***in·duc·tion** [indʌ́kʃən] *n.* ① ⓊⒸ 도입; **귀납법**, 귀납 추리(opp. deduction). ② Ⓤ 〖電〗 **유도**, 감응. ③ 취임식. **in·dúc·tive** *a.* **in·duc·tiv·i·ty** [ˋ-tívəti] *n.* 유도성. **in·dúc·tor** *n.* 〖電〗 유도자(誘導子).

indúction còil 유도〔감응〕 코일.

in·due [indjú:] *v.* =ENDUE.

‡**in·dulge** [indʌ́ldʒ] *vt.* ① **어하다**, 멋대로 하게 하다(～ *a child*). ② (욕망 따위를) 만족시키다; 즐기게 하다. ── *vi.* **빠지다**(*in*); 실컷 마시다. ～ ***oneself in*** …에 빠지다.

***in·dul·gence** [indʌ́ldʒəns] *n.* Ⓤ ① **멋대로 함**; 탐닉(*in*); **응석을 받음**, 관대. ② 특전. ③ 〖카톨릭〗 대사, 사면; Ⓒ 면죄부. **-gen·cy** *n.*

***in·dul·gent** [-dʒənt] *a.* **멋대로 하게**

하는, 어하는, 관대한.
in·du·rate[índjurèit] *vt., vi.* 굳히다; 굳어지다; 무감각하게 하다; 무감각해지다.
In·dus[índəs] *n.* (인도의) 인더스강.
‡in·dus·tri·al[indʌ́striəl] *a.* ① **산업〔공업〕의.** ② 산업에 종사하는; (산업) 노동자의. **~·ism**[-ìzəm] *n.* Ⓤ 산업주의. **~·ist** *n.* 산업 경영자; 공업가; 산업 노동자. **~·ly** *ad.*
indústrial áction 《英》 파업, 스트라이크.
indústrial árts 공예.
indústrial cómplex 공업 단지.
indústrial desígn 공업 디자인.
indústrial estáte 산업 지구.
***in·dus·tri·al·ize**[-àiz] *vt.* **산업〔공업〕화하다;** 산업주의를 고취하다. **in·dus·tri·al·i·za·tion** [-ˋ--izéiʃən] *n.* Ⓤ
indústrial párk 공업 단지.
indústrial próperty (특허권·등록 상표 따위의 무형의) 산업 소유권.
indústrial relátions 노사 관계; 산업과 지역 사회와의 관계(의 조정).
Indústrial Revolútion, the 〖英史〗 (18세기 말부터 19세기 초에 걸친) 산업 혁명.
indústrial schóol 실업 학교; (불량아의 선도를 위한) 직업 보도 학교.
indústrial únion 산업별 노동조합.
‡in·dus·tri·ous[indʌ́striəs] *a.* **부지런한.** 「동; **산업, 공업;** 공업 경영.
†in·dus·try[índəstri] *n.* Ⓤ **근면;** 노
in·dwell[ìndwél] *vt., vi.* (**-dwelt**) (…에) 내재(內在)하다. **~·ing** *a.* 내재하는. 「거(분사).
in·dwelt[ìndwélt] *v.* indwell의 과
-ine *suf.* ① 형용사를 만듦: serpent*ine.* ② 여성명사를 만듦: hero*ine.*
in·e·bri·ate[iníːbrièit] *vt.* (술·흥분에) 취하게 하다(*the cups that cheer but not* ~ 기분을 상쾌하게 하나 취하지 않는 음료 《차를 일컬음; Cowper의 시에서》). —— [-briit] *a., n.* 취한(사람), 모주망태. **in·e·bri·a·tion** [-ˋ-éiʃən] *n.* Ⓤ
in·e·bri·e·ty [ìnibráiəti] *n.* Ⓤ 명정(酩酊). 「는.
in·ed·i·ble[inédəbəl] *a.* 먹을 수 없
in·ef·fa·ble[inéfəbəl] *a.* 말로 표현할 수 없는; 말해서는 안될. 「수 없는.
in·ef·face·a·ble[ìniféisəbəl] *a.* 지울
in·ef·fec·tive[ìniféktiv] *a.* 효과없는; 효과적이 아닌, 쓸모없는. **~·ly** *ad.* 「없는. **~·ly** *ad.*
in·ef·fec·tu·al[ìnifékt∫uəl] *a.* 효과
in·ef·fi·ca·cious[inefəkéiʃəs] *a.* 효력 없는. **~·ly** *ad.* **in·ef·fi·ca·cy** [inéfəkəsi] *n.* Ⓤ
in·ef·fi·cient[ìnifíʃənt] *a.* 무능한; 쓸모 없는. **in·ef·fí·cien·cy** *n.* ⓊⒸ
in·e·las·tic[ìnilǽstik] *a.* 탄력 없는; 융통성 없는. **in·e·las·tic·i·ty**[ˋ--tísəti] *n.* Ⓤ
in·el·e·gant[inéləgənt] *a.* 우아하지 않은, 조잡한. **-gance, -gan·cy** *n.* Ⓤ 무풍류(無風流); 아치 없음; Ⓒ 아치 없는 언행〔문체〕.
in·el·i·gi·ble[inélidʒəbəl] *a.* (뽑힐) 자격이 없는, 부적당한.
in·e·luc·ta·ble[ìnilʌ́ktəbəl] *a.* 불가항력의, 불가피한.
in·ept[inépt] *a.* 바보 같은; 부적당한. **in·ept·i·tude** [-ətjùːd] *n.* Ⓤ 어리석음; 부적당; Ⓒ 바보 같은 짓〔말〕.
***in·e·qual·i·ty**[ìni(ː)kwáləti/-ɔ́-] *n.* ① Ⓤ 부동(不同); **불평등.** ② 평평하지 않음, 요철(凹凸). ③ 〖數〗 **부등식;** Ⓤ 부적당. 「공평한; 불공정한.
in·eq·ui·ta·ble[inékwətəbəl] *a.* 불
in·eq·ui·ty[inékwəti] *n.* Ⓤ 불공평; 불공정. 「근절할 수 없는. **-bly** *ad.*
in·e·rad·i·ca·ble[ìnirǽdikəbəl] *a.*
in·ert**[inə́ːrt] *a.* **활발치 못한,** 둔한; 〖理〗 자동력이 없는; 〖化〗 활성이 없는, 화학 변화를 일으키지 않는. ~ ***gases 불활성 기체. **~·ly** *ad.* **~·ness** *n.*
in·er·tia[inə́ːrʃiə] *n.* Ⓤ 활발치 못함, 둔함; 〖理〗 관성, 타력(惰力).
in·er·tial[-l] *a.* 활발치 못한; 타력의. ~ ***guidance*** 〔***navigation***〕 (유도탄 따위의) 타력 비행.
***in·es·cap·a·ble**[ìneskéipəbəl] *a.* 달아날 수 없는, **불가피한.** 「하지 않은.
in·es·sen·tial[ìnisénʃəl] *a., n.* 긴요
***in·es·ti·ma·ble**[inéstəməbəl] *a.* **평가할 수 없는,** (가치 등) 측량할 수 없을 정도의. **-bly** *ad.*
‡in·ev·i·ta·ble[inévitəbəl] *a.* **피할 수 없는,** 필연적인. ***the*** ~ 필연적인 일. ***-bly** *ad.* **in·ev·i·ta·bil·i·ty** [-ˋ--bíləti] *n.* Ⓤ
in·ex·act[ìnigzǽkt] *a.* 부정확한. **in·ex·act·i·tude**[-itjùːd] *n.* Ⓤ
in·ex·cus·a·ble [ìnikskjúːzəbəl] *a.* 변명이 서지 않는; 용서할 수 없는. **-bly** *ad.*
***in·ex·haust·i·ble** [ìnigzɔ́ːstəbəl] *a.* 다 쓸 수 없는, **무진장의;** 피로를 모르는. **-bly** *ad.*
***in·ex·o·ra·ble**[inéksərəbəl] *a.* **무정한,** 용서 없는, 냉혹한.
in·ex·pe·di·ent [ìnikspíːdiənt] *a.* 불편한, 부적당한; 상책이 아닌. **-di·ence, -di·en·cy** *n.* Ⓤ
***in·ex·pen·sive**[ìnikspénsiv] *a.* **비용이 들지 않는,** 싼. **~·ly** *ad.*
in·ex·pe·ri·ence [ìnikspíəriəns] *n.* Ⓤ 무경험, 미숙. ***-enced** [-t] *a.*
in·ex·pert[inékspəːrt, ìnikspə́ːrt] *a.* 서투른.
in·ex·pi·a·ble[inékspiəbəl] *a.* (죄 따위) 보상할 수 없는; 《古》 앙심 깊은.
***in·ex·pli·ca·ble** [ìniksplíkəbəl, inékspli-] *a.* **설명〔이해〕할 수 없는,** 불가해한. **-bly** *ad.* 「지 못한.
in·ex·plic·it[ìniksplísit] *a.* 명료하
in·ex·press·i·ble[ìnikspresəbəl] *a.* 말로 표현할 수 없는. —— *n.* (*pl.*) 《諧·古》 바지. **-bly** *ad.* 「표정한.
in·ex·pres·sive[ìnikspresiv] *a.* 무
in·ex·tin·guish·a·ble [ìnikstíŋgwiʃəbəl] *a.* 끌 수 없는; 억제할 수

없는.
in·ex·tri·ca·ble [inékstrikəbəl] *a.* 해결〔탈출〕할 수 없는.
inf. infantry; infinitive; information.
***in·fal·li·ble** [infǽləbəl] *a.* ① (판단 따위가) **전혀 잘못이 없는.** ② 절대 확실한. ③ 〖카톨릭〗 (교황이) 오류가 없는. **-bly** *ad.* **in·fal·li·bil·i·ty** [-ˌ-bíləti] *n.* Ⓤ 과오가 없음; (교황의) 무류성(無謬性).
***in·fa·mous** [ínfəməs] *a.* **악명 높은** (notorious); **수치스런,** 파렴치한.
ínfamous críme 파렴치죄.
***in·fa·my** [ínfəmi] *n.* ① Ⓤ **악평,** 오명; **불명예.** ② 파렴치한 행위.
‡in·fan·cy [ínfənsi] *n.* ⓊⒸ **유년(시대)**; 〖法〗 미성년; 초기.
‡in·fant [ínfənt] *n.* **유아**《7 세 미만》; 〖法〗 미성년자《21 세 미만》; 초심자. **—** *a.* **유아의**; 유치한, 초기의.
in·fan·te [infǽntei] *n.* (*fem.* **-ta** [-tə]) (스페인·포루투갈의) 왕자.
in·fan·ti·cide [infǽntəsàid] *n.* Ⓤ 유아 살해; Ⓒ 유아 살해 범인.
in·fan·tile [ínfəntàil, -til] *a.* 유아의, 유아 같은(childlike); 유치한 (childish); 초기의.
ínfantile parálysis 소아마비.
in·fan·ti·lism [infǽntəlìzəm] *n.* Ⓤ 〖醫〗 (성인의) 유치증, 발육 부전.
in·fan·tine [ínfəntàin, -tì:n] *a.* 유아의; 유치한.
***in·fan·try** [ínfəntri] *n.* Ⓤ《集合的》 **보병(대).** **∼·man** *n.* (개개의) 보병.
ínfant(s') schòol 《英》 유아 학교《5–7 세》.
in·fat·u·ate [infǽtʃuèit] *vt.* 얼빠지게 만들다; (어리석은 일·여자 등에) 열중케 하다. **-at·ed** [-id] *a.* (…에) 열중한, (여자 등에) 미친. **in·fat·u·a·tion** [-ˌ-éiʃən] *n.* Ⓤ 홀림, (여자에) 미침; Ⓒ 열중케 하는 것.
in·fea·si·ble [infí:zəbəl] *a.* 실행 불가능한.
‡in·fect [infékt] *vt.* ① **감염시키다;** 병독으로 오염하다; (나쁜 풍조에) 물들게 하다. ② …**에 영향을 미치다,** 감화하다. **‡in·féc·tion** *n.* ⓊⒸ **전염;** (나쁜) 영향; 감화; Ⓒ **전염병.** ***in·féc·tious, in·féc·tive** *a.*
in·fe·lic·i·tous [ìnfəlísitəs] *a.* 불행한; (문체·말 따위가) 부적당한. **in·fe·líc·i·ty** *n.* Ⓤ 불행; ⓊⒸ 부적당(한 문구).
***in·fer** [infə́:r] *vt., vi.* (**-rr-**) **추론하다;** (*vt.*) (결론으로서) 의미하다. **∼·a·ble** [infə́:rəbəl, ínfər-] *a.* 추론할 수 있는.
***in·fer·ence** [ínfərəns] *n.* Ⓤ **추론,** 추리; Ⓒ **추정,** 결론. **in·fer·en·tial** [ìnfərénʃəl] *a.*
‡in·fe·ri·or [infíəriər] *a.* **하위의,** (…보다) 못한(*to*). **—** *n.* 하급 자; 하급품.
***in·fe·ri·or·i·ty** [infìərió(:)rəti, -ár-] *n.* Ⓤ **열등; 하급.**
inferiórity còmplex 〖精神分析〗 열등 복합, 《一般》 열등감.
***in·fer·nal** [infə́:rnl] *a.* **지옥의;** 명부(冥府)의(of Hades); 악마 같은, 무도한(hellish); 《口》 지독한. **∼·ly** *ad.*
inférnal machíne (암살 따위에 사용하는) 폭발 장치.
in·fer·no [infə́:rnou] *n.* (*pl.* **∼s**) 지옥(과 같은 곳·것).
in·fer·tile [infə́:rtəl / -tail] *a.* 기름지지 않은, 불모의(sterile).
***in·fest** [infést] *vt.* (해충·해적 따위가) **들끓다,** 엄습하다, 노략질하다; 해치다. **-fes·ta·tion** [ˌ-téiʃən] *n.* Ⓤ 떼지어 엄습함; 횡행.
in·fi·del [ínfədl] *n.* 믿음이 없는 사람; 이교도; 기독교를 믿지 않는 사람. **—** *a.* 신앙심이 없는; 이교도의. **in·fi·del·i·ty** [ˌ-déləti] *n.* Ⓤ 신앙심이 없음《특히 기독교의》, 불신심; ⓊⒸ (부부간의) 부정, 불의.
***in·field** [ínfì:ld] *n.* 〖野〗 **내야;** 《集合的》 내야수. **∼·er** *n.* 내야수.
in·fight·er [ínfàitər] *n.* 〖拳〗 접근전에 능한 선수.
in·fight·ing [-iŋ] *n.* Ⓤ 〖拳〗 접근전; 대항 의식; 난투.
in·fill·ing [ínfìliŋ] *n.* 〖建〗 내부 건재《기둥·지붕 이외의 건재》.
in·fil·trate [infíltreit, ˊ-ˌ] *vt., vi.* 침투〔침윤〕시키다〔하다〕; …에 침입시키다. **in·fil·tra·tion** [ˌ-tréiʃən] *n.* Ⓤ 침투; 〖醫〗 (폐)침윤; 〖軍〗 잠입.
infin. infinitive.
‡in·fi·nite [ínfənit] *a.* **무한의;** 막대한. **—** *n.* 무한(한 것); (the I-) 신(神). ***ín·fi·nite·ly** *ad.*
in·fin·i·tes·i·mal [infìnitésəməl] *a.* 무한소(小)의, 극미(極微)의. **—** *n.* 극미량.
infinitésimal cálculus 〖數〗 미적분.
‡in·fin·i·tive [infínətiv] *n., a.* 〖文〗 ⓊⒸ **부정사(의).** **in·fin·i·ti·val** [ˌ-táivəl] *a.*
in·fin·i·tude [infínətjù:d] *n.* Ⓤ 무한; Ⓒ 무수.
in·fin·i·ty [infínəti] *n.* ⓊⒸ 무한(대); 무수.
in·firm [infə́:rm] *a.* 허약한; (의지 따위가) 약한; (이유 따위) 박약한.
in·fir·ma·ry [infə́:rməri] *n.* 병원; (학교·공장 따위의) 부속 진료소.
***in·fir·mi·ty** [infə́:rməti] *n.* Ⓤ **허약;** Ⓒ 병; (도덕적) 결함, 약점.
in·fix [infíks] *vt.* 고정하다; (마음에) 깊이 새겨 두다.
‡in·flame [infléim] *vt.* **불을 붙이다;** 노하게 하다(*with*); 충혈시키다, 염증을 일으키게 하다. **—** *vi.* 불붙다; 노하다; 염증을 일으키다.
***in·flam·ma·ble** [inflǽməbəl] *a.* **불타기〔노하기〕 쉬운.** **-bil·i·ty** [-ˌ-bíl-] *n.* Ⓤ 발화, 연소; ⓊⒸ 염증.
in·flam·ma·tion [ìnfləméiʃən] *n.* Ⓤ
in·flam·ma·to·ry [inflǽmətɔ̀:ri / -təri] *a.* 선동적인; 염증성의.
***in·flate** [infléit] *vt.* (공기·가스 따위로) **부풀리다;** (통화를) **팽창시키다;** 우쭐하게 만들다. **-flat·ed** [-id] *a.* 팽창된; 과장된, 우쭐한. **in·flát·er,**

-tor *n.* (타이어의) 공기 펌프.

‡**in·fla·tion** [infléiʃən] *n.* ⓊⒸ **팽창;** 통화 팽창, **인플레이션;** (물가의) 폭등; 득의(得意). **～·ar·y** [-èri / -əri] *a.* 인플레이션의, 인플레이션을 초래하는. **～·ist** *n.* 인플레 (정책)논자.

inflátionary gàp 〖經〗 구매력과 생산물과의 사이에 생기는 간격.

inflátionary spíral 〖經〗 악성〔급진성〕 인플레이션.

in·flect [inflékt] *vt.* 구부리다; 〖文〗 (어미를) 변화시키다; (음성을) 조절하다. **—** *vi.* 어미변화하다.

***in·flec·tion** [inflékʃən] *n.* Ⓤ **굴절;** ⓊⒸ **굴곡;** Ⓤ 〖文〗 어미 변화; 음절의 조절, 억양. **～·al** *a.*

in·flex·i·ble [infléksəbəl] *a.* 구부러지지 않는, 구부릴 수 없는; 불굴의; 확고한; 불변의. **in·flex·i·bil·i·ty** [-ˌ-bíləti] *n.* Ⓤ **-bly** *ad.*

in·flex·ion [inflékʃən] *n.* 《英》 = INFLECTION.

‡**in·flict** [inflíkt] *vi.* (고통 따위를) **주다**(*on, upon*); (벌을) 과하다. **in·flíc·tion** *n.* Ⓤ (벌을) 과함; Ⓒ (과하여진) 처벌.

in·flo·res·cence [ìnflɔ:résns] *n.* Ⓤ 개화(開花); 〖植〗 화서(花序); ⒸⓊ 《한 개, 또는 集合的으로》 꽃.

in·flow [ínflòu] *n.* 유입(물).

‡**in·flu·ence** [ínfluəns] *n.* ① ⓊⒸ **영향,** 감화력. ② **세력.** ③ 영향을 미치는 사람〔것〕. ④ Ⓤ 〖電〗 감응. **—** *vt.* **영향을 미치다;** 좌우하다; 매수하다. **～ *peddler*** (직함 따위를 이용하여) 얼굴이 잘 통하는 사람.

***in·flu·en·tial** [ìnfluénʃəl] *a.* **영향을 미치는;** 유력한.

‡**in·flu·en·za** [-énzə] *n.* (It. =influence) Ⓤ 〖醫〗 **인플루엔자,** 유행성 감기. 「강어귀.

in·flux [ínflʌks] *n.* Ⓤ 유입(流入); Ⓒ

in·fo [ínfou] *n.* 《口》 = INFORMATION.

in·fold [infóuld] *vt.* 싸다; 끌어안다.

‡**in·form** [infɔ́:rm] *vt.* **알리다**(*of*); (감정 따위를) 불어넣다, 고무하다(*with*). **—** *vi.* 밀고하다(*against*). **～ed** [-d] *a.* 지식이 있는; 사정에 밝은. **～*ed public*** 지식층. **～·er** *n.* 통지자; 밀고자.

‡**in·for·mal** [infɔ́:rməl] *a.* ① **비공식의,** 약식의; **격식을 차리지 않는.** ② 구어의. **～·ly** *ad.* ***in·for·mal·i·ty** [ˌ-mǽləti] *n.* ⓊⒸ **비공식** (**처분**).

***in·form·ant** [infɔ́:rmənt] *n.* **통지자;** 밀고자; 〖言〗 현지음 발음 (제공)자.

†**in·for·ma·tion** [ìnfərméiʃən] *n.* Ⓤ ① **통지; 정보,** 보도; 지식. ② (호텔·역 등의) 안내〔접수〕계. ③ Ⓒ 〖法〗 고발. ④ 〖컴퓨터〗 정보. ***I-, please.*** 미국의 라디오 퀴즈 프로의 하나. **～·al** *a.*

informátion àgency 정보국.

informátion thèory 정보 이론.

***in·form·a·tive** [infɔ́:rmətiv] *a.* **정보의,** 지식을 주는; 유익한.

in·fra [ínfrə] *ad.* (L.) 아래(쪽)에.

in·frac·tion [infrǽkʃən] *n.* Ⓤ 위반, 반칙; Ⓒ 위반 행위.

ín·fra díg [ínfrə díg] (<L. *infra dignitatem*=beneath one's dignity) 《口》 체면에 관계되는.

in·fra·red [ìnfrəréd] *a.* 적외(선)의 (cf. ultraviolet). **—** *n.* Ⓤ (스펙트럼의) 적외부. 「오븐.

infraréd cóoker 〔**óven**〕 적외선

infraréd detéctor 적외선 검파기.

infraréd fílm 〔**photógraphy**〕 적외선 필름〔사진〕.

infraréd ráys 적외선.

in·fra·struc·ture [ínfrəstrʌ̀ktʃər] *n.* ⓊⒸ 〖政〗 하부 조직〔구조〕, (경제) 기반; NATO의 영구 기지.

in·fre·quent [infrí:kwənt] *a.* 드문, 좀처럼 일어나지 않는. **～·ly** *ad.* **-quence, -quen·cy** *n.* Ⓤ

***in·fringe** [infríndʒ] *vt., vi.* **어기다,** 범하다; 침해하다(*on, upon*). **～·ment** *n.* Ⓤ

***in·fu·ri·ate** [infjúərièit] *vt.* **격노시키다. -at·ed** [-id] *a.* 격노한.

***in·fuse** [infjú:z] *vt.* ① **붓다;** 불어넣다, 고취하다(instil)(*with*). ② (뜨거운 물에 약초 따위를) 우려내다(～ *tea* 차를 달이다). **in·fú·sion** [-ʒən] *n.* Ⓤ 주입, 고취; Ⓒ 주입물; 우려낸 즙, 달인 물.

in·fu·si·ble[1] [-əbəl] *a.* 주입〔고취〕할 수 있는; 우려낼 수 있는. 「fusible).

in·fu·si·ble[2] *a.* 용해하지 않는(not

in·fu·so·ri·an [ìnfju zɔ́:riən, -sɔ́:-] *n.* 〖動〗 적충(滴蟲).

-ing *suf.* ① 현재분사를 만듦(charm*ing*, enchant*ing*). ② 동명사를 만듦(hunt*ing*, sing*ing*).

in·gath·er·ing [íngæ̀ðəriŋ] *n.* ⓊⒸ 수확, 추수.

‡**in·gen·ious** [indʒí:njəs] *a.* (발명의) **재주가 있는,** 재간 있는; **교묘한. ～·ly** *ad.*

in·gé·nue [ǽndʒənjù:] *n.* (F.) (*pl.* ～*s*) 〖劇〗 천진한 소녀(역의 여배우).

***in·ge·nu·i·ty** [ìndʒənjú:əti] *n.* Ⓤ **재주;** 교묘; 발명의 재간.

***in·gen·u·ous** [indʒénju:əs] *a.* **솔직한,** 정직한; 꾸밈없는; **순진한. ～·ly** *ad.* 「다.

in·gest [indʒést] *vt.* (음식을) 섭취하

in·gle [íŋgəl] *n.* 《英方》 화롯불; 화로.

in·gle·nook [íŋgəlnùk] *n.* =CHIMNEYCORNER. 「스러운; 《古》 무명의.

in·glo·ri·ous [inglɔ́:riəs] *a.* 불명예

in·go·ing [íngòuiŋ] *a.* 들어오는.

in·got [íŋgət] *n.* 〖冶〗 주괴(鑄塊), 「잉곳」. **～ *steel*** 용제강(鎔製鋼).

in·graft [ingrǽft / -á:-] *vt.* =ENGRAFT.

in·grain [ingréin/ˊˊ] *vt.* 짜기 전에 염색하다; 원료 염색하다; (습관 따위) 깊이 뿌리박히게 하다. **—** [ˊˊ] *a.* 짜기 전에 염색한, 원료 염색의; 깊이 배어든. **—** *n.* 짜기 전에 염색한 융단, 원료 염색한 털실. **～ed** [-d] *a.* =INGRAIN.

in·grate [íngreit/-ˊ] *n.* 배은 망덕한 사람.
in·gra·ti·ate [ingréiʃièit] *vt.* 환심을 사다. ∼ ***oneself with*** …에게 알랑거리다, …의 비위를 맞추다.
‡**in·grat·i·tude** [ingrǽtətjù:d] *n.* Ⓤ **배은 망덕.**
*__in·gre·di·ent__ [ingrí:diənt] *n.* (혼합물의) **성분,** (요리의) 재료.
In·gres [ɛ̃:gr], **Jean Auguste Dominique** (1780–1867) 앵그르《프랑스의 고전파 화가》.
in·gress [íngres] *n.* Ⓤ 들어감, 입장; Ⓒ 입장권(權); 입구.
in·group [ingrù:p] *n.* 〖社〗 내집단(內集團)(we-group)(opp. outgroup).
in·grow·ing [íngròuiŋ] *a.* 안쪽으로 성장하는; (손톱이) 살 속에 파고 드는. **ín·grown** *a.*
in·gulf [ingʌ́lf] *v.* ＝ENGULF.
‡**in·hab·it** [inhǽbit] *vt.* …에 **살다.** *∼**·ed** [-id] *a.* **사람이 살고 있는.**
‡**in·hab·it·ant** [-bətənt] *n.* **주민,** 거주자; 서식 동물.
in·hal·ant [inhéilənt] *n.* 흡입제(吸入劑); 흡입기. —— *a.* 빨아 들이는.
in·ha·la·tion [ìnhəléiʃən] *n.* Ⓤ 흡입; Ⓒ 흡입제.
*__in·hale__ [inhéil] *vt.* **흡입하다**(opp. exhale). **in·hál·er** *n.* 흡입자〔기〕.
in·har·mon·ic [ìnhɑ:rmɑ́nik / -ɔ́-], **-i·cal** [-əl] *a.* 〖樂〗 불협화(음)의; 가락이 안맞는. **-mó·ni·ous** [-móuniəs] *a.* 부조화의; 〖樂〗 불협화(음)의.
in·here [inhíər] *vi.* (성질 따위가) 존재하다; (권리 등이) 부여되어 있다.
‡**in·her·ent** [inhíərənt] *a.* **고유의,** 타고난. ∼**·ly** *ad.* **-ence, -en·cy** *n.* Ⓤ
‡**in·her·it** [inhérit] *vt.* **상속하다;** 유전하다. —— *vi.* 상속하다; 《一般》 계승하다(*from*). ∼**·a·ble** *a.* 상속할〔상속시킬〕 수 있는. **in·hér·i·tor** *n.* 상속인.
‡**in·her·it·ance** [inhéritəns] *n.* Ⓤ **상속**(권); Ⓒ **유산;** 유전.
inhéritance tàx 《美》 상속세(《英》 death duty).
*__in·hib·it__ [inhíbit] *vt.* **금하다**(*from doing*); 제지하다.
*__in·hi·bi·tion__ [ìnhəbíʃən] *n.* ⓊⒸ **금지; 억제. in·hib·i·to·ry** [inhíbətɔ̀:ri/-təri] *a.*
*__in·hos·pi·ta·ble__ [inhɑ́spitəbəl/-ɔ́-] *a.* ① **대접이 나쁜,** 불친절한. ② (토지가) 살기 어려운; 살풍경한; 불모의(barren).
in·hos·pi·tal·i·ty [ìnhɑspitǽləti / inhɔ̀s-] *n.* Ⓤ 냉대, 푸대접.
*__in·hu·man__ [inhjú:mən] *a.* **몰인정한;** 잔학한, 비인간적인. **in·hu·man·i·ty** [ˋ–mǽnəti] *n.* Ⓤ 몰인정; 냉혹; 잔학; Ⓒ 잔학 행위.
in·hu·mane [ìnhju(:)méin] *a.* 몰인정〔잔학〕한.
in·hume [inhjú:m] *vt.* 매장하다.
in·im·i·cal [inímikəl] *a.* 적의(敵意) 있는(hostile)(*to*); 해로운(*to*).
in·im·i·ta·ble [inímətəbəl] *a.* 흉내낼 수 없는; 다시 없는(unique). 「독」한.
in·iq·ui·tous [iníkwitəs] *a.* 부정〔악
*__in·iq·ui·ty__ [iníkwəti] *n.* Ⓤ (대단한) **부정,** 죄악; Ⓒ 부정〔불법〕 행위.
‡**in·i·tial** [iníʃəl] *a.* **최초의;** 어두(語頭)의. —— *n.* **첫글자,** 어두의 문자, (*pl.*) (이름의) 첫자, 이니셜. —— *vt.* (《英》 *-ll-*) 첫자로 서명하다; 가조인하다. ∼**·ly** *ad.* 처음에.
Inítial Téaching Álphabèt 초등 교육용 알파벳.
inítial wòrd ＝ACRONYM.
‡**in·i·ti·ate** [iníʃièit] *vt.* ① **시작하다.** ② 입문시키다, 초보를 가르치다; 비전(秘傳)을 전하다(*into*). ③ (정식으로) 가입시키다(*into*). —— [iníʃiit] *a., n.* 비전을 전수 받은 (사람); (비밀결사 따위에) 새로 입회한 (사람). **in·í·ti·a·tor** *n.* 창시〔전수(傳授)〕자.
*__in·i·ti·a·tion__ [iniʃiéiʃən] *n.* Ⓤ **개시;** 초보풀이; **비전 전수;** 입회〔입당·입문〕; Ⓒ 입회〔입당·입문〕식.
initiátion fèe 《美》 입회금.
‡**in·i·ti·a·tive** [iníʃiətiv] *a.* 처음의, —— *n.* Ⓤ ① **발의;** 솔선, 선도(先導). ② **창의,** 진취의 기상; 독창력; 개시. ③ 솔선권; (the ∼) 〖政〗 발의권, (일반 국민의) 의안 제출권. ***on one's own*** ∼ 솔선하여. ***take the*** ∼ 선수를 치다, 주도권을 잡다.
in·i·ti·a·to·ry [iníʃiətɔ̀:ri / -təri] *a.* 최초의; 초보의; 입회〔입당·입문〕의.
*__in·ject__ [indʒékt] *vt.* **주사하다;** (의견 따위를) 삽입하다. ***in·jéc·tion** *n.* ⓊⒸ **주사**(액). **in·jéc·tor** *n.* 주사기.
in·ju·di·cious [ìndʒu(:)díʃəs] *a.* 분별없는. ∼**·ly** *ad.*
In·jun, in- [índʒən] *n.* 《方·俗》 ＝ AMERICAN INDIAN.
*__in·junc·tion__ [indʒʌ́ŋkʃən] *n.* **명령;** 〖法〗 금지 명령.
in·jur·ant [índʒərənt] *n.* (인체에) 해로운 것.
‡**in·jure** [índʒər] *vt.* **상처를 입히다;** (감정 따위를) 해치다, 손상하다. *∼**d** [-d] *a.* **부상한**(*the* ∼*d* 부상자); 감정을 상한.
*__in·ju·ri·ous__ [indʒúəriəs] *a.* ① **해로운**(*to*). ② (행위가) 부당한; (말이) 아무를 중상하는, 모욕적인. ∼**·ly** *ad.*
‡**in·ju·ry** [índʒəri] *n.* **손해; 상해;** 모욕; 부당.
‡**in·jus·tice** [indʒʌ́stis] *n.* ① Ⓤ 불공평, **부정.** ② 부정 행위.
†**ink** [iŋk] *n., vt.* Ⓤ **잉크**(로 쓰다, 로 표를 하다, 로 더럽히다, 를 칠하다).
ínk bòttle 잉크 병.
ink·horn [ˊhɔ̀:rn] *n.* (뿔로 만든) 잉크 그릇.
ink·ling [íŋkliŋ] *n.* (어렴풋이) 눈치챔(vague notion); 암시. ***get*** 〔***give***〕 ***an*** ∼ ***of*** …을 알아채다〔넌지시 알리다〕.
ink·pot [íŋkpɑ̀t/-ɔ̀-] *n.* 잉크 통.
ink·stand [ˊstæ̀nd] *n.* 잉크스탠드.
ink·stone [ˊstòun] *n.* (중국·한국의) 벼루.
ink·well [ˊwèl] *n.* (책상에 박혀 있는) 잉크병.
ink·y [íŋki] *a.* 잉크의, 잉크 같은; 잉크로 표를 한; 잉크 묻은; 새까만.

***in·laid** [inléid, ⏝́] *v.* inlay 의 과거(분사). —— *a.* **상감(象嵌)의.**

‡**in·land** [ínlənd] *n., a.* **내륙(의),** 오지(奧地)(의); 국내(의). ~ ***revenue*** 《英》 내국세 수입. ——[ínlæ̀nd, -lənd/inlǽnd] *ad.* **내륙으로,** 오지로 향하여, 국내에.

ínland séa 내해(內海).

in·law [ínlɔ̀:] *n.* 《口》 인척.

in·lay [ìnléi, ⏝́] *vt.* (*-laid*) 박아 넣다, 상감하다(*with*). —— [⏝́] *n.* UC 상감 (세공). **입물,** 상감(물).

***in·let** [inlet] *n.* **후미,** 내해; 입구; **삽**

in·line [ínlàin] *a.* 〖컴퓨터〗 인라인의, 그때그때 즉시 처리하는.

in·ly [ínli] *ad.* 《詩》 안에, 마음속에(inwardly); 충심으로, 깊이.

INMARSAT [ínmərsæ̀t] International Marine Satellite Organization 국제 해사(海事) 위성 기구.

***in·mate** [ínmèit] *n.* **입원자;** (양로원·감옥 따위의) 수용자; 《古》 동거인.

in me·di·as res [in mí:diæ̀s rí:z] (L. =into the midst of things)(발생 순서에 의하지 않고) 사건의 중심으로부터〔중심부로〕.

in me·mo·ri·am [in mimɔ́:riəm, -æ̀m] (L.) (고인의) 기념으로(서).

in·mi·grant [ínmàigrənt] *n.* (같은 나라의 딴 지역으로부터의) 이주자.

in·mi·grate [ínmáigreit] *vi.* (같은 나라의 딴 지역에서) 이주해 오다. **in·mi·gra·tion** [ínmaigréiʃən] *n.* U

in·most [ínmòust] *a.* 맨 안쪽의, 가장 깊은; 마음 깊이 간직한.

‡**inn** [in] *n.* 여관, **여인숙;** 선술집(tavern). ***Inns of Court*** (영국의) 법학협회〔회관〕.

***in·nate** [inéit, ⏝́] *a.* **타고난,** 고유의.

‡**in·ner** [ínər] *a.* **내부의**(opp. outer); 정신의, 영적인; 비밀의. ***the ~ man*** 마음, 영혼; 《諧》 위, 밥통; 식욕. ***~·most** [-mòust] *a., n.* 맨 안쪽의; **가장 깊숙한 곳.**

ínner cíty 《美》 대도시 중심의 저소득층이 사는 지역.

ínner resérve 〖經理〗 내부 적립금.

Ínner Síx EEC 의역내(域內) 6 개국.

ínner spéech fòrm 〖言〗 내부 언어 형식.

Ínner Témple (영국의) 네 법학 협회(Inns of Court)의 하나.

***in·ning** [íniŋ] *n.* (영국에서는 *pl.* 로 單數取扱) ① 〖野〗 **이닝,** …회; 칠 차례. ② 정권 장악 기간; (개인의) 활약기.

***inn·keep·er** [ínkì:pər] *n.* **여관 주인.**

‡**in·no·cence** [ínəsns], **-cen·cy** [-i] *n.* ① U **무죄,** 결백; 깨끗함; **천진난만;** 숫 됨. ② 《美》 〖植〗 꼭두서니과의 일종; 현삼과의 일종.

‡**in·no·cent** [-snt] *a.* **죄없는,** 결백한(*of*); 깨끗한; **순진〔단순〕한,** 무식한; 무해한; 《口》 …이 없는(*of*). —— *n.* 결백한 사람; 천진난만한 사람, 호인. ***~·ly** *ad.*

in·noc·u·ous [inákjuəs/-ɔ́-] *a.* 해 없는.

in·no·vate [ínouvèit] *vi., vt.* 혁신〔쇄신〕하다(*in, on, upon*). ***in·no·va·tion** [⏝-véi-] *n.* **ín·no·va·tor** *n.*

in·nox·ious [inákʃəs / -ɔ́-] *a.* 해없는.

in·nu·en·do [ìnjuéndou] *n.* (*pl.* **~*es***) 암시, 빗댐.

‡**in·nu·mer·a·ble** [injú:mərəbəl] *a.* **이루 셀 수 없는,** 무수한. **-bly** *ad.*

in·ob·serv·ance [ìnəbzə́:rvəns] *n.* U 부주의, 태만; 위반, 무시.

in·oc·u·late [inákjəlèit/-ɔ́-] *vt.* 〖醫〗 (예방) 접종하다(*against*); (사상 따위를) 주입하다; (세균 따위를) 접종하다. **in·oc·u·la·tion** [-⏝-léiʃən] *n.* UC

in·of·fen·sive [ìnəfénsiv] *a.* 해롭지 않은; 불쾌감을 주지 않는.

in·op·er·a·ble [inápərəbəl/-ɔ́-] *a.* 수술할 수 없는; 실시할 수 없는.

in·op·er·a·tive [inápərətiv, -ápərèi-/-ɔ́pərə-] *a.* 무효의.

in·op·por·tune [inàpərtjú:n/-ɔ̀p-] *a.* 시기를 놓친, 형편이 나쁜.

in·or·di·nate [inɔ́:rdənət] *a.* 과도한, 지나친; 무절제한. **~·ly** *ad.*

***in·or·gan·ic** [ìnɔ:rgǽnik] *a.* 〖化〗 ① **생활 기능이 없는;** 무생물의. ② 무기(無機)(물)의.

inorgánic chémistry 무기 화학.

in·o·sín·ic ácid [ìnəsínik] 〖化〗 이노신산(酸)《화학 조미료용》.

in·o·si·tol [inóusətòul, -tɔ̀(:)l/-tɔ̀l] *n.* U 〖生化〗 이노시톨, 근육당(筋肉糖).

in·pa·tient [ínpèiʃənt] *n.* 입원 환자(cf. outpatient).

***in·put** [ínpùt] *n.* UC 〖經〗 **투입**(량); 〖機·電〗 입력(入力); 〖컴퓨터〗 부호화하여 전자 계산기에 넣는 정보〔기억〕. —— *vt., vi.* 〖컴퓨터〗 (정보 따위를) 전자 계산기에 넣다.

in·quest [ínkwest] *n.* 〖法〗 (배심원의) 심리; 검시(檢屍).

in·qui·e·tude [inkwáiətjù:d] *n.* U 불안, (심신의) 산란.

‡**in·quire** [inkwáiər] *vt., vi.* **묻다,** 문의하다(*of*); 조사하다. ~ ***after*** … 의 안부를 묻다. ~ ***into*** (사건 등을) 조사하다. ***in·quír·er** *n.* **in·quir·ing** [-kwáiəriŋ] *a.* 묻고 싶은 듯한, 알고 싶어 하는. **-ing·ly** *ad.* 알고 싶은 듯이, 의심쩍은 듯이.

‡**in·quir·y** [inkwáiəri, ínkwəri] *n.* CU **문의,** 질문, 조회; 조사; 연구.

inquíry àgency 《英》 흥신소.

inquíry òffice 안내소.

***in·qui·si·tion** [ìnkwəzíʃən] *n.* ① U **조사.** ② 〖法〗 **심문,** 심리. ③ (the I-) 〖카톨릭〗 종교 재판(소).

***in·quis·i·tive** [inkwízətiv] *a.* **호기심이 많은,** 물어보고 싶어하는, 알고자 하는, 캐묻기 좋아하는(prying).

in·quis·i·tor [inkwízətər] *n.* 조사〔심문〕관; (I-) 〖카톨릭〗 종교 재판관.

in·quis·i·to·ri·al [inkwìzətɔ́:riəl] *a.* 종교 재판관의〔같은〕; 엄하게 심문하는.

in·road [ínròud] *n.* 침입; 침해, 먹어 들어감.

in·rush [ínrʌʃ] *n.* 돌입, 침입, 쇄도.

INS 《美》 International News Service.

ins. inches; inspector; insulted; insulation; insulator; insurance.

‡in·sane [inséin] *a.* 발광한; 미친(사람 같은); 광폭한. ~ ***asylum*** 정신병원.

in·san·i·tar·y [insǽnətèri / -təri] *a.* 비위생적인.

***in·san·i·ty** [insǽnəti] *n.* Ⓤ 광기, 정신 이상; Ⓒ 미친 짓.

in·sa·tia·ble [inséiʃiəbəl] *a.* 물릴 줄 모르는, 탐욕한. ⌈BLE.

in·sa·ti·ate [inséiʃiət] *a.* =INSATIA-

***in·scribe** [inskráib] *vt.* ① (종이·금속·돌 따위에 어구를) 쓰다, 새기다. ② (헌정사(獻呈辭)를 적어 정식으로 책을) 헌정하다. ③ 명기(銘記)하다; (공식 명부 따위에) 기입하다. ④ 〖幾〗 내접(內接)시키다.

‡in·scrip·tion [inskrípʃən] *n.* 명(銘); 제명(題銘), 비문; (책의) 헌정사.

in·scru·ta·ble [inskrú:təbəl] *a.* 알 수 없는, 불가사의한. **-bil·i·ty** [-ˌ-bíləti] *n.* ⓊⒸ

‡in·sect [ínsekt] (L. <*insectum* = divided (*in* three *sect*ions의 뜻) *n.* 곤충, 벌레(cf. worm). ⌈제.

in·sec·ti·cide [inséktəsàid] *n.* 살충

in·sec·tiv·o·rous [insektívərəs] *a.* 벌레를 먹는, 식충의. ~ ***plants*** 식충식물.

in·se·cure [insikjúər] *a.* 안전하지 않은; 위태로운. **in·se·cú·ri·ty** *n.* Ⓤ 불안전, 불안정; 근심; Ⓒ 걱정거리.

in·sem·i·nate [insémənèit] *vt.* (씨를) 뿌리다, 심다; 잉태시키다.

in·sem·i·na·tion [insèmənéiʃən] *n.* Ⓤ 파종; 수정. ***artificial*** ~ 인공수정.

in·sen·sate [insénseit] *a.* 감각 없는; 무정한; 머리가 둔한, 어리석은.

***in·sen·si·ble** [insénsəbəl] *n.* 무감각한; 무신경의(*of, to*); 인사 불성의; 알아채지 못할 정도로, 아주 적은. **-bly** *ad.* 알아차리지 못할 만큼. ***in·sen·si·bil·i·ty** [insènsəbíləti] *n.* Ⓤ 무감각; 태연. ⌈각한, 둔감한(*to*).

in·sen·si·tive [insénsətiv] *n.* 무감

in·sen·ti·ent [insénʃiənt] *a.* 무감각한; 생명 없는.

***in·sep·a·ra·ble** [insépərəbəl] *a.* 분리할 수 없는(*from*). **-bly** *ad.*

‡in·sert [insə́:rt] *vt.* 끼워넣다, 삽입하다(*in, into*). —— [ˊ-] *n.* 삽입물; 삽입 페이지〔삐라〕; 〖映·TV〗 삽입자막. ***in·sér·tion** *n.* Ⓤ 삽입; Ⓒ 삽입물, 삽입구; Ⓤ 〖宇宙〗 (우주선이〔을〕) 어느 천체의 궤도에 들어감〔가게 함〕; 게재 기사; (신문 따위에) 끼워넣은 광고; ⓊⒸ (레이스 따위의) 바탕을 파서 꿰매 붙이기.

in·set [insét] *vt.* (~(***ted***); ***-tt-***) 끼워넣다. —— [ˊˋ] *n.* 삽입물; 삽입 페이지; (큰 지도〔도표〕 속의) 삽입 지도〔도표〕; 유입(流入)(influx).

in·shoot [ínʃù:t] *n.* 〖野〗 인슈트.

in·shore [ínʃɔ́:r] *a., ad.* 해안에 가까운〔가깝게〕; 해안으로 향하는〔여〕.

†in·side [ínsáid, ˊˊ] *n.* 안쪽, 내부; 내면; (보통 *pl.*) 《口》 속, 배; 내정, 내막. —— *a.* 내부의, 안쪽의; 속사정을 잘 아는, 내부 사람이 한(*The theft was an* ~ *job.* 도둑질은 내부 사람이 한 짓이었다); 간첩질하는. —— *ad., prep.* 내부〔집안〕에. ~ ***of*** …의 안에서, 이내에. ~ ***out*** 뒤집어. **in·síd·er** *n.* 내부 사람; 《口》 내막을 알고 있는 사람.

ínside tráck 〖競走〗 (경주로의) 안쪽 트랙; 유리한 조건(*over*).

in·sid·i·ous [insídiəs] *a.* 교활한; 음흉한; (병이) 모르는 사이에 진행하는.

***in·sight** [ínsàit] *n.* ⓊⒸ 통찰(력); 간파(하는 힘).

in·sig·ni·a [insígniə] *n. pl.* (*sing.* ***-signe*** [-ni:]) 기장, 훈장.

‡in·sig·nif·i·cant [insignífikənt] *a.* 대수롭지 않은, 하찮은, 무의미한. **~·ly** *ad.* **-cance, -can·cy** *n.* Ⓤ

***in·sin·cere** [insinsíər] *a.* 성의 없는. **in·sin·cer·i·ty** [ˋ-sérəti] *n.* ⓊⒸ

***in·sin·u·ate** [insínjuèit] *vt.* 은근히 심어주다, 서서히 파고 들다; 교묘하게 환심사다(*oneself into*); 슬쩍 보이다〔내밀다〕; 넌지시 비추다(hint). **-at·ing(·ly)** *a.* (*ad.*) **in·sin·u·a·tion** [-ˋ-éiʃən] *n.* Ⓤ

in·sip·id [insípid] *a.* 맛없는; 김빠진; 재미없는(opp. sapid). **in·si·pid·i·ty** [ˋ-pídəti] *n.* ⓊⒸ

‡in·sist [insíst] *vi., vt.* 우기다; 강요하다, 억지로 하게 하다; 주장하다(*on, upon, that*). ***in·síst·ent** [-ənt] *a.* 강요〔주장〕하는; 주의를 끄는. ***~·ence, ~·en·cy** *n.* Ⓤ ⌈SNARE.

in·snare [insnɛ́ər] *v.* 《古》 =EN-

in·so·bri·e·ty [insəbráiəti] *n.* Ⓤ 무절제; 폭음. ⌈다.

in·so·late [ínsoulèit] *vt.* 햇빛에 쐬

in·so·la·tion [insouléiʃən] *n.* Ⓤ 햇빛에 쬠, 일광욕; 일사병; 〖氣〗 일사(日射)《어떤 물체 또는 어떤 지역에 대한 태양의 방사》. ⌈창.

in·sole [ínsòul] *n.* (구두의) 속창; 안

***in·so·lent** [ínsələnt] *a.* 안하무인의, 무례한. **~·ly** *ad.* ***-lence** *n.* ⓊⒸ 오만, 무례(한 언행).

***in·sol·u·ble** [insáljubəl/-ɔ́-], **in·solv·a·ble** [insálvəbəl / -ɔ́-] *a.* 녹지 않는; 해결할 수 없는.

in·sol·vent [insálvənt / -sɔ́l-] *a., n.* 〖法〗 지급 불능의〔파산한〕 (사람). **-ven·cy** *n.* Ⓤ

in·som·ni·a [insámniə/-ɔ́-] *n.* Ⓤ 불면(증). **-ni·ac** [-niæ̀k] *a., n.* 불면증의(환자).

in·so·much [insoumʌ́tʃ] *ad.* …의 정도로, …만큼, …이므로(*as, that*).

in·sou·ci·ant [insú:siənt] *a.* (F.) 무심한; 태평한. ***-ci·ance*** *n.*

‡in·spect [inspékt] *vt.* 조사〔검사〕하다; (관권으로) 검열하다. **‡in·spéc·tion** *n.* ⓊⒸ

‡in·spec·tor [-ər] *n.* 검사관, 감독; 경위(警衛). ***police*** ~ 경위. ***school*** ~ 장학관.

inspéctor géneral 감사원장; 《美》 감찰감.

‡in·spi·ra·tion [ìnspəréiʃən] *n.* Ⓤ 숨 쉼(inhaling), 들숨; (인간에 대한 신의) 감화력; Ⓒ 영감에 의한 착상; Ⓤ **인스피레이션, 영감**; Ⓤ 고무, 감화; 시사(示唆). 「기; 주사기.

in·spi·ra·tor [ínspərèitər] *n.* 흡입

in·spir·a·to·ry [inspáiərətɔ̀:ri / -təri] *a.* 들숨의, 흡입의.

‡in·spire [inspáiər] *vt.* 숨을 들이쉬다; **영감을 주다**; (사상·감정을) **불어넣다**(instil); 감격시키다; 고무하다(animate); 시사하다; (보도 따위의) 지시를 주다. **~d** [-d] *a.* 영감을 받은; (어떤 권력자·소식통의) 뜻을 반영한. 「우다, 격려하다.

in·spir·it [inspírit] *vt.* 원기를 북돋

in·spis·sate [inspíseit] *vt., vi.* (증발 따위에 의해서) 농후하게 하다, 진해지다(thicken).

Inst. Institute; Institution. **inst.** instant (=of the present month); instrument; instrumental.

in·sta·bil·i·ty [ìnstəbíləti] *n.* Ⓤ 불안정; 변덕.

‡in·stall [instɔ́:l] *vt.* **취임시키다**; 자리에 앉히다(settle); (장치를) **설치하다**. ***in·stal·la·tion** [ìnstəléiʃən] *n.* Ⓤ 취임; 임명; Ⓒ 설비, 장치.

‡in·stal(l)·ment [-mənt] *n.* **분할 불입**(금); (총서·전집 따위의) 일회분; = INSTALLATION. 「매법.

instál(l)ment plàn 《美》 분할불 판

‡in·stance [ínstəns] *n.* (cf. instant) ① 요구; 권고; 시사. ② 〖法〗 소송(절차). ③ **실례**. ④ 경우. ***at the ~*** …의 의뢰로. ***for ~*** 예컨대. ***in the first* [*last*] ~** 제 1 심〔종심(終審)〕에서; 우선 첫째로〔마지막으로〕. **—** *vt.* 보기로 들다, 예증하다.

‡in·stant [ínstənt] *a.* **즉석의**; 절박한; (날짜와 함께) **이 달의**《생략 inst.》. (커피·코코아 따위) 즉석식의, 「인스턴트」의. **—** *n.* 즉각; 순간; Ⓤ 《口》 인스턴트 식품. ***in an* [*on the*] ~** 즉시. ***the ~*** 하자마자. **‡~·ly** *ad.* **즉시**; 《古》 자꾸만.

***in·stan·ta·ne·ous** [ìnstəntéiniəs] *a.* 즉석의; 동시에 일어나는. **~·ly** *ad.*

in·stan·ter [instǽntər] *ad.* 즉시.

in·stan·ti·ate [instǽnʃièit] *vt.* 〖哲〗 추상적인 것을 구체적인 예를 들어 나타내다. 「다.

in·state [instéit] *vt.* (지위에) 앉히

‡in·stead [instéd] *ad.* (…의) **대신에**. **~ *of*** …의 대신에. 「의 발등 부분.

in·step [ínstèp] *n.* 발등; 구두〔양말〕

in·sti·gate [ínstəgèit] *vt.* 선동하다. **ín·sti·ga·tor** *n.* 선동자. **in·sti·ga·tion** [ˌ–géiʃən] *n.* Ⓤ

in·stil(l) [instíl] *vt.* (한 방울씩) 떨어뜨리다; (감정 따위를) 스며들게 하다. **in·stil·la·tion** [ˌ–léiʃən] *n.* ⓊⒸ

‡in·stinct [ínstiŋkt] *n.* ⓊⒸ 〖心〗 **본능**; 천성. **—** [–ˊ] *a.* 가득 찬(*with*).

***in·stinc·tive** [instíŋktiv] *a.* **본능적인**; 천성의. ***~·ly** *ad.*

‡in·sti·tute [ínstətjù:t] *vt.* 설립〔제정〕하다, (조사·소송을) 시작하다; 〖宗〗 (성직에) 임명하다(install). **—** *n.* **협회**, 학회; 회관; 원칙, 규칙, 습관.

‡in·sti·tu·tion [ìnstətjú:ʃən] *n.* ① Ⓤ **설립**, 개시. ② 〖社〗 관례, 제도. ③ 공공 기관〔건축물〕《학교·교회·병원 등》; 협회, 학회; …단, 원, 소, 사. ④ 《口》 잘 알려진 사람, 명물. ***~·al** *a.* **제도(상)의**; (광고가 회사·상점의) 명성을 올려 신용을 높이기 위한. **~·al·ize** [-əlàiz] *vt.* 제도화하다; 《口》 (시설 등에) 수용하다.

‡in·struct [instrʌ́kt] *vt.* 가르치다(*in*); **지시하다**(*to* do); 알리다(*that*); 〖컴퓨터〗 명령하다. **‡in·strúc·tive** *a.* **교육적인**, 유익한. **‡in·strúc·tor** *n.* **교사**; 《美》 (전임) 강사.

‡in·struc·tion [instrʌ́kʃən] *n.* Ⓤ **교수**, **교육**; (배운) 지식; Ⓒ (*pl.*) 지시, 〖컴퓨터〗 명령.

in·struc·tion·al [instrʌ́kʃənəl] *a.* 교육상의, 교육적인. **~ *film*** 교육〔과학〕 영화.

instrúctional télevision 《美》 교육용 폐회로 텔레비전〔비디오〕.

‡in·stru·ment [ínstrəmənt] *n.* (주로 학술상의) **기계**, **기구**; 악기; (남의) 앞잡이; 수단, 방편; 〖法〗 증서.

***in·stru·men·tal** [ìnstrəméntl] *a.* 기계의〔에 의한〕; 악기의, 악기를 위한, 악기에 의한; **수단이 되는**, 쓸모있는. **~·ist** *n.* 기악가. **in·stru·men·tal·i·ty** [ˌ––tǽləti] *n.* Ⓤ 수단, 도움.

in·stru·men·ta·tion [ìnstrəmentéiʃən] *n.* Ⓤ 기계 사용; 〖樂〗 기악 편성법, 연주법. 「판.

ínstrument bòard 〔**pànel**〕 계기

ínstrument flỳing 계기 비행.

ínstrument lánding sỳstem 〖空〗 계기 착륙 장치.

in·sub·or·di·nate [ìnsəbɔ́:rdənit] *a.* 복종하지 않는, 반항적인. **in·sub·or·di·na·tion** [ˌ–ˌ–néi-] *n.* Ⓤ

in·sub·stan·tial [ìnsəbstǽnʃəl] *a.* 미약한, 무른; 실체 없는, 비현실적인. 「을 수 없는.

in·suf·fer·a·ble [insʌ́fərəbəl] *a.* 참

‡in·suf·fi·cient [ìnsəfíʃənt] *a.* **불충분한**. **~·ly** *ad.* **-cien·cy** *n.* Ⓤ

in·suf·flate [ínsəflèit, insʌ́fleit] *vt.* (공기·가스·분말 따위를) 불어넣다; (사람에게) 정기(精氣)을 불어넣다 《종교적 의식》.

***in·su·lar** [ínsjələr, -sjə-] *a.* **섬(나라)의**; 섬 사람의; 섬 모양의; 섬나라 근성의, 편협한. **~·ism** [-ìzəm] *n.* Ⓤ 섬나라 근성, 편협. ***in·su·lar·i·ty** [ˌ–lǽrəti] *n.* Ⓤ 섬(나라)임; 편협.

in·su·late [ínsjəlèit, -sə-] *vt.* 격리시키다, 고립시키다; 〖電〗 절연하다; 섬으로 만들다. **-la·tor** *n.* 〖電〗 절연체, 애자, 뚱딴지. **in·su·la·tion** [ˌ–léiʃən] *n.* Ⓤ 격리, 고립; 〖電〗 절연(물).

in·su·lin [ínsjəlin, -sə-] *n.* Ⓤ 인슐린《췌장 호르몬, 당뇨병의 약》.
ínsulin shòck 〖病〗 인슐린 쇼크《인슐린 대량 주사에 의한 쇼크》.
***in·sult** [insʌ́lt] *vt.* **모욕하다.** —— [´–] *n.* ⓊⒸ **모욕**(적 언동). ~**·ing** *a.* 모욕적인. ~**·ing·ly** *ad.*
in·su·per·a·ble [insú:pərəbəl] *a.* 이겨낼 수 없는. **-bly** *ad.* **-bil·i·ty** [–`––bíləti] *n.* Ⓤ
in·sup·port·a·ble [ìnsəpɔ́:rtəbəl] *a.* 견딜 수 없는(intolerable).
in·sur·a·ble [inʃúərəbəl] *a.* 보험에 걸 수 있는〔적합한〕.
‡in·sur·ance [inʃúərəns] *n.* Ⓤ ① **보험;** 보험 계약〔증서〕 ② 보험금(액); 보험료.
‡in·sure [inʃúər] *vt.* (보험업자가) 보험을 맡다(*against*); **보험을 걸다**(*for, against*); 보증하다; 확실하게 하다. —— *vi.* 보험 증서를 발행하다. ***the ~d*** 피보험자. **in·sur·er** [-ʃúərər] *n.* 보험(업)자; 보증인.
in·sur·gent [insə́:rdʒənt] *a.* 폭동을 일으킨. —— *n.* 폭도; 《美》 (당내의) 반대 분자. **-gence, -gen·cy** *n.* ⓊⒸ 폭동, 반란.
in·sur·mount·a·ble [ìnsərmáuntəbəl] *a.* 극복할 수 없는. 「폭동, 반란.
***in·sur·rec·tion** [ìnsərékʃən] *n.* ⓊⒸ
in·sus·cep·ti·ble [ìnsəséptəbəl] *a.* 무감각한(*of, to*); 받아들이지 않는(*of*).
int. interest; interim; interior; interjection; internal; international; interpreter; intransitive. 「전한.
in·tact [intǽkt] *a.* 손 대지 않은, 완
in·tagl·io [intǽljou, -tá:l-] *n.* (It.) (*pl.* **~s**) ⓊⒸ 음각(陰刻), 요조(凹彫); 음각 무늬〔보석〕.
in·take [íntèik] *n.* (물·공기 등의) **끌어 들이는 입구;** ⓊⒸ 섭취(량); Ⓒ 《英》 초년병, 신병.
***in·tan·gi·ble** [intǽndʒəbəl] *a.* **만질 수 없는;** 무형의; 막연한. **-bly** *ad.*
in·te·ger [íntidʒər] *n.* 〖數〗 정수(整數) (cf. fraction); 완전체.
***in·te·gral** [íntigrəl] *a.* (전체를 이루는 데) **필수적인;** 완전한; 〖數〗 정수의. —— *n.* 전체; 〖數〗 정수, 적분.
íntegral cálculus 〖數〗 적분학.
in·te·grate [íntəgrèit] *vt.* (각 부분을) 전체에 통합하다; 완전하게 하다, 완성하다, (온도·면적 등의) 합계(평균치)를 나타내다; 〖數〗 적분하다; 통합하다(co-ordinate). ***in·te·gra·tion** [ìntəgréiʃən] *n.* Ⓤ **통합;** 완성, 집성(集成); 《美》 인종적 무차별 대우; 〖數〗 적분(법).
in·te·grat·ed [íntəgrèitid] *a.* 인종 차별을 하지 않는; 통합된; 원만한.
íntegrated círcuit 〖電〗 집적 회로《생략 IC》.
in·te·gra·tion·ist [ìntəgréiʃənist] *n.* 인종 차별 철폐주의자.
in·teg·ri·ty** [intégrəti] *n.* Ⓤ **정직;** 완전; 원상(대로의 상태). ***territorial ~ 영토 보전.
in·teg·u·ment [intégjəmənt] *n.* 외피《피부·껍질 따위》.
‡in·tel·lect [íntəlèkt] *n.* Ⓤ ① 지력; 이지. 예지, **지성**(cf. intelligence). ② 식자, 지식인.
‡in·tel·lec·tu·al [ìntəléktʃuəl] *a.* 지력의, 지력 있는; 지력을 요하는; **이지적인.** —— *n.* **지식인,** 식자. ~**·ism** [-ìzəm] *n.* Ⓤ 주지〔이지〕주의. ~**·ist** *n.* *~**·ly** *ad.* **지적으로.** ***in·tel·lec·tu·al·i·ty** [`–`–ǽləti] *n.* Ⓤ **지성,** 지력.
‡in·tel·li·gence [intélədʒəns] *n.* Ⓤ ① **지성,** 지능, 지혜 (*Dogs have ~, but they have not intellect.* 개는 지혜는 있으나 지성은 없다); 이해(력). ② 총명. ③ 정보; 《集合的》 정보 기관; 정보부원. ④ (종종 I-) 지성적 존재, 영(靈). **-genc·er** *n.* 통보자; 스파이. 「**ment**] 정보부.
intélligence bùreau [**depàrt-**
intélligence òffice 정보부; 《美》 직업 소개소. 「《생략 I.Q.》.
intélligence quòtient 지능 지수
intélligence shìp 정보 수집함.
intélligence tèst 〖心〗 지능 검사.
‡in·tel·li·gent [intélədʒənt] *a.* **지적인;** 영리한, 이해력이 좋은; 현명한. *~**·ly** *ad.*
in·tel·li·gent·si·a, -zi·a [intèlədʒéntsiə, -gén-] (Russ. <L.) *n.* 《集合的》 지식 계급.
***in·tel·li·gi·ble** [intélədʒəbəl] *a.* **알기 쉬운,** 명료한. **-bly** *ad.*
INTELSAT, In·tel·sat [íntelsæ̀t] *n.* 인텔사트《국제 상업 위성 통신 기구》 (<*In*ternational *Tel*ecommunications *Sat*ellite Consortium).
in·tem·per·ate [intémpərit] *a.* **무절제한;** 폭음하는; (추위·더위가) 혹독한. **-per·ance** *n.* Ⓤ
‡in·tend [inténd] *vt.* **…할 작정이다** (*to* do); 꾀하다; 예정하다(*for*); 뜻하다.
in·tend·ant [inténdənt] *n.* 감독〔관리〕관. **-an·cy** *n.* ⓊⒸ 감독관(등)의 직〔지위〕.
***in·tend·ed** [inténdid] *a.* **계획된,** 고의의; 미래의. —— *n.* 《口》 미래의 남편〔아내〕, 약혼자.
‡in·tense [inténs] *a.* **격렬한,** 열심인, 노력적인; 열정적인. *~**·ly** *ad.*
***in·ten·si·fy** [inténsəfài] *vt., vi.* **격렬하게 하다;** 격렬해지다; 강하게 하다; 강해지다. **in·ten·si·fi·ca·tion** [–`–fikéiʃən] *n.* Ⓤ
in·ten·sion [inténʃən] *n.* Ⓤ (정신적) 긴장; 〖論〗 내포(內包).
‡in·ten·si·ty [inténsəti] *n.* Ⓤ (성질·감정 등의) **강렬함;** 엄함; 강도.
in·ten·sive** [inténsiv] *a.* ① **강한,** 격렬한. ② 집중적인. ③ 〖文〗 강조의; 〖農〗 집약적인. —— *n.* 강하게 하는 것; 〖文〗 강의어(強意語). ***~ agriculture 집약 농업. ***~ reading*** 정독. ~**·ly** *ad.*
‡in·tent [intént] *n.* Ⓤ **의지,** 목적 (intention); ⓊⒸ 《廢》 의미. ***to all ~s and purposes*** 실제상, 사실상.

—— *a.* 여념이 없는(*on, upon*), (눈·마음이) 집중되어 있는(eager); 진심의. *~·ly *ad.*

‡**in·ten·tion** [inténʃən] *n.* (⇨INTEND) ① U,C **의지**, 목적; 의미, 취지. ② (*pl.*) 《口》 결혼할 의사. ③ 〖醫〗 합창(合瘡). *~·al *a.* **고의의**, 계획적인. ~·al·ly *ad.* 「장하다.

in·ter [intə́:r] *vt.* (*-rr-*) (시체를) 매

inter- *pref.* 「중(간)에」 「…사이의」 「상호(의)」 등의 뜻: *inter*collegiate.

in·ter·act[1] [intərǽkt] *vi.* 상호 작용하다. **in·ter·ác·tion** *n.* U,C 상호 작용.

in·ter·act[2] [íntərækt] *n.* 막간 (희극).

in·ter a·li·a [íntər éiliə] (L. = among others) 그 중에서도.

in·ter-A·mer·i·can [ìntərəmérikən] *a.* 남북 아메리카 제국간의.

in·ter·bred [ìntərbréd] *v.* interbreed의 과거(분사).

in·ter·breed [-brí:d] *vt., vi.* (*-bred*) 이종 교배시키다; 잡종을 낳다.

in·ter·ca·lar·y [intə́:rkəlèri / -ləri] *a.* 윤(일·달·년)의. ~ ***day*** 윤일《2월 29일》. **-ca·late** [-kəlèit] *vt.* (달력에) 윤(일·달·년)을 넣다; 사이에 넣다.

in·ter·cede [ìntərsí:d] *vi.* 중재하다, 조정하다(*with*). 「사이에 있는.

in·ter·cel·lu·lar [-séljələr] *a.* 세포

***in·ter·cept** [-sépt] *vt.* (편지 등을) **도중에서 가로채다**〔빼앗다〕; (무전을) 방수(傍受)하다; (빛·물의 통로를) 가로 막다; 방해〔저지〕하다; 〖數〗 두 점〔선〕에 의해서 잘라내다; 〖競〗 (방어측이) 패스를 끊다. **in·ter·cép·tion** *n.* U,C **in·ter·cép·tor** *n.* 방해자, 방해물; (무전) 방수자; 〖軍〗 요격기.

in·ter·ces·sion [-séʃən] *n.* U,C 중재, 조정. **-cés·sor** *n.* 중재자.

***in·ter·change** [-tʃéindʒ] *vt.* **교환하다**; 교대시키다; 번갈아 일어나게 하다(alternate). —— *vi.* 갈마들다; 교대하다. —— [⌐–⌐/⌐–⌐] *n.* U,C 교환, 교체, 교대; C 《美》 (고속 도로의) 입체 교차점. ~·**a·ble** [-əbəl] *a.* 교환〔교대〕할 수 있는.

in·ter·class [-klǽs / -á:-] *a.* 클래스 대항의; 계급간의.

in·ter·col·le·gi·ate [-kəlí:dʒiit] *a.* 대학간의, 대학 대항의(cf. intramural). 「민지간의.

in·ter·co·lo·ni·al [-kəlóuniəl] *a.* 식

in·ter·com [íntərkàm / -ɔ̀-] *n.* 《口》 (비행기·전차 내의) 통화 장치(cf. interphone).

in·ter·com·mu·ni·cate [ìntərkəmjú:nəkèit] *vi.* 서로 통신하다; 서로 왕래하다. **in·ter·com·mu·ni·ca·tion** [⌐–––⌐-kéiʃən] *n.* U 상호 교통, 연락, 교제.

in·ter·con·ti·nen·tal [ìntərkàntənéntl/-kɔ̀n-] *a.* 대륙간의. ~ ***ballistic missile*** 대륙간 탄도 미사일《생략 ICBM》.

in·ter·cool·er [íntərkù:lər] *n.* 인터쿨러《가열·냉각의 열교환 장치》.

in·ter·cos·tal [-kástl/-ɔ́-] *a.* 〖解〗 늑간의.

‡**in·ter·course** [íntərkɔ̀:rs] *n.* U ① 교제; 교통; 의사〔감정〕의 교환. ② 영교(靈交). ③ 성교.

in·ter·crop [ìntərkráp / -ɔ́-] *vt., vi.* (*-pp-*) (농작물을) 간작하다.

in·ter·cut [íntərkʌ̀t] *n.* 〖映·TV〗 딴 장면 삽입. —— [⌐–⌐] *vt., vi.* (*~; -tt-*) 화면에 대조적인 장면을 삽입하다.

in·ter·de·nom·i·na·tion·al [ìntərdinàmənéiʃənəl/-nɔ̀m-] *a.* 종파간의.

in·ter·de·part·men·tal [-dipà:rtméntl] *a.* (대학의) 각 학부간의; 각 부처〔성, 국〕간의.

in·ter·de·pend [-dipénd] *vi.* 상호 의존하다.

in·ter·de·pend·ent [-dipéndənt] *a.* 상호 의존의. **-ence, -en·cy** *n.* U

in·ter·dict [-díkt] *vt.* 금지〔제지〕하다; 〖카톨릭〗 (장소·사람에 대하여 의식의 집행 또는 관여를) 금지하다; (계속 폭격으로) (적을) 괴롭히다. —— [⌐–⌐] *n.* 금지(명령); 〖카톨릭〗 성사 수여〔예배 따위〕의 금지. **-díc·tion** *n.* U,C 금지, 정지; 〖法〗 금치산 선고; 통상 금지; 계속 폭격.

†**in·ter·est** [íntərist] *n.* ① U **흥미**, 관심, 호기심. ② 관심사, 취미. ③ U 중요성, 간요(肝要). ④ 소유권, 이권, 주. ⑤ 이해 관계, 이익. ⑥ U 이자, 이율. ⑦ U 세력, 지배력. ⑧ U 사리, 사권. ***in the*** ~(s) ***of*** …을 위하여. ***take an*** ~ ***in*** …에 흥미를 가지다. —— [íntərèst] *vt.* 흥미를 갖게 하다; 관계시키다(*in*). ‡~·**ed** [íntəristid, -rèstid] *a.* **흥미를 가진**; 이해 관계 있는; 편견을 가진. ~***ed parties*** 이해 관계자.

†**in·ter·est·ing** [íntəristiŋ, -rèst-] *a.* **재미있는**. ~ ***condition*** 임신.

in·ter·face [íntərfèis] *n.* 중간면〔층〕; 공유 영역.

‡**in·ter·fere** [ìntərfíər] *vt.* (이해 따위가) **충돌하다**(clash) (*with*); 간섭하다(*in*); 방해하다(*with*); 조정하다; 《美》 〖球技〗 (불법) 방해하다.

***in·ter·fer·ence** [-fíərəns] *n.* 충돌; 간섭; **방해**; 〖野〗 방해; 〖無電〗 혼신(전파); 《美》 〖球技〗 (불법) 방해.

in·ter·fer·on [-fíərən] *n.* 〖生〗 인터페론《바이러스 증식 억제 물질》.

in·ter·fuse [-fjú:z] *vt., vi.* …에 스며들다; 혼입시키다〔하다〕.

in·ter·gla·cial [-gléiʃəl] *a.* 〖地〗 간빙기의.

in·ter·im** [íntərim] *n.* 동안; 잠깐 동안. —— *a.* **중간의**; 임시의(temporary). ~ ***report 중간 보고.

‡**in·te·ri·or** [intíəriər] *a.* **내부의**; 내륙의; 국내의; 비밀의. —— *n.* **내부**; 실내; **내륙**; 내무. ***the Department*** 〔***Secretary***〕 ***of the I-*** 《美》 내무성〔장관〕.

intérior decorátion 실내 장식.

intérior mónolog(ue) 〖文學〗 내적 독백《「의식의 흐름」의 수법으로 쓴》.

interj. interjection.

in·ter·ja·cent [ìntərdʒéisənt] *a.* 개재하는, 사이에 있는, 중간에 일어나는.

in·ter·ject [ìntərdʒékt] *vt.* (말을) 불쑥 던지다, 사이에 끼워 넣다.

‡**in·ter·jec·tion** [-dʒékʃən] *n.* ① UC 불의의 투입〔삽입〕. ② 〖文〗 C 감탄사. ③ UC 감탄(의 소리).

in·ter·lace [-léis] *vt., vi.* 섞어 짜다; 섞이다; 짜 맞추다; 교착하다.

in·ter·láced scánning [-léist] 〖TV〗 (우수선·기수선) 교호 주사(交互走査) (방식). 「를 주)다.

in·ter·lard [-lá:rd] *vt.* 섞(어서 변화

in·ter·lay [-léi] *vt.* (**-laid**) 중간에 넣(어 변화시키)다.

in·ter·leave [-lí:v] *vt.* (**~d**) (책 따위에 메모용의) 백지를 끼우다.

ín·ter·lí·brar·y lóan [íntərlái-brèri -brəri] 도서관 상호 대차 (제도).

in·ter·line[1] [ìntərláin] *vt.* …의 행간(行間)에 써넣다.

in·ter·line[2] [íntərlàin] *vt.* (옷의 안과 거죽 사이에) 심을 넣다. **ín·ter·lin·ing** *n.* U (옷의) 심(감).

in·ter·lin·e·ar [ìntərlíniər] *a.* 행간에 쓴; 원문과 번역을 번갈아 인쇄한.

In·ter·lin·gua [ìntərlíŋgwə] *n.* U 과학자용 인공어.

in·ter·link [-líŋk] *vt.* 연결하다.

in·ter·lock [-lák/-ɔ́-] *vi., vt.* 맞물리(게 하)다; 연동되다〔하다〕. —— *n.* 맞물린 상태; 연동 장치; 〖映〗 촬영과 녹음을 연동시키는 장치; 〖컴퓨터〗 진행중인 동작이 끝날 때까지 다음 동작을 보류시키는 일.

in·ter·lo·cu·tion [-ləkjú:ʃən] *n.* UC 대화, 회담.

in·ter·loc·u·tor [-lákjətər/-ɔ́-] *n.* 대화자; 《美》 흑인의 MINSTREL show 의 사회자《보통 MIDDLEMAN 이 되며, END MAN 을 상대로 만담을 함》. **-lóc·u·to·ry** [-tɔ̀:ri/-təri] *a.* 대화의; 〖法〗 중간의.

in·ter·lop·er [íntərlòupər] *n.* 남의 일에 참견하는 사람; 무허가 상인.

***in·ter·lude** [-lù:d] *n.* 막간, **동안**(interval); 막간 극〔연예〕; 간주곡.

in·ter·mar·riage [ìntərmǽridʒ] *n.* U 잡혼(雜婚); 혈족 결혼. **in·ter·mar·ry** [-mǽri] *vi.* 잡혼〔혈족 결혼〕하다. 「(*in, with*).

in·ter·med·dle [-médl] *vi.* 간섭하다

in·ter·me·di·a [-mí:diə] *n.* intermedium 의 복수형의 하나; U 인터미디어《음악·영화·무대·회화 등을 복합한 예술》.

in·ter·me·di·ar·y [-mí:dièri] *a.* 중개의; 중간의. —— *n.* 매개자〔물〕; 중간체.

***in·ter·me·di·ate** [-mí:diit] *a.* 중간의. —— *n.* **중간물; 중계자.**

intermédiate rànge ballístic míssile 중거리 탄도탄 《생략 IRBM》.

in·ter·me·di·um [-mí:diəm] *n.* 중간물, 중개〔매개〕물. 「장.

in·ter·ment [intə́:rmənt] *n.* UC 매

in·ter·mez·zo [ìntərmétsou, -méd-zou] *n.* (*pl.* **~s, -zi** [-tsi:, -dzi:]) 막간(幕間) 희극; 〖樂〗 간주곡(間奏曲), 간주곡풍의 독립곡.

***in·ter·mi·na·ble** [intə́:rmənəbəl] *a.* **끝없는,** 지루하게 긴. **-bly** *ad.*

in·ter·min·gle [ìntərmíŋgəl] *vt., vi.* 섞(이)다.

***in·ter·mis·sion** [ìntərmíʃən] *n.* UC **중지, 중절** (기간); 휴게 (시간); 《美》 막간, (학교 등의) 휴게 시간.

in·ter·mit [-mít] *vt., vi.* (**-tt-**) 중절〔단절〕하다. **~·tent** *a.* 단속〔간헐〕적인. **~·tent·ly** *ad.*

in·ter·mix [-míks] *vt., vi.* 섞(이)다. **~·ture** *n.* UC 혼합(물).

in·tern[1] [intə́:rn] *vt., n.* (일정 구역 내에) 억류하다; 피억류자.

in·tern[2] [íntə:rn] *n., vi.* (의대 부속 병원의) 인턴(으로 근무하다).

‡**in·ter·nal** [intə́:rnl] *a.* ① **내부의,** 체내의. ② 내재적인. ③ 내정의, 국내의(domestic). ④ 마음의, 정신적인. —— *n.* (*pl.*) (사물의) 본질; (*pl.*) 내장. **~·ly** *ad.*

in·ter·nal-com·bus·tion [-kəmbʌ́s-tʃən] *a.* (엔진이) 내연(식)의.

intérnal révenue 《美》 =INLAND REVENUE.

Intérnal Révenue Sèrvice 《美》 =INLAND REVENUE.

†**in·ter·na·tion·al** [ìntərnǽʃənəl] *a.* **국제(간)의,** 국제적인; 만국(萬國)의. —— *n.* (I-) **인터내셔널,** 국제 노동자 동맹. **~·ism** [-ʃənəlìzəm] *n.* U 국제주의. **~·ist** *n.* **~·ly** *ad.* 국제적으로.

Internátional Bánk for Reconstrúction and Devélopment, the 국제 부흥 개발 은행《생략 IBRD; 통칭 the World Bank》.

internátional cándle 국제 촉광 《1909년 프랑스·영국·미국에서 정한 광도의 단위》. 「제 기(旗) 신호.

Internátional Códe, the 〖海〗 국

Internátional Cóurt of Jústice, the 국제 사법 재판소. 「LINE.

Intenátional Dáte Lìne ⇨ DATE

in·ter·na·tion·al·ize [ìntərnǽʃən-əlàiz] *vt.* 국제적으로 하다; (영토 따위를) 국제 관리하에 두다.

Internátional Lábor Organizàtion, the 국제 노동 기구《생략 ILO》.

Internátional Mónetary Fùnd 국제 통화 기금《생략 IMF》.

Internátional Phonétic Álphabet 국제 음표 문자《생략 IPA》.

internátional tráde fàir 국제 산업 견본시(見本市).

internátional wáters 공해(公海).

in·terne [íntə:rn] *n.* =INTERN[2].

in·ter·ne·cine [ìntərní:sin, -sain] *a.* 서로 죽이는; 서로 쓰러지는; 치명〔파괴〕적인.

in·tern·ee [ìntə:rní:] *n.* 피억류자.

in·ter·nist [íntə:rnist, -ˊ-] *n.* 내과의.

in·tern·ment [intə́:rnmənt] *n.* U

수용, 억류.

intérnment càmp 포로 수용소.

in·ter·pel·late [ìntərpéleit, intə́:rpəlèit] *vt.* (의회에서 장관에게) 질문하다. **in·ter·pel·la·tion** [⌐--léiʃən] *n.* UC (장관에의) 질문. **in·ter·pél·lá·tor** *n.*

in·ter·pen·e·trate [ìntərpénətrèit] *vt., vi.* 스며들다; 서로 관통〔침투〕하다.

in·ter·phone [íntərfòun] *n.* (건물·비행기의) 내부 전화(cf. intercom).

in·ter·play [-plèi] *n.* UC 상호 작용.

In·ter·pol [-pàl/-pɔ̀l] *n.* 국제 경찰기구(<*Inter*national *Pol*ice Organization).

in·ter·po·late [intə́:rpəlèit] *vt.* (책·서류 등에 어구를) 써 넣(어 고치)다; 〖數〗 급수에(중항(中項)을) 넣다. **in·ter·po·la·tion** [-⌐-léiʃən] *n.* UC

***in·ter·pose** [intərpóuz] *vt.* 사이에 끼우다(insert); (이의를) 제기하다. —— *vi.* 사이에 들어가다; 중재에 나서다; 말참견하다; **in·ter·po·si·tion** [⌐-pəzíʃən] *n.* UC

‡**in·ter·pret** [intə́:rprit] *vt.* ① 설명하다, **해석하다**. ② **통역하다**. ③ (자기 해석에 따라) 연주〔연출〕하다. ④ 〖컴퓨터〗 (데이터 등을) 기계 번역하다. —— *vi.* 통역하다.

‡**in·ter·pre·ta·tion** [intə̀:rprətéiʃən] *n.* UC (말이나 곡의) 해석; **통역**; (자기 해석에 의한) 연출, 연주.

in·ter·pre·ta·tive [intə́:rprətèitiv/-tə-] *a.* 해석〔통역〕의〔을 위한〕.

‡**in·ter·pret·er** [intə́:rprətər] *n.* **통역**; 연출자; 〖컴퓨터〗 번역기. 「간의.

in·ter·ra·cial [ìntəréiʃəl] *a.* 인종

in·ter·reg·num [ìntərégnəm] *a.* (*pl.* ~*s, -na* [-nə]) (왕위의) 궐위 기간〔시대〕; 중절 (기간).

in·ter·re·late [ìntəriléit] *vt.* 상호 관계를 맺다. **-lá·tion** *n.* UC 상호 관계.

in·ter·ro·gate [intérəgèit] *vt., vi.* 질문〔심문〕하다. **-ga·tor** *n.*

‡**in·ter·ro·ga·tion** [intèrəgéiʃən] *n.* UC **질문**; 심문. 「문부(?)».

‡**interrogátion màrk** 〔**pòint**〕 의

‡**in·ter·rog·a·tive** [ìntərágətiv/-ɔ́-] *a.* **의문의**; 미심쩍어 하는. —— *n.* 〖文〗 의문사.

in·ter·rog·a·to·ry [-tɔ̀:ri/-təri] *a.* 의문〔질문〕의. —— *n.* 의문, 질문; 〖法〗 심문(서).

‡**in·ter·rupt** [ìntərʌ́pt] *vt., vi.* **가로막다**; 방해하다; 중단하다(*May I ~ you?* 말씀하시는 데 실례입니다만). ***~·ed** *a.* **중단된**, 가로막힌; 단속적인. **~·er** *n.* 방해자〔물〕; 〖電〗 단속기. ‡**in·ter·rúp·tion** *n.* UC

in·ter·scho·las·tic [ìntərskəlǽstik] *a.* (국민·중)학교간의, 학교 대항의.

***in·ter·sect** [-sékt] *vt.* **가로지르다**. —— *vi.* 교차하다. ***-séc·tion** *n.* U **횡단**, 교차; 〖數〗 교점(交點), 교선.

in·ter·serv·ice [-sə́:rvis] *a.* (육·해공군의) 각군간의.

in·ter·sex [íntərsèks] *n.* 〖生〗 간성(間性).

in·ter·sex·u·al [-sékʃuəl] *a.* 남녀 양성 사이의; 〖生〗 간성 間性)의. —— *n.* 간성인 사람.

in·ter·space [íntərspèis] *n.* U (장소·시간 따위의) 공간, 틈, 사이. —— [⌐-´] *vt.* …의 사이에 공간을 두다.

in·ter·sperse [ìntərspə́:rs] *vt.* 산재(散在)시키다; 군데군데를 장식하다.

***in·ter·state** [ìntərstéit] *a.* **각 주**(州)**간의**. 「사이의.

in·ter·stel·lar [ìntərstélər] *a.* 별

in·ter·stice [intə́:rstis] *n.* 틈새기, 갈라진 틈. 「얽히(게 하)다.

in·ter·twine [ìntərtwáin] *vt., vi.* 뒤

in·ter·twist [-twíst] *vt., vi.* 비비 꼬(이)다.

in·ter·ur·ban [ìntərə́:rbən] *a., n.* 도시간의; 도시 연락 철도〔전차·버스〕.

‡**in·ter·val** [íntərvəl] *n.* ① (시간·장소의) **간격**. ② (연극의) 휴게 시간. ③ 휴지(休止) 기간. ④ 〖樂〗 음정. *at ~s* 때때로; 여기저기.

‡**in·ter·vene** [ìntərví:n] *vi.* **사이에 들어가다**; 사이에 일어나(서 방해하)다; 중재하다; 간섭하다(*in, between*). ***in·ter·vén·tion** *n.* UC **-vén·tion·ist** *n.* (타국 내정에 대한) 간섭주의자. —— *a.* (내정) 간섭주의의.

‡**in·ter·view** [íntərvjù:] *n.* **회견**; (공식) 회담; (신문 기자의) 회견(기). —— *vt.* 회견〔회담〕하다. **~·er** *n.* 회견(기)자. 「차) 양대전간의.

in·ter·war [ìntərwɔ́:r] *a.* (제 1.·2

in·ter·weave [-wí:v] *vt., vi.* (**-wove,** ~*d;* **-woven,** **-wove,** ~*d*) 섞(어 짜)다, 섞이다. 「의 과거(분사).

in·ter·wove [-wóuv] *v.* interweave

in·ter·wo·ven [-wóuvən] *v.* interweave의 과거분사.

in·tes·tate [intésteit] *a., n.* 유언을 남기지 않은 (사망자). 「의.

in·tes·ti·nal [intéstənəl] *a.* 장(腸)

in·tes·tine** [intéstin] *n.* (보통 *pl.*) **장**, 창자. ***large 〔***small***〕 ~ 대〔소〕장. —— *a.* **내부의**; 국내의. ~ ***strife*** 내란.

in·thral(l) [inθrɔ́:l] *vt.* =ENTHRAL(L).

in·throne [inθróun] *vt.* =ENTHRONE.

***in·ti·ma·cy** [íntəməsi] *n.* U **친밀**, 친교; 불의, 밀통(密通).

‡**in·ti·mate**[1] [íntəmit] *a.* **친밀한**; (사정 등에) 상세한(close); 내심의; 사사로운, 개인적인; 불의의. —— *n.* 친구. ***~·ly** *ad.*

in·ti·mate[2] [-mèit] *vt.* 암시하다; 알리다. **in·ti·ma·tion** [⌐-méi-] *n.* UC

in·tim·i·date [intímədèit] (cf. timid) *vt.* 위협하다, 협박하다. **in·tim·i·da·tion** [-⌐-déiʃən] *n.* U

in·ti·tle [intáitl] *vt.* =ENTITLE.

†**in·to** [íntu, (문장 끝) -tu:, (자음 앞) -tə] *prep.* ① …의 **속에**〔**으로**〕. ② 《變化》 …에〔으로〕.

***in·tol·er·a·ble** [intálərəbəl/-ɔ́-] *a.* **견딜 수 없는**(unbearable). **-bly** *ad.*

in·tol·er·ant [intálərənt/-ɔ́-] *a.* 편

협한, 아량이 없는; (종교가가) 이설에 대하여 관용치 않는; 견딜 수 없는(*of*). **-ance** *n.* Ⓤ
in·tomb [intú:m] *vt.* =ENTOMB.
in·to·nate [íntənèit] *v.* =INTONE.
‡in·to·na·tion [ìntənéiʃən, -tou-] *n.* Ⓤ (찬송가·기도문을) 읊음, 영창(詠唱); 〖音聲〗 ⓊⒸ **인토네이션, 억양.**
in·tone [intóun] *vt., vi.* (찬송가·기도문을) 읊다, 영창하다; (목소리에) 억양을 붙이다. 「whole) 완전히.
in to·to [in tóutou] (L. =in the
In·tour·ist [intúərist] *n.* 소련의 외인 관광국.
in·tox·i·cant [intáksikənt / -ɔ́-] *a, n.* 취하게 하는 (것), 술; 마취제.
***in·tox·i·cate** [-kèit] *vt.* **취하게 하다;** 흥분〔도취〕시키다. **in·tox·i·ca·tion** [–⌐–kéiʃən] *n.* Ⓤ 취(하게)함; 흥분, 열중; 〖醫〗 중독.
intra- 「안에, 내부의」 뜻의 결합사.
in·trac·ta·ble [intrǽktəbəl] *a.* 고집 센; 다루기 힘드는.
in·tra·dos [intréidɑs / intréidɔs] *n.* 〖建〗 (아치의) 내만곡선(內彎曲線), 내호면(內弧面).
in·tra·mu·ral [ìntrəmjúərəl] *a.* (성)벽내의; (경기 따위) 교내(만)의 (opp. intercollegiate).
in·tran·si·gent [intrǽnsədʒənt] *a., n.* 타협하지 않는 (사람). **-gence, -gen·cy** *n.* Ⓤ
‡in·tran·si·tive [intrǽnsətiv] *a.* 〖文〗 **자동의.** —— *n.* 〖文〗 자동사. **～·ly** *ad.*
‡intránsitive vérb 〖文〗 **자동사.**
in·tra·state [ìntrəstéit] *a.* 《美》 주(州)내의. 「脈)내의.
in·tra·ve·nous [-ví:nəs] *a.* 정맥(靜
in-tray [íntrèi] *n.* 미결 서류함(cf. out-tray).
in·treat [intrí:t] *v.* =ENTREAT.
in·trench [intréntʃ] *v.* =ENTRENCH.
in·trep·id [intrépid] *a.* 무서움을 모르는; 대담한(dauntless), 용맹스러운. **in·tre·pid·i·ty** [ìntrəpídəti] *n.* Ⓤ 「잡한. **-ca·cy** [-kəsi] *n.* Ⓤ
***in·tri·cate** [íntrəkit] *a.* **뒤섞인,** 복
in·tri·g(u)ant [íntrigənt] *n.* 음모가; 밀통자.
***in·trigue** [intrí:g] *vi.* 음모를 꾸미다 (plot)(*against*); 밀통하다(*with*). —— *vt.* …의 흥미를〔호기심을〕 돋구다. —— [⌐–] *n.* ⓊⒸ **음모;** Ⓒ 밀통.
in·trin·sic** [intrínsik], **-si·cal** [-əl] *a.* **본질적인,** 내재하는; 실제의. ～ ***value 진가. **-si·cal·ly** *ad.*
†in·tro·duce [ìntrədjú:s] *vt.* ① **인도〔안내〕하다.** ② **소개하다.** ③ 처음으로 경험시키다. ④ 도입하다; 제출하다. ⑤ 끼워넣다.
‡in·tro·duc·tion [-dʌ́kʃən] *n.* ① Ⓤ **받아들임,** 전래, 수입; 도입. ② Ⓤ **소개,** 피로(披露). ③ 서편(序編); 서곡(序曲). ④ 입문(서). **-tive** *a.*
***in·tro·duc·to·ry** [-dʌ́ktəri] *a.* **소개의;** 서두의; 예비의.
in·tro·ject [-dʒékt] *vt., vi.* 〖精神分析〗 (자기) 투입하다. **-jéc·tion** *n.* (자기) 투입 (작용).
in·tro·spec·tion [-spékʃən] *n.* Ⓤ 내성, 자기 반성. **-tive** *a.*
in·tro·ver·sion [-və́:rʒən, -ʃən] *n.* 〖心〗 내향성.
in·tro·vert [íntrəvə̀:rt, ⌐–⌐] *vt.* (마음·생각을) 안으로 향하게 하다; 〖動〗 안으로 굽다. —— [⌐–⌐] *a., n.* 내향〔내성〕적인 (사람) (opp. extrovert).
‡in·trude [intrú:d] *vt.* **처넣다**(*into*); 강제〔강요〕하다(*on, upon*); 〖地〗 관입(貫入)시키다. —— *vi.* **밀고 들어가다,** 침입하다(*into*); 방해하다(*upon*). ***in·trúd·er** *n.* **침입자;** (적군의 기지를 공습하는) 비행기(의 조종사). ***in·trú·sion** [-ʒən] *n.* ⓊⒸ **in·trú·sive** [-siv] *a.* 침입하는; 방해하는.
in·trust [intrʌ́st] *v.* =ENTRUST.
in·tu·bate [íntju:bèit] *vt.* 〖醫〗 관을 삽입해두다《기관 따위에》.
***in·tu·i·tion** [ìntjuíʃən/-tju(:)-] *n.* ⓊⒸ **직각**(적 지식), **직관**(적 통찰). **～·al** *a.*
in·tu·i·tive [intjú:itiv] *a.* 직각〔직관〕의〔에 의해 얻은〕, 직관력이 있는 《사람》. **～·ly** *ad.*
in·un·date [ínəndèit, -nʌn-] *vt.* 침수시키다; 그득하게 하다, 충만시키다. **in·un·da·tion** [⌐–déiʃən] *n.* ⓊⒸ 홍수.
in·ure [injúər] *vt.* 익히다(*to*); 공고히 하다. —— *vi.* 효력을 발생하다, 유효하게 쓰이다.
in·u·til·i·ty [ìnju:tíləti] *n.* Ⓤ 무익, 무용; Ⓒ 무용한 것〔사람〕, 무익한 것〔사람〕.
inv. invented; inventor; invoice.
‡in·vade [invéid] *vt.* **침입하다;** (손님 등이) 밀어닥치다; 엄습하다; (권리 등을) 침해하다. **‡in·vád·er** *n.*
‡in·va·lid[1] [ínvəlid/-lì:d] *n.* **병자,** 병약자. —— *a.* 병약한; 환자용의. —— [ínvəlid/invəlí:d] *vt.* 병약하게 하다; 상병(傷病)으로 현역에서 제대하다. **～·ism** [-ìzəm] *n.* Ⓤ 병약.
in·val·id[2] [invǽlid] *a.* 가치 없는; (법적으로) 무효의. **in·val·i·date** [-vǽlədèit] *vt.* 무효로 하다. **in·va·lid·i·ty** [ìnvəlídəti] *n.* Ⓤ
***in·val·u·a·ble** [invǽljuəbəl] *a.* 귀중한; **값을 헤아릴 수 없는.**
In·var [invɑ́:r] *n.* 〖商標〗 불변강(不變鋼), 인바르.
in·var·i·a·ble [invέəriəbəl] *a.* 변화하지 않는. **‡-bly** *ad.* **변화 없이;** 항상.
***in·va·sion** [invéiʒən] *n.* ⓊⒸ **침입, 침략;** (권리 등의) 침해. **-sive** [-siv] *a.* 침략적인. 「(의), 독설(의).
in·vec·tive [invéktiv] *n., a.* 욕설
in·veigh [invéi] *vi.* 통렬하게 비난하다, 독설을 퍼붓다(*against*).
in·vei·gle [inví:gəl, -véi-] *vt.* 꼬드기다(*into*).
†in·vent [invént] *vt.* **발명하다;** (구실

따위를) 만들다, 날조하다.
‡in·ven·tion [invénʃən] *n.* ① UC **발명**(품). ② U 발명의 재능. ③ CU 허구, 꾸며낸 이야기.
***in·ven·tive** [-tiv] *a.* **발명의** (재능이 있는); 창의력이 풍부한.
‡in·ven·tor [-tər] *n.* **발명자**, 창안자.
in·ven·to·ry [ínvəntɔ̀:ri/-təri] *n.* (상품의) 명세 목록; 재산 목록; 재고품. —— *vt.* (상품) 목록을 만들다; 《美》 재고 조사를 하다.
In·ver·ness [ìnvərnés] *n.* 스코틀랜드의 주의 이름; =**Ínverness càpe** 〔**clòak, còat**〕 인버네스 《남자용의 소매 없는 외투》.
in·verse [invə́:rs, ⌐⌐] *n., a.* 반대(의), 거꾸로의(상태·것). **∼·ly** *ad.* 반대로, 거꾸로.
***in·ver·sion** [invə́:rʒən, -ʃən] *n.* UC ① **반대, 역**(으로 된 것). ② 〖文〗 도치법(倒置法).
***in·vert** [invə́:rt] *vt.* **역으로〔거꾸로〕 하다**; 〖樂〗 전회(轉回)하다. **∼·ed** [-id] *a.* 역으로〔거꾸로〕 한.
in·ver·te·brate [invə́:rtəbrit, -brèit] *a., n.* 〖動〗 척추 없는; 무척추 동물(의).
invérted cómmas 《英》 인용부(' ').
in·vert·er [invə́:rtər] *n.* 〖電〗 변환 장치《직류를 교류로 바꾸는》.
‡in·vest [invést] *vt.* ① …에 **투자하다**. ② 입히다, (훈장 등을) 달게 하다(*with, in*). ③ 수여하다; 서임하다. ④ 싸다. ⑤ 〖軍〗 포위하다. ⑥ (권력 등을) 주다(*with*). —— *vi.* 자본을 투입하다; …에 투자하다. **‡∼·ment** *n.* UC **투자**(의 대상); 투입 자본; 포위; U 서임. ***in·vés·tor** *n.*
‡in·ves·ti·gate [invéstəgèit] *vt.* **조사〔연구〕하다**. ***-ga·tor** *n.* **‡in·ves·ti·ga·tion** [–⌐–géiʃən] *n.*
in·ves·ti·ture [invéstətʃər] *n.* U 옷; UC 서임(식).
invéstment trùst 투자 신탁.
in·vet·er·ate [invétərit] *a.* 뿌리 깊은; 상습적인. **in·vét·er·a·cy** *n.*
in·vid·i·ous [invídiəs] *a.* 비위에 거슬리는; 불공평한.
in·vig·or·ate [invígərèit] *vt.* 기운나게 하다. **in·víg·or·at·ing** *a.* 기운나게 하는; (공기가) 상쾌한.
in·vin·ci·ble** [invínsəbəl] *a.* 정복할 수 없는, **무적의**. ***the I- ARMADA.
in·vi·o·la·ble [inváiələbəl] *a.* 범할 수 없는; 신성한.
in·vi·o·late [inváiəlit] *a.* 침범되지 않은; 더럽혀지지 않은.
***in·vis·i·ble** [invízəbəl] *a.* **눈에 보이지 않는**; 숨은. **-bly** *ad.* **-bil·i·ty** [–⌐–bíləti] *n.* U
invísible góvernment (은연 중에 세력을 가지는) 비밀 조직.
invísible ínk 은현(隱顯) 잉크.
‡in·vi·ta·tion [ìnvətéiʃən] *n.* UC **초대(장)**; 유혹, 유인.
‡in·vite [inváit] *vt.* **초대〔권유〕하다**; 간청하다; (일을) 야기시키다; 끌다. —— [⌐⌐] *n.* 《口》 초대(장). **in·vít·ing** *a.* 사람을 끄는. **in·vít·ing·ly** *ad.*
in·vo·ca·tion [ìnvəkéiʃən] *n.* UC (신의 구원을 비는) 기도, 기원.
***in·voice** [ínvɔis] *n., vt.* 〖商〗 (…의) **송장**(送狀)(을 작성하다).
***in·voke** [invóuk] *vt.* ① (구원을 신에게) 빌다, **기원하다**. ② (법률에) **호소하다**; 간청하다. ③ (마법으로 영혼을) 불러내다.
in·vo·lu·cre [ínvəlù:kər] *n.* 〖植〗 총포(總苞).
in·vol·un·tar·y** [inválənteri/-vɔ́ləntəri] *a.* **무의식적인**; 의사에 반한, 본의아닌; 〖生〗 불수의(不隨意)의. **∼ *homicide 과실 치사. **∼ *muscles*** 불수의근(筋). **-tar·i·ly** *ad.* 저도 모르게; 본의 아니면서, 마지못해.
in·vo·lute [ínvəlù:t] *a.* 복잡한; 감아 오른; 나선 꼴의; 〖植〗 안쪽으로 말린; 〖動〗 소용돌이 꼴의. ***in·vo·lu·tion** [⌐–lú:ʃən] *n.* UC 회선(回旋)(물); **복잡**.
‡in·volve [inválv / -ɔ́-] *vt.* ① **포함하다**, 수반하다. ② 연좌〔관련〕시키다(*in*); 복잡하게 만들다. ③ **열중시키다**; 싸다. ***∼·ment** *n.* U
***in·volved** [-d] *a.* **복잡한**, 뒤얽힌, 혼란한; (재정이) 곤란한.
in·vul·ner·a·ble [invʌ́lnərəbəl] *a.* 상처를 입힐 수 없는; 공격에 견디는, 반박할 수 없는.
‡in·ward [ínwərd] *a.* **내부(로)의**; 내륙 지방의; **내적인**, 마음의. —— *ad.* 안으로, **내부에**; 내심에. —— *n.* 내부; (*pl.*) 창자, 내장. ***∼·ly** *ad.* **내부에**, 안으로; 마음 속으로; 작은 소리로. **∼·ness** *n.* U 내심; 진의; 열의; 본질. **∼s** *ad.* =INWARD.
in·weave [inwí:v] *vt.* (***-wove, ∼d; -woven, -wove, ∼d***) 짜넣다.
in·wrap [inrǽp] *vt.* (***-pp-***) =ENWRAP.
in·wrought [inrɔ́:t] *a.* 짜넣은 무늬의; 뒤섞인.
Io 〖化〗 ionium. **Io.** Iowa. **I/O** input/output. **IOC** International Olympic Committee.
i·o·dide [áiədàid] *n.* 〖化〗 옥화물(沃化物).
i·o·dine [áiədàin, -dì:n], **-din** [-din] *n.* U 〖化〗 옥소, 옥도.
i·o·do·form [aióudəfɔ̀:rm, -ád-/-ɔ́d-] *n.* U 〖化〗 요오드포름.
I.O.J. International Organ of Journalists.
i·on [áiən, -an/-ɔn] *n.* 〖理·化〗 이온. **∼·ize** [-àiz] *vt.* 이온화하다.
íon exchànge 〖化〗 이온 교환.
I·o·ni·a [aióuniə] *n.* 이오니아《소아시아 서부 지방, 고대 그리스의 식민지》. **∼n** *a.* 이오니아 (사람)의.
I·on·ic [aiánik / -ɔ́-] *a., n.* 이오니아 (사람)의; 〖建〗 이오니아식의; 이오니아 방언.
i·o·ni·um [aióuniəm] *n.* 〖化〗 이오늄.
i·on·o·sonde [aiánəsànd / -ɔ́nəsɔ̀nd] *n.* 전리층을 조사 관측하는 장치.
i·on·o·sphere [aiánəsfiər / -ɔ́-] *n.* 〖理〗 전리층.
IOOF Independent Order of Odd Fellows.
i·o·ta [aióutə] *n.* 그리스어 알파벳의

아홉째 글자(I, ι; 영어의 I, i 에 해당); 근소. 「서.
IOU, I.O.U. I owe you. 차용 증
***I·o·wa** [áiəwə/(지방음) -wèi] *n.* 미국 중부의 주 (생략 Ia).
IPA International Phonetic Alphabet [Association]; International Publishers Association. **IPBM** interplanetary ballistic missile. **IPC** International Petroleum Commission.
ip·e·cac [ípikæ̀k], **ip·e·cac·u·an·ha** [ìpikæ̀kjuǽnjə] *n.* 〖植〗 토근(吐根)(토제(吐劑)·하제(下劑)로 쓰임).
Iph·i·ge·ni·a [ifədʒənáiə] *n.* 〖그神〗 이피게니아(Agamemnon 과 Clytemnestra 의 딸).
I.P.I. International Press Institute. **IPR** Institute of Pacific Relations.
ip·se dix·it [ípsi díksit] (L. =he himself said) 독단(적인 말).
ip·so fac·to [ípsou fǽktou] (L. = by the fact itself) 바로 그 사실에 의하여.
IPU Inter-Parliamentary Union. **IQ, I.Q.** intelligence quotient. **i.q.** *idem quod* (L.) (=the same as). **Ir** 〖化〗 iridium. **Ir.** Ireland; Irish. **IRA** Irish Republican Army.
I·ran [irǽn, ai-, iərɑ́:n] *n.* 이란(구명 페르시아). **I·ra·ni·an** [iréiniən] *n., a.* 이란 사람〔말〕(의). 이란의.
I·ra·ni [i:rɑ́:ni] *a.* =IRANIAN; = PERSIAN. 「라비아 북부의 공화국).
I·raq, I·rak [irɑ́:k] *n.* 이라크(아
I·ra·qi [-i] *a., n.* 이라크의; 이라크 사람(의). 「**-bil·i·ty** [-ˌ-bíləti] *n.* Ⓤ
i·ras·ci·ble [irǽsəbəl, ai-] *a.* 성마른.
i·rate [áireit, -ˊ] *a* 성난.
IRBM Intermediate Range Ballistic Missile. **IRC** International Red Cross. 「*a.* 《詩》 분노한.
ire [aiər] *n.* Ⓤ 《詩》 분노. **ˊ·ful**
Ire. Ireland.
‡**Ire·land** [áiərlənd] *n.* 아일랜드. ***Republic of* ～** 아일랜드 공화국 (옛 이름은 Eire).
ir·i·des·cence [ìrədésəns] *n.* Ⓤ 무지개 빛, 진주 광택. **-cent** *a.* 「이리듐.
i·rid·i·um [airídiəm, ir-] *n.* Ⓤ 〖化〗
i·ris** [áiris] *n.* (*pl.* **～es,** ***irides [-rədì:z, írə-]) 〖解〗 (눈의) 홍채(虹彩); 〖植〗 붓꽃속의 식물; 무지개; (I-)〖그神〗 무지개의 여신.
‡**I·rish** [áiriʃ] *a.* 아일랜드 (사람·말)의. **——** *n.* ⒸⓊ 아일랜드 사람〔말〕. **～·man** *n.* 아일랜드 사람. **～·woman** [-wùmən] *n.*
Írish dáisy 민들레.
Írish Frée Stàte 아일랜드 자유국 (아일랜드 공화국의 구명).
Írish potáto 감자.
Írish Séa 아일랜드 해.
irk [ə:rk] *vt.* 지치게 하다; 지루하게 〔난처하게〕 만들다.
irk·some [ə́:rksəm] *a.* 지루한, 성가신, 넌더리나는. **～·ly** *ad.* **～·ness** *n.*
IRO International Refugee Organization.
‡**i·ron** [áiərn] *n.* ① Ⓤ 쇠, 철. ② 철제 기구, 철기; 다리미, 아이론. ③ (*pl.*) 수갑, 차꼬. ④ 〖골프〗 쇠머리 골프채. ⑤ Ⓤ 굳기, 견고. ***have (too) many* ～*s in the fire*** 단번에 너무 많은 일에 손을 대다. ***in* ～*s*** 잡힌 몸이 되어. ***rule with a rod of* ～** 학정(虐政)을 행하다. ***Strike while the* ～ *is hot.*** 《俗談》 쇠는 달았을 때 쳐라. ***will of* ～** 철석 같은 의지. **——** *a.* **쇠의,** 쇠 같은; 철제의; **견고한,** 냉혹한. **——** *vt.* **다림질하다;** …에 수갑을〔차꼬를〕 채우다; 쇠로 덮어싸다; 장갑(裝甲)하다.
íron àge, the 철기 시대.
i·ron·bound [-báund] *a.* 쇠로 감은 〔싼〕; 굳은; 엄한; 바위가 많은.
Íron Cháncellor 철혈 재상(독일의 정치가 Bismarck의 이칭).
i·ron·clad [-klæ̀d] *a., n.* 장갑된; (조약·협정 따위) 엄한; 철갑함(鐵甲艦).
Íron Cróss 철십자(鐵十字) 훈장(프러시아·오스트리아의 무공 훈장).
íron cúrtain, the 철의 장막.
íron gráy 〔**gréy**〕 철회색의.
i·ron·hand·ed [-hǽndid] *a.* 냉혹한.
i·ron·heart·ed [-hɑ́:rtid] *a.* 《口》 냉혹한.
***i·ron·ic** [airɑ́nik/-ɔ́-], **-i·cal** [-əl] *a.* 비꼬는, 반어적인. **-i·cal·ly** *ad.*
i·ron·ing [áiərniŋ] *n.* Ⓤ 다림질.
íroning bòard 다림질판. 「보조기).
íron lúng 철폐(鐵肺) (철제의 호흡
íron mán 뛰어난 힘을 가진 사람; 철완 투수; 《美俗》 1 달러 지폐〔은화〕.
i·ron·mon·ger [áiərnmʌ̀ŋgər] *n.* 《英》 철물상.
íron pýrites 황철광(黃鐵鑛).
íron ràtion(s) 비상 휴대 식량(통조림).
i·ron·sides [-sàidz] *n. pl.* 《單數取扱》 철갑함(鐵甲艦). 「이.
i·ron·smith [-smìθ] *n.* 철공; 대장장
i·ron·stone [-stòun] *n.* Ⓤ 철광석.
i·ron·ware [-wɛ̀ər] *n.* Ⓤ 철기(鐵器).
i·ron·wood [-wùd] *n.* ⓊⒸ 《一般》 경질재(硬質材), 그 수목.
i·ron·work [-wə̀:rk] *n.* Ⓤ 철제품.
i·ron·works [-wə̀:rks] *n. pl. & sing.* 철공소, 제철소.
‡**i·ro·ny** [áirəni] *n.* Ⓤ 반어; **비꼼.**
Ir·o·quois [írəkwɔ̀iz] *n.* (*pl.* ～ [-z]) (북아메리카의) 이러쿼이 토인.
ir·ra·di·ate [iréidièit] *vt.* 비추다, 빛나다; (빛 따위를) 방사(放射)하다 (radiate); (자외선 따위를) 쐬다. **——** *vi.* 빛나다. **ir·ra·di·a·tion** [-ˌ-éiʃən] *n.* Ⓤ
***ir·ra·tion·al** [irǽʃənəl] *a.* **불합리한;** 이성이 없는; 〖數〗 무리수(無理數)의. **——** *n.* 〖數〗 무리수. **～·ly** *ad.* **ir·ra·tion·al·i·ty** [-ˌ-ǽləti] *n.* ⓊⒸ
ir·re·claim·a·ble [irikléiməbəl] *a.* 돌이킬 수 없는; 교정(矯正)할 수 없는; 개간할 수 없는.
ir·rec·on·cil·a·ble [irékənsàiləbəl]

a. 화해할 수 없는; 조화되지 않는, 대립한. —— *n.* 비타협적인 사람.

ir·re·cov·er·a·ble [ìrikʌ́vərəbəl] *a.* 돌이킬〔회복할〕 수 없는. **-bly** *ad.*

ir·re·deem·a·ble [ìridí:məbəl] *a.* 되살 수 없는; (공채가) 무상환(無償還)의; (지폐가) 불환(不換)의; (병이) 불치의. **-bly** *ad.*

ir·re·duc·i·ble [ìridjú:səbəl] *a.* 줄일〔감할〕 수 없는.

ir·ref·ra·ga·ble [iréfrəgəbəl] *a.* 논박〔부정〕할 수 없는.

ir·ref·u·ta·ble [iréfjutəbəl, ìrifjú:-] *a.* 반박〔논파〕할 수 없는.

‡ir·reg·u·lar [irégjələr] *a.* **불규칙한**; 불법의; 규율 없는; 고르지 않은, 요철(凹凸)이 있는; 〖軍〗 부정규의; 〖文〗 불규칙 변화의. ~ ***verb*** 불규칙 동사. —— *n.* 불규칙한 사람〔것〕; (보통 *pl.*) 부정규병. **~·ly** *ad.* ***ir·reg·u·lar·i·ty** [–ˌ–lǽrəti] *n.* Ⓤⓒ

ir·rel·a·tive [irélətiv] *a.* 관계 없는.

ir·rel·e·vant [iréləvənt] *a.* 부적절한; 무관계한. **-vance, -van·cy** *n.* Ⓤⓒ

ir·re·li·gion [ìrilídʒən] *n.* Ⓤ 무종교; 불신앙. **ir·re·lí·gious** *a.*

ir·re·me·di·a·ble [ìrimí:diəbəl] *a.* 치료할 수 없는; 돌이킬 수 없는.

ir·re·mov·a·ble [ìrimú:vəbəl] *a.* 옮길〔움직일〕수 없는; 제거할〔면직시킬〕 수 없는.

ir·rep·a·ra·ble [irépərəbəl] *a.* 수선〔회복〕할 수 없는; 돌이킬 수 없는. **-bly** *ad.*

ir·re·pat·ri·a·ble [ìripéitriəbəl] *n.* (정치적 이유 따위로) 본국에 송환할 수 없는 사람.

ir·re·place·a·ble [ìripléisəbəl] *a.* 바꾸어 놓을〔대체할〕 수 없는.

ir·re·press·i·ble [ìriprésəbəl] *a.* 억제할 수 없는.

ir·re·proach·a·ble [ìripróutʃəbəl] *a.* 비난할 수 없는, 결점없는, 탓할 나위 없는.

***ir·re·sist·i·ble** [ìrizístəbəl] *a.* **저항할 수 없는**; 제어할 수 없는; 불문곡직의. **-bly** *ad.*

***ir·res·o·lute** [irézəlù:t] *a.* **결단력 없는**, 우유 부단한. **ir·res·o·lu·tion** [–ˌ–lú:ʃən] *n.* Ⓤ

ir·re·solv·a·ble [ìrizálvəbəl / -ɔ́-] *a.* 분해〔분리, 해결〕할 수 없는.

ir·re·spec·tive [ìrispéktiv] *a.* …에 관계〔상관〕없는(*of*). **~·ly** *ad.*

***ir·re·spon·si·ble** [ìrispánsəbəl / -ɔ́-] *a.* **책임을 지지 않는**; 무책임한.

ir·re·spon·sive [ìrispánsiv/-ɔ́-] *a.* 반응〔반향〕이 없는(*to*).

ir·re·triev·a·ble [ìritrí:vəbəl] *a.* 돌이킬〔회복할〕수 없는. **-bly** *ad.*

ir·rev·er·ent [irévərənt] *a.* 불경한, 비례(非禮)의. **-ence** *n.* Ⓤ

ir·re·vers·i·ble [ìrivə́:rsəbəl] *a.* 거꾸로 할 수 없는; 취소할 수 없는.

ir·rev·o·ca·ble [irévəkəbəl] *a.* 되부를 수 없는; 취소할 수 없는; 변경할 수 없는. **-bly** *ad.*

ir·ri·ga·ble [írigəbəl] *a.* 관개(灌漑)할 수 있는.

***ir·ri·gate** [írəgèit] *vt.* **관개하다**; 〖醫〗 관주(灌注)하다. **-ga·tor** *n.* 〖醫〗 관주기, 이리게이터. ***ir·ri·ga·tion** [ˌ–géiʃən] *n.* Ⓤ

***ir·ri·ta·ble** [írətəbəl] *a.* **성 잘 내는**, 성마른; (자극에) 과민한; 〖病〗 염증(炎症)을 잘 일으키는; 〖生〗 자극 반응력이 있는. **-bly** *ad.* **ir·ri·ta·bil·i·ty** [ˌ––bíləti] *n.* Ⓤ 성마름; 과민성; 〖生〗 자극 반응.

ir·ri·tant [írətənt] *a.* 자극하는. —— *n.* 자극제〔물〕.

‡ir·ri·tate [írətèit] *vt.* **초조하게 만들다**; 노하게 하다; 염증을 일으키게 하다; 〖病·生〗 (기관·조직을) 자극하다; 〖法〗 무효로 하다. **ír·ri·tat·ing** *a.* ***ir·ri·ta·tion** [ˌ–téiʃən] *n.* Ⓤ **성남**, 성나게 함, 화냄, 자극.

ir·rup·tion [irʌ́pʃən] *n.* Ⓤⓒ 침입, 침략.

I. R. S. 《美》 =INTERNAL REVENUE SERVICE.

Ir·ving [ə́:rviŋ], **Washington** (1783–1859) 미국의 작가.

†is [強 iz, 弱 z, s] *v.* be의 3인칭·단수·직설법 현재.

Is. Isaiah; Island. **is.** island; isle.

Isa. Isaiah. **I.S.A.** International Sugar Agreement.

I·saac [áizək] *n.* 〖聖〗 이삭《Abraham의 아들, Jacob의 아버지》.

I·sa·iah [aizéiə/-áiə] *n.* 〖聖〗 이사야《히브리의 대예언자》; 〖舊約〗 이사야서.

I. S. B. N. international standard book number 국제 표준 도서 번호.

ISC International Sugar Council.

Is·car·i·ot [iskǽriət] *n.* 〖聖〗 이스가리옷《유다의 성(姓)》; 배반자.

-ish *suf.* ①「…다운」「…한 성질의」「약간 …」의 뜻의 형용사를 만듦: book*ish*, child*ish*, whit*ish*. ② 지명의 형용사를 만듦: Brit*ish*, Eng*lish*, Pol*ish*, Swed*ish*.

Ish·ma·el·ite [íʃmiəlàit, -mei-] *n.* 〖聖〗 Ishmael [íʃmeiəl]의 자손; 무숙자(無宿者)(outcast).

i·sin·glass [áiziŋglæ̀s, -ɑ̀:-] *n.* Ⓤ 부레풀; 〖鑛〗 운모.

I·sis [áisis] *n.* (이집트의) 풍요의 여신.

Isl(s)., **isl(s).** island(s); isle(s).

Is·lam [islá:m, ísləm/ízlɑ:m] *n.* 마호메트교, 회교; 회교도〔국〕. **~·ism** [ísləmìzəm, íz-] *n.* Ⓤ 회교. **~·ite** [-àit] *n.* 회교도. **-lam·ic** [islǽmik / iz-] *a.*

†is·land [áilənd] *n.* ① 섬; 섬 비슷한 것. ② (가로상의) 안전 지대. ③ (배의) 상부 구조. ④ (항공모함 따위의) 사령탑, 「아일란드」《굴뚝·기중기 따위가 있음》. ⑤ 〖解〗 (세포의) 섬. **~·er** *n.* 섬사람.

ísland plátform 〖鐵〗 (양측이 선로인) 고도식(孤島式) 플랫폼.

‡isle [ail] *n.* **섬**, 작은 섬.

***is·let** [áilit] *n.* **작은 섬**.

ism [ízəm] *n.* 이즘, 주의.

†isn't [íznt] is not의 단축.

ISO International Standardization Organization. **I. S. O.** 《英》 Imperial Service Order.

i·so·ag·glu·ti·na·tion [àisouæglù:tənéiʃən] *n.* Ⓤ 〖醫〗 (수혈에 의한) 동종(同種) 응집(반응).

i·so·bar [áisəbà:r] *n.* 〖氣〗 등압선; 〖理·化〗 동중핵(同重核).

i·so·cheim [áisəkàim] *n.* 〖氣〗 (지도상의) 동계(冬季) 등온선, 등한선.

i·so·chro·mat·ic [àisəkrəmǽtik] *a.* 〖光〗 등색(等色)의; 〖寫〗 정색(整色)의.

i·soch·ro·nous [aisɑ́krənəs / -ɔ́-] *a.* 등시(等時)(성)의.

i·so·gloss [áisəglɔ̀:s, -lɑ̀s / -lɔ̀s] *n.* 〖言〗 등어선(等語線).

i·so·gon·ic [àisəgɑ́nik/-ɔ́-] *a.*, *n.* 등각의; 등편각(等偏角)의; = ∠ **líne** 등편각선.

‡**i·so·late** [áisəlèit] *vt.* ① **고립시키다.** ② 〖電〗 절연하다; 〖化〗 단리(單離)시키다; 〖醫〗 격리시키다. ***-lat·ed** [-id] *a.* **고립**[격리]된.

‡**i·so·la·tion** [àisəléiʃən] *n.* Ⓤ Ⓒ **고립**; 절연; 유리; **격리.** ~ ***hospital*** 격리 병원. **~·ism** [-ìzəm] *n.* Ⓤ (특히 미국의) 고립 주의. **~·ist** *n.*

i·so·mer [áisəmər] *n.* 〖化〗 이성체(異性體); 〖理〗 이성핵. **i·so·mer·ic** [∸-mérik] *a.*

i·so·met·ric [àisəmétrik], **-ri·cal** [-əl] *a.* 크기가 같은, 같은 용적의.

i·som·e·try [aisɑ́mətri/-sɔ́m-] *n.* Ⓤ 등대; 등적; 〖地〗 등고.

i·so·mor·phic [àisəmɔ́:rfik] *a.* 〖生〗 같은 모양의; 〖生·化〗, isomorphism 의.

i·so·mor·phism [àisəmɔ́:rfizəm] *n.* 〖生·化〗 유질동상(類質同像); 〖數〗 동형(同型).

i·so·ni·a·zid [àisənáiəzid] *n.* Ⓤ 〖藥·化〗 이소니아지드《결핵치료 예방제》.

i·so·pol·i·ty [àisəpɑ́ləti/-pɔ́l-] *n.* (다른 공통 사회에 있어서의) 평등한 시민권. 「의《삼각형 따위》.

i·sos·ce·les [aisɑ́səlì:z/-ɔ́-] *a.* 이등변

i·so·therm [áisəθə̀:rm] *n.* 〖氣·理〗 등온선(等溫線). **i·so·ther·mal** [∸-θə́:rməl] *a.* 등온(선)의.

i·so·tone [áisətòun] *n.* 〖理〗 아이소톤《동(同) 중성자핵》.

i·so·tón·ic contráction [àisətɑ́nik/-tɔ́n-] 등장성(等張性) 수축.

i·so·tope [áisətòup] *n.* 〖化〗 동위체.

i·so·tron [áisətrɑ̀n/-ɔ̀n] *n.* 〖理〗 아이소트론《동위체 전자(電磁) 분리기》.

i·so·trop·ic [àisətrɑ́pik/-ɔ́-] *a.* 〖理〗 등방성(等方性)의.

i·so·type [áisətàip] *n.* 〖統〗 (일정한 수를 나타내는) 동형상(同形像)《같은 모양으로 그려진 사람·자동차·야채 따위의 그림》; 동형상(을 사용한) 통 「계도.

Isr. Israel.

***Is·ra·el** [ízriəl, -reiəl] *n.* ① 〖聖〗 야곱(Jacob)의 별명; 야곱의 자손, **이스라엘 사람,** 유대 사람. ② (옛날의) 이스라엘; (지금의) **이스라엘 공화국** (1948-). **Is·rae·li** [izréili] *a.*, *n.* 이스라엘의 (사람). **~·ite** [ízriəlàit] *n.* 야곱의 자손, 이스라엘[유대] 사람.

is·su·ance [íʃu:əns] *n.* Ⓤ 발행, 발포(發布); 지급, 급여.

‡**is·sue** [íʃu:] *n.* ① Ⓤ Ⓒ **발행,** 발포, 발간. ② **발행물**[부수]; (출판물의) 제 …판[호]. ③ 출구, 강어귀. ④ Ⓤ Ⓒ 유출; Ⓒ 유출물. ⑤ **논쟁**(점); (계쟁) 문제. ⑥ Ⓤ 자손. ⑦ Ⓤ Ⓒ 〖軍〗 지급(품). ***at*** ~ 논쟁중의; 미해결의. ***in the*** ~ 결국은. ***join*** ~ ***with*** …와 논쟁하다. ***make an*** ~ ***of*** …을 문제삼다. ***take*** ~ ***with*** …에 반대하다. —— *vi* ① (흘러) **나오다,** 나타나다. ② 유래하다; 태어나다; 생기다(*from*). ③ 《古》 결과가 …이 되다(*in*). —— *vt.* ① **내다;** 발포하다(send forth); **출판하다.** ② (식량 따위를 군인·시민에게) 배급하다.

-ist *suf.* 「사람」을 나타내는 명사를 만듦: chem*ist*, dramat*ist*.

Is·tan·bul [ìstænbú:l, -tɑ:n-] *n.* 터키의 도시《구명 Constantinople》.

isth·mi·an [ísmiən] *a.* 지협의; (I-) Corinth [Panama] 지협의.

isth·mus** [ísməs] *n.* (*pl.* ~es,*** ***-mi*** [-mai]) **지협(地峽)**; (the I-) Panama 지협.

ISU International Students Union.

ISV International Scientific Vocabulary.

†**it** [it] *pron.* (*pl.* ***they; them***) **그것**(은, 이, 에, 을). CATCH ***it.*** FOOT ***it.*** LORD ***it over.*** —— *n.* (술래잡기 따위의) 술래; Ⓤ 《俗》 성적 매력.

It., Ital. Italian; Italy. **ITA** 《英》 Independent Television Authority; International Tin Agreement; Initial Teaching Alphabet. **ital.** italic(s).

‡**I·tal·ian** [itǽljən] *a.*, *n.* **이탈리아**(사람·말)의; Ⓒ Ⓤ **이탈리아 사람**[말].

i·tal·ic** [itǽlik] *a.* 〖印〗 이탤릭체[사체]의. —— *n.* (보통 *pl.*) 이탤릭체. ***Author's ~***s*** 원저자에 의한 사체《각주(脚注)의 일러두기》. ***The*** ~***s are mine.*** 사체로 한 것은 (원저자가 아니고) 필자.

i·tal·i·cize [itǽləsàiz] *vt.*, *vi.* 이탤릭체로 인쇄하다[를 사용하다]; 이탤릭체를 표시하기 위하여 밑줄을 치다.

†**It·a·ly** [ítəli] *n.* **이탈리아.**

ITC., I.T.C. International Trade Charter.

***itch** [itʃ] *n.* ① **가려움.** ② (the ~) 〖病〗 옴. ③ 열망. —— *vi.* 가렵다; …하고 싶어서 좀이 수시다. ∠**·y** *a.* 가려운; 옴오른.

***i·tem** [áitəm, -tem] *n.* ① **조목,** 세목. ② 신문 기사(의 한 항목). —— [-tem] *ad.* (항목 처음에 써서) 마찬가지로, 또. **~·ize** [áitəmàiz] *vt.* 《美》 조목별로 쓰다.

it·er·ate [ítərèit] *vt.* 되풀이하다. **it·er·a·tion** [∸-éiʃən] *n.* Ⓤ Ⓒ **it·er·a-**

tive [-ərèitiv, -rə-] *a.* 되풀이하는.
ITF International Trade Fair.
Ith·a·ca [íθəkə] *n.* 그리스 서방의 작은 섬 《Odysseus 의 출생지》.
***i·tin·er·ant** [aitínərənt, it-] *a.*, *n.* 순회하는; 순회(설교)자. **i·tín·er·an·cy** *n.* U.C
i·tin·er·ar·y [aitínərèri, it-/-rəri] *n.* 여행 안내; 여행기; 여행 일정; 여정(旅程). —— *a.* 순회하는; 여행의, 여정의.
i·tin·er·ate [aitínərèit, it-] *vi.* 순회하다.
-itis *suf.* 염증의 뜻의 명사를 만듦: appendic*itis*, tonsill*itis*.
ITO International Trade Organization.
†**its** [its] *pron.* 그것의 (it 의 所有格).
†**it's** [its] it is (has)의 단축.
†**it·self** [itsélf] *pron.* (*pl.* ***themselves***) 그 자신, 그것 자체. ***by*** ~ 단독으로. ***in*** ~ 본래, 본질적으로. ***of*** ~ 자연히, 저절로.
it·sy-bit·sy [ítsibítsi] *a.* 조그마한, 작고 귀여운.
I. T. T. F. International Table Tennis Federation.
it·ty-bit·ty [ítibíti] *a.* 《口》 =ITSY-BITSY.
I. T. U. International Telecommunication Union.
-itude *suf.* 추상 명사를 만듦: long*itude*, sol*itude*.
ITV industrial television. **IU** international unit 비타민의 국제 단위. **IUD** intrauterine device.
-ive *suf.* 「경향·성질·기능」 따위를 나타내는 형용사·명사를 만듦: act*ive*, destruct*ive*, pass*ive*; execut*ive*.
†**I've** [aiv] I have 의 단축.
i·vied [áivid] *a.* ivy 로 덮인.
‡**i·vo·ry** [áivəri] *n.* ① U 상아; 상아 유사품. ② (*pl.*) 상아 제품. ③ 《俗》 주사위, 피아노의 건(鍵). ④ U 상아빛.
ívory bláck 흑색 그림 물감.
Ívory Cóast, the 코트디브와르《서아프리카의 공화국; 수도 Abidjan》.
ívory pàlm 상아야자.
ívory tówer 상아탑《실사회를 떠난 사색의 세계》; 세상에서 격리된 장소.
***i·vy** [áivi] *n.* U.C 담쟁이덩굴.
ívy léague 《形容詞取扱》(Harvard, Yale, Columbia 등) 미국 동북부의 유서깊은 대학의〔에 속하는〕.
I. W. the Isle of Wight. **IWA(C)** International Whaling Agreement (Convention). **I. W. T. D.** 《英》 Inland Water Transport Department. **IWW, I. W. W.** Industrial Workers of the World. **IX, I. X.** Jesus Christ.
-ize *suf.* 「…화하다」의 뜻의 동사를 만듦: American*ize*, western*ize*.
Iz·ves·ti·a [izvéstiə] *n.* (Russ. = news) 이즈베스티야《러시아의 일간지》(cf. Pravda).
iz·zard [izərd] *n.* 《方》 z 자. ***from A to*** ~ 처음부터 끝까지, 모조리.

J

J, j [dʒei] *n.* (*pl.* ***J's, j's*** [-z]) J 자 (모양의 것).
J. Journal; Judge; Justice.
Ja. James, January. **J.A.** Joint Agent; Judge Advocate. **J/A, j/a** joint account.
jab [dʒæb] *n.*, *vt.*, *vi.* (**-bb-**) 콱 찌르기〔찌르다〕 (*into*); 〖拳〗 잽을 먹이다.
jab·ber [dʒǽbər] *n.*, *vi.*, *vt.* U 재잘거림; 재잘거리다.
ja·bot [dʒæbóu, ʒæbóu] *n.* (양장의) 깃에서 앞가슴의 주름 장식.
Jac. Jacob; *Jacobus* (L. =James).
J.A.C. Junior Association of Commerce.
ja·cinth [dʒéisinθ, dʒǽ-] *n.* 〖鑛〗 풍신자석(風信子石) (hyacinth).
jack** [dʒæk] *n.* (*or* J-) ① 《口》 사나이, 젊은이, 소년; 놈. ② (*or* J-) 뱃사람, 선원. ③ (트럼프의) 잭. ④ 〖機〗 잭《밀어 올리는 기계》. ⑤ 〖海〗 (국적을 나타내는) 선수기(船首旗). ⑥ (당나귀나 토끼의) 수컷(cf. jenny) ⑦ 플럭(꽂는) 구멍. ⑧ 〖海〗 제일 큰 마스트〔돛대〕 꼭대기의 가로쇠. ⑨ (*pl.*) 공기놀이; 공깃돌의 일종《돌·쇠》 (jackstones). ***before you could 〔***can***〕 ***say J- Robinson*** 느닷없이, 갑자기. ***every man*** ~ 《俗》 누구나 다. ***J- and Gill*** 〔***Jill***〕 (한쌍의) 젊은 남녀. —— *vt.* (잭으로) 들어 올리다. ~ ***up*** (잭으로) 밀어 올리다; (임금·값을) 올리다.
jack-a-dan·dy [dʒæ̀kədǽndi] *n.* 멋쟁이, 맵시꾼.
jack·al [dʒǽkɔ:l] *n.*, *vi.* 〖動〗 재칼; 앞잡이(노릇하다).
jack·a·napes [dʒǽkənèips] *n.* 건방진〔버릇 없는〕 녀석; 《古》 원숭이.
jack·ass [dʒǽkæ̀s] *n.* 수탕나귀; 멍텅구리, 바보. ***laughing*** ~ 〖鳥〗 웃음물총새《오스트레일리아산》.
jack·boot [ˊbù:t] *n.* 긴 장화.
jack·daw [ˊdɔ:] *n.* 〖鳥〗 (영국 등의) 갈가마귀. ***a*** ~ ***with borrowed plumes*** 뱁새 황새 따라가기.
‡**jack·et** [dʒǽkit] *n.* ① (양복) 상의, 재킷. ② (책의) 커버. ③ (감자) 껍질. ④ 모피, 외피.
Jáck Fróst 《擬人》 서리.
jack·ham·mer [ˊhæ̀mər] *n.* 소형의 착암기.
jack-in-a(the)-box [dʒǽkinə(ðə)-bɑ̀ks/-ɔ̀-] *n.* 꽃불의 일종; 도깨비 상자; 〖機〗 차동 장치(差動裝置).
jack-in-of·fice [ˊinɔ̀:fis/-ɔ̀f-] *n.* 거만한 하급 관리.
jack-in-the-pul·pit [ˊinðəpùlpit] *n.* 〖植〗 천남성류(類) 《북미산》.
Jáck Kétch [kétʃ] 《英俗》 교수형 집행리.
jack·knife [ˊnàif] *n.* 대형 접칼; 〖水泳〗 잭나이프《다이빙형의 하나》.
jack-of-all-trades [dʒǽkəvɔ́:l-trèidz] *n.* (때로 J-) 무엇이나 다 하는 사람. ~, ***and master of none*** 《俗談》 다재는 무능(無能).
jack-o'-lan·tern [dʒǽkəlæ̀ntərn] *n.*

도깨비불.

jack·pot [ˊpɑ̀t/-ɔ̀-] *n.* (포커놀이의) 적립한 판돈; 《口》 (뜻밖의) 대성공, 히트. ***hit the ~*** 《俗》 크게 한몫 보다. 「중기》.

jack·screw [ˊskrù:] *n.* 잭《나사식 기

jack·stone [ˊstòun] *n.* 공기놀이; 공깃돌《석제·금속제의》. 「신.

jack·straw [ˊstrɔ̀:] *n.* 짚인형; 등

jack-tar [ˊtá:*r*] *n.* (종종 J- T-) 《口》 뱃사람, 수부(水夫), 수병.

***Ja·cob** [dʒéikəb] *n.* 〖聖〗 **야곱**《이삭(Isaac)의 둘째 아들》.

Jac·o·be·an [dʒæ̀kəbí:ən] *a., n.* 〖英史〗 James I 시대(1603–25)의 (사람).

Jac·o·bin [dʒǽkəbin] *n.* 〖史〗 (프랑스 혁명 때) 자코뱅 당원; 《一般》 과격파의 사람.

Jac·o·bite [dʒǽkəbàit] *n.* 〖英史〗(폐립 후) James Ⅱ 세 파의 사람.

Jácob's ládder 〖聖〗 야곱의 사닥다리《그가 꿈에 본, 하늘까지 닿는》; 〖海〗 줄사다리.

jac·ti·ta·tion [dʒæ̀ktətéiʃən] *n.* U,C 〖法〗 사칭(詐稱); 〖醫〗 (환자의) 전전반측(輾轉反側).

jade[1] [dʒeid] *n.* U 옥(玉), 비취(빛).

jade[2] *n.* 야윈〔못쓰게 된〕말; 닳아빠진 계집. **—** *vt., vi.* 피로케 하다; 지치다. **jád·ed** [ˊid] *a.* 몹시 지친; 물린; (여자가) 닳아빠진.

jae·ger [jéigə*r*] *n.* 〖鳥〗 도둑갈매기.

jag [dʒæg] *n., vt.* (**-gg-**) (바위의) 뿌다구니; (톱날 모양의) 깔쭉깔쭉함; 깔쭉깔쭉하게 하다. **jág·ged** [ˊid] *a.*

JAG, J. A. G. Judge Advocate General. 「리카 표범.

jag·uar [dʒǽgwɑ:*r*/-gjuə*r*] *n.* 아메

jai a·lai [hái lài, hài əlái] (Sp.) 하이알라이《핸드볼 비슷한 실내 경기》.

‡**jail** [dʒeil] *n.* 구치소(cf. prison); 《一般》 **교도소.** **—** *vt.* 투옥하다. **ˊ·er, ˊ·or** *n.* 간수. 「과자; 상습범.

jail·bird [ˊbə̀:*r*d] *n.* 《口》 죄수; 전

jail·break [ˊbrèik] *n.* 탈옥.

jáil delìvery (재판을 위하여) 미결수를 교도소에서 내보냄; 강제 석방; 탈옥.

JAL Japan Air Lines.

ja·lop·y [dʒəlɑ́pi/-ɔ́-] *n.* 《口》 구식의 낡은 자동차〔비행기〕.

jal·ou·sie [dʒǽləsi:/ʒǽlu:zì:] *n.* (F.) (미늘식의) 셔터, 발.

‡**jam**[1] [dʒæm] *n.* ① **붐빔, 혼잡,** 잔뜩 채움〔넣음〕. ② 《美口》 곤경(困境), 궁지 **—** *vt.* (**-mm-**) ① 으깨다; **쑤셔넣다.** ② 막다; 〖無電〗 (비슷한 주파수의 전파로) 방해하다. **—** *vi.* (기계 따위가 걸려서) **움직이지 않게 되다;** 〖재즈〗 즉흥적으로 연주하다.

‡**jam**[2] *n.* U **잼.**

Jam. Jamaica; James.

Ja·mai·ca [dʒəméikə] *n.* 자메이카《서인도 제도 중의 영연방 독립국》.

Jamáica rúm 자메이카산의 럼술.

jamb(e) [dʒæm] *n.* 〖建〗 문설주.

jam·bo·ree [dʒæ̀mbərí:] *n.* 《口》 흥겨운 잔치; 소년단의 대회, 잼버리.

James [dʒeimz] *n.* 남자 이름; 〖聖〗 야곱《예수의 두 제자 이름》; (신약성서의) 야고보서.

James, Henry (1843–1916) 미국의 소설가《뒤에, 영국으로 귀화》.

jám·ming sùgar [dʒǽmiŋ] 잼 제조용 설탕. 「꽉 채운.

jam-packed [ˊpǽkt] *a.* 빈틈없이

jams [dʒæmz] *n. pl.* (무릎까지 오는 원색 무늬의) 수영 팬츠.

jám sèssion (친구들끼리 기분을 내기 위해 하는) 즉흥 재즈 연주회(cf. jam[1]).

***Jan.** January.

jane [dʒein] *n.* 《美俗》 계집애, 여자.

jan·gle [dʒǽŋgəl] *n., vt., vi.* 시끄러운 소리(를 내다); 짤랑짤랑(울리다, 울다); 싸움〔말다툼〕(하다).

‡**jan·i·tor** [dʒǽnətə*r*] (< Janus) *n.* **수위,** 문지기; (빌딩 등의) 관리인.

jan·i·zar·y [dʒǽnəzèri/-zəri] *n.* 〖史〗 (터키 왕의) 친위병; 《一般》 터키병(兵). 「*n.* **1월** 《생략 Jan.》.

†**Jan·u·ar·y** [dʒǽnjuèri/-əri] (<⇩)

Ja·nus [dʒéinəs] *n.* 〖羅神〗 야누스《문을 지키는 쌍면신(雙面神)》.

Ja·nus-faced [-fèist] *a.* (Janus 처럼) 얼굴이 둘 있는; 위선의, 겉뿐인.

Jap [dʒæp] *a., n.* 《蔑》 =JAPANESE.

Jap. Japan(ese).

†**Ja·pan** [dʒəpǽn] *n.* **일본.**

ja·pan *n., vt.* (**-nn-**) U 옻칠(하다); 칠기(漆器).

†**Jap·a·nese** [dʒæ̀pəní:z] *a., n.* (*pl.* ~) **일본의;** C,U **일본 사람〔말〕.**

Japanése béetle 알풍뎅이《해충》.

Japanése en·ceph·a·lí·tis 일본뇌염. 「(病).

Japanése ríver fèver 리케차병

jape [dʒeip] *n., vi.* 농담(하다); 장난(하다). 「리시《일본식 영어》.

Jap·lish [dʒǽpliʃ] *n.* U 《蔑》 재플

ja·pon·i·ca [dʒəpɑ́nikə/-ɔ́-] *n.* 〖植〗 동백나무; 모과나무. 「항아리, 독.

‡**jar**[1] [dʒɑ:*r*] *n.* **단지,** 아가리 넓은 병;

***jar**[2] *n.* ① **삐걱거리는 소리;** 신경에 거슬리는 것〔일〕. ② **충격,** 충돌; 부조화; 싸움. **—** *vi., vt.* (**-rr-**) 삐걱삐걱하다, 갈리(게 하)다; (신경에) 거슬리(게 하)다(*upon*); 진동하다〔시키다〕; (의견 따위가) 맞지 않다. **jár·ring** *n., a.* U,C 진동(하는), 삐걱거림〔거리는〕; 불화(한), 부조화(한), 귀에 거슬리는.

jar·di·nière [dʒɑ̀:*r*dəníə*r* / ʒɑ̀:*r*dinjɛ́ə*r*] *n.* (F.) (장식용의) 화분.

jar·gon [dʒɑ́:*r*gən, -gɑn] *n., vi.* U 뜻을 알 수 없는 말(을 쓰다), 횡설수설(하다); U,C (특수한 직업·집단의) 변말 〔전문어〕(을 쓰다).

jar·rah [dʒǽrə] *n.* (오스트레일리아 원산의) 유칼리의 일종.

Jas. James.

jas·min(e) [dʒǽzmin, -s-] *n.* 〖植〗 재스민; U 재스민 향수.

Ja·son [dʒéisən] *n.* 〖그神〗 Argonauts 함대를 거느리고 황금 양털(Golden Fleece)을 얻어 온 영웅. 「(碧玉).

jas·per [dʒǽspə*r*] *n.* U 〖鑛〗 벽옥

ja·to [dʒéitou] *n.* UC 〖空〗 분사식 이륙.

játo ùnit 〖空〗 이륙 보조 로켓.

jaun·dice [dʒɔ́:ndis, -ɑ́:-] *n.* U 황달(黃疸); 편견, 빙퉁그러짐. **~d**[-t] *a.* 황달의; 빙퉁그러진, 질투에 불타는. **~*d view*** 편견, 비뚤어진 견해.

jaunt [dʒɔ:nt, -ɑ:-] *n., vi.* 소풍〔산책〕(가다).

jáunting càr (아일랜드의) 4인용 2륜마차.

jaun·ty [dʒɔ́:nti, -ɑ́:-] *a.* 쾌활〔명랑〕한; 젠체하는. **jáun·ti·ly** *ad.* **-ti·ness** *n.*

Jav. Javanese.

***Ja·va** [dʒɑ́:və] *n.* ① 자바(섬). ② U 자바 커피; 《美俗》 《一般》 커피.

Jáva màn =PITHECANTHROPUS.

Jav·a·nese [dʒæ̀vəní:z / -ɑ̀:-] *a., n.* (*pl.* ~) CU 자바의 (사람·언어).

***jave·lin** [dʒǽvəlin] *n.* (던지는) 창; U 그 경기.

jávelin thrò w(ing) 〖競〗 투창(投槍).

Ja·vél(le) wàter [ʒəvél] 자벨수(水) 《표백제·소독제의 일종》.

‡**jaw** [dʒɔ:] *n.* ① 턱 (cf. chin). ② (*pl.*)입 부분; (골짜기·산길 따위의) 어귀. ③ 《俗》 수다; 잔소리. ***Hold your ~s!*** (입) 닥쳐. **—** *vt., vi.* 《俗》 잔소리하다, 군소리하다.

jaw·bone [ˊbòun] *n.* 턱뼈, (특히) 아래 턱뼈; 《俗》 신용.

jaw·break·er [ˊbrèikər] *n.* 딱딱한 과자(따위); 《口》 발음이 어려운 말.

***jay** [dʒei] *n.* 〖鳥〗 어치; 《口》 얼간이.

Jay·cee [dʒéisí:] *n.* 청년 상공 회의소 (Junior Chamber of Commerce) 의 회원.

jay·gee [dʒéidʒí:] . (<(Lieutenant) *j*unior *g*rade) *n.* 《美》 중위.

Jay·hawk·er [dʒéihɔ̀:kər] *n.* Kansas 주 사람; (때로 j-) 약탈자.

jay·vee [dʒéiví:] *n.* 《美口》 =JUNIOR VARSITY; (보통 *pl.*) 그 선수.

jay·walk [ˊwɔ̀:k] *vi.* 《美口》 (교통 규칙을〔신호를〕 무시하고) 길을 횡단하다. **~·er** *n.*

‡**jazz** [dʒæz] *n.* U ① 재즈 (댄스). ② 《美俗》 활기; 열광, 소동. ③ 《美俗》 과장; 허튼소리. **—** *a.* 재즈(조)의. **—** *vi., vt.* 재즈를 연주하다, 재즈식으로 하다; 《美俗》 활발하게 하다; 법석떨다.

J-bár lìft [dʒéibɑ́:r] 《美》 (J자형의) 스키리프트.

JC Jesus Christ; Julius Caesar.

JCS Joint Chiefs of Staff. **jct.** junction. **JD** 《口》 juvenile delinquency〔-quent〕.

‡**jeal·ous** [dʒéləs] *a.* ① 질투많은, 샘내는(*of*). ② (신이) 불신앙〔불충성〕을 용서치 않는. ③ 경계심이 강한; (잃지 않으려고) 조심하는, 소중히 지키는(*of*). ***~·ly** *ad.* ‡**~·y** *n.* UC 질투; 샘; U 경계심.

***jean** [dʒi:n / dʒein] *n.* U 진《튼튼한 능직(綾織) 무명》; (*pl.*) 그 천의 작업복, 바지.

jeep [dʒi:p] *n.* 《美》 지프(차); (J-) 위의 상표명. **—** *vi., vt.* 지프로 가다〔나르다〕.

***jeer** [dʒiər] *n., vi., vt.* 조소(하다), 조롱(하다)(*at*).

Jef·fer·son [dʒéfərsən], **Thomas** (1743–1826) 미국 제3대 대통령(재직 1800–09); 독립 선언문의 기초자.

***Je·ho·vah** [dʒihóuvə] *n.* 〖聖〗 여호와《이스라엘 사람들의 신》.

je·hu [dʒí:hju:] *n.* 《諧》 (난폭하게 모는) 마부〔운전사〕.

je·june [dʒidʒú:n] *a.* 영양분이 없는; 무미건조한; (땅이) 메마른.

je·ju·num [dʒidʒú:nəm] *n.* (*pl.* **~s, -na** [-nə]) 〖解〗 공장(空腸).

Je·kyll [dʒí:kəl, -é-] *n.* 지킬 박사 《R. L. Stevenson 작품 중의 의사》. (***Dr.***) **~ *and*** (***Mr.***) ***Hyde*** 이중 인격자.

jell [dʒel] *n., vt., vi.* =JELLY; (계획 등이) 구체화하다〔되다〕, 굳어지다.

Jell-O [dʒélou] *n.* 〖商標〗 (과일의 맛·빛깔을 넣은) 젤리.

‡**jel·ly** [dʒéli] *n.* U 젤리; UC 젤리 (과자, 모양의 것). ***beat to*** 〔***into***〕 ***a ~*** 늘씬하게 두들겨패다. **—** *vi., vt.* 젤리처럼 되(게 하)다.

***jel·ly·fish** [dʒélifiʃ] *n.* 해파리; 《口》 의지가 약한 사람.

jem·my [dʒémi] *n.* =JIMMY; 《俗》 외투; 양(羊)의 머리《요리용》.

jen·net [dʒénit] *n.* 스페인산의 조랑말.

jen·ny [dʒéni] *n.* 이동 기중기; 방적기; (나귀·토끼·굴뚝새(wren)따위의) 암컷(cf. jack).

jeop·ard [dʒépərd] *vt.* 《美·캐나다》 =JEOPARDIZE.

jeop·ard·ize [dʒépərdàiz] *vt.* 위험에 빠뜨리다, 위태롭게 하다.

jeop·ard·y [-di] *n.* U 위험(cf. danger).

Jer. Jeremiah.

jer·bo·a [dʒərbóuə] *n.* 날쥐《북아프리카·아시아산》.

jer·e·mi·ad [dʒèrəmáiəd, -æd] (<⇩) *n.* 비탄, 우는 소리, 하소연.

Jer·e·mi·ah [dʒèrəmáiə] *n.* 〖聖〗 예레미야《히브리의 예언자》; 〖舊約〗 예레미야서(書).

Jer·i·cho [dʒérəkòu] *n.* 〖聖〗 여리고 《Palestine의 읍》; 궁벽한 곳. ***Go to ~!*** 《俗》 꺼져라!; 뒈져라!

‡**jerk**[1] [dʒə:rk] *vt., vi. n.* ① 홱 당기다〔당김〕, 쿡 찌르다〔찌름〕, 갑자기 밀다〔밀기〕, 팍 비틀다〔비틀기〕, 휙 던지다〔던지기〕. ② 내뱉듯이 말하다. ③ 경련(을 일으키다); 《俗》 바보. ***the ~s*** (종교적 감동에 의한 손·발·안면의 발작적) 경련.

jerk[2] *n., vt.* U 포육(脯肉)(으로 만들다).

jer·kin [dʒə́:rkin] *n.* (16–17세기 남자의) 가죽 조끼; (여성용) 조끼.

jerk·wa·ter [dʒə́:rkwɔ̀:tər, -wɑ̀-] *n.* 《美口》 지선(支線)의 열차. **—** *a.* 지선의; 시골의; 하찮은.

jerk·y [ˊi] *a.* 갑자기 움직이는, 움찔하는, 경련적인; 《俗》 바보같은.

jer·ry-build·er [dʒéribìldər] *n.* 서투른 목수. **jér·ry-build·ing** *n.* 날림 건축. **jér·ry-built** *a.* 날림으로 지은.

Jer·sey [dʒə́:rzi] *n.* 영국 해협의 섬; 저지 종의 젖소; =NEW JERSEY; (j-) 자라목 스웨터, 여자용 메리야스 속옷; Ⓤ (j-) 저지《옷감》.

***Je·ru·sa·lem** [dʒərú:sələm] *n.* **예루살렘**《Palestine 의 옛 도읍, 기독교·회교·유대교도의 성지; 현재 Israel의 수도》.

Jerúsalem ártichoke 〖植〗 뚱딴지.

Jerúsalem pòny 나귀.

Jes·per·sen [jéspərsən], **Otto** (1860–1943) 덴마크의 언어·영어 학자.

jess [dʒes] *n., vt.* 〖獵〗 (매의) 발목 끈, 젓갖(을 매다).

jes·sa·mine [dʒésəmin] *n.* =JASMIN.

‡**jest** [dʒest] *n.* **농담**; 희롱; 웃음거리. *in* ~ 농담으로. —*vi.* 까불다 (*with*), 농담을 하다; 우롱하다, 놀리다(*at*). ∠·**er** *n.* 익살꾼; 조방구니.

jest·book [∠bùk] *n.* 소화〔만담〕책.

Je·su [dʒí:zu:, -su:, jéi-] *n.* 《詩》 =JESUS.

Jes·u·it [dʒéʒuit, -zu-/-zju-] *n.* 〖카톨릭〗 (LOYOLA가 창설한) 예수회의 수사; 《蔑》 책략가; 궤변가.

‡**Jé·sus (Chríst)** [dʒí:zəs] *n.* **예수(그리스도)**.

jet[1] [dʒet] *n.* Ⓤ 〖寶石〗 흑옥(黑玉).

‡**jet**[2] *n., vi., vt.* (*-tt-*) **분출**〔분사〕(하다, 시키다), 사출(射出); 분출구; 제트기; 제트 엔진.

jet-black [∠blǽk] *a.* 칠흑의, 새까만.

jet-borne [∠bɔ̀:rn] *a.* 제트기로 운반되는.

jét éngine 제트 엔진.

jét fíghter 제트 전투기.

jét fréighter 〔**tránsport**〕 제트 수송기.

jet·lin·er [∠làinər] *n.* 제트 여객기.

jét pìlot 제트기 조종사.

‡**jét pláne** **제트기**.

jet·port [∠pɔ̀:rt] *n.* 제트기용 공항.

jet-pro·pelled [∠prəpéld] *a.* 분사 추진식의.

jét propúlsion 분사 추진.

jet·sam [∠səm] *n.* Ⓤ 〖海保〗 (해난때 배를 가볍게 하기 위한 투하(投荷).

jét strèam 제트 기류(氣流).

jet·ti·son [dʒétəsən] *n.* Ⓤ 〖海保〗 = JETSAM. —*vt.* (바다로 짐을) 던지다.

jet·ton [dʒétən] *n.* (카드놀이용) 산가지.

jet·ty[1] [dʒéti] *a.* 흑옥 (jet[1]) 같은; 새까만.

jet·ty[2] *n.* 방파제, 둑; 잔교(棧橋).

jeu [ʒə:] *n.* (F.) 놀이, 희롱 ~ ***de mots*** [ʒə: də móu] 재담. ~ ***d'esprit*** [ʒə: desprí:] 경구, 명담.

‡**Jew** [dʒu:] *n.* **유대인**, 히브리인 ∠·**ess** *n.* 유대 여자. *∠·**ish** *a.*

‡**jew·el** [dʒú:əl] *n.* **보석**(박은 장식품); (귀중한) 보배. ~(**l**)**ed** [-d] *a.* 보석박은〔으로 꾸민〕 *~·(**l**)**er** *n.* **보석 세공인; 보석상.** *~·**ry**, 《英》 ~·**ler·y** [-ri] *n.* Ⓤ **보석류(類)**.

jew·fish [dʒú:fiʃ] *n.* 〖魚〗 농어과의 큰 물고기.

Jew·ry [dʒúəri] *n.* 《集合的》 유대인〔민족〕; 유대인 지구(ghetto).

Jéw's 〔**Jéws'**〕 **hàrp** 구금(口琴)《입에 물고 손가락으로 튀김》.

J. F. K. John Fitzgerald KENNEDY.

jg., j.g. 〖美海軍〗 junior grade.

jib[1] [dʒib] *n.* 뱃머리의 삼각돛. —*vi., vt.* (*-bb-*)(풍향에 따라) 돛이〔활대가〕 회전하다〔을 회전시키다〕. ***the cut of one's*** ~ 《口》 풍채, 몸차림.

jib[2] *vi.* (*-bb-*) 《英》 (말 따위가) 앞으로 나아가기 싫어하다, 갑자기 서다; (사람이) 망설이다, 주저하다.

jíb bòom 〖海〗 제 2 사장(斜檣).

jibe[1] [dʒaib] *v.* =JIB[1].

jibe[2] *v., n.* =GIBE.

jibe[3] *vi.* 《美口》 일치〔조화〕하다.

jiff [dʒif], **jif·fy** [dʒífi] *n.* 《口》 순간. ***in a*** ~ 바로, 곧.

jig[1] [dʒig] *n., vi., vt.* (*-gg-*) 지그《3박자의 경쾌한 댄스(곡)의 일종》 (춤을 추다); 상하〔전후〕로 움직이다. ***The*** ~ ***is up.*** 《俗》 일은 다 글렀다.

jig[2] *n., vi.* (*-gg-*) 낚싯봉 달린 낚시(로 낚시질하다); 〖採〗 체(로 선광(選鑛)하다).

jig·ger [dʒígər] *n.* 지그(jig[1])를 추는 사람; 〖海〗 도르래 달린 삭구; 소형 어선; 낚싯봉 달린 낚시; 선광(選鑛)체.

jígger màst 〖海〗 고물돛대.

jig·gle [dʒígəl] *vt.* 가볍게 흔들다〔당기다〕. —*n.* 가볍게 흔듦〔당김〕.

jig·saw [dʒígsɔ̀:] *n.* 실톱(의 일종).

jígsaw pùzzle 조각 그림 맞추기.

ji·had [dʒihá:d] *n.* (회교 옹호의) 성전(聖戰); (주의·신앙의) 옹호〔박멸 등의〕 운동.

jill, J- [dʒil] *n.* 여자, 처녀, 애인.

jilt [dʒilt] *vt., n.* (남자를) 차버리다〔차버리는 여자〕; 탕녀.

Jím Crów [dʒím króu] 《美俗》《蔑》 흑인; =JIM CROWISM. ~·**ism** 《美俗》 Ⓤ 흑인 차별 대우주의.

jim·i·ny [dʒíməni] *int.* 저런, 어《놀람의 표시》.

jim·my [dʒími] *n., vt.* (강도가 쓰는) 쇠지렛대(로 버긋거려 열다).

jimp [dʒimp] *a.* 《Sc. ·英方》 날씬한, 말쑥한; 부족한(scanty).

jím·son wèed [dʒímsən] (때로 J-) 〖植〗 흰독말풀.

***jin·gle** [dʒíŋgəl] *n., vi., vt.* ① **짤랑짤랑**, 따르릉(울리다). ② 방울·종 따위가 울리는 악곡. ③ 같은 음의 반복이 많은 시구(詩句).

jin·go [dʒíŋgou] *n.* (*pl.* ~*es*), *a.* 주전론자〔적인〕; 강경 외교론자. ***by*** ~***!*** 천만의 말씀! ~·**ism** [-izəm] *n.* Ⓤ 주전론. ~·**ist** *n.* **jin·go·is·tic** [∸-ístik] *a.*

jinks [dʒiŋks] *n. pl.* 소란. ***high*** ~ 야단법석.

jinn [dʒin] *n.* (*pl.* ~) 〖回教神話〗 영귀, 귀신.

jinx [dʒiŋks] *n.* 《美口》 재수 없는 것〔사람〕. ***break*** 〔***smash***〕 ***the*** ~ 징크스를 깨다, 연패 후에 승리하다. —*vt.* …에게 불행을 가져오다.

JIS Japanese Industrial Standard (cf. KS).

jit·ney [dʒítni] *n., vi., vt.* 《美俗》 5 센트화(貨); 요금이 싼 소형 버스(로 가다, 에 태워서 가다).

J

jit·ter [dʒítər] *vi.* 《美俗》 조바심하다, 초조해하다. —— *n.* (*pl.*) 신경 과민. ～**·y** *a.*

jit·ter·bug [-bʌ̀g] *n.*, *vi.* (*-gg-*) 스윙광(처럼 춤추다); 지르박《재즈춤》(을 추다); 《英》 신경질적인 사람.

jive [dʒaiv] *n.*, *vi.* Ⓤ 스윙곡(曲)(을 연주하다); (재즈계·마약 상용자 등의) 은어, 변말.

Jno. John.

Jóan of Árc [dʒóun əv á:rk] (F. *Jeanne d'Arc*) (1412–31) 잔다르크.

Job [dʒoub] *n.* 〖聖〗 욥《구약 욥기(記) (the Book of Job)의 인내심 강한 주인공》.

†**job** [dʒab/-ɔ-] *a.* ① **일**, 삯일. ② **일자리**, **직업** (*out of a* ～ 실직하여). ③ 《주로 英》 일, 사건; 문제; (공직을 이용한) 부정 행위, 독직(*a bad* ～ 난처한 일). ④ 제품, 물건. ⑤ 《俗》 도둑질, 강도. ⑥ 〖컴퓨터〗 잡《일의 단위》. ***by the*** ～ 품삯을 정하여, 도급으로. ***do a*** ～ ***on a person***, or ***do a person*** ～ 해치우다. ***odd*** ～***s*** 허드렛일. ***on the*** ～ 열심히 일하여. —— *vi.* (*-bb-*) 삯일을 하다; (주식·상품을) 거간하다; (공익 사업으로) 사복을 채우다. —— *vt.* …에게 〔일·계약〕을 청부케 하다; (말·마차를) 임대〔임차〕하다; 거간하다; 독직(瀆職)하다. ⁄**·less** *a.*

jób anàlysis 작업 분석.

jo·ba·tion [dʒoubéiʃən] *n.* 《주로 英》 장황한 잔소리, 긴 사설.

job·ber [dʒábər/-ɔ́-] *n.* 삯일꾼; 《英》 (주식) 중매인; (공직을 이용해) 사복을 채우는 자. ～**·y** *n.* Ⓤ 독직 행위.

job·ber·nowl [-nòul] *n.* 《英口》 바보.

Jób Còrps 《美》 직업 공단(公團) 《Office of Opportunity 가 주관하는 기술 교육 기관》.

job·hold·er [⁄hòuldər] *n.* 일정한 직업이 있는 사람; 《美口》 공무원.

job-hop·per [⁄hàpər/-hɔ̀p-] *n.* (더 벌려고) 직업을 전전하는 사람.

jób lòt 한뭉 노린 매점품(買占品); 한 무더기 얼마로 파는 싸구려.

jób prìnter (명함·삐라 따위) 잔일 전문의 인쇄업자.

jock·ette [dʒakét/dʒɔk-] *n.* 《美》 여성 jockey.

***jock·ey** [dʒáki/-ɔ́-] *n.*, *vt.*, *vi.* ① **경마의 기수**(로 일하다); 《口》 운전수, 조종사. ② 속이다, 속여서 …하게 하다. ③ 유리한 위치를 얻으려 하다.

jo·cose [dʒoukóus] *a.* 익살맞은, 우스운(facetious). ～**·ly** *ad.* **jo·cos·i·ty** [-kás-/-ɔ́-] *n.* ⓊⒸ

joc·u·lar [dʒákjələr/-ɔ́-] *a.* 우스운, 익살맞은. **joc·u·lar·i·ty** [⌐-lǽrəti] *n.* ⓊⒸ

***joc·und** [dʒákənd/-ɔ́-] *a.* **쾌활〔명랑〕한**; 즐거운. **jo·cun·di·ty** [dʒoukʌ́ndəti] *n.* ⓊⒸ

jodh·purs [dʒádpərz/dʒɔ́dpuərz] *n.* *pl.* 승마 바지.

***jog**[1] [dʒag/-ɔ-] *vt.* (*-gg-*), *n.* **살짝 밀다〔당기다〕**, 콱 밀기〔찌르기〕, (살짝 찔러서) 알리다〔알리기〕; (기억을) 불러 일으키다〔일으키는 것〕. —— *vi.* 터벅터벅 걷다; 천천히 달리다.

jog[2] *n.* 《美》 (표면·선의) 깔쭉깔쭉함, 울퉁불퉁함.

jog·ging [dʒágiŋ/-ɔ́-] *n.* Ⓤ 조깅《천천히 달리기》.

jog·gle[1] [dʒágəl/-ɔ́-] *vt.*, *vi.*, *n.* 가볍게 흔들(리)다〔흔들림, 흔듦〕.

jog·gle[2] *n.*, *vt.* 〖建〗 장부, 사개(로 잇다).

jóg tròt 느린 걸음걸이; 완만한 구보; 단조로운 방식〔생활〕.

***John** [dʒan/-ɔ-] *n.* ① 남자 이름. ② 〖聖〗 **세례 요한**; 요한 복음. ③ (종종 j-) 《俗》 정부(情夫), 놈.

Jóhn Bárleycorn 《擬人》 (맥주·위스키 등의) 맥아주류(麥芽酒類).

Jóhn Bírch Socìety (1958년 창설된) 미국의 반공 극우 단체.

Jóhn Búll 《集合的》 (전형적) 영국인.

Jóhn cítizen (보통의) 시민, 일반인.

Jóhn Dóe 〖英法〗 (소송에 있어서) 원고(原告)의 가상적 이름 (cf. Richard Roe); 《一般》 가상명, 무명 인사. (때로 j-) 녀석; 맵시꾼.

John·ny [dʒáni/-ɔ́-] *n.* John의 속칭;

john·ny·cake [-kèik] *n.* ⓊⒸ 《美》 옥수수빵의 일종.

John·ny-come-late·ly [-kʌmléitli] *n.* 신출내기; 지참(遲參)자.

John·son [dʒánsn/dʒɔ́n-], **Lyndon B.** (1908–1973) 미국 제 36대 대통령 (재직 1963–1969); **Samuel** (1709–84) 영국의 시인·평론가·사전 편찬가.

John·son·ese [⌐-í:z] *n.* Ⓤ S. Johnson풍의 장중한 문체.

John·so·ni·an [dʒansóuniən/dʒɔn-] *a.* 존슨(식)의, 장중한.

†**join** [dʒɔin] *vt.* ① **연결하다**; 잇다. ② 합병하다; 협력하다〔시키다〕; 한패가 되다. ③ **입회〔입대〕하다**. ④ (배에)타다; (부대·배에)(되)돌아오다. ⑤ **함께 되다**〔합치다〕. —— *vi.* ① **결합하다**, **합하다**, 만나다. ② 맺다; 한 패거리로 되다. ③ 인접하다. ～ ***hands with*** …와 제휴하다. —— *n.* 접합점〔선, 면〕; 솔기.

join·er [⁄ər] *n.* 결합자〔물〕; 소목장이; 《美口》 즐겨 여러 단체에 드는 사람. ～**·y** *n.* Ⓤ 소목장이 일; 소목 세공, 가구류(類).

‡**joint** [dʒɔint] *a.* **공동〔합동, 연합〕의**; 연대(連帶)의. ～ ***communiqué*** 공동 성명. —— *n.* ① 마디, **관절**; **이음매**, 맞춘 자리. ② (마디마다 토막낸) 뼈 붙은 큰 살점 ③ 《美俗》 비밀 술집; 마리화나 담배. ***out of*** ～ 탈구(脫臼) 되어; 문란해(져)서, 뒤죽박죽이 되어. —— *vt.* **결합**〔접합〕**하다**, 메지를 바르다. ⁄**·less** *a.* *⁄**·ly** *ad.*

jóint accóunt 공동 구좌〔계좌〕.

Jóint Chíefs of Stáff, the 《美》 합동 참모 본부〔회의〕 《생략 JCS》.

jóint commíttee (의회의) 양원 협의회; 합동 위원회.

jóint òffense 공범(共犯).

joint-stock [dʒɔ́intsták/-ɔ́-] *a.* 주식 조직의.

join·ture [dʒɔ́intʃər] *n.* 〖法〗 과부급여.

jóint vénture 합작 투자(업체).
joist [dʒɔist] *n.* 〖建〗 장선; 도리.
†**joke** [dʒouk] *n., vi., vt.* **농담(하다),** 익살(부리다); 장난(치다), 놀리다. ***in*** ~ 농담으로. ***practical*** ~ (행동도 따르는) 몹쓸 장난. ***joking apart*** 농담은 그만하고.
*__jok·er__ [⌐ər] *n.* ① **농담하는 사람,** 익살꾼. ② 〖카드〗 조커. ③ 《美》 (정관·법안의 효력을 근본적으로 약화시키기 위해 슬쩍 삽입한) 사기 조항; 사기, 책략. 「~·**ly** *ad.*
jok·ing [⌐iŋ] *a.* 농담하는, 장난치는.
jol·li·fi·ca·tion [dʒɑ̀ləfikéiʃən / -ɔ̀-] *n.* UC 흥겨워 떠들기.
jol·li·fy [dʒɑ́ləfài/-ɔ́-] *vi., vt.* 《口》 유쾌해지다, 즐겁게 하다.
jol·li·ty [dʒɑ́ləti / -ɔ́-] *n.* U 명랑; (*pl.*) 《英》 흥겨워 떠들기.
‡**jol·ly** [dʒɑ́li/-ɔ́-] *a.* ① **유쾌한,** 즐거운; 얼근한 기분의. ② 《英口》 대단한, 엄청난. —— *ad.* 《英口》 대단히. —— *vt.* 《口》 치살려서 기쁘게 하다; 놀리다(kid).
jólly bòat (선박 부속의) 작은 보트.
Jólly Róg·er [rɑ́dʒər/-ɔ́-] (해골을 그린) 해적기(旗)(black flag).
*__jolt__ [dʒoult] *vi., vt.* **덜컹거리**(게 하)**다,** (마차 따위가) 덜컹거리며 나아가다, 흔들리다. —— *n.* (정신적) 동요; 충격; 덜컹거림. ⌐·**y** *a.*
Jo·nah [dʒóunə] *n.* 〖聖〗 요나《히브리의 예언자》; 〖舊約〗 요나서(書); 불행을 가져오는 사람.
Jon·a·than [dʒɑ́nəθən/-ɔ́-] *n.* (전형적인) 미국인 (cf. John Bull); 〖聖〗 요나단《Saul의 아들》; 홍옥《미국산 사과의 일종》.
Jones [dʒounz], **Daniel**(1881–1967) 영국의 음성학자.
jon·gleur [dʒɑ́ŋglər / ʒɔ:ŋglə́:r] *n.* (F.) (프랑스 중세의) 음유(吟遊) 시인(minstrel). 「화(의 꽃).
jon·quil [dʒɑ́ŋkwil/-ɔ́-] *n.* 노랑수선
Jon·son [dʒɑ́nsn/-ɔ́-], **Ben(jamin)** (1573?–1637) 영국의 극작가·시인.
Jor·dan [dʒɔ́:rdn] *n.* (팔레스티나의) 요르단 왕국《구칭 Transjordan》; (the ~) 요(르)단 강
Jos. Joseph; Josiah 《남자 이름》.
*__Jo·seph__ [dʒóuzəf] *n.* ① 남자 이름. ② 〖聖〗 **요셉**《야곱의 아들》. ③ 여자를 싫어하는 남자. ④ 〖聖〗 요셉 《성모 마리아의 남편》.
josh [dʒɑʃ/-ɔ-] 《美口》 *n., vt., vi.* (악의 없는) 농담(을 하다), 놀리다.
Josh. 〖聖〗 Joshua.
Josh·u·a [dʒɑ́ʃuə / -ɔ́ʃuə] *n.* 〖聖〗 여호수아《Moses를 계승한 이스라엘의 지도자》; 〖舊約〗 여호수아서(書).
joss [dʒɑs/-ɔ-] *n.* (중국인이 예배하
jóss hòuse (중국의) 절. ⌊는) 우상.
jóss stìck (중국 사원의) 선향(線香).
*__jos·tle__ [dʒɑ́sl/-ɔ́-] *vt.* **밀다,** 찌르다 (*away, from*). —— *vi.* 서로 밀다; 부딪치다(*against*); 다투다. —— *n.* 서로 밀치기; 충돌.
*__jot__ [dʒɑt/-ɔ-] *n.* **미소**(微少), 소량, —— *vt.* (**-tt-**) 대강 적어 두다(*down*). ⌐·**ting** *n.* UC 메모, 약기.
JOT Joint Observer Team (군사 정전 위원회) 공동 감시 소조(小組).
joule [dʒu:l, dʒaul] *n.* 〖理〗 줄《에너지의 절대 단위》.
jounce [dʒauns] *vi., vt., n.* 덜컹거리(게 하)다, 덜컹거림.
‡**jour·nal** [dʒə́:rnəl] *n.* ① **일지;** 항해일지. ② 〖簿〗 분개장. ③ (일간) **신문;** (정기 간행) 잡지. ④ 〖機〗 굴대의 목. ***the Journals*** 《英》 국회 의사록. **jour·nal·ese** [dʒə̀:rnəlí:z] *n.* U 신문 용어, 신문의 문체〔말씨〕.
‡**jour·nal·ism** [-ìzəm] *n.* U ① **저널리즘,** 신문〔잡지〕(기자)업. ② 《集合的》 신문, 잡지. ③ 신문〔잡지〕기사투의 문체(文體). ‡**-ist** *n.* **저널리스트,** 신문〔잡지〕업자〔기자·기고자〕 *__jour·nal·is·tic__ [⌐-ístik] *a.*
‡**jour·ney** [dʒə́:rni] *n.* **여행;** 여정. ***make*** 〔***take***〕 ***a*** ~ 여행하다. —— *vi.* 여행하다.
jour·ney·man [-mən] *n.* (숙달된) 직공; 《古》 날품팔이.
jour·ney·work [-wə̀:rk] *n.* U (숙련공의) 치다꺼리〔날품팔이〕 일.
joust [dʒaust] *n., vi.* (*pl.*) 마상 창시합(馬上槍試合)(을 하다).
Jove [dʒouv] *n.* ＝JUPITER. ***by*** ~! 맹세코; 천만에.
jo·vi·al [dʒóuviəl, -vjəl] *a.* 쾌활〔유쾌〕한, 즐거운. **jo·vi·al·i·ty** [⌐-ǽləti] *n.* UC
jowl[1] [dʒaul, dʒoul] *n.* (특히) 아래턱(jaw); 뺨(cheek). CHEEK ***by*** ~.
jowl[2] *n.* 물고기의 머리 부분.
†**joy** [dʒɔi] *n.* U **기쁨;** C 기쁨거리, 즐거움. ***give*** ~ 축하〔치하〕하다. ***Give you*** ~! or ***I wish you*** ~! 축하합니다. —— *vi., vt.* 기뻐하다, 기쁘게 하다. ‡⌐·**ful** *a.* *⌐·**ful·ly** *ad.* ⌐·**ful·ness** *n.* ⌐·**less** *a.* *⌐·**ous** *a.* ＝JOYFUL. *⌐·**ous·ly** *ad.*
Joyce [dʒɔis], **James** (1882–1941) 아일랜드 태생의 소설가.
jóy rìde 《美口》 (남의 차를 무단히 몰고다니는) 드라이브. 「자지.
jóy stìck 《俗》 (비행기의) 조종간(桿);
JP jet propulsion (plane). **J.P.** Justice of the Peace. **Jr., jr.** junior. **J.R.C.** Junior Red Cross.
JSA Joint Secrurity Area (판문점의) 공동 경비 구역.
jub·bah [dʒúbə] *n.* 주바《회교도가 입는 소매 달린 긴 겉옷》.
ju·bi·lant [dʒú:bələnt] *a.* 기쁨에 넘친; 환성을 올리는. **-lance** *n.* U **ju·bi·late** [-lèit] *vi.* 환희하다. **ju·bi·la·tion** [⌐-léiʃən] *n.* U 환희; C 축제.
*__ju·bi·lee__ [dʒú:bəlì:] *n.* **50년제**(祭); 축제; U 환희. ***diamond*** 〔***silver***〕 ~ 60〔25〕년제. 「흑인 영가.
júbilee sóng 《美》 노예 해방 축가,
Jud. 〖聖〗 Judges; Judith.
Ju·dah [dʒú:də] *n.* 〖聖〗 유다《야곱(Jacob)의 네째 아들, 유다 지파(支派)의 조상》; 유다 지파〔왕국〕.

J

Ju·da·ic [dʒu(:)déiik] *a.* 유대인〔민족·문화〕의 (Jewish).
Ju·da·ism [dʒú:diìzəm, -dei-] *n.* Ⓤ 유대교〔주의〕; ⓊⒸ 유대풍(風).
Ju·das [dʒú:dəs] *n.* 〖聖〗 (은전 30냥으로 예수를 판)(가리욧) 유다; 배반자; (j-)(문·벽의) 엿보는 구멍.
Júdas trèe 박태기나무 속의 일종《이 나무에 유다가 목을 매었다고 함》. 「유다서(書).
Jude [dʒu:d] *n.* 남자 이름; 〖新約〗
Ju·de·a [dʒu:dí:ə] *n.* 유대《팔레스티나 남부의 고대 로마령(領)》. **~n** *a., n.* 유대(민족)의; 유대인.
ju·den·het·ze [jú:dənhètsə] *n.* (G.) (조직적인) 유대인 박해.
Judg. 〖聖〗 Judges.
†**judge** [dʒʌdʒ] *n.* ① **재판관, 판사; 심판〔감정〕자.** ② 〖猶太史〗 사사(士師)《왕의 통치 전 이스라엘의 지배자》. ③ (Judges) 《單數取扱》〖舊約〗 사사기(士師記). **——** *vt., vi.* **판결을 내리다,** 재판하다; **판단〔감정〕하다;** 비판〔비난〕하다. **~·ship** [⌐ʃip] *n.* Ⓤ judge의 지위〔임기·직(권)〕.
júdge ádvocate 〖軍〗 법무관.
júdge ádvocate géneral 〖美軍〗 법무감. 「이 만든.
judge-made [⌐mèid] *a.* 〖法〗 재판관
‡**judg·ment,** 《英》 **judge-** [⌐mənt] *n.* ① Ⓤ **재판;** ⓊⒸ **판결;** Ⓒ **천벌** (*on*); Ⓤ 심판, 감정; 비판. ② Ⓤ 판단(력); 견식, 분별. ***the Last J-*** 〖聖〗 최후의 심판. ***sit in ~*** 재판〔비판〕하다. **~** ***law*** 판례법.
Júdgment Dày 최후의 심판일.
júdgement sèat 재판관석; 법정.
ju·di·ca·to·ry [dʒú:dikətɔ̀:ri/-təri] *a., n.* 재판의; 재판소.
ju·di·ca·ture [dʒú:dikèitʃər] *n.* Ⓤ 사법권; 《集合的》 사법 기관.
ju·di·cial** [dʒu:díʃəl] *a.* ① **사법**(상)**의,** 재판소의. ② 판단력이 있는; 공평한; 비판적인. **~** ***precedent 판례(判例).
ju·di·ci·ar·y [dʒu:díʃièri, -ʃəri] *a.* 사법(상)의; 재판(소)의. **——** *n.* 사법부(judicature); 《集合的》 재판관.
ju·di·cious [dʒu:díʃəs] *a.* 사려〔분별〕있는, 현명한. **~·ly** *ad.* **~·ness** *n.*
ju·do [dʒú:dou] *n.* Ⓤ 유도.
‡**jug** [dʒʌg] *n.* ① (손잡이가 달린) 항아리, (주둥이가 넓은) **주전자,** 조끼(한잔). ② 《俗》 교도소(jail). **——** *vt.* (*-gg-*) (고기를) 항아리에 넣고 고다; 《俗》 감옥에 처넣다. 「니 악대.
júg bànd (하모니카·냄비의) 잡동사
jug·ful [dʒʌ́gfùl] *n.* 한 주전자〔조끼〕분.
Jug·ger·naut [dʒʌ́gərnɔ̀:t] *n.* 〖印度神話〗 Krishna 신의 우상《이 우상을 실은 차에 치어 죽으면 극락에 갈 수 있다 했음》; (j-) 희생이 따르는 미신〔제도, 풍습〕; 불가항력.
***jug·gle** [dʒʌ́gəl] *n., vi.* ⓊⒸ **요술**〔기술〕(**을 부리다,** 로 **속이다**); 사기(하다). **——** *vt.* 속이다, 속여서 빼앗다.
jug·gler [-ər] *n.* 요술쟁이; 사기꾼.
~·y *n.* ⓊⒸ 요술; 사기.
Ju·go·slav, -Slav [jú:gouslà:v], **&c.** = YUGOSLAV. &c.
jug·u·lar [dʒʌ́gjələr] *a.* 〖解〗 인후의, 목의; 경정맥(頸靜脈)의; **=** ⌐ **vèin** 경정맥.
‡**juice** [dʒu:s] *n.* ① ⓊⒸ **즙, 액**(液). ② Ⓤ 《美俗》 전기; 가솔린 ***~ up*** 《美》 …을 가속(加速)하다. ***~ed up*** 《美俗》 술취한. ***júic·y** *a.* 즙〔수분〕이 많은; 재미〔생기〕있는, 윤기도는.
juice·head [dʒú:shèd] *n.* 알코올 중독(자).
ju·ju [dʒú:dʒu:] *n.* (서아프리카 토인의) 부적, 주물(呪物)(fetish); 마력.
ju·jube [dʒú:dʒu:b] *n.* 대추(나무).
juke·box [dʒú:kbɑ̀ks/-ɔ̀-] *n.* 주크박스《동전 투입식 자동 전축》.
júke jòint 《美俗》 주크박스가 있는 간이 식당〔술집〕.
***Jul.** July.
ju·lep [dʒú:lip] *n.* Ⓤ 줄렙《설탕·박하·얼음을 넣은 위스키 혹은 브랜디》.
Jul·ian [dʒú:ljən] *n.* 남자 이름. **——** *a.* Julius Caesar의.
Júlian cálendar 율리우스력(曆) 《Gregorian calendar 이전의 태양력》.
ju·li·enne [dʒù:lién] *n.* (F.) 채친 야채를 넣은 고기 수프. **——** *a.* 잘게 썬, 채친 (~ *potatoes*).
†**Ju·ly** [dʒu:lái] (< Julius) *n.* **7월.**
***jum·ble** [dʒʌ́mbəl] *n., vi., vt.* ① **뒤죽박죽**(이 되다, 을 **만들다**) (*up, together*); 혼란; 동요. ② (고리 모양의) 사탕.
júmble sàle 《주로 英》 (자선 바자 따위의) 잡화(雜貨) 특매〔염매〕.
jum·bo [dʒʌ́mbou] *a., n.* (*pl.* **~*s***) 《口》 엄청나게 큰 (것); 점보제트기.
†**jump** [dʒʌmp] *vi.* ① **뛰다, 뛰**〔**튀**〕**어 오르다;** 움찔하다; 뛰어 옮기다; 비약하다. ② 폭등하다. ③ 일치하다 (*together*). ***Great wits will ~.*** 《俗談》 지자(知者)의 생각은 일치하는 것 《간담상조(肝膽相照)》. **——** *vt.* ① **뛰어 넘**(게 하)**다;** 뛰어 오르게 하다. ② (물가를) 급등시키다. ③ …에서 벗어나다(~ *the track* 탈선하다). ④ 생략하다, 건너뛰다. ⑤ (어린애를) 달래〔어르〕다. ⑥ 흠칫하게 하다;(사냥감을) 날아오르게〔뛰어 나오게〕하다. ⑦ (체커에서 상대의 말을) 건너뛰어서 잡다. ⑧ 《美俗》 …에서 도망치다. ***~ a claim*** 토지·광업권(등)을 가로채다. ***~ bail*** 보석 중에 도망치다. ***~ down a person's throat*** 《口》 난폭한 말대꾸를 하다; (논쟁에서) 꼼짝 못하게 하다. ***~ off*** 행동을 (개시)하다. ***~ on*** 덤벼〔달려〕들다; 야단〔호통〕치다, 비난하다. ***~ the queue*** 차례로 선 줄을 무시하고 앞으로 나가다. **——** *n.* ① **도약**(跳躍), 한번뛰기〔뛴 길이〕; 〖競〗 점프. ② 장애물. ③ (물가의) 폭등. ④ 흠칫(하기). ⑤ (체커에서의) 건너 뛰(어 잡)기. ⑥ (의론의) 비약, 급전(急轉). ⑦ 낙하산 강하. ⑧ (the ~s) 《俗》 (알코올 중독에 의한) 경련 (D. T.). ***broad*** 〔***high***〕 ~ 넓이〔높

이] 뛰기. *⌐·**er**[1] *n.*
júmp àrea 〖軍〗(낙하산 부대의) 낙하 예정지 《적진의 후방》.
júmp bàll 〖籠〗 점프볼.
jump-cut [dʒʌ́mpkʌ̀t] *n.* 〖映〗 장면의 급전(急轉).
***jump·er**[2] [⌐ər] *n.* **잠바**; 잠바 드레스《여자·어린이용의 소매 없는 원피스》; 《英》(블라우스 겉에 입는) 헐거운 여자용 상의; (*pl.*) =ROMPERS.
jump·ing [⌐iŋ] *n.* Ⓤ 도약, 뜀. —— *a.* 도약하는, 뛰는.
júmping bèan 뜀콩《멕시코산 등대풀의 씨, 속에 든 벌레의 움직임으로 씨가 뜀》. 「각시.
júmping jàck (실로 놀리는) 꼭두
júmping ròpe 줄넘기 줄. 「기.
júmp jèt 《英》 단거리 이착륙 제트
jump·mas·ter [⌐mæ̀stər, -ɑ̀:-] *n.* 낙하산 부대장.
júmp sèat (자동차 따위의) 접의자.
jump·suit [dʒʌ́mpsù:t] *n.* 《美》 낙하산 강하복; 그와 비슷한 상하가 붙은 작업복; 그 비슷한 여성복.
***jump·y** [⌐i] *a.* ① **튀어 오르는**. ② 변동하는. ③ 실룩거리는, 신경질적
Jun. June. **jun.** junior. 「인.
jun·co [dʒʌ́ŋkou] *n.* (*pl.* ~*s*) (북아메리카산) 되새(의 무리).
***junc·tion** [dʒʌ́ŋkʃən] *n.* ① Ⓤ **연합**, 접합, 연접; 접착; 접속. ② 접합점, 접속역, (강의) 합류점. ③ Ⓤ 〖文〗 연접(連接) 《회화태 접착어군(繪畵態接着語群): *the barking dog* 나 *a man who sings*(이는 'a singer'라는 한 단어로 나타낼 수 있음)와 같은 어군(語群)》 (cf. nexus).
***junc·ture** [dʒʌ́ŋktʃər] *n.* ① Ⓤ **경우**; Ⓒ 위기. ② Ⓒ 이음매; Ⓤ **접**
†**June** [dʒu:n] *n.* **6월**. 「합; 연결.
Júne bùg [**bèetle**] 〖蟲〗 풍뎅이.
Jung·frau [júŋfràu], **the** 융프라우《스위스 남부의 알프스 산맥의 높은 봉우리; 4,169m》.
‡**jun·gle** [dʒʌ́ŋgl] *n.* ① **정글**, 밀림(지대). ② 《美俗》 부랑자의 소굴.
júngle bùnny 《美俗》 《蔑》 흑인.
júngle féver 정글열《악성말라리아》. 「이 시설》.
júngle gým 정글짐《철골로 만든 놀
jun·gli [-i] *n.* (인도의) 정글 주민.
†**jun·ior** [dʒú:njər] (cf. senior) *a.* 손아래의; 후배의, 하위[하급]의; 동생[자식](쪽)의 《생략 jun., Jr.》 (*john Jones, Jr.*) (cf. *fils*). —— *n.* **연소자**; **후배**; 〖美大學·高校〗 (4년제의) 3학년생, (3년제의) 2학년생. 「학.
júnior cóllege 《美》(2년제) 초급 대
júnior hígh schòol 《美》 중학교.
júnior míss 《美口》(10대의) 아가씨.
júnior schòol 《英》 (7-11세 아동의) 국민학교. 「보결팀.
júnior vársity 《美》 대학 운동부의
ju·ni·per [dʒú:nəpər] *n.* 〖植〗 노간주나무(의 무리).
***junk**[1] [dʒʌŋk] *n.* Ⓤ ① 《口》 **쓰레기**, 고철, 헌신문. ② 낡은 밧줄. ③ 〖海〗 소금에 절인 고기. ④ 허튼말, 넌센스. ⑤ Ⓒ 《口》 마약. —— *vt.* 《口》 쓰레기[폐물]로 버리다. ⌐·**man** [⌐mæ̀n] *n.* 《美》 고물[폐품] 장수. 「배》.
junk[2] *n.* 정크《중국 연안의 너벅선 돛
Jun·ker, j- [júŋkər] *n.* (G.) 〖史〗 독일의 청년 귀족, 귀공자《보수적이고 오만한》. 「마약 중독자.
junk·er [dʒʌ́ŋkər], **-ie** [-ki] *n.* 《口》
jun·ket [dʒʌ́ŋkit] *n., vi.* 응유(凝乳) 식품의 일종; 연회(를 베풀다), 피크닉(가다); 《美》 관비 여행(官費旅行).
júnk jèwelry 값싼 장신구.
júnk màil 잡동사니 우편물《쓰레기 취급받는 광고물·팸플릿 등》.
junk·yard [⌐jɑ̀:rd] *n.* 고물 수집장.
Ju·no [dʒú:nou] *n.* 〖로神〗 Jupiter의 아내 (〖그神〗의 Hera); 기품있는 미녀; 〖天〗 제 3 소(小) 유성.
jun·ta [dʒʌ́ntə, hú(:)ntə] *n.* (*pl.* ~*s*) (쿠데타 직후의) 군사 정부; (스페인·남미 등지의) 의회 =JUNTO.
jun·to [dʒʌ́ntou] *n.* (*pl.* ~*s*) 음모단; (정치적) 비밀 결사.
‡**Ju·pi·ter** [dʒú:pətər] *n.* ① 〖로神〗 **주피터**(〖그神〗의 Zeus). ② 〖天〗 **목성**. ③ 《美》 (육군의) 중거리 탄도탄.
Ju·ras·sic [dʒuərǽsik] *n., a.* 〖地〗 주라기(紀)[계(系)](의).
ju·rid·i·cal [dʒuərídikəl] *a.* 재판[사법·법률]상의; 재판소의. ~ ***days*** (재판) 개정일. ~ ***person*** 법인.
***ju·ris·dic·tion** [dʒùərisdíkʃən] *n.* Ⓤ **재판[사법]권**; 지배권; ⓊⒸ (사법상의) 관할권[지역].
ju·ris·pru·dence [dʒùərisprú:dəns] *n.* Ⓤ 법(리)학; 법제, 법 조직[체계]. ***medical*** ~ 법의학(法醫學). **-dent** *a., n.* 법률에 정통한; 법률[법리]학자.
***ju·rist** [dʒúərist] *n.* **법(리)학자**; 《英》 법학도; 《美》 변호사. **ju·rís·tic, -ti·cal** *a.*
jurístic áct 법률 행위.
jurístic pérson 법인(法人).
ju·ror [dʒúərər] *n.* (개개의) 배심원; (콩쿠르 등의) 심사원.
ju·ry**[1] [dʒúəri] *n.* ① 〖法〗 배심. ② 《集合的》 **배심원**《보통 12명》 (cf. verdict); (콩쿠르 대회 따위의) 심사원(들). ***grand ~ 대배심《12-13 명으로 구성되며, 'trial jury'로 보내기 전에 기소장을 심리함》. ***hang a*** [***the***] ~ 《美》 의견의 일치를 못보게 하여 배심원이 평결(評決)에 이르는 것을 저지[방해]하다. ***trial*** [***petty, common***] ~ 소배심《12명》. ~·**man** *n.* 배심원(juror).
ju·ry[2] *a.* 〖海〗 임시(변통)의.
júry bòx 배심원석(席).
júry màst 응급 마스트, 임시 돛대.
jus., just. justice.
†**just** [dʒʌst] *a.* ① **올바른**, 공정한. ② 당연한, 정당한. ③ 무리 없는, 지당한. ④ 정확한. ⑤ 에누리 없는. —— [dʒʌst, dʒəst] *ad.* ① **바르게**, 에누리 없이, 꼭. ② 겨우, 간신히. ③ 방금. ④ **다만**, 불과, 아주, 전혀. ⑤ 《命令法과 함께 써어서》 (자)

종(*J·fancy!* 자 좀 생각해 보렴); 《反語로서》 (…이다뿐인가) 아주 (*'Did he swear?' 'Didn't he, ~!'* ~「그 사람 노했던가」「노했다뿐인가 (아주 대단한 기셀세)」. **~ now** 바로 지금; 이제 막; 이윽고 (곧) *∠·ly *ad.* 바르게, 공정하게, 정당하게. ∠·ness *n.* Ⓤ

‡jus·tice [dʒʌ́stis] *n.* Ⓤ ① **정의; 공정**; 공평, **정당**, 타당; 적법(성). ② 법의 시행(施行), **재판**. ③ 당연한 응보, 처벌. ④ Ⓒ 재판관, 치안 판사 ⑤ (J-) 정의의 여신. ***bring a person to ~*** 아무를 법대로 처벌하다. ***court of ~*** 재판소. ***do ~ to*** …을 충분히 먹다. ***do ~ to*** (*a person* or *thing*), or ***do*** (*a person* or *thing*) ***~*** …을 공평[정당]하게 다루다. ***do oneself ~*** 자기 능력을 충분히 발휘하다. ***~ of the peace*** 〖法〗 치안 판사. **~·ship** [-ʃip] *n.* Ⓤ 재판관의 신분[직분·임기].

jus·ti·fi·a·ble [dʒʌ́stəfàiəbəl] *a.* 정당한, 정당하다고 인정할 수 있는.

***jus·ti·fi·ca·tion** [dʒʌ̀stəfikéiʃən] *n.* Ⓤ ① **정당화**, 옹호, 변호, 변명. ② 〖神〗 의롭다고 인정됨. ③ 〖印〗 정판(整版); 〖컴퓨터〗 조정.

‡jus·ti·fy [dʒʌ́stəfài] *vt.* ① **정당화하다**, 정당함을 나타내다. ② 비난에 대하여 변명하다, …의 이유가 되다[서다]. ③ 〖印〗 (행간(行間)을) 고르게 하다.

Jus·tin·i·an [dʒʌstíniən] *n.* (~ the Great) 유스티니아누스(483–565, 재위 527–65) 《동로마 제국 황제》.

Justínian Códe 유스티니아누스 법전.

jus·tle [dʒʌ́sl] *v., n.* =JOSTLE.

jut [dʒʌt] *n., vi.* (*-tt-*) 돌출부, 뿌다구니; 돌출(하다).

Jute [dʒu:t] *n.* 주트 사람; (the ~s) 주트족《5–6세기에 영국을 침입한 게르만 민족》. **Jút·ish** *a.*

jute [dʒu:t] *n.* Ⓤ **(인도원산의) 황마** 《돛·밧줄 따위의 재료》.

Jut·land [dʒʌ́tlənd] *n.* 유틀란트 반도《덴마크 북부》.

ju·ve·nes·cent [dʒù:vənésnt] *a.* 청년기에 달한, 젊디 젊은; 되젊어지는. **ju·ve·nés·cence** *n.* Ⓤ

ju·ve·nile** [dʒú:vənəl, -nàil] *a.* **젊은**, 소년[소녀] (용)의; 어린애 같은. **— *n. 청소년; 어린이; 아동용 책[읽을거리]; 〖劇〗 어린이역의 소년[소녀]. **ju·ve·nil·i·ty** [dʒù:vəníləti] *n.* Ⓤ 연소, 젊음; 《集合的》 소년 소녀.

júvenile cóurt 소년 재판소.

júvenile delínquency 소년 범죄.

júvenile delínquent 비행 소년.

ju·ve·nil·i·a [dʒù:vəníliə] *n.* (어떤 작가)의 젊었을 때의 작품(집).

ju·vie, ju·vey [dʒú:vi] *n.* 《美俗》 ① =JUVENILE DELINQUENT. ② 소년 구치소.

jux·ta·pose [dʒʌ̀kstəpóuz, ∠-∸] *vt.* …을 나란히 놓다. **jux·ta·po·si·tion** [∸-pəzíʃən] *n.* ⓊⒸ 병렬(並列).

Jy, Jy. July.

K

K, k [kei] *n.* (*pl.* ***K's, k's*** [-z]).

K 〖化〗 kalium (L. =potassium); kelvin; King. **K.** King; Knight. **k.** karat; kilogram(me)(s); 〖數〗 *konstant* (G. =constant) kopeck(s).

KA Korean Army. **KAAA** Korea Amateur Athletic Association.

Kaa·ba [kɑ́:bə] *n.* Mecca 에 있는 회교 교당.

ka·di [kɑ́:di, kéi-] *n.* =CADI.

KAF Korean Air Force. **KAFA** Korean Air Force Academy.

Kaf·(f)ir [kǽfər] *n.* ⒸⓊ (남아프리카의) 카피르 사람[어]; Ⓒ (k-) =∠ **còrn** 사탕옥수수의 일종.

Kaf·ka [kɑ́:fkɑ:, kə-], **Franz**(1883–1924) 독일의 초현실파 소설가.

kai·ak [káiæk] *n.* =KAYAK.

kail [keil] *n.* =KALE.

***Kai·ser, k-** [káizər] *n.* (G. =Caesar) 카이저《독일 황제·오스트리아 황제의 칭호》; 〖史〗 신성 로마제국 황제의 칭호.

KAL Korean Air Lines.

kale [keil] *n.* ⓊⒸ 양배추의 일종《결구(結球)하지 않음》; 양배추 수프; 《美俗》 돈, 현금.

ka·lei·do·scope [kəláidəskòup] *n.* 만화경(萬華鏡). **ka·lei·do·scop·ic** [-∸-skɑ́p-/-ɔ́-] *a.* 만화경 같은, 변전(變轉) 무쌍한.

kal·ends [kǽləndz] *n.* =CALENDS.

Ka·le·va·la [kɑ̀:ləvɑ́:lə] *n.* 칼레발라 《핀란드의 민족적 서사시》.

ka·li·um [kéiliəm] *n.* 〖化〗 칼륨《영어로는 보통 potassium이라 함》.

kal·pa [kʌ́lpə] *n.* 〖힌두敎〗 겁(劫) 《43억 2천만년》.

kal·so·mine [kǽlsəmàin, -min] *n.* =CALCIMINE.

ka·ma·graph [kɑ́:məgræ̀f, -grɑ̀:f] *n.* 카마그래프《인쇄식 원화 복제기, 또 그것에 의한 복제화》.

Kam·chat·ka [kæmtʃǽtkə] *n.* 캄차카 (반도).

Kan., Kans. Kansas.

***kan·ga·roo** [kæ̀ŋgərú:] *n.* (*pl.* **~s,** 《集合的》 ~) **캥거루.**

kangaróo cóurt 인민 재판, 린치.

kangaróo ràt 캥거루쥐《미국, 멕시코의 사막에서 삶》.

***Kan·sas** [kǽnzəs] *n.* 미국 중앙의 주 《생략 Kan(s).》. **Kán·san** *a., n.*

Kant [kænt], **Immanuel** (1724–1804) 독일의 철학자. **∠·i·an** *a., n.* 칸트(철학)의; 칸트파의 사람.

ka·o·li·ang [kɑ̀:ouliǽŋ] *n.* 고량, 수수.

ka·o·lin(e) [kéiəlin] *n.* Ⓤ 고령토.

ka·on [kéiɑn/-ɔn] *n.* 〖理〗 K 중간자(中間子).

ka·pok [kéipɑk/-pɔk] *n.* Ⓤ 케이폭 《이불용 풀솜》.

kap·pa [kǽpə] *n.* 그리스어 알파벳의 열째 글자《*K, κ*; 영어의 K, k에 해당》.

Ka·ra·chi [kərɑ́:tʃi] *n.* 파키스탄의 수도.

kar·a·kul [kǽrəkəl] *n.* 〖動〗 카라쿨 《우즈베크 산(産)의 양》; Ⓤ 그 (새

끼의) 털가죽《아스트라칸 털가죽 중의 최상등품》.
kar·at [kǽrət] *n.* =CARAT.
kar·ma [ká:rmə] *n.* (Skt. =action) Ⓤ 〖힌두敎·佛〗 갈마(羯磨), 업(業), 인연; 《一般》 운명.
karst [kɑ:rst] *n.* 〖地〗 카르스트《침식된 석회암 대지》.
kar·y·o·plasm [kǽriəplæ̀zəm] *n.* Ⓤ 〖生〗 세포핵질(核質).
kar·y·o·tin [kæ̀rióutin] *n.* Ⓤ 〖生〗 카리오틴, 핵질(核質), 염색질.
kas·bah [kɑ́zbɑ:] *n.* (북아프리카의) 성채(城砦); (북아프리카 도시의) 토민(土民) 구역; 사창가, 술집 거리.
Kásch·in-Béck diséase [kǽʃin-bék] 캐신벡병《음료수 중의 유기산에 의한 뼈의 변형》.
Ka·sha [kǽʃə] *n.* 〖商標〗 모직 복지의 일종. 「지방.
Kash·mir [kæʃmíər] *n.* 인도 북부
KATUSA, Katusa Korean Augmentation Troops to U.S. Army.
ka·ty·did [kéitidìd] *n.* (미국산) 여치의 일종.
kau·ri, -ry [káuri] *n.* (뉴질랜드산) 소나무의 일종; Ⓤ 그 재목〔수지(樹脂)〕. 「인의 작은 가죽배》.
kay·ak [káiæk] *n.* 카약 《에스키모
kay·o [kéióu] *n., vt.* 《美俗》〖拳〗 녹아웃(시키다).
Ka·zak(h)·stan [kɑ̀:zɑ:kstɑ́:n] *n.* 카자흐《서아시아에 있는 독립국 연합의 공화국의 하나》.
K.B. King's Bench《英》 고등 법원. **K.B.E.** Knight Commander of the British Empire. **KBS** Korean Broadcasting System. **kc, kc.** kilocycle(s). **K.C.** King's Counsel; Knights of Columbus. **K.C.B.** Knight Commander of the Bath. **K.C.I.E.** Knight Commander of the Indian Empire. **K.C.M.G.** Knight Commander of St. Michael and St. George. **K.C.S.I.** Knight Commander of (the Order of) the Star of India. **K.C.V.O.** Knight Commander of the (Royal) Victorian Order. **K.D.** knocked down 낙찰(落札).
ke·a [kéiə, kí:ə] *n.* (뉴질랜드 산) 큰 앵무새《양을 잡아먹음》.
Keats [ki:ts], **John** (1795–1821) 영국의 시인.
kedge [kedʒ] *vt., vi.* 닻줄을 당겨서 배를 움직이다; (배가 그같이 하여) 움직이다. ── *n.* = ⌐ **ànchor** kedge 용의 작은 닻.
keek [ki:k] *vi., n.* 《Sc.》 엿보다; 엿보기, 훔쳐봄.
keel** [ki:l] *n.* (배·비행선의) **용골**; 《詩》 배. ***on an even **~** 수평으로 되어. ── *vt., vi.* 〖海〗 전복시키다〔하다〕. **~ *over*** 전복하다; 졸도하다.
keel·haul [⌐hɔ̀:l] *vt.* (벌로 선원을 줄에 묶어) 배 밑을 잠수시키다.
keel·son [kélsn, kí:l-] *n.* 〖海〗 내용골(內龍骨).

‡**keen**[1] [ki:n] *a.* ① **날카로운,** 예리한; **예민한.** ② 살을 에는 듯한, 모진; 신랄한; 강렬한. ③ 격렬한, 강한. ④ **열심인**(*on, to* do). ***kéen·ly** *ad.* ⌐**·ness** *n.*
keen[2] *n., vi., vt.* 《Ir.》 (죽은이를 애도하는) 곡성(을 내다), 통곡하다.
†**keep** [ki:p] *vt.* (*kept*) ① **간직하다,** 갖고 있다; **보존하다;** 맡다. ② **망보다, 지키다.** ③ (약속·비밀을) **지키다.** ④ (어떤 동작을) 계속하다. ⑤ (의식을) 올리다; 축하하다. ⑥ **부양하다,** 기르다, 돌보다. ⑦ 고용해 두다; 경영하다. ⑧ (상품을) **갖춰놓다.** ⑨ (일기·장부에) 써넣다. ⑩ (사람을) 붙들다〔만류하다〕; (집에) 가두다. ⑪ (어떤 위치·상태로) 하여 놓〔두〕다, …을 유지하다. ⑫ 알리지 않다; 허락지 않다; 방해하다(*from*). ***You may* ~ *it.*** 너에게 준다. ── *vi.* ① (어떤 위치·상태에) **있다.** ② …을 계속하다. ③ 머무르다. ④ (음식물이 썩지 않고) **견디다.** ⑤ 《口》 (수업을) 하고 있다. **~ *away*** 가까이 못하게 하다; 가까이 하지 않다. **~ *back*** 삼가다; 억제하다; 감추다. **~ *down*** 진압하다; (감정을) 누르다. **~ *in*** 붙들어 두다; (감정을) 누르다; 가두다, 틀어 박히다. **~ *in with*** 《口》 …와 사이좋게 지내다. **~ *off*** 막다; 가까이 못하게 하다; 떨어져 있다. **~ *on*** …을 입은 채로 있다; 계속해서 하다. **~ *out*** 배척하다; 억제하다; 참여하지〔끼지〕 않다. **~ *to*** (규칙 등을) 굳게 지키다(***K- to the right.*** 우측 통행). **~ *to oneself*** (*vi.*) 교제하지 않다, 혼자 있다; (*vt.*) (사실을) 남에게 감추다. **~ *under*** 누르다; 복종시키다. **~ *up*** 버티다; 유지〔계속〕하다; (밤에) 잠을 못자게 하다; (곤란·병에) 굽히지 않다. **~ *up with*** (사람·시세에) 뒤지지 않다. ── *n.* Ⓤ ① 보양; 음식물; 생활비. ② Ⓒ 아성(牙城). ③ 보존, 유지. ***for* ~*s*** 《口》 (내기에서) 딴 물건은 돌려주지 않는다는 약속으로; 영구히. ‡**kéep·er** *n.* 지키는 사람, **파수꾼,** …지기; 보호자; 관리인; 임자; **사육자;** (경기의) 수비자.
‡**keep·ing** [⌐iŋ] *n.* Ⓤ ① **보존;** 보관, 관리; 유지. ② 부양. ③ 일치, 조화(*with*). ④ 축하, (제전(祭典)의) 거행. ***in*** 〔***out of***〕 **~ *with*** …과 조화하여〔되지 않아〕. 「념품.
***keep·sake** [⌐sèik] *n.* **유품**(遺品); 기
kees·hond [kéishɑ̀nd, -ɔ̀-] *n.* 케이스혼드《Pomeranian 비슷한 네덜란드산의 큰 개》.
kef [keif] *n.* Ⓤ 《中東》 (마약에 의한) 몽환경; (대마에서 낸) 흡연용 마약.
keg [keg] *n.* 작은 나무통《보통 10갤론 이하》; (못) 100파운드.
Kel·ler [kélər], **Helen Adams**(1880–1968) 미국의 여류 저술가.
Kells, The Book of [kelz] 켈즈의 서(書) 《9세기 초에 완성된 라틴어 복음서: cf. Lindisfarne Gospels.》.
ke·loid [kí:lɔid] *n.* 〖醫〗 켈로이드《화

상 뒤에 생기는 종양).
kelp [kelp] *n.* Ⓤ 켈프《옥도(沃度)를 함유하는 거대한 해초》; 해초회(灰).
kel·pie, -py [kélpi] *n.* 〖Sc. 傳說〗 사람을 익사케 하거나 익사를 예고하는 말 모양의 물귀신.
kel·son [kélsn] *n.* =KEELSON. 「&c.
Kelt, Kel·tic, &c. =CELT, CELTIC,
kel·ter [kéltər] *n.* 《英方》=KILTER.
kel·vin [kélvin] *n., a.* 〖理〗 켈빈, 절대 온도(의).
kempt [kempt] *a.* (머리를) 빗질한.
*__ken__ [ken] *n.* ⓊⒸ **시계**(視界); 지식
Ken. Kentucky. 「(인식) 범위.
Ken·ne·dy [kénidi], **John F.** (1917–63) 미국 제 35대 대통령(1961–63).
Kénnedy Róund 케네디라운드《관세의 일괄 인하 교섭》.
*__ken·nel__[1] [kénəl] *n., vt., vi.* ((英) *-ll-*) **개집**(에 넣다; 들어가다, 살다); (*pl.*) 개의 사육장; 사냥개의 떼.
ken·nel[2] (cf. channel) *n.* 도랑.
ken·ning [kéniŋ] *n.* 〖修〗《詩》 대칭(代稱)《sea 를 whale's way로 하는 따위》.
ke·no [kí:nou] *n.* Ⓤ 도박의 일종.
*__Kent__ [kent] *n.* 잉글랜드 남동쭉 끝의 주; 고대 잉글랜드의 한 왕국. **∠·ish** *a., n.* 켄트주(州)의; Kent 왕국의 고대 영어 방언.
*__Ken·tuck·y__ [kəntʌ́ki/ken-] *n.* 미국 남부의 주《생략 Ky., Ken.》; 켄터키강. **Ken·túck·i·an** *a., n.*
Ken·ya [kénjə, kí:n-] *n.* 케냐《아프리카 동부의 공화국》.
kep·i [képi, kéi-] *n.* (F.) 케피 모자《위가 납작한 프랑스 육군의 군모》.
Kep·ler [képlər], **Johann** (1571–1630) 독일의 천문학자.
†**kept** [kept] *v.* keep의 과거(분사).
ker·a·tin [kérətin] *n.* Ⓤ 각소(角素).
ker·a·ti·tis [kèrətáitis] *n.* Ⓤ 〖病〗 각막염(角膜炎).
kerb(·stone) [kə́:rb(stòun)] *n.* 《英》 =CURBSTONE. 「건.
ker·chief [kə́:rtʃif] *n.* 목수건; 손수
kerf [kə:rf] *n.* (톱으로) 켠 자국(면); (도끼 따위로) 자른 면(자국).
ker·mes [kə́:rmi(:)z] *n.* Ⓤ 연지, 양홍(洋紅); Ⓒ 참나무의 일종.
ker·mis, -mess [kə́:rmis] *n.* (네덜란드·벨기에 등지의) 명절날의 장; 자선시(慈善市).
*__ker·nel__ [kə́:rnəl] *n.* (과실의) **인**(仁); 낟알; 핵심, 골수. 「(燈油).
*__ker·o·sene__ [kérəsì:n, ∸–∠] *n.* **등유**
ker·sey [kə́:rzi] *n.* Ⓤ 커지 천《투박한 나사》. 「《유럽산》.
kes·trel [késtrəl] *n.* 〖鳥〗 황조롱이
ketch [ketʃ] *n.* 두대박이 (범선)의 일
*__ketch·up__ [kétʃəp] *n.* Ⓤ **케첩**. 「종.
ke·tone [kí:toun] *n.* 〖化〗 케톤.
‡**ket·tle** [kétl] *n.* 솥; 주전자, **탕관**. *a* (*nice, fine, pretty*) *∼ of fish* 대혼란, 곤란한 지경.
ket·tle·drum [-drʌm] *n.* (*pl.*) =TIMPANI. 「자 볼트.
kev kiloelectron volt 〖理〗 1, 000 전

‡**key**[1] [ki:] *n.* ① **열쇠**. ② (국면을 지배하는, 해결의) 실마리, 열쇠; 해답(서). ③ (기계 장치의) 핀, 볼트. ④ 중요 지점, 요충지; 중요한 사람(물건). ⑤ (피아노·타이프라이터 따위의) 키, 건(鍵). ⑥ 〖樂〗 조(調)(*∼ of C sharp minor* 올림 다단조(短調)); (목소리 등의) 가락; 색조; (문체 따위의) 기조(基調). ⑦ 〖電〗 회로 개폐기; 전건(電鍵). ⑧ 〖廣告〗(광고 효과를 알기 위한) 반응 측정 문구. **—** *a.* 주요한 (*the ∼ industries* 기간 산업). **—** *vt.* ① 쇠를 채우다; 열쇠(나사마개)로 잠그다(*in, on*). ② 가락을 맞추다; 〖樂〗 정조(整調)하다. *∼ up* 가락을 올리다; 고무하다. **keyed** [-d] *a.* 건(鍵)이 있는.
key[2] [ki:] *n.* 모래톱; 산호초(礁).
*__key·board__ [kí:bɔ̀:rd] *n.* (피아노·타이프라이터 따위의) **건반**.
key·hole [∠hòul] *n.* 열쇠 구멍.
kéyhole repòrter 가십 기자.
kéy índustry 기간(基幹) 산업.
key·man [∠mæ̀n] *n.* (기업 등의) 중심 인물. 「는) 보증금, 권리금.
kéy mòney 《英》 (세든 사람이 내
Keynes [keinz], **John Maynard** (1883–1946) 영국의 경제 학자.
*__key·note__ [kí:nòut] *n.* 〖樂〗 **주조음**, 으뜸음; (정책 등의) 기조(基調).
kéynote addréss (**spéech**) 《美》 (정당의) 기조 연설.
kéy pàttern 卍자 무늬, 뇌문(雷紋).
kéy pòint 요충, 요점, 관건(關鍵).
key·punch [kí:pʌntʃ] *n., vi.* (컴퓨터 카드 따위에) 구멍 뚫는 기계(로 구멍을 뚫다). **∼·er** *n.* 키펀치 조작
kéy rìng 열쇠 고리. 「인, 키펀처.
kéy sìgnature 〖樂〗 조호(調號).
kéy státion 주요국(局) 《네트워크 프로그램 제작의 중심 방송국》.
key·stone [∠stòun] *n.* (아치의) 마루돌; 중추, 요지(要旨).
kéy stòne effèct 〖TV〗 (화면의) 위가 퍼지는 현상.
Kéystone Státe, the 펜실베이니아주의 딴 이름.
key·stroke [∠stròuk] *n.* (타이프나 워드프로세서의) 키 한 번 누르기.
kéy vísual 〖廣告〗 텔레비전 광고에서 가장 중요한 포인트가 되는 한 화면.
kéy wórd (암호 해독 등의) 열쇠가 되는 말 ; 주요어, 주요 단어.
KFX Korean Foreign Exchange.
kg., kg keg(s); kilogram(s). **K.G.** Knight of the Garter. **KGB** (R.) *Komitet Gosudarstvennoi Bezopasnosti* 소련 국가 보안 위원회.
*__khak·i__ [ká:ki, kǽki] *n., a.* **카키색**(의) (옷·옷감).
kha·lif [kéilif, kǽl-] *n.* =CALIPH.
khan[1] [ka:n, kæn] *n.* 칸, 한(汗)《타타르·몽고 등의 군주(君主)나 이란·아프가니스탄 등의 고관의 칭호》.
khan[2] *n.* (터키 지방의) 대상(隊商)의 숙사. 「독의 칭호.
khe·dive [kədí:v] *n.* 〖史〗 이집트 총

K

Khmer [kmεər] *n.* 크메르족; Ⓤ 크메르 언어.

Khrush·chev [krúːʃtʃef, -tʃɔːf], **Nikita Sergeyevich** (1894–1971) 소련의 전 수상(재직 1958–64).

KHz kilohertz. 「레박.

kib·ble[1] [kíbl] *n.* 《英》 (광산용의) 두

kib·ble[2] *vt.* 거칠게 갈다〔빻다〕.

kib·butz [kibúːts] *n.* 키부츠《이스라엘의 집단 농장》. 「瘡).

kibe [kaib] *n.* (발뒤꿈치의) 동창(凍

kib·itz [kíbits] *vi.* 《口》 쓸데없는 참견을 하다. **∼·er** *n.* 주제넘은 훈수꾼《특히 카드놀이 등에서》.

ki·bosh [káibɑʃ/-bɔʃ] *n.* 《口》 실없는 소리. ***put the ∼ on*** 해치우다, 끝장짓다.

‡**kick** [kik] *vt.* ① (걷어) **차다**; (총이 사수의 어깨를) 반동으로 치다 (따위). ② 《美方》 (구혼자 따위를) 퇴짜놓다; 〖蹴〗 골에 공을 차넣다. **—** *vi.* ① 차다(*off*); 총이 반동으로 튀다. ② 《口》 반항하다, 불평을 말하다. ***∼ back*** 《口》 갑자기 되튀다; (훔친 금품 따위를) 주인에게 되돌려주다; 《美俗》 수입 수수료로서 반환하다. ***∼ in*** 《俗》 죽다; 헌금하다; 돈을 갚다. ***∼ it*** 《美俗》 도망가다. ***∼ off*** 〖蹴〗 킥오프하다; 《口》 시작하다; 《俗》 죽다. ***∼ out*** 《口》 걷어차 쫓아내다; 해고하다. ***∼ up*** …을 차올리다; (소동 따위를) 일으키다. **—** *n.* ① **차기**; 한번 차기; (총의) 반동. ② 《口》 반항, 거절, 불평; (the ∼) 해고. ④ 《口》 흥분, 드릴. ⑤ 〖蹴〗 킥; 차는 사람. ⑥ 《口》 (위스키 등의) 자극성. ⑦ (병밑의) 불쑥 올라온 바닥. ***get the ∼*** 해고당하다.

kick·back [ˊbæ̀k] *n.* 《美口》 (급격한) 반동, 반발; 부당한 수입의 상납; (급료의 일부를) 떼어내기.

kíck bòxing 킥복싱.

kick·off [ˊɔːf/-ɔ̀f] *n.* 〖蹴〗 킥오프.

kick·shaw [ˊʃɔ̀ː] (<F. *quelque chose*) *n.* 훌륭한 요리, 별미(別味); 시시한〔하찮은〕 것 (trifle).

kick·sort·er [ˊsɔ̀ːrtər] *n.* 〖電〗 박동선별(拍動選別) 기록계. 「동.

kick·up [ˊʌ̀p] *n.* 차올리기; 《口》 소

‡**kid**[1] [kid] *n.* ① **새끼 염소**. ② Ⓤ 그 가죽〔고기〕, 키드. ③ (*pl.*) 키드 장갑〔구두〕. ④ 《口》 **어린애**.

kid[2] *vt., vi.* (**-dd-**) 《口》 놀리다; 속이다. ***No ∼ding!*** 《美口》 농담마라.

Kidd [kid], **William** (*'Captain Kidd'*) (1645?–1701) 영국의 해적.

kid·der [kídər] *n.* 《口》 속이는〔놀리는〕 사람. 「꼬마.

kid·die, -dy [kídi] *n.* 《口》 어린애,

kid·nap** [kídnæ̀p] *vt.* ((英) ***-pp-) (어린애를) **채가다, 유괴하다**. **∼·er,** 《英》 **∼·per** *n.* 유괴자. **∼·ing,** 《英》 **∼·ping** *n.* 유괴.

kid·ney** [kídni] *n.* ① **신장(腎臟)**, 콩팥. ② 성질; 종류. ***contracted ∼ 〖醫〗 위축신(萎縮腎).

kídney bèan 강낭콩.

kídney machìne 인공 신장.

kídney stòne 〖鑛〗 연옥(軟玉); 〖解〗 신장 결석(結石).

kíd('s) stùff 《俗》 하찮은 것〔일〕.

kier [kiər] *n.* (표백·염색용의) 큰 솥.

kike [kaik] *n.* 《美俗》 《蔑》 유대인.

Ki·ku·yu [kikúːjuː] *n.* (Kenya 지방의) 키쿠유 토인〔어〕.

Kil·i·man·ja·ro [kilimənd͡ʒáːrou] *n.* Tanganyika에 있는 아프리카의 최고봉.

†**kill**[1] [kil] *vt.* ① **죽이다**; 말라 죽게 하다. ② (병·바람의) 기세를 꺾다. ③ (시간을) 보내다. ④ (소리를) 죽이다. ⑤ 엷게 하다; 약하게 하다. ⑥ (의안 따위를) 부결하다; 〖電〗 (회로를) 끊다. ⑦ 지치게하다; 뇌쇄(惱殺)하다. ***dressed*** 〔***got up***〕 ***to ∼*** 홀딱 반할 몸차림으로. ***∼ by inches*** 애태우며〔괴롭히며〕 천천히 죽이다. ***∼ oneself*** 자살하다. ***∼ or cure*** 운을 하늘에 걸고. ***∼ with kindness*** 친절이 지나쳐 도리어 화가 미치게 하다. **—** *n.* 살생; (사냥의) 잡은 것. ***ˊ·er** *n.* **죽이는 사람**〔동물·것〕; 살인자; =**ˊer whàle** 범고래. ***ˊ·ing** *a., n.* **죽이는**; 힘겨운; 뇌쇄적인; 《美》 우스워 죽을 지경인; ⓊⒸ **죽이는 일**, 도살; Ⓒ 사냥에서 잡은 것; 《口》 큰 벌이〔수지〕.

kill[2] *n.* 《美方》 수로(水路), 시내.

kíll-and-rún wár [kílənrʌ́n] 게릴라 전. 「미산) 물떼새의 일종.

kill·deer [kíldìər], **-dee** [-dìː] *n.* (북

kill-joy [kíld͡ʒɔ̀i] *n.* 흥을 깨뜨리는 사람(cf. wet blanket). 「살생률.

kíll ràte〔**ràtio**〕 (전쟁·폭동 등의)

kill-time [ˊtàim] *n.* 소일 (거리).

kiln [kiln] *n.* 가마(oven), 노(爐).

kil·o [kí(ː)lou/kíːlou] *n.* (*pl.* **∼*s***) 킬로 (그램, 미터, 리터 따위).

kilo- *pref.* 「천」의 뜻. **ˊ·cal·o·rie** [kíləkæ̀ləri] *n.* 킬로칼로리 《천칼로리》. **ˊ·cy·cle** [-sàikl] *n.* =KILOHERTZ. **ˊ·e·léc·tron vólt** [-iléktran/-ɔn] 〖電〗 킬로엘렉트론볼트《생략 kev》. ***ˊ·gram,** 《英》 **ˊ·gramme** [-græ̀m] *n.* **킬로그램**《생략 kg》. **ˊ·gram-me·ter,** 《英》 **ˊ·gramme-me·tre** [-græ̀mmíːtər] *n.* 킬로그램미터 《1kg의 물건을 1m 올리는 일의 양》. ***ˊ·hertz** [-hə̀ːrts] *n.* **킬로헤르츠**《주파수의 단위》. ***ˊ·li·ter,** 《英》 **ˊ·li·tre** [-lìːtər] *n.* **킬로리터**. ***ˊ·me·ter,** 《英》 **ˊ·me·tre** [-mìːtər] *n.* **킬로미터**. **ˊ·ton** [-tʌ̀n] *n.* 1000톤; (원·수폭의) TNT 1000톤 상당의 폭파력. ***ˊ·watt** [-wɑ̀t/-ɔ̀-] *n.* **킬로와트**《전력 단위, 1000와트》. **ˊ·watt-hour** [-wɑ̀táuər/-ɔ̀-] *n.* 킬로와트 시(時)《1시간 1킬로와트의 전력》.

kilt [kilt] *n.* 킬트 《스코틀랜드 고지 지방의 남자용 짧은 치마》. **—** *vt.* 접어〔걷어〕 올리다 (tuck up); 주름을 잡다. **ˊ·ed** [ˊid] *a.* 킬트를 입은; 세로 주름이 있는.

kil·ter [kíltər] *n.* Ⓤ 《美口》 좋은 상태, 호조(好調) (*Our radio is in* 〔*out of*〕 *∼.* 우리 라디오는 상태가

좋다〔나쁘다〕).
kim·chi [kímtʃi] *n.* (Korean) 김치.
ki·mo·no [kimóunə] *n.* (Jap.) 일본 옷; 여성용 느슨한 화장옷.
kin** [kin] *n.* **친척**; 혈족 관계. ***near 〔***next***〕 ***of*** ～ (최)근친인. ***of*** ～ 친척인; 같은 종류인. ～**·ship** [ˊʃip] *n.* ⓊⒸ 혈족 관계; 유사(類似).
ki·nase [káineis, kín-] *n.* 〖生〗 키나아제《효소의 일종》.
†**kind**[1] [kaind] *a.* **친절한**; 상냥한. ‡ˊ**·ness** *n.* ⓊⒸ **친절**(한 태도·행위), 상냥함; 우정.
†**kind**[2] *n.* ① **종류**; 종족, 부류. ② Ⓤ **성질**. ***in*** ～ (돈 아닌) 물품으로(*payment in* ～ 현물 급여〔지급〕); 같은 (종류의) 물건으로; 본질적으로. ～ ***of*** 《口》 거의; 오히려; …과 같은. ***of a*** ～ 같은 종류의; 이름〔명색〕뿐인, 엉터리의. 「=KIND[2] of.
kind·a [ˊə], **kind·er** [ˊər] *ad.* 《俗》
***kin·der·gar·ten** [kíndərgɑ̀:rtn] *n.* (G.) **유치원**. ～**·er**, **-gart·ner** *n.* (유치원의) 원아; 보모. 「절〔상냥〕한.
kind·heart·ed [káindhɑ́:rtid] *a.* 친
‡**kin·dle** [kíndl] *vt.* ① **불을 붙이다**; 점화하다. ② 밝게 하다. ③ (정열 따위를) 타오르게 하다. — *vi.* **불이 붙다**; 빛나다; 흥분하다. 「시개.
kin·dling [-iŋ] *n.* (보통 *pl.*) Ⓤ 불쏘
‡**kind·ly** [káindli] *a.* ① 친절한, **상냥한**. ② (기후가) 온화한. — *ad.* ① **친절히**, 상냥하게. ② 기꺼이, 쾌히. ***take*** (***it***) ～ (그것을) 선의로 해석하다; 쾌히 받아들이다. ***take*** ～ ***to*** …을 좋아하다. ***kínd·li·ness** *n.* Ⓤ **친절**(한 태도).
‡**kin·dred** [kíndrid] *n.*, *a.* ① **혈족**(의), 일가 권속(의). ② ⓊⒸ 친척 관계(의); 유사(類似)(한). 「(cows).
kine [kain] *n.* *pl.* 《古·方》 (암)소
kin·e·ma [kínəmə] *n.* =CINEMA.
kin·e·mat·ic [kìnəmǽtik / kàin-, kìn-] *a.* 〖理〗 운동학(상)의. ～**s** *n.* 운동학.
kin·e·mat·o·graph [kìnəmǽtəgræ̀f/kàinimǽtəgrɑ̀:f, kìn-] *n.* = CINEMATOGRAPH.
Kin·e·scope [kínəskòup] *n.* 〖商標〗 키네스코프《텔레비전 수상용 브라운관》; 키네스코프 녹화.
ki·ne·sics [kiní:siks, kai-] *n.* (의사전달 수단으로서의) 신체 동작 연구.
kin·es·thet·ic [kìnəsθétik, kài-] *a.* 근육 운동 감각의.
ki·net·ic [kinétik, kai-] *a.* 〖理〗 운동의〔에 의한〕; 활동력이 있는. ～**s** *n.* 동역학(動力學).
kinétic árt 움직이는 예술.
kinétic énergy 〖理〗 운동 에너지.
kin·folk(s) [kínfòuk(s)] *n.* *pl.* 《口》 =KINSFOLK(S).
†**king** [kiŋ] *n.* ① **왕**, 국왕. ② (K-) 신, 그리스도. ③ 왕에 비기는 것; 최상급의 종류. ④ (카드의) **킹**, (체스의) 왕. ⑤ (Kings) 〖舊約〗 열왕기(列王記) 《상·하 2부》. ～ ***of beasts*** 백수(百獸)의 왕(lion). ～ ***of birds*** =EAGLE. ***K- of Kings*** 천제(天帝), 황제; 예수. *ˊ**·ly** *a.*, *ad.* **왕의**; 왕다운〔답게〕; 위엄 있는. ～**·ship** [kíŋʃip] *n.* Ⓤ 왕의 신분〔자리·권리〕. 「딱새류(類).
king·bird [ˊbə̀:rd] *n.* (아메리카산)
king·bolt [ˊbòult] *n.* 〖機〗 중심볼트.
kíng cóbra 킹코브라《동남아산의 큰 독사》.
kíng cráb 〖動〗 참게.
king·craft [ˊkræ̀ft, -ɑ̀:-] *n.* Ⓤ 왕정(王政), 왕도.
‡**king·dom** [ˊdəm] *n.* ① **왕국**. ② 〖生〗 …계(界). ③ (연구의) 분야. ***the animal*** 〔***vegetable, mineral***〕 ～ 동물〔식물, 광물〕계.
kíngdom cóme 저승, 천국.
king·fish [ˊfìʃ] *n.* 북미 연안의 대형 식용어; 《美口》 거물, 거두.
king·fish·er [ˊfìʃər] *n.* 〖鳥〗 물총새.
Kíng Jámes Vérsion =AUTHORIZED VERSION. 「나라의 왕.
king·let [ˊlit] *n.* 소왕(小王); 작은
King-of-Arms [ˊəvɑ́:rmz] *n.* (*pl.* ***Kings-of-Arms***) 《英》 문장국(紋章局) 장관.
king·pin [ˊpìn] *n.* (볼링의) 전면〔중앙의〕 기둥; 《口》 중요 인물, 우두머리; =KINGBOLT.
kíng pòst 〖建〗 마룻대공.
Kíng's Énglish, the ⇨ENGLISH.
kíng's évil ⇨EVIL. 「道).
kíng's híghwày (천하의) 공도(公
king-size(d) [kíŋsàiz(d)] *a.* 《口》 특대형의.
kíng snàke (미국 남부의) 큰 뱀《무독》.
kíng's ránsom 거액의 돈.
Kíng Stórk 폭군.
kink [kiŋk] *n.* 엉클어짐, 꼬임; 비틀림(twist); 근육의 경련; 성질의 빙퉁그러짐; 괴팍한 성질; 옹고집, 변덕; 결함. — *vi.*, *vt.* 엉클어지(게 하)다. ˊ**·y** *a.*
kin·ka·jou [kíŋkədʒù:] *n.* 〖動〗 완웅(浣熊)《너구리의 일종》. 「부츠.
kínky bóot 검은 가죽의 여성용 긴
Kin·sey [kínzi], **Alfred C.** (1894–1956) 미국의 동물학자·성 연구가. ～***'s report*** 킨제이 보고. 「척.
kins·folk(s) [kínzfòuk(s)] *n.* *pl.* 친
***kins·man** [kínzmən] *n.* **남자 친척**.
kins·wom·an [-wùmən] *n.* 여자 친척.
ki·osk [kí:ɑsk/kí(:)ɔsk] *n.* (터키 등지의) 정자; (역의) 매점; (지하철의) 입구; (재즈 따위의) 연주 대(臺).
kip [kip] *n.* Ⓤ 작은〔어린〕 짐승의 가죽; 그 가죽의 묶음.
Kip·ling [kípliŋ], **Rudyard** (1865–1936) 영국의 소설가.
kip·per [kípər] *n.* 말린 〔훈제(燻製)의〕 청어〔연어〕; 산란기 중〔후〕의 연어 수컷. — *vt.* 건물(乾物) 〔훈제〕로 하다.
Kir·ghiz [kiərgí:z / kə́:rgiz] *n.* 키르기즈 사람《중앙 아시아 서부의 몽고 인종》; Ⓤ 키르기스 어.
kirk [kə:rk] *n.* 《Sc.》 =CHURCH.
kir·mess [kə́:rmis] *n.* =KERMIS.

kir·tle [kə́:rtl] *n.* 《古》 스커트, 슬립, 여성복; (남자용) 짧은 겉옷. 「운명.
kis·met [kízmet, -s-] *n.* (Turk.) Ⓤ
†**kiss** [kis] *n., vt., vi.* ① 키스[입맞춤](하다). ② 가볍게 스치다[스치기]. ③ 당과(糖菓)의 일종. ***blow a*** ~ (손시늉으로) 키스를 보내다. ~ ***away*** (눈물을) 키스로 닦아 주다. ~ ***one's hand to*** …에게 키스를 던지다. ~ ***the Bible*** [***Book***] 성서에 입맞추고 선서하다. ~ ***the dust*** 굴복하다. ~ ***the ground*** 넙죽 엎드리다; 굴욕을 당하다.
kíssing cóusin[**kín**] (만나면 인사나 할 정도의) 먼 친척.
kíssing diséase 전염성 단핵증(單核症), 키스 병. 「직, 해고.
kiss-off [ˊɔ̀(:)f, -ɑ̀f] *n.* 《美俗》 면
KIST Korea Institute of Science and Technology.
***kit**[1] [kit] *n.* ① 《英》 나무통, 통. ② ⓊⒸ 《주로 英》 장구(裝具), 장비, 복장 일습. ② (장색의) 연장[용구] 그릇, 용구 상자. ③ 연장[용구] 일습. ④ =KITBAG. ⑤ 《口》 전부, 모
kit[2] *n.* 새끼 고양이. 「두 다.
kit·bag [kítbæ̀g] *n.* 〖軍〗잡낭(雜囊); (아가리가 큰) 여행 가방.
†**kitch·en** [kítʃən] *n.* 부엌, 주방.
kítchen càbinet (대통령·장관의) 사설 고문단; 찬장.
kitch·en·et(te) [kìtʃənét] *n.* (아파트 따위의) 간이 부엌. 「園).
kítchen gàrden 남새밭, 채원(菜
kítchen gàrdener 야채 재배 농가.
kitch·en·maid [kítʃənmèid] *n.* 부엌데기, 식모.
kítchen mìd·den [mìdn] (< Du.) 〖考〗 조개무지.
kítchen políce 〖軍〗 취사 근무; 《集合的》 취사병《생략 K. P.》.
kítchen stùff 찬거리; 부엌 찌꺼기.
kítchen ùnit 《英》 부엌 설비 일습 《하수대·조리대·찬장 등》.
kitch·en·ware [-wὲər] *n.* Ⓤ 취사도구, 부엌 세간.
kite** [kait] *n.* ① 솔개. ② 연. ③ 사기꾼. ④ 〖商〗 융통 어음. ⑤ (*pl.*) 〖海〗 제일 높은 돛《미풍인 때 침》. ***fly a ~ 연을 날리다; 여론을 살피다. — *vi.* 《口》 솔개처럼 날다; 빠르게 움직이다. — *vt.* 〖商〗 융통 어음으로 바꾸다.
kith [kiθ] *n.* 《다음 用法으로만》. ~ ***and kin*** 친척 (연고자), 일가 친척.
kitsch [kitʃ] *n.* 통속 문학(의 재료).
‡**kit·ten** [kítn] *n.* ① 새끼 고양이. ② 말괄량이. ***have*** (***a litter of***) ~***s*** 《美俗》 안절부절 못하다; 잔뜩 화내다. ~·**ish** *a.* 새끼 고양이 같은; 해롱거리는; 요염한. 「일종.
kit·ti·wake [kítiwèik] *n.* 갈매기의
kíttle càttle 《集合的》 사나운 황소; 《美方》 다루기 힘든 패거리.
***kit·ty**[1] [kíti] *n.* 새끼 고양이(kitten).
kit·ty[2] *n.* (포커의) 판돈; 공동 자금.
Ki·wa·nis [kiwɑ́:nis] *n.* 키와니스클럽《미국·캐나다 실업가의 사교 단체 (1915 결성)》. **-ni·an** *a., n.*
ki·wi [kí:wi(:)] *n.* 키위《뉴질랜드산의 날개 없는 새》; 《口》 뉴질랜드 사람; 《英空俗》 (공군의) 지상 근무원.
KKK, K.K.K. Ku Klux Klan.
kl, kl. kiloliter.
Klan [klæn] *n.* =Ku Klux Klan.
Klax·on [klǽksən] *n.* 〖商標〗 클랙슨 《자동차의 전기 경적》.
Klee [klei], **Paul** (1879–1940) 스위스의 추상파 화가. 「paper의 일종.
Kleen·ex [klí:neks] *n.* 〖商標〗 tissue
klep·to·ma·ni·a [klèptəméiniə, -njə] *n.* (병적) 도벽(盜癖). **-ni·ac** [-niæ̀k] *n.* 절도광. 「아크 등(燈).
klíeg lìght [klí:g] 《美》〖映〗 촬영용
Klíne tèst [kláin] 클라인 시험《매독 혈청의 침강 반응》.
Klys·tron [kláistrən, klís-] *n.* 〖商標·電子〗 클라이스트론 (진공관), 속도 변조관(變調管).
km, km. kilometer(s). **KMA** Korean Military Academy. **KMAG** Korean Military Advisory Group.
KMC Korean Marine Corps.
K-mes·on [kéimézɑn, -mí:sɑn] *n.* 〖理〗 K 중간자(kaon).
KNA Korean Naval Academy.
***knack** [næk] *n.* ① 숙련된 기술; 요령. ② 버릇.
***knap·sack** [nǽpsæ̀k] *n.* 배낭.
‡**knave** [neiv] *n.* ① 악한, 무뢰한. ② 〖카드〗 잭. ③ 《古》 하인, 신분이 낮은 사내. **knáv·er·y** *n.* 무뢰한의 행위; Ⓤ 부정, 속임, 사기. **knáv·ish** *a.* 악한의[같은]; 부정한.
***knead** [ni:d] *vt.* 반죽하다; 안마하다.
knead·ing-trough [ˊiŋtrɔ̀:f/-trɔ̀f] *n.* 반죽통.
†**knee** [ni:] *n.* ① 무릎; 무릎 모양의 것. ② (옷의) 무릎 (부분). ***bring*** (***a person***) ***to one's*** ~***s*** 굴복시키다. ***fall*** [***go down***] ***on one's*** ~***s*** 무릎을 꿇다. ***on hands and*** ~***s*** 기어서. ***on the*** ~***s of the gods*** 인력(人力)이 미치지 않는; 미정의. — *vt.* 무릎으로 대다[스치다].
knée brèeches (궁내관(宮內官) 등의) 반(半)바지. 「무릎 받이.
knee·cap [ˊkæ̀p] *n.* 슬개골, 종지뼈;
knee-deep [ˊdí:p] *a.* 무릎 깊이의.
knee-high [ˊhái] *a.* (신발 따위) 무릎 높이의.
knée jèrk 〖醫〗 무릎[슬개] 반사.
knée jòint 무릎 관절.
‡**kneel** [ni:l] *vi.* (***knelt,*** ~***ed***) 무릎 꿇다 (*before, down, to*). 「가리개.
knee·pad [ní:pæ̀d] *n.* (보호용) 무릎
knee·pan [ˊpæ̀n] *n.* 슬개골, 종지뼈.
***knell** [nel] *n.* 조종(弔鐘) (소리); 불길한 징조. — *vt., vi.* (조종을[이]) 울리다; 슬픈 소리를 내다; 궂은 일을 알리다.
‡**knelt** [nelt] *v.* kneel의 과거(분사).
†**knew** [nju:] *v.* know의 과거.
Knick·er·bock·er [níkərbɑ̀kər / -bɔ̀-] *n.* (네덜란드계(系)) 뉴욕 사람; (k-) (*pl.*)=**knickers** 무릎 아래에서

졸라매는 낙낙한 반바지.

knick·knack [níknæ̀k] *n.* 자지레한 장식품; (장식용) 골동품.

†**knife** [naif] *n.* (*pl.* **knives**) 나이프, 식칼; 메스. ***cut like a*** ~ (바람 따위가) 살을 에는 듯하다. ***under the*** ~ 외과 수술을 받아. —*vt.* 나이프로 베다; 단도로 찌르다〔찔러 죽이다〕; 비겁한 수법으로 해치우려 하다.

knífe grìnder 칼 가는 사람.

knife-ma·chine [náifməʃì:n] *n.* 칼 가는 기구.

knife-point [ˊpɔint] *n.* 나이프의 칼끝. ***at*** ~ 나이프로 위협받고.

knífe swìtch 〚電〛 나이프스위치 《칼 모양의 개폐기》.

‡**knight** [nait] *n.* ① (중세의) **기사.** ② 《英》 나이트작(爵)의 사람 《baronet의 아래로 Sir의 칭호가 허용됨》. ③ 〚체스〛 나이트. ***Knights of Columbus*** 미국 카톨릭 자선회(1882 창립). ***Knights of the Round Table*** (Arthur 왕의) 원탁(圓卓) 기사단. —*vt.* 나이트작(爵)을 주다. **knígh t-hood** [ˊhùd] *n.* Ⓤ 기사의 신분, 기사도, 기사 기질(氣質); 《集合的》 기사단. ***knígh t·ly** *a., ad.* **기사의;** 기사다운〔답게〕, 용감한.

knight-er·rant [ˊérənt] *n.* (*pl.* ***knights-errant***) 무사 수행자(修行者). ~**·ry** *n.* 무사 수행.

Knígh t Témplar (*pl.* ***Knights Templars***) 〚史〛 템플 기사단《성지 순례와 성역(聖域) 보호를 목적으로 하는》; (미국의 비밀 결사) 'Knights Templars'의 일원(一員).

‡**knit** [nit] *vt.* (~***ted, knit; -tt-***) ① **뜨다, 짜다.** ② 밀착시키다. ③ (눈살을) 찌푸리다. —*vi.* 편물〔뜨개질〕하다; 접합하다. ***well-***~ (***frame***) 짝 짼 (체격). ~ ***goods*** 메리야스류.

knit·ting [nítiŋ] *n.* ⓊⒸ 뜨개질, 편물, 뜨개질 세공.

knítting machìne 메리야스 기계, 편물기.

knítting nèedle 뜨개 바늘.

knit·wear [ˊwɛ̀ər] *n.* Ⓤ 니트웨어, 편물(류).

‡**knives** [naivz] *n.* knife의 복수.

knob** [nɑb/-ɔ-] *n.* **마디,** 혹; (도어의) **손잡이;** 《美》 작고 둥근 언덕. ***with ~s on 《俗》 게다가, 설상가상으로. ˊ**·by** *a.* 마디 〔혹〕 많은, 마디〔혹〕같은.

†**knock** [nɑk/-ɔ-] *vt.* ① **치다;** (문을) **두드리다;** 부딪치다. ② 《俗》 깜짝 놀라게 하다. ③ 《美口》 깎아내리다, 헐뜯다. —*vi.* ① 치다; (문을) 두드리다; 부딪다. ② (엔진이) 덜거덕거리다; 《美口》 험담하다. ~ ***about*** (남을) 학대하다; 두들겨 패다; 《口》 배회하다. ~ ***against*** 충돌하다; (공교롭게) 만나다. ~ ***away*** 두들겨서 떼다〔벗기다〕. ~ ***back*** 《俗》 (술을) 단숨에 들이켜다. ~ ***cold*** 때려 기절시키다; = ~ out. ~ ***down*** 때려 눕히다; 분해하다; (경매에서) 경락(競落)시키다(*to*); 《俗》 (급료를) 타다, 벌다. ~ ***for a goal*** =~ for a loop. ~ ***for a loop*** 《美俗》 완전히 해치우다, 재빨리 처치〔처리〕하다, 아연케 만들다. ~ ***in*** 두들겨 넣다, 처박다. ~ ***into a cocked hat*** 쳐부수다, 엉망을 만들다. ***K- it off!*** 《美俗》 (이야기·농담을) 그만둬라! ~ ***off*** 두드려 떨어버리다; (일을) 중지하다; 《口》 제꺽제꺽 해치우다; 《美俗》 …을 죽이다. ~ ***out*** 두들겨 보내다; 〚拳〛 녹아웃시키다. ~ ***over*** 쳐서 쓰러뜨리다. ~ ***together*** 충돌시키다〔하다〕; 벼락치기로 만들다, 급조하다. ~ ***under*** 항복하다(*to*). ~ ***up*** 두들겨 일으키다; 쳐 올리다; 《英口》 녹초가 되(게 하)다; 벼락치기로 만들다. —*n.* 치기; (문을) 두드림, 그 소리, 노크; (엔진의) 노킹(소리). —*a.* 시끄러운; (노동복 등이) 튼튼한. *ˊ**·er** *n.* **두들기는 사람**〔것〕; 문에 달린 노크하는 쇠. ˊ**·ing** *n.* (엔진의) 노킹.

knock·a·bout [ˊəbàut] *n.* 〚海〛 소형 돛배의 일종.

***knock·down** [ˊdàun] *a.* ① **타도하는,** 압도적인. ② (가구 등이) 조립식인. ③ 최저 가격의. —*n.* ① 때려 눕힘, 압도적인 것. ② 조립식 가구(따위). ③ 할인. ④ 치고받음. ⑤ Ⓤ 《俗》 독한 술.

knock·down-and-drag·out [nɑ́kdàunəndrǽgàut/nɔ́k-] *a.* 가차없는, 철저한, 압도적인.

knóckdown expòrt 현지 조립 수출.

knock-kneed [ˊnì:d] *a.* 안짱다리의.

knock-off [ˊɔ̀:f, -ɑ̀f / -ɔ̀f] *n.* (일의) 중지; 그 시간; (기계 등의) 급정지; 《美》 복식 디자인의 복제(復製).

knock·on [ˊɑ̀n/-ɔ̀n] *a.* (소립자 등이) 충격에 의해 방출되는.

***knock·out** [ˊàut] *n.* ① 〚拳〛 **녹아웃;** 큰 타격. ② 《口》 굉장한 것〔사람〕.

knoll [noul] *n.* 작은 둔덕〔산〕.

‡**knot** [nɑt/-ɔ-] *n.* ① **매듭;** 나비매듭. ② 혹; (나무의) 마디. ③ **무리,** 떼. ④ 곤란, 난국; 분규. ⑤ 〚海〛 **노트,** 해리(海里). ***cut the*** (***Gordian***) ~ 어려운 일을 과감하게 처리하다. —*vt.* (***-tt-***) 매다; 매듭을 짓다. —*vi.* 매어〔맺어〕지다. **knot·ted** [ˊid], ˊ**·ty** *a.* 매듭 있는; 마디〔혹〕많은; 엉킨; 해결이 어려운.

knot·head [nɑ́thèd/-ɔ́-] *n.* 멍텅구리.

knot·hole [ˊhòul] *n.* 옹이 구멍.

†**know** [nou] *vt., vi.* (***knew;*** ~***n***) ① **알(고 있)다;** 이해〔체험〕하고 있다. ② 인지하다; **분간〔식별〕하다.** ~ ***a thing or two*** 《口》 빈틈이 없다, 세상 물정에 밝다. ~ ***of*** …에 관하여 알고 있다. ~ ***what's what*** 만사(萬事)를 잘 알고 있다. ***not that I*** ~ ***of*** 《口》 내가 알기로는 그렇지 않다. ***you*** ~ 아시다시피. —*n.* 《口》 숙지(熟知) 《다음의 用法뿐》 ***be in the*** ~ 사정〔내막〕을 잘 알고 있다. ˊ**·a·ble** *a.* 알 수 있는.

know-how [ˊhàu] *n.* Ⓤ (어떤 일을 하는 데의) 지식, 요령.

‡**know·ing** [ˊiŋ] *a.* ① **알고 있는;** 빈틈 없는. ② 아는 체하는. ③ 《口》

멋진. **~·ly** *ad.* 아는 체하고; 약삭빠르게; 알면서, 일부러.
know-it-all [∠itɔ̀:l] *a., n.* 《口》 (무엇이나) 아는 체하는 (사람).
†**knowl·edge** [nálidʒ/-ɔ́-] *n.* Ⓤ ① 지식; 이해. ② **학식**, 학문. ***come to one's ~*** 알게 되다. ***not to my ~*** 내가 아는 바로는 그렇지 않다 (not so far as I know). **~·a·ble** *a.* 지식이 있는; 교활한, 아는 체하는.
†**known** [noun] *v.* know의 과거 분사. — *a.* **알려진**; 이미 알고 있는. ***make ~*** 공표〔발표〕하다.
know-noth·ing [nóunʌ̀θiŋ] *a., n.* 무식한 (사람); 불가지론자(不可知論者); (K-) 〖史〗 (미국 태생 시민만에 의한 정치를 목표로 하는) 아메리카당(黨) 《별명 American Party》(의 당원).
Knt. Knight.
knuck·le** [nʌ́kəl] *n.* ① **손가락 관절** 《특히 손가락 뿌리의》. ② (소·돼지 따위의) 무릎 고기. ③ (*pl.*) 주먹. ***near the ~ 《口》 아슬아슬한 (농담 따위)(risky). — *vi.* (구슬치기(marbles)할 때) 손가락 마디를 땅에 대다. ***~ down*** 항복하다(*to*); 열심히 하다. ***~ under*** 항복하다(*to*).
knúckle bàll 〖野〗 너클볼.
knuck·le-dust·er [-dʌ̀stər] *n.* (금속) 가락지(knuckles) 《격투할 때 무기로 씀》.
knuck·le·head [-hèd] *n.* 《美口》 바보, 숙맥.
knur [nəːr] *n.* (나무의) 옹이.
knurl [nəːrl] *n.* 마디, 혹; (동전 따위 가두리의) 깔쭉깔쭉한 데. **~ed** [-d], **∠·y** *a.* 마디〔혹〕투성이의.
KO, K.O., k.o. knockout.
ko·a·la [kouɑ́ːlə] *n.* 〖動〗 코알라 《오스트레일리아산의 새끼를 업고 다니는 곰》.
ko·bold [kóubald, -bould/kɔ́bould] *n.* 〖독일 傳說〗 땅의 요정.
KOC Korean Olympic Committee.
Ko·dak [kóudæk] *n.* 〖商標〗 코닥《미국 Eastman사 사진기》.
K. of C. 《美》 Knight(s) of Columbus.
Koh·i·noor [kóuənùər] *n.* 영국 왕실 소장의 대형 다이아몬드.
kohl·ra·bi [kòulrɑ́:bi, ∠∸/∠∠∸] *n.* 〖植〗 구경(球莖) 양배추.
ko·la [kóulə] *n.* 〖植〗 (아프리카산의) 콜라 (열매).
kóla nùt 콜라 열매.
ko·lin·sky [kəlínski] *n.* 〖動〗 시베리아담비(의 모피).
kol·khoz, -s [kalkɔ́:z / kɔl-] *n.* (Russ.) 콜호즈 《집단 농장》.
Kom·in·tern [kàmintə̀:rn/-ɔ̀-] *n.* = COMINTERN.
koo·doo [kú:du:] *n.* = KUDU.
kook [ku:k] *n., a.* 머리가 돈 (사람).
ko·peck, -pek [kóupek] *n.* (소련의) 코페이카 (동전) 《1/100 루블》.
Ko·ran [kərǽn, -rɑ́:n, kou-/kɔrɑ́:n] *n.* 코란《회교 경전》.
‡**Ko·re·a** [kourí:ə, kə-] (<고려(高麗)) *n.* 한국. ***Ko·re·an** [kərí:ən/-ríən] *a., n.* 한국(인)의; Ⓒ Ⓤ 한국인〔어〕.
Koréa Stráit, the 대한 해협.
KORSTIC Korea Science and Technology Information Center.
ko·sher [kóuʃər] *a.* 〖유대敎〗 (음식·식기가) 규정에 맞는, 정결한; 《俗》 정당한, 순수한, 좋은. — *vt., n.* (음식을) 규정〔법도〕에 따라 요리하다〔하는 식당〕; 정결한 요리.
KOTRA Korea Trade Promotion Corporation.
kou·mis(s), -myss [ku:mís, ∠∸] *n.* = KUMISS.
kow·tow [káutáu, ∠∸] *n., vi.* (Chin.) 고두(叩頭)(하다).
KP, K.P. kitchen police. **KPA** Korean Procurement Agency (of the U. S. Army).
Kr 〖化〗 krypton.
kraal [krɑ:l] *n.* (남아프리카 토인의 울타리 두른) 부락; (소·양의) 우리.
kraft [kræft/-ɑ:-] *n.* Ⓤ 크라프트지(紙) 《시멘트부대 등에 쓰임》.
kra·ken [krɑ́:kən] *n.* (노르웨이 앞바다에 나타난다는) 전설상의 바다의 괴물.
K ràtion 〖美軍〗 야전 휴대식량《3끼분, 3726칼로리》.
Kraut [kraut] *n.* 《俗》 독일 사람〔병사〕.
Krem·lin [krémlin] *n.* (Moscow의) 크렘린 궁전; 소련 정부.
krem·lin·ol·o·gy [krèmlinálədʒi/-ɔ́l-] *n.* Ⓤ 소련학, 소련 문제 연구.
Kril·i·um [kríliəm] *n.* 〖商標〗 크릴리엄《토양(土壤) 개량제》.
kris [kri:s] *n.* = CREESE.
Krish·na [kríʃnə] *n.* 〖印神〗 크리슈나신(神) 《Vishnu의 여덟째 화신》.
Kríss Krín·gle [krís kríŋgəl] 《美》 = SANTA CLAUS.
kro·na [króunə] *n.* (*pl.* ***-nor*** [-nɔ:r]) 크로나《아이슬란드의 화폐 단위》.
kro·ne [króunə] *n.* (*pl.* ***-ner*** [-nər]) 크로네 《덴마크·노르웨이의 화폐 단위》; (*pl.* ***-nen*** [-nən]) 크로네 《옛 독일의 10마르크 금화; 오스트리아의 은화》.
kryp·ton [kríptan/-ɔ-] *n.* Ⓤ 〖化〗 크립톤《희가스류 원소; 기호 Kr》.
KS, K.S. Korean Standards. **KSC** Korean Shipping Corporation. **KSE** Korea Stock Exchange.
Kshat·ri·ya [kʃǽtriə/-ɑ́:-] *n.* 크샤트리아《인도 4성 제도의 제2 계급; 왕후·무사 계급》.
KSM Korean Service Medal. **KST** Korean Standard Time.
Kt. Knight. **K.T.** Knight Templar; Knight of the Thistle. **KTA** Korea Tuberculosis Association. **KTB** Korea Tourist Bureau. **KTS** Korea Tourist Service.
Kuá·la Lúm·pur [kwɑ́:lə lúmpuər] 말레이지아의 수도.
Kú·blai Khán [kú:blai kɑ́:n] (1216?–1294) 쿠빌라이 칸(忽必烈汗).
ku·dos [kjú:das / kjú:dɔs] *n.* (Gk.) 《口》 영예, 명성.

ku·du [kú:du:] *n.* (남아프리카산) 얼룩 영양.

Kú Klùx·er [kjú: klʌ̀ksər] 3K 단원.

Kú Klúx (Klán) [kjú: klʌ́ks (klǽn), kjú:-] ((美)) 3K 단 ((남북 전쟁 후 남부 백인의 흑인 박해 비밀 결사; 또그 재현이라고 칭하는 1915년 조직의 비밀 결사)).

ku·lak [ku:lá:k, kú:læk] *n.* (Russ.) (*pl.* *-laki* [ku:lá:ki]) (소련의) 부농(富農).

ku·miss [kú:mis] *n.* Ⓤ 쿠미스 ((타타르 사람의 말젖 술)); 우유 술.

küm·mel [kíməl/kúm-, kím-] *n.* (G.) Ⓤ 퀴멜주(酒) ((리큐르의 일종)).

kum·quat [kʌ́mkwɑ̀t/-ɔ̀t] *n.* 〖植〗 금귤.

kúng fù [kʌ́ŋ fù:] (중국의) 권법(拳法).

Kuo·min·tang [kwóumintǽŋ] *n.* (중국의) 국민당.

Kú·ril(e) Íslands [kú:ril, kurí:l] 쿠릴 열도.

Ku·wait [kuwéit] *n.* 아라비아 북동부의 회교국.

kv, kv. kilovolt.

kvut·za [kəvù:tsá:, ⌐⌐⌐] *n.* (이스라엘의) 소(小)집단 농장.

kw. kilowatt. **K.W.H., kw-h** kilowatt-hour.

kwash·i·or·kor [kwɑ̀:ʃiɔ́:rkɔ:r] *n.* 〖醫〗 (열대 지방의) 소아 영양 장애 질환.

Ky. Kentucky.

ky·mo·graph [káimougræ̀f, -grɑ̀:f] *n.* 카이머그래프((파동(波動) 곡선 기록 장치)).

kyr·i·e (e·le·i·son) [kíriei (eiléiisɑ̀n)/kírii (eiléiisɔ̀n)] *n.* (Gk.) 〖宗〗 연도(連禱)(「천주여 긍련하여기소서」의 뜻); 〖樂〗 (미사곡 중의) 기리에.

L

L, l [el] *n.* (*pl.* ***L's, l's*** [-z]) L자 모양의 것; 〖機〗 L자관(管); (the L)((美口)) 고가 철도(*an L station*); (로마 숫자의) 50 ($LXX=70$; $CL=150$).

L, l. *libra*(L. =pound).

L. Latin; Liberal; Licentiate.

£ *libra(e)*(L. =pound(s))의 기호.

l. left; line; lira; lire; liter.

La 〖化〗 lanthanum.

***la** [lɑ:] *n.* 〖樂〗 (음계의) 라.

La. Louisiana. **L. A.** Latin America; Law Agent; Legislative Assembly; Library Association; Local Agent; Los Angeles.

laa·ger [lá:gər] *n., vt., vi.* ((南阿)) 마차 환상 배치 진영(馬車環狀配置陣營)(을 치다); 야영하다.

lab [læb] *n.* ((口)) =LABORATORY.

Lab. Labor; Labourite; Labrador.

‡**la·bel** [léibəl] *n., vt.* (((英)) *-ll-*) 찌지〔꼬리표〕(를 붙이다); 레테르〔부전〕(를〔을〕 붙이다); 이름을 붙이다, …라고 부르다.

la·bi·al [léibiəl, -jəl] *a.* 입술 (모양)의; 〖音聲〗 순음(脣音)의. **—** *n.* 순음 (p, b, m, v 따위).

la·bi·ate [léibièit, -biit] *a., n.* 입술 모양의; 차조기과 식물.

la·bile [léibil, -bail] *a.* 변화를 일으키기 쉬운; 〖理·化〗 불안정한.

la·bi·o·den·tal [lèibioudéntl] *n., a.* 〖音聲〗 순치음(脣齒音)(f, v)(의).

la·bi·um [léibiəm] *n.* (*pl.* *-bia* [-biə]) (보통 *pl.*) 〖動·植〗 순상부(脣狀部); 〖解〗 음순(陰脣).

†**la·bor,** ((英)) **-bour** [léibər] *n.* ① Ⓤ 노동, 근로, 노력(勞力); 수고, 노고. ② (구체적인 개개의) 일. ③ Ⓤ (자본·경영에 대한) 노동, 노동자 계급; ((集合的)) 노동자. ④ (L-) ((英)) 노동당(의원들). ⑤ Ⓤ 산고, 진통, 분만. ***hard*** **~** 중노동, 고역. ***in*** **~** 분만중에. **~** ***of love*** 좋아서 하는 일. **—** *vi., vt.* 일하다〔시키다〕; 애써 만들다; (이하 *vi.*) 괴로와하다, 고생하다(*under*); 진통으로 괴로와하다; (배가) 몹시 흔들리다; 난항(難航)하다. **~ed** [-d] *a.* 공들인, (문체 따위) 고심한; 힘드는; 부자연스런. ***~·er** *n.* 노동자. **~·ing** *a.* 노동하는(*~ing classes* 노동자 계급).

‡**lab·o·ra·to·ry** [lǽbərətɔ̀:ri / ləbɔ́rətəri] *n.* 실험실, 연구실〔소〕; 제약실.

Lábor Bànk (노동조합이 경영하는) 노동 은행.

lábor càmp (소련 따위의) 강제 노동 수용소.

Lábor Dày ((美)) 노동절((9월 첫째 월요일, 미국·캐나다 이외에서는 5월 1일)).

Lábor Depàrtment 〔((英))**Mìnistry**〕 노동성.

Lábor Exchànge 직업 소개소〔안정소〕.

lábor fòrce 종업원 총수.

la·bor-in·ten·sive [léibərinténsiv] *a.* 노동 집약형의.

***la·bo·ri·ous** [ləbɔ́:riəs] *a.* 힘드는; 부지런한; =LABORED. **~·ly** *ad.*

lábor màrket 노동 시장.

lábor offènsive 노동 공세.

lábor relàtions 노사 관계.

la·bor-sav·ing [léibərsèiviŋ] *a.* 노동 절약의〔이 되는〕.

lábor tùrnover 노동자 이동수〔비율〕.

lábor ùnion ((美)) 노동 조합.

†**la·bour** [léibər] ⇨ LABOR.

La·bour·ite [léibəràit] *n.* (특히 영국의) 노동 당원.

Lábour Pàrty ((英)) 노동당.

Lab·ra·dor [lǽbrədɔ̀:r] *n.* 북아메리카 북동부의 반도.

la·bret [léibret] *n.* (미개 인종의) 입술 장식.

la·bur·num [ləbə́:rnəm] *n.* 〖植〗 콩과의 낙엽 교목의 하나((부활절의 장식용)).

***lab·y·rinth** [lǽbərinθ] *n.* ① (L-) 〖그神〗 Daedalus가 설계한 미궁(迷宮). ② 미궁, 미로; 복잡한 관계. ③ 〖解〗 내이(內耳). **lab·y·rin·thine** [lǽbərínθi(:)n/-θain] *a.* 미궁의〔과 같은〕.

LAC, L. A. C. leading aircraftsman ((英)) 공군 하사관.

lac¹ [læk] *n.* 랙((인도의 깍지진디가 분비하는 나무진 같은 물질; 도료 원료)).

lac² *n.* ((印英)) 10만; 무수.

‡**lace** [leis] *n.* 끈, 끈끈; 레이스((가슴

장식, 테이블보, 커튼 등에 씀); 몰; (코피 등에 탄) 소량의 진 술 (따위). ***gold* ~** 금몰. **~ *boots*** 편상화. —*vt.* 끈으로 죄다〔장식하다〕; …에 끈을 꿰다; 줄무늬로 하다; (소량을) 가미하다; 《口》 후려갈기다, 매질하다. —*vi.* 끈으로 매다〔죄어지다〕; 매질하다, 비난하다(*into*).

Lac·e·da(e)·mo·ni·an [læ̀sədimóuniən] *a.*, *n.* =SPARTAN.

lac·er·ate [lǽsərèit] *vt.* (근육 따위를) 찢어발기다; (마음을) 괴롭히다. **lac·er·a·tion** [⌐-éiʃən] *n.* Ⓤ 잡아찢음, 고뇌; Ⓒ 열상(裂傷).

lace·wing [léiswìŋ] *n.* 풀잠자리.

lace·work [´wə̀:rk] *n.* Ⓤ 레이스(세공).

lach·es [lǽtʃiz, léi-] *n.* 《法》 해태(懈怠)《의무의 불이행, 권리 행사의 지체 따위》.

lach·ry·mal [lǽkrəməl] *a.* 눈물의; 《解》 눈물을 분비하는. **~ *duct*** 누선(淚腺). —*n.* 눈물 단지 (=⇩); (*pl.*) 누선.

lach·ry·ma·to·ry [lǽkrəmətɔ̀:ri / -təri] *a.* 눈물의; 눈물을 자아내는, 최루(催淚)의. **~ *gas* 〔*shell*〕** 최루가스〔탄〕. —*n.* 《古로》 눈물 단지《장례식에 온 사람들의 눈물을 받았다는 목이 가는 조그마한 단지》.

lach·ry·mose [lǽkrəmòus] *a.* 눈물 잘 흘리는; 비통한, 슬픈, 슬픔을 자아내는.

lac·ing [léisiŋ] *n.* ⓊⒸ 끈목(으로 묶음); 금〔은·녹색〕 몰; 줄무늬; 매질.

‡**lack** [læk] *n.* Ⓤ **결핍, 부족**; Ⓒ 필요한 것. ***by* 〔*for, from, through*〕 ~ *of*** …의 결핍 때문에. —*vi.* (…이) 결핍하다, 모자라다 (*in*). —*vt.* …이 결핍되다. ***´~·ing*** *a.*, *prep.* …이 **결핍된**; =WITHOUT.

lack·a·dai·si·cal [læ̀kədéizikəl] *a.* 생각〔시름〕에 잠긴, 감상적인. **~·ly** *ad.*

lack·er [lǽkər] *n.* =LACQUER.

lack·ey [lǽki] *n.* 종자(從者), 하인; 종; 추종자. —*vt.*, *vi.* 따르다; 빌붙다.

lack·lus·ter, 《英》 **-tre** [lǽklʌ̀stər] *n.*, *a.* Ⓤ 광택 없음, (눈·보석 등) 흐리터분한.

La·co·ni·an [ləkóuniən] *a.*, *n.* =SPARTAN.

la·con·ic [ləkánik/-ɔ́-], **-i·cal** [-əl] *a.* 간결한(concise). **-i·cal·ly** *ad.* **-i·cism** [-nəsìzəm] *n.* =LACONISM.

lac·o·nism [lǽkənìzəm] *n.* Ⓤ (표현의) 간결함; Ⓒ 간결한 어구〔문장〕.

***lac·quer** [lǽkər] *n.*, *vt.* Ⓤ **래커〔옻〕**(를〔을〕 칠하다); 《集合的》 칠기(漆器).

lac·quey [lǽki] *n.*, *v.* =LACKEY.

lac·ri·mal, -ry·mal [lǽkrəməl] *a.*, *n.* =LACHRYMAL.

la·crosse [ləkrɔ́(:)s, -rás] *n.* Ⓤ 라크로스《구기(球技)》.

lac·tase [lǽkteis] *n.* Ⓤ 《生化》 락타아제《유당 분해 효소》.

lac·tate [lǽkteit] *n.* 《化》 유산염(乳酸塩). —*vt.* 유화(乳化)하다. —*vi.* 젖을 내다; 젖을 빨리다〔먹이다〕. **lac·tá·tion** *n.* Ⓤ

lac·te·al [lǽktiəl] *a.* 젖(모양)의. —*n.* (*pl.*) 《解》 유미관(乳糜管).

lac·tic [lǽktik] *a.* 《化》 젖의, 젖에서 얻는.

láctic ácid 유산(乳酸).

lac·to·ba·cil·lus [læ̀ktoubəsíləs] *n.* (*pl.* ***-cilli*** [-sílai]) 유산균(乳酸菌).

lac·tom·e·ter [læktámitər/-tɔ́mi-] *n.* 검유기(檢乳器).

lac·tose [lǽktous] *n.* Ⓤ 락토오스, 유당(乳糖).

la·cu·na [ləkjú:nə] *n.* (*pl.* **~*s*, *-nae*** [-ni:]) 탈루, 탈문(脫文) (*in*); 공백, 결함(gap); 작은 구멍, 우묵 팬 곳; 《解》 (뼈 따위의) 소와(小窩).

la·cu·nar [ləkjú:nər] *n.* 《建》 격자무늬로 된 반자.

la·cus·trine [ləkʌ́strin/-train] *a.* 호수의.

lac·y [léisi] *a.* lace 같은.

‡**lad** [læd] *n.* **소년, 젊은이** (opp. lass); 《口》 (친근감을 주어) 녀석.

‡**lad·der** [lǽdər] *n.* **사닥다리**; (출세의) 연줄; 《英》 (양말의) 「전선(傳線)」 (《美》 run). ***kick down the* ~** 출세의 발판이었던 친구를〔직업을〕 차버리다.

ládder trùck (소방·구조용) 사닥다리차.

lad·die [lǽdi] *n.* 《Sc.》 =LAD.

lade [leid] *vt.* (**~*d*; ~*d*, ~*n***) (짐을) 싣다(load); 퍼내다.

***lad·en** [léidn] *v.* lade의 과거분사. —*a.* (무거운 짐이) **실린**.

ládies' 〔lády's〕 màn 여성에게 곰살궂은 남자.

la·dies'-tres·ses, la·dy's- [léidiz-trèsiz] *n.* 《植》 타래난초의 일종.

lad·ing [léidiŋ] *n.* Ⓤ 적재, 짐싣기; 선적; 뱃짐(load). BILL[1] ***of* ~.**

la·dle [léidl] *n.*, *vt.* 국자(로 푸다, 퍼내다) (*out*). **~·ful** [-fùl] *n.* 한 국자 가득(한 양).

†**la·dy** [léidi] *n.* **숙녀, 귀부인**; (신분에 관계 없이) 기품있는 여성; (L-) 《英》 (성명에 붙여) …부인('Lord' 또는 'Sir'로 호칭되는 이의 부인); …양 《백작 이상의 딸에 대한 경칭》; (L-) 성모 마리아; 《一般》 여성에 대한 경칭 또는 호칭; (L-) (*pl.*) 여자 변소. ***my* ~** 《呼稱》 마님, 부인, 아(가)씨; 집사람(my wife). ***Our L-*** 성모 마리아.

lády bèetle =⇩.

la·dy·bird 〔·bug〕 [-bə̀:rd〔bʌ̀g〕] *n.* 무당벌레.

lády chàir (두 사람의 팔로 만든) 손가마.

Lády Dày 성모 수태 고지절(聖母受胎告知節) 《3월 25일, quarter days의 하나》.

la·dy·fin·ger [-fìŋgər] *n.* 가늘고 긴 카스텔라.

lady-help [-hélp] *n.* 《英》 (가족 대우의) 가정부.

la·dy-in-wait·ing [-inwéitiŋ] *n.* 시녀, 궁녀.

la·dy-kill·er [-kìlər] *n.* 《俗》 색한(色漢), 탕아; 호남자.

la·dy·like [-làik] *a.* 귀부인다운〔같은〕, 우아한, 부드럽고 온화한.

la·dy·love [-lʌ̀v] *n.* 애인, 연인.

la·dy's-fin·ger [-zfìŋgər] *n.* 콩과의 식물《가축 사료》.

L

la·dy·ship [-ʃìp] *n.* (Lady 칭호가 있는 이에 대한 경칭으로) 영부인, 영양(令孃) (*your* 〔*her*〕 *L-*); Ⓤ 부인〔귀부인〕임.

lády's màid 시녀, 몸종.

lády's màn ＝LADIES' MAN.

la·dy('s)-slip·per [-(z)slìpər] *n.* 〖植〗 개불알꽃속(屬)의 식물.

la·dy('s)-smock [-(z)smɑ̀k/-ɔ̀-] *n.* 〖植〗 황새냉이(의 무리).

lády's thùmb 여뀌속의 잡초.

***lag** [læg] *vi.* (*-gg-*) **뒤떨어지다**; 느릿느릿 걷다; 늦다. —— *n.* ⒸⓊ 뒤떨어짐, 늦음; 시간의 착오, 지연.

lá·ger (béer) [lɑ́:gər] *n.* ⓊⒸ 저장 맥주《일종의 약한 맥주》.

lag·gard [lǽgərd] (<lag) *a., n.* 늦은, 느린; 느림보.

lag·ging [lǽgiŋ] *n.* Ⓤ (보일러 등의) 단열용 피복 시공; 그 피복(재).

la·gn(i)appe [lænjǽp, ⌐–] *n.* 《美方》 경품.

***la·goon** [ləgú:n] *n.* **개펄**, 석호(汐湖) 《바다에 접근한 호소(湖沼)》; 함수(鹹水)호, 염호; 초호(礁湖).

La Guár·di·a Áirport [lə *gwɑ́:r*diə] New York 시 부근의 국제 공항.

la·ic [léiik] *a., n.* (성직자에 대해서) 속인의(lay); 평신도; 일반인(layman).

†laid [leid] *v.* lay¹의 과거(분사). —— *a.* ~ *up* 저장의; 집에 틀어박힌; 몸져 누워 있는; 〖船〗 (배를) 독(dock)에 넣은.

láid páper 투문(透紋) 있는 종이.

‡lain [lein] *v.* lie²의 과거 분사.

lair [lɛər] *n.* 야수의 (소)굴; 숨는 장소; 《英》 쉬는 장소, 침상. *~ed up* 야한 몸차림을 한. ⌐·y *a.*

laird [lɛərd] *n.* 《Sc.》 지주, 영주(領主).

lais·sez* 〔*lais·ser*〕 *faire [lèseifɛ́ər/léis-] (F.) 자유 방임주의; (상공업에 대한 정부의) 무간섭주의.

la·i·ty [léiəti] *n.* 《集合的》 (성직에 대해서) 속인; 풋내기.

†lake¹ [leik] *n.* **호수**; 못.

lake² *n.* ⓊⒸ 레이크《다홍색 안료》; 다홍색.

Láke Dìstrict 〔**Còuntry**〕, **the** (잉글랜드 북서부의) 호반 지방.

láke dwèller (유사 이전의) 호상(湖上) 생활자.

láke dwèlling (특히 유사 이전의) 호상 생활〔주거〕.

Láke pòets 호반 시인《호반 지방에 살았던 Coleridge, Wordsworth 들》.

lake·side [⌐sàid] *n.* 호반.

Láke Stàte, the 미국 Michigan 주의 별칭.

láke tròut (미국 5대호 산) 송어의 일종.

lakh [læk, lɑ:k] *n.* ＝LAC².

lam [læm] *vi., vt.* (*-mm-*), *n.* 《俗》 갈기다; 도망(하다). ***be on the*** ~ 도망중이다.

Lam. Lamentations.

la·ma [lɑ́:mə] *n.* (티베트·몽고의) 라마승(僧). ***Grand*** 〔***Dalai***〕 [dɑ́:lai, dəlái/dǽ:-] ***L-*** 대(大)라마, 달라이 라마. **La·ma·ism** [-ìzəm] *n.* Ⓤ 라마교(敎).

la·ma·ser·y [lɑ́:məsèri/-səri] *n.* 라마 사원(寺院).

La·máze technìque [ləméiz] 라마즈 법《무통 분만법의 하나》.

‡lamb [læm] *n.* ① **새끼**〔**어린**〕**양**. ② Ⓤ 새끼양 고기. ③ 순한〔천진한〕 사람; 풋내기 투기꾼. ***like a*** ~ 순하게, 겁을 집어먹고; 잘 속아 넘어가는. ***the L-*** (***of God***) 예수. —— *vt., vi.* (새끼양을) 낳다.

Lamb [læm], **Charles** (1775–1834) 영국의 수필가·시인《필명 Elia》.

lam·baste [læmbéist] *vt.* 《口》 후려갈기다.

lamb·da [lǽmdə] *n.* 그리스어 알파벳의 열한째 글자《Λ, λ, 영어의 L, l 에 해당》.

lam·bent [lǽmbənt] *a.* (불꽃 등이) 어른거리는; (기지(機知) 등) 경묘한; (광선 등) 부드러운. **-ben·cy** *n.*

lam·bert [lǽmbərt] *n.* 〖光〗 람베르트《밝기의 c. g. s. 단위》.

lamb·kin [lǽmkin] *n.* 새끼양.

lam·bre·quin [lǽmbərkin] *n.* 〖史〗 투구 두건; (문·창 따위의 윗 부분의) 드림 천.

lamb·skin [lǽmskìn] *n.* Ⓤ 새끼양 가죽; 양피지.

‡lame [leim] *a.* **절름발이의**; (논설·변명 따위가) 불충분한, 앞뒤가 맞지 않는; (시의) 운율이 고르지 못한. ***go*** 〔***walk***〕 ~ 발을 절다. —— *vt.* 절름발이〔불구〕로 만들다. ⌐·**ly** *ad.* ⌐·**ness** *n.*

láme dúck 《口》 불구자; 파산자; 《美口》 잔여 임기에 있는 재선 낙선 의원; 부서진 비행기.

la·mel·la [ləmélə] *n.* (*pl.* ~*s*, *-lae* [-li:]) 얇은 판자; 얇은 층.

la·mel·li·branch [ləméləbræ̀ŋk] *n.* 〖動〗 판새류(瓣鰓類)의 조개《굴 등》.

‡la·ment [ləmént] *vi., vt.* **슬퍼하다, 한탄하다**(*over, for*). ***the ~ed*** 고인. —— *n.* 비탄; 비가(悲歌).

***lam·en·ta·ble** [lǽməntəbəl] *a.* 슬픈; 통탄할. **-bly** *ad.*

***lam·en·ta·tion** [læ̀məntéiʃən] *n.* Ⓤ **슬픔**, 비탄; (L-) (*pl.*) 〖舊約〗 예레미야의 애가(哀歌).

lam·i·na [lǽmənə] *n.* (*pl.* ~*s*, *-nae* [-nì:]) 얇은 판자; 얇은 층.

lam·i·nal [lǽmənəl], **-nar** [-ər] *a.* 얇은 판자로 된; 얇은 층을 이루는. ~ ***flow*** (공기·물의) 층류(層流).

lam·i·nate [lǽmənèit] *vt., vi.* 얇은 판자로 만들다〔가 되다〕. —— [-nit] *a., n.* 얇은 판자 모양의; 엽상(葉狀) 플라스틱; 합판 제품. **lam·i·na·tion** [⌐–néiʃən] *n.* ⓊⒸ

Lam·mas [lǽməs] *n.* 추수절《8월 1일》.

†lamp [læmp] *n.* 램프, 등불, (불)빛. (*These books*) ***smell of the*** ~. (이 책들은) 애써 쓴 형적이 뚜렷하다.

lamp·black [⌐blæ̀k] *n.* Ⓤ (순) 유연(油煙)《흑색 안료·인쇄 잉크 등의 원료》.

lámp chìmney 등피.

lámp hòlder (전등의) 소켓.

lamp·light [⌐làit] *n.* Ⓤ 등불.

lamp·light·er [⌐làitər] *n.* (가로등의) 점등부(點燈夫).

lam·poon [læmpú:n] *n.* 풍자문, 풍자시. —— *vt.* 풍자하다.

lamp·post [lǽmppòust] *n.* 가로등 기둥.
lam·prey [lǽmpri] *n.* 〖魚〗 칠성장어.
lámp shàde 램프의 갓. 「지, 등심.
lamp·wick [lǽmpwìk] *n.* 램프의 심
Lan·ca·shire [lǽŋkəʃìər] *n.* 잉글랜드 북서부의 주《면직 공업 중심지》.
Lan·cas·ter [lǽŋkəstər] *n.* Lancashire 의 전 주도; 영국 왕가(1399–1461). **Lan·cás·tri·an** *a., n.*
‡**lance** [læns, -ɑ:-] *n., vt.* **창**(으로 찌르다); (*pl.*) 창기병(槍騎兵); 〖外〗 랜싯(lancet)(으로 절개하다).
lánce córporal 〖英軍〗 병장.
lánce jàck 《英俗》 =⇧.
lance·let [ˊlit] *n.* 〖動〗 활유어.
lan·ce·o·late [lǽnsiəlit, -lèit, -ɑ́:-] *a.* 창끝 모양의; 〖植〗 (잎이) 피침형인.
lanc·er [lǽnsər, -ɑ́:-] *n.* 창기병(槍騎兵). 「하사.
lánce sérgeant 〖英軍〗 중사 근무
lan·cet [lǽnsit, -ɑ́:-] *n.* 〖外〗 **랜싯**, 피침(披針), 바소.
lance·wood [lǽnswùd, -ɑ́:-] *n.* (열대 아메리카산의) 강인한 교목의 일종 《창 자루·낚싯대감으로 쓰임》.
lan·ci·nate [lǽnsənèit, -ɑ́:-] *vt.* 찌르
Lancs, Lancs. Lancashire. └다.
†**land** [lænd] *n.* ① Ⓤ **뭍, 육지,** 지면, 토지. ② Ⓤ 땅, 소유지. ③ 국토, 국가. ***by ~*** 육로로. ***go on the ~*** 농부가 되다, 귀농하다. ***in the ~ of the living*** 이 세상에서. ***the L- of Enchantment*** 《美》 New Mexico 주의 별칭. ***the L- of Nod*** 졸음(의 나라). ***the L- of Promise*** 〖聖〗 약속의 땅 《하느님이 Abraham 에게 약속한 Canaan 땅》; 천국; (the l- of p-) 희망의 땅. ***see how the ~ lies*** 형세를 보다. ——*vt.* 상륙〔양륙〕시키다; 하차〔하선·착륙〕시키다; 《口》 (상·일자리 등을) 얻다; (타격을) 가하다; …에 빠지게 하다. ——*vi.* 상륙〔착륙·하차〕하다 (*at*); 빠지다. *ˊ**·ed** [ˊid] *a.* **토지를 갖고 있는,** 소유지의. ˊ**·er** *n.* 상륙〔양륙〕자; 〖宇宙〗 착륙선.
lánd àgent 《美》 토지 매매 중개업자; 《英》 토지 관리인. 「자동차의 일종.
lan·dau [lǽndɔ:] *n.* 4륜 포장마차;
lánd brèeze 육연풍(陸軟風).
land·fall [lǽndfɔ̀:l] *n.* 〖海〗 육지 접근; 육지가 처음으로 보임; 처음으로 보인 육지; 산 사태, 사태; 〖空〗 착륙.
land·fill [ˊfil] *n.* Ⓤ,Ⓒ 매립; 매립지 〔쓰레기〕.
lánd fòrce 육군, 육상 부대.
lánd frèeze 토지 (매매) 동결.
land-girl [ˊgə̀:rl] *n.* 《英》 (제 2 차 대전 중의) 임시 여자 농장 노동자.
land-grab·ber [ˊgræ̀bər] *n.* 토지 횡령자.
lánd grànt (정부의) 무상 토지 불하 《학교·철도 부지를 위한》.
land·grave [lǽn*d*grèiv] *n.* (중세 독일의) 변경백(邊境伯); 영주(領主).
land·hold·er [lǽndhòuldər] *n.* 지주; 차지인(借地人).
land·hold·ing [ˊhòuldiŋ] *n., a.* Ⓤ 토지 보유(의).
‡**land·ing** [ˊiŋ] *n.* ① Ⓤ,Ⓒ **상륙,** 착륙, 하차; 하선, 양륙(揚陸). ② 층계참(platform). 「파.
lánding bèam 〖空〗 착륙 유도 전
lánding cràft 〖美海軍〗 상륙정(艇).
lánding fìeld 비행장. 「익(翼).
lánding flàp 〖空〗 착륙 조작 보조
lánding fòrce 상륙 부대. 「치.
lánding gèar 〖空〗 착륙〔착수〕 장
lánding màt 〖空〗 착륙용 매트《1m ×4m 가량의 강철망, 이것을 이어서 임시 착륙 활주로를 만듦》.
lánding nèt 〖낚시〗 사내끼.
lánding pàrty 상륙 부대.
lánding stàge 선창.
lánding strìp 활주로. 「(lander).
lánding vèhicle 〖宇宙〗 착륙선
‡**land·la·dy** [lǽn*d*lèidi] *n.* ① **여자 지주**〔집주인〕. ② 여관〔하숙〕의 여〔안〕주인(cf. landlord).
lánd làw (보통 *pl.*) 토지법.
land·locked [lǽndlɑ̀kt/-ɔ̀-] *a.* 육지로 둘러싸인; 〖魚〗 육봉형(陸封形)의.
‡**land·lord** [lǽn*d*lɔ̀:*r*d] *n.* ① **지주;** 집주인. ② (여관·하숙의) 주인, 바깥주인(cf. landlady).
land·lub·ber [lǽndlʌ̀bər] *n.* 〖海〗 뭍에 사는 사람; 신출내기 (수부).
‡**land·mark** [lǽn*d*mɑ̀:*r*k] *n.* **경계표;** (토지의) 표지(標識), 목표; 획기적 사
lánd mìne 지뢰. └건.
land·oc·ra·cy [lændɑ́krəsi/-ɔ́k-] *n.* Ⓤ,Ⓒ 지주 계급, 땅주인들. 「소.
lánd òffice (정부의) 토지 관리 사무
***land·own·er** [lǽndòunər] *n.* **지주.**
lánd plànning 국토 계획.
lánd refòrm 토지 개혁.
‡**land·scape** [lǽn*d*skèip] *n., vt., vi.* **풍경(화);** 조망; 정원을 꾸미다.
lándscape árchitecture 〔**gàrdening**〕 조원(造園), 정원 꾸미기.
lándscape gàrdener 조원가(造園家), 정원사.
lándscape pàinting 풍경화(법).
Lánd's Énd 영국 Cornwall 주 서단(西端)의 곶.
***land·slide** [lǽn*d*slàid] *n.* **사태;** 산사태; 《美》 (선거에서의) 압도적 승리; 《一般》 대승리. 「태.
land·slip [ˊslìp] *n.* 《英》 사태; 산사
lands·man [ˊzmən] *n.* 육상 생활자; 풋내기 선원.
lánd tàx 지조(地租).
land-to-land [lǽndtəlǽnd] *a.* (미사일이) 지대지의. 「지 쪽으로(의).
land·ward(s) [ˊwərd(z)] *ad., a.* 육
lánd wìnd =LAND BREEZE.
‡**lane** [lein] *n.* **작은 길,** 시골길; 골목길; 차선(車線); (선박·항공기의) 규정
lang [læŋ] *a.* 《Sc.》=LONG. └항로.
lang. language.
lang·syne [lǽŋsáin, (노래에서는, 종종) -z-] *n., ad.* 《Sc.》 오래 전(에).
†**lan·guage** [lǽŋgwidʒ] *n.* ① Ⓤ (넓은 뜻으로) **언어.** ② 국어. ③ Ⓤ 말씨; 어법; 말. ④ Ⓤ 《英俗》 나쁜 말,

L

욕. *use* ~ *to* …에게 욕하다. 「실.
lánguage láboratory 어학 실습
langue [lɑ̃:ŋg] *n.* (F.) 〖言〗 (체계로서의) 언어(cf. parole).
langue d'oc [lɑ́:ŋ dɔ́(:)k] 중세 남프랑스 방언《지금의 프로방스 방언에 해당》.
langue d'o·ïl [dɔi:l, dɔ́il] 중세 북프랑스 방언《지금의 프랑스 말의 모체》.
***lan·guid** [lǽŋgwid] *a.* ① 느른한, 귀찮은; 무기력한. ② 불경기의; 침체한. ~**·ly** *ad.*
***lan·guish** [lǽŋgwiʃ] *vi.* (쇠)약해지다, 시들다; 그리워하다; 고생하다; 번민하다. ~**·ing** *a.* 쇠약해 가는; 번민하는, 감상적인; 계속되는, 꼬리를 끄는(lingering). ~**·ment** *n.* Ⓤ
lan·guor [lǽŋgər] *n.* Ⓤ 무기력, 나른함; 울적함; 우울; 시름. ~**·ous** *a.*
la·ni·ar·y [léinièri, lǽn-/-niəri] *a.*, *n.* 송곳니(의); 물어뜯는 데 적합한.
Lan·i·tal [lǽnitæ̀l] *n.* 〖商標〗 라니탈《카세인에서 만든 인조 양모》.
lank [læŋk] *a.* 호리호리한, 야윈; (털·풀잎 등이) 곱슬곱슬하지 않은. ∠**·y** *a.* 몹시 홀쭉한.
lan·o·lin(e) [lǽnəli(:)n] *n.* Ⓤ 라놀린, 양털 기름, 양모지(脂).
‡**lan·tern** [lǽntərn] *n.* ① 초롱, 각등(角燈), 칸델라, 제등. ② (등대 꼭대기의) 등화실(燈火室). ③ 〖建〗 (채광을 위한) 정탑(頂塔). ④ 환등.
lan·tern-jawed [-dʒɔ̀:d] *a.* 턱이 긴.
lántern slìde (환등용) 슬라이드.
lan·tha·nide [lǽnθənàid] *n.* 〖化〗 란탄족.
lan·tha·num [lǽnθənəm] *n.* Ⓤ 〖化〗 란탄《희토류 금속 원소; 기호 La》.
lant·horn [lǽntərn, -hɔ̀:rn] *n.* 《英》 =LANTERN.
lan·yard [lǽnjərd] *n.* 〖海〗 (선구(船具)의) 죔줄; (수부가 주머니칼을 목에 늘이는) 끈; 〖軍〗 (대포의) 방아줄.
La·oc·o·ön [leiɑ́kouɑ̀n/-ɔ́kouɔ̀n] *n.* 〖그神〗 라오콘《그리스군의 목마의 기계(奇計)를 간파했으므로 Athena 여신의 노염을 사, 두 아들과 바다뱀에 감겨 죽은 트로이의 사제(司祭)》.
La·od·i·ce·an [leiæ̀dəsí:ən, lèiədisíən] *a.*, *n.* (종교·정치에) 무관심한 (사람), 열의 없는 (사람).
La·os [lɑ́:ous, léiɑs] *n.* 인도지나 북서부의 공화국《수도는 Vientiane》.
La·o·tian [leióuʃən, láuʃiən] *n.*, *a.* ⒸⓊ 라오스 사람〔말〕(의).
Lao-tse, -tzu [láudzʌ́/lɑ́:outséi] *n.* (604?–531 B. C. ?)노자(老子) 《Taoism(道教)의 개조(開祖)》.
‡**lap**[1] [læp] *n.* ① (앉았을 때의) 무릎; (스커트 등의) 무릎 부분; (옷의) 처진 부분, 아랫자락. ② (산의) 우묵한 곳; 기르는 환경. ③ 〖競〗 (경주로의) 한 바퀴; (실의) 한 번 감기; 겹침. *in Fortune's* ~ 운이 좋아. *in the* ~ *of luxury* 온갖 사치를 다하여. —— *vt.*, *vi.* (**-pp-**) 접어겹치(어지)다 (*over*); 싸다; (*vt.*) 소중히 하다; 한 바퀴 돌다. ∠**·ful** [∠fùl] *n.* 무릎〔앞치마〕에 가득.
lap[2] *vt.* (**-pp-**), *n.* (할짝할짝) 핥다〔핥음, 핥는 소리〕; (파도가) 기슭을 치다〔치는 소리〕; (개)죽. ~ *up* 날름 핥다; (남의 말이나 아첨 따위를) 곧이듣다, 기꺼이 듣다.
lap·a·rot·o·my [læ̀pərɑ́təmi/-rɔ́t-] *n.* 〖醫〗 개복(開腹)술.
lap·board [lǽpbɔ̀:rd] *n.* 무릎에 올려 놓는 테이블 대용의 평판(平板).
láp dòg 애완견《발바리, 스피츠, 스파니엘 따위》.
la·pel [ləpél] *n.* (보통 *pl.*) (저고리의) 접어젖힌 옷깃. 「(연마)공.
lap·i·dar·y [lǽpədèri/-dəri] *n.* 보석
lap·in [lǽpin] *n.* (F.) 토끼(의 모피).
láp·is láz·u·li [lǽpis lǽzjulài / ∸-∠∸∸] 〖鑛〗 유리(瑠璃)(빛).
Lap·land [lǽplæ̀nd] *n.* Scandinavia 북부 지방. ~**·er** *n.* 라플란드 사람.
Lapp [læp] *n.*, *a.* ⒸⓊ 라플란드 사람〔말〕(의).
lap·pet [lǽpit] *n.* (옷의) 늘어져 달린 부분; 주름(fold); 처진 살; 귓불.
láp ròbe (차 탈 때의) 무릎덮개 (담요·모피).
‡**lapse** [læps] (<L. *lapsus*) *n.* ① (때의) 추이(推移), 경과; 변천. ② (혀·붓끝의) 실수, 잘못. ③ (권리의) 상실; 폐지. *moral* ~ 도덕상의 과오, 타락. —— *vi.* 모르는 사이에 빠지다〔타락하다〕(~ *into sin*); (재산·권리가) 옮겨지다, 소멸하다; 경과하다.
lap·stone [lǽpstòun] *n.* (제화공이 무릎에 끼고) 가죽을 두드리는 받침돌.
lap·sus [lǽpsəs] *n.* (*pl.* ~) (L.) 잘못. ~ ***lin·guae*** [líŋgwi:/-gwai] 잘못 말함, 실언.
láp tìme 〖競〗 한 바퀴 도는 시간, 일주 시간, 랩타임.
lap·top [lǽptɑ̀p/-tɔ̀p] *n.* 〖컴퓨터〗 무릎에 얹어놓을 크기의 퍼스널 컴퓨터.
lap·wing [lǽpwìŋ] *n.* 댕기물떼새.
LARA [lɑ́:rə] Licensed Agencies for Relief in Asia.
lar·board [lɑ́:rbərd] *n.*, *a.* 〖船〗 좌현(左舷)(의).
lar·ce·ny [lɑ́:rsəni] *n.* 〖法〗 Ⓤ 절도죄; Ⓒ 절도 (행위). **lár·ce·nous** *a.*
larch [lɑ:rtʃ] *n.* 낙엽송.
***lard** [lɑ:rd] *n.* Ⓤ 라드, 돼지 기름. —— *vt.* 라드를 바르다; (기름기 적은 고기에) 베이컨 따위를 끼우다; (얘기·문장 따위를) 윤색하다.
lard·er [∠ər] *n.* 식료 저장실; Ⓤ 저장 식품. 「용》.
lárd òil 라드 기름《기계·등화(燈火)
lar·es [lέəri:z, léir-] *n. pl.* (L.) 가정의 수호신.
láres and penátes 〖古羅〗 집안의 수호신, 터주; 가보(家寶); 가재(家財).
†**large** [lɑ:rdʒ] *a.* 큰, 커다란; 넓은; 다수의; 도량이 넓은, 관대한; (문장 등) 호방한. *as* ~ *as life* 실물 크

L

기의; 《諧》 (다름아닌) 실물 그 자체가. **be ~ of limb** 손발이 큰. ——*n.* 《다음 成句뿐》 **at ~** 상세히, 충분히; (범인이) 잡히지 않고; 널리, 일반적으로, 전체로서; 《美》 전주(州)를 대표한; 막연히, 허청대고, 제멋대로; 무임소의 (*ambassador at ~* 무임소 대사/*the nation at ~* 국민 일반). **in (the) ~** 대규모로; (축소 않은) 큰 그대로. ——*ad.* 크게 (*write ~*); 대대적으로; 자세히; 과대(誇大)하게 (*talk ~* 큰소리치다). BY[1] **and ~**. ‡**~·ly** *ad.* **크게**; 주로; 풍부하게; 아낌없이, 너그러이; 커다랗게, 대규모로. **~·ness** *n.* Ⓤ

large-hand·ed [´hǽndid] *a.* 활수한; 손이 큰.

large-heart·ed [´há:rtid] *a.* 도량이 큰.

large-mind·ed [´máindid] *a.* =⇧.

larg·er-than-life [lá:rdʒərðənláif] *a.* 실물보다 큰; 과장된; 전설적인.

large-scale [lá:rdʒskéil] *a.* 대규모의; (지도 따위) 비율이 큰.

lárge-scale integrátion 고밀도(高密度) 집적 회로《생략 LSI》.

lar·gess(e) [lɑ:rdʒés, ´-] *n.* Ⓤ.Ⓒ (푸짐한) 부조, 선물; Ⓤ 아낌없이 줌.

lar·ghet·to [lɑ:rgétou] *a., ad., n.* (*pl.* **~s**) (It.) 〖樂〗 좀 느린〔느리게〕; 좀 느린 곡.

larg·ish [lá:rdʒiʃ] *a.* 좀 큰〔넓은〕, 큼직한.

lar·go [lá:rgou] *a., ad., n.* (*pl.* **~s**) (It.) 매우 느린〔느리게〕; 완서곡(緩徐曲).

lar·i·at [lǽriət] *n.* =LASSO.

‡**lark**[1] [lɑ:rk] *n.* **종다리**(skylark).

lark[2] *n., vi.* 희롱(거리다); 농담(하다), 장난(치다).

lark·spur [´spə̀:r] *n.* 〖植〗 참제비고깔속(屬).

lar·rup [lǽrəp] *vt.* 《口》 때리다.

***lar·va** [lá:rvə] *n.* (*pl.* **-vae** [-vi:]) 〖動〗 **유충**; 〖動〗 유생(幼生)《tadpole, axolotl 따위》. **lar·val** *a.*

la·ryn·ge·al [ləríndʒiəl, læ̀rindʒí:əl] *a.* larynx의.

lar·yn·gi·tis [læ̀rəndʒáitis] *n.* Ⓤ 〖醫〗 후두염.

la·ryn·go·scope [ləríŋgəskòup] *n.* 〖外〗 후두경(鏡).

lar·yn·got·o·my [læ̀riŋgátəmi/-ɔ́-] *n.* Ⓤ.Ⓒ 〖醫〗 후두 절개(술).

lar·ynx [lǽriŋks] *n.* (*pl.* **~es, larynges** [ləríndʒi:z]) 후두.

las·car [lǽskər] *n.* 동인도 제도의 뱃사람.

las·civ·i·ous [ləsíviəs] *a.* 음탕한; 선정적인. **~·ly** *ad.*

lase [leiz] *vi., vt.* 레이저 광선을 발하다〔쬐다〕.

la·ser [léizər] *n.* 레이저《빛의 증폭 장치》. **~ beam** 레이저 광선. **~ communication system** 레이저 통신 방식. **~ guided bomb** 레이저 유도 폭탄. **~ rifle** 레이저 총.

‡**lash** [læʃ] *n.* ① **챗열**; 채찍질; (파도의) 충격. ② 비꼼, 빈정댐; 비난; 혹평. ③ 속눈썹(eyelash). ——*vt., vi.* ① **채찍질하다**; (바람·파도가) 부딪치다. ② 빈정대다, 욕설을 퍼붓다. ③ 성나게〔노하게〕 만들다. ④ (*vt.*) 세차게 움직이다, 흔들다. ⑤ 묶다, 매다. **~ out** (말이) 걷어차다; 폭언을 퍼붓다; 지랄〔난폭한 짓〕을 시작하다; 《英方》 (돈을) 낭비하다. **´~·ing** *n.* Ⓤ.Ⓒ 채찍질; 질책; 묶음, 밧줄.

lash-up [´ʌ̀p] *n.* (다급한) 임시 변통.

‡**lass** [læs] *n.* 젊은 여자, **소녀**(opp. lad); 애인. **lás·sie** [´i] *n.* 소녀; 애인.

las·si·tude [lǽsitjù:d] *n.* Ⓤ 무기력, 느른함.

las·so [lǽsou] *n.* (*pl.* **~(e)s**), *vt.* (던지는) 올가미(로 잡다).

†**last**[1] [læst, -ɑ:-] *a.* ① **최후**〔최종〕**의**; **지난 번의**, 지난… (*~ night, week, month, year, &c.*). ② **최근의**; 최신 유행의. ③ **결코 …할 것 같지 않은** (*He is the ~ man to tell a lie.* 거짓말 따위 할 사람이 아니다). ④ 최상의, 궁극의(*This is of the ~ importance.* 이것이 가장 중요하다). **for the ~ time** 그것을 마지막으로. **~ but one 〔two〕** 끝에서 둘〔세〕째. **the ~ day** 최후의 심판 날. **the ~ days 〔times〕** (사람의) 죽을 시기; 세상의 종말. **the L-** JUDG(E)MENT. **the ~ offices** 장례(식); 죽은 사람을 위한 기도. **the ~** STRAW. **the L-** SUPPER. **the ~ word** 마지막 말; 《口》 최근의 것, 최신의 스타일. **to the ~ man** 마지막 한 사람까지. ——*ad.* **최후에**〔로〕(lastly); 요전, 지난 번; 최근. **~ but not least** 마지막으로 중요한 것을 말하지만. **~ of all** 마지막으로. ——*n.* **최후**, 죽음; 최후〔최근〕의 것. **at ~** 드디어, 결국. **at long ~** 간신히, 겨우. **breathe one's ~** 숨을 거두다. **hear 〔see〕 the ~ of** …을 마지막으로 듣다〔보다〕. **look one's ~** 마지막으로 보다. **till 〔to〕 the ~** 최후까지, 죽을 때까지. ***lást·ly** *ad.* **최후에**〔로〕.

‡**last**[2] *vi., vt.* **지속하다**; 계속되다, (상하지 않고) 견뎌내다, 오래 가다 (*These shoes will ~ me three years.* 이 구두는 3년쯤 신을 수 있겠다). **~ out** 지탱〔유지〕하다. ——*n.* 지속력, 끈기. ‡**lást·ing** *a.* **영속하는**; 오래 가는.

last[3] *n.* 구두 골. **stick to one's ~** 본분을 지키다, 쓸데 없는 일에 참견하지 않다.

Las·tex [lǽsteks] *n.* 〖商標〗 고무와 면의 혼방 섬유.

last-min·ute [´mínit] *a.* 막바지에서의.

***lást nàme** 성(姓) (cf. first name).

Las Vé·gas [lɑ:s véigəs] *n.* 미국 Nevada 주 동남부의 도시《도박으로 유명》.

Lat. Latin. **lat.** latitude.

***latch** [lætʃ] *n., vt.* **고리쇠**〔걸쇠〕(를 걸다). **on the ~** (자물쇠를 채우지 않고) 걸쇠만 걸고. **~ on to** …에 꼭 달라 붙다; …을 손에 넣다.

latch·et [lǽtʃit] *n.* 《古》 구두끈.

latch·key [lǽtʃkì:] *n.* 걸쇠의〔바깥문〕 열쇠.

látchkey chìld 맞벌이 부부의 아이《열쇠를 가지고 밖에서 놀므로》.

†**late** [leit] *a.* ① **늦은**, 더딘(*be ~ for school* 학교에 지각하다). ② **요전의**,

L

지난 번의(*the ~ king* 전 왕). ③ 후기의. ④ **작고한, 고**(故)…(*the ~ Dr. Einstein*). ***keep ~ hours*** 밤 늦게 자고 아침 늦게 일어나다. ~ LATIN. ***of ~ (years)*** 요즈음, 근년. **—** *ad.* **늦게,** 뒤늦게; 저물어, **밤늦도록;** 최근, 요즈음. ***Better ~ than never.*** 《俗談》 늦을망정 안 하느니보다는 낫다. ***early and ~*** 아침부터 밤까지. ***sit up (till) ~*** 밤 늦게까지 일어나 있다. **‡∠·ly** *ad.* **요즈음,** 최근. ⇨LATER, LATEST. **∠·ness** *n.*

la·teen [lætí:n, lə-/lə-] *a.* 큰 삼각돛이 있는.

latéen sàil 삼각돛.

la·ten·cy [léitənsi] *n.* Ⓤ 잠재; 잠복.

látency tìme 〖컴퓨터〗 도달 시간.

la·tent** [léitənt] *a.* **숨은,** 보이지 않는, 잠열적인. ~ ***period (병의) 잠복기. **~·ly** *ad.*

‡lat·er [léitər] (late의 比較級) *a.* **더 늦은,** 더 이후의. **—** *ad.* **나중에.** ~ ***on*** 나중에, 추후에. SOONer ***or*** ~.

***lat·er·al** [lǽtərəl] *a.* **옆의,** 가로의. 측면(에서, 으로)의; 〖音聲〗 측음(側音)의. **—** *n.* 옆쪽, 측면부; 가로장; 〖音聲〗 측음([l]음); 〖蹴〗 =∠ **pàss** 래터럴 패스(골라인과 평행으로 패스하기). **~·ly** *ad.*

Lat·er·an [lǽtərən] *n.* (로마의) 라테란 성당; (그 옆의) 라테란궁(宮).

lat·er·ite [lǽtəràit] *n.* Ⓤ 〖鑛〗 라테라이트.

‡lat·est [léitist] (late의 最上級) *a.* **최근〔최신〕의.** ***at (the) ~*** 늦어도.

la·tex [léiteks] *n.* ⓊⒸ (*pl.* **~*es*, *latices*** [lǽtəsì:z]) 〖植〗 (고무나무 따위의) 유액(乳液).

lath [læθ, -ɑ:-] *n.* (*pl.* **~*s*** [-s, -ðz]) 욋가지. ***as thin as a ~*** 말라빠져. **∠·er**[1] [∠ər] *n.* 외(椳) 만드는 사람. **∠·ing** *n.* Ⓤ 외(얽기).

lathe [leið] *n.* 〖機〗 선반(旋盤).

lath·er[2] [lǽðər, -ɑ́:-] *n., vt., vi.* 비누 거품(을 칠하다); (말의) 거품같은 땀; 거품 일다, (말이) 땀투성이가 되다; 《口》 갈기다.

‡Lat·in [lǽtin] *a.* **라틴어(계통)의;** Latium(사람)의; 로마 카톨릭교의. **—** *n.* Ⓤ **라틴어;** Ⓒ Latium〔고대 로마〕 사람. ***classical ~*** 75 B.C.–A.D. 175경까지의 라틴어. ***late ~*** 2–6 세기의 라틴어. ***low 〔vulgar〕 ~*** A.D. 175경 이후의 민간 라틴어. ***medieval 〔middle〕 ~*** 7–15 세기의 라틴어. ***modern ~*** 16 세기 이후의 라틴어. ***thieves' ~*** 도둑의 변말. **~·ism** [-izəm] *n.* ⓊⒸ 라틴어풍(風)〔법〕. **~·ist** *n.* 라틴어학자. **~·ize** [lǽtənàiz] *vt., vi.* 라틴어로 번역하다〔풍으로 만들다〕.

***Látin América** 라틴 아메리카(중남미, 멕시코, 서인도 제도 등).

Látin Chúrch (카톨릭의) 라틴교회.

Látin cróss 세로대의 아래쪽이 긴 보통의 십자가.

La·ti·no [lətí:nou] *n.* (*pl.* **~*s***) 《美》 미국의 라틴 아메리카계 주민.

Látin Quàrter (파리의) 라틴구(區) (학생·예술가가 많이 삶).

Látin Ríte 로마 방식의 교회 의식.

Látin squàre 〖數〗 라틴 방진(方陣) (*n* 종류의 기호를 *n*×*n*의 정방형으로 중복되지 않게 배열한 것).

lat·ish [léitiʃ] *a., ad.* 좀 늦은〔늦게〕.

‡lat·i·tude [lǽtətjù:d] *n.* Ⓤ **위도;** 지역, 지대; (활동) 범위, (행동·해석의) 자유; 〖寫〗 관용도. ***cold ~s*** 한지(寒地), 한대 지방. ***out of one's ~*** 격에 맞지않게. **lat·i·tu·di·nal** [∸∸∠ənəl] *a.* 위도의.

lat·i·tu·di·nar·i·an [lætitjù:dənέəriən] *a., n.* (신앙·사상 등이) 옹졸하지 않은, 자유로운(~ *opinions* 자유로운 의견); 자유 사상가; (*or* L-) 〖英國國教〗 (신조·예배·형식 따위에 대한) 자유주의자. **~·ism** [-izəm] *n.* Ⓤ (종교상의) 자유주의.

La·ti·um [léiʃiəm] *n.* 이탈리아의 옛 나라(로마의 남동쪽).

la·trine [lətrí:n] *n.* (공장·병사(兵舍) 등의) 변소.

‡lat·ter [lǽtər] *a.* **뒤(쪽)의,** 끝의(*the ~ half* 후반); (the ~) **후자의**(opp. the former), 《代名詞的으로》 후자; **근자의.** ***in these ~ days*** 요즈음은. ***one's ~ end*** 죽음. **~·ly** *ad.* 요즈음(lately).

lat·ter-day [-dèi] *a.* 근대〔근래〕의; 후의; 최신의.

Látter-day Sáint 모르몬 교도 (Mormon).

lat·ter·most [-mòust, -məst] *a.* 최후의.

***lat·tice** [lǽtis] *n., vt.* (창문의) **격자**(를 붙이다); (원자로 속 핵물질의) 격자형 배열. **~d** [-t] *a.* 격자를 붙인.

lat·tice·work [-wə̀:rk] *n.* Ⓤ 격자(만들기, 세공).

Lat·vi·a [lǽtviə] *n.* 라트비아(발트해 동안의 소련의 한 지방). **~n** *a.; n.* 라트비아의; ⒸⓊ 라트비아 사람〔말〕, 레트말(Lettish).

la·uan [ləwɑ́:n] *n.* 〖植〗 나왕; Ⓤ 나왕재.

laud [lɔ:d] *n., vt.* Ⓤ 찬미(하다), 칭찬(하다), Ⓒ 〖宗〗 찬가; (*pl.*) (새벽의) 첫 기도, 찬과(讚課). **∠·a·ble** *a.* 칭찬할 만한. **∠·a·bly** *ad.* **lau·dá·tion** *n.* Ⓤ 칭찬, 찬미.

lau·da·num [lɔ́:dənəm/lɔ́dnəm] *n.* Ⓤ 아편 정기(丁幾).

laud·a·to·ry [lɔ́:dətɔ̀:ri/-təri], **-tive** [-tiv] *a.* 칭찬의.

†laugh [læf, -ɑ:-] *n.* **웃음(소리).** ***get 〔have〕 the ~ of*** …을 (도리어) 되웃어 주다. ***have the ~ on one's side*** (이번에는) 이 쪽이 웃을 차례가 되다. ***raise a ~*** (사람을) 웃기다. **—** *vi.* (소리내어) **웃다;** 흥겨워하다; 조소〔무시〕하다(*at*). **—** *vt.* 웃으며 …하다(*~ a reply*). ***He ~s best who ~s last.*** 《俗談》 지레 좋아하지 말라. ***L- and grow fat.*** 《俗談》 웃는 집에 복이 온다. ***~ away*** 일소에 부치다; (시간을) 웃으며 보내다. ***~ down*** 웃어대어 중지〔침묵〕시키다. ***~ in a person's face*** 아무를 맞대놓고 조롱하다. ***~ in 〔up〕 one's*** SLEEVE. ***~ off*** 웃음으로 얼

버무리다. ～ ***on the other*** 〔***wrong***〕 ***side of one's mouth*** 웃다가 갑자기 울상이 되다〔풀이 죽다〕. ～ ***out*** 웃음을 터뜨리다. **láugh·a·ble**[´əbl] *a.* 우스운, 어리석은. **-a·bly** *ad.* **～·ness** *n.*

laugh·ing** [´iŋ] *a.* 웃는; 기쁜 듯한; 우스운, 웃을(*It is no ～ matter*). ***the L- Philosopher 그리스의 철인 Democritus의 별명. **——** *n.* Ⓤ 웃음, 웃는 일. **～·ly** *ad.*

láughing gàs 웃음 가스, 일산화질소《마취용》. 「의) 웃음물총새.

láughing jáckass (오스트레일리아

laugh·ing·stock [´iŋstɑ̀k/-ɔ̀-] *n.* 웃음거리. 「리.

‡laugh·ter [´tər] *n.* Ⓤ **웃음; 웃음소**

láugh tràck 〖放〗 관객의 웃음소리를 녹음한 테이프《효과용》.

‡launch [lɔ:ntʃ, -ɑ:-] *vt.* **진수(進水)시키다,** (보트를) 물에 띄우다; (아무를 세상에) **내보내다;** 착수〔시작〕하다; **발사하다;** 내던지다. **——** *vi.* 배를 타고 나아가다; 시작하다(*forth,* (*out*) *into*). **——** *n.* **진수**(대(臺)); 런치《함재 대형 보트》; 기정(汽艇). **´-er** *n.* (유도탄 등의) 발사대〔장치〕.

láunch còmplex (미사일의) 발사시설. 「사대.

láunch(**ing**) **pàd** 미사일〔로켓〕 발

láunching sìte 발사 기지.

láunching wàys 〖造船〗 진수대.

láunch vèhicle (인공위성·우주선의) 발사 로켓. 「사 시간대(帶).

láunch wìndow (우주선 따위의) 발

·laun·der [lɔ́:ndər, -ɑ́:-] *vt., vi.* 세탁하다, 세탁하여 다림질하다. **láun·dress** *n.* 세탁부(婦).

laun·der·ette [lɔ̀:ndərét, lɑ̀:n-], **laun·dro·mat** [lɔ́:ndrəmæ̀t, lɑ́:n-] *n.* 세탁기 세놓는 집.

‡laun·dry [lɔ́:ndri, -ɑ́:-] *n.* **세탁장**〔**물**〕; **세탁소.** **～·man** *n.* 세탁부(夫). **～·wom·an** *n.* ＝LAUNDRESS.

lau·re·ate** [lɔ́:riit] *a.* (영예의) **월계관을 쓴**〔받을 만한〕. ***poet ～ 계관(桂冠) 시인. **——** *n.* 계관 시인. **～-ship** [-ʃip] *n.* Ⓤ 계관 시인의 지위〔임기〕

‡lau·rel [lɔ́:rəl, -ɑ́-/-ɔ́-] *n.* ① **월계수;** 《美》 미국석남화. ② (*pl.*) **월계관,** 명예, **승리.** ***look to one's*** **～*s*** 명예를 잃지 않도록 조심하다. ***rest on one's*** **～*s*** 소성(小成)에 만족하다. ***win*** 〔***gain***〕 **～*s*** 〔***the*** ～〕 영관(榮冠)을 차지하다. **-(l)ed** [-d] *a.* 월계관을 쓴, 영예를 짊어진.

Lau·trec [loutrék] ⇨ TOULOUSE-LAUTREC.

lav. [læv] lavatory.

***la·va** [lɑ́:və, -ǽ-] *n.* Ⓤ **용암;** Ⓒ 화산암층.

láva bèd 용암층.

la·va·bo [ləvéibou] *n.* (*pl.* ～(*e*)*s*) 〖카톨릭〗 (미사의) 손 씻는 예식 (때에 염하는 암송구); 손 씻는 그릇.

láva fìeld 용암원(原).

lav·age [ləvɑ́:ʒ, lǽvidʒ] *n.* ⓊⒸ 〖醫〗 (위·장 따위의) 세척.

lav·a·lier(**e**) [læ̀vəlíər] *n.* (가는 사슬로 거는) 목걸이.

***lav·a·to·ry** [lǽvətɔ̀:ri/-təri] *n.* **세면소;** 세면대(臺); 변소.

lávatory pàper ＝TOILET PAPER.

lave [leiv] *vt.* 《詩》 ＝WASH.

***lav·en·der** [lǽvəndər] *n., a.* 〖植〗 **라벤더**《향수·제충제(劑) 원료》; Ⓤ 연보라색(의).

lávender wàter 라벤더 향수.

la·ver[1] [léivər] *n.* 〖聖〗 세반(洗盤); 〖宗〗 세례 대야.

la·ver[2] *n.* ⓊⒸ 김, 해태(海苔).

***lav·ish** [lǽviʃ] *vt.* **아낌없이 주다** (*on*); 낭비하다. **——** *a.* **손이 큰,** 활수한; 낭비적인, 사치스러운; 풍부한. **～·er** *n.* ***～·ly** *ad.* **～·ment** *n.* Ⓤ 낭비. **～·ness** *n.*

†law [lɔ:] *n.* ① ⒸⓊ **법**(**률**), 국법; 보통법. ② Ⓤ 규칙, 관례. ③ Ⓤ 법칙; 원리(principle). ④ Ⓤ 법(률)학. ⑤ Ⓤ 소송. ⑥ 변호사업. ⑦ Ⓤ 〖競〗 (규정에 의한) 선진(先進) 거리. ⑧ (the L-) (구약 성서중의) 모세의 율법. ***be a*** ～ (***un***)***to oneself*** 관습(등)을 무시하다. ***give the*** ～ ***to*** …을 마음대로 부리다. ***go to*** ～ (***with*** 〔***against***〕 ***a person***) 고소하다. ***lay down the*** ～ 명령적으로 말하다; 꾸짖다. ***read*** 〔***go in for***〕 ～ 법률을 연구하다. ***take the*** ～ ***into one's own hands*** 사적 제재를 가하다.

law-a·bid·ing [´əbàidiŋ] *a.* 법률을 지키는. 「반자.

law·break·er [´brèikər] *n.* 법률 위

law·break·ing [´brèikiŋ] *n., a.* Ⓤ 법률 위반(의).

***láw còurt 법정.**

‡law·ful [´fəl] *a.* **합법**〔**적법**〕**의;** 법정의, 정당한(～ *money* 법화/ *a* ～ *age* 성년(成年)). **～·ly** *ad.* **～·ness** *n.*

law·giv·er [´gìvər] *n.* 입법자.

***law·less** [´lis] *a.* ① **법률 없는,** 법을 지키지 않는. ② 무법의, (감정·욕망 등) 누를 수 없는.

law·mak·er [´mèikər] *n.* 입법자.

law·mak·ing [´mèikiŋ] *n., a.* Ⓤ 입법(의). 「안관.

law·man [´mæ̀n] *n.* 《美》 경관, 보

láw mèrchant 상(商)관습법; 상법 (commercial law).

‡lawn[1] [lɔ:n] *n.* **잔디**(**밭**). **´·y** *a.*

lawn[2] *n.* Ⓤ 「론」《한랭사(寒冷紗) 비슷한 얇은 아마포〔무명〕; 영국 국교의 bishop의 소매로 쓰임》; bishop의 직〔직위〕.

láwn mòwer 잔디 깎는 기계.

láwn slèeves bishop(의 소매).

láwn swìng (유아용) 마주보기 그네.

láwn tènnis 론 테니스.

láw òfficer 《英》 법무관; 법무장관; 검찰총장.

Law·rence [lɔ́:rəns, -ɑ́-/-ɔ́-], **D. H.** (1885–1930) 영국의 소설가·시인.

law·ren·ci·um [lɔ:rénsiəm] *n.* Ⓤ 〖化〗 로렌슘《인공 방사성 원소의 하나; 기호 Lr》.

láw schòol (대학의) 법(률)학부; 법과 대학. 「소.

law·suit [lɔ́:sù:t/-sjù:t] *n.* 소송, 고

‡**law·yer** [lɔ́:jər] *n.* **법률가**; 변호사.
lax [læks] *a.* 느슨한, 느즈러진; 모호한; 단정치 못한; 설사하는. **∠·i·ty** *n.* Ⓤ,Ⓒ 「오게 하는; 하제(下劑).
lax·a·tive [∠ətiv] *a.*, *n.* 대변이 나
†**lay**[1] [lei] *vt.* (**laid**) ① **놓다; 가로**〔**뉘어**〕**놓다**; 고정시키다, 늘어놓다, 쌓다; 깔다. ② (평평하게) 칠하다, 바르다. ③ (올가미 따위를) 장치하다, 만들어 놓다; (식탁을) 차리다. ④ (알을) 낳다. ⑤ (무거운 짐·세금·책임을) **지우다**, 과하다, 돌리다; (내기에) 걸다. ⑥ (티끌·먼지를) 가라앉히다, (망령 따위를) 진정시키다. ⑦ 때려 눕히다, **넘어뜨리다**; 평평하게 하다. ⑧ 궁리하다, (계획을) 세우다; 신청하다. ⑨ **주장하다**; (손해)액을 어림잡다〔정하다〕(*at*). ⑩ (실·밧줄을) 꼬다, (가지를) 엮다. ⑪ (총을) 조준하다. ⑫ (어떤 상태로) **만들다**. —— *vi.* **알을 낳다**; 내기하다(*on, to*); 진력하다. **~ *about*** 맹렬히 강타하다, 분투하다. **~ *aside*** 〔***away, by***〕 떼어 두다, 저장하다. **~ *at*** 《方》…에 덤벼들다. **~ *bare*** 벌거벗기다; 누설하다, 입밖에 내다. **~ *down*** 내리다, 놓다; 부설하다, 깔다, 건설하다; (계획을) 세우다; (포도주를) 저장하다; 주장〔단정〕하다; 결정하다; 버리다, 사임하다; 지불하다; (내기에) 걸다; 적다. **~ *fast*** 감금하다(confine). **~ *for*** 준비하다; 《美口》 숨어 기다리다. **~ *hold of*** 〔***on***〕 체포하다; (붙)잡다. **~ *in*** 사들이다, 저장하다; 《俗》 게걸스레 먹다. **~ *into*** 《俗》 후려 갈기다. **~ *it on*** 바가지씌우다; 너무 야단치다; 무턱대고 칭찬하다(**~ *it on thick***); 때려눕히다. **~ *off*** 떼어 두다; (일을) 중지하다; (잠시) 해고하다; 구분하다; 《美》 …을 피하다. **~ *on*** (타격을) 가하다; 칠하다; (가스·수도를) 끌다〔놓다〕; 과하다; (명령을) 발하다; 준비하다. **~ *open*** 가린 것을 벗기다, 벌거벗기다; 드러내다, 폭로하다; 절개(切開)하다. **~ *out*** 펼치다; 설계하다; 토지를 구분하다; 입관(入棺) 준비를 하다; 《俗》 때려 눕히다, 죽이다; 투자〔소비〕하다; 폭로하다. **~ *over*** 칠하다; 연기하다; 《美》 도중 하차하다. **~ *to*** 〖海〗 (일시) 정선(停船)하다〔시키다〕. **~ *to one's work*** 일에 전념하다. **~ *up*** 저장하다; 쓰지 않고 두다; 병이 사람을 틀어박히게 하다; 〖海〗 계선(繫船)하다. ***You may ~ to that*** …이라는 것은 절대로 틀림없다. —— *n.* 위치, 지형(*of*); 상태; 《俗》 직업; 일; (밧줄의) 꼬인 자리; 《美口》 값; (선원의) 어획 배당.
lay[2] *a.* 속인의, 평신도의 (opp. clerical); 전문가 아닌; 〖카드〗 으뜸패가 아닌.
lay[3] *n.* 노래; 민요; (새의) 지저귐.
‡**lay**[4] *v.* lie[2]의 과거. 「량자.
lay·a·bout [léiəbàut] *n.* 《英口》 부
lay·a·way [léiəwèi] *n.* 《美》 예약 월부 상품《월부금이 완납되면 인도함》. **~ *plan*** 〖商〗 예약 월부제.
lay-by [∠bài] *n.* 《英》 (도로·운하의) 넓어진 부분; (철도의) 대피선; =⇧. ***buy on the ~*** 월부 예약제로 사다.
‡**lay·er** [∠ər] *n.* ① **놓는**〔까는, 쌓는〕 **사람**; (돈을) 거는 사람; 알 낳는 닭 (*a bad* ~ 달걀을 잘 안 낳는 닭). ② **층**; 켜, (한 번) 칠함. ③ 〖園藝〗 휘문이(로 불린 나무). 「넣은 과자.
láyer càke 켜 사이에 크림 따위를
lay·ette [leiét] *n.* (F.) 갓난이 용품 《배내옷·침구 등의 일습》.
láy fìgure (<Du. *lee, led* joint) 모델 인형, 인체 모형; 하찮은 사람.
***lay·man** [léimən] *n.* (성직자에 대하여) **속인**, 평신도; 문외한.
lay·off [∠ɔ̀:f/-ɔ̀f] *n.* 일시적 해고〔휴직, 귀휴〕 (기간); (활동 등의) 휴지 기간.
***lay·out** [∠àut] *n.* ① Ⓤ,Ⓒ **설계**, 지면 배치; 레이아우트《책·신문의 지면배열》. ② (도구 등의) 한 벌. 「중하차.
lay·o·ver [∠òuvər] *n.* 여행 중단; 도
lay-up [∠ʌ̀p] *n.* (잠시) 쉼; 〖籠〗 바스켓 바로 밑에서 한 손으로 하는 점프 숏. 「히 나병의》.
laz·ar [lǽzər, léi-] *n.* 병든 거지《특
laz·a·ret(te) [lǽzərét] *n.* =⇩.
laz·a·ret·to [-rétou] *n.* (*pl.* **~*s***) 나병원; 격리 병원; (선미(船尾)의) 식료품실.
Laz·a·rus [lǽzərəs] *n.* 〖聖〗 나사로 《한 사람은 이적(異蹟)에 의하여 죽음에서 부활한 예수의 친구; 한 사람은 승천한 거지》. 「(*away*).
laze [leiz] (<⇩) *vi.* 게으름 피우다
‡**la·zy** [léizi] *a.* **게으른**; 느린. **lá·zi·ly** *ad.* **lá·zi·ness** *n.*
la·zy·bones [-bòunz] *n. pl.* 《單數取扱》《口》 게으름뱅이. 「반.
Lázy Súsan (식탁 중앙의) 회전 쟁
lb.** (*pl.* ***lbs.) *libra* (L. =pound).
L. B. Local Board. **LC** landing craft. **L. C.** 《美》 Library of Congress; 《英》 Lord Chamberlain.
L. C., L/C 〖商〗 letter of credit.
l. c. left center; =loc. cit.; lower case 〖校正〗 소문자(小文字) (사용).
L. C. C. London County Council.
LCD Liquid Crystal Diode 액정 소자《전자 계산기·전자 시계 따위에 씀》; liquid crystal display 액정 디스플레이〔표시〕. **L. C. D., l. c. d.** lowest common denominator. **L.C.F., l.c.f.** lowest 〔least〕 common factor. **L. C. J.** 《英》 Lord Chief Justice. **L. C. M., l. c. m.** lowest 〔least〕 common multiple.
LCT local civil time. **LD** line of departure 공격 개시선. **Ld.** Limited; Lord. **Ldry.** laundry. **L. D. S.** Latter-day Saint. **£E, LE** Egyptian Pound(s).
-le *suf.* 반복을 나타냄: chuck*le*, spark*le*, twink*le*, wrest*le* (cf. -er).
lea [li:] *n.* 《詩》 풀밭, 초원; 목장.
leach [li:tʃ] *vt., vi.* 거르다; 걸러 내다〔나오다〕. —— *n.* 여과(기); 잿물.

∠·y *a.* 다공질(多孔質)의 《흠 따위》.

‡**lead**[1] [led] *n.* ① Ⓤ 납. ② 납제품; (연필의) 심; 측연(測鉛). ③ (*pl.*) 함석 지붕. ④ 〖印〗 인테르. ***heave the ~*** 수심을 재다. ― *vt.* 납을 씌우다〔채워 메우다〕; 〖印〗 인테르를 끼우다.

†**lead**[2] [li:d] *vt.* (***led***) ① **인도〔안내〕하다;** 데리고 가다; **거느리다;** 지도하다. ② (클라스의) 수석을 차지하다. ③ **피다;** 시작하다, 앞장서서 하다. ④ (수도 따위를) 끌다. ⑤ 지내다, (생활·일생을) 보내다. ― *vi.* **안내하다;** (길이) **통하다,** 이르다(*to*); 귀착하다; **솔선〔리드〕하다;** 끌려가다; 〖카드〗 맨먼저 패를 내다; 〖拳〗 치고 공세를 취하다. ***~ away*** 데리고 가다, 꾀다; 맹종시키다. ***~ by the nose*** 맹종시키다, 마음대로 부리다. ***~ off*** 시작하다, 솔선하다. ***~ on*** 꾀다, 꾀어 들이다. ***~ out*** 시작하다; 꾀다. ***~ out of*** ... (방 등이) 직접 …으로 통하다. ***~ up*** 먼저 손을 대다. ***~ up to*** …으로 이끌다, …하도록 만들다, …으로 화제를 돌리다. ― *n.* ① **선도,** 솔선, **지휘;** 통솔(력); 지침, 모범; 조언(助言), 실마리. ② 우세; 〖劇〗 주역 (배우); 〖카드〗 선수(先手); 〖拳〗 제1격. ③ (물을 끌어들이는) 도랑; 〖電〗 도선(導線); 개(를 끄는) 줄(leash); 광맥(鑛脈) (lode). ④ 〖新聞〗 허두(의 일절); 〖放〗 톱 뉴스. ***follow the ~ of*** …의 예에 따르다. ***give a person a ~*** 모범을 보이다. ***take the ~ in*** …을 솔선하여 하다.

lead·en [lédn] *a.* 납(빛)의; 답답한; (눈이) 정기 없는; (날이) 무딘; 활기 없는. 「한; 무기력한(inert).

lead·en-heart·ed [-há:rtid] *a.* 무정

†**lead·er** [lí:dər] *n.* ① **지도자,** 솔선자, 주장; 〖樂〗 지휘자; 제 1 주자. ② (신문의) 사설. ③ (4두 마차의) 선두 말. ④ (손님을 끄는) 특가품; 유도 심문. ⑤ (낚시의) 목줄; (필름의) 양쪽 선단부. ⑥ (*pl.*) 〖印〗 점선.

‡**~·ship** [-ʃip] *n.* Ⓤ

lead·er·ette [lì:dərét] *n.* 짧은 사설.

lead-in [lí:dìn] *n., a.* 〖電〗 도입선; 끌어들이는; 〖放〗 (커머셜《광고의 말》을 이끄는) 도입 부분.

lead·ing[1] [lédiŋ] *n.* Ⓤ 납세공〔씌움, 입힘〕; 〖印〗 인테르.

‡**lead·ing**[2] [lí:diŋ] *n.* Ⓤ **지도,** 지표, 통솔(력). ― *a.* **이끄는,** 지휘하는; 주역의; **주요한,** 일류인, 훌륭한; 선도하는; 세력 있는. 「의) 주요 기사.

léading árticle 사설; (정기 간행물

léading cáse 선례가 되는 판결례.

léading lády 〔**mán**〕 주연 여우〔남우〕.

léading párt 주역.

léading quéstion (호의적인) 유도 심문(leader). 「고삐 (leash).

léading rèin (말 따위의) 끄는 줄,

léading stríngs (아기의 걸음마 연습용) 끈; 지도. ***in ~*** 혼자 걷지 못하고; 속박되어.

léad nìtrate 〖化〗 질산연.

lead·off [lí:dɔ̀:f/-ɔ̀f] *n.* 개시, 착수; 〖野〗 일번〔선두〕 타자.

léad óxide [léd] 〖化〗 산화연. 「필.

léad péncil [léd] (흑심의 보통) 연

léad pòisoning [léd] 연독, 납중독.

leads·man [lédzmən] *n.* 측연수(測鉛手).

léad swìng·er [léd swìŋər] 《海俗》 꾀쟁이, 게으름뱅이《측연 작업을 하는 체하는》.

léad tìme [lí:d] 기획에서 생산까지의 시간; 발주(發注)에서 배달까지의 시간. 「접합용》.

léad wòol [léd] 연모(鉛毛)《파이프

†**leaf** [li:f] *n.* (*pl.* ***leaves***) ① Ⓤⓒ (한 장의, 또는 집합적으로) **잎**(사귀). ② (책 따위의 종이) 한 장. ③ 꽃잎. ④ 얇은 판자, 박(箔). ⑤ (접는 문의) 문짝, (경첩 따위의) 한 장. ***come into ~*** 잎이 나오다. ***fall of the ~*** 가을. ***gold ~*** 금박(金箔). ***in ~*** (푸른) 잎이 나와. ***turn over a new ~*** 생활을 일신하다. ― *vi.* 잎이 나오다. ― *vt.* (급히 책) 페이지를 넘기다. ***∠·less** *a.* **잎 없는.** ***∠·y** *a.* **잎이 많은**〔무성한〕.

leaf·age [∠idʒ] *n.* Ⓤ 《集合的》 잎.

léaf bùd 〖植〗 잎 눈. 「삐라.

***leaf·let** [∠lit] *n.* **작은 잎;** 광고지,

léaf mòld 〔《英》 **mòuld**〕 부엽토(腐葉土). 「엽병(葉柄).

leaf·stalk [∠stɔ̀:k] *n.* 〖植〗 잎 꼭지,

‡**league**[1] [li:g] *n.* **동맹,** 연맹, 리그; 맹약; (the L-) 〖史〗 신성 동맹; (the L-)=(***the***) ***L- of Nations*** 국제 연맹 (1919–46). ***in ~ with*** …와 맺어. ― *vi., vt.* 동맹〔연맹〕하다〔시키다〕. 「마일》.

league[2] *n.* 리그《거리의 단위, 약 3

léague màtch 리그전(戰).

lea·guer [lí:gər] *n.* 동맹자〔국〕, 가맹자〔국, 단체〕; 〖野〗 리그에 속하는 선수.

leak** [li:k] *n.* 샘, 새는 곳〔구멍〕; 〖電〗 누전. ***spring 〔***start***〕 ***a ~*** 새는 곳〔구멍〕이 생기다, 새기 시작하다. ― *vi., vt.* **새(어 나오)다,** 새는 구멍이 있다; 새게 하다.

leak·age [∠idʒ] *n.* Ⓤⓒ 누출(량); Ⓤ 샘, 누설, 드러남; 〖商〗 누손(漏損).

leak·y [∠i] *a.* 새는 구멍 있는, 새기 쉬운; 오줌을 지리는; 비밀을 지킬 수 없는(*He is a ~ vessel.* 그 친구에게 말하면 곧장 새어 버린다).

‡**lean**[1] [li:n] *a.* ① **야윈.** ② 살코기의, 지방 없는. ③ (식사·영양가·강의 따위가) 빈약한, 수확이 적은. ― *n.* Ⓤ 살코기; Ⓒ 야윈〔가는〕 부분.

‡**lean**[2] *vi.* (~***ed*** [li:nd / lent, li:nd], 《英》 ***leant***) **기대다** (*against, on, over*); 기울다(*to*), 굽다; **의지하다** (*on, upon*); …의 경향이 있다 (*to, toward*). ― *vt.* 기대게 하다; 기울이다; 구부리다. ***~ back*** 뒤로 젖혀지다. ***~ over backward*** 지금까지와는 반대(의 태도)로 나오다. ***~ toward mercy*** 조금 자비심을 내다. ― *n.* 기울, 경사. **∠·ing** *n.*

Ⓤ 경사; Ⓒ 경향, 기호(嗜好). 「사).
*__leant__ [lent] *v.* 《英》 lean²의 과거(분
lean-to [líːntùː] *n.* 의지간; 달개지붕.
‡**leap** [liːp] *vi.* (*~t, ~ed* [lept, liːpt]) 뛰다, 도약하다; 약동하다 (*~ for joy*). ── [승마할 때는 lep] *vt.* 뛰어 넘(게 하)다. *~ to the eye* 곧 눈에 띄다. *Look before you ~.* 《俗談》 실행 전에 잘 생각하라. ── *n.* (한 번) 뛰기; 그 거리. *by ~s and bounds* 급속히, 일사천리로. *a ~ in the dark* 난폭[무모]한 행동.
leap·frog [⌐frɔ̀ːg, -ɑ̀- / -ɔ̀-] *n.*, *vi.* (*-gg-*) Ⓤ 개구리 뜀(을 하다) (*over*). *~·ging n.* 〖經〗 (물가와 임금과의) 악순환. 「사).
leapt [lept, liːpt] *v.* leap의 과거(분
léap yèar 윤년.
†**learn** [ləːrn] *vt.*, *vi.* (*~ed* [-t, -d], *~t*) **배우다**, 익히다; 외다; (들어서) 알다(*from, of*); 《古·俗·諧》 가르치다. *~ by heart* [*rote*] 암기하다. ‡*⌐·er n.* †**learn·ing** *n.* Ⓤ **학문**; 박식. *man of ~ing* 학식 있는 사람.
‡**learn·ed** [lə́ːrnid] *a.* **학식 있는**; 학구적인; 학자의. *the ~* 학자들.
†**learnt** [-t] *v.* learn의 과거(분사).
*__lease__ [liːs] *vt.* (토지를) **임대[임차]하다**, 빌(리)다. *~d territory* 조차지(租借地). ── *n.* ⓊⒸ (토지·건물의) **임대차 계약**(권·기간); Ⓒ 그 계약서; (목숨 등) 정해진 기간. *by* [*on*] *~* 임대[임차]로. *take a new ~ of life* (완쾌되어) 수명이 늘다.
lease-lend [⌐lénd] *n.*, *v.* ＝LEND-LEASE. 「(인).
lease·hold(·er) [⌐hòuld(ər)] *n.* 차지
leash [liːʃ] *n.* (개 따위를 매는) 가죽끈; (개·토끼·여우·사슴 따위의) 세 마리. *hold in ~* 속박[지배]하다. ── *vt.* 가죽끈으로 매다.
†**least** [liːst] 《little의 最上級》 *n.*, *a.* 최소(의)(*There isn't the ~ danger.* 위험은 전혀 없다/*There is not* [nát/-ɔ́-] *the ~ danger.* 적지 않은 위험이 있다). *at* (*the*) *~* 적어도; 하다못해. *not in the ~* 조금도 …않다. *the ~ common multiple* 최소공배수. *to say the ~ of it* 줄잡아 말하더라도. ── *ad.* **가장 적게**. *~ of all* 가장 …않다 (*I like arrogance ~ of all.* 오만이 무엇보다도 싫다). *⌐·wise, ⌐·ways ad.* 《口》 적어도, 하다못해; 하여튼.
‡**leath·er** [léðər] *n.* ① Ⓤ (무두질한) **가죽**. ② 가죽 제품; 가죽 끈; 공. ③ Ⓤ 《俗》 피부. *~ and prunella* [pru(ː)nélə] 비슷비슷한 치들(Pope, A의 구에서). ── *vt.* 가죽을 씌우다[대다]; 가죽 끈으로 때리다. *~·y*
léather drèsser 무두장이. ⌊[-i] *a.*
Leath·er·ette [lèðərét] *n.* 〖商標〗 레더, 인조 피혁.
leath·er·head [léðərhèd] *n.* 바보, 멍청이; 〖鳥〗 꿀새.
leath·ern [léðərn] *a.* 가죽(제)의.
leath·er·neck [léðərnèk] *n.* 《美俗》 해병대원(marine).
Leath·er·oid [léðərɔ̀id] *n.* 〖商標〗 인조 가죽. 「혁[가죽] 제품.
leath·er·ware [léðərwɛ̀ər] *n.* Ⓤ 피
†**leave**¹ [liːv] *vt.* (*left*) **남기다; 놓고 가다**, 둔 채 잊다; (유산 등을) 남기고 죽다; (뒤에 남기고) **떠나다** (*~ Seoul for Paris*); …에서 물러나다; 지나가다; …케 하다(*His words left me angry.* 그의 말에 화가 났다); …**인 채로 두다; 맡기다**, 위탁하다(*to, with*); 그만두다(cease). ── *vi.* **떠나다, 출발하다**. *be nicely left* 속다. *Better ~ it unsaid.* 말 않는 편이 낫다. *get left* 버림받다; 지다. *~ alone* 간섭하지 않다(*Please ~ me alone.* 나를 상관 말고 내버려 두세요). *~ behind* (뒤에) 남기다; 놓아둔 채 잊다; 앞지르다. *~ hold of* (잡은 것을) 놓아버리다. *~ much* [*nothing*] *to be desired* 유감스러운 점이 많다[더할 나위 없다]. *~ off* 그만두다, 그치다; 벗다, 버리다. *~ out* 빠뜨리다, 생략하다; 잊다; 무시하다. *~ over* 남기다; 연기하다. *~ a person to himself* 방임하다. ── *n.* Ⓤ **허가**; ⓊⒸ 휴가(기간); Ⓤ 작별. *by your ~* 실례입니다만. *~ of absence* 말미, 휴가(기간). *on ~* 휴가로. *take French ~* 무단히[아무 말 없이] 자리를 뜨다. *take one's ~ of* …에게 작별 인사를 하다. *take ~ of one's senses* 미치다. *without ~* 무단히.
leave² *vi.* 잎이 나오다.
*__leav·en__ [lévən] *n.* ① Ⓤ **효모**, 누룩(yeast). ② 영향을[감화를] 주는 것; 기미(氣味)(tinge). *the old ~* 구폐(舊弊). ── *vt.* 발효시키다; 영향을 주다; …기미를 띠게 하다.
†**leaves** [liːvz] *n.* leaf의 복수.
leave-tak·ing [líːvtèikiŋ] *n.* Ⓤ 작별, 고별.
leav·ings [líːviŋz] *n.* *pl.* 남은 것, 찌꺼기. 「국》.
*__Leb·a·non__ [lébənən] *n.* 레바논《공화
Le·bens·raum [léibənsràum] *n.* (G. ＝living space) 생활권《국민 생활에 필요한 영토; 나치 독일의 지정학 용어》.
lech·er·ous [létʃərəs] *a.* 음탕한 (lewd). **lech·er·y** *n.* Ⓤ 호색, 음란.
lec·i·thin [lésəθin] *n.* Ⓤ 〖生化〗 레시틴《생물의 세포조직·난황에 포함된 지방 비슷한 화합물》.
lec·tern [léktərn] *n.* (교회의) 성서대(臺).
‡**lec·ture** [léktʃər] *n.*, *vt.*, *vi.* **강의**[강화·강연](**하다**) (*on*); **훈계**(**하다**) (*on*). *~·ship* [-ʃip] *n.* Ⓤ 강사직(의 지위). ‡**lec·tur·er** *n.* **강사**; 강
lécture hàll 강당. ⌊연자.
‡**led** [led] *v.* lead²의 과거(분사).
LED Light Emitting Diode 발광소자《컴퓨터·전자 시계 등에 씀》.
‡**ledge** [ledʒ] *n.* **좁은 선반**; (암벽(岩壁) 측면의) 바위 선반; (해안 부근의) 암초; 광맥.
ledg·er [lédʒər] *n.* 〖簿〗 원장(元帳);

(무덤의) 대석(臺石).

lédger lìne 〖樂〗 덧줄.

***lee**[1] [li:] *n., a.* **바람이 불어가는 방향**(의); 바람을 등진 쪽(의); 가리어진 곳(shelter); 보호, 비호.

lee[2] *n.* (보통 *pl.*) (술 종류의) 찌끼, 「앙금.

Lee [li:], **Robert E.** (1807–1870) 미국 남북 전쟁 때의 남군 총지휘관.

***leech**[1] [li:tʃ] *n.* ① **거머리**《특히 의료용의》. ② 흡혈귀, 고리 대금업자. ③ 《古》 의사.

leech[2] *n.* 〖海〗 (돛의) 세로의 가장자리. 「리.

leek [li:k] *n.* 〖植〗 부추.

leer [liər] *n., vi., vt.* 추파(를 던지다), 곁눈질(하다), 짓궂은 눈매(를 하다). **∠·y** [líːəri] *a.* 곁눈질하는; 《俗》 교활한; 《俗》 의심이 많은(*of*).

lees [li:z] *n. pl.* ⇨LEE².

lée shòre 바람 불어가는 쪽의 해안.

lee·ward [líːwərd, 《海》 lúːərd] *n., a., ad.* 바람 불어가는 쪽(의, 으로).

Lée·ward Íslands [líːwərd] 리워드 제도《서인도제도 중의 영령 제도》.

lee·way [líːwèi] *n.* Ⓤ 〖海〗 풍압(風壓)《바람 불어가는 쪽으로 밀려 내려감》; 풍압차(風壓差); 시간〔돈〕의 여유; 활동의 여지; 시간적 손실. ***make up*** ~ 뒤진 것을 만회하다; 곤경을 벗어나다.

†**left**[1] [left] *a.* **좌(측)의,** 왼쪽의, 좌익의. ***marry with the ~ hand*** 지체 낮은 여자와 결혼하다. — *ad.* 왼쪽에. ***Eyes ~!*** 좌로 나란히! ***L- turn!*** 좌향좌. — *n.* **왼쪽;** (the L-) 좌익, 좌파, 혁신파. ***over the ~*** 거꾸로 말하면. **∠·ish** *a.* 좌익적인. **∠·ism** *n.* Ⓤ 좌익주의〔사상〕. **∠·ist** *a., n.* 좌익의 (사람), 좌파(의). **∠·y** *n.* 《口》 왼손잡이; 〖野〗 왼손잡이 투수; 좌익《사람》.

†**left**[2] *v.* leave¹의 과거(분사).

Léft Bánk (파리의 센 강의) 좌안(左岸)《화가가 많이 삶》; 자유 분방한 사람들이 사는 고장.

léft fíeld 〖野〗 좌익; 좌익수의 위치.

léft fíelder 〖野〗 좌익수.

left-hand [léfthǽnd] *a.* 왼손의, 왼쪽의. **~·ed** [-id] *a.* 왼손잡이의; 왼손으로 한; 왼손용의; 왼쪽으로 도는〔감는〕; 서투른; 음험한; 불성실한, 말뿐인(*~ed compliment*).

left·o·ver [∠òuvər] *n., a.* 나머지(의), 남은 것.

léft wíng 좌익, 좌파, 혁신파.

left-wing [∠wíŋ] *a.* 좌익의, 좌파의. **~·er** *n.* 좌파〔좌익〕의 사람.

†**leg** [leg] *n.* ① **다리**(부분), 정강이; (가구 따위의) 다리. ② 지주, 버팀대; (삼각형의 밑변 이외의) 변. ③ (옷)자락. ④ (여정·주정(走程)의) 구분, 한 구간; (갈짓자로 나아가는 범선의) 한 진행 구간〔거리〕. ⑤ 《英》 사기꾼. ***feel*** 〔***find***〕 ***one's ~s*** (갓난아이가) 걸을 수 있게 되다. ***get on one's ~s*** 일어서다. ***give a person a ~ up*** 부축하여 태워 주다, 도와서 어려움을 헤어나게 하다. ***have ~s*** 빠르다(는 평판이다). ***have not a ~ to stand on*** 거론(擧論)〔변명〕의 근거가 없다. ***have the ~s of*** …보다 빠르다. ***keep one's ~s*** 쓰러지지 않다. ***on one's last ~s*** 다 죽게 되어, 막다른 골목에 이르러. ***pull*** 〔***draw***〕 ***a person's ~*** 《口》 속이다, 놀리다. ***shake a ~*** 춤추다. ***stretch one's ~s*** 산책하다. ***take to one's ~s*** 도망치다. ***walk*** 〔***run***〕 ***a person off his ~s*** 지치도록 걷게〔달리게〕 하다. — *vi.* (*-gg-*) 걷다, 달리다. ***~ it*** 《口》 걷다, 달리다.

leg. legal; legate; *legato;* legislative; legislature.

***leg·a·cy** [légəsi] *n.* **유산;** 전승물(傳承物). 「承物).

‡**le·gal** [líːgəl] *a.* **법률(상)의;** 합법적인; 법정(法定)의. **~·ism** [-ìzəm] *n.* Ⓤ (극단적인) 법률 존중주의, 형식주의. **~·ist** *n.* ***~·ly** *ad.*

légal áid 《英》 법률 구조《재력이 없는 이의 소송비를 정부가 지불하는 일》.

légal hóliday 법정 휴일.

le·gal·i·ty [liːgǽləti] *n.* ⓊⒸ 적법(성); 법률 준수.

le·gal·ize [líːgəlàiz] *vt.* 합법으로 인정하다; 합법화하다; 공인하다. **le·gal·i·za·tion** [∸–izéiʃən/-lai-] *n.* Ⓤ

légal pérson 법인(法人).

légal resérve 법정(法定) 준비금.

légal ténder 법화(法貨).

lég àrt 《美俗》 여성의 각선미 강조 사진.

leg·ate [légit] *n.* 로마 교황 사절.

leg·a·tee [lègətíː] *n.* 〖法〗 유산 수취인.

le·ga·tion [ligéiʃən] *n.* 공사관; 《集合的》 공사관원.

le·ga·to [ligáːtou] *a., ad.* (It.) 〖樂〗 부드러운, 부드럽게.

lég báil 탈주.

‡**leg·end** [lédʒənd] *n.* **전설;** 성도전(聖徒傳); (화폐·메달 등의) 명(銘); (도표 등의) 설명문, 일러두기. ***~·ar·y** [-èri/-əri] *a.* **전설의,** 전설적인.

leg·er·de·main [lèdʒərdəméin] *n.* Ⓤ 요술; 속임수.

lég·er lìne [lédʒər] =LEDGER LINE.

***leg·ging** [légiŋ] *n.* **각반;** (*pl*) 레깅스《어린이용 보온(保溫) 바지》.

lég guàrd 〖野·크리켓〗 정강이받이.

leg·gy [légi] *a.* 다리가 가늘고 긴〔미끈한〕. 「종; [légərn] 레그혼《닭》.

leg·horn [léghɔːrn] *n.* 맥고모자의 일

leg·i·ble [lédʒəbəl] *a.* 읽을 수 있는, 읽기 쉬운; 명백한. **-bly** *ad.* **~·ness** *n.* **leg·i·bil·i·ty** [∸–bíləti] *n.* Ⓤ

le·gion** [líːdʒən] *n.* (고대 로마의) **군단**《보병 3000–6000명》; 군세(軍勢); 다수. ***L- of Honor (Napoleon 이래의) 레종 도뇌르 훈장〔훈위(勳位)〕. **~·ar·y** [-èri/-əri] *a., n.* 군단의 (병사).

le·gion·naire [lìːdʒənέər] *n.* 군단의 병사; 미국 재향 군인회 회원.

leg·is·late [lédʒislèit] *vi., vt.* 법률을〔로〕 정하다. ‡**leg·is·la·tion** [∸–léi-] *n.* Ⓤ **입법;** Ⓒ 법률. ***leg·is·la·tive** [-lèit-, -lət-] *a.* **입법의.** ***leg·is·la·tor** *n.* 입법자. ***leg·is·la·ture** [-lèitʃər] *n.* (국가의) **입법부.**

le·git [lidʒít] *a., n.* 《俗》 =LEGITIMATE (drama).

L

le·git·i·ma·cy [lidʒítəməsi] *n.* Ⓤ 합법, 정당; 적출(嫡出).

***le·git·i·mate** [lidʒítəmit] *a.* 합법〔적법〕의; 정당한; 적출의; 논리적인. **~ *drama* 〔*stage*〕** (소극(笑劇) 등에 대하여) 정극(正劇); (영화에 대하여) 무대극. —— [-mèit] *vt.* 합법이라고 하다; 적출로 (인정)하다. **~·ly** *ad.*

le·git·i·mism [-mìzəm] *n.* Ⓤ 정통주의. **-mist** *n.*

le·git·i·mize [-màiz] *vt.* =LEGITIMATE.

leg·man [légmæ̀n, -mən] *n.* 취재 기자; 외무 사원; 외근원.

leg-of-mut·ton [ˊəvmʌ́tn] *a.* 양(羊)다리 모양의, 삼각형의(*a* ~ *sail, sleeve, &c.*).

leg-pull(·ing) [ˊpùl(iŋ)] *n.* 골탕먹이기, 못된 장난.

lég shòw (각선미를 보이는) 레그쇼.

leg·ume [légju:m, ligjú:m], **le·gu·men** [ligjú:mən] *n.* 콩과 식물(의 꼬투리).

le·gu·min [ligjú:min] *n.* Ⓤ 〖生化〗 레구민(콩과 식물 씨에 있는 단백질).

le·gu·mi·nous [legjú:minəs] *a.* (꼬투리) 콩이 나는; 콩과의.

leg·work [légwə̀:rk] *n.* Ⓤ 돌아 다님; 취재 활동.

lei [lei, léii:] *n.* 레이(하와이 사람이 목에 거는 화환).

Lei·ca [láikə] *n.* 〖商標〗 라이카(독일제 카메라 이름).

Leices·ter [léstər] *n.* 잉글랜드 중부의 도시; 레스터종(種)의 양.

Leices·ter·shire [-ʃiər, -ʃər] *n.* 영국 중부의 주(州)(생략 Leices.).

Leip·zig [láipsig/-zig], **-sic** [-sik] *n.* 라이프치히(동독 남부의 도시).

‡**lei·sure** [lí:ʒər, lé-] *n., a.* Ⓤ 여가(의); 안일. ***at*** **~** 한가하여; 천천히. ***at one's*** **~** 한가할〔형편 좋을〕 때에. **~d** [-d] *a.* 한가한. ***léi·sure·ly** *ad.*

lei·sure-time [-tàim] *a.* 여가의.

leit·mo·tif, -tiv [láitmoutì:f] *n.* (G.) (Wagner의 악극(樂劇)의) 시도동기(示導動機); 주목적.

LEM lunar excursion module.

lem·an [lémən] *n.* 《古》 연인, 애인, 정부(情婦).

lem·ming [lémiŋ] *n.* 〖動〗 나그네쥐(북극산).

‡**lem·on** [lémən] *n., a.* 레몬(나무·열매); Ⓤ 레몬 빛(의), 레몬이 든. **~·y** *a.* 레몬 맛이〔향기가〕 있는.

***lem·on·ade** [lèmənéid] *n.* Ⓤ 레몬수, 레모네이드.

lémon dròp 레몬드롭 (캔디).

lémon squàsh 《英》 =LEMONADE.

lémon squèezer 레몬 짜는 기구 (juicer).

le·mur [lí:mər] *n.* 여우원숭이(Madagascar 산).

†**lend** [lend] *vt.* (*lent*) 빌려주다; (효과 따위를) 증대시키다, 더하다, 첨가하다, (도움을) 주다. **~ *itself* 〔*oneself*〕 *to*** …의 소용에 닿다; (나쁜 짓, 비열한 짓 등을) 굳이 하다; 받아 들이다. **ˊ·er** *n.* **ˊ·ing** *n.* Ⓤ 대여(물); (*pl.*) 빌어 입은 옷.

lend-lease [ˊlí:s] *n.* Ⓤ (무기) 대여. —— *vt.* (무기·물자를) 대여하다.

Lénd-Léase Àct [léndlí:s] 《美》 무기 대여법(1941 제정).

†**length** [leŋkθ] *n.* Ⓤ 길이, 기장, 세로; 기간; Ⓒ (보트·경마의) 1 정신(艇身), 1마신(馬身). ***at full*** **~** 길게; 네활개를 펴고; 상세히. ***at*** **~** 드디어, 겨우; 최대한의 길이로, 상세히. ***go all*** **~*s***, or ***go to great*** 〔***any***〕 **~** 어떤 일이라도 해치우다. ***go the*** **~ *of*** (do*ing*) …까지도 하다. ***go the whole*** **~** 끝까지 하다, 하고 싶은 말을 모두 하다. ***know*** 〔***find, get, have***〕 ***the*** **~ *of*** …의 성질을〔급소를〕 간파하다. ‡**ˊ·en** [ˊən] *vi., vt.* 길게 하다〔되다〕, 늘이다, 늘어나다. **ˊ·ways** [ˊwèiz] *ad.* 세로로. ***ˊ·wise** [ˊwàiz] *ad., a.* 세로로(의). ***ˊ·y** *a.* 긴; (연설·글이) 장황한.

le·ni·ent [lí:niənt, -jənt] *a.* 관대한; 온화한. **~·ly** *ad.* **lé·ni·ence, lé·ni·en·cy** *n.* ⓊⒸ

Len·in [lénin], **Nikolai**(1870–1924) 러시아의 혁명가 · 소련 창설자.

Len·in·grad [-græ̀d, -ɑ̀:-] *n.* 소련 북서부의 도시(옛 이름 Petrograd).

le·nis [lí:nis] *a., n.* (*pl.* ***lenes*** [-ni:z]) 〖音聲〗 연음(軟音)(의).

len·i·tive [lénətiv] *a., n.* 완화〔진통〕성의; 완화〔진통〕제.

len·i·ty [lénəti] *n.* ⓊⒸ 관대(한 조처).

‡**lens** [lenz] *n.* 렌즈; (눈알의) 수정체.

léns hòod 〖寫〗 (카메라의) 후드.

lens·man [ˊmən] *n.* 《口》 사진사.

Lent [lent] *n.* 사순절(四旬節) (Ash Wednesday부터 Easter까지의 40일간; 이 동안에 단식·회개를 함).

†**lent** [lent] *v.* lend의 과거(분사).

len·tan·do [lentɑ́:ndou] *ad.* (It.) 〖樂〗 차차 느리게.

Lent·en [ˊən] *a.* 사순절의, 봄철의; (*or* l-) 육식없는; (복장 등) 검소한. ***the*** **~ *season*** 사순절의 계절(봄).

len·til [léntil] *n.* 〖植〗 렌즈콩, 편두(扁豆).

len·to [léntou] *a., ad.* (It.) 〖樂〗 느린, 느리게.

lént tèrm 《英》 (대학의) 봄 학기.

Le·o [lí:ou] *n.* 〖天〗 사자자리 (the Lion); (황도의) 사자궁(宮).

le·o·nine [lí:ənàin] *a.* 사자의 〔같은〕; (L-) 교황 Leo의.

leop·ard** [lépərd] *n.* 표범. ***American **~** =JAGUAR. **~·ess** *n.* 암표범.

Lep·cha [léptʃə] *n.* ⒸⓊ (히말라야 산지의) 레프차 사람〔언어〕.

lep·er [lépər] *n.* 나병 환자, 문둥이.

lep·i·dop·ter·ous [lèpədɑ́ptərəs/-ɔ́-] *a.* 인시류(鱗翅類)(나비·나방)의.

lep·ra [léprə] *n.* =LEPROSY.

lep·re·chaun [léprəkɔ̀:n] *n.* (Ir.) 난장이 노인 모습의 요귀(妖鬼).

lep·ro·sar·i·um [lèprəsέəriəm] *n.* 나병 요양소(leper house).

lep·ro·sy [léprəsi] *n.* Ⓤ 나병. **lép·rous** *a.* 나병의〔같은〕; 비늘 모양의.

lep·ton [léptɑn/-ɔn] *n.* 〖理〗 경입자(輕粒子).

Les·bi·an [lézbiən] *a., n.* Lesbos 섬의; 동성애의 (여자). **~·ism** [-ìzəm] *n.* Ⓤ 여성의 동성애(행위).

lése májesty [lí:z] 〖法〗 불경〔대역〕죄.

le·sion [lí:ʒən] *n.* Ⓤ 상해(傷害); 〖醫〗 (조직·기능의) 장애, 병소(病巢).

Le·so·tho [lesóuθou] *n.* 아프리카 남부의 독립국.

†**less** [les] 《little의 比較級》 *a.* **보다 적은〔작은〕,** 보다 이하의〔못한〕. ***little ~ than*** …와 같은 정도. ***no ~ than*** 꼭 …만큼, 적어도 …만큼; 다름 아닌 바로 그 …. ***nothing ~ than*** 꼭 …만큼, 적어도 …만큼, 바로 그 것. —— *ad.* **보다 적게.** MUCH ~. ***no*** 〔***none the,*** or ***not the***〕 ~ 역시, 그래도 역시. STILL[1] ~. —— *prep.* =MINUS (*a month ~ two days* 이틀 모자라는 한 달). —— *n.* Ⓤ 보다 적은 수량〔액〕. ***in ~ than no time*** 《諧》 곧, 이내.

-less *suf.* 명사에 붙여서 「…이 없는」, 동사에 붙여서 「…할 수 없는」의 뜻의 형용사를 만듦: care*less*, wire*less*, count*less*.

les·see [lesí:] *n.* 〖法〗 차지〔차가〕인(借地〔借家〕人).

‡**less·en** [lésn] *vt., vi.* **적게〔작게〕 하다〔되다〕;** 줄(이)다.

*****less·er** [lésər] 《little의 比較級》 *a.* **보다 작은〔적은〕.**

Les·sing [lésiŋ], **Gotthold Ephraim** (1729–81) 독일의 비평가·극작가.

less·ness [lésnis] *n.* Ⓤ 한층 적음, 열등.

†**les·son** [lésn] *n.* **학과,** 과업; (*pl.*) **수업,** 공부, 연습; **교훈,** 훈계; (성서의) 일과. ***give*** 〔***have, take***〕 ***~s in*** (*chemistry*) (화학을) 가르치다〔배우다〕. ***read*** 〔***teach***〕 ***a person a ~*** 호되게 야단치다.

les·sor [lesɔ́:r, ⌐–] *n.* (토지·가옥 등을) 빌려 주는 사람, 집주인.

‡**lest** [lest] *conj.* 《文語的》 **…하지 않도록;** …하면 안 되므로, …을 두려워하여.

†**let**[1] [let] *vt.* (***let; -tt-***) ① **…시키다;** 하게 하다, 허가하다. ② **빌려 주다.** ③ (액채·음성·공기를) 내다, 새어 나오게 하다, (눈물을) 흘리다. ④ (문 등에 사람을) 통과시키다. —— *aux. v.* 「권유·명령·허가·가정」의 뜻(*Let's take a rest.* 좀 쉬자). ***~ alone*** 내버려 두다; 《命令的》 …은 그만두고, …은 말할 것도 없고(*He knows Latin, ~ alone French.* 프랑스 말은 물론 라틴 말도 한다). ***~ be*** 내버려 두다; 그만두다. ***~ down*** 내리다, 낙심케 하다; 부끄럽게 하다. ***~ fall*** 떨어뜨리다. ***~ fly*** 날리다. ***~ go*** (쥔 것을) 놓다, 놓아 주다. ***~ in*** 들이다(*Let me in!* 들여보내 주세요). ***~ into*** 속에 넣다; 알리다; 공격하다, 해내다. ***~ loose*** 놓아 주다. ***~ me see*** (저) 글쎄. ***~ off*** (총을) 쏘다; 농담을 하다; 석방하다; 내다, 새게 하다. ***~ on*** 《口》 새게 하다, 폭로하다; 《口》 …체하다. ***~ out*** (*vt.*) 흘러나오게 하다, 새게 하다; 넓히다, 크게 하다; 빌려 주다; (*vi.*) 《美》 (모임·학교 등이) 파하다; 후려 갈기다, (발로) 차다; 욕지거리하다(*at*). ***~ pass*** 눈감아 주다. ***~ up*** 그만두다(*on*); 느즈러지다, 바람이 자다. 「다).

let[2] *n., vt.* (***let, ~ted***) 《古》 방해(하

-let *suf.* 「작은…」의 뜻: stream*let*.

let·down [létdàun] *n.* 감소, 이완(弛緩); 환멸, 실망; 〖空〗 (착륙을 위한) 감속(減速).

le·thal [lí:θəl] *a.* 치명〔치사〕적인.

le·thar·gic [liθá:rdʒik], **-gi·cal** [-əl] *a.* (몹시) 졸린, 노곤한; 혼수 상태의. **-gi·cal·ly** *ad.* 「발치 못함.

leth·ar·gy [léθərdʒi] *n.* Ⓤ 혼수; 활

Le·the [lí:θi(:)] *n.* 〖그神〗 망각의 강 《지옥의 강, 그 물을 마시면 과거를 잊음》; 망각. **Le·thé·an** *a.*

†**let's** [lets] let us의 **단축.** 「레트말.

Lett [let] *n.* ⒸⓊ Latvia 사람〔말〕,

†**let·ter** [létər] *n.* **문자,** 글자; **편지;** (*pl.*) **문학,** 학문, 문필업(*a man of ~s* 학자·문인); (보통 *pl.*) 증서, …장(狀). ***~ of attorney*** 위임장. ***~ of credit*** 신용장 《생략 L/C, 1/c, l. c.》. ***~s of marque*** (***and reprisal***) (정부 발행의) 적 상선 나포(敵商船拿捕) 허가장. ***~s patent*** 특허장. ***to the ~*** 문자 (그)대로.

létter bòmb 우편 폭탄《우편물에 폭탄을 장치한 것》. 「mail box).

létter bòx 《주로 英》 우편함 (《美》

létter càrd 《英》 봉함 엽서.

létter càrrier 우편 집배인.

létter dròp 우편물 투입구.

let·tered [-d] *a.* 학문〔교양〕 있는.

let·ter·head [-hèd] *n.* 편지지 위쪽의 인쇄문구《회사 이름·소재지·전화번호 따위》; 그것이 인쇄된 편지지.

let·ter·ing [-iŋ] *n.* Ⓤ 자체(字體), 글자배치; 쓴〔새긴〕 글씨.

létter pàd (떼어 쓰게 된) 편지지.

létter pàper 편지지.

let·ter-per·fect [-pə́:rfikt] *a.* 〖劇〗 대사를 외고 있는; 세부까지 정확한.

let·ter·press [-près] *n.* Ⓤ 인쇄 자구(字句), (삽화에 대하여) 본문; ⓊⒸ 활판〔식자〕 인쇄(기).

létters pátent 전매 특허증.

létter stàmp (편지의) 소인(消印).

létter stòck 비공개주.

létter wrìter 편지 쓰는 사람; 서간 문학자; 편지틀.

Let·tish [létiʃ] *n., a.* Ⓤ 레트어, 라트비아어; 레트인〔어〕의.

*****let·tuce** [létis] *n.* Ⓤ **상추,** 양상추.

let·up [létʌp] *n.* 《口》 정지; 완화.

leu·cine [lú:si:n] *n.* Ⓤ 〖化〗 루신, 로이친《백색 결정성의 아미노산》.

leu·co·cyte, -ko- [lú:kəsàit] *n.* 백혈구.

leu·cot·o·my [lu:kátəmi / lu:kɔ́-] *n.* ⓊⒸ 뇌엽 절제(술)(腦葉切除(術)).

leu·ke·mi·a, -kae- [lu:kí:miə] *n.* Ⓤ 백혈(구 과다)증.

Lev. Leviticus.

Le·vant [livǽnt] *n.* 레반트《지중해 동부 지방 여러 나라》. **Le·van·tine**

L

[lévəntàin] *a.*

lev·ee¹, ***lev·ée*** [lévi] *n.* 《英》 (군주의) 아침 알현(謁見)(식); 《美》 (대통령의) 접견회; 〖프史〗 아침 접견식.

lev·ee² *n.* (강의) 제방, 둑; 부두.

‡lev·el [lévəl] *n.* **수평(면)**; 평지; 높이; 수준; 수준기(器). ***find one's*** 〔***its***〕 ~ 실력에 맞는 지위를 얻다. ***on a ~ with*** …과 동등하게. ***on the ~*** 《俗》 공평한, 정직하게 (말하면). ── *a.* **수평의**; 평평한; **동일 수준의**; 서로 우열이 없는; 한결같은; 분별있는. ***do one's ~ best*** 전력을 다하다. ── (《英》 *-ll-*) *vt.* **수평으로 만들다**, 고르다; 동일 수준으로 만들다, 한결같게 하다; (건물을) 쓰러뜨리다; 겨누다(*at*); (날카로운 풍자를) 퍼붓다, (의도를) 돌리다(*at, against*). ── *vi.* 겨누다, 조준하다. ~ ***down*** 〔***up***〕 (…의 표준을) 낮추다〔올리다〕, 균일하게 하다. **lév·eled,** 《英》 **-elled** [-d] *a.* 〖文〗 등격(等格)의; (악센트가) 등고(等高)의. **lév·el·er,** 《英》 **-el·ler** *n.* 수평하게 만드는 것; 평등주의자, 수평 운동자.

lével cróssing 《英》 = GRADE CROSSING.

lev·el-head·ed [lévəlhédid] *a.* 냉정한.

***lev·er** [lí:vər, lévər] *n., vi., vt.* **지레**〔레버〕**(로 움직이다**, 비집어 열다). **~·age** [-idʒ] *n.* Ⓤ 지레의 힘〔작용〕; (이용의) 수단; 세력.

lev·er·et [lévərit] *n.* 새끼 토끼.

Le·vi [lí:vai] *n.* 〖聖〗 레위《Jacob의 세째 아들》.

le·vi·a·than [liváiəθən] *n.* 〖聖〗 거대한 바다짐승; 큰 배; 거대한 물건; 거인.

Le·vi's [lí:vaiz] *n. pl.* 〖商標〗 리비스《솔기를 리벳으로 보강한 청색 데님의 작업복 바지》.

Levit. Leviticus.

lev·i·tate [lévətèit] *vi., vt.* (강신술(降神術) 등에서) 공중에 뜨(게 하)다.

Le·vite [lí:vait] *n.* 〖유대史〗 레위 사람; 《俗》 유대 사람.

Le·vit·i·cal [livítikəl] *a.* 레위 사람(⇧)의; 레위기(⇩)의.

Le·vit·i·cus [livítikəs] *n.* 〖舊約〗 레위기(記).

lev·i·ty [lévəti] *n.* ⓊⒸ 경솔, 부박(浮薄); 경솔한 짓.

lev·u·lose [lévjəlòus] *n.* Ⓤ 〖化〗 과당(果糖).

lev·y** [lévi] *vt.* 거두어 들이다; (장정을) 징집하다. ── *vi.* **징세〔과세〕하다.** ~ ***taxes 〔***blackmail***〕 ***upon*** …에 과세하다〔공갈치다〕. ~ ***war on*** …에 전쟁을 걸다. ── *n.* ⓊⒸ 징세, 징집; 징집 병원(兵員).

***lewd** [lu:d] *a.* **음탕한**, 호색의; 외설한. **∠·ly** *ad.* **∠·ness** *n.*

Lew·is [lú:is], **Sinclair** (1885–1951) 미국의 소설가.

lew·is·ite [lú:isàit] *n.* Ⓤ 루이사이트《미란성 독가스의 일종》.

lex [leks] *n.* (*pl.* ***leges*** [lí:dʒi:z]) (L.) = LAW.

lex·i·cal [léksikəl] *a.* 사전(상에서)의.

lex·i·cog·ra·phy [lèksəkágrəfi/-ɔ́-] *n.* Ⓤ 사전 편집. **-ra·pher** [-rəfər] *n.* **lex·i·co·graph·i·cal** [-sikougrǽfikəl] *a.* 사전어의.

lex·i·con [léksəkən] *n.* 사전《특히 고전어의》.

Ley·den [láidn] *n.* 네덜란드 남서부의 도시.

Léyden jár 〖電〗 라이든병(瓶)《마찰 전기 축적기》.

LF, L. F. low frequency. **lf.** left field(er). **LG, LG., L. G.** Low German. **l. g.** 〖蹴〗 left guard. **L. G. B.** Local Government Board. **lh., l. h., lhb, l. h. b.** 〖蹴〗 left halfback.

Lha·sa [lá:sə] *n.* 티베트의 수도.

Li 〖化〗 lithium. **L. I.** Long Island.

li·a·bil·i·ty** [làiəbíləti] *n.* ① Ⓤ 책임(있음); 부담; 의무; 경향(*to*). ② 불리한 일〔조항〕. ③ (*pl.*) 빚. ***limited ~ 유한 책임.

‡li·a·ble [láiəbəl] *a.* ① **책임있는**(*for*); (벌·부담·손해 등) 면할 수 없는. ② **빠지기 쉬운**, (병에) 걸리기 쉬운; …하기 쉬운.

***li·ai·son** [lí:əzàn, li:éizan/li:éizɔ:ŋ] *n.* (F.) ① ⓊⒸ 〖軍〗 **연락**. ② 〖音聲〗 (프랑스 말 등의) 연결 발음; 간통, 밀통. ③ 〖料理〗 농미료(濃味料).

líaison ófficer 연락 장교.

‡li·ar [láiər] (<lie¹) *n.* **거짓말쟁이.**

lib [lib] *n., a.* Ⓤ 여성 해방 운동(의).

lib. librarian; library; *liber* (L.) (= book). **Lib.** Liberal.

li·ba·tion [laibéiʃən] *n.* Ⓤ 헌주(獻酒)《술을 마시거나, 땅 위에 부어서 신(神)을 제사하기》; 신주(神酒); 《諧》 술; 음주.

lib·ber [líbər] *n.* 《美口》 (여성) 해방 운동가.

li·bel [láibəl] *n.* 중상문(서); Ⓤ 〖法〗 명예 훼손죄; Ⓒ 《口》 모욕이 되는 것(*This portrait is a ~ on me.* 망측한 초상화다). ── *vt.* (《英》 *-ll-*) 중상하다; 고소하다. **~·er,** 《英》 **~·ler** *n.* **~·ous,** 《英》 **~·lous** *a.*

‡lib·er·al [líbərəl] *a.* ① **자유주의의.** ② 활수한, **대범한**; 관대한. ③ 풍부한. ④ 자유로운. ⑤ 자유인〔신사〕에 어울리는, 교양적인. ── *n.* **자유주의자**; (L-) 자유당원. ***~·ism** [-ìzəm] *n.* Ⓤ **자유주의.** **~·ist** *n.* **lib·er·al·is·tic** [⌐--ístik] *a.* **~·ly** *ad.* **lib·er·al·i·ty** [⌐-ǽləti] *n.* ⓊⒸ

***líberal árts** 교양 학과, 학예.

líberal èducátion 일반 교육《직업·전문 교육에 대하여》.

lib·er·al·ize [-àiz] *vt., vi.* 자유주의화하다; 관대하게 하다〔되다〕. **lib·er·al·i·za·tion** [⌐--izéiʃən/-laiz-] *n.* Ⓤ

Líberal Párty (영국의) 자유당.

***lib·er·ate** [líbərèit] *vt.* ① **해방하다**, 자유롭게 하다, (노예 따위를) 석방하다(*from*). ② 〖化〗 유리시키다. **lib·er·a·tion** [⌐-éiʃən] *n.* Ⓤ 해방〔석방〕; 〖化〗 유리; (무역 따위의) 자유화. **líb·er·a·tor** *n.* 해방자.

Li·be·ri·a [laibíəriə] *n.* 아프리카 서부의 (아프리카 최초의) 흑인 공화국. **-ri·an** *a., n.* 리베리아의 (사람).

lib·er·tine [líbərtì:n] *n.* 방탕자, 난봉꾼; 〖宗〗 자유 사상가. **lib·er·tin·ism** [-tinìzəm] *n.* Ⓤ 방탕, 난봉; 〖宗〗 자유 사상.

‡**lib·er·ty** [líbərti] *n.* ① Ⓤ **자유**; 해방. ② **멋대로 함**, 방자, 무람〔스스럼〕없음. ③ (*pl.*) 특권; 〖海〗 상륙 허가. ④ 자유 구역. ***at*** ~ 자유로, 마음대로; 할일 없어; (물건이) 쓰이지 않고. ~ ***of conscience*** 〔***press***〕 신교(信敎)〔출판〕의 자유. ***take liberties with*** …에게 무람없이 굴다; (명예)를 손상하다; 멋대로 변경하다, (사실)을 굽히다. ***take the*** ~ (***of*** *doing*, ***to*** do) 실례를 무릅쓰고 …하다.

Líberty Bèll, the 자유의 종《Philadelphia에 있는 종, 1776년 7월 4일 독립 기념일에 울렸음》.

líberty hàll 손님이 마음대로 행동할 수 있는 집.

Líberty Ísland 자유의 여신상이 있는 뉴욕항 입구의 작은 섬.

Líberty Shìp 《美》 (제2차 대전 중에 건조한) 수송선의 일종.

li·bid·i·nal [libídənəl] *a.* 리비도의.

li·bid·i·nous [libídənəs] *a.* 호색의; 〖精神分析〗 애욕(愛慾)의. ~·**ly** *ad.*

li·bi·do [libí:dou] *n.* Ⓤ 〖精神分析〗 애욕, 「리비도」.

li·bra [láibrə] *n.* (*pl.* **-brae** [-bri:]) (무게의) 파운드《생략 lb, lb.》; [lí:brə] 파운드(화) 《생략 £》; (L-) 〖天〗 천칭자리, (황도의) 천칭궁(宮).

***li·brar·i·an** [laibréəriən] *n.* **도서관원**, 사서(司書).

†**li·brar·y** [láibrəri, -rèri] *n.* ① **도서관**〔실〕. ② **장서**; 서재; 총서(叢書). ③ 〖컴퓨터〗 표준 프로그램의 수집.

líbrary edìtion 특제판; 동일 저자의 동일 장정본.

líbrary scìence 도서관학.

li·bret·to [librétou] *n.* (*pl.* ~**s**, **-ti** [-ti]) (가극 따위의) 대본.

Lib·ri·um [líbriəm] *n.* 〖商標〗 리브리엄《트랭퀼라이저의 일종》.

Lib·y·a [líbiə] *n.* 리비아《이집트 서부의 옛 호칭; 1951년 독립》. **-an** *a.*, *n.* 리비아의; 리비아 사람, 베르베르 사람; Ⓤ 베르베르 말.

lice [lais] *n.* louse의 복수.

‡**li·cense, -cence** [láisəns] *n.* ① ⒸⓊ **면허**, 인가; Ⓒ **허가증**, 면허장〔증〕, 감찰. ② Ⓤ 방종, 방자, 멋대로 함. ③ ⓊⒸ (기교상의) 파격(破格). —— *vt.* 면허하다. ~**d** [-t] *a.* ~***d house*** 공인 주류 판매점; 유곽. ~***d satirist*** 세상이 다 아는 독설가. ~***d victual***(***l***)***er*** 공인 주류 판매인. **li·cen·see, -cee** [làisənsí:] *n.* 면허 받은 사람; 공인 주류 판매인. **lí·cens·er, -cen·sor** *n.* 인가〔허가〕자; 검열관.

lícense plàte (공식 인가를 표시하는) 감찰.

li·cen·ti·ate [laisénʃiit, -ʃièit] *n.* 공인〔면허〕받은 사람; 유자격자; 석사《유럽 대륙의 대학에서, doctor와 bachelor의 사이》.

li·cen·tious [laisénʃəs] *a.* 방자한, 방탕한; 음탕한. ~·**ly** *ad.* ~·**ness** *n.*

***li·chen** [láikən, -kin] *n.* Ⓤ 〖植〗 지의류(地衣類), 이끼; 〖病〗 태선(苔癬).

lích gàte [lítʃ] 《특히 英》 지붕 있는 묘지문(墓地門).

lic·it [lísit] *a.* 합법적인, 정당한.

‡**lick** [lik] *vt.* ① **핥다**; (물결이) 넘실거리다, (불길이) 널름거리다. ② 때리다. ③ 해내다. ④ 《口》 …에 이기다, …보다 낫다. —— *vi.* ① (불길 따위가) 급속히 번지다; 너울거리다. ② 서두르다. ③ 《口》 이기다. ~ ***into shape*** 《口》 제 구실 할 만큼 길러내다. ~ ***one's chops*** 〔***lips***〕 입맛 다시다. ~ ***the dust*** 쓰러지다, 지다. ~ ***a person's shoes*** 〔***boots, spittle***〕 아무에게 아첨하다. ***This*** ~***s me.*** 도무지 모르겠다. —— *n.* ① 핥음, 한번 핥기. ② 조금 (*of*). ③ 《口》 일격. ④ 《口》 속력. ⑤ 한바탕의 일〔수고〕. ***give a*** ~ ***and a promise*** (청소·일 등) 되는 대로 하다. ∠·**ing** *n.* ⓊⒸ 핥음; Ⓒ 《口》 때림, 지게 함.

lick·er·ish, liq·uor·ish [líkəriʃ] *a.* 맛있는 것을 좋아하는; 가리는 것이 많은; 갈망하는; 호색의.

lick·e·ty-split [líkətisplít] *ad.* 《美口》 전속력으로, 쏜살같이. 「객.

lick·spit·tle [líkspìtl] *n.* 알랑쇠; 식

lic·o·rice [líkəris] *n.* 〖植〗 감초(甘草); Ⓤ 그 말린 뿌리.

lic·tor [líktər] *n.* 〖史〗 릭토르《고대 로마에서 집정관에 딸려 죄인을 처벌한 관리》. 「모자.

‡**lid** [lid] *n.* ① **뚜껑**; 눈꺼풀. ② 《俗》

li·dar [láidɑ:r] *n.* Ⓤ 광선 레이더.

Li·do [lí:dou] *n.* (Venice 부근의) 해수욕장; 《英》 옥외 수영 풀.

†**lie**¹ [lai] *n.* **거짓말**; 사기; 미신. ***give a person the*** ~, or ***give the*** ~ ***to*** …의 거짓말을 면책하다; …을 거짓(말)이라고 증명하다. ***white*** ~ 악의 없는 거짓말. —— *vt., vi.* (~***d; lying***) **거짓말하다**, 속이다. ~ ***a person into*** 〔***out of***〕 …을 속여서 …에 빠뜨리다〔…을 우려내다〕.

†**lie**² *vi.* (***lay; lain; lying***) ① (사람이나 동물 들이) 누워〔자고〕있다; **눕다**; 기대다(*against*); (지하에) 잠들고 있다. ② 놓여 있다; (어떤 상태에) **있다** (~ *motionless* 가만히 있다); (어떤 장소 또는 위치에) 있다〔위치하다〕; (원인·이유 등이) …에 있다; (지형이) 펼쳐〔전개되어〕있다; (길이) 통해 있다. ③ (군대 등이) 숙영〔야영〕하다; (배가) 정박하다(~ *at anchor* 정박하고 있다). ④ (사냥새가) 웅그리다, 움츠리다. ⑤ 〖法〗 (소송 등이) 이유가 서다, 성립되다, 인정할 수 있다. ***as far as in me*** ~***s*** 내 힘이 미치는 한은. ~ ***along*** (배가) 옆바람을 받고 기울다; 쓰러지다; 녹초가 되다. ~ ***along the land*** 〔***shore***〕 〖海〗 (배가) 해안을 끼고 항행하다. ~ ***back against*** …에 기대다. ~ ***by*** 휴식하다, 곁에 있다, 쓰여지지 않고 있다, …에 보관되어 있다. ~

L

down 눕다; 굴복하다. ~ *down on the job* 《口》 (일을) 되는 대로 날리다, 어름거리다. ~ *down under* (모욕을) 달게 받다. ~ *heavy on* …을 괴롭히다. ~ *in* 산욕(產褥)에 누워 있다; …에 있다. ~ *in the way* 방해가 되다. ~ *off* 잠깐 일을 쉬다; 은퇴하다; 〖海〗 (배가 육지나 다른 배로부터) 조금 떨어져 있다. ~ *on* 〔*upon*〕 …의 의무〔책임〕이다; …여하에 달리다; …의 힘겨운 부담이 되다. ~ *on a person's head* 아무개의 책임이다. ~ *on one's back* 벌떡 드러눕다. ~ *out of a person's money* 아무에게서 지불을 받지 않고 있다. ~ *over* 기울다, 연기되다, (기한이 지나도) 지불을 받지 못하고 있다. ~ *to* 정선(停船)하려 하다; …에 전력을 기울이다. ~ *under* …을 받다, …에 몰리다. ~ *up* 병상에 눕다, 휴양하다, (집에) 들어박히다, (겨울을 나기 위해서 배가) 독에 매어지다. ~ *with* …와 함께 자다〔묵다〕; …의 소임〔의무〕이다. —— *n.* ① (사물이 존재하는) 위치; 방향, 향. ② (사물이 존재하는) 상태, 형세, 모양. ③ (동물의) 소굴. ④ 〖골프〗 공의 위치. *the ~ of the land* 지세(地勢).

Liech·ten·stein [líktənstàin] *n.* 오스트리아와 스위스 사이의 작은 후국(侯國).

lied [li:t, li:d] *n.* (*pl.* ~*er* [lí:dər]) 「(G.) 리드, 가곡(歌曲).

Lie·der·kranz [lí:dərkrà:nts] *n.* 〖商標〗 향기로운 치즈.

líe detèctor 거짓말 탐지기.

lie-down [láidàun] *n.* 《주로 英》 선잠.

lief [li:f] *ad.* 기꺼이, 쾌히. *would* 〔*had*〕 *as ~ …*(*as*) …할 바에는 …해도 좋다〔…하는 편이 오히려 낫다〕. *would* 〔*had*〕 *~er …than* …보다는 …하는 편이 낫다.

liege [li:dʒ] *n.* 군주; 신하. —— *a.* 군주〔신하〕인; 충성스러운. ~ *lord* 군주. **∠·man** *n.* 〖史〗 신하.

lien [li:n, lí:ən] *n.* 〖法〗 유치권, 선취 특권(*on*).

lieu [lu:] *n.* *in ~ of* …의 대신으로.

Lieut. lieutenant.

***lieu·ten·ant** [lu:ténənt / (陸軍) leftén-, (海軍) lətén-] *n.* ① 상관 대리, 부관. ② 〖陸軍〗 중〔소〕위; 《英》 중위; 〖海軍〗 대〔중〕위; 《英》 대위. *first* 〔*second*〕 ~ 《美》 육군 중위〔소위〕. ~ *senior* 〔*junior*〕 *grade* 《美》 해군 대〔중〕위. **lieu·tén·an·cy** *n.* Ⓤ lieutenant 의 직〔직위·임기〕.

lieuténant cólonel 육군 중령.

lieuténant commánder 해군 소령.

lieuténant géneral 육군 중장.

lieuténant góvernor 《英》 총독 대리; 《美》 (주의) 부지사.

†**life** [laif] *n.* (*pl.* ***lives***) ① Ⓤ **생명,** 목숨. ② ⒸⓊ 생애, 일생. ③ Ⓤ 인생; 《集合的》 생물. ④ ⒸⓊ 생활, 생계. ⑤ Ⓤ 생기; 활력. ⑥ 전기(傳記). ⑦ Ⓤ 실물, 본인. *as large* 〔*big*〕 *as ~* 실물 크기의; 《諧》 틀림없이, 장본인이어서. *come* 〔*bring*〕 *to ~* 소생하다〔시키다〕. *for ~* 종신의. *for dear* 〔*very*〕 ~, or *for one's ~* 기를 쓰고, 필사적으로; 아무리 해도. *for the ~ of me* 아무리 해도 (생각나지 않다 따위). *from* (*the*) ~ 실물에서, 실물을 모델로 하여. *good* 〔*bad*〕 ~ 〖保險〗 장수할 가망이 있는〔없는〕 사람. *have the time of one's ~* 《口》 난생 처음으로 재미있는 일을 경험하다. *in ~* 이 세상에서, 살아 있는 동안에. *matter of ~ and death* 사활 문제. *on* 〔*upon*〕 *my ~* 목숨을 걸고, 맹세코; 이거 놀랐는데! *see ~* 사람들과 널리 사귀다, 세상을 알다 (*I've seen something of ~.* 다소 세상이라는 것을 알게 되었다). *take ~* = KILL. *take one's ~ in one's hands* 그런 줄 알면서 죽음의 위험을 무릅쓰다. *take one's own ~* 자살하다. *this ~* 이 세상. *to the ~* 실물대로, 정확하게; 완전히. *upon* 〔*'pon*〕 *one's ~* 목숨을 내걸고, 맹세코; 어렵쇼.

life-and-death [∠əndéθ] *a.* 죽느냐 사느냐의.

life annùity 종신 연금.

life assùrance 《英》 생명 보험(《美》 life insurance).

life bèlt 구명대(救命帶).

life·blood [∠blʌ̀d] *n.* Ⓤ (생)피; 활력(소); 《英俗》 (눈꺼풀 따위의) 경련.

***life·boat** [∠bòut] *n.* **구명정**(救命艇).

life bùoy 구명 부낭(浮囊).

life expèctancy 평균 예상 수명.

life fórce = ÉLAN VITAL.

life-giv·ing [∠gìviŋ] *a.* 생명을〔생기를〕 주는.

life·guard [∠gà:rd] *n.* 호위병; 《英》 구명기(器); 《美》 (수영장 따위의) 구조원(救助員).

Life Guàrds 《英》 근위 기병 연대.

life hístory 일생, 생애, 〖生〗 (개체의 발생에서 죽음까지의) 생활사.

life insùrance 《美》 생명 보험(의 보험금·보험료).

life jàcket 구명(救命) 자켓.

***life·less** [∠lis] *a.* ① **생명 없는;** 죽은. ② (술·연극 따위) 김빠진. **~·ly** *ad.*

life·like [∠làik] *a.* 살아 있는 것 같은, 핍진(逼眞)한.

life lìne 구명삭(索); 생명선(線); (잠수부의) 생명줄.

***life·long** [∠lɔ̀:ŋ/-lɔ̀ŋ] *a.* **일생의,** 종신의, 평생의.

life màster 《美》 브리지 경기에서 최고 점수를 딴 선수.

life nèt (소방용의) 구명망(網).

life òffice 《英》 생명 보험 회사.

life péer 일대(一代) 귀족.

life pòlicy 생명 보험 증서.

life presèrver (수중(水中)) 구명대(帶).

lif·er [láifər] *n.* 《俗》 종신수(囚).

life·sav·er [láifsèivər] *n.* 구조자; 《口》 구원의 손길.

life·sav·ing [∠sèiviŋ] *a.* 인명 구조의.

life scìence 생명 과학《생물학·생화학·의학·심리학 따위》.

life sèntence 종신형, 무기징역.

life-size(d) [ˊsáiz(d)] *a.* 등신대(等身大)의.
life spàn (생물체의) 수명.
life·spring [ˊspriŋ] *n.* 생명의 원천.
life·style [ˊstàil] *n.* 《美口》 (개인에게 맞는) 생활 양식.
life-sup·port sýstem [ˊsəpɔ̀:rt] 생명 유지 장치《우주·해저 탐험용》.
‡**life·time** [ˊtàim] *n., a.* **평생**(의).
life·way [ˊwèi] *n.* 생활 방식.
life·work [ˊwə̀:rk] *n.* 필생의 사업.
li·fo [láifou] (<*l*ast-*i*n-*f*irst-*o*ut) *n.* Ⓤ (회계 따위의) 후입선출법(後入先出法).
†**lift** [lift] *vt.* ① **들어**〔안아〕 **올리다** (*up, off, out*), 올리다; 높이다, **향상시키다**, 승급시키다. ② 제거하다. ③ 《美》 (잡힌 물건을) 찾아오다; 《俗》 훔치다, 표절하다; 캐〔파〕내다. ④ (정형수술로) 주름을 없애다. **—** *vi.* ① **높아지다**, 올라가다; (구름이) 걷히다; (깔개 따위가) 부풀어 오르다. ② 《美》 잡힌 것을 찾아 오다. ***have one's face ~ed*** (미장원 등에서) 얼굴의 주름살을 펴다. ***~ a hand*** 약간의 수고를 하다; 맞서다(*against*). ***~ one's hat*** 모자를 약간 들어 인사하다. ***~ up the hand*** (손을 들고) 선서하다. **—** *n.* ① (들어) **올림**; 위로 향함; 정신의 앙양; 승진, 출세. ② 거들어줌; 상승력, 부력(浮力); 《英》 **승강기** (《美》 elevator); =SKI LIFT; 융기(隆起). ③ (구름·안개의) 걷힘. ④ 《俗》 도둑, 훔친 물건; (구두의) 뒤축 가죽《한 장》. ⑤ 주름 없애기. **ˊ·er** *n.* **ˊ·man** *n.* 승강기 운전사.
lífting bòdy 항공 겸용 우주선.
lift-off [ˊɔ̀:f/-ɔ̀f] *n.* (헬리콥터·로켓 따위의) 이륙, 떠오름.
líft pùmp 빨펌프(cf. force pump).
líft trùck 적재용 트럭. 「(靭帶).
lig·a·ment [lígəmənt] *n.* 〖解〗 인대
lig·a·ture [lígətʃùər, -tʃər] *n.* 〖外〗 결찰사(結紮絲); 〖樂〗 =SLUR; 〖印〗 합자(合字)《Æ, æ, ﬃ 따위》. **—** *vt.* 동이다, 매다. 「암펌의 트기》.
li·ger [láigər] *n.* 라이거《수 사자와
†**light**[1] [lait] *n.* ① Ⓤ **빛**, 광선; 일광, 햇빛; **조명**; 새벽; 밝기. ② 등불; 채광창(採光窓); (*pl.*) 《俗》 눈; (성냥 등의) **불**, 성냥(*a box of ~s* 성냥 한 갑). ③ 견지; 형세. ④ 지식; 지능, 견식; 이채(를 띠는 사람). ⑤ Ⓤ (정신적인) **광명**, 계몽, 교화; 승인(*the ~ of the king's countenance* 왕의 재가·원조). ***according to one's ~s*** 그 식견에 따라서. ***before the ~s*** 무대에 나서서. ***between the ~s*** 저녁때. ***bring*** 〔***come***〕 ***to ~*** 폭로하다〔되다〕. ***by the ~ of nature*** 직각(直覺)으로, 자연히. ***get in a person's ~*** 아무의 빛을 가로막아 서다; 아무의 방해가 되다. ***in the ~ of*** …에 비추어. ***~ and shade*** 명암(明暗); 큰 차이. ***place in a good*** 〔***bad***〕 ***~*** 좋게〔나쁘게〕 보이도록 하다. ***see the ~*** (***of day***) 태어나다; 출판되다; 이해하다; 《美》 개종하다. ***stand in a person's ~*** (출세를) 방해하다. ***strike a ~*** (성냥 따위로) 불을 켜다. **—** *vt.* (***lit, ~ed***) **불을 켜다**〔붙이다〕; 비추다; 활기띠게 하다; 불을 켜고 길 안내하다. **—** *vi.* **불이 켜지다**〔붙다〕; 밝아지다. **—** *a.* 빛나는, 반짝이는, **밝은**; (색이) 엷은. **ˊ·ed** [ˊid] *a.* 불이 켜진. ***ˊ·ing** *n.* Ⓤ **조명**. **ˊ·ness**[1] *n.* Ⓤ 밝기; 광량(光量).
‡**light**[2] *a.* ① **가벼운**; 간편한; 사소한. ② **경쾌한**, 쾌활한; 기민한; 경솔한; 들뜬. ③ 경장비〔가벼운 몸차림〕의. ④ (흙이) 흐슬부슬한. ⑤ (소리·술 등이) 약한; (잠이) 깊지 않은. ***be ~ of heart*** 쾌활하다. ***have a ~ hand*** 〔***touch***〕 손재주가 있다, 민완이다. ***~ in the head*** 현기증이 나서; 머리가 돈, 경솔하여. ***~ of foot*** 발이 빠른. ***make ~ of*** …을 얕보다. **—** *ad.* 가볍게, 경쾌하게, 쉽게. ***L- come, ~ go.*** 《俗談》 얻기 쉬운 것은 잃기도 쉽다. ‡**ˊ·ly** *ad.* **ˊ·ness**[2] *n.* Ⓤ
light[3] *vi.* (***lit, ~ed***) 《古》 (말에서) 내리다; (새가) 앉다; 우연히 만나다〔일어나다〕. **—** *vt.* 〖海〗 (밧줄을) 끌어 올리다. ***~ into*** 《口》 공격하다; 꾸짖다. ***~ on*** 〔***upon***〕 …을 만나다; …을 발견하다. ***~ out*** 《俗》 도망치다, 달아나다. 「비의.
light-armed [ˊá:rmd] *a.* 〖軍〗 경장
líght cávalry 〔**hórse**〕 《集合的》 경기병(輕騎兵).
líght chàin 전기 스탠드의 끈.
líght contròl 등화 관제.
líght èater 소식가(少食家).
‡**light·en**[1] [láitn] *vt.* ① 비추다, **밝게 하다**; 밝히다, …에게 광명을 주다. ② (얼굴을) 환하게 하다. ③ 빛깔을 엷게 하다. **—** *vi.* 빛나다, 번쩍이다; 밝아지다, 환해지다. ***It ~s.*** 번개가 친다.
‡**light·en**[2] [láitn] *vt., vi.* **가볍게 하다**〔**되다**〕, 경감〔완화〕하다; 기쁘게 하다; 마음 편해지다.
***light·er**[1] [láitər] *n.* ① **불켜는 사람**, 점등부(點燈夫). ② 점화기(點火器); **라이터**. ③ 불쏘시개.
light·er[2] *n., vt.* 거룻배(로 운송하다). **~·age** [-idʒ] *n.* Ⓤ 거룻배 운반(삯).
light-fin·gered [ˊfíŋgərd] *a.* 손버릇이 나쁜; 여문, 솜씨 좋은.
light-foot·ed [ˊfútid] *a.* 발이 빠른.
light-hand·ed [ˊhǽndid] *a.* 솜씨좋은, 손재주 있는; (일)손이 부족한.
light-head·ed [ˊhédid] *a.* 경솔한; 머리가 돈. 「한, 마음 편한.
light-heart·ed [ˊhá:rtid] *a.* 쾌활
líght héavyweìght 〖拳·레슬링·力技〗 라이트헤비급 선수.
light-horse·man [ˊhɔ̀:rsmən] *n.* 경
‡**light·house** [ˊhàus] *n.* **등대**. └기병.
líghthòuse kèeper 등대지기.
líght índustries 경공업.
líght ínfantry 경기병대.

líght líterature 경(輕)문학; 중간 소설.
light-mind·ed [ˊmáindid] *a.* 경솔한.
líght músic 경음악. 「갯불.
‡**light·ning** [láitniŋ] *n.* Ⓤ 번개, 번
líghtning arrèster 〔**condùctor, ròd**〕 피뢰침. 「똥벌레.
líghtning bùg 〔**bèetle**〕 《美》 개
light-o'-love [láitəlʌ́v] *n.* 바람난 여자, 허튼 계집.
líght pèn 〖컴퓨터〗 라이트펜《브라운관 위에 신호를 그려 컴퓨터에 입력(入力)함》.
líght ráilway 《英》 경편 철도.
lights [laits] *n. pl.* 가축의 허파《개·고양이의 먹이》.
light·ship [láit-ʃip] *n.* 항로 표지등선(標識燈船), 등대선(船).
light·some [láit-səm] *a.* 민속한; 쾌활〔명랑〕한; 경솔한; 빛나는, 밝은.
líghts óut 〖軍〗 소등 나팔 (시간).
light-struck [láit-strʌ̀k] *a.* 〖寫〗 광선이 들어간.
líght tràp 유아등(誘蛾燈).
líght wàve 광파(光波).
light·weight [ˊwèit] *n.* 〖拳·레슬링·力技〗 라이트급 선수; 《口》 하찮은 사람. 「年).
light-year [ˊjìər] *n.* 〖天〗 광년(光
lig·ne·ous [lígniəs] *a.* 목질(木質)의.
lig·nite [lígnait] *n.* Ⓤ 갈탄, 아탄(亞炭).
†**like**[1] [laik] *vt.* 좋아하다; 바라다, …하고 싶다(*to*). —— *vi.* …하고 싶다고 생각하다. ***I ~ that.*** 《反語》 이것봐라 (건방진 것 같으니). ***if you ~*** 좋으시다면; …라고도 말할 수 있다(*I am shy if you ~.* 그렇습니다, 숫기가 없다고도 할 수 있겠죠《사람을 싫어하는 건 아니지만》). ***I should*** 〔***would***〕 ***~ to*** …하고 싶습니다. —— *n.* (*pl.*) 기호(嗜好), 좋아함. ***~s and dislikes*** 가리는 것.
†**like**[2] *a.* ① …닮은, …같은; 비슷한. ② …에 어울리는; …의 특징을 나타내는, (과연) …다운; 똑같은(*~ sum* 같은 액수). ③ …이 될 것 같은(*It looks ~ rain.* 비가 올 듯하다); 《古·俗》 거의 …할 것 같아〔할 뻔하여〕(*I was* 〔《方》 *had*〕 *~ to have lost it.* 하마터면 잃어버릴 뻔했다). ***feel ~ doing*** …하고싶은 생각이 들다. ***L- master ~ man.*** 《俗談》 그 주인에 그 머슴. ***~ nothing on earth*** 드문. ***nothing ~*** …보다 나은 것은 없다(*There is nothing ~ home.* 내집보다 나은 곳은 없다); 조금도 …같지〔답지〕 않다. ***nothing ~ as good*** 견줄 것이 없을 만큼. ***something ~*** …같은〔다운〕 것; 대략; 근사한(*something ~ a day* 쾌청(快晴)/*This is something ~!* 이거 근사〔굉장〕한데). —— *ad.* …와 똑같이; 아마; 《俗》 마치 …같이 (*He seemed angry, ~.* 마치 성난 것 같았다). ***as ~ as not*** 《口》 아마. —— *prep.* …처럼. ***~ anything,*** or 《口》 ***~ blazes*** 〔***fun, mad***〕 맹렬히. ***very ~***, or ***~ enough*** 아마. —— *conj.* 《口》 …와 같이, …처럼(as). —— *n.* 비슷한 것〔사람〕; 필적하는 것, 마찬가지. ***and the ~*** …같은 것, …따위 〔등등〕. ***L- cures ~.*** 《俗談》 이독제독(以毒制毒). ***L- draws to ~.*** 유유상종(類類相從). ***or the ~*** …따위. ***the ~ of it*** 그와 같은 것. ***the ~s of me*** 《낮추어》 나같은 것. ‡**ˊ·ness** *n.* ⇨ LIKENESS. ‡**ˊ·wise** [-wàiz] *ad.* 똑같이, 마찬가지로, 또한; 게다가 또.
-like *suf.* 《形容詞 語尾》 「…같은」 「…과 같은」의 뜻: child*like*.
lik(e)·a·ble [láikəbəl] *a.* 마음에 드는.
like·li·hood** [láiklihùd] *n.* Ⓤ 있음직한 일, 가능성. ***in all ~ 십중팔구.
‡**like·ly** [láikli] *a.* ① 있음직한, …할 듯한(*to* do); 유망한, 믿음직한. ② 적당한. ③ 《美》 예쁜. ***A ~ story!*** 있을 법한 이야기다!; 《反語》 설마! —— *ad.* 아마. ***as ~ as not*** 아마. ***~ enough*** 아마. ***most ~*** 아마.
like-mind·ed [láikmáindid] *a.* 한마음〔동지〕의; 같은 취미의. 「〔비기다〕.
lik·en [láikən] *vt.* …에 비유하다,
‡**like·ness** [láiknis] *n.* ① Ⓤ 비슷함, 상사(相似)(성). ② 초상. ③ Ⓤ 겉보임, 외관. ***hit a ~*** 매우 닮다〔비슷하다〕.
lik·ing** [láikiŋ] *n.* ⓊⒸ 좋아함, 기호(嗜好)(*for*). ***to one's ~ 마음에 드는.
***li·lac** [láilək] *n.*, *a.* 〖植〗 라일락; Ⓤ 라일락〔연보라〕빛(의).
lil·i·a·ceous [lìliéiʃəs] *a.* 백합의, 나리같은; 〖植〗 나리과의.
Lil·li·put [lílipʌ̀t] *n.* (*Gulliver's Travels* 중의) 난장이 나라. **Lil·li·pu·tian** [ˋ-pjúːʃən] *a.*, *n.* Lilliput의 (사람); 작은.
lilt [lilt] *vt.*, *vi.*, *n.* 경쾌하게 노래부르다; 그 노래; 경쾌하게 움직이다〔움직임〕.
†**lil·y** [líli] *n.*, *a.* ① 백합(같은), 흰, 순결한, 사랑스러운. ② (the lilies) 프랑스 (국민) (⇨FLEUR-DE-LIS).
lil·y-liv·ered [-lívərd] *a.* 겁많은.
líly of the válley 은방울꽃.
lil·y-white [lílihwáit] *a.* 백합처럼 흰; 흠없는, 결백한.
Li·ma [líːmə] *n.* 리마《페루의 수도》.
Lí·ma bèan [láimə] 리마콩《강남콩의 일종》.
‡**limb** [lim] *n.* ① 수족, 팔, 다리, 날개; 큰 가지. ② 앞잡이, 졸개. LARGE ***of ~.*** ***~ from ~*** 갈기갈기《찢다, 따위》. ***~ of the law*** 사직의 손《재판관, 경관 등》. ***out on a ~*** 《美口》 위태로운 입장에. —— *vt.* …의 가지를〔손발을〕 자르다.
lim·ber[1] [límbər] *a.*, *vt.* 유연〔경쾌〕한〔하게 하다〕.
lim·ber[2] *n.*, *vt.* 〖軍〗 전차(前車)(를 연결하다) 《포차(砲車)에》.
lim·bo, L- [límbou] *n.* (*pl.* *~s*) Ⓤ (천국과 지옥의) 임보, 지옥의 변방(邊方); Ⓒ 잊혀진〔버림받은〕 사람이나 물건이 모이는 장소; 망각; ⓊⒸ 감

L.

금(소).
Lim·burg·er [límbə̀:rgər] *n.* Ⓤ 치즈의 일종《연하고 향기로움》.
‡**lime**[1] [laim] *n., vt.* Ⓤ **석회**(로 처리하다, 를 뿌리다); 끈끈이〔감탕〕(를 바르다); =LIMELIGHT. ～ *and water* 석회수. 「den) (의 열매).
lime[2] *n.* 〖植〗 보리수, 참피나무(lin-
lime[3] *n.* 레몬 비슷한 과실.
líme jùice 라임 과즙《청량 음료》.
lime·kiln [∠kìln] *n.* 석회 가마.
lime·light [∠làit] *n.* Ⓤ (옛날, 무대 조명에 쓴) 석회광등(石灰光燈); 주목의 대상. *in the* ～ 화려한 무대에 서서, 세상의 각광을 받고; 유명해져서. 「行戲詩).
lim·er·ick [límərik] *n.* 오행 희시(五
***lime·stone** [láimstòun] *n.* Ⓤ **석회**
líme trèe 〖植〗 보리수. └석.
lime·wa·ter [∠wɔ̀(:)tər, -wɑ̀t-] *n.* Ⓤ 석회수. 「(수병).
lim·ey, L- [láimi] *n.* 《俗》 영국인
‡**lim·it** [límit] *n.* ① **한계**, 한도, 제한; (*pl.*) 경계. ② 〖商〗 지정 가격; (내기의 한번에 거는) 최대액. ③ (the ～) 참을 수 없는 일〔것〕 (*That's the* ～*!*). *to the* ～ 《美》 극단적으로. *within the* ～*s of* …의 범위내에. ── *vt.* **한정〔제한〕하다.** ～**·less** *a.*
‡**lim·i·ta·tion** [lìmətéiʃən] *n.* ① ⓊⒸ **제한**, 한정. ② (지력·능력 등의) **한계**, 한도. ③ 〖法〗 제소(提訴) 기한.
lim·i·ta·tive [límitèitiv] *a.* 제한적인, 한정적인.
‡**lim·it·ed** [-id] *a.* ① **유한의**; 제한된, 얼마 안되는. ② 좁은. ～ *war* (적군의 전면적인 항복을 목적으로 하지 않는) 국지전.
límited edítion 한정판.
límited (liabílity) cómpany 유한책임 회사, 주식 회사.
límited mónarchy 입헌 군주 정체.
limn [lim] *vt.* 《古》 (그림·문자로) 묘사하다. 「호소학(湖沼學).
lim·nol·o·gy [limnɑ́lədʒi/-ɔ́-] *n.* Ⓤ
lim·o [límou] *n.* 《口》 리무진(limousine).
lim·ou·sine [líməzì:n, ⌣–∠] *n.* 리무진《운전석과 객석의 사이에 유리 간막이가 있는 대형 자동차》; 호화로운 대형 승용차; (공항의) 여객 수송용 소형 버스. 「거림.
‡**limp**[1] [limp] *vi., n.* **절뚝거리다**; 절뚝
limp[2] *a.* 유연한, 나긋나긋한, 잘 휘는; 흐늘흐늘한; 약한, 힘〔풀〕없는.
lim·pet [límpit] *n.* 〖貝〗 꽃양산조개; =∠ **mìne** 배밑 밀착식 수뢰.
lim·pid [límpid] *a.* 맑은; 투명한. ～**·ly** *ad.* ～**·ness** *n.* **lim·píd·i·ty** *n.* Ⓤ
lim·y [láimi] *a.* 석회질의, 석회를 함유하는; 끈끈이를〔감탕을〕 바른.
lin·age [láinidʒ] *n.* Ⓤ 행수(行數)(에 따른 지불) 《원고료의》; 정렬(하기).
Linc(s). Lincolnshire 《영국의 주》.
linch·pin [líntʃpìn] *n.* (바퀴 굴대의) 비녀장.
‡**Lin·coln** [líŋkən], **Abraham** (1809–65) 미국의 제16대(代) 대통령(재직 1861–65). 「업용 살충제》.
lin·dane [líndein] *n.* Ⓤ 린데인《농
***lin·den** [líndən] *n.* 〖植〗 **린덴**《참피나무·보리수 따위》.
Lín·dis·farne Góspels [líndisfɑ̀:rn] 린디스판 복음서《700년경 성립된 라틴어 복음서로 채식사본(彩飾寫本); 행간의 OE 역은 가장 오랜 영어 복음서》.
†**line**[1] [lain] *n.* ① **선**, 줄, 끈; 주름살; 철사; 전화선(*Hold the* ～, *please.* 잠깐만 기다리십시오); 실, 낚싯줄; 《美》 고삐. ② **노선**, 항로, 궤도. ③ 행렬, **열**; (the ～) 정규군, 전열(戰列); 횡대(cf. column); (*pl.*) 참호, 보루(堡壘)(선) (*the Maginot* ～ 마지노선). ④ 솔기. ⑤ 가계(家系). ⑥ 경계(선). ⑦ 전문(분야), 능한 방면(*Drawing is in* 〔*out of*〕 *my* ～. 그림은 잘〔못〕 그린다); **장사**; 직업; 매입품(買入品); (상품의) 품목, 재고품. ⑧ (종종 *pl.*) 형상, 윤곽(*a yacht of fine* ～*s* 모양 좋은 요트). ⑨ 진로(進路); (종종 *pl.*) 방침, 방법, 주의; (*pl.*) 운명(의 길), 처지. ⑩ (글자의) **행**, 몇 자〔줄〕; 단신(短信) (*Drop* 〔*Send*〕 *me a* ～. 엽서를 띄워주세요); (시의) 한 행; (학생에게 라틴 시(詩) 등을 베끼게 하는) 벌(*You have a hundred* ～*s.* 백 줄 베껴라); (*pl.*) (연극의) 대사. ⑪ (*pl.*) 결혼 허가증. ⑫ 직선; 악보; (the ～) 적도(赤道); 라인《1인치의 12분의1: 길이의 단위》. ***all along the*** ～ 도처에. ***bring into*** ～ 일렬로 하다; 동의〔협력〕 시키다. ***by (rule and)*** ～ 정확히, 정밀히. ***come into*** ～ 한줄로 서다; 동의〔협력〕하다(*with*). ***direct*** ～ 직계. ***do a*** ～ ***with*** …에게 사랑을 호소하다, 구혼하다. ***down the*** ～ 도심(都心)을 향하여. ***draw the*** ～ …에 한계를 두다(*at*); …을 구별하다(*between*). ***draw up in*** 〔***into***〕 ～ (군대를) 횡대로 정렬시키다. ***get a*** ～ ***on*** 《美口》 …에 관해서 아는 바가 있다. ***hard*** ～***s*** 불운(不運). ***in*** ～ ***with*** …와 일직선으로; 《美》 …와 일치〔조화〕하여. ***in*** 〔***out of***〕 ***one's*** ～ 성미에 맞아〔안맞아〕; 장기(長技)인〔능하지 못한〕. ～ ***of battle*** 전선(戰線). ～ ***of beauty*** S 모양의 곡선. ～ ***of fire*** 탄도(彈道). ～ ***of force*** 〖理〗 자력선(磁力線). ～ ***of fortune*** (손금의) 운명선. ～ ***of life*** (손금의) 생명선. ***on a*** ～ 평균하여. ***on the*** ～ 꼭 눈 높이에《그림 따위》; 이도 저도 아닌, 어중되어, 분류가 곤란하여. ***out of*** ～ 일렬이 아닌; 일치되지 않은; 《俗》 주제넘은. ***read between the*** ～***s*** 언외(言外)의 뜻을 알아내다. ***shoot a*** ～ 《俗》 자랑하다. ***throw a good*** ～ 낚시질을 잘하다. ── *vt.* **선을 긋다**; 주름살을 짓다; 한줄로〔줄지어〕 세우다〔놓다〕; 소묘(素描)하다. ── *vi.* 나란히〔줄지어〕 서다. ～ ***through*** 줄을 그어서 지우다. ～ ***up*** (기계를) 정돈하다;

정렬시키다[하다]; 전원 정렬해 서다.
***line²** [lain] *vt.* ① (의복·내벽 따위에) 안(감)을 대다. ② (배·주머니를) 채우다.
lin·e·age [líniidʒ] *n.* Ⓤ 혈통; 부족; 「민족.
lin·e·al [líniəl] *a.* 직계의. **~ *ascendant* (*descendant*)** 직계 존속[비속].
lin·e·a·ment [líniəmənt] *n.* (보통 *pl.*) 용모, 얼굴 생김새.
***lin·e·ar** [líniər] *a.* (직)선의[으로 이루어진]. 「形) 가속기.
línear accélerator 〖理〗 선형(線
línear méasure 척도.
línear mótor 선형(線形) 모터.
línear prógramming 〖軍·經〗 선형(線形) 계획(법).
line·back·er [láinbækər] *n.* (미식축구의) 라인배커《스크럼인의 후방 수비 선수》.
line·breed·ing [láinbrì:diŋ] *n.* 〖遺傳〗 동계(同系) 번식.
líne dràwing 선화(線畫), 데상.
líne drive 〖野〗 수평으로 친 공.
líne engràving 선조(線彫) (판화).
line·man [láinmən] *n.* 가선공(架線工), 보선(保線)공; 〖測〗 측선수(測線手); 〖美式蹴〗 전위(前衛).
‡lin·en [línin] *n.* ① Ⓤ 아마포, 아마실, 린네르. ② (*pl.*) 린네르류. ③ Ⓤ 《集合的》 린네르 제품《시트·셔츠 따위》. ***wash one's dirty ~ at home* (*in public*)** 집안의 수치를 감추다[드러내다]. **— *a.*** 린네르제의; 린네르처럼 흰.
línen dràper 《英》 린네르상(商).
line-out [⌐àut] *n.* 〖럭비〗 라인아웃《공이 터치라인을 나간 뒤의 throw-in》.
líne prìnter 〖컴퓨터〗 행인자기(行印字機).
***lin·er** [láinər] *n.* ① 정기 항로선[항공기]. ② 〖野〗 LINE DRIVE. ③ 안을 대는[붙이는] 사람, 안(감). ④ 깔쇠, 덧쇠.
líne shòoter 《英俗》 자랑군.
lines·man [láinzmən] *n.* 〖蹴·테니스〗 선심(線審); =LINEMAN.
line-up [láinʌp] *n.* 〖野·蹴〗 진용, 라인업; (내각 따위의) 구성.
ling [liŋ] *n.* 대구 비슷한 물고기《북유럽·그린랜드산》.
-ling *suf.* ① 지소사(指小辭)를 만듦 (duck*ling*, gos*ling*). ② 경멸적인 뜻을 나타냄(hire*ling*, lord*ling*).
‡lin·ger [líŋgər] *vi.* ① (우물쭈물) 오래 머무르다, 꾸물거리다. ② (추위·감정 등이) 쉬이 사라지지[물러가지] 않다, 나중에까지 남다, (병이) 오래 끌다. ③ 어정거리다(*about*). **— *vt.*** 질질 끌다; (시간을) 우물쭈물 보내다. **~ *on* (*a subject*)** (한 가지 일을 가지고) 언제까지나 끙끙 앓다. **~·ing *a.*** 오래 끄는, 머뭇거리는; 미련이 있는, 못내 아쉬운. **~·ing·ly** [-iŋli] *ad.*
lin·ge·rie [là:ndʒəréi, lǽnʒərì:] *n.* (F.) 란제리《여자용 린네르 속옷붙이》.
lin·go [líŋgou] *n.* (*pl.* **~(*e*)*s***) 《諧》《蔑》 말; 뜻을 알 수 없는 말.
lín·gua frán·ca [líŋgwə frǽŋkə] (It. =Frankish tongue) 프랑크 말 《Levant 지방에서 쓰이는 이탈리아·프랑스·그리스·스페인 말의 혼합어》; 《一般》 혼합어.
lin·gual [líŋgwəl] *a.*, *n.* 혀의; 〖音聲〗 설음(舌音)(의).
lin·gua·phone [líŋgwəfòun] *n.* 어학(학습용) 레코드; (L-) 그 상표명.
***lin·guist** [líŋgwist] *n.* 언어학자; =POLYGLOT.
***lin·guis·tic** [liŋgwístik], **-ti·cal** [-əl] *a.* 언어학상의. ***~s** *n.* 언어학 《음성학·문장론·의미론·어원학 등》.
linguístic àtlas 언어 지도(地圖).
linguístic geógraphy 언어지리학.
linguístic stóck 어계(語系) 《조어(祖語)와 그것에서 파생된 모든 방언·언어》; 어떤 어계를 말하는 민족.
lin·i·ment [línəmənt] *n.* ⓊⒸ 바르는 약, 도찰제(塗擦劑).
***lin·ing** [láiniŋ] *n.* ① Ⓤ 안대기[붙이기]. ② ⓊⒸ 안, 안감 (*the* **~** *of a stove* 스토브의 안쪽).
‡link¹ [liŋk] *n.* ① (사슬의) 고리; 연쇄(連鎖), 연결(부). ② (편물의) 코. **— *vt.*, *vi.*** 연접[연속]하다(*together*, *to*, *with*); 이어지다(*on*, *into*). **⌐·age** [⌐idʒ] *n.* 연쇄, 연합.
link² *n.* 〖史〗 횃불. 「따위》.
línk(ing) vèrb 연결동사(be, seem
links [liŋks] (link¹·²와는 관계 없음) *n.* 《單數取扱할 때도 있음》 골프장.
Línk tráiner 〖商標〗 (지상에서의) 링크식 비행 연습 장치. 「도킹.
link·up [líŋkʌ̀p] *n.* 연결, (우주선의)
Linn. Linn(a)ean; Linnaeus.
Lin·nae·us [liní:əs], **Carolus** (*Swed.* **Linné**)(1707-78) 린네《스웨덴의 식물 분류학자》.
lin·net [línit] *n.* 홍방울새《유럽·아시아·아프리카산의 명금(鳴禽)》.
***li·no·le·um** [linóuliəm] *n.* Ⓤ (마룻바닥에 까는) 리놀륨.
lin·o·type [láinoutàip] (<line) *n.* (1행 분씩 만드는) 자동 주조 식자기, 라이노타이프. 「씨.
lin·seed [línsì:d] *n.* Ⓤ 아마(flax)의
línseed òil 아마인유(亞麻仁油).
lin·sey(-wool·sey) [línzi(wúlzi)] *n.* Ⓤ (튼튼한) 면모(綿毛) 교직.
lint [lint] *n.* Ⓤ 린트 천《린네르의 한 면을 보풀일게 하여 부드럽게 한 것》; 실보무라지; 조면(繰綿).
lin·tel [líntl] *n.* 〖建〗 상인방(上引枋) 《창·입구 따위의 위에 댄 가로대》.
†li·on [láiən] *n.* ① 라이온, 사자. ② 인기물, 인기의 중심, 명사; 용사; (*pl.*) 명물, 명소. ③ (L-) 〖天〗 사자자리[궁]. **~ *in the way* (*path*)** 앞길에 가로놓인 난관. ***~'s share*** 가장 큰[좋은] 몫, 단 물. ***make a ~ of*** 치켜 세우다. ***the British L-*** 영국(민). ***twist the ~'s tail*** (미국의 기자 등이) 영국에 관해서 나쁘게 말하다[쓰다]. **~·ess** *n.* 암사자.
li·on·heart·ed [-hà:rtid] *a.* 용감한.
líon hùnter 사자 사냥꾼; 명사와 교제하고 싶어하는 사람.

li·on·ize [láiənàiz] *vt.* 치켜 세우다; 《英》 (…의) 명소를 구경하다.
†**lip** [lip] *n.* ① **입술**; (*pl.*) 입; (물병 따위의) 귀때. ② 《俗》 수다(떨기), 건방진 말. ***carry*** 〔***keep***〕 ***a stiff upper*** ~ 굴하지 않다; 끝끝내 고집을 세우다. ***curl one's*** ~ (경멸의 표정으로) 입을 비쭉하다. ***escape one's*** ~***s*** (말이) 입에서 새다. ***hang on a person's*** ~***s*** 감탄하여 듣다, 경청하다. ***hang one's*** ~ 입을 비쭉거리다, 울상을 하다. ***hang on the*** ~***s of*** (*a person*) (아무의) 말에 귀를 기울이다. ***lick*** 〔***smack***〕 ***one's*** ~***s*** (맛이 있어) 입술을 핥다; 군침을 삼키다. ***make*** (***up***) ***a*** ~ (올려고) 입을 비쭉 내밀다, 뾰로통해지다. ***None of your*** ~***!*** 입 닥쳐! —— *vt., vi.* (**-*pp*-**) 입술을 대다; (피리 따위에) 입술을 쓰다; 중얼거리다; (파도가 물가를) 찰싹찰싹 치다. —— *a.* 표면〔말〕만의.
lip·id(e) [lípid] *n.* Ⓤ 〖生化〗 지질 「(脂質).
líp lànguage (농아자(聾啞者)의) 시화법(視話法).
lipped [lipt] *a.* 입이〔귀때〕 달린.
li·pog·ra·phy [lipágrəfi/-ɔ́-] *n.* Ⓤ (부주의로 인한) 탈자, 탈어(脫語).
lip-read [lípri:d] *vt., vi.* 시화(視話)하다; 독순술(讀脣術)로 이해하다.
líp rèading (농아자의) 독순술(讀脣術). 「친절.
líp sèrvice 입에 발린 아첨, 말뿐인
***lip·stick** [ˊstìk] *n.* ⓊⒸ **입술연지**.
liq. liquid; liquor. 「액화(液化).
liq·ue·fac·tion [lìkwifǽkʃən] *n.* Ⓤ
liq·ue·fy [líkwifài] *vt., vi.* 액화하다.
li·ques·cent [likwésənt] *a.* 액화하는, 액화하기 쉬운. 「술.
li·queur [likə́:*r*/-kjúə*r*] *n.* Ⓤ 리큐어
‡**liq·uid** [líkwid] *n.* ① ⓊⒸ **액체**; 유동체. ② 〖音聲〗 유음(流音)《l, r; 때로는 m, n도 가리킴》. —— *a.* ① **액체**〔유동체〕**의**. ② (작은 새 소리·하늘 빛 등이) 맑은; 유창한; 유음의. ③ (공채 등) 돈으로 바꿀 수 있는.
líquid áir 액체 공기.
liq·ui·date [líkwidèit] *vt.* (빚을) 갚다; (회사를) 청산〔정리〕하다; (사회악 등을) 일소하다, 전멸시키다; 죽이다. **líq·ui·da·tor** *n.* 청산인. **liq·ui·da·tion** [ˌ-déiʃən] *n.* Ⓤ 변제(辨濟); 청산; 정리; 일소; 살해. ***go into liquidation*** (회사가) 청산하다; 파산하다. 「사기에서 발사되는》.
líquid fíre 〖軍〗 액화(液火)《화염 방
líquid fúel (로켓의) 액체 연료.
li·quid·i·ty [likwídəti] *n.* Ⓤ 유동성; 유창함.
líquid méasure 액량(液量). 「*n.*》.
líquid sóund 〖音聲〗 유음(⇨LIQUID,
‡**liq·uor** [líkə*r*] *n.* ① ⓊⒸ **알코올 음료**, 술《특히, 브랜디·진·럼·위스키》. ② Ⓤ 액(液). ***in*** ~, or (***the***) ***worse for*** ~ 취해서. —— *vt., vi.* 《口》 술을 많이 먹이다〔마시다〕.
liq·uo·rice [líkəris] *n.* 《英》 〖植〗 감초(licorice).
líquor stòre 《美》 주류 판매점.
li·ra [lí:rə] *n.* (*pl.* ~***s***, ***lire*** [-rei]) 리라《이탈리아의 은화》.
Lis·bon [lízbən] *n.* 포르투갈의 수도.
lisle [lail] *n.* ⓊⒸ 튼튼한 무명실(~ thread) 《양말·장갑용》; 그 직물.
lisp [lisp] *vt., vi.* (s를 θ, z를 ð처럼) 불완전하게 발음하다; 혀짤배기소리로 말하다, 혀가 잘 돌지 않다. ~ ***in numbers*** 혀도 잘 돌지 않는 어린 시절부터 시를 짓다. —— *n.* 혀짤배기 소리, 또렷하지 못한 말.
lis·som(e) [lísəm] *a.* 나긋나긋한; 재빠른, 기민한.
‡**list**[1] [list] *n.* ① **목록**, (일람)표, 명부. ② 명세서. ***draw up a*** ~ 목록을 만들다. ***on the sick*** ~ 병으로, 앓고. —— *vt.* 명부〔목록〕에 올리다〔싣다〕. —— *vi.* 명부에 오르다(*at*).
list[2] *n., a.* (피륙의) 가장자리(로 만든), (*pl.*) 〖史〗 울짱, 시합장. ***enter the*** ~***s*** 시합에 나가다(*against*). —— *vt.* 귀〔가장자리〕를 달다.
list[3] *n., vi.* 〖海〗 경사(지다).
list[4] *vt.* (3인칭 단수 현재 ***list, listeth;*** 과거(분사) ***list***, or ***listed***) 《古》 마음에 들다; 바라다, 원하다.
list[5] *vt., vi.* 《古》 경청하다(cf. listen).
†**lis·ten** [lísən] *vi.* ① **경청하다**, 듣다(*to*). ② (충고 따위에) 따르다(*to*); 귀를 기울이다(*for*). ~ ***in*** (라디오를) 청취하다; (전화 따위를) 도청하다. ‡~·**er** *n.* **경청**〔청취〕**자**. *~·**ing** *n.* Ⓤ 경청; 〖軍〗 **청음**; (정보 등의) 청취.
lis·ten·er-in [lísnərín] *n.* (*pl.* ***-ers-in***) (라디오) 청취자; 도청자. 「조사.
lístener resèarch 〖放〗 인기 프로
list·er [lístə*r*] *n.* 리스트〔카탈로그〕 작성자; 《美》 양측식 경토기(兩側式耕土機).
list·less [lístlis] *a.* 께느른한, 열의〔시름〕없는; 무관심〔냉담〕한. ~·**ly** *ad.* ~·**ness** *n.*
líst príce 표시 가격.
Liszt [list], **Franz** (1811–86) 헝가리의 작곡가·피아니스트.
lit [lit] *v.* light[1,3]의 과거(분사).
lit. liter; literal(ly); literary; literature. 「용장한 말.
lit·a·ny [lítəni] *n.* 〖宗〗 연도(連禱);
Lit. B. *Lit*(*t*)*erarum Baccalaureus* (L. =Bachelor of Letters 〔Literature〕) 문학사.
li·tchi [lí:tʃi:] *n.* 〖植〗 여주 (열매).
Lit. D. *Lit*(*t*)*erarum Doctor* (L. = Doctor of Letters *or* Literature).
***li·ter**, 《英》 **-tre** [lí:tə*r*] *n.* 리터《약 5홉 5작》. 「**능력**; 교양.
***lit·er·a·cy** [lítərəsi] *n.* Ⓤ **읽고 쓰는**
lit·er·al** [lítərəl] *a.* ① **문자** (**그대로**)**의**; 정확한. ② (과장·수식 따위를 이해 못하고) 문자 그대로 생각하는, 실제가(實際家) 기질의. ~ ***translation 축어역(逐語譯). ~·**ism** [-ìzəm] *n.* Ⓤ (엄밀한) 직역주의; 〖美術·文學〗 직사(直寫)주의. ~·**ist** *n.* ‡~·**ly** *ad.*
‡**lit·er·ar·y** [lítərèri/-əri] *a.* ① **문학**

〔문예〕의; 문학에 소양이 깊은. ② 문어의. ~ ***property*** 판권. ~ ***style*** 문어체. ~ ***works*** 〔***writings***〕 문학 작품. **-i·ly** [-rèrəli/-rəri-] *ad.*

lit·er·ate [lítərit] *a., n.* 글을 아는 (사람)(cf. illiterate); 교양 있는.

lit·e·ra·ti [lìtərά:ti, -réitai] *n. pl.* (L.) 문인〔학자〕들, 문학자들.

lit·e·ra·tim [lìtəréitim / -rά:-] *ad.* (L.) 한자한자, 축자(逐字)적으로.

‡**lit·er·a·ture** [lítərətʃər, -tʃùər] *n.* Ⓤ ① **문학**, 문예. ② **문헌** (*the ~ of mathematics* 수학의 문헌). ③ 저술(업); 인쇄물 《광고 등》.

lith·arge [líθα:rdʒ] *n.* Ⓤ 〖化〗 밀타승(密陀僧)《일산화연(一酸化鉛)》.

lithe [laið], **lithe·some** [ˊsəm] *a.* 나긋나긋한, 유연한.

lith·ic [líθik] *a.* 돌의; 〖醫〗 (방광) 결석(結石)의; 〖化〗 리튬의.

lith·i·um [líθiəm] *n.* Ⓤ 〖化〗 리튬.

lith·o·graph [líθəgræ̀f/-grὰ:f] *n.* 석판 인쇄, 석판화. —— *vi.* 석판으로 인쇄하다. **li·thog·ra·pher** [liθάgrəfər/-θɔ́g-] *n.*

li·thog·ra·phy [liθάgrəfi / -θɔ́g-] *n.* Ⓤ 석판 인쇄술. **lith·o·graph·ic** [lìθəgrǽfik], **-i·cal** [-əl] *a.* 「각.

lith·o·sphere [líθəsfiər] *n.* 〖地〗 지

Lith·u·a·ni·a [lìθjuéiniə] *n.* 리투아니아《발트 해 연안의 한 공화국》. **~n** *n., a.* ⒸⓊ 리투아니아(사람·말)(의).

lit·i·ga·ble [lítigəbəl] *a.* 법정에서 투쟁할 수 있는. 「소송 관계자.

lit·i·gant [lítigənt] *a., n.* 소송하는;

lit·i·gate [lítigèit] *vt., vi.* 법정에 들고 나오다, 법정에서 다투다. **lit·i·ga·tion** [ˋ—géiʃən] *n.* Ⓤ

li·ti·gious [litídʒəs] *a.* 소송의〔을 좋아하는〕.

lit·mus [lítməs] *n.* Ⓤ 리트머스《리트머스 이끼에서 얻는 청색 색소》.

lítmus pàper 〖化〗 리트머스시험지.

li·to·tes [láitətì:z] *n.* Ⓤ 〖修〗 곡언법(曲言法) 《MEIOSIS(완서법)의 일종: much 대신에 *not a little* 이라 하는

*****li·tre** [lí:tər] *n.* 《英》 =LITER. 「따위》.

Litt. B. ⇨ LIT. B. **Litt. D.** ⇨ LIT. D.

*****lit·ter** [lítər] *n.* ① 들것, 가마. ② Ⓤ (짐승의) **깔짚**, 깃. ③ 어수선하게 흩어진 물건, 잡동사니; Ⓤ 난잡. ④ (돼지의) 한배 새끼. ***in a ~*** 어지럽게 흩어져. —— *vt.* 깃을 깔다; 난잡하게 어지르다(*with*); (돼지가 새끼를) 낳다. —— *vi.* (가축이) 새끼를 낳다. 「인, 문학자.

lit·té·ra·teur [lìtərətə́:r] *n.* (F.) 문

lit·ter·bas·ket [lítərbæ̀skit/-bὰ:s-] *n.* 휴지통.

lit·ter·bin [-bìn] *n.* =⇧.

lit·ter·bug [-bʌ̀g] *n.* (길거리·열차 안 따위에) 쓰레기를 함부로 버리는 사람.

lit·ter·lout [-làut] *n.* 《英口》 =⇧.

lit·ter·y [lítəri] *a.* 먼지로 더러워진; 난잡한, 흩뜨러놓은.

†**lit·tle** [lítl] *a.* (***less, lesser; least;*** 《口》 ***~r; ~st***) ① **작은**. ② 《否定的》 적은, 조금밖에 없는 (*There is ~ ink in it.* 잉크는 조금밖에 없다). ③ (a ~) 《肯定的》 얼마간, 조금은 (*There is a ~ ink in it.* 잉크가 조금은 있다). ④ 어린애 같은, 하찮은, 비천한. ***but ~*** 극히 조금의, 거의 없는. ***~ one(s)*** 아이(들). ***~ or no*** 거의 없는. ***(my) ~ man*** 《呼稱》 악아. ***the ~*** 얼마 안되는 (것), 대수롭지 않은 사람. —— *n., pron.* 조금; 잠깐. ***for a ~*** 잠깐. ***~ by ~*** 조금씩. ***in ~*** 소규모로. ***make ~ of*** 얕보다. ***not a ~*** 적지 않게, 크게. ***quite a ~*** 《美口》 다량, 많이. —— *ad.* ① (a ~) 조금은 (*I know it a ~.*). ② (관사 없이) 《否定的》 거의 …않는; 전혀 …않는 (*You ~ know ...* 너는 …을 전혀 모른다). ***~ better*** 〔***more***〕 ***than*** …나 매한가지. ***~ less than*** 거의 …과 같은. ***~ short of*** …에 가까운, 거의 …과 마찬가지인. ***think ~ of*** 경시하다; …을 망설이지 않다. **~·ness** *n.* Ⓤ 「소위원회.

Líttle Assémbly 《口》 국제 연합

Líttle Béar 〔**Dípper**〕 ⇨BEAR[1].

Líttle Córporal 나폴레옹 1세의 별명.

Líttle Énglander 소(小)영국주의자《식민지에 의존하지 않고 영(英) 본국의 충실을 주장하는》.

líttle fínger 새끼 손가락.

líttle gò 《英口》 소(小)시험《케임브리지 대학에서 B. A.의 학위를 얻기 위한 예비 시험》.

Líttle Lèague 《美》 (12세 미만의) 소년 야구 리그. 「(同人) 잡지.

líttle magazíne 〔**revíew**〕 동인

líttle Máry 《英口》 배(때기).

Líttle Néddy (영국) 경제 개발 위원회의 하나. 「의 속칭.

Líttle Rhódy 미국 Rhode Island 주

Líttle Rússia 소러시아《우크라이나의 별칭》.

líttle théater (진보적·비상업적인) 소극장(에 적당한 극).

lit·to·ral [lítərəl] *a., n.* 바닷가의, 바닷가에서 나는; 연해지(沿海地).

lit·ur·gy [lítərdʒi] *n.* 예배식; (희랍 정교의) 성찬식; (the ~) (영국 국교회의) 기도서. **li·túr·gic, -gi·cal** *a.*

liv·a·ble [lívəbəl] *a.* 살기에 알맞은; 사는 보람이 있는; 함께 지낼 수 있는, 무간한(*with*).

†**live**[1] [liv] *vi.* ① **살(고 있)다**; 살아 있다, 생존하다, **생활하다**, 재미있게 살다. ② 존속하다, (기억에) 남다. ③ …을 상식(常食)으로 하다(*on*), …으로 생계를 이어가다(*on, by*). ④ (배가) 가라앉지 않고 있다. ⑤ 〖野〗 아웃이 안되다. —— *vt.* 보내다, 지내다; (이상 따위를) 실행〔실현〕하다. ***~ a lie*** 거짓에 가득찬 생활을 보내다. ***~ and learn*** 오래 살고 볼 일《놀랐을 적에 말함》. ***L- and let ~.*** 공존 공영(共存共榮); 세상은 서

로 도와가며 사는 것. ~ ***down*** (오명을) 씻다; (슬픔 따위를) 잊게 되다. ~ ***it up*** 호화롭게 살다. ~ ***on*** 〔***upon***〕 …을 먹고 살다; …으로 생활하다. ~ ***on air*** 아무 것도 먹지 않고 살다. ~ ***off*** …에 의존하여 생활하다, …의 신세를 지다(eat off). ~ ***out*** 〔***through***〕 …을 넘기어 목숨을 부지하다〔살(아 남)다〕; …을 헤어나다. ~ ***to oneself*** 고독하게〔이기적으로〕 살다. ~ ***up to*** …에 따라 생활하다; 주의〔주장〕대로 살다, …에 맞는 생활을 하다. ~ ***well*** 잘 먹고 살다; 경건한 생활을 하다. ***where one*** ~***s*** 《美俗》 급소를〔에〕.

‡**live²** [laiv] *a.* ① **살아있는,** (불)타고 있는(~ *coals*); 전류가 통하고 있는. ② 《口》 활기있는, 활동적인. ③ 장탄돼 있는. ④ 〖放〗 (녹음〔녹화〕아닌) 생방송의.

live·a·ble [lívəbəl] *a.* =LIVABLE.

‡**live·li·hood** [láivlihùd] *n.* Ⓤ **생계.**

live·long [lívlɔ̀:ŋ/-lɔ̀ŋ] *a.* 《詩》 오랜(동안의); …내내, 온〔꼬박〕.

‡**live·ly** [láivli] *a.* ① **활기있는,** 쾌활한, 명랑한. ② (공·마루 등이) 잘 튀는. ③ 선명한, 실감을 주는; 《諧》 아슬아슬〔조릿조릿〕한. ―― *ad.* 활발〔쾌활〕하게. ***make it*** ~ ***for*** …을 곤란케 하다. **-li·ly** *ad.* **líve-li·ness** *n.* Ⓤ 「다(*up*).

liv·en [láivən] *vt., vi.* 활기띠(게 하)

líve óak [láiv] (미국 남부산의) 떡갈나무의 일종.

liv·er¹** [lívər] *n.* **생활〔거주〕자.** ***good ~ 미식가(美食家), 잘 먹고 사는 사람; 유덕자(有德者).

‡**liv·er²** *n.* ① **간장**(肝臟). ② Ⓤ 간(고기). ③ Ⓤ 적갈색.

liv·er-col·o(u)red [-kʌ̀lərd] *a.* 간빛의, 적갈색의.

líver flùke 간흡충(肝吸蟲).

liv·er·ied [lívərid] *a.* livery를 입은.

liv·er·ish [-iʃ] *a.* 간장병의; 성미가 까다로운; 적갈색의.

Liv·er·pool [lívərpù:l] *n.* 잉글랜드 서부 Merseyside주의 주도《항구 도시》.

líver sàusage =LIVERWURST.

liv·er·wort [-wə̀:rt] *n.* 〖植〗 우산이끼. 「간고기 소시지.

liv·er·wurst [-wə̀:rst] *n.* ⓊⒸ 《美》

liv·er·y** [lívəri] *n.* ⓊⒸ ① **일정한 옷,** (하인의) 정복(定服); (직업상의) 제복. ② (말의) 정식량(定食糧). ③ 말〔마차〕 세놓는 업〔집〕. ***in 〔***out of***〕 ~ 제복〔평복〕을 입고. ~ ***of grief*** 상복(喪服).

liv·er·y·man [-mən] *n.* (런던의) 동업 조합원; 말〔마차〕 세놓는 사람; 정복〔제복〕을 입은 사람.

lívery stàble 말〔마차〕 세놓는 집.

‡**lives** [laivz] *n.* life의 복수. 「축.

***live·stock** [láivstɑ̀k/-stɔ̀k] *n.* Ⓤ 가

lívestock fármer 축산업자.

lívestock fárming 축산업.

líve wíre [láiv] 전류가 흐르고 있는 철사; 《俗》 활동가, 정력가.

liv·id [lívid] *a.* 납빛의, 창백한; 퍼렇게 멍든; 격노하여.

‡**liv·ing** [líviŋ] *a.* ① **살아있는,** 현대의, 현존의. ② 활기있는; 흐르고〔불타고〕 있는. ③ 자연 그대로의. ④ 생활에 관한, 생계의. ~ ***death*** 생지옥, 비참한 생활. ***within*** ~ ***memory*** 현재 세상 사람들의 기억에 생생한. ―― *n.* ① **생활,** 생계 (*earn one's* ~), 살림. ② 목사〔교회〕의 수입.

liv·ing-in [-ìn] *n.* 기숙(寄宿).

liv·ing-out [-àut] *n.* 통근.

líving quárters 거소(居所), 거처.

†**líving ròom** 거실(居室), 거처방.

Liv·ing·stone [líviŋstən], **David** (1813–73) 스코틀랜드의 선교사·아프리카 탐험가.

líving wáges (최저의) 생활 임금.

***liz·ard** [lízərd] *n.* ① **도마뱀.** ② 《英俗》 (유흥가의) 건달.

L. J. (*pl.* ***L. JJ.***) Lord Justice.

LL, L. L. Late LATIN; Low LATIN.

ll. leaves; lines.

lla·ma [lɑ́:mə] *n.* 라마《남미산의 육봉 없는 작은 낙타》; Ⓤ 라마털.

lla·no [lɑ́:nou] *n.* (*pl.* ~***s***) (남아메리카의) 대평원.

LL. B. *Legum Baccalaureus* (L. = Bachelor of Laws). **LL. D.** *Legum Doctor* (L. =Doctor of Laws).

Lloyd George [lɔ́id dʒɔ́:rdʒ], **David** (1863–1945) 영국의 정치가·수상 (1916–22).

Lloyd's [lɔidz] *n.* 로이드 조합《런던의 해상 보험업자 조합》; =∠ **Rég-ister** 로이드 선급(船級) 협회; (이 협회 발행의) 로이드 선명록(船名錄).

LM lunar module. **LMT** local meantime 지방 평균시.

lo [lou] *int.* 《古》보라 (behold)!

loach [loutʃ] *n.* (유럽산의) 미꾸라지.

‡**load** [loud] *n.* ① **짐,** 적하(積荷); 적재량. ② (정신적인) **무거운 짐,** 부담, 근심, 걱정. ③ 〖理〗 하중(荷重); 〖電〗 부하(負荷); (화약의) 장전. ④ (*pl.*) 《口》 많음 (*of*). ―― *vt.* ① **싣다,** 적재하다; 마구 처넣다〔주다〕. ② (주사위에 납을 박아) 무겁게 하다; (술에) 섞음질을 하여 독하게 만들다. ③ (질문에) 비꼬는 뜻(따위)을 함축시키다. ④ (탄알을) **재다;** 필름을 넣다. ―― *vi.* 짐싣다; 총에 장전하다; 《口》 잔뜩 채워 넣다. ∠**·er** *n.*

lóad displàcement 〖海〗 만재 배수량〔톤수〕.

load·ed [∠id] *a.* 짐실은; 탄알을 잰; 필름을 넣은; 납을 박은; 화약을 잰; 돈 많은; 섞음질을 한; 취한; (질문이) 비꼬는 뜻을〔악의를〕 내포한, 의미 심장한; 감정적이 된.

***load·ing** [∠iŋ] *n.* Ⓤ **짐싣기,** 선적(船積); 뱃짐; 장전. 「(滿載吃水線).

lóad lìne 〔**wáterline**〕 만재 흘수선

load-shed·ding [∠ʃèdiŋ] *n.* 〖電〗 (공장의) 전력 제한; 전력 평균분배(법).

load·star [∠stɑ̀:r] *n.* =LODESTAR.

load·stone [∠stòun] *n.* ⓊⒸ 천연 자석(磁石).

loaf**[1] [louf] *n.* (*pl.* ***loaves [-vz]) ① (일정한 모양으로 구워낸 빵의) **덩어리**, 빵 한 덩어리; (설탕 등의) 원뿔꼴의 한 덩이. ② 요리의 일종. ③ 《英俗》 머리(loaf of bread). ***loaves and fishes*** 제 잇속. ***use one's ~ (of bread)*** 《英俗》 머리를 쓰다.

loaf[2] *vi., vt., n.* 놀고 지내다〔지냄〕; 빈둥거리다; 어정거리다. **´~·er** *n.* 게으름뱅이; 간편화(靴)의 일종.

lóaf sùgar 각〔덩이〕설탕.

loam [loum] *n.* Ⓤ 양토; 롬《모래·점토·짚이 섞인 비옥토》. **´~·y** *a.* 롬(질)의.

loan** [loun] *n.* ① ⓊⒸ **대부**(금), 대차(물). ② 공채, 차관. ③ 외래어. ***get 〔***have***〕 ***the ~ of*** …을 빌〔꾸〕다. ***~ on*** 대부하고; 차입하고, 빌어서. ***public ~*** 공〔국〕채. ——*vt., vi.* 《주로 美》 **빌려주다**(*out*).

lóan òffice 금융업소; 전당포.

lóan shàrk 《美》 고리 대금 업자.

lóan translàtion 차용(借用) 번역(어구), 어구의 축어역(逐語譯).

lóan wòrd 외래어.

loath** [louθ] *pred. a.* **싫어하여, 꺼려서**(*to* do; *that*). ***nothing ~ 기꺼이.

***loathe** [louð] *vt., vi.* **몹시 싫어하다. lóath·ing** *n.* Ⓤ 몹시 싫어함, 혐오.

loath·ly[1] [lóuðli] *a.* =LOATHSOME.

loath·ly[2] [lóuθli, -ðli] *ad.* =UNWILLINGLY.

***loath·some** [lóuðsəm] *a.* **지긋지긋한**, 구역질 나는. **~·ly** *ad.*

***loaves** [louvz] *n.* loaf[1]의 복수.

lob [lɑb/-ɔ-] *vt., vi.* (*-bb-*), *n.* 〖테니스〗 높게 상대방의 뒤쪽으로 가게 치다〔친 공〕. 「(lobe)의.

lo·bar [lóubər] *a.* 귓불〔폐엽(肺葉)〕

***lob·by** [lɑ́bi/-ɔ́-] *n.* ① (호텔·극장 등의) **로비**, 현관의 홀, 복도. ② (원외자(院外者)와 면회하는) 의원(議院) 휴게실. ③ 《美》 원외단(院外團) ——*vi., vt.* 《美》 (휴게실에서) 의원에게 공작을 하다. **~·ing, ~·ism** [-ìzəm] *n.* Ⓤ (의원에 대한) 원외로부터의 운동; 의안 통과 〔반대〕 운동. **~·ist** *n.* 《美》 원외 운동자; 의회 출입 기자.

lobe [loub] *n.* 귓불; 잎사귀; 〖解〗 엽(葉) 《폐엽 따위》. ***small ~*** 소열편(小裂片); 소엽(小葉). 「로벨리아.

lo·bel·ia [loubí:ljə] *n.* 〖植〗 숫잔대,

lob·lol·ly [lɑ́blɑ̀li/lɔ́blɔ̀li] *n.* 《方》 진창; 미송(美松)의 일종; Ⓤ 그 재목.

lo·bo [lóubou] *n.* (*pl.* **~*s***) (미국 서부산의) 회색의 큰 이리.

lo·bot·o·my [loubɑ́təmi/-ɔ́-] *n.* ⓊⒸ 〖醫〗 뇌엽 절제(腦葉切除)(술).

***lob·ster** [lɑ́bstər/lɔ́b-] *n.* **바닷가재**, 대하(大蝦).

***lo·cal** [lóukəl] *a.* ① **지방의**, 지방적인; 국부적인. ② **공간의**, 장소의; 시내 배달의; 〖數〗 궤적(軌跡)(locus)의. ③ 역마다 정거하는, **소구간(小區間)의**; (엘리베이터가) 각층마다 멈추는, 완행의. ——*n.* 지방 주민, 구간 열차; (신문의) 지방 기사; 《英口》 근처의 선술집. **~·ism** [-kəlìzəm] *n.* Ⓤ 지방 근성; 지방색; 향토 편애, 편협성; Ⓒ 지방 사투리. **~·ly** *ad.* 지방〔국부〕적으로.

lócal cólo(u)r 지방색, 향토색.

lo·cale [loukǽl/-kɑ́:l] *n.* 현장.

lócal góvernment 지방 자치(체).

***lo·cal·i·ty** [loukǽləti] *n.* 위치, **장소**; (사건의) 현장; 산지(產地).

lo·cal·ize [lóukəlàiz] *vt.* 국한하다; 위치를 밝혀내다; 지방화하다; 집중하다(*upon*). **~d** [-d] *a.* 지방〔국부〕적인. **lo·cal·i·za·tion** [\-izéi-/-lai-] *n.* Ⓤ

lócal óption 〔**véto**〕 (지방 자치체가 가지는) 주류 판매 금지권. 「간.

lócal tíme 지방시(地方時), 현지 시

lócal tráin (역마다 서는) 완행 열차.

lo·cate** [lóukeit, -´] *vt.* (관청·건물 따위의) **위치를 정하다**; …에 두다; 소재를 밝혀내다. ***be ~d 위치하다, 있다. ——*vi.* 거주하다(*in*). ***lo·cá·tion** *n.* **위치**(의 선정), 배치, 소재; ⓊⒸ 〖映〗 **로케이션**, 야외 촬영(지) (*on location* 로케 중에); 〖컴퓨터〗 기억 장치의 배당 장소.

loc·a·tive [lɑ́kətiv/lɔ́k-] *a., n.* 〖文〗 위치를 가리키는; 위치격(어(語)).

loc. cit. *loco citato.* 「수; 후미.

loch [lɑk, lɑx/lɔk, lɔx] *n.* 《Sc.》 호

lo·ci [lóusai] *n.* locus의 복수.

lock[1] [lɑk/-ɔ-] *n.* 한 줌의 털; (머리·양털 따위의) 타래, 타래진 머리털; (*pl.*) 두발.

lock**[2] *n.* ① **자물쇠**; (운하·선거(船渠)의) 수문(水門). ② 총기(銃機)《총의 발사 장치》; 제륜(制輪) 장치. ③ (차량의) 혼잡. ④ 〖레슬링〗 조르기(cf. hold). ***~, stock, and barrel 전부, 완전히. ***on*** 〔***off***〕 ***the ~*** 자물쇠로 잠그고〔잠그지 않고〕. ——*vt.* ① **자물쇠를 채우다**. ② 챙겨 넣다, 가두다; 끌어안다. ③ 고착〔고정〕시키다, 제동하다. ④ 수문을 통과시키다. ——*vi.* ① **자물쇠가 채워지다**〔잠기다〕, 닫히다. ② 서로 맞붙다. ③ 수문을 지나다. ***~ in*** 〔***out***〕 가두다〔내쫓다〕. ***~ up*** 자물쇠로 잠그다; 감금〔폐쇄〕하다; 집어〔챙겨〕 넣다; (자본을) 고정하다.

Locke [lɑk/-ɔ-], **John** (1632–1704) 영국의 철학자.

***lock·er** [lɑ́kər/-ɔ́-] *n.* **로커**, 자물쇠 달린 장; 자물쇠를 채우는 사람〔것〕.

lock·et [lɑ́kit/-ɔ́-] *n.* 로킷《사진이나 머리카락 등을 넣어서 목걸이에 거는 조그마한 갑》.

lóck gàte 수문(水門).

Lock·heed [lɑ́khì:d/-ɔ́-] *n.* 《美》 록히드 (회사에서 만든) 비행기.

Lóck Hòspital 《英》 성병 병원.

lock·jaw [lɑ́kdʒɔ̀:/lɔ́k-] *n.* Ⓤ 파상풍(tetanus).

lóck kèeper 수문지기.

lock·out [´àut] *n.* ⓊⒸ (경영자측의) 공장 폐쇄(opp. strike); 내쫓음.

locks·man [´smən] *n.* 수문지기.

lock·smith [´smìθ] *n.* 자물쇠 제조

공〔장수〕.
lock·up [ˊʌp] *n.* =JAIL.
lo·co[1] [lóukou] *n.* (*pl.* **∼s**) 《口》 =LOCOMOTIVE engine.
lo·co[2] *n.* (*pl.* **∼(e)s**) 〖植〗 로코초(草) 《유독 콩과 식물; 가축이 먹으면 뇌가 상함》; Ⓤ 로코병. **—** *a.* 《俗》 정신이 돈, 머리가 이상한.
lo·co ci·ta·to [lóukou saitéitou] (L.) 전게(前揭) 인용문 중에 《생략 loc. cit., l. c.》.
lo·co·mo·tion [lòukəmóuʃən] *n.* Ⓤ 운동(력), 이동(력); 여행; 교통 기관.
‡**lo·co·mo·tive** [lòukəmóutiv] *a.* 이동하는, 이동력 있는. **—** *n.* 기관차. ∼ ***engine*** 기관차. ∼ ***organs*** 발, 다리(따위). 「〔이동〕의〔에 관한〕.
lo·co·mo·tor [lòukəmóutər] *a.* 운동
lócomotor atáxia 운동〔보행〕장애.
lo·cum [lóukəm] *n.* 《英口》 대리인, 대리 목사; 대진(代診).
lo·cus [lóukəs] *n.* (*pl.* ***-ci***) (L.) 장소, 소재지; 〖數〗 궤적(軌跡).
***lo·cust** [lóukəst] *n.* ① 메뚜기; 《美》 매미. ② 대식가. ③ 쥐엄나무 비슷한 상록 교목《나무·열매》; 아카시아.
lo·cu·tion [loukjú:ʃən] *n.* Ⓤ 화법(話法); 어법(語法); Ⓒ 어구, 관용어
lode [loud] *n.* 광맥(vein). 「법.
lode·star [lóudstɑ̀:r] *n.* 북극성; 지침; 지도 원리.
lode·stone [ˊstòun] *n.* =LOADSTONE.
‡**lodge** [lɑdʒ/-ɔ-] *n.* ① 파수막; 수위실; 오두막집. ② (비밀 결사의) 지부〔집합소〕. ③ 해리(海狸)〔수달〕 따위의 굴. **—** *vi.* ① 묵다, 투숙하다(*at*), (…댁에) 하숙하다〔셋방들다〕(*with*). ② (화살 따위가) 꽂히다, 박히다, (탄알이) 들어가다. ③ (바람에) 쓰러지다. **—** *vt.* ① 투숙케 하다. ② 맡기다, 위탁하다. ③ (화살 따위를) 꽂다, (탄알을) 박아 넣다. ④ 넘어〔쓰러〕 뜨리다; (서류·소장(訴狀) 따위를) 제출하다. **lódg·er** *n.* 숙박인, 하숙인, 동거인.
‡**lodg·ing** [ˊiŋ] *n.* ⒸⓊ 하숙, 숙박; Ⓒ 숙소; (*pl.*) 셋방, 하숙집. ***take*** (***up***) ***one's*** **∼s** 하숙하다.
lódging hòuse 하숙집.
lodg·ment, 《英》 **lodge-** [ˊmənt] *n.* 숙소; (군대의) 숙영(宿營); 발판; 저축; (토사의) 퇴적. ***effect*** 〔***make***〕 ***a*** ∼ 발붙일 곳〔발판〕을 마련하다.
lo·ess [lóues, les, lʌs] *n.* Ⓤ〖地〗뢰스《Rhine강 유역 등의 황토》.
lo-fi [lóufài] *a.* 하이파이가 아닌, 저충실도의 (cf. hi-fi).
***loft** [lɔ:ft/lɔft] *n., vt.* ① 고미다락; (교회·강당 등의) 위층 (관람석). ② 〖골프〗 올려치기(하다); (우주선을) 쏘아 올리다.
‡**loft·y** [ˊi] *a.* ① 대단히 높은, 치솟은. ② 숭고한, 당당한; 고상한. ③ 거만한, 거드럭거리는. **-i·ly** *ad.* **-i·ness** *n.*
‡**log** [lɔ(:)g, lɑg] *n.* ① 통나무(*in the* ∼ 통나무 그대로). ②〖海〗 측정의(測程儀). ③ = ˊ **bòok** 항해〔항공〕 일지. ④ 〖컴퓨터〗 이력(履歷) 기록《오퍼레이션 또는 입출력 데이터의 기록》. **—** *vt.* (**-gg-**) (나무를) 베어 내다; 항해 일지에 적다. 「tic.
log, log. logarithm(ic); logic; logis-
lo·gan·ber·ry [lóugənbèri/-bəri] *n.* 로건베리《blackberry와 raspberry의 잡종》; 그 열매.
log·a·rithm [lɔ́:gəriðəm, -θəm, lɑ́g-/lɔ́g-] *n.* 대수(對數). **-rith·mic, -mi·cal** *a.*
log·book [lɔ́:gbùk] *n.* 항해 일지; 항공 일지; 여정〔업무일지〕기록.
lóg càbin 귀틀집.
loge [louʒ] *n.* (F.) (극장의) 간막이 좌석, 특별석.
log·ger [lɔ́:gər, lɑ́g-/lɔ́g-] *n.* 나무꾼; 통나무 적출기(積出機).
log·ger·head [-hèd] *n.* 《古》 얼간이, 바보. ***at*** **∼s** 다투어(*with*).
lóggerhead tùrtle (대서양산의) 붉은 거북.
log·gia [lɑ́dʒə/lɔ́-] *n.* (*pl.* **∼s, *-gie*** [-dʒe]) (It.) 〖建〗 베란다식 복도.
log·ging [lɔ́:giŋ, lɑ́g-/lɔ́g-] *n.* Ⓤ 통나무 벌채(량). 「(森林) 철도.
lógging tràin (재목 반출용) 삼림
lóg hòuse =LOG CABIN.
‡**log·ic** [lɑ́dʒik/-ɔ́-] *n.* Ⓤ ① 논리학; 논리, 조리; Ⓒ 논리학 서적. ② 〖컴퓨터〗 논리 조작. ***formal***〔***symbolic***〕 ∼ 형식〔기호〕 논리학.
‡**log·i·cal** [-əl] *a.* 논리적인; 논리학상의; 필연의. *∼**·ly** *ad.*
lo·gi·cian [loudʒíʃən] *n.* 논리학자.
log·i·cism [lɑ́dʒisìzəm / -ɔ́-] *n.* Ⓤ 〖哲〗 논리주의. 「조 보석.
lo·gie [lóugi] *n.* (연극에 쓰이는) 모
lo·gis·tic [loudʒístik] *a.* 병참술(兵站術)의. **—** *n.* Ⓤ 기호 논리학. **∼s** *n.* 병참술.
lóg lìne 〖海〗 측정선(測程線).
lo·gos [lóugɑs/lɔ́gɔs] *n.* Ⓤ 〖哲〗 로고스, 이성; 〖神〗 (하느님의) 말씀; (삼위 일체의) 제 2위.
log·o·type [lɔ́:gətàip, lɑ́g- / lɔ́g-] *n.* 〖印〗 연자(連字) 활자《and, or 따위를 하나로 주조한 활자》; (회사명 등의) 의장(意匠); 상표.
log·roll [lɔ́:gròul, lɑ́g-/lɔ́g-] *vt., vi.* (의안을) 협력하여 통과시키다; (의안을 통과시키려고) 협력하다. **∼·ing** *n.* Ⓤ (여럿이 하는) 통나무 굴리기; (정당인의) 결탁; (작가 등의) 맞칭찬, 서로 칭찬하는 비평.
log·wood [lɔ́:gwùd, lɑ́g-/lɔ́g-] *n.* 로그우드《남미 열대 지방산의 나무》.
-logy *suf.* 「…학〔론〕」의 뜻(zoo*logy*); 「말함, 이야기, 담화」의 뜻(eu*logy*).
loin** [lɔin] *n.* (*pl.*) 허리; Ⓤ (소 등의) 허리 고기. GIRD[1] ***up one's **∼s.**
loin·cloth [ˊklɔ̀(:)θ/-ɑ̀θ] *n.* (남양 토인 등의) 허리에 두르는 간단한 옷.
‡**loi·ter** [lɔ́itər] *vi., vt.* 어슬렁어슬렁 거닐다; 빈둥빈둥 지내다〔시간을 보내다〕 (*away*). **∼·er** *n.* **∼·ing** *a.* **∼·ing·ly** *ad.* 빈둥빈둥.
loll [lɑl/-ɔ-] *vi., vt.* 척 기대(게 하)다

(*on*); (혀 따위) 축 늘어지다〔늘어 뜨리다〕 (*out*); (*vi.*) 빈둥거리다(*about*).
lol·li·pop, lol·ly- [lálipàp/lɔ́lipɔ̀p] *n.* (보통 꼬챙이 끝에 붙인) 사탕 《英》 (이동 교통 정리원이 드는) 교통 지시판.
lol·lop [láləp/-ɔ́-] *vi.* 《英方》 강동강동 걷다; 비실비실 걷다. 「MONEY.
lol·ly [láli / -ɔ́-] *n.* 캔디; 《英口》=
Lom·bard [lámbərd, -ba:rd/lɔ́m-] *n.* 롬바르드족 《6세기에 이탈리아를 정복한 게르만 민족》의 사람.
Lómbard Strèet 런던의 은행가(街); 영국 금융계. (*It is*) (*all*) ~ *to a China orange.* (롬바르드가의 부(富)를 귤 한 개에 걸고 내기를 해도 좋을 정도로) 거의 확실(하다).
Lo·mond [lóumənd], **Loch** 스코틀랜드 서부의 호수.
†**Lon·don** [lʌ́ndən] *n.* 영국의 수도. ~**·er** *n.* ~**·ism** [-izəm] *n.* Ⓤ 런던식〔말투〕.
Lon·don·der·ry [lʌ́ndəndèri] *n.* 북아일랜드의 주; 그 주도.
‡**lone** [loun] *a.* 《詩》=LONELY.
‡**lone·ly** [ˊli] *a.* 외로운, 쓸쓸한; 고립한, 외톨의. ***lóne·li·ness** *n.* Ⓤ
lone·ly-heart [ˊlihà:rt] *n.* (결혼 상대를 얻지 못한) 고독한 여자.
‡**lone·some** [ˊsəm] *a.* (장소·사람 등이) 쓸쓸한, 고독의, 외로운. 「속칭.
Lóne Stár Státe 미국 Texas 주의
lóne wólf 독자적인 입장을 주장하는 사람; 고독을 즐기는 사나이《특히 사업가》.
†**long**[1] [lɔ:ŋ/-ɔ-] *a.* ① 긴; 길다란; 길이가 …인. ② 오래 걸리는; 지루한(tedious); 〖音聲〗 장음(長音)의. ③ 키다리의. ④〖商〗강세(强勢)의. ⑤ …이상; 다량의, 다수의. ***a ~ way off*** 먼 (*from*). ***draw a ~ face*** 침울〔찌무룩〕한 얼굴을 하다. ***in the ~ run*** 결국, 마침내. ***L- time no see!*** 《學生俗》 야아, 오래간만이 아닌가. ***make a ~ arm*** 손을 뻗치다. ***take ~ views*** (*of life*) 먼 장래의 일을 생각하다. **—*ad.*** 길게; 오랫동안, 전부터; …줄곧. ***all day ~*** 종일. ***any ~er*** 벌써, 이 이상. ***at*** (*the*) ***~est*** 길어야, 기껏해야. ***no ~er*** 이미 … 아니다〔않다〕. ***so ~*** 《口》 =GOOD-BY(E). ***so*** 〔***as***〕 ***~ as …*** …하는 한은, …이면. **—*n.*** 오랫동안(*It will not take ~*. 오래는 걸리지 않을 것이다); (the ~) 《英口》 하기 휴가; (*pl.*) 〖商〗 시세가 오를 것을 예상하여 사들이는 방침을 취하는 패들; 장모음〔음절〕. ***before*** 〔***ere***〕 ***~*** 머지 않아. ***for ~*** 오랫동안. ***The ~ and the short of it is that …*** 간단히 말하자면, 결국은.
‡**long**[2] *vi.* 간절히 바라다 (*for; to* do); 사모하다(*for*). ‡ˊ**-ing** *a.*, *n.* ⓊⒸ
long. longitude. 「(의).
long·a·go [lɔ́:ŋəgóu/-ɔ́-] *n.*, *a.* 옛날
Lóng Bèach 미국 Los Angeles 근교의 도시·해수욕장. 「최대 보트.
long·boat [ˊbòut] *n.* 범선 적재의
long·bow [ˊbòu] *n.* 〖史〗 긴 활. ***draw the ~*** 크게 허풍 떨다.
long·cloth [ˊklɔ̀(:)θ, -klɑ̀θ] *n.* Ⓤ 옥양목(의 일종).
lóng clòthes 배내옷; 기저귀.
long-dis·tance [ˊdístəns] *a.*, *n.* 《美》 장거리 (전화)의; 장거리 전화(국).
lóng dózen 13 (개).
long-drawn(**-out**) [ˊdrɔ́:n(áut)] *a.* 길게 뺀〔늘인〕, 길다란.
long-eared [ˊíərd] *a.* 귀가 긴; 나귀 같은; 우둔한.
lóng éars 밝은 귀; 나귀; 바보.
longed-for [ˊdfɔ̀:r] *a.* 대망(待望)의; 갈망하는. 「장수; 수명.
***lon·gev·i·ty** [landʒévəti/lɔ-] *n.* Ⓤ
long-faced [ˊféist] *a.* 얼굴이 긴; 슬픈 듯한, 우울한.
lóng fámily (아이가 많은) 대가족.
Long·fel·low [lɔ́:ŋfèlou/lɔ́ŋ-], **Henry Wadsworth** (1807–82) 미국의 시
lóng fínger 가운뎃손가락. 「인.
long-for·got·ten [lɔ́:ŋfərgátn/lɔ́ŋfərgɔ́tn] *a.* 오랫동안 잊혀진.
long-hair(**ed**) [ˊhὲər(d)] *a.* 예술가〔학자〕(기질)의; 고전 음악을 좋아하는; 인텔리 같은.
long·hand [ˊhæ̀nd] *n.* Ⓤ 보통의 필기법(cf. shorthand). 「사람).
long·head [ˊhèd] *n.* 장두(長頭) (의
long·head·ed [ˊhédid] *a.* 장두(長頭)의; 총명한; 선견지명이 있는.
long·horn [ˊhɔ̀:rn] *n.* 뿔이 긴 소.
lóng hóurs 밤 11시, 12시《시계가 종을 오래 치는 시간》.
long·ish [ˊiʃ] *a.* 기름한.
***lon·gi·tude** [lándʒətjù:d / lɔ́n-] *n.* 경도(經度) (cf. latitude). **lon·gi·tu·di·nal** [ˋ-ˊdinəl] *a.* 경도의; 세로의. 「긴 속옷.
lóng jòhns (손목·발목까지 있는)
lóng jùmp 넓이 뛰기.
long-lived [-láivd, -lívd] *a.* 명이 긴; 영속하는.
lóng méasure 척도.
long-play(**·ing**) [ˊpléi(iŋ)] *a.* (레코드가) 장시간 연주의, LP 의.
long-range [ˊréindʒ] *a.* 장거리의 (에 달하는); 원대한(~ *plans*). 「가.
lóng róbe 법복; 성직자의 옷; 법률
lóng rùn 장기 흥행, 롱런.
long·ship [ˊʃip] *n.* 〖史〗 (Viking 등이 쓴) 대형선《외대의 가로돛에 노가 많은 싸움 배》.
long·shore [ˊʃɔ̀:r] *a.* 연안의 (~ *fisheries* 연안 어업), 해변에서 일하는 (*a ~ laborer* 항만 노동자/*a ~ dispute* 《美》 항만 노동자의 쟁의).
long·shore·man [ˊʃɔ̀:rmən] *n.* 부두 노동자; 연안 어부.
lóng-short (**stòry**) [ˊʃɔ́:rt] *n.* 중편 소설 (cf. short-short).
lóng shòt 〖映〗 원사(遠寫); 〖競馬〗 승산 없는 말〔선수〕. 「찰력.
lóng síght 먼 데를 볼 수 있음; 통
long-sight·ed [ˊsáitid] *a.* 먼 데를

볼 수 있는; 선견지명이 있는.
long-stand·ing [∠stǽndiŋ] *a.* 여러 해에 걸친.
long-suf·fer·ing [-sʌ́fəriŋ] *n., a.* Ⓤ 참을성 (있는), 인내심 (강한).
long-term [∠tə̀:rm] *a.* 장기의.
Lóng Tóm 《軍俗》 장거리포.
lóng tón 영(英) 톤(2,240파운드).
lóng tóngue 다변, 수다.
long-tongued [∠tʌ́ŋd] *a.* 수다스러운(talkative).
lon·gueur [lɔ:ŋgə́:r] *n.* (F.)(보통 *pl.*) (소설·음악 등의) 지루한 부분.
long·ways [lɔ́:ŋwèiz / -ɔ́-], **-wise** [-wàiz] *ad.* = LENGTHWISE. 「길다란.
long-wind·ed [∠wíndid] *a.* 숨이 긴;
loo [lu:] *n.* Ⓤ 카드놀이의 일종; 《英俗》 변소.
loo·fah [lú:fə/-fɑ:] *n.* 〖植〗 수세미외.
†**look** [luk] *vi.* ① **보다,** 바라보다(*at*); 눈을 돌리다. (*He ~ed but saw nothing.* 쳐다보았지만 아무것도 보이지 않았다). ② **…하게 보이다,** …의 얼굴〔모양〕을 하다, …처럼 보이다; …인 듯하다. ③ (집이) …에 면하다(*into, on, toward*); (정세가) …으로 기울다(*toward*). ④ 조심하다; 조사하다, 찾다. ⑤ 기대하다. ── *vt.* ① 눈(짓)으로 나타내다〔…하게 하다〕(*He ~ed them into silence.* 눈을 흘겨 침묵시켰다). ② 눈여겨 들여다보다(*He ~ed me in the face.* 내 얼굴을 자세히 들여다보았다). ③ 확인하다, 조사하다. *~ about* 둘러보다; 망보다; 구하다(*for*). *~ after* 보살피다, 보호하다; 찾다; 배웅하다. *~ ahead* 장래 일을 생각하다. *L-* ALIVE! *~ at* 보다, 바라보다, 조사하다; 《否定的으로 써서》 상대하다, 문제삼다(*I will not ~ at such a question.* 이런 문제는 상대하지 않는다). *~ back* 뒤돌아(다)보다; 회고하다(*on*); 마음이 내키지 않다; 진보하지 않다. *L- before you* LEAP. *~ down* 아래를 보다〔향하다〕; (물가가) 내리다; 내려다보다; 경멸하다(*upon*). *~ for* 구하다, 찾다; 기대하다. *~ forward to* …을 기대하다. *L- here!* 어이!; 이봐!《주의를 환기하여》. *~ in* 엿보다; 잠깐 들르다. *~ into* 들여다보다; 조사하다. *~ like* …처럼 보이다; …할 것같이 보이다(*It ~s like snow.* 눈이 올 것 같다). *~ off* …으로부터 눈을 돌리다〔떼다〕. *~ on* …으로 간주하다(*as*); 방관〔구경〕하다; …에〔로〕 향해 있다. *~ one's age* 제 나이에 걸맞아 보이다. *~ oneself* 여느 때와 다름 없다. *~ out* 주의하다; 기대하다(*for*); 밖을 보다, 조망하다(*on, over*). *~ over* 대충 훑어보다; 조사하다; 눈감아주다. *~ round* 둘러보다 (사전에) 고려해 보다. *~ through* 간과하다; 훑어 보다. *~ to* 기대〔의지〕하다(*for*); …의 뒤를 보살피다; 조심하다. *~ up* 우러러 보다, 위를 향하다; 향상하다; (경기 등이) 좋아지다; (사전 따위를) 찾아보다; …을 방문하다; 존경하다(*to*). ── *n.* ① **표정,** 눈매; (보통 *pl.*) 용모(*good ~s* 미모); (전체의) 모양. ② **모습,** 모양; 외관; 기색. ③ **일견;** 조사. *have* 〔*give, take*〕 *a ~ at* …을 (얼핏) 보다. *have a ~ of* …와 비슷하다. *∠·er* *n.* 보는 사람; 《美俗》 미녀.
look·er-in [∠ərín] *n.* (*pl.* *-ers-in*) 텔레비전 시청자. 「*on*)구경꾼, 방관자.
look·er-on [∠ərán/-ɔ́-] *n.* (*pl.* *-ers-*
lóoking glàss 거울. 「청.
look·ing-in [∠iŋín] *n.* 텔레비전 시
***look·out** [∠àut] *n.* ① **감시,** 경계, 망(군·보는 곳). ② **전망,** 전도(의 형세). ③ 《口》 관심사, 일(*That's his ~.* 내 알 바 아니다!). *on the ~* 경계하여(*for, to* do).
***loom**[1] [lu:m] *n.* **베틀,** 직기(織機).
loom[2] *vi., n.* 어렴풋이 보이다〔보임〕; 섬쩍지근하게 나타나다〔나타남〕.
loon[1] [lu:n] *n.* 얼간이; 게으름뱅이; 《Sc.》 젊은이(lad).
***loon**[2] *n.* 〖鳥〗 **아비,** 농병아리.
loon·y [∠i] (< lunatic) *n., a.* 미치광이(의).
lóony bìn 《俗》 정신 병원.
‡**loop** [lu:p] *n.* ① (실·철사 등의) **고리;** 고리 모양의 물건〔장식〕. ② 〖空〗 공중 회전. ③ 〖컴퓨터〗 프로그램 중에서 일련의 명령을 반복 실행하기; 반복 실행되는 일련의 명령. ── *vt., vi.* 고리 모양으로 만들다〔되다〕; (*vt.*) 죄다, 동이다(*up*). *~ the ~* 〖空〗 공중제비하다. *∠·er* *n.* 자벌레. *∠·y* *a.* 《口》 정신이 (좀) 이상한.
***loop·hole** [∠hòul] *n.* (성벽의) **총안;** (법망 등에서) 빠져 나갈 구멍.
lóop lìne 〖鐵〗 환상선(環狀線).
‡**loose** [lu:s] *a.* ① **매지 않은,** 풀린, 느즈러진, 엉성한, 헐거운; (개 따위) 풀어 놓은, 자유로운; (의복 따위) **낙낙한,** 헐렁헐렁한. ② (종이 따위) 흐트러진; (문짝·이·못·말뚝 따위) 흔들흔들하는; (흙 따위) 부슬부슬한. ③ 포장이 나쁜; 상자에 넣지 않은, 통〔병〕조림이 아닌, 포장되어 있지 않고 달아 파는 (*~ coffee*). ④ 설사하는. ⑤ 칠칠치 못한, 몸가짐이 헤픈. ⑥ (글이) 소루〔산만〕한. *at a ~* END. *at ~* ENDs. *break ~* 탈출하다. *cast ~* 풀다. *come ~* 풀리다, 빠져 나오다. *cut ~* 끊어 버리다; 관계를 끊다; 도망치다; 《口》 법석을 떨다. *get ~* 도망치다. *let* 〔*set, turn*〕 *~* 놓아주다, 해방시키다. *give* (*a*) *~ to* (감정 따위를) 쏠리는 대로 내맡기다. *on the ~* 자유로와, 속박을 받지 않고; 《口》 흥겹게 떠들어. ── *vt.* 놓(아 주)다, 풀(어 주)다; (화살·탄환을) 쏘다. ── *vi.* 《古》 헐거워지다; 총포를 쏘다. *∠·ly* *ad.* *∠·ness* *n.*
lóose bówels 설사.
lóose còins 잔돈. 「낙낙한, 헐거운.
loose-fit·ting [∠fítiŋ] *a.* (옷 따위가)
loose·joint·ed [∠dʒɔ́intid] *a.* 관절이 헐거운; 유연한.

loose-leaf [´lì:f] *a.* (장부 등의 페이지를) 마음대로 바꾸어 꽂을 수 있는, 루스리프식의.

‡**loos·en** [lú:sən] *vi., vt.* 느즈러지(게 하)다, 늦추다; 풀(리)다; 흩어지(게 하)다; 놓(아 주)다.

lóose tóngue 수다쟁이.

loot [lu:t] *n.* Ⓤ 약탈물; 전리품; 부정 이득; 《俗》 돈. ── *vt., vi.* 약탈하다, 부정 이득을 취하다. ´**-er** *n.* 약탈자. ´**-ing** *n.* 약탈; 부정이득.

lop[1] [lɑp/-ɔ-] *vi.* (*-pp-*) 늘어지다.

lop[2] *vt.* (*-pp-*) (가지 따위를) 자르다, 치다(*off, away*).

lope [loup] *vi., vt., n.* (말·토끼 따위가) 가볍게 달리다[달림].

lop-ear [lápìər/-ɔ́-] *n.* 늘어진 귀.

lop-eared [´ìərd] *a.* 늘어진 귀의.

lop·sid·ed [´sáidid] *a.* 한 쪽으로 기울어진.

lo·qua·cious [loukwéiʃəs] *a.* 말 많은; (새·물 따위가) 시끄러운. **lo·quac·i·ty** [-kwǽsəti] *n.* ⓊⒸ

lo·quat [lóukwɑt, -kwæt/-kwɔt] *n.* 〖植〗 비파《나무·열매》.

lo·ran [lɔ́:ræn] (<*long range navigation*) *n.* ⓊⒸ 〖海·空〗 로랜《두 개의 무선국에서 오는 전파의 시간차를 이용한 자기 위치 측정 장치》.

‡**lord** [lɔ:rd] *n.* ① 군주, 영주; 수장(首長), 주인; 권력자. ② (the L-) 천주, 하느님, 신; (the *or* our L-) 예수. ③《英》귀족; 상원 의원; (L-)《英》경(卿)《후작 이하의 귀족의 경칭》. ***drunk as a*** **~** 곤드레 만드레 취하여. ***(Good) L-!*** or ***L- bless me [my soul, us, you]!*** or ***L- have mercy (upon us)!*** 허, 어머 (놀랐다)! ***live like a*** **~** 사치스럽게 지내다. **~** ***and master*** 《諧》 남편. ***L- of hosts*** 만군의 주(Jehova). ***the L- of Lords*** =CHRIST. ***L- only knows.*** 오직 하느님만이 아신다《아무도 모른다》. **~*s of creation*** 인간; 《諧》 남자. ***my L-*** [milɔ́:rd] 각하, 예하(猊下)《후작 이하의 귀족, 시장, 고등 법원 판사, 주교 등을 부를 때의 경칭》. ***the (House of) Lords*** 《英》 상원. ***the Lord's Day*** 주일《일요일》. ***the Lord's Prayer*** 주기도문《마태복음 6:9–13》. ***the Lord's Supper [table]*** 성찬식[대]. ── *vi., vt.* 주인인 체하다, 뻐기다(*I will not be* **~***ed over.* 위압당할 수야 없지); 귀족으로 만들다. **~ *it over*** …에 군림하다. ´**-ling** *n.* 소귀족. *´**-ly** *a., ad.* 왕후(王侯)와 같은[같이], 귀족다운[답게], 당당한[히]; 교만한[하게]. ´**-li·ness** *n.* *´**-ship** [´ʃìp] *n.* Ⓤ 귀족[군주]임; 주권; 지배(*over*); Ⓒ 영지; Ⓤ《英》《呼稱》각하(*your [his]* **~***ship*).

Lòrd Chámberlain 《英》 궁내 대신.

Lórd Chìef Jústice 《英》 (고등 법원) 수석 재판관.

Lòrd (Hígh) Cháncellor 《英》 대법관《생략 L. H. C., L. C.》.

Lórd Jústice 《英》 공소원(控訴院) 판사《생략 L. J.》.

Lòrd Máyer 《英》 대도시의 시장.

lor·do·sis [lɔ:rdóusis] *n.* (*pl.* ***-ses*** [-si:z]) Ⓤ 〖病〗 척추 전만증(前彎症).

Lórd Prívy Séal 《英》 옥새관(玉璽官).

Lórd Protéctor 〖英史〗 호민관.

lòrd spíritual 《英》 성직 상원 의원.

lòrd témporal 《英》 귀족 상원 의원《lord spiritual 이외의 의원》.

lore** [lɔ:r] *n.* Ⓤ (특수한 일에 관한) 지식; 학문; (민간) 전승. ***ghost **~** 유령 전설.

Lor·e·lei [lɔ́:rəlài] *n.* 〖독일傳說〗 로렐라이《아름다운 마녀》.

lor·gnette [lɔ:rnjét] *n.* 자루 달린 안경; (자루 달린) 오페라 글라스.

lorn [lɔ:rn] *a.* 《詩》 =FORLORN.

***lor·ry** [lɔ́:ri, -ɑ́-/-ɔ́-] *n.* 《英》 (대형) 화물 자동차, 트럭; 목판차.

lor·ry-hop [-hɑ̀p/-ɔ̀-] *vi.* (*-pp-*) 《英俗》 =HITCH-HIKE.

lo·ry [lɔ́:ri] *n.* 〖鳥〗 진홍잉꼬.

LOS Loss of Signal 신호 중단.

Los Al·a·mos [lɔ:s ǽləmòus, lɑs] 미국 New Mexico주 북부의 도시, 원자력 연구의 중심지.

Los An·ge·les [lɔ:s ǽndʒələs/lɔs -lì:z] 미국 캘리포니아 주 남서부의 도시.

†**lose** [lu:z] *vt.* (*lost*) ① 잃다; 허비하다. ② (상(賞) 따위를) 놓치다; (차에) 늦어서 못타다; 못보고[듣고] 빠뜨리다. ③ 지다, 패하다. ④ (시계가) 늦다(opp. gain). ⑤ 벗어나다(*I've lost my cold.* 감기가 떨어졌다). ⑥ (…에게) …을 잃게 하다(*His insolence has lost him his popularity.* 교만해서 인기가 떨어졌다). ── *vi.* ① 줄다, 쇠하다. ② 손해 보다. ③ 실패하다; 패하다. ④ (시계가) 늦다. ***be lost upon*** …에 효과가 없다. **~ *oneself*** 길을 잃다; 정신 팔리다(*in*); 보이지 않게 되다(*in*). **~ *one's way*** 길을 잃다. **~ *way*** 〖海〗 속도가 줄다. ***lós·er** *n.* 손실[유실]자; 패자(*He is a good loser.* 깨끗이 졌다). **lós·ing** *n., a.* Ⓤ 패배(의), 승산 없는; 실패(의); (*pl.*) 손실.

†**loss** [lɔ(:)s, lɑs] *n.* Ⓤ ① 상실. ② Ⓒ 손실(액), 손해. ③ 감손(減損)(*in*); 소모, 낭비. ④ 실패, 패배. ***at a*** **~** 곤란하여, 어쩔 줄 몰라서 (*for; to* do); 손해를 보고.

lóss lèader 《美》 (손님을 끌기 위한) 특매품《종종 원가 이하의》.

†**lost** [lɔ(:)st, lɑst] *v.* lose의 과거(분사). ── *a.* ① 잃은; 놓친; 진; 허비한; 길잃은. ② (명예·건강 등을) 해친. ③ 정신팔린 (*in*). ④ 헛되어 (*on*). ⑤ 죽은, 파멸된. ***be*** **~ *in*** …에 잠겨[빠져] 있다. ***give up for*** **~** 가망 없는 것으로 치고 단념하다. ***(be)*** **~ *to*** …을 느끼지 않다(*He is* **~** *to pity.* 인정머리가 없다); …에 속하지 않다(*He is* **~** *to the world.* 세상을 버린 사람이다). **~ *child*** 미아(迷兒). **~ *sheep*** 길잃은 양《인생의 바

른 길을 벗어난 사람》. ~ *souls* 지옥에 떨어진 영혼. ~ *world* 유사 이전의 세계. *the* ~ *and found* 유실물 취급소.

Lóst Generátion, the 잃어버린 세대《1차 대전 후의 불안정한 사회에서 살 의욕을 잃은 세대》.

†**lot** [lɑt/-ɔ-] *n.* ① 운(명). ② 제비; 당첨; Ⓤ 추첨. ③ 몫; 한 입〔무더기〕. ④ (사람·물건의) 떼, 무리, 패; 《口》 놈. ⑤ 한 구획의 토지. ⑥ 《口》 잔뜩, 많음. *a* ~ *of*, or ~*s of* 《口》 많은 (~*s of ink*). *cast* 〔*cut, draw*〕 ~*s* 제비를 뽑다. *sell by* 〔*in*〕 ~*s* 분매(分賣)하다. *the* ~ 《口》 전부. *throw* 〔*cast*〕 *in one's* ~ *with* …와 운명을 함께 하다. —— *vt., vi.* (-*tt*-) 구분하다.

loth [louθ] *pred. a.* =LOATH.

Lo·thar·i·o [louθέəriòu, -θά:r-] *n.* 탕아, 난봉꾼.

***lo·tion** [lóuʃən] *n.* ⓊⒸ 바르는 물약; 세제(洗劑); 화장수. 「추첨; 운.

***lot·ter·y** [lάtəri / lɔ́-] *n.* 복권(뽑기);

lot·to [lάtou/lɔ́-] *n.* Ⓤ (다섯 장) 숫자맞추기《카드 놀이》.

***lo·tus, -tos** [lóutəs] *n.* 연(蓮); 〖그神〗 망우수(忘憂樹)(의 열매)《먹으면 이 세상의 괴로움을 잊어버림》.

lo·tus-eat·er [-ì:tər] *n.* 무의미하게 일생을 보내는 사람; 쾌락주의자.

†**loud** [laud] *a.* ① (목) 소리가 큰; 떠들썩한. ② (빛깔·복장 따위가) 화려한. ③ (요구 따위가) 극성스러운; 주제넘은; 야비한. —— *ad.* 큰 소리로; 야〔천〕하게; 불쾌히. ⌐**·ish** *a.* 좀 소리가 높은; 좀 지나치게 화려한. ‡⌐**·ly** *ad.* *⌐**·ness** *n.* Ⓤ

***loud-speak·er** [⌐spí:kər] *n.* 확성기; 《美俗》 시끄러운 여자.

lough [lɑk/-ɔ-] *n.* 《Ir.》 호수, 후미.

Lou·is [lú:is] *n.* 프랑스 왕의 이름. ~ **XIV** ('*Louis the Great*') (1638–1715) 'the Grand Monarch'로 일컬어졌음(재위 1643–1715); ~ **XVI** (1754–93) 대혁명 때 단두대에서 사형됨(재위 1774–92).

***Lou·i·si·an·a** [lù:əziǽnə, luì:-] *n.* 미국 남부의 주《생략 La.》.

***lounge** [laundʒ] *n.* 《古》 만보(漫步); 거니는 장소; (호텔·기선 등의) 휴게〔오락〕실; =SOFA. —— *vi., vt.* 한가롭게 거닐다(*about*); 축 늘어져〔한가로이〕 기대다 (*on*); 빈들빈들 지내다(*away*).

lóunge lìzard 《俗》 난봉꾼; 멋부리는 사내; 건달; 게으름뱅이.

lóunge sùit 《주로 英》 신사복.

loupe [lu:p] *n.* 《美·캐나다》 루페 《보석상·시계상 등의 강력 확대경》.

lour [láuər] *vi.* 얼굴을 찌푸리다, 이맛살을 찌푸리다(*at, upon*); (날씨가) 나빠지다. ~**·ing** *a.* 기분이 좋지 않은, 잔뜩 찌푸린; (날씨가) 험악한.

louse [laus] *n.* (*pl.* **lice**) 〖蟲〗 이. —— [-s, -z] *vt.* …의 이를 잡다. ~ *up* 결딴내다.

lous·y [láuzi] *a.* 이 투성이의; 《口》 불결한; 지독한, 인색한; 많이 있는 (*with*). 「**ish** *a.*

lout [laut] *n.* 무작한 자, 촌놈. ⌐**·**

lou·ver [lú:vər] *n.* 미늘창(窓); (*pl.*) =⌐ **bòards** 미늘살.

***Lou·vre** [lú:vrə, -vər] *n.* (the ~) (파리의) 루브르 박물관.

***lov·a·ble, love·a·ble** [lʌ́vəbəl] *a.* 사랑스러운, 귀여운. **-bly** *ad.* ~**·ness** *n.*

†**love** [lʌv] *n.* Ⓤ ① 사랑, 애정; 애호 (*for, of, to, toward*). ② (신의) 자애; (신에 대한) 경모(敬慕). ③ 동정; 연애; 색정(色情). ④ Ⓒ 애인, 사랑하는 자(darling); (L-) =VENUS; (L-) =CUPID; 《口》 즐거운〔귀여운〕 것 (*Isn't she a little* ~ *of a child?* 참 귀여운 애구나). ⑤ Ⓒ 〖테니스〗 제로(*L- all!* 영 대 영). *fall in* ~ *with* …을 사랑하다, …에게 반하다. *for* ~ 좋아서; 거저; 아무것도 내기를 걸지 않고. *for* ~ *or money* 아무리 하여도. *for the* ~ *of* …때문에, …한 까닭에. *for the* ~ *of Heaven* 제발. *give* 〔*send*〕 *one's* ~ *to* …에게 안부 전하다. *in* ~ 사랑하여. *make* ~ (…에) 구애(求愛)하다(*to*). *out of* ~ 사랑하는 마음에서. *out of* ~ *with* …이 싫어서. *There is no* ~ *lost between them.* 본래 피차간 눈곱만큼의 애정도 없다. —— *vt., vi.* 사랑하다; 좋아하다; 즐기다; 그리워하다. *Lord* ~ *you!* 맙소사!; 기가 막혀라! ~**d** [-d] *a.* 사랑을 받고 있는.

lóve affàir 연애, 정사(情事).

lóve àpple 《古》 토마토.

love·bird [⌐bə̀:rd] *n.* 모란잉꼬의 무리; (*pl.*) 《口》 사이좋은 부부〔애인〕.

lóve chìld 사생아.

lóved òne 《婉曲》 시신, 주검.

lóve fèast (초기 기독교의) 애찬(愛餐) (agape[2]); 친목회.

lóve gàme 〖테니스〗 제로 게임《패자가 무득점인 게임》.

lóve generátion, the 히피족.

love-in [⌐in] *n.* (히피족 따위의) 사랑의 모임. 「〖植〗 팬지.

love-in-i·dle·ness [⌐ináidlnis] *n.*

lóve knòt (리본 따위의) 사랑매듭.

love·less [⌐lis] *a.* 사랑하지 않는; 사랑을 못 받는.

lóve lètter 연애 편지.

love-lies-bleed·ing [⌐làizblí:diŋ] *n.* 〖植〗 줄맨드라미.

love·lock [⌐lɑ̀k/-ɔ̀-] *n.* (이마의) 애교 머리카락《특히 Elizabeth I 시대의 멋쟁이 남자들의》. 「고민하는.

love·lorn [⌐lɔ̀:rn] *a.* 사랑〔실연〕에

†**love·ly** [⌐li] *a., n.* ① 사랑스러운〔아름다운, 귀여운〕 (처녀); 《口》 (쇼 등에 나오는) 매력적인 여자; 아름다운 것. ② 《口》 멋진, 즐거운. *·**li·ness** *n.* Ⓤ 사랑스러움, 귀염성; 멋짐.

lóve màtch 연애 결혼.

lóve nèst 사랑의 보금자리《특히, 정당한 결혼이 아닌 남녀의》.

lóve pòtion 미약(媚藥)(philter).

‡**lov·er** [⌐ər] *n.* ① 연인, 애인《남자》;

(*pl.*) 애인끼리. ② **애호자**; 찬미자 (*of*).
lóve scène 러브 신.
lóve sèat 두 사람이 앉게 된 소파.
lóve sèt 〖테니스〗 패자가 한 게임도 따지 못한 세트.
love·sick [´sìk] *a.* 사랑에 고민하는. **~·ness** Ⓤ 상사병.
lóve sòng 연가.
lóve stòry 연애 소설〔이야기〕.
lov·ey-dov·ey [lʌ́vidʌ́vi] *a.* 《口》 맹목적인 사랑에 빠진; 달콤한.
‡**lov·ing** [´iŋ] *a.* **애정을 품고 있는,** 사랑하는; 친애하는. **~·ly** *ad.*
lóving cùp 우애(友愛)의 (술)잔《돌려가며 마심》.
lov·ing-kind·ness [-káind*n*is] *n.* Ⓤ 자애《특히 신의》.
low[1] [lou] *vi., vt.* (소 따위가) 움매하고 울다; 굵은 목소리로 말하다 (*forth*). — *n.* 소의 울음 소리.
†**low**[2] *a.* ① **낮은;** 저지(低地)의; 저급한; 야비한, 천한. ② **침울한;** 약한. ③ 값싼; (수가) 적은; (돈주머니가) 빈; (음식물이) 담박〔산뜻〕한, (식사가) 검소한. ④ (시대가) 비교적 근대의. ⑤ 저조〔저음〕의; 〖音聲〗 혀의 위치가 낮은. ⑥ (옷의) 깃을 깊이 판. ***be in ~ water*** 돈에 궁하다. ***bring ~*** 쇠퇴케 하다; 줄이다. ***fall ~*** 타락하다. ***feel ~*** 기분이 안 나다, 소침하다. ***lay ~*** 때려서 거꾸러뜨리다, 죽이다. ***lie ~*** 웅크리다; 나가떨어져〔죽어〕 있다; 《俗》 가만히 죽치고 있다. ***play it ~ (down) upon*** …을 냉대하다. ***play ~*** 소액의 내기를 하다. ***run ~*** 결핍하다. ***The glass is ~.*** 온도계가 낮다. — *ad.* ① **낮게,** 낮은 곳에; 야비〔천〕하게; 싸게; 작은 소리로. ② 검소한 음식으로. ③ 적도(赤道) 가까이. ④ 최근(*We find it as ~ as the 19th century.*). ***~ down*** 훨씬 아래에; 푸대접하여(*They are playing it ~ (down) upon him.* 괄시한다). — *n.* ① 낮은것. ② Ⓤ (자동차의) 저속 기어. ③ 〖氣〗 저기압, 저압부. ④ 《美》 최저 수준〔기록〕.
low·born [´bɔ́ː*r*n] *a.* 태생이 미천한.
low·boy [´bɔ̀i] *n.* 《美》 다리가 낮은 옷장(cf. highboy, tallboy).
low·bred [´bréd] *a.* 버릇〔가정 교육〕이 나쁜.
low·brow [´bràu] *a., n.* 《口》 교양 없는 (사람); (영화·소설 등) 저급한.
Lów Chúrch 저교회파《영국 국교파 중, 교회의 교리·의식에 중점을 두지 않는 한 파》 (cf. High Church).
Lów Chúrchman 저교회파의 사람.
lów cómedy 저속한 코미디.
Lów Còuntries 지금의 Benelux 의 총칭.
low-down [(*n.*) ´dàun, (*a.*) ´´] *n., a.* 《俗》 실정, 진상 (*give the ~ on* …의 내막을 알리다); 《俗》 비열한, 시시한.
‡**low·er**[1] [lóuə*r*] *vt.* (끌어) 내리다; **낮추다;** (기운을) 꺾다, 누르다. — *vi.* **내려가다,** 낮아지다; 싸지다; 보트를〔돛을〕 내리다. — 《low[2]의 比較級》 *a., ad.* 더 낮은〔게〕; **하급〔하층〕의;** 열등한. **~·ing** *a.* 내려가는; 비천〔비열〕한; 저하시키는.
low·er[2] [láuə*r*] *vi.* ＝LOUR.
lówer cáse 〖印〗 소문자용 케이스.
low·er-case [lóuə*r*kèis] *a., vt.* 소문자의; 소문자로 인쇄하다《생략 l.c.》.
lówer clásses 〔órders〕, the 하층 계급.
lówer déck 〖海〗 하갑판; 《英》《集合的》 수병.
Lówer Hóuse, the 하원.
low·er·most [lóuə*r*mòust] *a.* 최하〔최저〕의, 맨 밑바닥의.
lówer wórld, the 하계(下界), 현세; 지옥.
low·er·y [láuəri/-əri] *a.* ＝LOURING.
low·est [lóuist] 《low[2] 의 最上級》 *a.* 최하〔최저〕의, 최소의. ***at the ~*** 적어도.
lówest cómmon denóminator 최소 공분모《생략 L. C. D.》.
lówest cómmon múltiple 최소 공배수《생략 L. C. M.》.
lów fréquency 저주파.
low·land** [lóulənd, -lænd] *n., a.* 저지(低地), 평원 지방(의). ***the Lowlands 스코틀랜드 중남부 저지(低地) 지방. **~·er** *n.* 저지 사람; (L-) 스코틀랜드 저지 사람.
***low·ly** [lóuli] *a., ad.* **신분이 낮은,** 비천한; 천하게; 초라한; 겸손한〔하여〕. **-li·ness** *n.* Ⓤ
low·ly·ing [lóuláiiŋ] *a.* (땅이) 낮은.
Lów Máss 〖카톨릭〗 평미사.
low-mind·ed [´máindid] *a.* 야비한.
low-neck(ed) [´nék(t)] *a.* (옷) 깃을 깊이 판《여성복의》.
low·ness [´nis] *n.* Ⓤ 낮음, 미천; 야비; 헐값; 원기 없음, 의기 소침.
low-pitched [´pítʃt] *a.* 저조(低調)한; 경사가 느린.
low-pres·sure [´préʃə*r*] *a.* 저압(低壓)의; 저조한.
lów relíef 얕은 돋을새김.
low-rise [´ráiz] *a.* 《美》 (건물이) 층수가 적은, 높이가 낮은(cf. high-rise).
low-spir·it·ed [´spíritid] *a.* 의기 소침한, 우울한.
Lów Súnday 부활절 다음의 일요일.
lów téa 《美》 간단한 (저녁) 식사 (cf. high tea).
lów tíde 간조, 썰물.
lów wáter 간조; 최저 수면.
lów-wa·ter màrk [´wɔ́ːtə*r*, -wάt-] 간조표(標); 최저점(點).
lox [lɑks/-ɔ-] *n.* Ⓤ 액체 산소.
‡**loy·al** [lɔ́iəl] *a.* 충의의, **충성스러운,** 충실한. **~·ism** [-ìzəm] *n.* Ⓤ 충성, 충절. **~·ist** *n.* **~·ly** *ad.* ‡**~·ty** [-ti] *n.* ⓊⒸ 충절, **충성;** 충실.
lóyalty òath 《美》 (공산당원이 아니라는) 합중국에 대한 충성의 선서.
Loy·o·la [lɔióulə], **Ignatius** (1491–1556) Jesuit 회의 창설자.
loz·enge [lάzindʒ/-ɔ́-] *n.* 마름모꼴(의 것·무늬); 〖醫〗 정제《입 안에서 녹이는》; (보석의) 마름모꼴의 면.
LP [élpíː] *n.* 〖商標〗 장시간 레코드. — *a.* 장시간 연주의(cf. EP, SP).
LPG liquefied petroleum gas 액화(液化) 석유 가스. **LRBM** long-

range ballistic missile. **LRCS** League of Red Cross Societies. **LRL** Lunar Receiving Laboratory. **LRV** lunar roving vehicle. **LSD** landing ship dock 《美》 해군의 상륙용 주정 모함; lysergic acid diethylamide 〔藥〕 결정상(結晶狀)의 환각제의 일종(LSD-25). **L. S. D., £. s. d.** *librae, solidi, denarii* (L. =pounds, shillings, and pence). **LSI** large scale integration 고밀도 집적회로. **LSMR** landing ship medium, rocket 〔軍〕 상륙지원 중형 로켓함. **L. S. S.** Lifesaving Service. **LST** Landing Ship Tanks 상륙용 주정. **Lt.** Lieutenant. **Lt. Col.** (onel). **Lt. Com.** (mander). **Lt. Gen.** (eral). **Lt. Gov.** (ernor). **Ltd.** Limited. **Lt. Inf.** Light Infantry. **Lu** 〔化〕 lutetium.

lu·au [lu:áu] *n.* 《美》 하와이식 파티.

lub·ber [lʌ́bər] *n.* 덩지 큰 뒤틈바리, 느림보; 풋내기 선원. **∼·ly** *a., ad.* 투미한〔하게〕, 볼품없는〔없게〕.

lúbe (**óil**) [lu:b] *n.* 《口》 =LUBRICATING OIL.

lu·bri·cant [lú:brikənt] *a., n.* 매끄럽게 하는; 윤활제(劑)〔유〕.

lu·bri·cate [-kèit] *vt.* 기름을〔윤활제를〕 바르다; 매끄럽게 하다; 《俗》 뇌물을 주다; 취하다. **lu·bri·ca·tion** [⌐-kéiʃən] *n.* Ⓤ **-ca·tive** *a.* **-ca·tor** *n.* 기름치는 기구〔사람〕.

lúbricating óil 윤활유, 기계유.

lu·bri·cious [lu:bríʃəs], **lu·bri·cous** [lú:brəkəs] *a.* 매끄러운, 붙잡기 곤란한; 불안정한; 교활한; 음탕한.

lu·bric·i·ty [lu:brísəti] *n.* ⓊⒸ 매끄러움, 원활; 재치 있음; 음탕.

lu·cent [lú:snt] *a.* 빛나는, 번쩍이는; 투명한. **-cen·cy** *n.* Ⓤ

lu·cern(**e**) [lu:sə́:rn] *n.* 〔植〕 《英》 자주개자리.

lu·cid [lú:sid] *a.* 명백한; 맑은, 투명한; 〔醫〕 본〔제〕 정신의; 《詩》 빛나는, 맑은. **∼·ly** *ad.* **∼·ness** *n.* **lu·cíd·i·ty** *n.* Ⓤ

lúcid ínterval (미치광이의) 평정기(平靜期).

Lu·ci·fer [lú:səfər] *n.* 샛별, 금성; =SATAN; (l-) =**lúcifer màtch** 황린(黃燐) 성냥.

lu·cif·er·ase [lu:sífəreis] *n.* Ⓤ 〔生化〕 루시페라아제《루시페린의 산화를 돕는 효소》.

lu·cif·er·in [lu:sífərin] *n.* Ⓤ 〔生化〕 루시페린 《개똥벌레 따위의 발광 물질》.

Lu·cite [lú:sait] *n.* 〔商標〕 플라스틱 유리.

‡**luck** [lʌk] *n.* Ⓤ 운; 행운. ***as ∼ would have it*** 다행히; 불행히도, 운 나쁘게. ***bad*** 〔***ill***〕 ***∼*** 불행, 불운. ***Bad ∼ to*** …에게 천벌이 있기를! ***down on one's ∼*** =UNLUCKY. ***for ∼*** 운이 좋도록. ***good ∼*** 행운. ***Good ∼ to you.*** 행운을 빕니다. ***in*** 〔***out of, off***〕 ***∼*** 운이 틔어서〔나빠서〕. ***Just my ∼!*** 아아 또구나《실패 했을 때, 운이 나빠서》. ***try one's ∼*** 운을 시험해 보다. ***with one's ∼*** 운이 좋아서〔나빠서〕. ***worse ∼*** 운수사납게, 공교롭게. *****⌐·less**(**·ly**) *a.* (*ad.*)

†**luck·y** [lʌ́ki] *a.* **행운의, 운이 좋은;** 상서로운. ***∼ beggar*** 〔***dog***〕 행운아, 재수 좋은 사람. ***∼ guess*** 〔***hit***〕 소경 문고리 잡기. **——** *n.* 《英俗》 도망. ***cut one's ∼*** 도망치다. ‡**lúck·i·ly** *ad.* **-i·ness** *n.*

lúcky bág (바자회 등에서 뽑는) 복주머니.

luck·y·dip [-díp] *n.* 《英》 =⇧.

luck·y-tub [-tʌ́b] *n.* =LUCKY BAG.

lu·cra·tive [lú:krətiv] *a.* 이익 있는, 돈벌이가 되는. **∼·ness** *n.*

lu·cre [lú:kər] *n.* Ⓤ 이익; 돈; 부(riches). ***filthy ∼*** 부정(不淨)한 돈.

lu·cu·brate [lú:kjəbrèit] *vi.* (등불 밑에서) 밤늦도록 공부하다; 고심하여 저작하다.

lu·cu·bra·tion [lù:kjəbréiʃən] *n.* Ⓤ 한밤의 공부; 고심의 노작.

Lú·cy Stón·er [lú:si stóunər] 결혼 후에도 미혼 때의 성(姓)을 고수하는 여자.

*****lu·di·crous** [lú:dəkrəs] *a.* **익살맞은,** 우스운, 바보 같은, 시시한. **∼·ly** *ad.*

luff [lʌf] *n., vi., vt.* 〔海〕 역풍 항진(逆風抗進)(하게 하다), (요트 경주에서 상대편의) 바람부는 쪽으로 가다.

lug[1] [lʌg] *vi., vt.* (***-gg-***), *n.* 세게 끌다〔잡아당기다〕, 힘껏 끎〔잡아당김〕; (*pl.*) 《美俗》 젠체하는 태도(***put on ∼s*** 뽐내다); 《俗》 정치 헌금의 강요; =**lúg·worm** [⌐wə̀:rm] 갯지렁이.

lug[2] *n.* 돌출부; 손잡이; 《俗》 멍청이; 《Sc.》 귀.

luge [lu:ʒ] *n.* (스위스의) 산을 타기 위한 썰매; (스위스식) 터보건(toboggan) 썰매.

‡**lug·gage** [lʌ́gidʒ] *n.* 《英》 **수(手)〔소〕하물**(《美》 baggage); 여행 가방.

lúggage làbel 《英》 =BAGGAGE TAG.

lúggage tìcket 《英》 =BAGGAGE CHECK.

lúggage vàn 《英》 =BAGGAGE CAR.

lug·ger [lʌ́gər] *n.* 작은 범선의 일종.

lug·sail [lʌ́gsèil; (海) lʌ́gsl] *n.* 〔海〕 러그세일《뒤쪽이 더 넓은 네모꼴 세로돛》.

lu·gu·bri·ous [lu:gjú:briəs] *a.* 슬픈 듯한, 애처로운, 가엾은.

Luke [lu:k] *n.* 〔聖〕 누가《의사; 사도 Paul의 동료》; 〔新約〕 누가복음.

luke·warm [⌐wɔ̀:rm] *a., n.* 미지근한; 미적지근한; 열의 없는 (사람). **∼·ly** *ad.* **∼·ness** *n.* Ⓤ 미적지근함; 열의 없음.

‡**lull** [lʌl] *vt.* (어린애를) **달래다,** 어르다; (바람·병세·노염 등을) 가라앉히다, 진정시키다. **——** *vi.* 자다, 가라앉다. **——** *n.* (폭풍우 따위의) **잠잠함,** 뜸함; (병세의) 소강 상태; (교통·회화의) 두절, 잠깐 쉼.

*****lull·a·by** [lʌ́ləbài] *n.* **자장가.**

lu·lu [lú:lu:] *n.* 《美俗》 핑장한 사람〔것〕, 거물.

lum·ba·go [lʌmbéigou] *n.* Ⓤ 〔病〕

요통(腰痛), 산기(疝氣).
lum·bar [lʌ́mbər] *a.*, *n.* 〖解〗 허리(부분)의; 요추(腰椎).
‡**lum·ber**[1] [lʌ́mbər] *n.* Ⓤ ① 《美·캐나다》 재목(《英》 timber). ② (낡은 가구 따위의) 잡동사니. ── *vt.* 난잡하게 쌓아 올리다; 목재로 장소를 막아버리다. ── *vi.* 목재를 베어내다. **～·er** *n.*
lum·ber[2] *vi.* 쿵쿵 걷다; 무겁게 움직이다(*along, past, by*). 「다》 벌목꾼.
lum·ber·jack [-dʒæ̀k] *n.* 《美·캐나
lum·ber·man [-mən] *n.* 《美·캐나다》 =LUMBERJACK; 재목상. 「방, 광.
lúmber ròom 허섭스레기를 두는
lum·ber·yard [-jɑ̀:rd] *n.* 《美·캐나다》 재목두는 곳.
lu·men [lú:mən] *n.* (**-mina** [-mənə]) 루멘《광량 단위》. 「술, 빛나는 예술.
lú·mi·nal árt [lú:mənəl] 빛의 예
lu·mi·nar·y [lú:mənèri/-nəri] *n.* 발광체; 태양, 달; 지도자; 명사.
lu·mi·nes·cence [lù:mənésns] *n.* Ⓤ 냉광(冷光). 「빛을 발하는, 빛나는.
lu·mi·nif·er·ous [lù:mənífərəs] *a.*
‡**lu·mi·nous** [lú:mənəs] *a.* ① (스스로, 또는 반사로) **빛나는;** 밝은. ② 명쾌한, 계몽적인. **～·ness, lu·mi·nos·i·ty** [⌐–násəti/-ɔ́-] *n.* 「바리.
lum·mox [lʌ́məks] *n.* 《美口》 뒤틈
‡**lump**[1] [lʌmp] *n.* ① **덩어리** (*a ～ of sugar* 각사탕 한 개). ② 돌기(突起), 혹. ③ (*pl.*) 많음. ④ 《口》 멍청이. ***a ～ in one's*** 〔***the***〕 ***throat*** (감격으로) 목이 메는 〔가슴이 벅찬〕 느낌. ***in*** 〔***by***〕 ***the ～*** (대충) 통틀어, 총체로. ── *vt., vi.* ① 덩어리로 만들다, 덩어리지다, 한묶음으로〔총괄〕되다〔하다〕 (*together, with*). ② 어슬렁어슬렁 걷다(*along*). ③ 털썩 주저앉다(*down*). **⌐·ish** *a.* 덩이져서 묵직한; 작달막한; 멍텅구리의. **⌐·y** *a.* 혹투성이의; (바다가) 파도가 일고 있는; 투미한; 모양 없는.
lump[2] *vt.* 《口》 참다, 견디다.
lum·pen [lúmpən, lʌ́m-] *a.* (G.) 사회에서 탈락한, 룸펜의.
lump·fish [lʌ́mpfiʃ] *n.* 〖魚〗 (북대서양산의) 성대의 무리.
lúmp sùgar 각사탕.
lúmp súm (대충 잡은) 총액.
Lu·na [lú:nə] *n.* 〖로神〗 (L.) 달의 여신; 달.
lu·na·cy [-si] (<⇧) *n.* Ⓤ 정신이상, 미친 증세〔짓〕; 어리석은 짓(folly).
***lu·nar** [lú:nər] *a.* **달의**〔과 같은〕; 초승달 모양의. ～ CALENDAR.
lúnar eclípse 월식.
lúnar lànder 달 착륙선.
lúnar mòdule 달 착륙선.
lúnar mónth 태음월(太陰月) 《약 29 ½일》.
lu·nar·naut [lú:nərnɔ̀:t] *n.* 달 여행 우주 비행사.
lúnar òrbiter 미국의 달 무인 탐사기.
lúnar trèaty 달 조약《1971년 소련이 제안한 달의 평화적 이용에 관한 조약안》.
lu·nate [lú:neit] *a.* 초승달 모양의.
***lu·na·tic** [lú:nətik] *a.*, *n.* **미친; 미친 사람.**
lúnatic asýlum 정신 병원.
lúnatic frínge 《美口》 (사상·운동 등의) 극단파, 열광적 지지자. **～·er** 열광자.
†**lunch** [lʌntʃ] *n.*, *vi.*, *vt.* ⓊⒸ **점심**〔가벼운 식사〕(을 먹다). 「점(露店).
lúnch càr 〔**wàgon**〕 《美》 이동식 노
lúnch còunter 《美》 (음식점의) 런치용 식탁; 간이 식당.
‡**lunch·eon** [⌐ən] *n.* (정식의) **오찬**(午餐); 점심. **lunch·eon·ette** [lʌ̀ntʃənét] *n.* 간이 식당.
lúncheon vòucher 《英》 식권《회사 따위에서 종업원에 지급되는》.
lunch·room [⌐rù:m] *n.* 간이 식당.
lunch·time [⌐tàim] *n.* ⓊⒸ 점심 시간.
lune [lu:n] *n.* 활꼴; 반월형(의 물건).
‡**lung** [lʌŋ] *n.* **폐.** ***have good ～s*** 목소리가 크다.
lunge [lʌndʒ] *n.*, *vi.* 찌르기, 찌르다(*at, out*); (말이) 차다. ── *vt.* (칼을) 불쑥 내밀다.
Lu·nik [lú:nik] *n.* 소련이 쏘아 올린 일련의 달 로켓의 하나.
Lun·o·khod [lú:nəkɑ̀d, lù:nəxɔ́:t/lú:nəkɔ̀d] *n.* 소련의 자동 월면차.
lu·pin(e)[1] [lú:pin] *n.* 루핀콩(의 씨).
lu·pine[2] [lú:pain] *a.* 이리의〔같은〕; 잔인한.
lurch[1] [lə:rtʃ] *n.* (경기의) 대패(大敗). ***leave a person in the ～*** (친구 따위가) 곤경에 빠져 있는 것을 모른 체하다. 「경향.
lurch[2] *n.*, *vi.* 경사(지다); 비틀거림;
‡**lure** [luər] *n.*, *vi.*, *vt.* **매력;** 미끼(로 꾀어 들이다); 유혹(하다).
lu·rid [lú:rid] *a.* (하늘 따위가) 섬쩍지근하게 〔타는 듯이〕 붉은; 창백한(wan); 무시무시한, 무서운. ***cast a ～ light on*** …을 무시무시하게 보여 주다〔설명하다〕.
‡**lurk** [lə:rk] *vi.* **숨다,** 잠복하다.
lus·cious [lʌ́ʃəs] *a.* 맛있는, 감미로운; 보기〔듣기〕에 즐거운, 촉감이 좋은; 《古》 지루한.
lush [lʌʃ] *a.* (풀이) 파릇파릇하게 우거진; 풍부한; 유리한.
‡**lust** [lʌst] *n.*, *vi.* ⓊⒸ ① **육욕**(肉慾)(이 있다). ② 열망(하다)(*after, for*). **⌐·ful** *a.* 음탕한, 색골의.
‡**lus·ter,** 《英》 **-tre** [lʌ́stər] *n.* Ⓤ ① (은은한) **광택** (*the ～ of pearls*); 광채; 광휘, 빛남, 밝기. ② 명성. ③ 광택있는 모직물. ④ Ⓒ 샹들리에, 촉대. ── *vt.* 광택을 내다.
lust·i·ly [lʌ́stili], **lust·i·ness** [-inis], &c. ⇨ LUSTY.
lus·tral [lʌ́strəl] *a.* 불제(祓除)의, 깨끗이 하는; 5년마다의, 5년에 1번의.
lus·trate [lʌ́streit] *vt.* 불제(祓除)하다, 깨끗이 하다. **lus·tra·tion** [-tréiʃən] *n.* ⓊⒸ
‡**lus·tre** [lʌ́stər] *n.* ⇨LUSTER. 「**ly** *ad.*
lus·trous [lʌ́strəs] *a.* 광택있는. **～-**

lus·trum [lʌ́strəm] *n.* (*pl.* *~s, -tra* [-trə]) 〖羅史〗 (5년마다의) 대재계(大齋戒); 5년간.
***lust·y** [lʌ́sti] *a.* **튼튼한**; 원기 왕성한. **lúst·i·ly** *ad.* **-i·ness** *n.* 「한 악기.
lute [lu:t] *n.* (15–17세기의) 기타 비슷
lu·te·ci·um [lu:tí:ʃiəm] *n.* =⇩.
lu·te·ti·um [lu:tí:ʃiəm] *n.* Ⓤ 〖化〗 루테튬《희토류 원소; 기호 Lu》.
Luth. Lutheran.
Lu·ther [lú:θər], **Martin** (1483–1546) 독일의 종교 개혁가. **Lú·ther·an** [-ən] *a.*, *n.* 루터파의 (사람).
lux [lʌks] *n.* 〖光〗 럭스《조명도의 국제 단위》.
luxe [luks, lʌks] *n.* (F.) 화미, 사치; 우아 (cf. deluxe). ***edition de ~*** (책의) 호화판. ***train de ~*** 특별열차.
Lux·em·burg [lʌ́ksəmbə̀:rg] *n.* 독일·프랑스·벨기에에 둘러싸인 대공국(大公國); 이 나라의 수도.
***lux·u·ri·ant** [lʌgʒúəriənt, lʌkʃúər-] *a.* ① **무성한**, 다산(多産)의. ② (문체가) 화려한. **~·ly** *ad.* **-ance** *n.* Ⓤ **lux·ú·riate** [-èit] *vi.* 무성하다, 호사하다; 즐기다, 탐닉하다(*in*).
‡**lux·u·ri·ous** [-əs] *a.* **사치〔호화〕스런**; 사치를 좋아하는; 매우 쾌적(快適)한. **~·ly** *ad.* **~·ness** *n.*
‡**lux·u·ry** [lʌ́kʃəri] *n.* ① Ⓤ **사치**; 호화. ② 사치품, 비싼 물건. ③ Ⓤ 쾌락. 「핀 군도의 주도(主島)》.
Lu·zon [lu:zán/-ɔ́-] *n.* 루손 섬《필리
LXX Septuagint.
-ly *suf.* 부사 어미: real*ly*, kind*ly*, month*ly*; 「…과 같은」의 뜻의 형용사 어미: kind*ly*, love*ly*.
ly·cée [li:séi/⌐–] *n.* (F.) (프랑스의) 국립 고등 학교.
ly·ce·um [laisí:əm] *n.* 학원, 학회; 강당; 학우회; (L-) 〖史〗 (아리스토텔레스가 거닐면서 철리를 가르친) 아테네 부근의 숲과 학사(學舍); =LYCÉE.
lydd·ite [lídait] *n.* Ⓤ 〖化〗 강력 폭약(의 일종).
Lyd·i·a [lídiə] *n.* 소아시아 서부에 번영한 옛 나라. **~n** *a.*, *n.* 리디아의 (사람); 연약한. 「액.
lye [lai] *n.* Ⓤ 잿물; 세탁용 알칼리
***ly·ing**[1] [láiiŋ] *a.* **거짓(말)의**; 거짓말쟁이의. 「음).
‡**ly·ing**[2] *a.*, *n.* Ⓤ **드러누워 있는〔있**
ly·ing-in [-ín] *n.*, *a.* ⓊⒸ 해산, 분만; 산과의.
lý·ing-ín hòspital 산과 병원, 산원.
lyke·wake [láikwèik] *n.* 《주로 Sc.》 철야, 밤샘.
Lyl·y [líli], **John** (1554?–1606) 영국의 소설가·극작가(cf. euphuism).
lymph [limf] *n.* Ⓤ 〖醫〗 두묘(痘苗)액; 혈청; 〖解·生〗 임파액; 《詩》 청수(淸水), 깨끗한 물. **lym·phat·ic** [limfǽtik] *a.*, *n.* 임파액의 (*the lymphatic gland* 임파선); 연약한; (성질이) 굼뜬; 〖解〗 임파선〔관〕.
lýmph glànd 〖解〗 임파선.
lym·pho·cyte [límfəsàit] *n.* 림프톨〔세포〕.
***lynch** [lintʃ] *n.*, *vi.* **사형(私刑)**, **린**
lýnch làw 사형(私刑). └**치를 가하다.**
lynx [liŋks] *n.* (*pl.* *~es*, 《集合的》 ~) ⒸⓊ 살쾡이(의 털가죽); (L-) 〖天〗 살쾡이자리. 「운, 눈이 좋은.
lynx-eyed [⌐àid] *a.* 눈빛이 날카로
ly·on·naise [làiənéiz] *a.* 얇게 썬 양파와 함께 기름에 튀긴(~ *potatoes*).
Ly·ons [láiənz] *n.* 리용《프랑스 남동부의 도시》; (런던의) 요리집 이름.
Ly·ra [láiərə] *n.* 리라; 〖天〗 거문고자리.
lyre [láiər] *n.* 리라《손에 들고 타는 옛날의 작은 수금(竪琴)》; 서정시. **lýr·ist** *n.* 리라 연주자; 서정 시인.
lyre·bird [⌐bə̀:rd] *n.* 《濠》 금조(琴鳥)《꼬리털이 lyre와 비슷함》.
***lyr·ic** [lírik] (<lyre) *n.*, *a.* **서정시(의, 적인)** (cf. epic). ***-i·cal** *a.* **서정시조(調)의**. **-i·cal·ly** *ad.* 「체〔풍〕.
lyr·i·cism [lírəsizəm] *n.* Ⓤ 서정시
lyr·i·cist [lírəsist] *n.* 서정 시인.
lyr·ist [láirist/láiər-] *n.* ⇨ LYRE.
Ly·sen·ko·ism [liséŋkouìzəm] *n.* (소련의) 리센코학설, 환경 유전학설.
ly·sér·gic ácid [laisə́:rdʒik] 〖化〗 리세르그산(cf. LSD).
ly·sin [láisn] *n.* 〖生化〗 리신, 세포용해소《항체의 일종》.
ly·sine [láisi:n, -sin] *n.* 〖生化〗 리진《아미노산의 일종》.
Ly·sol [láisɑl, -sɔ:l/-sɔl] *n.* Ⓤ 〖商標〗 리졸《소독액》.
ly·so·some [láisəsòum] *n.* 〖生化〗 리소좀《세포질내의 과립》.
ly·so·zyme [láisəzàim] *n.* 〖生化〗 라이소자임《효모의 일종; 세균·세포의 용해작용을 함》.
lys·sa [lísə] *n.* Ⓤ 〖醫〗 광견병, 공수병.

M

M, m [em] (*pl.* ***M's, m's*** [-z]).
M 《로마 숫자》 *mille* (L. =1,000); mobilization. **M.** Monday; Monsieur. **m.** majesty; male; mark(s); masculine; medium; month. **m., m** meter; mile.
***ma** [mɑ:] *n.* 《口》 엄마(mamma).
Ma 〖化〗 masurium. **mA** milliampere(s). **M. A.** *Magister Artium* (L. =Master of Arts); mental age; Military Academy. **MAAG** Military Assistance Advisory Group.
‡**ma'am** *n.* ① 《口》 [məm, m] **부인, 마님** 《呼稱》, (여)선생 등 웃사람에 대한 호칭. ② 《英》 [mæm, -ɑ:-] 여왕·공주에 대한 호칭《madam의 단축》.
Mac [mæk] *n.* 《諧》 스코틀랜드 사람, 아일랜드 사람; 《俗》 낯선 사람에 대한 호칭. 「sion.
MAC Military Armistice Commis-
Mac- *pref.* 「…의 아들」의 뜻 《스코

M

틀랜드 사람·아일랜드 사람의 성에 붙음; 보기: MacArthur; 생략 Mc, Mc-, M').
ma·ca·bre [məkɑ́:brə], **-ber** [-bər] *a.* 죽음의 무도의; 섬뜩한.
ma·ca·co [məkɑ́:kou, -kéi-] *n.* (*pl.* ~*s*) 여우원숭이.
mac·ad·am [məkǽdəm] *n.* Ⓤ 〖土〗 쇄석(碎石); 쇄석 포도(鋪道). **~·ize** [-àiz] *vt.* …에 밤자갈을 깔다.
Ma·cao [məkáu] *n.* 중국 남동해안의 포르투갈령 식민지.
***mac·a·ro·ni** [mæ̀kəróuni] *n.* (*pl.* ~*(e)s*) ① Ⓤ **마카로니**《이탈리아식 국수》. ② 18세기 영국에서 이탈리아를 숭상하던 멋쟁이. ③ 《俗》 이탈리아 사람.
mac·a·roon [mæ̀kərú:n] *n.* 마카롱 《흰자·편도·설탕으로 만든 과자》.
Mac·Ar·thur [məkɑ́:rθər], **Douglas** (1880–1964) 미국의 육군 원수.
ma·cás·sar (òil) [məkǽsər] *n.* 마카사르 향유(香油) 《머릿기름》.
Ma·cau·lay [məkɔ́:li], **Babington** (1800–59) 영국의 역사가·정치가.
ma·caw [məkɔ́:] *n.* 마코앵무새; 〖植〗 야자의 일종.
Macb. Macbeth.
Mac·beth [məkbéθ] *n.* Shakespeare 작의 비극(의 주인공).
Mac·ca·bees [mǽkəbì:z] *n. pl.* ① 시리아의 학정으로부터 유다국을 독립시킨 유다 애국자의 일족. ② 〖聖〗 마카베오서《Apocrypha 중의 2서》.
mace[1] [meis] *n.* 갈고리 철퇴《중세의 무기》; 권표(權標), 직장(職杖) 《시장·대학 학장 등의 앞에 세운 직권의 상징》; (구식) 당구봉; (M-) 《美》 지대지 핵 유도탄; (M-) 불능 화학제(不能化學劑), 최루 신경 가스.
mace[2] *n.* Ⓤ 육두구 껍질을 말린 향료.
Mac·e·do·ni·a [mæ̀sədóuniə, -njə] *n.* ① 〖史〗 마케도니아《고대 그리스 북방의 고대국가》. ② 마케도니아 지방《현 그리스·불가리아·유고슬라비아의 각 일부를 포함한 지역》. **-ni·an** [-n] *a., n.* 마케도니아의; 마케도니아인〔어〕(의).
mac·er·ate [mǽsərèit] *vt.* 물에 담가 부드럽게 하다; 〖醫〗 (태아를) 침연(浸軟)시키다; 단식하여 야위게 하다. ―― *vi.* 마르다; 야위다. **mac·er·a·tion** [⌐–éiʃən] *n.* Ⓤ
Mach, m- [mɑ:k, mæk] *n.* 〖理〗 마하《고속도의 단위; ~ one 은 20°C에서의 음속 770마일/시에 상당》.
ma·chet·e [mətʃéti, -tʃé-] *n.* (중남미 원주민의) 날이 넓은 큰 칼.
Mach·i·a·vel·li [mæ̀kiəvéli], **Niccolò di Bernardo**(1469–1527) 책략 정치를 주장한 이탈리아의 정치가. **Mach·i·a·vel·li·an** [-vélian] *a.* 권모 정치를 예사로 하는. **-vél·lism** *n.* Ⓤ 마키아벨리주의 《목적을 위해서는 수단을 가리지 않음》.
mach·i·nate [mǽkənèit] *vt., vi.* (음모를) 꾸미다. **mach·i·na·tion** [⌐–néiʃən] *n.* ⓊⒸ 책동; 음모. **mách·i·na·tor** *n.* 책사(策士).
†**ma·chine** [məʃí:n] *n.* ① **기계**, 기구. ② 자동차, 비행기, 자전거, 재봉틀, 타이프라이터, 인쇄 기계, 기계적으로 일하는 사람. ③ 기구(機構)(*the military* ~ 군부 / *the social* ~ 사회 기구); (정당의) 지도부.
machíne gùn 기관총.
machíne lànguage 〖컴퓨터〗 기계언어《전자 계산기를 작동시키기 위한 명령어》.
ma·chine-made [-mèid] *a.* 기계로 만든.
ma·chine-read·a·ble [-rí:dəbəl] *a.* 〖컴퓨터〗 (전산기가) 처리할 수 있는, 반응할 수 있는 꼴의.
‡**ma·chin·er·y** [məʃí:nəri] *n.* Ⓤ ① 《集合的》 **기계, 기계 장치**. ② (정부 따위의) 기관, 기구; 조직. ③ (극 따위의) 꾸밈; (극 따위) 초자연적 사건. *government* ~ 정치 기구.
machíne shòp 〔**shèd**〕 기계 공장.
machíne tòol 공작 기계.
machíne wòrd 〖컴퓨터〗 기계어.
ma·chin·ist [məʃí:nist] *n.* 기계공.
ma·chis·mo [mɑ:tʃí:zmou] *n.* 남자의 긍지; 남자다움.
Mach·me·ter [mɑ́:kmì:tər, mǽk-] *n.* 〖空〗 초음속도계, 마하계.
Mách nùmber 〖理〗 마하수(數) (⇨ MACH).
ma·cho [mɑ́:tʃou] *a., n.* (Sp.) 사내다운〔늠름한〕(사나이).
mack·er·el [mǽkərəl] *n.* (*pl.* ~*s*, 《集合的》 ~) 〖魚〗 고등어.
máckerel píke 꽁치.
máckerel ský 비늘구름의 하늘.
mack·i·naw [mǽkənɔ̀:] *n.* 바둑판 무늬 담요(=~ blanket); 그것으로 만든 짧은 상의.
mack·in·tosh [mǽkintɑ̀ʃ / -tɔ̀ʃ] *n.* Ⓤ 고무 입힌 방수포; Ⓒ 방수 외투.
Mac·mil·lan [məkmílən, mæk-], **Harold** (1894–) 영국의 정치가·수상(재임 1957–63).
mac·ra·mé [mǽkrəmèi/ məkrɑ́:mi] *n.* (F.) Ⓤ 마크라메레이스《가구 장식용 매듭실술》.
mac·ro·bi·ot·ic [mæ̀kroubaiɑ́tik / -ɔ́-] *a.* 장수(長壽)(식)(食)의.
mac·ro·cosm [mǽkrəkɑ̀zəm/-kɔ̀z-] *n.* 대우주(opp. microcosm).
mac·ro·graph [mǽkrəgræ̀f, -grɑ̀:f] *n.* 육안도(肉眼圖).
mac·ro·lin·guis·tics [mæ̀krouliŋgwístiks] *n.* 대언어학(大言語學)《모든 언어 현상을 대상으로 함》.
mac·rom·e·ter [məkrɑ́mitər/-ɔ́mi-] *n.* 측원기(測遠機)《망원경을 둘 씀》.
mac·ro·mol·e·cule [mæ̀krəmɑ́likjù:l/-ɔ́-] *n.* 〖化〗 거대 분자.
ma·cron [méikrɑn / mǽkrɔn] *n.* 모음위의 장음부《보기: cāme, bē》.
mac·ro·scop·ic [mæ̀krəskɑ́pik / -ɔ́p-], **-i·cal** [-əl] *a.* 육안으로 보이는(opp. microscopic).
mac·u·la [mǽkjələ] *n.* (*pl.* **-lae** [-lì:]) (태양·달의) 흑점; (광물의) 흠; (피부의) 점.
‡**mad** [mæd] *a.* (***-dd-***) ① **미친**. ②

무모한 (wild). ③ 열중한 (*after, about, for, on*) (*He is* ~ *about her*. 그 여자에 미쳐 있다). ④《口》성 난(angry)(*at*). *drive a person* ~ 미치게 하다. *go* [*run*] ~ 미치다. *like* ~ 미친 듯이, 맹렬히. ***mád·ly** *ad*. 미쳐서, 미친듯이, 몹시, 극단으로. ‡**mád·ness** *n*. Ⓤ
Mad·a·gas·car [mæ̀dəgǽskər] *n*. 아프리카 남동쪽의 섬나라《수도 Tananarive》(⇨MALAGASY).
‡**mad·am** [mǽdəm] *n*. **부인**, 아씨《미혼·기혼에 관계없이 여성에게 대한 정중한 호칭》(cf. ma'am).
****mad·ame*** [mǽdəm, mədǽm, mədɑ́:m] *n*. (F.) =MRS.; 여류 가수 [화가] 등의 존칭. ┌(사람).
mad·cap [mǽdkæ̀p] *a*., *n*. 무모한
***mad·den** [mǽdn] *vt*., *vi*. **미치게 하다**, 미치다. ~**·ing** *a*. 미칠 듯한.
mad·der [mǽdər] *n*. 〖植〗 꼭두서니; Ⓤ 〖染〗 인조 꼭두서니.
mad-doc·tor [mǽddɑ̀ktər/-ɔ̀-] *n*. 정신과 의사.
†**made** [meid] *v*. make 의 과거(분사). —— *a*. ① **만든**; **그러모은**; 만들어진. ② 성공이 확실한. ~ *dish* 모듬요리. ~ *man* 성공자.
Ma·dei·ra [mədíərə] *n*. 마데이라 흰포도주.
Madéira cáke 카스텔라의 일종.
mad·e·leine [mǽdəlin, -lèin] *n*. 마들렌《작은 카스텔라 비슷한 과자》.
****mad·e·moi·selle*** [mæ̀dəmwəzél] *n*. (F.)=MISS《생략 Mlle.; (*pl*.) Mlles.》.
made-to-or·der [méidtəɔ́:rdər] *a*. 주문에 의해 만든, 마춤의.
made-up [ˊʌ́p] *a*. 만든, 만들어낸, 메이크업한; 꾸며낸; 결심한; (스타일 따위) 지나치게 꾸민, 부자연한.
mad·house [mǽdhàus] *n*. 정신병원.
Mádison Ávenue 미국 뉴욕 시의 광고업 중심가; 광고업(계).
Mádison Squàre Gárden 미국 뉴욕시 Eighth Avenue 에 있는 스포츠 센터.
Madm. Madam.
***mad·man** [mǽdmən, -mæ̀n] *n*. **미친 사람**.
mád mòney 《口》 데이트시 여성이 준비하는 돈《혼자 도주를 위해》.
***Ma·don·na** [mədɑ́nə/-ɔ́-] (It. =my lady) *n*. **성모 마리아**; 그 (초)상.
Madónna lìly 흰백합.
Ma·drid [mədríd] *n*. 스페인의 수도.
mad·ri·gal [mǽdrigəl] *n*. 사랑의 소곡; 합창곡(cf. motet).
mael·strom [méilstrəm / -ròum] *n*. 큰 소용돌이; 혼란; (the M-) 노르웨이 북서 해안의 큰 소용돌이.
mae·nad [mí:næd] *n*. 〖그·로神〗 주신(酒神)을 섬기는 여자; 열광하는 여자.
ma·es·to·so [maistóusou, -zou / mɑ̀:es-] *ad*. (It.) 〖樂〗 장엄하게.
ma·es·tro [máistrou/mɑ:és-] *n*. (It.) (*pl*. ~*s*, *-tri* [-tri:]) 대음악가; 거장(巨匠).
Máe Wést [méi] (선원·비행사용) 구명조끼; 〖美海軍〗 (낙하산의) 중앙 조리개《낙하 속도를 증가하는 장치》.
Ma(f)·fi·a [mɑ́:fiə, mæ̀fí:ə] *n*. (It.) 마피아단《법률과 질서를 무시한 시칠리아 섬의 폭력단》; (미국 등의) 범죄 비밀 결사. ┌석을 치다.
maf·fick [mǽfik] *vi*. 《英口》 야단법
ma·fi·o·so [mɑ̀:fi:óusou] *n*. (*pl*. *-si* [-si:]) 마피아의 일원.
†**mag·a·zine** [mæ̀gəzí:n, ˊ-ˋ] *n*. ① **잡지**. ② (탄약·식량 따위의) 창고. ③ (연발총의) 탄창. ④ 〖寫〗 필름 감는 틀.
Mag·da·len [mǽgdəlin], **-lene** [mǽgdəlì:n, mæ̀gdəlí:ni] *n*. 〖聖〗 막달라마리아《누가 복음 7-8》; (m-) 갱생한 창녀.
Mágdalen hòme [**hòspital**] 윤락 여성 갱생원.
Mag·da·le·ni·an [mæ̀gdəlí:niən] *a*. 〖考〗 막달레니안기(期)의《구석기 시대 후기의 종말》.
mage [meidʒ] *n*. 《古》 마법사(魔法師); 박식한 사람.
ma·gen·ta [mədʒéntə] *n*. Ⓤ 빨간 아닐린 물감; 그 색《진홍색》.
mag·got [mǽgət] *n*. 구더기; 변덕. ~ *in one's head* 변덕. ~**·y** *a*.
Ma·ghreb [mʌ́grəb] *n*. 마그레브 지방《북아프리카 서부; Libya, Tunisia, Algeria, Morocco를 포함》.
Ma·gi [méidʒai] *n*. *pl*. (*sing*. ***-gus*** [-gəs]) 〖聖〗 동방 박사 《마태 복음 2:1》; 마기 승족(僧族)《고대 페르시아의》; 마술사. **Má·gi·an** [méi-dʒiən] *a*., *n*. 마기 승족의; 마기승(僧); 마술사.
‡**mag·ic** [mǽdʒik] *a*. ① **마법의** (cf. Magi); 기술(奇術)의. ② **불가사의한**. —— *n*. Ⓤ ① **마법**, 기술. ② 불가사의한 힘. *black* ~ 악마의 힘에 의한 마술. *natural* ~ 자연력 응용의 마술. *white* ~ 착한 요정(妖精)의 힘에 의한 마술. ***mág·i·cal** *a*. **-i·cal·ly** *ad*. ┌탄자.
mágic cárpet (전설상의) 마법의 양
mágic éye (라디오 따위의) 매직아이《동조(同調) 지시 진공관》; (M- E-) 그 상표명. ┌요술쟁이.
‡**ma·gi·cian** [mədʒíʃən] *n*. **마법사**;
mágic lántern 환등(幻燈).
mágic mírror (미래나 먼 고장의 광경을 비추는) 마법의 거울.
mágic squáre 마방진(魔方陣)《수학유희》.
mágic wórds 주문(呪文).
Má·gi·not lìne [mǽdʒənòu] 마지노선《2 차 대전시 독일·프랑스 국경의 프랑스 방어선》.
mag·is·te·ri·al [mæ̀dʒəstíəriəl] *a*. magistrate 의, 위엄에 찬; 고압적인.
mag·is·tral [mǽdʒəstrəl] *a*. 〖藥〗 특별 처방의(opp. officinal).
mágistral stàff 《集合的》 교관.
‡**mag·is·trate** [mǽdʒistrèit, -trit]

n. (사법권을 가진) **행정 장관; 치안 판사**(justice of the peace). **mág·is·tra·cy** *n.* UC magistrate의 직〔임기·관구〕; 《集合的》 행정 장관.

mágistrates' cóurt 《英》 경범죄(예심) 법정.

M

mág·lev tràin [mǽglev] 자기부상(磁氣浮上) 열차.

mag·ma [mǽgmə] *n.* (*pl.* ***-mas, -mata*** [-mətə]) 〖地〗 마그마, 암장(岩漿).

Mág·na C(h)ár·ta [mǽgnə kɑ́:rtə] 〖英史〗 (1215년 John 왕에 강요하여 국민의 개인적·정치적 자유를 승인시킨) 대헌장.

mag·na cum lau·de [mǽgnə kʌm lɔ́:di] (L.) 제 2위(의 우등으) 로(cf. *summa cum laude*).

mag·nan·i·mous [mægnǽniməs] *a.* 도량이 넓은, 아량 있는. **mag·na·nim·i·ty** [ㅗ-níməti] *n.* UC 도량이 넓음, 아량; 관대한 행위.

mag·nate [mǽgneit] *n.* 거물, 유력자 (*an oil* ~ 석유왕).

mag·ne·sia [mægní:ʃə, -ʒə] *n.* U 〖化〗 산화 마그네슘. **-sian** *a.*

mag·ne·site [mǽgnəsàit] *n.* 〖鑛〗 마그네사이트《마그네슘의 원광석》.

mag·ne·si·um [mægní:ziəm, -ʒəm] *n.* U 〖化〗 마그네슘《금속 원소; 기호 Mg》.

magnésium lìght 마그네슘광(光)《야간 촬영 따위에 쓰임》.

‡**mag·net** [mǽgnit] *n.* **자석;** 사람을 끄는 것. ***bar*** ~ 막대 자석. ***horse-shoe*** ~ 말굽 자석. ***natural*** ~ 천연 자석.

***mag·net·ic** [mægnétik] *a.* **자기성이 있는;** 매력 있는. **~s** *n.* 자기학(磁氣學). **mag·nét·i·cal·ly** *ad.*

magnétic cómpass 자기 컴퍼스「[나침의].

magnétic córe 〖컴퓨터〗 자기 코어《기억 소자로 쓰이는 자철(磁鐵)의 작은 고리》.

magnétic detéctor 자기 검파기(檢「波器).

magnétic fíeld 자장, 자계.

magnétic míne 자기 기뢰.

magnétic néedle 〖電〗 자침(磁針).

magnétic nórth (the ~) 자북(磁北).

magnétic póle 자극(磁極). 「北).

magnétic stórm 자기 폭풍.

magnétic tápe (recòrder) (녹음용) 테이프 (리코더).

***mag·net·ism** [mǽgnətìzəm] *n.* U **자기, 자력.** 「철광.

mag·net·ite [mǽgnətàit] *n.* U 자

mag·net·ize [mǽgnətàiz] *vt.* 자력을 띠게 하다; (사람을) 끌어 당기다, (사람 마음을) 움직이다. — *vi.* 자력을 띠다. **mag·net·i·za·tion** [ㅗ-izéiʃən] *n.* U 자화(磁化).

mag·ne·to [mægní:tou] *n.* 〖電〗 (*pl.* ~*s*) 자석 발전기.

mag·ne·to·e·lec·tric [mægnì:touiléktrik] *a.* 자전기(磁電氣)의.

mag·ne·to·graph [mægní:təgræ̀f, -grɑ̀:f] *n.* 〖電〗 기록 자력(磁力)계.

mag·ne·tom·e·ter [mæ̀gnitɑ́mitər/-tɔ́mi-] *n.* 자력계.

mag·ne·tron [mǽgnətrɑ̀n/-trɔ̀n] *n.* 〖電子〗 마그네트론, 자전관(磁電管).

mag·ni·cide [mǽgnəsàid] *n.* 요인 암살.

mag·ni·fi·ca·tion [mæ̀gnəfikéiʃən] *n.* U 확대; 과장; 찬미; 〖光〗 배율(倍率); C 확대도.

‡**mag·nif·i·cent** [mægnífəsənt] *a.* **장려한;** 장엄한; 웅대한; **훌륭한. ~·ly** *ad.* ***-cence** *n.* U 「기, 확대경.

mag·ni·fi·er [mǽgnəfàiər] *n.* 확대

‡**mag·ni·fy** [mǽgnəfài] *vt.* ① **확대하다;** 과장하다. ② 《古》 칭찬하다.

mágnifying glàss 확대경, 돋보기.

mag·nil·o·quent [mægníləkwənt] *a.* 호언 장담하는(high-sounding); 과장한. **-quence** *n.* U

***mag·ni·tude** [mǽgnətjù:d] *n.* ① UC **크기.** ② U 중요도. ③ UC 〖天〗 광도(光度); 진도(震度).

mag·no·li·a [mægnóuliə, -ljə] *n.* 〖植〗 태산목(泰山木), 목련; 그 꽃.

Magnólia Státe 《美》 Mississippi 주의 속칭.

mag·num [mǽgnəm] *n.* (L.) 2쿼트 들이의 큰 술병; 그 양.

magnum o·pus [óupəs] (L.) (문예·예술상의) 대작, 대표작; 주요 작품.

mag·pie [mǽgpài] *n.* 〖鳥〗 까치; 비둘기의 일종; 수다쟁이.

Mag·say·say [mɑ:gsáisai], **Ramon** (1907–57) 필리핀의 정치가.

Mag·yar [mǽgjɑ:r] *n., a.* 마자르 사람《헝가리의 주요 민족》(의); U 마자르 말(의).

ma·ha·ra·ja(h) [mɑ̀:hərɑ́:dʒə] *n.* (Hind.) (인도의) 회교 군주. **-ra·nee** [-rɑ́:ni] *n.* 회교 군주의 부인.

ma·hat·ma [məhǽtmə, -hɑ́:t-] *n.* (Skt.) (밀교의) 대성(大聖), 초인.

Ma·ha·ya·na [mɑ̀:həjɑ́:nə] *n.* (Skt.) 대승(大乘) 불교.

Mah·di [mɑ́:di(:)] *n.* 〖回敎〗 구세주.

Ma·hi·can [məhí:kən], **Mo-** [mou-] *n.* 모히칸 족《Hudson 강 상류 지방에 살던 북미 인디언》.

mah-jong(g) [mɑ́:dʒɔ́:ŋ, -dʒɑ́ŋ / -dʒɔ́ŋ] *n.* U 마작(麻雀).

ma·hog·a·ny** [məhɑ́gəni/-hɔ́-] *n.* ① CU **마호가니**(재(材)). ② U 적갈색. ③ (the ~) 식탁. ***be under the ~ 식탁 밑에 취해 곤드라지다. ***with one's knees under the*** ~ 식탁에 앉아.

Ma·hom·i·dan [məhɑ́midən/-hɔ́-], **-e·tan** [-tən] *a., n.* = MOHAMMEDAN.

Ma·hom·et [məhɑ́mit/-hɔ́-] *n.* = MOHAMMED. 「는 사람.

ma·hout [məháut] *n.* 코끼리 부리

‡**maid** [meid] *n.* ① **소녀,** 아가씨; 미혼녀; 《古》 처녀. ② **하녀.** ~ ***of work*** 가사 일반을 맡아 보는 하녀. ~ ***of hono(u)r*** 시녀; 《美》 신부의 들러리 《미혼녀》. ***old*** ~ 노처녀; 잔소리꾼; (트럼프의) 조커 빼기.

‡**maid·en** [méidn] *n.* ① **아가씨,** 미혼녀. ② 〖史〗 단두대. — *a.* 미혼

의, 처음의, 처녀…(*a* ~ *speech* 처녀 연설 / *a* ~ *voyage* 처녀 항해).
maid·en·hair [-hὲər] *n.* 〖植〗 공작고사리 속(屬)의 속칭.
maid·en·hair-tree [-hὲərtrìː] *n.* 은행나무.
maid·en·head [-hèd] *n.* Ⓤ =MAIDENHOOD; 처녀막.
maid·en·hood [-hùd] *n.* Ⓤ 처녀성, 처녀 시대.
maid·en·like [-làik] *a., ad.* 처녀다운[답게], 조심스러운[스럽게].
maid·en·ly [-li] *a.* 처녀다운.
máiden náme (여자의) 구성(舊姓).
maid·serv·ant [méidsəːrvənt] *n.* 하녀.
mail[1] [meil] *n.* 사슬미늘 갑옷. **~ed** [-d] *a.* 사슬미늘 갑옷을 입은.
†**mail**[2] *n.* ① 우편낭. ② 《美》 Ⓤ 우편 (제도)(*air* ~ 항공 우편/*first-class* ~ 제 1종 우편). ③ Ⓤ 《集合的》 우편물. *by* ~ 우편으로. ―*vt.* 우송하다.
mail·bag [ˊbæ̀g] *n.* 우편낭.
mail·boat [ˊbòut] *n.* 우편선.
*__mail·box__ [ˊbɑ̀ks/-ɔ̀-] *n.* 우편함; 우체통.
máil càrrier 우편 집배원.
máil càtcher 〖鐵〗 우편물 적재 장치.
máil chùte 우편물을 빌딩 위층에서 아래층으로 떨어뜨리는 장치.
*__máil còach__ 《英》 (옛날의) 우편 마차.
máil dày 우편 마감일.
máil dròp 《美》 우편함의 투입구; 극비 통신용의 수신인 주소.
máiled físt 무력, 완력.
Mail·lol [mɑjɔ́ːl], **Aristide** (1861–1944) 마이욜《프랑스의 조각가》.
mail·lot [mɑijóu] *n.* (F.) (발레용) 타이츠; (원피스로 어깨끈 없는) 여자 수영복.
‡**mail·man** [méilmæ̀n] *n.* 우편 집배원.
máil màtter 우편물.
máil òrder 〖商〗 통신 주문, 통신판매.
máil-or·der hòuse [-ɔ̀ːrdər-] 통신 판매점.
mail·plane [ˊplèin] *n.* 우편 비행기.
máil tràin 우편 열차.
*__maim__ [meim] *vt.* 불구자로 만들다.
‡**main** [mein] *n.* ① Ⓤ 힘, 체력. ② 주된 것; 중요 부분. ③ 《詩》 대해《main sea의 생략》 (cf. mainland) (*over land and* ~ 육지와 바다에). ④ (수도 따위의) 본관(本管), 간선. *in the* ~ 주로; 대체로. *with might and* ~ 전력을 다하여. ―*a.* ① 전력[온힘]을 다하는. ② 주요한, 제일의. *by* ~ *force* 전력을 다하여. ‡ˊ**~·ly** *ad.* 주로.
máin déck 주(主)갑판.
*__Maine__ [mein] *n.* 미국 북동부의 주《생략 Me.》.
máin evént 《美》 주요 경기.
máin fórce 〖軍〗 주력.
main·frame [méinfrèim] *n.* 〖컴퓨터〗 컴퓨터의 본체 (cf. peripheral); 대형 고속 컴퓨터.
*__main·land__ [ˊlæ̀nd, -lənd] *n.* 본토《부근의 섬·반도에 대한》. **~·er** *n.* 본토 주민.
máin lìne 간선.
main·mast [ˊmæ̀st, (海) -məst] *n.* 큰 돛대.
main·sail [ˊsèil, (海) -səl] *n.* 주범(主帆)《mainmast의 돛》.
main·spring [ˊsprìŋ] *n.* (시계 등의) 큰 태엽; 주요 동기.
main·stay [ˊstèi] *n.* 큰돛대의 버팀줄; 대들보.
máin stèm 《口》 한길; 주류; 간선.
Máin Strèet 《美》 중심가, (인습·실리적인) 전형적 지방 도시인[사회].
‡**main·tain** [meintéin, mən-] *vt.* ① 유지하다. ② 지속[계속]하다. ③ 부양하다, (한 집안을) 지탱하다. ④ 간수하다, 건사하다. ⑤ 주장하다 (*that*); 지지하다. ~ ***oneself*** 자활하다.
*__main·te·nance__ [méintənəns] *n.* Ⓤ 유지, 보존; 지속, 부양(료), 생계; 주장.
main·top [méintɑ̀p/-ɔ̀-] *n.* 〖海〗 큰 돛대의 장루(檣樓).
máin yàrd 〖海〗 큰돛의 활대.
mai·son·(n)ette [mèizounét] *n.* (F.) 《英》 작은 집; (종종, 이층 건물의) 아파트, 셋방.
maî·tre d'hô·tel [mèitrə doutél] (F.) 급사장(給仕長).
maize [meiz] *n.* 옥수수; 그 열매; Ⓤ 담황색.
Maj. Major. **maj.** major; majority.
‡**ma·jes·tic** [mədʒéstik], **-ti·cal** [-əl] *a.* 위엄 있는, 당당한. **-ti·cal·ly** *ad.*
‡**maj·es·ty** [mǽdʒisti] *n.* ① Ⓤ 위엄, 장엄. ② Ⓤ 주권. ③ (M-) 폐하. ④ 《美》 후광에 둘러싸인 신[예수]의 상(像). ***His*** [***Her, Your***] ~ 폐하.
Maj. Gen. Major General.
ma·jol·i·ca [mədʒɑ́likə, -jɑ́l- / -jɔ́l-, -dʒɔ́l-] *n.* ⓊⒸ (이탈리아의) 마졸리카 도자기.
‡**ma·jor** [méidʒər] *a.* (opp. minor) ① (둘 중에서) 큰 쪽의, 대부분의. ② 주요한. ③ 〖樂〗 장조(長調)의. ④ 성년의. ⑤ (M-) (같은 성(姓)에서) 연장의(*Brown* ~ 큰 브라운). ―*n.* ① 육군 [해·공군] 소령; 《軍俗》 (특무) 상사. ② 〖法〗 성년자. ③ 《古》 〖論〗 대전제; 〖樂〗 장조(*A* ~ 가장조); 장음계. ④ 《美》 (대학의) 전공 과목. ―*vi.* 《美》 전공하다(*in*).
ma·jor·ette [mèidʒərét] *n.* =DRUM MAJORETTE.
májor géneral 소장《육군·해병·공군의》.
‡**ma·jor·i·ty** [mədʒɔ́(ː)rəti, -dʒɑ́r-] *n.* ① 대다수, 과반수; 다수파; (득표) 차. ② Ⓤ 성년. ③ Ⓤ 소령의 지위. ***attain one's*** ~ 성년이 되다. (*win*) ***by a*** ~ ***of*** …의 차로 (이기다). ***join the*** ~ 죽다. ***the*** ~ 죽은 사람.
májor kéy 〖樂〗 장조(長調).
májor léague 《美》 직업 야구 대리그《National League 혹은 American League》.
májor párt 대부분, 과반수.
májor prémise 〖論〗 대전제(大前提).
májor scále 〖樂〗 장음계(長音階).
ma·jus·cule [mədʒʌ́skjuːl, mǽdʒə-skjùːl] *n.* 대문자(cf. minuscule).
†**make** [meik] *vt.* (*made*) ① 만들다, 제조하다, 건설하다. ② (시나 글을) 창작하다, 마련하다(arrange) (~ *a*

bed 잠자리를 마련하다). ③ …으로 만들다. ④ …이 되게 하다(*into*); …을 …으로 하다(～ *a man of him* 그를 당당한 사나이로 만들다). ⑤ …을 …으로 보다(～ *him a fool* 우롱하다); 판단하다(～ MUCH 〔LITTLE〕 *of*). ⑥ (법률 따위를) 제정하다; 구성하다(*Oxygen and hydrogen* ～ *water.* 산소와 수소로 물이 된다). ⑦ 도합 …이 되다; …에 충분하다(*One swallow does not* ～ *a summer.*); …이 되다(*She will* ～ *a good wife.* 좋은 아내가 될 것이다). ⑧ 얻다; (돈을) 벌다. ⑨ 하다, 행하다(～ *a bow* 절을 하다). ⑩ 가다, 나아가다, 답파하다(～ *one's way* 나아가다 / ～ *ten miles an hour* 한 시간에 10마일 나아가다). ⑪ 눈으로 확인하다(～ *land* 육지가 보이다); …이 보이는 데까지 가다; 도착하다(*The ship made port.* 배는 입항했다); 《口》 시간에 대다(*I've made it!* 됐다!). ⑫ 말하다(～ *a joke* 농담하다). ⑬ (트럼프에서) 이기다. ⑭ …을 …으로 하다(～ *her happy*); …을 …으로 어림하다(*I* ～ *the distance 5 miles.* 그 거리는 5마일로 생각된다). ⑮ …에게 …하게 하다(～ *him go*). —— *vi.* 나아가다; 행동하다(～ *bold*); 조수가 차다. ～ ***after*** 《古》 …을 뒤쫓다. ～ ***against*** …에 불리해지다; …을 방해하다. ～ ***away*** 도망치다. ～ ***away with*** 처치하다, 죽이다, 탕진하다. ～ ***for*** …로 향하여 나아가다; …에 기여하다. ～ *(a thing)* ***from*** …을 재료로 하여 (물건을) 만들다. ～ ***it*** 《美口》 잘 해내다; 성공하다; 시간에 대다; 《美俗》 성교하다. ～ ***it up with*** …와 화해하다. ～ ***off*** 급히 떠나다. ～ ***off with*** …을 가지고 달아나다. ～ ***or mar*** 〔***break***〕 (되든 안되든) 성패를 가리다. ～ ***out*** (서류를) 작성하다; 입증하다; 이해하다; …와 같이 말하다; 암시하다; 《美俗》 애무하다, 성교하다. ～ ***over*** 양도하다. ～ ***up*** 벌충〔보충〕하다, 메우다; 조합(調合)하다; 편성하다; 이야기를 조작하다; 화장〔메이크업〕하다, 분장하다; 결정짓다; 화해하다. ～ ***up one's*** MIND ***to.*** ～ ***up to*** 구애(求愛)하다, …의 환심을 사다. —— *n.* ① UC 만듦새, 구조, 체격, 골, 형(型). ② 성질. ③ …제(製)(*American* ～); 제조(량). ④ 〖電〗 접속(*at* ～ 회로의 접속점에서). ***on the*** ～ 《口》 (성공·승진·이익 등을 얻으려고) 열중하여.

make-be·lieve [méikbilìːv] *n.* U 거짓, 걸꾸밈, 가장.

make-do [⌐dùː] *n., a.* 임시변통의 (물건), 대용의(물건).

‡**mak·er** [⌐ər] *n.* **제조업자**; (M-) 조물주, 하느님. 「(의), 둘러 맞춤.

make·shift [⌐ʃìft] *n., a.* 임시 변통

***make-up** [⌐ʌp] *n.* ① UC **메이크업**, 배우의 얼굴 분장; 화장품. ② 꾸밈(새); **조립**; 〖印〗 (게라쇄(刷)의) 종합 배열〔대판 짜기〕; 구조.

make·weight [⌐wèit] *n.* 부족한 중량의 보탬 (물건); 보탬.

mak·ing** [⌐iŋ] *n.* ① U 만들기; UC 제조; 구조, 조직; 형상, 제작(품); 1회의 제작량. ② U (성공·발달의) 수단〔원인〕. ③ (*pl.*) 소질. ④ (*pl.*) 이익; 벌이. ***be the ～ ***of*** …의 성공의 원인이 되다. ***in the*** ～ 제작 과정 중의, 완성 전의.

mal- *pref.* 「악(惡), 비(非)」 따위의 뜻. 「공작석.

mal·a·chite [mǽləkàit] *n.* U 〖鑛〗

mal·ad·just·ed [mæ̀lədʒʌ́stid] *a.* 잘 조절되지 않은; 환경에 적응 안 되는.

mal·ad·just·ment [mæ̀lədʒʌ́stmənt] *n.* UC 부적응, 조절 불량.

mal·ad·min·is·tra·tion [mæ̀lədmìnəstréiʃən] *n.* U 실정(失政), 악정.

mal·a·droit [mæ̀lədrɔ́it] *a.* 서투른.

***mal·a·dy** [mǽlədi] *n.* 병; 병폐.

ma·la fi·de [mǽlə fáidi, méilə-] (L.) 불성실한〔하게〕(opp. *bona fide*).

Mal·a·ga [mǽləgə] *n.* U 말라가 흰 포도주.

Mal·a·gas·y [mæ̀ləgǽsi] *a., n.* CU 마다가스카르〔말라가시〕의 (사람·말).

ma·la·gue·na [mæ̀ləgéinjə] *n.* (Sp.) 말라게냐《스페인의 댄스(곡)》. 「불안.

ma·laise [mæléiz] *n.* (F.) UC 불쾌,

mal·a·prop·ism [mǽləprɑ̀pizəm / -rɔ̀-] *n.* U (유사어의) 익살맞은 오용(誤用); C 그와 같은 말.

mal·ap·ro·pos [mæ̀læprəpóu, -læ̀p-] *a., ad., n.* 시기를 얻지 못한 〔못하여〕, 부적절한〔하게〕.

***ma·lar·i·a** [məlɛ́əriə / -lǽər-] *n.* U ① 말라리아. ② 늪의 독기. **-i·al, -i·an, -i·ous** *a.*

mal·a·thi·on [mæ̀ləθáiɑn/-ɔn] *n.* 《주로 美》 말라티온《살충제》(<商標).

Ma·la·wi [mɑːlɑ́ːwi] *n.* 아프리카 남동부의 공화국.

Ma·lay [məléi, méilei] *n., a.* 말레이 사람〔말〕(의). **～·an** [məléiən] *a., n.* 「이 반도.

Ma·lay·a [məléiə] *n.* 말라야, 말레

Ma·lay·sia [məléiʒə, -ʃə] *n.* 말레이지아. ***the Federation of*** ～ 말레이지아 연방《1963년 성립》.

mal·con·tent [mǽlkəntènt] *a.* 불평불만의. —— *n.* 불평 분자.

mal·dis·tri·bu·tion [mæ̀ldistrəbjúːʃən] *n.* U 부적정 배치〔배급〕.

Mal·dive [mǽldaiv] *n.* 스리랑카 남서의 회교 공화국.

‡**male** [meil] *n., a.* **남성(의)**, 수컷(의) (opp. female). 「주; 악담.

mal·e·dic·tion [mæ̀lədíkʃən] *n.* 저

mal·e·fac·tion [mæ̀ləfǽkʃən] *n.* UC 나쁜 짓, 범행.

mal·e·fac·tor [mǽləfæ̀ktər] *n.* 범인; 악인(opp. benefactor).

ma·lef·i·cent [məléfəsnt] *a.* 유해한 (*to*); 나쁜 짓 하는. **-i·cence** *n.* UC

ma·lev·o·lent [məlévələnt] *a.* 악의 있는, 심술궂은. **～·ly** *ad.* **ma·lév·o·lence** *n.* U 악의.

mal·fea·sance [mælfíːzəns] *n.* UC 〖法〗 (공무원의) 부정 행위.
mal·for·ma·tion [mæ̀lfɔːrméiʃən] *n.* UC 불구, 기형.
mal·formed [mælfɔ́ːrmd] *a.* 볼꼴 사나운; 기형의.
mal·func·tion [mælfʌ́ŋkʃən] *vi.* 고장나다, 기능부전을 일으키다. —— *n.* U 기능부전, 고장.
Ma·li [máːliː] *n.* 아프리카 서부의 공화국.
mal·ic [mǽlik, méil-] *a.* 사과의.
málic ácid 〖化〗 사과산(酸).
‡**mal·ice** [mǽlis] *n.* U **악의**, 해칠 마음; 〖法〗 범의(犯意). ~ AFORETHOUGHT 〔PREPENSE〕.
***ma·li·cious** [məlíʃəs] *a.* **악의 있는**, 속검은. ~**·ly** *ad.* ~**·ness** *n.*
ma·lign [məláin] *a.* 유해한; 〖醫〗 악성〔악질〕의(opp. benign); 악의 있는. —— *vt.* 헐뜯다, 중상하다.
***ma·lig·nant** [məlígnənt] *a.* 유해한; 악성의; **악의를 품은**. —— *n.* 〖英史〗 Charles I 시대의 왕당원. ~**·ly** *ad.* **-nan·cy** *n.* U 「원한; 악성.
ma·lig·ni·ty [məlígnəti] *n.* U 악의,
ma·lin·ger [məlíŋgər] *vi.* (특히 병사·하인 등이) 꾀병을 부리다.
mall [mɔːl / mæl] *n.* 나무 그늘진 산책길; (the M-) 런던의 St. James's Park 의 산책길; U 펠멜 구기(球技)(PALL MALL); C 펠멜용의 망치. 「U 물오리 고기.
mal·lard [mǽlərd] *n.* 〖鳥〗 물오리;
Mal·lar·me [məlɑːrméi], **Stéphane** (1842–98) 프랑스의 시인.
mal·le·a·ble [mǽliəbəl] *a.* (금속이) 전성(展性)이 있는; 순응성이 있는.
mal·le·a·bil·i·ty [⌐--bíləti] *n.* U
mal·let [mǽlit] *n.* 나무메; (croquet 나 polo 의) 공치는 방망이. 「(屬).
mal·low [mǽlou] *n.* 〖植〗 당아욱속
malm·sey [máːmzi] *n.* U 흰포도주의 일종《Madeira 산; 달고 독함》.
mal·nu·tri·tion [mæ̀lnjuːtríʃən] *n.* U 영양 불량〔실조〕.
mal·o·dor·ant [mælóudərənt] *a.*, *n.* 악취나는 (물건). 「취나는.
mal·o·dor·ous [mælóudərəs] *a.* 악
Mal·pígh·i·an túbe 〔**túbule**〕 [mælpígiən] 〖生〗 말피기관
mal·po·si·tion [mæ̀lpəzíʃən] *n.* U 위치가 나쁨; (태아의) 변위(變位).
mal·prac·tice [mælprǽktis / ⌐⌐-] *n.* UC (의사의) 부당 치료; 직책상의 비행.
Mal·raux [máːlrou], **André** (1901–) 프랑스의 소설가·정치가.
***malt** [mɔːlt] *n.* U **맥아**(麥芽), 엿기름. —— *vt.*, *vi.* 엿기름을 만들다, 엿기름이 되다.
Mal·ta [mɔ́ːltə] *n.* 몰타《지중해 중앙부의 섬 및 공화국; 섬은 Maltese Island 라고도 함》.
Mal·tese [mɔːltíːz, ⌐⌐] *a.*, *n.* 몰타(섬)의; 몰타사람(의); U 몰타말(의).
Máltese cróss 몰타 십자(十字)《네 가닥의 길이가 같음》.
Mal·thus [mǽlθəs], **Thomas Robert** (1766–1834) 영국의 경제 학자·인구론자.
Mal·thu·si·an [mælθjúːziən, -ʒən] *a.*, *n.* 맬서스 주의의; 맬서스 주의자. ~**·ism** [-ìzəm] *n.* U 맬서스주의.
mált lìquor 맥주, 스타우트류(類).
malt·ose [mɔ́ːltous] *n.* U 〖化〗 맥아당(麥芽糖). 「~**·ment** *n.* U
mal·treat [mæltríːt] *vt.* 학대하다.
malt·ster [mɔ́ːltstər] *n.* 맥아 제조(판매인); 엿기름 만드는 사람.
malt·y [mɔ́ːlti] *a.* 엿기름의〔같은〕; 술을 좋아하는. 「U 독직(瀆職).
mal·ver·sa·tion [mæ̀lvəːrséiʃən] *n.*
mam [mæm] *n.* 《英口·兒》 =⇩.
***ma·ma** [máːmə, məmáː] *n.* 《口》 =MAMMA[1].
mam·bo [máːmbou] *n.* 맘보(4/4박자 춤); 그 곡. 「엄마.
‡**mam·ma**[1] [máːmə, məmáː] *n.* 《口》
mam·ma[2] [mǽmə] *n.* (*pl.* **-mae** [-miː]) (포유 동물의) 유방.
***mam·mal** [mǽməl] *n.* **포유 동물**.
mam·ma·li·a [mæméiliə, -ljə] *n.* *pl.* 〖動〗 포유류. **-li·an** *n.*, *a.*
mam·ma·ry [mǽməri] *a.* 〖生〗 유방의. *the ~ gland* 젖샘.
mam·mon [mǽmən] *n.* U 〖聖〗 (악덕으로서의) 부(富), 배금(拜金) 《마태복음 6:24》. ~**·ism** [-ìzəm] *n.* U 배금주의. ~**·ist** *n.* 「—— *a.* 거대한.
***mam·moth** [mǽməθ] *n.* **매머드**.
***mam·my** [mǽmi] *n.* 《口》 =MAMMA[1]; 《美南部》 (아이보는) 흑인 할멈.
†**man** [mæn] *n.* (*pl.* **men**) ① **인간**, 사람(이라는 것). ② **남자**, 사내다운 남자. ③ 남편. ④ 하인(opp. master); 부하; 직공; 인부; (*pl.*) 졸병 (opp. officer). ⑤ 《呼稱》 어이, 여보게. ⑥ (the *or* one's ~) 적격자; 상대; (체스의) 말. *as one ~* 이구동성으로. *be a ~*, or *play the ~* 사내답게 행동하다. *be one's own ~* 독립하고 있다, 남의 지배를 안받다; 자유로이 행동하다. *between ~ and ~* 사내들 사이에, 남자대 남자로서. *~ about town* 사교계의 활량. *~ and wife* 부부. *~ of letters* 문인. *~ of the world* 세상 물정에 밝은 사람; 속물(俗物). *old ~* 《口》 영감《아버지·남편·주인·선장 등》. *the ~ in the street* (전문가에 대한) 세상의 일반 사람. *to a ~*, or *to the last ~* 모조리, 마지막 한 사람까지. —— *vt.* (**-nn-**) 사람을 배치하다; 태우다; 격려하다. *~ up* 인력을 공급하다.
man·a·cle [mǽnəkl] *n.* (보통 *pl.*) 쇠고랑; 속박. —— *vt.* 고랑을 채우다.
‡**man·age** [mǽnidʒ] *vt.* ① (도구 따위를 손으로) **다루다**; 조종하다. ② (말을) 어거하다; 조교(調教)하다. ③ (업무를) 취급하다; **처리하다**. ④ (사업을) 경영하다; **관리하다**. ⑤ 먹다. ⑥ **이럭 저럭 해서** …하다(*to* do). ⑦ 《종종 비꼬는 투로》 잘 …하다

(*He ~d to make a mess of it.* 엉망으로 만들어 버렸다). —— *vi.* 처리하다, 헤쳐나가다. **~·a·ble** *a.* 다루기 쉬운. ‡**~·ment** *n.* ⓊⒸ **취급,** 관리, 경영; 《集合的》 **경영자측;** 술책.
man·ag·ing *a.* 처리〔관리〕하는; 잘 꾸려나가는; 간섭 잘 하는, 인색한. ***managing director*** 전무 (이사).

mán·aged cúrrency [mǽnidʒd] 관리 통화.

man·age·ment-la·bo(u)r [mǽnidʒməntléibər] *a.* 노사의. ~ ***dispute*** 노사 분쟁.

‡**man·ag·er** [mǽnidʒər] *n.* **지배인, 경영자;** 수완가; 관리인; 처리자; (영국 양원의) 교섭 위원. ***good*** ~ 살림을 잘 꾸려나가는 주부, 경영을 잘 하는 사람, 두름성 좋은 사람.

Man·a·slu [mǽnəsluː] *n.* 히말라야 산계 제 8 위의 고봉.

man-at-arms [mǽnətáːrmz] *n.* (*pl.* ***men-at-arms***) 중세의 병사.

man·a·tee [mǽnətìː, ⌐-ˊ] *n.* 〖動〗 해우(海牛).

***Man·ches·ter** [mǽntʃèstər, -tʃəs-] *n.* 영국 서부의 도시《견직물·무역의 중심》.

Mánchester Schóol, the 맨체스터 학파《1830년대에 자유무역주의를 주장한》.

Man·chu [mæntʃúː] *n., a.* 만주의; ⒸⓊ 만주 사람〔말〕(의).

Man·chu·ri·a [mæntʃúəriə] *n.* 만주. **-an** *n., a.* 만주 사람〔인〕; 만주의.

man·da·rin [mǽndərin] *n.* (중국의) 관리; (중국 옷차림의) 머리 흔드는 인형; (M-) Ⓤ 중국 관화(官話); (귤빛이 중국 관리의 옷 빛깔과 비슷했던 데서) 중국 귤; Ⓤ 귤빛(의 물감).

mándarin dúck 원앙새.

man·da·tar·y [mǽndətèri/-təri] *n.* 수탁자, 수탁국; 위임 통치국.

***man·date** [mǽndeit, -dit] *n.* ① **명령,** 훈령. ② 위임, 위임 통치령. ③ (교황으로부터의) 성직 수임(授任) 명령. ④ (선거 구민이 의원에게 내는) 요구. —— [-deit] *vt.* 위임 통치령으로 하다.

man·da·to·ry [mǽndətɔ̀ːri/-təri] *a.* 명령의, 위임의. —— *n.* ＝MANDATARY.

man-day [mǽndèi] *n.* 인일(人日)《한 사람이 하루에 하는 일의 양》, 연(延) …일.

man·di·ble [mǽndəbəl] *n.* (포유동물·물고기의) 아래턱(뼈), 새의 부리.

man·do·lin [mǽndəlin], **man·do·line** [⌐dəlíːn] *n.* 〖樂〗 만돌린.

man·drag·o·ra [mændrǽgərə] *n.* 〖植〗 ＝MANDRAKE.

man·drake [mǽndreik] *n.* 〖植〗 흰독말풀《그 뿌리는 마약제》.

man·drel [mǽndrəl], **-dril** [-dril] *n.* 〖鑛〗 곡괭이; 〖冶〗 (주조용) 심쇠; 〖機〗 심축(心軸).

man·drill [mǽndril] *n.* 〖動〗 아프리카 산의 큰 비비(狒狒).

***mane** [mein] *n.* 갈기. 「물; 식인종.

man-eat·er [mǽnìːtər] *n.* 식인 동

ma·nège [mænéiʒ, -néʒ] *n.* (F.) 마술(馬術) 연습소; Ⓤ 마술.

ma·nes [méiniːz, máːnes] *n. pl.* (고대 로마의) 조상〔죽은이〕의 영혼.

Ma·net [mənéi], **Édouard** (1832–83) 프랑스의 화가, 인상파의 비조.

***ma·neu·ver** [mənúːvər] *n.* ① **전략적 행동;** 기동 연습. ② 책략, 책동. —— *vi.* 연습하다; 술책을 부리다. —— *vt.* 군대를 움직이다; 책략으로 움직이다(*away, into, out of*).

mán Fríday 충복(忠僕).

man·ful [mǽnfəl] *a.* 남자다운, 용감한. **~·ly** *ad.*

man·ga·nese [mǽŋgəniːz, -nìːs] *n.* Ⓤ 〖化〗 망간.

mange [meindʒ] *n.* Ⓤ (개·소의) 옴.

man·gel(-wur·zel) [mǽŋgl(wə́ːrzl)] *n.* 〖植〗 근대의 일종《사료용》.

man·ger** [méindʒər] *n.* **여물통,** 구유. ***dog in the ~ (버릴 것이라도 남은 못쓰게 하는) 짓궂은 사람.

man·gle[1] [mǽŋgl] *n., vt.* 세탁 마무리용의 압착 롤러(로 다리다).

***man·gle**[2] *vt.* **토막토막 자르다;** 형편없이 만들다. 「〖植〗 망고 (열매).

man·go [mǽŋgou] *n.* (*pl.* ~(*e*)*s*)

man·go·steen [mǽŋgəstìːn] *n.* 〖植〗 망고스틴 (열매).

man·grove [mǽŋgrouv] *n.* 〖植〗 맨그로브《열대수》. 「러운.

man·gy [méindʒi] *a.* 옴이 오른, 더

man·han·dle [mǽnhæ̀ndl] *vt.* 인력으로 움직이다; 거칠게 다루다.

***Man·hat·tan** [mænhǽtən] *n.* 뉴욕 시내의 섬《상업 지구》.

Manháttan (cócktail) 맨해턴《칵테일의 일종; 위스키와 베르뭇의 혼합주에 체리를 띄움》.

Manháttan Dístrict 원자력 연구의 미육군 통합 기관(1942–47).

***man·hole** [mǽnhòul] *n.* **맨홀**《하수도·도랑 따위에 사람이 드나들도록 만든 구멍》.

‡**man·hood** [mǽnhùd] *n.* Ⓤ ① **인간임,** 인격. ② **남자임;** 성년; 남자다움; (한 나라의) 성년 남자 전체. ③ Ⓒ 남성기(男性器). 「거권.

mánhood súffrage 성년 남자 선

man-hour [mǽnàuər] *n.* 인시(人時)《한 사람의 한 시간 작업량》, 연(延) …시간. 「수사.

man·hunt [mǽnhʌ̀nt] *n.* 《美》 범인

***ma·ni·a** [méiniə, -njə] *n.* ① Ⓤ 〖醫〗 조병(躁病). ② ⓊⒸ **열광;** …열, …광 (*for, of*).

ma·ni·ac [méiniæ̀k] *a., n.* 미친; 미치광이. **ma·ni·a·cal** [mənáiəkəl] *a.* ＝MANIAC.

ma·nic-de·pres·sive [mǽnikdiprésiv] *a., n.* 〖醫〗 조울병의 (환자).

Man·i·ch(a)e·ism [mǽnəkiːizəm] *n.* Ⓤ 마니교《페르시아 사람 Mani가 창도한 3–5세기의 이원교(二元敎)》.

Man·i·chee [mǽnəkìː] *n.* 마니교의 교도.

***man·i·cure** [mǽnəkjùər] *n.*, *vt.* Ⓤ 매니큐어(하다). **mán·i·cur·ist** *n.* 손톱 미용사.

‡**man·i·fest** [mǽnəfèst] *a.* **명백한.** —— *vt.* ① **명시하다**; (감정을) 나타내다; 입증하다. ② 〖商〗 적하 목록(積荷目錄)에 기재하다. —— *vi.* 나타나다; 의견을 발표하다. **~ *oneself*** (유령·징후가) 나타나다. —— *n.* 〖商〗 적하 목록. **~·ly** *ad.* ***man·i·fes·ta·tion** [ˋ--téiʃən] *n.* ⓊⒸ 표명, **명시**, 정견 발표.

man·i·fes·to [mæ̀nəféstou] *n.* (*pl.* ~(*e*)*s*) 선언(서), 성명서.

***man·i·fold** [mǽnəfòuld] *a.* **다양한,** 여러 가지의, 다방면의. —— *vt.* 복사를 뜨다.

mánifold pàper 복사용지.

man·i·kin [mǽnikin] *n.* 난쟁이; 인체 해부 모형; =MANNEQUIN.

ma·nil·a, -nil·la [mənílə] *n.* 마닐라삼; 마닐라 여송연; (M-) 필리핀의 수도.

***ma·nip·u·late** [mənípjəlèit] *vt.* ① (손으로) **다루다**; 조종하다. ② 잔재주를 부리다, **교묘히 조종하다.** ***ma·nip·u·la·tion** [-ˋ-léiʃən] *n.* ⓊⒸ **조작,** 속임; 촉진(觸診). **ma·níp·u·la·tor** *n.* 조종하는 사람, 속이는 사람.

‡**man·kind** [mæ̀nkáind] *n.* Ⓤ **인류, 인간**; [ˊˋ] 남성.

man·like [mǽnlàik] *a.* 사람비슷한, 남성같은.

‡**man·ly** [ˊli] *a.* **사내다운**; 남자같은. **mán·li·ly** *ad.* **mán·li·ness** *n.* Ⓤ

man-made [mǽnméid] *a.* 인공의, 인조의. **~ *moon* 〔*satellite*〕** 인공위성.

man-min·ute [mǽnmìnit] *n.* 인분(人分)《한 사람의 1분간의 작업량》; 연…분(分).

Mann [mɑːn, mæn], **Thomas** (1875–1955) 독일의 반나치 소설가.

man·na [mǽnə] *n.* Ⓤ 〖聖〗 만나《옛날 이스라엘 사람이 황야에서 신으로부터 받은 음식》; 마음의 양식; 맛좋은 것.

manned [mænd] *a.* (우주선 등이) 사람이 탄, 유인의(cf. unmanned).

man·ne·quin [mǽnikin] *n.* 마네킹(걸); 모델 인형.

†**man·ner** [mǽnər] *n.* ① **방법**; 방식. ② 태도. ③ (*pl.*) **예절.** ④ (*pl.*) **풍습**; 생활 양식. ⑤ (문학·미술의) 양식; 작풍(作風). ⑥ 종류. ***all ~ of*** 모든 종류의. ***have no ~s*** 예의범절을 모르다. ***in a ~*** 얼마간, 다소. ***in like ~*** 《古》 마찬가지로. ***to the ~ born*** 나면서부터 적합한, 타고난. **~·less** *a.* 버릇 없는. **~·ly** *a.* 예절바른, 정중한.

man·nered [mǽnərd] *a.* 틀에 박힌; 버릇이 있는.

man·ner·ism [mǽnərìzəm] *n.* Ⓤ 매너리즘《문체·태도·말투 따위가 틀에 박힌 것》; 버릇. **-ist** *n.* 틀에 박힌 사람.

man·ni·kin [mǽnikin] *n.* =MANIKIN.

man·nish [mǽniʃ] *a.* (여자가) 남자같은.

***ma·noeu·vre** [mənúːvər] *v.*, *n.* 《英》 =MANEUVER.

man-of-war [mǽnəvwɔ́ːr] *n.* (*pl.* ***men-***) 군함.

ma·nom·e·ter [mənɑ́mitər/-nɔ́mi-] *n.* 압력계, 기압계《유체(流體)의 압력 측정기의 총칭》.

***man·or** [mǽnər] *n.* 영지(領地), **장원(莊園).** **ma·no·ri·al** [mənɔ́ːriəl] *a.* 장원의.

mánor hòuse 장원 영주(lord of the manor)의 저택.

mán pòwer 인적 자원; 인력.

man-rate [mǽnrèit] *vt.* (로켓·우주선을) 유인 비행에 안전하다고 증명하다.

man·sard [mǽnsɑːrd] *n.* 2단 경사 지붕.

manse [mæns] *n.* 목사관(館).

man·serv·ant [mǽnsə̀ːrvənt] *n.* (*pl.* ***menservants***) 하인, 종복.

Mans·field [mǽnsfiːld, mǽnz-], **Katherine** (1888–1923) 영국의 여류 단편 소설가.

man·shift [mǽnʃìft] *n.* (교대 시간에서 다음 교대까지의) 한 사람의 일의 양.

‡**man·sion** [mǽnʃən] *n.* **대저택**; 〖天〗 성수(星宿).

mánsion hòuse =MANOR HOUSE; (the M- H-) 런던 시장의 관저.

man·slaugh·ter [mǽnslɔ̀ːtər] *n.* Ⓤ 살인(죄); 〖法〗 고살(故殺)죄.

man·teau [mǽntou, -ˊ] *n.* (*pl.* **~s, ~x** [-z]) (F.) 망토, 외투.

man·tel [mǽntl] *n.* 벽로(壁爐)의 앞장식, 벽로 선반.

***man·tel·piece** [-pìːs] *n.* **벽로의 앞장식.**

man·tel·shelf [-ʃèlf] *n.* (*pl.* ***-shelves***) 벽로 선반.

man·til·la [mæntílə] *n.* (Sp.) 만틸라《스페인 여자 등의 머리를 덮는 베일》; 케이프.

man·tis [mǽntis] *n.* (*pl.* **~es, *-tes*** [-tiːz]) 〖蟲〗 사마귀, 버마재비.

man·tis·sa [mæntísə] *n.* 〖數〗 가수(假數).

‡**man·tle** [mǽntl] *n.*, *vt.* **망토**; 여자의 소매 없는 외투; **덮개**; (가스등의) 맨틀; 덮다.

man-to-man [mǽntəmǽn] *a.* 솔직한, 개방적인. **~ *defense*** 맨투맨 방어《농구 등의 1대 1의 방어》.

Man·tóux tèst [mæntúː-] 〖醫〗 망투 반응《결핵 감염의 검사용》.

***man·u·al** [mǽnjuəl] *a.* **손의,** 손으로 만든. —— *n.* **편람,** 안내서.

mánual álphabet (벙어리가 쓰는) 수화(手話) 문자.

mánual lábo(u)r 손일, 근육 노동.

mánual tráining 공작(과).

mánual wórker 근육 노동자.

man·u·fac·to·ry [mæ̀njəfǽktəri] *n.* 《古》 제조소, 공장.

‡**man·u·fac·ture** [mæ̀njəfǽktʃər] *vt.* ① **제조하다.** ② (문예 작품을) 남작(濫作)하다. ③ 날조하다. —— *n.* ① Ⓤ 제작, **제조업.** ② 제품. ‡**man·u·fác·tur·er** *n.* **제조업자,** 생산자. **man·u·fác·tur·ing** *n.*, *a.* Ⓤ 제조 (공업); 제조하는.

man·u·mis·sion [mæ̀njəmíʃən] *n.* ⓊⒸ 노예 해방; 해방 증명서.

man·u·mit [mæ̀njəmít] *vt.* (노예·농노를) 해방하다. 「(를 주다).

***ma·nure** [mənjúər] *n., vt.* Ⓤ 비료

‡man·u·script [mǽnjəskrìpt] *a., n.* 손으로 쓴, 필사한; (인쇄용) 원고 《생략 MS; (*pl.*) MSS》.

Manx [mæŋks] *a., n.* Man (the Isle of Man)의; ⒸⓊ 맨 섬 사람〔말〕(의). **∠·man** *n.* 맨 섬 사람. 「양이.

Mánx cát (맨 섬산의) 꼬리 없는 고

†man·y [méni] *a.* (*more; most*) (수) 많은. *a good* ~ 꽤 많이〔많은〕. *a great* ~ 많은. *as* ~ 같은 수. *how* ~? 얼마? 몇개? ~ *times* or ~ *a time* 몇 번이고. *one too* ~ *for* (…보다) 한 수 위인, …의 힘에 겨운〔벅찬〕. *the* ~ 대중. ── *n., pron.* 다수. 「람의 1년간 작업량.

man-year [mǽnjìər, ∠∠] *n.* 한 사

man·y-head·ed [ménihédid] *a.* 다두(多頭)의. 「邊)의; 다방면의.

man·y-sid·ed [-sáidid] *a.* 다변(多

Mao·ism [máuizm] *n.* Ⓤ 모택동주의. **Máo·ist** *n., a.* 모택동주의자(의).

Mao·ri [máuri] *n., a.* ⒸⓊ 마오리 사람《New Zealand 원주민》〔말〕(의).

Mao Tse-tung [máu tsètúŋ, -tsə-] (1893–1976) 마오 쩌둥《중공의 전 주석》.

†map [mæp] *n.* 지도. ── *vt.* (*-pp-*) 지도를 만들다. *off the* ~ 문제 안 되는. ~ *out* 자세히 계획하다.

‡ma·ple [méipl] *n.* 〖植〗 단풍(나무).

máple lèaf 단풍잎《캐나다의 표장》.

máple súgar 단풍당(糖).

máple sýrup 단풍 시럽.

ma·quis [mɑːkíː, mæ-] *n. sing.* & *pl.* (F.) (코르시카의) 악한; (M-) 마키《2 차 대전 때 반독 유격대(원)》.

ma·qui·sard [mæ̀kizɑ́ːr] *n.* 마키 대원.

MAR [mɑːr] (< *m*emory *a*ddress *r*egister) *n.* 〖컴퓨터〗 번지 레지스터.

***mar** [mɑːr] *vt.* (*-rr-*) 손상시키다, 흠내다, 망쳐놓다.

Mar. March; Maria.

mar·a·bou [mǽrəbùː] *n.* 〖鳥〗 황새의 일종《서아프리카산》; 그 깃털.

ma·rac·a [mərɑ́ːkə, -ǽ-] *n.* 〖樂〗 마라카스《흔들어 소리내는 리듬 악기; 보통 양손에 하나씩 가지기 때문에 복수형으로 씀》.

már·ag·ing stèel [mɑ́ːreidʒiŋ-] 마레이징강(鋼)《강도 높은 강철의 일종》.

***Mar·a·thon** [mǽrəθɑ̀n, -θən] *n.* Athens 북동방의 옛 싸움터; (m-) = **márathon ràce** 마라톤 경주.

ma·raud [mərɔ́ːd] *vt.* 약탈하다. **~·er** *n.*

‡mar·ble [mɑ́ːrbəl] *n.* ① Ⓤ 대리석. ② 조각. ③ 공기돌. *heart of* ~ 냉혹〔무정〕한 마음. ── *vt.* 대리석 무늬를 넣다《책 가장자리 따위에》. **~d** *a.* 대리석 무늬의.

mar·ble-edged [mɑ́ːrbəlédʒd] *a.* 〖製本〗 책 가장자리 면을 대리석 무늬로 한. 「백철광.

mar·ca·site [mɑ́ːrkəsàit] *n.* Ⓤ 〖鑛〗

mar·cel [mɑːrsél] *n., vt.* (*-ll-*) 마르셀식 웨이브(로 하다), (머리카락의) 물결 모양의 웨이브.

†March [mɑːrtʃ] *n.* 3월《생략 Mar.》.

march¹ [mɑːrtʃ] *n.* (보통 *pl.*) 국경지대; 경계(境界).

†march² *n.* ① Ⓤ 행진, 행군. ② 사건의 진전. ③ 〖樂〗 행진곡. ④ 데모 행진. *dead* 〔*funeral*〕 ~ 장송 행진곡. *double* ~ 구보(驅步). ~ *past* 분열식. *steal a* ~ *on* 〔*upon*〕 …을 앞지르다, 기습하다. ── *vi., vt.* 행진하다〔시키다〕; 진전하다; 끌고 가다(*off, on*). ~*ing order* 군장(軍裝). ~*ing orders* 출발 명령. ~ *off* 출발하다. ~ *on* …에 밀려들다. ~ *past* 분열 행진하다.

mar·chion·ess [mɑ́ːrʃənis] *n.* 후작(侯爵) 부인(cf. marquis).

march·pane [mɑ́ːrtʃpèin] *n.* 감복숭아 사탕(marzipan).

Mar·co·ni [mɑːrkóuni], **Guglielmo** (1874–1937) 이탈리아의 무선 전신 발명자. **mar·co·ni·gram** [-∠-græ̀m] *n.* 마르코니식 무선 전신.

Már·co Pó·lo [mɑ́ːrkou póulou] ⇨ POLO.

***mare¹** [mɛər] *n.* 암말.

ma·re² [mɑ́ːrei] *n.* (L.) 바다.

máre cláu·sum [klɔ́ːsəm] 영해.

máre lí·be·rum [líbərəm, lái-] 공해.

Ma·ren·go, m- [məréŋgou] *a.* 〖料理〗 마렝고풍의《기름에 튀긴 버섯, 토마토, 올리브유, 포도주 등으로 만든 소스로 버무린》.

mar·ga·rine [mɑ́ːrdʒərin, ∠-ríːn] *n.* Ⓤ 마가린《인조 버터》. 「GARINE.

marge [mɑːrdʒ] *n.* 《英方》 = MAR-

‡mar·gin [mɑ́ːrdʒin] *n.* ① 가장자리, 변두리. ② 한계. ③ 난외(欄外). ④ 여지; 여유. ⑤ 판매 수익, 이문; (주식의) 증거금. ── *vt.* 방주(旁註)를 달다; 증거금을 걸다. *go near the* ~ (도덕상의) 불장난을 하다.

***mar·gin·al** [-əl] *a.* 언저리의, 가의; 한계에 가까운; 난외의.

mar·gi·na·li·a [mɑ̀ːrdʒənéiliə, -ljə] *n. pl.* 방주(旁註), 난외에 써넣기.

márginal lánd 〖經〗 (불모에 가까운) 메마른 경작지. 「경계인(境界人).

márginal mán 〖社〗 (두 문화의)

márginal nótes 방주(旁註).

márginal séa 영해.

márginal utílity 〖經〗 한계 효용.

mar·gue·rite [mɑ̀ːrgəríːt] *n.* 〖植〗 마거리트《데이지의 일종》.

Mar·i·anne [mɛ̀əriǽn] *n.* 프랑스의 속칭 《의인화 (擬人化); cf. John Bull》.

mar·i·cul·ture [mǽrəkʌ̀ltʃər] *n.* Ⓤ 해양 생물 양식(養殖).

mar·i·gold [mǽrəgòuld] *n.* 금잔화.

ma·ri·hua·na, -jua- [mæ̀rəhwɑ́ːnə, mɑ̀ːr-] *n.* Ⓤ 삼《인도산》; 마리화나

《그 잎과 꽃에서 뽑은 마약; 담배로 피움》. 「의 일종.
ma·rim·ba [mərímbə] *n.* 목금(木琴)
ma·ri·na [mərí:nə] *n.* (해안의) 산책길; 《美》 (요트·모터보트의) 정박소.
mar·i·nade [mæ̀rənéid] *n.* 마리네이드《와인·초·기름·약초 및 향미료를 섞은 양념 국물》; 마리네이드에 담근 생선〔고기〕. —— *vt.* 마리네이드에 담그다.
mar·i·nate [mǽrənèit] *vt.* =⇧.
‡**ma·rine** [mərí:n] *a.* ① **바다의**; 바다에 사는. ② 해운의; 선박(용)의. —— *n.* ① 《集合的》 (일국의) 선박; 함대. ② (the Marines) 《美》 **해병대**(《英》 the Royal Marines). ***the mercantile ~*** 상선대, 해운력. ***Tell that to the (horse) ~s.*** 《口》 거짓말도 작작 해라! ***mar·i·ner** [mǽrənər] *n.* **선원**, 수부; (M-) 《美》 화성·금성 탐사용의 우주선.
Maríne Còrps 《美》 해병대.
maríne cóurt 해사(海事) 심판소.
maríne insùrance 해상 보험.
maríne làw 해상법.
maríne pòlicy 해상 보험 증권.
maríne pròducts 해산물. 「具類).
maríne stòres *pl.* 낡은 선구류(船
mar·i·on·ette [mæ̀riənét] *n.* 꼭두각시. 「혼인의; 부부간의.
ma·ri·tal [mǽrətl] *a.* 《古》 남편의;
***mar·i·time** [mǽrətàim] *a.* **바다의**, 해변의, 바다에 사는.
mar·jo·ram [má:rdʒərəm] *n.* Ⓤ 〖植〗 마요라나《조미료에 씀》.
Mark [ma:rk] *n.* 〖新約〗 마가(복음).
†**mark**[1] [ma:rk] *n.* ① **과녁**, 목표. ② 표준; 한계(*touch the 1,000 dollar ~* 천 달러대가 되다). ③ **표**, 자국, 흔적; 표지. ④ 특징. ⑤ Ⓤ 중요성; 명성. ⑥ **부호**, 기호; 〖英軍〗 (무기·장비 등의) 형. ⑦ **점수**; 주목; 현저. ⑧ 〖競〗 출발선. ***below the ~*** 표준 이하로. ***beside the ~*** 과녁에서 빗나간, 적절치 않은. ***get off the ~*** (주자(走者)가) 스타트하다. ***(God) save*** 〔***bless***〕 ***the ~.*** 어이쿠 실례했오《실언했을 때의 사과》; 어허 참!, 하느님 맙소사! 《냉소·경멸》. ***full ~(s)*** 만점. ***good ~*** 선행점(善行點). ***hit the ~*** 적중하다. ***make one's ~*** 저명해지다. ***man of ~*** 명사(名士). ***miss the ~*** 적중하지 않다. ***On your ~s!*** 〖競走〗 제자리에! ***toe the ~*** 〖競走〗 발가락을 출발점에 대다. ***up to the ~*** 표준에 달하여, 기대에 부응하여. —— *vt.* ① **표를 하다**; 흔적을 남기다; 드러나게 하다. ② 점수을 매기다; 정찰을 붙이다. ③ (어떤 목적·운명을 위해) 골라내다; 운명지우다. ④ 명시하다; 주시하다. ⑤ (짐승의) 숨은 곳을 알아두다. ⑥ 〖競〗 마크하다. ***~ out*** 구획하다, 설계하다, 예정하다. ***~ed** [-t] *a.* **기호가 붙은**, 현저한, 눈에 띄는; 저명한. **∠·ed·ly** [∠idli] *ad.* 현저하게, 눈에 띄게. **∠·er** *n.* (게임의) 득점 기록원〔장치〕; 서표(書標); 묘비; 이정표; 《英》 조명탄.
mark[2] *n.* 마르크《독일의 화폐 단위》.
mark·down [má:rkdàun] *n.* (값의) 인하; 인하액.
†**mar·ket** [má:rkit] *n.* ① **장**, 저자, 시장. ② 시장에 모인 사람들. ③ 판로, 수요, 팔리는 곳; 거래선. ④ 시가; **상황**(商況). ⑤ 상기(商機). ***be in ~*** 매매되고 있다. ***be in the ~*** 매물로 나와 있다. ***black ~*** 암시장. ***bring one's eggs*** 〔***hogs***〕 ***to a bad*** 〔***the wrong***〕 ***~*** 예상이 어긋나다. ***come into*** 〔***put on***〕 ***the ~*** 매물로 내어지다〔내놓다〕. ***corner the ~*** 시장을 매점하다, 증권〔상품〕을 매점하여 등귀시키다. ***hold the ~*** 시장을 좌우하다. ***lose one's ~*** 매매의 기회를 잃다. ***make a ~ of*** …을 이용하다, …을 써서 돈을 벌다. ***The ~ fell.*** 시세〔시가〕가 떨어졌다. —— *vt., vi.* 시장에서 매매하다, 물건을 시장에서 팔다. **~·a·ble** *a.* 팔릴, 판로가 좋은, 시
márket dày 장날. 「장성이 있는.
mar·ket·eer [mà:rkitíər] *n.* 시장상인. ***black ~*** 암상인, 잠상(潛商).
mar·ket·er [má:rkitər] *n.* 시장상인.
márket gàrden (시장에 내기 위한) 야채 재배 농원.
márket gàrdening 〔**gàrdener**〕 시장 공급용 야채 재배〔업자〕.
***mar·ket·ing** [má:rkitiŋ] *n.* Ⓤ (시장에서의) 매매(*go ~, do ~*); 마케팅《제조에서 판매까지의 전과정》.
márketing resèarch 시장 조사, 시장 분석.
márket òvert 공개 시장.
***márket plàce** 장터.
márket price 〔**vàlue**〕 시장 가격.
márket resèarch 시장 조사《어떤 상품의 수요를 위한 사전 조사》.
márket tòwn 장이 서는 거리; (중세의) 특허에 의해 장이서는 읍〔시〕.
mark·ing [má:rkiŋ] *n.* ⓊⒸ 표(하기), 점; (새의 깃이나 짐승 가죽의) 반문(斑紋). 「수; 저격병.
marks·man [má:rksmən] *n.* (명)사
marks·man·ship [-ʃip] *n.* Ⓤ 사격
Márk Twáin ⇨ TWAIN. 「술.
mark·up [má:rkʌ̀p] *n.* 가격 인상; 〖商〗 이윤; 〖印〗 조판 지시.
marl [ma:rl] *n.* Ⓤ 이회토(泥灰土)《비료·시멘트용》. **∠·y** *a.* 「줄.
mar·line [má:rlin] *n.* 〖海〗 가는 밧
Mar·lowe [má:rlou], **Christopher** (1564-93) 영국의 극작가.
marl·pit [má:rlpìt] *n.* Ⓤ 이회토(泥灰土) 채굴장.
mar·ma·lade [má:rməlèid] *n.* Ⓤ 마멀레이드《오렌지·레몬 따위의 잼》.
mar·mo·re·al [ma:rmɔ́:riəl] *a.* 《詩》 대리석 같은. 「원숭이《중남미산》.
mar·mo·set [má:rməzèt] *n.* 명주
mar·mot [má:rmət] *n.* 〖動〗 마멋《다람쥐의 일종; 모르모트와는 다름》; 수영모자의 일종.
mar·o·cain [mǽrəkèin, ∸∠] *n.* Ⓤ

비단 또는 모직 옷감의 일종.

ma·roon[1] [mərú:n] *n., a.* Ⓤ 밤색(의); 《주로 英》 불꽃의 일종.

ma·roon[2] *n.* 탈주 흑인(의 자손)《서인도 제도·Guiana 산중에 삶》; 무인도에 버려진 사람. ── *vt.* 무인도에 버리다, 고립시키다. ── *vi.* 빈둥거리다; 《美》 캠프 여행을 하다. ~·**er** *n.*

mar·plot [má:rplàt/-plɔ̀t] *n.* 쓸데없이 덥적거려 일을 그르치는 사람, 헤살꾼.

Marq. Marquess; Marquis.

mar·quee [ma:rkí:] *n.* 《주로 英》 큰 천막; (클럽·호텔 따위의 정문 앞 보도 위에 친) 텐트, 큰 차양.

mar·que·try, -te·rie [má:rkətri] *n.* Ⓤ 상감(象嵌) 세공, 쪽매붙임 세공.

mar·quis,** 《英》 **-quess** [má:rkwis] *n.* (*fem.* ***marchioness) **후작**《duke의 아래》.

mar·quise [ma:rkí:z] *n.* (F.) 후작 「부인.

mar·qui·sette [mà:rkwəzét] *n.* Ⓤ 얇은 천의 일종《커튼·모기장 등에 씀》.

mar·ram [mǽrəm] *n.* (해변에 나는 사방용(砂防用)의) 포아풀과의 식물.

‡**mar·riage** [mǽridʒ] *n.* ① Ⓤ **결혼**; 결혼 생활. ② 결혼식. ③ 밀접한 결합. ④ (트럼프의) 같은 패의 King과 Queen의 짝맞추기. ***civil*** ~ (종교 의식에 의하지 않는) 신고 결혼. ***communal*** ~ 잡혼(雜婚). ***give*** 〔***take***〕 ***in*** ~ 며느리 또는 사위로 주다〔삼다〕.

mar·riage·a·ble [-əbəl] *a.* 결혼할 수 있는, 혼기가 된. ~ ***age*** 혼기.

márriage àrticles 혼인 재산 설정 계약서.

márriage lìcense 결혼 허가(증).

márriage lìnes 《英》 결혼 증명서.

márriage pòrtion 지참금. 「혼식.

márriage sèrvice (교회에서의) 결

márriage sèttlement 혼인 재산 계약. 「의.

‡**mar·ried** [mǽrid] *a.* **결혼한,** 부부

mar·ron gla·cé [marɔ́:ŋglaséi] (F.) 마롱글라세《양주와 설탕에 담가 굳게 한 밤》.

mar·ron·ni·er [mærɔnjéi] *n.* (F.) 〖植〗 마로니에 《서양칠엽수(七葉樹)》.

mar·row** [mǽrou] *n.* Ⓤ **골수**; **정수**(精髓). ***to the ~ 뼈속까지, 순수한.

mar·row·bone [-bòun] *n.* 골수가 든 뼈; (*pl.*) 《諧》 무릎. 「의 일종.

mar·row·fat [-fæ̀t] *n.* 〖植〗 큰완두

†**mar·ry** [mǽri] *vt.* …와 **결혼하다**; 결혼시키다(one *to* another); 굳게 결합시키다. ── *vi.* 결혼하다. ***be married*** 결혼하(고 있)다. ***get married*** 결혼하다. ~ ***beneath one*** 지체가 낮은 자와 결혼하다.

***Mars** [ma:rz] *n.* ① 〖로神〗 (로마 군신(軍神)) **마르스.** ② **화성**(火星).

Mar·seil·laise [mà:rsəléiz, -seiéz] *n.* (*La* ~) 라마르세예즈《프랑스 국가》.

Mar·seilles [ma:rséilz] *n.* 마르세이유《프랑스 지중해안의 항구 도시》.

‡**marsh** [ma:rʃ] *n.* Ⓤ,Ⓒ 소택(沼澤); 습지. *∠·**y** *a.* 늪의; 소택이 많은; 늪 같은.

‡**mar·shal** [má:rʃəl] *n.* ① (프랑스 등의) **육군 원수.** ② 《英》 의전(儀典)관. ③ 《英》 사법 비서관; 《美》 연방 재판소의 집행관, 경찰서장. ***M- of the Royal Air Force*** 《英》 공군 원수. ── *vi., vt.* (《英》 **-ll-**) **정렬하다**〔**시키다**〕; (*vt.*) (의식을 차리며) 안내하다.

Már·shall Plàn [má:rʃəl] 마샬안《미 국무장관 G.C. Marshall 제안의 유럽 부흥 계획(1947)》 (cf. European Recovery Program).

márshal(l)ing yárd 〖鐵〗 조차장 「(操車場).

mársh gàs 메탄.

marsh·mal·low [má:rʃmèlou, -mæ̀l-] *n.* 마시멜로《과자》. 「물류.

mársh màrigold 〖植〗 눈동이나

mar·su·pi·al [ma:rsú:piəl/-sjú:-] *a.* 〖動〗 유대류(有袋類)의; 주머니의, 주머니 모양의. ── *n.* 유대 동물.

***mart** [ma:rt] *n.* **시장**(市場).

mar·tél·lo (**tòwer**) [ma:rtélou] *n.* (*or* M-) (옛날의) 원형 포탑(砲塔)《해안 방어용》. 「담비의 모피.

mar·ten [má:rtən] *n.* 〖動〗 담비; Ⓤ

mar·tens·ite [mà:rtənzàit] *n.* 〖冶〗 마텐자이트《담금질 강철의 주요 경도 성분》.

mar·tial [má:rʃəl] *a.* 전쟁의; 무용(武勇)의; 호전적인; (M-) 군신(軍神) Mars의. ~·**ly** *ad.* 용감하게.

mar·tial·ize [-àiz] *vt.* …에 전쟁 준비를 시키다.

mártial láw 계엄령.

mártial rúle 군정.

mártial spírit 사기(士氣).

Mar·tian [má:rʃən] *a.* 군신(軍神) Mars의; 화성의. ── *n.* 화성인.

mar·tin [má:rtən] *n.* 흰털발제비.

mar·ti·net [mà:rtənét, ∠-∠] *n.* 규율에 엄격한 사람《특히 군인·공무원 등》.

mar·tin·gale [má:rtəngèil] *n.* ① (말의) 가슴걸이. ② (배의) 제2 사장(斜檣) (jib boom)을 고정하는 버팀줄. ③ 곱 걸기《걸 때마다 거는 돈을 배로 해감》.

mar·ti·ni [ma:rtí:ni] *n.* 마르티니《진과 베르뭇의 칵테일》. ***dry*** ~ 싸한 마르티니.

Mar·ti·nique [mà:rtiní:k] *n.* 카리브해에 있는 프랑스령 섬.

Mar·tin·mas [má:rtənməs] *n.* 성마르틴 축일《11월 11일》. 「발제비.

mart·let [má:rtlit] *n.* 《英方》 흰털

mar·tyr** [má:rtər] *n.* **순교자;** …으로 괴로워하는 사람(*to*). ***make a ~ ***of oneself*** 순교자연하다. ~ ***to*** (gout) (통풍)으로 괴로워하는 사람. ── *vt.* (신앙·주의·고집을 이유로) 죽이다; 박해하다. ~·**dom** *n.* Ⓤ,Ⓒ 순교; 순사(殉死); 고난, 고뇌, 고통.

‡**mar·vel** [má:rvəl] *n.* **경이,** 놀라운 것, 경탄. ── *vi.* (《英》 **-ll-**) **경탄하다**(*at, that*); 괴이쩍게 여기다(*why,*

how). ‡～·(l)ous *a.* **불가사의한,** 놀라운, 괴이쩍은; 《口》 **훌륭한.** *～·(l)ous·ly *ad.*

Marx [mɑːrks], **Karl** (1818–83) 독일의 사회주의자 《*Das Kapital* (1867)》.

Marx·i·an [mɑ́ːrksiən] *a.* 마르크스(주의)의. **Márx·ism** *n.* Ⓤ 마르크스주의. **-ist** *n.* 마르크스주의자.

‡**Mar·y** [mέəri] *n.* **성모 마리아;** 막달라 마리아(Mary MAGDALENE); 여자 이름. ～ STUART.

Máry Jáne 《美俗》 마리화나.

***Mar·y·land** [mérələnd] *n.* 미국 동부의 주《생략 Md.》.

mar·zi·pan [mɑ́ːrzəpæ̀n] *n.* ⓊⒸ =MARCHPANE.

mas., masc. masculine.

mas·car·a [mæskǽrə, -ɑ́ː-] *n.* Ⓤ 마스카라《눈썹에 칠하는 물감》.

mas·con [mǽskɑn/-kɔn] *n.* 마스콘《달의 질량 집중 지대》.

mas·cot(te) [mǽskət] *n.* 마스코트, 행운의 부적, 행운을 가져오는 사람.

‡**mas·cu·line** [mǽskjəlin, mɑ́ːs-] *a., n.* **남자의;** 남자다운; 남자 같은; 〚文〛 남성(어). **-lin·i·ty** [ˌ-líniti] *n.* Ⓤ

másculine génder 〚文〛 남성.

másculine rhýme 남성운(韻)《*disdain, complain* 처럼 마지막 음절에 악센트를 둠》(opp. feminine rhyme).

Mase·field [méisfìːld, méiz-], **John** (1878–1967) 영국의 시인·극작가·소설가.

ma·ser [méizər] (<*m*icrowave *a*mplification by *s*timulated *e*mission of *r*adiation) *n.* 〚電〛 메이저, 분자 증폭기.

mash [mæʃ] *n.* Ⓤ ① 짓이긴 것. ② 엿기름물《양조용》. ③ 곡분(穀粉)이나 밀기울 따위를 더운 물에 갠 사료. ④ 《英俗》 (감자의) 매시. ***all to a ～*** 아주 곤죽이 될 때까지. ── *vt.* 으깨어 뭉개다; (엿기름에) 더운 물을 섞다; 반하게 하다. **´-er** *n.*

MASH mobile army surgical hospital 육군 이동 외과 병원.

mash·ie, mash·y [mǽʃi] *n.* 〚골프〛 아이언 5번.

máshie nìblick 〚골프〛 아이언 6번.

†**mask** [mæsk, -ɑː-] *n.* ① (춤·연극용의) **가면;** (방호용) 복면, 마스크; (가계의) 마스크; 탈. ② 가장한 사람. ③ 구실, 핑계. ── *vt.* …에게 가면을 씌우다; 차폐(遮蔽)하다; (사격 따위를) 방해하다. ── *vi.* 가면을 쓰다; 변장하다. ***throw off the ～*** 가면을 벗다; 정체를 드러내다. **～ed** [-t] *a.* 가면을 쓴, 숨긴. **´-er** *n.* 가면〔가장〕 무도자.

másked báll 가면〔가장〕 무도회.

mas·och·ism [mǽsəkìzəm, mǽz-] *n.* Ⓤ 피학대 음란증(被虐待淫亂症), 마조히즘(opp. sadism). **-ist** *n.*

‡**ma·son** [méisn] *n.* ① **석공.** ② 프리메이슨《우애·공제를 목적으로 한 비밀 결사》(의 일원(一員)). ── *vt.* 돌〔벽돌〕을 쌓다. **ma·son·ic** [məsɑ́nik/-ɔ́-] *a.* 프리메이슨의. *～**·ry** *n.* Ⓤ **석공직(職),** 석조 건축; (M-) 프리메이슨 조합.

Má·son-Díx·on lìne [méisndíksn] 《美》 Maryland 주와 Pennsylvania 주의 경계선《노예 시대의 남북 경계선; 현재는 방언 구분선의 하나》.

ma·son·ite [méisənàit] *n.* 섬유판(fiberboard) 의 일종; (M-) 그 상표.

Má·son jàr 《美》 (식품용) 보존병.

masque [mæsk/-ɑː-] *n.* (16–17 세기 영국의) 가면극 (각본); 가장 무도회.

***mas·quer·ade** [mæ̀skəréid, mɑ̀ː-] *n.* **가장 무도회;** 가장; 구실. ── *vi.* 가장 무도를 하다; 가장하다; 체하다(*as*). **mas·quer·ád·er** *n.* 가장 무도자.

mass**[1], **M-** [mæs] *n.* ⓊⒸ **미사**《카톨릭교의 성체성사》; 미사곡. ***High M- (분향·주악이 있는) 대미사.

‡**mass**[2] *n.* ① **덩어리;** 집단; 다수, 다량(*He is a ～ of bruises.* 전신 상처 투성이다). ② 태반. ③ Ⓤ 〚理〛 질량. ***in the ～*** 통틀어. ***the (great) ～ of*** …의 대부분. ***the ～es*** 대중. ── *vt., vi.* 한 덩어리로 하다〔되다〕, 집중시키다〔하다〕.

Mass. Massachusetts.

***Mas·sa·chu·setts** [mæ̀sətʃúːsits] *n.* 미국 북동부의 주《생략 Mass.》.

***mas·sa·cre** [mǽsəkər] *n.* **대학살.** ── *vt.* 학살하다.

***mas·sage** [məsɑ́ːʒ / mǽsɑːʒ] *n.* ⓊⒸ **마사지,** 안마. ── *vt.* 마사지〔안마〕하다. **mas·ság·ist** *n.* 안마사.

máss communicátion 대중 전달, 매스커뮤니케이션. 「대중 문화.

mass·cult [mǽskʌlt] *n.* Ⓤ 《美口》

máss défect 〚理〛 질량 결손.

mas·sé [mæséi] *n.* (F.) 〚撞〛 마세, 세워 치기.

máss-én·er·gy equàtion [mǽsénərdʒi] 질량 에너지 방정식《A. Einstein 이 정식화한 $E=mc^2$ 의 공식》.

mas·seur [mæsə́ːr] *n.* (F.) (*fem.* **-seuse** [-sə́ːz]) 마사지사, 안마사.

máss gáme 집단 경기.

‡**mas·sive** [mǽsiv] *a.* ① **크고 무거운;** 묵직한, 육중한. ② 실팍한. ③ 덩어리 모양의. **～·ly** *ad.*

máss mán 대중적〔집단〕 인간《대중 사회를 구성하는 가정된 전형적 인간으로, 개성이 상실됨》.

máss média (*sing.* ***mass medium***) 대중 전달 기관《방송·신문 등》.

máss méeting (국민) 대회.

máss observátion 《英》 여론 조사.

máss prodúction 대량 생산.

máss psychólogy 군중 심리(학).

mass·y [mǽsi] *a.* 무거운, 실팍한.

‡**mast**[1] [mæst, -ɑː-] *n.* **돛대,** 마스트, 기둥. ***before the ～*** 돛대 앞에; 평수부로서《수부는 앞돛대 앞의 수부실에 있으므로》. 「이》.

mast[2] *n.* 《集合的》 도토리《돼지 먹

mas·tec·to·my [mæstéktəmi] *n.* ⓊⒸ 〚醫〛 유방 절제(술).

†**mas·ter** [mǽstər, -ɑ́ː-] *n.* ① 주인

(opp. man); 소유주(主), 임자. ② 장(長), 우두머리; 가장; 선장; 교장. ③ 《주로 英》 선생; 명인, 대가. ④ 도련님. ⑤ 석사. ⑥ 승자. ⑦ (the M-) 예수. ***be ~ of*** …을 갖고 있다, …에 통달해 있다; …을 마음대로 할 수 있다. ***be one's own ~*** 자유로이 행동할 수 있다. ***make oneself ~ of*** …에 숙달하다. ***M- of Arts*** 문학 석사. ***~ of ceremonies*** (식·여흥의) 사회자(생략 M.C.); 《英》 의전관. ***pass ~*** 급제해서 석사가 되다. ***the old ~s*** 문예 부흥기의 명화가들(의 작품). — *vt.* ① 지배하다, 정복하다; (정열을) 억제하다. ② 숙달하다. **~·ful** *a.* 주인티를 내는; 거만한. **~·ly** *a.* 대가다운, 교묘한.

mas·ter-at-arms [mǽstərətɑ́:rmz, mɑ́:s-] *n.* 〖海軍〗 선임 위병 하사관 《함상 경찰 임무를 담당》.

máster búilder 건축 청부업자; (뛰어난) 건축가.

máster hànd 명인; 명기(名技).

máster kéy 결쇠, 만능 열쇠.

mas·ter·mind [mǽstərmàind, -ɑ́:-] *vt., n.* 배후에서 조종하다〔조종하는 사람〕, (어떤 계획의) 흑막, 지도자.

‡**mas·ter·piece** [-pì:s] *n.* 걸작.

máster plán 종합 기본 계획.

máster sérgeant 《美》 〖軍〗 상사.

mas·ter·ship [-ʃìp] *n.* Ⓤ 주인〔우두머리〕임; 교장〔교사〕의 직〔지위·권위〕; 숙달; 지배(력).

máster-sláve manìpulator 매직핸드《원자로 따위의 원거리 조정 기계의 손》.

máster stròke 훌륭한 수완. 「작.

mas·ter·work [-wə̀:rk] *n.* 대작, 걸

***mas·ter·y** [mǽstəri, -ɑ́:-] *n.* Ⓤ ① 지배, 통어(統御)(*the ~ of the seas* 〔*air*〕 제해〔제공〕권). ② 우위, 승리. ③ 숙달. 「끝.

mast·head [mǽsthèd/-ɑ́:-] *n.* 돛대

mas·ti·cate [mǽstəkèit] *vt.* 씹다.
mas·ti·ca·tion [⌐-kéiʃən] *n.* Ⓤ

mas·ti·ca·to·ry [mǽstəkətɔ̀:ri] *a.* 저작(咀嚼)의, 씹는. — *n.* 씹는 것 《타액 분비 촉진을 위한》.

mas·tiff [mǽstif] *n.* (큰) 맹견의 일종. 「유선염(乳腺炎).

mas·ti·tis [mæstáitis] *n.* Ⓤ 〖醫〗

mas·to·don [mǽstədɑ̀n / -dɔ̀n] *n.* 〖古生〗 마스토돈《신생대 제 3 기(紀)의 큰 코끼리》.

mas·toid [mǽstɔid] *a.* 젖꼭지 모양의. — *n.* 〖解〗 유양(乳樣) 돌기.

mas·tur·ba·tion [mæ̀stərbéiʃən] *n.* Ⓤ 수음(手淫).

‡**mat**¹ [mæt] *n.* ① 매트, 멍석; 신바닥 문지르는 깔개; (식기의) 깔개. ② 엉킨 물건. ***leave a person on the ~*** 문전에서 쫓아 버리다. — *vt.* (*-tt-*) 멍석을 깔다; 얽히게 하다. — *vi.* 엉키다. ***~ted hair*** 헝클어진 머리.

mat² *a.* 광택 없는. — *n.* (그림의) 대지(臺紙).

mat. matinee; matins; maturity.

mat·a·dor [mǽtədɔ̀:r] *n.* 투우사; (카드놀이의) 으뜸패의 일종; (M-) 《美》 지대지 미사일.

‡**match**¹ [mætʃ] *n.* 상대, 적수(敵手), 짝지움; 한쌍 중의 한쪽; 필적하는 것; 맞붙음; 《주로 英》 시합; 배우자; 혼인. ***be a ~*** 〔***no ~***〕 ***for*** 필적(匹敵)하다〔하지 못하다〕, …의 호적수다〔…에겐 못당하다〕. ***be more than a ~ for*** 맞설 수 없다, 상대가 안 되다. (***They***) ***make a ~ of it*** 결혼하다. — *vt.* 결혼시키다(*with*); 맞붙게 하다(*against*); 어울리게 하다(*with*). — *vi.* 어울리다; 걸맞다. ***⌐·less** *a.* 무적의, 무비(無比)의.

‡**match**² *n.* 성냥; 도화선.

match·book [⌐bùk] *n.* 성냥첩《뜯어쓰게 된 종이 성냥》.

match·box [⌐bɑ̀ks/-ɔ̀-] *n.* 성냥갑.

match·lock [⌐lɑ̀k/-ɔ̀-] *n.* 화승총(銃).

match·mak·er¹ [⌐mèikər] *n.* 중매인; 경기의 대진 계획을 짜는 사람.

match·ma·ker² *n.* 성냥 제조업자.

match·wood [⌐wùd] *n.* Ⓤ 성냥개비. 「MATE.

mate¹ [meit] *n., v.* 〖체스〗 = CHECK-

‡**mate**² *n.* ① 한패, 동료. ② (한쌍의 새의) 한편. ③ 〖海〗 항해사《선장의 대리도 함》; 조수. ***first ~,*** 1 등 항해사. — *vt.* 짝 지우다, 결혼시키다(*with*). — *vi.* 짝짓다; 한패가 되다.

ma·té, **ma·te** [mɑ́:tei, mǽt-] *n.* (Sp.) 마테차 나무; Ⓤ 마테차(의 잎); 마테차 그릇. 「니(mother).

ma·ter [méitər] *n.* (L.) 《英口》 어머

†**ma·te·ri·al** [mətíəriəl] *a.* ① 물질적인; 실질적인(opp. formal). ② 육체적인. ③ 중요한(*be ~ to*). ***~ evidence*** 물적 증거. — *n.* ① ⓊⒸ 재료, 원료; 감. ② 자료; 요소; 제재(題材). ③ (*pl.*) 용구(用具)(*writing ~s*). ***raw ~*** 원료. **~·ism** [-ìzəm] *n.* Ⓤ 유물론, 유물주의. **~·ist** *n.*

ma·te·ri·al·is·tic [-⌐-əlístik] *a.* 유물론의. ***-ís·ti·cal·ly** *ad.* 크게, 물질적으로.

ma·te·ri·al·ize [mətíəriəlàiz] *vt.* 구체화하다, 구현하다, 유형으로 하다; 〖降神術〗 (영혼을) 물질화하다. ***~ a spirit*** (강신술로) 영혼을 물질화하여 눈앞에 나타내다. — *vi.* 유형으로 되다, 실현되다. **ma·te·ri·al·i·za·tion** [-⌐-⌐izéiʃən] *n.* Ⓤ

matérials science 재료 과학, 재료학.

***ma·ter·nal** [mətə́:rnl] *a.* 어머니의; 어머니다운(opp. paternal).

ma·ter·ni·ty [mətə́:rnəti] *n.* Ⓤ 어머니임, 모성, 어머니다움.

matérnity hòspital 산과 병원.

matérnity núrse 조산원(員).

math [mæθ] *n.* 《口》 = MATHEMATICS. 「ics.

math. mathematician; mathemat-

‡**math·e·mat·ic** [mæ̀θəmǽtik], **-ti·cal** [-əl] *a.* 수학의, 수리적인; 정

확한. **-i·cal·ly** *ad.*

†**math·e·mat·ics** [mæ̀θəmǽtiks] *n.* 수학. ***math·e·ma·ti·cian** [-mətíʃən] *n.* 수학자.

maths [mæθs] *n.* 《英口》 =MATHEMATICS.

mat·in [mǽtən] *n.* (*pl.*) 〖英國國敎〗 조과(早課); 아침 일과; 아침 예배(의 시각); 《詩》 (새의) 아침 노래.

***mat·i·née, mat·i·nee** [mæ̀tənéi / mǽtənèi] *n.* (F.) 낮흥행, 마티네.

mat·ing [méitiŋ] *n.* 〚動〛 교배. ***the ~ season*** 교배기.

Ma·tisse [mɑːtíːs], **Henri** (1869–1954) 프랑스의 후기 인상파·야수파의 화가.

ma·tri·arch [méitriɑ̀ːrk] *n.* 여자 가장, 가장의 아내.

ma·tri·ar·chate [méitriɑ̀ːrkit, -kèit] *n.* 여가장제 사회.

ma·tri·ces [méitrisìːz, mǽt-] *n.* matrix 의 복수.

mat·ri·cide [méitrəsàid, mǽt-] *n.* ⓊⒸ 모친 살해(자). **ma·tri·cid·al** [ˋ–sáidl] *a.* 어머니 살해(자)의.

ma·tric·u·late [mətríkjəlèit] *vt., vi.* 대학 입학(을 허가)하다. **ma·tric·u·la·tion** [-ˋ–léiʃən] *n.* ⓊⒸ 입학 허가, 입학.

ma·tri·lin·e·al [mæ̀trəlíniəl] *a.* 모계(母系)의《사회 등》.

***mat·ri·mo·ny** [mǽtrəmòuni] *n.* ⓊⒸ 결혼; 결혼 생활; 〖카드〗 으뜸패 King 과 Queen 을 짝짓는 놀이. **mat·ri·mo·ni·al** [ˋ–móuniəl] *a.*

ma·trix [méitriks, mǽt-] *n.* (*pl.* ***-trices, ~es***) 자궁; 모체; 〖生〗 세포간질(間質); 〖印〗 자모; 지형(紙型); 〚컴퓨터〛 행렬(行列).

***ma·tron** [méitrən] *n.* ① (나이 지긋한) 기혼 부인. ② 간호부장, 학교 여자 사감(舍監). **~·ly** *a.* matron 다운; 침착하고 품위 있는.

MATS Military Air Transport Service.

matt [mæt] *a.* =MAT².

Matt. Matthew.

†**mat·ter** [mǽtər] *n.* ① Ⓤ 물질(opp. spirit, mind); 실질, 본질. ② Ⓤ 〖哲〗 질료(質料); 〖論〗 명제의 본질(opp. form). ③ Ⓤ 내용, 자료; 재료; 〖美術〗 재질(材質), 마티에르. ④ 사건, 일, 문제. ⑤ Ⓤ 중요(함). ⑥ Ⓤ …물(物)(*postal ~* 우편물/ *printed ~* 인쇄물). ⑦ Ⓤ 〖醫〗 고름. ⑧ (*pl.*) 사태. ***a ~ of*** 약 (*a ~ of 10 years* 약 10년간). ***as a ~ of fact*** 실제는, 실제에 있어서. ***as ~s stand,*** or ***as the ~ stands*** 현상태로는. ***for that ~*** 그 일에 대해서는. ***in the ~ of*** …에 대해서는. ***~ of course*** 당연히 예기되는 일. ***~ of fact*** (의견이 아니라) 사실 문제. ***no ~*** 대단한 일이 아니다. ***no ~ how*** 〔***what, when, where, who***〕 비록 어떻게〔무엇을, 언제, 어디에서, 누가〕 …한다 하더라도. ***What is the ~ (with)?*** (…은) 어찌된 일인가. ***What ~?,*** or ***No ~.*** 상관 없지 않은가. **—** *vi.* 중요〔중대〕하다; (상처 따위가) 곪다. ***It does not ~ (if…)*** (…이라도) 괜찮다. ***What does it ~?*** 상관 없지 않은가.

Mat·ter·horn [mǽtərhɔ̀ːrn], **the** 알프스 산맥 중 Mont Blanc 다음 가는 고봉(高峯)《4,505 m》.

mat·ter-of-course [mǽtərəvkɔ́ːrs] *a.* 당연한, 물론인, 자연의.

mat·ter-of-fact [-əvfǽkt] *a.* 사실의; 사무적인, 멋없는.

***Mat·thew** [mǽθjuː] *n.* 〖聖〗 마태《예수의 12 제자의 하나》; 마태복음.

mat·ting [mǽtiŋ] *n.* Ⓤ 멍석, 돗자리.

mat·tock [mǽtək] *n.* 곡괭이의 일종.

***mat·tress** [mǽtris] *n.* (짚·솜 등을 둔) 침대요; 〖土〗 침상(沈床).

mat·u·rate [mǽtʃərèit] *vi., vt.* 익다; 〖醫〗 화농(케)하다. **mat·u·ra·tion** [ˋ–réiʃən] *n.* Ⓤ 화농; (과일 따위의) 익음; (재능의) 원숙.

‡**ma·ture** [mətjúər, -tʃú-] *a.* ① 익은, 성숙한; (심신이) 충분히 발달한. ② 만기가 된. ③ 신중한. **—** *vt., vi.* 익(히)다, 성숙시키다〔하 다〕; 완성시키다; 만기가 되다.

ma·tu·ri·ty** [mətjúərəti, -tʃúː- / -tjúərə-] *n.* Ⓤ 성숙; 완성; 만기; 화농. ***come to ~ 성숙하다.

ma·tu·ti·nal [mətjúːtənəl] *a.* (이른) 아침의; 이른.

mat·zo [mɑ́ːtsə, -tsou] *n.* (*pl.* ***~s, ~th*** [-θ]) Passover 에 유대인이 먹는 밀가루만으로 된 빵.

maud·lin [mɔ́ːdlin] *a.* 걸핏하면 우는, 취하면 우는, 감상적인. **—** *n.* Ⓤ 눈물 잘 흘림, 감상벽(感傷癖).

Maugham [mɔːm], **William Somerset** (1874–1965) 영국의 소설가·극작가.

maul [mɔːl] *n.* 큰 망치. **—** *vt.* 큰 메로 치다, 쳐서 부수다; 거칠게 다루다; 혹평하다.

maul·stick [ˊstik] *n.* (화가의) 팔받침.

Máu Màu [máu màu] (케냐 지방에서 유럽인 축출을 목적으로 하는) Kikuyu 족의 비밀 결사.

maun·der [mɔ́ːndər] *vi.* 종작〔두서〕 없이 지껄이다; 방황하다.

maun·dy [mɔ́ːndi] *n.* 세족식(洗足式)《빈민의 발을 씻어 주고 선물을 주는 의식》; 《英》 세족식 날에 왕실로부터 하사되는 빈민 구제금.

Máundy Thúrsday 세족 목요일《부활절 전의 목요일》.

Mau·pas·sant [móupəsɑ̀ːnt], **Guy de** (1850–93) 프랑스의 소설가.

Mau·riac [mɔːrjɑ́ːk], **François** (1885–1970) 프랑스의 소설가.

Mau·ri·ta·ni·a [mɔ̀ːritéiniə, -njə / mɔ̀-] *n.* 아프리카 북서부의 공화국.

Mau·ri·tius [mɔːríʃiəs] *n.* 마다가스카르섬 동쪽 인도양의 섬 나라.

Mau·rois [mɔrwa], **André** (1885–1967) 프랑스의 소설가·전기 작가·평론가《본명 Émile Herzog》.

Mau·ser [máuzər] *n.* 모제르 총.

mau·so·le·um [mɔ̀ːsəlíːəm] *n.* (*pl.*

~s, -lea [-lí:ə]) 영묘(靈廟), 능.
mauve [mouv] *n., a.* Ⓤ 연보라(의).
ma·vis [méivis] *n.* 《英·詩》〔鳥〕 개똥지빠귀류.
maw [mɔ:] *n.* 동물의 위(胃).
mawk·ish [mɔ́:kiʃ] *a.* 구역질나는; 연약하고 감상적인.
mawl [mɔ:l] *n.* =MAUL.
max. maximum.
max·i [mǽksi] *n.* 맥시〔롱〕 스커트 (maxiskirt), 맥시 코트(maxicoat). —*a.* 맥시의, 발목까지 내려오는.
maxi- 「최대·최장의」 뜻의 결합사.
*__max·im__ [mǽksim] *n.* 격언, 금언.
max·i·mal [mǽksəməl] *a.* 최대한의, 최고의. 「한으로 증대하다.
max·i·mize [mǽksəmàiz] *vt.* 최대
‡**max·i·mum** [mǽksəməm] *n.* (*pl.* ~*s*, *-ma* [-mə]) 최대 한도; 〔數〕 극대(opp. minimum). —*a.* 최대〔최고〕의.
max·well [mǽkswəl, -wel] *n.* 〖理〗 맥스웰 《자속(磁束)의 단위》.
†**May** [mei] *n.* 5월; 청춘; (m-) 《英》〔植〕 산사나무.
†**may** [mei] *aux. v.* (*might* [mait]) ① 《可能性 (부정은 may not)》 …일지도 모른다(*It ~ be true.* 사실일지도 모른다/*It ~ not be true.* 사실이 아닐지도 모른다). ② 《許可 (부정은 must not, cannot)》 …해도 좋다(*You ~ go./ You must not* 〔*cannot*〕 *go.*) 《정중한 금지에는 다음 말씨가 있음: *No* tape or sticker *may* be attached. (스카치) 테이프나 종이를 붙이지 마십시오(항공우편의 주의서)》. ③ 《容認 (부정은 cannot)》 …하여도 상관 없다; …하는 것도 당연하다(*You ~ call him a great man, but you cannot call him a good man.*); 하여도 괜찮을 텐데(*You might offer to help.* 도와 주겠다는 말쯤 해줘도 좋을 것 아닌가). ④ 《目的을 나타내는 副詞節 속에서》 …하기 위하여, …할 수 있도록(*We worked hard* (*so*) *that we might succeed.*). ⑤ 《讓步》 비록 …일지라도 (*come what ~* 무엇이 닥쳐오든). ⑥ 《能力》 …할 수 있다(*as best one ~* 될 수 있는 대로; 이럭저럭). ⑦ 《希望·祈願》 원컨대 …이기를(*M-you be happy!* 행복을 빕니다). ⑧ 《希望的 命令》 …을 바라다(*You ~ imagine.* 바라건대 헤아려 주십시오). *be that as it ~* 그것은 어떻든. *~ as well* …하는 편이 좋다.
Ma·ya [mɑ́:jə] *n., a.* 마야 사람(의); Ⓤ 마야 말(의).
†**may·be** [méibi:] *ad.* 아마.
*__Máy Dày__ 오월제(5월 1일 Maypole 춤을 춤); 노동절, 메이데이.
May·day, m- [méidèi] *n.* Ⓤ (<F. *m'aidez* =help me) 메이데이(국제 구조 신호).
*__May·flow·er__ [´flàuər] *n.* 〔植〕《英》 산사나무; 《美》 암당자(岩棠子). *the ~*, 1620년 Pilgrim Fathers가 타고 미국으로 건너간 배.
máy flỳ 〔蟲〕 하루살이.
may·hem [méihem, méiəm] *n.* Ⓤ 〖法〗 신체 상해(죄); 《一般的》 파괴, 난동; 혼란.
May·ing [méiiŋ] *n.* Ⓤ 오월제 축하, 5월의 꽃을 따러 가기.
mayn't [meint] may not의 단축.
*__may·on·naise__ [mèiənéiz, ´-`] *n.* Ⓤ 마요네즈.
‡**may·or** [mɛər, méiər] *n.* 시장. *Lord ~* 런던시 (기타 대도시)의 시장.
máy·or·al·ty *n.* Ⓤ 시장의 직.
may·or·ess [mέəris, méiər-] *n.* 여시장; 《英》 시장 부인.
May·pole [méipòul] *n.* 오월제에 세우는 기둥(이 둘레에서 춤을 춤).
Máy quèen 5월의 여왕(오월제의 놀이에서 여왕으로 뽑힌 소녀).
Maz·da [mǽzdə] *n.* 〖조로아스터교〗 선(善)의 신. **~·ism** *n.* =ZOROASTRIANISM.
*__maze__ [meiz] *n.* 미로(迷路); 분규. —*vt.* 《주로 方》 얼떨떨하게〔쩔쩔매게〕 하다.
ma·zu·ma [məzú:mə] *n.* 《美俗》 돈.
ma·zur·ka, -zour- [məzə́:rkə, -zúər-] *n.* (폴란드의) 마주르카춤(곡).
ma·zy [méizi] *a.* 구불구불한; 당황한.
M.B. *medicinae baccalaureus* (L.= Bachelor of Medicine). **MBA** Master of Business Administration. **MBS** 《美》 Mutual Broadcasting Service. **MC, mc, m.c.** megacycle. **M.C.** Marine Corps; Master of Ceremonies; Member of Congress; 《英》 Military Cross; Medical Corps.
Mc- *pref.* =MAC-. 「tude Test.
MCAT 《美》 Medical College Apti-
Mc·Car·thy·ism [məkɑ́:rθiìzəm] *n.* Ⓤ 매카시주의, 좌익 추방주의.
Mc·Coy [məkɔ́i] *n., a.* (the ~)《美俗》 진짜(=the real ~); 본인(本人).
Mc·In·tosh [mǽkintɑ̀ʃ/-ɔ̀-] *n.* 붉은 사과의 일종(미국산).
Mc·Lu·han·ism [məklú:ənìzəm] *n.* Ⓤ 맥루언 이론(캐나다의 학자 Marshall McLuhan에 의한 매스커뮤니케이션 이론).
Md 〔化〕 mendelevium. **Md.** Maryland. **M.D.** Medical Department; *Medicinae Doctor* (L. = Doctor of Medicine).
M-day [émdèi] *n.* 〖軍〗 동원일, 전투 개시일.
Me methyl.
†**me** [強 mi:, 弱 mi] *pron.* 《I의 目的格》 나를, 나에게. *Dear me!* 어머! 《보통, 여자의 말》.
Me. Maine. **ME, ME., M.E.** Middle English. **M.E.** Methodist Episcopal; Mining (*or* Mechanical) Engineer.
me·a cul·pa [méɑ: kúlpɑ:] (L.= (by) my fault) 내 탓(으로).
mead[1] [mi:d] *n.* Ⓤ 꿀술.
mead[2] *n.* 《古》 =MEADOW.
‡**mead·ow** [médou] *n.* ⓊⒸ 목초지; 강

변의 낮은 풀밭. ～·y *a.* 목초지의.
méadow làrk 〖鳥〗 들종다리류.
mead·ow·sweet [-swìːt] *n.* 〖植〗 조팝나무속(屬)의 관목.
*__mea·ger,__ 《英》 **-gre** [míːgər] *a.* 야윈, 불충분한; 빈약한; 무미건조한. ～·ly *ad.* ～·ness *n.*
‡**meal**[1] [miːl] *n.* Ⓤ (옥수수 따위의) 거칠게 간 곡식; 굵은 가루. ── *vt.* ｢갈다, 타다.
†**meal**[2] *n.* 식사 (시간).
meal·time [⌐tàim] *n.* Ⓤ 식사 시간.
meal·y [míːli] *a.* 탄 곡식 모양의, 작은 알 모양의, 가루 모양의; (얼굴이) 창백한. ｢말솜씨 좋은.
meal·y-mouthed [-máuðd, -θt] *a.*
‡**mean**[1] [miːn] *n.* ① 중간, 중위. ② 〖數〗 평균값, 중항(中項); 〖倫〗 중용(中庸); 〖論〗 매사(媒辭) 《중간에 서는 것, 중개자의 뜻에서》. ③ (*pl.*) 《보통 單數取扱》 수단, 방법. ④ (*pl.*) 자산(資産), 부(富). ***by all*** (***manner of***) ***～s*** 반드시; 《口》 좋고 말고요 《대답》. ***by any ～s*** 어떻게 해서든지. ***by fair ～s or foul*** 수단을 안 가리고. ***by ～s of*** …수단에 의하여. ***by no ～s*** 결코 …아니다. ***by some ～s*** 어떻게든 해서. ***by some ～s or other*** 이럭저럭. ***happy*** 〔***golden***〕 ***～*** 중용, 중도. ***man of ～s*** 부자. ***～s of living*** 생활 방도. ***～s test*** (실업 수당 받는 자의) 가계 조사. ***within*** 〔***beyond***〕 ***one's ～s*** 분수에 알맞게〔지나치게〕. ── *a.* 중정도의, 중등의, 보통의; 평균의. ***in the ～ time*** ＝MEANTIME. ***～ temperature*** 평균 온도.
‡**mean**[2] *a.* ① (태생이) 비천한; 초라한; 열등한. ② 인색한; 가치 없는, 비열한. ***no ～*** 훌륭한. ⌐·ly *ad.* ⌐·ness *n.* ⓊⒸ
†**mean**[3] *vt.*, *vi.* (***meant*** [ment]) ① 꾀하다; …할 셈이다. ② 예정하다. ③ 의미하다(*What do you ～ by that?* 그건 무슨 뜻이냐); …의 뜻으로 말하다(*You don't ～ to say so!* 설마). ***be meant for*** …에 맞게 돼 있다, …이 될 예정이다; …을 예정하다. ***I ～ what I say.*** 농담이 아니다, 진정이다. ～ BUSINESS. ***～ well by*** 〔***to***〕 …에게 호의를 갖다.
me·an·der [miǽndər] *n.* (*pl.*) 강의 굽이침; 꼬부랑길; 우회(迂回)하는 여행; 〖建〗 뇌문(雷紋). ── *vi.* 굽이쳐 흐르다; 정처 없이 거닐다; 만담하다. ～·ing [-iŋ] *n.*, *a.* 꼬부랑길; 만보(漫步); 만담; 두서 없는.
méan deviátion 〖統〗 평균 편차.
mean·ie [míːni] *n.* 《美口》 치사한 놈; 불공평한 비평가; 독설가; (극, 소설의) 악역.
‡**mean·ing** [míːniŋ] *n.* ⓊⒸ 의미, 의의; 목적; 저의(底意). ***with ～*** 뜻 있는 듯이. *～·ful *a.* 의미 심장한, 의의 있는. *～·less *a.* 무의미한. ～·ly *ad.* 의미 있는 듯이, 일부러.
‡**means** [miːnz] ⇨ MEAN[1] (*n.*).
méans tèst ⇨ MEAN[1]. ｢사).
‡**meant** [ment] *v.* mean[3]의 과거(분
‡**mean·time** [míːntàim] *ad.* 이럭저럭하는 동안에. ── *n.* Ⓤ 그 동안. ***in the ～*** 이럭저럭하는 사이에, 이야기는 바뀌어 (한편).
‡**mean·while** [⌐*h*wàil] ＝⇧.
*__mea·sles__ [míːzəlz] *n. pl.* 《單數取扱》 〖醫〗 홍역. **mea·sly** [míːzli] *a.* 홍역에 걸린, 홍역의; (고기에) 촌충(寸蟲)이 붙은; 《口》 빈약한, 지질한.
*__meas·ur·a·ble__ [méʒərəbəl] *a.* 잴 수 있는; 알맞은. **-bly** *ad.* 잴 수 있을 정도로, 다소.
†**meas·ure** [méʒər] *n.* ① Ⓤ 측정, 측량. ② (어떤 단위로 정한) 크기; 양; 치수; 무게. ③ ⓊⒸ 정도. ④ 계량기《되·자》. ⑤ 기준, 표준, 척도. ⑥ 한도, 제한(limit); 적도(適度). ⑦ 〖數〗 약수. ⑧ Ⓤ 운율; 〖樂〗 박자, 가락; Ⓒ 마디. ⑨ 춤. ⑩ (*pl.*) 수단(step), 조처. ⑪ 법안(bill). ⑫ (*pl.*) 〖地〗 지층(bed). ***above*** 〔***beyond***〕 ***～*** 엄청나게, 엄청난. ***common ～*** 공약수. ***cubic ～*** 부피, 용량. ***dry*** 〔***liquid***〕 ***～*** 건(乾)〔액(液)〕량. ***for good ～*** 덤으로. ***full*** 〔***short***〕 ***～*** 듬뿍〔중량 부족〕. ***give full ～*** 듬뿍 주다. ***in a great ～*** 크게. ***in a ～*** 다소. ***know no ～*** 한 없다. (clothes) ***made to ～*** 치수에 맞추어 지은 (옷). ***～ for ～*** (동등한) 보복, 대갚음. ***set ～s to*** …을 제한하다. ***take ～s*** …을 측정하다(*of*); 수단을 강구하다. ***take a person's ～*** 아무의 치수를 재다; 인물을 보다. ***take the ～ of a person's foot*** 아무의 인물〔역량〕을 평가하다. ***to ～*** 치수에 맞추어서. ***waist ～*** 허리둘레. ***within ～*** 알맞게. ***without*** 〔***out of***〕 ***～*** 엄청나게. ── *vt.*, *vi.* ① 측정하다, 치수를 재다. ② 평가하다. ③ 길이가〔폭·높이가〕 …이다. ④ 견주다, 경주시키다(*with*). ⑤ 구분하다(*off*). ⑥ 분배하다(*out*). ⑦ 적응시키다. ⑧ 《詩》 걷다, 나아가다. ***～ back*** 후퇴하다. ***～ one's length*** 푹 쓰러지다. ***～ oneself against*** …와 힘을 겨루다. ～**d** [-d] *a.* 잰; 신중한; 운율이 고른; 리드미컬한. ～·less *a.* 헤아릴 수 없는. ‡～·ment *n.* Ⓤ 측정; ⒸⓊ 용량, 치수.
méasuring cùp 계량(計量)컵.
†**meat** [miːt] *n.* Ⓤ ① (식용의) 고기. ② 《古》 음식, 식사. ***as full as an egg is full of ～*** 가득히. ***green ～*** 야채. ***～ safe*** 《英》 쥐막이 찬장; 냉장고. ***～ and drink*** 만족스러움(*to*). ***One man's ～ is another man's poison.*** 《俗談》 갑의 약은 을에게 독. ⌐·y *a.* 고기가 많은; 내용이 풍부한.
meat·ball [⌐bɔ̀ːl] *n.* 고기 완자; 《美俗》 얼간이; 지겨운 사람.
meat-pack·ing [⌐pæ̀kiŋ] *n.* Ⓤ 정육업.
méat tèa 《英》 ＝HIGH-TEA.
me·a·tus [miéitəs] *n.* (*pl.* ～(*es*)) 〖解〗 개구(開口), 통로.
*__Mec·ca__ [mékə] *n.* 메카《Arabia의 도

시, Mohammed의 탄생지); 순례지(巡禮地), 동경의 땅; 발상지.
me·chan·ic [məkǽnik] *n.* 직공, 기계공. *~s (單數取扱) 기계학, 역학.
***me·chan·i·cal** [-əl] *a.* 기계의, 기계에 의한; 기계학의, 물리적인(opp. chemical); 기계적인, 창의성 없는. *~·ly *ad.* 기계적으로.
mechánical bráin 인공 두뇌.
mechánical dráwing 제도 기화(製圖器畫). 「학.
mechánical engineéring 기계공
mechánical pówer 기계력; (*pl.*) 간단한 기구류(지레·활차·나사·굴대 등). 「계 조립공; 기계학자; 기사.
mech·a·ni·cian [mèkəníʃən] *n.* 기
***mech·an·ism** [mékənìzəm] *n.* ① 기계(장치); 기구, 조직. ② Ⓤ 기교. ③ Ⓤ 〔哲〕 우주 기계론.
mech·a·nist [-nist] *n.* 기계론자; 《稀》 기계 기사. 「학〔기계론〕적인.
mech·a·nis·tic [mèkənístik] *a.* 기계
mech·a·nize [mékənàiz] *vt.* 기계화하다. ~*d unit* 기계화 부대. **mech·a·ni·za·tion** [ˌ-nizéiʃən] *n.* Ⓤ
med. medalist; medical; medicine; medieval; medium. **M. Ed.** Master of Education.
‡**med·al** [médl] *n.* 메달, 상패, 기장, 훈장. *war* ~ 종군 기장. ~·(l)ist [médəlist] *n.* 메달 수상자; 메달 제작자.
me·dal·lion [mədǽljən] *n.* 큰 메달; 《古》 원형 양각(陽刻).
‡**med·dle** [médl] *vi.* 참견〔간섭〕하다 (*in, with*); 《古》 주물럭거리다(*with*). ~**r** *n.* 쓸데 없이 참견하는 사람. ~·**some** *a.* 참견하기 좋아하는.
Me·de·a [midí:ə] *n.* 〔女神〕 메데아 (Jason의 Golden Fleece 입수를 도운 여마법사).
med·e·vac [médəvæ̀k] *n.* 《美》〔軍〕 부상자 구출용 헬리콥터. 「수.
me·di·a¹ [mí:diə] *n.* medium의 복
me·di·a² *n.* (*pl.* **-diae** [-dii:]) 〔音聲〕 유성 파열음; 〔生〕 (동맥의) 중막(中膜).
‡**me·di·ae·val** [mì:dií:vəl, mèd-], ~-**ism**, &c. =MEDIEVAL, ~ISM, &c.
me·di·al [mí:diəl] *a.* 중간의, 보통의. ~·**ly** *ad.*
me·di·an [mí:diən] *a.* 중간에 위치한. —— *n.* 〔解〕 정중 동맥〔정맥〕; 〔數〕 메디안(중앙값); 중점(中點), 중선(中線).
médian stríp (도로의) 중앙 분리대.
me·di·ate [mí:diət] *a.* 중간의, 중개의. —— [-èit] *vi.* 개재하다. —— *vt.* 조정하다; 중간에 서다, 중재하다. ~·**ly** *ad.* 간접으로. **me·di·a·tion** [mì:diéiʃən] *n.* Ⓤ **mé·di·a·tor** *n.* 조정자. 「중재의, 조정의.
me·di·a·to·ry [mí:diətɔ̀:ri / -təri] *a.*
med·ic [médik] *n.* 《俗》 의사; 의학도; 위생병. 「수 있는.
med·i·ca·ble [médikəbəl] *a.* 치료할
Med·i·caid, m- [médikèid] *n.* Ⓤ 《美》 저소득자 의료 보조.
‡**med·i·cal** [médikəl] *a.* 의학의; 의료의; 내과적인(opp. surgical). —— *n.* 《口》 의사. ~·**ly** *ad.*
médical examinátion 건강 진단.
médical exáminer 검시관(檢屍官); (공장 등의) 전속 의사.
médical jurisprúdence 법의학.
médical reáctor 의료용 원자로.
médical tréatment (내과적) 치료.
me·dic·a·ment [medíkəmənt] *n.* 의약, 약제, 약물.
Med·i·care, m- [médikɛ̀ər] *n.* Ⓤ 《美·캐나다》 국민 의료 보장.
med·i·cas·ter [médəkæ̀stər] *n.* 가짜 의사. 「료하다; 약을 섞다.
med·i·cate [médəkèit] *vt.* 약으로 치
med·i·ca·tive [médəkèitiv] *a.* 약효가 있는.
Med·i·ci [médətʃi:] *n.* (이탈리아 르네상스기의) 메디치가(家).
me·dic·i·nal [mədísənəl] *a.* 의약의, 약효가 있는. ~ *plant* 약초(cf. simple). ~·**ly** *ad.* 의약으로.
‡**med·i·cine** [médəsən] *n.* ① ⓊⒸ 약, 내복약. ② Ⓤ 의술, 의학. ③ 마술, 부적. —— *vt.* 투약하다.
médicine báll 가죽으로 만든 무거운 공(체육용).
médicine màn (북아메리카 토인의) 마법사. 「《口》 의사, 의학도.
med·i·co [médikòu] *n.* (*pl.* ~*s*)
‡**me·di·e·val** [mì:dií:vəl, mèd-] *a.* 중세(풍)의. *M- History* 중세사(서로마 제국의 멸망부터 동로마 제국의 멸망까지 (476–1453)). ~·**ism** [-ìzəm] *n.* Ⓤ 중세풍, 중세 정신〔존중〕. ~·**ist** *n.* 중세 연구〔존중〕가.
me·di·o·cre [mì:dióukər, ˊ-ˋ-] *a.* 보통의, 평범한, 별것이 아닌.
***me·di·oc·ri·ty** [mì:diákrəti / -ɔ́-] *n.* Ⓤ 범용(凡庸); Ⓒ 평범한 사람.
‡**med·i·tate** [médətèit] *vi., vt.* 숙고〔묵상〕하다 (*on, upon*); 꾀하다. ~ *revenge* 복수를 꾀하다. ‡**med·i·ta·tion** [mèdətéiʃən] *n.* Ⓤ ***med·i·ta·tive** [médətèitiv] *a.* 명상적인. **med·i·ta·tor** [-tèitər] *n.* 명상에 잠기는 사람, 사색가.
‡**Med·i·ter·ra·ne·an** [mèdətəréiniən] *a.* 지중해의. *the* ~ *Sea* 지중해. —— *n.* (the ~) 지중해.
‡**me·di·um** [mí:diəm] *n.* (*pl.* ~*s*, **-dia**) ① 중간; 중용. ② 매개(물), 매질, 매체. ③ 〔細菌〕 배양기; 환경; 생활 조건. ④ 수단, 방법. ⑤ (그림물감의) 용액; 영매(靈媒). ~ *of circulation* 통화. —— *a.* 중정도의, 보통의. ~ *range ballistic missile* 중거리 탄도탄 (생략 MRBM).
médium bómber 중형 폭격기.
me·di·um-sized [-sáizd] *a.* 중형의.
médium wáve 〔放〕 중파(中波).
med·lar [médlər] *n.* 서양모과(열매).
***med·ley** [médli] *n.* ① 잡동사니, 혼합; 잡다한 집단; 잡색천. ② 접속〔혼성〕곡. —— *a.* 그러모은, 혼합의.
médley ráce 혼합 경영(競泳)〔경

주], 메들리레이스. 「Organization.
MEDO Middle East Defense
Med·res·co [médreskou] *n.* 《英》〖商標〗 보청기(補聽器)의 일종.
Medul·la [mədʌ́lə] *n.* (*pl.* **-las, -lae** [-li:]) 〖解〗 수질(髓質).
Me·du·sa [mədjú:sə, -djú:zə] *n.* 〖그神〗 마녀(魔女)(Gorgons)의 하나; (m-) (*pl.* **-sae** [-si:, -z-], **~s**) 〖動〗 해파리. 「賞).
meed [mi:d] *n.* 《古》 보수, 포상(褒
‡**meek** [mi:k] *a.* 온순한, 유화한; 겸손한. ***as ~ as a lamb*** 아주 온순한. *⁓**ly** *ad.* ⁓**ness** *n.*
meer·schaum [míərʃəm, -ʃɔ:m] *n.* Ⓤ 〖鑛〗 해포석(海泡石); Ⓒ 해포석 파이프.
†**meet**[1] [mi:t] *vt., vi.* (**met**) ① 만나다; 마주치다. ② 마중하다, (약속하고) 면회하다. ③ (정식 소개로) 아는 사이가 되다; …에 직면하다. ④ …와 서로 만나보다. ⑤ …와 싸우다, (희망·요구에) 응하다, 만족시키다. ⑥ …을 지불하(기에 충분하)다. ⑦ (선·길 따위가) …와 합치다. ⑧ (띠·옷 따위가) 맞다. ***I'm very glad to ~ you.*** 처음 뵙겠습니다. ***~ one's ear*** (***eye***) 들리다〔눈에 들어오다〕. ***~ expenses*** 비용을 치르다. ***~*** (*a person*) ***halfway*** 타협하다. ***~ objections*** 반대를 반박하다. ***~ with*** …와 우연히 만나다; (사건에) 조우하다, 경험하다; 우연히 발견하다. ***Well met!*** 마침 잘 만났다. —— *n.* 모임; 《英》 사냥전의 회합.
meet[2] *a.* 《稀》 적당한, 어울리는 (*for; to* do, *to be* done; *that*).
†**meet·ing** [mí:tiŋ] *n.* ① ⓊⒸ 만남, 집합. ② 회합, 회견. ③ 결투, 회전(會戰). ④ 합류(점). ⑤ 예배회. ***hold a ~*** 회합을 갖다〔개최하다〕.
méeting hòuse 교회당.
méeting plàce 집회소, 회장.
meg-, mega- 「대(大)」의 뜻의 결합사. 「100만 달러.
meg·a·buck [mégəbʌ̀k] *n.* 《美俗》
meg·a·byte [mégəbàit] *n.* 〖컴퓨터〗 메가바이트《100만 바이트=800만 비트》.
meg·a·cit·y [mégəsìti] *n.* 인구 100만 이상의 도시.
meg·a·cu·rie [mégəkjùəri] *n.* 〖理〗 메가퀴리《100만 퀴리; 생략 mc》.
meg·a·cy·cle [mégəsàikl] *n.* 100만 사이클.
meg·a·death [mégədèθ] *n.* ⓊⒸ 100만 명의 죽음《핵무기에 의한 대학살》.
meg·a·hertz [mégəhə̀:rts] *n.* 메가헤르츠, 100만 헤르츠. 「(巨石).
meg·a·lith [mégəliθ] *n.* 〖考〗 거석
meg·a·lo·ma·ni·a [mègəlouméiniə] *n.* Ⓤ 과대 망상광(狂). 「거대 도시.
meg·a·lop·o·lis [mègəlápəlis/-ɔ́-] *n.*
meg·a·lo·sau·rus [mègəlousɔ́:rəs] *n.* 〖古生〗 거룡(巨龍).
***meg·a·phone** [mégəfòun] *n.* 메가폰, 확성기.
meg·a·scop·ic [mègəskápik/-skɔ́p-] *a.* 육안으로 보이는, 육안에 의한; 확대된.
meg·a·ton [mégətʌ̀n] *n.* 100만 톤; 메가톤《핵무기 폭발력의 계량 단위》.
meg·a·tron [mégətràn/-rɔ̀n] *n.* 〖電子〗 메가트론 진공관.
meg·a·ver·si·ty [mègəvə́:rsəti] *n.* 매머드 대학.
meg·a·volt [⁓vòult] *n.* 〖電〗 메가볼트《100만 볼트; 생략 MV, Mv》.
meg·a·watt [⁓wàt/⁓wɔ̀t] *n.* 메가와트《100만 와트; 생략 Mw》.
Meg·ger [mégər] *n.* 〖電〗 절연 저항계《商標》. 「옴.
meg·ohm [mégòum] *n.* 〖電〗 100만
me·grim [mí:grim] *n.* (*pl.*) 우울; ⓊⒸ 《古》 변덕; 《廢》 편두통.
mei·o·sis [maióusis] *n.* 〖生〗 세포핵의 감수 분열; 〖修〗 완서법(緩敍法) 《보기: This is *some* (=a big) war.》.
Me·kong [méikáŋ/-kɔ́ŋ] *n.* 메콩강. ***~ Delta*** 메콩강 어귀의 삼각주.
mel·a·mine [méləmì:n] *n.* Ⓤ 멜라민 (수지).
mel·an·cho·li·a [mèlənkóuliə] *n.* Ⓤ 〖醫〗 우울증. **mel·an·chol·ic** [⁓-kálik / -ɔ́-] *a.* 우울한, 우울증의.
‡**mel·an·chol·y** [mélənkàli/-kɔ̀li] *n.* Ⓤ 우울(증). —— *a.* 우울한, 침울한, 서글픈.
Mel·a·ne·sia [mèləní:ʒə, -ʃə] *n.* 멜라네시아《태평양 중부의 섬들》.
mé·lange [meilá:nʒ] *n.* (F.) 혼합(물).
mel·a·nin [mélənin] *n.* Ⓤ 멜라닌, 흑색소(素).
Mé·lba tòast [mélbə] (바삭바삭한) 얇은 토스트.
meld[1] [meld] *vt., vi., n.* 〖카드〗 (손에 가진 패를) 보이다〔보임〕.
meld[2] *vt., vi.* 《美》 섞다; 섞이다.
me·lee, *mêl·ée* [méilei, ⁓/mélei] *n.* (F.) 치고받기, 난투, 혼전.
me·lio·rate [mí:ljərèit, -liə-] *vt.* 개선〔개량〕하다. —— *vi.* 좋아지다.
me·lio·ra·tive [⁓-rèitiv / -rə-] *a.* 개선(改善)하는, 개량에 도움이 되는.
me·lis·ma [milízmə] *n.* (*pl.* **~ta** [-tə]) 〖樂〗 선율이 아름다운 음악〔가락〕. 「내는.
mel·lif·er·ous [milífərəs] *a.* 꿀을
mel·lif·lu·ent [məlífluənt] *a.* =⇩.
-ence [-əns] *n.* Ⓤ 유창(流暢).
mel·lif·lu·ous [məlífluəs] *a.* 꿀같이 감미로운; 유창한.
‡**mel·low** [mélou] *a.* ① (과일이) 익어 달콤한, 익은; 향기 높은. ② 비옥한. ③ 원숙한. ④ 풍부하고 아름다운《음색·빛 따위》. ⑤ 기분 좋은. —— *vt., vi.* 연하고 달게 익(히)다; 원숙케 하다, 원숙해지다. **~·ly** *ad.* **~·ness** *n.*
me·lo·de·on [milóudiən] *n.* 멜로디온《리드오르간의 일종》.
me·lod·ic [miládik /-ɔ́-] *a.* 선율의, 선율적인; 선율이 아름다운. ***~ minor scale*** 〖樂〗 선율적 단음계. **-i·cal·ly** *ad.*

***me·lo·di·ous** [milóudiəs] *a.* **선율이 고운.** **~·ly** *ad.* **~·ness** *n.*

mel·o·dist [mélədist] *n.* 성악가, 가수, 작곡가.

***mel·o·dra·ma** [mélədrὰːmə, -ræ̀-] *n.* UC 통속극; 권선징악의 통속극, 「멜로드라마」. **-mat·ic** [mèloudrəmǽtik] *a.* **-dra·ma·tist** [-drǽmətist] *n.* 멜로드라마 작가.

‡mel·o·dy [mélədi] *n.* UC **아름다운 곡조,** 해조(諧調); **선율,** 곡.

mel·on** [mélən] *n.* 〖植〗 **멜론,** 참외류. ***water ~ 수박.

Mel·pom·e·ne [melpάmənìː/-pɔ́m-] *n.* U 〖그神〗 멜포메네《비극의 여신; Muses의 한 사람》.

‡melt [melt] *vi.* (~*ed*; ~*ed, molten*) ① **녹다.** ② 녹아 없어지다. ③ (마음이) 풀리다, 가엾은 생각이 나다; (색이) 녹아 섞이다. ④《口》몸이 녹을 정도로 더위를 느끼다. **—** *vt.* ① 녹이다. ② 흩뜨리다. ③ 풀리게 하다. ④《英俗》낭비하다. ~ ***away*** 녹아 없어지다, 녹여 없애다. ~ ***into*** 녹아서 …이 되다, 마음이 풀려서 …하기 시작하다(~ *into tears*). **—** *n.* 용해 (금속).

melt·down [méltdàun] *n.* (원자로의) 노심(爐心) 용해《냉각장치 등의 고장에 의한》.

mélting mòod 감상적인 기분.

mélting pòint 용해점.

mélting pòt 도가니; 온갖 인종이 융합해서 사는 곳《흔히 미국을 가리킴》. 「(천).

mel·ton [méltən] *n.* U 멜턴 나사

Mel·ville [mélvil], **Herman** (1819–91) 미국의 소설가《*Moby Dick*(1851)》.

†mem·ber [mémbər] *n.* ① (단체의) **일원, 구성원.** ② 수족, 신체의 일부, 기관; 부분. ③ 〖文〗 절, 구; 〖數〗 변, 항. ***M- of Congress*** 《美》국회 의원《생략 M. C.》. ***M- of Parliament*** 《英》영국 하원 의원《생략 M. P.》. **‡~·ship** [-ʃip] *n.* U **일원임; 회원 자격;** C **회원수.**

mémber bànk 《美》연방 준비 은행에 가맹한 은행; (어음 교환의) 조합 은행. 「국.

mémber nàtion (유엔 등의) 가맹

***mem·brane** [mémbrein] *n.* ① 〖解〗 **얇은 막,** 막피(膜皮). ② U 양피지, 문서의 한 장. **-bra·nous** [-brənəs] *a.* 막 모양의.

me·men·to [miméntou] *n.* (*pl.* ~(*e*)*s*) 기념물, (추억이 되는) 유물.

meménto mó·ri [mɔ́ːrai] (L.) 죽음의 상징《해골 따위》.

mem·o [mémou] *n.* (*pl.* ~*s*) 《口》 = MEMORANDUM.

***mem·oir** [mémwaːr, -wɔːr] *n.* **회상록,** 실록; **전기; 연구 논문.**

mé·moire [meimwάːr] *n.* (F.) 각서《외교상의》.

***mem·o·ra·ble** [mémərəbəl] *a.* **잊지 못할;** 유명한.

***mem·o·ran·dum** [mèmərǽndəm] *n.* (*pl.* ~*s*, **-da** [-də]) 메모, **각서,** 비망록; 〖法〗 정관(定款); 매매 각서; (서명 없는) 비공식 서한.

‡me·mo·ri·al [mimɔ́ːriəl] *a.* **기념하는,** 추도의; 기억의. **—** *n.* **기념품;** (*pl.*) 연대기, 기록; 각서; 청원서. **~·ize** [-àiz] *vt.* 기념하다, 추도 연설을 하다.

Memórial 〔**Decorátion**〕 **Dày, the** 《美》현충일《대부분의 주에서는 5월 30일》. 「다; 기록하다.

‡mem·o·rize [méməràiz] *vt.* **암기하**

†mem·o·ry [méməri] *n.* ① U **기억;** C (개인의) 기억력. ② 추억. ③ U 죽은 뒤의 명성; C (고인의) 영(靈). ④ U 기억을 더듬을 수 있는 연한 (*beyond* ~). ⑤ U 기념. ⑥ 〖컴퓨터〗 기억 장치〔용량〕. ***in*** ~ ***of*** … …을 위해서, …을 기념하여. (***King George***) ***of blessed*** 〔***happy***〕 ~ 고(故) (조지왕)《죽은 왕·성인 등의 이름에 붙임》. ***within living*** ~ 아직도 사람들의 기억에 살아 있는.

mémory bànk 〖컴퓨터〗 기억 장치, 데이터 뱅크.

mémory cèll 〖컴퓨터〗 기억 소자.

mémory drùm 〖컴퓨터〗 기억 드럼《학습할 사항이 주기적으로 제시되는 회전식 장치》.

mémory màp 〖컴퓨터〗 기억 배치도.

†men [men] *n.* man 의 복수.

‡men·ace [ménəs] *n.* UC **협박.** **—** *vt.* 협박하다. **-ac·ing·ly** *ad.* 협박적으로. 「정(家政), 가사; 가족.

***mé·nage*, me-** [meinάːʒ] *n.* (F.) 가

me·nag·er·ie [minǽdʒəri] *n.* (이동) 동물원; 구경거리의 동물.

men·ar·che [minάːrkiː] *n.* U 〖生〗 초경(初經), 초조(初潮).

Men·ci·us [ménʃiəs] *n.* (372?–289? B.C.) 맹자.

‡mend [mend] *vt.* ① **고치다,** 수선하다(repair). ② 정정하다(correct). ③ (행실을) 고치다(improve). ④ (사태를) 개선하다(~ *matters*). ⑤ 걸음을 빠르게 하다(quicken). **—** *vi.* 고쳐지다; 나아지다. ***Least said soonest ~ed.*** 《俗談》말은 적을수록 좋다. ~ ***the fire*** 꺼져 가는 불을 살리다; 불에 나무를 지피다. ~ ***one's ways*** 소행을 고치다. **—** *n.* 수선한 부분. ***be on the*** ~ 나아져 가고 있다. **∠·a·ble** [∠əbəl] *a.* 고칠 수 있는. **∠·er** *n.* 수선인.

men·da·cious [mendéiʃəs] *a.* 허위의, 거짓말하는.

men·dac·i·ty [mendǽsəti] *n.* 허위; U 거짓말하는 버릇.

Men·del [méndl], **Gregor Johann** (1822–84) 오스트리아의 유전학자. **~'s Law** 멘델의 법칙. **Men·de·li·an** [mendíːliən, -ljən] *a.* **Men·del·ism** [méndəlìzəm] *n.* U 멘델의 유전학설.

men·de·le·vi·um [mèndəlíːviəm] *n.* U 〖化〗 멘델레븀《방사성 원소》.

Men·dels·sohn [méndlsn, -sòun], **Felix** (1809–47) 독일의 작곡가.

men·di·cant [méndikənt] *a.* 구걸하는; 탁발하는. —— *n.* 거지. **mén·di·can·cy, men·dic·i·ty** [mendísəti] *n.* Ⓤ 거지 생활.
Men·e·la·us [mènəléiəs] *n.* 〖그神〗 메넬라오스《스파르타의 왕; Helen의 남편, Agamemnon의 동생》.
men·folk(s) [ménfòuk(s)] *n. pl.* 남자들.
M. Eng. Master of Engineering.
men·hir [ménhiə*r*] *n.* 〖考〗 멘히르, 선돌(cf. dolmen).
me·ni·al [mí:niəl, -njəl] *a.* (비)천한; 하인의. —— *n.* 하인.
me·nin·ge·al [minínd3iəl] *a.* 뇌막의.
me·nin·ges [minínd3i:z] *n. pl.* (*sing.* ***meninx*** [mí:niŋks]) 〖解〗 뇌막, 수막.
men·in·gi·tis [mènind3áitis] *n.* Ⓤ 〖醫〗 뇌막염.
me·nis·cus [mínískəs] *n.* (*pl.* ~***es***, ***-ci*** [-skai]) 초승달 모양(의 것); 〖理〗 요철(凹凸) 렌즈.
men·o·pause [ménəpɔ̀:z] *n.* 폐경기(閉經期), 갱년기.
men·ses [ménsi:z] *n. pl.* 월경.
Men·she·vik [ménʃəvìk] *n.* (*pl.* ~***s***, ***-viki*** [-vì(:)ki]) (구러시아의) 소수[온건]파(의 당원)(cf. Bolshevik).
Mén·she·vism [-ìzəm] *n.* Ⓤ **-vist** *n.*
mens re·a [menz rí:ə] (L.) 범의(犯意).
mén's ròom 남성용 변소.
mens sa·na in cor·po·re sa·no [menz séinə in kɔ́:rpəri: séinou] (L.) 건전한 신체에 건전한 정신.
men·stru·al [ménstruəl] *a.* 월경의; 다달의(monthly).
men·stru·a·tion [mènstruéiʃən] *n.* ⓊⒸ 월경 (기간).
men·sur·a·ble [ménʃərəbəl] *a.* 측정할 수 있는.
men·su·ra·tion [mènʃəréiʃən / -sjuər-] *n.* Ⓤ 측정, 측량; 측정법, 구적법(求積法).
mens·wear [ménzwɛ̀ə*r*] *n.* 신사용품, 신사복, 남성용 의류.
-ment *suf.* 「결과·수단·상태」 따위를 나타내는 명사 어미(achieve*ment*, develop*ment*, enjoy*ment*).
‡**men·tal** [méntl] *a.* ① 마음의, 정신의. ② 지적인. ③ 마음으로 하는, 암산의. ④ 정신병의.
méntal áge 정신 연령《생략 M. A.》.
méntal aríthmetic 암산.
méntal blíndness 심맹(心盲)《눈으로는 보아도 적당히 인식하지 못함》.
méntal cáse 정신병 환자.
méntal cúlture 정신 수양.
méntal disórder 정신 착란.
méntal fáculty 지능.
men·tal·ism [méntəlizəm] *n.* Ⓤ 〖哲〗 유심론; 〖心〗 멘탈리즘(cf. behavio(u)rism). **-ist** *n.* **men·ta·lis·tic** [⌐–lístik] *a.*
***men·tal·i·ty** [mentǽləti] *n.* ① Ⓤ 정신 활동, 심성. ② ⓊⒸ 심적 상태. ③ Ⓤ 정신(능력), 지능.
***men·tal·ly** [méntəli] *ad.* 마음으로, 정신적으로; 지력[기질]상으로.
méntal pátient 정신병 환자.
méntal specíalist 정신과 의사.
méntal tést 지능 검사.
men·thene [ménθi:n] *n.* Ⓤ 〖化〗 멘틴《무색 유상(油狀)의 탄화 수소》.
men·thol [ménθɔ(:)l, -θɑl] *n.* Ⓤ 〖化〗 멘톨, 박하뇌(薄荷腦).
men·ti·cide [méntəsàid] *n.* Ⓤ 두뇌 파괴, 두뇌 살해《고문·세뇌·약제 따위에 의한》(cf. brainwashing).
†**men·tion** [ménʃən] *vt.* 언급하다, 이름을 들다, 진술하다. ***Don't ~ it.*** 천만의 말씀입니다. ***not to ~*** …은 말할 것도 없고. —— *n.* ⓊⒸ 언급, 진술, 기재. ***honorable ~*** (상품이 없는) 등외 상장. ***make ~ of*** …에 관해서 말하다, …에 언급하다.
men·tor [méntə*r*, -tɔ:*r*] *n.* 경험·신용 있는 조언자(助言者).
***men·u** [ménju:, méi-] *n.* 식단, 메뉴.
me·ow, mi·aow [miáu, mjau] *n., vi.* 야옹(하고 울다).
Meph·is·to·phe·le·an, -li·an [mèfəstoufí:liən, -ljən] *a.* (Faust를 유혹해서 혼을 팔게 한 악마) Mephistopheles 같은, (간사하고) 냉혹한.
me·pro·ba·mate [məpróubəmèit] *n.* Ⓤ 〖藥〗 정신 안정제의 일종.
mer·can·tile [mə́:rkəntàil, -ti:l] *a.* 상업의; 무역의; 돈에 눈이 어두운. **mér·can·til·ism** [-ìzəm] *n.* Ⓤ 중상(重商)주의. **-til·ist** *n.*
mércantile àgency 상업 흥신소.
mércantile pàper 상업 어음《약속 어음, 환어음 따위》.
mércantile sỳstem 중상주의.
mer·cap·tan [mərkǽptæn] *n.* Ⓤ 메르캅탄《도시가스 착취제(着臭劑)》.
***mer·ce·nar·y** [mə́:rsənèri] *a.* 돈을 목적으로 일하는; 고용된. —— *n.* 용병(傭兵).
mer·cer [mə́:rsər] *n.* 《英》 포목상.
mer·cer·ize [-ràiz] *vt.* (무명을) 머서법으로 처리하다《광택을 냄》. ~***d cotton*** 광을 낸 무명, 실켓.
‡**mer·chan·dise** [mə́:rtʃəndàiz] *n.* Ⓤ 《集合的》 상품.
†**mer·chant** [mə́:rtʃənt] *n.* 상인; 《英》 도매 상인; 무역 상인; 《美》 소매 상인. —— *a.* 상인의, 상선의. **~·a·ble** *a.* 팔 수 있는, 수요가 있는.
mérchant advénturer 〖英史〗 모험적 상인《해외 시장을 개척한 근세 초기의 무역상》.
márchanting tràde 중개(仲介) 무역.
mer·chant·man [-mən] *n.* 상선.
mérchant maríne 《集合的》 상선.
mérchant prínce 호상(豪商).
mérchant sérvice 해상 무역; 상선.
mérchant shíp 〔**véssel**〕 상선.
mer·ci [mɛərsí:] *int.* (F.) 고맙습니다(thanks, thank you).
merci beau·coup [boukú:] (F.) 대단히 감사합니다(thank you very much).
‡**mer·ci·ful** [mə́:rsifəl] *a.* 자비로운. **~·ly** *ad.* **~·ness** *n.*
***mer·ci·less** [-lis] *a.* 무자비한, 용서 없는. **~·ly** *ad.*

mer·cu·ri·al [məːrkjúəriəl] *a.* 기민한; 쾌활한; 마음이 변하기 쉬운; 수은의; 수성(水星)의. —— *n.* 수은제. **~·ism** [-ìzəm] *n.* Ⓤ 〖醫〗 수은 중독(증).

Mer·cu·ro·chrome [mərkjúərəkroùm] *n.* 〖商標〗 머큐로크롬.

‡**mer·cu·ry** [mə́ːrkjəri] *n.* ① (M-) 〖羅神〗 (여러 신의 심부름꾼) 머큐리신《상업·웅변·숙련·도둑의 수호신》. ② (M-) 〖天〗 수성. ③ 사자(使者). ④ Ⓤ 수은. ⑤ 온도계, 청우계. ⑥ Ⓤ 원기. ⑥ (M-) 《美》 1인승 우주선. *The ~ is rising.* 온도가 올라가고 있다; 형세가 좋아져 간다; 점점 흥분해 간다. 「pər] 수은등.

mér·cu·ry-vá·po(u)r làmp [-véi-

‡**mer·cy** [mə́ːrsi] *n.* Ⓤ 자비, 연민; Ⓒ 고마움, 행운. *at the ~* [*mercies*] *of* …에 내맡기어. *for ~('s sake)* 부디, 제발 비노니. *left to the tender ~ of* …로부터 가혹한 취급을 받고. *~ flight* [*mission*] 구조 비행. *~ killing* 안락사(安樂死)(술)(euthanasia). *M- on us!* 어허!; 아뿔싸! *What a ~ that …!* …이라니 고마워라.

‡**mere**[1] [miər] *a.* 단순한, 명색뿐인, …에 지나지 않는(*the ~st folly* 아주 어리석은 짓). ‡**mére·ly** *ad.* 단지, 다만.

mere[2] *n.* 《주로 英方》 호수, 못.

Mer·e·dith [mérədiθ], **George** (1828-1909) 영국의 소설가·시인.

mer·e·tri·cious [mèrətríʃəs] *a.* 야한; 매춘부 같은.

***merge** [məːrdʒ] *vt.* ① 몰입(沒入)케 하다. ② 합병하다(*in*). —— *vi.* ① 몰입하다. ② 합병되다; 융합하다.

merg·er [ˊər] *n.* ⓊⒸ 합병; 합동.

***me·rid·i·an** [mərídiən] *n.* ① 자오선. ② 《古》 특성, 장소, 환경. ③ 《古》 정오. ④ 정점, 전성기. —— *a.* 정오의; 절정의. *calculated for the ~ of* …의 취미[특성]에 알맞은. *first ~* 본초(本初) 자오선.

me·rid·i·o·nal [mərídiənəl] *a.* 남부 유럽의; 자오선의. —— *n.* 남프랑스 사람; 남쪽의 사람.

me·ringue [məræ̃ŋ] *n.* Ⓤ 머랭《설탕과 달걀 흰자위로 만든 푸딩의 거죽》; Ⓒ 그것을 입힌 과자.

me·ri·no [məríːnou] *n.* (*pl.* **~s**) 메리노양; Ⓤ 메리노 나사.

mer·i·stem [mérəstèm] *n.* Ⓤ 〖植〗 분열 조직.

‡**mer·it** [mérit] *n.* ① Ⓤ 뛰어남, 가치. ② 장점, 취할 점. ③ ⓊⒸ 공적, 공로. ④ (*pl.*) 공죄. *make a ~ of* …을 제 공로인 양하다. *on one's own ~* 진가에 의하여; 실력으로. *the Order of M-* 《英》 공로 훈장. —— *vt.* (받을) 만하다. *~ attention* 주목할 만하다.

mer·i·toc·ra·cy [mèritákrəsi / -ɔ́-] *n.* ⓊⒸ 수재 교육제; 실력 사회; 엘리트 지배층.

mer·i·to·ri·ous [mèritɔ́ːriəs] *a.* 공적 있는; 가치 있는; 칭찬할 만한.

mérit sỳstem 《美》 (공무원의) 능력 본위 임용[승진] 제도. 「류(類).

merl(**e**) [məːrl] *n.* 《주로 Sc.》 지빠귀

***mer·maid** [mə́ːrmèid] *n.* 인어《여성》; 《美》 여자 수영 선수.

mer·man [mə́ːrmæ̀n] *n.* 인어《남성》; 《美》 남자 수영 선수.

Mer·o·vin·gi·an [mèrəvíndʒiən] *a., n.* (프랑스의) 메로빙 왕조《486-751》의(왕, 사람)(cf. Carolingian).

‡**mer·ri·ly** [mérəli] *ad.* 즐겁게, 명랑하게, 흥겹게.

***mer·ri·ment** [-mənt] *n.* Ⓤ 흥겹게 떠들기, 유쾌, 웃고 즐기기, 환락.

†**mer·ry** [méri] *a.* ① 명랑한, 흥겨운, 유쾌한. ② 거나한. ③ 《古》 즐거운. *make ~* 흥겨워하다. *The more, the merrier.* 《俗談》 동행이 많으면 즐거움도 많다. **mér·ri·ness** *n.* 유쾌, 명랑. 「광대.

mer·ry-an·drew [-ǽndruː] *n.* 어릿

mérry dáncers 북극광(北極光).

Mérry Éngland 즐거운 영국《영국의 미칭》. 「전 목마.

***mer·ry-go-round** [-gouràund] *n.* 회

mer·ry·mak·er [-mèikər] *n.* 흥겹게 떠드는 사람. 「겹게 떠들기.

mer·ry·mak·ing [-mèikiŋ] *n.* Ⓤ 흥

mérry màn 종자(從者), 부하.

Mérry Mónarch, the 영국왕 Charles Ⅱ의 별칭.

Mer·thi·o·late [mərθáiəlèit] *n.* 살균 소독제 thimerosal의 상표명.

me·sa [méisə] *n.* (Sp. =table) (평원에 우뚝 솟은) 대지(臺地), 봉우리가 평평한 산.

mé·sal·li·ance [meizǽliəns, ˌ-lái-] *n.* (F.) 신분이 서로 다른 결혼.

mes·cal [meskǽl] *n.* Ⓤ (멕시코의) 메스칼 술; Ⓒ 선인장의 일종.

mes·ca·line [méskəliːn] *n.* Ⓤ 〖藥〗 메스칼린《仝으로 만든 환각제》.

mes·dames [meidáːm, -dǽm] *n.* (F.) *madame* 의 복수.

mes·de·moi·selles [mèidəmwəzél] *n.* (F.) *mademoiselle* 의 복수.

me·seems [miːsíːmz] *vi.* (*pl.* *meseemed*) 《古》 생각되다(=it seems to me).

mes·en·ter·y [mésəntèri] *n.* 〖解〗 장간막(腸間膜).

***mesh** [meʃ] *n.* 그물코; (*pl.*) 그물, 올가미; Ⓤ (톱니바퀴의) 맞물림. *in ~* 톱니바퀴가 맞물려서. —— *vt., vi.* 그물로 잡다; 그물에 걸리다; 맞물리다; 맞물다. 「최면(술)의.

mes·mer·ic [mezmérik, mes-] *a.*

mes·mer·ism [mézmərìzəm, més-] *n.* Ⓤ 최면술, 최면 상태. **-ist** *n.* 최면술사.

mes·mer·ize [mézməràiz, més-] *vt.* 최면술을 걸다; 홀리게 하다, 매혹시키다.

mes·o·lith·ic, M- [mèzəlíθik, mèsə-] *a.* 〖考〗 중석기 시대의.

mes·o·morph [mésəmɔ̀ːrf, méz-] *n.* 중등 체형(體型)(의 사람)《운동형 체격》.

me·son [mézɑn, mí:-, -sɑn/mí:zɔn, mésɔn] *n.* 〖理〗 중간자(mesotron).
mes·o·tron [mézətrɑ̀n, -sə- / mésətrɔ̀n] *n.* =MESON.
Mes·o·zo·ic [mèzəzóuik, mès-] *n.*, *a.* 〖地〗 중생대(의).
‡**mess** [mes] *n.* ① 잡탕, 혼합식. ② (군대의) 회식 동료; Ⓤ 회식. ③ 한 끼분. ④ 혼란, 북새. ⑤ 실책. ***at ~*** 식사중. ***get into a ~*** 난처하게 되다. ***in a ~*** 더럽혀져서; 혼란하여; 당혹하여. ***make a ~ of*** …을 망치다. ***~ of pottage*** 〖聖〗 한 그릇의 국《고귀한 희생으로 얻은 물질적 쾌락》. ── *vt.* 망치다, 혼란케 하다. ── *vi.* 더럽히다; 회식하다. ***~ about*** 〔***around***〕《口》; 주물럭거리다; 《俗》 빈들거리다; 《俗》 (나쁜 목적으로) 사귀다.
†**mes·sage** [mésidʒ] *n.* ① 전언; 소식, 통신. ② 신탁(神託). ③ 《美》 대통령 교서. ***go on a ~*** 심부름가다. ***State of the Union M-*** (미국 대통령의) 일반 교서. ── *vt.* 통신하다; 신호를 보내다; 편지하여 교제를 요구하다.
mes·sa·line [mèsəlí:n] *n.* (F.) Ⓤ (광택 있는) 얇은 능직 비단.
‡**mes·sen·ger** [mésəndʒər] *n.* ① 사자(使者), 심부름꾼. ② 《古》 전조, 선구(先驅). ③ 연줄에 달아 바람에 올게 하는 종이. ④ 닻줄을 인양하는 밧줄. 「핵산(核酸).
méssenger RNÁ 〖生〗 메신저 리보
méss hàll (군대·공장 등의) 식당.
Mes·si·ah [misáiə] *n.* 메시아, 구세주, 예수. **Mes·si·an·ic** [mèsiǽnik] *a.* Messiah 의.
mes·sieurs [məsjə́:rz] *n.* (F.) *monsieur* 의 복수《Messrs. 로 생략, Mr. 의 복수형으로 쓰임》.
méss kìt 〔**gèar**〕 휴대용 식기 세트.
mess·mate [mésmèit] *n.* (군대, 특히 배의) 회식 동료. 「HALL.
mess·room [mésrù:m] *n.* =MESS
***Messrs.** [mésərz] *n. pl. messieurs* 의 생략; Mr. 의 복수. 「기.
mess·tin [méstìn] *n.* 반합, 휴대식
mes·suage [méswidʒ] *n.* 〖法〗 가옥《부속 건물·토지를 포함》.
mess·y [mési] *a.* 어질러진, 더러운.
mes·ti·zo [mestí:zou] *n.* (*pl.* ~(*e*)***s***) 메스티소《특히 스페인과 아메리칸 인디언의 혼혈아》.
†**met** [met] *v.* meet 의 과거(분사).
met. metaphor; metaphysics; meteorological; meteorology; metropolitan.
me·tab·o·lism [mətǽbəlìzəm] *n.* Ⓤ 〖生〗 (세포의) 대사 작용; 신진 대사. **met·a·bol·ic** [mètəbɑ́lik/-ɔ́-] *a.*
met·a·car·pus [mètəkɑ́:rpəs] *n.* (*pl.* ***-pi*** [-pai]) 〖解〗 장부(掌部); 장골(掌骨).
met·a·cen·ter, 《英》 **-tre** [métəsèntər] *n.* 〖理〗 기울심(傾心).
met·a·gal·ax·y [mètəgǽləksi] *n.* 〖天〗(은하나 성운을 포함한) 전우주.
met·a·gen·e·sis [mètədʒénəsis] *n.* Ⓤ 〖生〗 순정 세대 교번(純正世代交番).
‡**met·al** [métl] *n.* ⓊⒸ 금속; 《英》 밤자갈; (*pl.*) 《英》 레일; 《比喩》 소질. ── *vt.* (《英》 ***-ll-***) 금속을 입히다. ~·(l)ed *a.* 자갈을 깐.
met·a·lan·guage [métəlæ̀ŋgwidʒ] *n.* ⓊⒸ 〖言〗 언어 분석용 언어, 실험용 언어.
met·a·lin·guis·tics [mètəliŋgwístiks] *n.* 〖言〗 후단(後段) 언어학《민족학적 연구를 포함》.
***me·tal·lic** [mitǽlik] *a.* 금속(질)의; 엄한; 냉철한.
metállic cúrrency 경화(硬貨).
metállic sóund 금속음. 「속(성)의.
met·al·line [métəlàin, -lin] *a.* 금
met·al·lize [métəlàiz] *vt.* 금속화하다; (고무를) 경화하다.
met·al·log·ra·phy [mètəlɑ́grəfi / -ɔ́-] *n.* Ⓤ 금속 조직학, 금상학(金相學).
met·al·loid [métəlɔ̀id] *a.*, *n.* 금속 같은; 비금속(의).
met·al·lur·gy [métələ̀:rdʒi / metǽlərdʒi] *n.* Ⓤ 야금학, 야금술. **met·al·lur·gi·cal** [mètələ́:rdʒikəl] *a.*
met·al·work [métlwə̀:rk] *n.* Ⓤ 금속 세공(물). ~·**er** *n.* 금속 세공인. ~·**ing** *n.* Ⓤ 금속 가공(업).
met·a·mer [métəmər] *n.* 〖化〗 이성체(異性體).
met·a·mor·phism [mètəmɔ́:rfizəm] *n.* Ⓤ 〖地〗 (암석의) 변성 작용; 변형.
met·a·mor·phose [-mɔ́:rfouz, -s] *vt.* 변형시키다, 변질시키다. **met·a·mor·pho·sis** [-fəsis] *n.* ⓊⒸ 변형, 변태.
met·a·phase [métəfèiz] *n.* 〖生〗 (세포의 유사(有絲) 분열의) 중기(中期).
***met·a·phor** [métəfər, -fɔ̀:r] *n.* ⓊⒸ 〖修〗 은유(隱喩)《보기: *a heart of stone* (이것을 a heart *like* stone 으로 하면 SIMILE 이 됨)》. **met·a·phor·i·cal** [⌐-fɔ́:rikəl, -ɑ́- / -ɔ́-] *a.* **-i·cal·ly** *ad.*
met·a·phrase [métəfrèiz] *n.* 축어역, 직역. ── *vt.* 축어역하다.
***met·a·phys·i·cal** [mètəfízikəl] *a.* 형이상학의; 공론의; 추상적인. ~·**ly** *ad.* **met·a·phy·si·cian** [-fizíʃən] *n.* 형이상학자. ***met·a·phys·ics** [-fíziks] *n.* 형이상학; 추상론; 심리학.
met·a·plasm [métəplæ̀zəm] *n.* ⓊⒸ 〖生〗 후형질(後形質)《원형질에 포함된 성형 요소》.
met·a·pol·i·tics [mètəpɑ́lətiks / -ɔ́li-] *n.* 정치 철학; 《蔑》 공론 정치학.
met·a·psy·chol·o·gy [mètəsaikɑ́lədʒi/-ɔ́-] *n.* Ⓤ 〖心〗 초(超)심리학.
me·tas·ta·sis [mətǽstəsis] *n.* (*pl.* ***-ses*** [-sì:z]) ① 〖醫〗 전이(轉移). ② 〖修〗 (화제의) 급전환.
mete[1] [mi:t] *vt.* 할당하다(*out*); 《古》 재다.

mete² *n.* 경계(boundary); 경계석(石).

me·tem·psy·cho·sis [mətèmpsəkóusis, mètəmsai-] *n.* (*pl.* **-ses** [-sìːz]) UC 〖宗〗 윤회(輪廻).

***me·te·or** [míːtiər, -tiɔ̀ːr] *n.* 유성(流星). **me·te·or·ic** [mìːtiɔ́ːrik, -ár-] *a.*

***me·te·or·ite** [míːtiəràit], **me·te·or·o·lite** [mìːtiɔ́ːrəlàit] *n.* 운석(隕石).

me·te·or·ol·o·gy [mìːtiərálədʒi/-ɔ́-] *n.* U 기상학; 기상. **me·te·or·o·log·ic** [-rəládʒik/-ɔ́-], **-i·cal** [-əl] *a.* 기상학(상)의 (*meteorological satellite* 기상 위성). **me·te·or·ol·o·gist** [-rálədʒist/-ɔ́-] *n.* 기상학자.

‡**me·ter,** 《英》 **-tre** [míːtər] *n.* ① 계량기; 미터(약 3자 3치). ② U 운율; 박자; C 보격(步格).

mé·tered màil [míːtərd] 《美》 요금 별납 우편.

méter màid 《美》 주차 위반을 단속하는 여경관.

Meth. Methodist.

meth·a·crýl·ic ácid [mèθəkrílik] 〖化〗 메타크릴산.

meth·a·done [méθədòun], **-don** [-dàn/-dɔ̀n] *n.* U 〖藥〗 메타돈(진통제·헤로인 중독 치료제).

meth·am·phet·a·mine [mèθæmfétəmìːn] *n.* U 메담페타민(각성제).

meth·ane [méθein] *n.* U 〖化〗 메탄.

meth·a·nol [méθənòul, -nàl, -nɔ̀(ː)l] *n.* U 〖化〗 메탄올, 메틸알코올.

Meth·e·drine [méθədrìːn] *n.* 〖商標〗 메테드린(각성제).

me·thinks [miθíŋks] *vi.* (*p.* ***me·thought***) 《古》 …라고 생각되다 (meseems).

‡**meth·od** [méθəd] *n.* ① 방법, 방식. ② U (규칙 바른) 순서, 질서. ***deductive*** 〔***inductive***〕 **~** 연역〔귀납〕법. **me·thod·i·cal** [miθádikəl/-ɔ́-] *a.* 조직적인, 규율 바른. **-i·cal·ly** *ad.*

***Meth·od·ist** [méθədist] *n.* ① 감리교도(기독교 신교의 일파). ② (m-) 엄격한 종교관을 가진 사람. ③ (蔑) 격식 위주의 융통성이 없는 사람; 까다로운 사람. **-ic** [-ik], **-i·cal** [-əl] *a.* 감리교파의. **-ism** [-izəm] *n.* U

meth·od·ol·o·gy [mèθədálədʒi/-ɔ́-] *n.* U 방법론.

me·thought [miθɔ́ːt] *v.* methink 의 과거.

meths [meθs] *n.* U 변성 알코올(methylated spirits).

Me·thu·se·lah [miθjúːzələ] *n.* 〖舊約〗 므두셀라(969 세까지 살았다는 남자; 창세기 5:27).

meth·yl [méθəl] *n.* 〖化〗 메틸.

méthyl álcohol 〖化〗 메틸알코올.

meth·yl·ate [méθəlèit] *vt.* 메틸을 섞다. **~d *spirit(s)*** 변성(變性) 알코올.

méthyl chlóride 〖化〗 염화 메틸.

meth·yl·ene [méθəlìːn] *n.* U 〖化〗 메틸렌.

me·tic·u·lous [mətíkjələs] *a.* 옹졸한; 지나치게 세심한. **~·ly** *ad.*

mé·tier [méitjei, ⌐́] *n.* (F.) 직업; 전문; 장기(長技); (작가의) 수법, (화가의) 「메티에」.

METO Middle East Treaty Organization.

me·ton·y·my [mitánəmi/-ɔ́n-] *n.* U 〖修〗 환유(換喩) 《보기 : *crown*(=king); *wealth* (=rich people)》.

me-too [míːtúː] *vt.* 《美俗》 흉내내다. **~·ism** *n.* U 《美》 모방주의.

met·ra·zol [métrəzɔ̀(ː)l, -zòul] *n.* 〖醫〗 메트라졸(정신병의 충격 요법에 쓰는 강심제); (M-) 그 상표명.

Met·ra·zol [métrəzɔ̀ːl, -òu-/-ɔ̀-] *n.* 〖商標〗 강심제의 일종.

‡**me·tre** [míːtər] *n.* 《英》 =METER.

***met·ric** [métrik] *a.* 미터법의; 계량의, 측량법의.

met·ri·cal [-əl] *a.* 운율의; 측량(용)의.

métric sỳstem 미터법.

métric tón ⇨ TON.

Met·ro [métrou] *n.* (특히 파리의) 지하철; (m-) 《一般》 지하철.

me·trol·o·gy [mitrálədʒi/-ɔ́-] *n.* 도량형; U 도량형학.

met·ro·nome [métrənòum] *n.* 〖樂〗 박절기(拍節器).

‡**me·trop·o·lis** [mitrápəlis/-ɔ́-] *n.* (일국의) 주요 도시; 수도; 중심지.

‡**met·ro·pol·i·tan** [mètrəpálitən/-ɔ́-] *a.* 수도의; 대주교〔대감독〕 교구의. **—— *n.*** 수도의 주민; 대주교.

metropólitan políce 수도 경찰.

met·tle [métl] *n.* U 기질, 성질; 용기; 정열. ***on one's* ~** 분발하여. **~d** [-d], **~·some** [-səm] *a.* 위세 좋은.

Mev, mev [mev] *n.* 백만 전자 볼트, 메가 볼트.

mew¹ [mjuː] *n., vi.* 야옹(울다)(고양이가).

mew² *n.* 갈매기.

mewl, mule [mjuːl] *vi.* 가냘픈 소리로 울다, 고양이처럼 울다.

mews [mjuːz] *n. pl.* 《單數取扱》《英》 (빈터 주위의) 마구간.

Mex. Mexican; Mexico.

‡**Mex·i·co** [méksikòu] *n.* 멕시코. ‡**Méx·i·can** [-kən] *n., a.* 멕시코(사람)(의); U 멕시코의 스페인 말.

mez·za·nine [mézənìːn] *n.* 중이층(中二層); 무대 밑.

mez·zo [métsou, médzou] *ad.* (It.) 〖樂〗 반쯤, 알맞게. **~ *for·te*** [fɔ́ːrti] 조금 세게.

mez·zo-so·pran·o [-səprǽnou/-ráː-] *n.* (*pl.* **~s, *-prani*** [-prǽniː, -áː-]) UC 메조소프라노 (가수).

mez·zo·tint [-tìnt] *n.* 그물눈 동판의 일종; U 그물눈 동판술.

MF Middle French; medium frequency. ***mf*** 〖樂〗 *mezzo forte.* **mfd.** manufactured. **mfg.** manufacturing. **M.F.N.** Most Favo(u)red Nation. **mfr.** manufacture(r). **M.G.** Order of St. Michael and St. George. **Mg** 〖化〗 magnesium. **mg, mg.** milligram(s). **MGM** Metro-Goldwyn-Mayer. **Mgr.** *monseigneur.* **MHG, MHG., M.H.G.** Middle High German. **M.H.R.** 《美》 Member of the House of

Representative. **MHz, Mhz** megahertz. 「음」.
***mi** [mi:] *n.* 〖樂〗 미《장음계의 제 3
M. I. Military Intelligence 군사 정보부. **mi.** mile; mill.
Mi·am·i [maiǽmi] *n.* 미국 Florida 주 남동부의 해안 도시·피한지.
mi·aow [miáu, mjau] *n., vi.* (고양이가) 야옹(울다).
mi·as·ma [maiǽzmə, mi-] *n.* (늪에서 나오는) 독기; 말라리아 병독.
Mic. Micah 〖舊約〗 미가서.
mi·ca [máikə] *n.* Ⓤ 운모(雲母), 돌비늘. **mi·ca·ceous** [maikéiʃəs] *a.* 운모(모양)의. 「〖舊約〗 미가서.
Mi·cah [máikə] *n.* 히브리의 예언자;
‡**mice** [mais] *n.* mouse의 복수.
Mich. Michaelmas; Michigan.
Mi·chael [máikəl] *n.* 〖聖〗 미가엘《대천사의 한 사람》; 남자의 이름.
Mich·ael·mas [míkəlməs] *n.* 미가엘 축일《9월 29일, 영국에서는 청산일 (quarter days)의 하나》.
***Mi·chel·an·ge·lo** [màikəlǽndʒəlou] *n.* 이탈리아의 화가·조각가·건축가 (1475–1564).
***Mich·i·gan** [míʃigən] *n.* 미국 중북부의 주《생략 Mich.》; 미시간호《5대호의 하나》.
mick [mik] *n.* 《口》 아일랜드 사람.
míck·ey mòuse [míki] 《美俗》 케케묵은; 싸구려의; (M- M-) 《英空軍俗》 전동식 폭탄 투하 장치《Walt Disney의 만화 영화의 쥐 이름에서》.
mick·le [míkəl] *n., a.* 《古·Sc.》 많음, 많은, 다량(의). ***Many a little makes a* ～.** 《俗談》 티끌 모아 태산.
MICR 〖컴퓨터〗 magnetic ink character reader 자기(磁氣) 잉크 문자 판독기.
mi·cro [máikrou] *n., a.* 매우 작은 (것); 마이크로스커트.
micro- *pref.* small의 뜻 (*microcosm*). 「균.
mi·crobe [máikroub] *n.* 미생물, 세
mi·cro·bi·ol·o·gy [màikroubaiálədʒi/-ɔ́l-] *n.* Ⓤ 미생물학.
mi·cro·bus [máikroubʌ̀s] *n.* 《美》 마이크로〔소형〕 버스.
mi·cro·chem·is·try [-kémistri] *n.* Ⓤ 미량 화학.
mi·cro·cir·cuit [máikrousə̀:rkit] *n.* 〖電〗 소형〔마이크로〕 회로; 집적 회로.
mi·cro·com·put·er [màikroukəmpjú:tər] *n.* 마이크로 컴퓨터.
mi·cro·cop·y [máikroukàpi / -kɔ̀-] *n., vt., vi.* 축사(縮寫)하다(cf. microfilm).
mi·cro·cosm [-kàzəm/-kɔ̀-] *n.* (cf. macrocosm) 소우주; (우주의 축도로서의) 인간. **mi·cro·cos·mic** [⌐–kázmik/-kɔ́z-] *a.*
mi·cro·dot [máikroudàt/-dɔ̀t] *n.* 마이크로도트《전자력으로 축소한 문서의 카피》; 《俗》 환각제.
mi·cro·eco·nom·ics [màikroui:kənámiks/-ɔ́-] *n.* 미시(微視) 경제학.
mi·cro·el·e·ment [-éləmənt] *n.* 〖生〗 미량 원소(trace element).
mi·cro·far·ad [màikrəfǽrəd] *n.* 〖電〗 백만분의 1 farad《전기 용량의 실용 단위》.
mi·cro·fiche [máikrəfi:ʃ] *n.* 마이크로피시《여러 장의 마이크로 필름을 수록한 시트 모양의 것》.
mi·cro·film [-fìlm] *n., vt., vi.* Ⓤ,Ⓒ 마이크로 필름(에 찍다, 찍히다).
mi·cro·gram, 《英》 **-gramme** [-græ̀m] *n.* 백만분의 1 g.
mi·cro·groove [-grù:v] *n.* (LP 판의) 가는 홈; 그 LP 레코드.
mi·cro·me·te·or·ite [màikroumí:tiəràit] *n.* 〖天〗 유성진(流星塵).
mi·crom·e·ter [maikrámitər / -rɔ́mi-] *n.* 마이크로미터, 측미계(測微計); 〖天〗 거리 측정기. **～ *calipers*** 〖機〗 마이크로미터 캘리퍼스.
mi·cro·mi·cron [màikroumáikran/-krɔn] *n.* micron의 100만분의 1.
mi·cro·min·i·a·ture [màikroumíniətʃər] *a.* (전자 부품이) 초소형의. **-tur·ize** [-ràiz] *vt.* (전자 장치 등을) 초소형화하다.
mi·cron [máikran /-krɔn] *n.* (*pl.* **～*s*, *-cra*** [-krə]) 미크롱《1 밀리미터의 천분의 1; 부호 *μ*》. **～·ize** [máikrənàiz] *vt.* (미크론 정도로) 미소(微小)화하다.
Mi·cro·ne·sia [màikrəní:ʃə, -ʒə] *n.* 미크로네시아《적도 이북, 필리핀 동쪽의 군도》. **～n** *n., a.* 미크로네시아(사람)(의); Ⓤ 미크로네시아 말(의). 「크(로폰).
‡**mi·cro·phone** [máikrəfòun] *n.* 마이
mi·cro·pho·to·graph [màikrəfóutəgræ̀f/-grà:f] *n.* 마이크로 필름; 축소 사진; 현미경 사진.
mi·cro·phyte [máikrəfàit] *n.* 미소 식물, 박테리아. 「(縮寫) 사진.
mi·cro·print [máikrəprìnt] *n.* 축사
mi·cro·proc·es·sor [màikrouprásesər/-próu-] *n.* 마이크로프로세서.
mi·cro·read·er [máikrourì:dər] *n.* 마이크로리더《마이크로필름을 확대·투사하는 장치》. 「미경.
‡**mi·cro·scope** [máikrəskòup] *n.* 현
***mi·cro·scop·ic** [màikrəskápik/-ɔ́-], **-i·cal** [-əl] *a.* 현미경의; 극히 미세(微細)한.
mi·cros·co·py [maikráskəpi/-ɔ́-] *n.* Ⓤ 현미경 검사〔사용법〕.
mi·cro·skirt [máikrouskə:rt] *n.* 마이크로스커트 《미니스커트보다 짧음》.
mic·ro·sur·ger·y [màikrousə́:rdʒəri] *n.* 〖醫〗 현미(顯微) 외과(수술).
mi·cro·tome [máikrətòum] *n.* 마이크로톰《검경용(檢鏡用)의 얇은 조각을 써는 절단기, 검경용 메스》.
mi·cro·wave [máikrouwèiv] *n.* 극(極)초단파《파장 1 m–1 cm》.
mícrowave òven 전자 레인지.
mi·cro·zyme [máikrəzàim] *n.* 효모균, 발효 미생물.

mic·tu·ri·tion [mìktʃəríʃən] *n.* Ⓤ 〖醫〗 요의(尿意) 빈번; 방뇨 (작용).
***mid¹** [mid] *a.* **중앙의,** 중간의, 중부의. *in ~ air* 공중에, 허공에.
mid², 'mid *prep.* 《詩》 =AMID.
mid. middle; midshipman.
mid·af·ter·noon [mídæftərnú:n, -ɑ̀:ft-] *n.* 이른 오후(3시 전후).
Mi·das [máidəs] *n.* 〖그神〗 미다스(손에 닿는 모든 것을 황금으로 변하게 하는 힘을 부여받았던 프리지아의 왕); 큰 부자; 《美》 조기 경보용 위성.
mid·con·ti·nent [mìdkántənənt / -ɔ́-] *n.* 대륙의 중심부.
mid·course [mídkɔ̀:rs] *a., n.* (우주선의) 궤도 중간의; 중간 궤도.
mid·cult [ˊkʌ̀lt] *n.* ⓊⒸ 《美》 중간 문화.
***mid·day** [ˊdèi, ˊˊ] *n., a.* Ⓤ **정오** ｢(의).
†mid·dle [mídl] *n., a.* **중앙(의),** 중간(의), 중부(의); 〖論〗 중명사(中名辭); (사람의) 몸통, 허리.
míddle áge 중년(40–60 세).
***mid·dle-aged** [-éidʒd] *a.* **중년의.**
Míddle Áges, the 중세(기).
Míddle América 중앙 아메리카, 중미.
míddle árticle 《英》 (신문·잡지의) ｢중간 기사.
Míddle Atlántic Státes, the 미국 중부 대서양 연안의 주(the Middle States).
***mid·dle-class** [-klǽs, -ɑ́:-] *a.* **중류** ｢사회〔중산 계급〕의.
míddle cláss(es) 중산 계급, 중류
míddle cóurse 중도(中道). ⌊사회.
míddle dístance 〔**gróund**〕 (그림의) 중경(中景); 중거리 (경주).
Míddle Éast, the 중동 (Far East와 Near East 와의 중간).
Míddle Énglish ⇨ ENGLISH.
míddle fínger 가운뎃손가락.
Míddle Kíngdom, the 중기 고대 이집트 왕국; 중국. ｢활.
míddle lífe 중년; 《英》 중류의 생
mid·dle·man [-mæ̀n] *n.* 중매인, 매개자; 《美》 MINSTREL show 의 중앙에 있는 사람(⇨ INTERLOCUTOR). ｢의.
mid·dle·most [-mòust] *a.* 한가운데
***míddle náme** **중간 이름**(보기 : Lyndon Baines Johnson 의 Baines).
mid·dle-of-the-road [-əvðəróud] *a.* 중용의, 중도(中道)의. **~·er** *n.*
Míddle Páth 〖佛〗 중도(中道).
mid·dle-sized [-sàizd] *a.* 중형의.
Míddle Státes, the 《美》 중부 여러 주. ｢〖數〗 중항(中項).
míddle térm 〖論〗 중명사(中名辭);
mid·dle·weight [-wèit] *n.* (권투·레슬링의) 미들급 선수. ｢(Midwest).
Míddle Wést, the 미국 중서부
mid·dling [mídliŋ] *a.* 중등의, 보통의. — *n.* (*pl.*) 중등품, 2급품. — *ad.* 중 정도로, 웬만큼(~ *good*), 꽤, 상당히.
mid·dy [mídi] *n.* =《口》MIDSHIPMAN; =MIDDY BLOUSE.
míddy blòuse (소녀가 입는) 세일러식의 깃이 달린 블라우스.
mid·field [mídfì:ld] *n., a.* (경기장의) 중앙부, 필드 중앙부(의).
midge [midʒ] *n.* 모기, 파리매; 꼬마.
midg·et [mídʒit] *n., a.* 난쟁이; 꼬마; 극소형의(물건); 아주 작은.
mídget súbmarine 〖海軍〗 (2인승의) 특수 잠수함. ｢〔드레스〕.
mi·di [mídi] *n.* 중간 길이의 스커트
mid·i·ron [mídàiərn] *n.* 〖골프〗 2번 아이언(중거리용 클럽).
mid·land [mídlənd] *a.* (나라의) 중부의; 내지의; (M-) 영국 중부 지방의; 육지로 둘러싸인. — *n.* (나라의) 중부; (M-) 영국 중부 지방 방언. ***the Midlands*** 잉글랜드의 중부 여러 주. ｢(의), 한밤중(의).
‡mid·night [mídnàit] *n., a.* Ⓤ 자정
mid-off [ˊɔ́(:)f] *n.* 〖크리켓〗 투수 좌측 외야수(外野手). ｢우측 외야수.
mid-on [ˊán/-ɔ́n] *n.* 〖크리켓〗 투수
mid·riff [ˊrìf] *n.* 횡경막.
mid·ship [ˊʃìp] *a.* 배의 중앙부의.
mid·ship·man [ˊʃìpmən] *n.* 《英》 해군 소위 후보생; 《美》 (Annapolis) 해군 사관 학교 생도.
midst** [midst] *n.* **중앙,** 한가운데. ***in our 〔***your, their***〕 **~** 우리들〔당신들, 그 사람들〕가운데〔사이〕에서. ***in the ~ of*** …의 한 가운데에서. — *ad.* ***first, ~, and last*** 시종일관해서. — *prep.* 《詩》 …의 (한)가운데에. ｢(中流).
mid·stream [mídstrí:m] *n.* Ⓤ 중류
***mid·sum·mer** [ˊsʌ́mər] *n.* **한여름** (하지(夏至) 무렵).
Mídsummer Dáy 세례자 요한 축일(6월 24일(영국에서는 quarter days 의 하나)). ｢란.
mídsummer mádness 극도의 광
mid·term [mídtə́:rm] *a.* 《美》 (학기, 대통령 임기 등의) 중간의 (~ *election* 중간선거). — *n.* Ⓤ (종종 *pl.*) 《美口》 중간 시험.
mid·town [ˊtáun] *n.* 《美》 downtown 과 uptown 의 중간 지대.
***mid·way** [ˊwéi] *a., ad.* **중도의(에).** — [ˊˊ] *n.* 중도. ｢WEST.
Mid·west [ˊwést] *n.* 《美》 =MIDDLE
mid·wife [ˊwàif] *n.* (*pl.* ***-wives***) 조산원, 산파 **~·ry** [-wàifəri/-wif-] *n.* Ⓤ 조산술, 조산학. ｢울.
***mid·win·ter** [ˊwíntər] *n.* Ⓤ 한겨
Midx. Middlesex (이전의 잉글랜드 남부의 주).
mien [mi:n] *n.* Ⓤ 《雅》 풍채, 태도.
miff [mif] *n.* 《口》 부질없는 싸움; 분개. — *vt., vi.* 《口》 불끈(하게) 하다. ｢기(소련의 제트 전투기).
MIG, Mig [mig, émáidʒí:] *n.* 미그
‡might¹ [mait] *n.* Ⓤ **힘**(정신적·육체적). ***with ~ and main,*** or ***with all one's ~*** 전력을 다하여.
†might² may 의 과거. ① (might+동사의 원형) (可能性) *It ~ happen sometime.* 혹은 언젠가 일어날는지도 모른다(may 보다 可能性이 적

음); 《許可》 *M- I use your car?* 차를 빌려 주시겠습니까《may 보다 공손》; 《命令》 *You ~ imagine.* 좀 생각해 주세요《may 보다 공손》; 《願望》 *You ~ help me.* 도와 주어도 좋으련만. ② 《~ have+過去分詞》 *They ~ have helped me.* 도와줄 수 있었던 것을. **~ as well** …함이 좋을 것이다. **~ as well ...as** … 할 정도라면 …하는 편이 낫다(*You ~ as well do anything as do that.* 딴 일은 몰라도 그것만은 그만두시오).

‡**might·y** [máiti] *a., ad.* ① 힘센, 강대한. ② 위대한, 굉장한. ③ 거대한. ④ 《口》 몹시. ***high and ~*** 교만한. **míght·i·ly** *ad.* 힘차게.

mi·gnon·ette [mìnjənét] *n.* (F.) 〖植〗 목서초(木犀草); Ⓤ 쑥색; 가는 실로 뜬 레이스.

mi·graine [máigrein / míː-] *n.* (F.) 「편두통.

mi·grant [máigrənt] *a.* 이주(移住)하는. **——** *n.* 이주민; 철새.

‡**mi·grate** [máigreit, –⸝] *vi.* ① (해외로) 이주하다. ② (새·물고기가) 이동하다. ‡**mi·grá·tion** *n.* ⓊⒸ 이주; Ⓤ 〖化〗 (분자 내의) 원자 이동.

mi·gra·to·ry [máigrətɔ̀ːri/-təri] *a.* 이주하는.

mike[1] [maik] *vi., n.* 《英俗》 게으름(피우다). ***on the ~*** 게으르게.

***mike**[2] *n.* 《口》 마이크(로폰).

Míke Fínk [máik fíŋk] *n.* 〖美傳說〗 갖가지 큰일을 해낸 영웅적 뱃사공.

mil [mil] *n.* 〖電〗 밀《1인치의 천분의 1, 전선의 직경을 재는 단위》.

mil. military; militia.

mi·la·dy [miléidi] *n.* 마님(cf. milord, milor)《영국 귀부인에 대한 호칭; my lady의 와전》.

mil·age [máilidʒ] *n.* = MILEAGE.

Mil·an·ese [mìləníːz, -níːs] *n.* (*pl.* ~), *a.* (이탈리아의) 밀라노(Milan) 사람(의). 「나는.

milch [miltʃ] *a.* (소·산양 등이) 젖이

mílch còw 젖소; 《比喩》 돈줄.

‡**mild** [maild] *n.* ① 유순한, 온화한. ② (맛이) 순한, 달콤한(opp. bitter). ③ (기후가) 온화한 (cf. moderate). ④ (병이) 가벼운 (opp. serious). **~ *case*** 경증(輕症). **~ *steel*** 연강(軟鋼). **⸝·en** *vt., vi.* ~하게 하다(되다). ***⸝·ly** *ad.* **⸝·ness** *n.*

mil·dew [míldjùː] *n.* Ⓤ 곰팡이, 백분병균(白粉病菌). **——** *vt., vi.* 곰팡나(게 하)다. **~·y** *a.*

†**mile** [mail] *n.* 마일 《1, 760 야드, 1. 609 km》. ***not 100 ~s from*** …의 부근에《소재를 모호하게 말할 때》.

***mile·age** [⸝idʒ] *n.* ① Ⓤ 마일수(에 의한 운임). ② (마일수 계산에 의한) 여비 수당. 「標).

mile·post [⸝pòust] *n.* 이정표(里程

***mile·stone** [⸝stòun] *n.* ① 이정표. ② 획기적 사건.

mi·lieu [miːljú/míːljəː] *n.* (*pl.* **~s, ~x** [-z]) (F.) 주위, 환경.

mil·i·tant** [mílitənt] *a., n.* 싸우고 있는; 투쟁적인; 호전적인(사람); 투사. ***the church ~ 신전(神戰)의 교회《지상에서 악마나 사악과 싸우고 있는 기독교회》. **míl·i·tan·cy** *n.* Ⓤ 투지; 교전 상태.

***mil·i·ta·rism** [mílitərìzəm] *n.* Ⓤ 군국주의. **míl·i·ta·rist** *n.*

mil·i·ta·rize [mílitəràiz] *vt.* 군국화하다; 전시 체제로 하다.

‡**mil·i·tar·y** [mílitèri / -təri] *a.* ① 군(인)의, 군인다운, 군용의. ② 군인의 경력이 있는; 군인의 특징이 있는. **——** *n.* (the ~) 《集合的》 군인, 군부.

mílitary affáirs 군사.

mílitary attaché (대〔공〕사관부) 육군 무관.

mílitary desérter 탈주병.

mílitary márch 군대 행진곡.

mílitary políce 헌병대《생략 MP》.

mílitary sérvice 병역.

mílitary tèstament 군인의 구두(口頭) 유언.

mil·i·tate [mílitèit] *vi.* 작용하다, 크게 힘이 되다(*against; in favor of*). 「민군.

***mi·li·tia** [milíʃə] *n.* 의용군; 《美》 국

†**milk** [milk] *n.* Ⓤ 젖; 우유; 젖 모양의 액체; 유제(乳劑). ***cry over spilt ~*** 돌이킬 수 없는 일을 후회하다. **~ *and honey*** 풍요(豊饒). **~ *and water*** 물 탄 우유; 시시한 감상〔담화〕. **~ *for babies*** (서적·교리의) 어린이 상대의 것 (opp. STRONG meat). **~ *of human kindness*** 따뜻한 인정《Sh., *Macb.*》. ***separated*** 〔***skim***〕 **~** 탈지유(脫脂乳). ***whole ~*** 전유(全乳). **——** *vt.* 젖을 짜다; 착취하다, 밥으로 삼다; 즙을 짜내다; 도청하다. **~ *the bull*** 〔***ram***〕 가망 없는 일을 하다.

mílk bàr 밀크바《우유·샌드위치 따위를 파는 가게》.

milk-float [⸝flòut] *n.* 《英》 우유 배달차.

mílk glàss 젖빛 유리.

***milk·maid** [⸝mèid] *n.* 젖 짜는 여자.

milk·man [⸝mæ̀n, -mən] *n.* 우유 배달부.

mílk rùn 《俗》 (매일 이른 아침에 행하는) 폭격〔정찰〕 비행.

mílk snàke 회색의 독없는 뱀.

milk·sop [⸝sàp/-ɔ̀-] *n.* 유약한 사람.

mílk tòoth 젖니. 「〔젖빛〕(의).

milk-white [⸝hwáit] *n., a.* 유백색

milk·y** [mílki] *a.* ① 젖의, 젖 같은. ② 무기력한. ***the M- Way 은하(銀河).

‡**mill**[1] [mil] *n.* ① 물방앗간; 제분소. ② 제분기, 분쇄기; 공장. ③ 《俗》 권투 경기, 치고 받기. ***go*** 〔***put***〕 ***through the ~*** 수련을 쌓다〔쌓게 하다〕. ***The ~s of God grind slowly, yet they grind exceeding small.*** 《俗談》 하늘의 응보는 때로 늦기는 해도 언젠가는 반드시 온다. **——** *vt.* (곡물 등을) 갈아서 가루로 만들다; 분쇄하다; (나사 따위를) 융단으로 만들다; (화폐에) 깔쭉이를 내

다; 주먹으로 때리다; (초콜릿 따위를) 저어 거품을 일게 하다. —— *vi.* 물방아를 쓰다; 《俗》 서로 치고받다; (가축 따위가) 떼를 지어 빙빙 돌다.
mill² *n.* 《美》 1 센트의 10 분의 1.
Mill [mil], **John Stuart** (1806–73) 영국의 경제학자·사상가.
mill·board [mílbɔ̀:rd] *n.* Ⓤ 마분지, 서적 표지용 판지(板紙).
mill·dam [ˊdæ̀m] *n.* 물방아용 둑.
mil·le·nar·i·an [milənɛ́əriən] *a., n.* 지복 천년(至福千年)의; 지복 천년설을 믿는 (사람).
mil·le·nar·y [mílənèri / məlénəri] *a.* 천 개의; 천년의; 지복 천년의, 그 설을 믿는. 「지복 천년의.
mil·len·ni·al [miléniəl] *a.* 천년의;
mil·len·ni·um [miléniəm] *n.* (*pl.* ~*s*, *-nia* [-niə]) 천년의 기간; 지복 천년《예수가 재림해서 지상을 지배하는》). 「기.
mil·le·pede [míləpi:d] *n.* 【動】 노래
‡mill·er [mílər] *n.* ① **물방앗간 주인**; 제분업자; 공장주. ② (흰 점이 있는) 나방의 일종. 「분의 1(의).
mil·les·i·mal [milésəməl] *a., n.* 천
mil·let [mílit] *n.* 【植】 기장.
Mil·let [miléi], **Jean François** (1814–75) 프랑스의 화가.
mill·hand [mílhæ̀nd] *n.* 제분공; 물방앗간의 일꾼; 직공《특히 방직공》.
milli- *pref.* 「천분의 1」의 뜻(*milli*bar; *milli*gram(me); *milli*liter; *milli*litre; *milli*meter; *milli*metre).
mil·liard [míljɑ:rd] *n.* (F.) 《英》 10 억. 「압의 단위》.
mil·li·bar [míləbɑ̀:r] *n.* 밀리바 《기
mil·li·gram(me) [-græ̀m] *n.* 밀리그램《생략 mg》. 「리 리터《생략 ml》.
mil·li·li·ter, 《英》 **-tre** [-lì:tər] *n.* 밀
***mil·li·me·ter,** 《英》 **-tre** [-mì:tər] *n.* **밀리미터**《생략 mm》.
mil·li·mi·cron [-màikrɑn/-rɔn] *n.* 밀리미크론《천분의 1 미크론; 기호 mμ》. 「상(점).
mil·li·ner [mílənər] *n.* 부인 모자
mil·li·ner·y [-nèri/-nəri] *n.* Ⓤ 부인용 모자류〔장신구류〕, 그 판매업.
mill·ing [míliŋ] *n.* Ⓤ 맷돌로 갈기; 제분; (모직물의) 축융(縮絨); (화폐에) 깔쭉이를 내기; (화폐의) 깔쭉이.
mílling machìne 프레이즈반(盤).
†mil·lion [míljən] *n.* **백만**; 무수; 백만 달러; (the ~) 대중. —— *a.* 백만의. **~th** *n., a.* 백만번째(의); 백만분의 1(의). 「자(cf. billionaire).
‡mil·lion·(n)aire [ˌ-ɛ́ər] *n.* **백만 장**
mil·lion·oc·ra·cy [mìljənɑ́krəsi/-nɔ́k-] *n.* 재벌〔부호〕 정치.
mil·li·rem [míləræ̀m] *n.* 방사선의 생체 실효 선량(生體實效線量) 단위; 1렘의 천분의 1.
mill·pond [mílpɑ̀nd/-ɔ̀-] *n.* 물방아용 저수지. 「기〔도랑〕.
mill·race [ˊrèis] *n.* 물방아용 물줄
Mílls bòmb 〔**grenàde**〕 [mílz] 【軍】 난형(卵形) 고성능 수류탄.
***mill·stone** [ˊstòun] *n.* **맷돌.**
míll whèel 물방아 바퀴.
mi·lor(d) [milɔ́:r(d)] *n.* 각하, 나리 (cf. milady) 《프랑스 사람이 영국의 귀족·신사에게 씀; my lord 의 와전》; 영국 신사.
milque·toast [mílktòust] *n.* 《美》 무기력 한 사람, 겁쟁이. **~·ish** *a.*
milt [milt] *n.* Ⓤ (물고기의) 이리; Ⓒ 비장. —— *a.* (물고기 수컷이) 번식기인. —— *vt.* (물고기 알을) 수정시키다. **ˊ·er** *n.* 산란기의 물고기 수컷.
Mil·ton [míltən], **John** (1608–74) 영국의 시인《*Paradise Lost*》.
Mil·to·ni·an [miltóuniən], **Mil·ton·ic** [-tɑ́nik/-ɔ́-] *a.* Millton 풍의.
mime [maim] *n.* (고대 그리스·로마의) 몸짓 익살극; 그 배우. —— *vt.* 몸짓으로 연극을 하다.
Mim·e·o·graph [mímiəgræ̀f / -grɑ̀:f] *n., vt.* 등사판; (m-) 등사판으로 인쇄하다.
mi·me·sis [mimí:sis, mai-] *n.* Ⓤ 【生】 의태(擬態).
mi·met·ic [mimétik, mai-] *a.* 모방의; 의태의; 【醫】 의사(擬似)의.
***mim·ic** [mímik] *a.* **흉내내는**, 모방의; 가짜의. —— *n.* 흉내내는 사람. —— *vt.* (*-ck-*) 흉내 내(어 조롱하)다; 모사(模寫)하다. 「품; Ⓤ 의태.
***mim·ic·ry** [-ri] *n.* Ⓤ **흉내**; Ⓒ 모조
mim·i·ny-pim·i·ny [mímənipímə-ni] *a.* 점잔빼는, 지나치게 세련된.
mi·mo·sa [mimóuzə, -sə] *n.* 【植】 함수초(의 무리)《자귀나무 따위》.
Min. Minister; Ministry. **min.** minimum; minute(s). 「박〕적인.
mi·na·cious [minéiʃəs] *a.* 위협〔협
min·a·ret [mínərèt, ˌ-ˊ] *n.* (회교 교당의) 뾰족탑. 「MINACIOUS.
min·a·to·ry [mínətɔ̀:ri/-təri] *a.* =
mince** [mins] *vt.* (고기 따위를) **잘게 다지다**; 조심스레 말하다. —— *vi.* 맵시를 내며 종종걸음으로 걷다, 점잔빼며 말하다. —— *n.* ⓊⒸ = **ˊ-mèat** 잘게 썬 고기. ***make ~ meat of …을 난도질하다; …을 철저하게 해내다. **~ *pie*** 민스미트〔잘게 썬 고기〕를 넣은 파이. **mínc·ing** *a., n.* 점잔빼는, 점잔빼(*Let us have no mincing of matters* 〔*words*〕. 까놓고 말하자).
†mind [maind] *n.* ① Ⓤ **마음**, 정신. ② Ⓤ 기억(력). ③ ⓊⒸ 의견, 생각; 의지. ④ 지력, 이성. ⑤ ⓊⒸ 기질, 기분. ⑥ (마음의 소유자로서의) 사람. ***(I am) of your ~*** 당신과 같은 의견. ***bear*** 〔***keep***〕 ***in ~*** 유념하다. ***be in two ~s*** 결심을 못하다. ***be out of one's ~*** 잊고 있다; 미치다. ***bring*** 〔***call***〕 ***to ~*** 상기하다. ***come to one's ~*** 머리에 떠오르다. ***give one's ~ to*** …에 전념하다. ***have a great ~ to*** 몹시 …하고 싶어 하다. ***have half a ~ to …*** 할까 생각하고 있다. ***know one's own ~*** 결심이 되어 있다. ***make up one's ~*** 결심하다(resolve) (*to* do). ***~'s eye*** 심안(心眼), 상상력.

of a ~ 마음을 같이하여. ***Out of sight, out of*** **~.** 《俗談》 헤어지면 마음도 멀어진다. ***put a person in*** ~ 생각나게 하다, 연상시키다. ***say*** 〔***tell***〕 ***one's*** ~ 흉중을 털어 놓다; 직언하다. TIME ***out of*** **~.** ***to my*** ~ 나의 생각으로는.
—*vt.* ① **마음에 두다**, 주의하다, 조심하다(~ *the step* 발 밑을 조심하다). ② 전념하다(*M- your own business.* 웬 참견이냐(너 할 일이나 하라)). ③ 《疑問·否定文에서》 신경쓰다, 염려하다, 싫어하다('*Should you* ~ *my telling him?*' '*No, not at all.*' 「저 사람에게 이야기해도 괜찮습니까」「예, 괜찮고 말고요」/ *Would you* ~ *shutting the door?* 문을 좀 닫아 주실까요). ④ (주의해서) 돌보다. ⑤ 《古·方》 잊지 않고 있다. —*vi.* 정신차리다; 꺼리다; 걱정〔조심〕하다. ***if you don't*** ~ 괜찮으시다면. ~ ***you!*** 《挿入句》 알겠지, 잘 듣게. ***M- your eye!*** 정신차려! ***Never*** ~ ***!*** 걱정마라; 네가 알바 아니다. **∠·er** [∠ər] *n.* 《주로 英》 지키는 사람. ***∠·ful** *a.* **주의깊은**, 마음에 두는(*of*). **∠·less** *a.* 분별없는, 부주의한.

(-)mind·ed [∠id] *a.* 할 마음이 있는.
mínd rèading 독심술(讀心術).
†mine[1] [main] *pron.* 《I의 所有代名詞》 **나의 것**; 《詩·古》 (모음 또는 h자 앞에서) 나의(my). ***me and*** ~ 나와 나의 가족.
‡mine[2] *n.* ① **광산**; 광갱(鑛坑). ② 《比喩》 보고(寶庫); 철광. ③ 〖軍〗 갱도(坑道). ④ 기뢰, 지뢰. ***charge a*** ~ 지뢰를 장치하다. ***lay a*** ~ 지뢰〔기뢰〕를 부설하다; 전복을 기도하다(*for*). ***spring a*** ~ ***on*** …을 기습하다. —*vt.* 채굴하다; 갱도를 파다; 기뢰를 부설하다; 음모로 전복시키다(undermine).
míne detèctor 지뢰〔광물〕 탐지기.
míne fìeld 지〔기〕뢰원(原); 광석 매장지.
míne làyer 기뢰 부설함(艦).
‡min·er [máinər] *n.* **갱부**; 지뢰 공병.
‡min·er·al [mínərəl] *n.* **광물**; 〖化〗 무기물; (*pl.*) 《英》 광천(鑛泉); 탄산수. —*a.* 광물의〔을 포함한〕; 무기의.
min·er·al·ize [mínərəlàiz] *vt., vi.* 광(물)화하다; 광물을 함유시키다; 채광하다.
míneral kìngdom, the 광물계.
min·er·al·o·gy [mìnərǽlədʒi] *n.* Ⓤ 광물학. **min·er·al·og·i·cal** [mìnərəlɑ́dʒikəl / -ɔ́-] *a.* **min·er·al·o·gist** [mìnərǽlədʒist] *n.* 광물학자.
míneral òil 광유(鑛油)《석유 따위》.
míneral pìtch 아스팔트《천연의》.
míneral sprìng 광천(鑛泉).
míneral wàter 광천수, 《英口》 탄산수.
Mi·ner·va [minə́:rvə] *n.* 〖로神〗 미네르바《지혜의 여신; 그리스 신화의 Athena》.
míne swèeper 소해정(掃海艇).
míne swèeping 소해 (작업).
‡min·gle [míŋgəl] *vt., vi.* ① **섞다**; **섞이다**. ② **사귀다**, 어울리다. ~ *their tears* 따라 울다.
min·gle-man·gle [-mǽŋgəl] *n.* 혼합.
min·gy [míndʒi] *a.* 인색한.
min·i [míni] *a., n.* 《口》 (썩) 작은 (것).
‡min·i·a·ture [míniətʃər, -tʃùər] *n.* ① (작은) **모형**; 축소화; 축도. ② Ⓤ 미세(微細) 화법. ***in*** ~ 소규모로; 축도의. —*a.* 축도의; **소형의**. —*vt.* 미세화로 그리다; 축사(縮寫)하다. **mín·i·a·tur·ist** *n.* 축소 화가.
míniature cámera (35밀리 이하의) 소형 카메라.
min·i·bike [mínəbàik] *n.* 《美》 소형 오토바이.
min·i·bi·ki·ni [mìnəbikí:ni] *n.* 초소형 비키니.
min·i·bus [míniběs] *n.* 마이크로 버스.
min·i·cab [-kæ̀b] *n.* 《英》 콜택시.
min·i·cam(·er·a) [-kæ̀m(ərə)] *n.* = MINIATURE CAMERA.
min·i·car [mínəkɑ̀:r] *n.* 초소형 자동차.
min·im [mínəm] *n.* 〖樂〗 2분음표; 미세한 물건; 글자의 세로획《d 등의》.
min·i·mal [mínəməl] *a.* 최소량〔수〕의, 극소의.
mínimal árt 미니멀 아트 《최소한의 조형 수단으로 제작된 그림·조각》.
min·i·mize [mínəmàiz] *vt.* 최소로 하다; 최저로 어림잡다; 경시하다.
‡min·i·mum [mínəməm] *n.* (*pl.* **~*s***, ***-ma*** [-mə]) **최소량**; 〖數〗 극소(opp. maximum). —*a.* 최소 한도의, 최저의.
mínimum wáge 최저 임금.
***min·ing** [máiniŋ] *n.* Ⓤ **채광**, **광업**.
min·ion [mínjən] *n.* 《蔑》 총애 받는 사람《아이·여자·하인 등》; 앞잡이, 부하. ~ ***of fortune*** 행운아.
min·i·pill [mínəpìl] *n.* 작은 알의 경구 피임약.
min·i·skirt [-skə̀:rt] *n.* 미니스커트.
‡min·is·ter [mínistər] *n.* ① **성직자**. ② **장관**, 대신, 각료. ③ **공사**. ④ 대리인; 하인. ***the prime*** ~ 국무총리, 수상. ***vice-***~ 차관. —*vi.* 힘을 빌리다; 공헌하다(*to*); 쓸모가 있다; 봉사하다. —*vt.* (제사를) 올리다; 공급하다.
min·is·te·ri·al [mìnəstíəriəl] *a.* 대리의, 대행의; 장관〔각료〕의, 정부측의; 공사의; 목사의; 종속적인. ***the*** ~ ***party*** 여당.
mínister plenipoténtiary 전권공사.
min·is·trant [mínistrənt] *a.* 봉사하는, 보좌의. —*n.* 봉사〔보조〕자.
min·is·tra·tion [mìnəstréiʃən] *n.* ⓊⒸ (목사의) 직무, 봉사; 보조.
‡min·is·try [mínistri] *n.* ① **성직**(聖職). ② (장관 관할의) **부**(部), 성(省); **내각**. ③ 《集合的》 목사들, 각료(閣僚). ④ 직무, 봉사. ***M- of Education*** 문교부.
min·i·track [mínətræ̀k] *n.* 〖宇宙〗 미니 트랙《인공 위성 추적 장치》.
min·i·ver [mínəvər] *n.* Ⓤ (귀족 예복의) 흰 모피. Ⓤ 그 모피.
***mink** [miŋk] *n.* 〖動〗 **밍크**《족제비류》;

Min·kóW·ski wòrld 〔**ùniverse**〕 [miŋkɔ́:fski] 〖數〗 민코프스키 공간 《4차원의 좌표에 따라 기술되는 시공(時空)》.

Minn. Minnesota.

min·ne·sing·er, M- [mínəsìŋər] *n.* (중세 독일의) 음유(吟遊) 시인.

***Min·ne·so·ta** [mìnəsóutə] *n.* 미국 중북부의 주 《생략 Minn.》.

min·now [mínou] *n.* 황어(黃魚), 피라미; 작은 물고기.

‡**mi·nor** [máinər] *a.* ① **작은 쪽의** (opp. major), 소(小). ② **중요하지 않은,** 2류의; 〖樂〗 단음계의. ③ 손아래의 (*Jones* ~) 《학교에서 같은 성이 두 사람 있을 때》. ④ 《美》 부전공 과목의. —*n.* ① **미성년자**. ② 〖論〗 소명사(小名辭); 소전제; 〖樂〗 단조. ③ (M-) 프란체스코회의 수사. ④ 《美》 부전공 과목. *in a* ~ *key* 〖樂〗 단조로, 음울한 곡조로.

‡**mi·nor·i·ty** [minɔ́:riti, mai-] *n.* ① Ⓤ 미성년(기). ② **소수**(파); 소수당 (opp. majority).

mínor kéy 〖樂〗 단조.

mínor léague 《美》 마이너리그《2류의 프로 야구 연맹》.

mínor scále 〖樂〗 단음계.

Min. Plen. Minister Plenipotentiary.

min·ster [mínstər] *n.* 《英》 수도원 부속 교회당; 대성당.

***min·strel** [mínstrəl] *n.* ① (중세의) **음유**(吟遊) **시인**; 가수, 시인. ② (*pl.*) =∠ **shòw** (흑인으로 분장한) 가극단. **mín·strel·sy** *n.* Ⓤ 음유시인의 연예; 음유 시인들.

mint[1] [mint] *n.* 조폐국; 거액(*a* ~ *of money* 거액의 돈); (발명·음모 등의) 근원. —*vt.* (화폐를) 주조하다; (신어를) 만들어 내다; 발명하다. **mínt·age** [∠idʒ] *n.* Ⓤ 조폐; 주조 화폐.

***mint**[2] *n.* 〖植〗 **박하**(薄荷); 박하사탕.

min·u·end [mínjuènd] *n.* 〖數〗 피감수(被減數).

min·u·et [mìnjuét] *n.* 미뉴에트《3박자의 느린 춤》; 그 곡.

‡**mi·nus** [máinəs] *prep.* ① 〖數〗 **마이너스한, …을 뺀** (*7* ~ *4 is* (*equal to*) *3.* 7−4=3). ② 《口》 …을 잃고 (*He came back* ~ *his arm.* 한 쪽 팔을 잃고 돌아 왔다). —*a.* 마이너스의, 음(陰)의. —*n.* 음수(陰數); 마이너스의 부호 (−).

mi·nus·cule [mínʌskjù:l, –∠–] *n., a.* (글자가) 소문자(의); 작은.

†**min·ute**[1] [mínit] *n.* ① **분**《시간·각도의 단위》; 잠시. ② 간단한 메모. ③ (*pl.*) 의사록. *in a* ~ 곧. *the* ~ (*that*) …하자마자(*The* ~ (*that*) *he saw me, he ran away.*). *this* ~ 지금 곧. *to the* ~ 정확히 (그 시간에). *up to the* ~ 최신 유행의. —*vt.* 정밀히 시간을 재다; 의사 초안을 만들다; 기록하다 ~**·ly**[1] *a., ad.* 일분마다(의).

‡**mi·nute**[2] [mainjú:t, mi-] *a.* ① 자디잔, 미소한. ② 정밀한. ~**·ly**[2] *ad.* ~**·ness** *n.*

mínute bòok 기록부; 의사록.

mínute gùn 분시포(分時砲) 《1분마다 쏘는 조포·조난 신호포》.

mínute hànd (시계의) 분침.

Min·ute·man [mínitmæ̀n] *n.* 《美》 3단계 대륙간 탄도탄.

mi·nu·ti·a [minjú:ʃiə, mai-] *n.* (*pl.* **-tiae** [-ʃiì:]) (L.) (보통 *pl.*) 상세(한 사정), 세목.

minx [miŋks] *n.* 말괄량이, 바람난 처녀.

Mi·o·cene [máiəsì:n] *n., a.* 〖地〗 제3기 중신세(中新世)(의).

M. I. P. Monthly Investment Plan 《美》 적립식 주식 투자법.

‡**mir·a·cle** [mírəkəl] *n.* ① **기적**. ② 불가사의한 물건〔사람·일〕. *to a* ~ 기적적으로, 신기할 정도로 훌륭히.

míracle plày 기적극《예수 또는 성도의 사적을 제재로 한 중세의 극》.

***mi·rac·u·lous** [mirǽkjələs] *a.* **기적적인,** 놀랄 만한, 불가사의한. ~**·ly** *ad.* 기적적으로.

mi·rage [mirá:ʒ/∠–] *n.* (F.) 신기루; 망상(妄想).

***mire** [maiər] *n.* ① Ⓤ **진흙; 진창;** 수렁. ② 궁지. *stick* 〔*find oneself*〕 *in the* ~ 궁지에 빠지다. —*vt.* 진창에 몰아 넣다; 곤경에 빠뜨리다; 진흙 투성이로 만들다; 더럽히다. —*vi.* 진창〔곤경〕에 빠지다.

Mi·ro [mí:rou], **Joan**(1893–1930) 미로《스페인의 초현실파 화가》.

‡**mir·ror** [mírər] *n.* ① **거울**(looking glass). ② 모범, 전형(典型). —*vt.* 비추다; 반사하다, 반영하다.

‡**mirth** [mə:rθ] *n.* Ⓤ **환락,** 유쾌, **명랑.** *∠**·ful** *a.* **유쾌한,** 명랑한, 즐거운. ∠**·ful·ly** *ad.* ∠**·less** *a.* 즐겁지 않은, 서글픈.

MIRV [mə:rv] multiple independently targeted reentry vehicle 다탄두 각개 목표 재돌입 미사일.

mir·y [máiəri] *a.* 진창인; 진흙투성이의; 더러운.

mis- *pref.* 「잘못하여·나쁘게·불리하게」 따위의 뜻.

mis·ad·min·is·tra·tion [mìsədmìnistréiʃən] *n.* Ⓤ 실정(失政).

mis·ad·ven·ture [-ədvéntʃər] *n.* ⓊⒸ 불운. *by* ~ 잘못하여(*homicide by* ~ 〖法〗 과실 치사).

mis·al·li·ance [-əláiəns] *n.* 어울리지 않는 결혼, 잘못된 결합.

mis·an·thrope [mísənθròup, míz-], **mis·an·thro·pist** [misǽnθrəpist, miz-] *n.* 사람이 싫은 사람, 염세가.

mis·an·throp·ic [mìsənθrápik, mìz-/-θrɔ́-] *a.* 사람 싫어하는, 염세적인.

mis·an·thro·py [misǽnθrəpi, miz-] *n.* Ⓤ 사람을 싫어함, 인간 불신.

mis·ap·pli·ca·tion [mìsæplikéiʃən] *n.* ⓊⒸ 오용, 남용, 악용.

mis·ap·ply [-əplái] *vt.* 오용〔악용〕하다. **mis·ap·plíed** [-d] *a.* 악용된.

mis·ap·pre·hend [-æprihénd] *vt.* 오해하다. **-hén·sion** *n.* ⓊⒸ 오해.

mis·ap·pro·pri·ate [-əpróuprièit] *vt.* (남의 돈을) 악용하다; 횡령하다.

mis·ap·pro·pri·a·tion [ˌ--ˌ--éiʃən] *n.* U,C 악용, 남용; 〖法〗 배임 횡령.
mis·ar·range [-əréindʒ] *vt.* 잘못 배치〔배열〕하다.
mis·be·come [-bikʌ́m] *vt.* (**-came; -come**) …에 맞지 않다, …에 어울리지 않다, …에 적합하지 않다.
mis·be·have [-bihéiv] *vi.* 무례한 행동을 하다; 방정치 못한 짓을 하다. **mis·be·háv·ior,** 《英》 **-iour** [-jər] *n.* U 비행(非行). 「념〔신앙〕, 사교.
mis·be·lief [-bilí:f] *n.* U,C 그릇된 신
mis·be·lieve [-bilí:v] *vi., vt.* 《廢》 잘못 믿다, 이교를 믿다; 의심하다.
mis·be·liev·er [-bilí:vər] *n.* 이교도.
mis·cal·cu·late [miskǽlkjəlèit] *vt., vi.* 오산하다; 잘못 예측하다. **mis·cal·cu·la·tion** [-ˌ-léiʃən] *n.* U,C
mis·car·riage [-kǽridʒ] *n.* U,C (편지의) 불착; 유산(流産); 실패.
mis·car·ry [-kǽri] *vi.* 실패하다; 유산〔조산〕하다; 편지가 도착하지 않다, 잘못 배달되다.
mis·cast [-kǽst, -á:-] *vt.* (아무에게) 부적당한 임무를 맡기다; 배역(配役)을 잘못하다.
***mis·cel·la·ne·ous** [mìsəléiniəs] *a.* 잡다한; 가지가지의 (~ *goods* 잡화). **~·ly** *ad.*
mis·cel·la·ny [mísəlèini, miséləni] *n.* 잡록; 논문집; 잡동사니.
mis·chance [mistʃǽns, -tʃá:ns] *n.* U,C 불행, 재난.
‡**mis·chief** [místʃif] *n.* ① U (정신·도덕적인) 해; U,C (물질적인) 손해, 위해(危害). ② 재난의 씨; 고장. ③ U 장난, 익살. ***eyes full of ~*** 장난기 가득찬 눈. ***make ~*** 사람 사이를 떼어놓다. ***play the ~ with*** 해치다; 엉망으로 하다.
mis·chief-mak·er [-mèikər] *n.* 이간질하는 사람.
***mis·chie·vous** [místʃivəs] *a.* 유해한; 장난치는. **~·ly** *ad.* **~·ness** *n.*
mis·con·ceive [mìskənsí:v] *vt., vi.* 오해하다, 오인하다, 잘못 생각하다 (*of*). **mis·con·cep·tion** [ˌ-sépʃən] *n.* U,C 잘못된 생각, 오인.
mis·con·duct [miskándʌkt / -kɔ́n-] *n.* U 품행 불량, 간통. —— [mìskəndʌ́kt] *vt.* 실수하다. ***~ oneself*** 방정치 못한 행동을 하다.
mis·con·struc·tion [mìskənstrʌ́kʃən] *n.* U,C 그릇된 조립〔구문〕; 오해, 곡해.
mis·con·strue [-kənstrú:/miskɔ̀n-] *vt.* 뜻을 잘못 해석하다, 오해하다, 그릇 읽다. 「산(하다).
mis·count [mískáunt] *n., vt., vi.* 오
mis·cre·ant [mískriənt] *a.* 극악 무도한; 이단의. —— *n.* 이단자, 극악 무도한 사람. 「틀리다.
mis·date [misdéit] *vt.* 날짜〔연대〕를
mis·deal [-dí:l / ˊˊ] *vt., vi.* (**-dealt** [-délt]), *n.* 〖카드〗 패를 잘못 도르다〔도르기〕.
mis·deed [-dí:d] *n.* 범죄; 못된 짓.
mis·de·mean·or, 《英》 **-our** [misdimí:nər] *n.* 비행; 〖法〗 경범죄.
mis·di·rect [-dirékt] *vt.* 그릇 지시하다; 잘못 겨냥하다; (편지의) 수취인 주소를 잘못 쓰다. 「범죄.
mis·do·ing [misdú(:)iŋ] *n.* 나쁜 짓,
mise en scène [mì:z ɑ̃:n séin] (F.) 무대 장치; 연출; =MILIEU. 「**~·ly** *a.*
‡**mi·ser** [máizər] *n.* 구두쇠, 수전노.
‡**mis·er·a·ble** [mízərəbəl] *a.* 비참한, 불쌍한; 초라한. ***-bly** *ad.*
Mis·e·re·re [mìzəréəri, -ríə-] *n.* (L.) (시편 제51편) 미제레레의 기도; 애원. 「빈곤.
‡**mis·er·y** [mízəri] *n.* U,C 불행, 비참;
mis·fea·sance [misfí:zəns] *n.* U 〖法〗 불법 행위. 「위가) 불발(하다).
mis·fire [misfáiər, ˊˊ] *n., vi.* (총 따
mis·fit [misfít, ˊˊ] *n.* 맞지 않는 것 《옷·신 따위》.
‡**mis·for·tune** [misfɔ́:rtʃən] *n.* U 불운, 불행; C 재난. ***have the ~ to*** (do) 불행하게도 …하다.
mis·give [misgív] *vt.* (**-gave; given**) 의심을 일으키다, 불안하게 하다(*His heart misgave him about the result.* 결과가 근심스러웠다). 「심.
***mis·giv·ing** [-gíviŋ] *n.* U,C 불안, 의
mis·gov·ern [misgʌ́vərn] *vt.* 악정을 하다. **~·ment** *n.* U 악정, 실정.
mis·guide [-gáid] *vt.* 잘못 지도하다, 잘못 생각하게 하다. **mis·gúid·ed** [-id] *a.* 오도된.
mis·han·dle [-hǽndl] *vt.* 심하게 다루다, 학대하다. 「행(한 사고).
***mis·hap** [ˊhæp, -ˊ] *n.* U,C 재난; 불
mish·mash [míʃmæʃ] *n.* 뒤범벅.
mis·in·form [mìsinfɔ́:rm] *vt.* 오보하다; 오해시키다(mislead). **mis·in·for·ma·tion** [ˌ-fɔ:rméiʃən] *n.* U
mis·in·ter·pret [-intə́:rprit] *vt.* 그릇 해석하다. **mis·in·ter·pre·ta·tion** [ˌ-ˌ-téiʃən] *n.* U,C 오해; 오역.
mis·judge [misdʒʌ́dʒ] *vt., vi.* 그릇 판단하다, 오해하다. **~·ment** *n.* U,C
mis·lay [misléi] *vt.* (**-laid**) 놓고 잊어버리다; 잘못 놓다.
***mis·lead** [-lí:d] *vt.* (**-led**) 그릇 인도하다; 잘못하게 하다, 현혹시키다. ***~·ing** *a.* 오도하는, 오해하게 하는, 현혹시키는.
mis·man·age [-mǽnidʒ] *vt.* 잘못 관리〔취급〕하다, 잘못 처리하다. **~·ment** *n.* U 「짓다.
mis·match [-mǽtʃ] *vt.* 짝을 잘못
mis·name [-néim] *vt.* 이름을 잘못 부르다.
mis·no·mer [-nóumər] *n.* 잘못된 이름, 명칭의 오용, 잘못 부름.
miso- 「혐오(嫌惡)」의 뜻의 결합사.
mi·sog·a·my [miságəmi, mai-/-ɔ́-] *n.* U 결혼을 싫어함. **mi·sóg·a·mist** *n.* 결혼을 싫어하는 사람.
mi·sog·y·ny [misádʒəni, mai- / -sɔ́dʒ-] *n.* U 여자를 싫어함. **mi·sóg·y·nist** *n.* 여자를 싫어하는 사람.
mis·place [mispléis] *vt.* 잘못 놓다; (애정·신용을) 부당한 사람에게 주다; 때와 장소를 틀리다. **~d** [-t] *a.*

~·ment *n.* U.C 잘못 두기.
mis·print [mísprìnt] *n.* 오식(誤植). —— [-ˊ] *vt.* 오식하다.
mis·pri·sion [mispríʒən] *n.* U 〖法〗 (공무원의) 비행; 범죄 은닉.
mis·pro·nounce [mìsprənáuns] *vt., vi.* 잘못 발음하다. **mis·pro·nun·ci·a·tion** [ˋ-nʌ̀nsiéiʃən] *n.* U.C 틀린 발음.
mis·quote [miskwóut] *vt.* 잘못 인용하다. **mis·quo·ta·tion** [ˋ-téiʃən] *n.* U.C 잘못된 인용.
mis·read [-rí:d] *vt.* (*-read* [-réd]) 오독하다, 그릇 해석하다.
mis·rep·re·sent [mìsreprizént] *vt.* 잘못 전하다; 바르게 나타내지 않다. **mis·rep·re·sen·ta·tion** [ˋ----téiʃən] *n.* U.C 왜곡한 진술; 오전(誤傳).
mis·rule [misrú:l] *n., vi.* U 악정(을 하다). ***the Lord of M-*** 〖英史〗 크리스마스 연회의 사회자.
†**miss**[1] [mis] *n.* (M-) ① …양, …씨. ② 아가씨《하녀·점원 등이 부르는 호칭》; 처녀.
‡**miss**[2] *vt.* ① (과녁 따위에) 못 맞히다, 잘못하다. ② (기회를) 놓치다; 길을 잃다; (기차 따위에) 타지 못하다; 빠뜨리고 듣다[말하다, 쓰다]. ③ 만나지 못하다; 없[있지 않]음을 깨닫다(*You were ~ed yesterday.* 어제는 없었지). ④ 없[있지 않]음을 서운하게 생각하다(*The child ~ed his mother very much.*); 없어서 부자유를 느끼다(*I ~ it very much.*); 그리워하다. ⑤ 모면하다(escape) (~ *being killed* 피살을 면하다). —— *vi.* ① 과녁을 빗나가다; 실패하다. ② 보이지 않게 되다; 행방 불명이 되다; 잡지 못하다(*of, in*). ~ ***fire*** 불발로 끝나다(cf. misfire); 목적을 이루지 못하다. ~ ***one's step*** 실족(失足)하다; 실패하다. ~ ***out*** 생략하다. ~ ***the point*** (이야기의) 요점을 모르다[빠뜨리다]. —— *n.* 못맞힘; 못잡음; 실수; 탈락; 회피.
Miss. Mississippi.
mis·sal [mísəl] *n.* 〖카톨릭〗 미사 전서(典書).
mis·sel [mísəl] *n.* 〖鳥〗 큰 개똥지빠귀.
mis·shap·en [misʃéipən] *a.* 보기 흉한; 기형의.
‡**mis·sile** [mísəl/-sail] *n., a.* 날아 가는 무기 《팔매돌·화살·탄환 따위》 (로서 쓰이는); 미사일(의) (cf. guided missile).
mis·sile·ry [mísəlri] *n.* U 《集合的》 미사일; 미사일 공학.
‡**miss·ing** [mísiŋ] *a.* ① 없는; 모자라는. ② 보이지 않는, 행방 불명의.
míssing línk, the 〖動〗 잃어버린 고리《유인원과 사람 사이에 존재했다고 가상되는 동물》.
‡**mis·sion** [míʃən] *n.* ① 사절(단), 전도(단). ② 사명, 천직. ③ 《美》 해외 대[공]사관. ④ 〖軍〗 (작전상의) 비행 임무; 우주 비행 계획.
‡**mis·sion·ar·y** [-èri/-əri] *a., n.* 전도의; 선교사.
míssion schòol 전도 학교, 선교사 양성소.
mis·sis [mísiz, -is] *n.* ① 마님《하녀 등의 용어》. ② (the ~) (자기의) 아내, 마누라; (일가의) 주부.
‡**Mis·sis·sip·pi** [mìsəsípi] *n.* 미국 남부의 주《생략 Miss.》; (the ~) 북아메리카에서 가장 긴 강.
mis·sive [mísiv] *n.* 공식 서한; 편지.
***Mis·sour·i** [mizúəri] *n.* 미국중부의 주《생략 Mo.》.
mis·spell [misspél] *vt.* (*~ed* [-t, -d], *-spelt*) …의 철자를 틀리다.
mis·spent [-spént] *a.* 낭비한.
mis·state [-stéit] *vt.* 허위[잘못] 진술하다. ~·**ment** *n.* U.C
‡**mist** [mist] *n.* U.C 안개. —— *vi., vt.* 안개가 끼다, 흐리게 하다. *ˊ**~·y** *a.* 안개 낀; 어렴풋한. ˊ**~·i·ly** *ad.* ˊ**~·i·ness** *n.*
mis·tak·a·ble [mistéikəbəl] *a.* 틀리기 쉬운.
†**mis·take** [mistéik] *vt., vi.* (*-took; -taken*) 틀리다, 잘못 생각하다. ~ *A for B,* A를 B로 잘못 생각하다. —— *n.* 잘못, 잘못 생각함; 실책. ***and no ~*** 《앞의 말을 强調해서》 그것은 틀림없다. ***by ~*** 잘못하여. ***make a ~*** 실수하다, 잘못 생각하다. ***make no ~*** 《口》 틀림없이, 분명히.
‡**mis·tak·en** [mistéikən] *v.* mistake의 과거분사. —— *a.* 틀린, 잘못 생각한(*I'm sorry I was ~.* 나의 잘못이었다). ~ ***identity*** 사람을 잘못 봄 (따위). ~·**ly** *ad.*
***mis·ter** [místər] *n.* ① (M-) 군, 씨, 귀하, 님《생략 Mr.》. ② 《美口》 선생님, 나리, 여보시오, 형씨(呼稱).
mis·time [mistáim] *vt.* 부적당한 때에 행하다[말하다], 시기를 놓치다.
***mis·tle·toe** [mísltòu, -zl-] *n.* 〖植〗 겨우살이, 기생목(寄生木).
‡**mis·took** [mistúk] *v.* mistake의 과거.
mis·trans·late [mìstrænsléit, -zl-] *vt.* 오역하다. **mis·trans·la·tion** [ˋ-léiʃən] *n.* C.U
mis·treat [mistrí:t] *vt.* 학대하다. ~·**ment** *n.* U 학대.
‡**mis·tress** [místris] *n.* ① 여주인, 주부. ② (M-) …부인《보통 Mrs. [mísiz]로 생략함》. ③ 여교사; 애인; 정부; 여지배자(*She is her own ~.* 그 여자는 자유의 몸이다). ~ ***of the situation*** 형세를 좌우하는 것.
mis·tri·al [mistráiəl] *n.* 〖法〗 오판(誤判), 무효 심리《절차상 과오에 의한》.
***mis·trust** [mistrʌ́st] *vt.* 신용하지 않다, 의심하다. —— *n.* U 불신, 의혹. ~·**ful** *a.* 의심 많은.
‡**mis·un·der·stand** [mìsʌndərstǽnd] *vt.* (*-stood*) 오해하다. ***~·ing** *n.* U.C 오해; 불화(不和).
***mis·un·der·stood** [-ʌndərstúd] *v.* misunderstand의 과거(분사). —— *a.* 오해받은; 가치를 인정할 수 없는.
***mis·use** [misjú:z] *vt.* ① 오용하다《어구를》. ② 학대하다. —— [-s] *n.* U.C 오용. **mis·us·age** [-jú:sidʒ, -zidʒ] *n.* U.C 오용; 학대, 혹사(ill-

treatment).
M. I. T. Massachusetts Institute of Technology 매사추세츠 공과 대학.
mite[1] [mait] *n.* 금액의 단위《farthing 의 1/2》, 1리(厘); 소액, 적으나마 성의있는 기부; 조금; 아주 작은 것; 어린 아이. ***not a* ~** 조금도 …아니다. ***widow's* ~** 빈자의 일등(一燈).
mite[2] *n.* 진드기.
mi·ter, 《英》 **-tre** [máitər] *n.* (bishop 의) 주교관(主敎冠). —— *vt.* 주교(bishop)로 임명하다. **mí·tered,** 《英》 **-tred** [-d] *a.* 주교관을 쓴. **mí·tral** [-trəl] *a.* 주교관 모양의.
Mith·ra·ism [míθrəìzəm] *n.* Ⓤ 미트라교《고대 페르시아의 종교; 빛의 신(神) Mithras를 숭배》.
mith·ri·da·tize [míθrədèitaiz/miθrídətàiz] *vt.* (독을 조금씩 마시어) 면독성(免毒性)을 기르다《이 방법을 쓴 Mithridates Ⅵ의 이름에서》.
***mit·i·gate** [mítəgèit] *vt.* 누그러뜨리다, 완화〔경감〕하다. **mit·i·ga·tion** [∸-géiʃən] *n.* ⓊⒸ 완화〔제〕.
mi·to·chon·dri·a [màitəkándriə/kɔ́n-] *n. pl.* 〖生〗 미토콘드리아《세포질 속의 입상(粒狀)의 소체(小體)》.
mi·to·sis [maitóusis, mi-] *n.* (*pl.* **-ses** [-si:z]) 〖生〗 유사(有絲)분열.
†**mitt** [mit] *n.* ① (여성용) 손가락 없는 긴 장갑. ② (야구의) 미트. ③ = MITTEN.
***mit·ten** [mítn] *n.* ① 벙어리장갑. ② (*pl.*) 《俗》 권투 글러브. ***give*〔*get*〕 *the* ~** 애인을 차다〔에게 채다〕.
†**mix** [miks] *vt.* 섞다, 혼합하다; 사귀게 하다. —— *vi.* 섞이다(*in, with*); 교제하다(*with*). ***be ~ed up*** 뒤섞여서 혼란하다; (부정·나쁜 친구 따위에) 걸려들다. **∠·er** *n.* 교제가(*a good ~er*); (주방용·콘크리트 등의) 믹서, 혼합기; 〖라디오·TV〗 음량 조정 기술자〔장치〕.
‡**mixed** [mikst] *a.* 섞인; 남녀 혼합의.
míxed chórus 혼성 합창. 「복식.
míxed dóubles 〖테니스〗 남녀 혼합
míxed drínk 합성주.
míxed ecónomy (자본주의·사회주의 병존의) 혼합 경제《영국에서 볼 수 있음》. 「합 농업.
míxed fárming (목축을 겸한) 혼
míxed fértilìzer 배합 비료.
míxed márriage (다른 종족·종교 간의) 잡혼.
míxed média 혼합 매체《영상·그림·음악 등의 종합적 예술 표현》.
míxed númber 〖數〗 대(帶)분수.
‡**mix·ture** [míkstʃər] *n.* ① 혼합물〔약〕; (감정의) 교차. ② ⓊⒸ 혼합. ③ ⒸⓊ 첨가물. ④ 혼방 직물.
mix-up [míksʌ̀p] *n.* 혼란; 《口》 난투.
miz·(z)en [mízən] *n.* 〖船〗 뒷 돛대의 가로돛; =⇩.
miz·(z)en·mast [-mæ̀st / -ɑ̀:-; 《海》 -məst] *n.* 〖船〗 뒷 돛대.
miz·(z)en·top [-tɑ̀p/-ɔ̀-] *n.* 뒷 돛대의 장루(檣樓).
miz·zle [mízəl] *n., vi.* ⓊⒸ 《方》 이슬비(가 내리다). **míz·zly** *a.*
mk. mark. **MKS, mks, m. k. s.** meter-〔metre-〕kilogram(me)-second (system) 미터·킬로그램·초(秒)《3 기본단위》. **ML, ML., M. L.** Medieval (*or* Middle) LATIN. **ml, ml.** milliliter. **MLA, M. L. A.** Modern Language Association. **MLD, M. L. D., m. l. d.** minimum lethal dose 〖醫·藥〗 최소 치사량. **MLF** Multilateral (Nuclear) Force (북대서양 조약 기구의) 다변핵군(多邊核軍). **MLG, M. L. G.** Middle Low German. **Mlle.** *Mademoiselle.* **Mlles.** *Mesdemoiselles.* **M. M.** Military Metal; Their Majesties; *Messieurs* (F. =Sirs). **mm, mm.** millimeter(s). **Mme.** *Madame.* **Mmes.** *Mesdames.* **Mn.** manganese. **MND** Ministry of National Defense.
mne·mon·ic [ni:mánik/-ɔ́-] *a.* 기억을 돕는; 기억(술)의. ***a* ~ *code*** 〖컴퓨터〗 외기 쉬운 부호. —— *n.* 〖컴퓨터〗 연상기호. **~s** *n.* 기억술.
M. N. I. Ministry of National Insurance 《英》 국민 보험성.
MNT 〖컴퓨터〗 macro-name table 매크로 이름표.
mo [mou] *n.* 《口》 =MOMENT. ***Wait half a* ~.** 잠깐 기다려 다오.
Mo 〖化〗 molybdenum. **Mo.** Missouri; Monday. **MO, M. O.** mass observation; Medical Officer. **M. O., m. o.** money order.
mo·a [móuə] *n.* 공조(恐鳥)《멸종된 뉴질랜드산의 타조 비슷한 큰 새》.
‡**moan** [moun] *vi., vt.* 신음하다; 끙끙거리다; 한탄하다. —— *n.* 신음소리. **∠·ful** *a.* 신음하는, 슬픈듯한.
***moat** [mout] *n., vt.* (성 둘레에) 해자(를 두르다).
‡**mob** [mab/-ɔ-] *n.* 군중, 폭도(暴徒), 오합지졸. —— *vt., vi.* (**-bb-**) 떼지어 습격하다.
mob·cap [∠kæ̀p] *n.* (18–19세기경의) 여자용 실내 모자의 일종.
***mo·bile** [móubəl, -bi:l/-bail] *a.* 자유로 움직이는; 변하기 쉬운. —— *n.* 가동물(可動物); 《美俗》 자동차; 〖美術〗 (철사를 사용한) 움직이는 조각.
móbile hóme 트레일러 주택, 이동 주택.
***mo·bil·i·ty** [moubíləti] *n.* Ⓤ 가동성, 기동성; 감격성.
mo·bi·lize [móubəlàiz] *vt.* 동원하다; 가동성을 부여하다; 유통시키다. **mo·bi·li·za·tion** [∸bìləzéiʃən] *n.* Ⓤ 동원; 유통시킴.
Mö·bi·us strìp [méibiəs/mə́:-] 〖數〗 뫼비우스의 띠《장방형의 띠를 180° 회전시켜서 양끝을 붙인 곡면(曲面), 면이 하나뿐임》. 「(私刑).
mób làw 〔rùle〕 폭민 정치; 사형
mob·oc·ra·cy [mabákrəsi/mɔbɔ́k-] *n.* Ⓤ 폭민 정치; (지배자로서의) 폭

민.
mób psychólogy 군중 심리.
MOBS [mabz / -ɔ-] multiple orbit bombardment system 다수 궤도 폭탄.
「사람(gangster).
mob·ster [mábstər/-ɔ́-] *n.* 갱의 한
moc·ca·sin [mákəsin,-zən / mɔ́kəsin] *n.* 북미 토인의 신발; 독사의 일종.
mo·cha [móukə] *n.* Ⓤ 모카(코피).
‡**mock** [mak, -ɔ:-/-ɔ-] *vt., vi.* ① **조소하다**(*at*); 흉내내어 우롱하다. ② 무시하다. —— *n.* UC 조소(의 대상); 우롱; 모방. —— *a.* 모조의(～ *diamond*); 거짓의(*with* ～ *gravity* 진지한 체하고서). ∠·**er** *n.* 조소하는
móck áuction 짬짜미 경매. ⌊사람.
***mock·er·y** [mákəri, -ɔ́:-/-ɔ-] *n.* UC **조롱**; Ⓒ 조소의 대상; 흉내; 헛수고. *make a* ～ *of* 우롱하다, 놀리다.
mock-he·ro·ic [∠hiróuik] *a., n.* 영웅인 체하는; 영웅시(英雄詩)를 본뜬 (해학시(諧謔詩)).
mock·ing·bird [∠iŋbə:rd] *n.* (북미 남부와 서인도 일대에 있는) 입내새; 지빠귀류의 새. 「日)〔환월〕.
móck sún 〔**móon**〕 〖氣〗 환일(幻
móck tùrtle (**sóup**) (송아지 머리로 만든) 가짜 자라 수프.
mock-up [∠ʌp] *n.* 실물 크기의 모형. ～ *stage* 실험 단계.
mod [mad/-ɔ-] *n.* Gael 사람들의 시와 음악의 집회.
mod·al [móudl] *a.* 형태〔형식〕상의; 〖文〗 법(mood)의; 〖論〗 양식의. ～·**ly** *ad.* **mo·dal·i·ty** [-dǽləti] *n.* UC 형태, 양식; 〖論〗 (판단의) 양식; (의무·재산 처리의) 실행 방법.
‡**mode** [moud] *n.* ① **양식**, 하는 식; 식. ② Ⓤ 유행. ③ 〖樂〗 선법(旋法), 음계(*major* ～ 장음계). *out of* ～ 유행에 뒤떨어져, 한물 지나고.
Mod. E. Modern ENGLISH.
†**mod·el** [mádl/-ɔ́-] *n.* ① **모형**, 원형, 본, 설계도. ② (화가 등의) 모델; 마네킨. ③ **모범**. —— *a.* 모범적인, 모형의. —— *vt.* (《英》 **-ll-**) **모양〔모형〕을 만들다**; (점토 따위를 어떤 형으로) 뜨다, 설계하다, …을 본뜨다 (*after, on, upon*). ～ *school* 시범학교. ～·(**l**)**ing** *n.* Ⓤ 모형 제작; 〖美術〗 살 붙이는 기법. ～(*l*)*ing clay* 소상용(塑像用) 점토.
Módel T̄ 발달 초기의, 구식의.
mo·dem [móudèm] *n.* 〖컴퓨터〗 변복조(變復調) 장치.
‡**mod·er·ate** [mádərət/-ɔ́-] *a.* ① **온건한**, 온화한. ② (양·정도가) 알맞은, 웬만한, 보통의; 절제하는. ③ (병세가) 중간 정도의 (*a* ～ *case*) (《'*mild*'와 '*serious*'의 중간》). —— *n.* 온건한 사람; (M-) 〖政〗 온건파의 사람. —— [-dərèit] *vt., vi.* 삼가다, 완화하다, **알맞게 하다**; 누그러지다; 중재인 노릇을 하다, 사회(司會)하다. ***mód·er·ate·ly** *ad.* **적당하게**, 중간 정도로. 「(《초속 6–8 m》).
móderate bréeze 〖氣〗 건들 바람
móderate gále 〖氣〗 센바람(《초속 14–17 m》).
***mod·er·a·tion** [màdəréiʃən / -ɔ̀-] *n.* Ⓤ **적당**, 중용; **완화**. *in* ～ 정도에 맞게. 「(It.) 〖樂〗 중간 속도로.
mod·e·ra·to [màdərá:tou/mɔ̀-] *ad.*
mod·er·a·tor [mádərèitər/-ɔ́-] *n.* 조정자; 조절기; 사회자, 의장; (Oxford 대학의) B. A. 시험 위원; 〖理〗 (원자로의) 감속재(減速材).
†**mod·ern** [mádərn / -ɔ́-] *a.* **현대의**; 근대적인, 당세풍의, 모던한.
Módern Énglish ⇨ENGLISH.
módern hístory 근세사.
mod·ern·ism [-ìzəm] *n.* Ⓤ 현대식, 현대 사상; 근대 어법; 〖宗〗 근대주의. **-ist** *n.* 현대주의자.
***mod·ern·ize** [mádərnàiz/-ɔ́-] *vt., vi.* **근〔현〕대화하다**. **mod·ern·i·za·tion** [∸-izéiʃən/-nai-] *n.* Ⓤ 근〔현〕대화.
módern schóol 〔**síde**〕 《英》 근대어〔과학〕 중시의 중·고등학교〔학과〕.
módern tímes 현대.
‡**mod·est** [mádist/-ɔ́-] *a.* ① 조신(操身)하는, **겸손한**. ② 수줍은; 수수한. *～·**ly** *ad.* ‡**-es·ty** *n.* Ⓤ **조심스러움**; 수줍음; 겸양; 정숙. 「소액.
mod·i·cum [mádikəm/-ɔ́-] *n.* 소량,
‡**mod·i·fy** [mádəfài/-ɔ́-] *vt.* ① 가감하다, 완화하다. ② **수정하다**, 제한하다. ③ 〖文〗 수식하다. ***mod·i·fi·ca·tion** [∸-fikéiʃən] *n.* UC 가감; **수정**; 수식. ‡**mód·i·fi·er** *n.* **수정자**; 〖文〗 수식어.
Mo·di·glia·ni [mòudiljá:ni], **Amedeo** (1884–1920) 이탈리아의 화가.
mod·ish [móudiʃ] *a.* 유행의, 멋쟁이의. 「장신구상.
mo·diste [moudí:st] *n.* (F.) 양재사,
mod·u·late [mádʒəlèit/mɔ́-] *vt.* 조절〔조정〕하다, 음조(音調)를 바꾸다; 〖無電〗 변조하다. **mod·u·là·tion** [∸-léiʃən] *n.* UC 조절, 억양; 〖無電〗 변조.
mod·ule [mádʒu:l / mɔ́dju:l] *n.* (도량·치수의) 단위, 기준; 〖建〗 (각 부분의) 산출 기준; 모듈, …선(船)(《우주선의 구성 단위》)(*a lunar* ～ 달 착륙선).
mo·dus o·pe·ran·di [móudəs àpərǽndai/mɔ́dəs ɔ̀pərǽndi:] (L.) 활동 방식, 운용법.
mo·dus vi·ven·di [-vivéndi:, -dai] (L.) 생활 양식; 잠정 협정.
Mo·gul [móugʌl, -∠] *n.* 무갈 사람 (《인도를 정복한 몽고 사람》); 거물. *the Great* 〔*Grand*〕 ～ 무갈 황제.
mo·hair [móuhɛər] *n.* Ⓤ 모헤어(《앙골라염소의 털》); UC 모헤어천.
Mo·ham·med [mouhǽmid; -med] *n.* (570?–632) 마호메트 (《회교의 개조》).
Mo·ham·med·an [mouhǽmidən, -med-] *a.* Mohammed의; 회교의. —— *n.* 회교도. ～·**ism** [-ìzəm] *n.* Ⓤ
Mo·hawk [móuhɔ:k] *n.* CU 모호크 사람〔말〕(《New York주에 살던 북미 토인》).
Mŏhs' scăle [móuz-] 〖鑛〗 모스 굳기계〔경도계〕.

moi·e·ty [mɔ́iəti] *n.* 절반.
moil [mɔil] *vi.* 악착같이 일하다 (TOIL[1] *and* ~). 「감.
moire [mwɑ:r] *n.* Ⓤ 물결무늬의 옷
‡**moist** [mɔist] *a.* ① 습한, 눅눅한. ② 비가 많은. ***~·en** [mɔ́isn] *vt.* 습하게 하다, 적시다. 「분.
‡**mois·ture** [mɔ́istʃər] *n.* Ⓤ 습기, 수
MOL Manned Orbiting Laboratory 유인(有人) 궤도 실험실.
mo·lar[1] [móulər] *n.*, *a.* 어금니(의).
mo·lar[2] *a.* 〖理〗 질량의. 「蜜).
mo·las·ses [məlǽsiz] *n.* Ⓤ 당밀(糖
‡**mold**[1], 《英》 **mould**[1] [mould] *n.* ① 형(型), 거푸집. ② 《比喩》 모양, 모습. ③ ⓊⒸ 특성, 성격. **—** *vt.* 거푸집에 넣어 만들다; 연마하다. **~·ing** *n.* 주조(물); 〖建〗 쇠시리.
mold[2], 《英》 **mould**[2] *n.* Ⓤ 곰팡이. **—** *vt.*, *vi.* 곰팡나(게 하)다.
mold[3], 《英》 **mould**[3] *n.* Ⓤ 옥토(沃土), 경지(耕地); 《英·方》토지. ***man of*** **~** (죽으면 흙이 되는) 인간.
Mol·da·vi·a [maldéiviə, -vjə/mɔl-] *n.* 몰다비아《소련 흑해 연안의 한 지방》.
mold·board [móuldbɔ̀:rd] *n.* 보습; 불도저의 흙밀이 판.
mold·er [móuldər] *vi.*, *vt.* 썩어문드러지(게 하)다, 썩다, 허물어지다.
mold·y, 《英》 **mould·y** [móuldi] *a.* 곰팡난; 진부한.
mole[1] [moul] *n.* 사마귀.
mole**[2] *n.* 〖動〗 두더지. ***blind as a **~** 눈이 아주 먼.
mole[3] *n.* 방파제, 돌제(突堤).
mole[4] *n.* 〖化〗 몰, 그램분자(mol).
***mo·lec·u·lar** [məlékjələr] *a.* 분자의, 분자로 된.
molécular wéight 〖化〗 분자량.
***mol·e·cule** [málikjù:l/-ɔ́-] *n.* 〖理〗 분자. 「올린 흙.
mole·hill [móulhìl] *n.* 두더지가 파
***mo·lest** [məlést] *vt.* ① 괴롭히다, 지분거리다. ② 방해[간섭]하다. **mo·les·ta·tion** [mòulestéiʃən] *n.* Ⓤ 훼방, 방해.
Mo·liere [mòuljέər/mɔ́liεər] *n.* (J.B. Poquelin의 펜네임)(1622–73) 프랑스의 극작가.
mol·li·fy [máləfài/-ɔ́-] *vt.* 누그러지게 하다, 달래다. **mol·li·fi·ca·tion** [ˌ–fikéiʃən] *n.* ⓊⒸ 완화, 진통.
mol·lusc, -lusk [máləsk / -ɔ́-] *n.* 연체 동물. **mol·lus·coid** [məlʌ́skɔid/mɔl-] *n.*, *a.* 의(擬)연체 동물(의).
mol·ly·cod·dle [málikàdl/mɔ́likɔ̀dl] *vt.* 응석받이로 기르다. **—** *n.* 뱅충맞이.
Mó·lo·tov bréadbasket [málətɑ̀f/mɔ́lətɔ̀f] 소련의 모자(母子) 소이탄.
Mólotov cócktail 《俗》 (대(對)전차용) 화염병(火焰甁).
molt [moult] *vt.*, *vi.* (동물이) 탈피하다, 털을 갈(게 하)다. **—** *n.* 탈피, 털갈이, 그 시기.
***mol·ten** [móultn] *v.* melt의 과거분사. **—** *a.* 녹은; 주조된.
Mo·luc·cas [moulʌ́kəz] *n.* 몰루카군도《동인도 제도의 군도, 인도네시아령; 향신료(香辛料)가 나므로 Spice Islands라고도 함》.
mo·lyb·de·num [məlíbdənəm] *n.* Ⓤ 〖化〗 몰리브덴《기호 Mo》.
mom [mɑm/-ɔ-] *n.* 《口》 =MUMMY.
†**mo·ment** [móumənt] *n.* ① 순간; 때, 현재. ② Ⓤ 중요성. ③ 〖哲〗 계기, 요소. ④ Ⓤ 〖機〗 (축(軸) 둘레의) 운동률, 모멘트, 역률(力率). ***at any*** **~** 언제라도. ***at the*** **~** 당시. ***for the*** **~** 당장. ***in a*** **~** 곧. ***Just a*** **~.**, or ***One*** **~.**, or ***Half a*** **~.**, or ***Wait a*** **~.** 잠깐 (기다려 주시오). ***man of the*** **~** 시대의 각광을 받는 인물, 요인. ***of no*** **~** 중요치 않은, 시시한. ***the*** ***(very)*** **~** ***(that)*** **...** …할 찰나. ***this*** **~** 지금 곧. ***to the*** **~** 제시각에, 일각도 어김없이.
‡**mo·men·tar·y** [-èri/-əri] *a.* 순간의, 찰나의. **mó·men·tar·i·ly** *ad.* 잠깐, 시시 각각. 「각각.
mo·ment·ly [-li] *ad.* 각 일각, 시시
***mo·men·tous** [mouméntəs] *a.* 중대한, 중요한. **~·ly** *ad.*
mo·men·tum** [mouméntəm] *n.* (*pl.* **~s**, ***-ta [-tə]) ⓊⒸ (물체의) 타성(惰性), 여세; Ⓤ 〖機〗 운동량.
mom·ma [mámə / -ɔ́-] *n.* 《美口·小兒》 =MOTHER.
mom·my [mámi/-mɔ́mi] *n.* 《美》 《兒》 =MOM.
***Mon.** Monday; Monmouthshire《영국 남서부의 구 주명(州名)》.
mon·a·chal [mánəkəl / -ɔ́-] *a.* = MONASTIC.
mon·a·chism [mánəkìzəm/-ɔ́-] *n.* = MONASTICISM. 「산(一酸)의.
mon·ac·id [manǽsid/-ɔ-] *a.* 〖化〗 일
Mon·a·co [mánəkòu/-ɔ́-] *n.* 모나코《프랑스 남동의 작은 나라》.
mon·ad [móunæd, -á- / -ɔ́-] *n.* 단일체; 〖哲〗 단자(單子)《원자·혼·개인·신 따위》; 〖生〗 단세포 생물; 〖化〗 일가 원소(一價元素).
Mo·na Li·sa [móunə lí:sə, -zə] 모나리자 (=*La Gioconda*).
‡**mon·arch** [mánərk / -ɔ́-] *n.* 군주. **mo·nar·chal** [məná:rkəl/mɔ-] *a.* 군주의, 군주다운.
mo·nar·chic [məná:rkik / mɔ-], **-chi·cal** [-əl] *a.* 군주(정치, 국)의.
mon·ar·chism [mánərkìzəm/-ɔ́-] *n.* Ⓤ 군주주의. **món·ar·chist** *n.* 군주제주의자.
***mon·ar·chy** [mánərki/-ɔ́-] *n.* Ⓤ 군주 정치[정체]; Ⓒ 군주국.
***mon·as·ter·y** [mánəstèri/mɔ́nəstəri] *n.* 수도원.
***mo·nas·tic** [mənǽstik] *a.* 수도원의; 수도사의; 금욕[은둔]적인. **mo·nás·ti·cism** [-təsìzəm] *n.* Ⓤ 수도원 생활[제도].
mon·au·ral [manɔ́:rəl/mɔn-] *a.* (레코드 따위가) 모노랄의; 한쪽 귀의[에 쓰는](cf. stereophonic).

†**Mon·day** [mʌ́ndi, -dei] *n.* **월요일**. **~·ish** *a.* 느른한《일요일 다음이라》.

monde [mɔ̃:nd] *n.* (F.) 세상, 사회, 사교계.

Mon·dri·aan [mándriɑn / mɔ́-], **Pieter Cornelis** (1872-1944) 네덜란드의 추상파 화가《파리에 살았음》.

M₁, M-1 [émwʌ́n] *n.* 〖經〗 M₁《현금통화 및 은행 등의 요구불 예금을 합친 일국의 통화 공급량》(cf. M₂, M₃).

Mo·nél mètal [mounél] 〖商標〗 모넬 메탈《니켈·동의 내식(耐蝕) 합금》.

Mo·net [mounéi], **Claude** (1840-1926) 프랑스의 화가《인상파의 창시자》.

***mon·e·tar·y** [mánətèri / mʌ́nitəri] *a.* **화폐의**, 금전상의.

mon·e·tize [mánətàiz, mʌ́ni-] *vt.* 화폐로 정하다; 화폐로 주조하다. **mon·e·ti·za·tion** [⌐-tizéiʃən/-tai-] *n.* Ⓤ

†**mon·ey** [mʌ́ni] *n.* Ⓤ **돈**. ***coin*** ~ 《口》 돈을 많이 벌다. ***for*** ~ 돈으로; 돈을 위해. ***hard*** ~ 경화(硬貨); 정금(正金). ***lucky*** ~ 행운이 온다고 몸에 지니고 다니는 돈. ***make*** ~ 돈을 벌다. ~ ***for jam*** 《英俗》 거저 번 돈. ***M- makes the mare to go.*** 《俗談》 돈이면 귀신도 부린다. ~ ***on***〔***at***〕 ***call*** =CALL ~. ~***'s worth*** 돈에 상당하는 물건, 돈만큼의 가치. ***paper*** ~ 지폐. ***raise*** ~ ***on*** …을 저당하여 돈을 마련하다. ***ready*** ~ 맞돈, 현금. ***small*** ~ 잔돈. ***soft*** ~ 지폐. ***standard*** ~ 본위(本位) 화폐.

mon·ey·bag [-bæ̀g] *n.* 지갑; (*pl.*) 부자; 부(富).

móney chànger 환전상(換錢商).

mon·ey·grub·ber [-grʌ̀bər] *n.* 축재; 돈만 아는 사람, 수전노.

mon·ey·grub·bing [-grʌ̀biŋ] *n., a.* 축재(에 열심인), 축재가의.

mon·ey·lend·er [-lèndər] *n.* 대금업자.

mon·ey·mak·ing [-mèikiŋ] *n.* Ⓤ 돈벌이.

móney màrket 금융 시장.

móney òrder 환.

móney ràtes 금리.

mon·ger [mʌ́ŋgər] *n.* 상인, …상, …장수(fish*monger*).

Mon·gol [máŋgəl, -goul/mɔ́ŋgɔl] *n., a.* 몽고 사람(의). **~·ism** [-ìzəm] *n.* Ⓤ 〖醫〗 몽고증(症)《선천적 치매증의 일종》.

Mon·go·li·a [mɑŋgóuliə, -ljə/mɔŋ-] *n.* 몽고. **Mon·gó·li·an** [-n] *n., a.* 몽고 사람(의); 몽고인종(에 속하는); Ⓤ 몽고말(의).

mon·gol·oid [máŋgəlɔ̀id/-ɔ́-] *a., n.* 몽고인 비슷한 (사람); 〖醫〗 몽고증(症)의 (환자).

mon·goose [máŋgu:s, mán-/-ɔ́-] *n.* (*pl.* ~*s*) 몽구스《인도산의 족제비 비슷한 육식 동물, 독사를 먹음》.

mon·grel [mʌ́ŋgrəl, -á-] *n., a.* 잡종(의)《주로 개》.

mon·ism [mánizəm / -ɔ́-] *n.* Ⓤ 〖哲〗 일원론(一元論). **món·ist** *n.* 일원론자. **mo·nis·tic** [mounístik, mə-/mɔ-] *a.*

mo·ni·tion [mouníʃən, mə-] *n.* ⓊⒸ 경고; 훈계; (법원의) 소환(召喚).

mon·i·tor [mánitər/mɔ́n-] *n.* ① **권고자**, 경고자; 경고가 되는 것. ② 학급 위원. ③〖軍〗(회전 포탑이 있는) 저현(低舷) 장갑함. ④〖動〗 큰도마뱀의 일종《열대산; 악어의 존재를 알린다 함》. ⑤ (펌프 등의) 자유회전 통구(筒口). ⑥ 외국방송 청취원, 외전(外電) 방수(傍受)자. ⑦〖放送〗 모니터 장치《음질·영상을 조절하는; ~ screen이라고도 함》; 모니터《방송에 대한 의견을 방송국에 보고하는 사람》. ⑧ (원자력 공장의 위험 탐지용) 방사능 탐자기. ⑨〖컴퓨터〗 모니터 (~ *mode* 모니터 방식). — *vt., vi.* ① …을 감시하다, 감독하다; (…을 데이터로) 추적하다. ②〖放送〗 …을 모니터(장치)로 감시〔조정〕하다; (방송을) 모니터하다; …을 방수하다; 외국방송을 청취하다. ③ (방사능의 강도를) 검사하다.

mon·i·to·ri·al [⌐-tɔ́:riəl] *a.* 경고의, 감시의.

mon·i·to·ry [-tɔ̀:ri/-təri] *a.* 경고의, 권고의, 훈계의. — *n.* (bishop 의) 계고장(戒告狀).

‡**monk** [mʌŋk] *n.* **수도사, 중**. **⌐·ish** *a.* 수도사 티가 나는, 중 냄새 나는 《나쁜 의미로》.

†**mon·key** [mʌ́ŋki] *n.* ① **원숭이**. ② 장난꾸러기; 흉내를 내는 아이, 젊은 것; (말뚝 박는 기계의) 쇠달구. ③ 《英俗》 500파운드. ***get***〔***put***〕 ***one's*** ~ ***up*** 성내다〔성내게 하다〕. ~ ***business***〔***tricks***〕《俗》 장난, 기만. ***suck the*** ~ (병 등에) 입을 대고 마시다. ***young*** ~ 젊은 것. — *vi.* 《口》 장난치다, 놀려대다(*with*). — *vt.* 흉내내다, 놀려대다. **~·ish** *a.* 원숭이 같은; 장난 좋아하는.

mónkey nùt 《주로 英俗》 땅콩.

mon·key·shine [-ʃàin] *n.* (보통 *pl.*) 《美俗》 장난.

mónkey sùit 《美俗》 제복; (남자용) 예복.

mónkey wrènch 자재(自在) 스패너.

mono- 「일(一)·단(單)」의 뜻의 결합사.

mon·o·chord [mánəkɔ̀:rd / -ɔ́-] *n.* (음정(音程) 측정용) 일현금(一絃琴).

mon·o·chrome [mánəkròum/-ɔ́-] *n.* 단색(화); Ⓤ 그 화법. **mon·o·chro·mat·ic** [⌐--mǽtik] *a.*

mon·o·cle [mánəkəl/mɔ́nɔ-] *n.* 단안경(單眼鏡).

mon·o·cli·nous [mɑ̀nəkláinəs / mɔ̀n-] *a.* 〖植〗 양성화(兩性花)의.

mo·noc·u·lar [mənákjələr/mɔnɔ́-] *a.* 단안(용)의.

mon·o·cul·ture [mánəkʌ̀ltʃər / -ɔ́-] *n.* Ⓤ〖農〗 단작(單作).

mon·o·cy·cle [mánəsàikəl/-ɔ́-] *n.* 일륜차(一輪車).

mon·o·cyte [mánəsàit/mɔ́n-] *n.* 〖生〗 단핵(單核) 백혈구.

mon·o·dra·ma [mánədrɑ̀:mə, -dræ̀mə/mɔ́n-] *n.* ⒸⓊ 모노드라마, 1인극.

mon·o·dy [mánədi / -ɔ́-] *n.* (그리스 비극의) 서정적 독창부; 만가.

mo·noe·cious [məní:ʃəs] *a.* 〖植〗 자웅동주의; 〖動〗 자웅동체의.

mo·nog·a·my [mənágəmi / mənɔ́-] *n.* Ⓤ 일부 일처제〔주의〕 (opp. polygamy). **mo·nóg·a·mist** *n.* 일부 일처주의자. **mo·nóg·a·mous** *a.*

mon·o·gram [mánəgræ̀m/-ɔ́-] *n.* 짜맞춘 글자《도형화한 머리 글자 등》.

mon·o·graph [mánəgræ̀f / mɔ́nəgrɑ̀:f] *n.*, *vt.* (특정 테마에 대한) 전공 논문(을 쓰다).

mon·o·ki·ni [mànəkí:ni / mɔ̀n-] *n.* 토플리스 수영복; (남성용의) 극히 짧은 팬츠.

mon·o·lith [mánəliθ/-ɔ́-] *n.* 돌 하나로 된 비석·기둥(따위); 통바위, 단암(單岩). **mon·o·lith·ic** [ˋ–líθik] *a.* 단암(單岩)의; (사상·정책이) 일관된, 혼란이 없는.

mon·o·log(ue) [mánəlɔ̀:g, -ɑ̀-/mɔ́nəlɔ̀g] *n.* 독백(극); 이야기의 독차지.

mon·o·ma·ni·a [mànəméiniə, -njə/-ɔ̀-] *n.* Ⓤ 편집광(偏執狂). **-ma·ni·ac** [ˋ–ˊ–æ̀k] *n.* 편집광 환자.

Mon·o·mark [mánəmɑ̀:rk/mɔ́n-] *n.* 《英》〖商標〗 (소유자·상품명·제작자 등을 등록한) 짜맞춘 기호〔문자〕.

mon·o·mer [mánəmər/mɔ́n-] *n.* 〖化〗 단량체; 단위체.

mon·o·met·al·lism [mànəmétəlizəm/mɔ̀n-] *n.* Ⓤ 〖經〗 (화폐의) 단본위제(單本位制).

mo·no·mi·al [mounóumiəl/mən-] *a.*, *n.* 〖數〗 단항식(의); 〖生〗 한 말로 된《명칭》.

mon·o·pho·bi·a [mànəfóubiə] *n.* Ⓤ 〖醫〗고독 공포증.

mon·o·phon·ic [mànəfánik/mɔ̀nəfɔ́n-] *a.* ① = MONAURAL. ② 〖樂〗 단선율(가곡)의; 〖컴퓨터〗 모노포닉의.

mon·oph·thong [mánəfθɔ̀:ŋ/mɔ́nəfθɔ̀ŋ] *n.* 단모음(cf. diphthong).

mon·o·pitch [mánəpìtʃ/-ɔ́-] *n.* (말·노래 소리의) 단조로움. ⌈엽 비행기.

mon·o·plane [mánəplèin/-ɔ́-] *n.* 단

mo·nop·o·list [mənápəlist/-ɔ́-] *n.* 전매(론)자; 독점(론)자. **mo·nop·o·lis·tic** [–ˋ–lístik] *a.* 독점적인; 전매의.

***mo·nop·o·lize** [-làiz] *vt.* 독점하다, 전매권을 얻다. **mo·nop·o·li·za·tion** [–ˋ–lizéiʃən/-laiz-] *n.* Ⓤ 독점, 전매.

‡**mo·nop·o·ly** [mənápəli / -ɔ́-] *n.* ① ⓊⒸ 독점(권), 전매(권). ② 독점물, 전매품. ③ 전매 회사, 독점자.

mon·o·rail [mánərèil / -ɔ́-] *n.* 단궤(單軌) 철도.

mon·o·só·di·um glú·ta·mate [mànəsóudiəm glú:təmèit/mɔ̀n-] 글루타민산소다《조미료》.

mon·o·syl·la·ble [mánəsìləbəl / -ɔ́-] *n.* 단음절어. ***speak*** 〔***answer***〕 ***in*** ～ 퉁명스럽게 말〔대답〕하다. **mon·o·syl·lab·ic** [ˋ––lǽbik] *a.*

mon·o·the·ism [mánəθi:ìzəm / -ɔ́-] *n.* Ⓤ 일신교, 일신론. **mon·o·the·is·tic** [ˋ––ístik] *a.* 일신론〔교〕의.

mon·o·tone [mánətòun/-ɔ́-] *n.* 단조(음). —— *vt.* 단조롭게 이야기하다.

‡**mo·not·o·nous** [mənátənəs / -ɔ́-] *a.* 단조로운, 변화가 없어 지루한. ～**·ly** *ad.* ～**·ness** *n.* ***mo·nót·o·ny** *n.* 단음(單音); 단조; Ⓤ 단조로움.

Mon·o·type [mánətàip / -ɔ́-] *n.* 〖商標·印〗 자동 주조 식자기, 모노타이프(cf. linotype) ⌈*n.* 〖化〗 일산화물.

mon·ox·ide [manáksaid / mɔnɔ́k-]

Mon·roe [mənróu], **James** (1758–1831) 미국 제5대 대통령(1817–25).

Monróe Dóctrine (유럽 각국은 미대륙 각국에 대하여 간섭해서는 안된다고 한) 먼로주의《⇧》.

mon·sei·gneur [mɑ̀nseinjə́:r/mɔ̀nse-] *n.* (*pl.* ***messeigneurs*** [mèseinjə́:rz/-se-]) (F.) 전하, 각하《생략 Mgr.》.

****mon·sieur*** [məsjə́:r] *n.* (*pl.* ***messieurs*** [mesjə́:r]) (F.) 씨, 귀하, 님《생략 M. = Mr.》.

mon·soon [mansú:n/-ɔ-] *n.* (인도양·남아시아의) 계절풍.

‡**mon·ster** [mánstər/-ɔ́-] *n.* ① 괴물, 도깨비; 거수(巨獸). ② 악독한 사람. —— *a.* 거대한.

mon·stros·i·ty [manstrásəti / mɔnstrɔ́s-] *n.* Ⓤ 기형(畸形); 괴물; 지독한 행위.

***mon·strous** [mánstrəs/-ɔ́-] *a.* ① 거대한; 괴물 같은; 기괴한. ② 어처구니 없는; 극악 무도한. ～**·ly** *ad.*

Mont. Montana. ⌊～**·ness** *n.*

mon·tage [mantá:ʒ/mɔn-] *n.* ⓊⒸ (F.) 혼성화; 합성〔몽타주〕 사진, 〖映〗 몽타주《작은 화면의 급속한 연속에 의한 구성》; 필름 편집.

Mon·taigne [mantéin/mɔn-], **Michel Eyquem de** (1533–92) 몽테뉴《프랑스의 철학자·수필가(*Essais*)》.

Mon·tan·a [mantǽnə/mɔn-] *n.* 미국 북서부의 주《생략 Mont.》.

Mont Blanc [mɔŋ blɑ́:ŋ] 몽블랑《알프스의 최고봉(4, 810 m)》.

Mòn·te Cár·lo [mànti kɑ́:rlou/mɔ̀n-] 모나코의 도시《공설 도박장이 있음》.

Mon·te·ne·grin [mɑ̀ntəní:grin /-ɔ̀-] *n.*, *a.* 몬테네그로 사람(의).

Mon·tes·quieu [mɑ̀nteskjú:/mɔ̀n-], **Charles** (1689–1755) 프랑스의 사상가《*De l'Esprit des Lois*(법의 정신)》.

†**month** [mʌnθ] *n.* 월, 달. ***a*** ～ ***of Sundays*** 《口》 오랫동안. ***a*** ～***'s mind*** 〖카톨릭〗 사후 1개월째 되는 날의 연(煉)미사. ***last*** ～ 전달. ～ ***by*** ～ 다달이. ***this day*** ～ 내달〔전달〕의 오늘. ***this*** ～ 이달.

‡**month·ly** [ˊli] *a.* 매달의; 월 1회의. —— *n.* 월간 잡지; (*pl.*) 《口》 월경.

Mont·mar·tre [mɔ̃:rmɑ́:rtrə] *n.* 몽마르트르《파리 북부의 고지대》.

Mont·par·nase [mɔ̃:ŋpɑ:rnɑ́s] *n.* 몽파르나스《파리 서남의 고지대》.

Mont·re·al [mɑ̀ntriɔ́:l, mʌn-/mɔ̀n-] *n.* 캐나다 최대의 도시《상공업 중심지》.

Montreál Prótocol 몬트리올 의정서《1987년 오존층 보호를 위해 채택

됨》.

‡**mon·u·ment** [mánjəmənt/-ɔ́-] *n.* ① 기념비, 기념상, 기념문, 기념관 (따위); **기념물**. ② 문서, 기록. *the M-* 1666년 런던 대화재 기념 원탑.

*__mon·u·men·tal__ [mànjəméntl/-ɔ-] *a.* ① **기념(물)의**, 기념되는. ② 불멸의. ③ 거대한; 《口》 어처구니 없는. ④ 〔美術〕 실물보다 큰. ~ *mason* 묘석 제조인. ~**·ly** [-təli] *ad.*

moo [mu:] *vi., n.* (소가) 음매 울다, 그 우는 소리.

mooch [mu:tʃ] *vi., vt.* 《俗》 건들건들〔살금살금〕 거닐다, 배회하다; 훔치다, 우려내다. ∠**·er** *n.*

‡**mood**[1] [mu:d] *n.* **마음(의 상태), 기분.** *be in no* ~ *(for)* …할 마음이 없다. *in the* ~ …할 마음이 나서. *a man of* ~*s* 변덕쟁이

*__mood__[2] *n.* ① 〔文〕 **법**(cf. indicative, imperative, subjunctive). ② 〔論〕 (논(論))식(式). ③ 〔樂〕 선법(mode), 음계법.

*__mood·y__ [mú:di] *a.* **까다로운**; 우울한. **móod·i·ly** *ad.* **móod·i·ness** *n.*

†**moon** [mu:n] *n.* **달**; 위성; 《詩》 월(month). *below the* ~ 이 세상의. *cry for the* ~ 실현 불가능한 것을 바라다. *full* ~ 만월. *shoot the* ~ 《俗》 야반 도주하다. —*vi., vt.* 멍하니 바라보다〔거닐다〕; 멍하니 시간을 보내다(*away*).

moon·beam [∠bì:m] *n.* 달빛.

moon·bug·gy [∠bʌ̀gi] *n.* 월면차(月面車). 「백치.

moon·calf [∠kæ̀f, -kà:f] *n.* (선천적)

moon·face [∠fèis] *n.* 둥근 얼굴.

moon·flight [∠flàit] *n.* 달 여행〔비행〕.

móon jèep 월면차(月面車).

moon·let [∠lit] *n.* (자연 또는 인공의) 소위성.

‡**moon·light** [∠làit] *n., a.* Ⓤ **달빛(의).** —*vi.* 《口》 아르바이트하다.

móonlight flítting 야반 도주.

*__moon·lit__ [∠lìt] *a.* **달빛에 비친,** 달빛 어린. 「달탐험가.

moon·man [∠mæ̀n] *n.* 월인(月人),

moon·port [∠pɔ̀:*r*t] *n.* 달로켓 발사기지. 「震).

moon·quake [∠kwèik] *n.* 월진(月

moon·scoop·er [∠skù:pə*r*] *n.* 자동 월면 물질 채집선(船).

*__moon·shine__ [∠ʃàin] *n.* Ⓤ ① **달빛.** ② 부질없는 생각. ③ 《美口》 밀주, 밀수입주. **móon·shin·er** *n.* 《美口》 주류 밀조자〔밀수입자〕.

moon·ship [mú:nʃip] *n.* 달 여행용 우주선. 「사).

moon·shot [∠ʃɑ̀t/-ɔ̀-] *n.* 달로켓 (발

moon·stone [∠stòun] *n.* Ⓤ,Ⓒ 월장석(月長石). 「[-wɔ̀:k] *n.* 월면 보행.

moon·stroll [∠stròul], **-walk**

moon·struck [∠strʌ̀k] *a.* 실성한《광기(狂氣)와 달빛과는 상관 관계가 있다고 여겨 왔음》.

Móon tỳpe (맹인용의) 문식선자(文線字)《영국인 W. Moon 발명》. 「업.

moon·work [∠wə̀:*r*k] *n.* Ⓤ 월면 작

moon·y [∠i] *a.* 달 같은; 초승달 모양의; 《口》 꿈같은; 얼빠진.

Moor [muə*r*] *n.* 무어 사람《아프리카 북서부에 사는 회교도》. ∠**·ish** [múəriʃ] *a.* 무어 사람〔식〕의.

‡**moor**[1] [muə*r*] *n.* Ⓤ,Ⓒ (heath가 무성한) 황야, 사냥터.

*__moor__[2] *vt.* (배를) **계류하다,** 정박시키다.

moor·age [mú(:)ridʒ/múər-] *n.* Ⓤ,Ⓒ 계류(소); 계류료(料). 「은뇌조.

moor·game [múə*r*gèim] *n.* 〔鳥〕 붉

moor·ing [mú(:)riŋ/múər-] *n.* (보통 *pl.*) 계류 기구; (*pl.*) 계선장; Ⓤ 계류, 계선.

moor·land [múə*r*læ̀nd, -lənd] *n.* Ⓤ 《英》 (heath 가 무성한) 황야. 「사슴.

*__moose__ [mu:s] *n.* (*pl.* ~) 〔動〕 큰

moot [mu:t] *n., a., vt.* 집회; 모의 재판; 논의의 여지가 있는; 토의하다.

móot cóurt (대학의) 모의 법정.

*__mop__[1] [mɑp/-ɔ-] *n.* **자루걸레.** *a* ~ *of hair* 더벅머리. —*vt.* (*-pp-*) 자루걸레로 닦다; 훔쳐 내다(*up*); (이익을) 빨아 먹다. 「굴을 찡그리다.

mop[2] *n., vi.* (*-pp-*) 찡그린 얼굴; 얼

mope [moup] *vi., vt.* 침울해지다, 침울하게 하다; 풀이 죽다, 풀죽게 하다. —*n.* 침울한 사람; (*pl.*) 우울. **móp·ish** *a.* 침울한. 「벅머리.

mop·head [mɑ́phèd/-ɔ́-] *n.* 《俗》 더

mo·raine [mouréin, mɔ:-/mɔ-] *n.* 〔地〕 빙퇴석.

‡**mor·al** [mɔ́(:)rəl, -ɑ́-] *a.* ① **도덕(상)의**; 윤리적인. ② 교훈적인; 도덕적인, 품행 방정한. ③ 정신적인《지지·의미 따위의》; 개연적인. —*n.* (우화·사건 등의) **교훈**; (*pl.*) **수신; 도덕,** 윤리(학); 예절, **몸가짐.** *point a* ~ 보기를 들어 교훈하다. *~**·ly** *ad.* 도덕적으로; 실제로, 진실로.

móral cértainty 결코 틀림이 없음, 확실성.

móral códe 도덕률. 「기.

móral cóurage 도덕적〔참다운〕 용

*__mo·rale__ [mouræ̀l/mɔrɑ́:l] *n.* Ⓤ**사기,** 풍기 (*the* ~ *of soldiers* 군의 사기).

móral házard 〔保險〕 도덕〔인위〕적 위험.

*__mor·al·ist__ [mɔ́(:)rəlist, -ɑ́-] *n.* **도학자, 도덕가,** 윤리학자; 덕육가. **mor·al·is·tic** [∖–ístik] *a.* 도학〔교훈〕적인.

*__mo·ral·i·ty__ [mɔ(:)rǽləti, mɑ-] *n.* ① Ⓤ **도덕(성)**; 윤리학; 도덕률; 도의; 덕행. ② 교훈. ③ =∠ **plày** (16 세기경의) 교훈극.

mor·al·ize [mɔ́(:)rəlàiz, -ɑ́-] *vt., vi.* 도를〔도덕을〕 설교하다; 도덕적으로 해석하다; 도의심을 환기시키다; 교화하다; 설교하다. **-iz·er** *n.* 도를 설교하는 사람.

móral láw 도덕률.

móral òbligátion 도덕적 책임.

móral philósophy 〔**scíence**〕 도덕학, 윤리학. 「운동 《생략 MRA》.

Móral Re-Ármament 도덕 재무장

móral sénse 도덕 관념, 양심.

móral túrpitude 부도덕한 행위.
móral víctory 정신적 승리《지고도 사기가 왕성해지는 경우》.
mo·rass [məræ̃s] *n.* 소지(沼地); 늪.
mor·a·to·ri·um [mɔ̀(:)rətɔ́:riəm, mɑ́r-] *n.* (*pl.* ~*s*, *-ria* [-riə]) 〖法〗 모라토리엄, 지급 유예령〔기간〕.
*__mor·bid__ [mɔ́:rbid] *a.* ① **병적인, 불건전한; 병의.** ② 섬뜩한. **mor·bíd·i·ty** *n.* ⓊⒸ 병적인 상태, 불건전. ~**·ly** *ad.*
mórbid anátomy 병리 해부학.
mor·da·cious [mɔ:rdéiʃəs] *a.* 신랄한, 비꼬는. ~**·ly** *ad.* **-dac·i·ty** [-dǽsəti] *n.* Ⓤ
mor·dant [mɔ́:rdənt] *a.* 비꼬는, 신랄한, 찌르는 듯한; 부식성(腐蝕性)의; 매염(媒染)의; 색을 정착시키는. —— *n.* 〖染色〗 매염제; 〖印〗 금속 부식제; 금박 점착제(金箔粘着劑).
†**more** [mɔ:r] *a.* 《many 또는 much의 比較級》 ① **더 많은; 더 큰.** ② 그 이외의. —— *n.* Ⓤ **더 많은 수**〔양, 정도〕; 그 이상의 것. *what is* ~ 더우기 (중요한 것은). —— *ad.* 《much의 比較級》 **더욱 (많이)**; 더, 일층. *all the* ~ 더욱 더. *and no* ~ …에 불과하다. *be no* ~ 이미 없다, 죽었다. ~ *and* ~ 점점 더. ~ *or less* 다소, 얼마간. ~ *than ever* 더욱 더. *much* 〔*still*〕 ~ 하물며. *no* ~ 이미 …하지 않다. *no* ~ *than* …에 불과하다; …이 아닌 것과 마찬가지로 …이 아니다(*I am no* ~ *mad than you are.* 네가 미치지 않았다면 나 또한 마찬가지이다). *the* ~ *...the* ~ …하면 할수록 …하다.
More [mɔ:r], **Sir Thomas** (1478–1535) 영국의 대법관·사상가《*Utopia*》.
‡**more·o·ver** [mɔ:róuvər] *ad.* **더욱이.**
mo·res [mɔ́:ri:z, -reiz] *n. pl.* 관습, 습관.
mor·ga·nát·ic márriage [mɔ̀:rgənǽtik] 귀천 상혼(貴賤相婚) 《왕족·귀족이 평민의 여자와 결혼한 경우로, 처자는 남편·아버지의 재산·신분을 계승할 수 없음》.
__morgue__ [mɔ:rg] *n.* (F.) 시체 공시소; 《美》 (신문사의) 자료부.
mor·i·bund [mɔ́(:)rəbʌnd, mɑ́r-] *a.* 다 죽어 가는.
Mor·mon [mɔ́:rmən] *n.* 모르몬 교도. ~**·ism** [-ìzəm] *n.* 모르몬교.
*__morn__ [mɔ:rn] *n.* 《詩》 **아침.**
†**morn·ing** [mɔ́:rniŋ] *n.* ① ⒸⓊ **아침, 오전; 주간.** ② Ⓤ 여명. *in the* ~ 오전중. *of a* ~ 언제나 아침나절에.
mórning áfter 숙취; (악에서의) 뉘우침.
mórn·ing-áf·ter pìll [-ǽftər, -ɑ́:f-] 성교후에 먹는 경구 피임약.
mórning càll 오후의 정식 방문.
mórning còat 모닝 코트.
mórning drèss 여성용 가정복; (남자의) 주간 예복《morning coat, frock coat 따위》.
mórning glòry 나팔꽃.
mórning pàper 조간 (신문).
mórning ròom 《英》 낮에 사용하는 거실.
mórning sìckness 입덧.
mórning stár 샛별《금성》.
mórning wàtch 〖海〗 아침 당직.
Mo·ro [mɔ́:rou] *n.* (*pl.* ~*s*) (필리핀의) 모로족의 토인; Ⓤ 모로말.
Mo·roc·co [mərɑ́kou/-ɔ́-] *n.* 아프리카 북서안의 회교국; (m-) (*pl.* ~*s*) Ⓤ 모로코 가죽.
mo·ron [mɔ́:rɑn/-rɔn] *n.* 〖心〗 정신 박약자《지능 지수 50–69이고 정신연령 8–12세인 성인》; 《口》 저능자.
*__mo·rose__ [məróus] *a.* **까다로운,** 시무룩한, 부질없는.
mor·pheme [mɔ́:rfi:m] *n.* 〖言〗 형태소(形態素) 《syntactical 한 관계를 나타내는 요소; 예컨대 *Is* Tom*'s* sister sing*ing*?의 이탤릭 부분과 이 글을 발음할 때의 (rising) intonation 따위》 (cf. semanteme, phoneme).
Mor·phe·us [mɔ́:rfiəs, -fju:s] *n.* 〖로神〗 꿈·잠의 신.
mor·phi·a [mɔ́:rfiə], **-phine** [-fi:n] *n.* Ⓤ 〖化〗 모르핀. **mor·phin·ism** [´-ìzəm] *n.* Ⓤ 〖醫〗 모르핀 중독.
mor·phi·(n)o·ma·ni·ac [ˌ-(n)əméiniæ̀k] *n.* 모르핀 중독자.
mor·phol·o·gy [mɔ:rfɑ́lədʒi/-ɔ́-] *n.* Ⓤ 〖生〗 형태학; 〖言〗 어형론, 형태론(accidence) (cf. syntax).
mór·ris (dánce) [mɔ́(:)ris, -ɑ́-] *n.* Ⓤ 《英》 모리스춤《주로 May Day에 가지는 가장 무도》.
Mór·ri·son shèlter [mɔ́(:)risn, -ɑ́-] 《英》 강철제 실내 방공(防空) 대피소.
*__mor·row__ [mɔ́(:)róu, -ɑ́-] *n.* 《古》 ① **이튿날.** ② 아침. ③ (사건) 직후.
Mórse códe 〔**álphabet**〕 [mɔ:rs] 모스 (전신) 부호.
*__mor·sel__ [mɔ́:rsəl] *n.* (음식의) **한 입, 한 조각; 소량.**
‡**mor·tal** [mɔ́:rtl] *a.* ① **죽어야 할.** ② **인간의.** ③ **치명적인;** 불치의. ④ 불구대천의 《적 따위》. ⑤ 《口》 대단한. ⑥ 《口》 길고 긴, 지루한. ⑦ 《口》 생각할 수 있는, 가능한. *be of no* ~ *use* 아무짝에도 쓸 데 없다. *in a* ~ *hurry* 몹시 서둘러. ~ *wound* 치명상. —— *n.* 죽어야 할 것; **인간;** 《諧》 사람, 놈. ~**·ly** *ad.* 치명적으로; 굉장히.
*__mor·tal·i·ty__ [mɔ:rtǽləti] *n.* Ⓤ 죽음을 면할 수 없음; **죽어야 할 운명;** 사망수, 사망률.
mortálity tàble 〖保險〗 사망률 통계표.
mor·tar[1] [mɔ́:rtər] *n.* Ⓤ 모르타르, 회반죽. —— *vt.* 모르타르로 굳히다.
*__mor·tar__[2] *n.*, *vt.* **철확,** 절구, 유발; 박격포(로 사격하다).
mor·tar·board [-bɔ̀:rd] *n.* (모르타르용) 흙손; (대학의) 사각 모자.
*__mort·gage__ [mɔ́:rgidʒ] *n.* 〖法〗 **저당(권),** 저당잡히기. *on* ~ 저당잡아. —— *vt.* 저당잡히다. **mort·ga·gee** [mɔ̀:rgədʒí:] *n.* 저당권자. **mort·gag·er** [mɔ́:rgidʒər], **mort·ga·gor** [mɔ́:rgidʒər, mɔ̀:rgədʒɔ́:r] *n.* 저당

권 설정자.
mor·tice [mɔ́:rtis] *n.* =MORTISE.
mor·ti·cian [mɔ:rtíʃən] *n.* 《美》 장의사(葬儀社) (undertaker).
*__mor·ti·fy__ [mɔ́:rtəfài] *vt.* ① (고통·욕정을) 억제〔극복〕하다. ② 굴욕을 느끼게 하다; (기분을) 상하게 하다. ── *vi.* 탈저(脫疽)에 걸리다. *__mor·ti·fi·ca·tion__ [⌐--kéiʃən] *n.* 〔宗〕 고행, 금욕; Ⓤ 탈저; Ⓤ 굴욕, 억울함. ~·**ing** *a.* 분한; 고행의.
mor·tise, -tice [mɔ́:rtis] *n.* 〔建〕 장붓구멍. ── *vt.* 장부촉 이음으로 잇다.
mort·main [mɔ́:rtmèin] *n.* ⓊⒸ 〔法〕 (법인에 의한 부동산의) 영구 소유.
mor·tu·ar·y [mɔ́:rtʃuèri/-tjuəri] *n.* 시체 임시 안치소. ── *a.* 죽음의, 매장의.
Mo·sa·ic [mouzéiik, mə-] *a.* 모세 「(Moses)의.
*__mo·sa·ic__ *n., a.* Ⓤ 모자이크(의), 쪽매붙임 세공(의), 모자이크식의.
mosáic gòld 황화 제 2 주석.
Mosáic Láw 모세의 율법.
*__Mos·cow__ [máskou, -kau/mɔ́skou] *n.* 모스크바《소련의 수도》.
*__Mo·ses__ [móuziz] *n.* 〔聖〕 모세《히브리의 입법자》.
*__Mos·lem__ [mázləm, -lem/-ɔ́-] *n.* (*pl.* ~(*s*)), *a.* 회교〔마호메트〕도(의). ~·**ism** [-izəm] *n.* 이슬람교, 회교.
mosque [mɑsk/-ɔ-] *n.* 회교 교당.
‡**mos·qui·to** [məskí:tou] *n.* (*pl.* ~(*e*)*s*) 〔蟲〕 모기.
mosquíto bòat 《美》 고속 어뢰정.
mosquíto cànopy 소형의 모기장.
mosquíto cràft 소함정《수뢰정 등》.
mosquíto cùrtain 〔**nèt**〕 모기장.
mosquíto flèet 《美》 쾌속 소함정대.
mosquíto nètting 모기장감.
‡**moss** [mɔ:s, -ɑ-] *n.* ① Ⓤ 이끼. ② 늪, 이탄지(泥炭地). ── *vt.* 이끼로 덮다.
moss·back [⌐bæ̀k] *n.* 《口》 구식 사람; 극단적 보수주의자; 촌놈.
moss-grown [⌐gròun] *a.* 이끼 낀; 시대에 뒤진.
móss róse 〔植〕 이끼장미. 「케묵은.
*__moss·y__ [⌐i] *a.* 이끼 낀, 이끼 같은; 케
†**most** [moust] *a.* (many 또는 much 의 最上級) ① 가장 큰〔많은〕. ② 대부분의. ── *n.* Ⓤ 가장 많은 것, 대부분, 대개의 것; 최고의 정도. ***at*** (***the***) ~ 많아야, 기껏해서. ***for the ~ part*** 주로, 보통. ***make the ~ of*** …을 충분히 이용하다; …을 크게 소중히 여기다, 한껏 좋게〔나쁘게〕 말하다. ── *ad.* (much의 最上級) 가장, 가장 많이; 매우. ‡⌐·**ly** *ad.* 대개.
móst-fá·vored-ná·tion clàuse [⌐féivərdnéiʃən] (국제법상의) 최혜국 조관(最惠國條款).
mot [mou] *n.* (F.) 경구(警句); 명구.
M. O. T. 《英》 Ministry of Transport 운수성.
mote [mout] *n.* (한 조각의) 티끌; 아주 작은 조각〔결점〕. ~ ***and beam*** 티와 들보; 남의 작은 과실과 자기의 큰 과실. ~ ***in another's eye*** 남의 사소한 결점《마태복음 7:3》.
mo·tel [moutél] (<*motorists' hotel*) *n.* 《美》 자동차 여행자 숙박소.
mo·tet [moutét] *n.* 〔樂〕 경문가(經文歌), 「모테트」.
‡**moth** [mɔ(:)θ, mɑθ] *n.* 〔蟲〕 나방; 좀벌레; 《比喩》 유혹의 포로.
moth·ball [⌐bɔ̀:l] *n.* 좀약《나프탈렌 따위》. ***in ~s*** 퇴장(退藏)하여.
móthball flèet 《美》 예비 함대.
moth-eat·en [⌐ì:tn] *a.* 좀먹은; 시대에 뒤진, 구식의.
†**moth·er** [mʌ́ðər] *n.* ① 어머니. ② 수녀원장. ③ 《比喩》 근원, 원인. ***artificial*** ~ (병아리의) 인공 사육기. ***every ~'s son*** 누구나 다. ── *vt.* ① …의 어머니가 되다; 낳다. ② 어머니로서 돌보다; …의 어머니라고 나서다. *~·**hood** [-hùd] *n.* Ⓤ 어머니임, 모성(애); 《集合的》 어머니(들). *~·**ly** *a.* 어머니의, 어머니 같은.
Móther Cár·ey's chícken 〔**góose**〕 [kέəriz] 〔鳥〕 바다제비, 바다쇠오리.
Móther Chúrch 《擬人化》 어머니 같은 교회; (m- c-) 본(本)교회; 본산(本山).
móther cóuntry 본국, 모국.
móther éarth 대지.
Móther Húb·bard [hʌ́bərd] 길고 풍신한 여자용 가운.
moth·er·ing [mʌ́ðəriŋ] *n.* Ⓤ 《英》 귀성(歸省), 근친(覲親).
*__moth·er-in-law__ [-inlɔ̀:] *n.* 장모, 시어머니. 「국, 조국.
moth·er·land [mʌ́ðərlæ̀nd] *n.* 모
moth·er-of-pearl [mʌ́ðərəvpə́:rl] *n.* Ⓤ 진주층(層), 진주모(母), 자개.
Móther's Dáy 《美》 어머니 날 《5월의 둘째 일요일》 (cf. Father's Day).
móther shíp 《주로 英》 모함.
Móther Státe 《美》 Virginia주의
móther supérior 수녀원장. 「통칭.
moth·er-to-be [-təbì:] *n.* 임신부.
móther tóngue 모국어.
móther wít 타고난 지혜〔슬기〕.
moth·proof [mɔ́(:)θprù:f, -ɑ́-] *a.* 방충제를 바른. ── *vt.* 방충 처리하다.
*__mo·tif__ [moutí:f] *n.* (F.) (예술 작품의) 주제; 주선율; 레이스 장식.
‡**mo·tion** [móuʃən] *n.* ① Ⓤ 움직임, 운동. ② 동작, 몸짓. ③ (의회 등에서의) 동의. ④ 〔法〕 신청; 변통(便通). ***in*** ~ 움직여, 활동하여. ***on the ~ of*** …의 동의로. ***put*** 〔***set***〕 ***in*** ~ 움직이게 하다. ‡~·**less** *a.* 움직이지 않는, 정지한. ── *vi., vt.* 몸짓으로 신호하다(*to, toward, away; to* do).
*__mótion pícture__ 《美》 영화.
*__mo·ti·vate__ [móutəvèit] *vt.* 동기를 주다, 자극하다, 꼬드기다. *__mo·ti·va·tion__ [⌐-véiʃən] *n.* ⓊⒸ 동기를 줌.
mo·ti·vá·tion·al reséarch [mòu-

təvéiʃənəl] (구매) 동기(動機) 조사.

‡**mo·tive** [móutiv] *a.* 운동을 일으키는, 동기가 되는. —— *n.* **동기, 동인**(動因). —— *vt.* = MOTIVATE. ~**·less** *a.* 동기〔이유〕 없는. 「관차.

mótive pówer 원동력; 《集合的》 기

mot·ley [mátli/-ɔ́-] *a.* 잡색의; 잡다한. —— *n.* 뒤범벅; 어릿광대의 얼룩덜룩한 옷. ***wear*** ~ 광대역을 하다(cf. wear RUSSET).

‡**mo·tor** [móutər] *n.* ① 원동력. ② **발동기,** 전동기, **모터,** 내연 기관. ③ 〖解〗 운동 근육〔신경〕. —— *a.* 움직이게 하는, 원동의. —— *vt., vi.* 자동차로 가다〔수송하다〕.

mo·tor·bike [-bàik] *n.* 《口》 원동기 달린 자전거; 소형 오토바이. 「동기선.

mo·tor·boat [-bòut] *n.* 모터보트, 발

mo·tor·cade [-kèid] *n.* 자동차 행렬.

‡**mo·tor·car** [-kà:r] *n.* **자동차.**

mótor còurt 《美》 = MOTEL; AUTO COURT.

***mo·tor·cy·cle** [-sàikl] *n.* **오토바이.**

mo·tor·drome [-dròum] *n.* 자동차 시운전장〔경주로〕. 「전〔여행〕자.

***mo·tor·ist** [móutərist] *n.* **자동차 운**

mo·tor·ize [-àiz] *vt.* …에 동력 설비를 하다; 자동차화하다. ~***d unit*** 자동차 부대. **mo·tor·i·za·tion** [ˋ-izéiʃən/-raiz-] *n.* Ⓤ

mótor lòdge 《美》 = MOTEL.

mo·tor·man [-mən] *n.* 전차 운전수.

mótor mùscle 운동 근육.

mótor nèrve 운동 신경.

mótor pòol 《美》 (관청·군대 따위의) 배차용 자동차군(群); 주차장.

mótor scòoter 스쿠터.

mótor shìp 발동기선.

mótor spírit 《주로 英》 가솔린.

mótor torpédo bòat 〖海〗 고속 어뢰정 《생략 M. T. B.》. 「로.

mo·tor·way [-wèi] *n.* 《英》 고속도

mot·tle [mátl/-ɔ́-] *vt.* 잡색(雜色)으로 하다. —— *n.* 얼룩, 바둑무늬. ~**d** [-d] *a.* 얼룩진, 잡색의.

‡**mot·to** [mátou/-ɔ́-] *n.* (*pl.* ~(*e*)*s*) ① (방패 등에 새긴) 명(銘). ② **금언; 표어, 모토.** ③ (논문 등의 첫머리에 인용한) 제구(題句). ④ 〖樂〗 반복 악구.

mou·jik [mu:ʒík, ˊ-] *n.* = MUZHIK.

‡**mould** [mould], &c. 《英》 = MOLD, &c.

moult [moult] *v., n.* 《英》 = MOLT.

‡**mound** [maund] *n.* ① **흙무덤, 작은 언덕,** 석가산(石假山). ② 〖野〗 **투수판**(*take the* ~ 투수가 되다).

‡**mount**[1] [maunt] *vi., vt.* **오르다,** (말에) **타다;** 앉히다; (보석을) 박다; (대지(臺紙)에) 붙이다; 무대에 올리다, (물가가) 오르다. ~ ***guard over*** …을 지키다. —— *n.* (승용) 말; 대지(臺紙); (보석의) 대좌(臺座); 포가(砲架).

mount[2] *n.* ① 산, 언덕; (M-) …산 《생략 Mt.》. ② 〖手相〗 궁(宮) 《손바닥 살의 융기》.

†**moun·tain** [máuntin] *n.* **산.** ***a*** ~ ***of*** 산더미 같은, 엄청난. ***make a*** ~ (***out***) ***of a molehill*** 침소봉대하다. ~ ***high*** (파도 따위가) 산더미 같은〔같이〕. ***remove*** ~***s*** 기적을 행하다. ***the*** ~ ***in labor*** 태산 명동 서일필; 애만쓰고 보람 없음.

móuntain àsh 〖植〗 마가목류.

móuntain chàin 산맥.

***moun·tain·eer** [màuntəníər] *n.* **등산가;** 산악 지대 주민. —— *vi.* 등산하다. *~**·ing** *n.* Ⓤ **등산.**

móuntain lìon 퓨마.

‡**moun·tain·ous** [máuntənəs] *a.* ① **산이 많은.** ② (파도 따위) **산더미 같은.** 「또는 쇠불알.

móuntain òyster 《美》 요리한 양

móuntain rànge 산맥; 산악 지방.

móuntain rìce 밭벼.

móuntain sìckness 고산병.

moun·tain·side [máuntənsàid] *n.* 산허리. 「산지(山地) 표준시.

mountain (stándard) tìme 《美》

móuntain sỳstem 산계(山系).

moun·te·bank [máuntəbæ̀ŋk] *n.* 사기꾼; 돌팔이 약장수〔의사〕. ~**·er·y** *n.* Ⓤ 사기, 협잡.

***mount·ed** [máuntid] *a.* ① **말탄,** 기마의. ② 〖軍〗 기동력이 있는. ③ (보석이) 박힌; 붙박이한.

‡**mourn** [mɔ:rn] *vi., vt.* **슬퍼하다**(*for, over*); 애도하다, 몽상〔거상〕하다. *ˊ**·er** *n.* 애도자, 상중(喪中)의 사람, 회장자(會葬者).

‡**mourn·ful** [mɔ́:rnfəl] *a.* **슬픔에 잠긴,** 슬픈; 애처로운. ~**·ly** *ad.*

‡**mourn·ing** [mɔ́:rniŋ] *n.* Ⓤ ① **슬픔, 애도.** ② **상**(喪); 상복. ***go into*** 〔***take to, put on***〕 ~ 거상하다; 상복을 입다. ***half*** 〔***second***〕 ~ 약식 상복. ***in*** ~ 상중인; 상복을 입고. ***leave off*** 〔***get out of***〕 ~ 탈상하다.

móurning bànd 상장(喪章).

móurning còach (검은) 장의 마차; 영구차.

móurning pàper 까만 테를 두른 편지지.

†**mouse** [maus] *n.* (*pl.* ***mice***) ① **새앙쥐.** ② 《俗》 얻어맞은 눈두덩의 멍. (***as***) ***poor as a church*** ~ 매우 가난한, 찰가난의. ***like a drowned*** ~ 비참한 몰골로. ~ ***and man*** 모든 생물. —— [mauz] *vt.* (고양이가) 쥐를 잡다; 찾아 헤매다.

MOUSE [maus] Minimum Orbital Unmanned Satellite of Earth 소형 지구 궤도 무인 인공 위성.

mous·er [máuzər] *n.* 쥐 잡는 동물 《고양이·올빼미 따위》.

mouse·trap [máustræ̀p] *n.* 쥐덫.

***mous·tache** [mʌ́stæʃ, məstǽʃ] *n.* 《주로 英》 = MUSTACHE.

†**mouth** [mauθ] *n.* ① **입.** ② 부양 가족, 식구. ③ 출입구. ④ 찡그린 얼굴. ⑤ 건방진 말투. ***by word of*** ~ 구두로. ***down in the*** ~ 《口》 낙심하여. ***from hand to*** ~ 하루살이 생활의. ***have a foul*** ~ 입정이 사납다. ***in the*** ~ ***of*** …에 말하게

한다면, …의 말에 의하면. ***laugh on the wrong side of one's ~*** 울면서 웃다, 갑자기 울상을 짓다. ***make a ~,*** or ***make ~s*** (입을 삐죽 내밀고) 얼굴을 찡그리다 (cf. make FACES). ***make a person's ~ water*** (먹고 싶어) 군침을 흘리게 하다. ***open one's ~ too wide*** 지나친 요구를 하다. ***put words into a person's ~*** 할 말을 가르쳐 주다; 하지도 않은 말을 했다고 하다. ***take the words out of another's ~*** 남이 말하려는 것을 앞질러 말하다. ***useless ~*** 밥벌레, 식충이. ***with one ~*** 이구동성으로. ***´~·ful*** [´fùl] *n.* 한 입(의 양), 입 가득, 소량.

mouth·fill·ing [máuθfiliŋ] *a.* 호언장담하는.

móuth òrgan 하모니카.

***mouth·piece** [´pì:s] *n.* ① 빨대 구멍; (악기의) 부는 구멍. ② 〖拳〗 마우드피스; 재갈. ③ 대변자.

mouth·wash [´wɔ̀:ʃ, -à-/-ɔ̀-] *n.* 양치질 약.

mouth·y [máuði] *a.* 수다스러운; 흰소리 치는.

mov·a·ble** [mú:vəbəl] *a.* 움직일 수 있는, 이동할 수 있는. ***~ feast 해에 따라 날짜가 달라지는 축제일 (Easter 따위). —— *n.* 가재, 가구; (*pl.*) 동산. **mov·a·bil·i·ty** [`–bíləti] *n.* Ⓤ 가동성.

†**move** [mu:v] *vt.* ① 움직이다, 이동시키다; (정신적으로) 움직이다, 감동시키다. ② (동의를) 제출하다, 호소하다. ③ (창자의) 배설을 순하게 하다. —— *vi.* ① 움직이다, 이전하다; 흔들리다; 나아가다. ② 활약하다, 행동하다; (사건이) 진전하다. ③ 제안〔신청〕하다. ④ (창자의) 변이 통하다. ***feel ~d to*** …하고 싶은 마음이 들다. ***~ about*** 몸을 움직이다; 돌아다니다; 이리저리 거처를 옮기다. ***~ for*** …의 동의를 내다. ***~ in*** …로 이사하다. ***M- on!*** 빨리 가라《교통 순경의 명령》. ***~ out*** 물러나다; 이사하다. ***~ a person to anger*** 〔***tears***〕 아무를 감동시켜서 성내게 하다〔울리다〕. —— *n.* ① 움직임, 운동, 이전. ② 행동, 조처; 진행, 추이(推移). ③ 〖체스〗 말의 움직임. ***be up to every ~ on the board,*** or ***be up to***〔***know***〕 ***a ~ or two*** 민첩하다, 빈틈 없다. ***get a ~ on*** 《口》 전진하다, 서두르다, 출발하다. ***make a ~*** 움직이다, 떠나다; 행동을 취하다; 이사하다; 〖체스〗 말을 움직이다. ***on the ~*** 이리저리 움직여; 진행〔활동〕중. **móv·er** *n.*

†**move·ment** [´mənt] *n.* ① Ⓤ 움직임, 운동. ② 동작, 동정. ③ 운전; 기계의 움직이는 부분. ④ (사회적·정치적) 운동. ⑤ Ⓤ (소설 따위의) 줄거리의 진전. ⑥ 〖樂〗 악장; 리듬. ⑦ Ⓤ (상품의) 나도는 상황. ⑧ 변통(便通). ***in the ~*** 풍조를 타고.

†**mov·ie** [mú:vi] *n.* (보통 *pl.*) 《口》 영화. ***go to the ~s*** 영화 구경 가다.

mov·ie·dom [-dəm] *n.* ⓊⒸ 영화계.

mov·ie·go·er [-gòuər] *n.* 《口》 자주 영화 구경 가는 사람.

móvie hòuse 《俗》 영화관.

‡**mov·ing** [mú:viŋ] *a.* ① 움직이는. ② 감동시키는; 동기가 되는; 원동력의. **~·ly** *ad.* 감동적으로.

móving pícture 영화.

móving stáircase 에스컬레이터.

***mow**[1] [mou] *vt.* (*~ed; ~ed, mown*) ① (풀을) 깎다, 베다. ② 쓰러뜨리다. ***´~·er** *n.* 풀깎는 기계; 풀베는 사람.

mow[2] [mau/mou] *n.* 건초 더미; 건초 곳간.

mówing machìne 풀베는 기계.

mown [moun] *v.* mow[1]의 과거분사.

mox·a [máksə/-ɔ́-] *n.* Ⓤ (뜸)쑥.

moy·a [mɔ́iə] *n.* Ⓤ 〖地〗 화산니(火山泥).

Mo·zam·bique [mòuzəmbí:k] *n.* 모잠비크《아프리카 남동부의 공화국》.

Mo·zart [móutsɑ:rt], **Wolfgang Amadeus** (1756–91) 오스트리아의 작곡가.

mp 〖樂〗 *mezzo piano* (It. =half soft). * **M. P.** 《英》 Member of Parliament; military police; medium playing (record). **m. p.** melting point. **MPC** (U. S.) Military Payment Certificate. **MPD** Motor Pool Dispatcher. **M. Pd.** Master of Pedagogy. **MPEA** 《美》 Motion Picture Export Association. **mph, m. p. h.** miles per hour. **M. Ph.** Master of Philosophy.

†**Mr.** [místər] *n.* (*pl.* ***Messrs*** [mésərz]) 씨, 귀하, 님, 군《=mister, 남자의 성(명)·직명 따위의 앞에 붙임》 (*Mr. Smith; Mr. Ambassador, Mr. Mayor, &c.*).

M. R. 《英》 Master of the Rolls; municipal reform(er). **MRA** Moral Re-Armament. **MRBM** medium range ballistic missile. **M. R. C. A.** multi-role combat aircraft 다목적 전투기. **MRP** *Mouvement Républicain Populaire* (F. =Popular Republican Movement) (프랑스) 인민공화파. **MRT** Military Railway Transportation.

†**Mrs.** [mísiz] *n.* …부인, 님, 여사.

M. R. S. T. Member of the Royal Society of Teachers. **MRV** moon roving vehicle 월면차(月面車).

Ms. [miz] *n.* Miss 와 Mrs. 를 합친 여성에의 경칭.

MS, Ms., ms, ms. (*pl. MSS, mss., &c.*) manuscript. **M. S.** master of science 이학(理學) 석사. **MSA** Mutual Security Act. **MSC** Manned Spacecraft Center 유인 우주선. **M. S(c).** Master of Science. **M. Sgt, M/Sgt.** Master Sergeant 《美》 상사. **M. S. L., m. s. l.** mean sea level. **MSS, mss.** manuscripts. **MST** 《美》 Mountain Standard Time.

†**Mt.** [maunt] Mount[2]. **mt., mtn.** mountain. **M. T. B.** motor torpedo boat 쾌속 어뢰정.

M₃, M-3 [émθrí:] *n.* 〖經〗 M₃《M₂에 각종 금융기관의 예저금과 신탁의 원본을 합친 일국의 통화 공급량》.

Mt. Rev. Most Reverend. **Mts., mts.** mountains.

M₂, M-2 [émtú:] *n.* 〖經〗 M₂《M₁에 각종 금융기관의 정기성 예금을 합친 일국의 통화 공급량》(cf. M₃).

†**much** [mʌtʃ] *a.* (*more; most*) **다량의**, 다액의, **많은**. —*n.* Ⓤ 다량. *make* 〔*think*〕 ~ *of* …을 중히 여기다; …을 떠받들다. ~ *of* 상당한, 대단한《언제나 否定으로》(*He is not* ~ *of a scholar.* 대단한 학자는 아니다). *so* ~ …과 같은 양의; 그 만큼의. *so* ~ *for* …은 이만, …의 이야기는 이것으로 끝. *this* ~ 이것만은, 여기까지는. *too* ~ *for* (*me*) 힘에 겨운. *too* ~ *of a good thing* 좋은 일도 지나치면 귀찮음. —*ad.* 크게; 《比較級·最上級에 붙여서》 **훨씬**; 대략. *as* ~ *as* (…와 같은) 정도. *as* ~ *as to say* …이라는 듯이. ~ *less* 하물며 …않다. ~ *more* 더구나 …이다. ~ *the same* 거의 같은. *not so* ~ *...as* …라기보다는 오히려. *...not so* ~ *as* …조차 하지 않다. *without so* ~ *as* … 조차 아니하고.

mu·cha·cho [mutʃá:tʃou] *n.* (Sp.) (*fem.* **-cha** [-tʃə]) 《美南西》 소년, 젊은이; 사용인.

much·ness [mʌ́tʃnis] *n.* 《古》 많음. *much of a* ~ 《口》 거의 같은, 대동 소이한.

mu·ci·lage [mjú:səlidʒ] *n.* Ⓤ 점액(粘液), 고무풀.

mu·cin [mjú:sin] *n.* Ⓤ 〖生化〗 점액소(粘液素), 점액질.

muck [mʌk] *n.* Ⓤ 퇴비; 오물; Ⓒ 불결한 상태.

muck·er [mʌ́kər] *n.* 《英俗》 예절없는 사람; 《俗》 쿵하고 떨어짐; 봉변; 〖鑛〗 버력을 제거하는 사람.

muck·rake [ˊrèik] *n., vi.* 쇠스랑; 《美》 추문을 들추다. **-rak·er** *n.* 추문을 들추는 사람.

muck·worm [ˊwə̀:rm] *n.* 구더기; 수전노.

mu·cous [mjú:kəs] *a.* 점액의, 점액을 분비하는.

múcous mémbrane 점막(粘膜).

mu·cus [mjú:kəs] *n.* Ⓤ 점액; 진 (*nasal* ~ 콧물).

‡**mud** [mʌd] *n.* Ⓤ **진흙**, 진창. *throw* 〔*fling*〕 ~ *at* …을 헐뜯다. *stick in the* ~ 궁지에 빠지다; 보수적이다, 발전이 없다.

***mud·dle** [mʌ́dl] *vt.* ① **혼합하다**, 뒤섞다; 일을 엉망으로 만들다. ② 얼근히 취하게 하다; 어리둥절하게 하다. —*vi.* 갈피를 못잡다. ~ *away* 낭비하다. ~ *on* 얼렁뚱땅 해나가다. ~ *through* 이럭저럭 헤어나다. —*n.* (보통 a ~) 혼잡, 혼란.

mud·dle·head·ed [-hèdid] *a.* 당황한, 얼빠진, 멍청한.

‡**mud·dy** [mʌ́di] *a.* ① **진흙의, 진흙투성이의**, 질퍽거리는. ② 충충한 《색》; 혼란한; 흐린. —*vt.* 진흙투성이로 만들다; 흐리게 하다.

múd·di·ly *ad.* **múd·di·ness** *n.*

mud·fish [ˊfìʃ] *n.* 미꾸라지(의 무리).

múd flàt (썰물 때의) 개펄.

mud·guard [ˊgɑ̀:rd] *n.* (차의) 흙받기.

múd pùppy 《美》 〖動〗 영원.

mud·room [ˊrù(:)m] *n.* 흙묻은 레인코트나 장화를 벗어두는 곳《흔히 현관·지하실》.

mud·stone [ˊstòun] *n.* Ⓤ이 암(泥岩).

mu·ez·zin [mju(:)ézin] *n.* 회교 교당에서 기도 시각을 알리는 사람.

muff[1] [mʌf] *n.* 머프 《여자용, 모피로 만든 외짝 토시》.

muff[2] *n.* 얼뜨기, 스포츠에 서툰 사람. —*vt* 실수하다; 공을 (못받고) 놓치다.

***muf·fin** [mʌ́fin] *n.* **머핀**《살짝 구운 빵, 버터를 발라 먹음》.

muf·fle [mʌ́fəl] *vt.* 덮어싸다; 따뜻하게 하기 위하여 싸다; 소리를 죽이(려고 싸)다; 누르다. ~*d curse* 무언(無言)의 저주. —*n.* 권투 장갑; 미치광이용 가죽 장갑; 〖冶〗 간접 가열실.

***muf·fler** [mʌ́flər] *n.* ① **머플러**, 목도리. ② 벙어리 장갑; 권투 장갑. ③ 소음(消音) 장치.

muf·ti [mʌ́fti] *n.* Ⓤ 평복, 사복, 신사복; 회교 법전 설명관. *in* ~ 평복으로.

***mug**[1] [mʌg] *n.* **머그**《손잡이 있는 컵》; 청량 음료.

***mug**[2] *vt., vi.* (**-gg-**) 《英口》 **벼락 공부하다**. —*n.* 《英口》 벼락 공부하는 사람.

mug·gy [mʌ́gi] *a.* 무더운.

múg shòt 《美俗》 얼굴 사진.

mug·wump [mʌ́gwʌ̀mp] *n.* 《美》 당파에 초연한 사람; 《口》 두목, 거물.

mu·jik [mu:ʒík, ˊ-] *n.* =MUZHIK.

Muk·den [múkdén, mú:kdén] *n.* 봉천(奉天)《현명은 심양(瀋陽)》.

mu·lat·to [mju(:)lǽtou, mə-] *n.* (*pl.* ~*es*) 백인과 흑인과의 트기. —*a.* 황갈색의.

***mul·ber·ry** [mʌ́lbèri/-bəri] *n.* ① **뽕나무**; 오디. ② Ⓤ 짙은 자주색.

mulch [mʌltʃ] *n., vt.* Ⓤ (이식한 식물의) 뿌리 덮개(를 하다).

mulct [mʌlkt] *n., vt.* 벌금(을 과하다); 빼앗다 (~ *a person* (*in*) *10 dollars,* 10 달러 벌금을 과하다).

***mule**[1] [mju:l] *n.* ① 〖動〗 **노새**《수나귀와 암말과의 잡종》. ② 얼간이, 고집쟁이. ③ 잡종. ④ (실내용) 슬리퍼. **múl·ish** *a.* 노새 같은, 고집센.

mule[2] *vi.* =MEWL.

mu·le·teer [mjù:lətíər] *n.* 노새 모는 사람.

mull[1] [mʌl] *n.* Ⓤ 얇고 보드라운 모슬린.

mull[2] *n., vt.* 《英》 실수, 그르침, 그르치다, 엉망진창(으로 만들다).

mull[3] *vt.* (술에) 향료·설탕·달걀을 넣고 데우다.

mul·lah [mʌ́lə, mú(:)-] *n.* 물라《고승·학자에 대한 회교도의 경칭》; 회교의 신학자.

mul·le(i)n [mʌ́lin] *n.* 〖植〗 현삼과(玄蔘科)풀의 일종.

mul·ler [mʌ́lər] *n.* 막자《그림 물감·약 등을 개는》, 분쇄기.

mul·let [mʌ́lit] *n.* 〖魚〗 숭어과의 물고기.

mul·li·gan [mʌ́ligən] *n.* Ⓤ 《美俗》 스튜 요리의 일종; Ⓒ 〖골프〗 스코어에 안드는 쇼트.
mul·li·ga·taw·ny [mʌ̀ligətɔ́:ni] *n.* Ⓤ (동인도의) 카레가 든 수프.
mul·lion [mʌ́ljən, -liən] *n.* 〖建〗 창의 세로 창살, 장살대. 「사.
multi- 「많은(many)」의 뜻의 결합
mul·ti·chan·nel [mʌ̀ltitʃǽnəl] *a.* 〖通信〗 다중(多重) 채널의.
mul·ti·col·ored, 《英》 **-oured** [-kʌ́lərd] *a.* 다색(多色)의.
mul·ti·far·i·ous [mʌ̀ltəféəriəs] *a.* 가지 가지의, 각양 각색의.
mul·ti·form [mʌ́ltifɔ:rm] *a.* 여러 모양을 한, 다양한.
Mul·ti·graph, m- [-græ̀f, -grɑ̀:f] *n.* 〖商標〗 소형 윤전 등사기.
mul·ti·head·ed [mʌ́ltihèdid] *a.* 두부(頭部)가 많은, 《특히》 다탄두의 (*a* ~ *rocket* 다탄두 로켓).
mul·ti·lat·er·al [mʌ̀ltilǽtərəl] *a.* 다변(형)의; 여러 나라가 참가한. ~ *trade* 다변적 무역. 「억만장자.
mul·ti·mil·lion·aire [-mìljənέər] *n.*
mul·ti·na·tion·al [-nǽʃənəl] *a., n.* 다국적의; 다국적 기업(의).
mul·ti·no·mi·al [-nóumiəl] *a., n.* 〖數〗 다항(多項)의; 다항식.
mul·ti·nu·cle·ar [-njú:kliər] *a.* 다핵(多核)의.
***mul·ti·ple** [mʌ́ltəpəl] *a.* ① **복합의**; 다양한. ② 배수의. —— *n.* 배수, 배량(倍量). *least common* ~ 최소공배수. 「트.
múltiple chóice tèst 선다형 테스
múltiple crópping 다모작(多毛作).
múltiple fárming 다각 농업.
múltiple shóp 〔**stóre**〕 《英》 연쇄점(《美》 chain store).
mul·ti·plex [mʌ́ltəplèks] *a.* 다양〔복합〕의; 다중(多重)의.
múltiplex télegraphy 〖電信〗 다중(多重) 송신법.
mul·ti·pli·cand [mʌ̀ltəplikǽnd] *n.* 〖數〗 피승수(被乘數).
***mul·ti·pli·ca·tion** [mʌ̀ltəplikéiʃən] *n.* ① ⓊⒸ **곱셈**. ② Ⓤ **증가**, 배가(倍加), 증식.
mùltiplicátion tàble (곱셈) 구구표 《12×12까지 있음》.
mul·ti·plic·i·ty [mʌ̀ltəplísəti] *n.* Ⓤ (종종 a ~) 중복; 다양성. *a* ~ *of* 많은.
‡**mul·ti·ply** [mʌ́ltəplài] *vt., vi.* ① **늘리다**; 붇다, 번식시키다, 번식하다. ② **곱하다**. **múl·ti·pli·er** *n.* 〖數〗 승수(乘數); 〖電·磁〗 증폭기(增幅器), 배율기(倍率器).
mul·ti·po·lar [mʌ̀ltipóulər] *a.* 〖電〗 다극(多極)의.
mul·ti·proc·ess·ing [-prásesiŋ / -próu-] *n.* Ⓤ 〖컴퓨터〗 다중(多重) 처리.
mul·ti·pro·gram·ming [-próugræmiŋ] *n.* Ⓤ 〖컴퓨터〗 다중 프로그래밍. 「적의, 용도가 많은.
mul·ti·pur·pose [-pə́:rpəs] *a.* 다목
mul·ti·ra·cial [mʌ̀ltiréiʃəl] *a.* 다민족의〔으로 된〕. **~·ism** *n.* 다민족 공존〔평등〕 (사회).
mul·ti·screen [-skrì:n] *n.* 4면 또는 9면으로 된 분할 스크린; 다수〔다각〕 화면. 「교대하는.
mul·ti·shift [mʌ́ltiʃift] *a.* 여러번
múltishift wòrking 단시간 교대 작업.
mul·ti·stage [-stèidʒ] *a.* 다단(多段)식의 (*a* ~ *rocket* 다단식 로켓).
‡**mul·ti·tude** [mʌ́ltətjù:d] *n.* ① ⒸⓊ **다수**. ② **군중**. *the* ~ 대중. *a* ~ *of* 다수의. **mul·ti·tu·di·nous** [mʌ̀ltətjú:dənəs] *a.* 수많은.
mul·ti·va·lent [mʌ̀ltivéilənt] *a.* 〖化〗 다원자가(多原子價)의, 삼가(三價) 이상의.
mul·tum in par·vo [mʌ́ltəm in pɑ́:rvou] (L.) 소형이나 내용 풍부.
mum[1] [mʌm] *int., a.* 쉿!; 말 마라!; 무언의. ***Mum's the word!*** 남에게 말 마라. —— *vi.* (*-mm-*) 무언극을 하다.
mum[2] *n.* 《兒》 엄마(mummy).
***mum·ble** [mʌ́mbəl] *vi., vt.* ① **중얼거리다**. ② (이가 없는 입으로) 우물우물 먹다. —— *n.* 중얼거리는 말.
mum·bo jum·bo [mʌ́mbou dʒʌ́mbou] 무의미한 의식; 알아 들을 수 없는 말; 우상(偶像). 「우; 배우.
mum·mer [mʌ́mər] *n.* 무언극 배
mum·mer·y [mʌ́məri] *n.* 무언극; ⓊⒸ 허례, 점잔빼는 동작〔의식〕.
mum·mi·fy [mʌ́mifài] *vt.* 미라로 만들다; 바짝 말리다.
***mum·my**[1] [mʌ́mi] *n.* ① **미라**. ② Ⓤ 갈색 안료(顔料)의 일종.
mum·my[2] [mʌ́mi] *n.* 《兒》 엄마.
múmmy whèat 이집트 밀.
mump [mʌmp] *vi.* 《英》 뚱해있다; 오만상을 짓다; 구걸하다; 속이다.
mumps [mʌmps] *n. pl.* (單數取扱) 〖醫〗 이하선염(耳下腺炎), 항아리 손님. 「다.
***munch** [mʌntʃ] *vt., vi.* **우적우적 먹**
mun·dane [mʌ́ndein, ⌐⌐] *a.* 현세의, 속세(俗世)의; 우주의.
Mu·nich [mjú:nik] *n.* 뮌헨《서독의 Bavaria의 도시; (G.) München》.
‡**mu·nic·i·pal** [mju:nísəpəl] *a.* 지방자치체의, 시(市)의. ~ *government* 시당국. ~ *law* 국내법. ~ *office* 시청.
***mu·nic·i·pal·i·ty** [mju:nìsəpǽləti] *n.* **자치체** 《시·읍 등》; 자치체 당국.
mu·nif·i·cent [mju:nífəsənt] *a.* 아낌 없이 주는, 손이 큰 (opp. niggardly). **mu·níf·i·cence** *n.* Ⓤ
mu·ni·ment [mjú:nəmənt] *n.* (보통 *pl.*) 〖法〗 권리 증서, 땅문서; 증서.
***mu·ni·tion** [mju:níʃən] *n.* (보통 *pl.*) **군수품**; 필수품, 자금(*for*). —— *vt.* 군수품을 공급하다.
Múntz mètal [mʌ́nts] 먼츠 메탈 《아연과 구리의 합금》.
mu·ral [mjúərəl] *a.* 벽의, 벽에 걸린. ~ *painting* 벽화.

‡mur·der [mə́:rdər] *n.* Ⓤ **살인**(*M-!* 사람 살려!); 〚法〛 모살(謀殺), 고살(故殺). ***like*** BLUE **~**. ***M- will out.*** 《俗談》 나쁜 짓은 드러나게 마련이다. **—** *vt.* **살해하다**; (곡을 서투르게 불러서〔연주하여〕) 망치다. **‡múr·der·er** *n.* **살인자**. ***~·ous** *a.* **살인의**; 흉악한; 살인적인; 지독한.

mu·ri·at·ic [mjùəriǽtik] *a.* 염화(塩化) 수소의.

múriatic ácid 염산(塩酸).

mu·rine [mjúərain] *a.*, *n.* 〚動〛 쥐과의 (동물).

murk·y [mə́:rki] *a.* 어두운; 음울한.

‡mur·mur [mə́:rmər] *vi.*, *vt.* 웅성대다, **졸졸 소리내다**, 속삭이다; **투덜거리다**(*at, against*). **—** *n.* 중얼거림, 불평; (시내의) **졸졸거리는 소리**, (파도의) 출렁거리는 소리, 속삭임.

mur·phy [mə́:rfi] *n.* 《俗》 감자.

mur·rain [mə́:rin] *n.* 가축의 전염병.

mur·rhine [mə́:rin] *a.* 형석(螢石)(제)의, 꽃무늬 유리의.

mus. museum; music; musician.

mus·ca·dine [mʌ́skədin, -dàin] *n.* 포도의 일종《미국 남부산》.

Mus·cat [mʌ́skət] *n.* 아라비아 동남단 Oman 토후국의 수도. **~ *and Oman*** Oman의 구칭.

mus·cat *n.* 포도의 일종.

mus·ca·tel [mʌ̀skətél] *n.* Ⓤ 머스커텔《muscat로 만든 포도주》; =⇧.

‡mus·cle [mʌ́səl] *n.* Ⓤ ① **근육**. ② 완력; 영향력. ③ 《口》 힘, 압력. ***not move a* ~** 까딱도 않다. **—** *vi.* 《口》 완력을 휘두르다.

mus·cle-bound [-bàund] *a.* (운동과다로) 근육이 굳어버린.

Mus·co·vite [mʌ́skəvàit] *n.*, *a.* 모스크바 사람; 러시아 사람(의); (m-) Ⓤ 〚鑛〛 백운모. 「아.

Mus·co·vy [mʌ́skəvi] *n.* 《古》 러시

***mus·cu·lar** [mʌ́skjələr] *a.* **근육의**, 근육이 늠름한. **mus·cu·lár·i·ty** [ㅅ-lǽrəti] *n.* Ⓤ 근육이 억셈, 힘셈.

Mus. D., Mus. Doc., Mus. Dr. *Musicae Doctor* (L. =Doctor of Music).

Muse [mju:z] *n.* 〚그神〛 뮤즈신《시·음악·그 밖의 학예를 주관하는 9여신 중의 하나》; (m-) 시적 영감, 시심(詩心); 시인. ***the Muses*** 뮤즈의 9여신.

‡muse [mju:z] *vi.* ① 심사 묵고하다, **명상에 잠기다**(*on, upon*). ② 골똘히 바라보다. **mús·ing** *a.* 생각에 잠긴. 「**물관**, 미술관.

†mu·se·um [mju:zí:əm/-zíəm] *n.* 박

muséum pìece 박물관의 진열품; 박물관 진열감, 진품(珍品).

mush[1] [mʌʃ] *n.* Ⓤ 《美》 옥수수 죽; 죽 모양의 것; 《口》 값싼 감상(感傷).

mush[2] *n.* 《英俗》 박쥐우산; 전세 마차집.

‡mush·room [mʌ́ʃru(:)m] *n.* ① **버섯**, 버섯 모양의 것. ② 《古》 벼락 출세자. ③ 《俗》 여자용 밀짚 모자의 하나. ④ =⇩. **—** *vi.* 버섯을 따다; (탄알 끝이) 납작해지다. 「버섯 구름.

múshroom clòud (핵폭발에 의한)

múshroom gròwth 급격한 성장.

mush·y [mʌ́ʃi] *a.* 죽 모양의, 걸쭉한; 《口》 감상적인, 푸념 많은.

†mu·sic [mjú:zik] *n.* ① Ⓤ **음악**, 악곡; 악보; 음악적인 음향. ② ⓊⒸ 듣기 좋은 소리, 묘음(妙音). ***face the* ~** 태연히 난국에 당하다; 당당하게 비판을 받다. ***rough* ~** (야유하는) 환성(喚聲). ***set*** (*a poem*) ***to* ~** (시에) 곡을 달다.

‡mu·si·cal [mjú:zikəl] *a.* **음악의**; 음악적인; 음악을 좋아하는, 음악이 따르는. **—** *n.* 희가극, 뮤지컬. **~·ly** *ad.* 음악적으로. 「자 빼앗기 놀이.

músical cháirs (음악이 따르는) 의

músical cómedy 희가극, 뮤지컬 (cf. comic opera).

mu·si·cale [mjù:zikǽl] *n.* 사교 음악 「회.

músical ínstrument 악기.

músical sàw 톱을 휘어 켜거나 쳐서 하는 음악.

mu·si·cas·sette [mjú:zəkəsèt] *n.* 음악 카세트(테이프).

músic bòx 오르골 (《英》musical box).

músic hàll 연예관(演藝館), 음악당.

‡mu·si·cian [mju(:)zíʃən] *n.* **음악가**, 작곡가; 악사.

mu·si·col·o·gy [mjù:zikɑ́lədʒi/-kɔ́l-] *n.* 음악학.

músic pàper 오선지.

músic stànd 악보대. 「노용 걸상.

músic stòol (높이가 조절되는) 피아

mu·sique con·crète [myzík kɔ̃:ŋkrɛ́:t] (F.) 〚樂〛 뮈지크콩크레트《자연음 따위를 넣은 즉물적(卽物的) 음악》. 「Ⓒ 사향 노루.

musk [mʌsk] *n.* Ⓤ 사향(의 냄새);

músk càt 사향 고양이.

músk dèer 사향 노루.

***mus·ket** [mʌ́skət] *n.* **머스켓 총**《구식 소총》. 「를 가진 병사.

mus·ket·eer [mʌ̀skətíər] *n.* musket

mus·ket·ry [mʌ́skətri] *n.* Ⓤ 《集合的》 소총; 소총 부대; 소총 사격술.

musk·mel·on [mʌ́skmèlən] *n.* 머스크멜론《참외의 일종》.

músk òx (북아메리카의) 사향소.

musk·rat [ㅅræ̀t] *n.* 사향쥐. 「향의.

musk·y [mʌ́ski] *a.* 사향내 나는; 사

***mus·lin** [mʌ́zlin] *n.* Ⓤ **모슬린**《부인복·커튼용 면직물의 일종》.

muss [mʌs] *n.*, *vt.* ⓊⒸ 뒤죽박죽(으로 만들다), 혼란; 《俗》 언쟁, 소동.

mus·sel [mʌ́səl] *n.* 〚貝〛 홍합, 마합.

Mus·so·li·ni [mùsəlí:ni], **Benito** (1883–1945) 이탈리아의 파시스트 당수·수상(1922–43).

Mus·sorg·sky [musɔ́:rgski], **Modest Petrovich** (1835–81) 러시아의 작곡가. 「~*s*), *a.* 회교도(의).

Mus·sul·man [mʌ́səlmən] *n.* (*pl.*

†must[1] [強 mʌst, 弱 məst] *aux. v.* ① 《必要·義務·責任·命令》 …**하지 않으면 안되다**《부정은 need not; 과거·

미래·완료형 따위는 have to의 변화형을 사용함, must not는 「…해서는 안되다」의 뜻》 (*I* ~ *work.* 나는 일해야 한다). ② 《必然性·분명한 推定》 …임에 틀림없다(*It* ~ *be true.* 그것은 정말임에 틀림없다 / *He* ~ *have written it.* 그가 그것을 썼음에 틀림없다). ③ 《主張》(*You* ~ *know.* 당신이 알아 주기 바란다). ④ 《過去時制로서, 그러나 지금은 間接話法에 쓰임》 …하지 않으면 안되었다. ⑤ 《過去 또는 歷史的 現在로서》 운나쁘게 …했다 (*Just as I was busiest, he* ~ *come worrying.* 하필이면 가장 바쁠 때 와서 훼방놓다니). —— *a.* 절대 필요한(*a* ~ *book* 필독서/ ~ *bills* 중요 의안). —— *n.* 필요한 일〔것〕(*English is a* ~. 영어는 필수 과목이다). 「새 포도주.

must² *n.* Ⓤ (발효전의) 과즙(果汁);

must³ *n., a.* 발정한 (상태) 《교미기의 수코끼리나 낙타의》.

must⁴ *n.* Ⓤ 곰팡이. **∠·y** *a.* 곰팡내 나는; 케케묵은, 무기력한.

***mus·tache** [mʌ́stæʃ, məstǽʃ] *n.* 콧수염, (고양이 따위의) 수염.

mus·tang [mʌ́stæŋ] *n.* 반야생의 말 《소형, 미국 평원 지대산》.

mus·tard** [mʌ́stərd] *n.* Ⓤ 겨자; 갓. ***grain of* ~ *seed 작지만 발전성이 있는 것《마태복음 13:31》. ***French* ~** 초넣은 겨자.

***mus·ter** [mʌ́stər] *n.* 소집, 점호, 검열. ***pass* ~** 합격하다. —— *vt.* ① 소집하다, 점호하다. ② (용기를) 분발시키다(*up*). **~ *in* 〔*out*〕** 입대〔제대〕시키다.

múster ròll 병원(兵員)〔선원〕 명부.

†**must·n't** [mʌ́snt] must not의 단축.

mut [mʌt] *n.* 《俗》 =MUTT.

mu·ta·ble [mjúːtəbəl] *a.* 변하기 쉬운, 변덕의. **mu·ta·bil·i·ty** [∸–bíləti] *n.* Ⓤ 변하기 쉬움, 부정(不定); 변덕. **-bly** *ad.*

mu·ta·gen [mjúːtədʒən] *n.* 〖生〗 돌연 변이 유도물《약물·방사선 따위》.

mu·tant [mjúːtənt] *n.* 〖生〗 변종(變種), 돌연 변이체(體).

mu·ta·tion [mjuːtéiʃən] *n.* ⓊⒸ 변화; Ⓒ 〖生〗 돌연 변이, 변종; 〖言〗 모음 변화.

mu·ta·tis mu·tan·dis [mjuːtéitis mjuːtǽndis] (L.) 필요한 변경을 가하여, 준용해서.

‡**mute** [mjuːt] *a.* ① 벙어리의, 무언의. ② 〖音聲〗 폐쇄음의; 묵자(默字)의 《*k*now의 *k* 따위》. —— *n.* ① 벙어리, 말 않는 배우, (동양의) 벙어리 하인. ② (고용된) 회장(會葬)군. ③ 〖樂〗 약음기(弱音器). —— *vt.* 소리를 죽이다, 약음기를 달다.

***mu·ti·late** [mjúːtəlèit] *vt.* ① (수족을) 절단하다, 병신을 만들다. ② (책의 일부를 삭제하여) 불완전하게 하다.

mu·ti·la·tion [mjùːtəléiʃən] *n.* ⓊⒸ 절단, 훼손(毀損). 「반항자.

mu·ti·neer [mjùːtəníər] *n.* 폭도,

mu·ti·nous [mjúːtənəs] *a.* 폭동의; 반항적인.

***mu·ti·ny** [mjúːtəni] *n.* ⓊⒸ 반란, 폭동, 반항. —— *vt.* 반란을 일으키다, 반항하다. 「바보.

mutt [mʌt] *n.* 《俗》 잡종개, 똥개;

‡**mut·ter** [mʌ́tər] *vi., vt.* 중얼거리다; 투덜거리다. —— *n.* 중얼거림; 불평.

‡**mut·ton** [mʌ́tn] *n.* Ⓤ 양고기. ***dead as* ~** 아주 죽어서.

mut·ton·chop [-tʃɑ̀p/-ɔ̀-] *n.* 양의 갈비 고기; (*pl.*) 위는 조붓하고 밑으로 둥글게 퍼진 구레나룻.

mut·ton-head [-hèd] *n.* 《口》 멍텅구리, 바보.

‡**mu·tu·al** [mjúːtʃuəl] *a.* 상호의; 공통의(common). **~ *aid*** 상호 부조. **~ *aid association*** 공제 조합. **~ *friend*** 공통의 친구. **~ *insurance*** 상호 보험. ***~·ly** *ad.* 서로.

mu·tu·al·ism [mjúːtʃuəlizəm] *n.* Ⓤ 상호 부조론; 〖生〗 공서(共棲).

mu·tu·al·i·ty [mjùːtʃuǽləti] *n.* Ⓤ 상호 관계, 상관.

Mu·zak [mjúːzæk] *n.* 〖商標〗 전화나 무선으로 식당·상점·공장에 음악을 보내주는 시스템.

mu·zhik, -zjik [muːʒí(ː)k, múːʒik] *n.* (Russ.) 러시아의 농민.

***muz·zle** [mʌ́zəl] *n.* ① (동물의) 코·입부분. ② 총구(銃口). ③ 입마개, 부리망, 재갈. —— *vt.* ① (개 따위에) 부리망을 씌우다. ② (언론을) 탄압하다, 말 못하게 하다.

muz·zle·load·er [-lòudər] *n.* 구장총(口裝銃), 전장포(前裝砲).

M. V. motor vessel. **MVD** *Ministerstvo Vnutrennikh Del* (Russ. =Ministry of Internal Affairs).

M. V. O. Member of the Victorian Order. **Mx.** Middlesex 《이전의 잉글랜드 남부의 주》.

†**my** [強 mai, 弱 mi] *pron.* 《I의 所有格》 나의. ***My !***, or ***Oh, my !***, or ***My eye !*** 아이고!, 저런!

my·al·gi·a [maiǽldʒiə] *n.* Ⓤ 〖病〗 근육 류머티즘.

my·all [máiɔːl] *n.* 아카시아의 일종 《오스트레일리아산》.

my·ce·li·um [maisíːliəm] *n.* (*pl.* ***-lia*** [-liə]) 〖植〗 균사(菌絲).

My·ce·nae [maisíːni(ː)] *n.* 미케네《그리스 남동부의 옛 도시, 청동기 문명의 중심지》.

my·col·o·gy [maikɑ́lədʒi/-ɔ́-] *n.* Ⓤ 균학(菌學). **my·cól·o·gist** *n.* 균학자.

my·co·sis [maikóusis] *n.* Ⓤ 〖病〗 사상균(絲狀菌) 병. 「척수염.

my·e·li·tis [màiəláitis] *n.* Ⓤ 〖病〗

M. Y. O. B. mind your own business. 「근(心筋)(층)의.

my·o·car·di·al [màiəkɑ́ːrdiəl] *a.* 심

my·o·glo·bin [máiəglòubin] *n.* Ⓤ 〖生〗 미오글로빈《근육 세포 속의 헤모글로빈》.

my·o·pi·a [maióupiə], **my·o·py** [máiəpi] *n.* Ⓤ 〖醫〗 근시안, 근시.

my·ope [máioup] *n.* 근시안인 사람

(short-sighted person). **my·óp·ic** [-áp-/-ɔ́-] *a.* 근시의. 「무수(한).
***myr·i·ad** [míriəd] *n.*, *a.* 만(萬)(의),
myr·i·a·gram, 《주로 英》 **-gramme** [míriəgræ̀m] *n.* 1만 그램.
myr·i·a·li·ter, 《주로 英》 **-tre** [-lì:-tər] *n.* 1만 리터.
myr·i·a·me·ter, 《주로 英》 **-tre** [-mì:tər] *n.* 1만 미터.
myr·i·a·pod [-pàd/-pɔ̀d] *n.*, *a.* 다족류의 (동물).
myr·mi·don [mə́:rmədàn, -dən / -midən, -dɔ̀n] *n.* 부하, 졸개, 앞잡이, 수하(手下).
myrrh [mə:r] *n.* Ⓤ 몰약(沒藥) 《향료·약제로 쓰이는 열대 수지》.
***myr·tle** [mə́:rtl] *n.* 〖植〗 도금양(桃金孃); 《美》 =PERIWINKLE.
†**my·self** [maisélf, 弱 mə-] *pron.* (*pl.* ***ourselves***) 나 자신. ***by*** ～ 혼자서. ***for*** ～ 나 자신을 위해서; 남의 부림을 받지 않고, 자력으로. ***I am not*** ～. 몸〔머리〕 상태가 아무래도 이상하다.
mys·ta·go·gy [místəgòudʒi] *n.* 비법 전수(秘法傳授). **mys·ta·gog·ic** [ㅅ-gádʒik/-gɔ́-], **-i·cal** [-əl] *a.* **mys·ta·gog(ue)** [místəgàg/-ɔ̀-] *n.* 비법가.
‡**mys·te·ri·ous** [mistíəriəs] *a.* 신비한; 불가사의한; 이상한. ～**·ly** *ad.* ～**·ness** *n.*
‡**mys·ter·y** [místəri] *n.* ① Ⓤ,Ⓒ 신비, 불가사의(한 것·사람), 비밀. ② 비결, 비전(秘傳). ③ (*pl.*) 성체; 비의(秘儀); 비밀 의식. ④ 중세 종교극. ⑤ 괴기〔추리〕 소설. ***be wrapped in*** ～ 비밀〔수수께끼〕에 싸여 있다, 전혀 모르다.
mýstery bòat 〔**shìp**〕 =Q-BOAT.
mýstery plày =MYSTERY ④.
mýstery stòry =MYSTERY ⑤.
***mýs·tic** [místik] *a.* ① 신비한, 비법의. ② 비교(秘敎)의. ── *n.* 신비주의자《명상·자기 포기로 신과의 합일을 구하는 자》. ***-ti·cal** *a.* 신비의, 비법의. **-ti·cal·ly** *ad.* 신비적으로.
mys·ti·cism [místəsìzəm] *n.* Ⓤ 비교(秘敎), 신비주의.
mys·ti·fy [místəfài] *vt.* 신비화하다; 어리둥절하게 하다, 속이다. **mys·ti·fi·ca·tion** [ㅅ-fikéiʃən] *n.* Ⓤ 신비화; 당혹시킴; Ⓒ 속이기.
mys·tique [mistí:k] *n.* 신비(적인 분위기); 비법.
‡**myth** [miθ] *n.* ① Ⓒ,Ⓤ 신화(*the solar* ～ 태양 신화/ *the Greek* ～*s* 그리스 신화). ② 꾸민 이야기. ③ 가공의 사람〔물건〕.
myth·ic [míθik], **-i·cal** [-əl] *a.* 신화〔가공〕의.
myth·o·log·i·cal [miθəládʒikəl/-ɔ́-] *a.* 신화의, 신화학(神話學)의, 가공의. ～**·ly** [-kəli] *ad.*
***my·thol·o·gy** [miθálədʒi/-ɔ́-] *n.* Ⓤ,Ⓒ 신화학; 《集合的》 신화(집). **my·thól·o·gist** *n.* 신화학자, 신화 작자.
myx·o·ma [miksóumə] *n.* (*pl.* ～***s***, ～***ta*** [-tə]) Ⓤ 〖病〗 점액종(粘液腫).

N

N, n [en] *n.* (*pl.* ***N's, n's*** [-z]) 알파벳의 14째 자; 〖數〗 부정 정수(不定整數); (로마 숫자의) 90.
N nitrogen. **N, N., n.** north(ern).
N. Nationalist; Norse; November.
N., n. navy; noon. **n.** neuter; nominative; noun.
'n 《口》 and 또는 than의 단축.
Na 〖化〗 natrium (=sodium). **N.A.** National Army; Naval Academy; North America. **n/a** no account.
NAA National Academy of Arts.
NAACP National Association for the Advancement of Colored People. **NAAFI** 《英》 Navy, Army and Air Force Institutes.
NAAU National Amateur Athletic Union. **NAB** National Association of Broadcasters.
nab [næb] *vt.* (**-bb-**) 《口》 (갑자기) 붙잡다; 잡아채다; 체포하다. 「관.
nabe [neib] *n.* 《美俗》 근처의 영화
na·bob [néibab/-bɔb] *n.* (Mogul 제국 시대 인도의) 태수(太守); (인도에서 돌아온) 영국인 부호; 갑부.
na·celle [nəsél] *n.* (비행기·비행선의) 객실, 기관실; (기구의) 치롱.
na·cre [néikər] *n.* 진주모(眞珠母) (mother-of-pearl).
Na·der·ism [néidərìzəm] *n.* Ⓤ 《美》 소비자 보호 운동.
na·dir [néidər, -diər] *n.* 〖天〗 천저(天底) (opp. zenith); 《比喩》 밑바닥; 침체기.
nae [nei] *a.*, *ad.* 《Sc.》 =NO.
NAG Naval Advisory Group.
nag[1] [næg] *vt.*, *vi.* (**-gg-**) 성가시게 잔소리하(여 괴롭히)다(*at*). 「빠진 말.
nag[2] *n.* (승용의) 조랑말(pony); 늙어
Na·hum [néihəm] *n.* 나훔(히브리의 예언자); 〖舊約〗 나훔서(書).
nai·ad [néiæd, nái-, -əd] *n.* (*pl.* ～***s***, ～***es*** [-ədì:z]) (N-) 〖그·로神〗 물의 요정(妖精) (water nymph); (n-) 수영 잘하는 아가씨.
na·ïf [nɑ:í:f] *a.* =NAÏVE.
‡**nail** [neil] *n.* ① 손톱, 발톱. ② 못. BITE ***one's*** ～***s.*** ***hit the*** (***right***) ～ ***on the head*** 바로 맞히다; 정곡을 찌르다. ***on the*** ～ 즉석에서. ── *vt.* ① 못을 박다, 못박아 놓다(*on, to*). ② 《口》 체포하다; (부정을) 찾아내다(detect). ㅅ**·less** *a.* 손톱〔발톱〕이 없는; 못질하지 않은.
nail-bit·ing [néilbàitiŋ] *n.* Ⓤ 손톱을 깨무는 버릇《불안 초조에서》; 《口》 욕구 불만.
nail·brush [néilbrʌʃ] *n.* (매니큐어용의) 손톱솔.
náil fìle 손톱 다듬는 줄.
náil pòlish 〔**vàrnish**〕 매니큐어
náil pùller 못뽑이. 「액.
náil scissors 손톱 깎는 가위.
nain·sook [néinsuk] *n.* Ⓤ 인도산

N

의 얇은 무명.

nais·sance [néisəns] *n.* 탄생, 발상.

***na·ïve,* na·ive** [nɑːíːv] *a.* 순진한, 천진난만한. ~·ly *ad.*

***na·ïv·té,* na·ive·te** [-tei] *n.* UC 순진(한 언동).

na·ive·ty [nɑːíːvti] *n.* =⇧.

‡**na·ked** [néikid] *a.* ① 벌거벗은. ② 드러난. ③ 있는 그대로의. ~ ***eyes*** 육안. ~ ***truth*** 있는 그대로의 사실. ~·ly *ad.* ~·ness *n.*

NAM., N.A.M. 《美》 National Association of Manufacture.

nam·a·ble, name·a- [néiməbəl] *a.* 지명할 수 있는; 이름 붙일 수 있는; 기념할 만한.

nam·by-pam·by [nǽmbipǽmbi] *a., n.* 지나치게 감상적인 (글·이야기); 유약한[여자같은] (사람·태도).

†**name** [neim] *n.* ① 이름; 명칭. ② CU 평판, 명성; 허명(虛名). ③ 명사(名士). ***bad*** [***ill***] ~ 악명, 악평. ***by*** ~ 이름은. ***by*** [***of***] ***the*** ~ ***of*** …라는 이름의. ***call a person*** ~***s,*** or (稀) ***say*** ~***s to a person*** (아무의) 욕을 하다, (큰소리로) 꾸짖다. ***full*** ~ (생략하지 않은) 성명. ***in God's*** ~ 신에 맹세코; 도대체; 제발 (부탁이니). ***in*** ~ (***only***) 명의상. ***in the*** ~ ***of*** …의 이름을 걸고; …에 대신하여. ***make*** [***win***] ***a*** ~ 이름을 떨치다. ***to one's*** ~ 자기 소유의. —— *vt.* ① 명명하다; 이름을 부르다. ② 지명[지정]하다; 임명하다. ~ ***after*** …의 이름을 따서 명명하다. —— *a.* 주지의, 잘 알려진. ***náme·less** *a.* 이름 없는; 익명의; 세상에 알려지지 않은; 서출(庶出)의 (bastard); 말로 표현할 수 없는; 언어 도단의. ‡**náme·ly** *ad.* 즉.

name-call·ing [néimkɔ̀ːliŋ] *n.* U 욕설; 매도함; 험담함.

name·plate [∠plèit] *n.* 명패, 명찰.

name·sake [∠sèik] *n.* 같은 이름의 사람(특히, 남의 이름을 따서 명명된 사람).

NANA North American News-paper Alliance.

nan·keen, -kin [nænkíːn] *n.* U 남경(南京) 무명; (*pl.*) 그 바지.

Nan·king [nǽnkíŋ] *n.* 남경(南京).

nán·ny (**gòat**) [nǽni] *n.* 《口》 암염소.

nano- 「10억분의 1; 극미한」의 뜻의 결합사.

nan·o·sec·ond [nǽnəsèkənd] *n.* 나노초(10억분의 1초; 생략 ns, nsec).

Nantes [nænts, (F.) nɑ̃ːt] *n.* 서프랑스의 항구 도시. ***the Edict of*** ~ 〖프史〗 낭트 칙령.

‡**nap**[1] [næp] *n., vi.* (*-pp-*) 겉잠(들다), 깜박졸다. ***catch a person*** ~***ping*** 아무의 방심을 틈타다. ∠·**per**[1] *n.*

nap[2] *n., vt.* (*-pp-*) U (직물 따위의) 보풀(을 일게 하다). ∠·**less** *a.* ∠·**per**[2] *n.* 보풀 세우는 사람[기계].

na·palm [néipɑːm] *n.* 〖軍〗 U 네이팜 (가솔린의 젤리화제(化劑); 화염방사기·소이탄용); C 네이팜탄 (napalm bomb).

nape [neip] *n.* 목덜미.

na·per·y [néipəri] *n.* U 테이블 보, 냅킨류.

naph·tha [nǽfθə, nǽp-] *n.* U 〖化〗 나프타.

naph·tha·lene, -line [-liːn], **-lin** [-lin] *n.* U 나프탈린.

naph·thol [nǽfθɔːl, nǽp-, -θoul / -θɔl] *n.* U 〖化〗 나프톨(방부제·물감의 원료).

Na·píer·i·an lógarithm [nəpíːəriən, nei-] 〖數〗 자연 대수(對數) (natural logarithm) (J. Napier가 발견).

Ná·pi·er's ròd [**bònes**] [néipiərz] 〖數〗 네이피어 계산봉(棒) (J. Napier가 고안한 곱셈·나눗셈 용구).

‡**nap·kin** [nǽpkin] *n.* 냅킨; 손수건; 《주로 英》 기저귀.

***Na·ples** [néiplz] *n.* 나폴리(이탈리아 남서부의 항구 도시).

‡**Na·po·leon** [nəpóuliən, -ljən], ~ **Bonaparte** (1769–1821) 나폴레옹 1세(재위 1804–15). **Na·po·le·on·ic** [nəpòuliánik/-ɔ́nik] *a.* 나폴레옹의, 나폴레옹 같은.

na·po·leon *n.* 옛날의 프랑스 금화 (20프랑); 잼이나 크림을 사이에 끼운 케이크.

nap·py[1] [nǽpi] *a., n.* 《英》 (술·맥주가) 독한, 찡 오르는.

nap·py[2] *n.* 《주로 英》 기저귀.

narc [nɑːrk] *n.* 《美俗》 마약 단속관.

nar·ce·ine [nɑ́ːrsiìːn, -in] *n.* U 〖化〗 나르세인(마취성 알칼로이드).

nar·cis·sism [nɑ́ːrsisizəm] *n.* U 〖心〗 자기 도취(cf. Narcissus).

***nar·cis·sus** [nɑːrsísəs] *n.* (*pl.* ~*es,* -*si* [-sai]) ① 수선화. ② (N-) 〖그神〗 물에 비친 자기 모습을 연모하여 빠져 죽어서 수선화가 된 미소년 (cf. narcissism).

nar·co·lep·sy [nɑ́ːrkəlèpsi] *n.* U 〖醫〗 발작성 수면.

nar·co·sis [nɑːrkóusis] *n.* U (마취 따위에 의한) 혼수 상태.

***nar·cot·ic** [nɑːrkɑ́tik/-ɔ́-] *a.* 마취성의; 마약(중독자)의. —— *n.* 마약(중독자).

nar·co·tism [nɑ́ːrkətìzəm] *n.* =NARCOSIS.

nar·co·tize [nɑ́ːrkətàiz] *vt.* 마취시키다.

nard [nɑːrd] *n.* =SPIKENARD.

nar·g(h)i·le [nɑ́ːrgəli] *n.* (Per.) 수연통(水煙筒)(담뱃대의 일종).

nark [nɑːrk] *n.* 《英俗》 (경찰의) 끄나불, 경찰에 밀고하는 사람; 《주로 濠俗》 귀찮은 사람. —— *vt.* 괴롭히다, 격노케 하다. ***N- it!*** 《英俗》 집어치워; 조용히 해.

nar·rate [næréit, ∠–] *vt., vi.* 말하다, 이야기하다. ***nar·ráter, -ra·tor** *n.* 이야기하는 사람.

‡**nar·ra·tion** [næréiʃən, nə-] *n.* ① U 서술, 이야기하기. ② 이야기. ③ U 〖文〗 화법(speech). ***direct*** [***indirect***] ~ 직접[간접] 화법.

‡**nar·ra·tive** [nǽrətiv] *n., a.* 이야기(의); 이야기체(의).

†**nar·row** [nǽrou] *a.* ① 좁은, 가는. ② 제한된. ③ 마음이 좁은. ④ 가까스로의, 아슬아슬한(close)(*We had a ~ escape.* 구사 일생했다). ⑤ (시험 따위) 엄밀한. ⑥ 〖音聲〗 (모음이) 협착음(狹窄音)의 (tense) (i, u에 대한 i:, u: 따위). ***the ~ bed*** 〔***house***〕 무덤. —— *n.* (보통 *pl.*)(單數取扱) (좁은) 해협; 산협; 하협(河峽); 협로(狹路). —— *vt., vi.* 좁히(어지)다; 제한하다. ***nár·row·ly** *ad.*

nar·row-gauge [nǽrougéidʒ] *a.* 〖鐵〗 협궤(狹軌)의 (56.5인치 이하의); 편협한.

***nar·row-mind·ed** [-máindid] *a.* 옹졸한. **~·ness** *n.* 「角科)의 고래.

nar·w(h)al [nɑ́:*rh*wəl] *n.* 일각과(一

NAS National Academy of Sciences.

NASA National Aeronautics and Space Administration 미국 항공 우주국.

***na·sal** [néizəl] *a., n.* ① 코의; 콧소리의. ② 〖音聲〗 비음(鼻音)(의). **~·ize** [-àiz] *vi., vt.* 콧소리로 말하다; 비음화하다. **na·sal·i·za·tion** [ˋ–izéiʃən] *n.* Ⓤ 비음화.

nas·cent [nǽsnt] *a.* 발생〔발전·성장〕하고 있는; 초기의; 〖化〗 발생 상태의. **nás·cen·cy** *n.* ⓊⒸ

Nas·ser [nɑ́:sə*r*, nǽs-], **Gamal Abdel** (1918–70) 이집트 대통령(1958–70). 「〖植〗 한련.

na·stur·tium [nəstə́:*r*ʃəm, næs-] *n.*

‡**nas·ty** [nǽsti, -ɑ́:-] *a.* ① 더러운. ② 불쾌한. ③ 외설한, 천한. ④ (바다·날씨가) 험악한, 거친; 심한. ⑤ 심술궂은, 기분이 언짢은. ***a ~ one*** 거절, 타박. **nás·ti·ly** *ad.* **-ti·ness** *n.*

na·tal [néitl] *a.* 출생의; 고향의.

na·tal·i·ty [neitǽləti, nə-] *n.* Ⓤ 출생(률). 「엄치는.

na·tant [néitənt] *a.* 물에 뜨는; 헤

na·ta·to·ri·al [nèitətɔ́:riəl], **na·ta·to·ry** [néitətɔ̀:ri/-təri] *a.* 헤엄치는, 헤엄치기에 알맞은.

na·ta·to·ri·um [nèitətɔ́:riəm] *n.* (*pl.*) **~s**, ***-ria*** [-riə]) (옥내) 수영장.

na·tes [néiti:z] *n. pl.* 〖解〗 엉덩이, 둔부(臀部).

Nat. Gal. National Gallery (영국) 국립 미술관.

†**na·tion** [néiʃən] *n.* 국민, **국가**; 민족.

†**na·tion·al** [nǽʃənəl] *a.* ① **전국민의**, 국가 (특유)의. ② 국립의. ③ 애국적인. ***a ~ enterprise*** 국영 기업. ***the ~ flag*** 국기. ***~ government*** 거국 내각. ***a ~ park*** 국립 공원. —— *n.* (*pl.*) (특히 외국에 거주하는) 동포. **~·ly** *ad.* 국가적으로; 거국 일치로.

nátional ánthem 국가(國歌).

nátional assémbly (신헌법 제정을 위한) 국민 회의〔의회〕.

nátional bánk 국립 은행.

Nátional Convéntion, the 〖프史〗 국민 의회; (n- c-) 《美》 (4년마다 행하는 정당의) 전국 대회.

nátional débt 국채.

nátional gríd 《英》 주요 발전소간의 고압선 회로망; 《英》 영국 제도(諸島)의 지도에 쓰이는 국정 좌표.

Nátional Guárd 《美》 주(州) 방위군(연방 정부 직할의).

Nátional Héalth Sèrvice 《英》 국민 건강 보험.

nátional íncome 국민 총소득.

Nátional Insúrance 《英》 국가 보험 제도.

***na·tion·al·ism** [nǽʃənəlìzəm] *n.* Ⓤ ① 애국심; **국가주의**. ② 국민성; 산업 국유주의. ***-ist** *n.* **국가주의자**; (N-) 국민〔국수(國粹)〕당원. **-is·tic** *a.*

‡**na·tion·al·i·ty** [næ̀ʃənǽləti] *n.* ① Ⓤ 국민성. ② ⓊⒸ **국적**. ③ **국민**; 국가. ④ Ⓤ 애국심; 국민적 감정.

na·tion·al·ize [nǽʃənəlàiz] *vt.* 국가적으로 하다; …을 귀화시키다; 국유〔국영〕화하다. **na·tion·al·i·za·tion** [ˋ––izéi-/-laiz-] *n.* Ⓤ 국민화, 국유화.

Nátional Léague, the 내셔널 리그 (미국 2대 프로 야구 연맹의 하나).

nátional mónument 《美》 (정부 지정) 천연 기념물.

Nátional Secúrity Còuncil, the 《美》 국가 안전 보장 회의. 「의무.

Nátional Sérvice 《英》 국민 병역

na·tion·hood [néiʃənhùd] *n.* Ⓤ 국민〔국가〕임. 「적인.

na·tion·wide [néiʃənwàid] *a.* 전국

‡**na·tive** [néitiv] *a.* ① **출생의**, 자기 나라의. ② **토착의**, 토착민의. ③ 국산의. ④ 타고난; 자연 그대로의; 소박한. ***go ~*** 《口》 (백인이 미개지에서) 토착민과 같은 생활을 하다. ***~ land*** 태어난 나라. ***~ place*** 고향. —— *n.* ① **토착민**, … **태생의 사람**(*of*). ② **원주민**. ③ 토착 동물〔식물〕.

na·tive-born [-bɔ́:*r*n] *a.* 토착의, 토박이의.

na·tiv·i·ty [nətívəti] *n.* ⓊⒸ 출생; (the N-) 예수 탄생(의 그림); 크리스마스; 〖占星〗 천궁도(天宮圖).

natl. national.

NATO [néitou] (<*N*orth *A*tlantic *T*reaty *O*rganization) *n.* 나토(북대서양 조약 기구 (1949)). 「DIUM.

na·tri·um [néitriəm] *n.* 《廢》 =SO-

na·tron [néitrɑn, -trən/-trɔn] *n.* Ⓤ 천연 탄산소다.

NATS Naval Air Transportation Service 해군 항공 수송단.

nat·ter [nǽtə*r*] *vi.* 《濠》 재잘거리다; 《英》 투덜거리다. —— *n.* 《주로 英》 잡담; 《캐나다》 가십(gossip).

nat·ty [nǽti] *a.* 정연한; (복장 따위가) 말쑥한.

†**nat·u·ral** [nǽtʃərəl] *a.* ① **자연〔천연〕의, 자연계의**. ② 미개의. ③ **타고난; 본능적인**; 본래의; 보통의. ④ 꼭 닮은, 빼쏜; 사생의. ⑤ 〖樂〗 본위〔제자리〕의. ***one's ~ life*** 수명. —— *n.* ① 자연의 사물. ② 선천적인 백치. ③ 〖樂〗 제자리(음)표(♮); (피아노의) 흰 건반. ④ 《口》 타고난 재사(才士); 성공이 확실한 사람〔일〕.

‡～·ly *ad.* 자연히; 날 때부터; 있는 그대로; 당연히. **～·ness** *n.* 자연성(性), 자연(스러움).
nátural déath 자연사.
nátural énemy 천적(天敵).
nátural gás 천연 가스.
nátural hístory 박물학.
***nat·u·ral·ism** [nǽtʃərəlizəm] *n.* 자연의 본능에 따른 행동; 〖哲·文藝〗 자연주의, 사실(寫實)주의. ***-ist** *n.* 박물학자; 자연주의자.
nat·u·ral·is·tic [nætʃərəlístik] *a.* 자연의; 자연주의의; 박물학(자)의.
nat·u·ral·ize [nǽtʃərəlàiz] *vt., vi.* 귀화시키다〔하다〕, 토착화하다; (외국어를) 받아들이다; 이식하다. **nat·u·ral·i·za·tion** [⌐--izéiʃən / -lai-] *n.* Ⓤ 귀화; 토착화.
nátural láw 자연법. 「목(目).
nátural órder (동식물 분류상의)
nátural pérson 〖法〗 자연인.
nátural philósophy natural science (특히 물리학)의 구칭.
nátural resóurces 천연 자원.
nátural scíence 자연 과학. 「생존.
nátural seléction 자연 도태, 적자
nátural sýstem 〖生〗 (형태 유사에 의한) 자연 분류.
†na·ture [néitʃər] *n.* ① Ⓤ 자연(계). ② ⓊⒸ 천성, 성질; …한 성질을 지닌 사람. ③ Ⓤ 원시 상태. ④ 종류. ⑤ Ⓤ 체력; 생활 기능. ⑥ ⓊⒸ 본질. *against* ～ 부자연한〔하게〕. *by* ～ 타고난. *draw from* ～ 사생하다. *ease* ～ 대변〔소변〕보다. *go the way of* ～ 죽다. *in a* 〔*the*〕 *state of* ～ 자연 그대로; 벌거숭이로. *in* 〔*of*〕 *the* ～ *of* …의 성질을 지닌, …을 닮은. *in* 〔*by, from*〕 *the* ～ *of things* 〔*the case*〕 사물의 본질상, 필연적으로. *pay one's debt to* ～ 죽다. 연구〔관찰〕.
náture stùdy (초등 교육의) 자연
náture wòrship 자연 숭배.
na·tur·ism [néitʃərìzəm] *n.* Ⓤ ＝NATURALISM; Ⓤ 《英》 나체주의.
‡naught [nɔ:t] *n.* Ⓤ ① 무(nothing). ② 영, 제로. *all for* ～ 무익하게. *bring* 〔*come*〕 *to* ～ 무효로 하다〔되다〕. *set … at* ～ 무시하다.
‡naugh·ty [⌐i] *a.* ① 장난스러운; 버릇〔본데〕 없는. ② 《廢》 못된, 사악한. **-ti·ly** *ad.* **-ti·ness** *n.*
Na·u·ru [nɑ:ú:ru:] *n.* 나우루 《적도 가까운 태평양상의 공화국》.
nau·se·a [nɔ́:ziə, -ʃə, -siə] *n.* Ⓤ 욕지기, 메스꺼움; 뱃멀미; 혐오.
náu·se·ate [-zièit, -ʃi-, -si-] *vt., vi.* 메스껍(게 하)다; 구역질나(게 하)다 (*at*).
nau·seous [nɔ́:ʃəs, -ziəs] *a.* 구역질나는, 싫은. 「의) 춤.
nautch [nɔ:tʃ] *n.* (인도 무희(舞姬)
nau·ti·cal [nɔ́:tikəl] *a.* 항해의; 배의; 선원의.
náutical míle 해리(海里).
nau·ti·lus [nɔ́:tələs] *n.* (*pl.* ～*es*, *-li* [-lài]) 〖貝〗 앵무조개; 〖動〗 배낙지; (N-) 노틸러스호《세계 최초의 미국 원자력 잠수함》.
‡na·val [néivəl] *a.* 해군의; 군함의.
Nával Acàdemy (Annapolis의) 미국 해군 사관 학교. 「船工學).
nával árchitecture 조선 공학(造
nával státion 해군 보급 기지, 경비부. 「용 도료《테레빈·수지 등》.
nával stòres 선내(船內) 물자; 선박
***nave**[1] [neiv] *n.* (교회당의) 본당.
nave[2] *n.* (수레의) 바퀴통(hub).
na·vel [néivəl] *n.* 배꼽; 중심, 중앙.
nável òrange 네이블 (오렌지).
nável strìng 탯줄.
nav·i·cert [nǽvəsə̀:rt] *n.* (전시(戰時)의) 항해 허가증.
***nav·i·ga·ble** [nǽvigəbəl] *a.* ① 항행할 수 있는. ② 항해에 견디는. **nav·i·ga·bil·i·ty** [⌐--bíləti] *n.* Ⓤ
***nav·i·gate** [nǽvəgèit] *vt.* ① 항행하다; (배·비행기를) 항행케 하다; …의 조종〔운전〕을 하다. ② (사물을) 진행시키다. ── *vi.* 항행〔조종〕하다.
‡nav·i·ga·tion [⌐-géiʃən] *n.* 항해〔항공〕(술). ***náv·i·ga·tor** *n.* 항해자〔장〕; 해양 탐험가; 《英》 ＝NAVVY.
nav·vy [nǽvi] *n.* 《英口》 (운하·도로 공사의) 인부; (토목 공사용) 굴착기.
‡na·vy [néivi] *n.* ① 해군; 해군 장병. ② 《古》 선대(船隊). ③ ＝NAVY BLUE.
návy béan 《美》 흰강낭콩. 「빛깔).
návy blúe 감색 《영국 해군 제복의
návy cùt (파이프용) 살담배.
Návy Depártment, the 《美》 해군성. 「공창(工廠).
návy yàrd 《美》 해군 조선소, 해군
na·wab [nəwɑ́:b, -wɔ́:b] *n.* (Mogul 제국 시대의) 인도 태수(太守); ＝NABOB.
***nay** [nei] *ad.* ① 《古》 아니(no). ② 그뿐만 아니라. ── *n.* ⓊⒸ ① 아님; 거절. ② 반대, 반대 투표(자).
Naz·a·rene [næzərí:n] *n.* 나사렛 사람; (the N-) 예수; 초기 기독교도.
Naz·a·reth [nǽzərəθ] *n.* 나사렛《예수가 자라난 Palestine의 마을》.
Na·zi [nɑ́:tsi, -ǽ-] *n.* (G.) 나치당원 《독일의 국가 사회당 당원》; (기타 국가의) 국수주의자(國粹主義者). *the* ～*s* 나치당. ── *a.* 나치당의.
Ná·zi·ism [-ìzəm] *n.* Ⓤ 국가 사회주의. ～**·fy** *vt.* 나치화하다. **Na·zi·fi·cá·tion** [⌐-fikéiʃən] *n.* Ⓤ 나치화 (opp. denazification).
N. B. New Brunswick; North Britain. **Nb** 〖化〗 niobium. **N. B., n. b.** *nota bene.* **NBC** National Broadcasting Company. **NbE** north by east 북미동(微東). **NBER** National Bureau of Economic Research. **N. B. G., n. b. g.** no blood good 《俗》 가망 없음.
N-bomb [énbɑ̀m/-bɔ̀m] *n.* 핵폭탄.
NBS, N. B. S. National Bureau of Standard 미국 규격 표준국. **NbW** north by west 북미서(北微西).
NC numerical control 수치 제어.
N. C. North Carolina. **NCC** Na-

tional Council of Churches. **N.C.C.V.D.** 《英》 National Council for Combating Venereal Diseasese. **N.C.O.** noncommissioned officer. **NCTE** 《美》 National Council of teachers of English. **Nd** 〖化〗 neodymium. **n.d.** no date. **N.D., N. Dak.** North Dakota. **NE, N.E.** northeast. **Ne** 〖化〗 neon. **N.E.** New England. **N/E** no EFFECTS. **NEA, N.E.A.** 《美》 National Education Association.

Ne·an·der·thal man [niǽndərtɑ̀:l, -θɔ̀:l] 〖人類學〗 네안데르탈 인《구석기 시대 유럽에 살던 원시 인류》.

neap [ni:p] *n.* 소조(小潮). —— *a.* 간만의 차가 가장 적은.

Ne·a·pol·i·tan [nì:əpɑ́lətən / nì:əpɔ́l-] *a., n.* Naples의 (사람).

néap tìde 소조, 조금.

†**near** [niər] *ad.* ① 가까이, 접근하여(closely). ② 거의(nearly). ③ 인색하게. **~ *at hand*** (장소가) 가까이에; (때가) 멀지 않아 곧. **~ *by*** 가까이에. **~ *upon*** 거의 …무렵. —— *a.* ① 가까운; 근친의; 친밀한. ② 아주 닮은. ③ (마차 따위의) 왼쪽의(*the ~ ox, wheel, &c.*) (opp. off). ④ 인색한. ⑤ 아슬아슬한. ⑥ 모조의, 진짜에 가까운(*~ silk*). **~ *and* ~** 극친한. **~ *race*** 백중〔엎치락뒤치락〕의 경쟁. **~ *work*** 세밀 작업. —— *prep.* …의 가까이에. ***come* 〔*go*〕 *~ doing*** 거의 …할 뻔하다. —— *vt., vi.* 가까이 가다; 절박하다, 닥치다. †**néar·ly** *ad.* 거의; 겨우; 밀접하게; 친하게. ***not ~ly*** (…에는) 어림도 없다. **∠·ness** *n.* Ⓤ

***near·by** [níərbái] *a., ad.* 가까운; 가까이에서.

Near East, the 근동(近東)《영국에서는 발칸 제국, 미국에서는 발칸과 서남 아시아를 가리킴》.

néar míss 근접 폭격, 지근탄(至近彈); (항공기의) 이상(異常) 접근.

near·side [níərsàid] *a.* 《英》 왼쪽의, (차에서) 도로가에 가까운 쪽의.

***near-sight·ed** [∠sáitid] *a.* 근시의; 《比喩》 소견이 좁은.

neat[1] [ni:t] *n.* (*pl.* ~) 《古》 소 종류; 《集合的》 축우(cattle).

‡**neat**[2] *a.* ① 산뜻한; 단정한; 모양 좋은. ② 적절한; 교묘한. ③ 섞인 것이 없는; 정미(正味)의 (net[2]). ***néat·ly** *ad.*

(')**neath** [ni:θ] *prep.* 《詩》 =BENEATH.

neat-hand·ed [ní:thǽndid] *a.* 손재주 있는. 「《Sc.》 (사람의) 입.

neb [neb] *n.* 부리; (짐승의) 코; 펜촉;

Neb., Nebr. Nebraska.

neb·bish [nébiʃ] *n.* 《美俗》 시원찮은 사람, 운이 나쁜 사람.

NEbE northeast by east 북동미동.

NEbN northeast by north 북동미북. **Nebr.** Nebraska.

***Ne·bras·ka** [nibrǽskə] *n.* 미국 중서부의 주《생략 Neb(r).》.

***neb·u·la** [nébjələ] *n.* (*pl.* **~s, -lae** [-lì:]) 〖天〗 성운(星雲). **néb·u·lar** *a.* 성운(모양)의(*the nebular hypothesis* 성운설(說)).

neb·u·lous [nébjələs] *a.* 운무(雲霧)와 같은; 흐린, 희미한; 성운(모양)의. **neb·u·los·i·ty** [∠-lɑ́səti/-ɔ́-] *n.* 성운; Ⓤ 막연.

nec·es·sar·i·an [nèsəsέəriən] *a., n.* =NECESSITARIAN.

†**nec·es·sar·y** [nésəsèri/-səri] *a.* 필요한; 필연적인. —— *n.* 필요물; 《方》 변소; 〖法〗 (*pl.*) 생활 필수품. ‡**nec·es·sar·i·ly** [nèsəsérəli, nésisəri-] *ad.* 필연적으로; 부득이; 《否定語를 수반하여》 반드시 …(는 아니다).

ne·ces·si·tar·i·an [nisèsətέəriən] *a., n.* 필연론의; 필연론자. **~·ism** [-ìzəm] *n.* Ⓤ 필연론, 숙명론.

***ne·ces·si·tate** [nisésətèit] *vt.* 필요로 하다; 부득이 …하게 하다.

ne·ces·si·tous [nisésətəs] *a.* 가난한.

‡**ne·ces·si·ty** [nisésəti] *n.* ① Ⓤ,Ⓒ 필요, 필연. ② (보통 *pl.*) 필요물, 필수품. ③ Ⓤ 궁핍. ***make a virtue of ~*** 당연한 일을 하고도 잘한 체하다; 부득이한 일을 군소리없이 하다. ***of ~*** 필연적으로; 부득이.

†**neck** [nek] *n.* ① 목, 옷깃; (양 따위의) 목덜미살. ② (병·바이올린 따위의) 목. ③ 지협, 해협. ***a stiff ~*** 완고(한 사람). ***bend the ~*** 굴복하다. ***break the ~ of*** 《口》 (일의) 고비를 넘기다. ***harden the ~*** 완고하게 저항하다. ***~ and ~*** 나란히; (경기에서) 비등비등하게. ***~ or nothing*** 필사적으로. ***risk one's ~*** 목숨을 걸고 하다. ***save one's ~*** 교수형〔책임〕을 모면하다, 목숨을 건지다. ***win by a ~*** (경마에서) 목길이 만큼의 차로 이기다; 간신히 이기다. —— *vt., vi.* 《美口》 (목을) 껴안다, 네킹하다.

neck·band [∠bæ̀nd] *n.* 샤쓰의 깃.

neck·cloth [∠klɔ̀:θ/-klɔ̀θ] *n.* 《廢》 (남자의) 목도리; 넥타이.

neck·er·chief [∠ərtʃif, -tʃi:f] *n.* 목도리, 네커치프. 「포옹, 애무.

neck·ing [∠iŋ] *n.* Ⓤ 《口》 (이성간의)

***neck·lace** [∠lis] *n.* 목걸이.

neck·line [∠làin] *n.* 네클라인《여자 드레스의 목 둘레에 판 선》.

neck·piece [∠pì:s] *n.* 모피 목도리.

***neck·tie** [∠tài] *n.* 넥타이; 《美俗》 교수형 밧줄. 「한) 교수형.

nécktie pàrty 《美俗》 (린치에 의

neck·wear [∠wὲər] *n.* Ⓤ 《集合的》 칼라, 넥타이, 목도리(따위).

ne·crol·a·try [nekrɑ́lətri/-ɔ́-] *n.* Ⓤ 사자(死者) 숭배.

ne·crol·o·gy [nekrɑ́lədʒi/-ɔ́-] *n.* 사망자 명부; 사망 기사.

nec·ro·man·cy [nékrəmæ̀nsi] *n.* Ⓤ 마술, 강신술(降神術). **-man·cer** *n.* 마술사, 강신술자. **nec·ro·man·tic** [∠-mǽntik] *a.*

ne·croph·a·gous [nekrɑ́fəgəs/-ɔ́-] *a.* (곤충이) 시체〔썩은 고기〕를 먹는.

nec·ro·pho·bi·a [nèkrəfóubiə] *n.* Ⓤ

〖精神病〗 공사(恐死)(증); 시체 공포(증).

ne·crop·o·lis [nekrápəlis/-ɔ́-] *n.* (큰) 묘지(cemetery).

nec·rop·sy [nékrɑpsi/-ɔ-] *n.* 시체 해부, 검시.

ne·cro·sis [nekróusis] *n.* (*pl.* **-ses** [-si:z]) ⓊⒸ 〖醫〗 회사(壞死); 〖植〗 흑반병(黑斑病).

nec·tar [néktər] *n.* Ⓤ 넥타, 감로(甘露); 꽃의 꿀; 〖그神〗 신들의 술.

nec·tar·e·ous [nektɛ́əriəs] *a.* nectar의(같은).

nec·tar·ine [nèktərí:n/néktərin] *n.* 승도복숭아.

nec·ta·ry [néktəri] *n.* 〖植〗 밀선(蜜腺).

NED, N.E.D. New English Dictionary. =OED. **NEDC** 《英》 National Economic Development Council.

***née*, nee** [nei] *a.* (F. =BORN) 구성(舊姓)은 《기혼 부인 이름 뒤에 붙여 결혼 전의 성을 나타냄》.

†**need** [ni:d] *n.* ① ⓊⒸ **필요(성); 결핍, 빈곤.** ② **필요한 것,** 요구물. ③ Ⓤ 다급할 때. ***be* 〔*stand*〕 *in* ～ *of*** …을 필요로 하다. ***a friend in* ～** 어려울 때의 친구. ***had* ～ *to*** …하지 않으면 안되다. ***if* ～ *be* 〔*were*〕** 필요하다면. **—** *vt.* ① **필요로 하다.** ② …할 필요가 있다; **…하여야 한다.** **—** *vi.* 궁하다, 어렵다. **～ *not*** 《助動詞 取扱》 (…할) 필요가 없다. ***´-ful** *a.* **필요한.** **‡´-less** *a.* **불필요한.** **～*less to say* 〔*add*〕** 말할〔덧붙일〕 필요도 없이. **´-less·ly** *ad.* 불필요하게.

need·fire [ní:dfàiər] *n.* (원래 유럽에서 나무를 비벼 일군) 가축 역병을 물리치는 불; 《Sc.》 봉화; 화톳불.

‡**nee·dle** [ní:dl] *n.* ① **바늘,** 바느질바늘, 뜨개바늘. ② 자침(磁針); 축음기〔주사기〕 바늘. ③ 침엽(針葉). ***look for a* ～ *in a bottle* 〔*bundle*〕 *of hay*** 헛고생하다.

néedle bàth 〔**shòwer**〕 분무욕《센 물보라가 분출하는 샤워욕》.

néedle bòok 바늘겨레.

néedle màtch (접전하여) 개인적 감정·적의를 부추기는 경기.

nee·dle·point [-pɔ̀int] *n.* (의자 따위 커버의) 수놓은 두꺼운 천; 바늘 끝.

néedle vàlve 〖機〗 침판(針瓣).

nee·dle·wom·an [-wùmən] *n.* 재봉사, 침모.

***nee·dle·work** [-wə̀:rk] *n.* Ⓤ 바느질, 자수.

‡**need·n't** [ní:dnt] need not의 단축.

needs [ni:dz] *ad.* 꼭. ***must* ～ do** 꼭 …하겠다고 우겨대다; **=～ *must* do** 하지 않을 수 없다.

***need·y** [ní:di] *a.* **가난한. néed·i·ness** *n.* Ⓤ 곤궁.

ne'er [nɛər] *ad.* 《詩》 =NEVER.

ne'er-do-well [´du:wèl] *n., a.* 쓸모없는 사람(의); 무능한.

ne·far·i·ous [nifɛ́əriəs] *a.* 악독한, 사악한. **～·ly** *ad.*

ne·gate [nigéit] *vt.* 부정하다, 취소하다. **ne·gá·tion** *n.* Ⓤ 부정; 취소; 거절; 존재치 않음, 무.

‡**neg·a·tive** [négətiv] *a.* ① **부정의** (～ *sentence* 부정문); 반대의; **소극적인.** ② 음전기의. ③ 〖數〗 마이너스의; 〖寫〗 음화의; 〖生〗 반작용적인; 〖醫〗 음성의. **—** *n.* ① **부정어; 부정**〔반대〕의 설. ② 반대측. ③ 소극성; 《古》 거부권. ④ 음전기, (전지의) 음극판. ⑤ 〖數〗 음수; 음화. ***in the* ～** 부정적으로 (*He answered in the* ～. 「아니」라고 대답했다). **—** *vt.* ① 거부하다; 부결하다. ② 반증하다. ③ 무효로 하다. **～·ly** *ad.* **-tiv·ism** [-izəm] *n.* Ⓤ 부정론.

neg·a·tron [négətrɑ̀n/-trɔ̀n] *n.* 〖理〗 음(陰)전자.

‡**ne·glect** [niglékt] *vt.* ① **게을리하다,** 소홀히하다. ② 무시하다. ③ 하지 않고 두다(omit). **—** *n.* Ⓤ 태만; 소홀; 무시. **～·ed** [-id] *a.* 소홀하게 다룬; 무시된; 세인에게 인정 못받는. **～·ful** *a.* 태만한; 부주의한.

neg·li·gee, *nég·li·gé* [négliʒèi, ⌐—´] *n.* (부인용의 낙낙한) 실내복; 약복(略服). **—** *a.* 소탈한, 터놓은.

neg·li·gent [néglidʒənt] *a.* 태만한; 부주의한; 무관심〔소홀〕한; 내버려둔. ***-gence** *n.* Ⓤ

***neg·li·gi·ble** [néglidʒəbl] *a.* **하찮은;** 무시해도 좋은; 극히 적은. **-bly** *ad.*

ne·go·ti·a·ble [nigóuʃiəbəl] *a.* 협정〔협상〕할 수 있는; 양도〔유통〕할 수 있는; 통행할 수 있는.

***ne·go·ti·ate** [nigóuʃièit] *vt.* ① **상의하다, 협상〔협정〕하다.** ② 양도하다; 매도하다. ③ 통과하다; 뚫고 나가다; 뛰어넘다. **-a·tor** *n.* 교섭자, 양도인.

‡**ne·go·ti·a·tion** [-⌐-éiʃən] *n.* ⒸⓊ

Ne·gress [ní:gris] *n.* (*or* n-) 《보통 蔑》 흑인 여자.

Ne·gri·to [negrí:tou] *n.* (*pl.* ～(*e*)*s*) (동남아 및 아프리카, 특히 필리핀·동인도 제도의) 체구가 작은 흑인.

Neg·ri·tude, n- [négrətjù:d] *n.* Ⓤ 흑인임; 흑인의 문화적 긍지.

‡**Ne·gro** [ní:grou] *n.* (*pl.* ～*es*). ① **니그로,** 흑인. ② (흑인 피를 받은) 검은 피부의 사람.

Ne·groid [ní:grɔid] *a.* 흑인의, 흑인 같은; 흑인 계통의. **—** *n.* 흑인.

Ne·gro·pho·bi·a [nì:groufóubiə] *n.* (*or* n-) Ⓤ 흑인 공포〔혐오〕.

ne·gus [ní:gəs] *n.* Ⓤ 니거스술《포도주에 더운 물·설탕·향료를 탄 음료》.

Neh. Nehemiah.

Ne·he·mi·ah [nì:imáiə] *n.* 〖聖〗 기원전 5세기의 히브리 지도자; 〖舊約〗 느헤미야서(書).

Neh·ru [néiru:/nɛ́əru:], **Jawaharlal** (1889–1964) 인도의 정치가, 수상(1947–64).

***neigh** [nei] *n.* (말의) **울음 소리.** **—** *vi.* (말이) 울다.

†**neigh·bor,** 《英》 **-bour** [néibər] *n.* **이웃 사람;** 이웃 나라 사람; 근처의 것. **—** *a.* 이웃의. **—** *vt., vi.* 이웃하다; 접근하다(*on, upon, with*). **‡～·ing** *a.* **근처의,** 인접한; 가까이 사는. **～·ly** *a.* 이웃다운; 친절한. **～·li·ness** *n.* Ⓤ

‡**neigh·bo(u)r·hood** [-hùd] (<숫) *n.* ① 근처. ② 지방. ③ 이웃 사람들. ④ Ⓤ 《古》 이웃의 정분. ***in the ~ of*** 《口》 …의 근처에; 약.

néighbo(u)rhood ùnit 〖都市計劃〗 주택 지구.

†**nei·ther** [ní:ðər, nái-] *ad.* 《~ …nor …의 형태로》 …도 아니고 …도 아니다; …도 또한 …이 아니다. ***'Tis ~ here nor there.*** 그것은 관계없는 일이다. —*conj.* 《古》 또한 …도 않다(*"I am not tired." "N- am I."* 「나는 피곤하지 않다」「나도 그렇다」). —*a.* 어느쪽의 …도 …아닌. —*pron.* 어느쪽도 … 아니다.

nel·son [nélsn] *n.* 〖레슬링〗 넬슨《뒤에서 겨드랑이 밑으로 팔을 넣어 목덜미에서 손을 모아 꽉 죄는 수》.

Nel·son, Viscount Horatio (1758-1805) 영국의 제독.

nem·a·tode [némətòud] *a., n.* 선충(線蟲)류의.

nem. con. *nemine contradicente* (L. =no one contradicting) 이의 없이.

nem. diss. *nemine dissentiente* (L. =no one dissenting) 이의 없이.

Nem·e·sis [néməsis] *n.* 〖그神〗 복수의 여신; (n-) Ⓤ 천벌; Ⓒ 벌주는 자.

neo- *pref.* 「신(新)」의 뜻. **~·clás·sic** [nì:ou-], **-si·cal** *a.* 신고전주의. **~·co·ló·ni·al·ism** [-ìzəm] *n.* Ⓤ 신식민주의. **~-Dá·da** *n.* Ⓤ 네오다다이즘, 반예술. **~-Dár·win·ism** *n.* 신다윈설. **~-He·gé·li·an** *a., n.* 신헤겔 철학(파)의 (철학자) **~-Im·prés·sion·ism** *n.* Ⓤ 신인상주의(⇨SEURAT). **~-Kánt·i·an·ism** *n.* Ⓤ 신칸트파 철학. **~-Mal·thú·si·an·ism** *n.* Ⓤ 신맬서스주의. **~·plá·to·nism** *n.* Ⓤ 신플라톤파 철학. **ne·o·ro·mán·ti·cism** *n.* 신낭만주의 (⇨STEVENSON). **~·tróp·i·cal** *a.* (생물 지리학에서) 신열대의 《중·남아메리카 및 서인도 제도》.

ne·o·dym·i·um [nì:ədímiəm] *n.* Ⓤ 〖化〗 네오디뮴《희금속 원소의 하나; 기호 Nd》.

ne·o·lith·ic [nì:oulíθik] *a.* 신석기 시대의.

ne·ol·o·gism [ni:álədʒìzəm / -ɔ́-], **-gy** [-dʒi] *n.* 신어(新語); Ⓤ 신어 사용. **-gist** *n.* 신어 창조자〔사용자〕.

ne·o·my·cin [nì:əmáisin] *n.* Ⓤ 〖藥〗 네오마이신(항생 물질의 하나).

***ne·on** [ní:ɑn/-ən, -ɔn] *n.* Ⓤ 〖化〗 네온《희가스류 원소의 하나; 기호 Ne》.

néon lámp 〔**líght, túbe**〕 네온등.

néon sígn 네온사인.

néon tétra 네온테트라《열대어의 일종》.

ne·on·tol·o·gy [nì:ɑntɑ́lədʒi / -ɔntɔ́l-] *n.* Ⓤ 현세(現世) 생물학(cf. paleontology).

ne·o·phyte [ní:əfàit] *n.* 신개종자; 초심자.

ne·o·prene [ní:əprì:n] *n.* Ⓤ 네오프렌 《합성 고무의 일종》.

Ne·o·sal·var·san [nì:ousǽlvərsæ̀n/-sən] *n.* 〖商標〗 네오살바르산《매독 치료제》.

ne·o·zo·ic [nì:əzóuik] *a., n.* 《廢》 = CENOZOIC.

NEP, Nep [nep] New Economic Policy.

Ne·pal [nipɔ́:l, -pɑ́:l] *n.* 네팔《왕국》.

ne·pen·the [nipénθi] *n.* 시름이나 고통을 잊게 하는 약. **~s** [-θi:z] *n.* 〖植〗 네펜시스 《식충 식물》; = NEPENTHE.

‡**neph·ew** [néfju:/-v-, -f-] *n.* 조카.

neph·rite [néfrait] *n.* Ⓤ 연옥(軟玉) (cf. jadeite).

ne·phrit·ic [nefrítik] *a.* 신장(염)의.

ne·phri·tis [nifráitis] *n.* Ⓤ 신장염.

ne plus ul·tra [nì: plʌs ʌ́ltrə] (L. =not more beyond) 그 이상 갈 수 없는 곳; (사업·업적의) 한계점.

nep·o·tism [népətìzəm] *n.* Ⓤ (임용 등에서의) 연고자 편중, 동족 등용.

***Nep·tune** [néptʃu:n, -tʃu:n/-tju:n] *n.* 〖로神〗 바다의 신(cf. Poseidon); 〖天〗 해왕성; 바다.

Nep·tu·ni·an [neptʃú:niən / -tjú:-] *a.* Neptune의; 〖地〗 수성(水成)의.

nep·tu·ni·um [neptʃú:niəm/-tjú:-] *n.* 〖化〗 넵투늄《방사성 원소의 하나; 기호 Np, 번호 93》.

Ne·re·id, n- [níəriid] *n.* 〖그神〗 바다의 요정.

Ne·ro [ní:rou] *n.* (37-68) 로마의 포학한 황제(54-68).

‡**nerve** [nə:rv] *n.* ① 신경. ② 근(筋), 건(腱). ③ Ⓤ 기력, 용기; 침착; 체력, 정력, 원기. ④ 《口》 뻔뻔스러움. ⑤ (*pl.*) 신경 과민, 소심. ⑥ 〖植〗 엽맥; 〖蟲〗 시맥. ***get on one's ~s*** 《口》 …의 신경을 건드리다. ***have no ~s*** 태연하다. ***strain every ~*** 전력을 다하다. —*vt.* 힘을 북돋우다.

nérve cèll 신경 세포.

nérve cènter 〔**cèntre**〕 신경 중추.

nérve fìber 〔**fìbre**〕 신경 섬유.

nérve gàs 〖軍〗 신경 가스.

nerve·less [ˊlis] *a.* 힘 없는; 기력〔용기〕 없는; 신경〔엽맥, 시맥〕이 없는. **~·ly** *ad.*

nerve-rack·ing [ˊræ̀kiŋ] *a.* 몹시 신경을 건드리는.

nerve-strain [ˊstrèin] *n.* 신경 과로.

nerv·ine [nə́:rvi:n, -vain] *a., n.* 신경을 진정시키는; 신경 안정제.

‡**nerv·ous** [nə́:rvəs] *a.* ① 신경의, 신경이 있는. ② 신경질인; 침착하지 못한; 소심한(timid). ③ (문체 따위가) 힘찬. ***~·ly** *ad.* **~·ness** *n.*

nérvous bréakdown 〔**prostrá·tion**〕 신경 쇠약.

nérvous sỳstem 신경 계통.

nerv·y [nə́:rvi] *a.* 《口》 뻔뻔스러운; 힘센, 원기 있는; 용기가 필요한; 《주로 英》 신경에 거슬리는 것 같은.

N.E.S., n.e.s. not elsewhere specified 〔stated〕 따로 특별한 기재가 없을 경우엔.

nes·ci·ence [néʃiəns/-siəns] *n.* 무지; 〖哲〗 불가지론(不可知論). **-ent** *a.* 무지한; 불가지론의(cf. agnostic).

Nes·sel·rode [nésəlròud] *n.* (푸딩·파이·아이스크림 등에 넣는) 과일의 설탕 절임.

†**nest** [nest] *n.* ① 둥지, 보금자리; 안

식처. ② (악한 등의) 소굴. ③ (새·벌레 등의) 떼; (둥지 속의) 새끼, 알 (따위). ④ (차례로 끼워 맞춘 물건의) 한 벌; 찬합. *foul one's own* ~ 자기 집〔편〕을 헐뜯다. ── *vi.* ① 둥지를 만들다; 깃들이다. ② 새의 둥지를 찾다(cf. bird's-nesting).

nést ègg 밑알; (저금 따위의) 밑돈.

***nes·tle** [nésəl] *vi.* ① **아늑하게**〔편하게〕 **자리잡다**〔앉다〕(*in, into*). ② 얼른거리다(*among*). ③ 바싹 다가 붙다. ── *vt.* 바싹 다가 붙이다.

nest·ling [nés*t*liŋ] *n.* 둥지를 떠나기 전의 새끼; 유아, 어린애.

Nes·tor [néstər, -tɔ:] *n.* 〖그神〗 Troy 전쟁 때 그리스군의 현명한 노장; 현명한 노인.

Nes·to·ri·an [nestɔ́:riən] *a.* Nestorius (교파)의, 경교(景教)의. **~·ism** [-ìzəm] *n.*

Nes·to·ri·us [nestɔ́:riəs] *n.* (?–451?) Constantinople의 대주교.

†**net**[1] [net] *n.* ① **그물, 네트.** ② 망(網)레이스. ③ 올가미, 함정. ── *vt.* (**-tt-**) 그물로 잡다〔덮다〕; 그물을 치다.

net**[2] *a.* (<neat) **정량**(正量)**의** (*10 ozs.* ~ 정량 10온스)(cf. gross). ~ ***price 정가(正價). ~ ***profit*** 순이익. ── *n.* 정량(正量); 순이익; 정가 (따위). ── *vt.* (**-tt-**) …의 순이익을 얻다.

neth·er [néðər] *a.* 아래의 (cf. the Netherlands). ***the ~ world*** 〔***region***〕 지옥, 하계(下界). **~·most** [-mòust] *a.* 최하의.

***Neth·er·lands** [-ləndz] *n.* (the ~) 네덜란드(Holland). **-land·er** [-lænd-ər/-lənd-] *n.* 네덜란드 사람. **-land·ish** [-lændiʃ/-lənd-] *a.* 네덜란드의.

Nétherlands Índies =DUTCH EAST INDIES.

Nétherlands Wèst Índies = DUTCH WEST INDIES.

nett [net] *a.* =NET[2].

net·ting [nétiŋ] *n.* Ⓤ 그물 세공; 그물질.

net·tle [nétl] *n.* 〖植〗 쐐기풀. ── *vt.* 초조하게 하다; 노하게 하다.

néttle ràsh 두드러기.

‡**net·work** [nétwə̀:rk] *n.* ① **그물 세공.** ② 망상(網狀) 조직. ③ 방송망. ***Far East N-*** 극동 방송망 《생략 FEN》.

neu·ral [njúərəl] *a.* 신경의.

neu·ral·gia [njuərǽldʒə] *n.* Ⓤ 신경통. **-gic** *a.*

neu·ras·the·ni·a [njùərəsθí:niə] *n.* Ⓤ 신경 쇠약.

neu·ri·tis [njuəráitis] *n.* 신경염(炎).

neuro- 「신경」의 뜻의 결합사.

neu·rol·o·gy [njuərálədʒi/-rɔ́l-] *n.* Ⓤ 신경학. **-gist** *n.* 신경학자.

neu·ron [njúəran/-rɔn], **neu·rone** [-roun] *n.* 〖解〗 신경 단위.

neu·ro·pa·thol·o·gy [njùəroupə-θálədʒi/-θɔ́l-] *n.* Ⓤ 신경 병리학.

neu·rop·a·thy [njuərápəθi / -rɔ́p-] *n.* Ⓤ 신경병, 신경장애. **neu·ro·páth·ic** [ˌ-rəpǽθik] *a.*

neu·rop·ter·ous [njuəráptərəs / -rɔ́p-] *a.* 〖蟲〗 맥시류(脈翅類)의.

neu·ro·sis** [njuəróusis] *n.* (*pl.* ***-ses [-si:z]) 신경증, **노이로제.**

neu·ro·sur·ger·y [njùərousə́:r-dʒəri] *n.* Ⓤ 신경 외과학.

***neu·rot·ic** [njuərátik/-rɔ́t-] *a.* 신경증의; **노이로제의.** ── *n.* 신경증 환자.

neu·rot·o·my [njuərátəmi / -rɔ́-] *n.* ⓊⒸ 〖外科〗 (아픔을 더는) 신경 절제(切除).

neu·ter [njú:tər] *a.* 〖文〗 중성의; 〖生〗 무성의; 중립의. ── *n.* 〖文〗 중성(어) 《*tree, it* 따위》; 무성 동물〔식물〕.

‡**neu·tral** [njú:trəl] *a.* ① **중립**(**국**)**의.** ② 공평한. ③ 어느 편도 아닌, 어느 쪽에도 속하지 않은. ④〖生〗 무성의. ── *n.* 중립자〔국〕; (톱니바퀴의) 동력을 전동(傳動)하지 않을 때의 위치. **~·ism** [-ìzəm] *n.* (엄정) 중립주의. **neu·tral·i·ty** [-trǽləti] *n.* Ⓤ 중립 (상태); 중립 정책; 〖化〗 중성.

***neu·tral·ize** [-àiz] *vt.* ① **중립시키다.** ②〖化〗 중화하다; 〖電〗 중성으로 하다. ③ 무효로 하다. **-iz·er** *n.* **neu·tral·i·za·tion** [ˌ--izéiʃən/-lai-] *n.* Ⓤ 중립화 (상태·선언).

néutral vówel 〖音聲〗 중성 모음《ə, ɚ 등》.

neu·tri·no [nju:trí:nou] *n.* 〖理〗 중성 미자(微子).

Neu·tro·dyne [njú:troudàin] *n.* 〖商標〗 진공관을 사용한 라디오 수신 장치.

neu·tron [njú:tran/njú:trɔn] *n.* 〖理〗 중성자.

néutron bòmb 중성자 폭탄.

Nev. Nevada.

***Ne·vad·a** [nivǽdə, -vá:-/nevá:-] *n.* 미국 서부의 주《생략 Nev.》.

ne·ve [neivéi] *n.* (F.) Ⓤ 만년설.

†**nev·er** [névər] *ad.* **결코** 〔일찌기, 조금도〕 **…않다.** ~ ***ever*** 결코 …않다. ***Well, I ~!*** 설마!

nev·er-end·ing [-éndiŋ] *a.* 끝없는.

nev·er-fail·ing [-féiliŋ] *a.* 무진장의.

nev·er·more [nèvərmɔ́:r] *ad.* 두번 다시 …않다.

nev·er-nev·er [névərnévər] *n.* 《英俗》 월부 구입.

‡**nev·er·the·less** [nèvərðəlés] *ad.* **그럼에도 불구하고,** 그래도 역시.

nev·er-to-be-for·got·ten [névər-təbifərgátn/-ɔ́-] *a.* 영원히 못 잊을.

ne·vus [ní:vəs] *n.* 〖醫〗 모반(母斑).

†**new** [nju:/nju:] *a.* ① **새로운;** 처음 보는〔듣는〕. ② 처음 사용하는, 처음의; 일신된; 신임의. ③ 최근의. ④ 익숙하지 않은; 풋내기의. ⑤ 그 이상의. ── *ad.* 새로이; 다시. ‡**ˊ~·ly** *ad.* **새로이; 최근;** 새로운 방법으로. **ˊ~·ness** *n.* Ⓤ

Néw·ber·y Awàrd [ˊbəri:] 뉴베리상《미국에서 최우수 아동 도서에 수

여되는 상》.
*new·born [⌐bɔ́ːrn] a. 갓난; 재생한.
new-built [⌐bílt] a. 신축의.
Nèw Càledonia 오스트레일리아 동쪽 남태평양의 섬《프랑스 식민지》.
New·cas·tle [njúːkæ̀səl, njúːkɑ̀ːsəl] n. 영국 북동부의 항구 도시《탄광지》. *carry coals to* ~ 쓸데없는 짓을 하다.
*new·com·er [⌐kʌ̀mər] n. 신참자.
Nèw Críticism, the 신비평《작인(作因)·창작 환경 따위를 중시하지 않고, 텍스트 자체를 분석함으로써 그 기교를 추구하는 심미적 비평》.
Nèw Déal, the (미국의 F. D. Roosevelt 대통령이 주창한) 뉴딜 정책.
Nèw Dél·hi [njùːdéli] 인도의 수도.
Nèw Èconomic Pólicy, the (소련의) 신경제 정책(1921).
néw·el (pòst) [njúːəl/njúː-] n. (나선 계단의) 어미기둥. 「《⇨ 지도》.
‡Nèw Éngland 미국 북동부의 지방
new·fan·gled [⌐fǽŋgəld] a. 신기한; 신기한 것을 좋아하는. 「행의.
new-fash·ioned [⌐fǽʃənd] a. 신유
*New·found·land [njúːfəndlæ̀nd, -lənd/njù-⌐] n. 캐나다 동해안의 큰 섬; 캐나다 북동부의 주; [英 njuːfáundlənd] 뉴펀들랜드 개.
Nèw Frontíer ⇨FRONTIER.
Nèw Guín·ea [gíni] 오스트레일리아 북부의 세계 제2의 큰 섬(Papua).
*Nèw Hámp·shire [hǽmpʃiər] 미국 동부의 주《생략 N. H.》.
Nèw Héb·ri·des [hébrədìːz] 오스트레일리아 북동쪽의 남태평양상의 군도. 「주《생략 N. J.》.
Nèw Jér·sey [dʒə́ːrzi] 미국 동부의
Nèw Jerúsalem 〖聖〗 천국.
new-laid [njúːléid/njúː-] a. 갓 낳은(~ *eggs*).
Nèw Léft 《美》 신좌익《1960년대에 나타난 학생 중심의 정치적 급진 그루프》.
néw lóok, the 뉴룩《1947년에 유행한 여성복》; 《一般》 신형 복장〔스타일〕.
new·ly·wed [njúːliwèd/njúː-] n. 신혼의 사람; (*pl.*) 신혼 부부.
New·man [njúːmən/njúː-], John Henry (1801–90) 영국의 추기경, 신학자, 저술가. 「략 N. M., N. Mex.》
*Nèw México 미국 남서부의 주《생
néw móon 초승달.
new-mown [njúːmóun] a. (잔디·건초가) 막 벤.
†news [njuːz/njuːz] n. Ⓤ 뉴스, 보도; 색다른 사건; 소식. *break the* ~ (흔히 나쁜) 소식을 알리다. *No* ~ *is good* ~. 《俗談》 무소식이 희 소식.
néws àgency 통신사.
news·a·gent [njúːzèidʒənt/njúːz-] n. 《英》 신문 판매인〔점〕.
néws ànalyst (텔레비·라디오의) 뉴스 해설자. 「담당 구역.
news·beat [⌐bìːt] n. (기자의) 취재
news·boy [⌐bɔ̀i] n. 신문 파는 아이, 신문 배달인.
news·break [⌐brèik] n. 보도 가치 있는 일〔사건〕.
news·cast [⌐kæ̀st, -ɑ̀ː-] n. 뉴스 방송. ~·er n. 뉴스 방송자〔해설자〕.
néws cònference 《美》 (특히 정부 고관 등의) 기자 회견. 「NEWSAGENT.
news·deal·er [⌐dìːlər] n. 《美》 =
néws fílm =NEWSREEL.
news·hawk [⌐hɔ̀ːk] n. 《美口》 (특히 의욕적인) 신문 기자, 보도 통신원.
news·hound [⌐hàund] n. 《美》 =û.
news·less [⌐lis] a. 뉴스〔소식〕 없는.
news·let·ter [⌐lètər] n. 주간 뉴스, 주보《17세기의 편지식 주간 신문, 현대 신문의 전신》; 속보(*a market* ~).
news·mak·er [⌐mèikər] n. 《美》 뉴스 가치가 있는 사건〔인물〕.
news·man [⌐mæ̀n, -mən] n. 《美》 신문 배달〔판매〕인; 신문인, 신문 기자.
news·mon·ger [⌐mʌ̀ŋgər] n. 소문을 퍼뜨리고 다니는 사람, 수다쟁이.
†news·pa·per [njúːzpèipər, njúːs-] n. ① 신문(지). ② 신문사. ③ Ⓤ 신문용지. 「문계(界).
news·pa·per·dom [-dəm] n. Ⓤ 신
news·pa·per·man [-mæ̀n] n. 신문 기자.
New·speak [njúːspìːk/njúː-] n. 「신언어」《국민의 선동에 쓰임; G. Orwell의 소설 '1984'에서》.
news·print [njúːzprìnt/njúːz-] n. Ⓤ 신문용지. 「CASTER.
news·read·er [⌐rìːdər] n. =NEWS-
news·reel [⌐rìːl] n. 뉴스 영화.
news·room [⌐rùːm] n. 《英》 신문 열람실.
néws sèrvice 통신사.
news·sheet [-ʃìːt] n. (간단한) 한 장짜리 신문.
néws stàll 《英》 =NEWSSTAND.
news·stand [⌐stæ̀nd] n. (역 따위의) 신문·잡지 매점.
néws stòry 뉴스 기사.
Nèw Stóne Àge, the 신석기 시대.
Nèw Stýle, the 신력, 그레고리오력.
néws vàlue 보도 가치.
news·ven·dor [⌐vèndər] n. 《주로 英》 신문·잡지 팔이.
news·week·ly [⌐wìːkli] n. 주간지.
news·wor·thy [⌐wə̀ːrði] a. 보도 가치 있는.
news·y [⌐i] a., n. 《口》 뉴스가 많은; 이야기 좋아하는; =NEWSBOY.
newt [njuːt/njuːt] n. 〖動〗 영원.
*Nèw Téstament, the 신약 성서.
*New·ton [njúːtn/njúː-], Isaac [-z-] (1642–1727) 영국의 과학자·수학자.
New·to·ni·an [njuːtóuniən / njuː-] a., n. Newton(의 학설)의; Newton의 학설을 신봉하는 사람. 「서반구》.
‡Nèw Wórld, the 신세계《미대륙,
‡néw yéar 새해; (N- Y-, N- Year's) 정월 초하루, 정초의 수일간.
Nèw Yèar's Dáy 〔Éve〕 정월 초하루〔섣달 그믐〕.
†Nèw Yórk 뉴욕시〔주〕. ~·er n. 뉴욕사람.
*Nèw Zéa·land [zíːlənd] 남태평양의 영연방 자치국. ~·er n.

†**next** [nekst] *a.* 다음의, 가장 가까운. *in the ~ place* 다음에; 둘째로. *~ best* 차선(次善)의, 그 다음으로 가장 좋은. *~ door to* 이웃집에; 거의 …에 가까운. *~ of kin* 〖法〗 최근친(最近親). *~ to* …의 다음에, 거의. **—** *ad.* 다음에, 그리고 나서, **—** *n.* 다음 사람〔것〕. **—** *prep.* …의 이웃〔다음〕에.

next-best [⌐bèst] *a., n.* =SECOND-BEST. 「의〔에〕.

N

***next-door** [nékstdɔ̀ːr] *a., ad.* 이웃

néxt fríend 〖法〗 (지정) 대리인《소송에서 법정 무능력자의 대리인》.

nex·us [néksəs] *n.* (*pl.* **~(es)**) Ⓤ Ⓒ 이음, 연접, 연쇄(link); 연쇄적 계열; 〖文〗 넥서스 《Jespersen의 용어로 주어와 술어의 관계; *Dogs bark.* 나 I don't like *them barking.* 의 이탤릭 부분: cf. junction》.

N.F. Norman French; Newfoundland; no funds. **N.F.S.** National Fire Service. **NG, N.G.** 《美》 National Guard. **N.G., n.g.** no good. **N.H.** New Hampshire. **NHA, N.H.A.** National Housing Agency. **NHG, NHG., N.H.G.** New High German. **N.H.I.** 《英》 National Health Insurance. **N.H.P.** nominal horsepower. **N.H.S.** National Health Service.

Ni 〖化〗 nickel.

ni·a·cin [náiəsin] *n.* Ⓤ 〖生化〗 나이어신《nicotinic acid(니코틴산)의 상품명》.

Ni·ag·a·ra [naiǽgərə] *n.* Erie호와 Ontario호를 연결하는 강; =*⌐ **Fálls** 나이애가라 폭포.

nib [nib] *n., vt.* (**-bb-**) 펜촉(을 끼우다); (새의) 부리; 끝.

***nib·ble** [níbəl] *vt., vi., n.* 조금씩 갉아먹다〔갉아 먹음〕, (물고기의) 입질(하다), 한 번 물어 뜯기〔뜯다〕.

Ni·be·lung·en·lied [níːbəlùŋənlìːt, -lìːd] *n.* 니벨룽겐의 노래《독일의 국민적 서사시》. 「9번 아이언.

nib·lick [níblik] *n.* 쇠머리 골프채,

nibs [nibz] *n.* 《俗》 (his ~) 거드름쟁이, 나으리《멸칭》.

Nic·a·ra·gua [nìkərɑ́ːgwə/-rǽgjuə] *n.* 중미의 공화국. 「《피한지》.

Nice [niːs] *n.* 남프랑스의 항구 도시

†**nice** [nais] *a.* ① 좋은, 훌륭한; 유쾌한(pleasing). ② 《口》 친절한(*to*). ③ 적당한. ④ 까다로운(*She is ~ in her eating*). ⑤ 엄한. ⑥ 미묘한(subtle); 정밀한(exact); 감상〔식별〕력 있는(*He has a ~ eye for china*). ⑦ 꼼꼼한; 민감한, 교양이 있는〔엿보이는〕. ⑧ 《口》 《反語》 곤란한, 싫은. *~ and (warm)* (따뜻하여) 더할 나위 없는. ‡⌐**·ly** *ad.* ⌐**·ness** *n.*

ni·ce·ty [náisəti] *n.* Ⓤ 정밀; 미묘, 섬세; 까다로움; Ⓒ 우아한 것; 미세한 구별; (보통 *pl.*) 상세. *to a ~* 정확히, 꼭 알맞게.

niche [nitʃ] *n.* 벽감(壁龕) 《조상(彫像)·꽃병 따위를 놓는》; 적소(適所). **—** *vt.* 《보통 過去分詞型으로》 벽감에 놓다; (제 자리에) 앉히다.

Nich·o·las [níkələs], **Saint**(?–45?) 어린이·여행자·선원·러시아의 수호 성인; =SANTA CLAUS.

Ni·chrome [náikroum] *n.* 〖商標〗 니크롬. 「~》.

Nick [nik] *n.* 악마(devil) 《보통 Old

***nick** *n.* 새김눈. *in the (very) ~ (of time)* 아슬아슬한 때에, 꼭 알맞게. **—** *vt.* ① 새김눈을 내다; (칼로) 벤 상처를 내다. ② 알아맞히다; 제 시간에 꼭 대다. ③ 속이다(trick).

‡**nick·el** [níkəl] *n.* ① Ⓤ 〖化〗 니켈. ② 《美·캐나다》 5센트 백통화. **—** *vt.* (《英》 **-ll-**) 니켈 도금하다.

nick·el·o·de·on [nìkəlóudiən] *n.* 《美》 5센트 극장; =JUKE BOX.

níckel pláte 니켈 도금.

nick·el-plate [níkəlpléit] *vt.* 니켈 도금하다. 「운드.

nick·er [níkər] *n.* (*pl.* ~) 《英》 1파

nick·nack [níknæ̀k] *n.* =KNICK-KNACK. 「붙이다).

‡**nick·name** [níknèim] *n., vt.* 별명(을

nic·o·tin·a·mide [nikətínəmaid] *n.* 〖化〗 니코틴아미드.

nic·o·tine [níkətiːn], **-tin** [-tin] *n.* Ⓤ 니코틴. **nic·o·tin·ic ácid** [nìkətínik] 니코틴산《비타민 B의 한 성분》. **níc·o·tin·ism** [-ìzəm] *n.* Ⓤ 니코틴 중독.

nid·dle-nod·dle [nídlnɑ́dl / -ɔ́dl] *a.* (머리가) 끄떡거리는 〔근들거리는〕. **—** *vt., vi.* 머리를 근들거리(게 하)

‡**niece** [niːs] *n.* 조카딸, 질녀. 」다.

NIEs newly industrialized economies 신흥 공업 경제국《한국·싱가포르·타이완·홍콩을 지칭》.

Nie·tzsche [níːtʃə], **Friedrich Wilhelm** (1844–1900) 독일의 철학자.

nif·ty [nífti] *a.* 《俗》 멋진(stylish).

Ni·ger [náidʒər] *n.* 니제르《북아프리카 서부의 공화국》.

Ni·ge·ri·a [naidʒíəriə] *n.* 나이지리아 《서아프리카의 공화국》.

nig·gard [nígərd] *a., n.* 인색한 (사람). **~·ly** *a., ad.* 인색한〔하게〕.

nig·ger [nígər] *n.* 《蔑》 =NEGRO. *~ minstrels* 흑인으로 분장한 백인 희극단.

nig·gle [nígəl] *vi.* 하찮은 일에 안달하다〔시간을 낭비하다〕. **níg·gling** *a., n.* Ⓤ 「=NEAR.

nigh [nai] *ad., a., prep., v.* 《古·方》

†**night** [nait] *n.* ① 야간, 밤; 해질녘, 일모. ② Ⓤ (밤의) 어둠. ③ 무지; 죄악(sin); 노령, 죽음. *by ~* 밤에는. *have〔pass〕 a good 〔bad〕 ~* 편히 자다〔자지 못하다〕. *make a ~ of it* 놀며〔술마시며〕 밤을 새우다. *~ after 〔by〕 ~* 매일 밤. *a ~ out* 밖에서 놀이로 새우는 밤; (하녀 등의) 외출이 자유로운 밤.

níght bìrd 밤새 《올빼미·나이팅게일 등》; 밤에 나다니는 사람; 밤 도

níght blìndness 야맹증. 」둑.

night·cap [ˊkæ̀p] *n.* 잠잘 때 쓰는 모자, 나이트 캡; 《口》 잘 때 마시는 술; 《口》 〖野〗 더블헤더의 제 2 시합, 당일 최후의 경기.
níght clùb 나이트클럽.
níght cràwler 《美方》 밤에 기어나오는 큰 지렁이.
night·dress [ˊdrès] *n.* 잠옷.
***night·fall** [ˊfɔ̀:l] *n.* Ⓤ **해질녘.**
níght glàss 〖海〗 야간용 망원경.
***night·gown** [ˊgàun] *n.* =NIGHTDRESS.
night·hawk [ˊhɔ̀:k] *n.* 〖鳥〗 쏙독새의 일종; 밤샘하는 사람; 밤도둑.
níght hèron 〖鳥〗 푸른백로.
***night·in·gale** [náitiŋgèil, -tiŋ-] *n.* ① **나이팅게일** 《유럽산 지빠귀과의 새, 밤에 욺》. ② 목청이 고운 가수.
Night·in·gale, Florence (1820–1910) 영국의 여성 박애주의자《근대 간호법의 창시자》. 「새.
night·jar [náitdʒɑ̀:*r*] *n.* 〖鳥〗 쏙독
níght làtch 안에서는 열쇠 없이 열고 밖에서는 열쇠로 여닫는 빗장의 일종. 「이 쌈》.
níght lètter 《美》 야간 전보《요금
níght lìfe (밤의) 환락.
night·long [ˊlɔ̀:ŋ/-ɔ̀-] *a.* 밤을 새우는, 철야의. 「의; 밤마다.
***night·ly** [ˊli] *a., ad.* **밤의,** 밤마다
***night·mare** [ˊmɛ̀ə*r*] *n.* 몽마(夢魔); 악몽(같은 경험·일); 가위. **-mar·ish** [-mɛ̀əriʃ] *a.* 악몽 같은.
níght òwl 《口》 밤샘하는 사람.
níght pìece 야경화(夜景畫).
níght sàfe (은행 따위의) 야간〔시간외〕 예금 창구, 야간 금고.
níght schòol 야간 학교.
night·shade [ˊʃèid] *n.* 가지속(屬)의 식물《유독한 것이 많음》.
níght shìft (주야 교대제의) 야간조; 야근 시간. 「잠옷.
night·shirt [ˊʃə̀:*rt*] *n.* (남자의) 긴
níght sòil 인분 《밤에 치는 데서》.
night·spot [ˊspɑ̀t / -ɔ̀-] *n.* 《美口》 =NIGHT CLUB. 「탁자.
night·stand [ˊstæ̀nd] *n.* 침실용 소
night·stick [ˊstìk] *n.* 경찰봉.
níght stòol 침실용 변기, 요강.
night·stop [ˊstɑ̀p/-ɔ̀-] *vi.* (**-pp-**) 〖空〗 야간 비행장에 머무르다.
***night·time** [ˊtàim] *n.* Ⓤ **야간,** 밤.
night·walk·er [ˊwɔ̀:kə*r*] *n.* 몽유병자; 밤에 배회하는 사람《도둑 따위》; =NIGHT CRAWLER. 「에 나다님.
night·walk·ing [ˊwɔ̀:kiŋ] *n.* Ⓤ 밤
níght wàtch 야경; 그 시간.
níght wátchman 야경꾼.
nígth wòrk 밤일, 야간 작업.
NIH National Institutes of Health 《美》 국립 위생 연구소.
ni·hil [náihil] *n.* (L.) 무, 허무.
ni·hil·ism [náiəlìzəm, ní:ə-] *n.* Ⓤ 허무주의, 니힐리즘. **-ist** *n.* **ni·hil·is·tic** [ˋ-ístik] *a.*
-nik *suf.* 《俗》「…관계하는 사람, 열심가」의 뜻: beat*nik*.
Ni·ke [náiki:] *n.* 〖그神〗 승리의 여신; 《美》 나이키 《지대공 미사일》.
nil [nil] *n.* 무(nothing). **～ *admirari*** [æ̀dmirɛ́ərai] (L. =to wonder at nothing) 무감동(한 태도).
‡**Nile** [nail] *n.* (the ～) **나일강.**
nill [nil] *vi.* 《다음 용법뿐》 ***will he, ～ he*** 좋든 싫든.
nim [nim] *vt.* (**-mm-**) 《古》 훔치다.
***nim·ble** [nímbəl] *a.* ① **재빠른.** ② 영리한, 현명한. **～·ness** *n.* **-bly** *ad.*
nim·bus [nímbəs] *n.* (*pl.* **～es, -bi** [-bai]) 후광(halo); 〖氣〗 비구름.
nim·i·ny-pim·i·ny [nímənipíməni] *a.* 아니꼬운, 태깔 부리는; 투미한.
Nim·rod [nímrɑd/-rɔd] *n.* 〖聖〗 니므롯《Noah 의 자손으로, 이름난 사냥꾼》; (n-) 사냥꾼.
nin·com·poop [nínkəmpù:p, níŋ-] *n.* 바보.
†**nine** [nain] *n., a.* ① **아홉(의).** ② 9명〔개〕의 1조, 야구팀. ③ (the N-) 뮤즈의 아홉 여신. ***a ～ days' wonder*** 한 때의 소문, 남의 말도 사흘. ***～ times*** 〔***in ～ cases***〕 ***out of ten*** 십중팔구. **(*up*) *to the ～s*** 완전히.
nine·fold [ˊfòuld] *a., n.* 9배의〔로〕, 9겹의〔으로〕.
nine·pins [ˊpìnz] *n. pl.* 9주희(柱戲).
†**nine·teen** [naintí:n, ˊˊ] *n., a.* 19(의). ***talk ～ to the dozen*** 쉴새 없이 지껄이다. ‡**nine·téenth** *n., a.* 제19(의); 19분의 1(의).
†**nine·ty** [náinti] *n., a.* 90(의). **níne·ti·eth** *n., a.* 제90(의); 90분의 1(의).
nin·ny [níni] *n.* 바보. 「1(의).
†**ninth** [nainθ] *n., a.* **제9(의);** 9분의
Ni·o·be [náioubì:] *n.* 〖그神〗 니오베《자식 자랑이 지나쳐 그들 14명을 모두 살해당하고, 돌로 변한 후에도 계속 울었다는 여자》.
ni·o·bi·um [naióubiəm] *n.* Ⓤ 〖化〗 니오브《금속 원소의 하나》.
Nip [nip] (<*Nip*ponese) *n.* 《美俗》 《蔑》 일본인.
nip**[1] [nip] *vt.* (**-pp-**) ① (집게발 따위가) **집다; 물다, 꼬집다.** ② 잘라내다, 따내다(*off*). ③ 상하게 하다; 해치다; 이울게 하다. ④ (찬바람 따위가 손·귀를) 얼게 하다. **—** *vi.* ① 집다; 물다. ② (추위가) 살을 에다; 《俗》 날쌔게 움직이다, 뛰다(*along, away, off*). **～ *in 〔***out***〕 《口》 급히 뛰어들다〔나가다〕. **～ *in the bud*** 봉오리 때에 따다; 미연에 방지하다. **—** *n.* ① 한번 물기〔집음〕. ② 상해(霜害); 모진 추위. ③ 한 조각; 비꼼. **～ *and tuck*** 《美口》 (경기 따위에서) 막상막하로, 호각(互角)으로. **ˊ·ping** *a.* (바람 따위) 살을 에는 듯한; 신랄한.
nip[2] *n.* (술 따위의) 한 모금. **—** *vi., vt.* (**-pp-**) 홀짝홀짝 마시다.
nip·per [nípə*r*] *n.* 집는 〔무는〕 사람〔것〕; (게의) 집게발; (말의) 앞니; (*pl.*) 집게, 족집게, 못뽑이; (*pl.*) 《俗》 코 안경; 《英》 소년, (노점의) 사동.
nip·ple [nípəl] *n.* 젖꼭지 (모양의 것); (젖병의) 고무 젖꼭지.

nip·py [nípi] *a.* (바람 따위) 살을 에는 듯한; 날카로운, 《英口》 기민한.
nir·va·na, N- [nəːrváːnə, niər-, -vǽnə] *n.* (Skt.) Ⓤ 〖佛〗 열반(涅槃).
Nís·sen hùt [nísən] = QUONSET HUT.
nit [nit] *n.* (이 따위의) 알, 유충.
ni·ter, 《英》 **-tre** [náitər] *n.* Ⓤ 〖化〗 질산 칼륨, 초석(硝石); 칠레초석.
nit·er·y [náitəri] *n.* 《美俗》 = NIGHT CULB. 「radon의 구명(舊名).
ni·ton [náitɑn / -tɔn] *n.* Ⓤ 〖化〗
nit-pick·ing [nítpìkiŋ] *n., a.* 《美口》 흠을 들추는 (일).
ni·trate [náitrit, -treit] *n.* 질산염; 질산칼륨〔소다〕. **~ *of silver*** 질산은. **—** *vt.* 질산(염)으로 처리하다.
ni·tra·tion [naitréiʃən] *n.* Ⓤ 〖化〗 니트로화(化).
ni·tric [náitrik] *a.* 〖化〗 질소의, 질소를 함유하는.
nítric ácid 질산. 「화물.
ni·tride [náitraid, -trid] *n.* 〖化〗 질
ni·tri·fy [náitrəfài] *vt., vi.* 〖化〗 질화하다; (토양 따위를) 질소〔질소화합물〕로 포화(飽和)하다. **ni·tri·fi·cá·tion** [ˌ--fikéiʃən] *n.* Ⓤ 「酸塩).
ni·trite [náitrait] *n.* 아질산염(亞窒
nitro- niter의 뜻의 결합사.
ni·tro·cel·lu·lose [nàitrouséljəlòus] *n.* Ⓤ 〖化〗 니트로셀룰로오스.
nitro explósive 니트로 화약.
‡**ni·tro·gen** [náitrədʒən] *n.* Ⓤ 〖化〗 질소. **ni·trog·e·nous** [naitrɑ́-/-ɔ́-] *a.*
ni·tro·glyc·er·in [nàitrəglísərin], **-ine** [-rin, -riːn] *n.* Ⓤ 〖化〗 니트로글리세린.
ni·trous [náitrəs] *a.* 〖化〗 질소의, 질소를 함유하는; (칠레)초석의.
nítrous ácid 아질산. 「氣).
nítrous óxide 아산화 질소, 소기(笑
nit·ty-grit·ty [nítigríti] *n.* 《美俗》 냉엄한 현실, (문제의) 핵심.
nit·wit [nítwìt] *n.* 바보, 멍텅구리.
nix[1] [niks] *n.* 〖독일民話〗 물의 정령.
nix[2] *n.* 《俗》 Ⓤ 무(nothing); ⓊⒸ 거부, 금지. **—** *ad.* 아니(no). 「호).
nix[3] *int.* 《俗》 (…이) 왔다! 《경계 신
nix[4] *vt.* 《俗》 금지하다, 거부하다.
nix·ie [níksi] *n.* nix[1]의 여성.
Nix·on [níksən], **Richard Milhous** (1913–) 미국 제37대 대통령(1969–74).
Ni·zam [nizáːm, -zǽm, nai-] *n.* 인도 Hyderabad의 군주의 칭호.
N.J. New Jersey. **NL, N.L.** New Latin; National League. **n.l.** new line 〖校正〗 별행(別行).
N. lat. North latitude. **NLF** National Liberation Front. **NLRB** 《美》 National Labor Relations Board. **N.M., N.Mex.** New Mexico. **NNE** north-northeast. **NNW** north-northwest.
†**no** [nou; 올림어조로 빨리 말할 때 noup°] (⇨ 권두「발음 약해」)] *ad.* 아니요; …이 아니다; 조금도 …이 아니다. **—** *n.* (*pl.* **~es**) 「아니」라는 말; 부정, 거절; (*pl.*) 반대 투표(자).
~ *man's land* 소유자가 없는 경계(境界) 지구; 〖軍〗 적과 아군 최전선의 중간지; 《美軍俗》 여군 숙영지. **~** SHOW. **—** [nou] *a.* ① 없는; 아무것도 없는. ② 결코 …아닌〔않는〕. ***There is ~*** (do)***ing.*** (…하는) 것은 도저히 불가능하다.
‡**No.** 번(番) (number). ***No. 1*** 제1〔일류, 최대〕(의 것). ***No. 1 Dress*** 제1호 군복《예복 대신이 되는 군복》.
No., no. north; northern; *numero* (L. = by number).
No·a·chi·an [nouéikiən], **No·ach·ic** [-ǽkik, -éi-] *a.* 노아(Noah)(시대)의. 「두터운 히브리의 가장(家長)》.
***No·ah** [nóuə] *n.* 〖聖〗 노아《신앙이
nob [nɑb/-ɔ-] *n.* 《俗》 머리.
nob·ble [nɑ́bəl/-ɔ́-] *vt.* 《英俗》 (약품 투여 등으로 말을) 경마에서 못이기게 하다; 속임수를 쓰다, (범인을) 잡다. 「일류의.
nob·by [nɑ́bi/-ɔ́-] *a.* 《英俗》 멋부린,
***No·bel** [noubél], **Alfred** (1833–96) 스웨덴의 화학자. **No·bél·ist** *n.* 노
***Nóbel príze** 노벨상. ⌊벨상 수상자.
‡**no·bil·i·ty** [noubíləti, -li-] *n.* Ⓤ ① 숭고함, 고상함. ② 고귀한 태생〔신분〕, (the ~) 귀족 (계급).
‡**no·ble** [nóubəl] *a.* ① 고귀한; 고상한. ② 훌륭한; 귀중한. **—** *n.* 귀족. **~-ness** *n.* ***-bly** *ad.*
nóble gás 〖化〗 희(希)가스.
***no·ble·man** [-mən] *n.* 귀족.
no·ble-mind·ed [-máindid] *a.* (마음이) 숭고한, 넓은.
no·blesse o·blige [noublés oubliːʒ] (F.) 높은 신분에는 의무가 따른다.
no·ble·wom·an [-wùmən] *n.* 귀부인.
†**no·bod·y** [nóubɑ̀di, -bədi / -bɔ̀di] *pron.* 아무도 …않다. **—** *n.* 《口》 하찮은 사람.
nock [nɑk/-ɔ-] *n.* 활고자; 오늬.
noc·tam·bu·list [nɑktǽmbjəlist] *n.* 몽유병자.
noc·turn [nɑ́ktəːrn/-ɔ́-] *n.* 〖카톨릭〗 야과(夜課)《한밤과 새벽의 기도》.
***noc·tur·nal** [nɑktə́ːrnl/nɔk-] *a.* 밤의(opp. diurnal); 〖動〗 밤에 활동하는; 〖植〗 밤에 피는.
noc·turne [nɑ́ktəːrn/-ɔ́-] *n.* 〖樂〗 야상곡; 〖美術〗 야경화 (night piece).
‡**nod** [nɑd/-ɔ-] *vt.* (*-dd-*) ① 끄덕이다; 끄덕하고 인사하다. ② 졸다; 방심〔실수〕하다. ③ (꽃 따위가) 흔들거리다. ***Even Homer sometimes ~s.*** 《俗談》 원숭이도 나무에서 떨어질 때가 있다. ***~ding acquaintance*** 만나면 목례나 할 정도의 사이. **—** *vt.* (머리를) 끄덕이다; 끄덕여 표시하다; 굽히다. **—** *n.* 끄덕임《동의·인사 따위》; 좀; (사람을 턱으로 부리는) 지배력. ***be at a person's ~*** 아무의 지배하에 있다. ***the land of N-*** 〖聖〗 잠의 나라; 수면.
nod·al [nóudl] *a.* node의〔같은〕.
nod·dle [nɑ́dl/-ɔ́-] *n.* 《口》 머리.
nod·dy [nɑ́di/-ɔ́-] *n.* 바보.
node [noud] *n.* 마디, 혹; 〖植〗 마디

《잎이 나는 곳》; 〖理〗 마디 《진동체의 정지점〔선·면〕》; (조직의) 중심점.
no·dose [nóudous] *a.* 마디가 있는〔많은〕. **no·dos·i·ty** [-dásəti/-ɔ́-] *n.*
nod·ule [nádʒu:l/nɔ́dj-] *n.* 작은 혹〔마디〕; 작은 덩이. **nód·u·lar** *a.*
no·dus [nóudəs] *n.* 난점; (이야기 줄거리의) 뒤얽힘.
no·el [nouél] *n.* 크리스마스의 축가; (N-) 크리스마스.
no-fault [nóufɔ̀:lt] *n., a.* 《美》 (자동차 보험에서) 무과실 보험 《과실 유무에 관계 없이 피해자 자신의 보험에서 지불되는 방식》(의).
nog[1] [nag/-ɔ-] *n.* 나무못; (못을 박기 위해, 벽돌 사이에 넣는) 나무 벽돌.
nog[2] *n* Ⓤ 《英》 독한 맥주의 일종《원래는 영국 Norfolk산》; 《美》 달걀술.
nog·gin [nágin/-ɔ́-] *n.* 작은 잔; 액량 단위(1/4 pint); 《美口》 머리.
no·go [nóugòu/ˊˋ] *a.* 《俗》 진행 준비가 돼 있지 않은; 《英》 출입금지의.
no-hit·ter [nóuhítər] *n.* 〖野〗 노히트 게임.
no·how [nóuhàu] *ad.* 《주로 方》 아무리 해도 …않다. — *a.* (몸이) 편찮은.
n. o. i. b. n. not otherwise indexed by name 별도로 인명 색인이 없는 경우는.
†**noise** [nɔiz] *n.* ⓊⒸ ① 소음; 소리 시끄러운 목소리, 법석. ② 《廢》 소문. ③ (TV·라디오의) 잡음. *make a* ~ 떠들다. *make a* ~ *in the world* 평판이 나다, 유명해지다. — *vt.* 소문을 퍼뜨리다. *be* ~*d abroad that* …이라는 말이 퍼지다. — *vi.* 떠들다. *ˊ~·less *a.* 소리 안나는, 조용한. ~·**less·ly** *ad.*
nóise pollùtion 소음 공해.
noi·some [nɔ́isəm] *a.* 해로운; 싫은; 악취가 나는. ~·**ly** *ad* ~·**ness** *n.*
‡**nois·y** [nɔ́izi] *a.* 시끄러운; 와글거리는. ***nóis·i·ly** *ad.* **-i·ness** *n.* Ⓤ
no·lens vo·lens [nóulenz vóulenz] *ad.* (L.) 싫든 좋든.
nol pros. *nolle prosequi* (L. =to be unwilling to prosecute) 〖法〗 고소 취하 고시서(告示書).
nom [nɔ̃:m] *n.* (F.) 이름. ~ ***de guerre*** [ˊdə géər] 가명. ~ ***de plume*** [ˊdə plú:m] 필명(pen name).
nom. nominative.
***no·mad** [nóumæd; -məd, nɔ́mæd] *n.* 유목민; 방랑자. — *a.* 유목의; 방랑의. **no·mad·ic** [noumǽdik] *a.* 유목민의; 방랑의. ~·**ism** [-ìzəm] *n.* Ⓤ 유목〔방랑〕 생활.
no-man [nóumæ̀n] *n.* (*pl.* ***-men*** [-mèn]) 좀처럼 동조않는 자, 옹고집장이 (opp. yes-man).
nó màn's lànd ⇨NO.
nom de guerre [nàmdəgέər/nɔ̀m-] (F.) 가명, 예명.
nom de plume [nàmdəplú:m/nɔ̀m-] (F.) 아호, 필명.
no·men·cla·tor [nóumənklèitər] *n.* (동·식물 따위의 학명) 명명자.
no·men·cla·ture [nóumənklèitʃər, nouméŋklə-] *n.* ⓊⒸ (전문어의) 명명법; 전문어, 학술 용어, (분류학적) 학명.
***nom·i·nal** [námənl/-ɔ́-] *a.* ① 이름의; 이름뿐인, 근소한. ② 〖文〗 명사의. ~·**ism** [-izəm] *n.* Ⓤ 〖哲〗 유명론(唯名論), 명목론. ~·**ly** *ad.*
nóminal válue (증권 따위의) 액면가격.
nóminal wáges 〖經〗 명목 임금.
‡**nom·i·nate** [námənèit/nɔ́mi-] *vt.* 임명하다; (후보자로) 지명하다. ‡**nom·i·na·tion** [ˋ-néiʃən] *n.* ⓊⒸ 임명〔지명〕(권). **nóm·i·na·tor** *n.*
***nom·i·na·tive** [námənətiv/-ɔ́-] *n., a.* 〖文〗 주격(의), 주어; 지명에 의한; (증권 따위가) 기명식의.
nom·i·nee [nàməní:/-ɔ̀-] *n.* 임명〔지명〕된 사람.
nom·o·gram [náməgræ̀m/-ɔ́-] *n.* 「〖數〗 계산 도표.
nom·o·thet·ic [nàməθétik / nɔ̀-] *a.* 입법의, 법의.
non- *pref.* 「비, 불, 무」 따위의 뜻. ~·**ab·stain·er** [nàn-/-ɔ̀-] *n.* 음주가. ~·**ac·cépt·ance** *n.* Ⓤ 불승낙; 〖商〗 (어음) 인수 거절. ~·**ad·mís·sion** *n.* Ⓤ 입장 불허. ~·**ag·grés·sion** *n.* Ⓤ 불침략. ~·**ap·péar·ance** *n.* Ⓤ 〖法〗 (법정에의) 불출두. ~·**at·ténd·ance** *n.* Ⓤ 결석. ~·**bel·líg·er·ent** *n., a.* 비교전의, 비교전국(의). ~·**cér·ti·fi·a·ble** *a.* 《英》 정신병이라고 증명할 수 없는; 《諧》 제정신의. ˊ~·**com** [nánkàm/nɔ́nkɔ̀m] *n.* 《口》 = NONCOMMISSIONED officer. ~·**com·bat·ant** [nàn-/-ɔ̀-] *n., a.* 〖軍〗 비전투원(의); (전시의) 일반 시민(의). **non·com·mis·sioned** [nàn-/-ɔ̀-] *a.* 위임장이 없는; (장교로) 임명되지 않은 (*a noncommissioned officer*). ~·**com·mít·tal** *a.* 언질을 주지 않는; (태도 등이) 애매한. ~·**com·plí·ance** *n.* Ⓤ 불순종. ~·**con·dúct·ing** *a.* 〖理〗 부전도(不傳導)의. ~·**con·dúc·tor** *n.* 〖理〗 부도체. ~·**cón·fi·dence** *n.* Ⓤ 불신임. ~·**con·fórm·ance** *n.* Ⓤ 순응하지 않음; 불일치. ~·**con·vért·i·ble** *a.* (지폐가) 불환의. ~·**co·op·er·á·tion** *n.* Ⓤ 비협력; (Gandhi파의) 비협력 정책. ~·**de·lív·er·y** *n.* Ⓤ 인도 불능; 배달 불능. ~·**es·sén·tial** *a.* 긴요하지 않은. ~·**ex·íst·ence** *n.* ⓊⒸ 비존재. ~·**ex·íst·ent** *a.* 존재하지 않는. ~·**féa·sance** *n.* Ⓤ 〖法〗 의무 불이행. ~·**fér·rous** *a.* 쇠를 함유하지 않은, 비철의(*nonferrous metals* 비철금속 《금·은·구리·납 따위》). *~·**fíc·tion** *n.* Ⓤ 논픽션《소설 이외의 산문 문학》. ~·**ful·fíll·ment** *n.* Ⓤ 불이행. ~·**in·ter·vén·tion** *n.* Ⓤ (외교·내정상의) 불간섭. ~·**jú·ror** *n.* 선서 거부자; (N-) 〖英史〗 (1688년의 혁명후, William Ⅲ와 Mary에 대한) 신종(臣從) 선서 거부자《국교 성직자》. ˊ~·**met·al** [nánmètl/nɔ́n-] *n.* 〖化〗 비금속. ~·**me·tal·lic** [nàn-/-ɔ̀-] *a.* 〖化〗

비금속의. ~·**mór·al** *a.* 도덕과는 관계없는(cf. immoral). ~·**nú·cle·ar** *a.* 비핵(非核)의. ~·**ob·jéc·tive** *a.* 〖美術〗 비객관적인, 추상적인. ~·**pár·ti·san, -zan** [⌐-⌐--/⌐-⌐-⌐] *a.* 초당파의; 무소속의; 객관적인(objective). ~·**pro·duc·tive** [nàn-/-ɔ̀-] *a.* 비 생산적인; 직접 생산에 관여하지 않는. ~·**próf·it** *a.* 비영리적인; 이익이 없는. ~·**pro·lif·er·á·tion** *n.* Ⓤ 비증식(非增殖), (핵무기 등의) 확산 방지. ~·**prós** *vt.* (-ss-) 〖法〗 (원고를 법정 결석의 이유로) 패소시키다. ~·**rep·re·sen·tá·tion·al** *a.* 〖美術〗 비묘사적인. ~·**rés·i·dent** *a., n.* 어떤 장소〔임지〕에 거주하지 않는 (사람). ~·**re·síst·ant** *a., n.* 무저항의, 맹종적인; 무저항(주의)자. ~·**re·stríc·tive** *a.* 〖文〗 (수식 어구가) 비제한적인. ~·**schéd·uled áirline(s)** 부정기 항공《화물 수송을 주로 하지만 임시로 여객 수송도 하는 것; 생략 nonsked》. ~·**sec·tár·i·an** *a.* 어느 종파에도 관계하지 않는. ⌐·**skéd** [nán-/-ɔ́-] *n.* 《口》 =NONSCHEDULED AIRLINE(S). ⌐·**skíd** *a.* (타이어가) 미끄러지지 않는. ~·**stíck** [nàn-/nɔ̀n-] *a.* (특히 음식이) 눌어 붙지 않는《냄비 따위》. ⌐·**stóp** [nán-/nɔ́n-] *a., ad.* 도중 무착륙의〔으로〕, 도중 무정차의〔로〕 ~·**sup·pórt** [nàn-/nɔ̀n-] *n.* Ⓤ 지지가 없음; 〖法〗 부양 의무 불이행. ~·**ún·ion.** *a.* 노동조합에 속하지 않는〔을 인정치 않는〕. *~·**ví·o·lence** *n.* Ⓤ 비폭력(주의). ~·**vót·er** *n.* (투표) 기권자.

non·age [nánidʒ, nóun- / nóun-, nɔ́n-] *n.* Ⓤ 〖法〗 미성년; 미성숙(기).

non·a·ge·nar·i·an [nànədʒənέəriən, nòun-/nòunədʒinέər-] *a., n.* 90대(代)의 (사람).

non·a·gon [nánəgàn/nɔ́nəgɔ̀n] *n.* 9각〔9변〕형.

nonce [nans/-ɔ-] *n.* 목하, 당분간《다음 句에서만 쓰임》. ***for the ~*** 당분간, 목하. —— *a.* 임시의. ~ ***use*** 〔***word***〕 임시 용법(用法)〔어〕.

non·cha·lant [nànʃəlá:nt, nánʃələnt/nɔ́nʃələnt] *a.* 무관심한, 냉담한. ~·**ly** *ad.* **-lance** *n.*

non com·pos men·tis [nan kámpəs mèntis / nɔn kɔ́mpɔs-] (L. =not of sound mind) 정신이 건전치 못한, 정신 이상의.

non·con·form·ing [nànkənfɔ́:rmiŋ/nɔ̀n-] *a.* 복종치 않는; 《英》 국교를 신봉치 않는. **-fórm·ist** *n.* 비동조자; 《英》 (N-) 비국교도. **-fórm·i·ty** *n.* Ⓤ 비동조; 부조화; (N-) 《英》 비국교주의.

non·de·script [nàndiskrípt/nɔ́n-⌐] *a., n.* 정체 모를 (사람·것).

non·dis·junc·tion [nàndisdʒʌ́ŋkʃən/nɔ̀n-] *n.* 〖生〗 (상동(相同) 염색체의) 비분리.

non·dú·ra·ble gòods [nàndjúərəbəl / nɔ̀n-] 비내구재(非耐久財)《의류·식품 따위》.

†**none**[1] [nʌn] *pron.* ① 아무도 …않다〔아니다〕. ② 아무 것도〔조금도〕 …않다〔아니다〕(*It is ~ of your business.* 쓸데 없는 참견이다). —— *ad.* 조금도 …하지 않다. ~ ***the less*** 그런데도 불구하고.

none[2] [noun] *n.* (*pl.*) (1일 7회의 기도 중) 제 5 시(의 기도)《일출 후 제 9시, 즉 오후 3시에 해당》.

non·en·ti·ty [nanéntəti / nɔn-] *n.* ⓊⒸ 실재하지 않음; 하찮은 사람〔것〕.

nones [nounz] *n. pl.* ⇨NONE[2].

none·such [nʌ́nsʌtʃ] *n.* 비길 데 없는 사람〔것〕, 절품(絕品)(paragon).

non·i·ron [nànáiərn/nɔ̀n-] *a.* 다림질이 필요 없는.

non·pa·reil [nànpərél/nɔ́npərəl] *a., n.* 비길 데 없는 (사람·것); 〖印〗 논파렐 활자《6포인트》.

non·plus [nànplʌ́s/nɔ̀n-] *n., vt.* 당혹(當惑)(시키다). ***put*** 〔***reduce***〕 ***… to a ~*** …을 난처하게 하다. ***stand at a ~*** 진퇴 양난이다.

‡**non·sense** [nánsens/nɔ́nsəns, -sens] *n.* Ⓤ 어리석은 말〔생각·짓〕, 넌센스. ***N-!*** 바보 같은 소리! **non·sén·si·cal** *a.* 무의미한, 엉터리 없는.

non seq. *non sequitur.*

non se·qui·tur [nan sékwitər/nɔn-] (L. =it does not follow) (전제와 관계 없는) 불합리한 추론〔결론〕.

non·such [nʌ́nsʌtʃ] *n.* =NONESUCH.

non·suit [nànsú:t/nɔ̀n-] *n., vi.* 〖法〗 소송 각하(却下)(하다).

non-U [nànjú:/nɔ̀n-] *a.* 《口》 (특히 영국의) 상류 계급에 걸맞지 않는.

nonúnion shóp 반(反)노조 기업.

noo·dle[1] [nú:dl] *n.* (흔히 *pl.*) 누들《달걀과 밀가루로 만든 국수》.

noo·dle[2] *n.* 멍텅구리; 《俗》 머리.

***nook** [nuk] *n.* (아늑한) 구석; 피난처.

†**noon** [nu:n] *n.* Ⓤ 정오; 전성기; 《주로 雅》 야반. —— *a.* 정오의. *⌐·**day** [⌐dèi] *n., a.* Ⓤ 정오(의). ***as clear*** 〔***plain***〕 ***as ~day*** 아주 명백한.

***no-one** [nóuwʌ̀n] *pron.* =NOBODY.

noon·ing [nú:niŋ] *n.* Ⓤ 《美方》 낮; 낮 휴식 (시간); 점심. 「Ⓤ =NOON.

noon·time [⌐tàim], **-tide** [-tàid] *n.*

noose [nu:s] *n., vt.* 올가미(에 걸다, 로 잡다) (cf. lasso); 속박하는 것.

n.o.p. not otherwise provided (for).

no-par [nóupà:r] *a.* 액면 가격이 없는.

†**nor**[1] [nɔ:r, 弱 nər] *conj.* …도 또한 …않다 (and not; or not).

nor', nor[2] [nɔ:r] *n., a., ad.* =NORTH.

Nor. North; Norway; Norwegian.

NORAD North American Air Defence Command.

Nor·den·felt [nɔ́:rdnfelt] *n.* 노르덴펠트 기관총.

Nor·dic [nɔ́:rdik] *n., a.* 〖人類〗 북유럽인(의).

Norf. Norfolk.

Nor·folk [nɔ́:rfək] *n.* 영국 동부의 주. ~ ***Island*** 남태평양상의 섬《오스트레일리아령(領)》.

Nórfolk jácket 밴드가 달린 남자용의 웃옷. 「《규준 노동량》.
***norm** [nɔːrm] *n.* **규준**; 규범; 노르마
‡**nor·mal** [nɔ́ːrməl] *a.* ① **정상의**(regular); 보통의; 표준의; 전형적인. ② 〖數〗 수직의, 직각을 이루는. ③ 〖醫·生〗 (모르모트 등이) 상태(常態)의, 미처치(未處置) 〔미감염·미면역〕의. —— *n.* **상태**; 표준; 〖數〗 수직선〔면〕; 〖理〗 평균량. **~·cy**, **nor·mál·i·ty** [-mǽl-] *n.* Ⓤ 정상. **~·ize** [-àiz] *vt.* 정상으로 하다. **nor·mal·i·za·tion** [ˌ--izéiʃən/-laiz-] *n.* Ⓤ 정상화 ***~·ly** *ad.* **순리로**; 정규적으로; 순리로 나가면, 본래 같으면.
nórmal schòol 교육 대학《2년제》.
***Nor·man** [nɔ́ːrmən] *a.* **노르만 사람의**. —— *n.* 노르만 사람.
Nórman Cónquest, the 노르만인의 영국 정복《1066년》.
***Nor·man·dy** [-di] *n.* **노르망디**《프랑스의 북서 지방》.
Nor·man·esque [nɔːrmənésk] *a.* 〖建〗 노르만식〔풍〕의.
Nor·man-French [nɔ́ːrmənfréntʃ] *n., a.* =ANGLO-FRENCH.
nor·ma·tive [nɔ́ːrmətiv] *a.* 표준〔규준〕의, 규범이 되는, 규준이 있는. ~ ***grammar*** 〖文〗 규범 문법.
Nór·ris-La Guár·dia Àct [nɔ́ːrislə gáːrdjə, ná-/nɔ́-] 파업의 부당 제한이나 yellow-dog contract 등을 금지하는 조항을 포함하는 미국의 법률《1932》.
Norse [nɔːrs] *a.* 고대 스칸디나비아(사람·말)의; 노르웨이 (사람)의. —— *n.* ⒸⓊ 고대 스칸디나비아 사람〔말〕; 노르웨이 사람〔말〕; =OLD NORSE. **∠·man** *n.* 옛 스칸디나비아 사람.
†**north** [nɔːrθ] *n.* ① **북**; 북방; (*or* N-) (한 나라의) 북부 지방. ② (N-) 영국 북부《Humber 강 이북》; (N-) 《美》 미국 북부《Maryland, Ohio 및 Missouri주 이북》. ③ 《詩》 북풍. ***in*** 〔***on, to***〕 ***the ~ of*** …의 북부에 〔북쪽에 접하여, 북쪽에 위치하여〕. ~ ***by east*** 〔***west***〕 북미(微)동〔서〕. —— *a.* **북쪽의**, 북향의; 북쪽에 있는; 북쪽으로부터의. —— *ad.* 북쪽에, **북쪽으로**. **∠·ward** *n., a., ad.* 북방; 북방(으로)의; 북방으로, 북방에. **∠·ward·ly** *ad., a.* 북방으로(의); 북방으로부터(의). **∠·wards** *ad.* = NORTHWARD.
‡**Nórth América** 북아메리카(대륙).
North·amp·ton·shire [nɔːrθhǽmptənʃiər] *n.* 영국 중부의 주《약칭 Northants.》.
Nórth Atlántic Tréaty Organizàtion ⇨NATO.
Nórth Bríton 스코틀랜드 사람.
Nórth Cápe 노르웨이 북쪽 끝의 곶.
***Nórth Carolína** 미국 남대서양 연안의 주《생략 N.C.》.
Nórth Cóuntry 영국 북부 지방.
Northd =NORTHUMBERLAND.
***Nórth Dakóta** 미국 중서부의 주 《생략 N. Dak., N.D.》.

‡**north·east** [nɔːrθíːst; (海) nɔːríːst] *n.* **북동**(지방). ~ ***by east*** 〔***north***〕 북동미동〔북〕. —— *a.* **북동**(향)**의**; 북동 쪽에 있는; 북동쪽으로부터의. —— *ad.* **북동으로**〔에〕, 북동으로부터. **~·ward** *n., a., ad.* 북동(의); 북동으로(의). **~·ward·ly** *ad., a.* 북동으로(의); 북동으로부터(의). **~·wards** *ad.* =NORTHEASTWARD.
north·east·er [-ər] *n.* 북동풍; 북동의 폭풍. **~·ly** *ad., a.* 북동으로(의), 북동으로부터(의).
***north·east·ern** [-ərn] *a.* **북동의**; 북동으로의; 북동으로부터의.
Nórtheast Pássage, the (북대서양으로부터 아시아의 북해안을 따라서 태평양에 나오는) 북동 항로.
north·er [nɔ́ːrðər] *n.* 북풍; 북쪽으로부터의 찬바람. **~·ly** *ad., a.* 북으로(의); 북쪽으로부터(의).
‡**north·ern** [-n] *a.* ① **북의**, 북에 있는; 북으로(부터)의. ② (N-) 《美》 북부 여러 주의. **~·er** *n.* 북국인; (N-) 《美》 북부 제주(諸州)의 사람. **~·most** *a.* 최북(最北)(단)의. 「반구.
Nórthern Hémisphère, the 북
Nórthern Íreland 북아일랜드.
nórthern líghts 북극광(北極光).
north·ing [nɔ́ːrθiŋ, nɔ́ːrð-] *n.* Ⓤ 〖海〗 북거(北距) 《앞서 측정한 지점으로부터 북방의 어느 지점까지의 위도(緯度) 차》; 북진, 북항(北航). 「쪽섬.
Nórth Ísland (New Zealand의) 북
north·land [nɔ́ːrθlənd] *n.* 북국; (한 나라의) 북부 지방.
North·man [∠mən] *n.* 고대 스칸디나비아 사람; 북유럽 사람.
north-north·east〔**·west**〕 [nɔ́ːrθnɔːrθíːst〔wést〕] *n., a., ad.* 북북동〔서〕(의, 에).
Nórth Póle, the 북극.
Nórth Séa, the 북해.
Nórth Stár, the 북극성.
North·um·ber·land [nɔːrθʌ́mbərlənd] *n.* 잉글랜드 북쪽 끝의 주.
North·um·bri·an [nɔːrθʌ́mbriən] *n.* Ⓤ Northumbria (영국 북부의 고대 왕국)의 사투리.
‡**north·west** [nɔːrθwést; (海)nɔːrwést] *n.* ① **북서**(지방). ② (N-) 《美》 북서지방《워싱턴·오리건·아이다호의 3주》. ~ ***by west*** 〔***north***〕 북서미서〔북〕. —— *a.* **북서의**; 북서에 있는; 북서로부터의. —— *ad.* **북서쪽으로**〔에〕, 북서쪽으로부터. **north·wést·ward** *n., ad., a.* 북서(의); 북서쪽으로(의). **~·ward·ly** *ad., a.* 북서쪽으로(의); 북서쪽으로부터(의). **~·wards** *ad.* =NORTHWESTWARD.
north·west·er [nɔːrθwéstər; (海) nɔːrwéstər] *n.* 북서풍; 북서의 강풍(nor'wester). **~·ly** *ad., a.* 북서로(의); 북서로부터(의).
***north·west·ern** [-n] *a.* ① **북서의**; 북서로의; 북서로부터의. ② (N-) 《美》 미국 또는 캐나다 북서 지방의.
Nórthwest Pássage, the (북대서양으로부터 북미 북해안을 따라서

N

태평양에 나오는) 북서 항로.

Norw. Norway; Norwegian.

‡**Nor·way** [nɔ́:rwei] *n.* 노르웨이.

***Nor·we·gian** [nɔ:rwí:dʒən] *a.*, *n.* 노르웨이(사람·말)의; [CU] 노르웨이 사람〔말〕.

nor'·west·er [nɔ:rwéstər] *n.* = NORTHWESTER; (수부용의) 유포(油布) 우비.

Nos., nos. numbers.

n. o. s. not otherwise specified.

†**nose** [nouz] *n.* ① 코. ② 후각(기관); 직감력(直感力)(*for*). ③ 돌출부; 뱃머리, 기수(機首); 원통(圓筒)〔대통〕의 끝; 총부리. ***count*** 〔***tell***〕 ***~s*** 찬성〔출석〕자의 수를 세다. ***cut off one's ~ to spite one's face*** 홧김에 자기에게 손해되는 일을 해〔말해〕버리다. ***follow one's ~*** 곧바로 가다; 본능대로 행동하다. ***lead a person by the ~*** (아무를) 마음대로 부리다; (아무를) 뜻대로 다루다. ***~ to ~*** 얼굴을 맞대고. ***pay through the ~*** 엄청난 값을 치르다. ***put*** 〔***poke, thrust***〕 ***one's ~ into*** …에 쓸데없이 참견하다. ***put a person's ~ out of joint*** 아무의 기선을 제하다. ***turn up one's ~ at*** …을 경멸하다. ***under a person's ~*** 아무의 코밑〔면전〕에서; 상대방의 기분에 개의하지 않고. —— *vt.* ① 냄새를 맡다; 냄새를 맡아내다, 낌새채다(*out*). ② 코를 비벼대다. ③ (배가) 전진하다. —— *vi.* ① 냄새맡다(*at, about*). ② 찾다(*after, for*). ③ 캐내다(pry) (*into*). ④ (배가) 전진하다. ***~ down*** 〖空〗 기수를 아래로 하다. ***~ out*** (은밀히) 찾아내다. ***~ over*** 〖空〗 (착륙시 기수를 밑으로) 꺾다.

nóse bàg (말목에 거는) 꼴망태.

nose·band [ˊbæ̀nd] *n.* (말의) 재갈가죽.

nose·bleed [ˊblì:d] *n.* 코피나는 일.

nóse còne 노즈콘 《로켓·미사일 따위의 원추형 두부(頭部)》.

nóse dìve 〖空〗 급강하; (가격의) 폭락.

nose-dive [ˊdàiv] *vi.* 급강하하다; (가격 등이) 폭락하다.

nose·gay [ˊgèi] *n.* (향기가 좋은) 꽃다발.

nose·piece [ˊpì:s] *n.* (투구의) 코싸개(cf. visor); =NOSEBAND.

nose·rag [ˊræ̀g] *n.* 《俗》 손수건.

nóse rìng (소의) 코뚜레, (야만인의) 코고리.

nose-thumb·ing [ˊθʌmiŋ] *n.* [U] 《美》 비웃는 몸짓 《엄지손가락을 콧등에 대고 딴 손가락을 흔드는》.

nos·ey [nóuzi] *a.* =NOSY.

no-show [nóuʃóu] *n.* 《美口》 (좌석을 예약하고도) 출발할 때까지 나타나지 않는 손님.

***nos·tal·gi·a** [nastǽldʒiə/nɔs-] *n.* [U] **향수,** 회향병 (homesickness); 회고의 정. **-gic** *a.* 향수적인; 회고적인.

Nos·tra·da·mus [nɑ̀strədéiməs/nɔ̀s-] *n.* 노스트라다무스《프랑스의 점성학자·의사; 1503-66》; 자칭 예언자.

***nos·tril** [nástril/-ɔ́-] *n.* **콧구멍.**

no-strings [nóustríŋz] *a.* 무조건의.

nos·trum [nástrəm/-ɔ́-] *n.* 엉터리약; 매약; (문제 해결의) 묘안.

nos·y [nóuzi] *a.* 《口》 지지콜콜이 캐기 좋아하는.

Nósy Párker 《口》 참견 잘하는 사람.

†**not** [強 nat/-ɔ-; 弱 nt] *ad.* …이 아니다, …않다.

no·ta be·ne [nóutə bí:ni] (L. =note well) 단단히 주의하라, 주의.

‡**no·ta·ble** [nóutəbəl] *a.* ① **주목할 만한;** 현저한(striking); **저명한.** ② 《古》 (주부가) 살림 잘하는. —— *n.* 명사. ***-bly** *ad.* **현저히;** 특히. **no·ta·bil·i·ty** [ˊ-bílə-] *n.* [U] 저명; 명사.

NOTAM notice to airman (안전 운항을 위한) 항공 정보.

no·ta·rize [nóutəràiz] *vt.* (공증인이) 증명하다(certify).

nó·ta·ry (públic) [nóutəri] *n.* 공증인.

no·ta·tion [noutéiʃən] *n.* [UC] 기호법; 〖數〗 기수(記數)법; 〖樂〗 기보(記譜)법; (수·양 따위의) 한조의 기호; 《美》 메모; 기록(record); 써놓음. ***decimal ~*** 10진법.

***notch** [natʃ/-ɔ-] *n.* ① (V 자형의) 새김눈. ② 《美》 (깊고 좁은) 산길, 산협. ③ 《口》 단(段), 급(級). —— *vt.* 금〔새김눈〕을 내다(*into*); 금을 그어 기록하다(*up, down*).

†**note** [nout] *n.* ① 표; 기호. ② 메모; 주(註), 주석. ③ 짧은 편지. ④ (외교상의) 통첩, (간단한) 성명〔보고〕서; 초고. ⑤ **어음, 지폐.** ⑥ 〖神〗 진정(眞正)이라는 증거. ⑦ 〖樂〗 음표, (전용되어서) 가락, 선율, 노래; 어조(語調). ⑧ (새의) 울음소리; (악기·목소리 등의) 소리. ⑨ (피아노 따위의) 건. ⑩ 특징; [U] 주의, **주목**(notice). ⑪ [U] 저명, 중요(*a man of ~* 명사). ***compare ~s*** 의견을 교환하다. ***make a ~*** 〔***take ~s***〕 ***of*** …을 필기하다. ***take ~ of*** …에 주의하다. —— *vt.* **적어두다**(*down*); **주목**〔**주의**〕**하다**; 주(註)를 달다; (글속에서) 특히 언급하다; 지시하다, 의미하다. ***not·ed** [ˊid] *a.* **유명한**(*for*).

†**note·book** [ˊbùk] *n.* 공책, **노트;** 어음장.

nóte pàper 편지지.

***note·wor·thy** [ˊwə̀:rði] *a.* **주목할 만한,** 현저한.

†**noth·ing** [nʌ́θiŋ] *pron.* **아무 일**〔**것**〕**도 …아님.** —— *n.* ① [U] 무, 영; 존재하지 않는 것. ② [UC] 시시한 사람〔것〕. ***come to ~*** 실패로 끝나다. ***for ~*** 무료로; 무익하게; 이유없이. ***have ~ to do with*** …에 조금도 관계가 없다. ***make ~ of*** 대수롭게 보지 않다, …을 우습게 여기다; 이해할 수 없다. ***~ but*** =ONLY. ***think ~ of*** …을 경시하다〔얕보다〕. —— *ad.* 조금도 …이 아니다〔…않다〕. **~·ness** *n.* [UC] 무, 공; 존재하지 않음; 무가치; 시시한 것; [U] 인사 불성, 죽음.

†**no·tice** [nóutis] *n.* ① [U] **주의, 주목.** ② [UC] **통지,** 신고. ③ [UC] 예고, 경고. ④ 공고, 게시; 소개, 비평.

⑤ Ⓤ 애고(愛顧). *at a moment's* ~ 곧, 즉각. *at short* ~ 갑자기. *bring to* 〔*under*〕 *a person's* ~ 아무의 주의를 환기시키다. *come into* 〔*under*〕 *a person's* ~ 아무의 눈에 띄다. *give* ~ 통지하다; 예고하다. *take* ~ 주의하다, 보다(*take no* ~ *of* …에 주의하지 않다). *until further* ~ 추후에 통지가 있을 때까지. *without* ~ 무단히, 통고 없이. —— *vt.* ① **알게 되다,** 인식하다; 주의하다. ② 통지하다; 언급하다; 평하다. *~·a·ble *a.* 눈에 띄는; 주목할 만한. ~·a·bly *ad.*

nótice bòard 《주로 英》 게시판.

‡**no·ti·fy** [nóutəfài] *vt.* **통지**〔통고〕**하다;** 공고하다; 신고하다. **nó·ti·fi·a·ble** *a.* (전염병 따위가) 신고해야 할. **no·ti·fi·ca·tion** [ˋ—kéiʃən] *n.* ⓊⒸ 통지(서); 신고서.

‡**no·tion** [nóuʃən] *n.* ① **생각,** 의견; 신념; 개념; 견해; 의지. ② 어리석은 생각〔의견〕; (*pl.*) 《美》 방물 (*a* ~ *store*). ~·al *a.* 개념적인; 비현실적인; 공상적인; 《美》 변덕스러운.

no·to·chord [nóutəkɔ̀ːrd] *n.* 〖解〗 척삭(脊索).

no·to·ri·e·ty [nòutəráiəti] *n.* Ⓤ (보통, 나쁜 뜻의) 평판, 악명; Ⓒ 《주로 英》 화제의 인물.

***no·to·ri·ous** [noutɔ́ːriəs] *a.* (보통, 나쁜 의미로) **유명한,** 악명 높은.

****No·tre Dame*** [nòutrə dáːm, -déim, (F.) nɔtrdam] (F. =Our Lady) 성모 마리아; 노트르담 성당.

Not·ting·ham [nátiŋəm/-ɔ́-] *n.* 영국 중부의 도시. 「국 중부의 주.

Not·ting·ham·shire [-ʃiər] *n.* 영

‡**not·with·stand·ing** [nàtwiðstǽndiŋ, -wiθ-/nɔ̀t-] *prep.* …에도 **불구하고.** —— *ad.* **그런데도 불구하고.** —— *conj.* …에도 불구하고, …한데.

***nou·gat** [núːgət, -gɑː] *n.* **누가**《당과》.

nought [nɔːt] *n.* =NAUGHT. —— *ad.* 《古》 조금도 …않다.

nou·me·non [núːmənàn, náu- / núːmənɔ̀n] *n.* (*pl.* **-na** [-nə]) 〖哲〗 본체(本體). 「의).

‡**noun** [naun] *n., a.* 〖文〗 **명사** (용법

‡**nour·ish** [nə́ːriʃ, nʌ́r-] *vt.* ① **영양분을 주다;** 기르다; 살찌게〔기름지게〕 하다; 육성하다(foster). ② (희망 따위를) 품다. *~·ing *a.* **영양분이 되는**〔많은〕. *~·ment *n.* Ⓤ **영양물,** 음식물.

nou·veau riche [núːvou ríːʃ] (F.) (*pl.* ***nouveaux riches***) 벼락 부자.

nou·veau ro·man [núːvouroumáːŋ] (F.) 누보 로망《프랑스의 신소설》.

nou·velle [nuːvél] *n.* (F.) 단편 소설. ~ ***vague*** [váːg] 누벨바그《1960년대의 프랑스·이탈리아의 전위적 영화》.

***Nov.** Nevember.

no·va [nóuvə] *n.* (*pl.* **-vae** [-viː], ~*s*) 〖天〗 신성(新星).

Nó·va Scó·tia [nóuvə skóuʃə] 캐나다 남동부의 반도 및 그 주.

‡**nov·el** [návəl/-ɔ́-] *a.* **신기한.** —— *n.* **소설.** ~·ette [ˋ-ét] *n.* 단편 소설; 〖樂〗 피아노 소곡. *~·ist *n.* **소설가.** ‡~·ty *n.* ⓊⒸ **새로움;** 새로운〔색다른〕 일〔것〕; (*pl.*) 작은 신안물(新案物)《장난감, 값싼 보석 따위》.

no·vel·la [nouvélə] *n.* (It.) (*pl.* ~*s*, *-le* [-lei]) 단편 소설, 소품(小品).

†**No·vem·ber** [nouvémbər] *n.* **11월.**

no·ve·na [nouvíːnə] *n.* (*pl.* ~*s*, ***nae*** [-niː]) 〖카톨릭〗 9일 기도.

***nov·ice** [návis/-ɔ́-] *n.* ① 수련자《수사와 수녀》; 수련 수사〔수녀〕; (기독교에의) 새 귀의자. ② **초심**〔미숙〕**자.**

no·vi·ti·ate, -ci·ate [nouvíʃiit] *n.* 수련 수사 〔수녀〕의 수습 기간; 그 수도료(修道寮); 《一般》 초심자(임); 수습 기간.

No·vo·cain(e) [nóuvəkèin] *n.* 〖商標〗 노보카인《국부 마취제》.

†**now** [nau] *ad.* ① **지금,** 지금은; 지금 사정으로는. ② 곧; 방금. ③ 그리고는(then); 다음에; 《命令·感嘆詞的》 자, 그런데. —— *a.* 《美俗》 유행의, 최신 감각의. ~ ***and then*** 〔***again***〕 때때로. ~ … ~ 혹은 … 혹은, …하다가도 …하고(~ *cloudy*, ~ *fine* 흐렸다 개였다). ~ ***that*** … 이기 때문에. ~ ***then*** 자 그러면; 《呼稱》 얘, 얘! —— *conj.* …이니까, …인 이상은 (now that) —— *n.* Ⓤ **지금, 현재.**

NOW 《美》 National Organization of Women. 「금(은).

‡**now·a·days** [náuədèiz] *n., ad.* Ⓤ 지

no·way(s) [nóuwèi(z)], **no·wise** [ˊwàiz] *ad.* 조금도 …않다.

‡**no·where** [nóuhwɛ̀ər] *ad.* 어디에도 …없다. ***get*** ~ 얻는 바가 없다; 아무 쓸모〔효과〕 없다. 「한.

nox·ious [nákʃəs/-ɔ́-] *a.* 유해〔유독〕

***noz·zle** [názəl/-ɔ́-] *n.* (대롱·파이프 등의) 주둥이, **노즐;** 《俗》 코.

NP neuropsychiatric. **Np** 〖化〗 neptunium. **N.P.** Notary Public. **n. p., n/p** 〖商〗 net proceeds; new paragraph; no pagination, no paging; notes payable. **NPT** nonproliferation treaty. **NRA, N.R.A.** 《美》 National Recovery Administration. **N.S.** National Society; New Style; Nova Scotia. **n. s.** *non satis* (L. =not sufficient); not specified. **NSA** 《美》 National Security Agency; 《美》 National Student Association. **NSC** 《美》 National Security Council. **NSF** 《美》 National Science Foundation; National Society Foundation. **N.S.P.C.C.** National Society for the Prevention of Cruelty to Children. **N.S.W.** New South Wales. **Nt** 〖化〗 niton. **NT, N.T.** New Testament; **NTB** non-tariff barrier. **NTC** non-trade concern 농업 비교역 대상.

nth [enθ] *a.* 〖數〗 n번째의. ***to the*** ~ ***degree*** 〔***power***〕 n 차(次)〔n 승(乘)〕까지; 어디까지든지; 극도로.

N

NTP normal temperature and pressure 상온 상압(常溫常壓) 《0°C, 760mm》.
nu [nju:] *n.* 그리스어 알파벳의 열세째 글자 《N, ν; 영어의 N, n에 해당》.
nu·ance [njú:ɑ:ns, ─ˊ] *n.* (어조·의미·감정 등의) 미묘한 차이, 색조(色調), 뉘앙스.
nub [nʌb] *n.* 혹, 매듭; 작은 덩이; 《口》 (이야기의) 핵심.
nub·bin [nʌ́bin] *n.* 작은 덩어리; 작은 조각; 작은〔덜 익은〕 옥수수 이삭.
nub·by [nʌ́bi] *a.* 혹 있는.
nu·bile [njú:bil, njú:bail] *a.* (여자가) 혼기의.
‡nu·cle·ar [njú:kliər] *a.* 〖生〗 (세포) 핵의〔을 이루는〕; 〖理〗 원자핵의, 핵무기의, 핵보유의.
núclear bómb 핵폭탄.
núclear chárge 핵 전하(電荷).
núclear énergy 원자력, 핵 에너지.
núclear fámily 핵가족.
núclear físsion 〖理〗 핵분열.
núclear fúel 〖理〗 핵 연료.
núclear fúsion 〖理〗 핵융합.
núclear phýsicist 원자 물리학자.
núclear phýsics (원자)핵 물리학.
núclear reáctor 원자로.
núclear súbmarine 원자력 잠수함.
núclear tést 핵실험.
núclear umbréllа 핵우산.
núclear wár 핵 전쟁.
núclear wárhead 핵탄두.
núclear wéapon 핵무기.
nu·cle·ate [njú:klièit] *vt., vi.* 핵을 이루다; 핵이 되다. ── [-kliit] *a.* 핵이 있는.
nu·clé·ic ácid [nju:klí:ik, -kléi-] 〖生化〗 핵산(核酸).
nu·cle·on [njú:kliɑ̀n/njú:kliɔ̀n] *n.* 〖理〗 핵입자《원자핵의 양자(proton) 또는 중성자(neutron)》.
nu·cle·on·ics [njù:kliɑ́niks/njù:kliɔ́n-] *n.* (원자)핵 공학.
nu·cle·o·pro·tein [njù:klioupróuti:n] *n.* 〖生化〗 핵단백질.
nu·cle·o·tide [njú:kliətàid] *n.* 〖生化〗 뉴클레오티드《핵산의 구성부분을 이룸》.
***nu·cle·us** [njú:kliəs] *n.* (*pl.* **-clei** [-kliài]) ① 핵, 심(心); 중심. ② 〖理〗 원자핵; 〖氣〗 원자단(團); 〖生〗 세포핵; 〖天〗 혜성핵(彗星核).
nu·clide [njú:klaid] *n.* 〖理〗 핵종(核種).
nude** [nju:d] *a.* 발가벗은; 드러내놓은. ── *n.* 〖美術〗 나체화〔상〕, 누드. ***in the ~ 나체로; 노골적으로. **núd·ism** *n.* Ⓤ (건강·미용 따위를 위한) 나체주의. **nú·di·ty** *n.* ⓊⒸ 벌거벗음; 나체(의 것, 그림, 상).
nudge [nʌdʒ] *vt., n.* (주의를 끌려고) 팔꿈치로 가볍게 찌르다〔찌름〕.
nu·ga·to·ry [njú:gətɔ̀:ri/njú:gətəri] *a.* 하찮은, 무가치한; 쓸모없는.
nug·get [nʌ́git] *n.* 덩어리; 천연 금괴; 《美俗》 귀중한 것; (*pl.*) =MONEY.

‡nui·sance [njú:səns] *n.* ① ⓊⒸ 폐, 귀찮은 일; 성가신 사람. ② 〖法〗 불법 방해 (*a public* 〔*private*〕 *~*). ***Commit no ~.*** 소변 금지《게시》.
núisance tàx 소액 소비세.
nuke [nju:k] *n.* 《美俗》 핵무기, 원자력 발전소. ── *vt.* …을 핵무기로 공격하다.
null [nʌl] *a.* 무효의; 무가치한; 아무것도 없는, 영의; 〖數〗 공집합(空集合)의. ***~ and void*** 〖法〗 무효의.
nul·li·fy [nʌ́ləfài] *vt.* (법적으로) 무효로 하다, 파기하다, 취소하다; 쓸모 없게 만들다. **nul·li·fi·ca·tion** [ˋ-fikéiʃən] *n.* Ⓤ
nul·li·ty [nʌ́ləti] *n.* Ⓤ 무효; Ⓒ 〖法〗 무효한 일〔것〕; Ⓤ 전무(全無); Ⓒ 시시한 사람〔것〕. ***~ suit*** 혼인 무효 소송.
Num(b). Numbers 〖舊約〗 민수기.
***numb** [nʌm] *a.* 저린, 마비된; 무감각하게 된. ── *vt.* 감각을 잃게 하다; 마비시키다. **ˊ·ly** *ad.* **ˊ·ness** *n.*
†num·ber [nʌ́mbər] *n.* ① 수; 총수. ② 숫자. ③ 번호, 넘버, 제(몇)호, (잡지의) 호(*the Coronation ~ of 'The Listener'* 「리스너」지(誌) 대관식(戴冠式)호). ④ 수량, 사람 또는 물건의 모임. ⑤ 동료. ⑥ 〖文〗 수《단수·복수의》. ⑦ (*pl.*) 《廢》 산수. ⑧ (*pl.*) 다수. ⑨ (*pl.*) 수의 우세. ⑩ (*pl.*) 시(verse), 운율(韻律). ⑪ 〖樂〗 박자; 악보. ⑫ 《美俗》 (특별히 선발된) 사람, 물건(*This is our most popular ~.* 이 물건이 저희 가게에서 제일 잘 나갑니다). ⑬ 〖舊約〗 (Numbers) 민수기. ***a great*** 〔***large***〕 ***~ of*** 대단히 많은, 굉장한. ***a ~ of*** 다소의; 많은. ***get*** 〔***have***〕 ***a person's ~*** 아무의 본성을 간파하다. ***in ~s*** 분책(分冊)하여. OPPOSITE ***~.*** ***without ~*** 무수한. ── *vt.* …에 번호를 달다〔붙이다〕; 세다; (…의 속에) 넣다, 산입하다; 총계 …이 되다; …의 수를 정하다. ***~·less*** *a.* 무수한; 번호가 없는.
númbering machìne 번호기, 넘버링.
númber plàte (자동차의) 번호판, (가옥의) 번지 표.
númber(s) pòol 〔**gàme**〕 (소액의 돈을 거는 불법의) 숫자 복권.
num(b)·skull [nʌ́mskʌ̀l] *n.* 《口》 바보.
nu·men [njú:mən] *n.* (*pl.* **-mina** [-minə]) 수호신.
nu·mer·a·ble [njú:mərəbəl] *a.* 셀 수 있는.
***nu·mer·al** [njú:mərəl] *n.* 숫자; 〖文〗 수사(數詞). ── *a.* 수의; 수를 나타내는.
nu·mer·ate [njú:mərèit] *vt., vi.* …을 세다, 계정하다; (숫자를) 읽다. ──[-rit] *a.* 기본적인 계산 능력을 갖는.
nu·mer·a·tion [njù:məréiʃən] *n.* ⓊⒸ 계산(법); 〖數〗 명수법(命數法), 수 읽기.
nu·mer·a·tor [njú:mərèitər] *n.* 〖數〗 (분수의) 분자 (cf. denomina-

tor); 계산하는 사람, 계산기.

nu·mer·ic [nju:mérik], ***-i·cal** [-əl] *a.* 수의, 수를 나타내는, 수에 의한; 숫자로 나타낸. **-i·cal·ly** *ad.*

‡**nu·mer·ous** [njú:mərəs] *a.* **다수의, 많은.**

Nu·mid·i·a [nju:mídiə] *n.* 아프리카 북부에 있던 옛 왕국.

nu·mis·mat·ic [njù:məzmǽtik, -məs-] *a.* 화폐(연구)의, 메달의. **～s** *n. pl.* 《單數取扱》 화폐〔메달〕 연구, 고전학(古錢學).

***nun** [nʌn] *n.* **수녀.**

nun·ci·o [nʌ́nʃiòu] *n.* (*pl.* **～s**) 로마 교황 사절(使節); 《廢》 사절.

nun·ner·y [nʌ́nəri] *n.* 수녀원.

***nup·tial** [nʌ́pʃəl] *a.* **결혼(식)의.** —— *n.* (보통 *pl.*) 결혼(식).

†**nurse** [nəːrs] *n.* ① **유모**(wet nurse); (젖을 먹이지 않는) 보모(dry nurse). ② 간호인, **간호사.** ③ 양육〔보호〕자. ***put out to* ～** 수양 아이로 주다. —— *vt.* ① 젖을 먹이다; **어린애를 보다.** ② **간호하다;** 열심히 치료하다. ③ 양육하다; 보호하다; 위로하다. —— *vi.* 젖을 먹이다; 젖을 먹다; 간호사로 일하다, 간호하다.

núrse chìld 수양 아이.

nurs(e)·ling [nə́ːrsliŋ] *n.* 젖먹이; 묘목.

nurse·maid [ˊmèid] *n.* 애보는 여자.

‡**nurs·er·y** [nə́ːrsəri] *n.* ① **육아실, 아이방.** ② 묘상(苗床); 양어장. ③ 양성소, (악의) 온상(hot bed). ***day* ～** 탁아소.

núrsery gòverness 보모(保母) 겸 가정 교사.

nurs·er·y·maid [-mèid] *n.* 애보는 여자.

nurs·er·y·man [-mən] *n.* 종묘원(種苗圃) 주인.

núrsery rhỳme 동요, 자장가.

núrsery schòol 보육원.

núrsery tàle 동화.

***nurs·ing** [nə́ːrsiŋ] *a.* **양육〔보육〕하는.** —— *n.* Ⓤ (직업으로서의) 육아.

núrsing bòttle 수유(授乳)병.

núrsing hòme (사립의) 요양소.

***nur·ture** [nə́ːrtʃər] *vt.* **양육하다;** 가르치다, 길들이다; 영양물을 주다. —— *n.* Ⓤ 양육; 교육; 영양물.

†**nut** [nʌt] *n.* ① **견과(堅果)**《호두·밤 따위》. ② 난문제; 까다로운 사람. ③ 〖機〗 너트, 암나사. ④ 《俗》 머리, 대가리. ⑤ 괴짜, 미치광이. ⑥ (*pl.*) 불알. ***be* ～*s to* 〔*for*〕** …이 가장 좋아하는 것이다. ***be* (*dead*) ～*s on*** 《俗》 …을 썩 잘 하다; …을 아주 좋아하다. ***for* ～*s*** 《俗》 《否定文에서》 조금도. ***a hard* ～ *to crack*** 난문제; 만만찮은 사람. ***off one's* ～** 《俗》 미쳐서(cf. off one's HEAD). —— *vi.* (*-tt-*) 나무 열매를 줍다〔찾다〕.

N. U. T. 《英》 National Union of Teachers.

nu·tant [njúːtənt] *a.* 〖植〗 (꽃 따위가) 숙이는 성질의.

nu·ta·tion [nju:téiʃən] *n.* ⓊⒸ 고개를 끄떡임〔숙임〕; 〖天〗 장동(章動) 《달·태양의 인력으로 인한 지축의 진동》; 〖植〗 전두(轉頭) 운동.

nut-brown [nʌ́tbráun] *n., a.* Ⓤ 밤색(의).

nut·case [nʌ́tkèis] *n.* 《俗》 머리가 돈 사람.

nut·crack·er [ˊkrӕkər] *n.* (보통 *pl.*) 호두까는 기구; 〖鳥〗 산갈가마귀.

nut·gall [ˊgɔ̀ːl] *n.* 오배자(五倍子), 몰식자(沒食子)《물감 원료; ⇨GALL³》.

nut·hatch [ˊhӕtʃ] *n.* 〖鳥〗 동고비.

nút hòuse 《俗》 정신 병원.

nut·meg [nʌ́tmèg] *n.* 〖植〗 육두구(나무·열매), 육두구의 인(仁) 《약용·조미료》.

nu·tri·a [njúːtriə] *n.* 〖動〗 누트리아(coypu); Ⓤ 그 털가죽.

nu·tri·ent [njúːtriənt] *a., n.* 영양이 되는; 영양물.

nu·tri·ment [njúːtrəmənt] *n.* Ⓤ 영양물, 음식물.

***nu·tri·tion** [nju:tríʃən] *n.* Ⓤ ① **영양(섭취, 상태).** ② **영양물,** 음식물. ③ 영양학. **～·al** *a.* **～·ist** *n.* 영양학자; 영양사(士).

nu·tri·tious [nju:tríʃəs] *a.* 영양이 되는〔많은〕.

nu·tri·tive [njúːtrətiv] *a.* 영양의; 영양이 되는〔있는〕.

nut·shell [nʌ́t-ʃèl] *n.* 견과(堅果)의 껍질. (***to say***) ***in a* ～** 간단히〔한마디로〕 (말하면).

nut·ting [ˊiŋ] *n.* Ⓤ (나무) 열매 줍기. ***go* ～** (나무) 열매 주우러 가다.

nut-tree [ˊtrìː] *n.* 견과수, 《특히》 개암나무.

nut·ty [ˊi] *a.* 견과(堅果)가 든; 견과 같은 (맛의); 《俗》 미친(crazy).

núx vóm·i·ca [nʌ́ks vámikə/-vɔ́m-] 마전(馬錢) (나무, 열매); 그 열매로 만드는 약제 《스트리키닌 원료》.

nuz·zle [nʌ́zəl] *vt.* (돼지가) 코로 파헤치다〔비비다〕, 코를 들이 밀다; 끌어 안다. —— *vi.* 코로 구멍을 파다; 코로 밀어〔비비〕대다(*into, against*); 바싹 붙어 자다.

N.V. New Version. **NW., N.W., n.w.** northwest(ern); North Wales. **NWA** Northwest Airlines. **NWbN**〔**W**〕 northwest by north 〔west〕 북서미북〔서〕. **NWC** 《美》 National War College. ***N.Y.** New York (State). **N.Y.C.** New York City 〔Central〕.

nyc·ta·lo·pi·a [nìktəlóupiə] *n.* Ⓤ 〖醫〗 야맹증.

‡**ny·lon** [náilɑn/-lən, -lɔn] *n.* Ⓤ **나일론;** (*pl.*) 나일론 양말, 《특히》 스타킹.

‡**nymph** [nimf] *n.* ① 〖神話〗 **님프**《바다·강·샘·숲 따위에 사는 요정(妖精)》; 아름다운 소녀. ② (유충과 성충 중간의) 어린 벌레; 번데기. **～ *pink*** 적자색(赤紫色). **ˊ·ish** *a.* 님프의, 님프 같은.

nym·pha [nímfə] *n.* (*pl.* **-phae** [-fiː]) 어린 벌레(nymph); (*pl.*) 〖解〗 소음순(小陰脣).

nymph·et [nímfit] *n.* 성에 눈뜬 10대 초의 소녀.

nym·pho·lep·sy [nímfəlèpsi] *n.* ⓊⒸ 좋아서 어쩔 줄 모름, 그 모양; (얻기

어려운 것에 대한) 열망, 열광(熱狂).
nym·pho·ma·ni·a [nìmfəméiniə] *n.* Ⓤ 〖病〗 (여자의) 성욕 이상 항진증, 색정광(色情狂). 「안진증(眼振症).
nys·tag·mus [nistǽgməs] *n.* Ⓤ 〖醫〗
NYT The New York Times.
N.Z., N. Zeal. New Zealand.

O

O[1], **o** [ou] *n.* (*pl.* ***O's, o's*** [-z]) O
‡**O**[2] *int.* 오!; 저런!; 아! ⌊자형의 것.
O[3] 〖文〗 object; 〖化〗 oxygen. **O, o** 〖電〗 ohm. **O.** Observer; Ocean; October; Ohio; Old; Ontario; Order; Oregon. **o.** *octavus* (=pint); octavo; off; old; only; order; 〖野〗 out(s).
OAEC Organization for Asian Economic Cooperation.
oaf [ouf] *n.* 기형아; 백치(아(兒)), 천치; 뒤틈바리. 「의 섬.
O·a·hu [ouɑ́:hu:] *n.* 하와이 군도 중
‡**oak** [ouk] *n.* **떡갈나무**〔졸참나무〕(재목·비슷한 관목).
óak àpple 〔**gàll**〕 떡갈나무의 몰식자(沒食子). 「제(製)의.
***oak·en** [ˊən] *a.* **떡갈나무**〔졸참나무〕
oa·kum [óukəm] *n.* Ⓤ 뱃밥(cf. calk[1]).
OAMS Orbit Attitude Maneuvering System 궤도 조정 장치.
O.&M. organization and methods.
OAO Orbiting Astronomical Observatory 천체 관측 위성. **O.A.P.** 《英》 old-age pension(er). **OAPEC** Organization of Arab Petroleum Exporting Countries.
oar** [ɔ:r] *n.* 노; 노젓는 사람. ***be chained to the ~ (갤리배의 노예처럼) 고역을 강제당하다. ***have an*** ~ ***in every man's boat*** 누구의 일에나 말참견하다. ***put*** 〔***thrust***〕 ***in one's*** ~ 쓸데 없는 참견을 하다(in은 문장 끝에 와도 무방함). —— *vt., vi.* 노젓다.
oar·lock [ˊlɑ̀k/-ɔ̀-] *n.* 노받이.
oars·man [ɔ́:rzmən] *n.* 노젓는 사람.
O. A. S. on active service; (F.) *Organization de l'Armée secrète* 비밀 군사 조직; Organization of American States 미주 기구.
o·a·sis** [ouéisis] *n.* (*pl.* ***-ses [-si:z]) 오아시스; 위안의 장소. 「건조 가마.
oast [oust] *n.* (홉(hop)·엿기름 등의)
óast hòuse 《英》 (홉) 건조장.
‡**oat** [out] *n.* (보통 *pl.*) **귀리**《특히 말의 주식》; 《古》 보리피리, 목가(牧歌). ***feel one's*** ~***s*** 《口》 씽씽하다; 《口》 (마음이) 들뜨다; 체하다. ***sow one's wild*** ~***s*** 젊은 혈기로 방탕을 하다. ***wild*** ~ 귀리 비슷한 잡초; (*pl.*) 젊은 혈기의 도락. 「이크.
oat·cake [ˊkèik] *n.* 얇은 오트밀 케
oat·en [ˊn] *a.* 귀리로〔귀리 짚으로〕 만든. 「극(horse opera).
oat·er [óutər] *n.* 《俗》 〖映·TV〗 서부

‡**oath** [ouθ] *n.* (*pl.* ~***s*** [-ðz, -θs]) ① Ⓒ Ⓤ **맹세**, 선서. ② (강조·분노를 표시할 때의) 신명 남용(神名濫用). ③ 저주, 욕설. ***make*** 〔***take, swear***〕 ***an*** ~ 선서하다. ***on*** 〔***upon***〕 ~ 맹세코.
***oat·meal** [óutmì:l] *n.* Ⓤ **오트밀**(죽).
OAU Organization for African Unity. **OB** old boy 졸업생, 교우.
Ob., Obad. Obadiah. **ob.** *obiit* (L. =he 〔she〕 died); oboe.
O·ba·di·ah [òubədáiə] *n.* 히브리의 예언자; 〖舊約〗 오바댜서(書).
ob·bli·ga·to [ɑ̀bligɑ́:tou / ɔ̀-] *a., n.* (*pl.* ~***s***) (It.) 〖樂〗 (반주가) 꼭 필요한; 조주(助奏).
ob·du·rate [ɑ́bdjurit/ɔ́bdju-] *a.* 완고한, 냉혹한. **~·ly** *ad.* **ób·du·ra·cy** *n.* Ⓤ 「Empire.
O. B. E. Officer of the Bristish
‡**o·be·di·ence** [oubí:diəns] *n.* Ⓤ (권위·법률에 대한) **복종**; (특히) 〖카톨릭〗 귀의(歸依), (교회의) 권위, 지배. ***in*** ~ ***to*** …에 복종하여.
‡**o·be·di·ent** [oubí:diənt] *a.* **순종하는**, 유순한(*to*). ***Your*** (***most***) ~ ***servant*** 근백(謹白)《공문서의 끝맺음말》. **~·ly** *ad.* ***Yours*** ~***ly*** 근백(謹白)《공문서 등에서 끝맺음말》.
o·bei·sance [oubéisəns, -bí:-] *n.* (존경을 표시하는 정중한) 인사; Ⓤ 존경, 복종. ***do*** 〔***make, pay***〕 ~ ***to*** …에게 경의를 표하다. ***make*** (***an***) ~ ***to*** …에게 경례하다.
***ob·e·lisk** [ɑ́bəlisk/ɔ́b-] *n.* **방첨탑**(方尖塔); 〖印〗 단검표(dagger) (†).
ob·e·lize [ɑ́bəlàiz/ɔ́b-] *vt.* 단검표를 붙이다.
O·ber·on [óubərɑ̀n, -rən] *n.* 〖中世傳說〗 오베론《Titania의 남편으로 요정(妖精)의 왕》.
o·bese [oubí:s] *a.* 뚱뚱한. **o·be·si·ty** [-bí:səti] *n.* Ⓤ 비만, 비대.
‡**o·bey** [oubéi] *vt., vi.* **복종하다**; (*vt.*) …(이 시키는) 대로 움직이다.
ob·fus·cate [ɑbfʌ́skeit, ˊ-ˋ-/ɔ́bfʌskèit] *vt.* (마음을) 어둡게 하다; 어리둥절하게 하다; 멍하게 하다. —**ob·fus·ca·tion** [ˋ-kéiʃən] *n.* Ⓤ
ob·i·it [óubiit] *vi.* (L. =he 〔she〕 died) 죽다《묘비 등에 씀》.
o·bit·u·ar·y [oubítʃuèri] *n., a.* (약력을 붙인) 사망 기사; 사망의; 사망을 기록한.
obj. object(ive); objection.
†**ob·ject** [ɑ́bdʒikt/ɔ́-] *n.* ① **물체**, **물건**. ② 대상(*of, for*); 목적(물). ③ 〖哲〗 객관, 대상, 객체. ④ 〖文〗 목적어. ⑤ 불쌍한〔우스운, 어리석은, 싫은〕 사람〔것〕. —— [əbdʒékt] *vi.* 반대〔불복〕하다(*to, against*); 싫어하다(*to*). —— *vt.* 반대 이유로 들다, 반대하다. **~·less** *a.* 목적 없는.
ob·jéc·tor *n.* 반대자.
óbject glàss 〖光〗 대물(對物) 렌즈.
ob·jec·ti·fy [əbdʒéktəfài / ɔb-] *vt.* 객관화하다, 대상으로 삼다. **ob·jec·ti·fi·ca·tion** [-ˋ-kéiʃən] *n.* Ⓤ

‡ob·jec·tion [əbdʒékʃən] *n.* ① UC 반대, 이의(異議); 혐오. ② 반대 이유; 난점; 장애. ***~·a·ble** *a.* 이의 있는; 싫은.
‡ob·jec·tive [əbdʒéktiv/ɔb-] *a.* ① 객관적인; 편견이 없는. ② 실재의; 외적(外的)인. ③ 목표의; 〖文〗 목적(격)의. **—** *n.* ① **목표**, 목적(물); 실재물. ② 〖文〗 목적격(어). ③ 대물 렌즈. ***~·ly** *ad.* **객관적으로**. **-tiv·ism** [-təvìzəm] *n.* U 〖哲〗 객관주의(성). **ob·jec·tiv·i·ty** [ˌ-tívəti] *n.* U 객관성.
objéctive cáse 〖文〗 목적격.
objéctive corrélative 〖文學〗 객관적 상관물《작가가 어떤 정서를 점층적으로 작품 속에 그려넣는 데에 사용하는 상황, 또는 일련의 사건》.
objéctive póint 〖軍〗 목표 지점; 《一般》 목표.
óbject lànguage 대상 언어.
óbject lèns =OBJECT GLASS.
óbject lèsson 실물(實物) 수업.
óbject plàte (현미경의) 검경판(檢鏡板).
ob·jet d'art [ɔ̀bʒɛdáːr] (F.) (*pl.* ***objets d'art***) 작은 미술품.
ob·jur·gate [ábdʒərgèit/ɔ́b-] *vt.* 심하게 꾸짖다(비난하다). **ob·jur·ga·tion** [ˌ-géiʃən] *n.* UC
ob·late [ábleit, -ˊ/ɔ́b-, -ˊ] *a.* 〖幾〗 편원(扁圓)의.
ob·la·tion [ɑbléiʃən] *n.* (신에 대한) 제물; (성체 성사의) 빵과 포도주의 봉헌(奉獻); U (교회에의) 기부.
ob·li·gate [ábləgèit/ɔ́b-] *vt.* (도덕·법률상의) 의무를 지우다; 강제하다.
‡ob·li·ga·tion [àbləgéiʃən / ɔ̀blə-] *n.* ① 계약(서). ② UC **의무; 책임**. ③ 채무; 증서. ④ 은혜. ***be* [*lie*] *under an ~ to*** …해야 할 의무(의리)가 있다. ***put under an ~*** (아무에게) 은혜를 베풀다.
ob·li·ga·to *a.*, *n.* =OBBLIGATO.
ob·lig·a·to·ry [əblígətɔ̀ːri, áblig- / ɔblígətəri] *a.* (도덕·법률상의) 의무로서 지게 되는(*on, upon*); 필수의.
‡o·blige [əbláidʒ] *vt.* ① …할 의무를 지우다; **별수 없이 …하게 하다** (*to* do); 강제하다. ② …에게 **은혜를 베풀다**; 고맙게 여기도록 하다. ***be ~d*** 감사하다(*I am much ~d* (*to you*). 참으로 고맙습니다). **~** (*a person*) ***by*** *doing* (아무에게) …하여 주다. **o·blíg·ing** *a.* 친절한.
ob·li·gee [àblədʒíː/ɔ̀b-] *n.* 〖法〗 권리자, 채권자. 「무자, 채무자.
ob·li·gor [àbləgɔ́ːr/ɔ̀blə-] *n.* 〖法〗 의
***ob·lique** [əblíːk] *a.* **비스듬한**; 부정한; 간접의, 완곡한; 〖文〗 사격(斜格)의. **—** *vi.* 비스듬히 되다. **~·ly** *ad.* **-líq·ui·ty** *n.* U 경사; 부정(행 「위).
oblíque ángle 빗각.
oblíque cáse 〖文〗 사격《주격·호격 이외의 격》.
***ob·lit·er·ate** [əblítərèit] *vt.* **지우다**, 말살하다; 흔적을 없애다. **ob·lit·er·a·tion** [-ˌ-éiʃən] *n.* U

ob·liv·i·on** [əblíviən] *n.* U **망각**; 잊기 쉬움. ***fall* [*sink, pass*] *into ~ 세상에서 잊혀지다.
***ob·liv·i·ous** [əblíviəs] *a.* **잊기 쉬운**, (…을) 잊고(*of*); 관심없는(unmindful). **~·ly** *ad.* **~·ness** *n.*
***ob·long** [áblɔːŋ/ɔ́blɔŋ] *n.*, *a.* **장방형**(長方形)(의).
ob·lo·quy [ábləkwi/ɔ́b-] *n.* U (항간의) 욕; 비난; 오명; 불명예.
ob·nox·ious [əbnákʃəs/-ɔ́-] *a.* 불쾌한; 밉살스러운. **~·ly** *ad.*
o·boe [óubou] *n.* 오보에《목관악기》.
ó·bo·ist *n.* 오보에 취주자. 「solete.
obs. observation; observatory; ob-
ob·scene [əbsíːn] *a.* 외설한; 추잡한. **~·ly** *ad.* **-scen·i·ty** [-sénəti, -síːn-] *a.* UC
ob·scur·ant(·ist) [əbskjúərənt(ist)/ɔbskjúər-] *n.* 비교화(非敎化)주의자. **-ant·ism** [-izəm] *n.* U 비교화주의.
‡ob·scure [əbskjúər] *a.* **어두운**; 불명료한; 모호한; 세상에 알려지지 않은; **눈에 띄지 않는**, 숨은; 미천한. **—** *vt.* 어둡게 하다; 덮어 감추다; (주제 따위를) 불명료하게 하다; (남의 명성 따위의) 빛을 잃게 하다. **ob·scu·ra·tion** [àbskjuəréiʃən / ɔ̀b-skjuər-] *n.* U
ob·scu·ri·ty** [əbskjúərəti] *n.* U ① **어두컴컴함**; 불명료; C 난해한 곳. ② C 무명인(장소). ③ 미천. ***retire into ~ 은퇴하다. ***sink into ~*** 세상에 묻히다.
ob·se·quies [ábsəkwiz / ɔ́b-] *n. pl.* (장중(莊重)한) 장례식. **ob·se·qui·al** [-síː-] *a.* 「적인.
ob·se·qui·ous [əbsíːkwiəs] *a.* 추종
ob·serv·a·ble [əbzə́ːrvəbəl] *a.* 관찰할 수 있는, 주목할 만한; 주목해야 할; 지켜져 있는; 지켜야 할. **-bly** *ad.* 눈에 띄게.
‡ob·serv·ance [əbzə́ːrvəns] *n.* ① U (법률·관례의) **준수**(*of*). ② (지켜야 할) 의식; 습관; (수도회의) 규율.
***ob·serv·ant** [əbzə́ːrvənt] *a.* ① **주의 깊은**(*of*); 관찰력이 예리한. ② (법률을) 준수하는(*of*). **~·ly** *ad.*
‡ob·ser·va·tion [àbzərvéiʃən / ɔ̀-] *n.* ① U **관찰**(력), **주목**; 감시. ② UC (과학상의) 관찰; 〖海〗 천측(天測). ③ 관찰 결과; (*pl.*) 관측보고. ④ (관찰한) **소견**, 언설(言說). **~·al** *a.*
observátion cár 전망차.
observátion pòst 〖軍〗 관측소(觀測所)(cf. O pip.).
***ob·serv·a·to·ry** [əbzə́ːrvətɔ̀ːri / -təri] *n.* ① **천문**(**기상**)**대**; **관측소**. ② 전망대; 감시소.
‡ob·serve [əbzə́ːrv] *vt.* ① 주시(주목)하다; **관찰**(**관측**)**하다**; 연구하다. ② **지키다**; (제례·의식을 규정대로) **거행하다**, 축하하다. ③ 말하다. **—** *vi.* 관찰하다; 소견을 말하다(*on, upon*).
‡ob·serv·er [-ər] *n.* ① **관찰**(**관측**)**자**. ② (회의의) 업저버. ③ 준수자.
ob·serv·ing [-iŋ] *a.* 관측적인; 주의 깊은; 관찰력이 예리한.

ob·sess [əbsés] *vt.* (악마·망상 등이) 들리다(haunt); 붙어 다니다. **ob·sés·sion** *n.* [U] 들려 붙음; [C] 강박관념, 망상.

ob·ses·sive-com·pul·sive [əbsésivkəmpʌ́lsiv] *a.* 강박의. —— *n.* 강박 신경증 환자.

ob·sid·i·an [əbsídiən] *n.* [U] 〖鑛〗 흑요석(黑曜石).

ob·so·les·cent [ɑ̀bsəlésənt/ɔ̀b-] *a.* 쓸모없이 되어 가고 있는. **-cence** *n.* [U] 「된, 안쓰는; 구식의.

***ob·so·lete** [ɑ́bsəli:t/ɔ́-] *a.* **쓸모 없이**

‡**ob·sta·cle** [ɑ́bstəkəl/ɔ́-] *n.* **장애(물).**

ob·stet·ric [əbstétrik/ɔb-], **-ri·cal** [-əl] *a.* 산과(産科)의. **-rics** *n.* 산과학. 「산과 의사.

ob·ste·tri·cian [ɑ̀bstetríʃən/ɔ̀b-] *n.*

‡**ob·sti·nate** [ɑ́bstənit / ɔ́bstə-] *a.* ① **완고한, 억지센,** 끈질긴. ② (저항 따위) 완강한. ③ (병 따위) 난치의. ‡**~·ly** *ad.* ***-na·cy** *n.* [U] **완고;** 난치; [C] 완고한 언행.

ob·strep·er·ous [əbstrépərəs] *a.* 소란한; 날뛰는; 다루기 힘든. **~·ly** *ad.*

***ob·struct** [əbstrʌ́kt] *vt., vi.* (통로 등을) 막다; (통행 등을) 가로막다; (사물의 진행이나 사람의 활동을) **방해하다.** ***ob·strúc·tion** *n.* [UC] 장애(물); 방해. **ob·strúc·tive** *a.* 방해하는.

†**ob·tain** [əbtéin] *vt.* (노력의 결과) **손에 넣다; 획득하다.** —— *vi.* (풍습 따위가) 행해지다. ***~·a·ble** *a.* **얻을** 〔획득할〕 **수 있는.**

ob·trude [əbtrú:d] *vt.* 떠맡기다, 불쑥 내밀다. —— *vi.* 주제넘게 나서다. ~ *oneself* 주제넘게 나서다 (*upon, into*). **ob·trú·sion** [-ʒən] *n.* [U] 무리한 강요(*on*); 주제넘은 참견. **ob·trú·sive** *a.* 강요하는 듯한; 중뿔나게 참견하는, 주제넘은.

ob·tuse [əbtjú:s] *a.* 둔한; 〖數〗 둔각(鈍角)의; 머리가 둔한, 둔감한. ~ *angle* 〖數〗 둔각. ~ *triangle* 둔각 삼각형. **~·ly** *ad.*

ob·verse [ɑ́bvə:rs / ɔ́b-] *n.* (화폐·메달 등의) 표면(opp. reverse); 거죽; (사실의) 이면. —— [ɑbvə́:rs, ⌐⌐ / ɔ́bvə:rs] *a.* 표면의; 상대하는.

ob·vert [ɑbvə́:rt/ɔb-] *vt.* …을 (딴 면이 나오게) 뒤집다; 〖論〗 (명제를) 환질(換質)하다.

ob·vi·ate [ɑ́bvièit / ɔ́-] *vt.* (위험 등을) 제거하다, 미연에 방지하다.

‡**ob·vi·ous** [ɑ́bviəs / ɔ́-] *a.* **명백한.** ‡**~·ly** *ad.* **~·ness** *n.*

OC oral contraceptive 경구 피임약.

Oc., oc. ocean. **o/c** 〖商〗 overcharge. **o'c.** o'clock.

oc·a·ri·na [ɑ̀kərí:nə/ɔ̀-] *n.* 오카리나 《오지로 만든 긴 달걀형의 피리》.

OCAS Organization of Central American States 중미 기구.

‡**oc·ca·sion** [əkéiʒən] *n.* ① (특수한) **경우, 기회.** ② [UC] (행동 사건이 일어날) 호기(好機). ③ [UC] **원인, 이유;** 근거. ④ 특별한 행사, **축전(祝典).** *give ~ to* …을 일으키다. *improve the ~* 기회를 이용하다. *on* 〔*upon*〕 *~* 이따금. *rise to the ~* 난국에 잘 대처하다. —— *vt.* 일으키다.

‡**oc·ca·sion·al** [əkéiʒənəl] *a.* **이따금의,** 때때로의; 특별한 기회에 만든 〔쓰는〕; 임시로 쓰는. **~·ism** [-ìzəm] *n.* [U] 〖哲〗 우인론(偶因論). ‡**~·ly** *ad.* **때때로**(now and then).

***Oc·ci·dent** [ɑ́ksədənt/ɔ́-] *n.* (the ~) 서양, 구미(歐美); 서반구(西半球); (the o-) 서방(西方).

***Oc·ci·den·tal** [ɑ̀ksədéntl / ɔ̀-] *a., n.* 서양의; 서양 사람. **~·ism** [-təlizəm] *n.* [U] 서양풍, 서양 문화. **~·ist** *n.* 서양 숭배자. 「두부(後頭部)의.

oc·cip·i·tal [ɑksípətl/ɔ-] *a.* 〖解〗 후

oc·ci·put [ɑ́ksəpʌt/ɔ́-] *n.* (*pl.* ***occipita*** [ɑksípitə/ɔ-]) 〖解〗 후두부.

oc·clude [əklú:d/ɔ-] *vt.* 막다, 폐색하다; 〖化〗 (물질이 가스를) 흡수하다. —— *vi.* 〖齒〗 교합(咬合)하다. **oc·clu·sion** [-lú:ʒən] *n.* [U] 폐색; 흡수; 교합(咬合). 「폐색 전선.

oc·clúd·ed frónt [əklú:did-/ɔ-] 〖氣〗

oc·cult [əkʌ́lt, ɑ́kʌlt/ɔkʌ́lt] *a.* 신비〔초자연·마술〕적인, 불가사의의. **~·ism** *n.* [U] 신비학(學). **oc·cul·ta·tion** [⌐-téiʃən] *n.* [UC] 은폐; 〖天〗 엄폐(掩蔽).

oc·cu·pan·cy [ɑ́kjəpənsi / ɔ́-] *n.* [U] (토지·가옥의) 점유(기간), 거주.

***oc·cu·pant** [ɑ́kjəpənt/ɔ́-] *n.* (토지·가옥의) 점유〔거주〕자.

‡**oc·cu·pa·tion** [ɑ̀kjəpéiʃən/ɔ̀-] *n.* ① [U] **점유, 점령;** 거주. ② [UC] **직업,** 업무.

***oc·cu·pa·tion·al** [-əl] *a.* **직업의.**

occupátional diséase 직업병.

occupátional thérapy 〖醫〗 작업요법.

occupátion brìdge 사설 전용교.

occupátion frànchise 《英》 차지인(借地人) 투표권.

‡**oc·cu·py** [ɑ́kjəpài/ɔ́-] *vt.* ① **점령〔거주〕하다;** 사용하다; (장소를) 잡다. ② (지위를) 차지하다. ③ (마음을) 사로잡다. ④ **종사시키다. óc·cu·pi·er** *n.* 점유〔거주〕자, 점령자, 차지인(借地人), 차가인(借家人).

‡**oc·cur** [əkə́:r] *vi.* (**-rr-**) **일어나다,** 마음에 떠오르다; 나타나다, 존재하다(exist). *It ~red to me that...* …라는 생각이 머리에 떠올랐다.

***oc·cur·rence** [əkə́:rəns, əkʌ́r-] *n.* [U] **발생**(happening); [C] **사건.**

OCD Office of Civilian Defence 민간 방공국. **OCDM** 《美》 Office of Civil and Defense Mobilization 민간 국방 동원 본부.

†**o·cean** [óuʃən] *n.* ① **대양;** …양. ② 끝없이 넓음; 막대한 양. *~s of* 많은 ….

o·cea·nar·i·um [òuʃənέəriəm] *n.* (*pl.* **-ums, -ia** [-riə]) 해양 수족관.

o·cean-go·ing [-gòuiŋ] *a.* 외양(外洋) 항행의.

O·ce·a·ni·a [òuʃiǽniə, -ɑ́:niə] *n.* 대양주. **-ni·an** *a., n.* 대양주의 (사

람).

o·ce·an·ic [òuʃiǽnik] *a.* 대양산(大洋産)의, 대양에 사는; (O-) 대양주의.

oceanic -ics *n.* 해양공학.

o·cea·nog·ra·phy [òuʃiənágrəfi / -ʃiənɔ́g-] *n.* Ⓤ 해양학. **-ra·pher** *n.* 해양학자.

o·cea·nol·o·gy [òuʃiənáləd3i/-nɔ́l-] *n.* Ⓤ 해양자원〔공학〕 연구; 해양학.

o·cel·lus [ouséləs] *n.* (*pl.* **-li** [-lai]) (곤충 등의) 단안(單眼); (하등 동물의) 안점(眼點)《감각기라고 생각되고 있는》; 눈알처럼 생긴 무늬.

o·ce·lot [óusəlàt, ás-/óusilɔ̀t] *n.* (중남미산) 표범 비슷한 스라소니.

o·cher, 《英》 **o·chre** [óukər] *n.* Ⓤ 황토(색); 《俗》 금화.

†**o'clock** [əklák/-ɔ́k] …시(時).

OCR optical character reader 〔recognition〕 광학 문자 판독 장치.

OCS Officer Candidate School.

***Oct.** October. **oct.** octavo.

oc·ta·gon [áktəgàn / ɔ́ktəgən] *n.* 팔변형; 팔각형. **oc·tag·o·nal** [-tǽg-] *a.*

oc·ta·he·dron [àktəhí:drən / ɔ̀ktəhéd-] *n.* (*pl.* **~s,** **-dra** [-drə]) 팔면체.

oc·tal [áktl/ɔ́k-] *a.* 〖電〗 (진공관이) 접속핀 8개인; 〖컴퓨터〗 8진법의.

oc·tane [áktein/ɔ́-] *n.* Ⓤ 옥탄《석유 중의 무색 액체 탄화수소》.

óctane nùmber 〔**ràting**〕 옥탄가(價).

oc·tant [áktənt / ɔ́-] *n.* 원의 8분의 1; 〖天〗 (다른 천체에 대한) 이각(離角) 45°의 위치; 〖空·海〗 8분의(分儀) 《측정 범위 90°》.

oc·tave [áktiv, -teiv / ɔ́k-] *n.* 〖樂〗 옥타브, 8도 음정; 제 8 음.

Oc·ta·vi·an [aktéiviən/ɔk-] *n.* = AUGUSTUS.

oc·ta·vo [aktéivou/ɔ-] *n.* (*pl.* **~s**), *a.* 8절판의 (책)《보통 6×9½인치》.

oc·ten·ni·al [akténiəl/ɔk-] *a.* 8년마다의; 8년 계속되는. **~·ly** *ad.*

oc·tet(te) [aktét / ɔ-] *n.* 8중창(重唱)곡, 8중주(重奏)곡, 8중창단, 8중주단; 8개짜리 한 벌.

oc·til·lion [aktíljən/ɔ-] *n.* 《英》 백만의 8제곱; 《美》 천의 9제곱.

†**Oc·to·ber** [aktóubər/ɔk-] *n.* **10월.**

oc·to·ge·nar·i·an [àktəd3ənέəriən/ɔ̀ktoud3ənέər-] *a., n.* 80세의 (사람); 80대의 (사람).

***oc·to·pus** [áktəpəs/ɔ́-] *n.* ① 〖動〗 **낙지** (비슷한 것). ② 다방면으로 해로운 세력을 떨치는 단체.

oc·to·roon [àktərú:n/ɔ̀-] *n.* (흑인의 피를 8분의 1 받은) 흑백 혼혈아; 백인과 quadroon 과의 혼혈아.

oc·troi [áktrɔi/ɔ́ktrwa:] *n.* (F.) (프랑스·인도 등의) 물품 입시세(入市稅) (징수소〔원〕).

O. C. T. U. Officer Cadets Training Unit 《英》 사관 후보생 훈련대.

oc·tu·ple [áktjupəl, aktjú:-/ɔ́ktju-] *a.* 8배의. —— *vt.* 8배로 하다.

oc·u·lar [ákjələr / ɔ́-] *a.* 눈의, 눈같은; 눈으로 본; 시각(視覺)상의. —— *n.* 접안경(接眼鏡).

oc·u·list [ákjulist/ɔ́-] *n.* 안과 의사.

OD [òudí:] (<*o*ver *d*ose) *n.* 마약의 과용.

od [ad/ɔd] *n.* Ⓤ 오드《과학 현상 설명을 위한 가설의 자연력》.

OD officer of the day 일직 사관; Ordnance Department 병기부; outside diameter 외경(外徑). **OD, O. D.,** **o. d.** olive drab. **O. D.** Docter of Optometry; *oculus dexter* (L. =the right eye); Old Dutch 옛 네덜란드어; ordinary seaman; 〖商〗 overdraft; overdrawn 당좌 차월. **o. d.** on demand.

‡**odd** [ad / ɔd] *a.* ① **나머지〔여분〕의;** 우수리의. ② 때때로의, 임시의. ③ 홀수의(cf. even¹). ④ **묘한.** **~ *and even*** 홀 짝《알아맞히기 놀이》. ***∠-ly** *ad.* 괴상하게; 짝이 맞지 않게. ***~ly enough*** 이상한 이야기지만. **∠·ment** *n.* 남은 물건; (*pl.*) 잡동사니.

ódd-é·ven chèck [ádí:vən/ɔ́-] 〖컴퓨터〗 기우(奇偶)조사.

odd·i·ty [ádəti/ɔ́-] *n.* Ⓤ 이상함; Ⓒ 기인, 괴짜; 야릇한 것.

odd-look·ing [∠lùkiŋ] *a.* 괴상한.

odds** [adz/ɔ-] *n. pl.* & *sing.* **불평등** (한 것); 우열의 차, 승산(*The ~ are in his favor* 〔*against him*〕. 그에게 승산이 있다〔없다〕); 차이; 불화, 다툼; 가망, 가능성. ***at ~ (***with***) (…와) 사이가 좋지 않아. ***by long*** 〔***all***〕 ***~*** 훨씬. ***It is ~ that...*** 아마…. ***lay*** 〔***give***〕 ***~ of*** (*three*) ***to*** (*one*) (상대의 하나)에 대하여 (셋)의 비율로 걸다. ***make no ~*** 아무래도 좋다, 별차 없다. ***~ and ends*** 남은 것; 잡동사니. ***The ~ are that...*** 아마도….

***ode** [oud] *n.* (고아하고 장중한) **송시**(頌詩).

O·din [óudin] *n.* 〖北歐神話〗 지혜·문화·전쟁·죽음의 신.

***o·di·ous** [óudiəs] *a.* **밉살스러운, 싫은.**

o·di·um [óudiəm] *n.* Ⓤ 증오; 비난; 평판이 나쁨.

o·dom·e·ter [oudámitər/oudɔ́-] *n.* 〖機〗 (차의) 주행거리계.

o·don·tol·o·gy [òudantáləd3i/ɔ̀dɔntɔ́l-] *n.* Ⓤ 치과학(齒科學).

‡**o·dor,** 《英》 **o·dour** [óudər] *n.* **냄새; 방향**(芳香); 기미; Ⓤ 평판. ***be in*** 〔***fall into***〕 ***bad*** 〔***ill***〕 ***~*** 평이 나쁘다〔나빠지다〕. ***be in good ~ with*** …에게 평이 좋다.

o·dor·if·er·ous [òudərífərəs] *a.* 냄새좋은, 향기로운.

o·dor·ous [óudərəs] *a.* 《詩》 =⇧.

O·dys·se·us [oudísju:s, -siəs] *n.* 〖그神〗 =ULYSSES.

Od·ys·sey [ádəsi/ɔ́d-] *n.* 트로이 전쟁 후의 Odysseus의 10년 방랑을 그린 Homer 작의 서사시; (o-) 긴 방랑 여행.

OE, O. E. Old English. **O. E., o. e.** omissions excepted 탈락은 제외(cf. E. & O. E.). **O. E. C. D.**

Organization for Economic Cooperation and Development.
O.E.D., OED Oxford English Dictionary 《구칭 N.E.D》.
Oed·i·pus [édəpəs, íːd-] *n.* 〖그神〗 Sphinx의 수수께끼를 풀었으며, 모르고 아버지를 죽이고, 어머니를 아내로 한 그리스의 왕.
Óedipus còmplex 〖精神分析〗 친모복합(親母複合) 《아들이 아버지에 반발하고 어머니를 사모하는 경향》 (cf. Electra complex).
O.E.E.C. Organization for European Economic Cooperation. 《뒤에 O.E.C.D.로 발전》. **OEM** Office for Emergency Management 비상시 관리국.
oe·nol·o·gy [iːnálədʒi/-ɔ́-] *n.* Ⓤ 포도 재배법, 포도주 양조학.
OEP 《美》 Office of Emergency Planning.
o'er [ɔ́ːr, óuə] *ad., prep.* 《詩》 = OVER.
Oer·li·kon [ə́ːrlikàn/-ɔ̀n] *n.* 엘리콘 《대함선·지대공(地對空) 유도탄》.
oer·sted [ə́ːrsted] *n.* 〖電〗 에르스텟 《자계 강도의 C.G.S. 단위》.
oe·soph·a·gus [isáfəgəs/-ɔ́-] *n.* (*pl.* **-gi** [-dʒài, -gai]) = ESOPHAGUS.
†**of** [強 ɑv, ʌv/ɔv; 弱 əv] *prep.* ① 《所有·所屬》 …의, …에 속하는. ② 《距離·分離》 …의, …부터(*north of Paris*). ③ 《起源》 …에서(out of) (*come of a noble family*). ④ 《時間》《美口》 …전(to)(*a quarter of ten*). ⑤ 《原因·理由》 …에서; …로 인하여(*die of cholera*). ⑥ 《材料》 …로 된; …의, …로 만든(*The house was made of brick.*). ⑦ 《分量》 …의(*a cup of tea*); …을 가진(*a house of five rooms*). ⑧ 《部分》 …의 가운데의, …중에서(*one of them*). ⑨ 《關係》 …의, …에 관한, …을, …이(*a story of adventure*). ⑩ 《作者·行爲者》 (「…에 관해서는」의 뜻에서 「…은」) …의; …에 의한(by) (*That is very kind of you indeed.* 친절에 참으로 감사합니다). ⑪ 《副詞句를 만듦》 (*of late* 최근/*of an evening* 흔히 저녁 나절 같은 때에/*all of a sudden* 갑자기). ⑫ 《目的格關係》 …의, …을(*the creation of man* 인류의 창조(創造)). ⑬ 《同格關係》 …의, …라는(named) (*the city of Rome*). ⑭ 《形容詞句를 만듦》 …한, …이 있는(*a man of ability*).
OF, OF., O.F. Old French.
O.F. Odd Fellow.
o·fay [óufei] *n.* 《蔑》 백인.
†**off** [ɔːf/ɔf] *ad.* ① (시간·공간적으로) 떨어져서(away); 저쪽으로. ② 절단되어서; (가스·전기 등이) 끊어져서. ③ 없어질 때까지; 남김없이. ④ 생계를 이어; 기거하여. **be ~** 떠나다. **~ and on,** or **on and ~** 때때로, 단속적으로. **~ with** …을 벗다. ***O- with you!*** 가라. ***take oneself ~*** 떠나다. ***well* 〔*badly, ill*〕 ~** 살림이 넉넉한〔어려운〕 (cf. COME ~). **—** *a.* ① (말·차·도로의) 우측《먼 쪽》의 《원래 쌍두 마차에 탈 때 왼쪽 말에서 탔기 때문에》. ② 〖海〗 바다〔난바다〕쪽으로 향한. ③ (본도(本道)에서) 갈라진, 지엽(枝葉)의. ④ 비번(非番)의(cf. ~ DUTY). ⑤ 평상보다 좋지 못한, 흉작의; 급이 낮은. ⑥ 《口》 있을 법하지 않은. ⑦ (전기·가스 등이) 나가서. **—** *prep.* …에서 (떨어져서, 벗어나서) (away from); …에서 빗나가서; …의 난〔앞〕바다에. **—** *int.* 가라! **—** *n.* 〖크리켓〗 (타자의) 우전방.
off. offered; officer; official; officinal.
of·fal [ɔ́ːfəl, áf-/ɔ́f-] *n.* Ⓤ 부스러기; 고기부스러기; 겨, 기울.
off·beat [ɔ́ːfbìːt/ɔ́f-] *a.* 파격적인, 보통과 다른; 자유로운. **—** *n.* 〖樂〗 오프비트《4박자의 재즈곡》.
off-chance [´tʃæ̀ns, -àː-] *n.* Ⓤ 만에 하나의 가능성, 도저히 있을 것 같지 않은 일.
off-col·o(u)r [´kʌ́lər] *a.* 빛〔안색〕이 좋지 않은; 점잖지 못한.
off-du·ty [´djúːti] *a.* 비번의, 휴식의.
‡**of·fence** [əféns] *n.* 《英》 = OFFENSE.
‡**of·fend** [əfénd] *vt.* 감정을 해치다; 성나게 하다. **—** *vi.* 죄를 범하다; (법률·예의 등을) 어기다(*against*). ***~·er** *n.* 범죄자. **~·ing** *a.* 불쾌한, 싫은.
‡**of·fense,** 《英》 **-ce** [əféns] *n.* ① 죄; 위반, 반칙. ② Ⓤ …의 감정을 해치기, 모욕; 손상받은 감정, 화냄, 불쾌. ③ ⓊⒸ 공격(자측). ***give ~ to*** …을 성나게 하다. ***take ~*** 성내다.
‡**of·fen·sive** [əfénsiv] *a.* ① 불쾌한, 싫은; 무례한; 괘씸한. ② 공격적인, 공격용의(opp. defensive). **—** *n.* 공격, 공세. ***peace ~*** 평화 공세. **~·ly** *ad.* **~·ness** *n.*
†**of·fer** [ɔ́ːfər, áf-/ɔ́f-] *vt.* ① 제공〔제의〕하다, 신청하다. ② 팔려고 내놓다; 값을 부르다. ③ (신에게) 바치다. ④ 꾀하다, 시도하다. ⑤ 나타내다. **—** *vi.* 나타나다; 일어나다. **~ *one's hand*** (악수 따위를 위해) 손을 내밀다; 구혼하다. **~ *up*** (기도를) 드리다. **—** *n.* 제언; 신청; 제의; 제공; 매긴 값(bid). ***~·ing** *n.* Ⓤ 신청; 제공; 헌납; Ⓒ 공물(供物); 선물; (특히 교회에의) 헌금.
of·fer·to·ry [ɔ́ːfərtɔ̀ːri, áf-/ɔ́fətəri] *n.* (예배볼 때 모으는) 헌금; 그 때 봉창하는 성구(聖句), 부르는 찬송가, 연주되는 음악.
off·hand [ɔ́ːfhǽnd/ɔ́f-] *ad., a.* 즉석에서〔의〕; 아무렇게나, 되는 대로의.
†**of·fice** [ɔ́ːfis, áf-/ɔ́f-] *n.* ① 직무, 임무, 일. ② (*pl.*) 진력, 주선. ③ 〖宗〗 의식, 기도. ④ Ⓤ 공직. ⑤ 관공서, 관청; 《英》 성(省); 《美》 국. ⑥ 사무소〔실〕, 회사. ⑦ (관청·회사·사무소 등의) 직원. ⑧ (*pl.*) (주택의) 가사실 《부엌·세탁장·축사(畜舍)·변소 따위》. ***be in* 〔*out of*〕 ~** 재직하고 있다〔있지 않다〕; (정당이) 정

권을 잡고 있다〔에서 물러나 있다〕. *by* 〔*through*〕 *the good* **~s** *of* …의 알선으로.
óffice bòy 급사, 사환. 「원.
of·fice·hold·er [-hòuldər] *n.* 공무
óffice hòurs 집무 시간; 영업 시간.
†**of·fi·cer** [-ər] *n.* ① 관리, 공무원(*a police* ~ 경관). ② (회 등의) 간사, 임원. ③ **장교**, 사관(opp. man). ④ (상선의) 선장, 고급 선원. *an* ~ *of the day* 일직 사관. — *vt.* 《보통 受動》 장교를 배치하다; (장교로서) 지휘〔통솔〕하다.
‡**of·fi·cial** [əfíʃəl] *n.* 직무〔공무〕상의; **공**(公)의; 공식〔공인〕의; 관공서풍의. — *n.* **공무원**, 직원. **~·dom** *n.* Ⓤ 관계(官界); 관료(기질). **of·fi·cial·ése** [-ˌ-í:z] *n.* Ⓤ (완곡하고 이해하기 어려운) 관청 독특한 문체〔용어〕. **~·ism** [-ìzəm] *n.* Ⓤ 관제(官制); (관청적인) 형식주의. ***~ly** *ad.*
of·fi·ci·ant [əfíʃiənt] *n.* 사회자; 사제자(司祭者).
of·fi·ci·ate [əfíʃièit] *vt.* 직무를 행하다; 사회하다; (신부가) 사제하다.
of·fi·ci·nal [əfísənl] *a.* 〖藥〗 약국방에 의한(opp. magistral); (식물 따위) 약용의; 약국에 있는. — *n.* 약국방 약, 매약(賣藥).
of·fi·cious [əfíʃəs] *a.* 참견 잘 하는 (meddlesome); 〖外交〗 비공식의. **~·ly** *ad.* **~·ness** *n.*
off·ing [ɔ́:fiŋ/ɔ́f-] *n.* 난바다. *gain* 〔*keep*〕 *the* ~ 난바다로 나가다, 난바다를 항해하다. *in the* ~ 난바다에; 눈으로 볼 수 있는 곳에, 가까이에; 절박하여.
off·ish [ɔ́:fiʃ/ɔ́f-] *a.* 《口》 쌀쌀한.
off-key [ˊkí:] *a.* 음정〔가락·예상〕이 벗어난.
off-li·cense [ˊlàisəns] *n.* 《英》 (점내에서 음주는 허용되지 않는) 주류 판매 면허(가 있는 가게). 「(*to*).
off-lim·its [ˊlímits] *a.* 출입 금지의
off-line [ˊlàin] *a.* 〖컴퓨터〗 오프라인의, (중앙 처리 장치에) 직결되지 않은; 철도에서 떨어진. 「산할 때의.
off-peak [ˊpí:k] *a.* 절정을 지난, 한
off·print [ˊprìnt] *n.* (잡지의) 발췌 인쇄물. 「나쁜; 당혹하게 하는.
off-put·ting [ˊpùtiŋ] *a.* 《英》 느낌이
off·scour·ings [ˊskàuəriŋz] *n. pl.* 찌꺼기(refuse); 쓰레기; (인간의) 찌끼.
off·screen [ˊskrí:n] *a., ad.* 〖映·TV〗 화면 밖의〔에서〕; 사생활의〔에서〕.
***off-sea·son** [ˊsí:zən] *n., a.* 제철 아님〔아닌〕.
***off·set** [ˊsèt] *n.* ① **차감 계산**; 벌충. ② 〖植〗 분지(分枝). ③ 〖印〗 오프셋판; 〖建〗 벽단(壁段) 《고층 건물 상부의 물러난 부분》. — [ˌˊ/ˊˌ] *vt.* **차감 계산하다**; 〖印〗 오프셋판으로 하다; 〖建〗 (초고층 빌딩을) 벽단식 (壁段式)으로 건축하다.
off·shoot [ˊʃù:t] *n.* 분지(分枝); 지맥(支脈); 지류; 갈랫길; 분파(分派); 분가(分家).
off·shore [ˊʃɔ́:r] *ad.* 난바다로 (향하여). — *a.* 난바다(로)의; 역외(域外)의. ~ *fisheries* 근해 어업(漁業). ~ *purchase* 역외 구입.
óff síde 반대측의; 〖蹴·하키〗 오프사이드의. 「결과.
‡**off·spring** [ˊspriŋ] *n.* **자식**; 자손;
off·stage [ˊstéidʒ] *a.* 무대 뒤의.
off-street [ˊstrí:t] *a.* (뒷)골목의.
off-the-cuff [ˊðəkʌ́f] *a.* 즉석의 《연설 따위》.
off-the-job [ˊðədʒɑ́b/ˊðədʒɔ́b] *a.* 취업시간 이외의; 실직〔일시 해고〕 중인.
off-the-rec·ord [ˊðərékərd] *a., ad.* 기록해두지 않은〔않고〕; 비공개〔비공식〕의〔으로〕.
off-track [ˊtrǽk] *a.* 경마장 밖의.
óff yéar 생산 (활동)이 적은 해; (대통령 선거 같은) 큰 선거가 없는 해.
oft [ɔ:ft/ɔft] *ad.* 《詩·古》 =OFTEN.
†**of·ten** [ɔ́:fən, -tən/ɔ́f-] *ad.* **종종**, **자주**. *as* ~ *as* …때마다. *as* ~ *as not* 종종, 빈번히.
of·ten·times [-tàimz], **oft·times** [ɔ́:fttàimz/ɔ́ft-] *ad.* 《古》 =OFTEN.
o·gee [óudʒi:, ˌˊ] *n.* 〖建〗 반(反)〔S자〕 곡선. 「다).
o·gle [óugəl] *n., vt., vi.* 추파(를 던지
OGO orbiting geophysical observatory 지구 물리 관측 위성.
o·gre [óugər] *n.* (동화의) 사람 잡아먹는 귀신. **~·ish, ó·grish** *a.* 귀신 같은, 무서운.
†**oh** [ou] *int.* 오!; 아!; 앗! — *n.* (*pl.* **~s, ~'s**) oh 하고 외치는 소리; 《美》 제로.
OHG, O.H.G. Old High GERMAN.
***O·hi·o** [ouháiou] *n.* 미국 북동부의 주; (the ~) 오하이오 강.
ohm [oum] *n.* 〖電〗 옴《저항의 단위》.
ohm·me·ter [óummi:tər] *n.* 옴계, 전기 저항계, 〖컴퓨터〗 저항계.
O.H.M.S. On His (*or* Her) Majesty's Service 공용《공문서의 무료 배달 표시》.
o·ho [ouhóu] *int.* 오호!; 하아!, 저런! 《놀람·기쁨·비웃음을 나타냄》.
-oid *suf.* 「…같은 (것), …모양의 (것), …질(質)의 (것)」의 뜻.
†**oil** [ɔil] *n.* ① Ⓤ **기름**; 광유, **석유**; 올리브유; 기름 같은 것. ② (보통 *pl.*) 유화(油畫) 물감, 유화; (*pl.*) 유포(油布). *burn the midnight* ~ 밤이 깊도록 공부하다. ~ *of vitriol* 황산. *pour* ~ *on the* (*troubled*) *waters* 거친 수면에 기름을 퍼붓다; 분쟁을 가라앉히다. *smell of* ~ 고심〔공부〕한 흔적이 보이다. *strike* ~ 유맥(油脈)을 찾아내다; 노다지를 만나다. — *vt.* ① 기름을 바르다 〔치다〕; 기름을 먹이다. ② (지방 따위를) 녹이다; (바퀴 따위)에 기름을 발라서 움직이게 하다. ③ …에 뇌물을 쓰다, 매수하다(bribe); 《英俗》 속이다. — *vi.* (지방 따위가) 녹다. ~ *a person's hand* 〔*palm*〕 아무

O

에게 뇌물을 주다(cf. butter (*v.*)). ～ ***one's tongue*** 아첨하다. ～ ***the wheels*** 바퀴에 기름을 치다; (뇌물 따위로) 일을 원활하게 해나가다. ～**ed** [-d] 기름을 바른. ⌐**·er** *n.* 급유자; 급유기(器)〔장치〕.

oil-bomb [⌐bàm / -bɔ̀m] *n.* 유지 소이탄.

óil bùrner 오일버너; 디젤선(船).

óil càke 기름 찌끼.

***oil·cloth** [⌐klɔ̀:θ/-ɔ̀-] *n.* [U.C] **유포**(油布).

óil còlo(u)r (보통 *pl.*) 유화(油畫) 물감; 유화.

óil drùm 석유 드럼통.

óil ènginе 석유 엔진.

óil fìeld 유전(油田).

óil mèal 기름 찌끼의 분말.

óil pàinting 유화(법).

oil·pa·per [⌐pèipər] *n.* [U] 유지(油紙).

óil prèss 착유기, 기름틀.

oil-rich [⌐rítʃ] *a.* 석유를 풍부하게 산출하는.

óil sànd 유사(油砂), 오일샌드《고점도의 석유를 함유하고 있는 다공성 사암(多孔性砂岩)》.

oil·skin [⌐skìn] *n.* [U] 유포(油布), 방수포; (*pl.*) 방수복《윗도리와 바지》.

óil slìck〔**spìll**〕 수면에 유출한 기름.

oil·stone [⌐stòun] *n.* 기름 숫돌.

oil·stove [⌐stòuv] *n.* 석유 난로.

oil-tank·er [⌐tæ̀ŋkər] *n.* 유조선.

óil wèll 유정(油井).

***oil·y** [ɔ́ili] *a.* ① **기름의**〔같은〕; 기름 바른; 기름 먹인; 번드르르한. ② 말솜씨 좋은. **óil·i·ly** *ad.*

oint·ment** [ɔ́intmənt] *n.* [U.C] **연고**, ***a FLY[1] ***in the*** ～.

OJ [óudʒéi](<*O*range *J*uice) 《美口》 오렌지쥬스.

O·jib·wa(y) [oudʒíbwei] *n.* (*pl.* ～(*s*)), *a.* 원래 5대호(大湖) 부근에 살던 아메리카 토인(의).

‡**OK, O. K.** [óukéi] *a.*, *ad.* 《口》 좋아; 틀림없어, 승인필(畢). —— *vt.* 승인하다. —— *n.* (*pl.* ～'*s*) 승인.

o·ka·pi [oukɑ́:pi] *n.* 오카피《아프리카의 기린 비슷한 동물》.

o·kay, o·key [óukéi] *a.*, *ad.*, *v.*, *n.* 《口》 =OK.

o·key-doke [óukidóuk)], **-do·key** [-i] *a.*, *ad.* 《口》 =OK.

O·khotsk [oukátsk / -ɔ́-], **the Sea of** 오호츠크해.

Okla. Oklahoma.

***O·kla·ho·ma** [òukləhóumə] *n.* 미국 중남부의 주 《생략 Okla.》.

o·kra [óukrə] *n.* [U.C] 〖植〗 오크라(의 깍지) 《식용》.

OL., O. L. Old Latin; 〖電〗 overload. **Ol., Olym.** Olympiad.

†**old** [ould] *a.* (***older, elder; oldest, eldest***) ① **나이먹은**; …**세의**; 오랜; 옛날(부터)의. ② 과거의, 시대에 뒤떨어진, 구식인; **헌**; 못쓰게 된; 이전의; 전시대의, 고대의. ③ 늙은이 같은, 고리타분한. ④ 노성한; 숙련된. ⑤ 그리운. ⑥ 《口》 굉장한 《다른 形容詞 뒤에 붙이는 强勢語》(***have a fine*** ～ ***time*** 즐거운 때를 보내다). ⑦ (색이) 충충한. —— *n.* [U] 옛날. ***of*** ～ 옛날의; 옛날은〔부터〕.

óld áge 노년《대체로 65세 이상》.

old-age [⌐éidʒ] *a.* 노년자의〔를 위한〕, 노인의.

óld-áge pènsion 《英》 양로 연금.

óld bírd 노련가.

óld bónes 노골(老骨), 노체.

óld bóy 《주로 英》 (친근하게) 여보게, 자네(～ chap, ～ fellow); 《英》 졸업생《특히 public school의》; 쾌활한 노인.

óld còuntry, the (이주자 입장에서 본) 모국 《종종 영국 또는 아일랜드를 가리킴》.

Óld Domínion 《美》 Virginia 주의 딴 이름.

***old·en** [⌐ən] *a.* 《詩》 오래된; 옛날의.

Óld Énglish ⇨ ENGLISH; 〖印〗 올드 잉글리시형 문자.

‡**old-fash·ioned** [⌐fǽʃənd] *a.* **유행에 뒤떨어진, 구식의**.

old-fo·g(e)y(·ish) [⌐fóugi(iʃ)] *a.* 구식의.

Óld Frénch 고대 프랑스말《800–1400 년경》.

Óld Glóry, the 미국 국기, 성조기.

óld góld 빛 안 나는 금색.

óld hánd 숙련공, 노련가(*at*).

Óld Hárry 악마.

óld hát 《口》 시대에 뒤떨어진.

Óld Hígh Gérman ⇨ GERMAN.

Óld Icelándic 고대 아이슬란드말.

old·ie, old·y [óuldi] *n.* 《口》 시대에 뒤떨어진 사람〔것〕《특히 유행가, 영화》.

old·ish [⌐iʃ] *a.* 좀 늙은〔오래된〕.

Óld Látin 고대 라틴말《기원전 2 세기 이전》.

old-line [⌐láin] *a.* 보수적인; 역사가 오랜.

óld máid 올드미스, 노처녀; 잔소리 심한 사람; 〖카드〗 도둑놈 잡기.

old-maid·ish [⌐méidiʃ] *a.* 올드미스 같은, 잔소리 심한.

óld mán 《口》 부친; 남편; **보스**, 선장, 사장《우두머리를 가리킴》; (呼稱) 여보게; 숙련자; 〖植〗 쓴쑥의 일종; 〖神〗 죄 많은 자기〔자아〕; 《濠》 수 캥거루.

óld máster (100년 이상 전의) 대화가(의 그림).

Óld Másters, the 《英》 거장전(巨匠展) 《왕립 미술원의 동계(冬季) 전람회》.

Óld Níck 악마.

Óld Nórse 고대 스칸디나비아 말 《Viking 시대부터 1300 년경까지》; =OLD ICELANDIC.

Óld Sáxon 고대 색슨말《800–1100 년경 독일 북서부에서 색슨 사람이 사용한》.

óld schòol tíe 《英》 (public school 졸업생의) 모교 자랑; 학벌 (의식).

óld sóldier 노병, 고참병; 《美俗》 빈 술병.

old·ster [óuldstər] *n.* 《口》 노인.

Óld Stóne Áge, the 구석기 시대.

óld stýle 구체 활자; (the O- S-) (율리우스력(曆)에 의한) 구력(舊曆).

***Óld Téstament, the** ⇨ TESTAMENT.

***old-time** [⌐táim] *a.* **옛날(부터)의**. **-tím·er** *n.* 《口》 고참; 구식 사람.

Óld Tóm 진(gin)술의 일종.

óld wíves' tàle 미신, 어리석은 이

야기. 「머니; 소심한 남자.
óld wóman 노파; 《口》 마누라; 어
old-wom·an·ish [⌐wúməniʃ] *a.* 노파 같은; 잔소리 심한.
old-world [⌐wə́:rld] *a.* 구세계의; 옛날(풍)의; (O- W-) 구세계의《아메리카 대륙 이외의》, 동반구(東半球)의.
Óld Wórld, the 구세계 《유럽·아시아·아프리카》; 동반구.
Óld Yéar's Dày 섣달 그믐날.
o·le·ag·i·nous [òuliǽdʒənəs] *a.* 유질(油質)의; 말주변 좋은.
o·le·an·der [òuliǽndər] *n.* 〖植〗 서양협죽도(夾竹桃). 「산.
o·lé·ic ácid [oulí:ik] 〖化〗 올레인
o·le·in [óuliin] *n.* Ⓤ 〖化〗 올레인《올레인산과 글리세린의 에스테르》.
o·le·o [óuliòu], **o·le·o·mar·ga·rin(e)** [òulioumá:rdʒərì:n] *n.* Ⓤ 동물성 마가린.
o·le·o·phil·ic [òulioufílik] *a.* 〖化〗 친유성(親油性)의.
o·le·o·res·in [òuliourézən] *n.* Ⓤ 함유 수지(含油樹脂).
O-lev·el [óulèvəl] *n.* 《英》 G.C.E 의 기초 학력 시험. 「(嗅覺) (작용).
ol·fac·tion [alfǽkʃən / ɔ-] Ⓤ 후각
ol·fac·to·ry [alfǽktəri / ɔ-] *a.* 후각(嗅覺)의, 냄새의. ── *n.* (보통 *pl.*) 후관(嗅官), 코.
ol·fac·tron·ics [àlfæktrániks / ɔ̀lfæktrɔ́-] *n.* *pl.* 취기(臭氣) 분석학〔법〕.
ol·i·garch [áləgà:rk/ɔ́l-] *n.* 과두(寡頭) 정치의 집정자(執政者). **-gar·chy** *n.* ⓊⒸ 과두 정치(국); Ⓒ 과두 정치 집정자. **ol·i·gar·chic** [⌐-gá:rkik], **-chi·cal** [-əl] *a.*
o·lig·o·mer [əlígəmər] *n.* 〖化〗 올리고머《구조 단위의 반복이 2-20 정도의 중합체》. 「수 독점, 과점(寡占).
ol·i·gop·o·ly [àləgápəli/ɔ̀ligɔ́-] *n.* 소
‡**ol·ive** [áliv/ɔ́-] *n., a.* **올리브 나무**〔열매〕; Ⓤ 올리브 재목; ⓊⒸ 올리브색《황록색·(살갗의) 미색》(의).
ólive brànch 올리브 가지《평화의 상징》; 화평〔화해〕의 제의; 자식.
ólive cròwn (옛 그리스의 승리자가 쓴) 올리브 관(冠).
ólive dráb 《美》 짙은 황록색(의 군
ólive òil 올리브유(油). 「복).
ol·i·vine [álәvì:n/ɔ̀lәví:n] *n.* Ⓤ 〖鑛〗 감람석(橄欖石).
ol·la [álə/ɔ́-] *n.* (스페인·중남미의) 흙으로 만든 물독; Ⓤ 스튜(stew).
ol·o·gy [álədʒi/ɔ́-] *n.* (보통 *pl.*) 《口》 과학, 학문.
O·lym·pi·a [oulímpiə] *n.* 고대 올림픽이 열렸던 그리스의 평야; 미국 Washington 주의 주도.
O·lym·pi·ad [oulímpiæ̀d] *n.* (옛 그리스의) 올림피아기(紀) 《한 올림피아 경기로부터 다음 경기까지의 4년간》; 국제 올림픽 대회.
O·lym·pi·an [oulímpiən] *a.* 올림푸스산의; 신과 같은; 하늘 (위)의; 당당한; 거드름 빼는; Olympia 의. ***the* ~ *Games*** (고대의) 올림피아 경기.
── *n.* 올림푸스 산의 신; 올림픽 대회 출전 선수.
‡**O·lym·pic** [oulímpik, ə-] *a.* **올림피아 경기의**; Olympia 의. ── *n.* (the ~s) 국제 올림픽 대회.
Olýmpic Gámes, the (고대의) 올림피아 경기; 국제 올림픽 대회.
***O·lym·pus** [oulímpəs] *n.* **올림푸스 산**《그리스의 여러 신들이 살고 있었다 함》; 하늘.
O. M. 《英》 Order of Merit.
O·man [oumá:n] *n.* 아라비아 남동부에 있는 토후국.
O·mar Khay·yam [óuma:r kaijá:m] (?–1123?) 페르시아의 시인.
o·ma·sum [ouméisəm] *n.* (*pl.* **-sa** [-sə]) 겹주름위《반추 동물의 제 3 위(胃)》.
***o·me·ga** [oumégə, -mí:-, -méi-] *n.* 그리스어 알파벳의 끝글자(Ω, ω); 최후; 〖理〗 오메가 중간자. 「렛.
***om·e·let(te)** [ámәlit / ɔ́m-] *n.* **오믈**
‡**o·men** [óumən] *n., vt.* ⒸⓊ **전조**(가 되다).
om·i·cron [ámikràn, óu-/ɔ́mikrɔ̀n] *n.* 그리스어 알파벳의 열 다섯째 글자(Ο, ο).
***om·i·nous** [ámənəs / ɔ́mə-] *a.* **불길한**; 험악한; 전조(前兆)의(*of*). **~·ly** *ad.* 「있는.
o·mis·si·ble [oumísəbəl] *a.* 생략할 수
***o·mis·sion** [oumíʃən] *n.* ⓊⒸ ① **생략(물)**; 탈락(물). ② 태만. ***sins of* ~** 태만죄.
‡**o·mit** [oumít] *vt.* (**-tt-**) **생략하다**; (…하기를) 잊다; 게을리하다.
omni- 「전(全), 총(總), 범(汎)」의 뜻의 결합사: *omni*potent.
om·ni·bus** [ámnəbʌ̀s, -bəs / ɔ́m-] *n.* **승합마차**〔자동차〕, 버스; = ⌐ **bóok** 한 작가의 한 권으로 된 작품집. ── *a.* 잡다한 것을 포함한, 총괄적인. **~ *film 옴니버스 영화.
ómnibus vólume = OMNIBUS BOOK.
om·ni·com·pe·tent [àmnikámpətənt/ɔ̀mnikɔ́m-] *a.* 전권(全權)을 쥔.
om·ni·di·rec·tion·al [-dirékʃənəl] *a.* 〖電子〗 전(全)방향성의.
om·ni·far·i·ous [-fέəriəs] *a.* 잡다한, 가지각색의.
om·nif·ic [amnífik/ɔ-] *a.* 만물을 창조하는.
om·nip·o·tent [amnípətənt / ɔ-] *a.* 전능의. ── *n.* (the O-) 전능의 신. **-tence** *n.* Ⓤ
om·ni·pres·ent [àmnəprézənt / ɔ̀-] *a.* 편재(遍在)하는. **-ence** *n.* Ⓤ
om·ni·range [ámnərèindʒ / ɔ́-] *n.* 〖空〗 옴니레인지, 전(全)방향식 무선표지(標識).
om·nis·cient [amníʃənt/ɔm-] *a.* 전지(全知)의. ── *n.* (the O-) 하느님. **om·nis·cience** *n.* Ⓤ
om·ni·tron [ámnitràn / ɔ́mnitrɔ̀n] *n.* 옴니트론《다목적 핵파괴 장치》.
om·ni·um-gath·er·um [àmniəmgǽðərəm/ɔ̀-] *n.* 뒤섞인 것.
om·niv·o·rous [amnívərəs/ɔ-] *a.* 무

O

엇이나 먹는; 잡식의; 무엇이든지 좋다는 식의(*an ~ reader* 난독가(亂讀家)). **~·ly** *ad.*

OMR 〖컴퓨터〗 optical mark reader 광학 마크 판독기.

†on [ɑn, ɔːn/ɔn] *prep.* ① 《接觸》 …의 위에[의], …에. ② 《根據·理由》 …에 의거하여(*act on principle*). ③ 《近接》 …의 가까이에, …에 연하여(*on the other hand* 딴 면에서는). ④ 《運動·感情의 方向》 …를 향하여(toward) (*march on Paris*), …에 대해서. ⑤ 《날짜·때·結果》 …에, …와 동시에, …한 다음에(*on Sunday/ on the instant* 즉시로). ⑥ 《狀態》 …하여(*be on fire* 타고 있다). ⑦ 《關係》 …에 관계하여, …에 대하여(about) (*a book on music*). ⑧ 《手段》 …으로(*play on the piano*). ⑨ 《累加》 …에 더하여(*heaps on heaps* 쌓이고 쌓여). **—** *ad.* ① 위에. ② 향하여. ③ 진행하여, 행해져서(*'Othello' is on.* 「오셀로」 상연중). ④ (가스·전기)가 통하여. AND *so on.* ***be on*** 《俗》 내기에 응하다. ***be well on*** 잘 되어가다; (내기에) 이길 듯하다. ***from that day on*** 그날 이후. ***neither off nor on*** 관계없는(*to*); 우유부단한. ***on and*** OFF. ***on and on*** 계속하여, 자꾸.

ON, ON., O.N. Old Norse.

o·nan·ism [óunənìzəm] *n.* Ⓤ 성교중절(피임 등을 목적한); 수음(手淫).

†once [wʌns] *ad.* ① **한 번**, 한 곱. ② **일찌기**; (장래) 언젠가. ③ 일단 …하면. ***more than ~*** 한 번만이 아니고, 여러번이나. ***~ and again*** 몇 번이고. ***~ for all*** 한[이]번만; 단호히. ***~ in a way*** [*while*] 간혹. ***~ over*** 다시 한 번. ***~ too often*** 늘, 자주. ***~ upon a time*** 옛날. **—** *n.* Ⓤ 한번, 동시. ***all at ~*** 갑자기; 일제히. ***at ~*** 즉시; 동시에. ***for*** (*this*) ***~*** 이번만은. **—** *conj.* 한 번 …하면, …하자마자. **—** *a.* 이전의.

once-off [⌐ɔ́ːf] *a.* 1회뿐인[로 끝나는].

once-o·ver [⌐òuvər] *n.* 《美口》 대충 한번 훑어 보기. ***give a person*** [*thing*] ***the ~*** 아무를 한 번 만나두다[물건을 대충 봐두다].

onc·er [wʌ́nsər] *n.* 《英口》 1파운드 지폐; 한번만 하는 사람.

on·co·gene [ɑ́ŋkədʒìːn / ɔ́-] *n.* 발암(發癌) 유전자. 「종양학(腫瘍學).

on·col·o·gy [ɑŋkɑ́lədʒi/ɔŋkɔ́-] *n.* Ⓤ

on·com·ing [ɑ́nkʌ̀miŋ, ɔ́ː-] *a.* 다가오는. **—** *n.* Ⓤ 접근. 「비.

on·cost [ɑ́nkɔ(ː)st/ɔ́-] *n.* 《英》 간접

†one [wʌn] *a.* **하나의**; 동일한; 일체(一體)의; 어떤; (the ~) 유일한. ***all ~*** 전혀 같다, 어떻든 상관없는 일이다. ***for ~ thing*** 한 예를 들면. ***~ and the same*** 동일한. **—** *n.* 하나, 한 개, 한 사람. ***all in ~*** 전부가 하나로 되어서. ***at ~*** 일치하여. ***make ~*** (회 등의) 일원이 되다; 하나로 되다; 결혼으로 결합하다. ***~ and all*** 누구나 다. ***~ by ~*** 하나[한 사람]씩. **—** *pron.* 사람; 누구나; 《名詞의 반복을 피하여》 그것. ***no ~*** 아무도 …아니다. ***~ another*** 서로. ***~..., another*** [*the other*]... 한 편은 …또 한 편은 …. ***the ~ ..., the other*** 전자는 … 후자는. **⌐·ness** *n.* Ⓤ 단일[동일, 일체, 통일]성.

1- [wʌn] 숫자 1의 연결형. **1-A** [wʌ́néi] 〖美軍〗 A종《전투 요원 후보》, 갑종 합격. **1-A-O** [-éiou] 〖美軍〗 A종 합격한 양심적 참전 거부자《비전투 요원 후보》. **1-C** [-síː] 〖美軍〗 C종《비 전투 요원 후보》. **1-D** [-díː] 〖美軍〗 D종《예비군 후보; 군사 교련을 받는 학생 등》. **1-O** [-óu] 〖美軍〗 A종 이외의 양심적 참전 거부자《일반 작업 노동을 함》. **1-S** [-és] 〖美軍〗 S종《학교 졸업시까지의 징병 유예자》.

one-armed [⌐ɑ́ːrmd] *a.* 외팔의.

óne-armed bándit 도박용 슬롯머신.

óne-base hít [⌐bèis] 〖野〗 단타(單打). 「의.

one-eyed [⌐áid] *a.* 애꾸눈의, 외눈

one-horse [⌐hɔ́ːrs] *a.* 말 한 필이 끄는; 《美口》 보잘것 없는, 빈약한.

O'Neill [ouníːl], **Eugene** (1888-1953) 미국의 극작가.

o·nei·ro·man·cy [ounáirəmæ̀nsi] *n.* 꿈점(占).

one-legged [wʌ́nlégid] *a.* 한[외]다리의.

one-man [⌐mæ̀n] *a.* 한 사람만의, 개인의(*a ~ show* 개인전(展)).

óne-night stánd [⌐nàit] 《美》 하룻밤만의 흥행. 「(의).

one-piece [⌐pìːs] *a., n.* (옷이) 원피스

on·er·ous [ɑ́nərəs/ɔ́-] *a.* 귀찮은, 부담이 되는. 「one is의 단축.

‡one's [wʌnz] *pron.* one의 소유격;

one-seat·er [wʌ́nsíːtər] *n.* 1인승의 자동차[비행기].

†one·self [wʌnsélf] *pron.* 스스로; 자기 자신을. ***be ~*** (심신이) 정상이다; 자연스럽게 행동하다.

one-shot [⌐ʃɑ́t] *a.* 《俗》 1회[1예] 뿐인.

one-sid·ed [⌐sáidid] *a.* 한 쪽만 있는; 한 쪽으로 치우친; 균형이 맞지 않는; 문제의 한 쪽 면밖에 보지 못하는, 편파적인.

one-step [⌐stèp] *n., vi.* (**-pp-**) 원스텝(을 추다); 그 곡.

one-time [⌐tàim] *a.* 이전의.

one-to-one [⌐tə⌐] *a.* 1대 1의, 한 쌍이되는. 「인; 《口》 편협한.

one-track [⌐træ̀k] *a.* (철도가) 단선

one-two [wʌ́ntúː] *n.* 〖拳〗 원투(*a ~ to the jaw*).

one-up [⌐ʌ́p] *a.* 한 발 앞선, 한 수 위인. **—** *vt.* (**-pp-**) …의 한 수 위로 나오다(*You have ~ped me.* 나보다 한 발 앞선 일을 했다).

one-up·man·ship [-mənʃip] *n.* Ⓤ

상대보다 일보 앞서기; 우월감.
one-way [⌐wéi] *a.* 일방 통행〔교통〕의; 편도(片道)의; 일방적인.
one·world·er [⌐wə́:rldər] *n.* 국제주의자.
ONF Old North French.
on·fall [ánfɔ̀:l/ɔ́-] *n.* 습격(assault).
on·go·ing [⌐gòuiŋ] *a.*, *n.* 전진(하는); (*pl.*) (기묘한) 행위(goings-on).
ONI Office of Naval Intelligence 《美》 해군 정보부.
‡**on·ion** [ʌ́njən] *n.* Ⓤ Ⓒ **양파**; Ⓤ 양파 냄새; Ⓒ 《俗》 인간. ***know one's* ~*s*** 《俗》 자기 일에 정통하고 있다. ***off one's* ~(*s*)** 《주로 英》 어리석은; 머리가 돈. **~·y** *a.*
on·ion·skin [-skìn] *n.* Ⓤ 광택 있는 얇은 반투명지.
on-li·cense [ánlàisəns/ɔ́-] *n.* Ⓤ 《英》 점내(店內) 주류 판매 허가.
on-lim·its [⌐límits] *a.* 〖軍〗 출입 허가의.
on-line [⌐làin] *a.* 〖컴퓨터〗 온라인의, (중앙 처리 장치에) 직결한.
ón-line réal tíme sỳstem 〖컴퓨터〗 직결 실(實)시간 처리 방식.
on·look·er [⌐lùkər] *n.* 방관자. **ón-look·ing** *a.* 방관하는.
†**on·ly** [óunli] *a.* **유일한**, 단 하나〔한 사람〕의; 최상의. ― *ad.* **오직**, 단지; 겨우, …만. ***have* ~ *to*** (do) (…하기)만 하면 된다. ***if* ~** …하기만 하면; …라면 좋을 텐데. ***not* ~ … *but* (*also*)** …뿐만 아니라 또한. **~ *just*** 이제 막 …한. **~ *not*** (*a child*) 거의 (어린이나) 마찬가지. **~ *too*** 유감스럽게도; 대단히. ― *conj.* 단, 오직; …을 제외하고(*that*).
on·o·mat·o·poe·ia [ànəmæ̀təpí:ə/ɔ̀-] *n.* Ⓤ 〖言〗 의성(법); Ⓒ 의성어; 〖修〗 Ⓤ 성유(聲喩)법. **-poe·ic** [-pí:ik], **-po·et·ic** [-pouétik] *a.*
on·rush [ánrʌʃ/ɔ́-] *n.* 돌진; 분류.
***on·set** [⌐sèt] *n.* **공격**; 개시.
on·shore [⌐ʃɔ́:r] *a.*, *ad.* 육지를 향하는〔향하여〕; 육상의〔에서〕.
on·side [⌐sáid] *a.*, *ad.* 〖美式蹴·하키〗 정규 위치의〔에〕.
on-site [ánsàit] *a.* 현장〔현지〕(에서)의.
on·slaught [⌐slɔ̀:t] *n.* 맹공격.
Ont. Ontario.
***On·tar·i·o** [antέəriòu/ɔn-] *n.* ① 캐나다 남쪽의 주. ② (Lake ~) 온타리오호《미국·캐나다 사이의》.
***on·to** [強 ántu:, ɔ́:n-/弱 -tə] *prep.* …의 **위에**.
on·tog·e·ny [antádʒəni/ɔntɔ́dʒ-] *n.* Ⓤ 〖生〗 개체 발생.
on·tol·o·gy [antálədʒi/ɔntɔ́l-] *n.* Ⓤ 〖哲〗 존재론, 실체론. **on·to·log·ic** [àntəládʒik/ɔ̀ntəlɔ́-], **-i·cal** [-əl] *a.*
o·nus [óunəs] *n.* 책임; 무거운 짐.
‡**on·ward** [ánwərd/ɔ́-] *a.* **전방으로의**, 전진의. ― *ad.* **전방에**; 나아가서. ‡**~s** *ad.* =ONWARD.
on·y·mous [ánəməs/ɔ́n-] *a.* 이름을 밝힌.
on·yx [ániks/ɔ́-] *n.* Ⓤ 〖鑛〗 오닉스, 얼룩마노(瑪瑙).
OOC Office of Censorship 검열국.
o·o·go·ni·um [òuəgóuniəm] *n.* (*pl.* **-nia** [-niə], **-ums**) 〖生〗 장란기(藏卵器).
oo·long [ú:lɔ(:)ŋ, -laŋ] *n.* Ⓤ (중국산) 우롱차(烏龍茶).
oops [u:ps] *int.* 어렵쇼, 아뿔싸.
***ooze**[1] [u:z] *vi.* **스며나오다**, 줄줄 흘러 나오다; (비밀 등이) 새다(*out*); (용기 등이) 점점 없어지다(*away*). ― *vt.* 스며나오게 하다. ― *n.* Ⓤ 스며나옴; 분비물. **óoz·y**[1] *a.* (줄줄) 스며나오는.
ooze[2] *n.* Ⓤ (해저·강바닥 등의) 갑탕흙. **óoz·y**[2] *a.* 갑탕흙의; 곤죽같은.
op [ap/ɔp] *n.* =⌐ **árt** 광학 예술.
OP observation post 〖軍〗 관측소.
op. *opera*; operation; opposit; *opus* (L. =work). **O. P.** opposite prompt side (극장의) 프롬프터의 반대쪽. **o. p.** out of print 절판(絶版); over proof (알코올분이) 공인량(公認量)을 초과한. **OPA** 《美》 Office of Price Administration.
o·pac·i·ty [oupǽsəti] *n.* Ⓤ 불투명(체); 모호; 우둔.
***o·pal** [óupəl] *n.* Ⓤ 〖鑛〗 **단백석**(蛋白石), 오팔.
o·pal·esce [òupəlés] *vi.* (단백석 같은) 젖빛 광택을 내다. **-és·cence** *n.* Ⓤ 젖빛. **-cent** *a.* 젖빛 광택을 내는.
ópal glàss 유백색 유리(opaline).
o·pal·ine [óupəlàin, -li:n] *a.* 단백석의, 단백석 같은; 젖빛 광택을 내는. ― [-li:n] *n.* Ⓤ 젖빛 유리.
***o·paque** [oupéik] *a.* **불투명한**; 광택 없는, 충충한(dull); 불명료한; 우둔한.
op. cit. [áp sít/ɔ́p-] *opere citato* (L. =in the work cited) 앞에 든 책에 〔인용서에〕.
ope [oup] *v.*, *a.* 《古》 =OPEN.
OPEC [óupek] Organization of Petroleum Exporting Countries 석유 수출국 기구.
óp-éd páge [ápéd] 《美》 (신문의) 특별해설 기사면.
†**o·pen** [óupən] *a.* ① **열린**; 드러나 있는; **노출된**. ② 무개(無蓋)의. ③ 펼쳐진; **넓은**. ④ **공개의**, 공공의; 이용할 수 있는; 자유로운. ⑤ (지위·직 등이) 비어 있는(unfilled). ⑥ 관대한. ⑦ **솔직한**. ⑧ 미결정의. ⑨ 〖軍〗 (도시가) 무방비의, (국제법상) 보호를 받고 있는. ⑩ **공공연한**. ⑪ (직물이) 발이 성긴. ⑫ 개점〔개업·개회〕 중인, 개최 중인. ⑬ (감화 등) 받기 쉬운, (…을) 면할 수 없는(subject) (*to*). ⑭ (지식·사상 등을) 받아들이기 쉬운(*to*). ⑮ (강·바다 등이) 얼지 않는. ⑯ 해금(解禁)의; 《美口》 주류 판매·도박을 허용하고 있는. ⑰ 〖樂〗 개방음의. ⑱ 〖音聲〗 (모음이) 개구음(開口音)인, (자음이) 개구적인. ⑲ 〖印〗 (활자가) 음각(陰刻)의. ***be* ~ *to*** …을 쾌히 받아들이다; …을 받기 쉽다; …에 문호가 개방되어 있다. ***be* ~ *with*** …에게 숨김이 없다. ***have an* ~ *hand*** 인색하지 않다. ***keep one's mouth* ~** 걸신들

려 있다. —*n.* 빈터, 광장; (the ~) 넓은 장소〔해면〕, 옥외(屋外). —*vt.* 열다; 펴다; 트다; 개간하다; (대열 등을) 벌이다; 공개하다; 개업하다; 개시하다; 털어놓다; 누설하다 (*to*). —*vi.* 열리다; 넓어지다; (마음 등이) 커지다; 시작하다(*with*); (대열 등이) 벌어지다; 〖海〗 보이게 되다. ~ ***into*** …로 통하다. ~ ***on*** …에 면하다〔통하다〕. ~ ***one's eyes*** 깜짝 놀라다. ~ ***out*** 열다; 펴(지)다; 발달시키다〔하다〕; 속을 터놓다. ~ ***the door to*** …에 기회〔편의〕를 주다. ~ ***up*** 열다; 펴다; 개발하다; 나타내다; 개시하다. ‡~**·ly** *ad.* 솔직히; 공공연히.

ópen áccess 《英》 (도서관의) 개가식(開架式).

ópen áir 옥외, 야외.

‡**o·pen-air** [-έər] *a.* 옥외〔야외〕의.

o·pen-and-shut [-ənʃʌ́t] *a.* 명백한.

o·pen-armed [-ɑ́:rmd] *a.* 두 팔을 벌린; 충심으로부터의.

ópen bállot 무기명 투표.

ópen bóat 갑판이 없는 배.

ó·pen-book examinátion [-bùk] 교과서·참고서 등의 지참을 허용하는 시험.

ópen cár 무개차(無蓋車).

o·pen·cast [-kæ̀st/-ɑ̀:-] *n., ad., a.* 《주로 英》 =OPEN-PIT.

ópen chámpion 자유 경쟁의 우승자.

ópen cíty (국제법상 보호를 받는) 무방비〔비무장〕 도시.

ópen cóuntry 전원(田園).

ópen cóurt 공개 법정.

open·cut [-kʌ̀t] *n., ad., a.* =OPEN-PIT.

ópen dóor (통상상의) 문호 개방.

o·pen-eared [-íərd] *a.* 경청하는.

o·pen-end [-énd] *a.* 〖經〗 (투자 신탁의) 자본액 가변(可變)의 (opp. closed-end); 광고 방송의 문구를 넣을 부분을 비워 둔《녹음》.

o·pen·er [-ər] *n.* 여는 사람, 개시자; 여는 물건, 병〔깡통〕따개.

o·pen-eyed [-áid] *a.* 눈을 뜬; 깜짝 놀란; 방심하지 않는.

o·pen-field [-fì:ld] *a.* 공동 경작의.

ópen fórum 공개 토론회.

o·pen-hand·ed [-hǽndid] *a.* 활수한.

o·pen-heart·ed [-hɑ́:rtid] *a.* 솔직한; 친절한.

ópen hóuse 공개 파티; (학교 따위의) 공개일(日); 손님을 환대하는 집. ***keep*** ~ (언제나) 손님을 환대하다.

ópen hóusing 《美》 주거 개방《인종·종교에 의한 주택 매매의 차별 금지》.

‡**o·pen·ing** [óupəniŋ] *n.* ① Ⓤ 열기. ② 개시; 모두(冒頭). ③ 구멍, 틈. ④ 빈터, 광장. ⑤ 취직 자리. ⑥ 기회. —*a.* 개시의.

ópening bàtsman 〖野〗 (그 회의) 선두 타자.

ópen létter 공개장.

ó·pen-már·ket operátion [-mɑ́:rkit] 〖經〗 (중앙 은행의) 공개 시장 조작.

o·pen-mind·ed [-máindid] *a.* 편견 없는.

o·pen-mouthed [-máuðd, -θt] *a.* 입을 벌린; (놀라서) 입을 딱 벌린; 욕심사나운; 시끄러운.

o·pen-pit [-pìt] *n., ad., a.* 노천굴(掘)(로〔의〕).

ópen-pit míning 노천 채광.

ópen pórt 자유항; 부동항.

ópen prímary 《美》 공개 예선 대회《투표자의 소속을 명시하지 않는 직접 예비 선거》.

ópen príson 경비(警備)를 최소한으로 줄인 교도소.

ópen quéstion 미결 문제.

ópen sándwich 위에 빵을 겹쳐 놓지 않은 샌드위치.

ópen séa, the 공해(公海).

ópen séason 수렵〔어업〕 해금기(解禁期).

ópen sécret 공공연한 비밀.

ópen sésame 「열려라 참깨」《문 여는 주문(呪文)》; 바라는 결과를 가져오는 유효한 수단.

ópen shélf 《美》 =OPEN ACCESS.

ópen shóp 개방 공장《비노조원도 고용하는 공장》(opp. closed shop).

ópen sýllable 개음절(開音節)《모음으로 끝나는》.

Ópen Univérsity 영국의 방송 대학《1971 년 발족》.

o·pen·work [-wə̀:rk] *n.* Ⓤ 도림질 세공.

‡**op·er·a** [ɑ́pərə/ɔ́-] *n.* ⓊⒸ 가극, 오페라, 가극의 상연; Ⓒ 가극장.

o·pe·ra *n.* (F.) opus 의 복수.

op·er·a·ble [ɑ́pərəbəl/ɔ́-] *a.* 실시 가능한; 수술이 가능한.

op·éra bouffe [ɑ́pərə bú:f /ɔ́-] (F.) 희가극.

ópera glàss(es) 관극용의 소형 쌍안경.

ópera hàt 오페라 해트《접을수있는 실크해트》.

ópera hòuse 가극장.

op·er·and [ɑ́pəræ̀nd/ɔ́-] *n.* 〖數〗 연산수(演算數), 피연산 함수.

‡**op·er·ate** [ɑ́pərèit / ɔ́-] *vi.* ① (기계 등이) 움직이다, 일하다. ② 작용하다, 영향을 미치다(*on, upon*). ③ (약이) 듣다. ④ 수술을 하다(*on, upon*). ⑤ 군사 행동을 취하다. —*vt.* 운전〔조종〕하다; 《美》 경영하다.

op·er·at·ic [ɑ̀pərǽtik/ɔ̀-] *a.* 오페라(풍)의.

op·er·at·ing** [ɑ́pərèitiŋ/ɔ́-] *a.* 수술(용)의; 경영〔운영〕상의. ~ ***expenses 운영비; 수술비. ~ ***room*** 〔***table***〕 수술실〔대〕. ~ ***theater*** (계단식) 수술 교실.

‡**op·er·a·tion** [ɑ̀pəréiʃən/ɔ̀-] *n.* ① Ⓤ 가동, 작용. ② Ⓤ 행동, 활동. ③ ⓊⒸ 효과, (약의) 효력. ④ ⓊⒸ 방법; (기계의) 운전. ⑤ ⓊⒸ 사업; 경영. ⑥ Ⓤ 실시. ⑦ 수술. ⑧ 〖數〗 운산(運算). ⑨ (보통 *pl.*) 〖軍〗 군사 행동, 작전. ⑩ 투기 매매, (시장의) 조작. ***come*** 〔***go***〕 ***into*** ~ 운전〔활동〕을 시작하다; 실시되다; 유효하게 되다. ***in*** ~ 운전〔활동, 실시〕중에. ***put into*** ~ 실시하다. *~**·al** *a.* 조작상의; 〖軍〗 작전상의.

operátions 〔《英》 **operátional**〕 **resèarch** 기업 경영상의 과학적 조사 연구; 작전 연구《생략 OR》.

operátions ròom 작전실.

***op·er·a·tive** [ɑ́pərətiv, -rèi- / ɔ́-] *a.*

일〔활동〕하는; 운전〔작용〕하는; 효력 있는, (약 등) 잘 듣는; 수술의; 실시의. **become ~** 실시되다. **—— n.** 직공; 《美口》 탐정, 형사.

‡**op·er·a·tor** [ápərèitər/ɔ́-] *n.* ① (기계의) **운전자**; (전신) 기사; (전화) 교환수. ② (외과) 수술자. ③ 《美》 경영자. ④ 〖證〗 투기사. ⑤〖數〗 연산자. ⑥〖컴퓨터〗 연산자; 조작원. ⑦〖遺傳〗 작동 유전자(~ gene).

o·per·cu·lum [oupə́:rkjələm] *n.* (*pl.* **-la** [-lə], **~s**) 〖植〗 삭개(蒴蓋), 선개(鮮蓋); 〖動〗 (조개의) 딱지, (물고기의) 아감딱지.

op·er·et·ta [àpəréta / ɔ̀-] *n.* 소희가극, 오페레타.

op·er·on [ápəràn/ɔ́pərɔ̀n] *n.* 오페론 《유전자의 형질 발현에 관한 유전 단위》.

oph·thal·mi·a [ɑfθǽlmiə/ɔ-] *n.* 안염(眼炎). **-mic** *a.* 눈의.

oph·thal·mol·o·gy [àfθælmálədʒi / ɔ̀fθælmɔ́l-] *n.* Ⓤ 안과학. **-gist** *n.* 안과 의사.

o·pi·ate [óupiit] *n.*, *a.* 아편제(劑); 《口》 마취제; 진정제; 아편을 함유한; 최면〔진정〕의.

o·pine [oupáin] *vt.*, *vi.* 의견을 말하다, 생각하다(*that*).

‡**o·pin·ion** [əpínjən] *n.* ① ⓊⒸ **의견**. ② (보통 *pl.*) 소신. ③ 평가, 평판. ④ ⓊⒸ 전문가의 의견, 감정; Ⓤ 여론. ***act up to one's ~s*** 소신을 실행하다. ***be of (the) ~ that*** …라고 믿다. ***have a good*** 〔***bad***〕 ***~ of*** …을 좋게〔나쁘게〕 생각하다; …을 신용하다〔하지 않다〕. ***have the courage of one's ~s*** 소신을 당당하게 표명하다.

o·pin·ion·at·ed [-èitid], **-a·tive** [-èitiv] *a.* 자설(自說)을 고집하는, 독단적인.

o·pin·ion·naire [əpìnjənέər] *n.* 앙케트, 조목별 질문표(cf. *questionnaire*).

opínion pòll 여론 조사.

Ó pìp. [óu píp] 《軍俗》 OBSERVATION POST.

***o·pi·um** [óupiəm] *n.* Ⓤ **아편**. **~-ism** [-ìzəm] *n.* Ⓤ 아편 중독.

ópium dèn 아편굴.

ópium èater 〔**smòker**〕 아편쟁이.

ópium pòppy 〖植〗 양귀비.

Ópium Wàr, the (영국·청나라간의) 아편 전쟁(1839–42).

OPM other people's money 남의 돈; output per man, 1인당 생산량.

o·pos·sum [əpásəm / əpɔ́-] *n.* 〖動〗 (미국 남부산) 주머니쥐(cf. possum). ***play ~*** 《美俗》 죽은 시늉을 하다.

opp. oppose(d); opposite.

op·po [ɑpóu] *n.* 《英俗》 친한 동료.

‡**op·po·nent** [əpóunənt] *n.* **적**, 상대; 반대자. **—— a.** **대립〔반대〕하는**.

***op·por·tune** [àpərtjú:n / ɔ́pər⌐] *a.* **형편 좋은**; 행운의; 적절한. **~·ly** *ad.* **-tun·ism** [-ìzəm] *n.* Ⓤ 기회주의. **-tun·ist** *n.*

‡**op·por·tu·ni·ty** [-nəti] *n.* ⓊⒸ **기회**, 호기.

op·pos·a·ble [əpóuzəbəl] *a.* 반대〔대항〕할 수 있는; 마주보게 할 수 있는.

‡**op·pose** [əpóuz] *vt.* **반대하다**; 저항하다; 방해하다; 대항시키다; 대조시키다; 맞보게 하다.

op·posed** [-d] *a.* **반대의**, 적대〔대항〕하는; 대립된; 마주 바라보는. ***be ~ to …에 반대이다.

‡**op·po·site** [ápəzit/ɔ́-] *a.* **마주 보는**; 반대의, **역**(逆)**의**; 〖植〗 대생(對生)의. **—— n.** 반대의 것; 반대자〔어〕. **—— ad.** 반대〔맞은〕 쪽에. **—— prep.** …의 맞은〔반대〕 쪽의〔에〕.

ópposite númber 대등한 지위에 있는 사람; 대등한 위치.

‡**op·po·si·tion** [àpəzíʃən / ɔ̀-] *n.* ⓊⒸ ① **반대**, 저항; 대항; 방해; 대조. ② 반대당. ***in ~ to*** …에 반대하여. ***the*** 〔***His, Her***〕 ***Majesty's O-*** 《英》 야당. ③〖天〗 충(衝).

‡**op·press** [əprés] *vt.* **압제하다**; **압박하다**; 답답한 느낌을 주다; 우울하게 하다. ***op·prés·sor** *n.* **압제자**.

‡**op·pres·sion** [əpréʃən] *n.* ⓊⒸ ① **압박**; 압제(tyranny). ② 우울; 답답함(dullness).

***op·pres·sive** [əprésiv] *a.* ① **압제적인**; 가혹한. ② 답답한. **~·ly** *ad.* **~·ness** *n.*

op·pro·bri·ous [əpróubriəs] *a.* 입이 건; 모욕적인, 상스러운; 창피한. **~·ly** *ad.* **-bri·um** *n.* Ⓤ 불명예; 욕.

OPS, O.P.S. Office of Price Stabilization 물가 통제국.

op·si·math [ápsimæ̀θ/ɔ́-] *n.* 만학(晩學)하는 사람.

op·so·nin [ápsənin/ɔ́p-] *n.* 〖生化〗 옵소닌《혈청 속에 있어 세균의 힘을 약화시키는 물질》.

opt [ɑpt/ɔ-] *vi.* 선택하다(*for; between*). ***~ing out*** 〖經〗 (국제 통화 기금 특별 인출권의) 선택적 거부권.

opt. optative; optical; optician; optics; optional.

op·ta·tive [áptətiv / ɔ́-] *a.* 〖文〗 기원(祈願)을 나타내는. **—— n.** 기원법(의 동사).

***op·tic** [áptik/ɔ́-] *a.* **눈의**; 시각의. **—— n.** 《諧》 눈. ***~s** *n. pl.* 《單數取扱》 **광학**(光學). ***óp·ti·cal** *a.* **눈의**; 시력의〔을 돕는〕; 광학(상)의.

óptical árt =OP (ART)

óptical máser 광(光)메이저, 레이저.

op·ti·cian [ɑptíʃən / ɔ-] *n.* 안경상, 광학 기계상.

***op·ti·mism** [áptəmìzəm/ɔ́pt-] *n.* Ⓤ **낙천주의**(opp. pessimism). **-mist** *n.* 낙천가. ***op·ti·mís·tic** [⌐-místik] *a.* **낙천적인**.

op·ti·mum [áptəməm/ɔ́p-] *n.* (*pl.* **~s**, **-ma** [-mə]) 〖生〗 (성장·번식 등의) 최적(最適) 조건. **—— a.** 최적의, 최선(最善)의.

op·tion** [ápʃən/ɔ́-] *n.* ① ⓊⒸ **선택권**, 선택의 자유, 수의(隨意). ② 선택물. ③ 〖商〗 (일정한 프리미엄을 지불하고 계약 기간 중 언제든지 할 수 있는) 선택 매매권. ***have no ~ but to do …하는 수밖에 없다. ***make one's ~*** 선택하다. ***~·al** *a.*

op·to·e·lec·tron·ics [àptouilèktrániks/ɔ́ptouilèktrɔ́-] *n. pl.* 광전자공학.

op·tom·e·ter [aptámitər / ɔptɔ́m-] *n.* 시력 측정 장치.

op·tom·e·try [aptámətri / ɔptɔ́mi-] *n.* U.C 검안(檢眼)(법).

op·u·lent [ápjələnt / ɔ́-] *a.* 부유한; 풍부한. **~·ly** *ad.* **-lence** *n.* U.C 부(富); 풍부.

o·pus [óupəs] *n.* (*pl.* **opera**) (L.) 작(作), 저작; 〖樂〗 작품《생략 op.》.

opus magnum (L.) = MAGNUM OPUS.

OR 〖컴퓨터〗 operations research 오아르. **O. R., o.r.** owner's risk 〖商〗 (수송 화물의) 위험 하주 부담(危險荷主負擔).

†**or** [ɔːr, 弱 ər] *conj.* 또는; 즉; 그렇지 않으면《종종 else를 수반함》.

-or[1] *suf.* 「…하는 사람」「…하는 것」의 뜻: act*or*, refrigerat*or*.

-or[2], 《英》 **-our** *suf.* 동작·상태·성질 따위를 나타내는 명사를 만듦: col*or*, col*our*; hon*or*, hon*our*.

***or·a·cle** [ɔ́(ː)rəkəl, á-] *n.* ① **신탁**(神託)(소). ② (신탁을 전하는) 사람. ③ 성언(聖言). ④ 현인(賢人).

o·rac·u·lar [ɔːrǽkjələr / ɔ-] *a.* 신탁의〔같은〕; 뜻이 모호한; 현명한; 독단적인; 점잔 빼는, 젠체하는.

***o·ral** [ɔ́ːrəl] *a.* **구두〔구술〕의**; 〖解〗 입의. **~·ly** *ad.*

óral appróach (외국어의) 구두(口頭) 도입 교수법.

o·rang [ɔːrǽŋ, əːrǽŋ] *n.* = ORANGUTAN.

†**or·ange** [ɔ́(ː)rindʒ, á-] *n.* ① **오렌지**, 귤(류의 과실·나무). ② U.C 오렌지빛. —— *a.* 오렌지의, 오렌지 같은; 오렌지빛의.

or·ange·ade [-éid] *n.* U 오렌지수(水).

órange blòssom 오렌지꽃《신부가 순결의 표시로 머리에 꽂음》.

órange pékoe (실론·인도산의) 고급 홍차.

or·ange·ry [ɔ́(ː)rindʒəri, á-] *n.* 오렌지밭〔온실〕.

o·rang-u·tan [ɔːrǽŋutæ̀n, ərǽŋ-], **-ou·tang** [-ŋ] *n.* 〖動〗 성성이.

***o·ra·tion** [ɔːréiʃən] *n.* (형식을 갖춘) 연설.

***or·a·tor** [ɔ́(ː)rətər, á-] *n.* **연설자**; 웅변가.

or·a·to·ri·o [ɔ̀(ː)rətɔ́ːriou, à-] *n.* U.C (*pl.* **~s**) 〖樂〗 오라토리오, 성담곡(聖譚曲).

***or·a·to·ry**[1] [ɔ́ːrətɔ̀ːri, á-/ɔ́rətə-] *n.* U 웅변(술). **or·a·tor·i·cal** [ˋ-tɔ́ːrikəl/-tɔ́r-] *a.*

or·a·to·ry[2] *n.* 작은 예배당, 기도실.

***orb** [ɔːrb] *n.* **천체**; 구(球), 구체(球體); 세계; 보주(寶珠)《왕권의 상징》; 안구, 눈(알).

or·bic·u·lar [ɔːrbíkjələr], **-late** [-lit] *a.* 공 모양의; 원형의.

‡**or·bit** [ɔ́ːrbit] *n.* (천체의) **궤도**; (인생의) 궤도; 〖解〗 안와(眼窩); 세력 범위. —— *vt.* (지구 따위의) 주위를 돌다; (인공 위성을) 궤도에 올리다. —— *vi.* 선회 비행하다; 궤도를 돌다. ***~·al** *a.* **궤도의**; 안와의.

or·bit·er [-ər] *n.* 선회하는 것; (특히) 인공 위성.

Or·ca·di·an [ɔːrkéidiən] *a.* Orkney 「(제도)의.

‡**or·chard** [ɔ́ːrtʃərd] *n.* **과수원**; (the ~) 과수원의 전체 과수. **~·ist** *n.* 과수 재배자(orchardman).

‡**or·ches·tra** [ɔ́ːrkəstrə] *n.* ① **오케스트라**, 관현악단. ② (무대 앞의) 주악석. ③ (극장의) 일층석(의 앞쪽).

or·ches·tral [ɔːrkéstrəl] *a.* 오케스트라(용)의.

or·ches·trate [ɔ́ːrkəstrèit] *vt., vi.* 관현악용으로 작곡〔편곡〕하다. **or·ches·tra·tion** [ˋ-tréiʃən] *n.* U

or·chid [ɔ́ːrkid] *n., a.* 난초(꽃); U 연자주빛(의).

or·chis [ɔ́ːrkis] *n.* (야생의) 난초.

***or·dain** [ɔːrdéin] *vt.* ① (신·운명이) **정하다**. ② (법률이) 규정하다. ③ (성직자로) 임명하다.

***or·deal** [ɔːrdíːəl] *n.* **호된 시련**; U (고대 튜튼 민족의) 죄인 판별법《불을 잡게 하거나 독약 등을 마시게 하고도 무사하면 무죄로 한》.

†**or·der** [ɔ́ːrdər] *n.* ① (보통 *pl.*) **명령**; (법정의) 지령(서). ② U **정돈**. ③ U 질서; 이치; 조리. ④ U **순서**. ⑤ U 복장(*heavy* 〔*light*〕 *marching* ~ 중〔경〕군장(軍裝)). ⑥ U 정상적인 상태. ⑦ 사회적 계급, 등급; 사제의 계급. ⑧ 성직 수임식(授任式). ⑨ 수도회; 기사단; 결사, 우애(友愛) 조합. ⑩ 〖商〗 주문(서); 지불 명령서; 환(어음). ⑪ 훈위(勳位), 훈장. ⑫ 〖生〗 목(目)《class와 family의 사이》. ⑬ U (회의 등의) 규칙; 〖宗〗 의식. ⑭ 〖數〗 위수(位數); 〖化〗 차수(次數). ⑮ 〖建〗 주식(柱式), 건축 양식. ⑯ 《주로 英》 무료 입장권. ⑰ (음식점의) 일인분(의 식사) (portion). ***be on*** ~ 주문중이다. ***call to*** ~ (의장이) 정숙을 명하다. ***give an*** ~ ***for*** …을 주문하다. ***in*** ~ ***to*** 〔***that***〕 …하기 위하여. ***in short*** ~ 곧. ***made to*** ~ 마춘. ***on the*** ~ ***of*** …와 비슷하여. ***out of*** ~ 뒤죽박죽이 되어; 고장이 나서; 기분이 나빠서. ***take*** **~*s*** 성직자가 되다. ***take*** ~ ***with*** …을 처분하다. ***the*** ~ ***of the day*** 일정. —— *vt.* **명령**〔지시〕**하다**; …에 가도록 명하다; **주문하다**; **정돈하다**; (신·운명 등이) 정하다. —— *vi.* 명령을 내리다. ~ ***about*** 〔***around***〕 여러 곳으로 심부름 보내다〔이것저것 마구 부리다〕.

***or·der·ly** [-li] *a.* **순서 바른**, 정돈된; 질서를 잘 지키는; 순종하는. —— *n.* 전령, 연락병; (특히 군(軍)의) 병원 잡역부. **ór·der·li·ness** *n.* U

órder pàper 《英》 (하원의) 의사 일정표.

***or·di·nal** [ɔ́ːrdənəl] *a.* **순서를 나타내는**; 〖生〗 목(目)의. —— *n.* 서수(序數); 〖英國國教〗 성직 수임식 규범(規範); 〖카톨릭〗 미사 규칙서.

órdinal númber 서수. 「〖宗〗 의식.

***or·di·nance** [ɔ́ːrdənəns] *n.* **법령**;

‡**or·di·nar·y** [ɔ́ːrdənèri/-dənri] *a.* 보

통의, 평범한; 보통 이하의; 〖法〗 직할(直轄)의. —*n.* ① 보통(의 일·상태). ② 《주로 英》 정식(定食); 여관(의 식당). ③ 〖宗〗 의식 차례서. ④ 관할권을 갖는 (대)주교 또는 성직자. ⑤ 《美》 유언 검인 판사. *in* ~ 상임(常任)의; (함선이) 대기중인 (*a physician in* ~ 상시 근무하는 시의(侍醫)/ *a ship in* ~ 예비함). *out of the* ~ 유다른. *-**ri·ly** [ˏ–nérəli, ˊ–ˏ––/ˊdənri-] *ad.* **통상**, 보통으로.

órdinary lével 《英》 G. C. E.의 기초 학력 시험.

órdinary séaman 〖英海軍〗 3등 수병; 〖海〗 2등 선원. 「좌표.

or·di·nate [ɔ́ːrdənit] *n.* 〖數〗 세로

or·di·na·tion [ɔ̀ːrdənéiʃən] *n.* UC 성직 수임(식); (신의) 계율.

ord·nance [ɔ́ːrdnəns] *n.* U 《集合的》 포(砲); 병기, 군수품(부). 「지도.

órdnance màp 《英》 육지 측량부의

Or·do·vi·cian [ɔ̀ːrdəvíʃən] *n., a.* 〖地〗 오르도비스기(紀)(의); 오르도비스층(의).

or·dure [ɔ́ːrdʒər/-djuər] *n.* U 오물; 똥; 외설한 일; C 상스러운 말.

‡**ore** [ɔːr] *n.* UC **광석**, 원광(原鑛).

Ore(g). Oregon.

org. organ; organic; organism; organized; organizer.

***Or·e·gon** [ɔ́ːrigàn, -gən/ɔ́rigən] *n.* 미국 북서부의 주《생략 Oreg., Ore.》.

†**or·gan** [ɔ́ːrgən] *n.* ① **오르간**, (특히) 파이프오르간; 배럴오르간(barrel organ); 리드오르간(reed organ). ② (생물의) 기관. ③ (정치적) 기관(機關); 기관지(紙·誌). 「은 모슬린.

or·gan·dy, -die [ɔ́ːrgəndi] *n.* U 얇

or·gan·elle [ɔ̀ːrgənél] *n.* 〖生〗 세포 기관.

órgan grìnder 배럴오르간 연주자.

***or·gan·ic** [ɔːrgǽnik] *a.* ① 〖化〗 **유기의**; 탄소를 함유한; **유기체의**. ② 조직〔유기〕적인. ③ 〖醫〗 기관(器官)의; 장기(臟器)를 침범하는, 기질성(器質性)의 (*an* ~ *disease*) (opp. functional). ④ 기본적인; 고유의. **-i·cal·ly** *ad.* 유기〔조직〕적으로; 유기체의 일부로.

orgánic chémistry 유기 화학.

orgánic evolútion 생물 진화.

***or·gan·ism** [ɔ́ːrgənìzəm] *n.* **유기체**, (미)생물; 유기적 조직체. 「주자.

***or·gan·ist** [ɔ́ːrgənist] *n.* 오르간 연

‡**or·gan·i·za·tion** [ɔ̀ːrgənəzéiʃən / -nai-] *n.* ① UC **조직**, **구성**, **편성**. ② 체제, **기구**; **단체**, 조합, 협회.

organizátion màn 조직인《회사 일 따위에 열을 올리는 사람》.

‡**or·gan·ize** [ɔ́ːrgənàiz] *vt., vi.* **조직〔편성〕하다**; (노동자를) 조합으로 조직하다; 창립하다; 체계화하다; 조직화하다. ~*d labor* 조합 가입 노동자. ***ór·gan·iz·er** *n.* 조직〔편성〕자, 발기인, 창립〔주최〕자; 〖生〗 형성체.

or·ga·no·ther·a·py [ɔ̀ːrgənouθérəpi] *n.* U 장기(臟器) 요법.

or·gasm [ɔ́ːrgæzəm] *n.* (성적) 흥분의 절정.

***or·gy, -gie** [ɔ́ːrdʒi] *n.* (보통 *pl.*) **진탕 마시고 떠들기**; 법석대기, 유흥; (*pl.*) 《古그·로》 주신(酒神) Bacchus 제(祭); 《美俗》 섹스 파티. 「(出窓).

o·ri·el [ɔ́ːriəl] *n.* (보통 2층의) 출창

‡**o·ri·ent** [ɔ́ːriənt] *n.* ① (the O-) **동양**; 《古》 (the ~) 동쪽. ② (동양산의) 질이 좋은 진주; U 그 광택. —[-ènt] *vt., vi.* 동쪽으로 향하게 하다; 성단(聖壇)을 교회의 동쪽으로 오게 세우다; 바른 방위에 놓다; (환경 등에) 바르게 순응하다. ~ *oneself* 자기의 태도를 정하다. —*a.* (해가) 떠오르는; 《古》 동쪽의; (보석의) 광택이 아름다운.

‡**O·ri·en·tal** [ɔ̀ːriéntl] *a., n.* **동양의**; (o-) 동쪽의; 동양 사람. ~**·ism, o-** [-təlìzəm] *n.* U 동양풍; 동양학. ~**·ist, o-** *n.* 동양통(通), 동양학자. ~**·ize o-** [-àiz] *vt., vi.* 동양식으로 하다〔되다〕. 「ENT.

o·ri·en·tate [ɔ́ːrientèit] *vt.* =ORI-

***o·ri·en·ta·tion** [ɔ̀ːrientéiʃən] *n.* U ① C **동쪽으로 향하게 함**; (교회의) 성단을 동향으로 함. ② 방위 (측정). ③ 〖心〗 소재식(所在識); 〖生〗 정위(定位). ④ 태도 시정; (새 환경에의) 순응, 적화(適化); (신입생 등의) **지도**, 안내. 「해진, 지향성의.

o·ri·ent·ed [ɔ́ːrientid] *a.* 방향이 정

o·ri·en·teer·ing [ɔ̀ːrientíəriŋ] *n.* 오리엔티어링《지도와 나침반으로 목적지를 찾아가는 경기; 이 경기의 참가자는 orienteer》.

***or·i·fice** [ɔ́ːrəfis, ɑ́-] *n.* **구멍**; 아가리.

orig. origin; original(ly).

‡**or·i·gin** [ɔ́ːrədʒin/ɔ́ri-] *n.* UC **기원**, 근원; U **가문**(家門), 태생; 혈통; 〖數〗 원점.

‡**o·rig·i·nal** [ərídʒənəl] *a.* 원시의; **최초의**; 원물(原物)〔원작·원문〕의; **독창적인**, 발명의 재간이 있는; 신기한. —*n.* 원물, **원작**, 원문; 원어; 《古》 기인(奇人); 기원, 근원. *~**·ly** *ad.* 본래; 최초에(는). 「풀.

oríginal gúm 우표 뒤에 발라 놓은

***o·rig·i·nal·i·ty** [ərìdʒənǽləti] *n.* ① U **독창성**〔력〕; 신기(新奇); 창의. ② 기인(奇人); 진품; 진짜.

oríginal sín 〖神〗 원죄.

***o·rig·i·nate** [ərídʒənèit] *vt.* **시작하다**; 일으키다; 발명하다. —*vi.* 시작되다; 일어나다, 생기다. **-na·tor** *n.* 창작자, 발기인. **o·rig·i·na·tion** [–ˏ–néiʃən] *n.* U 시작; 창작; 발명; 기원.

o·rig·i·na·tive [ərídʒənèitiv] *a.* 독창적인, 발명의 재간이 있는; 신기한.

o·ri·ole [ɔ́ːriòul] *n.* (유럽산) 꾀꼬리의 일종; (미국산) 찌르레기과(科)의 작은 새.

***O·ri·on** [əráiən] *n.* 〖그神〗 **오리온**《거대한 사냥꾼》; 〖天〗 오리온 자리. ~*'s Belt* 오리온 자리의 세 별. 「도.

or·i·son [ɔ́ːrəzən, ɑ́-] *n.* (보통 *pl.*) 기

Órk·ney Íslands [ɔ́ːrkni] 스코틀랜드 북동방의 영국령의 제도《*adj.*

는 Orcadian). 「《합성 섬유의 일종》.
Or·lon [ɔ́ːrlɑn/-ɔn] *n.* 〖商標〗 올론
Or·mazd [ɔ́ːrməzd] *n.* 〖조로아스터教〗 선신(善神).
or·mo·lu [ɔ́ːrməlùː] *n.* Ⓤ 오몰루 《구리·아연·주석의 합금; 모조금(模造金)용》.
‡or·na·ment [ɔ́ːrnəmənt] *n.* Ⓤ 장식; Ⓒ 장식품; 광채〔명예〕를 더하는 사람〔행위〕. —— [-mènt] *vt.* 꾸미다. ***or·na·men·tal** [ˋ–méntl] *a.* 장식(용)의; 장식적인. **or·na·men·ta·tion** [ˋ—téiʃən] *n.* Ⓤ 장식(품).
or·nate [ɔːrnéit] *a.* (문체 등) 화려한.
or·ner·y [ɔ́ːrnəri] *a.* 《美口》 품성이 비열한; 《주로 方》 하찮은, 흔한.
or·ni·thol·o·gy [ɔ̀ːrnəθɑ́lədʒi / -θɔ́-] *n.* Ⓤ 조류학(鳥類學). **-gist** *n.* 조류학자. **or·ni·tho·log·ic** [ɔ̀ːrnəθəlɑ́dʒik/-ɔ́-], **-i·cal** [-əl] *a.*
or·ni·tho·rhyn·chus [ɔ̀ːrnəθəríŋkəs] *n.* 〖動〗 오리너구리(duckbill).
o·rog·e·ny [ɔːrɑ́dʒəni/-rɔ́-] *n.* 조산(造山) 운동.
o·ro·ide [ɔ́ːrouàid] *n.* Ⓤ 오로이드 《구리·아연의 합금》.
o·rol·o·gy [ɔːrɑ́lədʒi] *n.* Ⓤ 산악학(山岳學). 「장비의 일종.
or·o·pe·sa [ɔːrəpéisə] *n.* 소해(掃海)
o·ro·tund [ɔ́ːrətʌ̀nd] *a.* (목소리가) 낭랑한; 호언 장담하는.
‡or·phan [ɔ́ːrfən] *n.* 고아; 한쪽 부모가 없는 아이. —— *a.* 고아의〔를 위한〕; (한쪽) 부모가 없는. —— *vt.* 고아로 만들다. **~·age** [-idʒ] *n.* 고아원; =**~·hood** [-hùd] *n.* Ⓤ 고아의 몸〔신세〕.
Or·phe·us [ɔ́ːrfiəs/-fjuːs] *n.* 〖그神〗 오르페우스《수금(竪琴)의 명수》. **Or·phe·an** [ɔːrfíːən], **Ór·phic** *a.* Orpheus의; 아름다운 음률의.
or·ris, or·rice [ɔ́(ː)ris, ɑ́-] *n.* 〖植〗 흰 붓꽃의 일종; =**órrisroot** [-rùːt] 오리스 뿌리.
or·thi·con [ɔ́ːrθəkɑ̀n/-kɔ̀n] *n.* 〖TV〗 오르티콘《영상관의 일종》.
orth(o)- 「정(正)·직(直)」의 뜻의 결합사《모음 앞에서는 orth-》: *ortho*dox.
or·tho·clase [ɔ́ːrθəklèis] *n.* Ⓤ 〖鑛〗 정장석(正長石). 「치열(齒列) 교정.
or·tho·don·tia [ɔ̀ːrθədɑ́nʃiə/-ɔ́-] *n.*
or·tho·don·tics [ɔ̀ːrθədɑ́ntiks/-dɔ́n-] *n. pl.* (單數取扱) 치열 교정(술).
***or·tho·dox** [ɔ́ːrθədɑ̀ks/-ɔ̀-] *a.* ① (특히 종교상) **정교(正敎)의**, 정통파의. ② 일반적으로 옳다고 인정된; 전통〔보수〕적인. **~·y** *n.* Ⓤ 정교 (신봉); 일반적인 설에 따름. 「교회.
Órthodox Chúrch, the 그리스 정
or·tho·ep·y [ɔːrθóuəpi, ˊ–èpi] *n.* Ⓤ 올바른 발음(법); 정음학(正音學).
or·tho·fer·rite [ɔ̀ːrθouférait] *n.* 오르토페라이트《컴퓨터용 결정 물질의 얇은 층》.
or·tho·gen·e·sis [ɔ̀ːrθoudʒénəsis] *n.* Ⓤ 〖動〗 정향(定向) 진화설; 〖社會〗 계통 발생설.
or·thog·o·nal [ɔːrθɑ́gənl/-θɔ́g-] *a.* 〖數〗 직교의. **~ projection** 정사영(正射影).
or·thog·ra·phy [ɔːrθɑ́grəfi / -ɔ́-] *n.* Ⓤ 바른 철자; 정서법(正書法). **or·tho·graph·ic** [ɔ̀ːrθəgrǽfik], **-i·cal** [-əl] *a.*
or·tho·pe·dic, 《英》 **-pae·dic** [ɔ̀ːrθoupíːdik] *a.* 정형 외과의. **~s** *n. pl.* 《單數取扱》 (특히 유아의) 정형외과 (수술). **-dist** *n.* 정형 외과 의사.
or·thop·ter·ous [ɔːrθɑ́ptərəs / -ɔ́-] *a.* 〖蟲〗 직시류(直翅類)의.
or·thop·tic [ɔːrθɑ́ptik/-ɔ́-] *a.* 〖眼科〗 시각 교정의; 정시(正視)의. 「류(類).
or·to·lan [ɔ́ːrtələn] *n.* (유럽산) 멧새
-ory *suf.* ① 「…로서의」 「…의 효력이 있는」 등의 뜻의 형용사를 만듦: compuls*ory*, prefat*ory*. ② 「…소(所)」의 뜻의 명사를 만듦: dormi*tory*, fact*ory*, laborat*ory*.
o·ryx [ɔ́ːriks] *n.* (아프리카산) 영양(羚羊).
Os 〖化〗 osmium. **OS** operating system. **O.S.** Old Saxon; Old Style; ordinary seaman (O.D.).
O.S.A., O.S.B., O.S.D., O.S.F. Order of St. Augustine, St. Benedict, St. Dominic, St. Francis.
Os·car [ɑ́skər, ɔ́-] *n.* 〖映〗 아카데미상 수상자에게 수여되는 작은 황금상(像). 「특별 수사대.
OSI Office of Special Investigation
os·cil·late [ɑ́səlèit/ɔ́s-] *vi.* (진자〔추〕 모양으로) 진동하다; (마음·의견 등이) 동요하다. —— *vt.* 〖電〗 전류를 고주파로 변환시키다; 진동시키다. **os·cil·la·tion** [ˋ–léiʃən] *n.* ⓊⒸ 진동; 한번 흔들기. **os·cil·la·tor** [ɑ́səlèitər/ɔ́s-] *n.* 〖電〗 발진기(發振器); 〖理〗 진동자(子); 동요하는 사람. **os·cil·la·to·ry** [ɑ́sələtɔ̀ːri/ɔ́silətəri] *a.* 진동〔동요〕하는.
os·cil·lo·graph [əsíləgræ̀f,-grɑ̀ːf] *n.* 오실로그래프, 진동 기록기.
os·cil·lo·scope [əsíləskòup] *n.* 〖電〗 오실로스코프《전압·전류 등의 변화를 형광 스크린에 나타내는 장치》. 「류의 (새).
os·cine [ɑ́sin/ɔ́sain] *a., n.* 〖鳥〗 명금
os·cu·late [ɑ́skjəlèit/ɔ́-] *vi., vt.* 입맞추다; 접촉하다〔시키다〕. **-la·to·ry** [-lətɔ̀ːri/-təri] *a.* 키스의.
o·sier [óuʒər] *n.* 《英》 꽃버들(의 가지)《버들 세공용》.
O·si·ris [ousáiəris] *n.* 고대 이집트의 주신(主神).
Os·lo [ɑ́zlou, ɑ́s-/ɔ́z-, ɔ́s-] *n.* 노르웨이의 수도. 「扱》 향기학.
os·mics [ɑ́zmiks/ɔ́-] *n. pl.* 《單數取
os·mi·um [ɑ́zmiəm/ɔ́-] *n.* Ⓤ 〖化〗 오스뮴《금속 원소의 하나; 기호 Os》.
os·mo·sis [ɑzmóusis, ɑs-/ɔz-] *n.* Ⓤ 〖理〗 삼투(滲透)(성).
OSO Orbiting Solar Observatory.
os·prey [ɑ́spri / ɔ́-] *n.* 〖鳥〗 물수리 (fishhawk).
OSRD, O. S. R. D. 《美》 Office of

Scientific Research and Development. **OSS, O.S.S.** 《美》 Office of Strategic Service Overseas Supply Store.
os·se·ous [ásiəs/ɔ́-] *a.* 뼈의, 뼈 있는; 뼈로 된; 뼈가 앙상한. 「骨).
os·si·cle [ásikəl / ɔ́-] *n.* 〖解〗 소골(小
os·si·fy [ásəfài/ɔ́-] *vt., vi.* 골화(骨化)하다; 경화(硬化)하다; 냉혹하게 하다〔되다〕; 보수적으로 하다〔되다〕.
os·si·fi·ca·tion [ˌ-fəkéiʃən] *n.* Ⓤ
os·ten·si·ble [asténsəbəl/ɔ-] *a.* 표면상의, 겉꾸밈의, 가장한. **-bly** *ad.*
os·ten·ta·tion [àstentéiʃən / ɔ̀-] *n.* Ⓤ 자랑해 보임, 허영, 과시.
os·ten·ta·tious [-téiʃəs] *a.* 허세부리는; 겉꾸미는, 화려한. **~·ly** *ad.*
osteo- '뼈'의 뜻의 결합사.
os·te·ol·o·gy [àstiálədʒi / ɔ̀stiɔ́l-] *n.* Ⓤ 골학(骨學).
os·te·o·my·e·li·tis [àstiouməàiəláitis/ɔ̀s-] *n.* Ⓤ 〖醫〗 골수염.
os·te·o·path [ástiəpæ̀θ/ɔ́-] *n.* 정골의(整骨醫).
os·te·op·a·thy [àstiápəθi/ɔ̀stiɔ́p-] *n.* Ⓤ 정골 요법(整骨療法).
os·te·o·po·ro·sis [àstioupəróusis/ɔ̀s-] *n.* (*pl.* ***-roses*** [-si:z]) Ⓤ 〖醫〗 골다공증(骨多孔症); 〖畜産〗 골연증(骨軟症).
ost·ler [áslər/ɔ́-] *n.* (여관의) 마부.
Ost·mark [ɔ́:stmà:rk, á-] *n.* 동독의 화폐 단위《생략 Om.》.
os·tra·cism [ástrəsìzəm / ɔ́-] *n.* Ⓤ (옛 그리스의) 패각 추방(貝殼追放)《투표에 의한 추방》; 추방.
os·tra·cize [ástrəsàiz / ɔ́-] *vt.* 패각 추방을 하다; (국외로) 추방하다; 배척하다.
os·trich** [ɔ́(:)stritʃ, á-] *n.* 타조. **~ *belief* 〔*policy*〕** 눈 가리고 아웅하기, 자기 기만의 얕은 지혜. **~ *farm 타조 사육장.
Os·tro·goth [ástrəgàθ/ɔ́strəgɔ̀θ] *n.* 〖史〗 동(東)고트족(cf. Visigoth).
O. T. Old Testament. **O. T. C.** Officers' Training Camp 〔Corps〕; Organization for Trade Cooperation; over-the-counter.
O·thel·lo [ouθélou] *n.* Shakespeare 작의 비극; 그 주인공《무어 사람》.
†**oth·er** [ʌ́ðər] *a.* 딴; 다른(*than, from*); 또 그밖의; 다음의; 저쪽의; (the ~) 또 하나의, 나머지의. ***every ~*** 하나 걸러. ***none ~ than*** 다름 아닌. ***the ~ day*** 〔***night***〕 일전〔요전날 밤〕에. ***the ~ party*** 〖法〗 상대방. ***the ~ side*** (미국에서 본) 유럽. ***the ~ world*** 내세, 저승. **—*pron.*** 딴 것〔사람〕; (the ~) 다른 하나, 나머지 것. ***of all ~s*** 모든 것〔사람〕 중에서 특히. ***some … or ~*** 무언〔누군·어딘〕가. **—*ad.*** 그렇지 않고, 딴 방법으로.
‡**oth·er·wise** [-wàiz] *ad.* **딴 방법으로, 달리**; 딴 점에서는; 다른 상태로; **그렇지 않으면**. **—*a.*** 다른.
oth·er·world·ly [-wə́:rldli] *a.* 내세〔저승〕의; 공상적인.
o·tic [óutik] *a.* 〖解〗 귀의.
o·ti·ose [óuʃiòus] *a.* 쓸모 없는; 한가한; 게으른.
o·ti·tis [outáitis] *n.* Ⓤ 〖醫〗 이염(耳炎).
o·to·lar·yn·gol·o·gy [òutoulæ̀riŋgálədʒi/-gɔ́l-] *n.* Ⓤ 이(비)인후학.
o·tol·o·gy [outálədʒi/-ɔ́-] *n.* Ⓤ 이과의학(耳科醫學).
o·to·scope [óutəskòup] *n.* 〖醫〗 이경(耳鏡). 「도.
Ot·ta·wa [átəwə/ɔ́-] *n.* 캐나다의 수
***ot·ter** [átər/ɔ́-] *n.* (*pl.* **~s,** 《集合的》 **~**) 〖動〗 **수달**; Ⓤ 수달피.
ótter tràwl 트롤망.
Ot·to·man [átəmən/ɔ́-] *a.* 터키 (사람)의. **—*n.*** (*pl.* **~s**) 터키 사람; (o-) (등널·팔걸이가 없는) 쿠션 달린 긴 의자, 쿠션 달린 발판.
O. U. Oxford University.
ouch [autʃ] *int.* 아야!
†**ought**[1] [ɔ:t] *aux. v.* **…해야만 한다**; …하는 것이 당연하다; **…하기로 되어 있다**; …으로 정해져 있다.
ought[2] *n., ad.* = AUGHT[1].
ought[3] *n.* 《俗》 무(無), 영(零). 「축.
ought·n't [ɔ:tnt] ought not의 단
Oui·ja [wí:dʒə] *n.* 〖商標〗 (심령(心靈) 전달의) 점판(占板).
‡**ounce**[1] [auns] *n.* **온스** 《상형(常衡) 1/16 pound, 금형(金衡) 1/12 pound; 액량《美》 1/16〔《英》 1/20〕 pint: 생략 oz.; *pl.* ozs.》; 소량.
ounce[2] *n.* (중앙 아시아산의) 애엽표(艾葉豹); 《詩》 삵괭이.
†**our** [auər, a:r] *pron.* **우리의**.
†**ours** [auərz, a:rz] *pron.* **우리의 것**.
our·self [àuərsélf, a:r-] *pron.* 짐〔나〕 스스로 《저자·군주·재판관 등의 자칭》.
†**our·selves** [àuərsélvz, a:r-] *pron.* **우리 자신(을, 이, 에게)**.
-ous *suf.* 형용사 어미를 만듦: courage*ous*, fam*ous*, monstr*ous*.
ou·sel [ú:zəl] *n.* = OUZEL.
***oust** [aust] *vt.* **내쫓다**(*from, of*). **ˊ-er** *n.* ⓊⒸ 추방; (불법 수단에 의한 재산) 탈취, 불법 몰수.
†**out** [aut] *ad.* ① **밖으로**, 밖에; 떨어져서; 외출하여; 부재 중으로. ② 실직하여; 정권을 떠나서; 〖競〗 아웃되어. ③ 불화하여; 스트라이크 중에. ④ 벗어나서; 탈이 나서; 잘못되어; 못쓰게 되어. ⑤ (불이) 꺼져서. ⑥ 공개되어, 출판되어; 사교계에 나와; 나타나서; (꽃이) 피어; 탄로되어. ⑦ 완전히; 끝까지. ⑧ 큰 소리로. ⑨ 돈에 궁해서. ***be ~ for*** 〔***to do***〕 …을 얻으려고〔하려고〕 애쓰다. ***~ and about*** (환자가) 외출할 수 있게 되어. ***~ and away*** 훨씬, 비길 데 없이. ***~ and ~*** 완전히, 철저히. ***~ of*** (…의 안)으로부터; …의 사이에서; …출신인; …의 범위 밖에; …이 없어서; 《材料》 …로; …에서; …때문에. ***~ there*** 저쪽에; 《俗》 싸움터에. ***~ to*** 열심히 하

려고 하는. —— *a.* 밖의; 떨어진; 야당의; 〖野〗 수비측의; 유별난; 활동〔사용〕중이 아닌. —— *n.* 지위〔세력〕을 잃은 사람; 못쓰게 된 것; 《俗》 도피구, 변명; 〖野〗 아웃. ***at*** 〔***on the***〕 **~*s*** 불화하여. ***make a poor ~*** 성공하지 못하다, 두드러지지 않다. —— *prep.* …을 통하여 밖으로; 《詩》 …으로부터, …에서. —— *vi.* 나타나다; 드러나다. —— *vt.* 쫓아내다; 《英俗》 죽이다; 〖野〗 아웃이 되게 하다; 〖拳〗 때려 눕히다. —— *int.* 나가, 꺼져.

out- *pref.* 「밖의〔으로〕」 「…이상으로」 「…을 넘어」 「…보다 많이 …하는」 따위의 뜻: *out*door, *out*live.

out·age [áutidʒ] *n.* U,C (정전에 의한) 기계의 운전 정지; 정전.

out-and-out [áutndáut] *a.* 완전한, 철저한. **~·er** *n.* 《俗》 (어떤 성질을) 철저히 갖춘 사람〔물건〕, 전형; 극단으로 나가는〔끝까지 하는〕 사람.

out·bal·ance [àutbǽləns] *vt.* …보다 무겁다; …보다 낫다〔뛰어나다〕.

out·bid [ˋbíd] *vt.* (*-bid, -bade; -bid, -bidden; -dd-*) …보다 비싼 값을 매기다.

out·board [áutbɔ̀:rd] *a., ad.* 배 밖의〔에〕; 뱃전의〔에〕.

óutboard mótor 선외(船外) 발동기.

out·bound [ˊbàund] *a.* 외국행의.

out·box [àutbɑ́ks/-ɔ́-] *vt.* …보다 낫게 권투를 하다(outdo in boxing).

out·brave [ˋbréiv] *vt.* 용감한 점에서 …보다 낫다; 용감히 …에 맞서다.

‡**out·break** [áutbrèik] *n.* 발발; 폭동.

out·build·ing [ˊbìldiŋ] *n.* (본채의) 부속 건축물, 딴채.

***out·burst** [ˊbə̀:rst] *n.* 폭발.

out·cast [ˊkæ̀st/-ɑ̀:-] *a.* (집·친구로부터) 버림받은; 집 없는; 배척받은. —— *n.* 버림받은 〔집 없는〕 사람, 추방자.

out·class [àutklǽs/-ɑ́:-] *vt.* …보다 고급이다〔낫다〕.

out-col·lege [áutkɑ̀lidʒ/-ɔ̀-] *a.* 《英》 대학 구내 밖에 사는; 대학 기숙사에 들지 않은.

‡**out·come** [ˊkʌ̀m] *n.* 결과.

out·crop [ˊkrɑ̀p/-ɔ̀-] *n.* (광맥의) 노출, 노두(露頭). —— [ˋˊ] *vi.* (*-pp-*) 노출하다.

***out·cry** [ˊkrài] *n.* U (갑작스러운) 외침; 떠들썩함; 경매. —— [ˋˊ] *vt., vi.* …보다 큰 소리로 외치다; 야료하다; 큰 소리로 외치다.

out·date [àutdéit] *vt.* 시대에 뒤떨어지게 하다.

out·dis·tance [ˋdístəns] *vt.* 훨씬 앞서다; 능가하다.

***out·do** [ˋdú:] *vt.* (*-did; -done*) …보다 낫다, 물리쳐 이기다.

‡**out·door** [áutdɔ̀:r] *a.* 문 밖의.

‡**out·doors** [ˊdɔ́:rz] *n., ad.* 문밖(에서, 으로). **~ *man*** 옥외 생활〔운동〕을 좋아하는 사람.

‡**out·er** [ˊər] *a.* 바깥(쪽)의, 외면의 (opp. inner). —— *n.* 〖射擊〗 (표적판의) 과녁 밖. **~·most** [-mòust] *a.* 가장 밖의〔먼〕.

Óuter Hóuse 《Sc.》 (Edinburgh의 국회 의사당 안의) 단독 심리실《Court of SESSION의 판사가 단독 심리함》.

óuter mán 풍채, 몸차림.

óuter spáce (대기권 밖의) 우주, 외계(外界).

out·er·wear [ˊwὲər] *n.* U 겉옷; 외투.

out·face [àutféis] *vt.* 노려보다; 꿈쩍도 않다; 대담하게 대항하다.

***out·field** [áutfì:ld] *n.* 〖野·크리켓〗 외야, 《集合的》 외야수; 외진 곳의 밭. ***~·er** *n.* 외야수.

‡**out·fit** [ˊfìt] *n.* ① (여행 따위의) 채비, 도구 ② 《美口》 (채광·철도 건설·목축 따위에 종사하는 사람들의) 일단. —— *vt.* (*-tt-*) 필수품을 공급하다, 채비를 차리다(*with*). **~·ter** *n.* 여행용품상.

out·flank [àutflǽŋk] *vt.* (적의) 측면을 포위하다〔돌아서 후방으로 나가다〕; …을 선수치다; 허를 찌르다.

out·flow [áutflòu] *n.* 유출(물).

out·gen·er·al [àutdʒénərəl] *vt.* (《英》 *-ll-*) 전술로〔작전으로〕 이기다.

out·go [áutgòu] *n.* (*pl.* **~*es***) 경비, 지출(opp. income). —— [ˋˊ] *vt.* (*-went; -gone*) …보다 멀리 가다; 능가하다. ***~·ing** *a., n.* U,C 나가는; 출발(하는); (*pl.*) 경비.

out·group [ˊgrù:p] *n.* 〖社〗 외집단(外集團)(opp. ingroup).

out·grow [àutgróu] *vt.* (*-grew; -grown*) (입던 옷 (등)을 못입을 정도로) 성장하다; …보다 빨리〔크게〕 자라다; 자라서 …을 벗어나다(*~ a bad habit*).

out·growth [áutgròuθ] *n.* 자연의 결과 ;가지; 생장물; 성장.

out·guard [ˊgɑ̀:rd] *n.* 〖軍〗 전초(outpost).

out·guess [àutgés] *vt.* …을 선수치다.

out-Her·od, -her·od [ˋhérəd] *vt.* 《흔히 다음 句로》. **~ *Herod*** 포학함이 헤롯왕을 능가하다(⇨ HEROD) 《비슷한 구: *out-Lupin Lupin* (신출 귀몰 하기가 뤼팽을 능가하다) 따위》.

out·house [áuthàus] *n.* =OUTBUILDING; 옥외 변소.

***out·ing** [ˊiŋ] *n.* 소풍.

out·laid [àutléid] *v.* outlay 의 과거(분사).

out·land·er [áutlæ̀ndər] *n.* 외국인; 《口》 국외자(局外者).

out·land·ish [àutlǽndiʃ] *a.* 이국풍(異國風)의; 색다른.

out·last [ˋlǽst/-ɑ́:-] *vt.* …보다 오래 계속되다〔가다〕.

***out·law** [áutlɔ̀:] *n.* ① 법률의 보호를 빼앗긴 사람; 추방자(exile). ② 무법자; 상습범. —— *vt.* 법률의 보호를 빼앗다; 비합법으로 하다; 법률의 효력을 잃게 하다. **~·ry** *n.* U,C 법익(法益) 박탈; 법률 무시.

***out·lay** [ˊlèi] *n.* 지출; 경비. —— [ˋˊ] *vt.* (*-laid*) 소비하다.

‡**out·let** [ˊlèt] *n.* 출구(出口); 배출구; 판로.

‡**out·line** [ˊlàin] *n.* 윤곽; 약도(법); U,C 대요; 개략; (종종 *pl.*) 요강. ***in ~*** 윤곽만의; 대강의. —— *vt.* 윤곽을 그리다; 약술하다(sketch).

***out·live** [àutlív] *vt.* …**보다 오래 살다**〔계속하다·견디다〕.

‡**out·look** [áutlùk] *n.* ① **전망**(*on*); 예측(prospect) (*for*). ② 견지(*on*). ③ 망보기, 경계(lookout); 망루.

out·ly·ing [ˊlàiiŋ] *a.* 지경 밖에 있는; 멀리 떨어진; 외딴.

out·ma·chine [àutməʃíːn] *vt.* 〖軍〗 기계 장비면에서 (적을) 능가하다.

out·ma·neu·ver, 《英》 **-noeu·vre** [ˋmənúːvər] *vt.* 책략으로 …에게 이기다. 「다, …에게 이기다.

out·match [ˋmǽtʃ] *vt.* …보다 낫

out·mod·ed [ˋmóudid] *a.* 시대에 뒤떨어진, 구식의. 「〔먼〕.

out·most [áutmòust] *a.* 가장 밖의

out·num·ber [àutnʌ́mbər] *vt.* …보다 많다, 수에서 …을 능가하다.

out-of-bounds [ˊəvbáundz] *a.* 〖競〗 아웃오브바운즈; 테두리를 넘은.

***out-of-date** [áutəvdéit] *a.* **시대에 뒤떨어진**; 현재는 사용하지 않는.

out-of-door [ˊəvdɔ́ːr] *a.* =OUTDOOR.

out-of-doors [ˊəvdɔ́ːrz] *a.* =OUTDOOR. —— *n., ad.* =OUTDOORS.

out-of-fo·cus [ˊəvfóukəs] *a.* 〖寫〗 핀트가 맞지 않는.

out-of-pock·et [ˊəvpɑ́kit/-pɔ́-] *a.* 현금 지불의(~ ***expenses*** (경비중의) 현금지불 비용). 「된 (책).

out-of-print [ˊəvprínt] *a., n.* 절판

out-of-the-way [ˊəvðəwéi] *a.* 벽지의, 외딴; 색다른.

out-par·ty [ˊpɑ̀ːrti] *n.* 야당.

out·pa·tient [ˊpèiʃənt] *n.* 외래 환자(cf. inpatient).

out·per·form [àutpərfɔ́ːrm] *vt.* (기계·사람이) …보다 우수하다.

out·play [ˋpléi] *vt.* (경기에서) 이기다, 지우다.

out·point [ˋpɔ́int] *vt.* …보다 많이 득점하다; 〖요트〗 …보다 이물을 바람부는 쪽으로 돌려서 범주(帆走)하다. 「지); 전진 거점.

out·post [áutpòust] *n.* 〖軍〗 전초 (진

out·pour [ˊpɔ̀ːr] *n.* 유출(물). —— [ˋˊ] *vt., vi.* 유출하다. **óut·pour·ing** *n.* 유출(물); (감정의) 분출〔발로〕.

‡**out·put** [ˊpùt] *n.* ① U.C **산출**, 생산(고). ② 〖電·機〗 **출력**(出力). ③ 〖컴퓨터〗 아웃풋, 출력《컴퓨터 안에서 처리된 정보를 외부 장치로 끌어내는 일; 또 그 정보》.

‡**out·rage** [ˊrèidʒ] *n., vt.* U.C **폭행**〔모욕〕(하다); (법률·도덕 등을) **범하다**.

***out·ra·geous** [àutréidʒəs] *a.* **난폭한**; 포학한, 괘씸한; 심한. **~·ly** *ad.*

out·ran [ˋrǽn] *v.* outrun 의 과거.

out·rank [ˋrǽŋk] *vt.* …보다 윗 자리에 있다. 「난; 이상〔기묘〕한.

ou·tré [uːtréi] *a.* (F.) 상도를 벗어

out·reach [àutríːtʃ] *vi., vt.* …의 앞까지 도달하다〔미치다〕; 펴다, 뻗치다. —— *n.* U.C 뻗치기; 뻗친 거리.

out·ride [ˋráid] *vt.* (***-rode; -ridden***) …보다 빨리〔잘, 멀리〕 타다; (배가 폭풍우를) 헤치고 나아가다. **out·rid·er** [áutràidər] *n.* 말탄 종자(從者) 《마차의 전후〔좌우〕의》; 선도자(先導者) 《백차의 경관 등》.

out·rig·ger [ˊrìgər] *n.* (카누의 전복 방지용의) 돌출 부재(浮材); 돌출 노받이(가 있는 보트).

***out·right** [ˊràit] *a.* **명백한**, 솔직한; 완전한. —— [ˊˊ/ˋˊ] *ad.* 철저히, 완전히; 명백히; 당장; 솔직하게.

out·ri·val [àutráivəl] *vt.* (《英》 ***-ll-***) 지우다, 능가하다.

out·rode [ˋróud] *v.* outride 의 과거.

out·run** [ˋrʌ́n] *vt.* (-ran; -run; -nn-***) …**보다 빨리 달리다**; 달리어 앞지르다; 달아나다; …의 범위를 넘다.

out·sell [ˋsél] *vt.* (***-sold***) …보다 많이〔비싸게〕 팔다.

***out·set** [áutsèt] *n.* **착수**, 최초.

out·shine [àutʃáin] *vt.* (***-shone***) …보다 강하게 빛나다; …보다 우수하다, 낫다.

†**out·side** [ˊsáid, ˊˊ] *n.* **바깥쪽**; 외관; 극한. ***at the*** (***very***) **~** 기껏해야. **~ *in*** 뒤집어서, 바깥쪽이 보이지 않아. —— *a.* 바깥쪽〔외부〕의; 옥외의; 국외(局外)(자)의; 《口》 최고의, 극한에 달한. —— *ad.* **밖으로**〔**에**〕; 문밖으로〔에서〕. ***get* ~ *of*** 《俗》 …을 마시다〔먹다〕. **~ *of*** …의 바깥쪽에〔으로〕. —— ***prep.*** …의 밖에〔으로, 의〕; …의 범위를 넘어서, …이외에; 《美口》 …을 제외하고 (except).

óutside bróadcast 스튜디오 밖에서의 방송.

***out·sid·er** [àutsáidər] *n.* ① **외부 사람**; 국외자; 문외한; 초심자. ② 승산이 없는 말〔사람〕.

out·sit [àutsít] *vt.* (***sat; -tt-***) (남보다) 오래 머무르다. 「대품.

out·size [áutsàiz] *a., n.* 특대의; 특

***out·skirts** [ˊskɔ̀ːrts] *n. pl.* (도시의) **변두리**, 교외; 주변.

out·smart [àutsmɑ́ːrt] *vt.* 《口》 …보다 약다〔수가 높다〕, …을 압도하다. 「한, 거리낌 없는.

out·spo·ken [áutspóukən] *a.* 솔직

out·spread [àutspréd] *vt., vi.* (~) 펼치(어지)다. —— *a.* 펼쳐진.

out·stand [ˊstǽnd] *vi.* (***-stood***) 돌출하다, 뛰어나다.

‡**out·stand·ing** [ˋstǽndiŋ] *a.* **눈에 띄는**, 중요한; 돌출한; 미불(未拂)의; 미해결의.

out·sta·tion [áutstéiʃən] *n.* 전진 주재지; (중심지에서 먼) 분견소〔지소〕, 출장소. 「무르다.

out·stay [ˋstéi] *vt.* …보다 오래 머

out·step [ˋstép] *vt.* (***-pp-***) 도(度)를 넘다; 범하다; 지나치다. 「뻗친.

***out·stretched** [ˋstrétʃt] *a.* **펼친**,

out·strip [ˋstríp] *vt.* (***-pp-***) …보다 빨리 가다, 앞지르다; 능가하다.

out-tray [áuttrèi] *n.* (서류의) 기결함(函)(cf. in-tray). 「출액.

out·turn [ˊtɔ̀ːrn] *n.* U.C 생산고, 산

out·vie [ˊvái] *vt.* …에 경쟁해서 이기다.

out·vote [àutvóut] *vt.* 표수로 …에게 이기다. 「〔빨리, 오래〕 걷다.
out·walk [ˊwɔ́:k] *vt.* …보다 멀리
‡**out·ward** [áutwərd] *a.* ① **밖으로 향하는**〔**가는**〕; 바깥 쪽의; 표면의; 외면적인. ② 육체의. *the* ~ *eye* 육안. *the* ~ *man* 육체. ── *ad.* 바깥 쪽에〔으로〕. ~**·ly** *ad.* 바깥 쪽으로〔에〕; 외면에; 외형상. ~**s** *ad.* = OUTWARD. 「행의.
out·ward-bound [-báund] *a.* 외국
out·wear [àutwέər] *vt.* (*-wore; -worn*) …보다 오래가다; 입어 해뜨리다; 다 써버리다; (풍습 등을) 쇠퇴하게 하다.
out·weigh [ˊwéi] *vt.* …보다 무겁다; (가치·세력 등이) …을 능가하다.
out·wit [ˊwít] *vt.* (*-tt-*) …의 허를 찌르다, 선수치다. 「거.
out·wore [ˊwɔ́:r] *v.* outwear의 과
out·work [áutwə̀:rk] *n.* 〖築城〗 외루(外壘); Ⓤ 밖에서 하는 일. ── [ˊˊ] *vt.* 일에서 …를 능가하다, 보다 일을 잘〔빨리〕하다.
out·worn [àutwɔ́:rn] *v.* outwear의 과거분사. ── [ˊˊ] *a.* 입어서〔써서〕 낡은.
ou·zel [ú:zəl] *n.* (유럽산) 지빠귀의 무리《특히 blackbird》; 물까마귀.
o·va [óuvə] *n.* ovum의 복수.
***o·val** [óuvəl] *a., n.* **달걀 모양의** (것), 타원형의 (물건).
o·var·i·ot·o·my [ouvὲəriátəmi/-ɔ́t-] *n.* Ⓤ 〖醫〗 난소 절제술.
o·va·ry [óuvəri] *n.* 난소; 〖植〗 씨방.
o·vate [óuveit] *a.* (잎이) 달걀 모양의. 「갈채.
o·va·tion [ouvéiʃən] *n.* 대환영, 대
‡**ov·en** [ʌ́vən] *n.* **솥**, (요리용) 화덕, 오븐; (난방·건조용) 작은 노(爐).
†**o·ver** [óuvər] *prep.* ① **…의 위에.** ② …을 덮어. ③ 온통. ④ …을 넘어서, …을 통하여. ⑤ …의 저쪽에. ⑥ …을 가로질러서. ⑦ 《時間·場所》 …중. ⑧ …의 위에, …을 지배하여. ⑨ …에 관하여(about). ⑩ …을 하면서. ⑪ …이상. ~ *all* 끝에서 끝까지. ── *ad.* ① 위에(above). ② 넘어서; 건너서; 저쪽에. ③ 거꾸로; 넘어져서. ④ 온통, 덮이어. ⑤ 가외로. ⑥ 끝나서. ⑦ 구석구석까지. ⑧ (어느 기간을) 통하여. ⑨ 통틀어. ⑩ 한 번 더; 되풀이하여. ⑪ 《주로 複合語로》 너무나. *all* ~ 완전히 끝나서. *all* ~ *with* …은 완전히 절망적이어서; …은 만사 끝나서. ~ *again* 다시 한 번. ~ *against* …에 대〔면〕하여, …와 대조하여. ~ *and above* 그 밖에. ~ *and* ~ (*again*) 여러번 되풀이하여. ~ *here* (*there*) 이〔저〕쪽에. ── *a.* 위의(upper); 끝의; 《보통 複合語로서》 상위의(~*lord*), 여분의(~*time*), 과도한(~*act*). ── *n.* Ⓤ 여분.
over- *pref.* 「과도로〔의〕, 여분의, 위의〔로〕, 밖의〔으로〕, 넘어서, 더하여, 아주」 따위의 뜻.
o·ver·a·bun·dant [òuvərəbʌ́ndənt] *a.* 남아 돌아가는.
o·ver·act [òuvərǽkt] *vt., vi.* 지나치게 하다; 과장하여 연기하다.
o·ver·age [óuvəréidʒ] *a.* 적령(適齡)을 넘은; 노후(老朽)한.
***o·ver·all** [-ɔ̀:l] *n.* (*pl.*) (가슴판이 붙은) **작업용 바지**; 《英》 (의사·여자·아이의) 일옷, 덧옷. ── *a.* **끝에서 끝까지의**; 전반적인, 종합적인.
óverall pèace 전면 강화.
o·ver·anx·i·e·ty [-æŋzáiəti] *n.* 지나친 걱정. 「게 근심하는.
o·ver·anx·ious [-ǽŋkʃəs] *a.* 지나치
o·ver·arch [òuvərá:rtʃ] *vt., vi.* …의 위에 아치를 만들다; 아치형을 이루다.
o·ver·arm [óuvərà:rm] *a.* 〖球技〗 (어깨 위로 손을 들어 공을) 내리던지는〔내리치는〕; 〖水泳〗 팔을 물 위로 내어 앞으로 쭉 뻗치는.
o·ver·awe [òuvərɔ́:] *vt.* 위압하다.
o·ver·bal·ance [òuvərbǽləns] *vt.* …보다 무게〔가치·중요도〕가 있다; 균형을 잃게 하다. ── *vt.* 넘어지다. ── [ˊ-ˋ-] *n.* Ⓤ© 초과(량).
o·ver·bear [-bέər] *vt.* (*-bore; -borne*) 위압하다; 전복시키다. ~**·ing** *a.* 거만한.
o·ver·bid [-bíd] *vt.* (*-bid; -bid, -bidden; -dd-*) 에누리하다; (남보다) 비싼 값을 매기다. ── [ˊ-ˋ] *n.* 비싼 값.
o·ver·blouse [óuvərblàus] *n.* 오버블라우스《스커트나 슬랙스 밖으로 내어 입음》.
o·ver·blown [-blóun] *a.* 과도한; (폭풍 따위가) 멎은; (꽃이) 활짝 필 때를 지난.
***o·ver·board** [óuvərbɔ̀:rd] *ad.* **배 밖으로**, (배에서) 물 속으로. *throw* ~ 물속으로 내던지다; 《口》 저버리다, 돌보지 않다.
o·ver·bridge [óuvərbrìdʒ] *n.* 가도교(架道橋). 「(*-mm-*) 넘치(게 하)다.
o·ver·brim [òuvərbrím] *vt., vi.*
o·ver·bur·den [òuvərbə́:rdn] *vt.* 지나치게 적재(積載)하다〔지우다〕. ── [ˊ-ˋ-] *n.* 과중한 짐〔부담〕.
o·ver·bus·y [-bízi] *a.* 지나치게 분주한. 「과거.
***o·ver·came** [-kéim] *v.* overcome의
o·ver·care·ful [óuvərkέərfəl] *a.* 지나치게 조심하는〔마음을 쓰는〕.
***o·ver·cast** [òuvərkǽst/-á:-] *vt.* (~) ① **구름으로 덮다**; 어둡게 하다. ② [ˊ-ˋ] 휘갑치다. ── *vi.* 흐려지다; 어두워지다. ── [ˊ-ˋ] *a.* **흐린**; 어두운; 음침한; 휘갑친.
o·ver·charge [(*vt.*) òuvərtʃá:rdʒ, (*n.*) ˊ-ˋ] *n., vt.* 엄청난 대금(을 요구하다); 엄청난 값; 적하(積荷) 초과; 짐을 지나치게 싣다; 과(過)충전(하다).
o·ver·cloud [òuvərkláud] *vt., vi.* 흐리게 하다, 흐려지다; 어둡게 하다, 어두워지다; 침울하게 하다, 침울해지다. 「ing *n.* Ⓤ 외투 감.
‡**o·ver·coat** [óuvərkòut] *n.* **외투.** ~-
o·ver·col·or [òuvərkʌ́lər] *vt.* 지나

치게 채색하다; 지나치게 (기사를) 윤색하다; 과장하다.

‡**o·ver·come** [òuvərkʌ́m] *vt.* (***-came; -come***) ① **이겨내다,** 극복하다; 압도하다. ② 《受動으로 써서》 지치다, 정신을 잃다(*by, with*).

o·ver·com·pen·sa·tion [óuvərkɑ̀mpənséiʃən/-kɔ̀m-] *n.* [U] 〖精神分析〗 (약점을 감추기 위한) 과잉 보상.

o·ver·con·fi·dence [-kɑ́nfədəns / -kɔ́n-] *n.* [U] 과신(過信), 자만심. **-dent** *a.* 「게 익힌〔삶은, 구운〕.

o·ver·cooked [òuvərkúkt] *a.* 지나치

o·ver·crop [ˋ-krɑ́p/ˋ-krɔ́p] *vt.* (***-pp-***) 지나치게 경작하다, 작물을 너무 지어 피폐케 하다《토지를》.

***o·ver·crowd** [-kráud] *vt.* (사람을) **너무 많이 들여 넣다.** ***~·ed** [-id] *a.* **초만원의.**

o·ver·de·ve·lop [-divéləp] *vt.* 과도하게 발달시키다; 〖寫〗 현상을 지나치게 하다.

o·ver·do [-dú:] *vt.* (***-did; -done***) 지나치게 하다; 과장하다; 《보통 受動 또는 再歸的으로》 (몸 따위를) 너무 쓰다, 과로케 하다; 너무 삶다〔굽다〕. ~ ***it*** 지나치게 하다; 과장하다. ~ ***oneself*** 〔***one's strength***〕 무리를 하다.

o·ver·dose [óuvərdòus] *n.* 약의 적량(適量) 초과. — [ˋ-ˊ] *vt.* …에 약을 너무 많이 넣다〔먹이다〕.

o·ver·draft, -draught [-drǽft, -ɑ̀:-] *n.* (은행의) 당좌 대월(當座貸越) (액)《예금자측에서 보면 차월(借越)》; (어음의) 초과 발행.

o·ver·draw [òuvərdrɔ́:] *vt.* (***-drew; -drawn***) (예금 등을) 초과 인출하다; (어음을) 초과 발행하다; 과장하다.

o·ver·dress [-drés] *vt., vi.* 옷치장을 지나치게 하다(*oneself*). — [ˊ-ˋ] *n.* (얇은 옷감으로 된) 윗도리.

o·ver·drink [-dríŋk] *vt., vi.* (***-drank; -drunk***) 과음하다(*oneself*).

o·ver·drive [-dráiv] *vt.* (***-drove; -driven***) (사람·동물을) 혹사하다. — [ˊ-ˋ] *n.* 〖機〗 오버드라이브, 증속 구동(增速驅動).

o·ver·due [-djú:/-djú:] *a.* (지불) 기한이 지난; 연착한.

o·ver·eat** [-í:t] *vt., vi.* (-ate; -eaten***) **과식하다**(*oneself*).

o·ver·es·ti·mate [-éstəmèit] *vt.* 과대 평가하다; 높이 사다. — [-mit] *n.* 과대 평가. **-es·ti·má·tion** [-èstəméiʃən] *n.* [U,C] 과대 평가.

o·ver·ex·pose [-ikspóuz] *vt.* 〖寫〗 지나치게 노출하다. **-pó·sure** *n.* [U,C] 노출 과도.

o·ver·fall [óuvərfɔ̀:l] *n.* 단조(湍潮) 《바닷물이 역류에 부딪쳐 생기는 해면의 물보라 파도》; (운하·수문의) 낙수하는 곳.

o·ver·fa·tigue [òuvərfətí:g] *vt.* 과로케 하다. — *n.* [U] 과로.

o·ver·feed [òuvərfí:d] *vt., vi.* (***-fed***) 과하게 먹(이)다.

o·ver·fill [-fíl] *vt.* 지나치게 넣다.

o·ver·flight [óuvərflàit] *n.* (어느 지역의) 상공 비행, 《특히》 영공 침범.

‡**o·ver·flow** [-flóu] *vt.* (강 등이) **범람하다;** (물 등) …에서 넘치다; …에 다 못들어가 넘치다. — *vi.* 범람하다; 넘치다; 넘칠 만큼 많다(*with*). — [ˊ-ˋ] *n.* 범람; 충만; 배수로. **~·ing** *a.* 넘쳐 흐르는, 넘칠 정도의.

o·ver·full·fill, 《英》 **-fil** [-fulfíl] *vt.* (표준) 이상으로 생산하다. **~·ment** *n.* [U]

o·ver·ground [óuvərgràund] *a.* 지상의. ***be still*** ~ 아직 살아 있다.

o·ver·grow [òuvərgróu] *vt.* (***-grew; -grown***) (풀이) 만연하다; 너무 자라다; …보다도 커지다. — *vi.* 너무 커지다.

o·ver·growth [óuvərgròuθ] *n.* 전면에 난 것; [U,C] 과도 성장; 무성.

o·ver·hand [-hæ̀nd] *a., ad.* 〖野〗 내리던지는, 내리던져서; 〖水泳〗 손을 물 위로 쭉 뻗는〔뻗어서〕; 휘갑치는, 휘갑쳐서. — *vt.* 휘갑치다.

o·ver·hang** [òuvərhǽŋ] *vt.* (-hung***) …의 **위에 걸치다;** 닥쳐서 불안케 하다, 위협하다. — *vi.* 덮치다; 절박하다. — [ˊ-ˋ] *n.* 쑥 내밂; 쑥 내민 것〔부분〕.

***o·ver·haul** [-hɔ́:l] *vt.* (수리하려고) **분해 검사하다;** 〖海〗 뒤쫓아 미치다. — [ˊ-ˋ] *n.* [U,C] 분해 검사.

‡**o·ver·head** [-héd] *ad.* **위로** (높이); 상공에; 위층에. — [ˊ-ˋ] *a.* 머리 위의, 고가(高架)의; 전반적인, 일반의. — [ˊ-ˋ] *n.* 《美》 총경비, 경상비. 「하다; 엿듣다.

o·ver·hear** [-híər] *vt.* (-heard***) **도청**

o·ver·heat [-hí:t] *vt., vi.* 너무 뜨겁게 하다, 과열시키다〔하다〕.

o·ver·in·dulge [-indʌ́ldʒ] *vt., vi.* 지나치게 방임하다; 방종하게 굴다.

o·ver·is·sue [óuvərìʃu:] *n.* [U,C] (지폐·어음 등의) **남발,** 한외(限外) 발행.

o·ver·joy [òuvərdʒɔ́i] *vt.* ***be ~ed*** 미칠 듯이 기뻐하다(*at, with*). **~ed** *a.* 대단히 기쁜.

o·ver·kill [óuvərkìl] *n.* [U] (핵무기의) 과잉 살상력. 「절한.

o·ver·kind [-káind] *a.* 지나치게 친

o·ver·la·bo(u)r [òuvərléibər] *vt.* 혹사하다; 너무 공들이다. 「게 실은.

o·ver·lad·en [-léidn] *a.* 짐을 지나치

***o·ver·land** [óuvərlæ̀nd, -lənd] *ad.* **육로로**〔**를**〕, 육상으로〔을〕. — [ˊ-ˋ] *a.* 육로의.

o·ver·lap** [òuvərlǽp] *vt., vi.* (-pp-***) **겹치**(**어지**)**다;** 일부분이 일치하다, 중복하다. — [ˊ-ˋ] *n.* 겹침; 중복(부분); 〖映〗 오버랩《한 장면을 다음 장면과 겹치는 일》.

o·ver·lay [-léi] *vt.* (***-laid***) 겹치다; (장식을) 달다; 압도하다. — [ˊ-ˋ] *n.* 덮개, 씌우개; 덧장식; 〖컴퓨터〗 오버레이 (~ *structure* 오버레이 구조).

o·ver·leaf [óuvərlì:f] *ad.* 뒷 면에,

다음 페이지에.

o·ver·leap [òuvərlí:p] *vt.* (~*ed* [-t, -lépt], *-leapt* [-lépt]) 뛰어넘다; 빠뜨리다, 생략하다. ~ *oneself* 지나치게 하여 실패하다.

o·ver·lie [òuvərlái] *vt.* (*-lay; -lain*) …의 위에 눕다, …의 위에서 자다; (어린애 위에) 덮쳐서 질식시키다.

*__o·ver·load__ [-lóud] *vt.* **짐을 과하게 싣다.** —— [⌐–⌐] *n.* 과중한 짐.

‡**o·ver·look** [-lúk] *vt.* **내려다 보다,** (멀리) 바라보다; **빠뜨리고 보다; 눈감아 주다;** 감독하다; …보다 높은 곳에 있다; …을 넘어 저쪽을 보다.

o·ver·lord [óuvərlɔ̀:rd] *n.* (군주 위의) 대군주(大君主).

o·ver·ly [-li] *ad.* 《美·Sc.》 과도하게, 지독하게.

o·ver·man [-mən] *n.* 직공장(foreman).

o·ver·mas·ter [òuvərmǽstər, -á:-] *vt.* 압도하다, 이겨내다.

o·ver·match [-mǽtʃ] *vt.* …보다 낫다.

o·ver·much [óuvərmʌ́tʃ] *a., ad., n.* Ⓤ 과다(한); 과도(하게).

o·ver·nice [-náis] *a.* 지나치게 까다로운.

*__o·ver·night__ [òuvərnáit] *ad.* **밤새도록;** 전날 밤에. —— [⌐–⌐] *a.* 밤중에 이루어지는〔일어나는〕; 전날 밤의; 밤을 위한. —— [⌐–⌐] *n.* 《口》 일박(一泊) 허가증; 《古》 전날 밤.

o·ver·pass [-pǽs, -á:-] *vt.* (~*ed*, *-past*) 넘다(pass over); 빠뜨리다; 못보고 넘기다; 능가하다. —— [⌐–⌐] *n.* 육교, 구름다리; 고가 도로〔철도〕.

o·ver·pay [-péi] *vt.* (*-paid*) 더 많이 지불하다. ~**·ment** *n.* ⓊⒸ

o·ver·peo·pled [-pí:pld] *a.* 인구 과잉의.

o·ver·play [-pléi] *vt.* 과장하여 연기하다; 보다 잘 연기하다; 낫다.

o·ver·plus [óuvərplʌ̀s] *n.* 여분.

o·ver·pop·u·lat·ed [òuvərpápjulèit-id/-ɔ́-] *a.* 인구 과잉의.

o·ver·pop·u·la·tion [óuvərpàpjuléiʃən/-ɔ̀-] *n.* Ⓤ 인구 과잉.

*__o·ver·pow·er__ [òuvərpáuər] *vt.* ① **이겨내다; 압도하다.** ② 깊이 감동시키다, 못견디게 하다. ~**·ing** *a.* 압도적인, 저항할 수 없는.

*__o·ver·pro·duc·tion__ [-prədʌ́kʃən] *n.* Ⓤ 생산 과잉.

o·ver·proof [òuvərprú:f] *a.* 표준량 《보통 50%》 이상으로 알코올을 함유한.

o·ver·rate [-réit] *vt.* 과대 평가하다.

o·ver·reach [-rí:tʃ] *vt.* 속이다; 지나쳐 가다; 퍼지다; 두루 미치다. ~ *oneself* 몸을 지나치게 뻗다; 무리가〔책략이〕 지나쳐서 실패하다.

o·ver·ride [-ráid] *vt.* (*-rode; -ridden*) (장소를) 타고 넘다; 짓밟다; 무시하다; 무효로 하다, 뒤엎다; 이겨내다; (말을) 타서 지치게 하다.

o·ver·ripe [óuvərráip] *a.* 너무 익은.

o·ver·rule [òuvərrú:l] *vt.* 위압〔압도〕하다; (의론·주장 등을) 뒤엎다, 무효로 하다; 각하하다.

*__o·ver·run__ [-rʌ́n] *vt.* (*-ran; -run; -nn-*) …의 **전반에 걸쳐 퍼지다;** (잡초 등이) 무성하다; …을 지나쳐 달리다; 초과하다; (강 등이) …에 범람하다. —— [⌐–⌐] *n.* 만연, 무성; 잉여.

*__o·ver·sea(s)__ [óuvərsí:(z)] *ad.* **해외로,** 외국으로. —— *a.* 해외(에서)의; 외국의; 외국으로 가는. ~ ***Koreans*** 〔***Chinese***〕 해외 교포〔화교〕.

o·ver·see [òuvərsí:] *vt.* (*-saw; -seen*) 감독하다; 몰래〔흘끗〕 보다. **o·ver·se·er** [óuvərsì:ər] *n.* 감독자.

o·ver·sell [òuvərsél] *vt.* (*-sold*) 지나치게 팔다; (주식·상품 등을) 차금매매(差金賣買)하다.

o·ver·set [-sét] *vt., vi.* (~; *-tt-*) 뒤엎다, 뒤집히다; 타도하다. —— [⌐–⌐] *n.* 전복, 타도.

o·ver·sexed [-sékst] *a.* 성(욕) 과잉의.

*__o·ver·shad·ow__ [-ʃǽdou] *vt.* …에 **그림자를 던지다;** 무색하게 만들다.

*__o·ver·shoe__ [óuvərʃù:] *n.* (보통 *pl.*) **오버슈즈,** 덧신.

o·ver·shoot [òuvərʃú:t] *vt.* (*-shot*) (과녁을) 넘겨 쏘다; …보다 높게〔멀리〕 쏘아 실패하다. —— *vi.* 지나치게 멀리 날아가다. ~ ***oneself*** 〔***the mark***〕 지나치게 하다; 과장하다. —— *n.* [⌐–⌐] 지나침(으로 인한 실패); 〖컴퓨터〗 오버슈트.

o·ver·shot [-ʃát/-ɔ́-] *v.* overshoot의 과거(분사). —— *a.* (물레방아가) 상사식(上射式)의; 위턱이 쑥 나온.

o·ver·sight [óuvərsàit] *n.* ⓊⒸ 빠뜨림, 실수; Ⓤ 감독. ***by*** (***an***) ~ 까딱 실수하여.

o·ver·sim·pli·fy [òuvərsímpləfài] *vt.* …을 지나치게 간소화하다.

o·ver·size [óuvərsàiz] *a.* 너무 큰, 특대의. —— *n.* 특대형(의 것).

o·ver·skirt [-skə̀:rt] *n.* 겉 스커트, (스커트 겉에 입는) 반스커트.

*__o·ver·sleep__ [òuvərslí:p] *vi., vt.* (*-slept*) **지나치게 자다**(*oneself*).

o·ver·spill [óuvərspìl] *n.* 흘러떨어진 것, 넘쳐나온 것; (대도시에서 넘치는) 과잉인구.

*__o·ver·spread__ [-spréd] *vt., vi.* (~) **전면에 펴다〔퍼지다〕;** 덮다.

o·ver·staff [-stǽf, -stá:f] *vt.* …에 필요 이상의 직원을 두다.

o·ver·state [-stéit] *vt.* 허풍을 떨다, 과장하다.

o·ver·stay [-stéi] *vt.* …보다 너무 오래 머무르다.

o·ver·step [-stép] *vt.* (*-pp-*) 지나치다, 한도를 넘다.

o·ver·stock [-sták/-ɔ́-] *vt.* 지나치게 공급하다〔사들이다〕. —— [⌐–⌐] *n.* ⓊⒸ 공급〔재고〕 과잉.

o·ver·strain [-stréin] *vt.* 너무 팽팽하게 하다, 너무 긴장시키다; 무리하게 사용하다. —— [⌐–⌐] *n.* Ⓤ 지나친 긴장〔노력〕; 과로.

o·ver·strung [-strʌ́ŋ] *a.* 지나치게 긴장한, 신경 과민의.

o·ver·stuffed [-stʌ́ft] *a.* (의자 따위) 두껍게 속을 채워 넣은.

o·ver·sub·scribe [⌐səbskráib] *vt., vi.* 모집액 이상으로 신청하다《공채 등을》.

o·ver·sup·ply [-səplái] *vt.* 지나치게 공급하다. —— *n.* UC 공급 과잉.
o·vert [ouvə́:rt, ∠-/∠-, -∠] *a.* 명백한; 공공연한(opp. covert). ~·ly *ad.*
‡**o·ver·take** [òuvərtéik] *vt.* (*-took; -taken*) ① …에 뒤따라 미치다. ② (폭풍·재난이) 갑자기 덮쳐오다.
o·ver·task [-tǽsk, -ɑ́:-] *vt.* 무리한 일을 시키다; 혹사하다.
o·ver·tax [-tǽks] *vt.* …에 중세(重稅)를 과하다; …에 과중한 짐〔부담〕을 지우다.
o·ver-the-count·er [óuvərðəkáuntər] *a.* 〖證〗 점두 거래의; 〖藥〗 (의사 처방이 필요 없는) 점두 판매의.
‡**o·ver·throw** [òuvərθróu] *vt.* (*-threw; -thrown*) ① 뒤집어엎다. ② 타도하다; (정부·국가 등을) 전복시키다; 폐지하다. —— [∠-ˋ] *n.* 타도, 전복; 파괴.
***o·ver·time** [óuvərtàim] *n.* U 정시외 노동 시간, 잔업 시간; 초과 근무. —— *a., ad.* 정시 외의〔에〕. —— [ˋ-∠] *vt.* …에 시간을 너무 잡다.
o·ver·tire [òuvərtáiər] *vt., vi.* 과로시키다〔하다〕.
o·ver·tone [óuvərtòun] *n.* 〖樂〗 상음(上音)(opp. undertone); 배음(倍音). 「의 과거.
***o·ver·took** [òuvərtúk] *v.* overtake
o·ver·top [-tɑ́p / -tɔ́p] *vt.* (*-pp-*) …의 위에 치솟다; 능가하다.
o·ver·train [-tréin] *vt., vi.* 지나치게 훈련하다〔훈련하여 건강을 해치다〕.
***o·ver·ture** [óuvərtʃər, -tʃùər] *n.* 〖樂〗 서곡; (보통 *pl.*) 신청, 제안.
‡**o·ver·turn** [òuvərtə́:rn] *vt., vi.* 뒤엎다, 뒤집히다; 타도하다. —— [∠-ˋ] *n.* 전복, 타도; 파멸.
o·ver·use [-jú:z] *vt.* 과용하다. —— *n.* [∠-jù:s] U 과용, 혹사, 남용.
o·ver·val·ue [-vǽlju:] *vt.* 지나치게 평가〔존중〕하다.
o·ver·view [óuvərvjù:] *n.* 개관(概觀).
o·ver·watch [-wɑ́tʃ/-ɔ́-] *vt.* 망보다, 감시하다. 「교만한.
o·ver·ween·ing [-wí:niŋ] *a.* 뽐내는,
o·ver·weigh [-wéi] *vt.* …보다 무겁다〔중요하다〕; 압도하다.
***o·ver·weight** [óuvərwèit] *n.* U 초과 중량, 과중. —— [ˋ-∠] *a.* 중량을 초과한. —— *vt.* 지나치게 싣다; 부담을 지나치게 지우다.
‡**o·ver·whelm** [òuvərhwélm] *vt.* ① (큰 파도나 홍수가) 덮치다, 물에 잠그다. ② 압도하다. ③ (마음을) 꺾다. *~·ing *a.* 압도적인; 저항할 수 없는. ~·ing·ly *ad.*
o·ver·win·ter [ˉwíntər] *vi.* 겨울을 지내다.
‡**o·ver·work** [-wə́:rk] *vt.* (~*ed*, *-wrought*) ① 지나치게 일시키다; 과로시키다. ② …에 지나치게 공들이다. —— *vi.* 지나치게 일하다; 과로하다. —— *n.* U 과로; [∠-ˋ] 초과 근무.
o·ver·wrought [-rɔ́:t] *v.* overwork 의 과거(분사). —— *a.* 《古》 지나치게 일한; 《古》 과로한; 흥분한; 지나치게 공들인. 「열심인.
o·ver·zeal·ous [-zéləs] *a.* 지나치게
ovi- 「egg」의 뜻의 결합사.
Ov·id [ɑ́vid/ɔ́-] *n.* (43 B.C.–A.D. 17?) 로마의 시인. 「管), 난관.
o·vi·duct [óuvədʌ̀kt] *n.* 수란관(輸卵
o·vi·form [óuvəfɔ̀:rm] *a.* 난형(卵形)의. 「生)의.
o·vip·a·rous [ouvípərəs] *a.* 난생(卵
o·vi·pos·i·tor [òuvəpɑ́zitər / -ɔ́-] *n.* (곤충의) 산란관.
o·void [óuvɔid] *a., n.* 난형의 (것).
o·vu·lar [óuvjulər] *a.* 밑씨의; 난자의.
o·vu·late [óuvjulèit] *vi.* 배란(排卵)하다.
o·vule [óuvju:l] *n.* 〖動〗 난자; 〖植〗 밑씨.
o·vum [óuvəm] *n.* (*pl.* *ova*) 〖生〗 난자, 알.
‡**owe** [ou] *vt.* ① 빚지고 있다. ② 은혜를 입고 있다(*to*). ③ (사은(謝恩)·사죄·원한 등의 감정을) 품다. —— *vi.* 빚이 있다(*for*).
Ow·en [óuən], **Robert** (1771–1858) 영국의 사회 개혁자. ~·**ism** [-ìzəm] U 공상적 사회주의.
OWI, O.W.I. Office of War Information 《美》 전시 정보국.
‡**ow·ing** [óuiŋ] *a.* 빚지고 있는; 지불해야 할(due). ~ ***to*** …때문에, …로 인하여.
‡**owl** [aul] *n.* ① 올빼미. ② 젠 체하는 사람. ③ 밤을 새우는 사람, 밤에 나다니는 사람. ∠·**et** *n.* 올빼미 새끼; 작은 올빼미. ∠·**ish** *a.* 올빼미 비슷한; 점잔 뺀 얼굴을 한.
owl·light [∠làit] *n.* U 황혼, 땅거미, 희미한 빛.
†**own** [oun] *a.* ① 자기 자신의, 그것의. ② 독특한. ③ (혈연 관계가) 친(親)인(real). ***be one's ~ man*** 〔***master***〕 자유의 몸이다, 남의 지배를 받지 않다. ***get one's ~ back*** 앙갚음하다(*on*). —— *n.* 자기 〔그〕 자신의 것〔사람〕. ***come into one's ~*** (당연한 권리로) 자기의 것이 되다; 정당한 신용〔성공〕을 얻다. ***hold one's ~*** 자기의 입장을 지키다, 지지 않다. ***my ~*** 《呼稱》 얘야, 아아 (착한 애구나). ***on one's ~*** 《口》 자기가, 자기의 돈〔책임〕으로, 혼자 힘으로. —— *vt.* ① 소유하다. ② 승인하다; 자백하다; 자기의 것으로 인정하다. —— *vi.* 자백하다(*to*). ~ ***up*** 모조리〔깨끗이〕 자백하다.
‡**own·er** [óunər] *n.* 임자, 소유자. ~·**less** *a.* 임자 없는. *~·**ship** [-ʃìp] *n.* U 임자임; 소유(권).
ówner drìver (스스로 운전하는) 자가용 임자.
‡**ox** [ɑks/ɔ-] *n.* (*pl.* ~*en*) (특히 거세한) 수소, 소(속(屬)의 동물).
Ox. Oxford(shire).
ox·al·ic [ɑksǽlik/ɔk-] *a.* 괭이밥의, 괭이밥에서 채취한.

oxálic ácid 수산(蓚酸).
ox·a·lis [áksəlis/ɔ́-] *n.* 〖植〗 괭이밥.
ox·bow [⌐bòu] *n.* 《美》 (소의) 멍에; (강의) U 자형 물굽이.
Ox·bridge [áksbrìdʒ/ɔ́-] *n., a.* 《英》 Oxford 대학과 Cambridge 대학(의); 일류 대학(의).
ox·cart [⌐kɑ̀:rt] *n.* 우차, 달구지.
ox·en [⌐ən] *n.* ox 의 복수.
ox·eye [⌐ài] *n.* 데이지, 프랑스 국화; (사람의) 왕방울 눈. **~d** [-d] *a.* (소같이) 눈이 큰, 아름다운 눈의.
óxeye dáisy 프랑스 국화(菊花).
Oxf. Oxford(shire).
***Ox·ford** [áksfərd/ɔ́-] *n.* ① 영국 남부의 도시; 옥스퍼드 대학. ② (보통 o-) (*pl.*) = ⌐ **shóes** (끈매는 보통의) 신사용 단화. ③ Ⓤ (o-) 진회색 《Oxford gray 라고도 함》.
Óxford bágs 《英》 통 넓은 바지.
Óxford blúe 감색(紺色).
Óxford mòvement, the 옥스퍼드 운동《1833 년경부터 Oxf. 대학에서 일어난 카톨릭 교의 재흥(教義再興) 운동》.
Ox·ford·shire [áksfərdʃìər, -ʃər/ɔ́-] *n.* 잉글랜드 남부의 주 《생략 Oxon.》.
ox·heart [ákshɑ̀:rt/ɔ́-] *n.* (심장형의) 대형 버찌의 일종.
ox·hide [⌐hàid] *n.* Ⓤ 쇠가죽.
ox·i·dant [áksədənt/ɔ́-] *n.* 옥시던트, 산화체, 강산화성 물질.
ox·i·date [áksədèit/ɔ́-] *v.* =OXIDIZE.
ox·i·da·tion [àksədéiʃən/ɔ̀-] *n.* Ⓤ 〖化〗 산화(酸化). 「〖化〗 산화물.
***ox·ide** [áksaid/ɔ́-], **ox·id** [-sid] *n.*
***ox·i·dize** [áksədàiz/ɔ́-] *vt., vi.* 〖化〗 산화시키다〔하다〕; 녹슬(게 하)다. *~d silver* 그슬린 은. **ox·i·di·za·tion** [àksədizéiʃən/ɔ̀ksədai-] *n.* Ⓤ 산화. 「종.
ox·lip [ákslip/ɔ́-] *n.* 앵초(櫻草)의 일
Oxon. Oxfordshire; *Oxonia* (L. = Oxford, Oxfordshire); Oxonian.
Ox·o·ni·an [aksóuniən/ɔ-] *a., n.* Oxford (대학)의 (학생, 출신자).
ox·tail [ákstèil/ɔ́-] *n.* 쇠꼬리《수프 재료》. 「랑(에 끼다.).
ox·ter [ákstər/ɔ́-] *n., vt.* 《Sc.》 겨드
ox·y·a·cet·y·lene [àksiəsétəli:n/ɔ̀-] *a.* 산소 아세틸렌의. *~ blowpipe* 〔*torch*〕 산소 아세틸렌 용접기.
ox·y·ac·id [áksiæ̀sid/ɔ́k-] *n.* Ⓤ 〖化〗 산소산.
‡**ox·y·gen** [áksidʒən/ɔ́-] *n.* Ⓤ 〖化〗 산소.
ox·y·gen·ate [áksidʒənèit/ɔksídʒ-], **ox·y·gen·ize** [áksidʒənàiz/ɔ́-] *vt.* 〖化〗 산소로 처리하다; 산화시키다. **ox·y·gen·á·tion** [⌐-‐éiʃən] *n.* Ⓤ 산소 처리법; 산화.
óxygen dèbt 〖醫〗 산소채(債).
óxygen màsk 〖空〗 산소 마스크.
óxygen tènt 〖醫〗 산소 텐트.
ox·y·h(a)em·o·glo·bin [àksihí:məglòubin/ɔ̀k-] *n.* 〖生〗 산소헤모글로빈.
ox·y·hy·dro·gen [àksiháidrədʒən/ɔ̀k-] *a.* 〖化〗 산수소의. *~ torch* 〔*blowpipe*〕 산수소 용접기.
ox·y·mo·ron [àksimɔ́:ran/ɔ̀ksimɔ́:rɔn] *n.* 〖修〗 모순 형용법《보기 : *cruel kindness, thunderous silence, etc.*》.
ox·y·to·cic [àksitóusik/ɔ̀k-] *a., n.* 〖醫〗 분만촉진의〔제〕.
ox·y·to·cin [àksətóusin/ɔ̀-] *n.* Ⓤ 〖生化〗 옥시토신《진통(陣痛) 촉진제》.
o·yes, o·yez [oujés] *int.* 들어라!; 조용히! 《광고인 또는 법정의 서기가 포고(布告)를 읽기 전에 세번 반복하여 외치는 소리》.
‡**oys·ter** [ɔ́istər] *n.* 〖貝〗 굴.
óyster bèd 〔**bànk, fàrm, fìeld**〕 굴 양식장.
óyster cràb (굴 껍질에 공서(共棲)하는) 속살이(게). 「식(업).
óyster cùlture 〔**fàrming**〕 굴 양
óyster mìne 수압 기뢰(機雷) 《배가 통과하면 수압으로 폭발함》.
óyster plànt 〖植〗 선모(仙茅).
***oz.** ounce(s).
o·zone [óuzoun, -⌐] *n.* Ⓤ 〖化〗 오존; 《口》 신선한 공기. **o·zo·níf·er·ous** [òuzouníf*ə*rəs] *a.* 오존을 함유한.
o·zon·er [óuzənər] *n.* 《美俗》 야외 광장, (특히) 차탄채 들어가는 극장.
o·zon·ize [óuzənàiz] *vt.* 오존으로 처리하다; (산소를) 오존화하다. **-iz·er** *n.* 오존 발생기〔관(管)〕. **ò·zon·i·zá·tion** *n.* 오존화.
o·zo·no·sphere [ouzóunəsfiər] *n.* 〖氣〗 오존층.
ozs. ounces.

P

P, p [pi:] *n.* (*pl.* ***P's, p's*** [-z]) ***mind one's p's and q's*** 언행을 조심하다.
P phosphorus; 〖數〗 probability. **p.** page; participle; past; penny; pint; population. ***p.*** 〖樂〗 *piano*[2]. **P. A., P/A** power of attorney; private account. **Pa** 〖化〗 protactinium. **Pa.** Pennsylvania. **p. a.** partcipial adjective; PER annum.
pa [pɑ:] *n.* 《口》 =PAPA. 「ways.
PAA Pan-American World Air-
Pab·lum [pǽbləm] *n.* 〖商標〗 유아용 식품 이름; (p-) 무미건조한 책〔사상〕; (p-) Ⓤ 영양물.
pab·u·lum [pǽbjələm] *n.* Ⓤ 영양; 음식; 마음의 양식.
PAC Political Action Committee.
P. A. C. Pan-American Congress.
Pac. Pacific. **PACAF** 〖美軍〗 Pacific Air Forces.
‡**pace** [peis] *n.* ① **한 걸음**(step); 보폭(步幅) 《약 2.5피트》. ② **걸음걸이**; 보조; 걷는 속도, 진도, 속도. ③ (말의) 포족(跑足) 《한 쪽 앞 뒷다리를 동시에 드는 걸음걸이》. ***go at a good ~,*** or ***go*** 〔***hit***〕 ***the ~*** 대속력으로〔상당한 속도로〕 가다; 난

봉피우다, 방탕하게 지내다(cf. GO it). **keep ~ with** …와 보조를 맞추다; …에 뒤지지 않도록 하다. **put a person through his ~s** 아무의 역량을 시험해 보다. **set 〔make〕 the ~** 보조를 정하다; 정조(整調)하다; 모범을 보이다(*for*). ── *vt.* ① (규칙 바르게) …을 걸어 다니다. ② 보측(步測)하다(*out*). ③ 보조를 바르게 하다. ── *vi.* ① 보조 바르게 걷다. ② (말이) 포족으로 걷다.

pace·mak·er [´mèikər] *n.* 보조 조절자; 《一般》 지도자; 주동자; 〖醫〗 페이스메이커《전기의 자극으로 심장의 박동을 계속시키는 장치》; 〖解〗 박동원(博動原).

pace·set·ter [´sètər] *n.* 보조 조절자; 《一般》 지도자, 주동자(合).

pa·cha [pɑ́:ʃə] *n.* =PASHA.

pach·y·derm [pǽkidə:rm] *n.* 후피(厚皮) 동물《코끼리·하마 따위》; 둔감한 사람.

‡**pa·cif·ic** [pəsífik] *a.* ① **평화의**〔를 사랑하는〕; 온화한; 화해적인. ② (P-)태평양(연안)**의**. ***the P- (Ocean)*** 태평양.

pa·cif·i·cate [pəsífikèit] *vt.* =PACIFY. **pac·i·fi·ca·tion** [pæ̀səfəkéiʃən] *n.* UC 강화 (조약).

pac·i·fi·er [pǽsəfàiər] *n.* 달래는 사람〔것〕, 조정자; (고무) 젖꼭지.

pac·i·fism [pǽsəfizəm] *n.* U 평화주의, 반전론. *-**fist** *n.* **평화주의자**.

*****pac·i·fy** [pǽsəfài] *vi.* ① **달래다**, 가라앉히다. ② 평화를 수립하다.

‡**pack**[1] [pæk] *n.* ① **꾸러미**, 다발, 묶음, 짐짝. ② (담배의) 갑; (카드의) 한 벌《52장》. ③ (악한 등의) 일당; (사냥개·사냥감의) (한) 떼. ④ 총빙(叢氷), 큰 성엣장 떼. ⑤ (조직화된) 일단, 전함대(戰艦隊). ⑥ 〖醫〗 습포(濕布), 찜질(하기); (미용술의) 팩. ⑦ 〖컴퓨터〗 (정보를) 채워 넣다. ***in ~s*** 떼를 지어. ── *vt.* ① **싸다**, 꾸리다, 포장하다(*up*). ② (과일·고기 따위를) 포장〔통조림으로〕하다. ③ 가득 채우다(*with*); 채워 넣다; 패킹하다. ④ (말 따위에) 짐을 지우다. ⑤ 《美口》 (포장하여) 운반하다.── *vi.* ① 짐을 꾸리다, 짐이 꾸려지다, 포장되다. ② (짐을 꾸려 가지고) 나가다. **~ *off*** 내쫓다; 급히 나가다. ***send a person ~ing*** 아무를… 해고하다, 쫓아내다. *´**·er** *n.* **포장꾼〔업자〕**; 통조림업자; 《美》 식료품 포장 출하(出荷)업자. 「로 구성하다.

pack[2] *vt.* (위원 등을) 자기편 일색으

†**pack·age** [´idʒ] *n., vt.* ① U **짐꾸리기**, 포장(하다). ② 꾸러미, 짐. ③ (포장용) 상자. **~*(d)* *tour*** (여행사 주최의) 비용 일체를 한목에 내고 하는 여행(all-expense tour). ④〖컴퓨터〗 패키지《범용(凡用) 프로그램》.

páckage dèal 일괄 거래.

páck ànimal 짐 나르는 짐승, 짐말.

pack-drill [´drìl] *n.* 〖軍〗 완전 무장하여 행진시키는 벌(*No names no ~*. 분별이 있으면 벌은 받지 않는다).

*****pack·et** [pǽkit] *n.* ① **소포**; (작은) **묶음**. ② =´ **bòat** 우편선, 정기선. ③ 《英俗》 (투기 등에서 번〔잃은〕) 상당한 금액; 일격, 강타. ④ 《英俗》 불운, 실패. ⑤〖컴퓨터〗 패킷. ***buy* 〔*catch, get, stop*〕 *a ~*** 《英俗》 총알에 맞다; 갑자기 변을 당하다. 「마.

pack·horse [pǽkhɔ̀:rs] *n.* 짐 말, 복

*****pack·ing** [´iŋ] *n.* U ① **짐꾸리기**, 포장 (재료). ② 채워 넣는 것, 「패킹」. ③ 통조림 제조(업).

pácking bòx 〔càse〕 포장 상자.

pácking hòuse 〔plànt〕 식품 가공〔포장〕공장; 출하장.

pácking ìndustry 식육 공급업(業).

pácking shèet 포장지.

pack·man [´mən] *n.* 행상인.

pack·sack [pǽksæ̀k] *n.* 륙색, 배낭.

pack·sad·dle [´sæ̀dl] *n.* 길마.

pack·thread [´θrèd] *n.* U 포장끈.

pack·train [´trèin] *n.* 짐 나르는 짐승의 행렬〔떼〕. 「평양 지구 사령부.

PACOM Pacific Command 《美》 태

pact [pækt] *n.* 계약, 협정, 조약.

‡**pad**[1] [pæd] *n.* ① **덧대는 것**, 채워넣는 것; 안장 밑(받침). ② 스탬프패드. ③ 한장씩 떼어 쓰게 된 종이철《편지지 따위》. ④ (개·여우 따위의) 육지(肉趾) 《발바닥》, 발. ⑤ 수련의 큰 잎. ── *vt.* (**-dd-**) ① …에 채워 넣다. ② (군소리를 넣어 문장을) 길게 하다(*out*). ③ (인원·장부 따위의 숫자를) 허위 조작하여 불려서 기입하다. ***~ded cell*** (벽에 부드러운 것을 댄) 정신 병원의 병실. ´**·ding** *n.* U 채워 넣는 물건; 메워서 채움.

pad[2] *n.* 《英俗》 도로; 길을 밟는 (발소리 따위의) 무딘 소리, 쿵. ── *vt., vi.* (**-dd-**) 터벅터벅 걷다; 도보 여행하다.

‡**pad·dle**[1] [pǽdl] *n.* ① **노**(젓기), 한 번 저음; 노 비슷한 것《탁구의 라켓, 체벌용 주걱 채 따위》. ② (외륜선(外輪船)의) 물갈퀴; 〖工〗 날개 판; 〖컴퓨터〗 패들. ③ (빨래) 방망이. ── *vi.* 노를 저어 나아가다; 조용히 젓다. ── *vt.* ① …을 노로 젓다. ② 방망이로 치다, 철썩 때리다. ***~ one's own canoe*** 독립독보(獨立獨步)하다. **~r** *n.* 탁구 선수.

pad·dle[2] *vi* (물속에서 손발을) 철벙거리다; 물장난하다; (어린애가) 아장아장 걷다.

pad·dle-ball [-bɔ̀:l] *n.* 《美》 패들 구기《squash[1] 비슷함》. 「輪船).

páddle bòat 〔stèamer〕 외륜선(外

pad·dle·fish [-fiʃ] *n.* 철갑상어의 일종.

páddle tènnis 《美》 패들테니스《나무 판자 라켓과 고무공을 스펀지 쓰는 테니스》.

páddle whèel (기선의) 외륜.

pad·dock [pǽdək] *n.* (마구간 근처의) 작은 목장; 경마장에 딸린 울친 땅.

Pad·dy [pǽdi] *n.* 《俗》 아일랜드(계의) 사람《별명》.

pad·dy [pǽdi] *n.* 논; Ⓤ 쌀, 벼.
páddy fìeld 논.
pad·dy·whack [pǽdihwæ̀k] *n.* 《英口》 격노, 분노; (종종 P-) 《英俗》 아일랜드 사람; 《美口》 후려갈김.
Pa·de·rew·ski [pæ̀dəréfski, -rév-], **Ignace Jan**(1860–1941) 폴란드의 피아니스트·정치가·수상.
pad·lock [pǽdlɑ̀k/-ɔ̀k] *n., vt.* 맹꽁이 자물쇠(를 채우다).
pa·dre [pɑ́:dri, -drei] *n.* (이탈리아·스페인 등지의) 신부; 종군 신부.
pae·an [pí:ən] *n.* 기쁨의 노래, 찬가; 승리의 노래.
paed-, &c. =PED-, &c.
*__pa·gan__ [péigən] *n., a.* 이교도《기독교·유대교·회교에서 본》(의); 무종교자(의). **~·ish** *a.* 이교의[를 믿는]. **~·ism** [-ìzəm] *n.* Ⓤ 이교 (신앙). **~·ize** [-àiz] *vt., vi.* 이교(도)화하다.
†**page**[1] [peidʒ] *n.* ① 페이지. ② 〖印〗 한 페이지의 조판. ③ 기록, 문서. ④ (역사상의) 사건, 시기. **—** *vt.* …에 페이지를 매기다.
*__page__[2] *n.* ① 시동(侍童), 근시(近侍); 수습 기사(騎士). ② (호텔 따위의 제복을 입은) 급사. **—** *vt.* (급사에게) 이름을 부르게 하여 (사람을) 찾다, (급사가 하듯이) 이름을 불러 (사람을) 찾다.
*__pag·eant__ [pǽdʒənt] *n.* ① 장관(壯觀). ② 장려(壯麗)[장엄]한 행렬. ③ (화려한) 야외극, 패전트. ④ Ⓤ 허식, 겉치레. **~·ry** *n.* ⓊⒸ 장관; 허식.
páge bòy =PAGE[2] (*n.*); 〖美容〗 안 「말이 《머리 스타일》.
PAGEOS passive geodetic satellite 측지(測地)용 위성.
pag·i·nate [pǽdʒənèit] *vt.* (책에) 페이지를 매기다. **pag·i·na·tion** [⌐-néiʃən] *n.* ⓊⒸ 페이지 매기기, 페이지 수.
pa·go·da [pəgóudə] *n.* (동양의) 탑 (*a five-storied* ~ 5층탑).
pah [pɑ:] *int.* 흐응!; 체! 《경멸·불 「쾌》.
†**paid** [peid] *v.* pay의 과거(분사). **—** *a.* 유급의; 고용된; 지불필(畢)의; 현금으로 치른.
paid-in [⌐ìn] *a.* 이미 지불된, 지불 「필의.
paid-up [⌐ʌ̀p] *a.* 지불을 끝낸.
‡**pail** [peil] *n.* (물담는) 들통, 양동이; 한 통의 양(量). **⌐·ful** [-fùl] *n.* 한 통 (가득).
†**pain** [pein] *n.* ① ⓊⒸ 아픔, 고통. ② Ⓤ 괴로움, 고뇌. ③ (*pl.*) 고생, 애씀. ④ Ⓤ 《古》 형벌. ***be at the ~s of doing*** …하려고 애쓰다. ***for one's ~s*** 고생한[애쓴] 값으로[보람으로]; 《反語》 애쓴 보람도 없이 (혼 나다). ***~ in the neck*** 《口》 싫은 것[녀석]. ***on*** [***upon, under***] ***~ of*** 어기면 …의 벌을 받는다는 조건으로. ***take*** (***much***) ***~s*** (크게) 애쓰다. **—** *vt., vi.* 아프게 하다, 괴롭히다; 아프다.
‡**pain·ful** [⌐fəl] *a.* 아픈, 괴로운; 쓰라린. ***~·ly** *ad.* 고통스럽게; 애써서. **~·ness** *n.*
pain·kil·ler [⌐kilər] *n.* 《口》 진통제.
pain·less [péinlis] *a.* 아픔[고통]이 없는. **~·ly** *ad.* **~·ness** *n.*
*__pains·tak·ing__ [⌐ztèikiŋ] *a., n.* 부지런한; 공들인; 힘드는; Ⓤ 수고, 고심. **~·ly** *ad.*
†**paint** [peint] *n.* Ⓤ ① 채료, 페인트; 칠, 도료. ② 화장품, 연지, 루즈. **—** *vt.* ① (채료로) 그리다; 채색[색칠]하다; 페인트 칠하다. ② 화장하다. ③ (생생하게) 묘사하다. ④ (약을) 바르다. **—** *vi.* ① 그림을 그리다. ② 화장하다, 연지[루즈]를 바르다. **~ *in*** …을 칠해서 두드러지게 하다. **~ *out*** 페인트로 지우다. **~ *the town red*** 《俗》 야단법석하다.
páint bòx 그림물감 상자.
paint·brush [⌐brʌ̀ʃ] *n.* 화필(畫筆).
‡**paint·er**[1] [⌐ər] *n.* ① 화가. ② 페인트장이, 칠장이. 「줄.
paint·er[2] *n.* 〖海〗 배를 매어 두는 밧
paint·er[3] *n.* 아메리카표범(cf. panther).
‡**paint·ing** [⌐iŋ] *n.* ① 그림. ② Ⓤ 그리기; 화법. ③ Ⓤ 페인트칠.
páint pòt 페인트 그릇.
†**pair** [pɛər] *n.* ① 한 쌍(*a ~ of shoes* 신발 한 켤레); (두 부분으로 된 것의) 하나, 한 자루(*a ~ of scissors* 가위 한 자루). ② 부부, 약혼한 남녀; (동물의) 한 쌍. ③ (한 데 맨) 두 필의 말. ④ (짝진 것의) 한 쪽[짝]. ⑤ 〖政〗 서로 짜고 투표를 기권하는 반대 양당 의원 두 사람; 그 짝짜미. ***another*** [***a different***] ***~ of shoes*** [***boots***] 별문제. ***in ~s,*** or ***in a ~*** 둘이 한 쌍[짝]이 되어. **—** *vt., vi.* ① 한 쌍이 되(게 하)다. ② 결혼시키다[하다] (*with*); 짝지우다; 짝짓다. ③ (*vi.*) 〖政〗 반대당의 의원과 서로 짜고 기권하다. **~ *off*** 둘[두 사람]씩 가르다[짝짓다].
pair-oar [⌐ɔ̀:r] *n.* (두 사람이 젓는) 쌍노 보트.
páir prodùction 〖理〗 쌍생성(雙生成)《입자와 반입자의 동시 생성》.
pais·ley [péizli] *n., a.* Ⓤ 페이즐리 (모직)(의).
pajáma pàrty 파자마파티《10대 소녀들이 친구집에 모여 파자마바람으로 밤새워 노는 모임》.
*__pa·jam·as__ [pədʒɑ́:məz, -ǽ-] *n. pl.* ① 파자마, 잠옷. ② (회교국 남녀가 입는) 헐거운 바지.
Pa·ki·stan [pɑ̀:kistɑ́:n, pǽkistæ̀n] *n.* 파키스탄. 「(사람).
Pa·ki·sta·ni [-i] *a., n.* Pakistan의
‡**pal** [pæl] *n.* 《口》 ① 동료, 친구. ② 짝패, 공범. ③ =PEN PAL. **—** *vi.* (*-ll-*) 사이가 좋아지다.
PAL Philippine Air Lines. **Pal.** Palestine.
†**pal·ace** [pǽlis, -əs] *n.* 궁전; 큰 저택.
pal·a·din [pǽlədin] *n.* (Charlemagne 대제의) 친위 기사《12명 있었음》; 무사 수업자(修業者).
palaeo-, &c. =PALEO-, &c.
pal·an·quin, -keen [pæ̀lənkí:n] *n.*

(중국·인도 등지의) 1인승 가마.
pal·at·a·ble [pǽlətəbəl] *a.* 맛좋은; 상쾌한. **-bly** *ad.*
pal·a·tal [pǽlətl] *a.* 〖解〗 구개(口蓋)의; 〖音聲〗 구개음의. ── *n.* 〖音聲〗 구개음《[j] [ç] [iː] 따위》. **∼·ize** [-təlàiz] *vt.* 구개(음)화하다. **pal·a·tal·i·za·tion** [pæ̀lətəlizéiʃən] *n.* Ⓤ 〖音聲〗 구개음화.
***pal·ate** [pǽlit] *n.* ① 〖解〗 구개, 위턱. ② 미각; 취미, 기호. 「웅장한.
pa·la·tial [pəléiʃəl] *a.* 궁전의〔같은〕;
pal·a·tine [pǽlətàin] *a.*, *n.* 자기 영지 내에서 왕권의 행사가 허용된 (영주)《백작》. 「양 서부의) 팔라우 군도.
Pa·láu (Íslands) [pəláu] *n.* (태평
pa·la·ver [pəlǽvər, -áː-] *n.*, *vt.*, *vi.* (특히 아프리카 토인과 무역상과의) 상담(을 하다); 잡담(하다), 수다(떨다); Ⓤ 아첨; 감언(甘言).
‡**pale**[1] [peil] *a.* ① **창백한.** ② (빛깔이) 엷은. ③ (빛이) 어슴푸레한. ── *vt.*, *vi.* ① 창백하게 하다〔되다〕. ② 엷게 하다, 엷어지다. ∼ ***before*** 〔***beside***〕 …와 비교하여 무색하다〔훨씬 못하다〕. **∠·ly** *ad.* **∠·ness** *n.*
pale[2] *n.*, *vt.* 끝이 뾰족한 말뚝(으로 두르다); 경계; 구내. **∼d** [-d] *a.* 울타리를 둘러친. **pál·ing** *n.* Ⓤ 말뚝(을 둘러)박기; 말뚝(의 울타리).
pale·face [∠fèis] *n.* 《때로 蔑》 백인《북미 토인과 구별하여》.
pa·le·o·bot·a·ny [pèiliouḅátəni, pæ̀l-/-bɔ́t-] *n.* Ⓤ 고(古)식물학.
Pa·le·o·cene [péiliəsìːn, pǽl-] *n.*, *a.* 〖地〗 팔레오세(世)(의)《제3기(紀)의 제1기》.
pa·le·og·ra·phy [pèiliágrəfi, pæ̀l-/-ɔ́g-] *n.* Ⓤ 고문서(학).
pa·le·o·lith·ic [pèiliəlíθik, pæ̀l-] *a.* 구석기 시대의.
pa·le·on·tol·o·gy [pèiliəntálədʒi, pæ̀l-/-tɔ́l-] *n.* Ⓤ 고생물학.
Pa·le·o·zo·ic [pèiliəzóuik, pǽl-] *n.*, *a.* 고생대(암층)(의).
***Pal·es·tine** [pǽləstàin] *n.* **팔레스타인**《아시아 남서부의 옛 나라, 현재는 이스라엘과 아랍 지구로 분할됨》.
pal·ette [pǽlit] *n.* 팔레트, 조색(調色)판; 팔레트 위의 (여러 색의) 그림물감. 「물감을 섞는 데 씀》.
pálette knífe 팔레트 나이프《그림
pal·frey [pɔ́ːlfri] *n.* 《古》 (특히, 여자가 타는) 작은 말.
Pa·li [páːli] *n.* Ⓤ 팔리어(語).
pal·imp·sest [pǽlimpsèst] *n.* 거듭 쓴 양피지(의 사본)《본디 문장을 긁어 지우고 그 위에 다시 쓴 것》.
pal·i·sade [pæ̀ləséid] *n.* 뾰족 말뚝; 울타리; (*pl.*) (강가의) 벼랑. ── *vt.* 방책(防柵)을 두르다.
pal·ish [péiliʃ] *a.* 좀 창백한, 파리한.
***pall**[1] [pɔːl] *n.* **관〔무덤〕 덮는 천;** 막. ── *vt.* 관 씌우개로〔처럼〕 덮다.
pall[2] *vi.* (너무 먹거나 마셔) 맛이 없어지다; 물리다(*on, upon*). ── *vt.* 물리게 하다.
pal·la·di·um[1] [pəléidiəm, -djəm] *n.* (*pl.* **-dia** [-diə]) ⓊⒸ 보호(물), 보장.
pal·la·di·um[2] *n.* Ⓤ 〖化〗 팔라듐《금속 원소의 하나》. 「=ATHENA.
Pál·las (Athéna) [pǽləs/-læs] *n.*
pall·bear·er [pɔ́ːlbɛ̀ərər] *n.* 관을 들거나 옆을 따라가는 장송자(葬送者). 「리; 초라한 잠자리.
pal·let[1] [pǽlit] *n.* 짚으로 된 이부자
pal·let[2] *n.* (도공(陶工)의) 주걱; (화가의) 팔레트; 〖機〗 (톱니바퀴의) 미늘, 바퀴 멈추개.
pal·li·ate [pǽlièit] *vt.* (병세가 잠정적으로) 누그러지게 하다; 변명하다. **pal·li·a·tion** [∠-éiʃən] *n.* ⓊⒸ
pal·li·a·tive [pǽlièitiv, -liə-] *a.* (병세 따위를) 완화시키는; (죄를) 경감하는; 변명하는. ── *n.* (일시적) 완화제; 변명; 참작할 만한 사정; 고식적인 수단.
pal·lid [pǽlid] *a.* 해쓱한, 창백한 (cf. pale[1]). **∼·ly** *ad.* **∼·ness** *n.*
Páll Máll [pél mél, pǽl mǽl] 펠멜가(街)《런던의 클럽 거리》; 영국 육군성; (p- m-) (옛날의) 구기(球技)의 일종; 펠멜 구기장. 「(cf. pale[1]).
pal·lor [pǽlər] *n.* Ⓤ 해쓱함, 창백
pal·ly [pǽli] *a.* 우호적인, 친한.
‡**palm**[1] [pɑːm] *n.* ① **손바닥.** ② 장갑의 손바닥. ③ 수척(手尺)《폭 3–4인치, 길이 7–10인치》. ④ 손바닥 모양의 부분《노의 편평한 부분, 사슴뿔의 넓적한 부분 따위》. ***grease*** 〔***gild, tickle***〕 ***a person's*** ∼ 아무에게 뇌물을 주다(cf. OIL a person's hand). ***have an itching*** ∼ 뇌물을 탐내다; 욕심이 많다. ── *vt.* (요술로) 손바닥에 감추다. ∼ ***off*** 속여서 (가짜를) 안기다(*on, upon*).
palm**[2] *n.* ① 〖植〗 **종려, 야자.** ② 종려나무의 가지〔잎〕《승리의 상징》. ③ 승리. ***bear 〔***carry off***〕 ***the*** ∼ 《古·廢》 우승하다. ***yield*** 〔***give***〕 ***the*** ∼ ***to*** …에게 승리를 양보하다, 지다.
pal·mar [pǽlmər] *a.* 손바닥의.
pal·mate [pǽlmeit, -mit], **-mat·ed** [-meitid] *a.* 〖植〗 손바닥 모양의; 〖動〗 물갈퀴가 있는.
Pálm Béach 미국 Florida 주 남동 해안의 피한지(避寒地).
***palm·er** [páːmər] *n.* **성지 순례자**《참예(參詣)의 기념으로 종려나무의 가지를 가지고 돌아갔음》; 순례.
pal·met·to [pælmétou] *n.* (*pl.* ∼(*e*)*s*) (미국 남동부산) 야자과의 일종.
pálm hòuse 온실《열대 식물(종려나무 따위) 재배용》.
palm·ist [páːmist] *n.* 손금〔수상〕쟁이. **-is·try** *n.* Ⓤ 수상술(手相術).
pal·mit·ic [pælmítik] *a.* 〖化〗 팔미틴산의; 야자유에서 빼낸.
palmític ácid 〖化〗 팔미틴산.
pálm lèaf 종려 잎.
pálm òil 야자유; 《美俗》 뇌물. 「일.
Pálm Súnday Easter 직전의 일요
palm·y [páːmi] *a.* 종려〔야자〕의〔가 무성한〕; 번영하는, 의기 양양한.
pal·pa·ble [pǽlpəbəl] *a.* 만질〔감촉할〕 수 있는; 명백한. **-bly** *ad.* **pal-**

P

pa·bil·i·ty [pælpəbíləti] *n.* Ⓤ

pal·pi·tate [pǽlpətèit] *vi.* (가슴이) 두근거리다; 떨리다(*with*). **pal·pi·ta·tion** [⌐–téiʃən] *n.* ⓊⒸ 두근댐, 동계(動悸); 〖醫〗 심계 항진(心悸亢進).

pal·pus [pǽlpəs] *n.* (*pl.* **-pi** [-pai]) (곤충 따위의) 더듬이, 촉수(觸鬚).

pal·sied [pɔ́:lzid] *a.* 중풍에 걸린; 떨리는.

pal·sy [pɔ́:lzi] *n., vt.* ⓊⒸ 중풍; 마비(시키다). **-sied** *a.* 중풍의, 마비된.

pal·ter [pɔ́:ltər] *vi.* 속이다(*with*); 되는 대로〔적당히〕 다루다(*with*); 값을 깎다, 흥정하다(*with, about*).

pal·try [pɔ́:ltri] *a.* 하찮은; 무가치한; 얼마 안 되는. 「르 고원.

Pa·mirs [pəmíərz] *n.* (the ~) 파미

pam·pas [pǽmpəz, -pəs] *n. pl.* (남아메리카, 특히 아르헨티나의) 대초원.

pám·pas gràss [pǽmpəs] 팜파풀 《남미 원산의 참억새; 꽃꽂이에 씀》.

pam·per [pǽmpər] *vt.* 어하다, 지나치게 떠받들다; 실컷 먹게 하다; (식욕 따위를) 지나치게 채우다.

***pam·phlet** [pǽmflit] *n.* 팸플릿; (시사 문제의) 소(小)논문. **pam·phlet·eer** [⌐flətíər] *n., vi.* 팸플릿을 쓰는 사람〔쓰다, 출판하다〕.

Pan [pæn] *n.* 〖그神〗 판《숲·들·목양(牧羊)의 신; 염소의 뿔과 다리를 가졌으며 피리를 붊》.

pan**[1] [pæn] *n.* ① **납작한 냄비.** ② 접시(모양의 것), (천칭의) 접시, (구식총의) 약실. ③《俗》 상판대기. —— *vt.* (**-nn-**) ① (사금을 가려내기 위하여) 냄비에 (감흙을) 일다(*off, out*). ②《口》 혹평하다. ~ ***out (사금을) 일어내다; 사금이 나오다; 《口》 …한 결과가 되다(~ *out well*).

pan[2] (<panorama) *vt., vi.* (**-nn-**) (카메라를) 좌우로 움직이다(cf. tilt[1]); (*vt.*) (카메라를 돌려) …을 촬영하다.

PAN [pæn] peroxyacetyl nitrate 스모그 중의 질소산화물; polyacrylonitrile 폴리아크릴로니트릴.

Pan. Panama. 「합사.

pan- 「전(全), 범(汎)(all)」의 뜻의 결

pan·a·ce·a [pæ̀nəsí:ə] *n.* 만능약.

Pan-Af·ri·can·ism [pæ̀nǽfrikənìzəm] *n.* Ⓤ 범아프리카주의.

PANAM, Pan Am ⇨ PAA.

***Pan·a·ma** [pǽnəmɑ̀:, ⌐–⌐] *n.* ① (the Isthmus of ~) 파나마 지협. ② **파나마 공화국**; 그 수도. ③ (p-) = **pánama hát** 파나마 모자.

Pánama Canál (Zòne), the 파나마 운하 (지대).

Pan-A·mer·i·can [pæ̀nəmérikən] *a.* 범미(汎美)의. ***the ~ Union*** 범미 연맹《북남미 21개국의 친선을 꾀함》. **~·ism** [-izəm] *n.* Ⓤ 범미주의.

Pan-Ar·a·bism [pæ̀nǽrəbìzəm] *n.* Ⓤ 범(汎)아랍주의.

Pan·a·vi·sion [pǽnəvìʒən] *n.* 〖商標〗 파나비전《70mm 필름의 대형 스크린 입체 음향 영화》.

Pan-Cake [pænkèik] *n.* 〖商標〗 고형(固形) 분.

***pan·cake** [pǽnkèik] *n.* ① **팬케이크**《일종의 핫케이크》. ② 〖空〗 (비행기의) 수평 낙하. —— *vi.* 〖空〗 수평 낙하하다.

Páncake Dày Ash Wednesday 바로 전 화요일《pancake를 먹는 습관에서》.

Pán·chen Láma [pɑ́:ntʃen lɑ́:mə] 판첸라마《Dalai Lama 다음가는 라마교의 부교주(副教主)》.

pan·chro·mat·ic [pæ̀nkroumǽtik] *a.* 〖寫〗 전정색(全整色)의.

pan·cre·as [pǽŋkriəs] *n.* 〖解〗 췌장(膵臟). **pan·cre·at·ic** [⌐–ǽtik] *a.*

pan·da [pǽndə] *n.* 〖動〗 판다, 흑백곰 《히말라야·티베트에 사는 완웅류(浣熊類)》.

pánda càr 《英》 (경찰의) 순찰차.

pan·dect [pǽndekt] *n.* (the Pandects) 유스티니아누스 법전《533년에 Justinian I의 명으로 만들어진 로마 법전》; 법전(집).

pan·dem·ic [pændémik] *a., n.* 전국적〔세계적〕 유행의 (병) (cf. epidemic).

pan·de·mo·ni·um [pæ̀ndəmóuniəm, -njəm] *n.* (P-) 만마당(萬魔堂) 《지옥의 중심》; 복마전(伏魔殿); 수라장; ⓊⒸ 대혼란.

pan·der [pǽnder] *vt., vi., n.* 나쁜 일〔매춘〕의 알선을 하다(*to*); 그 사람. 「장 송료.

p & h 《美》 postage and handling 포

P. and L. profit and loss 손익.

***Pan·do·ra** [pændɔ́:rə] *n.* 〖그神〗 **판도라**《인류 최초의 여자, Prometheus를 벌주기 위해 Zeus가 지상에 내려 보냄》.

Pandóra's bóx 〖그神〗 판도라의 상자《Zeus가 Pondora에게 준》; 여러 재앙의 씨. 「풀파이.

pan·dow·dy [pændáudi] *n.* 《美》 애

***pane** [pein] *n.* (한장의) **창유리.**

pan·e·gyr·ic [pæ̀nədʒírik] *n.* 칭찬의 연설〔글〕, 찬사(*upon*); 격찬. **-i·cal** [-əl] *a.*

pan·e·gy·rize [pǽnədʒəràiz] *vt., vi.* 칭찬하다, (…의) 찬사를 하다.

***pan·el** [pǽnl] *n.* ① **판벽널,** 판자널. ② 화판(畫板); 패널판의 사진 《4×8.5인치》; 폭이 좁고 긴 그림〔장식〕. ③ 양피지 조각; 〖法〗 배심원 명부, 《集合的》 배심원; 《英》 건강 보험 의사 명부. ④ (토론회의) 강사단; (3.4명의) 그룹, 위원; 〖放〗 (퀴즈프로) 회답자들. —— *vi.* (《英》 **-ll-**) 판벽널을 끼우다. **~·(l)ist** *n.* (토론회 따위의) 강사, 참석자.

pánel discùssion (연사·의제가 미리 정해져 있는) 공개 토론회.

pánel hèating (마루·벽으로부터의) 복사 난방. 「벽널.

pan·el·(l)ing [-iŋ] *n.* Ⓤ 《集合的》 판

pánel shòw (라디오·TV의) 퀴즈 프로. 「물고기.

pan·fish [pǽnfiʃ] *n.* 프라이용의 민

pan·fry [pǽnfrài] *vt.* 프라이팬으로 튀기다.

*pang [pæŋ] n. (cf. pain) **고통**; 격통; 마음 아픔.
pan·go·lin [pæŋgóulin] n. 《動》 천산갑(穿山甲).
pan·han·dle [pǽnhæ̀ndl] n. 프라이팬의 자루; 《美》 좁고 긴 땅. —— vt., vi. 《美口》 (큰 길에서) 구걸하다. ~r n. 거지.
Pánhandle Státe 미국 West Virginia 주의 별칭.
Pan·hel·le·nic [pæ̀nhəlénik, -helí:n-] a. 범(汎) 그리스(주의)의; 《美》 전(全) 대학생 클럽의 (cf. Greek-letter fraternity).
*pan·ic [pǽnik] n. U.C 낭패, **당황** (sudden fear); 《經》 **공황**. —— a. 공황적인, 낭패의. —— vt. (-ck-) 《俗》 (청중을) 열광케 하다. pán·ick·y a. 《口》 =PANIC.
pan·i·cle [pǽnikəl] n. 《植》 원추화(圓錐花).
pan·ic-mon·ger [pǽnikmʌ̀ŋgər] n. 공황을 일으키는 사람.
pan·ic-strick·en [-strìkən], -struck [-strʌ̀k] a. 공황에 휩쓸린; 당황한, 허둥거리는.
Pan-Is·lam·ic [pæ̀nislǽmik, -iz-] a. 범이슬람의, 이슬람교도 전반의.
pan·nier [pǽnjər, -niər] n. (말의 등 양쪽에 걸치는) 옹구; (옛날의) 스커트버팀테.
pan·ni·kin [pǽnikin] n. 《주로 英》 작은 접시〔냄비〕; 금속제의 작은 컵.
pan·o·ply [pǽnəpli] n. 갑주(甲冑) 한 벌; 완전한 장비〔덮개〕.
pan·op·ti·con [pænáptikàn/-nɔ́ptikɔ̀n] n. 원형 감옥《중앙에 감시소가 있는》.
*pan·o·ra·ma [pæ̀nərǽmə, -á:-] n. 파노라마; 전경(全景); 개관(概觀); 잇달아 변하는 광경〔영상〕. pan·o·ram·ic [-rǽm-] a.
Pan-Pa·cif·ic [pæ̀npəsífik] a. 범(汎) 태평양의.
pan·pipe [pǽnpàip], Pán's pìpes n. 판(Pan) 피리《파이프를 길이의 차례대로 묶은 옛 악기》.
*pan·sy [pǽnzi] n. 《植》 **팬지**(의 꽃); 《俗》 여자 같은〔나약한〕 사내, 동성애의 남자.
*pant [pænt] n., vi. ① 헐떡임, **헐떡이다**, 숨이 참〔차다〕. ② (엔진이 증기 따위를) 확 내뿜다〔내뿜는 소리〕. ③ 동계(動悸), 두근거리다. ④ 열망하다(*for, after*). —— vt. 헐떡거리며 말하다(*out, forth*).
Pan·ta·gru·el·ism [pæ̀ntəgrú:əlìzəm] n. U 팡타그뤼얼적 유모어《무무하고 풍자적》.
pan·ta·let(te)s [pæ̀ntəléts] n. pl. (1830–50 년경의) 긴 드로즈 (자락의 장식).
*pan·ta·loon [pæ̀ntəlú:n] n. ① (근대 무언극(無言劇)의) 늙은이 어릿광대역《clown의 상대역》. ② 《주로 美》 (*pl.*) 바지.
pan·tech·ni·con [pæntékníkàn, -kən/-kən] n. 《英》 가구 진열장(場) 〔창고〕; =∠ vàn 가구 운반차.
pan·the·ism [pǽnθiìzəm] n. U 범신론(汎神論); 다신교. -ist n. 범신론자. pan·the·is·tic [∸–ístik], -i·cal [-əl] a.
pan·the·on [pǽnθiən] n. (the P-) (로마의) 판테온, 만신전(萬神殿); 한 나라 위인들의 무덤·기념비가 있는 건물; 한 국민이 믿는 신들.
*pan·ther [pǽnθər] n. 《動》 **퓨마**; 표범; 아메리카 표범(jaguar).
pant·ie [pǽnti] n. (*pl.*) 팬티; (어린애의) 잠방이.
pan·ti·hose [pǽntihòuz] n. 팬티 스타킹.
pan·to [pǽntou] n. 《英》 =PANTOMIME ②.
pan·to·graph [pǽntəgræ̀f, -grɑ̀:f] n. 축도기(縮圖器); (전차 지붕의) 팬터그래프, 집전기(集電器).
*pan·to·mime [pǽntəmàim] n., vt., vi. U.C ① **무언극**. ② 《英》 (크리스마스 때의) 동화극. ③ 몸짓(으로 나타내다), 손짓.
pan·to·scop·ic [pæ̀ntəskápik/-skɔ́p-] a. 시야가 넓은. ~ ***camera*** 광각 카메라.
pán·to·thén·ic ácid [pǽntəθénik] 《生化》 판토텐산《비타민 B 복합체의 하나》.
*pan·try [pǽntri] n. **식료품실**(室), 식기실.
pan·try·man [-mən] n. 식료품〔식사〕계원.
*pants [pænts] n. pl. 《주로 美》 **바지**; (여자용) 드로즈; 《英》 (남자용) 속바지, 팬츠. ***wear the ~*** 내주장하다.
pant·suit [pǽnt-sù:t] n. 《美》 팬트슈트《상의와 바지로 된 여성용 슈트》.
pan·ty [pǽnti] n. =PANTIE.
pan·ty-hose [-hòuz] n. =PANTIHOSE.
pan·ty-waist [-wèist] n., a. 짧은 바지가 달린 아동복(의); 《口》 계집애 같은 (사람).
pan·zer [pǽnzər / -tsər] a. (G.) 장갑(裝甲)의.
pánzer ùnit 〔divìsion〕 기계화〔기갑〕 부대, 기갑 사단.
pap [pæp] n. U (어린애·병자용) 빵죽; 《俗》 (관리의) 음성 수입.
*pa·pa [pá:pə, pəpá:] n. **아빠**.
pa·pa·cy [péipəsi] n. U.C 교황의 지위〔권력·임기〕; U 교황 정치; 《集合的》 (역대의) 교황.
pa·pa·in [pəpéiin, -pái-] n. 《化》 파파인《파파이아 열매에 포함된 효소》.
*pa·pal [péipəl] a. **로마 교황의**; 교황 정치의; 로마 카톨릭 교회의.
pa·paw [pɔ́:pɔ:, pəpɔ́:] n. (북미산의) 포포(나무·열매). 「이아(나무·열매).
pa·pa·ya [pəpáiə] n. (열대산) 파파
†pa·per [péipər] n. ① U **종이**; 벽지, 도배지. ② 신문. ③ U 어음; 지폐. ④ (*pl.*) 신분 증명서; (*pl.*) 서류. ⑤ 논문; 시험 문제; 답안. ⑥ 한 꾸러미. ***on ~*** 서류〔이론〕상으로는. —— vt. ① 종이에 쓰다. ② 종이로 싸다(*up*). ③ 도배지〔종이〕를 바르다, …뒤에 종이를 대다. —— a. ① 종이의〔로 만든〕. ② 종이 같은, 얇은, 무른. ③ 서류(상)의.
pa·per·back [péipərbæ̀k] n. (염 가판)

종이 표지 책(paperbook). —— *a.* 종이 표지의. 「류.
páper bóok 소송 절차에 관한 서
pa·per·bound [-bàund] *a.* 종이 표지의.
páper bòy 신문 파는 소년.
pa·per-chase [-tʃèis] *n.* =HARE and hounds. 「BACK.
pa·per-cov·er [-kʌvər] *n.* =PAPER-
páper fàstener 서류철 끼우개.
páper gòld 국제 통화 기금의 특별 인출권.
páper hànger 도배장이, 표구사.
páper hànging 도배.
páper knìfe 종이 베는 칼.
páper màking 제지.
páper mìll 제지 공장.
páper mòney 〔**cùrrency**〕 지폐.
páper náutilus 오징어·문어 따위의 두족류(頭足類).
páper pròfits 장부상의 이익.
páper stàndard 지폐 본위(의 화폐 제도).
páper tíger 종이 호랑이, 허장성세.
páper wár(fare) 지상의 논전, 필전.
pa·per·weight [-wèit] *n.* 서진(書鎭). 「루는 일.
páper wòrk 탁상 사무, 서류를 다
pa·per·y [péipəri] *a.* 종이 모양의, 종이같이 얇은.
pa·pier-mâ·ché [péipərməʃéi/pǽpjeimá:ʃei] *n., a.* (F.) Ⓤ 혼응지(混凝紙)《송진과 기름을 먹인 딱딱한 종이; 종이 세공용》; 혼응지로 만든.
pa·pil·la [pəpílə] *n.* (*pl.* ***-lae*** [-li:]) 젖꼭지, 유두; (모근(毛根) 따위의) 작은 젖꼭지 모양의 돌기; (혓바닥의) 미관구(味官球). **pap·il·lose** [pǽpəlòus] *a.* 작은 젖꼭지 모양의 돌기가 많은.
pap·il·lo·ma [pæ̀pəlóumə] *n.* (*pl.* ***-mata*** [-tə]) 〖醫〗 유두종(乳頭種).
pap·il·lon [pǽpəlɑ̀n/-lɔ̀n] *n.* 애완견(愛玩犬)의 일종 《스파니엘종(種)》.
pa·pist [péipist] *n., a.* 《蔑》 천주교도(의).
pap·pus [pǽpəs] *n.* (*pl.* ***-pi*** [-pai]) 〖植〗 관모(冠毛) 《민들레 씨 따위의》.
pap·py [pǽpi] *a.* 빵죽 같은.
pap·ri·ka, -ca [pæprí:kə] *n.* Ⓤ 고추의 일종.
Pap·u·a [pǽpjuə] *n.* =NEW GUINEA.
pap·u·la [pǽpjələ] *n.* (*pl.* ***-lae*** [-li:]) 〖醫〗 구진(丘疹); 여드름, 부스럼.
pa·py·rus [pəpáirəs/-páiər-] *n.* (*pl.* ***-ri*** [-rai]) 〖植〗 파피루스 《고대 이집트·그리스·로마 사람의 제지 원료》; ⓊⒸ 파피루스 종이(로 된 옛 문서).
par** [pɑ:r] *n.* Ⓤ ① **동등**; 동수준. ② 〖經〗 **평가**(平價), 액면 가격; 환평가(換平價). ③ 〖골프〗 표준 타수. ***above ~ 액면 이상으로. ***at*** ~ 액면 가격으로. ***below*** ~ 액면 이하로; 건강이 좋지 않아. ***on a*** ~ ***with*** …와 같아 〔동등하여〕. ~ ***of exchange*** (환의) 법정 평가. —— *a.* 평균〔정상, 평가〕의.
par. paragraph.
pár·a·am·i·no·ben·zó·ic ácid [pǽrəəmì:noubenzóuik] 〖化〗 파라아미노안식향산《물감·약품 제조용》.
par·a·ble [pǽrəbəl] *n.* 비유담, 우화.
pa·rab·o·la [pərǽbələ] *n.* 포물선.
par·a·bol·ic [pæ̀rəbɑ́lik/-ɔ́-], **-i·cal** [-əl] *a.* 우화적인; 포물선(모양)의. ***parabolic antenna*** 포물면 안테나.
***par·a·chute** [pǽrəʃù:t] *n., vi., vt., a.* 낙하산(으로 내리다, 으로 투하하다); 낙하산 수송의. **-chut·er, -chut·ist** *n.* 낙하산병(兵).
⁑**pa·rade** [pəréid] *n.* ① ⓊⒸ **행렬**, 시위행진. ② 과시, 자랑하여 보이기; 장관; 〖放〗 (프로·히트 송 따위의) 열거(hit parade). ③ Ⓤ **열병**; Ⓒ 〖軍〗 열병식(장). ④ 《주로 英》 산책장; 산보하는 사람들, 인파. ***make a*** ~ ***of*** …을 자랑해 보이다. ***on*** ~ (배우 등) 총출연하여. —— *vt.* ① 열병하다; (열병을 위해) 정렬시키다. ② (거리 따위를) 누비고 다니다. ③ 과시해 보이다. —— *vi.* 줄을 지어 행진하다; 열병을 받기 위해 정렬하다. **pa·rád·er** [-ər] *n.* 행진하는 사람.
paráde gròund 열병〔연병〕장.
paráde rést 〖軍〗 「열중 쉬어」의 자세〔구령〕.
par·a·digm [pǽrədàim, -dim] *n.* 범례; 〖文〗 어형 변화표.
⁑**par·a·dise** [pǽrədàis] *n.* ⓊⒸ **천국**, 극락; Ⓒ 낙원; (the P-) 에덴 동산.
⁑**par·a·dox** [pǽrədɑ̀ks/-dɔ̀ks] *n.* ⓊⒸ ① **역설**《일견 모순된 것 같으나 바른 이론; 보기: *The child is father of the man.*》 ② 모순된 설(說) 〔인물·일〕. **par·a·dóx·i·cal** [ᐨᐨ́ikəl] *a.*
par·a·drop [pǽrədrɑ̀p/-drɔ̀p] *n., vt.* 〖軍〗 공중투하(하다)《낙하산으로》.
par·af·fin [pǽrəfin], **-fine** [-fì:n, -fin] *n., vt.* Ⓤ 파라핀(으로 처리하다); 메탄계의 탄화 수소.
páraffin òil 파라핀유; 《英》 등유.
par·a·gon [pǽrəgən, -gɑ̀n] *n.* 모범, 전형; 뛰어난 인물; 일품(逸品).
***par·a·graph** [pǽrəgræ̀f, -grɑ̀:f] *n.* ① (문장의) 마디, **절**(節), 단락. ② 단락 부호《¶》. ③ (신문의, 표제 없는) 단평(短評). **~·er** *n.* 단평 기자.
Par·a·guay [pǽrəgwài, -gwèi] *n.* 남아메리카 중부의 공화국. **Par·a·guáy·an** [ᐨᐨ́ən] *n., a.* 파라과이(의); 파라과이 사람(의). 「일종.
par·a·keet [pǽrəki:t] *n.* 앵무새의
par·al·lax [pǽrəlæ̀ks] *n.* ⓊⒸ 〖天·寫〗 시차(視差).
⁑**par·al·lel** [pǽrəlèl] *a.* ① **평행의**(*to, with*). ② 동일방향〔목적〕의(*to, with*); 대응하는; 유사한. —— *n.* ① 평행선〔면〕. ② 유사물; 대등자〔물〕. ③ 대비. ④ 위선(緯線). ⑤ 〖印〗 평행부호《‖》. ***draw a*** ~ ***between*** …을 비교하다. ***in*** ~ ***with*** …와 병행

하여. ──*vt.* (《英》 *-ll-*) ① 평행하다[시키다]. ② 필적하다[시키다]. ③ 비교하다(*with*). ~·**ism** *n.* Ⓤ 평행; 유사; 대응; 〖哲〗 병행론; 〖生〗 평행 현상; 〖修〗 대구법(對句法).

párallel bárs 평행봉.

par·al·lel·e·pi·ped[pæ̀rəlèləpáipid, -píp-] *n.* 〖數〗 평행 6면체.

par·al·lel·ism [pǽrəlelìzəm] *n.* Ⓤ 평행; 대응; 유사; 〖工〗 평행도(度); 〖修〗 대구(對句)법.

par·al·lel·o·gram [pæ̀rəléləgræ̀m] *n.* 평행 4변형.

Par·a·lym·pics [pæ̀rəlímpiks] *n. pl.* 파랄림픽, 신체 장애자 올림픽.

*__pa·ral·y·sis__ [pərǽləsis] *n.* (*pl.* *-ses* [-sì:z]) ① Ⓤ 〖醫〗 마비. ② ⓊⒸ 무기력, 무능력; 정체(停滯).

parálysis á·gi·tans [ǽdʒətæ̀nz] 〖病〗 진전(震顫) 마비.

par·a·lyt·ic [pæ̀rəlítik] *a., n.* 마비의[된]; 무력한; 중풍 환자.

‡**par·a·lyze,** 《英》 **-lyse** [pǽrəlàiz] *vt.* 마비시키다; 무능력하게 하다.

par·a·mag·net·ic [pæ̀rəmægnétik] *a.* 상자(常磁)성의. **-mág·net·ìsm** *n.* Ⓤ 〖理〗 상자성.

par·a·me·ci·um[pæ̀rəmí:ʃiəm, -si-] *n.* (*pl.* *-cia* [-ʃiə, -siə]) 짚신벌레.

par·a·med·ic[pǽrəmèdik]*n.* 낙하산 위생병; 준의료 종사자 《조산원 등》.

par·a·med·i·cal [pæ̀rəmédikəl] *a.* 준(準)의료 종사자의, 준의료 활동의.

pa·ram·e·ter [pərǽmitər] *n.* 〖數〗 매개 변수; 〖統〗 모수(母數).

par·a·met·ron [pæ̀rəmétran, -rən] *n.* 파라메트론《컴퓨터의 회로 소자(素子)》.

par·a·mil·i·tar·y [pæ̀rəmílətèri / -təri] *a.* 군 보조의, 준(準) 군사적인.

*__par·a·mount__ [pǽrəmàunt] *a.* 최고의; 주요한; 보다 우수한(*to*).

par·a·mour [pǽrəmùər] *n.* (기혼자의) 정부(情夫·情婦); 연인.

par·a·noi·a [pæ̀rənɔ́iə] *n.* Ⓤ 〖醫〗 편집광(偏執狂). **-noi·ac** [-nɔ́iæk] *a., n.* 편집광의(환자).

*__par·a·pet__ [pǽrəpit] *n.* 난간, (성의) 흉장(胸牆).

par·a·pher·nal·ia [pæ̀rəfərnéiljə] *n. pl.* (개인의) 자질구레한 소지품[세간]; 장치, 여러 가지 도구.

‡**par·a·phrase** [pǽrəfrèiz] *n.* (상세하고 쉽게) 바꿔쓰기[말하기], 패러프레이즈; 의역(意譯). ──*vt., vi.* 패러프레이즈[의역]하다.

par·a·ple·gi·a [pæ̀rəplí:dʒiə] *n.* Ⓤ 〖醫〗 하반신 불수.

par·a·psy·chol·o·gy [pæ̀rəsaikálədʒi/-kɔ́l-] *n.* Ⓤ 초(超)심리학 《심령 현상의 과학적 연구 분야》.

Pa·rá rúbber [pɑ:rá:] 파라고무《남아메리카산》.

par·a·sab·o·teur [pæ̀rəsǽbətə:r, ⌐-⌐-⌐] *n.* 후방 교란을 목적으로 하는 낙하산(강하)병.

par·a·shoot [pǽrəʃù:t] *vi.* (*-shot*) 《口》 공정대를 사격하다(*at*).

par·a·shot [pǽrəʃɑt/-ʃɔt] *n.* 공정대 사격병《낙하 부대를 쏘는 병사》.

*__par·a·site__ [pǽrəsàit] *n.* ① 기생 동물[식물]. ② 기식자, 식객. **-sit·ism** [-sàitizəm] *n.* Ⓤ 기생 (상태); 〖病〗 기생충 감염증. **par·a·sit·ic** [pæ̀rəsítik], **-i·cal** [-əl] *a.* 기생의, 기생적인; 〖電〗 와류(渦流)의.

par·a·sit·i·cide [pǽrəsítəsàid] *a., n.* 기생충을 없애는 (약); 구충제.

par·a·sit·ol·o·gy [pæ̀rəsaitálədʒi, -si-/-tɔ́l-] *n.* Ⓤ 기생충학.

‡**par·a·sol** [pǽrəsɔ̀:l, -sàl, /-sɔ̀l] *n.* 양산, 파라솔.

par·a·sym·pa·thét·ic nérvous sỳstem [pæ̀rəsìmpəθétik] 〖解·生〗 부교감(副交感) 신경계.

par·a·tax·is[pæ̀rətǽksis]*n.* Ⓤ 〖文〗 병렬(並列)(구문)《보기: *He is tall, you know (that).* cf. hypotaxis》.

par·a·thi·on [pæ̀rəθáiɑn/-ɔn] *n.* Ⓤ 파라티온《농약》.

par·a·thý·roid glànds [pæ̀rəθáirɔid] 〖解〗 부갑상선(副甲狀腺).

par·a·troop [pǽrətrù:p] *a., n.* 공정대(空挺隊)의, 공정대원(의). ~·**er** *n.* 공정대원. ~**s** *n.* 공정대.

par·a·ty·phoid [pæ̀rətáifɔid] *n., a.* Ⓤ 〖醫〗 파라티푸스(의).

paratýphoid fèver 파라티푸스.

par a·vion [pɑ̀:r ævjɔ́:ŋ] (F.) 항공편으로《항공 우편물의 표시》.

par·boil [pá:rbɔ̀il] *vt.* 반숙(半熟)이 되게 하다; 너무 뜨겁게 하다 (overheat); (태양 따위가) 태우다.

‡**par·cel** [pá:rsəl] *n.* ① 소포, 꾸러미, 소화물. ② (토지의) 한 구획, (상품의) 한 뭉치. ③ 《蔑》 한 떼. ④ 《古》 일부분. ***by ~s*** 조금씩. PART ***and ~.*** ──*vt.* (《英》 *-ll-*) ① 분배하다 (*out, into*). ② 소포로 하다(*up*).

párcel póst 소포 우편.

par·ce·nar·y [pá:rsənèri/-nəri] *n.* 〖法〗 공동상속. **-ner** *n.* 〖法〗 공동상속인.

*__parch__ [pɑ:rtʃ] *vt.* ① (콩 따위를) 볶다, 덖다, 태우다. ② 바싹 말리다. ③ 갈증을 느끼게 하다(*with*). ──*vi.* 바싹 마르다; 타다. ~**ed** [-t] *a.* 볶은, 덖은, 탄; 바싹 마른. ⌐·**ing** *a.* 타는[태우는] 듯한.

*__parch·ment__ [pá:rtʃmənt] *n.* Ⓤ 양피지 (비슷한 종이), Ⓒ 양피지의 문서.

pard[1] [pɑ:rd] *n.* 《古》 = LEOPARD.

pard[2] *n.* 《俗》 동아리, 짝패.

pard·ner[pá:rdnər] *n.* 《美方》 = ♤.

‡**par·don** [pá:rdn] *n.* ⓊⒸ 용서; 〖宗〗 면죄; 〖法〗 사면. ***I beg your ~.*** 죄송합니다; 실례입니다만…《상대방의 말을 반대할 때》; 《끝을 올려 발음하여》 다시 한 번 말씀해 주십시오; 《성난 어조로》 다시 한번 말해봐라! ──*vt.* 용서하다; 〖法〗 사면하다. ~·**a·ble** *a.* 용서할 수 있는. ~·**er** *n.* 용서하는 사람; 〖史〗 면죄부 파는 사람.

*__pare__ [pɛər] *vt.* ① 껍질을 벗기다. ② 잘라[깎아]내다(*off, away*). ③ (예산 따위를) 조금씩 줄이다, 절감하

다(*away, down*). 「진통의; 진통제.

par·e·gor·ic [pæ̀rəgɔ́:rik/-ɔ́-] *a., n.*

pa·ren·chy·ma [pəréŋkəmə] *n.* Ⓤ 〖解〗 실질(實質); 〖植〗 유(柔)조직.

†**par·ent** [pɛ́ərənt] *n.* ① 어버이. ② (*pl.*) 조상. ③ (동식물의) 어미, 모체. ④ 근원, 원인. **~·hood** [-hùd] *n.* Ⓤ 어버이임; 친자 관계.

***par·ent·age** [-idʒ] *n.* Ⓤ 어버이임; 태생, 혈통; 가문. 「의.

***pa·ren·tal** [pəréntl] *a.* 어버이(로서)

párent cómpany 모(母)회사.

párent élement 〖理〗 어미 원소(元素)《핵 분열할 때 daughter element를 만드는 원소》.

pa·ren·the·sis** [pərénθəsis] *n.* (*pl.* ***-ses [-sì:z]) ① 삽입구. ② (보통 *pl.*) (둥근) 괄호. ③ 간격. **-the·size** [-θəsàiz] *vt.* 괄호 속에 넣다; 삽입구를 넣다. **par·en·thet·ic** [~-θétik], **-i·cal** [-əl] *a.* 삽입구의; 설명적인.

pá·rent-téach·er assocíation [-tí:tʃər] 사친회《생략 P. T. A.》.

pa·re·sis [pərí:sis, pǽrə-/pǽri-] *n.* Ⓤ 〖醫〗 국부(局部) 마비.

pa·ret·ic [pərétik, -rí:t-] *a., n.* 〖醫〗 국부 마비(성)의 (환자).

par ex·cel·lence [pɑ:r èksəlɑ́:ns] (F.) 특히 뛰어난.

par·fait [pɑ:rféi] *n.* ⓊⒸ 파르페《길쭉한 글라스에 아이스크림·과일 조각을 담은 빙과》. 「合).

parfáit glàss 파르페 글라스(cf.

par·get [pɑ́:rdʒit] *n.* Ⓤ 석고; 회반죽. — *vt., vi.* 회반죽을 바르다《벽 따위를》.

par·he·li·on [pɑ:rhí:liən, -ljən] *n.* (*pl.* ***-lia*** [-liə, -ljə]) 〖氣〗 환일(幻日), 햇무리(mock sun).

pa·ri·ah [pəráiə, pǽriə] *n.* (P-) (인도·버마의) 최하층민; 사회에서 버림 받은 자.

pa·ri·e·tal [pəráiətl] *a.* 〖解〗 강벽(腔壁)의; 정수리 (부분)의; 〖植〗 자방벽(子房壁)의; 《美》 학교 구내에 사는. — *n.* 〖解〗 정수리뼈.

paríetal bòne 〖解〗 정수리뼈.

par·i·mu·tu·el [pǽrəmjú:tʃuəl] *n.* ⓊⒸ 건 돈 전부를 이긴 말에 건 사람들이 분배받는 방법; Ⓒ 건 돈 기록기(記錄器).

par·ing [pɛ́əriŋ] *n.* Ⓤ 껍질을 벗김; Ⓒ 벗긴 껍질, 깎은 부스러기.

†**Par·is** [pǽris] *n.* ① 파리《프랑스의 수도》. ② 〖그神〗 파리스《Troy 의 왕자》.

Páris Chàrter 파리 헌장《1990년 CSCE 정상들이 민주주의와 평화·통합의 새 시대를 선언한 헌장》.

Páris gréen 《英》 〖化〗 패리스그린《유독한 도료·살충제》.

par·ish** [pǽriʃ] *n.* ① (교회의) 교구, 본당(本堂). ② 교구의 주민. ③ (미국 Louisiana주의) 군. ***go on the ~ 교구의 신세를 지고 살다.

párish chùrch 《英》 교구 교회.

párish clèrk 《英》 교회의 서무계원.

pa·rish·ion·er [pəríʃənər] *n.* 교구민.

párish régister 교구 기록부《세례·결혼·사망 따위》.

***Pa·ri·sian** [pəríʒiən, -ziən] *a.* 파리(식·사람)의. — *n.* 파리 사람.

Páris whíte (상질·미립의) 마분(磨粉); 파리백(白)《도료·그림물감 따위의 하양》.

par·i·ty [pǽrəti] *n.* Ⓤ 동등, 동격; 일치; 〖商〗 등가(等價), 평가(平價); 유사; 〖經〗 「패리티」《농가의 수입과 생활비와의 비율》; 〖컴퓨터〗 패리티, 기우(奇偶); =PARITY BIT.

párity bìt 〖컴퓨터〗 패리티 비트.

párity chèck 〖컴퓨터〗 짝수 홀수 검사, 패리티 검사《컴퓨터 조작의 잘못을 발견하는 방법》.

párity èrror 〖컴퓨터〗 패리티 오류.

†**park** [pɑ:rk] *n.* ① 공원. ② 큰 정원; 《英》 사냥터. ③ 주차장. ④ 〖軍〗 (군대 숙영중의) 군수품 저장소, 포창(砲廠). ***the P.*** = HYDE PARK. — *vt.* ① 공원으로서〔사냥터로서〕 둘러 막다. ② (포차 따위를) 기지에 정렬시키다. ③ 주차시키다. ④ 《口》 두다, 두고 가다.

par·ka [pɑ́:rkə] *n.* (알래스카·시베리아의) 후드 달린 털가죽 재킷; 후드 달린 재킷〔스목〕(cf. anorak).

park·ing** [´-iŋ] *n., a.* Ⓤ 주차(의); 주차 장소. ***No ~. 주차 금지.

párking lòt 주차장. 「시기.

párking mèter 주차 시간 자동 표

párking òrbit 〖宇宙〗 대기(待機) 궤도《우주선을 더 먼 궤도에 올려 놓기 위하여 임시로 돌게하는 궤도》.

párking tìcket 주차 위반 호출장.

Pár·kin·son's disèase [pɑ́:rkinsənz] 〖醫〗 진전(震顫) 마비(paralysis agitans).

Párkinson's Láw 파킨슨의 법칙《영국의 C. Parkinson (1909–)이 제창한 풍자적 경제 법칙》.

park·land [pɑ́:rklæ̀nd] *n.* 수목이 듬성듬성 있는 초원지, 풍치 지구.

park·way [pɑ́:rkwèi] *n.* 가로수나 잔디가 있는 큰 길. 「차가운.

park·y [pɑ́:rki] *a.* 《英俗》 싸늘한,

par·lance [pɑ́:rləns] *n.* Ⓤ 말투, 어조, 어법(語法); 전문 용어(법).

par·lay [pɑ́:rlei, -li] *vt., vi., n.* 《美》 원금과 상금을 다시 다음 승부에 걸다〔걺〕; 차례차례로 교묘히 이용하다〔하기〕.

***par·ley** [pɑ́:rli] *n., vi.* 상의, 협의, 교섭; (특히 전쟁터에서 적과의) 담판(을 하다).

‡**par·lia·ment** [pɑ́:rləmənt] *n.* ① 의회, 국회(cf. diet², congress). ② Ⓤ (P-) 영국 의회.

par·lia·men·tar·i·an [pɑ̀:rləmentɛ́əriən] *n.* (의회의) 베테랑.

par·lia·men·tar·i·an·ism [-izəm] *n.* Ⓤ 의회 정치〔제도〕.

***par·lia·men·ta·ry** [-méntəri] *a.* ① 의회의, 의회가 있는. ② 의회에서 제정된. ③ 의회의 법규〔관습〕에 따른.

parliaméntary láw 국회법; 회칙.

parliaméntary procédure 의회 운영 절차.

‡**par·lor,** 《英》 **-lour** [pɑ́ːrlər] *n.*, *a.* ① 객실(의), 거실. ② (호텔·클럽의) 담화실. ③ 《美》 영업실, …점(店).

párlor càr 《美》 특등 객차.

párlor gàme 실내의 놀이.

párlor hòuse 《俗》 갈보집.

parlor·maid [-mèid] *n.* 잔심부름하는 계집아이, (방에 딸린) 하녀.

par·lous [pɑ́ːrləs] *a.* 《古》 위험한 (perilous); 빈틈 없는. —— *ad.* 몹시.

Pár·me·san chéese [pɑ́ːrmizæ̀n] (탈지유(脫脂乳)로 만든 북이탈리아 산의 딱딱한) 파르마치즈.

Par·nas·si·an [pɑːrnǽsiən] *a.*, *n*, Parnassus 산의; 시(詩)의; 고답파의 (시인).

Parnássian schòol 고답파《1866–90년경 형식을 중시한 프랑스 시인의 일파》.

Par·nas·sus [pɑːrnǽsəs], **Mt.** 그리스 남부의 산《Apollo와 Muses의 영지(靈地)》; 시인들, 시단; 시집.

pa·ro·chi·al [pəróukiəl] *a.* 교구의[를 위한]; 지방적인; 편협한. **~·ism** [-ìzəm] *n.* Ⓤ 교구 제도; 지방 근성; 편협.

par·o·dy [pǽrədi] *n.* ⓊⒸ 풍자적[조롱적] 모방 시문(詩文); 서투른 모방. —— *vt.* 풍자적으로 모방하다; 서투르게 흉내내다. **pár·o·dist** *n.* 풍자적[조롱적] 모방 시문 작자.

pa·role [pəróul] *n.*, *vt.* Ⓤ 맹세(의 말); 포로의 선서; Ⓒ 〖軍〗 암호; Ⓤ 가석방; 집행 유예; (포로를) 선서시키고 석방하다; 가석방하다.

par·o·nym [pǽrənim] *n.* 〖言〗 동원어(同原語)《wise와 wisdom 따위》; =HOMOPHONE.

par·o·quet [pǽrəkèt] *n.* =PARAKEET.

pa·rot·id [pərɑ́tid/-ɔ́-] *n.* 〖解〗 이하선(耳下腺). —— *a.* 이하(耳下)의.

par·o·ti·tis [pæ̀rətáitis] *n.* Ⓤ 〖醫〗 (유행성) 이하선염(炎), 항아리 손님.

pa·rox·ysm [pǽrəksìzəm] *n.* Ⓤ 발작; (감정의) 격발(激發). **par·ox·ys·mal** [pæ̀rəksízməl] *a.*

par·quet [pɑːrkéi] *n.* 쪽모이 세공한 마루; 《美》 (극장의) 아래층 앞자리, 오케스트라 박스와 parquet circle (⇩) 사이의 자리. —— *vt.* (《英》 *-tt-*) 쪽모이 세공 마루를 깔다. **~·ry** [pɑ́ːrkətri] *n.* Ⓤ 쪽모이 세공[깔기].

parquét círcle 《美》 (극장의 2층 관람석 밑) parquet의 뒤쪽.

parr [pɑːr] *n.* (*pl.* **~s,** 《集合的》 **~**) 〖魚〗 (아직 바다로 내려가지 않은) 새끼 연어.

par·ra·keet [pǽrəkìːt], **par·ro·ket, -quet** [pǽrəkèt] *n.* =PARAKEET.

par·ri·cide [pǽrəsàid] *n.* ⒸⓊ 어버이[존속] 살해범[죄]. **par·ri·cid·al** [⸗-sáidl] *a.*

‡**par·rot** [pǽrət] *n.*, *vt.* 앵무새; 앵무새처럼 말을 되뇌다[입내내다]; 그 사람.

párrot fèver 〖醫〗 앵무병.

par·ry [pǽri] *vt.* 받아 넘기다, 슬쩍 피하다, 비키다; 어물쩍거리다, 둘러[꾸며]대다. —— *n.* (펜싱의) 받아넘김, 슬쩍 피함; (말을) 둘러댐.

parse [pɑːrs] *vt.* (글을 문법적으로) 해부하다; (어구의 품사·문법 관계를) 설명하다.

par·sec [pɑ́ːrsèk] *n.* 〖天〗 파섹《천체간 거리의 단위; 3.26 광년》.

Par·see, -si [pɑ́ːrsiː, -´] *n.* 페르시아계의 조로아스터 교도.

par·si·mo·ni·ous [pɑ̀ːrsəmóuniəs] *a.* 인색한. **~·ly** *ad.* **par·si·mo·ny** [pɑ́ːrsəmòuni/-məni] *n.* Ⓤ

pars·ley [pɑ́ːrsli] *n.* Ⓤ 〖植〗 양미나리, 파슬리.

pars·nip [pɑ́ːrsnip] *n.* 〖植〗 양[아메리카]방풍나물.

***par·son** [pɑ́ːrsən] *n.* 교구 목사; 《一般》 목사. **~·age** [-idʒ] *n.* 목사관.

†**part** [pɑːrt] *n.* ① 부분, 일부. ② (책 따위의) 부, 편. ③ (*pl.*) 신체의 부분. ④ 할당된 것; (일의) 몫; 구실. ⑤ (배우의) 역할, 대사. ⑥ (상대하는) 한쪽 편; 쪽, 편(side). ⑦ (*pl.*) 지방, 지구. ⑧ (*pl.*) 자질; 재능. ⑨ 〖樂〗 음부(音部), 성부(聲部), 악장(樂章). ⑩ 《美》 머리의 가르마. ***a ~ of speech*** 품사. ***for my ~*** 나(로서)는. ***for the most ~*** 대부분은. ***in ~*** 일부분. ***~ and parcel*** 중요 부분. ***play a ~*** 역(役)을 하다; 시치미를 떼다. ***take (it) in good [bad] ~*** (그것을) 선의[악의]로 해석하다. ***take ~ in*** …에 관계[참가]하다. ***take ~ with,*** or ***take the ~ of*** …에 편들다[가담하다]. —— *vt.* ① 나누다. ② (머리를) 가르다. ③ 절단하다; 떼어 놓다. ④ 《古》 분배하다. —— *vi.* ① 갈라지다, 떨어지다; 터지다, 쪼개지다. ② 헤어지다(*from, with*). ③ (남에게) 넘겨주다(*with*). ④ 떠나다. ⑤ 죽다. ***~ company with*** …와 헤어지다. ***~ with*** …와 헤어지다; …을 해고하다; (남에게) 넘겨주다. —— *a.* 부분의. —— *ad.* 일부분(*a room ~ study, ~ studio* 서재 겸 아틀리에); 어느 정도. ‡**⸍·ly** *ad.* 일부분, 얼마간.

part. participle; particular.

***par·take** [pɑːrtéik] *vi.* (*-took; -taken*) ① 한 몫 끼다, 참여하다(share)(*of, in*); 같이[함께] 하다. ② 얼마큼 먹다[마시다](*of*). ③ (성질 따위가 …의) 기미가 있다(*of*). —— *vt.* …에 참여하다, 함께하다. **par·ták·er** *n.* 함께 하는 사람, 관여자(*of, in*).

par·tak·en [pɑːrtéikən] *v.* partake의 과거분사.

par·terre [pɑːrtɛ́ər] *n.* (극장의) 무대 앞부분의 뒤쪽 좌석《미국에서는 2층 관람석의 아래》.

par·the·no·car·py [pɑ́ːrθənoukɑ̀ːrpi] *n.* 〖植〗 단위(單爲) 결실.

par·the·no·gen·e·sis [pɑ̀ːrθənoudʒénəsis] *n.* Ⓤ 〖生〗 단성[처녀] 생식.

Par·the·non [pɑ́ːrθənɑ̀n, -ən] *n.* 파

르테논《그리스의 아테네 신전》.

Par·thi·a [pá:rθiə] *n.* 파르티아《현 이란 부근을 중심으로 한 고대국가》.

Pár·thi·an shòt [pá:rθiən] 마지막 화살; 떠나면서 내뱉는 가시돋힌 말.

‡par·tial [pá:rʃəl] *a.* ① 부분적인. ② 불완전〔불공평〕한. ③ 특히 좋아하는(*to*). *~·ly *ad.* ~·ness *n.*

par·ti·al·i·ty [pà:rʃiǽləti] *n.* Ⓤ 불공평, 편파; Ⓒ 편애, 기호(*for, to*).

***par·tic·i·pant** [pà:rtísəpənt] *a.* 관계하는(*of*). —— *n.* 참가자, 관계자.

‡par·tic·i·pate [pɑ:rtísəpèit] *vi., vt.* ① 관여〔관계〕하다; 가담〔참여〕하다(*in, with*). ② …한 기미가 있다(*of*). **-pa·tor** *n.* 관계자, 참가자, 협동자. ***-tic·i·pa·tion** [-ˌ-péiʃən] *n.* Ⓤ 참가, 관계; 협동.

‡par·ti·ci·ple [pá:rtəsìpəl] *n.* 〖文〗 분사. **‡par·ti·cip·i·al** [pà:rtəsípiəl] *a.* 〖文〗 분사의. ***participial construction*** 〖文〗 분사 구문.

‡par·ti·cle [pá:rtikl] *n.* ① 미분자(微分子); 미량(微量). ② 〖理〗 질점(質點). ③ 〖文〗 불변화사(不變化詞)《관사·전치사, 접속사, 감탄사》, 접두〔접미〕사.

párticle accélerator 〖理〗 입자 가속기(加速器).

par·ti·cle·board [-bɔ̀:rd] *n.* ⓊⒸ 하드보드《톱밥 압축판》.

par·ti·col·ored, 《英》 **-oured** [pá:rtikʌ̀lərd] *a.* 잡색(雜色)의.

‡par·tic·u·lar [pərtíkjələr] *a.* ① 특수한, 특정의(cf. special); 고유의, 독특한. ② 각별한; 현저한. ③ 상세한. ④ 까다로운(*about, in, over*). —— *n.* ① 사항, 항목. ② (*pl.*) 자세한 내용〔점〕. ③ 특색. ***in ~*** 특히, 상세하게. ***the London ~*** 런던 명물(인 안개). **‡~·ly** *ad.* 특히.

partícular áverage 〖海上保險〗 단독 해손(海損).

par·tic·u·lar·ism [pərtíkjələrìzəm] *n.* Ⓤ 자당(自黨)〔자국〕 제1주의; (연방 등의) 자주 독립주의; 〖神學〗 특수 신총(神寵)설《신의 은총이 특정인에게 주어진다고 하는》. **-lar·ist** *n.*

par·tic·u·lar·i·ty [pərtìkjəlǽrəti] *n.* Ⓤ 특성, 특이성, 특색; 상세함; 세심한 주의; 까다로움.

par·tic·u·lar·ize [pərtíkjələràiz] *vt., vi.* 상술하다; 열거하다; 특기하다. **par·tic·u·lar·i·za·tion** [-ˌ-ləri-zéiʃən/-rai-] *n.* Ⓤ

***part·ing** [pá:rtiŋ] *n.* ⓊⒸ ① 이별, 고별; 별세. ② 분리; 출발. ③ Ⓒ 분기점. —— *a.* ① 고별〔이별〕의; 최후의. ② 떠나가는. ③ 나누는.

***par·ti·san** [pá:rtəzən/pà:tizǽn] *n., a.* ① 도당(徒黨)(의 한 사람); 한 동아리; 당파의. ② 〖軍〗 유격병(의). **~·ship** [-ʃip] *n.* Ⓤ 당파심; 가담.

par·ti·ta [pɑ:rtí:tə] *n.* (It.) 〖樂〗 파르티타《변주곡집, 또는 조곡(組曲)의 일종》.

***par·ti·tion** [pɑ:rtíʃən] *n., vt.* Ⓤ 분할(하다); 구획(하다); Ⓒ 부분; 칸막이 벽; 칸막(이 하)다.

par·ti·tive [pá:rtətiv] *a., n.* 〖文〗 부분을 나타내는 (말)《some, few, any 등》.

par·ti·zan *n.* = PARTISAN.

párt mùsic 합창〔중창〕 곡.

‡part·ner [pá:rtnər] *n.* ① 협동자, 동아리, 공동자(共同者). ② 〖法〗 조합원, 사원. ③ 배우자; (댄스의) 파트너; (경기의) 짝패. **~·less** *a.* 상대가 없는. ***~·ship** [-ʃip] *n.* Ⓤ 공동, 협력; Ⓒ 조합, 상사, 합명〔합자〕 회사; ⓊⒸ 조합 계약, 공동 경영.

par·toc·ra·cy [pərtákrəsi, pɑ:r-] Ⓤ 일당 독재 정치.

par·took [pɑ:rtúk] *v.* partake의 과거.

***par·tridge** [pá:rtridʒ] *n.* (*pl.* **~s,** 《集合的》 ~) 〖鳥〗 반시·자고의 무리, (미국의) 목도리뇌조.

párt sòng (특히 반주 없는) 합창곡.

párt(s) per míllion 백만분율, 피피엠《미소 함유량의 단위; 생략 PPM》.

***part-time** [pá:rttàim] *a.* 시간제의, 파트타임의. **-tim·er** *n.* 시간제의 근무자(cf. full-timer); 정시제(定時制) 학교의 학생.

par·tu·ri·ent [pɑ:rtjúəriənt] *a.* 출산의, 출산에 관한.

par·tu·ri·tion [pà:rtjuəríʃən] *n.* Ⓤ 출산.

†par·ty [pá:rti] *n.* ① 당(파); 정당; (the P-) (공산)당. ② 〖軍〗 분견대(分遣隊), 부대; 일행; 대(隊); 한동아리, 자기편. ③ (사교의) 모임. ④ 〖法〗 (계약·소송의) 당사자(*the third ~* 제삼자). ⑤ 《口》 사람. ***be a ~ to*** …에 관계하다. ***make one's ~ good*** 자기 주장을 관철하다〔입장을 유리하게 하다〕. —— *a.* 정당〔당파〕의.

par·ty-col·ored [-kʌ̀lərd] *a.* = PARTI-COLORED.

párty góvernment 정당 정치.

párty lìne (전화의) 공동 가입선; (정당의) 정책 노선; (공산당의) 당강령.

párty líner 당의 정책에 충실한 사람.

párty plátform 정당 강령, 정강.

párty pólitics 정당 본위 정치, 당략.

par·ty-spir·it·ed [-spíritid] *a.* 당파심이 강한.

párty wall 〖法〗 (이웃집과의) 경계벽.

pár válue 액면 가격.

par·ve·nu [pá:rvənjù:] *n.* (F.) 벼락출세자.

PAS[1] Pan-American Society.

PAS[2], **P. A. S.** [pæs] *n.* 파스《결핵 치료약》(*p*ara-*a*minosalicylic acid).

pas [pɑ:] *n.* (F.) (*pl.* ~ [-z]) (댄스의) 스텝; 선행권, 우선권.

PASCAL [pæskǽl] *n.* 〖컴퓨터〗 파스칼.

Pas·cal [pǽskəl], **Blaise** (1623–62) 프랑스의 철학자·수학자·물리학자.

pas·chal [pǽskəl, -á:-] *a.* 유월절(踰越節) (Passover)의; 부활절의.

pa·sha [pá:ʃə] *n.* 파샤 《터키의 문무 고관의 존칭》. **pa·sha·lik, -lic** [pəʃá:lik] *n.* Ⓤ 파샤의 관할구〔권〕.

pasque·flow·er [pǽskflàuər] *n.* 양할미꽃《아네모네속》.
pas·quin·ade [pæ̀skwənéid] *n.* (사람 눈에 띄게 한) 풍자문, 풍자.
†**pass**[1] [pæs, pɑːs] *vi.* (~**ed** [-t], **past**) ① **지나다**, 나아가다(*away, out, by*), 통과하다(*by, over*). ② (때가) **경과하다**. ③ 변화하다(~ *into nothingness* 무(無)로 돌아가다), 되다(become)(*to, in*). ④ (시험에) **합격하다**; (의안이) 통과하다. ⑤ 소실〔소멸〕하다; 떠나다; 끝나다; 죽다. ⑥ (사건이) 일어나다. ⑦ 통용하다(*for, as*). ⑧ 판결을 내리다; (판결이) 내려지다(*on, upon*). ⑨ (재산 따위가 남의 손에) 넘어가다. ⑩ (술잔 따위가) 돌다. ⑪ (구기(球技)에서) 공을 패스하다; 〖카드〗 패스하다; 〖펜싱〗 찌르다(*on, upon*). ── *vt.* ① **지나가다**; 통과시키다; 넘(어 가)다, 건너다, 횡단하다. ② (시간을) **보내다**, 지내다. ③ 움직이다; (밧줄 따위를) 휘감다; 꿰다, 꿰뚫다. ④ (의안이) 통과〔가결〕하다. ⑤ (시험에) **합격하다**, 급제시키다. ⑥ 양도하다; 넘겨주다; 돌리다. ⑦ 못보고 지나치다, 눈감아 주다, 간과하다; 아무것도 않고 그대로 두다. ⑧ (판결을) 선고하다, (판단을) 내리다; (의견을) 말하다. ⑨ 약속하다. ⑩ (한도를) 넘다; …보다 낫다. ⑪ 《美》 거르다, 빼먹다, 생략하다. ⑫ (공을) 패스하다; 〖野〗 (4구 또는 히트로 주자를) 1루(壘)에 나가게 하다. ⑬ (대소변을) 보다(~ *water* 소변보다). ~ ***away*** 떠나다; 끝나다; 스러지다, 안쓰이게 되다; 죽다. ~ ***by*** (…을) 지나(가)다; (때가) 지나가다; 눈감아 주다; 못보고 지나치다〔빠뜨리다〕; 무시하다. ~ ***into*** …으로 변하다; (…의 손)으로 넘어가다. ~ ***off*** 떠나다; 차차 사라지다; 잘 되어가다; 일어나다(happen); (가짜를) 쥐어주다〔갖게하다〕(*on*); (그 자리를) 얼버무려 꾸미다; 가짜로 통하다(~ *oneself off as* 짐짓 …으로 행세하다). ~ ***on*** 나아가다; 넘겨주다. ~ ***out*** 나가다; 《口》 의식을 잃다. ~ ***over*** 건너다; 통과하다; (때를) 보내다; 생략하다; 못보고 빠뜨리다〔넘어가다〕, 무시하다. ~ ***the*** BABY. ~ ***through*** 빠져 나가다; 관통하다; 경험하다. ~ ***up*** 《美俗》 그대로 보내다, 간과하다; 포기하다. ── *n.* ① 합격, 급제; 《英》 보통 급제《우등 급제가 아닌》. ② 패스《무료 입장〔승차〕권》; 통행〔입장〕허가. ③ 모양, 상태; 위기. ④ (최면술의) 안수(按手); 요술, 속임수. ⑤ 산길(path). ⑥ 물길, 수로. ⑦ 〖펜싱〗 찌르기; 〖球技·카드〗 패스; 〖野〗 사구(四球) 출루(出壘)(walk). ***bring to*** ~ 이룩하다; 야기시키다. ***come to*** ~ 일어나다(happen)(*come to a nice* 〔*pretty*〕 ~ 난처〔곤란〕하게 되다). ∠·**er** *n.*
***pass**[2] *n.* ① **산길, 고갯길; 고개**. ② 물길, 수로. ③ 〖軍〗 요충지.
pass. passenger; *passim;* passive.
***pass·a·ble** [pǽsəbəl, -ɑ́ː-] *a.* ① **통행할 수 있는**. ② 어지간한, (성적이) 보통인. ③ (화폐 따위) 통용되는; (의안이) 통과될 수 있는. **-bly** *ad.*
pas·sa·ca·glia [pɑ̀ːsəkɑ́ːljə, pæ̀-] *n.* 〖樂〗 파사칼리아《3박자의 조용한 무도곡》.
‡**pas·sage** [pǽsidʒ] *n.* ① [U,C] **통행**, 통과; 통행권. ② [U] (사건의) 진행; (때의) 경과; 추이. ③ 여행, 항해. ④ [U] 뱃삯, 찻삯; 항행권. ⑤ 통로, 샛길; 《英》 복도; 수로(水路). ⑥ (문장·연설의) 한 절; 〖樂〗 악절. ⑦ [U,C] (의안의) 통과, 가결. ⑧ (*pl.*) 밀담, 교섭. ⑨ [U] 논쟁; 격투(combat). ***make a*** ~ 항해하다. ~ ***of arms*** 시합, 싸움, 격투; 논쟁. ***take*** ~ ***in*** …을 타고 도항(渡航)하다. ***work one's*** ~ 뱃삯 대신 배에서 일하다.
pássage mòney 뱃삯, 찻삯.
***pas·sage·way** [-wèi] *n.* **통로**, 복도.
pass·book [pǽsbùk, -ɑ́ː-] *n.* 은행 통장; (외상) 거래장. 「보통 졸업 학위.
páss degrèe 〖英大學〗 (우등 아닌)
pas·sé [pæséi, pɑ́ːsei] *a.* (F.) 과거의; 한창때가 지난; 시대에 뒤진.
†**pas·sen·ger** [pǽsəndʒər] *n.* **여객**, (특히) 선객.
pássenger bòat 여객선.
pássenger càr 객차.
pássenger plàne 여객기.
pássenger tràin 여객 열차.
pas·ser-by [pǽsərbái, -ɑ́ː-] *n.* (*pl.* ***-s-by***) 통행인. 「의) 여기저기에.
pas·sim [pǽsim] *ad.* (L.) (인용서(書)
pas·sim·e·ter [pæsímitər] *n.* 《英》 승차권 자동 판매기.
pass·ing** [pǽsiŋ, -ɑ́ː-] *a.* ① **통행〔통과〕하는**. ② 목전〔현재〕의. ③ 삽시〔순식〕간의. ④ 대충의; 우연의. ⑤ 합격의. ── *n.* [U] 통행, 통과; 경과; 죽음; (의안의) 통과, 가결. ***in ~ …하는 김에. ── *ad.* 《古》 대단히. ~·**ly** *ad.* 대충, 대강; 《古》 몹시.
pássing bèll 조종(弔鐘).
‡**pas·sion** [pǽʃən] *n.* ① [U,C] **격정**, 열정. ② 감정의 폭발; 격노. ③ [U] 열렬한 애정; 정욕. ④ 정열, 열심(*for*); 열애하는 것. ⑤ (the P-) 예수의 수난; [U] 《古》 (순교자의) 수난. ***fall*** 〔***fly, get***〕 ***into a*** ~ 벌컥 성내다. ~·**less** *a.* 정열이 없는; 냉정한.
‡**pas·sion·ate** [pǽʃənit] *a.* ① 감정에 지배되는. ② 성 잘 내는. ③ **열렬한**, 감정적인. *~·**ly** *ad.*
pas·sion·flow·er [pǽʃənflàuər] *n.* 〖植〗 시계초(草).
Pássion plày 예수 수난극(劇).
Pássion Wèek 수난 주간.
‡**pas·sive** [pǽsiv] *a.* ① **수동의**. ② 무저항의. ③ 활발하지 못한. ④ 〖文〗 수동〔피동〕의. ── *n.* 〖文〗 수동태. ~·**ly** *ad.* **pas·sív·i·ty** *n.* [U] 수동(성). 「소극적 저항.
pássive resístance (정부에 대한)
pássive vóice 〖文〗 수동태.
pass·key [pǽskìː, -ɑ́ː-] *n.* 결쇠; 사용(私用)의 열쇠.

pass·man [ˊmæ̀n, -mən] *n.* 《英》 (대학의) 보통 급제생《특히, 우등이 아닌 보통의 졸업생; cf. classman》.
Pass·o·ver [ˊòuvər] *n.* (유대인의) 유월절(踰越節). 「스포트.
‡pass·port [ˊpɔ̀:rt] *n.* **여권**(旅券), 패
pass·word [ˊwə̀:rd] *n.* 암호(말).
†past [pæst, pɑ:st] *a.* ① **과거의**, (이제 막) 지난. ② 요전의. ③ 〖文〗 과거의. —— *ad.* 지나쳐서(by). —— *n.* (보통 the ～). ① **과거**(의 일); 경력; 수상쩍은〔아름답지 못한〕 경력. ② 〖文〗 과거 (시제), 과거형. —— *prep.* ① (시간이) …**을 지나서**(after) (*half* ～ *two,* 2시 반). ② …을 넘어서. ③ …이 미치지 않는, …이상. ～ ***belief*** 믿을 수 없는.
‡paste [peist] *n.* Ⓤ ① **풀**. ② (과자용의) 반죽(dough). ③ 반죽해 이긴 것, 페이스트《생선고기 뭉갠 것, 크림 치약, 연고(軟膏), 이긴 흙, 모조 보석의 원료용 납유리 따위》. SCISSORS ***and*** ～. —— *vt.* 풀로 붙이다 (*up, on, down, together*); 《俗》 (주먹으로) 때리다. **pást·er** *n.* 고무풀 칠한 붙임용지; 풀칠하는 사람. 「紙).
paste·board [ˊbɔ̀:rd] *n.* Ⓤ 판지(板
pas·tel [pæstél / ˊ–] *n.* Ⓤ 파스텔; 파스텔 화법; 파스텔풍의 색조(色調); Ⓒ 파스텔화(畫).
pas·tern [pǽstə:rn] *n.* (말의) 발회목뼈《뒷발톱과 발굽과의 사이》.
Pas·ter·nak [pǽstərnæ̀k], **Boris Leonidovich** (1890–1960) 소련의 시인·소설가.
Pas·teur [pæstə́:r], **Louis** (1822–95) 프랑스의 화학자.
pas·teur·ism [pǽstərìzəm] *n.* Ⓤ 광견병 예방 접종법; 파스퇴르 멸균법.
pas·teur·ize [pǽstəràiz, -tʃə-] *vt.* (개에) 광견병 예방 접종을 하다.
pas·teur·i·za·tion [ˋ–izéiʃən] *n.* Ⓤ
pas·til [pǽstil], **pas·tille** [pæstí:l] *n.* 정제(錠劑); 향정(香錠).
***pas·time** [pǽstàim, -ɑ́:-] *n.* Ⓤ,Ⓒ 오락; 기분 전환.
pást máster (조합·협회 따위의) 전(前)회장; 노련가(*in, of*).
***pas·tor** [pǽstər, -ɑ́:-] *n.* **주임 목사**; 정신적 지도자.
pas·to·ral** [pǽstərəl, -ɑ́:-] *a.* **목양자**(牧羊者)**의**; 전원(생활)의; 목사의. ***the P- Symphony 전원 교향곡 《Beethoven의 교향곡 제 6 번》. —— *n.* **목가**, 전원시〔극·화〕; (bishop의) 교서(敎書).
pas·to·rale [pæ̀stərɑ́:l, -rɑ́:li] *n.* (*pl.* ***-li*** [-li:], ～***s***) 〖樂〗 전원곡, 목가적 가극.
pas·tor·ate [pǽstərit, -ɑ́:-] *n.* Ⓤ,Ⓒ 목사의 직〔지위·임기〕; 목사단(團).
‡pást párticiple 〖文〗 과거분사.
‡pást pérfect 〖文〗 과거완료. 「품).
***pas·try** [péistri] *n.* Ⓤ,Ⓒ **반죽 과자**〔식
pástry còok 반죽 과자 만드는 사람.
‡pást ténse 〖文〗 **과거 시제**.
pas·tur·age [pǽstʃuridʒ, pɑ́:stju-] *n.* Ⓤ 목초(지); 목축(업).
‡pas·ture [pǽstʃər, -ɑ́:-] *n.* Ⓤ,Ⓒ 목장, 목초지; Ⓤ 목초. —— *vt., vi.* 방목하다; (풀을) 뜯(어 먹)다. **pás·tur·er** [-ər] *n.* 목장주. 「기 파이.
past·y[1] [pǽsti, pɑ́:-] *n.* 《주로 英》 고
past·y[2] [péisti] *a.* 반죽〔풀〕같은; (얼굴이 부증으로 들떠) 누런; 느즈러진, 늘어진(flabby).
P. Á. sỳstem 확성 장치 (public address system).
‡pat[1] [pæt] *vt., vi.* (**-tt-**) ① (납작한 것으로) **가볍게 두드리다**. ② 쳐서 모양을 만들다. —— *n.* ① 가볍게 두드리기〔두드리는 소리〕. ② (버터 따위의) 작은 덩어리.
pat[2] *a.* 꼭맞는, 안성마춤의; 적절한 (*to*). —— *ad.* 꼭(들어 맞아서); 적절히. ***stand*** ～ (트럼프 따위) 처음 패 그대로 하다; (결의 등을) 고수하다.
pat. patent(ed); patrol; pattern.
PATA Pacific Area Travel Association 태평양 지구 여행 협회.
pa·ta·gi·um [pətéidʒiəm] *n.* (*pl.* ***-gia*** [-dʒiə]) 〖動〗 (박쥐류의) 비막(飛膜).
‡patch [pætʃ] *n.* ① **깁는 헝겊**. ② (상처에 대는) 헝겊 조각, 안대(眼帶). ③ (불규칙한) 반점. ④ 작은 지면. ***not a*** ～ ***on*** …와는 비교가 안 되는. —— *vt.* ① 헝겊을 대고 깁다 (*up*); 수선하다. ② (사건·분쟁 따위를) 가라앉히다(*up*). ③ 일시 미봉하다(*up*). ˊ**·y** *a.* 누덕누덕 기운; 주워 모은; 조화되지 않는.
pátch tèst 첩포(貼布) 시험《헝겊 조각에 바른 항원(抗原)을 피부에 붙여서 알레르기 반응을 봄》.
patch·work [ˊwə̀:rk] *n.* Ⓤ,Ⓒ 쪽모이 세공(細工); 주워 모은 것.
pate [peit] *n.* 《口》 머리; 두뇌.
pâ·té de foie gras [pɑ:téi də fwɑ̀: grɑ́:] (F.) (지방이 많은 거위의) 간(肝) 파이. 「종지뼈, 슬개골.
pa·tel·la [pətélə] *n.* (*pl.* ***-lae*** [-li:])
pat·en [pǽtn] *n.* 〖宗〗 성반(聖盤), 파테나《제병(祭餠) 담는 얇은 접시》.
pa·ten·cy [péitənsi, pǽt-] *n.* Ⓤ 명백(함); 〖醫〗 (결핵의) 개방성.
‡pa·tent [pǽtənt, péit-] *n.* Ⓤ **특허**(품·증). —— *a.* ① (전매) 특허의, 《口》 신안의. ② 명백한. ③ 열려 있는. ④ 〖醫〗 (결핵 따위가) 개방성의. —— *vt.* (전매) 특허를 얻다. ～**-ly** *ad.* 명백히, 공공연히.
pa·tent·ee [pæ̀təntí:, pèi-] *n.* (전매특허권 소유자.
pátent ínsides 〔**óutsides**〕 한 쪽 면만 인쇄한 신문《작은 신문사는 이것을 사서 뒷면에 자기들 기사를 인쇄함》. 「에나멜 가죽.
pátent léather (검은 광택이 나는)
pátent médicine 매약(賣藥).
Pátent Òffice 특허국.
pátent rìght 특허권.
pa·ter [péitər] *n.* 《英口》 아버지.
pa·ter·fa·mil·i·as [pèitərfəmíliəs, -æs] *n.* 〖로法〗 가장(家長).

***pa·ter·nal** [pətə́:rnəl] *a.* **아버지(편)의**, 아버지다운(opp. maternal); 아버지로부터 물려받은. **∼·ism** [-ìzəm] *n.* Ⓤ (정치·고용 관계의) 부자(父子)주의; 온정주의; 간섭 정치. **∼·ly** *ad.* 아버지로서, 아버지답게.

pa·ter·nal·is·tic [pətə̀:rnəlístik] *a.* 온정주의의. **-ti·cal·ly** *ad.*

pa·ter·ni·ty [pətə́:rnəti] *n.* Ⓤ 아버지임; 부계(父系) (cf. maternity).

patérnity tèst 부계(父系) 〔부자 감별〕 시험 《혈액 검사에 의한》.

pa·ter·nos·ter [pǽ:tərnɑ̀:stər / -nɔ́s-] *n.* (라틴어의) 천주경(天主經) (을 욀 때의 묵주의 큰 구슬).

†**path** [pæθ, -ɑ:-] *n.* (*pl.* **∼s** [-ðz, -θz/ -ðz]) ① (사람이 다녀서 난) **길**, 작은 길; 보도; (정원·공원 안의) 통로; 진로. ② (인생의) 행로. **∠·less** *a.* 길 없는; 인적 끊긴.

‡**pa·thet·ic** [pəθétik], **-i·cal** [-əl] *a.* **가련한**; 감동시키는. *the* ∼ 감상적인 것. **-i·cal·ly** *ad.*

path·find·er [pǽθfàindər, -ɑ́-] *n.* 개척자, 탐험자; (폭격기를 이끄는) 선도기(先導機)(의 조정사).

path·o·gen·ic [pæ̀θədʒénik] *a.* 발병시키는, 병원(病原)이 되는.

pa·thog·no·mon·ic [pæ̀θəgnoumɑ́nik/-mɔ́n-] *a.* 〖醫〗 질병 특유의.

pa·thol·o·gy [pəθɑ́lədʒi/-ɔ́-] *n.* Ⓤ 병리학; 병상(病狀). **path·o·log·ic** [pæ̀θəlɑ́dʒik/-ɔ́-], **-i·cal** [-əl] *a.*

***pa·thos** [péiθɑs/-θɔs] *n.* Ⓤ (문장·음악·사건 따위의) 애틋함을 자아내는 힘, **애수감**, 비애; 〖藝〗 「파토스」, 정감(情感) (opp. ethos).

***path·way** [pǽθwèi, -ɑ́:-] *n.* (작은) **길**.

‡**pa·tience** [péiʃəns] *n.* Ⓤ ① **인내**(심); 끈기. ② 《英》 혼자 노는 카드놀이(solitaire).

‡**pa·tient** [péiʃənt] *a.* ① **인내력이 강한**. ② 근면한. ── *n.* 환자. ***∼·ly** *ad.*

pat·i·na [pǽtənə] *n.* Ⓤ 녹, 녹청; 고색(古色).

pa·ti·o [pǽtiòu, pɑ́:-] *n.* (*pl.* **∼s**) (스페인·라틴 아메리카식 집의) 안뜰.

Pat. Off. Patent Office.

pat·ois [pǽtwɑ:] *n.* (F.) (*pl.* ∼ [-z]) 「방언.

pa·tri·al [péitriəl] *a.*, *n.* 《英》 (부모가 영국 태생이므로) 영국 거주권이 있는 (사람).

pa·tri·arch [péitriɑ̀:rk] *n.* 가장, 족장(族長); 개조(開祖), 창설자; 장로, 고로(古老); (초기 교회·희랍 정교회의) 주교. **pa·tri·ar·chal** [∸-ɑ́:rkəl] *a.* **pa·tri·ar·chate** [∠-ɑ̀:rkit] *n.* ⓊⒸ patriarch의 지위〔직권·임기〕. **-ar·chy** *n.* Ⓤ 가장〔족장〕 정치〔제도〕.

pa·tri·cian [pətríʃən] *n.*, *a.* (고대 로마의) 귀족(의); 《一般》 귀족적인, 귀족에 어울리는.

pat·ri·cide [pǽtrəsàid] *n.* ⓊⒸ 부친 살해범〔죄〕. **pat·ri·cid·al** [∸-sáidl] *a.*

Pat·rick [pǽtrik], **Saint**(389?–461?) 「아일랜드의 수호 성인.

pat·ri·mo·ny [pǽtrəmòuni/-məni] *n.* ⓊⒸ 세습 재산; 어버이로부터 물려받은 것; 교회 재산. **pat·ri·mo·ni·al** [pæ̀trəmóuniəl, -njəl] *a.*

‡**pa·tri·ot** [péitriət, -ɑ̀t/pǽtriət] *n.* **애국자**; (점령군에의) 협력 거부자. (cf. collaborator). ***∼·ism** [-triətìzəm] *n.* **애국심**. ***pat·ri·ot·ic** [pèitriɑ́tik/ pæ̀triɔ́-] *a.* **애국의**; 애국심이 강한.

Pátriot mìssile 패트리어트 (미사일 요격) 미사일.

pa·tris·tic [pətrístik], **-ti·cal** [-əl] *a.* (초기 기독교의) 교부(敎父)의; 교부의 유저(연구)의. **-ti·cal·ly** *ad.*

***pa·trol** [pətróul] *n.* ① Ⓤ 순회, **순시**, 정찰. ② 순시인, 순경; 정찰대 《척후·비행기·함선 따위의》. ③ 소년단의 반《8명》. *on* ∼ 순회중. ── *vt.*, *vi.* (**-ll-**) 순회하다; (거리를) 행진하다. **∼·ler** *n.* 「관, 순시인.

pa·trol·man [-mən] *n.* 《美》 순찰 경

patról wàgon 《美》 죄수 호송차.

‡**pa·tron** [péitrən] *n.* ① **후원자**, 패트런. ② (상점의) 단골 손님, 고객. ③ 수호 성인(聖人). ④ 〖古로〗 (해방된 노예의) 옛 주인. ***∼·age** [pǽtrənidʒ, péit-] *n.* Ⓤ **후원**; 애고(愛顧); 은혜를 베푸는 듯한 태도, 덕색(德色); 《英》 서임권(叙任權). **pá·tron·ess** *n.* patron의 여성. ***∼·ize** [-àiz] *vt.* **후원하다**; 아끼고 사랑하다; 덕색질하다. **∼·iz·ing** [-àiziŋ] *a.* 은인연하는, 은혜라도 베푸는 듯싶은.

pátron sáint 수호 성인.

pat·ro·nym·ic [pæ̀trənímik] *a.*, *n.* 부조(父祖)의 이름을 딴 (이름) 《보기: *Johnson* <*John*》.

pat·sy [pǽtsi] *n.* 《美俗》 쉬이 속아 넘어가는 사람, '봉'.

pat·ten [pǽtn] *n.* 덧나막신.

***pat·ter**[1] [pǽtər] *vt.*, *vi.* ① **또닥또닥**〔후두두후두두〕 **소리를 내다**; 후두두후두두 비가 뿌리다. ② 타닥타닥 잦은 걸음으로 달리다. ── *n.* 그 소리.

pat·ter[2] *n.*, *vt.*, *vi.* ⓊⒸ 재게 재잘거림; 재잘대다; (도둑·거지 등의) 변말.

‡**pat·tern** [pǽtərn] *n.* ① 모범; 본보기; 본. ② **양식**; 모형. ③ **무늬**, 바탕, (옷 따위의) 견본. ④ 《美》 (양복지의) 1착분. *run to* ∼ 틀에 박히다. ── *vt.*, *vi.* (본을 따라) 만들다 (*after*, *upon*); (행위의) 본보기에 따르다; 무늬를 넣다.

pat·tern-bomb [-bɑ̀m/-ɔ̀-] *vt.* (편대로) 일제 폭격하다. **∼·ing** *n.* ⓊⒸ

***pat·ty** [pǽti] *n.* ⓊⒸ **작은 파이**.

pát·ty pán [pǽti-] 작은 파이 굽는 냄비.

pat·u·lin [pǽtʃulin, -tju-] *n.* Ⓤ 패툴린《감기에 특효인 항생물질 약》.

P. A. U. Pan-American Union 범미 동맹.

pau·ci·ty [pɔ́:səti] *n.* ⓊⒸ 소수; 소량.

***Paul** [pɔ:l], **Saint**(?–67?) **바울**《예수의 사도》.

Páu·li exclúsion prìnciple [páuli:] 〖理〗 파울리의 배타원리.

Pau·line [pɔ́:lain] *a.* 성 바울의. ── *n.* ① (런던의) St. Paul's School의 학생. ② [pɔ:lí:n, ⌐⌐] 여자 이름. ***the ~ Epistles*** [pɔ́:lain-] (신약성서 중의) 바울 서신.
pau·low·ni·a [pɔ:lóuniə] *n.* 오동나무.
paunch [pɔ:ntʃ] *n.* 배 (belly); 올챙이배. **⌐·y** *a.* 올챙이배의.
pau·per [pɔ́:pər] *n.* (생활 보호를 받는) 빈곤자, 가난한 사람. **~·ism** [-ìzəm] *n.* Ⓤ 빈곤. **~·ize** [-àiz] *vt.* 가난하게 하다; 피구호자가 되게 하다.
‡**pause** [pɔ:z] *n.* ① 휴지(休止), 중지, 중단. ② 지체; 주저. ③ 단락, 구두(句讀); 〖樂〗 연장 기호(◡, ⌒). ***give ~ to*** (…을) 주저케 하다. ── *vi.* ① 휴지(休止)하다; 기다리다(*for*). ② 머뭇거리다(*upon*).
‡**pave** [peiv] *vt.* ① 포장하다(*with*). ② 덮다; 수월케 하다. ***~ the way for*** [*to*] …을 위해 길을 열다[트다]; …을 수월하게 하다. **páv·ing** *n.* Ⓤ 포장 (재료).
‡**pave·ment** [⌐mənt] *n.* ① 《英》 포도, 인도 (cf. 《美》 sidewalk); 《美》 차도. ② Ⓤ 포장 (재료).
pávement àrtist 《英》거리의 화가 《포도 위에 색분필로 그림을 그려 돈을 얻음》; 《美》 길가에서 개인전을 하는 화가.
‡**pa·vil·ion** [pəvíljən] *n.* ① 큰 천막. ② (야외 경기장 따위의) 관람석. ③ (병원의) 병동(病棟); (공원·정원의) 정자, 별채. ④ 《詩》 하늘. ── *vt.* 큰 천막을 치다[으로 덮다].
páving brìck 포장용 벽돌.
páving stòne 포석(鋪石).
Pav·lov [pǽvlɔ:f, -lɑv/-lɔv], **Ivan Petrovich**(1849–1936) 소련의 생물학자·의학자《노벨 의학상 (1904)》.
pav·lov·ism [pǽvləvìzəm] *n.* 파블로프 학설《조건반사를 밝힌》.
‡**paw** [pɔ:] *n.* ① (개·고양이 따위의) 발. ② 《口》 (사람의) 손. ── *vi., vt.* ① (앞)발로 치다[긁다]. ② 서투르게[거칠게] 다루다, 만지작거리다 (*over*).
pawl [pɔ:l] *n.* (톱니바퀴의 역회전을 막는) 톱니멈춤쇠.
pawn**[1] [pɔ:n] *n.* Ⓤⓒ 저당(물); 질물(質物). ***in [***at***] ***~*** 저당[전당]잡혀. ── *vt.* ① 전당잡히다. ② (생명·명예를) 걸다, …을 걸고 맹세하다.
pawn[2] *n.* (장기의) 졸(卒); 남의 그나불[앞잡이] 짓하는 사람.
pawn·bro·ker [⌐bròukər] *n.* 전당포 주인.
pawn·shop [⌐ʃɑp/-ɔ-] *n.* 전당포.
páwn tìcket 전당표.
paw·paw [pɔ́:pɔ̀:] *n.* ＝PAPAW.
PAX private automatic exchange.
†**pay** [pei] *vt.* (***paid***) ① 치르다; (대금·봉급 등을) 지불하다. ② 변제하다. ③ (사업 따위가 아무에게) 이익을 주다, 보상하다. ④ 대갚음하다. ⑤ (방문 따위를) 하다(give), (주의·존경 따위를) 하다. ⑥ (벌을) 주다. ── *vi.* ① 지불하다; 변제하다. ② (일 따위가) 수지맞다, 괜찮다. ③ 벌을 받다(*for*). ***~ as you go*** (빚을 지지 않고) 현금으로 해나가다; 수입에 따른 지출을 하다; 원천과세(源泉課稅)를 물다. ***~ back*** 도로 갚다; 보복하다. ***~ down*** 맞돈으로 지불하다. ***~ for*** …의 댓가를 치르다; …을 보상하다. ***~ in*** 불입하다. ***~ off*** (빚을) 전부 갚다; 봉급을 주고 해고하다; 앙갚음하다; 〖海〗 (이물을) 바람 불어가는 쪽으로 돌리다. ***~ one's way*** 빚을 지지 않고 살다. ***~ out*** (빚을) 지불하다; (아무에게) 분풀이[앙갚음]하다; 〖海〗 (밧줄을) 풀어내다. ***~ up*** 전부 지불하다; (주(株)를) 전액 불입하다. ── *n.* Ⓤ ① 지불 (능력이 있는 사람). ② 급료, 보수. ③ 갚음, 응보. ***in the ~ of*** …에게 고용되어. ***⌐·a·ble** *a.* 지불해야 할; 지불할 수 있는; (광산 따위) 수지맞을 듯싶은. ‡**⌐·ment** *n.* Ⓤⓒ 지불(액), 납부, 불입; 변상; Ⓤ 보복.
pay-as-you-earn [⌐əzjuə́:rn] *n.* Ⓤ 《英》 원천 과세(源泉課稅) (제도)《생략 P. A. Y. E.》.
pay-as-you-en·ter [⌐əzjuéntər] *n.* Ⓤ 승차시(乘車時) 요금 지불 방식《생략 P. A. Y. E.》.
páy-as-you-gó plàn [⌐əzjugóu] 현금 지불주의.
pay·day [⌐dèi] *n.* 지불일, 봉급날.
páy dìrt 《美》 수지맞는 채굴지.
P. A. Y. E. pay-as-you-earn; pay-as-you-enter.
pay·ee [peií:] *n.* 수취인.
páy ènvelope 봉급 봉투(packet).
pay·er [péiər] *n.* 지불인.
páying guèst 하숙인.
páy lìst ＝PAY ROLL.
páy lòad 인건비; 수익 하중(收益荷重); 유도탄의 탄두; 그 폭발력.
pay·mas·ter [péimæ̀stər, -ɑ:-] *n.* 회계원; 〖軍〗 재정관.
‡**pay·ment** [⌐mənt] *n.* ⇨PAY.
pay·off [⌐ɔ:f/-ɔf] *n.* 급료 지불(일); 청산; 보상; 《口》 예기치 않은 사건; (이야기의) 클라이맥스.
pay·o·la [peióulə] *n.* 《俗》 뇌물《가수가 자기 노래 선전을 위해 디스크자키에게 쥐어 주는 돈》, 매수.
páy phòne 《美》 ＝PAY STATION.
pay·roll [⌐ròul] *n.* 급료 지불부; 지불급료의 총액. ***be off the ~*** 해고되다.
páy stàtion 《美》 (주화를 넣어 쓰는) 공중 전화(실).
payt. payment.
pay-TV [péitì:ví:] *n.* Ⓤ 유료 방송 텔레비전.
Pb 〖化〗 *plumbum* (L. ＝lead). **P. B.** Prayer Book. **PBX** private branch exchange. **P. C.** Police Constable; Privy Council (*or* Councilor). **PC** 〖컴퓨터〗 program counter 프로그램 계수기. **pc.** piece; price(s). **p. c.** per cent; postcard. **PCB** 〖컴퓨터〗 printed circuit boards 인쇄 회로 기판. **PCM** 〖컴퓨터〗 pulse code modulation 펄스 코드 변조. **PCP** 〖컴퓨터〗 primary control program 피시피. **PCS** punch(ed) card system.

Pd 〖化〗 palladium. **pd.** paid. **P. D.** police department. **P. D., p. d.** *per diem.* **P. E.** petroleum engineer; Protestant Episcopal.

‡**pea** [pi:] *n.* (*pl.* **~s,** 《古·英方》 *pease*) 완두(콩); (BEAN과 구별하여) (둥근) 콩; 완두콩 비슷한 식물. ***green*** **~** 푸른 완두. ── *a.* 완두콩 만한 (크기의).

†**peace** [pi:s] *n.* Ⓤ ① **평화.** ② 치안, 공안(公安). ③ 강화 (조약). ④ 안심, 평안(平安). ***at*** **~** 평화롭게; 사이좋게(*with*). ***hold*** 〔***keep***〕 ***one's*** **~** 침묵을 지키다. ***in*** **~** 평화롭게; 안심하여. ***make one's*** **~** ***with*** …와 화해하다. ***make*** **~** 화해〔강화〕하다. ***wage the*** **~** 《美》 평화를 유지하다. ── *int.* 조용히! *****∠·a·ble** *a.* **평화로운,** 평화를 좋아하는; 평온한. ‡**∠·ful** *a.* **평화로운**〔적인〕; 평온한. ***∠·ful·ly** *ad.*

Péace Còrps 평화 봉사단.

peace·mak·er [∠mèikər] *n.* 조정자, 중재인. 「조정(의), 중재(의).

peace·mak·ing [∠mèikiŋ] *n., a.* Ⓤ

peace·mon·ger [∠mʌŋgər] *n.* 《美》 《蔑》 평화론자. 「화 데모광(狂).

peace·nik [∠nik] *n.* 평화 운동가, 평

péace offènsive 평화 공세.

péace òffering (신에게 바치는) 사은의 제물; 화해의 선물.

péace òfficer 치안관, 경관.

péace pìpe =CALUMET. 「(의).

peace·time [∠tàim] *n., a.* Ⓤ 평시

‡**peach**[1] [pi:tʃ] *n., a.* ① **복숭아**(나무). ② Ⓤ 복숭아빛(의). ③ 《俗》 미인; 멋진 것. **∠·y** *a.* 복숭아 같은; 복숭아빛의.

peach[2] *vi.* 《俗》 (특히 공범자를) 밀고하다(*against, on, upon*).

‡**pea·cock** [pí:kàk/-kɔ̀k] *n.* (*pl.* **~s,** 《集合的》 **~**) ① **공작**(의 수컷). ② 허영부리는 사람.

péacock blúe 광택 있는 청색.

pea·fowl [pí:fàul] *n.* 공작《암·수》.

péa gréen 연두빛(light green).

pea·hen [pí:hèn] *n.* 암공작.

péa jàcket (선원 등의) 두꺼운 재킷.

‡**peak**[1] [pi:k] *n.* ① 봉우리, **산꼭대기;** 고봉(孤峰). ② 첨단, 뾰족한 끝. ③ 최고점, 절정. ④ (모자의) 앞챙. **~ed**[1] [pi:kt, pí:kid] *a.* 뾰족한.

peak[2] *vi.* 바싹 여위다. **∠·ed**[2] [pí:kid] *a.* 여윈(thin).

***peal** [pi:l] *n.* ① (포성·천둥·웃음소리 따위의 길게 끄는) **울림;** 종소리의 울림. ② (음악적으로 음률을 고른) 한 벌의 종, 종악(鐘樂) (chime). ── *vi., vt.* (종 따위가) 울려 퍼지(게 하)다, 울리다, 우렁차게 울리다.

pe·an [pí:ən] *n.* =PAEAN.

***pea·nut** [pí:nʌ̀t] *n.* ① **땅콩,** 낙화생. ② (*pl.*) 《俗》 변변치 않은 〔하찮은〕 것〔사람〕; 적은 액수.

péanut bùtter 땅콩 버터.

péanut òil 낙화생 기름.

‡**pear** [pɛər] *n.* 서양배(나무).

†**pearl** [pə:rl] *n.* ① **진주.** ② 일품(逸品), 정화(精華). ③ 진주 같은 것《이슬·눈물 따위》. ④ Ⓤ 진주빛(bluish gray). ⑤ 〖印〗 펄형 활자《5포인트》. ***cast*** 〔***throw***〕 **~*s before swine*** 돼지에 진주를 던져 주다. ── *a.* 진주(빛·모양)의. ── *vt., vi.* 진주로 장식하다; 진주를 캐다. 「칼륨.

péarl àsh 진주재, 조제(粗製) 탄산

péarl bàrley 정백(精白)한 보리.

péarl dìver 진주조개를 캐는 잠수부. 「〔채취선〕.

pearl·er [pə́:rlər] *n.* 진주 채취자

péarl gráy 〔**gréy**〕 진주빛.

Péarl Hárbor 진주만《하와이 Oahu 섬의 만(灣)》.

péarl làmp 젖빛유리 전구.

péarl òyster 진주조개.

péarl shèll 진주조개. 「식한〕.

pearl·y [pə́:rli] *a.* 진주 같은〔로 장

pear-shaped [pɛ́ərʃèipt] *a.* 서양배〔호리병박〕 모양의; (음성이) 낭랑한.

peart [piərt] *a.* 《方》 발랄한, 활기 있는.

‡**peas·ant** [pézənt] *n.* 소농(小農), 농부; 시골뜨기. **~·ry** *n.* Ⓤ 《集合的》 소작인, 농민.

pease [pi:z] *n.* pea의 복수. 「리.

peas(e)·cod [∠kàd/-ɔ̀-] *n.* 완두 꼬투

péase pùdding 《주로 英》 콩가루 푸딩.

pea·shoot·er [pí:ʃù:tər] *n.* 콩알총.

péa sòup 완두콩 수프; =⇩.

pea-soup·er [∠sù:pər] *n.* 《주로 英口》 (런던의) 누런 짙은 안개.

peat [pi:t] *n.* Ⓤ 토탄(土炭)(덩어리). **∠·y** *a.* 토탄 같은, 토탄이 많은.

péa·v(e)y [pí:vi] *n.* (벌채(伐採) 인부가 쓰는) 갈고랑 장대.

***peb·ble** [pébəl] *n., vt.* (둥근) 조약돌; (가죽 따위의) 표면을 도톨도톨하게 하다. **-bly** *a.* 자갈이 많은.

pe·can [pikǽn, -kɑ́:n] *n.* (미국 남부산) 피캔(나무)《hickory의 일종》.

pec·ca·dil·lo [pèkədílou] *n.* (*pl.* **~(*e*)*s***) 가벼운 죄, 조그마한 과오.

pec·cant [pékənt] *a.* 죄 있는, 죄를 범한; 부정한, 타락한; 그릇된. **-can·cy** [-si] *n.*

pec·ca·ry [pékəri] *n.* (*pl.* **-ries,** 《集合的》 **~**) (미국산) 산돼지류(類).

pec·ca·vi [peká:vi:] *v., n.* (L.) 내가 죄를 범했도다; 죄의 고백. ***cry*** **~** 죄를 고백하다, 사죄하다.

peck[1] [pek] *n.* 펙《영국의 건량(乾量) 단위, 8 quarts, 9. 74 리터》; 1펙들이 되; 다량(*a* **~** *of trouble*).

‡**peck**[2] *vt., vi.* (부리 따위로) **쪼다,** 쪼아 먹다; 쪼아 줍다(*up*); 쪼아 파다; 조금씩 먹다; 흠을 잡다(*at*); (타이프로) 쳐내다. ── *n.* 쪼기; 쪼아낸 구멍〔자국〕; 가벼운 키스.

peck·er [pékər] *n.* 딱따구리; 《英》 곡괭이; 《英俗》 원기, 용기.

pec·tic [péktik] *a.* 〖化〗 펙틴의.

pec·tin [péktin] *n.* Ⓤ 〖生化〗 교소(膠素).

pec·to·ral [péktərəl] *a.* 가슴의(**~** *fin* 가슴지느러미).

pec·tose [péktous] *n.* Ⓤ 〖化〗 펙토오제(미숙한 과실 속에 있는 다당류).
pec·u·late [pékjəlèit] *vi., vt.* (공금 따위를) 잘라먹다, 횡령하다. **pec·u·la·tion** [⌐–léi-] *n.* ⓊⒸ **péc·u·la·tor** *n.*
‡**pe·cu·liar** [pikjú:ljər] *a.* **독특한, 특유한**(*to*); 특별한; 묘한(odd). *∼**·ly** *ad.* ***pe·cu·li·ar·i·ty** [–ˌliǽrəti] *n.* ⓊⒸ **특(수)성,** 특질; 괴상함; 기이한 버릇.
pe·cu·ni·ar·y [pikjú:nièri/-njəri] *a.* 「금전(상)의.
ped. pedal; pedestral; pedestrian.
ped·a·gog·ic [pèdəgádʒik, -óu-/-ɔ́-], **-i·cal** [-əl] *a.* 교육학〔자〕의. **-ics** *n.* =PEDAGOGY.
ped·a·gog(ue) [pédəgàg, -gɔ̀:g/-gɔ̀g] *n.* 《蔑》 교사; 현학자(衒學者).
ped·a·go·gy [pédəgòudʒi, -à-/-ɔ̀-] *n.* Ⓤ 교육(학).
***ped·al** [pédl] *n., a.* **페달(의),** 발판; 발의. ——*vi., vt.* (《英》 **-ll-**) 페달을 밟다〔밟아 움직이다〕.
ped·a·lo [pǽdəlòu] *n.* 페달식 보트.
pédal pùsher 자전거 타는 사람, 사이클 선수; (*pl.*) (여자용의, 장딴지까지 내려오는) 반바지.
ped·ant [pédənt] *n.* 학자연하는 사람; 공론가(空論家). **pe·dan·tic** [pidǽntik] *a.* 학자연하는. **péd·ant·ry** *n.* ⓊⒸ 학자연함; 현학(衒學).
ped·dle [pédl] *vt., vi.* 행상하다; 소매하다. ***péd·dler** *n.* **행상인.**
ped·dling [pédliŋ] *a.* 《특히》 하찮은, 사소한; 작은 일에 구애되는, 곰상스러운.
ped·er·as·ty [pédəræ̀sti, pí:d-] *n.* Ⓤ (특히 소년과의) 남색(男色).
ped·es·tal** [pédəstl] *n.* ① (동상·기둥 등의) **주춧대,** 대좌(臺座), (꽃병 등의) 받침. ② 근저; 기초. ③ 〖機〗 축받이. ***put 〔***set***〕 ***a person on a*** ∼ 아무를 받들어 모시다. ——*vt.* (《英》 **-ll-**) 대(臺)에 올려 놓다.
***pe·des·tri·an** [pədéstriən] *a.* **도보의;** 단조로운; 진부한. ——*n.* **보행자;** 도보주의자. ∼**·ism** [-ìzəm] *n.* Ⓤ 도보주의.
pe·di·a·tri·cian [pì:diətríʃən], **-at·rist** [-ǽtrist] *n.* 소아과 의사. **pe·di·át·rics** *n.* 〖醫〗 소아과.
ped·i·cab [pédikæ̀b] *n.* (동남아시아 등의) 페달식 삼륜 인력거.
ped·i·cel, -cle [pédisəl, -sèl] *n.* 〖植〗 작은 꽃자루〔화경(花梗)〕.
pe·dic·u·lar [pidíkjələr] *a.* 이의, 이 「투성이의.
ped·i·cure [pédikjùər] *n.* Ⓤ 발 치료 《티눈·물집 따위》; 페디큐어《발톱가꾸기》(cf. manicure).
ped·i·gree [pédəgrì:] *n.* ⓊⒸ 계도(系圖); 가계(家系), 가문; 《美俗》(경찰의) 전과 기록부. ∼**d** [-d] *a.* 유서 있는; 혈통이 확실한.
ped·i·ment [pédəmənt] *n.* (그리스식 건축의) 박공(벽).
***ped·lar** [pédlər] *n.* =PEDDLER.
pe·do·bap·tism [pì:doubǽptizəm] *n.* Ⓤ 유아세례.
pe·dol·o·gy[1] [pidálədʒi/-ɔ́-] *n.* Ⓤ 토양학. 「〖醫〗 소아과.
pe·dol·o·gy[2] *n.* Ⓤ 아동〔육아〕학;
pe·dom·e·ter [pidámitər/-dɔ́mi-] *n.* 보수계(步數計).
pe·dun·cle [pidʌ́ŋkəl] *n.* 〖植〗 꽃자루, 화경; 〖動〗 육경(肉莖).
pee [pi:] *vi.* 《俗》 쉬하다, 오줌누다. ——*n.* ⓊⒸ 오줌(piss).
peek [pi:k] *vi.* 엿보다(*in, out*). ——*n.* 엿보기.
peek·a·boo [pí:kəbù:] *n.* Ⓤ 《美》 = BOPEEP; Ⓒ 비치는 옷. ——*a.* 비치는, 잔 구멍이 많은.
‡**peel** [pi:l] *n.* (과일·야채 등의) **껍질.** ——*vt., vi.* **껍질을 벗기다,** 껍질이 벗겨지다(*off*), 허물벗다. ∠**·ing** *n.* Ⓤ 껍질을 벗김; (종종 *pl.*) (벗긴) 껍질.
peel·er[1] [∠ər] *n.* 《英古俗》 순경.
peel·er[2] *n.* 껍질 벗기는 사람〔기구〕; 《俗》 스트리퍼(stripteaser).
‡**peep**[1] [pi:p] *n.* **엿보기,** 훔쳐봄; 출현, 보이기 시작함. ***have*** 〔***get***〕 ***a*** ∼ ***at*** …을 잠깐 보다. ∼ ***of day*** 〔***dawn***〕 샐녘, 새벽. ——*vi.* **엿보다,** 훔쳐보다(*at, into, through*); 나타나다; (성질 따위가) 부지중 드러나다(*out, forth*).
peep[2] *n., vi.* 삐악삐악〔찍찍〕 (울다) 《새새끼·쥐 따위의 울음 소리》; 작은 소리로 이야기하다.
peep·er [∠ər] *n.* 엿보는 사람; 캐묻기 좋아하는 사람; 《美俗》 사립 탐정.
peep·hole [∠hòul] *n.* 들여다 보는 구멍. 「내.
Péeping Tóm 엿보기 좋아하는 사
péep shòw 요지경.
péep sìght (총의) 가늠구멍.
peep-toe(d) [∠tòu(d)] *a.* (여자 구두가) 발가락이 보이는.
***peer**[1] [piər] *vi.* (눈을 한데 모아) **응시하다**(*into, at*); 희미하게 나타나다, 보이기 시작하다(*out*).
peer**[2] *n.* 귀족; **동배(同輩),** 동등한 사람. ***without a ∼ 비길 데 없는. *∠**·less** *a.* **비길 데 없는.**
peer·age [píəridʒ] *n.* Ⓤ 《集合的》 귀족; 귀족 계급(의 지위), 귀족 명감(名鑑). 「자 귀족.
peer·ess [píəris] *n.* 귀족 부인; 여
peeve [pi:v] *vt., vi., n.* 짜증나게〔속타게〕 하다; 짜증나게 하는 것.
pee·vish [pí:viʃ] *a.* 성마른, 짜증이 난; 부루퉁〔지르퉁〕한. ∼**·ly** *ad.*
pee·wit [pí:wit] *n.* =PEWIT.
‡**peg** [peg] *n.* **나무못;** 마개; 걸이 못; (악기의) 줄조르개; (천막의) 말뚝; 《英》 브랜디에 소다수를 탄 음료; 《口》 등급; 단계(degree); 《口》 다리, (나무로 만든) 의족(義足); 《英》 빨래집게. ***a*** ∼ ***to hang on*** 구실, 계기. ***a round*** ∼ ***in a square hole,*** or ***a square*** ∼ ***in a round hole*** 부적임자(不適任者). ***take a person down a*** ∼ **(*or two*)** 《口》 아무의 콧대를 꺾다. ——*vt.* (**-gg-**) 나무못을 박다〔으로 고정시키다, 죄다〕(*down, in, out*); (주가 등을) 안정시키다.

— *vi.* 부지런히 일하다(*away*).

Peg·a·sus [pégəsəs] *n.* 〖그神〗 시신(詩神) 뮤즈가 애용한 날개 달린 말; 〖天〗 페가수스자리.

peg·board [pégbɔ̀:rd] *n.* 페그보드 《구멍에 나무못을 꽂는 놀이판》.

pég pànts 《美》 끝이 좁은 바지.

pég tòp (서양배 모양의) 나무 팽이; (*pl.*) 허리가 넓고 밑이 좁은 바지.

peign·oir [peinwá:r, ⌐−] *n.* (F.) (여자의) 화장옷.

Pei·ping [péipíŋ] *n.* Peking의 구칭.

pe·jo·ra·tive [pidʒɔ́:rətiv, pí:dʒə-rèi-, pédʒə-] *a., n.* 경멸의; 경멸어 《보기: *poetaster*》.

Pe·kin·ese [pì:kiní:z], **-king·ese** [-kiŋí:z] *a.* 북경(인)의. — *n.* 북경 사람; 발바리. 「이징.

***Pe·king** [pí:kíŋ] *n.* **북경**(北京), 베

Péking mán 북경원인(猿人) 《유골이 북경 부근에서 발견됨(1927)》.

pe·koe [pí:kou] *n.* Ⓤ (인도·실론산) 고급 홍차.

pe·lag·ic [pəlǽdʒik] *a.* 대양(원양)의(~ *fishing* 원양 어업).

pelf [pelf] *n.* 《보통 蔑》 Ⓤ 금전, 부(富).

***pel·i·can** [pélikən] *n.* **펠리컨**.

pe·lisse [pəlí:s] *n.* 여자용 긴 외투; (용기병(龍騎兵)의) 안에 털댄 웃옷.

pel·la·gra [pəléigrə, -lǽg-] *n.* Ⓤ 〖醫〗 펠라그라, 옥수수홍반(紅斑) 《피부병》.

pel·let [pélit] *n., vt.* (진흙·종이의) 뭉친 알(로 맞히다); (육식조(肉食鳥)가) 게워낸 덩어리; 알약; 작은 총알.

pel·li·cle [pélikəl] *n.* 피막(被膜).

pell-mell [pélmél] *n., ad., a.* ⓊⒸ 혼란, 난잡(하게, 한), 엉망진창(으로, 의); 몹시 허둥대어.

pel·lu·cid [pəlú:sid] *a.* 투명한; (뜻 따위) 명백한.

Pel·o·pon·ne·sus, -sos [pèləpəní:-səs] *n.* 그리스 남부의 반도《초기 미케네 문명 중심지》.

***pelt**[1] [pelt] *vt.* (내)**던지다**; (질문·욕설 따위를) 퍼붓다(*with*). — *vi.* (비 따위가) 세차게 퍼붓다; 급히 가다. — *n.* 내던짐; Ⓤ 속력. (*at*) *full* ~ 전속력으로.

pelt[2] *n.* (양·염소 따위의) 생가죽; 《諧》 (사람의) 피부. **⌐·ry** *n.* Ⓤ 《集合的》 생가죽(pelts or furs); (한 장의) 생가죽 (a pelt; a fur).

pel·vis [pélvis] *n.* (*pl.* ***pelves*** [pél-vi:z]) 〖解〗 골반.

Pém·broke tàble [pémbruk] 버터플라이테이블 《양쪽에 댄 판을 펼쳐서 넓힐 수 있음》.

pem·mi·can [pémikən] *n.* Ⓤ 페미컨《말린 쇠고기에 지방·과일을 섞어 굳힌 식품》.

†**pen**[1] [pen] *n.* 펜. — *vt.* (***-nn-***) 쓰다.

‡**pen**[2] *n.* (가축의) **우리**, 축사(畜舍); =SUBMARINE PEN. — *vt.* (***penned, pent; -nn-***) 우리에 넣다; 가두다(*in, up*).

pen[3] *n.* 《美俗》 구치소.

Pen., pen. peninsula.

P. E. N. (Club) (International Association of) Poets, Playwrights, Editors, Essayists, and Novelists.

pe·nal [pí:nəl] *a.* 형(벌)의, 형(벌)을 받아야 할; 형사(형법)상의. **~·ize** [-àiz] *vt.* 유죄로 선고하다; (경기에서 반칙자에게) 벌칙을 과하다.

pénal còde 형법(전).

pénal sérvitude 징역.

‡**pen·al·ty** [pénəlti] *n.* ⓊⒸ ① **형벌**. ② **벌금**. ③ (경기의 반칙에 대한) 벌; 페널티. ***on*** (***under***) ~ ***of*** 어기면 …한 벌을 받는다는 조건으로.

pénalty kíck 〖蹴〗 페널티킥.

***pen·ance** [pénəns] *n.* Ⓤ **참회**, 고행; 〖카톨릭〗 고해 (성사).

pen-and-ink [pénəndíŋk] *a.* 펜으로 쓴. — *n.* 펜화(畫).

pe·na·tes, P- [pənéiti:z, -nɑ́:-] *n. pl.* 〖로神〗 가정의 수호신.

‡**pence** [pens] *n.* 《英》 penny의 복수.

pen·chant [péntʃənt; pɑ̃:ŋʃɑ̃:ŋ] *n.* (F.) 강한 경향, 기호, 취미(*for*).

†**pen·cil** [pénsəl] *n.* **연필**(모양의 것); 《古》 화필; 〖光〗 광속(光束). — *vt.* (《英》 ***-ll-***) 연필로 쓰다(그리다). **~(l)ed** *a.* 연필로 쓴. 「(신문) 기자.

péncil pùsher 《美口》 사무원; 서기;

péncil shàrpener 연필 깎개.

pen·craft [pénkræ̀ft, -ɑ̀:-] *n.* Ⓤ 서법, 필적; 문체; 저술(업).

***pend·ant** [péndənt] *n.* (로켓(locket) 같은) **드림 장식**; (지붕·천정에서의) 늘임 장식; 매단 램프; 〖海〗 =PENNANT. — *a.* =⇩.

pend·en·cy [péndənsi] *n.* 밑으로 드림, 현수(懸垂); 미결, 미정.

pend·ent [péndənt] *a.* 늘어진; 쑥내민; 미결정의. — *n.* =⇧.

***pend·ing** [péndiŋ] *a.* **미결정의**. — *prep.* …동안, …중(during); …까지.

pen·du·lous [péndʒələs] *a.* 매달린, 늘어진; 흔들리는.

***pen·du·lum** [péndʒələm] *n.* **진자**(振子), 추, 흔들이.

Pe·nel·o·pe [pinéləpi] *n.* 〖그神〗 페넬로페《Odysseus의 귀환을 20년간이나 기다린 정숙한 아내》; 열녀.

pe·ne·plain, -plane [pí:niplèin, ⌐−⌐] *n.* 〖地〗 준평원.

pen·e·tra·ble [pénitrəbəl] *a.* 스며들(침투할) 수 있는; 관통(간파)할 수 있는.

‡**pen·e·trate** [pénətrèit] *vt.* **꿰뚫다**, 스며들다; 관통하다; 통찰하다; (빛 따위가) 통하다; 간파하다; 깊이 감명시키다. — *vi.* **스며들어가다**; 뚫고 들어가다 (*into, through, to*). ***-trat·ing** *a.* **꿰뚫는**, 침투하는; 날카로운; 통찰력이 있는; (목소리 따위) 새된. ***pen·e·tra·tion** [⌐−tréiʃən] *n.* Ⓤ **관통**; 투철(력); 통찰력, 안식(眼識); 세력 침투. **pén·e·tra·tive** *a.* 관통력 있는, 스며드는; 마음에 사무치는; 예민한.

***pen·guin** [péŋgwin, pén-] *n.* **펭귄**.

pen·hold·er [pénhòuldər] *n.* 펜대; 펜꽂이.

pen·i·cil·lin [pènəsílin] *n.* Ⓤ〖藥〗페니실린《항생물질약》.

pen·i·cil·li·um [pènəsíliəm] *n.* (*pl.* **~s,** **-lia** [-liə]) 푸른 곰팡이《페니실린 원료》. 「도. **-lar** *a.*

‡**pen·in·su·la** [pənínsələ, -sjə-] *n.* 반

pe·nis [pí:nis] *n.* (L. =tail) (*pl.* **~-es,** **-nes** [-ni:z]) 음경(陰莖).

***pen·i·tent** [pénətənt] *a., n.* 뉘우치는, 참회하는 (사람), 〖카톨릭〗 고해자. **-tence** *n.* Ⓤ **~·ly** *ad.*

pen·i·ten·tial [pènətén∫əl] *a.* 회오의; 속죄의. **——** *n.* =⇧; 〖카톨릭〗 고해 세칙서. **~·ly** *ad.*

pen·i·ten·tia·ry [pènətén∫əri] *n.* 〖카톨릭〗 고해 신부; 《英》 감화원; 《美》 주〔연방〕 교도소. **——** *a.* 회오의; 징벌의; 감옥에 갈《벌 따위》.

pen·knife [pénnàif] *n.* (*pl.* **-knives**) 주머니칼.

pen·light, -lite [pénlàit] *n.* 만년필형 회중 전등.

pen·man [⸍-mən] *n.* 서가(書家); 저작가. **~·ship** [-∫ìp] *n.* Ⓤ 서법(書法); 필적.

Penn., Penna. Pennsylvania.

pén nàme 필명(筆名), 펜네임.

***pen·nant** [pénənt] *n.* 길고 조붓한 삼각기; 《美》 페넌트, 우승기.

pen·nate [péneit] *a.* 〖植·動〗 날개가 있는.

pen·ni·form [pénəfɔ̀:*r*m] *a.* 날개꼴의; 우상의.

***pen·ni·less** [pénilis] *a.* 무일푼의, 찰가난의.

pen·non [pénən] *n.* (본래 기사의 창에 단) 긴 삼각기; 《一般》 기.

***Penn·syl·va·ni·a** [pènsilvéiniə, -njə] *n.* 미국 동부의 주(州) 《생략 Pa., Penn., Penna.》.

Pennsylvánia Dútch [**Gérman**] 《美》 독일계 Pennsylvania 이민의 자손; Ⓤ 그 방언《영독 혼성어》.

‡**pen·ny** [péni] *n.* (*pl.* (액수) **pence,** (개수) **pennies**) 페니《영국의 청동화, 1/12 shilling》; 《美·캐나다》 1 cent 동전; 금전. ***a bad* ~** 달갑잖은 사람〔물건〕. ***A* ~ *for them!* =*A* ~ *for your thoughts!*** 무얼 그리 생각하고 있지. ***a pretty* ~** 큰 돈. ***In for a* ~, *in for a pound.*** ⇨ IN (*ad.*). ***turn an honest* ~** 정직하게 일하여 돈을 벌다. ***Take care of the pence, and the pounds will take care of themselves.*** 《俗談》 티끌 모아 태산. 「가.

pen·ny-a-lin·er [-əláinər] *n.* 3류 작

pénny dréadful 3류 소설.

pénny gáff 《英》 3류 극장.

pen·ny-in-the-slot [-inðəslát/-ɔ̀t] *n.* 《英》 (코인에 의한) 자동 판매기.

pénny pìncher 구두쇠, 노랑이.

pen·ny·roy·al [pènirɔ́iəl] *n.* 박하류(類)의 식물; 박하유(油).

pen·ny·weight [péniwèit] *n.* ⓊⒸ 페니웨이트《영국의 금형량의 단위, 1/20 온스》.

pen·ny-wise [-wáiz] *a.* 푼돈을 아끼는. **~ *and pound-foolish*** 《俗談》 한푼 아끼다 천량 잃기.

pen·ny·worth [-wə̀:*r*θ] *n.* 1페니어치(의 양); 소액; 거래(액).

pe·nol·o·gy [pi:nálədʒi/-ɔ́-] *n.* Ⓤ 행형학(行刑學).

‡**pén pàl** 펜팔(pen-friend).

pen·sile [pénsil, -sail] *a.* 매달려 늘어진; (새가) 매달린 둥지를 짓는.

‡**pen·sion** [pén∫ən] *n., vt.* 연금(을 주다). **~ *off*** 연금을 주어 퇴직시키다. **~·a·ble** *a.* 연금을 받을 자격이 있는. **~·ar·y** *a., n.* 연금의, 연금을 받는; 연금 타는 사람. **~·er** *n.* 연금 타는 사람.

pen·si·on [pɑ:nsjɔ́:ŋ] *n.* (F.) (프랑스·벨기에 등지의) 하숙.

***pen·sive** [pénsiv] *a.* 생각에 잠긴; 구슬픈. **~·ly** *ad.* **~·ness** *n.*

pen·stock [pénstàk/-stɔ̀k] *n.* 수문; 《美》 수로, (물방아 등의) 홈통.

pent(a)- 「다섯」의 뜻의 결합사. 「(☆).

pen·ta·cle [péntəkəl] *n.* 5각의 별표

***pen·ta·gon** [péntəgàn/-gən] *n.* 5각형, 5변형; 〖築城〗 5능보(稜堡); (the P-) 미국 국방(총)성. **-tag·o·nal** [pentǽgənəl] *a.* 5각〔변〕형의.

pen·ta·he·dron [pèntəhí:drən / -héd-] *n.* (*pl.* **~s, -ra**) 5면체(面體).

pen·tam·e·ter [pentǽmitər] *n.* 〖韻〗 오보격(五步格).

Pen·ta·teuch [péntət*j*ù:k] *n.* 모세오경(五經)《구약의 첫 5권》.

pen·tath·lon [pentǽθlən, -lɑn] *n.* 5종 경기.

pen·ta·va·lent [pèntəvéilənt] *a.* 〖化〗 5가(價)의.

Pen·te·cost [péntikɔ̀:st/-kɔ̀st] *n.* 오순절(五旬節) 《Passover 후 50일째의 유대의 축일》; 성령 강림절(聖靈降臨節) (Whitsunday).

pent·house [pénthàus] *n.* 달개 지붕; 옥상의 소옥(小屋).

pen·to·bar·bi·tal [pèntəbá:*r*bitæl, -tɔ̀:l] *n.* 《美》 펜토바르비탈《최면·진정제》.

pen·tode [péntòud] *n.* 5극 진공관.

Pen·to·thal [péntəθæ̀l] *n.* 〖商標〗 펜토탈《마취제》.

pént ròof [pént] 〖建〗 차양.

pent-up [péntʌ́p] *a.* 억제된; 갇힌.

pe·nult [pí:nʌlt, pinʌ́lt] *n.* 어미에서 둘째의 음절. **pe·núl·ti·mate** [-təmit] *a., n.* 어미에서 둘째의 (음절).

pe·num·bra [pinʌ́mbrə] *n.* (*pl.* **-brae** [-bri:], **~s**) 〖天〗 (일·월식 때의) 반음영(半陰影); 태양 흑점 주변의 반영부(半影部).

pe·nu·ri·ous [pin*j*úəriəs] *a.* 인색한; 가난한.

pen·u·ry [pénjəri] *n.* Ⓤ 빈궁(貧窮).

pe·on [pí:ən] *n.* (중남미의) 날품팔이 노동자; (멕시코에서) 빚을 갚기 위해 노예로서 일하는 사람. **~·age** [-idʒ] *n.* Ⓤ 빚 대신에 노예로서 일하기; 그 제도.

pe·o·ny [pí:əni] *n.* 작약(꽃).

†**peo·ple** [pí:pl] *n.* 국민, 민족; 《이하

모두 複數取扱) 인민; 《一般》 사람들; (the ~) 민중; 하층 계급; (어떤 지방·단체에 속하는) 사람들; 신민, 종자(從者); 가족, 친척. ***P- say that...*** 세상에서는 …이라고들 말한다. —— *vt.* …에 사람을 살게 하다(채우다); (동물 따위를) 많이 살게 하다(*with*). 「민 위원.
péople's commíssar (소련의) 인
péople's cómmune (중공의) 인민공사(人民公社). 「front).
péople's frónt 인민 전선(popular
pep [pep] (<*pep*per) *n.* 《美口》 원기. —— *vt.* (**-pp-**) 기운을 북돋다(*up*).
P. E. P. 《英》 Political and Economic Planning.
pep·lum [pépləm] *n.* (*pl.* **~s, -la** [-lə]) (스커트의) 주름 장식; 허리가 짧은 장식 스커트.
‡**pep·per** [pépər] *n.* Ⓤ 후추; Ⓒ 후추과의 식물; 고추. —— *vt.* 후춧가루를 치다, 후춧가루로 양념하다; 듬뿍 뿌리다; (총알·질문 따위를) 퍼붓다. 「흑백점이 섞인 (옷감).
pep·per-and-salt [-ənsɔ́:lt] *a., n.* Ⓤ
pépper càster 후춧가루병.
pep·per·corn [-kɔ̀:rn] *n.* (말린) 후추 열매; 하찮은 물건.
pep·per·grass [-græ̀s, -ɑ̀:-] *n.* 다닥냉이류(類) 식물.
pep·per·mint [-mìnt] *n.* Ⓤ 박하(유); ⓊⒸ 박하 사탕.
pep·per·y [pépəri] *a.* ① 후추의(같은); 매운. ② 격렬한(연설 따위). ③ 성마른.
pép pìll 《美俗》 각성제.
pep·py [pépi] *a.* 《口》 원기 왕성한.
pep·sin(e) [pépsin] *n.* Ⓤ 펩신, 소화소(消化素), 소화제.
pép tàlk 격려 연설, 격려의 말.
pep·tic [péptik] *a.* 소화를 돕는, 소화할 수 있는; 펩신의. —— *n.* 소화제.
pep·tide [péptaid] *n.* 〖生化〗 펩타이드《둘 이상의 아미노산 결합물》.
pep·tone [péptoun] *n.* Ⓤ 펩톤《단백질이 펩신에 의하여 가수 분해된 것》.
‡**per** [強 pə:r, 弱 pər] *prep.* (L.) …에 의하여; …에 대해, …마다. ***as ~*** …에 의하여. ***as ~ usual*** 《諧》 평상시(여느 때)와 같이.
per- *pref.* ① 「완전히」, 「끝까지 (…하다)」의 뜻: *per*fect. ② 「매우」의 뜻: *per*fervid. ③ 〖化〗 「과(過)」의 뜻: *per*oxide.
per. period; person. **P. E. R.** price earning ratio. 「(過酸類).
per·ac·id [pə́:ræ̀sid] *n.* 〖化〗 과산류
per·ad·ven·ture [pə̀:rədvéntʃər / pər-] *ad.* 《古》 우연히; 아마. —— *n.* 《古》 의심, 의문; 우연.
per·am·bu·late [pərǽmbjəlèit] *vt., vi.* 돌아다니다; 순시(순회)하다. ***-la·tor** *n.* 유모차(車); 순회자. **per·am·bu·la·tion** [-˂-léiʃən] *n.*
per an(n). per annum.
per annum 1년에 대해, 1년마다.
per·cale [pərkéil] *n.* Ⓤ 톡톡한 무명의 일종.
per cáp·i·ta [kǽpətə] *a., ad.* 1인당, 머릿수로 나누어.
per cá·put [kǽpət] *a., ad.* =⇧.
‡**per·ceive** [pərsí:v] *vt.* 지각(知覺)하다; 알아(눈치)채다, 인식하다; 이해하다.
‡**per·cent, per cént** [pərsént] *n.* Ⓤ 퍼센트, 100분《기호 %》; 《口》 =⇩.
***per·cent·age** [pərséntidʒ] *n.* 백분율; 비율, 율; 부분; 수수료; 이익.
per·cen·tile [pərséntail, -til] *n., a.* 〖統計〗 백분위수(百分位數)(의) (cf. decile, quartile).
per cént·um [séntəm] =PERCENT.
per·cept [pə́:rsept] *n.* 〖哲〗 지각(知覺)된 것; 지각 표상(表象)(대상).
***per·cep·ti·ble** [pərséptəbəl] *a.* 지각할 수 있는. **-bly** *ad.*
***per·cep·tion** [pərsépʃən] *n.* ⓊⒸ 지각(작용·력·대상) (perceiving).
per·cep·tive [pərséptiv] *a.* 지각하는; 지각력 있는.
‡**perch**[1] [pə:rtʃ] *n.* (새의) 횃대; 높은 지위(장소); 퍼치《길이의 단위, 5.03 m; 면적의 단위, 25.3m²》. ***hop* (*tip over*) *the ~*** 죽다《본디 새에 일컬음》 (cf. hop the TWIG). ***knock a person off his ~*** 아무를 이기다(해치우다). —— *vi.* (새가) 횃대에 앉다(*on*); 앉다(*on, upon*). —— *vt.* (높은 곳에) 두다, 얹다.
perch[2] *n.* (*pl.* **~es,** 《集合的》 **~**) 농어류(類)의 물고기.
per·chance [pərtʃǽns, -ɑ́:-] *ad.* 《古·詩》 =MAYBE.
per·cip·i·ent [pərsípiənt] *a.* 지각하는; 지각력 있는. —— *n.* 지각자(知覺者); (정신 감응술의) 영통자.
per·co·late [pə́:rkəlèit] *vt.* (액체를) 거르다; 스며나오게 하다. —— *vi.* 스며나오다. **-la·tor** *n.* 여과기(器). 커피 끓이개. **per·co·la·tion** [˂-léiʃən] *n.* Ⓤ 여과, 침투; 〖藥〗 침제(浸劑).
per·cus·sion [pərkʌ́ʃən] *n.* ⓊⒸ 충격, 진동; 타악기의 연주; 〖醫〗 타진(打診); (*pl.*) (악단의) 타악기부.
percússion càp 뇌관.
percússion ìnstrument 타악기.
per dí·em [dí:əm, dáiəm] 하루에 대해, 일급.
per·di·tion [pərdíʃən] *n.* Ⓤ 멸망, 전멸; 지옥(에 떨어짐); (정신적) 파멸.
per·du(e) [pə:rdjú:] *a.* 보이지 않는, 숨은. ***lie ~*** 잠복하다.
per·dure [pə(:)rdjúər/-djú-] *vi.* 영속하다; 참다, 견디다.
pè·re [pɛər] *n.* (F.) 아버지《성에 붙여 씀 cf. fils》 (*Dumas ~* 대(大) 뒤마).
per·e·gri·nate [pérəgrinèit] *vi., vt.* 편력(遍歷)하다, 여행하다. **per·e·gri·na·tion** [˂--néiʃən] *n.* ⓊⒸ **pér·e·gri·na·tor** *n.*
per·e·grin(e) [pérəgrin] *a.* 외국(외래)의; (새 따위가) 이주(移住)하는.
péregrine fálcon (매 사냥에 쓰던) 송골매.
per·emp·to·ry [pərémptəri] *a.* 단호

한; 거만한, 도도한; 결정〔절대〕적인. **-ri·ly** *ad.* **-ri·ness** *n.*

***per·en·ni·al** [pəréniəl, -njəl] *a., n.* **연중(年中) 끊이지 않는**; 영원한; 다년생의 (식물). **~·ly** *ad.*

†per·fect [pə́:rfikt] *a.* **완전한**, 결점 없는; 숙달한(*in*); 전적인; 〖文〗 완료의. —— *n.* 〖文〗 완료 시제〔형〕. —— [pərfékt] *vt.* 완성〔개선〕하다; 완전하게 하다. **per·féct·er** *n.* **‡pér·fect·ly** *ad.* **pér·fect·ness** *n.* **per·féct·i·ble** *a.* 완전히 할 수 있는, 완전해질 수 있는.

pérfect cádence 〖樂〗 완전 종지「(법).

‡per·fec·tion [pərfékʃən] *n.* Ⓤ **완전**; 완전한 사람〔물건〕; 완성; 극치. *to* ~ 완전히.

per·fec·to [pərféktou] *n.* (*pl.* **~*s***) 양끝이 가느다란 중치의 여송연.

pérfect párticiple 〖文〗 완료 분사 《past participle 임》《보기: *Having seen* it myself, I can believe it. 이 눈으로 본 것이니 믿을 수 있다》.

pérfect rhýme 완전 각운(脚韻)《같은 음 또는 같은 철자로 뜻이 다른 것: rain, reign; dear, deer》.

per·fid·i·ous [pərfídiəs] *a.* 불성실한, 배반하는. **~·ly** *ad.* **~·ness** *n.*

per·fi·dy [pə́:rfədi] *n.* Ⓤ 불신;배반.

per·fo·rate [pə́:rfərèit] *vt.* 구멍을 뚫다〔내다〕; (우표 등에) 줄 구멍을 내다. —— *vi.* 꿰뚫다(*into, through*). —— [-rit] *a.* 관통된. **-ra·tor** *n.* 구멍 뚫는 기구. **per·fo·ra·tion** [⌐-réiʃən] *n.* 관통; (필름·우표 등의) 줄 구멍.

per·force [pərfɔ́:rs] *ad.* 무리하게; 부득이, 필연적으로.

‡per·form [pərfɔ́:rm] *vt., vi.* **하다** (do); **실행하다**; 성취하다; 연기(演技)하다; **연주하다**; (*vi.*) (동물이) 재주를 부리다. ***~·er** *n.* 실행〔수행〕자; 연기〔연주〕자.

‡per·form·ance [-əns] *n.* ① **연기, 연주, 흥행**. ② Ⓤ **수행**, 성취, 실행. ③ ⓊⒸ 일; 작업; (기계류의) 성능; 공적; 성과.

perfórmance tèst 작업〔업적〕검사.

‡per·fume [pə́:rfju:m] *n.* ① Ⓤ **방향**(芳香). ② ⓊⒸ 향수; 향료. —— *vt.* [pə(:)rfjú:m] 방향으로 채우다; 향수를 뿌리다.

per·fum·er [pə:rfjú:mər] *n.* 향료상(商); 향내를 피우는 사람〔물건〕. **~·y** [-ri] *n.* Ⓤ 향료; 향수; ⓊⒸ 향수 제조〔판매〕(소).

per·func·to·ry [pərfʌ́ŋktəri] *a.* 되는 대로의, 마지못해 하는, 기계적인; 형식적인. **-ri·ly** *ad.*

per·fuse [pərfjú:z] *vt.* (물 따위를) 쏟아 붓다, (빛을) 충만시키다; 〖醫〗 (액체를) 주입하다.

per·go·la [pə́:rgələ] *n.* 퍼골라《덩굴을 지붕처럼 올린 정자 또는 길》, 등나무 시렁.

perh. perhaps.

†per·haps [pərhǽps, pəræ̀ps] *ad.* **아마, 혹시**(maybe), 어쩌면(possibly).

pe·ri [píəri] *n.* (Per.) 요정(妖精).

per·i·anth [périæ̀nθ] *n.* 〖植〗 꽃덮이, 화피(花被).

per·i·apt [périæ̀pt] *n.* 부적, 호신부.

per·i·car·di·tis [pèrikɑ:rdáitis] *n.* Ⓤ 〖醫〗 심낭염(心囊炎).

per·i·car·di·um [pèrəkɑ́:rdiəm] *n.* (*pl.* **-dia** [-diə]) 〖解〗 심낭. 「(果皮).

per·i·carp [pérəkɑ̀:rp] *n.* 〖植〗 과피

per·i·cra·ni·um [pèrəkréiniəm] *n.* (*pl.* **-nia** [-niə]) 〖解〗 두개골막(膜); 《古》 두개골, 두뇌.

per·i·do·tite [pèrədóutait, pərídətàit] *n.* 감람암.

per·i·gee [pérədʒì:] *n.* 〖天〗 근지점(近地點) (opp. apogee).

per·i·he·li·on [pèrəhí:liən, -ljən] *n.* (*pl.* **-lia** [-liə, -ljə]) 〖天〗 근일점 (opp. aphelion).

‡per·il [pérəl, -ril] *n.* ⓊⒸ **위험, 모험**. —— *vt.* (《英》 *-ll-*) 위험에 빠뜨리다. *at one's* ~ 위험을 무릅쓰고. *at the* ~ *of* …을 걸고. *in* ~ *of* …이 위험에 직면하여.

‡per·il·ous [pérələs, -ril-] *a.* **위험한**. **~·ly** *ad.* **~·ness** *n.*

péril pòint 〖經〗 임계 세율(臨界稅率)《국내 산업을 압박지 않을 한도의 관세의 최저점》.

per·i·lune [pérəlù:n] *n.* (달을 도는 인공 위성의) 근월점(近月點).

pe·rim·e·ter [pərímitər] *n.* (평면도의) 주변; 주변의 길이; 〖軍〗 (전선의) 돌출부. 「[-ní:ə]) 〖解〗 회음.

per·i·ne·um [pèrəní:əm] *n.* (*pl.* **-nea**

†pe·ri·od [píəriəd] *n.* **기간; 시대**; (어느 기간의) 완결; **수업 시간**, 교시(校時); (경기의) 한 구분《전반·후반 등》; 〖天·理〗 주기(周期); 〖地〗 기(紀); 문장의 종결; **마침표**, 피리어드; 〖修〗 =PERIODIC SENTENCE; (*pl.*) 미문(美文); (*pl.*) 월경; (병의) 경과. ***come to a*** ~ 끝나다.

***pe·ri·od·ic** [pìəriɑ́dik / -ɔ́d-] *a.* **주기〔단속〕적인**; 〖修〗 도미문(掉尾文)의.

***pe·ri·od·i·cal** [-əl] *a.* **정기 간행**(물)의; =⇧. —— *n.* **정기 간행물**, 잡지. **~·ly** *ad.* **pe·ri·o·dic·i·ty** [-ədísəti] *n.* Ⓤ 주기성(期周性); 주율(周律).

periódic láw 〖化〗 주기율.

periódic fùnction 〖數〗 주기 함수.

periódic séntence 도미문《종지부에 이르러 뜻이 완성되는 글》.

periódic sýstem 〖化〗 주기계(系)《주기율에 따른 원소 체계》.

periódic táble 〖化〗 주기(율)표.

per·i·os·te·um [pèriɑ́stiəm/-ɔ́-] *n.* (*pl.* **~*s***, **-tea** [-tiə]) 〖解〗 골막.

per·i·os·ti·tis [pèriɑstáitis/-ɔs-] *n.* Ⓤ 〖醫〗 골막염.

per·i·pa·tet·ic [pèrəpətétik] *a.* (걸어) 돌아다니는; 여행하며 다니는; (P-) 소요(逍遙)학파의, 아리스토텔레스 학파의. —— *n.* 걸어 돌아다니는 사람, 행상인; (P-) 소요학파의 학도.

pe·riph·er·al [pərífərəl] *a.* ① 주위〔주변〕의; 말초의. ② 주변적〔말초

적]인; (…에 대해) 중요치 않은 《*to*》. ③ 주변장치의. —— *n.* 〖컴퓨터〗 주변장치. ~ ***nerves*** 말초신경. ~**·ly** *ad.*

pe·riph·er·y [pərífəri] *n.* (원(圓)·타원의) 둘레, 원주(圓周); 바깥면.

per·i·phrase [pérəfrèiz] *n.* =⇧. —— *vt.* 에둘러 말하다.

pe·riph·ra·sis [pərífrəsis] *n.* (*pl.* ***-ses*** [-sìːz]) 〖修〗 완곡법(婉曲法) 《에둘러 하는 표현》. **per·i·phras·tic** [pèrəfrǽstik] *a.* 에둘러 말하는.

per·i·scope [pérəskòup] *n.* 잠망경(潛望鏡).

†**per·ish** [périʃ] *vi.* 죽다, **멸망하다; 썩어**[사라져] **없어지다**; 말라[시들어] 죽다; 무너지다. —— *vi.* 《보통 受動》 몹시 곤란하게 하다, 괴롭히다(*with*). ~**·a·ble** *a., n.* 부패[파멸]하기 쉬운; (*pl.*) (수송중에) 부패되기 쉬운 것. ~**·ing** *a.* (추위 따위) 혹독한; 지독하게, 몹시.

per·i·stal·sis [pèrəstǽlsis, -ɔ́ː-] *n.* (*pl.* ***-ses*** [-siːz]) Ⓤ,Ⓒ 〖生〗 (창자 따위의) 연동(蠕動).

per·i·style [pérəstàil] *n.* (건물·안마당을 둘러싸는) 주열(柱列); 열주랑(列柱廊)《기둥으로 둘러싸인 장소》.

per·i·to·ne·um, -nae·um [pèrətəníːəm] *n.* (*pl.* ***-n(a)ea*** [-níːə]) 복막(腹膜). 「복막염.

per·i·to·ni·tis [pèritənáitis] *n.* 〖病〗

per·i·wig [périwìg] *n.* (특히 변호사가 쓰는) 가발(假髮)(wig).

per·i·win·kle[1] [pérəwìŋkl] *n.* 〖植〗 협죽도과(科)의 식물.

per·i·win·kle[2] *n.* 경단고둥류(類).

per·jure [pə́ːrdʒər] *vt.* 《~ oneself 로 하여》 거짓 맹세하다, 위증(僞證)하다. ~**d** [-d] *a.* 거짓 맹세[증언]한. **pér·jur·er** *n.* 위증자.

per·ju·ry [pə́ːrdʒəri] *n.* Ⓤ,Ⓒ 거짓 맹세, 위증.

perk [pəːrk] *vi., vt.* 머리를 쳐들다, 새침떨다, 점잔빼다, 의기 양양해 하다(*up*). ⁓**·y** *a.* 건방진, 오지랖넓은; 의기 양양한. 「nent wave).

perm [pəːrm] *n.* 《口》 파마 (perma-

per·ma·frost [pə́ːrməfrɔ̀ːst/-frɔ̀st] *n.* Ⓤ 영구 동토대(凍土帶)《북극지방의》.

per·ma·nence [pə́ːrmənəns] *n.* Ⓤ 영속(성); 영구. **-nen·cy** *n.* =PERMANENCE; 영속물; 종신관(終身官), 종신 고용.

‡**per·ma·nent** [pə́ːrmənənt] *a.* **영구한**, 불변의; **영속하는**. —— *n.* 《口》 =⁓ **wáve** 퍼머넨트. *~**·ly** *ad.*

pérmanent tóoth 영구치. 「도.

pérmanent wáy 《英》 (철도의) 궤

per·man·ga·nate [pəːrmǽŋgənèit, -nit] *n.* 〖化〗 과(過)망간산염.

per·me·a·ble [pə́ːrmiəbəl] *a.* 침투할 수 있는. **per·me·a·bil·i·ty** [⁓—bíləti] *n.* Ⓤ 침투성.

per·me·ance [pə́ːrmiəns] *n.* Ⓤ 침투; 〖工〗 투자율(透磁率).

per·me·ate [pə́ːrmièit] *vt.* 침투하다; 스며들다; 충만하다. —— *vi.* 스며퍼지다; 널리 퍼지다(*in, among, through*). **per·me·a·tion** [⁓-éiʃən] *n.* Ⓤ 침투, 충만; 보급. 「(二疊紀)(의).

Per·mi·an [pə́ːrmiən] *n., a.* 이첩기

per·mil·lage [pə(ː)rmílidʒ] *n.* 천분율(千分率) (cf. percentage).

per·mis·si·ble [pəːrmísəbəl] *a.* 허용되는, 지장 없는.

‡**per·mis·sion** [pəːrmíʃən] *n.* Ⓤ,Ⓒ **허가**; 면허; 허용.

per·mis·sive [pəːrmísiv] *a.* 허가하는; 허용된; 수의(隨意)의.

‡**per·mit** [pəːrmít] *vt., vi.* (*-tt-*) **허락**[**허용**]**하다**; …하게 내버려 두다[방임하다]; 가능하게 하다; 용납하다 (admit) (*of*). ***weather ~ting*** 날씨만 좋으면. —— [pə́ːrmit] *n.* 허가(증), 면허(장).

per·mu·ta·tion [pə̀ːrmjutéiʃən] *n.* 교환; 〖數〗 순열(cf. combination).

***per·ni·cious** [pəːrníʃəs] *a.* **유해한**; 치명적인 (fatal); 파괴적인. ~**·ly** *ad.* ~**·ness** *n.* 「혈.

pernícious anémia 〖病〗 악성 빈

per·nick·et·y [pərníkəti] *a.* 《口》 곰상스러운, 까다로운; 다루기 힘든.

per·o·rate [pérərèit] *vi.* (연설을) 끝맺다; 결론짓다; 열변을 토하다. **per·o·ra·tion** [⁓-réiʃən] *n.* Ⓤ,Ⓒ 〖修〗 (연설의) 결론, 끝맺음.

per·ox·ide [pəráksaid/-ɔ́-], **-ox·id** [-sid] *n.* 〖化〗 과산화물[수소]. ~ ***of hydrogen*** 과산화수소. —— *vt.* (머리털을) 과산화수소로 표백하다.

peróxide blònde (금발처럼) 머리를 물들인 여자.

***per·pen·dic·u·lar** [pə̀ːrpəndíkjələr] *a.* 수직의; 〖幾〗 **직각을 이루는**; 깎아지른 듯한. —— *n.* Ⓤ,Ⓒ 수선(垂線); 수직면; 수직의 위치; 《英俗》 서서 먹기[마시기]. ~**·ly** *ad.* **per·pen·dic·u·lar·i·ty** [⁓-⁓-lǽrəti] *n.* Ⓤ 수직, 직립.

per·pe·trate [pə́ːrpətrèit] *vt.* (나쁜 짓·죄를) 저지르다, 범하다. **-tra·tor** *n.* 범인. **per·pe·tra·tion** [⁓-tréiʃən] *n.* 범행, 범죄; Ⓤ 나쁜 짓을 행함.

‡**per·pet·u·al** [pərpétʃuəl] *a.* **영구한**; (관직 따위) 종신의; **끊임없는**; 〖園藝〗 사철 피는. *~**·ly** *ad.*

perpétual cálendar 만세력.

per·pet·u·ate [pə(ː)rpétʃuèit] *vt.* 영속[영존] 시키다; 불후(不朽)하게 하다. **-a·tor** *n.* **per·pet·u·a·tion** [-⁓-éiʃən] *n.* Ⓤ 영속, 불후(화).

per·pe·tu·i·ty [pə̀ːrpətjúːəti] *n.* Ⓤ 영속, 영존(永存); 종신 연금; Ⓤ 영대(永代) 재산[소유권]. ***in*** [***to, for***] ~ 영구히.

‡**per·plex** [pərpléks] *vt.* 곤란케 하다, **당황케 하다**, 혼란시키다. **-pléxed** [-t] *a.* 당황[혼란]한. ~**·ing** *a.* 곤란[당황]케 하는; 복잡한. *~**·i·ty** *n.* Ⓤ **당황**; 혼란; 곤란케 하는 것[일].

per pro. per procurationem.

per proc·u·ra·ti·ó·nem [prɑ̀kjəreiʃióunem / prɔ̀k-] 〖法〗 대리로《생

략 合》.

per·qui·site [pə́:*r*kwəzit] *n.* 임시 수입, 손씻이, 팁; (직무상의) 부수입.

pers. person(al). **Pers.** Persia(n).

per sé [pə:*r* séi, -sí:] *ad.* (L.) 그 자체, 본질적으로는.

***per·se·cute** [pə́:*r*sikjù:t] *vt.* (이교도를) 박해〔학대〕하다; 지근거리다, 괴롭히다(*with*). **-cu·tive** *a.* **-cu·tor** *n.* 박해자. ***per·se·cu·tion** [ㅡkjú:ʃən] *n.* Ⓤ (종교적) 박해.

Per·seph·o·ne [pə:*r*séfəni] *n.* 〖그神〗 지옥의 여왕(Proserpina).

Per·se·us [pə́:*r*sju:s, -siəs] *n.* 〖그神〗 Medusa를 퇴치한 영웅; 〖天〗 페르세우스자리.

***per·se·vere** [pə̀:*r*səvíə*r*/-si-] *vi.* 인내하다, 굴치 않고 계속하다(*in, with*). ‡**per·se·ver·ance** [-ví:rəns / -víər-] *n.* Ⓤ 인내; 고집. **-vér·ing** *a.* 참을성 있는. 「아《1935년 Iran으로 개칭》.

‡**Per·sia** [pə́:*r*ʒə, -ʃə/-ʃə] *n.* 페르시

‡**Per·sian** [pə́:*r*ʒən, -ʃən/-ʃən] *a.* 페르시아(사람·말)의. —— *n.* ⓊⒸ 페르시아 사람〔말〕.

Pérsian Gúlf 페르시아 만. 「모피.

Pérsian lámb 페르시아 새끼양; 그

per·si·flage [pə́:*r*səflɑ̀:ʒ, pɛ̀ə*r*si-flɑ́:ʒ] *n.* Ⓤ 놀림, 농담. 「무).

***per·sim·mon** [pə:*r*símən] *n.* 감(나

‡**per·sist** [pə:*r*síst, -zíst] *vi.* 고집하다; 주장하다(*in*); 지속하다.

‡**per·sist·ent** [pə:*r*sístənt, -zís-] *a.* 고집하는, 불굴의; 지속하는; 〖植〗 상록의. **~·ly** *ad.* ***per·sist·ence, -en·cy** *n.* Ⓤ 고집; 지속(성).

†**per·son** [pə́:*r*sən] *n.* 사람; 신체; 풍채, 인품, 인격, 개성; 〖文〗 인칭; 〖法〗 인(人)《자연인과 법인의 총칭》. *in* ~ 스스로, 몸소. **~·a·ble** *a.* 풍채가 좋은, 품위 있는.

per·so·na [pə*r*sóunə] *n.* (*pl.* ***-nae*** [-ni:]) (L.) (극·소설의 등장) 인물, 역. DRAMATIS PERSONAE. ~ ***grata*** 〔***non grata***〕 (외교관으로서) 탐탁스러운〔스럽지 않은〕 인물《주재국 입장에서》.

***per·son·age** [pə́:*r*sənidʒ] *n.* 사람; 저명 인사; (소설 따위의) 인물.

‡**per·son·al** [pə́:*r*sənəl] *a.* ① 개인의, 사적(私的)인(private). ② 본인(직접)의 (*a* ~ *interview* 면접); 신체의; 용모〔풍채〕의. ③ 개인에 관한, 개인적인. ④ 인신 공격의. ⑤ 〖文〗 인칭의. ⑥ 〖法〗 (재산이) 개인에 속하는, 동산(動產)의. ***become*** ~ 인신 공격을 하다. —— *n.* 《美》 (신문의) 인사란(欄). **~·ize** [-àiz] *vt.* 개인적으로 하다; 인격화하다. ‡**~·ly** *ad.* 스스로, 개인적으로(는); 본인 직접.

pérsonal cólumn (신문의) 개인 광고난.

pérsonal compúter 개인용〔퍼스널〕 컴퓨터.

pérsonal efféctS (개인) 소지품 《옷·책 등》. 「의) 개인차.

pérsonal equátion 〖天〗 (관측상

pérsonal estáte 〔**próperty**〕 동산.

pérsonal fóul (경기의) 방해, 반칙 《몸이 닿는 일》.

‡**per·son·al·i·ty** [pə̀:*r*sənǽləti/-li-] *n.* 개성; 인격; 인물; 사람임; (보통 *pl.*) 인물 비평; 인신 공격.

personálity cúlt 개인 숭배.

personálity tèst 〖心〗 성격 검사.

pérsonal prónoun 인칭 대명사.

per·son·al·ty [pə́:*r*sənəlti] *n.* 〖法〗 동산.

per·son·ate [pə́:*r*sənèit] *vt.* (…의) 역을 맡아 하다; …으로 분장하다, …의 이름을 사칭하다. **-a·tor** [-nèitə*r*] *n.* 연기자, 배우; 사칭자. **per·son·a·tion** [ㅡnéiʃən] *n.* Ⓤ

per·son·i·fy [pə:*r*sɑ́nəfài/-ɔ́-] *vt.* 인격〔의인(擬人)〕화하다; 체현(体現)하다. ***per·son·i·fi·ca·tion** [-ㅡfikéiʃən] *n.* Ⓤ 의인〔인격〕화; 〖修〗 ⓊⒸ 의인법; 체현, 화신, 전형(典型).

***per·son·nel** [pə̀:*r*sənél] *n.* Ⓤ 《集合的》 인원, 전직원; 〖軍〗 요원(要員); (회사 따위의) 인사과. 「수송차.

personnél càrrier (장갑한) 군(軍)

personnél depàrtment 인사과.

***per·spec·tive** [pə:*r*spéktiv] *n.* Ⓤ 원근(遠近)화법; Ⓒ 투시도(透視圖); 전망; 균형. —— *a.* 원근화법에 의한.

Per·spex [pə́:*r*speks] *n.* 〖商標〗《英》 (항공기의) 방풍 유리《투명 플라스틱》.

per·spi·ca·cious [pə̀:*r*spəkéiʃəs] *a.* 이해가 빠른, 명민한. **-cac·i·ty** [-kǽsəti] *n.* Ⓤ

per·spic·u·ous [pə:*r*spíkjuəs] *a.* 알기 쉬운, 명백한. **per·spi·cu·i·ty** [ㅡkjú:əti] *n.* Ⓤ

***per·spire** [pə*r*spáiə*r*] *vi., vt.* 땀흘리다. ***per·spi·ra·tion** [pə̀:*r*spəréiʃən] *n.* Ⓤ 발한(發汗) 작용; ⒸⓊ 땀.

‡**per·suade** [pə:*r*swéid] *vt.* 설복〔설득〕하다(*to, into*) (opp. dissuade); 납득시키다(*of; that*); 납득시키려들다; 주장하다.

***per·sua·sion** [pə*r*swéiʒən] *n.* ① Ⓤ 설득(력). ② 확신, 신념; 신앙, 신조. ③ 종파. ④ 《諧》 종류(*a man of military* ~ 군인).

***per·sua·sive** [pə*r*swéisiv] *a.* 설득력 있는. —— *n.* 동기, 유인(誘因).

pert [pə:*r*t] *a.* 버릇〔거리낌〕없는, 건방진; 《口》 활발한, 기운찬.

PERT [pə:*r*t] program evaluation and review technique (계획 관리 방식). 「관계하다(*to*); 적합하다(*to*).

***per·tain** [pə*r*téin] *vi.* 속하다(*to*);

per·ti·na·cious [pə̀:*r*tənéiʃəs] *a.* 끈질긴, 집요한, 완고한; 끈기 있는. **~·ly** *ad.* **per·ti·nac·i·ty** [-nǽsəti] *n.* Ⓤ

***per·ti·nent** [pə́:*r*tənənt] *a.* 적절〔타당〕한, …에 관한(*to*). **~·ly** *ad.* **-nence, -nen·cy** *n.* Ⓤ

***per·turb** [pə*r*tə́:*r*b] *vt.* 교란하다, 혼란하게 하다; 당황〔불안〕하게 하다. **per·tur·ba·tion** [pə̀:*r*tə*r*béiʃən] *n.* Ⓤ 「공화국》.

***Pe·ru** [pərú:] *n.* 페루《남아메리카의

pe·ruke [pərú:k] *n.* 가발(假髮)(wig).

***pe·ruse** [pərú:z] *vt.* 숙독〔정독〕하다; 읽다. ***pe·rús·al** *n.* Ⓤⓒ 숙독; 통독.

Pe·ru·vi·an [pərú:viən, -vjən] *a.* 페루(사람)의. ── *n.* 페루 사람.

Perúvian bárk 키나 껍질.

***per·vade** [pərvéid] *vt.* …에 널리 퍼지다; 침투하다. **per·vá·sion** [-ʒən] *n.* Ⓤ **per·vá·sive** [-siv] *a.*

***per·verse** [pərvə́:rs] *a.* 심술궂은, 빙퉁그러진; 사악한, 나쁜. **~·ly** *ad.* **~·ness** *n.* **-vér·si·ty** *n.* Ⓤ 빙퉁그러짐, 외고집; 사악. **-vér·sive** *a.* 곡해하는; 그르치게 하는.

per·ver·sion [pərvə́:rʒən, -ʃən/-ʃən] *n.* Ⓤⓒ 곡해; 악용; Ⓤ 악화; (성적) 도착(倒錯).

***per·vert** [pə:rvə́:rt] *vt.* ① (정도에서) 벗어나게 하다. ② 곡해하다. ③ 악용〔오용〕하다. ── [pə́:rvə:rt] *n.* 배교자(背敎者); 성욕 도착자.

per·vi·ous [pə́:rviəs, -vjəs] *a.* 통과〔침투〕시키는(*to*); (사리 따위를) 아는(*to*).

pe·se·ta [pəséitə] *n.* 페세타《스페인의 화폐 단위》; 페세타 은화. ⌈찮은.

pes·ky [péski] *a.* 《美口》 성가신, 귀

pe·so [péisou] *n.* (*pl.* **~s**) 페소《멕시코·쿠바·중남미 등지의 화폐 단위》; 페소 은화.

***pes·si·mism** [pésəmìzəm, -si-] *n.* Ⓤ 비관(주의·론); 염세관(opp. optimism). **-mist** *n.* 비관론자, 염세가. ***pes·si·mis·tic** [≻-místik] *a.*

***pest** [pest] *n.* 유해물; 성가신 사람〔물건〕; 해충; Ⓤ 악성 유행병, 페스트.

Pes·ta·loz·zi [pèstəlátsi / -ɔ́-], **Johann Heinrich** (1746–1827) 스위스의 교육 개량가.

pes·ter [péstər] *vt.* 괴롭히다.

pest·hole [pésthòul] *n.* 전염병이 발생하기 쉬운 곳.

pest·house [pésthàus] *n.* 격리 병원.

pes·ti·cide [péstəsàid] *n.* 살충제.

pes·tif·er·ous [pestífərəs] *a.* 전염하는; 병균을 옮기는; 유해한; 《口》 성가신.

***pes·ti·lence** [péstələns, -ti-] *n.* ① Ⓤⓒ 악성 유행병. ② Ⓤ 페스트. **-lent** *a.* 치명적인; 유해한; 평화를 파괴하는; 성가신.

pes·ti·len·tial [pèstəlénʃəl] *a.* 악역(惡疫)의; 유행병〔전염병〕을 발생하는; 유해한; 성가신.

pes·tle [pésl] *n.* 막자, 공이. ── *vt., vi.* pestle로 갈다〔찧다〕.

†**pet**[1] [pet] *n.* 페트, 애완 동물; 마음에 드는 물건〔사람〕. ── *a.* 귀여워하는, 마음에 드는; 애정을 나타내는; 득의의. ── *vt., vi.* (**-tt-**) 귀여워하다; 《口》 (이성을) 애무〔페트〕하다.

pet[2] *n.* 씨무룩함, 부루퉁함. ***be in a ~*** 부루퉁해 있다. ***take the ~*** 성내다. ── *vi.* (**-tt-**) 부루퉁해지다.

***pet·al** [pétl] *n.* 꽃잎.

pe·tard [pitá:rd] *n.* (옛적의 성문 파괴용) 폭발물; 폭죽. HOIST[2] ***with one's own ~.*** ⌈위를 빼는) 작은 콕.

pet·cock [pétkàk/-kɔ̀k] *n.* (증기 따

pe·ter [pí:tər] *vi.* 《口》 (광맥 따위가) 점점 소멸하다(fail) (*out*).

***Pe·ter** [pí:tər], **Saint**(?–67?) 베드로《예수 12사도 중의 한 사람》; 〖新約〗 베드로서(書). ⌈(패).

Péter Fùnk 《美》 (경매의) 야바위

pe·ter·man [pítərmən] *n.* 《俗》 금고 털이.

Péter Pán J.M. Barrie 작의 동화극(의 주인공); 어른이 되어도 언제나 아이같은 사람. ⌈柄).

pet·i·ole [pétiòul] *n.* 〖植〗 잎꼭지(葉

pet·it [péti/pətí:] *a.* (F.) 작은. ***~ jury*** 〔***larcent***〕 = PETTY JURY 〔LARCENY〕. ⌈이 작고 맵시 있는.

pe·tite [pətí:t] *a.* (F.) (여자가) 몸집

petíte bour·geoi·síe [buərʒwɑ:zí:] 소시민(小市民) 계급.

‡**pe·ti·tion** [pitíʃən] *n.* 탄원, 진정; 애원; 기원; 탄원〔진정〕서. ── *vt., vi.* 청원〔신청〕하다(*for, to*); 기원하다. **~·ar·y** [-èri/-nəri] *a.* ***~·er** *n.*

pét náme 애칭.

Pe·trarch [pí:trɑ:rk/pét-] *n.* (1304–74) 페트라르카《이탈리아의 시인》.

pet·rel [pétrəl] *n.* 바다제비류(類).

pé·tri dìsh [pí:tri] 페트리 접시《세균 배양 접시》.

pet·ri·fac·tion [pètrəfǽkʃən] *n.* Ⓤ 돌로 화함, 석화(石化) (작용); ⓒ 화석(fossil); Ⓤ 망연 자실.

pet·ri·fy [pétrəfài] *vt., vi.* 돌이 되게 하다, 돌이 되다; 굳(어 지)게 하다; 둔하게 하다; 망연자실하(게 하)다, 제정신을 잃게 하다.

pet·ro·chem·i·cal [pètroukémikəl] *n., a.* 석유 화학 제품〔약품〕(의).

pet·ro·chem·is·try [-kémistri] *n.* Ⓤ 석유〔암석〕 화학.

pet·ro·dol·lar [pétrədɑ̀lər/-ɔ̀-] *n.* 산유국의 달러 화폐, 오일 달러.

pet·ro·glyph [pétrəglìf] *n.* 암석 조각.

pet·ro·graph [pétrəgræ̀f, -grɑ̀:f] *n.* =⇧

pe·trog·ra·phy [pitrágrəfi/-ɔ́-] *n.* Ⓤ 암석 기재(記載)〔분류〕학.

pet·rol [pétrəl] *n.* 《英》 가솔린.

pet·ro·la·tum [pètrəléitəm] *n.* 〖化〗 Ⓤ 바셀린; 광유(鑛油).

pétrol bòmb 《英》 화염병.

***pe·tro·le·um** [pitróuliəm, -jəm] *n.* Ⓤ 석유. ⌈암석학(cf. petrography).

pe·trol·o·gy [pitrálədʒi/-ɔ́-] *n.* Ⓤ

pet·ti·coat** [pétikòut] *n., a.* 페티코트《여자·어린이의 속 치마》; 스커트; 《口》 여자, 여성(의). ***~ government 치맛바람, 내주장.

pet·ti·fog [pétifàg, -fɔ̀(:)g] *vi.* (**-gg-**) 되잖은〔억지〕 이론을 늘어 놓다. **~·ger** *n.* 궤변가, 엉터리 변호사. **~·ging** *n., a.* 궤변(으로 살아가는); 속임수(의); 보잘 것 없는.

pet·tish [pétiʃ] *a.* 까다로운, 성마른.

pet·ti·toes [pétitòuz] *n.* 돼지족(발); (아이의) 발.

***pet·ty** [péti] *a.* ① 사소한, 하찮은. ② 옹졸한, 인색한. ③ 소규모의.

pétty cásh 소액 지불 자금; 용돈.

pétty júry 소배심(小陪審) 《12명으로 구성》. 「좀도둑.

pétty lárceny 〖法〗 가벼운 절도죄;

pétty òfficer (해군의) 하사관.

pet·u·lant [pétʃələnt] *a.* 까다로운; 성마른. **∼·ly** *ad.* **-lance, -lan·cy** *n.* Ⓤ 「피튜니아(꽃).

pe·tu·ni·a [pitjú:niə, -njə] *n.* 〖植〗

***pew** [pju:] *n.* (교회의) **벤치형 좌석**; 교회의 가족석.

pe·wee [pí:wi:] *n.* 〖鳥〗 (미국산) 딱새의 일종《다리가 짧고, 언뜻 보아 waxwing 비슷함》.

pe·wit [pí:wit] *n.* 〖鳥〗 댕기물떼새; (유럽산) 갈매기의 일종; =PEWEE.

pew·ter [pjú:tər] *n.* Ⓤ 백랍(白鑞), 땜납《주석과 납의 합금》; 백랍제의 기물(器物).

pf 〖樂〗 *piano forte.* **pf.** pfennig; preferred; proof. **PFC, Pfc.** Private First Class. **pfd.** preferred.

pfen·nig [*pf*énig] *n.* (*pl.* **∼*s*, *-nige*** [-nigə]) 페니히《독일의 동전 1/100 마르크》.

pfg. pfennig. **PFLP** Popular Front for the Liberation of Palestine. **Pg.** Portugal; Portuguese.

P. G., p. g. paying guest. **PGA** Professional Golfers' Association.

P. H. public health; 《美》 (Order of the) Purple Heart.

pha·e·ton [féiətn/féitn] *n.* 쌍두 경(輕) 4륜 마차; 무개(無蓋) 자동차의 일종. 「(食)세포.

phag·o·cyte [fǽgəsàit] *n.* 〖生〗 식

phag·o·cy·to·sis [fæ̀gəsaitóusis] *n.* 식(食)세포 작용.

phal·an·ger [fəlǽndʒər] *n.* 오스트레일리아산의 유대(有袋) 동물.

Pha·lan·gist [fəlǽndʒist] *n.* (레바논의) 팔랑헤당 당원《기독교 우파》.

pha·lanx [féilæŋks, fǽl-] *n.* (*pl.* **∼*es*, *phalanges*** [fəlǽndʒi:z]) 〖古그〗 방진(方陣); 밀집대(隊); 결사(結社); 지골(指骨), 지골(趾骨).

phal·lism [fǽlizəm], **-li·cism** [-ləsìzəm] *n.* Ⓤ 남근(男根) 숭배.

phal·lus [fǽləs] *n.* (*pl.* ***-li*** [-lai]) 남근상(像); 〖解〗 =PENIS; =CLITORIS.

phan·er·o·gam [fǽnərougæ̀m] *n.* 〖植〗 현화(顯花) 식물(cf. cryptogam).

phan·tasm [fǽntæzəm] *n.* 곡두, 환영(幻影); 환상. **phan·tas·mal** [fæntǽzməl] *a.* 환영의〔같은〕; 공상의.

phan·tas·ma·go·ri·a [fæntæzməgɔ́:riə] *n.* (초기) 환등의 일종; 주마등 같은 광경. **-gór·ic** *a.* 「TASY.

phan·ta·sy [fǽntəsi, -zi] *n.* =FAN-

***phan·tom** [fǽntəm] *n.* 곡두, **환영**; 유령, 도깨비; 착각, **환상**. **—** *a.* 유령 같은; 환영의; 가공의.

phántom círcuit 〖電〗 중신 회선(重信回線).

phántom límb 〖醫〗 유령통(痛)《절단한 다리나 팔에 아픔을 느끼는 신경적 증상》. 「pharmacy.

Phar. pharmaceutical; pharmacist;

Phar·aoh [féərou] *n.* 고대 이집트 왕의 칭호.

Phar·i·sa·ic [fæ̀rəséiik], **-i·cal** [-əl] *a.* 바리새 사람〔파〕의; (p-) 형식을 존중하는, 위선의. **Phár·i·sa·ism** [ˊ--ìzəm] *n.* Ⓤ 바리새주의; (p-) 형식주의, 위선.

Phar·i·see [fǽrəsì:] *n.* 바리새(파의) 사람; (p-) 형식주의자, 위선자. **∼·ism** *n.* =PHARISAISM.

phar·ma·ceu·tic [fɑ̀:rməsú:tik / -sjú:t-], **-ti·cal** [-əl] *a.* 조제(調劑)(상)의. **-céu·tist** *n.* 약제사. **-céu·tics** *n.* 조제학. 「DRUGGIST.

phar·ma·cist [fɑ́:rməsist] *n.* =

phar·ma·col·o·gy [fɑ̀:rməkɑ́lədʒi/-ɔ́-] *n.* Ⓤ 약학, 약리학.

phar·ma·co·poe·ia [fɑ̀:rməkəpí:ə] *n.* 약전(藥典).

***phar·ma·cy** [fɑ́:rməsi] *n.* Ⓤ **조제법**(調劑法); 약학; 약국; 약종상.

pha·ros [féərɑs/-rɔs] *n.* 등대, 항로 표지.

pha·ryn·ge·al [fərindʒiəl, fæ̀rindʒí:əl], **pha·ryn·gal** [fəríŋgəl] *a.* 〖解〗 인두(咽頭)의 (∼ *artery* 경(頸)동맥).

phar·yn·gi·tis [fæ̀rindʒáitis] *n.* 〖醫〗 Ⓤ 인두염.

pha·ryn·go·scope [fəríŋgəskòup] *n.* 〖醫〗 인두경(咽頭鏡).

phar·ynx [fǽriŋks] *n.* (*pl.* **∼*es*, *pharynges*** [fərindʒi:z]) 〖解〗 인두.

‡**phase** [feiz] *n.* (변화·발달의) **단계**, 형세, **국면**; (문제의) 면(面), 상(相); 〖天〗 (달, 기타 유성의) 상(象); 〖理〗 위상(位相); 〖化〗 상(相). **—** *vt.* 위상으로〔단계로〕 나누(어 나타내)다.

pháse(-cón·trast) mìcroscòpe [ˊkɑ́ntræst/-ɔ́-] 위상차(位相差) 현미경.

pháse(-díf·fer·ence) mìcroscòpe [ˊdífərəns] =仝. 「감.

phase·down [ˊdàun] *n.* 단계적 삭

phase-in [ˊìn] *n.* 단계적 도입.

pháse mòdulàtion 〖電〗 위상 변조(位相變調). 「감〕.

phase-out [ˊàut] *n.* 단계적 철수〔삭

phat·ic [fǽtik] *a.* (말 따위가 깊은 뜻이 없는) 의례적인, 일상적인.

Ph. C. Pharmaceutical chemist.

Ph. D. [pí:èitʃ dí:] *Philosophiae Doctor* (L. =Doctor of Philosophy).

***pheas·ant** [féznt] *n.* **꿩**.

phe·nac·e·tin(e) [finǽsətin] *n.* Ⓤ 페나세틴《해열 진통제》.

phe·nix [fí:niks] *n.* =PHOENIX.

phe·no·bar·bi·tal [fi:nəbɑ́:rbətɔ̀:l/-bitl] *n.* Ⓤ 페노바르비탈《수면 진통제》. 「〖化〗 페놀, 석탄산(酸).

phe·nol [fí:noul, -nɑl / -nɔl] *n.* Ⓤ

phe·nol·phthal·ein [fi:noulθǽli(:)n/-nɔl-] *n.* Ⓤ 〖化〗 페놀프탈레인.

***phe·nom·e·na** [finɑ́mənə / -nɔ́mi-] *n.* phenomenon 의 복수.

phe·nom·e·nal [finɑ́mənəl/-ɔ́-] *a.* 현상의; 자연 현상의; 경이적인, 굉장한. **∼·ism** [-ìzəm] *n.* Ⓤ 〖哲〗 현상론.

‡**phe·nom·e·non** [finɑ́mənɑ̀n/-nɔ́m-

inən] *n.* (*pl.* **-na**) **현상;** (*pl.* ~*s*) 경이(적인 것), 진기한 사물〔사람〕.
phe·no·type [fí:nətàip] *n.* 〖遺傳〗 표현형(表現型) 《환경에 따라 외부에 나타나는》. 「(基).
phen·yl [fénil, fí:n-] *n.* 〖化〗 페닐기
phen·yl·al·a·nine [fènəlǽləni:n] *n.* Ⓤ 〖生化〗 페닐알라닌.
phen·yl·ke·to·nu·ri·a [fènəlki:tənjú:riə] *n.* Ⓤ 〖醫〗 페닐케톤뇨증(尿症) 《생략 PKU》.
pher·o·mone [férəmòun] *n.* 〖生〗 페로몬《어느 개체에서 분비되어, 동종의 다른 개체의 성적·사회적 행동에 변화를 주는 유인 물질》.
phew [Φ:, fju:] *int.* 쳇! 《초조·혐오·놀람 따위를 나타내는 소리》.
Ph. G. Graduate in Pharmacy.
phi [fai] *n.* 그리스어 알파벳의 21째 글자(Φ, ϕ, 영어의 ph에 해당).
phi·al [fáiəl] *n.* 작은 유리병; 약병.
Phí Bè·ta Káp·pa [fái bèitə kǽpə, -bì:tə-] 《美》 우등 학생 및 졸업생의 교우회(校友會) (1776년 설립).
Phil. Philemon; Philip; Philippians; Philippine(s). **phil.** philology; philosophical; philosophy.
*__Phil·a·del·phi·a__ [filədélfiə, -fjə] *n.* 미국 펜실베이니아주 남동부의 도시 《생략 Phila.》.
phi·lan·der [filǽndər] *vi.* (남자가) 엽색하다; 여자를 희롱하다(*with*). ~**·er** *n.* 「PHILANTHROPIST.
phil·an·thrope [fílənθroup] *n.* =
phi·lan·thro·py [filǽnθrəpi] *n.* ⓊⒸ 박애 (사업). **-thro·pist** *n.* 박애주의자. **phil·an·throp·ic** [fìlənθrápik-/-ɔ́-] *a.* 박애의.
phi·lat·e·ly [filǽtəli] *n.* Ⓤ 우표 수집〔연구〕. **-list** *n.* 우표 수집가.
Phi·le·mon [filí:mən/-mɔn] *n.* 〖聖〗 빌레몬서(書).
*__phil·har·mon·ic__ [filha:rmánik, filər- / -mɔ́n-] *a.* **음악 애호의** 《주로 악단 이름에 쓰임》 (*London P- Orchestra*). 「의 한 사람》.
Phil·ip [fílip] *n.* 빌립《예수 12 사도
Phi·lip·pi·ans [filípiəns] *n.* 《單數取扱》 〖聖〗 빌립보서(書).
Phi·lip·pic [filípik] *n.* Demosthenes가 Philip왕을 공격한 연설; Cicero가 Marcus Antonius를 공격한 연설; (p-) 격렬한 공격 연설.
*__Phil·ip·pines__ [fíləpi:nz, -li-] *n.* **필리핀 군도;** 필리핀 공화국《정식 명칭: Republic of the Philippines》.
*__Phi·lis·tine__ [fíləsti:n, filístin, fílistàin] *n.* **필리스틴 사람** 《옛날, 유대인의 강적》; 《諧》 잔인한 적《집달리·비평가 등》; (*or* p-) 속물(俗物). — *a.* 필리스틴 사람의; (*or* p-) 교양이 없는. **-tin·ism** [fíləstinìzəm] *n.* Ⓤ 속물 근성, 무교양.
phíllips cùrve 필립스커브《인플레와 실업률의 상관 관계를 나타냄》.
phi·lol·o·gy [filálədʒi/-ɔ́-] *n.* Ⓤ 《주로 英》 문헌학; 언어학(linguistics). **-gist** *n.* 문헌〔언어〕학자. **phil·o·log·i·cal** [filəládʒikəl/-ɔ́-] *a.* 문헌〔언어학〕(상)의. **-i·cal·ly** *ad.*
phil·o·mel [fíləmèl], **phil·o·me·la** [filoumí:lə] *n.* 《詩》 = NIGHTINGALE.
‡**phi·los·o·pher** [filásəfər/-ɔ́-] *n.* **철학자;** 철인.
philósopher's stòne (연금술가(鍊金術家)가 찾던) 현자의 돌《비금속을 금으로 바꾸는》; (실행 불가능한) 이상적 해결법.
*__phil·o·soph·ic__ [filəsáfik/-ɔ́-], **-i·cal** [-əl] *a.* **철학의;** 철학에 통달한〔몰두한〕; 현명한, 냉정한. **-i·cal·ly** *ad.*
phi·los·o·phize [filásəfàiz/-ɔ́-] *vi.* 철학적으로 사색하다; 이론을 세우다.
‡**phi·los·o·phy** [filásəfi/-ɔ́-] *n.* Ⓤ **철학;** ⓊⒸ 철리, 원리; Ⓤ 침착; 깨달음.
phil·ter, 《英》 **-tre** [fíltər] *n.* 미약(媚藥); 마법의 약. — *vt.* 미약으로 홀리게 하다.
phi·mo·sis [faimóusis] *n.* (*pl.* **-ses** [-si:z]) 〖醫〗 포경(包莖). 「맥염(炎).
phle·bi·tis [flibáitis] *n.* 〖醫〗 Ⓤ 정
phle·bot·o·my [flibátəmi/-ɔ́-] *n.* Ⓤ 〖醫〗 자락(刺胳), 사혈(瀉血), 방혈(放血) (bloodletting).
phlo·em, -ëm [flóuem] *n.* 〖植〗 체관부(部), 인피부(靭皮部).
phlegm [flem] *n.* Ⓤ 담, 가래; 《廢》 점액; 냉담, 무기력; 지둔(遲鈍).
phleg·mat·ic [flegmǽtik], **-i·cal** [-əl] *a.* 《廢》 점액질의; 냉담한; 둔감한.
phlo·gis·ton [floudʒístən] *n.* Ⓤ 〖地〗 플로지스톤, 연소(燃素).
phlox [flɑks/-ɔ-] *n.* 〖植〗 플록스(꽃).
Phnóm Pénh [pənɔ́:m pén] 캄보디아 공화국의 수도.
pho·bi·a [fóubiə] *n.* ⓊⒸ 공포증.
-phobia *suf.* 「…(공포)병」의 뜻의 명사를 만듦: Anglo*phobia*.
pho·co·me·li·a [fòukoumí:liə] *n.* Ⓤ 〖醫〗 해표지증(海豹肢症).
pho·com·e·lus [foukáməlәs/-ɔ́-] *n.* 〖醫〗 해표지증의 기형(환)자.
Phoe·be [fí:bi] *n.* 〖로神〗 달의 여신; 《詩》 달. 「의 일종.
phoe·be *n.* (미국산) 작은 명금(鳴禽)
Phoe·bus [fí:bəs] *n.* 〖그神〗 태양신 (Apollo); 《詩》 태양, 해(sun).
Phoe·ni·ci·a [finíʃiə] *n.* 페니키아 《시리아 서부에 있던 옛나라》. **-an** *a., n.* 페니키아(사람·말)의; ⒸⓊ 페니키아 사람〔말〕.
*__phoe·nix__ [fí:niks] *n.* 〖이집트神話〗 **불사조.** *the Chinese* ~ 봉황새.
phon [fan/fɔn] *n.* 〖理〗 폰《음의 강도의 단위》.
pho·nate [fóuneit/–⌐] *vt., vi.* 〖音聲〗 목소리를 내다, 발성하다.
‡**phone**[1] [foun] *n., v.* 《口》 = TELEPHONE.
phone[2] *n.* 〖音聲〗 음성, 단음(單音).
-phone 「음」의 뜻의 결합사.
pho·ne·mat·ic [fòunəmǽtik/-ni:-] *a.* 〖音聲〗 음소(phoneme)의.
pho·neme [fóuni:m] *n.* 〖音聲〗 음소 《같은 음으로 간주되는 음군(音群)의

하나(엄밀히는 다른 음); 보기: tail 과 tailor의 [l]).

pho·ne·mic [founí:mik] *a.* 〖音聲〗 음소의; 음소론의. **pho·né·mics** *n.* 음소론.

pho·net·ic** [founétik] *a.* 음성(상)의, 음성을 나타내는. ~ ***notation 음성 표기법. ~ ***signs*** (***symbols***) 음표 문자. ~ ***transcription*** 표음 전사(轉寫). **-i·cal·ly** *ad.* **pho·nét·ics** *n.* 음성학.

pho·ne·ti·cian [fòunətíʃən] *n.* 음성학자.

Pho·ne·vi·sion [fóunvìʒən] *n.* 〖商標〗 포네비전, 텔레비전 전화.

pho·ney [fóuni] *a., n.* 《口》 = PHONY.

pho·nic [fóunik] *a.* 소리의; 음성의; 유성(有聲)의. ~**s** *n.* (발음 교습용) 간이 음성학; 음향학.

pho·no·car·di·o·gram [fòunəká:rdiəgræ̀m] *n.* 〖醫〗 심음도(心音圖).

pho·no·gen·ic [fòunədʒénik] *a.* 《美》 전화에 가장 적합한 음성을 가진, 전화에 맞는.

pho·no·gram [fóunəgræ̀m] *n.* (속기용) 표음 문자. 「*n.* 《美》 축음기.

***pho·no·graph** [fóunəgræ̀f, -grà:f]

pho·nog·ra·phy [founágrəfi/-ɔ́-] *n.* (표음 문자에 의한) 속기(速記).

pho·nol·o·gy [founáləd3i/-ɔ́-] *n.* Ⓤ 음성학(phonetics), 음운론; 음성사론(音聲史論), 사적(史的) 음운론.

pho·nom·e·ter [founámitər/-nɔ́m-] *n.* 측음기; 음파 측정기.

pho·no·scope [fóunəskòup] *n.* (악기의) 검현기(檢弦器).

pho·ny [fóuni] *a., n.* 《口》 가짜(의).

phos·gene [fásdʒi:n, fáz-] *n.* Ⓤ 〖化〗 포스겐《1차 대전 때 사용된 독가스》.

phosph- = PHOSPHO-

***phos·phate** [fásfeit/-ɔ́-] *n.* 〖化〗 인산염〔비료〕; (소량의 인산을 함유한) 탄산수.

phos·phide [fásfaid/-ɔ́-] *n.* 〖化〗 인화물(燐化物).

phos·phite [fásfait/-ɔ́-] *n.* 《化》 아인산염(塩).

phospho- 「인(燐)」이란 뜻의 결합사.

phos·phor [fásfər/fɔ́s-] *n.* Ⓤ 〖理〗 인광 물질; (P-) 《詩》 샛별. ~ ***bronze*** 인청동(燐青銅).

phos·pho·rate [fásfərèit/-ɔ́-] *vt.* 인(燐)과 화합시키다, 인을 가하다.

phos·pho·resce [fàsfərés/-ɔ̀-] *vi.* 인광(燐光)을 발하다. **phos·pho·res·cence** [∸-résns] *n.* Ⓤ 인광(을 냄). **-rés·cent** *a.* 인광을 발하는.

***phos·phor·ic** [fasfɔ́:rik/fɔsfɔ́r-] *a.* (5가(價)의) 인(燐)의; 인을 함유하는; 인 모양의.

phosphóric ácid 아인산.

phos·pho·rous [fásfərəs/-ɔ́-] *a.* 인(燐)의; 인을 함유하는.

phos·pho·rus [fásfərəs/-ɔ́-] *n.* Ⓤ (*pl.* **-ri** [-rai]) 〖化〗 인(燐).

phos·phu·ret·(t)ed [fásfjərètid/-ɔ́-] *a.* 〖化〗 인(燐)과 화합한.

‡**pho·to** [fóutou] *n.* (*pl.* ~***s***) 《口》 = PHOTOGRAPH.

photo- 「사진·빛·광전자」란 뜻의 결합사.

pho·to·cell [fóutousèl] *n.* = PHOTOELECTRIC CELL; = PHOTOTUBE.

pho·to·chem·i·cal [fòutoukémikəl] *a.* 광화학(光化學)의. 「그.

photochémical smóg 광화학 스모

pho·to·chem·is·try [-kémistri] *n.* Ⓤ 광화학.

pho·to·com·po·si·tion [-kàmpəziʃən/-kɔ̀m-] *n.* Ⓤ 〖印〗 사진 식자.

pho·to·cur·rent [fóutoukə̀:rənt, -ʌ-] *n.* Ⓤ 광전류(光電流).

pho·to·e·lec·tric [fòutouiléktrik] *a.* 광전(光電)의; 광전자 사진 장치의.

photoeléctric cèll 광전지(光電池), 광전관(管).

pho·to·en·grav·ing [-ingréiviŋ] *n.* ⓊⒸ 사진 제판(술); 사진판 (인쇄화).

pho·to-fin·ish [fóutoufíniʃ] *a.* (경마 따위) 사진 판정의.

pho·to·fin·ish·ing [fòutoufíniʃiŋ] *n.* Ⓤ 필름 현상.

Pho·to-Fit [fóutoufit] *n.* 〖商標〗 몽타주 사진《눈·입 등 부분 사진을 합성하는》.

phó·to·flash làmp [fóutouflæ̀ʃ] = FLASHBULB. 「영용 일광등(溢光燈).

phó·to·flood làmp [-flʌ̀d] 〖寫〗 촬

pho·to·gen·ic [fòutədʒénik] *a.* (풍경·얼굴·배우 등) 촬영에 알맞은; 〖生〗 발광성(發光性)의.

†**pho·to·graph** [fóutəgræ̀f, -grà:f] *n., vt., vi.* 사진(으로 찍다, 을 찍다, 에 찍히다), 촬영하다.

***pho·tog·ra·phy** [fətágrəfi/-ɔ́-] *n.* Ⓤ 사진술, 촬영술. ***-pher** *n.* 사진사. ***pho·to·graph·ic** [fòutəgræ̀fik] *a.* 사진의, 사진 같은; 극히 사실적인〔정밀한〕.

pho·to·gra·vure [fòutəgrəvjúər] *n., vt.* ⓊⒸ 사진 요판(凹版)(으로 하다).

pho·to·li·thog·ra·phy [fòutouliθágrəfi/-θɔ́g-] *n.* Ⓤ 사진 평판.

pho·tol·y·sis [foutáləsis/-tɔ́l-] *n.* 〖化〗 광(光)분해.

pho·to·map [fóutoumæ̀p] *n., vt., vi.* (*-pp-*) (항공) 사진 지도(를 만들다).

pho·tom·e·ter [foutámitər/-tɔ́mi-] *n.* 광도계(光度計).

pho·tom·e·try [foutámətri/-ɔ́-] *n.* Ⓤ 광도 측정(법).

pho·to·mi·cro·graph [fòutoumáikrəgræ̀f, -grà:f] *n.* 현미경〔마이크로〕사진. 「ⒸⓊ 몽타주 사진(제작).

pho·to·mon·tage [-mantá:ʒ/-ɔ-] *n.*

pho·to·mu·ral [fòutoumjúərəl] *n.* (전시·광고용) 벽(壁)사진.

pho·ton [fóutan/-tɔn] *n.* 〖理〗 광자.

pho·to·pe·ri·od [-píəriəd] *n.* 〖生〗 광주기(光周期). ~**·ism** *n.* Ⓤ 〖生〗 광주기성; 〖農〗 일장(日長) 효과.

pho·to·pho·bi·a [fòutəfóubiə] *n.* Ⓤ 〖醫〗 수명(羞明), 광선 공포증.

pho·to·phone [fóutəfòun] *n.* 광선전화기. 「〔각본〕.

pho·to·play [fóutəplèi] *n.* 영화극

pho·to·sen·si·tive [fòutousénsətiv]

a. 감광성(感光性)의.

pho·to·sphere [fóutousfìər] *n.* 〖天〗 광구(光球).

pho·to·stat [fóutoustæ̀t] *n.* (P-) 〖商標〗 직접 복사 사진기; 《종종 p-》 직접 복사 사진. —— *vt.* 직접 복사 사진기로 촬영하다.

pho·to·syn·the·sis [fòutousínθəsis] *n.* Ⓤ 〖生·生化〗 (탄수화물 따위의) 광합성(光合成).

pho·to·tax·is [-tǽksis], **-tax·y** [-tǽksi] *n.* Ⓤ 〖生〗 주광성(走光性).

pho·to·tel·e·graph [fòutoutéləgræ̀f, -grà:f] *n.* 사진 전송기; 전송사진. **pho·to·te·leg·ra·phy** [fòutoutilégrəfi] *n.* Ⓤ 사진 전송(술).

pho·to·tim·er [fóutoutàimər] 〖寫〗 자동 노출 장치; 경주 판정용 카메라.

pho·tot·ro·pism [foutátrəpìzəm / -ɔ́-] *n.* Ⓤ 〖植〗 굴광성(屈光性). ***positive*〔*negative*〕 ~** 향〔배(背)〕일성.

pho·to·tube [fóutətjù:b] *n.* 〖電〗 광전관.

phr. phrase.

‡**phrase** [freiz] *n.* ① Ⓤ 말(씨). ② 성구(成句), 관용구; 금언. ③ 〖文〗 구(句); 〖樂〗 악구(樂句). ***set* ~** 상투문구, 성구. —— *vt.* 말로 표현하다; 〖樂〗 악구로 구분하다. **phrás·ing** *n.* Ⓤ 말씨; 어법; 〖樂〗 구절법(法).

phra·se·ol·o·gy [frèiziálədʒi/-ɔ́-] *n.* ⓊⒸ 말(씨), 어법.

phre·net·ic [frinétik], **-i·cal** [-əl] *a.* 발광한; 열광적인.

phren·ic [frénik] *a.* 〖解〗 횡격막의. 〖生〗 마음〔정신〕의.

phre·ni·tis [frináitis] *n.* Ⓤ 〖病〗 뇌염; 횡경막염(炎).

phre·nol·o·gy [frinálədʒi/-ɔ́-] *n.* Ⓤ 골상학. **-gist** *n.* 골상학자 **phren·o·log·i·cal** [frènəládʒikəl/-ɔ́-] *a.*

Phryg·i·a [frídʒiə] *n.* 프리지아《소아시아의 옛 나라》. **-an** *a.*, *n.* 프리지아(사람)의; ⒸⓊ 프리지아 사람〔말〕.

PHS Public Health Service.

phthi·sis [θáisis], **phthis·ic** [tízik, θízik] *n.* Ⓤ 〖醫〗 폐결핵; 천식.

phy·col·o·gy [faikálədʒi/-kɔ́l-] *n.* Ⓤ 조류학(藻類學).

phy·co·my·cete [fàikoumáisi:t] *n.* 〖植〗 조균류(藻菌類)의 식물.

phyl·lo·tax·is [filətǽksis] *n.* 〖植〗 잎차례, 엽서(葉序).

phy·lo·gen·e·sis [fàilədʒénəsis], **phy·log·eny** [failádʒəni/-lɔ́dʒ-] *n.* Ⓤ 〖生〗 계통 발생(학).

phy·lum [fáiləm] *n.* (*pl.* ***-la*** [-lə]) 〖生〗 (분류상의) 문(門).

phys·ic** [fízik] *n.*, *vt.* (-ck-***) 약(을 먹이다), 하제(下劑)(를 쓰다); 치료하다; Ⓤ 《古》 의술.

‡**phys·i·cal** [fízikəl] *a.* 물질의, 물질적인; 자연의(법칙에 의한); 물리학상의〔적인〕; 육체의. ***~·ly** *ad.*

phýsical chémistry 물리 화학.

phýsical educátion 〔**cúlture**〕 체육.

phýsical geógraphy 지문(地文)학, 자연 지리학.

phýsical jérks 《英》 미용 체조.

phýsical scíence 자연과학; 물리학.

phýsical théraphy 물리 요법 (physiotherapy).

phýsic gárden 약초 재배원.

‡**phy·si·cian** [fizíʃən] *n.* (내과) 의사.

***phys·i·cist** [fízisist] *n.* 물리학자.

‡**phys·ics** [fíziks] *n.* Ⓤ 물리학.

physio- 「물리, 자연」의 뜻의 결합사.

phys·i·oc·ra·cy [fìziákrəsi/-ɔ́-] *n.* Ⓤ 중농〔농본〕주의.

phys·i·o·crat [fíziəkræ̀t] *n.* 중농〔농본〕주의자.

phys·i·og·no·my [fìziágnəmi/-ɔ́n-] *n.* Ⓤ 얼굴; 외형; 지상(地相). **phys·i·og·nom·i·cal** [ˊ--əgnámikəl / -ənɔ́m-] *a.* 관상(학)의. **-i·cal·ly** *ad.* 인상〔관상〕(학)상. **-mist** *n.* 인상〔관상〕학자, 관상가.

phys·i·og·ra·phy [fìziágrəfi/-ɔ́-] *n.* Ⓤ 지문학(地文學); 《美》 지형학. **-pher** *n.* 지문학자.

***phys·i·ol·o·gy** [fìziálədʒi/-ɔ́-] *n.* Ⓤ 생리학; 생리 현상〔기능〕. ***phys·i·o·log·ic** [-əládʒik/-ɔ́-], **-i·cal** [-əl] *a.* 생리학(상)의. **-gist** *n.* 생리학자.

phys·i·o·ther·a·py [fìziouθérəpi] *n.* Ⓤ 물리 요법.

phy·sique [fizí:k] *n.* Ⓤ 체격.

pi[1] [pai] *n.* 그리스 알파벳의 16째 글자《Π, π, 영어의 P p에 해당함》; 〖數〗 원주율.

pi[2] *a.* 《英俗》 믿음이 깊은(pious). **~ *jaw*** 《英》 설교조의 이야기.

pi[3] *n.* ⓊⒸ 뒤죽박죽(이 된 활자). —— *vt.* (활자를) 뒤섞다.

P.I. Philippine Islands.

pi·a·nis·si·mo [pì:anísəmòu] *ad.*, *a.* (It.) 〖樂〗 아주 여리게; 최약음(最弱音)의. —— *n.* (*pl.* ***~s***, ***-mi*** [-mì:]) 최약음의 악구(樂句).

‡**pi·an·ist** [piǽnist, pí:ə-, pjǽn-] *n.* 피아니스트.

†**pi·an·o**[1] [piǽnou, pjǽn-] *n.* (*pl.* ***~s***) 피아노.

pi·a·no[2] [piá:nou] *ad.*, *a.* (It.) 〖樂〗 여리게; 여린.

pi·an·o·for·te [piǽnəfɔ̀:rt, piæ̀nəfɔ́:rti] *n.* =PIANO[1].

Pi·a·no·la [pì:ənóulə] *n.* 〖商標〗 피아놀라, 자동 피아노.

pi·as·ter, 《英》 **-tre** [piǽstər] *n.* 피아스터《스페인·터키의 옛 은화; 이집트·시리아 등지의 화폐 단위》.

pi·at, **P-** [páiæt] *n.* 대전차포.

pi·az·za [piǽzə/-ǽtsə] *n.* (이탈리아 도시의) 광장; 《美》 =VERANDA.

pi·broch [pí:brɑk/-ɔk] *n.* (스코틀랜드의) 풍적곡(風笛曲)(cf. bagpipe).

pi·ca [páikə] *n.* Ⓤ 〖印〗 파이커 활자 《12포인트》; 파이커 (활자의) 세로의 길이 《약 4 mm》.

pic·a·dor [píkədɔ̀:r] *n.* (투우 개시 때 소를 창으로 찔러 성나게 하는) 말탄 투우사(cf. toreador).

pic·a·resque [pìkərésk] *a.* 악한을 다룬《소설 따위》. —— *n.* (the ~) 악한을 소재로 한 것.

pic·a·roon [pìkərú:n] *n.* 악한, 도둑; 해적(선).

Pi·cas·so [piká:sou, -ǽ-], **Pablo**

(1881–1973) 스페인 태생의 프랑스(입체파의) 화가·조각가·도예가.
pic·a·yune [pìkəjú:n] *n.* 《美》 소액 화폐; 《口》 하찮은 사람〔것〕. —— *a.* 《口》 하찮은.
「가의 하나.
Pic·ca·dil·ly [pìkədíli] *n.* 런던 번화
Píccadilly Círcus 피카딜리 광장 《피카딜리가 동쪽 끝에 있는 둥근 광장》.
「(인도의) 겨자절임.
pic·ca·lil·li [píkəlìli] *n.* Ⓤ 〖料理〗
pic·co·lo [píkəlòu] *n.* (*pl.* **~s**) 피콜로《높은 음의 작은 피리》.
†**pick**[1] [pik] *vt.* ① **따다, 뜯다.** ② (뾰족한 것으로) 파다; (구멍을) 뚫다. ③ (귀·이 따위를) 우비다, 쑤시다. ④ (새로부터 깃털을) 쥐어〔잡아〕뜯다. ⑤ (뼈에 붙은 고기를) 뜯다; **골라잡다, 고르다.** ⑥ (주머니에서) 훔치다, 소매치기하다(~ *pockets*). ⑦ (자물쇠 등을) 비집어 열다. ⑧ (…에 대해 싸움할) 계기〔꼬투리〕를 잡다 (*with*); (싸움을) 걸다. ⑨ 〖樂〗 (현악기를) 손가락으로 타다. —— *vi.* 쑤시다, 찌르다(*at*); 고르다; 훔치다, 소매치기하다. **~ *a quarrel with*** …에 싸움을〔시비를〕 걸다. **~ *at*** 조금씩 먹다; 《美口》 트집잡다, 잔소리하다. **~ *holes in*** …의 트집을 잡다. **~ *off*** 잡아떼다〔뜯다〕; 한 사람씩 겨누어 쏘다. **~ *on*** …을 고르다; 《口》 …을 헐뜯다, 괴롭히다. **~ *oneself up*** (넘어진 사람이) 스스로 일어서다. **~ *out*** 고르다; 장식하다, 돋보이게 하다(*with*); 분간하다; (뜻을) 잡다, 파악하다. **~ *over*** (가장 좋은 것만을) 골라내다. **~ *up*** 주워 올리다; (배·차 따위가) 도중에서 태우다, (손님을) 태우다; 우연히 손에 넣다; (라디오 따위로) 청취하다; (말 따위를) 배우지 않고 익히다; 《美口》 (여자와) 좋아지다; (원기 따위를) 회복하다; 속력을 늘리다; 《口》 우연히 아는 사이가 되다(*with*); 《美》 정돈하다. —— *n.* 선택; 가장 좋은 물건, 정선품(精選品); (한 시기의) 수확 작물; (현악기의) 채, 피크. **~ed** [-t] *a.* 쥐어뜯은; 깨끗이 한; 정선한.
pick[2] *n.* 찍는〔찌르는〕 도구, 곡괭이, 이쑤시개, 송곳 (따위).
pick·a·back [ˊəbæ̀k] *ad.* 등〔어깨〕에 지고, 업고(piggyback).
píckaback plàne 새끼 비행기《어미 비행기에서 발진하는》.
pick·a·nin·ny [ˊənìni] *n.* 흑인 아이; 《諧》 어린 아이.
「파다).
pick·ax(e) [ˊæ̀ks] *n., vt.* 곡괭이(로
pick·el [píkəl] *n.* (G.) 〖登山〗 피켈.
pick·er·el [píkərəl] *n.* 〖魚〗 작은 종류의) 창꼬치(cf. pike[2]).
***pick·et** [píkit] *n., vt., vi.* **말뚝**(을 둘러치다, 에 매다); 〖軍〗 소초(小哨)(를 배치하다), 초병(哨兵)(근무를 하다); (노동 쟁의의) 감시원(노릇을 하다), 피킷(을 치다).
pícket fénce 말뚝 울타리, 울짱.
pícket lìne (노동 쟁의의) 피킷 라인; 〖軍〗 전초선; (말을 매는) 고삐.
***pick·ing** [píkiŋ] *n.* ① Ⓤⓒ **채집**(採集)〔선택〕**물**; 좀도둑; (*pl.*) 이삭; 남은 것; 훔친 물품.
***pick·le** [píkəl] *n.* (고기나 야채의) 절이 국물《소금물·초 따위》; (*pl.*) **절인 것**《특히 오이지》; (금속 따위를 씻는) 묽은 산(酸); 《口》 곤경. —— *vt.* 절이 국물에 절이다; 묽은 산으로 씻다.
pick·lock [píklɑ̀k/-lɔ̀k] *n.* 자물쇠 여는 도구; 자물쇠를 비틀어 여는 사람, 도둑.
pick-me-up [píkmi:ʌ̀p] *n.* 《口》 각성제《술 따위》; 흥분제.
pick-off [píkɔ̀:f/-ɔ̀f] *n.* 〖野〗 견제구로 아웃시킴.
「치기.
***pick·pock·et** [píkpɑ̀kit/-ɔ̀-] *n.* **소매**
***pick·up** [píkʌ̀p] *n.* ① 《口》 우연히 알게 된 사람; **습득물.** ② 《口》 (경기·건강의) 호전. ③ (자동차의) 가속; **픽업,** 소형 트럭; 〖野〗 타구를 건져 올리기. ④ (라디오·전축의) 픽업; 방송 현장; 《美口》 알코올 음료. ⑤ (자동차 등) 무료 편승(자).
†**pic·nic** [píknik] *n.* **소풍, 피크닉**; 《俗》 즐거운 일, 쉬운 일. —— *vi.* (*-ck-*) **소풍가다**; 피크닉식으로 식사를 하다.
pi·cot [pí:kou] *n.* 피코《레이스 따위 가장자리의 장식 고리》. —— *vi., vt.* 피코로 장식하다.
pic·o·tee [pìkətí:] *n.* 《英》 가장자리가 붉은 카네이션.
píc·ric ácid [píkrik] 〖化〗 피크린산.
PICS production information and control system.
Pict [pikt] *n.* 픽트 사람《스코틀랜드 북부에 살던 민족》.
「그림 문자.
pic·to·graph [píktəgræ̀f, -grɑ̀:f] *n.*
***pic·to·ri·al** [piktɔ́:riəl] *a.* **그림의**〔으로 나타낸〕; 그림이 든; 그린 것〔그림〕같은. —— *n.* 화보, 그림이 실린 잡지〔신문〕. **~·ly** *ad.*
†**pic·ture** [píktʃər] *n.* **그림**; 초상; **사진**; 아름다운 풍경, 아름다운 것; 사실(적인 묘사); 상(像); 심상(心像) (mental image); 꼭 닮은 것; 화신(化身); (보통 *pl.*) 영화. ***out of the ~*** 엉뚱하게 잘못 짚어, 무관계하여. —— *vt.* **그리다**; 묘사하다; 상상하다 (*to oneself*).
「림 엽서.
pícture càrd (카드의) 그림 패; 그
pícture gàllery 화랑(畫廊).
pic·ture·go·er [-gòuər] *n.* 《英》 영화 팬.
「관.
pícture hòuse 〔**pàlace**〕 《英》 영화
Pic·ture·phone [-fòun] *n.* 〖商標〗= PHONEVISION.
「전시회.
pícture shòw 《美》 영화(관); 그림
‡**pic·tur·esque** [pìktʃərésk] *a.* **그림 같은,** 아름다운; 생생한.
pícture tùbe 브라운관.
pícture writing 그림에 의한 설명.
pic·tur·ize [píktʃəràiz] *vt.* 그림으로 보이다; 영화화하다.
pic·ul [píkəl] *n.* 피컬, 담(擔)《중국·타이 등지의 중량 단위; 약 60kg》.
pid·dle [pídl] *vi.* 《美》 …을 낭비하

다; …을 질질 끌다; 《小兒》 쉬하다, 오줌누다. **píd·dling** *a.* 사소한, 시시한.
pidg·in [pídʒin] *n.* Ⓤ 《英口》 (볼)일, 거래; (몇 언어가 섞인) 혼합어 (jargon).
pídgin Énglish 피진 영어 《극동의 상인용, 중국어가 섞인 영어》.
‡**pie**[1] [pai] *n.* ⓊⒸ ① 파이《과일이나 고기를 밀가루반죽에 싸서 구운 것》. ② 《美俗》 썩 좋은 것; 거저먹기; 뇌물. ***have a*** FINGER ***in the ~.***
pie[2] *n.* 까치(magpie).
pie·bald [páibɔ̀:ld] *a., n.* (흑백) 얼룩의 (말).
†**piece** [pi:s] *n.* 조각, 단편; 한 조각; 부분(품); 한 구획; 한 개, 한 장; 한 예;(일정한 분량을 나타내는) 한 필, 한 통(따위); 화폐; (작품의) 한 편; 한 곡(따위); 총, 대포; (장기 등의) 말. ***all to ~s*** 산산조각으로; 《方》 철저히. ***a ~ of water*** 작은 호수. ***come to ~s*** 산산조각이 되다. ***go to ~s*** 자제심을 잃다, 신경 쇠약이 되다 (cf. collect oneself; collect one's thoughts 냉정을 찾다). ***into*** [***to***] ***~s*** 산산조각으로. ***of a ~*** 같은 종류의, 일치하여(*with*). —— *vt.* 접합(接合)하다, 잇대어서 수리하다 [만들다](*on, out, together, up*).
pièce de ré·sis·tance [pjéis də rèzistá:ns] (F.) 식사중의 주요 요리; 주요물, 백미(白眉).
piece-dyed [pí:sdàid] *a.* 짜고난 뒤에 염색한(opp. yarn-dyed).
píece gòods 피륙.
piece·meal [´mì:l] *ad., a.* 조금씩(의), 산산이; 조각난.
piece-rates [´rèits] *n.* =PIECEWORK.
piece·work [´wə̀:rk] *n.* 도급일, 삯일.
pied [paid] *a., n.* 얼룩덜룩한 (말); 잡색의.
pied·mont [pí:dmɑnt/-mɔnt] *a.* 산기슭에 있는. —— *n.* ① 산록 완사면, 산록 지대. ② (P-) 피드몬트고원《북아메리카의》.
pie-eyed [páiàid] *a.* 《美俗》 술취한.
pie·plant [páiplæ̀nt, ´plɑ̀:nt] *n.*《美》 〖植〗 대황(大黃)(rhubarb).
‡**pier** [piər] *n.* 부두, 선창; 방파제; 교각(橋脚); 〖建〗 창문 사이 벽. **´·age** [píəridʒ] *n.* Ⓤ 부두세(稅).
†**pierce** [piərs] *vt.* 꿰찌르다; 꿰뚫다, 관통하다; …에 구멍을 뚫다; 돌입하다; (고함 소리 따위가) 날카롭게 울리다; 감동시키다; 통찰하다; …에 스며들다. —— *vi.* 들어가다, 꿰뚫다.
***pierc·ing** *a.* 꿰찌르는; 뼈에 사무치는; 날카로운; 통찰력 있는.
píer glàss (창 사이 벽에 거는) 체경.
pi·er·rot [pí:əròu] (<F. *Pierre* = Peter) *n.* (F.) (P-) 피에로 《프랑스 무언극의 어릿광대》; 어릿광대.
Pie·ta [pì:eitá:, pjei-] *n.* (It.) 피에타《예수의 시체를 안고 슬퍼하는 마리아상》.
pi·e·tism [páiətìzəm] *n.* Ⓤ (P-) (17세기말 독일의) 경건파(敬虔派) (의 주의); 경건(한 체함). **-tist** *n.* (P-) 경건파 교도; 경건한 체 하는 사람.
***pi·e·ty** [páiəti] *n.* ⓊⒸ 경건(한 언행); Ⓤ (어버이·웃어른 등에 대한) 공순(恭順), 순종, 효성.
pi·e·zo·e·lec·tric·i·ty [paiì:zouilèktrísəti] *n.* Ⓤ 〖理〗 압전기.
pif·fle [pífəl] *n., vi.* Ⓤ 《口》 허튼소리(를 하다).
†**pig** [pig] *n.* 돼지, 새끼 돼지; Ⓤ 돼지고기; Ⓒ 《口》 (추접스러운, 게걸스러운, 또는 욕심 많은) 돼지 같은 사람; Ⓤ 무쇠덩이. ***bring*** [***drive***] ***one's ~s to a pretty*** [***a fine, the wrong***] ***market*** 오산하다. ***buy a ~ in a poke*** [***bag***] 잘 보지도 않고 물건을 사다. ***make a ~ of oneself*** 잔뜩 먹다; 욕심부리다.
pig·boat [´bòut] *n.* 《美軍俗》 잠수함.
‡**pi·geon** [pídʒən] *n.* 비둘기.
pígeon brèast 〖醫〗 새가슴.
pígeon Énglish =PIDGIN ENGLISH.
pígeon hàwk (미국산) 송골매.
pigeon-heart·ed [-há:rtid] *a.* 겁많은, 소심한.
pi·geon·hole [-hòul] *n., vi.* 비둘기장의 출입 구멍; 서류 정리장(에 넣다); 정리하다, 기억해 두다; 뒤로 미루다, 묵살하다.
pígeon pàir 《英》 이성(異性) 쌍둥이; 《英》(자식이) 남자하나 여자하나.
pi·geon-toed [-tòud] *a.* 안짱다리의.
pig·ger·y [pígəri] *n.* 《주로 英》 돼지우리; 불결한 곳.
pig·gish [pígiʃ] *a.* 돼지 같은; 탐욕스러운; 불결한.
pig·gy, -gie [pígi] *n.* 돼지새끼. —— *a.* 욕심 많은.
pig·gy·back, -gie- [-bæ̀k] *a., ad.* 등에 업힌[업혀서].
píggy bànk 돼지 저금통.
pig·head·ed [píghèdid] *a.* 고집센, 완고한.
píg ìron 무쇠, 선철(銑鐵).
***pig·ment** [pígmənt] *n.* ⓊⒸ 그림물감; 〖生〗 색소.
pig·men·ta·tion [pìgməntéiʃən] *n.* Ⓤ 〖生〗 염색; 색소 형성.
pig·my, P- [pígmi] *n., a.* =PYGMY.
pig·pen [pígpèn] *n.* 돼지우리.
pig·skin [´skìn] *n.* Ⓤ 돼지의 생가죽[무두질한 가죽]; Ⓒ 《口》 축구공.
pig·sty [´stài] *n.* 돼지우리.
pig·tail [´tèil] *n.* 돼지꼬리; 변발(辮髮); 꼰 담배.
***pike**[1] [paik] *n.* 〖史〗 미늘창(槍), 창.
pike[2] *n.* (*pl.* **~s,** 《集合的》 ~) 〖魚〗 창꼬치(cf. pickerel).
pike[3] *n.* 통행세를 받는 곳; 유료 도로.
pik·er [´ər] *n.* 《美口》 쩨쩨한 노름꾼; 구두쇠.
pike·staff [páikstæ̀f, -ɑ̀:-] *n.* (*pl.* ***-staves*** [-stèivz]) 창자루. ***as plain as ~*** 아주 명백한.
pi·las·ter [pilǽstər] *n.* 〖建〗 벽기둥 《벽에서 불쑥 내밀게 만든 기둥》.
Pi·late [páilət], **Pontius** 빌라도《예수를 처형한 Judea의 총독》.
pi·lau, -law [pilάu, -lɔ́:], **pi·laf(f)** [pilá:f/pílæf] *n.* Ⓤ 육반(肉飯) 《볶은 쌀에 고기·후춧가루를 섞은 요리》.

pilch [piltʃ] *n.* 기저귀(커버).
pil·chard [píltʃərd] *n.* 정어리류(類) 《sardine의 성어(成魚)》.
‡**pile**[1] [pail] *n.* ① 퇴적(堆積), **더미**(heap). ② 화장(火葬)의 장작더미. ③ 《口》 대량(*of*). ④ 대건축물(의 집단). ⑤ 쌓은 재화(財貨); 재산. ⑥ 〖電〗 전퇴(電堆), 전지. ⑦ 〖理〗 원자로(爐) 《reactor 의 구칭》. — *vt.* 쌓아 올리다(*on, up*); 축적하다; 산더미처럼 쌓다. — *vi.* 《口》 와글와글 밀어닥치다(*in, off, out, down*). **~ arms** 〖軍〗 걸어총하다. **~ it on** 《口》 과장하다. **~ up** (배를) 좌초시키다; (비행기를) 결딴내다; (*vi.*) 충돌하다.
pile[2] *n., vt.* (건조물의 기초로서의) 큰 말뚝(을 박아 넣다). **píl·ing** *n.* Ⓤ 《集合的》 큰 말뚝; 말뚝 박기.
pile[3] *n.* Ⓤ 솜털(down); 양털; (우단(羽緞) 따위의) 보풀.
píle drìver 말뚝 박는 기구.
píle hàmmer 말뚝 박는 해머.
piles [pailz] *n. pl.* 〖病〗 치질.
pile·up [páilʌp] *n.* (자동차의) 다중 충돌.
pil·fer [pílfər] *vt., vi.* 훔치다, 좀도둑질하다. **~·age** [-fəridʒ] *n.* Ⓤ 좀도둑질; 〖水產海運〗 발화(拔貨).
‡**pil·grim** [pílgrim] *n.* **순례**〔방랑·여행〕**자**; 《美》 (P-) Pilgrim Fathers 의 한 사람.
***pil·grim·age** [pílgrimidʒ] *n., vi.* **순례 여행**; 긴 여행〔나그네길〕; 인생행로; 순례하다.
Pílgrim Fáthers 1620년 Mayflower 호를 타고 Plymouth에 건너온 영국 청교도단.
‡**pill** [pil] *n.* ① **알약**, 환약; 작은 구형의 것. ② 《俗》 (야구·골프 등의) 공. ③ 《俗》 싫은 사람. 「(하다),
pil·lage [pílidʒ] *n., vt., vi.* Ⓤ 약탈
‡**pil·lar** [pílər] *n.* **기둥** (모양의 것); 주석(柱石). ***from ~ to post*** 여기저기에.
píllar bòx 《英》 우체통.
pill·box [pílbɑ̀ks/-bɔ̀ks] *n.* (얕은) 환약 갑; 작은 요새, 토치카.
pil·lion [píljən] *n.* (같이 타는 여자용의) 뒤안장.
pil·lo·ry [píləri] *n.* 〖史〗 망신칼《죄인의 목과 양손을 끼운 채 뭇사람 앞에서 망신을 당하게 하던 옛날의 형틀》. — *vt.* 망신칼을 씌워 내뵈다; 웃음거리로 만들다.
‡**pil·low** [pílou] *n.* **베개**; 방석, 덧대는 물건(pad). — *vt.* 베개로 하다.
pil·low·case [píloukèis], **-slip** [-slìp] *n.* 베갯잇. 「덮인.
pi·lose [páilous] *a.* 부드러운 털로
†**pi·lot** [páilət] *n.* 도선사(導船士), **수로(水路) 안내인**; 키잡이; 〖空〗 **조종사**; 지도자; 〖機〗 조절기. ***drop the ~*** 훌륭한 지도자를 물리치다. — *vt.* 도선(導船)하다; 지도하다; (비행기를) 조종하다. — *a.* 시험적인, 예비적인. **~·age** *n.* Ⓤ 도선(료); 비행기 조종술. **~·less** *a.* 조종사 없는(*a ~less airplane* 무인기).
pílot ballòon 측풍 기구(測風氣球).
pílot bìscuit 〔**brèad**〕 (뱃사람의) 건빵.
pílot bùrner (가스 점화용의) 불씨.
pílot chùte 유도 낙하산.
pílot fìsh 방어류의 물고기.
pílot làmp 표시등(燈). 「BURNER.
pílot lìght = PILOT LAMP; PILOT
pílot òfficer 《英》 공군 소위.
pílot plànt 시험 공장.
pílot tàpe (스폰서 모집용의) 견본 비디오테이프.
pil·u·lar [píljulər] *a.* 환약(모양)의.
pi·men·to [piméntou] *n.* (*pl.* **~s**) =PIMIENTO; =ALLSPICE; Ⓤ 선명한 적색. 「〖植〗 피망《요리용》.
pi·mien·to [pimjéntou] *n.* (*pl.* **~s**)
pimp [pimp] *n., v.* =PANDER.
pim·per·nel [pímpərnèl, -nəl] *n.* 〖植〗 별봄맞이꽃.
pim·ple [pímpl] *n.* 여드름, 뾰루지. **~d** [-d] *a.* 여드름이 난〔투성이의〕.
†**pin** [pin] *n.* ① **핀, 못바늘**. ② 핀 달린 기장(記章); 장식 핀, 브로치. ③ (나무)못; 빗장. ④ 〖海〗 밧줄을 비끄러매는 말뚝(belaying pin), 노받이; (바이올린 따위의) 줄 조르개. ⑤ 〖볼링〗 병 모양의 표주(標柱), 핀. ⑥ 〖골프〗 hole을 표시하는 깃대. ⑦ (*pl.*) 《口》 다리(leg). ⑧ 하찮은 것. ***in a merry ~*** 기분이 매우 좋아. ***not care a ~*** 조금도 개의〔상관〕치 않다. ***~s and needles*** (손발의) 저림. ***on ~s and needles*** 조마조마하여. — *vt.* (**-nn-**) 핀을 꽂다(*up, together, on, to*); 핀을 찌르다; 옴쭉달싹 못하게 하다, (그 자리에) 못박다; 억누르다; 속박하다(*down*). ***~ one's faith on*** 〔***to***〕 …을 신뢰하다.
pin·a·fore [pínəfɔ̀ːr] *n.* (어린애의) 앞치마; 소매 없는 간이복.
pin·ball [pínbɔ̀ːl] *n.* Ⓤ 핀볼, 코린트 게임.
pínball machìne 핀볼 기계.
pince-nez [pǽnsnèi] *n.* (F.) 코안경.
pin·cers [pínsərz] *n. sing. & pl.* 집게, 뻰찌, 못뽑이; 〖動〗 (게 따위의) 집게발; 〖軍〗 협격(전). 「擊戰).
píncers mòvement 〖軍〗 협격전(挾
pin·cette [pænsét] *n.* (F.) 핀셋(tweezers).
‡**pinch** [pintʃ] *vt.* ① **꼬집다, 집다**, 물리다. ② 잘라내다, 따다(*out*). ③ (구두 따위가) 죄다. ④ 괴롭히다(*for*); 수척하게 하다; (추위 따위로) 움츠러〔지지러〕들게 하다; 바싹 조리차하다〔줄이다〕. ⑤ 《俗》 훔치다(*from, out of*). ⑥ 《口》 체포하다. — *vi.* 죄어들다, (구두 따위가) 꼭 끼다; 인색하게 굴다; (광맥이) 가늘어지다. — *n.* 꼬집음, 집음; 소량, 조금; 압박; 어려움, 곤란; 위기; 《俗》 훔침; 《俗》 포박(捕縛). ***at*** 〔***in, on***〕 ***a ~*** 절박한 때에. **∠·er** *n.* 집는〔물리는〕 사람〔도구〕; (*pl.*)

=PINCERS.
pinch·beck [ˊbèk] *n.* Ⓤ 핀치벡《구리와 아연의 합금; 모조금(模造金)용》; 가짜; 값싼 보석류. ― *a.* 핀치벡의, 핀치벡으로 만든; 가짜의.
pinch-hit [píntʃhít] *vi.* (∼; *-tt-*) 〖野〗 핀치히터로 나서다; 대역(代役)을 하다(*for*). 「타자.
pínch hítter 〖野〗 핀치히터, 대(代)
pin·cush·ion [pínkùʃən] *n.* 바늘 겨레.
Pin·der [píndər] *n.* (522?–443? B.C.) 핀다로스《그리스의 서정 시인》. 「한.
pin·dling [píndliŋ] *a.* 《美方》(병)약
‡pine[1] [pain] *n.* **소나무;** Ⓤ 그 재목.
***pine**[2] *vi.* **수척해지다**(*out, away*); 몹시 그리다〔동경하다〕, **갈망하다**(*for, after*).
pín·e·al bódy〔**glánd**〕 [píniəl] 〖解〗 (뇌의) 송과선(松果腺).
‡pine·ap·ple [páinæ̀pl] *n.* 〖植〗 **파인애플;** 《軍俗》 폭탄, 수류탄.
píne còne 솔방울.
píne nèedle 솔잎. 「주의 딴 이름.
Píne Trèe Státe, the 미국 Main
pin·feath·er [pínfèðər] *n.* 새의 솜털. 「《총탄이 나는 소리》.
ping [piŋ] *n., vi.* 핑 (소리가 나다)
ping-pong [píŋpàŋ, -pɔ̀(:)ŋ] *n.* Ⓤ 핑퐁, 탁구.
pin·head [pínhèd] *n.* 핀 대가리; 사소한〔하찮은〕 것. 「은 구멍.
pin·hole [ˊhòul] *n.* (바늘로 찌른) 작
pin·ion[1] [pínjən] *n.* 새의 날개 끝 부분; 날개; 칼깃, 날개깃. ― *vt.* (날지 못하도록) 날개 끝을 자르다〔날개를 묶다〕; …의 양팔을 동이다; 묶다; 속박하다(*to*).
pin·ion[2] *n.* 〖機〗 (큰 톱니바퀴에 맞물리는) 작은 톱니바퀴.
‡pink[1] [piŋk] *n.* 석죽, **패랭이(의 꽃);** ⓊⒸ **도홍〔분홍〕색,** 핑크빛; 전형(典型), 극치; 《美俗》 (때로 P-) 붉은 물이 든〔좌경한〕 사람. ― *a.* 도홍〔분홍〕색의; 《俗》 좌경한. **ˊ·ish** *a.* 불그레한.
pink[2] *vt.* 찌르다; 가장자리를 들쭉날쭉하게 자르다; 장식 구멍을 내다.
pínk-cól·lar jòbs [píŋkkálər-] 여성의 적직(適職).
pink-col·lar [ˊ-kálər/ˊ-kɔ́l-] *a.* 핑크칼러의《전통적으로 여성이 하는 직종에 종사하는》.
pínk disèase 〖醫〗 지단동통(증)(肢端疼痛(症))《유아병》. 「염성 결막염.
pink·eye [ˊài] *n.* Ⓤ 〖病〗 급성 전
pink·ie [píŋki] *n.* 새끼 손가락.
pínk lády 핑크레이디《칵테일의 일종》. 「사람.
pink·o [píŋkou] *n.* 《美俗》 좌익적인
pínk slìp 《美口》 해고 통지.
pínk·ster flòwer [píŋkstər] 핑크색의 진달래.
pínk téa 《口》 공식적인 리셉션.
pín mòney (아내·딸에게 주는, 또는 자기의) 용돈.
pin·na [pínə] *n.* (*pl.* **∼s, -nae** [-ni:]) 〖動〗 날개; 날개 모양의 부분.
pin·nace [pínis] *n.* 함재용(艦載用) 중형 보트; 소형 스쿠너.
***pin·na·cle** [pínəkəl] *n., vt.* 〖建〗 **작은 뾰족탑;** 높은 산봉우리; 정점(頂點)을 붙이다; 높은 곳에 두다.
pin·nate [píneit, -nit] *a.* 깃 모양의; 〖植〗 우상엽(羽狀葉)이 있는.
Pi·noc·chi·o [pinákiou/-ɔ́-] *n.* 피노키오《이탈리아 동화의 주인공》.
pi·noc(h)·le [pí:nəkl, -nʌkl] *n.* Ⓤ 카드놀이의 일종.
pin·point [pínpɔ̀int] *a.* 핀 끝(만큼)의; (폭격이) 정확한. ― *vt., vi.* 정확하게 가리키다〔폭격하다〕. **pín·point·ing** *n.* 정확한 조준.
pin·stripe [pínstràip] *n.* 가는 세로 줄무늬(의 옷감·옷).
***pint** [paint] *n.* 파인트《½ quart; (英) =0.57 리터, (美) =0.47리터》; 1파인트들이 그릇. 「(軸).
pin·tle [píntl] *n.* (경첩 따위의) 축
pin·to [píntou] *a.* (흑백) 얼룩의. ― *n.* (*pl.* **∼s**) 《美西部》 얼룩말; 얼룩 잠두(蠶豆). 「교적 자그마한.
pint-size [páint-sàiz] *a.* 《美口》 비
pin·up [pínʌ̀p] *n., a.* 《口》 벽에 핀으로 꽂는 (사진); 매력적인 (여자).
pin·wheel [ˊhwì:l] *n.* 회전 불꽃; (장난감의) 종이 팔랑개비.
pin·worm [ˊwə̀:rm] *n.* 요충(蟯蟲).
pinx. *pinxit* (L. =he 〔she〕 painted it). 「나무가 우거진.
pin·y [páini] *a.* 소나무의〔같은〕; 소
PIO 〖軍〗 public information officer 〔office〕. 「간자(pi meson).
pi·on [páiɑn/-ɔn] *n.* 〖理〗 파이(π)중
‡pi·o·neer [pàiəníər] *n., vt., vi.* **개척자;** 선구자; (P-) 미국의 혹성 탐사기; 〖軍〗 공병; 개척하다; 솔선하다.
‡pi·ous [páiəs] *a.* **신앙심이 깊은, 경건한;** 신앙이 깊은 체하는; 종교적인; 《古》 효성스러운(opp. impious). **∼·ly** *ad.*
pip[1] [pip] *n.* (사과·귤 따위의) 씨.
pip[2] *n.* 가금(家禽)의 혓병; 《諧》 가벼운 병. 「점, 별.
pip[3] *n.* (카드놀이 패나 주사위 위의)
pip[4] *vi.* (**-pp-**) (병아리가) 삐악삐악 울다; (시보(時報)가) 삐이하다. ― *vt.* (병아리가 껍질을) 깨고 나오다. ― *n.* (시보의) 삐이 (소리).
pip[5] *vt.* (**-pp-**) 《英》 (총으로) 쏘다; 《英俗》 배척하다; 못쓰게 하다. ― *vi.* 《英俗》 죽다(*out*).
pip·age, pipe- [páipidʒ] *n.* (물·가스·기름의) 파이프 수송; 수송관.
‡pipe [paip] *n.* ① **관**(管), 도관(導管). ② (담배의) 파이프; 한 대의 담배. ③ 피리, 관악기, (파이프 오르간의) 관; (*pl.*)=BAGPIPE(S); 〖海〗 호적(號笛). ④ 노래 소리; 새의 울음소리. ⑤ 술통. ***the* ∼ *of peace***=CALUMET. ― *vt.* (피리를) 불다; 노래하다; 새된 소리로 말하다; 〖海〗 호적으로 부르다; 도관(導管)으로 나르다〔공급하다〕; (옷 따위에) 가선 끈을 달다. ― *vi.* 피리를 불다; 새된 소리를 내다; 〖海〗 호적으로 명령〔신호〕하

다. ~ *down* 〖海〗 호적을 불어 일을 끝마치게 하다; 《俗》 조용〔잠잠〕해지다, 침묵하다. ~ *up* 취주(吹奏)하기 시작하다; 소리지르다 ∠**·ful** [∠fùl] *n.* (담배) 파이프 하나 가득.

pípe clày 파이프 점토(粘土).

pípe drèam 《口》 (아편 흡연자가 하는 따위의) 큰 공상(空想).

pípe èngine 〖空〗 피스톤식 엔진 (opp. jet engine).

***pipe·line** [∠làin] *n.* 송유관; 정보 루트. *in the* ~ 수송〔진행〕중에. ── *vt.* 도관으로 보내다.

pípe òrgan 파이프 오르간.

***pip·er** [páipər] *n.* 피리 부는 사람. *pay the* ~ 비용을 부담하다.

pi·pet(te) [pipét] *n.* 〖化〗 피펫.

***pip·ing** [páipiŋ] *n.* Ⓤ 피리를 붊; 관악(管樂) (pipe music); 새된 소리; 《集合的》 관(管); 관의 재료; (옷의) 가선끈. ── *a.* 새된, 픽픽〔지글지글〕 끓는; 태평한(*the* ~ *times of peace* (북이 아니고, 피리소리 울리는) 태평 성세《Sh.》). ~ *hot* 픽픽 끓을 정도로 뜨거운.

pip·it [pípit] *n.* 종다리의 무리.

pip·kin [pípkin] *n.* 작은 질그릇 병; 《方》 (나무) 들통.

pip·pin [pípin] *n.* 사과의 일종.

pip·y [páipi] *a.* 관(管) 모양의; 관이 있는; 새된《목소리 따위》.

pi·quant [pí:kənt] *a.* 얼얼한, 톡 쏘는(맛 따위); 시원스런, 통쾌한; 《古》 신랄한. **pí·quan·cy** *n.* ⓊⒸ

pique [pi:k] *n.* Ⓤ 성남; 기분이 언짢음, 지르퉁함. ── *vt.* 성나게 하다; (감정을) 상하게 하다; (흥미 따위를) 자아내다; 《古》 자랑하다. ~ *oneself on* 〔*upon*〕 …을 자랑하다.

pi·qué [pikéi/pí:kei] *n.* Ⓤ (F.) 피케 《골지게 짠 무명》.

pi·quet [pikét, -kéi] *n.* Ⓤ (두 사람이 하는) 카드놀이.

pi·ra·cy [páiərəsi] *n.* ⓊⒸ 해적 행위; 저작권 침해.

‡**pi·rate** [páiəriət] *n.* 해적(선); 저작권 침해자; 약탈자. ── *vt., vi.* 해적질을 하다; 약탈하다; 저작권을 침해하다. **pi·rat·ic** [paiərǽtik], **-i·cal** [-əl] *a.*

pir·ou·ette [pìruét] *n., vi.* (스케이트·댄스에서) 발끝 돌기; 발끝으로 급선회하다.

Pi·sa [pí:zə] *n.* 피사《사탑으로 유명한 이탈리아 북서부의 소도시》.

pis·ca·ry [pískəri] *n.* 〖法〗 어업권; 어장.

pis·ca·to·ri·al [pìskətɔ́:riəl], **pis·ca·to·ry** [pískətɔ:ri/-təri] *a.* 어부〔어업〕의.

Pis·ces [páisi:z, pís-] *n. pl.* 〖天〗 물고기자리; 쌍어궁(雙魚宮) 《황도(黃道) 12궁(宮)의 하나》. 「양어법.

pis·ci·cul·ture [písikʌltʃər] *n.* Ⓤ

pis·ci·na [pisáinə, -sí:-] *n.* (*pl.* ***-nae*** [-ni:], ~***s***) 양어못; (교회의) 성수반(聖水盤).

pish [piʃ] *int.* 흥!; 체!《경멸·혐오》.

pis·mire [písmàiər] *n.* 개미(ant).

piss [pis] *n., vi., vt.* 《卑》 ⓊⒸ 오줌(누다).

Pis·sar·ro [pi:sá:rou], **Camille** (1830–1903) 프랑스의 인상파 화가.

pissed [pist] *a.* 《美俗》 화난; 《英俗》 (곤드레만드레) 취한.

pis·ta·chi·o [pistá:ʃiòu] *n.* (*pl.* ~***s***) 〖植〗 피스타치오; 그 열매〔향료〕; Ⓤ 산뜻한 녹색.

***pis·til** [pístil] *n.* 〖植〗 암술.

‡**pis·tol** [pístl] *n., vt.* (《英》***-ll-***) 권총(으로 쏘다). 「금화.

pis·tole [pistóul] *n.* 옛날 스페인의

***pis·ton** [pístən] *n.* 〖機〗 피스톤.

píston ròd 피스톤간(桿).

‡**pit**[1] [pit] *n.* ① 구덩이, 움푹한 곳. ② 함정. ③ 〖採〗 곧은샘, 수갱, 채굴장. ④ (the ~) 지옥. ⑤ 《英》 (극장의) 아래층 뒤쪽 좌석(의 관객). ⑥ 투계(鬪鷄) 〔투견(鬪犬)〕장. ⑦ 얽은 자국. ⑧ 《美》거래소의 일구획. *the* ~ *of the stomach* 명치. ── *vt.* (***-tt-***) 구멍을 내다, 구멍이를〔우묵하게〕 만들다; 곰보를 만들다; (닭·개 따위를) 싸움붙이다(*against*).

pit[2] *n., vt.* (***-tt-***) 《美》 (복숭아 따위의) 씨(를 빼다).

pit·a·pat [pítəpæ̀t] *ad.* 파닥파닥(뛰다 따위); 두근두근 (가슴이 뛰다 따위).

Pít·cairn Ísland [pítkɛərn] 남태평양 Tuamotu 군도 남동쪽의 작은 섬 《영국령》.

‡**pitch**[1] [pitʃ] *n.* Ⓤ 피치, 역청(瀝靑); 수지, 송진. ── *vt.* 피치를 칠하다.

‡**pitch**[2] *vt.* ① (말뚝을) 세우다; (천막을) 치다; (주거를) 정하다. ② (목표를 향해) 던지다; (투수가 타자에게) 투구하다. ③ 〖樂〗 조절하다. ── *vi.* 던지다; 〖野〗 투수를 맡다; 아래로 기울다; (배가) 뒷질하다; 천막을 치다. ~***ed battle*** 정정당당한 싸움. ~ *in* 《美口》 기운차게 하다, 시작하다. ~ *into* 《口》 맹렬히 공격하다; 호되게 꾸짖다. ~ *on* 〔*upon*〕 고르다. ── *n.* 던짐, 고정 위치; 투구; (배의) 뒷질; 점 (point); 정도; ⓊⒸ 〖樂〗 음의 높이; 경사도; Ⓒ (톱니바퀴의 이와 이 사이의) 심거(心距).

pitch-black [∠blǽk] *a., n.* 새까만, 캄캄한; 암흑. 「우라늄광(鑛).

pitch·blende [∠blènd] *n.* Ⓤ 역청

pitch-dark [∠dá:rk] *a.* 캄캄한.

‡**pitch·er**[1] [∠ər] *n.* 물주전자. *The* ~ *goes to the well once too often.* 《俗談》 원숭이도 나무에서 떨어질 때가 있다. ~**·ful** [-fùl] *n.* 물주전자 하나 가득의 양.

‡**pitch·er**[2] *n.* 던지는 사람; 〖野〗 투수.

pítcher plànt 낭상엽(囊狀葉)의 식충 식물.

pitch·fork [∠fɔ̀:rk] *n.* 건초용 쇠스랑〔갈퀴〕; 〖樂〗 음차(音叉).

***pitch·ing** [pítʃiŋ] *n.* Ⓤ 〖野〗 투구〔법〕; 포석(鋪石); (배의) 뒷질.

pitch·man [pítʃmən] *n.* 노점상인; 《俗》 〖라디오·TV〗 야단스러운 선전

을 하는 사람.
pitch·out [pítʃàut] *n.* 〖野〗 피치아웃《러너가 도루할 것을 예상하고 타자가 치지 못하게 공을 빗던지기》.
pítch pìne 송진을 채취하는 소나무.
pítch pìpe 율관(律管).
pitch·y [ˊi] *a.* 피치 같은, 피치가 많은; 진득진득한; 새까만. 「운.
***pit·e·ous** [pítiəs] *a.* **불쌍한**, 애처로
pit·fall [pítfɔ̀:l] *n.* 함정, 유혹.
pith** [piθ] *n.* Ⓤ 〖植〗 **수**(髓); 진수(眞髓), 요점; 《古》 정력, 원기; 힘. ***the ~ and marrow 가장 중요한 점. **ˊ·less** *a.* 수(髓)가 없는; 기력이 없는.
pit·head [píthèd] *n.* 갱구(坑口); 그 부근의 건물.
Pith·e·can·thro·pus [piθikǽnθrəpəs/-kənθróu-] *n.* (*pl.* **-pi** [-pài]) 원인(猿人).
pith·y [píθi] *a.* 수(髓)의 〔같은〕, 수가 많은; 기력이 있는; 간결한.
pit·i·a·ble [pítiəbəl] *a.* 가엾은; 비천한. **-bly** *ad.*
***pit·i·ful** [pítifəl] *a.* **불쌍한**; 비루한; 《古》 인정 많은. 「**~·ly** *ad.*
***pit·i·less** [-lis] *a.* **무정한**, 무자비한.
pit·man [pítmən] *n.* 갱부(坑夫).
pi·ton [pí:tɑn/-ɔ-] *n.* 〖登〗 뾰족한 산꼭대기; (등산용의) 바위에 박는 못, 마우에르하켄.
Pí·tot tùbe [pí:tou-] 〖理〗 피토관.
Pitt [pit], **William**(1708–78), (1759–1806) 영국의 정치가 부자(父子).
pit·tance [pítəns] *n.* 약간의 수입.
pit·ter-pat·ter [pítərpæ̀tər] *n.* 후두두 《비 따위의 소리》; 푸드득(하는 소리).
pi·tu·i·tar·y [pitjú:ətèri / -təri] *n.* 뇌하수체(제제(製劑)).
pitúitary glànd 〔**bòdy**〕 〖解〗 뇌하수체.
‡pit·y [píti] *n.* Ⓤ **연민, 동정**; Ⓒ **애석한 일**; 유감의 원인. ***for ~'s sake*** 제발. ***have*** 〔***take***〕 ***~ on*** …을 불쌍히 여기다. ***out of ~*** 딱하게〔가엾이〕 여겨. ***It is a ~*** 〔***a thousand pities***〕 ***that*** …이라니 딱한 일〔가엾은 일, 유감천만〕이다. ***What a ~!*** 참으로 딱하다〔유감이다〕. **—** *vt., vi.* 가엾게 여기다. **~·ing** *a.* 불쌍히 여기는, 동정하는. **~·ing·ly** *ad.*
***piv·ot** [pívət] *n.* **선회축**(旋回軸); (부채의) 사북; 중심점, 요점. **—** *vt.* 선회축 위에 놓다, 선회축을 붙이다. **—** *vi.* 축으로 회전하다, 축상(軸上) 회전하다. **~·al** *a.*
pix [piks] *n. pl.* (*sing. pic*) 《美俗》 〖新聞〗 사진; 영화.
pix·i·lat·ed [píksəlèitid] *a.* 머리가 좀 돈; 이상〔야릇〕한; 《美俗》 취한.
pix·y, pix·ie [píksi] *n.* 요정(妖情).
pizz. *pizzicato.*
piz·za [pí:tsə] *n.* (It.) 토마토·치즈·고기 따위가 얹힌 큰 파이.
piz·zi·ca·to [pitsiká:tou] *a., ad.* 《It.》 〖樂〗 피치카토의〔로〕; 현(絃)을 손톱으로 타는〔뜯어〕. **—** *n.* (*pl.* ***-ti*** [-ti:]) 피치카토곡(曲).
pj's [pí:dʒèiz] *n. pl.* 《美口》 = PAJAMAS.
pk. pack; park; peak; peck. **pkg.** package(s). **pkt.** packet. **pl.** place; plate; plural. **P. L.** Paradise Lost; perfect liberty; Poet Laureate. **P.L.A.** Port of London Authority.
plac·a·ble [plǽkəbəl, pléi-] *a.* 달래기 쉬운; 관대한; 온화한. **plac·a·bil·i·ty** [ˋ–bíləti] *n.* Ⓤ
‡plac·ard [plǽkɑ:rd, -kərd] *n.* 벽보; 삐라; 포스터; **플래카드**. **—** [英+–ˊ] *vt.* 삐라를 붙이다; 삐라로 광고하다; 게시하다. 「*vt.* 달래다.
pla·cate [pléikeit, plǽk-/pləkéit]
pla·ca·to·ry [pléikətɔ̀:ri, plǽk-] *a.* 달래는, 회유〔융화〕적인(~ *policies* 회유책).
†place [pleis] *n.* ① **장소**; 곳. ② 자리. ③ 지방, 소재지《시·읍·면 따위》. ④ 거소, 주소, 주택, 저택, 건축물. ⑤ 위치, **지위**, 계급, 관직(office), 근무처. ⑥ 본분, 역할, 직무; (현재 차지하고 있는) 위치, 지위. ⑦ (공간에 있어서의) 순서, 〖競〗 선착《1착에서 3착까지》. ⑧ **좌석**. ⑨ 〖數〗 자리, 위(位) (*to 3 decimal ~s* 소수점 이하 세 자리까지). ⑩ 여지; 기회, 호기(好機) (*a ~ in the sun* 출세의 좋은 기회). ***give ~ to*** …에게 자리〔지위〕를 물려 주다. ***in*** 〔***out of***〕 ***~*** 적당〔부적당〕한 (위치에). ***in ~ of*** …의 대신으로. ***know one's ~*** 자기 분수를 알다. ***make ~ for*** …을 위해 자리를 만들다. ***take ~*** 일어나다(happen); 개최되다. ***take the ~ of*** …의 대리를 하다. **—** *vt.* 두다, **놓다**; 배치〔정돈〕하다; 직위에 앉히다, 임명하다; (주문을) 내다; 투자하다; 장소를〔연월·등급을〕 정하다; 인정〔확인〕하다, 생각해 내다.
pla·ce·bo [plətʃéibou] *n.* (실효 없는) 안심시키기 위한 약; 《一般》 위안.
pláce kìck 〖蹴〗 플레이스킥.
place-kick [pléiskìk] *vt., vi.* 〖蹴〗 플레이스킥하다.
place·man [pléismən] *n.* 《英》 관리, 공무원《특히 사욕을 채우는 자》.
***place·ment** [pléismənt] *n.* Ⓤ 놓음, **배치**; 직업 소개; 채용, 고용; 〖蹴〗 공을 땅에 놓기《place kick을 위해》, 그 위치; (학력에 의한) 반 편성.
plácement tèst (신입생 따위의 반 편성을 위한) 학력 테스트.
place-name [pléisnèim] *n.* 지명.
pla·cen·ta [pləséntə] *n.* (*pl.* **~s**, ***-tae*** [-ti:]) 〖解·動〗 태반.
plac·er [plǽsər] *n.* 〖鑛〗 충적광상(沖積鑛床), 사광(砂鑛); 세광소(洗鑛所), 사금 채취장.
plácer góld 사금.
plácer mìning 사금 채취.
pla·cet [pléisət] *n.* 가(可), 찬성; 찬성 투표. ***non ~*** 불찬성(투표).
***plac·id** [plǽsid] *a.* **평온한**; 침착〔잔잔〕한. **~·ly** *ad.* **~·ness** *n.* **pla·cid·i·ty** *n.* Ⓤ 평정, 평온.

plack·et [plǽkit] *n.* (스커트의) 아귀.
plac·oid [plǽkɔid] *a.* 방패 모양의 《비늘》.
pla·gia·rize [pléidʒiəràiz, -dʒjə-] *vt., vi.* (남의 문장·고안 등을) 표절하다, 도용하다. **-rism** [-rìzəm] *n.* 표절(물). **-rist** *n.* 표절자. **-gia·ry** *n.* 표절(자).
pla·gi·o·clase [pléidʒiəklèis] *n.* 〖鑛〗 사장석(斜長石).
‡**plague** [pleig] *n.* ① Ⓤ 역병(疫病). ② (the ~) 페스트. ③ ⓊⒸ 천재, 재해; 천벌. ④ 《口》 성가신 사람; 귀찮은 일; 말썽. —— *vt.* 역병에 걸리게 하다; 괴롭히다. **plá·gu(e)y** *a.* 《古·方》 성가신, 귀찮은.
plaice [pleis] *n.* (*pl.* ~*s,* 《集合的》 ~) 가오리·넙치의 무리.
***plaid** [plæd] *n.* 격자무늬 (나사); (스코틀랜드 고지인이 걸치는) 격자무늬 나사의 어깨걸이. *∠**·ed** [∠id] *a.*
†**plain** [plein] *a.* ① 명백한; 평이한; 쉬운; 단순한. ② 무늬[장식]없는. ③ 보통의. ④ 소박[수수]한; (음식이) 담박한. ⑤ 솔직한. ⑥ (여자가) 예쁘지 않은. ⑦ 평탄한. *in ~ terms* [*words*] 솔직히 말하면. ‡∠**·ly** *ad.* 명백하게; 솔직히. ∠**·ness** [n.
pláin clóthes 평복, 통상복.
pláin-clóthes màn [∠klóuðz] 사복 형사.
pláin déaling 솔직, 정직.
pláin lánguage (통신문의) 암호를 사용하지 않은 표현.
pláin sáiling 〖海〗 평온한 항해; 순조로운 진행.
plains·man [∠zmən] *n.* 평원의 주민.
pláin sòng 〖宗〗 단성 성가(單聲聖歌); 정선율(定旋律); 단순하고 소박한 곡[선율].
pláin spéaking 직언(直言).
plain-spo·ken [∠spóukən] *a.* (말이) 솔직한. 「탄; 〖法〗 고소(장).
plaint [pleint] *n.* 불평; 《古·詩》 비
plain·tiff [pléintif] *n.* 〖法〗 원고(原告) (opp. defendant).
***plain·tive** [pléintiv] *a.* 애처로운, 슬픈. ~**·ly** *ad.* ~**·ness** *n.*
***plait** [pleit, plæt/plæt] *n., vi.* 주름(을 잡다); 끈 끈; 땋은 머리; 엮은 밀짚(braid); 짜다, 엮다, 땋다.
†**plan** [plæn] *n.* 계획, 설계; 방책; 방법; 도면, 설계도; (시가 등의) 지도. —*vt., vi.* (*-nn-*) 계획[설계]하다; 설계도를 그리다; 뜻하다(*to* do).
plan·chette [plæntʃét/plɑ:nʃét] *n.* 플랑셰트《하트 모양의 점치는 판》.
‡**plane**[1] [plein] *n.* ① (수)평면. ② (발달의) 정도, 수준. ③ 비행기; 〖空〗 날개. —— *a.* 평평한, 수평한; 평면의. —— *vi.* 활주하다; (보트가 달리면서) 수면에서 떠오르다.
plane[2] *n.* 대패; 평평하게 깎는 기계. —— *vt., vi.* 대패질하다; 대패로 깎다. **plán·er** *n.* 평삭기(平削機).
pláne[3] **(trèe)** *n.* 플라타너스. 「학.
pláne geómetry 〖數〗 평면 기하
‡**plan·et** [plǽnit] *n.* 유성(遊星), 혹성; 운성(運星).
***plan·e·tar·i·um** [plæ̀nətέəriəm] *n.* (*pl.* ~*s,* *-ia*[-iə]) 플라네타륨, 천상의(天象儀), (천상의를 설비한) 천문관(館).
***plan·e·tar·y** [plǽnətèri/-təri] *a.* 혹성의 (작용에 의한); 방랑하는, 부정(不定)한; 지상[현세]의.
plan·e·tes·i·mal [plæ̀nətésəməl] *n., a.* 〖天〗 미(微) 행성체(의). ~ *hypothesis* 미행성설《태양에서 분출하여 이룩된 무수한 미행성이 모여 행성이 되었다는》.
plan·form [plǽnfɔ̀:rm] *n.* (비행기 등의) 평면 도형.
pla·ni·form [pléinəfɔ̀:rm] *a.* 평평한.
pla·nim·e·ter [pleinímitər] *n.* 플래니미터《불규칙한 도형의 면적을 재는 구적계》. 「조견표.
plan·i·sphere [plǽnisfìər] *n.* 성좌
‡**plank** [plæŋk] *n.* ① 두꺼운 판자. ② 정강(政綱)의 조항. *walk the ~* 뱃전 밖으로 내민 판자 위를 눈을 가린 채 걸림을 당하다《해적의 사형》. —— *vt.* ① 판자를 깔다; 밑에 놓다 (*down*). ② 《口》 즉시 지불하다 (*down, out*). ③ 《美》 (고기를) 판자 위에서 구운 채 내놓다. ∠**·ing** *n.* Ⓤ 판자깔기; 《集合的》 두꺼운 판자.
plank·ton [plǽŋktən] *n.* ⓊⒸ 〖生〗 플랑크톤, 부유(浮游) 생물.
planned [plænd] *a.* 계획된; 정연한.
plánned ecónomy 계획 경제.
plánned párenthood (산아 제한에 의한) 가족 계획.
plan·ning [plǽniŋ] *n.* 계획; 평면계획; 〖컴퓨터〗 계획화. 「*n.* 평면계.
pla·nom·e·ter [plənámitər/-nɔ́mi-]
plán posítion indicàtor (레이더의) 전파 영상경《약칭 PPI》.
†**plant** [plænt, -ɑ:-] *n.* ① 식물; 《狹義》 (수목에 대한) 풀, 초본(草本); 묘목, 접나무. ② 기계 일습, (공장의) 설비; 공장; 장치. ③ 《俗》 책략, 속임수. ④ (청중 등 사이에 끼어드는) 한통속; 밀정. ⑤ 〖劇〗 복선(伏線). —— *vt.* ① 심다, (씨) 뿌리다. ② (물고기를) 방류(放流)하다, (굴 따위를) 양식하다. ③ 놓다, 설비하다; 건설하다. ④ 식민(植民)하다. ⑤ 처박아 넣다, 찌르다(*in, on*); 《口》 (타격을) 주다. ⑥ (주의·교의(教義)를) 주입하다. ⑦ 《俗》 (훔친 물건을) 감추다. *~ on* (가짜를) 속여서 안기다. *~ out* (모판에서) 땅으로 옮겨 심다; (모종을) 간격을 두어 심다. *∠**·er** *n.* 심는[씨 뿌리는] 사람; 파종기(機); 재배자, 농장 주인; 식민자.
Plan·tag·e·net [plæntǽdʒənit] *n.* 〖英史〗플랜태지닛 왕가(1154–1485)의 사람.
plan·tain[1] [plǽntin] *n.* 〖植〗 질경이.
plan·tain[2] *n.* (요리용) 바나나.
‡**plan·ta·tion** [plæntéiʃən] *n.* 대농원, 재배장; 식림(植林)(지); 식민(지).
plan·ti·grade [plǽntəgrèid] *a., n.* 〖動〗 발바닥으로 걷는, 척행성(蹠行性)의; 척행 동물《사람·곰 따위》.

plant·ing [plǽntiŋ, plɑ́ːn-] *n.* 심기, 재배; 파종; 식수 조림; 〖建〗 기초 밑층.

plánt lòuse 진디(aphis).

plaque [plæk/plɑːk] *n.* (벽에 거는 장식용) 틀, 액자.

plash [plæʃ] *n.* 점벙점벙, 철벅철벅(소리); 웅덩이. —— *vt., vi.* 점벙점벙 소리나(게 하)다. ∠·y *a.*

***plas·ma** [plǽzmə], **plasm** [plǽzəm] *n.* Ⓤ 〖生〗 원형질; 〖解·生〗 **혈장**(血漿), 임파액; 유장(乳漿).

plas·mid [plǽzməd] *n.* 〖生〗 플라스미드《염색체의 유전 결정 인자》.

plas·mo·di·um [plæzmóudiəm] *n.* (*pl.* **-dia** [-diə]) 〖植〗 변형체; 〖動〗 말라리아 원충(原蟲).

plas·mol·y·sis [plæzmɑ́ləsis/-mɔ́l-] *n.* Ⓤ 〖生〗 원형질 분리.

‡**plas·ter** [plǽstər, -ɑ́ː-] *n.* ① Ⓤ **회반죽**; 석고. ② **반창고**, 고약. ～ *of Paris* 소(燒)석고. —— *vt.* 회반죽을 바르다; 온통 발라 붙이다; 고약을 붙이다. ～·er *n.* 미장이; 석고장(匠).

plás**ter cást** 석고상(像); 〖醫〗 깁스 붕대. ***get out of the*** ～ 깁스가 떨어지다.

pláster sáint 완전한 인간《도덕적 결점도 인간적 결점도 없는》.

***plas·tic** [plǽstik] *a.* ① **형성하는**; 소조(塑造)할 수 있는, **어떤 형태로도 될 수 있는**. ② **유연한**; 감수성이 강한. ③ 소조(술)의; 〖醫〗 성형의. —— *n.* 가소성(可塑性) 물질, 플라스틱. **plas·tíc·i·ty** *n.* Ⓤ 가소성, 유연성.

plástic árt 조형 미술.

plástic bómb 플라스틱 폭탄.

plástic cláy 배토(坏土), 소성(塑性) 점토.

plástic crédit 《美》 크레디트 카드에 의한 신용 대출.

plástic operátion 성형 수술.

plástic súrgery 성형 외과.

plas·tid [plǽstəd] *n.* 〖生〗 색소체.

plat [plæt] *n.* 구획한 땅, 작은 땅; 《美》 (토지의) 도면, 지도.

‡**plate** [pleit] *n.* ① **판금**; 판유리. ② 표찰. ③ 금속판, 전기판, 연판(鉛版); 금속 판화(版畫); 도판(圖版). ④ 〖寫〗 감광판(感光板), 종판(種板). ⑤ 〖史〗 쇠미늘 갑옷. ⑥ (납작하고 둥근) 접시; 접시 모양의 것; 요리 한 접시; (1인분의) 요리. ⑦ (교회의) 헌금 접시. ⑧ ⓊⒸ 《주로 英》 금〔은〕(도금한) 식기; 금〔은〕상배. ⑨ 〖齒〗 의치 가상(義齒假床). ⑩ 〖解·動〗 얇은 켜〔층〕. ⑪ 〖建〗 (벽 위의) 도리. ⑫ 〖野〗 본루, 투수판. ⑬ 〖電〗 (진공관의) 양극. ⑭ 소의 갈비 밑의 얇은 고기. —— *vt.* (금·은 따위를) 입히다, 도금하다; 판금(板金)으로 덮다; 전기판〔연판〕으로 하다. ∠·**ful** [pléitfùl] *n.* 한 접시(분).

***pla·teau** [plætóu/∠-] *n.* (*pl.* ～**s**, ～**x** [-z]) **고원**; 〖心〗 플래토 상태《학습의 침체기》.

pláte bàsket 《英》 식기 바구니.

pláte gláss 두꺼운 판유리.

plate·lay·er [∠lèiər] *n.* 《英》 〖鐵〗 선로공.

plat·en [plǽtən] *n.* (인쇄기의) 압판(壓版); (타이프라이터의) 롤러.

pláten préss 평압 인쇄기.

‡**plat·form** [plǽtfɔːrm] *n.* ① **단**(壇), 교단, 연단; (층계의) 층계참. ② (역의) **플랫폼**; 《美》 (객차의) 승강구, 덱. ③ (정당의) **강령**; 계획.

plátform scále 앉은뱅이 저울.

plátform tìcket 《英》 (정거장의) 입장권.

plat·i·na [plǽtənə, plətíːnə] *n.* Ⓤ 플라티나《천연 그대로의 백금; cf. platinum》.

plat·ing [pléitiŋ] *n.* Ⓤ 도금; 철판 씌우기, 장갑(裝甲); 그 철판.

***plat·i·num** [plǽtənəm] *n.* Ⓤ **백금**; 백금색(色).

plátinum blónde 엷은 금발(의 여자.

plat·i·tude [plǽtətjùːd / -tjùːd] *n.* Ⓤ 단조, 평범; Ⓒ 평범〔진부〕한 이야기. **plat·i·tu·di·nous** [∸-tjúːdənəs/-tjúː-] *a.*

***Pla·to** [pléitou] *n.* **플라톤**《그리스의 철학자(427?–347? B. C.)》.

Pla·ton·ic [plətɑ́nik/-ɔ́-] *a.* 플라톤(철학)의; (연애 따위) 정신적인; 이상〔비현실〕적인.

Platónic lóve 정신적 연애.

Pla·to·nism [pléitənìzəm] *n.* 플라톤 철학. **-nist** *n.* 플라톤학파의 사람.

pla·toon [plətúːn] *n.* 〖軍〗 소대《company와 squad의 중간》.

***plat·ter** [plǽtər] *n.* 《美》 (타원형의 얇은) 큰 접시; 《美俗》 레코드, 음반; 〖野〗 본루.

plat·y·pus [plǽtipəs] *n.* (*pl.* ～**es**, **-pi** [-pài]) 〖動〗 오리너구리(duckbill).

plau·dit [plɔ́ːdət] *n.* (보통 *pl.*) 박수, 갈채; 칭찬.

***plau·si·ble** [plɔ́ːzəbəl] *a.* (핑계가) **그럴 듯한**; 말솜씨가 좋은. **-bly** *ad.* **plau·si·bil·i·ty** [∸-bíləti] *n.* Ⓤ

†**play** [plei] *vi.* ① **놀다**, 장난치며 놀다, 뛰놀다. ② 살랑거리다, 흔들거리다; 어른거리다, 번쩍이며 비치다. ③ 분출하다. ④ **경기를 하다**. ⑤ 내기〔노름〕하다. ⑥ 거동하다. ⑦ **연주하다**(*on, upon*). ⑧ **연극을 하다**. ⑨ 가지고 놀다, 농락하다(*with, on, upon*). —— *vt.* ① (놀이를) **하다**. ② (사람·상대 팀과) 승부를 겨루다, …의 상대가 되다. ③ 흔들〔너울, 어른〕거리게 하다. ④ (극을) **상연하다**, …의 역(役)을 맡아 하다. ⑤ 악기를 타다〔켜다〕, (곡을) **연주하다**. ⑥ (낚시에 걸린 고기를) 가지고 어르다. ⑦ 가지고 놀다, 우롱하다. ⑧ (탄알 따위를) 발사하다. ⑨ 〖카드〗 패를 내어놓다. ～ ***at*** …을 하며 놀다. ～ ***away*** (재산을) 탕진하다; 놀며 (때를) 보내다. ～ ***both ends against the middle*** 양다리 걸치다; 어부지리를 노리다. ～ ***down*** 얕보다(minimize); (회화·연기의) 정도를 낮추다. ～ ***fair*** 공명정대하게 행하다. ～ ***foul*** 〔***false***〕

속임수를 쓰다, 야바위치다. ~ *into the hands of* …에게 유리하게 행동하다, …을 일부러 이기게 하다. ~ *it low down on* 《俗》 …에게 대해 불공평〔부정〕한 짓을 하다. ~ *off* 속이다; …에 창피를 주다, 업신여기다; 결승전을 하다. ~ *on* 〔*upon*〕 …을 이용하다, …에 편승하다. ~ *out* (연주·경기 따위를) 끝까지 다 하다; 다 써버리다; 기진맥진케 하다. ~ *to the* GALLERY. ~ *up* (경기 따위에서) 분투하다. ~ *up to* …을 후원하다; …에게 아첨하다. —— *n.* ① Ⓤ **놀이,** 장난. ② 기분 전환, 오락; 농담. ③ ⓊⒸ 내기, 노름. ④ 경기; 경기의 차례; Ⓤ 경기 태도. ⑤ **연극,** 희곡. ⑥ Ⓤ **활동,** 행동; 작용; 마음대로의 움직임, 운동의 자유. ⑦ ⓊⒸ 번쩍임, 어른거림. *at* ~ 놀고. *come into* ~ 일〔작용〕하기 시작하다. *give* (*free*) ~ *to* 자유로 …하게 하다. *in full* ~ 충분히 활동하고 있는. *in* ~ 농으로; 활동하고 있는. ~ *on words* 익살.

pla·ya [pláiə] *n.* 플라야《미국 서부 사막의 우묵한 평원》; (스페인의) 해안 보양지. 「(기 장치).

play·back [pléibæ̀k] *n.* 녹음 재생

play·bill [pléibìl] *n.* 연극의 프로그램〔광고 삐라〕. 「탕아.

play·boy [ˊbɔ̀i] *n.* (돈많은) 난봉꾼,

play·day [ˊdèi] *n.* (학교의) 휴일; 《英》 (광부 등의) 휴업일; 《美》 학교 대항 경기회.

†**play·er** [pléiər] *n.* **경기자;** 직업 선수; 배우; 연주자; 자동 연주 장치.

pláyer piáno 자동 피아노.

play·fel·low [pléifèlou] *n.* 놀이 친구(playmate). 「담의. ~·**ly** *ad.*

play·ful [ˊfəl] *a.* 놀기 좋아하는; 농

play·girl [ˊgə̀:rl] *n.* (쾌락에 몰두하는) 여자. 「다니는 사람.

play·go·er [ˊgòuər] *n.* 연극 구경 잘

‡**play·ground** [ˊgràund] *n.* **운동장.**

play·house [ˊhàus] *n.* 극장; (아이들) 놀잇간.

pláying càrd 트럼프 패.

play·mak·er [pléimèikər] *n.* (팀 경기에서) 공격의 계기를 만드는 선수.

‡**play·mate** [ˊmèit] *n.* **놀이 친구.**

play-off [ˊɔ̀:f/-ɔ̀f] *n.* (비기거나 동점인 경우의) 결승 경기.

play·pen [ˊpèn] *n.* (격자로 둘러친) 어린이 놀이터.

***play·thing** [ˊθìŋ] *n.* **장난감**(toy).

play·time [ˊtàim] *n.* Ⓤ 노는 시간.

play·wright [ˊràit] *n.* 극작가.

pla·za [plá:zə, plǽzə] *n.* (Sp.) (도시의) 광장. 「호; 〖法〗 항변(抗辯).

***plea** [pli:] *n.* **탄원;** 구실; 변명, 변

pleach [pli:tʃ] *vt.* (가지와 가지를) 얽히게 하다; …을 엮다

‡**plead** [pli:d] *vt.* (~*ed,* 《美口·方》 *ple(a)d* [pled]) **변호**〔항변〕**하다;** 주장하다; 변명으로서 말하다. —— *vi.* **변호**〔항변〕**하다**(*against*); **탄원하다** (*for*); 〖法〗 답변하다. ~ *guilty* 〔*not guilty*〕 복죄〔불복〕하다, 사실이 있다고〔없다고〕 말하다. ˊ~·**er** *n.* 변론자; 변호사; 탄원자. ˊ~·**ing** *n.* Ⓤ 변론; 변명; 〖法〗 변호.

†**pleas·ant** [pléznt] *a.* **유쾌한**(pleasing), **즐거운;** 쾌활한; 맑은. *~·**ly** *ad.* ~·**ness** *n.* ~·**ry** *n.* Ⓤ 익살; Ⓒ 농담.

†**please** [pli:z] *vt.* ① **기쁘게 하다,** 만족시키다; …의 마음에 들다. ② **부디, 제발.** —— *vi.* 기뻐하다; 좋아하다, 하고 싶어하다. *be* ~*d to* do 기꺼이 …하다; …해 주시다. *be* ~*d* …이 마음에 들다; …을 기뻐하다. *with if you* ~ 부디; 실례를 무릅쓰고; 글쎄 말에요, 놀랍게도. ~ *god* 신의 뜻이라면, 잘만 나간다면. ~**d** [-d] *a.* ‡**pléas·ing** *a.* **유쾌한;** 만족한; 붙임성 있는.

pleas·ur·a·ble [pléʒərəbəl] *a.* 유쾌한; 즐거운, 기분좋은.

†**pleas·ure** [pléʒər] *n.* ① Ⓤ **즐거움;** 쾌락; Ⓒ 유쾌한 것〔일〕. ② ⓊⒸ 오락. ③ Ⓤ 의지; 욕구; 기호. *at* ~ 마음대로. *take a* ~ *in* …을 즐기다, 좋아하다. *with* ~ 기꺼이.

pléasure bòat 유람선.

pléasure gròund 유원지.

pléasure trìp 유람 여행.

pleat [pli:t] *n., vt.* 주름(을 잡다).

plebe [pli:b] *n.* 《美》 사관학교의 최하급생.

***ple·be·ian** [plibí:ən] *n.* (옛 로마의) **평민.** —— *a.* 평민〔보통〕의; 비속한.

pleb·i·scite [plébəsàit, -sit] *n.* 국민투표. 「(옛 로마의) 평민; 민중.

plebs [plebz] *n.* (*pl.* ***plebes*** [plí:bi:z])

plec·trum [pléktrəm] *n.* (*pl.* ~*s,* -***tra*** [-trə]) (현악기의) 채.

pled [pled] *v.* plead의 과거(분사).

‡**pledge** [pledʒ] *n.* ① ⓊⒸ **서약.** ② (the ~) 금주의 맹세. ③ ⓊⒸ 담보〔저당〕(물); 질물(質物). ④ 축배. ⑤ 보증. ⑥ 표시; 입회 서약자. *take* 〔*sign*〕 *the* ~ 금주의 맹세를 하다. —— *vt.* 서약하다〔시키다〕; 저당〔전당〕잡히다, 담보로 넣다; (건강을 위해) 축배를 들다. **pledg·ée** *n.* 질권자. **plédg·er,** 〖法〗 **pledg(e)·ór** *n.* 전당 잡히는 사람; (금주의) 서약자.

Ple·iads [plí:əd, pláiəd / pláiəd], **Ple·ia·des** [-dì:z] *n. pl.* 〖天〗 묘성(昴星); 일곱으로 된 한 벌, 7인조.

Pleis·to·cene [pláistəsì:n] *a., n.* 〖地〗 갱신세(更新世)의.

***ple·na·ry** [plí:nəri, plén-] *a.* **충분한;** 완전한; 절대적인; 전원 출석의. ~ *meeting* 〔*session*〕 본회의.

plen·i·po·ten·ti·ar·y [plènipətén-ʃəri, -ʃièri] *n.* 전권 대사〔위원〕. —— *a.* 전권을 가지는.

plen·i·tude [plénətjù:d / -tjù:d] *n.* Ⓤ 충분; 완전; 풍부.

***plen·te·ous** [pléntiəs, -tjəs] *a.* = PLENTIFUL. 「*ad.*

‡**plen·ti·ful** [pléntifəl] *a.* **많은.** ~·**ly**

†**plen·ty** [plénti] *n.* Ⓤ **풍부, 많음,**

충분(*of*). **in ～** 많이; 충분히. —— *a.* 《口》 많은, 충분한. —— *ad.* 《口》 충분히.

ple·o·chro·ic [pli:əkróuik] *a.* (투명한 결정이 각도에 따라) 다색성(多色性)의.

ple·o·nasm [plí:ənæ̀zəm] *n.* UC 용어법(冗語法). **ple·o·nas·tic** [ˋ–nǽstik] *a.*

pleth·o·ra [pléθərə] *n.* 과다(過多); 《廢》 다혈증. **ple·thor·ic** [pliθɔ́:rik, -θɑ́r-, pléθə-/pleθɔ́r-] *a.*

pleu·ra [plúərə] *n.* (*pl.* **-rae** [-ri:]) 〖解〗 늑막.

pleu·ri·sy [plúərəsi] *n.* U 〖醫〗 늑막염.

Plex·i·glass [pléksəglæ̀s, -ɑ̀:-] *n.* U 〖商標〗 플렉시 유리《플라스틱 유리》.

plex·us [pléksəs] *n.* (*pl.* **～es**, **～**) 〖解〗 망(網), 총(叢); 복잡한 관계.

pli·a·ble [pláiəbəl] *a.* 휘기 쉬운, 유연(柔軟)한; 고분고분한, 유순한. **pli·a·bil·i·ty** [ˋ–bíləti] *n.* U 유연(성); 유순(성).

pli·ant [pláiənt] *a.* =PLIABLE. **-an·cy** *n.* U =PLIABILITY.

pli·ers [pláiərz] *n. pl.* 집게; 굽히는 사람[것].

***plight¹** [plait] *n.* (나쁜) **상태**, 곤경.

plight² *n.*, *vt.* 서약[약혼](하다). **～ *one's* troth** 서약[약혼]하다.

plinth [plinθ] *n.* 〖建〗 원주(圓柱)의 토대(土臺), 주각(柱脚).

Pli·o·film [pláiəfilm] *n.* 〖商標〗 투명 방수포《우비·포장용》.

PLO Palestine Liberation Organization.

PL/1 〖컴퓨터〗 Programming Language One.

***plod** [plɑd/-ɔ-] *vi.*, *vt.* (**-dd-**), *n.* **터덕거리다**, 무거운 발걸음으로 걷다[걷기] (*on, along*); 그 발소리; (*vi.*) 꾸준히 일[공부]하다(*at, away, through*).

plonk [plɑŋk/-ɔ-] *n.* 폭, 쑥, 풍덩《구멍, 물속 따위에 떨어지는 소리》; U 《英口》 값싼 포도주.

plop [plɑp/-ɔ-] *n.* 풍덩[첨벙] 떨어짐. —— *ad.* 풍덩, 첨벙하고. —— *vi.*, *vt.* (**-pp-**) 풍덩하고 떨어지다[떨어뜨리다].

plo·sive [plóusiv] *n.*, *a.* 〖音聲〗 파열음(의).

‡plot [plɑt/-ɔ-] *n.* (나쁜) 계획, **음모**; (소설·극 따위의) **줄거리**; 작은 지면(地面); 도면(圖面). —— *vt.* (**-tt-**) 계획하다, 음모를 꾸미다; 도면을 작성하다; (토지를) 구획하다(*out*); 도면에 기입하다. —— *vi.* 음모를 꾀하다(*for, against*). **ˊ·ter** *n.* 음모자; 〖컴퓨터〗 작도(作圖) 장치.

plótting pàper 방안지, 모눈종이.

‡plough [plau] *n.*, *v.* 《英》 =PLOW.

plov·er [plʌ́vər] *n.* 〖鳥〗 물떼새.

‡plow [plau] *n.* **쟁기**; 제설기(除雪機) (snowplow); 《英》 경작지; (P-) 북두칠성. **follow the ～** 농업에 종사하다. **～ back** 재투자하다. **put[set] *one's* hand to the ～** 일을 시작하다. **under the ～** 경작되어. —— *vt.* 쟁기질하다, 갈다; 두둑을 만들다; 파도를 헤치고 나아가다; 《英口》 낙제시키다. —— *vi.* 쟁기로 갈다; 갈듯이 나아가다(*through*); 《英口》 낙제하다. **～ *one's* way** 고생하며 나아가다. **～ the sand(s)** 헛수고하다.

plow·boy [ˊbɔ̀i] *n.* 쟁기 멘 소를 모는 아이, 촌사람.

plow·land [ˊlæ̀nd] *n.* 경지(耕地).

plow·man [ˊmən] *n.* 쟁기질하는 사람; 농부.

plow·share [ˊʃὲər] *n.* 보습.

plow·tail [ˊtèil] *n.* 쟁깃자루.

‡pluck [plʌk] *vt.* ① (새의) **털을 잡아 뽑다**; (꽃·과실 따위를) **따다**; 잡아당기다[뽑다]. ② 《英》 (용기를) 불러 일으키다(*at*). ③ 《俗》 잡아채다, 탈취[사취]하다. ④ (현악기의 줄을) 퉁겨 소리내다. ⑤ 《英俗》 낙제시키다. —— *vi.* 획 당기다(*at*); 붙잡으려고 하다(*at*). **get ～ed** 낙제하다. **～ up** 잡아뽑다; 뿌리째 뽑다; (용기를) 불러 일으키다. —— *n.* 잡아당김, 쥐어뜯음; U (소 따위의) 내장; 용기. **ˊ·y** *a.* 용기 있는, 기력이 좋은, 단호한.

***plug** [plʌg] *n.* ① **마개**; (충치의) 충전물(充塡物); 소화전(栓) (fireplug); 〖機〗 (내연 기관의) 점화전(栓) (spark plug); 〖電〗 플러그. ② 고형(固形) 담배, 씹는 담배. ③ 《주로 美俗》 늙어 빠진 말(馬). ④ 《口》 (라디오·텔레비전 프로 사이에) 끼우는 광고 방송; 추천. ⑤ 실크해트. —— *vt.* (**-gg-**) 마개를 하다, 틀어 막다; 《俗》 탄환을 쏘다; 치다, 때리다; 《口》 (라디오·텔레비전 등에서) 집요하게 광고하다. —— *vi.* 《口》 부지런히 일하다. **～ in** 〖電〗 플러그를 끼우다.

plug·board [ˊbɔ̀:rd] *n.* 〖電〗 배전판; 〖컴퓨터〗 배선판.

plug·ger [plʌ́gər] *n.* 충전기구《치과의용》; 《口》 꾸준히 일하는 사람; 《美俗》 선전꾼.

plug-ug·ly [ˊʌ̀gli] *n.* 《口》 깡패, 망나니.

‡plum [plʌm] *n.* **양오얏**(나무); (케이크에 넣는) 건포도; U 진보라색; 봉봉; 《俗》 정수(精粹), 일품; 《英俗》 10만 파운드의 돈, 큰 재산.

***plum·age** [plú:midʒ] *n.* 《集合的》 깃털.

plumb [plʌm] *n.* 추(錘); 측연(測鉛); U 수직. **off [out of] ～** 수직이 아닌. —— *a.*, *ad.* 수직의[으로]; 《口》 순전한[히], 전혀; 정확히. —— *vt.* 다림줄로 조사하다; 수직되게 하다(*up*); 깊이를 재다; 헤아려 알다.

plum·ba·go [plʌmbéigou] *n.* (*pl.* **～s**) U 흑연, 석묵(石墨).

plúmb bòb 추(錘).

plumb·er [plʌ́mər] *n.* 연관공(鉛管工), 배관공.

plumb·ing [ˊiŋ] *n.* U 배관 공사[업]; 수심 측량; 《集合的》 연관류.

plum·bism [plʌ́mbizəm] *n.* U 〖醫〗 연(鉛)중독, 연독증(鉛毒症).

plúmb lìne 추선(錘線), 다림줄.

plúm càke [pùdding] 건포도가 든 케이크[푸딩].

‡plume [plu:m] *n.* ① (큰) **깃털**; 깃털 장식. ② (원폭의 수중 폭발로 인한)

물기둥. *borrowed ~s* 빌어 입은 옷; 얻어 배운 지식의 되넘기기. —— *vt.* (새가 부리로) 깃털을 고르다; 깃털로 장식하다. *~ oneself on* …을 자랑하다.

plum·met [plʌ́mit] *n.* 추. —— *vi.* 수직으로 떨어지다.

plu·mose [plú:mous] *a.* 깃털이 있는; 깃털 모양의.

‡**plump**[1] [plʌmp] *a.* **부푼**; 통통하게 살찐. —— *vi., vt.* 통통히 살찌다(*out, up*); 살찌게 하다(*up*).

***plump**[2] *vi.* **털썩〔쿵〕 떨어지다**(*down, into, upon*); 《주로 英》 (연기(連記) 투표에서) 한 사람에게만 투표하다(*for*). —— *n.* 털썩 떨어짐, 그 소리. —— *ad.* 털썩; 갑자기; 곧장; 노골적으로. —— *a.* 노골적인; 퉁명스런.

plu·mule [plú:mju:l] *n.* 〖植〗 어린싹.

plum·y [plú:mi] *a.* 깃털 있는; 깃털 모양의; 깃털로 장식한〔꾸민〕.

***plun·der** [plʌ́ndər] *vt., vi., n.* **약탈하다**; 착복하다; Ⓤ 약탈(품).

‡**plunge** [plʌndʒ] *vt.* ① 처박다(*into*); **던져넣다**, 찌르다(*into*). ② (어떤 상태로) 몰아넣다〔빠뜨리다〕(*into*). —— *vi.* ① **뛰어들다**, 다이빙하다(*into*); 돌진하다(*into, down*). ② (말이) 뒷다리를 들고 뛰어오르다. ③ (배가) 뒷질하다. ④ 《口》 큰 도박을 하다. —— *n.* 처박음; 뛰어듦; 돌진; 배의 뒷질. *take the ~* 모험하다, 과감한 행동을 하다. **plúng·er** *n.* 뛰어드는 사람; 〖機〗 (펌프 따위의) 피스톤; 《口》 무모한 도박꾼〔투기꾼〕.

plunk [plʌŋk] *vt., vi., n.* (기타 따위) 퉁 소리나게 하다〔소리나다〕; 《口》 쿵하고 내던지다〔떨어뜨리다〕; 쿵하고 던짐〔떨어짐〕; 그 소리. —— *ad.* 《口》 쿵 (하고); 정확히.

plu·per·fect [plu:pə́:rfikt] *n., a.* 〖文〗 대과거(의), 과거완료(의).

‡**plu·ral** [plúərəl] *a., n.* **복수(의)**; 복수(형). **~·ism** [-ìzəm] *n.* 〖哲〗 다원론. **~·ist** *n.* 〖哲〗 다원론자. **plu·ral·is·tic** [∸-ístik] *a.* 〖哲〗 다원론의.

plu·ral·i·ty [pluərǽləti] *n.* ⓊⒸ 복수성(性); (대)다수; 득표차《최고 득표자와 차점자의》.

‡**plus** [plʌs] *prep.* **…을 더하여.** —— *a.* 더하기의, 정(正)의; 〖電〗 양(陽)의; 여분의. —— *n.* 플러스 기호, 정수(正數), 정량(正量); 여분; 이익.

plús fóurs 골프 바지《무릎 아래 4 인치인 데서》.

plush [plʌʃ] *n.* Ⓤ 견면(絹綿) 벨벳, 플러시천; (*pl.*) 플러시로 만든 바지.

Plu·tarch [plú:tɑ:rk] *n.* (46?–120?) 그리스의 전기 작가(傳記作家).

Plu·to [plú:tou] *n.* 〖그神〗 저승의 왕; 〖天〗 명왕성(冥王星); 영·프간의 송유관(送油管).

plu·toc·ra·cy [plu:tɑ́krəsi/-ɔ́-] *n.* Ⓤ 금권 정치; 부호 계급, 재벌. **plu·to·crat** [plú:toukræ̀t] *n.* 부호 (정치가). **-crat·ic** [∸-krǽtik] *a.*

plu·to·de·moc·ra·cy [plù:toudimɑ́krəsi/-ɔ́-] *n.* Ⓤ (서유럽의) 금권 민주 정치. 「Pluto의, 지옥의.

Plu·to·ni·an [plu:tóuniən, -njən] *a.*

Plu·ton·ic [plu:tɑ́nik/-ɔ́-] *a.* Pluto의; 〖地〗 화성(火成)의.

plu·to·ni·um [plu:tóuniəm, -njəm] *n.* Ⓤ 〖化〗 플루토늄《방사성 원소의 하나; 기호 Pu》.

Plu·tus [plú:təs] *n.* 〖그神〗 플루토스《부의 신》.

plu·vi·al [plú:viəl, -vjəl] *a.* 비의, 비가 많은; 〖地〗 비의 작용에 의한.

plu·vi·om·e·ter [plù:viɑ́mitər/-ɔ́mi-] *n.* 우량계.

‡**ply**[1] [plai] *vt.* ① (도구 등을) **부지런히 쓰다.** ② …에 열성을 내다, 부지런히 일하게 하다. ③ (음식 등을) 강요하다(*with*). ④ (질문 등을) 퍼붓다(*with*). ⑤ (강 등을) 정기적으로 건너다. —— *vi.* ① 정기적으로 왕복하다(*between*). ② 부지런히 일하다.

ply[2] *n.* (밧줄의) 가닥, 올; 겹(fold), 두께; 경향, 버릇.

***Plym·outh** [plíməθ] *n.* 영국 남서부의 군항; 미국 Massachusetts 주의 도시.

ply·wood [pláiwùd] *n.* Ⓤ 합판, 베니어 합판《'veneer'와는 다름》.

Pm 〖化〗 promethium. **pm.** pamphlet; premium. **P.M.** Pacific Mail; Past Master; Paymaster; Police Magistrate; Postmaster; *post mortem* (L. =after death); Prime Minister; Provost Marshal.

‡**P. M., p. m.** [pí:ém] **오후**《*post meridiem* (L. =afternoon)》.

P. M. G. Pall-Mall Gazette; Paymaster General; Postmaster General. **pmh, pmh.** per man-hour. **pmk.** postmark. **PMLA** Publication of the Modern Language Association (of America). **PNdB** perceived noise decibel(s) PN 데시벨, 소음 감각 데시벨. **pneum.** pneumatic, pneumatics.

pneu·mat·ic [nju:mǽtik/nju(:)-] *a.* 공기의 (작용에 의한); 공기를 함유한〔채운〕; 기학(氣學)(상)의. —— *n.* 공기가 든 타이어. **-i·cal·ly** *ad.* **~s** *n.* 기학(氣學).

pneumátic dispátch (우편물·소포 등의) 압축공기 전송기(傳送機).

pneumátic túbe 기송관(氣送管).

pneu·mo·coc·cus [njù:moukɑ́kəs/-kɔ́k-] *n.* 폐렴균.

pneu·mo·co·ni·o·sis [njù:moukòunióusis/njù:-] *n.* Ⓤ 〖醫〗 폐진증(肺塵症). **-co·ni·ot·ic** [-ɑ́tik/-ɔ́-] *n.* 폐진증 환자.

pneu·mo·ni·a [nju:móuniə, -niə] *n.* Ⓤ 〖醫〗 폐렴. **pneu·mon·ic** [-mɑ́-/-ɔ́-] *a.*

pneu·mo·tho·rax [njù:mouθɔ́:ræks/njù:-] *n.* Ⓤ 〖醫〗 기흉(氣胸).

pneumothórax tréatment 기흉술.

Pnóm Pénh [pnɑ́m pén/pnɔ́m-] *n.* 프놈펜《Khmer 공화국의 수도》.

pnxt. =PINX. **Po** 〖化〗 polonium.
po., p. o. 〖野〗 putout. **P. O., p. o.** Petty Officer; postal order; post office.
poach[1] [poutʃ] *vt., vi.* (밀렵하러 남의 땅에) 침입하다(*on*); 밀렵하다; 짓밟다. **∠·er** *n.* 밀렵[침입]자.
poach[2] *vt.* 수란(水卵)을 뜨다.
POB, P. O. B., P. O. Box Post Office Box 우편 사서함
Po·ca·hon·tas [pòukəhántəs / -ɔ́-] *n.* (1595?–1617) Captain Smith의 목숨을 구하였다고 전해지는 북아메리카 토인의 소녀. 「자국.
pock [pak/-ɔ-] *n.* 두창(痘瘡), 얽은
†**pock·et** [pákit/-ɔ́-] *n.* ① **포켓; 주머니**; (포켓 속의) 돈; 자력. ② 〖撞〗 (당구대 네 모서리의) 포켓. ③ 〖採〗 광혈(鑛穴), 광맥류(瘤). ④ 우묵한 땅; 굴. ⑤ 〖空〗 에어포켓. ⑥ 〖軍〗 (포위된) 고립 지역. ***be in* [*out of*] ~** 돈이 있다[없다]; 이득을[손해를] 보다. ***empty* ~** 한 푼도 없는 사람. ***have a person in one's* ~** 아무를 마음대로 다루다. ***in* ~** 접어 끼우게 된(*a book with a map in* ~ 접지도가 든 책). ***put one's hand in one's* ~** 돈을 내다, 기부하다. ***put one's pride in one's* ~** 자존심을 억누르다. ***suffer in one's* ~** 손해를 보다. **—** *vt.* ① 포켓에 넣다; 착복하다. ② (모욕 등을) 꾹 참다; (감정 등을) 억누르다. ③ (주자(走者)를) 둘러싸고 방해하다. ④ 《美》 (의안 등을) 묵살하다. **—** *a.* 포켓용[소형]의. **~·ful** [-fùl] *n.* 주머니 가득(한 분량).
pócket báttleship (제1차 대전 때 1만톤 급의, 독일) 소형 전함.
***pock·et·book** [-bùk] *n.* **지갑**; 《美》 핸드백; 포켓북; 수첩; 재원.
pócket edìtion 포켓판(版).
pócket hándkerchief 손수건.
pock·et·knife [-nàif] *n.* 접칼, 주머니 칼.
pócket mòney 용돈.
pócket piece 행운의 동전《부적으로 주머니에 넣고 다니는 돈》.
pócket vèto 《美》 (대통령의) 의안의 묵살.
pockmark [pákmɑ̀ːrk/pɔ́k-] *n., vt.* 곰보(를 만들다). **~ed** [-t] *a.* 마마 자국이 있는.
po·co [póukou] *ad.* (It.) 〖樂〗 포코, 조금. **~ *a* ~** 〖樂〗 포코아포코, 조금씩, 서서히.
***pod** [pad/-ɔ-] *n.* ① (완두 등의) **꼬투리**. ② (제트 엔진·화물·무기 등을 넣는) 비행기 날개 밑의 부푼 곳. ③ (우주선의) 분해 가능한 구성 단위. **—** *vi.* (**-dd-**) 꼬투리가 생기다[맺다]. **—** *vt.* 꼬투리를 까다.
P. O. D. pay on delivery; Post Office Department; Pocket Oxford Dictionary. 「딸막한(=pudgy).
podg·y [pádʒi/-ɔ́-] *a.* 《주로 英》 땅
po·di·a·try [poudáiətri] *n.* Ⓤ 〖醫〗 족병학(足病學); 족부 치료. **-trist** *n.* 족병의(醫).
po·di·um [póudiəm] *n.* (*pl.* **-dia** [-diə]) 대(臺); 〖動·解〗 발.
Po·dunk [póudʌŋk] *n.* 《美口》 (단조로운) 시골 읍.
podzol, -sol [pádzɔ(ː)l/pɔ́d-] *n.* Ⓤ 포드졸《불모의 토양》.
Poe [pou], **Edgar Allan** (1809–49) 미국의 시인·소설가.
P. O. E. 《英》 port of entry (통관항).
†**po·em** [póuim] *n.* **시**; 시적인 문장; 아름다운 물건.
po·e·sy [póuizi, -si] *n.* Ⓤ 《古》 《集合的》 시, 운문(韻文); 작시(법).
‡**po·et** [póuit] *n.* **시인**; 시인 기질의 사람. 「엉터리 시인.
po·et·as·ter [póuitæ̀stər / ∸–⁄–] *n.*
po·et·ess [póuitis] *n.* 여류 시인.
***po·et·ic** [pouétik], **-i·cal** [-əl] *a.* **시의**; 시인의, 시인 같은; **시적인**, 시취(詩趣)가 풍부한; 시에 적합한. **po·ét·ics** *n.* 시학, 시론(詩論).
po·et·i·cism [pouétəsìzəm] *n.* ⓊⒸ 시적 표현, 진부한 표현.
poétic jústice (시에 나타나는 것과 같은) 이상적 정의, 인과 응보.
poétic lícense 시적 허용《시적 효과를 위해 문법·형식·사실 따위의 파격(破格)》. 「인.
póet láureate 《英》 계관(桂冠) 시
‡**po·et·ry** [póuitri] *n.* Ⓤ ① 《集合的》 **시, 운문**. ② 작시; 시정(詩情).
Póets' Córner 영국 London의 Westminster Abbey 안의 유명한 시인의 묘와 기념비가 있는 곳; 《諧》 (신문·잡지 등의) 시가란.
POGO polar orbiting geophysical observatory 극궤도 관측 위성.
pó·go (stìck) [póugou] *n.* (*pl.* **~*s***) 호핑《용수철 달린 한 막대로, 이를 타고 뜀》.
po·grom [pougrám, póugrəm / pɔ́grəm] *n.* (Russ.) (조직적인) 학살, (특히) 유대인 학살.
poi [pɔi, póui] *n.* 토란 뿌리(또는, 으깬 바나나)로 만든 하와이의 식품.
poign·ant [pɔ́injənt] *a.* 찌르는 듯한, 매서운; 통렬한; (혀를) 톡 쏘는, (코를) 찌르는. **póign·an·cy** *n.* Ⓤ
poi·lu [pwáːluː] *n.* (F. =hairy) 《俗》 (1차 대전시의) 프랑스 병사.
poin·set·ti·a [pɔinsétiə] *n.* 〖植〗 포인세티아.
†**point** [pɔint] *n.* ① (뾰족한) **끝; 첨단**, 끝; 곶. ② 〖數〗 점, 소수점(4.6 =four point six); 구두점; 종지부; (온도계·나침반의) 도(度); 점(*the boiling* ~ 비등점). ③ 정도. ④ 득점. ⑤ 시점(時點), 순간; 지점. ⑥ Ⓤ (특수한) **목적**. ⑦ 항목, 세목. ⑧ 특징, 특질. ⑨ **요점**, 논점; (우스운 이야기 따위의) 끝장. ⑩ 《美》 (학과의) 단위; (*pl.*) 《英》 (철도의) 전철기; 〖海〗 방위; 〖印〗 포인트《활자 크기의 단위, 약 1/72 인치》. ⑪ Ⓤ 손으로 짠 레이스. ⑫ 암시. ***at the* ~ *of*** …의 직전에, …할 무렵에. ***at the* ~ *of the sword* [*bayonet*]** 칼을 들이대어, 무력으로. ***carry***

〔*gain*〕 *one's* ~ 주장을 관철하다. *come to the* ~ 요점을 찌르다. *full* ~ 종지부. *give* ~*s to* …에게 핸디캡을 주다, …보다 낫다. *in* ~ 적절한(*a case in* ~ 적절한 예). *in* ~ *of* …에 관하여. *make a* ~ *of* …을 강조하다; 반드시 …하다(*...ing*). *on the* ~ *of doing* 바야흐로 …하려하여. ~ *of view* 관점; 마음가짐. *to the* ~ 적절한〔하게〕, 요점을 벗어나지 않은. —*vt.* ① **뾰족하게 하다**; 끝을 붙이다. ② 강조하다. ③ (손가락·무기 따위를) **향하게 하다** (*at*); 주의하다; **가리키다**. ④ (사냥개가 사냥감을) 알리다. ⑤ 점을 찍다, 구두점을 찍다. ⑥ 메지에 회반죽을 바르다. —*vi.* **가리키다**, 보이다(*at, to*); …한 경향이 있다(*toward*); (사냥개가) 멈춰 서서 사냥감 있는 곳을 알리다. ~ *off* 점으로 구별하다. ~ *out* 지적하다.

point-blank [⁄blǽŋk] *a., ad.* 직사(直射)의; 직사하여; 솔직한〔이〕.

póint dùty 《英》 (교통 순경 등의) 교통 정리 근무.

pointe [pwɑ̃:nt] *n.* (F.) 〖발레〗 발끝으로 서는 자세.

‡**point·ed** [pɔ́intid] *a.* **뾰족한**; (말이) 가시돋친; 빈정대는, 노골적인; 두드러진. ~**·ly** *ad.*

***point·er** [⁄ər] *n.* ① **지시하는 사람** 〔물건〕. ② (시계·계기의) 지침; 교편(敎鞭). ③ 《美口》 암시. ④ 포인터《사냥개》. ⑤ (*pl.*) (the P-) 〖天〗 지극성(指極星)《큰 곰자리 중의 두 별》.

Póint Fóur (prògram) 제4 정책 《Truman 대통령의 미개발 지역 경제 원조 정책》.

poin·til·lism [pwǽntəlìzəm] *n.* Ⓤ (프랑스 신인상파 화가의) 점묘법(點描法).

point·ing [pɔ́intiŋ] *n.* Ⓤ 뾰족하게 함; (뾰족한 것을 향하게 하여) 지시(하기); 구두법(句讀法); 〖建〗 메지 바르기.

póint làce 손으로 뜬 레이스.

point·less [⁄lis] *a.* 뾰족한 끝이 없는; 무딘; 요령 없는; 무의미한.

point-of-sale [pɔ̀intəvséil] *a.* 점두의, 판매시점의.

points·man [⁄smən] *n.* 《英》 전철수(轉轍手); 교통 순경.

póint sỳstem 〖印〗 포인트식; (맹인용의) 점자 방식; 〖教育〗 학점제(學點制); (운전 위반의) 점수제.

póint-to-póint ràce [pɔ́inttəpɔ́int] 〖競馬〗 자유 코스의 크로스컨트리.

***poise** [pɔiz] *vt.* **균형 잡히게 하다**; (창 따위를 잡고) 자세를 취하다. —*vi.* 균형잡히다; 허공에 매달리다; (새 따위가) 하늘을 돌다. —*n.* Ⓤⓒ ① 평형, 균형. ② 안정; 평정(平靜); 미결단. ③ (몸·머리 따위의) 가짐새.

‡**poi·son** [pɔ́izən] *n.* Ⓤⓒ **독**(약); 해독, 폐해. —*vt.* 독을 넣다〔바르다〕; 독살하다; 해치다, 못쓰게 하다. —*a.* 해로운. ~**·ing** *n.* Ⓤ 중독.

póison gás 독가스.

póison ívy 〖植〗 덩굴옻나무.

póison másk 방독면.

***poi·son·ous** [pɔ́izənəs] *a.* **유독**〔유해〕**한**; 악의 있는. 「를 쓰는 사람.

póison pén (익명으로) 악의의 편지

poi·son-pen [pɔ́izənpén] *a.* 독필을 휘두르는; 악의로 씌어진.

***poke**[1] [pouk] *vt.* ① (손가락·막대기 따위로) **찌르다, 밀다**(*away, in, into, out*). ② (구멍을) 찔러서 뚫다. ③ 《英俗》 …와 성교하다. —*vi.* 찌르다(*at*); 천착하다; 어정거리다. ~ *fun at* …을 놀리다. ~ *one's nose into* …에 말참견을 하다, 쓸데없는 참견을 하다. —*n.* 찌름; 《口》 게으름뱅이. 「포켓.

poke[2] *n.* 《美中部·Sc.》 주머니; 《古》

póke[3] **(bònnet)** *n.* 앞챙이 쑥 나온 여자 모자.

***pok·er**[1] [póukər] *n.* **찌르는 사람**〔**물건**〕; 부지깽이; 낙화용구(烙畫用具).

pok·er[2] *n.* Ⓤ 포커《카드 놀이》.

póker fàce 《口》 (의식적인) 무표정 한 얼굴.

póker wòrk 낙화(烙畫).

poke(·weed) [póuk(wì:d)] *n.* 〖植〗 (북미산) 자리공.

pok·(e)y [póuki] *a.* 느린, 둔한; 단정치 못한; 비좁은; 초라한; 시시한.

Pol. Poland; Polish. **POL** 〖軍〗 petroleum, oil, and lubricants.

***Po·land** [póulənd] *n.* **폴란드**(공화국). **Pó·land·er** [-ər] *n.* 폴란드 사람.

‡**po·lar** [póulər] *a.* ① 극의, **극지**(極地)의. ② 전극〔자극〕의. ③ 〖化〗 이온화한. ④ **정반대의 성질의**.

pólar bèar 북극곰; 흰곰.

pólar cáp 〖天〗 극관(極冠).

pólar círcle 극권(極圈).

pólar coórdinates 〖數〗 극좌표.

Po·lar·is [pouléəris, -lǽr-] *n.* 《天》 북극성; 《美》 (폴라리스 잠수함에서 발사되는) 중거리 탄도탄.

po·lar·i·ty [poulǽrəti] *n.* Ⓤ 극성(極性), (전기의) 양극성(兩極性).

po·lar·ize [póulərὰiz] *vt.* 〖電〗 극성(極性)을 주다; 〖光〗 편광(偏光)시키다. **-iz·er** *n.* 〖光〗 편광기(偏光器).

po·lar·i·za·tion [pòulərizéiʃən / -raiz-] *n.* Ⓤ 귀극(歸極), 편극; 〖電〗 성극(成極) (작용); 〖光〗 편광.

po·lar·oid [póulərɔ̀id] *n.* 폴라로이드, 인조 편광판; (P-) 그 상표명. ***Polaroid camera*** 폴라로이드 카메라《촬영후 곧 양화가 됨》.

pol·der [póuldər] *n.* 폴더《해면보다 낮은 간척지》.

Pole [poul] *n.* 폴란드인.

‡**pole**[1] [poul] *n.* ① **막대기**, 기둥, **장대**. ② 척도의 단위(rod) 《5.03 미터》; 면적의 단위《25.3 평방 미터》. —*vt.* (배에) 삿대질하다.

‡**pole**[2] *n.* (천구(天球)·구체(球體) 따위의) **극**; (지구의) **극지**; 〖理〗 전극, 자극(磁極); (성격·학설 따위) 정반대.

pole·ax(e) [⁄ǽks] *n.* 자루가 긴 전부(戰斧); 도살용의 도끼.

pole·cat [⁄kæ̀t] *n.* 〖動〗 (유럽산) 족

제비의 일종; (북미산) 스컹크.
póle jùmp (**vàult**) 장대 높이뛰기.
po·lem·ic [pou̯lémik / pɔ-] *n.* 논쟁(가). —— *a.* 논쟁의. **-i·cal** *a.* **~s** *n.* 논쟁법, (신학상의) 논증법.
po·len·ta [pouléntə/pɔ-] *n.* (It.) Ⓤ 옥수수죽《이탈리아 농부의 음식》.
pole·star [póulstɑ̀:r] *n.* 북극성; 목표.
pole-vault [ˊ-vɔ̀:lt] *vi.* 장대높이 뛰기를 하다.
pole·ward(**s**) [ˊwərd(z)] *ad.* 극지로 향하여.
†**po·lice** [pəlí:s] *n.*, *vt.* Ⓤ **경찰**; 《集合的》 경찰관; 공안; 치안(을 유지하다).
políce àction 군대의 치안〔경찰〕 활동, 국제 평화·질서 유지를 위한 정규군의 지역적인 군사 행동.
políce bòx 〔**stànd**〕 파출소.
políce commíssioner 《英》 경시총감; 《美》 시경찰국장.
políce cónstable 《英》 순경 (policeman).
políce còurt 〔**mágistrate**〕 즉결재판소〔재판소 판사〕 《경범죄를 즉결 합》.
políce dòg 경찰견.
políce fòrce 경찰대; 경찰력.
†**po·lice·man** [-mən] *n.* **경관**, 순경.
políce stàte 경찰 국가.
***políce stàtion** **경찰서**.
po·lice·wom·an [-wùmən] *n.* 여경관.
pol·i·clin·ic [pɑ̀liklínik/pɔ̀li-] *n.* (병원의) 외래환자 진료부.
‡**pol·i·cy**¹ [pɑ́ləsi/pɔ́li-] *n.* ⓊⒸ **정책**, **방침**; 수단; Ⓤ 심려(深慮).
pol·i·cy² *n.* 보험 증서; 《美》 일종의 도박.
pol·i·cy·hold·er [-hòuldər] *n.* 보험 계약자.
pol·i·cy·mak·er [-mèikər] *n.* 정책 입안자.
po·li·o [póuliòu] (<⇩) *n.* (*pl.* **~s**) 《口》 소아마비.
po·li·o·my·e·li·tis [pòulioumàiəláitis] *n.* Ⓤ 〖病〗 척수 회백질염; 소아마비.
po·lis [póulis] *n.* (*pl.* **-leis** [-lais]) 〖史〗 (고대 그리스의) 도시 국가.
***Pol·ish** [póuliʃ] *a.*, *n.* **폴란드**(사람·말)의; Ⓤ 폴란드말.
‡**pol·ish** [pɑ́liʃ/-ɔ́-] *vt.*, *vi.* **닦다**, 광나게 하다, 윤을 내다〔이 나다〕; 퇴고(推敲)하다, 개선하다; 《古》 세련하다, 품위있게 하다〔되다〕. **~ *off*** 《口》 재빨리 끝내다; (적수를) 제압하다. **~ *up*** 《口》 마무리하다; 광택을 내다. —— *n.* ⓊⒸ 닦기; Ⓤ 광택(제), 닦는 가루약; ⓊⒸ 세련, 품위 있음. **~ed** [-t] *a.* 닦은; 광택이 있는; 세련된.
Pólish Córridor 폴란드 회랑(回廊).
Po·lit·bu·reau, -bu·ro [pɑ́litbjùərou, pəlít- / pɔ́litbjùər-, pəlít-] *n.* (Russ.) (소련의 당 중앙 위원회의) 정치국《1952년부터 Presidium(최고 회의 간부회)으로 되었음》.
‡**po·lite** [pəláit] *a.* **공손한**, 예절 바른; 세련된, 품위 있는. ‡**po·líte·ly** *ad.* ***po·líte·ness** *n.* ⓊⒸ
pol·i·tic** [pɑ́lətik/-ɔ́-] *a.* **사려 깊은**; 교활한; 시기에 적합한; 정치상의. ***the body ~ 정치적 통일체, 국가.
‡**pól·i·tics** *n.* **정치**(**학**); 정략; 정견; 경영.
‡**po·lit·i·cal** [pəlítikəl] *a.* **정치**(**상**)**의**; 국가의; 정당(활동)의; 당략의; 행정의. ***~·ly** *ad.*
polítical áction 정치적 행위.
polítical asýlum 정치적 망명처.
polítical ecónomy 《古》 경제학 (economics); 정치 경제학.
polítical párty 정당.
polítical scíence 정치학.
‡**pol·i·ti·cian** [pɑ̀lətíʃən/pɔ̀li-] *n.* **정치가**, 정객(政客); 행정관.
pol·i·tick [pɑ́lətik/-ɔ́-] *vi.* 《美口》 정치(운동)에 손을 대다.
pol·i·ty [pɑ́ləti/-ɔ́-] *n.* Ⓤ 정치; Ⓒ 정체; 국가.
pol·ka [póulkə/pɔ́lkə] *n.* 폴카《경쾌한 춤; 그 곡》. —— *vi.* 폴카를 추다.
pólka dòt 물방울 (무늬).
‡**poll** [poul] *n.* 머리 (head); (선거의 머릿수, 즉) 투표수의 계산; 선거인 명부; **투표**; 투표수, 투표 결과; (*pl.*) 《美》 투표소; 여론 조사. —— *vt.* 명부에 올리다; (표를) 얻다〔기록하다〕; **투표하다**; (머리를) 깎다; (머리카락·가지 등을) 자르다, (가축의) 뿔을 잘라내다.
poll·book [ˊbùk] *n.* 선거인 명부.
poll·ee [poulí:] *n.* (여론 조사의) 피조사자, 조사 대상.
***pol·len** [pɑ́lən/-ɔ́-] *n.* Ⓤ **꽃가루**.
pol·len·o·sis [pɑ̀lənóusis/-ɔ̀-] *n.* Ⓤ 〖醫〗 꽃가루 알레르기.
pol·lex [pɑ́leks/pɔ́l-] *n.* (*pl.* **-lices** [-ləsì:z]) 엄지손가락.
pol·li·nate [pɑ́lənèit/-ɔ́-] *vt.* 〖植〗 수분(授粉)하다. **pol·li·na·tion** [ˋ-néiʃən] *n.* Ⓤ
poll·ing [póuliŋ] *n.* 투표.
pólling bòoth 기표소(記票所).
pólling plàce 투표소.
pol·li·no·sis [pɑ̀lənóusis / pɔ̀l-] *n.* Ⓤ 〖醫〗 화분증(花粉症).
pol·li·wog, -ly·wog [pɑ́liwɑ̀g/pɔ́liwɔ̀g] *n.* 올챙이.
poll·ster [póulstər] *n.* 《종종 蔑》 여론 조사자.
póll tàx 인두세.
pol·lu·tant [pəlú:tənt] *n.* 오염 물질.
***pol·lute** [pəlú:t] *vt.* **더럽히다**, 불결하게 하다; (신성을) 더럽히다.
pol·lut·er [pəlú:tər] *n.* 오염자; 오염원.
‡**pol·lu·tion** [pəlú:ʃən] *n.* ⓊⒸ **오염**; **공해**; 불결; 모독; 〖醫〗 몽정(夢精).
Pol·lux [pɑ́ləks / -ɔ́-] *n.* 〖그神〗 Zeus의 쌍둥이의 한 사람《다른 사람은 CASTOR》; 〖天〗 쌍둥이 자리 중의 1등성.
***po·lo** [póulou] *n.* Ⓤ **폴로** 《마상 구기(馬上球技)》.
Po·lo [póulou], **Marco** (1254?–1324?) 이탈리아의 여행가.
pol·o·naise [pɑ̀lənéiz/-ɔ̀-] *n.* 폴로네즈《폴란드의 무도(곡)》; 여자옷의 일종.
po·lo·neck [póulounèk] *a.* 접는〔자라목〕 깃의《스웨터 등》.

po·lo·ni·um [pəlóuniəm] *n.* Ⓤ 〖化〗 폴로늄 《방사성 원소; 기호 Po》.
pólo shìrt 폴로셔츠 (cf. T shirt).
pol·troon [paltrú:n/-ɔ-] *n.* 비겁한 사람, 겁쟁이. **∼·er·y** *n.* Ⓤ 비겁, 겁많음.
pol·y·an·dry [páliæ̀ndri/pɔ́-] *n.* Ⓤ 일처 다부(一妻多夫).
pol·y·an·thus [pàliǽnθəs/pɔ̀-] *n.* 〖植〗 앵초〔수선〕의 일종.
pol·y·chlór·in·at·ed bi·phén·yl [pàliklɔ́:rənèitid baifénl / pɔ̀l-] PCB《절연물 등에 쓰이는 공해 물질》.
pol·y·chrome [pálikròum/-ɔ́-] *a.*, *n.* 다색의 (작품); 다색쇄(의).
pol·y·clin·ic [pàliklínik/-ɔ̀-] *n.* 종합 진료소〔병원〕.
pól·y·es·ter rèsin [pálièstər/-ɔ́-] *n.* 〖化〗 폴리에스테르 합성 수지.
pol·y·eth·yl·ene [pàliéθəli:n/-ɔ̀-] *n.* Ⓤ 〖化〗 폴리에틸렌《합성 수지》.
po·lyg·a·my [pəlígəmi] *n.* Ⓤ 일부 다처제〔다처주의〕(opp. monogamy). **-mist** *n.* **-mous** *a.*
pol·y·glot [páliglàt/póliglɔt] *a.*, *n.* 수개 국어에 능통한 (사람); 수개 국어로 쓴 (책); (특히) 수개 국어로 대역(對譯)한 성서.
pol·y·gon [páligàn / póligɔn] *n.* 다각〔다변〕형. **po·lyg·o·nal** [pəlígənl] *a.*
pol·y·graph [páligræ̀f / póligrà:f] *n.* 복사기; 《稀》 다작가(多作家); 고동(鼓動) 기록기, 거짓말 탐지기.
po·lyg·y·ny [pəlídʒəni] *n.* Ⓤ 일부 다처; 〖植〗 다(多)암꽃술.
pol·y·he·dron [pàlihí:drən / pɔ̀lihi:d-] *n.* (*pl.* **∼*s***, ***-dra*** [-drə]) 다면체. **-ral** *a.*
pol·y·his·tor [pàlihístər/pɔ̀l-], **po·ly·math** [pálimæ̀θ/pól-] *n.* 박학자, 박식한 사람.
pol·y·im·ide [pàliímaid/pɔ̀li-] *n.* 폴리마이드《내열 합성 수지의 일종》.
pol·y·mer [páləmər/-ɔ́-] *n.* 〖化〗 중합체(重合體). **po·ly·mer·ize** [pəlíməràiz, pálə-/pólə-] *vt.*, *vi.* 〖化〗 중합시키다〔하다〕.
pol·y·mor·phism [pàlimɔ́:rfizəm/pɔ̀l-] *n.* Ⓤ 다형(多形); 〖化〗 동질 이상; 〖地〗 동질 다상.
Pol·y·ne·sia [pàləní:ʒə, -ʃə/pɔ̀l-] *n.* 폴리네시아. **-sian** *n.* ⒸⓊ 폴리네시아 사람〔말〕. **—** *a.* 폴리네시아(사람·말)의.
pol·y·no·mi·al [pàlənóumiəl/-ɔ̀-] *n.*, *a.* 〖數〗 다항식(의); 〖動·植〗 다명(多名)(의).
pol·yp [pálip/-ɔ́-] *n.* 〖動〗 폴립 《산호의 무리》; 〖醫〗 식육(瘜肉), 폴립 《코의 점막 따위에 생기는 줄기 있는 말랑말랑한 종기》.
po·lyph·o·ny [pəlífəni] *n.* Ⓤ 〖音聲〗 다음(多音); 〖樂〗 다성곡(多聲曲); 대위법. **pol·y·phon·ic** [pàlifánik / pɔ̀lifɔ́-] *a.* 〖樂〗 대위법의.
pol·y·ploid [pálipl̀ɔid/póli-] *n.*, *a.* 〖生〗 배수체(의).
pol·y·pro·pyl·ene [pàlipróupəli:n/-ɔ̀-] *n.* Ⓤ 〖化〗 폴리프로필렌《폴리에틸렌 비슷한 합성 수지》.
pol·y·sac·cha·ride [pàlisǽkəràid/-pɔ̀l-], **-rid** [-rid] *n.* Ⓤ 〖化〗 다당류.
pol·y·se·my [pálisì:mi/pól-] *n.* Ⓤ 다의성(多義性).
pol·y·sty·rene [pàlistáiəri:n/pɔ̀li-] *n.* Ⓤ 〖化〗 폴리스티렌《무색 투명한 합성 수지의 하나》.
pol·y·syl·la·ble [pálisìləbəl / -ɔ́-] *n.* 다음절어. **-lab·ic** [∸—lǽbik] *a.*
pol·y·tech·nic [pàlitéknik/-ɔ̀-] *a.* 공예의. **—** *n.* 공예 학교.
pol·y·the·ism [páliθi:ìzəm/-ɔ́-] *n.* Ⓤ 다신론(多神論), 다신교(敎). **-ist** *n.* 다신론자〔교도〕 **pol·y·the·is·tic** [∸—ístik] *a.*
pol·y·u·re·thane [pàlijúərəθèin/pɔ̀l-] *n.* Ⓤ 〖化〗 폴리우레탄.
pol·y·vi·nyl [pàliváinl/pɔ̀l-] *a.* 〖化〗 폴리비닐의.
polyvínyl chlóride 〖化〗 폴리 염화 비닐.
pom·ace [pʌ́mis] *n.* Ⓤ 사과즙을 짜낸 찌끼.
***po·made** [poumá:d, -méid] *n.*, *vt.* Ⓤ 포마드(를 바르다).
po·ma·tum [pouméitəm] *n.* =POMADE.
pome [poum] *n.* 이과(梨果) 《사과·배 따위》.
pome·gran·ate [páməgræ̀nit, pʌ́mə-/pɔ́mə-] *n.* 〖植〗 석류(나무).
Pom·er·a·ni·a [pàməréiniə, -njə/-ɔ̀-] *n.* 포메라니아《발트해 연안의 한 지방, 현재 주로 폴란드령》. **-ni·an** *n.* 포메라니아종의 개.
po·mi·cul·ture [póumikʌ̀ltʃər] *n.* 과수 재배.
pom·mel [pʌ́məl, páml] *n.* (검(劍)의) 자루 끝; 안장의 앞머리. **—** *vt.* (***-ll-***) 자루 끝〔주먹〕으로 (연달아) 치다.
po·mol·o·gy [poumáləd͡ʒi /-ɔ́-] *n.* Ⓤ 과실 재배학.
Po·mo·na [pəmóunə] *n.* 〖羅神〗 과수(果樹)의 여신.
‡**pomp** [pamp/-ɔ-] *n.* Ⓤ **장관**, 화려; 허식.
pom·pa·dour [pámpədɔ̀:r/pómpədùə] *n.* (남녀의) 다듬어 올린 머리.
pom·pa·no [pámpənòu / pɔ́m-] *n.* (*pl.* **∼*s***) 〖魚〗 (서인도 제도·북미산) 전갱이의 일종.
Pom·pei·i [pampéii /pɔm-] *n.* 폼페이 《화산의 분화로 매몰된 이탈리아의 옛 도시》.
pom·pom [pámpàm / pɔ́mpɔ̀m] *n.* 자동 고사포; 자동 기관총.
pom·pon [pámpàn/pɔ́mpɔ̀n] *n.* (비단실·털실의) 방울 술 (장식); 퐁퐁달리아〔국화〕.
***pomp·ous** [pámpəs/-ɔ́-] *a.* 호화로운; 거드름 피우는; **건방진**; (말 따위) 과장된. **∼·ly** *ad.* **pom·pos·i·ty** [pampásəti/pɔmpɔ́-] *n.* ⓊⒸ
ponce [pans/-ɔ-] *n.* 《英俗》 (매춘부의) 정부. **—** *vi.* 정부가 되다. **—** *vt.* 정부 노릇하다; 몰래 지내다.
pon·ceau [pansóu/pɔn-] *n.* 개양귀

비, Ⓤ 선홍색(鮮紅色).
pon·cho [pántʃou/-ɔ́-] *n.* (*pl.* ~*s*) 판초(한가운데 구멍을 뚫어 머리를 내놓게 만든 외투); (판초식) 비옷.
‡**pond** [pand/-ɔ-] *n.* (연)못.
*****pon·der** [pándər/-ɔ́-] *vt., vi.* **숙고하다**(*on, over*).
pon·der·a·ble [pándərəbəl/-ɔ́-] *a.* 무게를 달 수 있는, 무게가 있는.
*****pon·der·ous** [pándərəs/-ɔ́-] *a.* 대단히 무거운; (무거워서) 다루기 힘든; 묵직한, 육중한; 답답한.
pone [poun] *n.* ⓊⒸ 《美南部》 옥수수 빵(의 한 조각).
pon·gee [pandʒíː/-ɔ-] *n.* Ⓤ 견주(繭紬).
pon·go [páŋgou/-ɔ́-] *n.* (*pl.* ~*s*) 유인원(類人猿), 성성이; 《英海俗》 (육군의) 군인, 육병(陸兵).
pon·iard [pánjərd/-ɔ́-] *n.* 단검.
Pon·ti·ac [pɔ́ntiæ̀k] *n.* 폰티액 《미국제 자동차 이름》.
pon·tiff [pántif/-ɔ́-] *n.* 교황; 주교; (유태교의) 제사장; 고위 성직자.
pon·tif·i·cal [pantífikəl/-ɔ-] *a.* 교황[주교]의. —— *n.* (*pl.*) 주교의 제복(祭服).
pon·tif·i·cate [pantífikit/-ɔ-] *n.* Ⓤ 교황[주교]의 지위[직책·임기]. —— [-kèit] *vt., vi.* 거드름 피우며 이야기하다.
pon·toon [pantúːn/-ɔ-] *n.* 〖軍〗 (배다리용의) 납작한 배; (수상 비행기의) 플로트; (침몰선 인양용의) 잠함(潛函).
póntoon brídge 배다리, 부교(浮橋).
‡**po·ny** [póuni] *n.* **조랑말**; 《美俗》 자습서; 《口》 작은 잔. 「달 우편.
póny expréss 《美》 (말에 의한) 속
póny tàil (뒤에 묶어) 드리운 머리.
P. O. O. Post Office Order (우편환).
pooch [puːtʃ] *n.* 《美俗》 (시시한) 개, 잡종개. 「(16.38kg).
pood [puːd] *n.* 소련의 중량 단위
poo·dle [púːdl] *n.* 삽살개의 일종.
poof [pu(ː)f] *n.* (촛불 끌 때 등의) 후하는 소리. —— *int.* ＝POOH.
pooh [puː] *int.* 흥!; 체!
Póoh Báh [púː báː] 여러 관직을 겸하는 (난체하는) 남자 《가극 *The Mikado*에서》. 「하다; ＝POOH.
pooh-pooh [púːpúː] *vt., int.* 경멸
‡**pool**[1] [puːl] *n.* **웅덩이**; 작은 못; (냇물이) 괸 곳; (수영용) **풀**; 《美》 유층(油層), 천연가스층.
*****pool**[2] *n.* (카드·경마 등의) 건 돈; **기업가 합동**(의 구성원); 합동 자금; Ⓤ 《美》 내기 당구의 일종; Ⓒ 《美俗》 (단체 등에서 공유하는) **시설, 설비**. —— *vt.* 자금을 [물자를] 합동하다.
pool·room [ˊrùːm] *n.* 《美》 당구장; 장외 도박장.
poop[1] [puːp] *n.* 고물(의 상갑판). —— *vt.* (파도가) 고물을 치다.
poop[2] *vt.* 《美俗》 《보통 受動으로》 피로하게 하다(*I'm* ~*ed out.* 지쳤다).
poop[3] *n.* 《英俗》 하찮은 자; 바보.
†**poor** [puər] *a.* **가난한; 부족한**; 빈약한; 초라한; **열등한**; 조잡한; **불쌍한**; (토지가) 매마른; 시시한; 운수 나쁜; 형편이 좋지 못한. ‡ˊ**·ly** *a.* 《口》 **건강이 시원치 않은**. —— *ad.* **가난하게**; 초라하게; 빈약하게; 서투르게.
póor bòx 자선함(函).
póor bòy 샌드위치의 일종.
poor·house [púərhàus] *n.* (공립의) 구빈원(救貧院).
póor làw 빈민 구호법.
póor ràte 《英》 구빈세(稅). 「백인.
póor whíte (미국 남부의) 가난한
*****pop**[1] [pap/-ɔ-] *vi.* (*-pp-*) **뻥 울리다** [소리내어 터지다]; 탕 쏘다(fire) (*at*); 《口》 불쑥 움직이다[들어오다, 나가다, 가다, 오다] (*in, out, up, down, off*). —— *vt.* 뻥 소리를 나게 하다; 발포하다; (마개를) 뻥 뽑다; 《美》 (옥수수를) 튀기다; 《口》 갑자기 찌르다 [놓다, 넣다, 꺼내다] (*in, out, on*) 《英俗》 전당 잡히다; 부풀게 하다; 〖野〗 내야 플라이를 치다; 《美俗》 (경구 피임약을) 함부로 먹다. ~ *the question* 《口》 (여자에게) 구혼하다. —— *n.* 펑[뻥]하는 소리; 발포; Ⓒ 탄산수. —— *ad.* 뻥하고; 갑자기, 돌연히.
pop[2] (＜*pop*ular) *a.* 통속적인. —— *n.* 대중 가요(의 음악회).
pop[3] (＜*papa*) *n.* 《美口》 아버지; 아저씨《손윗 사람에 대한 호칭》.
pop. popular(ly); population.
P.O.P. 《英》 Post Office Preferred; 〖寫〗 printing-out paper (cf. D. O. P.); point of purchase 구매 시점(時點).
póp árt 《美》 대중 미술《광고·만화·상업 미술 따위를 모방한》.
*****pop·corn** [ˊkɔ̀ːrn] *n.* Ⓤ 《美》 옥수수의 일종《잘 튀겨짐》; **튀긴 옥수수**.
*****Pope**[1], **p-** [poup] *n.* **로마 교황**.
Pope[2], **Alexander** (1688–1744) 영국의 시인. 「릭교.
pop·er·y [póupəri] *n.* Ⓤ 《蔑》 카톨
Pop·eye [pápai/pɔ́p-] *n.* 포파이《미국 만화의 주인공》.
pop·eyed [pápàid/pɔ́p-] *a.* 《口》 퉁방울눈의; 눈이 휘둥그래진. 「공기총.
pop·gun [pápgʌ̀n/-ɔ́-] *n.* (장난감의)
pop·in·jay [pápindʒèi/-ɔ́-] *n.* 수다스럽고 젠체하는 사람.
pop·ish [póupiʃ] *a.* 《蔑》 카톨릭교의.
*****pop·lar** [páplər/-ɔ́-] *n.* **포플라**, 사시나무; Ⓤ 그 재목. 「감》.
pop·lin [páplin/-ɔ́-] *n.* Ⓤ 포플린《옷
pop·o·ver [pápòuvər/-ɔ́-] *n.* 속이 텅 빈 살짝 구운 과자.
pop·per [pápər/-ɔ́-] *n.* 펑 소리를 내는 사람[물건]; 《美》 옥수수 튀기는 기구.
pop·pet [pápit/-ɔ́-] *n.* 《英口》 여자[남자] 아이, (호칭으로) 예쁜애; 〖機〗 양판; 선반 머리; 〖海〗 침목《진수 때 배 밑을 굄》.
pop·ple[1] [pápl/pɔ́pl] *vi.* 파동하다, 파도치다. —— *n.* 파동, 파도가 임; 거센 파도,
pop·ple[2] *n.* 《美口》＝POPLAR.
*****pop·py** [pápi/-ɔ́-] *n.* 〖植〗 **양귀비**(의

꽃); Ⓤ 그 엑스트랙트; 진홍색.
pop·py·cock [-kàk/-kɔ̀k] *n., int.* Ⓤ 《美口》 허튼 소리; 어처구니 없는! (bosh). 「=PAWNSHOP.
pop·shop [pápʃàp/pɔ́pʃɔ̀p] *n.* 《英俗》
pop·si·cle [pápsikəl/-ɔ́-] *n.* 《美》 아이스 캔디.
pop-top [páptàp/pɔ́ptɔ̀p] *a.* (깡통맥주 처럼) 잡아올려 따는.
***pop·u·lace** [pápjələs/-ɔ́-] *n.* 서민, 대중; 하층 계급.
†**pop·u·lar** [pápjələr/-ɔ́-] *a.* 대중의 〔에 의한〕; 민간의; 대중적〔통속적〕인; 인기 있는, 평판이 좋은; 대중용의; 유행의, 널리 행해지는. *~·**ly** *ad.* 일반적으로; 통속적으로.
pópular frónt, P- F- 인민 전선.
‡**pop·u·lar·i·ty** [pàpjəlǽrəti/-ɔ̀-] *a.* Ⓤ 인기, 인망; 통속.
pop·u·lar·ize [pápjələràiz/-ɔ́-] *vt.* 통속적으로 하다, 보급시키다. **pop·u·lar·i·za·tion** [pàpjələrizéiʃən/pɔ̀pjələrai-] *n.* Ⓤ
pópular sóng 유행가.
pópular vóte 《美》 (대통령 선거인을 뽑는) 일반 투표.
pop·u·late [pápjəlèit/-ɔ́-] *vt* 주민을 거주시키다; 식민(植民)하다; …에 살다.
‡**pop·u·la·tion** [pàpjəléiʃən/-ɔ̀-] *n.* ⓊⒸ 인구; 주민; 〖統〗 모(母)집단.
Pop·u·list [pápjəlist/-ɔ́-] *n.* 〖美史〗 인민당원. **-lism** [-lìzəm] *n.* Ⓤ 〖美史〗 인민당의 주의. 「밀한.
***pop·u·lous** [pápjələs/-ɔ́-] *a.* 인구 조
***por·ce·lain** [pɔ́:rsəlin/pɔ́:s-] *n.* Ⓤ 자기(磁器); 《集合的》 자기 제품.
‡**porch** [pɔ:rtʃ] *n.* 현관; 《美》 베란다.
por·cine [pɔ́:rsain, -sin] *a.* 돼지의〔같은〕. 「호저(豪猪).
por·cu·pine [pɔ́:rkjəpàin] *n.* 〖動〗
***pore**[1] [pɔ:r] *vi.* 몰두하다, 숙고〔주시〕하다(*on, upon, over*). 「(氣孔).
pore[2] *n.* 털구멍; 세공(細孔); 기공
por·gy [pɔ́:rgi] *n.* 도미 무리.
po·rif·er·an [pɔ:rífərən, pə-] *n.* 〖動〗 해면동물.
***pork** [pɔ:rk] *n.* Ⓤ ① 돼지고기. ② 《美俗》 (정부의 정략적) 보조금. ∠·**er** *n.* 식용돼지. ∠·**y** *a., n.* 돼지의, 돼지 같은, 살찐.
pórk bàrrel 《美俗》 선심 교부금 《여당 의원의 인기를 높히기 위해 정부가 주는 정책적인 국고 교부금》.
pórk·pie hát [∠pài] 챙이 말린 꼭대기가 납작한 소프트 모자.
porn [pɔ:rn] *n.* ⒸⓊ 《俗》 포르노.
por·no [pɔ́:rnou] *n., a.* ⒸⓊ 《俗》 포르노(의) 작가, 도색 영화.
por·nog·ra·phy [pɔ:rnágrəfi/-ɔ́-] *n.* Ⓤ 춘화(春畫); 호색 문학. **-no·graph·ic** [pɔ̀:rnəgrǽfik] *a.*
por·o·mer·ic [pɔ̀:rəmérik] *n.* Ⓤ 합성 다공 피혁(多孔皮革).
po·rous [pɔ́:rəs] *a.* 작은 구멍〔기공〕이 많은〔있는〕; 삼투성(滲透性)의.
po·ros·i·ty [pourásəti/-ɔ:-] *n.* ⓊⒸ 다공성(多孔性), 유공성; 삼투성.
por·phy·rin [pɔ́:rfərin] *n.* 〖生化〗 포르피린《헤모글로빈 등에서 금속을 제거한 화합물》.
por·phy·ry [pɔ́:rfəri] *n.* ⓊⒸ 〖地〗 반암(斑岩).
por·poise [pɔ́:rpəs] *n.* 돌고래.
***por·ridge** [pɔ́:ridʒ, pá- / pɔ́-] *n.* Ⓤ 《주로 英》 (오트밀) 죽.
por·rin·ger [pɔ́:rindʒər, -á-/-ɔ́-] *n.* (수프·porridge용의) 우묵한 접시.
‡**port**[1] [pɔ:rt] *n.* 항구(harbor), 무역항; (세관이 있는) 항구; 항구 도시.
port[2] *n.* =PORTHOLE.
port[3] *n., a.* ⓊⒸ 좌현(左舷)(의). — *vt., vi.* 좌현으로 향(하게) 하다.
port[4] *n.* 태도; 〖軍〗 「앞에 총」의 자세. — *vt.* 「앞에 총」 하다.
port[5] *n.* Ⓤ (달고 독한) 붉은 포도주; 포트 와인.
Port. Portugal; Portuguese.
***port·a·ble** [pɔ́:rtəbəl] *a., n.* 들고다닐 수 있는, (건물·도서관 따위) 이동〔순회〕할 수 있는; 휴대용의 (라디오, 텔레비전, 타이프라이터). **port·a·bil·i·ty** [∸bíləti] *n.* Ⓤ 「령관.
pórt ádmiral 〖英海軍〗 경비부 사
por·tage [pɔ́:rtidʒ] *n.* Ⓤ 운반; 운임; (두 수로 사이의) 육로 운반; ⒸⓊ 연수육로(連水陸路). — *vt.* (배·화물 따위를) 연수 육로로 나르다.
***por·tal** [pɔ́:rtl] *n.* (당당한) 문, 입구.
pórtal-to-pórtal pày [-təpɔ́:rtl] (직장 문에 들어선 후 퇴근때까지의) 구속 시간불(拂) 임금.
por·ta·men·to [pɔ̀:rtəméntou] *n.* (It.) 〖樂〗 포르타멘토《한 음이 다음 음으로 부드럽게 넘어가는 주법》.
Pòrt Árthur (중국의) 여순(旅順).
port·cul·lis [pɔ:rtkʌ́lis] *n.* (옛날 성문의) 내리닫이 쇠살문.
por·tend [pɔ:rténd] *vt.* …의 전조(前兆)가 되다, 예고하다.
por·tent [pɔ́:rtent] *n.* (흉사의) 전조; 흉조. **por·tén·tous** *a.* 불길한; 이상한; 놀라운.
‡**por·ter**[1] [pɔ́:rtər] *n.* ① 운반인, (역의) 짐꾼. ② 《美》 특등〔침대〕차의 사환.
***por·ter**[2] *n.* 문지기; (건물의) 관리인.
por·ter[3] *n.* Ⓤ 흑맥주.
pór·ter·house (stéak) [-hàus] *n.* 《美》 고급 비프스테이크.
port·fo·li·o [pɔ:rtfóuliòu] *n.* (*pl.* ~*s*) 종이 끼우개, 손가방; Ⓤ 장관의 직. ***a minister without*** ~ 무임소 장관. 「(舷窓); 포문(砲門).
port·hole [pɔ́:rthòul] *n.* 〖海〗 현창
por·ti·co [pɔ́:rtikòu] *n.* (*pl.* ~(*e*)*s*) 〖建〗 주랑(柱廊) 현관.
por·tiere [pɔ:rtjέər, -tiέər] *n.* (F.) (문간의) 막(幕)〔커튼〕.
‡**por·tion** [pɔ́:rʃən] *n.* ① 부분; 몫; (음식의) 일인분. ② 〖法〗 상속 재산; 지참금. ③ 운명. — *vt.* 분배하다 (*out*); 몫〔상속분·지참금〕을 주다.
Port·land [pɔ́:rtlənd] *n.* 미국 Maine 〔Oregon〕주의 항구 도시.
Pórtland cemént 포틀랜드 시멘트

《모르타르·콘크리트용》.
port·ly [pɔ́ːrtli] *a.* 비만한; 당당한.
port·man·teau [pɔːrtmǽntou] *n.* (*pl.* ~*s*, ~*x* [-z]) 《英》 여행 가방 《양쪽으로 열리게 된》(cf. Gladstone bag).
portmánteau wòrd 〖言〗 두 단어가 합쳐 한 단어가 된 말《*brunch* (< *br*eakfast+l*unch*) 따위》.
Pór·to Rí·co [pɔ́ːrtə ríːkou] Puerto Rico의 옛 이름.
‡**por·trait** [pɔ́ːrtrit, -treit] *n.* ① **초상(화)**; 인물 사진. ② (말에 의한) 묘사. 「상화(법); 묘사.
por·trai·ture [pɔ́ːrtrətʃər] *n.* UC 초
***por·tray** [pɔːrtréi] *vt.* ① **…의 그림을 그리다**. ② (말로) 묘사하다. ③ (극으로) 표현하다. ~**·al** *n.* UC 묘사; 초상.
Ports·mouth [pɔ́ːrtsməθ] *n.* 영국 남부의 해항(海港). 「갈.
***Por·tu·gal** [pɔ́ːrtʃəgəl] *n.* **포르투**
***Por·tu·guese** [pɔ̀ːrtʃəgíːz, -s] *n.* (*pl.* ~) CU **포르투갈 사람〔말〕**. —— *a.* 포르투갈 (사람·말)의.
por·tu·lac·a [pɔ̀ːrtʃəlǽkə] *n.* 〖植〗 채송화.
pórt wìne =PORT⁵.
POS point-of-sale.
‡**pose**¹ [pouz] *n.* ① **자세**, 포즈. ② 꾸민 태도, 겉꾸밈. —— *vi.* ① 자세〔포즈〕를 취하다. ② 짐짓 꾸미다, 가장하다(*as*). —— *vt.* ① 자세〔포즈〕를 취하게 하다. ② (문제 따위를) 제출〔제의〕하다. **pós·er**¹ *n.* 짐짓 꾸미는 사람. **pós·er**² *n.* 난문(難問).
pose² *vt.* (어려운 문제로) 괴롭히다.
Po·sei·don [pousáidən, -pə-] *n.* 〖그神〗 바다의 신《로마 신화의 Neptune에 해당함》.
po·seur [pouzə́ːr] *n.* (F.) 젠체하는 사람. 「를 나타냄》.
posh¹ [paʃ/pɔʃ] *int.* 체! 《경멸·혐오
posh² *a.* 《口》 멋진; 호화로운.
pos·i·grade [pázəgrèid/-ɔ́-] *a.* 로켓이나 우주선의 진행 방향에 추진력을 주는. 「가정하다.
pos·it [pázit/-ɔ́-] *vt.* 놓다, 두다; 〖論〗
†**po·si·tion** [pəzíʃən] *n.* ① **위치**; 장소. ② U 적소(適所) (*be in* ~). ③ 자세; **태도**; 견해; 상태. ④ UC 지위, (특히 높은) 신분. ⑤ 일자리, 직(職). ⑥ 처지, **입장**. ⑦ 〖軍〗 진지. ***be in a*** ~ ***to*** do …할 수 있다. ***be out of*** ~ 적소를 얻지 못하고 있다.
‡**pos·i·tive** [pázətiv/-ɔ́-] *a.* ① **확실한**; 명확한; **확신하는**. ② 독단적인; 우쭐한. ③ 적극적인; 절대적인. ④ 실재의; 실제적인; 실증적인. ⑤ 《口》 **순전한**. ⑥ 〖理·醫〗 **양(성)의**; 〖數〗 양(陽)의; 〖寫〗 양화(陽畫)의; 〖文〗 원급(原級)의. —— *n.* ① 실재; 확실. ② 〖文〗 원급; (전지의) 양극판; 〖寫〗 양화; 〖數〗 양수. *~**·ly** *ad.* **확실히**; 절대적으로; 적극적으로. ~**·ness** *n.* 「전기.
pósitive electrícity 〖理〗 양(陽)
pósitive sígn 〖數〗 플러스 기호.
pos·i·tiv·ism [pázətivìzəm/-ɔ́-] *n.* U 실증주의〔철학〕; 확신; 독단(주의). **-ist** *n.* 실증주의자〔철학자〕.
pos·i·tron [pázətràn/pɔ́zətrɔ̀n] *a.* 〖理〗 양전자(陽電子).
pos·i·tro·ni·um [pàzətróuniəm/-ɔ̀-] *n.* 〖理〗 포지트로늄《한 쌍의 전자와 양 전자의 결합체》.
poss. possession; possessive; possible; possibly. 「징집하는) 민병대.
pos·se [pási/-ɔ́-] *n.* 경관대; (sheriff가
‡**pos·sess** [pəzés] *vt.* ① **소유〔점유〕하다**. ② (악령 따위가) 들리다. ③ (마음·감정을) 지배하다; 유지하다. ④ 《古》 잡다, 손에 넣다, 획득하다. ***be*** ~***ed by*** 〔***with***〕 (악령 따위에) 들려 있다. ***be*** ~***ed of*** …을 소유하고 있다. ~ ***oneself*** 자제하다. ~ ***oneself of*** …을 획득하다. *~**ed** [-t] *a.* **홀린**; 미친; 침착한.
‡**pos·ses·sion** [pəzéʃən] *n.* ① U **소유; 점유**. ② 소유물; (*pl.*) 재산. ③ 영지, 속령(屬領). ④ U 자제. ***get*** 〔***take***〕 ~ ***of*** …을 손에 넣다, 점유하다. ***in*** ~ ***of*** …을 소유하여. ***in the*** ~ ***of*** …의 소유의.
‡**pos·ses·sive** [pəzésiv] *a.* ① **소유의**; 소유욕이 강한; 소유를 주장하는. ② 〖文〗 소유(격)의. —— *n.* 〖文〗 소유격, 소유대명사.
posséssive cáse 〖文〗 소유격.
posséssive prónoun 〖文〗 소유 대명사. 「유자.
-so·ry [-ri] *a.*
***pos·ses·sor** [pəzésər] *n.* **소유자**; 점
pos·set [pásit/-ɔ́-] *n.* U 밀크주(酒).
‡**pos·si·bil·i·ty** [pàsəbíləti / -ɔ̀-] *n.* ① U **가능성**. ② 가능한 일〔사람〕. ③ (*pl.*) 가망. ***by any*** ~ 《條件에 수반하여》 만일에, 혹시; 《否定에 수반하여》 도저히 …않다, 아무래도 (…않다). ***by some*** ~ 어쩌면, 혹시.
†**pos·si·ble** [pásəbəl/-ɔ́-] *a.* ① **있을〔일어날〕 수 있는**; 가능한. ② 《口》 웬만한, 참을 수 있는. ‡**-bly** *ad.* **어쩌면**, 아마; **무슨 일이 있어도**, 어떻게든지 해서.
pos·sum [pásəm / -ɔ́-] *n.* 《口》 = OPOSSUM. ***play*** 〔***act***〕 ~ 꾀병부리다; 죽은 체하다; 시치미떼다.
‡**post**¹ [poust] *n.* ① **기둥**. ② 〖競馬〗 출발〔결승〕의 표주(標柱). —— *vt.* ① (고시 따위를 기둥에) 붙이다; (벽 따위에) 삐라를 붙이다(*P- no bills.* 벽보 엄금); 게시하다. ② 《英》 (대학에서) (불합격자를) 게시하다. ③ 《美》 사냥 금지를 게시하다.
‡**post**² *n.* ① **지위**, 맡은 자리; **직분**. ② (초병(哨兵)·경관의) 부서. ③ 주둔지; 주둔 부대. ④ 《美》 (재향 군인 회의) 지방 지부. ⑤ (미개지의) 통상(通商) 거류지. —— *vt.* (보초 등을) 배치하다. ~ ***a cordon*** 비상선을 펴다.
†**post**³ *n.* ① U 《英》 **우편**. ② 《英》 우편물. ③ 《英》 **우체국; 우체통**. ④ 《古》 역참(驛站). ***by*** ~ 우편으로. ***by return of*** ~ 편지받는 대로 곧 《회답바람》. ***general*** ~ 우체국 놀이《실내 유희의 일종》; 아침의 (제1

회) 배달 우편. —— *vt.* **우송[투함]하다**; 〖簿〗 (분개장에서 원장에) 전기하다. (최신 정보 등을) 알리다, 정통하게 하다. —— *vi.* 역마[역마차]로 여행하다; 급히 여행하다; (말의 보조에 맞추어) 몸을 상하로 흔들다. —— *ad.* 빠른 말(馬)로; 황급히.

post- *pref.* 「후(後)(after)」의 뜻.

P. O. S. T. Pacific Ocean Security Treaty.

‡**post·age** [póustidʒ] *n.* Ⓤ **우편 요금**.

póstage dùe 우편 요금 부족.

póstage mèter 우편 요금 미터 《우표 대신 스탬프를 누르는 계기》.

‡**póstage stàmp** **우표**.

‡**post·al** [póustəl] *a.* **우편의; 우체국의**. —— *n.* 《美口》 =⇩.

***póstal càrd** 《美》 **우편 엽서**.

póstal còde =POST-CODE.

Póstal Guíde Nùmber (영국의) 우편 번호.

post·al·i·za·tion [pòustəlizéiʃən / -lai-] *n.* Ⓤ 전지역 송료 균일제.

póstal (móney) òrder 우편환.

póstal sèrvice 우편.

post·a·tom·ic [pòustətámik/-tɔ́-] *a.* 원자 폭탄 (사용) 이후의 (*the ~ world* 원자 폭탄을 안 세계) (opp. preatomic). 「MAILBAG.

post·bag [póustbæ̀g] *n.* 《英》 =

post·bel·lum [pòustbéləm] *a.* (L.) 전후의(opp. antebellum).

post·box [póustbàks/-bɔ̀ks] *n.* 우체통 (《美》 mailbox).

post·boy [póustbɔ̀i] *n.* 우편물 집배인; =POSTIL(L)ION.

‡**post·card** [⌐kà:rd] *n.* 《英》 **우편 엽서**; 《美》 사제 (그림) 엽서.

póst chàise 역마차. 「(《美》 zip code).

post·code [⌐kòud] *n.* 《英》 우편 번호

post·date [pòustdéit] *vt.* 날짜를 실제보다 늦추어 달다.

post·ed [póustid] *a.* ① 지위가[직장이] 있는. ② 《口》 (사정에) 밝은, 정통한.

post·en·try [póusténtri] *n.* 추가 수입 신청서; 추가 기장.

‡**post·er** [póustər] *n.* **포스터, 벽보**.

poste res·tante [pòust restá:nt] (F.) 유치(留置) 우편 《봉투에 표기》.

***pos·te·ri·or** [pastíəriər/postíə-] *a.* ① (위치가) **뒤의**, 후부의. ② (순서·시간이) 뒤의, 다음의(*to*). —— *n.* 엉덩이(buttocks). **-te·ri·or·i·ty** [–⌐–ár-əti/-ɔ́-] *n.* Ⓤ (위치·시간이) 다음임.

‡**pos·ter·i·ty** [pastérəti / pɔs-] *n.* Ⓤ 《集合的》 **자손**, 후세.

pos·tern [póustə:rn, pás-] *n., a.* 뒷문(의), 통용문(의); 작은 문; 뒷문 같은; 내밀한. 「략 PX, P. X.》.

Póst Exchànge 〖美陸軍〗 매점 《생

post·face [póustfèis] *n.* (책의) 발문.

post·fac·tum [pòustfǽktəm] *a.* 사후(事後)의. 「무료의.

post·free [póustfrí:] *a.* 우편 요금

post·gla·cial [⌐gléiʃəl] *a.* 후빙기의.

post·grad·u·ate [⌐grǽdʒuit] *a., n.* (대학 졸업후의) 연구과의, 연구과 [대학원] 학생(의, 을 위한).

post·haste [⌐héist] *n., ad.* Ⓤ 지급(으로).

póst hòrse 역마, 파발마.

post·hu·mous [pástʃuməs / pɔ́s-] *a.* 유복자(遺腹子)로 태어난; (저자) 사후에 출판된; 사후의.

pos·til·ion, 《英》 **-til·lion** [pous-tíljən, pas-] *n.* (마차말의 맨앞 줄 왼쪽 말에 타는) 기수장(騎手長).

post·im·pres·sion·ism [pòustim-préʃənìzəm] *n.* Ⓤ 〖美術〗 후기 인상파 《Cézanne, Gogh, Gauguin, Matisse, Derain 등》.

post·lude [⌐lu:d] *n.* 〖樂〗 후주곡《예배후의 오르간 곡》; (악곡의) 종말부; 《一般的》 종결부. 「**배인**.

***post·man** [póusṭmən] *n.* **우편물 집**

post·mark [⌐mà:rk] *n., vt.* 소인(消印) (을 찍다). 「**체국장**.

***post·mas·ter** [⌐mæ̀stər/-à:-] *n.* **우**

póstmaster géneral 《美》 체신 장관; 《英》 체신 대신.

post me·rid·i·em [pòust mərídièm, -diəm] (L.) 오후 《생략 p.m., P. M.》.

post·mis·tress [póusṭmìstris] *n.* 여자 우체국장.

post·mor·tem [poustmɔ́:rtəm] *a., n.* 사후(死後)의; 검시(檢屍)(의); 사후(事後) 토의.

†**póst òffice** ① **우체국**. ② (the P- O-) 체신성. ③ 우체국 놀이 (「우편」 배달이 늦어진 아이는 벌로서 키스를 청구당함).

póst-of·fice bòx [póustɔ̀:fis, -àf-/ -ɔ̀f-] 사서함《생략 P. O. Box》.

póst-office òrder 우편환.

post·op·er·a·tive [pòustápərətiv / -ɔ́p-] *a.* 수술 후의. 「요금 선불의.

post·paid [póustpéid] *a.* 《美》 우편

‡**post·pone** [pousṭpóun] *vt.* **연기하다**. **~·ment** *n.* Ⓤ 「식후의.

post·pran·di·al [pòustprǽndiəl] *a.*

post·rid·er [póustràidər] *n.* 기마 우편 집배인.

póst ròad 우편 도로; 역마 도로.

***post·script** [póusṭskrìpt] *n.* (편지의) **추신**(追伸), 추백(追白)《생략 P. S.》; 《英》 뉴스 방송 후의 해설.

pos·tu·lant [pástʃələnt / pɔ́s-] *n.* (특히 성직) 지원[망]자.

pos·tu·late [pástʃəlèit / pɔ́s-] *vt., vi.* 요구하다(*for*); (자명한 것으로) 가정하다. —— [-lit] *n.* 가정; 근본 원리, 필요 조건.

***pos·ture** [pástʃər/-ɔ́-] *n.* ⓊⒸ **자세**; 상태. —— *vi., vt.* 자세를 취하다[취하게 하다]; …인 체하다. **-tur·al** *a.* 자세[상태]의; 위치상의.

***post·war** [póustwɔ́:r] *a.* **전후의**.

po·sy [póuzi] *n.* 꽃; 꽃다발.

‡**pot** [pat/-ɔ-] *n.* ① **단지**, 항아리, 화분, 병, 속깊은 남비. ② pot 하나 가득(한 물건); 술. ③ (물고기나 새우를 잡는) 바구니. ④ 《口》 한번에 건 돈. ⑤ 《美俗》 마리화나. ***keep the ~ boiling*** 살림을 꾸려나가다; 경기좋게 계속해 가다. ***make the***

~ **boil** 생계를 세우다. —— *vt.* (*-tt-*) 단지〔항아리〕에 넣다; 화분에 심다; 쏘다(shoot). —— *vi.* 쏘다(*at*).

po·ta·ble [póutəbəl] *a.* (물이) 음료에 적합한. —— *n.* (*pl.*) 음료, 술.

po·tage [poutá:ʒ/pɔ-] *n.* (F.) 포타주《진한 수프》. 「류 찌끼.

pót àle (위스키·알코올 따위의) 증

pot·a·mol·o·gy [pàtəmálədʒi/pɔ̀təmɔ́l-] *n.* Ⓤ 하천학. 「POTASSIUM.

pot·ash [pátæʃ/-ɔ́-] *n.* Ⓤ 잿물; =

***po·tas·si·um** [pətǽsiəm] *n.* Ⓤ 〖化〗 포타슘, 칼륨《기호 K》.

potássium brómide 브롬화칼륨.

potássium cárbonate 탄산칼리.

potássium chlórate 염소산칼륨.

potássium chlóride 염화칼륨.

potássium cýanide 청산칼리.

potássium hydróxide 수산화 칼륨.

potássium nítrate 질산칼륨.

potássium permánganate 과망간산 칼륨.

potássium súlfate 황산칼륨.

po·ta·tion [poutéiʃən] *n.* Ⓤ 마시기; (보통 *pl.*) 음주; 주연.

†**po·ta·to** [pətéitou] *n.* (*pl.* ~*es*) 감자; 《美》 고구마. ***drop a thing like a hot*** ~ 당황하여 버리다. ***Irish*** 〔***white***〕 ~ 감자. ***sweet*** 〔***Spanish***〕 ~ 고구마.

potáto bèetle 〔**bùg**〕 감자잎벌레.

potáto bòx 〔**tràp**〕 《俗》 입.

potáto chìp 〔《英》 **crìsp**〕 얇게 썬 감자 튀김.

potáto màsher 감자 으깨는 도구.

po·ta·to·ry [póutətɔ̀:ri/-təri] *a.* 음주의; 음주에 빠지는.

pot·bel·ly [pátbèli] *n.* 올챙이배(의 사람); (배가 불룩한) 난로.

pot·boil·er [ˊbɔ̀ilər] *n.* 생활을 위한 문학 〔미술〕 작품(을 만드는 사람).

pot·boy [ˊbɔ̀i] *n.* 《英》 선술집의 사환.

pót chèese 《美》=COTTAGE CHEESE.

***po·tent** [póutənt] *a.* ① 힘센, 유력한; 세력〔효력〕이 있는. ② (남성이) 성적(性的) 능력이 있는. ③ (약 등) 효력이 있는. ④ (도덕적으로) 영향력이 강한. ~**·ly** *ad.* **pó·ten·cy** *n.* Ⓤ 세력; 효력. 「세력가, 군주.

***po·ten·tate** [póutəntèit] *n.* 유력자;

‡**po·ten·tial** [pouténʃəl] *a.* ① 가능한; 잠재적인. ② 〖理〗 전위(電位)의; 〖文〗 가능법의(~ *mood*). —— *n.* Ⓤ ① 가능성; 잠세(潜勢); 잠재(능)력. ② 〖理〗 전위; 〖文〗 가능법 《I *can do* it., He *may come.* 과 같은 'mood'》. ~**·ly** *ad.* ***po·ten·ti·al·i·ty** [-ˌʃiǽləti] *n.* ⓊⒸ 가능성; 잠재력.

po·ten·ti·om·e·ter [pətènʃiámitər/-ɔ́m-] *n.* 〖電〗 전위차계(電位差計); 분압기. 「화나 중독자.

pot·head [páthèd] *n.* 《美俗》 마리

poth·er [páðər/-ɔ́-] *n.* 소동; 자욱한 연기〔먼지〕. —— *vt.*, *vi.* 괴롭히다; 걱정하다.

pot·herb [páthə̀:rb/-ɔ́-] *n.* 삶아먹는 야채; 조미용 야채.

pot·hole [ˊhòul] *n.* ① 〖地〗 돌개 구멍《하상의 암석에 생긴》; (노면에 팬) 구멍. ② (수직으로 구멍이 난) 깊은 동굴. **-hol·er** *n.* 동굴 탐험자. **-hol·ing** *n.* 동굴 탐험.

pot·hook [ˊhùk] *n.* 불 위의 남비 따위를 매다는 S형 고리; 고리달린 긴 부젓가락; (어린이의) 꼬부랑 글씨.

pot·house [ˊhàus] *n.* 《英》 (작은) 맥주 집.

pot·hunt·er [páthʌ̀ntər/-ɔ́-] *n.* 닥치는 대로 쏘는 사냥꾼; 상품을 노린 경기 참가자. 「분량, 한 잔.

po·tion [póuʃən] *n.* (약 따위의) 1회

pot·luck [pátlʌ̀k/-ɔ́-] *n.* Ⓤ 있는 것으로 장만한 음식.

***Po·to·mac** [pətóumək] *n.* (the ~) 미국 Washington 시를 흐르는 강.

pot·pie [pátpài/-ɔ́-] *n.* ⓊⒸ 고기 파이; 고기 만두 스튜.

pot·pour·ri [pòupurí:, poupúəri] *n.* (F.) 화향(花香) 《꽃잎과 향료를 섞은 실내 방향제》; 혼성곡; (문학의) 잡집(雜集).

pot·sherd [pát-ʃə̀:rd/-ɔ́-] *n.* 사금파리, 도기의 파편.

pot·shot [pát-ʃàt/pɔ́t-ʃɔ̀t] *n.* 식용만을 목적으로 하는 총사냥; (잘 조준하지 않는) 근거리 사격.

pot·tage [pátidʒ/-ɔ́-] *n.* =POTAGE.

pot·ted [pátid/-ɔ́-] *a.* 화분에 심은; 단지〔항아리〕에 넣은; 병조림의.

***pot·ter¹** [pátər/-ɔ́-] *n.* 도공(陶工), 옹기장이. ***pót·ter·y** *n.* Ⓤ 도기, 오지 그릇; ⓊⒸ 도기 제조(소), 가마.

pot·ter² *v.* 《英》 =PUTTER¹.

pótter's cláy 〔**éarth**〕 도토(陶土).

pótter's fíeld 무연(無緣) 묘지.

pótter's whèel 녹로(轆轤), 물레.

Pótt's disèase [páts / -ɔ́-] 포트병, 척추 카리에스.

pot·ty¹ [páti/-ɔ́-] *a.* 《英口》 사소한; 쉬운; 미친 듯한. **pót·ti·ness** *n.*

pot·ty² *n.* 어린이용 변기, 《兒》 변소.

***pouch** [pautʃ] *n.* 작은 주머니; 〖動〗 (캥거루 따위의) 주머니. —— *vt.* 주머니에 넣다; 자루처럼 만들다; 오므라지게 하다. —— *vi.* 자루 모양으로 되다. ~**ed** [-t] *a.* 주머니가 있는; (동물이) 유대(有袋)의.

poul·ter·er [póultərər] *n.* 《주로 英》 가금상(家禽商), 새 장수.

poul·tice [póultis] *n.*, *vt.* 찜질약 〔습포약〕(을 붙이다).

***poul·try** [póultri] *n.* 《集合的》 가금(家禽) 《닭·칠면조·오리 따위》.

***pounce¹** [pauns] *vi.*, *vt.* 불잡으려 들다(*upon, on*); 갑자기 덮치다〔오다, 튀다〕. —— *n.* 붙잡으려 덤벼듦, 급습. 「지림분(止淋粉).

pounce² *n.* Ⓤ (잉크의 번짐을 막는)

†**pound¹** [paund] *n.* 파운드《무게 단위, 16온스, 453.6그램, 생략 lb.》; 파운드《영국 화폐 단위, 100 pence, 기호 £》.

***pound²** *vt.* 세게 연타하다; 짓빻다. —— *vi.* ① 세게 치다(*on*); 난타하다

(*on, at*). ② (심장이) 두근거리다. ③ 쿵쿵 걷다(*about, along*). —— *n.* 타격; 치는 소리; 강타.

pound³ *n., vt.* (주인 잃은 소·개 따위의) 우리(에 넣다); 동물을 넣는 울; 구치소; 구류하다.

pound·age [ˊidʒ] *n.* Ⓤ (무게·금액) 1파운드에 대한 수수료〔세금〕.

pound·al [ˊəl] *n.* 〖理〗 파운달《힘의 단위, 질량 1파운드의 질점(質點)에 작용하여 매초 1피트의 가속도를 일으키는 힘, 13.8다인》.

póund càke 파운드 케이크《설탕·버터·밀가루를 각 1파운드씩의 비율로 섞어 만든 케이크》.

pound-fool·ish [ˊfú:liʃ] *a.* 한푼을 아껴 천냥을 잃는(cf. penny-wise).

póund nèt (물속에 치는) 정치망(定置網).

‡**pour** [pɔ:*r*] *vt.* ① **쏟다,** 붓다(*into, in, on*); (총알을) 퍼붓다. ② (은혜를) 많이 베풀다. ③ 도도히 말하다. —— *vi.* 흘러 나오다(*down, forth, out*); 억수같이 퍼붓다. ***It never rains*** BUT ***it ~s.*** —— *n.* 유출(流出); 호우(豪雨).

***pout** [paut] *vi., n.* **입을 빼물다**〔삐죽거림〕; 뿌루퉁하다〔하기〕. —— *vt.* (입을) 삐죽빼물다〔고 말하다〕. ⌐·**y** *a.* 찌무룩한.

‡**pov·er·ty** [pávərti/-ɔ́-] *n.* Ⓤ ① **가난.** ② 빈약; (필요물의) 결핍(*in, of*). ③ 불모.

pov·er·ty-strick·en [-strìkən] *a.* 매우 가난한. 「열 소리》.

pow [pau] *int.* 펑, 팡《타격이나 파

POW, P.O.W. prisoner of war.

‡**pow·der** [páudər] *n.* ① Ⓤ **가루,** 분말. ② ⓊⒸ 가루분(face powder); 가루약; **화약**(gunpowder). ③ = POWDER BLUE. —— *vt., vi.* 가루로 하다〔가 되다〕; 가루를 뿌리다; 가루분을 바르다(*~ed egg* 분말 달걀/*~ed milk* 분유). ~·**y** [-i] *a.* 가루(모양)의; 가루투성이의; 가루가 되기 쉬운, 무른. 「루물감).

pówder blúe 담청색(light blue)(가

pówder hòrn 뿔로 만든 화약통.

pówder magazìne 화약고.

pówder mìll 화약 공장.

pówder mònkey (군함의) 소년 화약 운반수; 다이너마이트 장치원.

pówder pùff 분첩. 「소; 욕실(浴室).

pówder ròom 화장실; 여성용 세면

†**pow·er** [páuər] *n.* ① Ⓤ **힘; 능력.** ② (보통 *pl.*) 재능. ③ Ⓤ 체력, 세력, 권력, 지배력; 정권. ④ 유력자; **강국.** ⑤ 〖數〗 멱(冪), 거듭제곱. ⑥ Ⓤ 〖理〗 작업률, 공률; 〖機〗 **동력**; (렌즈의) 확대력. ⑦ (*pl.*) 신(神). ***a ~ of*** 《口》 많은. ***in one's ~*** 힘이 미치는 범위내에; 지배하에. ***~ of attorney*** 위임장. ***the Great Powers*** 열강(列强). ***the ~s that be*** 당국. 「터 보트.

pow·er·boat [-bòut] *n.* 발동기선, 모

pówer càble 〖電〗 고압선. 「급강하.

pówer dìve 〖空〗 (엔진을 건 채로의)

pówer drìll 동력 천공기.

‡**pow·er·ful** [-fəl] *a.* **강력한;** 유력한; 《주로 方》 많은. ~·**ly** *ad* ~·**ness** ⌊*n.*

pówer gàs 동력 가스.

pow·er·house [-hàus] *n.* 발전소.

***pow·er·less** [-lis] *a.* **무력한,** 무능한. ~·**ly** *ad.* ~·**ness** *n.*

pówer lìne 〖電〗 송전선.

pówer lòom 동력 직기(織機).

pówer pàck 〖電〗 전원함(電源函).

pówer plànt 발전소; 발전 장치.

pówer pólitics 무력 외교.

pówer reàctor 동력로(爐).

pówer shòvel 동력 삽.

pówer stàtion =POWERHOUSE.

pówer strùcture 《美》 권력 기구.

pówer tàkeoff (트럭·트랙터의) 동력 인출(引出) 장치.

pówer ùnit 내연 기관.

pow·wow [páuwàu] *n.* (북미 토인이 질병의 완쾌·사냥의 성공 따위를 비는) 주문(呪文) 의식; 북미 토인의 〔과의〕 회의; 《美口》 회의, 회합. —— *vi.* (북미 토인이) 의식을 행하다; 《美口》 협의하다.

pox [paks/-ɔ-] *n.* Ⓤ 매독.

pp 〖樂〗 *pianissimo.* **pp.** pages; past participle. **p. p.** parcel post; past participle; postpaid; =PER PRO. **ppb, PPB** part(s) per billion, 10억분의 …. **PPB(S)** planning, programming, budgeting (system) 컴퓨터에 의한 기획·계획·예산 제도. **P.P.C., p.p.c.** *pour prendre congé* (F. =to take leave).

PP fáctor 〖生化〗 (<pellagra-preventive factor) 항(抗)펠라그라 인자《펠라그라 예방에 쓰는 니코틴산·니코틴산 아미드》.

PPHM, PPhm part(s) per hundred million, 1억분의…. **PPI** Plan Position Indicator 고성능 전파 탐지기(電波探知機). **ppl., p. pl.** participial. **PPM, ppm, p. p. m.** part(s) per million, 100만분의…. **ppr., p. pr.** present participle. **P.P.S.** *post postscriptum* (L. = additional postscript). **Pr** 〖化〗 praseodymium. **Pr.** Provençal. **Pr., pr.** preferred (stock) 우선(주). **pr.** pair(s); present. **P.R.** Proportional Representation 비례대표; public relations; Puerto Rico. **P.R.A.** President of the Royal Academy.

***prac·ti·ca·ble** [prǽktikəbəl] *a.* ① **실행할 수 있는.** ② 실용에 맞는. ③ (도로 따위) 통행할 수 있는. **prac·ti·ca·bil·i·ty** [ˋ--bíləti] *n.* Ⓤ

‡**prac·ti·cal** [prǽktikəl] *a.* ① **실지의,** 실제적인. ② **실용적인;** 유용한. ③ 실지 경험이 있는; 노련한. ④ 실질상의; 분별 있는 (*a ~ mind*). ‡~·**ly** *ad.* **실제로;** 실질상; 실용적으로;

práctical jóke 못된 장난. ⌊거의.

práctical núrse 환자 시중 전문의 간호원.

†**prac·tice** [prǽktis] *n.* ① Ⓤ 실시,

실행; 실제. ② (개인의) **습관**, (사회의) **관습**. ③ Ⓤ **연습**; 숙련. ④ Ⓤ (의사·변호사 등의) 업무. ⑤ Ⓤ 〖法〗 소송 절차. ***be in ~*** 연습[숙련]돼 있다; 개업하고 있다. ***in ~*** 실제상으로는. ***out of ~*** 연습 부족으로. ***put ... into*** [***in***] ***~*** …을 실행하다. **—** ***vt.*** ① **늘 행하다; 실행하다.** ② **연습[훈련]하다.** ③ (의사·변호사 등을) 업으로 하다. **—** ***vi.*** ① 습관적으로 하다. ② **연습하다** (*on, at, with*). ③ (의사·변호사 등이) 개업하다. ④ (약점에) 편승하다, 속이다(*on, upon*). **~d** [-t] *a.* 연습[경험]을 쌓은. ***~d hand*** 숙련가.

práctice tèacher 교육 실습생.

práctice tèaching 교육 실습.

prac·ti·cian [præktíʃən] *n.* 숙련자; 실제가; =PRACTITIONER. ⌈TICE.

‡**prac·tise** [prǽktis] *vt., vi.* =PRAC-

***prac·ti·tion·er** [præktíʃənər] *n.* 개업자, 《특히》 개업의(醫), 변호사.

prae·no·men [pri:nóumən, -men] *n.* (*pl.* ***-nomina*** [-námin ə/-ɔ́-]) 〖古로〗 첫째 이름 《Gaius Julius Caesar의 *Gaius*》.

prae·pos·tor [pri:pástər/-ɔ́-] *n.* 《英》 ('public school'의) 반장.

prae·tor [prí:tər] *n.* 〖로史〗 집정관(執政官)(consul); (후에, consul 다음가는) 행정관.

prag·mat·ic [prægmǽtik], **-i·cal** [-əl] *a.* 쓸데없이 참견하는; 독단적인; 〖哲〗 실용주의의; 실제적인; 활동적인. **-i·cal·ly** *ad.*

prag·ma·tism [prǽgmətizəm] *n.* Ⓤ 쓸데없는 참견; 독단(성); 실제적임; 〖哲〗 실용주의. **-tist** *n.* 〖哲〗 실용주의자; 참견하는 사람.

***Prague** [prɑ:g] *n.* **프라하** 《체코슬로바키아의 수도》. ⌈미의》.

‡**prai·rie** [préəri] *n.* **대초원** 《특히 북

práirie chìcken (북미산) 뇌조(雷鳥)의 일종. ⌈(marmot)의 무리.

práirie dòg 〖動〗 (북미산) 마멋

práirie schòoner 《美》 (개척 시대의) 대형 포장 마차.

Práirie Stàte 《美》 Illinois주의 딴

práirie wòlf =COYOTE. ⌊이름.

‡**praise** [preiz] *n., vt.* Ⓤ **칭찬(하다)**; (신을) 찬미(하다). ⌈할 만한, 기특한.

praise·wor·thy [ˊwə̀:rði] *a.* 칭찬

pra·line [prɑ́:li:n] *n.* 호두·아몬드를 넣은 사탕. ⌈《英口》 유모차.

pram [præm] (<perambulator) *n.*

prance** [præns/-ɑ:-] *vi* ① (말이 기운이 뻗쳐) **뒷다리로 뛰다**(*along*). ② (사람이) 말을 껑충껑충 뛰게 하여 나아가다. ③ 뻐기며 걷다(*about*); 뛰어돌아다니다(*about*). **—** ***n. 도약.

prang [præŋ] *n., vt.* 《英俗》 맹폭격(하다), 격추시키다; 추락(시키다).

***prank**[1] [præŋk] *n.* 농담, **못된 장난.** **ˊ·ish** *a.* 장난의; 장난을 좋아하는.

prank[2] *vt., vi.* 장식하다(*with*); 성장(盛裝)하다, 잘 차려입다(*up, out*).

pra·se·o·dym·i·um [prèizioudímiəm, -si-] *n.* Ⓤ 〖化〗 프라세오디뮴 《희금속 원소; 기호 Pr》.

prat [præt] *n.* 《俗》 궁둥이.

prate [preit] *n., vt., vi.* (재잘재잘) 쓸데 없는 말(을 하다), 수다 떨다.

prat·fall [prǽtfɔ̀:l] *n.* 《俗》 엉덩방아; 실수. ⌈후의) 입항 허가증.

pra·tique [prætí:k, ˊ-] *n.* (F.) (검역

prat·tle [prǽtl] *vi., vt., n.* 어린애같이 (멋대로) 지껄이다; 혀짤배기 소리(를 하다); 수다(떨다); (물 따위) 졸졸하는 소리.

Prav·da [prɑ́:vdə] *n.* (Russ. =truth) 구 소련 공산당 기관지(cf. Izvestia).

prawn [prɔ:n] *n.* 〖動〗 참새우.

prax·is [prǽksis] *n.* (*pl.* ***-es*** [-si:z]) 습관, 관례 ; 연습 ; 응용; 〖文〗 예제, 연습 문제(집).

‡**pray** [prei] *vi.* 간원하다(*for*); **빌다, 기도하다**(*to*). **—** ***vt.*** 바라다; **기원하다**; 기원하여 이루어지게 하다(*out, into*); 제발. ***be past ~ing for*** 개전(改悛)의 가망이 없다. **ˊ·er**[1] *n.* 기도[기원]하는 사람.

‡**prayer**[2] [prɛər] *n.* ① Ⓤ **기원**; 간원. ② 기도식; 기도의 문구. ③ 기도의 목적물. ***the Book of Common P-*** (영국 국교회의) 기도서. ***the*** LORD'***s P-***.

práyer bòok [prέər] 기도서.

prayer·ful [prέərfəl] *a.* 기도에 열심인, 신앙심 깊은.

pray-in [préiìn] *n.* 《美》 기도로 항의하는 집회. ⌈마귀.

práy·ing mántis [préiiŋ] 〖蟲〗 사

P.R.B. Pre-Raphaelite Brotherhood.

pre- *pref.* 「전·앞·미리」 따위의 뜻.

‡**preach** [pri:tʃ] *vi.* **설교하다**; 전도하다. **—** ***vt.*** 설교하다; (도를) 전하다; 창도(唱道)하다. ***ˊ·er** *n.* **설교자**; 목사. **ˊ·i·fy** [ˊəfài] *vi.* 《口》 지루하게 설교하다. ***ˊ·ing** *n.* ⓊⒸ **설교.** **ˊ·ment** *n.* ⓊⒸ 설교; 지루한 설교. **ˊ·y** *a.* 《口》 설교하기 좋아하는, 설교적인.

pre·ad·just·ment [prì:ədʒʌ́stmənt] *n.* Ⓤ 사전 조정.

pre·am·ble [prí:æmbəl/ˊ-ˊ-] *n.* (법률·조약 등의) 전문(前文), 머리말.

pre·am·pli·fi·er [pri:ǽmplifàiər] *n.* 〖電〗 전치(前置) 증폭기.

pre·an·nounce·ment [prì:ənáunsmənt] *n.* Ⓤ 예고, 예보.

pre·ar·range [prì:əréinʒ] *vt.* 미리 타합[상의]하다; 예정하다. **~·ment** *n.* ⓊⒸ

pre·a·tom·ic [prì:ətámik / -ɔ́-] *a.* 《美》 원폭 (사용) 이전의(opp. post-atomic).

preb. prebendary.

preb·end [prébənd] *n.* ⓊⒸ (cathedral이나 collegiate church에 속하는 목사의) 봉급, 성직록(祿); =PREBENDARY. **-en·dar·y** [prébəndèri/-dəri] *n.* 수록(受祿) 성직자.

prec. preceding.

Pre·cam·bri·an [prì:kǽmbriən] *n., a.* 〖地〗 선(先)캄브리아기(紀)(의).

pre·can·cel [prì:kǽnsəl] *vt.* (《英》***-ll-***)

(우표에) 사용 전에 소인을 찍다.

***pre·car·i·ous** [prikɛ́əriəs] *a.* ① 남의 뜻에 좌우되는. ② **불안정한.** ③ 위험한. **~·ly** *ad.*

pre·cast [prì:kǽst/-á:-] *vt.* (~), *a.* 〖建〗 (콘크리트를) 미리 틀에 넣어 만든, 프리카스트의.

pré·cast cóncrete [pri:kǽst, -ká:st] 〖土〗 프리캐스트 콘크리트 《공장에서 틀에 넣어 만든 조립용 콘크리트 부품》.

‡**pre·cau·tion** [prikɔ́:ʃən] *n.* ① UC **조심**, 경계. ② 예방책(*against*). **~·ar·y** [-nèri/-nə-] *a.*

‡**pre·cede** [prisí:d] *vt., vi.* ① **앞서다**; 선행(先行)하다. ② …의 상위에 앉다, …보다 중요하다[낫다], …에 우선하다. **-cé·dence, -den·cy** *n.* U 선행; 상위, 상석; 우선권. ***-céd·ing** *a.* **선행하는**, 앞의; 전술(前述)한.

***prec·e·dent** [présədənt] *n.* **선례;** 〖法〗 판례. **pre·ced·ent** [prisí:dənt] *a.* …에 앞서는, 앞의.

pre·cen·sor [prisénsər] *vt.* (출판물·영화 등을) 사전 검열하다.

pre·cen·tor [priséntər] *n.* (교회 성가대의) 선창자(先唱者).

***pre·cept** [prí:sept] *n.* ① UC **교훈;** 격언. ② 〖法〗 명령서. 「교사.

pre·cep·tor [priséptər] *n.* 교훈자,

pre·ces·sion [priséʃən] *n.* U 선행; 〖天〗 세차(歲差) (운동). 「세차 운동.

precéssion of the équinoxes 〖天〗

***pre·cinct** [prí:siŋkt] *n.* ① 《주로 英》 경내(境內), 구내. ② (행정) **관구**(管區). ③ (*pl.*) 경계, 주위, 부근.

pre·ci·os·i·ty [prèʃiásəti/-ɔ́-] *n.* U (말씨 따위에) 몹시 신경을 쓰기 〔까다롭게 굴기〕, 점잔빼기.

‡**pre·cious** [préʃəs] *a.* ① 귀중한, **비싼;** 소중한. ② 귀여운. ③ 점잔빼는; 꾀까다로운. ④ 《口》 지독한, 순전한; 《反語》 대단한 (*a* ~ *fool*). ── *ad.* 《口》 대단히. ── *n.* 《呼稱》 소중한 사람(*My* ~*!*). **~·ly** *ad.* **~·ness** *n.*

précious métals 귀금속.

précious stóne 보석. 「랑.

***prec·i·pice** [présəpis] *n.* **절벽**, 벼

pre·cip·i·tant [prisípətənt] *a.* 거꾸로 떨어지는, 곤두박이치는; 저돌적으로 돌진하는; 돌연한; 성급한. ── *n.* 〖化〗 침전제. **-tance, -tan·cy** *n.* UC 몹시 허둥댐, 경솔, 황급; C 경솔한 행위.

***pre·cip·i·tate** [prisípəteit] *vt., vi.* ① **거꾸로 떨어뜨리다** 〔떨어지다〕, 곤두박이치(게 하)다. ② 무턱대고 재촉하다, 촉진하다. ③ 〖化〗 침전시키다〔하다〕; 〖氣〗 응결시키다〔하다〕. ── [-tit, -tèit] *a.* 거꾸로의; 무모[경솔]한; 돌연한. ── [-tit, -tèit] *n.* 〖化〗 침전물; 〖氣〗 응결한 수분 《비·눈 따위》. **~·ly** [-titli] *ad.*

***pre·cip·i·ta·tion** [prisìpətéiʃən] *n.* UC ① 거꾸로 투하〔낙하〕하기; **투하**, 낙하. ② 화급(火急), **황급;** 촉진; 경솔. ③ 침전(물); 강수 《비·눈·이슬 따위》; 강수량.

pre·cip·i·ta·tor [prisípətèitər] *n.* 촉진하는 사람〔것〕; 〖化〗 침전제〔기〕.

pre·cip·i·tin [prisípətin] *n.* 〖生化〗 침강소(沈降素)《항체의 일종》.

***pre·cip·i·tous** [prisípətəs] *a.* **험한;** 성급한, 경솔한.

Pre·cip·i·tron [prisípətrɑn/-ɔn] *n.* 〖商標〗 프레시피트론 《흡진(吸塵) 장치》. 「(F.) 대요, 개략.

pré·cis [préisi:, ─⌐] *n. sing. & pl.*

‡**pre·cise** [prisáis] *a.* ① **정확한.** ② 세심한; 꼼꼼한. ③ 조금도 틀림없는. *to be* ~ 《獨立句》 정확히 말하면. ‡**~·ly** *ad.* **정확히;** 《대답으로서》 바로 그렇다. **~·ness** *n.*

pre·ci·sian [prisíʒən] *n.* 딱딱한〔꼼꼼한〕 사람. 「확(한), 정밀(한).

***pre·ci·sion** [prisíʒən] *n., a.* U **정**

precísion bómbing 정조준 폭격.

precísion ínstrument 정밀 기계.

pre·clude [priklú:d] *vt.* 제외하다; 방해하다(*from*); 불가능하게 하다. **pre·clú·sion** [-ʒən] *n.* U **pre·clú·sive** *a.* 제외하는; 방해하는(*of*).

pre·co·cious [prikóuʃəs] *a.* 조숙한, 올된; 〖植〗 일되는, 올벼의. **pre·coc·i·ty** [-kásəti/-ɔ́-] *n.* U

pre-Co·lum·bi·an [prì:kəlʌ́mbiən] *a.* (Columbus의) 아메리카 발견 이전의.

pre·con·ceive [prì:kənsí:v] *vt.* 예상하다. **~*d idea*** 선입관, 편견.

pre·con·cep·tion [prì:kənsépʃən] *n.* UC 예상; 선입관. 「협정〔상의〕하다.

pre·con·cert [prì:kənsə́:rt] *vt.* 미리

pre·con·di·tion [prì:kəndíʃən] *n.* 전제 조건. ── *vt.* 미리 조건을 조성해 놓다.

pre·co·nize [prí:kənàiz] *vt.* (공공연히) 선언〔성명〕하다; 기리다; 소환하다; 〖카톨릭〗 (교황이 주교를) 임명하다.

pre-Con·quest [pri:káŋkwest/-ɔ́-] *a.* the NORMAN Conquest 이전의.

pre·cur·sor [prikə́:rsər] *n.* 선구자; 선배; 전조(前兆). **-so·ry** *a.* 전조의.

pred. predicate; predicative.

pre·da·cious, -ceous [pridéiʃəs] *a.* 〖動〗 포식성(捕食性)의, 육식성의.

pre·da·tion [pridéiʃən] *n.* U 약탈; 〖生〗 포식(捕食).

pred·a·tor [prédətər] *n.* 약탈자; 〖生〗 포식자, 육식 동물.

pred·a·to·ry [prédətɔ̀:ri/-təri] *a.* 약탈하는; =PREDACIOUS.

***pre·de·ces·sor** [prèdisésər, ⌐─⌐─ / prí:disèsə] *n.* ① **전임자**. ② 앞서의 것. ③ 《古》 선조.

pre·des·ti·nate [pridéstənèit] *vt.* 예정하다; (신이) 예정하다. ── [-nit] *a.* 예정된, 숙명의. **pre·des·ti·na·tion** [─⌐─néiʃən] *n.* U 예정; 숙명; 〖神〗 운명 예정설.

pre·des·tine [pridéstin] *vt.* (신이 운명을) 예정하다.

***pre·de·ter·mine** [prì:ditə́:rmin] *vt.* **미리 결정하다**〔방향을 정하다〕; 예정

하다. **-ter·mi·na·tion** [ˌ-ˌ-mənéiʃən] *n.* Ⓤ

pred·i·ca·ble [prédikəbəl] *a.* 단정되는, 속성으로 단정할 수 있는(*of*).

***pre·dic·a·ment** [pridíkəmənt] *n.* 상태; ⓊⒸ 궁경(窮境).

‡**pred·i·cate** [prédikit] *n.*, *a.* 〖文〗술어(의), 술부(의); 〖論〗 빈사(賓辭)(의). —— [-kèit] *vt.* 단언하다; 서술하다. **pred·i·ca·tion** [ˌ-kéiʃən] *n.* ⓊⒸ 단언; 〖文〗서술.

***pred·i·ca·tive** [prédikèitiv/pridíkətiv] *a.* 〖文〗 서술〔술어〕적인(opp. attributive). —— *n.* ~·**ly** *ad.*

pred·i·ca·to·ry [prédikətɔ̀:ri/-təri] *a.* 설교의, 설교하는, 설교에 관한.

‡**pre·dict** [pridíkt] *vt.*, *vi.* 예언하다. ***pre·dic·tion** *n.* Ⓤ 예언(하기). **pre·dic·tive** *a.* **pre·dic·tor** *n.* 예언자; 고사포 조준 산정기(算定機).

pre·di·gest [prì:didʒést, -dai-] *vt.* (음식을) 소화하기 쉽게 요리하다; 쓰기〔알기〕쉽게 간단히 하다.

pre·di·lec·tion [prì:dəlékʃən] *n.* 좋아함, 편애(偏愛)(*for*).

pre·dis·pose [prì:dispóuz] *vt.* 미리 (…에) 기울게 하다(*to*); (병에) 걸리기 쉽게 하다(*to*). ***pre·dis·po·si·tion** [ˌ-pəzíʃən] *n.* 경향(*to*); 〖病〗 소인(素因) (*to*).

***pre·dom·i·nant** [pridámənənt/-ɔ́-] *a.* 우세한, 뛰어난; 현저한. ~·**ly** *ad.* **-nance** *n.* Ⓤ

***pre·dom·i·nate** [pridámənèit/-ɔ́-] *vi.* 지배하다(*over*); 우세하다(*over*). **pre·dom·i·na·tion** [-ˌ-néiʃən] *n.* Ⓤ

pre·e·lec·tion [prì:ilékʃən] *n.*, *a.* 예선(의); 선거전의 (운동).

pree·mie [prí:mi] *n.* 《美口》 조산아.

pre·em·i·nent [priémənənt] *a.* 발군의, 뛰어난; 현저한. ~·**ly** *ad.* **-nence** *n.* Ⓤ

pre·empt [priémpt] *vt.* 선매권(先買權)에 의하여 (공유지를) 획득하다; 선취하다. **pre·émp·tion** *n.* Ⓤ 선매(권).

preen [pri:n] *vt.* (새가) 부리로 (날개를) 다듬다; 몸단장〔몸치장〕하다 (~ *oneself*).

pre·ex·am·i·na·tion [prì:igzæ̀mənéiʃən] *n.* ⓊⒸ 예비 고사〔조사〕.

pre·ex·ist [prì:igzíst] *vi.* 선재(先在)하다. ~·**ence** *n.* Ⓤ (영혼) 선재.

pref. preface; preferred; prefix.

pre·fab [prí:fæb] *n.*, *a.* 조립(組立) 가옥(의). —— *vt.* (**-bb-**) =⇩.

pre·fab·ri·cate [pri:fæbrikèit] *vt.* (가옥 따위의) 조립 부분품을 제조하다. ~**d** ***house*** 조립 가옥〔주택〕.

‡**pref·ace** [préfis] *n.*, *vt.* (책의) 서문〔머리말〕(을 쓰다); 허두(虛頭)(를 놓다), 시작하다(*by*, *with*).

pref·a·to·ry [préfətɔ̀:ri/-tə-], **pref·a·to·ri·al** [prèfətɔ́:riəl] *a.* 서문의, 머리말의; 허두의, 서두의.

pre·fect [prí:fekt] *n.* (고대 로마의) 장관; (프랑스의) 지사(知事); 《英》(public school의) 반장.

‡**pre·fec·ture** [prí:fektʃər] *n.* Ⓤ prefect의 직(職)〔직권·임기·관할 구역·관저〕; Ⓒ 도(道), 현(縣). ***pre·fec·tur·al** [-ˊtʃərəl] *a.*

‡**pre·fer** [prifə́:r] *vt.* (**-rr-**) ① (오히려) …을 좋아하다〔택하다〕(~ *tea to coffee* 커피보다 홍차를 좋아하다). ② 제출하다. ③ 승진시키다. ④〖法〗 우선권을 주다. **pre·fér·ment** *n.* Ⓤ 승진; 〖宗〗고위(高位).

***pref·er·a·ble** [préfərəbəl] *a.* 택할 만한, 오히려 나은, 바람직한. ***-bly** *ad.* 오히려, 즐겨, 이왕이면.

‡**pref·er·ence** [préfərəns] *n.* ① ⓊⒸ 선택; 편애(*to*, *for*, *over*). ② 좋아하는 것. ③ ⓊⒸ 우선권; (관세의) 특혜.

préference shàre 〔**stòck**〕 우선주(株). 「선의; 선택적인; 특혜의.

pref·er·en·tial [prèfərénʃəl] *a.* 우

preferéntial shóp 노동 조합원 우대 공장, 노동 조합 특약 공장.

preferéntial táriff 특혜 관세.

preferéntial vóting 순위 지정 연기(連記) 투표. 「(株).

preférred shàre 〔**stòck**〕 우선주

pre·fig·ure [pri:fígjər] *vt.* 미리 나타내다, 예시하다; 예상하다.

‡**pre·fix** [prí:fiks] *n.* 〖文〗 접두사(cf. affix, suffix). —— [-ˊ] *vt.* 앞에 놓다; 접두사로 붙이다(*to*).

pre·for·ma·tion [pri:fɔrméiʃən] *n.* Ⓤ 사전 형성(~ *theory* 〖生〗(개체 발생에 대한) 전성설(前成說)).

pre·gla·cial [pri:gléiʃəl] *a.* 빙하기 전의.

preg·na·ble [prégnəbəl] *a.* 공략할 수 있는; 공격당하기 쉬운.

***preg·nant** [prégnənt] *a.* ① 임신한. ② (…이) 가득 찬(*with*); 풍부한. ③ 뜻깊은, 함축성 있는. **-nan·cy** *n.* Ⓤ

pre·hen·sile [prihénsil / -sail] *a.* 〖動〗 (발·꼬리가) 잡기〔감기〕에 알맞은, 휘감기는.

***pre·his·tor·ic** [prì:histɔ́:rik/-tɔ́r-], **-i·cal** [-əl] *a.* 유사 이전의.

pre·ig·ni·tion [prì:igníʃən] *n.* Ⓤ 조기 착화《내연기관의》.

pre·judge [pri:dʒʌ́dʒ] *vt.* 미리 판단하다; 심리(審理)하지 않고 판결하다. ~·**ment** *n.* ⓊⒸ

‡**prej·u·dice** [prédʒədis] *n.* ① ⓊⒸ 편견, 비뚤어진 생각(*against*). ② Ⓤ 〖法〗 손해, 불리. —— *vt.* 편견을 갖게 하다; 해치다, 손상시키다. ~**d** [-t] *a.* 편견을 가진.

prej·u·di·cial [prèdʒədíʃəl] *a.* 편견(偏見)을 품게 하는, 불리한, 손해를 주는(*to*).

prel·a·cy [préləsi] *n.* Ⓤ prelate의 직(職)〔지위〕; 《集合的》 고위 성직자들; 고위 성직자에 의한 감독 제도.

***prel·ate** [prélit] *n.* 고위 성직자《bishop, archbishop 등》.

prel·a·tism [prélətìzəm] *n.* Ⓤ (교회의) 감독 제도〔정치〕.

pre·lect [prilékt] *vi.* (대학 강사가) 강의하다, 강연하다. 「의) 강사.

pre·lec·tor [priléktər] *n.* (특히 대학

pre·li·ba·tion [prì:laibéiʃən] *n.* [U,C] 시식(試食).

prelim. preliminary (examination).

‡**pre·lim·i·na·ry** [prilímənèri/-nə-] *a.* 예비의, 준비적인. ~ ***examination*** 예비 시험. ~ ***hearing*** 〖法〗 예심. —— *n.* ①(보통 *pl.*) 예비 행위. ② 예선.

***prel·ude** [prélju:d, préi-] *n.* 〖樂〗 전주곡; 서막, 준비 행위. —— *vt.* 전주곡이 되다; 서두가 되다. —— *vi.* 전주곡을 연주하다; 서막이 되다(*to*).

pre·ma·ture [prì:mətjúər, ⌐–⌐] *a.* 너무 이른; 때 아닌; 너무 서두른. ~·**ly** *ad.* **-tú·ri·ty** *n.* [U]

pre·med·i·cal [pri:médikəl] *a.* 의예과(醫豫科)의.

pre·med·i·tate [pri:médətèit] *vt., vi.* 미리 생각〔계획〕하다. **-tat·ed** [-id] *a.* 미리 생각한. **-med·i·ta·tion** [–⌐–téiʃən] *n.* [U]

‡**pre·mier** [primíər, prí:miər] *n.* 수상. —— *a.* 제일위의; 최초의, 가장 오래된. ~·**ship** [-ʃip] *n.* [U,C] 수상의 직〔임기〕.

pre·mière [primíər, -mjέər] *n.* (F.) (연극의) 첫날, 초연(初演); 주연 여배우.

***prem·ise** [prémis] *n.* ① 〖論〗 전제. ② (*pl.*) 〖法〗 전술한 사항〔재산〕. ③ (*pl.*) (대지가 딸린) 집, 구내. —— [primáiz] *vt., vi.* 미리 말하다; 전제로 하다.

prem·iss [prémis] *n.* 〖論〗 = PREMISE.

pre·mi·um** [prí:miəm] *n.* ① 보수, 상(여)금(bonus). ② 덧돈, 프리미엄. ③ 보험료; 사례, 수업료. ④ 〖經〗 할증 가격, 수수료(agio), (화폐 교환 때의) 초과 가치 《금화의 지폐에 대한 경우 따위》. ***at a ~ 프리미엄이 붙어, 액면 이상으로; 진중(珍重)되어.

prémium nòte 보험료 지불 약속 「어음.

prémium sỳstem 상여 제도 《시간급을 정하고 소정 시간보다 빨리 되면 할증 급여를 줌》.

pre·mo·lar [pri:móulər] *a., n.* 소구치(小臼齒)(의).

pre·mo·ni·tion [prì:məníʃən] *n.* 예고; 예감. 「고; 예감.

pre·mon·i·to·ry [primánitɔ̀:ri / -mɔ́nitəri] *a.* 예고의; 전조(前兆)의.

pre·na·tal [pri:néitl] *a.* 출생 전의.

pren·tice [préntis] *n.* 《口》 = APPRENTICE.

***pre·oc·cu·pa·tion** [pri:àkjəpéiʃən/ -ɔ̀-] *n.* [U] 선취; 선입관; 열중.

***pre·oc·cu·py** [pri:ákjəpài / -ɔ́-] *vt.* ① 먼저 차지하다. ② 마음을 빼앗다; 깊이 생각케 하다. *-**pied** *a.* 여념이 없는, 열중한; 선취되어 있는.

pre·or·dain [prì:ɔ:rdéin] *vt.* (운명을) 예정하다. **pre·or·di·na·tion** [⌐–dənéiʃən] *n.* [U]

pre-owned [pri:óund] *a.* 중고(中古)의 (secondhand).

prep [prep] *n.* 《口》 예습; 사전 준비; = PREPARATORY SCHOOL.

prep. preparatory; preposition.

pre·paid [pri:péid] *v.* prepay의 과거(분사). —— *a.* 선불(先拂)의.

‡**prep·a·ra·tion** [prèpəréiʃən] *n.* ① [U,C] 준비; 예습(*for*). ② 조합제(調合劑); 조제 식품. ***in*** ~ ***for*** …의 준비로.

pre·par·a·tive [pripǽrətiv] *a.* = PREPARATORY. —— *n.* 준비 (행위).

pre·par·a·to·ry** [pripǽrətɔ̀:ri/-təri] *a.* 준비의, 예비의. ~ ***course 예과. ~ ***to*** …의 준비로서, …에 앞서.

prepáratory schòol 《英》 (public school 진학을 위한) 사립 국교; 《美》 (대학 진학을 위한) 사립 고교.

†**pre·pare** [pripέər] *vt.* ① 준비하다〔시키다〕(*for*). ② 각오시키다(*for, to*) ③ 조리〔조정·조합〕하다. —— *vi.* 준비〔각오〕하다(*for*). ***be*** ~***d to*** …의 준비〔각오〕를 하고 있다. **-par·ed·ly** [-pέ(:)ridli / -pέər-] *ad.* 준비〔각오〕하여. **·pár·ed·ness** *n.* [U] 준비; 군비의 충실. 「다. ~·**ment** *n.* [U,C]

pre·pay [pri:péi] *vt.* (**-*paid***) 선불하

pre·pense [pripéns] *a.* 〖法〗 미리 생각한, 계획적인, 고의의. ***of malice*** ~ 가해할 의사를 가지고.

pre·plan [pri:plǽn] *vt.* (**-*nn*-**) 면밀히 계획을 세우다.

pre·pon·der·ant [pripándərənt/-ɔ́-] *a.* 무게〔수·세력 따위〕에 있어 더한; 우세한; 압도적인 (*over*). **-ance** *n.* [U,C] 무게에 있어서의 우위; 우세.

pre·pon·der·ate [pripándərèit/-ɔ́-] *vi.* 무게〔수·양·세력 따위〕에 있어서 더하다〔낫다〕(*over*); 우위를 점하다.

‡**prep·o·si·tion** [prèpəzíʃən] *n.* 〖文〗 전치사. ~·**al** *a.* 전치사의(*prepositional phrase* 전치사구).

pre·pos·sess [prì:pəzés] *n.* 《보통, 受動》 좋은 인상을 주다; 《보통, 受動》 선입관이 되다. ~·**ing** *a.* 귀염성 있는, 호감을 갖게 하는. **pre·pos·sés·sion** *n.* 선입관(적 호감) 《드물게, 반감》, 편애(偏愛).

***pre·pos·ter·ous** [pripástərəs/-ɔ́-] *a.* 비상식의, 터무니없는. ~·**ly** *ad.*

pre·po·ten·cy [pripóutənsi] *n.* [U] 우세, 〖遺傳〗 우성 유전(력).

pre·preg [prí:prèg] *n.* [U] 수지(樹脂) 침투 가공제.

pre·puce [prí:pju:s] *n.* = FORESKIN.

Pre-Raph·a·el·ite [pri:rǽfiəlàit] *a., n.* 라파엘 전파(前派)의 (화가).

pre·re·cord [prì:rikɔ́:rd] *vt.* (라디오·텔레비전 프로를) 방송 전에 녹음〔녹화〕하다〔해 두다〕.

pre·req·ui·site [pri:rékwəzit] *a., n.* 미리 필요한 (물건), 없어서는 안 될 (*to, for*); 필요 조건(*to, for*).

***pre·rog·a·tive** [prirágətiv/-ɔ́-] *n.* 특권, (제왕의) 대권(大權).

Pres. President; Presbyter(ian).

pres. present; president.

pres·age [présidʒ] *n.* [U,C] 전조; 예감; 예언. —— [⁺priséidʒ] *vt.* 전조가 되다; 예감하다; 예언하다.

pres·by·o·pi·a [prèzbióupiə] *n.* [U]

〖眼科〗 노안.
pres·by·ter [prézbitər] *n.* (초대〔장로〕 교회) 장로; (감독 교회) 목사.
***Pres·by·te·ri·an** [prèzbitíəriən] *a.* 장로제의; **장로교회의**. —— *n.* 장로교회원. **~·ism** [-ìzəm] *n.* Ⓤ 장로제도.
pres·by·ter·y [prézbitèri/-təri] *n.* 장로회의; 장로회 관할구; 교회내 성직자석. 「의.
pre·school [príːskúːl] *a.* 학령 미달
pre·sci·ent [préʃiənt, príː-] *a.* 미리 아는, 선견지명이 있는. **-ence** *n.* Ⓤ
‡**pre·scribe** [priskráib] *vt.* ① **명하다.** ② (약을) 처방하다, (요법을) 지시하다. ③ 시효로써 무효로 하다. —— *vi.* ① 명령하다(*for*). ② 처방을 쓰다(*to, for*). ③ 시효에 의하여 청구하다〔무효로 되다〕(*to, for*).
***pre·scríp·tion** *n.* ⓊⒸ **명령, 규정,** Ⓒ 처방(전(箋)), 처방약; Ⓤ 시효.
pre·script [príːskript] *n.* 명령; 규정; 법령. —— *a.* 규정의.
pre·scrip·tive [priskríptiv] *a.* 규정〔지시〕하는; 시효에 의한.
pre·se·lec·tor [prìːsiléktər] *n.* 〖라디오〗 (안테나와 수신 회로 사이의 감도를 좋게 하는) 전(前) 증폭기.
pre·sell [priːsél] *vt.* (*-sold* [-sóuld]) (발매 전 상품을) 미리 선전하다.
‡**pres·ence** [prézəns] *n.* ① Ⓤ **있음, 존재.** ② ⓊⒸ **출석.** ③ Ⓤ (사람이) 있는 곳; 면전. ④ ⓊⒸ 풍채, 태도. ⑤ 유령. ⑥ Ⓤ (라디오·스테레오 따위의) 임장감(臨場感). ***in the ~ of*** …의 면전에서. ***~ of mind*** 침착.
présence chàmber 《주로 英》 알현실.
†**pres·ent**[1] [prézənt] *a.* ① **있는; 출석하고 있는.** ② **현재의.** ③ 〖文〗 현재(시제)의. —— *n.* **현재;** 〖文〗 현재시제; (*pl.*) 〖法〗 본문, 본 증서. ***at ~*** 목하, 현재. ***for the ~*** 당분간, 현재로서는. ***Know all men by these ~s that ...*** 이 서류에 의하여 …을 증명하다. ‡**~·ly** *ad.* **곧,** 이내; 목하, 현재.
†**pres·ent**[2] *n.* **선물.**
†**pre·sent**[3] [prizént] *vt.* ① **선사하다;** (정식으로) **제출하다.** ② (광경을) 나타내다, (극을) 상연하다. ③ 말하다. ④ 넘겨〔건네〕주다, **내놓다.** ⑤ **소개하다,** 배알시키다. ⑥ (무기를) 돌리다, 겨누다(*at*). ⑦ 《英》〖宗〗 추천하다. ***P- arms !*** 《口令》 받들어 총. ***~ oneself*** 출두하다; 나타나다. **~·a·ble** *a.* 남 앞에 내 놓을 수 있는, 보기 흉하지 않은; 예의바른; 선물에 적합한.
***pres·en·ta·tion** [prìːzentéiʃən, prèzən-] *n.* ⓊⒸ ① **증정;** 선물. ② 소개; 배알. ③ 제출; 제시. ④ 표현; 상연; (목사의) 추천.
presentátion còpy 증정본.
***pres·ent-day** [prézəntdéi] *a.* **현대의.**
pre·sen·ti·ment [prizéntəmənt] *n.* (불길한) 예감, 불안감.
pres·ent·ism [prézəntìzəm] *n.* 현대풍의 견해. 「ENT[1]ly.
‡**pres·ent·ly** [prézəntli] *ad.* ⇨PRES-
pre·sent·ment [prizéntmənt] *n.* Ⓤ 진술; 상연; 연출; 묘사; Ⓒ 초상; Ⓤ 제출; 제시; 〖法〗 배심관의 고발.
***pres·er·va·tion** [prèzərvéiʃən] *n.* Ⓤ **보존,** 저장; 보호; 방부(防腐).
pre·serv·a·tive [prizə́ːrvətiv] *a.* 보존하는, 보존력이 있는; 방부(防腐)의. —— *n.* 방부제, 예방약.
‡**pre·serve** [prizə́ːrv] *vt.* ① **보존하다;** 유지하다. ② 방부 조치를 하다; (음식물을) 저장하다. ③ **보호하다;** 사냥을 금하다. —— *n.* ① (*pl.*) (과일의) 설탕 절임. ② (*pl.*) 금렵지(禁獵地), 양어장. ***pre·sérv·er** *n.* 보호자; 구조자. 「다(*at, over*).
‡**pre·side** [prizáid] *vi.* **사회〔통할〕하**
***pres·i·den·cy** [prézidənsi] *n.* Ⓤ president의 직〔임기〕.
†**pres·i·dent** [prézidənt] *n.* (종종 P-) ① **대통령.** ② **총재, 장관,** 의장, 회장, 총장, 학장, 교장, 사장 (등).
pres·i·dent-e·lect [-ilékt] *n.* (취임전의) 대통령 당선자.
pres·i·den·tial** [prèzidénʃəl] *a.* president의. ***~ timber 대통령감.
presidéntial prímary 《美》 (각 정당의) 대통령 선거인 예선회.
presidéntial yéar 《美》 대통령 선거의 해. 「고 회의의) 간부회.
pre·sid·i·um [prisídiəm] *n.* (소련 최
†**press**[1] [pres] *vt.* ① **누르다,** 밀어붙이다. ② 눌러펴다, (다리미로) 다리다. ③ 짜다, 짜내다; …의 액(液)을 짜다. ④ 압박하다; 꼭 껴안다. ⑤ (의론 따위를) 밀고 나아가다; (의견 따위를) **강제하다;** 강요하다. ⑥ 서두르게 하다. ⑦ 간원하다; **조르다;** 괴롭히다. —— *vi.* ① 누르다(*on, upon, against*); **밀고 나아가다**(*up, down, against*). ② **서두르다**(*on, forward*). ③ (떼가) 몰려〔밀려〕 들다(*up, round*). ④ (마음을) **무겁게 하다**(*upon*). ⑤ 급박하다(*on, upon*); 강요하다(*for*). ***be ~ed for*** …이 절박하다; …에 궁하다. —— *n.* ① **누름;** 압박. ② ⓊⒸ (밀치락 달치락의) **혼잡,** 군집. ③ **압착기; 인쇄기.** ④ Ⓤ 인쇄술. ⑤ 인쇄소〔회사〕; 출판사. ⑥ (the ~) 《集合的》 **신문,** 잡지, 정기 간행물; Ⓒ (신문·잡지의) 논평. ⑦ Ⓤ 급박, 번망(煩忙). ⑧ 찬장, 서가(書架). ***go* 〔*come*〕 *to* (*the*) *~*** 인쇄에 돌려지다. ***in the ~*** 인쇄중. ***send to* (*the*) *~*** 인쇄에 돌리다. **~·er** *n.* 압착기〔공〕.
press[2] *vt.* 강제적으로 병역에 복무시키다; 징발하다. 「선전원.
préss àgent (극단 따위의) 보도원,
préss bàn 기사 (게재) 금지.
press·board [⌐bɔ̀ːrd] *n.* ⓊⒸ 판지.
préss bòx (경기장의) 기자석.
préss-but·ton wàr [⌐bʌ̀tn] = PUSH-BUTTON WAR. 「활동.
préss campáign 신문에 의한 선전

préss cùtting 〔《英》 **clìpping**〕 신문에서 오려낸 것.
préss cònference 기자 회견.
préss gàllery 신문 기자석〔단〕.
‡**press·ing** [ˊiŋ] *a., n.* **화급한,** 긴급한; **무리하게 조르는;** 프레스한 레코드. 「기자.
press·man [ˊmən]] *n.* 《英》 신문
press·mark [ˊmɑ̀ːrk] *n.* 도서의 서
préss pròof 〖印〗 교정쇄. ㄴ가 기호.
préss rèader 교정자.
préss sècretary 《美》 신문 담당 비서, (대통령) 공보관. 「스냅 단추.
press-stud [ˊstʌ̀d] *n.* (장갑 따위의)
press-up [ˊʌ̀p] *n.* 《英》 (체조의) 엎드려 팔굽히기.
‡**pres·sure** [préʃər] *n.* Ⓤ ① **압력,** 압력도(度), 전압. ② 압박, 강제. ③ 절박, 번망(煩忙). ④ ⓊⒸ 어려움, 궁핍 (~ *for money* 돈에 궁핍); (*pl.*) 곤경. ***put* ~ *on*** …을 압박〔강압〕하다. 「기밀실(氣密室).
préssure càbin 〖空〗 (예압(豫壓)된)
préssure còoker 압력 솥〔남비〕.
préssure gàuge 압력계; (화약의) 폭압계(爆壓計). 「(傾度).
préssure gràdient 〖氣〗 기압 경도
préssure gròup 압력 단체. 「密室).
préssure hùll (잠수함의) 기밀실(氣
préssure pòint 압점(壓點) 《지혈을 위해 누르는 신체의 각 부위》.
préssure sùit 〖空〗 여압복(與壓服) 《고도 비행용》, 우주복.
préssure wèlding 압력 용접.
pres·su·rize [préʃəràiz] *vt.* (고도 비행중인 비행기 밀실의) 기압을 정상으로 유지하다; 고압 상태에 두다; 압력 솥으로 요리하다.
pres·ti·dig·i·ta·tion [prèstədìdʒitéiʃən] *n.* Ⓤ 요술. **-dig·i·ta·tor** [ˌ–dídʒətèitər] *n.* 요술쟁이. 「성.
***pres·tige** [prestíːʒ] *n.* Ⓤ 위신, 명
pres·ti·gious [prestídʒəs] (<⇧) *a.* 명성이 높은.
pres·to [préstou] *a. ad.*, (It.) 〖樂〗 빠른; 빠르게; 《요술쟁이의 용어》 번개같이 (*Hey* ~, *pass!* 자, 빨리 변해라). — *n.* (*pl.* ~*s*) 빠른 곡.
pré·stressed cóncrete [príːstrèst] PS 콘크리트《강선(鋼線) 등을 넣은》.
pre·sum·a·ble [prizúːməbəl] *a.* 가정〔추정〕할 수 있는, 그럴 듯한. ***-bly** *ad.* 아마; 그럴 듯하게.
‡**pre·sume** [prizúːm] *vt.* ① **추정**〔**가정**〕하다; …이라고 생각하다. ② 대담히도〔뻔뻔스럽게도〕 …하다 (*to* do). — *vi.* (남의 약점 따위를) 기화로 삼다〔이용하다〕 (*on, upon*). **pre·súm·ing** *a.* 주제넘은.
pre·sump·tion [prizʌ́mpʃən] *n.* ① ⓊⒸ **추정(推定)** 〔가정〕(의 근거); …할 것 같음, 가망. ② Ⓤ 주제넘음, 뻔뻔스러움.
pre·sump·tive [prizʌ́mptiv] *a.* 추정(推定)의〔에 의거한〕; 추정의 근거가 되는. ***heir* ~** 추정 상속인 (cf. heir apparent). ~**·ly** *ad.*
***pre·sump·tu·ous** [prizʌ́mptʃuəs] *a.* 주제넘은, 뻔뻔스러운, 건방진. ~**·ly** *ad.* ~**·ness** *n.*
pre·sup·pose [prìːsəpóuz] *vt.* 미리 상상하다; 필요 조건으로서 요구하다, 전제하다. **-sup·po·si·tion** [-sʌpəzíʃən] *n.* ⓊⒸ 예상, 가정; Ⓒ 전제.
pret. preterit(e).
prêt-à-por·ter [prètɑpɔrtéi] *n., a.* (F.) 프레타포르테(의), (고급) 기성복(의).
pre·tax [príːtǽks] *a.* 세금 포함한 《수입 등》.
pre·teen [priːtíːn] *n.* 10대에 거의 이르는 아이. 「TENSE.
***pre·tence** [priténs] *n.* 《英》 =PRE-
‡**pre·tend** [priténd] *vt.* ① **…인 체하다,** 가장하다; 속이다. ② 감히〔억지로〕 …하려고 하다. — *vi.* 속이다; 요구하다; 자부하다(*to*). ~**·ed** [-id] *a.* …체한, 거짓의. ~**·er** *n.* …체하는 사람; 사기꾼; 왕위를 노리는 사람.
pre·tense** [priténs] *n.* ① **구실.** ② ⒸⓊ 허위, **거짓 꾸밈,** 가장. ③ (허위의) 주장, 요구; 허세 (부리기). ***make a* ~ *of …인 체하다. ***on the*** 〔***under*** (***the***)〕 ~ ***of*** …을 구실로 (하여).
***pre·ten·sion** [priténʃən] *n.* ① ⓊⒸ **주장,** 요구. ② 권리. ③ 자부; Ⓤ 가장; 과시; Ⓒ 빙자.
***pre·ten·tious** [priténʃəs] *a.* 자부하는; 뽐내는; 허세를 부리는. ~**·ly** *ad.* ~**·ness** *n.*
pre·ter·hu·man [prìːtərhjúːmən] *a.* 초인간적인. 「과거(의).
pret·er·it(**e**) [prétərit] *n., a.* 〖文〗
pre·ter·mit [prìːtərmít] *vi.* (*-tt-*) 불문에 부치다, 간과하다; 게을리하다, 등한히 하다; 중절하다. **-mís·sion** *n.* ⓊⒸ 관과; 무시; 탈락; 중단.
pre·ter·nat·u·ral [prìːtərnǽtʃərəl] *a.* 초자연적인; 이상한. ~**·ly** *ad.*
pre·test [príːtèst] *n.* 예비 시험〔검사〕. —[ˌˊ] *vt., vi.* 예비 시험을〔검사를〕 하다.
***pre·text** [príːtekst] *n.* **구실,** 변명.
pre·tor [príːtər] *n.* =PRAETOR.
pre·tri·al [príːtráiəl] *n., a.* 〖法〗 사전 심리; 공판전의.
pret·ti·fy [prítifài] *vt.* 《蔑》 야단스레 꾸미다, 아름답게 하다.
†**pret·ty** [príti] *a.* ① **예쁜,** 아름다운, 귀여운; 멋진. ② 《口》 (수량이) 상당한; 《反語》 심한. ***sitting* ~** 《俗》 유복하여, 안락한〔하게〕. — *ad.* 꽤; 매우. — *n.* 《呼稱》 귀여운 애〔사람〕; (*pl.*) 고운 물건 《장신구 따위》. **prét·ti·ly** *ad.* **-ti·ness** *n.*
pret·zel [prétsəl] *n.* 단단한 비스킷 《소금을 묻힌 것; 맥주 안주》.
‡**pre·vail** [privéil] *vi.* ① 이기다(*over, against*). ② **우세하다; 유행**〔**보급**〕**되다.** ③ 잘 되다. ④ 설복하다(*on, upon, with*). *~**·ing** *a.* **널리 행해지는,** 유행의; 일반의, 보통의; **우세한,** 유력한.
***prev·a·lent** [prévələnt] *a.* ① **널리**

행해지는〔퍼진〕, 유행하고 있는; 일반적인. ② 우세한. *-lence n. Ⓤ 널리 행해짐, 유행; 우세.

pre·var·i·cate [privǽrəkèit] vi. 얼버무려 넘기다(equivocate), 속이다. -ca·tor n. 얼버무려 넘기는 사람. pre·var·i·ca·tion [-ˊ-kéiʃən] n. ⓊⒸ

‡**pre·vent** [privént] vt. ① **방해하다,** 방해하여 …하지 못하게 하다(hinder) (*~ him from going; ~ his* 〔*him*〕 *going*). ② 예방하다, 일어나지 않게 하다(check) (*from*). **~·a·ble, ~·i·ble** a. 방해〔예방〕할 수 있는. ‡**pre·vén·tion** n. Ⓤ **방지, 예방(법)** (*against*).

***pre·ven·tive** [privéntiv] a. **예방의,** 방지하는(*of*). ── n. 방지하는 물건; 예방법〔책, 약〕.

preventive cústody 억류(抑留).

preventive deténtion (상습범의) 예비 구속.

preventive médicine 예방 의학.

Preventive Sérvice 《英》 (밀무역 단속의) 연안 경비대.

preventive wár 예방 전쟁.

pre·view [príːvjùː] n., vt. (극·영화의) 시연(試演)(을 보다), 시사(試寫)(를 보다); =PREVUE.

‡**pre·vi·ous** [príːviəs] a. ① **앞서의,** 이전의(*to*). ② 《口》 너무 일찍 서두른, 조급한. *~·ly ad.

prévious quéstion 〖議會〗 선결 문제.

pre·vi·sion [privíʒən] n. Ⓤ 선견, 예지(豫知). **~·al** a.

pre·vue [príːvjùː] n. 〖映〗 예고편 (trailer).

***pre·war** [príːwɔ́ːr] a. **전전(戰前)의.**

prex·y [préksi] n. 《俗》 학장, 총장.

‡**prey** [prei] n. ① **먹이,** 「밥」. ② 희생. ③ Ⓤ 포식(捕食). ④ 약탈품. *beast* 〔*bird*〕 *of ~* 맹수〔맹조〕. ── vi. 먹이로 하다(*on, upon*); 괴롭히다, 해하다(*on, upon*); 약탈하다(*on, upon*).

pri·a·pism [práiəpìzəm] n. Ⓤ 〖病〗 지속 발기증; 호색.

†**price** [prais] n. ① **값,** 대가. ② 대상(代償); 보수, 현상; 희생. ③ 《古》 가치. *above* 〔*beyond, without*〕 *~* (값을 헤아릴 수 없을 만큼) 귀중한. *at any ~* 값이 얼마이든, 어떤 희생을 치르더라도. *at the ~ of …* 을 걸고서. *what ~* 〖競馬〗 (인기 말의) 승산은 어떠한가; 《口》 어떻게 생각하는가; 《口》 무슨 소용 있나 (*What ~ going there?* 거기 가서 무슨 소용이 있는가). ── vt. 값을 매기다; 《口》 값을 묻다. *~ (a thing) out of the market* (살 수 없을 만큼) 엄청난 값을 매기다. *ˊ·less a. **돈으로 살 수 없는,** 대단히 귀중한; 《俗》 《反語》 말도 아닌, 어처구니 없는.

príce contròl 물가 통제.

príce cùtting 할인, 값을 깎음.

príce fìxing 가격 협정.

príce ìndex 물가 지수.

príce lìst 정가표, 시세표.

príce suppòrt 가격 유지《정부의 매입이나 보조금 등으로의》.

príce tàg (상품에 붙이는) 정찰.

príce wàr 에누리 경쟁.

***prick** [prik] n. ① **찌름.** ② 찔린 상처, 찔린 구멍; 격렬한 아픔; (양심의) 가책. ③ 날카로운 끝. *kick against the ~s* 쓸데 없는 저항을 하다. ── vt. ① **찌르다;** (뾰족한 것으로) 구멍을 뚫다〔표를 하다〕. ② 아프게 하다, 괴롭히다. ③ 《古》 (말에) 박차를 가하다. ── vi. ① 따끔하(게 찌르)다; 따끔따끔 쑤시다. ② (귀가) 쫑긋 서다(*up*). ③ 《古》 박차를 가하다(*on, forward*). *~ up one's ears* (개 따위가 귀를) 쫑그리다; (사람이) 귀를 기울이다.

prick·et [príkit] n. ① 두 습의〔두 살 난〕 사슴《뿔이 곧고 아직 갈라지지 않은》. ② 촛대; 촛대의 못.

prick·le [príkəl] n. 가시, 바늘; 따끔따끔한 느낌〔아픔〕. ── vt., vi. 찌르다; 따끔따끔 쑤시(게 하)다.

prick·ly [ˊli] a. 가시가 많은; 따끔따끔 쑤시는.

príckly héat 땀띠.

príckly péar 〖植〗 선인장의 일종; 그 열매《식용》.

‡**pride** [praid] n. ① Ⓤ **자만,** 자부, 거만; 자존심. ② ⓊⒸ 자랑(으로 삼는 것). ③ Ⓤ 득의, 만족; 경멸; 득의의 모습. ④ 한창. *the ~ of manhood* 남자의 한창 때. *take a ~ in* …에 긍지를 갖다. ── vt. 뽐내다, 자랑하다(*oneself on*).

‡**priest** [priːst] n. 성직자, 목사, 사제. ˊ**·ess** n. (주로 기독교 이외의) 수녀, 여승. ˊ**·ly** a. 성직자의; 성직자 같은〔다운〕.

priest·craft [ˊkræ̀ft, -ɑ̀ː-] n. Ⓤ (속세에 세력을 펴려는) 성직자의 정략.

priest·hood [ˊhùd] n. Ⓤ 성직; 《集合的》 성직자.

Priest·ley [príːstli], **John Boynton** (1894–1984) 영국의 소설가·극작가.

prig [prig] n. 딱딱한〔젠체하는〕 사람, 뽐내는 사람, 학자 연하는 사람. ˊ**·ger·y** n. Ⓤ 딱딱함; Ⓒ 젠체하기. ˊ**·gish** a. 딱딱한; 아는 체하는.

prim [prim] a. (**-mm-**) 꼼꼼한, 딱딱한, 새침떼는, 얌전빼는, 짐짓 점잔빼는. ˊ**·ly** ad. ˊ**·ness** n.

pri·ma·cy [práiməsi] n. ⓊⒸ 제 1 위; primate의 직〔지위〕; 〖카톨릭〗 교황의 수위권(首位權).

pri·ma don·na [príːmə dɑ́nə/dɔ́nə] (It.) (*pl.* **~s**) (가극의) 주역 여가수.

pri·ma fa·ci·e [práimə féiʃiìː, -ʃiː] (L.) 일견한 바(로는).

pri·mal [práiməl] a. 최초의, 원시의; 주요한; 근본의.

‡**pri·ma·ry** [práimèri, -məri] a. ① **최초의,** 원시적인. ② 수위의, 주요한. ③ 본래의, 근본의. ④ 초보의. ⑤ 〖醫〗 제 1 기의; 〖電〗 1 차 의. ── n. ① 제 1 위의〔주요한〕 사물. ② 원색. ③ 〖文〗 일차어(一次

語) 《명사 상당 어구》. ④ 《美》 대통령 후보 예비 선거. ***pri·ma·ri·ly** *ad.* 첫째로; 주로.

prímary áccent 제 1 악센트.

prímary cáre 〖醫〗 1차 의료《응급 치료 등 주거지에서 행하는 초기 의료》.

prímary cólo(u)rs 원색(原色) 《빨강·노랑·파랑》.

prímary educátion 초등 교육.

prímary elèction 《美》 예비 선거.

prímary gróup 〖社〗 제 1차 집단 《가정·친구 등》.

***prímary schòol** 초등 학교; 《美》 3〔4〕학년급의 초등 학교.

pri·mate [práimit, -meit] *n.* 수석 주교, 대주교; 〖動〗 영장류(靈長類). ***P- of All England*** Canterbury 의 대감독. ***P- of England*** York 의 대감독.

Pri·ma·tes [praiméiti:z] *n. pl.* 〖動〗 영장류.

‡**prime**[1] [praim] *a.* ① **최초의**; 원시적인. ② 근본적인; **수위의**, 주된. ③ 최상의, 우수한. ④ 〖數〗 소수(素數)의. —— *n.* ① 최초, 초기; 봄. ② **전성**; 청춘; 최량의 상태〔부분〕. ③ 〖數〗 소수(素數). ④ 분(分)(minute); 프라임 부호(′) 《분, 피트, 수학의 대시 따위를 나타냄》.

prime[2] *vt.* (총포에) 화약을 재다; 충분히 먹게〔마시게〕 하다(*with*); 미리 가르치다, 코치〔훈수〕하다(*with*); (펌프에) 마중물을 붓다; (페인트나 기름의) 초벌칠을 하다.

príme cóst 매입 가격, 원가.

príme merídian 본초 자오선.

‡**príme mínister** 수상, 국무총리.

príme móver 원동력, 원동기; 신.

príme númber 〖數〗 소수(素數).

prim·er**[1] [prímər/práim-] *n.* ① 입문서. ② [prímər] Ⓤ 〖印〗 프리머 활자. ***great 〔***long***〕 **~** 대〔소〕 프리머《18 〔10〕 포인트 활자》.

prim·er[2] [práimər] *n.* 뇌관; 장전(裝塡)하는 사람〔기구〕.

príme ràte (미국 은행이 1류 기업에 적용하는) 표준 금리.

príme tíme (라디오·텔레비전의) 골든 아워.

pri·meur [primə́:r] *n.* (F.)(보통 *pl.*) (과일·야채의) 맏물; 일찍 핀 꽃; 빠른 뉴스.

pri·me·val [praimí:vəl] *a.* 태고의, 원시(시대)의.

prim·ing [práimiŋ] *n.* ⓊⒸ 기폭제(起爆劑); (페인트 등의) 초벌칠.

pri·mip·a·ra [praimípərə] *n.* 초산부.

‡**prim·i·tive** [prímətiv] *a.* ① 태고의; 초기의; 원시의. ② 원시적인, 소박한. —— *n.* 문예 부흥기 이전의 화가; 그 작품.

prímitive chúrch 초기 그리스도 교회.

pri·mo·gen·i·tor [pràimoudʒénətər] *n.* 조상, 선조; 시조.

pri·mo·gen·i·ture [-dʒénətʃər] *n.* Ⓤ 장자〔맏아들〕임; 장자 상속권.

pri·mor·di·al [praimɔ́:rdiəl] *a.* 원시의; 원시 시대부터 존재하는; 근본적인.

primp [primp] *vi., vt.* 멋부리다, 몸단장을 잘 하다.

***prim·rose** [prímròuz] *n.* ① **앵초**(櫻草), **그 꽃**. ② Ⓤ 앵초색, 연노랑. —— *a.* 앵초(색)의; 화려한.

prímrose páth 환락의 길; 방탕, 난봉.

Pri·mus [práiməs] *n.* 〖商標〗 석유 스토브의 일종.

prin. principal(ly); principle.

†**prince** [prins] *n.* ① **왕자**, 황자, 친왕(親王) 《영국에서는 왕〔여왕〕의 아들 또는 손자》. ② (봉건 시대의) 제후, 영주; (작은 나라의) 왕; (영국 이외의) 공작(公爵). ③ 제 1인자, 대가. **~ *of evil*** 〔***darkness***〕 마왕(魔王). **~ *of the blood*** 황족. ***P- of Wales*** 영국 황태자《칭호》. ***∠·ly** *a.* **왕자**〔**왕후**(王侯)〕**의**, 왕자〔왕후〕 같은; 기품 높은; 왕자〔왕후〕에 어울리는, 장려한.

Prínce Álbert (**còat**) 《美》 프록코트《1860년 방미 때 착용한 데서》.

prínce cónsort 여왕의 부군(夫君).

prince·dom [∠dəm] *n.* ⓊⒸ prince 의 지위〔영지〕.

prince·ling [∠liŋ] *n.* 어린 군주, 소공자.

prin·ceps [prínseps] *n.* (*pl.* ***principes***) 주요한 것, 제 1위의 사람〔것〕; 초판본.

Prínce Régent 섭정(攝政) 태자.

prínce róyal 제 1왕자.

‡**prin·cess** [prínsis, -səs, prinsés; 이름 앞 ∠] *n.* ① **공주**, 왕녀, 황녀, 왕자비. ② (영국 이외의) 공작 부인. **~ *of the blood*** (여자의) 황족, 왕족.

prín·cess(e) (**dréss**) *n.* 몸에 꼭끼는 원피스.

príncess róyal 제 1공주.

‡**prin·ci·pal** [prínsəpəl] *a.* ① **주된**; 가장 중요한. ② 원금(元金)의. —— *n.* ① **장**(長), 우두머리; (국민 학교·중학교의) 교장; 사장, 회장. ② 원금; 기본 재산. ③ 〖法〗 주범; (채무자의) 제 1 (연대) 책임자. ***~·ly** *ad.* **주로**; 대개.

príncipal áxis (기계의) 주축선.

príncipal cláuse 주절(主節).

***prin·ci·pal·i·ty** [prìnsəpǽləti] *n.* ⓊⒸ ① **공국**(公國)《prince 가 통치하는 나라》. ② (the P-) 《英》 = WALES. ③ 주권. ④ (*pl.*) 제 7위의 천사, 권품천신(權品天神).

príncipal párts (동사의) 주요 변화형.

prin·ci·pate [prínsəpèit, -səpit] *n.* Ⓤ (로마 제국 초기의) 원수 정치; ⓊⒸ 최고의 지위〔권위〕.

prin·cip·i·um [prinsípiəm] *n.* (*pl.* ***-ia*** [-piə]) (L.) 원리; 초보.

‡**prin·ci·ple** [prínsəpəl] *n.* ① **원리**, 원칙; 법칙. ② ⓊⒸ 주의. ③ Ⓤ 도의, 절조. ④ 동인(動因), 소인(素

因); 본원(本源). ⑤ 〖化〗 소(素), 정(精). *in* ~ 원칙으로, 대체로. *on* ~ 주의에 따라.

prink [priŋk] *vt., vi.* 멋부리다, 치장하다.

‡**print** [print] *vt.* ① **찍다**, 자국을 내다. ② **인쇄하다**; 출판하다. ③ 활자체로 쓰다; 날염(捺染)하다; (마음에) 새기다(*on*). ④ 〖寫〗 인화(印畫)하다 (*out, off*); …의 지문을 채취하다 (~ *him*). —*vi.* 인쇄〔출판〕하다; 활자체로 쓰다; (사진 따위가) 나오다, 박혀지다. —*n.* ① Ⓤ **인쇄** (자체, 상태). ② 인쇄물; 출판물, 신문(지). ③ 판화(版畫). ④ 흔적, 자국; 인상. ⑤ Ⓤ 날염포(捺染布), 사라사. ⑥ 〖寫〗 인화(印畫), 양화(陽畫). *blue* ~ 청사진. *in* ~ 인쇄〔출판〕되어. *out of* ~ 절판되어.

print·a·ble [príntəbəl] *a.* 인쇄할 수 있는; 인쇄〔출판〕할 가치가 있는; 인화(印畫)할 수 있는.

prínted círcuit 인쇄 회로(回路), 프린트 배선.

prínted gòods 사라사.

prínted màtter 〔**pàper**〕 인쇄물.

***print·er** [∠ər] *n.* ① **인쇄인**, 인쇄업자; 인쇄〔식자〕공. ② 〖컴퓨터〗 인서기(印書機).

prínter's dévil 인쇄 수습공《인쇄 잉크로 얼굴이 더럽혀진》.

‡**print·ing** [∠iŋ] *n.* ① Ⓤ **인쇄**(술, 업). ② 인쇄물; 인쇄 부수. ③ Ⓤ 활자체의 문자. ④ ⓊⒸ 날염(捺染); 〖寫〗 인화(印畫).

prínting blòck 판목(版木).

prínting ìnk 인쇄용 잉크.

prínting machìne 인쇄기.

prínting òut (사진의) 인화.

prínt·ing-òut pàper [∠iŋàut] 인화지.

prínting pàper 인쇄지.

prínting prèss 인쇄기; 날염기.

print·out [∠àut] *n.* 〖컴퓨터〗 출력 정보 지시 테이프.

print·shop [∠ʃɑ̀p/-ʃɔ̀p] *n.* 판화(版畫) 가게; 《美》 인쇄소.

print·works [∠wə̀:rks] *n. sing. & pl.* 날염(捺染)〔사라사〕 공장.

‡**pri·or**[1] [práiər] *a.* **전의**, 앞(서)의; 보다 중요한(*to*).

pri·or[2] *n.* 수도원 부원장《abbot의 다음》, 소(小)수도원의 원장.

pri·or·ess [práiəris] *n.* 여자 수도원 부원장《abbess의 다음 직위》; 여자 소(小)수도원장.

***pri·or·i·ty** [praiɔ́:rəti, -ɑ́-/-ɔ́-] *n.* Ⓤ ① (시간적으로) **먼저임**(*to*); (순위·중요성이) 앞섬, 보다 중요함, 우선권. ② 《美》 (국방상의 중요도에 따라 정해진) 교통〔수송〕 순위 우선; 《美》 (전시 생산품의) 우선 배급, 그 순위.

pri·o·ry [práiəri] *n.* 소(小)수도원 《그 원장은 prior, 또는 prioress》.

***prism** [prízəm] *n.* 〖光學〗 **프리즘**; 〖幾〗 각기둥. **pris·mat·ic** [prizmǽtik], **-i·cal** [-əl] *a.* 분광(分光)의; 무지개빛의, 찬란한; 각기둥의.

prismátic cólors 스펙트럼의 7색.

prísm binòcular 프리즘 쌍안경.

prísm glàss 프리즘 쌍안경의 굴절 반사 렌즈.

‡**pris·on** [prízn] *n.* **형무소**, 감옥, 구치소.

príson bìrd 죄수.

príson brèaker 탈옥자.

príson càmp 포로 수용소.

‡**pris·on·er** [príznər] *n.* ① **죄수**; 형사 피고. ② 포로. ③ 붙잡힌 사람〔물건〕. *hold* 〔*keep*〕 (*a person*) ~ (아무를) 포로로 잡아두다. *make* 〔*take*〕 *a person* ~ 아무를 포로로 하다.

prísoner's báse 진(陣)빼앗기 놀이.

príson fèver 발진 티푸스.

pris·sy [prísi] *a.* 《美口》 신경질의; 지나치게 꼼꼼한. **prís·si·ly** *ad.*

pris·tine [prísti(:)n, -tain] *a.* 원래의, 원시 시대의, 원시적인, 소박한.

prith·ee [príði:] *int.* 《古》 바라건대, 아무쪼록, 부디《(I) pray thee의 와전》.

***pri·va·cy** [práivəsi/prív-] *n.* ① Ⓤ **은둔**, 은퇴; **사생활**, 「프라이버시」. ② Ⓤ 비밀, 비밀성.

‡**pri·vate** [práivit] *a.* ① **사사로운**, 개인의, 개인적인; 사용(私用)〔사유〕의. ② 비밀의; 비공개의. ③ 민간의; 관직을 갖지 않은, 평민의. ④ 남의 눈에 띄지 않는, 은둔한. ~ *citizen* 평민. —*n.* 사병, 졸병. *in* ~ 비공개로, 비밀로. *~·**ly** *ad.*

prívate attórney 〖法〗 대리인.

prívate detéctive 사립 탐정.

prívate énterprise 민영 사업.

pri·va·teer [pràivətíər] *n.* 사략선(私掠船)《전시중 적선 약탈의 허가를 받은 민간 무장선》; 사략선 선장〔승무원〕. —*vi.* 사략선으로 순항(巡航)하다.

prívate éye (사립) 탐정.

prívate fìrst cláss 〖美陸軍〗 일등병《생략 pfc.》.

Prívate Mémber (종종 p- m-) 《英》 (각료 외의) 일반 의원.

prívate párts 음부.

prívate sécretary (개인) 비서.

prívate sóldier 졸병, 사병.

prívate wíre 개인 전용 전신〔전화〕선.

pri·va·tion [praivéiʃən] *n.* ⓊⒸ (생활 필수품 등의) 결핍; 상실, 결여; 박탈.

priv·a·tive [prívətiv] *a., n.* 〖文〗 결여의, 결성(缺性)의; 결성어(語), 결성사(辭)《*un-, -less* 따위》.

pri·vat·ize [práivətàiz] *vt.* (국유〔공영〕 기업을) 사기업〔민영〕화하다. **prì·vat·i·zá·tion** *n.*

priv·et [prívit] *n.* 〖植〗 쥐똥나무.

‡**priv·i·lege** [prívəlidʒ] *n., vt* ⓊⒸ **특권**〔특전〕(을 주다). *-**leged** *a.* 특권〔특전〕이 있는〔부여된〕.

priv·i·ly [prívəli] *ad.* 비밀히.

priv·i·ty [prívəti] *n.* ⓊⒸ 내밀히 관지(關知)하기《동의·공감을 뜻함》(*to*).

***priv·y** [prívi] *a.* ① 내밀히 관여하고 있는(*to*). ② 《古》 비밀의. —— *n.* 옥외(屋外) 변소.
prívy chámber 궁정의 사실(私室).
Prívy Cóuncil 《英》 추밀원(樞密院).
prívy cóuncillor 《英》 추밀 고문관 《생략 P. C.》.
prívy pùrse 《英》 내탕금(內帑金).
prívy séal 《英》 옥새(玉璽).
prix fixe [prí: fíks] (F.) 정식(定食) (값).
†**prize**[1] [praiz] *n.* ① 상품(賞品), 경품. ② (경주의) 목적물. —— *a.* 상품으로 주어진; 상품을 줄 가치가 있는[줄 만한]; 입상한; 현상의.
***prize**[2] *n.* 포획물, 포로; 나포 함선.
prize[3] *vt.* 《주로 英方》 지레로 올리다[움직이다], 비집어 열다(*off, out, up, open*).
príze còurt (전시 중 해상) 포획물 심판소.
príze féllowship 《英》 (시험 성적이 탁월한 자에게 주는) 특별 장학금.
príze fìght [**fìghter**] 현상 권투 시합[프로 복서].
prize·man [práizmən] *n.* 수상자.
príze mòney 포획 상금; 《一般》 상금.
príze rìng 현상 권투(장).
príze·win·ner [ˊwinər] *n.* 수상자 [작품].
pro**[1] [prou] *ad.* 찬성하여. ～ ***and con 찬부 두 갈래로. —— *n.* (*pl.* ～*s*) 찬성론. ～***s and cons*** 찬부 양론; 찬부의 이유.
***pro**[2] *n.* (*pl.* ～*s*) 《口》 프로, 직업 선수. —— *a.* 직업적인.
pro- *pref.* 「대리」「부(副)」「찬성」「편드는」「친(親) …(for)」 등의 뜻 (*pro*ctor; *pro*slavery).
P. R. O. Public Relations Office(r).
prob. probably; problem.
‡**prob·a·bil·i·ty** [pràbəbíləti / -ɔ̀-] *n.* ① Ⓤ 있음직함, Ⓒ 가망. ② Ⓤ 〖哲〗 개연성; 〖統〗 확률. ***in all*** ～ 아마, 십중팔구는.
‡**prob·a·ble** [prábəbəl / -ɔ́-] *a.* 있음직한, 사실 같은, …할[일] 듯 싶은, 확실할 듯한. †**-bly** *ad.* 아마.
pro·bate [próubeit] *n., a., vt.* Ⓤ 유언 검인(檢認)(의); 《美》(유언서를) 검인하다.
próbate dùty 유언 증여 동산세.
pro·ba·tion** [proubéiʃən] *n.* ① Ⓤ 시험, 검정(檢定). ② ⓊⒸ 수습 (기간). ③ Ⓤ 시련. ④ Ⓤ 〖法〗 집행 유예, 보호 관찰. ***on ～ 시험 삼아; 집행 유예로, 보호 관찰로. ～**·ar·y** [-nèri/-nəri] *a.* ～**·er** *n.* 수습[집행 유예] 중인 사람.
***probe** [proub] *n.* ① 〖外〗 탐침(探針), 소식자(消息子). ② 시험. ③ 《美》 (불법 행위에 대한 입법부의) 조사. ④ 공중 급유용 파이프; 우주 탐사용 로켓. —— *vt.* 탐침으로[소식자로] 찾다; 자세히 살피다; 조사[정사(精査)]하다.
prob·it [prábit/-ɔ́-] *n.* 〖統〗 프로빗 《확률의 단위》.
pro·bi·ty [próubəti, práb-] *n.* Ⓤ 성실, 청렴.
†**prob·lem** [prábləm/-ɔ́-] *n.* 문제; 난문(難問); 의문. —— *a.* 문제의. ***a*** ～ ***child*** 문제아(兒).
prob·lem·at·ic [pràbləmǽtik / -ɔ̀-], **-i·cal** [-əl] *a.* 문제의, 의문의, 불확실한. **-i·cal·ly** *ad.*
pro bo·no pu·bli·co [próu bóunou pʌ́blikòu] (L.) 공익을 위하여.
pro·bos·cis [proubásis/-ɔ́-] *n.* (*pl.* ～*es*, *-cides* [-sədì:z]) (코끼리의) 코; (맥(貘) 등의) 부리《코 포함》; (나비·나방의) 주둥이; 《諧》 (사람의) 코.
pro·caine [proukéin, ˊ–] *n.* Ⓤ 〖藥〗 프로카인《국부 마취제의 일종》.
pro·car·y·ote [proukǽriòut] *n.* 〖生〗 원핵 생물.
‡**pro·ce·dure** [prəsí:dʒər] *n.* ⓊⒸ 절차; 조치; (행위·상태 등의) 진행.
procédure óriented lánguage 〖컴퓨터〗 처리 중심 언어.
‡**pro·ceed** [prousí:d] *vi.* ① 나아가다 (*to*). ② 시작하다; 착수하다(*to*). ③ 계속하다(*in, with*). ④ 발생하다, 생기다(*from, out of*). ⑤ 처분하다, 소송 절차를 밟다(*against*). —— [próusi:d] *n.* (보통 *pl*). 수입, 매상고. ‡**pro·céed·ing** *n.* ⓊⒸ 행동; Ⓒ 조치, 조처; (*pl.*) 소송 절차; (*pl.*) 의사록, 회보.
‡**proc·ess** [práses/próu-] *n.* ① Ⓤ 진행, 경과; 과정. ② 순서, 방법. ③ 〖生〗 돌기. ④ 〖法〗 피고 소환장, 영장. ⑤ 〖印〗 사진 제판법. ***in*** ～ 진행하여, …중(*of*). —— *a.* (화학적으로) 가공한. —— *vt.* 처리[가공]하다; 기소하다. **próc·es·sor** *n.* 《美》 농산물 가공업자; 〖컴퓨터〗 중앙 연산(演算) 처리 장치, 언어 처리 프로그램.
prócess(ed) chéese 가공 치즈.
prócessing ìndustry 식품 가공업.
prócessing tàx 농산물 가공세.
‡**pro·cés·sion** [prəséʃən] *n.* ⒸⓊ 행렬; 행진. **pro·cés·sion·al** *a., n.* 행렬(용)의; 행렬 성가(聖歌).
prócess prìnting 원색 제판법.
‡**pro·claim** [proukléim, prə-] *vt.* 선언하다; 공표하다; 나타내다. ***proc·la·ma·tion** [pràkləméiʃən / -ɔ̀-] *n.* ⓊⒸ 선언(서).
pro·clit·ic [prouklítik] *a., n.* 〖文〗 후접어(後接語)의, 후접(의).
pro·cliv·i·ty [prəklívəti] *n.* 경향, 성벽(性癖)(*for, to, to* do).
pro·con·sul [proukánsəl/-ɔ́-] *n.* 〖古로〗 지방 총독.
pro·cras·ti·nate [proukrǽstənèit] *vi., vt.* 지연하다. **-na·tor** *n.* 미루는 사람. **pro·cras·ti·na·tion** [–ˋ–néiʃən] *n.* Ⓤ 지연.
pro·cre·ate [próukrièit] *vt.* (아버지로서) 자식을 보다; 자손을 낳다; (신종(新種) 따위를) 내다. **-a·tive** *a.* 낳는; 생식력 있는. **pro·cre·a·tion** [ˋ–éiʃən] *n.* Ⓤ 출산; 생식.

Pro·crus·tes [prou*k*rʌ́sti:z] *n.* 〖그神〗 고대 그리스의 강도《사람을 철침대의 길이에 맞추어 다리를 자르든가, 잡아늘였다고 함》. **-te·an** *a.* 폭력으로 규준(規準)에 맞추는.

proc·tol·o·gy [praktálədʒi/prɔktɔ́l-] *n.* Ⓤ 항문〔직장〕병학, 항문과.

proc·tor [práktər/-ɔ́-] *n.* 〖法〗 대소인(代訴人), 대리인; 학생감.

proc·to·scope [práktəskòup/-ɔ́-] *n.* 〖醫〗 항문〔직장〕경.

pro·cum·bent [prou*k*ʌ́mbənt] *a.* (납죽) 엎드린; 〖植〗 (줄기가) 땅을 기는.

pro·cur·a·ble [proukjúərəbəl, prə-] *a.* 얻을 〔취득할〕 수 있는.

proc·u·ra·tion [pràkjəréiʃən/prɔ̀-] *n.* Ⓤ 획득; ⓊⒸ 대리, 위임(장).

proc·u·ra·tor [⌐-èitər] *n.* (소송) 대리인; 〖古로〗 행정〔재무〕관.

‡**pro·cure** [proukjúər, prə-] *vt.* ① (노력하여) **얻다.** ② 《古》 가져오다, …시키다. ③ (매춘부를) 알선하다. *∼**·ment** *n.* ⓊⒸ **획득**; 《美》 조달.

Pro·cy·on [próusiàn/-siɔ̀n] *n.* 〖天〗 프로키온《작은개자리의 일등성》.

prod [prad/-ɔ-] *vt.* (**-dd-**) 찌르다; 자극하다, 격려〔편달〕하다. —— *n.* 찌르는 바늘; (가축 모는) 막대기; 찌름.

***prod·i·gal** [prádigəl / -ɔ́-] *a.* **낭비하는**; 아낌없이 주는(*of*); 풍부한. —— *n.* 낭비자, 방탕한 아들. **prod·i·gal·i·ty** [⌐-gǽləti] *n.* Ⓤ 낭비; 풍부, 활수함.

***pro·di·gious** [prədídʒəs] *a.* **거대〔막대〕한**; 놀랄 만한, 놀라운.

***prod·i·gy** [prádədʒi/-ɔ́-] *n.* **천재**(天才); 경탄(할 물건·일).

†**pro·duce** [prədjú:s] *vt.* ① **생기게 하다**, 산출〔생산〕하다; 낳다. ② 초래하다. ③ 만들다, 제조하다. ④ 공급하다; 보이다, 제출하다. ⑤ (극 따위를) 상연하다; 《英》 연출하다 (《美》 direct). ⑥ 〖幾〗 연장하다. ∼ ***on the line*** 대량 생산하다(cf. assembly line). —— [prádju:s/prɔ́dju:s] *n.* Ⓤ 산물, 농산물; 생산액.

‡**pro·duc·er** [-ər] *n.* ① **생산자.** ② 《英》 (극의) 연출가(《美》 director), 〖映〗 프로듀서.

prodúcer gàs 〖化〗 발생로 가스 (연료).

prodúcer gòods 생산재(財).

prodúcer's prìce 생산자 가격.

‡**prod·uct** [prádəkt / -ɔ́-] *n.* ① **생산품**; 제작물. ② 결과, 성과. ③ 〖數〗 곱, 적(積).

‡**pro·duc·tion** [prədʌ́kʃən] *n.* ① ⓊⒸ **생산(물)**; 제작(물); 작품. ② Ⓤ (영화의) 제작, 연출; Ⓒ 제작소.

‡**pro·duc·tive** [prədʌ́ktiv] *a.* **생산적인**; …을 낳는, 산출하는(*of*); 다산(多産)의; 비옥한. ***pro·duc·tiv·i·ty** [pròudʌktívəti, prà-/prɔ̀-] *n.* Ⓤ **생산성**; 다산; 생산력.

pro·em [próuem] *n.* 머리말, 서문.

prof [praf/-ɔf] *n.* 《口》 교수.

Prof. Professor.

prof·a·na·tion [pràfənéiʃən/-ɔ̀-] *n.* Ⓤ (신성) 모독.

***pro·fane** [prəféin] *a.* (신성) **모독의**, 불경한; 세속적인; 이교적인, 사교(邪敎)의. —— *vt.* (신성을) 더럽히다; 남용하다. ∼**·ly** *ad.* ∼**·ness** *n.*

pro·fan·i·ty [prəfǽnəti] *n.* Ⓤ 모독, 불경; Ⓒ 모독적인 언행.

***pro·fess** [prəfés] *vt.* ① **공언〔명언(明言)〕하다.** ② …라고 자칭〔주장〕하다. ③ …을 신앙한다고 공언하다. ④ …인 체하다. ⑤ (어떤 일을) 직업으로 삼다; 학문·기술 따위를 지니고 있다고 공언하다. ⑥ …을 교수(敎授)하다. —— *vi.* 공언하다; 신앙을 고백하다; 대학 교수로 있다.

pro·fessed [prəfést] *a.* 공언한, 공공연한; 서약하고 종교단에 든; 겉꾸밈의, 가장한, 자칭의. **pro·fess·ed·ly** [-fésidli] *ad.*

‡**pro·fes·sion** [prəféʃən] *n.* ① ⒸⓊ (전문적, 지적) **직업.** ② (the ∼) 《集合的》 동업자들; 《俗》 배우들. ③ ⓊⒸ 공언; 신앙 고백. ***by*** ∼ 직업은.

‡**pro·fes·sion·al** [prəféʃənəl] *a.* **직업적인**; 지적(知的) 직업에 종사하는; 전문의. —— *n.* 지적 직업인; 직업선수. ∼**·ism** [-ʃənəlìzəm] *n.* Ⓤ 전문가〔직업 선수〕 기질. ∼**·ize** [-ʃənəlàiz] *vt.* 직업화하다. ∼**·ly** *ad.*

‡**pro·fes·sor** [prəfésər] *n.* ① (대학의) **교수**; (남자) 선생. ② 공언자(公言者); 《英》 신앙 고백자. ∼**·ship** [-ʃìp] *n.* Ⓤ 교수의 직〔직위〕.

pro·fes·so·ri·al [pròufəsɔ́:riəl, pràf-/prɔ̀-] *a.* 교수의, 교수다운; 학자연하는.

***prof·fer** [práfər / -ɔ́-] *vt.* **제공하다**; 제의하다. —— *n.* ⓊⒸ 제공(물).

***pro·fi·cient** [prəfíʃənt] *a.* **숙련된**, 숙달한(*in, at*). —— *n.* 능수, 달인(達人)(*in*). ∼**·ly** *ad.* ***pro·fí·cien·cy** *n.* Ⓤ **숙달.**

***pro·file** [próufail] *n.* **옆얼굴**, 측면; 윤곽; 인물 단평(短評)〔소묘(素描)〕 측면도. —— *vt.* …의 윤곽을〔측면도를〕 그리다; 인물평을 쓰다.

‡**prof·it** [práfit/-ɔ́-] *n.* ⓊⒸ (종종 *pl.*) (장사의) **이윤**; 이익. ***make a*** ∼ ***on*** …으로 이익을 보다. ***make one's*** ∼ ***of*** …을 이용하다. —— *vt.* …에 이익이 되다. —— *vi.* 이익을 얻다, 남다(*by, from, of*). ∼**·less** *a.* 이익 없는; 무익한.

***prof·it·a·ble** [-əbəl] *a.* **유익한; 이문이 있는.** **-bly** *ad.*

prof·it·eer [pràfitíər/prɔ̀fi-] *vi., n.* 폭리를 탐하다; 그 사람.

prófit shàring (노자간의) 이익 분배법.

prof·li·gate [prágligit/-ɔ́-] *a., n.* 품행〔행실〕이 나쁜; 낭비하는; 방탕자. **-ga·cy** *n.* Ⓤ

‡**pro·found** [prəfáund] *a.* **깊은**; 심원한; 마음으로부터의; 정중〔공손〕한《절 따위》. *∼**·ly** *ad.* **pro·fun·di·ty** [prəfʌ́ndəti] *n.* ⓊⒸ

***pro·fuse** [prəfjú:s] *a.* **아낌없는**(*in,*

of); 풍부한. ***pro·fu·sion** [-fjú:ʒən] *n.* Ⓤ 대량, 풍부, 활수, 낭비.

prog [prag/-ɔ-] *n.* 《英俗》(Oxford·Cambridge 대학의) 학생감. ― *vt.* (*-gg-*) (학생을) 처벌하다.

pro·gen·i·tor [proudʒénətər] *n.* 조상, 선조; 선배; 원본(original).

pro·gen·i·ture [proudʒénətʃər] *n.* Ⓤ 자손(을 낳음).

prog·e·ny [prádʒəni / -ɔ́-] *n.* 자손.

pro·ges·ter·one [proudʒéstəròun], **-ges·tin** [-dʒéstin] *n.* Ⓤ 〖生化〗 프로게스테론《여성 호르몬의 일종》.

pro·ges·to·gen [proudʒéstədʒen] *n.* Ⓤ 〖藥〗 황체 호르몬제.

prog·na·thous [prágnəθəs / prɔgnéi-] *a.* 턱이 튀어나온, 주걱턱의.

prog·no·sis [pragnóusis/-ɔ-] *n.* Ⓤ,Ⓒ (*pl.* **-ses** [-si:z]) 〖醫〗 예후(豫後); 예측. **prog·nos·tic** [-nás- / -ɔ́-] *a.*, *n.* 〖醫〗 예후(豫後)의; 전조를 보이는 (*of*); 전조, 징후; 예측.

prog·nos·ti·cate [pragnástikèit / prɔgnɔ́s-] *vt.* (전조에 의하여) 미리 알다; 예언〔예시(豫示)〕하다. **prog·nos·ti·ca·tion** [-⌐-kéiʃən] *n.* Ⓤ (전조에 의한) 예지(豫知); 예언, 예시; Ⓒ 전조.

†**pro·gram,** 《英》 **-gramme** [próugræm, -grəm] *n.* 프로그램, 차례표; 예정, 계획(표); 〖컴퓨터〗 프로그램《처리 절차를 지시한 것》.

pro·gram·(m)er [-ər] *n.* 〖放〗 프로그램 제작자; 〖컴퓨터〗 프로그래머.

pro·gram·(m)ing [-iŋ] *n.* Ⓤ 프로그램의 작성〔실시〕; 〖컴퓨터〗 프로그래밍.

prógramming lànguage 〖컴퓨터〗 프로그램 언어.

prógram mùsic 〖樂〗 표제 음악.

prógram pìcture 동시 상연 영화.

‡**prog·ress** [prágres / -óu-] *n.* Ⓤ 전진, 진보; 발달. *in* ~ 진행중. *make* ~ 진행하다; 진척하다. ― [prəgrés] *vi.* 전진〔진행, 진보〕하다.

***pro·gres·sion** [prəgréʃən] *n.* ① Ⓤ 전진, 진행. ② 〖數〗 수열(數列).

‡**pro·gres·sive** [prəgrésiv] *a.* 전진〔진보〕하는; 누진적인; 진보주의의; 〖文〗 진행형의(*the* ~ *form*). ~ ***jazz*** 비(非)재즈적 요소를 가미한 모던 재즈의 한 양식. ~ ***taxation*** 누진 과세. ― *n.* 진보론자; (P-) 《美》 진보당원; (공산당원의 영향으로) 적화(赤化)된 포로. ~**·ly** *ad.*

Progréssive Párty, the 《美》 진보당.

‡**pro·hib·it** [prouhíbit] *vt.* 금지〔방해〕하다.

‡**pro·hi·bi·tion** [pròuhəbíʃən] *n.* Ⓤ 금지; Ⓒ 금령(禁令); 《美》 주류 제조 판매 금지령. ~**·ism** [-izəm] *n.* Ⓤ 주류 제조 판매 금지주의. ~**·ist** *n.* 그 주의자.

pro·hib·i·tive [prouhíbətiv], **-to·ry** [-tɔ̀:ri/-təri] *a.* 금지〔방해〕하는.

‡**pro·ject** [prədʒékt] *vi.*, *vt.* ① 고안〔계획〕하다. ② 내던지다. ③ 불쑥 내밀(게 하)다. ④ (탄환 따위를) 발사하다. ⑤ 객관〔구체〕화하다. ⑥ 투영하다, 영사하다. ⑦ 〖幾〗 투영도를 만들다. ⑧ 〖化〗 …을 투입하다. ― [prádʒekt/-ɔ́-] *n.* ① 계획; 기업; 〖教育〗 연구 과제; 개발 토목 계획. ② 《美》 공영 단지. ***Project Apollo*** 〔***Mercury, Surveyor***〕 《美》 (우주선) 아폴로 〔머큐리, 서베이어〕 계획.

pro·jec·tile [prədʒéktil, -tail] *a.* 발사하는; 추진하는. ― [prədʒéktl, -tail / prɔ́dʒiktàil] *n.* 발사물〔체〕, 탄환.

pro·ject·ing [prədʒéktiŋ] *a.* 돌출한.

pro·jec·tion** [prədʒékʃən] *n.* ① Ⓤ,Ⓒ 돌출(부); Ⓤ 사출, 발사. ② Ⓤ,Ⓒ 〖數〗 투영법〔화〕; 〖地理〗 평면 도(법); Ⓒ 〖映〗 영사. ③ Ⓤ 계획. ④ Ⓤ 〖心〗 주관의 객관화. ~ ***television 투사식 텔레비전. ~**·ist** *n.* 〖映〗 영사기사(映寫技師); TV 기사.

pro·jec·tive [prədʒéktiv] *a.* 〖幾〗 사영의, 투영의; 〖心〗 투영법의.

pro·jec·tor [prədʒéktər] *n.* 계획자; 엉터리 회사의 창립자; 투사기(投射機); 영사기.

pro·kar·y·ote [proukǽriòut] *n.* = PROCARYOTE.

prol. prologue.

pro·lac·tin [proulǽktin] *n.* 〖生化〗 프롤락틴《뇌하수체 전엽의 성호르몬》.

pro·late [próuleit, ⌐⌐] *a.* 〖數〗 편장(扁長)한.

pro·le·gom·e·na [pròuləgámənə / -ləgɔ́m-] (*sing.* **-non** [-nàn/-nən]) *n. pl.* 서언, 서문.

***pro·le·tar·i·an** [pròulətέəriən] *n.*, *a.* 프롤레타리아〔무산 계급〕(의). ***pro·le·tár·i·at(e)** [-iət] *n.* 프롤레타리아트, 무산 계급; 〖로史〗 최하층 사회.

pro·lif·er·ate [proulífərèit] *vt.*, *vi.* 〖生〗 (관생(貫生)에 의해) 증식〔번식〕시키다〔하다〕. **pro·lif·er·a·tion** [-⌐-éiʃən] *n.* Ⓤ 〖植〗 관생《생장의 종점인 꽃에서 새로운 줄기나 눈이 자라나는 일》.

***pro·lif·ic** [proulífik] *a.* 아이를 (많이) 낳는; 다산(多産)의; (토지가) 비옥한; 풍부한(*in, of*). **pro·líf·i·ca·cy** *n.* Ⓤ 출산력; 다산; 풍부.

pro·line [próuli(:)n] *n.* 〖生化〗 프롤린《아미노산의 일종》.

pro·lix [proulíks] *a.* 장황한, 지루한, 지루하게 말하는. **pro·lix·i·ty** [proulíksəti] *n.* Ⓤ

***pro·log(ue)** [próulɔ:g, -lag/-lɔg] *n.* (극의) 개막사(opp. epilog(ue)); 서막; (소설·시 따위의) 머리말; 서막적 행동〔사건〕.

‡**pro·long** [proulɔ́:ŋ/-lɔ́ŋ] *vt.* 늘이다, 연장하다. ~**ed** [-d] *a.* 오래 끈. **pro·lon·ga·tion** [⌐-géiʃən] *n.* Ⓤ 연장; Ⓒ 연장 부분.

PROM [pram/-ɔ-] 〖컴퓨터〗 pro-

grammable ROM(피롬).
prom [pram/-ɔ-] *n.* 《美口》 (대학·고교 따위의) 무도회.
prom. promenade; promontory.
***prom·e·nade** [prɑ̀mənéid, -nɑ́:d / prɔ̀mənɑ́:d] *n.* ① **산책**, 산보. ② 산책하는 곳. ③ (무도회 개시 때의) 내객 전원의 행진. —— *vi., vt.* 산책하다. **prom·e·nád·er** *n.*
promenáde còncert 유보 음악회 《산책·댄스하면서 듣는》.
promenáde dèck 유보 갑판《1등 선객용》.
Pro·me·the·us [prəmí:θiəs, -θju:s] *n.* 〖그神〗 프로메테우스《하늘에서 훔친 불을 인류에게 주어 Zeus의 분노를 산 신(神)》.
pro·me·thi·um [prəmí:θiəm] *n.* Ⓤ 〖化〗 프로메튬《구명 illinium》.
Pro·min [próumin] *n.* 〖商標〗 프로민《나병 치료약》.
‡**prom·i·nent** [prɑ́mənənt / prɔ́m-] *a.* 돌출한; **눈에 띄는**; 현저한, 중요한; 저명한, ***-nence** *n.* Ⓤ **돌출**; Ⓒ 돌출물; Ⓤ 현저. **~·ly** *ad.*
pro·mis·cu·ous [prəmískjuəs] *a.* 난잡한; 무차별의; 우연한, 되는 대로의. **prom·is·cu·i·ty** [prɑ̀miskjú:əti/prɔ̀m-] *n.* ⓊⒸ
†**prom·ise** [prɑ́mis / -ɔ́-] *n.* **약속**(한 일·물건); Ⓤ 촉망, 가망. ***the land of P-*** =the Promised Land. —— *vt., vi.* **약속하다**; 가망이〔우려가〕 있다. ***the Promised Land*** 〖聖〗 약속의 땅; 천국; (the p- l-) 희망의 땅.
‡**próm·is·ing** *a.* **유망한**.
prom·is·so·ry [prɑ́məsɔ̀:ri / prɔ́məsəri] *a.* 약속의; 지불을 약속하는.
prómissòry nóte 약속 어음.
pro·mo [próumou] (<*promo*tion) *a.* 선전의, 선전에 도움이 되는.
prom·on·to·ry [prɑ́məntɔ̀:ri/prɔ́məntəri] *n.* 곶, 갑(岬).
‡**pro·mote** [prəmóut] *vt.* ① **촉진**〔**조장**〕**하다**. ② 승진〔진급〕시키다(*to*) (opp. demote). ③ (사업을) 발기하다. ④ 《美》 선전하여 (상품의) 판매를 촉진하다. ***pro·mót·er** *n.* **촉진자**; (주식 회사의) 발기인; 주창자; 흥행주(主). ‡**pro·mó·tion** *n.* Ⓤ **승진**, 진급; **촉진**; 발기, 주창.
‡**prompt** [prampt/-ɔ-] *a.* **민속한**; 곧〔기꺼이〕 …하는; 즉시의. —— *vt.* 촉진〔고무, 자극〕하다; 생각나게 하다; (사상·감정을) 환기하다; (배우에게) 숨어서 대사를 일러주다; (퀴즈 따위에서 사회자가) 힌트를 주다. **∠·er** *n.* 〖劇〗 (숨어서) 배우에게 대사를 일러주는 사람. ‡**∠·ly** *ad.* **∠·ness** *n.*
prompt·book [∠bùk] *n.* prompter 용 대본.
prómpt bòx 〖劇〗 prompter가 숨어 있는 좌석.
prómpt càsh 현금, 맞돈, 즉시불.
promp·ti·tude [prɑ́mptətjù:d / prɔ́mp-] *n.* Ⓤ 민속(敏速).
prom·ul·gate [prɑ́məlgèit, proumʌ́l-/prɔ́məl-] *vt.* 공포〔반포〕하다; (교의 따위를) 널리 펴다. **-ga·tor** *n.* 위의 일을 하는 사람. **prom·ul·ga·tion** [∸géiʃən] *n.* Ⓤ
pron. pronominal; pronoun; pronounced; pronunciation.
***prone** [proun] *a.* ① **수그린**; 납죽 엎드린. ② 내리받이의. ③ …의 경향이 있는, …하기 쉬운(*to*).
prong [prɔ:ŋ/-ɔ-] *n., vt.* (포크나 사슴의 뿔 따위, 갈래진 물건의) 끝(으로 찌르다).
prong·horn [∠hɔ̀:rn] *n.* 〖動〗 (북미 서부산) 영양(羚羊)의 일종.
‡**pro·noun** [próunàun] *n.* 〖文〗 **대명사**. **pro·nom·i·nal** [prounɑ́mənəl/ prənɔ́m-] *a.* 대명사의, 대명사적인.
‡**pro·nounce** [prənáuns] *vt.* ① **발음하다**. ② (의견 등을) 말하다; 선고하다; 단언하다. —— *vi.* ① 발음하다. ② 의견을 말하다; 판단을 내리다 (*on, upon*). ***~·ment** *n.* **선언**; 선고; 의견; 결정.
pro·nounced [prənáunst] *a.* 뚜렷한, 단호한. **-nóunc·ed·ly** [-sidli] *ad.*
pron·to [prɑ́ntou/-ɔ́-] *ad.* 《美俗》 급속히.
pron·to·sil [prɑ́ntəsil/-ɔ́-] *n.* Ⓤ〖藥〗 프론토실《화농성 세균에 의한 병의 특효약》.
pro·nun·ci·a·men·to [prənʌ̀nsiəméntou, -ʃiə-] *n.* (*pl.* **~*s***) 선언서; (특히, 스페인계 남미 제국의) 혁명 선언; 군사 혁명.
‡**pro·nun·ci·a·tion** [prənʌ̀nsiéiʃən] *n.* ⓊⒸ **발음**(하는 법).
‡**proof** [pru:f] *n.* ① ⓊⒸ **증명**; **증거**, 증언. ② 시험; Ⓤ 시험필(畢)(의 상태); ⒸⓊ 〖印〗 교정쇄(刷). ③ Ⓤ (주류의) 표준 강도. ***in ~ of*** …의 증거로서. ***put*** 〔***bring***〕 ***to the ~*** 시험하다. —— *a.* 시험필의; …에 견디는(*against*); (주류가) 표준 강도의.
proof·read [∠rì:d] *vt., vi.* (***-read***) 교정하다. **~·er** *n.* 교정원. **~·ing** *n.* Ⓤ
próof shèet 교정쇄(刷).
prop**[1] [prap/-ɔ-] *vt.* (-pp-***) 버티다 (*up*); 버팀목을〔버팀대를〕 대다. —— *n.* **지주**(支柱), 버팀목; 지지자.
prop[2] *n.* 〖數〗 명제; 《口》 〖劇〗 소품; 《口》 〖空〗 =PROPELLER.
prop. proper(ly); property; proposition; proprietary; proprietor.
‡**prop·a·gan·da** [prɑ̀pəgǽndə/-ɔ̀-] *n.* Ⓤ **선전**(된 주의·주장); Ⓒ 선전 기관. **~ *film*** 선전 영화. **-gán·dism** *n.* Ⓤ 선전 (사업); 전도, 포교. **-gán·dist** *n.* 선전자. **-gán·dize** *vt., vi.* 선전〔포교〕하다.
***prop·a·gate** [prɑ́pəgèit/-ɔ́-] *vt.* **번식시키다**; 선전하다, 보급시키다; (빛·소리 따위를) 전하다. —— *vi.* 번식하다; 보급하다. **-ga·tor** *n.* 선전자. ***prop·a·ga·tion** [∸géiʃən] *n.* Ⓤ
pro·pane [próupein] *n.* Ⓤ 〖化〗 프로판 (가스)《탄화수소의 일종》.
pro pa·tri·a [prou péitriə] (L.) 조국을 위하여.

*__pro·pel__ [prəpél] *vt.* (-*ll*-) 추진하다. ～·**lant** *n.* (총포의) 발사 화약; (로켓의) 연료. ～·**lent** *a., n.* 추진하는; 추진시키는 물건. ‡～·**ler** *n.* 프로펠러, 추진기; 추진자.
propélling pèncil 샤프 펜슬.
pro·pen·si·ty [prəpénsəti] *n.* 경향, 버릇, …벽(癖)(*to, for*).
†**prop·er** [prápər/-ɔ́-] *a.* ① 적당한, 옳은. ② 예의바른. ③ 독특한; 〖文〗 고유의. ④ 엄밀한 의미에서의 《보통名詞 뒤에 붙임》; 진정한. ⑤ 《英口》 순전한. *in a ～ rage* 불같이 노하여. *China ～* 중국 본토. ‡～·**ly** *ad.* *～ly speaking* 바르게 말하면.
próper ádjective 〖文〗 고유 형용사(Korean 따위).
próper fráction 〖數〗 진(眞)분수.
*__próper nóun__ 〔**náme**〕 〖文〗 고유명사.
‡**prop·er·ty** [prápərti/-ɔ́-] *n.* ① Ⓤ 재산; 소유물. ② 소유지. ③ Ⓤ 소유(권). ④ 특성. ⑤ (*pl.*) 〖劇〗 소품(小品). *man of ～* 자산가. *real* 〔*personal, movable*〕 *～* 부동산〔동산〕. **próp·er·tied** *a.* 재산이 있는.
próperty ánimal 《美》 연극·영화용으로 길들인 동물.
próperty màn 〔**màster**〕 〖劇〗 소품계원.
próperty tàx 재산세.
pro·phase [próufèiz] *n.* 〖生〗 (유사(有絲) 분열 또는 감수분열의) 전기(前期).
*__proph·e·cy__ [práfəsi / prɔ́fə-] *n.* ⓊⒸ 예언; 신의 계시. 〖聖〗 예언서.
*__proph·e·sy__ [práfəsài/prɔ́fə-] *vt., vi.* 예언하다.
‡**proph·et** [práfit/-ɔ́-] *n.* 예언자; 신의 뜻을 알리는 사람; (the Prophets) 〖舊約〗 예언서. ～·**ess** *n.* 여자 예언자.
*__pro·phet·ic__ [prəfétik], **-i·cal** [-əl] *a.* 예언(자)의; 예언적인(*of*); 경고의. **-i·cal·ly** *ad.*
pro·phy·lac·tic [pròufəlǽktik / prɔ̀f-] *a., n.* (병을) 예방하는; 예방약〔법〕; 콘돔.
pro·phy·lax·is [-lǽksis] *n.* ⓊⒸ 〖醫〗 예방(법).
pro·pin·qui·ty [prəpíŋkwəti] *n.* Ⓤ (장소·때·관계의) 가까움; 근사; 친근.
pro·pi·ón·ic ácid [pròupiánik/-ɔ́n-] 〖化〗 프로피온산《곰팡이 방지용으로 빵에 씀》.
pro·pi·ti·ate [prəpíʃièit] *vt.* 달래다; 화해시키다; 비위 맞추다. **-a·to·ry** [-ʃiətɔ̀:ri/-təri] *a.* **pro·pi·ti·a·tion** [-ˌ-ʃiéiʃən] *n.* ⓊⒸ
pro·pi·tious [prəpíʃəs] *a.* 순조로운, 형편이〔…에〕 좋은(*for, to*); 상서로운. ～·**ly** *ad.* ～·**ness** *n.*
prop·jet [prápdʒèt/-ɔ́-] *n.* 〖空〗 = TURBOPROP.
própjet éngine 분사 추진식 엔진.
prop·man [prápmæ̀n/-ɔ́-] *n.* = PROPERTY MAN.
pro·po·nent [prəpóunənt] *n.* 제안자; 지지자.
‡**pro·por·tion** [prəpɔ́:rʃən] *n.* ① Ⓤ 비율. ② Ⓤ 〖數〗 비례. ③ Ⓤ (각 부분의) 균형, 조화. ④ 몫, 부분. ⑤ (*pl.*) (각 부분을 모은) 면적, 용적, 크기. *in ～ to* …에 비례하여; …와 균형이 잡혀. *out of ～ to* …와 균형이 안 잡혀. *sense of ～* (엉뚱한 짓을 하지 않는) 신사적 양식(良識). —— *vt.* 균형잡히게 하다, 비례시키다(*to*); 할당〔배분〕하다(*to*). ～·**a·ble** *a.* 균형이 잡힌. ～**ed** [-d] *a.* 균형이 잡힌; 균형이 …한(*ill-～ed* 균형이 안 잡힌).
*__pro·por·tion·al__ [-əl] *a.* 균형이 잡힌; 〖數〗 비례의. —— *n.* 〖數〗 비례항(項). ～·**ly** *ad.* 비례하여.
propórtional representátion (선거의) 비례 대표(제).
*__pro·por·tion·ate__ [prəpɔ́:rʃənit] *a.* 균형잡힌, 비례한(*to*). ～·**ly** *ad.*
‡**pro·pose** [prəpóuz] *vt.* 신청하다; 제안하다; 추천〔지명〕하다; 기도〔꾀〕하다. —— *vi.* 계획하다; 청혼하다. ‡**pro·pós·al** *n.* 신청; 제안, 계획; 청혼. **-pós·er** *n.* 신청인; 제안자.
‡**prop·o·si·tion** [pràpəzíʃən / -ɔ̀-] *n.* ① 제의, 제안. ② 서술(敍述). ③ 〖數〗 정리(定理); 〖論〗 명제. ④ 《美口》 기업, 사업; 상품. ⑤ 《口》 (처리할) 것; 상대, 놈, 녀석. ⑥ 《美口》 (여자에의) 유혹.
propositional fúnction 〖數〗 명제함수.
pro·pound [prəpáund] *vt.* (문제·계획을) 제출〔제의〕하다.
pro·pri·e·tar·y [prəpráiətèri/-təri] *a.* 소유(주)의; 재산이 있는; 독점의, 전매의. *～ classes* 유산〔지주〕계급. *～ medicine* 특허 매약. *～ rights* 소유권. —— *n.* 소유자; 《集合的》 소유자들; ⓊⒸ 소유(권).
*__pro·pri·e·tor__ [prəpráiətər] *n.* (*fem.* *-tress* [-tris]) 소유자; 경영자. ～·**ship** [-ʃip] *n.* Ⓤ 소유권.
*__pro·pri·e·ty__ [prəpráiəti] *n.* Ⓤ ① 적당, 타당. ② 예의 바름; 교양; (the proprieties) 예의 범절.
props [prɑps / -ɔ-] *n.* = PROPERTY MAN.
pro·pul·sion [prəpʌ́lʃən] *n.* Ⓤ 추진(력). **-sive** *a.*
pro·pyl [próupil] *a.* 〖化〗 프로필기(基)의.
pro·rate [prouréit, ˊ-] *vt.* 안분하여 분배〔할당〕하다.
pro·rogue [prouróug] *vt.* (영국에서 의회를) 정회하다. **pro·ro·ga·tion** [pròurəgéiʃən] *n.* Ⓤ
pros. proscenium; prosecuting; prosody.
pro·sa·ic [prouzéiik] (<prose) *a.* 산문적인; 평범한, 지루한. **-i·cal·ly** *ad.*
pro·sce·ni·um [prousí:niəm] *n.* (*pl.* *-nia* [-niə]) 앞무대《막과 주악석(奏樂席)과의 사이》.
pro·scribe [prouskráib] *vt.* (사람을) 법률의 보호 밖에 두다; 추방하다;

금지〔배척〕하다. **-scrip·tion** *n.* Ⓤ **-scrip·tive** *a.*

‡**prose** [prouz] *n.* Ⓤ **산문**(체); 평범〔지루〕한 이야기. —— *a.* 산문의; 평범한, 공상력이 부족한. —— *vi.* 평범하게 쓰다〔이야기하다〕.

pros·e·cute** [prásəkjùːt/prɔ́s-] *vt.* (조사를) **수행하다**; (사업을) 경영하다; 〖法〗 (사람·죄를) **고소〔기소〕하다**. —— *vi.* 기소하다. ***-cu·tor** *n.* **수행자**; 기소자. ***public prosecutor 검찰관, 검사. ***pros·e·cu·tion** [ˋ-kjúːʃən] *n.* Ⓤ **수행**; 종사; ⓊⒸ 기소; Ⓒ 원고측.

pros·e·lyte [prásəlàit/prɔ́s-] *n.* 개종자; 전향자. —— *vt., vi.* 개종〔전향〕시키다〔하다〕. **-lyt·ize** [-lətàiz] *vt., vi.* ＝PROSELYTE.

pros·er [próuzər] *n.* 산문가; 평범한 일을 쓰는 사람; 장황히 말하는 사람.

Pro·ser·pi·na [prousə́ːrpənə], **Pros·er·pine** [prousə́ːrpəni] *n.* 〖로神〗 ＝PERSEPHONE.

pro·sit [próusit] *int.* (L. ＝May it do you good!) (축배 들 때의) 축하합니다.

pro·slav·er·y [prousléivəri] *a., n.* Ⓤ 노예 제도 지지(의).

pros·o·deme [prásədiːm/-ɔ́-] *n.* ＝ SUPRASEGMENTAL PHONEME.

pros·o·dy [prásədi/-ɔ́-] *n.* Ⓤ 운율학, 작시법.

pro·so·po·poe·ia, -pe·ia [prousòupəpíːə] *n.* Ⓤ 〖修〗 의인법; 활유법(活喩法).

‡**pros·pect** [práspekt/-ɔ́-] *n.* ① **조망**(眺望); 경치; 전망. ② **예상**; 기대; 가망. ③ 단골이 될 듯한 손님. ***in*** ～ 예기〔예상〕되어, 가망이 있어, 유망하여. —— [prəspékt] *vt., vi.* (광산 따위를) 찾다; 시굴(試掘)하다. **pros·pec·tor** [práspektər/prəspék-] *n.* 탐광자(探鑛者), 시굴자.

***pro·spec·tive** [prəspéktiv] *a.* 예기된, 유망한; **장래의**. ～**·ly** *ad.*

pro·spec·tus [prəspéktəs] *n.* (학교·회사 설립 등의) 취지서, 내용, 견본, 안내서.

***pros·per** [práspər/-ɔ́-] *vi., vt.* **번영**〔성공〕**하다**〔시키다〕.

‡**pros·per·i·ty** [prɑspérəti/prɔspé-] *n.* Ⓤ 번영; 성공; 행운.

‡**pros·per·ous** [práspərəs/-ɔ́-] *a.* **번영하는**; 운이 좋은, 행운의; 잘 되어 가는, 순조로운. ～**·ly** *ad.*

prós·tate (glànd) [prásteit/-ɔ́-] *n.* 〖解〗 전립선, 섭호선(攝護腺).

pros·ti·tute [prástətjùːt / prɔ́stətjùːt] *n.* 매춘부; 돈의 노예. —— *vt.* 매음시키다〔하다〕; (능력 등을) 악용하다. **pros·ti·tu·tion** [ˋ-tjúːʃən] *n.* Ⓤ 매춘; 타락.

***pros·trate** [prástreit/-ɔ́-] *a.* 부복한, **엎드린**, 넘어진; 패배〔항복〕한. —— *vt.* **엎드리게 하다**, 넘어뜨리다; 굴복시키다; 극도로 피로케 하다. **pros·trá·tion** *n.* ⓊⒸ 부복; Ⓤ 피로, 의기 소침.

pros·y [próuzi] *a.* 산문적인; 평범한, 지루한.

Prot. Protestant.

pro·tac·tin·i·um [pròutæktíniəm] *n.* Ⓤ 〖化〗 프로탁티늄《방사성 원소; 기호 Pa, 번호 91》.

pro·tag·o·nist [proutǽgənist] *n.* (소설·극 따위의) 주인공; 주창자.

prot·a·sis [prátəsis/-ɔ́-] *n.* 〖文〗 (조건문의) 전제절(節)(cf. apodosis).

Pro·te·an [próutiən, proutíːən] *a.* Proteus 의〔같은〕; (p-) 변화 무쌍한; 혼자서 여러 역(役)을 연기하는.

pro·te·ase [próutièis] *n.* Ⓤ 〖生化〗 프로테아제, 단백질 분해효소.

‡**pro·tect** [prətékt] *vt.* **지키다**, 막다; 보호하다(*from, against*); 〖經〗 (외국 물품에 과세하여 국내 산업을) 보호하다.

‡**pro·tec·tion** [prətékʃən] *n.* ① Ⓤ **보호**, 방어(*from, against*). ② 보호하는 사람〔물건〕. ③ Ⓤ 〖經〗 보호 무역 (제도) (opp. free trade). ④ 여권(旅券). ～**·ism** [-ìzəm] *n.* Ⓤ 보호 무역론〔무역주의〕. ～**·ist** *n.* 보호 무역론자; 야생 동물 보호론자.

***pro·tec·tive** [prətéktiv] *a.* **보호〔방어〕하는**; 상해(傷害) 방지의; 〖經〗 보호 무역의.

protéctive cólo(u)ring 〖動〗 보호색.

protéctive cústody 보호 구치.

protéctive mímicry 〔**resémblance**〕 〖動〗 의태(擬態).

protéctive táriff 보호 관세(율).

***pro·tec·tor** [prətéktər] *n.* ① **보호**〔옹호, 방어〕**자**. ② 보호물〔기, 장치〕. ③ 〖英史〗 섭정. 「호국〔령〕.

pro·tec·tor·ate [prətéktərit] *n.* 보

pro·tec·to·ry [prətéktəri] *n.* 소년원.

pro·té·gé [próutəʒèi, ˋ-ˊ] *n.* (*fem.* ***-gée*** [-ʒèi]) (F.) 피보호자.

***pro·tein** [próutiːin], **-teid** [-tiːid] *n.* ⓊⒸ **단백질**. —— *a.* 단백질의〔을 함유하는〕.

pro tem. *pro tempore.*

pro tem·po·re [prou témpərìː/-ri] (L. ＝for the time) 일시적으로〔인〕, 잠시적으로〔인〕; 임시로〔의〕.

pro·te·ol·y·sis [pròutiáləsis/-tiɔ́l-] *n.* 〖化〗 단백질 가수 분해.

Prot·er·o·zo·ic [pràtərəzóuik/prɔ̀t-] *n.* 〖地〗 원생대. —— *a.* 원생대의.

‡**pro·test** [prətést] *vt., vi.* **항의하다** (*against*); 단언〔주장〕하다; (*vt.*) (약속 어음 따위의) 지불을 거절하다. —— [próutest] *n.* ⓊⒸ **이의**; 언명; Ⓒ (어음의) 거절 증서. ***under*** ～ 항의하며, 마지못해서.

***Prot·es·tant** [prátəstənt/prɔ́t-] *n.* 〖基〗 **신교도**; (p-) 항의자. —— *a.* 신교도의; (p-) 이의를 제기하는. ～**·ism** [-ìzəm] *n.* Ⓤ 신교(의 교리); 《集合的》 신교도; 신교 교회.

Prótestant Epíscopal Chúrch 미국 감독 교회, 미국 성공회.

prot·es·ta·tion [pràtistéiʃən, pròutes-] *n.* UC 항의(*against*); 단언(*of*, *that*).

Pro·teus [próutjuːs, -tiəs] *n.* 〖그神〗 변화 무쌍한 바다의 신.

pro·tha·la·mi·um [pròuθəléimiəm] *n.* (*pl.* **-mia** [-miə]) 결혼 축가.

pro·thal·li·um [prouθǽliəm] *n.* (*pl.* **-lia** [-liə]) 〖植〗 전엽체《양치류의》.

pro·throm·bin [prouθrámbin/-ɔ́-] *n.* U 〖生化〗 프로트롬빈《응혈 인자의 일종》.

pro·tist [próutist] *n.* 〖生〗 원생(原生) 생물.

pro·ti·um [próutiəm, -ʃiəm] *n.* U 〖化〗 프로튬《수소의 동위 원소》.

pro·to·col [próutəkɑ̀l, -kɔ̀ːl/-kɔ̀l] *n.* 의정서; U (외교상의) 의례(儀禮).

pro·ton [próutɑn/-tɔn] *n.* 〖理·化〗 프로톤, 양자(陽子).

pro·to·ne·ma [pròutəníːmə] *n.* 〖植〗 원사체(原絲體).

próton sýnchrotron 〖理〗 양자 가속 장치.

pro·to·plasm [próutouplæ̀zəm] *n.* U 〖生〗 원형질.

pro·to·type [próutoutàip] *n.* 원형; 모범.

Pro·to·zo·a [pròutouzóuə] *n. pl.* 〖動〗 원생동물.

pro·to·zo·an [pròutəzóuən] *n.*, *a.* 〖動〗 원생동물(의).

pro·tract [proutrǽkt, prə-] *vt.* 오래[질질] 끌게 하다, 연장하다; 뻗치다, 내밀다; (각도기·비례자로) 제도하다. **~·ed** [-id] *a.* 오래 끈. **-trac·tile** [-til, -tail] *a.* (동물의 기관 따위) 신장성(伸長性)의. **-trác·tion** *n.* UC

pro·trac·tor [-ər] *n.* 각도기.

***pro·trude** [proutrúːd] *vt.*, *vi.* 내밀다; 불쑥 나오다. **-trúd·ent** [-ənt] *a.* **-trú·sion** [-ʒən] *n.* U 돌출; C 돌출부. **-trú·sive** *a.*

pro·tu·ber·ant [proutjúːbərənt] *a.* 불룩 솟은, 불쑥 나온. **-ance**, **-an·cy** *n.* U 돌출, 융기; C 돌출[융기]부, 혹.

†**proud** [praud] *a.* ① 자랑[자만]하고 있는; 자랑으로 생각하는(*of*). ② 자존심이 있는. ③ 거만한. ④ 영광으로 여기는. ⑤ 자랑할 만한; 당당한. ***be ~ of*** …을 자랑하다; …을 영광으로 생각하다. ***do a person ~*** 《口》 아무를 우쭐하게 하다. ‡**∠·ly** *ad.*

próud flésh (아문 상처의) 군살.

Proust [pruːst], **Marcel**(1871–1922) 프랑스의 소설가.

Prov. Provençal; Provence; Proverbs; Providence; Provost. **prov.** province; provincial; provisional; provost.

†**prove** [pruːv] *vt.* (**~d; ~d,** 《美·古》 ***proven***) ① 입증[증명]하다. ② (유언서를) 검인(檢認)하다. ③ 시험하다. ④ 〖數〗 검산하다. —— *vi.* …이라 판명되다, …이 되다. **próv·a·ble** *a.* 증명할 수 있는.

prov·en [prúːvən] *v.* 《美·古》 prove의 과거분사.

prov·e·nance [prɑ́vənəns / prɔ́v-] *n.* U 기원, 출처.

Pro·ven·çal [pròuvənsɑ́ːl, pràv- / prɔ̀vɑːn-] *a.*, *n.* Provence의; CU 프로방스 사람[말](의).

Pro·vence [prouvɑ́ːns] *n.* (프랑스 남동부의) 프로방스 지방.

prov·en·der [prɑ́vindər / prɔ́-] *n.* U 꼴, 여물; 음식물.

pro·ve·ni·ence [prəvíːnjəns] *n.* 《美》 = PROVENANCE.

‡**prov·erb** [prɑ́vəːrb / -ɔ́-] *n.* 속담; 평판[정평] 있는 것. ***the*** (***Book of***) ***Proverbs*** 〖舊約〗 잠언(箴言).

pro-verb [próuvə̀ːrb] *n.* 〖文〗 대(代)동사.

***pro·ver·bi·al** [prəvə́ːrbiəl] *a.* ① 속담(투)의; 속담으로 표현된; 속담으로 된. ② 평판 있는. **~·ly** *ad.* 속담대로; 일반으로 널리 (알려져).

†**pro·vide** [prəváid] *vt.* 준비[마련]하다(*for*, *against*); 조건을 정해두다, 규정하다(*that*); 공급하다(*with*). —— *vi.* 대비[준비]하다(*for*, *against*); 예방책을 취하다; 부양하다(*for*). ***be ~d with*** …의 설비가 있다, …의 준비가 되어 있다. ***pro·víd·ed** [-id], ***pro·víd·ing** *conj.* …할 조건으로(*that*), 만약 …이라면.

***prov·i·dence** [prɑ́vədəns/prɔ́v-] *n.* UC ① 섭리, 신(神)의 뜻, 신조(神助). ② 장래에 대한 배려, 조심, 검약. ③ (P-) 신(神)(의 뜻).

prov·i·dent [prɑ́vədənt / prɔ́v-] *a.* 선견지명이 있는, 신중한, 알뜰한.

prov·i·den·tial [prɑ̀vədénʃəl / prɔ̀v-] *a.* 섭리의, 하느님 뜻에 의한; 행운의. **~·ly** *ad.*

pro·vid·er [prəváidər] *n.* 공급자. ***lion's ~*** 〖動〗 =JACKAL; 남의 앞잡이. ***universal ~*** 잡화상.

‡**prov·ince** [prɑ́vins / -ɔ́-] *n.* ① 주(州), 성(省). ② (the ~s) (수도·주요 도시 이외의) 지방, 시골. ③ 본분; (활동의) 범위, (학문의) 부문. ④ 〖로史〗 (본국 이외의) 영토.

***pro·vin·cial** [prəvínʃəl] *a.* ① 주[영토]의. ② 지방[시골]의, 촌스러운, 조야(粗野)한; 편협한. —— *n.* 지방민, 시골뜨기. **~·ism** [-ìzəm] *n.* UC 시골티; U 조야; 편협; 지방 사투리.

próv·ing gròund [prúːviŋ] 《美》 (새 장비·새 이론 따위의) 실험장.

‡**pro·vi·sion** [prəvíʒən] *n.* ① U 준비(*for*, *against*); 설비; 대책. ② 공급량; (*pl.*) 식량, 저장품. ③ 〖法〗 조항, 규정. ***make ~*** 준비하다(*for*, *against*). —— *vi.* 식량을 공급하다.

***pro·vi·sion·al** [prəvíʒənəl] *a.* 임시의, 잠시의, 일시[잠정]적인. **~·ly** *ad.*

pro·vi·so [prəváizou] *n.* (*pl.* **~(e)s**) 단서(但書); 조건.

pro·vi·so·ry [prəváizəri] *a.* 단서가 붙은, 조건부의; 임시의.

pro·vi·ta·min [prouváitəmin/-vít-]

n. 〖生化〗 프로비타민《체내에서 비타민화하는 물질》.

***prov·o·ca·tion** [pràvəkéiʃən/-ɔ̀-] *n.* Ⓤ 성나게 함; 자극; 성남, 화. ***under* ~** 성을 내어.

***pro·voc·a·tive** [prəvɑ́kətiv/-ɔ́-] *a.*, *n.* 성나게 하는 (것); 자극하는 (것); 도발적인.

‡**pro·voke** [prəvóuk] *vt.* ① 성나게 하다, 자극하다. ② (감정 따위를) 불러일으키다; 일으키다(*of*). **pro·vók·ing** *a.* 성이 나는, 속타게〔울컥거리게〕하는. **-vók·ing·ly** *ad.* 자극적으로; 성〔화〕날 정도로.

prov·ost [prɑ́vəst / -ɔ́-] *n.* (영국의 college 의) 학장; 〖宗〗 =DEAN; 《Sc.》 시장(市長).

próvost màrshal [próuvou / prəvóu] 〖陸軍〗 헌병 사령관; 〖海軍〗 미결감장(未決監長).

***prow** [prau] *n.* 이물 (모양의 물건); (비행기 따위의) 기수(機首).

***prow·ess** [práuis] *n.* ① Ⓤ 용기; 훌륭한 솜씨. ② 용감한 행위.

***prowl** [praul] *vt.*, *vi.* (먹이를 찾아) 헤매다. —— *n.* 배회, 찾아 헤맴. ⌐**·er** *n.* 배회자, 좀도둑.

prówl càr 《美》 (경찰의) 순찰차 (squad car).

prox. *proximo.*

prox·i·mate [prɑ́ksəmit / prɔ́k-] *a.* (장소·시간이) 가장 가까운; 근사한.

prox·im·i·ty [prɑksíməti/-ɔ-] *n.* Ⓤ (장소·시간·관계의) 접근(*to*).

proxímity fùze 〔**fùse**〕 〖美軍〗 (탄두의) 근접 폭발 신관.

prox·i·mo [prɑ́ksəmòu/-ɔ́-] *ad.* (L. =next (month)) 내달《생략 prox.》.

prox·y [prɑ́ksi/-ɔ́-] *n.* 대리(인); 대용물; 대리 투표; 위임장.

prs. pairs. **PRT** personal rapid transit 개인 고속 수송.

prude [pru:d] *n.* (남녀 관계에) 얌전한 체하는 여자, 숙녀연하는 여자.

‡**pru·dent** [prú:dənt] *a.* 조심성 있는, 신중한; 분별 있는. **~·ly** *ad.* ***-dence** *n.* Ⓤ 사려, 분별; 신중; 검소(economy).

pru·den·tial [pru:dénʃəl] *a.* 조심성 있는, 신중한; 분별 있는.

prud·er·y [prú:dəri] *n.* Ⓤ 얌전한〔점잖은〕 체함, 숙녀연함; Ⓒ 짐짓 점잔빼는 행위〔말〕.

prud·ish [prú:diʃ] *a.* 숙녀인 체하는, 새침떠는.

prune**[1] [pru:n] *n.* 서양 자두; 말린 자두. ***~s and prism(s) 점잔빼 말투, 특별히 공손한 말씨.

***prune**[2] *vt.* ① (나무를) 잘라 내다, (가지를) 치다(*away, off, down*). ② (여분의 것을) 없애다, 바싹 줄이다, (문장을) 간결하게 하다.

prun·er [prú:nər] *n. pl.* 가지 치는 사람; 가지치기〔전정〕 가위.

prun·ing [prú:niŋ] *n.* Ⓤ (심은 나무 등의) 가지치기, 전지(剪枝).

prúning hòok 〔**shèars**〕 가지 치는 낫〔가위〕.

pru·ri·ent [prúəriənt] *a.* 호색(好色)의.

pru·ri·go [pruəráigou] *n.* Ⓤ 〖醫〗 양진(痒疹).

Prus·sia [prʌ́ʃə] *n.* 프러시아《원래 독일 북부에 있던 왕국》. **-sian** *n.*, *a.* 프러시아 사람(의).

Prússian blúe 감청(紺青).

prús·sic ácid [prʌ́sik] 〖化〗 청산.

***pry**[1] [prai] *vi.* 엿보다(peep) (*about, into*); 일일이 알고 싶어하다(*into*). —— *n.* 꼬치꼬치 캐기 좋아하는 사람.

pry[2] *n.* 지레. —— *vt.* 지레로 올리다〔움직이다〕; 애써서 얻다(*out*).

Ps., Psa. Psalm(s). **P.S.** Privy Seal; Public School. ***P.S., p.s.** passenger steamer; postscript.

‡**psalm** [sɑ:m] *n.* 찬송가, 성가; (P-) (시편중의) 성가. ***the*** (***Book of***) ***Psalms*** 〖舊約〗 시편. —— *vt.* 성가를 불러 찬미하다. ⌐**·ist** *n.* 찬송가 작자; (the P-) (시편의 작자라고 일컬어지는) 다윗왕.

psalm·book [⌐bùk] *n.* 시편.

psal·mo·dy [sɑ́:mədi, sǽlmə-] *n.* Ⓤ 성가 영창; 《集合的》 찬송가(집).

Psal·ter [sɔ́:ltər] *n.* 시편; (p-) (예배용의) 시편.

psal·ter·y [sɔ́:ltəri] *n.* 옛날의 현악기.

PSB 〖컴퓨터〗 program specification block 프로그램 명세 블록.

pseud. pseudonym.

pseu·do(-) [sú:dou] *a.* 《口》 가짜의, 거짓의; 유사한.

pseu·do·clas·sic [sù:doukläsik], **-si·cal** [-əl] *a.* 의고전적(擬古典的)인.

pseu·do·nym [sú:dənim] *n.* (저자의) 아호(雅號), 필명.

pseu·do·po·di·um [sù:dəpóudiəm] *n.* 〖動〗 위족(僞足).

pshaw [ʃɔ:] *int.* 체!; 흥!; 기가 막혀! 《경멸·초조 등을 나타냄》. —— [ʃɔ:] *vi.*, *vt.* 흥 코웃음치다(*at*).

psi [sai, psai] *n.* 그리스어 알파벳의 스물 셋째 글자《Ψ, ψ, 영어의 ps 에 해당》.

psi·lo·cin [sáiləsən] *n.* Ⓤ =PSILOCYBIN.

psi·lo·cy·bin [sàiləsáibin] *n.* Ⓤ 실로시빈《멕시코산 버섯에서 나는 환각제》.

psit·ta·co·sis [sìtəkóusis] *n.* Ⓤ 〖醫〗 앵무병.

P. SS. *postscripta* (L. =postscripts).

psst [pst] *int.* 저, 여보세요, 잠깐 《주의를 끌기 위해 부르는 말》.

P. S. T. Pacific Standard Time.

psych [saik] *vt.*, *vi.* 《美俗》 정신적으로 혼란케 하다〔해지다〕; (육감으로) 꾹뒤지르다; 정신 분석을 하다.

Psy·che [sáiki] *n.* 〖그神〗 프시케, 사이키《나비의 날개를 가진 미소녀로 표현되는 인간의 영혼》; (p-) 영혼, 정신.

psy·che·del·ic [sàikədélik] *a.* 도취(감)의; 환각을 일으키는; 사이키풍

의. —— *n.* 환각제 (사용자).
psy·chi·a·try [saikáiətri, si-] *n.* Ⓤ 정신병학. **-trist** *n.* 정신병 의사〔학자〕. **psy·chi·at·ric** [sàikiǽtrik] *a.*
psy·chic [sáikik], **-chi·cal** [-əl] *a.* 혼의; 정신의; 심령(현상)의, 초자연적인; 심령 작용을 받기 쉬운. —— *n.* 영매(靈媒), 무당.
psýchic dístance 심리적 거리.
psýchic íncome 정신적 보수《명예, 신용 따위》.
psýchic médium 영매(靈媒).
psy·cho [sáikou] *n.* 《俗》 정신병자; Ⓤ 정신 분석. —— *a.* 정신병학의, 신경증의.
psych(o)- 「정신·영혼·심리학」의 뜻의 결합사.
psy·cho·a·nal·y·sis [sàikouənǽləsis] *n.* Ⓤ 정신 분석(학). **-an·a·lyst** [⌐–ǽnəlist] *n.* 정신 분석학자.
psy·cho·an·a·lyze [-ǽnəlàiz] *vt.* 정신 분석을 하다.
psy·cho·del·ic [-délik] *a., n.* =PSYCHEDELIC.
psy·cho·dra·ma [sàikoudrá:mə, -drǽmə] *n.* Ⓤ 〖精神病理〗 심리극《정신병 치료로서 환자에게 시키는 연극》.
psy·cho·gen·ic [sàikoudʒénik] *a.* 〖心〗 심인성(心因性)의.
psy·cho·ki·ne·sis [-kiní:sis, -kai-] *n.* Ⓤ 염력(念力) (작용).
psy·cho·lin·guis·tics [-liŋgwístiks] *n.* 언어 심리학.
***psy·cho·log·i·cal** [sàikəládʒikəl / -ɔ́-] *a.* 심리학의, 심리(학)적인(~ *acting* 심리 연기). **~·ly** *ad.*
psychológical móment 심리적인 호기; 절호의 기회.
psychológical wárfare 심리전, 신경전.
‡**psy·chol·o·gy** [saikálədʒi/-ɔ́-] *n.* Ⓤ 심리학; 심리 (상태). ***-gist** *n.* 심리학자.
psy·cho·neu·ro·sis [sàikounjuəróusis] *n.* Ⓤ 정신 신경증, 노이로제.
psy·cho·path [sáikoupæ̀θ] *n.* 정신병자.
psy·cho·pa·thol·o·gy [sàikoupəθálədʒi/-ɔ́-] *n.* Ⓤ 정신 병리학.
psy·chop·a·thy [saikápəθi / -ɔ́-] *n.* Ⓤ 정신병; (발광에 가까운) 정신 착란. **psy·cho·path·ic** [sàikəpǽθik] *a.* 정신병의; 미칠 듯한.
psy·cho·pro·phy·lax·is [sàikouprɑ̀filǽksis/-ɔ̀-] *n.* Ⓤ 자연〔무통〕 분만 도입법(Lamaze technique).
psy·cho·sis [saikóusis] *n.* (*pl.* **-ses** [-si:z]) (심한) 정신병, 정신 이상.
psy·cho·so·mat·ic [sàikousoumǽtik] *a.* 정신 신체 양쪽의, 심신의. **~s** *n.* 정신 신체 의학.
psychosomátic médicine 정신 신체 의학.
psy·cho·sur·ger·y [sàikousə́:rdʒəri] *n.* Ⓤ 정신 외과《뇌 수술》.
psy·cho·tech·nics [-tékniks] *n.* Ⓤ 정신 기법(技法)《임상 심리학의 일종》.
psy·cho·tech·nol·o·gy [-teknálədʒi/-ɔ́-] *n.* Ⓤ 심리 공학, 인간 공학.
psy·cho·ther·a·py [-θérəpi] *n.* Ⓤ (암시나 최면술에 의한 신경병의) 정신 요법.
psy·chot·ic [saikátik/-ɔ́-] *a., n.* 정신병의, 정신병자.
psy·chrom·e·ter [saikrámitər/-krɔ́m-] *n.* 건습구 습도계.
psy·op [sáiɑ̀p / -ɔ̀-] *n.* 〖美軍〗 심리작전.
psy·war [sáiwɔ̀:r] *n.* ⓊⒸ 《美》 = PSYCHOLOGICAL WARFARE.
Pt 〖化〗 platinum. **pt.** part; payment; pint(s); point; port. **P.T.** Pacific Time; physical training; postal telegraph; post town; pupil teacher. **p.t.** past tense; post town; =PRO TEM. **PTA, P.T.A.** Parent-Teacher Association.
ptar·mi·gan [tá:rmigən] *n.* 〖鳥〗 뇌조(雷鳥).
ptbl. portable.
ṔT bóat 《美》 어뢰정(PT=Patrol Torpedo).
Pte. Private 《英》 병사(cf. Pvt.).
pte·rid·o·phyte [tərídəfàit, térid-ou-] *n.* 〖植〗 양치식물.
pter·o·dac·tyl [tèroudǽktil] *n.* 〖古生〗 익수룡(翼手龍).
pter·o·saur [térousɔ̀:r] *n.* 〖古生〗 익룡(翼龍).
ptg. printing.
PTM pulse-time modulation.
P.T.O., p.t.o. please turn over.
Ptol·e·ma·ic [tɑ̀ləméiik/-ɔ̀-] *a.* (천문학자) 톨레미〔프톨레마이오스〕의.
Ptolemáic sýstem 〔**théory**〕 천동설(天動說).
Ptol·e·my [táləmi / tɔ́l-] *n.* 2세기경의 그리스의 수학·천문·지리학자; 323–30 B.C. 의 대대의 이집트 왕.
pto·maine [tóumein, –⌐] *n.* ⓊⒸ 〖化〗 프토마인.
pts. parts; payments; pints; points; ports. **Pu** 〖化〗 plutonium.
pty·a·lin [táiəlin] *n.* Ⓤ 〖生化〗 프티알린, 타액소.
pub [pʌb] *n.* 《英口》 목로술집, 선술집(public house).
púb cràwl 《英俗》 술집 순례《2차, 3차 다니는》.
pu·ber·ty [pjú:bərti] *n.* Ⓤ 사춘기《남자 14세, 여자 12세경》; 묘령.
pu·bes [pjú:bi:z] *n.* 음모(陰毛), 음부; 〖植〗 연모(軟毛).
pu·bes·cent [pju:bésnt] *a.* 사춘기에 이른; 〖動·植〗 연모(軟毛)로 뒤덮인.
pu·bic [pjú:bik] *a.* 음모의; 음부의; 치골의(*the ~ region* 음부 / *the ~ hair* 음모).
pu·bis [pjú:bis] *n.* (*pl.* **-bes** [-bi:z]) 〖解〗 치골(恥骨).
†**pub·lic** [pʌ́blik] *a.* ① **공중의**; 공공의. ② 공립의, 공영(公營)의. ③ 공개의. ④ 공공연한; 널리 알려진. ⑤

국제적인. —— *n.* ① **공중**, 국민, 사회. ② 동아리, 패거리, 팬. *in* ~ 공공연히. ~ *good* 〔*benefit, interests*〕 공익. *~·ly *ad.* **공공연히**; 여론으로.
púb·lic-ad·dréss sỳstem [-ədrés] (강당 등의) 확성 장치.
pub·li·can [pʌ́blikən] *n.* 《英口》 선술집(public house)의 주인; (고대 로마의) 세리(稅吏).
‡**pub·li·ca·tion** [pʌ̀bləkéiʃən] *n.* ① Ⓤ **발표**〔공표〕. ② Ⓤ 발행; 출판. ③ 출판물.
públic chárge 정부 구호 대상자.
públic convénience 《주로 英》 (역 따위의) 공중 변소.
públic domáin (주나 정부의) 공유지. *in the* ~ (저작권·특허권 소멸에 의해) 자유로 사용할 수 있는.
públic énemy 공적(公敵).
públic házard 공해.
públic héalth 공중 위생.
públic héaring 공청회.
públic hóuse 《英》 선술집; 여인숙.
pub·li·cist [pʌ́blisist] *n.* 국제법 학자; 정치 평론가; 광고 취급인.
‡**pub·lic·i·ty** [pʌblísəti] *n.* Ⓤ **널리 알려짐**, 주지; 공표; 평판; 선전.
publícity àgent 광고 대리업자.
pub·li·cize [pʌ́bləsàiz] *vt.* 선전〔공표〕하다.
pub·lic-mind·ed [pʌ́blikmáindid] *a.* 공공심(公共心)이 있는.
públic núisance 〖法〗 공적 불법 방해; 공해; 세상의 골칫거리.
públic opínion (pòll) 여론 (조사).
públic philósophy (문화·정치의 기반으로서의) 민중 도덕.
públic relátions 공보〔피아르〕 활동《생략 P.R.》; 섭외 사무; P.R. 담당원.
públic relátions ófficer 섭외 담당원〔장교〕.
***públic schóol** 《美》 **공립 학교**; 《英》 기숙사제의 사립 중등 학교《귀족주의적인 대학 예비교; Eton, Harrow, Winchester, Rugby 등은 특히 유명》.
públic sérvant 공무원.
públic sérvice 공익 사업; 공무; 사회 봉사.
públic spírit 공공심(公共心).
pub·lic-spir·it·ed [-spíritid] *a.* = PUBLIC-MINDED.
públic utílity 공익 사업(체).
públic wórks 공공 토목 공사.
‡**pub·lish** [pʌ́bliʃ] *vt.* ① **발표하다**; (법률 따위를) 공포하다. ② **출판**〔발행〕하다. ‡~·er *n.* **출판업자**; 발표자; 《美》 신문 경영자.
Puck [pʌk] *n.* 장난 좋아하는 요정(妖精).
puck *n.* 퍽《아이스하키용의 고무로 만든 원반》; 《美俗》 아이스하키.
puck·a [pʌ́kə] *a.* 《印英》 일류의, 고급품의; 진짜의; 신뢰할 수 있는.
púcka gèn [dʒèn] 〖英軍〗 확실한 보도.
puck·er [pʌ́kər] *vt., vi.* 주름을 잡다; 주름잡히다; 주름살짓다; 주름지다; 오므리다(*up*); 오므라지다(*up*). —— *n.* 주름, 주름살.
‡**pud·ding** [púdiŋ] *n.* ① ⓊⒸ 푸딩《과자》; 푸딩처럼 말랑말랑한 것; 소시지의 일종. ② Ⓤ 실리; 실익. *more praise than* ~ (실속 없는) 헛 칭찬.
púdding fàce 무표정하고 둥글 납작한 얼굴.
pud·ding-head [-hèd] *n.* 바보, 멍청이.
pud·dle [pʌ́dl] *n.* 웅덩이; Ⓤ 이긴 진흙《진흙과 모래를 물로 이긴 것》. —— *vt.* 흙탕물로 적시다; 흙탕물이 되게 하다; 이긴 진흙이 되게 하다; (물의 유출을 막기 위해) 이긴 진흙을 바르다; (산화제를 넣어 녹은 쇠를) 정련하다. —— *vi.* 흙탕을 휘젓다(*about, in*). **púd·dling** *n.* Ⓤ 연철(鍊鐵)(법). **púd·dly** *a.* (길 따위) 웅덩이가 많은; 진흙투성이의, 흙탕의.
pu·den·da [pju:déndə] *n. pl.* (*sing.* -*dum* [-dəm]) 〖解〗 (여성의) 외음부.
pudg·y [pʌ́dʒi] *a.* 땅딸막한, 뭉뚝한.
pueb·lo [pwéblou, puéb-] *n.* (*pl.* ~*s*) 《美》 벽돌이나 돌로 만든 토인 부락; (P-) (pueblo에 사는) 토인족.
pu·er·ile [pjú:əril, -ràil] *a.* 어린애 같은. **pu·er·il·i·ty** [pjù:əríləti] *n.* Ⓤ 어린애 같음; 유년기; Ⓒ 어린애 같은 언행.
pu·er·per·al [pju:ə́:rpərəl] *a.* 〖醫〗 해산의. ~ *fever* 산욕열(產褥熱).
Puér·to Rí·co [pwέərtə rí:kou / pwɔ́:tə-] 푸에르토리코《서인도 제도 동부의 섬, 미국 자치령》.
‡**puff** [pʌf] *n.* ① **한번 훅, 그 양, 훅 불기**. ② 부풂. ③ (머리털의) 술; (화장용의) 분첩. ④ 슈크림(모양의 과자). ⑤ 과장된 칭찬; 과대 광고. ⑥ (여자 옷 소매의) 부푼 주름. —— *vi.* ① 입김을〔연기를〕 훅 뿜다(*out, up*). ② 푹푹거리며 움직이다〔뛰다〕(*away, along*). ③ 헐떡이다. ④ 부풀어 오르다(*out, up*). —— *vt.* ① (연기 따위를) 훅 내뿜다, (담배를) 피우다. ② 훅 불어 버리다(*away*). ③ 헐떡이게 하다. ④ 부풀어 오르게 하다. ⑤ 과장하여 칭찬하다. **púff·er** *n.* 훅 부는 사람〔물건〕; 〖魚〗 복어류. ∠·**er·y** *n.* ⓊⒸ 과대 선전(*mutual* ~*ery* 상호 칭찬). ∠·**y** *a.* 훅 부는, 한 바탕 부는《바람》; 부푼; 뚱뚱한; 숨찬.
púff àdder (아프리카산의) 큰 독사.
puff·ball [∠bɔ̀:l] *n.* 〖植〗 말불버섯.
puf·fin [pʌ́fin] *n.* 바다앵무《해조(海鳥)》 (sea parrot).
púff slèeve 퍼프 소매.
pug[1] [pʌg] *n.* 발바리의 일종; 사자코.
pug[2] *n.* 《俗》 권투 선수(pugilist).
pug[3] *n.* ⓊⒸ 이긴 흙. —— *vt.* (-*gg*-) 흙을 이기다〔채워 넣다〕.
pug[4] *n.* (동물의) 자귀. —— *vt.* (-*gg*-) 발자국을 뒤쫓다, 자귀짚다.
pugh [pju:] *int.* 흥, 체《경멸, 혐오 등을 나타냄》.

pu·gil·ism [pjú:dʒəlìzəm] *n.* Ⓤ 권투. **-ist** *n.* (프로) 권투 선수. **pu·gil·is·tic** [ˌ–ístik] *a.*
pug·na·cious [pʌgnéiʃəs] *a.* 툭하면 싸우는. **~·ly** *ad.* **pug·nac·i·ty** [-nǽsəti] *n.* Ⓤ
púg nòse 사자코.
pu·is·sant [pjú:isənt, pwísənt] *a.* 《詩·古》 힘센. **-sance** *n.* Ⓤ
puke [pju:k] *n., v.* 《口》 =VOMIT.
puk·ka [pʌ́kə] *a.* 《印英》 =PUCKA.
pu·las·ki [pəlǽski, pju:-] *n.* 《美》 괭이와 도끼를 합친 도구.
pul·chri·tude [pʌ́lkrətjù:d] *n.* Ⓤ 아름다움.
pule [pju:l] *vi.* (어린애가) 슬프게 울다.
Pú·litz·er Príze [púlitsər] 《美》 퓰리처상(1회 수상은 1917년).
†**pull** [pul] *vt.* ① **당기다.** ② (이·마개 따위를) 뽑다(*up*). ③ (꽃·과실 따위를) 따다; 찢다; 당기어 손상시키다. ④ (수레 따위를) 끌어 움직이다; (배를) 젓다. ⑤ (고삐를 당겨 말을) 멈추어 서게 하다; 〖競馬〗 (지려고 말을) 제어하다; 적당히 다루다. ⑥ (찌푸린 얼굴을) 하다(*~ a face*). ⑦ 《口》 행하다. ⑧ 〖印〗 손으로 밀다. —— *vi.* 끌다, 잡아 당기다(*at*); 당겨지다; (배가) 저어지다, 배를 젓다(*away, for, out*); 마시다(*at*); (담배를) 피우다(*at*). ***P- devil, ~ baker!*** (줄다리기 등에서) 어느 편도 지지 말라! ***~ down*** 헐다; (정부 등을) 넘어뜨리다; (물건의 가치를) 떨어뜨리다; (병 따위가 사람을) 쇠약케 하다. ***~ foot*** 《俗》 죽자하고 뛰다; 도망가다. ***~ for*** 《口》 …을 돕다. ***~ in*** (목 따위를) 움츠리다; 절약하다; (말을) 제어하다; 《俗》 체포하다; (기차가) 들어오다, (배가 물가 따위에) 접근하다. ***~ off*** 벗다; (경기에) 이기다, (상을) 타다; 잘 해내다. ***~ on*** (잡아 당겨) 입다. ***~ oneself together*** 원기를 회복하다(cf. COLLECT[1] oneself). ***~ out*** 잡아빼다; 배를 저어 나가다; (기차가 역을) 떠나다; (이야기 따위를) 끌다. ***~ out of the fire*** 실패를 성공으로 돌리다. ***~ round*** (건강을) 회복시키다. ***~ through*** (병·난국을) 겪어내게 하다; 곤란을 겪어내다. ***~ together*** 협력해서 하다. ***~ to pieces*** 갈기갈기 찢다; 혹평하다. ***~ up*** 뽑다; 근절하다; (말·수레를) 정지시키다, 정지하다. —— *n.* ① 끌어〔잡아〕당김; 당기기; 끄는 힘; 한번 노를 젓기. ② 《口》 (술·담배 따위의) 한 모금. ③ 당기는 손잡이(handle), 당기는 줄. ④ 곤란한 등반(登攀)〔여행〕, 노력. ⑤ ⓊⒸ 《俗》 연고, 연줄. ⑥ 《俗》 우위, 우세; 이익.
pull·back [púlbæ̀k] *n.* 철수; 후퇴.
pull·down [púldàun] *a.* 접기식의 《침대, 보트》.
pull·er-in [púlərín] *n.* (*pl.* ***pull·ers-in*** [púlərz-]) 《美》 (상점 등의) 여리꾼.
pul·let [púlit] *n.* (1년이 안 된) 어린 암탉.
***pul·ley** [púli] *n.* **도르래.** —— *vt.* 도르래로 올리다〔를 달다〕.
pull-in [púlìn] *n.* 《英》 (길가의) 간이 식당.
Púll·man (càr) [púlmən] *n.* (*pl.* ~***s***) 풀먼식 차량《침대차·특등차》.
pull-out [púlàut] *n.* (잡지 따위의) 접어 넣는 페이지; 철수.
pull·o·ver [púlòuvər] *n.* 스웨터.
pul·mom·e·ter [pʌlmámitər / -mɔ́-] *n.* 폐활량계.
pul·mo·nar·y [pʌ́lmənèri, púl-/pʌ́lmənəri] *a.* 폐의; 폐를 침범하는; 폐병의; 폐를 가진.
Pul·mo·tor [pʌ́lmòutər, púl-] *n.* 〖商標〗 인공 호흡기.
***pulp** [pʌlp] *n.* Ⓤ ① **과육**(果肉). ② 치수(齒髓). ③ **펄프**《제지 원료》. ④ (보통 *pl.*) 《俗》 (질이 나쁜 종이의) 저속한 잡지, 싸구려 책. **ˊ·y** *a.* 과육〔펄프〕 모양의, 걸쭉한.
***pul·pit** [púlpit, pʌ́l-] *n.* **설교단;** (the ~) 《集合的》 목사; 설교; 《英空軍俗》 조종석.
pulp·wood [pʌ́lpwùd] *n.* Ⓤ 펄프용 나무.
pul·que [púlki, -kei] *n.* Ⓤ (멕시코·중앙아메리카산의) 용설란주(酒).
pul·sate [pʌ́lseit/–ˊ] *vi.* 맥이 뛰다, 고동하다; 진동하다, 오싹오싹하다. **pul·sá·tion** *n.* ⓊⒸ **pul·sá·tor** *n.* (세탁기 따위의) 진동기(器).
pul·sa·tile [pʌ́lsətil, -tàil] *a.* ① 맥박치는; 두근두근하는. ② 〖樂〗 쳐서 울리는 —— *n.* 〖樂〗 타악기.
‡**pulse**[1] [pʌls] *n.* ① **맥박;** 고동. ② (생명·감정·의지 등의) 움직임; 느낌, 의향. ③ (규칙적으로) 뜀. ④ (전파 등의) 순간 파동, 펄스. —— *vi.* 맥이 뛰다; 진동하다.
pulse[2] *n.* Ⓤ 두류(豆類) 《beans, peas, lentils 따위》.
púlse·jet éngine [pʌ́lsdʒèt] 〖空〗 간헐(間歇) 제트 엔진.
púlse modulátion 펄스 변조.
púlse ràdar 펄스 변조 레이더.
púlse-time modulátion [ˊtàim] 〖無電〗 펄스시(時) 변조《생략 PTM》.
pul·sim·e·ter [pʌlsímitər] *n.* 〖醫〗 맥박계.
pul·ver·ize [pʌ́lvəràiz] *vt.* 가루로 만들다; (액체를) 안개 모양으로 만들다; 《俗》 (의론 따위) 분쇄하다. —— *vi.* 가루가 되다. **-iz·er** [-àizər] *n.* 분쇄자〔기〕; 분무기. **pul·ver·i·za·tion** [pʌ̀lvərizéiʃən] *n.* Ⓤ 분쇄.
pu·ma [pjú:mə] *n.* (*pl.* ~***s***, 《集合的》 ~) 아메리카사자, 퓨마; Ⓤ 그 모피.
pum·ice [pʌ́mis] *n., vt.* Ⓤ 경석(輕石)(으로 닦다).
pum·mel [pʌ́məl] *vt.* (《英》 ***-ll-***) 주먹으로 연거푸 치다.
‡**pump**[1] [pʌmp] *n.* **펌프** (달린 우물). —— *vt., vi.* ① 펌프로 (물을) 올리다, 퍼내다(*out, up*). ② 펌프로 공기를

넣다(*up*). ③ 펌프의 손잡이같이 (위아래로) 움직이다. ④ (머리를) 짜내다. ⑤ 《口》 넘겨짚어 알아내다, 유도심문하다.
pump² *n.* (보통 *pl.*) 펌프스《끈이나 혹이 없고, 발등이 안 가려지는 신》.
pum·per·nick·el [pʌ́mpərnìkəl] *n.* U.C 조제(粗製)의 호밀빵.
pump·kin** [pʌ́mpkin, pʌ́ŋkin] *n.* (서양) 호박; 허세부리는 사람. ***be some* ~*s 《美俗》 대단한 인물〔물건, 곳〕이다.
púmp prìming 《美》 (펌프의 마중물 같은) 정부의 재정 투융자에 의한 경제 회복 정책.
pun [pʌn] *n.* 발음은 같으나 뜻은 다른 재담, 신소리(*on, upon*). —— *vi.* (*-nn-*) 신소리〔재담〕하다(*on, upon*).
Punch [pʌntʃ] *n.* 펀치《영국 인형극 ~ *and Judy* 의 주인공, 곱사등이며 코가 굽은, Judy 의 남편》; 펀치지(誌)《영국의 풍류 만화 잡지》. ***as pleased as* ~** 매우 기뻐서.
‡**punch¹** *vt.* **주먹으로 때리다**; 《美西部》 (가축을) 몰다. —— *n.* ① **주먹으로 때리기**(*on*), 치기. ② U.C 《口》 박력; 활기; 효과.
‡**punch²** *n.* **구멍 뚫는 기구**, 타인기(打印器), 표 찍는 가위, 찍어서 도려내는 기구, 펀치. —— *vi.* (구멍을) 뚫다; 찍어내다; (표를) 찍다.
***punch³** *n.* ① U **펀치**《포도주·설탕·레몬즙·우유 따위의 혼합 음료》. ② 펀치를 마시는 사교 모임.
punch⁴ *n.* (살찌고 다리가 짧은) 짐말.
punch·ball [ˊbɔ̀:l] *n.* U.C 펀치볼《야구식 고무공놀이》; =PUNCHING BAG.
punch-drunk [ˊdrʌ̀ŋk] *a.* (권투 선수가) 맞고 비틀비틀하는; 《口》 (머리가) 혼란한; 망련 자실한.
púnch(ed) cárd (컴퓨터) 천공 카드.
pun·cheon [pʌ́ntʃən] *n.* 간주(間柱); (탄갱의 천장을 받치는) 버팀기둥, 동바리; 《美》 (마루청으로 쓰는) 켠 재목; 큰 나무통.
punch·er [ˊər] *n.* 키펀처; 타인기; 《口》 카우보이.
Pun·chi·nel·lo [pʌ̀ntʃənélou] *n.* (*pl.* ~(*e*)*s*) (이탈리아 인형극의) 어릿광대, 땅딸보.
púnching bàg 〔《英》 **bàll**〕 (권투 연습용) 매달아 놓은 자루.
púnch lìne 급소를 찌르는 명문구.
punct. punctuation.
punc·til·i·o [pʌŋktíliòu] *n.* (*pl.* ~*s*) (의식 따위의) 자상한 점; U.C 형식 차림. **punc·tíl·i·ous** *a.* (예의범절에) 까다로운, 형식을 차리는, 꼼꼼한.
‡**punc·tu·al** [pʌ́ŋktʃuəl] *a.* **시간을 엄수하는.** ~**·ly** *ad.* **punc·tu·al·i·ty** [ˋ-ǽləti] *n.* U
punc·tu·ate [pʌ́ŋktʃuèit] *vt.* 구두점을 찍다; (이야기를) 중단하다; 강조하다.
***punc·tu·a·tion** [ˋ-éiʃən] *n.* U **구두(법)**; C **구두점**.
punctuátion màrks 구두점.
***punc·ture** [pʌ́ŋktʃər] *n.* ① U **찌름**. ② (찔러 생긴) 구멍. ③ (타이어의) 빵꾸. —— *vt.* 찌르다; 구멍을 뚫다. —— *vi.* 빵꾸나다.
pun·dit [pʌ́ndit] *n.* (인도 사람의) 학자; 《諧》 박식한 사람.
pun·gent [pʌ́ndʒənt] *a.* (혀나 코를) 자극하는; 날카로운, 신랄한; 가슴을 에는 듯한; 마음을 찌르는. **pún·gen·cy** *n.* U 자극; 신랄; C 신랄한〔자극이 강한〕 것.
Pu·nic [pjú:nik] *a.* 고대 카르타고(사람)의; 신의 없는.
Púnic Wárs, the (로마와 카르타고 사이의) 포에니 전쟁.
‡**pun·ish** [pʌ́niʃ] *vt.* **벌하다**, 응징하다(*for, with, by*); 호되게 해치우다, 혼내주다. ~**·a·ble** *a.* 벌줄 수 있는, 벌주어야 할. ‡**pún·ish·ment** *n.* **벌**, 처벌, 형벌(*for, on*); U 가혹한 처사, 학대; 〖拳〗 강타.
pu·ni·tive [pjú:nətiv], **-to·ry** [-nətɔ̀:ri/-təri] *a.* 형벌의; 벌주는.
Pun·jab [pʌndʒá:b, ˊˊ] *n.* 원래 인도 북부의 한 주(州) 《지금은 인도와 파키스탄으로 분할》.
punk [pʌŋk] *n.* U 《美》 불쏘시개 (용의 썩은 나무); C 《美俗》 애송이, 풋내기; 쓸모 없는 인간; 《美俗》 면, 연동(戀童); U 《美俗》 실없는 소리. —— *a.* 《美俗》 빈약한, 하찮은.
pun·ster [pʌ́nstər] *n.* 신소리를 잘하는 사람.
punt¹ [pʌnt] *n.* (삿대로 젓는 양끝이 네모진) 너벅선; 〖美式蹴〗 펀트《손에서 떨어뜨린 공을 땅에 닿기 전에 차기》. —— *vt., vi.* (보트를) 삿대로 젓다; 〖美式蹴〗 펀트하다.
punt² *vt.* 〖카드〗 물주에게 대항하여 걸다; 《英》 (경마 따위에서) 돈을 걸다.
pu·ny [pjú:ni] *a.* 아주 작은, 미약한; 보잘것 없는.
***pup** [pʌp] *n.* ① **강아지**; (여우·이리·바다표범 등의) 새끼. ② 《口》 건방진 풋내기. —— *vi.* (*-pp-*) (암캐가) 새끼를 낳다.
pu·pa [pjú:pə] *n.* (*pl.* ***-pae*** [-pi:], ~*s*) 번데기 《chrysalis 의 과학적 명칭》. **pú·pal** [-pəl] *a.*
pu·pate [pjú:peit] *vi.* 번데기가 되다, 용화(蛹化)하다.
†**pu·pil¹** [pjú:pəl] *n.* **학생**.
pu·pil² *n.* 〖解〗 눈동자, 동공.
púpil téacher (국민 학교의) 교생(敎生).
***pup·pet** [pʌ́pit] *n.* ① **꼭두각시**; 작은 인형. ② (남의) 앞잡이, 괴뢰(傀儡).
púppet góvernment 〔**státe**〕 괴뢰 정부〔국가〕.
púppet plày 〔**shòw**〕 인형극.
***pup·py** [pʌ́pi] *n.* **강아지**; 건방진 풋내기.
pur [pə:r] *n., v.* (*-rr-*) =PURR.
pur·blind [pə́:rblàind] *a.* 반소경의, 흐려뵈는; 우둔한.
pur·chas·a·ble [pə́:rtʃəsəbəl] *a.* 살

수 있는.
‡**pur·chase** [pə́:rtʃəs] *vt.* ① **사다**; 노력하여 얻다. ② 지레〔도르래〕로 올리다. —— *n.* ① Ⓤ 구입; Ⓒ 구입품. ② Ⓤ (토지로부터의 해마다의) 수익(고). ③ 〖機〗 기중 장치. ***púr·chas·er** *n.* 사는 사람, 구매자.
púrchase jòurnal 〖商〗 구입 일계장〔원장〕.
púrchase tàx 《英》 물품세.
púrchasing pòwer 구매력.
pur·dah [pə́:rdə / -dɑ:] *n.* 《印英》 (귀부인이 사람 눈에 띄지 않도록 방에 치는) 휘장.
‡**pure** [pjuər] *a.* **순수한, 더러움 없는**; 순혈〔순종〕의; 깨끗한; 순정(純正)의; 오점 없는, 순전한; 단순한; 순이론적인. (*a fool*) *~ and simple* 순전한 (바보). —— *n.* 순수한 것. ‡*∠·ly ad.* ∠·**ness** *n.* Ⓤ
pure·blood [∠blʌ̀d] *a., n.* =PUREBRED. *~·ed a.* =PUREBRED.
pure·bred [∠bréd] *a.* 순종의. —— [∠∸] *n.* 순종 동물〔식물〕.
***pu·rée,* pu·ree** [pjuréi, ∠– / pjúri:] *n.* ⓊⒸ (F.) 퓌레《야채 등을 삶아 거른 것》; 그것으로 만든 진한 수프.
pur·ga·tion [pə:rgéiʃən] *n.* Ⓤ 정화(淨化); (하제(下劑)로) 변이 잘 나오게 하기.
pur·ga·tive [pə́:rgətiv] *a., n.* 정화의; 하제(의).
pur·ga·to·ry [pə́:rgətɔ̀:ri / -təri] *n.* ⓊⒸ 〖카톨릭〗 연옥(煉獄); 일시적인 고난 상태, 지옥 같은 곳.
‡**purge** [pə:rdʒ] *vt.* ① (몸·마음을) **깨끗이하다**(*of, from*). ② 일소하다 (*away, off, out*). ③ (정당·불량 분자 따위를) 추방〔숙청〕하다. ④ (죄·혐의를) 풀다(*of*). ⑤ 변통(便通)시키다. —— *vi.* 깨끗해지다. —— *n.* 정화; 추방; 하제(下劑). **pur·gée** *n.* 피(被)추방자.
***pu·ri·fy** [pjúərəfài] *vt.* **정화하다**, 깨끗이 하다(*of, from*); 심신을 깨끗이 하다; 정련〔정제(精製)〕하다. **-fi·er** *n.* 깨끗이 하는 사람; 청정기(淸淨器), 청정 장치. ***pu·ri·fi·ca·tion** [∸–fikéiʃən] *n.* ⓊⒸ
pu·rine, pu·rin [pjúəri:n], [-rin] *n.* Ⓤ 〖生化〗 퓨린《요산(尿酸) 화합물의 기(基)》.
pur·ism [pjúərizəm] *n.* Ⓤ 용어의 결벽(潔癖), 국어 순정(純正) 주의. **púr·ist** *n.*
Pu·ri·tan** [pjúərətən] *n., a.* **청교도**(의); (p-) (도덕·종교상) 엄격한 (사람). *~·ism** [-izəm] *n.* Ⓤ 청교(주의); (p-) (도덕·종교상의) 엄정주의.
pu·ri·tan·ic [pjùərətǽnik], **-i·cal** [-əl] *a.* 청교도적인; 엄격한.
***pu·ri·ty** [pjúərəti] *n.* Ⓤ ① **청정**(淸淨), 청결. ② 결백. ③ (언어의) 순정(純正).
purl[1] [pə:rl] *vi., n.* (작은 내가) 졸졸 흐르다; 졸졸 흐름; 그 소리.
purl[2] *n., vt., vi.* (고리 모양의) 가장자리 장식(을 달다); 〖編物〗 뒤집어 뜨기〔뜨다〕; 금실〔은실〕(로 수놓다).
pur·lieu [pə́:rlju:] *n.* 삼림 주변 지역; 세력권내; (*pl.*) 근처, 주변, 교외.
purlin(e) [pə́:rlin] *n.* 〖建〗 중도리, 들보.
pur·loin [pə:rlɔ́in] *vt., vi.* 도둑질하다.
pu·ro·my·cin [pjùərəmáisin] *n.* Ⓤ 퓨로마이신《항생 물질의 일종》.
‡**pur·ple** [pə́:rpəl] *n.* ⓊⒸ **자줏빛**; Ⓤ (옛날 황제나 왕이 입던) 자줏빛 옷; Ⓒ 왕위; 고위; Ⓤ 《古》 진홍(색). *be born in the ~* 왕후(王侯)의 신분으로 태어나다. —— *a.* 자줏빛의; 제왕의; 화려한; 호화로운. —— *vt., vi.* 자줏빛이 되(게 하)다. **púr·plish, púr·ply** [-li] *a.* 자줏빛을 띤.
Púrple Héart 〖美陸軍〗 명예 상이기장; (p- h-) 《俗》 (하트형) 흥분제.
púrple mártin (미국산의) 큰 제비.
púrple pássage 〔**pátch**〕 (책 속의) 명문이 있는 대문.
pur·port [pə́:rpɔ:rt] *n.* 의미, 요지, 취지. —— [–∠] *vt.* 의미하다, …을 취지로 하다; …이라 칭하다.
†**pur·pose** [pə́:rpəs] *n.* ① **목적, 의도**. ② Ⓤ 의지, 결심. ③ Ⓤ 효과. ④ (의도한) 취지, 의의, 의미. *on ~* 일부러. *to good ~* 매우 효과적으로, 잘. *to little* 〔*no*〕 *~* 거의〔아주〕 헛되이. —— *vt.* 계획하다, …하려고 생각하다. *~·***ly** *ad.* 일부러, 고의로.
pur·pose·ful [-fəl] *a.* 목적 있는; 고의의; 의미심장한, 중대한. *~·***ly** *ad.*
pur·pose·less [-lis] *a.* 목적이 없는; 무의미한, 무익한. *~·***ly** *ad.*
pur·pos·ive [pə́:rpəsiv] *a.* 목적 있는; 목적에 맞는; 과단성 있는.
***purr** [pə:r] *vi., vt., n.* (고양이가 만족하여) **가르랑거리다**; 그 소리; 목을 울리다〔울려서 알리다〕.
pur sang [pyə sɑ̃:ŋ] (F.) (名詞 뒤에) 순혈〔순종〕의; 철저한, 순수한(*He is a liar ~.* 그는 순전한 거짓말쟁이다).
‡**purse** [pə:rs] *n.* ① **돈주머니, 돈지갑**. ② 금전, 자력, 국고. ③ 상금, 기부금. *hold the ~ strings* 금전 출납을 취급하다. *make a* SILK *~ out of a sow's ear.* —— *vt., vi.* (돈주머니 아가리처럼) 오므리다(*up*); 오므라지다.
purse-proud [∠pràud] *a.* 재산을 자랑하는.
purs·er [pə́:rsər] *n.* (선박의) 사무장.
púrse strìngs 돈주머니끈.
purs·lane [pə́:rslin] *n.* 〖植〗 쇠비름.
pur·su·ance [pərsú:əns / -sjú:-] *n.* Ⓤ 추구; 속행(續行); 수행, 이행. *in ~ of* …을 좇아서, …을 이행하여. *-**ant** *a.* …에 따른(*to*).
‡**pur·sue** [pərsú:/-sjú:] *vt.* ① **추적하다**. ② 추구하다. ③ 수행하다, 종사하다; 속행하다. ④ (길을) 찾아 가

다. ── *vi.* 쫓아가다, 따라가다. *__pur·sú·er__ *n.* 위의 일을 하는 사람.

‡**pur·suit** [pərsú:t / -sjú:t] *n.* Ⓤ ① 추적, 추격; 추구. ② 속행, 수행; 종사. ③ Ⓒ 직업, 일; 연구. ***in ~ of*** …을 좇아서.

pursúit plàne 추격기, 전투기.

pur·sui·vant [pə́:rswivənt] *n.* 《英》 문장원 속관(紋章院屬官); 《古》 종자(從者).

pur·sy [pə́:rsi] *a.* 숨이 가쁜; 뚱뚱한.

pu·ru·lent [pjúərələnt] *a.* 곪은, 화농성의; 고름 같은. **-lence** *n.* Ⓤ

pur·vey [pərvéi] *vt.* (식료품을) 공급[조달]하다. **~·ance** *n.* Ⓤ (식료품의) 조달; 《廢》 조달[식료]품. **~·or** *n.* 어용(御用) 상인, 식료품 조달인.

pur·view [pə́:rvju:] *n.* (활동) 범위; 권한; 〖法〗 요항, 조항.

pus [pʌs] *n.* Ⓤ 고름, 농즙.

†**push** [puʃ] *vt.* ① **밀다**; 밀어 움직이다. ② 쑥 내밀다. ③ (계획 등을) 밀고 나가다; 강하게 주장하다; 추구하다. ④ 확장하다. ⑤ (상품 등을) 억지로 떠맡기다. ⑥ 궁박케 하다. ── *vi.* 밀다; 밀고 나가다(*on*); 노력하다; 돌출하다; (싹이) 나다. ***be ~ed for*** (돈·시간 따위에) 쪼들리다. ***~ along*** 출발하다; (다시) 한 걸음 더 나아가다. ***~ off*** (배를) 밀어내다; 《口》 떠나다, 돌아가다. ***~ out*** 밀어내다; (싹 따위를) 내밀다. ***~ over*** 밀어 넘어뜨리다. ***~ up*** 《口》 증가하다. ── *n.* ① 밂, 한 번 밀기; 추진; 돌진; 분투. ② (사정의) 절박, 위기. ③ Ⓤ,Ⓒ 《口》 억지, 적극성. ④ 《口》 동아리, 일당. **ㅅ·er** *n.* 미는 사람[것]; 〖空〗 추진식 비행기; 보조기관차. **ㅅ·ful** [ㅅfəl] *a.* 적극적인; 오지랖넓은. **ㅅ·ing** *a.* 미는; 활동적인; 억지가 센.

push·ball [púʃbɔ̀:l] *n.* Ⓤ 푸시볼 《큰 공을 두 팀이 서로 밀어 상대방 골에 넣는 경기》; Ⓒ 그 경기의 공.

púsh bùtton (벨 따위의) 누름단추.

púsh-but·ton wàr [ㅅbʌ̀tn] 누름단추식 전쟁《유도탄, 무인기 따위에 의한 전쟁》.

push·cart [ㅅkà:rt] *n.* 《美》 손수레.

push·chair [ㅅtʃὲər] *n.* 《英》 접는 식의 유모차.

push·down [ㅅdàun] *n.* 〖컴퓨터〗 새로 기억된 항목이 먼저 도출될 수 있는 기억 방식.

Push·kin [púʃkin], **Alexander Sergeevich** (1799–1837) 러시아의 시인.

push·o·ver [púʃòuvər] *n.* 《美俗》 편한[쉬운] 일, (경기에서) 약한 상대.

push-pull [ㅅpúl] *n.* 〖電〗 푸시풀 《한 쪽을 밀면 다른 한쪽에서는 끌도록, 역위상으로 동작하는》.

push-up [ㅅʌ̀p] *n.* (체조의) 엎드려 팔굽히기(press-up).

push·y [ㅅi] *a.* 《美口》 자신만만한, 오지랖넓은.

pu·sil·lan·i·mous [pjù:səlǽnəməs] *a.* 겁많은, 무기력한. **-la·nim·i·ty** [-sələníməti] *n.* Ⓤ

puss [pus] *n.* (P-) 《擬人的 呼稱》 고양이(cf. chanticleer); 소녀.

***puss·y** [púsi] *n.* ① 《兒》 **고양이**. ② 털이 있고 부드러운 것《버들개지 등》(catkin). ③ 《卑》 여자의 음부; 성교.

puss·y·cat [-kæ̀t] *n.* 《兒》 고양이.

puss·y·foot [-fùt] *vi., n.* (*pl.* **~s**) 《美口》 살그머니 걷다[걷는 사람]; 소극적인 생각을 하다[하는 사람]; 《주로 英》 금주주의자.

pússy wìllow (미국산) 갯버들.

pus·tule [pʌ́stʃu:l] *n.* 〖醫〗 농포(膿疱); 〖動·植〗 소돌기(小突起); 여드름, 물집, 사마귀.

†**put** [put] *vt.* (**~; -tt-**) ① **놓다**, 두다, 고정시키다; 넣다(*in, to*). ② (어떤 물건에) **붙이다**(*to*). ③ (어떤 상태·관계로) 두다, 하다(*in, to, at, on, under*). ④ 기록하다; 설명하다; 표현[번역]하다(*into*). ⑤ (문제를) 제출하다, (질문을) 하다. ⑥ 평가하다, 어림잡다(*at*). ⑦ (방향으로) 돌리다, 진로를 잡다(*off, out*). ⑧ (손을 어깨까지 굽혀) 던지다. ⑨ 사용하다(*to*). ⑩ (일·책임·세금 등을) 지우다; …에게 돌리다, …의 탓으로 하다. ***be ~ to it*** 강권에 못이겨 …하게 되다, 몹시 곤란받다. ***~ about*** (배의) 방향을 바꾸다; 퍼뜨리다; 공표하다. ***~ aside*** [***away, by***] 치우다, 떼어[남겨] 두다; 버리다. ***~ back*** (본래의 장소·상태로) 되돌리다, …을 방해하다; 되돌아가다. ***~ down*** 내려놓다; 억누르다, 진정하게 하다, 말 못하게 하다; 줄이다; 적어두다, (예약자로서) 기입하다; 평가하다(*at, as, for*); …의 탓으로 하다(*to*); 〖空〗 착륙하다. ***~ forth*** 내밀다; (싹·힘 따위를) 내다; (빛을) 발하다. ***~ forward*** 나아가게 하다; 제언[주장]하다; 촉진하다; 추천하다; 눈에 띄게 하다. ***~ in*** 넣다; 제출하다; 신청하다(*for*); 《口》 (시간을) 보내다; 입항하다. ***Put it there!*** 《美俗》 악수[화해]하자. ***~ off*** (옷을) 벗다; 제거하다; 연기하다, 기다리게 하다; (가짜 물건을) 안기다 (*on, upon*); 피하다, 회피하다; 단념케 하다(*from*); 출발하다. ***~ on*** 입다, 몸에 걸치다; …체하다; 늘다; 일시키다, 부추기다. ***~ oneself forward*** 주제넘게 굴다; 입후보하다. ***~ out*** 내다, 쫓아내다; (불을) 끄다; 방해하다, 난처하게 하다; (싹·힘 따위를) 내다; (눈을) 상하게 하다; 출판하다; 〖크리켓·野〗 아웃시키다; 출범하다. ***~ over*** 연기하다; 호평을 얻게 하다, 성공하다. ***~ through*** 꿰뚫다; 해내다; (전화를) 연결하다. ***~ together*** 모으다; 합계하다. ***~*** (*a person*) ***to it*** 강제하다; 괴롭히다. ***~ up*** 올리다, 걸다; 보이다; 상연하다, (기도를) 드리다; (청원을) 제출하다; 입후보로 내세우다, 건립하

다; 저장하다; 제자리에 두다, 치우다; (칼집에) 넣다; 숙박시키다; 《口》 (몰래) 피하다. ~ *upon* 속이다. ~ (*a person*) *up to* (아무에게) 알리다; 부추기어 …하게 하다. ~ *up with* …을 참다〔견디다〕.
pu·ta·tive [pjúːtətiv] *a.* 추정(상)의.
put-off [pútɔ̀(ː)f, -ɑ̀f] *n.* 핑계; 변명; 연기.
put-on [pútɑ́n/-ɔ́n] *a.* 《俗》 겉치레의. — *n.* 속임, 못된 장난; 비꼼; 겉치레, 전체함. 「웃.
put-out [ˊàut] *n.* 〖野〗 척살, 터치아
pu·tre·fac·tion [pjùːtrəfǽkʃən] *n.* Ⓤ 부패 (작용); Ⓒ 부패물. **-tive** *a.*
pu·tre·fy [pjúːtrəfài] *vt., vi.* 부패시키다〔하다〕; 곪(게 하)다.
pu·tres·cent [pjuːtrésənt] *a.* 썩어가는; 부패의. **-cence** *n.* Ⓤ
pu·trid [pjúːtrid] *a.* 부패한; 타락한.
putsch [putʃ] *n.* (G.) 소폭동, 소란.
putt [pʌt] *vt., vi.* 〖골프〗 (구멍 쪽으로 공을) 가볍게 치다. — *n.* 경타(輕打). 「각반.
put·tee [pʌtíː, ˊ–] *n.* 감는 〔가죽〕
put·ter¹ [pʌ́tər] *vi.* 꾸물꾸물 일하다.
put·ter² [pútər] *n.* 놓는 사람; 〖鑛〗 운반부(夫). 「경타용 채.
putt·er³ [pʌ́tər] *n.* 〖골프〗 경타자;
pútt·ing grèen [pʌ́tiŋ] 〖골프〗 (홀 주위의) 경타 구역(cf. tee, fairway).
put·ty [pʌ́ti] *n., vt.* Ⓤ (유리 접합용의) 퍼티(로 고정하다, 로 메우다).
pútty mèdal 《英》 퍼티로 만든 가짜 메달; 《英諧》 작은 노력에 대한 근소한 보수. 「미리 짠.
put-up [pútʌ̀p] *a.* 《口》 미리 꾸민;
‡**puz·zle** [pʌ́zl] *n.* 수수께끼, 난문; 당혹. — *vt.* 당혹시키다, (머리를) 괴롭히다〔짜내다〕(*over*); 생각해내다. — *vi.* 당혹하다(*about, over*); 머리를 짜다(*over*). ~ *out* 생각해내다.
p. v. par value; post village. **PVA** polyvinyl alcohol 〔acetate〕. **PVC** polyvinyl chloride. **Pvt.** Private 《美》 병사 (cf. Pte.). **P. W.** =POW; public works. **PWA** Public Works Administration. **PWD, P. W. D.** Psychological Warfare Division. **P. W. D.** Public Works Department. **PWR** pressurized water reactor 가압수형 (동력용) 원자로. **pwt.** pennyweight. **PX** Post Exchange. **pxt.** =PINX.
py·ae·mi·a, py·e·mi·a [paiíːmiə] *n.* Ⓤ 〖醫〗 농혈증(膿血症).
pyc·nom·e·ter [piknɑ́mitər] *n.* 〖理〗 비중병《액체의 비중을 재는 장치》.
py·e·li·tis [pàiəláitis] *n.* Ⓤ 〖醫〗 신우염(腎盂炎).
Pyg·ma·lion [pigméiljən, -liən] *n.* 〖그神〗 자작의 조각품을 사랑한 그리스의 조각가.
***pyg·my** [pígmi] *n., a.* 난쟁이; (P-) (아프리카·동남 아시아의) 왜소 족속; 아주 작은.
py·jam·as [pədʒɑ́ːməz, -ǽ-] *n. pl.* 《英》 =PAJAMAS.
pyk·nic [píknik] *a., n.* 비만형의 (사람).
py·lon [páilɑn/-lən] *n.* (고대 이집트 사원의) 탑문; (고압선의) 철탑; 〖空〗 (비행장의) 목표탑.
py·lor·ic [pailɔ́ːrik] *a.* 〖動〗 유문(幽門) (부)의.
py·lo·rus [pailɔ́ːrəs, pi-] *n.* (*pl.* **-ri** [-rai]) 〖解〗 유문(幽門).
pymt. payment.
py·or·rhoe·a, -rhe·a [pàiəríːə] *n.* Ⓤ 〖醫〗 치조농루(齒槽膿漏).
‡**pyr·a·mid** [pírəmid] *n.* 피라미드, 금자탑; 각추(角錐). **py·ram·i·dal** [pirǽmədəl] *a.*
pyre [paiər] *n.* 화장용의 장작더미.
Pyr·e·nees [pírənìːz/ˋ–ˊ] *n. pl.* 피레네 산맥《프랑스와 스페인 국경의》.
py·re·thrum [paiəríːθrəm] *n.* 〖植〗 제충국(除蟲菊); Ⓤ 그 가루.
py·ret·ic [paiərétik] *a.* 열병의, 열병에 걸린; 열병 치료의.
Py·rex [páiəreks] *n., a.* 《美》 〖商標〗 (내열용의) 파이렉스 유리(로 만든).
pyr·i·dox·ine [pìrədɑ́ksi(ː)n/-dɔ́k-] *n.* Ⓤ 〖生化〗 피리독신《비타민 B_6의 별명》.
py·rim·i·dine [paiərímədìːn] *n.* 〖化〗 피리미딘《생체 중에서는 핵산의 구성분으로 존재함》.
py·ri·tes [paiəráitiːz, pə-] *n.* Ⓤ 〖鑛〗 황철광; 황화(黃化) 금속의 총칭.
pyro- 「불, 열(熱)」의 뜻의 결합사.
py·rog·ra·phy [paiərɑ́grəfi / -ɔ́-] *n.* Ⓤ 낙화술(烙畫術).
py·rol·a·try [paiərɑ́lətri / -ɔ́-] *n.* Ⓤ 배화교(拜火敎).
py·rol·y·sis [paiərɑ́ləsis/-rɔ́l-] *n.* Ⓤ 〖化〗 열분해.
py·ro·ma·ni·a [pàiərəméiniə] *n.* Ⓤ 방화광(狂).
py·rom·e·ter [paiərɑ́mitər / -rɔ́mi-] *n.* 고온계.
py·ro·tech·nic [pàiəroutéknik], **-ni·cal** [-əl] *a.* 불꽃의, 불꽃 같은; 불꽃 제조(술)의. **~s** *n.* 불꽃 제조 〔사용·올리기〕; (변설 따위의) 멋짐.
py·rox·ene [paiərɑ́ksiːn / -rɔ́k-] *n.* Ⓤ 〖鑛〗 휘석(輝石).
py·rox·y·lin(e) [paiərɑ́ksəlin / -ɔ́-] *n.* Ⓤ 질산 섬유소, 면화약.
Pyr·rhic [pírik] *a.* 고대 그리스의 Epirus 왕 Pyrrhus 의.
Pýrrhic víctory 막대한 희생을 치르고 얻은 승리.
py·rú·vic ácid [pairúːvik-] 〖化·生化〗 피루브산.
Py·thag·o·ras [piθǽgərəs] *n.* (582?–500? B.C.) 피타고라스《그리스의 철학자·수학자》.
Py·thag·o·re·an [piθæ̀gəríːən] *a., n.* 피타고라스의 (학설 신봉자). ~ ***proposition*** 〔***theorem***〕 〖數〗 피타고라스의 정리.
py·thon [páiθɑn, -θən] *n.* (열대산) 비단뱀.
pyx [piks] *n.* 〖카톨릭〗 성합(聖盒).

Q

Q, q [kju:] *n.* (*pl.* ***Q's, q's*** [-z]) ***Q and A*** 질의 응답(Question and Answer).
Q. quarto; Quebec; queen; question. **q.** quarto; query; question; quintal; quire. 「터널.
qa·nat [kɑ:nɑ́:t] *n.* 지하 도수(導水)
Qa·tar [kɑ́:tɑ:r] *n.* 카타르《페르시아만 연안의 토후국》.
Q.B. Queen's Bench. **q. b.** 〖美式蹴〗 quarterback.
Q-boat [kjú:bòut], **-ship** [-ʃip] *n.* Q 보트《제 1 차 세계 대전에서 독일 잠수함을 유인하기 위하여 상선을 가장한 영국 무장선》.
Q. C. Quartermaster Corps; Queen's Counsel.
Q́ cléarance 극비 문서 취급인가, 최고 기밀 참여 허가.
Q́ depártment 〖軍〗 병참부.
Q. F. quick-firing. **ql.** quintal.
Q-fe·ver [kjú:fivər] *n.* Ⓤ 〖醫〗 Q 열《rickettsia 에 의한 열병》.
qiv·i·ut [kí:viù:t] *n.* 《美》 사향소의 가늘고 부드러운 담갈색 털; 그 털실.
QM, Q. M. Quartermaster. **QMC** Quartermaster Corps. **Q. M. G.** Quartermaster General. **qr.** quarter; quire.
QSL càrd 〖無電〗 QSL 카드《아마추어 무선가가 교신을 기념하여 상대에게 발신하는 카드》.
Q-switch [kjú:swìtʃ] *n.* 레이저로 첨두(尖頭) 출력이 큰 펄스를 끌어내는 장치.
qt. quantity; quart(s).
Q. T., q. t. 《俗》 quiet. ***on the (strict) Q. T.*** 내밀히, 몰래.
qto. quarto. **qts.** quarts. **qu.** quart; quarter(ly); quasi; queen; query; question. 「자격으로.
qua [kwei] *ad.* (L.) …로서, …의
***quack**[1] [kwæk] *vi., n.* (집오리 따위가) 꽥꽥 울다[우는 소리].
quack[2] *n.* 돌팔이 의사; 식자연하는 사람; 사기꾼. —*a.* 가짜[협잡·사기]의; 돌팔이 의사가 쓰는. ~ ***doctor*** 돌팔이 의사. ~ ***medicine*** 가짜 약. ∠**·er·y** *n.* ⓊⒸ 엉터리 치료; 사기꾼 같은 짓.
quack-quack [kwǽkkwæk] *n.* 《兒》 집오리; 꽥꽥; 재잘재잘.
quack·sal·ver [kwǽksæ̀lvər] *n.* 돌팔이 의사; 《古》 협잡꾼.
quad [kwɑd / -ɔ-] *n.* 《口》 =QUADRANGLE; 《口》 네 쌍둥이(의 한 사람); 4채널 (스테레오). 「가족용 아파트.
quad·plex [kwɑ́dpleks / -ɔ́-] *n.* 4인
quad·ran·gle [kwɑ́dræ̀ŋgəl / -ɔ́-] *n.* 사변[사각]형, 정방형; (건물에 둘러싼인 네모꼴의) 안뜰; 안뜰 둘레의 건물. **-rán·gu·lar** *a.* 사변형의.
quad·rant [kwɑ́drənt/-ɔ́-] *n.* 〖幾〗 사분원(주), 사분면; 사분의(四分儀).
quad·ra·phon·ic [kwɑ̀drəfɑ́nik / kwɔ̀drəfɔ́nik] *a.* (녹음 재생이) 4 채널의.
quad·rate [kwɑ́drit, -reit / -ɔ́-] *a., n.* 네모의, 정사각형(의).
quad·rat·ic [kwɑdrǽtik/kwɔd-] *a., n.* 〖數〗 2차의; 2차 방정식. ~ ***equation*** 이차방정식.
quad·ra·ture [kwɑ́drətʃər / -ɔ́-] *n.* Ⓤ 〖數〗 구적법.
quad·ren·ni·al [kwɑdréniəl/-ɔ-] *a.* 4년마다 일어나는; 4년간의.
quad·ri·cen·ten·ni·al [kwɑ̀drəsenténiəl/-ɔ-] *n., a.* 4백년의; 4백년 기념(일). 「-ɔ̀-] *n., a.* 4변형(의).
quad·ri·lat·er·al [kwɑ̀drəlǽtərəl /
qua·drille [kwɑdríl, kwə-] *n.* 카드릴《네 사람이 추는 춤; 그 곡》.
quad·ril·lion [kwɑdríljən / -ɔ-] *n.* 《美·프》 천의 5제곱, 천조(千兆)《1에 0이 15개 붙음》; 《英·獨》 백만의 4제곱《1에 0이 24개 붙음》.
quad·ri·ple·gi·a [kwɑ̀drəplí:dʒiə] *n.* 〖醫〗 사지(四肢) 마비.
quad·ri·va·lent [kwɑ̀drəvéilənt / kwɔ̀d-] *a.* 〖化〗 4가(價)의.
quad·roon [kwɑdrú:n/-ɔ-] *n.* 4분의 1 혼혈아《백인과 mulatto 와의 트기》 (cf. octoroon).
quad·ru·ped [kwɑ́drupèd/-ɔ́-] *n.* 네발 짐승. —*a.* 네 발 가진.
quad·ru·ple [kwɑdrú:pəl, kwɑ́dru-/kwɔ́dru-] *a.* 4겹의; 4부분으로 [4단위로] 된; 4배의; 〖樂〗 4박자의. —*n.* 4배. —*vt., vi.* 4배로 만들다[되다].
quad·ru·plet [kwɑ́druplit/-ɔ́-] *n.* 4개 한 조[벌]; 네 쌍둥이의 한 사람; (*pl.*) 네 쌍둥이(cf. triplet).
quad·ru·pli·cate [kwɑdrú:plikit / -ɔ-] *a.* 4배의, 4겹의; 4통 작성한. —*n.* 4개짜리 중의 하나; 4통 작성한 서류의 한 통. — [-kèit] *vt.* 4배로[네겹으로] 하다; 4통 작성하다.
quaff [kwɑ:f, kwæf] *n., vt., vi.* 꿀꺽꿀꺽 마심[마시다].
quag·gy [kwǽgi] *a.* 늪지[수렁]의.
quag·mire [kwǽgmàiər] *n.* 늪지; 궁지.
qua·hog, -haug [kwɔ́:hɔ:g, -hɑg / -hɔg] *n.* 〖貝〗 (북미산) 대합의 일종.
Quài d'Or·sáy [kèi dɔ:rséi] 프랑스 외무성.
quail**[1] [kweil] *n.* (*pl.* ~s,*** 《集合的》 ~) 메추라기. 「*before, to*).
quail[2] *vi.* 주눅들다, 기가 죽다(*at,*
‡**quaint** [kweint] *a.* 색다르고 재미있는, 고풍이며 아취 있는; 기이(奇異)한. ∠**·ly** *ad.* ∠**·ness** *n.*
***quake** [kweik] *n., vi.* 흔들림, 흔들리다, 진동(하다); 떨림, 떨리다(*with, for*); 《口》 지진.
***Quak·er** [kwéikər] *n.* 퀘이커교도. ~**·ess** *n.* 여자 퀘이커교도. ~**·ish** *a.* 퀘이커교도와 같은; 근엄(謹嚴)한. ~**·ism** [-ìzəm] *n.* Ⓤ 퀘이커교도의 교의[습관·근엄성].
Quáker Cíty Philadelphia 의 속칭.

Quáker gùn 《美》 (배 따위의) 가짜 대포, 나무 대포.
***qual·i·fi·ca·tion** [kwɑ̀ləfəkéiʃən / kwɔ̀l-] *n.* ① UC 자격(부여)(*for*). ② 자격 증명서. ③ UC 제한, 조절.
‡qual·i·fy [kwɑ́ləfài/-ɔ́l-] *vt.* ① 자격〔권한〕을 주다, 적격으로 하다; 《美》 …에 선서하고 법적 자격을 주다. ② 제한하다, 한정하다; 완화하다; 약하게 하다. ③ …으로 간주하다, 평하다. ④〖文〗한정〔수식〕하다. —— *vi.* 자격을 얻다, 적격성을 보이다. ***quál·i·fied** [-d] *a.* 자격 있는, 적임의; 면허받은; 한정된, 조건부의. **-fi·er** *n.* 자격을 주는 사람〔것〕; 〖文〗한정〔수식〕어구. **～·ing** *a.* 자격을 주는; 한정〔수식〕하는. *～ing examination* (자격) 검정 시험.
***qual·i·ta·tive** [kwɑ́lətèitiv / kwɔ́lətə-] *a.* 성질상의, 질적인. 「분석.
quálitative análysis 〖化〗 정성
‡qual·i·ty [kwɑ́ləti / -ɔ́l-] *n.* ① UC 질; 성질; 품질. ② 특질, 특성; 재능. ③ U 음질, 음색. ④ U 양질(良質), 우량성. ⑤ U 《古》 고위(高位), (높은) 사회적 지위; (the ～) 상류 사회(의 사람들).
quálity contrò̀l 품질 관리.
qualm [kwɑːm, -ɔː-] *n.* 현기증; 메스꺼움, 구역질; (갑작스런) 불안, 의구심; (양심의) 가책. *～s of conscience* 양심의 가책. **∠·ish** *a.*
quan·da·ry [kwɑ́ndəri/-ɔ́-] *n.* 당혹; 당황; 궁경(predicament).
***quan·ti·ta·tive** [kwɑ́ntətèitiv / kwɔ́ntə-] *a.* 양적인, 양에 관한; 계량(計量)할 수 있는. 「분석.
quántitative anàlysis 〖化〗 정량
‡quan·ti·ty [kwɑ́ntəti / -ɔ́nt-] *n.* U 양; C (특정한) 수량, 분량; (*pl.*) 다량, 다수. *a ～ of* 다소의. *in ～* 〔*quantities*〕 많이, 다량으로.
quan·ti·va·lence [kwɑntívələns / -ɔ-] *n.* 〖化〗 원자가(valence).
quan·ti·za·tion [kwɑ̀ntəzéiʃən / kwɔ̀ntai-] *n.* U 〖化〗 양자화(量子化).
quan·tize [kwɑ́ntaiz/kwɔ́n-] *vt.* 〖理〗 …을 양자화하다.
quan·tum [kwɑ́ntəm / -ɔ́-] *n.* (*pl.* *-ta* [-tə]) 양; 정량; 몫; 〖理〗 양자(量子).
quántum mechánics 양자 역학.
qúantum nùmber 〖理〗 양자수.
quántum thèory 양자론.
quar. quarter(ly).
quar·an·tine [kwɔ́ːrəntìːn, -ɑ́-] *n.* 검역 정선(停船) 기간; 검역소; U 격리, 교통 차단. —— *vt.* 검역하다; 격리하다; (한 나라를) 고립시키다. 「역기.
quárantine flàg 〖海〗 (황색의) 검
quárantine òfficer 〔**stàtion**〕 검역관〔소〕. 「《가설적 입자》.
quark [kwɔːrk] *n.* 〖理〗 쿼크모형
‡quar·rel¹ [kwɔ́ːrəl, -ɑ́-] *n.* ① 싸움; 말다툼; 불화. ② 싸움의 원인, 불화의 씨. ③ 불평. —— *vt.* (《英》 *-ll-*) 싸움〔말다툼〕하다(*with*, *for*); 티격나다; 불평하다(*with*). ***～-some** *a.* 싸움〔말다툼〕 좋아하는.
quar·rel² *n.* 〖史〗 (crossbow에 쓰는) 네모진 촉이 달린 화살.
***quar·ry¹** [kwɔ́ːri, -ɑ́-] *n.* 채석장; (지식·자료 따위의) 원천. —— *vi.* 채석장에서 떠 내다; (책에서) 찾아내다.
quar·ry² *n.* 사냥감; 먹이; 추구물(追求物); 복수의 대상.
***quart** [kwɔːrt] *n.* 쿼트《액량의 단위: 4분의 1갤런, 약 1.14리터; 건량(乾量)의 단위: 1/8 펙》; 1쿼트들이 그릇.
quart. quarter(ly).
†quar·ter [kwɔ́ːrtər] *n.* ① 4분의 1; 《美》 25센트 (은화); 15분(간); 4분기, 3개월, 1기(期)《1년을 4지불기로 나눈 하나》; 《美》 (4학기제의) 한 학기. ② 4방위《동서남북》의 하나, 방향, 방면, 그 방향의 장소. ③ 지역; 지구, …가(街). ④ (정보의) 출처, 소식통. ⑤ (*pl.*) 주소, 숙소; 부서. ⑥ (항복자 등의) 구명(救命)(을 허락함). ⑦ 짐승의 네 발의 하나, 각(脚). ⑧ 〖海〗 선미부(船尾部), 고물쪽. ⑨ 〖紋〗 방패를 직교선(直交線)으로 4분한 그 한 부분; 방패의(가진 사람이 보아) 오른쪽 위 4분의 1의 부분에 있는 문장(紋章). ⑩ 〖蹴〗 = QUARTERBACK. *at close ～s* 접근하여. *give ～ to* …에게 구명(救命)을 허락하다. —— *vt.* 4(등)분하다; (죄인을) 네 갈래로 찢다; 숙박시키다; 〖海〗 부서에 배치하다; 〖紋〗 (4분한) 방패에 (무늬를) 배치하다. —— *vi.* 〖海〗 고물에 바람을 받고 달리다. —— *a.* 4분의 1의.
quar·ter·back [kwɔ́ːrtərbæ̀k] *n.* 〖美式蹴〗 쿼터백《네 사람의 백필드 중의 한 사람; 센터의 후방, 백의 중앙 부근에 위치함》.
quárter dày 4계(季) 지불일《영국에서는 Lady Day (3월 25일), Midsummer Day (6월 24일), Michaelmas (9월 29일), Xmas (12월 25일); 미국에서는 1월, 4월, 7월, 10월의 각 초하루》. 「판.
quar·ter·deck [-dèk] *n.* 〖海〗 후갑
quar·tered [-d] *a.* 4분된; 숙사(宿舍)가 주어진; 〖紋〗 (방패가) 4분된.
quar·ter·fi·nal [kwɔ̀ːrtərfáinəl] *n.*, *a.* 준준결승(의).
quar·ter-horse [kwɔ́ːrtərhɔ̀ːrs] *n.* 《美》 4분의 1마일을 고속으로 달리는 경주용 말의 한 품종, 준마.
quárter lìght 《英》 (마차·자동차의) 옆창.
quar·ter·ly [-li] *a.*, *ad.* 연 4회의〔에〕; 철마다의〔에〕. —— *n.* 연 4회 간행물, 계간지(季刊誌).
quar·ter·mas·ter [-mæ̀stər, -ɑ̀ː-] *n.* 〖美陸軍〗 병참 장교; 〖海軍〗 조타(操舵)수.
Quártermaster Còrps 〖美陸軍〗 보급〔병참〕 부대《생략 Q.C., QMC》.
quártermaster géneral 〖美陸軍〗 병참감《생략 QMG》.
quárter nòte 〖樂〗 4분 음표.
quar·ter·saw [-sɔ̀ː] *vt.* (*～ed;*

~ed, -sawn) (통나무를) 세로 넷으로 켜다. 「의 토지.
quárter séction 《美》 반 마일 4방
quárter sèssions 〖英法〗 (연(年) 4회의) 주(州)재판소.
quar·ter·staff [-stæf, -ɑ:-] *n.* 6척 몽둥이 《옛날 영국 농민이 쓰던 무기》.
***quar·tet(te)** [kwɔ:rtét] *n.* 4중주〔창〕(곡); 4중주〔창〕단; 4개 한 벌.
quar·tile [kwɔ́:rtail] *n.* 〖統〗 4분위수(四分位數)(cf. decile, percentile).
quar·to [kwɔ́:rtou] *n.* (*pl.* ~*s*) U,C 4절판; C 4절판의 책 《약 9×12인치》. — *a.* 4절판의.
quartz [kwɔ:rts] *n.* U 석영.
quártz clòck 수정시계 《정밀 전자시계》.
quartz·ite [kwɔ́:rtsait] *n.* U 〖鑛〗 규암(硅岩). 「성상(恒星狀) 천체.
qua·sar [kwéisɑ:r, -zər] *n.* 〖天〗 항
quash [kwɑʃ/-ɔ-] *vt.* 누르다, 진압하다, 가라앉히다; 〖法〗 취소하다, 폐기하다. 「…」의 뜻.
quasi- *pref.* 「준(準)…, 유사(類似)
qua·si-chol·er·a [kwéisaikálərə / kwɑ́:zikɔ́-] *n.* 유사 콜레라.
qua·si·par·ti·cle [-pɑ́:rtikl] *n.* 〖理〗 준입자(準粒子).
quá·si-stél·lar òbject [-stélər] 〖天〗 준항성상(準恒星狀) 천체 《생략 QSO》.
quas·sia [kwɑ́ʃiə/kwɔ́ʃə] *n.* 소태나무과의 나무 《남미산》; U 그 쓴 액체 《강장제, 홉(hop)의 대용》.
qua·ter·nar·y [kwətə́:rnəri, kwɑ́:tərnèri] *n., a.* 4개 한 벌(의); 〖地〗 제 4기(紀)(의). 「(詩).
quat·rain [kwɑ́trein/-ɔ́-] *n.* 4행시
quat·re·foil [kǽtərfɔ̀il, kǽtrə-] *n.* 네 잎, 사판화(四瓣花); 〖建〗 사엽(四葉) 장식.
***qua·ver** [kwéivər] *vi.* (목소리가) **떨리다**; 떨리는 목소리로 노래하다〔말하다〕; (악기로) 떠는 소리를 내다. — *n., vt.* 떨리는 목소리(로 노래하다, 말하다); 진음(震音); 〖樂〗 8분음표. *~·y a.* 떨리는 목소리의.
quay [ki:] *n.* 부두, 안벽(岸壁).
Que. Quebec. 「춘부.
quean [kwi:n] *n.* 뻔뻔스런 계집; 매
quea·sy [kwí:zi] *a.* (음식물 따위가) 구역질 나는; (위·사람이) 메슥거리기 잘하는; 안정되지 않는, 불쾌한; 까다로운. **-si·ly** *ad.* **-si·ness** *n.*
Que·bec [kwibék] *n.* 퀘벡 《캐나다의 주; 그 주도》.
que·bra·cho [keibrɑ́:tʃou] *n.* (*pl.* ~*s*) 남아메리카산 옻나무과의 교목; 그 재목〔수피(樹皮)〕.
†queen [kwi:n] *n.* ① **왕비; 여왕**; (…의) 여왕; 여왕벌 〔개미〕. ② 아내, 연인. ③ (카드·체스의) 퀸. ④ 《空俗》 (무인기를 조작하는) 모기(母機). ⑤ 《美俗》 (남색의) 면 (cf. punk). — *vi., vt.* 여왕으로서 군림하다. *⌐·ly a., ad.* 여왕의〔같은, 같이〕; 여왕다운〔답게〕; 위엄 있는.
Quéen Ánne's láce =WILD CARROT.
quéen bée 여왕벌.
quéen cónsort 왕비, 황후.
quéen dówager 황태후.
quéen móther 태후, 대비.
quéen régent 섭정 여왕. 「왕.
quéen régnant (주권자로서의) 여
Queens [kwi:nz] *n.* New York 시 동부의 한 구(區).
Quéens·ber·ry rùles [kwí:nzbèri/-bəri] 〖拳〗 퀸즈베리 규칙 《영국인 Queensberry 후작이 설정》; 표준룰.
quéen's cólour 《英》 여왕기.
quéen's Énglish ⇨ ENGLISH.
queen-size [⌐sàiz] *a.* 《美口》 중특대(中特大)의 《king-size보다 작음》.
quéen's wàre 크림빛의 Wedgwood
quéen wàsp 암펄, 여왕벌. [도자기.
‡queer [kwiər] *a.* ① **기묘한**, 우스운; 별난. ② 몸〔기분〕이 좋지 않은; 기분〔정신〕이 좀 이상한. ③ 수상한; 《美俗》 가짜의; 나쁜, 부정한. ④ 《英俗》 술취한. — *n.* 《美俗》 가짜 돈; 비역쟁이. — *vt.* 《俗》 결딴내다. *⌐·ly ad.* *⌐·ness n.*
***quell** [kwel] *vt.* (반란을) **진압하다**; (감정을) 가라앉히다; 소멸시키다.
Quél·part Ísland [kwélpɑ:rt] 제주도(濟州島).
‡quench [kwentʃ] *vt.* 《詩》 (불 따위를) **끄다**; (욕망 등을) 억제하다; (갈증을) 풀다. *⌐·less a.* 끌 〔누를〕 수
quern [kwə:rn] *n.* 맷돌. [없는.
quer·u·lous [kwérjələs] *a.* 툴툴거리는; 성마른.
***que·ry** [kwíəri] *n.* **질문**, 의문; 의문부호. — *vt.* 묻다, 질문하다. — *vi.* 질문을 하다; 의문을 나타내다.
‡quest [kwest] *n.* **탐색**, 탐구(물). *in ~ of* …을 찾아. — *vt.* 탐색하다.
†ques·tion [kwéstʃən] *n.* **질문**; U 의문; 〖文〗 의문문; 심문; 논쟁; 문제; 사건; (의안의) 채결(의 제의). ***beside the ~*** 문제 밖이어서. ***beyond*** 〔***without***〕 ~ 의심할 나위도 없이, 확실히. ***call in ~*** 의심을 품다, 이론(異論)을 제기하다. ***in ~*** 논의 중의, 문제의. ***out of ~*** 《古》 확실히. ***out of the ~*** 논할 가치가 없는, 문제가 안되는. ***put the ~*** (의장이) 가부를 채결하다. ***Q-!*** (연사를 주의시켜) 본론을 말하시오!; 이의 있소! — *vt.* **묻다**, 질문하다; 심문하다; 탐구하다; **의심하다**; 논쟁하다. *~·a·ble a.* 의심스러운; 수상쩍은. *~·less a.* 의심 없는, 명백한.
ques·tion·ing [-iŋ] *n.* U,C 질문, 심문. — *a.* 의심스러운, 묻는 듯한. *~·ly ad.*
‡quéstion màrk **의문부호**(?).
quéstion màster 《英》 (퀴즈 프로 등의) 질문자, 사회자.
ques·tion·naire [kwèstʃənέər] *n.* (F.) (조목별로 쓴) 질문서, 앙케트 (cf. opinionaire).
quéstion tìme 《英》 (의회의) 질문 시간.

quet·zal [ketsá:l], **que·zal** [keisá:l] *n.* 중미산의 깃털이 고운 새.

***queue** [kju:] *n.* **변발**(辮髮); 《英》(순번을 기다리는 사람이나 자동차 따위의) 긴 열; 〖컴퓨터〗 대기(待機) 행렬. JUMP *the* ~. **—** *vi.* 《英》 긴 열을 이루다〔이루어 기다리다〕; 〖컴퓨터〗 대기 행렬을 짓다.

Que·zon [kéizɑn, -sɔ:n/-sɔn] *n.* 마닐라에 인접한 필리핀의 수도.

quib·ble [kwíbl] *n.* 둔사(遁辭), 핑계, 견강 부회; (수수께끼) 익살. **—** *vi.* 둔사를 농하다, 신소리하다.

†**quick** [kwik] *a.* ① **빠른**, 재빠른, 민속한; 즉석의, 당장의. ② **성급한**; (커브가) 급한. ③ **이해가 빠른**; 민감한; 날카로운. ④ 《古》 살아 있는. **—** *ad.* 서둘러서, 빨리. **—** *n.* ① (the ~) (손〔발〕톱 밑의) 생 살; 상처의 붉은 살. ② 감정의 중추(中樞), 급소; 중요 부분. ③ 살아 있는 사람들. *the* ~ *and the dead* 생존자와 사망자. *to the* ~ 속살까지; 통렬히; 순수하게. †**ˊ~·ly** *ad.* 서둘러서; 빨리. **ˊ~·ness** *n.*

quíck ássets 〖會計〗 당좌〔유동〕 자산.

quíck brèad 《美》 베이킹파우더·소다를 써서 구운 빵《corn bread, muffins 따위》.

quick-eared [kwíkíərd] *a.* 귀밝은.

‡**quick·en** [ˊən] *vt.* 생명을 주다, 살리다; 활기있게 하다; **서두르게 하다**, 속력을 올리다. **—** *vi.* 살다; 활기띠다; (속력이) **빨라지다**.

quick-eyed [ˊáid] *a.* 눈치빠른.

quick-fire [ˊfáiər] *a.* 속사(용)의.

quick-fir·er [ˊfáiərər] *n.* 속사포.

quick-freeze [ˊfrì:z] *vt.* (*-froze; -frozen*) (식료품을) 급속 냉동하다《맛이 변하지 않도록》.

quíck hédge 산울타리.

quick·ie, -y [kwíki] *n.* 《俗》 (급히 서둘러 만든) 날림 영화〔소설〕; 《美俗》 (술을) 단숨에 들이켜, 서둘러서 하는 일《여행, 성교 따위》.

quick·lime [ˊlàim] *n.* Ⓤ 생석회.

quíck màrch 속보 (행진).

quíck òne 《口》 (주욱) 단숨에 들이켜는 술.

quick·sand [ˊsæ̀nd] *n.* ⓊⒸ 유사(流砂).

quick-scent·ed [ˊséntid] *a.* 후각이 예민한; 냄새 잘 맡는.

quick·set [ˊsèt] *n., a.* 《英》 (주로 산사나무의) 산울타리(의).

quick-sight·ed [ˊsáitid] *a.* 눈이 빠른.

quick·sil·ver [ˊsìlvər] *n.* Ⓤ 수은.

quick·step [ˊstèp] *n.* 속보(행진); 속보(速步) 행진곡; 활발한 춤의 스텝.

quick-tem·pered [ˊtémpərd] *a.* 성마른, 성 잘 내는.

quíck tìme 〖軍〗 속보《1 시간 4 마일》.

quick-wit·ted [ˊwítid] *a.* 기지에 찬, 재치 있는.

quid[1] [kwid] *n.* (씹는 담배의) 한 입(분).

quid[2] *n.* (*pl.* ~) 《英俗》 1 파운드 금화〔지폐〕; 1 파운드.

quid·di·ty [kwídəti] *n.* 본질, 실질; 억지, 견강 부회.

quid·nunc [kwídnʌ̀ŋk] *n.* 무엇이나 듣고 싶어하는 사람, 수다쟁이, 캐기 좋아하는 사람.

quid pro quo [kwìd prou kwóu] (L.) 대상물(代償物); 대갚음.

qui·es·cent [kwaiésnt] *a.* 조용한; 활동없는. **-cence, -cen·cy** *n.*

†**qui·et** [kwáiət] *a.* **조용**〔**고요**〕**한**; 평정(平靜)한; (마음이) 평온한; 얌전한; 침착한; 점잖은, 수수한. **—** *ad.* 조용히, 고요히, 평온히. **—** *n* Ⓤ 조용함; 정지(靜止); 침착, 평정. **—** *vt.* 고요〔조용〕하게 하다; 달래다; 누그러뜨리다, 가라앉히다. **—** *vi.* 조용해지다(*down*). **~·ism** [-ìzəm] *n.* Ⓤ 정적주의(靜寂主義)《17 세기 말의 신비적 종교 운동》. **~·en** *vt., vi.* 《英》 =QUIET. **~·ist** *n.* †**~·ly** *ad.* **~·ness** *n.*

qui·e·tude [kwáiətjù:d] *n.* Ⓤ 고요, 조용함, 정온(靜穩); 평온.

qui·e·tus [kwaií:təs] *n.* (채무 따위의) 해제, 총결산; 치명타; 죽음.

quiff [kwif] *n.* 《英》 (이마에 드린) 만 머리, (남자의) 앞머리.

***quill** [kwil] *n.* ① 큰 깃《날개·꼬리 따위의 튼튼한》; **깃촉**. ② 깃촉 펜, 이쑤시개, (낚시의) 찌. ③ (보통 *pl.*) (호저(豪猪)의) 가시.

quíll drìver 《俗》 필경, 서기; 문필가.

***quilt** [kwilt] *n.* **누비 이불**; 침상 덮개. **—** *vt.* 누비질하(여 꿰매)다; (지폐·편지 등을) …갈피에 꿰매 넣다. **—** *vi.* 《美》 누비이불을 만들다. **ˊ~·ing** *n.* Ⓤ 누비질; 누비이불감.

quin [kwin] *n.* =QUINTUPLET.

qui·na·ry [kwáinəri] *a.* 다섯의, 다섯으로 된, 다섯씩의. **—** *n.* 5개 한 세트; 〖數〗 5진법.

quince [kwins] *n.* 마르멜로(열매).

quin·cen·te·na·ry [kwìnsentənèri], **-ten·ni·al** [kwìnsenténiəl] *a.* 500년(째)의; 500년 계속되는; 500세의. **—** *n.* 500년제(祭).

qui·nine [kwáinain / kwiní:n], **quin·in** [kwínin] *n.* Ⓤ 키니네, 금계랍.

quin·quen·ni·al [kwiŋkwéniəl] *a.* 5년마다의〔일어나는〕; 5년간 계속되는.

quin·que·reme [kwíŋkwərì:m] *n.* (고대 로마의) 5단 노의 노예선.

quin·sy [kwínzi] *n.* Ⓤ 〖醫〗 편도선염(炎).

quint [kwint] *n.* 《口》 =QUINTUPLET.

quin·tal [kwíntl] *n.* 퀸틀《=100 kg., 《美》 100 lb., 《英》 112 lb.》.

quin·tes·sence [kwintésns] *n.* 정수(精髓), 진수(眞髓); 전형(典型)(*of*).

quin·tes·sen·tial [kwìntəsénʃəl] *a.*

quin·tet(te) [kwintét] *n.* 5중주단; 5중주〔창〕곡; 5개 한 벌〔세트〕.

quin·til·lion [kwintíljən] *n.* 《美·프》 천의 6 제곱; 《英》 백만의 5 제곱.

quin·tu·ple [kwintjú(:)pl / kwíntju:pl] *a.* 5배의, 5겹의, 5부분으로 된. **—** *vt., vi.* 5배로 만들다〔되

다〕. —— *n.* 5배.
quin·tu·plet [kwintʌ́plət, -tjú:- / kwíntju-] *n.* 다섯 쌍둥이 중의 한 사람; 5개 한 벌.
quin·tu·pli·cate [kwintjú:plikit] *a.* 5배의; 5중의; (베끼는 중) 다섯번째의. —— *n.* 5개 한 세트 중의 하나. —— [-pləkèit] *vt.* …의 복사를 5개〔장〕 만들다.
quip [kwip] *n.* 명언(名言), 경구(警句); 빈정대는 말; 신랄한 말; 둔사(遁辭)(quibble); 기묘한 것.
quire[1] [kwáiər] *n.* (종이) 한 첩(帖)《24 장 또는 25 장》.
quire[2] *n.* 《古》 =CHOIR.
quirk [kwə:rk] *n.* 빈정거림, 기벽(奇癖); 둔사(遁辭); 갑작스런 굽이; (서화의) 멋부려 쓰기〔그리기〕.
quirt [kwə:rt] *n.*, *vt.* (가죽으로 엮은) 승마 채찍(으로 때리다).
quis·ling [kwízliŋ] *n.* 매국노, 배반자. **quís·le** *vi.* 조국을 팔다. **quís·ler** *n.* 매국노, 배반자.
‡**quit** [kwit] *vt.* (~, **~ted**; **-tt-**) ① **그만두다**; 사퇴하다; 떠나다; **포기하다**; 놓아버리다. ② (갚아서 빚 따위를) 면하다; **갚다**; 면하게 하다(~ *oneself of* …을 면하다). ~ ***oneself*** 처신하다. —— *pred. a.* 자유로와; (의무·부담 따위를) 면하여.
quit·claim [kwítklèim] *n.*, *vt.* 〖法〗 UC 권리 포기(서); 권리를 포기하다.
†**quite** [kwait] *ad.* **아주**, **전혀**, 완전히; 실제로, 거의; 《口》 꽤, 대단히.
Qui·to [kí:tou] *n.* 키토《에콰도르의 수도》.
quit·rent [kwítrènt] *n.* (부역 대신 내는) 면역 지대(免役地代).
quits [kwits] *pred. a.* 승패 없이 대등하여(*with*). ***call*** 〔***cry***〕 ~ 비긴 것으로 하다.
quit·tance [kwítəns] *n.* UC (채무의) 면제 (증서), 영수(증); 보답.
quit·ter [kwítər] *n.* 《口》 (경쟁·일·의무 등을) 이유없이 중지〔포기〕하는 사람. 「떨게 하다; 진동, 떨림.
‡**quiv·er**[1] [kwívər] *vi.*, *vt.*, *n.* **떨다**,
quiv·er[2] *n.* 전통(箭筒), 화살통.
qui vive [ki: ví:v] (F.) 누구야!《보초의 수하(誰何)》. ***on the*** ~ 경계하여.
quix·ot·ic [kwiksátik/-ɔ́-] *a.* 동키호테식의; 기사(騎士)연하는; 공상적인, 비현실적인. **-i·cal·ly** *ad.*
quix·ot·ism [kwíksətizəm], **-ot·ry** [-tri] *n.* U 동키호테적인 성격; 공상적 행위.
***quiz** [kwiz] *vt.* (**-zz-**) ① 《美》 **질문하다**, …의 지식을 시험하다. ② 놀리다, 희롱하다. —— *n.* (*pl.* **~zes** [kwíziz]) 《美》 시문(試問), 질문; **퀴즈**; 장난; 놀리는〔희롱하는〕 사람.
quíz gàme 〔**shòw**〕 퀴즈 게임〔프로〕.
quíz kìd 《口》 신동(神童).
quiz·mas·ter [ˊmæ̀stər, -ɑ:-] *n.* (퀴즈 프로의) 사회자. 「사람.
quiz·(z)ee [kwizí:] *n.* 질문을 받는
quiz·zer [kwízər] *n.* 질문자; 퀴즈 프로.
quiz·zi·cal [kwízikəl] *a.* 놀리는, 희롱하는, 지나친 장난을 하는; 기묘한, 우스꽝스러운. **~·ly** *ad.*
quod [kwɑd/-ɔ-] *n.*, *vt.* (**-dd-**) 《英》 형무소(에 넣다), 투옥(하다).
quod vi·de [kwɑd váidi/kwɔd-] (L.) 그 말〔항〕을 보라, …참조《생략 q.v.》.
quoin [kwɔin] *n.* (벽·건물의) 외각(外角); 귀돌; 쐐기 모양의 버팀.
quoit [kwait / kwɔit] *n.* 쇠고리; (*pl.*) 쇠고리 던지기.
quon·dam [kwándəm / kwɔ́n-] *a.* 이전에 …이었던, 옛날의.
Quón·set hùt [kwánsət / -ɔ́-] 퀀셋 병사(兵舍)(Nissen hut).
quo·rum [kwɔ́:rəm] *n.* (회의의) 정족수(定足數).
quot. quotation.
quo·ta [kwóutə] *n.* 몫; 할당액(額).
quot·a·ble [kwóutəbəl] *a.* 인용할 수 있는; 인용할 만한; 인용에 적당한.
‡**quo·ta·tion** [kwoutéiʃən] *n.* ① U **인용**; C 인용어〔구·문〕. ② 시세, 싯가; UC 견적(見積).
‡**quotátion màrks 인용 부호**《" " 또는 ' '》 (inverted commas).
‡**quote** [kwout] *vt.* ① **인용하다**; 인증(引證)하다. ② 〖商〗 …의 시세를 말하다; 견적하다(*at*). —— *vi.* 인용하다(*from*); 〖商〗 시세를〔견적을〕 말하다(*for*). —— *n.* 인용구〔문〕, 인용부호.
quoth [kwouθ] *vt.* 《古》 말하였다《1人稱·3人稱 直說法 過去, 언제나 主語 앞에 놓음》("*Yes,*" ~ *he*, "*I will.*").
quo·tid·i·an [kwoutídiən / kwɔ-] *a.* 매일의, 매일 일어나는; 평범한. —— *n.* 〖病〗 매일열, 매일 일어나는 오한.
quo·tient [kwóuʃənt] *n.* 〖數〗 몫.
quo·ti·e·ty [kwoutáiəti] *n.* U 율, 계수(係數).
q. v. [kjú: ví:, *h*witʃ sí:] *quod vide* (L. =which see) 이 문구를〔말을〕 참조하라.
Qy. query.

R

R, r [ɑ:r] *n.* (*pl.* **R's**, **r's** [-z]) ***the r months*** R자(가 들어) 있는 달《9월부터 이듬해 4월까지; 굴(oyster)의 식용 기간》. ***the three R's*** 읽기·쓰기·셈 (*r*eading, w*r*iting and a*r*ithmetic).
R radical; radius; restricted(보호자 동반을 요하는 영화). **R, r** 〖電〗 resistance; royal. **R.** Réaumur (온도계의) 열씨 (列氏); Republican.
R., r. rabbi; railroad; railway; rector; *regina* (L. =queen); *rex* (L. =king); right; river; road; rook; royal; ruble; rupee.
® registered trademark. 「신).
Ra [rɑ:] *n.* 라신(神) 《이집트의 태양
Ra 〖化〗 radium. **R. A.** Rear Admiral; Royal Academy; Royal Acade-

mician; Royal Artillery. **R.A.A.F.** Royal Australian Air Force.
rab·bet [rǽbit] *n.*, *vt.* 〖木工〗 개탕(치다), 사개(로 물리다).
rab·bi [rǽbai], **rab·bin** [rǽbin] *n.* (*pl.* ~(*e*)*s*) 랍비《유대의 율법 박사의 존칭》; 선생.
rab·bin·i·cal [rəbínikəl, ræ-] *a.*, *n.* 랍비의 (설의); 히브리 말.
†**rab·bit** [rǽbit] *n.* (집)토끼(의 털가죽) (cf. hare).
rábbit èars 〖TV〗 실내용 V자형 소형 안테나; 《俗》 (관객의) 야유에 성내는 선수. 「등에서 옮는 전염병》.
rábbit fèver 야토병(野兎病) 《토끼
rab·bit-mouthed [-màuðd, -θt] *a.* 언청이의. 「펀치《반칙》.
rábbit pùnch 〖拳〗 후두부에 가한
rab·bit·ry [rǽbitri] 《集合的》 토끼; 토끼 사육장. 「복잡한 장소.
rábbit wàrren 토끼 사육장; 길이
rab·ble [rǽbəl] *n.* 와글대는 어중이떠중이, 무질서한 군중(mob); (the ~) 하층 사회. **~·ment** *n.* Ⓤ 소동.
Rab·e·lais [rǽbəlèi], **François** (1494?–1553) 프랑스의 작가.
rab·id [rǽbid] *a.* 맹렬한, 열광적인; 광포한; 미친. **~·ness, ra·bíd·i·ty** *n.* Ⓤ 「공수병, 광견병.
ra·bies [réibi:z, -biì:z] *n.* Ⓤ 〖病〗
R. A. C. Royal Armo(u)red Corps.
rac·coon [rækú:n, rə-] *n.* 완웅(浣熊) 《북미산 곰의 일종》; Ⓤ 그 털가죽.
raccóon dòg 너구리.
†**race**[1] [reis] *n.* ① **경주**, 경마; (the ~s) 경마대회; …싸움; 경쟁. ② (사람의) 일생; (태양·달의) 운행; (시간의) 경과, (이야기의) 진전. ③ 수로(水路). ***ran a*** **~** 경주하다. **—** *vi.*, *vt.* **경주**〔**경쟁**〕**하다**〔시키다〕 (*with*); 질주하다; (기관 따위가) 헛돌(게 하)다; (*vt.*) (재산을) 경마로 까불리다(*away*).
†**race**[2] *n.* ① **민족, 종족**, 인종. ② Ⓤ 가문, 가계(家系); 자손. ③ 품종. ④ ⓊⒸ (문체 따위의) 특징, 품격, (술의) 풍미. ***finny*** **~** 어류(魚類).
ráce càrd 경마 순번표.
race·course [∠kɔ̀:rs] *n.* 경마장.
race·go·er [∠gòuər] *n.* 경마팬〔광〕.
ráce hòrse 경마 말. 「화서.
ra·ceme [reisí:m, rə-] *n.* 〖植〗 총상
ráce mèeting 경마대회; 경륜대회.
ra·ce·mic [reisí:mik, rə-] *a.* 〖化〗 라세미산(酸)의.
ra·cé·mic ácid [reisí:mik, rə-] 〖化〗 라세미〔포도〕산(酸).
rac·e·mi·za·tion [ræ̀səmizéiʃən/-mai-] *n.* 〖化〗 라세미화(化); 라세미화법《화석연대 결정법의 하나》.
rac·er [réisər] *n.* 경주자; 경마말; 경주 자전거〔요트〕(따위).
ráce prèjudice 인종적 편견.
ráce rìot 인종 폭동《특히 미국의》.
ráce sùicide 민족 자멸《산아 제한에 의한 인구의 줄어듦》.
race·track [réistræ̀k] *n.* 경마장.
race·way [∠wèi] *n.* 《美》 경마장, 트랙; 물길, 수로; 〖電〗 (건물 안 전선의) 배관.
ra·chi·tis [rəkáitis, ræ-] *n.* =RICKETS.
Rach·ma·ni·noff [rɑ:kmɑ́:nənɔ̀:f, rækmǽnə-], **Sergei** (1873–1943) 러시아의 작곡가·피아니스트.
Rach·man·ism [rǽkmənizəm] *n.* 《英》 악덕 가주에 의한 빈민가 주민의 착취《악덕 가주 P. Rachman 의 이름에서》.
***ra·cial** [réiʃəl] *a.* **인종상의**.
rácial uncónscious =COLLECTIVE UNCONSCIOUS.
Ra·cine [rəsí:n], **Jean Baptiste** (1639–99) 프랑스의 극시인.
***rac·ing** [réisiŋ] *n.* Ⓤ **경주**, 경마. **—** *a.* 경주(용)의; 경마광의.
rácing fòrm (말·기수·기록 따위를 실은) 경마 신문.
rac·ism [réisizəm], **ra·cial·ism** [-ʃəlìzəm] *n.* Ⓤ 민족주의, 민족 우월 사상.
‡**rack**[1] [ræk] *n.* ① **선반**, (기차 등의) 그물 선반; 모자〔옷·칼〕걸이; 격자꼴 시렁. ② 고문대《이 위에서 사지를 잡아당김》; 괴롭히는 것. ③ (톱니가 맞물리는) 톱니판. ***live at*** **~** ***and manger*** 유복하게 살다. ***on the*** **~** 고문을 받고; 피로와하여, 격정하여. **—** *vt.* 선반〔시렁〕에 얹다; 고문하다; 괴롭히다; 잡아당기다. **~** ***one's brains*** 머리를 짜내다.
rack[2] *n.* 뜬구름, 조각구름; Ⓤ 파괴 (wreck), 황폐. ***go to*** **~** ***and ruin*** 파멸〔황폐〕하다. 「〔달리다〕.
rack[3] *n.*, *vi.* (말의) 가볍게 달리기
ráck càr 《美》 자동차 운반용 화차.
rack·et[1] [rǽkit] *n.* 소동, 소음(騷音) (din); 등치기, 공갈; 속임, 협잡(수단); 《美俗》 직업, 장사. ***go on the*** **~** 들떠서 떠들다〔법석치다〕. ***stand the*** **~** 시련에 견뎌 내다; 책임을 지다; 셈을 치르다. **~·y** *a.* 떠들썩한; 떠들썩하기를 좋아하는.
†**rack·et**[2] *n.* (정구·탁구 등의) **라켓**.
rack·et·eer [ræ̀kitíər] *n.*, *vi.* 등치기; 공갈 취재하다.
rácket prèss 라켓프레스《라켓 테가 물러나지 않도록 끼워두는 틀》.
ráck ràilway 〔**ràilroad**〕 아프트식 톱니레일 (등산) 철도.
rack-rent [rǽkrènt] *n.*, *vt.* ⓊⒸ 비싼 땅세〔집세〕(를 받다).
ra·con [réikɑn/-kɔn] *n.* 레이콘《레이더용 비컨》. 「말솜씨 좋은 사람.
rac·on·teur [ræ̀kɑntə́:r/-ɔ-] *n.* (F.)
ra·coon [rækú:n, rə-] *n.* =RACCOON.
rac·quet [rǽkit] *n.* =RACKET[2].
rac·y [réisi] *a.* 팔팔〔발랄〕한, 생기 있는(lively); 신랄한(pungent); 본바닥의; 풍미있는; (풍류담(談) 등이) 외설한 (*risqué*). **rác·i·ly** *ad.* **-i·ness** *n.*
rad. radical; radius; radix.
RADA Royal Academy of Dramatic Art 영국 연극학교. 「이더.
***ra·dar** [réidɑ:r] *n.* 전파 탐지기, 레
rádar fènce 〔**scrèen**〕 레이더망.
ra·dar·man [-mən] *n.* 레이더 기사.

ra·dar·scope [-skòup] *n.* (레이더의) 전파 영상경(映像鏡). 「정기.
ra·di·ac [réidiæ̀k] *n.* 방사선 탐지 측
*__ra·di·al__ [réidiəl] *a.* **방사상**(放射狀)의. **～·ly** *ad.* 「度).
ra·di·an [réidiən] *n.* 〖數〗 호도(弧
*__ra·di·ance__ [réidiəns], **-cy** [-i] *n.* 빛남, 광휘.
‡**ra·di·ant** [-diənt] *a.* ① **빛나는**, 빛〔열〕을 발하는. ② 방사〔복사(輻射)〕의. ③ (표정이) 밝은.
*__ra·di·ate__ [réidièit] *vi., vt.* ① (빛·열 따위를) **방사〔발산〕하다**; 빛나다. ② (얼굴이 기쁨 따위를) 나타내다; (도로 따위가) 팔방으로 뻗(치)다. —— [diit] *a.* 발산하는, 방사상(狀)의.
*__ra·di·a·tion__ [rèidiéiʃən] *n.* ① Ⓤ (열·빛 따위의) **방사**, 발광(發光), 방열(放熱). ② 방사물〔선〕. 「물학.
radiátion biophýsics 방사선 생
radiátion chèmistry 방사선 화학.
radiátion fàllout 방사성 낙하물.
radiátion fòg 복사 안개《밤에 복사열에 의해 생기는 안개》.
radiátion sìckness 방사선병.
*__ra·di·a·tor__ [réidièitər] *n.* ① **라디에이터**, 방열기; (자동차·비행기 따위의) 냉각기. ② 〖無線〗 공중선.
‡**rad·i·cal** [rǽdikəl] *a.* ① **근본〔기본〕의**; 철저한. ② **과격한**. —— *n.* ① 급진주의자. ② 〖化〗 기(基); 〖數〗 근표(根標) 《√‾》; 〖言〗 어근. **～·ism** [-ìzəm] *n.* 급진론〔주의〕. *__～·ly__ *ad.*
rad·i·cle [rǽdikəl] *n.* 〖植〗 어린 뿌리; 〖解〗 소근(小根) 《혈관·신경의 말단의》.
ra·di·i [réidiài] *n.* radius의 복수.
†**ra·di·o** [réidiòu] *n.* (*pl.* **～s**) **라디오** (수신 장치). ***listen*** (***in***) ***on the ～*** 라디오를 듣다. —— *a.* 라디오〔무선〕의. —— *vt., vi.* 무선 통신하다.
*__ra·di·o·ac·tive__ [rèidiouǽktiv] *a.* **방사성의**, 방사능이 있는; 방사능에 의한. **～ *burn*** 열상(熱傷) 《원자의 재 따위로 인한 화상》. **～ *isotope*** 〖化〗 방사성 동위 원소. **ra·di·o·ac·tiv·i·ty** [ˌ----tívəti] *n.* Ⓤ 방사능. 「측정.
radioáctive dàting 방사능 연대
ra·di·o·am·pli·fi·er [-ǽmpləfàiər] *n.* 〖電〗 고주파 증폭기.
rádio astrónomy 전파 천문학.
rádio bèam 〔**bèacon**〕 무선 항로 표지(標識) 전파〔전파 발신소〕.
ra·di·o·bi·ol·o·gy [rèidioubaiálədʒi/-ɔ́l-] *n.* Ⓤ 방사선 생물학.
ra·di·o·broad·cast [-brɔ́:dkæ̀st, -kɑ̀:st] *vt., vi.* 라디오〔무선〕 방송하다. —— [ˊ---ˋˋ] *n.* ⓊⒸ 라디오〔무선〕 방송.
ra·dio·chem·is·try [rèidioukémәstri] *n.* Ⓤ 방사 화학.
Rádio Cíty 뉴욕 시의 환락가.
ra·di·o·car·bon [-kɑ́:rbən] *n.* Ⓤ 방사성 탄소《화석 등의 연대 측정에 씀》.
rádio cómpass 무선 방위 측정기.
rádio contròl 무선 조종.
ra·di·o·dust [réidioudʌ̀st] *n.* Ⓤ 방사능재 방사능진(塵).
ra·di·o·el·e·ment [rèidiouéləmənt] *n.* 방사성 원소.
ra·dio·fix [réidioufìks] *n.* 전파 탐위(探位)《배·비행기의 위치 측정》.
rádio fréquency 무선 주파수 《매초 15,000회 이상》.
ra·di·o·gen·ic [rèidioudʒénik] *a.* 방사능에 의해서 생기는; 방송에 맞는.
ra·di·o·gram [réidiougræ̀m] *n.* 무선 전보; =⇩.
ra·di·o·gram·o·phone [rèidiougrǽməfòun] *n.* 라디오 겸용 전축.
ra·di·o·graph [réidiougræ̀f, -ɑ̀:-] *n., vt.* 뢴트겐 사진(으로 찍다).
ra·di·og·ra·phy [rèidiɑ́grəfi/-ɔ́-] *n.* Ⓤ X선 사진술.
ra·di·o·i·so·tope [rèidiouáisətòup] *n.* =RADIOACTIVE isotope.
rádio knìfe 〖醫〗 전기메스《수술용》.
ra·dio·lar·i·an [rèidiouléəriən] *n.* 〖生〗 방산충류.
ra·di·o·lo·cate [rèidioulóukeit/-loukéit] *vt.* (…의 위치를) 전파로 탐지하다. **ra·di·o·lo·ca·tor** [ˊ---ˋkeitər] *n.* 전파 탐지기. 「기사.
ra·di·o·man [réidioumæ̀n] *n.* 무선
ra·di·om·e·ter [rèidiɑ́mitər/-ɔ́mi-] *n.* 〖理〗 복사계(輻射計).
ra·di·on·ics [rèidiɑ́niks/-ɔ́-] *n.* =《美》 ELECTRONICS.
ra·dio·nu·clide [rèidiounjú:klaid] *n.* 〖理〗 방사성 핵종(核種).
ra·di·o·phone [réidioufòun] *n., v.* =RADIOTELEPHONE.
ra·di·o·pho·to(·graph) [rèidioufóutou(græ̀f), -(grɑ̀:f)] *n.* 무선 전송 사진. 「오 신문 (통신사).
Ra·di·o·press [réidioupres] *n.* 라디
rádio recéiver 라디오 수신기.
ra·di·os·co·py [rèidiɑ́skəpi/-ɔ́-] *n.* Ⓤ 뢴트겐 검사.
rádio sèt 라디오 수신〔발신〕기.
ra·di·o·sonde [réidiousɑ̀nd/-ɔ̀-] *n.* 라디오 존데《상층기상 전파관측기》.
rádio stàr 〖天〗 전파성(電波星) 《전파점원(點源)인 천체의 총칭》. 「국.
rádio stàtion 라디오 방송국; 무선
ra·di·o·ster·il·ized [rèidioustérəlaizd] *a.* X선〔감마선〕 살균된.
ra·di·o·tel·e·gram [-téləgræ̀m] *n.* 무선 전보.
ra·di·o·tel·e·graph [-téləgræ̀f, -grɑ̀:f] *n., vt., vi.* 무선 전신(을 발하다). **ra·di·o·te·leg·ra·phy** [-təlégrəfi] *n.* Ⓤ 무선 전신술.
ra·di·o·tel·e·phone [-téləfòun] *n., vt., vi.* 무선 전화(를 걸다). **ra·di·o·te·leph·o·ny** [-təléfəni] *n.* Ⓤ 무선 전화술.
rádio télescope 〖天〗 전파 망원경.
ra·di·o·ther·a·py [-θérəpi] *n.* Ⓤ 방사선 요법.
ra·dio·ther·my [réidiouθə̀:rmi] *n.* 〖醫〗 방사선열 요법.
*__rad·ish__ [rǽdiʃ] *n.* 〖植〗 무.
*__ra·di·um__ [réidiəm] *n.* Ⓤ 〖化〗 라듐.
*__ra·di·us__ [réidiəs] *n.* (*pl.* **-dii**) ① 반

지름, 반경. ② 지역(area), 범위; (바퀴의) 살. ③ 〖解〗 요골(橈骨). ~ *of action* 행동 반경.

rádius véctor 〖數·天〗 동경(動徑).

ra·dix [réidiks] *n.* 〖數〗 기(基), 근; 기수(基數)《통계의》; 〖컴퓨터〗 기수. ② 〖植〗 뿌리; 〖言〗 어근.

ra·dome [réidoum] *n.* 레이돔《항공기 외부의 레이더안테나 덮개》.

ra·don [réidɑn/-dɔn] *n.* Ⓤ 〖化〗 라돈《방사성 희(稀)가스류 원소》.

rad·u·la [rǽdʒulə] *n.* 〖動〗 치설(齒舌)《연체 동물의》.

R. A. E. C. Royal Army Educational Corps.

RAF, R. A. F. Royal Air Force.

raf·fi·a [rǽfiə] *n.* Madagascar 산의 종려나무; Ⓤ 그 잎의 섬유.

raf·fle [rǽfəl] *n., vt.* 복권식(福券式) 판매(로 팔다). ―*vi., vt.* 복권식 판매에 가입하다〔로 팔다〕.

***raft**[1] [ræft, -ɑː-] *n., vt., vi.* 뗏목(으로 짜다, 가다, 보내다). **∠·er**[1], **ráfts·man** *n.* 뗏사공.

raft[2] *n.* 《美口》 다수, 다량.

***raft·er**[2] [rǽftər, -ɑ́ː-] *n.* 서까래.

‡**rag**[1] [ræg] *n.* ① 넝마 (조각), 단편(斷片); (*pl.*) 누더기, 남루한 옷. ② 걸레 같은 것; 《蔑》 (극장의) 막(幕); 손수건; 신문; 지폐. *chew the* ~ 불평을 하다; 종잘거리다. *take the* ~ *off* 《美》 …보다 낫다, …을 능가하다. *the R-* 《英俗》 육해군인 클럽. ―*a.* 누더기의, 너덜너덜해진.

rag[2] *vt.* (*-gg-*), *n.* 《俗》 (못살게) 괴롭히다, 꾸짖다; 놀리다, (…에게) 못된 장난(을 하다); 법석(떨다).

rag·a·muf·fin [rǽgəmʌ̀fin] *n.* 남루한 옷을 입은 부랑아.

rág-and-bóne màn [rǽgənbóun] 《英》 넝마 장수.

rág bàby 〔dòll〕 (헝겊을 넣고) 기워 만든 인형(stuffed doll).

rág bàg 넝마 주머니.

‡**rage** [reidʒ] *n.* ① ⓊⒸ 격노; 격렬, 맹위《바람·파도·역병 따위의》. ② 격정; 열망, 열광. ③ 대유행(하는 것). *in a* ~ 격노하여. ―*vi.* 격노하다; 맹위를 떨치다; 크게 성하다.

‡**rag·ged** [rǽgid] *n.* ① 남루한(tattered), 해진, 찢어진; 초라한. ② 울퉁불퉁〔깔쭉깔쭉〕한, 껄끄러운, (암석이) 비쭉비쭉한. ③ 고르지 못한, 조화되지 않은, 불완전한. ~·**ly** *ad.*

rágged róbin 〖植〗 전추라의 일종.

rágged schòol 〖英史〗 (수업료 면제의) 빈민 학교.

rág·ged·y Ánn [rǽgidi] 《美》 래기디앤《넝마로 만든 민속 인형》.

rag·ing [réidʒiŋ] *a.* 사납게 날뛰는, 맹렬한; 격노한.

rag·lan [rǽglən] *n.* 래글런《소매가 솔기없이 깃까지 이어진 외투》.

rag·man [rǽgmæ̀n] *n.* 넝마장수〔주이〕.

ra·gout [rægúː] *n.* (F.) ⓊⒸ 라구《스튜의 일종》.

rag·pick·er [rǽgpìkər] *n.* 넝마주이.

rág·tag (and bóbtail) [rǽgtæ̀g] *n.* =RIFFRAFF.

rag·time [rǽgtàim] *n.* Ⓤ 〖樂〗 래그타임; 재즈.

rág tràde 《俗》 피복 산업, 양복업.

rag·weed [∠wìːd] *n.* 《美》〖植〗 개쑥갓속(屬)의 식물《이 꽃가루는 화분증(hay fever)의 원인》.

rah [rɑː] *int., n.* 《美》 =HURRAH.

***raid** [reid] *n., vt., vi.* 습격〔침입〕(하다)(*into*); (경관이) 급습(하다)(*on*). **∠·er** *n.* 침입자; 습격기; 〖軍〗 특공대원.

‡**rail**[1] [reil] *n.* ① 가로장〔대〕, 난간; (*pl.*) 울타리. ② 궤조(軌條), 레일; 철도. ③ 〖海〗 현장(舷牆)(bulwarks)의 윗 부분. *by* ~ 기차로; 철도편으로. *off the* ~*s* 탈선하여, 문란하여, 어지러워. ―*vt.* 가로장〔난간〕으로 튼튼히 하다〔을 붙이다〕(fence). ***∠·ing**[1] *n.* ⓊⒸ 《集合的》 레일; 난간; 울; 그 자료.

rail[2] *vi.* 몹시 욕하다(revile); 비웃다(scoff) (*at, against*). **∠·ing**[2] *n.* ⓊⒸ 욕설, 푸념.

rail[3] *n.* 〖鳥〗 흰눈썹뜸부기류(類).

rail·ler·y [réiləri] *n.* ⓊⒸ (악의 없는) 놀림(말); 농담(banter).

rail·man [réilmən] *n.* 철도원.

ráil mòtor 전동차, 기동차.

†**rail·road** [réilròud] *n., vt.* 《美》 철도《종업원도 포함해서》; 철도를 놓다〔로 보내다〕; 《美口》 (의안을) 무리하게 통과시키다; 《俗》 (귀찮은 존재를 없애려고 부당한 죄목으로) 투옥하다. ~·**er** *n.* 《美》 철도(종업)원; 철도 부설(업)자.

ráilroad màn =RAILROADER.

‡**ráilroad stàtion** 철도역.

†**rail·way** [réilwèi] *n.* 《英》 철도.

rail·way·man [-mən] *n.* =RAILROADMAN.

‡**ráilway stàtion** =RAILROAD STATION.

rai·ment [réimənt] *n.* 《雅》 의류(衣類) (garments).

†**rain** [rein] *n., vi., vt.* 비(가 오다), 빗발처럼 쏟아지다〔퍼붓다〕; (*pl.*) 우기(雨期). *It never* ~*s but it pours.* 《俗談》 비만 오면 (반드시) 억수같이 쏟아진다; 엎친데 덮치기. *It* ~*s* CATS *and dogs.* ~ *or shine* 비가 오건 날이 개건. **∠·less** *a.* 비오지 않는.

rain·band [réinbæ̀nd] *n.* 〖理〗 우선(雨線)《태양 스펙트럼 중의 흑선; 대기중 수증기의 존재를 나타냄》.

†**rain·bow** [∠bòu] *n.* 무지개.

ráinbow tròut 〖魚〗 무지개송어《캐나다 원산》.

ráin chèck 우천(雨天) 쿠폰《경기를 중지할 때, 관객에게 내주는 차회 유효권》.

ráin clòud 비구름.

‡**rain·coat** [∠kòut] *n.* 비옷, 레인코트.

‡**rain·drop** [∠drɑ̀p/-ɔ̀-] *n.* 빗방울.

‡**rain·fall** [∠fɔ̀ːl] *n.* ⓊⒸ 강우(降雨); 강우량.

ráin gà(u)ge 우량계.

rain·mak·er [∠mèikər] *n.* (마술 따위에 의한) 강우사(降雨師); 인공 강

우 전문가.
rain·mak·ing [ˊmèikiŋ] *n.* Ⓤ 인공 강우.
rain·proof [ˊprù:f] *a.* 비가 새들지 않는, 방수의.
rain·storm [ˊstɔ̀:rm] *n.* 폭풍우, 호우.
rain·tight [ˊtàit] *a.* =RAINPROOF.
ráin wàter 빗물.
rain·wear [ˊwɛ̀ər] *n.* Ⓤ (비옷 따위의) 우비.
†**rain·y** [ˊi] *n.* **비의**, 우천의, 비많은. ～ ***season*** 장마철, 우기.
ráiny dáy 우천; (장차의) 곤궁한 때.
†**raise** [reiz] *vt.* ① **일으키다**, 세우다. ② 높이다; **올리다**; (먼지 따위를) 일으키다; 승진시키다. ③ (집을) 짓다; (외치는 소리를) 지르다; (질문·이의를) 제기하다; (군인을) 모집하다; (돈을) 거두다; (동식물·아이를) 기르다. ④ 가져오다, 야기시키다; 출현시키다, (망령 등을) 불러내다; (죽은 자를) 소생시키다. ⑤ (사냥개가) 몰이하다; (빵을) 부풀리다(～*d bread*); (포위·금지 따위를) 풀다. ⑥ 〖海〗 …이 보이는 곳까지 오다(*The ship ～d land.*); 〖카드〗 …보다 더 많이 돈을 걸다; 〖數〗 제곱하다. ～ ***a dust*** 먼지를 일으키다; 남의 눈을 속이다; 소동을 일으키다. ～ ***Cain*** 〔***hell, the devil***〕 《俗》 큰 법석을 벌이다〔일으키다〕. ～ MONEY ***on.*** ～ ***oneself*** 뻗어 올라가다; 출세하다. ── *n.* 《美》 올림; 오르막(길); 높은 곳; 증가, 가격〔임금〕 인상; 그러모으기. ***make a*** ～ 변통〔조달〕하다; 찾아내다. **ráis·er** *n.*
raised** [reizd] *a.* **높인**; 돋을새김의. ～ ***type (맹인용) 점자. ～ ***work*** 돋을새김 세공.
***rai·sin** [réizən] *n.* (보통 *pl.*) **건포도**.
rai·son d'ê·tre [réizoun détrə] (F.) 존재 이유.
raj [rɑ:dʒ] *n.* 《印度》 지배, 통치(rule).
ra·ja(h) [rɑ́:dʒə] *n.* 《印度》 왕, 군주; (Java, Borneo의) 추장.
‡**rake**[1] [reik] *n.* **갈퀴**, 쇠스랑; 써레; 고무래. ── *vt.* ① 갈퀴로 그러 모으다; 써레로 긁다〔긁어 고르다〕. ② (불을) 헤집어 일으키다; (불을) 잿속에 묻다. ③ 찾아 다니다; 내다보다. ④ 〖軍〗 소사(掃射)하다(enfilade). ～ ***down*** 《美俗》 꾸짖다; (내기 등에서) 돈을 따다.
rake[2] *n., vi., vt.* 경사(지다, 지게 하다) (slant).
rake[3] *n., vi.* 난봉꾼; 난봉피우다.
rake-off [ˊɔ̀(:)f, ˊɑ̀f] *n.* 《口》 (부정한) 배당, 몫, 「리베이트」 (rebate).
rak·ish[1] [réikiʃ] *a.* (배·자동차가) 경쾌한, 스마트한.
rak·ish[2] *a.* 방탕한.
râle [rɑ:l] *n.* (F.) (폐의) 수포음(水泡音).
Ra·leigh [rɔ́:li], **Sir Walter**(1552?–1618) 영국의 군인·탐험가·문인; (1861–1922) 영국의 비평가.
rall. =⇩.
ral·len·tan·do [rɑ̀:ləntɑ́:ndou/ræ̀lentǽn-] *a., ad.* (It.) 〖樂〗 점점 느린〔느리게〕 《생략 rall.》.
‡**ral·ly**[1] [rǽli] *vt., vi.* (다시) **모으다**〔**모이다**〕; (세력·기력·체력을) 회복(케) 하다; (힘을) 집중하다; (*vi.*) 〖테니스〗 (쌍방이) 연달아 되받아치다. ── *n.* ① 재집합, 재거(再擧); 되돌림, 되찾음, 회복. ② 시위 운동, 대회. ③ 〖테니스〗 계속하여 되받아치기.
ral·ly[2] *n., vi.* 놀림; 놀리다.
rál·ly·ing pòint [rǽliiŋ] 집합지, 집결지.
***ram** [ræm] *n.* ① **숫양** (cf. ewe); (R-) 〖天〗 양자리〔궁〕. ② 〖史〗 파성(破城) 메(battering ram); (군함의) 충각(衝角); (땅을 다지는) 달구(rammer). ── *vt.* (**-mm-**) 부딪다; 파성메로 치다; 충각으로 부딪다; 달구로 다지다.
RAM [ræm] 〖컴퓨터〗 randomaccess memory 램 《등속 추출 기억 장치》.
R. A. M. Royal Academy of Music.
Rá·man effèct [rɑ́:mən] 〖理〗 라만 효과《빛이 투명한 매질(媒質)을 통과할 때, 산란하는 빛의 일부 파장이 변화하는 현상》.
***ram·ble** [rǽmbəl] *n., vi.* **산책(하다)**, **어정거림**〔**거리다**〕; 종작〔두서〕없는 이야기(를 하다); (담쟁이 덩굴 따위가) 뻗어 퍼지다(*over*). **rám·bler** *n.* 산보하는 사람; 덩굴장미; =RANCH HOUSE. **rám·bling** *a.* 어슬렁어슬렁 거니는; 산만한; 어수선한; (덩굴이) 뻗어 기는, 널리 퍼지는.
ram·bunc·tious [ræmbʌ́ŋkʃəs] *a.* 《美口》 몹시 난폭한(unruly); 시끄러운.
ram·e·kin, -quin [rǽməkin] *n.* Ⓤ 〖料理〗 치즈 그라탱(cheese gratin); (보통 *pl.*) 그것을 넣는 틀접시.
ram·ie, -ee [rǽmi:] *n.* 모시(풀); Ⓤ 그 섬유.
ram·i·fy [rǽməfài] *vt., vi.* 분지(分枝)하다; 분파하다. **ram·i·fi·ca·tion** [ˌ–fikéiʃən] *n.* ⓊⒸ
rám·jet (èngine) [rǽmdʒèt] *n.* 램제트《분사 엔진의 일종》.
ram·mer [rǽmər] *n.* (땅을 다지는) 달굿대, 달구(ram).
ram·mish [rǽmiʃ] *a.* 수양(羊)같은; 악취가 심한; 맛이 진한.
ra·mose [réimous, rəmóus] *a.* 가지가 많은; 가지로 갈라진.
ramp[1] [ræmp] *vi.* (사자가) 뒷다리로 서다, 덤벼들다〔들려 하다〕(cf. rampant); 날뛰다(rush about); 〖建〗 물매지다(slope). ── *n.* 물매, 경사(면·로(路)), 루프식 입체 교차로.
ramp[2] *n., vt., vi.* 《英俗》 사기(하다).
ram·page [*v.* ræmpéidʒ, *n.* ˊ–] *vi., n.* 날뛰다; 날뜀, 설침. ***on the*** ～ 날뛰어.
***ramp·ant** [rǽmpənt] *a.* ① **마구 퍼지는**, 만연〔창궐〕하는; 분방한; (유행병 등이) 맹렬한. ② 〖紋〗 뒷발로 선(*a lion* ～ 뒷발로 일어선 사자) (cf. ramp[1]). **rámp·an·cy** *n.* Ⓤ 만연; 맹렬; (초목의) 무성.
***ram·part** [rǽmpɑ:rt, -pərt] *n., vt.* **누벽**(壘壁) 〔성벽〕(을 두르다); 방어(물).

ram·rod [rǽmràd/-rɔ̀d] *n.* (총포의) 꽂을대.

ram·shack·le [rǽmʃæ̀kəl] *a.* 쓰러질듯한, 흔들흔들하는.

†ran [ræn] *v.* run의 과거.

R. A. N. Royal Australian Navy.

***ranch** [ræntʃ, rɑ:ntʃ] *n., vi.* **큰 농장**(을 경영하다, 에서 일하다); 목장(에서 일하는 사람들). ***∠·er, ∠·man** *n.* **농장〔목장〕 경영자**〔노동자〕.

ránch hóuse 《美》 목장주의 가옥; 지붕의 경사가 완만한 단층집.

ran·cid [rǽnsid] *a.* 악취가 나는, 썩은 냄새〔맛이〕나는; 불유쾌한. **~·ly** *ad.* **~·ness, ran·cid·i·ty** [rænsídəti] *n.* Ⓤ

ran·cor, 《英》 **-cour** [rǽŋkər] *n.* ⓊⒸ 원한, 증오. **~·ous** *a.* 원한을 품은, 증오하는.

r & b, R & B rhythm and blues 《흑인 대중 음악의 한 형식》.

R & D research and development.

‡ran·dom [rǽndəm] *n., a.* Ⓤ 마구잡이; **닥치는〔되는〕 대로의** (*a ~ guess* 어림 짐작). ***at ~*** 되는〔닥치는〕대로.

rándom áccess 〖컴퓨터〗 무순(無順) 도달, 등속(等速) 호출.

rándom númbers 〖컴퓨터〗 난수.

rándom sámpling 〖統計〗 무작위 추출.

R & R rest and recreation 〖軍〗 GI 들의 휴가. 「왕비; 여왕.

ra·nee, -ni [rɑ́:ni, ─∠] *n.* (인도의)

‡rang [ræŋ] *v.* ring¹의 과거.

‡range [reindʒ] *n.* ① **열**(列), **줄**, 연속 (series); **산맥**. ② **범위**; 한계; 음역; 사정(射程). ③ 사격장. ④ 계급; 부류. ⑤ 목장. ⑥ (요리용 가스·전기) **레인지** (cookstove)(*a gas ~* 가스 레인지). — *vt.* ① **늘어놓다, 정렬시키다**; 가지런히 하다; 분류하다. ② …의 편에 서다(*He is ~d against* 〔*with*〕 *us.* 우리의 적〔편〕이 다). ③ …을 배회하다; (연해를) 순항(巡航)하다. ④ (총·망원경 따위를) 가늠하다, 겨누다; 사정을 정하다. — *vi.* ① **늘어서다**, 일직선으로 되어 있다 (*with*); 잇달리다; (범위가) **걸치다, 미치다**(*over; from... to...*), 달하다. ② 편들다, 가담하다(*with*); 어깨를 나란히 하다(rank) (*with*). ③ 배회〔방황〕하다, 서성거리다; 순항하다; 변동하다(*between*). ***~ oneself*** (결혼·취직 따위로) 신상을 안정시키다; 편들다(*with*).

ránge fìnder (사격용) 거리 측정기; 〖寫〗 거리계(計).

***rang·er** [réindʒər] *n.* ① **돌아다니는 사람**, 순회자. ② (숲·공원 따위를) 지키는 사람, 감시인, 무장 경비원 (*a Texas R-*); 《美》 특별 유격 대원; (R-) 《美》 〖宇宙〗 레인저 계획.

rang·y [réindʒi] *a.* 팔다리가 가늘고 긴; (동물 따위가) 돌아다니기에 알맞은; 산(山)이 많은.

‡rank¹ [ræŋk] *n.* ① ⓊⒸ **열**, 횡렬; 정렬. ② (*pl.*) 군대, 병졸. ③ **계급** (grade); 직위, 신분; 품위; 순서. ④ Ⓤ 고위, 고관. ***break ~(s)*** 열을 흩뜨리다; 낙오하다. ***fall into ~*** 정렬하다, 줄에 늘어서다. ***~ and fashion*** 상류 사회. ***~ and file*** 하사관병, 사병; 대중. ***rise from the ~s*** 일개 사병〔미천한 신분〕에서 출세하다. — *vi., vt.* 자리〔지위〕를 차지하다; 등급을 매기다, 평가하다 (*above, below*); 늘어서다〔세우다〕; 부류에 넣다. **∠·ing** *n.* Ⓤ 등급〔자리, 지위〕 매기기; 서열, 랭킹.

rank² *a.* 조대(粗大)한 (large and coarse); 우거진, 널리 퍼진; 냄새나는; 지독한; 천한, 외설한. **∠·ly** *ad.* **∠·ness** *n.* 「가) 괴롭히다.

ran·kle [rǽŋkəl] *vt.* (경멸·원한 따위

ran·sack [rǽnsæk] *vt.* 샅샅이 뒤지다; 약탈하다.

***ran·som** [rǽnsəm] *n., vt.* 몸값(을 치르고 자유롭게 하다); Ⓤ 〖神〗 속죄(하다).

rant [rænt] *vi., n.* Ⓤ 고함(치다), 폭언〔노호〕(하다); 호언(하다). 「Corps.

R. A. O. C. Royal Army Ordnance

***rap¹** [ræp] *n., vt., vi.* (*-pp-*) **가볍게 두드림〔두드리다〕**; 비난(하다) (*take the ~* 비난을 받다); 내뱉듯이 말하다 (*out*).

rap² *n.* 《口》 동전 한푼, 조금.

ra·pa·cious [rəpéiʃəs] *a.* 강탈하는; 욕심 사나운(greedy); 〖動〗 생물을 잡아먹는. **~·ly** *ad.* **ra·pac·i·ty** [rəpǽsəti] *n.* Ⓤ 탐욕.

RAPCON [rǽpkɑn/-ɔ-] *n.* (레이더에 의한) 항공 교통 관제(<*R*adar *Ap*proach *Con*trol).

***rape¹** [reip] *n., vt.* 강간(하다); **강탈**

rape² *n.* Ⓤ 〖植〗 평지. ㄴ(하다).

rape·seed [réipsì:d] *n.* 평지씨.

Raph·a·el [rǽfiəl, réi-] *n.* 이탈리아의 화가(1483–1520); 대천사의 한 사람.

‡rap·id [rǽpid] *a.* **신속한**, 빠른, 급한(swift); (비탈이) 가파른(steep). — *n.* (보통 *pl.*) 여울. ***ra·pid·i·ty** [rəpídəti] *n.* Ⓤ **신속**; 속도. **‡ráp·id·ly** *ad.* **빠르게**; 서둘러.

rápid éye mòvement ⇨REM.

rap·id-fire [-fáiər] *a.* 속사(速射)의. ***~ gun*** 속사포.

rápid tránsit (고가 철도·지하철에 의한) 고속 수송.

ra·pi·er [réipiər] *n.* (찌르기에 쓰는 양날의) 장검(長劍). 「강탈.

rap·ine [rǽpin, -pain] *n.* Ⓤ 약탈,

ra·pist [réipist] *n.* 《美》 강간자.

ráp mùsic 랩 음악《1970년대 말부터 발전한 팝 뮤직의 한 스타일》.

rap·pee [ræpí:] *n.* 코담배의 일종.

rap·port [ræpɔ́:r] *n.* (F.) Ⓤ (친밀·조화된) 관계; 일치.

rap·proche·ment [ræ̀prouʃmɑ́:ŋ/-prɔ́ʃ-] *n.* (F.) (국가간의) 친선; 국교 회복. 「RASCAL.

rap·scal·lion [ræpskǽljən] *n.* =

***rapt** [ræpt] *a.* ① (육체·영혼을 이승으로부터) 빼앗긴 (*away, up*). ②

(생각에) **마음을 빼앗긴, 골똘한, 열중한** (absorbed); 황홀한 (*with* ~ *attention* 도취하여); 열심인. 「의.
rap·to·ri·al [ræptɔ́:riəl] *a.* 맹금류
‡**rap·ture** [rǽptʃər] *n.* **미칠 듯한 기쁨,** 광희(狂喜), 무아(無我), 황홀 (ecstasy). **ráp·tur·ous** *a.*
‡**rare**[1] [rɛər] *a.* 드문, 드물게 보는; (공기가) 희박한(thin). ‡**ráre·ly** *ad.* 드물게; 썩 잘. **∠·ness** *n.*
***rare**[2] *a.* (고기가) **설구워진,** 설익은.
rare·bit [rɛ́ərbit] *n.* = WELSH RABBIT.
ráre-éarth èlement [rɛ́ərə́:rθ] 〖化〗 희토류(稀土類) 원소《57 번부터 71 번 원소까지》. 「원소군(群).
ráre-éarth mètals 희토류 금속
ráre éarths 희토류 (산화물).
rár·ee shòw [rɛ́əri] *n.* 요지경; 《一般》 구경 거리.
rar·e·fy [rɛ́ərəfài] *vt., vi.* 희박하게 하다〔되다〕; 순화(純化)하다; (*vt.*) 정미(精微)하게 하다(subtilize). **rar·e·fac·tion** [∸-fǽkʃən] *n.* Ⓤ
rare·ripe [rɛ́ərràip] *a.* 《美》 올되는, 조숙한. — *n.* 올된 과일〔야채〕.
rar·i·ty [rɛ́ərəti] *n.* Ⓤ 드묾, 진기; 희박; Ⓒ 진품. 「Corps.
R. A. S. C. Royal Army Service
‡**ras·cal** [rǽskəl, -ά:-] *n.* 악당(rogue). **~·ly** *a.* 악당의, 비열한. **ras·cal·i·ty** [-kǽlə-] *n.* Ⓤ 악당 근성; Ⓒ 악당
rase [reiz] *v.* = RAZE. 「행위.
‡**rash**[1] [ræʃ] *a.* **성급한;** 무모한. **∠·ly** *ad.* **∠·ness** *n.* 「럼.
rash[2] *n.* 뾰루지, 발진(發疹), 부스
rash·er [rǽʃər] *n.* (베이컨·햄의) 얇게 썬 조각.
rasp [ræsp, -ɑ:-] *n.* 이가 굵고 거친 줄, 강판. — *vt.* 줄질하다, 강판으로 갈다; 쉰목소리로 말하다; 속을 지글지글 태우다. — *vi.* 북북 문지르다 〔소리 나다〕, 쓸리다, 갈리다 (grate). ~ ***on*** (신경에) 거슬리다.
***rasp·ber·ry** [rǽzbèri, rά:zbəri] *n.* ① **나무딸기**(의 열매). ② 《俗》 입술과 혀를 진동시켜 내는 소리《이의·경멸 따위를 나타냄》; 혹평.
ras·ter [rǽstər] *n.* 〖TV〗 (방송 않을 때 브라운관에 비치는) 가로줄무늬.
‡**rat** [ræt] *n.* ① **쥐** (cf. mouse). ② 배반자; 파업 불참 직공. ③ 《美》 (여자 머리의) 다리. ***Rats!*** 《俗》 바보같은 소리 말라!; 에이(빌어먹을)!; 설마! ***smell a*** ~ (계략 따위를) 낌새〔알아〕채다. — *vi.* (*-tt-*) 쥐를 잡다; 《俗》 변절하다, 파업을 깨다.
rat·a·ble [réitəbəl] *a.* 견적〔어림〕할 수 있는; 《英》 과세해야 할.
rat·a·fi·a [rӕtəfíə] *n.* Ⓤ 과실주(酒)의 일종.
ra·tan [rætǽn, rə-] *n.* = RATTAN.
rat-(a-)tat [rǽt(ə)tǽt] *n.* 쾅쾅, 둥둥《소리》.
ra·ta·tou·ille [rӕtətú:i] *n.* (F.) 올리브유로 야채를 지진 남프랑스 요리.
ratch·et [rǽtʃət], **ratch** [rætʃ] *n., vt.* 미늘 톱니(를 붙이다); 갈고리톱니〔N자 톱니〕 모양(으로 하다).
rátchet whèel 미늘 톱니바퀴(cf. escapement).
†**rate**[1] [reit] *n.* ① **비율,** 율; 정도, 속도. ② (배·선원 따위의) 등급; **시세** (*the* ~ *of exchange* 환율); 값 (*at a high* ~). ③ (보통 *pl.*) 《英》 세금; 지방세(~*s and taxes* 지방세와 국세). ***at a great*** ~ 대속력으로. ***at any*** ~ 하여튼, 좌우간. ***at that*** ~ 《口》 저런 상태〔푼수〕로는, 저 형편으로는. ***give special ~s*** 할인하다. — *vt.* 견적〔평가〕하다; …으로 보다〔여기다〕; 도수(度數)를 재다; 등급을 정하다; 지방세를 과하다. — *vi.* 가치가 있다. 견적〔평가〕되다; …의 등급을 가지다.
rate[2] *vt., vi.* 욕설하다; 꾸짖다.
rat·ed [réitid] *a.* 〖電〗 정격(定格)의 (~ *voltage* 정격 전압).
ra·tel [réitl] *n.* 〖動〗 오소리의 일종《남아프리카·인도산》. 「자.
rate·pay·er [réitpèiər] *n.* 《英》 납세
rat·fink [rǽtfiŋk] *n.* 《美口》 지독한 비열한(漢).
rathe [reið] *a.* 《英詩》 일찍 피는, 일되는.
†**rath·er** [rǽðər, -ά:-] *ad.* ① **오히려,** 차라리; 다소, 약간. ② (or ~) 좀 더 적절히 말하면. ③ [rǽðə́:r/rά:ðə́r] 《英口》 그렇고 말고 (Certainly!), 물론이지(Yes, indeed!) ("*Do you like Mozart?*" "*R.!*"). ***had*** 〔***would***〕 ~ ... ***than*** …보다는〔하느니〕오히려 …하고 싶다〔…하는 편이 낫다〕(*He would* ~ *ski than eat.* 밥먹기보다도 스키를 좋아한다) (cf. had BETTER[1]). ***I should*** ~ ***think so.*** 그렇고 말고요. ***I would*** ~ ***not*** …하고 싶지 않다.
raths·kel·ler [rά:tskèlər] *n.* (G.) (독일의) 지하실 비어 홀〔식당〕.
rat·i·cide [rǽtəsàid] *n.* 쥐약.
***rat·i·fy** [rǽtəfài] *vt.* **비준**〔재가〕**하다.** ***rat·i·fi·ca·tion** [∸-fikéi-] *n.* ⓊⒸ
rat·ing[1] [réitiŋ] *n.* 평점; ⓊⒸ 평가, 견적; Ⓒ 과세(액); (배·선원의) 등급; 〖電〗 정격(定格); (라디오·TV의) 시청률.
rat·ing *n.* ⓊⒸ 꾸짖음, 질책.
ra·tio** [réiʃou, -ʃiòu/-ʃiòu] *n.* ⓊⒸ (*pl.* **~s**) **비(율).** ***direct 〔***inverse***〕 ~정〔반〕비례.
ra·ti·oc·i·nate [rӕʃióusənèit/-tiɔ́s-] *vi.* 추리〔추론〕하다. **ra·ti·óc·i·na·tive** *a.* **ra·ti·oc·i·na·tion** [∸-∸-néiʃən] *n.* Ⓤ
ra·tion** [rǽʃən, réi-] *n.* ① **정액,** 정량; 1일분의 양식; 배급량(*the sugar* ~). ② (*pl.*) 식료(食料). ***iron ~ 비상용 휴대 식량. K RATION. **~*ing by the purse*** 《英》 물가의 (부당한) 인상. — *vt.* 급식〔배급〕하다. **~*ing system*** 배급 제도.
ra·tion·al** [rǽʃənl] *a.* ① **이성 있는,** 이성적인; 합리적인. ② 〖數〗 유리수(有理數)의 (opp. irrational). **~·ism** [-ʃənəlizəm] *n.* 합리주의. ***the Saint of ~ism = J. S. MILL.

R

~·ist [-ʃənəlist] *n.* ~·ly *ad.* **ra·tion·al·i·ty** [ˊʃənǽləti] *n.* Ⓤ 합리성, 순리성; (보통 *pl.*) 이성적 행동.
ra·tion·ale [ræ̀ʃənǽl/-nɑ́:l] *n.* (L.) 이론적 해석; 《稀》 근본적 이유, 이론적 근거.
ra·tion·al·ize [rǽʃənəlàiz] *vt.* 합리화하다; 합리적으로 다루다; 이론적으로 설명〔생각〕하다; 이유를 붙이다; 〖數〗 유리화하다. **-al·i·za·tion** [ˌ—izéiʃən/-laiz-] *n.* Ⓤ
rátional númber 유리수(有理數).
rátion bòok 배급 통장.
rat·lin(e) [rǽtlin], **-ling** [-liŋ] *n.* 〖船〗 밧줄 사다리.
R. A. T. O., Ra·to [réitou] 〖空〗 rocket-assisted take-off 로켓 추진 이륙.
rát pòison 쥐약.
rát ràce 《美》 무의미한 경쟁; 악순환.
rats·bane [rǽtsbèin] *n.* Ⓤ 쥐약.
rat·tan [rætǽn, rə-] *n.* 등(藤)나무.
rat-tat [rǽttǽt] *n.* 쾅쾅, 똑똑 《문의 knocker 소리 등》.
rat·ter [rǽtər] *n.* 쥐덫, 쥐잡는 개; 《俗》 배반자.
‡rat·tle [rǽtl] *vi.* 왈각달각〔덜걱덜걱〕하다〔소리나다〕, 왈각달각 달리다; 우르르 떨어지다(*along, by, down, &c.*). —— *vt.* 왈각달각〔덜거덕덜거덕〕 소리내다; 빨리 말하다(*away, off, out, over*); 놀라게 하다, 혼란시키다 (confuse), 갈팡거리게 하다; (사냥감을) 몰아내다. —— *n.* ① 왈각달각《소리》, 딸랑이 《장난감》. ② 수다〔수선〕쟁이. ③ (목구멍의) 꼬르륵 소리《특히 죽을 때》. ④ 방울뱀의 둥근 꼬리 끝. ⑤ 야단법석.
rat·tle·box [rǽtlbɑ̀ks/-bɔ̀ks] *n.* 딸랑이《장난감》.
rat·tle·brain [-brèin] *n.* (골이 빈) 수다쟁이. ~**ed** [-d] *a.* 골이 빈.
rat·tle·head [-hèd] *n.* =RATTLEBRAIN. ~**·ed** *a.*
rat·tle·pate [-pèit] *n.* =RATTLEBRAIN. **-pat·ed** *a.*
rat·tler [-ər] *n.* 왈각달각하는〔소리 내는〕 것; 수다쟁이; 《美口》 화물 열차 (따위).
***rat·tle·snake** [-snèik] *n.* 방울뱀.
rat·tle·trap [-træ̀p] *n.* 털터리 마차 (따위); 《美俗》 수다쟁이; 《俗》 입.
rat·tling [-iŋ] *a., ad.* 덜거덕거리는; 활발한; 굉장〔훌륭〕한〔하게〕 (*That's ~ fine.*).
rat·trap [rǽttræ̀p] *n.* 쥐덫; 절망적인 상태; 허술한 집.
rat·ty [rǽti] *a.* 쥐의, 쥐 같은, 쥐가 많은; 《俗》 초라한.
rau·cous [rɔ́:kəs] *a.* 쉰목소리의 (hoarse), 귀에 거슬리는.
***rav·age** [rǽvidʒ] *n., vt., vi.* Ⓤ 파괴(하다); 휩쓸다, 황폐케 하다; (보통 *pl.*) 파괴된 자취, 참해.
***rave** [reiv] *vi., vt.* (미친 사람같이) 헛소리하다, 소리치다; 정신 없이 떠들다, 격찬하다; (풍랑이) 사납게 일다.
rav·el [rǽvəl] *vt., vi.* (《英》 *-ll-*) 엉클어지(게 하)다, 풀(리)다. —— *n.* 엉클림; 풀린 실. ~**·(l)ing** *n.* 풀린 실.
***ra·ven¹** [réivən] *n., a.* 큰까마귀; 새까만, 칠흑 같은.
rav·en² [rǽvən] *n., vt.* Ⓤ 약탈(하다). ~**·ing** *a.* 탐욕스런. ~**·ous** *a.* 굶주린; 탐욕스런(greedy). ~**·ous·ly** *ad.*
rav·in [rǽvin] *n.* 《詩》 약탈; 먹이,
***ra·vine** [rəví:n] *n.* 협곡(峽谷). 〔봉.
rav·ing [réiviŋ] *a.* 헛소리를 하는; 광란의; 《美口》 굉장한. —— *n.* ⓊⒸ 헛소리; 광란. ~**·ly** *ad.*
ra·vi·o·li [ræ̀vióuli] *n. pl.* (It.) 매콤한 다진 고기를 싼 납작한 단자.
rav·ish [rǽviʃ] *vi.* (여자를) 능욕하다 (violate); 황홀케 하다(enrapture); (빼)앗아 가다. ~**·ing** *a.* 마음을 빼앗는, 황홀케 하는. ~**·ment** *n.* Ⓤ 무아(無我), 황홀; 강탈; 강간.
‡raw [rɔ:] *a.* ① 생〔날〕것의(~ *fish*); 원료 그대로의; 가공하지 않은; 물타지 않은. ② 세련되지 않은, 미숙한 (*a ~ soldier*). ③ (날씨가) 궂고 으스스한. ④ 껍질이 벗겨진, 따끔따끔 쑤시는, 얼얼한(sore). ⑤ 《俗》 잔혹한, 불공평한(*a ~ deal* 심한 대우). *~ silk* 생사(生絲). —— *n.* 까진〔벗겨진〕 데(*touch a person on the ~.* 아무의 약점을 찌르다). ˊ~**·ness** *n.* 날〔생〕것; 미숙; 거칢.
raw·boned [ˊbóund] *a.* 깡마른.
raw·hide [ˊhàid] *n., vt.* (~*d*) Ⓤ 생가죽, 원피(原皮); Ⓒ 가죽 채찍(으로 때리다).
ráw matérial 원료.
‡ray¹ [rei] *n.* ① 광선; 방사선, 열선(熱線). ② 광명, 번득임, 서광 (*a ~ of hope* 한가닥의 희망). ③ 방사상(狀)의 것. —— *vt., vi.* (빛을) 내쏘다, 방사하다; (*vi.*) 번득이다 (*forth, off, out*).
ray² *n.* 〖魚〗 가오리.
Ráy·leigh wàve [réili] 〖理〗 레일리파(波).
***ray·on** [réiɑn/-ɔn] *n.* Ⓤ 인조견(사), 레이온.
raze [reiz] *vt.* 지우다(erase); (집·도시를) 파괴하다.
rá·zon (bòmb) [réizɑn/-zɔn] *n.* (무선유도의) 방향·항속 범위 가변 폭탄.
‡ra·zor [réizər] *n.* 면도칼.
ra·zor·back [-bæ̀k] *n.* 〖動〗 큰돌고래; 《美》 반야생의 돼지.
razz [ræz] *n., vt.* 《俗》 혹평〔조소〕(하다).
raz·zi·a [rǽziə] *n.* 침략, 약탈.
raz·zle(-daz·zle) [rǽzəl(dǽzəl)] *n.* 《俗》 ① Ⓤ 대법석; (겉으로) 화려한 움직임《쇼 따위》.
Rb 〖化〗 rubidium.
R. B. A. Royal Society of British Artists. **RBE** relative biological efficiency 방사선의 생물학적 효과 비율. **r. b. i.** run(s) batted in. **R. C., RC** Red Cross; Reserve Corps; Roman Catholic. **RCA** Radio Corporation of America. **R. C. A. F., RCAF** Royal Canadian Air Force. **R. C. Ch.** Roman Catholic Church. **rcd.** received. **R. C. M., R. C. P., R. C. S.** Royal College of Music, Physicians, Surgeons. **R. C. S.** 《英》 Royal Corps of Signals. **R/D** refer to drawer. **Rd., rd.** road.

RDB Research and Development Board. **R. D. C.** Rural District Council 지방 의회; Royal Defence Corps. **R. D. F.** radio direction finding (비행기 따위의) 무선 방향 탐지. **RDS** 〖컴퓨터〗 relational data system 관계 데이터 시스템. **RDX** Research Development Explosive (백색·결정성·비수용성의 강력 폭약).

Re 〖化〗 rhenium. 「째 음》.

re[1] [rei, ri:] *n.* 〖樂〗 레 《장음계의 둘

re[2] [ri:] *prep.* (L.) 〖法·商〗 …에 관하여.

re- *pref.* 「다시」「다시 …하다」「거듭」의 뜻: *re*cover. 「gineers.

R. E. Right Excellent; Royal En-

†**reach** [ri:tʃ] *vt.* ① (손을) **뻗치다,** 내밀다; 뻗어서 잡다〔집다〕; 집어서 넘겨주다(*Please ~ me that book.*). ② **도착하다;** 닿다, 미치다, 이르다, 달하다; 달성하다. ③ (마음을) 움직이다, 감동시키다(*Men are ~ed by flattery.*). ④ …와 연락이 되다. —— *vi.* 손〔발〕을 뻗치다; 발돋움하다; 뻗다; 얻으려고 애쓰다(*after, at, for*); 닿다, 퍼지다(*to, into*). —— *n.* ① (손을) 뻗침. ② 손발을 뻗을 수 있는 범위; 미치는〔닿는〕 범위, 한계; 세력 범위. ③ 이해력. ④ 조붓한 후미. *within (easy)* ~ (용이하게) 닿을〔얻을〕 수 있는.

reach-me-down [rí:tʃmidàun] *a., n.* 기성품의; (*pl.*) 《英》 기성복.

***re·act** [ri:ǽkt] *vi.* ① (자극에) **반응하다** (*on, upon*); 〖理〗 반작용하다. ② 반동〔반발〕하다(*to*). ③ 반항하다(*against*); 역행하다.

re-act[2] [rì:ǽkt] *vt.* 거듭 행하다, 재연하다. 「감응 저항.

re·ac·tance [ri:ǽktəns] *n.* Ⓤ 〖電〗

‡**re·ac·tion** [ri:ǽkʃən] *n.* ① **반응,** 반동, 반작용; 〖政〗 (보수) 반동. ② 〖電〗 재생. ***~·ar·y** [-ʃənèri/-ʃənəri] *a., n.* **반동의,** 보수적인; 반작용의; 〖化〗 반응의; 반동〔보수〕주의자.

reáction èngine 〖空〗 반동 엔진 《로켓·제트엔진처럼 분출물에 의한 반동을 에너지원으로 하는 엔진》.

re·ac·tive [ri:ǽktiv] *a.* 반동〔반응〕의. **~·ly** *ad.* 「작용; 반응; 반발.

***re·ac·tiv·i·ty** [rì:æktívəti] *n.* Ⓤ 반

***re·ac·tor** [ri:ǽktər] *n.* 반응을 보이는 사람〔물건〕; **원자로**(爐) (atomic reactor; cf. pile[1]).

†**read**[1] [ri:d] *vt.* (*read* [red]) ① **읽다,** 독서하다; 낭독하다. ② 이해하다; 해독하다; (꿈 따위를) 판단하다; 알아채다, 간파하다; 배우다(~ *law*). ③ …의 뜻으로 읽다; …라고 읽을 수 있다; …을 가리키다(*The thermometer ~s 85 degrees.*). ④ (정오표 따위에서) …라고 있는 것은 …의 잘못(*For "set" ~ "sit".*). ⑤ (컴퓨터에 정보를) 주다(*in*); (컴퓨터에서 정보를) 회수하다(*out*). —— *vi.* ① 읽다, 독서〔공부〕하다; 낭독하다. ② …라고 씌어져 있다; …라고 읽다; …라고 해석할 수 있다. ③ 읽어 들려주다(*to, from*). ④ 〖컴퓨터〗 데이터를 읽다. ***be well ~*** [red] ***in*** …에 정통하다, …에 밝다〔환하다〕. ***~ a person's hand*** 손금을 보다. ***~ between the lines*** 언외(言外)의 뜻을 알아내다. ***~ into*** …의 뜻으로 해석〔곡해〕하다. ***~ out of*** …에서 제명하다. ***~ to oneself*** 묵독하다. ***~ up*** 시험공부하다; 전공하다(*on*). ***~ with*** …의 공부 상대를 하다《가정 교사가》. **⌐·a·ble** *a.* 읽을 만한, 읽어 재미 있는; (글자가) 읽기 쉬운.

†**read**[2] [red] *v.* read[1]의 과거(분사).

re·ad·dress [rì:ədrés] *vt.* 다시 말을 걸다; …의 주소를 고쳐 쓰다.

‡**read·er** [rí:dər] *n.* ① **독본,** 리더. ② **독자,** 독서가. ③ (대학) 강사(lecturer). ④ 출판사 고문《원고를 읽고 채부(採否) 결정에 참여함》; 교정원 (proof-reader).

read·er·ship [-ʃìp] *n.* (신문·잡지의) 독자수; 독자층; reader의 직〔지위〕.

†**read·ing** [rí:diŋ] *n.* ① ⓊⒸ 읽기, **독서**(력); 학식. ② 낭독; 의회의 독회(讀會). ③ Ⓤ 읽을 거리. ④ 해석, 판단. ⑤ (계기의) 시도(示度).

réading bòok 독본.

réading dèsk 독서대.

réading glàss 독서용 확대경.

réading màtter (신문·잡지의) 기사, 읽을 거리.

réading ròom 열람실.

re·ad·just [rì:ədʒʌ́st] *vt.* 다시 하다; 재조정하다. **~·ment** *n.* ⓊⒸ

re·ad·mit [rì:ədmít] *vt.* 다시 인정〔허가〕하다; 재입학시키다.

read·out [rí:dàut] *n.* ⓊⒸ 〖컴퓨터〗 정보 판독〔취득〕.

†**read·y** [rédi] *a.* ① **준비된,** 채비가 된 (prepared) (*to, for*). ② 기꺼이 …하는 (willing); 이제라도 …할 것 같은(be about) (*to* do); 걸핏하면 …하는, …하기 쉬운 (be apt) (*to* do). ③ 즉석의, 재빠른(*a ~ welcome*); 교묘한; 곧 나오는; 손쉬운, 편리한, 곧 쓸 수 있는. ***get*** 〔***make***〕 ***~*** 준비〔채비〕하다. ***~ to hand*** 손가까이에 있는. —— *vt.* 준비〔채비〕하다. ‡**réad·i·ly** *ad.* **쾌히;** 곧, 즉시; 쉽사리. ***réad·i·ness** *n.* Ⓤ

read·y-cooked [-kúkt] *a.* 조리를 마친; 곧 먹을 수 있는.

‡**read·y-made** [-méid] *n.* 만들어 놓은, **기성품의** (opp. custom-made); (의견이) 얻어 들은, 독창성이 없는.

read·y-mix [-mìks, ⌐⌐] *a., n.* (각종 성분을) 조합한 (물건·상품).

réady móney 현금. 「表).

réady réckoner 계산 조견표(早見

réady resérve 예비군.

réady ròom 〖空〗 조종사 대기실.

read·y-to-wear [-təwέər] *n., a.* 《美》 기성복(의).

réady wít 기지(機智), 재치. 「괴 바른.

read·y-wit·ted [-wítid] *a.* 재치있는,

re·a·gent [ri:éidʒənt] *n.* 시약(試藥).

R

†**re·al** [ríːəl, ríəl] *a.* ① 실재〔실존〕하는, 현실의. ② 진실한; 진정한. ③ 부동산의(cf. personal); 〖數〗 실수(實數)의. ~ *life* 실생활. — *ad.* 《美口》=REALLY. *~·**ism** [ríːəlizəm/ríəl-] *n.* Ⓤ 현실〔사실〕주의; 현실성; 〖哲〗 실재론. *~·**ist** [ríːəlist/ríəl-] *n.* †**réal·ly** *ad.* 실제로; 정말로.

***réal estàte** 부동산.

***re·al·is·tic** [rìːəlístik] *a.* 사실(寫實)〔현실·실제〕적인. **-ti·cal·ly** *ad.*

‡**re·al·i·ty** [riːǽləti] *n.* ① Ⓤ 진실〔실제〕임; 실재(함); 현실성(actuality). ② 사실, 현실. ③ ⓊⒸ 〖哲〗 실체. *in* ~ 실제로는 (in fact); 참으로(truly).

†**re·al·ize** [ríːəlàiz] *vt.* ① 실현하다; 사실적으로 표현하다; 현실같이 보이게 하다. ② 실감하다, (절실히) 깨닫다. ③ (증권·부동산을) 현금으로 바꾸다, …에 팔리다. **-iz·a·ble** *a.* ***re·al·i·za·tion** [∸-izéiʃən/-laiz-] *n.* ⓊⒸ

‡**realm** [relm] *n.* ① 〖法〗 왕국(kingdom). ② 영토, 범위. ③ 분야, 부문, 영역.

réal móney 현금.

Re·al·po·li·tik [reiáːlpòulitìːk] *n.* (G.) 현실 정책.

réal próperty 부동산.

réal tíme 〖컴퓨터〗 실(實)시간.

re·al·tor [ríːəltər] *n.* 《美》 부동산 중매인.

re·al·ty [ríːəlti] *n.* Ⓤ 부동산.

réal wáges 실질 임금(opp. nominal wages).

ream[1] [riːm] *n.* 연(連)《20 quires(=480장 또는 500장)에 상당하는 종이의 단위》.

ream[2] *vt.* (구멍을) 크게 하다. ∠·**er** *n.* 구멍을 넓히는 송곳.

re·an·i·mate [riːǽnəmèit] *vt.* 소생〔회생〕시키다; 기운을 북돋우다.

‡**reap** [riːp] *vt.* ① 베다, 베어〔거두어〕들이다. ② 획득하다; 얻다, (행위의 결과로서) 거두다. ~ *as* 〔*what*〕 *one has sown* 뿌린 씨를 거두다《자업 자득》. ***réap·er** *n.* 베(어 들이)는 사람; 수확기(機).

réaping hòok (추수용의) 낫.

réaping machìne 자동 수확기.

***re·ap·pear** [rìːəpíər] *vi.* 다시 나타나다; 재발하다. ~·**ance** [-əpíərəns] *n.* 재현, 재발.

re·ap·point [rìːəpóint] *vt.* 다시 임명하다, 복직〔재선〕시키다. 「재평가.

re·ap·prais·al [rìːəpréizəl] *n.* ⓊⒸ

re·ap·praise [rìːəpréiz] *vt.* …을 재평가하다.

***rear**[1] [riər] *vt.* ① 기르다, 키우다; 사육하다; 재배하다. ② 올리다(lift), 일으키다(raise); 세우다(~ *a temple*). — *vi.* (말이) 뒷발로 서다. ∠·**er** *n.* 양육자; 사육자; 재배자; 뒷다리로 서는 버릇이 있는 말.

‡**rear**[2] ① 뒤, 뒷면, 배후; 〖軍〗 후위. ② 《口》 변소; 《口》 궁둥이. *bring* 〔*close*〕 *up the* ~ 후위를 맡다, 맨 뒤에 오다. — *a.* 뒤〔후방〕의; 배후(로부터)의, 뒷면의(*a* ~ *window* 뒤창); 〖軍〗 후위의. — *vi.* 《英俗》 변소에 가다.

réar ádmiral 해군 소장.

réar guárd 후위(군).

re·arm [riːáːrm] *vi.*, *vt.* 재무장하다〔시키다〕; 재군비하다. **re·ár·ma·ment** *n.* Ⓤ

rear·most [ríərmòust] *a.* 맨 뒤의.

***re·ar·range** [rìːəréindʒ] *vt.* 재정리〔배열〕하다; 다시 정하다. ~·**ment** ⌊*n.* Ⓤ

réar síght (총의) 가늠자.

réar·view〔**-vi·sion**〕 **mírror** [ríərvjùː〔vìʒən〕] (자동차의) 백미러.

rear·ward [ríərwərd] *ad.*, *a.* 뒤로(의), 후부의〔에〕. ~**s** *ad.* 뒤로.

†**rea·son** [ríːzən] *n.* ① ⓊⒸ 이유, 동기. ② Ⓤ 사리; 이성, 제정신, 분별. *as* ~ *was* 이성에 따라서. *be restored to* ~ 제정신으로 돌아오다. *bring to* ~ 사리를 깨닫게 하다. *by* ~ *of* …때문에, …의 이유로. *hear* 〔*listen to*〕 ~ 도리에 따르다. *in* ~ 사리에 맞는. *lose one's* ~ 미치다. *practical* 〔*pure*〕 ~ 실천〔순수〕 이성. *stand to* ~ 사리에 맞다. *with* ~ (충분한) 이유가 있어서. — *vt.* 논하다, 추론하다(*about*, *of*, *upon*); 설복하다. ~ *a person into* 〔*out of*〕 사리로 타일러 …시키다〔그만두게 하다〕. *~·**ing** *n.* ⓊⒸ 추론, 추리; 논증.

‡**rea·son·a·ble** [-əbəl] *a.* ① 합리적인, 분별있는. ② 무리없는, 온당한, (값이) 알맞은. ~·**ness** *n.* ***réa·son·a·bly** *ad.* 합리적으로, 온당하게; 꽤.

re·as·sem·ble [rìːəsémbəl] *vt.*, *vi.* 다시 모으다〔모이다〕. 「〔주장〕하다.

re·as·sert [rìːəsə́ːrt] *vt.* 거듭 단언

re·as·sess [rìːəsés] *vt.* (…을) 재평가하다; …을 다시 할당하다; …에 재과세하다. ~·**ment** *n.*

re·as·sume [rìːəsúːm] *vt.* 다시 취하다; 다시 떠맡다; 다시 시작하다; 다시 가정하다. **re·as·sump·tion** [rìːəsʌ́mpʃən] *n.* ⓊⒸ

***re·as·sure** [rìːəʃúər] *vt.* 안심시키다; 재보증〔재보험〕하다. **re·as·súr·ing** *a.* 안심시키는; 믿음직한. **re·as·súr·ance** *n.* ⓊⒸ 「《古》 약탈하다.

reave [riːv] *vt.*, *vi.* (*reaved*, *reft*)

re·bate [ríːbeit, ribéit] *n.*, *vt.* 할인(하다); 일부 환불(하다).

re·bec(k) [ríːbek] *n.* 중세의 2 또는 3현 악기《활로 켬》. 「아내.

Re·bek·ah [ribékə] *n.* 〖聖〗 이삭의

‡**reb·el** [rébəl] *n.* 반역자. — [ribél] *vi.* (*-ll-*) 모반〔반역〕하다 (*against*); 싫어하다(*at*); 반발하다(*against*).

‡**re·bel·lion** [ribéljən] *n.* ⓊⒸ 모반, 반란. ***re·bél·lious** [-ljəs] *a.* 모반의; 반항적인; 다루기 어려운.

re·bind [riːbáind] *vt.* (*-bound* [-báund]) 다시 묶다〔제본하다〕.

re·birth [riːbə́ːrθ] *n.* ⓊⒸ 다시 태어남, 갱생, 재생, 부활. 「한.

re·born [riːbɔ́ːrn] *a.* 재생한, 갱생

R

re·bound [ribáund] *vi.*, *n.* 되튀다, 되튀기; (감정 따위의) 반발, 반동 (reaction).
re·broad·cast [ri:brɔ́:dkæ̀st, -kɑ̀:st] *n.*, *vt.*, *vi.* (~(*ed*)) ⓊⒸ 재〔중계〕 방송(하다).
re·buff [ribʌ́f] *n.*, *vt.* 거절(하다), 박참, 박차다; 좌절(시키다).
re·build [ri:bíld] *vt.* (*-built* [-bílt]) 재건하다, 다시 세우다.
‡**re·buke** [ribjú:k] *n.*, *vt.* ⓊⒸ 비난(하다), 징계(하다).
re·bus [rí:bəs] *n.* 그림 수수께끼《손 (hand)·모자(cap)의 그림으로 'handicap'을 나타내는 따위》.
re·but [ribʌ́t] *vt.* (**-tt-**) 반박하다, 반증하다(disprove). **re·bút·tal** *n.*
rec. receipt; received; recipe; record(er); recorded; recording.
re·cal·ci·trant [rikǽlsətrənt] *a.*, *n.* 반항적인 (사람), 복종치 않는, 다루기 힘든, 어기대는 (사람). **re·cál·ci·trance, -tran·cy** *n.* Ⓤ
re·ca·lesce [rì:kəlés] *vi.* 〖冶〗 (뜨거워진 쇠가 냉각 중) 다시 뜨거워지다, 재열(再熱)하다. **re·ca·lés·cence** *n.* 〖冶〗 Ⓤ 재열. **-cent** *a.*
‡**re·call** [rikɔ́:l] *vt.* ① 다시 불러 들이다; (외교관 따위) 소환하다. ② 취소하다; (일반 투표로) 해임하다. ③ 생각나(게 하)다, 상기시키다. —— *n.* ⓊⒸ 다시 불러들임, 소환; 취소; 해임; 상기. ***beyond*** 〔***past***〕 ~ 돌이킬 수 없는. **~·a·ble** *a.* **~·ment** *n.*
re·cant [rikǽnt] *vt.* 취소하다, 철회하다. —— *vi.* 자설(自說)〔앞서 말한 것〕의 철회를 공포하다. **re·can·ta·tion** [rì:kæntéiʃən] *n.* ⓊⒸ
re·cap [rí:kǽp] *vt.* (**-pp-**) (타이어의 표면을 가류(加硫) 처리하고 고무조각을 대어) 재생시키다(cf. retread). —— *n.* [⌐⌐] (고무 댄) 재생 타이어.
re·ca·pit·u·late [rì:kəpítʃəlèit] *vt.* 요점을 되풀이하다; 요약하다. **re·ca·pit·u·la·tion** [⌐-⌐-léi-] *n.* ⓊⒸ 요약; 〖生〗 발생 반복《선조의 발달 단계의, 태내에서의 요약적 되풀이》; 〖樂〗 (소나타 형식의) 재현부.
***re·cap·ture** [ri:kǽptʃər] *n.*, *vt.* Ⓤ 탈환(하다).
re·cast [rí:kæ̀st, -kɑ̀:st] *n.* 개주(改鑄); 개작; 배역〔캐스트〕 변경; 재계산. —— [⌐⌐] *vt.* (~) recast 하다.
rec·ce, rec·cy [réki], **rec·co** [rékou] *n.*《軍口》정찰(reconnaissance).
recd. received.
***re·cede** [risí:d] *vi.* ① 물러나다〔서다〕, 멀리 물러가다; 쑥 들어가다, 움츠리다. ② 손을 떼다 (*from*); (가치가) 떨어지다, 쇠퇴하다.
‡**re·ceipt** [risí:t] *n.* ① Ⓤ 수령, 수취. ② 영수증; (*pl.*) 영수액. ③《方》처방, 제법(recipe). —— *vt.* 영수필(畢)이라고 쓰다; 영수증을 떼다.
†**re·ceive** [risí:v] *vt.* ① 받다, 수취하다; 수령하다. ② (공격·질문 따위를) 받아 넘기다, 수신(受信)하다; 수용하다; 맞이하다; 대접〔접대〕하다 (entertain). ③ 이해〔용인〕하다. **re·céived** [-d] *a.* 일반적으로 인정된, 용인된. ‡**re·céiv·er** *n.* 수취인; 받는 그릇; 수신〔수화〕기. **re·céiv·ing** *a.* 수신(용)의.
recéived pronunciátion《英》표준 발음《생략 R. P.》.
Recéived Stándard Énglish 공인 표준 영어.
recéiving lìne 손님을 맞는 주최자·주빈들의 늘어선 줄.
recéiving sèt 수신기; 수상기(受像機).
‡**re·cent** [rí:sənt] *a.* 최근의(late); 새로운. ‡**ré·cent·ly** *ad.* 요사이, 최근 (lately). **~·ness, ré·cen·cy** *n.* Ⓤ (사건 따위) 새로움.
***re·cep·ta·cle** [riséptəkəl] *n.* 용기(容器); 저장소.
‡**re·cep·tion** [risépʃən] *n.* ① Ⓤ 받아들임, 수령, 수리; 수용. ② 응접, 접대, 환영(의 모임). ③ Ⓤ 입회 (허가). ④ Ⓤ 평판; 시인; 수신(상태). **~·ist** [-ʃənist] *n.* 응접계, 접수원.
recéption àrea 피난 지역.
recéption cèntre《英》살 곳을 잃은 가족을 위한 공공 수용 시설.
recéption dèsk 접수석; (호텔의) 프론트.
recéption òrder《英》(정신 병원에의) 입원 허가〔명령〕.
recéption ròom 응접실; 접견실.
***re·cep·tive** [riséptiv] *a.* 잘 받아들이는 (*of*), 민감한. **re·cep·tiv·i·ty** [⌐-tívəti, rì:sep-] *n.* Ⓤ
re·cep·tor [riséptər] *n.* 〖生〗 수용기(受容器); 감각 기관〔세포〕.
‡**re·cess** [rí:ses, risés] *n.* ① ⓊⒸ 휴식; 쉬는 시간; (대학 따위의) 휴가; (의회의) 휴회. ② (보통 *pl.*) 깊숙한〔후미진〕 곳; (마음) 속; 은퇴소, 구석; 벽에 움푹 들어간 선반(niche); 방안의 후미져 구석진 곳(alcove). —— *vt.* (벽에) 움푹 들어간 선반을 만들다, 구석에 두다, 감추다; 뒤로 물리다. —— *vi.*《美》휴업하다, 쉬다.
***re·ces·sion**[1] [riséʃən] *n.* ① Ⓤ 퇴거, 퇴장(receding). ② (경기 등의) 후퇴(기). ③ (벽 등의) 움푹 들어간 선반(recess). **~·al** [-ʃənəl] *a.*, *n.* 퇴장할 때 부르는 (찬송); 휴회〔휴정〕의.
re·ces·sion[2] *n.* Ⓤ (점령지 등의) 반환.
re·ces·sive [risésiv] *a.* 〖遺傳〗 열성(劣性)의.
re·cher·ché [rəʃέərʃei] *a.* (F.) 정선된(choice), 꼼꼼한, 정성들인.
re·cid·i·vism [risídəvìzəm] *n.* 상습적 범행, 반복 범죄 성향. **-vist** *n.* 누범자, 상습범.
***rec·i·pe** [résəpi:] *n.* 처방; 요리법; 방법(*for*).
re·cip·i·ent [risípiənt] *a.*, *n.* 받아들이는 (사람), 수취인.
***re·cip·ro·cal** [risíprəkəl] *a.* 상호의, 호혜적(互惠的)인; 역(逆)의 (*a* ~ *ratio* 역비). —— *n.* 상보(관계)물; 〖數〗 역수《1/5과 5, 따위》. **~·ly** [-kəli] *ad.*
re·cip·ro·cate [-rəkèit] *vt.*, *vi.* 교환하다; 보답하다, 답례하다 (*with*); 〖機〗 왕복 운동시키다〔하다〕. **re·cip·ro·ca·tion** [-⌐-kéiʃən] *n.* Ⓤ
recíprocating èngine 왕복 기관, 피스톤식 기관.

rec·i·proc·i·ty [rèsəprásəti/-ɔ́-] *n.* Ⓤ 교호 작용; 호혜주의.

re·ci·sion [reisíʒən] *n.* Ⓤ 취소.

***re·cit·al** [risáitl] *n.* ① 암송; 상술(詳述); 이야기. ② 독주〔독창〕(회).

***rec·i·ta·tion** [rèsətéiʃən] *n.* ① ⓊⒸ 자세한 이야기; 암송, 낭독. ② ⓊⒸ 《美》(예습 과목의) 암송; 그 수업.

rec·i·ta·tive [rèsətətí:v] *n.* (가극의) 서창(敍唱)부〔조〕《노래와 대사와의 중간의 창영(唱詠)법》.

‡re·cite [risáit] *vt., vi.* ① 암송〔음송〕하다. ② (자세히) 이야기하다, 말하다(narrate).

reck [rek] *vi., vt.* 《詩·雅》 주의하다; 개의하다; (…에 대하여) 중대하다.

‡reck·less [⌐lis] *a.* 무모한; 개의치 않는 (*of*). **～·ly** *ad.* **～·ness** *n.*

‡reck·on [rékən] *vt.* ① 세다, 계산하다. ② 평가하다; 단정하다(*that*); 생각하다, 간주하다(regard) (*as, for; to* be). ③ 돌리다 (*to*). —— *vi.* 세다, 계산하다; 《美》 생각하다; 기대하다(*on, upon*); 고려에 넣다, …와 셈〔청산〕하다 (*with*). **～·er** *n.* ***～·ing** *n.* ⓊⒸ 계산(서), 셈; 청산, 측정; 청산일; 최후의 심판일. ***out in one's ～ing*** 기대가 어긋나서.

re·claim** [rikléim] *vt.* ① …의 반환을 요구하다; 되찾다. ② 교화〔교정〕하다; 《古》(매사냥의 매를) 길들이다. ③ 개척하다; 매립(埋立)하다. —— *n.* Ⓤ 교화, 개심(의 가능성). ***past ～ 회복〔교화〕의 가망이 없는.

rec·la·ma·tion [rèkləméiʃən] *n.* ⓊⒸ 개간, 매립; 개선, 교정.

***re·cline** [rikláin] *vi., vt.* 기대(게 하)다(*on*); (*vi.*) 의지하다(rely)(*on, upon*).

re·cluse [riklú:s, réklu:s; *a.* riklú:s] *a., n.* 속세를 버린; 속세를 떠난 사람.

re·clu·sive [riklú:siv] *a.* 은둔한; 쓸쓸한.

‡rec·og·ni·tion [rèkəgníʃən] *n.* ⓊⒸ ① 인식, 승인. ② 표창. ③ 아는 사이; 인사(greeting). ***in ～ of*** …을 인정하여; …의 보수로서.

re·cog·ni·zance [rikágnəzəns/-ɔ́-] *n.* ⓊⒸ 〖法〗 서약(서); 보증〔보석〕금.

‡rec·og·nize [rékəgnàiz] *vt.* ① 인정하다; 인식〔인지〕하다. ② 승인하다; (사람을) 알아보다; (아무개로) 알아보고 인사하다. ③ 《美》(의회에서) 발언을 허가하다. ***-niz·a·ble** *a.*

***re·coil** [rikɔ́il] *n., vi.* 튀어 되돌아옴〔오다〕, 반동(하다); (공포·혐오 따위로) 뒷걸음질(치다)(*from*); 움츠리다; 퇴각하다(*from, at, before*).

re-coil [ri:kɔ́il] *vt., vi.* 다시 감다〔감겨지다〕.

re·coin [ri:kɔ́in] *vt.* 개주(改鑄)하다.

‡rec·ol·lect [rèkəlékt] *vt.* 회상하다. **‡rec·ol·léc·tion** *n.* ⓊⒸ 회상; 기억.

re-col·lect [rì:kəlékt] *vt.* 다시 모으다; (마음을) 가라앉히다 (compose).

re·com·bi·nant [ri:kámbənənt/-ɔ́-] *n.* 〖生化〗 재결합(再結合)된 개체.

re·com·bi·na·tion [rì:kàmbənéiʃən/-kɔ̀m-] *n.* Ⓤ 〖生化〗 (유전자의) 재결합.

‡rec·om·mend [rèkəménd] *vt.* ① 추천하다. ② 권고〔충고〕하다 (*to* do; *that*). ③ 좋은 느낌을 갖게 하다(*Her elegance ～s her.* 그 여자는 품위가 있어 호감을 갖게 한다.). **～·a·ble** *a.* 추천할 수 있는, 훌륭한.

‡rec·om·men·da·tion [rèkəmendéiʃən] *n.* ⓊⒸ 추천(장); Ⓤ 권고; 장점. **rec·om·mend·a·to·ry** [-méndətɔ̀:ri/-təri] *a.* 추천의; 장점이 되는; 권고적인.

re·com·mit [rì:kəmít] *vt.* (*-tt-*) 다시 행하다〔범하다〕; 다시 투옥하다; (의안 따위를 위원회에) 다시 회부하다. **～·ment, ～·tal** *n.* Ⓤ

‡rec·om·pense [rékəmpèns] *n., vt.* ⓊⒸ 갚다, 보답(하다); 보상(하다).

‡rec·on·cile [rékənsàil] *vt.* ① 화해시키다(*to, with*). ② 단념시키다. ③ 조화〔일치〕시키다 (*to, with*). ***～ oneself to*** …에 만족하다, 단념하고 …하다. **～·ment,** ***rec·on·cil·i·a·tion** [⌐-sìliéiʃən] *n.* ⓊⒸ 조정; 화해; 조화. **rec·on·cil·i·a·to·ry** [rèkənsíliətɔ̀:ri/-təri] *a.*

re·con·dite [rékəndàit, rikándait/rikɔ́n-] *a.* 심원한; 난해한; 숨겨진.

re·con·fig·ure [rì:kənfígjər/-gər] *vt.* (항공기·컴퓨터의) 형〔부품〕을 교체하다. 「*n.* ⓊⒸ 정찰(대).

***re·con·nais·sance** [rikánəsəns/-ɔ́-]

re·con·noi·ter, 《英》 **-tre** [rèkənɔ́itər, rì:-] *vt.* (적정(敵情)을) 정찰하다; (토지를) 조사〔답사〕하다.

***re·con·sid·er** [rì:kənsídər] *vt., vi.* 재고하다; 〖議會〗 재심하다. **re·con·sid·er·a·tion** [⌐-⌐-éiʃən] *n.* Ⓤ

‡re·con·struct [rì:kənstrʌ́kt] *vt.* 재건〔개조〕하다. **‡re·con·strúc·tion** *n.* Ⓤ **-tive** *a.*

re·con·vert [rì:kənvə́:rt] *vt.* 복당(復黨)〔재개종·재전환〕시키다. **-vér·sion** [-ʃən, -ʒən] *n.* Ⓤ 복당; (평화산업으로의) 재전환.

†re·cord [rikɔ́:rd] *vt.* 기록하다. —— [rékərd/-kɔ:rd] *n.* ① 기록; (경기의) (최고) 기록. ② 음반, 레코드(disc). ③ 이력; (학교의) 성적. ***on* 〔*off*〕 *the ～*** 공식〔비공식〕으로. **‡～·er** [rikɔ́:rdər] *n.* 기록원〔기〕; 녹음기.

récord brèaker 기록 경신자.

récord fìlm 기록 영화.

***re·cord·ing** [-iŋ] *a.* 기록〔녹음〕하는, 기록용의, 기록계원의. —— *n.* ⓊⒸ 기록, 녹음; Ⓒ 녹음 테이프, 음반.

recórding ángel 〖宗〗 인간계(界)를 기록하는 천사. 「보관소.

Récord Òffice 《英》(런던의) 공문서

‡récord plàyer 레코드 플레이어.

re·cord·ty·ing [-tàiiŋ] *a.* 타이〔동점〕기록의. 「기하다.

***re·count** [rikáunt] *vt.* (자세히) 이야

re-count [rí:káunt, ⌐⌐] *n.* 재(再)계산. —— *vt.* [ri:káunt] 재계산하다.

re·coup [rikú:p] *vt.* 벌충하다, 보상하다; 메우다. ***～ oneself*** 손실(등)

을 회복하다.

*re·course [rí:kɔ:rs, rikɔ́:rs] *n.* ① UC 의지(가 되는 것). ② U 《法》 상환 청구. *have* ~ *to* …에 의지하다, …을 사용하다.

‡re·cov·er [rikʌ́vər] *vt.* ① **되찾다**, 회복하다. ② 회복시키다. ③ 보상하다, 벌충하다. —— *vi.* **회복〔완쾌〕하다**(*from, of*); 소생하다; 소송에 이기다. ~ *oneself* 소생하다; 제정신〔냉정〕을 되찾다. ‡**re·cóv·er·y** [-vəri] *n.* UC **회복**, 완쾌; 되찾음; 승소. 「〔표지〕를 갈아 붙이다.

re·cov·er [ri:kʌ́vər] *vt.* …의 덮개

rec·re·ant [rékriənt] *a.* 겁많은, 비겁한; 불성실한. —— *n.* 비겁자; 변절자. **-an·cy** *n.* U

rec·re·ate [rékrièit] *vt., vi.* 휴양시키다〔하다〕, 기운나게 하다(refresh); 즐기(게 하)다.

re-cre·ate [rì:kriéit] *vt.* 개조하다. **re-cre·á·tion** *n.* UC

†**rec·re·a·tion** [rèkriéiʃən] *n.* UC **휴양**, 보양, 기분 전환, 오락.

*__rec·re·a·tion·al__ [rèkriéiʃənəl] *a.* **오락적인**, 기분 전환이 되는; 휴양의.

recreátion ròom 〔**hàll**〕 오락실.

re·crim·i·nate [rikrímənèit] *vi.* 되받아 비난하다, 응수하다. **re·crim·i·na·tion** [-∸-néiʃən] *n.* UC

réc ròom 〔**hàll**〕 《口》 =RECREATION ROOM.

re·cru·desce [rì:kru:dés] *vi.* 재발하다, 재연하다《병, 아픔, 불평 등이》. 「UC 재발(再發).

re·cru·des·cence [rì:kru:désns] *n.*

*__re·cruit__ [rikrú:t] *vt.* ① (신병·신회원을) **모집하다**; …에 신병(등)을 넣다; 보충하다. ② (수를) 유지하다, 증가하다; 원기를 북돋우다. —— *vi.* 신병을 모집하다; 보충하다; 보양하다, 원기가 회복되다. —— *n.* 신병, 신입 사원, 신회원; 신참자. 「tory.

rect. receipt; rectified; rector; rec-

rec·tal [réktl] *a.* 《解》 직장의.

*__rec·tan·gle__ [réktæ̀ŋgəl] *n.* **직사각형**.

*__rec·tan·gu·lar__ [rektǽŋgjələr] *a.*

recti- 「바른, 곧은」의 뜻의 결합사.

rec·ti·fy [réktəfài] *vt.* 고치다, 바로잡다(correct); 수정하다; 《電》 정류(整流)하다. ~***ing tube*** 〔***valve***〕 정류관. **réc·ti·fi·er** *n.* **rec·ti·fi·ca·tion** [∸-fikéiʃən] *n.* U 시정; 수정; 정류.

rec·ti·lin·e·ar [rèktəlíniər] *a.* 직선의〔을 이루는〕, 직선으로 둘러싸인.

rec·ti·tude [réktətjù:d] *n.* U 정직, 성실(integrity).

rec·to [réktou] *n.* (책의) 오른쪽 페이지; (종이의) 표면 (opp. verso).

*__rec·tor__ [réktər] *n.* ① 《英國國敎》 **교구 사제**; 《監督敎會》 교구 목사; 《카톨릭》 (수도)원장. ② 교장, 학장, 총장. ~**·ship** [-ʃip] *n.* UC **rec·to·ry** [réktəri] *n.* rector의 저택〔수입〕. **rec·to·ri·al** [rektɔ́:riəl] *a.*

rec·tum [réktəm] *n.* (*pl.* ***-ta*** [-tə]) 직장(直腸). **réc·tal** *a.*

re·cum·bent [rikʌ́mbənt] *a.* 가로누운, 기댄; 경사진; 활발하지 못한. **-ben·cy** *n.* U

re·cu·per·ate [rikjú:pərèit] *vt., vi.* (건강·원기 따위를) 회복시키다〔하다〕. **re·cu·per·a·tion** [-∸-éiʃən] *n.* U **-a·tive** [-rèitiv, -rə-] *a.*

*__re·cur__ [rikə́:r] *vi.* (***-rr-***) (이야기가) **되돌아가다**(*to*); **회상하다**; (생각이) 다시 떠오르다; 재발하다; 되풀이하다.

re·cur·rent [rikə́:rənt, -ʌ́-] *a.* 회귀〔재발·순환〕하는. **re·cúr·rence** *n.* UC 「熱).

recúrrent féver 《病》 회귀열(回歸

recúrring décimal 《數》 순환소수.

recúrsion fòrmula 《數》 귀납식, 회귀 공식.

re·cur·sive [rikə́:rsiv] *a.* 《컴퓨터》 반복적인, 회귀적인; 《數》 귀납적인.

re·cy·cle [ri:sáikəl] *vt., vi.* (불용품을) 재생하다, 원상으로 하다. **-cling** *n.* 재생 이용.

†**red** [red] *a.* (***-dd-***) ① **빨간**; 작열하는. ② 피에 물든, 잔인한(*a* ~ *vengeance*). ③ (정치적) 적색의, 혁명적인, 공산주의의, 과격한(radical); (R-) 소련의. ***turn*** ~ 붉어지다; 적화하다. —— *n.* ① UC **빨강**(물감); U 붉은 옷. ② (종종 R-) 공산당원. ③ (보통 the ~) 적자 (opp. black). ***in the*** ~ 적자를 내어(in debt). ***see*** ~ 격노하다. ***the Reds*** 적군(赤軍).

re·dact [ridǽkt] *vt.* 작성하다(draft); 편집하다(edit); (원작을) 축소하다. **re·dác·tion** *n.* UC 편집, 개정(판).

Réd Ármy 적군(赤軍), 소련군.

red·bait [rédbèit] *vt.* 공산주의자라 하여 탄압하다.

red·blind [∸blàind] *a.* 적색 색맹의.

red·breast [∸brèst] *n.* 울새(robin); (미국산) 도요새의 일종.

red·brick [∸brìk] *a.* 《英》 (대학이) 역사가 짧은, 신설 대학의.

red·bud [∸bʌ̀d] *n.* (미국산) 박태기나무. 「(R-) 《英口》 헌병.

red·cap [∸kæ̀p] *n.* 《美》 (역의) 짐꾼;

réd cárpet 정중〔성대〕한 대우, 환대; (고관을 맞는) 붉은 카펫.

réd cént 《美》 1센트 동전; 피천; 보잘 것 없는 액수〔양〕.

Réd Chína 중공.

réd córpuscle 적혈구 (red blood cell).

*__Réd Cróss__ (the ~) 적십자(사); (r- c-) 성(聖)조지 십자장(章)《영국 국장》.

Réd Cróss Society, the 적십자사.

*__red·den__ [rédn] *vt., vi.* **붉게 하다**, 붉어지다.

*__red·dish__ [rédiʃ] *a.* **불그스름한**.

red-dog [∸dɔ̀:g/-ɔ-] *vt., vi.* (***-gg-***) 《美式축구》 (…으로) 스크럼선을 넘어 돌진하다.

*__re·deem__ [ridí:m] *vt.* ① **되사다**, **되찾다**, 회복하다. ② 속죄하다; 구조하다(rescue). ③ (약속을) 이행하다(fulfill). ④ 보상하다; (결점을) **보충하다**. ⑤ 태환(兌換)하다; (국채 따위

를) 상환하다. ⑥ (몸값을 치르고) 구해 내다. *~ing point* (결점을 보충하는) 미점; 장점. **~·a·ble** *a.* 되살〔되받을〕 수 있는; 상환〔태환〕할 수 있는; 속죄할 수 있는. **~·er** *n.* ***the Redeemer*** 예수, 구세주.

***re·demp·tion** [ridémpʃən] *n.* Ⓤ ① 되사기, 되받기(redeeming). ② (속전을 내고) 죄인을 구제함; 상각(償却); 구출(rescue). ③ (예수에 의한) 속죄, 구원(salvation). ④ 벌충.

re·de·ploy [rìːdiplɔ́i] *vt.* (부대 따위를) 전진〔이동〕시키다; (노동력을) 재배치하다. **~·ment** *n.* Ⓤ

réd flág 적기《위험 신호기·혁명기》; (the R- F-) 적기가(歌); 성나게 하는 물건.

Réd Guárd 홍위병《중공 문화 혁명 때의》.

red-hand·ed [rédhǽndid] *a.* 잔인한; 현행범의.

réd hát 추기경(의 붉은 모자).

red·head [ˊhèd] *n.* 빨간 머리의 사람; 〖鳥〗 흰죽지 류(類)의 새.

réd hérring 훈제(燻製) 청어; 사람의 주의를 딴 데로 돌리게 하는 것〔도구, 수단〕.

***red-hot** [ˊhát/-ɔ́-] *a.* ① 빨갛게 단. ② 열의에 찬; **격렬한**(violent). ③ (뉴스가) 새로운, **최신의**.

re·dif·fu·sion [rìːdifjúːʒən] *n.* Ⓤ 공개 방송; (영화관에서의) 텔레비전 프로 상영.

Réd Índian 아메리카 토인, 인디언.

red·in·gote [rédiŋgòut] (＜*riding coat*) *n.* 인버네스 비슷한 옛날의 남자 외투; (그와 비슷한 지금의) 여자 코트.

réd ínk 붉은 잉크; 《口》 적자, 손실.

red-ink [rédíŋk] *vt.* 붉은 잉크로 기입하다〔쓰다〕.

red·in·te·grate [redíntəgrèit] *vt., vi.* (완전히) 원상 복구하다(re-establish). **red·in·te·gra·tion** [-ˌ-ˊgréiʃən] *n.* Ⓤ

re·di·rect [rìːdirékt, -dai-] *vt.* 다시 DIRECT 하다. ── *a.* 〖法〗 재(再)직접의. ~ *examination* 재직접 심문.

re·dis·trict [riːdístrikt] *vt.* 《美》 (주·군(郡)을) 재구분하다; 선거구를 개정하다.

red·i·vi·vus [rèdəváivəs] *a.* 되살아난(*a Napoleon* ~ 나폴레옹의 재래).

réd lámp (병원·약방의) 붉은 외등; 정지〔위험〕 신호.

réd láne 《兒》 목.

réd léad 연단(鉛丹).

red-let·ter [rédlétər] *a.* 붉은 글자의, 기념할 만한(*a* ~ *day* 경축일).

réd líght (교통의) 붉은 신호; 위험 신호. ***see the*** ~ 위험을 느끼다, 겁내다.

réd-líght dìstrict [ˊláit] 홍등가.

réd màn ＝RED INDIAN.

réd mèat 붉은 고기《소·양고기 등》.

red·neck [ˊnèk] *n.* 《美》《蔑》 (남부의) 촌사람, (가난한) 백인 농장 노동자.

red·o·lent [rédələnt] *a.* 향기로운; …의 향기가 나는; …을 생각케 하는 (suggestive) (*of*); …을 암시하는. **-lence** *n.* Ⓤ **~·ly** *ad.*

***re·dou·ble** [riːdʌ́bəl] *vt., vi.* 강화하다〔되다〕; **배가하다**; 《古》 되풀이하다(repeat); 〖브리지〗 (상대가 배액을 건 때) 다시 그 배액을 걸다.

re·doubt [ridáut] *n.* 〖築城〗 (요충지의) 각면 보루(角面堡壘).

re·doubt·a·ble [-əbəl] *a.* 무서운; 존경할 만한. **-bly** *ad.*

re·dound [ridáund] *vi.* …에 기여하다(contribute) (*to*); (결과로서) …이 되다; 되돌아오다(*upon*).

réd pépper 고추(가루) (cayenne pepper).

***re·dress** [ridrés] *vt., n.* ⓊⒸ (부정 따위를) **바로잡다**〔바로잡음〕; 개선〔구제〕(하다); **배상**(하다). **~·a·ble** *a.* **~·er, re·drés·sor** *n.*

re-dress [riːdrés] *vt.* 다시 입히다〔손질하다〕; 붕대를 고쳐 감다.

Réd Séa, the 홍해(紅海).

red·shirt [rédʃəːrt] *n.* 《美》 1년 유급하여 선수 생활을 연장하는 대학생. ── *vt.* 유급 선수이므로 1년간 출전을 안 시키다.

red-short [ˊʃɔ̀ːrt] *a.* 〖冶〗 열을 가하면 무른《유황분이 많은 쇠 등》.

red·skin [rédskìn] *n.* ＝RED INDIAN.

Réd Squáre (모스크바의) 붉은광장.

Réd Stár 국제적 동물 애호 단체; (the ~) 소련 국방성 기관지.

réd tápe 〔tápism〕 (공문서 매는) 붉은 띠; 관청식, 형식주의, 번문욕례(煩文縟禮).

réd tíde 적조(赤潮) 《미생물 때문에 바닷물이 붉게 보이는 현상》.

red·top [ˊtàp/-ɔ̀-] *n.* 흰겨이삭 《목초》.

‡re·duce [ridjúːs] *vt.* ① **줄이다, 축소하다**. ② (어떤 상태로) **떨어뜨리다**. ③ 말라빠지게 하다. ④ **진압하다**, 항복시키다. ⑤ 변형시키다, 간단히 하다; 분류〔분해〕하다. ⑥ 격하시키다(degrade); 영락〔약화〕시키다; (페인트 등을) 묽게 하다(dilute); 퇴화시키다. ⑦ 〖化〗 환원하다; 〖數〗 환산하다, 약분하다; 〖冶〗 제련하다; 〖外〗 (탈구 따위를) 정복(整復)하다. ── *vi.* **줄다**; (식이요법으로) 체중을 줄이다. **re·dúced** [-t] *a.* 감소〔축소〕한, 할인한; 영락한; 환원한. **re·dúc·er** *n.* **re·dúc·i·ble** *a.*

redúcing àgent 〖化〗 환원제.

re·duc·ti·o ad ab·sur·dum [ridʌ́ktiòu æd æbsə́ːrdəm] (L.) ＝REDUCTION to absurdity.

‡re·duc·tion [ridʌ́kʃən] *n.* ① Ⓤ 변형. ② ⓊⒸ **감소**(액), 축소. ③ Ⓤ 저하, 쇠미. ④ Ⓤ 정복, 정골(整骨). ⑤ Ⓤ 〖化〗 **환원**. ⑥ Ⓤ 〖數〗 환산, 약분. ⑦ ⓊⒸ 〖論〗 환원법. ~ *to absurdity* 〖論〗 귀류법.

redúction divísion 〖生〗 감수분열.

redúction gèar 감속 기어〔장치〕.

re·dun·dant [ridʌ́ndənt] *a.* 쓸데없는, 군; 장황한, 번거로운. **~·ly** *ad.*

R

re·dún·dance, -dan·cy *n.* U,C 과잉, 여분; 〖컴퓨터〗 용장도(冗長度).

re·du·pli·cate [ridjú:pləkèit] *vt.* 이중으로 하다, 배가하다; 되풀이하다. —— [-kit] *a.* 중복된. **re·du·pli·ca·tion** [-ˊ-kéiʃən] *n.* U,C 이중화, 배가; 반복; 〖言〗 중복 《(동모음) *murmur;* (이모음) *zigzag*》.

red·wing [rédwìŋ] *n.* 〖鳥〗 개똥지빠귀의 일종. 「U 붉은 색의 목재.

red·wood [ˊwùd] *n.* 미국 삼나무;

re·ech·o [ri(:)ékou] *n.* (*pl.* *~es*), *vt.*, *vi.* 다시 반향(하다).

‡**reed** [ri:d] *n.* ① 갈대. ② (피리의) 혀. ③ 《詩》 갈대피리, 전원시; 화살. ***a broken ~*** 믿지 못할 사람. **ˊ·y** *a.* 갈대 같은〔가 많은〕; 갈대피리 비슷한 소리의; (목소리가) 새된.

réed òrgan 리드 오르간《보통의 풍금》(cf. pipe organ).

re·ed·u·cate [ri:édʒukèit] *vt.* 재교육하다, 세뇌하다. **re·ed·u·ca·tion** [-ˊ-kéiʃən] *n.* U 「하다); 광맥.

***reef**[1] [ri:f] *n.* 암초(*strike a ~* 좌초

reef[2] *n.*, *vt.* 〖海〗 (돛의) 축범부(縮帆部); 축범하다, 짧게 하다. **ˊ·er** *n.* 돛 줄이는 사람; (선원 등의) 두꺼운 상의; 《美俗》 마약이 든 궐련; 《美俗》 냉동차, 냉동선(船).

réef knòt 옭매듭(square knot).

reek [ri:k] *n.*, *vi.* U 김(을 내다); U,C 악취(를 풍기다); …의 냄새가 나다 (*~ of blood* 피비린내 나다/ *~ of murder* 살기를 띠다). **ˊ·y** *a.*

‡**reel**[1] [ri:l] *n.* ① (전선·필름 따위를 감는) 얼레, 릴; 실패. ② 〖映〗 1권 《약 1000 ft.》 (*a six-~ film*, 6권 짜리). ③ (낚싯대의) 줄 감개, 릴. ***off the ~*** (실 따위가) 술술. —— *vt.* 물레에 감다, (실을) 잣다. —— *vi.* (귀뚜라미 따위가) 귀뚤귀뚤 울다.

reel[2] *vi.* 비틀거리다; (대오·전열이) 흐트러지다; 현기증나다. —— *n.* 비틀거림, 갈짓자 걸음.

reel[3] *n.* (Scotland의) 릴(춤).

***re·e·lect** [rì:ilékt] *vt.* 재선하다. ***re·e·léc·tion** *n.* U,C

re·en·force [rì:enfɔ́:rs] *v.* =REINFORCE. 「시키다〔하다〕.

re·en·list [rì:enlíst] *vt.*, *vi.* 재입대

***re·en·ter** [ri:éntər] *vi.*, *vt.* 다시 들어가다〔넣다〕; (우주선이) 재돌입하다. **~·a·ble** *a.* 〖컴퓨터〗 재입(再入) 가능한. **-try** *n.* U,C

re·éntry còrrider (우주선의 대기권) 재돌입 회랑〔통로〕.

***re·es·tab·lish** [rì:estǽbliʃ] *vt.* 재건하다. **~·ment** *n.* U

reeve[1] [ri:v] *vt.* (*~d, rove*) 〖海〗 (밧줄을) 꿰다 (*through*), 구멍에 꿰어 동여매다.

reeve[2] *n.* 〖英史〗 (고을의) 수령, (지방의) 장관; (장원(莊園)의) 감독.

re·ex·am·ine [rì:egzǽmin] *vt.* 재시험〔재심리〕하다. **re·ex·am·i·na·tion** [-ˊ-ənéiʃən] *n.* U,C

re·ex·port [rì:ikspɔ́:rt] *vt.* 재수출하다. —— [ri:ékspɔ:rt] *n.* U,C 재수출(품). **re·ex·por·ta·tion** [ˊ---téiʃən] *n.* U

ref. referee; reference; referred; reformation; reformed; refrain.

Ref. Ch. Reformed Church.

re·fec·tion [rifékʃən] *n.* 식사(meal); U (원기) 회복. 「학교 등의) 식당.

re·fec·to·ry [riféktəri] *n.* (수도원·

‡**re·fer** [rifə́:r] *vt.* (*-rr-*) ① 문의〔조회〕하다; 참조시키다 (*~ a person to a book*). ② …에 돌리다, …에 속하는 것으로 하다(attribute)(*to*). —— *vi.* ① 인증(引證)하다, 참조〔문의〕하다 (*to*). ② 관계하다, 대상으로 삼다 (*to*). ③ 언급하다, 암암리에 가리키다 (*to*). ***~ oneself to*** …에 의뢰하다, …에 맡기다. **ref·er·a·ble** [réfərəbəl, rifə́:r-] *a.*

***ref·er·ee** [rèfərí:] *n.*, *vt.* 중재인; 심판원; 중재〔심판〕하다.

‡**ref·er·ence** [réfərəns] *n.* ① U,C 참조(문); 참고; 인용문; 참고 자료. ② 참조 부호 《*†§ 따위》 (~ mark); 인용문; 표제. ③ U 언급; 관계; 〖文〗 (대명사가) 받음. ④ 문의; 조회(처). ⑤ U 위탁, 부탁. ***cross ~*** (같은 책 중의) 전후 참조. ***frame of ~*** (일관된) 몇 개의 사실; 체계적인 원리. ***in*** (***with***) ***~ to*** …에 관하여. ***make ~ to*** …에 언급하다. ***without ~ to*** …에 관계없이, …에 불구하고.

réference bòok 참고 도서《사전·연감 등》. 「출은 않음》.

réference líbrary 참고 도서관《대

réference màrk =REFERENCE ②.

ref·er·en·dum [rèfəréndəm] *n.* (*pl.* *~s, -da* [-də]) 국민 투표 (제도).

ref·er·ent [réfərənt] *n.* 〖言〗 말이 가리키는 사물〔대상〕.

ref·er·en·tial [rèfərénʃəl] *a.* 지시의; 지시하는; 관련한(*~ use of a word* 말의 지시적 용법).

re·fill [ri:fíl] *vt.* 다시 채우다〔채워 넣다〕. —— [ˊ-] *n.* 다시 채워 넣기〔넣은 물품〕.

***re·fine** [rifáin] *vt.* ① 정제〔정련〕하다, 순화(純化)하다. ② 세련되게 하다, 고상〔우아〕하게 하다, (문장을) 다듬다. —— *vi.* ① 순수해지다, 세련되다; 개선되다 (*on, upon*). ② 정밀〔교묘〕하게 논하다 (*on, upon*).

‡**re·fined** [-d] *a.* 정제〔정련〕한 (*~ sugar* 정당(精糖)); 세련된, 우아한.

***re·fine·ment** [-mənt] *n.* U ① 정제, 정련, 순화. ② 세련, 고상함, 우아. ③ 세밀한 구별〔구분〕; 공들임; 정교함, 극치(*~s of cruelty*).

re·fin·er [-ər] *n.* 정제〔정련〕기. ***~·y** 제련〔정련〕소.

re·fit [ri:fít] *vt.*, *vi.* (*-tt-*) (배 따위를) 수리〔개장(改裝)〕하다; 수리〔개장〕되다. —— [rí:fìt] *n.* 수리, 개장. **~·ment** *n.*

re·fla·tion [rifléiʃən] *n.* U 통화 재팽창, 리플레이션(cf. deflation, inflation).

‡**re·flect** [riflékt] *vt.* ① 반사〔반향〕하다; 비치다; 반영하다. ② (명예·

불신 따위를) 가져오다 (*on, upon*). — *vi.* ① **반사[반향]하다; 반성[숙고]하다.** ② …에 불명예를 끼치다 (*on, upon*). ③ (인물, 또는 그 미점 따위를) 이리저리 되생각하다; (숙고하여) 비난하다; 트집을 잡다; 비방하다 (blame) (*on, upon*). ~ ***on oneself*** 반성하다. ***re·fléc·tive** *a.*

refléctìng tèlescope 반사 망원경.

‡**re·flec·tion,** 《英》 **re·flex·ion** [riflékʃən] *n.* ① Ⓤ **반사(광·열); 반영,** 영상; Ⓒ 빼쏜 것. ② Ⓤ **반성, 숙고** (*on* [*upon*] ~ 숙고한 끝에). ③ 감상(感想), 비난, 치욕(*on, upon*). ***angle of*** ~ 반사각. ***cast a*** ~ ***on*** …을 비난하다, …의 수치가[치욕이] 되다.

***re·flec·tor** [rifléktər] *n.* ① **반사물,** 반사기. ② **반사(망원)경.**

re·flex** [rí:fleks] *a.* **반사의,** 반사적인, 꺾인, 반대 방향의. — *n.* ① 반사; 반사광; 영상; 반영. ② 〖生〗 반사 작용. ③ 리플렉스 수신기. ***conditioned ~ 조건 반사.

réflex cámera 리플렉스[반사식] 카메라.

re·flex·ion [riflékʃən] *n.* 《英》 = REFLECTION.

re·flex·ive [rifléksiv] *a., n.* 〖文〗 재귀의; 재귀 동사[대명사] (*He behaved himself* like a man.). ~**·ly** *ad.* 「(조수 등이) 물러나는.

ref·lu·ent [réfluənt] *a.* 역류하는;

re·flux [rí:flʌ̀ks] *n.* Ⓤ,Ⓒ 역류; 썰물.

re·for·est [ri:fɔ́:rist, -á-/-ɔ́-] *vt.* 다시 식림(植林)하다.

‡**re·form**¹ [rifɔ́:rm] *vt.* **개혁하다, 개정[개량]하다;** 교정(矯正)하다(~ *oneself* 개심하다). — *vi.* 좋아지다; 개심하다. — *n.* Ⓤ,Ⓒ **개정, 개량;** 교정, 감화. ~**·a·ble** *a.* *~**·er** *n.*

re-form² [ri:fɔ́:rm] *vt., vi.* 고쳐[다시] 만들다. **re-for·ma·tion** [ˋ-méiʃən] *n.* Ⓤ,Ⓒ 재구[편]성.

***ref·or·ma·tion** [rèfərméiʃən] *n.* ① Ⓤ,Ⓒ 개정, 개혁, 혁신. ② (the R-) 종교 개혁. 「의; 교정의.

re·form·a·tive [rifɔ́:rmətiv] *a.* 개혁

re·form·a·to·ry [rifɔ́:rmətɔ̀:ri/-təri] *a.* =REFORMATIVE. — *n.* 감화원, 소년원.

Refórm Bìll, the 〖英史〗 (1832년의) 선거법 개정안. 「원.

refórm schòol 《美》 감화원, 소년

re·fract [rifrǽkt] *vt.* 〖理〗 굴절시키다. **-frác·tive** *a.* 굴절의, 굴절하는. **re·frác·tion** *n.* Ⓤ 굴절 (작용)(*the index of refraction* 굴절률). **re·frác·tor** *n.* 굴절 매체[렌즈, 망원경].

refrácting tèlescope 굴절 망원경.

re·frac·tom·e·ter [rì:frækt ámitər/-tɔ́m-] *n.* 〖理〗 굴절계.

re·frac·to·ry [-əri] *a.* 다루기 힘든, 고집이 센; (병이) 난치의; 용해[가공]하기 어려운.

‡**re·frain**¹ [rifréin] *vi.* **그만두다, 자제[억제]하다**(*from*).

‡**re·frain**² *n.* (노래의) **후렴(문구);** 상투 문구(常套文句). 「절성의.

re·fran·gi·ble [rifrǽndʒəbəl] *a.* 굴

‡**re·fresh** [rifréʃ] *vt., vi.* ① **청신하게 하다[되다], 새롭게 하다[되다]** (renew). ② 원기를 회복하다[시키다]. ~ ***oneself*** 음식을 들다. ~**·er** *n., a.* 원기를 북돋우는 것; 청량음료; 보습과(補習科); 보습[복습]의. *~**·ing** *a.* **상쾌하게 하는.**

refrésher còurse 재교육 과정, 보습과.

‡**re·fresh·ment** [-mənt] *n.* ① Ⓤ **원기 회복,** 휴양. ② 원기를 북돋우는 것. ③ (흔히 *pl.*) (간단한) **음식물,** 다과. ~ ***car*** 식당차. ~ ***room*** (역 따위의) 식당.

Refréshment Súnday 사순절 (Lent) 중의 제 4 일요일 (cf. Mid-Lent Sunday).

re·frig·er·ant [rifrídʒərənt] *a., n.* 냉각시키는; 청량제; 냉각[냉동]제.

re·frig·er·ate [rifrídʒərèit] *vt.* 차게 하다 (cool); 냉동[냉장]하다. **re·frig·er·a·tion** [-ˋ-éiʃən] *n.* Ⓤ 냉각, 냉동, 냉장. ***re·fríg·er·a·tor** *n.* **냉장고;** 냉동기[장치].

refrígerating machìne[èngine] 냉동기, 냉동 장치.

refrígerator càr (철도의) 냉동차.

reft [reft] *v.* reave 의 과거(분사).

re·fu·el [ri:fjú:əl] *vt., vi.* (…에) 연료를 보급하다.

‡**ref·uge** [réfju:dʒ] *n.* ① **피난(처);** 은신[도피]처 (*Patriotism is the last* ~ *of a scoundrel.* 애국심이란 악당이 쓰는 마지막 수단이다). ② 의지가 되는 물건[사람]. ③ **핑계, 구실.** ④ (도로의) 안전 지대(island).

***ref·u·gee** [rèfjudʒí:, ˊ-ˋ] *n.* **피난자,** 망명자, 난민.

re·ful·gent [rifʌ́ldʒənt] *a.* 찬란하게 빛나는(radiant). **-gence** *n.* Ⓤ 광휘.

***re·fund**¹ [ri:fʌ́nd] *vt., vi.* 환불[상환]하다. — [ˊ-] *n.* Ⓤ,Ⓒ **환불, 상환.** ~**·ment** *n.* Ⓤ

re·fund² [ri:fʌ́nd] *vt.* (채무·공채 등을) 차환(借換)하다. 「다, 일신하다.

re·fur·bish [ri:fə́:rbiʃ] *vt.* 다시 닦

re·fur·nish [ri:fə́:rniʃ] *vt., vi.* (…을) 새로 갖추다; (…에) 새로 설치하다.

‡**re·fus·al** [rifjú:zəl] *n.* Ⓤ,Ⓒ ① **거절,** 사퇴. ② 우선 선택권, 선매권(先買權).

†**re·fuse**¹ [rifjú:z] *vt., vi.* ① (부탁·요구·명령·청혼 등을) **거절[사퇴]하다.** ② (말이) 안 뛰어넘으려 하다. **re·fús·er** *n.* 「(의), 지질한 (물건).

ref·use² [réfju:s, -z] *n., a.* Ⓤ 폐물

re·fute [rifjú:t] *vt.* 논파[반박]하다. **re·fu·ta·ble** [rifjú:təbəl, réfjə-] *a.* **ref·u·ta·tion** [rèfjutéiʃən] *n.* Ⓤ,Ⓒ

reg. regent; regiment; register; regular.

***re·gain** [rigéin] *vt.* ① **되찾다,** 회복하다. ② …로 되돌아가다. 「당당한.

***re·gal** [rí:gəl] *a.* **국왕의;** 국왕다운;

re·gale [rigéil] *vt.* 대접하다; 즐겁게 하다(entertain) (*with*). — *n., vi.* 성찬을 먹다 (*on*); 크게 기뻐하다;

《古》 성찬. ~·ment n. 성찬, 대접.
re·ga·li·a [rigéiliə, -ljə] n. pl. 왕위를 나타내는 보기(寶器) 《왕관·홀(笏) (scepter) 따위》; 《集合的》 (회·계급을 표시하는) 기장 (emblems).
re·gal·ism [rí:gəlìzəm] n. Ⓤ 제왕교권설《국왕의 교회지배를 인정하는》.
re·gal·i·ty [rigǽləti] n. 왕권.
†**re·gard** [rigɑ́:rd] vt. ① **주시하다; 중시[존중]하다.** ② (…로) 간주하다 (as); 관계하다. —— vi. 유의하다. *as ~s* …에 관하여는. —— n. ① Ⓤ 주의, **관심**(to), **배려**, 걱정(care) (for). ② ⓊⒸ 존경, 호의. ③ Ⓤ 관계. ④ 점 (*in this ~* 이 점에 관하여). ⑤ (pl.) (안부 전해주십시오, 라는) 인사 (*Give my kindest ~s to your family.* 여러분에게 안부 전해주십시오). *in* [*with*] *~ to* …에 관하여. *without ~ to* …에 관계[상관]없이. ~·a·ble a. ~·er n. ~·ful a. 주의깊은; (…을) 존중하는 (of). ‡~·ing prep. …**에 관하여**, …한 점에서는. *re·gárd·less a., ad. **부주의한**; …에 관계[상관]없는[없이]; 《口》 (비용에) **개의치 않고**; (결과야) 어쨌든. 「조(競漕)(회)》.
*__re·gat·ta__ [rigǽtə] n. **레가타**《보트경
re·gen·cy [rí:dʒənsi] n. ⓊⒸ 섭정 정치[시대]; 섭정의 지위[기간].
*__re·gen·er·ate__ [ridʒénərèit] vt., vi. **갱생[재생]시키다[하다].** —— [-rit] a. 개심[갱생]한; **쇄신된**. **re·gén·er·a·cy** n. Ⓤ **re·gén·er·a·tive** a. **re·gen·er·a·tion** [-ˌ-éiʃən] n. Ⓤ
re·gen·er·a·tor [ridʒénərèitər] n. ① 갱생자; 갱신자, 개혁자. ② 〖機〗 축열기[실]《엔진 등의》, 열교환기; 〖電〗 재생기.
re·gent [rí:dʒənt] n., a. 섭정(의). *Prince* [*Queen*] *R-* 섭정 황태자[왕후]. 「다시 싹트다.
re·ger·mi·nate [ri:dʒə́:rmənèit] vi.
reg·i·cide [rédʒəsàid] n. ⓊⒸ 국왕 시해(弑害)(자), 대역(죄인). 「하다.
re·gild [ri:gíld] vt. 다시 도금(鍍金)
*__re·gime, ré·gime__ [reiʒí:m] n. 정체, **정권**; 정부; (사회) 제도; =⇩.
reg·i·men [rédʒəmən, -mèn] n. 〖醫〗 섭생(법), 식이 요법, 양생; ⓊⒸ 〖文〗 지배; (Jespersen의 문법에서, 전치사의) 목적어.
*__reg·i·ment__ [rédʒəmənt] n. **연대**; (보통 pl.) 많은 무리. —— [-mènt] vt. 연대[단체]로 편성하다, **조직화하다, 통제하다.**
reg·i·men·tal [rèdʒəméntl] a., n. 연대의 (*the ~ colors* 연대기); (pl.) 군복.
reg·i·men·ta·tion [-məntéiʃən] n. Ⓤ (연대) 편성; 조직화; 통제.
Re·gi·na [ridʒáinə] n. (L.) 현여왕 《생략 R.; 보기 E.R.=Elizabeth Regina》.
‡**re·gion** [rí:dʒən] n. ① **지방, 지구.** ② (신체의) 부위. ③ 범위, 영역. *in the ~ of* …의 부근에. *the airy ~* 하늘. *the upper* [*lower, nether*] *~s* 천국[지옥]. *~·al a. **지방의**(*~ government* 지방 자치체).
re·gion·al·ism [rí:dʒənəlìzəm] n. Ⓤ 지방(분권) 주의, 지역주의; (문학상의) 지방주의; 지방색, 지방 사투리.
‡**reg·is·ter** [rédʒəstər] n. ① **기록[등록](부)**, 표시기, 자동 기록기, 금전 등록기. ② (난방의) 환기[통풍] 장치. ③ 〖樂〗 성역(聲域), 음역, (풍금의) 음전(音栓). ④ 〖印〗 (선·색 등의) 정합(整合). ⑤ 〖컴퓨터〗 치수기(置數器) 《소규모의 기억 장치》. —— vt., vi. ① **기록[등록·등기]하다**, 기명(記名)하다; 등기우편으로 하다; (계기가) 나타내다. ② …의 표정을 짓다(*Her face ~ed joy.*). ③ 〖印〗 (선·난·색 따위를[가]) 바르게 맞(추)다. ~**ed** [-d] a. 등록한; 등기 우편의. 「《美》 직업 소개소.
régister òffice 등기소 (registry);
régister(ed) tònnage 〖海〗 (배의) 등록 톤수. 「(등의) 등록자.
reg·is·trant [rédʒəstrənt] n. (상표
reg·is·trar [rédʒəstrɑ̀:r, ˌ-ˊ] n. 기록[등록]계원; 등기 관리; (대학의) 사무관《학적부 등을 기록》.
*__reg·is·tra·tion__ [rèdʒəstréiʃən] n. ① Ⓤ **기입**, 등기, 등록; (우편물의) 등기. ② 등록자수. ③ (온도계 등의) 표시. 「등기(소), 등록(부).
reg·is·try [rédʒəstri] n. ⓊⒸ 기입;
re·glaze [ri:gléiz] vt. (창의) 깨진 유리를 갈아 끼우다.
reg·nal [régnəl] a. 치세의; 왕국의; 국왕의 (*in the third ~ year* 치세 제 3년에). *the ~ day* 즉위 기념일.
reg·nant [régnənt] a. 통치하는; 우세한; 유행의. *Queen R-* 여왕.
re·gorge [ri:gɔ́:rdʒ] vt., vi. 게우다, 토하다; (물이) 역류하다.
re·gress [ri(:)grés] vi. 복귀하다, 퇴보[역행]하다. —— [rí:gres] n. ⓊⒸ 복귀; 퇴보, 역행. **re·gres·sion** [ri(:)gréʃən] n. =REGRESS. **-sive** a.
‡**re·gret** [rigrét] n., vt. (-tt-) Ⓤ **유감(으로 생각하다)**, 애석(하게 여기다); 후회(하다); 아쉬움(을 느끼다) (*~ one's happy days* 즐거웠던 때를 못내 아쉬워하다); (종종 pl.)《美》 (초대·안내 따위의) 사절(장) (*Please accept my ~s.*). *express ~ for* 변명을 늘어놓다, 사과하다. *to my ~* 유감스럽게도. ~·**ful** a. 유감스러운; 후회하고 있는. **re·grét·ful·ly** ad.
*__re·gret·ta·ble__ [rigrétəbəl] a. **유감스러운**, 섭섭한; 아까운, 분한.
regt. regent; regiment.
‡**reg·u·lar** [régjələr] a. ① **규칙적인**; 정례(定例)의. ② 정연한, 계통이 선. ③ 정식의, **정규의**, 상비의 (*the ~ soldier* 정규병). ④ 일상의, 통례의. ⑤ 면허증이 있는, 본직의. ⑥ 〖美政〗 공인된. ⑦ 〖文〗 규칙 변화의. ⑧ 본격적인; 《口》 완전한, 틀림 없는 (*a ~ rascal* 철저한 악당). ⑨

R

정해 놓은 (*his ~ joke* 늘 하는 농담). ⑩ 《美》 충실한(*a ~ Democrat*). ***keep ~ hours*** 규칙적인 생활을 하다. **~ *fellow*** 호한(好漢). **~ *holiday*** 정기 휴일. **—*n.*** 정규병 (cf. volunteer); 상용 고용인; 《美》 충실한 당원. **~·ize** [-àiz] *vt.* 규칙 바르게 하다, 질서를 세우다. **~·i·za·tion** [ˌ--rizéiʃən/-rai-] *n.* U **‡~·ly** *ad.* 규칙 바르게; 정식으로; 《俗》 아주. **reg·u·lar·i·ty** [ˌ-lǽrəti] *n.* UC

Régular Ármy 《美》 정규〔상비〕군.

régular conjugátion 〖文〗 규칙 활용.

reg·u·late** [régjəlèit] *vt.* ① 규칙바르게 하다. ② **규정**〔통제·단속〕**하다.** ③ **조절하다. rég·u·la·tor** *n.* 조절기〔장치〕; (시계의) 조정기; 표준(시계). ***reg·u·la·tion** [ˌ-léi-] *n., a.* **규칙**(의), **규정**(의)(*a regulation uniform* 제복); 보통의, 통례의. ***traffic regulations 교통 법규.

re·gur·gi·tate [rigə́:rdʒətèit] *vi., vt.* 역류하다; 토하다, 게우다. **-ta·tion** [-ˌ-téiʃən] *n.* U

re·ha·bil·i·tate [rì:həbílətèit] *vt.* 원상태대로 하다; 복권〔복위·복직〕시키다; …의 명예를 회복하다. ***re·ha·bil·i·ta·tion** [ˌ-ˌ-ətéiʃən] *n.* U

re·hash [ri:hǽʃ] *vt.* 다시 저미다〔굽다〕; 개작하다《특히 문학적 소재를》; 바꿔 말하다. **—*n.*** 재탕, 개작.

re·hear [ri:híər] *vt.* (**-heard**) 다시 듣다; 〖法〗 재심(再審)하다.

re·hears·al** [rihə́:rsəl] *n.* UC (연극·음악 등의) **연습, 리허설.** ***dress ~ (실제 의상을 입고 하는) 최종 연습.

***re·hearse** [rihə́:rs] *vt., vi.* 복창하다; (예행) **연습을 하다;** …을 되풀이하다; 암송〔복창〕하다.

Reich [raik, raiç] *n.* (G.) 독일(국가). ***the Third ~*** (나치의) 제 3 제국 《1933–45》.

reichs·mark [ráiksmɑ̀:rk] *n.* (G.) 독일의 화폐 단위 (1925–48).

Reichs·tag [ráikstɑ̀:g] *n.* (G.) 독일 제국(1871–1919) 및 바이마르 공화국 (1919–1933)의 하원.

re·i·fy [rí:əfài] *vt.* 실체화하다《추상 관념을》.

‡reign [rein] *n.* U **통치,** 지배; 권세; C 치세, 성대(聖代). **—*vi.*** **군림**〔**지배**〕**하다**(*over*); 널리 퍼지다 (*Silence ~ed.* 침묵이 깔려 있었다).

re·im·burse [rì:imbə́:rs] *vt.* 변상〔상환·환불〕하다. **~·ment** *n.* UC

re·im·port [rì:impɔ́:rt] *vt.* 재〔역〕수입하다. **—** [-ˊ-] *n.* UC 재〔역〕수입(품). **re·im·por·ta·tion** [ˌ--téiʃən] *n.* UC

re·im·pose [rì:impóuz] *vt.* (폐지된 세금을) 다시 부과하다.

rein** [rein] *n.* (보통 *pl.*) **고삐;** 권력; (때로 *pl.*) 억제(수단). ***draw ~ (말을 멈추기 위해) 고삐를 당기다; 속력을 늦추다; 그만두다. ***give ~*** (***the ~s***) ***to*** (말을) 마음대로 가게 하다; 자유를 주다. ***hold a ~ on*** …을 억제〔제어〕하다.

re·in·car·nate [rì:inkɑ́:rneit] *vt.* (영혼에게) 다시 육체를 주다, 다시 태어나게 하다, 화신(化身)시키다. **re·in·car·na·tion** [ˌ--néiʃən] *n.* UC 재생, 환생, 화신. 「순록(馴鹿).

***rein·deer** [réindìər] *n. sing. & pl.*

***re·in·force** [rì:infɔ́:rs] *vt.* 보강〔증강〕하다, **강화하다;** 증원(增員·增援)하다. 「트.

reinfórced cóncrete 철근 콘크리

re·in·force·ment [-mənt] *n.* U 보강; (보통 *pl.*) 증원군〔함선〕. **~ *bar*** 〔***iron***〕 (콘크리트용) 철근.

re·in·state [rì:instéit] *vt.* 원상태로 하다; 회복〔복위·복직·복권〕시키다. **~·ment** *n.* U

re·in·sure [rì:inʃúər] *vt.* 재보험하다. **re·in·súr·ance** *n.* U

re·in·vig·or·ate [rì:invígərèit] *vt.* …을 다시 활기 띠게 하다, 되살리다, 소생시키다.

re·is·sue [ri:íʃu:/-ísju:] *n., vt.* UC 재발행(하다); 〖映〗 신판.

re·it·er·ate [ri:ítərèit] *vt.* (행위·요구 등을) 되풀이하다. **re·it·er·a·tion** [-ˌ-éiʃən] *n.* UC 「하다.

reive [ri:v] *vi.* 《Sc.》 습격하다, 약탈

‡re·ject [ridʒékt] *vt.* ① **물리치다,** 거절하다(refuse). ② 토하다(vomit). ***re·jéc·tion** *n.* UC

rejéction slìp 출판사가 채택 않기로 한 원고에 붙여 보내는 쪽지.

re·jig [ridʒíg] *vt.* (**-gg-**) (공장에) 다시 설비를 하다.

‡re·joice [ridʒɔ́is] *vi.* **기뻐하다**(*at, in, over; to* do); 즐기다; 축하하다. **—*vt.*** **기쁘게 하다. ~ *in*** …을 향유하다, …을 누리고 있다(*I ~ in health*). ***re·jóic·ing(·ly)** *n.* (*ad.*)

re·join[1] [ri:dʒɔ́in] *vi., vt.* 재결합〔재합동〕하다〔시키다〕.

re·join[2] [ridʒɔ́in] *vt.* 대답하다. **re·jóin·der** *n.* 답변, 대꾸(retort); (원고의 답변에 대한) 피고의 항변.

re·ju·ve·nate [ridʒú:vənèit] *vt., vi.* 다시 젊어지(게 하)다; 원기를 회복하다〔시키다〕. **-na·tor** *n.* **re·ju·ve·na·tion** [-ˌ-néiʃən] *n.* U

re·ju·ve·nes·cence [ridʒù:vənésəns] *n.* U 젊어짐, 회춘; 갱신, **-cent** *a.* 젊어지는; 젊어지게 하는, 회춘의.

re·kin·dle [rikíndl] *vt., vi.* 다시 점화시키다〔하다〕, 다시 불붙다.

rel. relating; relative; relatively; released; religion; religious. 「사).

re·laid [ri:léid] *v.* re-lay²의 과거(분

re·lapse [rilǽps] *n., vi.* (나쁜 길로) 되돌아감〔가다〕, 타락(하다); (병이) 재발(하다).

‡re·late [riléit] *vt.* **이야기**〔**말**〕**하다; 관계**〔**관련**〕**시키다**(*to, with*); 친척으로 삼다(*to*). **—*vi.*** 관계가 있다(*to, with*). ***re·lát·ed** [-id] *a.* **관계있는**(*to*).

‡re·la·tion [riléiʃən] *n.* ① UC **관계,** 관련. ② U 친척 관계; C 친척. ③ 이야기(account); U 진술. ***in ~ to*** …에 관(련)하여. ***~·ship** [-ʃip] *n.*

Ⓤ 관계; 친척 관계.
‡rel·a·tive [rélətiv] *a.* ① **관계있는,** 관련된(*to*). ② **상대〔비교〕적인;** 비례한(*to*). ③ 〖文〗 관계를 나타내는. ~ *merits* 우열(優劣). —*n.* **친척;** 〖文〗 관계사. ***rél·a·tive·ly** *ad.* **상대〔상관〕적으로, 비교적으로.**
rélative ádjective 관계 형용사.
‡rélative ádverb 관계 부사.
réative cláuse 관계사절.
‡rélative prónoun 관계 대명사.
rel·a·tiv·ism [rélətivìzəm] *n.* Ⓤ 〖哲〗 상대론, 상대주의. **-ist** *n.* 상대론자, 상대주의자; 상대성 원리 연구자.
rel·a·tiv·i·ty [rèlətívəti] *n.* Ⓤ 관련성; 상호 의존; 〖理〗 상대성 (원리).
‡re·lax [rilǽks] *vi., vt.* **늦추(어지)다, 긴장을 풀(게 하)다;** 편히 쉬(게 하)다; 관대해지다〔하게 하다〕; 약해지다, 약하게 하다.
***re·lax·a·tion** [rì:lækséiʃən] *n.* Ⓤ ① **느즈러짐,** 이완; 경감. ② 긴장을 풂; 기분 전환; Ⓒ 소창거리, 오락.
reláxed thróat 인후 카타르.
***re·lay** [rí:lei] *n.* ① **갈아 타는 말,** 역말. ② 갈아 쓰는 재료 (공급). ③ 교대자, 새 사람. ④ 계주(繼走). ⑤ 〖放〗 중계. — [ㅅ-, riléi] *vt.* 중계로 전하다; 교체시키다; 〖放〗 중계하다.
re·lay [ri:léi] *vt.* (**-laid**) 바꿔 놓다; 고쳐 칠하다; (세금을) 다시 부과하다.
rélay bróadcast 중계 방송(re-broadcast).
rélay hòrse 갈아 타는 말.
rélay ràce 역전 경주; 계주, 릴레이 경주.
rélay stàtion 〖無電〗 중계국.
‡re·lease [rilí:s] *n., vt.* Ⓤ **해방〔석방〕(하다)**(*from*); 해제(하다)(*from*); (권리를) 포기(하다), 양도(하다); (폭탄) 투하(하다); Ⓒ 〖寫〗 「릴리즈」; 〖電〗 안전기; Ⓤ 공연, 공개, 판매; 〖映〗 개봉(하다).
re·lease [ri:lí:s] *vt.* (토지·가옥을) 갱신 계약하여 빌려주다; 전대(轉貸)하다; 〖法〗 양도하다.
rel·e·gate [réləgèit] *vt.* 좌천하다; 추방하다 (banish); (사건 따위를) 위탁〔이관〕하다 (hand over). **rel·e·ga·tion** [ㅅ-géiʃən] *n.* Ⓤ
***re·lent** [rilént] *vt.* **누그러지다,** 상냥해지다, 측은하게〔가엾게〕 생각하다 (*toward*). **~·ing·ly** *ad.* 상냥하게. **~·less** *a.* 무자비한. **~·less·ly** *ad.*
***rel·e·vant** [réləvənt] *a.* **관련된;** 적절한(*to*). **rél·e·vance, -van·cy** *n.* Ⓤ
re·li·a·bil·i·ty [rilàiəbíləti] *n.* Ⓤ 확실성; 신빙성.
***re·li·a·ble** [riláiəbəl] *a.* **신뢰할〔믿을〕 수 있는,** 확실한. **-bly** *ad.*
***re·li·ance** [riláiəns] *n.* Ⓤ **신뢰;** 의지. **-ant** *a.*
***rel·ic** [rélik] *n.* ① (*pl.*) **유물, 유적.** ② 유습, 유풍. ③ (성인·순교자의) 유물, 유보(遺寶); 기념품. ④ (*pl.*) 《古·詩》 유골.
rel·ict [rélikt] *n.* 〖生態〗 잔존 생물; 《古》 미망인, 과부.
‡re·lief [rilí:f] *n.* Ⓤ ① **구조,** 구출; (고통·걱정 따위의) **제거, 경감.** ② 안심; 기분 전환; 소창, 휴식. ③ Ⓒ 구제금, 보조금. ④ **교체, 증원;** Ⓒ 교대자. ⑤ (토지의) 기복, 고저. ⑥ ⓊⒸ **돋을새김,** 부조(浮彫)(세공), 「릴리프」. ⑦ (그림의) 윤곽의 선명, 현저, 탁월. ***bring into*** ~ 두드러지게〔뚜렷하게〕 하다. ***give a sigh of*** ~ 한숨 돌리다. ***high*** ~ 높은 돋을새김. ***in*** (***bold***) ~ 부조되어서, 또렷하게.
relíef fùnd 구호 기금.
relíef màp 모형 지도《지형의 기복을 돋을새김한 것》.
relíef prìnting 활판 인쇄.
relíef vàlve 〖機〗 안전판(安全瓣).
relíef wòrks 실업자 구제 사업.
‡re·lieve [rilí:v] *vt.* ① **구제〔구출〕하다;** (고통·걱정 등을) **경감하다,** 덜다(ease); (근심을) 덜어주다 (*of, from*); **안심시키다.** ② 교대하다; 쉬게 하다; **해직〔해임〕하다**(*of, from*). ③ 단조로움을 깨뜨리다, 변화를 주다. ④ **돋보이게 하다;** 대조시키다. ***be ~d*** (***to hear***) (…라 듣고) 안심하다. ~ ***nature*** 〔***oneself***〕 대변〔소변〕을 보다. ~ ***one's feelings*** (울거나, 고함쳐서) 후련하게 하다. ~ ***a person of*** 아무에게서 …을 없애〔제거해〕 주다; 《諧》 훔치다, 빼앗다.
relíeving òfficer 빈민 구제 임원.
re·lie·vo [rilí:vou] *n.* 〖美〗 부조(浮彫).
‡re·li·gion [rilídʒən] *n.* Ⓤ **종교;** 신앙(심). ***make*** (***a***) ~ ***of*** (do*ing*), or ***make it*** ~ ***to*** (do) 반드시 …하다.
re·lig·i·os·i·ty [rilìdʒiásəti/-ɔ́-] *n.* Ⓤ 광적인 신앙, 신앙이 깊은 체함.
‡re·li·gious [rilídʒəs] *a.* ① **종교상(의), 종교적인;** 종단(宗團)에 속하는. ② 신앙 깊은; 양심적인; 엄정한(strict). ***with*** ~ ***care*** 세심한 주의를 기울여. **~·ly** *ad.* **~·ness** *n.*
***re·lin·quish** [rilíŋkwiʃ] *vt.* ① **포기하다;** 양도하다. ② 놓아주다 (let go). **~·ment** *n.* Ⓤ
rel·i·quar·y [réləkwèri/-əri] *n.* 유물〔유골〕함(函).
rel·ique [rélik] *n.* 《古》 =RELIC.
rel·ish** [réliʃ] *n.* ① ⒸⓊ **풍미,** 향기. ② Ⓤ 식욕, **흥미,** 의욕, 기호(*for*). ③ 조미료, 양념. ④ 기미, 소량(*of*). ***with ~ 맛있게; 재미있게. —*vt.* **맛보다;** 좋아하다; 즐기다; 맛을 들이다. —*vi.* 맛이〔풍미가〕 있다(*of*); 기미가 있다, 냄새가 나다 (*of*). **~·a·ble** *a.* **~·er** *n.* **~·ing·ly** *ad.*
re·live [ri:lív] *vt.* (상상 속에서) 재생하다, (…을) 다시 체험하다. —*vi.* 되살아나다.
re·load [ri:lóud] *vt., vi.* 다시 짐을 쌓다〔싣다〕; 다시 탄약을 재다.
re·lo·ca·tion [rì:loukéiʃən] *n.* Ⓤ 재배치; 《美》 (적국인의) 강제 격리 수용.
***re·luc·tant** [rilʌ́ktənt] *a.* **마지못해 하는,** 마음이 내키지 않는(unwilling); 《詩》 다루기 힘든. **~·ly** *ad.* ***re·lúc-**

R

tance *n.* Ⓤ 싫어함; 본의 아님.
rel·uc·tiv·i·ty [rèləktívəti] *n.* 〖電〗 자기(磁氣) 저항률.
‡**re·ly** [rilái] *vi.* **의지하다,** 기대를 걸다, 믿다(depend) (*on, upon*).
rem [rem] *n.* (*pl.* ~) 〖理〗 렘《인체에의 피해 정도에 입각한 방사선량의 단위》.
REM [rem] (<*r*apid *e*ye *m*ovement) *n.* (*pl.* **~s**) 〖心〗 꿈을 꿀 때의 급격한 안구 운동.
†**re·main** [riméin] *vi.* ① **남다,** 살아남다. ② 머무르다(*at, in, with*). ③ …한 채로〔대로〕이다. ④ 존속하다, (업적 등이) 현존하다. ***I ~ yours faithfully*** 돈수(頓首), 경구(敬具) 《편지의 끝맺음 말》. **~ *with*** …의 수중에 있다, …에 속하다. **—** *n.* (보통 *pl.*) ① 잔존물; 유해; 유족; 생환자. ② 유물, 유적; 화석.
***re·main·der** [riméindər] *n.* ① **나머지;** 〖數〗 잉여. ② 잔류자; (팔다가 철지난) 떨이 책. **—** *vt.* 떨이책을 싸게 처분하다.
re·make [ri:méik] *vt.* (**-made**) 고쳐〔다시〕 만들다, 개조하다.
re·man [ri:mǽn] *vt.* (**-nn-**) (…에) 새로이 승무원을 태우다.
re·mand [rimǽnd, -á:-] *n., vt.* Ⓤ 재구류(하다); 송환(하다).
‡**re·mark** [rimá:rk] *n.* ① Ⓤ **주의,** 주목, 관찰. ② **의견, 비평.** ***make ~s*** 의견을 말하다; 비난하다. ***pass a ~*** 의견을 말하다. ***pass without ~*** 묵과하다. **—** *vt.* **알아채다, 주의하다,** (한마디) **말하다.** **—** *vi.* 유의하다; 비평하다(*on, upon*).
‡**re·mark·a·ble** [-əbəl] *a.* **주목할 만한,** 현저한, 비범한, 보통이 아닌. ***-bly** *ad.* **현저하게,** 눈에 띄게.
re·mar·ry [ri:mǽri] *vi., vt.* 재혼하다〔시키다〕.
Rem·brandt [rémbrænt] *n.* (1606–69) 네덜란드의 화가.
re·me·di·a·ble [rimí:diəbəl] *a.* 치료〔구제〕할 수 있는.
re·me·di·al [rimí:diəl] *a.* 치료〔구제〕하는; 바로 잡을 수 있는.
‡**rem·e·dy** [rémədi] *n.* ① 의약; 의료(법); 구제〔교정〕(법) (*for*). ② 배상, 변상. **—** *vt.* **치료〔구제·교정·배상〕하다.**
†**re·mem·ber** [rimémbər] *vt.* ① **기억하(고 있)다; 생각해 내다.** ② 선물〔팁〕을 주다. ③ 안부를 전하다, 전언하다(***R- me kindly to*** …에게 안부 전해 주시오). **—** *vi.* 생각해 내다; 기억하고 있다; 기억력이 있다.
‡**re·mem·brance** [-brəns] *n.* ① Ⓤ **기억**(memory); 회상; 기념. ② 기념품(souvenir); (*pl.*) 전언.
re·mem·branc·er [-brənsər] *n.* 생각나게 하는 사람〔것〕; 비망록; 기념품. ***King's* 〔*Queen's*〕 *R-*** 《英》 왕실 채권 집행관.
re·mil·i·ta·rize [ri:mílitəràiz] *vt.* 재군비하다. **re·mil·i·ta·ri·za·tion** [ˌ——rizéiʃən/-rai-] *n.* Ⓤ
‡**re·mind** [rimáind] *vt.* **생각나게 하다,** 깨우치다(~ *him of; to* do; *that*). ***~·er** *n.* **생각나게 하는 사람〔것〕;** 조언; 〖商〗 독촉장.
rem·i·nisce [rèmənís] *vt., vi.* 추억에 잠기다〔을 이야기하다〕.
***rem·i·nis·cence** [rèmənísns] *n.* ① **회상, 추억.** ② (*pl.*) 회상록, 경험담. ***-cent** *a.* **추억의,** 회상적인; (…을) 생각나게 하는(*of*).
re·miss [rimís] *a.* 부주의한; 태만한 (negligent); 무기력한(languid).
re·mis·si·ble [rimísəbəl] *a.* 용서〔면〕할 수 있는.
re·mis·sion [rimíʃən] *n.* Ⓤ,Ⓒ 면제; 경감.
***re·mit** [rimít] *vt.* (**-tt-**) ① (돈·짐 따위를) **보내다.** ② (죄·세금을) 면제〔경감〕하다; (노염·고통을) 누그러뜨리다. ③ (소송을) 하급 법원에 환송하다; 조회하다(*to*); (사건의 결정을 다른 곳에) 의뢰하다; (재조사를 위해) 연기하다. ④ 《古》 다시 투옥하다. **—** *vi.* 송금하다, 지불하다; 경감하다. **re·mít·tal** [-l] *n.* Ⓤ,Ⓒ 사면; 경감. **re·mít·tance** [-əns] *n.* Ⓤ,Ⓒ 송금(한 돈). **re·mít·ter** *n.* 송금인.
re·mit·tent [rimítənt] *a.* (열이) 오르내리는.
***rem·nant** [rémnənt] *n.* ① **나머지;** 자투리; 찌꺼기, 고트러기. ② 유물, 유풍.
re·mod·el [ri:mádl/-ɔ́-] *vt.* (《英》 **-ll-**) 개조〔개축〕하다, 모델을 고치다.
re·mold, 《英》 **-mould** [ri:móuld] *vt.* 개조〔개작〕하다; 개주(改鑄)하다.
re·mon·e·tize [ri:mánətàiz, -ʌ́-] *vt.* (…을) 다시 통화로 사용하다.
re·mon·strance [rimánstrəns/-ɔ́-] *n.* Ⓤ,Ⓒ 항의, 반대; 충고. **-strant** *a., n.* 항의〔반대·충고〕하는 사람.
re·mon·strate [rimánstreit / -ɔ́-] *vt., vi.* 항의〔반대〕하다 (*against*); 충고하다 (~ ***with him on a matter***).
re·mon·stra·tion [rì:mɑnstréiʃən / -ɔ-] *n.* Ⓤ,Ⓒ **re·món·stra·tive** *a.* **re·món·stra·tor** *n.*
rem·o·ra [rémərə] *n.* 〖魚〗 빨판상어; 《古》 방해(물).
***re·morse** [rimɔ́:rs] *n.* Ⓤ ① (심한) **회한, 후회,** 양심의 가책. **~·ful** *a.* **~·ful·ly** *ad.* **~·less(·ly)** *a.* (*ad.*) 무정한(무정하게도).
‡**re·mote** [rimóut] *a.* ① **먼,** 아득한; 멀리 떨어진, 궁벽한, 외딴. ② (혈연이) 먼. ③ 미미한, 근소한. **~·ly** *ad.* **~·ness** *n.*
remóte contról 〖機〗 원격 조작〔제어〕.
remóte sénsing (레이더 등에 의한) 지형 원격 측정법.
re·mount [ri:máunt] *vi., vt.* 다시 (말을) 타다; 다시 오르다; 말을 갈아타다; 갈아 끼우다〔대다〕; 되돌아가다, 거슬러 올라가다. **—** [ˊˋ] *n.* 갈아 탈 말.
re·mov·a·ble [rimú:vəbəl] *a.* 옮길〔제거할〕 수 있는; 해임할 수 있는.
***re·mov·al** [rimú:vəl] *n.* Ⓤ,Ⓒ ① **이사, 이동.** ② **제거,** 살해. ③ **해임,** 해직.

†**re·move** [rimú:v] *vt.* ① **옮기다.** ② 없애다, 치우다; 죽이다. ③ 벗(기)다, 고르다. ④ 떠나게[물러가게] 하다; 해임[해직]하다. —— *vi.* **옮기다, 이사하다;** 떠나다. ~ *oneself* 물러가다. —— *n.* ① 이전, 이동. ② 간격, 거리. ③ 단계(*It is but one* ~ *from beggary.* 거지꼴이나 매한가지다); 촌수(寸數). ④ 진급. ***re·móved** [-d] *a.* **떨어진,** 먼; 관계가 먼. *first cousin once* [*twice*] ~*d* 사촌의 자녀[손자], 양친[조부모]의 사촌.

re·mu·ner·ate [rimjú:nərèit] *vt.* 보수를 주다, 보상[보답]하다(reward). **re·mu·ner·a·tive** [-rèitiv/-rə-] *a.* 보답이 있는; 유리한. **re·mu·ner·a·tion** [-ˌ-éiʃən] *n.* UC

Re·mus [rí:məs] *n.* 〖로神〗 이리의 젖으로 길러진 쌍둥이의 하나 (cf. Romulus).

***ren·ais·sance** [rènəsá:ns, -zá:-/rinéisəns] *n.* ① **부활,** 재생; 부흥. ② (the R-) (14–16세기의) **문예 부흥,** 르네상스.

re·nal [rí:nəl] *a.* 신장의, 콩팥의.

re·name [ri:néim] *vt.* 개명[개칭]하다.

re·nas·cence [rinǽsəns] *n.* 재생; 부흥; (the R-) =the RENAISSANCE. **-cent** *a.*

***rend** [rend] *vt., vi.* (*rent*) **째(지)다,** 찢(기)다 (tear); 쪼개(지)다, 갈라지다(split); (*vt.*) (마음을) 괴롭히다; 잡아떼다, 강탈하다(*away, off*).

‡**ren·der** [réndər] *vt.* ① **돌려주다**(*R- unto Caesar the things that are Caesar's.* 〖聖〗 카이사르의 것은 카이사르에게 돌리라). ② 지불하다. ③ 돌보다, 진력하다(give). ④ 제출하다 (submit). ⑤ **표현[묘사]하다;** 번역하다(*into*); 연출[연주]하다. ⑥ …**으로 만들다**(make), 바꾸다. ⑦ (기름을) 녹이다, 녹여서 정제(精製)하다. ~**·a·ble** [-dərəbəl] *a.*

***ren·dez·vous** [rándivù:/-ɔ́-] *n.* (*pl.* ~ [-z]) (F.) ① 〖軍〗 집결지; **만날 약속**(을 한 장소), 회합. ② (우주선의) 랑데부. —— *vi., vt.* 집합하다[시키다]; 약속한 장소에서 만나다.

ren·di·tion [rendíʃən] *n.* UC 번역; 연출, 연주(rendering).

ren·e·gade [rénigèid] *n.* 배교자(背教者); 변절자, 탈당원. —— *a.* 저버린; 배반의.

re·nege [rinig, -nég/-ní:g] *vi., n.* 〖카드〗 선의 패와 똑같은 패를 (가지고 있으면서) 내지 않다[않음]; 약속을 어기다.

‡**re·new** [rinjú:] *vt.* ① **개신[갱신]하다.** ② 재개(再開)하다; 되풀이하다; (계약서 따위를) 고쳐 쓰다; 바꾸다. *~**·al** *n.* UC **재개;** 갱신. **re·néwed** [-d] *a.* 갱신한, 새로운.

re·nin [rénin] *n.* U 〖生化〗 레닌《고혈압 따위의 원인이 된다는 신장(腎臟)내 단백질》.

ren·net [rénit] *n.* U 레닛《송아지의 위벽에 있는 rennin 함유 물질, 치즈 따위를 만드는 데 씀》.

ren·nin [rénin] *n.* U 레닌《우유를 엉기게 하는 위액 속의 효소》.

Re·no [rí:nou] *n.* Nevada 주의 도시《이혼이 쉬운 곳으로 알려짐》.

Re·noir [rénwa:r], **Pierre Auguste** (1841–1919) 프랑스 인상파의 대표 화가.

***re·nounce** [rináuns] *vt., vi.* **포기하다,** 양도[단념]하다; **부인[거절]하다;** (저)버리다, 관계를 끊다(~ *a friend*/ ~ *friendship*); 의절하다 (disown). ~**·ment** *n.* U

ren·o·vate [rénəvèit] *vt.* 혁신[개선]하다; 회복하다. **ren·o·va·tion** [ˌ-véiʃən] *n.* UC

***re·nown** [rináun] *n.* U **명성**(fame). ***re·nowned** [-d] *a.* **유명한.**

‡**rent**[1] [rent] *n.* UC **지대(地代), 집세,** 방세, 비는 삯. ***For*** ~. 《美》 셋집[셋방] 있음(《英》 to let). —— *vt.* …에 지대[집세]를 물다; 빌려 주다, **임대(賃貸)[임차(賃借)]하다.** —— *vi.* 임대되다. *ˊ**-al** *n.* U **임대료.** ˊ**-er** *n.* 차지인(借地人), 세든 사람.

rent[2] *n.* (구름의) 갈라진 틈; 균열; 골짜기; 대립, 분열.

rent[3] *v.* rend의 과거(분사).

rent-a-car [réntəkà:r] *n.* 렌터카《세놓는 자동차》; U 그 영업.

rent·al [réntl] *n.* ① 임대[임차]료; 임대료 수입. ② 《美》 셋집, 셋방, 렌터카. ③ 임대. ④ 〖컴퓨터〗 임차(賃借). —— *a.* 《美》 임대의.

réntal càr =⇧.

réntal lìbrary 《美》 (유료) 대출 도서관(cf. reference library).

rént chàrge 대지료(貸地料), 지대.

re·nun·ci·a·tion [rinʌ̀nsiéiʃən, -ʃi-] *n.* UC 포기, 부인, 단념(renouncing).

***re·o·pen** [ri:óupən] *vt., vi.* **다시 열다,** 재개(再開)하다.

***re·or·gan·ize** [ri:ɔ́:rgənàiz] *vt., vi.* **재편성하다,** 개혁하다; 정리하다. ***re·or·gan·i·za·tion** [-ˌ-nizéiʃən] *n.* UC

re·o·ri·ent [ri:ɔ́:riènt] *vt.* 새로운 방향을 정하다; 재교육하다. **re·o·ri·en·ta·tion** [-ˌ-entéiʃən] *n.* U 방향을 지음, 재교육.

rep[1] [rep] *n.* U 골지게 짠 천.

rep[2] *n.* UC 《俗》 평판, 명성(reputation).

rep[3] *n.* 《俗》 난봉꾼, 타락한 사람(reprobate).

rep[4] *n.* 《學生俗》 암송(repetition).

rep[5] *n.* 《美俗》 대표(representative).

rep[6] *n.* (*pl.* ~) 〖理〗 렙《방사선 조사량의 단위》.

Rep. Representative; Republic(an).

rep. repeat; report; reported.

re·paid [ri:péid] *v.* repay의 과거(분사).

‡**re·pair**[1] [ripέər] *n., vt.* U **수선[수리](하다);** 회복[교정(矯正)](하다); 배상[보상](하다). *under* ~*s* 수리중. ~**·a·ble** [-əbl] *a.*

re·pair[2] *vi.* 가다; (늘) 다니다; 찾아가다.

re·pa·per [ri:péipər] *vt.* …에 벽지

를 갈아 붙이다; 종이로 다시 싸다.
rep·a·ra·ble [répərəbəl] *a.* 수리〔배상〕할 수 있는; 돌이킬 수 있는.
***rep·a·ra·tion** [rèpəréiʃən] *n.* ① Ⓤ 배상; **보상**. ② (보통 *pl.*) 배상금. ③ Ⓤ 수리. **re·par·a·tive** [ripǽrətiv] *a.*
rep·ar·tee [rèpɑːrtíː] *n.* 재치 있는 즉답(quick and witty reply).
re·past [ripǽst, -ɑ́ː-] *n.* 식사(meal).
re·pat·ri·ate [riːpéitrièit/-pǽ-] *vt.*, *n.* (포로 따위를) 본국에 송환하다; 송환〔귀환〕자. **re·pat·ri·a·tion** [-ˌ-éiʃən] *n.* Ⓤ
‡**re·pay** [riːpéi] *vt.* (*-paid*) **갚다; 보답하다.** ~·**ment** *n.* ⓊⒸ
***re·peal** [ripíːl] *n.*, *vt.* **무효로 하다;** ⓊⒸ 폐지〔철폐〕(하다).
‡**re·peat** [ripíːt] *n.* 반복, 되풀이; 〖樂〗 반복절〔기호〕. ── *vt.* ① **되풀이하다;** 암송하다. ② 《美》 이중 투표하다 《선거의 부정 행위》. ~ *oneself* 같은 말을 되풀이하다. *~·**ed** [-id] *a.* *~·**ed·ly** *ad.* ~·**er** *n.* 되풀이 하는 물건〔사람〕; 연발총; (불법적) 이중 투표자.
repéating décimal 순환 소수.
repéating rífle 연발총.
***re·pel** [ripél] *vt.* (*-ll-*) ① **쫓아버리다,** 격퇴〔거절·반박〕하다. ② 〖理〗 반발하다. ③ **불쾌**〔혐오〕감을 **주다.**
re·pel·lent [-ənt] *a.* 튀기는, 반발하는; 느낌이 나쁜, 싫은. ── *n.* 방충제; 방수포(防水布); 〖醫〗 (종기 따위를) 삭게 하는 약.
‡**re·pent** [ripént] *vi.*, *vt.* **후회하다**(regret)(*of*). *~·**ance** *n.* Ⓤ ~·**ant** *a.*
re·per·cus·sion [riːpərkʌ́ʃən] *n.* ⓊⒸ 되튀기(recoil), 되찌름; 반동; 반향; 영향.
rep·er·toire [répərtwɑ̀ːr] *n.* 레퍼토리, 연예〔상연〕 목록.
rep·er·to·ry [répərtɔ̀ːri/-təri] *n.* (지식 등의) 축적; 저장(소), 보고(寶庫); =REPERTOIRE.
‡**rep·e·ti·tion** [rèpətíʃən] *n.* ⓊⒸ **반복,** 되풀이(한 것). **re·pet·i·tive** [ripétətiv] *a.*
re·pine [ripáin] *vi.* 불평을 말하다, 투덜거리다(*at*, *against*).
‡**re·place** [ripléis] *vt.* ① **제자리에 놓다,** 되돌리다; 돌려 주다. ② 복직〔복위〕시키다. ③ …에 대신하다, 교대시키다(*by*, *with*). *~·**ment** *n.* ⓊⒸ
re·plant [riːplǽnt/-ɑ́ː-] *vt.* 이식(移植)하다.
re·plen·ish [ripléniʃ] *vt.* 보충〔추가〕하다; 다시 채우다 (*with*). ~**ed** [-t] *a.* 가득해진. ~·**ment** *n.* ⓊⒸ
re·plete [riplíːt] *a.* 가득찬, 충분한; 포식한(*with*). **re·plé·tion** *n.* ⓊⒸ
re·plev·in [riplévin] *n.* ⓊⒸ 〖法〗 압류 동산 점유 회복 소송〔영장〕.
rep·li·ca [réplikə] *n.* (It.) 모사(模寫), 복제(複製) (facsimile).
rep·li·cate [réplikit] *n.* 〖樂〗 (1옥타브 높거나 낮은) 반복음. ── *a.* 〖植〗 잎이 잦혀진. ── [-kèit] *vt.* 되풀이하다; 사본을 뜨다; 되접다.

rep·li·ca·tion [rèpləkéiʃən] ⓊⒸ ① 답; 대답에 대한 응답; 〖法〗 원고의 재항변. ② 복사, 모사. ③ 반향. ④ 〖統計〗 실험의 반복.
†**re·ply** [riplái] *n.*, *vi.*, *vt.* **대답**〔대꾸〕(하다)(answer), 응답(하다); 응전(하다); 반향(反響)(하다).
réply càrd 왕복 엽서.
réply còupon (세계 공통의) 회신용 「우표.
†**re·port** [ripɔ́ːrt] *n.*, *vt.*, *vi.* ① **보고**〔보도〕(하다); 공표(하다), 소문(내다); ② (보고하기 위해) 출두하다, 신고하다. ③ (*pl.*) 판결〔의사〕록; 기록(하다). ④ 총성, 포성, 폭음. ~ *oneself* 신고하다, 출두하다; 도착을 알리다. ***R- to the Nation*** (영국 정부가 2주일마다 일류 신문에 발표하는) 「국민에의 보고」. ***through good and evil*** ~ 평판이 좋든 나쁘든. ~·**ed·ly** [-idli] *ad.* 보도〔세평·전하는 바〕에 의하면. ***re·pórt·er** *n.* **통신**〔**보도**〕**원,** 탐방 기자; 보고〔통보〕자; 의사〔판결〕 기록원; 기관지.
re·port·age [ripɔ́ːrtidʒ / rèpɔːtɑ́ːʒ] *n.* (F.) 보고 문학, 르포르타주(문체).
repórt càrd (학교의) 성적표.
repórt stàge (영국 하원의) 보고 위원회, 제3 독회.
‡**re·pose**[1] [ripóuz] *vt.* **쉬게 하다, 눕히다**(*on*, *in*). ── *vi.* **쉬다,** 눕다, 자다, 놓여 있다(*in*, *on*); 영면하다. ── *n.* Ⓤ ① **휴식,** 안면; 영면(永眠); 휴지(休止). ② **침착; 조화.** ~·**ful** *a.* 평온한. ~·**ful·ly** *ad.*
re·pose[2] *vt.* (신뢰·희망을) 두다, 걸다(set, place) (*in*).
re·pos·it [ripɑ́zit/-pɔ́z-] *vt.* (…을) 저장〔보존〕하다. **re·po·si·tion** [riːpəzíʃən, rèp-] *n.*
re·pos·i·to·ry [ripɑ́zitɔ̀ːri/-pɔ́zitəri] *n.* 창고; 용기(容器); 납골당(納骨堂); 믿을 수 있는 사람(confidant).
re·pos·sess [rìːpəzés] *vt.* 되찾(게 하) 「다.
re·pous·sé [rəpuːséi/-ˌ-ˊ] *a.*, *n.* (F.) (금속 따위의 안쪽을 쳐서) 도드라지게 한 (무늬의); ⓊⒸ 돋을무늬 세공 ⌊(품).
repp [rep] *n.* =REP[1].
rep·re·hend [rèprihénd] *vt.* 꾸짖다, 비난하다. **rep·re·hén·sion** *n.* Ⓤ **-hén·si·ble** *a.* 비난당할 만한.
‡**rep·re·sent** [rèprizént] *vt.* ① **묘사하다,** 나타내다; 의미하다. ② **말하다, 기술하다,** 단언하다. ③ **상연**〔연출〕하다. ④ **대표하다;** …의 대표자〔대의원〕이다. ⑤ …에 상당하다 (correspond to). ~*ed* SPEECH. ***rep·re·sen·ta·tion** [ˌ-─téiʃən] *n.* ⓊⒸ **표현,** 묘사; **설명; 상연,** 연출; 대표(권); 진정; 진술; 단언.
‡**rep·re·sent·a·tive** [rèprizéntətiv] *a.* ① 대표〔전형〕**적인.** ② 대리의; 대의제의. ③ **표현하는** (*of*). ~ ***government*** 대의 정체. ── *n.* ① **대표자,** 대리인, **대의원.** ② 상속인. ③ 대표물, 견본; 전형. ***the House of Representatives*** 《美》 하원; 민의원.
***re·press** [riprés] *vt.* 억제하다(re-

strain); 억압하다, **억누르다**; 진압하다. **re·prés·sion** *n.* [UC] **-sive** *a.*
re·pres·sor [riprésər] *n.* 억압자; 〖生〗 억제 물질.
re·prieve [riprí:v] *n., vt.* (…형의) 집행 유예〔일시적 연기〕(를 하다) (cf. probation). 「*n., vt.* 징계(하다).
rep·ri·mand [réprəmæ̀nd/-mɑ̀:nd]
***re·print** [rí:prìnt] *n.* 재판(再版), 번각(飜刻). —— [-ˊ] *vt.* 재판〔번각〕하다. 「력 행사.
re·pris·al [ripráizəl] *n.* [UC] 보복; 무
re·prise [ripráiz] *n.* ① (보통 *pl.*) 〖英法〗 토지 수입에서 지불되는 연간 경비《차지료 · 연금 따위》. ② 〖樂〗 (소나타 형식의) 재현부, 반복. ③ 재상연《극 · 영화 등을 TV 작품화하는 등》; 재연, 재록(再錄); 재현. ***beyond* 〔*above, besides*〕 ~*s*** 제 경비를 지불한 나머지의.
‡**re·proach** [ripróutʃ] *n.* ① [UC] **비난.** ② [U] 불명예. —— *vt.* **비난하다**; 체면을 손상시키다. **~·ful** *a.* 책망하는, 책망하는 듯한, 비난하는; 부끄러운. **~·ful·ly, ~·ing·ly** *ad.* **~·less** *a.* 더할 나위 없는.
rep·ro·bate [réprəbèit] *vt.* 비난하다; (신이) 저버리다. —— *a., n.* 구제할 길 없는 (무뢰한); 신에게 버림받은 (사람). **rep·ro·ba·tion** [ˋ-béiʃən] *n.* [U] 비난, 거절; (신의) 저버림.
re·proc·ess [ri:prɑ́ses/-próus-] *vt.* (폐품 따위를) 재생하다.
***re·pro·duce** [rì:prədjú:s] *vt.* **재생**〔**재현**〕**하다**; **복사하다**, **모조**〔**복제**〕하다; 재연〔재판〕하다; **생식**〔**번식**〕**하다. re·pro·dúc·i·ble** [-əbəl] *a.* 재생〔복제〕할 수 있는.
***re·pro·duc·tion** [rì:prədʌ́kʃən] *n.* ① [U] **재생**, 재현; 재건; 재생산. ② [CU] 모조〔복제〕(품). ③ [U] 생식(작용). **-dúc·tive** *a.*
reprodúction pròof 〖印〗 전사지.
re·prog·ra·phy [ri:prɑ́grəfi/-prɔ́g-] *n.* (문헌 등의) 복사술《전자 코피 등에 의한》.
***re·proof** [riprú:f] *n.* [U] 비난(rebuke), 질책; [C] 비난의 말.
***re·prove** [riprú:v] *vt.* **비난하다.**
***rep·tile** [réptil, -tail] *n.* **파충류**; 비열한(漢). —— *a.* 파행성의, 기어다니는; 비열한. **rep·tíl·i·an** *a., n.*
‡**re·pub·lic** [ripʌ́blik] *n.* **공화국.** ***Republic of Korea*** 대한민국《생략 ROK》. ***Republic of South Africa*** 남아프리카 공화국.
re·pub·li·can** [ripʌ́blikən] *a.* **공화국**〔정체 · 주의〕의. ***the R- Party 《美》 공화당. —— *n.* 공화론자; (R-) 《美》 공화당원. **~·ism** [-ìzəm] *n.* [U] 공화주의, 공화 정치, 공화제.
re·pub·li·ca·tion [rì:pʌbləkéiʃən] *n.* [U] 재간(再刊), 재발행; [C] 재간행물. **re·púb·lish** *vt.*
re·pu·di·ate [ripjú:dièit] *vt.* 의절(義絕)하다; 거절〔거부〕하다; 부인하다. **re·pu·di·a·tion** [-ˋ-éiʃən] *n.* [U]
re·pug·nance [ripʌ́gnəns] *n.* [U] 반감, 증오(aversion); [UC] 모순; 불일치(*between*). **-nant** *a.*
***re·pulse** [ripʌ́ls] *n., vi.* [UC] **격퇴**〔논박 · 거절〕(**하다**). **re·púl·sion** *n.* [UC] 반감, 증오; [U] 격퇴; 거절; 〖理〗 반발 (작용). **re·púl·sive** [-siv] *a.* 몹시 불쾌한; 쌀쌀한; 〖理〗 반발하는.
rep·u·ta·ble [répjətəbəl] *a.* 평판 좋은, 명성 있는; 훌륭한. 「평판; 명성.
‡**rep·u·ta·tion** [rèpjətéiʃən] *n.* [UC]
‡**re·pute** [ripjú:t] *n.* [U] **세평**, **평판**; 명성(good fame), 호평. —— *vt.* 《보통 受動》 …라 평〔생각〕하다, …로 보다 (*He is ~d as* 〔*to be*〕 *honest.*). **re·pút·ed** [-id] *a.* 평판이 좋은; …라고 일컬어지는 (*the ~d author* 저자(著者)라는 사람). **re·pút·ed·ly** [-idli] *ad.* 세평으로는.
‡**re·quest** [rikwést] *vt.* **바라다**; 요구하다, (요)**청하다**(ask for). —— *n.* [UC] ① **요구**, 소원, 의뢰, 간청. ② 수요. ***by* 〔*at the*〕 *~ of*** …의 요구〔요청〕에 따라. ***much in ~*** (인기가 있어) 사방에서 끄는.
req·ui·em, R- [rékwiəm, rí-] *n.* 〖카톨릭〗 진혼 미사(곡); 진혼곡.
†**re·quire** [rikwáiər] *vt.* **요구하다**, 구하다; …을 **필요로 하다**; 명하다. ‡**re·quíre·ment** *n.* **요구**; **필요물**〔조건〕; 자격. 「한(물건), 요건.
***req·ui·site** [rékwəzit] *a., n.* **필요**
req·ui·si·tion [rèkwəzíʃən] *n.* [UC] 요구; 청구(서); 수요, 필요 (조건); (전시의) 징발〔징집〕 명령. —— *vt.* 징발〔징용 · 접수(接收)〕하다; (문서로) 요구하다. 「상; 보복.
re·quit·al [rikwáitl] *n.* [U] 보답; 보
re·quite [rikwáit] *vt.* 보답〔답례〕하다; 보상하다; 보복하다. **~·ment** *n.*
re·ra·di·a·tion [rì:reidiéiʃən] *n.* [U] 〖理〗 (전자의) 재방사, 2차 전자 방사.
rere·dos [ríərdɑs/-dɔs] *n.* (제단 뒤의) 장식벽, 스크린.
re·re·lease [rì:rilí:s] *n.* 〖映〗 신판(新版) (reissue).
re·route [ri:rú:t, -ráut] *vt., vi.* (…의) 여정을 변경하다.
re·run [ri:rʌ́n] *vt.* (*-ran; -run; -nn-*) 재상연하다; 〖컴퓨터〗 재계산하다. —— *n.* [ˊˋ] 재상연; 〖컴퓨터〗 재계산.
re·scind [risínd] *vt.* 폐지하다(repeal); 무효로 하다; 취소하다. **re·scis·sion** [-síʒən] *n.* [U] 「書」; 칙어.
re·script [rí:skript] *n.* 칙답서(勅答
‡**res·cue** [réskju:] *n., vt.* [UC] **구조**〔**구제**〕(**하다**); (불법으로) 탈환(하다). **rés·cu·er** *n.* 구조〔구원〕자.
‡**re·search** [risə́:rtʃ, rí:sə:rtʃ] *n.* [UC] (종종 *pl.*) **연구**, **조사**(*after, for*). —— *vi.* 연구〔조사〕하다(*into*). ***~·er** *n.*
reséarch lìbrary 학술 도서관. 「수.
reséarch profèssor 연구 (전문) 교
re·seat [ri:sí:t] *vt.* 다시 놓다〔앉히다〕; 복위〔복직〕시키다; (의자를) 새 천으로 갈아 대다.
re·sect [risékt] *vt.* 〖醫〗 (뼈 따위를) 절제하다, 깎아내다.

re·sec·tion [risékʃən] *n.* [U] 절제(술).

‡**re·sem·ble** [rizémbəl] *vt.* …와 **비슷하다**. ***re·sém·blance** *n.* [U] **유사**, 닮음, 비슷함(*between, to, of*); 초상.

***re·sent** [rizént] *vt.* …을 **분개하다**; 원망하다. **~·ful(·ly)** *a.* (*ad.*) ***~·ment** *n.* [U] **분개**.

re·ser·pine [risə́:rpi(:)n] *n.* [U]〖藥〗리서핀《혈압 강하제》.

res·er·va·tion** [rèzərvéiʃən] *n.* ① [U] **보류**, 삼가함. ② 조건, 제한. ③ (좌석 따위의) **예약**. ④《美》(인디언) 보호 지역. ***without ~ 거리낌〔기탄〕없이; 무조건으로.

‡**re·serve** [rizə́:rv] *vt.* ① 보류하다; (따로) **떼어 두다**; 보존〔보유〕하다. ② (좌석을) 예약하다; 따로 해 두다; 운명짓다. ③ (토론·판결 등을) 연기하다; 삼가해 두다. ***~ oneself for*** …에 대비하여 정력을 길러두다. ***All rights ~d.*** (일체의) 판권 소유. **—*n.*** 보류, **유보**, **보존**; **예비**(의 금품); (은행의) 예비〔적립〕금; 예비 부대〔선수〕, 예비〔후비〕병; (토착인 등의) 보류지; 조건, **제한**; **사양**. ***in ~*** 따로 떼어(둔); 예비〔보결〕의. ***without ~*** 거리낌〔기탄〕없이, 털어놓고; 무제한〔무조건〕으로. ***re·sérved** [-d] *a.* 겸양하는, 수줍어하는; 예약된; **보류한**. **re·sérv·ed·ly** [-idli] *ad.* 조심스레, 터놓지 않고.

resérve bànk《美》준비 은행《연방준비 은행제에 의한》.

resérve cìty《美》준비금시(準備金市)《국립 은행 조례에 의하여 정해진 금융 중심 도시의 하나》.

resérve price 경매의 한정〔최저〕가격.

re·serv·ist [-ist] *n.* 예비병; 재향 군인.

***res·er·voir** [rézərvwὰ:r, -vwɔ̀:r] *n.* **저장소**; **저수지**; 석유〔가스〕 탱크; (램프의) 기름통; (지식·경험의) 축적.

re·set [ri:sét] *vt.* (*~; -tt-*) 다시 놓다〔맞추다, 끼우다, 짜다〕;〖컴퓨터〗…을 멜다, 다시 놓다.

re·shuf·fle [ri:ʃʌ́fəl] *vt., n.* (카드패를) 다시 치다〔침〕; 개각(改閣)(하다); (인원의) 배치 변경; 전환(시키다).

‡**re·side** [rizáid] *vi.* ① **살다**, 주재하다(*at, in*). ② **존재하다**, 있다(*in*).

‡**res·i·dence** [rézidəns] *n.* [U] **거주**, 주재(기간); [C] **주택**, 저택. **-den·cy** *n.* [U] (전문의의) 실습 기간; 관저.

‡**res·i·dent** [-dənt] *a.* ① **거주하는**; 숙식〔입주〕하는; ② **고유의**, 내재하는 (inherent). **—*n.*** **거주〔주재〕자**; 레지던트《병원에서의 전공의(專攻醫)》. ***foreign ~s*** 재류(在留) 외국인. ***~ minister*** 변리 공사. ***~ tutor*** 입주 가정교사.

***res·i·den·tial** [rèzidénʃəl] *a.* **거주**(지)의; 주택용의.

residéntial hotél 거주용 호텔, 호텔식 아파트.

re·sid·u·al [rizídʒuəl] *n., a.* 나머지〔잉여〕(의); 재방송료. ***~ property*** 잔여 재산.

re·sid·u·ar·y [-èri/-əri] *a.* 〖法〗잔여(재산)의. ***~ legatee*** 잔여 재산 수증자(受贈者).

res·i·due [rézidjù:] *n.* 〖法〗잔여 (재산);〖數〗잉여.

re·sid·u·um [rizídʒuəm] *n.* (*pl.* ***-dua***) 잔여, 나머지 (물건); 찌꺼기;〖數〗잉여, 오차; 최하층민.

‡**re·sign** [rizáin] *vt.* (직을) **사임하다**; **포기〔단념〕하다**. **—*vi.*** **사직하다** (*from*). ***be ~ed,*** or ***~ oneself*** 체념하다; 몸을 맡기다(*to*). **re·sígned** [-d] *a.* 복종적인; 체념한; 사직한. **re·sígn·ed·ly** [-idli] *ad.*

***res·ig·na·tion** [rèzignéiʃən] *n.* [U] **사직**; 양위, 물러남; 사표; 체념 (*to*); 포기.

re·sil·ient [rizíljənt, -liənt] *a.* 되튀는; 탄력성 있는. **-ience, -ien·cy** *n.* [U]

***res·in** [rézin] *n.* [UC] **수지(樹脂)**, 송진; 합성 수지. **~·ous** [rézənəs] *a.* 수지질의, 진이 있는.

‡**re·sist** [rizíst] *vt.* **저항〔반항〕하다** (oppose); 방해하다; 무시하다; 참다; 격퇴하다. ‡**~·ance** [-əns] *n.* [UC] **~·ant** *a.* **~·less** *a.* 저항하기〔억누르기〕 어려운. **re·sís·tor** *n.* 〖電〗저항기.

re·sis·tiv·i·ty [ri:zistívəti] *n.* [U] 저항력;〖電〗저항률.

res·na·tron [réznətrὰn / -trɔ̀n] *n.* 〖電子〗레스나트론《4극관의 하나, 고주파수의 대(大)전력을 발생함》.

re·sole [ri:sóul] *vt.* 구두 창을 갈다.

re·sol·u·ble [rizάljəbəl, rézə-/rizɔ́-] *a.* 용해할 수 있는; 해결할 수 있는.

***res·o·lute** [rézəlù:t] *a.* **굳은 결의의**, 단호한 (firm). **~·ly** *ad.* **~·ness** *n.*

‡**res·o·lu·tion** [rèzəlú:ʃən] *n.* [UC] ① **결심**; 과단; [C] 결의(안). ② [U] 분해, 분석(*into*) ③ 해결, 해답(solution).

‡**re·solve** [rizάlv/-ɔ́-] *vt.* ① **분해〔분석〕하다**; 해체하다; 변체(變體)〔변형, 변모〕시키다. ② (분석하여) **해결하다**; **결심〔각오〕하다**. ③ 결정〔표결〕하다, 의결하다. ④ (종기를) 삭게 하다. **—*vi.*** **결심〔결정〕하다**(*on, upon*); 분해하다; (결국) …이 되다, …로 귀착하다(*into*); (종기가) 삭다;〖法〗무효로 되다. **—*n.*** [UC] **결심**; 의결; 불굴. ***re·sólved** *a.* **결의한**, 단호한. **re·sólv·ed·ly** [-idli] *ad.*

re·sol·vent [rizάlvənt/-zɔ́l-] *a.* 분해하는; 용해력 있는; 소산시키는. **—*n.*** 분해물; 용제; 소산제.

res·o·nance [rézənəns] *n.* [U] 공명;〖電〗공진(共振). **-nant** *a.*

res·o·na·tor [-nèitər] *n.* 공명〔공진〕기.

re·sorb [risɔ́:rb] *vt.* …을 재흡수하다.

res·or·cin·ol [rezɔ́:rsənɔ̀(:)l/-ὰl] *n.* [U]〖化·藥〗레조르신《염색·약제용》.

‡**re·sort** [rizɔ́:rt] *vi.* ① **자주 가다**, 모여들다(*to*). ② **의지하다**(*to*), 힘을 빌다. **—*n.*** ① **유흥지**; 사람이 많이 모이는 장소, 번화가; 드나드는 〔자주 가는〕 장소. ② [U] **의지**; 수단(recourse). ***health*** 〔***summer, winter***〕

~ 보양〔피서·피한〕지. ***in the last*** ~ 최후 수단으로서, 결국에는.

***re·sound** [rizáund] *vi., vt.* **울리다, 울려퍼지다**; 반향하다; 평판이 자자해지다〔하게 하다〕.

‡**re·source** [rí:sɔ:rs, rizɔ́:rs] *n.* ① (*pl.*) **자원**; 물자; 재원, 자력(資力). ② **수단**, 방법; **기략**(機略); 무료를 달래기. ~**·ful** *a.* 자력〔기략〕이 풍부한. ~**·less** *a.* 기략〔자력〕이 부족한.

†**re·spect** [rispékt] *n.* ① Ⓤ **존경**(esteem) (*for*). ② (*pl.*) 경의, 인사; 전언. ③ Ⓤ 주의, 관심, 고려. ④ ⓊⒸ **관계**; 점. ***give one's ~s to*** …에게 안부전하다. ***have*** ~ 존경하다 (*for*); …에 관계가 있다, …을 고려하다(*to*). ***in no*** ~ 아무리〔어느 모로〕 보아도 …아니다. ***in ~ of*** …에 관하여. ***in ~ that***《古》…인 고로, …때문에. ***in this*** ~ 이 점에서. ~ ***of persons*** 편벽된 특별 대우, 편애. ***without ~ to*** 〔***of***〕 …을 고려치 않고. ***with ~ to*** …에 관하여. —— *vt.* **존경〔존중〕하다**; 고려〔관계〕하다. ***as ~s*** …에 관하여(는), …에 대하여는. ~ ***oneself*** 자중하다. ~ ***persons*** 사람을 차별 대우하다, 편애하다. *~**·ful(·ly)** *a.* (*ad.*) **정중한**〔하게〕. ~**·ing** *prep.* …에 관하여.

‡**re·spect·a·ble** [-əbəl] *a.* **존경할 만한, 훌륭한**; 신분〔평판〕이 좋은; 품위 있는; 보기 흉치 않은; 상당한. ~ ***minority*** 소수이지만 무시할 수 없는 수(의 사람들). **-bly** *ad.* **re·spect·a·bil·i·ty** [–ˌ–bíləti] *n.* 존경할 만한 일〔사람(들)〕, 명사들; (종종 *pl.*) 인습적 의례〔관습〕; Ⓤ 체면.

***re·spec·tive** [rispéktiv] *a.* **각자의**; 각각〔각기〕의. *~**·ly** *ad.* **각각**, 각기《흔히 文尾에서》.

***res·pi·ra·tion** [rèspəréiʃən] *n.* Ⓤ 「호흡 (작용).

res·pi·ra·tor [réspərèitər] *n.* (인공 호흡용) 마스크; 인공 호흡기;《英》방독면.

re·spir·a·to·ry [réspərətɔ̀:ri, rispáiərə-/rispáiərətəri] *a.* 호흡의.

re·spire [rispáiər] *vi., vt.* 호흡하다.

res·pite [réspit] *n., vt.* 연기(하다); (사형 집행을) 유예(하다); 휴식(시키다).

re·splend·ent [rispléndənt] *a.* 찬연한, 눈부신. **-ence, -en·cy** *n.* Ⓤ

‡**re·spond** [rispánd/-ɔ́-] *vi.* **대답하다**; 응하다; 감응이 있다. ~**·ent** *a., n.* 대답〔응답〕하는 (사람); 〖法〗 (이혼 소송 따위의) 피고(의).

‡**re·sponse** [rispáns/-ɔ́-] *n.* ⓊⒸ **응답**; (교회에서의) 응답송; 감응. ***in ~ to*** …에 응하여〔따라〕.

‡**re·spon·si·bil·i·ty** [rispɑ̀nsəbíləti/-pɔ̀n-] *n.* ⓊⒸ **책임**; 책무(*of, for*); 책임 대상《가족, 부채 따위》.

‡**re·spon·si·ble** [rispánsəbəl/-ɔ́-] *a.* **책임 있는**, 책임을 져야 할(*to* a person; *for* a thing); (지위가) 중대한; 책임을 다할 수 있는, **신뢰할 수 있는** (reliable). **-bly** *ad.* ~**·ness** *n.*

re·spon·sive** [rispánsiv/-ɔ́-] *a.* 대답하는; 감응〔감동〕하기 쉬운(*to*). ***cast a ~ glance 눈으로 대답하다. ~**·ly** *ad.* ~**·ness** *n.*

†**rest**[1] [rest] *n.* ①ⓊⒸ**휴식**, 휴양(*take a* ~); 수면; 죽음, 영면; Ⓤ 안심. ② 휴식〔숙박〕처 (*for*). ③ 대(臺), 지주(支柱). ④ 〖樂〗 휴지(부), 쉼표. ***at*** ~ 휴식〔안심〕하고, 잠들어; 영면하여. ***day of*** ~ 안식일, 일요일. ***go to*** ~ 자다; 죽다. ***lay to*** ~ 매장하다. —— *vi., vt.* ① 쉬(게 하)**다**, 정지(靜止)하다〔시키다〕. ② 놓다, 놓이다, 기대(게 하)다(*on, upon, against*). (이하 *vi.*) ③ 자다; 영면하다. ④ 의지하다(*in, on, upon*); (…에) 있다 (*It ~s with you to decide.* 결정은 네게 달려 있다). ***be ~ed*** 쉬다. ~ ***in peace*** (지하에) 고이 잠들다. ~ ***on one's arms*** 무장한 채 쉬다; 방심하지 않다. ˊ~**·ful** *a.* 마음을 편안케 하는; 편안한, 평온한.

‡**rest**[2] *n.* (the ~) **나머지**, 그 밖의 것〔사람들〕. ***among the*** ~ 그 중에서도 (특히); 그 중에 끼어서. ***for the*** ~ 그 외는, 나머지는. —— *vi.* …인〔한〕 채이다〔로 있다〕. ~ ***assured*** 〔***satisfied, content***〕 안심〔만족〕하고 있다.

re·state [ri:stéit] *vt.* 재진술하다, 고쳐 말하다. ~**·ment** *n.*

‡**res·tau·rant** [réstərənt, -rɑ̀:nt/-rɔ̃:ŋ] *n.* (F.) **요리〔음식〕점**.

res·tau·ra·teur [rèstərətə́:r/-tɔ:r-] *n.* (F.) 요리점 주인. 「요법.

rést cùre 〖醫〗 (정신병 등의) 안정

rést hòme 요양소, 보양소.

rést hòuse 여행자 숙박소;《美》(충분한) 보양 시설.

résting plàce 휴게소; (계단의) 층계참.

res·ti·tute [réstətjù:t] *vt.* …을 원상태로 되돌리다.

res·ti·tu·tion [rèstətjú:ʃən] *n.* Ⓤ 반환, 상환, 배상; 회복; 복직; 〖理〗 복원. ***make*** ~ 배상하다.

res·tive [réstiv] *a.* 침착하지 못한, 불안해 하는 (uneasy); 다루기 힘든, 고집 센; (말 따위가) 앞으로 나아가려 않는, 어거하기 힘든.

‡**rest·less** [réstlis] *a.* **침착하지 않은**; 불안한; 부단한, 끊임없는; 쉬지 않는; 잠잘 수 없는; 활동적인. ~**·ly** *ad.* ~**·ness** *n.* 「量).

rést màss 〖理〗 정지 질량(靜止質

re·stock [ri:sták/-stɔ́k] *vt., vi.* …을 새로 사들이다; (농장에) 다시 가축을 들이다; …을 보급하다.

re·stor·a·ble [ristɔ́:rəbəl] *a.* 회복될 수 있는; 본래대로 될 수 있는.

***res·to·ra·tion** [rèstəréiʃən] *n.* Ⓤ **회복**; 복구; 복고; 복위; 복원; (the R-) 〖英史〗 (Charles Ⅱ 의) 왕정 복고(시대)《1660–88》.

re·stor·a·tive [ristɔ́:rətiv] *a., n.* 원기를 회복하는 (약), 강장제.

‡**re·store** [ristɔ́:r] *vt.* 본래대로 하다, 복구하다; **회복**〔재흥〕**하다**; (건강 등을) 되찾다; 복위시키다; 돌려주다.

re·stór·er *n.* **re·stór·ing** *a.*
‡**re·strain** [ristréin] *vt.* 억제〔제지·억압〕하다; 구속〔감금〕하다(confine). ~ ***oneself*** 자제하다. *~**ed** *a.* 온당한; 구속〔억제〕된. ~**·ed·ly** [-idli] *ad.*
restráining òrder 〖法〗 가처분 명령.
*__re·straint__ [ristréint] *n.* ① Ⓤⓒ 억제. ② Ⓤ 구속, 속박, 감금; 검속. ③ Ⓤⓒ 자제, 삼감; 제한. ~ ***of trade*** 거래 제한. ***without*** ~ 거리낌없이.
*__re·strict__ [ristríkt] *vt.* 제한〔한정〕하다(*to, within*). *~**·ed** *a.* *__re·stríc·tion__ *n.* Ⓤⓒ 제한; 구속. *__re·stríc·tion·ism__ [-izəm] *n.* Ⓤ (무역·이민 등의) 제한주의. **-ist** *n.* *__re·stríc·tive__ *a., n.* 제한하는; 〖文〗 제한적(용법)인; 한정적인; 〖文〗 한정사.
rést ròom 휴게실; 변소.
†**re·sult** [rizʌ́lt] *n.* Ⓤⓒ 결과; (시험의) 성적; (계산의) 답. — *vi.* (결과로서) 생기다, 일어나다 (*from*); …에 귀착하다, …이 되다 (*in*). *~**·ant** [-ənt] *n., a.* 결과(로서 발생하는); 〖理〗 합성적인; 합력; 〖數〗 종결식.
‡**re·sume** [rizú:m/-zjú:m] *vt.* ① 다시 시작하다; 다시 잡다(~ *one's seat* 자리에 돌아오다). ② 되찾다; (건강 따위를) 회복하다. ③ (다시 초들어) 요약하다(summarize). *__re·súmp·tion__ [-zʌ́mpʃən] *n.* Ⓤⓒ 재개시.
re·su·mé [rèzuméi, ⌐-⌐] *n.*(F.) 적요(摘要).
re·sur·face [ri:sə́:*r*fis] *vi.* (잠수함이) 떠오르다.
re·surge [risə́:*r*dʒ] *vi.* 재기하다; 부활하다, 되살아나다; 재현하다. **re·sur·gence** [-dʒəns] *n.* Ⓤ 재기, 부활. **re·sur·gent** [-dʒənt] *a.*
res·ur·rect [rèzərékt] *vt.* 소생〔부활〕시키다; 다시 소용되게 하다; 파내다. *__res·ur·réc·tion__ *n.* Ⓤⓒ 부활; (the R-) 예수의 부활; (시체) 발굴.
re·sus·ci·tate [risʌ́sətèit] *vi., vt.* 소생〔부활〕하다〔시키다〕. **-tá·tion** *n.* Ⓤ
re·sus·ci·ta·tor [risʌ́sətèitə*r*] *n.* 부활하는〔시키는〕 사람; 인공 호흡기, 소생실.
*__re·tail__ [rí:teil] *n., a.* Ⓤ 소매(小賣)(의). — *ad.* 소매로. — [ri:téil] *vt., vi.* 소매하다〔되다〕; [ritéil] (이야기를) 받아 옮기다. ~**·er** *n.*
‡**re·tain** [ritéin] *vt.* ① 보유하다, 보지〔유지〕하다. ② 계속 실행하다; 기억하고 있다. ③ (변호사·하인을) 고용해 두다. **re·táin·er** *n.* 보유자; 〖史〗 부하, 종자, 가신(家臣); =RETAINING FEE.
retáined óbject 〖文〗 보류 목적어 《She was given a *doll.* A doll was given *her.*》.
retáining fèe (고용 변호사의) 고용료, 변호사 수당.
retáining fòrce 〖軍〗 견제(牽制) 부대.
re·take [*v.* ri:téik; *n.* ⌐⌐] *vt.* (**-took; -taken**), *n.* 다시 취(取)하다〔취함〕; 되찾다〔찾음〕; 〖寫·映〗 재촬영(하다).
re·tal·i·ate [ritǽlièit] *vt., vi.* 앙갚음〔보복〕하다. **re·tal·i·a·tion** [-⌐-éiʃən] *n.* Ⓤ **re·tál·i·a·tive** *a.* **re·tál·i·a·to·ry** [-tɔ̀:ri/-təri] *a.*
re·tard [ritá:rd] *vt., vi.* 늦(어지)게 하다〔되다〕, 늦추다, 늦추어지다; (*vt.*) 방해하다. — *n.* Ⓤⓒ 지연; 방해. **re·tar·da·tion** [rì:tɑ:*r*déiʃən] *n.* Ⓤⓒ 지연; 방해(물); 〖理〗 감속도.
re·tar·date [ritá:rdeit] *n.* 《美》 지능이 낮은 사람.
re·tard·ed [ritá:*r*did] *a.* 지능이 뒤진, 지진의 《IQ 70~85 정도》(*a ~ child* 지진아).
retch [retʃ] *n., vi.* 구역질 (나다).
re·tell [ri:tél] *vt.* (**-told**) 다시 이야기하다; 되풀이하다; 다시 세다.
re·ten·tion [riténʃən] *n.* Ⓤ 보지(保持), 보유, 유지; 기억(력); 〖醫〗 (요(尿))폐색. **re·tén·tive** *a.* 보지하는 (*of*), 보지력이 있는; 기억력 좋은.
ret·i·cence [rétəsəns], **-cen·cy** [-si] *n.* Ⓤⓒ 침묵, 과묵; 삼감, **-cent** *a.* **-cent·ly** *ad.*
re·tic·u·late [ritíkjəlit] *a.* 그물 모양의. — [-lèit] *vt., vi.* 그물 모양으로 하다〔되다〕. **re·tic·u·la·tion** [-⌐-léiʃən] *n.* (보통 *pl.*) 망상(網狀)(물·조직).
ret·i·cule [rétikjù:l] *n.* (그물 모양의) 핸드백.
re·tic·u·lum [ritíkjələm] *n.* (*pl.* **-la** [-lə]) ① 세망(細網) 구조, 망상 조직; 〖動〗 리티큘럼. ② 봉소위(蜂巢胃)《반추 동물의 둘째 위》.
ret·i·na [rétənə] *n.* (*pl.* ~*s*, **-nae** [-nì:]) 〖解〗 망막(網膜).
ret·i·ni·tis [rètənáitis] *n.* 〖醫〗 망막염.
ret·i·no·scope [rétənəskòup] *n.* 검안경.
ret·i·nue [rétənjù:] *n.* 《集合的》 수행원.
re·tir·a·cy [ritáiərəsi] *n.* 《美》 퇴직, 은퇴.
‡**re·tire** [ritáiə*r*] *vi.* 물러나다, 퇴각하다(*from, to*); 자다; 퇴직〔은퇴〕하다. — *vt.* 물러나게 하다; (지폐 따위를) 회수하다; 〖野·크리켓〗 아웃시키다(put out). *__re·tíred__ [-d] *a.* 퇴직〔은퇴〕한; 궁벽한, 외딴(secluded). *~**·ment** *n.* Ⓤⓒ 퇴직, 퇴역; 퇴각. *__re·tír·ing__ *a.* 은퇴하는, 물러나는; 수줍은, 내성적인, 겸손한. ***retiring pension*** 퇴직 연금.
re·told [ri:tóuld] *v.* retell의 과거(분사).
re·tool [ri:tú:l] *vt.* (공장의) 기계를 재정비하다; (기계·설비를) 재편성하다. — *vi.* 기계〔설비〕를 갱신하다.
*__re·tort__[1] [ritɔ́:*r*t] *n., vi., vt.* 말대꾸(하다), 대갚음(하다); 역습(을 가하다); 보복(하다) (*on, upon, against*).
re·tort[2] *n.* 〖化〗 레토르트《증류기》.
re·touch [ri:tʌ́tʃ] *n., vt.* 수정(하다).
re·trace [ritréis] *vt.* 근본〔근원〕을 찾다; 거슬러 올라가(서 조사하)다; 회고하다; (왔던 길을) 되돌아가다, 되물러나다. ~ ***one's steps*** 되돌아가다; 다시 하다.
re·tract [ritrǽkt] *vt.* 뒤로 물리다,

움츠러들이다; 철회〔취소〕하다. **～·a·ble** *a.* **re·trac·tá·tion** *n.* UC **re·tr·ác·tile** [-til, -tail] *a.* 움츠릴 수 있는. **re·trác·tion** *n.* UC **re·trác·tive** *a.*

re·tral [rí:trəl] *a.* 배부(背部)의, 후부의.

re·tread [ri:tréd] *vt.* (～*ed*) (타이어의) 바닥을 갈아 대다 (cf. recap). —— [스] *n.* 재생 타이어; 《美俗》 재소집병.

‡**re·treat** [ritrí:t] *n.* ① UC 〖軍〗 **퇴각**(의 신호); 귀영 나팔〔북〕(소리). ② 은퇴〔피난〕(처). ③ UC 〖教會〗 묵상(시간), 정수(靜修). ***beat a ～*** 퇴각하다; 사업을 그만두다. —— *vi., vt.* 물러나(게 하)다, 퇴각하다.

re·trench [ritréntʃ] *vt., vi.* 삭제〔단축〕하다, 절약하다. **～·ment** *n.*

re·tri·al [ri:tráiəl] *n.* UC 〖法〗 재심.

ret·ri·bu·tion [rètrəbjú:ʃən] *n.* U 보복; 벌; 응보. **re·trib·u·tive** [ritríbjətiv] *a.* **re·trib·u·to·ry** [-tɔ̀:ri/-təri] *a.*

***re·trieve** [ritrí:v] *vt.* ① (잃어버린 명예·신용 따위를) **회복하다,** (손해를) 되찾다. ② 정정(訂正)하다; (과실을) 보상〔벌충〕하다. ③ 구하다(*from, out of*); 생각해 내다. ④ 〖컴퓨터〗 (정보를) 검색하다. —— *vi.* (사냥개가) 잡은 것을 찾아서 가져오다. —— *n.* U 회복, 되찾음. **re·tríev·a·ble** *a.* **re·tríev·al** *n.* **re·tríev·er** *n.* retrieve하는 사람; 사냥개(의 일종).

ret·ro·ac·tive [rètrouǽktiv] *a.* 소급하는. ～ ***law*** 〔***tax***〕 소급법〔세〕.

ret·ro·cede [rètrəsí:d] *vi.* 돌아가다, 물러가다 (recede); 〖醫〗 내공(內攻)하다. **ret·ro·ces·sion** [-séʃən] *n.* U 후퇴; 내공.

ret·ro-en·gine [rétrouèndʒən] *n.* = RETROROCKET.

ret·ro·fire [rétroufàiər] *vt.* (역추진 로켓)에 점화하다. —— *vi.* 역추진 점화하다. —— *n.* U (로켓의) 역추진 점화.

ret·ro·flex(ed) [rétrəflèks(t)] *a.* 뒤로 휜〔굽은〕; 〖醫〗 후굴한; 〖音聲〗 반전음(反轉音)의.

ret·ro·grade [rétrəgrèid] *vi.* 후퇴〔퇴보·역행〕하다; 쇠퇴〔악화〕하다. —— *a.* 후퇴〔퇴보·쇠퇴〕하는.

ret·ro·gress [-grès, ⌐-⌐] *vi.* 후퇴〔퇴보·퇴화·악화〕하다. **ret·ro·gres·sion** [⌐-gréʃən] *n.* U **ret·ro·grés·sive** *a.*

ret·ro·rock·et [rétrouràkit/-rɔ̀k-] *n.* (천체 착륙이 가능한) 역추진 로켓.

ret·ro·spect [rétrəspèkt] *n., vt., vi.* U 회고〔회상〕(하다). ***in ～*** 회상하여(보면). **ret·ro·spec·tion** [⌐-spékʃən] *n.* **ret·ro·spéc·tive** *a.*

re·trous·sé [rètru:séi/rətrú:sei] *a.* (F.) 들창코의 (turned up).

ret·ro·vert [rètrəvə́:rt] *vt.* …을 뒤로 굽히다, 후굴시키다《특히 자궁을》.

re·try [ri:trái] *vt.* 재심하다.

†**re·turn** [ritə́:rn] *vi.* **돌아가〔오〕다,** 되돌아가〔오〕다; 대답하다. —— *vt.* ① **돌려주다,** 되돌리다; 반사하다. ② 보답〔대갚음〕하다; 대답하다, 답신〔보고〕하다. ③ (이익 따위를) 낳다. ④ (선거구가, 국회의원을) 뽑다. —— *n.* ① UC **돌아옴〔감〕; 반환;** 대갚음. ② UC 복귀, 회복; (병의) 재발. ③ (보통 *pl.*) 이익, 보고서; (*pl.*) 통계표. ④ 국회의원 당선. ⑤ 왕복표. ***by ～ of post*** (편지 답장을) 되짚어 곧, 지급으로. ***in ～*** 보수〔보답·답례〕로서, 그 대신으로(*for*). ***Many happy ～s (of the day)!*** 축하합니다《생일 따위의 축사》. ***secure a ～*** (국회의원에) 선출되다. **re·turned** [-d] *a.* 돌아온.

retúrn addréss (우편의) 발신인 주소.

retúrn card (보통 상업용의) 왕복엽서(cf. reply card).

re·turn·ee [ritə̀:rní:] *n.* 귀환〔반송(返送)〕자; 복학자.

retúrn gáme 〔**mátch**〕 설욕전.

retúrning òfficer 《英》선거 관리관.

retúrn tícket 《주로 英》 왕복표.

***re·un·ion** [ri:jú:njən] *n.* U **재결합;** C 친목회.

re·u·nite [rì:ju:náit] *vi., vt.* 재결합〔화해〕하다〔시키다〕.

Reu·ters [rɔ́itərz] *n.* (영국의) 로이터 통신사.

rev [rev] (＜*rev*olution) *n., vt., vi.* (*-vv-*) 《口》 발동기의 회전(을 증가시키다) (*up*).

Rev. Revelation; Reverend. **rev.** revenue; reverse(d); review(ed); revise(d); revision; revolution; revolving.

re·val·ue [ri:vǽlju:] *vt.* 재평가하다. **re·val·u·a·tion** [⌐-⌐-éiʃən] *n.* U

re·vamp [ri:vǽmp] *vt.* 조각을〔새 갑피를〕 대(고 깁)다; 수선하다; 개작〔개선〕하다; 쇄신하다.

re·vanch·ism [rəvɑ́:nʃizəm, -tʃi-] *n.* U (F) 실지 회복 운동〔주의〕. **re·vanch·ist** *n., a.*

Revd. Reverend.

‡**re·veal** [riví:l] *vt.* **들추어내다; 나타내다; 보이다;** (신이) 계시하다. ～ ***itself*** 드러〔나타〕나다; 알려지다. ～ ***oneself*** 이름을 밝히다. **re·véal·ment** *n.* U 폭로; 계시.

rev·eil·le [révəli/rivǽli] *n.* (F.) 기상나팔〔북〕 소리.

rev·el** [révəl] *n., vi.* (《英》 *-ll-*) UC **술잔치**(를 베풀다, 를 베풀고 법석대다); 한껏 즐기다(*in*). ～ ***it 술마시며 떠들다. **rév·el·(l)er** *n.*

rev·e·la·tion** [rèvəléiʃən] *n.* ① U (비밀의) **폭로〔누설〕;** 발각; C 뜻밖의 새 사실 (What a ～!*** 천만 뜻밖인데!). ② U 〖神〗 (신의) 묵시, 계시 (cf. reveal); (the R-, (the) Revelations) 〖聖〗 요한 계시록.

rev·el·ry [révəlri] *n.* UC 술잔치, 주연, 술마시고 법석댐.

rev·e·nant [révənənt] *n.* 죽음의 세계〔추방〕에서 돌아온 자; 망령.

‡**re·venge** [rivéndʒ] *n., vi.* UC **앙갚음**〔복수〕(하다); 원한(을 풀다). ***have***

〔*take*〕 *one's* ~ 원한을 풀다. *in ~ for* 〔*of*〕 …의 앙〔대〕갚음으로서. —— *vt.* …의 복수를 하다 (*She ~d her husband.* 남편의 원수를 갚았다); 《受動 또는 再歸的》 원한을 풀다(*She was ~d* 〔*She ~d herself*〕 *on* 〔*upon*〕 *her husband.*). **~·ful** *a.* 앙심 깊은; 복수의.

‡rev·e·nue [révənjù:] *n.* ① U (국가의) **세입**; 수익; 수입원〔항목〕; (*pl.*) (국가·개인의) 총수입, 소득 총액. ② (the ~) 국세청, 세무서.

révenue cùtter (세관의) 밀수 감시선.

révenue òfficer 《美》 밀주 단속관.

rev·e·nu·er [révənjù:ər] *n.* 세무관, (세관의) 감시(艇)정.

révenue stàmp 수입 인지.

re·ver·ber·ate [rivə́:rbərèit] *vi., vt.* 반향〔반사〕하다〔시키다〕. **-ber·ant** *a.* **-ber·a·to·ry** [-tɔ̀:ri/-təri] *a.* 반향〔반사〕의. **re·ver·ber·a·tion** [–⌣–réiʃən] *n.* U

revérberating fúrnace 반사로(爐).

re·ver·ber·a·tor [rivə́:rbərèitər] *n.* 반사기(器), 반사경, 반사등, 반사로(爐).

re·vere¹ [rivíər] *vt.* 존경하다.

re·vere² *n.* =REVERS.

***rev·er·ence** [révərəns] *n.* UC **존경**(심) (deep respect) (*We hold him in ~.*); 경례(deep bow); (R-) 님《성직자에 대한 경칭》 (*his* 〔*your*〕 *R-*).

rev·er·end** [-d] *a.* 존경할 만한, **존귀한**; (보통 the R-) …신부《경칭; 생략 Rev.》; 성직의. ***Right 〔***Most***〕 ***R-*** bishop 〔archbishop〕의 존칭. —— *n.* 《口》 성직자, 목사.

rev·er·ent [-t] *a.* 경건한. **~·ly** *ad.*

rev·er·en·tial [rèvərénʃəl] *a.* =⇧. **~·ly** *ad.*

rev·er·ie [révəri] *n.* UC 몽상, 공상.

re·vers [riviər, -véər] *n.* (*pl.* ~ [-z]) (F.) (옷깃·소매 등의) 접어 젖힌 단.

re·ver·sal [rivə́:rsəl] *n.* UC 역전, 반전.

‡re·verse [rivə́:rs] *vt.* **거꾸로 하다,** 뒤집다; 역전〔역류〕하다; 〖法〗 취소〔파기〕하다. —— *vi.* 거꾸로 되다〔돌다〕, 되돌아가다. —— *a.* **거꾸로**〔역(逆)〕의; 뒤〔이면〕의. —— *n.* 반대; (화폐·메달 등의) 뒷면(opp. obverse); 역(회전); 불행. **~·ly** *ad.*

re·vers·i·ble [rivə́:rsəbəl] *a.* 거꾸로 할〔뒤집을〕 수 있는; 취소할 수 있는.

re·ver·sion [rivə́:rʒən, -ʃən] *n.* UC 역전, 복귀; 귀속; 격세(隔世) 유전; 〖法〗 복귀권; 상속권. **~·al** [-əl], **~·ar·y** [-èri/-əri] *a.*

***re·vert** [rivə́:rt] *vi.* ① **본래**〔예전〕 **상태로 돌아가다,** 되돌아가다; 〖法〗 복귀〔귀속〕하다(*to*). ② 회상하다(*to*). ③ 격세 유전하다(*to*). **~·i·ble** *a.*

rev·er·y [révəri] *n.* =REVERIE.

re·vet [rivét] *vt.* (*-tt-*) 돌·콘크리트 등으로 덮다《제방·벽 등의 겉을》. **~·ment** *n.* 〖土〗 기슭막이, 호안(護岸), 옹벽.

‡re·view [rivjú:] *n., vt.* ① U **재검토**(하다); C 검열〔검사·사열〕(하다); 사열식. ② **평론,** 비평(하다); 평론잡지(*the Edinburgh R-*). ③ **복습**(하다); 연습(문제). ④ 관찰(하다); 회고(하다). ⑤ U 〖法〗 재심(리)(하다). ***court of ~*** 재심 법원. ***naval ~*** 관함식(觀艦式). ***pass in ~*** 검사하다, 검사받다. —— *vi.* 평론을 쓰다. **~·al** *n.* **~·er** *n.* 평론가; 검열자.

***re·vile** [riváil] *vt., vi.* **욕(설)하다.**

re·vise** [riváiz] *vt.* **개정**(改訂)〔교정(校訂)〕하다; 교정(校正)하다. ***~d edition 개정판. —— *n.* 개정〔교정〕(판); 교정〔재교〕 쇄(刷). **re·vís·er** *n.*

Revísed Stándard Vérsion, the 개정 표준 성서.

Revísed Vérsion (of the Bíble), the 개역(改譯) 성서.

***re·vi·sion** [rivíʒən] *n.* UC **개정**(판), 교정.

re·vis·it [ri:vízit] *n., vt.* 재방문〔재유(再遊)〕(하다).

re·vi·so·ry [riváizəri] *a.* 개정의.

re·viv·al** [riváivəl] *n.* UC **재생; 부활;** 부흥; 신앙 부흥; (R-) 문예 부흥; (극·영화 따위의) 재상연. ***R- of Learning =RENAISSANCE. **~·ist** *n.* 신앙 부흥 운동자.

‡re·vive [riváiv] *vi., vt.* **부활하다**〔**시키다**〕.

re·viv·i·fy [ri:vívəfài] *vt.* 부활시키다.

rev·o·ca·ble [révəkəbəl] *a.* 폐지〔취소〕할 수 있는(cf. irrevocable).

re·voke [rivóuk] *vt., n.* 폐지하다; 취소하다; 〖카드〗 낼 수 있는 패를 갖고 있으면서 딴 패를 내다〔냄〕. **rev·o·ca·tion** [rèvəkéiʃən] *n.* UC

‡re·volt [rivóult] *n., vi.* **반란**〔**폭동**〕(**을 일으키다**) (*against*); 반항(하다); U 반감(을 품다), 구역질나다 (*at, against, from*). —— *vt.* 구역질나게 하다, 비위를 거스르다, 반감을 품게 하다. **~·ing** *a.* 구역나는, 싫은.

‡rev·o·lu·tion [rèvəlú:ʃən] *n.* UC **혁명**; C 회전; U 주기(cycle). AMERICAN REVOLUTION. ***English R-*** 영국 혁명(1688). ***French R-*** 프랑스 혁명(1789–99; 1830). ***~·ar·y** [-nèri/-nəri] *a.* **혁명적인.** **~·ist** [-ʃənist] *n.* 혁명가. **~·ize** [-ʃənàiz] *vt.* 혁명을 일으키다.

Revolútionary Wár =AMERICAN REVOLUTION.

***re·volve** [riválv/-ɔ́-] *vi., vt.* **회전하다**〔**시키다**〕 (*about, round*); (*vt.*) 궁리〔숙고〕하다. ***re·vólv·er** *n.* **연발 권총.**

re·volv·ing [riválviŋ/-vɔ́lv-] *a.* 회전하는, 선회하는; 회전식의, 윤전식의. ***a ~ chair*** 회전 의자. ***~ credit*** 〖商〗 회전 신용장《소정액 한도내에서 계속 이용이 되는》. ***a ~ door*** 회전 도어. ***~ fund*** 회전 자금《대출과 회수의 이행으로 자금을 회전시키는》.

re·vue [rivjú:] *n.* (F.) (본디, 프랑스의) 시사(時事) 풍자극; 레뷔《경쾌한 음악·무용극》.

re·vul·sion [rivʌ́lʃən] *n.* UC (감정

따위의) 격변; (자본 따위의) 회수.
re·vul·sive [rivʌ́lsiv] *a.* 〖醫〗 유도성(誘導性)의. ── *n.* 유도제(劑); 유도 기구.
‡**re·ward** [riwɔ́:rd] *n., vt.* Ⓤ© 보수〔상여·사례금〕(을 주다); 보답하다. **~·ing** *a.* (…할) 보람이 있는.
‡**re·write** [ri:ráit] *vt.* (*-wrote; -written*) 다시〔고쳐〕 쓰다.
Reyn·ard [rénərd, réinɑ:rd] *n.* (중세 동물 이야기의) 여우의 이름; (r-) 여우(cf. chanticleer).
Reyn·olds [rénəldz], **Sir Joshua** (1723–92) 영국의 초상 화가.
RF 〖컴퓨터〗 radio-frequency modulator(아르에프 변조기).
rf. 〖野〗 right fielder. **R. F.** *République Française;* Reserve Force; Royal Fusiliers. **r. f.** radio frequency; range finder; rapid fire. **R. F. A.** Royal Field Artillery. **RFC** Reconstruction Finance Corporation. **R. F. C.** Royal Flying Corps; Rugby Football Club. **RFD, R. F. D.** 《美》 Rural Free Delivery. **rg., r. g.** 〖美式蹴〗 right guard. **R. G. A.** Royal Garrison Artillery. **R. G. S.** Royal Geographic Society. **Rgt.** regiment. **Rh** rhesus; 〖化〗 rhodium. **R. H.** Royal Highlanders 영국 고지 연대병; Royal Highness; right hand. **R. H. A.** Royal Horse Artillery.
Rhae·to-Ro·man·ic [rì:tourou-mǽnik] *a., n.* Ⓤ 레토로만어(의)《스위스 남부, Tyrol과 이탈리아 북부에서 사용되는 일련의 로망스어》.
rhap·so·dy [rǽpsədi] *n.* (고대 그리스의) 서사시의 음송부(吟誦部); 광상시〔문〕, 열광적인 말; 〖樂〗 광상곡. **-dize** [-dàiz] *vt., vi.* 열광적으로 쓰다〔애기하다〕; 광상곡을 짓다. **rhap·sod·ic** [ræpsádik/-ɔ́-], **-i·cal** [-əl] *a.*
rhe·a [rí:ə] *n.* (남미산) 타조.
Rhen·ish [réniʃ, rí:n-] *a.* Rhine 강(지방)의. ── *n.* Ⓤ 《英》 라인 포도주. 「늄《기호 Re》.
rhe·ni·um [rí:niəm] *n.* Ⓤ 〖化〗 레
rhe·ol·o·gy [ri:álədʒi/-ɔ́-] *n.* Ⓤ 변형 유체학(變形流體學).
rhe·om·e·ter [ri:ámitər/-ɔ́-] *n.* 〖電〗 전류계; 〖醫〗 혈류계.
rhe·o·stat [rí:əstæ̀t] *n.* 〖電〗 가감(加減) 저항기, 리어스탓.
rhe·o·tax·is [rì:ətǽksis] *n.* Ⓤ 〖生〗 주류성(走流性).
rhe·sus [rí:səs] *n.* 〖動〗 원숭이의 일종《북인도산; 의학 실험용》.
Rhésus báby 리서스베이비《모친의 혈액이 Rh 음성인데도, Rh 양성 때문에 용혈 현상을 일으킨 태아》.
Rhésus fàctor =RH FACTOR.
***rhet·o·ric** [rétərik] *n.* Ⓤ 수사(修辭)(학); Ⓤ© 미사(美辭).
rhe·tor·i·cal [ritɔ́(:)rikəl, -tár-] *a.* 수사(修辭)적인.
rhetórical quéstion 수사(修辭)적 의문, 반어(反語) 《*Who knows?* =No one knows.》.
rhet·o·ri·cian [rètəríʃən] *n.* 수사가.
rheum [ru:m] *n.* Ⓤ 〖醫〗 점막 분비물《눈물·코·침 따위》; 카타르, 감기. **∠·y** *a.* 점액을 분비하는, 코카타르에 걸린. 「티스의 (환자).
rheu·mat·ic [rumǽtik] *a., n.* 류머
‡**rheu·ma·tism** [rú(:)mətìzəm] *n.* Ⓤ 류머티스.
rhéu·ma·toid arthrítis [-tɔ̀id] 류머티스성 관절염.
Ŕh fáctor 〖生化〗 리서스 인자(因子) (Rhesus factor) 《인간이나 rhesus의 적혈구 속의 응혈소; 이것이 없는 사람(Rh^-)이, 있는 사람(Rh^+)에게서 수혈을 받으면 위험한 용혈(溶血) 반응을 일으킴》.
rhi·nal [ráinl] *a.* 코의 (nasal).
***Rhine** [rain] *n.* 라인강 《독일 서부를 꿰뚫고 북해로 흘러듦》.
rhine·stone [∠stòun] *n.* Ⓤ (유리의) 모조 다이아몬드. 「주.
Rhíne wìne 라인 지방산의 흰포도
rhi·no [ráinou] *n.* (*pl.* **~s**) 《英俗》 돈; =⇩.
***rhi·noc·er·os** [rainásərəs/-nɔ́s-] *n.* (*pl.* **~, ~es**) 〖動〗 무소.
rhi·no·plas·ty [ráinəplæ̀sti] *n.* Ⓤ 〖醫〗 코 성형술.
rhi·zoid [ráizɔid] *a.* 뿌리 같은. ── *n.* 〖植〗 가근(假根), 헛뿌리.
rhi·zome [ráizoum] *n.* 〖植〗 근경(根莖), 지하경.
rhi·zo·pod [ráizəpàd/-pɔ̀d] *n.* 〖動〗 위족류(僞足類)의 동물《아메바 등》.
rho [rou] *n.* 그리스어 알파벳의 열일곱째 글자《*P, ρ;* 영어의 R, r에 해당》. 「의 주《생략 R. I.》.
Rhòde Ísland [roud] 미국 북동부
Rho·de·si·a [roudí:ʒiə] *n.* 아프리카 남부의 백인 국가《1965년 일방적인 독립 선언을 함》.
rho·di·um [róudiəm] *n.* Ⓤ 〖化〗 로듐《금속 원소; 기호 Rh》.
rho·do·den·dron [ròudədéndrən] *n.* 〖植〗 철쭉속의 식물《만병초 따위》.
rho·dop·sin [roudápsin/-dɔ́p-] *n.* 〖生化〗 로돕신, 시홍(視紅).
rhomb [ramb/rɔm] *n.* =RHOMBUS.
rhom·bic [rámbik/-ɔ́-] *a.* 마름모꼴의.
rhom·boid [rámbɔid/-ɔ́-] *n., a.* 마름모꼴(의). **rhom·bóid·al** [-∠l] *a.* =RHOMBOID.
rhom·bus [rámbəs/-ɔ́-] *n.* (*pl.* **~es, -bi** [-bai]) 마름모꼴.
R. H. S. Royal Historical Society 영국 사학회; Royal Horticultural Society 영국 원예 학회; Royal Humane Society 영국 수난 구조회.
rhu·barb [rú:bɑ:rb] *n.* Ⓤ 〖植〗 대황〔장군풀〕(뿌리《하제(下劑)용》); 대황 소스.
rhumb [rʌmb] *n.* 〖動〗 항정선(航程線)《각 자오선에 동일각도에서 교차하는 선》.
rhum·ba [rʌ́mbə] *n.* =RUMBA.
***rhyme** [raim] *n.* Ⓤ 운(韻), 각운(脚

韻), 압운(押韻); 동운어(同韻語); ⓊⒸ 압운시(詩), 운문, 시. ***double* [*female, feminine*] ～** 여성운, 이중운《보기: *mountain, fountain*》. ***eye* [*printer's, sight, spelling, visual*] ～** 시각운(視覺韻) 《발음과 관계 없는, 철자만의 압운; 보기: *nasal, canal*》. ***nursery* ～** 자장가. ***single* [*male, masculine*] ～** 남성운, 단운(單韻)《보기: eagle *eyes*, surm*ise*》. ***without* ～ *or reason*** 영문 모를. ── *vi*. 시를 짓다; 운이 맞다 (*to, with*). ── *vt*. 시로 만들다; 운이 맞게 하다(*with*). 「치 못한」 시인.

rhyme·ster [ˊstər] *n*. 엉터리 〔변변

rhy·o·lite [ráiəlàit] *n*. 〖動〗 유문암(流紋岩).

‡**rhythm** [ríðəm, ríθ-] *n*. ⓊⒸ **율동, 리듬**; 운율. ***rhýth·mic, -mi·cal** *a*.

rhýthm and blúes 리듬 앤드 블루스《흑인 음악의 일종》.

rhýthm mèthod 주기 피임법, 오기노식 피임법.

R. I. *Regina et Imperatrix* (L. = Queen and Empress); *Rex et Imperator* (L. =King and Emperor); Rhode Island; Royal Institution 왕립 과학 연구소.

Ri·al·to [riǽltou] *n*. (*pl*. **～s**) (예전의) 베니스의 상업 지구; 베니스 대운하의 대리석 다리; 뉴욕의 Broadway 극장 거리; (r-) (증권 등) 거래소.

‡**rib** [rib] *n*. ① 〖解〗 **갈빗대**; 갈비(에 붙은 고기). ② 〖造船〗 (배의) 늑재(肋材); 〖植〗 주엽맥(主葉脈); (곤충의) 시맥(翅脈); (우산의) 살. ③ (논·밭의) 두렁, 둑; (논·밭의) 이랑, (피륙의) 골. ④ 《諧》 아내《신이 아담의 갈빗대로 이브를 창조했다는 데에서》. ── *vt*. (**-bb-**) 갈빗대를 붙이다, (우산의) 살을 대다; 이랑지게 하다; 놀리다, 조롱하다(tease).

rib·ald [ríbəld] *a., n*. 입이 더러운 (사람); 상스러운 (사람). **～·ry** *n*. 야비한 말.

rib·(b)and [ríbənd] *n*. 《古》=⇩.

‡**rib·bon** [ríbən] *n., vi*. ⓊⒸ **끈**(을 달다), **리본**(으로 꾸미다). **～ed** [-d] *a*. 리본을 단.

ríbbon bùilding 《英》 대상(帶狀) 건축《고속 도로변에 점포나 주택이 세워져 가는 일》.

ríbbon devèlopment 《英》 (교외 도시의) 대상(帶狀) 발전(cf. ⇧).

ríbbon pàrk 대상 녹지(帶狀綠地).

ri·bo·fla·vin [ràibouflèivin, ˌ-ˊ-] *n*. Ⓤ 〖生化〗 리보플라빈 《비타민 B_2 (=G)의 별명》.

ri·bo·nu·clé·ic ácid [ràibənju:klí:ik/-nju:-] 〖生化〗 리보 핵산(核酸) 《생략 RNA》.

ri·bose [ráibous] *n*. 〖化〗 리보오스 《여러 핵산 속에 포함되는 당의 일종》.

ri·bo·some [ráibəsòum] *n*. 〖化〗 리보솜《세포내의 리보핵 단백질 입자》.

Ri·car·do [riká:rdou], **David** (1772–1823) 영국의 경제학자.

†**rice** [rais] *n*. Ⓤ **쌀**; 벼; 밥. ── *vt*. (삶은 감자 따위를) ricer로 뽑아내다. **ríc·er** *n*. 라이서《다공(多孔) 압착기로서 삶은 감자 따위를 쌀톨만한 크기로 뽑아내는 취사용구》.

ríce bòwl (동남아시아 따위의) 미작

ríce fìeld 논. 「지대.

ríce flòur 쌀가루. 「급 종이.

ríce pàper 라이스 페이퍼, 얇은 고

ríce wàter 미음.

†**rich** [ritʃ] *a*. ① **부자의**, 부유한. ② …이 **풍부한** (*in*); 풍요한 (*a* ～ *harvest* 풍작). ③ (토지가) 비옥한. ④ 값진, 귀중한; (복장 따위가) 훌륭한, 사치한. ⑤ 맛〔자양〕 있는; 진한, 짙은 맛이 있는(～ *wine*). ⑥ (빛깔이) 선명한; (소리·목소리가) 잘 울리는. ⑦ 《口》 재미있는; 우스운, 당치도 않은(*That's a* ～ *idea*.). ***the* ～** 부자(들). ‡**rích·es** [ˊiz] *n*. *sing*. & *pl*. (지금은 보통 *pl*.) 부(富), **재산**, 재보. ‡**ˊ·ly** *ad*. ***ˊ·ness** *n*. Ⓤ

Rich·ard [rítʃərd] *n*. 남자 이름. **～ *I*** (=*Richard the Lion-Hearted*)(1157–99) 사자왕 리처드 1세 (재위 1189–99).

Ríchard Róe 〖法〗 (본디) 피고의 가명(假名); 《一般》 소송의 어느 한 쪽의 가명 (cf. John Doe).

Ŕich·ter scàle [ríktər] 지진의 진도 눈금《magnitude 1–10》.

rick [rik] *n., vt*. (비를 피하기 위해 풀로 이엉을 해 씌운) 건초·짚 따위의 가리; (볏)가리(로 하다).

rick·ets [ríkits] *n*. *sing*. & *pl*. 〖病〗 구루병(佝僂病) (rachitis), 곱사등.

rick·et·y [ríkiti] *a*. 구루병의; 쓰러지기 쉬운, 비슬비슬하는; 약한.

rick·ett·si·a [rikétsiə] *n*. (*pl*. ***-siae*** [-ì:], **～s**) 리케차 《발진티푸스 따위의 병원체》.

rick·ey [ríki] *n*. ⓊⒸ 《美》 라임 과즙 (lime juice)에 진(gin)·탄산수 등을 탄 음료. 「(Jap.) 인력거.

rick·shaw [ríkʃɔ:], **-sha** [-ʃɑ:] *n*.

ric·o·chet [ríkəʃèi / -ʃèt] *vi., vt., n*. 튀어서 〔물을 차고〕 날다〔날기〕; 도탄(跳彈)(하다).

ric·tus [ríktəs] *n*. 〖動〗 조류의 부리의 벌린 정도.

‡**rid** [rid] *vt*. (***rid, ～ded; -dd-***) 제거하다, **면하게 하다**(*of*). ***be* [*get*] ～ *of*,** or **～ *oneself of*** …을 면하다; 쫓아버리다. **ríd·dance** *n*. 면함; 쫓아버림. 「분사.

‡**rid·den** [rídn] *v*. 《古》 ride의 과거

‡**rid·dle**[1] [rídl] *n., vi*. **수수께끼**(를 내다). ── *vt*. (수수께끼를) 풀다(unriddle).

rid·dle[2] *n*. 어레미, 도드미. ── *vt*. 체질해 내다 (sift); 정사(精査)하다; (총알로) 구멍 투성이를 만들다.

†**ride** [raid] *vi*. (***rode,*** 《古》 ***rid; ridden,*** 《古》 ***rid***) ① (말·차·기차 따위를) **타고 가다, 타다**(～ *in* [*on*] *a train*). ② 걸터 타다, 말을 몰다; (말·차 따위가) 태우고 가다 (*This camel*

~s easily. 편하게 탈 수 있다《순하다》). ③ 탄 기분이 …하다. ④ (물위·하늘에) 뜨다(~ at anchor 정박하다). —— vt. ① …을 타다, 탈 수 있게 되다. ② 말을[차를] 타고 지나가다 [건너다]. ③ 지배하다; 《俗》 괴롭히다 《보통 p.p. 형: cf. bedridden, hagridden》. ④ 《俗》 놀리다. ⑤ 태우고 가다[나르다]. ~ down (말 따위를) 지나치게 타서 기진맥진케 하다; 말을 타고 뒤쫓다; 넘어뜨리다; 이기다(overcome). ~ herd 카우보이로서 일하다. ~ out (폭풍우·곤란 따위를) 헤쳐 나아가다. ~ over 짓밟다, 압도하다. ~ up (셔츠·넥타이 따위가) 비어져 올라가다[내밀다] (move up). —— n. 탐, 말[기차·배]로 가는 여행; 말길. have [give] a ~ (말·차에) 타다[태우다].

‡**rid·er** [ˊər] n. 타는 사람, 기수(騎手); 추가 조항. ~·less a. 탈 사람이 없는.

‡**ridge** [ridʒ] n., vt., vi. 산봉우리, 산등성이, 분수선(分水線); 산맥; (지붕의) 마룻대(를 대다); 이랑(을 짓다, 지다). 「들보, (천막) 기둥.

rídge bèam [pìece, pòle] 마룻대,

*__rid·i·cule__ [rídikjù:l] n., vt. Ⓤ 비웃음, 비웃다.

‡**ri·dic·u·lous** [ridíkjələs] a. 우스(꽝스러)운. ~·ly ad. ~·ness n.

rid·ing¹ [ráidiŋ] n. Ⓤ 승마; 승차; 말길. 「행정) 구(區).

rid·ing² n. 《英》 (York 주 따위의

ríding hàbit 여자용 승마복.

ríding hòod (여자용) 승마 두건.

ríding màster 마술(馬術) 교관.

rife [raif] a. 유행하는, 한창인(with).

riff [rif] n. 〖樂〗 리프《재즈 따위에서 독주를 돋보이게 하는 반주의 짧은 반복 악절》.

rif·fle [rífəl] n., vi., vt. 《美》 여울(을 흐르다, 이 되다); 〖카드〗 양손에 나눠 쥔 패를 튀기며 한데 섞다[섞기].

riff·raff [rífræ̀f] a., n. 하찮은 (물건·사람들); Ⓤ 쓰레기, 폐물.

‡**ri·fle** [ráifəl] n. 강선총(腔綫銃), 라이플총; (pl.) 소총 부대. —— vt. ①(총·포신의 내부에) 강선(腔綫)을 넣다; 소총으로 쏘다. ② 강탈하다; 훔치다; 발가벗기다. ~·man n. 소총사수(射手). rí·fling n. Ⓤ 강선을 넣음.

rífle grenàde 〖軍〗 총류탄.

rift [rift] n., vt., vi. (벌어[갈라]진) 틈, 균열(을 만들다, 이 생기다).

*__rig__¹ [rig] n., vt. (-gg-) 선구(船具)를 장치하다[함], 의장(艤裝)(하다), 범장(帆裝)(하다); 《口》 차려 입히다 (out); 날림[임시변통]으로 짓다(up); 《美》 말을 맨 마차. ˊ·ging n. 《集合的》 삭구(索具).

rig² n., vt. (-gg-) ⓊⒸ 장난; 속임수[농간](부리다). ~ the market 시세(時勢)를 조종하다. 「항구.

Ri·ga [rí:gə] n. Latvia 공화국 수도·

rig·ger [rígər] n. 장비원; 〖空〗 조립정비공; 〖建〗 (공사장의 낙하물 방지용) 바깥 비계.

†**right** [rait] a. ① 곧은 (a ~ line), 올바른, 정당[당연]한; 직각의. ② 적절한; 바람직한; 건강한; 제정신인. ③ 정면의, 바깥쪽의. ④ (물건을 오른손으로 잡는 것이 바르다고 보아) 오른쪽(손)의. at ~ angles with …와 직각으로. do the ~ thing by …에(게) 의무를 다하다. get it ~ 올바르게 이해하다[시키다]. get on the ~ side of …의 마음에 들다. get [make] ~ 바르게 되다[하다], 고치다, 고쳐지다. one's ~ hand 오른팔 《미더운 사람》. on the ~ side of (fifty) (50세) 이하로. put [set] ~ 고치다, 바르게 하다. R- (you are)! 맞았어; 알았어. ~ as rain 매우 건강하여. the ~ man in the ~ place 적재 적소. the ~ way 올바른 방법(으로), 바르게. —— ad. 바르게; 정당하게, 당연히; 적당하게; 아주, 꼭; 곧; 오른쪽에[으로]; 매우. Eyes ~! 우로 봐!《구령》 go ~ 잘 돼가다. if I remember ~ 분명히 《기억이 「분명」치 않을 때에도 말함》. It serves [《俗》 Serve] him ~. 그래 싸다, 꼴 좋다. R-about! 뒤로 돌아! ~ along 《美》 쉬지 않고, 잇따라. ~ and left 좌우로, 사방으로[에서]; 닥치는 대로. ~ away [now, off, straight] 《美口》 곧, 당장, 즉시. R- dress! 우로 나란히! 《구령》 ~ here 《美》 바로 여기서[곧]. R- turn! 《口令》 우향우! turn ~ round 한바퀴 빙 돌다[돌리다]. —— n. ① 정의, 공정; (pl.) (올)바른 상태; (pl.) 진상. ② (종종 pl.) 권리, (주주의) 신주(新株) 우선권. ③ 겉, 표면. ④ 오른쪽; (the R-)우익, 우파. be in the ~ 옳다. BILL¹ of Rights. by [of] ~(s) 당연히, 의당히; 본래 같으면(if rights were done). by [in] ~ of …에 의하여, …의 권한으로. civil ~s 공민권. do a person ~s 공평히 다루다[평하다]. get [be] in ~ with …의 마음에 들(어 있)다. in one's [own] ~ 자기의 정당한 요구로서; 부모에게서 물려받은[받아] (a peeress in her own ~ (결혼에 의해 된 것이 아닌) 귀족 부인). ~ of way (남의 토지내의) 통행권; 우선권. to ~s 《口》 정연하게. to the ~ 오른쪽에. —— vt. 곧바로 세우다[일으키다]; 바르게 하다, 바로 잡다(adjust); (방 따위를) 정돈하다; 구(救)하다. —— vi. 똑바로 되다, (기울어진 배 따위가) 제 위치로 돌아가다. ~ itself 원상태로 돌아가다, 똑바로 되다. ~ oneself (쓰러질 듯한) 몸의 균형을 바로 잡다. *ˊ·ly ad. 바르게, 틀림없이; 정당하게.

right·a·bout-face [ˊəbàutféis] n. 뒤로 돌아(의 구령); 방향 전환.

‡**ríght ángle** 직각.

right-an·gled [ˊǽŋgəld] a. 직각의.

*__right·eous__ [ráitʃəs] a. 바른, 공정한, 고결한; 당연한. ~·ly ad. *~·ness n. Ⓤ

ríght fíeld 〖野〗 우익(右翼).
***right·ful** [ˊfəl] *a.* 올바른, 합법의, 정당한. ∼·**ly** *ad.*
***right-hand** [ˊhæ̀nd] *a.* 오른쪽(손)의, 우측의; 가장 쓸모 있는〔믿는〕.
right·hand·ed [ˊhǽndid] *a.* 오른손잡이의; 오른손으로 한; 오른손용의; 오른쪽으로 도는.
right·ist [ˊist] *a., n.* 우익〔우파〕의 (사람), 보수파의 (사람).
right·mind·ed [ˊmáindid] *a.* 공정한 (의견을 가진). 「ALL RIGHT!.
right·o [ráitóu] *int.* 《주로 英口》 =
right-on [ráitán/-ɔ́n] *a.* 《美俗》 바로 그대로의; 정보에 정통한; 현대적인; 시대의 첨단을 가는; 세련된.
ríght sáiling 진북〔남·동·서〕에의
ríght tríangle 직각 삼각형. └항행.
ríght whàle 참고래.
ríght wíng 우파, 우익.
right-wing [ráitwíŋ] *a.* 우익의. ∼·**er** *n.* 우파〔우익〕의 사람.
***rig·id** [rídʒid] *a.* 굳은; 엄정한, 엄(격)한; (비행선이) 경식(硬式)인. ∼·**ly** *ad.* ∼·**ness, ri·gíd·i·ty** *n.*
rig·ma·role [rígmərὸul] *n.* 지지한 소리.
***rig·or**[1], 《英》 **-our** [rígər] *n.* 엄하기, 엄격함 (severity); 굳음 (stiffness).
***rig·or**[2] [rígər, ráigɔːr] *n.* (L.) 오한(惡寒). 「경직.
rígor mór·tis [mɔ́ːrtis] 〖生〗 사후
***rig·or·ous** [rígərəs] *a.* 엄한; 엄격〔엄정〕한. ∼·**ly** *ad.* ∼·**ness** *n.*
rig-out [rígàut] *n.* 《英俗》 준비, 장비《여행 채비 따위의》.
Rig-Ve·da [rigvéidə; 美+-víːdə] *n.* 리그베다《인도 최고(最古)의 성전(聖典)》.
R.I.I.A. 《英》 Royal Institute of International Affairs.
rile [rail] *vt.* 《주로 美》 흐리게 하다; 성나게 하다.
Ril·ke [rílkə], **Rainer Maria** (1875–1926) 독일의 시인
***rill** [ril] *n.* 시내. 「〔테·림〕(를 대다).
‡**rim** [rim] *n., vt.* (*-mm-*) 가장자리
Rim·baud [ræmbóu], **Arthur** (1854–91) 프랑스의 상징파 시인.
rime[1] [raim] *n., v.* =RHYME.
rime[2] *n., vt.* Ⓤ 서리; 흰 서리(로 덮다). 「STER.
rime·ster [ráimstər] *n.* =RHYME-
rim·less [rímlis] *a.* 테 없는.
Rim·sky-Kor·sa·kov [rímskikɔ́ːrsəkɔ̀ːf/-kɔ̀f], **Nikolai Andreevich** (1844–1908) 러시아의 작곡가.
***rind** [raind] *n.* ⓊⒸ (과일의) 껍질 (peel); 나무껍질 (bark); (치즈의) 굳은 껍질. 「〖獸醫〗 우역(牛疫).
rin·der·pest [ríndərpèst] *n.* (G.) Ⓤ
†**ring**[1] [riŋ] *vi.* (***rang,*** 《稀》 ***rung; rung***) (방울·종 따위가) 울리다, 울려퍼지다(*out*); (초인종을 울려서) 부르다 (*for*); 평판이 자자하다; …처럼 들리다 (sound). —— *vt.* (방울·종 따위를) 울리다, 치다; 울려서 부르다; 울려퍼지게 하다. ∼ ***again*** 반향하다, 메아리치다. ∼ ***in*** 〔***out***〕 종을 울려서 맞이하다〔보내다〕 《새해·묵은 해를》. ∼***ing frost*** 밟으면 소리가 나는 서리. ∼ ***in one's ears*** 〔***heart***〕 귀〔기억〕에 남다. ∼ ***off*** 전화를 끊다. ∼ ***up*** …에 전화를 걸다; 금전등록기의 키를 눌러 (어떤 금액)을 꺼내다. —— *n.* (벨 따위의) 울리는 소리, 울림; 전화 호출. ***give a*** ∼ 《口》 전화를 걸다. ˊ·**er**[1] *n.* 울리는 사람; 아주 비슷한 사람 (*for*).
‡**ring**[2] *n.* ① 고리; 반지, 귀〔코〕고리, 팔찌. ②나이테, 연륜; 고리 모양의 물건; 빙 둘러 앉은〔선〕 사람들; (*pl.*) 물결무늬. ③ 경마장; 경기장; 권투장. ④ (the ∼) (현상 붙은) 권투 (prize fighting); 경쟁, 선거전. ⑤ 《美》 도당(徒黨), 한패. ***be in the*** ∼ 경쟁에 나서다 (*for*). ***make a*** ∼ (상인이) 동맹을 맺어 시장을 좌우하다. ***make*** 〔***run***〕 ∼***s round a person*** 《口》 아무보다 훨씬 빨리 달리다〔하다〕. ***ride*** 〔***run, tilt***〕 ***at the*** ∼ 〖史〗 말을 달려 높이 매단 고리를 창으로 찔러 떼다《옛날의 서양식 무술》. —— *vt.* (∼***ed***) 둘러싸다 (*about, in, round*); 반지〔코고리〕를 끼다. ˊ·**er**[2] *n.*
Rínger's solútion 링게르액.
ríng fìnger 약손가락, 무명지.
ring·lead·er [ˊlìːdər] *n.* 장본인, 괴수. 「리 (curl).
ring·let [ˊlit] *n.* 작은 고리; 고수머
ring·mas·ter [ˊmæ̀stər, -àː-] *n.* (곡마단 등의) 조련사《단장이 아님》.
ring·side [ˊsàid] *n.* 링사이드, 맨 앞자리.
ring·ster [ríŋstər] *n.* 《美口》 도당의 한 사람, 한패.
ring·worm [ˊwə̀ːrm] *n.* Ⓤ 〖醫〗 윤선(輪癬), 백선(白癬).
rink [riŋk] *n.* (빙판의, 또는 롤러스케이트의) 스케이트장.
***rinse** [rins] *vt., n.* 헹구다〔기〕, 가시다〔기〕(*away, out*).
Ri·o de Ja·nei·ro [ríːou dei ʒənéərou, -də dʒəníər-] 브라질의 전 수도.
‡**ri·ot** [ráiət] *n.* ① 폭동, 소동. ② Ⓤ 야단 법석; 방탕. ③ 색채〔음향〕의 난무 (*The garden was a* ∼ *of color.* 정원은 울긋불긋 몹시 아름다웠다). ***read the*** ∼ ***act*** (소요(騷擾) 단속령을 낭독하여) 폭도의 해산을 명령하다. ***run*** ∼ 난동을 부리다; 널리 (뻗어) 퍼지다, (온갖 꽃이) 난발하다. —— *vi.* (술마시고) 떠들다, 폭동을 일으키다. —— *vt.* 법석대며 보내다. ∼·**ous** *a.* 폭동의; 소란스러운; 분방한.
Ríot Àct, the 〖英法〗 소요 단속령.
ríot gùn (폭도 진압용) 단(短)총신 연발 산탄총. 「기동대.
ríot squàd 〔**polìce**〕 폭도 진압대,
rip**[1] [rip] *vt.* (*-pp-*) 찢다, 쪼개다; 베어내다, (칼로) 갈라 헤치다; 난폭하게 말하다(*out*). —— *vi.* 찢어지다, 터지다, 쪼개지다; 돌진하다. ***Let

him ～. 말리지 마라, 내버려 둬라. ── *n.* ① 잡아찢기, 터짐; 찢긴〔터진, 갈라진〕데. ② =RIPSAW. ③ 《英俗》 돌진, 스피드. 「물결〔파도〕.

rip² *n.* (두 개의 조류가 만나는) 거센

R. I. P. *requiesca(n)t in pace* (L. = May he 〔she, they〕 rest in peace.).

ri·par·i·an [ripέəriən, rai- / raipέər-] *a.*, *n.* 강변의; 〖法〗 하천 부지 소유자.

ríp còrd 〖空〗 (낙하산을) 펼치는 줄.

‡ripe [raip] *a.* **익은**; 잘 발달된, 원숙한, 풍만한, 나이 지긋한; (종기가) 푹 곪은; …할 때인 (ready) (*for*). ***man of ～ years*** 나이 지긋한 사람. ***～ age*** 고령(高齡). ***～ beauty*** 여자의 한창때.

***rip·en** [ˊ-ən] *vi.*, *vt.* **익(히)다**, 원숙하(게 하)다. 「착취; 사취.

rip·off [rípɔ̀(ː)f, -àf] *n.* 《美俗》 도둑;

rip·per [rípər] *n.* 잡아 찢는 사람〔도구〕; 《英俗》 훌륭한〔멋진〕 것〔사람〕.

rip·ping [rípiŋ] *a.*, *ad.* 《英俗》 멋진, 멋지게. **～·ly** *ad.*

‡rip·ple [rípəl] *n.*, *vi.*, *vt.* **잔 물결**(이 일다, 을 일으키다); (머리 따위) 웨이브(가 되다, 를 만들다); 찰랑찰랑〔수런수런〕(소리 나다, 소리내다) (*a ～ of laughter*). **-ply** *a.*

rip·rap [ríprӕp] *n.* 잡석, 사석(捨石) 《수중 기초 공사 따위의》.

rip-roar·ing [ríprɔ̀ːriŋ] *a.* 《口》 큰 소동의.

rip·saw [rípsɔ̀ː] *n.* 내릴톱.

Rìp Van Wín·kle [rìp vӕn wíŋkəl] 미국의 작가 W. Irving 작 *The Sketch Book* 중의 한 주인공; 시대에 뒤떨어진 사람.

†rise [raiz] *vi.* (***rose; risen***) ① 일어나다, **일어서다**. ② (탑·산이) **우뚝 솟다**. ③ **오르다**; 솟다, 높아지다, 증대〔증수(增水)〕하다. ④ 등귀하다; 부풀다. ⑤ **떠오르다**; 날아오르다, 이룩하다. ⑥ 발(생)하다 (*from*); 봉기하다, 반란을 일으키다 (rebel) (*against*). ⑦ 자리를 뜨다, 떠나다, 산회(散會)하다, 철퇴하다. ⑧ 향상〔승진〕하다. ***～ in arms*** 무장 궐기하다. ***～ in the world*** 출세하다. ***～ to one's feet*** 일어서다. ── *n.* **상승**, 오르막길; 대지(臺地); 증대, 등귀; 승진, 출세; (계단의) 높이; 발생, 기원. ***give ～ to*** …을 일으키다. ***on the ～*** 증가하여, 올라서. ***tcke ～*** 발(생)하다 (*from, in*). **rís·er** *n.* 일어나는 사람(*an early ～r*); (계단의) 층뒤판(디딤판에 수직된 부분).

***ris·en** [rízn] *v.* rise의 과거분사.

ris·i·ble [rízəbəl] *a.* 웃음의, (잘) 웃는; 웃기는, 우스운(funny). **ris·i·bíl·i·ty** *n.* Ⓤ 우스움.

ris·ing** [ráiziŋ] *a.* **올라가는**, 오르는; 오르막(길)의; 증대〔증수〕하는; 승진하는. ***the ～ generation 청년(층). ── *n.* ⓊⒸ 상승; 등귀; 기립, 기상; 반란; 산회; 《方》 종기, 뾰루지. ── *prep.* 《方》 (나이가) …에 가까운; 《口》 …이상의 (*of*).

‡risk [risk] *n.* ⓊⒸ **위험**, 모험; 〖保險〗 위험률; 보험 금액, 피보험자〔물〕; 위험 분자. ***at all ～s*** 만난을 무릅쓰고, 반드시, 꼭. ***at the ～ of*** …을 걸고. ***run a*** 〔***the***〕 ***～***, or ***run ～s*** 위험을 무릅쓰다. ── *vt.* 위태롭게 하다; 걸다; **대담하게 해보다**. **ˊ-·y** *a.* 위험한; =RISQUÉ.

rísk càpital 〖經〗 투하 자본.

rísk mòney (은행등에서 출납계에게 주는) 부족금 보상 수당.

ri·sot·to [risɔ́ːtou/-sɔ́t-] *n.* Ⓤ (It.) 쌀이 든 스튜.

ris·qué [riskéi/ˊ-] *a.* (F.) 문란한, 외설의.

rit. *ritardando* (It.) 〖樂〗 점점 느리게.

ri·tar·dan·do [rìtɑːrdɑ́ːndou] *a.*, *ad.* (It.) 〖樂〗 리타르단도, 점점 느리게〔느린〕. 「관습.

***rite** [rait] *n.* **의식(儀式)**; **전례(典禮)**;

***rit·u·al** [rítʃuəl] *n.*, *a.* 의식서(書); **의식**(의). **～·ism** [-ìzəm] *n.* Ⓤ 의식 존중〔연구〕. **～·ist** *n.* 의식 존중주의자.

‡ri·val [ráivəl] *n.* **경쟁 상대**, 적수; 호적수, 맞수, 필적자(equal). ── *a.* 경쟁 상대의. ── *vt.*, *vi.* (《英》 ***-ll-***) 경쟁〔필적〕하다. ***rí·val·ry** *n.* ⓊⒸ **경쟁**, 대항.

rive [raiv] *vi.*, *vt.* (***～d; ～d, riven*** [rívən]) 찢(기)다; (*vi.*) 잡아뜯다〔떼다〕. ── *n.* 《英方》 갈라진 틈(cleft).

†riv·er [rívər] *n.* **강**. ***sell a person down the ～*** 《美》 =DOUBLE-CROSS.

ríver bàsin 유역(流域).

ríver bèd 강바닥, 하상(河床).

riv·er·head [-hèd] *n.* 수원(水源).

ríver nòvel =ROMAN-FLEUVE.

riv·er·scape [-skèip] *n.* 하천 풍경.

***riv·er·side** [-sàid] *n.*, *a.* **강변**(의).

***riv·et** [rívit] *n.*, *vt.* **대갈못**〔**리벳**〕(**으로 죄다, 을 박다**); (애정을) 굳게 하다, 두텁게 하다; (마음·시선을) 집중하다 (*on, upon*). 「계.

rívet gùn (자동식) 리벳을 박는 기

Riv·i·er·a [rìviέərə], **the** 남프랑스의 Nice에서 북이탈리아의 Spezia에 이르는 피한지(避寒地).

ri·vière [rìviέər, rivjέər] *n.* (F.) 몇 줄로 된 보석 목걸이.

***riv·u·let** [rívjəlit] *n.* 시내(brook).

RKO Radio Keith Orpheum 미국의 영화사. **R. L. S.** Robert Louis Stevenson. **R. M.** Resident Magistrate; Royal Mail; Royal Marines. **RM., r. m.** reichsmark(s). **rm.** (*pl.* ***rms.***) ream; room. **R. M. A.** Royal Marine Artillery; Royal Military Academy. **R. M. C.** Royal Military College. **R. M. G.** Royal Marine Guard. **R. M. L. I.** Royal Marine Light Infantry. **R. M. S.** Railway Mail Service; Royal Mail Service; Royal Mail Steamer 〔Steamship〕. **Rn.** 〖化〗 radon. **R. N.** Registered Nurse; Royal Navy. **RNA** ribonucleic acid. **R. N. A. S.** Royal Naval Air

Service 《현재는 R. A. S.》. **R. N. D.** Royal Naval Division. **R. N. R.** Royal Naval Reserve.

roach[1] [routʃ] *n.* =COCKROACH.

roach[2] *n.* 붕어·황어류의 민물고기.

†**road** [roud] *n.* **도로**, 가로; 방도; 방법 (*to*); 《美》 =RAILROAD; (*pl.*) = ROADSTEAD. ***be in one's*** 〔***the***〕 ～ 방해가 되다. ***get out of one's*** 〔***the***〕 ～ 길을 비켜주다. ***on the*** ～ (상용) 여행 중에; 순회 공연 중에. ***take to the*** ～ 여행을 떠나다; 《古》 노상 강도가 되다.

róad àgent 《美古》 노상 강도.

road·bed [⌐bèd] *n.* (철도의) 노반(路盤).

road·block [⌐blɑ̀k/-ɔ̀-] *n.* 〖軍〗 노상 방책(防柵) (barricade); 장애물.

road·book [⌐bùk] *n.* 도로 안내서.

róad còmpany 지방 순회 극단.

róad gàme (야구·농구 등의) 순회〔원정〕 시합.

róad gàng 도로 수리반; 도로 수리 죄수들.

róad hòg 타차선으로 나와 다른 차의 통행을 방해하는 운전사, 마구 자동차〔자전거〕를 달리는 사람.

road·hold·ing [⌐hòuldiŋ] *n.* Ⓤ 자동차의 주행 안전성.

road·house [⌐hàus] *n.* (운전사 상대의) 여인숙(inn).

róad màp 도로 지도.

róad mètal 《英》 포장용 자갈.

róad rùnner (미국 서부산의) 뻐꾸기 비슷한 새.

***road·show** [⌐ʃòu] *n.*, *vt.* 순회 흥행; 〖映〗 특별 흥행, **로드쇼**(로서 상영하다).

***road·side** [⌐sàid] *n.*, *a.* **길가(의)**.

road·stead [⌐stèd] *n.* 〖海〗 정박지.

road·ster [⌐stər] *n.* 탈것《말·수레·자동차 등》; 로드스터《좌석이 한 개인 무개(無蓋) 자동차》; 도보 여행(자).

road-test [⌐tèst] *n.*, *vt.* (차를 노상에서) 시운전하다; 그 시운전.

***road·way** [⌐wèi] *n.* **도로**; 차도.

road·work [⌐wə̀:rk] *n.* Ⓤ (운동 선수 등의) 로드워크; 도로 공사.

‡**roam** [roum] *vi.*, *vt.*, *n.* **돌아다니다**〔다님〕, 배회(하다).

roan [roun] *a.*, *n.* 황회색 또는 적갈색 바탕에 회색 또는 흰 얼룩이 섞인 (말·소 따위).

‡**roar** [rɔ:r] *vi.* ① (맹수가) **포효하다**, 으르렁거리다. ② 왁자그르르 웃다; 울리다, 반향하다(*again*). ── *vt.* 소리쳐 말하다, 외치다. ── *n.* **포효**; **노호**; 폭소. *⌐·**ing** [⌐iŋ] *a.* **포효**〔**노호**〕**하는**, 짖는; 떠들썩한; 경기가 좋은.

‡**roast** [roust] *vt.* ① (고기를) **굽다**; (오븐으로) 익히다; 볶다; 데우다. ② 《口》 놀리다(chaff), 조롱하다(banter). ── *vi.* 생선을〔고기를〕 굽다; 구워지다; 뜨거워지다. ～ ***oneself*** 불을 쬐다. ── *a.* 불고기로 한. ～ ***beef*** (소의) 불고기. ── *n.* 굽기; Ⓤ 불고기; 《口》 조롱, 놀림. ***rule the*** ～ 주인 노릇을 하다; 지배하다. ⌐·**er** *n.* 굽는〔볶는〕 기구〔사람〕.

‡**rob** [rɑb/-ɔ-] *vt.* (**-bb-**) 강탈하다 (～ *him of his purse*); **훔치다**; …의 속을 뒤져 훔치다 (～ *a house*). ── *vi.* 강도질을 하다. ‡**rób·ber** *n.* **도둑**, **강도**. ***rób·ber·y** *n.* ⓊⒸ **강탈**.

‡**robe** [roub] *n.* **길고 품이 큰 겉옷**; (*pl.*) **의복**; 예복, 법복; 긴 유아복. ***the*** (***long***) ～ 법복, (성직자의) 법의. ── *vt.*, *vi.* 입히다; 법복을〔법의를〕 입다.

Rob·ert [rɑ́bərt/-ɔ́-] *n.* 《英口》 순경.

‡**rob·in** [rɑ́bin/-ɔ́-] *n.* ① **울새**(～ redbreast). ② 큰 개똥지빠귀.

Róbin Hòod ⇨ HOOD, Robin.

rób·in's-egg blúe [rɑ́binzèg/rɔ́-] 녹색을 띤 청색.

Rób·in·son Crúsoe [rɑ́binsən / -ɔ́-] ⇨ CRUSOE, Robinson.

ro·bomb [róubɑm/-bɔm] *n.* = ROBOT BOMB.

ro·bot [róubət, rɑ́b- / róubɔt, rɔ́b-, -bət] *n.* 인조 인간, 로봇(같은 사람).

róbot bòmb 무인 제트 폭격기.

ro·bo·teer [ròubətíər, -bɑt-/-bɔ-] *n.* 로봇 기술자〔취급자〕.

ro·bot·ics [roubɑ́tiks/-bɔ́t-] *n.* 로봇 공학.

róbot pìlot 자동 조종 장치.

***ro·bust** [roubʌ́st, róubʌst] *a.* 억센, **튼튼한**(sturdy), 정력적인; (연습 따위가) 격심한; 조야한.

roc [rɑk/-ɔ-] *n.* (아라비아 전설의) 큰 괴조(怪鳥).

R. O. C. 《英》 Royal Observer Corps.

†**rock**[1] [rɑk/-ɔ-] *n.* ⓊⒸ **바위**, 암석; 《美》 돌(any piece of stone); 암반; 견고한 기초〔버팀〕; 암초; 화근. ***on the*** ～***s*** 《口》 난파〔좌초〕하여; 《口》 빈털터리가 되어; (몇개의) 얼음 덩어리 위에 (부은) 《위스키 따위》. ～ ***of ages*** 예수. ***sunken*** ～ 암초.

‡**rock**[2] *vt.* **흔들어 움직이다**; **흔들다**. ── *vi.*, *n.* 흔들리다〔림〕. ～***ing chair*** 〔***horse***〕 흔들 의자〔목마〕. ⌐·**er** *n.* 흔들 의자〔목마〕(의 다리).

rock·a·bil·ly [rɑ́kəbili/rɔ́k-] *n.* Ⓤ 로카빌리《열광적인 리듬의 재즈 음악》.

róck and róll ⇨ROCK-'N'-ROLL.

róck bóttom 맨 밑바닥; 기저(基底); 깊은 속, 진상; 불행의 씨.

rock-bot·tom [⌐bɑ́təm/-bɔ́-] *a.* 맨 밑바닥의; (값이) 최저인.

rock-bound [⌐bàund] *a.* 바위가 많은〔에 둘러싸인〕.

róck cándy 《美》 얼음사탕.

rock-climb·ing [⌐klàimiŋ] *n.* Ⓤ 암산 오르기, 록클라이밍.

róck crỳstal 수정.

róck drìll 착암기.

Rock·e·fel·ler [rɑ́kəfèlər / rɔ́k-], **John D.** (1839–1937) 미국의 석유왕.

†**rock·et** [rɑ́kit/-ɔ́-] *n.*, *vt.* 봉화〔화전(火箭)〕(를 올리다); **로켓**(를 쏴 올리다). ***get a*** ～ 《軍俗》 크게 혼나다. ── *vi.* (새가) 훌쩍 날아오르다; (값이) 갑자기 뛰어오르다; 급속도로 출세하다. ～·**ry** *n.* Ⓤ 로켓 공학〔실험〕.

rócket bòmb 로켓 폭탄.

rock·e·teer [rɑ̀kitíər/rɔ̀k-] *n.* 로켓 기사〔사수, 조종사〕.

rócket làuncher 로켓포.
rócket plàne 로켓 비행기.
rócket propùlsion 로켓식 분사 추진.
rócket rànge 로켓시사장(試射場).
rock·et·sonde [rákit-sànd/rɔ́kit-sɔ̀nd] *n.* 〖氣象〗 로켓존데《초고층기상 탐측용 장치》.
róck gàrden 석가산(石假山)식의 정원. 「ㅁ》 지질학자; 돌 수집가.
rock·hound [rákhàund/rɔ́k-] *n.* 《美
rócking chàir 〔**hòrse**〕 ⇨ROCK².
rock-'n'-roll [rákənróul/rɔ́k-] *n.* Ⓤ 로큰롤《움직임이 격렬한 재즈곡; 그
róck òil 《주로 英》 석유. 」춤》.
rock·ribbed [ˊríbd] *a.* 완고한.
róck sàlt 암염(岩塩).
róck wòol 암면(岩綿) 《절연재》.
‡**rock·y**¹ [ˊi] *a.* ① **바위의**〔**같은, 많은**〕; 암석질의. ② 완고한, 냉혹한. ***the Rockies*** 로키 산맥. 「비슬거리는.
rock·y² *a.* 흔들흔들하는(skaky); 《口》
ro·co·co [rəkóukou] *n., a.* Ⓤ 로코코 양식 《18세기 전반(前半)에 유행한 화려한 건축 양식》(의).
‡**rod** [rɑd/-ɔ-] *n.* **장대**, 긴 막대, 낚싯대; 작은 가지; 지팡이, 회초리; 권표(權標); 권력; 로드 《길이의 단위, 약 5m》; 《美俗》 권총; 간균(桿菌). ***kiss the ~*** 벌을 달게 받다. ***Spare the ~ and spoil the child.*** 《俗談》 귀한 자식 매로 키워라.
‡**rode** [roud] *v.* ride의 과거.
ro·dent [róudənt] *a., n.* 갉는, 설치류(齧齒類)의 (동물). 「약.
ro·den·ti·cide [roudéntəsàid] *n.* 쥐
ro·de·o [róudiòu, roudéiou] *n.* (*pl.* *~s*) 《美》 (카우보이들의 승마술·올가미 던지기 따위의) 경기대회; 소떼를 몰아 모음. 「1917) 프랑스의 조각가.
Ro·din [roudǽn], **Auguste** (1840–
rod·o·mon·tade [ràdəmɑntéid, -tɑ́:d/rɔ̀dəmɔn-] *n., vi.* Ⓤ 호언장담(하다). **——***a.* 허풍떠는.
roe¹ [rou] *n.* Ⓤ 물고기의 알, 곤이. ***soft ~*** 이리. 「함).
roe² *n.* 노루의 일종 (~ deer 라고도
roe·buck [róubʌ̀k] *n.* 수노루.
Roent·gen [réntgən/rɔ́ntjən, rʌ́nt-gən], **Wilhelm K**(1845–1923) 뢴트겐선을 발명한 독일 물리학자.
roent·gen·o·gram [réntgənə-grǽm/rɔntgénə-, rɔ́ntjənə-] *n.* 뢴트겐〔X선〕 사진.
Róentgen ràys 뢴트겐〔X〕선.
ro·ga·tion [rougéiʃən] *n.* 〖로史〗 (호민관 등이 인민에게 제출하는) 법률안; 또 그 (안의) 제출; (*pl.*) 〖宗〗 예수 승천 축일 전 3일간 계속하는 기도, 기원절의 의식.
Rogátion Dàys 승천 축일 전의 3일간. 「알았어!
rog·er [rádʒər/-ɔ́-] *int.* 《美俗》 좋아;
‡**rogue** [roug] *n.* **악한**(rascal); 개구쟁이, 장난꾸러기; 녀석《애칭》; 무리에서 따로 떨어진 동물〔코끼리〕. **ró-guer·y** *n.* ⓊⒸ 나쁜짓; Ⓤ 장난. **ró-guish** *a.* 깡패의; 장난치는.
rógues' gállery 전과자 사진첩.
roil [rɔil] *vt.* 휘젓다, 휘정거리다; 성나게 하다. 「다. **~·er** *n.*
rois·ter [rɔ́istər] *vi.* 술마시며 떠들
ROK [rɑk/-ɔ-] Republic of Korea; 《俗》 Korean soldier. **ROKA** Republic of Korea Army.
Ro·land [róulənd] (=It. *Orlando*) *n.* Charlemagne 대제의 12용사 중의 한 사람. ***a ~ for an Oliver*** 막상막하, 대갚음. 「역할, 역(役).
‡**role,** 〖劇〗 **rôle** [roul] *n.* (F.) 구실,
†**roll** [roul] *vt., vi.* ① **굴리다; 구르다.** ② (눈알을) 희번덕거리다. ③ **둥그렇게 하다, 동그래지다**(*in, into, up*), 휘감(기)다, 휘말(리)다. ④ (*vt.*) 혀를 꼬부려 발음하다. ⑤ (*vi.*) (파도·들판 따위가) **굽이치다,** 완만하게 기복(起伏)하다. ⑥ (구름·안개·연기가) 뭉게뭉게 피어 오르다, 하늑거리며 오르다(*The mist ~ed away.* 안개가 걷혔다). ⑦ (*vt.*) 롤러로 (판판하게) 밀(어 늘이)다. ⑧ (배·비행기를) 옆질하(게 하)다 (cf. pitch²). ⑨ 허리를 좌우로 흔들며 걷다《뱃사람의 걸음걸이》. ⑩ (*vt.*) 숙고하다. ⑪ (북 따위를〔가〕) **둥둥 울리다,** (천둥이) 울리다. ⑫ 떠는 소리로 울다〔노래하다〕, (목소리를) 떨다. ⑬ (*vt.*) 《俗》 (만취된 사람 등의) 주머니를 털다. ⑭ (*vi.*) 《口》 쌔고쌨다 (*She is ~ing in money.*). ***~ back*** 되돌리다; (통제에 의하여 물가를) 원래대로 내리다. ***~ in*** 꾸역꾸역 모여들다. ***~ on*** 굴러 나아가다; 세월이 흐르다. ***~ up*** (휘)감다, 휘말다; 동그래지다; 감아 올리다, 감기어 올라가다; 피어 오르다; (돈이) 모이다; 나타나다. **——***n.* ① **회전,** 구르기. ② **굽이침.** ③ 두루마리, 한 통〔필〕, (말린) 한 개(*a ~ of bread*). ④ 롤빵; 롤러. ⑤ (원래는 갖고 다니기 위해 둘둘 만) 기록; 표, **명부**(*call the ~* 점호하다). ⑥ **울림.** ⑦ 〖海〗 옆질. ⑧ 〖空〗 횡전(橫轉). ⑨ 《美俗》 돈 뭉치, 자본. ***on the ~s*** 명부에 올라. ***on the ~s of fame*** 역사에 이름을 남기어. ***~ of hon-o(u)r*** 전사자 명부. ***strike off the ~s*** 제명하다.
Rol·land [rɔ:lǽŋ, rɔlɑ̃], **Romain** (1866–1944) 프랑스의 소설가·음악 평론가·극작가《1915년 노벨 문학상》.
roll·back [róulbæ̀k] *n.* 〖政〗 롤백 (통제에 의한) 물가 인하 (정책); 반격전술(*a ~ policy*); 〖컴퓨터〗 주기억장치로 데이터를 되돌림.
róll bóok 출석부, 출근부. 「호〕.
róll càll 점호, 〖軍〗 점호 나팔〔신
‡**roll·er** [ˊər] *n.* (땅고르기·인쇄·압연용) **롤러;** 큰 놀; 〖鳥〗 롤러카나리아.
róller bèaring 〖機〗 롤러 베어링.
róller còaster 《美》 (드릴을 즐기는) 환주차(環走車).
róller skàte 롤러 스케이트 (구두).
roll·er-skate [-skèit] *vi.* ⓒ로 스케이트타다. 「에 걸어서 씀》.
róller tòwel 환상(環狀) 타월《롤러

rol·lick [rálik/-ɔ́-] *vi.* 시시덕거리다 (frolic). **~·ing**, **~·some** *a.* 쾌활한, 명랑하게 떠드는.

‡**roll·ing** [róuliŋ] *a.*, *n.* UC roll하는 〔하기〕. ***A ~ stone gathers no moss.*** 《俗談》 우물을 파도 한 우물을 파라.

rólling mìll 판금〔압연(壓延)〕공장.

rólling pìn 밀방망이.

rólling stóck 《集合的》 철도 차량 《기관차·객차》. 「병기 분열 행진.

roll·past [róulpæ̀st, -pɑ̀:st] *n.* 중(重)

Rolls-Royce [róulzrɔ́is] *n.* 〖商標〗 롤스로이스《영국제 고급 자동차》.

róll-top désk [róultɑ̀p/-tɔ̀p] 접는 뚜껑이 달린 책상.

ro·ly-po·ly [róulipóuli] *a.*, *n.* 토실토실한 (아이); 《주로 英》 파배기 푸딩.

Rom [roum/rɔm] *n.* (*pl.* **~a** [ˊə]) 남자 집시, 집시 소년.

ROM 〖컴퓨터〗 read only memory 롬《영구히 프로그램된 칩》.

Rom. Roman; Romania(n); Romanic; 〖新約〗 Romans. **rom.** 〖印〗 Roman type. 「그리스어(語)(의).

Ro·ma·ic [rouméiik] *n.*, *a.* U 현대

ro·maine [rouméin] *n.* 상치의 일종.

†**Ro·man** [róumən] *a.* **로마(사람)의**; (로마) 카톨릭교의; 로마(숫)자의. ── *n.* **로마 사람**; 카톨릭〔천주〕교도; U 로마체 (활자). (***The Epistle of Paul the Apostle to the***) **~s** 〖新約〗 로마서. 「실화 소설.

ro·man à clef [rɔma:n ɑ: kléi] (F.)

Róman cándle 꽃불의 일종. 「도).

Róman Cátholic 카톨릭교의 (교

Róman Cathólicism 천주교, (로마) 카톨릭교; 그 교의·의식.

‡**ro·mance** [roumǽns, róumæns] *n.* UC 중세 기사 이야기, 전기(傳奇) 소설, **연애〔모험〕 소설**, 정화(情話); 소설적인 사건, **로맨스**(love affair); **꾸며낸 이야기**, 공상 (이야기); (R-) 로만스어(파). ── *a.* (R-) 로망스말의. ── *vi.* 꾸며낸 이야기를 하다; 거짓말하다 (lie); 공상하다. **ro·mánc·er** *n.* 전기 소설 작가; 공상〔과장〕가; 꾸며낸 이야기를 하는 사람.

Rómance lánguages, the 로망스어 《프랑스·스페인·이탈리아어 따위 라틴 계통의 여러 말》.

Róman Émpire, the (고대) 로마 제국《27 B.C.–A.D. 395》.

Ro·man·esque [ròumənésk] *n.*, *a.* (중세 초기의) 로마네스크 건축 양식 《아치 꼭대기가 둥긂》(의).

ro·man-fleuve [rɔmɑ́:nflə́:v] (F.) 대하(大河) 소설 (river novel) 《몇대에 걸친 인물을 묘사하는 장편 소설》 (cf. saga). 「RUMANIA.

Ro·ma·ni·a [rouméiniə, -njə] *n.* =

Ro·man·ic [roumǽnik] *n.*, *a.* U 로망스어(의). 「톨릭교도; 로마학자.

Ro·man·ist [róumənist] *n.* 로마 카

Ro·man·ize [róumənàiz] *vt.*, *vi.* 로마화하다; 로마 글자로 쓰다; 카톨릭 교도로 하다〔가 되다〕. **Ro·man·i·za·tion** [ˋ–izéiʃən/-naiz-] *n.* U

Róman létter 〔**týpe**〕 로마체 활자 (cf. Gothic, italic).

Róman nóse 매부리코(cf. aquiline).

Róman númerals 로마숫자(I, II, V, X, L(50), C(100), D(500), M (1000), MCMLXIX (1969) 따위).

Róman schòol 로마〔라파엘화〕파.

‡**ro·man·tic** [roumǽntik, rə-] *a.* 전기(傳奇) (소설)적인, 공상〔비현실〕적인; **로맨틱한**; 낭만주의의. ***R- Movement*** (19세기 초엽의) 낭만주의 운동. **~ *school*** 낭만파. ── *n.* 낭만파의 예술가〔시인〕; (*pl.*) 낭만적 사상.

ro·man·ti·cism [roumǽntəsizəm] *n.* U 낭만적 정신; 낭만주의《형식을 배제하고 분방한 상상력을 중시하는 18세기 말부터 19세기 초엽의 사조》 (cf. classicism, realism). **-cist** *n.* 낭만주의자. 「시말(의); 집시의.

Rom·a·ny [rɑ́məni/-ɔ́-] *n.*, *a.* U 집

†**Rome** [roum] *n.* **로마**; 고대 로마시(市) 〔국가〕. ***Do at*** 〔***in***〕 **~ *as the Romans do.*** 《俗談》 입향 순속(入鄕循俗).

Rom·ish [róumiʃ] *a.* (로마) 카톨릭의《흔히 경멸조를 내포》.

romp [rɑmp/-ɔ-] *vi.* 까불(며 놀)다, 뛰놀다 (frolic) (*about*). ── *n.* 까불, 까불며 뛰노는 아이. **ˊ·ers** *n. pl.* 놀이옷, 롬퍼즈.

Rom·u·lus [rɑ́mjələs/-ɔ́-] *n.* 〖로神〗 REMUS의 동생《로마의 창건자, 초대의 왕》. 「시(詩).

ron·deau [rɑ́ndou/-ɔ́-] *n.* 10〔13〕행

ron·del [rɑ́ndl/-ɔ́-] *n.* (2운) 14행시.

ron·do [rɑ́ndou/-ɔ́-] *n.* (*pl.* **~s**) (It.) 〖樂〗 론도, 회선곡(回旋曲).

Rőntgen ràys = ROENTGEN RAYS.

rood [ru:d] *n.* 십자가 (위의 예수상); 《英》 루드《면적 단위; =1/4 acre (약 1단=300평)》. ***by the R-*** 신에 맹세코.

†**roof** [ru:f] *n.* (*pl.* **~s;** 때로 ***rooves*** [-vz]), *vt.* **지붕**(을 달다); 집. **~ *of the mouth*** 입천장, 구개. **~ *of the world*** 높은 산맥, (특히) Pamir 고원. ***under the parental ~*** 부모슬하에서. **ˊ·er** *n.* **ˊ·ing** *n.* U 지붕이기; 지붕이는 재료. **ˊ·less** *a.*

róof gàrden 옥상 정원.

rook[1] [ruk] *n.*, *vi.*, *vt.* (유럽산) 띠까마귀; (카드놀이에서) 속임수 쓰다 〔쓰는 사람〕. **ˊ·er·y** *n.* 띠까마귀 (따위)가 떼지어 사는 곳; 빈민굴.

rook[2] *n.* 〖체스〗 성장(城將) (castle) 《장기의 차(車)에 해당》. 「풋내기.

rook·ie [rúki] *n.* 《俗》 신병, 신참,

†**room** [ru(:)m] *n.* **방**(의 사람들); (*pl.*) 셋방, 하숙(lodgings); U **장소**, 여지 (*for; to* do). ***in the ~ of*** …의 대신으로. ***make ~*** 자리를 양보하다, 장소를 만들다 (*for*). (***There is***) ***no ~ to turn in.*** 비좁다, 답답하다. ── *vt.*, *vi.* 방을 주다, 숙박시키다; 유숙하다 (*at, with, together*). **ˊ·er** *n.* 《美》 세든 사람, 하숙인. **~·étte** *n.* 《美》 (Pullman car의) 개인용 침실. **ˊ·ful** [ˊfùl] *n.* 방 (하나) 그득(한 사람·물건). **ˊ·ie**

n. 동숙자. ∠·y *a.* 널찍한(spacious).
róom clèrk 호텔의 프런트 접수계, 객실계.
róoming hòuse 《美》 하숙집.
room·mate [rú(:)mmèit] *n.* 《美》 한방(을 쓰는) 사람, 동숙자.
róom sèrvice (호텔 등의) 룸서비스; 룸서비스계.
roor·back [rúərbæ̀k] *n.* 《美》 (선거전(前) 따위의) 정적을 헐뜯는 데마 〔악선전〕.
Roo·se·velt [róuzəvèlt, róuzvəlt], **Franklin Delano** (1882–1945) 미국 32대 대통령(1933–45)《생략 F. D. R.》; **Theodore** (1858–1919) 미국 26대 대통령(1901–09).
***roost** [ru:st] *n.* (닭장의) 홰 (perch); 휴식처, 잠자리. ***at* ～** 취침중에. ***Curses, like chickens, come home to* ～.** 《俗談》 누워서 침뱉기. ***go to* ～** 잠자리에 들다. ***rule the* ～** 《口》 마음대로 하다. ── *vi., vt.* (홰에) 앉다; 보금자리에 들다. ***róost·er** *n.* 《美》 수탉(《英》 cock).
‡root[1] [ru:t] *n.* ① 뿌리; (*pl.*) 근채(根菜), 지하경. ② 근본; 근저(根底), 근거. ③ 근원; 선조; 〖聖〗 자손; 본질. ④ 〖文〗 어간(stem); 〖言〗 어근; 〖數〗 근; 〖樂〗 기음(基音) 《기초 화음》. ***pull up by the* ～*s*** 뿌리째 뽑다. **～ *and branch*** 전부, 완전히. ***strike* 〔*take*〕 ～** 뿌리 박히다, 정착하다. ── *vi., vt.* ① 뿌리박(게 하)다; 정착하다〔시키다〕. ② 뿌리째 뽑다, 근절하다(*up, out*). *∠·**ed** [∠id] *a.* ∠·**let** *n.* 가는 뿌리. 「다; 찾다.
root[2] *vt., vi.* (돼지가) 코로 파헤집
root[3] *vi.* 《美俗》 요란스레 응원하다 (*for*). **róot·er** *n.* 응원자.
róot bèer 탄산수의 일종 《sassafras 등의 뿌리로 만듦》. 「무 등》.
róot cròp 근채(根菜) 식물《감자·순
róot hàir 〖植〗 뿌리털(根毛).
root·stock [rú:t-stɑ̀k/-ɔ̀-] *n.* 뿌리 줄기(根莖); (접목의) 접본; 근원.
†rope [roup] *n.* ① (밧)줄, 새끼. ② (the ～) 교수형(絞首刑)(용 밧줄). ③ (*pl.*) 둘러친 장소《권투장 등》의 밧줄. ④ (*pl.*) 비결, 요령. ***come to the end of one's* ～** 진퇴 유곡에 빠지다. ***give a person* ～ (*enough to hang himself*)** 멋대로 하게 내버려 두(어 자업자득이 되게 하)다. ***on the high* ～*s*** 사람을 얕〔깔〕보아; 의기 양양하여, 뽐내어. ***on the* ～** (등산가들이) 로프로 몸을 이어 매고. ***a* ～ *of sand*** 못믿을 것. ── *vt.* (밧)줄로 묶다〔잇다, 당기다〕; 올가미를 던져 잡다. ── *vi.* (끈끈하여) 실같이 늘어지다. **～ *in*** 《俗》 끌어〔꾀어〕 들이다. **róp·y** *a.* 밧줄 같은; 끈끈한, 실이 늘어지는.
rope·danc·er [∠dæ̀nsər, -ɑ̀:-], **rope-walk·er** [∠wɔ̀:kər] *n.* 줄타기 광대.
rope·danc·ing [∠dæ̀nsiŋ, -ɑ̀:-], **rope·walk·ing** [∠wɔ̀:kiŋ] *n.* Ⓤ 줄
rópe làdder 줄사닥다리. 「타기.
rópe skìpping 줄넘기.
rope·way [∠wèi] *n.* (화물 운반용) 삭도; (사람을 나르는) 공중 케이블.
Roque·fort [róukfərt / rɔ́kfɔ:-] *n.* 〖商標〗 로크포르 《염소 젖으로 만든 냄새가 강한 프랑스 치즈》. 「래.
ror·qual [rɔ́:rkwəl] *n.* 〖動〗 멸치고
Ror·schach (tèst) [rɔ́:rʃɑ:k] *n.* 〖心〗 로르샤흐 검사 《잉크얼룩 같은 여러 도형을 해석시켜 성격을 판단함》.
ror·ty [rɔ́:rti] *a.* 《英俗》 유쾌한; 멋있는; 즐거운.
ro·sa·ry [róuzəri] *n.* 〖카톨릭〗 묵주, 매괴(玫瑰) 신공, 로자리오; 장미원.
†rose[1] [rouz] *n.* ① 장미(꽃) 《영국의 국화》. ② Ⓤ 장미빛. ③ 장미무늬〔매듭〕; 원화창(圓花窓). ④ (*pl.*) 발그레한 얼굴빛. ⑤ 미인. ***Alpine* ～** 〖植〗 석남. ***bed of* ～*s*** 안락한 지위〔신분〕. ***gather* (*life's*) ～*s*** 환락을 일삼다. **～ *of Sharon*** 무궁화; 〖聖〗 샤론의 장미 《실체는 미상(未詳)》. ***under the* ～** 비밀히 (<L. *sub rosa*). ***Wars of the Roses*** 〖英史〗 장미 전쟁 《York가 (家) (흰 장미의 문장)와 Lancaster가 (붉은 장미의 문장)의 싸움 (1455–85)》. ── *a.* 장미빛의.
†rose[2] *v.* rise의 과거.
ro·se·ate [róuziit] *a.* 장미빛의(rosy); 밝은, 행복한; 낙관적인(optimistic).
rose·bay [róuzbèi] *n.* 〖植〗 협죽도; 만병초. 「《장미를 해침》.
róse bèetle 〔bùg〕 투구벌레의 일종
***rose·bud** [∠bʌ̀d] *n.* ① 장미 봉오리. ② 아름다운 소녀.
rose·bush [∠bùʃ] *n.* 장미나무〔덩굴〕.
róse còlo(u)r 장미빛, 도화색; 유망, 호황(好況).
rose-col·o(u)red [róuzkʌ̀lərd] *a.* 장미〔연분홍〕빛의; 편한, (전망이) 밝은, 유망한; 낙관적인.
róse gàrden 장미 화원.
róse lèaf 장미의 잎〔꽃잎〕.
rose·mar·y [∠mèəri] *n.* 〖植〗 로즈메리《상록 관목(灌木); 정절 등의 상징》.
róse mòss 〖植〗 채송화.
ro·ser·y [róuzəri] *n.* 장미원.
Ro·sét·ta stòne [rouzétə] 로제타돌《1799년 이집트의 Rosetta에서 발견되어 상형 문자 해독의 열쇠가 된 비석》.
ro·sette [rouzét] *n.* 장미 매듭(의 리본); 장미꽃 장식; 원화창(圓花窓).
róse wàter 장미 향수; 겉발림말.
róse wíndow 원화창(圓花窓).
rose·wood [róuzwùd] *n.* 자단(紫檀) 《콩과의 나무; 열대산》; Ⓤ 그 재목.
ros·i·ly [róuzili] *ad.* 장미빛으로, 붉어져; 유망하게, 밝게.
ros·in [rɑ́zən, -ɔ́(:)-] *n., vt.* Ⓤ 수지(樹脂)《송진 따위》(를 바르다).
Ros·i·nan·te, Roc- [rɑ̀zənǽnti/ rɔ̀z-] *n.* Don Quixote의 애마 이름; 늙어빠진 말.
Ros·set·ti [rouséti, -z- / rɔséti], **Dante Gabriel** (1828–82) 영국의 시인·화가; **Christina G.** (1830–94) 그의 여동생, 시인.
Ros·si·ni [rɔ:sí:ni/rɔ-], **Gioacchi-**

no Antonio (1792–1868) 이탈리아의 작곡가.
ros·ter [rástər/rɔ́s-] *n.* (근무) 명부.
ros·tral [rástrəl/-ɔ́-] *a.* 주둥이의〔가 있는〕; 뱃부리 장식이 달린.
ros·trum [rástrəm/-ɔ́-] *n.* (*pl.* **~s, -tra** [-trə]) 연단(演壇)(platform).
‡**ros·y** [róuzi] *a.* ① **장미빛의**, 붉그스름한; 장미로 꾸민. ② 유망한. ③ 밝은 (기분의)(cheerful).
ROT rule of thumb 주먹구구.
***rot** [rɑt/-ɔ-] *vi., vt.* (**-tt-**) 썩(게 하)다; 썩어 문드러지(게 하)다. **—** *n.* Ⓤ 부패, 썩음; 《俗》 케케묵은 농담 (*Don't talk ~!* 허튼 수작 그만둬!).
Ro·tar·i·an [routέəriən] *n.* 로터리 클럽 회원.
***ro·ta·ry** [róutəri] *a.* **회전하는**. **—** *n.* 윤전기; 환상 교차점; 〖電〗 회전 변류기.
Rótary Clùb, the 로터리 클럽《사회 봉사를 목적으로 하는 실업가 등의 사교 단체》.
rótary prèss 윤전기(輪轉機).
***ro·tate** [róuteit/-´] *vi., vt.* **회전하다**〔시키다〕; 교대하다〔시키다〕. **~ crops** 윤작하다. ***ro·tá·tion** *n.* ⓊⒸ 회전; 교대 (*by* 〔*in*〕 ~ 교대로, 차례로); 돌려짓기. **ro·tá·tion·al** *a.* 회전의; 순환의. **ró·ta·tor** *n.* 회전하는 것, 회전기. **ro·ta·to·ry** [róutətɔ̀:ri/-təri] *a.*
ROTC, R.O.T.C. Reserve Officers' Training Corps (*or* Camp).
rote [rout] *n.* Ⓤ 기계적인 방식〔암기〕. ***by ~*** 암기하여, 기계적으로.
ro·to·gra·vure [ròutəgrəvjúər] *n.* ⓊⒸ 사진 요판(凹版).
ro·tor [róutər] *n.* (발전기의) 회전자.
Ro·to·till·er [róutətilər] *n.* 〖商標〗 경운기.
ro·to·vate [ròutəvéit] *vi.* 《英》 (땅을) 경운기로 갈다.
‡**rot·ten** [rátn/-ɔ́-] *a.* **부패한**; 약한, 부서지기 쉬운(*a ~ ice*); 《俗》 나쁜, 더러운(nasty). ***R- Row*** 런던의 Hyde Park의 승마길(the Row).
rot·ter [rátər/-ɔ́-] *n.* 《주로 英俗》 변변찮은 녀석, 보기싫은 녀석.
Rot·ter·dam [rátərdæ̀m/rɔ́t-] *n.* 네덜란드 남서부의 항구.
ro·tund [routʌ́nd] *a.* 토실토실 살찐; 낭랑한. **ro·tún·di·ty** *n.* ⓊⒸ
ro·tun·da [routʌ́ndə] *n.* (둥근 지붕의) 원형 건물; 둥근 천장의 큰 홀.
Rou·ault [ru:óu], **Georges** (1871–1958) 루오《프랑스의 야수파 화가》.
rou·ble [rú:bəl] *n.* =RUBLE.
rou·e [ru:éi, ´-] *n.* (F.) 방탕자(rake).
***rouge** [ru:ʒ] *n., vi., vt.* Ⓤ (입술) 연지(를 바르다).
†**rough** [rʌf] *a.* ① **거친**, 껄껄〔울퉁불퉁〕한. ② 텁수룩한(shaggy). ③ 거센, 파도가 높은. ④ 사나운, 난폭한; 예의없는. ⑤ (보석 따위) 닦지 않은, 가공되지 않은. ⑥ 개략(概略)〔개산〕의. ⑦ 서투른; 불친절한, 냉혹한(*on*). ⑧ (소리가) 귀에 거슬리는. ⑨ (술맛이) 떫은〔나쁜〕. ⑩ = ASPIRATE. ***have a ~ time*** 되게 혼나다, 고생하다. **~ *rice*** 현미(玄米). **~ *work*** 고된〔거친〕 일. **—** *ad.* 거칠게; 대충. **—** *n.* ⓊⒸ 거칢, 거친 물건; Ⓒ 《주로 英》 난폭한〔우악스런〕 사람; Ⓤ 〖골프〗 불량 지역; 학대. ***in the ~*** 미가공〔미완성〕의; 대체로. **—** *vt.* 거칠게 하다, 껄껄〔우툴두툴〕하게 하다; 난폭하게 다루다; 대충 해내다〔모양을 만들다〕. **~ *it*** 비참한〔고된〕 생활에 견디다; 난폭한 짓을 하다. **~ *out*** 대충 마무르다.
‡**róugh·ly** *ad.* **거칠게**; 대강. ***~ly estimated*** 개산(概算)으로, 대충잡아. ***~ly speaking*** 대충 말해서.
rough·age [rʌ́fidʒ] *n.* Ⓤ 거친 물건〔재료〕; 섬유질 식품.
rough-and-read·y [´ənrédi] *a.* 즉석의; (인품이) 세련되지 못한, 무무한.
rough-and-tum·ble [´əntʌ́mbl] *a., n.* 뒤범벅이 된, 어지러운; 난투.
rough·cast [rʌ́fkæ̀st, -kɑ̀:st] *vt.* 러프코트로 마무리하다; …의 대체적인 줄거리를 세우다. **—** *n.* Ⓤ 러프코트《회반죽과 자갈을 섞어 바른 벽》; 대체적인 줄거리.
róugh cóat(ing) =ROUGHCAST *n.*
rough-dry [rʌ́fdrái] *vt.* (말리기만 하고) 다림질은 안 하다.
rough·en [rʌ́fən] *vi., vt.* 거칠게 되다〔하다〕.
rough-hew [´hjú:] *vt.* (*pl.* **~ed; -hewn, ~ed**) 대충 자르다〔깎다〕, 건목치다.
rough-hewn [´hjú:n] *a.* 대충 깎은. 건목친; 조야한.
rough·house [´hàus] *n., vt., vi.* ⓊⒸ (특히 옥내에서의) 법석(을 떨다); (농삼아) 거칠게 다루다.
rough·neck [´nèk] *n.* 《美口》 우락부락한 사람, 난폭자.
rough·rid·er [´ràidər] *n.* 사나운 말을 잘 다루는 기수, 조마사.
rough·shod [´ʃɑ́d/-ɔ́-] *a.* (말이) 못이 나온 편자를 신은. ***ride ~ over*** 난폭하게〔야멸치게〕 다루다.
rough-spo·ken [´spóukən] *a.* 말을 거칠게 하는.
rou·lette [ru:lét] *n.* ⓊⒸ 룰렛《공굴리기 도박》.
Rou·ma·ni·a [ru:méiniə, -njə] *n.* = RUMANIA.
†**round** [raund] *a.* ① **둥근**. ② 토실토실 살찐. ③ 한바퀴〔일주〕의. ④ 완전한 (*a ~ lie* 진짜 거짓말). ⑤ 대강의, 끝수〔우수리〕가 없는 (*a ~ number* 개수, 어림수《500·3,000 따위》). ⑥ 상당한(*a good ~ sum*). ⑦ 잘 울리는, 낭랑한. ⑧ 활발한. ⑨ 솔직한(frank). ⑩ 〖音聲〗 입술을 동그랗게 한. **—** *n.* ① 원(형); 둥근 물건; (조각의) 환조(丸彫); (빵의) 둥글게 썬 조각; 사닥다리의 가로장《둥글린 것》(rung[1]). ② 한바퀴, 순회 (지구) (*go* 〔*make*〕 *one's ~s* 순회하다). ③ 회전, 주기. ④ 범위. ⑤ (승부의) 한판(*play a ~*). ⑥ 연속. ⑦ (탄약의)

한 발분, 일제 사격. ⑧ 원무(圓舞), 윤창(輪唱). ***daily*** **~** 매일의 일〔근무〕. ***in the*** **~** 모든 점으로 보아 (*Seoul in the* ~ 서울의 전모). —— *ad.* 돌아서; 둘레에; 둥글게; 가까이; 차례차례로. ***all*** **~** 널리 미치게. ***all the year*** **~** 1년 내내. ***ask a person*** **~** (아무를) 초대하다. ***come*** **~** 돌아오다; 회복하다. ***come*** **~** ***to a person's view*** 의견에 동의하다. **~** ***about*** 원을 이루어, 둘레에; 멀리 빙 돌아서; 반대쪽에. **~** ***and*** **~** 빙빙; 사방에 널리 미치어. ***win a person*** **~** 자기편으로 끌어들이다. —— *prep.* ① …을 돌아서, …의 둘레에. ② …의 근처〔주변·일대〕에. ③ …을 꼬부라져서, 모퉁이를 돈 곳에 (~ *the corner*). ***come*** **~** ***a person*** 꾀로 앞지르다〔넘기다〕; 감언으로 속이다. —— *vi., vt.* 둥글게 되다〔하다〕; 돌다; (*vt.*) 완성하다; (*vi.*) 토실토실 살찌다, 원숙해지다. **~** ***off*** 둥글게 하다; (모진 것을) 둥글리다; 잘 다듬어 마무르다; 원숙하게 하다. **~** ***on*** (친구 등을) 역습하다, 찍소리 못하게 하다; 고자질〔밀고〕하다. **~** ***out*** 둥글게 하다; 살찌게 하다; 완성하다. **~** ***up*** 동그랗게 뭉치다; 숫자를 우수리가 없게 하다; 몰아 대다〔모으다〕; 《口》 검거하다.

***round·a·bout** [ráundəbàut] *a., n.* **멀리 도는**; 에움길, 에두름; 에두르는; 사내아이의 짧은 웃옷; 《英》 회전 목마; 《英》 환상 십자로, 로터리.

róund ángle 360°의 각도. 「舞).

róund dànce 윤무(輪舞); 원무(圓

round·ed [´id] *a.* 둥글게 한〔만든〕.

roun·del [ráundl] *n.* 고리, 둥근 것, 원반; 〖空〗 (날개의) 둥근 마크.

roun·de·lay [ráundəlèi] *n.* 후렴이 있는 짧은 노래; 원무(圓舞)의 일종.

round·er [´ər] *n.* 순회자; 주정뱅이; 상습범; (*pl.*) 구기(球技)의 일종.

Round·head [´hèd] *n.* 〖英史〗 원두당원(圓頭黨員) 《1642-52의 내란 당시 머리를 짧게 깎은 청교도 의원; Charles I에 반항》.

round·house [´hàus] *n.* 〖英史〗 구치소; 〖海〗 후갑판 선실; 원형 기관차고.

round·ish [´iʃ] *a.* 둥그스름한.

round·ly [´li] *ad.* 둥글게; 완전히, 충분히, 솔직하게; 단호히; 몹시; 기운차게; 대충. 「함; 솔직함; 호됨.

round·ness [´nis] *n.* Ⓤ 둥긂, 완전

róund róbin 사발통문의 탄원서; 리그전. 「새우등의.

round-shoul·dered [´ʃóuldərd] *a.*

rounds·man [´zmən] *n.* 《英》 주문받으러 다니는 사람, 외무원; 《美》 순찰 경관. 「의.

róund tàble cònference 원탁 회

round-the-clock [´ðəklák/-klɔ́k] *a.* 연속 24시간의. 「계 일주의.

round-the-world [´ðəwə́:rld] *a.* 세

róund tríp 《美》 왕복 여행〔표〕; 〖野〗 홈런. 「(~ *ticket* 왕복표).

round-trip [´tríp] *a.* 왕복(여행)의

round-trip·per [´trípər] *n.* 《野俗》 홈런. 「모으기; 검거.

round·up [´ʌp] *n.* 가축을 몰아 한데

róund vówel 원순(圓脣) 모음《ɔ, u, œ, ø, y 따위》.

round·worm [´wə̀:rm] *n.* 회충.

‡**rouse** [rauz] *vt.* **일으키다**; 날아오르게 하다; 격려하다; 성나게 하다; 휘젓다. —— *vi., n.* 일어나다, 잠이 깨다; 눈뜸, 각성; 분발(하다), (감정이) 격해지다. **róus·er** [´ər] *n.* 환기〔각성〕시키는 사람. **róus·ing** *a.* 격려하는; 활발한; 터무니없는.

Rous·seau [ru:sóu / ´–], **Jean Jacques** (1712-78) 프랑스의 사상가.

roust [raust] *vt.* 《美口》 두드려 깨우다(*up*), …을 쫓아내다(*out*).

roust·a·bout [ráustəbàut] *n.* 《美》 부두 노무자.

***rout**[1] [raut] *n.* ⓊⒸ **패배**; 무질서한 군중(mob). —— *vt.* 패주시키다.

rout[2] *vt., vi.* (돼지가) 코로 파헤집다(root) (*up*); (사람을 잠자리·집에서) 끌어내다(force out).

‡**route** [ru:t, raut] *n.* **길**, 노선, 노정; 항로; 《美》 (신문 등의) 배달 구역. —— *vt.* 길〔노선〕을 정하다; 발송하다. 「ROUNDSMAN.

route·man [´mən] *n.* 《美》 =

‡**rou·tine** [ru:tí:n] *n.* ⒸⓊ **상례적인 일**, 판에 박힘, 정해짐, 정해진 순서; 〖컴퓨터〗 루틴《어떤 작업에 대한 일련의 명령군(群); 완성된 프로그램》. —— *a.* 일상의, 판에 박힌.

roux [ru:] *n.* (F.) Ⓤ 〖料理〗 루《녹인 버터와 밀가루를 섞은 것》.

rove**[1] [rouv] *vi.* **헤매다**, 배회하다 (wander) (*over*). —— *n., vt.* 유력(遊歷)〔유랑〕(하다), 배회(하다); (R-) 개 이름. ***on the **~** 배회하고.

rove[2] *v.* reeve[1]의 과거(분사).

rove[3] *n.* 거칠게 자은 실. —— *vt.* 실을 거칠게 잣다.

rov·er** [róuvər] *n.* **배회자**; 해적; 월면차(月面車). ***at **~*s*** 마구. 「는.

rov·ing [róuviŋ] *a.* 헤매는; 이동하

róving ambássador 〔**mínister**〕 순회〔무임소〕 대사〔공사〕.

‡**row**[1] [rou] *n.* **열**, 줄; 죽 늘어선〔줄지은〕 집; 거리; 가로수; (the R-) 《英》 =ROTTEN ROW. ***a hard*** **~** ***to hoe*** 《美》 힘든 일, 큰 일.

‡**row**[2] *vt.* (배를) **젓다**, 저어서 운반하다; …으로 젓다. —— *vi., n.* 젓다; 젓기; 경조(競漕)(하다). **~** ***down*** 저어서 따라 미치다. **~*ing boat*** 《英》 =ROWBOAT. **~** ***over*** 상대방의 배를 앞지르다. **´·er** *n.* **´·ing** *n.* Ⓤ

‡**row**[3] [rau] *n.* ⓊⒸ 《口》 **소동**, 법석; Ⓒ 꾸짖음 (*get into a* ~ 꾸지람 듣다); 말다툼. ***make*** 〔***kick up***〕 ***a*** **~** 법석을 일으키다; 항의하다. —— *vt., vi.* 《口》 욕질하다; 《口》 떠들다, 말다툼하다.

row·an [róuən, ráu-] *n.* 〖植〗 마가목의 일종; 그 열매. 「상앗대배.

row·boat [róubòut] *n.* 노젓는 배,

row·dy [ráudi] *n., a.* 난폭자; 난폭

한. ~·ism [-ìzəm] n. Ⓤ

row·dy·dow·dy [-dáudi] a. 시끄러운.

row·el [ráuəl] n., vt. (《英》 -ll-) (박차의) 톱니바퀴(를 대다).

rów hòuse [róu] 《美》 (줄지어 선) 규격이 같은 주택(의 한 채분).

row·lock [rálək, rʌ́-/rɔ́-] n. 《英》 (보트의) 노걸이, 노받이.

‡**roy·al** [rɔ́iəl] a. 왕〔여왕〕의; 국왕에 의한; 왕가의; 왕자(王者)다운; 훌륭한, 당당한 (*a ~ game*); 장엄한; 왕립의, 칙허(勅許)의; 거창한. ***have a ~ time*** 굉장히 즐겁게 지내다. ***His*** 〔***Her***〕 ***R- Highness*** 전하〔비(妃)전하〕. ***~ assent*** (의회를 통과한 법안에 대한) 국왕의 재가. ***~ household*** 왕실. ***~ touch*** 연주창 환자에게 왕이 손을 댐《왕이 손을 대면 낫는다고 생각됐음》. ***the R- Air Force*** 영국 공군. ***the R- Marines*** 영국 해병대. ***the R- Navy*** 영국 해군. **~·ist** n. 왕당파; (R-) 왕당원 (cf. Roundhead). **~·ly** ad. 왕답게, 당당하게.

Róyal Acádemy, the (영국) 왕립 미술원.

róyal blúe 진한 청색.

Róyal Exchánge, the (런던의) 왕립 증권 거래소《생략 R.E.》.

róyal flúsh (포커에서) 같은 마크의 최고점 패로부터 연속된 5장.

róyal pálm 종려나무의 일종.

róyal púrple 질푸른 자줏빛.

***róyal róad** 왕도(王道); 지름길.

Róyal Society, the 영국 학술원.

róyal stándard 《英》 왕기(旗).

***roy·al·ty** [-ti] n. ① Ⓤ 왕〔여왕〕임; 왕권; (보통 pl.) 왕의 특권; 왕족, 황족. ② (본래는 왕실에 진납된) 상납금; 채굴권; 인세, (희곡의) 상연료; 특허권 사용료.

RP Radiopress. **R.P.** 《英》 received pronunciation. **RPG** 〖컴퓨터〗 Report Program Generator 보고서 프로그램 생성(生成) 루틴. **rpm, r.p.m.** revolutions per minute. **R.P.O.** Railroad 〔Railway〕 Post Office. **r.p.s.** retail price survey 소매 가격 조사; revolutions per second. **rpt.** report. **R.R.** railroad; Right Reverend ⇨Rt. Rev.

R-rat·ed [ɑ́:rrèitid] a. 《俗》 준성인 영화의.

Rs, rs rupees. **RSC** 〖拳〗 referee stop contest. **R.S.F.S.R.** Russian Soviet Federated Socialist Republic. **R.S.P.C.A.** Royal Society for the Prevention of Cruelty to Animals. **RSV, R.S.V.** Revised Standard Version (of the Bible). **R.S.V.P.** *Répondez s'il vous plaît* (F. =please reply). **rt.** right. **RTC** Recruit Training Center. **Rt. Hon.** Right Honourable. **RTL** 〖컴퓨터〗 resistor-transistor logic 저항 트랜지스터 논리. **RTO** Railway Transportation Office. **Rt. Rev.** Right Reverend 《bishop 의 존칭》. **Ru** 〖化〗 ruthenium. **R.U.** Rugby Union.

‡**rub** [rʌb] vt., vi. (-bb-) ① 문지르다, 문질리다, 마찰하다; 닦다. ② (vt.) 문질러〔비벼〕 지우다〔없애다〕. ③ (vt.) 초조하게 만들다. ④ (vi.) 문질리다. ⑤《口》 그럭저럭 살아 나가다(*along, on, through*). ***~ down*** 문질러 없애다; 마사지하다; 몸을 훑어서 조사하다. ***~ one's hands*** 두 손을 비비다《득의·만족을 나타냄》. ***~ in*** 《俗》 되풀이하여 말하다. ***~ off*** 문질러 없애다〔떼다〕. ***~ up*** 닦다; 복습하다(*~ up Latin*); 한데 개다〔섞다〕(mix). ── n. 문지름, 마찰; 장애, 곤란; 빈정거림, 욕설. ***~s and worries of life*** 인생의 고초. ***There's the ~.*** 그것이 골치아픈〔위태로운〕 점이다(*Ham.*).

rub·bing n. Ⓤ,Ⓒ 마찰; 연마; 마사지; 탁본.

rub. ruble.

rub-a-dub [rʌ́bədʌ̀b] n. 둥둥 《북소리》.

ru·ba·to [ru:bɑ́:tou] a., n. (It.) 〖樂〗 루바토, 음부 길이를 적절히 증감한(템포).

‡**rub·ber**[1] [rʌ́bər] n. ① Ⓤ 고무; Ⓒ 고무 제품; 고무 지우개(*India ~*); (pl.) 《美》 고무신. ② 문지르는 〔비비는〕 사람, 안마사; 칠판 지우개. ③ 숫돌, 줄. ── vt. (천에) 고무를 입히다. ── vi. 《美古俗》 목을 늘이(고 보)다, 뒤돌아보다. **~·ize** [-ràiz] vt. 고무를 입히다〔대다〕. **~·ly** a. 고무 같은, 탄력 있는.

rub·ber[2] n. 3판 승부(의 결승전).

rúbber bánd 고무 밴드.

rúbber cemént 고무풀《접착제》.

rúbber chéck 《美口》 부도 수표.

rub·ber·neck [-nèk] vi., n. 《口》 보고싶어서 목을 늘이다〔늘이는 사람〕, 만사를 알고 싶어하다〔하는 사람〕, 호사자(好事者); 관광객.

rúbber plànt 〔**trèe**〕 고무 나무.

rúbber stámp 고무 도장.

rub·ber-stamp [-stǽmp] vt. 고무 도장을 찍다; 《口》 무턱대고 도장을 찍다〔받아 들이다〕.

***rub·bish** [rʌ́biʃ] n. Ⓤ 쓰레기; 잡꼬대, 허튼 소리. **~·y** a.

rub·ble [rʌ́bəl] n. Ⓤ 잡석, 밤자갈.

rub·down [rʌ́bdàun] n. =MASSAGE.

rube [ru:b] n. 《美俗》 (순진한) 시골뜨기.

ru·bel·la [ru:bélə] n. Ⓤ 〖醫〗 풍진(風疹) (German measles).

Ru·bens [rú:bənz, -binz], **Peter Paul** (1577-1640) Flanders의 화가.

Ru·bi·con [rú:bikɑ̀n/-kən] n. 이탈리아 중부의 강. ***cross the ~*** 결행하다.

ru·bi·cund [rú:bikʌ̀nd/-kənd] a. (얼굴 따위가) 붉은(ruddy).

ru·bid·i·um [ru:bídiəm] n. Ⓤ 〖化〗 루비듐《금속 원소》.

ru·ble [rú:bəl] n. 루블 (은화)《소련의 화폐; 기호 R; =100 kopecks》.

ru·bric [rú:brik] n. 주서(朱書), 붉은 인쇄〔글씨〕; 예배 규정.

*ru·by [rú:bi] n., a. 홍옥, **루비**(빛의); Ⓤ 진홍색(의); 〖拳〗 피; Ⓤ 《英》〖印〗 루비(⇨agate).
ruche [ru:ʃ] n. (레이스 따위) 주름끈〔장식〕. **rúch·ing** n. Ⓤ 주름 장식.
ruck [rʌk] n. 다수; 대중; 잡동사니.
ruck·sack [rʌ́ksæ̀k, -ú-] n. 룩색, 배낭.
ruck·us [rʌ́kəs] n. ⓊⒸ 《美口》 큰 「법석.
ruc·tion [rʌ́kʃən] n. ⓊⒸ 《口》 소동, 싸움, 난투.
*rud·der [rʌ́dər] n. 키; 〖空〗 방향타(舵). **~·less** a. 키가 없는; 지도자가 없는.
rud·der·post [-pòust] n. 〖船〗 타주(舵柱). 「(로 붉게 칠하다).
rud·dle [rʌ́dl] n., vt. Ⓤ 적토(赤土)
*rud·dy [rʌ́di] a. **붉은,** 혈색이 좋은.
‡rude [ru:d] a. ① **버릇없는,** 난폭한. ② (날씨 따위가) 거친, 거센. ③ 자연 그대로의. ④ (어림 따위) 대강의 (rough). ***be ~ to*** …을 욕뵈다. ***rúde·ly** ad. **∠·ness** n.
ru·di·ment [rú:dəmənt] n. (*pl.*) 기본, 초보; 발육 불완전 기관. **ru·di·men·tal** [\`-méntl], **-ta·ry** [-təri] a. 초보의; 〖生〗 발육 부전의; 흔적의.
rue¹ [ru:] vt., vi. 뉘우치다, 슬퍼하다, 한탄하다. **—** n. Ⓤ 《古》 회한, 비탄. **∠·ful(·ly)** a. (ad.)
rue² n. Ⓤ 운향(芸香)《노랑꽃이 핌》.
ruff¹ [rʌf] n. (16세기경 남녀 옷의) 수레바퀴 모양의 주름 옷깃. **~ed** [-t] a. 주름 옷깃이 있는.
ruff² vt., vi., n. 〖카드〗 으뜸패로 치다〔치기〕.
*ruf·fi·an [rʌ́fiən, -fjən] n., a. **악한;** 흉악한. **~·ism** [-ìzəm] n. Ⓤ **~·ly** a. 흉악한.
*ruf·fle¹ [rʌ́fəl] vt. ① **물결을 일으키다,** (깃털을) 세우다. ② 교란시키다, 속타게〔초조하게〕 하다. ③ (물결 모양의) 주름 가장자리를 달다. ④ (트럼프 패를) 쳐서 뒤섞다. **—** vi. 물결이 일다; 속타다; 뽐내다. ***~ it*** 뽐내다. **—** n. ① 주름 가장자리〔장식〕. ② 잔 물결. ③ ⒸⓊ 동요; 속탐, 화(냄). 「소리.
ruf·fle² vi., n. 북을 나직이 치다; 그
‡rug [rʌg] n. **깔개,** 융단, 양탄자; 《주로 英》 무릎 덮개. 「비(축구).
Rúg·by (fóotball) [rʌ́gbi] n. Ⓤ 럭
‡rug·ged [rʌ́gid] a. **울퉁불퉁한,** 껄껄한 (rough); 엄격한; 험악한 (*~ weather*); 괴로운; 조야한; 튼튼한 (*a ~ child*). **~·ly** ad. **~·ness** n.
rug·ger [rʌ́gər] n. 《英俗》 럭비.
‡ru·in [rú:in, ruin] n. (*pl.*) **폐허;** Ⓤ 파멸(의 상태); 몰락; 파산; 황폐; 손해. ***be the ~ of*** …의 파멸의 원인이 되다. ***bring to ~*** 실패시키다. ***go to ~*** 멸망하다. **—** vt., vi. **파괴하다,** 파멸시키다; 영락시키다〔하다〕. **~·á·tion** [\`-éiʃən] n. Ⓤ **~·ous** a. 파괴적인, 파멸을 가져오는; 황폐한; 영락한.
†rule [ru:l] n. ① **규칙,** 표준, 법칙. ② 관례, 정례. ③ Ⓤ 지배, 통치. ④ 규준; 자(ruler). ⑤ 괘(罫), 괘선(罫線). ***as a ~*** 대개, 일반적으로. ***by ~*** 규칙으로〔대로〕. ***hard and fast ~*** 까다로운 표준〔규정〕. ***make it a ~ to*** …하는 것을 상례로 하다, 늘 …하기로 하고 있다. ***~ of the road*** 교통 규칙. ***~ of three*** 비례. ***~ of thumb*** 개략의 측정, 개산(槪算); 실제 경험에서 얻은 법칙. **—** vt. 규정하다; 통치〔지배〕하다; 판정하다; 자로 줄을 긋다; 억제하다. **—** vi. 지배하다(*over*); 판정하다; 〖商〗 보합(保合)을 이루다(*Prices ~ high.* 높은 시세에 머물러 있다). ***~ out*** 제외〔배제〕하다. **∠·less** a. 규칙이 없는; 지배되지 않는.
‡rul·er [rú:lər] n. **통치〔지배〕자;** 자.
‡rul·ing [rú:liŋ] a. **통치〔지배〕하는;** 우세한; 일반의. **—** n. Ⓤ 지배; Ⓒ 판정; 선(긋기). ***~ class*** 지배 계급. ***~ passion*** (행동의 근원이 되는) 주정(主情). ***~ price*** 시세, 시가. **~·ly** ad. 「만듦).
*rum¹ [rʌm] n. Ⓤ **럼술**《당밀 따위로
rum² a. (*-mm-*) 《英俗》 이상한, 별스런(odd).
Rum. Rumania(n).
Ru·ma·ni·a [ru:méiniə, -njə] n. 루마니아. **~n** n., a. 루마니아사람(의); Ⓤ 루마니아말(의).
rum·ba [rʌ́mbə, rú(:)m-] n., vi. (Sp.) 룸바 《본디 쿠바 토인의 춤》(를 추다).
*rum·ble [rʌ́mbəl] n., vi. **우르르 소리,** 덜커덕〔요란한〕 소리(가 나다, 울리다); **=∠ sèat** (자동차 후부의) 접었다 폈다 하는 식의 좌석.
rum·ble-tum·ble [-tʌ́mbəl] n. 털털이(차(車)); 몹시 흔들림.
ru·men [rú:min/-men] n. (반추 동물의) 첫째 위(胃).
ru·mi·nant [rú:mənənt] a., n. 되새기는; 심사〔묵상〕하는; 반추 동물《소·양·낙타 따위》.
ru·mi·nate [rú:mənèit] vi., vt. 되새기다; 심사〔묵상〕하다 (ponder) (*about, of, on, over*). **ru·mi·na·tion** [\`-néiʃən] n. Ⓤ
rum·mage [rʌ́midʒ] vt., vi. 뒤적거리며〔뒤져〕 찾다; 찾아내다(*out, up*). **—** n. 샅샅이 뒤짐; 잡동사니, 허섭쓰레기(odds and ends).
rúmmage sàle 자선 바자; 재고품 정리 판매. 「(rum²).
rum·my¹ [rʌ́mi] a. 《英俗》 야릇한
rum·my² n. Ⓤ 카드놀이의 일종.
rum·my³ n. 《美俗》 주정뱅이.
‡ru·mor, 《英》-mour [rú:mər] n., vt. ⓊⒸ **풍문, 소문**(을 내다).
ru·mo(u)r-mon·ger [-mʌ̀ŋgər] n. 소문을 퍼뜨리는 사람.
*rump [rʌmp] n. (사람·새·짐승의) **궁둥이;** 《英》 (쇠고기의) 엉덩이살; 나머지, 잔당. 「지게 하다.
rum·ple [rʌ́mpəl] vt. 구기다, 주름살
rum·pus [rʌ́mpəs] n. 《口》 큰 소란 (row³). 「주류 밀수입자〔선〕.
rum·run·ner [rʌ́mrʌ̀nər] n. 《美口》
rum-shop [rʌ́mʃɑ̀p/-ɔ̀-] n. 《美口》

술집, 주류 판매점.

†**run¹** [rʌn] *vi.* (*ran; run; -nn-*) ① **달리다**; 급하게 가다. ② 달아나다 (~ *for one's life* 필사적으로 달아나다). ③ 다니다, 왕복하다. ④ 나아가다. ⑤ 기다(creep), (담쟁이 덩굴·포도 따위가) 휘감겨 오르다(climb). ⑥ 대강 훑어보다. ⑦ (때가) 지나다. ⑧ 뻗다, 퍼지다. ⑨ 번지다(spread). ⑩ (강 따위가) 흐르다; 콧물이〔고름·피가〕 나오다, 흘러나오다(*My nose ~s.*); 흘리고 있다(*You're ~ning at the nose.*). ⑪ …이〔하게〕 되다 (~ *dry* 말라붙다/ ~ *hard* 몹시 궁색하다/ ~ *low* 적어지다). ⑫ (모양·크기 등이) …이다(*These apples ~ large.*). ⑬ 계속하다(last). ⑭ 일어나다, 행해지다. ⑮ (기억이) 떠오르다. ⑯〖法〗 효력이 있다. ⑰ (경기·선거 등에) 나가다(*for*); (경주·경마에서) …등이 되다. ⑱ 수월하게〔스르르〕 움직이다. ⑲ 말은〔문구는〕 …이다. ⑳ 멋대로 행동하다, 어거하기 힘들다(~ *wild*). ㉑ (물고기떼가) 이동하다. ㉒ 풀리다(ravel); 녹다. ㉓ 달하다(*to*). —— *vt.* ① **달리게 하다**(~ *a horse*); (길을) 가다 (~ *the course*). ② 뒤쫓다, 몰다(~ *a hare*); 알아내다(~ *the rumor to its source* 소문의 근원을 알아내다). ③ …와 경쟁하다 (*I'll ~ him a mile.*); (말을) 경마에 내보내다. ④ (아무를) 출마시키다 (~ *him for the Senate* 상원 의원에 입후보시키다). ⑤ (칼로) 꿰찌르다 (*into*). ⑥ 꿰매다. ⑦ …을 흐르게 하다(flow with) (*The streets ran blood.* 거리는 온통 피 바다였다). ⑧ (어떤 상태로) 만들다. ⑨ 무릅쓰다(~ *a risk*). ⑩ 지장없이 움직이다. ⑪ 경영하다. ⑫ 빠져 나가다. ⑬ 밀수(입)하다(smuggle). ⑭《美》 (광고·기사 따위를) 내다, 발표하다 (~ *an ad in The Times* 타임즈지(紙)에 광고를 내다). **~ *about*** 뛰어다니다. **~ *across*** 뜻밖에 만나다. **~ *after*** …을 뒤쫓다; 추구하다. **~ *against*** 충돌하다; 뜻하지 않게 만나다. **~ *away*** 도망치다. **~ *away with***《口》 …을 가지고 달아나다; …와 사랑의 도피를 하다; 지레짐작하다. **~ *close*** 바싹 뒤쫓다; 육박하다. **~ *down*** (*vi.*) 뛰어 내려가다; (아무를 방문하러) 시골에 가다; (태엽이 풀려서 시계가) 서다; 줄다, 쇠약해지(게 하)다; (*vt.*) 바싹 뒤따르다〔뒤쫓다〕; 부딪쳐 넘어뜨리다, 충돌하다; 찾아내다; 《口》 헐뜯다. **~ *for*** 부르러 가다; …의 후보로 나서다(~ *for Congress*). **~ *for it*** 도망치다. **~ *in*** (*vi.*) 잠깐 들르다; 일치〔동의〕하다; (*vt.*)〖印〗 행을 바꾸지 않고 이어 짜다; 《俗》 체포하여 형무소에 집어 넣다. **~ *into*** 뛰어들다; 빠지다 (~ *into debt* 빚을 지다); (강물이 바다로) 흘러 들어가다; …에 충돌하다; 딱 마주치다; …으로 기울다; 달하다. **~ *off*** (용케) 도망치다; (이야기가) 갑자기 탈선하다; 유출하다〔시키다〕; 거침없이〔줄줄〕 쓰다〔낭독하다〕; 《美》 (연극을) 연속 공연하다; 인쇄하다. **~ *a person off his legs*** 지치게 하다. **~ *on*** 계속하다; 도도하게 말을 계속하다;〖印〗 이어짜다; 경과하다; …에 미치다; 좌초하다. **~ *out*** 뛰어〔흘러〕 나오다, 새다; 끝나다, 다하다; 만기가 되다; (시계가) 서다; (원고를 인쇄하였을 때) 예정 이상으로 늘어나다;〖野〗 러너를 아웃시키다; (밧줄을) 풀어내다. **~ *out of*** 다 써버리다. **~ *over*** (차가 사람 등을) 치다; 넘치다; 피아노를 빨리 치다. **~ *through*** 꿰찌르다; 대강 훑어 읽다; 소비하다; (글씨를) 줄을 그어 지우다. **~ *up*** (*vi.*) 뛰어 오르다; 증가하다, 부쩍부쩍 자라다; 달하다 (*to*); (*vt.*) 올리다; 증가하다; 급조(急造)하다. —— *n.* ① **달림**; 한달음,〖軍〗 구보 (cf. double time); 경주. ② 여행. ③ 진행, 행정(行程). ④ 흐름; 유출; 시내; 수관(水管), 파이프. ⑤ 유행, 주문 쇄도; (은행의) 지불 청구의 쇄도 (*on*). ⑥ 방향, 추세; 형세, 경향(trend). ⑦ 흐름과 같이 잇따름; 한 연속; 연속. ⑧ 보통(의 것), 종류, 계급(class). ⑨ 도로. ⑩ 방목장, 사육장 (*a chicken* ~). ⑪ 사용〔출입〕의 자유. ⑫ 조업〔운전〕(시간); 작업량. ⑬〖野〗 생환(生還) 《1점》;〖크리켓〗 득점; 1점. ⑭ 급주(急奏). ⑮ (양말의) 전선(傳線) (《英》 ladder) (*in*); 떼지어 이동하는 물고기. ⑯〖컴퓨터〗 런, 실행. ***at a ~*** 구보로. ***by the ~***, or ***with a ~*** 갑자기, 왈칵. ***common ~ of people*** 보통의 사람, 대중. ***have a good ~*** 굉장한 인기를 얻다. ***have a ~ for one's money*** 노력〔지출〕한 만큼의 보람이 있다; 《美》 이익을 얻고자 기를 쓰다. ***have the ~ of one's teeth*** (노동의 보수로서) 식사를 제공받다. ***in the long ~*** 마침내, 결국(은). ***keep the ~ of*** 《美》 뒤〔빠〕지지 않다. ***let a person have his ~*** 자유를 주다, 마음대로 하게 하다. ***on the ~*** 《口》 도주하여; 뛰어 돌아다니며. **~(*s*) *batted in*** 〖野〗 타점《생환 득점; 생략 r. b. i.》.

†**run²** [rʌn] *v.* run¹의 과거분사.

run·a·bout [rʌ́nəbàut] *n.* 떠돌이, 부랑자; 소형 자동차〔발동선〕. 「자.

run·a·gate [rʌ́nəgèit] *n.* 《古》 부랑

run·a·round [rʌ́nəràund] *n.* 《口》 회피, 도피; 어물쩍거림, 핑계.

*****run·a·way** [∠əwèi] *n.*, *a.* **도망(자)**, 달아난 (말), 사랑의 도피; 눈맞아 도피한; (경주에서) 쉽게 이긴.

run·down [*a.* ∠dáun; *n.* ∠∠] *a.*, *n.* 몹시 지친; 파손〔황폐〕된; (시계 따위가) 선; 적요; 감수(減數), 감원.

rune [ru:n] *n.* (보통 *pl.*) 룬 문자《북유럽의 고대 문자》; 그 시. **rú·nic** *a.*, *n.* 룬 문자의; 루닉체의 활자.

rung¹ [rʌŋ] *n.* (사닥다리의) 가로장.

‡**rung²** *v.* ring¹의 과거분사〔《稀》 과거〕.

run-in [rʌ́nìn] *a.*, *n.* 〖印〗 이어 짜

는 (부분); 추가의 (원고·교정); 《美口》 말다툼.
run·let [rʌ́nlit], **run·nel** [rʌ́nl] *n.* 시내, 개울. 「용) 스웨터.
run·na·ble [rʌ́nəbəl] *n.* 《口》 (운동
‡**run·ner** [rʌ́nər] *n.* ① **달리는 사람,** 경주자[말]. ② (스케이트·썰매의) 활주면. ③ 좁고 길쭉한 테이블보[융단]. ④ 【植】 덩굴. ⑤ (양말의) 전선(ladder). ⑥ 《美》 여리꾼; 밀수자.
run·ner-up [rʌ́nərʌ́p] *n.* (*pl.* **~s-up**) (경기 따위의) 차점자[팀].
‡**run·ning** [rʌ́niŋ] *n.* Ⓤ **달리기,** 경주, 운전; 유출, 고름이 나옴. ***be in*** [***out of***] ***the ~*** 승산이 있다[없다]. ***take up the ~*** 앞장서다, 솔선하다. **—*a.*** 달리는, 흐르는; 잇다른, 연속하는 (*for six days ~* 연(連) 6일간); 미끄러운, 원활하게 돼가는[나아가는]; (덩굴 따위가) 뻗는.
rúnning accòunt 당좌 계정.
rúnning bòard (자동차의) 발판.
rúnning cómmentary (라디오의) 실황 방송; 수시로 하는 설명[해설].
rúnning dòg 【政】 《蔑》 비굴한 추종자, 평(平)정치가.
rúnning fíre 【軍】 (움직이면서 하는) 연속 급사격; (질문 따위의) 연발.
rúnning hánd (글씨의) 흘림(체).
rúnning héad(line) 난외(欄外) 표제. 「기면 죄어짐).
rúnning knót 던짐올가미 매듭《당
rúnning màte 짝지은 입후보자 중 하위의 사람《부통령 등》.
rúnning títle =RUNNING HEAD.
rúnning wáter 수도; 급수; 유수(流水). 「을 분비하는(*a ~ nose*).
run·ny [rʌ́ni] *a.* 액체 비슷한, 점액
run·off [rʌ́nɔ̀:f/-ɔ̀f] *n.* Ⓤⓒ 흘러 없어지는 것, (도로의) 배수(排水)(기); Ⓒ 결승전. 「통의.
run-of-(the-)mill [ˊəv(ðə)míl] *a.* 보
run-on [ˊɑ̀n / -ɔ̀n] *n., a.* 추가(한); 【韻】 다음 행에 계속(되는).
run·proof [ˊprù:f] *a.* (양말의) 올이 안 풀어지는; (염색이) 번지지[배지] 않는.
runt [rʌnt] *n.* 송아지; 《蔑》 난쟁이; 작은 동물[식물]. **ˊ~·y** *a.*
run-through [ˊθrù:] *n.* 통독(通讀); 예행 연습.
run-up [rʌ́nʌ̀p] *n.* 도움닫기.
***run·way** [rʌ́nwèi] *n., vt.* **주로(走路);** 활주로(를 만들다); (동물의) 다니는 길; (재목 등을 굴러내리는) 비탈길.
ru·pee [ru:pí:] *n.* 루피《인도·파키스탄·스리랑카의 화폐 단위; 생략 r, R, Re》; 루피 은화.
rup·ture [rʌ́ptʃər] *n.* Ⓤ 파열, Ⓤⓒ 결렬; 불화; Ⓒ 헤르니아, 탈장(脫腸). **—*vt., vi.*** 깨뜨리다; 찢(어 지)다, 터뜨리다, 터지다; 헤르니아에 걸리(게 하)다.
‡**ru·ral** [rúərəl] *a.* **시골(풍)의,** 전원의. **~·ize** [-àiz] *vt., vi.* 전원화하다.
rúral (frée) delívery 《美》 지방 무료 배달.
ru·ral·i·ty [ruərǽləti] *n.* Ⓤ 시골티; 전원 생활; Ⓒ 시골 풍습.
rur·ban [rə́:rbən] *a.* 교외 주택지의, 전원 도시의. **rur·ban·i·za·tion** [ˌ–izéiʃən/-naiz-] *n.* 도비화(都鄙化)《도시와 농촌이 교류하여 공통적 양
Rus. Russia(n). 상이 나타나는 일》.
ruse [ru:z] *n.* 계략 (stratagem).
†**rush**[1] [rʌʃ] *vi.* **돌진[돌격]하다** (*on, upon*); 급행하다. **—*vt.*** 돌진시키다, 재촉하다, 몰아치다; 돌격하다; (공을) 급송구하다; 《美口》 (여자와) 뻔질나게 교제하다. **—*n.*** ① **돌진,** 돌격. ② 몰려듦, 답지(遝至). ③ 쇄도. ④ 《美大學》 (울타리·보도(步道)·막대기 따위를 다투어 빼앗는 학급간의) 난투. ⑤ (보통 *pl.*) 《美》 【映】 (제작 도중의) 편집용 프린트. ***in a ~*** 갑자기, 와아하고. **~ *hour*** 한창 붐비는 시간. ***with a ~*** 돌격[쇄도]하여, 와아하고 (한꺼번에). **—*a.*** 돌진적인; 지급(至急)의.
rush[2] *n.* 등심초, 골풀; 하찮은 물건. ***not care a ~*** 아무렇지도 않게 생각하다. **rúsh·y** *a.* 등심초가 많은[로 만든].
rush-bear·ing [rʌ́ʃbɛ̀əriŋ] *n.* 《英》 (영국 북부의) 헌당제《등심초를 교회 벽에 장식하거나 바닥에 뿌림》.
rush·can·dle [rʌ́ʃkæ̀ndl], **rúsh·light** [ˊlàit] *n.* 등심초 양초; 약한 빛; 실력 없는 교사.
rusk [rʌsk] *n.* 러스크《살짝 구운 비스킷》; 오븐(oven)으로 토스트한 빵[과자]. 「영국의 (미술) 비평가.
Rus·kin [rʌ́skin], **John**(1819–1900)
Russ [rʌs] *a., n.* 《古》 *sing.* & *pl.*
Russ. Russia(n). =RUSSIAN.
Rus·sell [rʌ́səl], **Bertrand** (1872–1970) 영국의 수학자·저술가《노벨 문학상 수상(1950)》.
rus·set [rʌ́sət] *n., a.* Ⓤ 황[적]갈색(의); 황갈색의 천《농부용》; Ⓒ 황[적]갈색 사과의 일종.
‡**Rus·sia** [rʌ́ʃə] *n.* **러시아;** (r-) =ˊ~ **léather** [**cálf**] 러시아 가죽. ‡**Rús·sian** *a., n.* **러시아의; 러시아 사람[말](의).** ***Russian Soviet Federated Socialist Republic*** 러시아 소비에트 연방 사회주의 공화국《소련의 주요부》.
Rússian roulétte 탄환이 1개 든 권총의 탄창을 회전시켜 총구를 자기 머리에 대고 방아쇠를 당기는 무서운 내기; 생사를 건 무서운 짓.
Russo- 「러시아(사람)의」 뜻의 결합사.
Rus·so-Ko·re·an [rʌ́soukərí(:)ən] *a.* 한로(韓露)의.
‡**rust** [rʌst] *n.* Ⓤ **녹(슨 빛);** 【植】 녹병; 무활동. **—*vi., vt.*** 녹슬(게 하)다; 녹병에 걸리(게 하)다; 둔해지다. **ˊ~·less** *a.* 녹슬지 않는.
‡**rus·tic** [rʌ́stik] *a.* ① **시골(풍)의,** 전원(생활)의 (rural). ② 조야한, 우락부락한. ③ 소박한, 수수한. ④ 통나무로 만든. **~ *bridge*** 통나무 다리. **—*n.*** 시골뜨기. **-ti·cal·ly** *ad.*
rus·ti·cate [rʌ́stəkèit] *vi.* 시골에 가

다; 시골살이하다. ── *vt.* 시골살이 시키다; 시골풍으로 하다; 《英》 (대학에서) 정학(停學)을 명하다. **rus·ti·ca·tion** [ˌ–kéiʃən] *n.* Ⓤ

rus·tic·i·ty [rʌstísəti] *n.* Ⓤ 시골풍, 전원 생활; 소박함; 예모없음.

‡**rus·tle** [rʌ́səl] *n., vi., vt.* 바스락바스락〔와삭와삭〕 (소리나다, 소리내다); 《美口》 기운차게 하다〔일하다〕; (가축을) 훔치다. ~ *in silks* 비단옷을 입고 있다〔걷다〕. **rús·tler** *n.* 《美口》 활동가; 가축 도둑. ***rús·tling** *a., n.* 「한.

rust·proof [rʌ́stprùːf] *a.* 녹 안나게

‡**rust·y**[1] [rʌ́sti] *a.* 녹슨, 부식한, 녹빛의, 퇴색한; 낡아빠진; (목)쉰; 〖植〗 녹병의.

rust·y[2] *a.* =RANCID.

rust·y[3] *a.* 완고한; 반항적인. *ride* 〔*turn*〕 ~ 《俗》 완고하게 〔반항적으로〕 굴다.

rut[1] [rʌt] *n.* 바퀴 자국; 상례(*get into a* ~ 틀에 박히다). ── *vt.* (*-tt-*) 바퀴 자국을 남기다. **rút·ted** [ˊ-id] *a.* **rút·ty** *a.*

rut[2] [rʌt] *n.* Ⓤ (동물의) 발정(기), 암내남. *at* 〔*in*〕 *the* ~ 발정기가 되어. *go to* (*the*) ~ 암내를 내다. ── *vi.* (*-tt-*) 발정기가 되다.

ru·ta·ba·ga [rùːtəbéigə] *n.* 황색 큰 순무의 일종.

Ruth [ruːθ] *n.* 〖聖〗 룻 《Boaz의 아내; 시어머니 Naomi에 대한 효도로 유명》; 〖舊約〗 룻기(記).

ru·the·ni·um [ruːθíːniəm, -njəm] *n.* Ⓤ 〖化〗 루테늄《금속 원소; 기호 Ru》.

S

***ruth·less** [rúːθlis] *a.* 무정한(pitiless); 잔인한(cruel). **~·ly** *ad.*

ru·tile [rúːtiːl, -tail] *n.* Ⓤ 〖鑛〗 금홍석(金紅石).

rut·tish [rʌ́tiʃ] *a.* 발정한; 호색의.

R. V. recreation vehicle; reentry vehicle 재돌입 우주선; Revised Version (of the Bible). **R. W.** radioactive war; Right Worshipful (*or* Worthy) 각하(閣下).

Rwan·da [ruάːndə] *n.* 아프리카 중동부의 공화국.

Rx 처방전의 기호. ── *n.* 약, 치료법; 대책.

Ry., ry. railway.

-ry *suf.* 《名詞語尾》 ① 상태·성질: bigot*ry*, rival*ry*. ② 학술: chemist*ry*. ③ 행위: mimic*ry*. ④ 총칭: jewel*ry*, peasant*ry*.

***rye** [rai] *n.* Ⓤ 호밀《빵 원료·가축 사료》; 호밀 위스키.

rýe brèad (호밀로 만든) 흑빵.

rýe gràss 독보리 《사료용》.

ry·ot [ráiət] *n.* 《印英》 농부(peasant), 소작인.

Ryu·kyu [rjúːkjúː] *n.* 류큐(琉球) 열도.

S

S, s [es] *n.* (*pl.* ***S's, s's*** [ˊ-iz]) S자 모양의 것.

S Shelter; subject; sulfur. **S.** Saturday; Senate; Sunday. **S., s.** saint; school; south; southern. **s.** second; section; shilling; son.

‡**$** dollar(s).

SA support assistance. **S. A.** Salvation Army; (G.) *Sturm Abteilung* (나치) 돌격대(원); South Africa.

Saar [sɑːr, (G.) zɑːr] *n.* (the ~) (서독의) 자르 강〔지방〕.

***Sab·bath** [sǽbəθ] *n., a.* 안식일 (~ day) 《기독교에서는 일요일, 유대교에서는 토요일》(의).

Sábbath brèaker 안식일을 안 지키는 사람. 「의.

Sab·bat·i·cal [səbǽtikəl] *a.* 안식일

Sabbátical léave 《美》 휴가 연도 《대학 교수가 7년마다 얻는 1년간의 휴가》.

Sabbátical yéar (이스라엘 사람이 경작을 쉰 7년마다의) 안식년; =⇧.

***sa·ber,** 《英》 **-bre** [séibər] *n., vt.* (특히 기병의) 군도(軍刀), 사브르(로 베다, 죽이다); 〖美空軍〗 F-86형 제트전투기. 「에 의한 위협.

sáber ràttling 무력의 과시; 무력

sáber sàw 소형 전기톱의 일종.

sa·bin [séibin] *n.* 〖理〗 흡음량의 단위.

Sa·bine [séibain/sǽ-] *n., a.* (옛날 이탈리아 중부에 살던) 사빈 사람(의); Ⓤ 사빈 말(의).

Sá·bin vàccine [séibin] 세이빈 백신 《소아마비 생(生)박친》.

***sa·ble** [séibəl] *n., a.* 〖動〗 검은담비; Ⓤ 그 가죽; 《詩》 〖紋〗 흑색(의), 암흑의.

SABMIS sea-based antiballistic missile intercept system 해저〔잠수함〕 요격 미사일망 (체제) 《통칭 Sea-based ABM system》.

sab·ot [sǽbou] *n.* (F.) 프랑스〔벨기에〕 농민의 나막신〔목화(木靴)〕; 두꺼운 나무굽을 댄 가죽 구두〔신〕.

sab·o·tage [sǽbətàːʒ, -tidʒ] *n., vi., vt.* (F.) Ⓤ 사보타주 《노동쟁의 중, 고의로 생산·작업을 방해하는 일》(하다); (패전국 국민의 점령군에 대한) 반항 행위(를 하다).

sab·o·teur [sæ̀bətə́ːr] *n.* (F.) sabotage하는 사람.

SAC Strategic Air Command 《美》 전략 공군 총사령부.

sac [sæk] *n.* (동·식물의) 주머니 모양의 부분, 낭(囊).

sac·cate [sǽkeit] *a.* 낭상(囊狀)의; 유낭(有囊)의. 「류.

sac·cha·ride [sǽkəràid] *n.* 〖化〗 당

sac·char·i·fy [səkǽrəfài] *vt.* (전분을) 당화(糖化)하다.

sac·cha·rim·e·ter [sæ̀kərímitər] *n.* 검당계(檢糖計).

sac·cha·rin [sǽkərin] *n.* Ⓤ 사카린.

sac·cha·rine [sǽkəràin, -rin] *a.* (목소리 따위가) 감미로운; 당질(糖質)의. ── [-rin, -rìːn] *n.* =⇧.

sac·cha·rom·e·ter [sæ̀kərάmitər/-rɔ́m-] *n.* 〖化〗 당액(糖液) 비중계.

sac·cule [sǽkjuːl] *n.* 〖解〗 소낭(小

囊).

sac·er·do·tal [sæ̀sərdóutl] *a.* 성직자의; 성직자 같은(priestly); 사제(司祭)(제)의. **~·ism** [-təlizəm] *n.* Ⓤ 성직자〔사제〕제(制)〔기질〕.

SACEUR, SAC Eur Supreme Allied Commander, Europe.

sa·chem [séitʃəm] *n.* (북아메리카 토인의) 추장.

sa·chet [sæʃéi/⌐-] *n.* (F.) 향낭(香囊).

‡**sack**[1] [sæk] *n.* ① 마대, 부대, 큰 자루. ② 《美》 《一般》 주머니 부대(bag). ③ 《野俗》 누(壘). ④ 《美俗》 침낭(寢囊), 잠자리. ⑤ =SACQUE. ⑥ 《俗》 해고; 퇴짜. ***get*** 〔***give***〕 ***the ~*** 《俗》 해고되다〔하다〕 (cf. send (*a person*) PACK[1]ing). ***hold the ~*** 《美口》 남의 뒤치닥거리나 하다, 억지로 책임을 지다. —— *vt.* ① 자루〔부대〕에 넣다. ② 《俗》 목자르다. ③ 《俗》 (경기에서) 패배시키다. **~ out** 《美俗》 잠자리에 들다, 눕다.

sack[2] *n., vt.* 약탈(품); 약탈하다.

sack[3] *n.* Ⓤ 흰포도주《sherry 등》.

sack·but [sǽkbʌ̀t] *n.* 트롬본 비슷한 중세의 관악기.

sack·cloth [⌐klɔ̀(:)θ, -klɑ̀θ] *n.* Ⓤ 즈크, 두꺼운 삼베; (뉘우치는 표지로 입던) 거친 삼베옷. ***~ and ashes*** 회오(悔悟), 비탄.

sáck còat 《美》 신사복 상의.

sáck drèss 색드레스 《여성용의 풍신한 겉옷》.

sack·ful [⌐fùl] *n.* 자루〔부대〕 가득(한 분량).

sack·ing [⌐iŋ] *n.* Ⓤ 즈크지(地)〔감〕(<sack[1]); 약탈(<sack[2]).

sáck ràce 자루뛰기 경주 《두 다리를 자루에 넣고 껑충껑충 뜀》.

SACLANT Supreme Allied Commander, Atlantic.

sacque [sæk] *n.* 여자·어린이용의 헐렁한 상의.

sac·ra·ment [sǽkrəmənt] *n.* 〖宗〗 성예전(聖禮典), 성사《신교에서는 세례와 성찬; 카톨릭 및 동방교회에서는 영세, 견진, 성체, 고해, 혼배, 신품, 종부의 7성사(聖事)》; (the ~, the S-) 성체성사(용의 빵), 성체(聖體); 신성한 물건; 상징; 선서(oath). **-men·tal** [⌐-méntl] *a.*

Sac·ra·men·to [sæ̀krəméntou] *n.* 미국 California주의 주도.

sa·crar·i·um [səkréəriəm] *n.* (*pl.* **-ia** [-iə]) 성소(聖所); (성당의) 내진(內陣); 〖카톨릭〗 성수반; 제단.

‡**sa·cred** [séikrid] *a.* ① **신성한**; (신에게) 바친, (신을) 모신. ② (…에게) 바쳐진 (*to*). ③ 종교적인; 신성불가침의. **~·ly** *ad.* **~·ness** *n.*

sácred ców 인도의 성우(聖牛); 《比喩》 신성 불가침의 일〔물건〕.

‡**sac·ri·fice** [sǽkrəfàis, -ri-] *n., vt., vi.* ① **제물**. ② Ⓒ,Ⓤ **희생**(으로 하다), 헌신. ③ 투매(投賣)(하다); 그로 인한 손실. ④ 〖野〗 (*vi.*) 희생타(를 치다); (*vt.*) 희생타로 진루(進壘)시키다. ***at a ~*** 손해를 보고, 싸구려로.

sac·ri·fi·cial [sæ̀krəfíʃəl] *a.*

sac·ri·lege [sǽkrəlidʒ] *n.* Ⓤ (성물·성소 따위에 대한) 불경, 모독. **sac·ri·le·gious** [sæ̀krəlídʒəs] *a.*

sac·ris·tan [sǽkristən] *n.* (교회의) 성물(聖物) 보관자.

sac·ris·ty [sǽkristi] *n.* 성물실(聖物室).

sac·ro·sanct [sǽkrousæ̀ŋkt] *a.* 신성불가침의, 지성(至聖)의. **sac·ro·sanc·ti·ty** [sæ̀krousǽŋktəti] *n.* Ⓤ

sa·crum [séikrəm, sǽk-] *n.* (*pl.* **~s, -cra** [-krə]) 〖解〗 천골(薦骨).

†**sad** [sæd] *a.* (**-dd-**) ① **슬픈**; 슬퍼하는. ② (빛깔이) 어두운, 우중충한. ③ 《口》 지독한, 어이없는. ④ 《古》 진지한. ⑤ 《方》 (빵이) 설구워진. ***a ~der and a wiser man*** 고생을 맛본 사람. ***in ~ earnest*** 《古》 진지하게. ‡**⌐·ly** *ad.* ‡**⌐·ness** *n.* Ⓤ

sad·den [sǽdn] *vt., vi.* 슬프게 하다〔되다〕; 우중충하게 하다〔해지다〕.

‡**sad·dle** [sǽdl] *n.* ① (말·자전거 따위의) **안장**. ② (양 따위의) 등심고기; 안장 모양의 물건. ③ (두 봉우리 사이의) 안상부(鞍狀部). ***in the ~*** 말을 타고; 권력을 쥐고. —— *vt., vi.* ① 안장을 놓다. ② (부담·책임을) 짊어지우다.

sad·dle·bag [-bæ̀g] *n.* 안낭(鞍囊).

sad·dle·bow [-bòu] *n.* 안장 앞고리.

sad·dle·cloth [-klɔ̀(:)θ, -klɑ̀θ] *n.* 안장 밑받침.

sáddle hòrse 승용말.

sad·dler [sǽdlər] *n.* 마구상(商), 마구 파는〔만드는〕 사람. **sad·dler·y** [sǽdləri] *n.* 《集合的》 마구; Ⓤ 마구 제조〔판매〕업; Ⓒ 마구상.

sáddle shòes 《美》 새들신《구두끈 있는 등 부분을 색이 다른 가죽으로 씌운 Oxford shoes》.

sad·dle·tree [sǽdltrì:] *n.* 안장틀.

sád dòg 난봉꾼, 깡패.

Sad·du·cee [sǽdʒəsì:, -djə-] *n.* 사두개 교도. **Sad·du·ce·an** [⌐-sí:ən] *a.*

sad·i·ron [sǽdàiərn] *n.* 다리미, 인두.

sad·ism [sǽdizəm, séid-] *n.* Ⓤ 가학 변태 성욕; (일반적으로) 잔학(행위) (opp. masochism). **-ist** *n.* 가학성 변태 성욕자.

sad·o·mas·o·chism [sæ̀doumǽzəkìzəm, sèid-, -mǽs-] *n.* Ⓤ 가학 피학성(被虐性) 변태성욕.

sád sàck 《美口》 머저리 군인.

S. A. E., s. a. e. 《英》 stamped addressed envelop 회신(回信)용 봉투.

sa·fa·ri [səfɑ́:ri] *n.* Ⓤ,Ⓒ (아프리카에서의) 사냥 여행.

†**safe** [seif] *a.* ① **안전한**(*from*), 무사한. ② 틀림 없는; 몹시 조심하는; 믿을 수 있는. ③ (죄수 등) 도망할〔난폭의〕 우려가 없는. ***from a ~ quarter*** 확실한 소식통으로부터. ***on the ~ side*** 만일을 염려하여, 안전을 기하여. ***~ and sound*** 무사히. ***~ hit*** 〖野〗 안타. —— *n.* ① **금고**. ② 파리장. ‡**⌐·ly** *ad.*

safe·blow·ing [⌐blòuiŋ] *n.* Ⓤ (폭약에 의한) 금고 털이《행위》.

safe·break·er [⌐brèikər] *n.* 금고털이《도둑》.

S

safe-con·duct [ˊ-kándʌkt/-ɔ́-] *n.* (전시의) 안전 통행증; Ⓤ 그 통행권.
safe·crack·er [ˊ-krǽkər] *n.* =SAFE-BREAKER. 「전 보관의.
safe-de·pos·it [ˊ-dipàzit/-ɔ̀-] *a.* 안
***safe·guard** [ˊ-gà:rd] *n., vt.* **보호**(하다), 호위(하다); 보호[방호]물; = SAFE-CONDUCT. 「보관; 호위.
safe·keep·ing [ˊ-kí:piŋ] *n.* Ⓤ 보호,
‡**safe·ty** [séifti] *n.* Ⓤ **안전**; Ⓒ 안전기(器)[판(瓣)]. *in* ~ 안전[무사]히. *play for* ~ 안전을 기하다.
sáfety bèlt 구명대(帶); 〖空〗 (좌석의) 안전 벨트.
sáfety càtch (총포의) 안전 장치.
sáfety cùrtain (극장의) 방화막.
sáfety fìlm 불연성(不燃性) 필름.
sáfety fìrst 안전 제일.
sáfety glàss 안전 유리.
sáfety island [**ìsle**] (가로의) 안전지대(safety zone).
sáfety hàt 안전모《작업용 헬멧》.
sáfety làmp (광부용의) 안전 램프.
sáfety màtch 안전 성냥.
sáfety pìn 안전핀.
sáfety ràzor 안전 면도(날).
sáfety vàlve 안전판(瓣).
sáfety zòne (가로상의) 안전 지대.
saf·flow·er [sǽflàuər] *n.* 〖植〗 잇꽃; Ⓤ 잇꽃물감《주홍》.
***saf·fron** [sǽfrən] *n., a.* 〖植〗 **사프란**; Ⓤ 사프란색(의)(orange-yellow).
S. Afr. South Africa(n).
***sag** [sæg] *vi.* (*-gg-*) ① (밧줄 따위가) **축 처지다**[늘어지다], 휘다, 굽다, 기울다. ② (땅이) 두려빠지다. ③ (물가가) 내리다; 하락하다. ④ (의기 따위가) 약해지다. ⑤ 〖海〗 표류하다(drift). —— *n.* 처짐, 늘어짐, 휨; 침하(沈下); 하락; 표류.
sa·ga [sá:gə] *n.* (북유럽의) 무용 전설; 계도(系圖) 소설, 대하 소설(*roman-fleuve*).
***sa·ga·cious** [səgéiʃəs] *a.* **현명한**; 명민한. ~·**ly** *ad.* ~·**ness** *n.* 「현명.
***sa·gac·i·ty** [səgǽsəti] *n.* Ⓤ **총명**,
sága nòvel =ROMAN-FLEUVE.
SAGE [seidʒ] Semi-Automatic Ground Environment 반자동식 방공(防空) 관제 지상 시설(cf. BADGE).
***sage**[1] [seidʒ] *a., n.* **현명한**, 어진; 현인인 체하는; **현인**. 「용).
sage[2] *n.* 〖植〗 샐비어(잎) 《요리·약
sage·brush [ˊ-brʌ̀ʃ] *n.* Ⓤ 〖植〗 산쑥무리.
ságe chéese 치즈의 일종 《sage[2]로 조미한》. 「색).
ságe grèen 샐비어 잎의 빛깔《회녹
ságe gròuse (*fem.* ***sage hen***) 〖鳥〗 뇌조의 일종《북미 서부의 산쑥(sage-brush)이 많은 지방에 삶》.
sag·gy [sǽgi] *a.* 밑으로 처진. 「린.
Sa·ghal·ien [sǽgəli:n, ˌ-ˊ] *n.* 사할
Sag·it·ta·ri·us [sæ̀dʒitéəriəs] *n.* 〖天〗 사수(射手)자리, 인마궁.
sa·go [séigou] *n.* (*pl.* ~*s*) Ⓤ 〖植〗 사고《사고야자의 녹말》. 「야자.
ságo pàlm (동인도 제도산의) 사고

Sa·har·a [səhá:rə, -héərə] *n.* 사하라 사막; (s-) 황야, 불모의 땅.
sa·hib [sá:hib] *n.* 《印英》 나리; (S-) 각하, 선생님.
†**said** [sed] *v.* say의 과거(분사). —— *a.* 전기(前記)한, 앞서 말한.
Sai·gon [saigán/-ɔ́-] *n.* 사이곤《구베트남의 수도》.
†**sail** [seil] *n.* ① **돛**. ② 돛배; …척의 배. ③ **범주**(帆走), 항정(航程); 범주력. ④ (풍차의) 날개. *in* ~ 범선(帆船)을 타고. *make* ~ 출범하다; 돛을 늘려 급히 가다. *set* ~ 출범하다(*for*). *strike* ~ 돛을 내리다; 항복하다. *take in* ~ 돛을 줄이다; 이상을 억누르다. *take the* WIND[1] *out of the* ~*s of*. *under* ~ 항행중. —— *vi., vt.* ① **범주**[**항행**]**하다**. ② (*vi.*) (수중을) 미끄러지듯 나가다. ③ (하늘을) **날다**; 선드러지게 걷다. ④ (*vt.*) (배를) 달리다. ~ *close to the wind* 바람을 옆으로 받으며 범주하다; (법망을 뚫으며) 위태롭게 처세하다. ~ *in* 입항하다; 《俗》 마음을 다져먹고 착수하다. ~ *into* 《俗》 공격하다, 나쁘게 말하다; 대담하게 시작하다.
sail·boat [ˊ-bòut] *n.* 요트, 범선.
sail·cloth [ˊ-klɔ̀(:)θ, -à-] *n.* Ⓤ 범포(帆布), 즈크.
sail·er [ˊ-ər] *n.* (形容詞와 함께) …배[선](*a good* [*fast*] ~ 쾌속선 / *a bad* ~ 느린 배).
sail·fish [ˊ-fiʃ] *n.* 〖魚〗 돛새치.
‡**sail·ing** [ˊ-iŋ] *n.* Ⓤ ① **범주**(帆走). ② 항행(력). ③ 항해술. ④ ⓊⒸ 출범. *plain* [*smooth*] ~ 평탄한 항해; (일의) 순조로운 진행.
sáiling bòat 《英》 범선, 요트.
sáiling màster 선장; 항해장.
sáiling shìp [**vèssel**] 범선, 돛배.
†**sail·or** [ˊ-ər] *n.* **선원**, 수부, 수병. *bad* [*good*] ~ 배멀미하는[안하는] 사람. ~·**ing** *n.* Ⓤ 선원 생활; 선원의 일. ~·**ly** *a.* 뱃사람 다운[에적합한]. 「더.
sail·plane [ˊ-plèin] *n.* 〖空〗 글라이
SAINT [seint] Satellite Inspector 《美》 인공 위성 추적용 비행체.
‡**saint** [seint] *n.* (*fem.* ~***ess***) ① **성인**, 성도. ② (S-) [弱 sənt, sint] 성(聖) …《생략 St.》 (*St. Paul* 성도 바울). —— *vt.* 성인으로 하다, 시성(諡聖)하다. ˊ·**ed** [ˊ-id] *a.* 성인이 된; 덕이 높은. ˊ·**ly** *a.* 성인[성도]같은, 거룩한. ˊ·**hood** [ˊ-hùd] *n.* Ⓤ 성인의 지위; 《集合的》 성인, 성도.
Sáint Bernárd (**dòg**) 세인트 버너드 (개) 《본래 알프스의 성베르나르 고개의 수도원에서 기르던 구명견》.
Sàint Mártin's sùmmer (St. Martin's Day (11월 11일)경의) 화창한 날씨.
Sàint Pátrick's Dày 성패트릭의 축일 《3월 17일》.
Saint-Saëns [sɛ̃ŋsá:ŋs], **Charles Camille** (1835–1921) 프랑스의 작곡
Sáint's dày 성인[성도] 축일. ㄴ가.

Sàint Válentine's Dày ⇨ VALENTINE.
Sàint Ví·tus's dànce [váitəsiz] 무도병(舞蹈病).
saith [seθ] *v.* says의 고체(古體).
‡**sake** [seik] *n.* Ⓤ 위함, 목적, 이유. ***for convenience' ~*** 편의상. ***for God's* 〔*goodness', heaven's, mercy's*〕 *~*** 부디, 제발. ***for his name's ~*** 그의 이름을 생각해서〔보아〕, (명성의) 덕분으로. ***for old ~'s ~*** 옛정의를〔옛정분을〕 생각하여〔해서〕. ***for the ~ of*** …을 위하여, …을 생각해서. ***Sakes (alive)!*** 《美》 이거 놀랐는걸.
Sa·kha·lin [sǽkəli:n] *n.* =SAGHALIEN.
sal[1] [sæl] *n.* 〖化·藥〗 염(塩). ***~ ammoniac*** 염화 암모늄. ***~ soda*** 탄산〔세탁〕 소다. ***~ volatile*** [vəlǽtəli] 탄산 암모니아수(水) 《각성제》.
sal[2] [sɑ:l] *n.* (Hind.) 사라쌍수(沙羅雙樹) (~ tree라고도 함).
sa·laam [səlɑ́:m] *n., vt., vi.* (회교도가 오른손을 이마에 대고 허리를 굽히는) 인사(를 하다).
sal·a·ble [séiləbəl] *a.* 팔기에 알맞은, 팔림새가 좋은. **sal·a·bil·i·ty** [ˋ-bíləti] *n.* Ⓤ
sa·la·cious [səléiʃəs] *a.* 호색적인 (lewd); 외설한. **sa·lac·i·ty** [-lǽs-] *n.* Ⓤ
‡**sal·ad** [sǽləd] *n.* ⓊⒸ 샐러드; Ⓤ 샐러드용 야채.
sálad dàys 풋내기〔청년〕 시절.
sálad drèssing 샐러드용 흰소스.
sálad òil 샐러드유(油).
sal·a·man·der [sǽləmæ̀ndər] *n.* 〖動〗 도롱뇽, 영원; 〖傳說〗 불도마뱀; 불의 정(精); 휴대용 난로.
sa·la·mi [səlɑ́:mi] *n. pl.* (*sing.* ***-me*** [-mei]) 살라미 《이탈리아산의 훈제(燻製) 소시지》.
sa·lar·i·at(e) [səlɛ́əriət] *n.* 봉급 생활자 (계층).
sal·a·ried [sǽlərid] *a.* 봉급을 받는〔타는〕, 유급의.
‡**sal·a·ry** [sǽləri] *n., vt.* 봉급(을 주다, 지불하다) (cf. wages).
†**sale** [seil] *n.* ① ⓊⒸ 판매, 매각. ② 매상고. ③ 팔림새. ④ (보통 *pl.*) 특매(特賣). ***for* 〔*on*〕 *~*** 팔려고 내놓은. ***~ on credit*** 외상 판매.
sale·a·ble [séiləbəl] *a.* =SALABLE.
sal·e·ra·tus [sæ̀ləréitəs] *n.* Ⓤ (요리용의) 중탄산 소다.
sales·clerk [séilzklə̀:rk/-klɑ̀:k] *n.* 《美》 판매원, 점원.
sáles èngineer 판매 전문 기술자.
sales·girl [ˊgə̀:rl] *n.* 《美》 여점원.
sales·la·dy [ˊlèidi] *n.* 《美》 여점원.
‡**sales·man** [ˊmən] *n.* ① 점원. ② 《美》 세일즈맨, 외판원. **~·ship** [-ʃip] *n.* Ⓤ 판매(술).
sales·per·son [ˊpə̀:rsn], **-peo·ple** [-pì:pl] *n.* 판매원.
sáles promòtion 판매 촉진법〔활동〕.
sáles resìstance 판매 저항 《구매자의 구매 거부》.
sales·room [ˊrù(:)m] *n.* (판)매장; 경매장.
sáles slìp 매상 전표.
sáles tàlk 상담(商談); 설득력 있는 권유〔의론〕.
sáles tàx 물품 판매세.
sales·wom·an [ˊwùmən] *n.* 여점원.
sal·i·cin [sǽləsin] *n.* Ⓤ 〖藥〗 살리신.
sa·lic·y·late [səlísəlèit, sæl-] *n.* 〖化〗 살리실산염.
sal·i·cýl·ic ácid [sæ̀ləsílik] 살리실산(酸).
sa·li·ent [séiliənt, -ljə-] *a.* 현저한; 돌출한, 철각(凸角)의. **——** *n.* 철각; (참호 따위의) 돌출부. **~·ly** *ad.* **sá·li·ence** *n.* ⓊⒸ
sa·line [séilain] *a.* 소금의, 소금〔염분〕을 함유한, 짠. **——** [英+səláin] *n.* 식염제. **sa·lin·i·ty** [səlínəti] *n.* Ⓤ
sal·i·nom·e·ter [sæ̀lənɑ́mitər] *n.* 염분(塩分)계.
Salis·bur·y [sɔ́:lzbèri/-bəri] *n.* 영국 Wiltshire주의 도시; 짐바브웨의 수도. ***plain as ~*** 아주 명백한.
Sálisbury Pláin 영국 남부 Salisbury 북쪽의 넓은 고원 지대《Stonehenge가 있음》.
sa·li·va [səláivə] *n.* Ⓤ 침, 타액.
sal·i·var·y [sǽləvèri/-vəri] *a.* 침〔타액〕의.
sal·i·vate [sǽləvèit] *vi., vt.* 침을 흘리다; (수은을 써서) 침이 많이 나오게 하다. **sal·i·va·tion** [ˋ-véiʃən] *n.* Ⓤ 타액 분비; 유연증(流涎症).
Sálk vàccine [sɔ́:lk] 소크 백신 《소아마비 예방용》.
***sal·low**[1] [sǽlou] *a.* 누르스름한; 혈색이 나쁜. **——** *vt., vi.* 창백하게 하다〔되다〕.
sal·low[2] *n.* 땅버들(가지).
‡**sal·ly** [sǽli] *n.* ① (농성군(軍)의) 출격. ② 외출; 소풍, 여행. ③ (감정·기지 따위의) 용솟음; 경구(警句), 익살. **——** *vi.* 출격하다, 여행길을 떠나다; 튀어〔뿜어〕나오다.
sal·ma·gun·di [sæ̀lməgʌ́ndi] *n.* ⓊⒸ (고기·양파·달걀 따위의) 잡탕 요리; Ⓒ 뒤범벅, 잡탕; 잡록(雜錄).
‡**salm·on** [sǽmən] *n.* (*pl.* **~*s***, 《集合的》 ~), *a.* 연어; Ⓤ 연어살빛(의).
sal·mo·nel·la [sæ̀lmənélə] *n.* (*pl.* ~(*s*), ***-lae*** [-néli:]) 살모넬라균(菌).
sálmon tròut 송어.
Sa·lo·me [səlóumi] *n.* 〖聖〗 살로메 《춤을 잘 추어 그 상으로 헤롯에게 청하여 세례 요한의 머리를 얻은 소녀; 마태복음 14: 6-11》.
***sa·lon** [səlɑ́n/sǽlɔ:n] *n.* (F.) ① 객실, 응접실; 명사의 모임; 상류사회. ② 미술 전람회장.
***sa·loon** [səlú:n] *n.* ① 큰 방, 홀. ② (여객기의) 객실; (배 등의) 사교실. ③ 《美》 바, 술집; 《英》 ⇩.
salóon bàr 고급 바〔술집〕.
salóon càbin 일등 선실.
salóon càr 《英》 특별 객차; 세단형 승용차.
salóon kèeper 《美》 술집 주인.
salóon pàssenger 일등 선객.
salóon pìstol 〔**rífle**〕 《英》 옥내 사격장용 권총〔소총〕.
Sal·op [sǽləp] *n.* 영국 서부 Shropshire주의 고친 이름《1974년 개정》.

sal·pinx [sǽlpiŋks] *n.* 〖解〗 나팔관; =EUSTACHIAN TUBE.
sal·si·fy [sǽlsəfi, -fài] *n.* 〖植〗 선모(仙茅) 《뿌리는 식용》.
SALT [sɔ:lt] Strategic Arms Limitation Talks 전략 무기 제한 협정.
†**salt** [sɔ:lt] *n.* ① Ⓤ **소금,** 식염. ② 〖化〗 염(塩)(류). ③ (*pl.*) 염제(塩劑). ④ Ⓤ 자극, 흥미; 풍자, 기지. ⑤ 식탁용 소금 그릇. ⑥ (노련한) 뱃사람. ***eat a person's ~*** …의 손님〔식객〕이 되다. ***in ~*** 소금을 친〔뿌린〕; 소금에 절인. ***not worth one's ~*** 봉급만큼의 일을 못하는. ***the ~ of the earth*** 〖聖〗 세상의 소금《마태복음 5:13》; 사회의 건전한 사람들, 중견. ***take*** (*a person's words*) ***with a grain of ~*** (아무의 이야기를) 에누리하여 듣다. ── *a.* 짠, 소금에 절인. ── *vt.* ① 소금에 절이다, 소금으로 간을 맞추다. ② (사람을 속이기 위해) 다른 물건을 섞다. ***~ a mine*** (비싸게 팔아넘기고자) 광산에 딴 광산의 질좋은 광석을 섞어 넣다. ***~ away*** 〔***down***〕 소금에 절이다; 《口》 저축해〔모아〕두다; (증권을 안전히) 투자하다(store away). **⌐·ed** [sɔ́:ltid] *a.* 짠맛의; 소금에 절인. **⌐·ish** *a.* 소금기가 있는, 짭짤한.
sal·ta·tion [sæltéiʃən] *n.* Ⓤ 뜀, 도약; 급변; 〖生〗 돌연변이; 〖農〗 도류(跳流). 「금 그릇.
salt·cel·lar [⌐sèlər] *n.* (식탁용) 소
salt·ern [⌐ərn] *n.* 염전; 제염소.
salt·ine [sɔ:ltí:n] *n.* 짭짤한 크래커.
Sált Làke Cíty 미국 Utah주의 주도; Mormon교의 메카.
sált lìck 짐승이 소금을 핥으러 오는 곳《말라붙은 염호(塩湖) 따위》.
sált mìne 〔**pìt**〕 (암(岩))염갱(塩坑).
salt·pan [sɔ́:ltpæ̀n] *n.* 염전; 소금 가마.
salt·pe·ter, 《英》 **-tre** [sɔ̀:ltpí:tər/ ⌐⌐─] *n.* Ⓤ 초석(硝石); 칠레 초석.
salt·shak·er [sɔ́:lt-ʃèikər] *n.* 식탁용 소금 뿌리개.
salt-wa·ter [⌐wɔ́:tər, -wɑ́tər] *a.* 염수의, 바닷물 속에 사는.
salt·works [⌐wə̀:rks] *n. pl.* 제염소.
***salt·y** [sɔ́:lti] *a.* ① **소금기가 있는;** 바다 냄새가 풍기는, 짜릿한, 기지에 찬. ② (말이) 신랄한.
sa·lu·bri·ous [səlú:briəs] *a.* 건강에 좋은. **sa·lú·bri·ty** *n.* Ⓤ
sal·u·tar·y [sǽljətèri/-təri] *a.* 유익한; 건강에 좋은. 「인사(의 말).
***sal·u·ta·tion** [sæ̀ljətéiʃən] *n.* ⓊⒸ
sa·lu·ta·to·ri·an [səlù:tətɔ́:riən] *n.* 《美》 (졸업식에서) 인사말을 하는 학생.
sa·lu·ta·to·ry [səlú:tətɔ̀:ri/-təri] *n., a.* 《美》 (졸업생 대표가 내빈을 환영하는) 인사(말); 인사〔환영〕의.
‡**sa·lute** [səlú:t] *n., vi., vt.* ① **인사**(하다, 하여 맞이하다). ② 경례(하다); 받들어 총(을 하다), 예포. ③ (광경이) 비치다; (소리가) 들리다. ***fire a ~*** 예포를 쏘다.
Salv. Salvador.
sal·va·ble [sǽlvəbəl] *a.* 구제〔구조〕할 수 있는.
Sal·va·dor [sǽlvədɔ̀:r] *n.* ⇨EL SALVADOR. 「바도르 공화국의 (국민).
Sal·va·do·ran [⌐-dɔ́:rən] *a., n.* 엘살
***sal·vage** [sǽlvidʒ] *n.* Ⓤ ① 해난〔화재〕 **구조,** 재산 구조. ② 구조 화물〔재산〕, 구조료. ③ 폐물 이용, 폐품 수집. ── *vt.* 구조하다.
Sal·var·san [sǽlvərsæ̀n, -sən] *n.* 〖商標〗 살바르산《매독약》.
sal·va·tion** [sælvéiʃən] *n.* ⓊⒸ **구조;** 구조자〔법〕; (죄의) 구제. ***find ~ 개종하다. **~·ist** *n.* 구세군 군인.
Salvátion Ármy, the 구세군.
salve[1] [sæ(:)v, sɑ:v/sælv] *n., vt.* Ⓤ 《詩》 연고(軟膏); ⓊⒸ 덜어주는 것, 위안(*for*); 위안하다, 가라앉히다; 《古》 연고를 바르다.
salve[2] [sælv] *vt.* =SALVAGE.
sal·ver [sǽlvər] *n.* (금속의 둥근) 쟁반(tray).
sal·vi·a [sǽlviə] *n.* 〖植〗 샐비어.
sal·vo [sǽlvou] *n.* (*pl.* **~(*e*)*s***) 일제 사격; 〖空〗 (폭탄의) 일제 투하 (cf. stick[1]); (일제히 하는) 박수 갈채.
Salz·burg [sɔ́:lzbə:rg/sǽlts-] *n.* 잘츠부르크《Mozart의 탄생지》.
SAM [sæm] surface-to-air missile 지대공(地對空) 미사일; 〖컴퓨터〗 sequential access method 순차적 접근방식.
Sam. 〖舊約〗 Samuel.
S. Am. South America(n).
sam·a·ra [sǽmərə] *n.* (단풍나무·느릅나무 따위의) 시과(翅果).
Sa·mar·i·tan [səmǽrətn] *a., n.* 〖聖〗 사마리아(사람)의; 사마리아 사람. ***good ~*** 친절한 사마리아인(人); 자선가 《누가복음 10:30–37》.
sa·mar·i·um [səmɛ́əriəm, -mǽr-] *n.* Ⓤ 〖化〗 사마륨《희토류 원소의 하나; 기호 Sm》.
sa·mar·skite [səmɑ́:rskait] *n.* Ⓤ 〖鑛〗 새마스카이트석(石) 《우라늄 등을 함유》. 「기원의 브라질 댄스곡》.
sam·ba [sǽmbə] *n.* 삼바 《아프리카
sam·bo [sǽmbou] *n.* (*pl.* **~(*e*)*s***) 흑인과 인디언(또는 mulatto)과의 트기.
Sám Brówne (**bèlt**) 장교의 혁대.
†**same** [seim] *a.* (the ~) ① **같은,** 동일한, 마찬가지의, 똑같은(*as*). ② 《종종 蔑》 전술한, 예의. ③ 다름 없는; (the 없이) 단조로운. ── *ad.* (the ~) 마찬가지로. ALL ***the ~.*** ***at the ~ time*** 동시에; 그러나, 그래도. ***the ~ … that*** …과 동일한 …. ***the very ~*** 바로 그. ── *pron.* (the ~) 동일인(同一人), 그 사람〔것, 일〕; (the 없이) 〖法·商〗 《卑》 동인(同人)(들); 동건(同件); 그 물건〔것〕. **⌐·ness** *n.* Ⓤ 동일, 일률.
S. Amer. South America(n).
sam·ite [sǽmait] *n.* Ⓤ (중세의) 금란(金襴)《옷감》.
sam·iz·dat [sɑ:mizdɑ́:t] *n.* Ⓤ (특히

소련의) 지하 출판(물).
Saml. 〖舊約〗 Samuel.
sam·let [sǽmlit] *n.* 연어과의 물고기 새끼.
Sa·mo·a [səmóuə] *n.* 남서 태평양의 「군도.
SAMOS satellite anti-missile observation system.
sam·o·var [sǽmouvɑ̀:r, ⌐–⌐] *n.* 사모바르 《러시아의 물 끓이는 주전자》.
Sam·o·yed [sæ̀məjéd/sǽmɔièd] *n.* 사모예드 사람 《시베리아의 몽고족》; Ⓤ 사모예드어(語); [英+səmɔ́ied] Ⓒ 사모예드 개.
samp [sæmp] *n.* Ⓤ 《美》 (맷돌에) 탄 옥수수(죽). 「거룻배》.
sam·pan [sǽmpæn] *n.* 삼판《중국의
‡**sam·ple** [sǽmpl/-ɑ́:-] *n., a.* **견본**〔표본〕(의). —— *vt.* 견본을 뽑다, 시식(試食)하다. **sám·pler** *n.* 견본 검사원; 견본 채취구; 시식〔시음〕자; (여학생의) 자수 견본 작품.
***sam·pling** [-iŋ] *n.* Ⓤ **견본 추출.** *random* ~ 〖統〗 무작위 추출법.
Sam(p)·son [sǽm(p)sn] *n.* 〖聖〗 히브리의 역사(力士); 힘센 장사.
***Sam·u·el** [sǽmjuəl] *n.* 〖聖〗 히브리의 사사(士師)·예언자; 사무엘서(書).
san·a·tive [sǽnətiv] *a.* 병을 고치는; 치료력이〔약효가〕 있는.
***san·a·to·ri·um** [sæ̀nətɔ́:riəm] *n.* 요양소〔지〕. 「SANATIVE.
san·a·to·ry [sǽnətɔ̀:ri/-təri] *a.* =
sanc·ti·fy** [sǽŋ*k*təfài] *vt.* **성별**(聖別)〔성화〕**하다,** 신성하게 하다; 정화하다(purify); 정당화하다. ***sanctified airs 성자연하는 태도. **sanc·ti·fi·ca·tion** [⌐–fikéiʃən] *n.* Ⓤ
sanc·ti·mo·ni·ous [sæ̀ŋ*k*təmóuniəs, -njəs] *a.* 신성한 체하는; 신앙이 깊은 체하는. ~**·ness** *n.*
sanc·ti·mo·ny [sǽŋ*k*təmòuni/-mə-] *n.* Ⓤ 신앙 깊은 체하기.
***sanc·tion** [sǽŋ*k*ʃən] *n.* Ⓤ ① **인가,** 재가; 지지. ② (도덕률 등의) 구속(력). ③ 제재, 상벌. Ⓒ 처벌; 국제적 제재(制裁). —— *vt.* 인가〔재가·시인〕하다.
***sanc·ti·ty** [sǽŋ*k*təti] *n.* Ⓤ **신성**(함); (*pl.*) 신성한 의무〔감정〕.
***sanc·tu·ar·y** [sǽŋ*k*tʃuèri / -tʃuəri] *n.* 성소(聖所), 신전, 성당; (교회당의) 지성소; (법률이 미치지 않는) 성역, 피난처; Ⓤ 보호. 「사실(私室).
sanc·tum [sǽŋ*k*təm] *n.* 성소; 서재,
sánctum sanc·tó·rum [sæŋ*k*tɔ́:rəm] (L.) 지성소; 밀실, 사실, 서재.
†**sand** [sænd] *n.* ① Ⓤ **모래;** (*pl.*) 모래알. ② (*pl.*) 모래벌판, 백사장 《바닷가 등의》; 모래톱. ③ (보통 *pl.*) (모래 시계의) 모래(알); 《比喩》 시각; 수명(壽命). ④ Ⓤ 《美俗》 용기 (grit). ⑤ Ⓤ 《俗》 설탕. ***man of*** ~ 용기 있는 사람. —— *vt.* 모래를 뿌리다〔섞다, 로 닦다, 속에 파묻다〕.
‡**san·dal** [sǽndl] *n.* (고대 로마 등의) (짚신 같은) 가죽신; (여자·어린이용의) 샌들(신); 《美》 운두가 얕은 덧신.
san·dal·wood [-wùd] *n.* 〖植〗 백단향; Ⓤ 그 재목. ***red*** ~ 자단(紫檀).
sand·bag [sǽn*d*bæ̀g] *n., vi., vt.* (**-gg-**) 모래주머니(로 틀어막다); (홍기용의) 모래부대(로 치다).
sand·bank [⌐bæ̀ŋk], **-bar** [-bɑ̀:*r*] *n.* 모래톱, 사주(砂洲).
sand·blast [⌐blæ̀st, -ɑ̀:-] *n.* (연마용의) 모래뿜는 기구, 분사(噴砂).
sand·box [⌐bɑ̀ks/-ɔ̀-] *n.* 모래통《기관차의 미끄럼 방지용》; (어린이의) 모래놀이통; 모래 거푸집.
sand·boy [⌐bɔ̀i] *n.* 모래 파는 소년. 《다음 句로만 씀》(*as*) ***jolly***〔***happy***〕 ***as a*** ~ 아주 명랑한.
sánd dòllar 〖動〗 섬게의 일종《미국
sánd dùne 사구(砂丘). 「동해안 산》.
sand·fly [sǽndflài] *n.* 〖蟲〗 눈에놀이《피를 빪》. ~ ***fever*** 〖醫〗 눈에놀이에 의한 바이러스성 감염증.
sand·glass [sǽn*d*glæ̀s, -ɑ̀:-] *n.* 모래시계(hourglass).
sand·hog [sǽndhɔ̀(:)g, -hɑ̀g] *n.* (잠함 등에서 일하는) 지하〔수중〕 작업원.
Sand·hurst [sǽndhə:*r*st] *n.* 영국 육군사관학교의 소재지《Berkshire의》.
S & L savings and loan 저축 대부.
sand·lot [sǽndlɑ̀t/-ɔ̀-] *n.* 《美》 빈터; (특히 아이들) 놀이터.
S and〔**&**〕**M** sadism and masochism.
sand·man [sǽn*d*mæ̀n] *n.* 잠귀신 《모래를 어린이 눈에 뿌려 졸음이 오게 한다는》.
sánd pàinting (북미 인디언의) 주술적(呪術的)인 색채 모래 그림.
sand·pa·per [sǽn*d*pèipə*r*] *n., vt.* Ⓤ 사포(砂布)(로 닦다).
sand·pi·per [⌐pàipə*r*] *n.* 〖鳥〗 도요과의 새《삑삑도요·깝작도요 따위》.
sánd pìt 모래 채굴장, 사갱(砂坑).
sánd shòe 《英》 테니스화; 즈크제·고무 바닥의 신. 「(砂岩).
sand·stone [sǽn*d*stòun] *n.* Ⓤ 사암
sand·storm [⌐stɔ̀:*r*m] *n.* 모래 폭풍.
‡**sand·wich** [sǽn*d*witʃ/sǽnwidʒ, -tʃ] *n.* **샌드위치.** —— *vt.* 사이에 끼우다. 「치는 광고판.
sándwich bóard 샌드위치맨이 걸
sand·wich-boat [-bòut] *n.* 《英》 격돌 보트 레이스.
sándwich còin 《美》 샌드위치 경화《양쪽에 은을 입힌 25센트 경화 따위》. 「구명.
Sándwich Íslands 하와이 제도의
sándwich màn 샌드위치맨 《몸 앞뒤에 광고판을 걸치고 다님》.
***sand·y** [sǽndi] *a.* **모래**(빛)**의;** 모래투성이의; 불안정한. 「셋이 달린》.
sánd yácht 사상(砂上) 요트《바퀴
***sane** [sein] *a.* **제정신의;** (사고방식이) 건전한, 분별이 있는; 합리적인. ⌐**·ly** *ad.* ⌐**·ness** *n.*
San·for·ize [sǽnfəràiz] (<Sanford 고안자의 이름) *vt.* 《美》 샌포라이즈 가공하다. ~**d** [-d] *n.* 〖商標〗 샌포라이즈 가공(제)품《특허 방축법(防縮法)을 사용한 무명류》.

S

‡Sàn Fran·cís·co [sæn frænsískou] 샌프란시스코《California 주의 항구 도시》.

†sang [sæŋ] *v.* sing의 과거.

sang-froid [sɑ:ŋfrwá:, sæŋ-] *n.* Ⓤ (F. =cold blood) 냉정, 침착.

san·gui·nar·y [sǽŋgwənèri/-nəri] *a.* 피비린내 나는; 잔인한.

***san·guine** [sǽŋgwin] *a.* ① 명랑한; 희망에 찬, …을 확신하는(*of*); 혈색이 좋은(ruddy). ② =SANGUINARY.

san·guin·e·ous [sæŋgwíniəs] *a.* 피의; 피빛의; 다혈질의; 낙천적인.

San·he·drim [sænhédrim, -hí:d- / sǽnidrim], **-drin** [-drin] *n.* (고대 유대의) 최고 법원.

san·i·tar·i·an [sæ̀nətέəriən] *a., n.* 위생의; 위생학자.

***san·i·tar·i·um** [sæ̀nətέəriəm] *n* (*pl.* **∼s**, **-ia** [-iə]) 《美》 =SANATORIUM.

‡san·i·tar·y [sǽnətèri/-təri] *a., n.* ① 위생(상)의, 청결한. ② 공중 변소.

sánitary córdon =CORDON SANNITAIRE.

sánitary enginéer 위생 기사; 배관공; 《美俗》 쓰레기 청소〔수집〕원.

sánitary nápkin 〔**bélt**〕 월경대.

san·i·tate [sǽnətèit] *vt.* …을 위생적으로 하다; …에 위생 시설을 하다.

***san·i·ta·tion** [sæ̀nətéiʃən] *n.* Ⓤ 위생(시설); 하수구 설비.

san·i·tize [sǽnətàiz] *vt.* =SANITATE.

san·i·ty [sǽnəti] *n.* Ⓤ 정신이 건전함, 온건, 건전.

San Jo·sé [sɑ́:n *h*ouzéi] Costa Rica 의 수도.

‡sank [sæŋk] *v.* sink의 과거.

Sàn Ma·rí·no [sæn mərí:nou] 이탈리아 동부의 작은 공화국; 그 수도.

sans [sænz; *F.* sɑ̃] *prep.* 《古》 = WITHOUT.

Sans. Sanskrit.

San Sál·va·dor [sæn sǽlvədɔ̀:*r*] El Salvador의 수도.

sans-cu·lotte [sæ̀nzk*j*ulɑ́t/-lɔ́t] *n.* (F.) 반바지 없는 족속《프랑스 혁명 당시 귀족식의 반즈봉을 입지 않은 공화당원을 일컫는 말》; 과격파의 사람. **sans-cu·lót·tism** *n.* Ⓤ

San·skrit, -scrit [sǽnskrit] *n., a.* Ⓤ 산스크리트〔범어〕(의).

†Sán·ta Clàus [sǽntə klɔ̀:z / ⌐–⌐] (<*St. Nicholas*) 산타클로스.

Sán·ta Fé [sǽntə féi, ⌐–⌐] 미국 New Mexico 주의 주도.

Sánta Fé Tráil Santa Fe와 (Missouri 주의) Independence 간의 교역로(交易路), 19세기의 미국 발전사상의 중요 도로.

San·ta·ya·na [sæ̀ntiǽnə, -tiɑ́:nə], **George** (1863–1952) 스페인 태생의 미국의 시인·철학자.

San·ti·a·go [sæ̀ntiɑ́:gou] *n.* 칠레의 수도.

Sàn·to Do·mín·go [sæ̀ntou dəmíŋgou] 도미니카 공화국의 수도.

san·to·nin(e) [sǽntənin] *n.* Ⓤ 산토닌.

São Pau·lo [sɑ̃uŋ páulu:] 상파울루《브라질 남부의 도시》.

‡sap[1] [sæp] *n.* ① Ⓤ 수액(樹液); 기운, 생기(를 주는 것). ② 《美俗》 바보(saphead). **∼·less** *a.* 시든, 활기 없는; 재미없는.

sap[2] *n., vt., vi.* (**-pp-**) 〖軍〗 (성내(城內) 적군 안으로의) 대호(對壕)(를 파 공격하다); (신앙·신념 따위를) 점점 무너뜨리다〔무너지다〕; Ⓤ 그 무너짐; 점점 약화시키다.

sap·a·jou [sǽpədʒù:] *n.* 꼬리말이원숭이.

sap·head [sǽphèd] *n.* 《俗》 바보.

sap·id [sǽpid] *a.* 풍미 있는(savory); 흥미진진한(opp. insipid).

sa·pi·ent [séipiənt, -pjə-] *a.* 현명한, 영리한. **sá·pi·ence, -en·cy** *n.* Ⓤ

sa·pi·en·tial [sèipiénʃəl] *a.* 지혜의. ***the ∼ books*** 지혜의 서《구약성서 중의 잠언, 전도서, 아가 등》.

***sap·ling** [sǽpliŋ] *n.* 어린 나무, 묘목; 젊은이.

sap·o·dil·la [sæ̀pədílə] *n.* 〖植〗 사포딜라《열대 아메리카산의 상록수》; 그 열매.

sap·o·na·ceous [sæ̀pənéiʃəs] *a.* 비누 같은(soapy).

sa·pon·i·fy [səpɑ́nəfài/-pɔ́n-] *vt.* 비누화시키다. **sa·pon·i·fi·ca·tion** [–⌐–fikéiʃən] *n.* Ⓤ 비누화.

sap·per [sǽpə*r*] *n.* 《英》 공병(工兵).

Sap·phic [sǽfik] *a., n.* Sappho(풍)의; (*pl.*) 사포풍의 시.

***sap·phire** [sǽfaiə*r*] *n., a.* 사파이어, 청옥(靑玉); Ⓤ 사파이어 빛깔(의).

sápphire wèdding 결혼 45주년 기념.

Sap·phism [sǽfizəm] (<⇩) *n.* Ⓤ (여자의) 동성애.

Sap·pho [sǽfou] *n.* 600 B.C. 경의 그리스 여류 시인.

sap·py [sǽpi] *a.* 수액(樹液)이 많은; 싱싱한, 기운 좋은; 《俗》 어리석은.

sap·ro·phyte [sǽprəfàit] *n.* 사물(死物) 기생 식물《균류 따위》.

sap·suck·er [sǽpsʌ̀kə*r*] *n.* 딱따구리의 일종《북미산》.

sap·wood [sǽpwùd] *n.* Ⓤ (목재의) 백목질, 변재(邊材)《나무껍질과 심재(心材) 중간의 연한 부분》.

sar·a·band [sǽrəbæ̀nd] *n.* (스페인의) 사라반드 춤(곡).

Sar·a·cen [sǽrəsən] *n.* 사라센 사람《십자군에 대항한 아라비아 회교도》. **Sar·a·cen·ic** [–⌐–sénik] *a.*

Sar·ah [sέərə] *n.* 〖聖〗 사라《Abraham의 아내, Isaac의 어머니》.

Sar·a·to·ga [sæ̀rətóugə] *n.* 미국 N.Y. 주 동부의 도시, 온천 보양지.

Sáratoga trúnk (주로 여성용의) 여행용 큰 트렁크.

sar·casm [sɑ́:*r*kæzəm] *n.* Ⓤ 빈정댐, 비꼼, 풍자; Ⓒ 빈정대는〔비꼬는〕 말. **‡sar·cas·tic** [sɑ:*r*kǽstik] *a.*

sarce·net [sɑ́:*r*snit] *n.* =SARSENET.

sar·co·ma [sɑ:*r*kóumə] *n.* (*pl.* **∼s**, **∼ta** [-tə]) ⓊⒸ 〖醫〗 육종(肉腫).

sar·coph·a·gus [sɑ:*r*kɑ́fəgəs/-ɔ́-] *n.* (*pl.* **-gi** [-gài, -dʒài], **∼es**) 석관(石棺).

sard [sɑ:*r*d] *n.* Ⓤ 〖鑛〗 홍옥수(紅玉髓)(보석).

sar·dine** [sɑ:*r*dí:n] *n.* 〖魚〗 정어리. ***packed like ∼s 빽빽이〔꽉〕 들어차서.

Sar·din·i·a [sɑ:rdíniə, -njə] *n.* 이탈리아 서쪽 지중해에 있는 섬 《이탈리아령》. **-dín·i·an** *a., n.* 사르디니아 섬의 (사람).
sar·don·ic [sɑ:rdɑ́nik/-ɔ́-] *a.* 냉소적인, 빈정대는. **-i·cal·ly** *ad.*
sar·do·nyx [sɑ:rdɑ́niks/sɑ́:dəniks] *n.* Ⓤ 〖鑛〗 붉은 줄무늬 마노(瑪瑙).
sar·gas·so [sɑ:rgǽsou] *n.* (*pl.* ~(*e*)*s*) 모자반《해초》.
Sargásso Séa, the 조해(藻海)《북대서양, 서인도 제도 북동부의 해초가 많은 잔잔한 해역》. 「GEANT.
sarge [sɑ:rdʒ] *n.* 《美口》 =SER-
sa·ri [sɑ́:ri(:)] *n.* (인도 여성의) 사리 《휘감는 옷》.
sa·rong [sərɔ́:ŋ, -ɑ́-/-ɔ́-] *n.* 사롱《말레이 제도 원주민의 허리 두르개》; Ⓤ 사롱용의 천.
sar·sa·pa·ril·la [sɑ̀:rsəpərílə] *n.* 청미래덩굴속의 식물 《열대 아메리카산의 약초》; Ⓤ 그 뿌리《강장제》; Ⓤ 그 뿌리를 가미한 탄산수. 「은 비단.
sarse·net [sɑ́:rsnit] *n.* Ⓤ (안감용) 얇
sar·to·ri·al [sɑ:rtɔ́:riəl] *a.* 재봉〔바느질〕의, 양복장이의.
Sar·tre [sɑ́:rtrə], **Jean Paul** (1905-80) 프랑스의 실존주의 작가·철학자.
SAS [sæs] Scandinavian Airlines System. **S.A.S.** Special Air Service 《英》 공군 특수 기동대.
‡**sash**[1] [sæʃ] *n.* **장식띠**; (여성·어린이의) 허리띠, 어깨띠.
sash[2] *n., vt.* **창틀**(을 달다).
sa·shay [sæʃéi] *vi.* 《美口》 미끄러지듯이 나아가다; 움직이다, 돌아다니다. 「ment window).
sásh wíndow 내리닫이 창(cf. case-
sas·sa·fras [sǽsəfræ̀s] *n.* 사사프라스 《북미산 녹나무과의 교목》; Ⓤ 그 뿌리의 말린 껍질 《향료·강장제》.
sas·sy [sǽsi] *a.* 《口》 =SAUCY.
SAT Scholastic Aptitude Test 학력 적성 검사.
†**sat** [sæt] *v.* sit의 과거(분사).
***Sat.** Saturday; Saturn.
‡**Sa·tan** [séitən] *n.* **사탄**, 마왕. **sa·tan·ic** [seitǽnik, sə-] *a.* 「bass.
S. A. T. B. soprano, alto, tenor,
***satch·el** [sǽtʃəl] *n.* (멜빵이 달린) **학생 가방**; 손가방. 「센터.
sat·com [sǽtkɑ̀m/-ɔ̀-] *n.* 위성 통신
sate[1] [seit] *vt.* 물리게〔넌더리 나게〕 하다(*with*).
sate[2] [seit, sæt] *v.* 《古》 sit의 과거.
sa·teen [sætí:n] *n.* Ⓤ 면〔모〕 수자 (綿〔毛〕繻子).
‡**sat·el·lite** [sǽtəlàit] *n.* ① 〖天〗 **위성**. ② 종자(從者). ③ 위성국, 위성도시. ④ 인공위성. 「신흥 주택 도시.
sátellite cìty 〔**tòwn**〕 위성 도시;
sátellite stàtion 인공 위성의 우주 정거장, 우주 기지.
sa·ti·a·ble [séiʃiəbəl/-ʃjə-] *a.* 물리게 할 수 있는, 만족시킬 수 있는.
sa·ti·ate [séiʃièit] *vt.* 물리게〔넌더리 나게〕 하다, 물릴 정도로 주다. **sa·ti·a·tion** [⌐-éiʃən] *n.* Ⓤ
sa·ti·e·ty [sətáiəti] *n.* Ⓤ 포만, 만끽; 과다(*of*).
***sat·in** [sǽtən] *n., a.* Ⓤ **새틴**, 수자(繻子)(의, 비슷한), 매끄러운(smooth and glossy). ~**·y** *a.* 「수자.
sat·i·net(te) [sæ̀tənét] *n.* Ⓤ 모조
sat·in·wood [sǽtənwùd] *n.* (동인도산의) 마호가니류(類); Ⓤ 그 재목.
‡**sat·ire** [sǽtaiər] *n.* Ⓤ **풍자**(문학); Ⓒ 풍자시〔문〕; Ⓤ 비꼼(*on*). **sa·tir·ic** [sətírik], **-i·cal** [-əl] *a.* **sat·i·rist** [sǽtərist] *n.* **sat·i·rize** [sǽtəràiz] *vt.* 풍자하다; 빗대다.
‡**sat·is·fac·tion** [sæ̀tisfǽkʃən] *n.* ① Ⓤ **만족**(*at, with*); 만족시킴; Ⓒ 만족시키는 물건. ② Ⓤ 이행; 변제(辨濟). ③ Ⓤ 사죄; 결투(duel). ④ Ⓤ 〖神〗 속죄. ***demand ~*** 사죄를 요구하다; 결투를 신청하다. ***give ~*** 만족시키다; 사죄하다; 결투 신청에 응하다. ***in ~ of*** …의 보상으로. ***make ~ of*** …을 변제〔배상〕하다.
‡**sat·is·fac·to·ry** [sæ̀tisfǽktəri] *a.* **만족한**, 더할나위 없는. ***-ri·ly** *ad.*
‡**sat·is·fy** [sǽtisfài] *vt.* ① (욕망 따위를) **만족시키다**, 채우다, 이루다. ② (부채 따위를) 지불하다, 갚다. ③ (아무를) 안심시키다, (걱정·불안을) 가라앉히다. ④ (의심·의문을) 풀게 하다. ***be satisfied*** 만족하다, 기뻐하다(*with; with* doing; *to* do); 납득〔확신〕하다(*of; that*). ***rest satisfied*** 만족하고 있다. ***~ oneself*** 만족〔납득(納得)〕하다; 확인하다(*of; that*).
*~**·ing** *a.*
sa·trap [séitræp, sǽt-/sǽtrəp] *n.* (고대 페르시아의) 태수; (독재적인) 총독, 지사. ~**·y** *n.* 태수령(領), 총독 관구, 주(州).
sat·u·rant [sǽtʃərənt] *a.* 포화(飽和)시키는. ── *n.* 〖化〗 포화제(劑).
***sat·u·rate** [sǽtʃərèit] *vt.* ① **적시다**, 배어들게 하다, 흠뻑 적시다(soak). ② (전통·편견 따위를) 배어들게 하다(*with, in*). ③ 〖化〗 포화시키다(*with*). ④ 집중 폭격하다. 「용액.
sát·u·rat·ed solútion [-id] 포화
sat·u·ra·tion [sæ̀tʃəréiʃən] *n.* Ⓤ 침윤(浸潤); 포화; (밝기에 대한) 채도(彩度) 《색의 포화도》. 「폭격.
sàturation bòmbing 〖軍〗 집중
sàturation pòint 포화점; 인내〔참을성〕의 한계점. 「일.
†**Sat·ur·day** [sǽtərdi, -dèi] *n.* **토요**
***Sat·urn** [sǽtərn] *n.* ① 〖로神〗 농사의 신. ② 〖天〗 **토성**. ③ 《美》 우주선 추진 장치.
Sat·ur·na·li·a [sæ̀tərnéiliə, -ljə] *n. pl.* (고대 로마에서 12월에 지낸) 농신제(農神祭); (s-) (*pl.* or *sing.*) (야단) 법석. **-li·an** *a.*
sat·ur·nine [sǽtərnàin] *a.* 〖占星〗 토성의 정기를 받은〔받아 태어난〕; 뚱한, 음침한.
sa·tyr [sǽtər, séi-] *n.* 〖그神〗 사티로스 《반인 반수의 숲의 신, Bacchus의 종자》; 호색한(漢). **sa·tyr·ic** [sətírik] *a.*

S

‡**sauce** [sɔ:s] *n.* ① UC 소스. ② U 《美》 과일의 설탕 조림 (apple ~). ③ UC 흥미를 더하는 것. ④ U 《口》 건방짐. ***Hunger is the best ~.*** 《俗談》 시장이 반찬. ***None of your ~!*** 건방진 소리 말아! ***What's ~ for the goose is ~ for the gander.*** 《俗談》 남잡이가 제잡이; (말다툼에서) 그것은 내가 할 말이다. —— *vt.* ① 맛을 내다(season). ② 《口》 …에게 무례한 말을 하다.

sauce·boat [⌐bòut] *n.* 배모양의 소스 그릇.

sauce·box [⌐bàks/-ɔ̀-] *n.* 《口》 건방진 놈.

***sauce·pan** [⌐pæ̀n/-pən] *n.* 손잡이 달린 속깊은 냄비, 스튜 냄비.

‡**sau·cer** [sɔ́:sər] *n.* 받침접시.

sau·cer-eyed [-àid] *a.* 눈이 큰.

sáucer éyes 쟁반같이 둥근 눈.

sau·cer·man [-mæ̀n] *n.* 비행 접시의 승무원; 우주인.

***sau·cy** [sɔ́:si] *a.* 건방진(pert); 멋진, 스마트한. **sáu·ci·ly** *ad.* **-ci·ness** *n.*

Sa·ú·di Arábia [sɑ:ú:di, sáu-] 사우디아라비아 《아라비아 반도의 회교 왕국》.

sauer·kraut [sáuərkràut] *n.* (G.) U 소금절이 양배추.

Saul [sɔ:l] *n.* 〖聖〗 사울 《이스라엘의 초대왕》; 사도 바울의 처음 이름.

sau·na [sáunə] *n.* (핀란드의) 증기욕〔탕〕.

saun·ter [sɔ́:ntər] *vi., n.* 어정거리다, 어슬렁어슬렁 거닐다〔거닐기〕.

sau·ri·an [sɔ́:riən] *a., n.* 도마뱀 무리의 (동물).

‡**sau·sage** [sɔ́:sidʒ/sɔ́s-] *n.* ① UC 소시지, 순대. ② 〖空〗 소시지형 계류 기구《관측용》.

sau·sage-dog [⌐dɔ̀:g/-ɔ̀-] *n.* 《口》 = DACHSHUND.

sau·té [soutéi, sɔ:-/⌐⌐] *a., n.* (F.) 기름에 살짝 튀긴 (요리). ***pork ~*** 포크소테.

sau·terne [soutə́:rn] *n.* U (프랑스의 「Sauterne산의) 흰 포도주.

sauve qui peut [sóuv ki: pə́:] *n.* (F.) 궤주(潰走), 총퇴각, 총붕괴 (cf. stampede).

‡**sav·age** [sǽvidʒ] *a., n.* 야만적인; 사나운; 잔인한 (사람), 야만인. **~·ly** *ad.* **~·ry** [-əri] *n.* 만행; U 잔인.

***sa·van·na(h)** [səvǽnə] *n.* (특히 열대·아열대의) 대초원.

sa·vant [səvɑ́:nt/sǽvənt] *n.* (대) 학자, 석학.

sa·vate [səvǽt] *n.* U 사바트 《머리·발도 쓰는 프랑스식 권투》.

†**save**[1] [seiv] *vt.* ① 구해내다, 구조하다, 살리다. ② (죄에서) 건지다, 제도(濟度)하다(*from*). ③ (금전·곤란·노고 따위를) 덜다, 면케 하다. ④ 절약〔저축〕하다, 모으다, (버리지 않고) 떼어 두다. —— *vi.* 구하다; 모으다, 절약하다; (음식·생선 따위가) 오래 가다. ***A stitch in time ~s nine.*** 《俗談》 제때의 한 땀은 아홉 수고를 던다. ***(God) ~ 〔defend〕 me from my friends!*** 부질없는 참견〔걱정〕 말라! ***~ one's breath*** 쓸데없는 말을 않다. ***~ oneself*** 수고를 아끼다. ***~ one's face*** 면목〔체면〕이 서다. ***S- the mark!*** 《挿入句》 이거참 실례(의 말을 용서하십시오). ***~ up*** 저축하다.

‡**save**[2] *prep.* …을 제외하고, …은 별도로 치고(except). —— *conj.* …을 제외하고, …외에는.

save-as-you-earn [⌐əzju:ə:rn] *n.* 《英》 급료 공제 저금.

sav·er [⌐ər] *n.* 구조자; 절약가.

‡**sav·ing** [séiviŋ] *a.* ① 구(제)하는. ② 절약하는. ③ …을 더는, 보상〔벌충〕이 되는. ④ 〖法〗 제외하는. —— *n.* UC 구조, 구제; 저축, (*pl.*) 저금; 절약. ***~ clause*** 단서. —— *prep.* …을 제외하고, …에 대하여 실례지만. ***~ your presence 〔reverence〕*** 당신 앞에서 실례입니다만. —— *conj.* …외에는.

sávings accòunt 예금 계좌. (cf. 「checking account).

sávings bànk 저축 은행.

sávings bònd (미국의) 저축 채권.

sávings certíficate 국채의 일종.

***sav·ior,** 《英》 **-iour** [séivjər] *n.* 구조〔구제〕자; (the S-) 구세주《예수》.

sa·voir-faire [sæ̀vwɑ:rféər] *n.* (F.) U 재치, 수완(tact).

sa·voir-vi·vre [-ví:vrə] *n.* (F.) U 예절바름, 교양 있음.

***sa·vor,** 《英》 **-vour** [séivər] *n.* CU 맛, 풍미; 향기; 기미(*of*); 《古》 명성. —— *vt., vi.* 맛을 내다, 맛이 나다, (…한) 기미가 있다. **~·ous** *a.*

sa·vor·y[1], 《英》 **-vour·y**[1] [séivəri] *a.* 맛좋은, 풍미 있는; 평판 좋은. —— *n.* 《英》 (식사 전후의) 싸한 맛이 나는 요리, 입가심 요리.

sa·vor·y[2], 《英》 **-vour·y**[2] *n.* 차조기과의 요리용 식물.

Sa·voy [səvɔ́i] *n.* 프랑스 남동부의 지방; 이탈리아의 왕가(1861-1946).

sa·voy [səvɔ́i] *n.* 양배추의 일종.

Sa·voy·ard [səvɔ́iərd, -ɑ:rd] *n.* Savoy 사람; (런던의) Savoy 극장의 단골 손님〔배우, 연출자〕.

sav·vy [sǽvi] 《美俗》 *vt., vi.* 알다, 이해하다. —— *n.* U 상식, 이해, 재치.

†**saw**[1] [sɔ:] *v.* see[1]의 과거.

saw[2] *n.* 격언, 속담.

‡**saw**[3] *n., vt.* (~*ed;* ~*n,* 《稀》 ~*ed*) 톱(으로 자르다, 으로 켜서 만들다). —— *vi.* 톱질하다; 톱으로 켜지다. ***~ the air*** 팔을 앞뒤로 움직이다.

saw·bones [⌐bòunz] *n.* 《俗》 외과의사(surgeon).

saw·buck [⌐bʌ̀k] *n.* 《美》 톱질 모탕 (sawhorse); 《美俗》 10달러 지폐.

saw·dust [⌐dʌ̀st] *n.* U 톱밥. ***let the ~ out of*** (인형 속에서 톱밥을 끄집어 내듯) 약점을 들춰내다; 콧대를 꺾어놓다.

saw·fish [⌐fiʃ] *n.* 〖魚〗 톱상어.

saw·horse [⌐hɔ̀:rs] *n.* 톱질 모탕.

***saw·mill** [⌐mìl] *n.* 제재소.

***sawn** [sɔ:n] *v.* saw[3]의 과거분사.

Saw·ney [sɔ́:ni] *n.* 《俗》《蔑》 스코틀랜드인; 《英》 바보. 「의, 들쭉날쭉한.

saw-toothed [sɔ́:tù:θt] *a.* 톱니 모양

saw·yer [sɔ́:jər] *n.* 톱장이.

Sax. Saxon; Saxony.
sax·horn [sǽkshɔ̀ːrn] *n.* 색스혼《금관 악기》.
sax·i·frage [sǽksəfridʒ] *n.* 〖植〗 범의귀.
***Sax·on** [sǽksn] *n.*, *a.* [C U] (앵글로) 색슨 사람[말](의); (독일의) Saxony 사람(의). ~ *word* (외래어에 대해) 본래의 영어《보기: *dog, father, glad, house, love, &c.*》.
Sax·o·ny [sǽksəni] *n.* 남부 독일의 지방; [U] (s-) 위 지방산의 양털〔모직물〕.
sax·o·phone [sǽksəfòun] *n.* 색소폰《목관 악기》.
†**say** [sei] *vt.*, *vi.* (***said***) ① **말하다.** ② (기도를) 외다; 암송하다(~ *one's lessons*). ③ 이를테면, 글쎄(*Call on me tomorrow,* ~, *in the evening.* 내일 저녁께라도 와주게). ④《美口》이봐, 저어, 잠깐 (《英》 I say). ***have nothing to ~ for oneself*** 변명하지 않다. ***hear ~*** 소문〔풍문〕에 듣다. ***I ~!***《英口》이봐; 저어; 그래(놀랐는걸);《强調》…라니깐;《反復》지금 말했듯이. ***It goes without ~ing*** (***that***) …은 말할 것(까지)도 없다. ***let us ~*** 예컨대, 이를테면, 글쎄. ***not to ~*** …라고는 말할 수 없을지라도. ***~ for oneself*** 변명하다. ***~ out*** 속을 털어놓다. ***~ over*** 되풀이해 말하다; 건성으로 말하다. ***~s I***《俗》…라고 내가 말했단 말야. ***~ something*** 간단한 연설을 하다; =say GRACE. ***This is ~ing a great deal.*** 그거 큰일이군. ***that is to ~*** 즉, 말하자면; 적어도. ***though I ~ it*** (***who should not***) 내 입으로 말하기는 쑥스럽지만〔좀 뭣하지만〕. ***to ~ nothing of*** …은 말할 것도 없고. ***What ~ you*** 〔***do you ~***〕 ***to ...?*** …할 마음은 없나. ***You don't ~ so!*** 설마(하니)! —— *n.* ① 할 말, 주장. ② [C U] 발언의 차례〔기회〕, 발언권;《美》(the ~) (최종) 결정권. ***have*** 〔***say***〕 ***one's ~*** 할 말〔주장〕을 말하다, 발언하다. ‡**∠·ing** *n.* **격언**; 속담; 말.
S.A.Y.E. 《英》 =SAVE-AS-YOU-EARN.
say·(e)st [séi(i)st] *vt.*, *vi.* 《古》 say의 2인칭 단수 현재《thou를 主語로 함》.
say-so [séisòu] *n.* 《美口》 독단 (적 성명); 최종 결정권.
Sb stibium. **sb., s. b.** 〖野〗 stolen base(s). **SBA** Small Business Administration《美》중소기업청.
S-band [ésbæ̀nd] *n.* S밴드《1550–5200 메가헤르츠의 초단파대(帶)》.
SbE south by east 남미동. **SbW** south by west 남미서. **Sc** 〖化〗 scandium. **Sc.** science; Scotch; Scots; Scottish. **sc.** scale; scene; science; screw; scilicet. **S.C.** Security Council (of the U.N.); South Carolina; Supreme Court. **s.c.** 〖印〗 small capitals.
scab [skæb] *n.* ① 딱지; [U] 붉은 곰팡이 병; [U] 검은별 무늬병. ② 비조합원 노동자;《俗》파업 파괴; 무뢰한. —— *vi.* (**-bb-**) ① (상처에) 딱지가 앉다. ② 파업을 깨다. **∠·by** *a.* 딱지투성이인; 붉은곰팡이병에 걸린; 천한, 비열한, 더러운.
***scab·bard** [skǽbərd] *n.*, *vt.* **칼집**(에 꽂다, 넣다).
sca·bies [skéibiiːz, -biːz] *n.* 〖醫〗 옴, 개선(疥癬).
scab·rous [skǽbrəs/-kéi-] *a.* 껄껄〔울퉁불퉁〕한; 다루기 어려운; =RISQUÉ.
scad [skæd] *n.* (보통 *pl.*)《美俗》많음; 거액(巨額); 경화(coin).
***scaf·fold** [skǽfəld, -fould] *n.*, *vt.* 〖建〗 **비계**(를 만들다); 교수대(에 매달다); (야외의) 관객석. **~·ing** *n.* [U] 비계(재료).
scag [skæg] *n.* 《美俗》 =HEROIN.
scagl·io·la [skæljóulə] *n.* [U] (장식용) 인조 대리석.
sca·lar [skéilər] *a.* 층계를 이루는, 단계적인; 눈금의 수치로 나타낼 수 있는《이를테면 온도》. —— *n.* 〖數〗 스칼라.
scal·a·wag, 《英》 **scal·la·wag** [skǽləwæ̀g] *n.* 《口》 무뢰한, 깡패.
***scald**[1] [skɔːld] *vt.* ① (뜨거운 물·김에) **화상을 입히다.** ② 데치다, 삶다. —— *n.* ① (뜨거운 물 따위에) 뎀, 화상. ② (더위로) 나뭇잎이 시들시들함; (과일의) 썩음.
scald[2] *n.* =SKALD.
‡**scale**[1] [skeil] *n.* ① **눈금**, 척도(尺度); 비율; 축척(縮尺); 자. ② 〖樂〗 음계. ③ 진법(進法); 등급, 계급; 순차로 비교된 크기. ④ **규모, 스케일.** ⑤ (물가·임금 등의) 비율, 율(*to a ~* 일정한 비율로). ⑥《廢》사닥다리, 계단. ***a ~ of one inch to one mile,*** 1마일 1인치의 축척. ***decimal ~*** 십진법. ***folding ~*** 접자. ***on a large ~*** 대규모로. ***play*** 〔***sing***〕 ***one's ~s*** 음계를 연주〔노래〕하다. ***social ~*** 사회의 계급. —— *vt.* 사다리로 오르다, 기어오르다; 축척으로 제도하다; (비율에 따라) 삭감〔증대〕하다(*down, up*); 적당히 판단하다.
‡**scale**[2] *n.* ① **천칭**(天秤)**의 접시.** ② (종종 *pl.*) 저울, 천칭, 체중계. ③ (the Scales) 〖天〗 천칭자리〔궁〕. ***hold the ~s even*** 공평하게 판가름하다. ***throw one's sword into the ~*** 힘〔무력〕에 의하여 요구를 관철하다. ***tip the ~s*** 한쪽을 우세하게 하다; 무게가 …나가다. ***turn the ~(s)*** 형세를 일변시키다, 승패를 결정짓다. ***turn the ~ at*** (***...pounds***) (…파운드)의 무게가 나가다. —— *vt.*, *vi.* 천칭으로 달다; 무게가 …이다.
‡**scale**[3] *n.* ① **비늘**(모양의 것). ② 〖植〗 인편(鱗片). ③ [U] 물때; 버캐; 쇠똥; 이똥. ④ (눈의) 흐림. ⑤ [U C] =**∠ insect** 개각충(介殼蟲), 깍지진디. ***Scales fell from his eyes.*** 잘못을 깨달았다《사도행전 9 : 18》. —— *vt.* …의 비늘을 벗기다; 비늘로 덮다; 껍데기〔물때·이똥〕를 떼다. —— *vi.* 비늘이 떨어지다; 작은 조각이 되어 떨어지다.
scale·board [∠bɔ̀ːrd] *n.* (액자·거울의) 뒤판; 〖印〗 얇은 목제 인테르.

scaled [skeild] *a.* 비늘이 떨어진, 껍질이 벗겨진; 비늘 모양의.
sca·lene [skeilí:n] *a., n.* 부등변(不等邊)의; 부등변 삼각형.
scal·er [skéilər] *n.* scale[1, 2, 3] 하는 사람; 〖電子〗 (방사선 계측용) 계수 장치.
scál·ing làdder [skéiliŋ] 공성(攻城)〔소방〕 사다리. 「부추(leek).
scal·lion [skǽljən] *n.* 골파(shallot),
scal·lop [skáləp, -ǽ-/-ɔ́-] *n., vt.* 가리비(의 조가비), 조개 냄비〔속이 얕은 냄비〕(에 요리하다); 부채꼴(로 하다, 로 자르다). ~**·ing** *n.* Ⓤ 가리비잡이; 부채꼴 장식 (무늬).
***scalp** [skælp] *n.* ① (털이 붙은 채로의) **머릿가죽**; (적의 머리에서 벗긴) 머릿가죽. ② 승리, 전리품. —— *vt.* …의 머릿가죽을 벗기다; 《美口》 (증권·표 등을) 이문 남겨 팔다; 작은 이문을 남기다; 혹평하다. ∠**·er** *n.* 머릿가죽을 벗기는 사람; 약간의 이문을 남기는 사람, 암표상.
scal·pel [skǽlpəl] *n.* 〖外〗 메스.
scal·y [skéili] *a.* 비늘이 있는, 비늘 모양의; 《俗》 천한; 인색한.
scam [skæm] *n.* 《美俗》 사기, 야바위.
scamp [skæmp] *n.* 무뢰한, 깡패. —— *vi.* (일을) 되는 대로 해치우다. ∠**·ish** *a.* 망나니 같은.
***scamp·er** [skǽmpər] *n., vi.* **급히 내닫다**〔도주하다〕; 급한 여행; 급하게 훑어 읽기.
scam·pi [skǽmpi] *n.* (*pl.* ~, ~*es*) 참새우; 참새우나 작은 새우를 기름에 튀긴 이탈리아 요리.
***scan** [skæn] *vt.* (*-nn-*) ① (시의) **운율을 고르다**〔살피다〕. ② 자세히 조사하다. ③ (책 등을) 죽 훑어 보다. ④ 〖TV·레이더〗 주사(走査)하다.
Scan., Scand. Scandinavia(n).
‡**scan·dal** [skǽndl] *n.* ① ⓊⒸ **추문**, 의옥(疑獄); 치욕(이 되는 물건·일). ② Ⓤ (세상의) 반감, 분개. ③ ⓊⒸ 중상, 욕. ~**·ize** [-dəlàiz] *vt.* 분개시키다; 중상하다. *be ~ized* 분개하다(*at*). *~**·ous** *a.* **명예롭지 못한**, 못된; 중상적인.
scan·dal·mon·ger [-mʌ̀ŋgər] *n.* 추문을 퍼뜨리는 사람. 「지」.
scándal shèet 《美》 가십 신문 〔잡
Scan·di·na·vi·a [skæ̀ndənéiviə] *n.* 스칸디나비아 (반도); 북유럽. *-**vi·an** *a., n.* ⒸⓊ
scan·di·um [skǽndiəm] *n.* Ⓤ 〖化〗 스칸듐 《금속 원소; 기호 Sc》.
scan·ner [skǽnər] *n.* 정밀히 조사하는 사람; 〖TV〗 주사기(走査機)〔판(板)〕; 주사 공중선.
scan·ning [skǽniŋ] *n.* =SCANSION; 정사(精査); 〖TV·컴퓨터〗 스캐닝; 〖理〗 주사(走査).
scánning dìsk 〔《英》 **dìsc**〕 〖TV〗 주사 원판.
scánning lìne 〖TV〗 주사선.
scan·sion [skǽnʃən] *n.* ⓊⒸ (시의) 운율 분석(scanning); 율독(律讀)(법).
***scant** [skænt] *a., vt.* 불충분한, **모자라는** (*of*); 가까스로의; 인색한; 인색하게 굴다. ∠**·ly** *ad.*
scan·ties [skǽntiz] *n. pl.* 짧은 팬티.
scant·ling [skǽntliŋ] *n.* Ⓤ 오리목.
‡**scan·ty** [skǽnti] *a.* **부족〔결핍〕한**, 모자라는(*of*). **scánt·i·ly** *ad.* **scánt·i·ness** *n.* 「the Allied Powers.
SCAP Supreme Commander for
S.C.A.P.A. Society for Checking the Abuses of Public Advertising.
scape·goat [skéipgòut] *n.* 〖聖〗 (사람 대신의) 속죄의 염소; 남의 죄를 대신 짊어지는 사람. 「쟁이.
scape·grace [∠grèis] *n.* 깡패; 개구
s. caps. 〖印〗 small capitals.
scap·u·la [skǽpjələ] *n.* (*pl.* *-lae* [-li:]) 견갑골(肩胛骨). **scáp·u·lar** *a., n.* 견갑골의; 어깨의; 〖카톨릭〗 어깨에 걸치는 수사의 옷.
‡**scar**[1] [skɑ:r] *n., vt.* (*-rr-*) **상처**(를 남기다); (마음의) 상처. —— *vi.* 흉터를 남기고 낫다.
scar[2] *n.* 《英》 낭떠러지, 벼랑; 암초.
scar·ab [skǽrəb] *n.* 투구벌레의 일종; 그 모양으로 조각한 보석《부적》.
scar·a·mouch [skǽrəmù:ʃ, -màutʃ] *n.* 허세 부리는 겁쟁이; 망나니.
‡**scarce** [skɛərs] *a.* ① **결핍한**, 부족한(*of*). ② 드문, 희귀한. ~ *books* 진서(珍書). *make oneself* ~ 《口》 가만히 떠나(가)다; 결석하다. —— *ad.* 《古》 =SCARCELY. ∠**·ness** *n.*
‡**scarce·ly** [∠li] *ad.* **겨우**; 거의〔좀처럼〕 …아니다. ~ *any* 거의 아무 것도 없다. ~ *... but* …하지 않는 일은 좀처럼 없다. ~ *ever* 좀처럼 …(하지) 않다. ~ *less* 거의 같게. ~ *... when* 〔*before*〕 …하자마자.
***scar·ci·ty** [skɛ́ərsəti] *n.* Ⓤ **결핍**, 부족, 기근; 드묾.
scárcity vàlue 희소가치(稀少價値).
‡**scare** [skɛər] *vt., vi., n.* **으르다**; 겁을 집어먹다; 을러댐; 놀람, 겁냄; 깜짝 놀라(게 하)다; 깜짝 놀라(게 하)는 일. ~ *the pants off* 《口》 놀래다.
scáre bùying 〖經〗 비축(備蓄) 구입.
‡**scare·crow** [∠kròu] *n.* **허수아비**; 넝마를 걸친 사람; 말라깽이.
scare·dy-cat [∠dikæ̀t] *n.* 《口》 겁쟁이.
scare·head [∠hèd] *n.* 《美口》 (신문의) 큰 표제.
scare·mon·ger [∠mʌ̀ŋgər] *n.* 유언비어를 퍼뜨리는 사람.
‡**scarf**[1] [skɑ:rf] *n.* (*pl.* ~*s*, *scarves*) ① **스카프**, 목도리, 어깨걸이. ② 넥타이. ③ 《美》 테이블〔피아노·장농〕보. 「음〔엇붙임〕(하다).
scarf[2] *n., vt.* (목재 따위의) 사모턱 이
scárf jòint 엇턱이음, 접합.
scarf·pin [∠pìn] *n.* 《英》 넥타이 핀.
scarf·skin [∠skìn] *n.* Ⓤ 표피(表皮).
scar·i·fi·er [skǽrəfàiər] *n.* 흙긁기용 농기구; 노면(路面) 파쇄기.
scar·i·fy [skǽrəfài] *vt.* 〖外〗 …에서 피부를 벗겨〔베어〕 내다; 혹평하다, 괴롭히다; (밭을) 일구다.

scar·i·fi·ca·tion [skæ̀rəfikéiʃən] *n.* Ⓤ

scar·la·ti·na [skɑ̀ːrlətíːnə] *n.* =SCARLET FEVER.

‡**scar·let** [skɑ́ːrlit] *n., a.* ⓊⒸ 주홍색(의 옷·예복); (죄악을 상징하는) 주홍빛.

scárlet féver 성홍열.

scárlet létter 주홍 글씨 《옛날 간통자의 가슴에 꿰매 달게 한 붉은 헝겊의 A(=adultery) 자》.

scárlet rúnner 붉은꽃강낭콩.

scárlet ságe =SALVIA.

scárlet tánager 〖鳥〗(북미산의) 풍금새.

scarp [skɑːrp] *n., vt.* 〖築城〗 (해자의) 안쪽 둑(을 만들다); 가파른 비탈(을 만들다).

scarves [skɑːrvz] *n.* scarf¹의 복수.

scar·y [skέəri] *a.* 《口》 겁 많은(timid); 무서운(dreadful).

scat¹ [skæt] *vi.* (*-tt-*) 《口》 《命令形》 빨리 가[꺼져]!, 쉿《고양이를 쫓는 소리》. ── *vt.* 쉿(Scat!)하여 쫓아버리다.

scat² *n., vi.* (*-tt-*) ⓊⒸ 무의미한 음절의 재즈송(을 부르다).

scathe [skeið] *n., vt.* 《古》 해(害)(치다). *without* ~ 무사히. ⁄-**less** *a.*

scath·ing [skéiðiŋ] *a.* 해치는, 호된.

sca·tol·o·gy [skətɑ́lədʒi/-5-] *n.* Ⓤ 외설 연구[취미]; 대변학(大便學).

‡**scat·ter** [skǽtər] *vt., n.* ⓊⒸ 흩뿌리다[기]; 쫓아버리다[기]. *~·**ed** [-d], ~·**ing** [-iŋ] *a.* 산재한, 흩어진, 성긴.

scat·ter·brain [-brèin] *n.* 덤벙이는 [차분하지 못한] 사람.

scátter rùg 소형 융단.

scáup dùck [skɔ́ːp] 〖鳥〗 흥머리오리(widgeon).

scaur [skɑːr, skɔːr] *n.* 《Sc., Ir.》 =SCAR², SCARE.

scav·enge [skǽvəndʒ] *vt., vi.* (시가를) 청소하다. **scáv·en·ger** *n.* 가로 청소인; 썩은 고기를 먹는 동물.

Sc. D. *Scientiae Doctor* (L. =Doctor of Science).

sce·na [ʃéinə] *n.* (It.) (오페라의) 한 장면; 극적 독창곡.

sce·nar·i·o [sinέəriòu, -nɑ́ːr-] *n.* (*pl.* ~*s*) (It.) 〖劇〗 극본(劇本); 〖映〗 각본, 시나리오. **sce·nar·ist** [sinέərist, -nɑ́ːr-] *n.*

†**scene** [siːn] *n.* ① (극의) 장(場) 《생략 sc.》 (cf. act). ② (무대의) 배경이나 세트. ③ (사건 따위의) 장면; 사건; 큰 소동, 추태. ④ (한 구획의) 경치(cf. scenery). ⑤ (*pl.*) 광경, 실황(實況). *behind the ~s* 무대 뒤에서; 음으로, 은밀히. *change of* ~ 장면의 전환[변화]; 전지(轉地). *make a* ~ 활극[큰 소동]을 벌이다; 언쟁하다. *make the* ~ 《美俗》(행사·활동에) 참가하다, 나타나다. *on the* ~ 그 자리[현장]에서. *quit the* ~ 퇴장하다; 죽다.

scene·man [⁄-mən] *n.* 〖劇〗 무대 장치계.

scéne pàinter 배경 화가.

‡**scen·er·y** [síːnəri] *n.* ① ⓊⒸ 〖劇〗 《集合的》 무대 배경(화), 세트. ② Ⓤ 경치, 풍경.

scene·shift·er [síːnʃìftər] *n.* =SCENEMAN.

***sce·nic** [síːnik, sén-] *a.* ① 무대의, 극의; 배경의. ② 풍경의.

scénic ráilway (유원지의) 꼬마 철도《꼬마 열차가 달림》.

sce·no·graph [síːnəgræ̀f/-ɑ̀ː-] *n.* 원근도, 배경도.

‡**scent** [sent] *vt.* ① 냄새 맡다[맡아내다], 알아채다(*out*). ② 냄새를 풍기다; 향수를 뿌리다. ── *n.* ① ⓊⒸ 향기; 냄새. ② Ⓤ 《주로 英》 향수. ③ ⓊⒸ (사냥 짐승이 지나간) 냄새자취, 흔적; 실마리. *follow up the* ~ 뒤를 쫓다. *put* [*throw*] *a person off the* ~ 뒤쫓는 사람을 따버리다, 자취를 감추다. ⁄-**less** *a.* 무취의; 냄새 자취를 남기지 않는.

***scep·ter,** 《英》 **-tre** [séptər] *n., vt.* (왕이 가지는) 홀(笏); (the ~) 왕권(을 주다). ~**ed** [-d] *a.* 홀을 가진; 왕위에 있는.

scep·tic [sképtik], &c. =SKEPTIC, &C.

Scha·den·freu·de [ʃɑ́ːdənfrɔ̀idə] *n.* (G.) 남의 불행을 좋아함.

‡**sched·ule** [skédʒu(ː)l/ʃédjuːl] *n.* ① ⓊⒸ 《美》 예정(표), 기일, 일정; Ⓒ 시간표. ② (본문에 딸린) 별표, 명세표. *on* ~ 예정[시간]대로. ── *vt.* ① 표를[목록을] 만들다, 표[목록]에 올리다. ② 예정하다, 정하다.

Sche·her·a·za·de [ʃəhèrəzɑ́ːdə, -hìər-] *n.* (아라비안 나이트에 나오는) 인도 왕의 아내《매일밤 이야기를 하여 상심한 왕을 위로함》.

sche·ma [skíːmə] *n.* (*pl.* ~*ta* [-tə]) 개요; 설계(도); 도표, 도식; (칸트 철학의) 선험적(先驗的) 도식.

sche·mat·ic [ski(ː)mǽtik] *a.* 도해(圖解)의[에 의한]; 개요의.

sche·ma·tize [skíːmətàiz] *vt.* 도식화하다, 모형적으로 나타내다.

‡**scheme** [skiːm] *n.* ① 안(案), 계획, 방법. ② 획책, 음모. ③ 조직, 기구. ── *vt., vi.* 계획하다; 획책[음모]하다(*for, to* do). **schém·er** *n.* **schem·ing** *a.*

scher·zan·do [skεərtsɑ́ːndou] *ad., a.* (It.) 〖樂〗 스케르찬도, 익살스러운[스럽게].

scher·zo [skέərtsou] *n.* (It.) 〖樂〗 해학곡, 스케르초.

Schíck tèst [ʃik] 〖醫〗 (디프테리아 면역의 유무를 보는) 시크 시험.

Schil·ler [ʃílər], **Johann Christoph Friedrich von** (1759–1805) 독일의 극작가·시인.

schil·ling [ʃíliŋ] *n.* 오스트리아의 화폐 단위《생략 S》.

schism [sízəm] *n.* ⓊⒸ 분열; (교회의) 분립, 분파. **schis·mat·ic** [sizmǽtik] *a., n.* 분열의; 분립론자.

schist [ʃist] *n.* Ⓤ 편암(片岩).

schis·to·some [ʃístəsòum] *n.* 주혈흡충(住血吸蟲).

schiz·o·carp [skízəkɑ̀ːrp] *n.* 〖植〗 분열과(果).

schiz·o·gen·e·sis [skìzədʒénəsis] *n.* Ⓤ 〖生〗 분열 생식.

schiz·oid [skítsɔid] *a.* 정신 분열증의 [비슷한].

S

schiz·o·phre·ni·a [skìtsəfríːniə, skìzə-] *n.* Ⓤ 정신 분열증. **-phrén·ic** *a., n.* 정신 분열증의 (환자).

schiz·o·phyte [skízəfàit] *n.* 〖生〗 분열균 식물.

schle·miel [ʃləmíːl] *n.* 《美俗》 바보; 운이 나쁜 녀석.

schlock [ʃlak/-ɔ-] *a., n.* 《美俗》 싸구려의 (물건); 값싼 (물건).

schmal(t)z [ʃmaːlts] *n.* (G.) 《口》 몹시 감상적인 곡〔작품〕; Ⓤ 감상주의.

Schmídt cámera [ʃmít] 슈미트 카메라 《천체 촬영용의 초광각(超廣角) 카메라》. 「《美俗》 얼간이.

schmo(e) [ʃmou] *n.* (*pl.* ***schmoes***)

schmuck [ʃmʌk] *n.* 《美俗》 얼간이.

schnap(p)s [ʃnæps] *n.* Ⓤ 네덜란드 진 《술》; 독한 술. 「테리어(개).

schnau·zer [ʃnáuzər] *n.* 독일종의

schnook [ʃnuk] *n.* 《美俗》 얼간이, 머저리.

schnor·kel [ʃnɔ́ːrkəl] *n.* =SNORKEL.

schnor·rer [ʃnɔ́ːrər] *n.* 《俗》 거지.

‡schol·ar [skálər/-ɔ́-] *n.* ① **학자.** ② 학도, 학생. ③ 장학생. ***~·ly** *a., ad.* **학자다운**〔답게〕; 학문을 좋아하는; 학식이 있는. ***~·ship** [-ʃip] *n.* Ⓤ **학식**; 장학생의 자격; Ⓒ **장학금.**

scho·las·tic** [skəlǽstik] *a.* ① **학교**(교육)의. ② 학자〔학생〕의; 학자연하는. ③ 스콜라 철학(풍)의. ~ ***year 학년. **—*n.*** (S-, ~) 스콜라 철학자; 현학〔형식〕적인 사람. **scho·lás·ti·cism** [-təsìzəm] *n.* Ⓤ (S-) 스콜라 철학 《중세의 사변(思辨)적 종교 철학》; 교의·방법(론)의 고수(固守).

scho·li·ast [skóuliæ̀st] *n.* (고전의) 주석자.

Schön·berg [ʃə́ːnbə(ː)rg], **Arnold** (1874–1951) (미국에 거주한) 오스트리아의 작곡가. 「떼(를 이루다).

school¹ [skuːl] *n., vi.* (물고기 따위의)

†school² *n.* ① **학교.** ② Ⓤ 수업(시간) (*after* ~ 방과 후). ③ 교사(校舍), 교실(*the fifth-form* ~ 《英》 5학년 교실). ④ 전교 학생. ⑤ 양성소, 학관. ⑥ (대학의) 학부, 대학원. ⑦ 수업(의 장소). ⑧ 학파, 유파(流派). ⑨ 〖樂〗 (대위법) 교(칙)본. ***the old*** ~ 구파. **—*vt.*** 훈련하다, 교육하다. 「한.

schóol àge 학령(學齡); 의무교육 연

school·bag [⌐bæ̀g] *n.* (통학용) 가방.

schóol bòard 교육 위원회.

school·book [⌐bùk] *n.* 교과서.

†school·boy [⌐bɔ̀i] *n.* **남학생.**

schóol bùs 통학 버스.

schóol commìssioner 《美》 장학관, 장학사. 「육 위원회.

schóol commìttee 《美》 (지방의) 교

schóol dày 수업일; (*pl.*) 학교 시절.

schóol dìstrict 학구. 「학우.

school·fel·low [⌐fèlou] *n.* 동창생,

schóol fìgure (피겨스케이트의) 규정 도형(圖形).

†school·girl [⌐gə̀ːrl] *n.* **여학생.**

schóol hòur 수업 시간.

‡school·house [⌐hàus] *n.* **교사(校舍).**

***school·ing** [⌐iŋ] *n.* Ⓤ **교육(비).**

schóol inspèctor 장학관〔사〕.

school·ma'am [⌐mɑ̀m, -mæ̀m], **-marm** [-mɑ̀ːrm] *n.* 《口》=SCHOOLMISTRESS; 학자연하는 여자.

school·man [⌐mən] *n.* (*or* S-) (중세의) (신학) 교수, 스콜라 철학자; 《美》 교사, 선생.

‡school·mas·ter [⌐mæ̀stər/-ɑ̀ː-] *n.* 교사; 교장; 〖魚〗 도미의 일종.

***school·mate** [⌐mèit] *n.* **학우(學友).**

schóol mèal 학교 급식.

school·mis·tress [⌐mìstris] *n.* 여(女)교사〔교장〕. 「정의) 공부방.

‡school·room [⌐rù(ː)m] *n.* **교실;** (가

school·teach·er [⌐tìːtʃər] *n.* (초·중등 학교의) 교사.

school·time [⌐tàim] *n.* Ⓤ 수업 시간; (*pl.*) 학교 시절. 「(성적).

school·work [⌐wə̀ːrk] *n.* Ⓤ 학업

school·yard [⌐jɑ̀ːrd] *n.* 교정(校庭).

schóol yéar 학년도 《미·영에서는 9월에서 6월까지》.

***schoon·er** [skúːnər] *n.* **스쿠너** 《쌍돛〔세 돛〕의 종범(縱帆)식 돛배》; 《美口》 포장 마차; 《美口》 큰 맥줏잔.

Scho·pen·hau·er [ʃóupənhàuər], **Arthur**(1788–1860) 독일의 철학자.

schot·tische [ʃátiʃ/ʃɔtíːʃ] *n.* 폴카 비슷한 댄스(곡).

Schu·bert [ʃúːbəːrt], **Franz**(1797–1828) 오스트리아의 작곡가.

Schu·mann [ʃúːmaːn], **Robert** (1810–56) 독일의 작곡가.

Schú·man plàn [ʃúːmən] 쉬망 플랜 《프랑스 외상 Schuman의 제창에 의한 유럽의 철·석탄의 국제 관리 계획; 1953년 실시》.

Schum·pe·ter [ʃúmpeitər], **Joseph Alois** (1883–1950) 오스트리아 태생의 미국 경제학자.

schuss [ʃu(ː)s] *n., vi.* 〖스키〗 직활강(하다).

schwa [ʃwaː] *n.* 〖音聲〗 쉬와 《애매한 모음 [ə]의 기호명; 히브리어의 *shĕwa*에서 옴》. ***hooked*** ~ 갈고리 쉬와 《[ɚ]의 기호 이름; 이 사전에서는 [ər]로 표시》.

Schweit·zer [ʃváitsər], **Albert** (1875–1965) 프랑스의 철학자·의사·오르가니스트 《아프리카에서, 흑인의 치료·교화에 헌신했음》.

sci. science; scientific.

sci·at·ic [saiǽtik] *a.* 좌골(座骨)의, 볼기의.

sci·at·i·ca [-ə] *n.* Ⓤ 좌골 신경통.

†sci·ence [sáiəns] *n.* ① ⓊⒸ **학문,** 지식. ② Ⓤ (자연) **과학.** ③ Ⓤ (권투 따위의) 기술. ④ (S-) =CHRISTIAN SCIENCE. ***natural*** 〔***social***〕 ~ 자연〔사회〕 과학.

science fíction 공상 과학소설 《생략 SF》.

‡sci·en·tif·ic [sàiəntífik] *a.* ① **과학**의. ② 과학적인; 학술상의; 정확한. ③ 기량이 있는, 숙련된 (*a* ~ *boxer*). **-i·cal·ly** *ad.*

‡sci·en·tist [sáiəntist] *n.* ① (자연)

과학자. ② (S-) Christian Science 의 신자.
sci·fi [sáifái] *a., n.* 《美》 공상 과학 소설(science fiction)(의).
scil. scilicet.
scil·i·cet [síləsèt] *ad.* (L.) 즉, 곧 (namely) 《생략 sc., scil.》.
scim·i·tar, -e·tar [símətər] *n.* (아라비아인 등의) 언월도(偃月刀).
scin·ti·gram [síntəgræ̀m] *n.* 〖醫〗 신티그램《트레이서를 사용한 체내 방사능의 자동적 기록》.
scin·tig·ra·phy [sintígrəfi] *n.* Ⓤ 섬광 계수법 《방사성 물질 추적법의 하나》. 「흔적(trace[1]).
scin·til·la [sintílə] *n.* 불꽃; 번쩍임;
scin·til·late [síntəlèit] *vi.* 불꽃을 내다; 번쩍이다. **scín·til·lant** *a.*
scin·til·la·tion [ㅡléiʃən] *n.* ⓊⒸ 불꽃; 번쩍임; 재기(才氣)의 번득임; 신틸레이션《형광체에 방사선을 대었을 때의 섬광》. 「계수관.
scintillátion cóunter 신틸레이션
sci·o·lism [sáiəlìzəm] *n.* Ⓤ 어설픈, 데앎, 천박한 지식. **-list** *n.*
sci·o·man·cy [sáiəmæ̀nsi] *n.* Ⓤ 영매술(靈媒術).
sci·on [sáiən] *n.* (접목의) 접지(接枝); (귀족 등의) 자손. 「할, 분열.
scis·sion [síʒən, -ʃən] *n.* Ⓤ 절단, 분
scis·sor [sízər] *vt.* 가위로 자르다[도려[베어]내다](*off, out*).
‡**scis·sors** [-z] *n. pl.* ① 《複數取扱》 가위(*a* ~, *a pair of* ~ 가위 한 개). ② 《單數取扱》 〖레슬링〗 가위 조르기. ~ **and paste** 풀칠과 가위질(의 편집). 「질하듯 놀리기.
scíssors kìck 〖水泳〗 다리를 가위
SCLC Southern Christian Leadership Conference.
scle·rom·e·ter [sklərámətər / skliərɔ́mi-] *n.* (광물용) 경도계(硬度計).
scle·ro·pro·tein [sklèrouprόuti:n] *n.* 〖化〗 경단백질(硬蛋白質).
scle·ro·sis [sklərόusis, skliər-] *n.* Ⓤ 〖醫〗 경화(硬化)(증).
scle·rot·ic [sklərátik/skliərɔ́t-] *a., n.* 경성(硬性)의; 경화증의; (눈의) 공막(鞏膜)(의); 경화제(硬化劑).
S. C. M. State Certified Midwife; Student Christian Movement.
***scoff** [skɔ:f, -ɑ-/-ɔ-] *vi., vt., n.* 비웃다(*at*); Ⓤ 비웃음; Ⓒ (the ~) 웃음거리(*of*). **∠·er** *n.* **∠·ing** *a.* **∠·ing·ly** *ad.* 냉소적으로.
scoff·law [∠lɔ̀:] *n.* 《口》 규칙 위반자. **traffic** ~ (상습적) 교통 위반자.
‡**scold** [skould] *vt.* 꾸짖다. ── *vi., n.* 쨍쨍[앙앙]거리다(*at*); 그런 여자. **common** ~ (이웃을 안 꺼리고) 쨍쨍거리는 여자. **∠·ing** *n., a.* ⓊⒸ 잔소리(가 심한).
scol·lop[skáləp/-ɔ́-]*n., v.* =SCALLOP.
sconce[1] [skɑns/-ɔ-] *n.* (벽의) 쑥 내민 촛대.
sconce[2] *n., vt.* 보루(堡壘)(를 만들다); 《諧·俗》 머리; Ⓤ 분별.
sconce[3] *n., vt.* (특히 Oxf. 대학에서 식탁 예법을 어긴 자가) 벌로 한턱 내기《맥주 등》; (벌로서) 한턱내게 하다.
scone [skoun/-ɔn] *n.* 납작한 빵.
***scoop** [sku:p] *n.* ① (밀가루·설탕 뜨는) 국자; 부삽, 석탄삽. ② 한 삽. ③ 구멍; 움폭 팬 곳. ④ 《口》〖新聞〗 스쿠프, 특종. ⑤ 《口》 큰 벌이, 크게 벎. ── *vt.* 푸다, 뜨다(*up*); 도려내다(*out*); 《口》 (타사(他社)를) 특종으로 앞지르다; 크게 벌다. **∠·ful** [∠fùl] *n.* 한 삽[숟갈]분.
scoot [sku:t] *vt., n.* 《口》 휙 달리다[도망치다]; 휙 달림[도망침]. **∠·er** *n.* 스쿠터 《한쪽 발로 땅을 차며 나아가는 어린이용 핸들 달린 스케이트》; (모터) 스쿠터 《소형 오토바이》; 《美》 빙상 겸용 활주 범선.
‡**scope** [skoup] *n.* ① Ⓤ (능력·지식의) 범위. ② Ⓤ (발휘할) 기회, 여지; 배출구. ③ 퍼짐, 지역. ④ Ⓤ 안계; 시계, 시야. ⑤ 《稀》 목표; 목적. ***give a person*** (***ample*** [***full***]) ~ (충분한) 활동의 자유를 주다(*to*). ***seek*** ~ 배출구를 찾다(*for*).
sco·pol·a·mine [skəpáləmì:n, skòupəlǽmin] *n.* Ⓤ 스코폴라민《무통 분만용 마취제》. 「(scurvy)의 [에 걸린].
scor·bu·tic [skɔ:rbjú:tik] *a.* 괴혈병
‡**scorch** [skɔ:rtʃ] *vt., vi.* ① 그슬리다, 태우다; 그을다, 타다. ② (가뭄으로) 말리다, 시들(게 하)다. ③ (*vt.*) (적이 오기 전에) …을 초토화하다. ④ 독이 오르다. ⑤ (*vi.*) 《口》 (차가) 질주하다. ── *n.* 탐, 그을음, 눌음. **~ed** [-t] *a.* 탄. **∠·er** *n.* 태우는 물건[사람]; 《口》 몹시 뜨거운 날, 맹렬한 비난, 혹평; 《口》 (엔진이 과열될 정도로) 질주시키는 사람. **∠·ing(·ly)** *a.* (*ad.*)
scórched éarth pólicy 초토 전술.
‡**score** [skɔ:r] *n.* ① 벤 자리[자국], 상처(자국); (기록·셈을 위한) 새긴 금. ② 계산; (술값 따위의) 셈, 빚. ③ 득점(표) (*win by a* ~ *of 2 to 0*, 2 대 0으로 이기다). ④ (*pl.* ~) 20 (개)《옛날 셈할 때 20까지 막대에 금을 새긴 데서》(*three* ~ *and ten* (인생) 70년); (*pl.*) 다수. ⑤ 성공; 행운; 멋진 응수. ⑥ 이유, 근거(*on that* ~ 그 때문에; 그 점에서). ⑦ 《口》 진상. ⑧ 〖樂〗 총보(總譜), 악보(*in* ~). ⑨ (경기의) 출발선. ***by*** [***in***] **~s** 몇 십이나 되게, 많이. ***go off at*** ~ 전속력으로 달리기 시작하다, (좋아하는 일을) 힘차게 시작하다; 신이 나게 이야기하다. ***keep the*** ~ 점수를 매기다. ***settle*** [***clear, pay off***] ***old*** **~s**, or ***quit the*** **~s** 원한을 풀다(*with*). ***What a*** **~!** 운이 억세게 좋기도 하군! ── *vt.* ① 눈금[벤[칼]자국]을 내다. ② 계산하다, (숫자를) 기록하다. ③ (원한을) 가슴 속에 새기다. ④ 득점하다, (승리를) 얻다, (성공을) 거두다. ⑤ 《美》 말로 해내다, 욱박지르다. ⑥ (곡을) 총보에 기입하다. ── *vi.* 채점하다; 득점하다; 이기다(*against*). ~ ***off*** 《英》 욱박

S

지르다, 해내다. ~ ***out*** 지우다, 삭제하다. ~ ***under*** …글자 밑에 줄을 긋다. ~ ***up*** 기록[기입]하다; 외상으로 달아놓다. **scór·er** *n.* 득점 기록원; 득점자.

***score·board** [ˊbɔ̀:rd] *n.* 득점판.

score·book [ˊbùk] *n.* 득점 기입장(帳), 스코어북.

score·keep·er [ˊkì:pər] *n.* 기록원.

sco·ri·a [skɔ́:riə] *n.* (*pl.* **-ae** [-ì:]) Ⓤ 쇠똥; ⓊⒸ (*pl.*) 화산암 부스러기.

‡**scorn** [skɔ:rn] *n.* ⓊⒸ 경멸(의 대상). ***laugh*** (*a person*) ***to*** ~ 냉소하다. ***hold*** [***think***] ***it*** ~ ***to*** (do) …하는 일을 떳떳하게 여기지 않다. ***think*** ~ ***of*** 경멸하다. —— *vt., vi.* 경멸하다; 떳떳하게 여기지 않다(*to* do). *ˊ·**ful** *a.* *ˊ·**ful·ly** *ad.*

Scor·pi·o [skɔ́:rpiòu] *n.* 〖天〗 전갈(全蠍)자리, 천갈궁(天蠍宮).

***scor·pi·on** [skɔ́:rpiən] *n.* ① 〖動〗 전갈; 도마뱀의 일종. ② 음흉한 사나이. ③ 〖聖〗 전갈 채찍. ④ (the S-) =SCORPIO.

scórpion gràss =FORGET-ME-NOT.

***Scot** [skɑt/-ɔ-] *n.* 스코틀랜드 사람.

scot *n.* Ⓤ 〖史〗 조세; 지불; 벌. ***pay one's*** ~ ***and lot*** 분수에 맞는 세금을 내다.

Scot. Scotch; Scotland; Scottish.

‡**Scotch** [skɑtʃ/-ɔ-] *a.* 스코틀랜드 (사람·말)의. —— *n.* ① Ⓤ 스코틀랜드 말[방언·위스키]. ② (the ~) 《集合的》 스코틀랜드 사람.

scotch [skɑtʃ/-ɔ-] *n., vt.* 얕은 상처(를 입히다); 반죽음시키다; 바퀴 멈추개(로 멎게 하다). 「SHANTER.

Scótch càp ⇨GLENGARRY, TAM-O'-

Scótch cóusin 먼 친척.

Scótch fír 유럽 소나무 (cf. fir).

Scotch-Gael·ic [ˊgéilik] *n.* ⓊⒸ 스코틀랜드의 켈트 말[사람]. 「사람.

Scotch·man [ˊmən] *n.* 스코틀랜드

Scótch míst (스코틀랜드 산지의) 안개비. 「의 일종.

Scótch tápe 〖商標〗 셀로판 테이프

Scótch térrier 짧은 다리·거친 털의 테리어. 「키, 스카치위스키.

Scótch whísky 스코틀랜드산 위스

Scótch wóodcock 달걀과 anchovy 페이스트를 바른 토스트.

scot-free [skɑ́tfrí:/-ɔ́-] *a.* 처벌을[피해를] 모면한; 면세(免稅)의.

Sco·tia [skóuʃə] *n.* 《詩》=SCOTLAND.

‡**Scot·land** [skɑ́tlənd/-ɔ́-] *n.* 스코틀랜드 《대브리튼의 북부》. 「사과).

Scótland Yárd 런던 경찰청(의 수

scot·o·graph [skɑ́təgræ̀f, -grɑ̀:f/skɔ́t-] *n.* 맹인용[암중(暗中)] 사자기(寫字器); 뢴트겐 사진기.

Scots [skɑts/-ɔ-] *a., n.* (the ~) 《集合的》 스코틀랜드 사람; Ⓤ 스코틀랜드의 [말]. 「람.

Scots·man [ˊmən] *n.* 스코틀랜드 사

Scott [skɑt/-ɔ-], **Sir Walter** (1771–1832) 스코틀랜드의 소설가·시인.

Scot·ti·cism [skɑ́tisìzəm/-ɔ́-] *n.* ⓊⒸ 스코틀랜드 어법[사투리, 말투].

***Scot·tish** [skɑ́tiʃ / skɔ́t-] *a., n.* =SCOTCH. 「패.

***scoun·drel** [skáundrəl] *n.* 악당, 깡

***scour**[1] [skauər] *vt., vi., n.* 문질러 닦다[닦기], 갈다[갈기]; 물로 씻어내다[내기], 일소[청소]하다[하기]. ˊ·**ings** *n. pl.* 오물, 찌꺼기.

scour[2] *vi., vt.* 급히 찾아 다니다; 찾아 헤매다; 질주하다.

scour·er [skáuərər] *n.* 《특히》 나일론 수세미.

***scourge** [skə:rdʒ] *n.* ① 매, 채찍. ② 천벌 《유행병·기근·전쟁 따위》. —— *vt.* 매질하다; 벌하다; 몹시 괴롭히다.

‡**scout**[1] [skaut] *n.* ① 정찰병[기·함]. ② 소년[소녀]단원. ③ 《口》 녀석; (경기·예능 따위에서) 신인을 물색하는 사람. —— *vi., vt.* 정찰하다; 소년[소녀]단원으로서 일하다(*for*); (신인을) 물색하다.

scout[2] *vt., vi.* 코웃음치다, 물리[뿌리]치다. 「장갑차.

scóut càr 〖美軍〗 (8인 승의) 정찰용

scóut·ing plàne [ˊiŋ] 정찰기.

scout·mas·ter [ˊmæ̀stər/-ɑ̀:-] *n.* 소년단 단장; 정찰 대장. 「물선.

scow [skau] *n.* 평저(平底) 대형 화

***scowl** [skaul] *n., vi.* 찌푸린 얼굴, 오만상(을 하다)(*at, on*); 잔뜩 찌푸린 날씨(가 되다).

scrab·ble [skrǽbəl] *n., vi., vt.* 갈겨 쓰기[쓰다], 손으로[발로] 비비다[긁다]; 손으로[발로] 비빔[긁음]; (S-) 〖商標〗 글씨 채우기 게임.

scrag [skræg] *n., vt.* (**-gg-**) 말라빠진 사람[동물]; 마른[가는] 부분; 《俗》 …의 목을 조르다. ˊ·**gy** *a.* 말라빠진; 울퉁불퉁한.

scrag·gly [skrǽgli] *a.* 불규칙한; 고르지 않은, 삐죽삐죽한; 단정치 못한.

scram [skræm] *vi.* (**-mm-**) 《口》 도망하다, (나)가다 《주로 命令形》.

‡**scram·ble** [skrǽmbəl] *vi.* ① 기다, 기어 오르다. ② 서로 다투어 빼앗다(*for*). ③ 퍼지다; 불규칙하게 뻗다. —— *vt.* ① (카드패 따위를) 뒤섞다; 그러모으다(*up*). ② 우유[버터]를 넣어 휘저어 익히다. ~***d eggs*** 우유·버터를 섞어 지진 달걀. —— *n.* 기어오름; 쟁탈(전)(*for*). **-bler** *n.* scramble하는 사람[물건]; (비밀 통신의) 주파수대 변환기.

scram·jet [skrǽmdʒèt] (<*super*sonic *c*ombustion *ramjet*) *n.* 초음속 기류를 이용하여 연료를 태우는 램제트.

‡**scrap**[1] [skræp] *n.* ① 작은 조각, 나부랑이, 파편. ② (*pl.*) 남은 것. ③ (*pl.*) (신문 등의) 오려낸 것, 스크랩. ④ Ⓤ 《集合的》 폐물, 잡동사니; (*pl.*) 쇠부스러기, 파쇠. —— *vt.* (**-pp-**) 폐기하다, 부스러기로 하다.

scrap[2] *n., vi.* (**-pp-**) 《口》 주먹다짐[싸움](하다). ˊ·**per** *n.* 《口》 싸움꾼.

***scrap·book** [ˊbùk] *n.* 스크랩북.

‡**scrape** [skreip] *vt.* ① 문지르다, 비

벗메다[벗기다](*away, off*). ② 면도하다; 문질러 만들다. ③ 긁어모으다; (돈을) 푼푼이 모으다. ④ (악기를) 켜다[타다]. —*vi.* ① 문질러지다(*against*); 비벼 스치며 나아가다(*along, past*). ② (악기를) 타다[켜다]. ③ 푼푼이 모으다. ④ 오른발을 뒤로 빼고 절하다. ⑤ 근근히 살아가다(*along*). **～ *an acquaintance*** …의 환심을 사고자 억지로 가까워지다(*with*). **～ *and screw*** 인색하게 절약하다. **～ *down*** 발을 구르며 야유하다; 반반하게 하다. **～ *through*** 간신히 통과[합격]하다. —*n.* ① 문지르는[비비는] 일, 문지른[비빈] 자국. ② 발을 뒤로 빼는 절. ③ 스치는[비비적거리는] 소리; 곤경 《특히, 자초(自招)한》. ***get into a* ～** 곤경에 빠지다. **scráp·er** *n.* 스크레이퍼, 깎는[긁는] 도구; 신흙털개; 가죽벗기는 기구; 구두쇠; 《蔑》 이발사.

scráp hèap 쓰레기 더미, 쓰레기 버리는 곳.

scra·pie [skréipi] *n.* (양(羊)의) 적리(赤痢).

scráp ìron 파쇠, 고철.

scrap·ple [skrǽpəl] *n.* Ⓤ 《美》 잘게 썬 돼지고기 플라이.

scrap·py[1] [skrǽpi] *a.* 부스러기[나부랑이]의, 남은 것의; 단편적인, 지리멸렬한.

scrap·py[2] (<scrap[2]) *a.* 《口》 싸움을 좋아하는.

‡scratch [skrætʃ] *vt., vi.* ① **긁(히)다,** 긋다. ② 우비어 (구멍을) 파다. ③ 지우다, 말살하다. ④ 갈겨 쓰다. ⑤ 근근히 살아가다. ⑥ 그러 모으다(*together, up*). **～ *about*** 뒤져 찾다(*for*). —*n.* ① **긁는 일**[소리]; 긁힌[할퀸] 상처, 찰과상. ② 〖撞〗 어쩌다 맞기. ③ (핸디가 붙는 경주에서, 핸디도 벌칙도 적용되지 않는 자의) 스타트선[시간]; 영(零), 무(無). ④ 휘갈겨 쓰기[씀]. ***come* (*up*) *to the* ～** 《口》 출발 준비가 되다; 소정의 규준에 달하다. ***from* ～** 최초부터; 영[무]에서. ***up to* ～** 표준(역량)에 달하여. —*a.* 《口》 급히[부랴부랴] 그러모은; 급조한; 핸디 없는(*a ～ race*). **scrátch·er** *n.* **ㅗ·y** *a.* 날림의; 갈겨 쓴; (펜 따위가) 긁히는; 주워[그러]모은.

scratch·back [skrǽtʃbæk] *n.* 등긁이.

scrátch còat 초벽, 초벽 바르기.

scrátch hìt 〖野〗 우연히 때린 안타.

scrátch lìne (경기의) 출발선.

scrátch pàd 《美》 떼어쓰게 된 (메모) 용지(《英》 scribbling block).

scrátch pàper 메모 용지.

scrátch tèst 〖醫〗 피부 반응 시험 《알레르기 반응을 시험하는》.

***scrawl** [skrɔ:l] *n., vi., vt.* 갈겨씀; **갈겨쓰다;** 낙서하다.

scrawn·y [skrɔ́:ni] *a.* 야윈, 말라빠진.

screak [skri:k] *vi., n.* 끼익끼익하다[하는 소리, 목소리].

‡scream [skri:m] *vi., vt., n.* **소리치다;** 깔깔대다[대는 소리], **날카로운 소리**(를 지르다, 로 말하다); 《口》 매우 익살스런 사람[물건]. **ㅗ·er** *n.* scream 하는 사람; 《口》 깜짝 놀라게 하는 것 《읽을거리 등》; 《美俗》 〖新聞〗 큼직한 표제(*～er bomb* 음향 폭탄). **ㅗ·ing** *a.*

***screech** [skri:tʃ] *n., vt., vi.* **날카로운 소리**(를 지르다); (끽하는 자동차의) 급정거 소리(를 내다). **ㅗ·y** *a.*

scréech òwl 〖鳥〗 부엉이의 일종.

screed [skri:d] *n.* 긴 이야기[편지].

‡screen [skri:n] *n.* ① 병풍; **칸막이,** 장지, 칸막이 커튼. ② **막**(幕); 영사막, (the ～) 영화. ③ 〖TV〗 화면. ④ 망(網); 어레미. ⑤ 전위 부대[함대]. ***folding* ～** 병풍. ***mosquito* ～** 방충망. —*vt.* ① **가리다,** 가로막다, 두둔하다(*from*); 간막다. ② (모래·석탄 따위를) **체질하여 가려내다;** (적격) 심사하다. ③ 영사[상영]하다, 촬영[영화화]하다. —*vi.* 영화에 맞다(*She ～s well.* 그녀는 화면에 잘 받는다); 상영할 수 있다.

screen·ing [ㅗiŋ] *n.* ⓊⒸ 체질하기; 심사; 가리기, 차폐; (*pl.*) (*sing & pl.*) 체질한 찌끼.

screen·play [ㅗplèi] *n.* 〖映〗 시나리오, 대본.

scréen tèst 영화 배우의 적성[배역] 심사.

screen·wip·er [ㅗwàipər] *n.* 《英》 = WINDSHIELD WIPER.

screen·writ·er [ㅗràitər] *n.* =SCENARIST.

‡screw [skru:] *n.* ① **나사**[못]; 한 번 비틀기[죔]. ② (배의) **스크루,** 추진기. ③ (보통 the ～) 압박, 강제. ④ 구두쇠. ***a* ～ *loose*** 느즈러진 나사, 고장. ***put the* ～ *on,*** or ***apply the* ～ *to*** …을 압박하다, 괴롭히다. —*vt.* ① 비틀어 [꽉] 죄다. ② (용기 따위를) 분발시키다; 굽히다. ③ (얼굴을) 찡그리다. ④ (값을) 억지로 깎다(*down*); 무리하게 거두다[이야기시키다, 단념시키다]. ⑤ 괴롭히다. 「《俗》 괴짜.

screw·ball [ㅗbɔ̀:l] *n.* 〖野〗 곡구; 《美

screw·driv·er [ㅗdràivər] *n.* 드라이버, 나사돌리개; 칵테일의 일종.

scréw jàck (나선)잭, 간이 기중기.

scréw propèller (배·항공기 따위의) 추진기, 스크루.

scréw tàp 수도 꼭지.

screw-topped [ㅗtàpt/ㅗɔ-] *a.* (돌리는 마개용의) 나삿니 달린 《병 따위》.

scréw wrènch [**spànner**] (자재) 나사돌리개, 스패너.

screw·y [ㅗi] *a.* 《美俗》 머리가 돈.

***scrib·ble** [skríbl] *n., vt., vi.* **갈겨 씀**[쓰다], 낙서(하다) (*No scribbling.* 낙서 금지《게시》). **scríb·bler** *n.* 갈겨 쓰는 사람; 잡문 쓰는 사람.

scribe [skraib] *n.* 필기자; 〖史〗 서기; 저술가.

scrim [skrim] *n.* Ⓤ 올이 성긴 무명[삼베] 《커튼용》.

scrim·mage [skrímidʒ] *n., vi., vt.* 격투, 드잡이(하다); 〖럭비〗 스크럼(을 짜다)(scrummage).

scrimp [skrimp] *vt.* 긴축하다; (음식 등을) 바짝 줄이다. —*vi.* 인색하게 굴다, 아끼다. **ㅗ·y** *a.* 부족한;

인색한.

scrip[1] [skrip] *n.* 종이 쪽지; 《美》 메모, 적요; 가(假)주권, 가증권; 영수증; 점령군의 군표; 〖美史〗 1달러 이하의 소액 지폐. 「바랑(wallet).

scrip[2] *n.* 《古》 (순례자의) 보따리,

scrip·sit [skrípsit] (L.=he 〔she〕 wrote) …씀《원고의 끝, 필자의 서명 뒤에 씀》.

‡**script** [skript] *n.* ① Ⓤ 손으로 쓴 것, 필기(글씨), 필기체 활자. ② 〖法〗 원본, 정본(cf. copy). ③ 방송 원고; 각본, 대본. —— *vt.* 각색하다, (이야기를) 시나리오화하다. ∠-**er** *n.* =SCENARIST. 「독의 비서).

scrípt gìrl 〖映〗 「스크립트 걸」《감

scrip·ture** [skríptʃər] *n.* 경전(經典), 성전. ***(Holy) S-, the Scriptures 성서(聖書)(the Bible). **scríp·tur·al** *a.* 성서의. 「송의) 대본 작자.

script·writ·er [∠ràitər] *n.* (영화·방

scrive·ner [skrívnər] *n.* 《古》 대서인(代書人); 공증인(公證人).

scrod [skrɑd/-ɔ-] *n.* 《美》 새끼 대구(의 세로 찢은 고기).

scrof·u·la [skrɔ́:fjulə, -ɑ́-/-ɔ́-] *n.* Ⓤ 〖醫〗 연주창. **scróf·u·lous** *a.* 연주창에 걸린; 타락한.

***scroll** [skroul] *n.* ① 족자. ② 소용돌이 장식〔무늬〕. ③ 수결(手決).

scróll sàw 실톱.

scroll·work [∠wə̀:rk] *n.* Ⓤ 소용돌이 장식, 당초(唐草) 무늬.

Scrooge [skru:dʒ] *n.* 수전노 《C. Dickens 작품의 한 주인공 이름》.

scroop [skru:p] *vi., n.* Ⓤ 끼익끼익하다〔하는 소리〕.

scro·tum [skróutəm] *n.* (*pl.* ***-ta*** [-tə]) 음낭(陰囊). 「다(pilfer).

scrounge [skraundʒ] *vi., vt.* 후무리

‡**scrub**[1] [skrʌb] *vt., vi.* (***-bb-***), *n.* 박박 문지르다〔비비다, 닦다〕; 그렇게 하기; 뼈빠지게 일하다〔하는 사람〕; 〖로켓〗 미사일 발사(를) 중지(하다).

scrub[2] *n., a.* Ⓤ 덤불, 관목(숲); Ⓒ 자잘한(것, 사람); 《美口》 2류의 (선수). ∠·**by** *a.*

scrub·ber [skrʌ́bər] *n.* ① 청소원; 갑판 청소원. ② 솔, 수세미, 걸레; 가스 정제 장치.

scrúb brùsh 세탁솔, 수세미.

scrub·wom·an [∠wùmən] *n.* =CHARWOMAN.

scruff [skrʌf] *n.* 목덜미(nape).

scrum [skrʌm], **scrum·mage** [skrʌ́midʒ] *n., v.* =SCRIMMAGE.

scrump·tious [skrʌ́mpʃəs] *a.* 《口》 멋진, 훌륭한.

scru·ple** [skrú:pl] *n.* ① ⓊⒸ 망설임; 주저. ② 《藥量單位》 스크루플(=20 grains=1/3 dram =1.296g). ③ 미량(微量). ***make no ~ to (do) 예사로 …(하다). ***man of no ~s*** 못된 짓을 예사로 하는 사람. ***without ~*** 예사로, 태연히. —— *vt., vi.* 주저하다(hesitate)(*to* do).

***scru·pu·lous** [skrú:pjələs] *a.* ① 고지식한; 양심적인. ② 주의 깊은, 신중한; 정확한. ~·**ly** *ad.* ~·**ness** *n.*

scru·ti·neer [skrù:təníər] *n.* 《주로 英》 검사자; (특히) 투표 검사인.

***scru·ti·nize** [skrú:tənàiz] *vt., vi.* ① 자세히 조사하다. ② (사람을) 뚫어지게〔빤히〕 보다.

***scru·ti·ny** [skrú:təni] *n.* ⓊⒸ 정밀 검사, 음미; 유심히 보는 일.

scu·ba [skú:bə] (<*self-contained underwater breathing apparatus*) *n.* 잠수 호흡기, 스쿠버(~ ***diving***).

scud [skʌd] *n., vi.* (***-dd-***) 질주(하다); 지나가는 비. 「제 지대지 미사일》.

Scúd mìssile 스커드 미사일《소련

scuff [skʌf] *vi., n.* 발을 질질 끌며 걷다, 그 소리; 슬리퍼.

scuf·fle [skʌ́fl] *n., vi.* 격투〔난투〕(하다); =SCUFF.

scuf·fler [skʌ́flər] *n.* 경운기.

scug [skʌg] *n.* 《英學生俗》 존재가 희미한 학생.

scull [skʌl] *n.* 고물에 달아 좌우로 저어 나아가는 외노; 스컬노 《혼자서 양손에 하나씩 쥐고 저음》; 그것으로 젓는 경조(競漕) 보트. ∠·**er** *n.*

scul·ler·y [skʌ́ləri] *n.* (부엌의) 설거지간. 「데기, 접시닦이.

scul·lion [skʌ́ljən] *n.* 《英古》 부엌

sculp·sit [skʌ́lpsit] (L.=he 〔she〕 sculptured) …조각함《조각자의 서명 다음에 씀》.

sculp(t). *sculpsit* (L. =he (*or* she) carved it); sculptor; sculpture.

sculp·tor** [skʌ́lptər] *n.* (*fem.* ***-tress [-tris]) 조각가.

‡**sculp·ture** [skʌ́lptʃər] *n., vt.* Ⓤ 조각(술); Ⓒ 조각품; 조각하다. ~**d** [-d] *a.* 조각된. **scúlp·tur·al** *a.*

sculp·tur·esque [skʌ̀lptʃərésk] *a.* 조각〔조상(彫像)〕과 같은.

scum [skʌm] *n., vi., vt.* (***-mm-***) Ⓤ (표면에 뜨는) 찌끼, 더껑이(가 생기다, 를 건져내다); 찌꺼기; 인간 지스러기. ∠·**my** *a.* 뜬 찌끼투성이의, 찌꺼기의; 비열한.

scum·ble [skʌ́mbəl] *vt.*(색채를) 부드럽게 하다, 바림하다. —— *n.* 바림(에 쓰는 그림물감).

scup [skʌp] *n.* 〖魚〗 붉은도미. 「구.

scup·per [skʌ́pər] *n.* (갑판의) 배수

scup·per·nong [-nɔ̀:ŋ, -ɑ̀-/-ɔ̀-] *n.* (미국 남부산) 포도의 일종; Ⓤ 그것으로 만든 백포도주. 「*a.*

scurf [skə:rf] *n.* Ⓤ 비듬; 때. ∠·**y**

scur·ril·ous [skə́:rələs/skʌ́r-] *a.* 쌍스러운, 입이 건〔사나운〕. ~·**ly** *ad.* ~·**ness** *n.* **scur·ríl·i·ty** *n.* ⓊⒸ

***scur·ry** [skə́:ri, skʌ́ri] *vi., vt., n.* 서두르다〔름〕; (특히 말타고) 달림; 달리다. 「*a.* 상스러운, 야비한.

scur·vy [skə́:rvi] *n.* Ⓤ 괴혈병. ——

scut [skʌt] *n.* (토끼 따위의) 짧은 꼬리; 《美俗》 비열〔야비〕한 사람.

scutch·eon [skʌ́tʃən] *n.* =ESCUTCHEON. 「롯〔통〕.

***scut·tle**[1] [skʌ́tl] *n.* (실내용) 석탄 그

scut·tle[2] *vi.* 허둥지둥 달리다〔도망치다〕. —— *n.* 급한 걸음; 줄행랑.

scut·tle[3] *n.* (뱃전·갑판·지붕·벽 등의) 작은 창(의 뚜껑). ── *vt.* 구멍을 내어 (배를) 침몰시키다; (희망·계획을) 포기하다.

scuz·zy [skʌ́zi] *a.* 《美俗》 던적스러운, 초라한.

Scyl·la [sílə] *n.* 큰 소용돌이 CHARYBDIS를 마주보는 이탈리아 남단의 큰 바위《전설에서 의인화된 여괴(女怪)》. ***between ~ and Charybdis*** 진퇴 양난하여.

***scythe** [saið] *n., vt.* (자루가 긴) 큰 낫(으로 베다); 〖로史〗 (chariot의) 수레바퀴에 단 낫.

Scyth·i·an [síðiən, -θ-] *a.* (흑해 북부의 옛나라) 스키티아(Scythia) (사람·말)의. ── *n.* CU 스키티아 사람〔말〕.

S/D sight draft. **S.D.** *Scientiae Doctor* (L. =Doctor of Science). **S.D., s.d.** standard deviation 〖統〗 표준 편차. **s.d.** *sine die.* **S.D., S. Dak.** South Dakota.

'sdeath [zdeθ] *int.* 《古》 에이, 염병을 할!; 에이 지겨워!

SDP Social Democratic Party. **SDR** special drawing rights (IMF의) 특별 인출권. **Se** 〖化〗 selenium. **SE, S.E., s.e.** southeast.

†**sea** [si:] *n.* ① 바다. ② UC 큰 물결; 놀(*a high ~*). ③ 호수(*the S- of Galilee*). ④ (광대한) 퍼짐, …바다; 일대, 온통, 다량, 다수(*a ~ of blood, troubles, faces, &c.*). ***at ~*** 항해 중에; 할 바를 모르고. ***by ~*** 배〔해로〕로. ***follow the ~,*** or ***go to ~*** 선원〔뱃사람〕이 되다. ***full ~*** 만조. ***half(-)seas(-)over*** 항정(航程)의 절반을 끝내고〔마치어〕; 《俗》 얼근히 취하여. ***on the ~*** 배를 타고, 해상에(서), 해변에. ***put (out) to ~*** 출범〔출항〕하다. ***the seven ~s*** 칠대양(七大洋).

séa anémone 〖動〗 말미잘.

séa bàss 〖魚〗 돗돔류의 물고기.

séa bàthing 해수욕.

sea·beach [∠bì:tʃ] *n.* 해변.

sea·bed [∠bèd] *n.* 해저.

Sea·bee [sí:bì:] (<*C. B.* (=construction battalion)) *n.* 《美》 해군 건설대원.

séa bìrd 바닷새, 해조.

sea·board [∠bɔ̀:rd] *n.* 해안(선), 해안 지방.

sea-born [∠bɔ̀:rn] *a.* 바다에서 태어난〔생겨난〕.

sea·borne [∠bɔ̀:rn] *a.* 배로 운반된; 해상 수송의.

séa brèam 도미(류).

séa brèeze (시원한) 바닷바람.

séa càlf 〖動〗 바다표범.

séa chànge 바다〔조수〕에 의한 변화; 변화, 변모. ***suffer a ~*** 변화〔변모〕하다 《Sh., *Tempest*》.

séa chèstnut =SEA URCHIN.

***sea·coast** [∠kòust] *n.* 해안(선).

sea·cop·ter [∠kὰptər/-ɔ̀-] *n.* 수륙양용 헬리콥터.

séa còw 〖動〗 듀공; 해마.

séa cùcumber 해삼.

sea·cul·ture [∠kʌ̀ltʃər] *n.* U 해산물의 양식(養殖).

séa dòg 바다표범의 일종; 노련한 선원; 해적.

sea·drome [∠dròum] *n.* 〖空〗 수상기의 부유(浮遊) 공항.

sea-ear [∠ìər] *n.* 〖貝〗 전복.

séa èlephant 〖動〗 해마.

sea·far·er [∠fɛ̀ərər] *n.* 뱃사람. **-far·ing** *a., n.* U 선원을 직업으로 하는 (일), 선원 생활; UC 바다 여행.

séa fàrming 수산물 양식.

séa fìght 해전.

sea·flow·er [sí:flàuər] *n.* 말미잘.

sea·food [∠fù:d] *n.* UC 해산물, 어개(魚介).

sea·fowl [∠fàul] *n.* =SEA BIRD.

sea·front [∠frʌ̀nt] *n.* (도시·건물의) 바다로 향한 면; 해안 거리.

sea·girt [∠gə̀:rt] *a.* 바다로 둘러 싸인.

sea·go·ing [∠gòuiŋ] *a.* 배로 가는; 원양 항해에 알맞은.

séa gréen 바다빛, 청녹색.

sea-green [sí:grí:n] *a.* 청녹색의.

séa gùll 갈매기.

séa hòg 돌고래.

séa hòrse 〖神話〗 해마(海馬); 〖魚〗 해마; 〖動〗 해마(walrus).

séa kàle 평지과의 식물《유럽 해안산》.

séa kìng (중세 북유럽의) 해적왕.

‡**seal**[1] [si:l] *n.* 바다표범, 물개, 강치; U 그 털가죽. ***fur ~*** 물개. ── *vi.* 바다표범 사냥을 하다.

‡**seal**[2] *n.* ① 인(印), 인장; 도장. ② 봉인(지), 입막음, 함구. ③ 확증, 보증; 표시, 징후. ***break the ~*** 개봉하다. ***Lord (Keeper of the) Privy S-*** 국새 상서(國璽尙書). ***put*** 〔***set***〕 ***one's ~*** 날인〔인가·보증〕하다(*to*). ***~ of love*** 사랑의 표시《입맞춤·결혼 따위》. ***the Great S-*** 국새. ***under*** 〔***with***〕 ***a flying ~*** 개봉하여. ── *vt.* ① 날인〔조인〕하다; 확인〔보증·검인〕하다. ② (봉랍(封蠟) 따위로) 봉인〔밀폐〕하다(*up*); 에워싸다, 움직이지 못하게 하다. ③ (아무의 입을) 틀어막다. ④ 확정하다.

Sea·lab [sí:læb] *n.* 《美》 해저 실험실.

séa làne 항로.

seal·ant [sí:lənt] *n.* 밀봉제(密封劑).

séa làws 해사(海事) 법규.

séa làwyer 〖海〗 말 많은〔이론을 내세우는〕 선원; 성가신 사람(cf. ⇧).

sealed [si:ld] *a.* 봉인한.

séaled bóok 내용 불명의 책〔일〕; 비밀.

séaled órders 봉함 명령.

séa lègs (*pl.*) 배가 흔들려도 예사로 걷기.

seal·er[1] [sí:lər] *n.* 바다표범잡이 어부〔어선〕.

seal·er[2] *n.* 날인자; 도량형 검사관.

sea-let·ter [sí:lètər] *n.* (전시의) 중립국 선박 증명서.

séa lèvel 해면 (*above ~* 해발).

séa lìly 〖動〗 갯나리.

seal·ing [sí:liŋ] *n.* 봉인(함), 날인(함).

sealing wàx 봉랍(封蠟).

séa lìon 〖動〗 강치 《태평양산》.

séal rìng 도장이 새겨진 반지.

seal·skin [sí:lskìn] *n.* U 바다표범 가죽; C 그것으로 만든 의복.

Sea·ly·ham [sí:lihæ̀m] *n.* 테리어 개의 일종.
‡**seam** [si:m] *n.* ① 솔기; 갈라진 틈. ② 상처 자국. ③ 〖解〗 봉합선(線); 얇은 층. ── *vt., vi.* 꿰매[이어] 맞추다; 틈[금]을 내다[이 생기다], …에 솔기를 내다. ∠·**less** *a.*
sea·maid [sí:mèid], **-maid·en** [-mèidn] *n.* 《詩》 인어; 바다의 요정.
‡**sea·man** [sí:mən] *n.* **뱃사람, 수병.** ∼·**like,** ∼·**ly** *a.* ∼·**ship** [ʃìp] *n.* Ⓤ 항해 기술.
séaman appréntice 《美》 1등 수병.
séaman recrúit 《美》 2등 수병.
sea·mark [∠mɑ̀:rk] *n.* 항로 표지; 만조선(線).
*__sea·men__ [sí:mən] *n.* seaman 의 복수.
séa mèw 갈매기.
séa mìle =NAUTICAL MILE.
sea·mount [sí:màunt] *n.* 〖地〗 해산(海山).
seam·stress [sí:mstris/sém-] *n.* 여자 재봉사, 침모.
seam·y [sí:mi] *a.* 솔기가 있는[드러난]; 보기 흉한; 이면의. ***the* ∼ *side*** (옷의) 안; (사회의) 이면, 암흑면《Sh., *Othello*》.
se·ance, *sé·ance* [séiɑ:ns] *n.* (F.) (개회 중인) 회(會); (특히) 강신술(降神術)의 회.
séa òtter 〖動〗 해달.
séa pàrrot 바다오리의 일종(puffin).
sea·piece [sí:pì:s] *n.* 바다 그림.
sea·pig [sí:pìg] *n.* 돌고래; 듀공(dugong).
séa pìnk 〖植〗 아르메리아.
sea·plane [∠plèin] *n.* 수상 비행기.
séa plànt 해초.
‡**sea·port** [∠pɔ̀:rt] *n.* **항구; 항구 도시.**
séa pòwer 해군력; 해군국(國).
sear [siər] *vt., vi.* 태우다, 타다, 그을(리)다; (양심 따위) 마비시키다[되다]; 시들(게 하)다. ── *n.* 탄[눌은] 자국. ── *a.* 시든, 말라죽은. ***the* ∼ *and yellow leaf*** 노경, 늘그막《Sh., *Macb.*》.
‡**search** [sə:rtʃ] *vt.* ① **찾다**; 뒤지다, 조사하다. ② (상처를) 찾다, (마음을) 탐색하다 [떠보다]. ── *vi.* 찾다 (*after, for*). ***S- me!*** 《口》 =I don't know. ∼ ***out*** 찾아 내다. ── *n.* 수색, 탐색. ***in* ∼ *of*** …을 찾아. ∠·**er** *n.* 탐색자; 검사관; 〖醫〗 탐침(探針). *∠·**ing** *n., a.* Ⓤ **수색;** 엄중[엄격]한; 날카로운. ∼***ings of heart*** 양심의 가책.
search-and-de·stroy [∠ən*d* distrɔ́i] *a.* 게릴라를 이잡듯 소탕하는 (∼ *operation* 수색 섬멸 작전).
search·light [∠làit] *n.* 탐조등.
séarch pàrty 수색대.
séarch wàrrant 가택 수색 영장.
séa ròbber 해적.
séa ròute 해로.
séa ròver 해적(선).
sea·scape [sí:skèip] *n.* 바다 풍경(화).
sea·scout [∠skàut] *n.* 해양 소년 단원; (*pl.*) 해양 소년단.

séa sèrpent 큰바다뱀《가상적인 동물》; 물뱀.
séa shèll 조가비.
‡**sea·shore** [∠ʃɔ̀:r] *n.* 해안.
*__sea·sick__ [∠sìk] *a.* 뱃멀미하는. ∼·**ness** *n.* 뱃멀미.
‡**sea·side** [∠sàid] *n., a.* **해변(의).**
†**sea·son** [sí:zən] *n.* ① **철, 계절.** ② 한물, 제철, **한창 때;** 호기. ③ 《英口》 정기권(season ticket). ***at all* ∼*s*** 1년 내내. ***close*** [***open***] ∼ 금[수]렵기. ***dead*** [***off***] ∼ 제철이 아닌 시기, 비철. ***for a* ∼** 잠시. ***in good* ∼** 때마침; 제때에 맞춰. ***in* ∼** 마침 알맞은 때의, 한물의, 한창의; 사냥철인. ***in* ∼ *and out of* ∼** 항상. ***out of* ∼** 제철이 아닌, 철지난; 호기를 놓치어; 한물이 간[지난]; 금렵기인. ***the London* ∼** 런던의 사교 계절《초여름》. ── *vt.* ① 익히다; 단련하다; (재목을) 말리다. ② 간을 맞추다 (*highly* ∼*ed dishes* 매운 요리). ③ 흥미를 돋구다. ④ 누그러뜨리다. ── *vi.* ① 익숙해지다, 익다. ② (재목 등이) 마르다. ∼**ed** [-d] *a.* 익은, (목재 따위) 말린; 익숙한, 단련한; 풍미를 곁들인; 조절[가감]한.
sea·son·a·ble [sí:zənəbəl] *a.* 계절[철]에 맞는; 때에 알맞은; 순조로운.
*__sea·son·al__ [sí:zənəl] *a.* **계절의;** 때에 맞는; 계절에 의한. ∼·**ly** *ad.* 계절적으로.
sea·son·er [sí:zənər] *n.* 양념치는 사람; 조미료; 양념.
sea·son·ing [sí:zəniŋ] *n.* Ⓤ 조미; Ⓒ 조미료, 양념; 가미(加味)(물); Ⓤ 완화제; 건재(乾材)(법).
séason tícket 《英》 정기권.
séa stàr =STARFISH.
†**seat** [si:t] *n.* ① **자리, 좌석.** ② 의자; (의자의) 앉는 부분, (바지의) 궁둥이. ③ 예약석(席), 의석; 의원의 지위. ④ 왕위, 왕권. ⑤ (말)타기. ⑥ 소재지(*the* ∼ *of war* 싸움터); 중심지; 별장. ── *vt.* ① (자리에) **앉게 하다;** 좌석을[지위를] 주다. ② …사람분의 좌석을 가지다(*The theater will* ∼ *1,200.*), …명분의 설비를 하다(*The Public Hall is* ∼*ed for 3,000.*). ***be* ∼*ed*** 앉다(*Pray be* ∼*ed.* 앉아 주십시오); 앉아 있다. ∼ ***oneself*** 착석하다. ∠·**er** *n.* …인승(人乘)(*four-*∼*er,* 4인승). ∠·**ing** *n.* Ⓤ 착석(시킴); 수용력; 의자의 재료; 승마 자세.
séat bèlt (여객기의) 좌석 벨트.
seat·mate [∠mèit] *n.* (탈것 등의) 옆자리 사람, 동석자.
SEATO [sí:tou] *n.* 동남아시아 조약 기구 (cf. NATO).
Se·at·tle [si:ǽtl] *n.* 미국 Washington 주의 항구 도시.
séa ùrchin 〖動〗 섬게.
séa wàll (해안의) 방파벽(防波壁).
*__sea·ward__ [sí:wərd] *n., a., ad.* **바다쪽(의, 으로).**
sea·wards [∠wərdz] *ad.* =SEAWARD.
séa wàter 바닷물.

sea·way [ˊwèi] *n.* UC 항로; 항행; 거친 바다(*in a* ~ 파도에 시달려).
***sea·weed** [ˊwìːd] *n.* UC **해초, 바닷말.**
sea·wor·thy [ˊwəːrði] *a.* (배가) 항해에 알맞은, 내항성(耐航性)이 있는.
se·ba·ceous [sibéiʃəs] *a.* 기름의〔이 많은〕; 지방(질)의.
SEbE southeast by east 남동미동.
SEbS southeast by south 남동미남.
SEC Securities and Exchange Commission 《美》 증권 거래 위원회.
sec[1] [sek] *n.* 《口》 초(秒).
sec[2] *a.* (F.) 맛이 쓴(dry) 《포도주 따위》.
sec. secant; second(s); secretary; section(s).
se·cant [síːkənt, -kænt] *n.* 〖幾〗 할선(割線); 〖三角〗 시컨트 《생략 sec.》.
sec·a·teurs [sékətəːrz] *n. pl.* 《주로 英》(한손으로 쓰는) 전정 가위.
se·cede [sisíːd] *vi.* 탈퇴〔분리〕하다 (*from*).
se·cern [sisə́ːrn] *vt.* 구별하다.
se·ces·sion [siséʃən] *n.* UC 탈퇴, 분리(*from*); (S-) U 〖美史〗 (남북 전쟁의 원인이 된) 남부 11주의 분리. **~·ism** [-ìzəm] *n.* (종종 S-) 〖美史〗 분리론〔주의〕; 〖建〗 시세션식《인습 탈피에 의한 직선 (존중)주의》. **~·ist** *n.*
***se·clude** [siklúːd] *vt.* **격리하다;** 은퇴시키다. **se·clúd·ed(·ly)** [-id(li)] *a.* (*ad.*) 인가에서 멀리 떨어진〔져〕, 외진〔외져〕; 은퇴한〔하여〕. ***se·clú·sion** [-ʒən] *n.* U **격리;** 은퇴. **se·clú·sive** *a.*
Sec·o·nal [sékənɔ̀ːl] *n.* 〖商標〗 세코날《수면약》.
†**sec·ond**[1] [sékənd] *a.* ① **제 2 의,** 두번째의, 2등의, 2위의, …다음〔의 버금〕가는, 부수적인 (*to*). ② (a ~) 또 하나의, 다른. ③ 다음의, 보조〔대용〕의. ***a ~ time*** 다시. ***every ~ day*** 하루 걸러. ***in the ~ place*** 둘째로. (*be*) ***~ to none*** 누구〔무엇〕에도 못(하)지 않은. ── *ad.* 둘째로. ── *n.* ① **두 번째,** 둘째(의 것); 2등〔차점〕의 것; 제2의 것, 부본; 이등차. ② 조수; (결투·권투의) 입회자, 세컨드; 다른 사람, 후원자. ③ (*pl.*) 2급품, 2급 밀가루(의 빵); 2루(壘). ④ 〖樂〗 2도 (음정); (흔히) 알토. ***~ of exchange*** (환의) 제2 어음. ── *vt., vi.* ① 보좌하다; (권투 선수 등의) 세컨드 노릇을 하다. ② (제안에) 찬성하다.
†**sec·ond**[2] *n.* **초** 《시간·각도의 단위》. ***in a ~*** 삽시간에.
Sécond Ádvent 예수의 재림.
‡**sec·ond·ar·y** [sékəndèri/-dəri] *a.* ① **둘째의,** 제2(위)의. ② 부(副)의; 보조의. ③ 중등의. ── *n.* ① 둘째의 사람. ② 보조자, 대리자. ③ 〖文〗 2차어 《형용사 상당어(구): *school* boy》.
sécondary áccent〔**stréss**〕 제2 악센트.
sécondary educátion 중등 교육.
sécondary índustry 제2차 산업.
sécondary schòol 중등 학교.
sécond bállot 결선 투표.
sécond báse 《보통 無冠詞單數》〖野〗 2루.
sec·ond-best [-bést] *a., n.* 둘째로 좋은 (것), 제2위의 (것). ***come off ~*** 2위가 되다.
sécond chámber 상원(上院).
sécond chíldhood 망령, 노망.
sec·ond-class [-klǽs/-áː-] *a., ad.* 2등의〔으로〕; 이류의.
Sécond Cóming =SECOND ADVENT.
sécond cróp 그루갈이, 이작(裏作).
sec·ond·er [sékəndər] *n.* 후원자; (동의의) 찬성자.
sécond estáte 《英》 (상원) 귀족 의원; (프랑스의) 귀족.
sécond fíddle 제2 바이올린; 보좌역. ***play ~*** 보좌하다.
sécond flóor 《美》 2층; 《英》 3층.
sec·ond-gen·er·a·tion [sékənd-dʒènəréiʃən] *a.* 2세의; 〖컴퓨터〗 제2세대의 《고체 소자(素子) 반도체를 쓰는 컴퓨터에 대해》.
***sécond hánd** (시계의) **초침.**
***sec·ond·hand** [-hǽnd] *a.* ① 두번째의; **간접의,** 전해〔얻어〕들은, (남의 학설·의견을) 되팔아 먹는. ② **중고의,** 헌; 헌 물건을 파는.
sécond lieuténant 소위.
***sec·ond·ly** [sékəndli] *ad.* **둘째〔두번째〕로.**
sécond náture 제2의 천성 《습성》.
sécond pápers 《美》 제2차 서류 《미국에 귀화하는 최종 신청서》.
sécond pérson 〖文〗 (제)2인칭.
sec·ond-rate [-réit] *a., ad., n.* 2류의〔로〕, …만 못한; 2등품; 범인(凡人); 2등 전함(戰艦).
sécond síght 천리안; 선견지명.
sec·ond-sight·ed [-sáitid] *a.* 선견지명이 있는.
séc·ond-stó·ry màn [sékəndstɔ́ːri] 《口》 =CAT BURGLAR.
sec·ond-strike [sékəndstràik] *a.* 최초 반격용의 《핵무기가 숨겨져 있어서 핵공격의 보복용이 되는》.
sécond thóughts 재고(再考).
sécond wínd (격심한 운동 뒤의) 되돌린 숨, 원기의 회복.
‡**se·cre·cy** [síːkrəsi] *n.* UC **비밀(성);** 기밀 엄수 (능력).
†**se·cret** [síːkrit] *a.* ① **비밀〔기밀〕의;** 비밀을 지키는. ② 숨은, 외딴, 으슥한. ③ 신비스러운. ── *n.* ① CU **비밀,** 기밀(*in ~* 비밀히). ② 비법, 비결. ③ (*pl.*) (대자연의) 신비, 기적. ④ (*pl.*) 음부. ***be in the ~*** 기밀을 알고 있다. ***let a person into the ~*** 비밀을 밝히다; 비법을 가르치다. ***open ~*** 공공연한 비밀. ‡**~·ly** *ad.* **비밀로〔히〕.**
sécret ágent 첩보원, 정보원, 간첩.
sec·re·tar·i·al [sèkrətɛ́əriəl] *a.* secretary의.
sec·re·tar·i·at(e) [-tɛ́əriət] *n.* 서기(관)의 직; 장관직; 비서과, 문서과, 총무처; (S-) (유엔) 사무국.
‡**sec·re·tar·y** [sékrətèri/-tri] *n.* ① **비서(관),** 서기(관); (회의) 간사. ② 장

관. ③ 사자대(寫字臺). ***Home S-*** 내상(內相). ***S- of State*** 국무 대신; 《美》 국무장관. **~·ship** [-ʃìp] *n.* Ⓤ secretary의 직〔임기〕. 「음》.

sécretary bìrd 뱀독수리 《뱀을 먹

sec·re·tar·y-gen·er·al [sékrətèri-dʒénərəl] *n.* 사무 총장〔국장〕.

se·crete [sikríːt] *vt.* 비밀로 하다, 숨기다, 〖生〗분비하다. **se·cré·tion** *n.* ⓊⒸ 분비(물·액). **se·cré·to·ry** [-təri] *a., n.* 분비하는; 분비선(腺).

se·cre·tin [sikríːtin] *n.* Ⓤ 〖醫〗세크레틴《호르몬의 일종》.

se·cre·tive [síːkrətiv, sikríː-] *a.* 비밀의, 숨기는, 솔직하지 않은; 분비(성)의, 분비를 촉진하는. **~·ly** *ad.*

sécret párts =PRIVATE PARTS.

sécret políce 비밀 경찰.

sécret sérvice (국가의) 첩보 기관; 첩보 활동; (S- S-) 《美》 재무성 검찰부 《대통령 호위, 위폐범 적발 등을

sécret socíety 비밀 결사. ⌊담당》.

‡**sect** [sekt] *n.* 종파, 교파; 당파.

sect. section.

sec·tar·i·an [sektɛ́əriən] *a., n.* 종파〔당파〕적인 (사람). **~·ism** [-ìzəm] *n.* Ⓤ 당파심; 학벌.

sec·tile [séktəl, -tàil] *a.* 절단 가능한《광물》.

‡**sec·tion** [sékʃən] *n.* ① Ⓤ 절개(切開), 절단. ② 단면(도); 절단면; 단편; 부분(품). ③ 부(문), 과(課); 구분, 구(區), 구역, 구간. ④ (당)파; 마디, 절(節), 단락; 악절; 분대(分隊). ***in ~s*** 해체〔분해〕하여. ── *vt.* ① 해체〔구분〕하다. ② 단면도를 〔박편(薄片)을〕 만들다.

sec·tion·al [sékʃənəl] *a.* 부분〔구분·단락〕의〔이 있는〕; 지방〔부분〕적인. ── *n.* 조립식 가구《몇개의 의자를 짜맞춘 소파 등》. **~·ism** [-ìzəm] *n.* Ⓤ 지방주의; 당파심, 파벌주의. **~·ly** *ad.*

séction màrk 절표, 마디표 《§》.

séction pàper 《英》 모눈종이, 방안지 (《美》 graph paper).

***sec·tor** [séktər] *n.* ① 〖幾〗부채꼴. ② 〖數〗함수척(尺). ③ 부문, 분야. ④ 부채꼴의 전투 지역.

***sec·u·lar** [sékjələr] *a.* ① 세속의, 현세의. ② 한 세기 한 번의; 백년마다의, 백년 계속되는, 불후의 (*the ~ bird* 불사조). ── *n.* 재속(在俗) 신부, 속인. **~·ism** [-rìzəm] *n.* Ⓤ 현세주의; 종교 분리교육론〔주의〕. **~·ize** [-ràiz] *vt.* 환속시키다; 속용(俗用)으로 제공하다; …을 종교에서 분리시키다. **sec·u·lar·i·za·tion** [⌐--izéiʃən] *n.* Ⓤ

sec·u·lar·i·ty [sèkjulǽrəti] *n.* Ⓤ 세속주의; 번뇌; Ⓒ 속사(俗事).

se·cun·dus [sikʌ́ndəs] *a.* 제2의 (cf. primus, tertius).

se·cur·a·ble [sikjúərəbəl] *a.* 확보〔입수〕할 수 있는, 안전히 할 수 있는.

‡**se·cure** [sikjúər] *a.* ① 안전한. ② 확실한. ③ 튼튼한(*against, from*). ④ 확신〔안심〕하는(*of*). ── *vt.* ① 안전〔확실〕히 하다. ② 획득하다, 구하다(*from*). ③ 보증하다; 보험에 들다(*against*). ④ 단단히 잠그다〔채우다〕; 가두다, 붙들어매다(*to*). ── *vi.* 안전하게 되다. **~·ly** *ad.*

‡**se·cu·ri·ty** [sikjúəriti] *n.* ① Ⓤ 안전; 안심; 확실. ② ⓊⒸ 보호; 보장; 보증(금·인); 담보(물); 차용증(*for*). ③ (*pl.*) 증권, 증서, 채권. ***give*** 〔***go***〕 ***~ for*** …의 보증인이 되다. ***government securities*** 공채 증서. ***in ~ for*** …의 담보로서.

Secúrity Còuncil (유엔) 안전 보장 이사회《생략 SC》.

secúrity pàct 안전 보장 조약.

secúrity polìce 비밀 경찰.

secúrity rìsk (치안상의) 위험 인물.

secy., sec'y. secretary.

se·dan [sidǽn] *n.* 세단형 자동차; = **⌐ chàir** 가마, 남여(籃輿).

se·date [sidéit] *a.* 침착한; 진지한; 수수한. **~·ly** *ad.* 「는; 진정제.

sed·a·tive [sédətiv] *a., n.* 가라앉히

sed·en·tar·y** [sédəntèri/-təri] *a.* 줄곧 앉아 있는, 앉아서 일하는; 〖動〗정주성(定住性)의. ***~ occupation 앉아서 일하는 직업.

sedge [sedʒ] *n.* 사초속(屬)의 식물. **sédg·y** *a.* 사초 같은〔가 무성한〕.

***sed·i·ment** [sédəmənt] *n.* Ⓤ 앙금, 침전물. **sed·i·men·tal** [sèdəméntl], **-tar·y** *a.* **sed·i·men·ta·tion** [⌐-mən-téiʃən] *n.* Ⓤ 침전 (작용), 침강.

se·di·tion [sidíʃən] *n.* Ⓤ 동란 선동, 치안 방해. **se·dí·tious** *a.* 선동적인.

***se·duce** [sidjúːs] *vt.* ① (여자를) 유혹하다, 꾀어내다. ② 부추기다; 황홀케 하다. **~·ment** *n.* **se·dúc·er** *n.* **se·duc·tion** [sidʌ́kʃən] *n.* ⓊⒸ **se·dúc·tive** *a.*

sed·u·lous [sédʒuləs] *a.* 부지런한; 애써 공들인. **~·ly** *ad.* **~·ness** *n.* **se·du·li·ty** [sidjúːləti] *n.* Ⓤ

†**see**[1] [siː] *vt.* (***saw; seen***) ① 보다; 구경하다. ② 식별하다, 이해하다; 조사하다; 알다. ③ 만나다; 방문하다 (*~ the doctor*). ④ 경험하다; 의견을 갖다, 생각하다. ⑤ 묵인하다. ⑥ 유의하다. ── *vi.* ① 보이다, 보다, 물체를 보다. ② 알다(*Well, I ~.*). ③ 주의하다; 돌보다. ***have seen*** (***one's***) ***better*** 〔***best***〕 ***days*** 좋은 〔떵떵거리던〕 때도 있었다. ***let me ~*** 글쎄; 가만 있자. ***~ about*** 정신 차리다, 조심하다; 고려하다. ***~ after*** 돌보다. ***~ a person home*** 집에까지 바래다 주다. ***~ ... done*** …이 …되는 것을 확인〔목격〕하다; 틀림없이 …되도록 하다. ***See here!*** 《美》 어이, 이봐, 여보세요(《英》 I say!; Look here!). ***Seeing is believing.*** 《俗談》 백문이 불여일견. ***~ into*** 조사〔간파〕하다. ***~ much*** 〔***something, nothing***〕 ***of*** …을 자주 만나다〔더러 만나다, 거의 만나지 않다〕. ***~*** (***a person***) ***off*** 배웅하다. ***~ out*** 현관까지 배웅하다; 끝

까지 보다; 완수하다, 해내다; 《口》 이기다. ～ ***over*** 검사〔시찰〕하다. ～ ***that*** …하도록 주선〔주의〕하다. ～ ***things*** 환시(幻視)를〔환각을〕 일으키다(*You're ～ing things!* 꿈이라도 꾸고 있는게지). ～ ***through*** 간파하다. ～ (*a thing*) ***through*** 끝까지 해내다. ～ (*a person*) ***through*** 도와서 완수시키다. ～ ***to*** …에 주의하다. ～ ***to it that*** …하도록 노력〔배려〕하다. ***you*** ～ 이봐, 아시겠죠. ***You shall*** ～. 후에 얘기하자, 차차 알게 될 게다. **ˊ·a·ble** *a.*

see² [si:] *n.* bishop의 지위〔교구〕; ＝DIOCESE. ***the Holy S-*** 로마 교황의 지위; 교황청.

†**seed** [si:d] *n.* (*pl.* ～***s***, ～) ① 씨, 종자. ② Ⓤ (물고기의) 알; (동물의) 정액. ③ (흔히 *pl.*) 《集合的》 자손 (*of*); 근원(*of*). ***go*** 〔***run***〕 ***to*** ～ 꽃이 지고 열매를 맺다, 장다리가 돋아나다; 초췌해지다. ***raise up*** ～ 자식을 낳다. ***sow the good*** ～ 복음을 전하다. —— *vi.* ① 씨를 뿌리다〔가 생기다〕. ② 성숙하다. —— *vt.* ① 씨를 뿌리다. ② 〖競〗 시드하다《우수 선수끼리 처음부터 맞붙지 않도록 대진표를 짜다》. ～ ***down*** …에 씨를 뿌리다.

seed·bed [ˊbèd] *n.* 묘상(苗床), 모판.

seed·case [ˊkèis] *n.* 〖植〗 씨주머니; ＝SEED VESSEL.

séed còrn 씨앗용 곡식〔옥수수〕.

seed·er [ˊər] *n.* 씨뿌리는 사람; 파종기; 채종기(採種器); (인공 강우의) 모립(母粒) 살포 장치.

seed·i·ly [ˊili] *ad.* ⇨SEEDY.

seed·ing [ˊiŋ] *n.* Ⓤ 파종; 인공 강우 모립(母粒) 살포.

séeding machìne 파종기.

séed lèaf 떡잎, 자엽.

***seed·ling** [sí:dliŋ] *n.* 실생(實生) 식물; 모종, 묘목.

séed mòney 《美》 (새 사업의) 착수 자금.

séed òyster (양식용) 종자굴.

séed pèarl 알이 작은 진주《1/4 grain 이하》.

séed plànt 종자 식물.

séed plòt ＝SEEDBED.

seeds·man [sí:dzmən] *n.* 씨뿌리는 사람; 씨앗 장수.

seed·time [ˊtàim] *n.* Ⓤ 파종기(期).

séed vèssel 〖植〗 과피(果皮).

seed·y [sí:di] *a.* 씨 많은; 야윈, 초라한, 기분이 좋지 않은. **séed·i·ly** *ad.*

***see·ing** [sí:iŋ] *prep.*, *conj.* …이〔하〕므로, …인 사실〔점〕을 생각하면.

Séeing Éye (New Jersey주에 있는) 맹도견(盲導犬) 협회. ～ ***dog*** 맹도견, 장님의 길안내를 하는 개.

†**seek** [si:k] *vt.* (***sought***) ① 찾다, 구하다. ② 하고자 하다. ③ …에 가다(～ *one's bed* 취침하다). —— *vi.* 찾다, 탐구하다(*after, for*). ～ ***a person's life*** 아무의 목숨을 노리다. ～ ***out*** 찾아내(려고 하)다, …와의 교제를 바라다. **ˊ·er** *n.* 탐구자; (미사일의) 목표물 탐색 장치; 그 장치를 한 미사일.

†**seem** [si:m] *vi.* ① …로 보이다, …(인 것) 같다. ② 생각이 들다, 있을 것〔…한 것〕처럼 보이다(*There ～s no point in going.* 갔댔자 아무 소용도 없을 것 같다). ***it*** ～***s...*** …인 것 같다〔처럼 생각되다〕. ***It*** ～***s to me that...*** 생각컨대. ***it should*** 〔***would***〕 ～ ＝it ～s. ***ˊ·ing** *n.*, *a.* Ⓤ 거죽〔외관〕(의), 겉보기(만의). ***ˊ·ing·ly** *ad.* **ˊ·ly** *a.*, *ad.* 적당한〔히〕; 점잖은〔게〕; ＝HANDSOME.

†**seen** [si:n] *v.* see¹의 과거분사.

seep [si:p] *vi.* 스며나오다, 새다. **ˊ·age** *n.* Ⓤ 스며나옴, 삼출(滲出).

se·er** [sí:ər] *n.* (*fem.* ～ess*** [sí(:)ris/síər-]). ① 보는 사람. ② [síər] 예언자; 환상가; 점쟁이.

seer·suck·er [síərsʌ̀kər] *n.* Ⓤ 아마 또는 면으로 짠 인도산 피륙.

‡**see·saw** [sí:sɔ̀:] *n.* ⓊⒸ ① 시소놀이〔판〕. ② 동요, 변동; 일진일퇴. —— *a.* 위아래로 움직이는, 동요하는. ～ ***game*** 접전, 백중전.

seethe** [si:ð] *vi.* (～d***, 《古》 ***sod***; ～***d***, 《古》 ***sodden***) 끓어 오르다, 뒤끓다; 소연해지다. **seeth·ing** [ˊiŋ] *a.*

see-through [sí:θrù:] *a.* (옷이) 내비치는. —— *n.* 내 비치는 옷.

***seg·ment** [ségmənt] *n.* ① 조각, 부분, 분절(分節). ② 〖生〗 환절(環節); 〖幾〗 호(弧). —— *vt.*, *vi.* 〖生〗 분열하다〔시키다〕; (*vt.*) 분할하다. **seg·men·tal** [segméntl] *a.* **seg·men·ta·tion** [ˋ–téiʃən] *n.* Ⓤ

segméntal phóneme 〖言〗 분절 음소(音素).

sé·go (líly) [sí:gou] *n.* (미국 남서부산의) 백합.

seg·re·gate [ségrigèit] *vt.*, *vi.* 분리〔격리〕시키다〔하다〕 (*from*); 인종차별 대우를 하다; (*vi.*) 〖結晶〗 분결(分結)하다. —— [-git] *a.* 분리한. **seg·re·ga·tion** [ˋ–géiʃən] *n.* ⓊⒸ

sei·gneur [si:njə́:r/séi-], **seign·ior** [sí:njər/séi-] *n.* 영주(領主), 군주.

***Seine** [sein] *n.* (Paris의) 센강.

seine [sein] *n.*, *vt.*, *vi.* 후릿그물, 예인망(曳引網)(으로 고기잡이하다).

sei·sin [sí:zin] *n.* ＝SEIZIN.

seis·mic [sáizmik] *a.* 지진의. ～ ***center*** 〔***focus***〕 진원(震源)(지).

seis·mo·gram [sáizməgræ̀m] *n.* 지진 기록.

seis·mo·graph [sáizməgræ̀f, -grɑ̀:f] *n.* 지진계(計). **seis·mog·ra·phy** [-mágrəfi/-ɔ́-] *n.* Ⓤ 지진 관측(법).

seis·mol·o·gy [saizmáləd͡ʒi/-ɔ́-] *n.* Ⓤ 지진학. **-gist** *n.* **seis·mo·log·i·cal** [ˋməlád͡ʒikəl/-ɔ́-] *a.*

seis·mom·e·ter [-mámitər/-mɔ́mi-] *n.* 지진계.

‡**seize** [si:z] *vt.* ① (붙)잡다; 압류하다. ② 이해〔파악〕하다; (병이) 침범하다. ③ 〖海〗 잡아〔동여〕매다. —— *vi.* 움켜쥐다, 잡다. ***be*** ～***d of*** …을 가지고 있다. ***be*** ～***d with*** (*a fever*) (열병)에 걸리다. ～ ***on*** 〔***upon***〕 꽉 붙잡다; 이용하다.

sei·zin [sí:zin] *n.* 〖法〗 (토지) 점유;

점유지〔물〕, 재산.
sei·zor [síːzər] *n.* 〖法〗 점유자; 압류인.
***sei·zure** [síːʒər] *n.* ① Ⓤ (붙)잡음. ② ⓊⒸ 강탈; 압류(품). ③ 발작.
Sejm [seim] *n.* 폴란드 국회.
se·la·dang [silɑ́ːdæŋ] *n.* 인도 들소.
se·lah [síːlə] *n.* 셀라《구약 '시편'에 나오는 헬라어 표현; 감탄어 또는 음악 부호로 추측됨》.
‡**sel·dom** [séldəm] *ad.* **드물게, 좀처럼 …않는.** ***not*** ～ 때때로, 흔히.
‡**se·lect** [silékt] *vt.* **고르다, 뽑다,** 뽑아〔골라, 가려〕내다. ―― *a.* ① 뽑아〔가려〕낸, 극상의. ② 선택에 까다로운(*in*); (호텔 따위) 상류 계급을 위한. ～**·man** *n.* 《美》 (New England의) 도시 행정 위원.
seléct commíttee 특별 위원회.
se·lect·ee [silèktíː] *n.* 《美》(선발 징병 제도에 의한) 응소병.
‡**se·lec·tion** [silékʃən] *n.* ① ⓊⒸ **선택(물);** 선발, 발췌; 가려〔골라〕냄. ② Ⓤ 도태(淘汰). ***artificial*** 〔***natural***〕 ～ 인위〔자연〕 도태.
***se·lec·tive** [-tiv] *a.* ① **선택적인,** 선택한, 도태의. ② 〖無電〗 분리식의.
Seléctive Sérvice 《美》 의무 병역.
se·lec·tiv·i·ty [silèktívəti] *n.* Ⓤ 선택(성); 〖無電〗 분리성.
se·lec·tor [səléktər] *n.* 선택자; 선별기; 〖無電〗 분리 장치.
Se·le·ne [səlíːniː] *n.* 〖그神〗 달의 여신.
sel·e·nite [sélənàit] *n.* Ⓤ 투명 석고; 〖化〗 아(亞)셀렌산염(酸塩).
se·le·ni·um [silíːniəm, -njəm] *n.* Ⓤ 〖化〗 셀레늄, 셀렌 《기호 Se》.
sel·e·nog·ra·phy [sèlənɑ́grəfi/-ɔ́-] *n.* Ⓤ 월리학(月理學), 태음(太陰) 지리학.
sel·e·nol·o·gy [sèlənɑ́lədʒi/-ɔ́-] *n.* Ⓤ 〔월학(月學).
‡**self** [self] *n.* (*pl.* ***selves***) ① ⓊⒸ **자기, 자신;** Ⓤ 〖哲〗 자아, 나(ego). ② 진수(眞髓). ③ Ⓤ 사욕, 이기심. ④ 〖商〗 본인; 《諧·卑》 나〔당신〕 자신. ***your good selves*** 〖商〗 귀점(貴店), 귀사. ―― *a.* (성질·색·재료 따위가) 단일의. **⌐-a·bán·doned** *a.* 자포 자기의. **⌐-a·bán·don·ment** *n.* Ⓤ 자포 자기; 방종. **⌐-a·báse·ment** *n.* Ⓤ 겸비(謙卑), 겸손. **⌐-ab·hór·rence** *n.* Ⓤ 자기 혐오. **⌐-ab·ne·ga·tion** [⌐æbnəgéiʃən] *n.* Ⓤ 헌신. **⌐-ab·sórbed** *a.* 여념이 없는; 자기 중심의. **⌐-ab·sórp·tion** *n.* Ⓤ 몰두; 자기 도취. **⌐-a·búse** *n.* Ⓤ 수음(手淫). **⌐-ac·cu·sa·tion** [⌐ækjuzéiʃən] *n.* Ⓤ 자책(의 마음). **⌐-áct·ing** *a.* 자동의. **⌐-ad·dréssed** *a.* (회신용 봉투에) 수신인 주소·성명이 적혀 있는. **⌐-ad·hé·sive** *a.* 풀기 있는《봉투 따위》. **⌐-ad·just·ing** *a.* 자동 조절의. **⌐-ad·ver·tíse·ment** *n.* Ⓤ 자기 선전. **⌐-ap·pláuse** *n.* Ⓤ 자화자찬. **⌐-as·sért·ing** *a.* 아집(我執)이 센. **⌐-as·sér·tion** *n.* Ⓤ 아집을 부림, 자기 주장. **⌐-as·sér·tive** *a.* 아집을 부리는. **⌐-as·súr·ance** *n.* Ⓤ 자신(自信). **⌐-be·tráy·al** *n.* Ⓤ 자기 배신〔폭로〕. **⌐-bínd·er** *n.* 자동 수확 묶음기. **⌐-búrn·ing** *n.* Ⓤ 분신자살. **⌐-cén·tered,** 《英》 **-cén·tred** *a.* 자기 중심의. **⌐-cól·o(u)red** *a.* 단색의; 자연색의. **⌐-com·mánd** *n.* Ⓤ 자제; 침착. **⌐-com·mún·ion** *n.* 자기 반성, 자성(自省). **⌐-com·plá·cence, -cen·cy** *n.* Ⓤ 자기만족〔도취〕. **-cent** *a.* **⌐-com·pósed** *a.* 침착한(calm). **⌐-con·céit(·ed)** *n.* (*a.*) Ⓤ 자부심(이 센), 자만(하는). **⌐-con·démned** *a.* 자책의, 양심의 가책을 받은. **⌐-cón·fi·dence** *n.* Ⓤ 자신. **⌐-cón·fi·dent** *a.* ***⌐-cón·scious** *a.* **자의식이 있는〔센];** 남의 앞을 꺼리는, 수줍어하는. **⌐-cón·se·quence** *n.* Ⓤ 자존, 자존심. **⌐-con·síst·ent** *a.* 조리가 선, 자기 모순이 없는. **⌐-con·sti·tut·ed** [⌐kɑ́nstətjùːt-id/-kɔ́nstitjùːt-] *a.* 스스로 정한, 자임(自任)의. **⌐-con·táined** *a.* 말 없는, 속을 털어 놓지 않는; 자기 충족의; 〖機〗 그 자체만으로 완비한; 독립한(아파트 등). **⌐-con·témpt** *n.* Ⓤ 자기 경멸. **⌐-con·tént** *n.* Ⓤ 자기 만족. **⌐-con·tra·dic·tion** [⌐kɑ̀ntrədíkʃən/-ɔ̀-] *n.* ⓊⒸ 자가당착. **⌐-con·tra·dic·to·ry** [⌐kɑ̀ntrə-díktəri/-ɔ̀-] *a.* 자가당착의. ***⌐-con·tról** *n.* Ⓤ **자제,** 극기(克己). **⌐-crit·i·cism** [⌐krítisìzəm] *n.* Ⓤ 자기 비판. **⌐-cúl·ture** *n.* Ⓤ 자기 수양. **⌐-de·céit** *n.* ＝SELF-DECEPTION. **⌐-de·cép·tion** *n.* ⓊⒸ 자기 기만. **⌐-de·cép·tive** *a.* **⌐-de·féat·ing** *a.* 자기파멸로 이끄는; 의도와 반대로 작용하는. ***⌐-defénse,** 《英》 **-fénce** *n.* **자위(自衛).** **-fén·sive** *a.* **⌐-de·ní·al** *n.* Ⓤ 자제, 극기. **⌐-de·ný·ing** *a.* 금욕의. **⌐-de·péndence** *n.* Ⓤ 독립(독행). **⌐-de·pre·ci·a·tion** [⌐diprìːʃiéiʃən] *n.* 자기 경시, 비하. **⌐-de·strúc·tion** *n.* Ⓤ 자멸, 자살. **-strúc·tive** *a.* **⌐-de·ter·mi·na·tion** [⌐ditə̀ːr-minéiʃən] *n.* Ⓤ (남의 지시에 의하지 않은) 자기 결정; 민족 자결. **⌐-de·tér·min·ing** *a.* 스스로 정하는, (민족) 자결의. **⌐-de·vél·op·ment** *n.* Ⓤ 자기 발전〔개발〕. **⌐-de·vó·tion** *n.* Ⓤ 헌신. **⌐-dís·ci·pline** *n.* Ⓤ 자기 훈련〔수양〕. **⌐-dóubt** *n.* Ⓤ 자기 회의. **⌐-dríve** *a.* 《英》 렌터카의. **⌐-éd·it** *vt.* (신문 따위가) 자기 규제〔검열〕하다. **⌐-ed·u·cat·ed** [⌐édʒukèitid / -édju-] *a.* 독학의; 고학(苦學)의. **⌐-ed·u·ca·tion** [⌐èdʒukéiʃən/-èdju-] *n.* Ⓤ 독학; 자기교육. **⌐-ef·fáce·ment** *n.* Ⓤ 표면에 나서지 않음, 자기 말살. **⌐-em·plóyed** *a.* 자가(自家) 경영의, 자영의. **⌐-es·téem** *n.* Ⓤ 자부(심), 자존(심). **⌐-e·val·u·a·tion** [⌐ivæljuéiʃən] *n.* Ⓤ 자기 평가. ***⌐-ev·i·dent** *a.* **자명한.** **⌐-ex·am·i·na·tion** [⌐igzæminéiʃən] *n.* Ⓤ 자

기 반성. ∠-éx·ile n. Ⓤ 자진 망명. ∠-ex·íst·ent a. 자존(自存)하는. ∠-ex·pláin·ing, -ex·plan·a·to·ry [∠iksplǽnətɔ̀:ri / -təri] a. 자명한. ∠-ex·prés·sion n. Ⓤ 자기 표현. ∠-féed·er n. (사료 따위의) 자동 보급 장치. ∠-féed·ing a. 자동 보급식의. ∠-fer·ti·li·za·tion [∠fə̀:rtəlizéiʃən/-tilai-] n. Ⓤ 〖植〗 자화수정(自花受精). ∠-fíll·ing a. 자동 주입식의. ∠-for·gét·ful, -for·gét·ting a. 사리(私利)를 돌보지 않는. ∠-góv·erned a. 자치의; 자제의. ∠-góv·ern·ing a. 자치의 (~-*governing colonies* 자치 식민지 / ~-*governing dominion* 자치령). *∠-góv·ern·ment n. Ⓤ 자치; 자제. ∠-hárd·en·ing a. 〖冶〗 자경성(自硬性)의. ∠-háte, -há·tred n. Ⓤ 자기혐오. ∠-heal [∠hì:l] n. 꿀풀속의 식물 《옛날, 약초로 믿었음》. *∠-hélp n. Ⓤ 자조, 자립. ∠-im·pór·tant a. 젠체하는. -tance n. Ⓤ ∠-im·pósed a. 스스로 과(課)한; 자진해서 하는. ∠-im·próve·ment n. Ⓤ 수양, 정진. ∠-in·dúced a. 〖電〗 자기(自己) 유도의. ∠-in·dúc·tion n. Ⓤ 〖電〗 자기 유도. ∠-in·dúl·gence n. Ⓤ 방종. -gent a. ∠-in·flíct·ed a. 스스로 초래한[부른]. *∠-ín·ter·est n. Ⓤ 사리(私利). ∠-ín·ter·est·ed a. 자기 본위의. ∠-in·vít·ed a. 불청객의. ∠-knówl·edge n. Ⓤ 자각. ∠-lóve n. Ⓤ 자애(自愛), 이기심[주의]. ∠-máde a. 자력으로 출세[성공]한. ∠-más·ter·y n. Ⓤ 극기, 자제. ∠-mor·ti·fi·ca·tion [∠mɔ̀:rtəfəkéiʃən] n. Ⓤ 금욕. ∠-móv·ing a. 자동의. ∠-múr·der n. Ⓤ 자해, 자살. ∠-o·pín·ioned, -o·pin·ion·at·ed [∠əpínjənèitid] a. 자부하고 있는; 완고한, 외고집의. ∠-per·cép·tion n. Ⓤ 자각. ∠-pít·y n. Ⓤ 자기 연민. ∠-póised a. 평형을 얻은; 침착한. ∠-pol·li·na·tion [∠pɑ̀lənéiʃən/-pɔ̀l-] n. Ⓤ 〖植〗 자화 수분(受粉). ∠-pol·lú·tion n. 자독(自瀆) 행위. ∠-pór·trait n. 자화상. ∠-pos·séssed a. 침착한. ∠-pos·sés·sion n. Ⓤ 침착, 냉정. ∠-práise n. Ⓤ 자찬(自讚). ∠-pres·er·va·tion [∠prèzərvéiʃən] n. Ⓤ 자기 보존. ∠-príde n. Ⓤ 자만(심). ∠-próf·it n. Ⓤ 자신의 이익. ∠-pro·téc·tion n. Ⓤ 자기 방위, 자위. ∠-ráis·ing a. =SELF-RISING. ∠-re·al·i·za·tion [∠rì:əlizéiʃən / -rìəlai-] n. Ⓤ 자기 완성. ∠-re·córd·ing a. 자동 기록의. ∠-re·gárd n. =SELF-LOVE. ∠-rég·is·ter·ing a. 자기(自記)의, 자동기록의 《기압계 따위》. ∠-reg·u·lat·ing [∠régjəlèitiŋ] a. 자동 조절의. ∠-re·lí·ance n. Ⓤ 독립 독행. -ant a. ∠re·nun·ci·a·tion [∠rinʌ̀nsiéiʃən] n. Ⓤ 자기 포기[희생], 헌신. ∠-re·próach n. Ⓤ 자책(自責). *∠-re·spéct(·ing) n. (a.) 자존(심)(이 있는). ∠-re·stráint n. Ⓤ 자제. ∠-ríght·eous a. 독선적인. ∠-ríght·ing a. 자동적으로 복원하는, 자동으로 일어나는 식의 《구명정 따위》. ∠-rís·ing a. 이스트를 넣지 않고 저절로 부푸는. *∠-sac·ri·fice [∠sǽkrəfàis] n. ⓊⒸ 자기 희생, 헌신. -fic·ing [-iŋ] a. *∠-sat·is·fac·tion [∠sæ̀tisfǽkʃən] n. Ⓤ 자기 만족. ∠-sat·is·fied [∠sǽtisfàid] a. 자기 만족의. ∠-schóoled a. 독학의. ∠-séal·ing a. (타이어가) 자동 빵꾸 방지식의; (석유 탱크 따위가) 자동 방루(防漏)식의. ∠-séek·er n. 이기주의자. ∠-séek·ing n., a. Ⓤ 이기주의(의), 제멋대로(의). ∠-sérv·ice n., a. Ⓤ (식당 등) 자급(自給)식(의). ∠-sláugh·ter n. Ⓤ 자살, 자멸. ∠-stárt·er n. 자동 시동기. ∠-stýled a. 자임하는, 자칭의. ∠-suf·fí·cien·cy n. Ⓤ 자급 자족; 자부. ∠-suf·fí·cient, -suf·fíc·ing a. (자급) 자족의; 자부심이 강한. ∠-sug·gés·tion n. Ⓤ 자기 암시. ∠-sup·plí·er n. 식량 자급자 《배급 받을 필요없는 농가 따위》. ∠-sup·pórt(·ing) n. (a.) Ⓤ 자각(이 있는), 자급(의), 자활(하는). ∠-sur·rén·der n. Ⓤ 자기 포기, 인종(忍從). ∠-sus·táin·ing a. 자립[자활]의. ∠-táught a. 독학의. ∠-tím·er n. 《美》 〖寫〗 자동 셔터. ∠-wíll n. Ⓤ 아집(我執), 억지, 고집. -wílled a. ∠-wind·ing [∠wáindiŋ] a. 자동적으로 감기는. ∠-wróng n. 자기 가해(加害).

‡**self·ish** [sélfiʃ] a. 이기적인, 자기 본위의, 제멋대로의. ~·ly ad. ~·ness n.

self·less [∠lis] a. 사심[이기심]없는. ~·ly ad. ~·ness n.

self·same [∠sèim] a. 꼭 [아주] 같은.

†**sell** [sel] vt. (*sold*) ① 팔다; 장사하다. ② 선전하다. ③ 배신하다; 《口》 속이다(*Sold again!* 또 속았다!). ④ 납득[수락, 승낙]시키다, 강제하다. —— vi. 팔리다. ***be sold on*** 《美》 …에 열중해 있다. **~ *a game*** [***match***] 짬짜미 경기에서 져주다. **~ *off*** 싸구려로 처분하다. **~ *one's life dearly*** 적에게 손해를 입히고 전사하다. **~ *out*** 매진하다; 《美口》 배반하다 **~ *up*** 《英》 경매에 부치다. —— n. ① Ⓤ 판매 전술. ② 《俗》 속임(수). ③ 《口》 실망. ∠-**out** [∠àut] n. 매진; (흥행물 따위의) 초만원; 배신.

‡**sell·er** [sélər] n. 파는 사람; 팔리는 물건. ***best*** ~ 날개 돋친 듯 잘 팔리는 물건[책], 베스트셀러.

séllers' màrket 매주(賣主) 시장 《수요에 비해 공급이 딸려 매주에게 유리한 시황(市況)》.

***sell·ing** [séliŋ] a. 판매하는[의], 판매에 종사하는; (잘) 팔리는. —— n. Ⓤ 판매, 매각.

Sel·lo·tape [sélətèip] n. 〖商標〗 셀

로테이프.
Sélt·zer (wàter) [séltsər] *n.* Ⓤ 셀처 탄산수 《독일에서 나는 광천》.
sel·vage, -vedge [sélvidʒ] *n.* 피륙의 번폭(邊幅)〔식서(飾緖)〕.
selves [selvz] *n.* self의 복수.
se·man·teme [simǽnti:m] *n.* 〖言〗 의의소(意義素)《*Tom's sister* is *singing*. 의 사체(斜體)의 부분》 (cf. morpheme).
se·man·tic [simǽntik] *a.* 의의(意義)에 관한. **~s** *n.* 〖言〗 어의론(語義論), 의미론. **-ti·cist** *n.*
sem·a·phore [séməfɔ:r] *n., vt., vi.* 수기(手旗)〔까치발〕 신호(로 신호하다). 「*n.* =SEMANTICS.
se·ma·si·ol·o·gy [simèisiálədʒi/-ɔ́-]
***sem·blance** [sémbləns] *n.* ① 유사(類似). ② Ⓒ Ⓤ 외관; 겉〔거짓〕꾸밈. *under the ~ of* …을 가장하여, …로 거짓 꾸며.
se·men [sí:mən/-men] *n.* Ⓤ 정액.
***se·mes·ter** [siméstər] *n.* (2학기 제도의) 학기(*the first ~*, 1학기).
sem·i [sémi] *n.* 《英口》 2동 연립식 주택의 한 채.
semi- *pref.* 「반·얼마간」의 뜻. **~·an·nu·al** [sèmi-] *a.* 반년마다의, 연(年) 2회의, 반기(半期)의. **~·án·nu·al·ly** *ad.* **~·ár·id** *a.* 강수량 과소의. **~·au·to·mat·ic** [-ɔ:təmǽtik] *a.* 반자동식의 《기계·총 따위》. **~·bar·bár·i·an** *a., n.* 반미개의; 반미개인. **´~·breve** [sémibrì:v] *n.* 〖樂〗 온음표. **~·cen·tén·ni·al** [sèmi-] *a.* 50년 마다의. **´~·cir·cle** [sémisə̀:rkl] *n.* 반원. **~·cír·cu·lar** [sèmi-] *a.* 반원(형)의 (*~circular canals* (귀의) 삼반규관(三半規管)). **~·civ·i·lized** [-sívəlàizd, -vi-] *a.* 반문명의. ***´~·co·lon** [sémikòulən] *n.* 세미콜론(;). **~·con·dúc·tor** [sèmi-] *n.* 〖電〗 반도체. **~·cón·scious** *a.* 반의식적인. **~·de·táched** *a.* 〖建〗 반분리식의. **~·de·vél·oped** *a.* 반쯤 발달한, 발육 부전(不全)의. **~·doc·u·men·ta·ry** [-dɑ̀kjəméntəri/-ɔ̀-] *n.* 〖映〗 반기록영화 《기록 영화를 극영화식으로 구성한 것》. **~·fi·nal** *n., a.* 준결승(의). **~·flú·id, ~·líq·uid** *n., a.* 반액체(의). **~·lú·nar** *a.* 반월형의 (*~lunar valve* 〖解〗 반월판). **~·man·u·fac·tures** [-mæ̀n-] *n.* 반〔중간〕제품. **~·mónth·ly** *a., ad., n.* 반달〔보름〕마다(의); 월 2회(의); 월 2회의 출판물. **~·of·fí·cial** *a.* 반관(半官)적인. **~·par·a·site** [-pǽrəsàit] *n.* 〖生〗 반기생(半寄生). **~·per·me·a·ble** [-pə́:rmiəbl] *a.* 〖生〗 반투성(半透性)의《막 따위》. **~·pré·cious** *a.* 약간 귀중(貴重)한, 준(準)보석의. **´~·pro** [sémipròu], **~·pro·fés·sion·al** [sèmi-] *a., n.* 반직업적인 (선수). **´~·qua·ver** [sémikwèivər] *n.* 〖樂〗 16분 음표(♪). **~·sól·id** [sèmi-] *n., a.* 반고체(의). **´~·tone** [sémitòun] *n.* 〖樂〗 반음. **~·trans·pár·ent** [sèmi-] *a.* 반투명의. **~·tróp·i·cal** *a.* 아열대의. **´~·vow·el** [sémivàuəl] *n.* 반모음《w, j 따위》. **~·wéek·ly** [sèmi-] *ad., a., n.* 주(週) 2회(의); 주 2회 간행물. **~·yéar·ly** *ad., a., n.* 연 2회(의); 연 2회 간행물.
sem·i·nal [sémənl, sí:m-] *a.* 정액의; 〖植〗 배자(胚子)의, 종자의; 생식의; 발전성이 있는.
‡sem·i·nar [sémənɑ̀:r, ˌ-ˊ] *n.* 《集合的》 (대학의) 세미나; 연습; 연구실.
***sem·i·nar·y** [sémənèri/-nə-] *n.* (고등학교 이상의) 학교; 〖카톨릭〗 신학교; 온상. **sem·i·nar·i·an** [sèmənέəriən/-nέər-] *n.* 신학교의 학생.
sem·i·na·tion [sèmənéiʃən] *n.* Ⓤ Ⓒ 파종; 전파; 보급.
sem·i·nif·er·ous [-nífərəs] *a.* 종자가 생기는, 정액을 만드는; 수정(輸精)의.
Sem·i·nole [sémənòul] *n., a.* (북미 인디언의 한 종족) 세미놀 사람(의).
se·mi·ol·o·gy [sì:miálədʒi/-ɔ́l-] *n.* Ⓤ 기호학; 〖醫〗 증후학(症候學).
Sem·ite [sémait/sí:m-] *n.* 셈어족(語族)의 사람. **Se·mit·ic** [simítik] *a., n.* 셈 사람〔족〕의; Ⓤ 셈말(의).
sem·i·un·ci·al [sèmiʌ́nʃiəl/-siəl] *a., n.* 세미언셜자체(字體)(의) 《uncial과 minuscule의 중간 크기; half-uncial이라고도 함》. 「울.
sem·o·li·na [sèməlí:nə] *n.* Ⓤ 밀기
sem·pi·ter·nal [sèmpitə́:rnəl] *a.* 《雅》 영원한, 구원(久遠)의.
semp·stress [sémpstris] *n.* 여재봉사, 침모.
Sen., sen. senate; senator; senior.
sen·a·ry [sénəri] *a.* 6의.
‡sen·ate [sénət] *n.* ① (고대 로마의) 원로원. ② 입법부, 의회. ③ (S-) (미국·프랑스의) 상원. ④ (대학의) 평의원회, 이사회.
‡sen·a·tor [sénətər] *n.* 원로원 의원; (S-) 《美》 상원 의원; 평의원, 이사. **~·ship** [-ʃip] *n.* Ⓤ ~의 직〔지위〕.
sen·a·to·ri·al [ˌ-tɔ́:riəl] *a.*
†send [send] *vt.* (*sent*) ① 보내다; 가게 하다; 차례로 돌리다. ② 내다, 발하다, 쏘다, 던지다. ③ (신이) 베풀다, 주시다, 내리다; 빠지게 하다, …되게〔되도록〕 하다, …시키다 (*S- him victorious.* 그를〔왕을〕 이기게 해 주소서《영국 국가의 구절》). ④ 〖電〗 전도하다(transmit). **—** *vi.* 심부름꾼〔사람〕을 보내다(*for*), 편지를 부치다. *~ a person about his business* 쫓아내다, 해고시키다. *~ away* 해고하다, 내쫓다. *~ back* 돌려주다. *~ down* 하강〔하락〕시키다; 〖英大學〗 정학〔퇴학〕을 명하다. *~ for* 부르러〔가질러〕 보내다. *~ forth* 보내다, 내다, 발〔방출〕하다; 파견하다. *~ in* 보내다, 제출하다. *~ off* (편지·소포를) 발송하다, 내다; 쫓아버리다; 배웅하다. *~ on* 회송(回送)하다. *~ out* 파견하다, 보내다, 내다; (싹 따위가) 돋아나다.

~ ***over*** 파견하다; 방송하다. ~ ***round*** 돌리다, 회송하다. ~ ***up*** 올리다; 제출하다; (공을) 보내다; 《美俗》 형무소에 처넣다. ~ ***word*** 전언하다, 알리다. ∗**ˊ~·er** *n.* **발송인;** 발신〔송신, 송화〕기.

send-off [ˊɔ(:)f, -ɔ̀f] *n.* 《口》 송별, 배웅; (첫) 출발 (*a* ~ *party* 송별회).

Sen·e·ca[1] [sénikə] *n.* (미국 N. Y. 주 서부의) 세니커족(族)(의 한 사람).

Sen·e·ca[2] *n.* (4 ?B.C.–65A.D.) 고대 로마의 철학자·비극 작가.

Sen·e·gal [sènigɔ́:l] *n.* 아프리카 서부의 공화국《수도 Dakar》; 그 곳의 강.

se·nes·cent [sinésənt] *a.* 늙은, 노쇠한. **-cence** *n.* Ⓤ 노후, 노쇠.

sen·e·schal [sénəʃəl] *n.* (중세 귀족의) 집사(執事).

se·nile [sí:nail, sén-] *a.* 고령(高齡)의; 노쇠의〔에 의한〕. **se·nil·i·ty** [siníləti] *n.* Ⓤ

‡**sen·ior** [sí:njər] (cf. junior) *a.* ① 나이 많은, **연장(年長)의,** 나이가 위인, 나이 더 먹은 (쪽의) 《생략 sen., Sr. (*John Jones, Sr.*)》. ② 선임의, 상급의, 윗자리의. ③ 《美》 최고 학년의. **—** *n.* **연장자;** 선배; 선임자; 《英》 상급생; 《美》 최상급생.

sénior cítizen 《美》 65세 이상의 국민; 연금 생활자.

sénior cóllege 《美》 (junior college에 대하여) 4년제 대학.

sénior hígh schòol 《美》 고등학교 《보통 제10·11·12학년》.

sen·ior·i·ty [si:njɔ́:riti, -njár-] *n.* ⓊⒸ 연장, 고참(권), 선임(임).

sénior màn 〖英大學〗 상급생.

sénior pártner (합명 회사의) 사장.

sénior sèrvice, the 《英》 해군.

sen·na [sénə] *n.* 〖植〗 센나; Ⓤ 그 잎《완하제(緩下劑)》.

se·ñor [seinjɔ́:r / se-] *n.* (*pl.* ~***es*** [-njɔ́:reis]) (Sp.) …군〔님〕, …씨; 신사. ***se·ño·ra*** [-rə] *n.* …부인〔여사〕; 숙녀; 귀부인. ***se·ño·ri·ta*** [sèinjɔrí:tə, sì:-] *n.* …양〔아가씨〕; 영양.

senr. senior.

sen·sate [sénseit] *a.* 감각을 지니고 있는; 감각으로 파악되는.

‡**sen·sa·tion** [senséiʃən] *n.* ① Ⓤ **감각;** Ⓒ 느낌; 기분(feeling). ② ⓊⒸ 감동, (대)인기(의 것), **센세이션**(*the latest* ~ 최근 평판이 된 사건〔연극 따위〕).

∗**sen·sa·tion·al** [-ʃənəl] *a.* ① **감각의** 〔이 있는〕. ② 감동적인; **선풍적 인기의,** 선정적인; 대평판의. **~·ly** *ad.* **~·ism** [-ìzəm] *n.* Ⓤ 선정주의; 〖哲〗 감각론. **~·ist** *n.* 선정적인 작가; 선동 정치가; 감각론자.

†**sense** [sens] *n.* ① **감각** (기관), 관능; 느낌, 의식, 육감, 감수력. ② (*pl.*) 제정신. ③ Ⓤ **분별**(*a man of* ~ 분별있는 사람). ④ 의미. ⑤ Ⓤ 다수의 의견, 여론(*the* ~ *of the meeting* 회(會)의 의향). ***come to one's*** ~***s*** 제정신으로 돌아오다. ***common*** ~ 상식. ***five*** ~***s*** 오감(五感). ***good*** ~ 양식. ***in a*** ~ 어느 의미로는. ***in one's (right)*** ~***s*** 제정신으로. ***make*** ~ (아무의 말이) 사리에 맞다. ***make*** ~ ***of*** …의 뜻을 이해하다. ***out of one's*** ~***s*** 제정신을 잃어. ***stand to*** ~ 이치에 맞다. ***take leave of one's*** ~***s*** 제정신을 잃다. ***talk*** 〔***speak***〕 ~ 조리가 맞는 말을 하다. **—** *vt.* **느껴 알다,** 《美口》 알다, 납득하다; 〖컴퓨터〗 (데이터·테이프·펀치 구멍을) 읽다.

sense-da·tum [sénsdèitəm] *n.* 〖心〗 감각 단위 《대상이 감각에 직접 주는 자극》; 〖哲〗 감각소여(所與) 《대상에서 얻는 제 1차적 자료》.

∗**sense·less** [ˊlis] *a.* **무감각한,** 무의식의; 무분별한. ***fall*** ~ 졸도하다. **~·ly** *ad.* **~·ness** *n.*

sénse òrgan 감각 기관.

∗**sen·si·bil·i·ty** [sènsəbíləti, -sibíli-] *n.* ① Ⓤ **감각(력),** 감성; 감도. ② (종종 *pl.*) 감정, 민감; (*pl.*) (예술 등에 대한) **감수성;** 의식.

‡**sen·si·ble** [sénsəbəl] *a.* ① **지각할 수 있는;** 느낄 정도의. ② 알아채고, 깨닫고, 알고(*of*). ③ **분별있는,** 현명한. ∗**-bly** *ad.*

‡**sen·si·tive** [sénsətiv, -si-] *a.* ① **느끼기 쉬운;** 민감한; 성잘내는; 반응하는; 감광성(感光性)의. ② (정부 기밀 등) 극비에 부쳐야 할, 절대적 충성을 요하는. **~·ly** *ad.* **~·ness** *n.* Ⓤ

sénsitive ìtems 요주의 품목(要注意品目) 《수입 제한을 어기면 국내업자에게 손해를 입힐 품목》.

sénsitive pàper 〖寫〗 감광지.

sénsitive plànt 〖植〗 함수초.

∗**sen·si·tiv·i·ty** [sènsətívəti] *n.* ⓊⒸ **민감(성),** 감(수)성; 〖寫〗 감광도.

sensitívity tràining 집단 감수성 훈련.

sen·si·tize [sénsətàiz] *vt.* 민감하게 하다; 감광성(感光性)을 주다. ~***d paper*** 인화지. **-tiz·er** [-tàizər] *n.* 증감제(增減劑).

sen·si·tom·e·ter [sènsətámitər / -tɔ́mi-] *n.* 〖寫〗 감광도계(感光度計).

sen·sor [sénsər] *n.* 〖機〗 감지기 《빛·온도·방사능 따위의》.

sen·so·ri·um [sensɔ́:riəm] *n.* (*pl.* ~***s,*** ***-ria*** [-riə]) 감각 중추.

sen·so·ry [sénsəri], **sen·so·ri·al** [sensɔ́:riəl] *a.* 지각의, 감각의; 감관(感官)의. **—** *n.* 감각 기관.

∗**sen·su·al** [sénʃuəl/-sju-] *a.* ① **관능적인** (~ *pleasures*); 육욕의, 호색의. ② 감각의. **~·ism** [-ìzəm] *n.* Ⓤ 쾌락〔육욕〕주의. **~·ist** *n.* **sen·su·al·i·ty** [ˌ~ǽləti] *n.* 호색. **sen·su·al·ize** *vt.* [-àiz] 호색하게 만들다, 타락시키다.

sen·su·ous [sénʃuəs / -sju-] *a.* 감각적인; 민감한; 미적(美的)인.

†**sent** [sent] *v.* send의 과거(분사).

†**sen·tence** [séntəns] *n.* ① 〖文〗 **문장,** 글(*a simple* 〔*compound, complex*〕 ~ 단〔중, 복〕문). ② 결정, 의견. ③ ⓊⒸ **판결,** 선고, 형벌. ④

《古》 격언. ⑤ 〖樂〗 악구. ***pass*** **~** …에게 판결을 내리다(*upon*). ***serve one's*** **~** 형을 살다. ― *vt.* **판결**〔선고〕하다(*He was ~d to death by hanging.* 교수형의 선고를 받았다).

sen·tén·tial *a.*

séntence páttern 〖文〗 문형(文型).

sen·ten·tia [senténʃiə] *n.* (*pl.* **-ti·ae** [-ʃiì:]) 격언, 금언.

sen·ten·tious [senténʃəs] *a.* 격언이 많은〔을 잘 쓰는〕; 간결한; 교훈조의, 짐짓 젠체하는. **~·ly** *ad.*

sen·tient [sénʃənt] *a.* 감각〔지각〕력이 있는; 지각하는(*of*). **-tience, -tien·cy** *n.* Ⓤ

‡**sen·ti·ment** [séntəmənt, -ti-] *n.* ① ⓊⒸ **감정**, 정(*a man of* **~** 감상적인 사람); 정서(cf. emotion); Ⓤ 정취, 다감. ② ⓊⒸ 감상; 의견.

***sen·ti·men·tal** [~méntl] *a.* **감정의**; 다감한; 감상적인. **~·ism** [-təlìzəm] *n.* Ⓤ 감상주의〔벽(癖)〕, 다정다감. **~·ist** *n.* **~·ize** *vt.* **~·ly** *ad.*

sen·ti·men·tal·i·ty [sèntəmentǽləti] *n.* = SENTIMENTALISM.

sen·ti·nel** [séntinl] *n.* **보초**, 파수병. ***stand **~** 보초를 서다. ― *vt.* (《英》 *-ll-*) 망보다, 파수병을 두다.

sen·try** [séntri] *n.* **보초**(근무); 망꾼. ***be on **~** 보초서다. ***keep*** **~** 파수〔망〕보다. ***stand*** **~** 지키다(*over*).

séntry bòx 보초막, 파수병막.

séntry gò 보초 근무 (구역).

Se·oul [sóul] *n.* 서울. **~·ite** [´ait] *n., a.* 서울 사람〔시민〕(의).

se·pal [sí:pəl] *n.* 꽃받침 조각.

sep·a·ra·ble [sépərəbl] *a.* 분리할 수 있는.

‡**sep·a·rate** [sépərèit] *vt., vi.* **가르다**; 갈라지다; 분리하다; 별거시키다〔하다〕; (*vt.*) 식별하다; 불화케 하다. ― [sépərit] *a.* 갈라진, 분리한; **따로따로의**, 단독의. **~** ***but equal*** 《美》 (흑인에 대한) 차별 평등 병행(주의)의 《차별은 하지만 교육·교통기관 따위의 이용은 평등으로 하자는 주장》. ― [sépərit] *n.* 분책(分册); 발췌 인쇄; (*pl.*) 〖服裝〗 세퍼레이츠. ***sep·a·rate·ly** [sépəritli] *ad.* **따로따로**, 하나하나. **-ra·tor** *n.* (우유의) 지방 분리기. 「소유 재산.

séparate estáte 〖法〗 (아내의) 별도

séparate máintenance (남편이 아내에게 주는) 별거 수당.

séparate pèace 단독 강화.

‡**sep·a·ra·tion** [sèpəréiʃən] *n.* ⓊⒸ ① **분리**, 이탈. ② 별거, 이혼. ③ 〖化〗 석출(析出).

seperátion allòwance 별거 수당 《특히 출정 군인의 아내가 받는》.

sep·a·ra·tism [sépərətìzəm] *n.* Ⓤ (정치·종교의) 분리주의 (opp. unionism). **-tist** *n.* 「리적.

sep·a·ra·tive [sépərèitiv, -rət-] *a.* 분

Se·phar·dim [səfá:rdim/se-] *n. pl.* (*sing.* **-di** [-di]) 스페인〔포르투갈〕계 유대인.

se·pi·a [sí:piə, -pjə] *n., a.* Ⓤ 오징어의 먹물; 세피아 (그림물감), 세피아색《고동색》(의).

se·poy [sí:pɔi] *n.* 인도병(兵).

Sépoy Mútiny 〔**Rebéllion**〕 세포이의 반란(1857–59). 「〔작용〕.

sep·sis [sépsis] *n.* Ⓤ 〖醫〗 패혈증

***Sep**(**t**). September; Septuagint.

†**Sep·tem·ber** [septémbər, səp-] *n.* 9월.

sep·te·nar·y [séptənèri/septí:nəri] *a., n.* 7(의); 7개로 된; 7년간(의); 7년 1회의.

sep·ten·ni·al [septéniəl] *a.* 7년간 계속되는; 7년에 1회의.

sep·tet, 《주로 英》 **-tette** [septét] *n.* 칠중주(곡); 7부 합창(곡); 일곱개 한조, 7인조.

sep·tic [séptik] *a.* 〖醫〗 부패(성)의.

sep·ti·ce·mi·a, -cae- [sèptəsí:miə] *n.* Ⓤ 패혈증. **-mic** *a.*

séptic tànk 오수 정화조(淨化槽).

sep·til·lion [septíljən] *n.* 《美·프》 천(千)의 8제곱; 《英》 백만의 7제곱.

sep·ti·mal [séptəməl] *a.* 7의.

sep·tu·a·ge·nar·i·an [sèptʃuədʒənέəriən, -tju:-] *a., n.* 70세 〔대〕의 (사람).

Sep·tu·a·gint [séptʃuədʒint, -tʃu:-] *n.* 70인 역(譯) 성서《가장 오래된 그리스어 성서》.

sep·tum [séptəm] *n.* (*pl.* **-ta** [-tə]) 격벽(隔壁); 〖生〗 격막, 중격(中隔).

sep·tu·ple [séptupl, septjú:-/séptju-] *n., a.* 7배(의). ― *vt., vi.* 7배 하다〔가 되다〕.

sep·ul·cher,** 《英》 **-chre** [sépəlkər] *n.* **무덤**, 매장소. ***the (***Holy***) ***S-*** 성묘(聖墓) 《예수의 무덤》. ***whited*** **~** 회칠한 무덤, 위선자 《마태복음 23: 27》. ― *vt.* 매장하다. 「음침한.

se·pul·chral [sipʌ́lkrəl] *a.* 무덤의;

sep·ul·ture [sépəltʃər] *n.* Ⓤ 매장; Ⓒ 《古》 무덤(sepulcher).

seq., seqq. *sequentia* (L. = the following) 《보기: p. 10 (et) seq(q). 10페이지 이하》.

se·quel [sí:kwəl] *n.* 계〔연〕속, 후편(*to*); 결과(*to*). ***in the*** **~** 결국, 뒤에. 「〖醫〗 후유증.

se·que·la [sikwí:lə] *n.* (*pl.* **-lae** [-li:])

‡**se·quence** [sí:kwəns] *n.* ① Ⓤ **연속**, 연쇄. ② Ⓤ (계속되는) 순서, 차례. ③ ⒸⓊ **결과**. ④ 〖카드〗 순서로 된 동종의 패의 한 조. ***in regular*** **~** 차례대로. **~** ***of tenses*** 〖文〗 시제의 일치. ― *vt.* 〖컴퓨터〗 (자료를) 배열하다. **sé·quent** *n., a.* 귀결, 결과; 잇단, 잇달아 일어나는; 필연적인 결과로서 일어나는(*on, upon*).

se·quen·tial [sikwénʃəl] *a.* 잇달아 일어나는; 결과로서 따르는 (*to*); 〖컴퓨터〗 축차(逐次)의. **~·ly** *ad.*

se·ques·ter** [sikwéstər] *vt.* ① **떼어놓다**; 은퇴시키다. ② (재산을) 압류〔몰수〕하다. **~** ***oneself 은퇴하다. **~ed** [-d] *a.* 은퇴한; 깊숙이 틀어박힌, 외딴.

se·ques·trate [sikwéstreit] *vt.* 몰수

하다; 《古》 =仚. **-trá·tion** [sìːkwestréiʃən] *n.* Ⓤ 압류, 몰수; 은퇴.
se·quin [síːkwin] *n.* 옛 이탈리아·터키의 금화; 옷장식용의 둥근 금속판.
se·quoi·a [sikwɔ́iə] *n.* 세쿼이어 《미국 Calif. 주산의 삼나무과의 거목》.
Sequóia Nátional Párk 미국 Calif. 주 중부의 국립 공원.
ser. series.
se·ragl·io [siræ̀ljou/serάːliòu] *n.* (*pl.* ~*s*) (터키 Sultan의) 궁정; 후궁, 도장방(harem).
se·ra·pe [sərάːpi/-pei] *n.* (멕시코 사람의) 화려한 숄〔무릎 덮개〕.
ser·aph [sérəf] *n.* (*pl.* ~*s*, ~*im*) 3쌍 날개의 천사(cf. cherub). **se·raph·ic** [səræ̀fik/se-] *a.*
Serb [səːrb] *n.*, *a.* Ⓒ Ⓤ 세르비아 사람〔말〕(의); 세르비아의.
Ser·bi·a [sə́ːrbiə, -bjə] *n.* 세르비아 《유고의 일부, 본디 왕국》. **Sér·bi·an** *a.*, *n.*
sere [siər] *a.* 《詩》 =SEAR.
***ser·e·nade** [sèrənéid, -ri-] *n.* 소야곡, 세레나데《사랑하는 여인 집 창 밑에서 연주〔노래함〕》. — *vt.*, *vi.* 세레나데를 들려주다〔노래하다〕.
‡**se·rene** [siríːn] *a.* (하늘이) 맑게 갠 (clear); 고요한, 온화〔잔잔〕한 (*a* ~ *smile*); 평화로운. ***Your S- Highness(es)*** 전하《호칭》. ~**·ly** *ad.* ***se·ren·i·ty** [sirénəti] *n.* Ⓤ
serf [səːrf] *n.* 농노(農奴) 《토지와 함께 매매되는》; 혹사당하는 사람. ∠**·age**, ∠**·dom**, ∠**·hood** [∠hùd] *n.* Ⓤ
Serg. Sergeant.
***serge** [səːrdʒ] *n.* Ⓤ 서지, 세루 《피륙》.
‡**ser·geant** [sάːrdʒənt] *n.* 하사관, 중사, 상사 《생략 Sergt., Sgt.》; 경사(警査); =∠ **at árms** 《英》 (왕실·의회의) 수위. ~**·ship** [-ʃip] *n.* Ⓤ
sérgeant fírst cláss 〚美陸軍〛 상사.
sérgeant május 주임 하사관.
Sergt. Sergeant.
***se·ri·al** [síəriəl] *a.* 연속(물)의. — *n.* (신문·잡지·영화 따위의) 연속물, 정기 간행물, 분책(分冊). ~**·ist** *n.* 연속물 작가 ~**·ly** *ad.*
se·ri·al·ize [síəriəlàiz] *vt.* 연재하다, 연속물로서 방영하다.
sérial nùmber 일련 번호.
se·ri·ate [síəriit] *vt.* 연속시키다〔배열하다〕. — *a.* 연속적인. **se·ri·a·tion** [∸éiʃən] *n.* Ⓤ 연속 배치.
se·ri·a·tim [sìəriéitim] *ad.* 연속하여, 순차로.
ser·i·cul·ture [sérikʌ̀ltʃər] *n.* Ⓤ 양잠(업)(養蠶業). **ser·i·cul·tur·al** [sèrikʌ́ltʃərəl] *a.* **ser·i·cúl·tur·ist** *n.* 누에치는 사람.
‡**se·ries** [síəriːz] *n.* *sing.* & *pl.* ① 일련, 연속, 계열. ② 총서, 시리즈. ③ 〚數〛 수열, 급수; 〚化〛 열(列); 〚地〛 통(統) 《system(계)보다 하위의 지층(地層) 단위》; 〚電〛 직렬; 〚樂〛 (12음 음악의) 음렬(音列). ***arithmetical*** 〔***geometrical***〕 ~ 등차〔등비〕 급수.
se·ries-wound [-wàund] *a.* 〚電〛 직렬로 감은.
ser·if [sérif] *n.* 〚印〛 세리프《H, I 따위의 아래위 가늘고 짧은 선》.
se·rig·ra·phy [sirígrəfi] *n.* Ⓤ 〚印〛 실크 스크린 인쇄(법) 《등사 인쇄의 일종》.
se·ri·o·com·ic [sìəriouká́mik/sìəriou kɔ́m-] *a.* 진지하면서도 우스운.
‡**se·ri·ous** [síəriəs] *a.* ① 엄숙한, 진지한; (얼굴 등) 짐짓 위엄을 차린. ② 중대한; (병·상처가) 중한 (opp. mild). ‡~**·ly** *ad.* *~**·ness** *n.* Ⓤ
ser·jeant [sάːrdʒənt] *n.* 《英》 =SERGEANT.
‡**ser·mon** [sə́ːrmən] *n.* 설교; 잔소리. ***the S- on the Mount*** 산상 수훈(山上垂訓) 《마태복음 5:7》. ~**·ize** [-àiz] *vt.* 설교하다.
se·rol·o·gy [siərάlədʒi/-ɔ́l-] *n.* Ⓤ 혈청학.
se·ro·sa [sirόusə] *n.* 〚解·動〛 장액막(腸液膜).
se·ro·to·nin [sìərətóunin] *n.* 〚生〛 세로토닌《혈액 속에 포함되는 복합 아민》.
se·rous [síərəs] *a.* 혈장(血漿) (serum) 의〔같은〕; 물 같은.
‡**ser·pent** [sə́ːrpənt] *n.* ① (큰) 뱀. ② 음험한 사람. ③ (S-) 〚天〛 뱀자리. ***the*** (***Old***) ***S-*** 〚聖〛 악마, 유혹자.
ser·pen·tine [sə́ːrpəntàin, -tìːn] *a.* 뱀의 〔같은〕; 꾸불꾸불한, 음험한. — *n.* Ⓤ 〚鑛〛 사문석(蛇紋石).
ser·rate [sérit], **ser·rat·ed** [séreitid/-∠-] *a.* 톱니 모양의.
ser·ried [sérid] *a.* 밀집한, 빽빽이 들어찬.
se·rum [síərəm] *n.* (*pl.* ~*s*, *-ra* [-rə]) Ⓤ Ⓒ 장액(漿液); 혈청.
†**serv·ant** [sə́ːrvənt] *n.* ① 하인, 머슴, 고용인. ② 봉사자(*the* ~*s of God* 목사). ***civil*** ~ 문관. ***public*** ~ 공복(公僕) 《공무원》.
sérvant gìrl〔**màid**〕 하녀.
sérvants' háll 하인 방.
†**serve** [səːrv] *vt.* ① …을 섬기다, 봉사하다; 시중들다, 접대하다; (음식을) 차려내다, 제공하다. ② …의 소용에 닿다, 충분하다; …에 도움되다; 만족시키다; 돕다(aid). ③ 다루다, 대(우)하다; 보답〔보복〕하다. ④ 근무하다; (형기·연한 등을) 보내다. ⑤ (영장 등을) 송달하다(deliver); 〚테니스〛 서브하다. ⑥ 〚海〛 감다; (대포 등을) 조작〔발사〕하다. — *vi.* ① 섬기다, 봉사〔근무, 복역〕하다, (손님을) 시중들다. ② 소용〔도움〕되다. ③ 서브하다. ***as memory*** ~***s*** 생각났을 때에. ***as occasion*** ~***s*** 기회 있는 대로. ***Serve***(***s***) ***him***〔***you***〕 ***right!*** 《口》 꼴 좋다! ~ ***one's time*** 임기〔연한, 형기〕를 (끝)마치다. ~ ***out*** 분배하다; 복수하다. — *n.* Ⓤ Ⓒ 서브(방법, 차례). ***sérv·er** *n.*
Ser·vi·an [sə́ːrviən] *a.*, *n.* =SERBIAN.
†**serv·ice**[1] [sə́ːrvis] *n.* ① (종종 *pl.*) 봉사, 공헌, 애씀; Ⓤ 유용, 조력. ② Ⓤ Ⓒ 근무, 직무, 공무; 군무(*enter the* ~); (관청의) 부문, …부. ③ Ⓤ

고용(살이). ④ CU 예배(식). ⑤ U 시중, 서비스. ⑥ 식기〔다구(茶具)〕 한벌(*a tea* ~ 홍차세트). ⑦ CU 기차편(便), 선편, 운행; (우편·전화·가스·수도 등의) 시설; 사업. ⑧ U (영장의) 송달; UC 〖테니스〗 서브. ⑨ 〖海〗 감는 밧줄. ***be at a person's*** ~ …의 마음대로, 임의로 (*I am at your* ~. 무엇이든 말씀만 하십시오). ***have seen*** ~ 실전(實戰)의 경험이 있다; 써서 낡았다. ***in active*** ~ 재직중. ***of*** ~ 도움이 되는, 유용한. ***on his*** 〔***her***〕 ***Majesty's*** ~ 《英》 공용(公用) 《공문서에 O.H.M.S.로 생략》. ***on*** ~ 재직〔현역〕(의). ***take into one's*** ~ 고용하다. ***take*** ~ ***with*** 〔***in***〕 …에 근무하다. ***the Civil S-*** 문관. ***water*** ~ (수도) 급수. —— *vt.* ① 〔가스·수도 등을〕 공급하다. ② …의 애프터서비스를 하다; …을 수리하다. ③ (수컷이) 헐레붙다. —— *a.* ① 실용의. ② 고용인용의. ③ 일상용의 (cf. full-dress). ***~·a·ble** *a.* **쓸모 있는**, 소용에 닿는(*to*); 오래 쓸 수 있는.

serv·ice² *n.* =SERVICE TREE.

sérvice àrea 〖放〗 양(시)청 구역.

sérvice bòok 기도서.

sérvice càp (차양달린) 군모. 「도.

sérvice cèiling 〖空〗 실용 상승 한

sérvice chàrge 서비스 부가 요금.

sérvice clùb 사회 봉사 단체.

sérvice drèss 《英》 군인의 평상복.

sérvice èntrance 종업원 출입구.

sérvice flàt 《英》 식사 제공 아파트.

sérvice hàtch 《英》 (주방에서 식당으로) 요리를 내보내는 창구.

sérvice lìne 〖테니스〗 서브선(線).

serv·ice·man [-mæ̀n] *n.* 군인; 현역병; 《美》 수리공. 「자의) 등록 번호.

sérvice màrk (세탁소 등 서비스 업

sérvice mèdal 《美》 종군 기장.

sérvice mòdule 〖宇宙〗 기계선(機械船) 《생략 SM》.

sérvice pìpe (가스·수도의) 옥내관.

sérvice rìfle 군용총. 「內) 도로.

sérvice ròad 지선(支線) 〔구내(構

sérvice stàtion 주유소; 수리소.

sérvice strìpe 〖美軍〗 (군복 소매에 붙이는) 정근장(精勤章).

sérvice trèe 〖植〗 마가목.

sérvice ùniform 〖軍〗 평상복.

sérvice wìre 〖電〗 옥내선. 「(女軍).

serv·ice·wom·an [-wùmən] *n.* 여군

ser·vi·ette [sə̀ːrviét] *n.* =NAPKIN.

ser·vile** [sə́ːrvil, -vail] *a.* **노예의**; 천한, 야비한. ~ ***war (반항) 노예 진압전(戰). **ser·víl·i·ty** *n.* U 노예 상태〔근성〕. 「《일요일엔 안 함》.

sérvile wòrks 〖카톨릭〗 육체 노동

ser·vi·tor [sə́ːrvətər/-vi-] *n.* 《古·詩》 하인; (Oxf. 대학의) 근로 장학생.

ser·vi·tress [sə́ːrvətris/-vi-] *n.* 하녀.

***ser·vi·tude** [sə́ːrvətjùːd/-vitjùːd] *n.* U ① **노예 상태**. ② 고역, 복역.

ser·vo·mech·an·ism [sə́ːrvoumèkənìzəm, ⌐–⌐––] *n.* U 서보 기구《일종의 자동 제어 장치》.

ser·vo·mo·tor [sə́ːrvoumòutər] *n.* 서보모터, 간접 조속(調速) 장치.

ses·a·me** [sésəmi] *n.* **참깨**(씨). ***Open ~ ! 열려라 참깨! 《주문》.

ses·qui·cen·ten·ni·al [sèskwisenténiəl, -njəl] *n., a.* 150년(제)(의).

ses·sile [sésil, -sail] *a.* 〖植〗 무병(無柄)의; 〖動〗 정착(성)의.

‡ses·sion [séʃən] *n.* ① UC **개회**〔개정〕(기) (*in* ~ 개회〔개정, 회의〕 중). ② 수업(시간), 학기. ***Court of S-*** 《Sc.》 최고 민사 법원. ***petty*** ~***s*** 《英》 (치안 판사에 의한) 즉결 재판. **~·al** *a.* 「의 마지막 6행.

ses·tet [sestét] *n.* 6중창〔주〕; sonnet

†set [set] *vt.* (***set; -tt-***) ① **두다**, 놓다, 자리잡아 놓다(place); 끼우다; 심다, (씨를) 뿌리다; 세우다; 대다; (활자를) 짜다; ② **향하다**, 쏟다; (돛을) 올리다 (~ ***sail*** 출범하다). ③ (도장을) 찍다; (불을) 붙이다; (암탉에게) 알을 안기다. ④ (값을) 매기다; (모범을) 보이다; (문제를) 내다. ⑤ (뼈를) 잇다, 접골하다; (톱의) 날을 세우다; (시계를) 맞추다; 덫〔함정〕을 놓다. ⑥ **고정시키다**; (머리칼을) 길들이다, 잠재우다. ⑦ 종사시키다 (*to*), 집중하다(*on*). ⑧ 정하다; 약속하다; (가사에) 곡조를 붙이다. ⑨ …**하게 하다**, …상태로 하다; …시키다 (make) (~ ***the bell ringing*** 종을 울리다). —— *vi.* ① (해·별 등이) **지다**, 기울다. ② **굳어지다**, 고정하다; 여물다, 익다. ③ **종사하다**, 착수하다(~ ***to work***). ④ 흐르다, 향하다; (흐름이 …로) 향하다(tend)(*to*). ⑤ 곆꽂이하다. ⑥ (옷이) 맞다. ⑦ (사냥개가) 멈춰 서서 사냥감을 가리키다 (cf. setter); (암탉이) 알을 품다 (brood). ***be hard*** ~ 곤궁한 처지에 있다. ~ ***about*** 시작하다 (~ ***about*** *doing*); 《英》 말을 퍼뜨리다. ~ ***against*** 비교〔대조〕하다; 균형잡다; 적대시키다, 이간하다. ~ ***apart*** 따로 떼어 〔남겨〕 두다(reserve). ~ ***aside*** 치우다, 남겨두다; 버리다, 폐기하다. ~ ***at*** …을 덮치다, 부추기다. ~ ***back*** 저지하다; (시계 바늘을) 뒤로 돌리다. ~ ***bread*** 〖料理〗 빵을 이스트로 부풀리다. ~ ***by*** 곁에 두다〔놓다〕, 치우다; 저축하다; 존중하다. ~ ***down*** (내려) 놓다; (차에서) 내리게 하다; 정하다; 적어넣다; …의 탓〔원인〕으로 돌리다(ascribe)(*to*); …라고 생각하다(*as*). ~ ***forth*** 진술〔말〕하다, 설명하다; 출발하다; 《廢》 발포〔발행〕하다. ~ ***forward*** 《古》 촉진하다. ~ ***in*** 밀물지다, (조수가) 밀다; 밀어닥치다, (계절이) 시작되다, 정해지다, 확정되다. ~ ***light*** 〔***little***〕 ***by*** …을 경시하다 (cf. ~ by). ~ ***off*** 구획짓다, 간막다; (대조로) 드러나게〔두드러지게〕 하다, 꾸미다, 강조하다; 에끼다 (*against*); 발사하다, (꽃불을) 올리다; 크게 칭찬하다; 폭발〔폭소〕시키다; 출발시키다〔하다〕. ~ ***on*** 부추기다; 덮치다, 공격하다; 착수〔출발〕

하다. ～ *on foot* 시작하다. ～ *oneself against* …에 적대하다. ～ *out* 표시하다, 발포(發布)하다, 진술〔말〕하다, 설명하다; 구획짓다, 분계(分界)하다, 측정하다, 할당하다, 제한하다; 진열하다, 〖土木〗 (계획 위치를) 현장(現場)에 설정하다, (돌을) 쑥 내밀게 놓다, (나무를) (간격을 두고) 심다; 〖印〗 활자 사이를 띄어 짜다; (여행)길을 떠나다, 착수하다; (조수가) 빠지다. ～ *over* …위에 놓〔두〕다; 양도하다; 지배하다. ～ *to* 시작하다. ～ *up* 세우다, 일으키다, 올리다; 설립하다; 개업하다; 공급하다, (마련하여) 내다; 《俗》 한턱하다; (소리를) 높이다; 제출〔신고〕하다; 보이다; 입신〔출세〕시키다; 원기를 북돋우다, 취하게 하다; (활자를) 짜다. ～ *up for* …라고 〔…을〕 자칭하다, …을 자처하다. ～ *upon* 공격하다. —— *a.* ① **고정된**; (눈길 따위가) 움직이지 않는; 단호한. ② 규정된〔대로의〕, 정식의; 예정〔지정〕된 (*at the* ～ *time*). ③ 일부러 지은〔꾸민〕, 어색한 (*a* ～ *smile* 선웃음, 억지웃음). *all* ～ 《口》 만반의 준비를 갖추어. *of* 〔*on, upon*〕 ～ *purpose* 일부러. ～ *phrase* 성구(成句), 상투어구. *with* ～ *teeth* 이를 악물고. —— *n.* ① 《詩》 (해가) 짐〔저묾〕, 일몰. ② (한) 세트, **한 벌**(*a radio* 〔*TV*〕 ～/ *a* ～ *of dishes*); (책·잡지의) 한 질; (서적의) 부. ③ 〖테니스〗 세트; 〖鑛〗 (측벽의) 동발. ④ 톱날; 톱날 세우는 기구. ⑤ 어린 나무, 모〔꺾꽂이〕나무. ⑥ (둥지 속의) 한배에 낳은 알; 동아리, **한패**(거리), 동무; 사람들(*the literary* ～ 문단인). ⑦ 추세, 경향(drift); 정해진 변형; 휨, 굽음; **모양**(새), 태도. ⑧ 무대 장치, 대도구, 세트. ⑨ 〖獵〗 =**déad** ∠́ (사냥개가) 사냥물을 발견하고 멈춰섬; 맹렬한 공격. *best* ～ 상류 사회. 「(剛毛).

se·ta [síːtə] *n.* (*pl.* **-tae** [-tiː]) 강모

set·back [sétbæ̀k] *n.* 좌절, 차질; 퇴보, 역류(逆流); 〖建〗 (고층 빌딩 상부의) 단형(段形) 물림.

set·down [∠dàun] *n.* 꾸짖음, 몰아세움.

set-line [∠làin] *n.* 《美》 주낙의 일종.

set·off [∠ɔ̀ːf/-ɔ̀f] *n.* 에낌, 상쇄; 돋보이게 하는 물건, 장식; 〖印〗 오프셋 인쇄.

set·out [sétàut/-∠] *n.* 출발, 개시; (식기의) 한 벌; 상차리기.

sét pìece 〖劇〗 소품(小品).

sét pòint 〖테니스〗 세트포인트 《세트의 승패를 정하는 한 점》.

sét scène 무대 장치, 세트.

set·screw [∠skrùː] *n.* 멈춤나사.

sét squàre 삼각자(triangle). 「자.

set·tee [setíː] *n.* (등널이 있는) 긴 의

set·ter [sétər] *n.* set하는 사람; 세터 《사냥물을 가리키는 사냥개》; 식자공; 선동자; 밀고자.

***set·ting** [sétiŋ] *n.* ① Ⓤ 둠, 놓음, 붙박아둠; (보석) 박아넣기, Ⓒ 박아넣는 대. ② Ⓤ (톱) 날세움. ③ ⓊⒸ 작곡, 악보. ④ 〖劇〗 장치, 배경; 환경. ⑤ Ⓤ (해·달의) **짐**. ⑥ (바람·조수의) 방향, (새의) 한 배의 알. ⑦ Ⓤ 〖印〗 식자.

sétting circle (망원경 따위의) 지표환(指標環). 「무리칠.

sétting còat (벽 따위의) 덧칠, 마

sétting pòint 빙점, 응고점.

sétting rùle 〖印〗 (식자용) 금속자.

sétting stìck 〖印〗 (식자용) 스틱.

sét·ting-úp èxercises [sétiŋʌ́p] 유연(柔軟) 체조.

†**set·tle**[1] [sétl] *vt.* ① **놓다**, 정치(定置)〔설정〕하다; **자리잡게 하다**, 안정〔정주, 취업〕시키다, 식민하다. ② **결정하다**; 해결하다, 조정하다, 결말짓게 하다. ③ **진정시키다**; 맑게 하다, 침전시키다; 굳어지게 하다. ④ 결산〔청산〕하다; 정돈〔정리〕하다. ⑤ (유산·연금 따위를) 주다, 넘겨〔물려〕 주다(*on, upon*). —— *vi.* ① **자리잡다**, 정주(定住)하다; 안정되다. ② **결심하다**; 결말짓다, 해결〔처리〕되다. ③ **가라앉다**; 침하(沈下)〔침전〕하다, 맑아지다. ④ (새 따위가) 앉다. ⑤ 기울다. ～ *down* (흥분 따위가) 가라앉다, 조용해지다; 침전하다; 정주하다; 자리잡다, 이주하다; (일 따위를) 본격적으로 대들어 하다. ～ *in* 정주〔거류〕하다; 식민하다; (새 집에) 자리잡게 하다. ～ *on* 〔*upon*〕 (법적으로) 정하다; (재산을) 물려주다. ～ *one's affairs* 유언을 써 (만사를 정해) 두다. ～ *oneself* 거처를 정하다〔잡다〕; 자리잡다; 털썩 앉다. ～ *up* 처리〔해결〕하다; 지불하다. ～ *with* …와 화해〔사화〕하다; 결말〔타결〕을 짓다; 결제하다. ***sét·tled** [-d] *a.* ‡**sét·tler** *n.* **해결자**; 침전기; 《口》 마지막 결말을 짓는 것; 이주자. 「높은) 긴 벤치.

set·tle[2] *n.* (팔걸이가 있고, 등널이

‡**set·tle·ment** [-mənt] *n.* ① ⓊⒸ 낙착, 결말, 해결, 화해, 결정. ② Ⓤ **정주**(定住); Ⓒ 정주지; Ⓤ **생활의 안정**, 자리잡음. ③ Ⓤ 침전(물)(settlings). ④ ⓊⒸ 변제, 결산; 〖法〗 (권리·재산 등의) 수여, 양도; Ⓒ 증여 재산. ⑤ Ⓤ **이민**; Ⓒ 식민〔거류〕지; 《美》 부락. ⑥ 인보(隣保) 사업단 《빈민가 개선 사업단》. *Act of S-* 〖英史〗 왕위 계승령(令).

set·tling [-iŋ] *n.* Ⓤ settle하기; (*pl.*) 침전물, 앙금(sediment).

séttling dày 《英》 (주식 거래의) 결제〔청산〕일.

séttling tànk 침전 탱크.

set-to [séttùː/∠∠] *n.* (*pl.* ～**s**) 《口》 주먹다짐 〔싸움〕; 말다툼, 시비.

***set·up** [∠ʌ̀p] *n.* ① Ⓤ (기계 따위의) 조립; 구성; 기구, 조직; 설비. ② 자세, 몸가짐. ③ 《美口》 짬짜미 경기. ④ 《美》 (술에 필요한) 소다수·얼음·잔 등의 일습.

Seu·rat [səːrɑ́ː], **Georges**(1859–91) 프랑스의 화가 《신인상파의 시조》.

†**sev·en** [sévən] *n., a.* **일곱**(의), 7(의),

일곱시. *seventy times* ~ 〖聖〗 몇 번이고《마태복음 18:22》.

sev·en·fold [-fòuld] *a., ad.* 7배〔겹〕의〔(으)로〕; 7부로 된.

Séven Hílls, the 로마의 일곱 언덕.

sév·en-league bóots [-lì:g] 〖童話〗 (한 걸음에) 7리그나 갈 수 있는 구두, 마술 신.

séven séas, the ⇨SEA.

Séven Sísters, the 묘성칠성(昴星「七星).

séven stárs 북두 칠성; =⇧.

†**sev·en·teen** [-tí:n] *n., a.* 17(의). *sweet* ~ 묘령. ‡~**th** *n., a.* 열 일곱(번)째(의); 17분의 1(의).

†**sev·enth** [-θ] *n., a.* 일곱째(의); 7분의 1(의).

Séventh Dáy, the 주(週)의 제7일「《안식일》.

séventh héaven, the 제 7 천국, 최고천(天); 최상의 행복.

†**sev·en·ty** [-ti] *n., a.* 70(의). ~ *times* SEVEN. **sév·en·ti·eth** [-iθ] *n., a.* 70 번째(의); 70분의 1(의).

sév·en-year ítch [-jìər] 〖醫〗 옴; (결혼 7년째의) 바람기, 권태.

***sev·er** [sévər] *vt.* 절단〔분할, 분리〕하다. —— *vi.* 떨어〔잘라, 끊어〕지다.

†**sev·er·al** [sévərəl] *a.* ① 몇몇의, 몇 개〔사람〕의. ② 여러가지의 (various); 각기〔각자, 각각〕의. ***S- men,*** ~ ***minds.*** 《俗談》 각인 각색. —— *pron.* 몇몇, 몇 개 〔사람〕. ~·**fold** [-fòuld] *a., ad.* 몇 겹의〔으로〕, 몇 배의〔로〕. ~·**ly** *ad.* 각각, 제각기; 따로따로.

sev·er·al·ty [-ti] *n.* Ⓤ 별개임, 각자, 각각; 〖法〗 단독 소유(지).

sev·er·ance [sévərəns] *n.* Ⓤ 분리; 단절.

séverance pày 해직 수당.

‡**se·vere** [sivíər] *a.* ① 엄한, 호된, 모진, 가혹한. ② 격렬한; (병이) 중한; 중대한; 곤란한. ③ 엄숙한; (추론(推論) 따위) 엄밀한. ④ (문체가) 군더더기 없는, 수수한; (건축 양식이) 간소한. ‡~·**ly** *ad.* ~·**ness** *n.*

***se·ver·i·ty** [sivérəti] *n.* =SEVERENESS.

Sev·ern [sévə:rn] *n.* 잉글랜드 남서부의 강.

‡**sew** [sou] *vt.* (~*ed; sewn,* ~*ed*) 꿰매다, 박다, 깁다; 꿰매어 붙이다 (*on*). —— *vi.* 바느질하다. ~ *in* 꿰매〔박아〕 넣다. ~ *up* 꿰매〔박아〕 잇다, 꿰매 붙이다.

sew·age [sú:idʒ/sjú(:)-] *n.* Ⓤ 시궁창, 하수 오물.

***sew·er**[1] [sú:ər / sjúə] *n.* 하수구(溝). ~·**age** *n.* Ⓤ 하수 설비.

sew·er[2] [sóuər] *n.* 꿰매는 〔바느질 하는〕 사람, 재봉사.

***sew·ing** [sóuiŋ] *n.* Ⓤ 재봉.

séwing còtton (무명의) 재봉실.

séwing machìne 재봉틀.

***sewn** [soun] *v.* sew의 과거분사.

‡**sex** [seks] *n.* ⓊⒸ ① 성(性). ② (the ~) 《集合的》 남성, 여성. ③ 성기; Ⓤ 성교, 성욕. ***the fair*** 〔***gentle***(***r***), ***softer, weaker***〕 ~ 여성. ***the rough***〔***sterner, stronger***〕 ~ 남성.

sex- 「여섯, 6」의 뜻의 결합사.

sex·a·ge·nar·i·an [sèksədʒinέəriən] *a., n.* 60세〔대〕의 (사람).

sex·ag·e·nar·y [səksǽdʒənèri / -nəri] *a., n.* 60(세, 대)의 (사람).

sex·a·ges·i·mal [sèksədʒésiməl] *a.* 60의; 60을 단위로 하는, 60진법의. —— *n.* 60분수(~ fraction)《분모가 60 또는 그 배수인 분수》.

sex·an·gu·lar [seksǽŋgjələr] *a.* 6각형의.

séx appèal 성적 매력.

sex·cen·te·nar·y [sekssénténəèri] *a., n.* 600의; 600년의; 600년제(의).

séx chròmosome 〖生〗 성염색체.

séx educàtion 성교육.

séx hòrmone 성호르몬.

séx hỳgiene 성위생(학).

sex·ism [séksizəm] *n.* Ⓤ 남녀차별.

séx kìtten 《口》 성적 매력 있는 아가씨.

sex·less [sékslis] *a.* 무성(無性)의.

séx lìnkage 〖生〗 반성(伴性) 유전.

sex·ol·o·gy [seksálədʒi/-ɔ́-] *n.* Ⓤ 성과학.

sex·pot [sékspɑ̀t/-ɔ̀-] *n.* 《美俗》 성적 매력이 넘치는 여자.

sex·tan [sékstən] *a.* 〖醫〗 육일열(六日熱)의, 엿새마다 일어나는.

sex·tant [sékstənt] *n.* 〖海〗 육분의(六分儀); 《稀》 원의 6분의 1.

sex·tet(**te**) [sekstét] *n.* 6중창〔주〕; 여섯(개) 한 짝〔조〕.

sex·til·lion [sekstíljən] *n.* 《美·프》 천(千)의 7제곱; 《英》 백만의 6제곱.

sex·ton [sékstən] *n.* 불목하니; 교회의 사찰.

sex·tu·ple [sekstjú:pəl, sékstju-] *a.* 6배〔겹〕의, 6부로 된; 〖樂〗 6박자의. —— *vt., vi.* 6배하다〔가 되다〕.

‡**sex·u·al** [sékʃuəl/-sju-] *a.* ① 성(性)의. ② 〖生〗 유성(有性)의. ~ ***appetite*** 〔***intercourse***〕 성욕〔성교〕. ~ ***generation*** 〖生〗 유성(有性) 세대. ~·**ly** *ad.* ***sex·u·al·i·ty** [sèkʃuǽləti/-sju-] *n.* Ⓤ 성별; 성적임; 성욕.

sèxual selèction 자웅 도태.

sex·y [séksi] *a.* 《口》 성적인; 성적 매력이 있는.

Sey·chelles [seiʃél, -ʃélz] *n.* Madagascar 섬의 북동, 인도양중의 군도 《영국령》.

sèz yóu [sèz jú:] 《美俗》 말은 그렇지만 글쎄 어떨지.

S. F. science fiction; sinking fund.

Sfc. sergeant first class.

sfer·ics [sfériks] *n. pl.* =ATMOSPHERICS.

sfor·zan·do [sfɔ:rtsá:ndou/-ǽ-] *a., ad.* (It.) 〖樂〗 센; 세게.

S. F. R. C. Senate Foreign Relations Committee (미국) 상원 외교 위원회.

sfu·ma·to [sfu:má:tou] *n.* (It.) 〖美術〗 스퓨마토, 바림법.

SG security guard. **S. G.** Solicitor General. **s. g.** specific gravity. **sgd** signed. **Sgt.** Sergeant. **sh.** shilling(s).

‡**shab·by** [ʃǽbi] *a.* ① 초라한; (선물 따위가) 쩨쩨한. ② 입어서 낡은. **sháb·bi·ly** *ad.* **sháb·bi·ness** *n.*

shab·by-gen·teel [-dʒentí:l] *a.* 영락했으나 체모 차리는. **sháb·by-gen-**

tíl·i·ty *n.* (사양족의) 허세부림.
shack [ʃæk] *n.* (초라한) 오두막. ― *vi.* 살다, 머무르다. ～ ***up*** 《美俗》 동서(同棲)하다; 숙박하다.
***shack·le** [ʃǽkəl] *n., vt.* (보통 *pl.*) 수갑, 차꼬, **쇠고랑**(을 채우다); 속박(하다), 방해(하다). 「(類).
shad [ʃæd] *n. sing. & pl.* 청어류
shad·ber·ry [ˊbèri/ˊbəri] *n.* 〚植〛 채진목 (열매).
shad·bush [ˊbùʃ] *n.* 채진목(나무).
shad·dock [ʃǽdək] *n.* 왕귤나무 (열매).
†**shade** [ʃeid] *n.* ① Ⓤ,Ⓒ **그늘**; 응달. ② (*pl.*) (해질녘의) 어둠, 땅거미. ③ **차양**, 커튼, 차일. ④ (명암의 도에 따른) 색조, 색의 뉘앙스. ⑤ **미미한 차**; **약간**; (마음에) 좀 (*a* ～ *larger* 좀 큰 듯싶음). ⑥ 망령(亡靈); (*pl.*) 저승(Hades). ***cast*** 〔***put, throw***〕 ***into the*** ～ 무색케 하다. ***without light and*** ～ (그림·문장이) 단조로운. ― *vt.* ① **그늘지게 하다**, …으로부터 빛을 막다, 가리다, 어둡게 하다. ② **바림하다**; (그림에) 음영〔그늘〕을 나타내다. ③ 조금씩 변화시키다. ― *vi.* (색조·의미 따위가) 조금씩 변해〔달라져〕가다 (*into, off, away*). **shád·ing** *n.* Ⓤ 그늘지게 하기; (그림의) 명암〔음영〕법; (빛깔·명암 따위의) 미세한 〔점차적인〕 변화. **ˊ·less** *a.*
sháde trèe 그늘을 짓는 나무.
‡**shad·ow** [ʃǽdou] *n.* ① **그림자**; 영상(映像), 명목뿐인 것. ② 곡두, 환영, 유령. ③ 미행자; 종자(從者). ④ Ⓤ 어둠; (신·주인 등의) 그늘, 비호. ⑤ (명성 등에 던지는) 어두운 그림자; 우울. ⑥ 흔적, 자취, 조금, 약간. ⑦ 조짐, 징조. ***catch at*** ～***s*** 헛수고하다, 헛애쓰다. ***live in the*** ～ 그늘에 살다, 세상에 알려지지 않고 살다. ***the*** ～ ***of a shade*** 환영(幻影). ***the*** ～ ***of night*** 야음. ***under*** 〔***in***〕 ***the*** ～ ***of*** …의 보호 밑에; …의 바로 곁에. ― *a.* 《英俗》 (다급할 때 댈 수 있도록) 대강 모양이 된. ― *vt.* ① 가리다, **어둡게 하다**; 덮다; 그림자를 만들다; 《古》 보호하다. ② (그림자 처럼) 붙어 다니다, 미행하다. ③ 조짐을 보이다(*forth*). ④ 우울하게 하다.
shad·ow·box·ing [-bɑ̀ksiŋ/-ɔ̀-] *n.* Ⓤ 〚拳〛 단독 연습.
shádow càbinet 야당〔준비〕 내각.
shádow fàctory 군수 공장으로 전환할 수 있는 공장. 「림자놀이.
shádow pìcture 〔**plày, shòw**〕 그
***shad·ow·y** [ʃǽdoui] *a.* ① **그림자 있는**, 어두운; 몽롱한, 어렴풋한. ② 유령과 같은; 공허한, 덧없는.
shad·y** [ʃéidi] *a.* ① **그늘**〔응달〕**의**, 그늘을 이루는; 희미한. ② 《口》 **뒤가 구린**, 수상한, 좋지 않은. ***keep ～ 《美俗》 비밀로 하다. ***on the*** ～ ***side of*** (*forty*) (사십)의 고개를 넘어. **shád·i·ly** *ad.* **shád·i·ness** *n.*
SHAEF, Shaef [ʃeif] Supreme Headquarters Allied Expeditionary Force 연합국 파견군 최고 사령부.
‡**shaft** [ʃæft, -ɑ:-] *n.* ① 화살대, **창자루**; 화살, 창. ② **샤프트**, 굴대, 축(軸); 깃대; (수레의) 채; 굴뚝; 〚植〛 나무 줄기; 〚動〛 (새의) 깃촉; 〚建〛 기둥몸. ③ (엘리베이터의) 통로; 〚鑛〛 **수갱**(竪坑); 배기(排氣) 구멍. ④ 광선. ⑤ (비웃음 따위의) 화살.
shag[1] [ʃæg] *n.* Ⓤ 더부룩한 털, 거친 털; 보풀(일게 짠 천); 거친 살담배. ― *vt.* (**-gg-**) 더부룩하게 하다.
shag[2] *vt.* …을 추적하다; 《野俗》 (공을) 주워 되던지다.
shag·bark [ˊbɑ̀:*r*k] *n.* 《美》 hickory 의 일종; 그 열매; Ⓤ 그 재목.
***shag·gy** [ˊi] *a.* **털북숭이의**, 털이 더부룩한〔많은〕. **-gi·ly** *ad.* **-gi·ness** *n.*
shág·gy-dóg stòry [-dɔ́(:)g, -dɑ́g] 듣는 이에겐 지루한 얼빠진 이야기; 말하는 동물 이야기.
sha·green [ʃəgrí:n, ʃæ-] *n.* Ⓤ (무두질 않은) 껄끄러운 가죽.
shah [ʃɑ:] *n.* (Per.) 이란 국왕의 칭호.
Shak. Shakespeare.
‡**shake** [ʃeik] *vt.* (***shook; shaken***) ① **흔들다**, 떨다, 진동시키다. ② 흩뿌리다; 휘두르다; 흔들어 깨우다 (*up*); 흔들어 떨어뜨리다, 떨어버리다(*from; out of*). ③ 놀래다(*be* ～*n at* 흠칫 놀라다). ④ 흔들리게 하다. ― *vi.* ① **떨다**, 진동하다; **흔들리다**. ② 〚樂〛 전음(顫音)을 쓰다. ③ 악수하다. ～ ***a foot*** 〔***a leg***〕 댄스하다. ～ (*a person*) ***by the hand*** 악수하다. ～ ***down*** 흔들어 떨어뜨리다; 자리잡(히게 하)다; 동료와〔환경에〕 익숙해지다; 《美俗》 돈을 빼앗다, 등치다. ～ ***hands*** 악수하다. ～ ***in one's shoes*** 전전긍긍하다, 벌벌 떨다. ～ ***off*** 떨어 버리다, 쫓아 버리다; (버릇·병 따위를) 고치다. ～ ***oneself together*** 용기를 내다. ～ ***one's head*** 고개를 가로 젓다 《거절·비난》. ～ ***one's sides*** 배를 움켜쥐고 웃다. ～ ***out*** (속의 것을) 흔들어 떨다; (기 따위를) 펼치다. ～ ***up*** 세게 흔들다, (액체를) 흔들어 섞다; (베개를) 흔들어 모양을 바로잡다; 깨게 하다; 편달하다; 섬뜩하게 하다. ― *n.* ① 흔들림, **동요**; 《口》 지진; 몸을 떪. ② 《美》 흔들어 만드는 음료 (*a milk* ～ 밀크 셰이크). ③ 순간. ④ (땅 따위의) 균열, (목재의) 갈라진 틈. ⑤ 〚樂〛 전음. ***all of a*** ～ 덜덜 떨어. ***be no great*** ～***s*** 《俗》 대단한 일〔것〕이 못 된다. ***give a*** ～ 흔들다; 내쫓다. ***in the*** ～ ***of a lamb's tail, or in two*** ～***s*** 눈 깜짝할 사이에, 삽시간에. ***the*** ～***s*** 떪, 오한. **shák·er** *n.* 흔드는 사람 〔도구〕; 후춧가루병, 소금담개; 교반기; (S-) 진교도(震敎徒) 《미국 기독교의 일파》 (cf. Quaker).
shake·down [ˊdàun] *n., a.* 흔들어 떨어뜨림; 조정; 가〔임시〕침대; 이 잡듯하는 수색; Ⓤ,Ⓒ 《美俗》 등침, 강취(强取), 수회(收賄); 성능 테스트

의〔를 위한〕《항해·비행 따위》.
sháke·hand grìp [´hæ̀nd] 〖卓〗 탁구채를 악수하듯이 쥐는 법.
‡shak·en [ʃéikən] *v.* shake의 과거분사.
‡Shake·speare, Shak·spe(a)re [ʃéikspiər], **William**(1564–1616) 영국의 극시인. ***Shak(e)·spé(a)r·e·an, -i·an** *a., n.* **셰익스피어**(시대·풍)**의**; 셰익스피어 학자.
shake-up [ʃéikʌ̀p] *n.* 급변화, 쇄신, (인사의) 대이동.
shak·ing [´iŋ] *n., a.* UC 흔들림〔리는〕, 진동(하는).
shak·o [ʃǽkou] *n.* (*pl.* **∼s**) (끄끄 「마 달린) 군모.
***shak·y** [ʃéiki] *a.* **흔들리는**, 떠는; 비슬비슬하는, 위태로운, 불확실한. *look* **∼** 얼굴빛이 나쁘다.
shale [ʃeil] *n.* U 혈암(頁岩), 이판암(泥板岩).
shále òil 혈암유(油).
†shall [強ʃæl, 弱ʃəl] *aux. v.* (p. **should**) ① 1인칭에서 단순 미래를〔예정을〕 나타냄 (*I* ∼ *be at home tomorrow.*) 《美口語에서는 이 때에도 will이 보통》. ② 2〔3〕인칭에서 말하는 사람의 의사를 나타냄 (*You* ∼ *have it.* 자네에게 주겠네 / *He* ∼ *come.* 그를 오게 하시오). ③ 1인칭에서 특히 강한 의사를 나타냄(*I* ∼ [ʃǽl] *go.* 무슨 일이 있어도 간다). ④ 각 인칭을 통해서 의무·필요·예언 따위를 나타냄(*Rome* ∼ *perish.* 로마는 망하리라). ⑤ 《疑問文》 1〔3〕인칭으로 상대의 의사를 물음 (*S- I do it?; S- she sing?* 그 여자에게 노래를 시킬까요); 2인칭에서 상대의 예정을 물음 《單純未來》 (*S- you be at home tomorrow?*): ⇨should.
shal·loon [ʃælú:n, ʃə-] *n.* U 셜룬 모직.
shal·lop [ʃǽləp] *n.* 조각배; 강배.
shal·lot [ʃəlɑ́t/-ɔ́-] *n.* 〖植〗 골파류.
‡shal·low [ʃǽlou] *a., n.* **얕은**; 천박한; 여울. **——** *vt., vi.* 얕게 하다〔되다〕.
shal·low-brained [ʃǽloubrèind], **-head·ed** [-hédid], **-pat·ed** [-péitid] *a.* 머리가 나쁜; 어리석은.
sha·lom [ʃɑ:lóum] *int.* 안녕(하십니까) 《유대인의 인사》.
shalt [強 ʃælt, 弱 ʃəlt] *aux. v.* 《古》 shall의 2인칭 단수·직설법 현재.
sham [ʃæm] *n., a.* 가짜(의), 속임(의), 협잡(꾼), 사기꾼. **∼** *fight* 모의전, 군사 연습. **——** *vt., vi.* (**-mm-**) 짐짓 …하는 체하다〔시늉을 하다〕, …을 가장하다.
sha·mal [ʃəmɑ́:l] *n.* (Ar.) 샤말《걸프만 주변의 북서풍》.
sha·man [ʃɑ́:mən, ʃǽm-] *n.* 샤먼, 무당; 《一般》 주술사.
sha·man·ism [-ìzəm] *n.* U 샤머니즘.
sham·ble [ʃǽmbəl] *n., vi.* 비슬걸음; 비슬비슬 걷다.
sham·bles [-z] *n.* 《보통 單數取扱》 도살장; 수라장; 정육점.
‡shame [ʃeim] *n.* ① U **부끄럼**, 수치; 불명예; 치욕. ② 창피〔지독〕한 일 (*What a* ∼*!* 이거 무슨 창피인가!; 그건 너무하다). *from* 〔*for, out of*〕 ∼ 부끄러워. *life of* ∼ 부끄럽고 더러운 생활, 추업(醜業). *past* 〔*dead to*〕 ∼ 부끄럼을〔수치를〕 모르는. *put a person to* ∼ 창피를 주다. *S-* (*on you*)*!, For* ∼*!,* or *Fie for* ∼*!* 부끄럼을 알아라!, 부끄럽지도 않으냐!; 그게 무슨 망신이냐! *think* ∼ 수치로 알다(*to* do). **——** *vt.* **부끄럽게 하다**; 부끄러워 …하게 하다(*into; out of* doing); 모욕하다.
shame·faced [ʃéimfèist] *a.* 부끄러워〔수줍어〕하는; 스스러워하는. **∼·ly** *ad.* **∼·ness** *n.*
***shame·ful** [´fəl] *a.* **부끄러운**, 창피한. **∼·ly** *ad.* **∼·ness** *n.*
***shame·less** [´lis] *a.* **부끄럼을 모르는**, 파렴치한.
shame-mak·ing [-méikiŋ] *a.* 《口》 수치를 보이는.
sham·mer [ʃǽmər] *n.* 속이는 사람, 사기꾼.
sham·my [ʃǽmi] *n.* = CHAMOIS.
***sham·poo** [ʃæmpú:] *vt.* (비누·샴푸로 머리를) **감다**, 씻다; 《古》 마사지하다. **——** *n.* (*pl.* **∼s**) 머리감는 가루〔액〕, 샴푸.
sham·rock [ʃǽmrɑk/-rɔk] *n.* 토끼풀, 클로버.
sha·mus [ʃɑ́:məs, ʃéi-] *n.* 《美俗》 사립 탐정, 순경.
shan·dry·dan [ʃǽndridæ̀n] *n.* 털털이차〔마차〕; 포장 달린 경마차.
shan·dy(**·gaff**) [ʃǽndi(gæ̀f)] *n.* U 맥주와 진저에일의 혼합주.
Shang·hai [ʃæŋhái] *n.* 상하이(上海).
shang·hai [ʃæŋhái / ´-] *vt.* 《海俗》 (억지로 뱃사람을 만들고자) 의식을 잃게 하여 배에 납치하다.
Shan·gri-la, -gri-La [ʃǽŋgrilɑ̀:] *n.* (가공적) 이상향(鄕) 《J. Hilton의 소설 *Lost Horizon*에서》; 《美》 비밀 기지.
shank [ʃæŋk] *n.* 정강이; 다리; 손잡이, 자루, 긴 축(軸); 활자의 몸체〔인쇄 안되는 부분〕; 구두창의 땅 안 밟는 부분; 《美口》 끝, 마지막, 나머지(*the* ∼ *of the evening* 저녁 무렵). *ride* 〔*go on*〕 *Shank's mare* 걸어서 가다, 정강말 타다.
***shan't** [ʃænt, -ɑ:-] shall not의 단축.
shan·tung [ʃæntʌ́ŋ] *n.* U 산동주(山東紬) (*nylon* ∼).
shan·ty[1] [ʃǽnti] *n.* 오두막, 판잣집; 《濠》 선술집.
shan·ty[2] *n.* 뱃노래(chantey).
SHAPE [ʃeip] *n.* 유럽 연합국 최고 사령부(*S*upreme *H*eadquarters of *A*llied *P*owers in *E*urope).
†shape [ʃeip] *n.* ① UC **모양**, 형상; C 형(型), 골. ② UC 자태, 꼴, 모습; C 어렴풋한 모습 (*a* ∼ *of fear* 무서운 모습, 유령). ③ U 상태, 형편. *get* 〔*put*〕 *into* ∼ 모습〔꼴〕을 갖추다, 형태를 이루다; 구체화하다. *take* ∼ 구체화하다, 실현하다. **——** *vt.* ① **모양짓다**, 형태를 이루다. ② 맞추다(*to*); (진로 등을) 정하다, 방향짓다. ③ 말로 표현하다(∼ *a*

question). —— *vi.* ① 형태를〔모양을〕 취하다, 모양이 되다. ② 다 되다, 구체화하다; 발전하다. ～ *up* 《口》 일정한 형태〔상태〕가 되다; 잘 되어 가다(*Everything is shaping up well.* 만사가 잘 되어 간다); 동조하다; 좇다; 몸의 상태를 조절하다. *∠·less *a.* ∠·ly *a.* 모양이 좋은.

shape-up [∠ʌp] *n.* 《美》 인부 뽑기 《부두 노동자가 일을 맡기 위해 늘어선 반원형 정렬(整列)》.

shard [ʃɑːrd] *n.* 사금파리; 파편, 단편; (딱정벌레의) 겉날개, 시초.

†**share**¹ [ʃεər] *n.* ① 몫, 할당. ② 분담; 역할. ③ 주(株)(식). *go ～s* 똑같이 나누다〔분담하다〕(*in, with*). *on ～s* 손익을 공동으로 분담하여. *～ and ～ alike* 등분하여; 똑같이 나누어. —— *vt.* 분배〔등분, 배당〕하다; 함께 하다; 분담하다(*in, with; between, among*). **shár·er** *n.*

share² *n.* 보습의 날.

share·crop [∠kràp/-ɔ̀-] *vi.* (*-pp-*) 《美》 소작하다. ～**·per** *n.* 《美》 소작인.

share·hold·er [∠hòuldər] *n.* 주주(株主).

share-out [ʃέəràut] *n.* 분배, 할당; 배당물; (공제조합 등의) 배급물.

sha·ri·a [ʃəríːə] *n.* 회교 법전.

‡**shark** [ʃɑːrk] *n., vt., vi.* 상어; 사기꾼; 《美俗》 수완가; 속여 빼앗다; 사기하다. 「죽; 샤크스킨《얇은 레용》.

shark·skin [∠skìn] *n.* Ⓤ 상어 가

†**sharp** [ʃɑːrp] *a.* ① 날카로운. ② 예민한, 빈틈 없는, 교활한; (물매가) 가파른. ③ 매서운, 통렬한(*～ words*); 살을 에는 듯한, 차가운. ④ 또렷한, 선명한; 활발한, 빠른(*a ～ walk*); 《俗》 멋진. ⑤ 새된, 드높은(*a ～ voice*); 〖樂〗 반음 높은(opp. flat); 〖音聲〗 무성음의《p, t, k, 따위》. *as ～ as a needle* 몹시 야무진, 빈틈없는. *Sharp's the word!* 자 빨리(서둘러)! *～ practices* 사기. *～ tongue* 독설. —— *ad.* ① 날카롭게. ② 갑자기; 꼭, 정각(*at two o'clock ～*). ③ 기민하게, 날쌔게(*Look ～!* 조심해!; 빨리!); 빈틈 없이. ④ 〖樂〗 반음 높게. —— *n.* ① 〖樂〗 샤프, 올림표(♯). ② 《口》 사기꾼. ③ 《口》 전문가. ‡∠·ly *ad.*

sharp-cut [∠kʌ́t] *a.* 또렷한.

sharp-eared [∠íərd] *a.* 귀가 뾰족한; 귀가 밝은. 「틈없는.

sharp-edged [∠édʒd] *a.* 예리한; 빈

*__sharp·en__ [∠ən] *vt., vi.* 날카롭게 하다〔되다〕, 갈다. ～**·er** *n.* 가는 사람; 가는〔깎는〕 기구.

sharp·er [∠ər] *n.* 사기꾼.

sharp-eyed [∠áid] *a.* 눈이 날카로운〔매서운〕. 「뾰족한.

sharp-point·ed [∠pɔ́intid] *a.* 끝이

sharp-set [∠sét] *a.* 굶주린.

sharp·shoot·er [∠ʃùːtər] *n.* 명사수, 저격병. 「카로운.

sharp-sight·ed [∠sáitid] *a.* 눈이 날

sharp-tongued [∠tʌ́ŋd] *a.* 말이 신랄한, 독설의.

sharp-wit·ted [∠wítid] *a.* 빈틈 없는, 약빠른, 기지가 날카로운.

‡**shat·ter** [ʃǽtər] *vt.* ① 부수다, 분쇄하다. ② (손)상하다. —— *vi.* 깨지다, 부서지다. —— *n.* (*pl.*) 파편.

shat·ter·proof [-prùːf] *a.* (깨어져도) 조각나 흩어지지 않는《유리 따위》.

‡**shave** [ʃeiv] *vt.* (*～d; ～d, shaven*) ① 면도하다; 깎다; 밀다. ② 스쳐 지나가다, 스치다. —— *vi.* 수염을 깎다. —— *n.* ① 면도; 깎음, 깎은 부스러기, 깎는 연장. ② 스칠듯 말듯한 통과, 가까스로의 탈출. *be* 〔*have*〕 *a close ～* (*of it*) 아슬아슬하게 모면하다. *by a* (*close, narrow, near*) *～* 하마터면, 아슬아슬하게. **sháv·er** *n.* 깎는〔면도하는〕 사람, 이발사; 대패질하는 사람; 면도 기구; 사기꾼; 《口》 꼬마, 풋내기.

shave·tail [∠tèil] *n.* 《俗》〖美陸軍〗 풋내기〔신출내기〕 소위; (길들이기 시작한) 복마용 노새.

Sha·vi·an [ʃéiviən] *a., n.* G. B. Shaw (류)의; Shaw 숭배자.

*__shav·ing__ [ʃéiviŋ] *n.* ① Ⓤ,Ⓒ 면도함〔질〕, 깎음. ② (보통 *pl.*) 깎아낸 부스러기, 대팻밥.

sháving brùsh 면도용 솔.

sháving crèam 면도용 크림.

Shaw [ʃɔː], **George Bernard**(1856–1950) 영국의 극작가·비평가.

*__shawl__ [ʃɔːl] *n.* 숄, 어깨 걸치개.

shay [ʃei] *n.* 《古·卑·方》 =CHAISE.

†**she** [ʃiː, 弱 ʃi] *pron.* 그 여자(는, 가) 《배·국가·도시 따위도 가리킴》. —— *n., a.* 여자, 아가씨; 암컷(의) (*a ～ ass* 암나귀/ *a ～ cat* 암코양이/ *a ～ goat* 암염소/ *two ～'s and a he*).

sheaf [ʃiːf] *n.* (*pl.* **sheaves** [ʃiːvz]) (벼·화살·책 따위의) 묶음, 다발. —— *vt.* 다발〔단〕짓다, 묶다.

*__shear__ [ʃiər] *vt., vi.* (*～ed,* 《方·古》 *shore; ～ed, shorn*) ① (가위로) 잘라내다(*off*), 베다, 깎다; 《詩》 (칼로) 베다. ② 빼앗다, 박탈하다. —— *n.* (*pl.*) 큰가위; 변형; 전단(剪斷); (양털의) 깎는 회수; (양의) 나이(year).

shear·ing [ʃíəriŋ] *n.* Ⓤ 양털 깎기; 깎은 양털; 전단(剪斷) 가공.

*__sheath__ [ʃiːθ] *n.* (*pl.* *～s* [-ðz, -θs]) ① 칼집, 씌우개. ② 〖植〗 엽초(葉鞘); (벌레의) 시초(翅鞘).

sheathe [ʃiːð] *vt.* 칼집에 꽂다〔넣다〕; 덮다, 싸다.

sheath·ing [ʃíːðiŋ] *n.* Ⓤ,Ⓒ 덮개, 피복물(被覆物); 흙막이; 〖電〗 외장(外裝); 〖建〗 지붕널. 「바퀴.

sheave¹ [ʃiːv] *n.* (도르래 같은) 활차

sheave² *vt.* (밀 따위를) 단〔다발〕짓다(make into sheaves). 「복수.

sheaves [ʃiːvz] *n.* sheaf, sheave¹의

She·ba [ʃíːbə] *n.* 〖聖〗 세바 《아라비아 남부의 옛 왕국》; 《美口》 성적 매력이 많은 여자.

she·bang [ʃibǽŋ] *n.* 《美口》 (조직·계략·사건 따위의) 구성; 오두막, 집; 도박장. 「〔기관〕고.
***shed**[1] [ʃed] *n.* 헛간, 의지간; 격납
‡**shed**[2] *vt.* (*shed*; *-dd-*) ① (눈물·피를) 흘리다; (빛을) 내(쏘)다, 발하다. ② (껍질, 껍데기 따위를) 벗(어 버리)다, (뿔·깃털·이를) 갈다. —— *vi.* 탈피〔탈모(脫毛)〕하다, 깃털을 갈다. ~ *the blood of* …을 죽이다, …을 상처입히다. 「의 단축.
‡**she'd** [ʃiːd, 弱 ʃid] she had 〔would〕
she-dev·il [ʃíːdévl] *n.* 독부(毒婦).
sheen [ʃiːn] *n.* Ⓤ 빛남; 광채, 광택, 윤. ∠·y *a.*
†**sheep** [ʃiːp] *n. sing.* & *pl.* ① 양; Ⓤ 양가죽. ② 온순한 〔기가 약한〕 사람; 어리석은 사람. ③ 《集合的》 교구민, 신자. *cast* 〔*make*〕 ~*'s eyes* 추파를 보내다(*at*). LOST ~. *One may as well be hanged for a ~ as a lamb.* 《俗談》 기왕 내친 걸음이면 끝까지 (cf. *In for the lamb, in for the* ~. 새끼양을 훔쳐 사형이 될 바에는 아예 어미양을 훔쳐 당하는 게 낫겠다). *separate the ~ from the goats* 〖聖〗 선인과 악인을 구별하다《마태복음 25 : 32》.
sheep·cote [∠kòut], **-fold** [-fòuld] *n.* 양사(羊舍).
shéep dòg 양지기 개.
sheep-farm·er [∠fɑ̀ːrmər], **-mas·ter** [-mæ̀stər, -ɑ̀ː-] *n.* 《英》 목양업자.
sheep·herd·er [∠hə̀ːrdər] *n.* 양치는 사람〔목동〕. 「굽은) 목양 지팡이.
sheep·hook [∠hùk] *n.* (자루 끝이
sheep·ish [∠iʃ] *a.* 기가 약한, 수줍어하는, 겁많은; 어리석은.
sheep·man [∠mæ̀n, -mən] *n.* 목양업자; =SHEEPHERDER.
shéep rànge 〔**rùn**〕 양 방목장.
sheep·skin [∠skìn] *n.* Ⓤ 양가죽; 양피지; Ⓒ 《美口》 졸업증서.
shéep sòrrel 〖植〗 애기수영.
sheep·walk [∠wɔ̀ːk] *n.* 《英》 목양장.
‡**sheer**[1] [ʃiər] *a.* ① 순전한(~ *nonsense*). ② 속이 비치는, (천이) 얇은. ③ 가파른; 수직의. —— *ad.* 전혀, 아주; 수직으로. ∠·**ly** *ad.*
sheer[2] *vi.* 〖海〗 침로를 바꾸다; 벗어나다. —— *n.* 침로 변경.
‡**sheet** [ʃiːt] *n.* ① 시트, 홑이불《깔개·침구 등의 커버》. ② 한 장(의 종이); 편지, 《口》 신문. ③ (쇠·유리의) 얇은 판; 펴진〔질펀한〕 면, 온통 …의 바다 (*a ~ of water* 〔*fire*〕 온통 물〔불〕 바다). ④ 《詩》 돛; 〖海〗 돛의 아딧줄; (*pl.*) 이물〔고물〕간. *be* 〔*have*〕 *a* ~ 〔*three* ~*s*〕 *in the wind*(*'s eye*) 《俗》 거나하게〔억병으로〕 취하다. *between the* ~*s* 잠자리(속)에 들어. *in* ~*s* 얇은 판이 되어; 억수같이 퍼부어; 인쇄한 채로 제본되지 않고. *pale as a* ~ 새파랗게 질리어. —— *vt.* 시트로 덮다. ∠·**ing** *n.* Ⓤ 시트 감; 〖土〗 판자틀; 판금(가공).
shéet ànchor 〖海〗 (비상용) 큰 닻; 최후의 의지(가 되는 사람·물건).
shéet glàss 판유리.
shéet ìron 철판. 「개.
shéet lìghtning 막을 친 듯한 번
shéet mètal 판금. 「날장 악보.
shéet mùsic (책으로 철하지 않은)
shéet stèel 박판(薄板) (강철).
Shef·field [ʃéfiːld] *n.* 잉글랜드 중부의 공업 도시.
sheik(**h**) [ʃiːk/ʃeik] *n.* (아라비아 사람의) 추장, 족장(族長), 촌장; (회교도의) 교주; 《俗》 (여자를 호리는) 난봉꾼. ∠·**dom** *n.* ~의 영지(領地).
shek·el [ʃékəl] *n.* (고대 히브리의) 셰켈 은화; (*pl.*) 《俗》 =MONEY.
shel·drake [ʃéldrèik] *n.* 〖鳥〗 혹부리오리.
‡**shelf** [ʃelf] *n.* (*pl.* ***shelves*** [ʃelvz]) ① 선반, 시렁; 선반 모양의 장소; 바위턱(ledge). ② 모래톱, 암초. *on the* ~ 《俗》 (선반에 얹힌 채) 돌아보지 않아〔팔리지 않아〕, 묵살되어.
shélf ìce 빙붕(氷棚). 「기간.
shélf lìfe (포장 식품 따위의) 보존
shélf màrk (도서관의) 서가 기호(書架記號).
‡**shell** [ʃel] *n.* ① 껍질, 껍데기, 외피, 깍지, 조가비; (거북의) 등딱지. ② 약협(藥莢), 파열탄(彈), 포탄. ③ 외관. ④ 가벼운 보트《경조용》. ⑤ 《美》 여성용의 소매 없는 헐렁한 블라우스. ⑥ 〖理〗 (원자의) 각(殼). —— *vt.* 껍데기〔껍질, 깍지〕에서 빼내다, 껍질〔껍데기를, 깍지를〕을 벗기다; 알맹이를 떼내다. —— *vi.* 벗겨〔벗어〕지다, 까〔빠〕지다. ~ *off* 벗겨〔떨어〕지다. ~ *out* 《俗》 (돈을) 지불하다〔넘겨 주다〕. 「의 단축.
†**she'll** [ʃiːl, 弱 ʃil] she will 〔shall〕
shel·lac [ʃəlǽk] *n.*, *vt.* (*-ck-*) Ⓤ 셸락 《칠》(을 칠하다); 《美俗》 (느닷없이) 때리다, 참패시키다. **shel·lác·king** *n.* ⓊⒸ 《俗》 채찍질(의 벌); 때려눕힘; 대패.
shéll còmpany 매수호가(買收呼價)의 대상이 되었던 2류 회사. 「달걀.
shéll ègg (분말로 하지 않은) 보통
Shel·ley [ʃéli], **Percy Bysshe** [biʃ] (1792–1822) 영국의 시인. 「火).
shell·fire [ʃélfàiər] *n.* ⓊⒸ 포화(砲
***shell·fish** [ʃélfiʃ] *n.* 조개; 갑각(甲殼) 동물《새우·게 따위》. 「총.
shéll hèap 〔**mòund**〕 조개무지, 패
shell·proof [∠prùːf] *a.* 방탄(防彈)의.
shéll shòck 전쟁성(性) 정신 이상.
shell·work [∠wə̀ːrk] *n.* Ⓤ 조가비 세공. 「은).
shell·y [ʃéli] *a.* 껍질〔조개〕 많은(같
‡**shel·ter** [ʃéltər] *n.* ① 은신처, 피난〔도피〕처(*from*); 방공호. ② ⓊⒸ 차폐(물), 보호(물)(*from*). —— *vt.*, *vi.* 보호하다; 피난하다. ~**ed** [-d] *a.* ~·**less** *a.* 「林).
shel·ter·belt [-bèlt] *n.* 방풍림(防風
shélter tènt (2인용) 개인 천막.
***shelve**[1] [ʃelv] *vt.*, *vi.* 선반을 달다; 선반에 얹다, 처박아 두다, 묵살하다, 깔아 뭉개다.

shelve² *vi.* 완만히 물매〔경사〕지다.
***shelves** [ʃelvz] *n.* shelf의 복수.
shelv·ing [ʃélviŋ] *n.* Ⓤ 선반에 얹기; 묵살, 연기; 면직; 선반 재료.
she·nan·i·gan [ʃinǽnigən] *n.* (보통 *pl.*) 《美口》 허튼소리; 사기, 속임수. 「=HELL.
She·ol [ʃíːoul] *n.* (Heb.) 저승; (s-)
‡**shep·herd** [ʃépərd] *n.* (*fem.* ~*ess*) 양치는 사람; 목사(pastor). *the Good S-* 예수. —— *vt.* (양을) 지키다; 이끌
shépherd dòg 양 지키는 개. └다.
shépherd's cróok (끝이 굽은) 목양 지팡이. 「이.
shepherd's-purse [-zpə́ːrs] *n.* 냉
sher·bet [ʃə́ːrbit] *n.* ⓊⒸ 셔벗《빙과의 일종》; 《英》 찬 과즙 음료.
sherd [ʃəːrd] *n.* =SHARD.
she·reef, she·rif [ʃeríːf] *n.* Mohammed의 자손; Morocco 왕; Mecca의 장관.
Sher·i·dan [ʃérədn], **Richard Brinsley** (1751–1816) 아일랜드 태생의 극작가·정치가.
‡**sher·iff** [ʃérif] *n.* ① 《英》 주(州) 장관. ② 《美》 보안관 《county의 치안 책임자》. ~**·dom** *n.* Ⓤ sheriff의 직.
sher·lock [ʃə́ːrlɑk/-lɔk] *n.* (*or* S-) 《口》 사설 탐정; 명탐정 《Conan Doyle의 추리 소설의 주인공 Sherlock Holmes에서》.
Sher·pa [ʃέərpə, ʃə́ːr-] *n.* 셰르파 《히말라야 남쪽 지대의 주민》.
sher·ry [ʃéri] *n.* Ⓤ 셰리 《스페인산 흰 포도주》.
Shér·wood Fórest [ʃə́ːrwùd] Robin Hood가 살던 Nottingham 부근의 숲. 「단축.
†**she's** [ʃiːz, 弱 ʃiz] she is 〔has〕의
Shét·land Íslands [ʃétlənd] 스코틀랜드 북쪽의 군도.
Shétland póny Shetland 군도 원산의 힘센 조랑말.
shew [ʃou] *v.* 《古》 =SHOW.
SHF, S.H.F., s.h.f. superhigh frequency 초고주파.
Shi·ah [ʃíːə] *n.* =SHIITE.
shib·bo·leth [ʃíbəliθ/-lèθ] *n.* (Heb.) (인종·계급·충성 따위를 간파하기 위해) 시험해 보는 무름말, (당파의) 구호, 표어.
‡**shield** [ʃiːld] *n.* 방패; 보호물〔자〕; (방패 모양의) 무늬. —— *vt.* 수호〔보호〕하다. ∠**·er** *n.* 방호자〔물〕.
‡**shift** [ʃift] *vt.* 바꾸다, 옮기다, 제거하다. —— *vi.* ① 바뀌다, 옮다, 움직이다. ② 이리저리 변통하다〔둘러대다〕, 꾸려나가다; 속이다. ③ (자동차의) 기어를 바꿔 넣다. ~ *about* 방향이 바뀌다. —— *n.* ① 변경, 변화, 바꿔 넣음, 교대. ② ⒸⓊ 방책, 이리저리 변통함. ③ 속임. *for a* ~ 임시변통으로. *make* (*a*) ~ 이리저리 변통하다. *one's last* ~ 마지막 수단. ~ *of crops* 돌려짓기, 윤작(輪作). ∠**·er** *n.*
shift·less [∠lis] *a.* 두름성 없는, 무능한; 게으른. ~**·ly** *ad.* ~**·ness** *n.*

shift·y [∠i] *a.* 책략〔두름성〕이 풍부한; 잘 속이는 (tricky).
Shi·ite [ʃíːait] *n.* 시아파 사람《이슬람교의 일파》.
shill [ʃil], **shil·la·ber** [ʃíləbər] *n.* 《俗》 미끼꾼, 야바위패.
‡**shil·ling** [ʃíliŋ] *n.* 실링《영국의 화폐 단위; 1파운드의 20분의 1; 생략 s-; 1971년 2월 폐지》; 1실링 은화. CUT *off with a* ~. *take the* (*King's* 〔*Queen's*〕) ~ 《英》 입대하다.
shil·ly-shal·ly [ʃíliʃæ̀li] *n., a., ad., vi.* ⓊⒸ 망설임; 망설이는; 망설여; 망설이다.
shi·ly [ʃáili] *ad.* =SHY¹ly.
***shim·mer** [ʃímər] *vi., n.* 가물가물 〔어렴풋이〕 비치다; 희미한 빛.
shim·my [ʃími] *n., vi.* 《美》 몸을 흔드는 재즈춤(을 추다); 몹시 흔들리다〔흔들림〕; 《口》 =CHEMISE.
***shin** [ʃin] *n., vt., vi.* (*-nn-*) 정강이(를 차다); 기어오르다.
shin·bone [∠bòun] *n.* 정강이뼈, 경골(脛骨)(tibia).
shin·dig [ʃíndìg] *n.* 《美口》 시끄러운〔즐거운〕 모임, 댄스 파티.
shin·dy [ʃíndi] *n.* 《口》 야단법석, 소동; =SHINDIG.
†**shine** [ʃain] *vi.* (*shone*) ① 빛나다, 반짝이다, 비치다. ② 빼어나다, 두드러지다. —— *vt.* ① 비추다, 빛내다. ② (*p. & p.p. shined*) (구두를) 닦다. ~ *up to* 《俗》 …에게 환심을 사려고 하다. —— *n.* ① Ⓤ 햇빛, 일광, (날씨의) 맑음(*rain or* ~ 비가 오건 날씨가 맑건간에). ② Ⓤ 빛; 빛남, 반짝임, 윤기. ③ (신 따위를) 닦음. ④ 《俗》 좋아함, 애착(*He took a* ~ *to her.*). ⑤ 《口》 장난; 《俗》 법석(*make* 〔*kick up*〕 *no end of a* ~ 큰법석을 떨다). **shín·er** *n.* 빛나는 물건, 번쩍 띄는 인물; 《美》 은빛의 작은 담수어; 《俗》 퍼렇게 멍든 눈; 《英俗》 금화; (*pl.*) 돈.
***shin·gle¹** [ʃíŋgəl] *n., vt.* 지붕널(로 이다); (여성 머리의) 치깎기〔깎다〕.
shin·gle² *n.* Ⓤ 《英》 《集合的》 (바닷가 따위의) 조약돌. **shín·gly** *a.*
shin·gles [ʃíŋgəlz] *n. pl.* 〖醫〗 대상포진(帶狀疱疹).
shín guàrd 정강이받침.
shin·ing [ʃáiniŋ] *a.* 빛나는; 화려한; 뛰어난. 「종)(를 하다).
shin·ny [ʃíni] *n., vi.* 시니《하키의 일
Shin·to [ʃíntou] *n.* Ⓤ (일본의) 신도(神道); 그 신자. ~**·ism** [-izəm] *n.* Ⓤ 신도.
***shin·y** [ʃáini] *a.* ① 빛나는, 번쩍이는, 윤이 나는; (때묻은 옷 따위) 번들거리는. ② 햇빛이 쬐는.
†**ship** [ʃip] *n.* 배, 함(艦); (함선의) 전승무원. ~ *of the line* 〖史〗 전열함(戰列艦). *take* ~ 승선하다, 배로 가다. *when one's* ~ *comes home* 운이 트이면, 돈이 생기면. —— *vt.* (*-pp-*) ① …을 배에 싣다〔태우다〕; 수송하다; 《口》 쫓아버리다. ② 선원으로 고용하다. ③ 파도를 뒤

집어 쓰다(~ *a sea*). ④ (배에) 설비하다. — *vi.* 배에 타다; 선원〔뱃사람〕으로 근무하다.
-ship *suf.* 명사나 형용사에 붙여 상태·역할·직책·신분·술(術) 따위를 나타냄: sportsman*ship*, hard*ship*.
shíp bìscuit〔**brèad**〕(선원용) 건빵(hardtack).
ship·board [⌐bɔ̀:rd] *n.* 배(*go on* ~「승선하다).
ship·build·er [⌐bìldər] *n.* 조선(造船) 기사, 배 목수.
ship·build·ing [⌐bìldiŋ] *n.* Ⓤ 조선.
shíp canàl 선박용 운하.
shíp chàndler 선구상(船具商).
ship·load [⌐lòud] *n.* 배 한 척분의 적하(積荷)(량), 한 배분.
ship·mas·ter [⌐mæ̀stər, -ɑ̀:-] *n.* 선「장.
ship·mate [⌐mèit] *n.* 동료 선원.
***ship·ment** [⌐mənt] *n.* ① Ⓤ 선적. ② ⓊⒸ (배·철도·트럭 따위의) 적하(積荷)(량), 적송품.
shíp mòney 〖英史〗 건함세(建艦稅).
ship·own·er [⌐òunər] *n.* 배 임자, 선주.
ship·per [⌐ər] *n.* 선적인, 화주.
‡**ship·ping** [⌐iŋ] *n.* Ⓤ ① 배에 싣기, 선적, 실어 보내기, 출하(出荷). ② 해운업; 《美》 수송. ③ 《集合的》 선박; 선박 톤수(total tonnage).
shípping àgent 해운업자.
shípping bìll 적하(積荷) 명세서.
shíp's bòat 구명정.
ship·shape [⌐ʃèip] *ad., a.* 정연히「〔한〕.
shíp's húsband 선박 관리인.
ship·way [⌐wèi] *n.* 조선대(臺).
ship·worm [⌐wə̀:rm] *n.* 좀조개.
***ship·wreck** [⌐rèk] *n., vi., vt.* ⓊⒸ 파선, 난파(선), 파멸(*make* ~ *of* …을 잃다); 파선하다〔시키다〕; 파멸하다〔시키다〕.
ship·wright [⌐ràit] *n.* 배 목수, 조「선공.
***ship·yard** [⌐jɑ̀:rd] *n.* 조선소.
shire [ʃáiər] *n.* (영국의) 주(county).
shíre hòrse 《英》 짐말, 복마.
shirk [ʃə:rk] *vt., vi., n.* (책임을) 피하다, 게을리하다; =SHIRKER. ⌐**·er** *n.* 게으름뱅이, 회피자.
shirr [ʃə:r] *n.* 《美》 주름잡기; = SHIRRING. — *vt.* 주름을 잡다; (달걀을) 접시 익힘으로 하다. ⌐**·ing** *n.* Ⓤ (폭이 좁은) 장식 주름.
†**shirt** [ʃə:rt] *n.* 와이셔츠; 셔츠. *keep one's* ~ *on* 《俗》 냉정하다, 성내지 않다. ⌐**·ing** *n.* Ⓤ 와이셔츠 감. ⌐**·y** *a.* 《英》 기분이 언짢은, 성난.
shírt frònt 와이셔츠의 앞가슴 《풀 먹인》.
shirt-sleeve [⌐slì:v] *a.* 와이셔츠 바람의(*in one's* ~ 웃옷을 벗고); 소탈한, 평이한, 비공식의; 평범한.
shirt·waist [⌐wèist] *n.* (와이셔츠식 여성) 블라우스.
shísh ke·bàb [ʃíʃ kəbɑ̀:b] 꼬치에 고기와 야채를 번갈아 끼워 구운 요리.
shit [ʃit] *n., vi.* (~; *-tt-*) Ⓤ 《卑》 똥(누다). — *int.* 염병할, 빌어먹을.
shiv [ʃiv] *n., vt.* (*-vv-*) 《俗》 면도날; 나이프(로 찌르다).
Shi·va [ʃí:və] *n.* =SIVA.
‡**shiv·er**[1] [ʃívər] *n., vi., vt.* 부들부들 떪〔떨(게 하)다〕. *give a person the* ~*s* 오싹하게 하다. ~**·y** [-vəri] *a.*
shiv·er[2] *n.* (보통 *pl.*) 파편, (깨진) 조각. — *vt., vi.* 부수다; 부서지다.
***shoal**[1] [ʃoul] *n., vi., a.* 모래톱, 여울목(이 되다), 얕아지다; 얕은. ⌐**·y** *a.* 여울이 많은.
shoal[2] *n., vi.* 무리; 떼; 다수; 어군; 떼를 짓다〔지어 유영하다〕. ~*s of* 「많은.
shoat [ʃout] *n.* 새끼 돼지.
shock[1] [ʃɑk/-ɔ-] *n.* Ⓤ 헝클어진 머리; 부스스한〔더부룩한〕 것.
shock[2] *n.* (옥수수·밀 따위의) 짚가리. — *vt., vi.* 가리다.
†**shock**[3] *n.* ① 충격, 충돌, 격동; 진동. ② ⒸⓊ (정신적) 타격, 쇼크. — *vt.* 충격을〔쇼크를〕 주다. — *vi.* 충돌하다. ⌐**·er** *n.* 오싹하게 하는 것; 《英口》 선정적인 소설. *⌐**·ing** *a., ad.* 충격적인, 오싹〔섬뜩〕하게 하는, 무서운; 지독한, 망측한; 《口》 지독하게.
shóck absòrber 완충기(器)〔장치〕.
shóck àction 〖軍〗 충격 (작전).
shóck dòg 삽살개.
shock·head·ed [⌐hèdid] *a.* 머리가 덥수룩한, 난발의.
shock·proof [⌐prù:f] *a.* 충격에 견「디는.
shóck stàll 〖空〗 충격파 실속(失速).
shóck thèrapy (정신병의) 충격〔전격〕 요법.
shóck tròops 특공대.
shóck wàve 〖理〗 충격파(波).
shod [ʃɑd/-ɔ-] *v.* shoe의 과거(분사).
shod·den [ʃɑ́dn/-ɔ́-] *v.* shoe의 과거분사.
shod·dy [ʃɑ́di/-ɔ́-] *n.* ⓊⒸ 재생 털실; 재생 나사; 가짜, 위조품. — *a.* (헌 털실) 재생의; 가짜의, 굴퉁이의 (pretentious).
†**shoe** [ʃu:] *n.* (*pl.* ~*s*, 《古》 *shoon*) ① 《美》 신, 구두; 《英》 단화. ② 편자; (지팡이 따위의) 끝쇠; (브레이크의) 접촉부; 타이어의 외피(外被). DIE[2] *in one's* ~*s. look after* 〔*wait for*〕 *dead men's* ~*s* 남의 유산(등)을 노리다. *Over* ~*s, over boots.* 《俗談》 이왕 내친 걸음이면 끝까지. *stand in another's* ~*s* 아무를〔남을〕 대신하다, 남의 입장이 돼보다. *That's another pair of* ~*s.* 그것과는 전혀 별문제. *The* ~ *is on the other foot.* 형세가 역전되었다. *where the* ~ *pinches* 곤란한〔성가신〕 점. — *vt.* (*shod; shod, shodden*) 신을〔구두를〕 신기다; 편자〔끝쇠〕를 대다.
shoe·black [ʃú:blæ̀k] *n.* 구두닦이.
shoe·brush [⌐brʌ̀ʃ] *n.* 구둣솔.
shóe bùckle 구두의 죔쇠.
shoe·horn [⌐hɔ̀:rn] *n.* 구둣주걱.
shoe·lace [⌐lèis] *n.* 구두끈. 「신.
shóe lèather 구두가죽; 《俗》 구두,
***shoe·mak·er** [⌐mèikər] *n.* 구두 만드는〔고치는〕 사람, 제화공.
shóe pòlish 구두약.
shoe·shine [⌐ʃàin] *n.* 《美》 신을 닦

음; 닳인 신의 겉면.
shoe·string [ˊstrìŋ] *n.* 구두끈; 《口》 영세 자금. 「과반수.
shóestring majórity 간신히 넘은
shóe trèe 구두의 골.
Sho·lo·khov [ʃóuloukɔ:f, -kɑf/-kɔf], **Mikhail** (1905-84) 소련의 소설가《Nobel 문학상 수상(1965)》.
*̣***shone** [ʃoun/ʃɔn] *v.* shine의 과거(분사).
shoo [ʃu:] *int., vt., vi.* 쉿(하고 쫓다).
shoo·fly [ˊflài] *n.* 《美》 임시 도로〔선로〕; 《美》 경관의 행위를 조사하는 (사복) 경관; 《美》 흔들의자 《백조·말 따위의 동물의 모습으로 만든 목마》. ~ ***pie*** 당밀을 반죽한 가루와 겹쳐 구운 파이.
shoo-in [ʃú:ìn] *n.* 《口》 당선〔우승〕이 확실한 후보자〔경쟁자〕.
*̣***shook** [ʃuk] *v.* shake의 과거.
shook-up [ˊˊʌp] *a.* 《美俗》 몹시 흥분〔동요〕한.
shoon [ʃu:n] *n.* 《古》 shoe의 복수.
†**shoot** [ʃu:t] *vt.* (*shot*) ① 발사하다; (활·총을) **쏘다**; 쏴 죽이다; 던지다; (질문을) 퍼붓다. ② 쑥 내밀다 (~ *out one's tongue*). ③ (골에 공을) 슈트하다. ④ (급류를) 내려가다. ⑤ 〖映〗 촬영하다(cf. shot[1]). ⑥ (대패로) 곧게 밀다 〔깎다〕, (금·은실을) 짜넣다(*silk shot with gold*). ⑦ (육분의로) 고도를 재다(~ *the sun*). —— *vi.* ① 쏘다, 내쏘다; 사출하다; 질주하다. ② (털이) 나다; (싹이) 나오다, 싹을 내다; 돌출하다(*up*). ③ 들이쑤시다. ***be shot through with*** …로 그득 차 있다. ***I'll be shot if ...*** 결단코 …아니다. ~ ***down*** (적기를) 격추하다; …의 꿈이 깨지다; (논쟁 등에서) 욱박지르다, 말로 해내다; 실망시키다. ~ ***out*** 무력으로 해결하다. ~ ***the moon*** 《英俗》 야반 도주하다. ~ ***the works*** 《美俗》 전력을 다하다; 전 재산을 걸다. —— *n.* ① **사격**(회); 《俗》 주사. ② 급류. ③ **어린 가지**. ④ 물건을 미끄러져 내리는 장치(chute). ˊ**·er** *n.*
*̣***shoot·ing** [ˊiŋ] *n.* ① ⓊⒸ **사격**, 발사; Ⓤ 총사냥, 수렵(권); 사냥터. ② Ⓤ 사출; 격통. ③ (영화) **촬영**.
shóoting bòx 〔**lòdge**〕 《英》 사냥
shóoting rànge 사격장. 「막.
shóoting stàr 유성.
shóoting wár 실전(實戰) (cf. cold war). 「정맥 주사.
shoot-up [ˊˊʌp] *n.* 《俗》 (마약의)
†**shop** [ʃɑp/-ɔ-] *n.* ① 《英》 **가게**《미국에서는 보통 store》. ② **공장**, 작업장. ③ 《俗》 일, 근무(처). ***all over the*** ~ 《俗》 사방팔방으로; 어수선하게 흩뜨려, 엉망으로. ***talk*** ~ 장사〔전문〕 얘기만 하다. ***the other*** ~ 경쟁 상대가 되는 가게. —— *vi.* (*-pp-*) **물건을 사다**, 물건 사러〔장보러〕 가
shóp assìstant 《英》 점원. 「다.
shóp chàirman 〔**dèputy**〕 =SHOP STEWARD.
shop·girl [ˊgə̀:rl] *n.* 여점원.
shop·hours [ˊàuərz] *n.* (상점의) 영업 시간.
shop·keep·er [ˊkì:pər] *n.* 《英》 가게 주인. ***the nation of*** ~***s*** 영국(민)《Napoleon이 경멸적으로 이렇게 불렀음》. 「업.
shop·keep·ing [ˊkì:piŋ] *n.* Ⓤ 소매
shop·lift·er [ˊlìftər] *n.* 들치기《사람》. 「《행위》.
shop·lift·ing [ˊlìftiŋ] *n.* Ⓤ 들치기
shop·man [ˊmən] *n.* 점원.
shop·per [ˊər] *n.* (물건) 사는 손님.
†**shop·ping** [ˊiŋ] *n.* Ⓤ 물건사기, **쇼핑**. ***go*** ~ 물건 사러 가다.
shópping bàg 〔**bàsket**〕 장바구니.
shópping cènter 〔**cèntre**〕 《美》 상점가(街).
shop·soiled [ˊsɔ̀ild] *a.* =SHOPWORN.
shóp stèward 《주로 英》 (노조의) 직장 대표.
shop·talk [ˊtɔ̀:k] *n.* Ⓤ 장사〔직업〕상의 (전문)용어. 「=FLOORWALKER.
shop·walk·er [ˊwɔ̀:kər] *n.* 《英》
shop·win·dow [ˊwìndou] *n.* =SHOW WINDOW. 「랫동안 내놓아 찌든.
shop·worn [ˊwɔ̀:rn] *a.* (점포에) 오
shor·an [ʃɔ́:ræn] (<*Short Range Navigation*) *n.* (*or* S-) 〖空〗 단거리 무선 항법 장치.
†**shore**[1] [ʃɔ:r] *n.* (강·호수의) 언덕; **해안**; Ⓤ 뭍, 육지. ***in*** ~ 해안 가까이. ***off*** ~ 해안을 (멀리) 떨어져. ***on*** ~ 육지〔뭍〕에서, 육지로.
shore[2] *n., vt.* 지주(支柱)(로 버티다) (*up*). **shór·ing** *n.* 《集合的》 지주.
shore[3] *v.* 《方》 shear의 과거. 「간).
shóre lèave 〖海軍〗 상륙 허가 (시
shore·line [ˊlàin] *n.* 해안선.
shóre patròl 〖美海軍〗 헌병 《생략 SP》. 「〔육지〕 쪽으로〔의〕.
shore·ward [ˊwərd] *ad., a.* 해안
shorn [ʃɔ:rn] *v.* shear의 과거분사.
†**short** [ʃɔ:rt] *a.* ① **짧은**; 키가 작은; 간단한. ② (길이·무게 따위가) **부족한**, 모자라는; 〖商〗 공매(空賣)하는, 물품 부족의. ③ (짤막하고도) 통명스런 (*a* ~ *answer*). ④ 무른, 깨지기 쉬운; 부서지기 쉬운, 헤식은, 푸석푸석한 (cf. shorten) (*This cake eats* ~. 입에 대면 파삭파삭한다). ⑤ 독한《술 따위》. ⑥ 〖音聲〗 짧은 음의 (~ *vowels*). ***be*** ~ ***of*** …에 미치지 못하다〔않다〕. ***be*** ~ ***with*** … 에게 대하여 상냥하지 않다. ***in the*** ~ ***run*** 요컨대. ***little*** ~ ***of*** …에 가까운. ***make*** ~ ***work of*** 재빨리 처리하다. ***nothing*** ~ ***of*** 참으로〔아주〕 …한. ***run*** ~ 부족〔결핍〕하다. ***to be*** ~ 요컨대, 간단히 말하면. —— *ad.* 짧게; 부족하여; 갑자기; 무르게; 무뚝뚝하게. ***brinp*** 〔***pull***〕 ***up*** ~ 갑자기 멈추다〔서다〕. ***come*** 〔***fall***〕 ~ ***of*** 미달하다, 미치지 못하다, (기대에) 어긋나다. ***jump*** ~ 잘못 뛰다. ***run*** ~ 없어지다, 바닥나다 (*of*). ***sell*** ~ 공매(空賣)하다. ~ ***of*** …이 아닌 한, …을 제외하고 (~ *of lying* 거짓말만은 빼고/ ~ *of that*

게까지는 못간다 하더라도). *stop* ~ 갑자기 그치다, 중단하다. *take* (*a person*) *up* ~ 이야기를 가로막다. —*n.* ① Ⓤ 짧음, 간결, 간단. ② 요점. ③ 결손, 부족; 짧은 것. ④ 단음; 단편 소설; (*pl.*) 반바지. ⑤ 〖野〗 유격수. *for* ~ 약(略)하여. *in* ~ 요컨대, 결국. —*vt.*, *vi.* 〖電〗 단락(短絡)〔쇼트〕하다. ‡**∠·ly** *ad.* 곧, 멀지 않아; 짤막하게, 쌀쌀〔무뚝뚝〕하게. **∠·ness** *n.* Ⓤ

‡**short·age** [∠idʒ] *n.* ⓊⒸ 부족, 결핍, 동이 남; Ⓒ 부족액〔량〕.

shórt ànd =AMPERSAND.

shórt bìll 단기 어음.

short·bread [∠brèd], **-cake** [-kèik] *n.* ⓊⒸ 쇼트 케이크.

short-change [∠tʃéindʒ] *vt.* 《口》 거스름돈을 덜 주다; 속이다.

shórt círcuit 〖電〗 누전, 쇼트.

short-cir·cuit [∠sə́ːrkit] *vt.*, *vi.* 〖電〗 단락(短絡) 〔쇼트, 합선〕시키다〔하다〕; 간략히 하다.

***short·com·ing** [∠kʌ̀miŋ] *n.* 결점; 결핍.

shórt cómmons 식량의 (공급)부족, 불충분한 식사.

shórt cùt 지름길.

short·dat·ed [∠dèitid] *a.* 〖經〗 단기의《어음 따위》.

***short·en** [∠n] *vt.*, *vi.* 짧게 하다, 짧아지다; (*vt.*) 무르게〔푸석푸석하게〕하다. **~·ing** *n.* 단축; 쇼트닝《빵·과자를 눅지게 하는 것; 버터 따위》.

short·fall [∠fɔ̀ːl] *n.* 부족액, 적자.

‡**short·hand** [∠hæ̀nd] *n.*, *a.* Ⓤ 속기(의).

short-hand·ed [∠hǽndid] *a.* 일손〔사람〕 부족의.

short·horn [∠hɔ̀ːrn] *n.* 뿔이 짧은 소《육우》.

short-lived [∠lívd, -láivd] *a.* 단명의, 덧없는, 일시적인.

shórt òrder (식당의) 즉석 요리.

shórt sále 《美》 〖商〗 단기 예측 매각, 공매(空賣).

***short-short** [∠∠] *n.* 장편(掌篇) 소설.

shórt shríft (사형 직전에 주는) 짧은 참회의 시간; 짧은 유예, 무자비. *give* ~ *to* 재빨리 해치우다.

shórt síght 근시; 단견(短見).

‡**short-sight·ed** [∠sáitid] *a.* 근시의, 선견지명이 없는. **~·ness** *n.*

short-spo·ken [∠spóukən] *a.* 말씨가 간결한; 무뚝뚝한.

short·stop [∠stɑ̀p/-ɔ̀-] *n.* 〖野〗 유격수.

shórt stóry 단편 소설.

shórt supplý 공급 부족.

shórt témper 성마름.

short-tem·pered [∠témpərd] *a.* 성마른.

short-term [∠tə̀ːrm] *a.* 단기의.

shórt tíme 〖經〗 조업 단축.

shórt tón ⇨TON.

shórt tráck spéed skáting 쇼트트랙《한 바퀴가 111.12 미터인 오벌 트랙에서의 스피드 스케이트 경기》.

shórt wáve 단파.

short-wave [∠wéiv] *a.*, *vt.* 단파의; 단파로 보내다.

short-wind·ed [∠wíndid] *a.* 숨가빠하는, 헐떡이는.

short·y [ʃɔ́ːrti] *n.* 《口》 꼬마《사람, 물건》.

Sho·sta·ko·vich [ʃɑ̀stəkóuvitʃ/ʃɔ̀-], **Dimitri D.** (1906–75) 러시아의 작곡가.

‡**shot**[1] [ʃɑt/-ɔ-] *n.* (*pl.* ~(*s*)) ① 탄환, 포탄; 《集合的》 산탄(散彈); 〖競〗 (16파운드(이상)의) 포환. ② 발포, 발사; 사정(射程); 겨냥, 저격; 사격수 (*a good* ~). ③ 《俗》 (약의) 한번 복용; (1회의) 주사. ④ 시도, 어림 짐작, 추측. ⑤ 〖映〗 촬영 거리. *big* ~ 《美》 거물, 명사. *have a* ~ 시도하다, 해보다(*at, for*); 노리다, 겨누다(*at*). *like a* ~ 곧. *long* ~ 원사(遠寫); 어림 짐작; 곤란한 기도(企圖). *put the* ~ 포환을 던지다. —*vt.* (*-tt-*) …에 탄알을 재다, 장탄하다.

shot[2] *v.* shoot의 과거(분사). —*a.* 보기에 따라 빛이 변하게 짠, 양색(兩色)의 (~ *silk*).

shot[3] *n.* 술집의 셈〔계산서〕.

shote [ʃout] *n.* =SHOAT.

shót effèct, the 〖電子〗 (진공관의 음극에서 방사되는 열전자의) 산탄(散彈) 효과.

shot·gun [ʃɑ́tgʌ̀n/-ɔ́-] *n.* 새총, 산탄총.

shótgun márriage (임신으로 인한) 강제적 결혼.

shot-proof [∠prùːf] *a.* 방탄의.

shot-put [∠pùt] *n.* 투포환. **~·ter** *n.*

†**should** [强 ʃud, 弱 ʃəd] *aux. v.* ① shall의 과거; 《間接話法에서 표면상의 過去》 …할〔일〕 것이다(*He said he* ~ *be at home.* =He said, "*I shall* be at home."). ② 《條件文에서, 人稱에 관계없이》 만일(*If I* 〔*he*〕 ~ *fail* 만일 실패한다면). ③ 《條件文의 歸結 중의 單純未來》 (*If he should do it, I* ~ *be angry.* 만약 그가 그런 일을 한다면 나는 성낼걸세). ④ 《義務·責任》 당연히 …해야 한다(*You* ~ *do it at once.*). ⑤ 《理性的·感情的 判斷에 수반하여》 (*It is only natural that you* ~ *say so.; It is a pity he* ~ *be so ignorant.; Why* ~ *he be so stubborn?*). ⑥ 《謙遜·躊躇·鄭重함을 나타내어》…하겠죠, …일〔할〕 테지요 (*I* ~ *think so.* 그러리라 생각합니다(만)). *I* ~ *like to* …하고 싶다〔싶습니다만〕. *It* ~ *seem* …인것〔한 것〕 같습니다, …처럼 생각되다 (It seems ... 보다 鄭重한 말투).

†**shoul·der** [ʃóuldər] *n.* 어깨; 어깨고기《앞발의》 (*the cold* ~ *of mutton* 양의 냉동 견육(肩肉)); 어깨에 해당하는 부분(*the* ~ *of a bottle; the* ~ *of a road* 도로 양쪽 변두리); 〖軍〗 어깨에 총의 자세. *have broad* ~*s* 튼튼한 어깨를 가지고 있다. *put* 〔*set*〕 *one's* ~ *to the wheel* 노력〔진력〕하다. *rub* ~*s with* …와 사귀다《유명 인사 따위》. ~ *to* ~ 밀집하여; 협력하여. *straight from the* ~ (욕설·타격 따위가) 곧장, 정면〔정통〕으로, 호되게. *turn* 〔*give*〕

the cold ~ *to* …(전에 친했던 사람)에게 냉담히 굴다. —*vt.* 짊어지다; 지다, 떠맡다; 밀어 헤치며 나아가다. *S- arms!* 《口令》 어깨에 총!
shóulder bàg 어깨에 걸고 다니는 핸드백. 「골, 어깨뼈.
shóulder blàde (**bòne**) 〖解〗 견갑
shóulder knòt 〖軍〗 (정장의) 견장(肩章). 「견장.
shóulder màrk 《美》 해군 장교의
shóulder stràp 견장. 「단축.
†**should·n't** [ʃúdnt] should not 의
shouldst [ʃudst] *aux. v.* =SHOULD 《주어가 thou 일 때》.
†**shout** [ʃaut] *vi.* **외치다**, 소리치다, 부르짖다, 큰소리로 말하다(*at*); 고함치다(*for, to*); 떠들어대다 (*for, with*) (*All is over but the* ~*ing.* 승부는 났다《남은 것은 갈채뿐》). —*vt.* 외쳐 〔큰소리로〕 말하다. —*n.* **외침**, 소리침, 큰소리; 《俗》 한턱낼 차례(*It's my* ~.). ˊ**·er** *n.* 외치는 사람; 《美》 열렬한 지지자.
***shove** [ʃʌv] *vt., vi., n.* **밀(치)다**; 밀기; 찌르다; 찌르기. ~ *off* (배를) 밀어내다; 저어 나아가다; 《口》 떠나다, 출발하다.
‡**shov·el** [ʃʌ́vəl] *n.* **삽**; 큰 숟갈. —*vt.* (《英》 *-ll-*) 삽으로 푸다〔만들다〕.
shov·el·board [-bɔ̀:rd] *n.* Ⓤ = SHUFFLEBOARD.
shóvel hàt (주로 영국에서 목사가 쓰는) 모자의 일종.
†**show** [ʃou] *vt.* (~*ed;* ~*n,* 《稀》 ~*ed*) ① **보이다**, 나타내다. ② 알리다, 가리키다. ③ 진열〔출품〕하다. ④ 안내하다; 설명하다. ⑤ 주다(~ *mercy*). —*vi.* ① **보이다**, 밖에 나오다(*Pardon, your slip is* ~*ing.* 실례입니다만 부인의 슬립(자락)이 밖으로 비져 나왔군요). ② 《口》 얼굴을 내밀다. ③ 《美》 (경마에서) 3착 이내에 들다. ④ 흥행하다. ~ (*a person*) *over* 안내하며 돌아다니다. ~ *off* 자랑해 보이다; 잘 보이다, 드러나게〔돋보이게〕 하다. ~ *up* 폭로하다, 본성을 드러내다; 두드러지다; 나타나다. —*n.* ① ⓊⒸ **보임**, 표시. ② 전람(회), 구경(거리), 연극, 쇼; 영화; 웃음거리. ③ ⓊⒸ 겉꾸밈, 과시. ④ 징후, 흔적; Ⓤ 외관. ⑤ 《口》 기회(*He hasn't a* ~ *of winning.* 이길 가망은 없다). ⑥ Ⓤ 《美》 (경마에서) 3착. *for* ~ 자랑해 보이려고. *give away the* ~ 마각〔약점〕을 드러내다; 실언하다. *in* ~ 표면은. *make a* ~ *of* …을 자랑해 보이다. *make a* ~ *of oneself* 웃음거리가 되다. *no* ~ 결석객(客)《여객기의 좌석 예약을 취소 안한 채의》. ~ *of hands* (찬부의) 거수(擧手). *with some* ~ *of reason* 그럴듯하게. **shów·er**¹ *n.*
shów bìll 포스터, 광고 쪽지; 진행 순서표.
show·biz [ʃóubiz] *n.* 《美俗》 =SHOW BUSINESS.
show·boat [ˊbòut] *n.* 연예선(演藝船).
shów bùsiness 흥행업.
show·case [ˊkèis] *n.* 진열장.
show·down [ˊdàun] *n.* 폭로; 대결.
‡**show·er**² [ʃáuər] *n.* ① **소나기**. ② (눈물이) 쏟아짐, (탄알 따위가) 빗발치듯함, 많음. ③ 《美》 (결혼식 전의 신부에의) 선물(증정회). ④ =SHOWER BATH. —*vt.* 소나기로 적시다; 뿌리다. —*vi.* 소나기가 쏟아지다; 빗발치듯 내리다〔오다〕. ~**·y** *a.*
shówer bàth 샤워; 샤워 장치.
show·ing [ʃóuiŋ] *n.* 전시; 진열, 꾸밈; Ⓒ 전람〔전시〕회; 외관, 모양새; 성적; 주장. *make a good* ~ 모양새가 좋다; 좋은 성적을 올리다. *on your own* ~ 당신 자신의 변명에 의하여.
show·man [ʃóumən] *n.* 흥행사. ~**·ship** [-ʃip] *n.* Ⓤ 흥행술, 흥행적 수완〔재능〕.
‡**shown** [ʃoun] *v.* show의 과거분사.
show-off [ʃóuɔ̀:f, -ɑf/-ɔ̀f] *n.* ⓊⒸ 자랑해 보임, 과시; 자랑해 보이는 사람.
show·piece [ˊpì:s] *n.* (전시용의) 우수 견본, 특별품.
show·room [ˊrù(:)m] *n.* 진열실.
show·stop·per [ˊstɑ̀pər/-ɔ̀-] *n.* (무대 진행을 중단시킬 정도의) 대갈채를 얻은 것《노래·가수·배우 등》.
show-through [ˊθrù:] *n.* (반투명지 따위의) 종이 뒤에 인쇄가 비쳐 보이는 것.
show·up [ˊʌ̀p] *n.* 《俗》 폭로; 적발.
shów wìndow 진열창.
***show·y** [ʃóui] *a.* **화려한**; 허세를〔허영을〕 부리는.
***shrank** [ʃræŋk] *v.* shrink의 과거.
shrap·nel [ʃrǽpnəl] *n.* 〖軍〗 유산탄(榴散彈) (파편).
***shred** [ʃred] *n.* 조각, **끄트러기**, 단편; 소량. —*vt., vi.* (~*ded, shred; -dd-*) 조각조각으로 하다〔이되다〕. 「단기(寸斷機).
shred·der [ʃrédər] *n.* 강판; 서류 촌
shrew [ʃru:] *n.* 앙알〔으드등〕거리는 여자; =SHREWMOUSE. ˊ**·ish** *a.*
‡**shrewd** [ʃru:d] *a.* ① **빈틈없는**, 기민한, 약빠른. ② 모진, 심한. ˊ**·ly** *ad.* ˊ**·ness** *n.* 「족뒤쥐.
shrew·mouse [ʃrú:màus] *n.* 〖動〗 뾰
‡**shriek** [ʃri:k] *n., vi.* **비명(을 지르다)**, 새된 소리를 지르다; 그 소리.
shriev·al·ty [ʃrí:vəlti] *n.* ⓊⒸ 《英》 주 장관의 직〔권한, 임기〕. 「참.
shrift [ʃrift] *n.* ⓊⒸ 《古》 참회, 뉘우
shrike [ʃraik] *n.* 〖鳥〗 때까치.
‡**shrill** [ʃril] *a., n.* **날카로운 소리**(의); 강렬한. —*ad., vt., vi.* 높은 소리로 (말하다), 새된〔날카로운〕 소리로 (소리치다); 날카롭게 (울리다).
shríl·ly *ad.* 「이, 얼간이.
***shrimp** [ʃrimp] *n.* **작은 새우**; 난쟁
‡**shrine** [ʃrain] *n.* ① 감실(龕室), 성체 용기. ② **사당**, 신전(神殿), 묘(廟). —*vt.* 감실〔사당〕에 모시다.
‡**shrink** [ʃriŋk] *vi.* (*shrank, shrunk; shrunk*(*en*)) **줄어〔오므라, 움츠러〕들다**; 뒷걸음질 치다(*away, back, from doing*). —*vt.* 줄어 들게 하다, 움

츠리다. —— *n.* 수축; 뒷걸음질; 《美俗》 정신과 의사. ∠·**age** [∠idʒ] *n.* ⓊⒸ 수축(량); 감소, 하락.

shrink-re·sist·ant [-rizístənt] *a.* 줄지 않는, 방축(防縮)의.

shrive [ʃraiv] *vt.* (*shrove*, *~d*; *shriven*, *~d*) 《古》 (신부가) 참회를 듣고 죄를 용서하다. —— *vi.* 《古》 참회를 듣다; 참회하다, 뉘우치다.

shriv·el [ʃrívəl] *vi., vt.* (《英》 *-ll-*) 시들[이울](게 하)다

Shrop·shire [ʃrápʃiər/-ɔ́-] *n.* 영국 Salop 주의 구칭; (영국산) 뿔 없는 양 《식육용》.

shroud [ʃraud] *n., vt.* 수의(壽衣)(를 입히다); 덮개(로 가리다[싸다]); (*pl.*) 〖海〗 양옆 뱃전에 버틴 돛대줄.

shrove [ʃrouv] *v.* shrive의 과거.

Shrove·tide [∠tàid] *n.* 참회절(LENT 전의 3일간).

‡**shrub** [ʃrʌb] *n.* **관목**(bush). ∠·**ber·y** *n.* 관목 심은 곳; 《集合的》 관목숲. ∠·**by** *a.* 관목의[이 우거진]; 관목성(性)의.

***shrug** [ʃrʌg] *vt., vi.* (*-gg-*), *n.* (어깨를) **으쓱하다**[하기]. ~ *one's shoulders* (양손바닥을 위로 하여) 어깨를 으쓱하다《불쾌·불찬성·절망·경멸 따위의 기분을 나타냄》.

***shrunk** [ʃrʌŋk] *v.* shrink의 과거(분사). 「거분사.

shrunk·en [ʃrʌ́ŋkən] *v.* shrink의 과

shuck [ʃʌk] *n., vt.* 껍질[껍데기, 꼬투리](을 벗기다); 《美》 조금(*I don't care a* ~. 조금도 상관 없다).

shucks [-s] *int.* 《口》 쳇!, 빌어먹을!《불쾌·초조·후회 등을 나타냄》.

‡**shud·der** [ʃʌ́dər] *n., vi.* **떪; 떨다.**

***shuf·fle** [ʃʌ́fl] *vt., vi.* ① **발을 질질 끌다;** 〖댄스〗 발을 끌며 나아가다. ② 뒤섞다, (트럼프를) 섞어서 떼다(cf. cut). ③ 이리저리 움직이다, 속이다. ④ (옷 따위를) 걸치다, 벗다 (*into, out of*). ~ *off* (벗어) 버리다. —— *n.* ① 발을 질질 끄는 걸음; 〖댄스〗 발끌기. ② 뒤섞음; 트럼프패를 쳐서 뗌[떼는 차례]. ③ 잔재주. ④ 속임, (말을) 어물거림[꾸며댐]. **shúf·fler** *n.* shuffle 하는 사람.

shuf·fle·board [-bɔ̀:rd] *n.* (갑판 위에서 하는) 원반 치기 게임.

***shun** [ʃʌn] *vt.* (*-nn-*) (기)**피하다** (avoid). 「단축형》.

'shun [ʃʌn] *int.* 차렷! 《Attention의

shun·pike [ʃʌ́npàik] *n.* 《美俗》 고속도로를 피한 뒷길.

shunt [ʃʌnt] *vt.* 옆으로 돌리다[비키다]; 제거하다; 〖鐵〗 측선(側線)에 넣다, 전철(轉轍)[입환]하다. —— *vi., n.* 한쪽으로 비키다[비킴]; 측선으로 들어가다 [들어가기]; 전철(기(器)); 〖電〗 분로(分路).

†**shut** [ʃʌt] *vt., vi.* (*shut*; *-tt-*) **닫**(히)**다**; 잠그다, 잠기다. ~ ***down*** 닫다; 《口》 (일시적으로) 휴업[폐쇄]하다. ~ ***in*** 가두다; (가로) 막다. ~ ***into*** …에 가두다; (도어 따위에 손가락이) 끼이다. ~ ***off*** (가스·물 따위를) 잠가 막다, (소리 따위를) 가로막다; 제외하다(*from*). ~ ***one's teeth*** 이를 악물다. ~ ***out*** 내쫓다, 들이지 않다; 가로막다; 영패시키다. ~ ***up*** (집을) 아주 닫다[폐쇄하다]; 감금[투옥]하다; 《口》 침묵하다[시키다]. —— *n.* 닫음, 닫는 시간; 끝; 〖音聲〗 폐쇄음《[p][b] 따위》. —— *a.* 닫은, 잠근, 둘러싸인; 폐쇄음의; (음절이) 자음으로 끝나는. 「업.

shut·down [∠dàun] *n.* 공장 폐쇄, 휴

shut-in [∠in] *a., n.* (집에 꼭) 갇힌 [병자]. 「고동, 마개.

shut·off [∠ɔ̀:f/-ɔ̀f] *n.* (막아 잠그는)

shut·out [∠àut] *n.* 내쫓음, 공장 폐쇄; 영패. 「다, 닫다); 〖寫〗 셔터.

‡**shut·ter** [ʃʌ́tər] *n., vt.* 덧문(을 달

shut·ter·bug [-bʌ̀g] *n.* 《美俗》 〖寫〗 사진광(狂).

***shut·tle** [ʃʌ́tl] *n., vi.* (베틀의) **북**(처럼 움직이다); 왕복 운동[운전](하다); 우주 왕복선.

shúttle bómbing 연속 왕복 폭격.

shut·tle·cock [-kɑ̀k/-ɔ̀-] *n., vt., vi.* (배드민턴의) 깃털공(치기 놀이); (깃털공을) 서로 받아 치다; 이리저리 움직이다.

shúttle tráin 근거리 왕복 열차.

‡**shy**[1] [ʃai] *a.* ① **내성적인, 수줍어**[부끄러워]하는. ② 겁많은. ③ **조심성 많은**(*of*). ④ 《俗》 부족한(*of, on*). *fight* ~ *of* …을 피하다. *look* ~ …을 의심하다(*at, on*). —— *n., vi.* 뒷걸음질(치다); (말이) 놀라 물러서다[물러섬]. *∠·**ly** *ad.* *∠·**ness** *n.* Ⓤ 「던지다[기]; 《口》 냉소.

shy[2] *vt., vi., n.* (몸을 틀어) 확 (내)

Shy·lock [ʃáilɑk/-lɔk] *n.* 샤일록《Sh. 작 *The Merchant of Venice* 의》; 냉혹한 고리 대금업자. 「호사.

shy·ster [ʃáistər] *n.* 《美口》 악덕 변

si [si:] *n.* 〖樂〗 시 《장음계의 제7음》.

Si 〖化〗 silicon. **S.I.** (Order of) the Star of India; Sandwich Islands; Staten Island.

Si·am [saiǽm, ∠∠] *n.* 샴《공식 이름 Thailand》. **Si·a·mese** [sàiəmí:z] *a., n.* 샴의; 샴 사람[말](의). 「제.

sib [sib] *a., n.* 일가(붙이); 친척; 형

Si·be·li·us [sibéiliəs, -ljəs], **Jean** (1865–1957) 핀란드의 작곡가.

***Si·be·ri·a** [saibíəriə] *n.* **시베리아.** **-ri·an** *a.*

sib·i·lant [síbələnt] *a., n.* 쉬쉬 소리를 내는(hissing); 〖音聲〗 치찰음(齒擦音)《[s][z][ʃ][ʒ] 따위》.

sib·i·la·tion [sìbəléiʃən] *n.* Ⓤ 치찰음 발성; 식식거림. 「람).

sib·ling [síbliŋ] *a., n.* 형제의 (한 사

sib·yl [síbil] *n.* (옛 그리스·로마의) 무당, 여자 예언자[신탁자]; 마녀.

sib·yl·line [síbəli:n, -làin] *a.*

sic [sik] *vt.* 공격하다, 덤벼들다 《특히 개에 대한 명령》 (*S- him!*); 추기다. 「thus).

sic [sik] *ad.* (L.) (원문) 그대로 (so,

***Sic·i·ly** [sísəli] *n.* **시칠리아섬.** **Si-**

cil·ian [sisíliən, -ljən] *a., n.*

†sick¹ [sik] *a.* ① 병의(《英》 ill); 병자용의(*a ~ room* 병실). ② 《주로 英》 욕지기가 나는(*feel ~*). ③ 싫증이 나는, 물린; 넌더리나는(*of*). ④ 아니꼬운, 역겨운(*at*). ⑤ 그리워하는, 흐노는(*~ for home*). ⑥ (색·빛이) 바랜, 창백한; 상태가〔몸이〕 좋지 않은; (술맛이) 변한; 〖農〗 (땅이) (…의 생장에) 맞지 않는(*clover-~*). ***be ~ at heart*** 비관하다. ***fall*** 〔***get***〕 ***~*** 병에 걸리다. ***go ~*** 〖軍〗 병결근 신고를 내다.

sick² *vt.* =SIC.

síck bày (군함의) 병실.

sick·bed [∠bèd] *n.* 병상(病床).

síck bènefit 《英》 질병 실업 수당.

***sick·en** [síkən] *vt., vi.* ① 병나게 하다, 병이 되다. ② 역겹게 하다, 역겨워하다(*at*). ③ 넌더리〔싫증〕 나게 하다, 넌더리〔싫증〕내다(*of*). **~·ing** *a.*

sick·en·er [∠ər] *n.* 진절머리 나게 하는 것.

síck héadache 편두통(migraine) 《구역질이 나는》.

sick·ish [∠iʃ] *a.* 좀 느글거리는, (몸이) 좋지 않은.

sick·le** [síkəl] *n.* (작은) 낫. ***~ cell anemia 〖醫〗 겸형(鎌形) 적혈구 빈혈증.

síck lèave 병가(病暇).

***sick·ly** [síkli] *a.* ① 골골하는, 병약한; 창백한. ② 몸에 나쁜(*a ~ season*). ③ 감상적〔병적〕인. ④ 역겹게 하는. **——** *ad.* 병적으로. **——** *vt.* 창백하게 하다. **-li·ness** *n.* Ⓤ

sick-mak·ing [síkmèikiŋ] *a.* 《口》 토할것 같은; 병에 걸릴 것 같은.

‡sick·ness [∠nis] *n.* ① ⓊⒸ 병; 병태. ② Ⓤ 《英》 역겨움, 구역질.

síckness bàg =DISPOSAL BAG.

sick·room [∠rù(:)m] *n.* 병실.

†side [said] *n.* ① 곁, 옆. ② 사면, (물체의) 측면, 쪽; 면(面). ③ 옆〔허〕구리(고기). ④ (적편·우리편의) 편, 조(組), 자기편. ⑤ 가, 끝, 변두리(*the ~ of the river* 강변, 강가); 뱃전. ⑥ (아버지쪽·어머니쪽의) 쪽, 계(系), 혈통. ⑦ Ⓤ 《英俗》 젠체〔잘난 체〕하기 (*He has lots of ~.* 굉장히 뽐내는 기세다). ***by the ~ of*** …의 곁〔옆〕에; …와 비교하여. ***change ~s*** 변절하다. ***hold*** 〔***shake***〕 ***one's ~s for*** 〔***with***〕 ***laughter*** 배를 움켜쥐고 웃다. ***on all ~s*** 사면팔방에. ***on the large*** 〔***small, high***〕 ***~*** 좀 큰〔작은, 높은〕 편인. ***on the right*** 〔***better, bright***〕 ***~ of*** (*fifty*), (50세) 전인. ***on the ~*** 《美口》 (일정한) 일 외에, 부업으로. ***on the wrong*** 〔***shady***〕 ***~ of*** (*fifty*), (50)의 고개를 넘어. ***put on ~*** 《俗》 젠체하다, 뽐내다; 〖撞〗 공을 틀어치다. ***~ by ~*** 나란히(*with*). ***split one's ~s*** 배를 움켜쥐고 웃다. ***take ~s*** 〔***a ~***〕 편들다(*with*). **——** *a.* 한〔옆〕쪽의; 옆〔곁〕(으로부터)의 (*a ~ view* 측면도); 그다지 중요치 않은; 부〔이〕차적인 (*a ~ issue* 지엽적인 문제). **——** *vi.* 편들다, 찬성하다(*with*). **——** *vt.* 치우다, 밀어젖히다; 측면을 붙이다(*~ a house*).

síde àrms 휴대 무기《권총·검 따위》.

***side·board** [sáidbɔ̀:rd] *n.* 살강, 식기 선반.

side·burns [∠bə̀:rnz] *n. pl.* 짧은 구레나룻.

side·car [∠kɑ̀:r] *n.* (오토바이의) 사이드카.

síde dìsh (주요리에) 곁들여 내는 요리.

síde effèct 부작용.

side-glance [∠glæ̀ns/-ɑ̀:-] *n.* 곁눈질; 짧은 언급.

síde hòrse 〖體操〗 안마.

síde ìssue 지엽적인 문제.

side·kick(·er) [∠kìk(ər)] *n.* (한) 동아리, 짝패(partner); 친구.

síde lìght 측면광(光); 옆창; 우연한 정보.

síde lìne 측선(側線); 〖競〗 사이드라인; (*pl.*) 사이드라인의 바깥쪽; 부업, 내직.

side·line [∠làin] *vt.* 《口》 (병·부상으로, 선수에게) 참가를 안시키다.

side·long [∠lɔ̀:ŋ/-ɔ̀-] *a., ad.* 옆의〔으로〕, 곁에〔으로〕, (엇) 비스듬한〔히〕.

síde mèat 《美南部·中部》 =BACON.

side·note [∠nòut] *n.* 〖印〗 방주(旁註) (cf. footnote).

síde òrder 별도 주문(의) 《좀 더 먹고 싶을 때의 주문》.

side·piece [∠pì:s] *n.* (물건의) 측면부(wing).

si·de·re·al [saidíəriəl] *a.* 별의, 항성(恒星)의; 별자리의, 성좌의.

sidéreal dáy 항성일(恒星日) 《24시간보다 약 4분 짧음》.

sid·er·ite [sídəràit] *n.* Ⓤ 능철광.

side·sad·dle [sáidsæ̀dl] *n.* (여자용의) 모로 앉게 된 안장.

síde shòw 여흥; 지엽적 문제.

side·slip [∠slìp] *n., vi.* (***-pp-***) 옆으로 미끄러짐〔미끄러지다〕.

side·split·ting [∠splìtiŋ] *a.* 포복절도할〔의〕.

síde stèp (한걸음) 옆으로 비키기; (책임 따위의) 회피.

side·step [∠stèp] *vi., vt.* (***-pp-***) (한걸음) 옆으로 비키다; 회피하다《책임을》.

síde strèet 옆길, 뒷골목.

side·stroke [∠stròuk] *n.* 〖水泳〗 횡영(橫泳).

side·swipe [∠swàip] *n., vt., vi.* 옆을 (스쳐) 치기〔치다〕.

side·track [∠træ̀k] *n., vt.* 〖鐵〗 측선〔대피선〕(에 넣다); 피하다.

‡side·walk [∠wɔ̀:k] *n.* 《美》 보도, 인도(《英》 pavement).

side·ward [∠wərd] *a., ad.* 옆(으로)의; (*ad.*)=**sídewards** 옆에, 곁으로.

side·way [∠wèi] *n., ad., a.* 옆길; 인도; =***sídeways** [-z], **sídewise** [-wàiz] 옆에(서), 옆의; 옆으로〔옆을〕 향한.

side-wheel [∠hwì:l] *a.* 〖海〗 (기선이) 외륜식(外輪式)의.

síde wìnd 옆바람; 간접적인 것《공격·방법·영향 등》.

side·wind·er [∠wàindər] *n.* 《口》 옆으로부터의 일격; 《美》 방울뱀의 일종; 《美》〖軍〗 공대공 미사일.

sid·ing [sáidiŋ] *n.* 〖鐵〗 측선(側線); 대피선; Ⓤ 《美》 (가옥의) 미늘판벽; Ⓤ 편들기, 가담.

si·dle [sáidl] *vi.*, *n.* 옆걸음질하다〔하기〕; (가만히) 다가들다〔서기〕.

***Sid·ney** [sídni], **Sir Philip** (1554–86) 영국의 군인·시인·정치가.

SIDS sudden infant death syndrome 유아 돌연사 증후군.

‡**siege** [si:dʒ] *n.* CU 포위(공격). *lay ~ to* …을 포위하다, 줄기차게 공격하다. *raise the ~ of* …의 포위를 풀다. *stand a ~* 포위(공격)에 굴하지 않다.

Síegfried Lìne 지크프리트선 《제2차 대전에 앞서 독일이 구축한 서부 일대의 요새선》.

Sien·kie·wicz [ʃenkjéivitʃ], **Henryk** (1846–1916) 폴란드의 소설가 《주저(主著) *Quo Vadis*(1896)》.

si·en·na [siénə] *n.* U 시에나 색, 황갈색(의 그림물감). 「맥.

si·er·ra [siéərə] *n.* 톱니처럼 솟은 산

Siérra Le·ó·ne [lióuni] 아프리카 서부의 영연방내의 공화국 《수도 Freetown》.

si·es·ta [siéstə] *n.* (Sp.) 낮잠.

***sieve** [siv] *n.*, *vt.* 체(질하다); 거르다.

‡**sift** [sift] *vt.* 체질하다, 밭다; (증언 따위를) 정사(精査)〔음미〕하다. —— *vi.* 체를 빠져(나오듯) 떨어지다; (빛이) 새어들다. **∠·er** *n.*

‡**sigh** [sai] *n.*, *vi.* ① 탄식, 한숨(짓다). ② (바람이) 살랑거리다〔거리는 소리〕. ③ 그리(워 하)다(*for*). ④ 슬퍼하다(*over*). —— *vt.* 한숨쉬며 말하다(*out*); …을 슬퍼하다.

†**sight** [sait] *n.* ① U 시각, 시력. ② U 시계(視界). ③ U 봄, 일견, 힐끗 봄(glimpse), 목격, 관찰. ④ 구경거리, 웃음거리. ⑤ 광경; (*pl.*) (the ~) 명승지; 경치; U 일람(一覽). ⑥ U 보기, 견해. ⑦ (총의) 가늠쇠〔자〕. ⑧ 《口》 많음. *a* (*long*) *~ better* 《口》 훨씬 좋은〔나은〕. *a ~ for sore eyes* 《口》 보기만 해도 반가운 것《귀한 손님·진품》. *at first ~* 한번보아; 일견한 바로는. *at* 〔*on*〕 *~* 보자 곧, 보자마자; 보는 대로〔즉시〕. *in ~* (*of*) (…에서) 보이는〔보일 정도로 가까운 곳에〕. *catch* 〔*get*〕 *~ of* …을 발견하다. *in a person's ~* 아무의 눈 앞에서; …의 눈으로 보면. *keep in ~* …의 모습을〔자태를〕 놓치지 않도록 하다. *know by ~* 안면이 있다. *lose ~ of* …의 모습을 잃다〔놓치다〕. *out of ~* 안 보이는 곳에. *Out of ~, out of mind.* 《俗談》 헤어지면 마음조차 멀어진다. *see* 〔*do*〕 *the ~s* 명소를 구경하다. *take a ~ of* …을 보다〔바라보다〕. *take ~* 노리다, 겨누다. —— *vt.* 보다, 목격하다; 관측하다; 겨누다, 조준하다; 일람(一覽)시키다. **∠·less** *a.* 보지 못하는, 맹목의. **∠·ly** *a.* 보기 싫지 않은; 전망이〔경치가〕 좋은.

sight bill 〔**draft**〕 〖商〗 일람불 어음〔환어음〕.

sight-read [∠rì:d] *vt.*, *vi.* (~ [-red]) 〖樂〗 악보를 보고 거침없이 연주하다, 시주〔시창〕(視奏〔視唱〕)하다.

‡**sight-see·ing** [∠sì:iŋ] *n.*, *a.* U 관광〔구경〕(의). *~ bus* 관광 버스.

***sight·se·er** [∠sì:ər] *n.* 관광객.

sight·wor·thy [∠wə̀:rði] *a.* 볼만한.

sig·ma [sígmə] *n.* 그리스어 알파벳의 열여덟째 글자《Σ, σ, (어미에서는 ς); 영어의 S, s에 해당》.

†**sign** [sain] *n.* ① 기호, 부호. ② (신호의) 손짓, 사인; 암호. ③ 간판, 길잡이. ④ 증거, 표시, 징후; 흔적, 자취. ⑤ 〖聖〗 기적(*seek a ~* 기적을 찾다). ⑥ 〖天〗 (12궁(宮)의) 궁(宮). *make no ~* (기절하여) 꿈쩍않다. *~ manual* (국왕 등의) 친서, 서명. *~s and wonders* 기적. —— *vt.*, *vi.* ① 신호〔군호〕하다. ② 서명〔조인〕하다. ③ (*vt.*) (상대에게) 서명시켜 고용〔계약〕하다. ④ (*vt.*) 기호를 달다. ⑤ (*vi.*) 서명하여 고용되다(*She ~ed for a year.*). *~ away* 〔*over*〕 (서명한 다음) 양도하다. *~ off* 방송이 끝남을 알리다; 서명하고 …을 끊다《술 따위》. *~ on* 계약서에 서명시키고 고용하다〔서명을 하고 고용되다〕. *~ on the dotted line* 사후(事後) 승낙을 강요당하다; 상대방의 조건을 묵인하다. *~ up* 《口》 (계약서에) 서명하고 고용되다; 참가하다.

Si·gnac [sinjǽk], **Paul**(1863–1935) 시냑《프랑스 신인상파의 화가》.

‡**sig·nal** [sígnəl] *n.* 신호, 군호; 도화선(*for*); 〖카드〗 짝패에게 보내는 암호의 수. —— *a.* 신호(용)의; 뛰어난, 훌륭한. —— *vi.*, *vt.* (《英》 *-ll-*) 신호〔군호〕로 알리다; (*vt.*) …의 전조가〔조짐이〕 되다. **~·(l)ing** *n.* 신호. **~·ly** *ad.* 현저하게. 「도의) 신호소.

sig·nal-box [-bɑ̀ks/-ɔ̀-] *n.* 《英》 (철

Sígnal Còrps 〖美陸軍〗 통신단.

sig·nal·ize [-àiz] *vt.* 두드러지게〔눈에 띄게〕 하다; 신호하다. 「수.

sig·nal·man [-mən, -mæ̀n] *n.* 신호

sig·nal·ment [sígnəlmənt] *n.* 인상서(人相書).

sig·na·to·ry [sígnətɔ̀:ri/-təri] *a.*, *n.* 서명〔조인〕한; 서명인, 조인국.

sígnal tòwer 《美》 (철도의) 신호소.

‡**sig·na·ture** [sígnətʃər] *n.* ① 서명. ② 〖樂〗 (조·박자) 기호. ③ 〖印〗 접지 번호, (번호 매긴) 전지(全紙). ④ (방송 프로 전후의) 테마 음악.

sign·board [sáinbɔ̀:rd] *n.* 간판.

sig·net [sígnit] *n.* 인발, 인장(small seal).

sígnet rìng 인장을 새긴 반지.

‡**sig·nif·i·cance** [signífikəns] *n.* U 의미(심장), 중대성. ‡**-cant** *a.* 의미심장한; 중대한; …을 뜻하는(*of*). **-cant·ly** *ad.*

sig·ni·fi·ca·tion [sìgnəfikéiʃən] *n.* U 의미, 의의, C 어의; UC 표시, 지시. **sig·nif·i·ca·tive** [signífəkèitiv/-kətiv] *a.* 나타내는(*of*); 뜻이 있는.

***sig·ni·fy** [sígnəfài] *vt.*, *vi.* 나타내다, 의미〔뜻〕하다; 예시하다; 중대하다.

sign-off [sáinɔ̀:f, -ɑ̀f/-ɔ̀f] *n.* 방송 종료.

si·gnor [si:njɔ́:r, sí:njɔ:r] *n.* (It.) (*pl.* ***-ri*** [-ri:]) =MR., SIR.

si·gno·ra [sinjɔ́:rə] *n.* (It.) (*pl.* ***-re*** [-re]) =MRS., LADY.

si·gno·ri·na [sì:njɔ:rí:nə] *n.* (It.) (*pl.* ***-ne*** [-ne]) =MISS.

si·gno·ri·no [sì:njɔ:rí:nou] *n.* (*pl.* ***-ni*** [-ni]) =MASTER.

sign·post [sáinpòust] *n.* 길잡이, 도표(道標).

Sikh [si:k] *n., a.* 시크교도(의), **∠·ism** [⌐-izəm] *n.* Ⓤ 시크교《인도 북부의 종교》.

Sik·kim [síkəm] *n.* 시킴《Nepal 과 Bhutan 중간에 위치한 인도 보호령》.

si·lage [sáilidʒ] *n., vt.* =ENSILAGE.

†si·lence [sáiləns] *n.* ① Ⓤ **침묵; 정적.** ② ⓊⒸ 무소식(*Excuse me for my long* ~.). ③ Ⓤ 망각(*pass into* ~ 잊혀지다); 침묵을 지킴, 비밀; 묵살. ***keep*** ~ 침묵을 지키다. ***put to*** ~ 윽박질러 침묵시키다, 잠잠하게 하다. —— *vt.* **침묵시키다.** —— *int.* 조용히!; 입 닥쳐! **sí·lenc·er** *n.* 침묵시키는 사람[것]; 소음(消音) 장치.

†si·lent [sáilənt] *a.* ① **침묵하는,** 무언의. ② **조용한;** 활동하지 않는. ③ 익명의. ④ 〖音聲〗 묵음의. **‡~·ly** *ad.* 무언으로, **잠자코;** 조용히.

Sílent Majórity 《특히 美》 그다지 의견을 말하지 않는 국민의 대다수; 일반 대중.

sílent pártner 《美》 익명 조합원.

sílent sóldier 《軍俗》 지뢰(地雷).

sílent spríng 공해나 살충제에 의한 자연 파괴.

Si·le·sia [sailí:ʃə, sil-, -ʒə] *n.* 체코와 폴란드에 걸친 지방; (s-) Ⓤ 실레지아 천.

Si·lex [sáileks] *n.* 〖商標〗 사일렉스 《내열(耐熱) 유리의 진공 커피 끓이개》; (s-) =SILICA.

***sil·hou·ette** [sìlu(:)ét] *n.* **실루엣, 그림자 (그림);** (옆얼굴의) 흑색 반면 영상(半面影像). —— *vt.* 실루엣으로 하다(*a tree* ~*d against the blue sky* 파란 하늘을 배경으로 까맣게 보이는 나무). 「토(珪土), (무수) 규산.

sil·i·ca [sílikə] *n.* Ⓤ 〖化〗 실리카, 규

sílica gèl 〖化〗 실리카 겔《흡습·건조제》. 「산염.

sil·i·cate [sílikit, -kèit] *n.* 〖化〗 규

si·li·ceous [silíʃəs] *a.* 규산의; 규토(질)의.

si·líc·ic ácid [silísik] 〖化〗 규산.

sil·i·con [sílikən] *n.* Ⓤ 〖化〗 규소.

sil·i·co·sis [sìləkóusis] *n.* Ⓤ 〖醫〗 규폐증(珪肺症). **sil·i·cot·ic** [-kátik/-ɔ́-] *a.* 규폐증의.

†silk [silk] *n.* Ⓤ ① **비단, 견사**(絹絲) (*raw* ~ 생사). ② (*pl.*) 견직물, 비단옷. ③ 《英口》 왕실 변호사(의 제복). ***You cannot make a ~ purse out of a sow's ear.*** 《俗談》 돼지 귀로 비단 염낭은 만들 수 없다《콩 심은 데 콩 나고 팥 심은 데 팥 난다》. ***take*** (***the***) ~ 왕실 변호사가 되다.

***silk·en** [∠ən] *a.* **비단의**[으로 만든]; 비단 같은 (윤이 나는), 반드러운; 비단옷을 입은, 사치스런.

sílk gówn (barrister 가 입는) 비단 가운(cf. stuff gown).

sílk hát 실크해트.

Sílk Róad, the 실크 로드《장안(長安)·돈황(敦煌)·바그다드·로마를 잇는 고대의 교역로》.

silk-screen [⌐-skrì:n] *a.* 실크스크린의. ~ ***print*** [***process***] 실크스크린 인쇄[날염법].

silk-stock·ing [∠stákiŋ/-ɔ́-] *n., a.* 비단 양말(을 신은); 사치스런 (사람).

silk·worm [∠wə̀:rm] *n.* 누에. 「운.

silk·y [∠i] *a.* 비단의[같은]; 반드러

sill [sil] *n.* 문지방, 창턱.

sil·li·man·ite [síləmənàit] *n.* 〖鑛〗 규선석(硅線石).

‡sil·ly [síli] *a.* ① **어리석은;** 바보 같은. ② 《古》 단순한, 천진한. ③ 《古》 아연한 (stunned), 아찔한 (dazed). —— *n.* 《口》 바보. **síl·li·ness** *n.* Ⓤ

si·lo [sáilou] *n.* (*pl.* ~***s*** [-z]), *vt.* (목초 저장용의) 사일로(에 저장하다); 《美》 사일로《발사 준비된 미사일 지하 격납고》. 「(로 막다·막히다)(*up*).

silt [silt] *n., vt., vi.* Ⓤ 침니(沈泥)

sil·van [sílvən] *a.* =SYLVAN.

†sil·ver [sílvər] *n.* Ⓤ **은;** 은화; 은그릇; 은실; 질산은. —— *a.* 은(색)의, 은으로 만든. —— *vt.* 은을 입히다, 은도금(鍍金)하다; 질산은을 칠하다.

sílver áge, the 백은 시대《로마 문학의 황금 시대에 버금가는 시대; Martial, Tacitus, Juvenal 등이 활약; 영문학에서는 Anne 여왕 시대》.

sil·ver·fish [-fiʃ] *n.* (각종) 은빛의 물고기; 〖蟲〗 반대좀.

sílver fòil [**lèaf**] 은박(銀箔).

sílver fóx 은빛 여우(의 털가죽).

sil·ver-haired [-hɛ́ərd] *a.* 은발의,

sílver íodide 요드화은. ⌊백발의.

sílver líning 검은 구름의 은빛 언저리; 불행이 행복으로 바뀔 기미; 밝은 면. 「VER.

sil·vern [sílvərn] *a.* 《古·詩》 =SIL-

sílver nítrate 〖化〗 질산은(窒酸銀). 「광지.

sílver pàper 은박[지]; 〖寫〗 은감

sílver pláte 《集合的》 은(銀)식기.

sil·ver-plat·ed [-pléitid] *a.* 은을 입힌, 은도금한.

sílver sálmon 〖魚〗 은연어.

sílver scréen 은막, 영화. 「이.

sil·ver·smith [-smìθ] *n.* 은세공장

sílver stàndard 은본위제. 「훈장.

Sílver Stár Mèdal (미군의) 은성

sílver stréak, the 영국 해협.

sil·ver-tongued [-tʌ́ŋd] *a.* 웅변의.

sil·ver·ware [-wɛ̀ər] *n.* Ⓤ 은제품.

sílver wédding 은혼식 《결혼 25주년의 축하식》. 「류(類).

sil·ver·weed [-wì:d] *n.* 〖植〗 뱀딸기

***sil·ver·y** [-i] *a.* **은과 같은;** 은빛의.

sil·vi·cul·ture [sílvikʌ̀ltʃər] *n.* Ⓤ 산림 육성, 식림법.

sim·i·an [símiən] *n.*, *a.* 원숭이(의, 같은). 「한. *~·ly *ad.* 똑같이.
‡**sim·i·lar** [símələr] *a.* 유사한, 비슷
***sim·i·lar·i·ty** [sìməlǽrəti] *n.* Ⓤ 비슷함, 유사, 상사.
sim·i·le [síməli:/-li] *n.* ⓊⒸ 〖修〗 직유(直喩) 《보기: as busy *as a bee*》 (cf. metaphor).
si·mil·i·tude [simílətjù:d] *n.* ⓊⒸ 유사(물); 비슷한〔닮은〕 얼굴, 상(像); =SIMILE.
sim·i·tar [símətər] *n.* =SCIMITAR.
***sim·mer** [símər] *vi.*, *vt.* ① 부글부글 끓다, (끓어 오르기 전에) 픽픽 소리나(게 하)다. ② 뭉근 불로 익히다. ③ (격노를 참느라고 속을〔이〕) 지글지글 끓(이)다; (웃음을) 지그시 참다. ~ *down* 천천히 식다, 가라앉다. —— *n.* simmer 하기. 「달러.
si·mo·le·on [səmóuliən] *n.* 《美俗》
si·mo·ni·ac [simóuniæ̀k] *n.* 성직 매매자. **-a·cal** *a.*
si·mon-pure [sáimənpjúər] *a.* 진짜의, 정말의. *the real S- P-* 진짜.
si·mo·ny [sáiməni, sím-] *n.* ⓊⒸ 성직 매매(의 죄).
si·moom [simú:m, sai-] *n.* (아라비아 지방의) 열풍.
simp [simp] *n.* 《美俗》=SIMPLETON.
sim·per [símpər] *n.*, *vi.*, *vt.* 억지〔얼빠진〕 웃음(을 짓다, 지어 말하다).
†**sim·ple** [símpəl] *a.* ① 단순한, 간단한, 쉬운. ② 간소한, 질박한, 수수한. ③ 자연스러운; 솔직한. ④ 티없는, 천진한; 유치한. ⑤ 하찮은; 신분이 낮은. ⑥ 순연한, 순전한. ⑦ 〖植〗 (잎이) 갈라지지 않은; 〖化〗 단체(單體)의 (*a ~ eye*). *pure and ~* 순전한. —— *n.* 단순한 것; 단체(單體); 바보; 《古》 약초(medicinal plant). ~·**ness** *n.* =SIMPLICITY.
símple equátion 〖數〗 일차 방정식. 「한, 성실한.
sim·ple-heart·ed [-há:rtid] *a.* 순진
símple ínterest 〖商〗 단리(單利).
símple machíne 〖機〗 간단한 기계 《나사·지레·도르래·쐐기·바퀴와 축·사면(斜面)의 6가지 중의 하나》.
sim·ple-mind·ed [-máindid] *a.* 순진한; 단순한; 어리석은; 정신 박약의.
símple séntence 〖文〗 단문(單文).
sim·ple·ton [símpltən] *n.* 바보.
‡**sim·plic·i·ty** [simplísəti] *n.* Ⓤ 단순; 평이; 간소; 소박; 순진; 무지.
***sim·pli·fy** [símpləfài] *vt.* 단일〔단순〕하게 하다; 간단〔평이〕하게 하다. **sim·pli·fi·ca·tion** [⌐–fikéiʃən] *n.* ⓊⒸ
‡**sim·ply** [símpli] *ad.* 솔직히; 단순히; 다만; 어리석게; 전혀, 순전히.
sim·u·la·crum [sìmjuléikrəm] *n.* (*pl.* *-cra* [-krə], ~*s*) 모습, 환영(幻影); 상(像); 가짜.
***sim·u·late** [símjulèit] *vt.* …으로 가장하다〔겉꾸미다〕, (짐짓) …인 체하다(pretend); 흉내내다. —— [-lit, -lèit] *a.* 짐짓 꾸민, 가장한; 의태(擬態)의. **sím·u·lant** *a.* **sim·u·la·tion** [⌐–léiʃən] *n.* ⓊⒸ 가장, 흉내; 꾀병; 〖컴퓨터·宇宙〗 모의 실험. **sím·u·la·tive** *a.* **sím·u·la·tor** *n.*
si·mul·cast [sáiməlkæ̀st, sím-, -kɑ̀:st] *n.*, *vt.*, *vi.* ⓊⒸ 〖TV·라디오〗 동시 방송(하다).
***si·mul·ta·ne·ous** [sàiməltéiniəs, sìm-] *a.* 동시의〔에 일어나는〕. *~·**ly** *ad.* ~·**ness** *n.* **si·mul·ta·ne·i·ty** [-təní:əti] *n.* Ⓤ
simultáneous equátions 연립 방정식. 「시 통역.
simultáneous interpretátion 동
‡**sin**[1] [sin] *n.* ⓊⒸ (도덕상의) 죄 (cf. crime); Ⓒ 잘못; 위반(*against*). *for my ~s* 《諧》 무엇에 대한 벌인지. *like ~* 《俗》 몹시. *the seven deadly ~s* 〖宗〗 7가지 큰 죄, 칠죄종(七罪宗). —— *vi.*, *vt.* (*-nn-*) (죄를) 짓다 (*against*). ~ *one's mercies* 행운에 감사하지 않다. ⌐·**less** *a.*
sin[2] [sain] *n.* =SINE.
Si·nai [sáinai, -niài], **Mt.** 시내산 《모세가 십계를 받은》.
Sin·an·thro·pus [sinǽnθrəpəs] *n.* 〖人類〗 베이징 원인
†**since** [sins] *ad.* 그 후, 그 이래; (지금부터 몇 해·며칠) 전에. *ever ~* 그 후 쭉〔내내〕. *long ~* 훨씬 이전에〔전부터〕. *not long ~* 바로 최근. —— *prep.* …이래. —— *conj.* (…한) 이래; …이〔하〕므로(because).
‡**sin·cere** [sinsíər] *a.* 성실한, 진실의. ‡~·**ly** *ad.* *Yours ~ly,* or *Sincerely yours* 돈수(頓首), 경구(敬具) 《편지의 끝맺음말》. 「성의; 정직.
***sin·cer·i·ty** [sinsérəti] *n.* Ⓤ 성실;
Sin·clair [sinkléər, síŋklεər], **Upton** (1878–1968) 미국의 소설가·사회 비평가.
sine [sain] *n.* 〖數〗 사인 《생략 sin》.
si·ne·cure [sáinikjùər, síni-] *n.* (명목뿐인) 한직(閑職). 「로.
si·ne di·e [sáini dáii] (L.) 무기한으
si·ne qua non [-kwei nán/-ɔ́-] (L.) 필요 조건〔자격〕.
***sin·ew** [sínju:] *n.* 건(腱); 근육; 힘(의 원천). *the ~s of war* 군자금; 돈. —— *vt.* 건으로 잇다; 근력을〔원기를〕 북돋우다. ~·**ly** *a.* 근골이 늠름한.
sin·fo·niet·ta [sìnfounjétə] *n.* (It.) 〖樂〗 소교향악(단).
***sin·ful** [sínfəl] *a.* 죄있는, 죄많은; 벌력입을. ~·**ly** *ad.* ~·**ness** *n.*
†**sing** [siŋ] *vi.*, *vt.* (*sang,* 《古》《稀》 *sung; sung*) 노래하다, 울다, 지저귀다; (*vi.*) 울리다, (벌레·바람·미사일 따위가) 윙윙거리다; (주전자 물이 끓어) 픽픽하다. ~ *another song* 〔*tune*〕 (가락을〔태도를〕 바꾸어) 겸손하게 나오다 (cf. ~ *the same old song* 같은 일을 되풀이 하다). ~ *out* 《口》 큰소리로 부르다, 소리치다. ~ *small* 《口》 풀이 죽다. ~ *the praises of* 몹시 칭찬하다. —— *n.* 노랫소리, 우는 소리; (탄환·바람의) 윙윙소리. ‡⌐·**er** *n.* ‡⌐·**ing** *n.*
sing. single; singular. ⌊ⓊⒸ

sing·a·long [síŋəlɔ̀ːŋ/-lɔ̀ŋ] *n.* 노래 부르기 위한 모임.
Sin·ga·pore [síŋgəpɔ̀ːr/ˋ–ˊ] *n.* 싱가포르《말레이 반도 남단의 섬·공화국, 1965년 독립》.
singe [sindʒ] *vt., vi.* 태워 그스르다〔그을다〕, (*vt.*) (새나 돼지 따위의) 털을 그스르다. **~ *one's feathers* [*wings*]** 명성을 손상하다; 실패하다. —— *n.* (조금) 탐, 눌음.
Sin·gha·lese [sìŋgəlíːz, -líːs] *n., a.* =CINGALESE.
†**sin·gle** [síŋgəl] *a.* ① **단 하나의**. ② **혼자의**, 독신의. ③《英》편도의 (*a ~ ticket*). ④ 단식의, 홑의, 단식 시합의. ⑤〖植〗외겹(꽃)의. ⑥ 성실한; **일편단심의** (~ *devotion*). ⑦ 일치한, 단결한. **~ *blessedness*** 《諧》 독신《Sh.》. **~ *combat*** (단 둘의) 맞상대 싸움. ***with a ~ eye*** 성심성의. —— *n.* 한개, 단일, 〖野〗단타(單打); (*pl.*)〖테니스〗단식 시합, 싱글. —— *vt.* **선발하다**;〖野〗단타를 쳐서 (러너를) 진루시키다. —— *vi.* 단타를 치다. **~·ness** *n.* Ⓤ 단일, 단독; 독신; 성실.
sin·gle-act·ing [-ǽktiŋ] *a.*〖機〗단동(單動)식의《기관》.
sin·gle-breast·ed [-bréstid] *a.* (윗도리·외투가) 싱글의.
síngle éntry〖簿〗단식 부기.
sin·gle-eyed [-áid] *a.* 홑눈의, 단안(單眼)의; 한마음의, 성실한.
síngle fíle〖軍〗일렬 종대.
sin·gle-foot [-fùt] *n., vi.*〖馬術〗가벼운 구보(로 달리다).
sin·gle-hand·ed [-hǽndid] *a., ad.* 한손〔사람〕의; 단독의〔으로〕. 「한.
sin·gle-heart·ed [-háːrtid] *a.* 성실
sin·gle-load·er [-lóudər] *n.* 단발총.
sin·gle-mind·ed [-máindid] *a.* 성실한.
sin·gle-phase [-fèiz] *a.*〖電〗(모터가) 단상(單相)인. 「자동차.
síngle séater 단좌 비행기; 1인승
síngle stándard〖經〗단(單)본위제; (남녀 평등의) 단일 도덕률.
sin·gle·stick [-stìk] *n.* 목도(木刀); (한손으로 하는) 목검술.
síngle tàx〖經〗단일세; 지조(地租).
sin·gle·ton [síŋgəltən] *n.* 외동이, 한 개의 것;〖카드〗(달리 낼 패가 없는) 한 장(패).
sin·gle-track [-trǽk] *a.*〖鐵〗단선(單線)의; 융통성 없는. 「TREE.
sin·gle·tree [-trìː] *n.* =WHIFFLE-
*****sin·gly** [síŋgli] *ad.* 혼자서, **단독으로**; 하나씩; 제 힘으로.
Síng Sìng [síŋ sìŋ] 미국 N.Y. 주에 있는 형무소.
sing·song [síŋsɔ̀ːŋ/-sɔ̀ŋ] *n., a., vt., vi.* 단조(로운);《英》즉흥 노래〔성악〕대회; 단조롭게 노래〔얘기〕하다.
‡**sin·gu·lar** [síŋgjələr] *a.* ① **단 하나의**, 개개의; 각각의;〖文〗단수의. ② 독특한; 훌륭한, 멋진; 이상〔기묘〕한, 현저한. —— *n.*〖文〗단수(형). ***all and ~*** 모조리. **~·ly** *ad.* **sin·gu·lar·i·ty** [ˋ–lǽrəti] *n.* Ⓤ 이상, 기이; 기이한 버릇; 비범; 단독; 단일.
*****sin·is·ter** [sínistər] *a.* ① **불길한**; 사악한, 음험한, 부정직한; 불행한. ②〖紋〗방패의 왼쪽《마주 보아 오른쪽》의; 왼쪽의. **~·ly** *ad.*
sin·is·tral [sínistrəl] *a.* 왼쪽의; 왼손잡이의; 왼쪽으로 말린《고둥 따위》.
‡**sink** [siŋk] *vi.* (***sank, sunk; sunk, sunken***) ① **가라앉다**, 침몰하다. ② (해·달 등이) 지다; 내려앉다. ③ 쇠약해지다; 몰락〔타락〕하다. ④ 스며들다(*in, into, through*). ⑤ 우묵〔홀쭉〕해지다, 쑥 빠지다; 처지다, 낮아지다, (바람이) 잔잔해지다. —— *vt.* ① **가라앉히다**, 침몰시키다. ② 낮추다, 숙이다, 떨어뜨리다. ③ 약하게 하다; 낮게 하다; 줄이다. ④ (재산을) 잃다; (자본을) 무익하게 투자하다. ⑤ 조각하다, 새겨 넣다; 파다. ⑥ (국채를) 상환하다. ⑦ (이름·신분을) 숨기다; 무시하다. **~ *oneself*** 사리(私利)를 버리(고 남을 위하)다. **~ *or swim*** 운을 하늘에 맡기고, 성패간에. **~ *the shop*** 직업〔전문〕을 숨기다. —— *n.* (부엌의) 수채; 하수구(溝), 구정물통; 소굴(*a ~ of iniquity* 악한의 소굴). **ˊ·er** *n.* sink 하는 사람〔것〕;《美俗》도넛;〖野〗「싱커」《드롭시키는 투구(投球)》.
sínking fùnd 감채(減債) 기금.
sínk ùnit 부엌 설비《수채, 찬장, 조리대》.
sin·less [sínlis] *a.* ⇨SIN[1].
*****sin·ner** [sínər] *n.* (도덕상의) **죄인**.
Sínn Féin [ʃín féin] 신페인당(黨)《아일랜드 독립당》.
Sino- 「중국」의 뜻의 결합사.
Si·no-Ko·re·an [sàinoukəríːən, sì-] *a.* 한중의, 한국과 중국에 관한. —— *n.* 한국어 속의 중국어.
Si·nol·o·gy [sainɑ́lədʒi, si-/-ɔ́-] *n.* Ⓤ 중국학. **-gist** *n.*
sin·u·ous [sínjuəs] *a.* 꾸불꾸불한; 빙퉁그러진; 복잡한. **~·ly** *ad.*
si·nus [sáinəs] *n.* (*pl.* **~es; ~**) 우묵한 곳;〖解〗동(洞), 두(竇), (특히) 정맥동;〖醫〗누(瘻).
si·nus·i·tis [sàinəsáitis] *n.* Ⓤ〖醫〗정맥동염(靜脈洞炎); 부비강염(副鼻腔炎).
Si·on [sáiən] *n.* =ZION.
Sioux [suː] (*pl.* **~** [suːz]) *a., n. sing. & pl.* 수족《북미 인디언의 한 종족》(의). **Síou·an** *a., n.* 수족(의).
‡**sip** [sip] *n.* **한 모금**, 한 번 홀짝임〔마심〕. —— *vt., vi.* (**-pp-**) **홀짝홀짝 마시다**〔빨다〕.
*****si·phon** [sáifən] *n., vt., vi.* **사이펀**(으로 빨아올리다, 을 통하다).
†**sir** [強 səːr, 弱 sər] *n.* ① **님**, 선생(님), 나리. ② 이봐!《꾸짖을 때 따위》. ③ (*pl.*)《상용문》각위(各位), 여러분. ④《英》(S-) **경**(卿)《knight 또는 baronet의 이름 또는 성에 붙임》.
*****sire** [saiər] *n.* ① 노년자; 장로. ② **폐하**, 전하《군주에의 경칭》. ③《詩》아버지, 부조(父祖). ④ 아비말, 씨말. —— *vt.* (씨말이) 낳다(beget).

***si·ren** [sáiərən] *n.* ① (S-) 〖그神〗 사이렌《아름다운 노랫소리로 뱃사람을 유혹하여 난파시킨 요정》. ② 미성(美聲)의 가수; 인어. ③ 경적, 사이렌. — *a.* 매혹적인. 「옷.
síren sùit 《英俗》 (몸에 맞는) 가죽
si·ri·a·sis [siráiəsis] (*pl.* **-ses** [-sì:z]) *n.* Ⓤ 〖醫〗 일사병.
Sir·i·us [síriəs] *n.* 〖天〗 시리우스, 천랑성(天狼星). 「분의) 허리고기.
sir·loin [sə́:rlɔin] *n.* ⓊⒸ (소의 윗부
si·roc·co [sirákou/-ɔ́-] *n.* (*pl.* ~*s*) 시로코 바람; (기분이 나쁜) 열풍.
sir·(r)ee [sərí:] *int.* 《美》 sir의 강조형《yes, no의 뒤에 붙음》.
***sir·up** [sírəp, sə́:rəp] *n.* =SYRUP.
sis [sis] *n.* 《口》 =SISTER.
sí·sal (hèmp) [sáisəl, sís-] *n.* Ⓤ 사이잘삼《로프용》.
si·sal·kraft [-kræ̀ft, -ɑ̀:-] *n.* 사이잘크라프트지(紙)《튼튼한 판지》.
sis-boom-bah [sísbù:mbɑ́:] *int.* 후레이후레이. — *n.* 《美俗》 보는 스포츠《특히 풋볼》.
Sis·ley [sísli], **Alfred** (1839–99) 프랑스 인상파의 풍경화가.
sis·sy [sísi] *n.* 소녀; 《口》 여자 같은〔나약한〕 사내(아이).
†sis·ter [sístər] *n.* ① **자매,** 언니, 누이《누나·여동생》. ② 여자 친구〔회원〕. ③ 〖카톨릭〗 수녀. — *a.* 자매의〔와 같은〕; 짝〔쌍〕의. ~ *language* 자매어. *the three Sisters* 〖그神〗 운명의 3여신. **~·hood** [-hùd] *n.* Ⓤ 자매의 관계〔정〕; Ⓒ (종교적인) 여성 단체, 부인회. **~·ly** *a.*
sis·ter-ger·man [-dʒə́:rmən] *n.* (*pl.* *sisters-german*) 같은 부모를 가진 자매, 친자매.
***sis·ter-in-law** [-inlɔ̀:] *n.* (*pl.* *sisters-*) 올케·시누이·형수·계수·처남댁·처형·처제 등. 「조된 동형선》.
síster shìp 자매선《같은 설계로 건
Sis·y·phe·an [sìsəfí:ən] *a.* 〖그神〗 Sisyphus 왕의; 끝없는(~ *labor* 끝없는 헛수고).
Sis·y·phus [sísəfəs] *n.* 〖그神〗 그리스의 못된 왕《죽은 후 지옥에 떨어져, 벌로서 큰돌을 산꼭대기에 옮기게 되었으나 끝내 이루지 못했음》.
†sit [sit] *vi.* (*sat,* 《古》 *sate; sat; -tt-*) ① **앉다,** 걸터 앉다, 착석하다. ② (선반 따위에) 얹혀 있다. ③ (새가) 앉다; 알을 품다. ④ (옷이) 맞다 (~ *well* 〔*ill*〕 *on him*). ⑤ (바람이) 불다. ⑥ 출석하다. ⑦ 의석을 갖다; 의원이다(~ *in Congress*). ⑧ 개회〔개정〕하다. — *vt.* 착석시키다; (말을) 타다. *make a person* ~ *up* 《俗》 깜짝 놀라게 하다; 고생시키다. ~ *at home* 죽치다, 칩거하다. ~ *back* (의자에) 깊숙이 앉다; 일을 피하다; 아무 일도 하지 않고 일이 일어나기를 기다리다. ~ *down* 앉다; 착수하다(*to*); (모욕을) 감수하다(*under*). ~ *for* (시험을) 치르다; (초상화를) 그리게 하다, (사진을) 찍게 하다; (선거구를) 대표하다. ~ *heavy on* (*a person*) 먹은 것이 얹히다, 징건하다; 괴롭히다. ~ *in* …에 참가하다. ~ *in judgment on* …을 (멋대로) 비판하다. ~ *light on* 부담〔고통〕이 되지 않다. ~ *loosely on* (의견·주의 등이) 중요시되지 않다, 아무래도 좋다. ~ *on* 〔*upon*〕 (위원회 따위의) 일원이다; 심리하다; 《口》 욱박지르다. ~ *on one's* HANDS. ~ *on the fence* 형세〔기회〕를 관망하다. ~ *out* (댄스 따위에서) 축에 끼지 않다; (음악회·시험장에서) 마지막까지 남다; (딴 손님보다) 오래 앉아 있다. ~ *under* …의 설교를 듣다. ~ *up* 일어나다; 상반신을 일으키다; 자지 않고 있다 (~ *up late* 밤 늦게까지 안 자다); 깜짝 놀라다, 깜짝 놀라 정신차리다. ***sít·ter** *n.* sit하는 사람; BABY-SITTER; 《俗》 수월한 일. ***sít·ting** *n.* Ⓤ **착석;** Ⓒ 한 차례 일; 회기; 개정(기간). *at a* 〔*one*〕 *sitting* 단숨에.
sit·com [sítkàm / -ɔ̀-] *n.* 《美俗》 = SITUATION COMEDY. 「파업.
sít-down (strìke) [⌐dàun] *n.* 농성
‡site [sait] *n.* **위치,** 장소; 용지, 부지.
sit-in [sítìn] *n.* 연좌 데모《특히 미국의 인종차별에 대한 항의》.
si·tol·o·gy [saitálədʒi/-tɔ́l-] *n.* Ⓤ 영양학, 식품학.
sítting dúck 손쉬운 표적(easy
†sítting ròom **거실.** ⌊target); 봉.
sit·u·ate [sítʃuèit] *a.* 《古》 =⇩.
‡sit·u·at·ed [-id] *a.* 있는, **위치한**(*at, on*); 입장에 놓인.
‡sit·u·a·tion [sìtʃuéiʃən] *n.* ① **위치;** 장소. ② **형세;** 입장, 처지. ③ 지위, 직(職). ④ (연극의) 아슬아슬한 고비. 「미디.
situátion còmedy 〖TV〗 연속 코
situátion ròom 전황 보고실.
sit·up [sítʌ̀p] *n.* 반듯이 누웠다가 상체만 일으키는 복근(腹筋) 운동.
sitz·krieg [sítskrì:g] *n.* (G.) 지구전(持久戰) (cf. *blitzkrieg*).
Si·va [sí:və, ʃí:-] *n.* 〖힌두敎〗 시바, 대자재천(大自在天)《파괴신》.
†six [siks] *n., a.* **6(의).** *at ~es and sevens* 혼란하여; 불일치하여. *gone for* ~ 〖英軍〗 전투중 행방불명되어. *It's ~ of one and half-a-dozen of the other.* 오십보 백보다. **⌐-fold** [⌐fòuld] *a., ad.* 6배의〔로〕, 6겹의〔으로〕.
six-foot·er [síksfútər] *n.* 《口》 신장 6피트인 사람. 「바르산》.
606 [síks ou síks] *n.* 〖藥〗 606호 《살
***six·pence** [⌐pəns] *n.* 《英》 6 펜스; 6펜스 은화《1971년 2월 폐지》.
six·pen·ny [⌐pèni, -pəni] *a.* 6펜스의; 값싼, 시시한. 「발 권총.
six-shoot·er [⌐ʃú:tər] *n.* 《口》 6연
†six·teen [sìkstí:n] *n., a.* 16(의). *sweet* ~ = sweet SEVENTEEN. **‡-téenth** *n., a.* 열여섯(번)째(의); 16분의 1(의)(*a ~th note* 〖樂〗 16분음표).
†sixth [siksθ] *n., a.* 여섯째(의); 6분

의 1(의); 〖樂〗 제 6 도(음정); 《英》 6학년(sixth form).
síxth cólumn 제6렬《FIFTH COLUMN을 도와 패배주의적 선전을 하는 그룹》.
síxth sénse 제6감, 직감.
†six·ty [síksti] *n.*, *a.* 60(의). **‡-ti·eth** *n.*, *a.* 60(번)째(의); 60분의 1(의).
síx·ty-four-dól·lar quéstion [-fɔ̀:rdálər/-dɔ́l-] 《美口》 가장 중요한 문제《라디오 퀴즈 프로에서》.
síx·ty-fourth nòte [-fɔ́:rθ] 〖樂〗 64분 음표.
siz·a·ble [sáizəbəl] *a.* 꽤 큰.
†size[1] [saiz] *n.* ① Ⓤ **크기**, 치수; Ⓒ (모자·구두 따위의) 사이즈, 형. ② 《口》 실정. ***be of a*** ～ 같은 크기이다(*with*). ── *vt.* 어느 크기로 짓다; …을 크기별로 가르다; 재다. ～ ***down*** 점차로 작게 하다. ～ ***up*** 《口》 치수를 어림잡다; (남을) 평가하다; 어떤 크기〔표준〕에 달하다.
size[2] *n.*, *vt.* Ⓤ 반수(礬水)(를 칠하다); 풀(먹이다). **síz·ing** *n.* Ⓤ 반수(礬水).
siz·er [sáizər] *n.* 치수 측정기; (과일 등의 대소별) 선별기.
siz·zle [sízəl] *vi.*, *n.* 지글지글하다〔하는 소리〕.
S.J. Society of Jesus.
skald [skɔ:ld] *n.* 옛 스칸디나비아의 음송(吟誦) 시인.
†skate[1] [skeit] *n.*, *vi.* **스케이트 구두**(의 날); 롤러 스케이트; **스케이트를 지치다.** ～ ***over*** (이야기 중에서) 잠깐 언급하다〔비추다〕. ***skát·er** *n.*
skate[2] *n.* 〖魚〗 홍어.
skate·board [skéitbɔ̀:rd] *n.* 스케이트보드, 활주판《바퀴 달린 길이 60 cm 정도의 판, 그 위에 타고 서서 지침》.
†skat·ing [∠iŋ] *n.* Ⓤ **스케이트.**
skáting rìnk 스케이트장.
skee·sicks, -zicks [skí:ziks] *n.* 《美》 부랑자, 깡패, 쓸모 없는 사람.
skeet [ski:t] *n.* Ⓤ 트랩 사격의 일종.
skein [skein] *n.* 타래 다발; 엉클림; (기러기 따위의) 떼.
skel·e·tal [skélətl] *a.* 골격의; 해골의.
‡skel·e·ton [skélətn] *n.* **골격, 해골**; 여윈 사람〔동물〕; 뼈대, 골자. ── *a.* 해골의; 여윈. ***family*** ～, or ～ ***in the cupboard*** (남에게 숨기고 싶은) 집안의 비밀. ～ ***at the feast*** 좌흥을 깨뜨리는 것. **～·ize** [-àiz] *vt.* 해골로 하다; 개요를 적다 (summarize); 인원을 대폭 줄이다.
skéleton clòck 투시 시계《기계 내부가 보이는 시계》.
skéleton crèw 〖海〗 기간 정원(基幹定員).
skéleton kèy (여러 자물쇠에 맞는) 결쇠.
skep·tic, 《英》 **scep-** [sképtik] *n.*, *a.* 의심 많은 사람, 회의론자; ＝ ***sképtical** 회의적인. **skep·ti·cism** [-təsìzəm] *n.* Ⓤ 회의주의.
‡sketch [sketʃ] *n.* **스케치**; 사생화; 애벌〔대충〕 그림; 초안. ── *vt.*, *vi.* 약도〔스케치〕를 그리다; 사생하다.
sketch·book [∠bùk] *n.* 사생첩, 스케치북; 소품〔단편, 수필〕집.
skétch màp 약도, 겨냥도.
sketch·y [∠i] *a.* 사생(풍)의; 개략의.
skew [skju:] *a.* 비스듬한, 굽은; 〖數〗 비대칭의. ── *n.* 비뚤어짐, 휨; 잘못. ── *vi.*, *vt.* 비뚤어지〔일그러지〕(게 하)다; 굽다, 구부리다.
skew·er [skjú:ər] *n.*, *vt.* 꼬챙이(에 꽂다) 《고기를》.
skew-eyed [∠àid] *a.* 《英》 곁눈질의, 사팔눈의. 「方」 삐뚤어져.
skew-whiff [∠*h*wif] *a.*, *ad.* 《英口·
†ski [ski:] *n.* (*pl.* ～(*s*)), *vi.* **스키**(를 타다). **∠·er** *n.* **†∠·ing** *n.* Ⓤ **스키**(를 타기); 스키술.
ski·a·graph [skáiəgræ̀f/-grɑ̀:f] *n.*, *vt.* …의 X선 사진(을 찍다).
ski·ag·ra·phy [skaiǽgrəfi] *n.* Ⓤ X선 사진술.
ski·a·scope [skáiəskòup] *n.* 〖醫〗 (눈의 굴절을 판정하는) 검영기(檢影器).
ski-borne [skí:bɔ̀:rn] *a.* (부대 등이) 스키로 이동하는.
skid [skid] *n.*, *vi.* (***-dd-***) 옆으로 미끄러지기〔지다〕《차가》; 옆으로 미끄러짐을 막다; 미끄럼막이; 《美俗》 (the ～s) 몰락의 길. 「미끄러지기 쉬운.
skid·dy [skídi] *a.* (도로가) 옆으로
skiff [skif] *n.* (혼자 젓는) 작은 배.
ski·ffle [skífəl] *n.* Ⓤ 재즈와 포크송을 혼합한 음악의 일종《냄비·손 따위도 즉석에서 이용함》.
ski·jor·ing [skí:dʒɔ̀:riŋ] *n.* Ⓤ (말 따위에 끌리는) 스키 놀이.
skí jùmp 스키 점프(장).
‡skil·ful [skílfəl] *a.* ＝SKILLFUL.
skí lìft 스키어 운반기《케이블 의자》, 리프트.
‡skill [skil] *n.* Ⓤ **숙련**, **교묘**, **솜씨**(*in*, *to* do). ***～ed** [-d] *a.* **숙련된.** **‡skíl(l)·ful** [∠fəl] *a.* **숙련된**, **교묘한**. ***-ful·ly** *ad.* 「튜 냄비.
skil·let [skílit] *n.* 프라이팬; 《英》 스
‡skim [skim] *vt.* (***-mm-***) ① (찌끼 따위를) 떠〔걷어〕내다(*off*). ② (표면을) 스쳐 지나가다, 미끄러져 나가다. ③ 대충 훑어 읽다. ── *vi.* 스쳐 지나가다(*along*, *over*); (살얼음·찌끼)로 덮이다. ～ ***the cream off*** …의 노른자위를 빼내다. **∠·mer** *n.* skim 하는 사람〔것〕; 그물 국자.
skím mílk 탈지유. 「차(雪上車).
ski·mo·bile [skí:moubì:l] *n.* 설상
skimp [skimp] *vt.*, *vi.* 찔끔찔끔〔감질나게〕 주다; 바싹 줄이다〔조리차하다〕, 검약하다; (일을) 날림으로 하다. **∠·y** *a.* 모자라는; 다라운.
†skin [skin] *n.* ① ⒸⓊ **피부**, **가죽**. ② ⒸⓊ 가죽 제품; (술의) 가죽 부대. ③ 《美俗》 구두쇠; 사기꾼. ***be in a person's*** ～ 아무의 입장이〔처지가〕되다. ***by*** 〔***with***〕 ***the*** ～ ***of one's teeth*** 가까스로, 간신히. ***have a thick*** 〔***thin***〕 ～ 둔감〔민감〕하다. ***in*** 〔***with***〕 ***a whole*** ～ 《口》 무사히. ***jump out of one's*** ～ (기쁨·놀람

따위로) 펄쩍 뛰다. ***save one's*** ~ 《口》 부상을 안 입다. — *vt.* (**-nn-**) ① **가죽〔껍질〕을 벗기다**; 살가죽이 벗어지게〔까지게〕 하다. ② 가죽으로 덮다(*over*). ③ 《俗》 사취하다, 속이다. 「적인; 천박한.

skin-deep [skíndí:p] *a.* 얕은, 피상

skin-dive [ˊdàiv] *vi.* 스킨다이빙을 하다. 「하는 사람.

‡**skin-div·er** [ˊdàivər] *n.* **스킨다이빙**

‡**skín dìving 스킨다이빙.**

skín effèct 〖電〗 (주파수 전도체의) 표피 효과.

skín flìck 《美俗》 포르노 영화.

skin·flint [ˊflìnt] *n.* 구두쇠.

skín fòod 크림류(類), 미안수.

skin·ful [skínfùl] *n.* 가죽 부대 하나 가득; 《口》 배불리, 잔뜩.

skín gàme 《美口》 사기, 협잡.

skín gràfting 〖外〗 피부 이식(술).

skin·head [skínhèd] *n.* 《英俗》 스킨헤드족《장발족에 대항하여 머리를 빡빡 깎은 전투적 보수파 청년》.

skink [skiŋk] *n.* (모래땅의) 도마뱀.

skin·ner [skínər] *n.* 가죽 상인; 가죽 벗기는 사람; 사기꾼; 《美口》 (트랙터 따위의) 운전자. 「마른.

skin·ny [ˊi] *a.* 가죽과 같은; 바싹

skin·ny-dip [skínidìp] 《美口》 *vi.* (**-pp-**) *n.* 알몸으로 수영하다〔수영함〕.

skin-pop [skínpàp/-ɔ̀-] *vt., vi.* (**-pp-**) 《美俗》 (마약을) 피하 주사하다.

skín tèst 〖醫〗 피부 시험.

skin·tight [skíntàit] *a.* 몸에 꼭 끼는.

‡**skip** [skip] *vi.* (**-pp-**) ① **뛰다**, 줄넘기하다; 뛰놀다, 뛰어다니다. ② **거르다**, 빠뜨리다(*over*). ③ 《口》 급히 떠나다. — *vt.* ① **가볍게 뛰다**; (물을 차고) 스쳐가다(~ *stones on a pond*). ② (군데군데) **건너 뛰다**, 빠뜨리다. — *n.* 도약(跳躍); 줄넘기; 건너뜀.

skíp bòmbing 저공 폭격.

ski-plane [ˊplèin] *n.* 설상 비행기.

***skip·per**[1] [ˊər] *n.* skip하는 사람〔것〕; 팔딱팔딱 뛰는 곤충; 〖蟲〗 팔랑나비.

skip·per[2] *n., vt.* (어선·(작은) 상선 따위의) 선장(으로 근무하다); (팀의) 주장; 〖美空軍〗 기장(機長).

skípper's dàughter 높은 흰 파도.

skípping ròpe 줄넘기줄.

skip-stop [ˊstàp/-ɔ̀-] *n., a.* (버스·엘리베이터 따위) 정거하지 않음〔않는〕, 통과(의).

skíp tràcer 《口》 행방 불명자 수색인, (특히 보험 회사 등에 고용되어 있는) 행방 불명 채무자 수색원(員).

skirl [skə:rl] *n., vi., vt.* 《Sc.》 날카로운〔새된〕 소리(를 내다, 로 말하다).

***skir·mish** [skə́:rmiʃ] *n., vi.* **작은 충돌(을 하다)**. ~**·er** *n.* 〖軍〗 척후병; 산병(散兵).

‡**skirt** [skə:rt] *n.* ① (옷의) **자락**; **스커트**. ② (*pl.*) **가장자리**, 변두리; 교외(outskirts). ③ 《俗》 계집(애). — *vt.* …에 자락을〔스커트를〕 달다; …과 경계를 접하다. — *vi.* 변두리〔경계〕에 있다〔살다〕; 가를 따라 (나아)가다(*along*). 「익살극.

skit [skit] *n.* 풍자문(文), 희문(戲文);

skit·ter·y [ˊəri] *a.* =⇩.

skit·tish [skítiʃ] *a.* (말 따위) 잘 놀라는; 변덕스러운(fickle); 수줍어하는(shy).

skit·tles [skítlz] *n. pl.* 구주희(九柱戲). ***beer and*** ~ 마시며 놀며 (하는 태평 생활). ***S-!*** 시시하게!

skoal [skoul] *int., n., vi.* 축배! 건배

Skr., Skt. Sanskrit. └(하다).

skú·a (gùll) [skjú:ə] *n.* 큰갈매기; 도둑갈매기.

skul·dug·ger·y [skʌldʌ́gəri] *n.* ⓊⒸ 《美口》 부정 행위, 사기, 속임수.

skulk [skʌlk] *vi., n.* 슬그머니〔몰래〕 달아나다〔숨다〕(*behind*); 기피하다; =ˊ**·er** skulk하는 자; 이리떼.

skull** [skʌl] *n.* **두개골**; 머리; 두뇌. ***have a thick ~ 둔감하다.

skúll and cróssbones (죽음의 상징인) 해골 밑에 대퇴골을 열십자로 짝지은 그림《해적기, 독약의 표지》.

skull·cap [ˊkæ̀p] *n.* 테 없는 모자.

***skunk** [skʌŋk] *n.* (북미산) **스컹크**(의 털가죽); 《口》 역겨운 녀석. — *vt.* 《美俗》 〖競〗 영패시키다.

†**sky** [skai] *n.* (종종 *pl.*) **하늘**; 천국; (종종 *pl.*) **날씨**. ***laud*** 〔***praise***〕 ***to the skies*** 몹시 칭찬하다〔치살리다〕. ***out of a clear*** ~ 갑자기, 느닷없이. 「대.

ský àrmy 〔**tròops**〕 《美》 공수 부

sky-blue [ˊblú:] *a.* 하늘색의.

sky·borne [ˊbɔ̀:rn] *a.* 공수의.

sky·cap [ˊkæ̀p] *n.* 《美》 공항 포터.

sky·div·ing [ˊdàiviŋ] *n.* Ⓤ 스카이다이빙. 「높은〔높게〕.

sky-high [ˊhái] *a., ad.* 까마득히

sky·hook [ˊhùk] *n.* 《口》 (우주선(線) 측정용의) 풍선.

skýhook ballòon 고도 우주선 관측기구. 「취하다.

sky·jack [ˊdʒæ̀k] *vt.* (비행기를) 탈

Sky·lab [ˊlæ̀b] *n.* 우주 실험실《지구 선회 위성》.

‡**sky·lark** [ˊlà:rk] *n., vi.* ① **종달새**. ② 《口》 법석(대다), 희롱거리다.

sky·light [ˊlàit] *n.* 천창(天窓).

***sky·line** [ˊlàin] *n.* **지평선**; 하늘을 배경으로 한 윤곽《산·나무 따위의》.

sky·lounge [ˊlàundʒ] *n.* 스카이라운지차《시내를 돌아 승객을 태운 채로, 크레인이 달린 헬리콥터에 매달아 공항으로 운반함》.

sky·man [ˊmən] *n.* 《口》 공수 부대의 병사; 비행사.

sky·mark·er [ˊmà:rkər] *n.* 섬광탄; (S-M-) 낙하산 달린 조명탄.

ský màrshal 항공 경찰관《비행기 납치 등을 방지하기 위한 미국 연방 정부의 단속관》.

ský nèt 영국의 군사용 통신 위성.

ský pìlot 《俗》 비행사; 목사, 성직자.

sky·rock·et [ˊràkit/-ɔ̀-] *n., vi., vt.* 쏘아올리는 꽃불(처럼 높이 솟구치다),

폭등하다〔시키다〕; 갑자기 유명하게 하다.

sky·sail [ˊsèil; (海) -səl] *n.* (가로돛배에서) 제 3 돛대의 윗돛.

*__sky·scrap·er__ [ˊskrèipər] *n.* **마천루,** 고층 건축물.

skу́ scrèen 미사일 탄도의 옆방향으로의 궤도 일탈 탐지용 광학 장치.

skу́ sìgn 공중〔옥상〕 광고.

sky·sweep·er [ˊswìːpər] *n.* 〖美軍〗 로봇 고사포《레이다에 의하여 자동적으로 조준》.

Skу́ tràin 스카이트레인《영국 항공의 점보기의 애칭》.

skу́ trùck 《口》 대형 화물 수송기.

sky·walk [ˊwɔ̀ːk] *n.* (빌딩 사이의) 고가 도로.

sky·ward [ˊwərd] *ad., a.* 하늘 위로(의). ～**s** *ad.* 「가식 고속 도로.

sky·way [ˊwèi] *n.* 《口》 항공로; 고

sky·writ·ing [ˊràitiŋ] *n.* Ⓤ (비행기가 연기 따위로) 공중에 글씨 쓰기.

*__slab__ [slæb] *n., vt.* (*-bb-*) **석판(石板),** 두꺼운 판〔평판(平板)〕(으로 하다); (고기의) 두껍게 벤 조각.

*__slack__[1] [slæk] *a.* ① **느슨한,** 느즈러진, 늘어진. ② 기운 없는, 느른한; 긴장이 풀린, **느린**. ③ 침체된, (날씨가) 좋지 못한; 경기가 없는. ── *n.* ① 느즈러진 곳, 느즈러짐. ② 불황기. ③ (*pl.*) 슬랙스《느슨한 바지》. ── *vi., vt.* ① 느슨해〔느즈러〕지다, 늦추다. ② 약해지다, 약하게 하다. ③ 게으름 부리다. ～ ***off*** 늦추다; 게으름 피다. ～ ***up*** 속력을 늦추다. *ˊ**·en** *vi., vt.* =SLACK. ˊ**·er** *n.* 게으름뱅이; 병역 기피자. ˊ**·ly** *ad.* ˊ**·ness** *n.*

slack[2] *n.* Ⓤ 분탄(粉炭).

slacks [slæks] *n. pl.* ⇨SLACK[1].

slag [slæg] *n., vt., vi.* (*-gg-*) Ⓤ (광석의) 용재(溶滓)〔슬래그〕(로 만들다, 가 되다).

‡**slain** [slein] *v.* slay의 과거분사.

slake [sleik] *vt.* (불을) 끄다, (갈증을) 풀다, (노여움을) 누그러뜨리다, (원한을) 풀다; (석회를) 소화(消和)하다. ── *vi.* 꺼지다, 풀리다, 누그러지다; (석회가) 소화되다.

slàked líme 소석회(消石灰).

sla·lom [slɑ́ːləm, -loum] *n.* (Norw.) 〖스키〗 회전 경기.

*__slam__ [slæm] *n., vt., vi.* (*-mm-*) **쾅(하고 닫다, 닫히다)**; 쿵(하고 내던지다); (*vt.*) 《美口》 혹평(하다); 〖카드〗 전승(하다).

slam-bang [ˊbǽŋ] 《口》 *ad.* 통하고, 탕하고; 맹렬히. ── *a.* 시끄러운; 맹렬한; 힘찬; 썩 좋은.

*__slan·der__ [slǽndər, -ɑ́ː-] *n., vt.* ⓊⒸ **중상(하다)**; 〖法〗 비훼(誹毁)하다. ～**·er** [-ər] *n.* ～**·ous** [-əs] *a.* 중상적인, 헐뜯는. ～**·ous·ly** *ad.*

‡**slang**[1] [slæŋ] *n.* Ⓤ **속어**. ── *vi.* 속어를〔야비한 말을〕 쓰다. ˊ**·y** *a.*

slang[2] *v.* 《古》 sling의 과거.

slank [slæŋk] *v.* 《古》 slink의 과거.

‡**slant** [slænt, -ɑː-] *n., vi., vt.* **물매〔경사〕(지다, 지게 하다)**; 경향(이 있다); 기울(게 하)다, (*vt.*) 편견으로 말하다〔쓰다〕; 《美口》 (특수한) 견지. ˊ**·ing(·ly)** *a.* (*ad.*) ˊ**·wise** *ad., a.* 비스듬히〔한〕.

‡**slap** [slæp] *n., ad., vt.* (*-pp-*) 철썩(하고); **손바닥으로 때림〔때리다〕**; 모욕; 털썩〔쾅〕 (놓다, 던지다); 《口》 갑자기; 정면으로.

slap-bang〔**·dash**〕 [ˊbæŋ〔ˊdæʃ〕] *ad., a.* 무턱대고〔댄〕; 엉터리로(인).

slap·hap·py [ˊhæ̀pi] *a.* 《口》 (펀치를 맞고) 비틀거리는; 머리가 둔한.

slap·jack [ˊdʒæ̀k] *n.* 《美》 =GRIDDLECAKE; Ⓤ 카드놀이의 일종.

slap·shot [slǽpʃɑ̀t/-ʃɔ̀t] *n.* 〖아이스하키〗 (puck의) 강타(함).

slap·stick [ˊstìk] *n., a.* (어릿광대의) 끝이 갈라진 타봉(打棒); 익살극(의).

*__slash__ [slæʃ] *n., vt.* ① **획 내리쳐 벰〔베다〕**, 난도질(치다); 깊숙이 베다〔벰〕. ② 홱홱 채찍질하다〔함〕. ③ (옷의 일부의) 터놓은 자리(를 내다). ④ 삭제〔삭감〕(하다). ⑤ 혹평(하다). ⑥ 사선《/》. ˊ**·ing** *a.* 맹렬한, 신랄한; 《口》 멋진, 훌륭한.

slat [slæt] *n., vt.* (*-tt-*) (나무·금속의) 얇고 좁은 조각(을 대다).

S. Lat. south latitude.

‡**slate**[1] [sleit] *n., vt.* ① **슬레이트**(로 지붕을 이다); Ⓤ 점판암(粘板岩). ② 석판(石板)〔예정표〕(에 적다); Ⓤ 석판색《청회색》. ③ 《美》 후보자 명부(에 등록하다). ***clean*** ～ 훌륭한 기록〔경력〕. ***clean the*** ～ (공약·의무 따위를) 일체 백지로 돌리다, 과거를 청산하(고 새 출발하)다.

slate[2] *vt.* 《英口》 혹평하다.

sláte clùb 《英》 (매주 소액의 돈을 부어나가는) 공제회.

sláte péncil 석필.

slat·ing [sléitiŋ] *n.* Ⓤ 슬레이트로 지붕 이기; (지붕을 이는) 슬레이트.

slat·tern [slǽtərn] *n.* 칠칠치 못한〔흘게늦은〕 계집. ～**·ly** *a.*

*__slaugh·ter__ [slɔ́ːtər] *n., vt.* Ⓤ **도살(하다)**; (대량) 학살(하다). ～**·ous** [-əs] *a.* 잔학한.

sláughter hòuse 도살장; 수라장.

Slav [slɑːv, slæv] *n., a.* 슬라브인; 슬라브어〔민족〕의.

‡**slave** [sleiv] *n., vi.* **노예**(처럼 일하는 사람); 뼈빠지게 일하다(*at*).

sláve drìver 노예 감독인; 무자비하게 부리는 주인. 「유자.

slave·hold·er [ˊhòuldər] *n.* 노예 소

slave·hold·ing [ˊhòuldiŋ] *n., a.* Ⓤ 노예 소유(의). 「(무역)선.

slav·er[1] [sléivər] *n.* 노예상(인); 노예

slav·er[2] [slǽvər] *n., vi., vt.* Ⓤ 침(을 흘리다, 으로 더럽히다); 낯간지러운 아첨(을 하다).

‡**slav·er·y** [sléivəri] *n.* Ⓤ **노예의 신분**; 노예 제도; 고역, 중노동.

sláve shìp 노예(무역)선.

sláve tràde 노예 매매. 「자.

sláve tràder 노예 상인, 노예 매매

Slav·ic [slɑ́ːvik, -ǽ-] *n., a.* Ⓤ 슬라브어(의); 슬라브 민족의.

slav·ish [sléiviʃ] *a.* 노예적인; 비열한, 비굴한, 천한; 독창성이 없는. **~·ly** *ad.*

Sla·vo·ni·an [sləvóuniən] *a., n.* (유고 북부의) Slavonia의 (사람); ⓒⓤ 슬라브인〔어〕.

Sla·von·ic [sləvánik/-ɔ́-] *a., n.* = SLAVONIAN; ⓤ 슬라브어파.

slaw [slɔ:] *n.* ⓤ 《美》 양배추샐러드.

‡**slay** [slei] *vt.* (*slew; slain*) 《詩》 끔찍하게 죽이다, 학살하다, **죽이다** (kill); 파괴하다.

SLBM satellite-launched ballistic missile; submarine-launched ballistic missile. 「팍한.

slea·zy [slí:zi] *a.* (천 따위) 여린, 얄

***sled** [sled] *n., vi., vt.* (*-dd-*) **썰매** (로 가다, 로 나르다).

sled·ding [ˊiŋ] *n.* ⓤ 썰매로 나름 〔에 탐〕. ***hard*** **~** 《美》 불리한 상태, 난국. 「《英》 = SLEIGH.

***sledge**[1] [sledʒ] *n., vi., vt.* = SLED;

sledge[2] *n., vt.* 큰 망치(로 치다).

***sleek** [sli:k] *a.* (털이) **야드르르하고 부드러운,** 함함한; 단정한(tidy); 말솜씨가 번드르르한. **——** *vt.* 매끄럽게 하다, 매만지다; 단정히 하다. **ˊ·ly** *ad.*

†**sleep** [sli:p] *vi., vt.* (*slept*) ① **자다;** 묵다, 숙박시키다; 《口》 이성과 자다. ② (*vi.*) 마비되다; (팽이가) 서다. **~ *around*** 《俗》 아무하고나 자다, (성적으로) 헤프다. **~ *away*** 잠을 자며 보내다; (두통 따위를) 잠을 자서 고치다. **~ *off*** 잠을 자 잊어버리다〔고치다〕. **~ *on*** 〔***over, upon***〕 《口》 …을 하룻밤 자며 생각하다, 내일까지 미루다. **~ *out*** 자며 보내다; 잠을 자 술을 깨우다 (**~ *out the whisk(e)y, wine, &c.***); 외박하다; (고용인이) 통근하다. **——** *n.* ⓊⒸ ① 수면 (시간); 잠듦, 영면; 동면(冬眠). ② 마비; 정지(靜止) (상태). ***go to*** **~** 잠자리에 들다, 자다. ***one's last*** 〔***long***〕 **~** 죽음. ***sléep·er** *n.* **자는 사람; 침대차;** 《英》 침목 (tie); 《美口》 뜻밖에 성공하는 사람. **ˊ·less** *a.*

sleep-in [slí:pìn] *n.* 철야 농성 데모.

‡**sleep·ing** [ˊiŋ] *n., a.* ⓤ **수면**〔휴지(休止)〕(중의). 「(寢囊).

sléeping bàg (등산·탐험용의) 침낭

sléeping càr 침대차(sleeper).

sléeping càrriage 《英》 침대차.

sléeping dràught (물약인) 수면제.

sléeping pártner 《英》 익명 조합원〔관계자〕.

sléeping pìll (정제·캅셀의) 수면제.

sléeping pòwder 수면제.

sléeping sìckness 〖醫〗 수면병.

sléep lèarning 수면 학습.

sleep·walk·er [ˊwɔ̀:kər] *n.* 몽유병자. 「〖醫〗 몽유병(의).

sleep·walk·ing [ˊwɔ̀:kiŋ] *n., a.* ⓤ

‡**sleep·y** [ˊi] *a.* **졸린;** 졸음이 오는 듯한. **sléep·i·ly** *ad.* **sléep·i·ness** *n.*

***sleep·y·head** [-hèd] *n.* **잠꾸러기.**

***sleet** [sli:t] *n., vi.* ⓤ **진눈깨비**(가 내리다). **ˊ·y** *a.*

‡**sleeve** [sli:v] *n., vt.* **소매**(를 달다). ***have ... up*** 〔***in***〕 ***one's*** **~** …을 몰래 〔가만히〕 준비하다. ***laugh in*** 〔***up***〕 ***one's*** **~** 속으로 웃다〔우스워하다〕. **ˊ·less** *a.* 소매 없는.

sleeve·board [ˊbɔ̀:rd] *n.* (소매 다리는) 다림질판. 「단추(cuff link).

sléeve lìnk (보통 *pl.*) 《英》 커프스

‡**sleigh** [slei] *n., vi., vt.* (대형) **썰매** (로 가다, 로 나르다). **ˊ·ing** *n.* ⓤ 썰매 타기.

sleight [slait] *n.* ⓊⒸ 책략, 술수, 솜씨. 「술.

sléight of hánd 재빠른 손재주; 요

‡**slen·der** [sléndər] *a.* ① **가느다란,** 가냘픈, 마른(slim). ② 빈약한, **얼마 안 되는,** 미덥지 못한 (***a* ~ *meal, hope, ground, &c.***). **~·ize** [-àiz] *vt., vi.* 가늘게 하다〔되다〕; (*vt.*) 여위게 하다, 날씬하게 하다.

†**slept** [slept] *v.* sleep의 과거(분사).

sleuth [slu:θ] *n., vi.* 《美口》 탐정(으로서 일하다). 「《美口》 탐정.

sleuth·hound [ˊhàund] *n.* 경찰견;

***slew**[1] [slu:] *v.* slay의 과거.

slew[2] *v.* = SLUE[1].

slew[3] *n.* 《美·캐나다》 = SLUE[2].

slew[4] *n.* 《口》 많음(slue[3]).

‡**slice** [slais] *n.* ① (빵·고기 따위의) **베어낸 한 조각,** (생선의) 한 점. ② 부분; 몫(share[1]). ③ 얇게 저미는 식칼, 얇은 쇠주걱(spatula). ④ 〖골프〗 곡구(曲球) 《오른손잡이면 오른쪽에, 왼손잡이면 왼쪽으로 날아감》. **——** *vt., vi.* **얇게 베다**〔베어내다〕; 나누다; 〖골프〗 곡구로 치다.

slick** [slik] *a.* ① **매끄러운;** 번드르르한. ② 《口》 말솜씨가 번지르르한; 교활한(sly); 교묘한. ③ 《美俗》 최상의. **——** *n.* 매끄러운 곳; 《口》 (광택지를 사용한) 잡지. **——** *ad.* ① 매끄럽게; 교묘하게; 교활하게. ② 바로, 정면으로. ***run **~** ***into*** …과 정면충돌하다. **ˊ·er** *n.* 《美》 레인코트; 《美口》 사기꾼; 도시 출신의 세련된 사람.

slick·en·side [slíkənsàid] *n.* 〖地〗 단층 마찰면.

***slid** [slid] *v.* slide의 과거(분사).

***slid·den** [slídn] *v.* slide의 과거분사.

‡**slide** [slaid] *vi., vt.* (*slid; slid,* 《美》 *slidden*) **미끄러지**(게 하)다; 미끄러져 가다〔지나가다〕; (수렁·죄악 따위에) 스르르 빠져들다(*into*). ***let things*** **~** 일이 되어가는 대로 내버려두다. **——** *n.* ① **미끄러짐,** 활주, 〖野〗 슬라이딩. ② 단층(斷層), 사태(沙汰). ③ (화물용의) 미끄러 떨어뜨리는 대(臺). ④ **슬라이드**《환등·현미경용의》.

slíde fàstener 지퍼(zipper).

slíde rùle 계산자. 「는.

slid·ing [ˊiŋ] *a.* 미끄러지는; 변화하

slíding dóor 미닫이.

slíding scále 〖經〗 슬라이딩 스케일, 종가 임금(從價賃金) 제도; 《古》 = SLIDE RULE.

***slight** [slait] *a.* **근소한,** 적은; 모자라는; **가냘픈,** 홀쭉한; 약한, 하찮은. —— *n., vi.* **경멸**(*to, upon*); 얕[깔]보다. ∠·**ly** *ad.* 조금, 약간. ∠-**sli·ly** [sláili] *ad.* =SLYLY. ⌊**ing·ly** *ad.*

***slim** [slim] *a.* (*-mm-*) **홀쭉한;** 호리호리한; 약한; 빈약한; 부족한; 하찮은. —— *vi., vt.* (*-mm-*) 가늘어[홀쭉해]지(게 하)다. ∠·**ly** *ad.*

slime [slaim] *n.* Ⓤ 찰흙; (물고기 따위의) 점액(粘液). —— *vt.* 찰흙[점액]을 칠하다[벗기다]. **slím·y** *a.* 끈적끈적한, 질척질척한; 흙투성이인; 더러운; 굽실굽실하는.

slíme mòld [《英》 **mòuld**] 변형균.

slim·ming [slímiŋ] *n.* Ⓤ 슬리밍《살 내리기 위한 감식(減食)·운동》.

slim·nas·tics [slìmnǽstiks] *n. pl.* (감량)미용 체조.

***sling** [sliŋ] *n.* **투석(기);** 삼각 붕대; (총의) 멜빵; 매다는 사슬. —— *vt.* (*slung,* 《古》 *slang; slung*) **투석기로 던지다;** 매달아 올리다; 매달다.

sling·shot [∠ʃɑ̀t/-ɔ̀-] *n.* 《美》 (고무줄) 새총, 투석기.

slink [sliŋk] *vi.* (*slunk,* 《古》 *slank; slunk*) 살금살금[가만가만] 걷다, 가만히[살며시] 도망치다(sneak).

slink·y [∠i] *a.* 살금살금하는, 사람 눈을 기이는; (여성복이) 부드럽고 몸에 꼭 맞는; 날씬하고 우미한.

slip**[1] [slip] *vi.* (*~ped,* 《古》 *slipt; ~ped; -pp-*) ① (쪼르르) **미끄러지다;** 살짝[가만히] 들어가다[나가다]. ② 모르는 사이에 지나가다(*by*). ③ 깜빡 틀리다(*in*). ④ 스르르 빠지다[벗어지다, 떨어지다]. ⑤ 몰래[슬그머니] 달아나다. —— *vt.* ① (쪼르르) 미끄러뜨리다; 쑥 집어넣다(*into*). ② 쑥 걸쳐 입다[신다](*on*); 벗다(*off*), 뽑다(*from*). ③ 풀어 놓다. ④ (기회를) 놓치다; …할 것을 잊다. ⑤ 무심코 입밖에 내다. ⑥ (가축이) 조산하다. ***let ~ 엉결에 지껄이다[이야기하다]. ***~ along*** 《俗》 황급히 가다. ***~ a person over on*** 《美口》 속여서 …에 이기다. ***~ up*** 헛디디다; 틀리다, 실수[실패]하다. —— *n.* ① **미끄러짐.** ② 〖地〗 사태, 단층(斷層). ③ 과실, 실패. ④ 쑥[훌렁] 벗어지는[빠지는] 물건, 베갯잇, (여성용의) 슬립, 속옷. ⑤ 개의 사슬[줄]. ⑥ 조선대(造船臺); (양륙용) 사면. ***give*** (*a person*) ***a ~*** (아무의 눈을 속여) 자취를 감추다.

slip[2] *n.* 나뭇조각, 지저깨비, 전표, 쪽지, 부전(付箋); 꺾꽂이, 가지접붙이기; 호리호리한 소년[소녀]. —— *vt.* (*-pp-*) …의 가지를 자르다《꺾꽂이용으로》.

slíp còver (의자 따위의) 커버.

slip·knot [∠nɑ̀t/-ɔ̀-] *n.* 풀매듭.

slip-on [slípɑ̀n, -ɔ̀:n / -ɔ̀n] *a., n.* 입거나 벗기가 간단한, 머리로부터 입는 식의 (스웨터).

slip·o·ver [∠òuvər] *a., n.* =⇧.

slip·per** [slípər] *n.* 실내용 신, **슬리퍼;** (마차의) 바퀴멈추개. ***bed ~ 환자용 변기. —— *vt.* (어린이를 징계하기 위해) slipper로 때리다.

***slip·per·y** [slípəri] *a.* **미끄러운;** 믿을 수 없는; 속임수의; 불안정한.

slíppery élm (북미산) 느릅나무의 일종; 그 (미끌미끌한) 속껍질《진통제》.

slip·shod [slípʃɑ̀d/-ʃɔ̀d] *a.* 뒤축이 닳은 신을 신은; 단정치 못한(slovenly); (문장 등) 엉성한.

slip·stick [∠stìk] *n.* 《美俗》 계산자.

slipt [slipt] *v.* 《古》 slip[1]의 과거.

slip-up [slípʌ̀p] *n.* 《口》 잘못, 실책.

***slit** [slit] *n., vt.* (*slit; -tt-*) **길게 벤 자리(를 만들다),** 틈[금](을 만들다).

slith·er [slíðər] *vi., n.* 주르르 미끄러지다[짐]. **~·y** [-i] *a.* 매끄러운, 미끌미끌한.

slít trènch 〖軍〗 개인호 (cf. fox-hole).

sliv·er [slívər] *vt., vi.* 세로 짜개(지)다[갈라지다], 찢(어지)다. —— *n.* 찢어[쪼개]진 조각; 나뭇조각; 〖紡〗 소모(梳毛), 소면(梳綿).

slob [slɑb/-ɔ-] *n.* Ⓤ 《Ir.》 진흙; Ⓒ 《口》 얼간이, 추레한 사람.

slob·ber [∠ər] *n., vi., vt.* Ⓤ 침 (흘리다); ⓊⒸ 우는 소리(하다). **~·y** *a.*

sloe [slou] *n.* (미국산의) 야생 자두(열매); =BLACKTHORN.

slóe gín 자두로 맛들인 진.

slog [slɑg/-ɔ-] *n., vi., vt.* (*-gg-*) 강타(하다); 무거운 발걸음으로 걷다[걸음]; 꾸준히 일하다[일함].

***slo·gan** [slóugən] *n.* 함성(war cry); **슬로건,** (선전) 표어.

SLOMAR Space, Logistics, Maintenance and Repair 우주 병참 계획.

sloop [slu:p] *n.* 〖海〗 외대박이 돛배.

slop[1] [slɑp/-ɔ-] *n.* 엎지른 물, 흙탕물; (종종 *pl.*) (부엌의) 찌꺼기《돼지 등의 사료》; (*pl.*) 유동물(流動物)[식(食)]. —— *vt., vi.* (*-pp-*) 엎지르다, 엎질러지다. ***~ over*** 넘쳐 흐르다; 《口》 재잘거리다, 감정에 흐르다.

slop[2] *n.* 《英俗》 순경; (*pl.*) 싸구려 기성복; (*pl.*) 세일러복, 수병의 침구.

slóp bàsin 《英》 차 버리는 그릇《마시다 남은 차 따위를 버리는 그릇》.

***slope** [sloup] *n., vi., vt.* **경사면,** ⓊⒸ 경사(도); 비탈; 경사[물매]지(게 하)다.

slóp pàil 구정물통.

slop·py [slɑ́pi/-ɔ́-] *a.* 젖은, 젖어서 더러워진; 질척질척한; 단정치 못한, 너절한(slovenly); 조잡한; 《口》 무척 감상적인.

slóppy Jóe 헐렁헐렁한 스웨터《여성용》.

slops [slɑps/-ɔ-] *n. pl.* (싸구려) 기성복.

slop·shop [∠ʃɑ̀p/-ɔ̀-] *n.* 기성복점.

slóp sìnk (병원의) 오물용 수채.

slosh [slɑʃ/-ɔ-] *n.* 《口》 묽은 음료; =SLUSH. —— *vi., vt.* 물[진창] 속을 뛰어다니(게 하)다; 철벅철벅 휘젓다[씻다]; (*vi.*) 배회하다.

slot [slɑt/-ɔ-] *n., vi.* (*-tt-*) 가늘고 긴 구멍(을 내다); 요금 (넣는) 구멍.

***sloth** [slouθ, slɔ:θ] (<slow+-TH) *n.* ① Ⓤ **나태,** 게으름. ② 〖動〗 나

무늬보. ∠·**ful** [∠fəl] *a.* 게으른.
***slót machìne** **자동 판매기**; 자동 도박기, 슬롯머신.
slouch [slautʃ] *vi., n.* (앞으로) 수그리다〔기〕, 구부리다〔기〕, 구부정하게 서다〔앉다, 걷다〕; 그렇게 서기〔앉기, 걷기〕; 《口》 너절한 사람, 게으름뱅이; (모자챙이) 늘어지다; =⇩. — *vt.* 늘어뜨리다. ∠·**y** *a.*
slóuch hát 챙이 처진 (중절) 모자.
slough[1] [slau] *n.* 수렁, 진창; 타락(의 구렁텅이); [slu:] 《美·캐나다》 진구렁(slue[2]). ∠·**y**[1] *a.*
slough[2] [slʌf] *n.* (뱀의) 벗은 허물; 딱지. — *vi., vt.* 탈피하다; (딱지 등이) 떨어지다, 떼다. ∠·**y**[2] *a.*
Slo·vak [slóuvæk] *n., a.* ⒸⓊ 슬로바키아 사람〔말〕(의).
Slo·va·ki·an [slouvá:kiən, -vǽ-] *n., a.* =SLOVAK.
slov·en [slʌ́vən] *n.* 단정치 못한 사람. *~·**ly** *a., ad.* **단정치 못한**〔하게〕; 되는 대로(의).
Slo·ve·ni·a [slouví:niə, -njə] *n.* 슬로베니아《유고 북서부 지방》. ~**n** *a.*
†**slow** [slou] *a.* ① **느린**, 더딘; (시계가) 늦은. ② 둔한; 좀처럼〔여간해서〕 …않는(*to* do). ③ 재미없는(dull). — *ad.* 느리〔더디〕게, 느릿느릿. — *vt., vi.* 더디게〔느리게〕 하다〔되다〕 (*down, up, off*). †**slów·ly** *ad.*
slów còach 멍청이; 시대에 뒤떨어진 사람.
***slow·down** [∠dàun] *n.* 감속; (공장의) 조업 단축; 《美》 태업(《英》 go-slow).
slów mátch 도화선; 화승(火繩).
slow-mo·tion [∠móuʃən] *a.* 느린, 굼뜬; 〖映〗 고속도 촬영의.
slow·poke [∠pòuk] *n.* 《俗》 행동·동작이 느린 사람, 굼벵이. 「쁜.
slow-wit·ted [∠wítid] *a.* 머리가 나
sludge [slʌdʒ] *n.* Ⓤ 진흙, 진창; 질척질척한 눈; 작은 부빙(浮氷) 〔성엣장〕. 「다.
slue[1] [slu:] *vt., vi.* 돌(리)다; 비틀(리)
slue[2] *n.* 늪, 수렁.
slue[3] *n.* =SLEW[4].
***slug**[1] [slʌg] *n.* ① 행동이 느린〔굼뜬〕 사람〔말, 차 따위〕. ② 〖動〗 **괄태충**; (느린) 잎벌레. ③ (구식총의 무거운) 산탄(霰彈); 작은 금속 덩어리. ④ 〖印〗 대형의 공목; (라이노타이프의) 1행(분의 활자). 「타(하다).
slug[2] *n., vt., vi.* (*-gg-*) 《美口》 강
slug·fest [slʌ́gfèst] *n.* 《口》 (권투의) 난타전; (야구의) 타격전.
slug·gard [slʌ́gərd] *n., a.* 게으름뱅이; 게으른.
slug·ger [slʌ́gər] *n.* 《美口》 (야구의) 강타자.
***slug·gish** [slʌ́giʃ] *a.* **게으른**, 게으름 피우는; 느린; 활발치 못한; 불경기인. ~·**ly** *ad.* ~·**ness** *n.*
sluice [slu:s] *n., vi.* 수문(水門); 봇물, 분류(奔流)(하다). — *vt.* 수문을 열고 흘려보내다; …에 물을 끼얹다; 〖採〗 (감흙을) 유수(流水)로 일다; (통나무를) 물에 띄워 보내다.
slúice gàte 수문.
sluice·way [slú:swèi] *n.* (수문이 있는) 방수로, 인공 수로.
slum [slʌm] *n., vi.* (*-mm-*) (더러운) 뒷거리; (the ~s) 빈민굴〔촌〕(을 방문하다).
‡**slum·ber** [slʌ́mbər] *n., vi., vt.* ⒸⓊ (종종 *pl.*) **잠**(자다, 자며 보내다); 휴지(休止)하다. ~·**ous** [-əs] *a.* 졸린(듯한); 졸음이 오게 하는; 조용한.
slum·ber·land [-lænd] *n.* ⓊⒸ 잠의 나라《어린이가 수면중에 방문한다는 가상의 나라》.
slúmber pàrty 《美》 과자마파티《10대의 여자가 동성의 친구 집에 모여 잠옷바람으로 밤새워 노는 모임》.
slum·lord [slʌ́mlɔ̀:rd] *n.* 《美俗》 빈민가의 셋집 주인.
slump [slʌmp] *n., vi.* (가격·인기 따위) 폭락(하다); 부진, 슬럼프.
***slung** [slʌŋ] *v.* sling의 과거(분사).
slunk [slʌŋk] *v.* slink의 과거(분사).
slur [slə:r] *vt.* (*-rr-*) 가볍게 다루다, 대충 훑어보다, 소홀히〔되는 대로〕 하다(*over*); 분명치 않게 계속 말하다〔쓰다〕; 〖樂〗 계속해서 연주〔노래〕하다; 모욕〔중상〕하다, 헐뜯다. — *n.* 또렷치 않은 연속 발음; 〖樂〗 연결 기호, 슬러《⌒ 또는 ⌣》; 모욕, 중상(*on, at*).
slurb [slə:rb] *n.* 《美俗》 교외 슬럼.
slur·ry [slə́:ri] *n.* 슬러리《물에 점토, 시멘트 등을 혼합한 현탁액》.
slush [slʌʃ] *n.* Ⓤ 눈석임, 진창, 곤죽; 푸념; 윤활유(grease); 《美俗》 뇌물; 위조 지폐. ∠·**y** *a.*
slúsh fùnd (관리) 매수 자금.
slut [slʌt] *n.* 흘게늦은〔칠칠치 못한〕 계집; 몸가짐이 헤픈 여자, 계명워리, 《美》 갈보; 《諧》 계집애; 암캐. ∠·**tish** *a.* 단정치 못한.
‡**sly** [slai] *a.* ① **교활한**, 음흉한. ② 은밀한. ③ (눈·윙크 등) 장난스러운, 익살맞은. ***on the*** ~ 은밀히, 몰래. ~ ***dog*** 교활한 자식. ∠·**ly** *ad.*
SM service module. **S. M.** *Scientiae Magister* (L. =Master of Science); Sergeant Major; Soldier's Medal.
Sm 〖化〗 Samarium.
***smack**[1] [smæk] *n.* **맛**, 풍미; 기미. — *vi.* 맛이〔기미가〕 있다(*of*).
***smack**[2] *n., vt., vi.* 혀차기, 입맛다심; 혀를 차다, **입맛을 쩍쩍 다시다; 찰싹 때리다**; (입술을) 쪽하고 소리내다; 쪽하는 키스(를 하다). — *ad.* 《口》 찰싹; 갑자기, 정면〔정통〕으로. ∠·**ing** *a.* 입맛다시는; 빠른; 강한.
smack[3] *n.* 《美》 활어조(活魚槽)가 있는 어선.
smack·er [smǽkər] *n.* 입맛 다시는 사람; 철썩 때리는 일격; 《美俗》 달러; 《英俗》 파운드; 《英》 굉장한 물건, 일품.
†**small** [smɔ:l] *a.* **작은**; 좁은; (수입 따위) **적은**; 시시한, 하찮은, 인색한 (*a man of* ~ *mind* 소인(小人)); 떳떳치 못한, 부끄러운. ***and*** ~ ***won-***

der …이라고 해서 놀랄 것은 못 된다. *feel* ~ 떳떳치 못하게〔부끄럽게〕 여기다. *look* ~ 풀이 죽다. —*ad.* 작게, 잘게; 작은 (목)소리로. *sing* ~ 겸손하다. —*n.* 작은 부분〔물건〕, 소량; 세부; (*pl.*)《英口》(자잘한) 빨래. *a* ~ *and early* 빨리 파해버리는 적은 인원의 만찬회. *the* ~ *of* …의 가장 가는 부분(*the* ~ *of the back* 잔허리).
smáll árms 휴대용 무기.
smáll béer《英古》약한 맥주;《集合的》《英口》하찮은 것〔사람〕.
smáll cápital〔**cáp**〕〖印〗소형 대문자. 「〔소문〕.
smáll chánge 잔돈; 시시한 이야기
smáll frỳ《集合的》어린애들, 갓난애, 작은 동물, 동물의 새끼, 작은 물고기, 시시한 친구들〔것〕.
smáll hólder《英》소(小)자작농.
smáll hólding《英》소자작 농지.
smáll hóurs 한밤중《1·2·3시경》.
small-mind·ed [⌐máindid] *a.* 도량이 좁은, 비열한. 「〔사람들〕.
smáll potátoes《美口》시시한 것
***small·pox** [⌐pàks/-ɔ̀-] *n.* Ⓤ〖醫〗**천연두**. 「rain).
smáll ràin 부슬비, 이슬비(fine
smáll tàlk 한담, 세상 이야기.
smáll tíme (하루에 몇 번씩 상연하는) 싸구려 연예〔연극〕(cf. big-time).
small-time [⌐táim] *a.*《口》시시한, 보잘것 없는, 삼류의. 「잡화, 일용품.
small·wares [⌐wɛ́ərz] *n.*《英》방물,
smarm [smɑːrm] *vt.*《英口》(기름쳐) 매끄럽게 하다; 뒤바르다; 빌붙다. ⌐·**y** *a.*《英口》몹시 알랑대는.
‡**smart** [smɑːrt] *a.* ① 약삭빠른, 똑똑한. ② 멋진, **스마트한**; 유행의. ③ **빈틈없는**, 교활한, 방심할 수 없는. ④ 야발스러운, 깜찍한, 건방진. ⑤ **욱신욱신 쑤시는**; 날카로운, 강한. ⑥ 똘똘한, 재빠른, **날랜**; 활발한. ⑦ 머리가 빨리 도는. ⑧《口·方》(금액·사람 수 따위) 꽤 많은〔상당한〕. *a* ~ *few* 꽤 많음〔많은〕. —*n.* **아픔**, 격통; 고통, 비통, 분개. —*vi.* 욱신욱신 아프다; 괴로와하다, 분개하다(*under*); 대갚음을 받다(*for*). ⌐·**ly** *ad.* ⌐·**ness** *n.*
smárt ál·eck〔**ál·ec**〕[ǽlik]《口》건방진〔잘난 체하는〕녀석. ~·**ism** [-ìzəm] *n.* 잘난 체〔약은 체〕하기.
smárt bómb《美軍俗》스마트 폭탄《레이저 광선에 의하여 목표에 명중하는》. 「하게 하다〔되다〕.
smart·en [smɑ́ːrtn] *vt., vi.* smart
smárt móney《英》부상 수당;〖法〗위약〔손해, 징벌적〕배상금;《美》직업적인 노름꾼(의 판돈).
smárt sèt《集合的》유행의 첨단을 걷는 사람들, 하이칼라 계급. 「귀류.
smart·weed [⌐wìːd] *n.*〖植〗버들여
***smash** [smæʃ] *n., vt., vi.* ① **분쇄**(하다), 박살내다〔나다〕, 그 소리, 쨍그렁 소리. ② (사업의) 실패, 파멸〔파산〕(시키다, 하다). ③ 대패(시키다). ④ 충돌(시키다, 하다); (*vi.*) 맹렬히 나아가다. ⑤〖테니스〗스매시(하다), 맹렬하게 내리치다(*vt.*). ⑥ ⓊⒸ 스매시《일종의 알코올 음료》. ⑦《美》(음악회·극장의) 대성공, 대만원. *go to* ~《口》부서지다; 파산〔완패〕하다. —*ad.* 철썩; 쨍그렁; 정면〔정통〕으로. ⌐·**ing** *a.* 맹렬한; (상황(商況)이) 활발한;《口》굉장한.
smash·er [smǽʃər] *n.*《俗》① 맹렬한 타격〔추락〕; 찍소리 못하게 하는 의론. ② 분쇄자;〖테니스〗스매시를 잘하는 선수. ③《英》멋진 사람〔것〕.
smash·up [⌐ʌ̀p] *n.* (기차 따위의) 대충돌; 대실패, 파멸, 파산.
smat·ter [smǽtər] *n.* 수박 겉핥기, 데알기. ~·**ing** [-iŋ] *n.* 데알고 있는 지식. 「ⓊⒸ 연하(煙霞)(thin smog).
smaze [smeiz] (<*smoke*+*haze*) *n.*
***smear** [smiər] *vt.* (기름 따위를) **바르다**; (기름 따위로) 더럽히다; 문질러 더럽히다; (명성·명예 등을) 손상시키다;《美俗》철저하게 해치우다. —*vi.* 더럽혀지다. —*n.* 얼룩, 더럼; 중상. ⌐·**y** [smíəri] *a.* 더러워진; 얼룩이 진.
sméar wòrd 중상, 비방.
†**smell** [smel] *vt.* (*smelt*, ~*ed*) 냄새맡다, 맡아내다, 알아〔낌새〕채다(*out*). —*vi.* 냄새맡다, 맡아보다(*at*); 악취가 나다; 냄새맡고 다니다; …의 **냄새**〔낌새〕**가 나다**(*of*). —*n.* 냄새맡음; Ⓤ **후각**(嗅覺); ⒸⓊ **냄새**, 낌새. ⌐·**er** *n.* (고양이의) 수염;《俗》코; 코의 강타(強打).
smell-feast [⌐fìːst] *n.* 식객.
smell·ie [sméli] *n.* 냄새나는 영화.
smélling bòttle 각성제(覺醒劑) 병.
smélling sàlts 정신들게 하는 약《탄산암모니아가 주제(主劑)로 된》.
‡**smelt**[1] [smelt] *v.* smell의 과거(분사).
smelt[2] *n.*〖魚〗빙어.
smelt[3] *vt., vi.*〖冶〗용해하다, 제련하다. ⌐·**er** *n.* 용광로; 제련소.
smélting fùrnace 용광로.
Sme·ta·na [smétənə], **Bedrich** (1824–84) 체코의 작곡가.
smid·gen, -gin [smídʒin] *n.*《美口》소량, 미량. 「덩굴(류).
smi·lax [smáilæks] *n.*〖植〗청미래
†**smile** [smail] *n., vi.* **미소(하다)**, 방긋거림〔거리다〕; 냉소(하다)(*at*); 은혜〔호의〕(를 보이다). ***smíl·ing** [⌐iŋ] *a.*
smirch [sməːrtʃ] *vt., n.* (이름을) 더럽히다; 오점. 「글〕맞은 웃음(을 웃다).
smirk [sməːrk] *n., vi., vt.* 능글〔징
***smite** [smait] *vt.* (*smote, smit; smitten, smit*)《古·詩》① 때리다, **강타하다**; 죽이다. ② (병이) 덮치다; (욕망이) 치밀다; (마음을) 괴롭히다; 매혹하다(*with*). —*vi.* 때리다, 부딪치다(*on*). —*n.*〖크리켓〗강타; 시도. 「공장(匠)(cf. goldsmith).
***smith** [smiθ] *n.* **대장장이**; 금속 세
Smith [smiθ], **Adam** (1723–90) 영국의 경제학자·윤리학자.
smith·er·eens [smìðəríːnz] *n. pl.*《口》산산조각, 파편.

smith·y [smíθi, -ði] *n.* 대장간.
smit·ten [smítn] *v.* smite의 과거분사.
***smock** [smɑk / -ɔ-] *n.* 스목《작업용 또는 어린이용의 덧옷》. — *vt.* 스목을 입히다; 장식주름을 내다. ∠-**ing** *n.* Ⓤ 장식주름.
smóck fròck (유럽 농부의) 작업복.
‡**smog** [smɑg, -ɔ(:)-] *n.* ⓊⒸ 스모그, 연무(煙霧) (<*sm*oke+*fog*).
†**smoke** [smouk] *n.* Ⓤ ① 연기(같은 것)《안개·먼지 따위》. ② 덧없는 것. ③ Ⓒ 흡연, 한대 피움〔피우는 시간〕. ④ (보통 *pl.*) 궐련, 여송연. ⑤ Ⓒ 모깃불. ⑥ 《俗》 집에서 빚은 술. ⑦ Ⓒ 《美俗》 흑인. ***end in*** ~ (중도에) 흐지부지되다. ***from*** ~ ***into smother*** 갈수록 태산. ***like*** ~ 《俗》 순조롭게; 곧, 당장. — *vi.* 연기를 내다, 잘 타지 않고 내다; 김이 나다; 담배를 피우다; 얼굴을 붉히다; 《俗》 대마초를 피우다. — *vt.* 그을리다; 훈제(燻製)로 하다; 연기를 피워 구제(驅除)〔소독〕하다; (담배 따위를) 피우다; 담배를 피워 …하다. ~ ***one's time away*** 담배를 피우며 시간을 보내다. ~ ***out*** 연기를 피워 몰아내다; (탐지하여) 폭로하다.
smóke bàll 〖軍〗 연막탄; 〖野〗 강속구.
smóke bòmb 〖軍〗 발연탄.
smoked [-t] *a.* 훈제(燻製)의; 유연(油煙)으로 그을린.
smoke-dried [∠dràid] *a.* 훈제의, 훈제한.
smóke-filled róom 《美》 (정치적) 막후 협상실.
smóke hèlmet 소방모(帽), (소방용) 방독면.
smoke·house [∠hàus] *n.* 훈제장(場).
smoke·less [∠lis] *a.* 연기 없는.
smókeless pówder 무연(無煙) 화약.
smoke-oh [∠òu] *n.* 《豪》 (노동자의) 휴식 시간.
***smok·er** [∠ər] *n.* 흡연자 (*a heavy* ~); 흡연실〔차〕; 《美》 남자만의 흡연 담화회.
smóker's héart 흡연 과다로 인한 심장병(tobacco heart).
smóke scrèen 연막; 《比喩》 위장.
smoke·stack [∠stæ̀k] *n.* (공장·기관차·기선 따위의) 큰 굴뚝.
‡**smok·ing** [∠iŋ] *n.* Ⓤ 흡연. ***No*** ~. 금연.
smóking càr 〔**càrriage**〕 흡연차.
smóking compàrtment (열차의) 흡연실.
smóking cóncert 《英》 흡연 자유의 음악회.
smóking jàcket (남자들의) 헐렁한 평상복.
smóking ròom 흡연실.
smóking stànd 스탠드식 재떨이.
***smok·y** [∠i] *a.* 연기나는, 매운; 연기와 같은; 거무칙칙한, 그을은.
smóky quártz 〖鑛〗 연수정(煙水晶) (cairngorm).
smol·der, 《英》 **smoul-** [smóuldər] *vi.* 연기나다, (내)내다; (불만이) 쌓이다. — *n.* ⓊⒸ 내는 불; 연기남〔피움〕.
Smol·lett [smɑ́lit/-ɔ́-], **Tobias** (1721–71) 영국의 소설가.
SMON [smɑn/-ɔ-] *n.* Ⓤ 스몬병, 아급성 척수 시신경증.
smooch[1] [smu:tʃ] *n., vi.* 《口》 키스(하다), 애무(하다).
smooch[2] *n., v.* =SMUDGE.
smooch·y [smú:tʃi] *a.* 《美》 더러운.
‡**smooth** [smu:ð] *a.* ① 반드러운; 수염 없는; 매끄러운. ② 유창한; 귀에 거슬리지 않는, (소리가) 부드러운; 온화한, 매력으로〔비위 맞춰〕 남을 끄는, (말 따위가) 번지르한. ③ (바다가) 잔잔한. ④ (음료가) 입에 당기는. ⑤ 《美俗》 멋진. ***in*** ~ ***water*** 장애를 돌파하여. ***make things*** ~ 장애를 제거하고 일을 쉽게 만들다. ~ ***things*** 걸발림말. — *vt.* 반드럽게 하다, 펀펀하게 고르다, 다리다; 매만지다; 잘 보이다; 달래다, 가라앉히다. — *vi.* 반드러워〔평온해〕지다. — *n.* 반드럽게 함; 반드러운 부분; 평지; 《美》 초원. ***take the rough with the*** ~ 고락(苦樂)을 상관치 않다. ‡**smóoth·ly** *ad.* ∠**·ness** *n.*
smooth·bore [smú:ðbɔ̀:r] *n.* 활강(滑腔)총〔포〕.
smooth-faced [∠féist] *a.* 얼굴을 깨끗이 면도한; 호감을 주는; 양의 탈을 쓴.
smóothing ìron 다리미, 인두.
smóoth múscle 〖解〗 평활근.
smooth·spo·ken [∠spóukən], **-tongued** [-tʌ́ŋd] *a.* 말솜씨가 좋은.
smor·gas·bord, smör·gås- [smɔ́:rgəsbɔ̀:rd] *n.* (Sw.) 여러가지 전채(前菜)가 나오는 스웨덴식 식사《때로는 50접시에 이름》; 그 음식점.
***smote** [smout] *v.* smite의 과거.
***smoth·er** [smʌ́ðər] *vt.* 질식시키다, (재를 덮어) 끄다, (불을) 묻다; (친절·키스 따위를) 퍼붓다; (하품을) 눌러참다; 쓱싹〔쉬쉬〕하다, 묵살하다; 찜으로 하다. — *n.* 자욱한 연기〔먼지, 물보라〕; 대혼란, 야단법석.
smudge [smʌdʒ] *n., vt., vi.* 얼룩(을 묻히다), 오점(을 찍다), 더럽히다; 《美》 모깃불(을 피우다). **smúdg·y** *a.* 더럽혀진; 선명치 못한; 매운.
smug [smʌg] *a.* (*-gg-*), *n.* 혼자 우쭐대는, 젠체하는; 말쑥한(neat); 《英學生俗》 공부벌레.
***smug·gle** [smʌ́gəl] *vt., vi.* 밀수(입·출)하다(*in, out, over*); 밀항〔밀입국〕하다. ***-gler** *n.* 밀수자〔선〕. **-gling** *n.* 밀수.
smut [smʌt] *n.* 그을음, 검댕(soot); 탄(炭)가루; 얼룩; Ⓤ 흑수병, 깜부기병; 외설한 이야기〔말〕. — *vt., vi.* (*-tt-*) 더럽히다〔혀지다〕, 검게 하다〔되다〕; 깜부기병에 걸리(게 하)다. ∠**·ty** *a.* 그을은, 더럽혀진; 깜부기병의; 외설한.
smutch [smʌtʃ] *v., n.* =SMUDGE.
SMV slow-moving vehicle. **SN** service number 군번; serial number. **S/N** 〖商〗 shipping note. **Sn** 〖化〗 stannum (L. =tin).
snack [snæk] *n.* 가벼운 식사, 간식; 맛, 풍미(smack[1]); 몫. ***go*** ~***s*** (몫을) 반분하다. ***Snacks!*** 똑같이 나눠라!
snáck bàr 《美》 간이 식당.

snáck tàble 접을 수 있는 작은 테이블.
snaf·fle [snǽfəl] *n., vt.* (말의) 작은 재갈(로 제어하다); 《英俗》 훔치다, 후무리다(pinch).
sna·fu [snæfú:] *n., a.* 《俗》 혼란된 (상태). ── *vt.* 혼란시키다.
snag [snæg] *n.* 꺾인 가지; 가지 그루터기; 빠진〔부러진〕 이, 뻐드렁니; 물에 쓰러진〔잠긴〕 나무《배의 진행을 방해》; 뜻하지 않은 장애. ***strike a ~*** 장애에 부딪치다. ── *vt.* (*-gg-*) 방해하다; 잠긴 나무에 걸리게 하다〔를 제거하다〕. **∠·gy** *a.*
snag·gle-tooth [snǽgəltù:θ] *n.* 뻐드렁니.
snail** [sneil] *n.* 달팽이; 《比喩》 굼벵이, 느리광이. ***at a ~'s pace 〔***gallop***〕 느릿느릿.
snake** [sneik] *n.* 뱀; 《比喩》 음흉한 사람. ***see ~ 《美口》 알코올 중독에 걸려 있다. ***~ in the grass*** 숨어 있는 적〔위험〕. ***Snakes!*** 빌어먹을! ***warm*** 〔***cherish***〕 ***a ~ in one's bosom*** 기르는 개에게 다리를 물리다《은혜를 원수로써 보답받다》. ── *vt.* 꿈틀거리다, 뒤틀다; 《美口》 잡아 끌다. ── *vi.* 꿈틀꿈틀 움직이다. **snák.y** *a.* 뱀과 같은; 뱀이 많은; 음흉한.
snake·bird [∠bə̀:rd] *n.* 〖鳥〗 가마우지의 일종.
snáke chàrmer 뱀 부리는 사람.
snáke dànce (Hopi족 인디언의) 방울뱀춤; (우승 축하의) 지그자그 행진; 지그자그 데모 행진.
snáke dòctor 《美方》 잠자리.
snake·wood [∠wùd] *n.* Ⓤ 스네이크우드《브라질산의 참나무》.
SNAP systems for nuclear auxiliary power 원자력 보조 전원(電源).
snap** [snæp] *vt., vi.* (*-pp-*) 덥석 물다, 물어뜯다(*at*); 달려들다; 똑 꺾다〔부러지다〕, 툭 끊다〔끊어지다〕, 쾅 닫(히)다; (탁) 퉁기다, 딸깍 소리 내다; (권총을) 쏘다; 《口》 딱딱거리다, 버럭 소리치다(*out*); 잡아채다; 스냅 사진을 찍다; (*vi.*) (총이) 불발로 그치다; 번쩍 빛나다; (신경 따위가) 못 견디게 되다; 재빨리 움직이다. ***~ into it 《美口》 본격적으로 시작하다. ***~ one's fingers at*** …을 경멸하다, 무시하다. ***~ short*** 똑 부러지다, 툭 끊어지다; (이야기를) 가로막다. ── *n.* 덥석 물음; 버럭 소리침; 똑 부러짐 (따위), 잘깍 하는 소리; 똑딱단추; (날씨의) 급변, 갑작스런 추위; 스냅 사진; 〖野〗 급투(急投); Ⓤ 《口》 활기, 민활함, 정력, 활력; Ⓒ 《口》 수월한 일〔과목〕; 허둥대는 식사; 《英方》 (노동자·여행자의) 도시락. ***in a ~*** 곧. ***not care a ~*** 조금도 상관치 않다. ***with a ~*** 뚝, 탁. ── *a.* 재빠른, 급한; 《俗》 쉬운. **∠·per** *n.* 딱딱거리는 사람; =
snápping tùrtle (북미의) 큰 자라.
snap·drag·on [∠drægən] *n.* 금어초(金魚草).
snáp fàstener 똑딱단추.
snap·pish [snǽpiʃ] *a.* (개 따위가) 무는 버릇이 있는; 딱딱거리는; 걸핏하면 성내는.
snap·py [snǽpi] *a.* 짤깍짤깍〔바지직바지직〕 소리나는; 《口》 활기 있는; (추위가) 살을 에는 듯한; 스마트한; =⇧.
snap·shoot [∠ʃù:t] *vt.* 스냅 사진을 찍다.
snap·shot [∠ʃɑ̀t/-ɔ̀-] *n., vt.* 속사(速射); 스냅 사진(을 찍다).
***snare**[1] [snɛər] *n., vt.* 덫〔함정〕(에 걸리게 하다); 유혹(하다).
snare[2] *n.* (북의) 향현(響絃) 《장선(腸線)의 일종》.
snáre drùm (잘 울리게 향현을 댄) 작은 북.
Snark [snɑ:rk] *n.* (미군의) 지대지(地對地) 전략 미사일.
***snarl**[1] [snɑ:rl] *vi.* (개가 이빨을 드러내고) 으르렁거리다; 고함치다. ── *vt.* 호통치다, 소리지르며 말하다. ── *n.* 으르렁거림, 고함; 그 소리.
snarl[2] *n., vi., vt.* 엉클어짐; 엉클리다, 엉클어지게 하다; 혼란(하다, 시키다).
snarl-up [∠ʌp] *n.* (교통의) 정체.
snatch** [snætʃ] *vt.* 와락 붙잡다, 잡아채다, 급히 먹다(*away, off*); 용하게〔운좋게〕 얻다; 간신히 손에 넣다〔구해내다〕(*from*); 《俗》 (어린이를) 유괴하다(kidnap). ── *vi.* 잡으려고 하다, 움켜잡으려들다(*at*); (제의에) 기꺼이〔냉큼〕 응하다(*at*). ***~ a kiss 갑자기 키스하다. ***~ up*** 책 잡아채다. ── *n.* 잡아챔, 강탈; 《俗》 유괴; 작은 조각, 단편, (음식의) 한 입; 단시간(*a ~ of sleep* 한잠); 《美俗》 여자의 성기, 성교. ***by ~es*** 때때로(생각난 듯이). **∠·y** *n.* 단속적(斷續的)인, 불규칙한; 이따금씩의.
snaz·zy [snǽzi] *a.* 《美》 멋진, 일류의; 매력적인.
SNCC 《美》 Student Nonviolent Coordinating Committee 학생 비폭력 조정 위원회.
sneak** [sni:k] *vi., vt.* 슬그머니 움직이다〔달아나다, 들어가다, 나가다〕(*away, in, out*); 《口》 후무리다; (*vi.*) 《英學生俗》 고자질하다; 《英俗》 굽실거리다(*to*). ***~ out of …을 슬쩍〔가만히〕 빠져나가다. ── *n.* 비겁한 사람, 고자질꾼. **∠·er** *n.* 비열한 사람; (고무 바닥의) 즈크신. **∠·ing** *a.* 슬금슬금〔몰래〕하는〔달아나는〕; 비열한.
sneak·raid(·ing) [∠rèid(iŋ)] *n.* 〖空〗 기습.
snéak thìef 좀도둑; 빈집털이.
***sneer** [sniər] *n., vi.* 비웃다, 조소(하다)(*at*). ── *vt.* 비웃어 말하다.
***sneeze** [sni:z] *n., vi.* 재채기(하다); 《口》 업신여기다(*at*).
snick [snik] *n., vt.* 눈금〔칼자국〕(을 내다); 〖크리켓〗 (공을) 깎아치다〔침〕.
snick·er [sníkər] *n., v.* =SNIGGER.
snick·er·snee [sníkərsnì:] *n.* 단도, 비수.
snide [snaid] *a.* (보석 따위가) 가짜의; (사람이) 비열한. ── *n.* 가짜, 모조품; 비열한 사람.
***sniff** [snif] *vt.* 코로 들이쉬다(*in, up*); 냄새맡다. ── *vi.* 킁킁 냄새맡다(*at*);

콧방귀 뀌다(*at*). —— *n.* sniff 함; 코웃음, 콧방귀. ⁓·y *a.*

snif·fle [sníf*ə*l] *n.*, *v.* =SNUFFLE. ***the ⁓s*** 코막힘, 코감기; 훌쩍이며 욺.

snig·ger [snígə*r*] *n.*, *vi.* 《주로 英》 킬킬거리며 웃음[웃다].

snip [snip] *vt.*, *vi.* (***-pp-***) 가위로 싹뚝 자르다. —— *n.* 싹뚝 자름; 끄트러기, 자투리; 조금; (*pl.*) 함석 가위; 《美口》 하찮은 인물; 풋내기.

snipe [snaip] *n.* *sing.* & *pl.* 〖鳥〗 도요새; 저격(狙擊); 《美俗》 담배 꽁초. —— *vt.*, *vi.* 도요새 사냥을 하다; 저격하다. **snip·er** *n.* 저격병.

snip·er·scope [snáipə*r*skòup] *n.* (소총의) 적외선 조준기《야간 저격용》.

snip·pet [snípit] *n.* 단편; 《美口》 하찮은 인물.

snip·py [snípi] *a.* 그러모은; 단편적인; 《口》 무뚝뚝한(curt), 푸접없는, 건방진(haughty).

snip-snap [snípsnæ̀p] *n.* 싹둑싹둑 《가위 소리》.

snitch[1] [snitʃ] *v.* 《俗》 잡아채다, 후무리다.

snitch[2] *vt.*, *vi.*, *n.* 《俗》 고자질하다; 고자장이.

sniv·el [snív*ə*l] *n.*, *vi.* (《英》 ***-ll-***) Ⓤ 콧물(을 흘리다); Ⓒ 훌쩍이며 욺[울다]; 우는 소리(를 하다).

snob [snɑb/-ɔ-] *n.* (신사를 자처하는) 속물(俗物); 금권(金權)주의자; 윗사람에게 아첨하고 아랫사람에게 교만한 인간, 《英》 동맹파업 불참 직공. **snób·ber·y** *n.* Ⓤ 속물 근성. **snób·bish** *a.*

SNOBOL [snóubòul] *n.* 〖컴퓨터〗 프로그램 언어의 일종.

Sno-Cat [snóukæ̀t] *n.* 〖商標〗 설상차(雪上車)의 일종.

snol·ly·gos·ter [snɑ́ligɑ̀stə*r* / snɔ́ligɔ̀s-] *n.* 《美俗》 악덕 정상배(政商輩).

snood [snu:d] *n.*, *vt.* (스코틀랜드·북부 영국에서 처녀가 머리를 동이던) 머리띠 리본; 그것으로 동이다; 《美》 헤어네트, 네트모(帽).

snook [snu(:)k] *n.* 《俗》 엄지손가락을 코끝에 대고 다른 네 손가락을 펴 보이는 경멸의 몸짓. ***cut a ⁓*** 《口》 놀리다, 조롱하다.

snoop [snu:p] *vi.*, *n.* 《口》 (못된 짓을 할 목적으로) 기웃거리며 서성대다[서성대는 사람, 서성대기].

snoop·er·scope [snú:pə*r*skòup] *n.* (야간용) 적외선 투시 장치.

snoop·y [snú:pi] *a.* 엿보고 다니는; 호기심이 강한, 참견이 심한.

snoot [snu:t] *n.* 《美俗》 코(cf. snout); (경멸적인) 오만상; 《美口》 속물(snob).

snoot·y [snú:ti] *a.* 《口》 우쭐거리는, 건방진.

snooze [snu:z] *n.* 《口》 걸잠. —— *vi.*, *vt.* 꾸벅꾸벅 졸다; 빈둥거리며 시간을 보내다.

*__snore__ [snɔ:*r*] *n.*, *vi.*, *vt.* 코골; 코를 골다.

*__snor·kel__ [snɔ́:*r*k*ə*l] *n.* 스노클《잠수함의 환기 장치; 잠수용 호흡 기구》.

*__snort__[1] [snɔ:*r*t] *vi.*, *vt.* (말이) 콧김을 뿜다; (사람이) 씨근거리(며 말하)다《경멸·노염의 표시》; (엔진이) 씩씩 소리내다. —— *n.* 콧김; (엔진의) 배기음.

snort[2] *n.* 《英》 =SNORKEL.

snot·ty [snɑ́ti/snɔ́ti] *a.* ①《卑》 콧물투성이의; 추레한. ②《俗》 어쩐지 싫은, 하찮은《이상은 ⁓ **nòsed**라고도 함》. ③《俗》 건방진, 역겨운.

snout [snaut] *n.* (돼지·개·악어 따위의) 주둥이; (사람의) 크고 못생긴 코; 바위끝; =NOZZLE.

snóut bèetle 바구미과의 곤충.

†**snow** [snou] *n.* Ⓤ 눈 (내림); (*pl.*) 적설; 《詩》 순백, 백발; 《俗》 코카인[헤로인] 가루; 〖TV〗 화면에 나타나는 흰 반점. —— *vi.* **눈이 내리다** (*It ⁓s.*); 눈처럼 내리다. —— *vt.* 눈으로 파묻히게[갇히게] 하다(*in*, *up*); 눈같이 뿌리다; 백발로 하다. ***be ⁓ed under*** 눈에 묻히다; 《美俗》 압도되다(be overwhelmed).

*__snow·ball__ [⁓bɔ̀:l] *n.*, *vt.*, *vi.* **눈뭉치**(를 던지다); 《英》 차례차례 권유시키는 모금(募金)(법); 눈사람식으로 붇다; 〖植〗 불두화나무(guelder-rose).

snow·bank [⁓bæ̀ŋk] *n.* 눈더미《특히 언덕이나 골짜기의》.

snow·ber·ry [⁓bèri/-bəri] *n.* (북미의) 인동덩굴과의 관목.

snow·bird [⁓bə̀:*r*d] *n.* 흰멧새; 《美俗》 코카인 중독자.

snow-blind [⁓blàind] *a.* 설맹(雪盲)의.

snow·bound [⁓bàund] *a.* 눈에 갇힌.

snów bùnny 《俗》 〖스키〗 초심자 《특히 여성》.

snow·cap [⁓kæ̀p] *n.* 산정의 눈.

snow-capped [⁓kæ̀pt] *a.* (산 따위가) 눈으로 덮인.

snow·drift [⁓drìft] *n.* 휘몰아쳐 쌓인 눈.

snow·drop [⁓drɑ̀p / -ɔ̀-] *n.* 〖植〗 눈꽃; 아네모네.

*__snow·fall__ [⁓fɔ̀:l] *n.* ⓊⒸ **강설**(량).

snów fìeld 설원(雪原), 만년설.

*__snow·flake__ [⁓flèik] *n.* **눈송이**.

snów jòb 《美俗》 (그럴듯한) 발림말.

snów lìne [**lìmit**] 설선(雪線)《만년설의 최저선》.

*__snow·man__ [snóumæ̀n] *n.* **눈사람**; (히말라야의) 설인(雪人) 《보통 ***the abominable ⁓***》.

snow·mo·bile [⁓məbì:l] *n.* 설상차(雪上車).

snow·plow, 《英》 **-plough** [⁓plàu] *n.*, *vi.* (눈 치우는) 넉가래, 제설기; 〖스키〗 전제동(全制動) 《양쪽 스키 뒤쪽을 벌림》(으로 정지하다).

snow·shed [⁓ʃèd] *n.* (철도변의) 눈사태 방지 설비.

*__snow·shoe__ [⁓ʃù:] *n.*, *vi.* **설화**(雪靴)(로 걷다).

snow·slide [⁓slàid] *n.* 눈사태.

*__snow·storm__ [⁓stɔ̀:*r*m] *n.* **눈보라**.

snow·suit [⁓sù:t] *n.* (어린이용) 방한복.

snów tìre 스노타이어.

*__snow-white__ [⁓*h*wáit] *a.* **눈같이 흰**, 순백의.

‡**snow·y** [snóui] *a.* ① **눈의**, 눈이 오는, 눈이 많은. ② 눈이 쌓인, 눈으로 덮인. ③ 눈 같은, 순백의, 깨끗한, 오점이 없는.

snub [snʌb] *n.*, *vt.* (***-bb-***) 몰아세움;

몰아세우다; 냉대(하다); (말·배 등) 급정거(시키다). —— *a.* 들창코의.
snub·by [snʌ́bi] *a.* 사자코의; 냉정히 대하는.
snub-nosed [ˊnòuzd] *a.* 들창코의.
snuff[1] [snʌf] *n., vt.* Ⓤ (까맣게 탄) 양초의 심지(를 잘라 밝게 하다); (촛불을) 끄다. ～ **out** (촛불을) 끄다, 소멸시키다; 《口》 죽다.
snuff**[2] *vt.* 냄새맡다. —— *vi.* **코로 들이쉬다**, 냄새 맡아보다(*at*); 코를 킁킁거리다. —— *n.* 냄새; 코로 들이쉼; Ⓤ 코담배. ***up to ～ 《英俗》 빈틈없는; 《口》 원기 왕성하게, 좋은 상태로.
snuff·box [ˊbɑ̀ks/-ɔ̀-] *n.* 코담배갑.
snuff-col·o(u)red [ˊkʌ̀lərd] *a.* 황갈색의. 「심지 자르는 가위.
snuf·f·ers [snʌ́fərz] *n. pl.* (양초의)
snuf·fle [snʌ́fəl] *n., vi., vt.* 콧소리(가 되다, 로 노래하다); 코가 멤[메다]; 코를 킁킁거리다. ***the*** ～***s*** 코감기, 코가 멤(the sniffles).
snug** [snʌg] *a.* (**-gg-**) (장소가) **아늑한**(*a* ～ *corner*); 깨끗한, **조촐**[아담]한; 넉넉한; 숨은; (배가) 잘 정비된; 내항성(耐航性) 있는. ***as ～ ***as a bug in a rug*** 매우 편안하게, 포근히. ***lie*** ～ 숨어서 보이지 않는. ˊ**-ly** *ad.* ˊ**·ness** *n.* 「담]한 집[방].
snug·ger·y [ˊəri] *n.* 《英》 아늑[아
snug·gle [snʌ́gəl] *vi., vt.* 다가붙다[들다]; 끌어안다(*up, to*).
†**so** [sou] *ad.* **그렇게; 그와 같이**; 마찬가지로(*So am I.*); 맞았어, (당신의 말) 그대로(*"They say he is honest." "So he is."*); **그만큼; 그정도로;** 《口》 매우; 그래서, **그러므로;** 《文頭에서》 그럼. ***and so*** 그리고 (…하였다); 그래서. ***as...so*** …과 같이 또한. ***It so happened that ...*** 때마침[공교롭게도] …이었다. ***or so*** …만큼. ***(not) so...as*** …만큼 (…은 아니다). ***so...as to*** …할 만큼. ***so as to*** (do) …하기 위하여, …하도록. ***So be it!*** 그렇다면 좋다《승낙·단념의 말투》. ***so*** FAR. ***so far as*** …만으로는, …하는 한(에서는). ***so far as from doing*** …하기는커녕. ***So long!*** 《口》 안녕. ***so long as*** …하는 한에는, …이면. ***So many men, so many minds.*** 《俗談》 각인 각색. ***so so*** 《口》 그저 그렇다, 이럭저럭. ***so that*** … 하기 위하여, …하도록; 따라서, 그러므로; 만일 …이면, …하기만 한다면. ***so...that*** 대단히 …이[하]므로; …한 식으로, 공교롭게도 …하게. ***so to say*** [***speak***] 말하자면. ***So what?*** 《美口》《反問》 그래서 어쨌다는 거야. —— *conj.* …할 만큼; **그러므로, 따라서;** 《古》 …하기만 한다면. —— *int.* 설마; 됐어; 그대로(가만히)!; 정말이냐! —— *pron.* 《say, think, tell 따위의 目的語로서》 그렇게, 그같이(*I suppose so.*); 정도, 가량, 쯤(*a mile or so*, 1 마일 가량).
So. south; southern. **S.O.** seller's option; shipping order; staff officer; Standing Order; sub-office.
‡**soak** [souk] *vt.* (물에) 잠[담]그다, **적시다**; 흠뻑 젖게 하다; 스며들게 하다; **빨아들이다**(*in, up*); 《比喩》 (지식 등을) 흡수하다; (술을) 많이 마시다; 《俗》 벌하다, 때리다; 《俗》 우려내다, 중세(重稅)를 과하다. —— *vi.* 잠기다; 담기다; (흠뻑) **젖다; 스며들다**[**나오다**] (*in, into, through, out*); 많은 술을 마시다. ***be*** ～***ed*** [～ ***oneself***] ***in*** …에 몰두하다. ～ ***up*** 흡수하다; 이해하다. —— *n.* (물에) 잠금, 젖음; 흠뻑 젖음; 큰비; 《俗》 술잔치; 《俗》 술고래.
so-and-so** [sóuənsòu] *n.* (*pl.* ～s***) **아무개**, 누구 누구, 무엇 무엇. —— *a.* 지겨운(damned).
‡**soap** [soup] *n.* **비누**; 〖化〗 지방산(酸)의 알칼리 금속염(塩); 《俗》 금전; (특히 정치적) 뇌물. —— *vt., vi.* 비누를 칠하다[로 씻다]. ˊ**·y** *a.* 비누의[같은]; 비누투성이의[를 함유한]; 《俗》 낯간지러운 겉발림말의.
soap·ber·ry [ˊbèri/-bəri] *n.* 무환자나무; 그 열매《비누 대용》.
sóap bòiler 비누 제조업자.
soap·box [ˊbɑ̀ks/-ɔ̀-] *n., vi.* 《美》 비누 상자《포장용》; 빈 비누 궤짝《가두 연설의 연단으로 씀》; 가두 연설하다.
sóapbox órator 가두 연설가.
sóap bùbble 비눗방울; 굴퉁이.
sóap flàkes [**chìps**] (선전용의) 작은 비누.
sóap·less sóap [ˊlis] 중성 세제.
sóap òpera 《美口》〖라디오·TV〗(낮의) 연속 가정극《원래 비누 회사 제공》. 「石).
soap·stone [ˊstòun] *n.* Ⓤ 동석(凍
soap·suds [ˊsʌ̀dz] *n. pl.* 거품이 인 비눗물, 비누 거품.
‡**soar** [sɔːr] *vi.* ① **높이**[**두둥실**] **올라가다.** ② (희망·사상 등이) 치솟다, 부풀다. ③ (물가가) 폭등하다. ④ 〖空〗 일정한 높이를 활공하다. —— *n.* 높이 날기[나는 한도].
***soar·ing** [ˊiŋ] *n.* Ⓤ **높이 날기**; 우뚝 솟음, 상승. —— *a.* 높이 나는; 우뚝 솟은[솟는]; (희망이) 고원한. 「비행.
sóaring flìght (글라이더의) 활공
‡**sob** [sɑb/-ɔ-] *vi.* (**-bb-**) **흐느끼다**; (바람 따위가) 흐느끼는 듯한 소리를 내다. —— *vt.* 훌쩍이면서 이야기하다 (*out*); 흐느끼어 …이 되게 하다. —— *n.* 훌쩍이는 울음. —— *a.* 《美俗》《限定的》 눈물을 자아내는.
S.O.B., s.o.b. 《俗》 son of a bitch.
‡**so·ber** [sóubər] *a.* 취하지[술 마시지] 않은, **맑은 정신의**; 진지한; **냉정한,** 분별 있는; 과장 없는; (빛깔이) **수수한.** ***appeal from Philip drunk to Philip*** ～ 상대방이 술 깬 뒤에 다시 이야기하다. —— *vt.* 술 깨게 하다; 마음을 가라앉히다(*down*). —— *vi.* 술이 깨다(*up, off*); 마음이 가라앉다(*down*). ～**·ly** *ad.* ～**·ness** *n.*
so·ber-mind·ed [-máindid] *a.* 냉정한, 분별 있는, 진지한.
so·ber·sides [ˊsàidz] *n.* (*pl.* ～)

침착한 사람, 고지식한 사람.
so·bri·e·ty [so*u*bráiəti] *n.* Ⓤ 절주(節酒); 제정신, 진지함, 근엄.
so·bri·quet [sóubrikèi] *n.* 별명.
sób stòry 〔**stùff**〕 《美口》 감상적인 얘기, 애화(哀話); 상대의 동정을 얻으려는 변명.
Soc., soc. socialist; society; sociology.
‡**so-called** [sóukɔ́:ld] *a.* 이른바, 소위.
***soc·cer** [sákər/-ɔ́-] *n.* Ⓤ 축구.
***so·cia·ble** [sóuʃəbəl] *a.* 사교적인, 사교를 좋아하는; 사귀기 쉬운, 붙임성 있는. —— *n.* 《美》 친목회; (마주 보는 좌석이 있는) 4륜 마차; (S자형) 소파. **-bly** *ad.* 사교적으로, 상냥하게. **so·cia·bíl·i·ty** [⌐-bíləti] *n.* Ⓤ 사교성, 사교적임.
‡**so·cial** [sóuʃəl] *a.* 사회의〔에 관한〕; 사회〔사교〕적인; 붙임성 있는; 사교계의; 사회 생활을 영위하는; 〖動·植〗 군거(群居)〔군생〕하는; 사회주의의; 성교의〔에 의한〕. —— *n.* 친목회.
so·ci·ál·i·ty [sòuʃiǽləti] *n.* Ⓤ 사교〔군거〕성. **~·ly** *ad.*
sócial clímber 출세주의자, 야심가.
sócial cóntract 〔**cómpact**〕, **the** (루소 등의) 사회 계약설, 민약론.
Sócial Crédit 〖經〗 사회 채권설.
Sócial Demócracy 사회 민주주의.
sócial disèase 성병.
sócial dístance 사회적 거리《민족, 계급간의》.
sócial dynámics 사회 역학.
sócial engineéring 사회 공학《사회 구조 개선의 연구》.
sócial évil 사회악; (the ~) 매춘.
sócial gáthering 〔**párty**〕 친목회.
sócial hýgiene 성(性)위생.
sócial insúrance 사회보험《실업·후생 연금·건강 보험 따위》.
***so·cial·ism** [sóuʃəlizəm] *n.* Ⓤ 사회주의. ***-ist** *n.* 사회주의자, 사회당. **-is·tic** [⌐-ístik] *a.*
so·cial·ite [sóuʃəlàit] *n.* 사교계의 명사(名士).
***so·cial·ize** [sóuʃəlàiz] *vt.* 사회〔사교〕적으로 하다; 사회주의화하다. **~d medicine** 의료 사회화 제도. ***so·cial·i·za·tion** [⌐-izéiʃən] *n.* Ⓤ
sócial órganism 사회 유기체.
Sócial Régister 〖商標〗《美》명사록.
sócial scíence 사회 과학.
sócial secúrity 사회 보장 (제도).
sócial sérvice 〔**wòrk**〕 사회 (복지) 사업.
sócial wélfare 사회 복지; 사회 사업.
sócial wòrker 사회 사업가.
‡**so·ci·e·ty** [səsáiəti] *n.* ① Ⓤ 사회; 세상, 세인. ② Ⓤ 사교계; 상류 사회(의 사람들). ③ (특정한) 사회, 공동체. ④ Ⓤ 사교; 교제; 남의 앞. ⑤ 회, 협회, 조합. ***S- of Friends*** 프렌드〔퀘이커〕 교회. ***S- of Jesus*** 예수회 (cf. Jesuit).
socio- 「사회·사회학」의 뜻의 결합사.
so·ci·o·bi·ol·o·gy [sòusio*u*baiáləd͡ʒi/-ɔ́l-] *n.* Ⓤ 생물 사회학.
so·ci·o·e·co·nom·ic [sòusiouì:kənámik /-nɔ́m-] *a.* 사회 경제적인.
so·ci·o·gram [sóusiəgræ̀m] *n.* 〖社〗 소시오그램《인간 관계·집단 구조의 도표》.
sociol. sociology.
so·ci·o·lin·guis·tics [sòusio*u*lìŋgwístiks] *n.* Ⓤ 사회 언어학.
***so·ci·ol·o·gy** [sòusiáləd͡ʒi, -ʃi-/-ɔ́l-] *n.* Ⓤ 사회학. ***-gist** *n.* 사회학자. **so·ci·o·log·i·cal** [sòusiəládʒikəl, -ʃi-/-lɔ́dʒ-] *a.*
so·ci·om·e·try [sòusiámətri/-ɔ́-] *n.* 〖社〗 Ⓤ 사회 측정(학); 사회 계량학.
‡**sock**[1] [sak/-ɔ-] *n.* (보통 *pl.*) 속스, 짧은 양말.
sock[2] *vt., n.* 《俗》 강타(强打)하다. —— *ad.* 정통으로.
sock·er [sákər/-ɔ́-] *n.* 《주로 英》 = SOCCER.
***sock·et** [sákit/-ɔ́-] *n.* (꽂는) 구멍, (전구) 소켓. —— *vt.* 소켓에 끼우다; 접속하다.
sock·o [sákou/-ɔ́-] *a.* 《美俗》 멋진.
***Soc·ra·tes** [sákrətì:z/-ɔ́-] *n.* 소크라테스《그리스 철학자; 469-399 B. C.》.
So·crat·ic [səkrǽtik/sɔ-] *a.* 소크라테스(철학)의.
sod**[1] [sad/-ɔ-] *n.* ⓊⒸ 잔디, 뗏장. ***under the ~ 지하에 묻혀, 저승에서. —— *vt.* (**-dd-**) 잔디로 덮다.
sod[2] *v.* 《廢》 seethe의 과거.
sod[3] (<sodomite) *n.* 《英俗》 비역쟁이.
‡**so·da** [sóudə] *n.* ① Ⓤ 소다《(중)탄산소다·가성 소다 등》. ② ⓊⒸ 소다수(水), 탄산수.
sóda àsh 소다회(灰)《공업용 탄산소다》.
sóda fòuntain 소다수(水) 탱크〔판매장〕.
sóda lìme 소다 석회.
so·dal·i·ty [soudǽləti] *n.* Ⓤ 교우(交友), 우애; 조합, 협회; 〖카톨릭〗 형제회.
sóda wàter 소다수.
sod·den[1] [sádn/-ɔ́-] *a.* 흠뻑 젖은 (*with*); 물기를 빨아들여 무거운; (빵이) 설구워진; 술에 젖은; 멍청한, 얼빠진. —— *vt., vi.* (물에) 잠그다, 잠기다, 흠뻑 젖(게 하)다(*with*); 붇(게 하)다.
sod·den[2] *v.* 《廢》 seethe의 과거분사.
***so·di·um** [sóudiəm] *n.* Ⓤ 〖化〗 나트륨《금속 원소; 기호 Na》.
sódium bicárbonate 〖化·藥〗 중탄산나트륨.
sódium chlóride 염화나트륨, 소금.
sódium flúoride 〖化〗 불화(弗化)나트륨《소독·방부제》.
sódium hydróxide 수산화나트륨, 가성소다.
sódium nítrate 질산나트륨.
sódium péntothàl 〖藥〗 펜토탈나트륨《마취·최면약용》.
Só·di·um-va·por làmp [sóudiəmvèipər] 〖電〗 나트륨등《금속 증기 방전관의 일종》.
Sod·om [sádəm/sɔ́d-] *n.* 〖聖〗 소돔《죄악 때문에 신에 의해 멸망당했다는 도시》; 죄악이 판치는 데.
sod·om·y [sádəmi/-ɔ́-] *n.* Ⓤ 비역, 남색(男色); 수간(獸姦). **sód·om·ite** [-əmàit] *n.* 남색가; 수간자.
so·ev·er [souévər] *ad.* 아무리 …이라도; 《否定文에서》 아무리, 조금도

(…않다).
-soever what, who, whom, how, where 등에 붙여 「비록 …일지라도」의 뜻을 강조하는 결합사.
‡**so·fa** [sóufə] *n.* 소파, 긴 의자.
so·far [sóufɑːr] *n.* 수중 측음(測音) 장치《해난자가 내는 폭발진동을 포착하여 그 위치를 측정》.
So·fi·a [sóufiə, soufíːə] *n.* 불가리아의 수도.
S. of Sol. 〖舊約〗 Song of Solomon.
†**soft** [sɔ(ː)ft, sɑft] *a.* ① (유)연한, 부드러운; 매끈한. ② (윤곽이) 흐릿한; (음성이) 조용한, (광선이) 부드러운; (기후가) 상쾌한, 온난한. ③ 온화한, 상냥한; 약한, 나약한; 어리석은; 관대한. ④ 《英》(날씨가) 누진, 구중중한; (물이) 연성(軟性)의; 알코올분(分)이 없는. ⑤ 수월한, 손쉬운. ⑥ 〖音聲〗 연음(軟音)의《*gem*의 *g*, *cent*의 *c* 따위》. —— *ad.* 부드럽게, 조용하게. 상냥하게. —— *n.* 부드러운 물건〔부분〕. —— *int.* 《古》 쉿!, 잠깐! ~ *glances* 추파. ~ *news* 중요하지 않은 뉴스. ~ *nothings* (잠자리에서의) 사랑의 속삭임. ~ *thing* 〔*job*〕 수월하게 돈벌 수 있는 일. ~ *things* 겉발림말; (잠자리에서의) 사랑의 말. *the* ~(*er*) *sex* 여성. ‡∠·**ly** *ad.* ∠·**ness** *n.* 「Ⓒ 그 공.
soft·ball [∠bɔ̀ːl] *n.* Ⓤ 연식 야구;
sóft-boiled [∠bɔ́ild] *a.* 반숙(半熟)의.
sóft cóal 역청탄(瀝青炭), 유연탄.
soft-core [∠kɔ́ːr] *a.* (성묘사가) 그리 노골적이 아닌《포르노》; 온순한 (cf. hard-core).
soft-cov·er [∠kʌ̀vər] *a., n.* 종이 표지의 (책).
sóft cúrrency 연화(軟貨)《달러와 교환할 수 없는 화폐: cf. hard currency》.
sóft drínk 청량 음료.
sóft drúg 약한 마약《마리화나 따위》.
‡**sof·ten** [sɔ́(ː)fən, sɑ́fən] *vt., vi.* 부드럽게 하다〔되다〕; 연성(軟性)으로 하다〔되다〕; 상냥〔온화〕하게 하다〔되다〕; (*vt.*) (폭격 따위로 적의) 저항력을 약화시키다(*up*).
sóft gòods 〔**wàres**〕 직물류 (cf. hard goods).
sóft-head·ed [∠hédid] *a.* 투미한, 멍청한. 「가 상냥한.
soft-heart·ed [∠hɑ́ːrtid] *a.* 마음씨
soft-land [∠lǽnd] *vt., vi.* 연착륙하다.
soft-lander [∠lǽndər] *n.* 연착륙선.
sóft lánding 연착륙.
sóft lìne 온건 노선.
sóft pálate 연구개(軟口蓋).
soft-ped·al [∠pédl] *vi.* (피아노의) 약음 페달을 밟다. —— *vt.* 《口》 (태도·어조를) 부드럽게 하다. 「과학.
sóft scíence 사회 과학, 행동〔인문〕
sóft séll, the 온건한 판매술.
sóft sóap 물비누; 《口》 따리, 아첨.
soft-soap [∠sóup] *vt., vi.* 《口》 따리붙이다. ~·**er** *n.* 《口》 아첨꾼, 빌붙는 사람. 「상냥한; 설득력 있는.
soft-spo·ken [∠spóukən] *a.* 말씨가
sóft tóuch 《俗》 (금전 문제에) 잘 속는 사람, 호인; 쉽게 지는 사람〔팀〕.
***soft·ware** [∠wɛ̀ər] *n.* 〖컴퓨터〗 소프트웨어《프로그램 체계의 총칭》; (로켓·미사일의) 설계, 연료 (따위).
sóft wáter 단물, 연수(軟水).
soft·wood [∠wùd] *n.* Ⓤ 연목(재); ⒸⓊ 침엽수 (목재).
soft·y, -ie [∠i] *n.* 《口》 감상적인〔무기력한〕 남자; 바보, 얼간이.
sog·gy [sɑ́gi/-ɔ́-] *a.* 물에 적신, 흠뻑 젖은; (빵이) 덜 구워져 눅눅한; 둔한.
‡**soil**[1] [sɔil] *n.* Ⓤ 흙, 토양; ⓊⒸ 토지; 생육지; 나라.
***soil**[2] *vt.* 더럽히다, 얼룩〔오점〕을 묻히다; (가명(家名) 따위를) 더럽히다; 타락시키다. —— *vi.* 더러워지다. —— *n.* Ⓤ 더럼, 오물; 거름, 비료. ~**ed** [-d] *a.* 더러워진.
sóil condìtioner 토질 개량제.
soi·ree, *soi·rée* [swɑːréi/∠–] *n.* (F.) 야회(夜會). 「재(하다).
***so·journ** [sóudʒəːrn / sɔ́-] *n., vt.* 체
Sol [sɑl/-ɔ-] *n.* 〖로神〗 태양신; 태양.
sol [soul/sɔl] *n.* 〖樂〗 솔《장음계의 다섯째 음》.
Sol. solicitor; Solomon.
***sol·ace** [sɑ́ləs/sɔ́l-] *n., vt., vi.* Ⓤ 위안, 위로(를 주다, 가 되다); Ⓒ 위안물.
so·lan [sóulən] *n.* =GANNET.
‡**so·lar** [sóulər] *a.* 태양의〔에 관한〕; 태양에서 오는, 햇빛〔태양열〕을 이용한; 태양의 운행에 의해 측정한.
sólar báttery 〔**céll**〕 태양 전지.
sólar cálendar 태양력(曆). 「년.
sólar cýcle 〖天〗 태양 순환기, 28주
sólar eclípse ⇨ECLIPSE.
sólar énergy 태양 에너지.
sólar fláre 태양면 폭발.
sólar hóuse 태양열 주택.
so·lar·i·um [souléəriəm] *n.* (*pl.* *-laria* [-riə]) 일광욕실; 해시계 (sundial).
so·la·ri·za·tion [sòulərizéiʃən] *n.* Ⓤ 〖寫〗 솔러리제이션《과도 노출로 영상의 흑백을 반전시키는 방법》.
so·lar·ize [sóuləràiz] *vt., vi.* 햇볕에 쐬다, 감광시키다; (집에) 태양열 이용 설비를 설치하다; 〖寫〗…에 솔러리제이션을 행하다.
sólar pánel 태양 전지판.
sólar pléxus 〖解〗 태양 신경총(叢).
sólar sỳstem 〖天〗 태양계.
†**sold** [sould] *v.* sell의 과거(분사).
sol·der [sɑ́dər/sɔ́ldər] *n.* Ⓤ 땜납; Ⓒ 결합물. *soft* ~ 아첨. —— *vt.* 납땜하다; 결합하다; 수선하다. ~*ing iron* 납땜 인두.
†**sol·dier** [sóuldʒər] *n.* (육군의) 군인; (officer에 대하여) 사병; (역전의) 용사; 전사(戰士). ~ *of fortune* (돈이나 모험을 위해 무엇이든 하는) 용병(傭兵). —— *vi.* 군대에 복무하다; 《口》 빈둥거리다, 꾀부리다. ~·**ing** *n.* Ⓤ 군대 복무. ~·**like,** ~·**ly** *a.* 군인다운, 용감한. ~·**y** [-i] *n.* 《集合的》 군인; 군사 교련〔지식〕.
‡**sole**[1] [soul] *a.* 유일한; 독점적인; 단독의; 〖法〗 미혼의. ~ *agent* 총대리점. ‡**sóle·ly** *ad.* 단독으로; 오로지, 단지, 전혀.

***sole**[2] *n.* 발바닥; 신바닥 (가죽); 밑부분〔바닥〕. —— *vt.* (…에) 구두 밑창을 대다.

sole[3] *n.* 〖魚〗 혀넙치, 혀가자미.

sol·e·cism [sáləsìzəm / -ó-] *n.* 문법〔어법〕 위반; 예법에 어긋남; 잘못.

‡**sol·emn** [sáləm/-ó-] *a.* 엄숙한; 격식 차린, 진지한 (체하는); 종교상의, 신성한; 〖法〗 정식의. ***S- Mass***=HIGH MASS. *~·**ly** *ad.* ~·**ness** *n.*

***so·lem·ni·ty** [səlémnəti] *n.* Ⓤ 엄숙, 장엄; 점잔뺌; Ⓒ (종종 *pl.*) 의식.

sol·em·nize [sáləmnàiz/-ó-] *vt.* (특히, 결혼식을) 올리다; (식을 올려) 축하하다; 장엄하게 하다. **sol·em·ni·za·tion** [ˋ--zéiʃən] *n.* Ⓤ

so·le·noid [sóulənɔ̀id] *n.* 〖電〗 솔레노이드《원통꼴 코일》.

sol-fa [sòulfá:/sɔ̀l-] *n.*, *vt.*, *vi.* ⓊⒸ 〖樂〗 계명 창법(으로 노래하다).

sol·feg·gio [salfédʒou, -dʒiòu / sɔl-fédʒiòu] *n.* 〖樂〗 솔페지오 창법, 계명으로 노래하기.

***so·lic·it** [səlísit] *vt.*, *vi.* (일거리·주문 따위를) 구하다〔찾다〕(*for*); 간청〔간원〕하다(*for*); (매춘부가 남자를) 끌다, (나쁜 짓을) 교사하다. **so·lic·i·ta·tion** [səlisətéiʃən] *n.* ⓊⒸ

***so·lic·i·tor** [səlísətər] *n.* 간청하는 사람; 《美》 외판원; 〖英法〗 (사무) 변호사; 《美》 (시·읍의) 법무관.

solícitor géneral (*pl.* ***-s general***) 《英》 법무 차관, 차장 검사; 《美》 수석 검사.

so·lic·i·tous [səlísətəs] *a.* 걱정하는 (*for, about*); 열심인; 열망하는(*to* do). ~·**ly** *ad.*

so·lic·i·tude [səlísətjù:d] *n.* Ⓤ 걱정; (*pl.*) 걱정거리; 열망, 갈망.

‡**sol·id** [sálid/-ó-] *a.* ① 고체의; 속이 비지 않은. ② 〖數〗 입방의, 입체의. ③ 짙은, 두꺼운. ④ 꽉 찬(*with*); 견고한, 튼튼한; 똑 같은, 순수한. ⑤ 완전한; 단결된; (학문이) 착실한; 진실의, 신뢰할 수 있는; 분별 있는; (재정적으로) 견실한. ⑥ 연속된; 〖印〗 행간을 띄지 않고 짠; (복합어가) 하이픈 없이 된 《보기: *softball*》. ⑦ 《美口》 사이가 좋은; 《美俗》 훌륭한, 멋진. —— *n.* 고체; 〖數〗 입(방)체. ~·**ly** *ad.*

sol·i·dar·i·ty [sàlədǽrəti/-ɔ̀-] *n.* Ⓤ 단결; 연대 책임.

sólid fúel (로켓의) 고체 연료.

sólid geómetry 입체 기하(학).

so·lid·i·fy [səlídəfài] *vt.*, *vi.* 응고(凝固)시키다〔하다〕; 단결시키다〔하다〕. **so·lid·i·fi·ca·tion** [-ˋ-fikéiʃən] *n.* Ⓤ

so·lid·i·ty [səlídəti] *n.* Ⓤ 단단함; 고체성; 견고; 견실; 밀도질음.

sólid méasure 부피, 체적, 용적.

sol·id-state [sálidstéit] *a.* 〖電〗 솔리드스테이트의 《트랜지스터 따위가 고정된 회로로 전류 조정을 할 수 있는》.

sol·i·dus [sálidəs/-ó-] *n.* (*pl.* ***-di*** [-dài]) 고대 로마의 금화; (실링을 표시하는) 빗금, 사선《/》.

sol·i·fluc·tion, -flux·ion [sòuləflʌ́kʃən] *n.* 동상(凍霜) 침식.

so·lil·o·quy [səlíləkwi] *n.* ⓊⒸ 혼잣말; Ⓒ (연극의) 독백. **-quize** [-kwàiz] *vi.* 혼잣말〔독백〕하다.

sol·i·taire [sálətὲər / sɔ́l-] *n.* (반지에) 한개 박은 보석; Ⓤ 혼자 하는 카드 놀이.

‡**sol·i·tar·y** [sálitèri / sɔ́litəri] *a.* ① 혼자의, 단독의; 단일의. ② 고독한, 외로운. —— *n.* 혼자 사는 사람; 은둔자. **-ri·ly** *ad.* **-ri·ness** *n.*

sólitary confínement 독방 감금.

‡**sol·i·tude** [sálitjù:d/sɔ́li-] *n.* ⓊⒸ 고독; 외로움, 쓸쓸함; 쓸쓸한 장소.

sol·mi·za·tion [sàlməzéiʃən/-ɔ̀-] *n.* 계명 창법.

so·lo** [sóulou] *n.* (*pl.* ***~s, -li [-li:]) 독주(곡), 독창(곡); 독무대; 단독 비행; 〖카드〗 whist의 일종. —— *a.* 독주〔독창〕의; 독주부를 연주하는; 단독의. —— *vi.* 단독 비행하다. ~·**ist** *n.* 독주〔독창〕자.

Sol·o·mon** [sáləmən/-ó-] *n.* 〖聖〗 기원전 10세기의 이스라엘 왕; 현인. ***the SONG ***of*** ~.

Sólomon Íslands 솔로몬 군도《남태평양 New Guinea 동쪽에 있는 섬들; 1975년 독립》.

Sólomon's séal 〖植〗 죽대.

So·lon [sóulən] *n.* (638?–559? B. C.) 아테네의 입법가; 《美口》 국회 의원.

sol·stice [sálstis/-ó-] *n.* 〖天〗 지(至). ***summer*** 〔***winter***〕 ~ 하〔동〕지.

***sol·u·ble** [sáljəbəl/-ó-] *a.* 용해될 수 있는; 해결할 수 있는. **sol·u·bil·i·ty** [sàljəbíləti/-ɔ̀-] *n.* Ⓤ 가용성(可溶性).

sol·ute [sálju:t/sɔ́l-] *n.* 〖化〗 용질.

‡**so·lu·tion** [səlú:ʃən] *n.* ① Ⓤ 해결, 해명. ② ⓊⒸ 용해 (상태); 용액. ③ Ⓤ 분리. ~·**ist** *n.* (신문·텔레비전 따위의) 퀴즈 해답 전문가.

‡**solve** [salv/-ɔ-] *vt.* 해결하다; 설명하다. **sólv·a·ble** *a.* 해결할 수 있는.

***sol·vent** [sálvənt/-ó-] *a.* 용해력이 있는; 지불 능력이 있는; 마음을 누그러지게 하는. —— *n.* 용제(溶劑), 용매(*of, for*); 약화시키는 것. **-ven·cy** *n.* Ⓤ 용해력; 지불 능력.

So·ma·li·a [soumá:liə, -ljə-] *n.* 소말리아《이디오피아에 인접한 공화국》.

so·mat·ic [soumǽtik] *a.* 신체의; 〖解·動〗 체강(體腔)(벽)의.

so·ma·to·type [sóumətətàip] *n.*, *vi.* 〖人類〗 체격형(의 측정을 하다).

***som·ber,** 《英》 **-bre** [sámbər/-ó-] *a.* 어둠침침한; 거무스름한; 음침한, 우울한.

som·bre·ro [sambrέərou / sɔm-] *n.* (*pl.* ***~s***) (Sp. =hat) 챙넓은 중절모《멕시코 모자》.

†**some** [sʌm, 弱 səm] *a.* 어느, 어떤; 얼마(간)의 《수·양》; 누군가의; 대략; 《口》 상당한, 대단한. ***in ~ way*** (***or other***) 이럭저럭 해서. ***~ day*** 언젠가, 멀지 않아. ***~ one*** 어떤 사람, 누군가; 어느 것인가 하나(의);

누구인가 한 사람(의). ~ *time* 잠시; 언젠가, 뒷날. ~ *time or other* 멀지 않아서, 조만간. —— *pron.* 어떤 사람들[물건]; 얼마간, 다소. —— *ad.* 《口》 얼마쯤, 다소; 《美俗》 상당히.

†**some·bod·y** [sʌ́mbɑ̀di, -bədi/-bɔ̀di] *pron.* 어떤 사람, 누군가. —— *n.* 상당한 인물.

‡**some·how** [sʌ́mhàu] *ad.* ① 어떻게든지 하여, 그럭저럭; 어떻든지, 좌우간. ② 웬일인지. ~ *or other* 이럭저럭; 웬일인지.

†**some·one** [sʌ́mwʌ̀n, -wən] *pron., n.* =SOMEBODY. 「=SOMEWHERE.

some·place [sʌ́mplèis] *ad.* 《美口》

***som·er·sault** [sʌ́mərsɔ̀:lt], **sóm·er·set** [⌐sèt] *n., vi.* 재주넘기, 공중제비(하다). *turn a* ~ 재주넘다.

†**some·thing** [sʌ́mθiŋ] *pron., n.* 어떤 물건〔일〕, 무엇인가; 얼마간; 다소; 가치 있는 물건〔사람〕. *be* ~ *of a* 조금〔좀〕 …하다, 좀 …한 데가 있다. *take a drop of* ~ 한잔하다. *That is* ~. 그것은 다소 위안이 된다. *There is* ~ *in it.* 그건 일리가 있다. *think* ~ *of oneself* (시원찮은데도) 자기를 상당한 인물로 여기다. —— *ad.* 얼마쯤, 다소; 꽤.

‡**some·time** [sʌ́mtàim] *ad., a.* 언젠가, 조만간; 이전(의).

†**some·times** [sʌ́mtàimz, səmtáimz] *ad.* 때때로, 때로는, 이따금.

‡**some·what** [sʌ́m*h*wɑ̀t/-*h*wɔ̀t] *ad.* 얼마간, 다소. —— *n.* 어느 정도.

†**some·where** [sʌ́m*h*wɛ̀ər] *ad.* 어딘가에, 어디론가; 어느땐가(~ *in the last century*).

som·nam·bu·late [sɑmnǽmbjəlèit/sɔm-] *vi., vt.* 잠결에 걸어다니다, 몽유(夢遊)하다.

som·nam·bu·lism [-lìzəm] *n.* Ⓤ 몽유병. **-list** *n.* 몽유병자.

som·nif·er·ous [sɑmnífərəs/sɔm-] *a.* 최면의; 잠〔졸음〕이 오(게 하)는.

som·no·lent [sɑ́mnələnt/-ɔ́-] *a.* 졸린; 최면(催眠)의. **-lence** *n.* Ⓤ

†**son** [sʌn] *n.* ① 아들; (남자의) 자손; 사위, 양자. ② …의 아들, 계승자. ③ 《呼稱》 젊은이. ④ (the S-) 예수. *his father's* ~ 아버지를 빼쏜 아들 (cf. CHIP of the old block). ~ *of a bitch* 《蔑》 개자식, 병신 같은 놈, 치사한 놈.

so·nant [sóunənt] *a.* 소리의〔가 있는〕; 울리는; 〖言〗 음절의〔을 나타내는〕; 〖音聲〗 유성음의. —— *n.* 음절 주음(主音); 〖音聲〗 유성음.

so·nar [sóunɑ:*r*] *n.* 《美》 수중 음파 탐지기 (《英》 asdic). 「주명곡(奏鳴曲).

***so·na·ta** [sənɑ́:tə] *n.* 〖樂〗 소나타,

sonáta fòrm 소나타 형식.

son·a·ti·na [sɑ̀nətí:nə/-ɔ̀-] *n.* (*pl.* ***-ne*** [-nei]) 〖樂〗 소나티나, 소(小)주명곡. 「상 측정기, 존데.

sonde [sɑnd/-ɔ-] *n.* 〖로켓〗 고층 기

†**song** [sɔ(:)ŋ, -ɑ-] *n.* ⒸⓊ 노래, 창가, 가곡; 가창; 시; (새의) 지저귐, (시냇물의) 졸졸 소리. *for a (mere)* ~, or *for an old* ~ 아주 헐값으로. *make a* ~ *about* 《英俗》 …을 자랑〔자만〕하다. ~ *and dance* 《美口》 (거짓말 등을 섞은) 이야기, 설명, 변명. *the S- of Solomon,* or *the S- of Songs* 〖舊約〗 아가(雅歌) (Canticles). 「자 가수.

song·bird [⌐bə̀:*r*d] *n.* 명금(鳴禽); 여

sóng spàrrow (북미산의) 멧종다리.

***song·ster** [⌐stə*r*] *n.* 가수(singer); 가인(歌人), 시인; 명금(鳴禽).

song·stress [⌐stris] *n.* ⓈⓊ의 여성.

sóng thrùsh 〖鳥〗 (유럽산) 지빠귀; 《美》 =WOOD THRUSH. 「의.

son·ic [sɑ́nik/-ɔ́-] *a.* 음(파)의; 음속

sónic báng =SONIC BOOM.

sónic bárrier 〔**wàll**〕 음속장벽《비행기 따위의 속도가 음속과 일치하는 순간의 공기 저항》.

sónic bóom 소닉붐《항공기가 음속을 돌파할 때 내는 폭발음과 비슷한 소리》.

sónic míne 〖軍〗 음향 기뢰《스크루의 진동으로 폭발하는 장치》.

sónic spéed 음속.

so·nif·er·ous [so*u*nífərəs] *a.* 소리를 내는〔전하는〕.

son-in-law [sʌ́ninlɔ̀:] *n.* (*pl.* ***sons-in-law***) 사위.

***son·net** [sɑ́nət/-ɔ́-] *n., vi.* 〖韻〗 소네트, 14행시(를 짓다). **son·net·éer** [⌐−íə*r*] *n.* 소네트 시인. 「(애칭).

son·ny [sʌ́ni] *n.* 《口》 아가, 얘야

son·o·buoy [sɑ́nəbɔ̀:i, -bù:ii/sɔ́-] *n.* (비행기에서 투하하여 잠수함의 위치를 찾는) 음향 부표(浮標).

so·no·rant [sənɔ́:rənt] *n.* 〖音聲〗 공명음《l, r, m, n, j, w 따위》.

so·nor·i·ty [sənɔ́:rəti, -ɑ́-] *n.* ⓊⒸ 울려 퍼짐; 〖音聲〗 (음의) 들림.

***so·no·rous** [sənɔ́:rəs] *a.* 울려퍼지는, 낭랑한; 당당한, (표현이) 과장된.

†**soon** [su:n] *ad.* 이윽고, 이내, 곧; 빨리; 기꺼이. *as* 〔*so*〕 ~ *as* …하자 마자(곧). *as* ~ *as possible* 될 수 있는 대로 빨리. *no* ~*er than* …하자 마자. ~*er or later* 조만간. *would* 〔*had*〕 ~*er* … *than* …보다는 차라리 …하고 싶다.

***soot** [sut, su:t] *n., vt.* Ⓤ 그을음, 검댕(으로 덮다, 더럽히다). **⌐.y** *a.* 그을은.

sooth [su:θ] *n., a., ad.* Ⓤ 《古》 진실(의); 참으로. *in (good)* ~ 실로, 참으로.

‡**soothe** [su:ð] *vt.* 위로하다; 가라앉히다; (고통 등을) 완화시키다(relieve), 달래다. 「점쟁이.

sooth·say·er [sú:θsèiə*r*] *n.* 예언자,

sop [sɑp/-ɔ-] *n.* (우유·수프 따위에 적신) 빵조각; 뇌물. —— *vt.* (***-pp-***) (빵조각을) 적시다(*in*); 흠뻑 적시다; 빨아들이다(*up*), 닦아〔훔쳐〕 내다. —— *vi.* 스며들다; 흠뻑 젖다.

SOP Standard Operating Procedure 관리 운용 규정; Study Organization Plan《시스템 설계법의 하나》.

soph·ism [sɑ́fizəm/-ɔ́-] *n.* ⓊⒸ 궤변.

-ist *n.* (종종 S-) 소피스트《고대 그리스의 수사(修辭)·철학·윤리 등의 교사》; 궤변학자; 궤변가. **so·phis·tic** [səfístik], **-ti·cal** [-əl] *a.* 궤변적인. **-ti·cal·ly** *ad.*

so·phis·ti·cate [səfístəkèit] *vt.* 궤변으로 현혹시키다; (원문을) 멋대로 뜯어고치다; 세파에 닳고닳게 하다;(술 따위에) 섞음질하다; (취미·센스를) 세련되게 하다. —— *vi.* 궤변부리다. ***-cat·ed** [-id] *a.* 세파에 닳고닳은; 억지로 끌어댄; 섞음질한; (작품·문체가) 몹시 기교적인; 고도로 세련된. **so·phis·ti·ca·tion** [-⌒-kéi-] *n.* Ⓤ

soph·ist·ry [sáfistri/-ɔ́-] *n.* ⓊⒸ (고대 그리스의) 궤변술; 궤변, 구차한 억지 이론.

Soph·o·cles [sáfəklì:z/-ɔ́-] *n.* (495?–406?B. C.) 그리스의 비극 시인.

***soph·o·more** [sáfəmɔ̀:r / sɔ́f-] *n.* 《美》 (고교·대학의) 2년생.

soph·o·mor·ic [sàfəmɔ́:rik / sɔ̀fəmɔ́r-], **-i·cal** [-əl] *a.* 《美》 2년생의; 무식하면서 짐짓 재는; 머리가 미숙한.

sop·o·rif·er·ous [sàpərífərəs/sɔ̀p-] *a.* 최면의, 최면 작용이 있는.

sop·o·rif·ic [sàpərífik, sòu-] *a.*, *n.* 최면의; 졸린; 수면제.

sop·ping [sápiŋ/-ɔ́-] *a.* 흠뻑 젖은.

sop·py [sápi/-ɔ́-] *a.* 젖은, 흠뻑 젖은.

***so·pra·no** [səprǽnou/-prá:-] *n.* (*pl.* ~*s*, *-ni* [-ni:]) 소프라노(가수); 소프라노부(部). —— *a.* 소프라노의〔로 노래하는〕, 소프라노용의.

sorb [sɔ:rb] *vt.* 흡착〔흡수〕하다.

sor·cer·er [sɔ́:rsərər] *n.* (*fem.* *-cer·ess*) 마술사, 마법사.

sor·cer·y [sɔ́:rsəri] *n.* (cf. ⇧) ⓊⒸ 마법, 마술.

***sor·did** [sɔ́:rdid] *a.* 더러운; 야비한.

‡**sore** [sɔ:r] *a.* 아픈, 따끔따끔 쑤시는, 얼얼한; 슬픈; 성마른; 성난; 고통을〔분노를〕 일으키는; 격심한, 지독한. —— *n.* 상처, 진무른데; 고통거리, 비통; 옛 상처, 언짢은 추억. —— *ad.* 《古·詩》 아프게, 심하게. ***sóre·ly** *ad.* ⌒**·ness** *n.*

sore·head [⌒hèd] *n.* 《口》 툭하면 화내는 사람, 성마른 사람.

sor·ghum [sɔ́:rgəm] *n.* ⓊⒸ 수수; Ⓤ 사탕수수의 시럽.

so·rop·ti·mist [sərάptəmist / sərɔ́p-] *n.* Soroptimist Club《국제 여성 실업인 클럽》의 회원.

so·ror·i·ty [sərɔ́:rəti, -ά-] *n.* 《英》 여성 종교 단체; 《美大學》 여학생회 (cf. fraternity).

sorp·tion [sɔ́:rpʃən] *n.*〖物·化〗수착(收着).

sor·rel[1] [sɔ́:rəl, -ά-] *n.*, *a.* Ⓤ 밤색(의); Ⓒ 구렁 말.

sor·rel[2] *n.* 〖植〗 참소리쟁이·수영·괭이밥류(類).

‡**sor·row** [sárou, sɔ́:r-] *n.* ① Ⓤ 슬픔(의 원인). ② ⓊⒸ (종종 *pl.*) 고난, 불행. —— *vi.* 슬퍼〔비탄〕하다 (*for*, *at*, *over*). ‡**sór·row·ful** *a.* 슬픈; 슬퍼 보이는; 애처로운, 가슴아픈. ~**·ful·ly** *ad.*

†**sor·ry** [sári, sɔ́:ri] *a.* 유감스러운, 미안한(*for; that, to* do); 후회하는; 《限定的》 슬픈; 가엾은, 딱한.

†**sort** [sɔ:rt] *n.* ① 종류. ② 품질, 성질. ③ 어떤 종류의 사람〔것〕. ④ 정도, 범위; 방식, 방법. ***a ~ of*** …과 같은 물건, 일종의. ***in*〔*after*〕 *a ~*** 얼마간, 다소. ***in some ~*** 어느 정도. ***of a ~*** 일종의, 신통찮은. ***of ~s*** 여러 가지 종류의; 그저 그만한. ***of the ~*** 그러한. ***out of ~s*** 《口》 기분〔건강〕이 언짢은. ***~ of; sorter*** 《口》 얼마간; 말하자면; … 같은(*She ~ of smiled.* 웃은 것 같았다). —— *vt.* 분류하다(*over, out*); 구분하다(*out*). ⌒**·ing** *n.* 구분, 갈라놓음. 「분류기.

sort·er [sɔ́:rtər] *n.* 분류하는 사람,

sor·tie [sɔ́:rti:] *n.* (농성군의) 반격, 출격; 〖空軍〗 단기(單機) 출격.

sórt procédure 〖컴퓨터〗 정렬 과정.

‡**SOS** [ésòués] *n.* (무전) 조난 신호; 《一般》 구조 신호, 구원 요청.

so-so, so·so [sóusòu] *a.* 좋지도 나쁘지도 않은, 그저 그렇고 그런. —— *ad.* 그저 그만하게, 그럭저럭.

sot [sαt/-ɔ-] *n.* 주정뱅이. ⌒**·tish** *a.*

sot·to vo·ce [sátou vóutʃi/sɔ́t-] *ad.* (It.) 낮은 소리로; 방백(傍白)으로 (aside); 비밀히.

sou [su:] *n.* (*pl.* ~*s*) (F.) 수《5 상팀 상당의 구(舊)프랑스 화폐》; 하찮은 물건.

sou·brette [su:brét] *n.* (F.) (희극이나 가극에 나오는) 시녀; 그 역을 맡은 여배우〔가수〕.

souf·fle [sú:fl] *n.* 〖醫〗 청진기에 들리는 잡음.

souf·flé [su:fléi/⌒⌒] *n.* ⓊⒸ 수플레《오믈렛의 일종, 달걀을 거품 내서 구운 요리》. —— *a.* 부푼.

sough [sau, sʌf] *vi.*, *n.* 윙윙거리다, 쏴아하다; 그 소리.

‡**sought** [sɔ:t] *v.* seek의 과거(분사).

†**soul** [soul] *n.* ⓊⒸ 영혼, 정신; 혼; 기백, 열정; 정수(精髓); 전형; 화신(化身); 사람. ***by*〔*for*〕 *my ~*** 정말이지, 단연코. ***for the ~ of me*** 아무리 해도. ***keep ~ and body together*** =keep BODY and ~ together. ***upon my ~*** 맹세코, 확실히. ⌒**·ful** *a.* 감정어린, 감정적인. ⌒**·less** *a.* 영혼〔정신〕이 없는; 기백없는; 무정한.

sóul bròther〔**sìster**〕 《美》 형제《흑인끼리의 호칭》.

sóul fòod 《美口》 흑인 특유의 음식.

sóul mùsic 《美口》 흑인 음악《rhythm and blues의 일종》.

†**sound**[1] [saund] *n.* ⓊⒸ 소리, 음향; Ⓤ 소음, 잡음; 음조; Ⓤ 들리는 범위; ⓊⒸ 〖音聲〗 음(phone); Ⓒ (목소리의) 인상, 느낌. —— *vi.* 소리 나다, 울리다; 울려퍼지다; 소리를 내다, 들리다; 생각되다. —— *vt.* 소리나게 하다; (북 따위로) 군호〔명령〕하다; 알리다; 발음하다; 타진하다.

†**sound²** *a.* **건전**〔건강〕**한**; 상하지〔썩지〕 않은; **확실한**, 안전한, 견실한; 올바른, 합리적인; **철저**〔**충분**〕**한**; 〖法〗 유효한. —— *ad.* 충분히(*sleep* ~). ∠·**ly** *ad.* ∠·**ness** *n.*

‡**sound³** *vt.* (측연(測鉛)으로 물의) **깊이를 측량하다**; 〖醫〗 소식자(消息子)로 진찰하다(종종 *out*); (사람의) 의중〔속〕을 떠보다(*on, about; as to*). —— *vi.* **수심을 재다**; (고래 따위가) 물밑으로 잠기다. —— *n.* 〖醫〗 소식자.

sound⁴ *n.* 해협; 후미; (물고기의)부레.

sóund arrèster 〖機〗 방음 장치.

sóund bàrrier 음속 장벽(sonic barrier).

sound·board[∠bɔ̀:rd] *n.* =SOUNDING BOARD.

sóund bòx (악기·축음기의) 사운드 박스.

sóund càmera (영화의) 녹음용 카메라.

sound-con·di·tion [∠kəndìʃən] *vt.* 음량 조절을 하다.

sóund detèctor 〔**locàtor**〕 청음기, 음향 탐지기.

sóund effècts 음향 효과.

sóund ènginéer 〖放〗 음향 조정기사.

sóund fìlm 발성 영화(용 필름).

sound·ing¹ [∠iŋ] *a.* 소리를 내는; 울려 퍼지는; 거창하게 들리는, 과장된.

sound·ing² *n.* ⓊⒸ (종종 *pl.*) 측심(測深); (*pl.*) (측량된) 수심; (*pl.*) 측연선(測鉛線)으로 잴 수 있는 곳《깊이 600피트 이내》. 「(soundboard).

sóunding bòard (악기의) 공명판

sóunding lèad [lèd] 측연(測鉛).

sóunding lìne 측연선(線).

sound·less¹ [∠lis] *a.* 소리나지 않는.

sound·less² *a.* 깊이를 헤아릴 수 없는, 아주 깊은.

sóund mìxer 음량 음색 조절기.

sound·proof [∠prù:f] *a., vt.* 방음의; 방음 장치를 하다.

sóund recòrding 녹음.

sóund tràck 〖映〗 (필름 가장자리의) 녹음띠.

sóund trùck (선전용) 확성기 달린 트럭.

sóund wàve 〖理〗 음파.

‡**soup¹** [su:p] *n.* Ⓤ **수프**《種類에서는 Ⓒ》; 《俗》 짙은 안개. ***from*** ~ ***to nuts*** 처음부터 끝까지, 일일이. ***in the*** ~ 《俗》 곤경에 빠져. ∠·**y** *a.* 수프와 같은.

soup² [su:p] *vt.* 《俗》 《~ *up*의 形態뿐임》(모터의) 마력을 늘리다; 〖空〗 속력을 늘리다; …에 활기를 주다. —— *n.* (엔진의) 마력.

soup·çon [su:psɔ́:ŋ/∠—] *n.* (F.) 소량; 기미(氣味) (*of*).

sóup kìtchen (빈민용) 무료 급식소; 《俗》 (군대의) 이동 취사장.

sóup plàte 수프 접시.

‡**sour** [sauər] *a.* **시큼한**, 신; 산패(酸敗)한; 발효한; 시큼한〔쉰〕 냄새가 나는; 까다로운, 찌무룩한; (날씨가) 냉습한; (토지가) 불모의. ~ ***grapes*** 기벽(氣癖), 오기(傲氣) 《이솝의 여우 이야기에서》. ~ ***gum*** 《美》=TUPELO. —— *ad.* 찌무룩〔지르퉁〕하게. —— *vt., vi.* 시게 하다〔되다〕; 지르퉁하게 하다〔되다〕. —— *n.* 신 것; 《美》 사워 《산성 알코올 음료》.

‡**source** [sɔ:rs] *n.* **수원**(지), **근원**, 원천; 출처, 출전(出典); 원인.

sóurce bòok 원전(原典).

sóurce lánguage 〖컴퓨터〗 기본언어《번역 처리의 입력(入力)이 되는 본디의 프로그램 언어》.

sóurce matèrial 연구 자료. 「乳).

sóur crèam 사워크림, 산패유(酸敗

sour·dough [sáuərdòu] *n.* 알래스카〔캐나다〕의 탐광〔개척〕자.

sou·sa·phone [sú:zəfòun] *n.* 수자폰《tuba의 일종》.

souse [saus] *vt.* 물에 담〔잠〕그다(*in, into*), 흠뻑 적시다; 식초〔소금물〕에 담그다; 《俗》 취하게 하다. —— *vi.* 물에 담기다; 흠뻑 젖다; 《俗》 취하다. —— *n.* Ⓤ 물에 담그기, 흠뻑 젖음; (절임용) 소금물; 돼지 대가리〔귀·다리〕의 소금절임; 《美俗》 주정뱅이, 모주꾼. —— *ad.* 첨벙, 풍덩.

sout·e·neur [sù:tənə́:r] *n.* (F.=sustainer) 매춘굴의 주인.

†**south** [sauθ] *n.* Ⓤ **남**(**쪽**); 남부 (지방); (S-) 《美》 남부 제주(諸州). ***in*** 〔***on, to***〕 ***the*** ~ ***of*** …의 남부에〔남쪽에 접하여, 남쪽에〕. ~ ***by east*** 〔***west***〕 남미동(南微東)〔서〕. —— *a.* 남(향)의; 남쪽에 있는; 남쪽에서의; (S-) 남부의. —— *ad.* 남(쪽)으로〔에, 에서〕. *∠·**ward** *a., ad., n.* **남**(**향**)**의**; 남쪽에 있는; 남(쪽)으로〔에〕; 남방. ∠·**ward·ly** *ad., a.* 남(쪽)으로(의); (바람이) 남으로부터(의). ∠·**wards** *ad.* =SOUTHWARD.

Sòuth África 남아프리카 공화국.

Sòuth Áfrican Dútch 남아프리카의 공용 네덜란드말(Afrikaans).

‡**Sóuth América** 남아메리카, 남미.

South·amp·ton [sauθhǽm*p*tən] *n.* 영국 남부의 항구 도시.

***Sóuth Carolína** 미국 남부 대서양 연안의 주《생략 S. C.》.

Sóuth Chína Séa 남지나해.

***Sóuth Dakóta** 미국 중서부의 주《생략 S. Dak.》.

South·down [sáuθdàun] *n.* 사우스다운《영국의 뿔없는 양》.

‡**south·east** [sàuθí:st; (海) sauí:st] *n.* **남동**(지방). ~ ***by east*** 〔***south***〕 남동미(微)동〔남〕. —— *a.* 남동(향)의; 남동에 있는; 남동에서의. —— *ad.* 남동으로〔에, 에서〕. ~·**er** *n.* 남동풍. ~·**er·ly** *ad., a.* 남동으로〔에서〕(의). *~·**ern** *a.* **남동**(으로, 에서)**의**. ~·**ward** *n., a., ad.* 남동(에 있는); 남동으로(의). ~·**ward·ly** *ad., a.* 남동으로(부터)(의). ~·**wards** *ad.* =SOUTHEASTWARD.

south·er [sáuðər] *n.* 마파람, 남풍.

south·er·ly [sʌ́ðərli] *ad., a.* 남쪽으로(부터)(의).

‡**south·ern** [sʌ́ðərn] *a.* **남쪽의**; 남쪽으로(부터)의; 남쪽에 있는; (S-) 《美》 남부 제주(諸州)의. —— *n.* 남부 사람. ~·**er** *n.* 남쪽〔남국〕 사람; (S-) 《美》 미국 남부의 사람. ~·**most**

[-mòust] *a.* 남단의.
Sóuthern Cróss, the 〖天〗 남십자성.
Sóuthern Hémisphere, the 남반구(南半球). 「광(南極光).
Sóuthern Líghts, the 〖天〗 남극
Sou·they [sáuði, sʌ́ði], **Robert** (1774-1843) 영국의 계관(桂冠) 시인.
south·ing [sáuðiŋ] *n.* UC 남항; 〖海〗 남항 행정(南航行程). 「섬.
Sóuth Ísland 뉴질랜드의 가장 큰
south·land [sáuθlənd, -læ̀nd] *n.* 남국; 남부 지방. 「손잡이의 (투수).
south·paw [⌐pɔ̀:] *a., n.* 《口》 〖野〗 왼
Sóuth Póle, the 남극.
south·ron [sʌ́ðrən] *n.* 남부 사람; (S-) 《Sc.》 잉글랜드 사람.
Sóuth Sèa Íslands 남양 제도.
Sóuth Séas, the 남태평양.
south-south-east [**-west**] [sáuθ-sàuθí:st [-wést]; (海) sáusàu-] *a.n.*, 남남동[서](의).
‡**south·west** [sàuθwést; (海) sàuw-] *n.* 남서 (지방); (S-) 《美》 남서부 지방. ~ *by west* [*south*] 남서미(微)서[남]. —— *a.* 남서(향)의; 남서에 있는; 남서에서의. —— *ad.* 남서로[에, 에서]. ~**·er** *n.* 남서(열(烈))풍. ~**·er·ly** *ad., a.* 남서로(부터)(의). *~**·ern** *a.* 남서(로, 에서)의. ~**·ward** *n., a., ad.* 남서(에 있는); 남서로(의). ~**·ward·ly** *ad., a.* 남서로(부터)(의). ~**·wards** *ad.* =SOUTHWESTWARD. 「《남아연방의 위임 통치령》.
Sóuth-West África 남서 아프리카
Sóuth Yémen 남예멘《아라비아 남단의 공화국; 수도 Aden; 1967년 독립》. 「품, 선물.
***sou·ve·nir** [sù:vəníər, ⌐⌐⌐] *n.* 기념
sou'·west·er [sàuwéstər] *n.* =SOUTHWESTER; (수부(水夫)가 쓰는 챙 넓은) 폭풍우용 방수모(帽).
‡**sov·er·eign** [sávərin / sʌv-] *n.* 군주, 주권자; 영국의 옛 1파운드 금화. —— *a.* 주권이 있는; (지위·권력이) 최고의; 자주[독립]의; 최상의; (약 따위가) 특효 있는. ~ *power* 주권. *~**·ty** *n.* U 주권; 주권자의 지위; C 독립국.
‡**so·vi·et** [sóuvièt] *n.* (Russ.) 회의, 평의회; (종종 S-) 소비에트《소련의 평의회》. —— *a.* 소비에트[평의회]의; (S-) 소련의. ~**·ize** [-tàiz] *vt.* 소비에트화(化)하다.
So·vi·e·tol·o·gy [sòuviətálədʒi/-tɔ́l-] *n.* U 소비에트(정체) 연구.
Sóviet Rússia 소련《⇩의 통칭》.
Sóviet Únion, the 소련《정식 명칭은 Union of Soviet Socialist Republics》. 「의) 합성 고무.
sov·prene [sávprì:n/-ɔ́-] *n.* (소련제
‡**sow**[1] [sou] *vt.* (~*ed; sown,* ~*ed*) (씨를) 뿌리다; …에 씨를 뿌리다; 흩뿌리다, 퍼뜨리다. —— *vi.* 씨를 뿌리다. ⌐**·er** *n.* 씨 뿌리는 사람, 파종기.
sow[2] [sau] *n.* (성장한) 암퇘지. └기.
***sown** [soun] *v.* sow[1]의 과거분사.
sox [saks/sɔks] *n. pl.* 짧은 양말 (socks). 「= ⌐ **bèan** 콩.
soy [sɔi], **soy·a** [sɔ́iə] *n.* U 간장;
SP shore patrol (police) 해군 헌병; Standard Play(ing) record (cf. LP); Submarin Patrol. **Sp.** Spain; Spaniard; Spanish. **sp.** special; specific; specimen; spelling; spirit.
spa [spɑ:] *n.* 광천(鑛泉), 온천(장).
†**space** [speis] *n.* ① U **공간**. ② U 우주 (공간), 대기권밖. ③ 구역, 공지. ④ U 여지, 빈 데, 여백. ⑤ 간격, 거리; 시간《특정한 거리의》. ⑥ U 〖라디오·TV〗 (스폰서를 위한) 광고 시간. ⑦ UC 〖印〗 행간, 어간(語間). ⑧ UC (악보의) 줄사이. ⑨ U (기차·비행기 등의) 좌석. *blank* ~ 여백. *open* ~ 빈 터, 공지. —— *vt., vi.* …에 간격을 두다; (행간을) 띄우다. 「선.
spáce-air vèhicle 우주 대기 겸용
space-bound [⌐bàund] *a.* 우주로 향
spáce bùs 우주 버스. └하는.
spáce càpsule 우주캡슐《우주선의 기밀실》. 「SPACESHIP.
space·craft [⌐kræ̀ft, -krɑ̀:ft] *n.* =
spaced-out [spéistàut] *a.* 《美俗》 마약을 써서 멍해진.
spáce flìght 우주 비행[여행].
spáce làb 우주 실험실. 「비행사.
‡**space·man** [⌐mæ̀n, -mən] *n.* 우주
spáce mèdicine 우주 의학.
‡**space·ship** [⌐ʃìp] 우주선, 우주 여행기(機) (spacecraft).
spáce shùttle 우주 왕복선.
‡**spáce stàtion** 우주 정거장.
spáce sùit 우주복.
‡**spáce tràvel** 우주 여행. 「영(하다).
space·walk [⌐wɔ̀:k] *n., vi.* 우주 유
spáce wèapon 우주 병기.
spáce wrìter (원고의 길이에 따라 보수를 받는) 신문 기자.
spac·ing [spéisiŋ] *n.* U 간격을 두기; 〖印〗 간격, 어간(語間), 행간.
***spa·cious** [spéiʃəs] *a.* 넓은, 널찍한.
***spade**[1] [speid] *n.* 가래, 삽; 〖軍〗 포미(砲尾)박기《발사시의 후퇴를 막음》; (고래를 째는) 끌. *call a* ~ *a* ~ 직언(直言)하다. —— *vt.* 가래로[삽으로] 파다. ⌐**·ful** [⌐fùl] *n.* 한 삽 가득, 한 삽(분).
***spade**[2] *n.* 〖카드〗 스페이드 패; (*pl.*) 스페이드 한 벌; 《俗》 흑인.
spade·work [⌐wə̀:rk] *n.* U 삽질; 힘드는 기초 공작[연구].
spa·dix [spéidiks] *n.* (*pl.* ~*es,* **-di·ces** [speidáisi:z]) 〖植〗 육수 화서(肉穗花序). 「파게티.
spa·ghet·ti [spəgéti] *n.* U (It.) 스
‡**Spain** [spein] *n.* 스페인. 「거.
spake [speik] *v.* 《古·詩》 speak의 과
spall [spɔ:l] *n.* (돌·광석 등의) 깨진 조각. —— *vt., vi.* 쪼개(지)다, 부수다.
spall·a·tion [spɔ:léiʃən] *n.* U 〖理〗 파쇄(破碎) 《원자핵에서 핵입자가 방출되는 핵반응》. 「돼지고기 통조림.
Spam [spæm] *n.* 〖商標〗 (미국제의)
‡**span**[1] [spæn] *n.* ① 한 뼘《보통 9인치》; 경간(徑間) 《다리·아치 따위의

지주(支柱) 사이의 간격》. ② **짧은 길이**〔거리·시간〕; 전장(全長). ③ 〖空〗(비행기의) 날개길이. —— *vt.* (*-nn-*) 뼘으로 재다; (강에 다리 따위를) 놓다(*with*); (다리가 강에) 걸쳐 있다; …에 걸치다, 미치다. 「말 (따위).
span² *n.* (한 멍에에 매인) 한 쌍의
span³ *v.* 《古》 spin의 과거.
span·dex [spǽndeks] *n.* Ⓤ 스판덱스《신축성이 풍부한 합성 섬유》.
spang [spæŋ] *ad.* 《美口》 당장에, 직접; 정확히; 완전히.
***span·gle** [spǽŋgəl] *n.* **스팽글** 《무대 의상 따위에 다는 번쩍이는 장식》; 번쩍번쩍 빛나는 작은 조각《별·운모·서리 따위》. —— *vt.* 스팽글로 장식하다; 번쩍번쩍 빛나게 하다; (반짝이게) 뿌려 깔다〔박다〕(*with*). —— *vi.* 번쩍번쩍 빛나다.
Span·glish [spǽŋgliʃ] *n.* Ⓤ 스페인 영어《미국 남서부나 라틴아메리카의 영어》. 「람.
‡Span·iard [spǽnjərd] *n.* **스페인 사**
***span·iel** [spǽnjəl] *n.* **스패니엘**《털이 길고 귀가 늘어진 작은〔중치의〕 개》; 비굴한 알랑쇠.
†Span·ish [spǽniʃ] *n.* 《集合的》 스페인 사람; Ⓤ **스페인어**(語). —— *a.* **스페인의**, 스페인풍〔사람·말〕의.
Spánish América 스페인말을 쓰는 중남미 제국. 「무적 함대.
Spánish Armáda, the (스페인의)
Spánish Inquisítion, the (15–16세기의) 스페인 종교 재판《극히 잔혹했음》.
Spánish Máin, the 〖史〗 카리브해 연안 지방; (지금의) 카리브해.
Spánish móss 〖植〗 소나무겨우살이의 일종.
***spank¹** [spæŋk] *vt.*, *n.* (엉덩이를 손바닥 따위로) **철썩 갈기다**〔갈김〕.
spank² *vi.* 질주하다. **⌐·er** *n.* 〖海〗 맨 뒷 돛대의 세로 돛; 《口》 날랜 말; 《方》 근사한 사람〔물건〕. **⌐·ing** *a.* 빠르며 활발한; (바람이) 거센; 《口》 멋진. —— *n.* Ⓤ,Ⓒ 손바닥으로 볼기치기.
span·ner [spǽnər] *n.* 손뼘으로 재는 사람; 《주로 英》 스패너 《공구》.
Span·sule [spǽnsəl, -sju:l] *n.* 〖商標〗 시간을 두고 조금씩 녹는 캡슐 약.
span·worm [spǽnwə̀:rm] *n.* 자벌레.
SPAR, Spar [spɑ:r] *n.* 《美》 연안 경비 여성 예비 대원.
spar¹ [spɑ:r] *n.* 〖海〗 원재(圓材)《돛대·활대 따위》; 〖空〗 익형(翼桁). —— *vt.* (*-rr-*) (배에) 원재를 대다.
spar² *vi.* (*-rr-*) (권투 선수등이) 주먹으로 치고 받다; (닭이) 서로 차다; 말다툼하다. —— *n.* 권투; 투계(鬪鷄); 언쟁.
spar³ *n.* Ⓤ,Ⓒ 〖鑛〗 철평석(鐵平石) 《판상(板狀)의 결이 있는 광석의 총칭》. *calcareous* ~ 방해석(方解石).
spár dèck 〖海〗 (배의) 상갑판.
‡spare [spɛər] *vt.* 아끼다, **절약하다**; 없는 대로 지내다〔넘기다〕; (어떤 목적에) **떼어두다**; **나누어 주다**; (시간 따위를) 할애하다(*for*); 《英古》 억누르다, 삼가다; **용서하다**, 살려주다; (수고 따위를) **끼치지 않다**; (아무를) …한 변을 당하지 않게 하다. —— *vi.* 검약하다; 용서하다. —— *a.* **여분의**; 예비의; 야윈; 부족한, 빈약한. —— *n.* 예비품. **spár·ing** *a.* 검약하는, 아끼는(*of*); 인색한. **spár·ing·ly** *ad.* 아껴서, 삼가서. 「과.
spáre-part súrgery 이식(移植) 외
spare·rib [spɛ́ərrib] *n.* (*pl.*) (살붙은)
spáre ròom 객실. 」돼지 갈비.
‡spark¹ [spɑ:rk] *n.* **불꽃**, 불똥; 〖電〗 스파크; (내연 기관의) 점화 장치; 섬광; 생기, 활기; 《종종 否定文에》 극히 조금, 흔적. ***as the ~s fly upward*** 필연적으로. —— *vi.*, *vt.* 불꽃을 튀기다; 번쩍이다; 활기를〔자극을〕 주다, …의 도화선이 되다.
spark² *n.* 멋쟁이(beau), 색골; 정부, 연인. —— *vt.*, *vi.* 《口》 미남인 체하다; 구애(求愛)하다.
spárk arrèster (굴뚝 따위의) 불똥막이. 「점화 코일.
spárk còil 〖電〗 (내연 기관 등의)
spárk dischàrge 〖電〗 불꽃 방전.
‡spar·kle [spɑ́:rkəl] *n.*, *vi.*, *vt.* **불꽃**(을 튀기(게 하)다); **번쩍임**; 번쩍이다; 광휘(를 발하다), 빛나다; 생기(가 있다). ***-kling** *a.*
spar·kler [-ər] *n.* 불꽃을 내는 물건; 미인, 재사(才士); 불꽃; 번쩍이는 보석, (특히) 다이아몬드; 《口》 반짝이는 눈.
spárk plùg (내연 기관의) 점화전(點火栓); 《口》 (일·사업의) 중심 인물; 지도자. 「싱; 언쟁, 논쟁.
spar·ring [spɑ́:riŋ] *n.* Ⓤ 권투, 복
spárring pàrtner (권투의) 연습 상대; (우호적인) 논쟁 상대.
‡spar·row [spǽrou] *n.* **참새**.
***sparse** [spɑ:rs] *a.* ① (머리털이) 성긴. ② (인구 따위) 희소한, 희박한. ③ 빈약한. **⌐·ly** *ad.*
***Spar·ta** [spɑ́:rtə] *n.* **스파르타**. ***-tan** *a.*, *n.* **스파르타**(식)의 (사람); 검소하고 굳센 (사람). 「(fit²).
spasm [spǽzəm] *n.* 〖醫〗 경련; 발작
spas·mod·ic [spæzmɑ́dik / -ɔ́-], **-i·cal** [-əl] *a.* 경련(성)의; 발작적인; 흥분한. **-i·cal·ly** *ad.*
spas·tic [spǽstik] *a.* 〖病〗 경련(성)의〔에 의한〕. —— *n.* 경련〔뇌성 마비〕 환자.
spat¹ [spæt] *v.* spit¹의 과거(분사).
spat² *n.*, *vi.* (*-tt-*) 가벼운 싸움(을 하다); 가볍게 때림〔때리다〕; (비 따위가) 후두두 뿌리다.
spat³ *n.* (보통 *pl.*) 짧은 각반.
spat⁴ *n.* 조개〔굴〕의 알.
spate [speit] *n.* 《英》 홍수; 큰 비; (감정의) 격발. 「苞).
spathe [speið] *n.* 〖植〗 불염포(佛焰
***spa·tial** [spéiʃəl] *a.* **공간의**; 공간적인; 장소의; 우주의.
spa·ti·og·ra·phy [spèiʃiɑ́grəfi / -ɔ́g-] *n.* Ⓤ 우주(宇宙) 지리학.
***spat·ter** [spǽtər] *vt.* **튀기다**, 뿌리

다(*with, on*); (욕설을) 퍼붓다(*with*). ── *vi.* 튀다, 흩어지다. ── *n.* 튀김, 튀긴 것; 빗소리, 먼 데서의 총소리. 「진흙막이) 긴 각반.
spátter dàsh (보통 *pl.*) (승마용의
spat·u·la [spǽtʃulə/-tju-] *n.* (보통, 쇠로 된) 주걱; 〖醫〗 압설자(壓舌子).
spav·in [spǽvin] *n.* 〖獸醫〗 (말의) 비절 내종(飛節內腫).
***spawn** [spɔːn] *n.* Ⓤⓒ ① (물고기·개구리·조개 따위의) 알. ② 〖植〗 균사(菌絲). ③ 《蔑》 우글거리는 아이들; 산물, 결과. ── *vt., vi.* (물고기 따위가) (알을) 낳다. 「떼내다.
spay [spei] *vt.* (동물의) 난소(卵巢)를
S.P.C.A. Society for the Prevention of Cruelty to Animals.
S.P.C.C. Society for the Prevention of Cruelty to Children.
S.P.C.K. Society for Promoting Christian Knowledge.
†**speak** [spiːk] *vi.* (***spoke,*** 《古》 ***spake; spoken***) **이야기〔말〕하다**〔걸다〕; 연설하다; (의견·감정을) 표명〔전〕하다; 탄원하다; (대포·시계 따위가) 울리다; (개가 짖으라는 말을 듣고) 짖다. ── *vt.* 이야기〔말〕하다; 알리다; (말을) 쓰다; 나타내다(*His conduct ~s a small mind.* 행동만 보아도 알 수 있듯이 소인(小人)이다). ***generally ~ing*** 대체로 말하면. ***properly*** 〔***roughly, strictly***〕 ***~ing*** 정당히〔대충, 엄밀히〕 말하면. ***nothing to ~ of*** 특히 이렇다 할 만한 것은 없다. ***not to ~ of*** …은 말할 것도 없고, 물론. ***so to ~*** 말하자면. ***~ by the book*** 정확히〔딱딱하게〕 말하다. ***~ for*** 대변〔변호〕하다; 요구〔주문〕하다. ***~*** (***well, ill***) ***of*** …을 (좋게, 나쁘게) 말하다. ***~ out*** 〔***up***〕 큰 소리로 이야기하다; 거리낌없이 말하다. ***~ to*** 이야기 걸다; 언급하다; 꾸짖다; 증명하다. ‡**∠·er** *n.* **이야기하는 사람**; 연설자, 변사; (S-) (영·미의) 하원 의장; **확성기**. 「가 술집.
speak·eas·y [∠iːzi] *n.* 밀주집, 무허
speak·er·phone [-fòun] *n.* 스피커폰《스피커와 마이크로폰을 일체로 한 장치》.
‡**speak·ing** [∠iŋ] *n.* Ⓤ **말하기**, 담화, 연설; 정치적 집회. ── *a.* 이야기하는; 이야기하기에 적합한; 이야기를 할 정도의(*~ knowledge of English* 말할 정도의 영어 지식); 말이라도 할 듯한 (*a ~ likeness* 꼭 닮은 초상화); 생생한. ***on ~*** TERMS. ***~ acquaintance*** 만나면 말을 주고 받는 정도의 교분.
spéaking trùmpet 확성기; 메가폰.
spéaking tùbe 통화관. 「다).
‡**spear**[1] [spiər] *n., vt.* 창(으로 찌르
spear[2] *n., vi.* 싹; 어린가지(shoot); 「싹이 트다.
spéar gùn 작살(총).
spear·head [∠hèd] *n.* 창끝; (공격·사업 따위의) 선두, 선봉.
spear·man [∠mən] *n.* 창병(槍兵).
spear·mint [spíərmìnt] *n.* 〖植〗 양(洋)박하.
spéar sìde 부계(父系), 아버지쪽(cf. spindle side).
spec [spek] *n.* 《口》 명세(明細); Ⓤⓒ 《口》 투기(speculation); 《美俗》오락, 구경거리(spectacle).
†**spe·cial** [spéʃəl] *a.* **특별〔특수〕한**; 전문의; 특별한 기능〔목적〕을 가진; 특정의; 예외적인; 각별한. ── *n.* ① 특별한 사람〔것〕; 특파원. ② 특별 시험; 특별 열차; (신문의) 호외; 특별 요리, 특제품. ***~·ist** *n.* **전문가**〔의(醫)〕(*in*). ‡**~·ly** *ad.*
Spécial Área 《英》 특별 지구《본디 「재해(災害) 지구(Depressed Area)」 지금은 「개발 지구(Development Area)」》. 「치적 치안 문제를 다룸》.
Spécial Bránch 《英》 특수 경찰《정
spécial correspóndent 특파원.
spécial delívery 《美》 속달 우편(《英》 express delivery).
Spécial Dráwing Rìghts (IMF의) 특별 인출권《생략 SDR(s)》.
spécial eléction 보궐 선거.
spécial hándling 《美》 소포 속달.
***spe·ci·al·i·ty** [spèʃiǽləti] *n.* 특성; 특수한 점; (*pl.*) 상세한 내용; **전문**; 특제품; 특산품; 특별 요리.
‡**spe·cial·ize** [spéʃəlàiz] *vt., vi.* 특수화하다; 한정〔상설(詳說)〕하다; **전문적으로 다루다**, 전공하다(*in*). ***spe·cial·i·za·tion** [∸-izéi-/-lai-] *n.* Ⓤ
spécial lícense 결혼 특별 허가증.
***spe·cial·ty** [spéʃəlti] *n.* **전문, 전공**; 특질; 특제품; 특별 사항; 〖法〗 날인증서.
spe·ci·a·tion [spìːʃiéiʃən] *n.* Ⓤ 〖生〗 종분화(種分化).
spe·cie [spíːʃi(ː)] *n.* (*pl.* ~) Ⓤ 정금(正金), 정화(正貨).
‡**spe·cies** [-z] *n.* (*sing. & pl.*) 〖生〗 종(種) (*the Origin of S-*); **종류** (kind[2]); 〖論〗 종(種)개념; 〖카톨릭〗 (미사용의) 빵과 포도주; (the ~) 인류.
***spe·cif·ic** [spisífik] *a.* **특수**〔특정〕**한**; 독특한; 명확한; 〖生〗 종(種)의; 〖醫〗 특효있는. ── *n.* 특성; 특효약(*for, against*). **spe·cíf·i·cal·ly** *ad.* 특히; 특효적으로.
spec·i·fi·ca·tion [spèsəfikéiʃən] *n.* Ⓤⓒ 상술〔상기〕함; (*pl.*) (공사·설계 따위의) 명세서; Ⓤⓒ 명세, 내역.
specífic dúty 〖商〗 종량세(從量稅).
specífic grávity 〖理〗 비중.
specífic héat 〖理〗 비열.
***spec·i·fy** [spésəfài] *vt.* **일일이 들어 말하다**; 명세서에 적다.
‡**spec·i·men** [spésəmin, -si-] *n.* **견본**, 표본; 《口》 (특이한) 인물, 괴짜.
spe·cious [spíːʃəs] *a.* 허울좋은, 그럴듯한. **~·ly** *ad.*
***speck** [spek] *n.* **작은 반점**(斑點); 얼룩; 극히 작은 조각. ── *vt.* 반점을 찍다. **∠·less** *a.* 얼룩〔반점〕이 없는.
***speck·le** [spékəl] *n.* **반점**, 얼룩; (피부의) 기미. ── *vt.* 작은 반점을 찍다. **-led** [-d] *a.* 얼룩진.
specs [speks] *n. pl.* 《口》 안경.
‡**spec·ta·cle** [spéktəkəl] *n.*(눈으로 본)

광경; 장관(壯觀); 구경거리; (*pl.*) 안경. **-cled** [-d] *a.* 안경을 쓴.

*__spec·tac·u·lar__ [spektǽkjələr] *a.* 구경거리의; 장관인, 눈부신.

‡**spec·ta·tor** [spékteitər, ⌐⌐/⌐⌐] *n.* **구경꾼; 관찰자**, 목격자; 방관자; (The S-) Addison과 Steele이 18세기 초에 발행한 영국의 한 신문.

*__spec·ter__, 《英》 **-tre** [spéktər] *n.* **유령.** **spéc·tral** [-trəl] *a.* **유령의**(같은); 〖理〗 스펙트럼의(에 의한).

*__spec·tra__ [spéktrə] *n.* spectrum의 복수.

spec·trom·e·ter [spektrámitər / -trɔ́mi-] *n.* 〖光〗 분광계(分光計).

spec·tro·scope [spéktrəskòup] *n.* 〖光〗 분광기. 「*n.* Ⓤ 분광학(술).

spec·tros·co·py [spektráskəpi/-ɔ́-]

*__spec·trum__ [spéktrəm] *n.* (*pl.* **∼s, -tra**) 〖理〗 **스펙트럼,** 분광; (눈의) 잔상(殘像); 〖라디오〗 가청 전파.

*__spec·u·late__ [spékjəlèit] *vi.* **사색하다** (*on, upon*); 추측하다(*about*); 투기(投機)를 하다(*in, on*). **—** *vt.* …의 투기를 하다. ‡**spec·u·la·tion** [⌐-léiʃən] *n.* ⓊⒸ **사색,** 추측; 투기(*in*).

*__spec·u·la·tive__ [spékjəlèitiv, -lə-] *a.* **사색적인;** 순이론적인; 위험을 내포한; 투기의, 투기적인. **∼·ly** *ad.*

*__spec·u·la·tor__ [spékjəlèitər] *n.* 사색가; 투기(업)자; 암표상.

spec·u·lum [spékjələm] *n.* (*pl.* **-la** [-lə], **∼s**) 금속경(鏡); 검경(檢鏡).

‡**sped** [sped] *v.* speed의 과거(분사).

†**speech** [spi:tʃ] *n.* Ⓤ ① **말,** 언어. ② 국어, 방언; 표현력. ③ **이야기,** 담화; 말투; 말(얘기)하기; 언어 능력. ④ Ⓒ **연설;** Ⓤ 연설법; 〖文〗 화법. ***direct*** **(*indirect, represented*) ∼** 직접(간접·묘출)화법. ***spéech·less*** *a.* **말을 못하는,** 잠자코 있는. **spéech·i·fy** [⌐əfài] *vi.* 《諧》《蔑》 연설하다, 열변을 토하다.

spéech clìnic 언어 장애 교정소.

spéech dày 《英》 (학교) 졸업식날.

speech·form [⌐fɔ:rm] *n.* 언어 형식.

spéech rèading (벙어리의) 독화법(讀話法), 독순술(讀唇術).

spéech théraphy 언어장애 교정(술).

†**speed** [spi:d] *n.* Ⓤ **신속, 빠르기;** ⓊⒸ 속도, **속력;** ⓊⒸ 〖機〗 변속 장치; Ⓤ 《古》 성공, 번영; Ⓤ 《俗》 각성(흥분)제(methamphetamine). ***at full* ∼** 전속력으로. ***wish good* ∼** 성공을 빌다. **—** *vi.* (***sped,* ∼*ed***) **급히 가다,** 질주하다(*along*); (자동차로) 위반 속도를 내다; 진행하다; 해(살아) 나가다; 《古》 성공하다. **—** *vt.* 서두르게 하다; 속력을 빨리 하다; 촉진하다; 《古》 성공시키다, 돕다(*God ∼ you!* 《古》 성공을 빕니다); 성공을(도중 무사를) 빌다(wish Godspeed to). **∼ *up*** 속도를 내다.

speed·boat [⌐bòut] *n.* 쾌속정. 「찰.

spéed còp 《俗》 속도 위반 단속 경

speed·er [⌐ər] *n.* 스피드광(狂); 차량 속도 위반자; 속도 조절 장치.

speed·ing [⌐iŋ] *n.* Ⓤ 속도 위반. **—** *a.* (차가) 속도를 위반한.

spéed lìmit 제한 속도.

speed·om·e·ter [spi:dámitər / -ɔ́mi-] *n.* 속도계.

spéed tràp 속도 감시 구역.

*__speed-up__ [spí:dʌ̀p] *n.* ⓊⒸ **가속**(加速); 생산 증가, 능률 촉진.

speed·way [⌐wèi] *n.* 《美》 고속 도로; 오토바이 경주장. 「일종.

speed·well [⌐wèl] *n.* 〖植〗 꼬리풀의

‡**speed·y** [spí:di] *a.* **민속한,** 재빠른; 조속한, 즉시의. ***spéed·i·ly** *ad.*

spe·l(a)e·ol·o·gy [spì:liálədʒi/-ɔ́l-] *n.* Ⓤ 동굴학.

‡**spell**[1] [spel] *vt.* (***spelt,* ∼*ed***) (낱말을) **철자하다;** 철자하여 …라 읽다; 의미하다, …의 결과가 되다. **—** *vi.* 철자하다. **∼ *out*** (어려운 글자를) 판독하다; 상세(명료)하게 설명하다; (생략 않고) 다 쓰다. **⌐·er** *n.* 철자하는 사람; 철자 교본.

‡**spell**[2] [spel] *n.* **주문**(呪文), 주술; 마력(魔力), 매력. ***cast a* ∼ *on*** …에 마술을 걸다, …을 매혹하다. ***under a* ∼** 마술에 걸려, 매혹되어. **—** *vi.* 주문으로 얽어매다; …을 매혹하다.

*__spell__[3] *n.* 한바탕의 일; (날씨 따위의) **한동안의 계속;** 한동안; 《美口》 병의 발작, 기분이 나쁜 때; 교대. **—** *vt.* 《주로 美》 일시 교대하다; 《濠》 …에 휴식을 주다.

spell·bind [spélbàind] *vt.* (**-*bound***) 주문으로 꼼짝못하게 얽다; 호리다.

spell·bound [⌐bàund] *a.* 주문에 걸린; 홀린.

‡**spell·ing** [spéliŋ] *n.* ⓊⒸ **철자(법).**

spélling bèe 철자 경기(시합).

spélling bòok 철자(법) 교본.

spélling pronùnciàtion 철자 발음《boatswain [bóusn]을 [bóutswèin]으로 읽는 따위》.

spelt [spelt] *v.* spell[1]의 과거(분사).

Spen·cer [spénsər], **Herbert**(1820–1903) 영국의 철학자.

†**spend** [spend] *vt.* (***spent***) ① (돈을) **쓰다**(*in, on, upon*); (노력 따위를) 들이다, 바치다, (시간을) 보내다. ② 다써버리다, 지쳐빠지게 하다. **—** *vi.* 돈을 쓰다; **낭비하다.**

spend·ing [⌐iŋ] *n.* ⓊⒸ 지출; 소비.

spénding mòney 용돈.

spend·thrift [spéndθrìft] *n.* 낭비가; 방탕자. **—** *a.* 돈을 헤프게 쓰는.

Speng·ler [spéŋglər], **Oswald**(1880–1936) 독일의 철학자·문명 비평가.

Spen·ser [spénsər], **Edmund** (1552?–99) 영국의 시인 《*The Faerie Queene*》.

†**spent** [spent] *v.* spend의 과거(분사). **—** *a.* 다 써버린; 지쳐버린. 「정액.

sperm[1] [spə:rm] *n.* 정충, 정자; Ⓤ

sperm[2] *n.* ＝SPERM WHALE; ＝SPERM OIL; ＝SPERMACETI.

sper·ma·cet·i [spə̀:rməséti, -sí:ti] *n.* Ⓤ 경랍(鯨蠟); 경뇌유(鯨腦油).

sper·mat·ic [spə:rmǽtik] *a.* 정액의, 생식의; 정낭(精囊)의.

sper·mat·o·phyte [spəːrmǽtəfàit, spə́ːrmətə- / spə́ːmətoufàit] *n.* 종자 식물.

sper·ma·to·zo·on [spəːrmæ̀təzóuən, spə̀ːrmətə-/spə̀ːmətouzóuən] *n.* (*pl.* **-zoa** [-zóuə]) 〖生〗 정충.

spérm òil 향유고래 기름.

spérm whàle 향유고래.

spew [spjuː] *vt., vi.* 토하다, 게우다.

sp. gr. 〔**ht.**〕 specific gravity 〔heat〕.

sphag·num [sfǽgnəm] *n.* (*pl.* **-na** [-nə]) ⓊⒸ 물이끼; 그 덩어리.

‡**sphere** [sfiər] *n.* ① 구(球), **구체**(球體), 구면(球面). ② 천체; 별; 지구본, 천체의(儀); 하늘, 천공(天空). ③ **활동 범위**, 영역. 「(球)(면)의.

***spher·i·cal** [sférikəl] *a.* **구형의**, 구

sphérical aberrátion (렌즈 따위의) 구면 수차(球面收差).

sphérical geómetry 구면 기하학.

sphérical tríangle 구면 삼각형.

sphérical trigonómetry 구면 삼각법. 「면 기하학〔삼각법〕.

spher·ics [sfériks] *n.* 《單數取扱》 구

sphe·roid [sfíərɔid] *n., a.* 〖幾〗 구형(球形)체(의); 회전 타원체. **-roi·dal** *a.* 「근(括約筋).

sphinc·ter [sfíŋktər] *n.* 〖解〗 괄약

‡**sphinx** [sfiŋks] *n.* (*pl.* **~es, sphin·ges** [sfíndʒiːz]) (S-) 〖希神〗 **스핑크스**《여자 머리, 사자 몸에, 날개를 가진 괴물》; 사자의 몸과 남자〔양·매〕의 머리를 가진 상(像); (S-) (카이로 부근에 있는 사자 몸·남자 얼굴의) 스핑크스 석상(石像); 수수께끼의 인물.

sphyg·mo·graph [sfígməgræ̀f, -grɑ̀ːf] *n.* 〖醫〗 맥박 기록기.

sphyg·mus [sfígməs] *n.* 맥박, 고동(pulse).

spic·ca·to [spikɑ́ːtou] *a., ad.* 〖樂〗 스피카토의〔로〕.

‡**spice** [spais] *n., vt.* ⓊⒸ **조미료, 향신료**(**를 치다**)(*with*); 방향(芳香)을 〔정취를〕 곁들이다〔곁들이는 물건〕; 《古》 기미(*of*). ***S- Islands*** =MOLUCCAS.

spic·i·ly [spáisili] *ad.* 향기롭게; 얼얼〔통쾌〕하게; 비꼬아서; 생생하게; 외설한 표현으로, 상스럽게.

spick-and-span [spíkənspǽn] *a.* 아주 새로운; 말쑥한, 산뜻한.

spic·ule [spíkjuːl, spáik-] *n.* 침상체(針狀體); 〖動〗 (해면 따위의) 침골; 〖植〗 소수상 화서(小穗狀花序).

spic·y [spáisi] *a.* 향료 같은〔를 넣은〕; 방향이 있는; 싸한; 《口》 생기가 있는; 상스런.

‡**spi·der** [spáidər] *n.* 〖蟲〗 **거미**(비슷한 것); 프라이팬; 삼발이. **~·y** [-i] *a.* 거미(집) 같은; 아주 가느다란.

spíder màn 고층 건물 따위의 높은 데서 일하는 사람.

spíder mònkey 거미원숭이《중·남

spíder wèb 거미줄. 」미산》.

spi·der·wort [spáidərwə̀ːrt] *n.* 〖植〗 자주달개비.

spiel [spiːl] 《口》 *n.* Ⓤ 이야기; Ⓒ 연설. —*vi.* 떠벌리다.

spiel·er [spíːlər] *n.* 《俗》 수다꾼; (시장 따위의) 여(마)리꾼; 야바위꾼. 「스마트한.

spiff·y [spífi] *a.* 《俗》 말쑥한(trim),

spig·ot [spígət] *n.* (통 따위의) 주둥이, 마개, 꼭지(faucet).

spik [spik] *n.* 《美口》《蔑》 스페인계 미국인, (특히) 멕시코인.

***spike**[1] [spaik] *n., vt.* **큰 못(을 박다)**; (신바닥의) 스파이크(로 상처를 입히다); 방해하다; 《美俗》 (음료에) 술을 타다.

spike[2] *n.* 이삭; 수상화서(穗狀花序).

spike·let [⌐lit] *n.* 소수상 화서(小穗狀花序), 작은 이삭.

spike·nard [spáiknɑːrd, -nərd] *n.* 〖植〗 감송(甘松)(향).

spik·y [sfáiki] *a.* ① (철도의) 큰 못같은, 뾰족한; 큰 못 투성이인. ② 《英口》 골치 아픈《상대 따위》, 완강한, 성마른.

spile [spail] *n., vt.* 나무마개, 꼭지(를 꽂다); 《美》 (수액(樹液)을 채집하기 위한) 삽관(揷管)(을 달다).

spill**[1] [spil] *vt.* (spilt, ~ed***) ① (액체·가루를) **엎지르다**, (피를) 흘리다; …을 흩뿌리다. ② 《口》 (차·말에서) 내동댕이 치다. ③ 〖海〗 (돛의) 바람을 새게 하다. ④ 《俗》 지껄이다, 누설하다. —*vi., n.* 엎질러지다, 엎질러짐; 《口》 전락.

spill[2] *n.* 지저깨비, 나뭇조각; 불쏘시개《유황을 발랐음》, 점화용 심지.

spill·o·ver [spílòuvər] *n.* 《특히》 (대도시로부터의) 넘쳐나는 인구.

spill·way [⌐wèi] *n.* (저수지의) 방수로, 여수구(餘水口).

***spilt** [spilt] *v.* spill[1]의 과거(분사).

‡**spin** [spin] *vt., vi.* (***spun,*** 《古》 ***span; spun; -nn-***) **잣다**, 방적(紡績)하다; (선반 따위를) 회전시켜 만들다; (실을) 토하다; (거미가) (집을) 짓다; (팽이 따위) 뱅글뱅글 돌(리)다; 《英俗》 낙제시키다〔하다〕; (*vi.*) 질주하다; (*vi.*) 눈이 핑 돌다, 어질어질하다. ***send a person ~ning*** 갈겨서 비틀거리게 하다. ***~ a yarn*** 장황하게 말을 늘어 놓다. ***~ out*** (시간을) 질질 끌다. —*n.* 회전; 〖空〗 나선식 강하(降下); 질주. 「**금치**.

***spin·ach** [spínitʃ, -nidʒ/-nidʒ] *n.* 시

spi·nal [spáinl] *a.* 가시의; 〖解〗 등뼈의, 척추의. 「(backbone).

spínal còlumn 〖解〗 등마루, 척주

spínal còrd 척수(脊髓).

***spin·dle** [spíndl] *n.* 방추(紡錘); **물레가락**; 굴대. —*vi.* 가늘게 길어지다.

spín·dling *a., n.* 껑충한 (사람·것).

spín·dly *a.* 껑충한.

spin·dle-leg·ged [-lègd], **-shanked** [-ʃæŋkt] *a.* 다리가 가늘고 긴.

spin·dle·legs [-lègz], **-shanks** [-ʃæŋks] *n. pl.* 가늘고 긴 다리(를 가진 사람). 「(cf. spear side).

spíndle sìde 모계(母系), 어머니쪽

spin·dri·er [spíndráiər] *n.* (세탁기의) 탈수기. 「물보라.

spin·drift [spíndrìft] *n.* Ⓤ (파도의)

spin-dry [spíndrài] *vt.* (탈수기에서 빨래를) 원심력으로 탈수하다.
***spine** [spain] *n.* **등뼈**, 척주; 〖植·動〗 가시; (책의) 등. **~d** [-d] *a.* 척주가 있는. **∠·less** *a.* 척주〔가시〕가 없는; 무골충의.
spi·nel [spinél] *n.* Ⓤ 〖鑛〗 첨정석「(尖晶石).
spin·et [spínit/spinét, ∠∸] *n.* 하프시코드 비슷한 옛 악기; 소형 피아노.
spini- 「등뼈·가시」의 뜻의 결합사.
spin·na·ker [spínikər] *n.* 〖海〗 (요트의) 이물 삼각돛.
***spin·ner** [spínər] *n.* **실잣는 사람**; 방적기(機); 거미. **~·et** [-nərèt] *n.* (누에 따위의) 방적돌기.
spin·ner·y [spínəri] *n.* 방적 공장.
spin·ney [spíni] *n.* 《英》 잡목숲.
‡**spin·ning** [spíniŋ] *n., a.* Ⓤ **방적**(의); 방적업(의).
spínning jènny (초기의) 방적기.
spínning machìne 방적기.
spínning mìll 방적 공장.
spínning whèel 물레.
spin·off [spínɔ̀(:)f, -ɑ̀f] *n.* ① 모회사가 자회사에 가지고 있는 주(株)의 배당을 모회사의 주주에 배분하는 일. ② 부산물; 파생물.
spi·nose [spáinous] *a.* 가시가 있는〔많은〕; 가시 모양의.
Spi·no·za [spinóuzə], **Baruch** or **Benedict de** (1632–77) 네덜란드의 철학자.
***spin·ster** [spínstər] *n.* **미혼 여성**; 노처녀(old maid); 실 잣는 여자. **~·hood** [-hùd] *n.* Ⓤ 「은〕; 어려운.
spin·y [spáini] *a.* 가시가 많은〔와 같
spíny rát 고슴도치.
spi·ra·cle [spáiərəkl, spír-/spáiər-] *n.* (곤충의) 숨구멍; (고래의) 분수공(噴水孔).
spi·rae·a, -re·a [spairí:ə] *n.* 조팝 나무과의 식물; 노루오줌과의 식물.
‡**spi·ral** [spáiərəl/spáiə-] *a., n.* **나선형의** (것), 나선 (용수철); 〖空〗 나선 비행; 〖經〗 (악순환에 의한) 연속적 변동. ***inflationary*** **~** 악(순환)성 인플레. **——** *vt., vi.* 나선형으로 하다〔이 되다〕. **~·ly** *ad.* 「星雲).
spíral nébula 〖天〗 와상 성운(渦狀
spíral stáircàse 나선형 계단.
spi·rant [spáiərənt] *n., a.* 〖音聲〗 마찰음(의).
‡**spire** [spaiər] *n., vt.* **뾰족탑**(을 세우다); (식물의) 가는 줄기〔싹〕. **——** *vi.* 쑥 내밀다; 싹 트다.
spi·ril·lum [spaiərίləm] *n.* (*pl.* ***-ril·la*** [-rílə]) 〖生〗 나선균.
†**spir·it** [spírit] *n.* ① Ⓤ (사람의) **정신**, 영혼. ② (the S-) 신, 성령. ③ 신령, 유령, 악마. ④ Ⓤ (종종 *pl.*) 원기; 생기; 기개; (*pl.*) 기분. ⑤ (정신면에서 본) 사람, 인물. ⑥ Ⓤ (사람들의) 기풍, 기질; 시대 정신; (입법 따위의) 정신. ⑦ Ⓤ (종종 *pl.*) 알콜, (독한) 술; 알콜 용액. ***catch a person's*** **~** 의기에 감동하다. ***give up the*** **~** 죽다. ***in high*** 〔***low, poor***〕 **~*s*** 원기있게〔없이〕, 기분이 좋아〔언짢아〕. ***in*** **~*s*** 명랑〔발랄〕하게. ***in*** (***the***) **~** 내심, 상상으로. ***people of*** **~** 패기 있는 사람들. **~** ***of the staircase*** =ESPRIT D'ESCALIER. **~** ***of wine*** 주정(酒精), (에틸) 알콜. **——** *vt.* 북돋다(*up*); 채가다, (아이를) 유괴하다(*away, off*). **~·less** *a.* 생기없는.
***spir·it·ed** [spíritid] *a.* **원기있는, 활기찬**; …정신의. **~·ly** *ad.* 「(降神)술.
spir·it·ism [spíritìzəm] *n.* Ⓤ 강신
spírit làmp 알코올 램프. 「器).
spírit lèvel 주정 수준기(酒精水準
spi·ri·to·so [spìrətóusou] *a., ad.* (It.) 〖樂〗 힘찬, 함차게, 활발한〔히〕.
‡**spir·it·u·al** [spíritʃuəl/-tju-] *a.* 영적인, **정신의**〔적인〕; 신성한; 종교〔교회〕의. **~** ***father*** 신부(神父); 〖카톨릭〗 대부(代父). **——** *n.* (미국 남부의) 흑인 영가. **~·is·tic** [⊿——ís-] *a.* 유심론적; 강신술적.
spir·it·u·al·i·ty [spìritʃuǽləti / -tju-] *n.* ⓊⒸ 영성(靈性).
spir·it·u·al·ize [spíritʃuəlàiz/-tju-] *vt.* 정신적으로 하다, 영화(靈化)하다; 마음을 정화(淨化)하다. **spir·it·u·al·i·za·tion** [⊿——izéiʃən/-lai-] *n.* Ⓤ
spi·ri·tu·el [spìritʃuél/-tju-] *a.* (F.) (*fem.* ***-elle***) 우아〔고상〕한, 세련된.
spir·it·u·ous [spíritʃuəs/-tju-] *a.* 알코올을 함유한; (발효가 아니고) 증류(蒸溜)시켜 만든.
spi·ro·ch(a)ete [spáiərəkì:t/spàiərəkí:t] *n.* (매독의) 스피로헤타, 나선상 균.
spi·rom·e·ter [spaiərάmitər/spàiərɔ́mi-] *n.* 폐활량계(肺活量計).
spirt [spə:rt] *n., v.* =SPURT.
‡**spit**[1] [spit] *vt., vi.* (***spat,*** 《古》 ***spit; -tt-***) ① (침을) **뱉다**(*at*); 《俗》 내뱉듯이 말하다(*out*). ② (*vi.*) (고양이가) 성나서 그르렁거리다. ③ (비가) 후두두 후두두 내리다, (눈이) 한두송이씩 흩날리다. **——** *n.* ① (고양이가) 성나서 그렁거림. ② Ⓤ 침; 후두두 후두두〔한두송이 씩〕 내림. ③ Ⓤ (곤충의) 게거품. ***the*** (***very, dead***) **~** ***of*** …을 꼭 닮음, …을 빼쏨.
spit[2] *n., vt.* (**-tt-**) 굽는 꼬챙이(에 꿰다); (사람을) 꿰찌르다(stab); 곶, 돌출한 모래톱(砂洲).
spit·ball [∠bɔ̀:l] *n.* 종이를 씹어서 공처럼 뭉친 것; 〖野〗 스피트볼.
spitch·cock [spítʃkɑ̀k/-kɔ̀k] *n., vt.* (뱀장어의) 꼬치구이(로 하다).
‡**spite** [spait] *n.* **악의, 원한.** ***in*** **~** ***of*** …에도 불구하고; …을 돌보지 않고. ***in*** **~** ***of oneself*** 저도 모르게. ***out of*** **~** 분풀이로, 앙심으로. **——** *vt.* …에 짓궂게 굴다. **spíte·ful** *a.* 악의가 있는, 짓궂은. **∠·ful·ly** *ad.*
spit·fire [spítfàiər] *n.* 화포(火砲); 불뚱이《사람》; (S-) 《英》 스피트파이어기(機) 《제 2 차 대전의》.
spit·tle [spítl] *n.* Ⓤ 침.
spit·toon [spitú:n] *n.* 타구(唾具).

spitz [spits] *n.* 스피츠《포메라니아종(種)의 애완용 개》. 「달.
spiv [spiv] *n.* 《英口》 암거래꾼, 건
‡**splash** [splæʃ] *vt., vi.* ① (물·흙탕물을) **튀기다**; 튀기며 가다. ② (*vt.*) 흩뿌린 것 같은 무늬로 하다. ③ (*vi.*) 튀다. ~ ***down*** (우주선이) 착수(着水)하다. ── *n.* 튀김, 철벅철벅, 첨벙; 반점(斑點). ***make a*** ~ 철벅하고 소리내다; 《口》 큰 호평을 얻다. ⌐·**y** *a.* 튀는; 철벅철벅 소리내는; 반점〔얼룩〕 투성이의. 「흙받기.
splash·board [⌐bɔ̀ːrd] *n.* (자동차의)
splash·down [⌐dàun] *n.* (우주선의) 착수(着水).
splat [splæt] *n.* (특히, 의자의) 등널.
splat·ter [splǽtər] *vi., vt., n.* (물·진흙 따위를) 튀기다〔튀김〕.
splay [splei] *vt., vi.* (창틀 따위를) 바깥쪽으로 벌어지(게 하)다, 외면 경사로 하다. ── *a.* 바깥으로 벌어진; 모양새 없는. ── *n.* 〖建〗 바깥쪽으로 벌어짐; 빗면.
splay·foot [⌐fùt] *n.* 발장다리의 편평족(扁平足).
splay·mouth [⌐màuθ] *n.* 메기입.
spleen [spliːn] *n.* 비장(脾臟), 지라; Ⓤ 언짢음, 노여움, 원한(*against*); 《古》 우울. ⌐·**ful** *a.* ⌐·**ish** *a.*
‡**splen·did** [spléndid] *a.* **화려〔장려〕한**; 빛나는, **훌륭한**, 굉장한; 《口》 근사한. ~·**ly** *ad.* ~·**ness** *n.*
splen·dif·er·ous [splendífərəs] *a.* 《口》 멋진, 호화로운.
‡**splen·dor,** 《英》 **-dour** [spléndər] *n.* Ⓤ **광휘**, 광채; **화려**; 훌륭함; (명성이) 혁혁함.
sple·net·ic [splinétik] *a.* 비장(脾臟)의, 지라의; 성마른, 까다로운.
splen·ic [splíːnik, splén-] *a.* 비장의.
splice [splais] *n., vt.* (밧줄의) 가닥을 꼬아 잇기〔잇다〕; 《俗》 결혼시키다.
spline [splain] *n., vt.* 자재 곡선자; (바퀴와 굴대의 동시 회전을 위한) 키홈(을 만들다).
splint [splint] *n., vt.* 〖外〗 부목(副木)(을 대다); 얇은 널; 비골(腓骨).
***splin·ter** [splíntər] *n.* 지저깨비; 파편. ── *vt., vi.* 쪼개(지)다, 찢(기)다, 깎이다. ── *a.* 분리된 (*a* ~ *party* 분리파). ~·**y** *a.* 찢어〔쪼개〕지기 쉬운, 파편의〔투성이인〕. 「수파.
splínter gròup 〔**pàrty**〕 분파, 소
‡**split** [split] *vt., vi.* (~; *-tt-*) ① 분열〔분리〕시키다〔하다〕 (*away*), **쪼개**〔**빠개**〕(**지**)**다** (*up*). ② 《俗》 밀고하다 (peach²). ~ ***hairs*** 〔***straws***〕 지나치게 세세한 구별을 짓다. ~ ***one's sides*** 배를 움켜 쥐고 웃다. ~ ***one's vote*** 〔***ticket***〕 (같은 선거에서) 별개의 당〔후보자〕에게 (연기(連記)) 투표하다. ~ ***the difference*** 타협〔접근〕하다. ── *a.* 쪼개〔찢어〕진, 갈라진, 분리〔분할〕된. ── *n.* ① 분할, 분리; 《口》 몫; 갈라진 금, 균열. ② 불화. ③ 《俗》 밀고자. ④ (종종 *pl.*) 양다리를 짝 벌리고 앉는 곡예. ⑤ 《口》 (술·음료의) 반 병, 작은 병. ⑥ 《口》 얇게 썬 과일에 아이스크림을 곁들인 것. **splít·ting** *a.* 빠개지는 듯한, 심한(*a* ~***ting headache***).
splít decísion 〖拳〗 레퍼리·심판 전원 일치가 아닌 판정.
splít infínitive 〖文〗 분리 부정사 《보기: He has began *to* really *understand* it.》.
splít personálity 정신 분열증; 이중 인격.
splít tícket〔**vóte**〕 (각기 다른 정당 후보자에게의) 분할 (연기(連記)) 투표.
splodge [splɑdʒ/-ɔ-] *n., v.* =SPLOTCH.
splosh [splɑʃ/-ɔ-] *n., v.* =SPLASH; Ⓤ 《英俗》 돈.
splotch [splɑtʃ/-ɔ-] *n., vt.* 큰 얼룩(을 묻히다). ⌐·**y** *a.* 얼룩진.
splurge [spləːrdʒ] *n., vt., vi.* ⓊⒸ 《美口》 과시(誇示)(하다).
splut·ter [splʌ́tər] *v., n.* =SPUTTER.
‡**spoil** [spɔil] *vt., vi.* (***spoilt,*** ~***ed***) ① **망치다**, 못쓰게 되다〔하다〕, 손상케 하다, (*vi*) (음식이) 상하다. ② 약탈하다. ③ (*vt.*) 아이를 응석받이로 키우다(*a* ~***ed child*** 버릇없는 아이). ***be*** ~***ing for*** …이 하고 싶어 좀이 쑤시다. ── *n.* Ⓤ ① 약탈(품). ② (수집가의) 발굴물. ③ (*pl.*) 《美》 (여당이 얻는) 관직, 이권.
spoil·age [⌐idʒ] *n.* Ⓤ 못쓰게 함〔됨〕, 손상(물); (음식의) 부패.
spóil·er pàrty [⌐ər] 《美》 방해 정당《2대 정당의 한쪽을 선거에서 방해하기 위해 결성된 정당》.
spoils·man [⌐zmən] *n.* 《美》 이권〔엽관〕 운동자. 「당이 차지하는》.
spóils sỳstem 《美》 엽관 제도《여
spoilt [spɔilt] *v.* spoil의 과거(분사).
†**spoke**¹ [spouk] *v.* speak의 과거.
spoke**² *n.* (수레바퀴의) 살; (사닥다리의) 가로장; 바퀴 멈추개. ***put a ~ ***in a person's wheel*** 남의 일에 헤살놓다. ── *vt.* …에 살을 달다.
†**spo·ken** [spóukən] *v.* speak의 과거분사. ── *a.* 입으로 말하는, 구두〔구어(口語)〕의. ~ ***language*** 구어.
***spokes·man** [spóuksmən] *n.* **대변인**.
spoke·wise [spóukwàiz] *a., ad.* 방사형의〔으로〕.
spo·li·a·tion [spòuliéiʃən] *n.* Ⓤ 강탈; 나포《특히 교전국에 의한 중립국 선박의》.
spon·dee [spándiː/-ɔ́-] *n.* 〖韻〗 (고전시의) 장장격(長長格); (영시(英詩)의) 양양격(揚揚格) 《⌐⌐》.
‡**sponge** [spʌndʒ] *n.* ① 〖動〗 **해면**(海綿). ② ⒸⓊ 해면 모양의 물건《빵·과자 따위》. ③ 《口》 식객; 술고래. ***pass the*** ~ ***over*** 해면으로 닦다; …을 잊어버리다. ***throw*** 〔***chuck***〕 ***up the*** ~ 〖拳〗 졌다는 표시로 해면을 던지다; 패배를 자인하다. ── *vt.* ① 해면으로 닦다〔문지르다〕 (*down, over*); 해면에 흡수시키다 (*up*). ② 《口》 우려내다, 등치다. ── *vi.* ① 흡수하다. ② 해면을 따다. ③ 기식(寄食)하다(*on, upon*).

spónge bìscuit〔**càke**〕 카스텔라의 일종. 「수세미외, 그 제품.
spónge cúcumber〔**góurd**〕〖植〗
spong·er [ˊər] *n.* 《口》 객식구, 식
spónge rúbber 스폰지 고무. └객.
***spon·gy** [spʌ́ndʒi] *a.* 해면질〔모양〕의, 구멍이 많은, 흡수성의, 푹신푹신한.
spon·son [spánsən/-ɔ́-] *n.* 〖船〗 뱃전의 쑥 내민 부분; (수상기(水上機)의) 안정 부주(浮舟).
‡**spon·sor** [spánsər/-ɔ́-] *n.* ① 대부(代父), 대모(代母). ② 보증인; 후원자; (방송의) 광고주, 스폰서. ── *vt.* ① 보증하다, 후원하다. ② 방송 광고주가 되다. *~·**ship** [-ʃìp] *n.* Ⓤ
spon·ta·ne·ous** [spɑntéiniəs/spɔn-] *a.* 자발적인; 자연발생적인; 천연의; (문장이) 시원스러운. ~ ***combustion 자연 발화(發火). ~·**ly** *ad.* ~·**ness** *n.* **spon·ta·ne·i·ty** [ˋtəníː-əti] *n.* Ⓤ 자발〔자연〕성; Ⓒ 자발행위.
spontáneous generátion 〖生〗 자연발생(설).
spoof [spuːf] *vt., vi., n.* 《俗》 장난으로 속이다〔속임〕; 놀리다; 흉내(내다).
spook [spuːk] *n.* 《口》 유령. ˊ·**y** *a.* 《口》 유령같은; 무시무시한; 겁많은.
spool [spuːl] *n., vt.* 실패(에 감다).
‡**spoon** [spuːn] *n.* ① 숟가락(모양의 물건). ② 높이치기용(用)의 골프채의 일종《끝이 나무로 됨》. ③ (낚시의) 미끼쇠. ***be born with a silver*** 〔***gold***〕 ~ ***in one's mouth*** 부자집에 태어나다. ***be*** ~***s on*** …에 반하다. ***hang up the*** ~ 《俗》 죽다. ── *vt., vi.* ① 숟가락으로 뜨다(*out, up*). ② 《俗》 새롱거리다, 애무하다. ˊ·**ful** [ˊfùl] *n.* 한 술.
spoon·bill [ˊbìl] *n.* 〖鳥〗 노랑부리저어새. 「물보라.
spoon·drift [ˊdrìft] *n.* Ⓤ (파도의)
spoon-fed [ˊfèd] *a.* 숟가락으로 음식을 받아먹는; 과잉 보호의; (산업 따위가) 보호 육성된.
spoon-feed [ˊfìːd] *vt.* (***-fed***) 숟가락으로 떠먹이다; 떠먹이듯 가르치다; 너무 어하다.
spóon fòod〔**mèat**〕 유동식(流動食).
spoon·y [ˊi] *n., a.* 《주로 英》 얼간이(의); 《口》 여자에 무른 (남자) (*on, upon*).
spoor [spuər] *n., vt., vi.* 자귀(짚다).
spo·rad·ic [spərǽdik], **-i·cal** [-əl] *a.* 산발적인; 산재(散在)하는, 드문드문한; 돌발적인. **-i·cal·ly** *ad.*
spo·ran·gi·um [spouræ̀ndʒiəm] *n.* (*pl.* ***-gia*** [-dʒiə]) 〖植〗 포자낭(胞子囊).
***spore** [spɔːr] *n., vi.* 〖植〗 홀씨〔포자·종자〕(가 생기다).
spo·ro·phyl(l) [spɔ́ːrəfil] *n.* 〖植〗 포자엽(胞子葉).
spo·ro·phyte [spɔ́ːrəfàit] *n.* 〖植〗 포자체(胞子體), 포자 식물.
spor·ran [spárən/-ɔ́-] *n.* (정장한 스코틀랜드 고지 사람이 kilt 앞에 차는) 털가죽 주머니.
†**sport** [spɔːrt] *n.* ① Ⓤ 오락; 운동, 경기. ② (*pl.*) 운동〔경기〕회. ③ ⓊⒸ 농담, 장난(*a* ~ *of terms* 〔*wit, words*〕 익살); 조화(造化)의 장난, (돌연) 변종(變種); 농락당하는 것(*the* ~ *of the fortune*). ④ 운동가, 사냥꾼; 《口》 노름꾼; 좋은 녀석; 시원시원한 남자. ***for*** 〔***in***〕 ~ 농으로. ***make*** ~ ***of*** …을 놀리다. ── *vi.* 놀다, 장난치다; 까불다, 희롱하다(*with*). ── *vt.* 낭비하다; 《口》 과시하다. *ˊ·**ing** *a.* 스포츠맨다운, 스포츠용의; 정정당당한; 모험적인.
spórting hòuse 《美口》 도박장; 갈보집. 「까부는.
spor·tive [ˊiv] *a.* 장난치는, 장난의,
spórt(s) càr 스포츠카.
sports·cast [spɔ́ːrtskæ̀st, -ɑ̀ː-] *n.* 스포츠 방송.
‡**sports·man** [ˊmən] *n.* (*fem* ***-woman***) 스포츠맨, 운동가, 사냥꾼; 정정당당히 행동하는 사람; 《美古》 도박사. ~·**like** [-làik] *a.* ‡~·**ship** [-ʃìp] *n.* Ⓤ
sports·wear [ˊwɛ̀ər] *n.* Ⓤ 운동복; 간이복.
sport·y [spɔ́ːrti] *a.* 《口》 운동가다운; 발랄한; (복장이) 멋진, 스포티한 (opp. dressy); 화려한; 태도가 괄괄한.
†**spot** [spɑt/-ɔ-] *n.* ① 점, 얼룩, 반점; 〖天〗 (태양의) 흑점. ② 오점, 결점, 오명. ③ (어떤) 지점, 장소. ④ 《口》 조금. ⑤ 《美俗》 1달러(*a ten* ~, 10달러 지폐). ⑥ 집비둘기의 일종; 〖魚〗 조기류(類). ⑦ (*pl.*) 〖商〗 현물. ***hit the*** ~ 《口》 만족하다, 꼭 알맞다, 더할 나위 없다. ***on*** 〔***upon***〕 ***the*** ~ 즉석에서, 당장; 그 장소에(서); 《俗》 빈틈없이, 준비가 되어; 《俗》 곤경에 빠져; 《俗》 위험에 노출되어(*be put on the* ~ 피살되다). ── *vt.* (***-tt-***) ① 반점〔얼룩·오점〕을 묻히다; 얼룩지게 하다. ② 산재(散在)시키다. ③ 《口》 (우승자·범인 따위를) 점찍다, 알아내다, 발견하다. ── *a.* 당장의, 현금(거래)의; 현장인도(現場引渡)의 (~ *wheat*); 〖TV·라디오〗 현지 (중계) 프로의.
spót annòuncement 짧은 (삽입)
spót càsh 현금. └광고 방송.
spót chèck 〔**tèst**〕 《美》 무작위〔임의〕 견본 추출; 불시 점검(點檢).
***spot·less** [spátlis/-ɔ́-] *a.* 얼룩〔결점〕이 없는; 결백한.
***spot·light** [ˊlàit] *n., vt.* 〖劇〗 스포트라이트(를 비추다); (세인의) 주시.
spót màrket 현물 시장.
spót néws 긴급〔임시〕 뉴스.
spot-on [spátàn/spɔ́tɔ̀n] *a., ad.* 《英口》 정확한〔히〕, 확실한〔히〕.
spot·ted [ˊid] *a.* 반점〔오점〕이 있는, 얼룩덜룩한; (명예를) 손상당한.
spótted féver 텍사스열(熱); 뇌척수막염. 「한결같지 않은.
spot·ty [ˊi] *a.* 얼룩〔반점〕투성이의;
spous·al [spáuzəl] *n., a.* 결혼(의); (보통 *pl.*) 결혼식. 「부부.
***spouse** [spaus, -z/-z] *n.* 배우자; (*pl.*)
***spout** [spaut] *vt., vi.* ① 내뿜다. ②

(으스대며) 도도히 말하다. ③ (*vt.*) 《俗》 전당잡히다. — *n.* ① (주전자·펌프 등의) 주둥이, 꼭지. ② 분출, 분류; 회오리, 물기둥. ③ (옛날 전당포의) 전당물 반송(搬送) 승강기. ④ 《英俗》 전당포. *up the* ~ 《英俗》 전당잡혀; 곤경에 놓여.

S.P.Q.R. *Senatus Populusque Romanus* (L. =the Senate and People of Roman); small profits and quick returns. **S.P.R.** Society for Physical Research. 「삠; 삐다.

sprain [sprein] *n., vt.* (손목 등을)

‡**sprang** [spræŋ] *v.* spring의 과거.

sprat [spræt] *n.* 청어속(屬)의 작은 물고기. *throw a* ~ *to catch a herring* 새우로 잉어를 낚다.

***sprawl** [sprɔ:l] *vi., vt., n.* **큰대자로 드러눕다**[누움], 큰대자로 때려 눕히다[눕힘]; 마구 퍼지다[퍼짐].

‡**spray** [sprei] *n.* ① Ⓤ **물보라**. ② 흡입기(吸入器), 분무기. ③ (잎·꽃·열매 따위가 달린) 작은 가지, 가지 무늬[장식]. — *vt., vi.* ① **물보라를 일으키다**[일게 하다], 안개[살충제]를 뿜다(*upon*). ② 산탄(散彈)을 퍼붓다(*upon*). ⌐**·er** *n.* 분무기, 흡입기.

spráy gùn (도료·살충제의) 분무기.

†**spread** [spred] *vt., vi.* (~) ① **펴다**, 펼치다, 퍼뜨리다, 퍼지다, 유포(流布)하다. ② (*vt.*) 흩뿌리다, 바르다 (~ *bread with jam* 빵에 잼을 바르다). ③ 배치하다; (식사를) 차리다 (~ *for dinner;* ~ *the table;* ~ *tea on the table*). ④ 뻗(치)다. ⑤ (*vi.*) 걸치다, 미치다, 열리다, 피다, 번지다. ~ *oneself* 퍼지다, 뻗다; 《口》 자신을 잘 보이려고 노력하다; 분발하다; 충분히 실력을 나타내다; 자랑하다. — *n.* ① 폭, 퍼짐, 범위. ② 유포(流布); 유행, 보급. ③ 《口》 성찬. ④ 시트, 식탁보. ⑤ ⓊⒸ (빵에) 바르는 것. ⑥ 《美》 (신문의) 큰 광고, 큰 기사, 2페이지에 걸친 삽화. ⑦ 《美口》 (원가와 매가의) 차액.

spréad éagle 날개를 펼친 독수리 《미국의 국장(國章)》; 자랑꾼.

spread-ea·gle [⌐ì:gl] *a., vt.* 날개를 편 독수리 형태의; 《美口》(특히 미국이) 제나라 풍을 치는.

spree [spri:] *n.* 법석댐, 흥청거림; 술잔치. *on the* ~ 들떠서.

sprig [sprig] *n., vt.* (**-gg-**) 어린 가지(를 치다); (도기·천에) 잔가지(무늬)(를 넣다); 《蔑》 애송이. 「[하게].

***spright·ly** [spráitli] *a., ad.* **쾌활한**

†**spring** [spriŋ] ① **샘**(*a hot* ~ 온천); 원천, 원동력. ② 기원, 근원, 시작. ③ **봄**. ④ ⓊⒸ 청춘(시절). ⑤ 도약(蹈跳). ⑥ ⓊⒸ 반동; 탄력. ⑦ **용수철**, 태엽, 스프링. — *vi.* (***sprang, sprung; sprung***) ① (근원을) 발하다, 싹트다, 생기다, 일어나다. ② **도약하다**, 뛰다, 튀다; 튀기다(*off*); 우뚝 솟다. ③ (판자가) 휘다, 굽다. — *vt.* ① 뛰어 넘다, 뛰어오르게 하다. ② 찢다, 가르다; 휘게 하다; 폭발시키다. ③ 용수철을 되튀기게 하다, 용수철을 달다. ④ 느닷없이 꺼내다(*He sprang a surprise on me.*). ⑤ 날아가게 하다. ⑥ 《美俗》 석방하다. ~ ***a leak*** 물샐 구멍이 생기다. ~ ***a mine*** 지뢰를 폭발시키다. ~ ***a somersault*** 재주 넘다. ~ ***on***[***upon***] …에 덤벼 들다.

spríng bálance 용수철 저울.

spring·board [spríŋbɔ̀:rd] *n.* 뜀판.

spring·bok [⌐bàk/-ɔ̀k] *n.* (남아프리카의) 영양(羚羊)의 일종. 「풋내기.

spríng chícken 영계, 햇닭; 《俗》

spring-clean [⌐klí:n] *vt.* …의 춘계 대청소를 하다. ~**·ing** *n.* Ⓤ

springe [sprindʒ] *n.* 덫(trap[1]).

spring·er [spríŋər] *n.* 뛰는 것《사람·개·물고기 따위》, (특히) 범고래; 햇닭. 「춘수(春愁).

spríng féver 초봄의 나른한 느낌,

spríng gùn (동물이 닿으면 발사되는) 용수철 총(set gun). 「HALT.

spríng·halt [⌐hɔ̀:lt] *n.* =STRING-

spríng·head [⌐hèd] *n.* 근원, 원천.

spríng lòck 용수철 자물쇠.

spríng tíde 한사리; 분류.

spring·tide [⌐tàid] *n.* =SPRINGTIME.

‡**spring·time** [⌐tàim] *n.* Ⓤ **봄**; 청춘.

spring·y [spríŋi] *a.* 용수철 같은, 탄력있는; 경쾌한; 샘이 많은, 습한.

‡**sprin·kle** [spríŋkəl] *vt.* (물·재 따위를) 끼얹다, 붓다, **뿌리다**. — *vi.* 물을 뿌리다; 비가 뿌리다(*It* ~*s.*). — *n.* ① 흩뿌림. ② 부슬비, ③ 드문드문함, 소량. ***sprín·kling** *n.* Ⓤ **흩뿌리기**, 살수; Ⓒ (비 따위가) 뿌림; 조금, 드문드문함(*a sprinkling of gray hairs* 희끗희끗한 머리).

sprin·kler [-ər] *n.* 살수기[차]; 스프링클러, 물뿌리개. 「장치.

sprínkler sỳstem 자동 살수 소화

sprint [sprint] *n., vi.* 단거리 경주; 단시간의 대활동; 단거리를 질주하다. ⌐**·er** *n.* 단거리 선수.

sprit [sprit] *n.* 〖船〗 사형(斜桁) 《돛을 펼치는 활대》.

sprite [sprait] (<spirit) *n.* 요정(妖精); 도깨비, 유령. 「형범(斜桁帆).

sprit·sail [sprít-sèil; 《海》 -səl] *n.* 사

sprock·et [sprákit/-ɔ́-] *n.* 사슬톱니바퀴(~ wheel)《자전거 등의》.

***sprout** [spraut] *n.* ① 눈, 새싹. ② (*pl.*) 싹양배추(Brussels sprouts). — *vi.* **싹이 트다**; 갑자기 자라다. — *vt.* ① 싹트게 하다. ② (뿔·수염을) 기르다. ③ …의 싹[순]을 따다. 「의 나무; 그 재목.

***spruce**[1] [spru:s] *n.* 가문비나무속(屬)

spruce[2] *a.* 말쑥한(trim). — *vt., vi.* (옷차림을) 말쑥하게[맵시 있게]하다(*up*). ⌐**·ly** *ad.*

sprue [spru:] *n.* 〖鑄造〗 탕구(湯口). 「사).

‡**sprung** [sprʌŋ] *v.* spring의 과거(분

spry [sprai] *a.* 활발한; 재빠른(nimble).

spt. seaport.

spud [spʌd] *n., vt.* (**-dd-**) 작은 가래(로 파다; 로 제거하다); 《口》 감자.

spue [spju:] *v.* =SPEW.
spume [spju:m] *n.*, *vi.* [UC] 거품(이 일다) (foam). **spúm·y** *a.*
spu·mo·ne [spu:móuni, spə-] *n.* [U] (It.) (잘게 썬 과일·호두가 든 이탈리아식) 아이스크림.
‡**spun** [spʌn] *v.* spin의 과거(분사). —— *a.* 자은; 실 모양으로 한, 잡아 늘인.
spún gláss 유리 섬유.
spún góld 금실.
spunk [spʌŋk] *n.* [U] 《口》 용기; 부싯깃(tinder). ***get one's ~ up*** 《口》 용기 백배하다. **∠·y** *a.* 《口》 씩씩한, 용기있는; 성마른.
spún ráyon 방적 인견.
spún sílk 방적 견사(絹絲).
spún súgar 솜사탕.
spún yárn 〖海〗 꼰 밧줄.
‡**spur** [spə:r] *n.* ① **박차**. ② 격려. ③ (새의) 며느리발톱. ④ 짧은 가지; (바위·산의) 돌출부. ⑤ (등산용) 아이젠. ***on the ~ of the moment*** 얼떨결에, 앞뒤 생각없이, 순간적인 …로. ***win one's ~s*** 〖史〗 (황금의 박차와 함께) knight 작위를 받다; 이름을 떨치다. —— *vt.*, *vi.* (**-rr-**) 박차를 가하다〔달다〕; 격려〔자극〕하다. ***~ a willing horse*** 필요 이상으로 재촉하다.
spurge [spə:rdʒ] *n.* =EUPHORBIA.
spu·ri·ous [spjúəriəs] *a.* 가짜의 (false); 그럴싸한; 사생아의.
***spurn** [spə:rn] *vt.*, *vi.* **쫓아버리다**; 걷어차다; 일축하다. —— *n.* 걷어차기; 일축; 퇴짜, 자빡.
***spurt** [spə:rt] *n.*, *vi.*, *vt.* **분출(하다)**; 한바탕 분발(하다), 역주(力走)(하다).
spúr whèel 〖機〗 평(平)톱니바퀴.
Sput·nik [spútnik, -∠-] (<Russ. = satellite) *n.* 스푸트니크 《소련에서 1957년에 쏘아 올린 인공 위성》.
***sput·ter** [spʌ́tər] *vi.*, *vt.* **침을 튀기다**〔튀기며 말하다〕; (불똥 등이) 탁탁 튀다. —— *n.* 입에서 튀김〔튀어나온 것〕; 빨리 말함; 탁탁하는 소리.
spu·tum [spjú:təm] *n.* [UC] (*pl.* ***-ta*** [-tə]) 침(saliva); 담, 가래.
‡**spy** [spai] *n.* **스파이** (행위). —— *vt.*, *vi.* 탐정〔염탐〕하다(*on*); 찾아내다(*out*); 면밀히 조사하다(*into*).
spy·glass [∠glæ̀s, -ɑ:-] *n.* 작은 망원경.
spy-hole [spáihòul] *n.* (문에 설치한 방문자 확인용의) 내다보는 구멍.
spý rìng 간첩단(團).
Sq. Squadron. **sq.** sequence; *sequens* (L. =the following one); square. **sq. in.** square inch(es). **sq. mil.** square mile(s). **sqq.** *sequentia* (L. =the following ones).
squab [skwɑb/-ɔ-] *n.*, *a.* (날개가 아직 돋지 않은) 새끼 비둘기; 똥똥한 (사람); 《英》 쿠션.
squab·ble [∠l] *n.*, *vi.* (사소한 일로) 싸움(을 하다)(*with*).
***squad** [skwɑd/-ɔ-] *n.* 〖軍〗 **분대**, 반; 팀.
squád càr (경찰의) 순찰차.
***squad·ron** [∠rən] *n.* **기병 대대**《120–200명》; 소함대; 비행 중대; 집단.
squádron lèader 《英》 비행 중대장 《소령》.
squal·id [skwɑ́lid/-ɔ́-] *a.* 더러운, 너저분한(filthy); 천한(mean²). **~·ly** *ad.* **~·ness** *n.* **squa·líd·i·ty** *n.* [U]
***squall**¹ [skwɔ:l] *n.* **돌풍**, 질풍, 스콜; 《口》 싸움, 소동. —— *vi.* 질풍이 휘몰아치다. **∠·y** *a.* 돌풍의; 《口》 험악한.
squall² *vi.*, *vt.*, *n.* 꽥꽥 떠들다〔소리치다〕; 그 소리. **∠·er** *n.*
squal·or [skwɑ́lər/-ɔ́-] *n.* =SQUALIDNESS.
squa·mous [skwéiməs] *a.* 비늘 모양의; 비늘로 덮인.
squan·der [skwɑ́ndər/-ɔ́-] *n.*, *vt.*, *vi.* 낭비(하다).
†**square** [skwɛər] *n.* ① **정사각형**. ② (사각) **광장**, (시가의) 한 구획. ③ T자, 곱자. ④ 평방, **제곱**《생략 sq.》. ⑤ 방진(方陣) (*a magic ~* 마(魔)방진). ***by the ~*** 정밀하게. ***on the ~*** 직각으로; 《口》 정직〔공평〕하게. ***out of ~*** 직각을 이루지 않고; 비스듬히; 《口》 불규칙〔부정확〕하게. —— *a.* ① **정사각형〔네모〕의**. ② 모난; 튼튼한. ③ 정직한, 꼼꼼한; **공평한**. ④ 수평의; 평등의, 대차(貸借)가 없는. ⑤ 평방의(*six feet ~*, 6피트 평방/*six ~ feet*, 6평방 피트). ⑥ 《口》 (식사 따위) 충분한. ***get (things) ~*** (일을) 정돈하다. ***get ~ with*** …와 대차(貸借)없이 되다, 비기다, 보복〔대갚음〕하다. —— *vt.* ① 정사각형〔직각·수평〕으로 하다. ② (대차관계를) 결산〔청산〕하다(settle). ③ 시합의 득점을 동점으로 하다. ④ 일치〔조화〕시키다. ⑤ 〖數〗 제곱하다. ⑥ (어깨를) 펴다. ⑦ 《俗》 매수하다. —— *vi.* ① 직각을 이루다. ② 일치하다. ③ 청산하다. ***~ accounts*** 결산〔대갚음〕하다(*with*). ***~ away*** 〖海〗 순풍을 받고 달리다. ***~ off*** 자세를 취하다. ***~ oneself*** 《口》 (과거의 잘못을) 청산하다, 보상하다. ***~ the circle*** 불가능한 일을 꾀하다. —— *ad.* ① 직각〔사각〕으로. ② 정통〔정면〕으로. ③ 공정〔정직〕하게. ***squáre·ly** *ad.* **정사각형〔사각·직각〕으로**; 정직〔공정〕하게; 정면으로; 단호히. **∠·ness** *n.* [U]
squáre bráckets 〖印〗 꺾쇠괄호 《[ ]》.
squáre dànce 스퀘어댄스.
squáre déal 공평한 처사.
squáred páper 모눈종이, 방안지.
square·head [∠hèd] *n.* 《美俗》《蔑》 스칸디나비아〔독일, 네덜란드〕에서 온 북미 이민(移民).
squáre knòt =REEF KNOT.
squáre méasure 〔númber〕 〖數〗 제곱적(積)〔수〕.
square-rigged [∠rígd] *a.* 〖海〗 가로돛식의.
squáre róot 제곱근.
squáre sàil 가로돛.
squáre shóoter 《口》 정직한 사람.
square-shoul·dered [∠ʃóuldərd] *a.* 어깨가 딱 벌어진.
square-toed [∠tóud] *a.* (구두의) 끝이 네모진; 구식인; 꼼꼼한(prim).

squar·ish [skwέəriʃ] *a.* 네모진.

***squash**[1] [skwɑʃ/-ɔ-] *vt., vi.* ① 으깨다; 으끄러[으스러]지다; 흐물흐물하게 하다[되다]. ② 억지로 밀어넣다[헤치고 들어가다](*into*). ③ (*vt.*)진압하다,《口》 끽소리 못하게 하다. ~ *hat* 소프트 (모자). —— *n.* ① CU 짜그러짐[뜨림]; 와싹하는 소리. ② UC 으스러져 흐물흐물한 물건. ③ UC 《英》 과즙 음료. ④ U 정구 비슷한 공놀이. ∠·**y** *a.* 으스러지기 쉬운; 흐물흐물한; 모양이 찌그러진.

squash[2] *n.* 호박류(類).

***squat** [skwɑt/-ɔ-] *vi.* (~*ted, squat; -tt-*) 웅크리다, 쭈그리다; 《口》 펄썩 앉다; 공유지[남의 땅]에 무단히 거주하다. —— *a.* 웅크린(*a* ~ *figure*); 땅딸막한. —— *n.* 웅크리기; 쭈그린 자세. **squát·ter** *n.* **squát·ty** *a.* 땅딸막한.

squaw [skwɔː] *n.* 북아메리카 토인의 여자[아내]; 《諧》 마누라.

squawk [skwɔːk] *vi., n.* (물새 따위가) 꽥꽥[깍깍]거리다; 그 소리; 《美俗》 (큰 소리로) 불평(을 하다).

***squeak** [skwiːk] *vi., n.* —— (쥐 따위가) 찍찍 울다[우는 소리], 끽끽거리다[거리는 소리]; 삐걱거리다[거리는 소리]; 《英俗》 밀고하다. —— *vt.* 꽥꽥하는 소리로 말하다. *narrow* ~ 《俗》 위기 일발. ∠·**y** *a.* 끽끽하는, 삐걱거리는. ∠·**er** *n.* 끽끽거리는 것; 꽥꽥거리는 사람; 《英俗》 밀고자.

squeal [skwiːl] *vi., vt., n.* 끽끽 울다[우는 소리]; 비명(을 울리다); 《俗》 밀고하다. ∠·**er** *n.* 끽끽 우는 동물; 《俗》 밀고자.

squeam·ish [skwíːmiʃ] *a.* (괴)까다로운, 결벽한; 곧잘 느글거려지는; 점잔빼는.

squee·gee [skwíːdʒiː, –∠/∠∠, –∠] *n., vt.* (물기를 닦아내는) 고무 걸레(로 훔치다).

‡**squeeze** [skwiːz] *vt.* ① 굳게 쥐다[악수하다], 꽉 껴안다. ② 밀어[틀어]넣다(*in, into*); 압착하다; 짜내다(*out, from*). ③ 착취하다. ~*d orange* 즙을 짜낸 찌끼; 더 이상 이용가치가 없는 것. —— *vi.* ① 압착되다, 짜지다. ② 밀어 헤치고 나아가다(*in, into, out, through*). —— *n.* ① 꽉 쥠[껴안음]. ② 압착, 짜냄. ③ 혼잡, 붐빔. ④ 짜낸(소량의) 과일즙 (따위). ⑤ 곤경. ⑥ 본뜨기. **squéez·er** *n.* 압착기.

squéeze plày 〖野〗 스퀴즈플레이; 〖카드〗 으뜸패로 상대방의 중요한 패를 내놓게 하기.

squelch [skweltʃ] *vt.* 짓누르다, 찌부러뜨리다; 진압하다; 《口》 끽소리 못하게 하다. —— *n., vi.* 철벅철벅하는 소리(를 내다); 찌부러진 물건; 《口》 끽소리 못하게 하기.

squib [skwib] *n.* 폭죽; 도화 폭관(導火爆管); 풍자. —— *vt., vi.* (*-bb-*) 풍자하다; (폭죽을) 터뜨리다.

squid [skwid] *n.* 오징어.

squif·fy [skwífi] *a.* 《英俗》 거나하게 취한.

***squint** [skwint] *n.* 흑보기, 사팔눈 [뜨기]; 곁눈질, 《口》 훌낏[스쳐] 보기, 일별; 경향(*to, toward*). —— *vi.* 사팔눈이다; 곁눈질로[눈을 가늘게 뜨고] 보다(*at, through*); 얼핏 보다(*at*); 경향이 있다. —— *vt.* 사팔눈으로 하다; (눈을) 가늘게 뜨다.

squint-eyed [∠àid] *a.* 사팔눈의; 편견을 가진.

‡**squire** [skwaiər] *n.* 《英》 시골 유지, (지방의) 대(大)지주; 《美》 치안[지방] 판사; 기사의 종자(從者); 여자를 모시고 다니는 신사. —— *vt.* (주인·여자를) 모시고 다니다.

squir(e)·ar·chy [skwáiərɑːrki] *n.* (영국의) 지주 계급; U 지주 정치.

squirm [skwəːrm] *vi., n.* 꿈틀[허위적]거리다[거림]; 몸부림치다[침]; 머뭇거리다[거림]; 어색해 하다[하기]. ∠·**y** *a.*

‡**squir·rel** [skwə́ːrəl/skwír-] *n.* 다람쥐; U 그 털가죽.

squirt [skwəːrt] *n., vt., vi.* 분출(하다); 분수; 주사기; 《口》 건방진 젊은이(upstart).

sq. yd. square yard(s). **Sr** 〖化〗 strontium. **Sr.** Senior; *Señor;* Sir; Sister. **SRAM** short-range attack missile. **SRBM** short-range ballistic missile.

Srí Lán·ka [sríː lάːŋkə] *n.* 스리랑카(Ceylon의 고친 이름).

S.R.O. STANDING ROOM Only. **SS** *Sancti* (L. =Saints); Saints; steamship. **S.S.** Silver Star; Sunday School; *Schutzstaffel* 나치스 독일의 친위대. **SSA** Social Security Act. **S.S.A.F.A.** 《英》 Soldiers', Sailors' and Airmen's Families Association. **SSCAE** 《美》 Special Senate Committee on Atomic Energy. **SSE** south southeast. **S.Sgt** staff sergent. **SSM** surface-to-surface missile. **S.S.R.C.** 《英》 Social Science Research Council. **SSS** 《美》 Selective Service System. **SST** supersonic transport.

S-state [ésstèit] *n.* 〖理〗 정상 상태(定常狀態) 《0의 궤도각 운동을 가진 (원자내) 전자의 에너지 상태》.

SSW south-southwest.

‡**St.**[1] [seint, sənt, sint] *n.* =SAINT.

‡**St.**[2] Strait; stratus; Street. **st.** stanza; stet; stitch; stone; stumped.

‡**stab** [stæb] *vt.* (*-bb-*), *n.* (푹) 찌르다; (푹) 찌름; 중상(하다); 《口》 기도(企圖). —— *vi.* 찌르며 덤벼들다(*at*). ~ (*a person*) *in the back* (아무를) 중상하다. ∠·**ber** *n.* 찌르는 것; 자객.

‡**sta·bil·i·ty** [stəbíləti, -li-] *n.* UC 안정; 고정, 불변; 착실.

***sta·bi·lize** [stéibəlàiz] *vt.* 안정시키다; …에 안정 장치를 하다. **-liz·er** *n.* 안정시키는 사람[것]; 안정 장치.

***sta·bi·li·za·tion** [∸-lizéiʃən/-lai-]

n. Ⓤ 안정, 고정.

***sta·ble**[1] [stéibl] *n.* ① **마구간**, 외양간. ② 《集合的》 (마구간의) 말. ③ 〖競馬〗 말 조련장〔기수〕. ④ 《俗》 《集合的》 (한 사람의 감독밑의) 사람들〔권투선수, 매춘부들〕. ── *vt., vi.* 마구간에 넣다〔살다〕.

‡**sta·ble**[2] *a.* **안정된**, 견고한; 〖理·化〗 안정(성)의; 영속성의; 착실한; 복원력(復原力)이 있는.

sta·ble·boy [-bɔ̀i], **-man** [-mən, -mæ̀n] *n.* 마부《특히 소년》.

stac·ca·to [stəkɑ́:tou] *ad., a.* (It.) 〖樂〗 단음적(斷音的)으로; 단음적인.

stack** [stæk] *n.* ① (건초·밀짚 따위의) **더미**; 낟가리. ② 〖軍〗 걸어총. ③ 《口》 다량, 많음. ④ 조립 굴뚝; (기차·기선의) 굴뚝. ⑤ (*pl.*) 서가(書架). ***S- arms! 걸어총. ── *vt.* ① 낟가리를 쌓다; ② 걸어총하다. ③ 〖空〗 (착륙 대기 비행기를) 고도차를 두어 대기시키다. ④ 〖카드〗 부정한 수로 카드를 치다. ***have the cards ~ed against one*** 대단히 불리한 입장에 놓이다.

stacked [stækt] *a.* 《美俗》 (여성이) 육체미 있는.

stáck ròom (도서관의) 서고(書庫).

sta·di·a [stéidiə] *n.* 〖測〗 스타디아, 시거의(視距儀).

‡**sta·di·um** [stéidiəm, -djəm] *n.* (*pl.* ***~s, -dia*** [-diə]) ① **육상 경기장**, 스타디움. ② 〖古그〗 경주장.

‡**staff** [stæf, -ɑ:-] *n.* (*pl.* ***~s, staves***) ① **지팡이**, 막대기, 장대. ② 지탱, 의지. ③ 권표(權標). ④ (창 따위의) 자루. ⑤ (이하 *pl.* ***~s***) 직원, 부원; 〖軍〗 **참모**. ⑥ 〖樂〗 보표. ***be on the ~*** 직원〔간부〕이다. ***editorial ~*** 《集合的》 편집국(원). ***general ~*** 일반 참모; 참모부. ***~ of old age*** 노후의 의지. ***~ of life*** 생명의 양식. ── *vt.* 직원을 두다.

stáff cóllege 〖英軍〗 참모 대학.

stáff òfficer 참모.

Staf·ford·shire [stǽfərdʃìər, -ʃər] *n.* 영국 중부의 주《생략 Staffs.》.

stáff sérgeant 〖美軍〗 하사.

***stag** [stæg] *n.* (성장한) **수사슴**; (거세한) 수짐승; 《美》 (파티에서) 여자를 동반치 않은 남자; =STAG PARTY. ── *a.* 남자들만의.

†**stage** [steidʒ] *n.* ① **무대**; (the ~) 연극; 배우업(業). ② 활동 무대. ③ 연단, 마루; 발판. ④ 역, 역참(驛站); (역참간의) 여정; 역〔승합〕마차. ⑤ (발달의) **단계**. ***by easy ~s*** 천천히, 쉬엄쉬엄. ***go on the ~*** 배우가 되다. ── *vt.* 상연하다; 연출하다; 계획〔꾀〕하다. ── *vi.* 상연에 알맞다.

***stage·coach** [∠kòutʃ] *n.* **역마차**, (정기의) 승합 마차.

stage·craft [∠kræ̀ft, -ɑ̀:-] *n.* Ⓤ 극작〔연출〕법. 「람.

stáge crèw 무대 뒤에서 일하는 사

stáge desìgner 무대 장치가.

stáge dirèction 연출; 각본(脚本)에서의 지시서 《생략 S.D.》.

stáge dirèctor 무대 감독, 연출자.

stáge effèct 무대 효과.

stáge frìght (배우의) 무대 공포증.

stage·hand [∠hæ̀nd] *n.* 무대계원.

stáge mànager 무대 조감독.

stag·er [∠ər] *n.* 경험자, 노련한 사람.

stáge ríght (극의) 상연권, 흥행권.

stáge sèt(ting) 무대 장치.

stage-struck [∠strʌ̀k] *a.* 무대 생활을 동경하는.

stáge whìsper 〖劇〗 큰 소리로 하는 속삭임. 「영화》.

stág fílm 남성용 영화《도색·괴기

stag·fla·tion [stæ̀gfléiʃən] *n.* Ⓤ 〖經〗 스태그플레이션《불황 속의 물가고》.

‡**stag·ger** [stǽgər] *vi., vt.* ① **비틀거리**(게 하)다, 흔들리(게 하)다. ② 망설이(게 하)다, 주춤하(게 하)다. ③ (이하 *vt.*) 깜짝 놀라게 하다. ④ 충격을 주다. ⑤ 서로 엇걸리게 배열하다; (시업 시간·휴식 시간 따위를) 시차제로 하다. ── *n.* ① 비틀거림. ② (*pl.*) 현기, 어지러움. ③ (*pl.*) 《單數取扱》 (양·말의) 훈도증(暈倒症). ④ 엇걸림(의 배열), 시차(時差) 방식. **~·er** *n.* 비틀거리는 사람; 대사건, 난문제. ***~·ing** *a.* **비틀거리**(게 하)는, 깜짝 놀라게 하는. **~·ing·ly** *ad.*

stágger sỳstem (출퇴근 시간 따위의) 시차제(時差制). 「의 일종.

stag·hound [stǽghàund] *n.* 사냥개

stag·ing [stéidʒiŋ] *n.* ⓊⒸ (건축물의) 비계; Ⓤ (연극의) 상연; 역마차 여행; 역마차업(業); 〖宇宙〗 (로켓의) 다단식(多段式). 「결 기지.

stáging àrea 〖軍〗 (전지에로의) 집

stáging pòst 〖空〗 중간 착륙지.

stág mòvie =STAG FILM.

***stag·nant** [stǽgnənt] *a.* **흐르지 않는**, 괴어 있는; **활발치 못한**, 불경기의. **-nan·cy** *n.* Ⓤ **~·ly** *ad.*

stag·nate [stǽgneit] *vi., vt.* 괴다; 괴게 하다; 침체하다〔시키다〕; 불경기가 되(게 하)다. **stag·ná·tion** *n.* Ⓤ

stág pàrty 남자만의 연회.

stag·y [stéidʒi] *a.* 연극의〔같은〕, 연극조의, 과장된. **stág·i·ness** *n.*

staid [steid] *a.* 침착한, 차분한; 착실한. ── *v.* 《古》 stay[1]의 과거(분사).

‡**stain** [stein] *vt.* ① **얼룩을 묻히다**, 더럽히다(*with*). ② (명예를) 손상시키다, 더럽히다. ③ (유리 따위에) 착색하다. ── *vi.* 더러워지다, 얼룩지다. ***~ed glass*** 착색 유리, 색유리. ── *n.* 얼룩(*on, upon*); 흠, 오점; ⓊⒸ 착색(제). **stáin·less** *a.* 더럽혀지지 않은; 녹슬지 않는; 흠 없는.

stáinless stéel 스테인레스(강(鋼)).

‡**stair** [stɛər] *n.* (계단의) **한 단**; (*pl.*) **계단**. ***below ~s*** 지하실〔하인방〕에서〔에〕. ***flight*** 〔***pair***〕 ***of ~s*** (한 줄로 이어진) 계단.

***stair·case** [∠kèis] *n.* **계단**.

***stair·way** [∠wèi] *n.* =⇧.

staith [steiθ], **staithe** [-ð] *n.* 《英》

석탄 하역 선창.

‡**stake**[1] [steik] *n.* 말뚝; 화형주(火刑柱); (*pl.*) 화형. ***pull up ~s*** 《美口》 떠나다, 이사[전직]하다. —— *vt.* 말뚝에 매다; 말뚝으로 둘러치다(*out, off, in*).

stake[2] *n.* 내기; 내기에 건 돈; (*pl.*) (경마 따위의) 상금, 내기 경마; (내기돈을 건 것 같은) 이해 관계. ***at ~*** 문제가 되어서; 위태로워져서. —— *vt.* 걸다; 재정적으로 원조하다; 《口》 (수익(受益) 계약에 의하여 탐광자(探鑛者)에게) 의식을 공급하다 (grubstake).

stake·hold·er [ˊhòuldər] *n.* 내기 돈을 맡는 사람.

Sta·kha·nov·ism [stəkɑ́:nəvìzəm] *n.* Ⓤ 스타하노프제도 《소련의 능률 보상에 의한 생산 증강법》. **-ite** [-àit] *n.* (이 제도 밑에서 생산을 증강하고 보상을 받은) 노동자.

sta·lac·tite [stǽləktàit, stəlǽktait] *n.* Ⓤ 종유석(鐘乳石).

sta·lag [stǽləg] *n.* (독일의) 포로 수용소.

sta·lag·mite [stəlǽgmait, stǽləgmàit] *n.* 석순(石筍).

*****stale** [steil] *a.* ① (음식물이) 신선치 않은, (빵이) 굳어진; (술이) 김빠진. ② 케케묵은, 시시한. ③ (연습으로) 피로한. —— *vt., vi.* stale하게 하다[해지다]. ˊ**·ly** *ad.*

*****stale·mate** [stéilmèit] *n., vt.* 〖체스〗 수가 막힘[막히게 하다]; 막다름; 막다르게 하다.

Sta·lin [stɑ́:lin], **Joseph**(1879–1953) 소련 정치가. **-ist** *n.*

Sta·lin·ism [-ìzəm] *n.* Ⓤ 스탈린주의.

‡**stalk**[1] [stɔ:k] *n.* 대, 줄기, 꽃꼭지, 잎꼭지; 〖動〗 경상부(莖狀部).

*****stalk**[2] [stɔ:k] *vi.* ① (적·사냥감에) 몰래 접근하다. ② (병이) 퍼지다(*through*). ③ 유유히[뽐내며] 걷다, 활보하다. —— *vt.* 몰래 다가가다. —— *n.* 몰래 접근[추적]함; 활보(imposing gait).

stalk·ing-horse [ˊiŋhɔ̀:rs] *n.* 숨을 말 《사냥꾼이 몸을 숨기어 사냥감에 몰래 접근하기 위한 말, 또는 말 모양의 물건》; 구실, 핑계.

‡**stall**[1] [stɔ:l] *n.* ① 축사, 마구간[외양간]의 한 구획. ② 매점, 노점. ③ (교회의) 성가대석, 성직자석; 《英》 (극장의) 아래층 정면의 일등석. ④ 〖空〗 실속(失速). —— *vt.* ① 마구간[외양간]에 넣(어 두)다; 마구간[외양간]에 칸막이를 하다. ② (말·마차를) 진창[눈구덩이] 속에서 오도가도[꼼짝] 못하게 하다; 저지하다. ③ (발동기를) 멈추게 하다. ④ 〖空〗 실속시키다. —— *vi.* ① 마구간[외양간]에 들어가다. ② 진창[눈구덩이] 속에 빠지다, 오도가도 못하다. ③ (발동기가) 서다. ④ 〖空〗 실속하다.

stall[2] *n.* 《口》 구실, 속임수, (소매치기·도둑의) 한 동아리. —— *vi., vt.* (추격자·요구 따위를) 요리조리(회)피하다; (경기에서) 일부러 힘을 다 내지 않다.

stall-fed [ˊfèd] *v.* stall-feed의 과거(분사). —— *a.* (고기를 연하게 하기 위하여, 방목하지 않고) 우리 속에서 살찌운.

stall-feed [ˊfi:d] *vt.* (**-fed**) 우리 속에 길러 살찌우다.

stal·lion [stǽljən] *n.* 씨말, 종마.

*****stal·wart** [stɔ́:lwərt] *a., n.* 튼튼한[억센] (사람); 용감한 (사람); 충실한 (지지자·당원).

*****sta·men** [stéimən/-men] *n.* (*pl.* ~*s*, ***stamina***[1] [stǽmənə]) 〖植〗 수술.

stam·i·na[2] [stǽmənə] *n.* Ⓤ 정력, 스태미너; 인내(력).

‡**stam·mer** [stǽmər] *vi., vt.* 말을 더듬다; 더듬으며 말하다(*out*). —— *n.* 말더듬기.

†**stamp** [stæmp] *n.* ① 발을 구름. ② 〖鑛〗 쇄석기(碎石機)(의 해머). ③ 타인기(打印器); 도장; 소인(消印), 스탬프. ④ 표, 상표. ⑤ 인상, 표정. ⑥ 특징, 특질. ⑦ 종류, 형(型). ⑧ 우표, 수입 인지. —— *vt.* ① 짓밟다 (~ *one's foot* 발을 구르다 《성난 표정》). ② 깊이 인상짓다. ③ 분쇄하다. ④ (형(型)을) 찍다, 눌러 자르다(*out*). ⑤ 표시하다; 도장[소인]을 찍다. ⑥ 우표[인지]를 붙이다. —— *vi.* 발을 구르다; 발을 구르며 걷다. ***~ out*** (불을) 밟아 끄다; (폭동·병을) 누르다, 가라앉히다, 진압하다.

stámp àlbum 우표 앨범, 우표첩.

stámp collèctor 우표 수집가.

stámp dùty [**tàx**] 인지세.

*****stam·pede** [stæmpí:d] *vi., vt., n.* (가축 떼가) 후닥닥 도망치다[침], (군대·동물떼의) 궤주(潰走)(하다); 쇄도(하다, 시키다).

*****stance** [stæns] *n.* 선 자세; 위치; (공을 칠 때의) 발의 위치.

stanch[1] [stɔ:ntʃ, -æ-/-ɑ:-] *vt.* (상처를) 지혈하다; (물의) 흐름을 막다.

stanch[2] [stɔ:ntʃ, -ɑ:-/-ɑ:-] *a.* 굳은, 견고한; 충실한, 확고한; 방수(防水)의.

stan·chion [stǽntʃən/stɑ́:nʃən] *n.* (창·지붕 따위의) 지주(支柱); (가축을 매는) 칸막이 기둥.

†**stand** [stænd] *vi.* (**stood**) ① 서다; 멈춰 서다. ② 일어서다(*up*); 일어서면 높이가 …이다; 서 있다. ③ 놓여 있다; 위치하다, (…에) 있다. ④ 《補語·副詞(句)를 수반하여》 어떤 위치[상태]에 있다(*I ~ his friend.* 그 사람 편이다); 변경되지 않다, 그대로 있다 (*It ~s good.* 여전히 유효하다). ⑤ (물이) 괴다; (눈물이) 어리다(*on, in*). ⑥ (배가 어떤 방향으로) 침로(針路)를 잡다. —— *vt.* ① 세우다, 세워 놓다. ② (입장을) 고수하다; 참다; 받다, 오래 가다. ③ 《口》 비용을 치러 주다, 한턱 내다. ④ (배가 침로를) 잡다. ***as things*** [***matters***] ~ 현상태로는. ***~ a chance*** 기회가 있다, 유망하다. ***S-and deliver!*** 가진 돈을 모조리 털어 내놓아라! 《강도의 말》. ***~ aside*** 비켜 서다; 동아리에 끼지 않다. ***~ at ease*** [***attention***] 쉬어[차려] 자

세를 취하다. ~ *by* 곁에 서다; 방관하다; 지지하다, 돕다; 고수하다; 준비하다. ~ *clear* 멀어져 가다. ~ *corrected* 잘못의 수정을 인정하다. ~ *for* …을 나타내다; …에 입후보하다; (주의 따위를) 제창하다, 옹호하다; …에 편들다; 《口》 참다, 견디다; 〖海〗 …로 향하다, 의 방향으로 나아가다. ~ *good* 진실〔유효〕하다. ~ *in* …에 참가하다; 《口》 …와 사이가 좋다; 《俗》 돈이 들다. ~ *in for* …을 대표하다. ~ *in with* …에 편들다; …을 지지하다; …의 배당몫을 가지다. ~ *off* 멀리 떨어져 있다; 멀리하다. ~ *on* …에 의거하다, …에 의지하다; 요구〔주장〕하다. ~ *out* 튀어 나오다; 두드러지다; 끝까지 버티다. ~ *over* 연기하다〔되다〕. ~ *pat* (포커에서) 돌라 준 패 그대로를 가지고 하다; (개혁에 대하여) 현상 유지를 주장하다; 끝까지 버티다. ~ *to* (조건·약속 등을) 지키다, 고집하다. ~ *treat* 한턱 내다. ~ *up* 일어서다; 지속하다; 두드러지다. ~ *up for* (주의 등을) 옹호〔지지〕하다. ~ *up to* …에 용감히 맞서다. ~ *well with* …에게 평판이 좋다. —— *n.* 기립; **정지**; **입장**, 위치, 방어, 저항; **관람석**, 스탠드; 대(臺), …세우개, …걸이; 매점; 《美》 (법정의) 증인석; 주차장; (순회 중인) 흥행지; (어떤 지역의) 입목(立木), 작물. *bring* 〔*come*〕 *to a* ~ 정지시키다〔하다〕. *make a* ~ 멈춰 서다(*at*); 끝내 버티고 싸우다.

‡**stand·ard** [stǽndərd] *n.* ① (지배자의 상징인) (군)기, 기치(旗幟). ② (본디 지배자가 정한) 도량형의 원기(原器), 기본 단위, **표준**, 모범. ③ 수준. ④ 《英》 (초등 학교의) 학년. ⑤ 〖造幣〗 본위(本位) (*gold* 〔*silver*〕 ~ 금〔은〕 본위제). ⑥ 《動詞 'stand'의 의미와 함께》 똑바로 곧은 지주(支柱), 남포대; (장미 따위의) 입목. ⑦ (곧바른) 자연목 《특히 과수(果樹)》. ~ *of living* 생활 수준. —— *a.* ① 표준의, 모범적인. ② 일류의, 권위 있는. ~ *coin* 본위 화폐.

stand·ard-bear·er [-bɛ̀ərər] *n.* 기수(旗手); 지도자. 「차.

stándard dèviation 〖統〗 표준 편

Stándard Énglish 표준 영어.

stándard gàuge 〖鐵〗 표준 궤간.

*****stand·ard·ize** [-àiz] *vt.* 표준에 맞추다; **규격화**〔**통일**〕하다; 〖化〗 표준에 의하여 시험하다. **stand·ard·i·za·tion** [ˌ——zéiʃən] *n.* Ⓤ

stándard plày 표준판, SP판 《1 분에 78 회전하는 레코드판》.

stándard tìme 표준시.

*****stand-by** [stǽndbài] *n.* **의지가 되는 사람**〔**것**〕; 구급선; 대기의 구령〔신호〕. 「장의) 입석객.

stand·ee [stændí:] *n.* 《口》 (열차·극

*****stand-in** [stǽndìn] *n.* 《口》 유리한 지위; 〖映〗 **대역**(代役).

‡**stand·ing** [stǽndiŋ] *a.* ① **서 있는**, 선 채로의. ② 베지 않은, 입목(立木)의. ③ 움직이지 않는; (물 따위) 괴어 있는 (~ *water* 흐르지 않는 물); **고정된**. ④ 영구적인. ⑤ 상비〔상치(常置)〕의. ⑥ 정해진, 일정한, 판에 박힌(*Enough of your* ~ *joke!*). —— *n.* 섬, 서 있음, 서는 곳; 지위, 명성; 존속.

stánding ármy 상비군.

stánding commìttee 상임위원(회).

stánding órder 군대 내무 규정; (의회의) 의사 규칙.

stánding ròom 서 있을 만한 여지; (극장의) 입석(立席) (*S- R- Only* 입석뿐임 《생략 S. R. O.》).

stánding stárt 〖競技〗 서서 출발.

stánding wáve 〖理〗 정상파(定常波).

stand-off [stǽndɔ̀(:)f, -ɑ̀f] *a., n.* 떨어져 있는〔있음〕; 냉담(한); (경기의) 동점, 무승부. **stand-off·ish** [ˊɔ́(:)fiʃ, -ɑ́f-] *a.* 쌀쌀한, 냉담한.

stand·out [ˊàut] 《美口》 *n.* 두드러진 사람〔것〕; 걸출한 사람; 완고함. —— *a.* 걸출한, 탁월한.

stand·pat [stǽndpæ̀t] *a., n.* 《美口》 현상유지를 고집하는 (사람). **stánd·pat·ter** *n.* 《美口》 개혁 반대파의(정당) 사람. 「급수 탱크.

stand·pipe [ˊpàip] *n.* 배수탑(塔),

‡**stand·point** [ˊpɔ̀int] *n.* **입장**, 견지.

stand·still [ˊstìl] *n.* ⒸⓊ 정지, 휴지, 막힘. 「추 선; 선 채로의.

stand-up [stǽndʌp] *a.* 서 있는, 곧

stan·hope [stǽnəp, -hòup] *n.* (2 륜·4륜의) 포장 없는 1 인승 경마차.

stank [stæŋk] *v.* stink의 과거.

stan·na·ry [stǽnəri] *n.* 주석 광산.

stan·nic [stǽnik] *a.* 〖化〗 (제 2) 주석의; 4 가(價)의 주석을 함유하는.

stán·nous [-nəs] *a.* (제 1) 주석의; 2 가(價)의 주석을 함유하는. 「석.

stan·num [stǽnəm] *n.* Ⓤ 〖化〗 주

*****stan·za** [stǽnzə] *n.* (시의) **절**, **연**(聯).

sta·pes [stéipi:z] *n.* 〖解〗 (귀의) 등골(鐙骨).

staph·y·lo·coc·cus [stæ̀fəloukɑ́kəs/-kɔ́k-] *n.* (*pl.* *-cocci* [-sai]) 포도상구균.

sta·ple[1] [stéipəl] *n., vt.* U자형의 거멀못(을 박다); 스테이플, 서류철쇠(로 철(綴)하다). ***stapling machine*** 호치키스 《종이 철하는 기구》. **stá·pler**[1] *n.* 철하는 기구, 호치키스.

*****sta·ple**[2] *n.* ① **주요 산물**〔**상품**〕. ② 주성분. ③ Ⓤ 원료. ④ Ⓤ (솜·양털 따위의) 섬유. ⑤ 〖史〗 주요 시장, 상업 중심지. —— *a.* 주요한; 대량 생산의. —— *vt.* (섬유를) 분류하다. **stá·pler**[2] *n.* 양털 선별공〔상(商)〕.

stáple fíber 〔**fíbre**〕 인견(사), 스프(사).

stáple fóod 주식.

stáple próduct 주요 산물.

†**star** [stɑ:r] *n.* ① **별**, 항성; (the ~) 《詩》 지구. ② 별 모양(의 것), 별표 훈장; 별표(*) (asterisk). ③ 인기 있는 사람, 대가; **인기 배우**, 스타. ④ 〖占星〗 운성(運星), 운수, 운. ⑤ (마소 이마의) 흰 점. *see* ~*s* 《口》 (얻어 맞아) 눈에서 불꽃이 튀다. ***Stars***

and Stripes 성조기(旗). — *vt.* (-*rr*-) 별로 장식하다; 별표를 달다; …을 주역으로 하다. — *vi.* 뛰어나다; 주연(主演)하다. — *a.* 별의, 주요한, 스타의.

star·board [stá:rbɔ̀:rd] *n., ad.* 〖海〗 우현(右舷)(으로). — *vt.* (키를) 우현으로 돌리다, 진로를 오른쪽으로 잡다.

***starch** [sta:rtʃ] *n.* Ⓤ ① **전분**, 녹말; 풀. ② (*pl.*) 전분질 음식물. ③ 딱딱함, 형식차림. ④ 《口》 정력, 활기. — *vt.* (의류에) 풀을 먹이다. ~**ed** [-t] *a.* 풀 먹인; 딱딱한. ∠·**y** *a.* 전분(질)의; 풀을 먹인, 빳빳한; 딱딱한.

Stár Chàmber 〖英史〗 성실청(星室廳) 《전단(專斷) 불공정하기로 유명한 민사 법원, 1641년 폐지》; 불공정한 법정〔위원회〕.

star·dom [stá:rdəm] *n.* Ⓤ 스타의 지위; 《集合的》 스타들.

stár dùst 소성단(小星團), 우주진(塵); 《口》 황홀감.

‡**stare** [stɛər] *vi.* **응시하다**, 빤히 보다(*at, upon*); (색채 따위가) 두드러지다. — *vt.* 응시하다, 노려보아 …시키다. ~ *a person down* 〔*out of countenance*〕 아무를 빤히 쳐다보아 무안하게 하다. ~ *a person in the face* 아무의 얼굴을 빤히 쳐다보다; (죽음·위험 따위가) 눈앞에 닥치다. — *n.* 응시. ***stár·ing** *a.* 응시하는; (색채가) 혼란한, 야한.

star·fish [stá:rfiʃ] *n.* 〖動〗 불가사리.

star·gaze [∠gèiz] *vi.* 별을 보다〔관찰하다〕; 몽상에 빠지다. -**gaz·er** *n.* 별을 쳐다보는 사람; 천문학자; 몽상가.

***stark** [sta:rk] *a.* (시체 따위가) 빳빳해진; **순전한**; 강한. — *ad.* 순전히; 빳빳해져서.

stark-nak·ed [∠néikid] *a.* 홀랑 벗은, 전라의.

star·less [stá:rlis] *a.* 별 없는.

star·let [∠lit] *n.* 작은 별; 신진 여배우.

***star·light** [∠làit] *n., a.* Ⓤ **별빛(의)**.

stár lìghting 가로등을 어둡게 하기; 어둡게 한 거리.

star·like [∠làik] *a.* 별 모양의〔같은〕, 별처럼 빛나는.

star·ling [∠liŋ] *n.* 〖鳥〗 찌르레기.

star·lit [∠lìt] *a.* 별빛의.

stár màp 별자리표, 성좌표.

star-of-Beth·le·hem [stá:rəvbéθlihèm] *n.* (S-) 베들레헴의 별《예수 강탄 때 나타난》; 백합의 일종.

***star·ry** [stá:ri] *a.* **별의**; 별이 많은; 별빛의; 별처럼 빛나는; 별 모양의.

star·ry-eyed [-àid] *a.* 공상적인.

stár shèll 조명탄.

star-span·gled [stá:rspæ̀ŋgəld] *a.* 별을 점점이 박은. *the S- Banner* 성조기; 미국 국가.

†**start** [sta:rt] *vi.* ① **출발하다**(*on, for, from*); (기계가) 움직이기 시작하다; **시작하다**(*on*). ② 일어나다; 생기다(*at, in, from*). ③ (놀람·공포로 눈 따위가) 튀어나오다(*out, forward*), 펄쩍 뛰다, 흠칫 놀라다(*at, with*). ④ (눈물 따위가) 갑자기 나오다. ⑤ 뛰어 비키다〔물러나다〕(*aside, away, back*), 뛰어 오르다(*up, from*). ⑥ (선재(船材)·못 따위가) 느슨해지다. — *vt.* ① 출발시키다. ② 운전시키다; 시작하(게 하)다. ③ (사냥감을) 몰아내다. ④ (선재·못 따위를) 느슨하게 하다. ~ *in* 〔*out, up*〕 = START. — *n.* ① **출발**(점); **개시**. ② 움찔하기. ③ 뛰어 오르기. ④ (경주의) 선발권, 출발. ⑤ 유리. ⑥ 발작; 충동. *at the* ~ 처음에는, 최초에. *get a* ~ 흠칫 놀라다. *get* 〔*have*〕 *the* ~ *of* …의 기선을 제하다. *∠·**er** *n.* **시작하는 사람**〔**것**〕; (경주·경마 따위의) 출발 신호원; (기차 따위의) 발차계원; 〖機〗 시동 장치.

START Strategic Arms Reduction Talks 전략무기 감축 회담.

stárting blòck 〖競技〗 스타팅 블록, 출발대(臺).

‡**stárting pòint** **출발점**, 기점.

‡**star·tle** [stá:rtl] *vt.* **깜짝 놀라게 하**(여 …시키)다. — *vi.* 깜짝 놀라다(*at*). — *n.* 놀람. **stár·tler** *n.* 놀라게 하는 사람; 놀라운 사건. ***stár·tling** *a.* **놀랄 만한**.

***star·va·tion** [sta:rvéiʃən] *n.* Ⓤ **굶주림**; 아사(餓死).

starvátion wàges 기아 임금(賃金).

‡**starve** [sta:rv] *vi.* **굶주리다**, 아사하다; 《口》 배고프다; 갈망하다(*for*). — *vt.* 굶주리게 하다; 굶겨죽이다; 굶주려 …하게 하다. ~ *out* 굶주리게 하다. ∠·**ling** *a., n.* 굶주려서 야윈 (사람·동물).

stash [stæʃ] *vt., n.* 《美俗》 따로 떼어〔감춰, 간수해〕 두다; 그 물건.

sta·sis [stéisis] *n.* ⓊⒸ (*pl.* -*ses* [-si:z]) 〖病〗 혈행 정지, 울혈(鬱血); 정체, 정지.

stat. statics; statuary; statute(s).

†**state** [steit] *n.* ① **상태**, 형세. ② 계급; 지위, 신분; 고위(高位). ③ (*or* S-) **국가**, 나라. ④ 《口》 근심, 흥분〔불만〕 상태. ⑤ Ⓤ 위엄, 당당함; 장관; 의식. ⑥ (보통 S-) (미국·오스트레일리아의) 주(州) (cf. territory). ⑦ (the States) 미국. *Department* 〔*Secretary*〕 *of S-* 《美》 국무성〔장관〕. *S- of the Union Message* 《美》 (대통령의 연두 교서. *in* ~ 공식으로, 당당히. *lie in* ~ (매장 전에) 유해가 정장(正裝) 안치되다. *States Rights* 《美》 (중앙 정부에 위임치 않은) 주의 권리. — *a.* 국가의〔에 관한〕; (*or* S-) 《美》 주(州)의; 의식용의. ~ *criminal* 국사범(犯). ~ *property* 국유 재산. ~ *socialism* 국가 사회주의. (*turn*) ~*'s evidence* 《美》 공범 증언(을 하다). *visit of* ~ 공식 방문. — *vt.* **진술**〔**주장**〕**하다**; (날짜 등을) **지정하다**, 정하다; (문제 등을) 명시하다.

stat·ed [⌐id] *a.* 진술된; 정해진. **⌐·hood** [⌐hud] *n.* Ⓤ 국가의 지위; 《美》 주의 지위.

state·craft [⌐kræ̀ft, -ɑ̀:-] *n.* Ⓤ 정치적 수완. 「무성.

Státe Depàrtment, the 《美》 국

státe flówer 《美》 (주를 상징하는) 주화(州花). 「의사당.

State·house [⌐hàus] *n.* 《美》 주(州)

‡**state·ly** [⌐li] *a.* 위엄 있는, 장엄한. **státe·li·ness** *n.* 위엄, 장엄. 「icine.

státe médicine = SOCIALIZED med-

‡**state·ment** [⌐mənt] *n.* ① ⓊⒸ **진술,** 성명. ② 진술서, 성명서; 〖商〗 보고〔계산〕서.

Stát·en Ísland [stǽtn] New York 만 안의 섬(=Richmond 구(區)).

state-of-the-art [stéitəvðiɑ́:rt] *a.* 최신식의, 최신기술을 도입한.

státe pàpers 공문서.

state·room [stéitrù:m] *n.* (궁전의) 큰 응접실; (기차·기선의) 특별실.

state-run [⌐rʌ̀n] *a.* 국영의.

‡**states·man** [stéitsmən] *n.* (*fem.* **-woman**) **정치가.** ∼**·like** [-làik], ∼**·ly** *a.* 정치가다운. ∼**·ship** [-ʃìp] *n.* Ⓤ 정치적 수완.

state(s)·side [⌐(s)sàid] *a., ad.* 《美口》 미국의〔에서, 에서는〕.

státe sócialism 국가 사회주의.

Státe univérsity 《美》 주립 대학.

state·wide [⌐wáid] *a.* 《美》 주(州) 전체의〔에 걸친〕.

***stat·ic** [stǽtik], **-i·cal** [-əl] *a.* **정지(靜止)한,** 정적인; 정체(靜體)의; 〖電〗 정전(靜電)〔공전(空電)〕의. ── *n.* (-ic) 정전기, 공전 (방해). **stát·ics** *n. pl.* 《單數取扱》 정역학(靜力學).

státic electrícity 정전기.

státic préssure 정압(靜壓), 정상(定常) 압력.

státic RAM [-rǽm] 〖컴퓨터〗 정적(靜的) 램.

†**sta·tion** [stéiʃən] *n.* ① **위치,** 장소. ② **정거장, 역.** ③ …국(局), …소(所). ④ (경찰의) 파출소. ⑤ (군대의) 주둔지. ⑥ 방송국. ⑦ ⓊⒸ 지위, 신분.

státion àgent 《美》 역장.

***sta·tion·ar·y** [stéiʃənèri/-nəri] *a.* **정지(靜止)한;** 고정된.

státionary frónt 〖氣〗 정체 전선(停滯前線).

státionary órbit 〖理〗 정상(定常) 궤도, 정지(靜止)궤도.

státionary státe 〖理〗 정상(正常) 상태.

státionary wáve 〖理〗 정상파(正常波).

státion brèak 〖라디오·TV〗 (방송국명·주파수 따위를 알리는) 프로와 프로 사이의 토막 시간.

sta·tion·er [stéiʃənər] *n.* 문방구상. *∼**·y** [-nèri/-nəri] *n.* Ⓤ **문방구.**

státion hòuse 경찰서; 정거장; 소방서. 「역장.

sta·tion·mas·ter [-mæ̀stər, -ɑ̀:-] *n.*

státion wàg(g)on 《美》 좌석을 젖혀 놓을 수 있는 상자형 자동차.

stat·ism [stéitizəm] *n.* Ⓤ (정치·경제의) 국가 통제.

stat·ist [stéitist] *n.* = STATISTICIAN.

sta·tis·tic [stətístik], ***-ti·cal** [-əl] *a.* **통계의,** 통계학(상)의. ── *n.* (-tic) 통계 항목(의 하나). **-ti·cal·ly** *ad.*

statístical mechánics 통계 역학.

stat·is·ti·cian [stæ̀tistíʃən] *n.* 통계학자.

‡**sta·tis·tics** [stətístiks] *n. pl.* 《單數取扱》 **통계학;** 《複數取扱》 통계(자료).

sta·tor [stéitər] *n.* 〖電〗 고정자(固定子)《발전기 등의》.

stat·u·ar·y [stǽtʃuèri/-tjuəri] *n.* Ⓤ 《集合的》 조상(彫像)(군)(群); **조상술;** Ⓒ 《稀》 조상가. ── *a.* 조상(용)의.

‡**stat·ue** [stǽtʃu:, -tju:] *n.* **상(像),** 조상(彫像).

stat·u·esque [stæ̀tʃuésk/-tju-] *a.* 조상 같은, 윤곽이 고른; 위엄이 있는.

stat·u·ette [stæ̀tʃuét/-tju-] *n.* 소상(小像). 「(심신의) 성장, 발달.

‡**stat·ure** [stǽtʃər] *n.* Ⓤ **신장(身長);**

sta·tus** [stéitəs, stǽt-] *n.* ⓊⒸ **상태;** 지위; 〖法〗 신분. ∼ (*in*) ***quo (L.) 현황. ∼ ***quo ante*** 이전의 상태.

státus sỳmbol 신분의 상징 《소유물·재산·습관 따위》. 「= STATUTORY.

stat·u·ta·ble [stǽtʃutəbəl/-tju:-] *a.*

***stat·ute** [stǽtʃu(:)t/-tju:t] *n.* ⓊⒸ **법령;** 규칙.

státute bòok 법령 전서.

státute làw 성문법.

státute mìle 법정 마일《1609. 3 m》.

stat·u·to·ry [stǽtʃutɔ̀:ri / -tjutəri] *a.* 법령의; 법정의; 법에 저촉되는.

St. Au·gus·tine [sèint ɔ́:gəstì:n/ sənt ɔ:gʌ́stin] ⇨AUGUSTINE.

***staunch** [stɔ:ntʃ, -ɑ:-] *v., a.* = STANCH[1,2].

stave** [steiv] *n.* **통널;** (사닥다리의) 디딤대; 막대; 장대; (시가의) 절, 연(聯), 시구; 〖樂〗 보표(譜表). ── *vt.* (∼*d*, ***stove) 통널을 붙이다; (통·배 따위에) 구멍을 뚫다(*in*). ── *vi.* 깨지다, 부서지다. ∼ ***off*** 간신히 막다.

staves [-z] *n.* stave, staff의 복수.

†**stay**[1] [stei] *vi.* (∼***ed,*** 《英古·美》 ***staid***) ① **머무르다;** 체재하다(*at, in, with*). ② 묵다, 멈춰서다; 기다리다. ③ …인 채로 있다; 견디다, 지탱하다, 지속하다. ④ 《古》 굳게 서 있다. ── *vt.* ① 막아내다, 방지하다. ② (식욕 따위를) 만족시키다. ③ (판결 따위를) 연기하다. ④ 지속하다. ∼ ***away*** (집을) 비우다(*from*). ***come to*** ∼ 계속되다, 영속적인 것으로 되다. ── *n.* **체재** (기간); 억제, 방해; ⓊⒸ 〖法〗 연기, 중지; Ⓤ 《口》 끈기, 지구력. **⌐·er** *n.* 체재자; 끈기 있는 사람〔동물〕; 지지자〔물〕. 「코르셋. ── *vt.* 버티다.

stay[2] *n.* 지주(支柱); (*pl.*) 《주로 英》

stay[3] *n.* (돛대·굴뚝 따위를 버티는) 버팀줄. ── *vt.* 버팀줄로 버티다; (배를) 바람 불어오는 쪽으로 돌리다.

stay-at-home [⌐əthòum] *a., n.* 집

에만 틀어박혀 있는 (사람).
stáy-dówn strìke [⌐dáun] (탄갱의) 갱내 농성 파업.
stáying pòwer 내구력, 인내력.
stáy-in (strìke) [stéiìn] 《英》 = SIT-DOWN (strike).
stay·sail [⌐sèil; 《海》 -sl] *n.* 지삭범(支索帆).
S.T.C. Senior Training Corps.
S.T.D. *Sacrae Theologiae Doctor* (L. =Doctor of Sacred Theology).
Ste. *Sainte* (F. =*fem.* of 'saint').
‡stead [sted] *n.* Ⓤ 대신(*in his* ~ 그 대신에); Ⓒ 이익; 장소. ***in (the)* ~ *of*** =INSTEAD of. ***stand a person in good* ~** 아무에게 도움이 되다.
***stead·fast** [stédfæst, -fəst/-fəst] *a.* 견실〔착실〕한; 부동〔불변〕의. **~·ly** *ad.* **~·ness** *n.*
stead·ing [stédiŋ] *n.* 《Sc.·英北部》 =FARMSTEAD.
‡stead·y [stédi] *a.* ① 흔들리지 않는; 견고한, 안정된. ② 한결같은; 꾸준한, 간단 없는. ③ 규칙적인. ④ 침착한; 착실한. ⑤ 〖海〗 (침로·바람 따위) 변치 않는. ── *vt., vi.* 견고하게 하다〔해지다〕, 안정시키다〔되다〕. ── *n.* 《美俗》 이미 정해진 친구〔애인〕. **‡stéad·i·ly** *ad.* 견실하게; 착실히, 꾸준히. **-i·ness** *n.*
stead·y-go·ing [-góuiŋ] *a.* 착실한.
stead·y-state [stèdistéit] *a.* (성질, 구조가) 정상인, 비교적 안정한. ***the* ~ *theory*** 정상 우주론.
‡steak [steik] *n.* ⓊⒸ (쇠고기·생선의) 베낸 고깃점; 불고기, (비프) 스테이크.
steak·house [⌐hàus] *n.* 스테이크 전문 식당.
†steal [sti:l] *vt.* (*stole; stolen*) 훔치다; 몰래〔가만히〕 …하다; 몰래〔슬쩍〕 손에 넣다; 〖野〗 도루하다. ── *vi.* 도둑질하다; 몰래 가다〔침입하다, 나가다〕; 조용히 움직이다. ── *n.* 《口》 도둑질; 훔친 물건; 〖野〗 도루; 횡재, 싸게 산 물건. **⌐·er** *n.* 도둑. ***⌐·ing** *n.* Ⓤ 훔침; 〖野〗 도루; (*pl.*) 훔친 물건.
***stealth** [stelθ] *n.* Ⓤ 비밀. ***by* ~** 몰래.
***stealth·y** [⌐i] *a.* 비밀의, 몰래 한. **-i·ly** *ad.*
‡steam [sti:m] *n.* Ⓤ (수)증기, 김; 《口》 힘, 원기. ***at full* ~** 전속력으로. ***by* ~** 기선으로. ***get up* ~** 증기를 올리다, 김을 내다; 기운을 내다. ***let off* ~** 여분의 증기를 빼다; 울분을 풀다. ***under* ~** (기선이) 증기로 움직여져; 기운〔힘〕을 내어. ── *vi.* 증기〔김〕을 내다; 증발하다; 증기로 움직이다; 김이 서려 흐리다. ── *vt.* 찌다; 증기를 쐬다. **~ *along* 〔*ahead, away*〕** 《口》 힘껏 일하다, 착착 진척되다. **~*ing hot*** 몹시 뜨거운. **⌐·ing** *a., n.* 김을 내뿜는〔내뿜을 만큼〕; Ⓤ 김쐬기; 기선 여행(거리). **⌐·y** *a.* 증기〔김〕의, 김이 오르는; 안개가 짙은.
stéam bàth 증기탕.
‡steam·boat [⌐bòut] *n.* 기선.
stéam bòiler 기관(汽罐), 증기 보일러.
steam-driv·en [⌐drívn] *a.* 증기로 움직이는.
***stéam èngine** 증기 기관(機關).
‡steam·er [⌐ər] *n.* ① 기선. ② 증기 기관. ③ 찌는 기구.
stéam fìtter 스팀 장치 설비〔수리〕공.
stéam hàmmer 증기 해머.
stéam héat 증기열(량).
steam-heat·ed [⌐hí:tid] *a.* 증기 난방의.
stéam ìron 《美》 증기 다리미.
stéam ràdio 《英口》 (텔레비전과 구별하여) 라디오.
stéam ròller (땅고르는 데 쓰는) 증기 롤러; 강압 수단.
steam·roll·er [⌐ròulər] *vt.* 강행〔압도〕하다.
‡steam·ship [⌐ʃìp] *n.* 기선.
stéam shòvel 증기 삽.
stéam tùrbine 증기 터빈.
stéam whìstle 기적(汽笛).
ste·ap·sin [stiǽpsin] *n.* Ⓤ 스테압신《지라에서 분비되는 지방 분해 효소》.
ste·a·rate [stí:ərèit/stíə-] *n.* 〖化〗 스테아르산염.
ste·ar·ic [stiǽrik] *a.* 〖化〗 스테아르의. **~ *acid*** 스테아르산.
ste·a·rin [stí:ərin/stíə-] *n.* Ⓤ 〖化〗 스테아르; 스테아르산《양초 제조용》.
ste·a·tite [stí:ətàit/stíə-] *n.* Ⓤ 〖鑛〗 동석(凍石). **ste·a·tít·ic** [stì:ətítik/stìə-] *a.*
sted·fast [stédfæst, -fəst/-fəst] *a.* = STEADFAST
***steed** [sti:d] *n.* 《詩·諧》 (승용)말; 기운찬 말.
‡steel [sti:l] *n.* ① Ⓤ 강철. ② 강철 제품, 검(劍). ③ Ⓤ 강철 같은 단단함〔세기·빛깔〕. ***cast* 〔*forged*〕 ~** 불림강철, 주강(鑄鋼), 단강(鍛鋼). ***cold* ~** 도검, 총검 (따위). ***grip of* ~** 꽉 쥐기. **(*foe*) *worthy of one's steel*** 상대로서 부족이 없는 (적). ── *a.* 강철로 만든; 강철같이 단단한; 강철빛의. ── *vi.* ① 강철로 날을 만들다; 강철을 입히다; 강철같이 단단하게 하다. ② 무감각〔무정〕하게 하다. **⌐·y** *a.* 강철의〔같은〕, 강철로 만든; 단단한; 무정한.
stéel blúe 강철빛.
steel-clad [⌐klǽd] *a.* 갑주(甲冑)로 무장을 단단히 한, 강철을 입힌.
stéel mìll 제강 공장.
stéel wóol 강철솜 《금속 연마재》.
steel·work [⌐wə̀:rk] *n.* Ⓤ 강철 제품; (~s) *sing.* & *pl.* 제강소.
steel·work·er [⌐wə̀:rkər] *n.* 제강소 직공.
steel·yard [⌐jà:rd] *n.* 대저울.
steen·bok [stí:nbàk, stéin-/-bɔ̀k] *n.* 아프리카산 영양(羚羊)의 일종.
‡steep¹ [sti:p] *a.* 험한, 가파른, 급경사진; 《口》 엄청난. ── *n.* 가풀막. **⌐·en** *vt., vi.* 가파르게 하다〔되다〕.
***steep²** *vt.* 적시다, 담그다(*in*); 몰두시키다(*in*). ── *n.* ⓊⒸ 담금, 적심; 담그는 액체.
steep·en [stí:pən] *vt. vi.* 험하게〔가파르게〕 하다〔되다〕.
***stee·ple** [stí:pəl] *n.* (교회의) 뾰족탑.
stee·ple·chase [-tʃèis] *n.* 교외 횡단

경마〔경주〕.

stee·ple·jack [-dʒæ̀k] *n.* 뾰족탑·높은 굴뚝 따위의 수리공.

‡**steer**[1] [stiər] *vt.* **키를 잡다, 조종하다**; (어떤 방향으로) 돌리다; 인도하다. ── *vi.* 키를 잡다; 향하다, 나아가다(*for, to*). ～ ***clear of*** …을 피하다; …에 관계하지 않다. ── *n.* 《美口》 조언, 충고. 「용의 불깐 소.

steer[2] *n.* (2–4 살의) 어린 수소; 식육

steer·age [stíəridʒ] *n.* (상선의) 3 등 선실; 고물, 선미; Ⓤ 조타(操舵)(법), 조종.

steer·age·way [-wèi] *n.* Ⓤ 〖海〗 키 효율 속도 《키를 조종하는 데 필요한 최저 속도》. 「원회.

stéering commìttee 《美》 운영 위

stéering gèar 조타 장치.

stéering whèel 핸들; 타륜(舵輪).

steers·man [stíərzmən] *n.* 키잡이.

steg·o·sau·rus [stègəsɔ́:rəs] *n.* (*pl.* *-sauri* [-sɔ́:rai]) 〖古生〗 검룡(劍龍).

stein [stain] *n.* 맥주용 큰 컵《오지로 만듦》. 「(1902–68) 미국의 소설가.

Stein·beck [stáinbek], **John Ernst**

ste·le [stí:li] *n.* (*pl.* *-lae* [-li:], *-les* [-li:z]) 〖考〗 (비문·조각 따위가 있는) 돌기둥, 비석. 「한.

stel·lar [stélər] *a.* 별의〔같은〕; 주요

stel·lar·a·tor [stélərèitər] *n.* 〖理〗 핵 융합 반응 연구의 실험 장치.

stel·late [stélit, -leit], **-lat·ed** [-leitid] *a.* 별 모양의.

stel·li·form [stéləfɔ̀:rm] *a.* 별 모양의; 방사상의.

Stel·lite [stélait] *n.* 〖商標〗 스텔라이트《코발트·크롬·텅스텐의 합금》.

‡**stem**[1] [stem] *n.* ① (초목의) **대, 줄기,** 꽃꼭지(花梗), 열매꼭지, 잎꼭지(葉柄). ② 줄기 모양의 부분, (연장의) 자루, (잔의) 굽, (파이프의) 축(軸). ③ 종족, 혈통. ④ 〖言〗 어간(語幹) 《변하지 않는 부분》. ⑤ 〖海〗 이물. ── *vt.* (*-mm-*) (과일 따위에서) 줄기를 떼다. ── *vi.* 《美》 발(發)하다, 생기다, 일어나다(*from, in; out of*). **∠·less** *a.* 대〔줄기, 자루, 축〕 없는.

stem[2] *vt.* (*-mm-*) 저지하다, 막다; (바람·파도를) 거슬러 나아가다; 저항하다.

stem·ma [stémə] *n.* (*pl.* *～ta* [-tə]) 가계(家系); 계도(系圖); 〖動〗 홑눈, 단안(單眼).

stem-wind·ing [stémwáindiŋ] *a.* (시계가) 용두 태엽의; 《美》 일류의.

stench [stentʃ] *n.* ⓊⒸ 악취.

sten·cil [sténsil] *n., vt.* 스텐슬〔형판(型板)〕(으로 형을 뜨다); 등사 원지; 등사하다.

Sten·dhal [stændɑ́:l, sten-] *n.* (1783–1842) 프랑스의 소설가. 「총.

Stén (gùn) [sten] *n.* 경기관총의 일

***ste·nog·ra·pher** [stənɑ́grəfər/-ɔ́-] *n.* 속기사.

***ste·nog·ra·phy** [stənɑ́grəfi / -ɔ́-] *n.* Ⓤ **속기(술).** **sten·o·graph·ic** [stènəgrǽfik] *a.*

sten·o·type [sténətàip] *n.* 속기용 타이프라이터; (그것에 쓰는) 속기 문자. **-typ·y** [-tàipi] *n.* Ⓤ 보통의 문자를 쓰는 속기술.

Sten·tor [sténtɔ:r] *n.* 50 명몫의 목소리를 냈다고 하는 그리스의 전령.

sten·to·ri·an [stentɔ́:riən] *a.* 우레 같은 목소리의.

†**step** [step] *n.* ① **걸음.** ② **한 걸음,** 일보(의 거리); 짧은 거리. ③ ⒸⓊ 걸음걸이, (댄스의) 스텝, 추는 법; 보조. ④ (*pl.*) 보정(步程). ⑤ **디딤판;** (사닥다리의) 단(段); (*pl.*) 발판 사닥다리, 발판. ⑥ **발소리;** 발자국. ⑦ 진일보(進一步), 수단, 조치. ⑧ (사회 계급 중 하나의) 계급; 승급. ⑨ 〖樂〗 (온)음정. ***in a person's ～*** 아무의 전례를 따라. ***in*** 〔***out of***〕 ～ 보조를 맞추어〔흩뜨리어〕. ～ ***by*** ～ 한걸음 한걸음; 착실히. ***watch one's ～*** 《美》 조심하다. ── *vi.* (《詩》 *stept; -pp-*) **걷다,** 가다, 일정한 걸음거리로 나아가다; (자동차의 스타터 따위를) 밟다(*on*); 《口》 급히 가다; (좋은 일 따위에) 얻어 걸리다(*into*). ── *vt.* 걷다; …을 (춤)추다; 보측(步測)하다(*off, out*). ～ ***down*** 내리다; (전압 따위를) 낮추다. ～ ***in*** 들어가다; 간섭하다; 참가하다. ～ ***on it*** 《口》 서두르다. ～ ***out*** 《美口》 놀러 나가다. ～ ***up*** 접근하다, 다가가다(*to*); 《美口》 빠르게 하다.

step- *pref.* 「배다른, 계(繼)…」의 뜻. **∠·broth·er** [stépbrʌ̀ðər] *n.* 이부(異父)〔이복〕 형제. **∠·child** [∠tʃàild] *n.* (*pl.* ***-children***) 의붓 자식. **∠-daugh·ter** [∠dɔ̀:tər] *n.* **∠·fa·ther** [∠fɑ̀:ðər] *n.* ***∠·moth·er** [∠mʌ̀ðər] *n.* **∠·moth·er·ly** *a.* **∠·par·ent** [∠pɛ̀ərənt] *n.* **∠·sis·ter** [∠sìstər] *n.* **∠·son** [∠sʌ̀n] *n.*

step-down [∠dàun] *n., a.* 감소; (기어가) 감속의; 〖電〗 전압을 내리는.

Ste·phen·son [stí:vənsn], **George** (1781–1848) 증기 기관차를 완성한 영국 사람.

step-in [stépìn] *a.* (여성의 속옷·신 따위) 발을 꿰어 넣어 입는〔신는〕.

step·lad·der [∠læ̀dər] *n.* 발판 사닥다리, 발판.

steppe [step] *n.* (the Steppes) 스텝지대; (나무가 없는) 대초원. 「화된.

stepped-up [stéptʌ́p] *a.* 증가된, 강

step·per [stépər] *n.* (특수한) 걸음걸이를 하는 사람〔동물〕. 「수단.

stépping stòne 디딤돌, 징검돌;

stép ròcket 다단식(多段式) 로켓.

stept [stept] *v.* 《古》 step의 과거(분사).

step-up [stépʌ̀p] *n., a.* 증가(된), 강화(된); 〖電〗 전압을 올리는.

step·wise [∠wàiz] *a., ad.* 계단식의〔으로〕; 한 걸음씩.

stere [stiər] *n.* 스테르 《1 입방 미터》.

***ster·e·o** [stériòu, stíər-] *n.* ⓊⒸ **입체 음향**(재생 장치), 스테레오(전축); ＝STEREOTYPE.

ster·e·o·chem·is·try [stèrioukémistri] *n.* Ⓤ 입체 화학《분자의 입체 구조를 연구함》.

ster·e·o·graph [stériəgræ̀f / stíəriəgrɑ̀:f] *n., vt.* 입체 사진(을 작성하다), 입체경(鏡)용의 사진.

ster·e·og·ra·phy [stèriágrəfi/stìəriɔ́g-] *n.* Ⓤ 입체〔실체〕 화법. **ster·e·o·graph·ic** [ˋ--əgræ̀fik/-ɑ́:-] *a.*

ster·e·o·phon·ic [stèriəfánik/stìəriəfɔ́n-] *a.* 입체 음향(효과)의.

stereophónic sòund sýstem 스테레오 전축.

ster·e·oph·o·ny [stèriáfəni / stìəriɔ́f-] *n.* Ⓤ 입체 음향 (효과).

ster·e·op·ti·con [stèriáptikən/stìəriɔ́p-] *n.* 입체〔실체〕 환등(幻燈).

ster·e·o·scope [stériəskòup/stíər-] *n.* 입체〔실체〕경.

ster·e·o·tape [stériətèip] *n.* 스테레오용 녹음 테이프.

***ster·e·o·type** [stériətàip/stíər-] *n.* ① ⓊⒸ 〖印〗 연판(鉛版) (제조법); 연판 제조〔인쇄〕. ② 판에 박은 문구; 상투〔항용〕 수단. ── *vt.* 연판으로 하다〔인쇄하다〕; 판에 박다. **~d** [-t] *a.* 연판으로 인쇄한; 판에 박은. **-typ·y** *n.* Ⓤ 연판 인쇄술〔제조법〕.

ster·il·ant [stérələnt] *n.* 살균제, 소독약.

***ster·ile** [stéril/-rail] *a.* (opp. fertile) 균 없는, **살균한; 메마른**, 불모의, 자식을 못 낳는(*of*); 효과 없는(*of*). **ste·ril·i·ty** [stəríləti] *n.* Ⓤ

ster·i·lize [stérəlàiz] *vt.* 살균〔소독〕하다; 불모로〔불임케〕 하다; 무효로〔무익하게〕하다. **-liz·er** *n.* 소독기. **ster·i·li·za·tion** [ˋ--lizéiʃən/-lai-] *n.* Ⓤ

ster·ling** [stə́:rliŋ] *n., a.* Ⓤ 영화(英貨) 〔파운드〕(의); (순은(純銀) 92.5%를 함유하는) 표준량의; 표준은으로 만든; 순수한, 훌륭한, 신뢰할 만한. **~ *area 〔***bloc, zone***〕 파운드 지역. **~ *silver*** 순은, 표준은.

‡stern[1] [stə:rn] *a.* **엄격한**, 준엄한; 단호한, 굳은; 쓸쓸한, 황량한. **ˊ~·ly** *ad.* **ˊ~·ness** *n.*

‡stern[2] *n.* **고물**, 선미(船尾). **ˊ~·ward(s)** [ˊwərd(z)] *ad.* 고물로, 후부로. 「영국의 소설가.

Sterne [stə:rn], **Laurence**(1713–68)

ster·num [stə́:rnəm] *n.* (*pl.* **-na** [-nə], **~s**) 흉골(胸骨).

ster·nu·ta·tion [stə̀:rnjətéiʃən] *n.* ⒸⓊ 재채기(하기).

stern·wheel·er [ˊhwì:lər] *n.* 〖海〗 선미 외륜(外輪) 기선.

ster·oid [stérɔid] *n.* Ⓤ〖生化〗스테로이드.

ster·to·rous [stə́:rtərəs] *a.* 〖醫〗 코 고는 소리가 큰; 숨이 거친.

stet [stet] *n., vt.* (**-tt-**) 〖校正〗 살리라, 생(生) (「지운 부분을 살리라」); 살리다. 「청진기.

steth·o·scope [stéθəskòup] *n.* 〖醫〗

ste·ve·dore[stí:vədɔ̀:r]*n.* 부두 일꾼.

Ste·ven·son [stí:vnsn], **Robert Louis** (1850–94) 스코틀랜드의 신낭만주의의 소설가·시인·수필가.

stew** [stju:/stju:] *vt., vi.* **뭉근불로 끓이다**〔에 끓다〕 (*The tea is ~ed.* 차가 너무 진해졌다); (*vt.*) 스튜 요리로 하다; 《口》 마음 졸이(게 하)다. **~ *in one's own juice 자업 자득으로 고생하다. ── *n.* ⓊⒸ **스튜**; Ⓒ 《口》 근심, 초조. ***in a ~*** 《口》 마음 졸이며.

***stew·ard** [stjú:ərd/stjú(:)-] *n.* **집사**; (클럽·병원 따위의) 식사 담당원; (기선·여객기 따위의) 급사, 여객계원; (연회·쇼 따위의) 간사.

***stew·ard·ess** [-is] *n.* 여자 steward; (기선·여객기 따위의) 여자 안내원, **스튜어디스**.

stew·pan [stjú:pæ̀n/stjú:-] *n.* 스튜 냄비.

St. Ex. Stock Exchange.

stg. sterling.

St. He·le·na [sèint həlí:nə/sèntilí:-] 대서양 남부의 영국령의 섬《나폴레옹의 유배지(流配地)》. 「몬.

stib·i·um [stíbiəm] *n.* Ⓤ 〖化〗 안티

†stick[1] [stik] *n.* ① **나무 토막**, (나무에서 쳐낸, 꺾은, 또는 주워 모은) 잔가지, 물거리. ② 단장, **지팡이**; 막대 모양의 물건; (하키 따위의) 타봉(打棒); 〖空〗 조종간(桿). ③ 〖英空〗 연속 투하 폭탄(cf. salvo). ④ 〖印〗 식자용 스틱. ⑤ 《口》 멍청이. ⑥ (the ~s) 《美口》 오지(奧地), 시골. ***in a cleft ~*** 진퇴 유곡에 빠져. ── *vt.* 막대기로 버티다.

‡stick[2] *vt.* (**stuck**) ① **찌르다**, 꿰찌르다(*into, through*). ② 찔러 죽이다; 찔러 넣다(*in, into*); 찔러 붙박다〔꽂다〕, 꿰뚫다(*on*); 불쑥 내밀다(*out*). ③ **붙이다**, 들러붙게 하다(*on*); 고착시키다. ④ 걸리게 하다 (*My zipper's stuck.* 지퍼 멈추개가 걸려 움직이지 않는다). ⑤ 막다르게〔꼼짝 못하게〕 하다; 《口》 난처〔당황〕하게 하다; 《俗》 (손해 따위로) 큰 곤란을 겪게 하다. ⑥ 《俗》 엄청난 값을 부르다, 탈취하다, 속이다. ⑦ 《俗》 참다. ── *vi.* ① **찔리다**. ② 불쑥 내밀다. ③ **들러붙다**, 점착하다(*on, to*). ④ 빠져서 박히다. ⑤ 고집하다, 충실하다(*to, by*). ⑥ 멈추다. ⑦ 《口》 난처하게 되다, 망설이다. ***be stuck on*** 《口》 …에 홀딱 반하다. **~ *around*** 《口》 옆에서 기다리다. **~ *at*** …을 열심히 하다, 파고들다; …에 구애되다; 망설이다. **~ *fast*** 고착하다; 막다르다. **~ *out*** 튀어 나오다, 불쑥 내밀다; 《美口》 두드러지다; 좀처럼 들어주지 않다; 끝까지 버티다. **~ *up*** 솟아 나와 있다, 곧추 서다; 《俗》 곤란하게 하다; 《俗》 (강도 따위가) 흉기로 위협하다, 강탈하다. **~ *up for*** 《口》…을 지지〔변호〕하다. ── *n.* 한번 찌름. **stíck·er** *n.* 찌르는 사람〔연장〕; 《美》 풀 묻힌 레테르, 스티커; 《美》 밤송이, 가시; 《口》 수수께끼. 「소에서 하는) 약식 야구.

stick·ball [stíkbɔ̀:l] *n.* Ⓤ (좁은 장

stícking plàce 〔**pòint**〕 발판; 나

사가 걸리는 곳. *screw one's courage to the* ~ 단행할 결의를 굳히다.
stícking plàster 반창고.
stick-in-the-mud [stíkinðəmʌd] *a., n.* 《口》 고루한 (사람), 시대에 뒤진 (사람), 굼뜬 (사람).
stick·le [stíkəl] *vi.* 하찮은 일에 이의를 말하다, 완고하게 주장하다; 망설이다. **-ler** *n.* 까다로운 사람(*for*).
stick·le·back [-bæ̀k] *n.* 〖魚〗 큰가시고기.
stick·pin [stíkpìn] *n.* 《美》 넥타이핀.
stick·tight [stíktàit] *n.* 〖植〗 미국도깨비바늘.
stick-to-it·ive [stìktú:itiv] *a.* 《美口》 끈질긴, 끈덕진. **~·ness** *n.* Ⓤ
stick·up [stíkʌp] *n.* 《美俗》 노상 강도, 강탈.
***stick·y** [stíki] *a.* **끈적끈적한,** 점착성의; 《口》 이의를 말하는; 무더운. **stíck·i·ly** *ad.*
sticky bómb 점착 폭탄 《투하 후 명중한 목적물에 들러붙어, 나중에 폭발함》.
stick·y-fin·gered [-fíŋgərd] *a.* 《美俗》 손버릇이 나쁜, 도벽이 있는.
‡**stiff** [stif] *a.* ① **뻣뻣한,** 경직(硬直)한; 잘 움직이지 않는, 빡빡한. ② (밧줄 따위) 팽팽한. ③ 되게 반죽이 된. ④ 딱딱한, 거북한, 격식을 차린. ⑤ (바람 따위) 심한. ⑥ 곤란한. ⑦ **완고한.** ⑧ (술 따위) 독한. ⑨ 《口》 비싼. ⑩ 〖商〗 강세(强勢)의. — *n.* 《俗》 시체; 《俗》 딱딱한 사람; 《俗》 뒤틈바리. ***stíff·ly** *ad.* **ˊ·ness** *n.*
***stiff·en** [ˊn] *vt., vi.* ① **뻣뻣[딱딱]하게 하다;** 뻣뻣[딱딱]해지다. ② 세게 하다, 세어지다. ③ 강경하게 하다, 강경해지다.
stiff-necked [ˊnékt] *a.* 목덜미가 뻣뻣한; 완고한.
***sti·fle** [stáifəl] *vt.* **질식시키다;** 숨막히게 하다; (불을) 끄다; 억[짓]누르다; 진압하다; 숨겨 두다. — *vi.* 질식하다; (연기가) 내다. ~ *... in the cradle* 채 자라기 전에 …을 없애다. **stí·fling** *a.* 숨 막히는.
***stig·ma** [stígmə] *n.* (*pl.* **~s, -mata** [-mətə]) ① 《古》 (노예나 죄수에게 찍던) **낙인.** ② **오명,** 치욕. ③ 눈에 띄게 하기 위한 기호. ④ 〖植〗 암술머리(柱頭). ⑤ 〖動〗 기공(氣孔), 숨구멍. ⑥ 〖醫〗 (피부의) 소적반(小赤斑). **stig·mat·ic** [stigmǽtik] *a.* 낙인이 찍힌; 명예롭지 못한; 암술머리[기공, 소적반]의.
stig·ma·tize [-tàiz] *vt.* …에 낙인을 찍다; …에 오명을 씌우다, 비난하다(*as*). **stig·ma·ti·za·tion** [ˋ-tizéiʃən/-tai-] *n.* Ⓤ
***stile** [stail] *n.* (사람은 넘을 수 있으나 가축은 다닐 수 없게, 울타리 따위에 만든) **층계;** =TURNSTILE.
sti·let·to [stilétou] *n.* (*pl.* **~(e)s**) *vt.* 가는 단검(으로 찌르다, 죽이다).
†**still**[1] [stil] *a.* ① **고요한;** 정지(靜止)한, 움직이지 않는. ② (목소리가) 낮은. ③ 물결이 일지 않는; (포도주 따위) 거품이 일지 않는. ~ *small voice* 양심의 속삭임. — *ad.* ① 상금, **아직,** 여전히. ② **더욱 더,** 더 한층; **그럼에도 불구하고,** 그래도. ③ 조용히. ④ 《古·詩》 늘. ~ *less* 《否定句 다음에》 하물며[더군다나] …않다(*He does not know English,* ~ *less Latin.* 영어도 모르거늘 하물며 라틴어 따위를 알 턱이 있나). ~ *more* 《肯定句 다음에》 더군다나 …이다, 하물며 …에 있어서랴(*He knows Latin,* ~ *more English.* 라틴어도 알고 있다, 영어 따위는 말할 것도 없다). — *vt., vi.* 고요[조용]하게 하다, 진정시키다, 잠잠[고요]해지다; 누그러뜨리다, 누그러지다. — *n.* (the ~) 침묵, 고요; 정물(靜物) 사진; (영화에 대하여) 보통의 사진; (영화의) 스틸. — *conj.* 그럼에도 불구하고. ***ˊ·ness** *n.* Ⓤ **고요,** 침묵; 정지(靜止). **ˊ·y**[1] [stíli] *a.* 《詩》 고요한. **stíl·ly**[2] [stílli] *ad.* 고요히.
still[2] *n.* 증류기(蒸溜器); 증류소(所).
still·birth [ˊbə:rθ] *n.* ⓊⒸ 사산(死產); Ⓒ 사산아(兒).
still·born [-bɔ̀:rn] *a.* 사산(死產)의.
still-hunt [ˊhʌnt] *n.* 《美》 사냥감에 몰래 다가가기; 몰래 하기; 암약. — *vi., vt.* 매복시키다; 비밀 공작을 하다; 몰래 다가가다.
stíll lífe (*pl.* **~s**) 정물(靜物)(화).
Stíll·son wrènch [stílsən] 〖商標〗 파이프렌치, ㄴ자형 나사돌리개.
stilt [stilt] *n.* 죽마(竹馬). **ˊ·ed** [ˊid] *a.* 죽마를 탄; (문체 따위) 과장한; 딱딱한.
***stim·u·lant** [stímjələnt] *a.* **자극성의,** 흥분시키는. — *n.* ⓊⒸ 자극(물), 흥분제.
‡**stim·u·late** [stímjəlèit] *vt.* ① **자극하다;** 격려하다. ② 술로 기운을 북돋우다, 취하게 하다. ③ 흥분시키다. — *vi.* 자극이 되다. **-la·tive** [-lèi-/-lə-] *a., n.* 자극하는 (것). **-la·tor** [-lèitər] *n.* 자극[격려]하는 사람[것]. ***stim·u·la·tion** [ˋ-léi-] *n.* Ⓤ
***stim·u·lus** [stímjələs] *n.* ⓊⒸ (*pl.* **-li** [-lài]) **자극(물),** 흥분(제).
sti·my [stáimi] *n., v.* =STYMIE.
‡**sting** [stiŋ] *vt.* (*stung,* 《古》 *stang; stung*) ① (바늘 따위로) **찌르다, 쏘다.** ② 얼얼하게[따끔따끔 쑤시게] 하다; 괴롭히다; (혀 따위를) 자극하다; 자극하여 …시키다(*into, to*). ③ 《俗》 속이다, 엄청난 값을 부르다. — *vi.* ① 찌르다, 바늘이[가시가] 돋치다(*a ~ing tongue* 독설). ② 얼얼하다(*Mustard ~s.*); 욱신욱신 쑤시다. — *n.* ① 찌르기; 찔린 상처. ② 〖動·植〗 바늘, 가시(털); 독아. ③ 격통, 고통(거리). ④ 비꼼; 자극물(物). **ˊ·er** *n.* 쏘는 동물[식물]; 침, 가시; 《口》 빈정거림; 빈정거리는 사람.
stin·go [stíŋgou] *n.* Ⓤ 《英俗》 독한 맥주.
stíng ràу 〖魚〗 가오리.
stin·gy [stíndʒi] *a.* 인색한; 부족한, 빈약한.
***stink** [stiŋk] *n., vi., vt.* (*stank, stunk; stunk*) 악취(惡臭)(를 풍기

다, 풍기게 하다); (*vi.*) 평판이 나쁘다; (*vt.*) 악취를 풍겨 내쫓다(*out*); (*vt.*) 《俗》 냄새를 맡아내다. ∠·**ing** *a.* (고약한) 냄새나는, 구린. 「탄.
stink-bomb [∠bàm / -bɔ̀m] *n.* 악취
stink·bug [∠bʌg] *n.* 〖蟲〗 노린재의 무리; 악취를 풍기는 벌레.
stink·weed [∠wi:d] *n.* 악취 식물.
stint** [stint] *vt.* **바싹 줄이다,** 절약하다. ── *n.* Ⓤ 제한, 절약, 내기 아까워함; Ⓒ 정량(定量), 할당(된 일). ***without ∼ 아낌없이.
stipe [staip], **sti·pes** [stáipi:z] *n.* 〖植〗 줄기, 잎꼭지(葉柄).
sti·pend [stáipend] *n.* 급료 (cf. wages). **sti·pen·di·ar·y** [staipéndièri/-diəri] *a., n.* 유급(有給)의; 유급자; 《英》 유급 치안 판사.
stip·ple [stípəl] *vt.* 점화(點畫)〔점각(點刻)〕하다; 점채(點彩)하다. ── *n.* ⓊⒸ 점화〔점각·점채〕(법). **-pler** *n.*
stip·u·late [stípjəlèit] *vt.* (계약서 따위에) 규정하다; 계약의 조건으로서 요구하다. ── *vi.* 계약〔규정〕하다, 명기하다(*for*). **stip·u·la·tion** [∽-léiʃən] *n.* ⓊⒸ 약정; 규정; 조건.
stip·u·la·tor [-lèitər] *n.* 계약자; 규정자.
stip·ule [stípju:l] *n.* 〖植〗 탁엽(托葉).
‡**stir**[1] [stə:r] *vt., vi.* (**-rr-**) ① **움직이다; 휘젓다,** 뒤섞(여지)다. ② 흥분〔분발〕시키다〔하다〕 (*up*). ③ (이하 *vi.*) 활동하다; 유통하다, 전해지다. ***S- your*** STUMPS*!* ── *n.* ⒸⓊ 움직임, 활동; 휘젓기, 뒤섞기, 혼란, 큰 법석; 흥분; 찌르기. ***make a*** ∼ 평판이 나다. ∼ ***and bustle*** 큰 법석. ∠·**rer** 휘젓는 사람; 교반기(器); 활동가. *∠·**ring** *a.* 활동적인; **감동시키는,** 북돋우는.
stir[2] *n.* ⒸⓊ 《俗》 형무소.
Stir. Stirling 《스코틀랜드의 도시》.
stir·a·bout [stə́:rəbàut] *n., a.* Ⓤ 《英》 귀리〔오트밀〕죽; 활동적인.
stirk [stə:rk] *n.* 《英》 하릅암〔수〕소.
***stir·rup** [stírəp, stə́:rəp] *n.* **등자(鐙子);** 등자 줄〔가죽〕.
stírrup bòne ＝STAPES. 「잔.
stírrup cùp (마상에서의) 작별의 술
stírrup pùmp 《英》 수동식(手動式) 소화 펌프.
‡**stitch** [stitʃ] *n.* ① **한 바늘〔땀, 뜸〕;** 꿰매는〔뜨는〕 법, 스티치; (실)땀, (뜨개질의) 코. ② (천 따위의) 조각. ③ 《口》 약간. ④ (옆구리 따위의) 격통. ── *vt., vi.* 깁다, 꿰매다; 꿰매어 꾸미다; (책을) 철하다, 매다.
sti·ver [stáivər] *n.* 네덜란드의 옛 화폐《guilder의 1/20》; 하찮은 것.
St. 〔**Sankt**〕 **Mo·rítz** [sèint mə:ríts/-mɔ́:rits] 세인트〔장크트〕모리츠《스위스 남동부의 휴양지; 스키·스케이트가 성함》.
sto·a [stóuə] *n.* (*pl.* ∼**e** [stóui:], ∼**s**) (옛 그리스의) 보랑(步廊), 주랑(柱廊). ***the S-*** 스토아 철학.
stoat [stout] *n.* 〖動〗 (특히, 여름철 털이 갈색인) 담비; 족제비.

‡**stock** [stak/-ɔ-] *n.* ① (초목의) **줄기;** 《古》 그루터기; (접목의) 대목(臺木). ② (기계·연장의) 대(臺), 자루; (총의) 개머리. ③ (*pl.*) 〖史〗 (죄인의) 망신 차꼬대. ④ (*pl.*) 조선대(造船臺). ⑤ ⓊⒸ 가계(家系), 혈통, 가문. ⑥ ⒸⓊ 증권, (자본) 주식, 공채 (증서). ⑦ ⒸⓊ 저축; ⓊⒸ 저장품; **재고품, 스톡.** ⑧ Ⓤ **가축.** ⑨ Ⓤ (공업의) 원료; (수프나 소스 재료의) 삶아낸 국물. ⑩ 〖劇〗 레퍼토리식 전속 극단. ⑪ 바보, 비웃음의 대상. ⑫ ⒸⓊ 〖植〗 자라난화(紫羅欄花). ***dead*** ∼ 농기구. ***farm*** ∼ 농장 자산《농구·가축·작물 따위》. ***in*** 〔***out of***〕 ∼ (상품이) 재고가 있는〔품절되어〕. ***live*** ∼ 가축. ***on the*** ∼***s*** (배가) 건조중; 계획중. ∼ ***in trade*** 재고품; (목수 등의) 연장; 필요수단. ∼ ***of knowledge*** 쌓아올린 지식. ∼***s and stones*** 목석, 무정한 사람. ***take*** ∼ 재고품을 조사하다; 평가하다. ***take*** ∼ ***in*** 《口》 …에 흥미를 가지다, …을 존중〔신용〕하다. ***take*** ∼ ***of*** …을 검사하다. ── *a.* ① 수중에 있는, 재고의. ② 보통의, 흔한. ③ 가축 사육의. ④ 주〔공채〕의. ── *vt.* ① 사들이다. ② 저장하다, 공급하다(*with*). ③ …에 대(臺)를 달다. ④ (농장에) 가축을 넣다. ⑤ …에 씨를 뿌리다(*with*). ── *vi.* 사들이다(*up*).
***stock·ade** [stakéid/-ɔ-] *n.* **방책(防柵);** 울타리를 둘러 친 곳, 가축 울; 〖美軍〗 영창. ── *vt.* 울타리로 둘러치다〔막다〕. 「목축업자.
stock·breed·er [stákbrì:dər/-ɔ́-] *n.*
stock·breed·ing [∠brì:diŋ] *n.* Ⓤ 목축업. 「중매인.
stock·bro·ker [∠bròukər] *n.* 증권
stóck càr 가축 운반 화차.
stóck certìficate 주권; 《英》 공채 증서.
stóck còmpany 주식회사; (극장 전속의) 레퍼토리 극단.
stóck dìvidend 주식 배당.
stóck exchànge 증권 거래소; 증권 매매인 조합.
stóck fàrmer 목축업자.
stóck fàrming 목축업.
stock·fish [∠fiʃ] *n.* 건어, 어물(魚物).
***stock·hold·er** [∠hòuldər] *n.* 《美》 **주주(株主)** (《英》 shareholder).
Stock·holm [stákhoulm/stɔ́khoum] *n.* 스웨덴의 수도.
stock·i·net [stàkənét/-ɔ̀-] *n.* Ⓤ 《주로 英》 (속옷용의) 메리야스.
‡**stock·ing** [stákiŋ/-ɔ́-] *n.* (보통 *pl.*) **스타킹,** 긴 양말 (모양의 것). (*six feet*) ***in one's*** ∼***s*** 〔∼ ***feet***〕 양말만 신고, 구두를 벗고 (6피트, 따위). ∼·**less** *a.*
stock·job·ber [stákdʒàbər / stɔ́kdʒɔ̀b-] *n.* 《美》 증권 중매인; 《英》 투기업자. 「자; 창고 계원.
stock·man [∠mən] *n.* 《美》 목축업
***stóck màrket** **증권 시장**〔매매, 시세〕; 가축 시장.
stóck phràse 판에 박은 문구.

stock·pile [ˊpàil] *n., vt., vi.* (긴급용 자재의) 축적; 핵무기 저장; 비축하다.
stóck ràising 목축(업).
stock·room [stákrù(:)m] *n.* 저장소[실], 창고; 상품(견본) 진열실.
stock-still [ˊstíl] *a.* 움직이지 않는.
stock·tak·ing [ˊtèikiŋ] *n.* Ⓤ 시재(時在) 조사, 재고(품) 조사; (사업 따위의) 실적 조사.
stóck tìcker (전신에 의한) 증권 시세 표시기.
stock·y [ˊi] *a.* 땅딸막한, 단단한.
stock·yard [ˊjɑ̀:rd] *n.* 가축 수용장.
stodg·y [stádʒi/-ɔ́-] *a.* (음식이) 진한, 배에 징건한; (책이) 재미 없는 (dull); (문체 따위가) 답답한; 진부한.
sto·gie, -gy [stóugi] *n.* 갸름한 싸구려 여송연.
Sto·ic [stóuik] *n.* (아테네의) 스토아 철학자; (s-) 금욕주의자. —— *a.* 스토아 학파의; (s-) =STOICAL. **Stó·i·cism** [ˊ-sìzəm] *n.* Ⓤ 스토아 철학; (s-) 금욕주의, 견인(堅忍) (patient endurance); 냉정.
sto·i·cal [-əl] *a.* 금욕의; 냉정한. **~·ly** *ad.*
stoke [stouk] *vt.* (불을) 쑤셔 일으키다, (난로 따위의) 불을 때다. —— *vi.* 불을 때다. **stók·er** *n.* 화부; 자동 급탄기(給炭機).
stoke·hold [ˊhòuld] *n.* (기선의) 기관실.
stoke·hole [ˊhòul] *n.* (기관의) 화구(火口); =STOKEHOLD.
STOL [stoul, éstoul] (<*s*hort *t*ake-*o*ff and *l*anding aircraft) *n.* 단거리 이착륙기.
‡**stole**[1] [stoul] *v.* steal의 과거.
stole[2] *n.* (끝을 앞으로 늘어뜨리는) 여자용 어깨걸이; 〖宗〗 영대(領帶) 《성직자가 목에 둘러 앞으로 늘이는 갸름한 천》.
‡**sto·len** [stóulən] *v.* steal의 과거분사. —— *a.* 훔친.
stol·id [stálid/-ɔ́-] *a.* 둔감한, 멍청한. **~·ly** *ad.* **sto·lid·i·ty** [stəlídəti/stɔ-] *n.* Ⓤ
sto·lon [stóulan/-lɔn] *n.* 〖植〗 포복지(匍匐枝).
sto·ma [stóumə] *n.* (*pl.* **-mata** [-mətə]) 〖動·植〗 기공(氣孔).
‡**stom·ach** [stʌ́mək] *n.* ① 위(胃); 배. ② 식욕(*for*). ③ 욕망, 기호, 기분(*for*). —— *vt.* 삼키다; 먹다, 소화하다; (모욕 따위를) 참다(bear).
***stom·ach·ache** [-èik] *n.* ⓊⒸ 위통, 복통.
stom·ach·er [-ər] *n.* (15–16 세기 경의) 여성용 삼각형의 가슴 장식.
sto·mach·ic [stəmǽkik] *a., n.* 위의, 소화를 돕는; 건위제(劑).
stómach pùmp 〖醫〗 위세척기.
sto·ma·ti·tis [stòumətáitis] *n.* Ⓤ 〖醫〗 구내염(口內炎).
sto·ma·tol·o·gy [stòumətálədʒi] *n.* Ⓤ 구강병학.
stomp [stamp/stɔmp] 《口》 *vt.* …을 짓밟다, 쿵쿵 밟다. —— *vi.* 쿵쿵 발을 구르다, …을 짓밟다(*on*). —— *n.* 쿵쿵 밟음; 스톰프《세게 마루를 구르는 재즈 댄스의 일종》.
†**stone** [stoun] *n.* ① ⓊⒸ 돌; Ⓤ 석재(石材). ② 묘비; 숫돌, 맷돌. ③ 보석(*a nineteen ~ watch* 19석 시계). ④ 〖醫〗 결석(結石)(병). ⑤ (굳은) 씨, 핵(核). ⑥ (*sing. & pl.*) 《英》 스톤《중량의 단위, 14 파운드》. ***at a ~'s cast* [*throw*]** 아주 가까운 곳에. ***cast the first ~*** 맨 먼저 비난하다. ***cast* [*throw*] *~s* [*a ~*] *at*** …을 비난하다. ***leave no ~ unturned*** 온갖 수단을 다하다(to do). —— *a.* 돌의, 석조(石造)의; 막사기 그릇의. —— *vt.* 돌을 깔다[놓다]; …에 돌을 던지다[던져 쫓다, 던져 죽이다]; …의 씨를 빼다. **ˊ·less** *a.* 돌[씨] 없는.
Stóne Àge, the 석기 시대.
stone-blind [ˊbláind] *a.* 아주 눈이 먼.
stone-broke [ˊbróuk] *a.* 《俗》 무일푼의.
stóne brùise 돌을 밟아 생긴 (발바닥의) 상처.
stone-cold [ˊkóuld] *a.* 돌같이 차가운.
stone·cut·ter [ˊkʌ̀tər] *n.* 석공, 석수; 돌 깨는 기계.
stone-dead [ˊdéd] *a.* 완전히 죽은.
stone-deaf [ˊdéf] *a.* 귀가 절벽인.
stóne fénce 《美俗》 칵테일의 하나 《위스키와 사과주》.
stóne frùit 핵과(核果).
Stone·henge [ˊhèndʒ/ˊˊ] *n.* 영국 Wiltshire의 Salisbury 평원에 있는 거대한 석주군(石柱群).
stone·ma·son [ˊmèisn] *n.* 석공, 석수.
stóne òil 석유 (petroleum).
stóne pìt 채석장.
stóne's cást [**thrów**] 돌을 던지면 닿을 만한 거리《약 50–150 야드》.
stone·wall [ˊwɔ̀:l/ˊˊ] *n., a.* 돌담(같이 튼튼한). —— *vt., vi.* 〖크리켓〗 신중히 타구하다; 《英》 (의사를) 방해하다(filibuster).
stone·wall·ing [ˊwɔ̀:liŋ] *n.* 《美俗》 거짓말을 우김; 《英》〖政〗 의사 방해; 입을 다문 채 버팀.
stone·ware [ˊwὲər] *n.* Ⓤ 석기; 막사기 그릇.
stone·work [ˊwə̀:rk] *n.* Ⓤ 돌세공; 〖建〗 석조 부분, 석조(건축)물.
stonk [staŋk/-ɔ-] *n., vt.* 맹폭격(하다).
‡**ston·y** [stóuni] *a.* 돌의, 돌 같은, 돌이 많은; 무정한; 무표정한.
ston·y-broke [-bróuk] *a.* 《俗》 = STONE-BROKE.
†**stood** [stud] *v.* stand의 과거(분사).
stooge [stu:dʒ] *n., vi.* 《俗》 어릿광대의 보조[얼간이] 역(을 하다); 보조역[보좌역](을 하다); 조수; 남의 뜻대로 하는 사람, 꼭두각시; 《英俗》 비행 연습생; 뛰어[날아]다니다, 선회하다(*about, around*).
‡**stool** [stu:l] *n.* ① (등·팔걸이 없는) 걸상. ② 발판, 무릎 받치는 궤. ③ 걸상 비슷한 물건; 실내용 변기; 변소. ④ 변보기; Ⓤ (대)변(*green ~* 녹변). ⑤ (어린 가지가 돋는) 그루터기, 밑동. ***fall between two ~s*** 욕심부리다 모두 실패하다.
stóol pìgeon 후림 비둘기; (경찰의) 끄나불.
‡**stoop**[1] [stu:p] *vi.* ① 몸을[허리를] 굽히다(*over*); 허리가 굽다. ② (나무·

벼랑 등이) 구브러지다. ③ 자신을 낮추어〔굽히어〕 …하다(*to* do), (…으로) 전락하다(*to*). —— *vt.* (머리·등 따위를) 굽히다. ～ **to conquer** 굴욕을 참고 목적을 이루다. —— *n.* 앞으로 몸을 굽힘; 새우등; 굴종, 겸손.

stoop² *n.* 《美》 현관의 툇마루.

†**stop** [stɑp/-ɔ-] *vt.* (-*pp*-) ① **멈추다, 그만두다, 세우다.** ② 중지하다; 그만두게 하다, 방해하다. ③ (교통을) 스톱하다; 막다. ④ (속이 (꿰져) 나오는 것을) 멈추게 하다, 마개를 하다, 틀어막다. ⑤ 〖拳〗 K.O. 시키다. —— *vi.* ① **서다, 멈추다,** 중지하다, (비 따위가) 멎다. ② 《口》 묵다. ～ **down** 〖寫〗 렌즈를 좁이다. ～ **off** 《美口》 단기간 머무르다. ～ **over** 《美》 도중 하차하다; =stop off. ～ **to think** 천천히 생각하다. —— *n.* ① **멈춤,** 멎음, 중지, 휴지(休止). ② 정류소. ③ 장애물. ④ 〖機〗 멈추개. ⑤ 체재; 종지(終止); 구두점 (*a full* ～ 종지부). ⑥ 〖樂〗 (오르간의) 스톱, 음전(音栓). ⑦ 〖音聲〗 폐쇄음 《p, t, k; b, d, g 등》 **put a ～ to** …을 그치게〔끝내게〕 하다.

stop·cock [stɑ́pkɑ̀k/stɔ́pkɔ̀k] *n.* (수도 따위의) 꼭지, 고동.

stope [stoup] *n., vt., vi.* 채굴장(에서 채굴하다).

stop·gap [⌐gæ̀p] *n., a.* 임시 변통(의), 빈 곳 메우기(에 쓰는). 「신호.

stóp-go sígn [⌐gòu] 《英口》 교통

stop·light [⌐làit] *n.* 정지 신호; (자동차 뒤의) 스톱라이트.

stop·o·ver [⌐òuvər] *n.* 도중 하차.

stop·page [⌐idʒ] *n.* UC 정지, 중지; 장애. 「정지 지시.

stóp páyment 〖商〗 (수표의) 지급

stop·per [⌐ər] *n., vt.* 멈추는〔막는〕 사람〔것〕; 마개(를 하다, 로 막다).

stop·ping [⌐iŋ] *n.* UC 중지, 정지; 메우개. 「하다).

stop·ple [stɑ́pəl/-ɔ́-] *n., vt.* 마개(를

stóp prèss 《英》 (윤전기를 멈추고 삽입하는) 최신 뉴스. 「스톱 워치.

stop·watch [stɑ́pwɑ̀tʃ/stɔ́pwɔ̀tʃ] *n.*

***stor·age** [stɔ́:ridʒ] *n.* ① UC 보관; **저장(소),** 창고. ② U 보관료. ③ UC 〖컴퓨터〗 기억 (장치·저장).

stórage bàttery 축전지. 「단위.

stórage cèll 축전지; 〖컴퓨터〗 기억

stórage règister 〖컴퓨터〗 기억 레지스터.

†**store** [stɔ:r] *n.* ① **비축,** 저장, 준비; (지식 따위의) 축적; 다량(*of*). ② (*pl.*) 필수품; 저장소; 창고. ③ 《美》 상점. ④ (*pl.*) 《英》 백화점. **in ～** 저장하여, 마침 가지고 있어, 준비하여(*for*); (재난 따위가) 기다리고 있어(*for*). **set** (**great**) **～ by** …을 (크게) 존중하다 《by=upon》. —— *vt.* ① 저축〔저장〕하다(*up*); 떼어두다. ② 창고에 보관하다; 공급하다(*with*); 넣을 여지가 있다. ③ 〖컴퓨터〗 (정보를) 기억시키다.

***store·house** [⌐hàus] *n.* **창고;** (지식의) 보고.

***store·keep·er** [⌐kì:pər] *n.* ① 《美》 **가게 주인.** ② 창고 관리인.

store·room [⌐rù(:)m] *n.* 저장실.

‡**sto·rey** [stɔ́:ri] *n.* 《英》 =STORY².

sto·ried¹ [stɔ́:rid] *a.* 이야기〔역사·전설〕로 유명한; 역사〔전설〕화(畫)로 장식한. 「지은, …층의.

sto·ried², 《英》 **-reyed** *a.* …층으로

sto·ri·ette [stɔ̀:riét] *n.* 장편(掌編) 소설. 「U 민화〔전설〕 연구.

sto·ri·ol·o·gy [stɔ̀:riɑ́lədʒi / -ɔ́l-] *n.*

***stork** [stɔ:rk] *n.* **황새** 《갓난 아이는 이 새가 갖다 주는 것이라고 아이들은 배움》.

†**storm** [stɔ:rm] *n.* ① **폭풍우;** 큰 비〔눈〕; 심한 천둥. ② 빗발치듯 하는 총알〔칭찬〕; 우레 같은 박수; (노여움 따위의) 폭발, 격정. ③ CU 강습(强襲). **a ～ in a teacup** 헛소동, 집안 싸움. **the ～ and stress** 질풍 노도 《18세기 후반의 독일 문예 운동(시대); <G. *Sturm und Drang*》. —— *vi.* ① (날씨가) 험악해지다. ② 돌진하다; 날뛰다. ③ 호통치다(*at*). —— *vt.* 강습〔쇄도〕하다. 「휩쓸린.

storm-beat·en [⌐bì:tn] *a.* 폭풍우에

stórm bòat 〖軍〗 상륙용 배.

storm·bound [⌐bàund] *a.* 폭풍우로 갇힌.

stórm cèllar 폭풍 대피용 지하실.

stórm cènter 폭풍〔소동〕의 중심.

stórm clòud 폭풍우를 동반한 먹구름; 동란의 조짐.

stórm dòor 〔**wìndow**〕 비바람을 막기 위한 빈지〔겹창〕.

stórm sìgnal 폭풍우 신호. 「대원.

stórm tròoper (특히) 나치 돌격

stórm tròops (Nazi의) 돌격대.

stórm wàrning 폭풍우 주의보.

‡**storm·y** [⌐i] *a.* ① **폭풍우의,** 날씨가 험악한. ② 격렬한, 소란스러운.

stórmy pétrel 바다제비 (storm petrel); 분쟁을 일으키는 사람.

†**sto·ry¹** [stɔ́:ri] *n.* ① 설화, **이야기;** 소설; UC 전설. ② 신상 이야기; 경력; 전기, 일화; 소문. ③ 《口》 꾸며낸 이야기; 거짓말. ④ UC (소설·극의) 줄거리. ⑤ (신문) 기사. ⑥ UC 《廢》 역사. **to make a long ～ short** 간단히 말하면. —— *vt.* (이야기〔사실(史實)〕)로 꾸미다.

‡**sto·ry²** *n.* (집의) **층.** **the upper ～** 위층; 두뇌.

sto·ry·book [-bùk] *n.* 얘기〔소설〕책.

sto·ry·tell·er [-tèlər] *n.* 이야기꾼; 소설가; 《口》 거짓말쟁이.

sto·ry·tell·ing [-tèliŋ] *n.* 이야기하기; 《口》 거짓말하기. 「이야기 작가.

story·writer [-ràitər] *n.* 소설가,

stoup [stu:p] *n.* 물 따르는 그릇, 큰 컵; (교회 입구의) 성수반(聖水盤).

‡**stout** [staut] *a.* ① **살찐,** 뚱뚱한. ② 억센, 튼튼한; 용감한. —— *n.* ① U 흑맥주. ② 살찐 사람; (*pl.*) 비만형의 옷. **⌐·ly** *ad.* **⌐·ness** *n.* 「한.

stout-heart·ed [⌐hɑ́:rtid] *a.* 용감

‡**stove¹** [stouv] *n.* **스토브;** 난로.

stove² *n.* stave의 과거(분사).

stove·pipe [⌐pàip] *n.* 난로의 굴뚝; 《美口》 실크해트.
stóve plànt 온실 식물.
stow [stou] *vt.* 챙겨〔꼭꼭 채워, 집어〕 넣다(*in, into*); 가득 채워넣다 (*with*). ~ ***away*** 치우다; 밀항하다. ***S- it!*** 《俗》 입닥쳐!, 그만둬! ⌐**-age** [⌐idʒ] *n.* U,C 쌓아 넣기〔넣는 장소〕; 적하(積荷)(료(料)).
stow·a·way [⌐əwèi] *n.* 밀항자; 무임승객.
Stowe [stou], **Mrs. Harriet Beecher** (1811–96) 미국 작가《*Uncle Tom's Cabin* (1852)》.
STP standard temperature and pressure; Scientifically Treated Petroleum 가솔린 첨가제; 《美》 환각제의 일종.
St. Pé·ters·burg [pí:tərzbə̀:rg] 제정 러시아의 수도.
str. streamer; strait; string(s).
stra·bis·mal [strəbízməl], **-mic** [-mik] *a.* 사팔눈〔사시〕의.
stra·bis·mus [strəbízməs] *n.* U 흑보기, 사팔눈.
strad·dle [strǽdl] *vi., n.* 두 다리를 벌리다, 다리를 벌리고 걷다〔서다, 앉다〕; 그렇게 하기; 《口》 두 길마 보다〔보기〕, 양다리 걸치다〔걸치기〕; 〖英海軍〗 협차(夾叉) 포격(하다) (bracket). —— *vt.* (걸터) 타다, 걸치다; 《口》 (…에 대해) 두 길마 보다, 양다리 걸치다(~ *a question*).
Strad·i·va·ri·us [strӕdəvέəriəs, -vά:r-] *n.* 스트라디바리우스《이탈리아의 Antonius Stradivarius (1644–1737)가 만든 바이올린·첼로 따위의 악기》.
strafe [streif, -rɑ:f] (<G.) *vt.* (지상의 적을) 기총소사〔폭격〕하다; 맹사격〔맹폭격〕하다; 《俗》 벌주다.
strag·gle [strǽgl] *vi.* 뿔뿔이〔산산이〕 흩어지다; 무질서하게 나아가다; (일행에서) 뒤떨어지다; (어지럽게) 뻗쳐 퍼지다, 우거지다(gad); 산재하다. **strág·gler** *n.* 낙오〔부랑〕자; 우거져 퍼지는 풀〔가지〕. **strág·gling, strág·gly** *a.*
†**straight** [streit] *a.* ① **곧은,** 일직선의; 곧추 선. ② 솔직한; 올바른; 정연한. ③ 《口》 틀림없는 (~ *news, tips, &c.*). ④ 《美》 철저한. ⑤ (음료가) 순수한, 섞음질하지 않은. ⑥ 연속의 (~ *A's* (성적이) 전수(全秀)); 〖포커〗 다섯장 연속의(*a* ~ *flush* 으뜸패 5장 연속《ace, king, queen, jack, ten》). ⑦ 에누리 없는. ***get* 〔*make, put, set*〕 *things*** ~ 물건을 정돈하다. ~ ***angle*** 평각. —— *ad.* ① 곧게, 일직선으로; 곧추 서서. ② 직접으로; 솔직하게. ③ 연속하여; 원작대로. ~ ***away* 〔*off*〕** 즉시, 곧. ~ ***out*** 솔직하게. —— *n.* 직선; 〖競馬〗 (최후의) 직선 코스; 〖포커〗 5장 연속. ***out of the*** ~ 비뚤어져.
straight·a·way [⌐əwèi] *n., a.* 〖競馬〗 직선 코스(의).
‡**straight·en** [⌐n] *vt., vi.* ① **똑바르게 하다**〔되다〕. ② 정돈하다.
straight-faced [⌐féist] *a.* 무표정한, 진지한 얼굴을 한.
stráight fíght 《英》 두 후보자의 맞대결.
***straight·for·ward** [strèitfɔ́:rwərd] *a., ad.* ① **똑바로** (향하는). ② 솔직한〔하게〕, 간단한〔하게〕. **~s** [-z] *ad.* =STRAIGHTFORWARD.
straight-out [stréitáut] *a.* 《美口》 철저한, 완전한.
stráight tìme 규정 노동시간(에 대한 임금).
***straight·way** [⌐wèi] *ad.* **곧,** 당장.
‡**strain**[1] [strein] *vt.* ① **잡아당기다,** 팽팽하게 켕기다. ② 긴장시키다; 힘껏 …하게 하다《눈을 크게 뜨다, 목소리를 짜내다, 따위》. ③ 너무 써서 손상시키다; (힘줄 따위를) 접질리다, 삐다; 곡해하다; 남용하다. ④ 꽉 껴안다. ⑤ 거르다, 걸러내다(*out, off*). —— *vi.* ① 잡아당기다, 켕기다 (*at*). ② 긴장하다; 노력하다(*after; to* do). ③ 스며나오다. ~ ***a point*** 억지로 갖다 붙이다. ~ ***at a*** GNAT. —— *n.* ① U,C 당기기, **켕김,** 긴장. ② U,C 큰 수고; **과로;** C 《口》 무거운 부담. ③ 어긋남, 삠. ④ U,C 변형, 찌그러짐. ⑤ (종종 *pl.*) 선율, 노래; 가락(*in the same* ~), 말투. ***at* (*full*) ~,** or ***on the*** ~ 긴장하여. **~ed** [-d] *a.* 긴장한; 무리한, 부자연한. ⌐**·er** *n.* 잡아당기는 〔켕기는〕 사람〔기구〕; 여과기(濾過器).
strain[2] *n.* 종족, 혈통; 성격; 기미; 기풍, 경향.
‡**strait** [streit] *a.* 《古》 ① **좁은.** ② 엄중한. ***the*** ~ ***gate*** 〖聖〗 좁은 문 《마태복음 7:14》 —— *n.* ① **해협**《固有名詞로는 보통 *pl.*》. ② (보통 *pl.*) 궁핍, 곤란. ***Straits Settlements, the*** 해협 식민지.
strait·en [⌐n] *vt.* 궁핍하게 하다; 제한하다; 《古》 좁히다. **~ed** [-d] *a.* 궁핍한.
stráit jàcket (미치광이나 난폭한 죄수 등에 입히는) 구속복(拘束服) (camisole).
strait-laced [⌐lèist] *a.* 엄격한.
strait-waist·coat [⌐wéis*t*kòut] *n.* 《英》 =STRAIT JACKET.
***strand**[1] [strӕnd] *n.* 《詩》 **물가,** 바닷가. —— *vt., vi.* **좌초시키다**〔하다〕; 궁지에 빠지(게 하)다.
strand[2] *n.* (밧줄·철사 따위의) 가닥, 꼼; (한 가닥의) 실, 줄. —— *vt.* (밧줄의) 가닥을 끊다; 꼬다.
†**strange** [streindʒ] *a.* ① **이상한,** 묘한. ② 모르는, 눈〔귀〕에 선; 생소한, 익숙지 못한, 경험이 없는(*to*); 낯선; 서먹서먹한. ③ 《古》 타국의. —— *ad.* 《口》 묘하게. ‡⌐**·ly** *ad.* ⌐**·ness** *n.* U
‡**stran·ger** [stréindʒər] *n.* ① **낯선 사람;** 새로 온 사람. ② 제삼자, 문외한, 무경험자. ③ 손님. ④ 《古》 외국인. ***make a* 〔*no*〕 ~ *of*** …을 쌀쌀하게〔친절하게〕 대하다.
***stran·gle** [strǽŋgəl] *vt.* ① **교살하다;** 질식시키다. ② 억압〔묵살〕하다.
strángle hòld 〖레슬링〗 목조르기;

자유 행동〔발전 등〕을 방해하는 것.
stran·gu·late [strǽŋgjəlèit] *vt.* 목 졸라 죽이다; 〖醫〗 괄약(括約)하다.
stran·gu·la·tion [⌐–léiʃən] *n.* Ⓤ
‡**strap** [stræp] *n., vt.* (*-pp-*) ① **가죽끈**(으로 묶다, 때리다). ② 가죽손잡이. ③ 가죽숫돌(로 갈다). **⌐·ping** *a., n.* 《口》 몸집이 큰(*a ~ping girl*); ⓊⒸ 매질, 채찍질; Ⓤ 반창고.
strap·hang·er [⌐hæ̀ŋər] *n.* 《口》 가죽손잡이에 매달려 있는 승객.
stra·ta [stréitə, -ǽ-] *n.* stratum의 복수. 「략; 계략.
***strat·a·gem** [strǽtədʒəm] *n.* ⓊⒸ 전
***stra·te·gic** [strətí:dʒik], **-gi·cal** [-əl] *a.* ① **전략(상)의**; 전략상 중요한. ② 국외 의존의 군수품 원료의. ③ 전략 폭격(용)의 (cf. tactical). **-gi·cal·ly** *ad.* **-gics** *n. pl.* ⓊⒸ 전략.
Stratégic Àir Commànd 《美》 전략 공군 사령부 《생략 SAC》.
stratégic matérials (주로 외국에 의존하는) 전략 물자.
***strat·e·gy** [strǽtidʒi] *n.* ⓊⒸ ① **용병학**, 병법. ② 전략; 교묘한 운용. **-gist** *n.* 전략가.
Strat·ford-on-A·von [strǽtfərd-ɑnéivən/-ɔn-] *n* 잉글랜드 중부 도시; Shakespeare의 탄생·매장지.
strath [stræθ] *n.* 《Sc.》 넓은 골짜기.
strat·i·fi·ca·tion [strǽtəfikéiʃən] *n.* ⓊⒸ 〖地〗 성층(成層), 〖生〗 (조직의) 층(層) 형성; 사회 계층.
strat·i·fy [strǽtəfài] *vt., vi.* 층을 이루(게 하)다. 「층위학(層位學).
stra·tig·ra·phy [strətígrəfi] *n.* Ⓤ
stra·toc·ra·cy [strətákrəsi/-ɔ́-] *n.* Ⓤ 군정, 군인 정치.
strat·o·cruis·er [strǽtoukrù:zər] *n.* 성층권 비행기. 「층권; 최고(위).
strat·o·sphere [strǽtəsfiər] *n.* 성
strat·o·vi·sion [strǽtəviʒən] *n.* Ⓤ (비행기에 의한) 성층권 TV 방송.
***stra·tum** [stréitəm, -ǽ-] *n.* (*pl.* **-ta** [-tə], **~s**) **층**; 지층; 사회 계층.
stra·tus [stréitəs] *n.* (*pl.* **-ti** [-tai]) 안개구름.
Strauss [straus], **Johann**(1804–49; 1825–99) 오스트리아의 작곡가 부자(父子); **Richard**(1864–1949) 독일의 작곡가.
Stra·vin·sky [strəvínski], **Igor Fëdorovich**(1882–1971) 러시아 태생의 미국 작곡가.
‡**straw** [strɔ:] *n.* ① Ⓤ **짚, 밀짚**. ② 짚 한 오라기; (음료용) 스트로. ③ 밀짚모자. ④ 하찮은 물건. ***a ~ in the wind*** 풍향〔여론〕을 나타내는 것. ***catch*** 〔***snatch***〕 ***at a ~*** 〔***at ~s***〕 기를 쓰고 닥치는 대로 해보다. ***do not care a ~*** 〔***two ~s***〕 조금도 개의치 않다. ***make bricks without ~*** 불가능한 일을 꾀하다. ***man of ~*** 짚 인형; 가공 인물; 재산 없는 사람; 믿을 수 없는 사람. ***the last ~*** (끝내 파멸로 이끄는) 최후의 사소한 일. **—** *a.* ① 짚으로 만든. ② 하찮은. ③ 가짜의.
‡**straw·ber·ry** [strɔ́:bèri/-bəri] *n.* **양딸기**.
straw·board [⌐bɔ̀:rd] *n.* Ⓤ 마분지.
straw-col·o(u)red [⌐kʌ̀lərd] *a.* 밀짚 빛깔〔담황색〕의.
straw-hat [⌐hæ̀t] *n., a.* 밀짚모자; 《美》 여름 연극(의). 「조사.
stráw pòll 《美》 비공식적인 여론
stráw vòte 《美》 (여론 조사를 위한) 비공식 투표.
straw·y [strɔ́:i] *a.* 짚의; 짚 같은, 짚 모양의; 짚으로 만든; 짚으로 인.
‡**stray** [strei] *vi.* ① **길을 잃다**; 헤매다, 방황하다. ② **옆길로 빗나가다**, 못된 길로 빠지다. **—** *a.* ① **길 잃은**, 일행에서 뒤처진. ② 뿔뿔이 흩어진; 고립한; 드문. **—** *n.* 길 잃은 가축; 집〔길〕 잃은 아이. **~ed** [-d] *a.* 길 잃은; 일행에서 뒤처진.
‡**streak** [stri:k] *n.* ① **줄**, 줄무늬; 광맥. ② 성향(性向), **기미**(*a ~ of genius* 천재의 번득임). ③ 《美口》 단기간. ***like a ~*** (***of lightning***) 전광석화와 같이; 전속력으로. **—** *vt.* 줄을 긋다, 줄무늬를 넣다. **—** *vi.* ① 줄이 지다, 줄무늬지다. ② 질주하다. ③ 나체로 대중 앞을 달리다. **⌐·er** *n.* 스트리킹하는 사람. **⌐·ing** *n.* Ⓤ 스트리킹《나체로 대중 앞을 달리기》. **⌐·y** *a.* 줄이〔줄무늬가, 얼룩이〕 있는.
†**stream** [stri:m] *n.* ① **흐름**, **시내**. ② (사람·물건의) 흐름, 물결. ③ 경향, 풍조. ④ 〖컴퓨터〗 정보의 흐름. *~ of* CONSCIOUSNESS. **—** *vi.* ① 흐르다, 끊임없이 잇따르다. ② 펄럭이다, 나부끼다. **—** *vt.* ① 흘리다, 유출시키다. ② 펄럭이게 하다. ③ (학생을) 능력별로 편성하다.
***stream·er** [⌐ər] *n.* ① **기드림**; (펄럭이는) 장식 리본; (배가 출발할 때 던지는) 테이프. ② (북극광 따위의) 사광(射光), 유광(流光). ③ 《美》 (신문의) 전단(全段) 표제.
stream·let [⌐lit] *n.* 작은 시내.
stream·line [⌐làin] *n., a., vt.* 유선(流線), 유선형(의, 으로 하다); 간소화〔합리화〕하다. ***~d** [-d] *a.* **유선형의**, 날씬한; 근대(능률)화한. **-lin·er** *n.* 유선형 열차.
†**street** [stri:t] *n.* ① **가로, 거리** 《미국의 큰 도시에서는, 특히 동서로 뚫린 길》 (cf. avenue). ② 차도(車道); …가(街), …로(路). ③ 한 구역〔동네〕 사람들. ***not in the same ~ with*** 《口》 …에는 도저히 못미치다. ***the man in the ~*** 보통 사람.
stréet Àrab ⇨Arab.
‡**street·car** [⌐kɑ̀:r] *n.* 《美》 **시가 전차**.
stréet clèaner 가로 청소부.
stréet crìes (행상인의) 외치는 소리.
stréet dòor 길쪽에 면한 문.
stréet làmp 가로등.
stréet ràilway (전차·버스 등의) 노선; 그 경영 회사.
street·scape [⌐skèip] *n.* 가두 풍경.
stréet ùrchin 부랑아.
street·walk·er [⌐wɔ̀:kər] *n.* 매춘부.

†**strength** [streŋkθ] *n.* Ⓤ ① **힘**; 강하기, 강도; 농도. ② 저항〔내구〕력. ③ 병력. ④ 효력. ⑤ Ⓒ 힘이 되는 것, 의지. ***on the ~ of*** …을 의지하여〔믿고〕.

‡**strength·en** [ˊ-ən] *vt., vi.* ① **강하게 하다**; 강해지다. ② 기운을 돋우다; 기운이 나다.

***stren·u·ous** [strénjuəs] *a.* **분투적인**; 정력적인. **~·ly** *ad.*

strep·to·coc·cus [strèptəkɑ́kəs/-ɔ́-] *n.* (*pl.* ***-cocci*** [-kɑ́ksai/-ɔ́-]) 연쇄상구균.

strep·to·ki·nase [strèptoukáineis, -neiz, -kí-] *n.* 스트렙토키나제《혈액 응혈을 푸는 치료 효소》.

strep·to·my·cin [strèptoumáisən] *n.* Ⓤ 스트렙토마이신《항생 물질약》.

‡**stress** [stres] *n.* ① Ⓤ **압력, 압박**; 강제; **긴장**(*times of ~* 비상시). ② Ⓤ 노력. ③ ⓊⒸ **강조; 중요성; 강세**, 악센트. ***lay ~*** 중점을 두다 (*on*). ***under ~ of*** …때문에, …에 몰리어〔쪼들려〕. **—** *vt.* ① …에 압력을 가하다. ② 중점〔역점〕을 두다, 강조하다. ③ 강세를 두다.

stréss disèase 〖醫〗 (자극·긴장으로 일어난다는) 스트레스병(cf. ⇩).

stréss thèory 〖醫〗 (캐나다의 H. Selye 교수 주창의) 스트레스 학설.

‡**stretch** [stretʃ] *vt.* ① **뻗치다**, 잡아당기다〔늘이다〕; 펴다, 펼치다. ② 크게 긴장하다; 억지로 갖다붙이다; 남용하다. **—** *vi.* ① **뻗다**, 펴지다. ② 기지개를 켜다, 손발을 뻗다; 손을 내밀다(*out*). ③ (선의) 길이가 …이다; (토지가) …에 미치다〔뻗치다〕. ④ 〖TV〗 (시간을 끌기 위해) 천천히 하다. ***~ a point*** 도를 넘치다, 무리한 해석을〔양보를〕 하다. ***~ oneself*** 기지개를 켜다. **—** *n.* ① **신장**(伸張), 확장, 펴짐. ② 긴장. ③ 뻗침, 한동안의 시간〔일·노력〕; 범위. ④ 《俗》 징역. ⑤ 견강부회; 남용. ⑥ (경마장 양쪽의) 직선 코스. ***at a ~*** 단숨에. ***on the ~*** 긴장하여.

***stretch·er** [strétʃər] *n.* ① 뻗는〔펴는, 펼치는〕 **사람**〔도구〕. ② (화포(畫布)를 켕기는) 틀. ③ 들것.

stretch·er-bear·er [strétʃərbὲərər] *n.* 들것을 메는 사람.

stretch-out [-àut] *n.* 《美》 (임금 증액이 없는) 노동 강화〔시간 연장〕.

***strew** [struː] *vt.* (*~ed; strewn, ~ed*) ① **흩뿌리다**. ② 흩뿌려 뒤덮다(*with*).

stri·a [stráiə] *n.* (*pl.* ***-ae*** [-ráiiː]) *n.* (평행한) 가는 줄; 〖地〗 줄자국.

stri·at·ed [stráieitid/ˊ-ˊ-], **stri·ate** [stráieit] *a.* 줄〔홈이〕 있는. **stri·á·tion** *n.* Ⓤ 줄(홈)을 침; 줄〔홈·무늬〕의 하나.

‡**strick·en** [stríkən] *v.* 《古》 strike의 과거분사. **—** *a.* ① **맞은**, 다친. ② (병·곤란 따위가) 덮친(*with*). ***~ in years*** 나이 먹은. 「는) 숫돌.

strick·le [stríkəl] *n.* 평미레; (낫 가

‡**strict** [strikt] *a.* ① **엄(격)한**. ② 정확한. ③ 절대적인. ‡**strict·ly** *ad.* **ˊ·ness** *n.*

stric·ture [stríktʃər] *n.* (보통 *pl.*) 비난, 혹평(*on, upon*); 〖醫〗 협착.

‡**stride** [straid] *vi.* (***strode; stridden,*** 《古》 ***strid***) ① **큰 걸음으로 걷다**, 활보하다. ② (…을) 성큼 (뛰어) 넘다(*over, across*). **—** *vt.* 성큼 (뛰어) 넘다. **—** *n.* ① 큰 걸음. ② 한 걸음(의 폭). ***hit one's ~*** 《口》 가락을〔페이스를〕 되찾다. ***make great*** 〔***rapid***〕 ***~s*** 장족의 진보를 이루다; 급히 가다. ***take*** (*a thing*) ***in one's ~*** 뛰어넘다; 쉽사리 헤어나다.

stri·dent [stráidənt] *a.* 귀에 거슬리는, 삐걱〔끽끽〕거리는. **-den·cy** *n.* Ⓤ

strid·u·late [strídʒəlèit] *vi.* (매미·귀뚜라미 따위가) 맴맴〔귀뚤귀뚤〕 울다. 「싸움.

‡**strife** [straif] *n.* ⓊⒸ **다툼**, 투쟁,

‡**strike** [straik] *vt.* (***struck; struck,*** 《古》 ***stricken***) ① **치다, 때리다**; (타격을) 가하다; 공격하다. ② **부딪다**, 맞히다; 푹 찌르다; (화폐 따위를) 찍어내다; (성냥을) 긋다. ③ 뜻밖에 만나다, 발견하다; …에 충돌하다; 인상지우다. ④ (시계가 시간을) 치다. ⑤ 갑자기 …하게 하다; (공포 따위를) 느끼게 하다, (병에) 걸리게 하다, 괴롭히다(cf. stricken). ⑥ 생각나다, 발견하다. ⑦ 삭제하다. ⑧ (태도를) 취하다; (식물을) 뿌리박게 하다; (되의 곡물을) 평미레로 밀어 고르다. ⑨ 결산하다; (결)정하다. ⑩ (돛·기를) 내리다, (천막을) 거두다; (일을) 그만두다. ⑪ (물고기를) 낚아 채다. **—** *vi.* ① **치다**, 때리다, 두들기다. ② 충돌하다, 좌초하다 (*against, on*). ③ 불붙다; (빛이) 닿다, (소리가) 귀를 때리다. ④ (새 방향으로) 향하다; 갑자기〔뜻밖에〕 만나다(*on, upon*). ⑤ 꿰뚫다(*through, into*); (식물이) 뿌리박다. ⑥ (시계가) 치다; (항복·인사의 표시로) 기를 내리다. ⑦ 동맹파업을 하다. ***~ a balance*** 수지를 결산하다. ***~ at*** …에게 치고 덤비다. ***~ home*** 치명상을 입히다, 급소를 찌르다. ***~ in*** 불쑥 말참견하다; 방해하다; (병이) 내공(內攻)하다. ***~ into*** 꿰찌르다; 갑자기 …하기 시작하다. ***~ it rich*** 《美》 (부광(富鑛)·유전 따위를) 발견하다; 뜻하지 않게 성공하다. ***~ off*** (목 따위를) 쳐서 떨어뜨리다; 삭제하다; 인쇄하다; (길을) 옆으로 벗어나다, 떨어지다. ***~*** OIL. ***~ out*** (불꽃을) 쳐 내다; …하기 시작하다; 손발로 물을 헤치며 헤엄치다; 생각해 내다, 발견하다; 삭제하다; 〖野〗 삼진하다〔시키다〕. ***~ up*** 노래〔연주〕하기 시작하다; (교제를) 시작하다. **—** *n.* ① **치기**, 타격. ② 파업, 스트라이크(*They are on ~.* 파업중/*go on ~* 파업을 하다) (cf. lockout). ③ 〖野〗 스트라이크; 〖볼링〗 스트라이크 《초구로 전주(全柱)를 쓰러뜨리기》. ④ 《美》 (부광(富鑛)·유전의) 발견; 대성공.

strike·bound [ˊbàund] *a.* 파업으로 기능이 정지된.
strike·break·er [ˊbrèikər] *n.* 파업 파괴자; 파업을 깨뜨릴 직공을 주선하는 사람. 「파업 파괴.
strike·break·ing [ˊbrèikiŋ] *n.* Ⓤ
stríke fàult 〖地〗 주향(走向) 단층.
strike-out [ˊàut] *n.* 〖野〗 삼진.
strike·o·ver [ˊòuvər] *n.* 타이프글씨의 2중 치기. 「수당.
stríke pày (조합으로부터의) 파업
strik·er [ˊər] *n.* 치는 사람〔것〕; 동맹 파업자; 《美》 잡역부; 당번병.
‡**strik·ing** [ˊiŋ] *a.* ① 치는. ② 파업중인. ③ 현저한, 두드러진; 인상적인. **~·ly** *ad.*
stríking dìstance 공격 유효거리.
Strind·berg [stríndbə:rg], **August** (1849–1912) 스트린드베리 《스웨덴의 극작가·소설가》.
‡**string** [striŋ] *n.* ① ⓊⒸ 실, 끈. ② 실에 꿴 것. ③ (활·악기 따위의) 현(弦), (*pl.*) 현악기; (the ~s) (관현악단의) 현악기부(部) (cf. the winds). ④ 〖植〗 섬유, 덩굴; 일련(一連), 일렬. ⑤ 《美口》 부대 조건, 단서(但書). ⑥ 〖컴퓨터〗 기호열(記號列). ***attach ~s*** 조건을 붙이다. ***get* 〔*have*〕 *a person on a ~*** 아무를 마음대로 조종하다. ***pull the ~s*** 배후에서 조종하다, 흑막이 되다. — *vt.* (***strung***) ① 실에 꿰다; 끈으로 묶다; 현〔줄〕을 달다; …의 현을 조르다. ② (기분을) 긴장시키다 (*up*); 흥분시키다. ③ (콩 따위의) 섬유를 떼다. ④ 일렬로 늘어세우다 (*out*). ⑤ 《美俗》 속이다. — *vi.* ① 실이 되다. ② 줄지어 나아가다. ~ ***out*** 《美口》 늘이다, 펼치다. ~ ***up*** 《口》 목졸라 죽이다. **~ed** [-d] *a.* 현(弦)이 있는; 현악기의〔에 의한〕.
stríng àlphabet (맹인용) 끈 문자 《매듭 방법으로 글을 나타냄》.
stríng bànd 현악단.
stríng bèan 깍지를 먹는 콩 《어떤 종류의 강낭콩·완두 등》; 그 깍지.
string·course [-kɔ̀:rs] *n.* 〖建〗 돌림띠, 치마〔허리〕 돌림띠.
stríng devèlopment = RIBBON DEVELOPMENT.
strin·gen·do [strindʒéndou] *ad.* (It.) 〖樂〗 스트린젠도《점점 빠르게》.
strin·gent [strínd ʒənt] *a.* (규칙 따위가) 엄중한; (금융 사정이) 절박〔핍박〕한, 돈이 잘 안도는; (의론 따위) 설득력이 있는, 유력한. **-gen·cy** *n.* ⓊⒸ **~·ly** *ad.*
string·er [stríŋər] *n.* (활의) 시위 메우는 장색(匠色); (철도의) 세로 침목; (배의) 종통대(縱通材); 〖建〗 세로 도리; 《美·Can.》 (신문·잡지 따위의) 지방 통신원; …급 선수(*a second* ~ 2군〔보결〕선수).
string·halt [stríŋhɔ̀:lt] *n.* Ⓤ 〖獸醫〗 (말의) 절름증.
stríng quartét(te) 현악 4중주(단).
string·y [stríŋi] *a.* 실의, 실 같은; (액체가) 실오리처럼 늘어지는, 끈적끈적한; 섬유질의; 힘줄이 많은.
‡**strip**[1] [strip] *vt.* (**-pp-**) ① **벌거숭이로 만들다**; …의 덮개를 없애다, 벗기다. ② (배·포(砲) 따위의) 장비를 떼다; 나삿니를 마멸시키다. — *vi.* 옷을 벗다. ~ ***off*** 벗기다, 빼앗다. **stríp·per** *n.*
‡**strip**[2] *n., vt.* (**-pp-**) ① **길고 가느다란 조각**(으로 만들다). ② (신문·잡지의) 연재 만화(comic strip). ③ 활주로; (떼어낼 수 있게 된) 철판 활주로.
‡**stripe**[1] [straip] *n.* ① 줄; **줄무늬**(바탕의 천). ② (*pl.*) 〖軍〗 수장(袖章). ③ 종류, 형(型). — *vt.* 줄무늬를 〔줄을〕 달다. ***striped** [-t] *a.*
stripe[2] *n.* 《古》 매〔채찍〕질; 채찍〔맷〕자국.
strip·light [stríplàit] *n.* 〖劇〗 (여러 전구를 줄지은) 투광 조명기.
strip·ling [ˊliŋ] *n.* 청년, 젊은이.
stríp mìning 노천 채광(採鑛).
strip·tease [ˊtì:z] *n.* 《美》 스트립쇼.
strip·teas·er [ˊtì:zər] *n.* 스트리퍼.
‡**strive** [straiv] *vi.* (***strove; striven***) ① 애쓰다, 노력하다(*to* do; *for, after*). ② 싸우다; 겨루다(*against, with*).
stro·bo·scope [stróubəskòup] *n.* 요지경의 일종; 스트로보스코프《급속히 회전〔운동〕하는 물체를 관찰〔촬영〕하는 장치》. 「든 전자관(管).
stro·bo·tron [-tràn/-ɔ̀n] *n.* 가스가
strode [stroud] *v.* stride의 과거.
Strog·a·noff, s- [strágənɑf/strɔ́gənɔf] *a.* 스트로가노프 (요리)의 《얇게 저민 고기 등을 sour cream, *bouillon*, mushrooms 따위를 넣어 끓인》 (*beef* ~ 비프스트로가노프).
‡**stroke**[1] [strouk] *n.* ① **침**, 때림, 일격. ② (시계의) 치는 소리(*on the ~ of six*, 6시를 치자). ③ (운명의) 도래, 우연한 운(*a ~ of good luck*). ④ (심장의) 고동, 맥박. ⑤ (수영의) 한 번 손발 놀리기; 날개치기; 붓의 일필; 한 칼, 한 번 새김. (손이나 기구의) 한 번 움직임〔놀림, 휘두름〕. ⑥ 한바탕 일하기, 한 차례의 일; 수완. ⑦ (병의) 발작; 졸도. ⑧ ⓊⒸ (보트의) 한 번 젓기; 정조수(整調手). ***at a ~*** 일격으로, 단번에. ***finishing ~*** 최후의 일격〔마무리〕. ***keep ~*** 박자를 맞추어 노를 젓다. — *vt.* 선을 긋다; (보트의) 정조수를 하다.
stroke[2] *vt., n.* 쓰다듬다〔듬기〕; 어루만지다〔기〕. 「노; 정조(수).
stróke òar 정조수(整調手)가 젓는
‡**stroll** [stroul] *vi.* ① **어슬렁어슬렁 거닐다**, 산책하다. ② 방랑〔순회 공연〕하다. — *vt.* …을 어슬렁어슬렁 거닐다. **~*ing company*** 순회 공연 극단. — *n.* 어슬렁어슬렁 거닐기, 산책. **ˊ·er** *n.* 어슬렁거리는 〔산책하는〕 사람; 순회 배우; 간편한 유모차, (유아의) 보행기.
†**strong** [strɔ:ŋ/-ɔŋ] *a.* ① **강한**, 힘찬; 튼튼한; (성격이) 굳센; 견고한.

② 잘하는(~ *in mathematics*); (의론 따위가) 유력한. ③ 인원〔병력 등〕이 …인. ④ (목소리가) 큰; (차가) 진한; (바람 등이) 센; (빛 따위) 강렬한; (맛 따위) 매운; (술 따위) 독한; 고약한 맛〔냄새〕의; (말씨가) 격렬한, 난폭한. ⑤ 열심인; 강렬한. ⑥ 〖文〗 강변화〔불규칙 변화〕의; 〖音聲〗 강음(强音)의; 〖商〗 강세(强勢)의. **~ *meat*** 어려운 교의(敎義) (opp. milk for babies). ***the ~er sex*** 남성. **—** *ad.* (힘)세게, 힘차게; 격렬하게. **‡stróng·ly** *ad.* 「력.

stróng àrm (특히, 권총에 의한) 폭

strong-arm [ˊɑ̀:rm] *a.* 《口》 완력〔폭력〕을 쓰는. **—** *vt.* …에게 폭력을 쓰다; …에게서 강탈하다.

strong·box [ˊbɑ̀ks/-ɔ̀-] *n.* 금고.

stróng fórce, the 스트롱포스《원자핵 속에서 중성자·양자를 결합하고 있는 힘》. 「계급 9》.

stróng gále 〖氣〗 큰 센바람《풍력

***strong·hold** [ˊhòuld] *n.* 요새; 본거

stróng màn 독재자, 유력자. └지.

strong-mind·ed [ˊmáindid] *a.* 마음이 굳센, 과단성〔결단력〕 있는; (여자가) 기벽 있는.

stróng pòint 장점; 거점, 요지.

strong·room [ˊrù:m] *n.* 금고실, 귀중품실; 광포한 정신병자 수용실.

stron·ti·um [strɑ́nʃiəm, -ti-/-ɔ́-] *n.* Ⓤ 스트론튬 《금속 원소; 기호 Sr》.

strop [strɑp/-ɔ-] *n., vt.* (*-pp-*) 가죽숫돌, 혁지(革砥)(에 갈다).

stro·phan·thin [stroufǽnθin] *n.* Ⓤ 〖藥〗 스트로판틴《강심·혈압 강하제》.

stro·phe [stróufi] *n.* (고대 그리스 합창 무용단의) 좌향 선회; 그때 노래하는 가장(歌章); 〖韻〗 절(節), 연(聯).

strop·py [strɑ́pi/-ɔ́-] *a.* 《英俗》 잔뜩 골이 나 있는, 기분이 언짢은; (거칠어) 다루기 어려운.

***strove** [strouv] *v.* strive의 과거.

strow [strou] *v.* 《古》 =STREW.

STRTAC Strategic Army Corps 《美》 전략 육군 병단.

‡struck [strʌk] *v.* strike의 과거(분사). **—** *a.* **파업으로 폐쇄된**〔영향을 받은〕.

***struc·tur·al** [strʌ́ktʃərəl] *a.* ① 구조(상)의, 조직(상)의. ② 건축의. **~·ly** *ad.* **~·ism** *n.* 구조주의.

strúctural fórmula 〖化〗 구조식.

strúctural linguístics 구조 언어학. 「학.

strúctural psychólogy 구조 심리

‡struc·ture [strʌ́ktʃər] *n.* ① Ⓤⓒ 구조; 조직, 조립. ② 구조〔건조〕물.

stru·del [strú:dl] *n.* 과일이나 치즈에 밀가루를 입혀 구운 과자.

‡strug·gle [strʌ́gl] *vi.* ① **허위적**〔버둥〕**거리다**(*to*); 고투(苦鬪)하다, 싸우다(*against, with*). ② **노력하다**(*to* do, *for*). ③ 밀어 헤치고 나아가다 (*along, in, through*). **—** *n.* ① 버둥질. ② 노력. ③ 고투, 격투. ***~ for existence*** 생존 경쟁. ***~ for life*** 필사적인 노력. **strúg·gling** *a.* 허위적거리는; 고투하는, (특히) 생활난과 싸우는.

strum [strʌm] *vt., vi.* (*-mm-*), *n.* (악기를) 서투르게〔되는 대로〕 울리다〔타다〕(*on*); 그렇게 하기, 그 소리.

stru·ma [strú:mə] *n.* (*pl.* ***-mae*** [-mi:]) 〖醫〗 갑상선종; 〖植〗 (이끼 따위의) 혹 모양의 돌기.

strum·pet [strʌ́mpit] *n.* 매춘부.

strung** [strʌŋ] *v.* string의 과거(분사). ***highly ~ 몹시 흥분하여.

strung-out [strʌ́ŋáut] *a.* 《俗》 마약 중독의; 마약이 떨어져 괴로워하는.

***strut**[1] [strʌt] *vi.* (*-tt-*), *n.* **점잔빼며 걷다**(*about, along*); 점잔뺀 걸음.

strut[2] *n., vt.* (*-tt-*) 〖建〗 버팀목(을 대다), 지주(支柱)(를 받치다).

'struth [stru:θ] *int.* 《口》 아아, 분해, 제기랄 《God's truth의 간약형》.

strych·nine [stríknain, -ni(:)n], **-nin** [-nin] *n.* Ⓤ 〖藥〗 스트리키닌.

S.T.S. Scottish Text Society.

Stu·art [stjú:ərt] *n.* (보통 the Stuarts) 스튜어트가(家)《1371–1603년간 스코틀랜드, 1603–1714년간 잉글랜드와 스코틀랜드를 통치한 왕가》. ***Mary ~*** (1542–87) (*Mary, Queen of Scots*) 스코틀랜드의 여왕 (재위 1542–67); 사촌인 Elizabeth I를 배반, 처형됨.

***stub** [stʌb] *n.* ① **그루터기**. ② (연필·양초 따위의) 토막, 동강; 담배꽁초; (이의) 뿌리. ③ 《美》 (수표장(帳)의) 지닐〔베낌〕벌, 부본. ④ 유달리 짧은 물건. **—** *vt.* (*-bb-*) ① …을 그루터기로 하다; 그루터기를 뽑아내다. ② (발부리를 그루터기·돌부리 등에) 부딪치다. **ˊ·by** *a.* 그루터기 같은〔가 많은〕; 땅딸막한; (털 등이) 짧고 뻣뻣한.

***stub·ble** [stʌ́bəl] *n.* (보통 *pl.*) ① (보리 따위의) **그루터기**. ② Ⓤ 짧게 깎은 머리〔수염〕. **stúb·bly** *a.* 그루터기투성이의〔같은〕; 몽구리의.

‡stub·born [stʌ́bərn] *a.* ① **완고한**; 말 안 듣는, 완강한. ② 다루기 어려운. **~·ly** *ad.* **~·ness** *n.*

stuc·co [stʌ́kou] *n.* (*pl.* ***~(e)s***), *vt.* Ⓤⓒ 치장 벽토(를 바르다); 그 세공.

‡stuck [stʌk] *v.* stick[2]의 과거(분사).

stuck-up [ˊʌ́p] *a.* 《口》 거만한.

***stud**[1] [stʌd] *n.* ① **장식 징**〔못〕. ② (남자 셔츠의) 장식 단추; (기계에 박는)볼트, 나사; 마개. ③ 〖建〗 샛기둥. **—** *vt.* (*-dd-*) ① 장식못을 박다. ② 점점이 박다. ③ 산재시키다. ④ 샛기둥을 세우다.

stud[2] *n.* (번식·사냥·경마용으로 기르는) 말의 떼; 말의 사육장; 《美》 씨말(種馬). 「장.

stud·book [ˊbùk] *n.* (말의) 혈통 대

†stu·dent [stjú:dənt] *n.* ① (대학·고교 등의) **학생**. ② 연구가, 학자.

stúdent bòdy 대학의 학생 전체.

stúdent cóuncil 《美》 학생 자치회.

stúdent téacher 교육 실습생, 교생.

stúdent ùnion 학생 회관.

stúd fàrm 종마(種馬) 사육장.
stud·horse [stʌ́dhɔ̀ːrs] *n.* 종마.
stud·ied [stʌ́did] *a.* 일부러 꾸민, (문체가) 부자연스런; 심사 숙고한; 《古》 박식한, 정통한.
‡**stu·di·o** [stjúːdiòu] *n.* (*pl.* ~*s*) ① (화가·사진사 등의) **작업장,** 아틀리에. ② 영화 촬영소. ③ (방송국의) 방송실, 스튜디오.
stúdio apàrtment 거실 겸 침실·부엌·욕실로 된 아파트.
stúdio còuch 침대 겸용 소파.
stu·di·ous [stjúːdiəs] *a.* 공부하는, 공부 좋아하는; 열심인; 애쓰는(*of*); 주의 깊은. ~**·ly** *ad.*
†**stud·y** [stʌ́di] *n.* ① Ⓤ **공부.** ② 조사; 연구, 학문. ③ 연구 사항〔과제〕; 연구할〔볼〕 만한 것. ④ 습작; 스케치, 시작(試作); 연습곡(*étude*). ⑤ 서재, 연구실, 공부방. ⑥ 《古》 노력, 애씀. ⑦ (a ~) 심사(深思). —— *vt.* ① **연구〔공부〕하다,** 잘 조사하다, 유심히〔눈여겨〕 보다. ② 고려〔꾀〕하다. ③ (대사 등을) 암기하다. —— *vi.* ① 연구〔공부〕하다. ② 애쓰다. ③ 《美》 숙고하다.
‡**stuff** [stʌf] *n.* ① ⓊⒸ **원료.** ② 요소, 소질. ③ Ⓤ 《주로 英》 (모)직물; 물건, 물질. ④ 《口》 소지품. ⑤ Ⓤ 잡동사니; 잠꼬대, 허튼 소리〔생각〕. ***doctor's*** ~ 《口》 약. ***Do your*** ~! 《美俗》 네 생각대로 (말)해 버려라! ***S-*** (***and nonsense***)! 바보 같은 소리. —— *vt.* ① 채우다; 《俗》 배불리 먹다〔먹이다〕. ② 《美》 (투표함을) 부정 투표로 채우다. ③ (귀·구멍 따위를) 틀어 막다(*up*); 〖料理〗 소를 넣다; 메워〔틀어, 밀어〕 넣다(*into*); 박제(剝製)로 하다. —— *vi.* 게걸스럽게〔배불리〕 먹다. ∠**·ing** *n.* Ⓤ 채워넣기; (가구 따위에) 채워 넣는 깃털〔솜〕; 요리의 소〔속〕.
stúffed bírd [∠t] 박제한 새.
stúffed shírt 《美俗》 (하찮은 주제에) 뽐내는 사람.
stúff gòwn 《英》 나사 가운《barrister가 되기 전에 입음: cf. silk gown》.
stuff·y [∠i] *a.* 통풍이 안되는; 답답한, 나른한; (머리가) 무거운; 딱딱한; 성난, 부루퉁한.
stu·ka [stúːkə] *n.* (G.) (제2차 대전 때의) 급강하 폭격기.
stul·ti·fy [stʌ́ltəfài] *vt.* 어리석어 뵈게 하다, 무의미하게 하다; (나중의 모순된 행위로써) 무효가 되게 하다. **stul·ti·fi·ca·tion** [∸–fikéiʃən] *n.* Ⓤ
stum [stʌm] *n.* Ⓤ (미(未)발효의) 포도즙(must²). —— *vt.* (*-mm-*) …의 발효를 방부제로써 그치게 하다; 미발효 포도즙을 넣어 발효를 촉진하다.
‡**stum·ble** [stʌ́mbəl] *vi.* ① **헛딛어 곱드러지다**(*at, over*); 비틀거리다. ② 말을 더듬다, 더듬거리다(*through, over*), 망설이다. ③ 잘못을 저지르다, (도덕상의) 죄를 범하다. ④ 우연히 만나다, 마주치다(*across, on, upon*). —— *vt.* 비틀거리게 하다; 망설이게 하다. —— *n.* 비틀거림; 실책, 실수.
stum·ble·bum [stʌ́mblbʌ̀m] *n.* 《美俗》 비틀거리는〔서투른〕 복서; 바보짓만 하는 사람.
stúmbling blòck 장애물, 방해물.
stu·mer [stjúːmər] *n.* 《英俗》 위조 수표, 가짜 돈〔물건〕; 사기.
‡**stump** [stʌmp] *n.* ① **그루터기;** (부러진 이의) 뿌리, (손이나 발의) 잘리고 남은 부분; (연필 따위의) 쓰다 남은 몽당이, (담배, 양초의) 꼬투리. ② 의족(義足); (*pl.*) 《俗·諧》 다리. ③ 뚱뚱한 사람; 무거운 발걸음〔발소리〕. ④ 〖크리켓〗 (삼주문의) 기둥 (cf. bail²); (정치 연설할 때 올라서는) 나무 그루터기, 연단. ⑤ 《美口》 감행, 도전. ***on the*** ~ 정치 운동을 하여. ***Stir your*** ~***s!*** 빨리 서둘러라. ***up a*** ~ 《美口》 움쭉달싹 못하게 되어, 곤경에 빠져. —— *vt.* ① 《口》 괴롭히다, 난처하게 하다 (*I am* ~*ed.* 난처하게 됐다). ② 《美》 (지방을) 유세하다. ③ 《美口》 도전하다. —— *vi.* 의족〔무거운 발걸음〕으로 걷다; 《美》 유세하다. ∠**·er** *n.* 난문(難問); =STUMP ORATOR. ∠**·y** *a.* 그루터기가 많은; 땅딸막한.
stúmp òrator 〔**spèaker**〕 선거〔정치〕 연설자.
stúmp spèech 선거〔정치〕 연설.
***stun** [stʌn] *vt.* (*-nn-*) ① (때려서) **기절시키다.** ② 귀를 먹먹하게 하다; 어리벙벙하게 하다, 간담을 서늘케 하다. ∠**·ner** *n.* 기절시키는 사람〔것·타격〕; 《口》 멋진 사람; 근사한 것. *∠**·ning** *a.* **기절시키는;** 간담을 서늘케 하는; 《口》 근사한, 멋진.
***stung** [stʌŋ] *v.* sting의 과거(분사).
stún gàs 착란 가스《최루 가스의 일종》.
stunk [stʌŋk] *v.* stink의 과거(분사).
stunt¹ [stʌnt] *vt.* 발육을 방해하다, 주접들게 하다. —— *n.* 주접들기, 주접든 동식물; 〖植〗 위축병(病). ∠**·ed** *a.* 발육 부전의; 지지러진.
***stunt**² *n., vi., vt.* **묘기,** 곡예(를 하다); 「스턴트」; 곡예 비행〔운전〕(을 하다).
stúnt màn 〖映〗 위험한 장면의 대리역.
stu·pa [stúːpə] *n.* 〖佛〗 사리탑.
stupe¹ [stjuːp] *n.* 습포(濕布).
stupe² *n.* 《俗》 멍텅구리, 바보.
stu·pe·fa·cient [stjùːpəféiʃənt] *a.* 마취시키는. —— *n.* 마취제(narcotic).
***stu·pe·fy** [stjúːpəfài] *vt.* **마취시키다;** …의 지각을 잃게 하다; 멍하게 하다. **stu·pe·fac·tion** [∸–fǽkʃən] *n.* Ⓤ
***stu·pen·dous** [stjuːpéndəs] *a.* **엄청난,** 굉장〔거대〕한. ~**·ly** *ad.*
‡**stu·pid** [stjúːpid] *a.* **어리석은;** 시시한; 멍청한, 무감각한; 《英方》 고집센. ~**·ly** *ad.* ***stu·píd·i·ty** *n.*
stu·por [stjúːpər] *n.* ⓊⒸ 무감각, 혼수; 망연.
***stur·dy** [stə́ːrdi] *a.* **억센;** 건전한; 완

강한; 불굴의. **stúr·di·ly** *ad.* **stúr·di·ness** *n.*
stur·geon [stə́:rdʒən] *n.* 〖魚〗 철갑상어.
stut·ter [stʌ́tər] *vi., n.* 말을 더듬다〔더듬기〕, 말을 떠듬〔우물〕거리다〔거림〕. —— *vt.* 떠듬적거리다(*out*). ~·**er** *n.*
St. Vál·en·tine's Dày [sèint vǽləntàinz] ⇨VALENTINE.
St. Ví·tus('s) dánce [váitəs(iz)] 무도병(chorea). 「〔장소〕.
sty[1] [stai] *n.* 돼지우리; 더러운 집
sty[2], **stye** [stai] *n.* 〖眼科〗 다래끼.
Styg·i·an [stídʒiən] *a.* 삼도(三途)내의, 하계(下界)의; 지옥의; 어두운, 음침한.
‡**style** [stail] *n.* 《원뜻: 「첨필(尖筆)」》 ① 첨필; (해시계의) 바늘. ② CU **문체**, 말투. ③ UC **스타일**; 양식, 형(型), 유행. ④ UC 고상함, 품위; (예술상의) 광채, (문체 따위의) 독특한 멋. ⑤ 호칭, 칭호, 직함. ⑥ UC 〖印〗 체재; 인쇄 양식. ⑦ 역법(曆法). ⑧ 〖植〗 화주(花柱). *in good* ~ 고상하게. *in* ~ 화려하게. *the New* 〔*Old*〕 *S-* 신〔구〕력(新〔舊〕曆). —— *vt.* 이름짓다, 부르다.
style·book [⌐bùk] *n.* 〖印〗 활자 견본책; 철자·약자·구두점 따위의 해설서(書); (유행옷의) 스타일북.
sty·let [stáilit] *n.* 단검(短劍); 〖外科〗 탐침(探針), 소식자.
styl·ish [⌐iʃ] *a.* 유행(풍)의, 멋진. ~·**ly** *ad.* ~·**ness** *n.*
styl·ist [⌐ist] *n.* 문장가, 명문가(名文家); (의복·실내 장식의) 의장가(意匠家). **sty·lís·tic** *a.* 문체(상)의; 문체에 공들이는. **sty·lís·tics** *n.* 문체론.
styl·ize [stáilaiz] *vt.* 스타일에 순응시키다, 양식에 맞추다, 인습적으로 하다. 「=STYLOGRAPH.
sty·lo [stáilou] *n.* (*pl.* ~*s*) 《口》
sty·lo·graph [stáiləgræ̀f, -grɑ̀:f] *n.* 연필 모양의 만년필.
sty·lus [stáiləs] *n.* 첨필(尖筆), 철필; 축음기 바늘, (레코드 취입용) 바늘.
sty·mie, -my [stáimi] *n.* 〖골프〗 방해구《자기 공과 홀과의 사이에 상대방의 공이 있고, 두 공의 거리가 6인치 이상인 상태》; 그 공〔위치〕. —— *vt.* 방해구로 방해하다; 훼방놓다.
styp·tic [stíptik] *a.* 출혈을 멈추는; 수렴성(收斂性)의. —— *n.* 지혈제.
stýptic péncil 지혈제《가벼운 상처에 바름》.
sty·rene [stáiəri(:)n, stír-] *n.* U 〖化〗 스티렌《합성수지고무 원료》.
Sty·ro·foam [stáiərəfòum] *n.* 〖商標〗 스티로폼《기포가 든 합성수지》.
Styx [stiks] *n.* 〖그神〗 삼도(三途)내.
sua·sion [swéiʒən] *n.* U 설득, 권고 (persuasion). *moral* ~ 양심에 호소하는 권고. **suá·sive** [-siv] *a.* 설득하는.
suave [swɑ:v] *a.* 상냥한, 유순한, 정중한. ⌐·**ly** *ad.* ⌐·**ness** *n.*
suav·i·ty [swɑ́:vəti, -ǽ-] *n.* U 온화; (*pl.*) 정중한 태도.
sub [sʌb] *n.* 보충원, 보결 선수; 잠수함; 중위, 소위. —— *a.* 하위(下位)의. —— *vi.* (*-bb-*) 대신하다; 대리를 보다.
sub [sʌb] *prep.* (L.) …의 아래〔밑〕에.
sub. subaltern; submarine; substitute; suburb(an); subway.
sub- *pref.* 「아래·하위(下位)·아(亞)·부(副)·반·조금」 따위의 뜻.
sub·ac·id [sʌ̀bǽsid] *a.* 조금 신.
sub·a·gen·cy [⌐éidʒənsi] *n.* 보조 기관; 부(副)대리점.
sub·a·gent [⌐éidʒənt] *n.* 부대리인.
sub·al·pine [⌐ǽlpain] *a.* 아(亞)고산대의.
sub·al·tern [səbɔ́:ltərn/sʌ́bltən] *n.* 차관, 부관; 〖英陸軍〗 대위 이하의 사관. —— *a.* 하위의; 속관의; 〖英陸軍〗 대위 이하의.
sub·a·que·ous [sʌ̀béikwiəs] *a.* 수중(水中)(용)의.
sub·arc·tic [sʌ̀bɑ́:rktik] *a.* 아(亞)북극(지방)의.
sub·at·om [⌐ǽtəm] *n.* 아원자(亞原子) 《양자·전자 따위》. **sub·a·tom·ic** [sʌ̀bətɑ́mik/-ɔ́-] *a.* 「2층.
sub·base·ment [⌐bèismənt] *n.* 지하
sub·chas·er [⌐tʃèisər] *n.* 구잠정(驅潛艇). 「강(亞綱).
sub·class [⌐klæ̀s, -klɑ̀:s] *n.* 〖生〗 아
sub·com·mis·sion·er [sʌ̀bkəmíʃənər] *n.* 분과 위원. 「과〔소〕위원회.
sub·com·mit·tee [sʌ́bkəmìti] *n.* 분
sub·con·scious [sʌ̀bkɑ́nʃəs/-ɔ́-] *n., a.* 잠재의식(의), 어렴풋이 의식하고 있는〔의식하기〕. ~·**ly** *ad.* ~·**ness** *n.*
sub·con·ti·nent [⌐kɑ́ntənənt/-ɔ́-] *n.* 아(亞)대륙《인도·그린란드 따위》.
sub·con·tract [⌐kɑ́ntrækt / -ɔ́-] *n.* 하청(계약). —— [⌐kəntrǽkt] *vt., vi.* 하청(계약)하다. **sub·con·trac·tor** [⌐kɑ́ntræktər/-kɔntrǽk-] *n.* 하청인.
sub·cul·ture [sʌ́bkʌ̀ltʃər] *n.* UC 〖細菌〗 2차 배양; 〖社〗 소(小)문화, 하위 문화. 「류(底流), 심층.
sub·cur·rent [⌐kə̀:rənt/-kʌ́r-] *n.* 저
sub·cu·ta·ne·ous [sʌ̀bkju:téiniəs] *a.* 피하(皮下)의.
sub·dea·con [⌐dí:kən] *n.* 〖宗〗 차부제(次副祭), 부집사.
sub·dean [⌐dí:n] *n.* 《주로 英》 〖宗〗 부감독보(補). 「debutante).
sub·deb [sʌ́bdèb] *n.* 《美口》 ⇩ (cf.
sub·deb·u·tante [sʌbdébjutɑ̀:nt] *n.* 아직 사교계에 나서지 않은 15, 6세의 처녀; =TEENAGER.
sub·di·vide [⌐diváid] *vt., vi.* 재분(再分)〔세분〕하다. ***sub·di·vi·sion** [sʌ́bdivìʒən] *n.* U 재분, **세분**; C (세분한) 일부; 분할 부지.
sub·dom·i·nant [sʌbdɑ́mənənt/-dɔ́m-] *n.* 〖樂〗 버금딸림음.
‡**sub·due** [səbdjú:] *vt.* ① **정복하다**, 이기다; 복종시키다, 회유하다. ② 억제하다. **-dúed** [-d] *a.* (빛·색·가락 따위) 차분한, 부드러운(*a*

color of ~d tone 차분한 빛깔); (목소리를) 낮추는, 누그러뜨리는. **sub·dú·al** *n.* Ⓤ

sub·ed·it [sʌ̀bédit] *vt.* 《英》 부(副)주필 일을 보다. **sub·éd·i·tor** *n.*

sub·en·try [sʌ́bèntri] *n.* 소표제(어).

sub·fam·i·ly [ˊfæ̀məli] *n.* 〖生〗 아과(亞科).

sub fi·num [sʌb fáinəm] (L.) (참조할 장(章)·절(節) 따위의) 말미(末尾)에 《생략 s. f.》. 「하의.

sub·freez·ing [sʌ́bfrí:ziŋ] *a.* 빙점

sub·ge·nus [sʌ́bdʒì:nəs] *n.* (*pl.* ***-genera*** [-dʒènərə], ***~es***) 〖生〗 아속(亞屬).

sub·group [sʌ́bgrù:p] *n.* (무리를 나눈) 작은 무리, 하위군(群); 〖化·數〗 부분군(群).

sub·head(·ing) [sʌ́bhèd(iŋ)] *n.* 작은 표제《표제의 세분》.

sub·hu·man [sʌ̀bhjú:mən] *a.* 인간 이하의; 인간에 가까운. 「junctive.

subj. subject; subjective(ly); sub-

sub·ja·cent [sʌ̀bdʒéisənt] *a.* 아래〔밑〕의, 아래에 있는.

†**sub·ject** [sʌ́bdʒikt] *a.* ① **지배를 받는,** 종속하는(*to*). ② 받는, 받기〔걸리기〕 쉬운(*to*). ③ …을 받을 필요 있는(*This treaty is ~ to ratification.* 이 조약은 비준이 필요하다); …을 조건으로 하는, …여하에 달린(*~ to changes*). —— *ad.* …을 조건으로(하여), …이라 가정하여. —— *n.* ① 권력〔지배〕하에 있는 사람; **국민,** 신하. ② **주제,** 화제; 〖文〗 주어, 주부; 〖論〗 주사(主辭); 〖哲〗 주체, 주관, 자아; 〖樂·美術〗 주제, 테마. ③ 피(被)실험자, 실험 재료. ④ …질(質)의 사람, (…성) 환자. —— [səbdʒékt] *vt.* ① **복종시키다**(*to*); 받게〔걸리게〕하다(*to*). ② 제시하다, 맡기다(*to*). ***sub·jéc·tion** *n.* Ⓤ **정복;** 복종.

sub·ject-head·ing [-hèdiŋ] *n.* (도서의) 사항〔타이틀〕 색인.

***sub·jec·tive** [səbdʒéktiv, sʌb-] *a.* ① **주관의,** 주관적인; 개인적인. ② 〖文〗 주격의. **~·ly** *ad.* **sub·jec·tiv·i·ty** [sʌ̀bdʒektívəti] *n.* Ⓤ 주관(성).

súbject màtter 주제, 내용.

sub·join [səbdʒɔ́in] *vt.* (말미에) 추가하다.

sub ju·di·ce [sʌb dʒú:disi] (L.) 심리 중의, 미결의.

sub·ju·gate [sʌ́bdʒugèit] *vt.* 정복하다; 복종시키다. **-ga·tor** *n.* **sub·ju·ga·tion** [ˋ—géiʃən] *n.* Ⓤ

sub·junc·tion [səbdʒʌ́ŋkʃən] *n.* Ⓤ 첨가, 증보; Ⓒ 추가〔첨가〕물.

‡**sub·junc·tive** [-tiv] *a.* 〖文〗 **가정〔가상〕법의.** —— *n.* 가정〔가상〕법(의 동사) 《보기: *were* I a bird; if it *rain;* God *save* the Queen.》 (cf. imperative, indicative). 「가상법.

subjúnctive móod 〖文〗 가정법,

sub·lease [sʌ́bli:s, ˊˊ] *n.* 전대(轉貸). —— *vt.* [-ˊ] 전대하다.

sub·les·see [sʌ̀blesí:] *n.* 전차인(轉借人).

sub·les·sor [sʌblésɔ:r] *n.* 전대인(轉貸人).

sub·let [sʌ́blét] *vt.* (~; *-tt-*) 다시 빌려주다; 하청시키다.

sub·lieu·ten·ant [sʌ̀blu:ténənt / -lət-] *n.* 《英》 해군 중위.

sub·li·mate [sʌ́bləmèit] *vt.* 순화(純化)하다; 〖化·心〗 승화시키다. —— [-mit] *a., n.* 순화된; 승화된; 승화물. **sub·li·ma·tion** [ˋ—méiʃən] *n.* Ⓤ 순화; 승화(昇華).

‡**sub·lime** [səbláim] *a.* ① **고상〔숭고〕한.** ② 장엄〔웅대〕한. —— *n.* (the ~) 숭고(함), 장엄. —— *vt., vi.* ① 〖化〗 승화시키다〔하다〕. ② 고상하게 하다〔되다〕. **~·ly** *ad.* **sub·lim·i·ty** [-límәti] *n.* Ⓤ 숭고, 장엄; Ⓒ 숭고한 사람〔물건〕.

sub·lim·i·nal [sʌ̀blímənəl] *a.* 〖心〗 식역하(識閾下)의, 잠재 의식의.

sub·lu·nar·y [-lú:nəri], **-nar** [-nər] *a.* 월하(月下)의; 지상의, 이 세상의.

sub·ma·chíne gùn [sʌ̀bməʃí:n] 《美》 (휴대용) 소형 기관총.

sub·mar·gin·al [ˋmá:rdʒinəl] *a.* (토지가) 경작 한계에 달한.

‡**sub·ma·rine** [sʌ́bmərì:n, ˋ—ˊ] *n.* **잠수함.** —— *a.* 바다 속의〔에서 쓰는〕; 잠수함의; 잠수함으로 하는.

súbmarine càble 해저 전선.

súbmarine chàser 구잠정(驅潛艇).

súbmarine pèn (지하의) 잠수함 수리 도크 《그냥 'pen'이라고도 함》.

súbmarine tènder 잠수모함(母艦).

sub·max·il·lar·y [sʌ̀bmæ̀ksəlèri / -ləri] *a.* 〖解〗 하악(下顎)(골)의.

sub·merge** [səbmə́:rdʒ] *vt.* ① **물 속에 가라앉히다.** ② 물에 잠그다. ③ 감추다. —— *vi.* (잠수함 등이) 가라앉다, 잠항하다. ***the ~d tenth 사회의 맨밑바닥 사람들. **sub·mér·gence** *n.* Ⓤ 침몰, 잠항; 침수, 관수(冠水).

sub·merse [-mə́:rs] *vt.* =SUBMERGE.

sub·mer·sion [-ʒən, -ʃən] *n.* =SUBMERGENCE.

sub·mers·i·ble [səbmə́:rsəbəl] *a.* 수중에 가라 앉힐 수 있는; 잠수〔잠항〕할 수 있는. —— *n.* 잠수〔잠항〕정, 잠수함.

***sub·mis·sion** [-míʃən] *n.* ① Ⓤ **복종;** 순종, 겸손(*to*). ② ⓊⒸ 〖法〗 중재 부탁. **sub·mís·sive** *a.* 순종하는, 겸손한.

‡**sub·mit** [-mít] *vt.* (*-tt-*) ① **복종시키다**(*to*). ② **제출하다**(*to*). ③ 부탁하다, 공손히 아뢰다(*that*). —— *vi.* 복종하다(*to*).

sub·mon·tane [sʌ̀bmɑ́ntein/-ɔ́-] *a.* 산 밑〔기슭〕의.

sub·nor·mal [-nɔ́:rməl] *a., n.* 정상 이하의; 정신 박약의 (사람).

sub·nu·cle·ar [sʌ̀bnjú:kliər] *a.* 원자핵내의.

sub·nu·cle·on [ˋnjú:kliɑn/-ɔn] *n.* 〖理〗 핵자(核子) 구성자.

sub·o·ce·an·ic [ˋouʃiǽnik] *a.* 해저의〔에 있는〕 (*a ~ oil field* 해저유전).

sub·or·der [sʌ́bɔ̀:rdər] *n.* 〖生〗 아목(亞目).
***sub·or·di·nate** [səbɔ́:rdənit] *a.* ① 하위〔차위〕의; 부수하는. ②〖文〗종속의. ── *n.* 종속하는 사람〔것〕, 부하. ── [-nèit] *vt.* 하위에 두다; 경시하다(*to*); 종속시키다(*to*). **-na·tive** [-nèitiv, -nə-] *a.* **sub·or·di·na·tion** [-ˊ-néiʃən] *n.* Ⓤ
subórdinate cláuse 〖文〗 종속절.
subórdinate conjúnction 종속 접속사 《*as, because, if, since, etc.*》.
sub·orn [səbɔ́:rn/sʌb-] *vt.* 거짓 맹세〔위증〕 시키다; 매수하다, 나쁜 일을 교사하다. **∼·er** *n.* **sub·or·na·tion** [sʌ̀bɔ:rnéiʃən] *n.* Ⓤ
sub·plot [sʌ́bplɑ̀t/-ɔ̀-] *n.* (극·소설의) 부가적 줄거리.
sub·poe·na, -pe- [səbpí:nə] *n., vt.* 〖法〗 소환장; 소환하다.
sub·po·lar [sʌ̀bpóulər] *a.* 극지에 가까운, 북〔남〕극에 가까운.
sub·pro·gram [sʌ́bpròugræm] *n.* 〖컴퓨터〗 프로그램의 일부.
sub·re·gion [sʌ́brì:dʒən] *n.* 〖生〗 (동식물 분포의) 아구(亞區).
Sub·roc [sʌ́brɑ̀k/-rɔ̀k] *n.* 서브록《대잠 미사일》 (<*sub*marine+*roc*ket).
sub·ro·gate [sʌ́brəgèit] *vt.* 〖法〗 대위(代位)〔대리〕하다. **sub·ro·ga·tion** [ˋ-géiʃən] *n.* Ⓤ 대위(변제).
sub ro·sa [sʌb róuzə] (L.) 비밀히.
sub·rou·tine [sʌ̀bru:tí:n] *n.* 〖컴퓨터〗 서브루틴《부분적 루틴》.
sub·sat·el·lite [ˋsǽtəlait] *n.* 인공위성에서 쏘아올린 위성.
***sub·scribe** [səbskráib] *vt.* ① 서명하다; (기부금 등에) **서명하여 동의하다**, 기부하다. ② (신문·잡지 등을) 예약하다. ③ (주식 등에) 응모하다. ── *vi.* ① 서명〔기부〕하다(*to*); 기부자 명부에 써넣다. ② 찬성하다(*to*). ③ 예약〔구독〕하다; (주식 등에) 응모하다(*for*). ***sub·scríb·er** *n.* 기부자; 구독〔예약〕자; 응모〔서명〕자.
sub·script [sʌ́bskript] *a., n.* 아래〔밑〕에 쓴 (숫자·문자)《H_2O의 2, $\Sigma\lambda_\kappa$의 κ 따위》; 〖컴퓨터〗 첨자(添字). **∼*ed variable*** 〖컴퓨터〗첨자 변수.
***sub·scrip·tion** [səbskrípʃən] *n.* ⓊⒸ ① 서명(승낙). ② 기부(금). ③ 예약 구독료〔구독 기간〕; 예약, 응모.
sub·sea [sʌ́bsì:] *a.* 바다 속〔밑〕의.
sub·sec·tion [ˊsèkʃən] *n.* ⓊⒸ (section의) 세분(細分), 소부(小部).
***sub·se·quent** [ˊsikwənt] *a.* 뒤〔다음〕의; 뒤이어〔잇따라〕 일어나는(*to*). ***∼·ly** *ad.* **-quence** *n.* ⓊⒸ
sub·serve [səbsə́:rv] *vt.* 돕다, …에 도움이 되다, 촉진하다.
sub·ser·vi·ent [-sə́:rviənt] *a.* 복종하는; 도움이 되는(*to*); 비굴한. **-vi·ence** *n.* Ⓤ
sub·set [sʌ́bsèt] *n.* 〖數〗 부분 집합.
***sub·side** [-sáid] *vi.* ① **가라앉다**, (건물 따위가) 내려앉다; 침전하다. ② (홍수 따위가) 삐다; (폭풍·소동 따위가) 잠잠해지다. **sub·sid·ence** [səbsáidəns, sʌ́bsə-] *n.* ⓊⒸ
***sub·sid·i·ar·y** [-sídièri] *a.* ① **보조의**; 보충적인. ② 종속〔부차〕적인. ③ 보조금의〔을 받은〕. ── *n.* 보조물; 보조자; 자(子)회사.
subsídiary cómpany 자(子) 회사.
sub·si·dize [sʌ́bsidàiz] *vt.* 보조금을 주다; 돈을 주어 협력을 얻다, 매수하다.
sub·si·dy [ˊsidi] *n.* 보조금, 조성금.
***sub·sist** [səbsíst] *vi.* ① **생존하다**, 생활하다(*on, by*). ② 존재하다. ── *vt.* 밥〔양식〕을 대다, 급양하다.
***sub·sist·ence** [-sístəns] *n.* ⓊⒸ ① **생존**, 존재. ② 생활; 생계; 생활 수단.
sub·sist·ent [-sístənt] *a.* 생존하는; 실재하는; …에 고유한.
sub·síst·ing fàrming [-sístiŋ] 《美》 자급 농업.
sub·soil [sʌ́bsɔ̀il] *n.* Ⓤ 하층토(土), 저토(底土).
sub·son·ic [sʌ̀bsɑ́nik/-ɔ́-] *a.* 음속 이하의(cf. sonic).
sub·spe·cies [sʌ́bspì:ʃi(:)z] *n.* 〖生〗 「아종(亞種).
‡**sub·stance** [sʌ́bstəns] *n.* Ⓤ ① ⓊⒸ **물질**; (어떤 종류의) 물건. ② 〖哲〗 실체, 본질. ③ 요지; **실질**; 알맹이; (직물의) 바탕. ④ 재산. ***in* ∼** 대체로; 실질적으로, 사실상.
sub·stand·ard [sʌ̀bstǽndərd] *a.* 표준 이하의.
‡**sub·stan·tial** [səbstǽnʃəl] *a.* ① **실질의**; 실재하는, 참다운. ②〖哲〗실체〔본체〕의. ③ 다대한, 중요한, 충분한. ④ 실질〔본질〕적인, 내용〔알맹이〕있는; 견고한; 사실상의. ⑤ 자산이 있는, 유복한. ***∼·ly** [-ʃəli] *ad.*
sub·stan·ti·al·i·ty [-ˋʃiǽləti] *n.* Ⓤ 실질(이 있음); 실재성; 실체; 견고.
sub·stan·ti·ate [-stǽnʃièit] *vt.* 입증하다; 실체화하다. **sub·stan·ti·a·tion** [-ˋ-éiʃən] *n.* Ⓤ
sub·stan·tive [sʌ́bstəntiv] *a.* 〖文〗 (실(實))명사의, 명사로 쓰여진; 존재를 나타내는; 독립의; 현실의; 본질적인. ── *n.* 〖文〗 (실)명사. **sub·stan·ti·val** [ˋ-táivəl] *a.* (실)명사의.
sub·sta·tion [ˊstèiʃən] *n.* 지서(支署), 출장소.
sub·stit·u·ent [sʌbstítʃuənt] *n.* 〖化〗 (원자의) 치환분(分)〔기(基)〕. **∼ *constant*** 치환기 상수(常數).
‡**sub·sti·tute** [sʌ́bstitjù:t] *n.* 대리인; 대체물, 대용품. ── *vt.* 바꾸다, 대용하다, 대체하다, 대리시키다. ── *vi.* 대리를 하다. ── *a.* 대리의. ***sub·sti·tu·tion** [ˋ-ˊʃən] *n.* ⓊⒸ 대리; 교체; 〖化〗 치환; 〖數〗 대입(법).
sub·strat·o·sphere [sʌ̀bstrǽtəsfiər] *n.* 아성층권 《성층권의 하부》.
sub·stra·tum [sʌ́bstrèitəm, -rǽ-] *n.* (*pl.* ***-ta*** [-tə], **∼*s***) 하층(토); 기초.
sub·struc·ture [sʌ́bstrʌ̀ktʃər] *n.* 기초 공사.
sub·sys·tem [ˊsistəm] *n.* 하부 조직.
sub·teen [ˊtí:n] *n., a.* teen-age 이하의 (아이); 13세 이하의 소녀.
sub·tem·per·ate [sʌ̀btémpərit] *a.*

아온대(亞溫帶)의.
sub·ten·ant [sʌbténənt] *n.* (토지·가옥 따위의) 전차인(轉借人).
sub·tend [səbténd] *vt.* 〖幾〗 (현(弦)이 호(弧)에, 변이 각에) 대(對)하다.
sub·ter·fuge [sʌ́btərfjù:dʒ] *n.* Ⓤ 구실; 속임수.
sub·ter·mi·nal [sʌ̀btə́:rmənl] *a.* 종말〔말단〕 가까운 (곳에 있는).
sub·ter·ra·ne·an [sʌ̀btəréiniən], **-ra·ne·ous** [-réiniəs, -njəs] *a.* 지하의; 비밀의, 숨은.
sub·til(e) [sʌ́tl, sʌ́btil] *a.* 《古》 =SUBTLE.
sub·til·i·ty [sʌbtíləti] *n.* =SUBTLETY.
sub·til·ize [sʌ́btəlàiz] *vt.* 희박하게 하다; 섬세하게 하다; 미세하게 구별하다. **sub·til·i·za·tion** [⌐–izéiʃən / sʌ̀tilai-] *n.* Ⓤ
sub·til·ty [sʌ́btilti] *n.* 《古》 =SUBTLETY.
sub·ti·tle [sʌ́btàitl] *n.* (책의) 부제(副題); 〖映〗 설명 자막.
‡**sub·tle** [sʌ́tl] *a.* ① 포착하기〔잡기〕 어려운, **미묘한**, 미세한. ② (약·독 따위) 서서히 효과가 나타나는; (미소·표정 따위) 신비스런. ③ **예민한;** 교묘한. ④ 음흉한, 교활한. ⑤ 희박한. *****~·ty** *n.* ⓊⒸ **súb·tly** *ad.*
sub·to·pi·a [sʌbtóupiə] *n.* Ⓤ 《英》 《蔑》 (교외의) 난(亂)개발 지역.
sub·to·tal [sʌ̀btóutl, ⌐⌐–] *n.* 소계(小計).
***sub·tract** [səbtrǽkt] *vt.* 〖數〗 덜다, **빼다**(~ *2 from 7*, 7에서 2를 빼다) (cf. deduct). ***sub·trác·tion** *n.* ⓊⒸ 감법(減法), **뺄셈**. **sub·trác·tive** *a.*
sub·tra·hend [sʌ́btrəhènd] *n.* 〖數〗 감수(減數).
sub·treas·ur·y [sʌ́btrèʒəri] *n.* (금고의) 분고(分庫); 〖美〗 재무성의 분국(分局).
sub·trop·ic [sʌ̀btrápik / -trɔ́p-], **-i·cal** [-əl] *a.* 아열대의. **sub·tróp·ics** *n. pl.* 아열대 지방.
‡**sub·urb** [sʌ́bə:rb] *n.* ① (도시의) 변두리 지역, **교외**. ② (*pl.*) 주변; (the ~s) 변두리 주택 지역. ***sub·ur·ban** [səbə́:rbən] *a.* **교외의;** 교외〔변두리〕에 사는; 교외(의 주민) 특유의. **sub·úr·ban·ite** [-bənàit] *n.* 교외 거주자.
sub·ur·bi·a [səbə́:rbiə] *n.* Ⓤ 교외(거주자); 교외의 생활 양식.
sub·ven·tion [səbvénʃən] *n.* 보조금.
sub·ver·sion [səbvə́:rʒən] *n.* ⓊⒸ 전복〔파괴〕(하는 것).
sub·ver·sive [-siv] *a.* 전복하는, 파괴하는(*of*). —— *n.* 파괴〔불온〕 분자.
sub·vert [səbvə́:rt] *vt.* (국가·정체 따위를) 전복시키다, 파괴하다; (주의·주장을) 뒤엎다, 타락시키다.
sub vo·ce [sʌb vóusi] (L.) …의 항(項)에.
‡**sub·way** [sʌ́bwèi] *n.* 《英》 지하도. 《美》 **지하철;**
‡**suc·ceed** [səksí:d] *vt.* ① …에 계속하다. ② …의 뒤를 잇다. —— *vi.* ① **계속되다**, 잇따라 일어나다(*to*); 계승〔상속〕하다(*to*). ② **성공하다**(*in*); (좋은) 결과를 가져오다. ③ **입신**(출세)하다.
***suc·ceed·ing** [-iŋ] *a.* **계속되는**, 다음의.
†**suc·cess** [səksés] *n.* ① Ⓤ **성공**, 행운. ② 출세; 성공자. ‡**~·ful** *a.* **성공한**, 행운의. ‡**~·ful·ly** *ad.*
‡**suc·ces·sion** [-séʃən] *n.* ① ⓊⒸ **연속**(물). ② Ⓤ 상속, 계승(권); 상속 순위; Ⓒ 상속자들. *in* **~** 연속하여. *the law of* **~** 상속법.
succéssion dùty 〔**tàx**〕 상속세.
‡**suc·ces·sive** [-sésiv] *a.* **연속적인**, 잇따른. **~·ly** *ad.*
‡**suc·ces·sor** [-sésər] *n.* **뒤를 잇는 사람;** 후임〔후계〕자; 상속인.
succéss wòrker 《英》 성공 산업 전사 《정부가, 신문의 표창란(credit column)에 성명을 발표한》.
suc·cinct [səksíŋkt] *a.* 간결한. **~·ly** *ad.* **~·ness** *n.*
suc·cor, 《英》 **-cour** [sʌ́kər] *n., vt.* Ⓤ 구조(하다).
suc·co·tash [sʌ́kətæ̀ʃ] *n.* ⓊⒸ 《美》 옥수수와 콩 등으로 만든 요리.
suc·cu·lent [sʌ́kjələnt] *a.* (과일 따위) 즙이 많은; 흥미진진한; 〖植〗 다육(多肉)의. **-lence** *n.* Ⓤ
***suc·cumb** [səkʌ́m] *vi.* ① **굴복하다**, 지다(*to*). ② (…으로) 죽다(*to*).
†**such** [強 sʌtʃ, 弱 sətʃ] *a.* ① **이〔그〕러한**, 이〔그〕와 같은; 같은. ② 《~ …as의 형식으로》 …과 같은; …하는 것과 같은 그러한. ③ 앞서 말한, 상기(上記)의. ④ 훌륭한; 대단한, 심한 (*He's* ~ *a liar!*). **~ *and* ~** 이러이러한. —— *pron.* ① 그러한〔이러한〕 사람〔물건〕. ② 〖商〗 전기한 물건. ***and*** **~** 《口》 …따위. ***as*** **~** 그 자격으로; 그것만으로.
such·like [⌐làik] *a., pron.* 그러한 사람〔물건〕.
‡**suck** [sʌk] *vt.* ① **빨다;** 빨아들이다 (*in, down*). ② (물·지식 따위를) 흡수하다(*in*); (이익을) 얻다, 착취하다 (*from, out of*). —— *vi.* 빨다; 홀짝이다(*at*); 젖을 빨다. **~ *in*** 〔***up***〕 빨아들이다〔올리다〕, 흡수하다. —— *n.* ① ⓊⒸ (젖을) 빨기〔빠는 소리〕; 흡인력. ②《口》 한 번 빨기, 한 모금. ***at* ~** 젖을 빨고. ***give* ~ *to*** …에게 젖을 먹이다. *****⌐·er** *n., vt., vi.* **빠는 사람**〔물건〕; 젖먹이; 빨판, 흡반(이 있는 물고기); 〖植〗 흡지(吸枝); 흡입관(管); 《美俗》 (잘 속는) 얼간이; 《口》 꼬챙이 사탕(lollipop); (옥수수·담배 따위의) 흡지(吸枝)를 떼어버리다; 흡지가 나다. **⌐·ing** *a.* (젖을) 빠는, 흡수하는; 젖떨어지지 않은; 《口》 젖비린내 나는, 미숙한.
suck·le [sʌ́kəl] *vt.* 젖을 먹이다; 기르다, 키우다. **súck·ling** *n., a.* 젖먹이; 어린 (짐승); 젖떨어지지 않은.
su·crose [sú:krous] *n.* Ⓤ 〖化〗 자당(蔗糖).
suc·tion [sʌ́kʃən] *n.* Ⓤ 빨기; 흡인(력). —— *a.* 빨아들이게 하는; 흡인력에 의하여 움직이는.
súction pùmp 빨펌프.
Su·dan [su:dǽn, -dá:n] *n.* 수단《이집트 남쪽의 독립국(1956)》. **Su·da-**

nese [sù:dəní:z] *a.*, *n.* (*pl.* **-nese**) 수단의 (사람).
su·da·to·ri·um [sù:dətɔ́:riəm] *n.* (*pl.* **-ria** [-riə]) 한증막, 증기탕.
su·da·to·ry [sú:dətɔ̀:ri] *a.* 땀을 내게 하는; 발한실의. —*n.* 발한제; 발한실, 한증막.
†**sud·den** [sʌ́dn] *a.* **돌연한**, 갑작스런. —*n.* 돌연. ***on* 〔*of, all of*〕 *a* ∼** 갑자기. †∼**·ly** *ad.* ∼**·ness** *n.*
súdden déath 급사; 〖競〗 연장전 《먼저 득점한 쪽이 승리》.
su·dor·if·ic [sù:dərífik/sjù:-] *a.*, *n.* 땀나(게 하)는; 발한제. 「중 최하급》.
Su·dra [sú:drə] *n.* 수드라《인도 4성
suds [sʌdz] *n. pl.* (거품이 인) 비눗물; (비누) 거품; 《俗》 맥주.
***sue** [su:/sju:] *vt., vi.* ① **고소하다,** 소송을 제기하다(∼ *for damages* 손해 배상 청구 소송을 제기하다). ② 간청하다(*to, for*). ③ 《古》 (여자에게) 구혼〔구애〕하다.
suède [sweid](F. =Sweden)*n., a.* Ⓤ 스웨드 가죽(비슷한 천)(으로 만든).
su·et [sú:ət] *n.* Ⓤ 소〔양〕의 콩팥이나 허리 둘레의 굳기름.
Su·ez [su:éz, ∠-] *n.* 수에즈 운하 남단의 항구 도시; 수에즈 지협 (the Isthmus of ∼). ***the* ∼ *Canal*** 수에즈 운하.
suf., suff. suffix. **Suff.** Suffolk.
†**suf·fer** [sʌ́fər] *vt.* ① (고통·패전·손해를) **입다,** 당하다, 겪다. ② 견디다. ③ 허용하여 …하게 하다. —*vi.* ① 괴로워하다, 고생하다(*from, for*). ② 병에 걸리다(*from*); 손해를 입다. ∼**·a·ble** [-rəbəl] *a.* 참을 수 있는; 허용할 수 있는. ‡∼**·er** *n.* **괴로워하는 사람;** 피해자. ‡∼**·ing** *n.* Ⓤ **고통;** (종종 *pl.*) 재해; 피해, 손해.
suf·fer·ance [sʌ́fərəns] *n.* Ⓤ 관용, 묵허(默許); 인내력. ***on* ∼** 눈감아 주어, 덕분에.
‡**suf·fice** [səfáis] *vi.* **충분하다,** 족하다. —*vt.* …에 충분하다; 만족시키다. ***S- it to say that...*** …이라 하면 충분하다.
‡**suf·fi·cient** [səfíʃənt] *a.* **충분한**(*to do, for*). ‡∼**·ly** *ad.* **-cien·cy** *n.* Ⓤ 충분; 《古》 능력, 자격.
‡**suf·fix** [sʌ́fiks] *n., vt.* 〖文〗 접미사(로서 붙이다); 첨부하다.
***suf·fo·cate** [sʌ́fəkèit] *vt.* ① **숨을 막다;** 질식(사)시키다; 호흡을 곤란케 하다. ② (불 따위를) 끄다. —*vi.* 질식하다. **suf·fo·ca·tion** [∸-kéiʃən] *n.* Ⓤ 「의 주《생략 Suff.》.
Suf·folk [sʌ́fək] *n.* 잉글랜드 동부
suf·fra·gan [sʌ́frəgən] *n., a.* 〖宗〗 부감독〔부주교〕(의); 보좌(補佐)의.
***suf·frage** [sʌ́fridʒ] *n.* (찬성) **투표;** Ⓤ 투표〔선거·참정〕권. ***manhood* ∼** 성년 남자 선거권. ***universal* ∼** 보통 선거. ***woman* ∼** 여성 선거〔참정〕권. **súf·fra·gist** *n.* 참정권 확장론자, (특히) 여성 참정권론자.
suf·fra·gette [sʌ̀frədʒét] *n.* (여자의) 여성 참정권론자.
suf·fuse [səfjú:z] *vt.* (액체·빛·빛깔 따위가) 뒤덮다, 채우다. **-fú·sion** [-ʒən] *n.* Ⓤ
Su·fi [sú:fi] *n.* (이슬람교의) 수피파 《Sufism을 신봉함》. **Sú·fism** [∸zəm] *n.* (이슬람교의) 범신론적 신비설.
†**sug·ar** [ʃúgər] *n.* Ⓤ **설탕;** 〖化〗 당(糖) (*granulated* ∼ 그래뉴당(糖), 굵은 설탕). **∼ *of lead* 〔*milk*〕** 연당(鉛糖)〔유당(乳糖)〕. —*vt.* ① …에 설탕을 넣다, 설탕을 입히다〔뿌리다〕; 설탕으로 달게 하다. ② (말을) 달콤하게 〔사탕발림〕 하다. ③ 《俗》 《受動態로》 저주하다(*I'm ∼ed!* 빌어먹을!/ *Pedantics be ∼ed!* 같잖게 학자인 체하네!). —*vi.* ① 당화(糖化)하다. ② 《美》 단풍당(糖)을 만들다; 당액을 바짝 졸이다(*off*). ∼**ed** [-d] *a.* 설탕을 뿌린〔쓴〕; (말이) 달콤한, 상냥한, 겉발림의.
súgar bàsin 《英》 =SUGAR BOWL.
súgar bèet 사탕무.
súgar bòwl 《美》 (식탁용) 설탕 그릇.
súgar cándy 《英》 얼음사탕.
súgar càne 사탕수수.
sug·ar-coat [-kòut] *vt.* 당의(糖衣)를 입히다; 잘 보이게 하다.
súgar còrn 사탕옥수수.
súgar dàddy 《美俗》 금품 따위로 젊은 여성을 후리는 중년의 부자.
súgar diabétes 당뇨병.
sug·ar·house [-hàus] *n.* 제당소(製糖所).
súgar lòaf (원뿔꼴의) 고체 설탕.
súgar màple 〖植〗 사탕단풍.
sug·ar·plum [-plʌ̀m] *n.* 캔디, 봉봉.
sug·ar-tit [-tìt] *n.* 설탕을 천에 싼 빨개.
súgar tòngs 각사탕 집게.
sug·ar·y [ʃúgəri] *a.* 달콤한; 아첨의.
†**sug·gest** [səgdʒést] *vt.* ① **암시〔시사〕하다,** 넌지시 비추다. ② 말을 꺼내다, 제안하다(*that*). ③ 연상시키다, 생각나게 하다. **∼ *itself to*** …의 머리〔염두〕에 떠오르다. **∼·i·ble** *a.* 암시할 수 있는; (최면술에서) 암시에 걸리기 쉬운.
‡**sug·ges·tion** [səgdʒéstʃən] *n.* ① Ⓤ 암시. ② Ⓤ 생각남; Ⓒ 연상. ③ 제안; 제의. ④ 투, 기미(*a ∼ of fatigue*); (열정(劣情)의) 유발(誘發).
suggéstion bòx 건의함.
***sug·ges·tive** [səgdʒéstiv] *a.* ① **암시적인;** 암시하는, 연상시키는(*of*). ② 유혹적인.
‡**su·i·cide** [sú:əsàid] *n.* ① ⓊⒸ **자살;** 자멸. ② 자살자. **su·i·cid·al** [∸-sáidl] *a.*
†**suit** [su:t] *n.* 《원뜻 'follow'》 ① ⓊⒸ 탄원, 청원, 간원(懇願); Ⓒ 〖法〗 **소송;** 고소. ② Ⓤ 구애(求愛), 구혼. ③ (옷) **한 벌,** 갖춤 벌 《특히, 남자의 상의·조끼·바지》. ④ (카드의) 짝패 한 벌 《각 13매》; (동종류의 것의) 한 벌. ***follow* ∼** (카드놀이에서) 처음 내놓은 패와 같은 짝패를 내다; 남 하는 대로 하다. —*vt.* ① …에게 (갖춤 벌의) 옷을 입히다. ② (갖추게 한다는 뜻에서) 적

합〔일치〕하게 하다(*to, for*). ③ 적합하다, …에 어울리다. ④ …의 마음에 들다. —— *vi.* ① 형편이 좋다. ② 적합하다. ～ *oneself* 제 멋대로 하다. ～ *the action to the word* 대사대로 행동하다 《Sh., *Ham.*》; (약속·협박 등을) 곧 실행하다. ⁄～**ing** *n.* Ⓤ 양복지. *⁄～**·or** *n.* 원고; 간원자; 구혼자《남자》.

‡**suit·a·ble** [sú:təbəl] *a.* 적당한, 어울리는. **-bly** *ad.* **suit·a·bil·i·ty** [⁄–bíləti] *n.* Ⓤ

***suit·case** [sú:tkèis] *n.* (소형) 여행가방, 슈트케이스.

***suite** [swi:t] *n.* ① 수행원, 일행; 한 벌 갖춤. ② (목욕실 따위가 있는) 붙은 방 《호텔의》 (*a* ～ *of rooms*); 한 벌의 가구. ③ 〖樂〗 조곡(組曲).

sulf- 「유황을 포함한」의 뜻의 결합사.

sul·fa [sʌ́lfə] *n., a.* 술파제(의).

sul·fa·di·a·zine [sʌ̀lfədáiəzì:n, -zin] *n.* Ⓤ 술파다이아진 《폐렴 등의 특효약》.

súlfa drùg 술파제 《술파계의 약제 「(⇩, ⇧)의 총칭》.

sul·fa·guan·i·dine [-gwǽnədì:n, -din] *n.* Ⓤ 술파구아니딘《적리(赤痢) 등의 치료제》.

sul·fa·nil·a·mide [-níləmàid, -mid] *n.* Ⓤ 술파닐마이드《패혈증·임질 따위의 특효약》. 「《물감·의약품용》.

sul·fa·níl·ic ácid [-nílik] 술파닐산

sul·fa·pyr·i·dine [-pí:rədì:n, -din] *n.* Ⓤ 술파피리딘 《전에 폐렴 등의 치료에 쓰였음》.

sul·fate [sʌ́lfeit] *n., vi.* 〖化〗 황산염(화하다). —— *vt.* 황산과 화합시키다〔으로 처리하다〕; (축전지의 연판에) 황산염 화합물을 침전시키다.

sul·fa·thi·a·zole [sʌ̀lfəθáiəzòul] *n.* Ⓤ 술파티아졸 《폐렴 등의 치료에 쓰이던 약》.

sul·fide, -phide [sʌ́lfaid] *n.* 〖化〗 황화물.

sul·fite [sʌ́lfait] *n.* 〖化〗 아황산염.

sul·fon·a·mide [sʌlfάnəmàid/-fɔ́-] *n.* ⓊⒸ 〖藥〗 술폰아미드《세균성 질환 치료용》.

‡**sul·fur** [sʌ́lfər] *n., a.* Ⓤ 유황(색의), 황녹색(의).

sul·fu·rate [sʌ́lfjurèit] *vt.* 유황과 화합시키다, 유황으로 처리〔표백〕하다. 「산 가스.

súlfur dióxide 이산화 유황, 아황

sul·fu·re·ous [sʌlfjúəriəs] *a.* 유황(질·모양)의; 황내 나는.

sul·fu·ret [sʌ́lfjərèt] *n.* 황화물. —— *vt.* 황화하다.

***sul·fu·ric** [sʌlfjúərik] *a.* 유황의; (6가(價)의) 유황을 함유하는.

sulfúric ácid 황산.

sul·fur·ous [sʌ́lfərəs] *a.* 유황의〔같은〕; (4가(價)의) 유황을 함유하는; 지옥불의〔같은〕.

súlfurous ácid 아황산.

sulk [sʌlk] *vi., n.* 시무룩해지다〔함〕; (*pl.*) 지르퉁함, 부루퉁함.

***sulk·y** [⁄i] *a.* 찌무룩〔지르퉁〕한, 부루퉁한. —— *n.* 1인승 2륜 경마차 《혼자라서, 재미가 없다는 뜻에서》. **súlk·i·ly** *ad.* **súlk·i·ness** *n.*

***sul·len** [sʌ́lən] *a.* 찌무룩한, 지르〔부루〕퉁한; (날씨가) 음산한. ～**·ly** *ad.* ～**·ness** *n.*

sul·ly [sʌ́li] *vt.* (명성 따위를) 더럽히다; 손상하다. —— *n.* 《廢》 더럼, 오점.

sulph- ＝SULF-.

súl·pha, sul·pha·guán·i·dine, sul·pha·níl·a·mide, sul·pha·pýri·dine, súl·phate, súl·phide, súl·phite, ‡súl·phur, súl·phu·rate, &c. ＝SULFA, &c.

***sul·tan** [sʌ́ltən] *n.* 회교국 군주, 술탄; (S-) 〖史〗 터키 황제.

sul·tan·a [sʌltǽnə, -ά:-] *n.* 회교국 왕비; 회교국 군주의 어머니〔자매·딸〕; Ⓤ 《주로 英》 포도의 한 품종; 그 포도로 만든 건포도.

sul·tan·ate [sʌ́ltənit] *n.* ⓊⒸ 술탄의 지위〔권력·통치 기간·영토〕.

***sul·try** [sʌ́ltri] *a.* 무더운(close and hot), 숨막히게 더운. **-tri·ly** *ad.* **-tri·ness** *n.*

‡**sum** [sʌm] *n.* ① 합계, 총계. ② 개략, 요점. ③ 금액. ④ 《口》 산수 문제; (*pl.*) 계산 (*do* ～*s* 계산하다). ⑤ 절정. ***in*** ～ 요약하면. ～ ***and substance*** 요점. ～ ***total*** 총계. —— *vt.* (*-mm-*) 합계하다(*up*); 요약(해 말)하다, …을 재빨리 평가하다(*up*). —— *vi.* 요약(해 말)하다(*up*). ～ ***to*** 합계하면 …이 되다. ***to*** ～ ***up*** 요약하면.

SUM surface-to-underwater missile.

su·mac(h) [ʃú:mæk, sjú:-] *n.* 옻나무〔거망옻나무·붉나무〕류; Ⓤ 그 마른 잎《무두질용·물감》. 「섬.

Su·ma·tra [sumά:trə] *n.* 수마트라

Su·me·ri·an [su:míəriən] *a.* 수메르(Sumer)의《유프라테스 하구의 고대 지명》; 수메르인〔어〕의. —— *n.* ⒸⓊ 수메르인〔어〕.

sum·ma cum lau·de [sʌ́mə kʌm lɔ́:di] (L.) 최우등으로.

***sum·ma·rize** [sʌ́məràiz] *vt.* 요약하다.

‡**sum·ma·ry** [sʌ́məri] *a.* ① 개략의, 간결한. ② 약식의; 즉결의. —— *n.* 적요, 요약. **-ri·ly** *ad.*

súmmary cóurt 즉결 재판소. 「권.

súmmary jurisdíction 즉결 재판

sum·ma·tion [sʌméiʃən] *n.* ⓊⒸ 덧셈; 합계; 〖法〗 (배심에 돌리기 전의 반대측 변호인의) 최종 변론.

†**sum·mer** [sʌ́mər] *n.* ① 여름(철), 하계. ② ⓊⒸ 한창때, 청춘. ③ (*pl.*) 《詩》 연령. —— *a.* 여름의. —— *vi.* 여름을 지내다, 피서하다(*at, in*). —— *vt.* 여름철 동안 방목하다. **súm·mer·y** *a.* 여름의; 여름다운. 「프.

súmmer càmp (아동 등의) 여름 캠

súmmer hòuse 정자; 《美》 피서용 별장.

súmmer resórt 피서지.

sum·mer·sault [-sɔ̀:lt], **-set** [-sèt] *n., a.* ＝SOMERSAULT, -SET.

súmmer schòol 하계 학교〔강습회〕.

súmmer sólstice 하지(夏至).

súmmer squásh 호박류(類).
súmmer tìme 《英》 일광 절약 시간.
***sum·mer·time** [-tàim] *n.* Ⓤ **여름철**, 하계; 한여름. 「요약.
sum·ming-up [sʌ́miŋʌ́p] *n.* 총합계;
‡**sum·mit** [sʌ́mit] *n.* **정상**, 절정; 수뇌부, 수뇌 회담. 「회담 방식.
sum·mit·ry [sʌ́mitri] *n.* ⓊⒸ 수뇌
súmmit tàlks 〔**mèeting, cònference**〕 수뇌〔정상〕 회담.
‡**sum·mon** [sʌ́mən] *vt.* ① **호출**〔**소환**〕**하다**. ② (의회를) 소집하다. ③ …에게 항복을 권고하다; 요구하다. ④ (용기를) 불러 일으키다(*up*). ～·**er** *n.*
***sum·mons** [-z] *n.* (*pl.* ～*es*) **소환**(장), 호출(장); 소집. —— *vt.* 《口》 법정에 소환하다, 호출하다(*serve with a* ～). 「nəm] (L.) 최고선(善).
sum·mum bo·num [sʌ́məm bóu-
sump [sʌmp] *n.* 오수(汚水)〔구정물〕 모으는 웅덩이; 〖鑛〗 물웅덩이; (엔진의) 기름통.
sump·ter [sʌ́mptər] *a., n.* 《古》 짐 나르는 (말, 노새). 「마(卜馬).
súmpter hòrse 《古》 짐신는 말, 복
sump·tu·ar·y [sʌ́mptʃuèri / -əri] *a.* 비용 절약의; 사치를 금하는. ～ ***law*** 사치 금지령.
***sump·tu·ous** [ˊtʃuəs] *a.* **값진**, 사치스런. ～·**ly** *ad.* ～·**ness** *n.*
súm tótal 총계; 실질; 요지. 「종합.
sum·up [sʌ́mʌ̀p] *n.* Ⓤ 《口》 요약,
†**sun** [sʌn] *n.* ① **태양**. ② **햇빛**; 양지쪽. ③ (위성을 가지는) 항성; 태양처럼 빛나는 것. ④ 《詩》 날(day), 해(year). ***from* ～ *to* ～** 해가 떠서 질 때까지. ***in the* ～** 양지쪽에서; 유리한 지위에서. ***see the* ～** 살아 있다. ***under the* ～** 천하에, 이 세상에; 도대체. —— *vt.* (*-nn-*) 햇볕에 쬐다. —— *vi.* 일광욕하다.
***Sun.** Sunday.
sún bàth 일광욕. 「다.
sun·bathe [sʌ́nbèið] *vi.* 일광욕을 하
‡**sun·beam** [ˊbì:m] *n.* **햇빛**, 광선.
sun·blind [ˊblàind] *n.* 《주로 英》 (창 밖의) 차양. 「색안경.
sún blìnkers (직사 광선을 피하는)
sun·bon·net [ˊbɑ̀nit/-ɔ̀-] *n.* (베이비 모자형의 여자용) 햇볕 가리는 모자.
***sun·burn** [ˊbə̀:rn] *n.* ⓊⒸ **볕에 탐**〔탄 빛깔〕. —— *vt., vi.* 햇볕에 태우다〔타다〕.
sun·burnt [ˊbə̀:rnt] *a.* 햇볕에 탄.
sun·burst [ˊbə̀:rst] *n.* 구름 사이로 갑자기 새어 비치는 햇살.
sun-cured [ˊkjùərd] *a.* (고기·과일 등을) 햇볕에 말린.
Sund. Sunday.
sun·dae [sʌ́ndei, -di] *n.* 선디 《과일을 얹은 아이스크림》.
†**Sun·day** [sʌ́ndi, -dei] *n.* **일요일**; (기독교도의) 안식일. 「이 옷.
Súnday bést 〔**clóthes**〕 《口》 나들
Sun·day-go-to-meet·ing [-gòutəmí:tiŋ] *a.* 《口》 (복장·태도가) 나들이 가는.
Súnday púnch 《口》 〖拳〗 최강타.
Súnday schòol 주일 학교(의 학생〔직원〕들).
sun·der [sʌ́ndər] *vt.* 가르다, 떼다, 찢다. —— *vi.* 갈라지다, 분리되다. —— *n.* 《다음 成句로만》 ***in* ～** 떨어져서, 따로따로. 「주걱.
sun·dew [sʌ́ndjù:] *n.* 〖植〗 끈끈이
sun·di·al [sʌ́ndàiəl] *n.* 해시계.
sun·dog [ˊdɔ̀(:)g, -ɑ̀-] *n.* 환일(幻日); 작은〔불완전한〕 무지개.
***sun·down** [ˊdàun] *n.* Ⓤ **일몰**(시).
sun·dress [sʌ́ndrès] *n.* 선드레스 《어깨·팔이 노출된 하복》.
sun-dried [ˊdràid] *a.* 햇볕에 말린.
sun·dries [sʌ́ndriz] *n. pl.* 잡다한 물건, 잡동사니; 잡일, 잡비.
sun·dry** [sʌ́ndri] *a.* **잡다한**, 여러가지의. ALL ***and ～. 「래지 않는.
sun·fast [sʌ́nfæ̀st, -ɑ̀:-] *a.* 볕에 바
SUNFED Special United Nations Fund for Economic Development.
sun·fish [sʌ́nfìʃ] *n.* 〖魚〗 개복치; (북미산의 작은) 민물고기 《식용》.
sun·flow·er [ˊflàuər] *n.* 〖植〗 해바라기 (따위).
†**sung** [sʌŋ] *v.* sing의 과거(분사).
sun·glass·es [sʌ́nglæ̀siz, -ɑ̀:-] *n. pl.* 선글라스.
sun-god [sʌ́ngɑ̀d/-gɔ̀d] *n.* 태양신.
sún hèlmet 차일 헬멧.
‡**sunk** [sʌŋk] *v.* sink의 과거(분사).
***sunk·en** [ˊən] *v.* sink의 과거분사. —— *a.* 가라앉은; 물밑의; 내려앉은; (눈 따위) 움푹 들어간; 살이 빠진.
sún làmp (인공) 태양등(燈).
sun·less [sʌ́nlis] *a.* 볕이 안 드는; 어두운, 음산한.
‡**sun·light** [ˊlàit] *n.* Ⓤ **일광**, 햇빛.
sun·lit [ˊlìt] *a.* 햇볕에 쬐인, 볕이 드는. 「파 교도.
Sun·nite [súnait] *n.* (회교의) 수니
‡**sun·ny** [sʌ́ni] *a.* ① **볕 잘 드는**, **양지 바른**. ② 태양 같은. ③ 밝은, 명랑한. ***on the* ～ *side of*** (*fifty*) (50세)는 아직 안된. 「쪽만 지진.
sún·ny-side úp [ˊsàid] (달걀의) 한
sún pàrlor 일광욕실(sunroom).
sún pòrch 유리를 끼운 베란다, 일광욕실; 위생적인 축사(畜舍)의 일종.
sun·proof [sʌ́nprù:f] *a.* 햇빛을 통하지 않는, 내광성(耐光性)의.
sun·ray [-rèi] *n.* 일광; (*pl.*) 태양등 광선《의료용 인공 자외선》.
‡**sun·rise** [ˊràiz] *n.* Ⓤ ① **해돋이**, **해뜰녘**. ② 《比喩》 초기. 「룸.
sun·room [ˊrù(:)m] *n.* 일광욕실, 선
sun·seek·er [-sì:kər] *n.* ① (따뜻한 지역으로의) 피한객. ② (우주선·위성의) 태양 추적 장치《항상 태양 쪽을 향하는 광전 장치》.
‡**sun·set** [ˊsèt] *n.* Ⓤ ① **일몰**, 해질녘. ② 《比喩》 말기. 「차양.
sun·shade [ˊʃèid] *n.* (대형) 양산;
‡**sun·shine** [ˊʃàin] *n.* Ⓤ **햇빛**; 양지(陽地); 맑은 날씨; 명랑. **sun·shin·y** [ˊʃàini] *a.* 「의 속칭.
Súnshine Státe 《美》 Florida 주
sun·spot [ˊspɑ̀t/-ɔ̀-] *n.* 태양 흑점.
sun·stroke [ˊstròuk] *n.* Ⓤ 일사병.

sun·struck [ˊstrʌk] *a.* 일사병에 걸린. 「(*pl.*) (카키색의) 군복.
sun·tan [ˊtæn] *n.* UC 햇볕에 탐;
sun·trap [ˊtræp] *n.* (찬 바람이 들어오지 않는) 양지바른 곳.
sun·up [ˊʌp] *n.* 《美》 =SUNRISE.
sún vìsor (자동차의) 차양판.
sun·ward [ˊwərd] *a., ad.* 태양 쪽으로의〔쪽으로 향하는〕; 태양 쪽으로.
sún·wards [-z] *ad.* =SUNWARD.
Sun Yat-sen [sún já:t-sén] (1866–1925) 손 일선(孫逸仙)《본명 손문(孫文), 중국의 혁명가·정치가》.
sup[1] [sʌp] *vi., vt.* (**-pp-**) 저녁을 먹다〔내다〕.
***sup**[2] *vt., vi.* (**-pp-**) **홀짝홀짝 마시다**; 경험하다. —— *n.* 한 모금, 한 번 마시기.
sup. *supra* (L. =above).
supe [su:p] *n.* 〖空〗 마력(馬力).
su·per [sú:pər] *n.* 〖劇〗 단역(端役) (supernumerary); 여분〔가외〕의 것; 감독(superintendent), 지휘자; 〖商〗 특등품. —— *a.* 특급품의(superfine).
super- *pref.* 「위에, 더욱 더, 대단히, 초(超)…」 따위의 뜻.
su·per·a·ble [-əbəl] *a.* 이길 수 있는.
su·per·a·bound [sù:pərəbáund] *vi.* 대단히〔너무〕 많다, 남아 돌다 (*in, with*).
su·per·a·bun·dant [-əbʌ́ndənt] *a.* 매우 많은; 남아 돌아가는. **-dance** *n.* UC
su·per·add [-ǽd] *vt.* 더 보태다.
su·per·an·nu·ate [-ǽnjuèit] *vt.* (연금을 주어) 퇴직시키다; 시대에 뒤진다 하여 물리치다. **-án·nu·at·ed** [-id] *a.* 퇴직한; 노쇠한; 시대에 뒤진. **-an·nu·a·tion** [ˋ-ˋ-éiʃən] *n.* UC 노후; 노년〔정년〕 퇴직 (연금).
su·per·a·tóm·ic bómb [-ətámik / -ɔ́-] 수소 폭탄.
***su·perb** [supə́:rb] *a.* **장려한**; 화려한; 굉장한, 멋진. **~·ly** *ad.*
su·per·bomb [sú:pərbàm / -bɔ̀m] *n.* 수소 폭탄.
su·per·car·go [-kà:rgou] *n.* (*pl.* ~(*e*)*s*) (상선의) 화물 관리인.
su·per·charge [-tʃà:rdʒ] *vt.* (발동기 따위에) 과급(過給)하다; …에 과급기(機)를 사용하다; =PRESSURIZE. **-charg·er** *n.* 과급기(機).
su·per·cil·i·ar·y [sù:pərsílièri/-əri] *a.* 눈 위의; 〖解〗 눈썹의.
su·per·cil·i·ous [-síliəs] *a.* 거만한.
su·per·cit·y [sú:pərsìti] *n.* 거대 도시.
su·per·co·los·sal [sù:pərkəlásəl / -lɔ́-] *a.* 《美口》 굉장히 큰, 초대작(超大作)의.
su·per·com·put·er [sù:pərkəmpjú:tər] *n.* 슈퍼컴퓨터.
su·per·cool [-kú:l] *vt., vi.* (액체를) 빙결시키지 않고 빙점하로 냉각하다.
su·per·dread·nought [-drédnɔ̀:t] *n.* 초노급 전함(超弩級戰艦).
su·per·du·per [-djú:pər] *a.* 《美俗》 훌륭한, 극상의.
su·per·em·i·nent [-émənənt] *a.* 매우 탁월한, 발군의. **-nence** *n.* U
su·per·er·o·ga·tion [-èrəgéiʃən] *n.* U 의무 이상으로 근무하기. **-e·rog·a·to·ry** [-ərágətɔ̀:ri/-ərɔ́gətəri] *a.* 직무 이상으로 근무하는; 가외의.
su·per·ette [-ét] *n.* 소형 슈퍼마켓.
su·per·ex·cel·lent [-éksələnt] *a.* 탁월한.
su·per·ex·press [-iksprés] *a., n.* 초특급의 (열차).
su·per·fam·i·ly [sú:pərfæ̀məli] *n.* 〖生〗 상과(上科), 초과(超科)《과(科)와 아목(亞目) 사이》.
‡**su·per·fi·cial** [sù:pərfíʃəl] *a.* ① 표면의; 면적〔평방〕의. ② 피상적인, 천박한. **~·ly** *ad.* **-fi·ci·al·i·ty** [-fìʃiǽləti] *n.* U
su·per·fi·ci·es [-fíʃiì:z, -fíʃi:z] *n.* *sing. & pl.* 표면; 면적; 외관.
su·per·fine [-fáin] *a.* 극상의; 지나치게 섬세한; 너무 점잔빼는.
***su·per·flu·ous** [su:pə́:rfluəs] *a.* 여분의. **-flu·i·ty** [ˋ-flú:əti] *n.* UC 여분(의 것), 남아 돌아가는 돈.
Su·per·fort [sú:pərfɔ̀:rt], **Su·per·for·tress** [ˊfɔ̀:rtris] *n.* 〖美軍〗 초「공중 요새」《중폭격기》.
su·per·gi·ant [-dʒàiənt] *n.* 〖天〗 초거성(超巨星). —— *a.* 초거대한.
su·per·heat [sù:pərhí:t] *vt.* 과열하다; (액체를) 증발시키지 않고 비등점 이상으로 가열하다; (수증기를) 완전 기화할 때까지 가열하다.
su·per·heat·er [sù:pərhí:tər] *n.* (증기 등의) 과열 장치.
su·per·heav·y [-hévi] *a., n.* 초거대 원자량의 (원소).
su·per·het·er·o·dyne [-hétərədàin] *n., a.* UC 〖無電〗 슈퍼헤테로다인(의), 초(超)민감 수신 장치(의).
sú·per·high fréquency [sú:pərhài] 〖無電〗 초고주파《주파수 3천–3만 메가헤르츠; 생략 SHF》.
su·per·high·way [sù:pərháiwei] *n.* (입체 교차식의) 초고속 도로.
su·per·hu·man [-hjú:mən] *a.* 초인적인.
su·per·im·pose [-impóuz] *vt.* 위에 놓다; 덧붙이다; 〖映〗 2중 인화(印畫)하다.
su·per·in·cum·bent [-inkʌ́mbənt] *a.* 위에 있는〔가로놓인〕; 위로부터의 《압력 따위》.
su·per·in·duce [-indjú:s] *vt.* 덧붙이다, 첨가하다.
***su·per·in·tend** [-inténd] *vt., vi.* 감독〔관리〕하다. **-in·ténd·ence** *n.* U ***su·per·in·ténd·ent** *n., a.* **감독**〔관리〕자; 공장장; 교장; 총경; 감독〔관리〕하는.
‡**su·pe·ri·or** [səpíəriər, su-] *a.* (opp. inferior) ① **우수한**, 나은(*to, in*). ② 양질(良質)의, 우량한; 우세한. ③ 보다 높은, 보다 고위의. ④ …을 초월한, …에 동요되지 않는(*to*). ⑤ 거만한. ⑥ 〖印〗 어깨글자의 《x^2, 2^n의 ^{2,n} 따위의 일컬

음). ~ ***person*** 《비꼬아서》 높은 양반, 학자 선생. ~ ***to*** …보다 우수한; …에 동요되지 않는, 굴복하지 않는. ── *n.* ① 윗사람, 상급자, 뛰어난 사람. ② (S-) 수도〔수녀〕원장. ~**·ly** *ad.* ***su·pe·ri·or·i·ty** [-ˊ-ɔ́(:)rəti, -ár-] *n.* Ⓤ 우세, 우월(*to, over*).
Su·pe·ri·or [səpíəriər, su-], **Lake** 미국 5대호 중 최대의 호수.
superiórity còmplex 우월 복합, 우월감.
su·per·jet [sú:pərdʒèt] *n.* 초음속 제트기.
superl. superlative.
su·per·la·tive** [səpə́:rlətiv, su:-] *a.* ① **최고의.** ② 〖文〗 최상급의. ── *n.* ① 최고의 사람〔것〕, 극치. ② 〖文〗 최상급. ***speak 〔***talk***〕 ***in*** ~***s*** 과장하여 이야기하다.
su·per·lin·er [sú:pərlàinər] *n.* 초대형 외양 정기선.
su·per·man [-mæ̀n] *n.* 초인(超人).
***su·per·mar·ket** [-mà:rkit] *n.* **슈퍼마켓**《cash-and-carry 식임》.
su·per·mart [-mà:rt] *n.* =☆.
su·per·mi·cro·scope [sù:pərmáikrəskòup] *n.* 초현미경《전자 현미경의 일종》.
su·per·nal [su:pə́:rnl] *a.* 《詩》 천상의; 신의; 높은.
***su·per·nat·u·ral** [sù:pərnǽtʃərəl] *a., n.* **초자연의**, 불가사의한; (the ~) 초자연적인 힘〔영향·현상〕.
su·per·nor·mal [sù:pərnɔ́:rməl] *a.* 비범한; 특이한.
su·per·no·va [-nóuvə] *n.* 〖天〗 초신성(超新星) 《갑자기 태양의 천-1억배의 빛을 냄》.
su·per·nu·mer·ar·y [-njú:mərèri/-əri] *a., n.* 정수(定數) 이상의, 가외의 (사람·것); 〖劇〗 단역.
su·per·pose [-póuz] *vt.* 위에 놓다, 겹치다(*on, upon*). **-po·si·tion** [-pəzíʃən] *n.* Ⓤ 충첩.
su·per·pow·er [sú:pərpàuər] *n.* 초강대국; 강력한 국제 관리 기관; Ⓤ 〖電〗 초출력.
su·per·race [-rèis] *n.* 우월 민족.
su·per·sat·u·rate [sù:pərsǽtʃərèit] *vt.* 과도히 포화(飽和)시키다. **-sat·u·ra·tion** [ˊ-ˊ-réiʃən] *n.* Ⓤ
su·per·scribe [-skráib] *vt.* …의 위에 쓰다; (수취인) 주소 성명을 쓰다. **su·per·script** [ˊ-skrìpt] *a., n.* 위에 쓴; 어깨 글자〔숫자〕 《a^n, x^3의 $^{n, 3}$ 따위》. **-scrip·tion** [ˊ-skrípʃən] *n.* Ⓤ 위에 쓰기; Ⓒ 수취인 주소 성명.
***su·per·sede** [-sí:d] *vt.* ① **대신하다,** 갈마들다. ② 면직시키다; 바꾸다. ③ 폐지하다.
su·per·sen·si·tive [-sénsətiv] *a.* 과민한.
su·per·son·ic [-sánik/-ɔ́-] *a.* 초음파의; 초음속의, 초음속으로 나는 (cf. transsonic).
su·per·son·ics [-s] *n.* 〖理〗 초음속학〔이론, 연구〕.
supersónic tránsport 초음속 수송기 《생략 SST》.
supersónic wáves 초음파.
su·per·star [sú:pərstà:r] *n.* 슈퍼스타, 뛰어난 인기 배우.
‡**su·per·sti·tion** [sù:pərstíʃən] *n.* ⓊⒸ 미신, 사교(邪教). ***-stí·tious** *a.* 미신적인, 미신에 사로잡힌.
su·per·stra·tum [sú:pərstrèitəm] *n.* (*pl.* **-ta** [-tə], **-s**) 〖地〗 상층(上層); 〖言〗 상층(언어).
su·per·struc·ture [sú:pərstrʌ̀ktʃər] *n.* 상부 구조; (토대 위의) 건축물; 〖船〗 (중갑판 이상의) 상부 구조; 〖哲〗 원리의 체계.
su·per·tank·er [-tæ̀ŋkər] *n.* 초대형 유조선.
「특별 부가세.
su·per·tax [-tæ̀ks] *n.* ⓊⒸ 《주로 英》
su·per·vene [sù:pərví:n] *vi.* 잇따라 일어나다, 병발하다. **-vén·tion** [-vénʃən] *n.* ⓊⒸ
***su·per·vise** [sú:pərvàiz] *vt.* **감독하다.** ***su·per·vi·sion** [ˊ-víʒən] *n.* Ⓤ ***su·per·vi·sor** [ˊ-vàizər] *n.* **감독자**; 〖컴퓨터〗 감시 루틴. **-vi·so·ry** [ˊ-váizəri] *a.* 감독의.
「기.
su·per·weap·on [-wèpən] *n.* 초병
su·pine [su:páin] *a.* 번듯이 누운; 게으른. ~**·ly** *ad.*
supp., suppl. supplement.
†**sup·per** [sʌ́pər] *n.* ⓊⒸ **저녁 식사** 《특히, 낮에 'dinner'를 먹었을 경우의》. ***the Last S-*** 최후의 만찬.
sup·plant [səplǽnt, -á:-] *vt.* (부정 수단 따위로) 대신 들어앉다, 밀어 내고 대신하다; …에 대신하다.
sup·ple [sʌ́pəl] *a.* 나긋나긋한, 유연한; 경쾌한; 유순한, 아첨하는. ── *vt., vi.* 유연〔유순〕하게 하다〔되다〕.
‡**sup·ple·ment** [sʌ́pləmənt] *n.* **보충,** 보족(補足), 보유(補遺), 부록(*to*); 〖數〗 보각(補角). ── [sʌ́pləmènt] *vt.* 보충하다, 추가하다; 보유를〔부록을〕 달다. **sup·ple·men·tal** [sʌ̀pləméntl], ***-mén·ta·ry** [-təri] *a.*
sup·ple·tion [səplí:ʃən] *n.* Ⓤ 〖文〗 보충법 《보기: go-*went*-gone; bad-*worse*》.
***sup·pli·ant** [sʌ́pliənt] *a., n.* **탄원**〔간원〕**하는** (사람). **-ance** *n.* Ⓤ
「ANT.
sup·pli·cant [-kənt] *n., a.* =SUPPLI-
***sup·pli·cate** [sʌ́pləkèit] *vt., vi.* **탄원하다** (*to, for*); 기원하다(*for*). ***sup·pli·ca·tion** [ˊ-kéiʃən] *n.* Ⓤ **탄원;** ⓊⒸ 기원.
sup·pli·ca·to·ry [sʌ́plikətɔ̀:ri/-təri] *a.* 탄원하는; 기원하는.
†**sup·ply**[1] [səplái] *vt.* ① **공급하다** (*with*). ② 보충하다. ③ (희망·필요를) 만족시키다. ④ (지위 따위를) 대신 차지하다. ── *n.* ① Ⓤ **공급;** 보급; Ⓒ 공급물, 저장 물자. ② 대리자. ③ (*pl.*) (의회에서 규정된) 국비. ④ (*pl.*) 필요 물자, 군수품. **sup·plí·er** [-ər] *n.* supply하는 사람〔것〕.
sup·ply[2] [sʌ́pli] *ad.* 유연〔유순〕하게.
†**sup·port** [səpɔ́:rt] *vt.* ① **지탱하다,** 버티다; 견디다. ② 지지〔유지〕하다. ③ 부양하다. ④ 원조하다. ⑤ 옹

호하다. ⑥ 입증하다. ⑦ 〖軍〗 지원하다. ⑧ 〖劇〗 (맡은 역을) 충분히 연기하다; 조연〔공연〕하다. —— *n.* ① Ⓤ **지지**; Ⓒ 지주(支柱); 지지물〔자〕. ② Ⓤ 원조; 부양. ③ 〖軍〗 지원(부대); 예비대. ***give* ～ *to*** …을 지지하다. ***in* ～ *of*** …을 옹호〔변호〕하여. **～·a·ble** *a.* 지탱할〔참을〕 수 있는; 지지〔부양〕할 수 있는. ***～·er** *n.* 지지자〔물〕. **～·ing** *a.*

suppórting prògram(me) 〖映〗 보조 프로그램, 동시 상영 영화.

†sup·pose [səpóuz] *vt.* ① **가정하다,** 상상하다, 생각하다. ② 믿다. ③ 상정(想定)하다, …을 필요 조건으로 하다, 의미하다. ④ 《命令形 또는 現在 分詞形으로》 만약 …이라면. ⑤ 《命令形으로》 …하면 어떨까(*S- we try*). ***-pósed** [-d] *a.* 상상된; **가정의**; 소문난. **sup·pós·ed·ly** [-idli] *ad.* 상상〔추정〕상, 아마. ***sup·pós·ing** *conj.* **만약 …이라면**(if).

***sup·po·si·tion** [sʌ̀pəzíʃən] *n.* Ⓤ **상상;** Ⓒ 가정. **～·al** *a.*

sup·pos·i·ti·tious [səpɑ̀zətíʃəs / -pɔ̀z-] *a.* 가짜의; 상상(상)의.

sup·pos·i·to·ry [səpázətɔ̀:ri/-pɔ́zətəri] *n.* 〖醫〗 좌약(坐藥).

‡sup·press [səprés] *vt.* ① (감정 따위를) **억누르다,** 참다. ② (반란 따위를) 진압하다. ③ (진상 따위를) 발표하지 않다; 발매를 금지하다; 삭제하다. ④ (출혈 따위를) 막다. ***sup·prés·sion** *n.* Ⓤ 억제; 진압; 발매 금지; 삭제.

sup·pres·sor [səprésər] *n.* 진압자; 억제자; 은폐자; 금지자.

suppréssor grìd 〖電子〗 억제 그리드.

sup·pu·rate [sʌ́pjərèit] *vi.* 곪다, 고름이 나오다. **-ra·tive** *a., n.* 화농성의; 화농을 촉진하는; 화농 촉진제. **sup·pu·ra·tion** [∸–réiʃən] *n.* Ⓤ 화농; 고름.

su·pra [sú:prə] *ad.* (L) 앞에; 위에.

su·pra·na·tion·al [sù:prənǽʃənəl] *a.* 초국가적인.

su·pra·re·nal [-rí:nəl] *n., a.* 부신(副腎)의; 신장 위의.

su·pra·seg·mén·tal phóneme [-segméntl] 〖言〗 겹친 음소(音素).

***su·prem·a·cy** [səpréməsi, su(:)-] *n.* ⓊⒸ **지고**(至高), 최상; 주권, 대권(大權), 지상권(至上權).

‡su·preme [səprí:m, su(:)-] *a.* **지고**〔최상〕의; 최후의. ***make the* ～ *sacrifice*** 목숨을 바치다. **～·ly** *ad.*

Supréme Béing, the 신, 하느님.

Supréme Cóurt, the 《美》 (연방 또는 여러 주의) 최고 재판소.

Supréme Sóviet, the (소련의) 최고 회의.

Supt. Superintendent.

sur- *pref.* 「위, 상(上)」의 뜻.

su·rah [sjúərə] *n.* Ⓤ 부드러운 능직(綾織) 비단.

sur·cease [sə:rsí:s] *n.* Ⓤ 《古》 정지(停止).

sur·charge [sə́:rtʃɑ̀:rdʒ] *n.* 과(過)적재; 과중; 과충전(過充電); (대금 등의) 부당〔초과〕 청구; 추가 요금; (우표의) 가격〔날짜〕 정정인(訂正印); (우편의) 부족세(稅). —— [–∠] *vt.* 지나치게 싣다〔채우다〕; 과충전하다; 과중한 부담을 지우다; (우표에) 가격〔날짜〕 정정인을 찍다.

sur·cin·gle [sə́:rsìŋgəl] *n.* (말의) 뱃대끈.

sur·coat [sə́:rkòut] *n.* (중세의 기사가 갑옷 위에 입던) 겉옷.

surd [sə:rd] *n., a.* 〖數〗 무리수, 부진근수(不盡根數)(의); 〖音聲〗 무성음(의).

†sure [ʃuər] *a.* ① **틀림없는;** 확실한; 신뢰할 수 있는. ② 자신 있는; 확신하는(*of; that*). ③ 확실히 …하는(*to* do, *to* be). ④ 튼튼한, 안전한. ***be* ～** 꼭 …하다(*to* do). ***for* ～** 확실히. ***make* ～** 확보하다; 확인하다. ***S- thing!*** 《美口》 그렇고 말고요. ***to be* ～(!)** 과연; 물론; 참말(*To be* ～ *he is clever*. 물론 머리는 좋지만); 저런!; 원! (따위). ***Well, I'm* ～!** 원, 놀랐는 걸. —— *ad.* 《美口》 확실히, 꼭; 그렇고말고요! **～ *enough*** 《美口》 과연, 아니나 다를까; 참말로. **†súre·ly** *ad.* **확실히;** 틀림없이; 반드시, 꼭.

sure-e·nough [ʃúərinʌ́f] *a.* 《美口》 진짜의, 현실의.

sure-fire [ʃúərfàiər] *a.* 《美口》 확실한, (성공이) 틀림없는.

sure-foot·ed [∠fútid] *a.* 발디딤이 든든한; 착실한, 틀림없는.

***sure·ty** [∠ti] *n.* ⒸⓊ **보증;** 담보(물건); Ⓒ 보증인; Ⓤ 《古》 확실한 것, 확실성. ***of a* ～** 확실히.

***surf** [sə:rf] *n.* **밀려오는 파도.**

‡sur·face [sə́:rfis] *n., a.* **표면(의);** 외관(의), 겉보기(뿐의); 〖幾〗 면(面). —— *vt.* 표면을 붙이다; 판판하게 하다; 포장(舖裝)하다.

súrface càr 《美》 노면(路面) 전차.

súrface màil (항공 우편에 대하여) 지상·해상 수송 우편.

sur·face·man [-mən] *n.* 보선공(保線工); 〖鑛〗 갱외(坑外) 작업부.

súrface nòise (레코드의) 바늘 소리《잡음》.

súrface prìnting 블록판 인쇄〔날염〕.

súrface ténsion 〖理〗 표면 장력(張力).

súr·face-to-áir mìssile [-təɛ́ər] 지대공(地對空) 미사일.

súr·face-to-súr·face mìssile [-tə-] 지대지(地對地) 미사일.

súrface wàter 지표수《지하수에 대해》; 〖地〗 표면 수량.

surf·board [sə́:rfbɔ̀:rd] *n.* 파도타기 널.

surf·boat [∠bòut] *n.* 거친 파도를 헤치고 나아가는 데 쓰는 보트《구명용》.

***sur·feit** [sə́:rfit] *n., vt., vi.* ⓊⒸ 과다; 과식〔과음〕 (시키다, 하다) (*of, on, upon*); 식상(食傷), 포만(飽滿); 식상하(게 하)다(*with*); 물리(게 하)다(*with*).

surf·er [sə́:rfər] *n.* 파도타기를 하는 사람.

surf·ing [∠iŋ] *n.* Ⓤ 파도타기; 미국

서 생긴 재즈의 하나. 「기(surfing).
surf-rid·ing [´ràidiŋ] *n.* Ⓤ 파도타
surg. surgeon; surgery; surgical.
***surge** [sə:rdʒ] *vi.* **파도치다,** 밀어닥치다; (감정이) 끓어오르다. —— *vt.* 〖海〗(밧줄을) 늦추다, 풀어 주다. —— *n.* 큰 파도, 물결 침; 굽이침; (감정의) 격동; (전류의) 파동, 「서지」; (바퀴 따위) 헛돌기.
‡**sur·geon** [sə́:rdʒən] *n.* **외과 의사;** 군의관; 선의(船醫).
súrgeon géneral 《美》 의무감(監); (S- G-) 공중(公衆) 위생국 장관.
***sur·ger·y** [sə́:rdʒəri] *n.* Ⓤ **외과** (수술); Ⓒ 수술실; 《英》 의원, 진료소.
***sur·gi·cal** [sə́:rdʒikəl] *a.* **외과** (의사)의; 외과용의. ~**·ly** *ad.*
súrgical bòots [**shòes**] (정형 외과용의) 교정(矯正) 구두.
surg·y [sə́:rdʒi] *a.* 크게 파도치는; 큰 파도에 의한.
Su·ri·nam [sù:rənɑ́:m, -nǽm] *n.* 남아메리카 북동 해안의 독립국.
***sur·ly** [sə́:rli] *a.* **지르퉁한,** 까다로운, 무뚝뚝한. **-li·ly** *ad.* **-li·ness** *n.*
***sur·mise** [sərmáiz, sə́:rmaiz] *n.* ⓊⒸ 추량(推量); **추측**(상의 일). —— [-´] *vt., vi.* 추측하다.
sur·mount [sərmáunt] *vt.* **오르다;** …의 위에 놓다, 얹다; 극복하다, (곤란을) 이겨내다.
***sur·name** [sə́:rnèim] *n., vt.* **성**(姓); 별명(을 붙이다, 으로 부르다).
‡**sur·pass** [sərpǽs, -pɑ́:s] *vt.* …**보다 낫다;** …을 초월하다. ~**·ing** *a.* 뛰어난, 탁월한.
sur·plice [sə́:rplis] *n.* (성직자나 성가대원이 입는, 소매 넓은) 중백의(中白衣). **súr·pliced** [-t] *a.* 중백의를 입은. 「〖經〗 잉여(금).
‡**sur·plus** [sə́:rpləs] *n., a.* **여분**(의);
sur·plus·age [sə́:rplәsidʒ] *n.* ⓊⒸ 잉여, 과잉; 쓸데없는 말; 〖法〗 불필요한 변호.
†**sur·prise** [sərpráiz] *n.* ① Ⓤ **놀람.** ② 놀라운〔뜻 밖의〕 일. ③ Ⓤ 불시의 공격, 기습. *by* ~ 불시에. *take by* ~ 불시에 습격하여 붙잡다; 기습을 하다; 깜짝 놀라게 하다. *to one's* (*great*) ~ (대단히) 놀랍게도. —— *vt.* ① 놀라게 하다. ② 불시에 습격하다; 불시에 쳐서 …시키다. ③ 현행(現行) 중에 붙잡다. *be* ~*d at* 〔*by*〕 …에 놀라다. —— *a.* 뜻밖의, 놀라운. ‡**sur·prís·ing** *a.* **놀라운,** 뜻밖의. ***sur·prís·ing·ly** *ad.*
surpríse attàck 기습.
surpríse ènding (소설·극의) 급전.
surpríse vìsit 불시의 방문; 임검.
sur·real·ism [sərí:əlizəm] *n.* Ⓤ 〖美術·文學〗 초현실주의.
‡**sur·ren·der** [səréndər] *vt.* ① **인도**(引渡)하다, 넘겨주다; 포기하다. ② (몸을) 내맡기다, (습관 따위에) 빠지다. —— *vi.* 항복하다. ~ *oneself* 항복하다; 빠지다(*to*). —— *n.* ⓊⒸ 인도, 단념; 항복.
sur·rep·ti·tious [sə̀:rəptíʃəs/sʌ̀r-] *a.* 비밀의, 내밀〔부정〕한; 뒤가 구린.
Sur·rey [sə́:ri, sʌ́ri] *n.* 잉글랜드 남동부의 주 《생략 Sy.》; (s-) 2석 4인승 4륜 유람 마차.
sur·ro·gate [sə́:rəgèit, -git/sʌ́r-] *n.* 대리인; 〖英國國敎〗 감독 대리; 《美》(어떤 주에서) 유언 검증 판사. —— *vt.* 〖法〗 …의 대리를 하다.
‡**sur·round** [səráund] *vt.* **둘러〔에워〕싸다,** 두르다. ‡~**·ing** *n., a.* 둘러싸는 것; (*pl.*) **주위**(**의 상황**), 환경; 둘러 싸는, 주위의.
sur·tax [sə́:rtæ̀ks] *n., vt.* ⓊⒸ 《美》 부가세(를 과하다); 《英》 소득세 특별 부가세.
sur·tout [sərtú:t] *n.* (중세의 남자용) 외투.
sur·veil·lance [sərvéiləns, -ljəns] *n.* Ⓤ 감시, 감독. *under* ~ 감독을 받고.
sur·veil·lant [sərvéilənt] *n.* 감시자; 감독자. —— *a.* 감시〔감독〕하는.
‡**sur·vey** [sərvéi] *vt.* **바라다보다,** 전망하다; 개관(概觀)하다; **조사하다;** 측량하다. —— *vi.* 측량하다. —— [sə́:rvei, sərvéi] *n.* 개관; **조사**(**표**); 측량(도). ~**·ing** *n.* Ⓤ 측량(술). *~**·or** *n.* **측량 기사;** 《美》 (세관의) 검사관; (S-) 미국의 달 무인(無人) 탐측 계획에 의한 인공 위성. ~***or's measure*** (60피트의 측쇄를 기준으로 하는) 측량 단위.
sur·viv·al** [sərváivəl] *n.* ① Ⓤ 잔존(殘存), **살아 남음.** ② 생존자, 잔존물; 예부터의 풍습〔신앙〕. ~ ***of the fittest 적자 생존(適者生存).
‡**sur·vive** [sərváiv] *vt.* …의 **후까지 생존하다,** …보다 오래 살다; …에서 살아나다. —— *vi.* 살아 남다; 잔존하다. ***sur·vi·vor** *n.* 살아 남은 사람, **생존자.**
***sus·cep·ti·ble** [səséptəbəl] *a.* 예민하게 느끼는, 민감한; 동하기 쉬운, 정에 무른(*to*); …**을 허락하는,** …을 할 수 있는(*of*). **-bly** *ad.* 느끼기 쉽게. **sus·cep·ti·bil·i·ty** [-`-bíləti] *n.* Ⓤ 감수성(*to*); Ⓒ (*pl.*) 감정. 「강한(*of*).
sus·cep·tive [səséptiv] *a.* 감수성이
‡**sus·pect** [səspékt] *vt.* **알아채다,** …이 아닐까 하고 생각하다; **의심하다,** 수상쩍게 여기다(*of*). —— [sʌ́spekt] *n., pred. a.* 용의자; 의심스러운.
‡**sus·pend** [səspénd] *vt.* ① **매달다.** ② 허공에 뜨게 하다. ③ 일시 중지하다, 정직시키다, …의 특권을 정지하다. ④ 미결로 두다, 유보하다. —— *vi.* (은행 등이) 지불을 정지하다. *~**·ers** *n. pl.* 《美》 **바지 멜빵;** 《英》 양말 대님.
sus·pénd·ed animátion [-id] 가사(假死), 인사 불성.
***sus·pense** [səspéns] *n.* Ⓤ **걱정,** 불안; (소설·영화 따위의) 서스펜스; 미결정, 이도저도 아님. *keep a person in* ~ 아무를 마음 졸이게 하다.
sus·pen·si·ble [səspénsəbəl] *a.* 드리울 수 있는; 휴지〔정리〕할 수 있는; 결정 않고 둘 수 있는; 부유성의.

*__sus·pen·sion__ [səspénʃən] *n.* Ⓤ ① 매닮; 매달림. ② Ⓒ 매다는 지주(支柱). ③ (특권의) 일시 정지, 정직; 중지, 미결정; 지불 정지. ④ Ⓒ 차체(車體) 버팀 장치. ⑤ 〖理·化〗 부유(浮遊)(상태); Ⓒ 현탁액(懸濁液). ⑥ 〖樂〗 (화현(和弦)의 일부의) 계류(繫留)(음). **-sive** *a.* 중지〔정지〕의; 불안한; 이도저도 아닌.

suspénsion brìdge 적교(吊橋).

sus·pen·so·ry [səspénsəri] *a.* 매달아 두는; 중지의; 미결로 두는. —— *n.* 멜빵붕대; 〖解〗 인대(靭帶), 현수근(懸垂筋).

‡**sus·pi·cion** [səspíʃən] *n.* ① ⓊⒸ 느낌, 낌새챔; **의심**; 혐의. ② 소량, 미량(*a~ of brandy*); 기미(*of*). ***above*** 〔***under***〕 **~** 혐의가 없는〔있는〕. ***on ~ of*** …의 혐의로.

‡**sus·pi·cious** [səspíʃəs] *a.* **의심스러운**, 괴이쩍은; 의심하는〔많은〕; 의심을 나타내는 **~·ly** *ad.* **~·ness** *n.*

sus·pire [səspáiər] *vi.* 《詩》 한숨을 쉬다(sigh).

Sus·sex [sʌ́siks] *n.* 잉글랜드 남동부의 구주(舊州)《생략 Suss.; 1974년 East Sussex와 West Sussex로 분리》.

‡**sus·tain** [səstéin] *vt.* ① **버티다**, 지지하다, 유지하다, 지속하다(*~ed efforts* 부단한 노력). ② 부양하다. ③ 견디다. ④ 받다, 입다. ⑤ 승인〔시인〕하다, 확인〔확증〕하다. **~·ing** *a.* 버티는, 지구적(持久的)인; 몸에 좋은; 힘을 북돋는 (*~ing food*). ***~ing program*** 〖放〗 (스폰서 없는) 자주(自主) 프로, 비상업적 프로.

*__sus·te·nance__ [sʌ́stənəns] *n.* Ⓤ ① **생명을 유지하는 것**, 음식물; 영양물. ② 생계. ③ 유지; 지지.

sus·ten·ta·tion [sʌ̀stəntéiʃən] Ⓤ 생명의 유지; 부양; ⓊⒸ 영양물, 음식물.

sut·ler [sʌ́tlər] *n.* 종군(從軍) 상인.

su·tra [sú:trə] *n.* (Skt.) 〖佛〗 경(經), 경전.

su·ture [sú:tʃər] *n.* 〖外〗 봉합(縫合), 꿰맨 자리(의 한 바늘); 〖動·植〗 봉합; 〖解〗 (두개골의) 봉합선.

su·ze·rain [sú:zərin, -rèin] *n.* 〖史〗 영주; (속국에 대한) 종주(국). **~·ty** *n.* Ⓤ 종주권; 영주의 지위〔권력〕.

s. v. sailing vessel; *sub verbo* 〔*voce*〕 (L. =under the word).

svelte [svelt] *a.* (F.) (여자의 자태가) 미끈한, 날씬한.

SW shortwave. **SW, S.W., s.w.** southwest; southwestern. **Sw.** Sweden; Swedish.

swab [swab/-ɔ-] *n.* 자루 걸레; (소독 또는 약을 바르는 데 쓰는) 스펀지, 헝겊, 탈지면; 포강(砲腔) 소제봉(棒); 《俗》 솜씨 없는 사람. —— *vt.* (*-bb-*) 자루 걸레로 훔치다(*down*); (약을) 바르다, 약솜(등)으로 닦다.

swad·dle [swádl/-ɔ́-] *n., vt.* 포대기(로 싸다) 《갓난 아기를》, 옷으로〔붕대로〕 감다.

swáddling bànds 〔**clòthes**〕 기저귀, (특히, 갓난 아기의) 배내옷; 유년기; 《比喩》 자유를 속박하는 힘.

swag [swæg] *n.* Ⓤ 《俗》 장물, 약탈품, 부정 이득; Ⓒ 《濠》 (삼림 여행자의) 휴대품 보따리; 꽃줄(festoon).

swage [sweidʒ] *n.* 형철(型鐵)《쇠붙이의 형을 뜨는 틀》. —— *vt.* …을 형철로 구부리다〔형을 뜨다〕.

swáge blòck 〖機〗 스웨이지, 벌집틀《구멍뚫는 금속형판》.

*__swag·ger__ [swǽgər] *vi.* **거드럭거리며 걷다**; 자랑하다(*about*); 으스대다, 뻐기다. —— *vt.* 을러대어 …시키다. —— *n.* 거드럭거리는 걸음걸이〔태도〕. —— *a.* 《英口》 스마트한, 멋진. **~·ing·ly** *ad.* 뽐내어.

swágger stìck 〔《英》 **càne**〕 (군인 등이 외출시에 들고 다니는) 단장.

Swa·hi·li [swɑhí:li] *n.* (*pl.* **~, ~s**) 스와힐리 사람 《아프리카 Zanzibar 지방에 사는 Bantu 족》; Ⓤ 스와힐리 말. 「이; =LOVER.

swain [swein] *n.* 《古·詩》 시골 멋쟁

S.W.A.K., SWAK, swak [swæk] sealed with a kiss 키스로 봉한 《아이들·연인이 편지에 씀》.

swale [sweil] *n.* 《美》 저습지(低濕地).

‡**swal·low**[1] [swálou/-ɔ́-] *vt., vi.* ① **삼키다**. ② 빨아들이다. ③ 《口》 받아들이다, 곧이듣다. ④ 참다; (노여움을) 억누르다. ⑤ (말한 것을) 취소하다. —— *n.* 삼킴; 한 모금(의 양); └식도.

‡**swal·low**[2] *n.* **제비**.

swal·low·tail [-tèil] *n.* 제비꼬리(모양의 것); 《口》 연미복(~ coat); 〖蟲〗 산호랑나비. **-tailed** [-d] *a.* 제비꼬리 모양의.

‡**swam** [swæm] *v.* swim의 과거.

swa·mi [swɑ́:mi] *n.* (*pl.* **~s**) 인도 종교가의 존칭.

‡**swamp** [swɑmp/-ɔ-] *n.* ⒸⓊ **늪**, 습지. —— *vt.* (물 속에) 처박다〔가라앉히다〕; 물에 잠기게 하다; 궁지에 몰아 넣다, 압도하다. **⌐·y** *a.* 늪의, 늪이 많은; 질퍽질퍽한.

swamp·land [⌐lænd] *n.* Ⓤ 소택지.

‡**swan** [swɑn/-ɔ-] *n.* **백조**; 가수; 시인. ***black ~*** (호주산) 검은 고니; 희귀한 물건〔일〕. ***the S- of Avon*** Shakespeare의 별칭.

swán dìve 〖水泳〗 (양팔을 펴고 하는) 제비식 다이빙. 「과거.

swang [swæŋ] *v.* 《古·方》 swing의

swank [swæŋk] *vi., n.* Ⓤ 자랑해 보이다〔보이기〕; 허세(부리다), 뽐내며 걷다; 《俗》 멋부림; 스마트함. —— *a.* =SWANKY. **⌐·y** *a.* 《口》 멋진.

swans·〔**swán's-**〕**down** [⌐zdàun] *n.* Ⓤ 백조의 솜털 《옷의 가장자리 장식·분첩용》.

swán sòng 백조의 노래 《백조가 죽을 때 부른다는》; 마지막 작품.

swap [swɑp/-ɔ-] *n. vt., vi.* (*-pp-*) (물물) 교환(하다); 《俗》 부부 교환(을 하다). 「(로 덮(이)다).

sward [swɔ:rd] *n., vt., vi.* Ⓤ 잔디

sware [swɛər] *v.* 《古》 swear의 과거.

‡swarm¹ [swɔ:*r*m] *n.* ① (곤충의) **떼.** ② (분봉하는, 또는 벌집 속의) 꿀벌 떼. ③ 〖生〗 부유(浮遊) (단)세포군(群). ④ (물건의) 다수, 무리, 군중. ── *vi.* 떼짓다; (꿀벌이) 떼지어 분봉하다.

swarm² *vt., vi.* 기어 오르다(*up*).

swart [swɔ:*r*t], 《古》 **swarth** [swɔ:*r*θ] *a.* =SWARTHY.

***swarth·y** [swɔ́:*r*ði, -θi] *a.* (피부가) 거무스레한, 거무튀튀한.

swash [swɑʃ/-ɔ-] *vt., vi., n.* 물을 튀기다〔튀김, 튀기는 소리〕; 찰찰 《물소리》.

swash·buck·ler [ˊbʌklə*r*] *n.* 허세부리는 사람〔군인 등〕. **-buck·ling** *n., a.* Ⓤ 허세 (부리는).

swas·ti·ka [swɑ́stikə/-ɔ́-] *n.* 만자《卍》; (나치 독일의) 우곡 십자 기장(右曲十字記章) 《卐》.

swat [swɑt/-ɔ-] *vt.* (*-tt-*), *n.* 찰싹 치다〔때림〕.

swatch [swɑtʃ/-ɔ-] *n.* 견본 (조각).

swath [swɔ:θ, swɑθ] *n.* (*pl.* ~*s* [-θs, -ðz]) 한 줄의 벤 풀〔보리〕; 한 번 낫질한 넓이; 작은 조각. ***cut a wide*** ~ 《美》 점잔 빼다.

swathe¹ [sweið, swɑð] *vt.* 싸다, 붕대로 감다; 포위하다. ── *n.* 싸는 천, 붕대.

swathe² *n.* =SWATH.

Ś wàve (지진의) S 파, 횡파.

‡sway [swei] *vt., vi.* **흔들(리)다**; 지배하다, 좌우하다. ── *n.* ⓊⒸ 동요; Ⓤ 지배(권).

sway·back [ˊbæ̀k] *n., a.* (말의) 등이 우묵함; =SWAYBACKED. **-backed** [-t] *a.* (말의) 등이 우묵한; 등을 다친.

Swa·zi·land [swɑ́:zilæ̀nd] *n.* 남아프리카의 소왕국 《1968년 독립》.

SWbS, S.W.bS. southwest by south. **SWbW, S.W.bW.** southwest by west.

‡swear [swɛə*r*] *vi.* (*swore,* 《古》 *sware; sworn*) **맹세하다**; 〖法〗 선서하다; 서약하다; 벌받을 소리를 하다, 욕지거리하다(*at*). ── *vt.* 맹세하다; 선서하다; 단언하다; 선서〔서약〕시키다; 맹세코 …한 상태로 하다. ~ ***by*** …을 두고 맹세하다; 《口》 …을 크게 신용하다. ~ ***in*** 선서를 시키고 취임시키다. ~ ***off*** 《口》 (술 따위를) 맹세코 끊다. ~ ***to*** (맹세코) 단언하다, 확언하다. ── *n.* 《口》 저주, 욕. ˊ**·ing** *n.* 맹세(의 말); 저주, 욕설 (‘Damn it!’ 따위).

swear·word [swɛ́ə*r*wə̀:*r*d] *n.* 재수없는 말, 욕, 저주.

‡sweat [swet] *n.* ① Ⓤ **땀.** ② 발한(發汗) (작용). ③ ⓊⒸ (표면에 끼는) 물기. ④ 《口》 불안. ⑤ 《口》 힘드는 일, 고역. ***by* 〔*in*〕 *the* ~ *of one's brow*** 이마에 땀을 흘려, 열심히 일하여. ***in a*** ~ 땀 흘려; 《口》 걱정하여. ── *vi.* (*sweat,* ~*ed* [ˊid]) ① 땀을 흘리다. ② 습기가 생기다; 스며 나오다; 표면에 물방울이 생기다. ③ 《口》 땀 흘려 일하다; 《口》 걱정하다. ── *vt.* ① 땀을 흘리게 하다. ② 땀으로 적시다〔더럽히다〕. ③ 습기를 생기게 하다; (공업적 제조 과정에서) 스며나오게 하다; 발효시키다. ④ 혹사하다. ⑤ 《俗》 고문하다. ⑥ (땜 납을) 녹을 때까지 가열하다, 가열 용접하다; 가열하여 가용물(可熔物)을 제거하다. ~ ***down*** 《美俗》 몹시 압축하다, 소형으로 하다. ~ ***out*** (감기 따위를) 땀을 내어 고치다.

sweat·band [ˊbæ̀nd] *n.* (모자 안쪽의) 땀받이.

sweat·ed [swétid] *a.* 저임금 노동의. ~ ***goods*** 저임금 노동으로 만든 제품. ~ ***labor*** 저임금 노동.

‡sweat·er [ˊə*r*] *n.* **스웨터;** 땀 흘리는 사람; 발한제(劑); 싼 임금으로 혹사하는 고용주.

swéater gìrl 《俗》 젖가슴이 풍만한 젊은 여자.

swéat glànd 〖解〗 땀샘.

swéat shirt (두꺼운 감의) 낙낙한 스웨터.

sweat·shop [swétʃɑ̀p/-ɔ̀-] *n.* 노동자 착취 공장.

sweat·y [swéti] *a.* 땀투성이의; 땀 흘리게 하는.

Swed. Sweden; Swedish.

***Swede** [swi:d] *n.* **스웨덴 사람** 《한 사람》.

***Swe·den** [swí:dn] *n.* **스웨덴.**

***Swed·ish** [swí:diʃ] *a., n.* **스웨덴의;** 스웨덴 사람(의); Ⓤ 스웨덴 말(의) (cf. Swede).

‡sweep [swi:p] *vt.* (*swept*) ① **청소하다,** 털다 (*away, off, up*). ② 일소하다(*away*). ③ 흘려보내다, 날려버리다. ④ 둘러 보다. ⑤ …을 스칠 듯 지나가다. ⑥ 살짝 어루만지다. ⑦ (악기를) 타다. ── *vi.* ① 청소하다. ② 홱 지나가다. ③ 엄습하다; 휘몰아치다. ④ 옷자락을 끌며 〔사쁜사쁜, 당당히〕 걷다. ⑤ 멀리 바라다보다. ⑥ 멀리 뻐치다. ***be swept off one's feet*** (파도에) 발이 휩쓸리다; 열중하다. ~ ***the board*** (내기에 이겨) 탁상의 돈을 몽땅 쓸어가다, 전승하다. ~ ***the seas*** 소해(掃海)하다; 해상의 적을 일소하다. ── *n.* ① 청소, 일소. ② 불어제침, 한 번 휘두르기. ③ 밀어 닥침. ④ (물·바람 따위의) 맹렬한 흐름. ⑤ 만곡(彎曲). ⑥ 뻐침; 범위, 시계(視界). ⑦ (*pl.*) 먼지, 쓰레기. ⑧ 《주로 英》 굴뚝〔도로〕 청소부. ⑨ 〖海〗 길고 큰 노. ⑩ (두레박틀의) 장대. ⑪ =SWEEPSTAKE(S). ***make a clean*** ~ ***of*** …을 전폐하다. *ˊ**er** *n.* 〔청소부〔기〕.

***sweep·ing** [swí:piŋ] *a.* ① **일소하는;** 불어제치는. ② 파죽지세(破竹之勢)의. ③ 전반에 걸친, 대충의. ④ 대대적인, 철저한. ── *n.* ⓊⒸ 청소, 일소; 불어제침, 밀어내림; (*pl.*) 쓸어모은 것, 먼지, 쓰레기. ~**·ly** *ad.*

sweep·stake(s) [ˊstèik(s)] *n.* 건 돈을 독점하는 경마, 또 그 상금; 건 돈을 독점〔분배〕하는 내기.

†sweet [swi:t] *a.* ① **달콤한,** 맛있는, 향기로운. ② 맛이〔냄새가〕 좋은. ③

신선한, 기분 좋은, 유쾌한. ④ 목소리가〔가락이〕 감미로운. ⑤《美口》 용이하게 할 수 있는. ⑥ 친절한, 상냥한. ⑦ (땅이) 경작에 알맞은. ⑧《口》 예쁜, 귀여운. ***be ~ on*** 〔***upon***〕《口》 …을 그리워하다. ***have a ~ tooth*** 단 것을 좋아하다. ―*n.* 단 것; 《英》 식후에 먹는 단 것; (*pl.*) 사탕, 캔디; (*pl.*) 즐거움, 쾌락; 연인, 애인. ―*ad.* 달게; 즐겁게; 상냥하게; 순조롭게. ‡**∠·ly** *ad.* ‡**∠·ness** *n.* Ⓤ

swéet a·lýs·sum [əlísəm/ǽlisəm] 〖植〗 향기얼리섬《원예 식물》.

sweet·bread [∠brèd] *n.* (송아지·새끼양의) 지라, 흉선(胸腺)《식용》.

sweet·bri·er, -bri·ar [∠bràiər] *n.* 들장미의 일종.

swéet córn《美》 사탕옥수수.

***sweet·en** [∠n] *vt., vi.* **달게 하다**〔되다〕; (향기 따위) 좋게 하다, 좋아지다; 유쾌하게 하다, 유쾌해지다; 누그러지(게 하)다. **~·ing** *n.* Ⓤ 달게 하는 것; 감미료.

swéet flág 〖植〗 창포의 일종.

swéet gúm 〖植〗 풍향수(楓香樹); 그 나무에서 채취한 향유(香油).

‡**sweet·heart** [∠hὰ:rt] *n., vi.* **애인,** 연인; 연애하다. ~ ***contract*** 〔***agreement***〕 직공에게 낮은 임금을 주도록 회사와 노조가 공모하는 일.

sweet·ie [swí:ti] *n.*《口》 ① 애인. ② (흔히 *pl.*)《英》 단 과자.

swéet·meats [∠mì:ts] *n. pl.* 사탕, 캔디, 봉봉, 설탕절임한 과일.

swéet òil 올리브유(油).

swéet pèa 스위트피. 「열매.

swéet pépper 후추나무의 일종; 그

swéet potàto 고구마.

sweet-scent·ed [∠sèntid] *a.* 향기가 좋은.

swéet shòp《英》 과자점.

sweet-talk [∠tɔ̀:k] *vt., vi., n.* Ⓤ《美口》 감언(으로 꾀다); 아첨하다.

sweet-tem·pered [∠témpərd] *a.* 성품이 상냥한. 「카패랭이꽃.

swéet wílliam 〔W-〕 〖植〗 아메리

‡**swell** [swel] *vi., vt.* (*~ed; ~ed, swollen*). ① **부풀(리)다.** ② 부어오르(게 하)다(*out, up*). ③ (수량이) 붇다, 늘다; (수량을) 불리다. ④ 융기하다〔시키다〕. ⑤ (소리 따위) 높아지다, 높이다. ⑥ 우쭐해지다, 우쭐대게 하다. ⑦ (가슴이) 뿌듯해지다, (가슴을) 뿌듯하게 하다(*with*). ⑧ (*vi.*) 물결이 일다. ―*n.* ① CU 커짐; 증대; Ⓒ 부풂; (땅의) 융기, 구릉(丘陵); 큰 파도, 놀. ② 높은 소리; 〖樂〗 (음량의) 증감 (장치); 그 기호 (<, >). ③《口》 명사; 달인(達人)(*in, at*); (상류의) 멋쟁이. ―*a.* ①《口》 맵시 있는, 멋진. ② 훌륭한, 일류의. ***∠·ing** *n., a.* UC 증대; **팽창;** Ⓒ 종기; 융기; 돌출부; UC 놀; 부푼; (말이) 과장된.

swéll(ed) héad 잘난 체하는 〔뽐내는〕 사람.

swell·fish [swélfiʃ] *n.* (*pl.* ~, ~*es*) 〖魚〗 복어.

swel·ter [swéltər] *vi.* 더위로 몸이 나른해지다, 더위 먹다; 땀투성이가 되다. ―*n.* 무더움; 땀투성이.

‡**swept** [swept] *v.* sweep의 과거(분사).

***swerve** [swə:rv] *vi., vt.* ① **빗나가**(게 하)**다,** 벗어나(게 하)다(*from*), (공을) 커브시키다. ② 바른 길에서 벗어나(게 하)다(*from*). ―*n.* 벗어남, 빗나감; 〖크리켓〗 곡구(曲球).

‡**swift** [swift] *a., ad.* **빠른; 빨리;** 즉석의; …하기 쉬운(*to* do). ―*n.* 〖鳥〗 칼새. ‡**∠·ly** *ad.* ***∠·ness** *n.* Ⓤ

Swift [swift], **Jonathan** (1667–1745) 영국의 풍자 소설가《*Gulliver's Travels*》. 「른.

swift-foot·ed [∠fútid] *a.* 발이 빠

swig [swig] *n., vi., vt.* (*-gg-*)《口》 꿀꺽꿀꺽 들이켬〔들이켜다〕.

swill [swil] *n., vt.* 꿀꺽꿀꺽 들이켬〔들이켜다〕; 씻가시기; 씻가시다(*out*); Ⓤ 부엌찌끼《돼지먹이》.

†**swim** [swim] *vi.* (***swam,*** 《古》 ***swum; swum; -mm-***) **헤엄치다;** 뜨다; 넘치다(*with*); 미끄러지다. ~ ***with*** 눈이 돌다, 어지럽다. ―*vt.* 헤엄치(게 하)다; 띄우다. ~ ***the tide*** 〔***stream***〕 시대 조류에 따르다. ―*n.* 수영, 헤엄치는 시간〔거리〕; 물고기의 부레; (the ~)《口》 시류(時流), 정세. ***be in*** 〔***out of***〕 ***the ~*** 실정에 밝다〔어둡다〕. ‡**∠·mer** *n.*

swím fìn (잠수용) 발갈퀴(flipper).

‡**swim·ming** [∠iŋ] *n.* Ⓤ **수영.** **~·ly** *ad.* 거침 없이, 쉽게; 일사 천리로.

swímming bàth《英》 (보통 실내의) 수영장. 「(浮囊).

swímming bèlt (띠 모양의) 부낭

swímming blàdder (물고기의) 부레.

swímming gàla 수영 경기회.

swímming pòol《美》 수영 풀.

swímming sùit 수영복.

Swin·burne [swínbə:rn], **Algernon** [-dʒər-] **Charles** (1837–1909) 영국의 시인·수필가·평론가.

***swin·dle** [swíndl] *vt., vi.* **속이다;** 사취(詐取)하다(*out of*). ―*n.* 사취, 사기. **swín·dler** *n.* 사기꾼.

swíndle shèet《美俗》 교제비; 접대비; 필요 경비.

***swine** [swain] *n.* (*pl.* ~) (가축으로서의) **돼지;** 야비한 사람. 「사람.

swine·herd [∠hə̀:rd] *n.* 돼지 치는

†**swing** [swiŋ] *vi.* (***swung,*** 《古·方》 ***swang; swung***) ① **흔들거리다,** 흔들리다. ② 회전하다. ③ 몸을 좌우로 흔들며 걷다. ④ 매달려 늘어지다. 그네 뛰다. ⑤《口》 교수형을 받다. ⑥《美俗》 성의 모험을 하다, 부부 교환을 하다; 실컷 즐기다. ―*vt.* ① 흔들(거리게 하)다. ② 매달다. ③ 방향을 바꾸다. ④《美口》 교묘히 처리하다; 좌우하다. ⑤ 스윙식으로 연주하다. ~ ***the lead*** [led]《英軍俗》 꾀병부리다; 게으름 피우다. ~ ***to*** (문이) 삐걱 소리내며 닫히다. ―*n.* ① CU 동요, 진동(량), 진폭. ② CU 율동, 가락. ③ 그네(뛰기). ④ CU (골프·야구·정구의) 휘

두르기. ⑤ 활보. ⑥ 한 바탕의 일. ⑦ Ⓤ 활동(의 자유·범위). ⑧ Ⓤ 스윙 음악. ***in full*** ~ 한창 진행중인, 한창인. ***give full*** ~ ***to*** …을 충분히 활동시키다. ***go with a*** ~ 순조롭게〔척척〕 진행되다. ***the*** ~ ***of the pendulum*** 진자(振子)의 진폭; 영고 성쇠(榮枯盛衰). —*a.* 스윙 음악(식)의. ***swing·ing** *a.* **흔들거리는**; 경쾌한; 《美俗》 활발한.

swíng bòat 《英》 보트 모양의 그네.

swíng brìdge 선개교(旋開橋).

swing-by [swíŋbài] *n.* (우주선의) 혹성 궤도 근접 통과.

swinge [swindʒ] *vt.* 《古》 매질하다, 벌하다. **⊿·ing** *a.* 《英口》 최고의; 핑장한; 거대한.

swing·er [swíŋər] *n.* 《俗》 유행의 첨단을 걷는 사람; 스와핑(swapping)을〔프리섹스를〕 하는 사람.

swin·gle [swíŋgəl] *n., vt.* 타마기(打麻器)(로 두드리다).

swin·gle·tree [-trì:] *n.* ＝WHIFFLETREE.

swíng mùsic 스윙 음악.

swíng shìft 《美口》 (공장의) 반(半)야근 《보통 오후 4 - 밤 12시》.

swíng wìng 〖空〗 가변익(可變翼).

swin·ish [swáiniʃ] *a.* 돼지 같은; 더러운; 욕심 많은.

swipe [swaip] *n.* 《口》 〖크리켓〗 강타; (두레박틀의) 장대(well sweep); 들이켜기; (*pl.*) 《英口》 싼 맥주; 《美口》 말 사육자. —*vt., vi* 《口》 강타하다; 《俗》 훔치다.

***swirl** [swə:rl] *vi.* (물·바람 따위가) **소용돌이치다**; 소용돌이꼴로 되다, 휘감기다. —*vt.* 소용돌이치게 하다. —*n.* 소용돌이(꼴).

swish [swiʃ] *vt.* (지팡이를) 휘두르다; 휙휙 소리나게 하다; 싹 베어버리다(*off*). —*vi.* (비단옷 스치는 소리·풀베는 소리가) 삭삭거리다; (채찍질하는 소리가) 휙하고 나다. —*n.* 삭삭〔휙, 싹〕 소리; (지팡이·채찍의) 한 번 휘두르기.

‡Swiss [swis] *a.* **스위스(사람·식)의**. —*n.* **스위스 사람**.

Swíss chárd [tʃá:rd] 〖植〗 근대《식용》.

Swit. Switzerland.

‡switch [switʃ] *n.* ① **휘청휘청한 나뭇가지**〔회초리〕; (회초리의) 한번 치기. ② (여자의) 다리꼭지. ③ 〖鐵〗 전철기; 〖電〗 **스위치**. ④ 전환. —*vt.* 《美》 회초리로 치다; 휘두르다; 전철하다; 스위치를 끄다〔켜다〕 (*off, on*); 《口》 바꾸다. —*vi.* 회초리로 때리다; 전철〔전환〕하다. ~ ***on to*** (*a person*) (아무의) 방송을 듣기 위해 스위치를 켜다. ~ ***off*** (*a person*) (아무의) 방송 도중에 스위치를 끄다; 《美俗》 환각 체험을 하다〔에서 깨다〕.

switch·back [⊿bæ̀k] *n.* (등산(登山)전차의) 갈짓자 모양의 선로, 스위치백; 《英》 (오락용의) 롤러 코스터.

switch·blade (knífe) [⊿blèid] *n.* 날이 튀어나오게 된 나이프.

***switch·board** [⊿bɔ̀:rd] *n.* 〖電〗 **배전반(配電盤)**; (전화의) 교환대.

switch·er·oo [swítʃəru:] *n.* 《美俗》 (태도·지위 따위의) 갑작스러운〔예상도 못한〕 변화.

switch-hit·ter [swítʃhìtər] *n.* 〖野〗 좌우 어느 쪽에서나 칠 수 있는 타자.

switch·man [⊿mən] *n.* 《美》 전철수.

switch·o·ver [⊿òuvər] *n.* 전환.

switch·yard [⊿jɑ̀:rd] *n.* 《美》 (철도의) 조차장(操車場).

Switz. Switzerland.

Switz·er [swítsər] *n.* 스위스 사람; 스위스인 용병.

‡Switz·er·land [swítsərlənd] *n.* 스위스.

swiv·el [swívəl] *n.* 전환(轉鐶); 회전고리; 회전대(臺); (회전 의자의) 대(臺); 회전 포가(砲架), 선회포(砲).

swível chàir 회전 의자.

swiz(z) [swiz] *n.* (*pl.* ***-zzes*** [⊿iz]) 《英俗》 사기, 속임.

swiz·zle [swízəl] *n.* Ⓤ,Ⓒ 혼합주, 스위즐《칵테일의 일종》.

swízzle stìck 교반봉《칵테일용의》.

swob [swɑb/-ɔ-] *n., vt.* (***-bb-***) ＝SWAB.

‡swol·len [swóulən] *v.* swell의 과거분사. —*a.* 부푼; 물이 불은; 과장된.

***swoon** [swu:n] *n., vi.* **기절〔졸도〕(하다)**; 차츰 사라져가다〔쇠약해지다〕.

swoop [swu:p] *vi.* (맹조(猛鳥) 따위가) 위에서 와락 덮치다, **급습하다**. —*vt.* 움켜잡다, 잡아채다(*up*). —*n.* 위로부터의 습격〔급습〕. ***at one fell*** ~ 일거에.

swop [swɑp/-ɔ-] *n., v.* (***-pp-***) ＝SWAP.

‡sword [sɔ:rd] *n.* **검(劍)**, 칼; (the ~) 무력; 전쟁. ***at the point of the*** ~ 무력으로. ***be at*** ~***'s points*** 매우 사이가 나쁘다. ***cross*** ~***s with*** …와 싸우다. ***measure*** ~***s with*** (결투 전에) …와 칼의 길이를 대보다; …와 싸우다. ***put to the*** ~ 베어 죽이다.

swórd àrm 오른팔.

swórd bèlt 검대(劍帶).

swórd càne 속에 칼이 든 지팡이.

swórd cùt 칼 상처.

swórd dànce 칼춤, 검무.

sword·fish [⊿fiʃ] *n.* 〖魚〗 황새치.

swórd gràss 칼 모양의 잎을 가진 풀《글라디올러스 따위》.

swórd guàrd (칼의) 날밑.

swórd knòt 칼자루에 늘어뜨린 술〔끈〕.

swórd làw 계엄령; 무력 정치.

swórd lìly ＝GLADIOLUS.

sword·man [⊿mən] *n.* 《古》 ＝SWORDSMAN.

sword·play [⊿plèi] *n.* Ⓤ 검술.

swords·man [sɔ́:rdzmən] *n.* (명)검객; 《古》 군인. **~·ship** [-ʃip] *n.* Ⓤ 검술 (솜씨).

***swore** [swɔ:r] *v.* swear의 과거.

sworn** [swɔ:rn] *a.* swear의 과거분사. —*a.* 맹세한; 선서〔서약〕한. ~ ***enemy 불구대천의 원수.

'swounds [zwaundz] (<God's *wounds*) *int.* 《古》 빌어먹을! (zounds).

Swtz. Switzerland.

‡swum [swʌm] *v.* swim의 과거분사 〔《古·方》 과거〕.

‡swung [swʌŋ] *v.* swing의 과거(분사).

—— *a.* 흔들거리는; 물결 모양의.
swúng dàsh 물결 대시 《~》.
syb·a·rite [síbəràit] *n.* 사치·쾌락을 추구하는 이. **syb·a·rit·ic** [sìbərítik], **-i·cal** [-əl] *a.*
***syc·a·more** [síkəmɔ̀ːr] *n.* 《美》 플라타너스; 《英》 단풍나무의 일종; (이집트 등의) 무화과나무.
syc·o·phant [síkəfənt] *n.* 아첨쟁이. **-phan·cy** *n.* Ⓤ 추종, 아첨.
***Syd·ney** [sídni] *n.* 오스트레일리아 동남부의 항구 도시. 「수.
syl·la·bi [síləbài] *n.* syllabus의 복
syl·lab·ic [silǽbik] *a.* 〖音聲〗 음절의, 음절로 된; 음절을 나타내는, 음절적인; 음절마다 발음하는. —— *n.* 음절 문자〔주음(主音)〕 《예컨대 little [lítl]의 둘째번의 [l]이 실라빅이기 때문에 [lítl]은 두 음절이 됨》.
syl·lab·i·cate [silǽbəkèit] *vt.* 음절로 나누다, 분철하다. ***syl·lab·i·ca·tion** [-ˊ-kéiʃən] *n.* Ⓤ 분철(법).
syl·lab·i·fy [silǽbəfài] *vt.* =SYLLABICATE. **syl·lab·i·fi·ca·tion** [-ˊ-fikéiʃən] *n.*
‡**syl·la·ble** [síləbəl] *n.* 음절; (음절을 나타내는) 철자; 한마디, 일언. —— *vt.* 음절로 나누(어 발음하)다.
syl·la·bus [síləbəs] *n.* (*pl.* ~*es*, *-bi*) (강의·교수 과정의) 대요, 요목.
syl·lo·gism [sílədʒìzəm] *n.* 〖論〗 삼단 논법; Ⓤ 연역(법). **syl·lo·gis·tic** [ˋ-dʒístik] *a.* **-ti·cal·ly** *ad.*
syl·lo·gize [sílədʒàiz] *vi., vt.* 삼단 논법으로 논하다.
sylph [silf] *n.* 공기의 요정(妖精); 아름다운 여자, 미소녀.
syl·van [sílvən] *a.* 삼림의; 나무가 무성한; 숲이 있는. —— *n.* 삼림에 사는〔출입하는〕 사람〔짐승〕. 「의 뜻.
sym-, syn- *pref.* 「공(共)」,「동(同)」
sym. symbol; symmetrical; symphony.
sym·bi·o·sis [sìmbaióusis] *n.* (*pl.* *-ses* [-siːz]) ⓊⒸ 〖生〗 공생(共生), 공동 생활.
‡**sym·bol** [símbəl] *n., vt.* 상징〔표상〕(하다); 기호(로 나타내다). **~·ism** [-izəm] *n.* Ⓤ 기호의 사용, 기호로 나타냄; 상징적 의미; 상징주의. **~·ist** *n.* 기호 사용자; 상징주의자. ***~·ize** [-àiz] *vt.* 상징하다; …의 상징이다; 기호로 나타내다〔를 사용하다〕; 상징화하다. **sym·bol·is·tic** [ˋ-ístik] *a.* 상징주의(자)의.
***sym·bol·ic** [simbálik / -ɔ́-], **-i·cal** [-əl] *a.* 상징의; 상징적인; …을 상징하는(*of*); 기호를 사용하는. **-i·cal·ly** *ad.*
sýmbolic addréss 〖컴퓨터〗 기호 번지.
symbólic lógic 기호 논리학.
symbólic wórds 〖言〗 음표상어(音表象語)《발음이 뜻을 시사하고 있는 어군(語群): *gl*are, *gl*ance, *gl*impse, *gl*immer, &c.》.
sym·met·al·lism [simmétəlizəm] *n.* Ⓤ 〖經〗 (화폐의) 복본위제(複本位制).
***sym·met·ric** [simétrik], **-ri·cal** [-əl] *a.* (좌우) 대칭(對稱)적인, 균형잡힌. **-ri·cal·ly** *ad.*
sym·me·try [símətri, -mi-] *n.* Ⓤ 좌우 대칭; 균형; (부분과 전체와의) 조화. **-trize** [-tràiz] *vt.* 대칭적으로 하다, 균형을 이루게 하다; 조화시키다.
‡**sym·pa·thet·ic** [sìmpəθétik] *a.* ① 동정적인(*to*). ② 마음이 맞는. ③ 《口》 호의적인, 찬성하는. ④ 〖生〗 교감(交感)의 (*the ~ nerve* 교감 신경). ⑤ 〖理〗 공명하는. ~ *ink* 은현 잉크. **-i·cal·ly** *ad.* 「진, 공명.
sỳmpathetic vibrátion 〖理〗 공
‡**sym·pa·thize** [símpəθàiz] *vi.* ① 동정〔공명〕하다, 동의하다(*with*). ② 조화〔일치〕하다(*with*). **-thiz·er** *n.* 동정〔동조·공명〕자.
‡**sym·pa·thy** [símpəθi] *n.* Ⓤ ① ⓊⒸ 동정, 연민(*for*). ② 동의, 동조, 찬성, 공명(*with*). ③ 조화, 일치(*with*). ④ 〖生〗 교감 (작용).
sýmpathy strìke 동정 스트라이크 (sympathetic strike). 「적인.
sym·phon·ic [simfánik/-ɔ́-] *a.* 교향
symphónic póem 교향시.
‡**sym·pho·ny** [símfəni] *n.* 심포니, 교향곡; Ⓤ 음〔색채〕의 조화.
sýmphony órchestra 교향악단.
sym·po·si·um [simpóuziəm, -zjəm] *n.* (*pl.* ~*s*, *-sia* [ziə]) 토론〔좌담〕회; (고대 그리스의) 향연 《음악을 듣고 담론함》; (같은 테마에 관한 여러 사람의) 논(문)집.
‡**symp·tom** [símptəm] *n.* 징후, 조짐; 〖醫〗 증후(症候). **symp·to·mat·ic** [ˋ-mǽtik], **-i·cal** [-əl] *a.* 징후〔증후〕가 되는〔를 나타내는〕(*of*); 징후
syn. synonym. 「의, 증후에 의한.
***syn·a·gogue** [sínəgàg, -ɔ̀ː- / -ɔ̀-] *n.* (예배를 위한) 유대인 집회; 유대교 회당.
Syn·a·non [sínənən, -àn] *n.* 《美》 마약 상습자에 대한 갱생 지도를 하는 사설 단체.
syn·apse [sinǽps, sáinæps] *n.* 〖生〗 시냅스, 신경 세포 연접(부).
sync, synch [siŋk] *n.* =SYNCRONIZATION. —— *vi., vt.* =SYNCRONIZE.
syn·chro [síŋkrou] *n.* (*pl.* ~*s*) 싱크로 《회전 또는 병진(併進)의 변위(變位)를 멀리 전달하는 장치》. —— *a.* 동시 작동의.
syn·chro·cy·clo·tron [sìŋkrou*sái*klətrɑ̀n/-trɔ̀n] *n.* 〖理〗 싱크로사이클로트론《입자 가속 장치의 일종》.
syn·chro·flash [síŋkəflæ̀ʃ] *n., a.* 싱크로플래시 《섬광구 동조(閃光球同調) 장치》(의).
syn·chro·mesh [síŋkrəmèʃ] *n., a.* (자동차의) 톱니바퀴를 동시에 맞물게 하는 장치(의).
syn·chro·nism [síŋkrənìzəm] *n.* Ⓤ 동시 발생; 동시성; Ⓒ 대조 역사 연표(年表); Ⓤ 〖美術〗 동시주의 《시간의 차이를 동일 화면에 표현하는》.
***syn·chro·nize** [síŋkrənàiz] *vi.* ① 동시에 일어나다(*with*); 시간이 일치하

다. ② (둘 이상의 시계가) 같은 시간을 가리키다. ③ 〖映〗 화면과 음향이 일치하다; 〖寫〗 (셔터와 플래시가) 동조(同調)하다. —— *vt.* 동시에 하게 하다; …에 시간을 일치시키다. **~d** [-d] *a.* **syn·chro·ni·za·tion** [ˌ–nizéiʃən/-naiz-] *n.* Ⓤ 시간을 일치시킴; 동시에 함; 동시성; (영화의) 화면과 음향과의 일치; 동시 녹음.

sýnchronized swímming (음악에 맞추어 하는) 수중 발레.

syn·chro·nous [síŋkrənəs] *a.* 동시에 일어나는〔움직이는〕; 〖理·電〗 동일 주파수의, 동기(同期)의; (위성이) 정지(靜止)의. **~·ly** *ad.*

sýnchronous sátellite 동위〔정지〕위성.

syn·chro·scope [síŋkrəskòup] *n.* 〖電〗 동기 검정기.

syn·chro·tron [síŋkrətrὰn / -ɔ̀n] *n.* 〖理〗 싱크로트론 《cyclotron의 일종》 (cf. bevatron).

sýnchro ùnit 〖電〗 동기(同期) 전동기의 일종.

syn·cline [síŋklain] *n.* 〖地〗 향사(向斜).

Syn·com [síŋkὰm/-kɔ̀m] *n.* 미국의 정지형(靜止型) 통신 위성.

syn·co·pate [síŋkəpèit] *vt.* 〖文〗 (말의) 중간의 음을〔문자를〕 생략하다; 〖樂〗 절분(切分)하다, (악구에) 절분음을 쓰다. **syn·co·pa·tion** [ˌ–péiʃən] *n.* ⓊⒸ 〖樂〗 절분(법); Ⓤ 〖文〗 =SYNCOPE.

syn·co·pe [síŋkəpi] *n.* Ⓤ 〖文〗 어중음(語中音) 생략 《ever를 *e'er*로 하는 따위》; 〖樂〗 절분; 〖醫〗 기절.

syn·cre·tism [síŋkrətìzəm] *n.* Ⓤ ① (다른 사상, 신앙 등의) 합일, 합동, 융합. ② 〖言〗 융합《문법상 다른 기능을 갖는 둘(이상)의 형식이 동일 형식이 되는 것》.

syn·cre·tize [síŋkrətàiz] *vt., vi.* 합동〔결합, 융합〕하다〔시키다〕.

syn·det [síndet] *n.* 합성 세제.

syn·dic [síndik] *n.* (대학 등의) 평의원; 지방 행정 장관.

syn·di·cal·ism [síndikəlizəm] *n.* Ⓤ 신디칼리즘 《산업·정치를 노동 조합의 지배하에 두려는》. **~·ist** *n.*

***syn·di·cate** [síndikit] *n.* ① **신디케이트,** 기업 연합(cf. trust, cartel). ② 신문 잡지 연맹 《뉴스나 기사를 사서, 많은 신문·잡지로 동시에 발표함》. ③ 평의원단. —— [-dəkèit] *vt., vi.* 신디케이트를 만들다〔에 의하여 관리하다〕; 신문잡지 연맹을 통하여 발표하다〔을 조직하다〕.

syn·drome [síndroum] *n.* 〖醫〗 증후군(症候群); 행동형.

syne [sain] *ad.* 《Sc.》 =SINCE; =AGO.

syn·ec·do·che [sinékdəki] *n.* Ⓤ 〖修〗 제유법(提喩法) 《일부로써 전체를, 또는 그 반대를 나타내는 것, 예컨대 *sail*로 ship을 나타내는 따위》.

Synge [siŋ], **John Millington** (1871–1909) 아일랜드의 시인·극작가.

syn·od [sínəd] *n.* 종교 회의; (장로교회의) 대회; 회의. **syn·od·ic** [sinάdik/-ɔ́-], **-i·cal** [-əl] *a.* 종교 회의의; 〖天〗 합(合)의.

‡syn·o·nym [sínənim] *n.* **동의어;** 표시어 《'letter'가 'literature'를 나타내는 따위》.

syn·o·nym·i·ty [sìnənímǝti] *n.* Ⓤ 동의, 유의(성).

syn·on·y·mous [sinάnəməs/-nɔ́n-] *a.* 동의(어)의(*with*). **~·ly** *ad.*

syn·on·y·my [sinάnəmi/-nɔ́n-] *n.* Ⓤ 동의; Ⓒ 동의어집; Ⓤ 동의어 연구; 동의어 중복 사용.

syn·op·sis [sinάpsis/-ɔ́-] *n.* (*pl.* **-ses** [-si:z]) 적요, 대의.

syn·op·tic [sinάptik/-ɔ́-], **-ti·cal** [-əl] *a.* 개관〔대의〕의; (종종 S-) 공관적(共觀的), 공관 복음서의. **-ti·cal·ly** *ad.*

syn·o·vi·tis [sìnəváitis] *n.* Ⓤ 〖醫〗 활막염(滑膜炎).

‡syn·tax [síntæks] *n.* Ⓤ 〖文〗 **구문론,** 문장론, 통어법(統語法). **syn·tac·tic** [sintǽktik], **-ti·cal** [-əl] *a.*

***syn·the·sis** [sínθəsis] *n.* (*pl.* **-ses** [-sì:z]) Ⓤ ① **종합;** 통합; Ⓒ 합성물. ② Ⓤ 〖化〗 합성. ③ 〖哲〗 (변증법에서, 정·반에 대하여) 합(合), 진테제(cf. thesis, antithesis). ④ 접골.

syn·the·size [sínθəsàiz] *vt.* 종합하다; 종합적으로 취급하다; 합성하다. **-siz·er** *n.* 종합하는 사람〔것〕; 신시사이저《음의 합성 장치》.

syn·thet·ic** [sinθétik], **-i·cal** [-əl] *a.* ① **종합의,** 종합적인. ② 〖化〗 합성의; 인조의. ③ 진짜가 아닌, 대용의. ④ 〖言〗 (「분석적」에 대하여) 종합적인. ***synthetic fiber 합성 섬유. **-i·cal·ly** *ad.* 종합〔합성〕적으로.

synthétic detérgent 합성 세제.

synthétic equípment 〖空〗 synthetic training에 필요한 설비.

synthétic résin 합성 수지(樹脂).

synthétic rúbber 합성〔인조〕고무.

syn·thet·ics [-s] *n. pl.* 합성 물질《약 따위》.

synthétic tráining 〖空〗 (비행사의) 종합적 지상 훈련.

syn·to·ny [síntəni] *n.* Ⓤ 〖電〗 동조(同調). **sýn·to·nous** *a.*

syph·i·lis [sífəlis] *n.* Ⓤ 〖病〗 매독. **syph·i·lit·ic** [ˌ–lítik] *a.*

sy·phon [sáifən] *n., v.* =SIPHON.

Syr. Syria(n); Syriac.

Syr·a·cuse [sírəkjù:s, -z] *n.* 시라큐스《Sicily섬 남동부의 고대 카르타고의 도시》; [sírəkjù:s] 미국 N. Y. 주의 도시.

***Syr·i·a** [síriə] *n.* (지금의) **시리아;** (지중해 동안의) 고대 시리아. **Syr·i·ac** [síriæ̀k] *n., a.* Ⓤ 고대 시리아 말(의); (고대) 시리아의.

sy·rin·ga [səríŋgə] *n.* 〖植〗 고광나무; =LILAC.

sy·ringe [sərínd͡ʒ, ˊ–] *n.* 주사기; 세척기(洗滌器), 주수기(注水器), 관장기. —— *vt.* 주사〔주입·세척〕하다.

syr·inx [síriŋks] *n.* (***syringes*** [sirínd͡ʒi:z], **~*es***) (새의) 울대; 〖解〗 구씨관(歐氏管) (Eustachian tube); =PANPIPE.

‡syr·up [sírəp, sə́:r-] *n.* Ⓤ **시럽;** 《美》 당밀. **~·y** *a.*

syst. system.

sys·tal·tic [sistɔ́:ltik, -tǽl-] *a.* 〖醫〗 번갈아 수축과 팽창을 반복하는; 심장 수축 (기능)의.

†**sys·tem** [sístəm] *n.* ① **조직; 체계,** 계통; 학설; 제도. ② 방식, 방법. ③ Ⓤ 순서. ④ 〖天〗 계(系); 우주; 〖地〗 계(系); (the ~) 신체.

‡**sys·tem·at·ic** [sìstəmǽtik], **-i·cal** [-əl] *a.* **조직〔계통〕적인;** 정연한; 규칙바른; 〖生〗 분류상의. **-i·cal·ly** *ad.*

sys·tem·a·tize [sístəmətàiz] *vt.* 조직을 세우다; 조직〔체계〕화하다; 분류하다. **sys·tem·a·ti·za·tion** [ˌ---ti-zéiʃən/-taiz-] *n.* Ⓤ

sys·tem·a·tol·o·gy [sìstəmətɑ́lədʒi/-tɔ́l-] *n.* Ⓤ 체계학, 계통학.

sys·tem·ic [sistémik] *a.* 조직〔계통〕의; 〖生〗 전신의. 「TEMATIZE.

sys·tem·ize [sístəmàiz] *vt.* ＝SYS-

sýstems anàlysis (능률·정밀도를 높이기 위한) 시스템 분석. 「학.

sýstems enginèering 시스템 공

sys·to·le [sístəli] *n.* ⓊⒸ 〖生〗 심장 수축.

sys·tol·ic [sistɑ́lik/-tɔ́l-] *a.* 심장 수축의.

T

T, t [ti:] *n.* (*pl.* ***T's, t's*** [-z]) T 자 모양의 것. ***cross one's* 〔*the*〕 *t's,*** t 자의 횡선(橫線)을 긋다; 사소한 점도 소홀히 하지 않다. ***to a T*** 정확히, 꼭 들어맞게(to a nicety).

T temperature; tension. **T.** Territory; Testament; Trinity; Tuesday; Turkish (pounds). **t.** teaspoon(s); temperature; 〖文〗 tense; time; ton(s); town; 〖文〗 transitive; troy.

ta [tɑ:] *int.* 《英俗·兒》 thank you 의 단축·전화(轉化).

Ta 〖化〗 tantalum. **T. A.** Territorial Army. **TAA** Technical Assistance Administration (유엔) 기술 원조국.

tab [tæb] *n., vt.* (**-bb-**) 드림〔끈·고리·휘장·찌지 (tag)〕(을 달다); 《美口》 계산(서). ***keep* ~*(s)* *on*** 《口》 …의 셈을 하다; …을 지켜보다.

T. A. B. Typhoid-paratyphoid A and B vaccine.

tab·ard [tǽbərd] *n.* 〖史〗 전령사(傳令使)의 옷; 〖史〗 (기사가 갑옷 위에 입던) 문장(紋章) 박인 겉옷.

Ta·bas·co [təbǽskou] *n.* 〖商標〗 고추(capsicum)로 만든 매운 소스.

tab·by [tǽbi] *n.* (갈〔회〕색 바탕에 검은 줄무늬의) 얼룩 고양이; 암코양이; 《주로 英》 심술궂고 수다스러운 여자; Ⓤ ＝TAFFETA. **—** *a.* 얼룩진 (*a* ~ *cat* 얼룩고양이).

***tab·er·nac·le** [tǽbərnæ̀kəl] *n.* ① **가옥**(假屋), 천막집. ② (이스라엘 사람이 방랑 중 성전으로 사용한) 장막(tent), 유대 성소(聖所). ③ 《英》 (비국교파의) 예배소. ④ (영혼의 임시 거처로서의) 육체. ⑤ 닫집 달린 감실〔제단〕. ⑥ 성궤(聖櫃), 성기(聖器) 상자. **tab·er·nac·u·lar** [tæ̀bərnǽkjələr] *a.* tabernacle 의; 비속한.

†**ta·ble** [téibəl] *n.* ① **테이블,** 탁자, 식탁. ② 음식; 《集合的》 식탁을 둘러싼 사람들. ③ 〖地〗 고원(高原), 대지. ④ 서판(書板)(에 새긴 글자)(cf. tablet). ⑤ (수상(手相)이 나타나 있는) 손바닥. ⑥ 표(*the* ~ *of contents* 목차), 리스트. ***at* ~** 식사 중. ***keep a good* ~** (언제나) 잘 먹다. ***lay on the* ~** (심의를) 일시 중지하다, 무기 연기하다. ***lay* 〔*set, spread*〕 *the* ~** 식탁을 차리다. ***learn one's* ~*s*** 구구를 외다. ***the Twelve Tables*** 12 동판법(銅板法)《로마법 원전 (451 B. C.)》. ***turn the* ~*s*** 형세를 역전시키다, 역습하다(*on, upon*). ***wait at* 〔《美》 *on*〕 ~** 시중을 들다. **—** *vt.* 탁상에 놓다; 표로 만들다; 《美》 (의안 등을) 묵살하다.

tab·leau [tǽblou] *n.* (*pl.* **~*s,* ~*x*** [-z]) 극적 장면; 그림; 활인화.

tábleau cùrtains 〖劇〗 한가운데서 양쪽으로 여는 막. 「화(活人畫).

tableau vi·vant [vivɑ́:ŋ] (F.) 활인

***ta·ble·cloth** [téibəlklɔ̀(:)θ, -klɑ̀θ] *n.* **테이블보.** 「정식(定食).

ta·ble d'hôte [tɑ́:bəl dóut, tǽ-] (F.)

ta·ble·flap [téibəlflæ̀p] *n.* (경첩을 달아서 접었다 폈다 할 수 있게 만든) 탁자의 판(板).

táble knìfe 식탁용 나이프.

ta·ble·land [-læ̀nd] *n.* 대지, 고원.

táble lìnen 식탁용 흰 천《테이블클로스, 냅킨 따위》.

ta·ble-man·ners [-mæ̀nərz] *n.* 식사 때의 예법. 「제비.

táble mòney 《英》 (고급 장교의) 교

‡**ta·ble·spoon** [-spù:n] *n.* **식탁용 큰 스푼.** ***~·ful** [fùl] *n.* **식탁용 큰 스푼 하나 가득**(한 분량).

‡**tab·let** [tǽblit] *n.* ① (나무·상아·점토·돌 등의) **평판,** 서판. ② (*pl.*) 메모장(帳), 편지지 첩. ③ 〖鐵〗 타블렛《안전 통과표》. ④ 정제(錠劑).

táble tàlk 식탁 좌담, 다화(茶話).

táble tènnis 탁구.

ta·ble·top [téibəltɑ̀p/-tɔ̀p] *n.* 테이블의 표면. **—** *a.* 탁상(용)의.

táble tùrning 심령의 힘으로 테이블을 움직이는 심령술(心靈術)의 일종. 「용) 식기류.

ta·ble·ware [téiblwɛ̀ər] *n.* Ⓤ (식탁

táble wàter 식탁용 광천수(鑛泉水).

tab·loid [tǽblɔid] *n.* 타블로이드판 신문; (T-) 〖商標〗 정제(tablet). **—** *a.* 요약한; 타블로이드판의.

ta·boo, -bu** [təbú:, tæ-] *n., a.* ⓊⒸ (폴리네시아 사람 등의) **금기**(禁忌)〔터부〕(의)(*a* ~ *word*); 금제(禁制)(ban)(의). ***put the* ~ *on, or ***put under the* ~** 금제〔엄금〕하다. **—** *vt.* 금기〔금제〕하다.

ta·bor, 《英》 **-bour** [téibər] *n.* (납작한) 작은 북《손으로 침》.

tab·o·ret, 《英》 **-ou-** [tǽbərit] *n.* 낮은 대(臺); =STOOL; 수틀; 작은 북.
tab·u·lar [tǽbjələr] *a.* 표의, 표로 한; 얇은 판자(모양)의.
ta·bu·la ra·sa [tǽbjələ rɑ́:sə] (L. =erased tablet) 글자가 씌어 있지 않은 서판(書板)[석판]; 《比喩》 (어린이의 마음의) 백지 상태, 때 안 묻은 마음.
tab·u·late [tǽbjəlèit] *vt.* 평판(平板) 모양으로 하다; (일람)표로 만들다. — [-lit] *a.* 평면[평판 모양]의. **-la·tor** *n.* **tab·u·la·tion** [ˋ--léiʃən] *n.* Ⓤ 표로 만듦, 도표화.
TAC Tactical Air Command.
TACAN [tǽkæ̀n] tactical air navigation 기상용(機上用) 단거리 항법 장치.
tach·o·graph [tǽkəgræ̀f, -ɑ̀:-] *n.* (자동차 따위의) 자기(自記) 속도계.
ta·chom·e·ter [tækɑ́mitər, tə- / tækɔ́mi-] *n.* 속도 기록계; 유속계(流速計).
tach·y·car·di·a [tæ̀kikɑ́:rdiə] *n.* Ⓤ 〖醫〗 심계항진(心悸亢進), 심박 급진(증). 「〖測〗 시거의(視距儀).
ta·chym·e·ter [tækímitər, tə-] *n.*
tach·y·on [tǽkiɑ̀n/-ɔ̀n] *n.* 〖理〗 타키온《빛보다 빠른 가상의 소립자》.
tac·it [tǽsit] *a.* 무언의, 침묵의; 암묵(暗默)의. **∼·ly** *ad.*
tac·i·turn [tǽsətə̀:rn] *a.* 말없는, 과묵한. **tac·i·tur·ni·ty** [ˋ-tə́:rnəti] *n.* Ⓤ 과묵, 침묵.
tack**¹ [tæk] *n.* ① (납작한) **못, 압정.** ② 〖裁縫〗 가봉, 시침질. ③ 〖海〗 지그재그 항정(航程); 돛의 위치에 따르는 배 진로의 방향; 돛 위치 변경에 의한 방향 전환. ④ (육상을) 지그재그로 나감; 지그재그 침로(의 한 구간). ⑤ 방침, 정책. ***∼ and ∼ 〖海〗 계속적인 지그재그 항법으로. — *vt.* ① **못으로 고정시키다.** ② 가봉하다, 시침질하다. ③ 덧붙이다, 부가하다(add). ④ 뱃머리를 바람쪽으로 돌려 진로를 바꾸다; 갈짓자로 나아가게 하다(*about*). ⑤ 방침을 바꾸다. 「건빵.
tack² *n.* Ⓤ 《俗》 음식물. ***hard* ∼**
‡**tack·le** [tǽkəl] *n.* ① Ⓤ **도구**(*fishing ∼* 낚시 도구). ② [téikəl] 〖海〗 테이클 《선구·삭구(索具)》. ③ ⓊⒸ 복활차(複滑車). ④ 〖美式蹴〗 태클. — *vt., vi.* ① (말에) 마구를 달다(harness). ② 도르래로 끌어 올리다[고정하다]. ③ 붙잡다. ④ 태클하다. ⑤ (일에) 달려들다, 부지런히 시작하다(*to*).
tack·y [tǽki] *a.* 《美口》 초라한; 야한; 시대에 뒤진.
ta·co [tɑ́:kou] *n.* (*pl.* **∼s** [-z, -s]) 타코스《멕시코 요리; 저민 고기 등을 tortilla로 싼 것》.
tac·on·ite [tǽkənàit] *n.* Ⓤ 《美》 타코나이트 철광.
***tact** [tækt] *n.* Ⓤ **재치;** 솜씨, 요령; ⓊⒸ 촉감. **ˊ·ful** *a.* 솜씨 좋은; 재치 있는. **ˊ·ful·ly** *ad.*
tac·ti·cal [tǽktikəl] *a.* 병학(兵學)의; 전술(상)의; 전술적인(cf. strategical); 책략[술책]이 능란한; 빈틈없는. ***T- Air Command*** 《美》 전술 공군 사령부《생략 TAC》. 「사(策士).
tac·ti·cian [tæktíʃən] *n.* 전술가; 책
***tac·tics** [tǽktiks] *n.* 《單數取扱》 **전술,** 용병학(cf. strategy); 《複數取扱》 책략, 술책.
tac·tile [tǽktil, -tail/-tail] *a.* 촉각의; 만져서 알 수 있는.
tact·less [ˊlis] *a.* 요령이 없는, 서투른. **∼·ly** *ad.* **∼·ness** *n.*
tac·tu·al [tǽktʃuəl / -tjuəl] *a.* = TACTILE. 「아이》.
tad [tæd] *n.* 《美口》 꼬마《특히 사내
***tad·pole** [tǽdpòul] *n.* **올챙이.**
tael [teil] *n.* 테일(兩)《중국의 구화폐 단위, 또 중량 단위》.
ta'en [tein] *v.* 《古·詩》 =TAKEN.
T. A. F. Tactical Air Force.
taf·fe·ta [tǽfitə] *n., a.* (얇은) 호박단(琥珀緞)(의).
taff·rail [tǽfrèil] *n.* 고물의 난간.
Taf·fy [tǽfi] *n.* 《俗》 Wales 사람.
taf·fy [tǽfi] *n.* =TOFFEE; Ⓤ 《口》 아첨.
‡**tag** [tæg] *n.* ① **꼬리표,** 찌지, 정가[번호]표. ② 늘어뜨린 끝; 끈 끝의 쇠붙이; (동물의) 꼬리. ③ (문장·연설 끝의) 판에 박힌 문구; 노래의 후렴; 〖劇〗 끝맺는 말. ④ 《廢》 어중이떠중이들. ⑤ Ⓤ 술래잡기. ***∼ and rag,*** or ***∼, rag and bobtail*** 야료꾼; 사회의 찌꺼기. — *vt.* (**-gg-**) tag를 달다; 잇다; 압운(押韻)하다; (술래잡기에서 술래(it)가) 붙잡다; 《口》 붙어 다니다.
Ta·ga·log [tɑ:gɑ́:lɑg, təgɑ́:ləg] *n.* (루손 섬의 말레이 족의 한 종족) 타갈로그 인; Ⓤ 타갈로그 말.
tág dày 《美》 가두 모금일(《英》 flag day).
tág màtch 두 사람씩 편짜고 하는 레슬링(tag team wrestling).
Ta·gore [təgɔ́:r], **Sir Rabindranath** (1861–1941) 인도의 시인.
tág quéstion 부가 의문.
tag·rag [tǽgræ̀g] *n.* 하층민, 어중이떠중이들; Ⓤ 넝마.
tág sàle 파치 염가 판매(장). 「팀》.
tág tèam 〖레슬링〗 태그팀《2 인조
Ta·hi·ti [təhí:ti, tɑ:-] *n.* 타히티 섬《남태평양의 섬》.
t'ai chi (ch'uàn) [tái dʒi: (tʃwɑ̀:n)] 태극권(太極拳)《중국의 체조식 권법》.
tai·ga [táigə, taigɑ́:] *n.* (시베리아 등지의) 상록 침엽수림(지대), 타이가.
tail¹ [teil] *n., a.* Ⓤ 〖法〗 계사 한정(繼嗣限定); 한사(限嗣) 상속 재산《*estate in ∼* 이라고도 함》; 한사의.
‡**tail**² *n.* ① **꼬리,** 꽁지. ② 꼬리 모양의 것; 말미, 후부; (비행기의) 기미(機尾). ③ 옷자락; (*pl.*) 《口》 연미복; 땋아 늘인 머리. ④ 수행원들; 군속(軍屬)들; 줄(로 늘어선 사람)(queue). ⑤ (보통 *pl.*) 화폐의 뒷면(opp. heads). ***get one's ∼ down***

T

작아지다, 기가 죽다. ***get one's ~ up*** 기운이 나다. ***go into ~s*** (아이가 자라서) 연미복을 입게 되다. ***~ of the eye*** 눈초리. ***turn ~*** 달아나다. ***with the ~ between legs*** 기가 죽어서, 위축되어, 겁에 질려. ——*vt.* …에 꼬리를 달다; 잇다(*on, on to*); 꼬리를〔끝을〕 자르다; …의 꼬리를 잡아 당기다;《口》 미행하다. ——*vi.* 축 늘어뜨리다, 꼬리를 끌다; 뒤를 따르다. ***~ after*** …의 뒤를〔줄에〕 따르다. ***~ away*** 〔***off***〕 낙오하다; (뒤처져) 뿔뿔이 되다; 점점 가늘어지다.

tail·board [ˊbɔ̀:rd] *n.* (짐마차의) 떼어낼 수 있는 뒷널.

táil còat 연미복, 모닝코트.

táil énd 꼬리, 끝. 「판.

táil fìn (자동차 뒤끝 양측의) 수직

táil làmp 〔**lìght**〕 미등(尾燈).

tai·lor** [téilər] *n.* **재봉사**, 양복장이. ***Nine ~s make 〔***go to***〕 ***a man.*** 《俗談》 양복 직공 아홉 사람이 한 사람 구실을 한다《이로 인하여 양복 직공을 얕보아 *a ninth part of a man* (9분의 1의 사나이) 따위로 부르기도 함》. ***The ~ makes the man.*** 《俗談》 옷이 날개. ——*vi.* 양복점을 경영하다. ——*vt.* (양복을) 짓다. **~ed** [-d] *a.* ＝TAILOR-MADE. **~·ing** *n.* Ⓤ 재봉업, 양복 기술.

tai·lor·bird [-bə̀:rd] *n.*〖鳥〗재봉새.

tai·lor-made [*a.* -méid; *n.* ∸∸] *a., n.* (특히 여성복을) 남자 옷처럼 지은, 산뜻한; 주문품의; 공장에서 만든 (궐련).

tail·piece [téilpì:s] *n.* 꼬리 조각; (책의) 장말(章末)·권말의 컷.

tail·spin [téilspìn] *n.* ①〖空〗(비행기의) 나선식 급강하. ② 낭패, 혼란, 공황; 의기 소침.

táil wìnd〖空〗뒤에서 부는 바람.

***taint** [teint] *vt., vi.* ① **더럽히다**, 더러워지다, 오염하다. ② **해독을 끼치다**〔받다〕, 썩(히)다. ——*n.* ① **더럼**, 오명. ② Ⓤ (잠재한) 병독; 감염; 타락. ③ 기미(氣味)(*of*). ∠**·ed** [ˊid] *a.* 썩은; 더럽혀진. 「(臺北).

Tai·peh, -pei [táipéi] *n.* 타이페이

Tai·wan [táiwɑ́:n/taiwǽn, -wɑ́:n] *n.* 타이완(Formosa).

†**take** [teik] *vt.* (***took; taken***) ① **취하다**. ② **잡다**; 붙잡다. ③ 받다. ④ 획득하다(gain, win). ⑤ 섭취하다, 먹다; 마시다. ⑥ (병이) 들다 (~ *cold* 감기들다). ⑦ 타다(~ *a train, plane, taxi*). ⑧ 받아들이다; 감수하다, 따르다(submit to). ⑨ 필요로 하다(*It will ~ two days.*). ⑩ 고르다, 채용하다. ⑪ (병에) 걸리다; (생명을) 빼앗다. ⑫ 빼다, 감하다(subtract). ⑬ 데리고 가다, …으로 통하다(lead); (여자 등을) 안내하다, 동반하다(escort). ⑭ 가지고 가다(carry) (~ *one's umbrella, lunch, &c.*). ⑮ (어떤 행동을) 취하다, 하다(~ *a walk, swim, trip*). ⑯ (사진을) 찍다, 촬영하다. ⑰ 느끼다(~ *pride, delight, &c.*). ⑱ 조사하다, 재다(~ *one's temperature* 체온을 재다). ⑲ 알다, 이해하다; 믿다; 생각하다. ⑳ 채용하다; 아내로 맞이하다. ㉑ 빌다(hire); 사다, (신문 따위를) 구독하다. ㉒ 받아 쓰다(~ *dictation*). ㉓ (윤이) 잘 나다(*Mahogany ~ a polish.* 마호가니 재목은 닦으면 윤이 난다), (색을) 흡수하다, …에 (잘) 물들다. ㉔ 끌다, …의 흥미를 끌다; (잘) 타고 넘다(~ *a fence*), 뚫고 나아가다. ㉕〖文〗(어미·격·변화형·악센트 따위를) 취하다(*'Ox' ~s '-en' in the plural.*). ——*vi.* ① 취하다, (붙)잡다. ② (장치가) 걸리다(catch); (톱니바퀴가) 맞물리다. ③ (물고기·새 등이) 걸리다, 잡히다. ④ 뿌리가 내리다. ⑤ (약이) 듣다, (우두가) 되다. ⑥ (극·책이) 호평을 받다. ⑦《口·方》…으로 되다(become) (~ *ill* 〔*sick*〕 병들다). ⑧《口》(사진으로) 찍히다. ⑨ (색 따위가) 잘 묻다, 스며들다. ⑩ 제거하다, 줄이다. ⑪ 떼내어지다, 갈라지다(*It ~s apart easily*). ⑫ 가다(*across, down, to*). ***~ after*** …을 닮다. ***~ away*** 제거하다; 식탁을 치우다. ***~ back*** 도로 찾다; 취소하다. ***~ down*** 적어두다; (집을) 헐다; (머리를) 풀다;《口》속이다; 코를 납작하게 만들다. ***~*** (A) ***for*** (B), (A를 B)로 잘못 알다. ***~ from*** 감하다(*Her voice ~s from her charm.* 그 목소리론 매력도 반감이다). ***~ in*** 받아들이다; 수용하다, 묵게 하다; (여성을 객실로부터 식당으로) 안내하다; (배가) 화물을 싣다; (영토 등을) 합병하다;《주로 英》(신문 따위를) 구독하다; 포괄하다; 고려에 넣다; (옷 따위를) 줄이다; (돛을) 접다; 이해하다; 믿다;《口》속이다. ***~ it easy*** 《보통 命令形》 **마음을 편하게 가지다, 서두르지 않고 하다, 근심하지 않다.** ***~ it hard*** 걱정하다, 슬퍼하다. ***~ it out on*** 《口》 (남에게) 마구 화풀이하다. ***~ off*** (*vt.*) 제거하다, 벗다; 떼다, 옮기다; 죽이다; 목자르다, 면직시키다; 감하다; 베끼다;《口》흉내내다, 흉내내며 놀리다; (이하 *vi.*)《口》떠나다; 이륙〔이수(離水)〕하다. ***~ on*** (*vt.*) 인수하다, 떠맡다; …을 가장하다; 체하다; (형세를) 드러내다; (살이) 찌다; 고용하다; 동료로 끌어들이다; (이하 *vi.*)《口》흥분하다, 떠들어대다, 노하다. ***~ out*** 꺼내다, 끄집어내다, 없애다; 받다. ***~ over*** 이어받다, 떠맡다; 접수하다. ***~ to*** …이 좋아지다, …를 따르다; …을 돌보다; …의 버릇이 생기다, …에 몰두하다. ***~ up*** 집어들다; 주워 올리다; (손님을) 잡다; (제자로) 받다; 보호하다; 체포하다; 흡수하다; (시간·장소를) 차지하다; (마음·주의를) 끌다; 말을 가로막다; 비난하다; (일을) 시작하다, (이자돈을) 빌리다; (중단된 이야기를) 계속하다; 빚을 모두 갚다; (거처를) 정하다; (옷을) 줄이다.

T

~ *upon oneself* (책임 등을) 지다; 마음먹고 …하다. ~ *up with* …에 흥미를 갖다; 《口》 …와 사귀(기 시작하)다; 《古》 …에 동의하다, 찬성하다. —*n.* 포획〔수확〕(물·고); (입장권) 매상고; 촬영.

take·a·way [téikəwèi] *a., n.* 《英》 =TAKEOUT.

take·down [-dàun] *n.* 굴욕, 창피, 치욕.

táke-home (pày) [∠hòum] *n.* Ⓤ (세금 등을 공제한) 실수령 급료.

take-in [∠ìn] *n.* 《口》 사기, 협잡.

†**tak·en** [téikən] *v.* take 의 과거분사.

take-off [∠ɔ̀(ː)f, -ɑ̀f] *n.* 《口》(익살스러운) 흉내(mimicking); 〖空〗 이륙〔이수(離水)〕(점).

take·out [∠àut] *a., n.* 《美》 집으로 (사) 가지고 가는 (요리)(《英》 takeaway). 「경영권 취득.

take·o·ver [∠òuvər] *n.* 인계, 접수;

tak·er [∠ər] *n.* take 하는 사람〔것〕.

tak·est [téikist] *v.* 《古》 =TAKE (thou 가 主語일 때의 形態).

tak·eth [téikiθ] *v.* 《古》 =TAKES.

***tak·ing** [téikiŋ] *a.* ① **매력 있는.** ② 《廢》 전염하는, 옮는. —*n.* ① UC 취득. ② 포획물; (물고기 따위의) 포획고. ③ (*pl.*) 수입.

talc [tælk] *n., vt.* (~*ked*, ~*ed*; ~(*k*)*ing*) Ⓤ 곱돌(로 문지르다).

tal·cum [tǽlkəm] *n.* Ⓤ 활석(滑石), 곱돌(talc); =∠ **pòwder** (면도 후에 바르는) 화장 분말.

‡**tale** [teil] *n.* ① **이야기;** 고자질, 험담; 소문; 거짓말. ② UC 《古·詩》 수(數) (cf. tell). ③ UC 《주로 英·古》 총수; 전체. ***tell its own*** ~ 자명하다. ***tell*** ~***s*** (***out of school***) 고자질하다, 비밀을 퍼뜨리다.

tale·bear·er [∠bɛ̀ərər], **-tell·er** [-tèlər] *n.* 고자쟁이, 나쁜 소문을 퍼뜨리는 사람. **-bear·ing** *n.* Ⓤ

‡**tal·ent** [tǽlənt] *n.* ① 고대 그리스·히브리의 무게〔화폐〕 이름. ② UC **재능**(*for*). ③ Ⓤ 《集合的》 재능 있는 사람들, 인재; Ⓒ 연예인. ~**·ed** [-id] *ad.* 재능 있는. ~**·less** *a.*

tálent scòut (운동·실업·연예계의) 인재〔신인〕 발굴 담당자.

ta·ler [tɑ́ːlər] *n. sing.* & *pl.* 《美》 =THALER.

ta·les·man [téilzmən, -liːz-] *n.* 보결 배심원.

ta·li [téilai] *n.* talus[1] 의 복수.

tal·is·man [tǽlismən, -z-] *n.* (*pl.* ~*s*) 호부(護符), 부적.

†**talk** [tɔːk] *vi.* **말〔이야기〕하다;** 의논하다 (~ *over a matter* =~ *a matter over*); (종알종알) 지껄이다. —*vt.* 말〔이야기〕하다; 논하다; 이야기하여 …시키다(*into; out of*). ~ ***at*** …을 비꼬다. ~ ***away*** (밤·여가를) 이야기하며 보내다; 노닥거리며 보내다. ~ ***back*** 말대꾸하다. ~ ***down*** 말로 지우다, 말로 꼼짝 못하게 만들다; 〖空〗 무전 유도하다. ~***ing of*** …으로 말하면, …말이 났으니 말이지. ~ ***out*** 기탄없이 이야기하다, 끝까지 이야기하다. ~ ***over*** 논하다, …의 상의를 하다; 설득하다. ~ ***round*** (*vi.*) 장황하게 이야기하여 언제까지나 결말을 못내다; (*vt.*) 설득하다. ~ ***to*** …에게 말을 걸다; 《口》 군소리하다, 꾸짖다. ~ ***to oneself*** 혼잣말하다. ~ ***up*** 큰 소리로 말하다, 똑똑히 말하다. —*n.* ① CU **이야기,** 담화; 의논. ② UC 소문(거리); Ⓤ 객담, 빈말. ③ Ⓤ 언어, 방언. ∠**·er** *n.*

talk·a·thon [tɔ́ːkəθɑ̀n/-ɔ̀n] *n.* 《美》 (의사를 방해하기 위한) 지연 연설; (TV에서) 후보자와의 일문 일답.

***talk·a·tive** [∠ətiv] *a.* **말 많은.**

‡**talk·ie** [tɔ́ːki] *a.* 《口》 **토키,** 발성영화. ***the*** ~***s*** 발성 영화 (사업).

talk-in [tɔ́ːkìn] *n.* ① 항의 집회. ② 격의 없는 회담. ③ 회의; 토론.

‡**talk·ing** [tɔ́ːkiŋ] *a., n.* Ⓤ **말하는;** 표정이 풍부한; 수다(스러운); 담화.

tálk·ing-down sỳstem [-dáun] 〖空〗 무전 유도 방식. 「화.

tálking pícture 〔**fílm**〕 발성 영

tálking pòint 화제. 「잔소리.

talk·ing-to [-tùː] *n.* 《口》 꾸지람,

tálk shòw 《美》 (방송에서) 유명 인사 특별 출연 프로《토론회·인터뷰》.

†**tall** [tɔːl] *a.* ① **키 큰,** 높은(*a* ~ *man, tower, tree, &c.*). ② …높이의(*six feet* 〔*foot*〕 ~ 신장 6 피트). ③ 《口》(값이) 엄청난. ④ 《口》 과장된(~ *talk* 흰소리 / *a* ~ *story* 과장된 이야기). 「장롱(cf. highboy).

tall·boy [∠bɔ̀i] *n.* 《英》 다리가 높은

***tal·low** [tǽlou] *n., vt.* Ⓤ **수지**(獸脂)〔쇠기름〕(를 바르다); =∠ **càndle** 수지 양초. ~**·y** *a.*

tal·low-faced [-fèist] *a.* 해쓱한.

tal·ly [tǽli] *n.* 〖史〗 (대차(貸借) 금액을 새긴) 부신(符信); 그 눈금; 짝의 한쪽; 일치; 물표, 표, 패(tag); 계산, 득점. —*vt.* 부신(符信)에 새기다; 계산하다(*up*); 패를 달다; 대조하다. —*vi.* (꼭) 부합하다(*with*).

tálly clèrk 화물계; (선거의) 계표원.

tal·ly·ho [tǽlihòu] *n.* 쉭쉭! 《사냥꾼이 여우를 발견하고 개를 추기는 소리》; 《주로 英》 대형 4두 마차. — [∼∠] *int.* 쉭쉭!

tálly shèet 계산 기입지(記入紙); 《美》 투표수 기입지.

Tal·mud [tɑ́ːlmud, tǽl-/tǽl-] *n.* 탈무드《유대 법전 및 전설집》.

tal·on [tǽlən] *n.* (맹금(猛禽)의) 발톱(claw); (*pl.*) 움켜쥐는 손.

ta·lus[1] [téiləs] *n.* (*pl.* **-li** [-lai]) 〖解〗 거골(距骨), 복사뼈.

ta·lus[2] *n.* 경사; (담 따위의) 물매진 면, 경사면; 〖地〗 (낭떠러지 아래의) 경사 암석퇴(岩石堆). 「urement.

TAM Television Audience Meas-

tam [tæm] *n.* =TAM-O'-SHANTER.

tam·a·ble [téiməbəl](<tame) *a.* 길들일 수 있는, 사육할 수 있는.

tam·a·rack [tǽməræ̀k] *n.* 아메리카 낙엽송; Ⓤ 그 재목.

tam·a·rind [tǽmərind] *n.* 타마린드《열대산 콩과(科)의 상록수》; 그 열매. 「성류(渭城柳).
tam·a·risk [tǽmərisk] *n.* 〖植〗 위
tam·bour [tǽmbuər] *n.* 북; 수(틀).
tam·bou·rin [tǽmbərìn] *n.* 탕부랭《남(南)프랑스의 무용(곡)》.
tam·bou·rine [tæ̀mbəríːn] *n.* 탬버린《가장자리에 방울을 단 손북》.
‡**tame** [teim] *a.* ① **길든**, 길들인; 순한. ② 무기력한. ③ 재미없는, 따분한. ── *vt., vi.* (길러) **길들(이)다**; (*vt.*) 복종시키다, 누르다, 무기력하게 하다; (색을) 부드럽게 하다. ⌐**·less** *a.* 길들이기 힘든. ⌐**·ly** *ad.* ⌐**·ness** *n.* 「1405) 티무르《몽고왕》.
Tam·er·lane [tǽmərlèin] (1336?–
Tam·il [tǽmil] *n.* UC (남인도 및 Ceylon 섬의) 타밀 사람〔말〕.
Tam·ma·ny [tǽməni] *n., a.* 태머니파(의)《N.Y. 시의 Tammany Hall을 근거로 시정을 문란하게 한 미국 민주당의 일파》.
tam-o'-shan·ter [tǽməʃæ̀ntər/ ⌐-⌐-] *n.* (큰 흑두건 비슷한) 스코틀랜드의 베레모.
ta·mox·i·fen [təmɑ́ksəfən / -mɔ́k-] *n.* 〖藥〗 유방암 치료에 쓰이는 항에스트로겐 약물.
tamp [tæmp] *vt.* (흙을) 밟아〔다져〕 단단하게 하다; (폭약을 잰 구멍을) 진흙 (등)으로 틀어막다.
tam·per [tǽmpər] *vi.* 간섭하다(meddle); 만지작거리다, 장난하다(*with*); (원문을) 함부로 변경하다(*with*); 뇌물을 주다(*with*).
tam·pi·on [tǽmpiən] *n.* 나무 마개; 포전(砲栓); (파이프오르간의) 음관전(音管栓).
tam·pon [tǽmpɑn/-ɔn] *n., vt.* 〖醫〗 지혈전(止血栓), 탐폰(을 틀어막다).
***tan** [tæn] *vt.* (**-nn-**) (가죽을) **무두질하다**; (피부를) 햇볕에 태우다; 《口》 매질하다(thrash). ── *vi.* 햇볕에 타다. ── *n., a.* U 탠 껍질 《무두질용의 나무 껍질》; 햇볕에 탄 빛깔(의), 황갈색(의); (*pl.*) 황갈색 옷〔구두〕.
tan, tan. tangent.
tan·a·ger [tǽnidʒər] *n.* (아메리카산의) 풍금조. 「껍질.
tan·bark [tǽnbɑ̀ːrk] *n.* U 탠(tan)
tan·dem [tǽndəm] *ad.* (한줄로) 세로 늘어서서. ── *a., n.* 세로 늘어세운 (말·마차); 2인승 자전거.
tang[1] [tæŋ] *n.* 싸하는 맛; 톡 쏘는 냄새; 특성, 기미(氣味)(smack[1]); 슴베《칼·끌 등의》.
tang[2] *n., vt., vi.* (금속 등의) 날카로운 소리; (종 따위가) 뗑하고 울리다.
Tan·gan·yi·ka [tæ̀ŋgənjíːkə] *n.* 아프리카 동부의 지역《Zanzibar와 함께 Tanzania 구성》. ***Lake*** ~ 중앙 아프리카의 담수호(淡水湖).
tan·gent [tǽndʒənt] *n., a.* 〖數〗 탄젠트; 〖幾〗 접하는, 접선(의). ***fly*** [***go***] ***off at a*** ~ 갑자기 옆길로 벗어나다. 「종.
tan·ge·rine [tæ̀ndʒəríːn] *n.* 귤의 일

***tan·gi·ble** [tǽndʒəbəl] *a.* **만져서 알 수 있는**; 확실〔명백〕한. ── *n.* (*pl.*) 〖法〗 유형(有形) 재산. **-bly** *ad.* **tan·gi·bil·i·ty** [⌐-bíləti] *n.* U
***tan·gle** [tǽŋgəl] *vt., vi.* **엉키(게 하)다**; 얽히(게 하)다, 빠뜨리다, 빠지다. ── *n.* 엉킴, 분규, 혼란. **-gled, -gly** *a.* 엉킨.
tan·gle·foot [tǽŋgəlfùt] *n.* U《美西部俗》(싸구려) 위스키, 독한 술.
tan·go [tǽŋgou] *n.* 탱고《춤·곡》.
†**tank** [tæŋk] *n.* (물·가스 등의) **탱크**, 통; 저수지; 〖軍〗 전차(戰車), 탱크. ── *vt.* 탱크에 넣다〔저장하다〕. ⌐**-age** [⌐idʒ] *n.* U 탱크 용량〔저장·사용량〕; (도살장의) 탱크 찌끼《비료》. ~**ed** [-t] *a.* 탱크에 저장한; 《美口》 술취한. *⌐**·er** *n.* 탱커, **유조선**; 공중 급유기; 〖美軍〗 전차대원.
tank·ard [⌐ərd] *n.* (뚜껑·손잡이 달린) 대형 맥주컵.
tank·bust·er [tǽŋkbʌ̀stər] *n.* 대전차포; 〖空〗 대전차포 탑재기(搭載機).
tánk càr 〖鐵〗 탱크차《액체·기체 수송용》.
tánk destròyer 대전차포.
tánk stàtion 《美》 급수역.
tánk trùck 《美》 탱크차, 유조〔수조〕 트럭.
tan·nate [tǽneit] *n.* U 〖化〗 타닌산염(酸塩).
tan·ner [tǽnər] *n.* 무두장이. ~**·y** *n.* 제혁소(製革所); UC 무두질(공장).
tan·nic [tǽnik] *a.* 〖化〗 탠(tan) 껍질에서 얻은; 타닌성의.
tánnic ácid 타닌산.
tan·nin [tǽnin] *n.* U 〖化〗 =⇧.
tan·ning [tǽniŋ] *n.* U 무두질; 햇볕에 태움〔탐〕; UC 《口》 매질.
tan·sy [tǽnzi] *n.* 쑥국화, 양톱풀《즙을 오믈렛에 넣어 부활절에 먹음》.
tan·ta·lize [tǽntəlàiz] *vt.* 보여서 감질나게 하다, 주는 체하고 안 주다 (cf. Tantalus). **tan·ta·li·za·tion** [⌐-lizéiʃən/-lai-] *n.* U **-liz·ing(·ly)** *a.* (*ad.*) 「탄탈《금속 원소》.
tan·ta·lum [tǽntələm] *n.* U 〖化〗
Tan·ta·lus [tǽntələs] *n.* 〖그神〗 Zeus의 아들, 그리스의 왕《신벌(神罰)로 물 속에 턱까지 잠겨졌는데, 물을 마시려 하면 물이 빠지고, 머리 위의 과실을 따려고 하면 가지가 뒤로 물러갔음》(cf. tantalize).
tan·ta·mount [tǽntəmàunt] *a.* (보통 *pred. a.*) 동등한, 같은(*to*).
tan·ta·ra [tǽntərə, tæntɑ́ːrə, tæntǽrə] *n.* 나팔〔뿔피리〕 소리 (비슷한 소리).
tan·trum [tǽntrəm] *n.* 울화.
Tan·za·ni·a [tæ̀nzəníːə] *n.* 아프리카 중동부의 공화국《Tanganyika와 Zanzibar가 합병》.
Tao·ism [táuizəm, tɑ́ːouizəm] *n.* U (노자(老子)의) 도교(道敎).
Tao·ist [táuist, tɑ́ːou-] *n., a.* 도사(道士), 도교신자(의); 도교의.
***tap**[1] [tæp] *vt., vi.* (**-pp-**), *n.* ① **가볍게 치다**〔두드리다〕; 가볍게 치기〔두

드리기]; 그 소리; 똑똑 (두드리다). ② (*vt.*) (구두 바닥에) 가죽을 대다; 창갈이 가죽. ③ (*pl.*) 〖軍〗 소등(消燈) 나팔.

***tap²** *n.* ① **꼭지,** 통주둥이(faucet). ② 마개(plug). ③ 〖電〗 탭, 콘센트. ④ 술의 종류[품질]. ⑤ 《英》 술집. ***on* ~** (언제나 마실 수 있게) 꼭지가 달려; 언제든지 쓸 수 있게 준비되어. —*vt.* (*-pp-*) ① (통에) 꼭지를 달다, (통의) 꼭지로부터 술을 따르다(~ *a cask*). ② …의 꼭지를 따다. ③ (나무에) 진집을 내어 수액(樹液)을 받다. ④ 〖醫〗 째고 물(따위)을 빼다. ⑤ (전기 본선에서) 지선을 끌다; (본길에서) 샛길을 내다; (전화를) 도청하다.

ta·pa [tɑ́:pə] *n.* Ⓤ 타파천 《남양산의 나무 껍질로 만든 깔개》.

táp dànce 탭댄스. 「스를 추다.

tap-dance [tǽpdæ̀ns, -ɑ̀:-] *vi.* 탭댄

†**tape** [teip] *n.* ⓊⒸ ① (납작한) **끈; 테이프.** ② Ⓒ (천 또는 강철로 만든) 줄자. ③ 녹음 테이프, 스카치테이프 (따위). ***breast the* ~** 가슴으로 테이프를 끊다, 1착이 되다. —*vt.* 납작한 끈을[테이프를] 달다, 납작한 끈으로[테이프로] 묶다[매다·철하다]; 테이프에 녹음하다; 《俗》 (인물을) 평가하다(size up).

tápe dèck 테이프 덱《앰프·스피커가 없는 테이프 리코더》.

tape·line [⌐làin], **tápe mèasure** *n.* 줄자. 「증권 시세 표시기.

tápe machìne 테이프 레코더; 《英》

***ta·per** [téipər] *n.* 가는 초, 초먹인 심지; 《雅》 약한 빛; ⓊⒸ 끝이 뾰족함[뾰족한 모양]. —*a.* 끝이 가는. —*vi., vt.* **점점 가늘어지다**[가늘게 하다], 점점 줄다(*away, off, down*). ~**·ing** *a.* 끝이 가는.

tape-re·cord [tèiprikɔ́:rd] *vt.* …을 테이프에 녹음하다.

‡**tápe recòrder** 테이프 녹음기.

tápe recòrding 테이프 녹음.

***tap·es·try** [tǽpistri] *n., vt.* ⓊⒸ **무늬 놓은 두꺼운 천**(의 벽걸이)(으로 꾸미다). **táp·es·tried** [-d] *a.*

tape·worm [téipwə̀:rm] *n.* 촌충.

tap·i·o·ca [tæ̀pióukə] *n.* Ⓤ 타피오카《cassava 뿌리의 전분》. 「미산》.

ta·pir [téipər] *n.* 〖動〗 맥(貘) 《중남

tap·is [tǽpi:] *n.* (F.) 무늬놓은 두꺼운 테이블 보. ***on the* ~** 심의중에.

tap·per [tǽpər] *n.* ① 전신기의 키, 전건(電鍵). ② (열차의) 검차원.

tap·room [tǽprù(:)m] *n.* 《주로 英》 (호텔 따위 안의) 술집.

tap·root [⌐rù:t] *n.* 〖植〗 직근(直根).

tap·ster [⌐stər] *n.* (술집의) 급사 《특히 남자의》.

‡**tar** [tɑ:r] *n., vt.* (*-rr-*) Ⓤ (콜)타르(를 칠하다); Ⓒ 《口》 뱃사람. ~ ***and feather*** 타르를 칠하고 새털을 온몸에 꽂다《린치》; 엄하게 벌하다.

tar·an·tel·la [tæ̀rəntélə] *n.* (남이탈리아의) 경쾌한 춤; 타란텔라 무곡.

tar·ant·ism [tǽrəntìzəm] *n.* Ⓤ 무도병(舞蹈病).

ta·ran·tu·la [tərǽntʃələ] *n.* 독거미의 일종.

tar·a·tan·ta·ra [tæ̀rətǽntərə] *n.* 딴따라따《나팔소리》.

tar·do [tɑ́rdou/tɑ́:-] *a., ad.* 《It.》 〖樂〗 느린; 느리게.

***tar·dy** [tɑ́:rdi] *a.* (걸음걸이 등이) **느린**(slow); 더딘(*in*); 늦은(late). **tár·di·ly** *ad.* **-di·ness** *n.*

tare¹ [tɛər] *n.* 〖植〗 살갈퀴(vetch); 〖聖〗 가라지; 해독. 「계하다).

tare² *n., vt.* 포장 중량(을 달다, 공

‡**tar·get** [tɑ́:rgit] *n.* **과녁,** 목표; 목표액. ***hit a* ~** 과녁에 맞히다; 목표액에 달하다.

tárget pràctice 사격 연습.

Tar·heel, t- [tɑ́:rhì:l] *n.* 《美》 North Carolina 의 주민[태생 사람].

‡**tar·iff** [tǽrif] *n.* ① **관세[세율]표.** ② 관세(*on*). ③ 《英》 (여관 등의) 요금표; 《口》 운임(표). ④ 《口》 요금.

táriff wàll 관세 장벽(障壁).

tar·mac [tɑ́:rmæk] (<*tar*+*macadam*) *n.* 《英》 타르머캐덤 도로[활주로].

tarn [tɑ:rn] *n.* (산 속의) 작은 호수.

tar·nish [tɑ́:rniʃ] *vt., vi.* 흐리(게 하)다, (명예 따위) 손상시키다[되다]. —*n.* Ⓤ (광물 따위의) 흐림, 녹; ⓊⒸ 더러움, 오점. ~**ed** [-t] *a.*

ta·ro [tɑ́:rou] *n.* (*pl.* ~*s*) 타로 토란《남양산의 식용·장식용 식물》.

tar·pau·lin [tɑ:rpɔ́:lin] *n.* Ⓤ 방수포; Ⓒ 방수 외투[모자].

tar·pon [tɑ́:rpən, -pɑn/-pɔn] *n.* (*pl.* ~*s,* 《集合的》 ~) 미국 남해안산의 큰 물고기.

tar·ry¹ [tǽri] *vi.* 머무르다(stay)(*at, in*); 망설이다, 늦어지다, 기다리다. —*vt.* 《古》 기다리다.

tar·ry² [tɑ́:ri] *a.* 타르(질(質))의; 타르를 칠한, 타르로 더럽혀진.

tar·sus [tɑ́:rsəs] *n.* (*pl.* ***-si*** [-sai]) 〖解〗 (발의) 부골(跗骨); 안검 연골(眼瞼軟骨). **tár·sal** *a.*

***tart¹** [tɑ:rt] *a.* 신; 신랄한. ⌐**·ly** *ad.* ⌐**·ness** *n.*

tart² *n.* 《英》 과일을 넣은 과자[파이]; 《英俗》 갈보, 매춘부.

tar·tan [tɑ́:rtn] *n.* ⓊⒸ (스코틀랜드의 고지 사람이 입는) 격자 무늬의 모직물(옷); 격자 무늬.

tártan tràck 타탄트랙《아스팔트 위에 합성 수지를 깐 전천후 경주로》.

Tar·tar [tɑ́:rtər] *n., a.* 달단(韃靼)사람(의, 같은); 난폭자(*a young* ~ 다루기 힘든 아이). ***catch a* ~** 만만치 않은 상대를 만나다.

tar·tar [tɑ́:rtər] *n.* Ⓤ 〖化〗 주석(酒石); 치석(齒石). **tar·tár·ic** [-tǽrik] *a.* 주석의[을 함유하는].

tártar(e) sàuce 마요네즈에 썬 오이나 올리브 등을 넣어 만든 소스.

tartáric ácid 〖化〗 주석산.

Tar·ta·rus [tɑ́:rtərəs] *n.* 〖그神〗 (Hades 보다 훨씬 아래에 있는) 지옥(골짜기); =HADES.

T

Tar·zan [tá:rzæn, -zən] *n.* 타잔《미국의 Edgar Rice Burroughs 작 정글 모험 소설의 주인공》; 초인적 힘을 가진 사람.
‡**task** [tæsk, -ɑ:-] *n.* (의무적인) 일; 직무; 작업, 사업, 고된 일; 〖컴퓨터〗 태스크《일의 단위》. ***call*** 〔***take***〕 ***a person to*** ～ 비난하다, 꾸짖다(*for*). ── *vt.* 일을 과(課)하다; 혹사하다.
tásk fòrce 《美》〖軍〗 기동부대, 특수 임무 부대; 특별 전문 위원회; 프로젝트 팀.
task·mas·ter [ˊmæ̀stər, -ɑ̀:-] *n.* 십장, 감독.
task·work [ˊwə̀:rk] *n.* Ⓤ 할당된 일; 강제 노동; 도급일.
Tass [tæs] *n.* (소련의) 타스 통신사《국영》.
*****tas·sel** [tǽsəl] *n., vt.* 술(장식)(을 달다); (옥수수의) 수염(을 뜯다); (책의) 서표 끈. ── *vi.* ((英)) ***-ll-***) (옥수수 따위) 수염이 나다. ～(l)**ed** [-d] *a.*
†**taste** [teist] *vt.* 맛보다; 먹다, 마시다; 경험하다. ── *vi.* 맛을 보다; …의 맛이 나다, 풍미〔기미〕가 있다(*of*). ── *n.* ① 맛, 풍미. ② Ⓤ 미각. ③ 경험. ④ 시식(試食); 한 입, 한 번 맛보기. ⑤ ⓊⒸ 취미, 기호; Ⓤ 심미안(審美眼)(*for*). ⑥ Ⓤ 풍치. ***a bad*** ～ ***in the mouth*** 개운치 않은 뒷맛, 나쁜 인상. ***in good*** 〔***bad***〕 ～ 품위 있게〔없게〕. ***to the King's*** 〔***Queen's***〕 ～ 더할 나위없이. **tást·er** *n.* 맛〔술맛〕을 감정하는 사람; 〖史〗 독이 있는지 없는지 맛보는 사람. **tást·y** *a.* 맛있는; 《口》 멋진.
táste bùd (혀의) 미뢰(味蕾).
taste·ful [ˊfəl] *a.* 풍류 있는; 품위 있는, 풍아(風雅)한. ～**·ly** *ad.*
taste·less [ˊlis] *a.* 맛 없는; 아취 없는, 품위없는. ～**·ly** *ad.*
tat [tæt] *vt., vi.* (*-tt-*) 태팅(tatting)을 하다〔으로 만들다〕.
ta-ta [tá:tá:/tǽ-] *int.* 《주로 英》《兒·俗》 안녕, 빠이빠이.
Ta·tar [tá:tər] *n., a.* ＝TARTAR.
*****tat·ter** [tǽtər] *n.* 넝마; (보통 *pl.*) 누더기 옷. ── *vt.* 너덜너덜 해뜨리다〔찢다〕. ～**ed** [-d] *a.*
tat·ter·de·mal·ion [ˋ–diméiljən] *n.* 누더기를 걸친 사람.
tat·ting [tǽtiŋ] *n.* Ⓤ 태팅《뜨개질의 일종》; 그렇게 뜬 레이스.
tat·tle [tǽtl] *n., vi., vt.* 객담〔뒷공론〕(을 하다); 고자질(하다). **tát·tler** *n.*
tat·tle·tale [-tèil] *n., a.* 밀고자(의).
tat·too[1] [tætú: / tə-, tæ-] *n.* (*pl.* ～***s***), *vi.* 귀영(歸營) 나팔(을 불다), 귀영북(을 치다); 똑똑 두드리다〔두드리는 소리〕. ***beat the devil's*** ～ 손가락으로 책상 따위를 똑똑 두드리다《초조·기분이 언짢을 때》.
tat·too[2] *n.* (*pl.* ～***s***), *vt.* 문신(文身)(을 넣다).
tat·ty [tǽti] *a.* 《英》 초라한, 넝마의; 싸구려의.
tau [tɔ:, tau] *n.* 그리스어 알파벳의 19째글자(*T*, τ, 영어의 T, t에 해당).
†**taught** [tɔ:t] *v.* teach의 과거(분사).
taunt [tɔ:nt, -ɑ:-] *vt., n.* 욕설(을 퍼붓다); 조롱, 냉소; 《廢》 조롱거리; 욕하여 …시키다.
taupe [toup] *n.* Ⓤ 두더지색, 진회색.
Tau·rus [tɔ́:rəs] *n.* 〖天〗 황소자리; 금우궁(金牛宮).
taut [tɔ:t] *a.* 〖海〗 팽팽하게 친(tight) (*a* ～ *rope*); (옷차림이) 단정한(tidy).
taut·en [tɔ́:tn] *vt., vi.* (…을) 팽팽하게 켕기다.
tau·tog [tɔ:tág, -ɔ́:-/-ɔ́-] *n.* 미국 대서양 연안산 도미류(類)의 물고기.
tau·tol·o·gy [tɔ:tálədʒi / -ɔ́-] *n.* ⓊⒸ 뜻이 같은 말의 반복《보기 : *surrounding circumstances*》. **tau·to·log·i·cal(·ly)** [ˋ–təládʒikəl(i)/-ɔ́-] *a.* (*ad.*)
tau·tom·er·ism [tɔ:támərìzəm /-ɔ́-] *n.* Ⓤ 〖化〗 호변이성(互變異性).
*****tav·ern** [tǽvərn] *n.* 선술집, 여인숙(inn).
taw [tɔ:] *n.* Ⓤ 돌튀기기; Ⓒ 튀김돌; 돌튀기기의 개시선(線).
taw·dry [tɔ́:dri] *a., n.* 몹시 야한, 값싼 (물건).
*****taw·ny** [tɔ́:ni] *n., a.* Ⓤ 황갈색(의)《사자의 빛깔》.
‡**tax** [tæks] *n.* ① ⓊⒸ 세금, 조세(*on, upon*). ② (무리한) 요구; 과로(strain[1]). ── *vt.* ① 과세하다. ② 무거운 짐을 지우다, 혹사하다; 무리한 요구를 하다. ③ 청구하다. ④ 비난하다(accuse). ⑤ 〖法〗 (소송 비용 등을) 사정(査定)하다. ˊ**～·a·ble** *a.* 과세의 대상이 되는.
‡**tax·a·tion** [tækséiʃən] *n.* Ⓤ 과세; 세수(稅收).
táx collèctor 〔**gàtherer**〕 징세리.
táx dòdger 탈세자.
táx evàsion 탈세.
tax-ex·empt [ˊigzémpt] *a.* 면세의.
táx fàrmer 세금 징수 청부인.
tax-free [ˊfrí:] *a.* ＝TAX-EXEMPT.
†**tax·i** [tǽksi] *n., vi., vt.* 택시(로 가다, 로 운반하다); (비행기가) 육상〔수상〕을 활주하다〔시키다〕.
tax·i·cab [-kæ̀b] *n.* ＝TAXI.
táxi dàncer (댄스홀의) 직업 댄서.
tax·i·der·mal [tæ̀ksidə́:rməl], **-mic** [-mik] *a.* 박제(剝製)(술)의.
tax·i·der·my [-də̀:rmi] *n.* Ⓤ 박제술(剝製術). **-mist** *n.* 「사.
tax·i·man [-mən] *n.* 택시 운전 기사.
tax·i·me·ter [-mì:tər] *n.* 택시 요금 표시기.
tax·i·plane [-plèin] *n.* 전세 비행기.
táxi stànd 택시 승차장.
tax·i·way [-wèi] *n.* 〖空〗 (비행장의) 유도로(誘導路).
tax·on·o·my [tæksánəmi/-ɔ́-] *n.* Ⓤ 분류(학).
*****tax·pay·er** [tǽkspèiər] *n.* 납세자.
táx redùction 감세(減稅).
táx retùrn 납세〔소득세〕 신고서.
TB [tí:bí:] *n.* (폐)결핵(*tuberculosis*).
Tb 〖化〗 terbium. **T. B., t. b.** torpedo boat; trial balance; tubercle bacillus. **tbs., tbsp** tablespoon(ful). **Tc** 〖化〗 technetium. **T. C.** Tank Corps; traveler's check. **TCBM** transcontinental ballistic missile.
T-bar (lìft) [tí:bɑ̀:r] 《美》 티바리

프트《케이블에 늘인 거꿀 T자꼴의 스키리프트》.
Tchai·kov·sky [tʃaikɔ́:fski, -ɔ́-], **Peter Ilych** (1840–93) 러시아의 작곡가.
TDY temporary duty. **Te** 〖化〗 tellurium. **T.E.** table of equipment 〖軍〗 장비표.
†**tea** [ti:] *n.* ① UC 차《보통, 홍차》(*make* ~ 차를 끓이다). ② U 차잎; C 차나무. ③ U (차 비슷한) 달인물(*beef* ~). ④ UC 《英》 티《5시경 홍차와 함께 드는 경식사》; 저녁 식사(supper) 《'dinner'를 낮에 들었을 때의》; 다과회. *black* 〔*green*〕 ~ 홍〔녹〕차. *high* 〔*meat*〕 ~ 고기 요리를 곁들인 오후의 차.
téa brèak 《英》 차 마시는 (휴게) 시간(cf. coffee break).
téa càddy 《英》 차통(筒). 「반대.
téa càrt 〔**wàg(g)on**〕 다구(茶具) 운
†**teach** [ti:tʃ] *vt.* (*taught*) **가르치다**; 교수〔훈련〕하다. — *vi.* 가르치다, 선생질하다(*at*). ***I will*** ~ ***you to*** (*tell a lie, betray us, &c.*) (거짓말을, 배반을) 하면 용서 안할 테다. †**∠·er** *n.* **선생**, (여)교사; (도덕적) 지도자, 사표(師表). ‡**∠·ing** *n.* U 교수; 교의(教義), 가르침.
téachers còllege 교육 대학.
teach-in [∠ìn] *n.* 티치인《대학 안에서 학생이 중심이 된 정치·사회 문제 등의 토론 집회》; 토론회.
téaching àid 교구(教具). 「커버.
téa còzy (차 끓이는 주전자의) 보온
tea·cup [tí:kʌp] *n.* 찻잔; = TEACUPFUL.
~·ful [∠kʌpfùl] *n.* 찻잔 하나 가득한 양. 「다방, 찻집.
tea·house [∠hàus] *n.* (한국 등지의)
teak [ti:k] *n.* 티크; U 티크재(材) 《가구재·조선재(造船材)》.
tea·ket·tle [tí:kètl] *n.* 차〔물〕 끓이는 주전자.
teal [ti:l] *n.* 〖鳥〗 상오리.
téa lèaf 차잎; 엽차; (*pl.*) 차찌끼.
†**team** [ti:m] *n.* ① **팀.** ② (수레에 맨) 한 떼의 짐승《소·말 등》. — *vi.* 한 떼의 짐승을 몰다; 팀이 되다. — *vt.* 한 수레에 매다; 한데 맨 짐승으로 나르다.
téam gàme 단체 경기.
team·mate [∠mèit] *n.* 팀의 일원.
téam spírit 단체〔공동〕 정신.
team·ster [∠stər] *n.* 한데 맨 짐승 떼(team)를 부리는 사람; 트럭 운전기사; 두목, 왕초. 「업).
team·work [∠wə̀:rk] *n.* U 협동 (작
téa pàrty 다과회(茶菓會).
téa plànt 차나무.
tea·pot [tí:pàt/-ɔ̀-] *n.* 찻주전자.
†**tear**[1] [tiər] *n.* **눈물**; (*pl.*) 비애. *in* ~*s* 울며. *∠·**ful** *a.* **눈물어린**; 슬픈. ∠·**ful·ly** *ad.* ∠·**less** *a.*
‡**tear**[2] [tɛər] *vt., vi.* (*tore; torn*) ① 찢(어지)다, 잡아뜯다, 할퀴다, 쥐어뜯다(~ *one's hair*). ② 분열시키다〔하다〕. ③ (*vt.*) 괴롭히다. ④ (*vi.*) 돌진하다, 미친 듯이 날뛰다(*about, along*). ~ ***away*** 잡아째다〔떼다〕; 질주하다. ~ ***down*** 당겨 벗기다, 부수다. ~ ***round*** 법석떨(며 돌아다니)다. ~ ***up*** 잡아찢다〔뽑다〕; 근절시키다. — *n.* 째진〔뜯어진, 찢어진〕 곳; 돌진, 날뛰기, 격노; 《俗》 야단법석. ~ ***and wear*** 소모(消耗). ∠·**ing** *a.* 격렬한; 잡아 째는.
téar bòmb [tiər] 최루탄.
tear·drop [tíərdràp/-ɔ̀-] *n.* 눈물방울.
téar dùct 누선(涙腺).
tear-gas [tíərgæ̀s] *vt.* (**-ss-**) (폭도 등에) 최루가스를 사용하다〔쏘다〕.
tear-jerk·er [tíərdʒə̀:rkər] *n.* 《口》 눈물을 짜게 하는 영화〔노래·이야기〕.
tea·room [tí:rù(:)m] *n.* 다방.
téar smòke 최루 가스의 일종.
tear·stained [tíərstèind] *a.* 눈물로 얼룩진. 「둘레의) 따개띠.
téar strìp [tέər] 《美》 (깡통·담배갑
‡**tease** [ti:z] *vt.* **괴롭히다**; 놀려대다; 조르다. — *n.* 괴롭히는 사람, 괴롭히기; 놀려대는 사람, 놀려대기; 조르는 사람, 조르기; tease 당하기. **téas·er** *n.*
tea·sel [tí:zəl] *n.* 산토끼꽃; 산토끼꽃의 구과(球果)《모직의 보풀 세우는 데 씀》; 보풀세우는 기구. — *vt.* (《英》**-ll-**) 티즐〔보풀 세우는 기구〕로 보풀을 세우다. 「세트.
téa sèrvice 〔**sèt**〕 차그릇 일습, 티
tea·shop [tí:ʃàp/-ɔ̀-] *n.* 다방; 《英》 경식당.
‡**tea·spoon** [tí:spù:n] *n.* **찻숟가락**; =⇩. 「하나의 양.
tea·spoon·ful [∠-fùl] *n.* 찻숟가락
teat [ti:t] *n.* 젖꼭지(nipple).
tea-things [tí:θìŋz] *n.* = TEA SERVICE.
téa trày 찻쟁반.
tea·zel, -zle [tí:zl] *n., v.* = TEASEL.
Tec(h) [tek] *n.* 《口》 Technical college 〔institute, school〕.
tech·ie [téki:] *n.* 《口》 기술 특히 전자분야의 전문가·열광자.
tech·ne·ti·um [tekní:ʃiəm] *n.* U 〖化〗 테크네튬《인공 원소; 기호 Tc》.
tech·ne·tron·ic [tèknətránik/-trɔ́n-] *a.* 과학기술〔전자 공학〕이 지배하는《시대, 사회》, 정보화 시대의 《사회》.
***tech·nic** [téknik] *n.* ① = TECHNIQUE. ② (*pl.*) **학술**〔전문〕어, 학술〔전문〕적 사항〔법칙〕. ③ (*pl.*) 공예(학). — *a.* = TECHNICAL.
‡**tech·ni·cal** [téknikəl] *a.* ① 공업의, 공예의. ② 전문의; **기술(상)의**; 학술의. *~·**ly** *ad.*
tech·ni·cal·i·ty [tèknəkǽləti] *n.* U 전문〔학술〕적임; 학술〔전문〕사항; 전문어. 「컬 녹아웃《생략 TKO》.
téchnical knóckout 〖拳〗 테크니
téchnical schóol 공업 학교.
téchnical sérgeant 〖美陸軍〗 중사 《현재는 sergeant first class》.
téchnical térms 술어; 전문어.
***tech·ni·cian** [tekníʃən] *n.* **기술자**; 전문가.

Tech·ni·col·or [téknikʌlər] *n.* 〖商標〗 (미국의) 테크니컬러식 천연색 촬영법(에 의한 천연색 영화).
‡**tech·nique** [tekní:k] *n.* UC (예술상의) 기법, 기교.
tech·noc·ra·cy [teknákrəsi / -5-] *n.* UC 기술자 정치, 기술 중심주의《1932년경 미국서 제창》. **tech·no·crat** [téknəkræt] *n.*
technológical innovátion 기술 혁신.
*__tech·nol·o·gy__ [teknálədʒi/-5-] *n.* U 과학〔공업〕 기술; 공예(학); 전문어. *__tech·no·log·i·cal__ [tèknəládʒikəl / -5-] *a.* *__tech·nól·o·gist__ *n.*
tec·tol·o·gy [tektálədʒi/-tɔ́l-] *n.* U 〖生〗 조직 형태학.
tec·ton·ics [tektániks/-tɔ́n-] *n.* U 축조학(築造學), 구조학; 〖地〗 구조 지질학.
Ted [ted] *n.* Edward, Theodor, Theodore의 애칭; 《英口》 =TEDDY BOY.
ted·der [tédər] *n.* 건초기(乾草機).
téd·dy bèar [tédi] (특히 봉제품의) 장난감 곰.
Téddy bòy 《口》 (1950 년대의 영국의) 반항적 청소년.
Te De·um [tí: dí:əm, téi déium] (L.) 사은(謝恩) 찬미가〔곡〕.
‡**te·di·ous** [tí:diəs, -dʒəs] *a.* 지루한, 장황한. **～·ly** *ad.*
te·di·um [tí:diəm] *n.* U 권태.
tedium vi·tae [váiti:] (L.) = ANNUI.
tee [ti:] *n., vt., vi.* 〖골프〗 공자리(위에 놓다《공을》); (QUOITS 따위의) 목표; 정확한 점. ～ ***off*** (공을) 공자리에서 치기 시작하다; (제안 따위를) 개시하다. ***to a*** ～, or ***to a T-*** 정연히.
*__teem__ [ti:m] *vi.* 충만하다, 많이 있다 (abound) (*with*). **∠·ing** *a.*
teen-age [tí:nèidʒ] *n., a.* 10 대(의). *__-ag·er__ *n.* 10대의 소년〔소녀〕.
teen·er [∠ər] *n.* = TEEN-AGER.
*__teens__ [ti:nz] *n. pl.* 10 대(*a girl in her* ～, 10대의 소녀). ***high*** 〔***middle, low***〕 ～ 18–9〔15–6(또는 16–7), 13–4〕세.
tee·ny·bop·per [tí:nibàpər/-bɔ̀-] *n.* 10대의 소녀; 히피의 흉내를 내거나 일시적 유행을 쫓는 10대.
tee·pee [tí:pi:] *n.* = TEPEE.
tee·ter [tí:tər] *n.,* 《주로 美》 *vi., vt.* 시소(seesaw); 전후〔상하〕로 흔들어 움직이다.
†**teeth** [ti:θ] *n.* tooth의 복수.
teethe [ti:ð] *vi.* 이〔젖니〕가 나다. **téeth·ing** *n.* U 젖니의 발생.
tee·to·tal [ti:tóutl] *a.* 절대 금주의; 《口》 절대적인, 완전한. **-tal·er,** 《英》 **-tal·ler** *n.* 절대 금주가.
tee·to·tum [ti:tóutəm] *n.* 네모 팽이.
tee·vee [ti:ví:] (<TV) *n.* 텔레비전.
Tef·lon [téflɑn/-lɔn] *n.* 〖商標〗 테플론《열에 강한 수지》.
t. e. g. top edge gilt 〖製本〗 천금(天金).
teg·u·ment [tégjəmənt] *n.* 외피(外皮).
Te·h(e·)ran [tì:ərɑ́:n, -rǽn, tèhə-] *n.* 테헤란《이란의 수도》.
tel. telegram; telegraph(ic); telephone.
TEL tetraethyl lead.
tel·aes·the·sia [tèləsθí:ʒiə/-ziə] *n.* 원격 지각《먼 곳에서 생긴 일을 초감각적으로 지각하는 일》.
tel·au·to·gram [telɔ́:təgræm] *n.* (⇩에 의한) 전송 서화 인쇄물.
Tel·Au·to·graph [telɔ́:təgræf, -grɑ̀:f] *n.* 〖商標〗 서화(書畵) 전송기.
Tél A·vív [tél əví:v] *n.* 텔아비브《Israel 최대의 도시》.
tele-, tel- *pref.* 「먼·텔레비전(의)」의 뜻.
tel·e·arch·ics [tèləɑ́:rkiks] *n.* (무전에 의한 항공기의) 원격 조종.
tel·e·cam·e·ra [téləkæmərə] *n.* 텔레비전 카메라.
*__tel·e·cast__ [téləkæ̀st, -kɑ̀:-] *n., vt., vi.* (～, ～***ed***) UC 텔레비전 방송(을 하다).
tel·e·cast·er [-ər] *n.* 텔레비전 방송자; 텔레비전 뉴스 해설자.
tel·e·cin·e [téləsìni] *n.* 텔레비전 영화.
tel·e·com·mu·ni·ca·tion [tèləkəmjù:nəkéiʃən] *n.* 원격 통신.
tel·e·con [téləkɑ̀n / -kɔ̀n] *n.* 텔레콘《원격(遠隔) 회의용 텔레타이프 영사장치》(에 의한 회의).
tel·e·con·trol [tèləkəntróul] *n.* U (전파 등에 의한) 원격 조작.
tel·e·course [téləkɔ̀:rs] *n.* 텔레비전 강좌.
tel·e·di·ag·no·sis [tèlədàiəgnóusis] *n.* U 텔레비전 (원격) 진단.
tel·e·fac·sim·i·le [-fæksíməli] *n.* CU 전화 전송.
tel·e·film [téləfilm] *n.* 텔레비전 영화.
tel·e·gen·ic [tèlədʒénik] *a.* 텔레비전 (방송)에 알맞은(cf. photogenic).
‡**tel·e·gram** [téləgræm] *n.* 전보.
‡**tel·e·graph** [téləgræf, -grɑ̀:f] *n., vt., vi.* 전신(기); 타전하다. **tel·e·gra·ph·ic** [tèləgrǽfik] *a.*
télegraph móney òrder 전보환.
*__te·leg·ra·phy__ [təlégrəfi] *n.* U 전신(술). **-pher** *n.* 전신 기수.
tel·e·ki·ne·sis [tèləkiní:sis, -kai-] *n.* 〖心靈術〗 격동(隔動)《외력을 가하지 않고 사람, 물건을 움직이는》.
tel·e·lec·ture [télәlèktʃər] *n.* 전화 강연《전화를 이용한 마이크 방송》.
tel·e·mark [-mɑ̀:rk] *n., vi.* 〖스키〗 텔레마크 회전(하다).
tel·e·ol·o·gy [tèliálədʒi/-5-] *n.* 〖哲〗 목적론. **tel·e·o·log·i·cal** [-əládʒikəl/-5-] *a.* **tel·e·ól·o·gist** *n.*
te·lep·a·thy [təlépəθi] *n.* U 정신 감응, 이심전심(以心傳心) 현상. **tel·e·path·ic** [tèləpǽθik] *a.* **te·lép·a·thist** *n.* 정신 감응(가능)론자.
†**tel·e·phone** [téləfòun] *n.* 전화(기). ***by*** ～ 전화로. ～ ***booth*** (공중) 전화실. ～ ***directory*** 전화 번호부. ～ ***exchange*** (***office***) 전화 교환국. —— *vt., vi.* 전화로 이야기하다, 전화를 걸다(*to*), 전화로 불러내다.
te·leph·o·ny [təléfəni] *n.* U 전화(술). **tel·e·phon·ic** [tèləfánik/-5-] *a.*

tel·e·pho·to [tèləfóutou] *n., a.* 망원 사진(의). ~ *lens* 망원 렌즈.
tel·e·pho·to·graph [tèləfóutəgræf, -grɑ̀:f] *n., vt.* 망원 사진(을 찍다); 전송 사진(을 보내다). **tel·e·pho·to·graph·ic** [ㅗ-ㅗ-ㅗik] *a.* **tel·e·pho·tog·ra·phy** [ㅗ-fətɑ́grəfi/-ɔ́-] *n.* Ⓤ 망원〔전송〕 사진술. 「라마〔극〕.
tel·e·play [téləplèi] *n.* 텔레비전 드
tel·e·print·er [-prìntər] *n.* 《주로 英》 =TELETYPEWRITER.
Tel·e·Promp·Ter [-prɑ̀mptər/-ɔ̀-] *n.* 〖商標〗 텔레프롬프터《글씨가 테이프처럼 움직여 연기자에 대사 등을 일러주는 장치》.
tel·e·ran [-ræ̀n] *n.* ⓊⒸ 텔레란《레이다 항공술》.
tel·e·re·cord [-rikɔ̀:rd] *vt.* 〖TV〗 녹화하다.
‡**tel·e·scope** [-skòup] *n., vi., vt.* **망원경**; (충돌하여) 박(히)다; 짧아지다, 짧게 하다.
tel·e·scop·ic [tèləskɑ́pik / -ɔ́-] *a.* 망원경의; 망원경으로 본 〔볼 수 있는〕; 멀리 볼 수 있는; 뽑았다끼웠다 할 수 있는, 신축 자재의.
te·les·co·py [tiléskəpi] *n.* Ⓤ 망원경 사용〔제조〕법.
tel·e·screen [téləskrì:n] *n.* 텔레비전 수상면《앞면 유리판》.
tel·e·ster·e·o·scope [tèləstériə-skòup, -stíər-] *n.* 입체 망원경.
tel·es·the·sia [tèləsθí:ʒiə, -ziə] *n.* =TELAESTHESIA.
tel·e·text [télətèkst] *n.* 문자 다중(多重) 방송.
tel·e·thon [téləθɑ̀n/-θɔ̀n] *n.* (자선 등을 위한) 장시간 텔레비전 프로그램.
***tel·e·type, T-** [télətàip] *n., vt., vi.* 〖商標〗 **텔레타이프**〔전신 인자기(印字機)〕(로 송신하다, 를 조작하다).
Tel·e·type·set·ter [-táipsètər] *n.* 〖商標〗 전신 식자기.
tel·e·type·writ·er [tèlətáipràitər] *n.* 전신 인자기.
tel·e·view [télәvjù:] *vt., vi.* 텔레비전으로 보다. **~·er** *n.* 텔레비전 시청자. 「보내다〔보다〕.
tel·e·vise [-vàiz] *vt.* 텔레비전으로
†**tel·e·vi·sion** [téləvìʒən] *n.* **텔레비전.**
tel·e·vi·sor [-vàizər] *n.* 텔레비전 장치. 「타이프 자동 교환기》.
Tel·ex [téleks] *n.* 텔렉스《국제 텔레
†**tell** [tel] *vt., vi.* (*told*) ① **말하다,** 이야기하다, 언급하다. ② 고하다; 누설하다. ③ 명하다. ④ 알다(*Who can ~?* 《反語》 누가 알 수 있겠는가). ⑤ (*vt.*) 분간하다(~ *silk from nylon* 비단과 나일론을 분간하다). ⑥ (*vt.*) 세다(~ *one's beads* 염주를 세다). ⑦ (이하 *vi.*) 고자질하다(*on, of*). ⑧ (약·말·타격이) 효력〔반응〕이 있다(take effects) (*on, upon*); 명중하다. *all told* 전부 다 해서. *I* (*can*) ~ *you.* or *Let me* ~ *you.* 확실히, …이다《확신의 표현》. *Don't* ~ *me* … 설마 …은 아니겠지. *I'll* ~ *you what* 이야기하여 들려주지; 할 이야기가 있다. ~ *apart* 식별하다. ~ *off* 세어서 갈라놓다; (대(隊)를) 분견하다, 일을 할당하다; …에 번호를 붙이다; (결점을 들어서) 몹시 나무라다. ~ *on* (*him*) (그의 일을) 고자질하다. ~ *the world* 단정〔공언〕하다. *You're ~ing me!* 《俗》 알고 있네! ***ㅗ-·er** *n.* 이야기하는 사람; 금전 출납원; 투표 계산원. **ㅗ·ing** *a.* 잘 듣는, 효과적인.
tell·tale [ㅗtèil] *n., a.* 고자쟁이, 수다쟁이; (감정·비밀 등의) 표시, 증거; 자연히 나타나는, 숨길 수 없는.
tel·lu·ri·um [telúəriəm] *n.* Ⓤ 〖化〗 텔루르 《비(非)금속 원소; 기호 Te》.
tel·ly [téli] *n.* 《英口》 텔레비전.
tel·op [télɑ̀p/-ɔ̀p] *n.* 〖TV〗 화면에 삽입되는 글자 따위.
tel·pher [télfər] *n.* (가선식(架線式)) 전기 케이블카.
Tel·star [télstɑ̀:r] *n.* (미국의) 통신 위성.
tem·blor [témblɔ:r, -blər] *n.* 《美》 지진. 「무모.
te·mer·i·ty [təmérəti] *n.* Ⓤ 만용,
Tém·in ènzyme [témən] 〖生〗 테민 효소《RNA 에서 DNA 를 만드는 역전사(逆轉寫) 효소》.
‡**tem·per** [témpər] *n.* ① Ⓤ (여러 가지 재료의) 알맞은 조합(調合)정도, 적당한 정도. ② Ⓤ (마음의) 침착, 평정. ③ Ⓤ (강철의) 되불림, (회반죽의) 굳기. ④ **기질.** ⑤ ⒸⓊ **기분**; 화. *hot* ~ 발끈거리는 성미. *in a good* 〔*bad*〕 ~ 기분이 좋아서〔나빠서〕. *in a* ~, or *out of* ~ 화가 나서. *lose one's* ~ 화내다. *show* ~ 화내다. — *vt.* **눅이다**; 달래다, 경감하다; (악기·목소리의 높이를) 조절하다; (강철 따위를) 되불리다; 단련하다; (진흙을) 반죽하다. — *vi.* 부드러워지다; (강철이) 불리어지다.
tem·per·a [témpərə] *n.* ⓊⒸ 템페라화(법).
***tem·per·a·ment** [témpərəment] *n.* ⓊⒸ ① **기질,** 성미; 격정. ② 〖樂〗 (12) 평균율(법). **-men·tal** [ㅗ--méntl] *a.* 기질(상)의; 성미가 까다로운; 변덕스러운; 신경질의.
***tem·per·ance** [témpərəns] *n.* Ⓤ **절제,** 삼감; **절주**; 금주.
‡**tem·per·ate** [témpərət] *a.* **절제하는, 삼가는**; 온건한; 절〔금〕주의; **온난한.**
Témperate Zóne, the 온대.
‡**tem·per·a·ture** [témpərətʃər] *n.* ⓊⒸ **온도**; 체온. *run a* ~ 열이 있다, 열을 내다; 《俗》 흥분하다. *take one's* ~ 체온을 재다.
tém·per·a·ture-hu·míd·i·ty índex [-hju:mídəti] 불쾌지수《생략 T. H. I.》. 「성이 없는.
tem·per·some [témpərsəm] *a.* 참을
‡**tem·pest** [témpist] *n.* **사나운 비바람, 폭풍우**〔설〕; 대소동.
tem·pes·tu·ous [tempéstʃuəs] *a.* 사나운 비바람의; 폭풍(우) 같은; 격렬

한. ~·ly *ad.*
Tem·plar [témplər] *n.* =KNIGHT TEMPLAR.
‡**tem·ple**[1] [témpəl] *n.* 성당, **신전**(神殿); 절; (T-) 고대 유대의 3신전의 하나; (기독교의 어떤 종파의) 교회당.
***tem·ple**[2] *n.* **관자놀이.**
Témple Bàr 런던 서쪽 끝의 문(門) 《1879년 철거》.
tem·po [témpou] *n.* (It.) 〖樂〗 속도; 박자, 템포.
tem·po·ral**[1] [témpərəl] *a.* ① 현세 〔뜬 세상〕의; 세속의. ② **때의,** 시간의. ③ 순간적인. ***lords ~, or ~ ***peers*** 《英》 (성직자 아닌) 상원 의원 (cf. LORDS spiritual).
tem·po·ral[2] *a., n.* 관자놀이의; 〖解〗 측두골(側頭骨).
‡**tem·po·rar·y** [témpərèri/-rə-] *a.* **일시의,** 잠시의, 임시의; 덧없는. *-**rar·i·ly** *ad.*
tem·po·rize [témpəràiz] *vi.* 형세에 따르다, 기회주의적 태도를 취하다; 타협하다; (시간을 벌기 위해) 꾸물거리다. **tem·po·ri·za·tion** [ˌ--rizéiʃən/-rai-] *n.* Ⓤ
‡**tempt** [tem*p*t] *vt.* ① **유혹하다.** ② (식욕을) 당기게 하다; 꾀다(*to* do). ③ 성나게 하다. ④ 무릅쓰다(~ *a storm* 폭풍우를 무릅쓰고 가다). ⑤ 《古》 시도하다(attempt). ~ ***providence*** 모험하다. ⌐**·er** *n.* 유혹자; (T-) 악마. ⌐**·ing** *a.* 유혹적인, 마음을 끄는; 맛있어 보이는.
‡**temp·ta·tion** [tem*p*téiʃən] *n.* **유혹**(물).
tempt·ress [tém*p*tris] *n.* 유혹하는 여자.
tem·pus fu·git [témpəs fjú:dʒit] (L. =Time flies) 세월은 화살 같다.
†**ten** [ten] *n., a.* **10**(의); 열 개〔사람〕(의). ~ ***to one*** 십중 팔구(까지). ***the best*** ~, 10걸(傑), 베스트텐. ***the T-*** COMMAND***ments. the upper*** ~ 귀족, 상류 사회(<the upper ten thousand).
ten·a·ble [ténəbəl] *a.* (성·진지 등)지킬 수 있는; (학설 등) 조리에 닿는. **-bly** *ad.*
te·na·cious [tinéiʃəs] *a.* 고집하는, 완고한; (기억력이) 강한; 끈기 있는 (sticky). ~**·ly** *ad.* **te·nac·i·ty** [-nǽsəti] *n.* Ⓤ 고집; 완강, 끈질김; 강한 기억력; 끈기.
ten·an·cy [ténənsi] *n.* (땅·집의) 임차(賃借); 그 기간.
‡**ten·ant** [ténənt] *n.* **차지인**(借地人), 차가인(借家人), 소작인; 거주자. —*vt.* 빌다, 임차하다; …에 살다. ~**·ry** *n.* 《集合的》 차지인, 차가인, 소작인(들).
ténant fàrmer 소작농.
tén-cent stòre [ténsènt] 《美》 10센트 균일의 상점.
‡**tend**[1] [tend] *vt.* 지키다(watch over); **돌보다, 간호하다.** —*vi.* 시중들다 (*on, upon*); 주의하다(*to*). ⌐**·ance** *n.* Ⓤ 시중; 간호.
‡**tend**[2] *vi.* **향하다,** 기울다(*to*); **경향이 있다,** …하기 쉽다(be apt) (*to* do); 도움이 되다(*to*).
ten·den·cious, -tious [tendénʃəs] *a.* 경향적인, 목적이 있는, 선전적인.
‡**tend·en·cy** [téndənsi] *n.* **경향**(*to, toward*); 버릇; (이야기의) 취지.
ten·der[1] [téndər] *n.* 감시인; 돌보는 사람, 간호인; 부속선(附屬船); (기관차의) 탄수차(炭水車).
ten·der[2] *vt.* 제출〔제공·제의〕하다; (감사 등을) 말하다; 《美》 (접견 등을) 허용하다. —*vi.* 입찰하다(*for*). —*n.* 제공(물), 신청; 입찰; 법화(法貨) (legal tender).
‡**ten·der**[3] *a.* ① (살·피부·색·빛 따위가) **부드러운.** ② 허약한, 무른; 부서지기〔상하기〕 쉬운. ③ 민감한. ④ 상냥한, 친절한. ⑤ 젊은(*of* ~ *age* 나이 어린), 연약한. ⑥ 델리키트한(*a* ~ *problem*). ⑦ …을 조심〔걱정〕하는 (*of, for*). ‡~**·ly** *ad.* **상냥하게,** 친절히; 유약하게; 두려워하며. ‡~**·ness** *n.* Ⓤ
ten·der·foot [-fùt] *n.* (*pl.* ~*s*, ***-feet***) (미국 서부의 목장·광산 등의) 신출내기, 풋내기.
ten·der-heart·ed [-há:*r*tid] *a.* 상냥한, 인정 많은.
ten·der·loin [-lɔ̀in] *n.* ⓊⒸ (소·돼지의) 연한 등심; (T-) (뉴욕에 있던 악덕으로 이름난) 환락가; 부패한 거리.
ten·der-mind·ed [-máindid] *a.* 이상주의적인; 낙관적인; 독단적인.
ten·don [téndən] *n.* 〖解〗 건(腱).
ten·dril [téndril] *n.* 〖植〗 권수(卷鬚), 덩굴손.
***ten·e·ment** [ténəmənt] *n.* 보유물, 차지(借地), 차가(借家); **가옥.**
ténement hòuse 싸구려 아파트; 연립 주택.
ten·et [ténət, tí:-] *n.* 신조; 주의; 교의.
ten·fold [ténfòuld] *a., ad.* 10배의〔로〕, 열겹의〔으로〕.
tén-gal·lon hát [téngæ̀lən] 《美》 카우보이 모자.
Teng Hsiao-ping [teŋ sjau piŋ] (1903–) 등소평(鄧少平) 《중공의 정치가》.
Tenn. Tennessee.
ten·ner [ténər] *n.* 《英口》 10파운드 지폐; 《美口》 10달러 지폐.
***Ten·nes·see** [tènəsí:] *n.* 미국 남동부의 주(생략 Tenn.).
Tènnessee Válley Authòrity 테네시강 유역 개발 공사(생략 TVA).
†**ten·nis** [ténis] *n.* Ⓤ **테니스.**
ténnis còurt 테니스 코트.
ténnis èlbow 테니스 등이 원인으로 생기는 팔꿈치의 관절염.
Ten·ny·son [ténəsən], **Alfred**(1809–92) 영국의 시인.
ten·on [ténən] *n., vt.* 〖木工〗 장부(를 만들다); 장부이음하다.
***ten·or** [ténər] *n.* ① **진로.** ② 취지, 대의. ③ 〖樂〗 **테너**(가수).
ten·pins [ténpìnz] *n. pl.* 《美》 《單數取扱》 십주희(十柱戲); 《複數取扱》 십주희용 기둥.
***tense**[1] [tens] *a.* **팽팽한;** 긴장한. —*vt.* 팽팽하게 하다; 긴장시키다. ⌐**·ly** *ad.* ⌐**·ness** *n.*

‡**tense**[2] *n.* 〖文〗 시제(時制).

ten·sile [ténsəl/-sail] *a.* 장력(張力)의; 잡아늘일 수 있는(ductile). ~ ***strength*** (항)장력((抗)張力). **ten·sil·i·ty** [tensíləti] *n.* Ⓤ

ten·sim·e·ter [tensímitər] *n.* 가스 압력계; 증기 압력계.

ten·si·om·e·ter [tènsiámitər / -ɔ́mi-] *n.* 장력계.

ten·si·om·e·try [tènsiámətri / -ɔ́-] *n.* Ⓤ 장력학.

***ten·sion** [ténʃən] *n.* Ⓤ ① 팽팽함, **긴장**; (정신·국제 관계의) 긴장. ② 〖理〗 장력(*surface* ~ 표면 장력); 팽창력, (기체의) 압력; 〖電〗 전압. —— *vt.* 긴장시키다.

ten·si·ty [ténsəti] *n.* Ⓤ 긴장 (상태).

ten·sor [ténsər] *n.* 〖解〗 장근(張筋); 〖數〗 텐서.

ten-strike [ténstràik] *n.* ('tenpins' 게임에서) 기둥 10개를 전부 넘어뜨리기; 《口》 대성공.

†**tent**[1] [tent] *n., vt., vi.* **텐트**(에서 자다), 천막으로 덮다; 주거. ***pitch*** 〔***strike***〕 ***a*** ~ 텐트를 치다〔걷다〕.

tent[2] *n.* (성체 성사용) 빨간 포도주.

ten·ta·cle [téntəkəl] *n.* 〖動〗 촉각, 촉수; 〖植〗 촉모(觸毛). ~**d** [-d] *a.* 촉각〔촉모〕 있는. 「시험삼아 하는.

***ten·ta·tive** [téntətiv] *a.* **시험적인,**

tént càterpillar 천막벌레.

ten·ter [téntər] *n., vt.* 재양틀(에 치다)《천을》.

ten·ter·hook [-hùk] *n.* 재양틀의 갈고리. ***be on*** ~***s*** 조바심하다.

†**tenth** [tenθ] *n., a.* ① **제 10(의),** 10째(의). ② 10분의 1(의). ③ (달의) 10일. ④ 〖空〗 (시계(視界)) 운량(雲量) 단위 기수(基數) (보기 : *ten*~ 시정(視程) 제로). ⌐**·ly** *ad.* 열번째로〔에〕. 「〖音聲〗 무성 파열음.

ten·u·is [ténjuis] *n.* (*pl.* **-es** [-i:z])

te·nu·i·ty [tenjú:əti] *n.* Ⓤ 가늚, 엷음; 희박〔빈약〕(함).

ten·u·ous [ténjuəs] *a.* 가는, 얇은; 희박한; 미미한.

ten·ure [ténjuər] *n.* ⓊⒸ (재산·지위 등의) 보유; 그 기간·조건. ~ ***of life*** 수명. **ten·úr·i·al** *a.*

te·pa [tí:pə] *n.* Ⓤ 제암제(制癌劑).

te·pee [tí:pi:] *n.* (아메리카 토인의) 천막집.

tep·id [tépid] *a.* 미지근한, 미온의 (lukewarm). ~**·ly** *ad.* ~**·ness** *n.* **te·píd·i·ty** *n.* Ⓤ

TEPP tetraethyl pyrophosphate 《살충제》. 「르븀《금속 원소》.

ter·bi·um [tə́:rbiəm] *n.* Ⓤ 〖化〗 테

ter·cen·te·nar·y [tə:rséntənèri, tə̀:rsenténəri / tə̀:sentí:nəri] *n., a.* 300년(의); 300년제(祭)(의).

ter·cet [tə́:rsit, tə:rsét] *n.* 〖韻〗 3행 (압운) 연구(聯句); 〖樂〗 3연음.

ter·gi·ver·sate [tə́:rdʒivərsèit] *vt.* 변절하다; 어물쩍거리다, 얼버무리다 (evade). **ter·gi·ver·sa·tion** [⌐--séiʃən] *n.* ⓊⒸ

‡**term** [tə:rm] *n.* 《원래의 뜻: 「한계」「한정」; (cf. terminus)》 ① ⒸⓊ **기한, 기간; 학기.** ② ⒸⓊ (법원의) 개정기(開廷期); (지불의) 기일. ③ (*pl.*) (한정하는) 조건, 조항; (계약·지불·값 등의) 약정. ④ 요구액, 값. ⑤ (*pl.*) 친교 관계. ⑥ (한정된) 개념, **말,** 용어(*a technical* ~ 술어). ⑦ (*pl.*) 말투. ⑧ 〖論〗 명사; 〖數〗 항(項). ***bring*** 〔***come***〕 ***to*** ~***s*** 항복시키다〔하다〕; 절충이 되다, 타협하다. ***in*** ~***s of*** …에 의해서; …의 점에서 (보면). ***make*** ~***s with*** 타협하다. ***not on any*** ~***s*** 결코 …아니다. ***on good*** 〔***bad***〕 ~***s*** 사이가 좋아서〔나빠서〕 (*with*). ***on speaking*** ~***s*** 말을 건넬 정도의 사이인(*with*). —— *vt.* 이름짓다, 부르다.

ter·ma·gant [tə́:rməgənt] *a., n.* 잔소리가 심한; 쨍쨍대는 여자. **-gan·cy** *n.* Ⓤ 「약·연금 등) 기한이 있는.

ter·mi·na·ble [tə́:rmənəbəl] *a.* (계

***ter·mi·nal** [tə́:rmənəl] *a.* ① **끝의,** 마지막의; 종점의(*a* ~ *station* 종착역). ② 정기(定期)의; 학기의. —— *n.* ① **말단;** 《美》 **종착역**(《英》 terminus). ② 〖電〗 단자(端子). ③ 학기말 시험. ④ 〖컴퓨터〗 단말(端末) 장치《데이터 입출력 장치》. ~**·ly** *ad.* 기(期)〔학기〕마다, 정기로.

términal vóltage 〖電〗 극전압.

***ter·mi·nate** [tə́:rmənèit] *vi., vt.* ① **끝나다, 끝내다;** (*vi.*) 다하다. ② (*vt.*) 한정하다, …의 한계를 이루다. ***ter·mi·na·tion** [⌐-⌐ʃən] *n.* ⓊⒸ **종결;** 만기; 말단; 한계; Ⓒ 〖文〗 (굴절) 어미. 「의 복수.

ter·mi·ni [tə́:rmənài] *n.* terminus

ter·mi·nol·o·gy [tə̀:rmənálədʒi / -mənɔ́l-] *n.* Ⓤ 술어, 용어(법). **ter·mi·no·log·i·cal** [⌐-nəládʒikəl/-ɔ́-] *a.*

***ter·mi·nus** [tə́:rmənəs] *n.* (*pl.* **-ni** [-nài], ~**es**) ① **종점;** 《英》 종착역 (cf. 《美》 terminal). ② 한계; 경계(표). ③ 흉상주(胸像柱).

ter·mite [tə́:rmait] *n.* 흰개미.

tern [tə:rn] *n.* 〖鳥〗 제비갈매기.

ter·na·ry [tə́:rnəri] *a.* 3의; 3원(元)의. 「펜.

ter·pene [tə́:rpi:n] *n.* Ⓤ 〖化〗 테르

Terp·sich·o·re [tə:rpsíkəri] *n.* 〖그神〗 가무(歌舞)의 여신. **Terp·si·cho·re·an** [⌐--rí:ən] *a., n.* Terpsichore 의; (t-) 가무의; 《諧》 댄서.

ter·ra [térə] *n.* 땅, 토지; 대지(大地), 지구.

‡**ter·race** [térəs] *n.* ① **대지(臺地),** 높은 지대(에 늘어선 집들); (뜰 따위의) 단(段). ② (집에 이어진) **테라스.** ③ 납작한 지붕. —— *vt.* 대지〔단, 테라스〕로 하다. ~**d** [-t] *a.* 테라스로 된, 테라스가 있는; 계단식의.

ter·ra-cot·ta [térəkátə / -kɔ́-] *n., a.* 붉은 질그릇《꽃병·기와·상(像) 따위》; 적갈색(의). 「지; 견고한 지위.

ter·ra fir·ma [térə fə́:rmə] (L.) 육

ter·rain [təréin] *n.* 지대, 지세; 〖軍〗 지형.

ter·ra in·cog·ni·ta [térə inkágnitə/-kɔ́g-] (L.) 미지의 땅〔영역〕.

Ter·ra·my·cin [tèrəmáisin] *n.* Ⓤ 〖商標〗 테라마이신《항생물질 약》.

ter·ra·pin [térəpin] *n.* (북미산) 식용 거북.

ter·rar·i·um [teréəriəm] *n.* 동물 사육장(cf. vivarium).

***ter·res·tri·al** [tiréstriəl] *a., n.* 지구의; 육지의, 육상의, 육지에 사는; 지상의; 속세의(worldly); 지상에 사는 것, 인간.

terréstrial glóbe 지구(본).

terréstrial gravitátion 지구 인력.

terréstrial mágnetism 지자기(地磁氣).

terréstrial plánet 태양에 가까운 네 혹성《수성·금성·지구·화성》.

†**ter·ri·ble** [térəbəl] *a.* 무서운; 《口》 극히 서투른. —— *ad.* 《口》 몹시. ‡**-bly** *ad.*

***ter·ri·er** [tériər] *n.* 테리어《몸집이 작은 개》.

***ter·rif·ic** [tərífik] *a.* 무서운; 《口》 대단한, 굉장한.

‡**ter·ri·fy** [térəfài] *vt.* 겁나게〔놀라게〕 하다.

ter·ri·to·ri·al** [tèrətɔ́:riəl] *a.* 영토의, 토지의; 지역적인; (T-) 《美》 준주(準州)의. **~ *waters 영해. **~ *principle*** 〖法〗 속지(屬地)주의. —— *n.* (T-) 《英》 국방 (의용)군 병사.

‡**ter·ri·to·ry** [térətɔ̀:ri / -təri-] *n.* ① ⓊⒸ 영토, 판도(版圖). ② ⓊⒸ (과학 따위의) 분야; 지역, 지방; ⒸⓊ (행상인의) 담당 구역. ③ (T-) 〖美史〗 준주(準州) 《성년 남자의 인구가 5천일 때 'territory', 6만에 달했을 때 'state'로 승격했음》.

‡**ter·ror** [térər] *n.* ① ⓊⒸ 공포, 무서움(*in* ~ 무서워서). ② 무서운 사람〔것〕. ③ 《口》 성가신 녀석. ***the king of ~s*** 죽음. ***the Reign of T-*** 공포 시대《프랑스 혁명 중 1793년 5월부터 이듬해 7월까지》. **tér·ror·ism** [-ìzəm] *n.* Ⓤ 공포 정치; 테러 행위. **~·ist** *n.* 테러리스트; (프랑스 공포 시대의) 자코뱅 당원. **ter·ror·is·tic** [˾-ístik] *a.* **~·ize** [-àiz] *vt.* 무서워하게 하다; 공포 정치로 누르다.

ter·ror-strick·en [térərstrìkən], **-struck** [-strʌ̀k] *a.* 겁〔공포〕에 질린.

tér·ry (clòth) [téri] *n.* Ⓤ 테리천《보풀을 고리지게 짠 두꺼운 직물》.

térry tòwel 테리 타월.

terse [tə:rs] *a.* (문체가) 간결한(succinct). **⌐·ly** *ad.* **⌐·ness** *n.*

ter·tian [tə́:rʃən] *a., n.* 사흘마다 일어나는, 격일의; Ⓤ 〖醫〗 격일열.

ter·ti·ar·y [tə́:rʃièri, -ʃə-] *a., n.* 제 3(위)의; (T-) 〖地〗 제 3 기(紀)〔계(系)〕(의); 〖文〗 3 차어(구)《부사 상당어(구)》.

Ter·y·lene [térəli:n] *n.* 〖商標〗 테릴렌《폴리에스터 섬유》.

TESL [tesl] teaching English as a second language 제 1 외국어로서의 영어 교육.

tes·sel·late [tésəlèit] *vt.* 조각맞춤 세공을 하다, 모자이크로 하다. —— [-lit] *a.* 모자이크로 한. **-lat·ed** [-id] *a.* **tes·sel·lá·tion** [˾-léiʃən] *n.* Ⓤ

†**test** [test] *n.* ① 테스트, 검사, 시험(*put to the* ~ 시험하다). ② 시험물; 시약(試藥); 시금석. ***stand the ~*** 합격하다, 시험에 견디다. —— *vt.* 검사〔시험〕하다. **⌐·a·ble** *a.* **⌐·er** *n.*

Test. Testament.

tes·ta·ment** [téstəmənt] *n.* 〖聖〗 성약(聖約)(서); 〖法〗 유언(서); (T-) 신약성서. ***the New 〔***Old***〕 ***T-*** 신〔구〕약 성서.

tes·ta·men·ta·ry [˾-méntəri] *a.* 유언서의, 유언서에 의한.

tes·ta·mur [testéimər] *n.* 《英》 (대학의) 시험 합격증.

tes·tate [tésteit] *a., n.* 유언서를 남긴 (사람), 유언자.

tes·ta·tor [tésteitər, -⌐-] *n.* (*fem.* ***-trix*** [-triks]; *fem. pl.* ***-trices*** [-trisì:z], ***-trixes*** [-triksiz]) 유언자.

tést bàn 핵실험 금지 협정.

tést bèd (항공기 엔진 등의) 시험대.

tést càse 테스트케이스, 첫 시도; 〖法〗 시소(試訴).

test-drive [téstdràiv] *vt.* (***-drove; -driven***) (자동차에) 시승하다.

test·ee [testí:] *n.* (시험 등의) 수험자.

test·er [téstər] *n.* 시험자; 시험기.

test-fire [téstfàiər] *vt.* (로켓·미사일 등을) 시험 발사하다.

test-fly [⌐flài] *vt.* 시험 비행을 하다.

tes·ti·cle [téstikəl] *n.* (보통 *pl.*) 〖解·動〗 고환(睾丸).

‡**tes·ti·fy** [téstəfài] *vi., vt.* 증명〔입증〕하다, (*vi.*) 증인이 되다(*to*); (*vt.*) 확언하다. **~ *one's regret*** 유감의 뜻을 표하다.

tes·ti·mo·ni·al [tèstəmóuniəl] *n.* 증명서; 표창장; 기념품; 사례.

‡**tes·ti·mo·ny** [téstəmòuni / -məni] *n.* Ⓤ ① 증거; 증명, 증언. ② 신앙 성명. ③ 《古》 항의(*against*). ④ (*pl.*) 신의 가르침, 성서; 십계.

tes·tis [téstis] *n.* (*pl.* ***-tes*** [-ti:z]) = TESTICLE.

tes·tos·ter·one [testástəròun / -ɔ́-] *n.* Ⓤ 테스토스테론《남성 호르몬》.

tést pàper 〖化〗 시험지(cf. litmus).

tést pàttern 〖TV〗 시험 방송용 도형.

tést pìlot (신조기(新造機)의) 시험 조종사.

tést tùbe 시험관.

test-tube [tésttjù:b] *a.* 시험관에서 만들어 낸; 인공 수정의.

tést-tube bàby 시험관 아기.

tést type 테스트타이프《시력 검사표의 문자들》(cf. eye chart).

tes·tu·do [testjú:dou] *n.* (*pl.* ***-dines*** [-dəni:z]) 〖古羅〗 (거북딱지 모양의) 공성용(攻城用) 큰 방패; (T-) 〖動〗 남생이 무리.

tes·ty [tésti] *a.* 성미 급한. **-ti·ly** *ad.* **-ti·ness** *n.*

tet·a·nus [tétənəs] *n.* Ⓤ 〖病〗 파상풍(cf. lockjaw).

tetch·y [tétʃi] *a.* 성미 까다로운.

tête-à-tête [téitətéit, tétətét] *ad., a., n.* (F.) 단둘이서〔의〕; 마주 보고, 마주 앉은; 비밀 이야기, 밀담; 마주 앉은 두 사람; 2인용 의자.

teth·er [téðər] *n., vt.* (소·말의) 매는 사슬〔밧줄〕(로 매다); 한계, 범위.

at the end of one's ~ 갖은 수가 다하여, 궁지에 빠져.
tetra- 「넷」의 뜻의 결합사.
tet·ra·cy·cline [tètrəsáikli(:)n] *n.* Ⓤ 〖藥〗 항생물질의 하나.
tét·ra·eth·yl lèad [tétrəèθil lèd] 〖化〗 테트라에틸연(鉛), 4에틸연.
tet·ra·gon [tétrəgàn/-gən] *n.* 4각형.
te·trag·o·nal [-rǽgənəl] *a.*
tet·ra·he·dron [tètrəhí:drən/-héd-] *n.* (~*s*, *-dra* [-drə]) 〖幾〗 4면체. **-hé·dral** [-hí:drəl] *a.*
tet·ra·hy·dro·can·na·bi·nol [tètrəhàidrəkǽnəbənɔ̀:l] *n.* Ⓤ 마리화나의 유효 성분《생략 THC》.
te·tral·o·gy [tetrǽlədʒi] *n.* 〖古그〗 4부극《세 비극과 한 풍자극으로 이루어짐》. 「사보격(四步格).
te·tram·e·ter [tetrǽmitər] *n.* 〖韻〗
tet·ra·pod [tétrəpàd/-ɔ̀-] *n.* (호안(護岸) 공사용의) 테트라포드; 네발 짐승.
te·trarch [tí:trɑ:rk, tét-] *n.* 〖古로〗 4분 영주《한 주(州)의 4분의 1을 다스리는 영주》.
tet·ra·syl·la·ble [tétrəsìləbəl] *n.* 4음절어. **tet·ra·syl·lab·ic** [⌐–silǽbik] *a.* 「vəl-] *a.* 〖化〗 4가(價)의.
tet·ra·va·lent [tètrəvéilənt, tetrǽ-
te·trox·ide [tetrɑ́ksaid, -sid/-rɔ́ksaid] *n.* 〖化〗 4산화물(四酸化物).
tet·ter [tétər] *n.* Ⓤ,Ⓒ 〖病〗 습진, 수
Teut. Teuton(ic). 「포진.
Teu·ton [tjú:tən] *n.* 튜튼 사람《영국·독일·네덜란드·스칸디나비아 사람 등》; 독일 사람(German). **Teu·tón·ic** [-tɑ́n-/-ɔ́-] *a.* 튜튼〔게르만〕 사람〔족·말〕의. **Téu·ton·ism** [-tənìzəm] *n.* Ⓤ 튜튼〔독일〕어법〔문화〕.
Tex. Texan; Texas. 「람).
Tex·an [téksən] *a.*, *n.* 텍사스의 (사
***Tex·as** [téksəs] *n.* 미국 남서부의 주《생략 Tex.》.
Téxas léaguer 〖野〗 텍사스리거《내야수와 외야수 사이에 떨어지는 안타》. 「경관.
Téxas Rànger 《美》 텍사스 기마
Téxas tówer 해중탑《해저 유정(油井)·등대·관측 레이더용》.
‡text [tekst] *n.* Ⓤ 본문; Ⓒ 원문, 텍스트; 성구(聖句)《특히 설교 제목으로 인용되는》; 화제(topic), 논제.
†text·book [⌐bùk] *n.* 교과서.
téxt edìtion 교과서판.
tex·tile** [tékstail, -til] *a.*, *n.* 직물의, 짠; Ⓤ,Ⓒ 직물; 직물 원료. ~ ***fabrics 직물. ~ ***industry*** 직물 공업.
tex·tu·al [tékstʃuəl] *a.* 본문〔원문〕(상)의. ~**·ly** *ad.*
***tex·ture** [tékstʃər] *n.* Ⓤ,Ⓒ ① 천, 감; 직물. ② (피부의) 결; (돌·목재의) 결, 조직. ③ (문장·그림·악곡의 심리적인) 감촉. **téx·tur·al** *a.*
T. F. tank forces; task force; 《英》 Territorial Force. **TGIF** 《美》 Thank God It's Friday 금요일 만세(「내일부터 주말이다, 휴일이다」의 기분》. **Th** 〖化〗 thorium. **Th.** Thomas; Thursday. **T.H.** Territory of Hawaii.
-th, -eth *suf.* 「4」 이상의 서수 어미 (fif*th*, sixti*eth*); 《古》 3인칭 단수·직설법 현재의 동사 어미(do*th*, doe*th*).
Thack·er·ay [θǽkəri], **William Makepeace** (1811–63) 영국의 소설가.
Thai [tai, tɑ́:i] *n.* 타이 사람; Ⓤ 타이말. —— *a.* 타이의; 타이 말〔사람〕의.
Thai·land [táilənd, -læ̀nd] *n.* 타이. ~**·er** *n.* 타이 사람.
thal·a·mus [θǽləməs] *n.* (*pl.* ***-mi*** [-mài]) 〖解〗 시상(視床); 〖植〗 화탁(花托). ***the optic*** ~ 시신경상(視神經床).
tha·ler [tɑ́:lər] *n.* 독일의 구은화 이름《=3 marks》.
tha·lid·o·mide [θəlídəmàid] *n.* Ⓤ 탈리도마이드《전에 진정·수면제로 쓰이던 약》. ~ ***baby*** 기형아《탈리도마이드계 수면제의 영향에 의한 기형아; cf. phocomelus》.
thal·li·um [θǽliəm] *n.* Ⓤ 〖化〗 탈륨《금속 원소; 기호 Tl》.
thal·lo·phyte [θǽləfàit] *n.* 〖植〗 엽상(葉狀) 식물《이끼·말·균류 따위》.
thal·lus [θǽləs] *n.* (*pl.* ***-li*** [-lai], ~***es***) 〖植〗 엽상체(葉狀體).
‡Thames [temz] *n.* (the ~) 런던을 흐르는 강. (*He will not*) ***set the*** ~ ***on*** FIRE.
†than [強 ðæn, 弱 ðən] *conj.* ① …보다(도) (*He is taller* ~ *I* (*am*). = 《口》 … ~ *me.*). ② 《rather, sooner 등의 다음에서》 …하기보다는 (차라리) …. ③ 《other, else 등의 다음에서》 …밖에 딴, … 이외에는, …과 다른. —— *prep.* 《than whom 의 꼴로》 …보다.
thane [θein] *n.* 〖英史〗 대향사(大鄕士)《귀족의 아래》; (스코틀랜드의) (왕령(王領)) 영주.
†thank [θæŋk] *vt.* 감사하다. ***I will*** ~ ***you to*** (*shut the window*). (창문을 닫)아 주시오. ***No,*** ~ ***you.*** 아니오, 괜찮습니다《사양》. ***T- God*** [***Heaven***]***!*** 옳지 됐다! ***T- you for nothing!*** 쓸 데 없는 참견이다! ***Thanking you in anticipation.*** 이만 부탁드리면서《편지》. ***T- you for that ball!*** 미안합니다!《볼을 남에게 집어 달랄 때의 상투적인 말》. ***You may*** ~ ***yourself for*** (*that*). 자업자득일세. —— *n.* (*pl.*) 감사, 사의(謝意), 사례(*Thanks!* 고맙소). ~***s to*** …덕택에 《反語的으로도》.
‡thank·ful [⌐fəl] *a.* 감사하고 있는(*to* him *for* it). ~**·ly** *ad.* ~**·ness** *n.*
***thank·less** [⌐lis] *a.* 감사하는 마음이 없는, 은혜를 모르는(ungrateful); 감사를 받지 못하는(*a* ~ *job* [*task*] 공을 알아 주지 않는 일).
‡thanks·giv·ing [θæŋksgíviŋ / ⌐⌐–] *n.* ① Ⓤ 감사, 사은. ② (T-) =**T-Dày** 《美》 추수 감사절《보통 11월의 네째 목요일》.
†that [強 ðæt, 弱 ðət] (*rel.*) *pron.* (*pl.* ***those***) ① 저것; 그것; 저 사람

〔일·것〕. ② 《'this'를 「후자」로 하여》 전자. ③ …의 그것. ④ (*rel. pron.*) (…하는) 바의. ***and all*** ～ 및 그런 등속; …따위〔등등〕. ***and*** ～ 게다가. ***at*** ～ 그렇다 치더라도; 《口》 게다가, 그리고 또; 《口》 이야기는〔일은〕 그쯤하고, 끝내고; 《美》 만사〔여러 가지〕를 생각하여 보고. ***in*** ～ =BECAUSE. ～ ***is*** (***to say***) 즉. ***So*** ～*'s* ～. 《口》 이것으로 그만〔끝〕. ── [ðæt] *a.* 그, 저. ── [ðət] *conj.* …이라는 (것); 《理由》 …이므로(*I'm glad* (～) *you've come.*); 《目的》 …하기 위하여(*We work* ～ *we may live.*); 《結果》 …만큼, …이므로; 《判斷》 …하다니(*Is he mad* ～ *he should speak so wild?* 그렇게 터무니 없는 말을 하다니 미쳤는가); 《所願》 …이면 좋으련만(*O* 〔*Would*〕 ～ *he might come soon!*); 《놀라움·切實한 느낌·憤慨 등》 …되다니(*T- it should ever come to this!* (아아) 일이 이 지경이 될 줄이야!). ── *ad.* 《口》 그렇게(so), 그 정도로 (*I can't stay* ～ *long.* / 《俗》 *I am* ～ *sad I could cry.* 울고 싶을 정도로 슬프다).

***thatch** [θætʃ] *n.*, *vt.* Ⓤ **이엉**(을 이다); 띠〔억새〕(로 이다); Ⓒ 초가지붕, 띠〔억새〕로 이은 지붕. **～ed** [-t] *a.* **∠·ing** *n.* Ⓤ 지붕이기, 지붕이는 재료.

Thatch·er [θǽtʃər], **Margaret** (1925–) 영국 보수당의 정치가·수상(재직 1979–).

†**that's** [ðæts] that is 〔has〕의 단축.

thau·ma·tur·gy [θɔ́:mətə̀:rdʒi] *n.* Ⓤ 마법(magic).

***thaw** [θɔ:] *n.*, *vi.* **해동**, **눈이〔서리가〕 녹음**, (눈·서리가) **녹다**, **날씨가 풀리다**; (몸이) 차차 녹다; (마음·태도가) 누그러지다, 풀리다. ── *vt.* 녹이다; 누이다; 풀리게 하다.

Th. B. (L.) Bachelor of Theology.

Th. D. (L.) Doctor of Theology.

†**the** [強 ði:, 弱 ðə(자음의 앞), ði(모음의 앞)] *def. art.* **그, 저**, 예(例)의. ── (*rel.* & *dem.*) *ad.* …하면 할수록. ***T- sooner,*** ～ ***better.*** 빠르면 빠를수록 좋다. ALL ～ ***better.*** ***none*** ～ ***better for*** doing …해도 마찬가지.

‡**the·a·ter,** 《英》 **-tre** [θí:ətər] *n.* ① **극장**. ② (the ～) (연)극; 《集合的》 극작품; 연극계; (극장의) 관객. ③ (계단식) 강당, 수술 교실. ④ 활무대(*the* ～ *of war* 전쟁터).

the·a·ter·go·er [θí:ətərgòuər] *n.* 자주 연극을 보러 가는 사람. **-go·ing** *n.*, *a.* Ⓤ 관극(의).

the·a·ter-in-the-round [θí:ətər-inðəráund] *n.* 원형 극장.

théater of the absúrd 부조리극.

***the·at·ri·cal** [θiǽtrikəl] *a.* **극장의**; **연극(상)의**; 연극 같은. **～·ly** *ad.* **～s** *n. pl.* 연극(조의 몸짓), 소인극.

Thebes [θi:bz] *n.* 테베《1. 이집트 Nile 강변의 옛 도시. 2. 고대 그리스의 도시 국가의 하나》. **Thé·ban** [θí:bən] *a.*

***thee** [強 ði:, 弱 ði] *pron.* thou의 목적격.

‡**theft** [θeft] *n.* Ⓤ 도둑질; 절도죄.

thegn [θein] *n.* =THANE.

the·in(**e**) [θí:i(:)n] *n.* =CAFFEIN.

†**their** [強 ðεər, 弱 ðər] *pron.* they의 소유격. †**～s** *pron.* **그들의 것**.

the·ism [θí:izəm] *n.* Ⓤ 유신론. **-ist** *n.* **the·ís·tic** *a.*

†**them** [強 ðem, 弱 ðəm] *pron.* they 「의 목적격.

‡**theme** [θi:m] *n.* **논제, 화제, 테마**; 과제 작문; 〖樂〗 주제, 주선율; 〖라디오·TV〗 주제 음악(signature).

†**them·selves** [ðəmsélvz] *pron. pl.* **그들 자신**(을, 이).

†**then** [ðen] *ad.* ① **그때, 그 당시**. ② **그리고 나서**, 이어서; 다음에(next). ③ 그러면; 그래서, 그러므로. ***and*** ～ 그리고 나서, 그 위에. ***but*** ～ 그러나 (또 한편으로는). ***now*** ～ 그런데, 그래서. ***now*** ... ～ ... 어떤 때에는 … 또 어떤 때에는. ～ ***and there*** 그때 그 자리에서; 즉석에서.

‡**thence** [ðens] *ad.* **그러므로**; 거기서부터; 그때부터. **～·fórth** [∠∠], **～·fór·ward**(**s**) [∠∠–] *ad.* 그때 이래.

theo- 「신(神)」의 뜻의 결합사.

the·oc·ra·cy [θi:ákrəsi/θiɔ́-] *n.* Ⓤ,Ⓒ 신정(神政)(국). **the·o·crat** [θí:əkræt] *n.* 신정(주의)자. **the·o·crat·ic** [∠-krǽtik], **-i·cal** [-əl] *a.*

the·od·o·lite [-dəlàit] *n.* 〖測〗 경위의(經緯儀).

the·og·o·ny [-gəni] *n.* Ⓤ 신통 계보 「학(神統系譜學).

the·o·lo·gian [θì:əlóudʒiən] *n.* 신학자. 「《口》 신학생.

the·o·logue [θí:əlɔ̀:g, -làg / -lɔ̀g] *n.*

***the·ol·o·gy** [θi:álədʒi/θiɔ́-] *n.* Ⓤ **신학**. ***the·o·log·ic** [θì:əládʒik / -lɔ́-], **-i·cal** [-əl] *a.* **-i·cal·ly** *ad.* 「理).

the·o·rem [θí:ərəm] *n.* 〖數〗 정리(定

***the·o·ret·ic** [θì:ərétik], **-i·cal** [-əl] *a.* **이론(상)의**; 공론(空論)의. **-i·cal·ly** *ad.*

the·o·re·ti·cian [θì:ərətíʃən] *n.* (예술·과학 등의) 이론에 밝은 사람 (cf. theorist). 「가.

the·o·rist [θí:ərist] *n.* 이론〔공론〕

the·o·rize [θí:əràiz] *vi.*, *vt.* 이론을 세우다; 이론을 붙이다.

‡**the·o·ry** [θí:əri] *n.* **학설**, 설; Ⓤ 이론; (탁상의) 공론; Ⓒ 《俗》 의견.

the·o·soph·ic [θì:əsáfik / θiəsɔ́f-], **-i·cal** [-əl] *a.* 정신(론)의, 신지학(神知學)의.

the·os·o·phy [θi:ásəfi/θiɔ́-] *n.* Ⓤ 정신론〔학〕; 신지학(神知學). **-phist** *n.*

ther·a·peu·tic [θèrəpjú:tik] *a.* 치료(학)의. **-tics** *n.* 치료학〔법〕. **-tist**

ther·a·py [θérəpi] *n.* Ⓤ 치료. ⌊*n.*

†**there** [ðεər] *ad.* **그곳에**, **거기에서**〔로〕, 저 곳에(서)〔으로〕; 그 점에서(는). ***Are you*** ～*?* 《電話》 여보세요 (당신이오). ***be all*** ～ 《俗》 정신 똑바로 차리고 있다, 제정신이다; 빈틈 없다. ***get*** ～ 《俗》 성공하다. ***T- is*** 〔***are***〕 …이 있다. ***There's a good***

boy! 아아 착한 아이지. ***T- you are!*** 거봐; (물건·돈 등을 내면서) 자, 옜습니다. ***You have me ~!*** 졌다; 손들었네. —— *n.* 《前置詞 다음에》 Ⓤ 거기(*from ~*). —— *int.* 자!; 야!; 저봐!; 저런!; 그것 봐라! ***T- now!*** 그것 봐라!
there·a·bout(s) [ðέərəbàut(s)] *ad.* 그 근처에; 그 무렵에; 대략, …쯤.
‡**there·af·ter** [ðεəræ̀ftər, ðεərá:-] *ad.* 그 뒤로, **그 이후**; 그것에 의해서. 「것에 의해서, 그 때.
there·at [-ǽt] *ad.* 《古》 거기서, 그
‡**there·by** [ðὲərbái] *ad.* **그것에 의해서**, 그 때문에. ***T- hangs a tale.*** 거기에는 까닭이 있다.
there·for [-fɔ́:r] *ad.* 《古》 그 때문〔대신〕에. 「그 결과.
†**there·fore** [ðέərfɔ̀:r] *ad.* **그러므로**;
there·from [ðὲərfrʌ́m/-frɔ́m] *ad.* 《古》 거기서〔그것으로〕부터.
***there·in** [ðὲərín] *ad.* 《古》 **그 속에**, 그 점에서.
there·in·af·ter [ðὲərinæ̀ftər, ðὲərinɑ́:-] *ad.* 아래에, 아래 글에.
there·in·be·fore [-inbifɔ́:r] *ad.* 위에, 전문(前文)에.
there·in·to [ðὲəríntu:, --ˊ] *ad.* 《古》 그 속에〔으로〕.
there·of [-ɑ́v, -ʌ́v/-ɔ́v, -ɔ́f] *ad.* 《古》 그것에 관해서; 그것의, 거기서〔그것으로〕부터.
there·on [-ɑ́n, -ɔ́:n/-ɔ́n] *ad.* 《古》 그 위에; 그 즉시. 「〔has〕의 단축.
†**there's** [強 ðεərz, 弱 ðərz] there is
there·to [ðὲərtú:] *ad.* 《古》 거기에, 그밖에 다시, 거기에 더하여, 또.
there·to·fore [-təfɔ́:r] *ad.* 《古》 그 이전에(는).
there·un·der [ðὲərʌ́ndər] *ad.* 《古》 그 아래서〔에〕; 거기에 따라서.
there·un·to [-ʌ́ntu:, ˎ-ˊ] *ad.* 《古》 =THERETO.
‡**there·up·on** [ðὲərəpɑ́n, -pɔ́:n / ðέərəpɔ́n] *ad.* **그리하여** (즉시); 그러므로; 그 위에.
‡**there·with** [ðὲərwíθ, -ð] *ad.* 《古》 **그것과 함께**; 그 까닭에, 그것으로써; 그리하여; 곧.
there·with·al [-wiðɔ́:l] *ad.* 그래서; 그것과 함께; 그 밖에; 또. 「위》.
therm [θə:rm] *n.* 〖理〗 섬《열량 단
***ther·mal** [θə́:rməl] *a.*, *n.* **열(량)의**; 열에 의한; 열렬한; 상승 온난 기류.
thérmal bréeder 〔**reáctor**〕 열증식로(熱增殖爐).
thérmal pollútion (원자력 발전소의 폐수 따위로 인한) 열공해.
thérmal spríng 온천.
ther·mic [θə́:rmik] *a.* =THERMAL.
therm·i·on [θə́:rmàiən, -miən] *n.* 〖電〗 열전자, 열이온.
therm·is·tor [θərmístər] *n.* 〖理〗 서미스터《반도체를 이용한 저항기의 일종》.
therm(o)- 「열(熱)」의 뜻의 결합사.
ther·mo·ba·rom·e·ter [θə̀:rmoubərɑ́mitər/-rɔ́mi-] *n.* 비점(沸點) 기압계; 온도 기압계. 「*n.* Ⓤ 열화학.
ther·mo·chem·is·try [-kémistri]
ther·mo·dy·nam·ics [-dainǽmiks] *n.* 열역학(熱力學). **-ic** [-ik], **-i·cal** [-əl] *a.*
ther·mo·e·lec·tric·i·ty [-ilèktrísəti] *n.* Ⓤ 열전기. **-e·léc·tric** *a.*
‡**ther·mom·e·ter** [θərmɑ́mitər / -mɔ́mi-] *n.* **온도계**, 한란계, 체온계 (clinical ~). **ther·mo·met·ric** [θə̀:rmətmétrik], **-ri·cal** [-əl] *a.*
ther·mo·nu·cle·ar [θə̀:rmounjú:kliər] *a.* 열핵의.
thermonúclear reáction 열핵 반응. 「기.
thermonúclear wéapon 열핵 무
ther·mo·plas·tic [θə̀:rməplǽstik] *a.*, *n.* 열가소성(熱可塑性)의 (물질) 《플라스틱 따위》.
ther·mo·reg·u·la·tion [θə̀:rmouregjəléiʃən] *n.* 온도〔체온〕 조절〔유지〕 《특히 생체내(內)의》.
ther·mos [θə́:rməs/-mɔs] *n.* 보온병 (保溫甁). ***T- bottle*** 〔***flask***〕 〖商標〗 =THERMOS.
ther·mo·set·ting [θə̀:rmousétiŋ] *n.*, *a.* (가소물(可塑物)의) 열경화(熱硬化)(성의). 「온도 조절기.
ther·mo·stat [θə́:rməstæ̀t] *n.* (자동)
ther·mo·ther·a·py [θə̀:rmouθérəpi] *n.* Ⓤ 온열 요법, 열치료.
the·sau·rus [θisɔ́:rəs] *n.* (*pl.* **-ri** [-rai]) 보고(寶庫); 사전; 백과 사전.
†**these** [ði:z] *pron.*, *a.* this의 복수.
The·seus [θí:sju:s, -siəs] *n.* 〖그神〗 아테네의 영웅《괴물 Minotaur을 퇴치》.
***the·sis** [θí:sis] *n.* (*pl.* **-ses** [-si:z]) ① **논제, 주제**; 〖論〗 정립(定立); 〖哲〗 (변증법에서) 정(正), 테제(cf. antithesis, synthesis). ② (졸업·학위) 논문. 「비극적인; (비극) 배우.
Thes·pi·an [θéspiən] *a.*, *n.* 비극의,
Thess. Thessalonians.
Thes·sa·lo·ni·ans [θèsəlóuniənz] *n. pl.* 《單數取扱》 〖新約〗 데살로니가서(書)《데살로니가 사람에의 바울의 편지》.
the·ta [θéitə, θí:-] *n.* 그리스어 알파벳의 여덟째 글자《Θ, θ, 영어의 th에 해당》.
The·tis [θí:tis, θét-] *n.* 〖그神〗 Achilles의 어머니《바다의 신 Nereus의 50명의 딸 중의 하나》. 「력.
thews [θju:z] *n. pl.* 근육, 힘줄; 근
†**they** [強 ðei, 弱 ðe] *pron.* he, she, it의 복수. —— *n.* (군 또는 민간의) 높은 양반; 당국자. ***T- say that*** …이라는 소문이다; …이라고 한다. ‡**~'d** they would 〔had〕의 단축. ‡**~'ll** they will 〔shall〕의 단축. †**~'re** [ðεiər] they are의 단축. †**~'ve** they have의 단축.
thi·a·mine [θáiəmì:n, -min], **-min** [-min] *n.* Ⓤ 〖生化〗 티아민《그 염화물이 vitamin B_1》.
Thi·bet [tibét] *n.* =TIBET.

†**thick** [θik] *a.* ① **두꺼운, 굵은**; 두께가 …의. ② **빽빽한**, 우거진, 털 많은. ③ **혼잡한**, 많은(*with*); …로 가득찬, 덮인(*with*). ④ (액체가) **진한**, 걸쭉한. ⑤ (연기·안개 따위가) 짙은, 흐린, 자욱한. ⑥ (목소리가) 탁한, 목쉰, 탁한 목소리의. ⑦ (머리가) 둔한, 우둔한(cf. thickhead). ⑧ 《口》 친밀한. ⑨ 《英口》 견딜 수 없는, 지독한. ***as ~ as thieves*** 매우 친밀한. **—*ad.*** 두껍게; 진하게; 빽빽하게; 빈번하게; 목쉰 소리로. **—*n.*** 가장 두꺼운〔굵은〕 부분; 우거진 수풀; (전쟁 따위의) 한창 때. ***through ~ and thin*** 좋은 때나 나쁜 때나, 만난을 무릅쓰고. ***∠·ly*** *ad.* ***∠·ness*** *n.* Ⓤ©

***thick·en** [θíkən] *vt., vi.* ① **두껍게 하다**, 두꺼워지다; 굵게 하다, 굵어지다. ② **진하게 하다**, 진해지다; 빽빽하게 하다, 빽빽해지다. ③ 흐리게 하다, 흐려지다; 탁하게 하다, 탁해지다; 안개를 자욱하게 하다, 안개가 자욱해지다. ④ (이야기 줄거리 따위) 복잡하게 하다〔복잡해지다〕. ⑤ 심하게 하다, 심해지다; 강하게 하다, 강해지다. **~·ing** *n.* Ⓤ© 두껍게〔굵게, 진하게〕하기〔한 부분〕; 농후(濃厚) 재료.

‡**thick·et** [θíkit] *n.* **덤불**, 잡목숲.

thick·head [θíkhèd] *n.* 바보. **~·ed** [-hèdid] *a.* 머리가 둔한.

thick·set [*a.* ∠sét; *n.* ∠∸] *a., n.* 울창한, 빽빽한; 땅딸막한; 수풀; 우거진〔울창한〕 산울타리.

thick-skinned [∠skínd] *a.* (살)가죽이 두꺼운; 철면피한; 둔감한.

thick-wit·ted [∠wítid] *a.* 우둔한.

‡**thief** [θi:f] *n.* (*pl.* ***thieves*** [-vz]) **도둑**.

thieve [θi:v] *vt., vi.* 훔치다; 도둑질 〔하다.

thiev·er·y [θí:vəri] *n.* Ⓤ© 도둑질.

***thieves** [θi:vz] *n.* thief 의 복수형.

thíeves' Látin 도둑의 은어.

thiev·ish [θí:viʃ] *a.* 도벽이 있는, 도둑의, 도둑 같은; 남몰래 하는.

‡**thigh** [θai] *n.* **넓적다리**, 가랑이.

thigh·bone [∠bòun] *n.* 대퇴골(大腿 〔骨).

thill [θil] *n.* (수레의) 채, 끌채.

thim·ble [θímbəl] *n.* (재봉용) 골무; 〖機〗 끼움쇠테《밧줄의 마찰 예방용》.

thim·ble·rig [-rìg] *n.* Ⓤ 골무 모양의 작은 잔 세 개와 작은 구슬 (또는 콩) 한 개로 하는 도박.

thi·mer·o·sal [θaimérəsæ̀l, -mɔ́:rə-] *n.* 〖藥〗 티메로살《소독액》.

†**thin** [θin] *a.* (*-nn-*) ① **얇은**, 가는. ② 야윈. ③ (청중이) **드문드문한**, 얼마 안되는. ④ **희박한**(rare), 묽은. ⑤ (목소리가) 가는, 가냘픈; 힘 없는. ⑥ 깊이〔충실감·강도〕없는; (변명 따위) 빤히 들여다 보이는, 천박한, 빈약한. **—*vt., vi.*** (*-nn-*) 얇게〔가늘게, 드문드문하게〕 하다〔되다〕; 야위(게 하)다; 약하게 하다, 약해지다. ***~ down*** 가늘게 하다〔되다〕. ***~ out*** (식물을) 솎다; (청중이) 드문드문해지다. ***∠·ly*** *ad.*

***thine** [ðain] *pron.* 《古·詩》 (thou 의 所有代名詞) 너의 것; 《母音 또는 h 자 앞에서》 너의(*in ~ eyes*).

Thing [θiŋ, tiŋ] *n.* (스칸디나비아 여러 나라의) 공공 집회; 의회, 법정.

†**thing** [θiŋ] *n.* ① (유형·무형의) **물건**, 무생물, 일; (*pl.*) 사물(*~s Korean* 한국의 풍물). ② (*pl.*) 사정, 사태. ③ 말하는 것, 말; 행위, 생각, 의견. ④ 작품, 곡. ⑤ 생물, 동물; 사람, 여자《경멸·연민·애정 등을 나타내어》(*a little young ~* 계집애). ⑥ 사항, 점. ⑦ 《口》 소지품; 의복《주로 외투》, 도구. ⑧ (*pl.*) 재산, 물건(*~s personal* 〔*real*〕 동〔부동〕산). ⑨ (the ~) 유행; (the ~) 바른 일, 중요한 일〔생각〕. ***know a ~ or two*** 빈틈 없다, 익숙하다. ***make a good ~ of*** 《口》 …으로 이익을 보다. ***Poor ~!*** 가엾어라! ***see ~s*** 착각〔환각〕을 일으키다.

thing·a·my, thing·um·my [θíŋəmi], **thing·um·a·jig** [θíŋəmədʒìg], **thing·um(·a)·bob** [θíŋəm(ə)bɑ̀b/-bɔ̀b] *n.* 《口》 뭐라든가 하는 사람〔것〕, 아무개.

†**think** [θiŋk] *vt.* (***thought***) ① **생각하다**. ② **…라고 여기다**, 믿다. ③ (…으로) 생각하다, 간주하다. ④ 상상하다. ⑤ …하려고 하다(*to*). ⑥ 예기하다. ⑦ 생각하여 …하다(*into*). **—*vi.*** ① 생각하다, 궁리〔숙고〕하다(*over, about, of, on*) (*I'll ~ about.* 생각해 봅시다 (拒絕)). ② 생각해 내다(*of, on*). ③ 예기하다. ***~ aloud*** 무심코 혼잣말하다. ***~*** BETTER[1] ***of.*** ***~ highly*** 〔***much***〕 ***of*** …을 존경하다. ***~ little*** 〔***nothing***〕 ***of*** …을 가볍게 보다. ***~ of*** …의 일을 생각하다; 생각해 내다; 숙고하다; …을 해볼까 생각하다(doing). ***~ out*** 안출하다; 곰곰이 생각하다, 생각한 끝에 해결하다. ***~ over*** 숙고하다. ***~ through*** 해결할 때까지 생각하다. ***~ twice*** 재고하다, 주저하다. ***~ up*** 안출하다. ***~ well*** 〔***ill***〕 ***of*** …을 좋게〔나쁘게〕 생각하다. ***∠·a·ble*** *a.* 생각할 수 있는. ****∠·er*** **생각하는 사람**, 사상가. ‡***∠·ing*** *n., a.* Ⓤ **생각(하는)**; 사려 깊은; 사고(思考).

thínk fàctory 《口》 =THINK TANK.

thínking càp 마음의 반성〔집중〕 상태. 〔사〕.

thínk pìece (신문의) 시사 해설 (기

thínk tànk 《口》 두뇌 집단.

thin-skinned [θínskínd] *a.* (살)가죽이 얇은; 민감한; 성마른.

Thi·o·kol [θáioukɔ̀:l, -kòul] *n.* 〖商標〗 티오콜, 인조 고무의 일종.

†**third** [θə:rd] *n., a.* **제 3(의)**, 세번째(의); 3 분의 1(의); 〖野〗 3 루; 〖法〗 남편 유산의 3 분의 1 《미망인에게 의》; 〖樂〗 제 3 음, 3 도(음정). ****∠·ly*** *ad.* **세째로**. 〔의〔으로〕.

third-class [∠klǽs, -ɑ́:-] *a., ad.* 3 등

thírd degrée 《美》 (경찰의) 고문(拷問).

third estate 제 3 계급 《귀족·성직에 대한, 일반 대중》.
third force 제 3 세력 《(1) 중도파, (2) 자유·공산 양진영의 어느 쪽에도 속하지 않은 중립국》.
third-gen·er·a·tion [θə́ːrddʒènəréiʃən] *a.* 제 3 세대의; 집적 회로 컴퓨터의. 「터내셔널.
Third International, the 제 3 인
third market 《美》 상장주(上場株)의 장외 직접 거래 시장.
third party 〖法〗 제 3 자. 「칭.
third person 제 3 자; 〖文〗 제 3 인
Third Programme 《英》 (BBC 의) 제 3 방송 프로그램《고급 교양 프로》.
third rail (송전용의) 제 3 레일.
third-rate [ˊréit] *a.* 3 등의; 열등한. 「치하의 독일(1933–45)》.
Third Reich, the 제 3 제국《Hitler
third sex 동성애자.
third stream 재즈 수법의 클래식
third world 제 3 세계. └음악.
‡**thirst** [θəːrst] *n.* Ⓤ 목마름, 갈증; 갈망(*after, for, of*). ***have a ~*** 목이 마르다; 《口》 한잔 마시고 싶다. **—***vi.* 갈망하다(*after, for*).
‡**thirst·y** [θə́ːrsti] *a.* 목마른; 술을 좋아하는; 건조한; 갈망하는(*for*). **thirst·i·ly** *ad.* **-i·ness** *n.*
†**thir·teen** [θə́ːrtíːn] *n., a.* 13(의). ‡**-teenth** *n., a.* 제 13(의), 열세번째(의); 13 분의 1(의). 「30 분의 1(의).
‡**thir·ti·eth** [θə́ːrtiiθ] *n., a.* 제30(의);
†**thir·ty** [θə́ːrti] *n., a.* 30(의).
Thir·ty-nine Articles [-nàin] 영국 국교의 신조. 「〖樂〗 32 분 음표.
thir·ty-sec·ond note [-sékənd]
†**this** [ðis] *pron.* (*pl.* ***these***) ① 이것, 이 물건〔사람〕. ② 지금, 오늘, 여기. ③ (that 에 대해서) 후자. ***at ~*** 여기에 있어서. ***by ~*** 이 때까지에. ***~, that, and the other*** 이것 저것. **—***a.* 이것의; 지금의. ***for ~*** ONCE. ***~ day week*** 지난 주〔내주〕의 오늘. ***~ much*** 이만큼(은), 이 정도(는). **—***ad.* 《口》 이 정도까지, 이만큼.
‡**this·tle** [θísl] *n.* 〖植〗 엉겅퀴.
this·tle·down [-dàun] *n.* Ⓤ 엉겅퀴의 갓털(冠毛).
***thith·er** [θíðər, ðíð-] *ad., a.* 《古》 저쪽에〔으로〕, 저기에〔로〕; 저쪽의. **~-ward(s)** *ad.* 저쪽으로.
tho(') [ðou] *conj., ad.* 《口》=THOUGH.
Tho. Thomas.
thole [θoul], **thole·pin** [ˊpìn] *n.* (뱃전의) 놋좆, 노받이.
Thom·as [tɑ́məs / -ɔ́-] *n.* 도마《예수 12 사도의 한 사람》.
Tho·mism [tóumizəm] *n.* Ⓤ Thomas Aquinas(1225?-75) 의 신학·철학설.
Thomp·son submachine gun [tɑ́mpsn/-ɔ́-] 톰슨식 소형 자동 기관총. 「초리끈.
thong [θɔːŋ, θɑŋ/θɔŋ] *n.* 가죽끈; 회
Thor [θɔːr] *n.* 〖北歐神〗 뇌신(雷神) 《cf. Thursday(<Thor's day)》.

tho·rax [θɔ́ːræks] *n.* (*pl.* ***~es, -races*** [-rəsìːz]) 가슴, 흉부. **tho·rac·ic** *a.*
Thor·eau [θɔ́ːrou], **Henry David** (1817–62) 미국의 철인(哲人).
tho·ri·um [θɔ́ːriəm] *n.* Ⓤ 〖化〗 토륨《방사성 금속 원소; 기호 Th》.
‡**thorn** [θɔːrn] *n.* ① (식물의) 가시. ② 가시 있는 식물; 산사나무. ③ 고통〔고민〕거리. ***a ~ in the flesh*** 〔***one's side***〕 고생거리. ***crown of ~s*** (예수의) 가시 면류관. **ˊ-less** *a.* ***ˊ-y** *a.* 가시 있는〔많은〕; 고통스러운. 「독말풀.
thorn apple 산사나무(의 열매); 흰
Thorn·dike [θɔ́ːrndàik], **Edward Lee** (1874–1949) 미국의 심리학자·사서 편찬자. 「OUGH.
thor·o [θə́ːrou, θʌ́rə] *a.* 《口》=THOR-
tho·ron [θɔ́ːrɑn/-rɔn] *n.* Ⓤ 〖化〗 토론《radon 의 방사성 동위 원소; 기호 Tn》.
‡**thor·ough** [θə́ːrou, θʌ́rə] *a.* 완전한, 충분한; 철저한; 순전한. ‡**~·ly** *ad.* **~·ness** *n.*
***thor·ough·bred** [-brèd] *a., n.* 순종의 (말·동물); 출신이 좋은 (사람), 교양 있는; (T-) 서러브레드《말》.
***thor·ough·fare** [-fɛ̀ər] *n.* 통로, 가로; 본도; ⓊⒸ 왕래, 통행(*No ~.* 통행 금지). 「한.
***thor·ough·go·ing** [-gòuiŋ] *a.* 철저
thor·ough·paced [-pèist] *a.* (말이) 모든 보조(步調)에 익숙한, 잘 조련된; 순전한(out-and-out).
Thos. Thomas.
†**those** [ðouz] *a., pron.* that 의 복수.
thou** [ðau] *pron.* (*pl.* ***ye) 너는, 네가 《현재는 《古·詩》, 신에 기도할 때, 또는 퀘이커 교도간에 쓰이며, 일반적으로는 you 를 씀》.
†**though** [ðou] *conj.* …에도 불구하고, …이지만; 설사 …라도; …라 하더라도. AS[1] ~. ***even ~***=EVEN[1] if. **—***ad.* 《文尾에서》 그래도.
†**thought** [θɔːt] *v.* think 의 과거(분사). **—***n.* ① ⓊⒸ 사고(력), 사색; Ⓤ (어떤 시대·계급의) 사상, 사조. ② 생각, 착상. ③ ⓊⒸ 사려, 배려, 고려. ④ ⓊⒸ 의향, (…할) 작정; 기대. ⑤ 의견. ⑥ (a ~) 좀, 약간. ***at the ~ of*** …을 생각하면. ***quick as ~*** 즉시. ***take ~ for*** …을 걱정하다. ***upon*** 〔***with***〕 ***a ~*** 즉시.
thought control 사상 통제.
‡**thought·ful** [ˊfəl] *a.* 사려 깊은; 주의 깊은; 인정 있는(*of*); 생각에 잠긴. ***~·ly** *ad.*
***thought·less** [ˊlis] *a.* 사려가 없는; 경솔한(*of*); 인정 없는. **~·ly** *ad.* **~·ness** *n.* 「한 뒤의, 주도한.
thought-out [ˊáut] *a.* 곰곰이 생각
thought reading 독심술(讀心術).
thought transference 정신 감응(현상); 천리안(千里眼).
†**thou·sand** [θáuzənd] *n., a.* 천(의); 무수(한). ***(a) ~ and one*** 무수한. ***A ~ thanks*** 〔***pardons, apologies***〕.

참으로 감사합니다〔미안합니다〕. ***a ~ to one*** 거의 절대적인. ***one in a ~*** 희귀한〔뛰어난〕 것; 예외. ***~s of*** 몇 천의. **~·fold** *a., ad.* 천배의〔로〕; 천의 부분으로 된. **~th** [θáuzəndθ/-*t*θ] *n., a.* 제 1 천(의); 천분의 1(의). 「샐러드드레싱의 일종.

Thóusand Ísland dréssing 《美》

***thrall** [θrɔːl] *n.* 노예(*of,* *to*); = **thrál(l)·dom** *n.* Ⓤ 노예의 신분; 고역; 속박.

thrash** [θræʃ] *vt.* 때리다; 채찍질하다; 도리깨질하다. —*vi.* 도리깨질하다; (고통으로) 뒹굴다(*about*). ***~ out (안을) 충분히 검토하다. ***~ over*** 되풀이하다. —*n.* (회초리로) 때리기; 도리깨질. **⁄·er** *n.* 때리는 사람〔물건〕; 도리깨질하는 사람, 탈곡기(脫穀機); 환도상어; (미국산) 앵무새류. **⁄·ing** *n.* ⓊⒸ 채찍질; Ⓤ 도리깨질, 타작.

‡**thread** [θred] *n.* ① Ⓤ 실; 섬유; Ⓒ 재봉실, 꼰 실. ② 가는 것, 줄, 섬조(纖條); 나삿니. ③ (이야기의) 줄거리, 연속. ④ (인간의) 수명. ***cut one's mortal ~*** 죽다. ***hang by*** 〔***on, upon***〕 ***a ~*** 위기 일발이다. ***~ and thrum*** 옥석 혼효(玉石混淆). —*vt.* (바늘에) 실을 꿰다; (구슬 따위를) 실에 꿰다; 누비듯이〔헤치며〕 지나가다; 나삿니를 내다. —*vi.* 요리조리 헤치며 가다 〔지나가다〕; 〖料理〗 (시럽 따위가) 실 모양으로 늘어지다.

thread·bare [⁄bὲər] *a.* 해어져서 실이 드러난, 입어서 다 떨어진; 누더기를 걸친; 진부한, 케케 묵은.

Thréad·nee·dle Strèet [θrédniːdl] 런던의 거리 이름《은행이 많음》. ***the Old Lady of ~*** 《英》 잉글랜드 은행《속칭》.

thread·worm [⁄wəːrm] *n.* 요충.

‡**threat** [θret] *n.* 위협, 협박; 흉조.

‡**threat·en** [θrétn] *vt., vi.* ① 위협하다(*with; to* do). ② …할 듯하다, …의 우려가 있다; 닥치고 있다. ***~·ing** *a.* 으르는; 험악한, (날씨가) 찌푸린.

†**three** [θriː] *n., a.* 3(의), 세 사람〔개〕(의). ***⁄·fold** [⁄fòuld] *a., ad.* 3배의〔로〕. 「= THREE-BASE HIT.

three-bag·ger [θríːbǽgər] *n.* 《俗》

thrée-base hít [θríːbèis] 〖野〗 3루타.

three-col·o(u)r [⁄kʌ̀lər] *a.* 3색의. ***~ process*** 3색판. 「각의.

three-cor·nered [⁄kɔ́ːrnərd] *a.* 삼

three-D [⁄díː] *a.* 입체 영화의.

three-deck·er [⁄dékər] *n.* 〖史〗 3층 갑판의 군함.

three-di·men·sion·al [⁄diménʃənəl, -dai-] *a.* 3차원의; 입체 (영화)의; 〖軍〗 육해공군 입체 작전의.

three-half·pence [θríːhéipəns] *n.* 《英》 1 펜스 반《구화폐》.

three-hand·ed [⁄hǽndid] *a.* 세 개의 손이 달린; (유희 등) 셋이 하는.

three-legged [⁄légid] *a.* 다리가 셋인(*a ~ stool*).

three-mast·ed [⁄mǽstid, -máː-] *a.* 돛대가 셋인. 「대박이 돛배.

three·mast·er [⁄mǽstər, -áː-] *n.* 세

thrée-mile límit [⁄màil] 〖國際法〗 해안에서 3마일 이내의 한계《영해》.

thrée mìnutes' sílence (사자의 영에 드리는) 묵도《시간의 장단은 관계 없음》. 「펜스 (동전).

three·pence [θrépəns, θríp-] *n.* 3

three·pen·ny [θrépəni, θríp-] *a.* 3 펜스의; 시시한, 싸구려의.

three-ply [θríːplái] *a.* 세 겹의; (밧줄 따위) 세 겹으로 꼰.

three-point·er [⁄pɔ́intər] *n.* Ⓤ 〖空〗 = THREE-POINT LANDING; 절대 확실한〔정확한〕 것.

thrée-point lánding [⁄pɔ̀int] 〖空〗 3점 착륙 《세 바퀴가 동시에 땅에 닿는 이상적인 착륙법》.

thrée Ŕ's 읽기 쓰기 셈하기《*r*eading, w*r*iting, and a*r*ithmetic》.

three·score** [⁄skɔ́ːr] *n., a.* 60(의), 60세(의). ***~ (years) and ten (사람의 수명) 70 세. 「경기(자).

three·some [⁄səm] *n.* 3인조; 3인

three-speed [⁄spíːd] *a.* (전축이) 세 가지 속도로 바뀔 수 있는.

thrée-speed chànger (전축의) 스리스피드 전환 자동 장치.

thrée únities 〖劇〗 (때·장소·행동의) 삼일치《「하루 안에」「같은 장소에서」「옆길로 새지 않고」 진행하기》.

three-wheel·er [θríː*h*wíːlər] *n.* 3륜차.

threm·ma·tol·o·gy [θrèmətáləd3i / -tɔ́l-] *n.* Ⓤ 〖生〗 동식물 육성학, 사육학. 「(도)가.

thren·o·dy [θrénədi] *n.* 비가, 애

thre·o·nine [θríːəniːn, -nin] *n.* Ⓤ 트레오닌《필수 아미노산의 일종》.

thresh [θreʃ] *vt., vi.* = THRASH **⁄·er** *n.* 매질하는 사람〔것〕; 타작하는 사람〔것〕; 탈곡기; = **thrésher shàrk** 〖魚〗 환도상어. 「작 마당.

thréshing flòor (보리·밀 등의) 타

thréshing machìne 탈곡기.

‡**thresh·old** [θréʃ*h*ould] *n.* ① 문지방; 문간, 입구. ② 출발점, 시초. ③ 〖心〗 역(閾). ***at*** 〔***on***〕 ***the ~ of*** …의 시초에.

‡**threw** [θruː] *v.* throw의 과거.

‡**thrice** [θrais] *ad.* 《古·雅》 세 번; 3배로; 매우(*~ blessed* 〔*happy, favo(u)red*〕 매우 혜택받은〔행복한〕).

***thrift** [θrift] *n.* ① Ⓤ 검약(의 습관). ② 〖植〗 아르메리아. **⁄·less** *a.* 절약하지 않는; 낭비하는. **⁄·less·ly** *ad.*

***thrift·y** [θrífti] *a.* ① 절약하는, 검소한; 알뜰한. ② 무성하는; 번영하는. **thríft·i·ly** *ad.* **-i·ness** *n.*

‡**thrill** [θril] *n.* (공포·쾌감의) 오싹〔자릿자릿〕하는 느낌, 전율, 스릴; 몸떨림. —*vt., vi.* 오싹〔자릿자릿〕하(게 하)다(*with*); 떨리(게 하)다; 몸에 사무치다(*along, in, over, through*). ***⁄·er** *n.* 오싹하게 하는 것〔사람〕;

선정 소설〔극〕, 스릴러. *∠·ing *a.* 오싹〔자릿자릿, 조마조마〕하게 하는.
thrip·pence [θrípəns] *n.* = THREEPENCE.
‡**thrive** [θraiv] *vi.* (***throve, ~d; thriven, ~d***) 성공하다; 번영하다; 부자가 되다; (동·식물이) 성장하다.
thrív·ing *a.* 「분사.
*__thriv·en__ [θrívən] *v.* thrive의 과거
thro(') [θru:] *prep., ad., a.* 《古》 = THROUGH.
‡**throat** [θrout] *n.* 〖解〗 목, 기관(氣管); 목소리; 좁은 통로; (기물(器物)의) 목. ***a*** LUMP[1] ***in one's*** 〔***the***〕 ~. ***clear one's*** ~ 헛기침하다. ***cut one another's ~s*** 서로 망할 짓을 하다. ***cut one's*** (***own***) ~ 자멸할 짓을 하다. ***jump down a person's*** ~ 《俗》 아무를 꺽소리 못하게 만들다. ***lie in one's*** ~ 맹랑한 거짓말을 하다. ***stick in one's*** ~ 목에 걸리다; 말하기 어렵다; 맘에 들지 않다. ∠·**y** *a.* 후음(喉音)의; 목쉰 소리의; (소·개 등이) 목이 축 늘어진.
thróat mìcrophone 목에 대는 마이크로폰《결후(結喉)에서 음성을 직접 전함》.
*__throb__ [θrɑb/-ɔ-] *n., vi.* (***-bb-***) (빠른, 심한) 동계(動悸), (빠르게, 심하게) 두근거리다(*with*); 고동(치다); (맥 따위가) 뛰다〔뜀〕; 떨림, 떨리다.
throe [θrou] *n.* 격통; (*pl.*) 산고(產苦), 고민, 사투(死鬪).
throm·bin [θrɑ́mbin/θrɔ́m-] *n.* 〖生化〗 트롬빈《혈액의 응혈작용을 하는 효소》.
throm·bo·sis [θrɑmbóusis / θrɔm-] *n.* Ⓤ 〖病〗 혈전(증)(血栓(症)).
‡**throne** [θroun] *n.* 왕좌, 옥좌; 왕위, 왕권; 교황〔감독·주교〕의 자리. ——*vt.* 《p.p. 이외는 시(詩)》 왕좌에 앉히다, 즉위시키다.
‡**throng** [θrɔ:ŋ/θrɔŋ] *n.* 군중, 혼잡. ——*vt., vi.* 모여들다, 쇄도하다 (*about,* (*a*)*round*). 「빠귀.
thros·tle [θrɑ́sl/-ɔ́-] *n.* 〖鳥〗 노래지
throt·tle [θrɑ́tl/-ɔ́-] *n.* 목; 〖機〗 조절판(調節瓣)(의 레버·페달). ***at full*** ~ =***with the*** ~ ***against the stop*** 전속력으로. ——*vt.* 목을 조르다; 질식시키다; 억압하다; 〖機〗 (조절판을) 죄다, 감속(減速)시키다.
thróttle vàlve 조절판.
†**through** [θru:] *prep.* ① …을 통하여, …을 지나서. ② 처음부터 끝까지. ③ …동안, 도처에. ④ …때문에; …에 의하여. ⑤ …을 끝내고. ——*ad.* ① 통해서. ② 처음부터 끝까지, 쭉 계속하여, …동안. ③ 완전히, 철저히; 시종 일관. ~ ***and*** ~ 철두 철미, 철저히. ——*a.* 쭉 통한, 직통의; 끝난.
‡**through·out** [-áut] *prep., ad.* 도처에; (*prep.*) …동안, 통해서.
through·put[∠pùt]*n.* (공장의) 생산(고); 〖컴퓨터〗 처리량. 「BONDSTONE.
through-stone [θrú:stòun] *n.* =
*__throve__ [θrouv] *v.* thrive의 과거.

†**throw** [θrou] *vt.* (***threw; thrown***) ① (내)던지다(*at, after, into, on*). ② 내동댕이치다, (말이) 흔들어 떨어뜨리다. ③ (배를 암초 등에) 얹히게 하다. ④ 급히 (몸에) 걸치다(*on, round, over*), 벗다(*off*). ⑤ (어떤 상태로) 빠뜨리다. ⑥ 갑자기 움직이다; (스위치, 클러치 등의 레버를) 움직이다. ⑦ (생사를) 꼬다. ⑧《美口》 짜고 일부러 지다. ⑨《口》 (회의 등을) 열다(give). ~ ***about*** 던져 흩뜨리다; 휘두르다. ~ ***away*** 내버리다; 낭비하다(*upon*); 헛되게 하다. ~ ***back*** 되던지다; 거절하다; 반사하다; (동·식물이) 귀선 유전(歸先遺傳)을 하다. ~ ***cold water*** 실망시키다(*on*). ~ ***down*** 던져서 떨어뜨리다〔쓰러뜨리다〕; 뒤집어 엎다; 《美》 박차버리다. ~ ***in*** 던져 넣다; 주입〔삽입〕하다; 덤으로 곁들이다. ~ ***off*** 던져〔떨쳐〕 버리다; (병을) 고치다; 《口》 (시 등을) 즉석에서 짓다; 사냥을 시작하다. ~ ***oneself at*** …의 사랑〔우정 등〕을 얻으려고 무진 애를 쓰다. ~ ***oneself down*** 드러눕다. ~ ***oneself on*** 〔***upon***〕 …에 몸을 맡기다, …을 의지하다. ~ ***open*** 열어 젖히다; 개방하다(*to*). ~ ***out*** 내던지다; 내쫓다; 내키어 증축하다; 발산하다; 부결하다. ~ ***over*** 저버리다, 포기하다. ~ ***up*** (창문을) 밀어 올리다; 《口》 토하다; 급조(急造)하다; 포기하다; (직책을) 사퇴하다. ——*n.* 던지기; 던지면 닿을 거리, (스위치·클러치의) 연결, 분리; 스카프, 가벼운 두르개, (크랭크·피스톤 등의) 행정(行程). ∠·**er** *n.* 던지는 사람〔것〕; (도자기 만드는) 녹로공(轆轤工); 폭뢰(爆雷) 발사관.
throw·a·way [∠əwèi] *n.* (광고) 삐라, 전단(傳單).
throw·back [∠bæ̀k] *n.* 되던지기; 역전; (동·식물의) 귀선(歸先) 유전. 「사.
‡**thrown** [θroun] *v.* throw의 과거 분
*__throw-off__ [θróuɔ̀:f/-ɔ̀f] *n.* (사냥·경주의) 개시. 「THROUGH.
thru [θru:] *prep., ad., a.* 《美口》 =
thrum[1] [θrʌm] *vi., vt.* (***-mm-***) (현악기를) 뜯다〔타다, 퉁겨 소리내다〕, 그 소리; (책상 따위를 손가락으로) 톡톡 두드리다〔두드리는 소리〕.
thrum[2] *n.* 실나부랑이 《직기(織機)에서 직물을 끊어낼 때에 남는》; 식서(飾緖); (*pl.*) 실보무라지.
*__thrush__ [θrʌʃ] *n.* 〖鳥〗 개똥지빠귀.
‡**thrust** [θrʌst] *vt.* (***thrust***) ① 밀다, 찌르다; 찔러넣다(*into, through*). ② 무리하게 …시키다(*into*). ——*vi.* 밀다, 찌르다; 돌진하다. ——*n.* 밀기, 찌르기; 공격; 돌격; 혹평; Ⓤ 〖機〗 추진력.
thrust·er [θrʌ́stər] *n.* 미는〔찌르는〕 사람; 《口》 나서기 좋아하는 사람; (우주선의) 자세 제어 로케트.
thru·way [θrú:wèi] *n.* 《美》 고속도로(expressway).
Thu·cyd·i·des [θju:sídədì:z/θju(:)-] *n.* (460?–400? B.C.) 투키디데스《그

리스의 역사가).
***thud** [θʌd] *n., vi.* (*-dd-*) 털썩 (떨어지다), 쾅[쿵] (울리다).
thug [θʌg] *n.* (종종 T-)(옛 인도의 종교적) 암살단원; 자객, 흉한.
thug·ger·y [θʌ́gəri] *n.* Ⓤ 폭력 행위.
Thu·le [θjú:li:] *n.* (옛날 사람이 상상하였던) 극북(極北)의 땅. ⇨ ULTIMA THULE.
thu·li·um [θjú:liəm] *n.* Ⓤ 〖化〗 툴륨《희금속 원소; 기호 Tm》.
‡**thumb** [θʌm] *n.* (손·장갑의) 엄지손가락. (*His*) ***fingers are all ~s.*** 손재주가 없다. ***bite one's ~ at*** 모욕하다. ***Thumb down*** [***up***]! 안된다[좋다] 《엄지 손가락으로 찬부를 나타냄》. ***under*** (*a person's*) ***~***, or ***under the ~ of*** (*a person*) (아무)의 시키는 대로 하여. ── *vt.* (책의 페이지를) (엄지)손가락으로 넘겨서 더럽히다[상하게 하다]; (페이지를) 빨리 넘기다; 서투르게 다루다. ***~ a ride*** 엄지손가락을 세워 자동차에 태워달라고 하다(cf. hitch-hike). 「반달 색인.
thúmb ìndex (페이지 가장자리의)
thumb·mark [⌐mà:rk] *n.* (책장에 남은) (엄지) 손가락 자국.
thumb·nail [⌐nèil] *n., a.* 엄지손톱; 극히 작은 (것); 스케치, 소(小)논문(따위). 「락의 지문.
thumb·print [⌐prìnt] *n.* 엄지손가
thumb·pot [⌐pàt / -pɔ̀t] *n.* (한송이를 꽂는) 꽃병.
thumb·screw [⌐skrù:] *n.* 나비나사; 〖史〗 엄지손가락을 죄는 형틀.
thumb-suck·ing [⌐sʌ̀kiŋ] *n.* (아기가) 엄지손가락을 빠는 버릇. 「(押釘).
thumb·tack [⌐tæ̀k] *n.* 《美》 압정
***thump** [θʌmp] *n., vt.* ① 탁[쿵] (때리다[부딪치다]). ② 심하게 때리다. ── *vi.* ① 탁 부딪치다[소리 내다]. ② (심장이) 두근거리다.
thump·ing [⌐iŋ] *a.* 《口》 거대한; 놀랄만한, 터무니 없는. ── *ad.* 《口》 엄청나게.
‡**thun·der** [θʌ́ndər] *n.* ① ⓊⒸ 우레, 천둥(같은 소리), 요란한 울림. ② (보통 *pl.*) 위협, 호통; 비난. ***steal a person's ~*** 아무의 생각[방법]을 도용하다, 장기(長技)를 가로채다. ── *vi.* ① 천둥치다; 요란한 소리를 내다; 큰 소리로 이야기하다. ② 위협하다, 비난하다(*against*). ── *vt.* 호통치다. **~·er** *n.* 호통치는 사람; (the T-) =JUPITER. **~·ing** *a.* 천둥치는; 요란하게 울리는; 《口》 엄청난. ***~·ous** *a.* 천둥을 일으키는; 우레 같은[같이 울리는].
thun·der·bird [-bə̀:rd] *n.* 천둥새《천둥을 일으킨다고 북미 인디언들이 생각한 거대한 새》.
***thun·der·bolt** [-bòult] *n.* 뇌전(雷電), 벼락; 청천 벽력.
Thun·der·chief [-tʃì:f] *n.* 〖美空軍〗 F-105 전투 폭격기.
thun·der·clap [-klæ̀p] *n.* 우뢰 소리; 청천 벽력.
thun·der·cloud [-klàud] *n.* 뇌운(雷雲).
thúnder ègg 〖鑛〗 옥수(玉髓)가 구형으로 굳은 것《닦아 장식품으로 씀》.
thun·der·head [-hèd] *n.* 소나기구름(의 한 덩어리)《이것이 모이면 뇌운》.
thun·der·show·er [-ʃàuər] *n.* 뇌우(雷雨). 「치며 오는 스콜.
thun·der·squall [-skwɔ̀:l] *n.* 천둥
***thun·der·storm** [-stɔ̀:rm] *n.* 천둥치는 폭풍우. 「(落雷).
thun·der·stroke [-stròuk] *n.* 낙뢰
thun·der·struck [-strʌ̀k], **-strick·en** [-strìkən] *a.* 벼락 맞은; 깜짝 놀란.
thun·der·y [θʌ́ndəri] *a.* 천둥같은, 천둥 치는; (날씨가) 고약한; (얼굴이) 험상궂은.
***Thur., Thurs.** Thursday.
†**Thurs·day** [θə́:rzdi, -dei] *n.* 목요일 (cf. Thor).
†**thus** [ðʌs] *ad.* ① 이와 같이, 이런 식으로. ② 따라서, 그러므로. ③ 이 정도까지. ***~ and ~*** 이러이러하게. ***~ far*** 여기[지금]까지는. ***~ much*** 이것만은.
thwack [θwæk] *vt., n.* (막대 따위로) 찰싹 때리다[때림].
***thwart** [θwɔ:rt] *vt.* (계획 등을) 방해하다; 반대하다, 좌절시키다. ── *n.* 보트나 카누의 가로장《노젓는 사람이 앉음》; 카누의 창막이. ── *ad., a.* 가로질러, 가로지른.
***thy** [ðai] *pron., a.* 너(thou)의 소유격. 「里香).
thyme [taim] *n.* ⓊⒸ 〖植〗 백리향(百
thy·mol [θáimoul, -mɔ:l/-mɔl] *n.* Ⓤ 〖化〗 티몰《방부제》. 「(胸腺)(의).
thy·mus [θáiməs] *n., a.* 〖解〗 흉선
Thy·ra·tron [θáirətràn/-ɔ̀n] *n.* 〖商標·電〗 사이러트론《열음극 방전관》.
thy·ris·tor [θairístər] *n.* 〖電〗 사이리스터《교류를 직류로 바꾸는 반도체 이용의 장치》.
thy·roid [θáirɔid] *n., a.* 갑상선[갑상 연골](의); 갑상선제(劑); 방패 모양의 (무늬의). ***~ cartilage*** [***gland, body***] 갑상 연골[선].
thy·roid·i·tis [θàirɔidáitis] *n.* 〖醫〗 갑상선염.
thy·rox·in [θairáksin / -ɔ́-], **-ine** [-i(:)n] *n.* Ⓤ 티록신, 갑상선 호르몬.
thyr·sus [θə́:rsəs] *n.* (*pl.* ***-si*** [-sai]) 〖그神〗 Dionysus 의 지팡이.
***thy·self** [ðaisélf] *pron.* 《thou, thee 의 再歸形》 너 자신.
Ti 〖化〗 titanium.
ti [ti:] *n.* 〖樂〗 시《음계의 제 7 음(si)》.
ti·ar·a [tiá:rə, -éərə] *n.* 로마 교황의 삼중관(三重冠); (금·보석·꽃 따위를 단 부인용의) 장식관; 고대 페르시아남자의 관(冠).
Ti·ber [táibər] *n.* 로마를 흐르는 강.
Ti·bet [tibét] *n.* 티베트. **~·an** [-ən] *a., n.* 티베트의; ⒸⓊ 티베트 사람[말](의). 「경골(脛骨); (옛날의) 플루트.
tib·i·a [tíbiə] *n.* (*pl.* ***-ae*** [tíbiì:], ***~s***)

Ti·bi·one [tí:bí:wʌn] (<T. B. 1) *n.* 티비원《결핵 치료제》. 「경련.
tic [tik] *n.* (F.) Ⓤ© 〖醫〗 안면(顔面)
*__tick__[1] [tik] *n.* ① 똑딱 (소리). ②《주로 英口》 순간. ③ 대조〔체크〕의 표《√ 따위》. ── *vi.* (시계가) 똑딱거리다. ── *vt.* ① 재깍재깍 가다《시계가》 (*away, off*). ② 체크를 하다, 꺽자치다(*off*). ～ ***out*** (전신기가 전신을) 똑똑 쳐내다.
tick[2] *n.* 〖蟲〗 진드기.
tick[3] *n.* 이불잇, 베갯잇; 《口》 = **tícking** 이불잇감.
tick[4] *n., vi.* Ⓤ 《주로 英口》 신용 대부(하다), 외상(으로 사다).
tick·er [tíkər] *n.* 똑딱거리는 물건; 체크하는 사람〔것〕; 전신 수신 인자기(印字機); 증권 시세 표시기; 《俗》 시계; 《俗》 심장.
tícker tàpe (통신 시세가 찍혀) ticker에서 자동적으로 나오는 수신용 테이프; (환영을 위해 건물에서 던지는) 색종이 테이프.
†**tick·et** [tíkit] *n.* ① 표, 승차〔입장〕권. ② 게시표, 정찰, 셋집 표찰 (따위). ③ 《美口》 (교통 위반의) 소환장, 딱지. ④ 《美》 (정당의) 공천 후보자 명부. ⑤ (the ～) 《口》 적당한 물건〔일〕, 안성맞춤인 일. ── *vt.* 표찰을 달다; 《美》 표를 팔다.
tícket inspèctor 《英》 (열차 안의) 검표 승무원. 「표소.
tícket òffice 《美》 출찰(出札)소, 매
tícket of léave 《英》 (예전의) 가출옥 허가서. 「(예전의) 가출옥자.
tíck·et-of-léave màn [-əvlí:v] 《英》
tícket wìndow 출찰구, 매표구.
tick·et·y-boo [tìkətibú:] *a.* 《英俗》 그저 그런, 괜찮은, 충분한.
*__tick·le__ [tíkəl] *vt.* ① 간질이다. ② 즐겁게 하다, 재미나게 하다. ③ 가볍게 대다〔움직이다〕. ④ (송어 따위를) 손으로 잡다. ── *vi.* 간질거리다. ── *n.* 간지러움; 간질이기. **tíck·lish, tíck·ly** *a.* 간지럼 타는; 다루기 어려운, 델리키트한; 불안정한; 성마른. ～**r** *n.* 간질이는 사람〔것〕.
tick·tack [tíktæ̀k] *n.* (시계의) 똑딱똑딱.
tick-tack-toe [ˋ-tóu] *n.* Ⓤ (오목(五目) 비슷한) 세목(三目) 놓기 게임.
tick-tick [tíktik] *n.* 《兒》 시계.
tick·tock [tíktɑ̀k/-tɔ̀k] *n.* (큰 시계의) 똑딱 똑딱(하는 소리).
tick·y-tack(·**y**) [tíkitæ̀k(i)] *a.* 《美口》 달라진 것 없는, 무미건조한, 따분한. ── *n.* Ⓤ 《美》 흔해빠진 싸구려 건재(建材)《특히, 팔려고 짓는 주택용》.
*__tid·al__ [táidl] *a.* 조수의 (작용에 의한); 간만(干滿)이 있는.
tídal cùrrent 조류. 「미치는 강.
tídal rìver 조수 간만이 상류까지
tídal wàve 큰 파도, (지진에 의한) 해일; 조수의 물결; (인심의) 대동요.
tid·bit [tídbìt] *n.* (맛 있는 것의) 한 입; 재미있는 뉴스.
tid·dler [tídlər] *n.* 《英·兒》 작은 물고기, (특히) 가시고기.
tid·dl(**e**)**y** [tídli] *a.* 《英俗》 얼근히 취한.
tid·dly·winks [tídliwìŋks], **tid·dle·dy·winks** [tídldi-] *n.* 채색한 작은 원반을 종지에 튕겨 넣는 유희.
‡**tide** [taid] *n.* ① Ⓤ© 조수; 조류, 흐름; 풍조, 경향; 성쇠. ② Ⓤ 《복합어 이외는 古》 계절, 때(*even* ～ 저녁). ***turn the*** ～ 형세를 일변시키다. ── *vi.* 조수를 타고 가다; 극복하다. ── *vt.* ① (조수에 태워) 나르다. ② (곤란 따위를) 헤어나게 하다, (어떻게 해서든지) 견뎌내게 하다. ˊ～·**less** *a.* 조수의 간만이 없는.
tide·land [ˊlæ̀nd] *n.* Ⓤ 간석지, 개펄. 「거센 파도.
tíde rìp(**s**) (조류의 충돌로 생기는)
tide·wait·er [ˊwèitər] *n.* (옛날 세관의) 감시원; 기회주의자.
tide·wa·ter [ˊwɔ̀:tər, -wɑ̀t-] *n., a.* 조수; 해안(의).
tide·way [ˊwèi] *n.* 조로(潮路), 조류.
*__ti·dings__ [táidiŋz] *n. pl.* 통지, 소식.
‡**ti·dy** [táidi] *a.* ① 단정한, 깨끗한 것을 좋아하는. ② 《口》 (금액이) 상당한; 《口》 꽤 좋은. ── *vt., vi.* 정돈하다(*up*). ── *n.* ① 의자의 등씌우개. ② 자질구레한 것을 넣는 그릇. **tí·di·ly** *ad.* **tí·di·ness** *n.* Ⓤ
†**tie** [tai] *vt.* (***tying***) ① 매다, 동이다, 붙들어 매다(*to*); …의 끈을 매다. ② 결합〔접합(接合)〕하다; 《口》 결혼시키다; 속박하다. ③ (경기에서) 동점이 되다. ④ 〖樂〗 (음표를) 연결하다. ── *vi.* 매이다; 동점이 〔타이로〕 되다. ***be much*** ～***d*** 조금도 틈이 없다. ～ ***down*** 제한하다, 구속하다. ～ ***up*** 단단히 묶다; 싸다; 방해하다, 못하게 하다; 《美》 짜다, 연합하다(*to, with*); 구속하다; (재산 따위를) 자유로 사용〔처분〕 못하게 하다. ── *n.* ① 매듭; 끈, 구두끈, 줄, 쇠사슬 (따위). ② (*pl.*) 끈으로 매는 단화의 일종; 넥타이. ③ (*pl.*) 연분, 기반(羈絆). ④ 속박, 거추장스러운 것, 귀찮은 사람. ⑤ 동점(의 시합). ⑥ 〖工〗 버팀목; 《美》 침목(枕木); 〖樂〗 연결선. ***play*** 〔***shoot***〕 ***off the*** ～ 결승 시합을 하다.
tíe bèam 〖建〗 이음보, 지붕들보.
tíed hóuse 《英》 (어느 특정 회사의 술만 파는) 주점. 「(하다); © 그 옷.
tie-dye [táidài] *n., vt.* Ⓤ 홀치기 염색
tie-in [táiìn] *a.* 함께 끼어 파는.
tíe-in sále 끼어 팖.
tie·pin [ˊpìn] *n.* 넥타이 핀.
tier [tiər] *n.* (관람석 따위의) 1단(段); 열. ── *vt., vi.* 층층으로 포개어 쌓(이)다.
*__tie-up__ [táiʌ̀p] *n.* ① (스트라이크·사고 등에 의한) 교통 두절, 업무 정지. ② (철도 종업원의) 준법(遵法) 투쟁. ③ 제휴, 타이업, 협력.
tiff [tif] *n., vi.* 말다툼(을 하다); 기분이 언짢음〔언짢다〕; 기분을 상하다.
tif·fin [tífin] *n.* Ⓤ 《印英》 점심.
†**ti·ger** [táigər] *n.* ① 〖動〗 범, 호랑

이. ② 포악한 사람. ③ 《口》 (경기 따위의) 강적. ④ 《美》 (만세 삼창 (three cheers) 후의) 덧부르는 환호. **~·ish** *a.* 범 같은; 잔인한.
tíger càt 삵괭이.
ti·ger('s)-eye [-(z)ài] *n.* 호안석(虎眼石).
tíger lìly 〖植〗 중나리.
‡tight [tait] *a.* ① **탄탄한**, 단단히 맨, 꽉 채운; 팽팽하게 켕긴; (옷 따위) 꼭 맞는, 갑갑한. ② 《方》 아담한, 말쑥한(neat²). ③ **빈틈없는**, 발이 촘촘한, (물·공기 따위가) 새지 않는; 다루기 어려운, 옴짝달싹할 수 없는. ④ 거의 막상 막하의, 접전(接戰)의. ⑤ 〖商〗 핍박한, 《口》 돈이 잘 안 도는; 《口》 인색한. ⑥ 《俗》 술취한. ***be in a ~ place*** 진퇴양난이다. **—** *ad.* **단단히**, 굳게; 푹. ***sit ~*** 버티다, 주장을 굽히지 않다. **—** *n.* (*pl.*) 몸에 꼭 끼는 속옷, 타이츠. **‡∠·ly** *ad.* **∠·ness** *n.* Ⓤ
-tight *suf.* 「…이 통하지 않는, …이 새지 않는」의 뜻: air*tight*, water*tight*.
‡tight·en [∠n] *vt., vi.* 바싹 죄(어지)다, 탄탄하게 하다(되다).
tight-fist·ed [∠fístid] *a.* 인색한, 구두쇠의.
tight-knit [táitnít] *a.* ① (올을) 쫀쫀하게 짠. ② 조직이 탄탄한, 단단하게 조립된.
tight-lipped [∠lípt] *a.* 입을 꼭 다문; 말이 적은.
tight·rope [∠ròup] *n.* 팽팽한 줄. **~ *dancer* (*walker*)** 줄타기 곡예사.
tight·wad [∠wàd/-ɔ̀-] *n.* 《口》 구두쇠.
ti·gon [táigən] *n.* 범사자(수범과 암사자와의 트기).
ti·gress [táigris] *n.* 암범.
Ti·gris [táigris] *n.* (메소포타미아 동부의) 티그리스강.
tike [taik] *n.* =TYKE.
til·de [tíldə] *n.* 스페인 말의 n 위에 붙이는 파선(波線) 부호 《보기 : cañon》.
‡tile [tail] *n.* ① **기와, 타일**(集合的으로도). ② 하수 토관(下水土管). ③ 《口》 실크해트. (***pass a night***) ***on the ~s*** 방탕하여 (밤을 보내다). **—** *vt.* 기와를 이다, 타일을 붙이다. **tíl·er** *n.* 기와[타일]장이 (제조인); (Freemason 의) 집회소 망꾼. **tíl·ing** *n.* 《集合的》 기와, 타일; 기와 이기, 타일 붙이기; 기와 지붕, 타일을 붙인 바닥(목욕통) (따위).
†till¹ [til] *prep., conj.* …까지, (…할 때) 까지.
‡till² *vt., vi.* 갈다(cf. tilth). **∠·a·ble** *a.* 경작에 알맞은. **∠·age** *n.* 경작(상태); 경작지; 농작물. **∠·er¹** *n.* 경작자, 농부.
till³ *n.* 돈궤, 귀중품함, 서랍.
till·er² [tílər] *n.* 〖海〗 키의 손잡이.
tilt¹** [tilt] *vi.* ① 기울다. ② 창으로 찌르다(*at*); 마상(馬上) 창 시합을 하다. **—** *vt.* ① 기울이다(*up*). ② (창으로) 찌르다; 공격하다. ③ 〖映〗 (카메라를) 상하로 움직이다(cf. pan²). ***~ at windmills 가상의 적과 싸우다《Don Quixote 의 이야기에서》. **—** *n.* ① **기울기**, 경사; 기울임. ② (창의) (한 번) 찌르기; 마상 창 시합. ③ 논쟁. (*at*) ***full ~*** 전 속력으로; 전력을 다하여. ***have a ~ at* (*against*)** …을 공격하다. ***on the ~*** 기울어. 「(을 치다).
tilt² *n., vt.* (배·수레 등의) 포장; 차일
tilth [tilθ] *n.* 경작; 경지(cf. till²).
tilt·yard [tíltjà:rd] *n.* 마상 창 시합장.
Tim. Timothy.
tim·bal [tímbəl] *n.* =TIMPANI.
tim·bale [tímbəl, tæmbá:l] *n.* (F.) Ⓤ 탱발《틀에 넣어 만드는 고기 찜·고기 파이》.
‡tim·ber [tímbər] *n.* ① Ⓤ **재목**, 용재(用材); 큰 재목. ② 〖海〗 선재(船材), 늑재(肋材). ③ Ⓤ 《集合的》 (재목용의) 수목; 《美》 삼림. ④ Ⓤ 《美》 인품, 소질. **—** *vt.* 재목으로 건축하다(버티다). **~ed** [-d] *a.* 목조의; 수목이 울창한. **~·ing** *n.* Ⓤ 《集合的》 건축용재; 목공품.
timber-frame(d) [tímbərfrèim(d)] *a.* 〖建〗 목골조(木骨造)의.
tímber hìtch 〖海〗 원재(圓材) 따위에 밧줄을 매는 방법.
tim·ber·land [-læ̀nd] *n.* Ⓤ 《美》 삼림지.
tímber lìne (높은 산이나 극지(極地)의) 수목(樹木) 한계선.
tímber wòlf (북미산의) 회색의 (얼룩진) 큰 이리.
tim·ber·yard [-jà:rd] *n.* 《英》 재목 두는 곳.
tim·bre [tǽmbər, tím-] *n.* Ⓤ 음색(音色).
tim·brel [tímbrəl] *n.* =TAMBOURINE.
†time [taim] *n.* ① Ⓤ **시간**, 때; 세월; 기간; ⓊⒸ 시각, 시(時), 시절; Ⓤ 표준시. ② 생애; (보통 *pl.*) 시대. ③ ⓊⒸ 시기, 기회. ④ Ⓤ (복무) 연한; 죽을 때; 분만기; 《口》 형기(刑期); 근무 시간; 시간 급(給). ⑤ 경험, (혼났던) 일 (따위). ⑥ 시세; 경기. ⑦ Ⓤ 여가, 여유. ⑧ 번, 회(回); 배(倍)(*ten ~s larger than that; Six ~s five is* (*are*) *thirty.* 6×5=30). ⑨ Ⓤ 〖樂〗 박자, 음표(쉼표)의 길이; 〖軍〗 보조(步調). ⑩ Ⓤ 〖競技〗 소요 시간, 시작!; 그만!. AGAINST ~. ***at a ~*** 한 번에; 동시에. ***at the same ~*** 동시에; 그러나, 그래도. ***at ~s*** 때때로. ***behind the ~s*** 구식의. ***for a ~*** 한때, 잠시. ***for the ~ being*** 당분간. ***from ~ to ~*** 때때로. ***gain ~*** 시간을 벌다; 여유를 얻다; 수고를 덜다. ***in good* (*bad*) *~*** 마침 좋은 때에(시간을 어겨); 곧(늦어서). ***in* (*less than*) *no ~*** 즉시. ***in ~*** 이윽고; 시간에 대어(*for*); 장단을 맞춰(*with*). ***keep good* (*bad*) *~*** (시계가) 잘 맞다(안 맞다). ***keep ~*** 장단을 맞추다(*with*). ***on ~*** 시간대로; 분할 지불로, 후불로. ***pass the ~ of day*** (아침·저녁의) 인사를 하다. ***~ after ~***, or ***~ and again*** 여러번. ***T-flies.*** 《俗談》 세월은 쏜살같다. ***~ out of mind*** 아득한 옛날부터. ***to ~*** 시간대로. **—** *vt.* ① 시간을 재

다. ② 박자를 맞추다. ③ 좋은 시기에 맞추다; …의 **시간을 정하다.** —— *vi.* 박자를 맞추다, 장단이 맞다(*with*). —— *a.* ① 때의. ② 시한(時限)의. ③ 후불의. **∠·less** *ad.* 영원한; 부정기(不定期)의. ‡**∠·ly** *a.* **때에 알맞은,** 적시의. —— *ad.* **알맞게.**

tíme bàse 〖레이더〗 시간축(軸).

tíme bèlt =TIME ZONE.

tíme bìll 정기불 약속 어음.

tíme bòmb 시한 폭탄.

tíme càpsule 타임 캡슐《그 시대를 대표하는 기물·기록을 미래에 남기기 위해서 넣어둔 그릇》.

tíme càrd 집무 시간 카드; 기차 시간표.

tíme chàrter 정기 용선 계약.

tíme clòck =TIME RECORDER.

tíme depòsit 정기 예금.

tíme dràft 일람불 정기 어음.

time-expired [∸ekspàiərd] *a.* 제대 만기가 된, 만기 제대의.

tíme expòsure 타임 노출(의 사진).

time-hon·o(u)red [táimɑ̀nərd/-ɔ̀-] *a.* 옛날 그대로의, 유서깊은.

time·keep·er [∠kìːpər] *n.* 계시기(計時器)〔인(人)〕; 시계.

tíme kìller 심심풀이가 되는 것.

tíme làg 시간의 어긋남, 지체(량).

time-lapse [∸læps] *a.* 계시(繼時) 노출(촬영)의 《식물의 성장처럼 더딘 경과의 촬영법》.

tíme lìmit 시한(時限).

tíme machìne 타임 머신《과거나 미래를 여행하기 위한 상상상의 기계》.

tíme nòte 약속 어음.

time-out [∠áut] *n.* UC 〖競技〗(시합중 작전 협의 등을 위해 요구되는) 타임; (중간) 휴식 (시간).

time·piece [∠pìːs] *n.* 시계.

tim·er [∠ər] *n.* 시간 기록계, 계시기(計時器)〔인(人)〕; (내연 기관의) 점화 조정 장치.

tíme recòrder 타임 레코더.

time·sav·ing [∠sèiviŋ] *a.* 시간 절약의.

time·serv·er [∠sə̀ːrvər] *n.* 기회주의자, 시대에 영합하는 사람.

time·serv·ing [∠sə̀ːrviŋ] *a., n.* U 사대적(事大的)인, 기회주의의(의).

tíme shàring 〖컴퓨터〗 타임 셰어링, 시(時) 배분 (방식).

tíme sìgnal 〖放〗 시보(時報).

tíme sìgnature 〖樂〗 박자 기호.

tíme spìrit 시대 정신.

Tíme Squáre New York시의 극장가.

***time·ta·ble** [∠tèibl] *n.* **시간표** 《특히 탈것의》.

time-trav·el [táimtræ̀vəl] *n.* (추리소설 등의) 타임터널 여행.

time·work [∠wə̀ːrk] *n.* U 시간제 일.

time·worn [∠wɔ̀ːrn] *a.* 낡은.

tíme zòne (지방) 표준 시간대(帶).

‡**tim·id** [tímid] *a.* **겁많은,** 수줍어하는. **~·ly** *ad.* **~·ness** *n.* **ti·míd·i·ty** *n.* U

***tim·ing** [táimiŋ] *n.* U **타이밍**《음악·경기 등에서 최대의 효과를 얻기 위한 스피드 조절》.

ti·moc·ra·cy [taimɑ́krəsi/-mɔ́k-] *n.* U 금권 정치, 명예 정치.

Ti·mor [tíːmɔːr, timɔ́ːr] *n.* 말레이 군도의 한 섬.

tim·or·ous [tímərəs] *a.* =TIMID.

Tim·o·thy [tíməθi] *n.* 〖聖〗 디모데《바울의 제자》; 〖新約〗 디모데서.

tím·o·thy (gràss) [tíməθi] *n.* U 〖植〗 큰조아재비.

tim·pa·ni [tímpəni] *n. pl.* (*sing.* **-no** [-nòu]) 팀파니《바닥이 둥근 북》. **-nist** *n.*

‡**tin** [tin] *n.* ① U **주석;** 양철. ② 《주로 英》 주석 그릇, 양철 깡통. —— *a.* 주석으로〔양철로〕 만든. —— *vt.* (**-nn-**) ① 주석을 입히다. ② 《英》 통조림하다.

tin·cal [tínkəl] *n.* 천연붕사(天然硼砂).

tín cán 양철 깡통; 《美海軍俗》 구축함.

tinc·ture [tíŋktʃər] *n.* 색, 색조; 기미, …한 티〔기·기미〕; U 〖醫〗 정기제(丁幾劑). —— *vt.* 착색하다, 물들이다; 풍미를 곁들이다; …의 기미〔색조〕를 띠게 하다(*with*).

tin·der [tíndər] *n.* U 부싯깃.

tin·der·box [-bɑ̀ks/-ɔ̀-] *n.* 부싯깃통; 타기 쉬운 것, 성마른 사람.

tine [tain] *n.* (포크 따위의) 가지, (빗 따위의) 살; (사슴뿔의) 가지.

tín fòil 주석박(箔), 은종이.

ting[1] [tiŋ] *n., vt., vi.* 딸랑딸랑 (울리다).

ting[2] *n.* =THING.

***tinge** [tindʒ] *n.* ① **엷은 색(조).** ② 기미, …기, …티. —— *vt.* ① 엷게 착색하다, 물들이다. ② 가미하다, …에 기미를 띠게 하다(*with*); 조금 바꾸다〔변질시키다〕.

***tin·gle** [tíŋgəl] *vi., n.* ① **따끔따끔 아프다**〔아픔〕, 쑤시다, 쑤심. ② 마음 졸이다, 조마조마함, 흥분(하다). ③ 딸랑딸랑 울리다(tinkle). **-gling** *a.* 쑤시는; 오싹 소름끼치는; 부들부들 떠는.

tin·horn [tínhɔ̀ːrn] *n., a.* 《俗》 허풍쟁이; 겉뿐인 (사람).

***tink·er** [tíŋkər] *n.* ① **땜장이.** ② 서투른 일〔장색〕. —— *vi., vt.* ① 땜장이 노릇을 하다. ② 서투른 수선을 하다(*away, at, with*); 만지작거리다.

***tin·kle** [tíŋkəl] *n., vi., vt.* **딸랑딸랑**(울리다); 딸랑딸랑 울리며 움직이다〔부르다, 알리다〕. **tín·kling** *a., n.* 딸랑딸랑 울리는 (소리).

tín lízzie 《俗》 소형의 싸구려 자동차, 중고 자동차.

tin·man [tínmən] *n.* 양철장이.

tinned [tind] *a.* 《英》 통조림의〔으로 한〕; 주석〔양철〕을 입힌.

tin·ner [tínər] *n.* 주석 광부; 양철장이; 《英》 통조림공〔업자〕.

tin·ni·tus [tináitəs, tínə-] *n.* U 〖醫〗 귀울음, 이명(耳鳴).

tin·ny [tíni] *a.* 주석(tin)의〔을 함유한〕; 양철 같은 (소리의).

tín òpener 《英》 깡통따개.

tín-pan álley [tínpæn] 《美》 음악가·유행가 작사자〔출판자〕 등이 모이는 지역.

tín plàte 양철.

tin·sel [tínsəl] *n., vt.* (《英》 **-ll-**) U

(크리스마스 따위의) 번쩍번쩍하는 장식물; 금(은)실을 넣은 얇은 천; 번드르르하고 값싼 물건(으로 장식하다). —— *a.* 번쩍거리는; 값싸고 번드르르한.

tin·smith [tínsmìθ] *n.* 양철장이.

‡**tint** [tint] *n.* ① **엷은 빛깔**; (푸른 기, 붉은 기 따위의) …기; 백색 바림《백색을 가해서 되는 변화색》. ② 색의 농담; 색채(의 배합), 색조. ③ 〖彫刻〗 선음영(線陰影). —— *vt.* …에 색(色)을 칠하다, 엷게 물들이다. **ˊ-ed** [ˊid] *a.* 착색의〔한〕.

tin·tin·nab·u·la·tion [tìntənæ̀bjəléiʃən] *n.* Ⓤ,Ⓒ 딸랑딸랑, 방울 소리.

Tin·to·ret·to [tìntərétou], **Il** [il] (1518–94) 베니스파의 화가. 「사진.

tin·type [tíntàip] *n.* 에나멜판 인화

tin·ware [ˊwὲər] *n.* Ⓤ 양철 세공품.

‡**ti·ny** [táini] *a.* **아주 작은.**

‡**tip**[1] [tip] *n.* ① **끝**, 선단. ② 정상. ③ 끝에 붙이는 것. ***at the ~s of one's fingers*** 정통하여. ***on*** 〔***at***〕 ***the ~ of one's tongue*** (말이) 목구멍까지 나와. ***to the ~s of one's fingers*** 모조리, 철두철미. —— *vt.* (**-pp-**) …에 끝을 붙이다; 끝에 씌우다.

‡**tip**[2] *vt.* (**-pp-**) ① **기울이다**; 뒤집어 엎다(*over, up*). ② 《英》 (뒤엎어) 비우다(*off, out*). ③ 인사하려고 벗다《모자를》. —— *vi.* 기울다, 뒤집히다. —— *n.* 기울임, 기울어짐, 기울.

tip**[3] *n.* ① **팁**, 행하. ② **내보**(內報), (경마 등의) 예상; 좋은 힌트, 비결. ③ 살짝 치기, 〖野·크리켓〗 「팁」. —— *vt.* (**-pp-**) …에 팁을 주다; 《口》 (경마나 투기에서) 정보를 제공하다; 살짝 치다; 〖野·크리켓〗 팁하다. ***~ off 《口》 내보하다, 경고하다.

tip-and-run [ˊəndrʌ́n] *a.* 《주로 英》 전격적인 (*a ~ raid* 기습).

tip·cart [típkὰːrt] *n.* (뒤를 기울여 짐을 부리는) 덤프카.

tip·cat [ˊkæ̀t] *n.* Ⓤ 자치기 《어린이 놀이》; Ⓒ 그 나뭇 조각. 「TEPEE.

ti·pi [tíːpiː] *n.* (*pl.* **~s**) 《美》 =

tip-off [típɔ̀ːf/-ɔ̀f] *n.* 《口》 내보; 경고.

Tip·per·ar·y [tìpəréəri] *n.* 아일랜드 남부의 주(州)(의 도시); (제 1 차 대전 티페레리의 당시 유행한) 노래.

tip·pet [típit] *n.* (끝이 앞으로 늘어진 여자용) 어깨걸이; 목도리; (특히) (성직자·재판관의) 검은 스카프; (소매·스카프 등의) 길게 늘어진 부분.

tip·ple [típəl] *vi., vt.* (술을) 잘〔습관적으로〕 마시다. —— *n.* Ⓤ (독한) 술. **~r** *n.* 술고래.

tip·ster [típstər] *n.* 《口》 (경마·투기 따위의) 정보 제공자.

tip·sy [típsi] *a.* 기울어진; 비틀거리는; 거나하게 취한.

‡**tip·toe** [típtòu] *n.* **발끝.** ***on ~*** 발끝으로 (걸어서); 살그머니; 열심히. —— *vi.* 발끝으로 걷다. —— *a.* ① 발끝으로 서 있는〔걷는〕; 주의 깊은, 살그머니 하는. ② 크게 기대하고 있는. —— *ad.* 발끝으로.

tip·top [típtὰp/-tɔ̀p] *n., a.* 정상(의); 《口》 극상(極上)(의).

típ-up séat [típʌ̀p] (극장 따위의) 등받이를 세웠다 접었다하는 의자.

ti·rade [táireid, -ˊ] *n.* 긴 열변; 긴 비난 연설.

‡**tire**[1] [taiər] *vt., vi.* ① **피로하게 하다**, 지치다(*with, by*). ② 넌더리나게 하다(*with*); 물리다(*of*). **~ *out***, or **~ *to death*** 녹초가 되게 하다. †**~d** [-d] *a.* **피로한**(*with*); 싫증난(*of*). ***ˊ·less** *a.* **지치지 않는**; 꾸준한, 부단한. ***ˊ·some** *a.* **지루한**, 싫증나는; 성가신. **tír·ing** *a.* 피로하게 하는; 싫증나는.

‡**tire**[2], 《英》 **tyre** [táiər] *n., vt.* (쇠·고무의) **타이어**(를 달다). 「TYRO.

ti·ro [táirou/táiər-] *n.* (*pl.* **~s**) =

Tir·ol [tiróul, tírəl], **&c.** ⇨ TYROL, &c.

Ti·ros [táirous] *n.* 미국의 기상 관측 위성의 하나.

'tis [tiz] 《古·詩》 it is의 단축.

‡**tis·sue** [tíʃuː] *n.* ① Ⓤ,Ⓒ 〖生〗 조직. ② Ⓤ,Ⓒ **얇은 직물**. ③ (거짓말 따위의) 뒤범벅, 연속. ④ = **ˊ pàper** 미농지. ⑤ Ⓤ 〖寫〗 탄소 인화지.

tit[1] [tit] *n.* =TITMOUSE; (一般) 작은 새.

tit[2] *n.* 젖꼭지.

tit[3] *n.* 경타(輕打). **~ *for tat*** 되받아 쏘아 붙이기, 대갚음.

Tit. Titus.

***Ti·tan** [táitən] *n.* ① 〖그神〗 **타이탄**《Olympus의 신들보다 앞서 세계를 지배하고 있던 거인족의 한 사람》. ② (t-) 거인, 위인; 태양신. ③ 미국의 대륙간 탄도탄(ICBM)의 일종. —— *a.* =TITANIC. **Ti·tán·ic** [taitǽnik] *a.* 타이탄의〔같은〕; (t-) 거대한, 힘센.

Ti·ta·ni·a [titéiniə, tai-] *n.* 요정의 여왕《Shak. 작 「한여름밤의 꿈」의》.

ti·ta·ni·um [taitéiniəm] *n.* Ⓤ 〖化〗 티탄《금속 원소; 기호 Ti》.

tit·bit [títbìt] *n.* 《주로 英》=TIDBIT.

***tithe** [taið] *n.* ① (종종 *pl.*) 《英》 **십일조**(十一租)《1년 수익의 10분의 1을 바치며, 교회 유지에 쓰임》. ② 작은 부분; 소액의 세금. —— *vt.* 십일조를 부과하다〔바치다〕.

Ti·tian [tíʃən] (1477?–1576) 이탈리아의 화가; (*or* t-) (*n., a.*) Ⓤ 황적색(의), 황갈색(의).

tit·il·late [títəlèit] *vt.* 간질이다; …의 흥을 돋우다. **tit·il·la·tion** [ˋ-léiʃən] *n.* Ⓤ

tit·i·vate [títəvèit] *vt., vi.* 《口》 멋부리다, 몸치장하다. 「다리.

tit·lark [títlὰːrk] *n.* 아메리카 논종

‡**ti·tle** [táitl] *n.* ① **표제**, 제목; 책 이름; 〖映〗 자막, 타이틀. ② Ⓒ,Ⓤ 명칭; 칭호, **직함**; 학위. ③ Ⓤ,Ⓒ 권리, 자격(*to, in, of; to* do); 〖法〗 재산 소유권; 권리증. ④ 선수권(*a ~ match*). —— *vt.* ① **표제를**〔책 이름을〕 붙이다. ② (필름에) 자막을 넣

다. ③ …에 칭호를〔직함을〕 주다.
tí·tled *a.* 직함 있는.
títle dèed 〖法〗 부동산 권리 증서.
ti·tle·hold·er [-hòuldər] *n.* 선수권 보유자. 「지》.
títle pàge 타이틀페이지《책의 속표
títle pàrt 〔**ròle**〕 주제역《예를 들면 *King Lear* 중의 Lear 역》.
ti·tle·piece [-pì:s] *n.* (책 이름과 같은 작품을 포함한) 수필집, 작품집.
tit·mouse [títmàus] *n.* (*pl.* **-mice** [-màis]) 〖鳥〗 박새.
Ti·to [tí:tou], **Marshal** (1892-1980) 유고슬라비아의 대통령(1953-1980).
Ti·to·ism [-ìzəm] *n.* Ⓤ 티토주의 《비(非)국제 공산주의》.
ti·trate [táitreit] *vt.*, *n.* 〖化〗 적정(滴定)하다; 피(被)적정 용액.
ti·tra·tion *n.* ⓊⒸ 「거리다.
tit·ter [títər] *n.*, *vi.* 킥킥 웃음, 킥킥
tit·ti·vate *v.* =TITIVATE.
tit·tle [títl] *n.* 조금, 미소(微少); (i, j 등의) 작은 점.
tit·tle-tat·tle [-tæ̀tl] *n.*, *vi.* Ⓤ 객적은 이야기(를 하다).
tit·u·lar [títʃulər] *a.* 이름뿐인; 직함이 있는; 표제〔제목〕의. **~·ly** *ad.*
Ti·tus [táitəs] *n.* 〖聖〗 디도《바울의 제자》; 〖新約〗 디도서(書)《바울의 디도에의 편지》. 「《英俗》 6펜스.
tiz·zy [tízi] *n.* 《俗》 흥분(dither);
T-junc·tion [tí:dʒʌ̀ŋkʃən] *n.* T자(字)길; T자꼴의 연결부.
TKO, T. K. O., t. k. o. 〖拳〗 technical knockout. **Tl** 〖化〗 thallium.
TL, T. L. 《美口》 trade-last.
T. L. O., t. l. o. 〖保險〗 total loss only. **Tm** 〖化〗 thulium.
T-man [tí:mæ̀n] *n.* 《美口》 탈세 조사원 (<Treasury-man).
TMO telegraphic money order 전신환. **T. Mort.** trench mortar 〖軍〗 박격포. **Tn** 〖化〗 thoron. **tn.** ton; train. **TNT, T. N. T.** trinitrotoluene; trinitrotoluol.
†**to** [強 tu:, 弱 tu, tə] *prep.* ① 《方向》 …으로, …에 (*go to Paris*). ② 《程度》 …까지 (*a socialist to the backbone*). ③ 《目的》 위해 (*sit down to dinner*). ④ 《推移·變化》 …에, …으로(*turn to red*). ⑤ 《結果》 …한〔하였던〕 것으로는, …하게도(*to my joy*). ⑥ 《適合》 …에 맞추어(*sing to the piano; It is not to my liking.* 취미에 맞지 않는다). ⑦ 《比較·對照·比率》 …에 비해서, …에 대해서 (*ten cents to the dollar*, 1달러에 대하여 10센트). ⑧ 《所屬》 …의 (*the key to this safe* 이 금고의 열쇠). ⑨ 《對象》 …을 위해서(*Let us drink to Helen.* 헬렌을 위해서 축배를 듭시다). ⑩ 《接觸》 …에 (*attach it to the tree*). ⑪ 《關係》 …에 대해서, 관해서(*an answer to that question; kind to us*). ⑫ 《時間》 …(분) 전(*a quarter to six*). ⑬ 《不定詞와 함께》(*It began to rain*). — [tu:] *ad.* 평상 상태로, 정지하여 (*The door is to.* 닫혀 있다); 앞에, 앞으로(*wear a cap wrong side to* 모자를 거꾸로 쓰고 있다). **come to** 의식을 회복하다. **to and fro** 여기저기에.
TO, T. O., t. o. table of organization; Telegraph Office; turn over; turnover.
*__toad__ [toud] *n.* 두꺼비; 지겨운 놈. ***eat a person's ~s*** (아무)에게 아첨하다.
toad·eat·er [⌐ì:tər] *n.* 아첨꾼.
toad·fish [⌐fiʃ] *n.* 〖魚〗 아귀의 무리.
toad·flax [⌐flæ̀ks] *n.* 〖植〗 해란초.
toad·stool [⌐stù:l] *n.* 버섯, 독버섯.
toad·y [⌐i] *n.*, *vt.*, *vi.* 아첨쟁이; 아첨하다. **tóad·y·ism** [-ìzəm] *n.* Ⓤ 아첨. 「직이는.
to-and-fro [tú:ənfróu] *a.* 앞뒤로 움
‡**toast**[1] [toust] *n.* Ⓤ 토스트. — *vt.*, *vi.* (빵을) 토스트하다, 굽다; 불로 따뜻이 하다〔따뜻해지다〕. **⌐·er**[1] *n.*
*__toast__[2] *n.* 축배를 받는 사람; 축배, 축사. — *vt.*, *vi.* (…을 위해서) 축배를 들다. **⌐·er**[2] *n.*
toast·mas·ter [⌐mæ̀stər, -ɑ̀:-] *n.* 축배를 제창하는 사람; 축배의 말을 하는 사람; (연회의) 사회자.
‡**to·bac·co** [təbǽkou] *n.* (*pl.* **~(*e*)*s***) Ⓤ 《種類는 Ⓒ》 담배. **~·nist** [-kənist] *n.* 《주로 英》 담배 장수.
tobácco pìpe 파이프, 골통대.
tobácco plànt 담배 (나무).
tobácco pòuch 담배 쌈지.
to-be [təbí:] *a.* 미래의. ***bride-~*** 미래의 신부.
to·bog·gan [təbágən/-ɔ́-] *n.*, *vi.* 바닥이 판판한 썰매(로 달리다); 《美》 (물가가) 폭락하다. 「강장(滑降場).
tobóggan chùte 〔**slìde**〕 터보건 활
toc·ca·ta [təká:tə] *n.* (It.) 〖樂〗 토카타《오르간·하프시코드용의 화려한 환상곡》.
To·char·i·an [toukέəriən, təká:r-] *a.*, *n.* ⓊⒸ 토카라어〔사람〕(의)《중앙아시아에 있었던 인구(印歐) 어족》.
to·co [tóukou] *n.* Ⓤ 《英俗》 징계, 체벌(體罰).
to·coph·er·ol [toukáfəròul, -ràl / -kɔ́fəròul, -rɔ̀l] *n.* Ⓤ 〖生化〗 토코페롤《비타민 E의 본체》.
toc·sin [táksin/-ɔ́-] *n.* 경종, 경보.
tod [tad/-ɔ-] *n.* 《英俗》 《다음 句로》 ***on one's ~*** 혼자서, 자신이.
TOD time of delivery 배달 시간.
†**to·day, to-day** [tədéi, tu-] *n.*, *ad.* Ⓤ 오늘; 현재, 오늘날.
tod·dle [tádl/-ɔ́-] *n.*, *vi.* 아장아장 걷기〔걷다〕. **-dler** *n.* 아장아장 걷는 사람, 유아.
tod·dy [tádi/-ɔ́-] *n.* Ⓤ 야자술〔즙〕; ⓊⒸ 토디《더운 물을 탄 위스키 따위에 설탕을 넣은 음료》. 「소동.
to-do [tədú:, tu-] *n.* 《口》 법석(fuss),
‡**toe** [tou] *n.* ① 발가락. ② 발끝. ③ 도구의 끝. ***on one's ~s*** 《口》 활기 있는, 빈틈없는. ***turn up one's ~s*** 《俗》 죽다. — *vt.* 발가락으로 대다; (양말 따위의) 앞부리를 대다. — *vi.* 발끝을 돌리다(*in*, *out*). ~

the line [*mark, scratch*] 스타트 라인에 서다; 명령[규칙, 관습]에 따르다.

TOEFL 《美》 test of English as a foreign language.

tóe hòld 〖登〗 조그마한 발판; 〖레슬링〗 발목 비틀기.

TOEIC Test of English for International Communication 국제 커뮤니케이션 영어 능력 테스트.

toe·nail [tóunèil] *n.* 발톱; 비스듬히 박은 못. 「英」 토피《캔디》.

tof·fee, -fy [tɔ́:fi, -á-/-ɔ́-] *n.* 《주로

tog [tag/-ɔ-] *n.* (보통 *pl.*), *vt.* (*-gg-*) 《口》 옷(을 입히다) (*out, up*).

to·ga [tóugə] *n.* (*pl.* ~*s*, *-gae* [-dʒi:]) 토가《고대 로마인의 헐렁한 겉옷》; (재판관 등의) 직복(職服).

†**to·geth·er** [təgéðər] *ad.* ① **함께**, 공동으로. ② 서로. ③ 동시에, 일제히. ④ 계속하여(*for days* ~). ~ *with* …와 함께.

to·geth·er·ness [təgéðərnis] *n.* 연대성; 연대감, 일체감, 동류 의식.

tog·ger·y [tágəri/-ɔ́-] *n.* Ⓤ 《口》 의류(衣類).

tog·gle [tágəl/-ɔ́-] *n.*, *vt.* 〖海〗 비녀장(으로 고정시키다).

tóggle jòint 〖機〗 토글 이음쇠.

To·go [tóugou] *n.* 서아프리카 기니만에 임한 공화국.

To·go·lese [tòugəlí:z] *n.* 토고 사람.

‡**toil**[1] [tɔil] *n.*, *vi.* Ⓤ **수고**; Ⓒ 힘드는 일; **수고하다**; Ⓤ 고생(하다)(*at, on, for*); 애써 나아가다(*along, up, through*). ~ *and moil* 뼈빠지게 일하다. ∠·**er** *n.* 「물.

toil[2] *n.* (보통 *pl.*) 올가미(snare[1]); 그

‡**toi·let** [tɔ́ilit] *n.* ① **화장**(품·대); 복장, 의상. ② **화장실**, 변소. *make one's* ~ 몸치장하다.

tóilet pàper (부드러운) 휴지, 뒤지.

tóilet ròom 화장실; 《美》 (변소가 붙은) 욕실.

toi·let·ry [-ri] *n.* 화장품류.

tóilet sèt 화장 도구.

tóilet sòap 화장 비누.

tóilet tàble 화장대.

toi·lette [twa:lét, tɔi-] *n.* (F.) = TOILET ①. 「변 훈련.

tóilet tràining (어린이에 대한) 용

tóilet wàter 화장수.

toil·some [tɔ́ilsəm] *a.* 고된.

toil·worn [∠wɔ̀:rn] *a.* 지친, 야윈.

tó·ing and fró·ing [tú:iŋəndfróuiŋ] 앞뒤로[이리저리] 왔다갔다 하기.

To·kay [toukéi] *n.* ⒸⓊ (헝가리의 도시) Tokay 산 포도(주).

‡**to·ken** [tóukən] *n.* ① 표, 증거. ② 《古》 전조(前兆). ③ 기념품, 유물(keepsake). ④ 대용 화폐(*a bus* ~). *by the same* ~, or *by this* [*that*] ~ 그 증거로; 그것으로 생각나는데, 그 위에(moreover). *in* [*as a*] …의 표시[증거]로서. *more by* ~ *of* 《古》 더 한층, 점점. — *a.* 명목상의, 이름만의(nominal).

tóken còin 대용 화폐《버스 요금·자동 판매기에 쓰임》.

tóken ìmport (소액의) 명목 수입.

tóken mòney 명목 화폐《보조 화폐·지폐 따위》. 「지불.

tóken páyment (채권국에의) 일부

tóken stríke 《英》 (단시간의) 명목상의 스트라이크. 「출 결의.

tóken vóte 《英》 (의회의) 가(假)지

†**told** [tould] *v.* tell의 과거(분사).

To·le·do [təlí:dou] *n.* 톨레도 칼《스페인 Toledo 시에서 제작》.

***tol·er·a·ble** [tálərəbəl/-ɔ́-] *a.* 참을 수 있는; 상당한(passable). *-**bly** *ad.*

***tol·er·ance** [tálərəns/-ɔ́-] *n.* Ⓤ ① 관용, 아량. ② 〖醫〗 내약력(耐藥力). ③ 〖造幣〗 공차(公差); 〖機〗 허용차(許容差), 여유. *-**ant** *a.*

***tol·er·ate** [-rèit] *vt.* ① 참다, 견디다(endure). ② 관대히 다루다; 묵인하다. ③ 〖醫〗 (…에 대해서) 내약력이 있다. **tol·er·a·tion** [∸-éiʃən] *n.* Ⓤ 관용, 묵인(indulgence); 신앙의 자유, 이교(異敎) 묵인.

***toll**[1] [toul] *n.*, *vt.*, *vi.* (죽음·장례식의) 종(을[이] 천천히 울리다).

***toll**[2] *n.* ① 사용료; 통행세, 통행료, 교량 통행료, 항만세; 운임, 장거리 전화료. ② 《集合的》 사상자(死傷者).

tóll bàr (tollgate의) 차단봉(棒).

tóll brìdge 유료교(橋).

tóll càll 《美》 장거리 전화 (통화).

toll·gate [∠gèit] *n.* 통행료 징수소(의 문).

toll·house [∠hàus] *n.* 통행료 징수소.

toll·keep·er [∠kì:pər] *n.* 통행료 징

tóll lìne 장거리 전화선. ㄴ수인.

tóll ròad 유료 도로.

toll·way [∠wèi] *n.* =TOLL ROAD.

Tol·stoy [tálstɔi/-ɔ́-], **Leo** (*Russ.* Lev) (1828–1910) 러시아의 문호.

Tol·tec [táltek/-ɔ́-] *n.* 톨텍 토인《멕시코 문명의 모체가 된 선주(先住) 민족》. ~·**an** *a.*

tol·u·ene [táljuì:n/-ɔ́-] *n.* Ⓤ 〖化〗 톨루엔《물감·폭약용》.

tom [tam/-ɔ-] *n.* (T-) Thomas의 통칭; 동물의 수컷. *T- and Jerry* 달걀을 넣은 럼술. *T-, Dick, and Harry* 《口》 보통 사람; 너나없이.

tom·a·hawk [táməhɔ̀:k/-ɔ́-] *n.*, *vt.* (북미 토인의) 도끼, 전부(戰斧)(로 찍다). *bury the* ~ 화해하다.

‡**to·ma·to** [təméitou/-má:-] *n.* (*pl.* ~*es*) **토마토**.

‡**tomb** [tu:m] *n.*, *vt.* **무덤**; 매장하다.

tom·boy [támbɔ̀i/tɔ́m-] *n.* 말괄량이.

***tomb·stone** [tú:mstòun] *n.* **묘석**.

tom·cat [támkæ̀t/-ɔ́-] *n.* 수코양이.

Tóm Cól·lins [kálinz/-ɔ́-] 진럼《진에 설탕·레몬즙·탄산수 등을 섞은》.

tome [toum] *n.* 큰 책(large volume).

to·men·tum [təméntəm] *n.* (*pl.* *-ta* [-tə]) 〖植〗 솜털; 〖解〗 대뇌 혈관망.

tom·fool [támfú:l/-ɔ́-] *n.* 바보; 어릿광대. ~·**er·y** [∸∠əri] *n.* ⓊⒸ 바보짓.

Tom·my, t- [támi/-ɔ́-] *n.* 《俗》 영국 병정.

Tómmy Át·kins [ǽtkinz] =☆.

Tómmy gùn 경기관총.
tom·my·rot [-ràt/-ɔ̀-] *n.* Ⓤ《口》허튼 소리, 바보짓.
to·mo·gram [tóuməgræ̀m] *n.* (*pl.*)〖醫〗단층(斷層) X선 사진.
†**to·mor·row, to-mor·row** [təmɔ́:rou, -á-, tu-/-ɔ́-] *n., ad.* Ⓤ **내일**(은). ***the day after*** ~ 모레.
Tóm Thúmb (동화의) 난쟁이.
tom·tit [támtìt/-ɔ́-] *n.* 《英方》〖鳥〗곤줄박이(류).
tom-tom [támtàm/tɔ́mtɔ̀m] *n.* (인도 등지의) 큰 북(소리).
‡**ton** [tʌn] *n.* ① **톤**《중량 단위: 영(英)톤(long *or* gross ton)=2,240파운드; 미(美)톤(short *or* American ton)=2,000파운드; 미터톤 (metric ton)=1,000kg》. ② 톤《용적 단위: 배는 100입방 피트; 화물은 40입방 피트》. ③ (*pl.*)《口》다수, 다량.
ton·al [tóunəl] *a.* 가락〔음조, 색조〕의.
to·nal·i·ty [tounǽləti] *n.* ⓊⒸ 음조, 색조.
ton·al·ly [tóunəli] *ad.* 음조상; 음색〔색조〕에 있어.
‡**tone** [toun] *n.* ① **음질**, 가락, 음(조); 논조; **어조**, 말투. ② 기풍, 품격. ③〖樂〗온음(정). ④ Ⓤ (몸의) **호조**, 건강 상태. ⑤ **색조**, 명암. ― *vt., vi.* ① 가락〔억양〕을 붙이다, 가락〔억양〕이 붙다. ② 조화시키다〔하다〕. ~ ***down*** 부드럽게 하다, 부드러워지다. ~ ***up*** 강해지다, 강하게 하다.
tóne àrm (전축의) 음관(音管).
tóne còlo(u)r 음색.
tone-deaf [ˊdèf] *a.* 음치(音痴)의.
tone-deaf·ness [ˊdèfnis] *n.* Ⓤ 음치.
tóne quálity 음색.
tong [tɔ(:)ŋ, -a-] *n.* (*Chin.* =당(黨)) 조합, 협회, 클럽; (미국에 사는 중국인의) 비밀 결사.
Ton·ga [táŋgə/-ɔ́-] *n.* 남태평양의 소왕국《1970년 영국에서 독립》.
*****tongs** [tɔ(:)ŋz, -a-] *n. pl.* **부젓가락**, 집게.
‡**tongue** [tʌŋ] *n.* ① **혀**; ⓊⒸ〖料理〗탕《소의 혀》; 혀 모양의 것; 갑(岬). ② **말**; 국어. ***coated*** 〔***furred***〕 ~〖醫〗설태(舌苔). ***find one's*** ~ (놀란 뒤 따위) 겨우 말문이 열리다. ***hold one's*** ~ 잠자코 있다. ***long*** ~ 수다. ***lose one's*** ~ (부끄러움 따위로) 말문이 막히다. ***on the*** TIP[1] ***of one's*** ~. ***on the*** ~***s of men*** 소문이 나서. ***with one's*** ~ ***in one's cheek*** 느물거리는 조로; 비꼬아. ― *vt., vi.* ① (플루트 따위를) 혀를 사용하여 불다. ② (*vi.*) 혀를 사용하다. ③ (혀·화염이) 널름거리다(*up*).
tongue-tie [ˊtài] *n., vt.* Ⓤ 혀짤배기임; 혀가 돌아가지 않게 하다. **-tied** [-d] *a.* 혀가 짧은; (무안·당혹 따위로) 말을 못하는.
tóngue twìster 빨리하면 혀가 잘 안도는 말.
Ton·i [táni/-ɔ́-] *n.* 《美》〖商標〗가정용 파마 도구 한벌.
*****ton·ic** [tánik/-ɔ́-] *a.* ① (약이) **강장**(强壯)**용의**. ②〖醫〗강직성의;〖樂〗으뜸음의, 으뜸음의;〖音聲〗강세가 있는. ― *n.* ① **강장제**. ② 으뜸음.
to·nic·i·ty [tounísəti] *n.* Ⓤ 음조; (심신의) 건강, 강장; (근육의) 탄력성, 긴장 상태.
tónic sol-fá〖樂〗자음 기보법(字音記譜法).
†**to·níght, to-night** [tənáit, tu-] *n., ad.* Ⓤ **오늘밤**.
ton·ing [tóuniŋ] *n.* Ⓤ《英》가락을 맞추기;〖寫〗조색(調色); 도금.
ton·kin [táŋkín/tɔ́n-] *n.* ⓊⒸ 통킹대나무《스키 따위에 쓰임》.
*****ton·nage** [tʌ́nidʒ] *n.* Ⓤ ① (배의) **용적 톤수**; 용적량. ② (한 나라 상선의) 총톤수; (배의) 톤세(稅). ③ ⓊⒸ (화물 따위의) 톤수. ***gross***〔***net***〕~ (상선의) 총〔순〕톤수(cf. displacement).
ton·neau [tʌnóu/tɔ́nou] *n.* (*pl.* ~***s***, ~***x*** [-z])(F.) (자동차의) 뒷좌석 부분.
to·nom·e·ter [tounámitər/-nɔ́m-] *n.* ① 음(音) 진동 측정기, 음차, 토노미터. ②〖醫〗혈압계 ; 안압계.
ton·sil [tánsil/-ɔ́-] *n.* 편도선.
ton·sil·lec·to·my [tànsəléktəmi/tɔ̀n-] *n.* ⓊⒸ 편도선 절제(切除)(술).
ton·sil·li·tis [ˋ-láitis] *n.* Ⓤ 편도선염.
ton·so·ri·al [tansɔ́:riəl/tɔn-] *a.* 《諧》이발(사)의.
ton·sure [tánʃər/-ɔ́-] *n.*〖宗〗삭발례(削髮禮); 삭발한 부분. ― *vt.* …의 머리털을 밀다.
ton·tine [tánti:n, -ˊ/tɔntí:n, ˊ-] *n.* Ⓤ Tonti식 연금법《가입자가 죽을 때마다 잔존자의 배당이 늘어 마지막 사람이 전액을 수령함》.
ton-up [tánʌ̀p/tɔ́n-] *a.* 《英俗》오토바이 번개족(族)《시속 100마일로 폭주함》의.
To·ny [tóuni] *n.* 《美》토니상《연극의 연간 우수상; 여우 Antoinette Perry의 애칭에서》.
ton·y [tóuni] *a.* 《俗》멋진, 멋을 낸, 우아한.
†**too** [tu:] *ad.* ① **또한**, 그 위에. ② 너무, 지나치게. ③ 대단히. ***all*** ~ 너무나. ***none*** ~ 조금도 …않은, …는 커녕. ***only*** ~ 유감이나; 더할 나위 없이.
†**took** [tuk] *v.* take의 과거.
†**tool** [tu:l] *n.* ① **도구**, 공구, 연장; 공작 기계《선반 따위》. ② 끄나불, 앞잡이. ③〖製本〗압형기(押型器). ― *vt.* ① …에 도구를 쓰다. ②〖製本〗압형기로 무늬〔글자〕를 박다. ③ 《英口》(마차를) 천천히 몰다. ― *vi.* ① 도구를 사용하여 일하다. ② 《英口》마차를 몰다(*along*). ˊ~**ing** *n.* Ⓤ 연장으로 세공하기; 압형기로 무늬〔글자〕박기.
tool·box [tú:lbàks/ˊbɔ̀ks] *n.* 연장통.
tool·shed [ˊʃèd] *n.* 도구 창고.
toot [tu:t] *n., vt., vi.* 뚜우뚜우 (울리다).
†**tooth** [tu:θ] *n.* (*pl.* ***teeth***) ① **이**; 이 모양의 물건, (톱의) 이. ② 맛, 좋아하는 것. ***armed to the teeth*** 완전 무장하고. ***between the teeth*** 목

소리를 죽이고. ***cast*** [***throw***] ***something in a person's teeth*** (…의 일로) 책망하다. ***in the teeth of*** …의 면전에서; …을 무릅쓰고; …에도 불구하고. ***show one's teeth*** 이를 드러내다, 성내다; 거역하다. ***~ and nail*** 필사적으로. ***to the*** [***one's***] ***~*** 충분히, 완전히. —*vt.* ① …에 톱니를 붙이다, 깔쭉깔쭉[들쭉날쭉]하게 하다. ② 물다. —*vi.* (톱니바퀴가) 맞물다. **~ed** [-θt, -ðd] *a.* 이가 있는, 깔쭉깔쭉한. **∠·less** *a.* 이 없는, 이가 빠진.

‡**tooth·ache** [∠èik] *n.* U C 치통.

***tooth·brush** [∠brʌʃ] *n.* 칫솔.

tooth·comb [∠kòum] *n.*, *vt.* 《英》 참빗(으로 머리를 빗다). 「의 치약.

tooth·paste [∠pèist] *n.* U 크림 모양

tooth·pick [∠pìk] *n.* 이쑤시개.

tóoth pòwder 가루 치약.

tooth·some [∠səm] *a.* 맛있는.

too·tle [tú:tl] *vi.* (피리 따위를) 가볍게 불다. —*n.* 피리 소리.

too-too [tú:tú:] *a.*, *ad.* 굉장한[하게], 지독하게.

†**top**[1] [tap/-ɔ-] *n.* ① **정상**; 위 끝; 극점(極點), 절정. ② 표면. ③ 수위, 수석; 상석; (보트의) 1번 노잡이; 최량[중요] 부분. ④ 지붕, 뚜껑; 머리, 두부. ⑤ 〖製本〗 (책의) 상변(上邊) (***a gilt ~*** 천금(天金)). ⑥ (구두의) 상부; 털술, 섬유 다발. ⑦ 〖海〗 장루(檣樓). ***at the ~ of*** 될 수 있는 한 …으로. ***from ~ to toe*** [***bottom, tail***] 머리끝에서 발끝까지; 온통. ***on ~ of it*** 게다가(besides). ***over the ~*** 참호에서 뛰어나와. ***the ~ of the milk*** 《口》 프로그램 중에서 가장 좋은 것, 백미(白眉). —*a.* 제일 위의, 최고의; 수석의. —*vt.* (**-pp-**) ① …의 꼭대기를[표면을] 덮다(*with*). ② …의 꼭대기에 있다[이르다]; …의 위에 올라가다. ③ …을 넘다, …을 능가하다; …의 수위를 차지하다. ④ (식물의) 끝을 자르다. ⑤ 〖골프〗 (공의) 위쪽을 치다. —*vi.* 우뚝 솟다. ***~ off*** [***up***] 완성하다, 매듭을 짓다. 「다.

‡**top**[2] *n.* 팽이. ***sleep like a ~*** 푹 자

to·paz [tóupæz] *n.* U C 〖鑛〗 황옥(黃玉).

tóp bòots 승마 구두; 장화.

top-cap [tápkæ̀p/-ɔ́-] *n.*, *vt.* (**-pp-**) (타이어 표면의) 새로 갈아 붙인 부분; 타이어의 표면을 갈아 붙이다.

top·coat [∠kòut] *n.* (가벼운) 외투.

to·pee, to·pi [toupí:, ∠-/∠∠] *n.* 헬멧 모자.

top·er [tóupər] *n.* 술고래.

top·flight [tápfláit/-ɔ́-] *a.* 일류의.

top·gal·lant [tàpgǽlənt/-ɔ̀-] *n.*, *a.* 〖船〗 윗돛대(의); 윗돛대의 돛.

tóp hàt 실크해트. 「큰.

top-heav·y [táphèvi/-ɔ́-] *a.* 머리가

To·phet(h) [tóufit, -fet] *n.* 〖聖〗 도벳; 지옥. 「류[최고]의.

top·hole [táphóul/-ɔ́-] *a.* 《英俗》 일

to·pi·ar·y [tóupièri / -piəri] *a.*, *n.* 장식적으로 전정(剪定)한 (정원); U C 장식적 전정법.

‡**top·ic** [tápik/-ɔ́-] *n.* 화제, 논제; (연설의) 제목. ***tóp·i·cal** *a.* 화제의; 제목의; 시사 문제의; 〖醫〗 국소(局所)의.

top·knot [tápnàt/tɔ́pnɔ̀t] *n.* (머리의) 다발; (새의) 도가머리.

top·less [∠lis] *a.*, *n.* 유방을 드러낸 (옷·수영복); 매우 높은. 「의.

top-lev·el [∠lévl] *a.* 《口》 최고[수뇌]

top·loft·y [∠lɔ́:fti / -lɔ́f-] *a.* 《口》 뽐내는. 「영 관리 조직.

tóp mánagement (기업의) 최고 경

top·mast [∠mæ̀st, -ɑ̀:-; (海) -məst] *n.* 〖海〗 중간 돛대, 톱마스트. 「의.

top·most [∠mòust] *a.* 최고의, 절정

top-notch [∠nátʃ/-ɔ́-] *a.* 《美口》 일류의, 최고의.

to·pog·ra·phy [toupágrəfi/-ɔ́-] *n.* U 지형학; 지세; C 지지(地誌). **-pher** *n.* 지지작자(地誌作者); 지형학자. **top·o·graph·ic** [tàpəgrǽfik], **-i·cal** [-əl] *a.*

to·pol·o·gy [təpálədʒi/-ɔ́-] *n.* U 지세학; 풍토지(誌) 연구; 〖數〗 위상(位相) 수학. **top·o·log·i·cal** [tàpəládʒikəl / tɔ̀pəlɔ́-] *a.* ***topological psychology*** (인간의 구체적 행동을 장(場)의 역학에 의해서 해명하는 K. Lewin 일파의) 토폴로기 심리학.

top·per [tápər/-ɔ́-] *n.* 위[상층]의 것; (과일 따위) 잘 보이려고 위에 얹은 좋은 것; 《口》 우수한 사람[것], 뛰어난 것; 《口》 = TOP HAT; = TOPCOAT.

top·ping [tápiŋ/-ɔ́-] *a.* 우뚝 솟은; 《英口》 뛰어난.

top·ple [tápl/-ɔ́-] *vi.*, *vt.* 쓰러지다, 쓰러뜨리다(*down, over*); 흔들거리다, 흔들리게 하다. 「고위의, 일류의.

top-rank·ing [tápræ̀ŋkiŋ/-ɔ́-] *a.* 최

TOPS thermoelectric outer planet spacecraft 열전식 외혹성 탐사 우주선.

tops [taps/-ɔ-] *pred. a.* 최상의.

top·sail [∠seil, -sl] *n.* 〖船〗 윗돛대의 돛.

tóp sécret 《美》 극비.

top-se·cret [∠sí:krit] *a.* 《美》 극비의.

tóp sérgeant 《軍俗》 상사.

tóp shèll 〖貝〗 소라.

top·side [∠sàid] *n.* 흘수선 위의 현측(舷側). 「층토.

top·soil [∠sɔ̀il] *n.* U 표토(表土), 상

top·sy-tur·vy [tápsitə́:rvi/-ɔ́-] *n.*, *ad.*, *a.* U 전도(轉倒), 거꾸로 (된); 뒤죽박죽(으로, 의). **~·dom** *n.* U 《俗》 전도, 뒤죽박죽, 혼란. 「자.

toque [touk] *n.* 테가 좁은 여성 모

tor [tɔ:r] *n.* (울퉁불퉁한) 바위산.

to·ra(h) [tɔ́:rə] *n.* (유대교의) 율법; (the T-) 모세의 율법《구약 권두의 5서(書)》, 모세 오경(五經).

‡**torch** [tɔ:rtʃ] *n.* ① **횃불**. ② (연관공(鉛管工)이 쓰는) 토치램프. ③ 《英》 막대 모양의 회중 전등. ④ (지식·문화의) 빛. 「는 사람.

torch·bear·er [∠bɛ̀ərər] *n.* 횃불 드

torch·light [∠làit] *n.* U 횃불빛.

‡**tore** [tɔ:r] *v.* tear[2]의 과거.

tor·e·a·dor [tɔ́:riədɔ̀:r/tɔ́r-] *n.* (Sp.) (말탄) 투우사(cf. matador, picador).

to·re·ro [touréərou] *n.* (*pl.* ~*s*) 투우사.

‡**tor·ment** [tɔ́:rment] *n.* U,C **고통,** 고민(거리); 그 원인. —— [-ˊ] *vt.* **괴롭히다,** 못살게 굴다; 나무라다. ~**·ing** *a.* **tor·men·ter, -tor** *n.*

‡**torn** [tɔ:rn] *v.* tear²의 과거분사.

tor·na·do [tɔ:rnéidou] *n.* (*pl.* ~*es*) 큰 회오리바람.

To·ron·to [tərántou/-rɔ́n-] *n.* 캐나다의 남동부 Ontario 주의 주도.

*__tor·pe·do__ [tɔ:rpí:dou] *n.* ① 어뢰, 수뢰. ② 〖鐵〗 (전방의 위험을 알리는, 궤도상에 놓인) 신호 뇌관. ③ 〖魚〗 시끈가오리. *aerial* ~ 공뢰. —— *vt.* 어뢰(따위)로 파괴하다; 좌절시키다.

torpédo bòat 어뢰정.

tor·pé·do-boat destròyer [-bòut] (어뢰) 구축함. 「(雷擊機).

torpédo càrrier 〔**plàne**〕 뇌격기

torpédo nèt(ting) 어뢰 방어망.

torpédo tùbe 어뢰 발사관.

Tor·pex [tɔ́:rpeks] *n.* U 토펙스《폭뢰용 고성능 폭약》.

tor·pid [tɔ́:rpid] *a.* 마비된, 무감각한; (동면 중과 같이) 활발치 않은, 둔한. ~**·ly** *ad.* ~**·ness** *n.* U **tor·píd·i·ty** *n.* U

tor·por [tɔ́:rpər] *n.* U 마비; 활동정지; 지둔(至鈍).

Tor·quay [tɔ:rkí:/ˊˊ] *n.* 잉글랜드 남서부의 해변 보양(保養) 도시.

torque [tɔ:rk] *n.* U 〖機〗 비트는 힘, 우력(偶力); C (고대 사람의) 비비 꾄 목걸이.

‡**tor·rent** [tɔ́:rənt/-ɔ́-] *n.* ① **분류**(奔流). ② 억수같이 쏟아짐 (*in* ~*s*). ③ (질문·욕 따위의) 연발. **tor·rén·tial** [tɔ:rénʃəl, tɑr-/tɔr-] *a.*

*__tor·rid__ [tɔ́:rid, -ɑ́-/-ɔ́-] *a.* (햇볕에) 탄, 염열(炎熱)의; 열렬한.

Tórrid Zòne, the 열대. 「**al** *a.*

tor·sion [tɔ́:rʃən] *n.* U 비틀림. ~**·**

tor·so [tɔ́:rsou] *n.* (*pl.* ~*s*, **-si** [-si:]) (It.) 토르소《머리·손발이 없는 조상(彫像)》; 허리통. 「을 제외한》.

tort [tɔ:rt] *n.* 〖法〗 민사범《계약 위반

tor·til·la [tɔ:rtí:jə] *n.* (납작한) 옥수수빵《멕시코인의 주식》.

‡**tor·toise** [tɔ́:rtəs] *n.* **거북;** 느림보.

tor·toise-shell [tɔ́:rtəsʃèl] *n.* U 별갑(鼈甲). —— *a.* 별갑의, 별갑으로 만든; 별갑 무늬의; 삼색(三色)의 (*a* ~ *cat*).

tor·tu·ous [tɔ́:rtʃuəs] *a.* 꼬불꼬불한; 비틀린; 마음이 빙퉁그러진, 속검은. ~**·ly** *ad.* ~**·ness** *n.* **tor·tu·os·i·ty** [ˋ–ɑ́səti/-ɔ́-] *n.* U,C

‡**tor·ture** [tɔ́:rtʃər] *n.* U **고문;** U,C 고통. *in* ~ 괴로운 나머지 〔김에〕. —— *vt.* ① …**을 고문하다,** 몹시 괴롭히다. ② 억지로 비틀다; 곡해하다; 억지로 갖다 붙이다(*into; out of*).

to·rus [tɔ́:rəs] *n.* (*pl.* **-ri** [-rai]) 〖建〗 (두리 기둥 밑의) 큰 쇠시리; 〖植〗 꽃받기, 꽃턱, 화탁; 〖解〗 융기(隆起); 〖幾〗 원환체(圓環體).

*__To·ry__ [tɔ́:ri] *n.* 〖英史〗 왕당원(王黨員)《Eton 교 출신이 많았음: cf. Whig》; 보수당원; 〖美史〗 (미국 독립 전쟁 당시의) 영국 왕당원; (t-) 보수적인 사람. —— *a.* 왕당(원)의; 보수주의자의. ~**·ism** [-ìzəm] *n.* U

Tos·ca·ni·ni [tɑ̀skəní:ni / tɔ̀s-], **Arturo** (1867–1957) 이탈리아 출생의 미국 심포니 지휘자.

tosh [tɑʃ/tɔʃ] *n.* U 《英俗》 허튼〔객적은〕 소리; 〖크리켓·테니스〗 완구(緩球).

‡**toss** [tɔ:s/-ɔ-] *vt.* (~*ed,* 《詩》 *tost*) ① 던져 올리다; **던지다**(fling) (~ *a ball*). ② 아래위로 몹시 흔들다; (풍파가 배를) 번롱하다. ③ (아무와) 돈던지기를 하여 결정짓다(*I'll ~ you for it.* 돈던지기로 결정하자). ④ 〖테니스〗 토스하다, 높이 쳐 올리다. —— *vi.* 흔들리다; **뒹굴다;** 돈던지기를 하다. ~ *oars* (보트의) 노를 세워 경례하다. ~ *off* (말이) 흔들어 떨어뜨리다; 손쉽게 해 치우다; 단숨에 들이켜다. —— *n.* ① 던지기, 던져 올리기, 던지는〔던져 올리는〕 거리. ② 상하의 동요; 흥분. ③ 《英》 낙마(落馬). ④ 돈던지기.

tóssed gréen (드레싱을 쳐서 가볍게 휘저은) 야채 샐러드.

toss·pot [tɔ́:spɑ̀t/tɔ́spɔ̀t] *n.* 대주가, 주정뱅이.

toss-up [ˊʌ̀p] *n.* 돈던지기; 《口》 반반의 가망성. 「거(분사).

tost [tɔ:st, -ɑ-/-ɔ-] *v.* 《詩》 toss의 과

tot¹ [tɑt/-ɔ-] *n.* 어린 아이. 「다).

tot² (<total) *n., vt., vi.* (**-tt-**) 합계(하

‡**to·tal** [tóutl] *n., a.* ① **전체(의), 합계(의).** ② 완전한(*a* ~ *failure*). —— *vt., vi.* **합계하다,** 합계 …이 되다. ~**·ize** [-təlàiz] *vt.* *~**·ly** [-təli] *ad.*

tótal ábstainer 절대 금주가.

tótal ábstinence 절대 금주.

tótal eclípse 〖天〗 개기식(皆旣蝕).

to·tal·i·tar·i·an [toutæ̀lətέəriən] *a., n.* 전체주의의 (*a* ~ *state*); 전체주의자. ~**·ism** [-ìzəm] *n.* U

to·tal·i·ty [toutǽləti] *n.* U 전체; 합계. *in* ~ 전체로.

to·tal·i·za·tor [tóutəlizèitər] *n.* 도율(賭率) 표시기; 가산기.

to·tal·iz·er [tóutəlàizər] *n.* 도율 표시기; 합계하는 사람〔물건〕.

tótal wár 〔**wárfare**〕 총력전.

tote [tout] *vt., n.* 《美口》 나르다, 나르기, 짊어지다, 짊어지기; 나른〔짊어진〕 물건. **tót·er** *n.*

to·tem [tóutəm] *n.* 토템《북아메리카 토인이 종족·가족의 상징으로 숭배하는 동물·자연물》; 토템상(像). ~**·ism** [-ìzəm] *n.* U

tótem pòle 〔**pòst**〕 토템 기둥《토템을 새겨 북미 토인이 집 앞에 세움》.

Tót·ten·ham pùdding [tɑ́tənəm/-ɔ́-] 《英俗》 (부엌 찌끼를 처리한) 돼지 먹이, 꿀꿀이 죽.

*__tot·ter__ [tɑ́tər/-ɔ́-] *vi., n.* **비틀거리다,** 비틀거림, 뒤뚝뒤뚝 걷다〔걷기〕,

흔들리다, 흔들리기. **~·y** *a.*

tou·can [tú:kæn; -kən] *n.* 거취조(巨嘴鳥)《남미 열대산의 부리 큰 새》.

†**touch** [tʌtʃ] *vt.* ① **대다**, 만지다; 접촉〔인접〕하다. ② 필적하다. ③ (악기의 줄을) 가볍게 타다; 〖幾〗 접하다; 접촉시키다; 조금 해치다〔상우다〕. ④ **감동시키다**(move). ⑤ 가볍게 쓰다〔그리다〕; 색깔을 띠게 하다; 가미하다; 언급하다. ⑥ 닿다, 달하다; 《否定構文》 사용하다, 먹다, 마시다; …에 손을 대다, 관계하다. ⑦ …에 들르다, 기항(寄港)하다. ⑧ 《俗》 (아무에게) 돈을 꾸다 (~ *him for fifty dollars*). **—** *vi.* ① 대다; 접하다; …의 감촉이 있다. ② …에 가깝다(*at, to, on, upon*); 기항하다 (*at*). ~ ***and go*** 잠깐 들렀다가〔언급하고〕 나아가다. ~ ***down*** 〖美式蹴〗 터치다운하다《자기편의 인골 안에서 공을 지면에》; 〖空〗 단시간 착륙하다. ~ ***off*** 정확히 〔솜씨 좋게〕 나타내다; 휘갈겨 쓰다; (그림에) 가필하다; 발사하다; 개시시키다. ~ ***on*** 〔***upon***〕 언급하다; 대강 하다; 가까와지다. ~ ***out*** 〖野〗 척살(刺殺)하다. ~ ***up*** (사진·그림을) 수정하다; 가볍게 치다; 상기시키다. **—** *n.* ① 대기, **접촉**; Ⓤ 〖醫〗 촉진(觸診); 촉감; 정신적 접촉, 동감; 감동. ② **기미**, 약간(*a ~ of salt*); 광기(狂氣), 가벼운 병. ③ 성질, 특성; **수법**, 연주 솜씨; 가필, 일필(一筆), 필력, 솜씨. ④ 《美俗》 돈을 우려냄; 그 돈. ***keep in ~ with*** …과 접촉을 유지하다. ***put*** 〔***bring***〕 ***to the ~*** 시험하다. ~ ***of nature*** 자연의 감정, 인정. **ˊ·a·ble** *a.* 만질〔감촉할〕 수 있는; 감동시킬 수 있는.

touch-and-go [ˊəngóu] *a., n.* 아슬아슬한 (상태).

touch·back [ˊbæk] *n.* 〖美式蹴〗 터치백 《골 키퍼가 적의 공을 골 선상 또는 후방 지면에 대기》.

touch·down [ˊdàun] *n.* 〖럭비〗 터치다운(의 득점); 〖空〗 단시간의 착륙.

touched [tʌtʃt] *a.* 머리가 약간 돈; 감동한.

‡**touch·ing** [ˊiŋ] *a., prep.* ① **감동시키는**, 애처로운. ② …에 관해서. **~·ly** *ad.* 비장하게, 애처롭게.

touch·line [ˊlàin] *n.* 〖럭비·蹴〗 측선, 터치라인.

touch-me-not [ˊminàt/-ɔ̀-] *n.* 봉선화, 노랑물봉선화 (따위).

tóuch pàper 도화지(導火紙).

touch·stone [ˊstòun] *n.* 시금석; (시험의) 표준.

touch-tone [tʌ́tʃtòun] *a.* 누름단추식의 《전화기》.

touch·wood [ˊwùd] *n.* Ⓤ 부싯깃 (punk); 《英》 술래잡기의 일종.

touch·y [ˊi] *a.* 성마른, 성미 까다로운; 다루기 힘든; 인화(引火)성의.

‡**tough** [tʌf] *a.* ① **강인한**, 구부려도 꺾이지 않는, (줏대가) 센; 끈기 있는; 완고한. ② **곤란한**, 고된, 괴로운 (hard); 《美俗》 난폭한, 다루기 힘든. **ˊ·en** *vt., vi.* tough하게 하다, tough 해지다. **ˊ·ly** *ad.*

tough-mind·ed [tʌ́fmáindid] *a.* 감상적이 아닌, 현실적인, 굳센.

Tou·louse-Lau·trec [tu:lú:zlou-trék], **Henri Marie Raymond de** (1864–1901) 프랑스의 화가.

tou·pee, tou·pet [tu:péi/ˊ-] *n.* (F.) 가발(假髮), 다리.

‡**tour** [tuər] *n., vi., vt.* **관광**〔유람〕 **여행**(하다); 주유(周遊) (하다), 소풍 (가다). ***go on a ~*** 순유(巡遊)〔만유〕하다. ***on ~*** 만유〔순업(巡業)〕하여. **ˊ·ism** [túərizəm] *n.* Ⓤ 관광여행〔사업〕; 《集合的》 관광객.

tour de force [tùər də fɔ́:rs] (F.) 힘부림 재주, 놀라운 재주.

tour·er [túərər] *n.* 《주로 英口》 = TOURING CAR.

tóuring càr 포장형 자동차.

tóuring còmpany 지방 순업(巡業) 중인 일행.

‡**tour·ist** [túərist] *n.* **관광객**.

tóurist bùreau〔**àgency**〕 여행사, 관광 안내소.

tóurist càmp 관광객용 캠프.

tóurist clàss (기선·비행기의) 2등.

tóurist còurt 《美》 = MOTEL.

tóurist hòme 민박 숙소.

tóurist pàrty 관광단.

tóurist tìcket 유람표.

tóurist tràp (관광) 여행자 상대로 폭리를 취하는 장사.

tour·ma·lin(e) [túərməli:n, -lin] *n.* Ⓤ 전기석(電氣石).

***tour·na·ment** [túərnəmənt, tə́:r-] *n.* ① (중세의) 마상(馬上) 시합. ② **시합**, 경기, 승자 진출전, 토너먼트(*a chess ~*).

tour·ney [túərni, tə́:r-] *n., vi.* = TOURNAMENT ①(에 참가하다).

tour·ni·quet [túərnikit, tə́:r-] *n.* 지혈기(止血器).

tou·sle [táuzəl] *vt., n.* 헝클어뜨리다; 헝클어진 머리. **~d** [-d] *a.* 헝클어뜨린.

tout [taut] *vi.* 《口》 성가시도록 권유하다; 강매하다(*for*); 《英》 (연습중의 경마말의) 상태를 몰래 살피다 〔정보를 제공하다〕; 《美俗》 정보 제공을 업으로 삼다. **—** *vt.* 끈질기게 요구하다, 졸라대다(importune); 《英》 (말의) 상태를 살피다; 《美》 (상금의 배당에 한몫 끼려고, 말의) 정보를 제공하다. **ˊ·er** *n.*

tout à fait [tù: ta: féi] (F.) 아주, 완전히.

tout en·sem·ble [tù:t ɑ̃:sɑ́:bl] (F.) 전체(적 효과).

tow**[1] [tou] *n., vt.* ① (연안을 따라서) **배를 끌기**〔**끌다**〕, 끌려가는 배. ② (소·개·수레 따위를) 밧줄로 끌다〔끌기〕, 끄는 밧줄. ***take in ~ 밧줄로 끌다〔끌리다〕; 거느리다; 돌보아주다.

tow[2] *n., a.* Ⓤ 삼 부스러기(로 만든).

tow·age [ˊidʒ] *n.* Ⓤ 예선(曳船)(료).

†**to·ward** [təwɔ́:rd, tɔ:rd] *prep.* ① …의 **쪽으로**, …에 대하여, …으로의, …가까이, 무렵(*~ the end of*

July). ② …을 위하여〔생각하여〕(for). —— [tɔ:rd/tóuəd] *a.* 《古》 온순한; (*pred. a.*) 절박해 있는 (*There is a wedding* ~. 가까운 장래에 결혼식이 있다). 「《英》 =TOWARD.
‡**to·wards** [təwɔ́:rdz, tɔ:rdz] *prep.*
tów-a·way zòne [tóuəwèi] 주차 금지 지대《위반차량은 끌어감》.
tow·boat [tóubòut] *n.* =TUGBOAT.
tów càr〔**trùck**〕구난차(救難車)〔트럭〕, 레커차(wrecker).
‡**tow·el** [táuəl] *n., vt.* (《英》 *-ll-*) **타월**, 수건(으로 닦다). ***throw*** 〔***toss***〕 ***in the*** ~ 〖拳〗 (패배의 인정으로) 타월을 (링에) 던지다; 《俗》 패배를 인정하다, 항복하다. ~·(l)ing *n.* Ⓤ 타월감〔천〕.
tówel hòrse〔**ràck**〕타월걸이.
†**tow·er** [táuər] *n.* **탑**, 성루(城樓); 성채, 요새. —— *vi.* 높이 솟아 오르다, 우뚝 솟다. *~·ing *a.* **높이 솟은**; 거대한; 맹렬한. ~·y *a.* 탑이 있는〔많은〕; 높이 솟은.
tow·er·man [-mən] *n.* 〖鐵〗 신호원; 항공 관제관. 「머리(의 사람).
tow·head [tóuhèd] *n.* 엷은 황갈색
tow·line [´làin] *n.* (배의) 끄는 밧줄.
†**town** [taun] *n.* ① **읍**(邑), 소도시; 《冠詞 없이》 (자기 고장) 근처의 주요 도시, 지방의 중심지; 번화가, 상가; 〖英史〗 성아래 (도시). ② (the ~) 읍민, 시민. ***a man about*** ~ 놀고 지내는 사람《특히 런던의》. ***go down*** ~ 《美》 상가에 가다. ~ ***and gown*** (Oxf. 와 Camb. 의) 시민측과 대학측.
tówn clérk (읍사무소의) 서기.
tówn cóuncil 시〔읍〕의회.
tówn cóuncilor 읍의회 의원.
tówn críer (읍 규칙을) 선포하고 다니는 직원. 「예망(曳網).
tow·net [tóunèt] *n.* (표본 채집용의)
tówn gàs 도시 가스.
tówn háll 읍사무소, 시청, 공회당.
tówn hòuse 도시의 저택 《시골에 country house가 있는 사람의》.
tówn méeting 읍민 대회; 《美》 (New England의) 군구(郡區) 대표자회(의).
tówn plánning 도시 계획.
town·scape [táunskèip] *n.* Ⓤ 도시 풍경(화); 도시 조경법. 「민; 읍민.
towns·folk [´zfòuk] *n. pl.* 도시 주
***town·ship** [´ʃìp] *n.* 《英》 읍구(邑區); 《美·캐나다》 **군구**(郡區); 〖英史〗 (교구의) 분구(分區).
***towns·man** [´zmən] *n.* **도회지 사람**; **읍민**, 읍내 사람; 《美》 =SELECTMAN. 「TOWNSFOLK.
towns·peo·ple [´zpì:pl] *n. pl.* =
tówn tàlk 읍내의 소문; 소문의 근원. 「길.
tow·path [tóupæ̀θ, -à:-] *n.* 배 끄는
tow·rope [´ròup] *n.* =TOWLINE.
tox·ae·mi·a, tox·e·mi·a [tɑksí:miə/tɔk-] *n.* Ⓤ 독혈증(毒血症).
tox·ic [tɑ́ksik/-ɔ́-] *a.* (중)독의.
tox·i·col·o·gy [tɑ̀ksikɑ́lədʒi/tɔ̀ksikɔ́l-] *n.* Ⓤ 독물학. **tox·i·co·log·i·cal** [`–kəlɑ́dʒikəl/-ɔ́-] *a.* **tox·i·cól·o·gist** *n.* 독물학자.
tox·in [tɑ́ksin/-ɔ́-] *n.* 독소.
†**toy** [tɔi] *n.* ① **장난감**(같은 물건). ② 하찮은 것. ***make a*** ~ ***of*** 희롱하다. —— *vi.* **장난하다**; 희롱하다. (*with*); 시시덕거리다(*with*).
Toyn·bee [tɔ́inbi], **Arnold Joseph** (1889–1975) 영국의 역사가. 「게.
toy·shop [tɔ́iʃɑp/-ʃɔp] *n.* 장난감 가
Tr 〖化〗 terbium.
†**trace**[1] [treis] *n.* ① **발자국**; 형적, **흔적**. ② (a ~) 기미, 조금(*of*). ③ 선, 도형. (***hot***) ***on the*** ~***s of*** … 을 추적하여. —— *vt.* ① **추적하다**; 발견하다; 더듬어 가다, …의 유래를 조사하다. ② (선을) 긋다, (그림을) 그리다, 베끼다, 투사(透寫)하다. ③ (창문에) 장식 무늬(tracery)를 붙이다. —— *vi.* 뒤를 밟다; 나아가다. ~ ***back*** 더듬어 올라가다. ~ ***out*** 행방을 찾다; 베끼다, 그리다; 획책하다. ∠·a·ble *a.* trace할 수 있는.
trace[2] *n.* (마차 말의) 봇줄. ***in the*** ~***s*** 봇줄에 매이어; 매일의 일에 종사하여(in harness). ***kick over the*** ~***s*** 말을 안 듣다.
tráce èlement 〖生化〗 미량(微量) 원소 《체내의 미네랄 따위》.
trac·er [´ər] *n.* 추적자; 투사(透寫) 용구; 유실물 조사계; 분실물〔행방불명자〕 수사 연락〔조회〕; 〖軍〗 예광탄; 〖化·生〗 추적자(子) 《유기체내의 물질의 진로·변화 등을 조사하기 위한 방사성 동위원소》; 〖컴퓨터〗 추적 루틴(routine). 「추적 원소.
trácer àtom〔**èlement**〕추적자(子),
trácer bùllet 예광탄. 「창살.
trac·er·y [tréisəri] *n.* ⓊⒸ 장식 무늬
tra·che·a [tréikiə/trəkí:ə] *n.* (*pl.* *-cheae* [-kiì:], ~*s*) 〖解〗 기관(氣管).
tra·che·i·tis [trèikiáitis / træ̀k-] *n.* Ⓤ 〖醫〗 기관염.
tra·che·ot·o·my [trèikiɑ́təmi/træ̀kiɔ́t-] *n.* Ⓤ 〖醫〗 기관 절제술.
tra·cho·ma [trəkóumə] *n.* Ⓤ 〖醫〗 트라코마.
***trac·ing** [tréisiŋ] *n.* Ⓤ **추적**; 투사, 복사; 자동 기록 장치의 기록.
trácing pàper 투사지, 복사지.
‡**track** [træk] *n.* ① **지나간 자국**, 흔적; (*pl.*) 발자국. ② **통로**; (인생의) 행로; 상도(常道); 궤도, 선로; 경주로, 트랙(*a race* ~). ③ 육상 경기. ***in one's*** ~***s*** 《口》 즉석에서, 곧. ***in the*** ~ ***of*** …의 예에 따라서, …의 뒤를 따라; …의 도중에. JUMP ***the*** ~. ***keep*** 〔***lose***〕 ~ ***of*** …을 놓치지 않다〔놓치다〕. ***make*** ~***s*** 《俗》 떠나다, 도망치다. ***off the*** ~ 탈선하여; 주제에서 탈선해서; (사냥개가) 냄새 자취를 잃고; 잘못하여. ***on the*** ~ 궤도에 올라; 단서를 잡아서(*of*); 올바르게. —— *vt.* ① …에 발자국을 남기다; (진흙·눈 따위를) 신발에 묻혀 들이다(*into*). ② **추적하다**(*down*); 찾아 내다(*out*). ③ (배를) 끌다. ∠·er *n.* 추적자; 배를 끄는 사람; 사냥

안내인. ⌐·less a. 길〔발자국〕없는.
track·age [⌐idʒ] n. Ⓤ 《集合的》 (어떤 철도의) 전선(로)(全線(路)); ⓊⒸ (다른 회사) 궤도 사용권〔료〕.
tráck and fíeld 육상 경기.
tráck evènts 트랙 종목《러닝·허들 따위》. 「소, 관측소.
trácking stàtion (인공위성) 추적
tráck mèet 육상 경기회.
tráck sỳstem 《美》 학력별 반편성.
‡**tract**[1] [trækt] n. ① **넓은 땅, 지역**; (하늘·바다의) 넓이. ② 《古》 기간. ③ 〖解〗 관(管), 계통.
tract**[2] (<tractate) n. **소논문**, 소책자, (종교 관계의) 팜플렛. ***Tracts for the Times, Oxford movement 의 소론집.
trac·ta·ble [trǽktəbəl] a. 유순한; 세공하기 쉬운. **trac·ta·bil·i·ty** [⌐—bíləti] n. Ⓤ
trac·tate [trǽkteit] n. (소)논문.
trac·tile [trǽktil, -tail] a. 잡아 늘일 수 있는. **trac·tíl·i·ty** n. Ⓤ 신장성.
trac·tion [trǽkʃən] n. Ⓤ 견인(력)(牽引(力)), (바퀴 따위의) 마찰(friction). ～·**al** a. **trác·tive** a. 견인하는. 「기관차.
tráction èngine 노면(路面) 견인
***trac·tor** [trǽktər] n. ① 끄는 도구. ② **트랙터**; 견인차. ③ 앞 프로펠러식 비행기.
trad [træd] a. 《주로 英口》 = TRADITIONAL.
†**trade** [treid] n. ① ⓊⒸ **매매, 상업**; 거래(*make a good* ～); 무역. ② ⒸⓊ **직업, 손일**《목수·미장이 등》. ③ 《集合的》 (동)업자들; 《集合的》 고객. ④ 《美》 (정당간의) 거래, 타협. ⑤ (the ～s) 무역풍. ***be good for*** ～ 살 마음을 일으키게 하다. ～ ***première*** 〖映〗 (동업자만의) 내부 시사회. — *vi.* ① **장사〔거래〕하다**(*in, with*); 사다; 교환하다(～ *seats*). ② (정당 등이) 뒷거래하다. — *vt.* 팔다, 매매하다. ～ ***away*** 〔***off***〕 팔아버리다. ～ ***in*** (물품을) 대가로 제공하다. ～ ***on*** …을 이용하다.
tráde agrèement 노동〔무역〕 협정.
tráde bàlance 무역 수지.
tráde cýcle 《英》 경기 순환.
trade-in [⌐ìn] n. 대가의 일부로서 제공하는 물품《중고차 따위》.
trade-last [⌐læ̀st, -lɑ̀:st] n. 《口》 교환 조건으로의 칭찬의 말, 「구수한 이야기」《이것을 상대에게 이야기해 주고 동시에 상대로부터도 제 3 자가 한 칭찬의 말을 듣기로 함: 생략 TL》.
***trade·mark** [⌐mɑ̀:rk] n. (등록)**상표**.
tráde mìssion 무역 사절단.
tráde nàme 상표〔상품〕명; 상호.
tráde pàct 무역 협정.
‡**trad·er** [⌐ər] n. **상인**; 상선.
tráde ròute 통상(항)로.
tráde schòol 실업 학교.
trades·folk [⌐zfòuk] n. *pl.* = TRADESPEOPLE. 「**상인**.
***trades·man** [⌐zmən] n. 《英》 **소매**
trades·peo·ple [⌐zpì:pl] n. 상인; 《英》 《集合的》 소매상 (가족·계급).
tráde(s) únion (직업별) 노동 조합.
tráde(s) únionism 노동 조합 제도.
tráde(s) únionist 노동 조합원〔조
tráde wìnd 무역풍. 〔합주의자〕.
tráding còmpany 〔**concèrn**〕 상사(商事) 회사.
tráding estáte 《英》 산업 지구.
tráding pòst 미개지의 교역소(交易所). 「아서 경품과 교환함》.
tráding stàmp 경품권《몇 장씩 모
‡**tra·di·tion** [trədíʃən] n. ① ⓊⒸ **전설**, 구전. ② ⓊⒸ 관례, 인습, **전통**. ③ 〖宗〗 (모세 또는 예수와 그 제자로부터 계승한) 성전. ***tra·dí·tion·al** [-ʃənəl], **tra·dí·tion·ar·y** [-nèri/-nəri] a. 전설(상)의; **전통〔인습〕적인**.
tra·duce [trədjú:s] vt. 중상하다(slander). ～·**ment** n. Ⓤ **-dúc·er** [-ər] n.
Tra·fal·gar [trəfǽlgər] n. 스페인 남서 해안의 곶(岬) 《1805년 그 앞바다에서 Nelson이 프랑스·스페인 연합 함대를 격파하였음》.
Trafálgar Squáre 런던의 광장 《Nelson 기념주(柱)가 있음》.
†**traf·fic** [trǽfik] n. Ⓤ ① (사람·수레·배의) 왕래; **교통**, 운수(량). ② **거래**, 무역(*in*); 교제. ③ 화물(의 양), 승객(수). — *vt., vi.* (**-ck-**) 장사〔거래〕하다, 무역하다(*in, with*); (명예를) 팔다(*for, away*).
traf·fi·ca·tor [trǽfəkèitər] n. (자동차의) 방향 지시기. 「터리.
tráffic cìrcle 《美》 원형 교차점, 로
tráffic contròl 교통 정리.
tráffic còp 《美口》 교통 순경.
tráffic còurt 교통 재판소.
tráffic ìsland (거리의) 안전 지대.
tráffic jàm 교통 마비. 「무역업자.
traf·fick·er [trǽfikər] n. 《蔑》 상인,
tráffic polìceman 교통 순경.
tráffic sìgn 교통 표지.
tráffic sìgnal 〔**lìght**〕 교통 신호(기)〔신호등〕.
tráffic tìcket 교통 위반 딱지.
trag·a·canth [trǽgəkæ̀nθ] n. Ⓤ 트래거캔스 고무《풀·제약용》.
‡**trag·e·dy** [trǽdʒədi] n. Ⓤ **비극**; Ⓒ 참사. **tra·ge·di·an** [trədʒí:diən] n. (*fem.* ***-dienne*** [-dién]) 비극 배우〔작가〕.
‡**trag·ic** [trǽdʒik], **-i·cal** [-əl] a. **비극의**, 비극적인; 비참한. **-i·cal·ly** ad.
trag·i·com·e·dy [træ̀dʒəkɑ́mədi/-ɔ́-] n. ⓊⒸ 희비극. **trag·i·cóm·ic, -i·cal** a.
‡**trail** [treil] vt. ① (옷자락 따위를) **질질 끌다**, 늘어뜨리다; 끌며 〔늘어뜨리며〕 가다. ② …의 **뒤를 쫓다** (follow); 길게 이야기하다; (풀을) 밟아서 길을 내다. — *vi.* ① **질질 끌리다**; (머리카락·밧줄 따위가) 늘어지다; 꼬리를 끌다. ② (담쟁이·뱀 따위가) 기다; 옆으로 뻗치다; 발을 끌며 걷다(*along*). ③ (목소리 따위가) 점점 사라지다. — *n.* ① (**발**)**자국**; (사냥 짐승의) 냄새 자국. ② 오솔길;

늘어진 것; (연기·구름의) 옆으로 뻗침. ③ 단서. ***off the ~*** 냄새 자국을 잃고, 길을 잃고. ***on the ~ of*** …을 추적하여.

***trail·er** [∠ər] *n.* ① **끄는 사람**[것]. ② 만초(蔓草). ③ 추적자; 동력차에 끌리는 차, **트레일러**. ④ 〖映〗 예고편(prevue); (필름의) 감은 끝의 공백의 부분(cf. leader). 「스.

tráiler bùs 견인차가 달린 대형 버

tráiler còach 《美》 이동 주택차.

tráiler pàrk 이동 주택 주차지.

tráiler pùmp 이동 소방 펌프.

tráiling plànt 덩굴풀, 만초(蔓草).

†**train** [trein] *vt.* ① **훈련**[양성·교육]**하다**; (말·개 따위를) 훈련시키다, 길들이다. ② 〖園藝〗 손질하여 가꾸다 (~ *the vine over a pergola* 퍼골라에 포도 덩굴을 뻗어 나가게 하다). ③ (포를) 돌리다(*upon*). ④ 《古》 꾀다, 유혹하다(allure). —— *vi.* ① **훈련**[연습]**하다**; 몸을 단련하다(~ *for races*). ② 《美俗》 사이좋게 하다 (*with*). ~ ***down*** (선수가) 단련하여 체중을 줄이다. ~ ***it*** 기차로 가다. —— *n.* ① 뒤에 끄는 것, 옷자락; (새·혜성의) 꼬리. ② **열차**(*by* ~); 기차 여행. ③ **열**, 행렬; 연속(되는 것). ④ 일행; 종자(從者), 수행원. ⑤ Ⓤ 《古》 차례, 순서(*in good* ~ 준비가 잘 갖추어져). ***down*** [***up, through***] ~ 하행[상행, 직통] 열차. **∠·a·ble** *a.* **~ed** [-d] *a.* (정식으로) 양성[훈련]된, 단련된. **~·ée** *n.* 훈련을 받는 사람; 직업 교육을 받는 사람; 《美》 신병. ****∠·er** *n.* **훈련자**; 조교사(調教師); 지도자, 트레이너; 〖美軍〗 조준수(照準手); 〖園藝〗 덩굴 식물을 얹는 시렁; 〖英空軍〗 훈련용 비행기.

train·bear·er [∠bὲərər] *n.* (의식 때) 옷자락 들어주는 사람.

tráined núrse 유자격 간호부.

train·ee [treiní:] *n.* 훈련생 ; 견습공.

tráin fèrry (열차를 실은 채 건너는) 열차 연락선.

****train·ing** [∠iŋ] *n.* Ⓤ ① **훈련**, 교련, 트레이닝; (말의) 조교(調教). ② (경기의) 컨디션. ③ 정지법(整枝法), 가지 다듬기, 가꾸기.

tráining còllege 《英》 교원 양성소, 교육 대학. 「훈련소.

tráining schòol 양성소; 소년원,

tráining sèat 소아용 서양식 변기.

tráining shìp 연습선, 연습함.

tráining squàdron 연습 함대.

train·load [∠lòud] *n.* 열차 적재량.

train·man [∠mən] *n.* 《美》 열차 승무원; (특히) 제동수.

tráin òil 경유(鯨油), 어유(魚油).

traipse [treips] *vi.* 《口》 싸다니다, 어정거리다; 질질 끌리다《치마 등이》.

***trait** [treit] *n.* **특색**, 특징; 얼굴 모습.

trai·tor** [tréitər] *n.* (*fem.* ***-tress [-tris]) **반역자**, 매국노; 배반자(*to*). **~·ous** *a.*

tra·jec·to·ry [trədʒéktəri, trǽdʒik-] *n.* 탄도; (혜성·혹성의) 궤도.

****tram** [træm] *n.* 궤도(차); 《英》 **시가 전차**; 석탄차, 광차(鑛車).

****tram·car** [∠kὰ:r] *n.* 《英》 **시가 전차** (《美》 streetcar).

tram·line [∠làin] *n.* 《英》 전차 선로.

tram·mel [trǽməl] *n.* 말의 족쇄《조교용(助教用)》; (보통 *pl.*) 속박, 구속(물); 물고기[새] 그물; (pot 따위를 거는) 만능 갈고리; (*pl.*) 타원 컴퍼스. —— *vi.* (《英》 ***-ll-***) 구속하다; 방해하다. **-(l)ed** [-d] *a.* 구속된.

****tramp** [træmp] *vi.* ① **짓밟다** (*on, upon*); (무겁게) **쿵쿵 걷다**. ② 터벅터벅 걷다; 도보 여행하다, 방랑하다. —— *vt.* …을 걷다; 짓밟다. —— *n.* ① 무거운 발소리. ② 방랑자; 방랑 생활; 긴 도보 여행. ③ 〖海〗 부정기 화물선. ④ 《美俗》 매춘부. ***on (the)*** ~ 방랑하여. **∠·er** *n.*

****tram·ple** [trǽmpəl] *vt., vi.* **짓밟다**, 유린하다; 심하게 다루다, 무시하다 (~ *down;* ~ *under foot*). —— *n.* 짓밟음, 짓밟는 소리.

tram·po·lin(e) [trǽmpəli:n, ∽∠] *n.* 트램펄린《쇠틀 안에 스프링을 단 즈크의 탄성을 이용하여 도약하는 운동 용구》.

trámp stéamer 부정기 화물선.

tram·road [trǽmròud] *n.* (특히 광산 따위의) 궤도, 광차도(道).

tram·way [∠wèi] *n.* ＝TRAMLINE.

***trance** [træns, -ɑ:-] *n., vt.* **꿈결**, 비몽 사몽, 황홀[혼수]상태(로 만들다).

tran·quil** [trǽŋkwil] *a.* (《英》 ***-ll-) **조용한**; 평온한. **~·(l)ize** [-àiz] *vt., vi.* 진정시키다[하다]; 조용하게 하다, 조용해지다. **~·ly** *ad.* **~·ness** *n.* ***tran·quíl·(l)i·ty** *n.* Ⓤ

trans. transitive; transportation.

trans- *pref.* 「횡단; 관통(*trans*atlantic)」, 「초월, 저쪽(*trans*alpine)」, 「변화(*trans*form)」 등의 뜻.

***trans·act** [trænsǽkt, -z-] *vt.* **취급하다**, 처리하다; 하다 (do). —— *vi.* 거래하다 (deal) (*with*). ***trans·ác·tion** *n.* ⓊⒸ **처리**; 거래; (*pl.*) (학회의) 보고서, 의사록. **-ác·tor** *n.*

trans·al·pine [trænsǽlpain, -z-, -pin] *a., n.* (이탈리아쪽에서) 알프스 저편의 (사람).

trans·at·lan·tic [trӕnsətlǽntik, -z-] *a., n.* (보통 유럽측에서) 대서양 건너의 (사람), 아메리카의 (사람); 대서양 횡단의 (기선).

trans·ceiv·er [trænssí:vər] *n.* 라디오 송수신기.

tran·scend [trænsénd] *vt., vi.* 초월하다; 능가하다(excel). (*It*) ~***s description***. 필설로는 다할 수 없다.

tran·scend·ence [trænséndəns], **-en·cy** [-i] *n.* Ⓤ 초월, 탁월; (신의) 초절성(超絶性). **-ent** *a., n.* 뛰어난, 탁월한(superior) (사람·물건); 물질계를 초월한 (신); 불가해(不可解)한; 〖칸트哲學〗 ('transcendental'과 구별하여) 초절적인.

tran·scen·den·tal [trӕ̀nsendéntl] *a.* =TRANSCENDENT; 초자연적인; 모호한; 추상적인; 이해할 수 없는; 〖칸트哲學〗 ('transcendent'와 구별하여) 선험적인; 〖數〗 초월 함수의. **~·ism** [-təlìzəm] *n.* Ⓤ 모호(함); 환상(성), 변덕; 불가해; (Kant의) 선험론; (Emerson의) 초절론. **~·ist** [-təlist] *n.* 선험론자, 초절론자.

trans·con·ti·nen·tal [trӕ̀nskɑntənéntl, trӕ̀nz- / trӕ́nzkɔ̀n-] *a.* 대륙 횡단의; 대륙 저쪽의.

***tran·scribe** [trӕnskráib] *vt.* 베끼다; 전사(轉寫)하다; (다른 악기용 따위로) 편곡하다; 녹음(방송)하다. ***tran·scríp·tion** *n.* Ⓤ 필사(筆寫), ⒸⓊ 편곡; 녹음. 「사본, 등본.

***tran·script** [trǽnskript] *n.* 베낀 것,

trans·duc·er [trӕnsdjú:sər] *n.* 〖理〗 변환기(變換器).

trans·earth [trǽnsə:rθ] *a.* 〖宇宙〗 지구로 향하는.

tran·sept [trǽnsept] *n.* 〖建〗 (십자형식 교회당의 좌우의) 수랑(袖廊)(의 총칭).

‡**trans·fer** [trǽnsfə:r] *n.* ① ⓊⒸ 전환, 이동, 전임, 전학; Ⓤ (권리의) 이전, (재산의) 양도. ② Ⓤ 치환(置換), (명의의) 변경. ③ 대체(對替), 환(換). ④ ⓊⒸ 갈아타기; 갈아타는 표. —— [-ˊ] *vt.* (*-rr-*) **옮기다**, 나르다; 양도하다; 전사(轉寫)하다; 전임시키다. —— [-ˊ] *vi.* **옮다**, 전임되다; 갈아타다. ***transferred epithet*** 〖文〗 전위(轉位) 형용사《보기: a man of *hairy* strength 털 많은 힘센 남자》. **~·a·ble** *a.* **trans·fer·ee** [ˋfərí:] *n.* **trans·fer·ence** [trӕnsfə́:rəns, ˊfər-] *n.* ⓊⒸ 이동, 전송(轉送); Ⓤ 양도; 〖精神分析〗 (어릴 때 감정의, 새 대상으로의) 전이(轉移). **trans·fer·(r)er**, 〖法〗 **-fer·or** [-fə́:rər] *n.*

trans·fer·ase [-fərèis, -z] *n.* 〖生化〗 전이 효소(轉移酵素).

tránsfer cómpany 《美》 근거리 운송회사《두 터미널 역 구간 등》.

tránsfer RNÀ 〖遺傳〗 전이 RNA, 운반 RNA. 「대(遷車臺).

tránsfer tàble 〖鐵〗 (지상식) 천차

tránsfer tàx 상속세; 양도세.

trans·fig·u·ra·tion [trӕ̀nsfigjəréiʃən] *n.* ⓊⒸ 변형, 변모; (the T-) (예수의) 변형《마태 복음 17:2》, 현성용(顯聖容) 축일 《8월 6일》.

trans·fig·ure [trӕnsfígjər, -gər] *vt.* 변모〔변용〕시키다; 거룩하게 하다, 이상화하다.

trans·fix [-fíks] *vt.* 꿰뚫다; (못박은 것처럼) 그 자리에서 꼼짝 못하게 하다. **-fíx·ion** *n.* Ⓤ

‡**trans·form** [-fɔ́:rm] *vt.* ① **변형시키다**, 바꾸다(*into*). ② 〖電〗 변압하다. **~·a·ble** *a.* **~·er** *n.* 변형〔변화〕시키는 사람〔것〕; 변압기. ***trans·for·ma·tion** [ˋfərméiʃən] *n.* ⓊⒸ **변형**, 변화; 변압; Ⓒ (여자의) 다리.

trans·for·má·tion·al grámmar [trӕ̀nsfərméiʃənəl] 〖言〗 변형 문법.

transformátion scène (막을 내리지 않는) 빨리 변하는 장면. 「형설.

transformátion thèory 〖文〗 변

trans·fuse [trӕnsfjú:z] *vt.* 옮겨 붓다, 갈아 넣다; 스며들게 하다(*into*); 고취하다 (instill) (*into*); 〖醫〗 수혈하다. **-fú·sion** *n.* ⓊⒸ

***trans·gress** [trӕnsgrés, -z-] *vt.* …의 **한계를 넘다**; (법을) 범하다 (violate). —— *vi.* 법률을 범하다; 죄를 범하다(sin). **-grés·sor** *n.* **-grés·sion** *n.* ⓊⒸ

tran·ship [trӕnʃíp] *v.* =TRANSSHIP.

***tran·sient** [trǽnʃənt, -ziənt] *a.*, *n.* **일시적인**, 덧없는; 《美》 단기 체류의 (손님). **~·ly** *ad.* **~·ness** *n.* **-ence, -sien·cy** *n.* ⓊⒸ

tran·sis·tor [trӕnzístər, -sís-] *n.* 〖無電〗 트랜지스터《게르마늄 따위의 반도체(半導體)를 이용한 증폭장치》.

***tran·sit** [trǽnsit, -z-] *n.* Ⓤ ① **통과**, 통행; **운송**; Ⓒ 통로. ② 〖天〗 자오선 통과. ③ 경과; 변천. —— *vt.* 횡단하다; …을 통과하다.

tránsit cìrcle 〖天〗 =TRANSIT IN-

tránsit dùty 통행세. ⌊STRUMENT.

tránsit ìnstrument 〖天〗 자오의(儀); 〖測〗 전경의(轉鏡儀), 트랜싯.

***tran·si·tion** [trӕnzíʃən, -sí-/-síʒən, -zíʃən] *n.* ⓊⒸ **변천**, 변이(變移); 과도기; 〖樂〗 (일시적) 전조(轉調) (cf. transposition). **~·al** *a.*

transítion pèriod 과도기.

‡**tran·si·tive** [trǽnsətiv, -zi-] *a.*, *n.* 〖文〗 **타동의**; 타동사. **~·ly** *ad.*

tránsitive vérb 〖文〗 타동사.

tran·si·to·ry [trǽnsətɔ̀:ri, -z-/-təri] *a.* 일시의, 일시적인, 오래 가지 않는, 덧없는, 무상한. **-to·ri·ly** *ad.*

tránsit vìsa 통과 사증.

Trans·jor·dan [trӕnsdʒɔ́:rdn, trӕnz-] *n.* Jordan 왕국의 옛 이름.

‡**trans·late** [trӕnsléit, -z-, ˊ-] *vt.* **번역하다**; 해석하다; 《俗》 (구두 따위를) 고쳐 만들다; 이동시키다; (행동으로) 옮기다. —— *vi.* 번역하다〔되다〕. ‡**-lá·tion** *n.* ⓊⒸ ***-lá·tor** *n.*

trans·lit·er·ate [trӕnslítərèit, -z-] *vt.* 자역(字譯)하다, 음역하다. **-lit·er·a·tion** [-ˋ-éiʃən] *n.* ⓊⒸ

trans·lu·cent [-lú:sənt] *a.* 반투명의. **~·ly** *ad.* **-lú·cence, -cen·cy** *n.* Ⓤ

trans·mi·grate [-máigreit] *vi.* 이주하다; 다시 태어나다. **-gra·tor** *n.* **trans·mi·gra·tion** [ˋ-gréiʃən] *n.* ⓊⒸ 이주, 전생(轉生), 윤회(輪廻).

trans·mis·si·ble [-mísəbəl] *a.* 전할〔옮길〕 수 있는; 전달되는, 보내지는. ***trans·mís·sion** *n.* ⓊⒸ **전달**〔**송달**〕(**되는 것**); Ⓒ (자동차의) 전동(傳動)장치; ⓊⒸ 송신, 송전; Ⓤ 〖生〗 형질(形質) 유전. **trans·mís·sive** *a.* 보내지는, 보내진.

***trans·mit** [-mít] *vt.* (*-tt-*) ① **보내다**, 회송하다. ② **전달**〔**매개**〕**하다**. ③ (빛·열을) 전도하다. ④ 송신하다, 방송하다. ⑤ (재산을) 전해 물리다; (못된 병을) 유전하다. **-mít-**

tal *n.* -**mít·ta·ble** *a.* -**mít·tance,** *n.* *-**mít·ter** *n.* **회송**〔전달〕**자;** 유전체; 송신기, 송화기; (무전) 송파기.
trans·mute [-mjú:t] *vt.* 변화〔변질〕시키다. -**mu·ta·tion** [ˌ-téiʃən] *n.*
trans·o·ce·an·ic [trӕnsouʃiǽnik, -z-] *a.* 해외의, 대양 횡단의.
tran·som [trǽnsəm] *n.* 〖建〗 상인방, 가로대; 《美》 = ∠ **window** 교창(交窓).
tran·son·ic [trænsánik/-ɔ́-] *a.* = TRANSSONIC.
trans·pa·cif·ic [trӕnspəsífik] *a.* 태평양 횡단의; 태평양 건너편의.
‡**trans·par·ent** [trænspέərənt] *a.* **투명한;** (문체 등이) 명료한; 솔직한; (변명이) 빤히 들여다뵈는. -**ence** *n.* Ⓤ 투명(도). -**en·cy** *n.* ⓊⒸ 투명(도); 투명화(畵). ~·**ly** *ad.*
trans·pierce [trænspíərs] *vt.* 꿰뚫다, 관통하다.
tran·spi·ra·tion [trӕnspəréiʃən] *n.* ⓊⒸ 증발(물), 발산; 땀; 누설.
trans·pire [trænspáiər] *vi., vt.* 증발〔발산〕하다〔시키다〕; 배출하다; (*vi.*) (비밀이) 새다(become known); (일이) 일어나다.
*__trans·plant__ [trænsplǽnt, -plá:nt] *vt.* (식물·피부 등을) **이식하다;** 이주시키다. -**plan·ta·tion** [ˌ-téiʃən] *n.* ⓊⒸ
‡**trans·port** [trænspɔ́:rt] *vt.* **수송하다;** 도취〔열중〕케 하다; 유형(流刑)에 처하다; 《廢》 죽이다. —— [∠-] *n.* ① ⓊⒸ 수송(기·선·기관). ② (종종 *pl.*) 황홀, 도취, 열중. ③ 유형수. ~·**a·ble** *a.* ~·**er** *n.* ~·**ive** *a.*
‡**trans·por·ta·tion** [trӕnspərtéiʃən/-pɔ:rt-] *n.* Ⓤ **수송;** 수송료; 수송 기관; ⓊⒸ 유형(流刑).
Transpórt Hòuse 《英》 노동당 본부.
transpórt shìp 운송선.
trans·pose [trænspóuz] *vt.* 바꾸어 놓다, 전치(轉置)하다; 〖數〗 이항(移項)하다; 〖樂〗 이조(移調)하다. -**po·sí·tion** [ˌ-pəzíʃən] *n.* ⓊⒸ (cf. transition).
trans·sex·u·al [trænssékʃuəl / -séksju-] *a., n.* 성전환의; 성전환자; 성불명자.
trans·ship [trænsʃíp] *vt.* (-*pp*-) 다른 배〔차〕로 옮기다. ~·**ment** *n.* Ⓤ
Trans-Si·be·ri·an [trӕnssaibíəriən, trænz-/-bíər-] *a.* 시베리아 횡단의.
trans·son·ic [trænssánik / -ɔ́-] *a.* 〖空〗 음속에 가까운《시속 700-780마일》.
tran·sub·stan·ti·a·tion [trӕnsəbstӕnʃiéiʃən] *n.* Ⓤ 변질; 〖神〗 화체(化體), 〖카톨릭〗 성변화(聖變化)《성체성사의 빵과 포도주가 예수의 살과 피로 변질하기》.
tran·sude [trænsjú:d] *vi.* 스며나오다《막(膜) 따위를 통하여》.
trans·u·ran·ic [trӕnsjurǽnik, -z-] *a.* 〖理〗 초(超)우란의. *the* ~ *elements* 초우란 원소.
trans·ver·sal [trænsvə́:rsəl, -z-] *a., n.* 횡단하는(transverse); 〖機〗 절단선(의).
*__trans·verse__ [trænsvə́:rs, -z-, ∠-/∠-] *a., n.* **가로의,** 횡단하는, 교차하는; 〖解〗 횡근(橫筋); 〖幾〗 가로축.
trans·ves·(ti·)tism [trænsvés(tə)-tizəm, trænz-] *n.* Ⓤ 복장 도착《이성의 복장을 하는 성도착》.
trans·ves·tite [-tait] *n.* 복장 도착자, 이성의 복장을 하는 사람.
‡**trap**[1] [træp] *n., vt.* (-*pp*-) ① **덫(에 걸리게 하다),** 계략(에 빠뜨리다). ② (사격 연습용) 표적 날리는 장치 (~-*shooting* 트랩 사격). ③ 방취(防臭) U자관(管)(을 장치하다). ④ 뚜껑문(을 달다). ⑤ 2륜 마차. ⑥ (*pl.*) 타악기류. ⑦ (옷(감) 따위가) 못에 걸려 찢긴 곳. ⑧ 《英俗》 순경; 《俗》 입. —— *vi.* 덫을 놓다; 덫 사냥을 직업으로 하다.
trap[2] *n.* (*pl.*) 《口》 휴대품, 수하물.
tráp dóor (지붕·마루의) 뚜껑문.
tra·peze [træpí:z/trə-] *n.* (체조·곡예용) 대형 그네; 〖幾〗 =⇩.
tra·pez·ist [træpí:zist] *n.* (서커스의) 그네 곡예사(trapeze artist).
tra·pe·zi·um [trəpí:ziəm] *n.* (*pl.* ~*s*, -*zia* [-ziə]) 《英》 사다리꼴; 〖幾〗《美》 부등변 사각형.
trap·e·zoid [trǽpəzɔ̀id] *n., a.* 《英》 부등변 사각형(의); 《美》 사다리꼴(의).
*__trap·per__ [trǽpər] *n.* **덫을 놓는 사람,** (모피를 얻기 위해) 덫으로 새·짐승을 잡는 사냥꾼(cf. hunter).
trap·pings [trǽpiŋz] *n. pl.* 장식, 장신구; 말 장식.
Trap·pist [trǽpist] *n.* 트래피스트회《프랑스의 La Trappe 창립(1664)》의 수사《계율 엄격》.
trap·shoot·ing [trǽpʃù:tiŋ] *n.* ⇨ TRAP[1] ②.
*__trash__ [træʃ] *n.* Ⓤ **쓰레기,** 잡동사니; 객담. ∠·**y** *a.*
trásh càn 쓰레기통.
trau·ma [trɔ́:mə, tráu-] *n.* (*pl.* -*mata* [-mətə]) 〖醫〗 외상(성 증상).
trau·mat·ic [-mǽtik] *a.*
*__tra·vail__ [trəvéil, trǽveil] *n.* Ⓤ **산고**(産苦), 진통(*in* ~); 고생, 노고. —— *vi.* 《雅》 고생하다; 진통으로 괴로와하다.
†**trav·el** [trǽvəl] *vi.* ((英) -*ll*-) **여행하다;** 이동하다; 팔고 다니다(*for, in*); (피스톤이) 움직이다; (생각이) 미치다. —— *vt.* …을 걷다, 지나가다(~ *a road*); …을 여행하다. —— *n.* Ⓤ **여행;** (*pl.*) 여행기, 기행(*Gulliver's Travels*). ~**ed,** 《英》 ~**led** [-d] *a.* 여행에 익숙한, 여행을 많이 한. ‡~·**er,** 《英》 ~·**ler** *n.* **여행자;** 순회 외교원; 이동 기중기; 〖船〗 고리 도르래.
trável àgency 〔**bùreau**〕 여행사, 여행 안내소.
tráveler's chèck 여행자용 수표.
tráveler's tàle 허풍.
‡**trav·el·ing,** 《英》 -**el·ling** [trǽvliŋ] *n., a.* Ⓤ **여행(의);** 이동(하는).
tráveling líbrary 순회 도서관; 이동 도서관.

tráveling póst òffice 이동 우체국.
tráveling sálesman 《美》 순회 판매원, 주문 맡는 사람.
trav·e·log(ue) [trǽvəlɔ̀:g, -lɑ̀g/-lɔ̀g, -lòug] *n.* (환등·영화 등을 이용하는) 여행담; 관광 영화.
trável sìckness 멀미.
trável tràiler 여행용 이동 주택.
‡**trav·erse** [trǽvə:rs, trəvə́:rs] *vt.* 가로지르다, 횡단하다; 방해하다 (thwart). —— *vi.* 가로지르다; (산에) 지그재그 모양으로 오르다. —— *n.* 횡단(거리); 가로장; 방해(물); (돛배의) 지그재그 항로; 지그재그 등산(길). —— *a., ad.* 횡단의, 횡단해서.
tráverse ròd (활차 달린) 커튼 레일.
tráverse tàble 〖鐵〗 천차대(遷車臺) 《차를 다른 선로로 옮기는 데 쓰임》; 〖海〗 경위표(經緯表), 방위표.
trav·es·ty [trǽvəsti] *n., vt.* 익살화(하다, 한 작품)(grotesque parody).
trawl [trɔ:l] *n., vi., vt.* 트롤망(網)(으로 잡다), 트롤 어업을 하다; 《美》 주낙(으로 낚다). ∠·**er** *n.* 트롤선(船)〔어부〕.
tráwl lìne 주낙.
trawl·net [∠nèt] *n.* 트롤망, 저인망.
‡**tray** [trei] *n.* 쟁반; 얕은 접시〔상자〕.
tráy àgricùlture 《美》 수경법(水耕法).
T. R. C. Thames Rowing Club.
***treach·er·y** [trétʃəri] *n.* Ⓤ 배신, 배반; 반역(treason); Ⓒ 배신 행위.
***tréach·er·ous** *a.* 배반〔반역〕의; 믿을 수 없는. 「蜜).
trea·cle [trí:kəl] *n.* Ⓤ 《英》 당밀(糖
trea·cly [trí:kəli] *a.* 당밀같은; (말 따위가) 달콤한; 찐득거리는.
‡**tread** [tred] *vi., vt.* (**trod,** 《古》**trode; trodden, trod**) ① 밟다, 걷다, 짓밟다, 밟아 뭉개다(*on, upon*). ② (수새가) 교미하다(*with*). ~ ***down*** 밟아 다지다, 짓밟다; (감정·상대를) 억누르다. ~ ***in a person's steps*** 아무의 본을 받다, 아무의 전철을 밟다. ~ ***lightly*** (미묘한 문제 따위를) 교묘하게 다루다(show tact). ~ ***on air*** 기뻐 날뛰다. ~ ***on a person's corns*** 화나게 하다. ~ ***on eggs*** 미묘한 문제에 직면하다. ~ ***on the neck of*** …을 정복하다. ~ ***out*** (불을) 밟아 끄다; (포도를) 밟아서 짜다. ~ ***on a person's toes*** 화나게 하다; 괴롭히다. ~ ***the boards*** 무대를 밟다. —— *n.* ① 밟기, 밟는 소리. ② 발걸음, 걸음걸이. ③ (계단의) 디딤판, (사닥다리의) 가로장 (rung¹). ④ (바퀴·타이어의) 레일〔지면〕 접촉부. ⑤ (자동차의)(좌우) 바퀴거리.
trea·dle [trédl] *n., vi., vt.* 발판〔페달〕(을 밟다); 발판을 밟아 움직이다 《재봉틀 따위를》.
tread·mill [trédmil] *n.* (옛날, 죄수에게 밟게 한) 답차(踏車); 단조로운 일〔생활〕.
Treas. Treasurer; Treasury.
trea·son** [trí:zən] *n.* Ⓤ 반역(죄); 《稀》 배신(*to*). ***high ~ 반역죄. ~·**a·ble,** ~·**ous** *a.*
†**treas·ure** [tréʒər] *n.* ⓊⒸ 보배, 보물, 재보. ***spend blood and*** ~ 생명·재산을 던지다. —— *vt.* 비장(秘藏)하다, 진중히 여기다; 명기(銘記)하다(*up*).
tréasure hòuse 보고(寶庫).
tréasure hùnt 보물찾기(놀이).
treas·ur·er** [tréʒərər] *n.* 회계원, 출납관〔원〕. ***Lord High T- 〖英史〗 재무상. ~·**ship** [-ʃìp] *n.* Ⓤ
treas·ure-trove [tréʒərtròuv] *n.* 〖法〗 (소유자 불명의) 발굴재(發掘財) 《금화·보석 따위》.
‡**treas·ur·y** [tréʒəri] *n.* 보고, 보물; 국고; 기금, 자금; (T-) 재무성; 보전(寶典).
tréasury bìll 《英》 재무성 증권.
Tréasury Bòard 《英》 국가 재정 위원회.
tréasury bònd (보통, 장기의) 국채.
Tréasury Depàrtment 《美》 재무성.
tréasury nòte 《英》 1파운드 지폐, 10실링 지폐; 《美》 재무성 증권.
‡**treat** [tri:t] *vt., vi.* ① 취급하다, 다루다, 대우하다. ② 대접하다, 한턱내다(*to*). ③ (매수의 목적으로) 향응하다. ④ 논하다(*of, upon*). ⑤ (*vt.*) …라고 생각하다, 간주하다(regard) (*as*). ⑥ (*vt.*)(약품 따위로) 처리하다 (*with*). ⑦ (*vi.*) 상담〔교섭〕하다(*for, with*). —— *n.* 향응; 한턱(낼 차례); 즐거운 일《소풍 따위》. STAND ~.
‡∠·**ment** *n.* ⓊⒸ 취급, 대우, 처치, 치료; 논술. 「설) 논문(*on*).
***trea·tise** [trí:tis/-z, -s] *n.* 논설, (학
‡**trea·ty** [trí:ti] *n.* 조약, 맹약; Ⓤ 계약, 교섭. 「港場).
tréaty pòrt 조약항(港), 개항장(開
***tre·ble** [trébəl] *n., a.* 3배(의), 세 겹(의); 〖樂〗 최고음부(의), 소프라노(의), 새된 (목소리·음). —— *vt., vi.* 3배로 하다, 3배가 되다. **-bly** *ad.*
tréble cléf 〖樂〗 「사」 음자리표.
†**tree** [tri:] *n.* ① 나무, 수목(cf. shrub). ② 목제품 (*shoe* ~ 구두의 골). ③ 계통수(樹), 가계도(family tree). ~ ***of heaven*** 가죽나무. ~ ***of knowledge*** (***of good and evil***) 〖聖〗 지혜의 나무《Adam과 Eve가 그 열매를 먹고 천국에서 추방됨》. ~ ***of life*** 〖聖〗 생명의 나무. ***up a*** ~ 《俗》 진퇴 양난에 빠져. —— *vt.* ① (짐승을) 나무 위로 쫓다, 궁지에 몰아 넣다. ② (구두에) 골을 끼다. ③ 나무〔가로대·자루〕를 달다. ∠·**less** *a.* ∠·**like** [∠làik] *a.*
trée fèrn 〖植〗 목생(木生) 양치류.
trée fròg 〔**tòad**〕 청개구리.
tree·nail [∠nèil, trénəl] *n.* 나무못.
trée pèony 모란(꽃).
trée sùrgery 수목 관리.
***tree·top** [trí:tɑ̀p/-ɔ̀-] *n.* 우듬지.
trée rìng 나이테.
tre·foil [trí:fɔil, tré-] *n.* 클로버, 토끼풀속(屬)의 풀; 〖建〗 세 잎 장식.

trek [trek] *n.*, *vi.*, *vt.* (**-kk-**) 《南阿》 (달구지) 여행(을 하다); (달구지 여행의) 한 구간.
trel·lis [trélis] *n.*, *vt.* 격자(로 만들다); 격자 시렁(으로 버티다), 격자 울(로 두르다).
trel·lis·work [-wə̀:rk] *n.* 격자 세공.
trem·a·tode [trémətòud, trí:-] *n.* 흡충류(吸蟲類) 《간디스토마 따위》.
‡trem·ble [trémbəl] *vi.*, *vt.*, *n.* **떨(게 하)다**, 진동(하다, 시키다); (*vi.*) 흔들리다; (*vi.*) 전율하다, 조바심하다 (*at, for*). **-bler** *n.* ***-bling** *a.*, *n.* Ⓤ **-bly** *a.* 덜덜 떠는.
‡tre·men·dous [triméndəs] *a.* ① 무서운, 무시무시한. ② 《口》 대단한; 굉장한; 멋진. *have a ~ time* 《口》 아주 멋지게 지내다. **~·ly** *ad.*
trem·o·lo [tréməlòu] *n.* (*pl.* **~s**)(It.) 〖樂〗 전음(顫音), 트레몰로.
trem·or [trémər] *n.* 떨림, 전율; 떨리는 목소리〔음〕; 오싹오싹하는 흥분(thrill).
***trem·u·lous** [trémjələs] *a.* **떨리는**; 전율하는, 겁많은. **~·ly** *ad.*
tre·nail [trí:nèil, trénəl] *n.* =TREENAIL.
‡trench [trentʃ] *n.* **도랑**; **참호**. — *vt.* (홈을) 새기다; (논밭을) 파헤치다; …에 도랑을〔참호를〕 파다. — *vi.* 참호를 만들다(*along, down*); 잠식(蠶食)〔접근〕하다(*on, upon*).
trench·ant [tréntʃənt] *a.* 찌르는 듯한; 통렬한(cutting); 효과적인, 강력한, 가차없는; 뚜렷한(clear-cut) (*in ~ outline* 뚜렷하게). **~·ly** *ad.* **~·ness** *n.* **-an·cy** *n.* Ⓤ
trénch còat 참호용 방수 외투; 그 모양의 비옷. 「는 사람; 참호병.
trench·er[1] [tréntʃər] *n.* 도랑을 파
trench·er[2] *n.* 《古》 나무 접시; (빵·고기를) 써는 데 쓰는 목판.
trench·er·man [-mən] *n.* ① 《雅》 대식가. ② 식객(食客).
trénch fèver 참호열(熱).
trénch gùn 〔**mòrtar**〕 박격포.
trénch mòuth (참호성) 구강염.
***trend** [trend] *n.*, *vi.* 향(向); **경향(이 있다)**; 향하다 (*toward, upward, downward*). 「을 만드는 사람.
trend-set·ter [tréndsètər] *n.* 유행
trend·y [tréndi] *a.*, *n.* 최신 유행(의); 유행의 첨단을 가는 (사람).
tre·pan[1] [tripǽn] *n.*, *vt.* (**-nn-**) 〖外〗 둥근 톱(으로 수술하다《두개골을》); 둥글게 도려 내다.
tre·pan[2] *vt.* (**-nn-**) 《古》 함정에 빠뜨리다, 꾀다, 유인하다(*from, into*).
tre·pang [tripǽŋ] *n.* 해삼; 광삼(光蔘), 갈미《식용》.
tre·phine [trifáin, -fí:n] *n.*, *vt.* 〖外〗 자루 달린 둥근 톱(으로 수술하다).
trep·i·da·tion [trèpədéiʃən] *n.* Ⓤ 공포, 전율.
***tres·pass** [tréspəs] *n.*, *vi.* ① ⓊⒸ 침입(하다) 《남의 토지 따위에》; 침해(하다) (*on, upon*). ② 방해(하다)《남의 시간 따위를》, (호의에) 편승하다〔기화삼다〕 (*on, upon*). *~ on a person's preserves* 아무의 영역을 침범하다, 주제넘게 굴다. **~·er** *n.*
tress [tres] *n.* (머리털의) 한 다발; 곱슬털(curl); 땋은 머리; (*pl.*) 삼단 같은 머리. 「다리, 구각(構脚).
tres·tle [trésəl] *n.* 가대(架臺); 버팀
tréstle brìdge 구각교(構脚橋).
tres·tle·work [-wə̀:rk] *n.* Ⓤ 트레슬, 구각(構脚)의 뼈대〔구조〕.
trey [trei] *n.* (주사위·카드 등의) 3.
trf transfer; tuned-radio-frequency.
T. R. H. Their Royal Highnesses.
tri- *pref.* 「셋, 세겹」의 뜻:(*tri*angle)
tri·ad [tráiæd, -əd] 3개 한벌, 세 폭짜리; 3부작; 〖樂〗 3화음; 〖化〗 3가 원소.
‡tri·al [tráiəl] *n.* ⒸⓊ ① **시도**, 시험. ② **시련**, 곤란, 재난. ③ Ⓒ 귀찮은 사람〔것〕. ④ 〖法〗 재판, 심리. *bring to* 〔*put on*〕 *~* 공판에 부치다. *make ~ of* …을 시험해 보다. *on ~* 시험적으로; 시험의 결과(로); 취조를 받고. *~ and error* 〖心〗 시행 착오.
tríal bálance 〖簿〗 시산표(試算表).
tríal ballóon 기류 탐측 기구; (여론을 알기 위한) 시안(試案), 조금씩 내는 발표 (따위).
tríal hòrse 연습 상대《주로 연습 시합이나 시범 시합에서 상대역을 맡는 선수》. 「jury) 《12명》.
tríal jùry 소배심(小陪審) (petty
tríal márriage 시험 결혼《남녀가 합의하에 일정기간 동서하는 관계》.
tríal rún 〔**tríp**〕 시운전, 시승(試乘).
***tri·an·gle** [tráiæ̀ŋgəl] *n.* ① **삼각(형)**. ② 3개 한벌, 3인조. ③ 삼각자. ④ 〖樂〗 트라이앵글《금속관을 삼각형으로 구부린 타악기》. ⑤ (T-) 〖天〗 삼각자리. *eternal ~* 삼각 관계.
***tri·an·gu·lar** [traiǽŋgjələr] *a.*
tri·an·gu·late [traiǽŋgjəlèit] *vt.* 삼각형으로 하다〔가르다〕; 삼각 측량을 하다. — [-lit, -lèit] *a.* 삼각의 (무늬 있는); 삼각형으로 된. **tri·an·gu·la·tion** [-ˌ-léiʃən] *n.* Ⓤ 삼각 측량〔구분〕.
tri·ar·chy [tráiɑ:rki] *n.* ⓊⒸ 삼두(三頭) 정치(국).
Tri·as, t- [tráiəs] *n.* 〖地〗 삼첩기(三疊紀)(층). 「의.
Tri·as·sic [traiǽsik] *a.* 〖地〗 삼첩기
trib·a·dism [tríbədìzəm] *n.* Ⓤ 여성간의 동성애(lesbianism).
***trib·al** [tráibəl] *a.* **부족의**, 종족의. **tríb·al·ism** [-bəlìzəm] *n.* Ⓤ 부족제, 부족 근성.
tri·ba·sic [traibéisik] *a.* 〖化〗 삼염기(三塩基)의.
‡tribe [traib] *n.* ① **부족**, **종족**. ② 《蔑》 패거리. ③ 〖로史〗 3부족의 하나; 〖聖〗 이스라엘 12지파의 하나. ④ 〖生〗 족. *the scribbling ~* 문인들. **tríbes·man** *n.* 부족〔종족〕의 일원.
tri·bo·e·lec·tric·i·ty [tràibouilèktrísəti] *n.* Ⓤ 마찰 전기.
tri·bol·o·gy [traibɑ́lədʒi/-ɔ́-] *n.* Ⓤ

마찰 공학.

trib·u·la·tion [trìbjəléiʃən] *n.* U.C 고난; 시련.

***tri·bu·nal** [traibjúːnl, tri-] *n.* **법관석; 법정**; (여론의) 심판; 《英》 (제1차 대전 중의) 병역 면제 심사국.

trib·une[1] [tríbjuːn] *n.* 단(壇); 연단; 설교단.

trib·une[2] *n.* 〖로史〗 (평민에서 선출된) 호민관(護民官); 국민의 옹호자; (*the* T-) [⌐⌐] 신문의 이름 (cf. Guardian).

***trib·u·tar·y** [tríbjətèri/-təri] *a.* **공물을 바치는**; 종속하는; 보조의; 지류의. ── *n.* 공물을 바치는 사람; 속국; 지류.

‡**trib·ute** [tríbjuːt] *n.* ① U.C **공물**(을 바칠 의무). ② C.U 선물; 감사의 말〔표시〕, 찬사.

tri·car [tráikàːr] *n.* 《英》 오토 삼륜차.

trice[1] [trais] *vt.* 〖海〗 (밧줄로, 돛을) 끌어 올리다, 끌어 올려서 묶다(*up*).

trice[2] *n.* 순간 (*in a* ～ 순식간에).

tri·cen·ten·ni·al [tràisenténiəl] *a., n.* =TERCENTENARY.

tri·ceps [tráiseps] *n.* 〖解〗 삼두근(三頭筋).

tri·chi·a·sis [trikáiəsis] *n.* U 〖醫〗 첩모 난생(睫毛亂生)(증)《속눈썹이 안구쪽을 향함》.

tri·chi·na [trikáinə] *n.* (*pl.* **-nae** [-niː]) 선모충(旋毛蟲)《장(腸)·근육에 기생》. **trich·i·no·sis** [trìkənóusis] *n.* U 선모충병.

tri·chol·o·gist [trikálədʒist/-ɔ́-] *n.* 양모(養毛)학자; 《美俗》 미용〔이발〕의 전문가.

tri·chord [tráikɔ̀ːrd] *n., a.* 3현(弦)악기; 3현의.

‡**trick** [trik] *n.* ① **계략**, 계교; 속임수, 요술; 〖映〗 트릭; (동물의) 재주(feat). ② 요령, 비결(knack). ③ (나쁜) 장난(*play a* ～ *on him*); (독특한) 버릇. ④ 《美》 장난감(같은 장식); (*pl.*) 방물. ⑤ 〖카드〗 한 바퀴(분의 패). ⑥ 1교대의 근무 시간; (일의) 당번. ⑦ 《美口》 소녀, 아이. ***do*** 〔***turn***〕 ***the*** ～ 《口》 목적을 달성하다. ***know a*** ～ ***worth two of that*** 그것보다 훨씬 좋은 방법을 알고 있다. ***play a*** ～ ***on*** (*a person*) (아무에게) 장난을 하다. ***play*** ～***s with*** …와 장난하다, …를 놀리다. ***the whole bag of*** ～***s*** 전부. ── *vt.* **속이다**; …의 기대를 저버리다; 모양내다(*out, up*). ── *vi.* 요술부리다; 장난하다. ～ ***a person into*** 〔***out of***〕 속여서 …시키다〔…을 빼앗다〕. ⌐**·er·y** *n.* 책략; U.C 속임수.

***trick·le** [tríkəl] *vi., vt.* **똑똑 떨어지다**〔떨어뜨리다〕(*along, down, out*); (비밀 따위) **조금씩** 누설되다〔하다〕(*out*). ── *n.* 똑똑 떨어짐; 실개천; 소량.

tríck·le-dówn thèory [-dáun] 《美》 트리클다운 이론《대기업에의 재정적 우대는 중소기업이나 소비자에게 파급효과를 준다는 설》.

trick·ster [tríkstər] *n.* 사기꾼(cheat).

trick·sy [tríksi] *a.* 장난치는; 《古》 다루기 어려운; 《古》 교활한.

trick·y [tríki] *a.* 교활한(wily); 속이는; 복잡한, 까다로운; 다루기 어려운. **tríck·i·ly** *ad.*

tri·col·or, 《英》 **-our** [tráikʌlər, tríkə-] *a., n.* 삼색의; 삼색기(旗).

tri·cot [tríːkou, tráikət] *n.* (F.) 손으로 짠 털실 편물; 그 모조품; 트리코《골이 진 직물의 일종》.

tric·o·tine [trìkətíːn] *n.* U (능직) 모직물의 일종.

tri·cus·pid [traikʌ́spid] *a., n.* 세 개의 뾰족한 끝이 있는 (이).

tri·cy·cle [tráisikəl] *n.* 세발 자전거; 삼륜 오토바이. **-cler, -clist** *n.*

tri·dent [tráidənt] *n., a.* 삼지창(槍) 《Neptune이 가진 것》; 세 갈래진.

tri·den·tate [traidénteit, -tit] *a.* 이가 셋 있는, 세 갈래진.

‡**tried** [traid] *v.* try 의 과거(분사). ── *a.* **시험이 끝난**, 확실한.

tri·en·ni·al [traiéniəl] *a., n.* 3년 계속되는; 3년마다의 (축제); 3년생의 (식물). ～**·ly** *ad.*

tri·er [tráiər] *n.* 실험자, 시험관(官)〔물〕; 심문자, 판사.

Tri·este [tri(ː)ést, -ésti] *n.* 트리에스테《아드리아해 북쪽 끝, 트리에스테만에 임한 항구; 이탈리아와 유고슬라비아가 양분 영유》.

‡**tri·fle** [tráifəl] *n.* ① **하찮은**〔**시시한**〕 **일**〔물건〕, 사소한 일. ② **소량**, 조금, 푼돈. ③ C.U 트라이플《카스텔라류에 크림·포도주 따위를 넣은 과자》. ***a*** ～ 좀, 약간. ── *vi.* 실떡거리다, 실없는 짓〔말〕을 하다; 소홀히 하다(*with*); 가지고 장난하다, 만지작거리다(*with*). ── *vt.* (돈이나 시간을) 낭비하다(*away*).

tri·fler [tráiflər] *n.* 농담〔장난〕하는 사람.

‡**tri·fling** [-iŋ] *a.* **사소한, 하찮은**, 시시한; 경박한. ～**·ly** *ad.*

tri·fo·li·ate [traifóuliit], **-at·ed** [-èitid] *a.* 세 잎의, 잎이 세 갈래로 갈라진; 〖建〗 삼엽(三葉) 쇠시리의.

tri·fo·ri·um [traifɔ́ːriəm] *n.* (*pl.* ***-ria*** [-riə]) 〖建〗 교회의 회중석 및 성가대석 측벽(側壁)의 아치와 clerestory와의 사이의 부분.

trig[1] [trig] *a.* (***-gg-***) 《주로 英》 말쑥한, 스마트한; 건강한. ── *vt.* (***-gg-***) 《英方》 꾸미다, 모양내다(*out, up*).

trig[2] *n.* U 《學生俗》 =TRIGONOMETRY.

trig. trigonometric(al); trigonometry.

tri·gem·i·nal [traidʒémənəl] *n., a.* 〖解〗 삼차(三叉) 신경(의); 3중의.

trig·ger** [trígər] *n.* **방아쇠**. ***quick on the ～ 《美口》 사격이 빠른; 재빠른; 빈틈 없는.

trígger fìnger 오른손의 집게손가락.

trig·ger-hap·py [-hæ̀pi] *a.* 《口》 권총 쏘기 좋아하는; 호전〔공격〕적인.

tri·gon [tráigɑn/-ɔn] *n.* 삼각형; (옛 그리스의) 삼각금(琴).

trig·o·nom·e·try [trìgənɑ́mətri / -nɔ́-] *n.* U 삼각법. **trig·o·no·met-**

ric [trìgənəmétrik], **-i·cal** [-əl] *a.*
tri·he·dron [traihí:drən / -hé-] *n.* (*pl.* **~s, -dra** [-drə]) 삼면각. **-dral** *a.* 「세 변이 있는; 삼각형.
tri·lat·er·al [trailǽtərəl] *a., n.* 〖幾〗
tril·by [trílbi] *n.* 《英口》 펠트 모자의 일종; (*pl.*) 《俗》 발.
***trill** [tril] *n., vt., vi.* **떨리는 목소리**(로 말하다, 노래하다); 지저귐, 지저귀다; 〖音聲〗 전음(顫音)(으로 발음하다) 《r 음을》.
tril·lion [tríljən] *n., a.* 《英》 백만의 3제곱(의); 《美》 백만의 제곱(의), 1조(兆)의.
tril·li·um [tríliəm] *n.* (*pl.* **~s**) 연령초(延齡草)(의 무리) 《백합과(科)》.
tri·lo·bite [tráiləbàit] *n.* (고생대의) 삼엽충 《최고(最古)의 화석 동물》.
tril·o·gy [trílədʒi] *n.* 3부작, 3부곡.
‡**trim** [trim] *a.* (**-mm-**) **말쑥한**, 정연한, 정돈된. ── *n.* Ⓤ ① 정돈(된 상태); 정비; 준비. ② 복장, 장식; (배의) 장비. ③ ⓊⒸ (배·항공기의) 균형. ④ 건강 상태; 기분. ⑤ Ⓒ 손질, 깎아 다듬기. ⑥ (건물 내부의) 목조부. ***in*** (***good***) **~** 상태가 좋아; 〖海〗 균형이 잘 잡히어. ***into*** **~** 적당한 상태로. ***in traveling*** **~** 여장(旅裝)하여. ***out of*** **~** 상태가 나빠. ── *vt.* (**-mm-**) **말쑥하게 하다**, 정돈하다; 장식하다(*with*); **깎아 다듬다**; 깎아 버리다(*away, off*); 〖海·空〗 (화물·승객의 위치를 정리하여) 균형을 잡다; (돛을) 조절하다; 《口》 지우다; 《口》 야단치다. ── *vi.* (두 세력의) 균형을 잡다, 기회주의적 입장을 취하다(*between*); 〖海·空〗 균형이 잡히다; 돛을 조절하다. **~ *a person's jacket*** 《俗》 때리다. **~ *in*** (목재를) 잘라 맞추다. **~ *one's course*** 돛을 조절하며 나아가다. **∠·ly** *ad.* **∠-ness** *n.* **trím·mer** *n.* trim 하는 사람[물건]; 기회주의자.
trim·e·ter [trímətər] *a., n.* 〖韻〗 삼보격(三步格)의 (시구(詩句)).
***trim·ming** [trímiŋ] *n.* ⓊⒸ ① **정돈**; 손질, 깎아 다듬기; 장식. ② (*pl.*) 가윗밥. ③ (*pl.*) 《口》 (요리의) 고명. ④ (의복·모자 등의) 장식. ⑤ 《口》 꾸지람(scolding); 매질. ⑥ 《口》 패배; (기회주의자의) 형세 관망. ⑦ (배의) 균형 잡기. 「마다의.
tri·month·ly [traimʌ́nθli] *a.* 3개월
Trín·i·dad and To·bá·go [trínədæ̀dəntəbéigou] 서인도 제도에 있는 영연방내의 독립국.
Trin·i·tar·i·an [trìnətέəriən / -téər-] *a., n.* 삼위 일체(설)의; 그 신봉자.
tri·ni·tro·ben·zene [trainàitroubénzin, -benzí:n] *n.* Ⓤ 〖化〗 트리니트로벤젠 《폭약원료; 생략 T. N. B.》.
tri·ni·tro·tol·u·ene [trainàitroutálјuì:n/-tɔ́-], **-tol·u·ol** [-táljuɔ̀:l, -òul/ -tɔ́ljuɔ̀l] *n.* Ⓤ 〖化〗 트리니트로톨루엔 《강력폭약; 생략 T. N. T.》.
***trin·i·ty** [trínəti] *n.* (the T-) 〖神〗 **삼위 일체** 《성부·성자·성신》; 〖美術〗 삼위 일체의 상징; 3인조, 3개 한 벌의 것.
Trínity Cὸllege 케임브리지 대학 최대의 학료(學寮) 《Henry Ⅷ가 창설》. 「船士) 조합.
Trínity Hòuse (런던의) 도선사(導
Trínity Súnday 삼위 일체의 축일 《Whitsunday의 다음 일요일》.
trin·ket [tríŋkit] *n.* 작은 장신구; 방물; 시시한 것.
tri·no·mi·al [trainóumiəl] *n., a.* 〖數〗 삼항식(三項式)(의); 〖動·植〗 삼명법(三名法)(의) (cf. binomial). **~·ly** *ad.*
tri·o** [trí:ou] *n.* 3인조, 3개 한 벌, 세 폭 한 짝(triad); 〖樂〗 **삼중주**, 삼중창. ***piano **~** 피아노 삼중주 《피아노·바이올린·첼로》. 「공관(의).
tri·ode [tráioud] *n., a.* 〖電〗 3극 진
tri·o·let [tráiəlit] *n.* 〖韻〗 2운각(韻脚) 8행의 시, 트리올렛.
tri·ox·ide [traiάksaid / -ɔ́-], **-id** [-id] *n.* 〖化〗 삼산화물(三酸化物).
†**trip** [trip] *n.* ① **여행**, 소풍; 짧은 항해. ② 경쾌한 발걸음. ③ 실족; 과실; 실언. ④ 만죽걸기; 곱드러짐, 헛디딤. ⑤ 〖機〗 벗기는 장치, 급(急)시동. ── *vi.* (**-pp-**) ① **가볍게 걷다**[**춤추다**]. ② 실족하다(stumble), 걸려서 넘어지다, 헛디디다(*on, over*). ③ 실수하다; 잘못 말하다. ── *vt.* ① 실족시키다, 헛디디게 하다. ② 만죽걸다; (남의) 실수를 들춰 내다, 말 꼬리를 잡다. ③ 〖機〗 (톱니바퀴 따위의 제륜자(制輪子)를) 벗기다, 시동(始動)시키다; 〖海〗 (닻을) 떼다. ***catch a person*** **~*ping***, or **~ *up*** 실수를 들춰 내다, 말 꼬리를 잡다. ***go*** **~*ping*(*ly*)** 착착 진행되다. **~ *it*** 춤추다.
tri·par·tite [traipá:rtait] *a.* 3부로 나누어진; 3자간의(*a* **~** ***treaty***, 3국 조약); 세 개 한벌의, 세 폭짜리의; (정부(正副)) 3통 작성한.
tripe [traip] *n.* ⓊⒸ (식용으로 하는) 반추동물의 위벽; (*pl.*) 《卑》 창자; Ⓤ 《俗》 하찮은 것; 졸작.
trip·ham·mer [tríphæ̀mər] *n.* 〖機〗 (건축용 따위의) 스프링 해머, 동력 장치에 의해 아래위로 움직이게 된 해머.
tri·phen·yl·meth·ane [traifènəlméθein] *n.* 〖化〗 트리페닐메탄 《물감 원료》.
tri·phib·i·an [traifíbiən] *a., n.* 입체전에 능한 (지휘관); =⇩.
tri·phib·i·ous [traifíbiəs] *a.* 육·해·공군 공동 작전의, 입체전의.
triph·thong [trífθɔ(:)ŋ, -θaŋ] *n.* 〖音聲〗 삼중 모음 《our [auər]의 발음 따위》 (cf. diphthong). 「비행기.
tri·plane [tráiplèin] *n.* 삼엽(三葉)
‡**tri·ple** [trípəl] *a., n.* **3배의** (수·양), 세겹의, 세 부분으로 된; 3루타. ── *vt., vi.* **3배로**[**3겹으로**] **하다**[**되다**]; 3루타를 치다.
Tríple Allíance, the 3국 동맹 《특히 러시아·프랑스에 대한 독일·이탈

리아·오스트리아간(1882–83)의).
Tríple Enténte, the (영국·프랑스·러시아) 3국 협상(1907).
tri·ple-head·er [-hédər] *n.* 〖競〗 트리플헤더《농구 따위의 동일 경기장에서의 1일 3시합》(cf. doubleheader).
tríple jùmp 삼단 뛰기.
tríple méasure =TRIPLE TIME.
tríple pláy 〖野〗 3병살(倂殺).
tri·plet [tríplit] *n.* 3개 한벌, 세 폭 한짝(trio); 〖樂〗 3연음표; 《口》 세쌍동이 중의 하나.
tríple thréat 세 분야에 고루 능숙한 명선수; 〖美式蹴〗 차기·패스·달리기에 고루 능숙한 명선수.
tríple tìme 〖樂〗 3박자.
trip·li·cate [tríplәkit] *a.*, *n.* 3배의, 세겹의, 3제곱의; 3부로 된; (정부(正副)) 3통의 (하나), 3통. —— [-kèit] *vt.* 3배로 하다, 3중으로 하다; 3통으로 작성하다. **trip·li·ca·tion** [⌐–kéiʃәn] *n.* ⓊⒸ
trip·loid [tríplɔid] *a.* 〖生〗 (염색체가) 3배수의. —— *n.* 3배체.
tri·ply [trípli] *ad.* 3배〔겹〕으로.
tri·pod [tráipɑd/-pɔd] *n.* 〖寫〗 삼각(三脚) (*a ~ affair* 사진 촬영); 삼각걸상.
「아의 수도).
Trip·o·li [trípәli] *n.* 트리폴리《리비
tri·pos [tráipɑs/-pɔs] *n.* (Camb. 대학의) 우등 시험, 우등 급제자 명부.
trip·per [trípәr] *n.* trip 하는 사람〔것〕; (톱니바퀴의) 시동기. 「*ad.*
trip·ping [trípiŋ] *a.* 경쾌한. **~·ly**
trip·tane [tríptein] *n.* Ⓤ 〖化〗 트립탄《무색·액상의 탄수화물》.
trip·tych [tríptik] *n.* (그림·조각 따위의) 석 장 연속된 것, 세 폭짜리.
tri·reme [tráiri:m] *n.* 〖古그〗 3단(段) 노의 군선(軍船).
tri·sect [traisékt] *vt.* 삼(등)분하다. **-sec·tion** [-sékʃәn] *n.* Ⓤ
tri·syl·la·ble [traisílәbәl] *n.* 3음절어. **tri·syl·lab·ic** [⌐–lǽbik] *a.*
trite [trait] *a.* 진부한. **⌐·ly** *ad.*
trit·i·um [trítiәm] *n.* Ⓤ 〖化〗 트리튬, 삼중수소《기호 T 또는 H^3》.
Tri·ton [tráitn] *n.* 〖그神〗 반인반어(半人半魚)의 바다의 신; (t-) 〖貝〗 소라고둥; (t-) 〖理·化〗 3중양(陽)자. ***a ~ among the minnows*** 군계일학(群鷄一鶴) 《Sh., *Coriolanus*》.
trit·u·rate [trítʃurèit] *vt.* 가루로 만들다, 빻다. —— *n.* 가루(약). **trit·u·ra·tion** [⌐–réiʃәn] *n.* ⓊⒸ
‡**tri·umph** [tráiәmf] *n.* 〖古로〗 개선식; 승리(*over*); 대성공; Ⓤ 승리의 기쁨, 승리감. ***in ~*** 의기양양하여. ***the ~ of ugliness*** 추악 무비(醜惡無比). —— *vi.* 승리를 자랑하다, 이기다, 성공하다(*over*); 승리를〔성공을〕 기뻐하다. 「선)의.
***tri·um·phal** [traiʌ́mfәl] *a.* 승리〔개
triúmphal árch 개선문.
***tri·um·phant** [-fәnt] *a.* 승리를 거둔; 의기양양한. **~·ly** *ad.*
tri·um·vir [traiʌ́mvәr] *n.* (*pl.* **~s,** ***-viri*** [-virài]) 〖古로〗 3집정관(執政官)의 한 사람.
tri·um·vi·rate [-virit, -rèit] *n.* 삼두(三頭) 정치; 3인 관리제; 3인조.
tri·une [tráiju:n] *a.* 삼위 일체의.
tri·va·lent [traivéilәnt] *a.* 3가(價)의. **-lence, -len·cy** *n.* ⓊⒸ
triv·et [trívit] *n.* 삼발이; 삼각대(三脚臺).
triv·i·a [tríviә] *n. pl.* 하찮은 일〔것〕.
‡**triv·i·al** [tríviәl] *a.* 하찮은, 보잘것없는; 보통의, 평범한. **~·ly** *ad.*
triv·i·al·i·ty [trìviǽlәti] *n.* ⓊⒸ 하찮은〔평범한〕 일〔말·것〕.
tri·week·ly [traiwí:kli] *ad.*, *a.*, *n.* 3주마다; 3주 1회(의), 1주 3회(의); 그 간행물.
-trix *suf.* -tor 의 여성 접미사: avia*trix* 여성 파일럿.
Tri·zone [tráizoun], **Tri·zo·ni·a** [traizóuniә] *n.* (제 2 차 대전 후의) 서부 독일의 미국·영국·프랑스 3국의 점령 지구; (t-) 3국지구. **Tri·zon·al, t-** [traizóunәl] *a.*
TRM trademark.
tRNA transfer RNA.
tro·che [tróuki] *n.* 〖藥〗 정제(錠劑).
tro·chee [tróuki:] *n.* 〖韻〗 강약격(强弱格), 장단격(《⌐×》). **tro·cha·ic** [trou-kéiik] *a.*, *n.* 장단격(의); (*pl.*) 장단격의 시. 「이드, 여파선(餘擺線).
tro·choid [tróukɔid] *n.* 〖幾〗 트로코
***trod** [trɑd/-ɔ-] *v.* tread의 과거(분사).
***trod·den** [trɑ́dn/-ɔ́-] *v.* tread의 과거분사.
trode [troud] *v.* 《古》 tread의 과거.
trog·lo·dyte [trɑ́glәdàit/-ɔ́-] *n.* 혈거인(穴居人); 은자(隱者)(hermit); 〖動〗 유인원(類人猿); 〖鳥〗 굴뚝새.
troi·ka [trɔ́ikә] *n.* (Russ.) 3두 마차; 옆으로 늘어선 세 마리의 말; 삼두제(三頭制); (국제 정치의) 트로이카 방식《공산권·서유럽·중립권의 3자 협조》. 「(사람); 용사; 정력가.
***Tro·jan** [tróudʒәn] *a.*, *n.* Troy의
Trójan hórse 〖그神〗 = WOODEN HORSE; 선전 공작대, 제5열.
Trójan Wár, the 〖그神〗 트로이 전쟁 《그리스와 트로이와의 전쟁, ILIAD의 주제》.
troll[1] [troul] *vt.*, *vi.* 윤창(輪唱)하다; (일하면서) 노래하다; 견지질하다; 굴리다, 굴러다니다 (roll). —— *n.* 윤창; 견지; 제물낚시.
troll[2] *n.* 〖北歐神話〗 트롤도깨비《땅속 굴에 사는 거인, 난쟁이》.
***trol·ley** [trɑ́li/-ɔ́-] *n.* 손수레, 광차; (시가 전차의 폴 끝의) 촉륜(觸輪).
trólley bùs 무궤도 전차.
trólley càr 《美》 (폴식) 시가 전차.
trólley lìne 전차 선로. 「춘부.
trol·lop [trɑ́lәp/-ɔ́-] *n.* 윤락 여성; 매
trom·bone [trɑ́mboun, –⌐ / trɔm-bóun] *n.* 트롬본《신축식 저음 나팔》. **-bon·ist** *n.* 트롬본 취주자.
‡**troop** [tru:p] *n.* ① 떼; 일단, 무리. ② (*pl.*) 군대, 군세(軍勢); (소년단의) 분대《16–32명》; 기병 중대《대위가 지휘하는 60–100명; 육군의 com-

pany에 해당》. ── *vi.* ① 모이다, 몰리다(*up, together*). ② 떼지어 나가다〔오다, 가다〕(*off, away*). ③ 사귀다. ── *vt.* 편성하다; (대를) 수송하다. *~ing the colo(u)r(s)* 《英》 군기(軍旗) 경례 분열식. **⌐·er** *n.* 기병; 《美》 기마 경관; 기병의 말; 수송선.
tróop càrrier 군대 수송기〔차〕.
troop·ship [⌐ʃìp] *n.* (군대) 수송선.
trope [troup] *n.* 〖修〗 비유(적 용법).
tro·phol·o·gy [troufálədʒi / -ɔ́-] Ⓤ *n.* 영양학.
troph·o·plasm [tráfəplæ̀zəm/-ɔ́-] *n.* Ⓤ 〖生〗 (세포의) 영양 원형질.
‡**tro·phy** [tróufi] *n.* 전리품; 전승 기념물《적의 군기·무기 따위》, 상품, 상배(賞杯).
‡**trop·ic** [trápik/-ɔ́-] *n.* 회귀선(回歸線); (the ~s) 열대(지방)(의). *the ~ of Cancer* 〔*Capricorn*〕 북〔남〕 회귀선.
‡**trop·i·cal** [trápikəl/-ɔ́-] *a.* ① 열대의; 열대적인. ②열정적인; (<trope) 비유의, 비유적인.
trópical aquárium 열대 수족관(水族館).
trópical físh 열대어.
trop·i·cal·ize [trápikəlàiz/-ɔ́-] *vt.* 열대(지방)에서 사용하기 알맞게 하다《방습·방열 처리 등을 하여》(cf. winterize).
trópical yéar 회귀년, 태양년.
tro·pism [tróupizəm] *n.* ⓊⒸ 〖生〗 (자극에 대한) 향성(向性), 굴곡 운동.
trop·o·log·ic [tràpəládʒik / trɔ̀pəlɔ́dʒ-], **-i·cal** [-əl] *a.* 비유적인. **~·ly** *ad.*
tro·po·pause [tróupəpɔ̀:z, tráp-/trɔ́p-] *n.* 〖氣〗 권계면(圈界面)《성층권과 대류권의 경계면》.
trop·o·sphere [trápəsfiər/-ɔ́-] *n.* 대류권(對流圈)《지구 표면의 대기층》.
trop·po [trápou/-ɔ́-] *ad.* (It.) 〖樂〗 너무. *ma non ~* 그러나 너무 …하지 않게.
‡**trot** [trat/-ɔ-] *n.* ① (말의) 속보(速步), (사람의) 총총걸음; 빠른 운동. ② 《美俗》 자습서, 자습용 번역서. ③ 《口》 아장아장 걷는 어린애. ── *vi., vt.* (*-tt-*) ① 〖馬術〗 속보로 달리(게 하)다; (*vt.*) 총총걸음으로 걷다, 서두르며 가다. ② (*vt.*) 빠른 걸음으로 안내하다(*round, to*); (*vt.*) 《美俗》 자습서로 공부하다. *~ about* 분주히 뛰어다니다. *~ out* (말을) 끌어내어 걸려 보이다, 《口》 (물건을) 꺼내어 자랑해 보이다. **⌐·ter** *n.* 「속보」로 뛰는 말; (*pl.*) 《口》 (돼지·양의) 족(足)《식용》.
troth [trɔ:θ, trouθ] *n.* Ⓤ 《古》 성실, 충절; 약속; 약혼(betrothal). *plight one's ~* 약혼하다. ── *vt.* 《古》 약속〔약혼〕하다.
trot·line [trátlàin / -ɔ́-] *n.* 주낙의 일종.
Trot·sky [trátski/-ɔ́-], **Leon**(1879–1940) 러시아의 혁명가·저술가.
trou·ba·dour [trú:bədɔ̀:r, -dùər] *n.* (11–13 세기의 남프랑스·북이탈리아 등지의) 서정 시인.
†**trou·ble** [trʌ́bəl] *n.* ① ⓊⒸ 걱정(거리). ② Ⓤ 고생; 어려움; 귀찮음. ③ 귀찮은 일〔사람〕. ④ ⓊⒸ 분쟁, 소동. ⑤ ⓊⒸ 병(*I have a ~ with my teeth.* 이가 아프다); 고장, 장애. *ask for ~* 《俗》 곤경(困境)을 자초하다, 쓸데 없는 간섭을 하다. *get into ~* 문제를 일으키다, 벌을 받다. *in ~* 곤란해서; 욕을 먹어, 벌을 받고, 검거되어. *It is too much ~.* 달갑지 않은 친절이다. *take ~* 수고하다, 노고를 아끼지 않다. ── *vt.* ① 어지럽히다, 소란하게 하다. ② 괴롭히다, 부탁하다(*May I ~ you to do it for me?* 그것을 하여 주시겠읍니까); 애먹이다. ── *vi.* ① 애먹다, 애쓰다(*Pray don't ~.* 염려〔걱정〕하지 마십시오). ② 걱정하다. **tróu·bled** [-d] *a.* 곤란한, 난처한; 거친(*~d waters* 거친 바다; 혼란 상태).
trou·ble·mak·er [-mèikər] *n.* 말썽꾸러기.
trou·ble·shoot·er [-ʃù:tər] *n.* 《美》 (기계 따위를) 수선하는 사람; 분쟁 해결자.
‡**trou·ble·some** [-səm] *a.* 귀찮은, 골치 아픈, 다루기 힘든.
trou·blous [trʌ́bləs] *a.* 《古》 소란한.
***trough** [trɔ:f, traf/trɔf] *n.* ① (단면이 V자형의 긴) 구유, 반죽 그릇; 여물통. ② 골; 〖氣〗 기압골; 홈통.
trounce [trauns] *vt.* 호되게 때리다 (beat); 벌주다; 《口》 (시합 등에서) 압도적으로 이기다.
troupe [tru:p] *n.* (배우·곡예사 등의) 일단(一團). **tróup·er** *n.* 그 일원.
‡**trou·sers** [tráuzərz] *n. pl.* 바지 (*a pair of ~* 바지 한 벌)《口語로는 'pants'》.
tróuser strètcher 바지 주름을 펴는 기구.
trous·seau [trú:sou, -⌐] *n.* (*pl.* *~s*, *~x* [-z]) 혼수 옷가지, 혼수감.
***trout** [traut] *n., vi.* 〖魚〗 송어(를 잡다).
trow [trou] *vi., vt.* 《古》 믿다, 생각하다.
trow·el [tráuəl] *n.* 흙손; 모종삽. *lay it on with a ~* 흙손으로 바르다; 극구 칭찬하다. ── *vt.* (《英》 *-ll-*) 흙손으로 바르다.
***Troy** [trɔi] *n.* 소아시아 북서부의 옛 도시.
tróy (wèight) [trɔi] *n.* 트로이형(衡), 금형(金衡)《보석·귀금속의 형량(衡量)》.
trs. transpose 〖校正〗 거꾸로〔옆으로〕 된 자를 바로 세울 것.
***tru·ant** [trú:ənt] *n., a.* 농땡이; 무단 결석하는 (사람·학생). *play ~* 무단 결석하다. ── *vi.* 농땡이 부리다, 무단 결석하다. **-an·cy** *n.*
***truce** [tru:s] *n.* ⒸⓊ 휴전; 중지.
truck¹ [trʌk] *vt., vi.* 물물 교환하다 (barter); 거래하다. ── *n.* Ⓤ 물물 교환; 현물 지급(제); 《口》 거래; 교제 (*with*); 《美》 시장에 낼 야채; 하찮은 물건; 《口》 잡동사니. ── *a.* 물물 교환의; 시장에 낼 야채의.
‡**truck²** *n.* 손수레, 광차(鑛車); 《美》 화물 자동차, 트럭; 《英》 무개 화차. **⌐·age** [⌐idʒ] *n.* Ⓤ (수레·트럭의)

운임; 운송. ∠·er n. =TRUCKMAN.
trúck fàrm [gàrden] 《美》 시판용(市販用) 야채의 재배 농원.
trúck fàrmer 《美》 위의 경영자.
truck·le[1] [trʌ́kəl] n., vi. 작은 바퀴(로 움직이다); =TRUCKLE BED.
truck·le[2] vi. 굴종하다, 아첨하다(to).
trúckle bèd 바퀴 달린 낮은 침대 《안 쓸 때는 보통 침대 밑에 밀어넣음》.
「분의 화물.
truck·load [trʌ́klòud] n. 트럭 1대
truck·man [trʌ́kmən] n. 트럭 운전사[운송업자].
「제.
trúck sỳstem (임금의) 현물 지급
truc·u·lent [trʌ́kjələnt] a. 야만스런, 모질고 사나운, 잔인한. **-lence, -len·cy** n. Ⓤ
***trudge** [trʌdʒ] vi. **무겁게 터벅터벅 걷다.** ~ *it* 터벅터벅 걷다. ── n. 무거운 걸음.
†**true** [tru:] a. ① **참다운,** 틀림없는. ② **성실[충실]한.** ③ 정확한, 바른; (기계가) 정밀한. ④ 진짜의; 순종의; 합법의. ⑤ (가능성·기대 따위를) 믿을 수 있는. ⑥ (방향·힘 등이) 일정한, 변치 않는. *come* ~ 정말이 되다, (희망이) 실현되다. *hold* ~ 유효하다, 들어맞다. *prove* ~ 사실로 판명되다. ~ *bill* 〖法〗 (대배심(grand jury)의) 공소(公訴) 인정서. ~ *to life* 실물 그대로. ~ *to nature* 핍진(逼眞)의. ── ad. 진실로; 정확히. ── n. (the ~) 진실; 정확한 상태. ── vt. 바르게 맞추다.
true-blue [∠blú:] n., a. Ⓤ (퇴색 않는) 남빛(의); Ⓒ (주의에) 충실한 (사람).
「순수한.
true·born [∠bɔ́:rn] a. 적출(嫡出)의;
true·bred [∠bréd] a. 순종의; 뱀뱀이가 좋은.
trúe-fálse tèst [trú:fɔ́:ls] 《美》 정오 문제, ○×식 테스트.
「한.
true-heart·ed [trú:há:rtid] a. 성실
true·love [∠lʌ̀v] n. 애인.
「버섯.
truf·fle [trʌ́fəl] n. 송로(松露) 무리의
trug [trʌg] n. 《英》 (야채·과일 등을 담는) 직사각형의 운두 낮은 나무 그릇.
tru·ism [trú:izəm] n. 자명한 이치; 진부한[판에 박은] 문구.
trull [trʌl] n. 《古》 매춘부.
‡**tru·ly** [trú:li] ad. **참으로;** 성실[충실]히; 바르게, 정확히. *Yours (very)* ~ 경구(敬具) 《편지의 끝맺는 말》.
Tru·man [trú:mən], **Harry S.** (1884–1972) 제 33대의 미국 대통령 (재직 1945–53).
‡**trump**[1] [trʌmp] n. ① (트럼프의) **으뜸패**(의 한벌). ② 비법, 비방. ③ 《口》 믿음직한 사람. *play a* ~ 으뜸패를[비방을] 내놓다. *turn up* ~*s* 《口》 예상외로 [순조롭게] 잘 되어 가다. ── vt., vi. 으뜸패를 내놓(고 따)다; 비방을 쓰다; …보다 낫다, 지우다; 날조하다, 조작하다(up).
trump[2] n. 《古·詩》 나팔(trumpet).
trúmp càrd 으뜸패; 비법, 비방.
trumped-up [trʌ́mptʌ́p] a. 날조한 《사건·범죄 등》.
trump·er·y [trʌ́mpəri] a., n. ⒸⓊ 겉만 번드르르한 (물건), 굴퉁이; 하찮은 (물건); 허튼 소리, 잠꼬대.
‡**trum·pet** [trʌ́mpit] n. **트럼펫, 나팔**(소리); 나팔 모양의 물건, 나팔형 확성기. *blow one's own* ~ 제 자랑하다. ── vi. 나팔 불다; (코끼리 따위가) 나팔 같은 (목)소리를 내다. ── vt. 나팔로 알리다; 퍼뜨려 알리다. ~·er n. 나팔수; 떠벌이; 《美》 (북미산의) 백조의 일종; (남미산의) 두루미의 일종; 집비둘기.
「령.
trúmpet càll 소집 나팔; 긴급 명
trun·cate [trʌ́ŋkeit] vt. (원뿔·나무 따위의) 머리를 [끝을] 자르다; (긴 인용구 따위를) 잘라 줄이다. ── a. 끝을[두부(頭部)를] 자른; 잘라 줄인. ~ *cone* [*pyramid*] 〖幾〗 원[각]뿔대. **trun·ca·tion** [trʌŋkéiʃən] n. Ⓤ
trun·cheon [trʌ́ntʃən] n. 《주로 英》 경찰봉; 권표(權標), 지휘봉. ── vt. 《古》 곤봉으로 때리다.
trun·dle [trʌ́ndl] n. 작은 바퀴, 각륜(脚輪); 바퀴 달린 침대[손수레]. ── vt., vi. 굴리다, 구르다, 밀고 가다(along); 돌(리)다.
trúndle bèd =TRUCKLE BED.
‡**trunk** [trʌŋk] n. ① **줄기,** 몸통. ② (대형) **트렁크.** ③ 본체(本體), 주요부. ④ (전화의) 중계선; (철도 따위의) 간선(幹線). ⑤ (코끼리의) 코. ⑥ (pl.) (선수·곡예사의) 짧은 팬츠. ── a. 주요한.
trúnk càll 《英》 장거리 전화 호출.
trúnk hòse (16–17세기의) 반바지.
trúnk lìne 간선(幹線).
trunk-road [∠ròud] n. 간선 도로.
truss [trʌs] n. 〖建〗 가[형]구(架[桁]構), 트러스; 〖醫〗 탈장대(脫腸帶); 다발; 건초의 다발《56 – 60파운드》; 보릿짚 단《36파운드》; 〖海〗 하활대 중앙부를 돛대에 고정시키는 쇠붙이. ── vt. 〖料理〗 새의 날개를 몸통에 붙들어 매다; 두 팔을 몸통에 동여매다; (교량 따위를) 형구로 버티다; 다발짓다.
‡**trust** [trʌst] n. Ⓤ ① **신임,** 신뢰, 신용(in). ② Ⓒ 믿는 사람[것]. ③ 희망, 확신. ④ 신용 대부, 외상 판매. ⑤ 책임; 보관; 위탁; 신탁; Ⓒ 신탁물. ⑥ Ⓒ 〖經〗 기업 합동, 트러스트 (cf. cartel, syndicate). *in* ~ 위탁하여. *on* ~ 외상으로; 남의 말대로. ── a. 신탁의. ── vt. ① **신뢰[신용]하다;** 의지하다; **맡기다,** 위탁하다. ② (비밀을) 털어놓다(with). ③ 희망[기대]하다(to do; that); 믿다. ④ 신용대부[외상 판매]하다 (~ *him for apples*). ── vi. ① **믿다** (in); 신뢰하다(on); 맡기다(to). ② 기대하다 (for). ③ 외상 판매하다. ∠·**a·ble** a. ∠·**ful** a. 신용[신뢰]하고 있는. ∠·**ing** a. 믿는.
trust·bust·er [trʌ́stbʌ̀stər] n. 《美》 (독점금지법에 의해) 트러스트를 해산하는 사람《특히 연방정부의 관리》.

trúst còmpany 신탁 회사; 신탁 은행.
trúst dèed 신탁 증서.
*__trus·tee__ [trʌstíː] *n.* **피신탁인**, 보관인, 관재인(管財人). **∼·ship** [-ʃip] *n.* Ⓤ 수탁자의 직무; (국제 연합의) 신탁 통치 (지역).
trúst tèrritòry (국제 연합의) 신탁 통치 지역.
*__trust·wor·thy__ [∠wəːrði] *a.* **신뢰할 수 있는**, 확실한. **-thi·ness** *n.*
*__trust·y__ [trʌ́sti] *a.*, *n.* **믿을 수 있는** [충실한] (사람); 《美》 모범수(囚).
†**truth** [truːθ] *n.* (*pl.* **∼s** [-ðz, -θs]) Ⓤ **진리**; ⒸⓊ **진실**, 사실; Ⓤ 성실; 정직. ***in* ∼** 실제, 사실은. ***of a* ∼** 《古》 참으로. ***to tell the* ∼**, or ***∼ to tell*** 실은, 사실을 말하면.
*__truth·ful__ [∠fəl] *a.* **정직한**; 성실한; **진실의**. **∼·ly** *ad.* **∼·ness** *n.*
trúth sèrum 진심 토로약《먹으면 진심을 털어놓는다는 약》.
†**try** [trai] *vt.* ① (시험삼아) **해보다**; 노력하다; 시험해 보다. ② 〖法〗 심리하다. ③ 괴롭히다, 시련을 겪게 하다. ④ 정련[정제]하다. **—** *vi.* **시도해 보다**, 노력하다(*at, for*). ***∼ on*** (옷을) 입어보다; 시험해 보다. ***∼ one's hand at*** …을 해보다. ***∼ out*** …을 철저히 해보다; 엄밀히 시험하다; 《美》 자기 적성을 시험해 보다(*for*). **—** *n.* 시도, 시험; 노력.
‡**∠·ing** *a.* **시련의**; 괴로운; 화나는.
try-on [∠ɔ̀ːn, -ɑ̀n/-ɔ̀n] *n.* 《英口》 (속이려는) 시도; (가봉된 옷을) 입어보기, 가봉.
try·out [∠àut] *n.* 《美口》 적성 검사.
tryp·sin [trípsin] *n.* Ⓤ 〖生化〗 트립신《췌액 중의 소화 효소》.
tryp·to·phan [tríptəfæ̀n], **-phane** [-fèin] *n.* Ⓤ 〖生〗 트립토판《동물의 생육에 필요한 아미노산의 일종》.
try·sail [tráisèil, -səl] *n.* 〖船〗 작은 세로 돛.
trý squàre 곱자, 곡척(曲尺).
tryst [trist, trai-] *n.*, *vt.* 만날 약속(을 하다), (약속한) 회합(장소); 회합(시간·장소를) 정하다.
trýst·ing plàce [trístiŋ] 데이트[회합] 장소.
tsar [tsɑːr, zɑːr], **tsar·e·vitch,** **&c.** ⇨ CZAR, CZAREVITCH, &c.
Tschai·kov·sky = TCHAIKOVSKY.
tsét·se (flỳ) [tsétsi] *n.* 체체파리《남아프리카산, 수면병의 매개체》.
T/Sgt, T. Sgt. Technical Sergeant.
T-shirt [tíːʃəːrt] *n.* 티셔츠.
Tsing·tao [tsíŋtáu, tʃíŋ-] *n.* 칭따오(青島)《중국 동부의 항구》.
tsp. teaspoon(ful).
Ť squàre T 자.
T. T. [tíːtíː] telegraphic transfer 전신환; tuberculin-tested 투베르쿨린 검사가 끝난.
T-time [tíːtàim] *n.* Ⓤ 로켓 발사 시간.
TTS teletypesetter.
Tu 〖化〗 thulium. **Tu.** Tuesday.
T. U. trade union 노동조합; transmission unit 〖鐵〗 전도(傳導) 장치.

‡**tub** [tʌb] *n.* ① **통**, 동이; 목욕통; 《英口》 목욕. ② 《美俗》 뚱보. ③ 한 통의 분량. ④ 《口》《蔑》 느리고 모양없는 배. **—** *vt.*, *vi.* (**-bb-**) 통에 넣다; 《英口》 목욕시키다[하다].
tu·ba [tjúːbə] *n.* 저음의 (큰) 나팔통.
tub·by [tʌ́bi] *a.* 통 모양의; 땅딸막한.
‡**tube** [tjuːb] *n.* ① **관**(pipe), 통(cylinder); 관 [통] 모양의 물건[기관(器官)]; (치약·그림물감 등이 든) 튜브. ② (특히 런던의) 지하철. ③ 《美》 진공관.
tube-ba·by [∠bèibi] *n.* 시험관 아기.
túbe·less tíre [∠lis] 튜브 없는 타이어.
tu·ber [tjúːbər] *n.* 〖植〗 괴경(塊莖); 〖解〗 결절(結節). **∼·cle** *n.* 작은 돌기, 소결절(小結節); 〖醫〗 결핵 결절. **tu·bér·cu·lar** *a.*
túbercle bacíllus 결핵균.
tu·ber·cu·lin [tju(ː)bə́ːrkjəlin] *n.* Ⓤ 투베르쿨린 주사액.
tubérculin tèst 투베르쿨린 반응 검사.
*__tu·ber·cu·lo·sis__ [–∸–lóusis] *n.* Ⓤ 〖醫〗 **(폐)결핵**《생략 T. B》. **tu·bér·cu·lous** *a.*
tu·ber·ose[1] [tjúːbəròus] *a.* = TUBEROUS.
tube·rose[2] [tjúːbəròuz] *n.* 〖植〗 양수선(洋水仙).
tu·ber·ous [tjúːbərəs] *n.* Ⓤ 괴경(塊莖)(tuber)이 있는.
tub·ing [tjúːbiŋ] *n.* Ⓤ 배관(配管); 관재료(管材料); 파이프《集合的으로도》.
tu·bu·lar [tjúːbjələr] *a.* 관 모양의; 파이프의.
túbular fúrniture 파이프식 가구.
TUC, T. U. C. Trades Union Congress (영국의) 노동 조합 회의.
‡**tuck** [tʌk] *vt.* ① (옷단을) 징그다, (주름을 접어) 호다; (소매·옷자락을) 걷어 올리다. ② 말다, 싸다; 포근하게 감싸다(*∼ the children in bed*). ③(좁은 곳으로) **밀어넣다**, 틀어박다(*in, into, away*). ④ 《俗》 잔뜩 먹다(*in, away*). **—** *vi.* 징그다, 주름을 잡다; 《俗》 (음식을) 긁어 넣듯이 처먹다(*in*). ***∼ the sheets in*** 시트 끝을 요 밑으로 접어넣다. **—** *n.* ① (큰 옷을 줄이어) 징그기, (접어 넣은) 단. ② 《美》 기력(氣力), 정력. ③ 《英俗》 먹을 것, 과자.
tuck-box [tʌ́kbɑ̀ks / -ɔ̀-] *n.* 《英俗》 (기숙학교의 국민학교생이 잘 가지고 다니는) 과자 상자.
tuck·er[1] [∠ər] *n.* (옷단을) 징그는 사람; (재봉틀의) 주름잡는 기계; (17–18 세기의 여성용의) 깃에 대는 천; = CHEMISETTE; 《濠俗》 음식물. ***one's best bid and* ∼** 나들이옷.
tuck·er[2] *vt.* 《美俗》 피로케 하다(*out*).
tuck-in [tʌ́kìn] *n.* 《英俗》 많은 음식, 굉장한 진수 성찬.
tuck-out [∠àut] *n.* = ⇧.
Tu·dor [tjúːdər] *a.*, *n.* (영국의) 튜더 왕가[왕조]의 (사람); 〖建〗 튜더 양식(의).
*__Tues.__ Tuesday.

†**Tues·day** [tjúːzdi, -dei] *n.* 화요일.

tu·fa [tjúːfə] *n.* Ⓤ 《地》 석회화(石灰華).

tuff [tʌf] *n.* Ⓤ 《地》 응회암(凝灰岩).

***tuft** [tʌft] *n.* (머리털·실 따위의) 술, 타래; 덤불; 꽃〔잎〕의 송이〔덩이〕. ── *vt., vi.* 술을 달다; 송이져 나다. ⌐**·ed** [⌐id] *a.* ⌐**·y** *a.*

Tu Fu [túː fúː] *n.* (712–770) 두보(杜甫) 《중국 당대(唐代)의 시인》.

‡**tug** [tʌg] *vt.* (**-gg-**), *n.* (힘껏) 잡아당기다〔당기기〕; (배를) 끌다(tow[1]). ～ ***of war*** 줄다리기; 맹렬한 싸움.

***tug·boat** [tʌ́gbòut] *n.* 예인선(船).

***tu·i·tion** [tjuːíʃən] *n.* Ⓤ 교수; 수업료. ～**·al,** ～**·ar·y** [-èri/-əri] *a.*

tu·la·re·mi·a, -rae- [tùːləríːmiə] *n.* 《美》=RABBIT FEVER.

†**tu·lip** [tjúːlip] *n.* 튤립.

túlip trèe (북미산) 튤립나무.

tulle [tjuːl] *n.* Ⓤ 툴《베일용의 얇은 비단 망사》.

tum[1] [tʌm] *n.* (밴조 따위의) 소리.

tum[2] *n.* 《兒·諧》 배(腹).

‡**tum·ble** [tʌ́mbəl] *vi.* ① 구르다, 넘어지다. ② 전락하다; 폭락하다. ③ 뒹굴다; 좌우로 흔들리다; 공중제비를 하다. ④ 《俗》 구르다시피 달려오다〔달려나오다〕(*in, into, out, down, up*). ⑤ 부닥치다, 딱 마주치다(*on, into*). ── *vt.* 넘어뜨리다, 뒤집어엎다, 내동댕이치다, 내던지다, 던져 흩어지게 하다(*out, in, about*); 헝클어〔구겨〕뜨리다(rumple); 쏘아 떨어뜨리다. ── *n.* 전도(轉倒), 전락; 공중제비, 재주넘기; 혼란. ***all in a*** ～ 뒤죽박죽이 되어. **-bling** *n.* ⓊⒸ 텀블링《매트에서 하는 곡예》.

tum·ble·bug [-bʌ̀g] *n.* 쇠똥구리 류(類).

tum·ble·down [-dàun] *a.* (집이) 찌부러질 듯한; 황폐한.

***tum·bler** [-ər] *n.* ① 곡예사; 오뚝이 《장난감》. ② 큰 컵 (하나 그득)《전에는 밑이 튀어나와서 탁자에 놓을 수 없었음》. ③ 공중제비하는 비둘기.

tum·ble·weed [-wìːd] *n.* (미국 서부산의) 비름속(屬)의 풀《가을에, 밑동에서 부러져 바람에 날림》.

tum·brel [tʌ́mbrəl], **-bril** [-bril] *n.* 비료차; (프랑스 혁명 때의) 사형수 호송차; 《軍》 두 바퀴의 탄약차.

tu·me·fy [tjúːməfài] *vi., vt.* 부어〔부풀어〕 오르(게 하)다. **tu·me·fac·tion** [⌐–fǽkʃən] *n.* Ⓤ 부어오름; Ⓒ 종기.

Tu·men [túːmén] *n.* 두만강(豆滿江).

tu·mes·cent [tjuːmésənt] *a.* 부어오르는; 종창(腫脹)성의. **-cence** *n.* Ⓤ

tu·mid [tjúːmid] *a.* 부은; 과장된. ～**·ness, tu·míd·i·ty** *n.*

tum·my [tʌ́mi] *n.* 《兒》 배(腹).

tu·mor, 《英》 **-mour** [tjúːmər] *n.* 종창(腫脹), 부기; 종기. ～**·ous** *a.*

***tu·mult** [tjúːmʌlt, -məlt] *n.* ⓊⒸ (크게) 떠들썩함; 소동; 혼란; 흥분.

***tu·mul·tu·ous** [tjuːmʌ́ltʃuəs] *a.* 떠들썩한; 흥분한, 혼란한. ～**·ly** *ad.* ～**·ness** *n.*

tu·mu·lus [tjúːmjələs] *n.* (*pl.* **-li** [-lài]) 고분(古墳).

tun [tʌn] *n., vt.* (**-nn-**) 큰 술통(에 넣다); 턴《액량의 단위(=252갈론)》.

tu·na [tjúːnə] *n.* 다랑어.

tun·a·ble [tjúːnəbəl] *a.* ⇨TUNE.

tun·dra [tʌ́ndrə, tún-] *n.* (북시베리아 등의) 툰드라, 동토대(凍土帶).

‡**tune** [tjuːn] *n.* ① ⒸⓊ 곡조, (노래) 곡. ② Ⓤ 장단이 맞음, 조화, 협조. ③ Ⓤ (마음의) 상태, 기분. ***in*** 〔***out of***〕 ～ 장단이 맞아서〔틀어져〕, 사이좋게〔나쁘게〕(*with*). ***sing another*** 〔***a different***〕 ～ 논조〔태도〕를 바꾸다; 갑자기 겸손해지다. ***to the*** ～ ***of*** (*fifty dollars*) (50달러)라는 다액의. ── *vt.* (악기의) 음조를 맞추다; 조율(調律)하다; 조화시키다(*to*); 《詩》 노래하다. ～ ***to*** (라디오 등) 파장(波長)을 맞추다. ～ ***out*** (라디오 따위를) 끄다. ～ ***up*** (악기의) 음조를 정조(整調)하다; 노래하기〔연주하기〕 시작하다; 《諧》 울기 시작하다. **túne·ful** *a.* 음조가 좋은, 음악적인. ⌐**·ful·ly** *ad.* ⌐**·less** *a.* ⌐**·less·ly** *ad.* **tún(e)·a·ble** *a.* **-bly** *ad.*

tun·er [tjúːnər] *n.* 조율사(師); 《라디오·TV》 파장 조정기, 튜너.

tung [tʌŋ] *n.* (Chin.) =TUNG TREE.

túng òil 동유(桐油).

tung·sten [tʌ́ŋstən] *n.* Ⓤ 《化》 텅스텐.

túng trèe 유동(油桐)나무.

Tun·gus [tungúz] *n., a.* 퉁구스사람; Ⓤ 퉁구스어(의); 퉁구스족의.

tu·nic [tjúːnik] *n.* (고대 그리스·로마인의) 소매 짧은 윗도리; 허리에 착 달라붙는 여자 저고리; (군인·경관의) 윗옷의 일종; 《動》 피막(被膜); 《植》 종피(種皮).

tun·ing [tjúːniŋ] *n.* Ⓤ 정조(整調), 조율(調律).

túning fòrk 소리굽쇠, 음차(音叉).

Tu·ni·sia [tjuːníː(ː)ʒiə] *n.* 북아프리카의 공화국.

tun·nage [tʌ́nidʒ] *n.* =TONNAGE.

‡**tun·nel** [tʌ́nl] *n., vt., vi.* (《英》 **-ll-**) 터널(을 파다); 지하도.

túnnel dìode 터널 다이오드 《터널 효과를 이용한 다이오드》.

túnnel effèct 《理》 터널 효과.

tun·ny [tʌ́ni] *n.* 《주로 英》 다랑어.

tun·y [tjúːni] *a.* 《英》 음조가 좋은.

tup [tʌp] *n.* ① 숫양(羊). ② (말뚝 박는) 증기 해머의 머리부분.

tu·pe·lo [túːpəlòu] *n.* (*pl.* ～**s**) (북미산의) 층층나무과(科)의 큰 나무; Ⓤ 그 목재《단단함》.

Tu·pi-Gua·ra·ni [tuːpíːgwɑ̀ːrɑːníː] *n.* ⒸⓊ (브라질의) 투피(과라니) 토인(말).

tup·pence [tʌ́pəns] *n.* 《英》 =TWOPENCE.

tup·pen·ny [tʌ́pəni] *a., n.* 《英》 =TWOPENNY.

tuque [tjuːk] *n.* 긴 양말 모양의 털방한모.

***tur·ban** [tə́ːrbən] *n.* (회교도의) 터

번; 터번형의 부인 모자. ~**ed** [-d] *a.*

tur·bid [tə́:rbid] *a.* 흐린, 흙탕물의; 어지러운. **tur·bíd·i·ty** *n.* Ⓤ

tur·bi·nate [tə́:rbənit, -nèit] *a.*, *n.* 나선형의, 소용돌이 모양의; 〖解〗 갑개골(甲介骨)(의).

***tur·bine** [tə́:rbin, -bain] *n.* 터빈.

tur·bo·gen·er·a·tor [tə́:rboudʒénərèitər] *n.* 터빈 발전기.

tur·bo·jet [-dʒèt] *n.* 〖空〗 터보 제트기; =♀. 「기관.

túrbojet èngine 터빈식 분사 추진

túr·bo·prop (èngine) [-pràp/-ɔ̀-] *n.* 〖空〗 터보프롭 엔진.

tur·bot [tə́:rbət] *n.* (*pl.* ~*s*, 《集合的》 ~) 가자미 류(類).

***tur·bu·lent** [tə́:rbjələnt] *a.* (파도·바람이) **거친**(furious); 광포한, 소란스러운. **-lence, -len·cy** *n.* ~**·ly** *ad.*

tu·reen [tjurí:n] *n.* (뚜껑 달린) 수프 그릇.

turf** [tə:rf] *n.* (*pl.* ~*s*, 《稀》 ***turves) ① Ⓤ **잔디**, 떼. ② 한 장의 뗏장. ③ ⓊⒸ 토탄(peat). ④ (the ~) 경마(장). ***on the*** ~ 경마를 업으로 하여. ── *vt.* 잔디로 덮다. **∠·man** *n.* 경마꾼. **∠·y** *a.*

tur·gid [tə́:rdʒid] *a.* 부은(swollen); 과장된. ~**·ness, tur·gíd·i·ty** *n.* Ⓤ

***Turk** [tə:rk] *n.* **터키인**; 난폭자, 개 「구쟁이.

Turk. Turkey; Turkish.

Tur·ke·stan [tə̀:rkistǽn, -tά:n] *n.* 중앙 아시아의 한 지방.

‡**Tur·key** [tə́:rki] *n.* **터키**《공화국.》

‡**tur·key** [tə́:rki] *n.* ① ⒸⓊ **칠면조**(의 고기). ② 《俗》 실패, 《美俗》 (영화·연극의) 실패작. ***talk (cold)*** ~ 《美俗》 입바른 소리를 하다.

túrkey bùzzard (중·남미산의) 독수리의 일종《머리가 붉음》. 「람.

túrkey còck 수칠면조; 젠체하는 사

Túrkey stòne 터키 숫돌의 일종; = TURQUOISE. 「식)의; Ⓤ 터키어(의).

‡**Turk·ish** [tə́:rkiʃ] *a.*, *n.* **터키**(인·

Túrkish báth 터키탕. 「국.

Túrkish Émpire 〖史〗 오토만 제

túrkish tówel 보풀이 긴 타월(천).

Tur·ko·man [tə́:rkəmən] *n.* ⒸⓊ 투르코만 사람〔말〕.

tur·mer·ic [tə́:rmərik] *n.* (인도산) 심황; Ⓤ 심황 뿌리(의 가루) 《조미료·물감용》. 「동.

***tur·moil** [tə́:rmɔil] *n.* ⓊⒸ **혼란**, 소

†**turn** [tə:rn] *vt.* ① **돌리다**; (고동을) 틀다. ② …을 돌아가다(~ *the corner*). ③ 뒤집다(*back, in, up*); (책장을) 넘기다; 뒤집어 엎다. ④ 튀겨 보내다, 받아 막다(~ *a punch*). ⑤ 향하게 하다, 바꾸다(~ *water into ice*). ⑥ 번역하다; ⑦ 나쁘게 하다, (음식 따위를) 시게〔상하게〕 하다 (~ *his stomach* 메스껍게 하다/ *Warm weather will* ~ *milk.*). ⑧ 돌게 만들다(*His head is ~ed.* 머리가 돌았다). ⑨ (선반·녹로 따위로) 갈리다; 형(形)을 만들다(*Her person is well ~ed.* 모습이 아름답다). ⑩ 생각해〔짜〕내다, 그럴듯하게 표현하다(*She can ~ pretty compliments.* 겉발림말을 잘 한다). ⑪ 넘기다, 지나다(*He has ~ed his fourteenth year.* 저 앤 벌써 14세다/ *I'm ~ed of forty.* 사십고개를 넘었다). ── *vi.* ① **돌다**, 회전하다. ② 구르다, 뒹굴다; 굼틀대다(*A worm will* ~. 《俗談》 지렁이도 밟으면 꿈틀한다). ③ 방향을 바꾸다, 전향하다; 뒤돌아 보다. ④ 돌다, 구부러지다(~ *to the left*); 되돌아가다. ⑤ 기울다, 의지하다(*to*); …에 의하다(depend) (*on*). ⑥ 변하다, 일변〔역전〕하다; 단풍이 들다; 《補語와 함께》 **…으로 변하다**, …이 되다(*She ~ed pale.*). ⑦ (머리가) 어찔어찔하다, 핑 돌다; (속이) 메스껍다. ⑧ 선반(旋盤)을 돌리다; (선반으로 …이) 깎여지다, 만들어지다. ***make a person*** ~ ***in his grave*** 지하에서 편히 잠들지 못하게 하다〔슬퍼하게 만들다〕. ~ ***about*** 뒤돌아 보다; 방향을 바꾸다〔돌리다〕. ~ ***against*** 반항하다, 싫어하다. ~ ***a person round one's finger*** 제마음대로 다루다. ~ ***aside*** 비키다, 옆으로 피하다; 빗나가다; 외면하다. ~ ***away*** (얼굴을) 돌리다; 쫓아버리다, 해고하다; 피하다. ~ ***down*** 뒤집다, 접다; 엎어 놓다; (가스불 따위를) 낮추다, (라디오 소리를) 작게 하다; 거절하다. ~ ***in*** 안쪽으로 구부러지다〔구부리다, 향하(게 하)다〕; 들이다; 《口》 잠자리에 들다; 접어 넣다; 《美》 제출하다. ~ ***loose*** (풀어서) 놓아주다. ~ ***off*** (고동·스위치를 틀어) 멈추게 하다, 끄다; (이야기를) 딴 데로 돌리다; 《주로 英》 해고하다; 옆길로 들어서다, (길이) 갈라지다. ~ ***on*** (고동·스위치를 틀어) 나오게 하다, 켜다; …에 적대하다; (이야기가) …으로 돌아가다; …여하에 달리다 (*on*). ~ ***out*** 밖으로 구부러지다〔구부리다, 향하(게 하)다〕; 뒤집다; 스트라이크를 시작하다; 《口》 잠자리에서 나오다; 외출〔출근〕하다; 결과가 …이 되다, …으로 판명되다 (prove) (*to be; that*); 내쫓다, 해고하다; (속에 있는 물건을) 내놓다; 폭로하다; 만들어내다, 생산하다; 차려입히다, 성장(盛裝)시키다 (fit out). ~ ***over*** 뒹굴리다, 돌아눕다; 넘어 뜨리다; 인도(引渡)하다; (책장을) 넘기다; (…만큼의) 거래를 하다; (자금을) 회전시키다, 운전하다; 전업(轉業)하다; 숙고(熟考)하다. ~ ***round*** 기항(寄港)하다. ~ ***to*** …이 되다; 조회하다, 조사하다(refer to); …에게 조력을 구하다; 일을 착수하(게 하)다; (페이지를) 펴다(*Please ~ to page 10.*). ~ ***up*** 위로 구부러지(게 하)다〔향(하 게)하다〕; 위를 보(게 하)다; 나타나다, 생기다; 일어나다; 접어 줄이다; (가스불 따위를) 세게 하다, (라디오 소리를) 크게 하다; (엎어놓은 트럼프 패를) 뒤집다; 파뒤집다, 찾아내다; 《口》 구역질나게 하다. ~ ***upon*** …의 여하에 달리

다; …을 적대(敵對)하다. ── *n.* ① **회전**; 전향, 빗나감; 구부러짐, 모퉁이, 비틀림. ② 말투. ③ **변화**, 변화점. ④ 순번, 차례. ⑤ 경향, 기질. ⑥ 모양, 형. ⑦ 한 바탕의 일, 한 판, 한 바퀴 돌기, 한 차례의 놀이, 산책, (연극·쇼의) 한 차례. ⑧ (새끼 등의) 한 사리. ⑨ 행위 (*a good* 〔*an ill*〕 ～) (*to*). ⑩ 《口》 놀람; 어지러움. ⑪ 〖印〗 복자(伏字). ⑫ (*pl.*) 경도, 월경. ⑬ 〖樂〗 회음(回音). ***About*** 〔***Left***〕 ***～!*** 뒤로 돌아 〔좌향좌〕. ***at every ～*** 어느 곳에나, 언제든지. ***by ～s*** 교대로, 번갈아. ***give*** (*a person*) ***a ～*** 놀라게 하다. ***in ～*** 차례로. ***on the ～*** 《口》 변하기 시작하여. ***out of*** (***one's***) ***～*** 순서없이, 순서에 어긋나게; 제가 나설 계제가 아닌데도《말참견하다, 따위》. ***serve one's ～*** 소용〔도움〕이 되다. ***take a favorable ～*** 차도가 있다. ***take ～s*** 교대로 하다. ***to a ～*** 알맞게《구워진 불고기 따위》, 충분히. ***～ and ～ about*** 돌아가며, 윤번으로. ***～ of speed*** 속력.

turn·a·bout [tə́:rnəbàut] *n.* 방향 전환; 변절, 전향; 회전 목마.

túrn·a·round tìme [ˊəràund] 〖컴퓨터〗 총처리 시간, 회송 시간.

turn·buck·le [ˊbʌ̀kl] *n.* 나사 조이개, 턴버클.

turn·coat [ˊkòut] *n.* 변절자.

turn·down [ˊdàun] *a.* 접어 젖힌 깃의.

turned [tə:rnd] *a.* 녹로로 세공한.

turn·er [ˊər] *n.* 선반공; 갈이장이. **～·y** *n.* 녹로 세공, 갈이질.

‡turn·ing [ˊiŋ] *n.* ① **회전**, 선회; 변절; 변화; 굴곡. ② Ⓤ 녹로〔선반〕 세공.

túrning pòint 변환점, 전(환)기; 위기.

***tur·nip** [tə́:rnip] *n.* 〖植〗 **순무.**

tur·nip·tops [-tὰps/-ɔ̀-] *n. pl.* 순무의 잎.

turn·key [tə́:rnkì:] *n.* 교도관.

***turn·out** [ˊàut] *n.* ① 《集合的》 (구경·행렬 따위에) **나온 사람들**; 출석자. ② 대피선. ③ 생산액, 산출고. ④ 《英》 동맹 파업(자). ⑤ 《口》 마차와 구종. ⑥ 채비.

turn·o·ver [ˊòuvər] *n., a.* 전복; 접은 것; (노동자의) 인사 이동(異動)·배치 전환; 투하 자본 회전(율); (일기(一期)의) 총매상고; (*a.*) 접어 젖힌 (칼라 따위).

***turn·pike** [ˊpàik] *n.* **유료 도로**, 통행료를 받는 문〔길〕.

turn·plate [ˊplèit] *n.* 《英》 = TURNTABLE.

turn-round [ˊràund] *n.* 반환 지점; 안팎 겸용 옷.

turn·screw [ˊskrù:] *n.* 《주로 英》 나사돌리개, 드라이버.

turn·spit [ˊspìt] *n.* 산적 꼬챙이를 돌리는 사람; 턴스피트종의 개.

turn·stile [ˊstàil] *n.* 회전식 문.

turn·stone [ˊstòun] *n.* 꼬마물떼새.

turn·ta·ble [ˊtèibəl] *n.* 〖鐵〗 전차대(轉車臺); (축음기의) 회전반.

turn·up [ˊʌ̀p] *n., a.* 뜻밖에 나타난 사람; 돌발 사건; 《英口》 격투; 《英》 (바지 따위의) 접어 올린 (부분).

***tur·pen·tine** [tə́:rpəntàin] *n., vt.* Ⓤ **테레빈**; 테레빈유(油)(를 바르다).

tur·pi·tude [tə́:rpətjù:d] *n.* Ⓤ 비열, 배덕(背德).

tur·quoise [tə́:rkwɔiz] *n., a.* ⓊⒸ 터키옥(玉)《보석》; 청록색(의).

***tur·ret** [tə́:rit, tʌ́r-] *n.* ① (성벽의) **작은 탑**, 망루; (선회) 포탑(砲塔). ② (전투기의) 조종석.

‡tur·tle [tə́:rtl] *n.* **바다거북**; = ˊ dòve 〖鳥〗 호도애. ***turn ～*** (배 따위가) 뒤집히다.

tur·tle·neck [ˊnèk] *n.* (스웨터 따위의) 자라목깃; 자라목 스웨터.

túrtle shèll 대모갑(玳瑁甲).

Tus·can [tʌ́skən] *a., n.* ⒸⓊ (이탈리아 중부의) Tuscany의 (사람·언어); (기둥이) 토스카나식인.

tush [tʌʃ] *int., n., vi.* 체! (하다).

tush·er·y [tʌ́ʃəri] *n.* 고어를 많이 써서 멋부린 문체.

tusk [tʌsk] *n., vt.* (긴) 엄니(로 찌르다).

tus·sah [tʌ́sə] *n.* 멧누에(고치); Ⓤ 멧누에 명주〔실〕.

tússah sìlk 멧누에 실; (그것으로 짠) 비단.

tus·sive [tʌ́siv] *a.* 〖醫〗 기침의, 기침에 의한.

tus·sle [tʌ́səl] *n., vi.* 격투(하다).

tus·sock [tʌ́sək] *n.* 풀숲, 덤불; 더부룩한 털.

tus·sore [tʌ́sɔ:r] *n.* =TUSSAH.

tut [tʌt, ɿ] *int.* 체! ── [tʌt] *vi.* (*-tt-*) 혀를 차다.

tu·te·lage [tjú:təlidʒ] *n.* Ⓤ 보호〔감독〕(받음), 후견(後見) (guardianship); 교육, 지도; 피(被) 후견.

tu·te·lar [tjú:tələr], **-lar·y** [-lèri/-ləri] *a., n.* 보호하는; 후견인의; 수호신.

‡tu·tor [tjú:tər] *n.* (*fem.* ***～ess***) **가정 교사**; 《英》 (대학·고교의) 개인 지도 교사《보통 fellow가 담당》; 〖美大學〗 강사《instructor의 아래》; 〖法〗 후견인. ── *vt., vi.* 가정 교사로서 가르치다; (학생을) 지도하다; 개인 지도 교사 노릇을 하다; 억제하다; 《美口》 개인 교수를 받다. **～·age, ～·ship** [-ʃip] *n.* Ⓤ **tu·tó·ri·al** *a.* tutor 의.

tut-ti [tú:ti] *n.* (It.) 〖樂〗 전체 합주, 제창; 전주(全奏) 효과.

tut·ti-frut·ti [tú:tifrú:ti] *n.* (It. =all fruits) ⓊⒸ 설탕에 절인 과일(을 넣은 아이스크림).

tu·tu [tú:tu:] *n.* (F.) 튀튀 《허리에서 수평으로 펼쳐진 발레용 짧은 스커트》.

tux [tʌks] *n.* 《美口》 =⇩.

tux·e·do [tʌksí:dou] *n.* (*pl.* ***～(e)s*** [-z]) 《美》 턱시도《남자의 약식 야회복》.

‡TV [tí:ví:] *n.* **텔레비전**; terminal velocity 최종〔최고〕 가속도.

TVA Tennessee Valley Authority 〔Administration〕.

ŤV dìnner 텔레비전 식품《가열만 하면 먹을 수 있는 냉동 식품》.

TWA Trans-World Airlines.
twad·dle [twádəl/-ɔ́-] *n.*, *vi.* 객적은 소리(하다).
twain [twein] *n.*, *a.* 《古·詩》=TWO.
Twain [twein], **Mark** (1835-1910) 미국의 소설가《Samuel Langhorne Clemens의 필명》.
twang [twæŋ] *n.*, *vt.*, *vi.* 현(弦)의 소리, 팅 (울리게 하다, 울리다); 콧소리(로 말하다).
'twas [twɑz/-ɔ-] 《詩·古》=it was.
tweak [twi:k] *n.*, *vt.* 비틀기, 꼬집다; 왈칵〔홱〕 당김〔당기다〕; 《俗》 명안(名案).
twee [twi:] *a.* 《英俗》 귀여운.
***tweed** [twi:d] *n.* Ⓤ **트위드**《스카치 나사(羅紗)》; (*pl.*) 트위드 옷.
'tween [twi:n] *prep.* 《詩》=BETWEEN.
tween·y [twí:ni] *n.* 《英口》 잡일 말아 보는 하녀.
tweet [twi:t] *n.*, *int.*, *vi.* 짹짹 (울다); 지저귀는 소리. **⌐·er** [⌐ər] *n.* 고음(高音) 확성기. 「핀셋.
tweez·ers [twí:zərz] *n.* *pl.* 족집게,
†**twelfth** [twelfθ] *n.*, *a.* **제12(의)**; 12분의 1(의).
Twelfth-day [⌐dèi] *n.* 주현절 (Epiphany)《1월 6일》.
Twelfth-night [⌐nàit] *n.* 주현절의 전야제(1월 5일) 《크리스마스 후 12일째》.
†**twelve** [twelv] *n.*, *a.* **12(의)**. ***the T-*** (예수의) 12사도. **⌐·fold** [⌐fòuld] *ad.*, *a.* 12배(의).
twelve·mo [⌐mòu] *n.* =DUODECIMO.
twelve·month [⌐mʌnθ] *n.* 12개월.
Twélve Tábles, the ⇨ TABLE.
twelve-tone [⌐tóun] *a.* 〖樂〗 12음 (조직)의 (dodecaphonic).
†**twen·ty** [twénti] *n.*, *a.* **20(의)**.
***twén·ti·eth** [-iθ] *n.*, *a.* **제 20(의)**, 스무번째(의); 20분의 1(의).
'twere [twəːr] 《古·詩》 =it were.
twerp [twəːrp] *n.* 《俗》 너절한 놈.
TWI, T.W.I. Training within Industry 기업내 (감독자) 훈련.
‡**twice** [twais] *ad.* **두 번**, 2회; 2배로 〔만큼〕. ***think*** ~ 재고〔숙고〕하다.
twic·er [twáisər] *n.* 《濠俗》 나쁜 놈; 배신자.
twice-told [⌐tóuld] *a.* 두번 이야기한; 구문의, 진부한. (~ *tales* 고담(古談), 옛날 이야기).
twid·dle [twídl] *vt.*, *vi.*, *n.* 만지작거리다, 가지고 놀다(*with*); 가지고 놀기. ~ 〔***twirl***〕 ***one's thumbs*** (망지소조하여) 양손의 엄지손가락을 빙빙 돌리다.
‡**twig**[1] [twig] *n.* **잔 가지**, 가는 가지. ***hop the*** ~ 《俗》 갑작스레 죽다.
twig[2] *vt.*, *vi.* (***-gg-***) 《英俗》 이해하다, 알다; 깨닫다, 알아차리다.
‡**twi·light** [twáilàit] *n.* Ⓤ **어둑새벽**, 여명; **황혼**, 땅거미; 희미한 빛, 여명기(期). **——** *a.*, *vt.* 어스레하게 밝은〔밝히다〕 「(半)마취 상태.
twílight slèep (무통 분만법의) 반
twílight wàr 박모전(薄暮戰)《제 2차 대전 때, 서부 전선에서의 지구전(持久戰)》. 「역; 도시의 노후화 지역.
twílight zòne 중간 지대, 경계 영
twill [twil] *n.* Ⓤ 능직(綾織), 능직물. **~ed** [-d] *a.* 능직의.
'twill [twil, 弱twəl] 《古·詩》=it will.
‡**twin** [twin] *a.*, *n.* **쌍둥이의 (한 사람)**; 닮은 (것); (*pl.*) 쌍둥이; (the Twins) 〖天〗 쌍둥이자리. **——** *vt.*, *vi.* (***-nn-***) 쌍둥이를 낳다; 《廢》 짝을 이루다(*with*). 「블베드가 됨》.
twín béd 트윈베드《둘을 합치면 더
Twín Cíties 《美》 Minnesota 주의 미시시피강을 사이에 둔 St. Paul과 Minneapolis 시.
***twine** [twain] *n.*, *vt.*, *vi.* Ⓤ **꼰 실**; (실을) 꼬다, 꼬기; (사리어) 감기〔감다〕; 얽힘, 얽히다.
twin-en·gined [twínéndʒind] *a.* = TWIN-MOTORED.
twinge [twindʒ] *n.*, *vi.*, *vt.* 쑤시는 듯한 아픔; 쑤시듯이 아프(게 하)다.
twi-night [twáinàit] *a.* 〖野〗 오후 늦게부터 밤에 걸쳐 행하는 더블헤더의.
‡**twin·kle** [twíŋkəl] *vi.*, *vt.*, *n.* **빤짝빤짝 빛나(게 하)다**; (눈을) 깜빡거리다; 빤짝임, 깜짝임; 깜빡할 사이.
‡**twín·kling** *a.*, *n.*
twin-mo·tored [twínmóutərd] *a.* 〖空〗 쌍발(雙發)의.
twín tòwns 자매 도시.
twirl** [twəːrl] *vt.*, *vi.* **빙글빙글 돌(리)다**, 손끝으로 이리저리 만지작거리다. ~ ***one's thumbs ⇨TWIDDLE. **——** *n.* ① 회전; 빙글빙글 돌리기. ② (펜의) 장식 글씨. **⌐·er** *n.* (퍼레이드의 선두에서) 지휘봉을 돌리며 나아가는 사람, 「바통걸」 (baton twirler).
twirp [twəːrp] *n.* =TWERP.
‡**twist** [twist] *vt.*, *vi.* ① **비틀(리)다**; 꼬(이)다; 감(기)다. ② 구부리다, 구부러지다. ③ 나사모양으로 만들다, 소용돌이치다. ④ (*vt.*) 곡해하다, 억지로 갖다 붙이다; 왜곡하여 말하다 (misrepresent). ⑤ 누비고 나아가다. ~ ***off*** 비틀어 떼다. ~ ***up*** 꼬다, (종이 등을) 나사모양으로 꼬다. **——** *n.* ① 한 번 꼬기〔비틀기〕. ② ⒸⓊ 꼰 실, 새끼, 끈; 꽈배기 빵. ③ (성격의) 비꼬임, 기벽(奇癖), 괴팍함 (kink); 부정. ④ ⒸⓊ 혼합주(*a gin* ~ 브랜디와 진의 혼합주); 트위스트(춤). **⌐·er** *n.* 꼬는〔비트는〕 사람; 실꼬는 기계; 견강 부회하는 사람; 《주로 英》 부정직한 사람; 곡구(曲球); 《美》 회오리바람.
twis·ty [twísti] *a.* ① (길 따위가) 구불구불한. ② 부정직한.
twit [twit] *n.*, *vt.* (***-tt-***) 문책(하다), 힐책(하다); 조소(하다) (taunt).
***twitch** [twitʃ] *vt.*, *vi.*, *n.* **홱 잡아당기다〔당기기〕**; 씰룩씰룩 움직이(게 하)다; 경련(하다, 시키다); (*vt.*) 잡아채다(*off*). **⌐·ing(·ly)** *a.* (*ad.*)
***twit·ter** [twítər] *n.*, *vi.*, *vt.* 지저귐, 지저귀다; 벌벌 떨다〔떪〕; 킥킥 웃다

〔웃음〕; 안절부절 못함〔못하다〕; (*vt.*) 지저귀듯이 재잘거리다.
'twixt [twikst] *prep.* 《古·詩·方》 =BETWIXT.
†two [tu:] *n., a.* **2(의)**, 두 개〔사람〕(의). ***a day or ~*** 하루이틀. ***by ~s and threes*** 드문드문, 삼삼오오. ***in ~*** 두 동강으로. ***in ~ ~s*** 《俗》 곧, 순식간에. ***put ~ and ~ together*** 이것 저것 종합하여 생각하다, 결론을 내다. ***~ and ~,*** or ***~ by ~*** 둘씩. ***T- can play at that game.*** (그렇다면) 이쪽에도 각오가 있다, 반드시 그 (앙)갚음을 한다. *__∠·fold__ [∠fòuld] *a., ad.* **2배의, 이중으로.**
two-bag·ger [tú:bǽgər] *n.* 《野俗》 =TWO-BASE HIT.
twó-base hít [∠bèis] 〖野〗 2루타.
two-bit [∠bìt] *a.* 《美俗》 25센트의; 근소한, 보잘것 없는.
two-by-four [∠bəfɔ̀:r, -bai-] *a., n.* 가로 2인치〔피트〕 세로 4인치〔피트〕의; 《美口》 좁은, 《俗》 작은; 폭 4인치 두께 2인치의 널.
two-edged [∠édʒd] *a.* =DOUBLE-EDGED.
two-faced [∠fèist] *a.* =DOUBLE-FACED.
two·fer [∠fər] *n.* 《美口》 (극장 등의) 반액 할인권.
2, 4-D́ [tú:fɔ̀:rdí:] *n.* Ⓤ 2-4 디클로로피녹스초산《제초제》.
two-hand·ed [∠hǽndid] *a.* 양손이 있는, 양손을 쓸 수 있는; 2인용의.
twó-par·ty sýstem [∠pɑ̀:rti] 〖政〗 2대 정당제.
two·pence [tʌ́pəns] *n.* 《英》 2펜스(은화).
two·pen·ny [tʌ́pəni] *a., n.* 《英》 2펜스의, 싸구려의; 《英》 맥주의 일종; 《英俗》 머리 (*Tuck in your ~!* 머리를 더 숙여라《등넘기놀이에서》).
two·pen·ny-half·pen·ny [-héipəni] *a.* 하찮은, 싸구려의.
two-piece [tú:pí:s] *n., a.* 투피스(의).
two-ply [tú:plái] *a.* 두 겹으로 짠; (실이) 두 겹인.
two·seat·er [∠sí:tər] *a.* 2인승 비행기〔자동차〕.
two-sid·ed [∠sáidid] *a.* 양면이〔표리가〕 있는.
two·some [∠səm] *n.* 둘이 하는 경기〔댄스〕.
two-step [∠stèp] *n.* 2박자의 원무(곡).
two-time [∠tàim] *vt., vi.* 《俗》 배신하다, 속이다《특히 남편, 아내, 애인을》.
two-tone [∠tóun] *a.* 두 색의 《같은 또는 다른 계통의 색을 배열한》.
two-way [∠wéi] *a.* 두 길의; 양면 교통의; 상호적인; 송수신 겸용의.
'twould [twud] =it would.
TWX teletypewriter exchange.
-ty *suf.* 「십(十)」의 뜻(six*ty*); =-ITY.
Ty. Territory.
Ty·burn [táibə(:)rn] *n.* 〖史〗 런던의 사형장.
ty·coon [taikú:n] *n.* (Jap.) 《美》 실업계의 거물.
‡ty·ing [táiiŋ] *v.* tie 의 현재 분사. —*n.* Ⓒ 매듭; Ⓤ 매는 (tie) 일.
tyke [taik] *n.* 똥개 (dur); 개구쟁이.
tym·pan [tímpən] *n.* 얇은 막; =TYMPANIC MEMBRANE; 〖印〗 압지(壓紙)를.
tym·pa·ni [tímpəni] *n. pl.* =TIMPANI.
tym·pan·ic [timpǽnik] *a.* 고막〔중이(中耳)〕의.
tympánic mémbrane 고막.
tym·pa·nist [tímpənist] *n.* =TIMPANIST.
tym·pa·ni·tes [tìmpənáiti:z] *n.* Ⓤ 〖醫〗 고창(鼓脹).
tym·pa·ni·tis [tìmpənáitis] *n.* Ⓤ 중이염(中耳炎).
tym·pa·num [tímpənəm] *n.* (*pl.* *~s, -na* [-nə]) 〖解〗 고막, 중이(中耳); 큰 북; 〖建〗 (gable 과 현관 위쪽 사이 등의) 삼각형의 작은 면.
Tyn·dale [tíndəl], **William** (1492?–1536) 영국의 종교 개혁가《신약 성서를 영역(1526), 이것은 A. V. 의 모체가 되었음》.
Týne and Wéar [táinəndwíər] 영국 북동부의 주《1974년 신설》.
†type [taip] *n.* ① **형(型)**, 유형; 양식 (style). ② **전형**, 견본, 모범; 실례(가 되는 물건·사람). ③ 표, 부호, 상징. ④ **활자**, 자체(字體). ⑤ 혈액형. ***in ~*** 활자로 짠〔짜서〕. ***set ~*** 조판하다. —*vt.* 타이프라이터로 찍다(typewrite); (혈액)형을 검사하다; 《稀》 상징하다; …의 전형이 되다.
type·cast [∠kæ̀st, -ɑ̀:-] *vt.* (~(*ed*)) (극중 인물의 신장·목소리 따위에 맞는) 배우를 배역하다.
týpe fòunder 활자 주조공〔업자〕.
týpe mètal 활자 합금.
type·set·ter [∠sètər] *n.* 식자공.
type·write [∠ràit] *vt.* (*-wrote; -written*) 타이프라이터로 찍다〔치다〕. **týpe·writ·ing** *n.* 타이프라이터 사용(법). **‡týpe·writ·er** *n.* **타이프라이터**; =TYPIST. **týpe·writ·ten** *a.* 타이프라이터로 찍은.
typh·li·tis [tifláitis] *n.* Ⓤ 맹장염.
***ty·phoid** [táifɔid] *a., n.* **장티푸스의** 〔같은〕; =∠ **féver** 장티푸스.
‡ty·phoon [taifú:n] *n.* **태풍.**
ty·phus [táifəs] *n.* Ⓤ 발진티푸스.
‡typ·i·cal [típikəl] *a.* **전형적인**; 대표적인; 상징적인 (*of*); 특징 있는 (*of*). **~·ly** *ad.*
typ·i·fy [típəfài] *vt.* 대표하다; …의 전형이 되다; 상징하다; 예시(豫示)하다(foreshadow).
typ·ing [táipiŋ] *n.* Ⓤ 타이프라이터 치기〔사용법〕.
‡typ·ist [táipist] *n.* **타이피스트.**
ty·pog·ra·pher [taipágrəfər/-ɔ́-] *n.* 인쇄공, 식자공.
ty·po·graph·ic [tàipəgrǽfik], **-i·cal** [-əl] *a.* 인쇄(상)의 (*typographical errors* 오식(誤植)).
ty·pog·ra·phy [taipágrəfi/-ɔ́-] *n.* Ⓤ 인쇄(술).
ty·pol·o·gy [taipálədʒi/-ɔ́-] *n.* Ⓤ 유형학(類型學); 활자〔인쇄〕학.
Tyr [tiər] *n.* 〖北歐神話〗 Odin 의 아들, 승리의 신.
ty·ran·nic [tirǽnik, tai-], ***-i·cal** [-əl] *a.* **포학한**, 무도한; 압제적인. **~·ly** *ad.*

ty·ran·ni·cide [tirǽnəsàid, tai-] *n.* UC 폭군 살해(자).
tyr·an·nize [tírənàiz] *vi., vt.* 학정[폭정]을 행하다, 학대하다(*over*).
ty·ran·no·saur [tirǽnəsɔ̀:*r*], **ty·ran·no·sau·rus** [tirӕ̀nəsɔ́:rəs] *n.* 육식 공룡(肉食恐龍)의 하나.
tyr·an·nous [tírənəs] *a.* 포학한, 폭군적인. **~·ly** *ad.*
‡**tyr·an·ny** [tírəni] *n.* ① UC **전제 정치, 폭정.** ② U 포학, 학대; C 포학한 행위. ③ U 〖그史〗 참주(僭主) 정치 (cf. tyrant).
‡**ty·rant** [táiərənt] *n.* ① 〖그史〗 참주(僭主)《전제 군주; 선정을 베푼이도 있었음》. ② **폭군.**
Tyre [taiə*r*] *n.* 고대 페니키아의 도시《부유함과 악덕으로 유명했음》. **Tyr·i·an** [tíriən] *a., n.*
tyre [taiə*r*] *n., v.* 《英》 =TIRE[2]
ty·ro [táiərou] *n.* (*pl.* **~*s***) 초심자, 초학자; 신참자.
Tyr·ol [táiroul, tairóul, tiróul] *n.* (the ~) 알프스 산맥 중의 한 지방. **Tyr·o·lese** [tìrəlí:z], **Ty·ro·le·an** [tiróuliən] *a., n.*
ty·ro·tox·i·con [tàirətáksəkàn / tàiərətɔ́ksikɔ̀n] *n.* U 〖生化〗 티로톡시콘《부패한 우유·유제품 따위에 생기는 프토마인 독소》.
tzar [zɑ:*r*, tsɑ:*r*], **tza·ri·na** [zɑ:rí:nə, tsɑ:-], **&c.** =CZAR, CZARNA, &C.
tzét·ze (flỳ) [tsétsi] *n.* ⌈(FLY). =TSETSE

U

U, u [ju:] *n.* (*pl.* ***U's, u's*** [-z]) U자형의 물건.
U 〖化〗 uranium. **U., u.** uniform; union; unit; university; upper.
UAAC Un-American Activities Committee 비미(非美) 활동 조사 위원회.
UAM underwater-to-air missile.
U.A.R. United Arab Republic.
UAW 《美》 United Automobile Workers. ⌈초인(超人).
Über·mensch [ýbərmèn∫] *n.* (G.)
u·biq·ui·tous [ju:bíkwətəs] *a.* (동시에) 도처에 있는, 편재(遍在)하는. **u·bíq·ui·ty** *n.* UC 동시 편재(의 능력). ⌈대전 중의 독일 잠수함》.
U-boat [jú:bòut] *n.* 유보트《제1·2차
Ú bòlt U자형 볼트.
u.c. upper case 〖印〗 대문자(사용).
U.C.V. United Confederate Veterans. **U.D.C.** United Daughters of the Confederacy.
ud·der [ʌ́də*r*] *n.* (소·염소 등의) 젖통.
u·dom·e·ter [ju:dámitə*r*/-dɔ́m-] *n.* 우량계(雨量計).
UFO, U.F.O. [jú:fou, jú:èfóu] *n.* 미확인 비행 물체 (<*u*nidentified *f*lying *o*bject) (cf. flying saucer).
u·fol·o·gist [ju:fáləd3ist/-fɔ́l-] *n.* UFO 연구가.
u·fol·o·gy [ju:fáləd3i/-ɔ́-] *n.* U 미확인 비행 물체학. ⌈동부의 공화국.
U·gan·da [*j*u:gǽndə] *n.* 아프리카
ugh [u:x, ʌ*x*, ʌ] *int.* 억!; 윽!《혐오·공포 따위를 나타냄》.
‡**ug·ly** [ʌ́gli] *a.* ① **추한;** 못생긴. ② 불쾌한, 지겨운. ③ (날씨가) 잔뜩 찌푸린, 험악한; 위험한. ④ 《美口》 심술궂은, 괴까다로운, 싸우기 좋아하는. **úg·li·ly** *ad.* **úg·li·ness** *n.*
úgly cústomer 성가신 녀석, 말썽꾸러기.
úgly dúckling 미운 오리새끼《처음 집안 식구로부터 못난이 취급받다가 후에 잘되는 아이》.
uh [ʌ, ə] *int.* ①=HUH. ② 어어, 저《다음말을 꺼내기 전에 내는 무의미한 발성; *cf.* huh》.
UHF, uhf ultrahigh frequency.
UICC *Unio Internationalis Contra Cancrum* (NL. =International Union Against Cancer). **U.K.** United Kingdom (of Great Britain and Northern Ireland). **U.K.A.E.A.** United Kingdom Atomic Energy Authority.
u·kase [jú:keis, -keiz, ⌐́] *n.* (제정 러시아의) 칙령(勅令); 《一般》 (정부의) 법령, 포고.
U·kraine [ju:kréin, -kráin] *n.* 우크라이나《독립국 연합내의 한 공화국》.
u·ku·le·le [jù:kəléili] *n.* 우쿨렐레《기타 비슷한 4현(弦) 악기》.
ul·cer [ʌ́lsə*r*] *n.* 〖醫〗 궤양; 병폐, 폐해. **~·ate** [-èit] *vi., vt.* 궤양이 생기(게 하)다, 궤양화(化)하다. **ul·cer·a·tion** [⌐-éi∫ən] *n.* U 궤양. **~·ous** *a.* 궤양성의, 궤양에 걸린.
ul·lage [ʌ́lid3] *n.* U 〖商〗 부족량《통·병 따위 액체의 누출·증발로 인한》.
ul·na [ʌ́lnə] *n.* (*pl.* ***-nae*** [-ni:], **~*s***) 〖解〗 척골(尺骨). **úl·nar** [-*r*] *a.* 척골의.
Ul·ster [ʌ́lstə*r*] *n.* 아일랜드의 한 주(州)의 옛 이름; (현재는) 아일랜드 공화국 북부의 한 주; (u-) 얼스터 외투《품이 넓은 긴 외투》.
ult. ultimate(ly); ultimo.
ul·te·ri·or [ʌltíəriə*r*] *a.* 저쪽의; 장래의, 금후의; (마음) 속의, 이면(裏面)의.
ul·ti·ma [ʌ́ltəmə] *n.* 〖文〗 끝음절. **—** *a.* 최후의; 가장 먼.
‡**ul·ti·mate** [ʌ́ltəmit] *a.* **최후의,** 궁극적인; 근본의; 가장 먼. **—** *n.* 최종점, 결론. ***in the ~*** 최후로. *~**·ly** *ad.* **최후로,** 결국. ⌈석.
últimate análysis 〖化〗 원소 분
últimate constítuent 〖言〗 종국 구성 요소《더 이상 세분될 수 없는》.
ul·ti·ma Thu·le [ʌ́ltimə θjú:li(:)] (L.) 극한; 세계의 끝, 최북단.
ul·ti·ma·tum** [ʌ̀ltəméitəm] *n.* (*pl.* **~*s, ***-ta*** [-tə]) **최후의 말**[제의·조건], 최후 통고[통첩].
ul·ti·mo [ʌ́ltəmòu] *a.* 지난 달의《생략 ult., ulto.》.

ul·tra [ʌ́ltrə] *a.* 과격〔과도〕한, 극단의. —— *n.* 과격〔급진〕론자.
ultra- *pref.* 「극단으로·초(超)·과(過)」 따위의 뜻.
ul·tra·cen·tri·fuge [ʌ̀ltrəséntrəfjùːdʒ] *n., vt.* 〖理〗 초원심 분리기(에 걸다).
úl·tra·hígh fréquency [-hái] 〖電〗 극초단파 《생략 UHF, uhf》.
ul·tra·ism [ʌ́ltrəìzəm] *n.* Ⓤ 과격론, 극단주의.
ul·tra·ma·rine [ʌ̀ltrəməríːn] *a.* 해외의(overseas); 감청색(紺青色)의. —— *n.* Ⓤ 감청색; 울트라마린 《감청색 그림 물감》.
ul·tra·mi·cro·scope [ʌ̀ltrəmáikrəskòup] *n.* 〖光〗 한외(限外)〔초〕 현미경.
ul·tra·mon·tane [-mɑntéin/-mɔntéin] *a., n.* 산 저쪽의; 알프스 남방의; 이탈리아의; 교황 절대권론의; (U-) 교황 절대권론자(絕對權論者).
ul·tra·na·tion·al·ism [-nǽʃənəlìzəm] *n.* Ⓤ 초(超)국가주의. **-ist** *n.*
ul·tra·red [-réd] *a.* 적외선의(infrared). 「파의.
ul·tra·short [-ʃɔ́ːrt] *a.* 〖無電〗 초단
ul·tra·son·ic [-sɑ́nik/-sɔ́n-] *a.* 〖理〗 초음파의《매초 2만회 이상으로 사람 귀에 들리지 않음》.
ul·tra·son·ics [-sɑ́niks/-ɔ́-] *n.* 《單數取扱》 초음파학(超音波學).
ul·tra·vi·o·let [-váiəlit] *a.* 자외(紫外)(선)의(cf. infrared). —— *n.* 자외선. ～ ***rays*** 자외선.
U·lys·ses [ju(ː)lísiːz, ⌐–⌐] *n.* 〖그神〗 Ithaca의 왕《Homer의 시 *Odyssey*의 주인공》. 「(繖形花序).
um·bel [ʌ́mbəl] *n.* 〖植〗 산형 화서
um·ber [ʌ́mbər] *n.* Ⓤ 엄버《천연 안료(顔料); 원래는 갈색, 태우면 밤색이 됨》; 갈색, 암갈색, 밤색. —— *a.* (암) 갈색의.
um·bil·i·cal [ʌmbílikəl] *a.* 배꼽의; 《古》 중앙의. —— *n.* 〖로켓〗 (우주선의 전력·산소 등의) 공급선; (우주유영 때의) 생명줄.
umbílical còrd 〖解〗 탯줄; 〖로켓〗 =⇧.
um·bra [ʌ́mbrə] *n.* (*pl.* **-brae** [-briː]) 그림자; 〖天〗 본영(本影)《태양을 완전히 가리는 지구나 달의 그림자》; 태양 흑점 중앙의 암흑부; 암흑.
um·brage [ʌ́mbridʒ] *n.* Ⓤ 노여움, 화냄, 불쾌; 《古·詩》 그림자; 나무그늘. **um·bra·geous** [ʌmbréidʒəs] *a.* 그늘을 만드는, 그늘이 많은.
‡**um·brel·la** [ʌmbrélə] *n.* (박쥐)우산; 〖軍〗 지상군 원호 항공대; 핵(核)우
umbrélla shèll 삿갓조개. └산.
umbrélla stànd 우산 세우개.
umbrélla trèe 〖植〗 (북미산) 목련속(屬)의 일종. 「가죽배.
u·mi·ak [úːmiæ̀k] *n.* (에스키모의)
um·laut [úmlàut] *n.* (G.) 〖言〗 움라우트, 모음 변이; 움라우트의 부호.
ump [ʌmp] *n., v.* 《口》 =⇩.
um·pir·age [ʌ́mpaiəridʒ] *n.* Ⓤ umpire의 지위〔직무, 권위〕; Ⓒ 심판, 재정.
‡**um·pire** [ʌ́mpaiər] *n.* (경기의) **심판원**, 엄파이어; 중재인; 〖法〗 재정인(裁定人). —— *vi., vt.* 심판〔중재〕하다(*for*). 「주 많은, 다수의.
ump·teen [ʌ́mptíːn, ⌐⌐] *a.* 《俗》 아
UMT 《美》 Universal Military Training. **UMW, U.M.W.** 《美》 United Mine Workers (of America).
'un [ən] *pron.* 《方》 =ONE (*a little* 〔*young*〕 ～ 아이, 젊은이). 「합.
UN, U.N. United Nations 국제 연
un- *pref.* 「반대·제거」 따위의 뜻: *un*do, *un*man, *un*happy.
UNA United Nations Assembly.
un·a·bashed [ʌ̀nəbǽʃt] *a.* 부끄러워하지 않는, 태연한, 뻔뻔스러운.
un·a·bat·ed [ʌ̀nəbéitid] *a.* 줄지 않는, 약해지지 않는. 「do).
‡**un·a·ble** [ʌnéibəl] *a.* **…할 수 없는**(*to*
un·a·bridged [ʌ̀nəbrídʒd] *a.* 생략하지 않은, 완전한. 「Commission.
UNAC United Nations Atomic
un·ac·a·dem·ic [ʌ̀nækədémik] *a.* 학구〔학문〕적이 아닌; 형식을 차리지 않은, 인습적이 아닌. 「트〔강세〕없는.
un·ac·cent·ed [ʌ̀nækséntid] *a.* 악센
un·ac·com·mo·dat·ing [ʌ̀nəkɑ́mədèitiŋ/-ɔ́-] *a.* 불친절한; 융통성이 없는.
un·ac·com·pa·nied [ʌ̀nəkʌ́mpənid] *a.* 동반자가 없는; 〖樂〗 무반주의.
‡**un·ac·count·a·ble** [ʌ̀nəkáuntəbəl] *a.* ① **설명할 수 없는**, 까닭을 알 수 없는. ② 책임 없는(*for*). **-bly** *ad.*
un·ac·count·ed-for [ʌ̀nəkáuntidfɔ̀ːr] *a.* 설명이 안 된.
*__un·ac·cus·tomed__ [ʌ̀nəkʌ́stəmd] *a.* **익숙지 않은**(*to*); 보통이 아닌, 별난.
un·ac·quaint·ed [ʌ̀nəkwéintid] *a.* 알지 못하는, 낯선, 생소한(*with*).
un·ad·dressed [ʌ̀nədrést] *a.* (편지 따위) 수신인 주소 성명이 없는.
un·adopt·ed [ʌ̀nədɑ́ptid/-dɔ́pt-] *a.* ① 채용되지 않은. ② 《英》 (길이) 공도(公道)가 아닌, 사도(私道)의.
un·a·dorned [ʌ̀nədɔ́ːrnd] *a.* 꾸밈〔장식〕이 없는; 있는 그대로의.
un·a·dul·ter·at·ed [ʌ̀nədʌ́ltərèitid] *a.* 섞인 것이 없는; 순수한, 진짜의.
un·ad·vis·a·ble [ʌ̀nədváizəbəl] *a.* 권고할 수 없는, 득책이 아닌.
un·ad·vised [ʌ̀nədváizd] *a.* 분별 없는. **un·ad·vís·ed·ly** [-zidli] *ad.*
un·af·fa·ble [ʌnǽfəbl] *a.* 애교가 없는, 무뚝뚝한, 공손〔친절〕하지 않은.
un·af·fect·ed[1] [ʌ̀nəféktid] *a.* 움직이지〔변하지〕 않는; 영향을 안 받는.
un·af·fect·ed[2] *a.* 젠체하지 않는, 있는 그대로의; 꾸밈 없는, 진실한.
un·a·fraid [ʌ̀nəfréid] *a.* 두려워하지 않는(*of*).
un·aid·ed [ʌnéidid] *a.* 도움을 받지 않는. ～ ***eye*** 육안.
un·al·loyed [ʌ̀nəlɔ́id] *a.* 〖化〗 합금이 아닌, 순수한; 《比喩》 (감정 등이) 진실의.

un·al·ter·a·ble [ʌnɔ́:ltərəbəl] *a.* 변경할〔바꿀〕 수 없는. **-bly** *ad.*
un·al·tered [ʌnɔ́:ltərd] *a.* 불변의.
un·am·big·u·ous [ʌ̀næmbígjuəs] *a.* 애매하지 않은, 명백한.
un-A·mer·i·can [ʌ̀nəmérikən] *a.* (풍속·습관 따위가) 아메리카식이 아닌; 비미(非美)〔반미〕적인.
***u·nan·i·mous** [ju(:)nǽnəməs] *a.* 동의의(*for, in*); **만장 일치의,** 이구동성의. **~·ly** *ad.* **u·na·nim·i·ty** [jù:nənímәti] *n.* Ⓤ 이의 없음; 만장 일치.
un·an·swer·a·ble [ʌnǽnsərəbəl, -ɑ́:-] *a.* 대답할 수 없는; 논박할 수 없는; 책임 없는.
un·an·swered [ʌnǽnsərd, -ɑ́:-] *a.* 대답 없는; 논박되지 않은; 보답되지 않은.
un·ap·pre·ci·at·ed [ʌ̀nəprí:ʃièitid] *a.* 진가(眞價)가 인정되지 않은; 고맙게 여겨지지 않는.
un·ap·proach·a·ble [ʌ̀nəpróutʃəbəl] *a.* 접근하기 어려운; 따르기 어려운; (태도 따위) 쌀쌀한.
un·apt [ʌnǽpt] *a.* 부적당한; 둔한, 서투른(*at; to* do); …에 익숙지 않은(*to* do).
un·arm [ʌ̀nɑ́:rm] *vt.* 무기를 빼앗다; 무장 해제하다. **——** *vi.* 무기를 버리다. 「장하지 않은.
***un·armed** [-d] *a.* **무기가 없는;** 무
un·as·cer·tain·a·ble [ʌ̀næsərtéinəbəl] *a.* 확인할 수 없는.
un·a·shamed [ʌ̀nəʃéimd] *a.* 창피를 모르는, 몰염치한, 뻔뻔스러운.
un·asked [ʌnǽskt, -ɑ́:-] *a.* 부탁〔요구〕받지 않은; 초대 받지 않은.
un·as·sail·a·ble [ʌ̀nəséiləbəl] *a.* 공격할 수 없는. 「AIDED.
un·as·sist·ed [ʌ̀nəsístid] *a.* =UN-
un·as·sum·ing [ʌ̀nəs*j*ú:miŋ] *a.* 겸손한.
un·at·tached [ʌ̀nətǽtʃt] *a.* 부속되어 있지 않은; 무소속의, 중립의; 약혼〔결혼〕하지 않은; (장교가) 무보직의(cf. attaché).
***un·at·tain·a·ble** [ʌ̀nətéinəbəl] *a.* 이룰 수 없는, **도달〔달성〕하기 어려운.**
un·at·tend·ed [ʌ̀nəténdid] *a.* 수행원〔시중꾼〕이 없는; 방치된; (의사의) 치료를 받지 않은.
un·at·trac·tive [ʌ̀nətrǽktiv] *a.* 남의 눈을 끌지 않는; 매력적이 아닌.
un·au·then·tic [ʌ̀nɔ:θéntik] *a.* 출처 불명의; 불확실한.
un·au·then·ti·cat·ed [ʌ̀nɔ:θéntikèitid] *a.* 확증되지 않은.
un·au·thor·ized [ʌnɔ́:θəràizd] *a.* 권한 밖의, 공인되지 않은; 독단의.
un·a·vail·ing [ʌ̀nəvéiliŋ] *a.* 무익한; 무효의; 헛된. **~·ly** *ad.*
un·a·void·a·ble [ʌ̀nəvɔ́idəbəl] *a.* 피할 수 없는. **-bly** *ad.*
***un·a·ware** [ʌ̀nəwέər] *a.* **눈치채지 못하는, 알지 못하는**(*of, that*). **——** *ad.* 뜻밖에, 불의에, 갑자기; 무심히. **~s** *ad.* =~.

un·backed [ʌnbǽkt] *a.* 지지〔후원자〕가 없는; (말이) 사람을 태워본 적이 없는; (의자가) 등받이 없는.
***un·bal·ance** [ʌ̀nbǽləns] *n., vt.* Ⓤ 불균형(하게 하다); 평형을 깨치다. **~d** [-t] *a.* 평형이 깨진; 불안정한; 마음〔정신〕이 혼란된.
un·bar [ʌ̀nbɑ́:r] *vt.* (*-rr-*) 빗장을 벗기다, 열다, 개방하다.
un·bark [ʌ̀nbɑ́:rk] *vt.* …의 나무껍질을 벗기다.
un·bear·a·ble [ʌ̀nbέərəbəl] *a.* 참기〔견디기〕 어려운. **-bly** *ad.*
un·beat·en [ʌ̀nbí:tn] *a.* (채찍에) 매맞지 않은; 진 적이 없는; 밟아 다져지지 않은; 인적 미답의.
un·be·com·ing [ʌ̀nbikʌ́miŋ] *a.* 어울리지 않는; (격에) 맞지 않는(*to, of, for*); 보기 흉한, 버릇 없는.
un·be·known [ʌ̀nbinóun] *a.* 《口》 미지(未知)의, 알려지지 않은(*to*).
un·be·lief [ʌ̀nbilí:f] *n.* Ⓤ 불신앙; 불신; 의혹.
un·be·liev·a·ble [ʌ̀nbilí:vəbəl] *a.* 믿기 어려운, 믿을 수 없는.
un·be·liev·er [ʌ̀nbilí:vər] *n.* 믿지 않는 사람; 불신앙자; 회의자.
un·be·liev·ing [ʌ̀nbilí:viŋ] *a.* 안 믿는; 믿으려 하지 않는; 회의적인.
un·bend [ʌ̀nbénd] *vi., vi.* (***-bent, ~ed***) (굽은 것을) 곧게 하다〔되다〕; (긴장 따위를) 풀(게 하)다, 편히 쉬게 하다; 〖海〗 (돛을) 끄르다, (밧줄·매듭을) 풀다. **~·ing** *a., n.* 굽지 않는, 단단한; 고집센; 확고한; 마음〔몸〕을 편하게 함. 「없는, 공평한.
un·bi·as(s)ed [ʌ̀nbáiəst] *a.* 편견이
un·bid·den [ʌ̀nbídn] *a.* 명령〔지시〕받지 않은, 자발적인; 초대받지 않은.
un·bind [ʌ̀nbáind] *vt.* (***-bound***) 방면〔석방〕하다; (밧줄·매듭을) 풀다, 끄르다.
un·blam·a·ble [ʌ̀nbléiməbəl] *a.* 나무랄 데 없는, 무과실의, 결백한.
un·bleached [ʌ̀nblí:tʃt] *a.* 표백하지 않은, 바래지 않은.
un·blem·ished [ʌ̀nblémiʃt] *a.* 흠이 없는; 오점이 없는; 결백한, 깨끗한.
un·blink·ing [ʌ̀nblíŋkiŋ] *a.* 눈 하나 깜짝 않는; 태연한.
un·blush·ing [ʌ̀nblʌ́ʃiŋ] *a.* 얼굴을 붉히지 않은, 뻔뻔스러운.
un·bod·ied [ʌ̀nbɑ́did/-ɔ́-] *a.* 육체를 떠난; 실체가 없는; 정신상의.
un·bolt [ʌ̀nbóult] *vt.* 빗장을 벗기다, 열다. **~·ed**[1] [-id] *a.* 빗장을 벗긴. 「따위) 체질하지 않은.
un·bolt·ed[2] [ʌ̀nbóultid] *a.* (밀가루
un·born [ʌ̀nbɔ́:rn] *a.* 아직 태어나지 않은, 태내(胎內)의; 미래의, 후세의.
un·bor·rowed [ʌ̀nbɔ́:roud, -bɑ́r-/-bɔ́r-] *a.* 모방이 아닌, 독창적인.
un·bos·om [ʌ̀nbúzəm] *vt.* (비밀 따위를) 털어놓다, 고백하다. **~ *one-self*** 흉금을 터놓다, 고백하다.
un·bound [ʌ̀nbáund] *v.* unbind의 과거(분사).

U

un·bound·ed [ʌ̀nbáundid] *a.* 무(제)한의.

un·bri·dled [ʌ̀nbráidld] *a.* 굴레〔고삐〕를 매지 않은; 구속이 없는, 방일(放逸)한.

***un·bro·ken** [ʌ̀nbróukən] *a.* ① **파손되지 않은**, 완전한. ② 중단되지〔끊기지〕 않은; 꺾이지 않은. ③ (말 따위가) 길들여지지 않은. ④ 미개간의.

un·buck·le [ʌnbʌ́kəl] *vt.* 죔쇠를 끄르다〔벗기다〕.

un·build [ʌ̀nbíld] *vt.* (***unbuilt*** [-bílt]) (집 따위를) 허물다, 헐어버리다.

un·bur·den [ʌnbə́ːrdn] *vt.* 무거운 짐을 내리다; (마음의) 무거운 짐을 덜다, (마음을) 편하게 하다.

un·but·ton [ʌnbʌ́tn] *vt.* 단추를 끄르다; 흉금을 터 놓다.

UNC United Nations Charter 〔Congress〕; United Nations Command.

un·cage [ʌnkéidʒ] *vt.* 새장〔우리〕에서 내놓다; 해방하다.

un·called-for [ʌnkɔ́ːldfɔ̀ːr] *a.* 불필요한, 쓸데 없는; 지나친, 주제넘은.

un·can·ny [ʌnkǽni] *a.* 초자연적인, 이상한; 기분 나쁜, 괴이한.

un·cap [ʌ̀nkǽp] *vt.* (**-pp-**) 모자를〔뚜껑을〕 벗기다. — *vi.* (경의를 표하여) 탈모하다.

un·cared-for [ʌnkéərdfɔ̀ːr] *a.* 돌보는 사람 없는; 황폐한. 「**~·ly** *ad.*

un·ceas·ing [ʌnsíːsiŋ] *a.* 끊임 없는.

un·cer·e·mo·ni·ous [ʌ̀nserəmóuniəs] *a.* 격식〔형식〕을 차리지 않는, 스스럼 없는, 무간한; 버릇〔예의〕 없는. **~·ly** *ad.*

‡**un·cer·tain** [ʌnsə́ːrtn] *a.* ① **불확실한**; 의심스러운; 분명치 않은. ② 일정치 않은; 변하기 쉬운, 믿을 수 없는. ③ (빛이) 흔들거리는. **~·ly** *ad.* ***~·ty** *n.* Ⓤ 일정치 못함, **불확정**, 불명; Ⓒ 미덥지 않은 일. ***the ~ty principle,*** or ***the principle of ~ty*** 〖理〗 불확정성 원리.

un·chain [ʌntʃéin] *vt.* 사슬을 풀다; 자유를 주다, 석방하다.

un·chal·lenged [ʌntʃǽlindʒd] *a.* 도전을 받지 않는; 문제가 안 되는, 논쟁되지 않는.

un·change·a·ble [ʌntʃéindʒəbəl] *a.* 변하지 않는, 불변의. 「않는.

un·changed [ʌntʃéindʒd] *a.* 변하지

un·charged [ʌntʃáːrdʒd] *a.* 짐을 싣지 않은; (총에) 장전이 안 된; 충전되어 있지 않은; 죄가 없는.

un·char·i·ta·ble [ʌntʃǽrətəbəl] *a.* 무자비한; (비평 등이) 가차 없는, 엄한.

un·chart·ed [ʌntʃáːrtid] *a.* 해도(海圖)에 기재돼 있지 않은; 미지의.

un·chaste [ʌntʃéist] *a.* 부정한, 외설한, 행실이 나쁜. **un·chás·ti·ty** [ʌntʃǽstəti] *n.* Ⓤ

un·checked [ʌntʃékt] *a.* 억제되지 않은; 조회〔검사〕받지 않은.

un·chris·tian [ʌnkrístʃən] *a.* 기독교(도)가 아닌, 비기독교적인.

un·church [ʌntʃə́ːrtʃ] *vt.* 파문하다; 교회의 특권을 빼앗다.

un·ci·al [ʌ́nʃiəl] *n., a.* Ⓤ (4-9세기에 쓰였던) 언셜 자체(字體)(의).

UNCIO United Nations Conference on International Organization.

un·cir·cum·cised [ʌnsə́ːrkəmsàizd] *a.* 할례(割禮)를 받지 않은; 유대인이 아닌, 이교도의.

un·civ·il [ʌnsívəl] *a.* 예절 없는; 야만적인, 미개한. **-i·lized** [-əlàizd] *a.* 미개한, 야만적인.

un·clasp [ʌnklǽsp, -áː-] *vt.* 걸쇠를 벗기다; (쥐었던 손을) 펴다; (쥐었던 것을) 놓다.

†**un·cle** [ʌ́ŋkəl] *n.* 백부, 숙부, **아저씨**; 《口》 (친척 아닌) 아저씨.

***un·clean** [ʌnklíːn] *a.* 더러운, **불결한**; (도덕적으로) 더럽혀진; 사악(邪惡)한, 외설한; (종교 의식상) 부정(不淨)한. **~·ly** [-li] *ad.*, [ʌnklénli] *a.* 불결하게〔한〕; 부정(不貞)하게〔한〕.

un·clench [ʌ̀nkléntʃ] *vt., vi.* (굳게 닫힌 것을) 비집어 열다.

Úncle Sám 《美口》 미국 정부; (전형적인) 미국인. 「종하는 흑인.

Úncle Tom 《美口》(蔑) 백인에게 굴

Un·cle-Tom [ʌ́ŋkltám/-tɔ́m] *vi.* 《美口》 백인에게 굽실거리다.

un·cloak [ʌnklóuk] *vt., vi.* 외투를 벗기다〔벗다〕; 폭로하다.

un·close [ʌnklóuz] *vt., vi.* 열(리)다; 드러내다, 드러나다.

un·clothe [ʌnklóuð] *vt.* 옷을 벗기다; 발가벗기다; 덮개를 벗기다.

un·cloud·ed [ʌnkláudid] *a.* 구름 없는; 갠; 맑은, 환한, 명랑한.

un·co [ʌ́ŋkou] *a., ad.* 《Sc.》 낯이 선; 이상한, 기분 나쁜; 대단한〔히〕.

un·coil [ʌnkɔ́il] *vt., vi.* (감긴 것을) 풀다; 풀리다.

‡**un·com·fort·a·ble** [ʌnkʌ́mfərtəbəl] *a.* **불쾌한**, 불안〔부자유〕한. **-bly** *ad.*

un·com·mit·ted [ʌ̀nkəmítid] *a.* 미수의; 언질에 구속〔구애〕되지 않는; 의무가 없는; (법안이) 위원회에 회부되지 않은.

***un·com·mon** [ʌnkámən/-ɔ́-] *a.* **흔하지 않은**, 드문, 이상〔비상〕한; 비범한. **~·ly** *ad.* 드물게; 매우, 진귀하게.

un·com·mu·ni·ca·tive [ʌ̀nkəmjúːnəkèitiv/-kə-] *a.* 속을 터놓지 않는; 수줍어 하는, 말이 없는.

un·com·plain·ing [ʌ̀nkəmpléiniŋ] *a.* 불평하지 않는.

un·com·pro·mis·ing [ʌnkámprəmàiziŋ/-ɔ́-] *a.* 양보〔타협〕하지 않는; 강경〔단호〕한, 완고한.

un·con·cern [ʌ̀nkənsə́ːrn] *n.* Ⓤ 무관심, 태연, 냉담. **un·con·cérned** [-d] *a.* 무관심한(*with, at*); 태연한, 무사 태평한(*about*); 관계가 없는(*in*).

***un·con·di·tion·al** [ʌ̀nkəndíʃənəl] *a.* **무조건의**; 절대적인. **~·ly** *ad.*

un·con·di·tioned [ʌ̀nkəndíʃənd] *a.* 무조건의; 절대적인; 본능적인.

ùnconditioned respónse 〖心〗 무조건 반사.

un·con·gen·ial [ʌ̀nkəndʒíːniəl, -njəl] *a.* 성미에 안 맞는, 싫은; 부적당한, 맞지 않는.

un·con·nect·ed [ʌ̀nkənéktid] *a.* 관계가〔관련이〕 없는(*with*); (논리적으로) 앞뒤가 맞지 않는.

un·con·quer·a·ble [ʌnkáŋkərəbəl/-kɔ́-] *a.* 정복〔억제〕할 수 없는.

un·con·scion·a·ble [ʌnkánʃənəbəl/-kɔ́-] *a.* 비양심적인; 불합리한; 터무니 없는.

‡**un·con·scious** [ʌnkánʃəs/-kɔ́-] *a.* 무의식의; 모르는(*of*); 부지중의; 의식 불명의. —— *n.* (the ~) 〖精神分析〗 무의식. ~·**ly** *ad.*

un·con·sti·tu·tion·al [ʌ̀nkɑ̀nstətjúːʃənəl/-kɔ̀n-] *a.* 헌법에 위배되는, 위헌(違憲)의.

un·con·strained [ʌ̀nkənstréind] *a.* 구속받지 않는, 자유로운; 자발적인; 거북하지 않은, 편안한.

un·con·trol·la·ble [ʌ̀nkəntróuləbəl] *a.* 억제〔통제〕할 수 없는.

un·con·trolled [ʌ̀nkəntróuld] *a.* 억제되지 않는, 자유로운.

un·con·ven·tion·al [ʌ̀nkənvénʃənəl] *a.* 관습〔선례〕에 매이지 않는.

un·con·vert·i·ble [ʌ̀nkənvə́ːrtəbəl] *a.* 바꿀 수 없는; 〖經〗 (지폐가) 불환(不換)의, 태환이 안 되는.

un·con·vinced [ʌ̀nkənvínst] *a.* 납득을 않는; 모호한, 미심쩍어하는.

un·cooked [ʌnkúkt] *a.* 날것의, 요리하지 않은.

un·cork [ʌnkɔ́ːrk] *vt.* 코르크 마개를 빼다; 《口》 (감정을) 토로하다.

un·cor·rupt·ed [ʌ̀nkərʌ́ptid] *a.* 부패〔타락〕하지 않은.

***un·count·a·ble** [ʌnkáuntəbəl] *a.* 무수한, 셀 수 없는. —— *n.* 〖文〗 불가산(不可算) 명사.

un·count·ed [ʌnkáuntid] *a.* 세지 않은; 무수한.

un·cou·ple [ʌnkʌ́pəl] *vt.* 연결을 풀다; (개를 맨) 가죽끈을 풀다.

un·cour·te·ous [ʌnkə́ːrtiəs] *a.* 예의를 모르는, 버릇 없는.

***un·couth** [ʌnkúːθ] *a.* 무무한, 거친, 서투른; 기묘한; 기분나쁜.

‡**un·cov·er** [ʌnkʌ́vər] *vt.* ① 덮개를 벗기다; 모자를 벗다. ② 털어놓다, 폭로하다. —— *vi.* 《古》 (경의를 표하여) 탈모하다.

UNCPUOS United Nations Committee on the Peaceful Uses of Outer Space.

un·cross [ʌ̀nkrɔ́(ː)s, -krás] *vt.* 교차된 것을 풀다.

un·crown [ʌnkráun] *vt.* 왕위를 빼앗다. ~**ed** [-d] *a.* 아직 대관식을 안 올린; 무관(無冠)의.

UNCTAD United Nations Conference on Trade and Development.

unc·tion [ʌ́ŋkʃən] *n.* Ⓤ (성별(聖別)의) 도유(塗油); (대관식의) 도유식; (바르는) 기름약, 연고 (도포(塗布)); 성유(聖油); 《比喩》 달래는〔누이는, 기쁘게 하는〕 것, 감언; 종교적 열정; 겉으로만의 열심 〔감동〕.

unc·tu·ous [ʌ́ŋktʃuəs] *a.* 기름〔연고〕 같은; 기름기가 도는; 미끈미끈한; 말치레가 번드르한; 짐짓 감동한 듯싶은. ~·**ly** *ad.*

un·cul·ti·vat·ed [ʌnkʌ́ltəvèitid] *a.* 미개간(未開墾)의; 교양 없는, 조야(粗野)한.

un·cul·tured [ʌnkʌ́ltʃərd] *a.* 개간〔재배〕되어 있지 않은; 교양이 없는.

un·cured [ʌnkjúərd] *a.* 낫지 않은, 치료〔구제〕되지 않은; (생선·고기가 절이거나 말려서) 저장되지 않은.

UNCURK United Nations Commission for the Unification and Rehabilitation of Korea.

un·curl [ʌnkə́ːrl] *vt., vi.* (꼬불꼬불한 것·말린 것 따위를) 펴다; (…이) 펴지다, 곧게 되다.

un·cut [ʌnkʌ́t] *a.* 자르지 않은; (책이) 도련(刀鍊)되지 않은; 삭제된 데가 없는; 《美俗》 (마약 따위가) 잡물이 안 섞인.

un·dam·aged [ʌndǽmidʒd] *a.* 손해를 받지 않은, 무사한.

un·dat·ed [ʌndéitid] *a.* 날짜 표시가 없는; 무기한의.

***un·daunt·ed** [ʌndɔ́ːntid] *a.* 겁내지 않는, 불굴의, 용감한.

UNDC United Nations Disarmament Committee.

un·de·ceive [ʌ̀ndisíːv] *vt.* …을 미몽(迷夢)에서 깨우치다, (잘못을) 깨닫게 하다.

un·de·cid·ed [ʌ̀ndisáidid] *a.* 미결의, 미정(未定)의; 우유 부단한; (날씨 따위가) 어떻게 될지 모르는.

un·de·fend·ed [ʌ̀ndiféndid] *a.* 방비가 없는; 변호인이 없는; (고소 따위) 항변이 없는.

un·de·fined [ʌ̀ndifáind] *a.* 확정되지 않은; 정의가 내려지지 않은.

un·de·liv·ered [ʌ̀ndilívərd] *a.* 석방되지 않은; 배달〔인도〕되지 않은.

un·dem·o·crat·ic [ʌndèməkrǽtik] *a.* 비민주적인.

***un·de·ni·a·ble** [ʌ̀ndináiəbəl] *a.* 부정할 수 없는; 다툴 여지가 없는; 우수한. -**bly** *ad.*

†**un·der** [ʌ́ndər] *prep.* ① …의 아래〔밑〕에; …의 내부에; 보다 아래를〔밑을〕. ② (연령·시간·가격·수량 등) …이하의; (지위가) …보다 아래인〔의〕. ③ (지배·영향·보호·감독·지도 등)의 밑에, …하(下)에; (의무·책임) 하에 (~ *one's hand and seal* 서명 날인하여). ④ (압박·고통·형벌·수술 등)을 받고; (조건·상태) 하(下)에 (~ *the new rules*). ⑤ …때문에 (~ *the circumstances*). ⑥ …에 따라서(~ *the law*). ⑦ …에 속하는. ⑧ …중에(~ *discussion* 토의 중에). ⑨ …의 밑에 (숨어서), …을 핑계로〔빙자하여〕. —— *ad.* 아래에; 종속〔복종〕하여. —— *a.* 아래의, 하부의; 하급의; 부족한.

under- *pref.* 「아래의〔에〕」「밑에서」「하급의」「보다 못한」「보다 작은」「불충분하게」 따위의 뜻.

un·der·a·chieve [ʌndərətʃíːv] *vi.* 〖教育〗 자기 지능 지수 이하의 성적을 얻다. 「분하게 연기(演技)하다.
un·der·act [ʌndərǽkt] *vt., vi.* 불충
un·der·age [ʌndəréidʒ] *a.* 미성년의.
un·der·bel·ly [ʌ́ndərbèli] *n.* 하복부, 아랫배. ***soft* ～** (군사상의) 약점, 무방비 지대.
un·der·bid [ʌndərbíd] *vt.* (～; ～, *-bidden; -dd-*) 보다 싼 값을 붙이다 〔싸게 입찰하다〕. 「없이 자란.
un·der·bred [-bréd] *a.* 버릇〔본데〕
*__un·der·brush__ [ʌ́ndərbrʌ̀ʃ] *n.* Ⓤ (큰 나무 밑에서 자라는) **작은 나무**.
un·der·buy [ʌ̀ndərbái] *vt.* (-*bought* [-bɔ́ːt]) (정가·부르는 값보다) 싸게 사다.
un·der·car·riage [-kæ̀ridʒ] *n.* (차량의) 차대; (비행기의) 착륙 장치《바퀴와 다리》.
un·der·charge [ʌndərtʃɑ́ːrdʒ] *vt.* 제값보다 싸게 청구하다(*for, on*); (포에) 충분히 장약(裝藥)을 않다.
un·der·class [ʌ́ndərklæ̀s, -klɑ̀ːs] *n.* 하층 계급, 최하층 계급.
un·der·class·man [-klǽsmən/-ɑ́ː-] *a.* 《美》 (대학의) 1, 2 학년생.
un·der·clothes [ʌ́ndərklòuðz] *n. pl.* 속옷, 내의.
un·der·cov·er [ʌndərkʌ́vər, ´-`-] *a.* 비밀히 한, 비밀의; 첩보 활동의. **～ *agent* 〔*man*〕** 첩보원, 스파이.
un·der·cur·rent [ʌ́ndərkə̀ːrənt / -kʌr-] *n.* 저류(底流), 암류(暗流); 표면에 나타나지 않는 경향.
un·der·cut [-kʌ̀t] *n.* 소·돼지의 허리살. —— [`-´] *vt.* (～; *-tt-*) 하부를 〔밑을〕 잘라〔도려〕내다; (남보다) 싼 값으로 팔다〔일하다〕.
un·der·de·vel·oped [ʌndərdivéləpt] *a.* 개발〔발전·현상(現像)〕이 덜 된, 후진(後進)의.
un·der·dog [ʌ́ndərdɔ̀(ː)g, -ɑ́g] *n.* 싸움에 진 개; (생존 경쟁의) 패배자.
un·der·done [-dʌ́n] *a.* 설구운, 설익은.
un·der·dress [ʌ̀ndərdrés] *vi.* 너무 수수한 복장을 하다; (어울리지 않게) 약식의 복장을 하다.
un·der·em·ploy·ment [ʌndərempl ɔ́imənt] *n.* Ⓤ 불완전 고용.
*__un·der·es·ti·mate__ [-éstəmèit] *vt.* **싸게 어림하다**; 과소 평가하다. —— [-mit] *n.* 싼 어림, 과소 평가.
un·der·ex·pose [-ekspóuz] *vt.* 〖寫〗 노출 부족으로 하다. **-pó·sure** [-ʒər] *n.* ⓊⒸ
un·der·feed [ʌndərfíːd] *vt.* (-*fed*) 충분히 먹을 것을 주지 않다.
un·der·foot [-fút] *ad.* 발 밑〔아래〕에; 《美》 가는 길에 방해가 되어; 짓밟아, 멸시하여. 「*n.* 속옷, 내의.
un·der·gar·ment [ʌ́ndərgɑ̀ːrmənt]
‡__un·der·go__ [ʌndərgóu] *vt.* (-*went*; -*gone*) 경험하다; (시련을) 겪다, (시험·수술 따위를) **받다**; (재난·위험 따위를) 당하다, 만나다; 견디다.
*__un·der·grad·u·ate__ [-grǽdʒuit, -èit] *n.* (대학의) **재학생**.
‡__ún·der·ground__ [ʌ́ndərgràund] *a.* 지하의〔에서 하는〕; 비밀의. —— *ad.* 지하에〔에서〕; 비밀히, 몰래. —— *n.* ⓊⒸ 지하의 공간〔통로〕; 《英》 지하철 (《美》 subway); 〖政〗 지하 조직〔운동〕. 「동.
úndergound móvement 지하 운
únderground ráilroad 《美》 지하철 (《英》 underground railway); 〖美史〗 노예 탈출을 돕던 비밀 조직.
un·der·grown [ʌndərgróun] *a.* 발육이 불충분한.
un·der·growth [ʌ́ndərgròuθ] *n.* Ⓤ 발육 부전; (큰 나무 밑의) 관목, 덤불.
un·der·hand [-hæ̀nd] *a.* (구기에서) 밑으로 던지는〔치는〕; 비밀의, 부정한, 뒤가 구린. —— *ad.* 밑으로 던져〔쳐〕; 비밀히. **～·ed** [`-´id] *a.* = UNDERHAND; 일손이 부족한.
un·der·hung [ʌndərhʌ́ŋ] *a.* 아래턱이 내민, 주걱턱의.
un·der·lain [ʌndərléin] *v.* underlie 의 과거분사. 「다.
un·der·lay[1] [-léi] *vt.* (-*laid*) 밑에 놓
un·der·lay[2] *v.* underlie 의 과거.
un·der·lease [ʌ́ndərlìːs] *n., vt.* 전대(轉貸)(하다).
un·der·lie [ʌndərlái] *vt.* (-*lay*; -*lain*; -*lying*) …의 밑에 있다〔가로놓이다〕; …의 기초를 이루다.
‡__un·der·line__ [-láin] *vt.* …의 **밑에 선을 긋다; 강조하다**. —— [´-`] *n.* **밑줄**; (삽화·사진의) 해설 문귀.
un·der·ling [ʌ́ndərliŋ] *n.* (보통 蔑) 아랫 사람, 졸때기, 졸개.
*__un·der·ly·ing__ [ʌndərláiiŋ] *a.* **밑에 있는**; 기초를 이루는, 근본적인.
un·der·men·tioned [-ménʃənd] *a.* 하기〔아래〕의, 다음에 말하는.
*__un·der·mine__ [-máin] *vt.* …의 **밑을 파다**, 밑에 갱도를 파다; 토대를 침식하다; (명성 등을) 은밀히 손상시키다; (건강 등을) 서서히 해치다.
un·der·most [ʌ́ndərmòust] *a.* 최하(급)의.
‡__un·der·neath__ [ʌndərníːθ] *prep., ad.* …의 **밑에**〔의, 을〕. —— *n.* 하부, 하면(下面).
un·der·nour·ished [-nə́ːriʃt/-nʌ́r-] *a.* 영양 부족의. **-ish·ment** *n.* Ⓤ
un·der·paid [-péid] *a.* 박봉의.
un·der·pants [ʌ́ndərpæ̀nts] *n. pl.* 하의; (남자용) 팬츠.
un·der·pass [-pæ̀s/-pɑ̀ːs] *n.* (철도·도로의 밑을 통하는) 지하도.
un·der·pay [ʌndərpéi] *vt.* (-*paid*) (급료·임금을) 충분히 주지 않다.
un·der·pin [-pín] *vt.* (-*nn-*) (건축물의) 토대를 갈아 놓다, 기초를 보강하다; 지지하다, 입증하다. **ún·der·pin·ning** [´-pìniŋ] *n.* 건축물의 토대, 버팀; 지주; (추가적인) 버팀대.
un·der·plot [ʌ́ndərplɑ̀t/-plɔ̀t] *n.* (극·소설 등의) 곁줄거리, 삽화; 음모.
un·der·priv·i·leged [ʌndərprívə-

lidʒd] *a.* (경제·사회적으로) 충분한 권리를 못 가진.
un·der·proof [-prúːf] *a.* (알코올이) 표준 강도(50%) 이하의 《생략 u.p.》.
un·der·prop [-práp/-ɔ́-] *vt.* (*-pp-*) 기둥으로 받치다; 지원하다.
***un·der·rate** [-réit] *vt.* **낮게 평가하다;** 얕보다.
un·der·score [-skɔ́ːr] *vt.* …의 밑에 선을 긋다; 강조하다. —— *n.* [╱—╲] 밑줄. ⌈UNDERBRUSH.
un·der·scrub [ʌ́ndərskrʌ̀b] *n.* =
un·der·sea [-sìː] *a.* 바다 속의〔에서 하는〕. —— [╲—╱] *ad.* 바다속에〔에서, 을〕. **-séas** [╲—síːz] *ad.* = UNDERSEA.
un·der·sec·re·tar·y [ʌ̀ndərsékrətèri/-təri] *n.* 차관(次官).
un·der·sell [-sél] *vt.* (*-sold*) …보다 싸게 팔다. ⌈속셔츠.
un·der·shirt [ʌ́ndərʃə̀ːrt] *n.* 내의,
un·der·shoot [ʌ̀ndərʃúːt] *vt.* (*-shot*) 〖空〗 (활주로에) 못 미쳐 착륙하다; (총탄 등이) …에 이르지 못하다; …을 잘못 폭격하다.
un·der·shorts [ʌ́ndərʃɔ̀ːrts] *n. pl.* (남자용) 팬츠.
un·der·shot [ʌ́ndərʃàt/-ʃɔ̀t] *a.* (물레방아가) 하사(下射)(식)의; (개 따위) 아래턱이 쑥 내민. ⌈(面), 밑면.
un·der·side [ʌ́ndərsàid] *n.* 아랫면
un·der·sign [ʌ̀ndərsáin] *vt.* (편지·서류의) 끝에 서명하다. **~ed** [-d] *a.* 아래 기명한. —— *n.* [╱—╲] (the ~ed) 서명자, (서류의) 필자.
ún·der·sized [ʌ́ndərsáizd] *a.* 보통보다 작은, 소형의.
un·der·slung [ʌ̀ndərslʌ́ŋ] *a.* (자동차 따위가) 굴대 밑에 테가 있는.
un·der·song [ʌ́ndərsɔ̀ːŋ/-sɔ̀ŋ] *n.* ① 반창가(伴唱歌). ② 숨겨진 의미, 저의(底意).
†**un·der·stand** [-stǽnd] *vt.* (*-stood*) ① **이해하다;** 깨쳐 알다; …의 다루는 요령을 알고 있다. ② (학문 등에) 정통하다; 들어서 알고 있다. ③ 당연하다고 생각하다; 추측하다, …의 뜻으로 해석하다. ④ 《受動으로》 마음으로 보충 해석하다, (말을) 생략하다. —— *vi.* 이해하다; 전해 듣고 있다. ~ ***each other*** 서로 양해하다; 동의하다. *~·a·ble *a.*
‡**un·der·stand·ing** [-stǽndiŋ] *n.* Ⓤ **이해(력),** 지력(知力); 깨달음, 지식; (의견·희망 따위의) 일치, 동의, 양해. ***on the* ~ *that*** …라는 조건으로〔양해 아래〕. ***with this* ~** 이 조건으로.
un·der·state [-stéit] *vt.* 안틀어〔줄잡아〕 말하다. **~·ment** *n.* ⓊⒸ
un·der·stock [-sták/-stɔ́k] *vt.* (물건을) 충분히 들여놓지 않다.
†**un·der·stood** [-stúd] *v.* understand의 과거(분사). —— *a.* 이해〔양해〕된, 암시된.
un·der·stra·tum [ʌ́ndərstrèitəm, -rǽ-] *n.* (*pl.* **-ta** [-tə], **~s**) 하층(下層)(substratum).
un·der·stud·y [-stʌ́di] *vt.* 〖劇〗 대역(代役)의 연습을 하다. —— *n.* 〖劇〗 대역(代役) 배우; 《俗》 보결 선수.
‡**un·der·take** [ʌ̀ndərtéik] *vt.* (*-took; -taken*) **떠맡다,** 인수하다; 약속하다(*to* do); 보증하다; 착수하다, **기도(企圖)하다.** **-ták·er** *n.* 인수인, 청부인; [╱—╲—] 장의(葬儀)사《사람》. ‡**-ták·ing** *n.* 인수한〔떠맡은〕 일, 기업, **사업;** 약속, 보증; [╱—╲—] Ⓤ 장의사《업(業)》.
ún·der-the-coun·ter [ʌ́ndərðəkáuntər] *a.* 비밀 거래의, 품귀한, 귀중한; 불법의. ⌈〔암〕거래의.
ún·der-the-ta·ble [-ðətéibəl] *a.* 비밀
un·der·tone [ʌ́ndertòun] *n.* 저음, 작은 소리; 엷은 빛깔, 다른 빛깔을 통해서 본 빛깔; 저류(底流), 잠재적 요소. ⌈take의 과거.
***un·der·took** [ʌ̀ndərtúk] *v.* under-
un·der·tow [ʌ́ndərtòu] *n.* 해안에서 되돌아치는 물결; 해저의 역류(逆流).
un·der·val·ue [ʌ̀ndərvǽljuː] *vt.* 싸게〔과소〕 평가하다; 얕보다. **-val·u·á·tion** [╲—╲—éiʃən] *n.* Ⓤ ⌈속적삼.
un·der·waist [ʌ́ndərwèist] *n.* 《美》
***un·der·wa·ter** [-wɔ̀ːtər, -wàt-] *a.* **수중〔물속〕(용)의;** 흘수선(吃水線) 밑의. ⌈옷.
‡**un·der·wear** [-wɛ̀ər] *n.* Ⓤ **내의,** 속
un·der·weight [-wèit] *n.* ⓊⒸ 중량 부족〔미달〕. —— [╲—╱] *a.* 중량 부족의. ⌈go의 과거.
***un·der·went** [ʌ̀ndərwént] *v.* under-
un·der·wood [ʌ́ndərwùd] *n.* Ⓤ 큰 나무 밑의 관목, 총림(叢林); 덤불.
***un·der·world** [-wə̀ːrld] *n.* **하층 사회,** 암흑가; 저승, 지옥; 이승.
un·der·write [ʌ̀ndəráit] *vt.* (*-wrote; -written*) 아래〔밑〕에 쓰다《過去分詞形으로》; (특히 해상 보험을) 인수하다; (회사의 발행 주식·사채(社債) 중, 응모자가 없는 부분을) 인수하다; …의 비용을 떠맡다. **ún·der·writ·er** [╱—ràitər] *n.* (특히 해상) 보험업자; 주식·사채 인수인.
un·der·writ·ten [-rítn] *v.* underwrite의 과거분사. ⌈의 과거.
un·der·wrote [-róut] *v.* underwrite
un·de·scrib·a·ble [ʌ̀ndiskráibəbəl] *a.* 형용할 수 없는, 필설로 못다할.
un·de·served [ʌ̀ndizə́ːrvd] *a.* (받을) 가치가〔자격이〕 없는, 과분한.
un·des·ig·nat·ed [ʌndézignèitid] *a.* 지정〔지명〕되지 않은; 임명되지 않은. ⌈아닌; 우연의.
un·de·signed [ʌ̀ndizáind] *a.* 고의가
***un·de·sir·a·ble** [ʌ̀ndizáirəbəl] *a., n.* **바람직하지〔탐탁지〕 않은** (사람·물건). ⌈미정의.
un·de·ter·mined [ʌ̀nditə́ːrmind] *a.*
un·de·vel·oped [ʌ̀ndivéləpt] *a.* (심신이) 충분히 발달하지 못한; (토지가) 미개발의; 현상(現像)이 안 된.
un·did [ʌndíd] *v.* undo의 과거.
un·dies [ʌ́ndiz] *n. pl.* 《口》 (여성·아동용) 내의, 속옷. ⌈엄이 없는.
un·dig·ni·fied [ʌndígnəfàid] *a.* 위
un·di·lut·ed [ʌ̀ndilúːtid, -dai-] *a.* 물

타지 않은, 희석하지 않은.
un·di·min·ished [ʌ̀ndimíniʃt] *a.* 줄지 않은, 쇠퇴되지 않은.
un·dis·ci·plined [ʌndísəplind] *a.* 훈련이 안된; 군기(軍紀)가 없는.
un·dis·cov·ered [ʌ̀ndiskʌ́vərd] *a.* 발견되지 않은, 미지의.
un·dis·guised [ʌ̀ndisgáizd] *n.* 있는 그대로의, 가면을 쓰지 않은, 드러낸, 숨김 없는. 「한.
un·dis·mayed [ʌ̀ndisméid] *a.* 태연
un·dis·put·ed [ʌ̀ndispjú:tid] *a.* 의심〔이의〕없는, 확실한; 당연한.
un·dis·solved [ʌ̀ndizɑ́lvd/-ɔ́-] *a.* 분해〔해소·해제〕되지 않은.
un·dis·tin·guish·a·ble [ʌ̀ndistíŋgwiʃəbəl] *a.* 구별〔판별〕할 수 없는. **-bly** *ad.*
un·dis·tin·guished [ʌ̀ndistíŋgwiʃt] *a.* 구별되지 않는; 평범한, 유명하지 않은. 「해되지 않는; 평온한.
***un·dis·turbed** [ʌ̀ndistə́:rbd] *a.* 방
un·di·vid·ed [ʌ̀ndiváidid] *a.* 나눌 수 없는, 연속된, 완전한; 전념하는.
***un·do** [ʌndú:] *vt.* (*-did; -done*) ① 원 상태로 돌리다; 취소하다; 제거하다. ② 풀다, 끄르다, 늦추다; (의복 따위를) 벗기다. ③ 파멸〔영락〕시키다; 결딴내다. ④ 《古》 (수수께끼 등을) 풀다. **~·ing** *n.* Ⓤ 원상태로 돌리기; 끄름, 풂; 파멸.
un·do·mes·tic [ʌ̀ndəméstik] *a.* 가정적이 아닌; 국산(품)이 아닌; 길들지 않은.
***un·done** [ʌndʌ́n] *v.* undo의 과거분사. —— *a.* 풀어진, 끌러진; 파멸〔영락〕한; 하지 않은, 미완성의.
***un·doubt·ed** [ʌndáutid] *a.* 의심할 여지 없는, 확실한. **‡~·ly** *ad.*
UNDP United Nations Development Program 유엔 개발 계획.
un·drained [ʌndréind] *a.* 배수가 안 된, 물기가 남아 있는.
un·draw [ʌndrɔ́:] *vt.* (*-drew; -drawn*) (커튼을 당겨) 열다〔닫다〕.
un·dreamed-of [ʌndrémtɑ̀v, -drí:md-/-ɔ̀v], **un·dréamt-of** [-drémt-] *a.* 꿈에도 생각 않은, 생각조차 못한, 뜻하지 않은.
***un·dress** [ʌndrés] *vt.* 옷을 벗기다; 장식을 떼다; 붕대를 끄르다. —— *vi.* 옷을 벗다. —— *n.* [⌐∠] Ⓤ 평복, 약복(略服). —— [–∠] *a.* 평복의.
UNDRO United Nations Disaster Relief Organization.
***un·due** [ʌndjú: / -djú:] *a.* 과도한, 지나치게 많은; 부적당한; 매우 심한; (지불) 기한이 되지 않은.
un·du·lant [ʌ́ndjulənt] *a.* 파도치는, 물결〔파도〕 모양의. 「熱).
úndulant féver 〖醫〗 파상열(波狀
un·du·late [ʌ́ndʒəlèit, -djə-] *vi.* 물결이 일다, 물결치다; (땅이) 기복(起伏)하다, 굽이치다. —— *vt.* 물결치게 하다; 기복지게〔굽이치게〕 하다. **-lat·ing** *a.* **un·du·lá·tion** [∠–léiʃən] *n.* ⓊⒸ
un·du·la·to·ry [ʌ́ndjələtɔ̀:ri/-dʒələtəri] *a.* 파동의, 물결치는; 놀치는, 기복하는, 굽이치는. ***the ~ theory*** (***of light***) 〖理〗 (빛의) 파동설.
***un·du·ly** [ʌndjú:li] *ad.* 과도하게; 부당하게.
un·dy·ing [ʌndáiiŋ] *a.* 불사(不死)의, 불멸〔불후〕의; 영원한.
un·earned [ʌnə́:rnd] *a.* 노력하지 않고 얻은. ***~ income*** 불로 소득.
únearned íncrement (토지 등의) 자연적 가치 증가.
un·earth [ʌnə́:rθ] *vt.* 발굴하다; (사냥감을) 굴에서 몰아내다; 발견〔적발〕하다. **~·ly** *a.* 이 세상 것이라고는 생각 안 되는; 이상한; 기분나쁜; 신비로운; 《口》 터무니 없는.
‡un·eas·y [ʌní:zi] *a.* 불안한, 걱정되는; 불쾌한; 힘드는; 편치 못한; 불편한, 거북한, 딱딱한 (태도 등). ***un·éas·i·ly** *ad.* ***un·éas·i·ness** *n.* Ⓤ
un·ed·u·cat·ed [ʌnédʒukèitid] *a.* 교육을 받지 못한, 무지한.
U. N. E. F. United Nations Emergency Forces 유엔 경찰군.
un·em·ploy·a·ble [ʌ̀nimplɔ́iəbəl] *a.* (노령·병 등으로) 고용 불가능한. —— *n.* 고용 불가능자.
***un·em·ployed** [ʌ̀nimplɔ́id] *a.* 일이 없는, 실직한; 사용〔이용〕되고 있지 않은; 한가한. **‡un·em·plóy·ment** *n.* Ⓤ 실업(失業). 「당.
unemplóyment bènefit 실업 수
unemplóyment compensation 《美》 실업 보상.
un·en·cum·bered [ʌ̀ninkʌ́mbərd] *a.* 방해 없는, 부담 없는; (재산이) 채무 없는. 「한한, 영구한.
un·end·ing [ʌnéndiŋ] *a.* 끝없는; 무
un·en·dur·a·ble [ʌ̀nendjúərəbəl] *a.* 견딜 수 없는.
un·en·gaged [ʌ̀ningéidʒd] *a.* 선약〔약속〕이 없는, 약혼하지 않은; 일이 없는, 한가한.
un·Eng·lish [ʌníŋgliʃ] *a.* 영국식이 아닌; 영국인〔영어〕 같지 않은.
un·en·vi·a·ble [ʌnénviəbəl] *a.* 부럽지 않은, 부러워할 것 없는.
un·en·vied [ʌnénvid] *a.* (남이) 부러워하지 않는.
un·en·vi·ous [ʌnénviəs] *a.* ＝⇧.
UNEP [jú:nep] United Nations Environment Program 유엔 환경 계획.
***un·e·qual** [ʌní:kwəl] *a.* ① 같지 않은; 불평등〔불균등〕한. ② 《廢》 불공평한, 일방적인. ③ 한결같지 않은, 변하기 쉬운. ④ 불충분한, 감당 못하는(*to*). **~(l)ed** *a.* 견줄 데 없는. **~·ly** *ad.*
un·e·quiv·o·cal [ʌ̀nikwívəkəl] *a.* 모호하지 않은, 명백한.
un·err·ing [ʌnə́:riŋ] *a.* 잘못이 없는; 틀림 없는; 정확〔확실〕한.
UNESCO [ju:néskou] (<*U*nited *N*ations *E*ducational, *S*cientific, and *C*ultural *O*rganization) *n.* 유네스코《국제연합 교육과학문화 기구》.
un·es·sen·tial [ʌ̀nisénʃəl] *a.* 중요하

지 않은, 본질적이 아닌.

*__un·e·ven__ [ʌníːvən] *a.* ① **평탄하지 않은.** ② **한결같지**〔고르지〕**않은.** ③ 격차가 있는. ④ 홀수의. **~·ly** *ad.* **~·ness** *n.* 「무사한.

un·e·vent·ful [ʌ̀nivéntfəl] *a.* 평온

un·ex·am·pled [ʌ̀nigzǽmpld/-áː-] *a.* 전례 없는; 비할데 없는; 예외적인.

un·ex·cep·tion·a·ble [ʌ̀niksépʃənəbəl] *a.* 나무랄 데〔더할 나위〕 없는.

un·ex·cep·tion·al [ʌ̀niksépʃənəl] *a.* 예외가 아닌, 보통의.

‡**un·ex·pect·ed** [ʌ̀nikspéktid] *a.* 뜻밖의, **뜻하지 않은,** 불의의. ***~·ly** *ad.* **~·ness** *n.*

un·ex·plored [ʌ̀nikspl ɔ́ːrd] *a.* 아직 탐험〔조사〕되지 않은.

un·fail·ing [ʌnféiliŋ] *a.* 틀림〔잘못〕이 없는, 신뢰할 수 있는; 확실한; 다함이 없는, 끊임없는. **~·ly** *ad.*

*__un·fair__ [ʌnféər] *a.* ① **불공평한,** 부당한. ② 부정(不正)한.

un·faith·ful [ʌnféiθfəl] *a.* 성실〔충실〕하지 않은, 부정(不貞)한; 부정확한. **~·ly** *ad.*

un·fal·ter·ing [ʌnfɔ́ːltəriŋ] *a.* 비틀거리지 않는; 주저하지 않는, 단호한. **~·ly** *ad.*

*__un·fa·mil·iar__ [ʌ̀nfəmíljər] *a.* ① 잘 알지 못하는; 진기한. ② **생소한;** 익숙지 않은; 경험이 없는(*with, to*).

un·fash·ion·a·ble [ʌ̀nfǽʃənəbəl] *a.* 유행에 뒤진, 멋없는.

un·fas·ten [ʌnfǽsn/-áː-] *vt., vi.* 풀다, 풀리다, 늦추다, 헐거워〔느슨해〕지다, 열(리)다.

un·fath·om·a·ble [ʌnfǽðəməbəl] *a.* 깊이를 헤아릴 수 없는, 불가해한.

un·fath·omed [ʌnfǽðəmd] *a.* 측량할 수 없는; 헤아릴 수 없는.

*__un·fa·vor·a·ble,__ 《英》 **-vour-** [ʌnféivərəbəl] *a.* **형편이 나쁜,** 불리한; 역(逆)의; 불친절한. **-bly** *ad.*

un·feel·ing [ʌnfíːliŋ] *a.* 느낌이 없는; 무정한, 잔인한.

un·feigned [ʌnféind] *a.* 거짓 없는.

un·felt [ʌnfélt] *a.* 느끼지 않는, 느낄 수 없는. 「는; 무방비의.

un·fenced [ʌnfénst] *a.* 담〔울〕이 없

un·fet·ter [ʌ̀nfétər] *vt.* 족쇄를 풀다; 석방하다.

un·fet·tered [ʌnfétərd] *a.* 차꼬가〔속박이〕 풀린; 자유로운.

*__un·fin·ished__ [ʌnfíniʃt] *a.* **미완성의;** 완전히 마무리(가공)되지 않은.

*__un·fit__ [ʌnfít] *a.* **부적당한,** 적임이 아닌(*to, for*); (육체적·정신적으로) 적당치 못한. —— *n.* (the ~) 부적임자. —— *vt.* (*-tt-*) 부적당하게 하다, 자격을 잃게 하다(*for*). 「추다.

un·fix [ʌnfíks] *vt.* 풀다, 끄르다, 늦

un·flag·ging [ʌnflǽgiŋ] *a.* 쇠(衰)하지 않는, 지칠 줄 모르는.

un·flat·tered [ʌnflǽtərd] *a.* 실물대로의.

un·fledged [ʌnfléd ʒd] *a.* (새가) 깃털이 다 나지 않은; 덜 발달한, 미숙한; 젖비린내 나는.

un·flinch·ing [ʌnflíntʃiŋ] *a.* 움츠리지〔주춤하지〕 않는, 단호한.

*__un·fold__ [ʌnfóuld] *vt.* (접은 것을) 펴다, 열다; 나타내다, 표명〔설명〕하다.

un·forced [ʌnfɔ́ːrst] *a.* 강제되지 않은, 자발적인.

un·fore·seen [ʌ̀nfɔːrsíːn] *a.* 예기치 못한, 뜻밖의.

un·for·get·ta·ble [ʌ̀nfərgétəbəl] *a.* 잊을 수 없는.

‡**un·for·tu·nate** [ʌnfɔ́ːrtʃənit] *a., n.* **불행한** (사람); (특히) 매춘부; 불길한; 유감스러운. ‡**~·ly** *ad.* 「는.

un·found·ed [ʌnfáundid] *a.* 근거 없

un·freeze [ʌnfríːz] *vt.* 녹이다; 〖經〗 동결을 해제하다.

un·fre·quent [ʌnfríːkwənt] *a.* = INFREQUENT. **~·ly** *ad.*

un·fre·quent·ed [ʌ̀nfriːkwéntid] *a.* 인적이 드문; 한적한.

*__un·friend·ly__ [ʌnfréndli] *a.* 우정이 없는, **불친절한,** 적의 있는; 형편이 나쁜. —— *ad.* 비(非)우호적으로.

un·frock [ʌnfrák/-ɔ́-] *vt.* 법의(法衣)를 벗기다; 성직〔특권〕을 박탈하다.

un·fruit·ful [ʌnfrúːtfəl] *a.* 열매를 맺지 않는; 효과가 없는.

un·furl [ʌnfə́ːrl] *vt., vi.* 펼치다〔펼쳐지다〕; 올리다, 올라가다.

un·fur·nished [ʌnfə́ːrniʃt] *a.* 공급되지 않은; 설비가 안 된; 비품이〔가구가〕 없는.

UNGA U.N. General Assembly.

un·gain·ly [ʌngéinli] *a.* 보기 흉한, 몰골스러운.

un·gen·er·ous [ʌndʒénərəs] *a.* 관대치〔너그럽지〕 못한, 도량이 좁은, 인색한. **~·ly** *ad.*

un·gen·tle [ʌndʒéntl] *a.* 상냥하지 않은, 점잖지 못한; 예의 없는.

un·god·ly [ʌngádli/-ɔ́-] *a.* 신앙심 없는; 죄많은, 사악한; 《口》 지독한, 심한.

un·gov·ern·a·ble [ʌngʌ́vərnəbəl] *a.* 제어할 수 없는, 제어가 어려운, 어찌할 도리없는.

un·gov·erned [ʌngʌ́vərnd] *a.* 지배〔제어〕당하지 않는.

un·gra·cious [ʌngréiʃəs] *a.* 예절없는, 무례〔야비〕한; 불쾌한.

un·grad·ed [ʌngréidid] *a.* 등급이 매겨져 있지 않은; 《美》 (길이) 물매가 뜨지 않은.

ungráded schòol (벽지의) 단급(單級) 초등 학교《한 교사가 한 교실에서 모든 학년을 가르침》.

un·gram·mat·i·cal [ʌ̀ngrəmǽtikəl] *a.* 문법에 맞지 않는.

*__un·grate·ful__ [ʌngréitfəl] *a.* ① **은혜를 모르는.** ② 애쓴 보람 없는, 헛수고의; 불쾌한. 「〔이유〕없는.

un·ground·ed [ʌngráundid] *a.* 근거

un·grudg·ing [ʌngrʌ́dʒiŋ] *a.* 활수한; 아끼지 않는. **~·ly** *a.*

un·guard·ed [ʌngáːrdid] *a.* 부주의한, 방심하고 있는; 무방비의. 「膏).

un·guent [ʌ́ŋgwənt] *n.* Ⓤ,Ⓒ 연고(軟

un·guis [ʌ́ŋgwis] *n.* (*pl.* **-gues**

[-gwi:z]) 〖動〗 발굽, 발톱; 〖植〗 발톱 모양의 꽃받침.
un·gu·late [ʌ́ŋgjəlit, -lèit] *a.*, *n.* 발굽이 있는; 유제류(有蹄類)의 (동물).
un·hal·lowed [ʌnhǽloud] *a.* 성별(聖別)되지 않은, 신성치 않은; 죄 많은.
un·ham·pered [ʌnhǽmpərd] *a.* 차꼬를 안 채운; 방해받지 않는.
un·hand [ʌnhǽnd] *vt.* …에서 손을 떼다, 손에서 놓다.
un·hand·some [ʌnhǽnsəm] *a.* 잘생기지 않은; 야비한; 인색한. ～**·ly** *ad.*
un·hand·y [ʌ̀nhǽndi] *a.* ① 손재주가 없는. ② 다루기 거북한〔힘든〕.
un·hang [ʌnhǽŋ] *vt.* (*-hung*, ～*ed*) (걸린 물건을) 벗기다, 떼다.
‡**un·hap·py** [ʌnhǽpi] *a.* ① **불행한**, 비참한, 슬픈. ② 계제가 나쁜; 부적당한. ***-pi·ly** *ad.* ***-pi·ness** *n.* Ⓤ
un·harmed [ʌnhá:rmd] *a.* 무사한.
un·har·ness [ʌnhá:rnis] *vt.* (말에서) 마구를 끄르다; 《古》 갑옷을 벗기다, 무장을 해제시키다.
UNHCR United Nations High Commissioner for Refugees.
un·health·ful [ʌnhélθfəl] *a.* 건강에 해로운.
***un·health·y** [ʌnhélθi] *a.* ① **건강치 못한**, 병약한; 건강을 해치는. ② (정신적으로) 불건전한, 유해한.
un·heard [ʌnhə́:rd] *a.* 들리지 않는; 변명이 허용되지 않는; 《古》 들은 바가 없는.
un·heard-of [ʌnhə́:rdɑ̀v/-ɔ̀v] *a.* 들은 적이 없는; 전례가 없는.
un·heed·ed [ʌnhí:did] *a.* 돌봐지지 않는, 주목되지 않는, 무시된.
un·hes·i·tat·ing [ʌnhézətèitiŋ] *a.* 망설이지 않는; 기민한. ～**·ly** *ad.*
un·hinge [ʌnhíndʒ] *vt.* …의〔에서〕 돌쩌귀를 떼다; 떼어놓다; (정신을) 어지럽히다. 「어 놓다.
un·hitch [ʌnhítʃ] *vt.* (말 따위를) 풀
un·ho·ly [ʌnhóuli] *a.* 신성치 않은, 부정(不淨)한; 신앙심이 없는; 사악한; 《口》 심한, 발칙한. **-li·ness** *n.*
un·hon·ored, 《英》 **-oured** [ʌnɑ́nərd/-ɔ́-] *a.* 존경받지 못하는; (어음이) 인수 거절된.
un·hook [ʌnhúk] *vt.* 갈고리에서 벗기다; (의복의) 훅을 끄르다.
un·hoped-for [ʌnhóuptfɔ̀:r] *a.* 뜻밖의, 예기치 않은, 바라지도 않은.
un·horse [ʌnhɔ́:rs] *vt.* 말에서 흔들어 떨어뜨리다, 낙마시키다; 실각(失脚)시키다. 「지 않은.
un·hulled [ʌnhʌ́ld] *a.* 껍질을 벗기
unhúlled ríce 벼. 「무사한.
un·hurt [ʌnhə́:rt] *a.* 다치지 않은;
uni- *pref.* 「일(一), 단(單)」의 뜻.
u·ni·ax·i·al [jù:niǽksiəl] *a.* 〖動·植〗 단축(單軸)의, 단경(單莖)의.
u·ni·cam·er·al [jù:nəkǽmərəl] *a.* (의회가) 단원제(單院制)의.
UNICEF [jú:nəsèf] (<*U.N.* *I*nternational *C*hildren's *E*mergency *F*und) *n.* 유니세프《(유엔) 국제 아동 긴급 기금》. 「세포의.
u·ni·cel·lu·lar [jù:nəséljələr] *a.* 단
u·ni·corn [jú:nəkɔ̀:rn] *n.* 일각수(一角獸)《이마에 한 개의 뿔이 있는 말 비슷한 상상의 동물》.
un·i·den·ti·fied [ʌ̀naidéntəfàid] *a.* 동일한 것으로 확인되지 않은.
unidéntified flýing óbject 미확인 비행 물체《비행 접시 따위; 생략 UFO》.
un·id·i·o·mat·ic [ʌ̀nidiəmǽtik] *a.* (어법(語法)이) 관용적이 아닌.
UNIDO [jú:nidou] United Nations Industrial Development Organization. 「통일, 단일화.
u·ni·fi·ca·tion [jù:nəfikéiʃən] *n.* Ⓤ
‡**u·ni·form** [jú:nəfɔ̀:rm] *a.* 일정한, **한결같은**; 균일한. —— *n.* ⒸⓊ **제복**, 유니폼. —— *vt.* 제복을 입히다. ～**ed** [-d] *a.* 제복의〔을 입은〕. *～**·ly** *ad.* ***u·ni·fórm·i·ty** [ˋ-fɔ́:rməti] *n.* ⓊⒸ **한결같음**; 동일(성); 일정〔일관〕(성).
u·ni·fy [jú:nəfài] *vt.* 한결같게 하다, 통일하다.
u·ni·lat·er·al [jù:nəlǽtərəl] *a.* 한쪽만의; 일방적인; 〖法〗 편무(片務)의.
un·im·ag·i·na·ble [ʌ̀nimǽdʒənəbəl] *a.* 상상할 수 없는. **-bly** *ad.*
un·im·ag·i·na·tive [ʌ̀nimǽdʒənətiv] *a.* 상상력이 없는.
un·im·paired [ʌ̀nimpέərd] *a.* 손상되지 않은; 약화되지 않은.
un·im·peach·a·ble [ʌ̀nimpí:tʃəbəl] *a.* 나무랄 데 없는, 죄가 없는.
***un·im·por·tant** [ʌ̀nimpɔ́:rtənt] *a.* **중요하지 않은**, 보잘 것 없는.
un·in·hab·it·ed [ʌ̀ninhǽbitid] *a.* 무인(無人)의; 사람이 살지 않는.
un·in·jured [ʌníndʒərd] *a.* 상해를 입지 않은; 손상되지 않은.
un·in·tel·li·gi·ble [ʌ̀nintélədʒəbəl] *a.* 이해할 수 없는; 분명치 않은.
un·in·ten·tion·al [ʌ̀ninténʃənəl] *a.* 고의가 아닌, 무심코 한, 무의식중의. 「흥미없는, 시시한.
un·in·ter·est·ing [ʌníntərəstiŋ] *a.*
un·in·ter·rupt·ed [ʌ̀nintərʌ́ptid] *a.* 끊임없는, 연속적인.
un·in·vit·ed [ʌ̀ninváitid] *a.* 초대받지 않은, 주제넘은.
‡**un·ion** [jú:njən] *n.* ① ⓊⒸ **결합**, 연합, 합동. ② 결혼, 화합. ③ 동맹, (노동) **조합**. ④ 연방; (the U-) 아메리카 합중국; (연방을 나타내는) 연합 기장《영국의 Union Jack, 미국 국기의 별 있는 부분 따위》. ⑤ (보통 the U-) 《美》 학생 클럽〔회관〕. ⑥ 〖機〗 접합관(管); 〖醫〗 유착(癒着), 유합. ⑦ 〖數〗 합(合) 집합. ***trade*** 〔《英》 ***labo(u)r***〕 ～ 노동조합. ～**·ism** [-ìzəm] *n.* Ⓤ 노동조합주의(opp. separatism); (U-) 〖美史〗(남북 전쟁 때의) 연방주의. ～**·ist** *n.* 노동조합주의자, 노동조합원.
únion cátalog(ue) 종합 도서 목록《둘 이상의 도서관 장서를 ABC 순

으로 종합한 것》. 「Jack).
Únion flàg, the 영국 국기(=Union
un·ion·ize [jú:njənàiz] *vt., vi.* 노동조합으로 조직하다, 노동조합에 가입시키다〔가입하다〕. **un·ion·i·zá·tion** [⌐-izéi-/-nai-] *n.* Ⓤ 「국 국기.
únion jàck 연합 국기; (U- J-) 영
Únion of Sòuth Àfrica, the 남아프리카 연방.
Únion of Sóviet Sócialist Repúblics, the 소비에트 사회주의 공화국 연방《생략 U.S.S.R.》.
únion shòp 유니언숍《비조합원도 채용 후 조합에 가입하기로 고용주와 조합간에 협정이 된 사업체》.
únion sùit 《美》 아래위가 붙은 속셔츠. 「특한; 진기한.
‡**u·nique** [ju:ní:k] *a.* **유일**(무이)한, 독
u·ni·sex [jú:nəsèks] *a.* 《口》 (복장 등이) 남녀 공통의. 「(單性)의.
u·ni·sex·u·al [jù:nəsékʃuəl] *a.* 단성
u·ni·son** [jú:nəsən, -zən] *n.* ⓊⒸ **조화**, 일치; 〖樂〗 동음, 화음, 제주(齊奏), 제창(齊唱). ***in ～ 제주〔제창으〕로; 일치하여.
‡**u·nit** [jú:nit] *n.* ① 한 개, 한 사람. ② (구성) **단위**; 〖軍〗 부대; 〖理〗 단위. ③ 〖數〗 최소 완전수《즉 1》. ④ 〖敎育〗 (학과의) 단위, 단원(單元). ～ ***price*** 단가.
U·ni·tar·i·an [jù:nətéəriən] *a., n.* 유니테리언파(派)의 (사람). **～·ism** [-izəm] *n.* Ⓤ 유니테리언파 (派)의 교의《신교의 일파로, 신의 유일함을 주장하며 예수를 신격화하지 않음》.
u·ni·tar·y [jú:nətèri/-təri] *a.* 단일의; 단위(單位)의; 〖數〗 일원(一元)의, 귀일(歸一)(법)의. 「의) 단위 형질.
únit chàracter 〖生〗 (Mendel 법칙
únit còst 단위 원가.
‡**u·nite** [ju:náit] *vt.* 하나로 하다, **결합**〔접합〕**하다**; 합병하다; 결혼시키다; (성질 따위를) 겸비하다; (의견 등을) 일치시키다. —— *vi.* 하나로 되다; (행동·의견 등이) 일치하다.
‡**u·nit·ed** [ju:náitid] *a.* **결합**〔연합〕**한**; 일치〔결속〕된.
Uníted Árab Emírates, the 아랍 토후국 연방.
Uníted Árab Repúblic, the 통일 아랍 공화국《생략 U. A. R.》.
‡**Uníted Kíngdom, the** (대 브리튼과 북아일랜드의) **연합 왕국** 《생략 U. K》. 「《생략 U.N.》.
‡**Uníted Nátions, the 국제 연합**
Uníted Préss Internátional 미국의 한 통신사 《생략 UPI》.
†**Uníted States (of América), the 아메리카 합중국** 《생략 U. S. (A.)》.
únit fàctor 〖生〗 (유전상의) 단일 인
únit rúle 《美》 단위 선출제. 〔자.
u·ni·ty** [jú:nəti] *n.* Ⓤ 단일(성); Ⓒ **개체**, **통일**(체); Ⓤ **조화**, 일치; 일관성; Ⓒ 〖數〗 1. ***live in ～ 사이좋게 살다. THREE ***unities***.
Univ. Universalist; University.
univ. universal(ly); university.
UNIVAC [jú:nəvæ̀k] (<*Universal* Automatic Computer) *n.* 〖商標〗 전자 계산기의 일종.
u·ni·va·lent [jù:nəvéilənt, ju:nívə-] *a.* 〖化〗 일가(一價)의.
u·ni·valve [jú:nəvæ̀lv] *a.* 〖動·植〗 단판(單瓣)의, 단각(單殼)의. —— *n.* 단각 연체 동물; 그 패각.
‡**u·ni·ver·sal** [jù:nəvə́:rsəl] *a.* ① **우주의**, 만유의, **전세계의**. ② 만인의, 널리〔일반적으로〕 행해지는; **보편적인**(opp. individual). ③ 만능의. ④ 〖論〗 전칭(全稱)의. —— *n.* 〖論〗 전칭 명제. ***～·ly** *ad.* 일반(적)으로, **널리**; 어느 곳이나. **u·ni·ver·sál·i·ty** [⌐-sǽləti] *n.* Ⓤ 보편성.
univérsal ágent 총대리점.
univérsal cómpasses 자재(自在) 컴퍼스. 「람).
univérsal dónor O형 혈액(의 사
U·ni·ver·sal·ism [jù:nəvə́:rsəlìzəm] *n.* Ⓤ 〖神〗 보편 구원설(普遍救援說) 《만인은 결국 구원된다는 설》. **-ist** *n.* 위의 신자(信者).
Univérsal Póstal Ùnion, the 만국 우편 연합《1875년 결성; 생략 UPU》.
univérsal súffrage 보통 선거권.
univérsal tìme =GREENWICH TIME. 「물; 전세계.
‡**u·ni·verse** [jú:nəvə̀:rs] *n.* **우주**, 만
U·ni·ver·si·ade [jù:nəvə́:rsiæ̀d] *n.* 유니버시아드《국제 대학생 경기 대회》.
‡**u·ni·ver·si·ty** [jù:nəvə́:rsəti] *n.* **대학**(교), 종합 대학. ～ EXTENSION.
‡**un·just** [ʌndʒʌ́st] *a.* **부정**〔불법·불공평〕**한**. **～·ly** *ad.*
un·kempt [ʌnkémpt] *a.* (머리에) 빗질을 안한; (옷차림이) 단정치 못한.
‡**un·kind** [ʌnkáind] *a.* **불친절한**, 몰인정한, 냉혹한. **～·ly** *ad.* **～·ness** *n.*
un·know·a·ble [ʌnnóuəbəl] *a.* 알 수 없는; 〖哲〗 불가지(不可知)의.
un·know·ing [ʌnnóuiŋ] *a.* 무지한; 모르는, 알(아채)지 못하는(*of*). **～·ly** *ad.*
‡**un·known** [ʌnnóun] *a.* **알려지지 않은**; 미지의, 불명의. ***U- Soldier*** 〔《英》 ***Warrior***〕 전몰 무명 용사(勇士). —— *n.* (the ～) 미지의 인물〔물건〕; 〖數〗 미지수(數).
un·la·bored, 《英》 **-boured** [ʌnléibərd] *a.* 애쓰지 않고 얻은; (땅이) 경작 안된; (문체 따위가) 자연스런.
un·lace [ʌnléis] *vt.* (구두·코르셋 따위의) 끈을 풀다〔늦추다〕.
un·la·ment·ed [ʌ̀nləméntid] *a.* 슬프게 여겨지지 않는, 슬퍼하는 사람 없는.
un·law·ful [ʌnlɔ́:fəl] *a.* 불법〔위법〕의, 비합법의; 사생(아)의. **～·ly** *ad.*
un·lead·ed [ʌ̀nlédid] *a.* 무연(無鉛)의《가솔린 등》.
un·learn [ʌnlə́:rn] *vt.* (～***ed*** [-d, -t], ～***t***) (배운 것을) 잊다; (버릇·잘못 등을) 버리다, 염두에서 없애다. **～·ed** [-id] *a.* 무식한, 무교육의; [-d] 배우지 않고 아는.

un·leash [ʌnlíːʃ] *vt.* 가죽끈을 풀다; 해방하다.
un·leav·ened [ʌnlévənd] *a.* 발효시키지 않은; 《比喩》 영향을 안받은.
†**un·less** [ənlés] *conj.* 만약 …이 아니면〔하지 않으면〕, …(이)외에는. — *prep.* …을 제외하고.
un·let·tered [ʌnlétərd] *a.* 배우지 못한, 문맹의. 「(장) 없는; 방종한.
un·li·censed [ʌnláisənst] *a.* 면허
‡**un·like** [ʌnláik] *a.* 닮지 않은, 다른. — *prep.* …와 같지 않고, …과 달라서.
***un·like·ly** [ʌnláikli] *a.* 있을 것 같지 않은; 가망 없는, 성공할 것 같지 않은. **-li·hood** [-hùd] *n.* Ⓤ
un·lim·ber [ʌnlímbər] *vt., vi.* (대포의) 앞차를 떼다, 발포 준비를 하다.
***un·lim·it·ed** [ʌnlímitid] *a.* 끝없는, 무한한; 무제한의; 부정(不定)의.
un·lined [ʌnláind] *a.* 안을 대지 않은, 얇은; 선이 없는.
***un·load** [ʌnlóud] *vt.* (짐을) 부리다; (마음 따위의) 무거운 짐을 덜다; (총·포의) 탄알〔탄약〕을 빼내다; (소유주(株)를) 처분하다. — *vi.* 짐을 풀다.
***un·lock** [ʌnlák/-lɔ́k] *vt.* 자물쇠를 열다; (단단히 잠긴 것을) 열다; (마음속·비밀 따위를) 털어놓다. — *vi.* 자물쇠가 열리다. 「치 않은, 의외의.
un·looked-for [ʌnlúktfɔ̀ːr] *a.* 예기
un·loose [ʌnlúːs], **un·loos·en** [ʌnlúːsn] *vt.* 풀다, 늦추다; 해방하다.
‡**un·luck·y** [ʌnlʌ́ki] *a.* 불행한, 불행을 가져오는; 잘되지 않는; 불길한; 공교로운. **un·lúck·i·ly** *ad.*
un·made [ʌnméid] *v.* unmake의 과거(분사).
un·make [ʌnméik] *vt.* (*-made*) 부수다, 파괴하다; 폐(廢)하다.
un·man [ʌnmǽn] *vt.* (*-nn-*) 남자다움을 잃게 하다; 용기를 꺾다. **~·ly** *a.* 사내답지 못한; 비겁한.
un·man·age·a·ble [ʌnmǽnidʒəbəl] *a.* 다루기 힘든, 제어하기 어려운.
un·manned [ʌnmǽnd] *a.* (우주선 따위가) 무인의, 승무원이 없는(cf. manned).
un·man·ner·ly [ʌnmǽnərli] *a., ad.* 예절〔버릇〕없는〔없게〕, 무무한〔하게〕.
***un·mar·ried** [ʌnmǽrid] *a.* 미혼의.
un·mask [ʌnmǽsk/-áː-] *vt.* 가면을 벗기다; 정체를 폭로하다. — *vi.* 가면을 벗다.
un·match·a·ble [ʌnmǽtʃəbəl] *a.* 필적〔대항〕하기 어려운, 겨루기 어려운; 유례 없는.
un·matched [ʌnmǽtʃt] *a.* 상대가 없는, 비할〔견줄〕 데 없는.
un·mean·ing [ʌnmíːniŋ] *a.* 뜻없는, 무의미한; 멍청한, 표정없는.
un·meas·ured [ʌnméʒərd] *a.* 헤아릴〔측정할〕 수 없는; 한(정)없는; 도를 넘친. 「*to* do).
un·meet [ʌnmíːt] *a.* 부적당한(*for*,
un·men·tion·a·ble [ʌ̀nménʃənəbəl] *a.* 입에 담을 수 없는; (상스럽거나 해서) 말해서는 안 될.
un·mer·ci·ful [ʌnmə́ːrsifəl] *a.* 무자비한, 잔인한. **~·ly** *ad.*
un·mer·it·ed [ʌnméritid] *a.* 공(功)없이 얻은, 분에 넘치는; 부당한.
un·mind·ful [ʌnmáindfəl] *a.* 마음에 두지 않는, 염두에 없는, 부주의한, 무관심한 (*of; that*).
***un·mis·tak·a·ble** [ʌ̀nmistéikəbəl] *a.* 틀릴 리 없는, 명백한. **-bly** *ad.*
un·mit·i·gat·ed [ʌnmítəgèitid] *a.* 누그러지지 않은, 완화〔경감〕되지 않은; 순전한, 완전한. 「순수한.
un·mixed [ʌnmíkst] *a.* 섞지 않은,
un·mo·lest·ed [ʌ̀nməléstid] *a.* 곤란〔괴로움〕받지 않는; 평온한.
un·moor [ʌ̀nmúər] *vt.* 배를 맨 밧줄을 풀다, 닻을 올리다. — *vi.* 닻을 올리다.
un·mor·al [ʌnmɔ́(ː)rəl, -á-] *a.* 도덕과 관계 없는(nonmoral).
un·mount·ed [ʌnmáuntid] *a.* 말 타고 있지 않은, 도보의; 대지(臺紙)에 붙이지 않은. 「일 수 없는, 부동의.
un·mov·a·ble [ʌnmúːvəbəl] *a.* 움직
***un·moved** [ʌnmúːvd] *a.* (결심 따위가) 흔들리지 않는, 확고한; 냉정한.
un·muz·zle [ʌnmʌ́zəl] *vt.* (개의) 부리망을 벗기다; 언론의 자유를 주다.
un·named [ʌnnéimd] *a.* 무명의; 지명되지 않은.
‡**un·nat·u·ral** [ʌnnǽtʃərəl] *a.* ① 부자연한. ② 보통이 아닌, 이상한. ③ 인도(人道)에 어긋나는, 몰인정한. **~·ly** *ad.* **~·ness** *n.*
‡**un·nec·es·sar·y** [ʌnnésəsèri/-səri] *a.* 불필요한, 무익한. ***-i·ly** *ad.*
un·nerve [ʌnnə́ːrv] *vt.* 기력을〔용기를〕 잃게 하다.
***un·no·ticed** [ʌnnóutist] *a.* 주의를〔남의 눈을〕 끌지 않는, 눈에 띄지 않는; 돌보아지지 않는.
un·num·bered [ʌnnʌ́mbərd] *a.* 세지 않은; 헤아릴 수 없는, 무수한.
UNO, U.N.O. United Nations Organization (U.N.의 구칭).
un·ob·served [ʌ̀nəbzə́ːrvd] *a.* 관찰〔주의〕되지 않는; 지켜지지 않은.
un·ob·tru·sive [ʌ̀nəbtrúːsiv] *a.* 겸손한.
***un·oc·cu·pied** [ʌnákjəpàid/-ɔ́-] *a.* ① (집·토지 따위가) 임자가 없는, 사람이 살고 있지 않은. ② 일이 없는, 한가한.
un·of·fend·ing [ʌ̀nəféndiŋ] *a.* 사람을 성나게 하지 않는; 죄 없는, 해롭지 않은. 「인.
***un·of·fi·cial** [ʌ̀nəfíʃəl] *a.* 비공식적
un·o·pened [ʌnóupənd] *a.* 열려 있지 않은; 개봉되지 않은; 페이지가 아직 잘리지 않은(cf. uncut).
un·or·gan·ized [ʌnɔ́ːrgənàizd] *a.* 조직돼 있지 않은; 〖化〗 무기(無機)의; 《美》 노동 조합에 가입하지 않은.
un·or·tho·dox [ʌ̀nɔ́ːrθədɑ̀ks/-dɔ̀ks] *a.* 정통이 아닌, 이단적인; 파격적인.
un·pack [ʌnpǽk] *vt.* (꾸러미·짐을) 풀다; (속의 것을) 꺼내다; 〖컴퓨터〗

(넣은 데이터를) 도로 빼내다. —— *vi.* 꾸러미를〔짐을〕 끄르다.

un·paid [ʌnpéid] *a.* 지불되지 않은; 무급(無給)의, 무보수의; 명예직의. ***the great* ～** (명예직인) 치안 판사.

un·pal·at·a·ble [ʌnpǽlətəbəl] *a.* 입에 맞지 않는, 맛 없는; 불쾌한.

un·par·al·leled [ʌnpǽrəlèld] *a.* 견줄〔비할〕 데 없는, 전대 미문의.

un·par·lia·men·ta·ry [ʌ̀npɑːrləméntəri] *a.* 의회의 관례〔국회법〕에 어긋나는.

un·peo·ple [ʌnpíːpəl] *vt.* 주민을 없애다, 무인지경으로 만들다. **-pled** [-d] *a.* 주민이 없는.

un·per·ceived [ʌ̀npərsíːvd] *a.* 눈치〔알아〕채이지 않은.

un·per·son [ʌnpə́ːrsən] *n.* 사람 대접 못받는 사람. 「실밥을 뜯다.

un·pick [ʌnpík] *vt.* (바늘 끝 따위로)

un·pin [ʌnpín] *vt.* (*-nn-*) 핀을 빼어 늦추다, (옷 등의) 고정 핀을 뽑다.

un·pit·ied [ʌnpítid] *a.* 연민의 정을 받지 못하는, 동정을 받지 못하는.

‡**un·pleas·ant** [ʌnplézənt] *a.* **불쾌한.** ～**·ly** *ad.* ～**·ness** *n.* Ⓤ 불쾌. ***the late* ～*ness*** 《美諧》 남북 전쟁.

un·plumbed [ʌnplʌ́md] *a.* 측연(測鉛)으로 잴 수 없는; 깊이를 헤아릴 수 없는; 가스〔수도·하수〕관의 설비가 안된.

un·po·et·i·cal [ʌ̀npouétikəl] *a.* 시적이 아닌, 속된.

un·pol·ished [ʌnpɑ́liʃt/-pɔ́l-] *a.* 닦지 않은; 세련되지 않은, 때를 벗지 못한, 무무한.

***un·pop·u·lar** [ʌnpɑ́pjələr/-ɔ́-] *a.* **인기〔인망〕없는,** 시세 없는.

un·prac·ti·cal [ʌnprǽktikəl] *a.* 실용적이 아닌.

un·prac·ticed, 《英》 **-tised** [ʌnprǽktist] *a.* 실용에 쓰이지 않는; 실행되지 않은; 연습을 안쌓은, 미숙한.

***un·prec·e·dent·ed** [ʌnprésədèntid] *a.* **선례가 없는;** 신기한.

un·prej·u·diced [ʌnprédʒədist] *a.* 편견이 없는, 공평한; (권리 따위가) 침해되지 않은.

un·pre·med·i·tat·ed [ʌ̀nprimédətèitid] *a.* 미리 생각되지 않은; 고의가 아닌, 우연한; 준비 없는.

***un·pre·pared** [ʌ̀npripɛ́ərd] *a.* **준비가 없는,** 즉석의; 각오가 안된.

un·pre·tend·ing [ʌ̀npriténdiŋ] *a.* 허세부리지 않는, 겸손한, 삼가는.

up·pre·ten·tious [ʌ̀npriténʃəs] *a.* 젠체 않는, 겸손한.

un·priced [ʌnpráist] *a.* 값이 붙어 있지 않은; 값을 매길 수 없는.

un·prin·ci·pled [ʌnprínsəpəld] *a.* 무절조한; 교리를 배우지 않은.

un·pro·duc·tive [ʌ̀nprədʌ́ktiv] *a.* 비생산적인; 불모(不毛)의; 헛된.

un·pro·fes·sion·al [ʌ̀nprəféʃənəl] *a.* 전문가가 아닌, 비직업적인, 풋나기의; 직업 윤리에 어긋나는.

***un·prof·it·a·ble** [ʌnprɑ́fitəbəl/-ɔ́-] *a.* **이익 없는;** 무익한. **-bly** *ad.*

un·prop [ʌnprɑ́p/-ɔ́-] *vt.* (*-pp-*) …에서 버팀대를 치우다.

un·pro·tect·ed [ʌ̀nprətéktid] *a.* 보호(자)가 없는; 무방비의; 관세의 보호를 받지 않는.

un·pro·voked [ʌ̀nprəvóukt] *a.* 자극받지〔되지〕 않은, 정당한 이유가〔까닭이〕 없는. **-vók·ed·ly** [-vóukidli] *ad.* 「않은, 처벌을 면한.

un·pun·ished [ʌnpʌ́niʃt] *a.* 벌받지

un·qual·i·fied [ʌnkwɑ́ləfàid/-ɔ́-] *a.* 자격이 없는; 적임이 아닌; 제한 없는, 무조건의; 순전한.

un·quench·a·ble [ʌnkwéntʃəbəl] *a.* 끌 수 없는, 억제할 수 없는. **-bly** *ad.*

***un·ques·tion·a·ble** [ʌnkwéstʃənəbəl] *a.* ① **의심할 여지가 없는,** 확실한. ② 더할 나위 없는 ***-bly** *ad.*

un·ques·tioned [ʌnkwéstʃənd] *a.* 문제되지 않는; 의심이 없는.

un·ques·tion·ing [ʌnkwéstʃəniŋ] *a.* 의심치 않는; 주저하지 않는; 무조건의, 절대적인. ～**·ly** *ad.*

un·qui·et [ʌnkwáiət] *a.* 침착하지 못한, 들뜬, 불안한; 불온한. 「내다.

un·quote [ʌnkwóut] *vi.* 인용을 끝

un·rav·el [ʌnrǽvəl] *vt.* (《英》 *-ll-*) (얽힌 실 따위를) 풀다; 해명하다, (이야기의 줄거리 따위를) 해결짓다. —— *vi.* 풀리다, 풀어지다.

un·read [ʌnréd] *a.* (책 등이) 읽히지 않는; 책을 많이 읽지 않은, 무식한.

un·read·a·ble [ʌnríːdəbəl] *a.* 읽을 수 없는, 읽기 어려운; 읽을 가치가 없는, 시시한. 「굼뜬.

un·read·y [ʌnrédi] *a.* 준비가 없는;

***un·re·al** [ʌnríːəl] *a.* **실재(實在) 하지 않는,** 공상의.

un·rea·son [ʌnríːzən] *n.* 무분별, 이성 결여; 무질서, 혼란; 불합리.

‡**un·rea·son·a·ble** [ʌnríːzənəbəl] *a.* **비합리적인;** 부조리한; (요금 따위) 부당한, 터무니 없는. **-bly** *ad.*

un·rea·son·ing [ʌnríːzəniŋ] *a.* 이성적으로 생각하지 않는, 사리에 맞지 않는. 「인식〔인정〕되지 않은.

un·rec·og·nized [ʌnrékəgnàizd] *a.*

un·reel [ʌnríːl] *vt., vi.* (실패에서) 되풀다〔되풀리다〕.

un·re·flect·ing [ʌ̀nrifléktiŋ] *a.* 반사 않는; 반성하지 않는, 무분별한.

un·re·gard·ed [ʌ̀nrigɑ́ːrdid] *a.* 주의되지〔돌봐지지〕않는, 무시된.

un·re·gen·er·ate [ʌ̀nridʒénərit] *a.* (정신적으로) 갱생치 않는; 죄많은.

un·re·lent·ing [ʌ̀nriléntiŋ] *a.* 용서없는, 무자비한; 굽힐 줄 모르는.

***un·re·lí·a·ble** [ʌ̀nriláiəbəl] *a.* **신뢰할〔믿을〕 수 없는.**

un·re·mem·bered [ʌ̀nrimémbərd] *a.* 기억되지 않은, 잊혀진.

un·re·mit·ting [ʌ̀nrimítiŋ] *a.* 끊임없는; 끈질긴.

un·re·quit·ed [ʌ̀nrikwáitid] *a.* 보답받지 못한; 보복을 당하지 않는.

un·re·served [ʌ̀nrizə́ːrvd] *a.* 거리낌 없는, 솔직한(frank); 제한이 없는; 예약되지 않은. **un·re·sérv·ed·ly**

[-vidli] *ad.* 「태).
*__un·rest__ [ʌnrést] *n.* Ⓤ 불안; 불온(상
__un·re·strained__ [ʌ̀nristréind] *a.* 억제되지 않은, 무제한의, 제멋대로의. __-strain·ed·ly__ [-stréinidli] *ad.*
__un·right·eous__ [ʌnráitʃəs] *a.* 부정한, 사악(邪惡)한, 죄많은. ~·ly *ad.* ~·ness *n.* 「상조의.
__un·ripe__ [ʌnráip] *a.* 익지 않은; 시기
*__un·ri·valed,__ 《英》 __-valled__ [ʌnráivəld] *a.* 경쟁자가 없는, 비할 데 없는.
__un·roll__ [ʌnróul] *vi., vt.* (말린 것을〔것이〕) 풀(리)다, 펴다, 펼쳐지다; 나타내다.
__UNRRA__ [ʌ́nrə] *n.* United Nations Relief and Rehabilitation Administration.
__un·ruf·fled__ [ʌnrʌ́fəld] *a.* 떠들어대지 않는, 혼란되지 않은; 물결이 일지 않는; 조용한, 냉정한.
__un·ru·ly__ [ʌnrú:li] *a.* 제어하기〔다루기〕 어려운, 무법한. __-li·ness__ *n.*
__UNRWA__ United Nations Relief and Works Agency.
__un·sad·dle__ [ʌnsǽdl] *vt.* (말에서) 안장을 떼다; 낙마(落馬)시키다.
*__un·safe__ [ʌnséif] *a.* 위험한; 불안한.
__un·said__ [ʌnséd] *v.* unsay의 과거(분사). —— *a.* 말하지 않는.
*__un·sat·is·fac·to·ry__ [ʌ̀nsætisfǽktəri] *a.* 마음에 차지 않는, 불충분한. __-ri·ly__ *ad.* 「하지 않는.
__un·sat·is·fied__ [ʌnsǽtisfàid] *a.* 만족
__un·sa·vor·y,__ 《英》 __-vour·y__ [ʌnséivəri] *a.* 맛없는; 맛이〔냄새가〕 나쁜; (도덕상) 불미한. 「취소하다.
__un·say__ [ʌnséi] *vt.* (*-said*) (한 말을)
__UNSC__ United Nations Security Council. 「않는, 겁내지 않는.
__un·scared__ [ʌnskέərd] *a.* 위협 당하지
__un·scathed__ [ʌnskéiðd] *a.* 다치지 않은, 상처 없는.
__un·schol·ar·ly__ [ʌnskɑ́lərli/-ɔ́-] *a.* 학문이 없는, 학자답지 않은.
__un·schooled__ [ʌ̀nskú:ld] *a.* (학교) 교육을 안 받은; 배운 것이 아닌, 타고난《재능 등》.
__un·sci·en·tif·ic__ [ʌ̀nsaiəntífik] *a.* 비과학적인. __-i·cal·ly__ *ad.*
__un·scram·ble__ [ʌnskrǽmbəl] *vt.* (혼란에서) 원상태로 돌리다; (암호를) 해독하다. 「나사를 돌려 늦추다.
__un·screw__ [ʌnskrú:] *vt.* 나사를 빼다;
*__un·scru·pu·lous__ [ʌnskrú:pjələs] *a.* 거리낌 없는, 예사로 나쁜 짓을 하는; 무법한, 비양심적인. ~·ly *ad.*
__un·seal__ [ʌnsí:l] *vt.* 개봉(開封)하다; 열다. 「아낼 수 없는; 신비한.
__un·search·a·ble__ [ʌnsə́:rtʃəbəl] *a.* 찾
__un·sea·son·a·ble__ [ʌnsí:zənəbəl] *a.* 계절에 맞지 않는, 철 아닌; 시기가 나쁜. ~·ness *n.*
__un·seat__ [ʌnsí:t] *vt.* 자리에서 내쫓다, 면직시키다; (의원의) 의석(議席)을 빼앗다; 낙마시키다.
__un·seem·ly__ [ʌnsí:mli] *a., ad.* 보기 흉한〔하게〕, 꼴사나운, 꼴사납게, 부적당한〔하게〕.

‡__un·seen__ [ʌnsí:n] *a.* 본적이 없는; 보이지 않는.
*__un·self·ish__ [ʌnsélfiʃ] *a.* 이기적이 아닌, 욕심〔사심〕이 없는. ~·ly *ad.* ~·ness *n.*
__un·set·tle__ [ʌnsétl] *vt.* 어지럽히다, 동요시키다; 침착성을 잃게 하다. —— *vi.* 동요하다. *__-tled__ [-d] *a.* (날씨 따위가) 변하기 쉬운; 불안정한, 동요하는; 미결제의; (문제가) 미해결의; (주소 따위가) 일정치 않은; 정주자(定住者)가 없는.
__un·sex__ [ʌnséks] *vt.* 성(性)을 없이하다; (특히) 여자다움을 없애다.
__un·shak·en__ [ʌnʃéikən] *a.* 동요하지 않는; 확고한.
__un·ship__ [ʌnʃíp] *vt.* (*-pp-*) (짐을) 배에서 부리다, (선객을) 하선시키다.
__un·shod__ [ʌnʃɑ́d/-ʃɔ́d] *a.* 신발을 신지 않은; (말이) 편자를 박지 않은.
__un·shrink·a·ble__ [ʌnʃríŋkəbəl] *a.* 줄어들지 않는.
__un·shrink·ing__ [ʌnʃríŋkiŋ] *a.* 움추리지〔무춤하지〕 않는, 단호한, 끄떡없는. 「보기 거북한〔흉한〕.
__un·sight·ly__ [ʌnsáitli] *a.* 꼴사나운,
*__un·skilled__ [ʌnskíld] *a.* 익숙하지〔숙련되지〕 못한; 숙련이 필요치 않은.
__un·skill·ful,__ 《英》 __-skil·ful__ [ʌnskílfəl] *a.* 서투른, 솜씨 없는. ~·ly *ad.*
__un·so·cia·ble__ [ʌnsóuʃəbəl] *a.* 교제를 싫어하는, 비사교적인. ~·ness *n.* __-bly__ *ad.* 「비사교적인.
__un·so·cial__ [ʌnsóuʃəl] *a.* 비사회적인,
__un·so·lic·it·ed__ [ʌ̀nsəlísətid] *a.* 탄원(嘆願)을 받지 않은; 의뢰 받지도 않은, 괜한, 쓸데 없는.
__un·so·phis·ti·cat·ed__ [ʌ̀nsəfístəkèitid] *a.* 단순한; 순진한; 섞지 않은, 순수한; 진짜의. 「하지 않는.
__un·sought__ [ʌnsɔ́:t] *a.* 찾지 않는; 구
__un·sound__ [ʌnsáund] *a.* 건전〔건강〕하지 않은; 근거가 박약한; (잠이) 깊이 안 든.
__un·spar·ing__ [ʌnspέəriŋ] *a.* (물건 따위를) 아끼지 않는, 손이 큰 (*of, in*); 무자비한, 호된. ~·ly *ad.*
*__un·speak·a·ble__ [ʌnspí:kəbəl] *a.* ① 이루 말할 수 없는. ② 언어 도단의; 심한. __-bly__ *ad.* 「〔명기〕하지 않은.
__un·spec·i·fied__ [ʌnspésəfàid] *a.* 특기
__un·spot·ted__ [ʌnspɑ́tid / -ɔ́-] *a.* 반점이 없는; 오점이 없는, 결백한.
*__un·sta·ble__ [ʌnstéibəl] *a.* 불안정한; 변하기 쉬운; 〖化〗 (화합물이) 분해하기〔다른 화합물로 변하기〕 쉬운.
__unstáble èlement__ 〖理〗 부정 원소(不定元素)《마지막에 방사성 isotope로 변하는 방사능 물질》.
__un·stained__ [ʌnstéind] *a.* 더럽혀지지 않은, 오점이 없는.
*__un·stead·y__ [ʌnstédi] *a.* ① 불안정한; 변하기 쉬운, 미덥지 못한. ② 소행이 나쁜. 「활수(滑手)한.
__un·stint·ed__ [ʌnstíntid] *a.* 아낌없는,
__un·stop__ [ʌnstɑ́p / -stɔ́p] *vt.* (*-pp-*) …의 마개를 뽑다; 장애를 없애다.
__un·stressed__ [ʌnstrést] *a.* (음절이)

강세〔악센트〕가 없는.
un·string [ʌnstríŋ] *vt.* (**-strung**) …의 줄을 벗기다〔늦추다〕; 실에서 뽑다; (신경·기운 등을) 약하게 하다.
un·strung [ʌnstrʌ́ŋ] *v.* unstring의 과거(분사). —— *a.* (줄 따위가) 느스러진; (신경이) 약해진, 신경질인.
un·stud·ied [ʌnstʌ́did] *a.* 배우지 않고 알게 된; 꾸밈 없는, (문체 따위가) 자연스러운; 배우지 않은.
un·sub·dued [ʌ̀nsəbdjúːd] *a.* 정복〔진압, 억제〕되지 않은.
un·sub·stan·tial [ʌ̀nsəbstǽnʃəl] *a.* 실질〔실체〕없는; 허울만의; 견고하지 않은; 비현실적인.
***un·suc·cess·ful** [ʌ̀nsəksésfəl] *a.* **성공하지 못한**, 잘되지 않은, 실패한. ~·**ly** *ad.*
***un·suit·a·ble** [ʌnsúːtəbəl] *a.* **부적당한**, 어울리지 않는. **-bly** *ad.*
un·suit·ed [ʌnsúːtid] *a.* 부적당한 (*to, for*); 어울리지 않는.
un·sul·lied [ʌnsʌ́lid] *a.* 더럽혀지지 않은, 깨끗한.
un·sung [ʌnsʌ́ŋ] *a.* 노래되지 않은; 시가(詩歌)에 의해 찬미되지 않은.
un·sup·port·ed [ʌ̀nsəpɔ́ːrtid] *a.* 받쳐지지 않은; 지지되지 않는.
un·sur·passed [ʌ̀nsərpǽst -áː-] *a.* 능가할 자 없는, 탁월한.
un·sus·pect·ed [ʌ̀nsəspéktid] *a.* 의심받지 않는; 생각지도 못할.
un·sus·pi·cious [ʌ̀nsəspíʃəs] *a.* 의심〔수상〕스럽지 않은; 의심치 않는.
un·sweep·a·ble [ʌnswíːpəbl] *a.* (말끔히) 쓸어버릴 수 없는; 〖海〗 소해(掃海)할 수 없는.
un·swept [ʌnswépt] *a.* 쓸리지 않는, 〖海〗 소해(掃海)되지 않은.
un·sys·tem·at·ic [ʌ̀nsistəmǽtik] *a.* 조직적이 아닌, 계통이 안선; 무질서한.
un·taint·ed [ʌntéintid] *a.* 때묻지〔더럽혀지지〕 않은, 오점이 없는.
un·tamed [ʌntéimd] *a.* 길들지 않은, 억제〔훈련〕되지 않은.
un·tan·gle [ʌntǽŋgəl] *vt.* …의 엉킨 것을 풀다; (분규 등을) 해결하다.
un·tapped [ʌ̀ntǽpt] *a.* (통의) 마개를 안 뽑은; 이용〔활용〕되지 않은《자원 등》.
un·taught [ʌntɔ́ːt] *a.* 배운 것이 아닌, 자연히 터득한; 배우지 못한, 무식한. 「Council.
UNTC United Nations Trustee
un·ten·a·ble [ʌnténəbəl] *a.* 옹호〔지지〕할 수 없는; (집 등이) 거주할 수 없는.
un·thank·ful [ʌnθǽŋkfəl] *a.* 감사하지 않는(*to*); 고맙지 않은, 고맙게 여기지 않는.
un·think·a·ble [ʌnθíŋkəbəl] *a.* 생각할 수 없는; 있을성 싶지(도) 않은.
un·think·ing [ʌnθíŋkiŋ] *a.* 생각〔사려〕 없는; 부주의한. 「*a.* 뜻밖의.
un·thought(-of) [ʌnθɔ́ːt(ɑ̀v)/-(ɔ̀v)]
un·thread [ʌnθréd] *vt.* (바늘 따위의) 실을 빼다; (미로(迷路) 따위를) 빠져 나오다; (수수께끼 등을) 풀다.
un·thrift·y [ʌnθrífti] *a.* 낭비하는.
un·ti·dy [ʌntáidi] *a.* 단정치 못한.
***un·tie** [ʌntái] *vt.* (**untying**) **풀다, 끄르다**; 속박을 풀다; (곤란 등을) 해결하다.
†**un·til** [əntíl] *prep.* 《때》 …**까지**, …에 이르기까지, …이 될 때까지. —— *conj.* ① 《때》 …까지, …**때까지**; 마침내. ② 《程度》 …**할 때까지**.
un·tilled [ʌntíld] *a.* 경작되지 않은; 갈지 않은.
***un·time·ly** [ʌntáimli] *a.* **때 아닌**, 철 아닌; 계제가 나쁜. —— *ad.* 때 아닌 때에; 계제가 나쁘게.
un·tir·ing [ʌntáiəriŋ] *a.* 지치지 않는, 끈질긴, 불굴의.
un·ti·tled [ʌntáitld] *a.* 칭호〔작위〕가 없는; 권리가 없는; 제목이 없는.
***un·to** [ʌ́ntu, (자음 앞) ʌ́ntə] *prep.* 《古·雅》 …에; …까지《to와 같지만 不定詞에는 안 씀》.
***un·told** [ʌntóuld] *a.* **이야기되지 않은**, 밝혀지지 않은; 셀 수 없는.
un·touch·a·ble [ʌntʌ́tʃəbəl] *a.* 만질〔손댈〕 수 없는; (손)대면 안되는. —— *n.* (인도에서 최하층의) 천민.
***un·touched** [ʌntʌ́tʃt] *a.* **손대지 않은**; 언급되지 않은; 감동되지 않은.
un·to·ward [ʌntóuərd, -tɔ́ːrd] *a.* 운이 나쁜; 부적당한; 《古》 완고한.
un·trained [ʌntréind] *a.* 훈련되지 않은.
un·trav·eled, 《英》 **-elled** [ʌntrǽvəld] *a.* (먼 데에) 여행한 적이 없는; 인적이 드문〔끊어진〕, 여행자가 없는.
un·tried [ʌntráid] *a.* (시험)해 보지 않은; 경험이 없는; 〖法〗 미심리(未審理)의.
un·trimmed [ʌntrímd] *a.* 장식이 붙어 있지 않은; (나뭇가지 따위를) 손질〔전정〕하지 않은; (가장자리를) 치지〔다듬지〕 않은.
un·trod(·den) [ʌntrɑ́d(n)/-ɔ́-] *a.* 밟힌 적이 없는; 인적 미답(人跡未踏)의.
un·trou·bled [ʌntrʌ́bəld] *a.* 괴로움을 안 당하는, 근심하지 않은; 잔잔한, 조용한.
***un·true** [ʌntrúː] *a.* **진실이 아닌**; **불성실한**; (표준·치수에) 맞지 않는.
un·truss [ʌntrʌ́s] *vt.* 《古》 풀다; 옷을 벗기다.
un·truth [ʌntrúːθ] *n.* Ⓤ,Ⓒ 진실이 아님, 허위; 거짓(말). ~·**ful** *a.* 진실이 아닌, 거짓(말)의. ~·**ful·ly** *ad.* ~·**ful·ness** *n.*
un·tu·tored [ʌntjúːtərd] *a.* 교사에게 배우지 않은, 교육 받지않은; 무무한; 소박한.
***un·used** [ʌnjúːzd] *a.* ① **쓰지 않는**; 사용한 적이 없는. ② [-júːst] 익숙하지 않은(*to*).
‡**un·u·su·al** [ʌnjúːʒuəl, -ʒəl] *a.* **보통이 아닌**; **유별난**, 진기한. *~·**ly** *ad.* ~·**ness** *n.*
un·ut·ter·a·ble [ʌnʌ́tərəbəl] *a.* 발음할 수 없는; 이루 말할 수 없는; 말도 안되는. **-bly** *ad.*

un·var·ied [ʌnvέərid] *a.* 변하지 않은; 끈덕진; 단조로운.

un·var·nished [ʌnvá:rniʃt] *a.* 니스칠을 안한; 꾸밈 없는, 있는 그대로의. 「는.

un·var·y·ing [ʌnvέəriiŋ] *a.* 변치 않

un·veil [ʌnvéil] *vt.* …의 베일을 벗기다; …의 제막식을 올리다; (비밀을) 털어 놓다. —— *vi.* 베일을 벗다, 정체를 드러내다.

un·voiced [ʌnvɔ́ist] *a.* (목)소리로 내지 않는; 〖音聲〗 무성(음)의.

un·want·ed [ʌ̀nwɑ́ntid, -wɔ́(:)nt-] *a.* 바람직하지 못한, 쓸모없는; 불필요한.

un·war·rant·a·ble [ʌnwɔ́:rəntəbəl/-ɔ́-] *a.* 보증〔변호〕할 수 없는; 부당한.

un·war·rant·ed [ʌnwɔ́:rəntid/-ɔ́-] *a.* 보증되어 있지 않은; 부당한.

un·war·y [ʌnwέəri] *a.* 부주의한; 경솔한.

un·washed [ʌnwɑ́ʃt, -ɔ́:-/-ɔ́-] *a.* 씻지 않은; 불결한. ***the great*** **~** 하층사회 (사람들).

un·wa·ver·ing [ʌnwéivəriŋ] *a.* 동요하지 않는, 확고한.

un·wea·ried [ʌnwíərid] *a.* 지치지 않는, 끈덕진, 불굴의.

*__un·wel·come__ [ʌnwélkəm] *a.* **환영받지 못하는;** 달갑지 않은, 싫은.

un·well [ʌnwél] *a.* 기분이 나쁜, 건강이 좋지 않은, 불쾌한; 《口》 월경중인.

un·wept [ʌnwépt] *a.* 슬퍼해〔울어〕주지 않는; (눈물이) 흘려지지 않는.

*__un·whole·some__ [ʌnhóulsəm] *a.* **건강에 좋지 않은;** 불건전한, 유해한. **~·ly** *ad.* **~·ness** *n.*

un·wield·y [ʌnwí:ldi] *a.* 다루기 힘든; 부피가 큰, 모양이 없는.

‡**un·will·ing** [ʌnwíliŋ] *a.* 바라지 않는, **마음 내키지 않는.** **~·ly** *ad.* **~·ness** *n.* 「풀(리)다, 되감(기)다.

un·wind [ʌnwáind] *vt., vi.* (***-wound***)

*__un·wise__ [ʌnwáiz] *a.* **슬기없는,** 약지 못한, 어리석은. **~·ly** *ad.*

un·wished(-for) [ʌnwíʃt(fɔ̀:r)] *a.* 바라지 않는.

un·wit·ting [ʌnwítiŋ] *a.* 모르는, 무의식의. **~·ly** *ad.* 부지불식간에.

un·wont·ed [ʌnwóuntid, -wɔ́:nt-] *a.* 보통이 아닌, 이상한; 드문; 《古》 익숙하지 않은(*to*). 「적인; 정신계의.

un·world·ly [ʌnwə́:rldli] *a.* 비세속

‡**un·wor·thy** [ʌnwə́:rði] *a.* ① **가치 없는.** ② …의〔할〕 가치 없는(*of*). ③ 비열한, 부끄러운.

un·wound [ʌnwáund] *v.* unwind의 과거(분사). —— *a.* 감긴 것이 풀린; 감기지 않은.

un·writ·ten [ʌnrítn] *a.* 써 있지 않은; 불문(不文)의; 글씨가 씌어 있지 않은, 백지의.

unwrítten láw 관습법, 불문율; 면제법《가족의 정조 유린 등에는 복수할 권리가 있다는 원칙》.

un·yield·ing [ʌnjí:ldiŋ] *a.* 굽지 않는, 단단한; 굴하지〔굽히지〕 않는, 단호한. **~·ly** *ad.*

un·yoke [ʌnjóuk] *vt.* 멍에를 벗기다; 속박을 풀다; 떼다, 분리하다.

un·zip [ʌnzíp] *vt.* (*-pp-*) 지퍼를 열다. —— *vi.* 지퍼가 열리다. 「Africa.

U. of S. Afr. Union of South

†**up** [ʌp] *ad.* ① **위(쪽으)로,** 위에. ② (남에서) 북으로. ③ 일어나서, 서서 (*get up*). ④ 《美》 (해가, 수평선 위로) 떠 올라서. ⑤ (값·온도 따위가) 높이 올라(서). ⑥ …쪽으로, 접근하여(*He came up to me.*). ⑦ 아주, 완전히(*The house burned up.* 집이 전소했다). ⑧ 끝나서, 다하여(*It's all up with him.* 그는 이제 글렀다). ⑨ 일어나《발생》, 나타나(*What is up?* 무슨〔웬〕일이야). ⑩ 숙달하여 (*be up in mathematics* 수학을 잘 하다). ⑪ 저장하여, 가두어(*lay up riches* 부(富)를 쌓다). ⑫ 《美》〖野〗 타수(打數)…. ⑬ 〖골프〗 득점이 앞서, 이기어. ⑭ 《口》〖테니스 따위〗 각(apiece). ***be up and doing*** 크게 활약하다. ***up against*** 《口》 …에 직면하여. ***up and down*** 올라갔다 내려갔다, 위 아래로; 이리 저리. ***Up Jenkins*** 동전돌리기 놀이. ***up to*** 《口》 …에 종사하여, …하려고 하여; …에 견디어, …할 수 있어; 계획 중에; …(에 이르기)까지; 《口》 …의 의무인. ***Up with it!*** 세워라!; 들어 올려라! ***Up with you!*** 서라!; 분발하라! —— *prep.* …의 위로〔에〕, 위쪽으로, …을 끼고〔따라서〕; (강의) 상류에, 오지(奧地)로. ***up hill and down dale*** 산 넘고 골짜기를 건너. —— *a.* 나아간, 올라간; 위의, 올라가는(*an up line*); 지상의; 가까운; 〖野〗 타수(打數)…의. —— *n.* 상승; 오르막; 출세, 행운. ***on the up and up*** 《美口》 성공하여; 정직하여. ***ups and downs*** 높낮이, 고저(高低), 기복; 상하; 영고 성쇠. —— *vt.* 들어올리다; 증대하다. —— *vi.* 《口》 (갑자기) 일어서다; 치켜들다.

UP, U.P. United Presbyterian.

u. p. underproof; upper.

up-and-com·ing [ʌ́pən*d*kʌ́miŋ] *a.* 《美》 진취적인, 정력적인; 유망한.

up-and-down [ˊəndáun] *a.* 오르내리는; 기복 있는; 성쇠가 있는.

up-and-o·ver [ˊən*d*óuvər] *a.* 《英》 밀어올려 수평으로 열리는 《문》.

U·pan·i·shad [ju:pǽniʃæ̀d, u:pɑ́:niʃɑ̀:d] *n.* (Sans.) 우파니샤드《고대 인도의 철학서》.

u·pas [jú:pəs] *n.* 유퍼스나무《Java 부근에서 나는 독있는 나무》; Ⓤ 그 독액(毒液); 파괴적 영향.

up·beat [ʌ́pbì:t] *n., a.* 〖樂〗 약박(弱拍); (the ~) 상승 경향; 명랑한, 낙관적인.

up·braid [ʌpbréid] *vt.* 꾸짖다, 책하다, 비난하다. **~·ing** *n., a.* Ⓤ 비난(하는 듯한). 「육, (가정) 교육.

up·bring·ing [ʌ́pbrìŋiŋ] *n.* [UC] 양

up·com·ing [ʌ́pkʌ̀miŋ] *a.* 다가오

는, (간행·발표 등이) 곧 예정된.

up·coun·try [ʌ́pkʌ̀ntri] *n., a.* 내지(內地)(의), 해안〔국경〕에서 먼. —— [ˋˊ-] *ad.* 내지에〔로〕.

up·date [ʌpdéit] *vt.* (기사 따위를) 아주 새롭게 하다; …에 극히 최근의 사건〔것〕까지 넣다〔싣다〕. —— [ˊˋ] *n.* 〖컴퓨터〗 최신 정보, 갱신.

up·end [ʌpénd] *vt., vi.* 거꾸로 세우다〔하다〕; 서다; 일으켜 세우다.

up·grade [ʌ́pgrèid] *n.* 《美》 치받이. *on the* ~ 상승하여; 진보하여. —— [ˊˊ] *a., ad.* 치받이의〔에서〕. —— [ˋˊ] *vt.* 승격시키다; 품질을 높이다.

up·growth [ʌ́pgròuθ] *n.* Ⓤ 성장, 발육; 발달; Ⓒ 성장〔발달〕물.

up·heave [ʌphíːv] *vt., vi.* (~*d*, *-hove*) 들어 올리다; 치오르다, 상승시키다〔하다〕. **-héav·al** *n.* ⓊⒸ 들어 올림; 융기; 격변, 동란. 「(분사).

***up·held** [ʌphéld] *v.* uphold의 과거

***up·hill** [ʌ́phíl] *a.* **오르막의,** 올라가는, 치받이의; 힘드는. —— *ad.* **치받이를 올라,** 고개〔언덕〕 위로.

‡**up·hold** [ʌphóuld] *vt.* (*-held*) ① (떠)**받치다.** ② **후원**〔고무〕**하다;** 시인하다. ③ 〖法〗 (판결 따위를) 확인하다. ~**·er** *n.* 지지자.

up·hol·ster [ʌphóulstər] *vt.* (방을) 꾸미다, …에 가구를 설비하다; (가구에) 덮개〔스프링·속 따위〕를 씌우다〔달다, 넣다〕. ~**·er** [-stərər] *n.* 실내 장식업자, 가구상. **-ster·y** *n.* ⓊⒸ 가구의 덮개〔씌우개〕; Ⓤ 《集合的》 가구류(類); 실내 장식업. 「거(분사).

up·hove [ʌphóuv] *v.* upheave의 과

UPI United Press International.

Úp Jén·kins [ʌ́p dʒéŋkinz] ⇨UP.

up·keep [ʌ́pkìːp] *n.* Ⓤ 유지(비).

***up·land** [ʌ́plənd, -læ̀nd] *n.* **고지,** 산지(山地). —— *a.* 고지의, 고지에 사는〔에서 자라는〕.

***up·lift** [ʌplíft] *vt.* ① **들어 올리다.** ② (정신을) 고양(高揚)하다. ③ (사회적·도덕적으로) 향상시키다. —— [ˊˋ] *n.* Ⓤ ① 들어 올림. ② (정신적) 고양(高揚); (사회적·도덕적) 향상(에의 노력).

up·mar·ket [ʌ́pmὰːrkit] *a.* 《英》 고급품(지향)의. 「MOST.

up·most [ʌ́pmòust/-məst] *a.* UPPER-

†**up·on** [əpɔ́ːn, -pά-/-pɔ́-] *prep.* =ON.

‡**up·per** [ʌ́pər] *a.* ① (더) **위의,** 상부의. ② 상위〔상급〕의. ③ (지층(地層) 따위가) 후기의(more recent). *get* 〔*have*〕 *the* ~ *hand of* …에 이기다. —— *n.* (구두의) 갑피. *on one's* ~*s* 《口》 창이 다 떨어진 구두를 신은; 초라한 모습으로; 가난

úpper áir 고층 대기. 「하여.

up·per·brack·et [ʌ́pərbrӕkit] *a.* 차례〔순위〕의 상위(上位)에 속하는(~ *taxpayers* 고액 납세자). 「스.

úpper cáse 〖印〗 대문자 활자 케이

up·per-class [-klǽs, -άː-] *a.* 상류의; 《美》 (학교에서) 상급(학년)의. **up·per·cláss·man** [ˋ-ˊ-] *n.* 《美》 (대학의) 상급생 《junior(3년생) 또는 senior (4년생)》. 「껍질; 《口》 상류 사회.

úpper crúst, the (파이 따위의) 위

up·per·cut [-kʌ̀t] *n., vt., vi.* (*-cut; -tt-*) 〖拳〗 어퍼컷(을 먹이다).

úpper hánd 지배, 우세.

Úpper Hóuse, the 상원(上院).

***up·per·most** [ʌ́pərmòust] *a.* **최상**〔**최고**〕**의;** 맨먼저 마음에 떠오르는, 가장 눈에 띄는. —— *ad.* 최상에, 최고위에; 최초로〔에〕. 「리, 두뇌.

úpper stór(e)y 2층, 위층; 《俗》 머

úpper tén (thóusand) 《英》 상류〔귀족〕 사회.

Úpper Vól·ta [vάltə/-ɔ́-] 오트볼타 《남아프리카 서부의 한 공화국》.

up·pish [ʌ́piʃ] *a.* 《口》 건방진.

up·pi·ty [ʌ́pəti] *a.* 《美口》 =UPPISH.

up·point [ʌppɔ́int] *vt.* (배급품의) 수효를 늘리다.

up·raise [ʌpréiz] *vt.* 들어 올리다.

up·rear [ʌpríər] *vt.* 일으키다, 올리다; 기르다, 키우다.

‡**up·right** [ʌ́pràit] *a.* **곧은,** 곧게 선; 올바른, 정직한. —— [-ˊ] *ad.* **똑바로,** 곧추 서서. —— [ˊˋ] *n.* ① Ⓤ 직립(상태), 수직. ② 곧은 물건. **úp·right·ly** *ad.* **úp·right·ness** *n.*

úpright piáno 수형(竪型) 피아노.

up·rise [ʌpráiz] *vi.* (*-rose; -risen*) 일어서다〔나다〕; 오르다; 오르막이〔치받이가〕 되다; 증대하다. —— [ˊˋ] *n.* 상승; 오르막. 「분사.

up·ris·en [ʌprízn] *v.* uprise의 과거

***up·ris·ing** [ʌ́pràiziŋ, -ˊ-] *n.* ① ⒸⓊ **일어남.** ② 오르막. ③ 반란, 폭동.

***up·roar** [ʌ́prɔ̀ːr] *n.* ⒸⓊ **큰 소란;** 소동, 소음.

up·roar·i·ous [ʌprɔ́ːriəs] *a.* 몹시 떠들어 대는; 시끄러운. ~**·ly** *ad.*

***up·root** [ʌprúːt] *vt.* **뿌리째 뽑다;** 근절시키다.

up·rose [ʌpróuz] *v.* uprise의 과거.

up·scale [ʌ́pskèil] *a.* 《美》 중류〔평균〕 이상의, 고소득층에 속하는.

‡**up·set** [ʌpsét] *vt.* (*-set; -tt-*) ① **뒤집어 엎다;** (계획 따위를) 망치다. ② 마음을 뒤흔들어 놓다, 당황케 하다. ③ 몸을 해치다; 지게 하다. —— *vi.* 뒤집히다. —— [ˊˋ] *n.* **전복;** 마음의 뒤흔들림; 혼란; 《口》 불화; 패배. —— [ˋˊ, ˊˋ] *a.* 뒤집힌; 혼란한.

up·shot [ʌ́pʃὰt/-ʃɔ̀t] *n.* (the ~) 결과; 결론; (의론의) 요지(gist).

‡**up·side** [ʌ́psàid] *n.* **위쪽,** 상부. ~ *down* 거꾸로; 혼란하여. 「로의.

***up·side-down** [ʌ́psàiddáun] *a.* 거꾸

up·sides [ʌpsáidz] *ad.* 《英口》 피장파장으로, …와 호각으로(*with*).

up·si·lon [júːpsilὰn/juːpsáilən] *n.* 그리스어 알파벳의 20번째 글자(*Υ, υ*. 영어의 Y, y에 해당).

up·stage [ʌ́pstéidʒ] *ad.* 무대의 뒤〔안〕쪽으로〔에서〕. —— *a.* 무대 뒤〔안〕쪽의; 거만한, 뽐내는.

‡**up·stairs** [ʌ́pstɛ́ərz] *ad.* **2층에**〔**으로**〕, 위층에〔으로〕; 《口》 〖空〗 상공에. —— *a.* 2층의. —— *n.* 이층, 위층.

U

up·stand·ing [ʌpstǽndiŋ] *a.* 곧추선, 직립한; 훌륭한.
up·start [ʌ́pstɑ̀ːrt] *n.* 벼락 출세자; 건방진 녀석.
up·state [ʌ́pstéit] *a.* 《美》 주(州)의 북부〔해안·도회에서 멀리 떨어진 곳〕의. —— [스] *n.* (특히 N.Y.)주의 오지(奧地).
***up·stream** [ʌ́pstríːm] *ad., a.* 상류에〔로 향하는〕, 흐름을 거슬러 올라가(는).
up·surge [ʌpsə́ːrdʒ] *vi.* 파도가 일다; (감정이) 솟구치다; 급증하다. —— [스] *n.* 솟구쳐 오름; 급증.
up·swing [ʌ́pswìŋ] *n.* 위쪽으로 흔듦〔흔들림〕, 상승(운동); 향상, 약진.
up·take [ʌ́ptèik] *n.* 이해. ***be quick in the*** ~ 이해가 빠르다.
up·thrust [ʌ́pθrʌ̀st] *n.* 밀어〔들어〕올림; 〖地〗 융기(隆起).
up·tight [ʌ́ptáit] *a.* 《俗》 (경제적으로) 곤란한; 긴장하고 있는; 흥분한; 초조한.
up-to-date [ʌ́ptədéit] *a.* 최신의, 최근의 자료〔정보 등〕에 의거한; 최신식의, 현대적인, 시대에 뒤지지 않는, 최신의 정보에 밝은.
up-to-the-min·ute [-ðəmínit] *a.* 극히 최근〔최신〕의, 최신식의.
up·town [ʌ́ptáun] *ad.* 《美》 (도시의) 높은 지대에〔로〕. —— *a.* 《美》 (도시의) 높은 지대의; 주택 지구〔주택가〕의. —— *n.* 《美》 주택 지구, 주택가.
up·train [ʌ́ptrèin] *n.* 상행 열차.
up·turn [ʌptə́ːrn] *vt.* 위로 향하게 하다; 뒤집다; 파헤치다. —— [스] *n.* 혼란, 격동; 상승; (경제의) 호전.
up·túrned [-d] *a.*
U. P. U. Universal Postal Union.
‡**up·ward** [ʌ́pwərd] *a.* 위(쪽으)로 향하는〔향한〕; 상승하는.
up·ward(s)** [ʌ́pwərd(z)] *ad.* 위쪽으로, 위를 향해서; …이상. ~ ***of … 보다 이상.
Ur 〖化〗 uranium.
u·ra·cil [júərəsil] *n.* Ⓤ 〖生化〗 우라실《리보 핵산의 성분의 하나인 염기성 물질》.
u·rae·mi·a [juəríːmiə, -mjə] *n.* =UREMIA.
U·ral-Al·ta·ic [júərəlæltéiik] *a., n.* 우랄알타이 지방 (주민)의; Ⓤ 우랄알타이 어족(語族)(의).
Úral Móuntains *n. pl.* 우랄 산맥 (the Urals).
u·ran·ic [juərǽnik] *a.* ① 하늘의; 천문의. ②〖化〗 우라늄의, 우라늄을 함유한《특히 고(高)원자가로》.
u·ra·nite [júrənàit/júər-] *n.* Ⓤ 〖鑛〗 우라나이트《운모처럼 벗겨지는 인산(燐酸) 우라늄 광물의 총칭》.
u·ra·ni·um** [juréiniəm, -njəm / juər-] *n.* Ⓤ 〖化〗 우라늄《방사성 금속 원소; 기호 Ur》. ***enriched* 〔*concentrated*〕** ~ 농축 우라늄. ***natural ~ 천연 우라늄. ~ ***fission*** 우라늄 핵분열. ~ ***pile*** 우라늄 원자로.
u·ra·nol·o·gy [jùərənɑ́lədʒi/-nɔ́l-] *n.* Ⓤ 천문학; Ⓒ 천체론.
U·ra·nus [júərənəs] *n.* 〖그神〗 우라누스신(神) 《하늘의 화신》; 〖天〗 천왕성.
urb [əːrb] *n.* 《美口》 (교외에 대하여) 도시〔시가지〕 구역.
ur·ban** [ə́ːrbən] *a.* 도회(풍)의, 도시에 사는. ~ ***district 《英》 준(準)자치 도시. ~ ***renewal* 〔*redevelopment*〕** 도시 재개발. ~ ***sprawl*** 스프롤 현상《도시의 불규칙하고 무계획적인 교외 발전》.
ur·bane [əːrbéin] *a.* 도회적인, 세련된, 예의 바른, 점잖은, 품위 있는.
ur·bán·i·ty [-bǽnəti] *n.* Ⓤ
ur·ban·ism [ə́ːrbənìzəm] *n.* Ⓤ 도시 생활; 도시 계획, 도시화.
ur·ban·ite [ə́ːrbənàit] *n.* 도회 사람.
ur·ban·ize [ə́ːrbənàiz] *vt.* 도회화하다.
ur·ban·ol·o·gy [əːrbənɑ́lədʒi/-ɔ́-] *n.* Ⓤ 도시학, 도시 문제 연구.
ur·bi·cul·ture [ə́ːrbəkʌ̀ltʃər] *n.* Ⓤ 도회지(식) 생활, 도시 문화〔문제〕.
***ur·chin** [ə́ːrtʃin] *n.* 개구쟁이, 선머슴; 소년.
u·re·a [juəríːə, júəriə] *n.* Ⓤ 〖化〗 요소(尿素).
u·re·mi·a [juəríːmiə] *n.* 〖病〗 Ⓤ 요독증(尿毒症).
u·re·ter [juəríːtər] *n.* 〖解〗 수뇨관(輸尿管).
u·re·thra [juəríːθrə] *n.* (*pl.* ***-thrae*** [-θriː], ~***s***) 〖解〗 요도(尿道).
u·re·thri·tis [jùərəθráitis] *n.* Ⓤ 〖醫〗 요도염.
‡**urge** [əːrdʒ] *vt.* ① 몰아대다, 재치다. ② 재촉하다. ③ 격려하다; 권고하다. ④ 주장하다. ⑤ 강요하다. —— *n.* 충동, 자극.
‡**ur·gent** [ə́ːrdʒənt] *a.* ① 긴급한, 중요한. ② 강요하는. ~·**ly** *ad.* 절박하여; 빈번히, 자꾸. ***úr·gen·cy** *n.* Ⓤ
u·ric [júərik] *a.* 오줌〔요소〕의.
úric ácid 〖化〗 요산(尿酸).
u·ri·nal [júərənəl] *n.* ① (남자용) 소변기. ② 요강.
u·ri·nal·y·sis [jùərənǽləsis] *n.* Ⓤ,Ⓒ (*pl.* ***-ses*** [-sìːz]) 오줌, 분석, 검뇨(檢尿).
u·ri·nate [júərənèit] *vi.* 소변을 보다.
u·rine [júərin] *n.* Ⓤ 오줌, 소변. **ú·ri·nal** [-rənəl] *n.* 소변기, 소변소. **ú·ri·nar·y** [-rənèri] *a., n.* 오줌의, 비뇨기의; 소변소.
***urn** [əːrn] *n.* ① (굽 또는 받침이 달린) 항아리. ②납골(納骨)단지; 무덤. ③ (따르는 꼭지가 달린) 커피 끓이개.
u·ro·gen·i·tal [jùəroudʒénətl] *a.* 비뇨 생식기의.
u·rol·o·gy [juərɑ́lədʒi/juərɔ́l-] *n.* Ⓤ 비뇨기학, 비뇨과학.
u·ros·co·py [juərɑ́skəpi/juərɔ́s-] *n.* Ⓤ 검뇨(檢尿).
Úr·sa Májor [ə́ːrsə] 〖天〗 큰곰자리.
Úrsa Mínor 〖天〗 작은곰자리.
ur·sine [ə́ːrsain, -sin] *a.* 곰의, 곰같은.

ur·ti·car·i·a [ə̀ːrtikéəriə] *n.* Ⓤ 〖病〗 두드러기.

Uru. Uruguay.

U·ru·guay [júərəgwèi, -gwài] *n.* 남미 남동부의 공화국. **U·ru·guáy·an** [ˌ-gwéiən/ˌ-gwáiən] *a.*, *n.* 우루과이의 (사람).

Úruguay Róund 우루과이 라운드 《1986년 우루과이의 GATT 각료회의에서 선언된 다자간 무역협상》.

†**us** [強 ʌs, 弱 əs] *pron.* 《we의 目的格》 우리들을〔에게〕.

‡**US, U.S.** United States (of America). **u. s.** *ut supra* (L. =as above). ‡**USA, U.S.A.** Union of South Africa; United States of America; U.S. Army.

us·a·ble [júːzəbəl] *a.* 사용할 수 있는, 「사용에 적합한.

USAEC United States Atomic Energy Commission. **U.S.A.F.** U.S. Air Force. **U.S.A.F.I.** U.S. Armed Forces Institute.

‡**us·age** [júːsidʒ, -z-] *n.* ① Ⓤ 사용법, 취급법. ② ⓊⒸ **관습**, 관용(慣用). ③ Ⓤ (언어의) 관용법, 어법(語法).

USAID-K [ju(ː)séid-] United States Agency for International Development to Korea《USOM-K의 후신》.

us·ance [júːzəns] *n.* Ⓤ 〖商〗 유전스 《어음 지급(관습) 기간》.

USCG U.S. Coast Guard. **USDA** United States Department of Agriculture.

†**use** [juːs] *n.* Ⓤ ① **사용**, 이용. ② 효용, 이익. ③ ⒸⓊ 사용 목적, 용도. ④ 사용법; 다루는 법. ⑤ 필요 (*for*). ⑥ 사용권(*of*). ⑦ ⓊⒸ 습관. ⑧ 〖法〗 (토지 따위의) 수익권. ⑨ Ⓒ 각교회·교구 특유의 예식(禮式). ***have no ~ for*** …의 필요가 없다; 《口》 …은 싫다. ***in* 〔*out of*〕 *~*** 사용되고〔되지 않고〕, 행하여져〔폐지되어〕. ***lose the ~ of*** …이 쓰지 못하게 되다. ***make ~ of*** …을 이용〔사용〕하다. ***of ~*** 쓸모 있는, 유용한. ***put to ~*** 쓰다; 이용하다. ***~ and wont*** 관습, 관례. ― [juːz] *vt.* ① **쓰다**; 소비하다; 활동시키다. ② 대우〔취급〕하다. ***~ up*** 다 써버리다; 《口》 지치게〔기진케〕 하다. **ˊ·a·ble** *a.* =USABLE. ‡**ús·er** *n.* 사용자.

†**used**[1] [juːst, (to의 앞) juːst] *a.* ① …에 **익숙하여**(*to*). ② [juːzd] 써서 〔사용하여〕 낡은(*up*), 사용한〔된〕.

†**used**[2] [juːst] *vi.* 《口》 …**하는 것이 보통이었다**, …하곤 했다(*to* do).

†**use·ful** [júːsfəl] *a.* **유용한**; 편리한; 도움이 되는. **~·ly** *ad.* **~·ness** *n.*

‡**use·less** [júːslis] *a.* **쓸모〔소용〕없는**; 무익한. **~·ly** *ad.*

USES United States Employment Service. **USFK** U.S. Forces, Korea. **USHA** United States Housing Authority.

Ú-shaped [júːʃèipt] *a.* U자형의.

***ush·er** [ʌ́ʃər] *n.* ① (교회·극장 따위의) **안내인**; 수위, 접수계, 전갈하는 사람. ② (결혼식장에서) 안내를 맡은 사람. ③ 《古》 《蔑》 (영국 사립학교의) 조교사(助敎師). ― *vt.* 안내하다; 전갈하다. **~ *in* 〔*out*〕** 맞아 들이다〔배웅하다〕.

ush·er·ette [ʌ̀ʃərét] *n.* (극장 등의) 여자 안내원.

USIA, U.S.I.A. United States Information Agency. **USIS** U.S. Information Service. **USM** underwater-to-surface missile. **U.S.M.** U.S. Mail. **U.S.M.A., USMA** United States Military Academy. **USMC, U.S.M.C.** United States Maritime Commission. **U.S.M.C.** U.S. Marine Corps. **USN, U.S.N.** U.S. Navy. **USNA** U.S. National Army; U.S. Naval Academy. **USNG** U.S. National Guard. **USO, U.S.O.** United Service Organization. **USOM-K** U.S. Operations Mission to Korea. **USP, U.S.P.** U.S. Pharmacopoeia. **U.S.R.** United States Reserves. **USS, U.S.S.** United States Ship. **U.S.S.** U.S. Senate. **U.S.S. C(t).** United States Supreme Court. ***USSR, U.S.S.R.** Union of Soviet Socialist Republics. **usu** usual, usually.

†**u·su·al** [júːʒuəl, -ʒəl] *a.* **보통의**; 언제나의, 통상의, 일상〔평소〕의, 예(例)의. ***as ~*** 여느 때처럼. †**~·ly** *ad.* **보통**, 대개.

u·su·rer [júːʒərər] *n.* 고리 대금업자.

u·su·ri·ous [juːʒúəriəs] *a.* 높은 이자를 받는; 고리(대금)의.

***u·surp** [jusə́ːrp, -z-/-z-] *vt.* (권력·지위 따위를) **빼앗다**, 강탈하다. **u·sur·pá·tion** [ˌ-péiʃən] *n.* ⓊⒸ **~·er** *n.*

u·su·ry [júːʒəri/-ʒu-] *a.* ⓊⒸ 고리(高利); 고리 대금업.

U.S.V. United States Volunteers. **U.S.W.** ultra short wave. **Ut.** Utah. **U.T.** universal time.

***U·tah** [júːtɑː] *n.* 미국 서부의 주《생략 Ut.》.

‡**u·ten·sil** [juːténsəl] *n.* (부엌·낙농장 등의) **도구**, 기구, 가정용품.

u·ter·ine [júːtərin, -ràin/-ràin] *a.* 자궁의; 동모 이부(同母異父)의.

u·ter·us [júːtərəs] *n.* (*pl.* ***-teri*** [-tərài]) 〖解〗 자궁(子宮).

u·tile [júːtail] *a.* 유용한, 쓸모있는.

u·til·i·tar·i·an [jùːtilətéəriən] *a.* 공리적인; 실용적인; 공리주의의. ― *n.* 공리(功利)주의자. **~·ism** [-ìzəm] *n.* Ⓤ 〖哲〗 공리설〔주의〕《유용성이 선(善)이라는 주장》.

‡**u·til·i·ty** [juːtíləti] *n.* ① Ⓤ **유용**, 효용, 실용. ② (보통 *pl.*) 유용물. ③ 공익 사업. ④ 〖劇〗 단역. ***public ~*** 공익 사업. ― *a.* (옷·가구 등) 실용 본위의. 「《기종 U》.

utílity àircraft 다(多)용도 항공기

utílity màn 〖劇〗 단역; 〖野〗 만능 보결 선수; 닥치는 대로 할 수 있는 사람.

utílity pòle 전화선용 전주.

utílity ròom 허드렛방 《세탁기·난방 기구 등을 두는 방》.
‡**u·ti·lize** [jú:təlàiz] *vt.* 이용하다. **-liz·a·ble** *a.* **u·ti·li·zá·tion** [ˌ–li-zéiʃən/-lai-] *n.* Ⓤ
‡**ut·most** [ʌ́tmòust/-məst] *a.* 가장 먼; 최대(한도)의. —— *n.* 최대 한도, 극한. *at the* ~ 기껏해야. *do one's* ~ 전력을 다하다. *to the* ~ 극도로.
*__U·to·pi·a__ [ju:tóupiə] *n.* ① 유토피아《Thomas More의 *Utopia* 속의 이상국》. ② ⓊⒸ (u-) 이상향(鄕); (u-) 공상적 정치[사회]체제. **-pi·an** *a.*, *n.* 유토피아의 (주민); (u-) 공상적인; (u-) 공상적 사회 개혁론자, 몽상가. 「1955) 프랑스의 화가.
U·tril·lo [ju:trílou], **Maurice**(1883–
‡**ut·ter**[1] [ʌ́tər] *a.* 전적인, 완전한; 절대적인. *~·ly *ad.* 전혀, 아주, 전연.
‡**ut·ter**[2] *vt.* ① 발음[발언]하다. ② ((목)소리 등을) 내다. ③ (생각 따위를) 말하다, 나타내다. ④ (위조 지폐 따위를) 행사하다.
*__ut·ter·ance__ [ʌ́tərəns] *n.* Ⓤ ① 말함, 발언, 발성. ② 말씨, 어조, 발음. ③ Ⓒ (입 밖에 낸) 말, 언설, 소리. *give* ~ *to* …을 입 밖에 내다, 말로 나타내다. 「*n.* =UTMOST.
*__ut·ter·most__ [ʌ́tərmòust/-məst] *a.*,
Ú tùbe U자관(字管).
U-turn [jú:tə̀:rn] *n.*, *vi.* (자동차 따위의) U턴(을 하다), U 자형 회전.
UUM underwater-to-underwater missile.
UV 〖寫〗 ultraviolet.
u·vu·la [jú:vjələ] *n.* (*pl.* ~*s*, *-lae* [-lì:]) 〖解〗 현옹(懸壅), 목젖. **-lar** *a.* 목젖의; 〖音聲〗 목젖을 진동시켜 발성하는.
UXB unexploded bomb 불발탄.
ux·o·ri·cide [ʌksɔ́:rəsàid] *n.* ⓊⒸ 아내 살해 (범인).
ux·o·ri·ous [ʌksɔ́:riəs] *a.* 아내에게 빠진, 아내에게 무른.
Uz·bek [úzbek, ʌ́z-] *n.* 우즈베크 사람《중앙아시아의 우즈베키스탄에 사는 터키 민족》; Ⓤ 우즈베크 말.

V

V, **v** [vi:] *n.* (*pl.* ***V's***, ***v's*** [-z]) V 자형의 것; (로마 숫자의) 5.
V 〖化〗 vanadium; velocity; victory; *Vergeltungswaffe* (G. =reprisal weapon) (⇨ **V-1**; ⇨ **V-2**). **V.** Venerable; Viscount. **v.** verb; verse; *versus* (L. =against); *vide* (L. =see); voice; volt; voltage; volume; *von* (G. =from, of). **Va.** Virginia. **V. A.** Vice-Admiral; 《美》 Veterans Administration.
vac [væk] *n.* ⓊⒸ 《英口》 휴가(vacation; =VACUUM CLEANER.
*__va·can·cy__ [véikənsi] *n.* ① Ⓤ 공허. ② 빈 자리, 공석, 결원(*on*, *in*, *for*). ③ 공백, (빈)틈. ④ 빈 곳[터. 방 따위]. ⑤ Ⓤ 방심(상태).
‡**va·cant** [véikənt] *a.* ① 공허한, 빈. ② 비어 있는, 사람이 안 사는; 결원의. ③ 멍한, 허탈한, 한가한. ~**·ly** *ad.* 멍청하게, 멍하니.
va·cate [véikeit, –ˊ/vəkéit] *vt.* 비우다; (집 등을) 퇴거하다; (직·지위 등에서)물러나다; 〖法〗 무효로 하다, 취소하다. —— *vi.* 물러나다; 《美口》 떠나가다; 휴가를 보내다[얻다].
†**va·ca·tion** [veikéiʃən, vək-/vək-] *n.* ① ⒸⓊ (학교 따위의) 휴가[방학], 휴일. ② (법정의) 휴정기(休廷期). —— *vi.* 휴가를 보내다. 「[우두]의.
vac·ci·nal [vǽksənəl] *a.* 〖醫〗 백신
vac·ci·nate [vǽksənèit] *vt.* 우두를 접종하다; 백신 주사[예방 접종]하다. *__vac·ci·ná·tion__ [vàksənéiʃən] *n.* ⓊⒸ 종두; 백신 주사, 예방 접종.
vac·cine [væksí:n, ˊ–/ˊ–] *n.* 우두종; 백신. 「두(cowpox).
vac·cin·i·a [væksíniə] *n.* Ⓤ 〖病〗 우
vac·il·late [vǽsəlèit] *vi.* 동요하다; (마음·생각이) 흔들리다. **vac·il·lá·tion** [ˌ–léiʃən] *n.* ⓊⒸ 「수.
vac·u·a [vǽkjuə] *n.* vacuum 의 복
va·cu·i·ty [vækjú:əti] *n.* ⓊⒸ 공허; 빈 곳, 진공; (마음의) 공허, 방심; 얼빠진 것. 「(空胞), 액포(液胞).
vac·u·ole [vǽkjuòul] *n.* 〖生〗 공포
vac·u·ous [vǽkjuəs] *a.* 빈; (마음이) 공허한; 얼빠진; 무의미한.
‡**vac·u·um** [vǽkjuəm] *n.* (*pl.* ~*s*, *vacua* [vǽkjuə]) 진공; 빈 곳; 공허; (*pl.* ~*s*) 《口》 =VACUUM CLEANER. —— *vt.* 《口》 진공 청소기로 청소하다.
vácuum bòttle [flàsk] 보온병.
vácuum bràke 진공 제동기.
vácuum clèaner 진공 청소기.
vac·u·um-packed [-pǽkt] *a.* 진공 포장의.
vácuum pùmp 진공(배기) 펌프.
vácuum tùbe 진공관.
va·de me·cum [véidi mí:kəm] (L. =go with me) 필휴(必携)물; 편람.
*__vag·a·bond__ [vǽgəbɑ̀nd/-ɔ̀-] *n.* 방랑[부랑]자; 불량배. —— *a.* 방랑하는, 방랑성의; 변변찮은; 떠도는. ~**·age** [-idʒ] *n.* Ⓤ 방랑 (생활); 방랑성.
va·gar·y [véigəri, vəgέəri] *n.* 변덕; 취광; 색다른 생각.
va·gi·na [vədʒáinə] *n.* (*pl.* ~*s*, *-nae* [-ni:]) 〖解〗 질(膣); 칼집(같이 생긴 부분); 〖植〗 엽초(葉鞘).
*__va·grant__ [véigrənt] *a.* ① 방랑하는, 방랑성의; 방랑(자)의. ② 변하기 쉬운, 변덕스러운. —— *n.* 부랑[방랑]자. **vá·gran·cy** *n.* ⓊⒸ 방랑(생활); 환상, 공상.
‡**vague** [veig] *a.* 모호[막연]한; 분명치 않은. *ˊ**·ly** *ad.* ˊ**·ness** *n.*
va·gus [véigəs] *n.* (*pl.* ***-gi*** [-dʒai]) 〖解〗 미주신경(ˊ nerve).
‡**vain** [vein] *a.* ① 쓸데 없는, 헛된. ② 가치 없는; 공허한. ③ 자부[허영]심이 강한(*of*). *in* ~ 헛된, 헛되게; 경솔하게. *ˊ**·ly** *ad.*
vain·glo·ry [véinglɔ̀:ri/ˌ–ˊ–] *n.* Ⓤ 자부(심), 자만; 허영, 허식. **-gló-**

ri·ous [ˊ-ˊriəs] *a.*
Vais·ya [váisjə, -ʃjə] *n.* 바이샤《인도 4성(性)의 제3계급, 평민》(cf. caste).
val·ance [vǽləns, véil-] *n.* (침대의 주위·창의 위쪽 등에) 짧게 드리운 천.
***vale** [veil] *n.* 《詩》 골짜기.
Va·le [vá:lei / véili, vǽlei] *int.* (L.) 안녕히. —— *n.* 이별.
val·e·dic·tion [vælədíkʃən] *n.* 고별.
val·e·dic·to·ri·an [-diktɔ́:riən] *n.* 《美》 (고별사를 하는) 졸업생 대표.
val·e·dic·to·ry [-díktəri] *a.* 고별의. —— *n.* 《美》 (졸업생 대표의) 고별사.
va·lence [véiləns], **-len·cy** [-lənsi] *n.* 〖化〗 원자가(原子價).
Va·len·ci·a [vəlénʃiə, -siə] *n.* 스페인 동부의 항구; (보통 *pl.*) 교직 나사(交織羅紗).
val·en·tine [vǽləntàin] *n.* St. Valentine's Day (⇩)에 이성에게 보내는 카드·선물 등; 그날에 택한 연인.
Val·en·tine** [vǽləntàin], **St.** 3세기 로마의 기독교 순교자. ***St. ~'s Day 성(聖) 발렌타인 축일《2월 14일》(cf. ⇧).
va·le·ri·an [vəlíəriən] *n.* 〖植〗 쥐오줌풀속(屬)의 식물; Ⓤ 〖藥〗 그 뿌리에서 채취한 진정제.
val·et [vǽlit] *n., vt., vi.* (남자의 치다꺼리를 하는) 종자(從者)(로서 섬기다); (호텔의) 보이.
val·e·tu·di·nar·i·an [vælətjù:dənɛ́əriən] *a., n.* 병약한 (사람); 건강에 신경을 쓰는 (사람).
val·gus [vǽlgəs] *n.* 외반슬(外反膝), X각(脚).
Val·hal·la [vælhǽlə] *n.* 〖北歐神話〗 Odin 의 전당 《⇨ VALKYRIE》.
***val·iant** [vǽljənt] *a.* 용감한. **~·ly** *ad.*
***val·id** [vǽlid] *a.* ① **근거가 확실한**; 정당한. ② 〖法〗 정당한 수속을 밟은, 유효한. **~·ly** *ad.* **~·ness** *n.* ***va·líd·i·ty** *n.* Ⓤ **정당**, 확실성; 유효; 〖法〗 효력.
val·i·date [vǽlədèit] *vt.* (법적으로) 유효케 하다; 확인하다; 비준하다. **val·i·dá·tion** [ˋ-déiʃən] *n.* Ⓤ
va·line [véili:n] *n.* 〖生化〗 발린《아미노산의 일종으로 동물의 정상적 성장에 필요함》.
va·lise [vəlí:s/-lí:z, -lí:s] *n.* 여행 가방.
Val·kyr·ie [vælkí:ri, -kəri], **Val·kyr** [vǽlkiər, -kər] *n.* 〖北歐神話〗 Odin 신의 12 시녀의 하나《싸움터에서 용감한 전사자를 골라 그 영혼을 Valhalla 로 안내하였다고 함》.
†**val·ley** [vǽli] *n.* **골짜기**, 계곡; 골짜기 비슷한 것; (큰 강의) 유역.
***val·or,** 《英》 **vál·our** [vǽlər] *n.* Ⓤ **용기**. **vál·or·ous** *a.* 용감한.
val·or·ize [vǽləràiz] *vt., vi.* 물가를 정하다; (정부가) 물가를 안정시키다. **val·or·i·zá·tion** [vælərizéiʃən/-rai-] *n.* Ⓤ (정부의) 물가 안정책.
valse [vɑ(:)ls] *n.* (F.) ＝WALTZ.
†**val·u·a·ble** [vǽljuəbəl] *a.* **값비싼**; 가치 있는; 귀중한; 평가할 수 있는. —— *n.* (보통 *pl.*) **귀중품**.
***val·u·a·tion** [væljuéiʃən] *n.* ① Ⓤ **평가**. ② 사정 가격.
†**val·ue** [vǽlju:] *n.* ⓊⒸ ① Ⓤ **가치**, 유용성. ② 평가. ③ 값어치, 액면 금액. ④ 대가(對價)(물), 상당 가격(물). ⑤ 의의(意義). ⑥ 〖數〗 값. ⑦ (*pl.*) (사회적) 가치(기준)《이상·습관·제도 등》. ⑧ 〖樂〗 음의 장단. ⑨ 〖美術〗 명암(明暗)의 (정)도 (*be out of* ~ 너무 밝다〔어둡다〕). —— *vt.* **평가〔존중〕하다**. ~ ***oneself*** 뽐내다 (*for, on*). **~·less** *a.* 가치가 없는, 하찮은.
vál·ue-add·ed táx [-ǽdid] 부가 가치세《생략 VAT》.
val·ued [-d] *a.* 평가된; 존중되는; (특정한) 가치를 가진.
válued pòlicy 〖保險〗 정액 보험 계약.
válue jùdg(e)ment 가치 판단.
val·u·er [vǽlju:ər] *n.* 평가자.
‡**valve** [vælv] *n.* ① 〖機〗 판(瓣). ② 〖解〗 판(막)(瓣(膜)). ③ (쌍껍질조개의) 조가비; 〖植〗 (꼬투리, 포(苞), 깍지의) 한 조각. ④ (관악기의) 판. ⑤ 《英》 〖電子〗 진공관.
val·vu·lar [vǽlvjələr] *a.* 판(瓣)(모양)의; 판이 달린; 판으로 활동하는; 〖醫〗 심장 판막의.
va·moose [væmú:s / və-], **-móse** [-móus] *vi., vt.* 《美俗》 물러가다, 도망치다; 행방을 감추다.
vamp[1] [væmp] *n.* (구두의) 앞닫이《갑피의 앞 부분》; (헌 것을 새 것으로 보이기 위해 기운) 조각〔천〕, (헌 것을 감추기 위해 댄) 천. —— *vt.* (구두에) 앞닫이를 대다, 새 앞닫이를 붙여서 수선하다; 조각을 대다, (낡은 것을) 새것처럼 보이게 하다.
vamp[2] *n.* 요부, 탕녀. —— *vt.* (남자를) 호리다.
vam·pire [vǽmpaiər] *n.* 흡혈귀《밤에 살아 나와, 잠자는 사람의 피를 빤다는》; 남의 고혈을 짜는 사람; 요부, 탕녀; (중·남미산) 흡혈박쥐.
van[1] [væn] *n.* 〖軍〗 전위(前衛), 선진(先陣); 선구, 선도자. ***in the ~ of*** …의 선두에 서서. ***lead the ~ of*** …의 선두에 서다.
‡**van**[2] *n.* (가구 운반용) **유개(有蓋) 트럭**〔마차〕; 《英》 (철도의) 유개 화차. ***guard's*** ~ 차장차(cf. caboose).
VAN value-added network 부가가치 통신망.
va·na·di·um [vənéidiəm, -djəm] *n.* Ⓤ 〖化〗 바나듐《희금속 원소; 기호 V》.
vanádium stéel 바나듐강(鋼).
Van Ál·len (radiátion) bèlt [væn ǽlən] 〖理〗 밴앨런대(帶) 《지구를 둘러싼 방사능대》.
van·co·my·cin [væŋkəmáisin] *n.* Ⓤ 반코마이신《스피로헤타에 듣는 항생물질》.
Van·cou·ver [vænkú:vər] *n.* 캐나다 남서부의 항구 도시.
Van·dal [vǽndəl] *n.* 반달 사람《5세기에 Gaul, Spain, Rome 을 휩쓴 민족》; (v-) 문화·예술의 파괴자. —— *a.* 반달 사람의; (v-) 문화·예술을 파

괴하는. ~·**ism** [-izəm] *n.* Ⓤ 반달 사람식; (v-) 문화·예술의 파괴, 만행.

Van·dal·ic [vændǽlik] *a.* 반달인(人)의; (*or* v-) 문화·예술을 파괴하는; 야만적인.

van·drag·ger [vǽndrӕgər] *n.* 《英俗》 화차 도둑. **ván·drag·ging** *n.* Ⓤ 통째로 채기《화차째로 훔치기》.

Van Dyck, Van·dyke [vændáik], **Sir Anthony** (1599–1641) Flanders 의 초상화가 《만년엔 영국서 삶》.

Van·dyke [-ˊ] *n.* = VANDYKE BEARD 〔COLLAR〕. —— [英+ˊ] *a.* Vandyke (풍)의.

Vandýke béard 짧고 끝이 뾰족한 턱수염. 「림 물감).

Vandýke brówn 진한 갈색(의 그

Vandýke cóllar 가장자리가 톱니 모양의 폭넓은 레이스 칼라.

***vane** [vein] *n.* ① **바람개비**, (풍차·추진기 따위의) 날개. ② (새의) 날갯죽지《깃털축(軸) 양쪽의》.

van·guard [vǽngɑ̀:rd] *n.* 〖軍〗 전위; 선구, 선도자; 지도적 지위.

***va·nil·la** [vənílə] *n.* ① 〖植〗 **바닐라** 《열대 아메리카산 난초과 식물》; Ⓤ 그 열매. ② Ⓤ 바닐라 에센스《아이스크림·캔디 따위의 향료》.

‡**van·ish** [vǽniʃ] *vi.* **사라지다**(*into*); 소멸하다; 〖數〗 영이 되다.

vánishing pòint 〖美術·寫〗 소실점(消失點); 물건이 다하는 소멸점.

‡**van·i·ty** [vǽnəti, -ni-] *n.* ① Ⓤⓒ **공허**. ② Ⓤⓒ 무가치(한 것). ③ Ⓤⓒ 무익(한 행동). ④ Ⓤ **허영**(심). ⑤ = VANITY CASE. ⑥ (거울 달린) 화장대. 「화장품 케이스.

vánity bàg 〔**bòx, càse**〕 (휴대용)

Vánity Fáir 허영의 시장《Bunyan 작 *Pilgrim's Progress* 속의 시장 이름; Thackeray 의 소설의 제목》; (v-f-) (허영에 찬) 이 세상; 상류 사회.

vánity prèss 〔**pùblisher**〕 자비 출판물 전문 출판사. 「…에 이기다.

***van·quish** [vǽŋkwiʃ] *vt.* **정복하다**;

***van·tage** [vǽntidʒ/-ɑ́:-] *n.* Ⓤ ① **우월**, 유리한 지위〔상태〕. ② 《英》〖테니스〗 밴티지《deuce 후 얻은 한 점》.

vántage gròund 유리한 지위.

van·ward [vǽnwərd] *a.*, *ad.* 선두의, 선두로; 전방의, 전방으로.

vap·id [vǽpid] *a.* 김〔맥〕빠진; 흥미없는; 생기 없는. ~·**ly** *ad.* ~·**ness** *n.* **va·pid·i·ty** [vӕpídəti, və-] *n.* Ⓤ

‡**va·por,** 《英》 **-pour** [véipər] *n.* ① Ⓤ **증기**, 수증기, 김, 연무(煙霧), 안개, 아지랑이. ② Ⓤ 〖理〗 (액체·고체의) 기화 가스. ③ 실질이 없는 물건, 공상, 환상. *the* ~*s* 《古》 우울. —— *vi.* 증기를 내다; 증발하다; 뽐내다, 허세부리다. ~·**ish** *a.* 증기 같은, 증기가 많은; 우울하게 된. ~·**y** *a.* = VAPOROUS.

va·por·ize [véipəràiz] *vt.*, *vi.* 증발시키다〔하다〕, 기화시키다〔하다〕. **-iz·er** *n.* 기화기, 분무기. **va·por·i·zá·tion** [vèipərizéiʃən/-rai-] *n.* Ⓤ

va·por·ous [véipərəs] *a.* 증기 같은 〔많은〕; 안개 낀; 《古》 덧없는, 공상적인.

vápo(u)r bàth 증기욕(浴).

vápo(u)r tràil 비행운(雲)(contrail).

va·que·ro [vɑ:kέərou] *n.* (*pl.* ~*s*) (Sp.) (미국 남서부의) 카우보이; 가축상인.

VAR visual aural range 〖空〗 고주파(高周波)를 이용한 라디오 비행 장치. **var.** variable; variant; variation; various.

va·rac·tor [vərǽktər / vέəræk-] *n.* 〖電子〗 버랙터《반도체 다이오드 저항기》.

***var·i·a·ble** [vέəriəbəl] *a.* ① **변하기 쉬운**. ② 변(경)할 수 있는. ③ 〖生〗 변이(變異)하는. —— *n.* ① 변하기 쉬운〔변화하는〕 물건〔양(量)〕. ② 〖數〗 변수(變數). ③ 〖氣〗 변풍(變風). **-bly** *ad.* **var·i·a·bil·i·ty** [ˌ---bíləti] *n.* Ⓤ 변하기 쉬움; 〖生〗 변이성(變異性).

***var·i·ance** [vέəriəns] *n.* Ⓤⓒ ① **변화**, 변동. ② 상위(相違), 불일치. ③ 불화, 다툼(discord). *at* ~ *with* …와 불화하여; …와 틀려〔달라〕. *set at* ~ 버성기게 하다, 이간하다.

***var·i·ant** [vέəriənt] *a.* ① **상이한**. ② 가지가지의. ③ 변하는. —— *n.* ① 변형, 변체(變體). ② (동일어(語)의) 이형(異形), 다른 발음; 이문(異文). ③ 이설(異說).

var·i·ate [vέəriit] *n.* 〖統計〗 변량(變量).

‡**var·i·a·tion** [vὲəriéiʃən] *n.* Ⓤⓒ **변화**, 변동; ⓒ 변화량〔정도〕; 변화물; 〖樂〗 변주곡; Ⓤ 〖生〗 변이.

var·i·col·ored, 《英》 **-col·oured** [vέərikʌ̀lərd] *a.* 잡색(雜色)의; 가지각색의.

var·i·cose [vǽrəkòus] *a.* 정맥 팽창의, 정맥류(瘤)의; 정맥류 치료용의.

‡**var·ied** [vέərid] *a.* ① 가지가지의; **변화 있는**. ② 변한. ~·**ly** *ad.*

var·i·e·gate [vέəriəgèit] *vt.* 잡색으로 하다; 얼룩덜룩하게 하다; 변화를 주다. **-gat·ed** [-id] *a.* 잡색의; 다채로운, 변화가 많은.

‡**va·ri·e·ty** [vəráiəti] *n.* ① Ⓤ **변화**, 다양(성). ② Ⓤⓒ 여러 가지를 그러모은 것. ③ 종류. ④ 〖生〗 변종. ⑤ Ⓤ 〖言〗 변형. ⑥ 버라이어티쇼. *a* ~ *of* 갖가지의.

varíety mèat 잡육(雜肉), 내장.

varíety shòw 〔**entertàinment**〕 《英》 버라이어티 쇼.

varíety stòre 〔**shòp**〕 잡화점. 「관.

varíety thèatre 《英》 쇼극장, 연예

vario- [vέəriou-] *pref.* '다른, 여러 가지의, 변화 있는'의 뜻.

va·ri·o·la [vəráiələ] *n.* 〖醫〗 천연두.

var·i·o·rum [vὲəriɔ́:rəm] *a.*, *n.* 집주(集註)의 (*a* ~ *edition*); 집주판(版).

†**var·i·ous** [vέəriəs] *a.* ① 다른, 틀리는. ② **가지각색의**. ③ 《口》 다수의. ④ 변화 많은, 다방면의. ~·**ly** *ad.*

va·ris·tor [vərístər, væ-] *n.* 〚電子〛 배리스터《반도체 저항 소자》.
Var·i·typ·er [vέəritàipər] *n.* 〚商標〛 활자를 교환할 수 있는 타자기의 일종.
var·let [vá:rlit] *n.* 《古》 (기사(騎士)의) 시동(侍童); 종복; 악한.
var·mint [vá:rmint] *n.* 《方》 해충, 해로운 짐승〔사람〕; 무뢰한.
***var·nish** [vá:rniʃ] *n.* Ⓤ ① 《種類는 Ⓒ》 **니스.** ② 니스를 칠한 표면; 겉치레; 속임. —— *vt.* 니스 칠하다; 겉치레하다, 겉꾸미다.
var·nish·ing-day [vá:rniʃiŋdèi] *n.* 그림 전람회 개최일의 전날《작품의 가필과 니스칠을 하는 날》.
var·si·ty [vá:rsəti] *n.* 대학 따위의 대표 팀《스포츠의》; 《英口》 =UNIVERSITY.
‡**var·y** [vέəri] *vt.* ① **바꾸다,** 수정하다. ② 다양하게 하다. ③ 〚樂〛 변주하다. —— *vi.* ① **변하다.** ② (…와) 다르다(*from*). ③ 가지각색이다. ～·**ing** *a.* 변화 있는, 다양한.
vas [væs] *n.* (*pl.* ***vasa*** [véisə]) 〚解·動·植〛 관(管), 맥관, 도관(導管).
vas·cu·lar [væskjələr] *a.* 맥관〔혈관〕의, 맥관〔혈관〕이 있는〔으로 된〕.
vas dé·fe·rens [væs défərènz] (*pl.* ***vasa deferentia*** [véisə dèfərénʃiə]) 〚解·動〛 수정관(輸精管).
†**vase** [veis, -z/vɑ:z] *n.* (장식용) **병,** 단지; **꽃병.** 「정관(精管) 절제(술).
vas·ec·to·my [væséktəmi] *n.* ⓊⒸ
vas·e·line [væsəli:n] *n., vt.* Ⓤ 바셀린(을 바르다); (V-) 그 상표명.
vas·o·mo·tor [væ̀soumóutər, vèizou-] *a.* 〚生〛 혈관 운동〔신경〕의.
***vas·sal** [vǽsəl] *n.* (봉건 군주에게서 영지를 받은) **가신(家臣)**; 종자, 노예. —— *a.* 가신의 〔같은〕; 예속하는. ～·**age** [-idʒ] *n.* Ⓤ 가신임, 가신의 신분〔일〕; 예속; Ⓒ (가신의) 영지.
‡**vast** [væst, -ɑ:-] *a.* **거대한,** 광대한, 막대한; 《口》 대단한. *∠·**ly** *ad.* ∠·**ness** *n.* ∠·**y** *a.* 《古》 =VAST.
vat [væt] *n., vt.* (**-*tt*-**) (양조·염색용의) 큰 통(에 넣다, 속에서 처리하다).
VAT value-added tax.
***Vat·i·can** [vǽtikən] *n.* ① **바티칸 궁전,** 로마 교황청. ② 교황 정치, 교황권.
Vátican Cíty, the 바티칸시(市)《로마 시내에 있으며, 교황이 통치하는 세계 최소의 독립국》.
***vaude·ville** [vóudəvil] *n.* Ⓤ 《美》 **버라이어티 쇼**; 《英》 가벼운 희가극.
***vaude·vil·lian** [vòudəvíljən] *n.* **버라이어티 배우.**
‡**vault**¹ [vɔ:lt] *n.* ① 둥근 지붕, **둥근 천장**(모양의 것). ② 둥근 천장이 있는 장소〔복도〕. ③ 푸른 하늘(the vault of heaven). ④ **지하(저장)실**; (은행 등의) 귀중품 보관실; 지하 납골소(納骨所). —— *vt.* 둥근 천장꼴로 만들다, 둥근 천장을 대다. ∠·**ing**¹ *n.* Ⓤ 둥근 천장 건축물; 《集合的》 둥근 천장.
vault² *vi., n.* (높이) 뛰다, (장대·손을 짚고) 도약(하다). —— *vt.* 뛰어 넘다. ∠·**ing**² *a.* 도약하는, 도약용의; 과대한.
vault·ed [vɔ́:ltid] *a.* 아치형 천장의 〔이 있는〕, 아치형의. 「馬).
váulting hòrse (체조용의) 도마(跳
vaunt [vɔ:nt] *n., vt., vi.* ⓊⒸ 자랑(하다). ～ ***over*** …을 뽐내다〔우쭐해하다〕. 「verb(al).
v. aux(il). verb auxiliary. **vb.**
V-bomb [ví:bàm/-ɔ̀m] *n.* 로켓 폭탄《V-1, V-2 등》.
V. C. Vice-Chancellor; Vice-Consul; Victoria Cross; Viet Cong. **Vd** vanadium. **V. D.** venereal disease.
V-Day [ví:dèi] *n.* 제 2 차 세계 대전 전승 기념일《1946년 12월 31일》.
VDT 〚컴퓨터〛 video〔visual〕 display terminal 화상표시 장치.
VDU 〚컴퓨터〛 visual display unit 브라운관 디스플레이 장치.
've [v] have의 단축 (I'***ve*** done it).
***veal** [vi:l] *n.* Ⓤ **송아지 고기.**
vec·tor [véktər] *n.* 〚理·數〛 벡터; 동경(動徑); 방향량(量). —— *vt.* (지상에서 전파로 비행기의) 진로를 인도하다.
vec·tor·car·di·o·gram [vèktərká:rdiəgræ̀m] *n.* 〚醫〛 벡터 심전도(心電圖)《심장의 전기력의 크기와 방향을 묘사한 기록》. 「라문교의 성전》.
Ve·da [véidə, ví:-] *n.* 베다(吠陀)《바
V-E Dày 제 2 차 세계 대전 유럽 전승 기념일《1945년 5월 8일》.
ve·dette [vidét] *n.* 〚軍〛 기마 초병(騎馬哨兵); 초계정(哨戒艇).
Veep [vi:p] *n.* 《美俗》 미국 부통령; (v-) =VICE-PRESIDENT.
veer [viər] *vi.* (바람의) 방향이 바뀌다, 도서다; 방향이 바뀌다; (의견 따위가) 바뀌다(*round*). ～ ***and haul*** (밧줄을) 늦추었다 당겼다 하다; (풍향이) 번갈아 바뀌다. —— *n.* 방향 전환. ∠·**ing** [ví(:)riŋ/víər-] *a.* 늘 변하는, 불안정한.
veg [vedʒ] *n.* *sing.* & *pl.* 《英口》 (보통 요리된) 야채.
Ve·ga [ví:gə] *n.* 〚天〛 베가, 직녀성(星)《거문고자리의 1등성》.
†**veg·e·ta·ble** [védʒətəbəl] *n.* ① **야채,** 푸성귀. ② 식물. ③ 식물 인간. ***green*** ～***s*** 푸성귀. —— *a.* 식물〔야채〕의 〔같은〕; 식물로 된.
végetable dìet 채식.
végetable gèlatin(e) 우무.
végetable kìngdom 식물계.
végetable spònge 수세미.
végetable tàllow 식물성 지방.
veg·e·tal [védʒətl] *a.* 식물(성)의; 성장(기능)의.
veg·e·tar·i·an [vèdʒətέəriən] *n.* 채식주의자. —— *a.* 채식(주의)의; 고기가 들지 않은. ～·**ism** [-ìzəm] *n.* Ⓤ 채식주의〔생활〕.
veg·e·tate [védʒətèit] *vi.* 식물처럼 자라다; 무위 단조한 생활을 하다.
***veg·e·ta·tion** [vèdʒətéiʃən, -dʒi-] *n.*

V

Ⓤ ①《集合的》식물(plants). ② 식물의 성장.
veg·e·ta·tive [védʒətèitiv / -tət-] *a.* 식물처럼 성장하는; 식물(적 성장)의; 식물을 성장시키는; 무위 도식의.
***ve·he·ment** [ví:əmənt, ví:i-] *a.* **열정적인**, 열렬한; 격렬한. ***-mence** *n.* Ⓤ **～·ly** *ad.*
‡**ve·hi·cle** [ví:ikəl] *n.* ① **차량; 탈것.** ② 매개물, 전달 수단. ③ 〖繪畫〗(그림 물감을 녹이는) 용액. ④ 우주 차량《로켓·우주선 따위》. **ve·híc·u·lar** [vi:híkjələr] *a.*
‡**veil** [veil] *n.* ① **베일**, 너울. ② 가리개, 막; 덮어 가리는 물건. ③ 구실. ***beyond the* ～** 저승에. ***take the* ～** 수녀가 되다. ***under the* ～ *of*** …에 숨어서. **—** *vt.* ① 베일을 걸치다[…로 가리다]. ② 싸다; 감추다. **veiled** [-d] *a.* 베일로 가린; 감춰진. **∠·ing** *n.* Ⓤ 베일로 가리기; 베일; 베일용 천.
‡**vein** [vein] *n.* ① **정맥(靜脈)**; 《俗》혈관. ② 〖植〗엽맥(葉脈); (곤충의) 시맥(翅脈); 나뭇결, 돌결; 줄기. ③ 광맥. ④ ⒸⓊ 특질, 성격, 기질(*a* ～ *of cruelty* 잔학성). **—** *vt.* 맥을[줄기를] 내다. **～ed** [-d] *a.* 맥[줄기·엽맥·나뭇결·돌결]이 있는. **∠·y** *a.* 정맥[심줄]이 있는 [많은].
ve·la·men [viléimən] *n.* (*pl.* ***-lamina*** [-lǽmənə]) 〖解〗막(膜), 피막(被膜); 〖植〗근피(根被).
ve·lar [ví:lər] *a.*, *n.* 〖音聲〗연구개(음)의; 연구개 (자)음 (k, g, ŋ, x).
Ve·lás·quez [vilá:skeis, -kəθ/-lǽskwiz], **Diego Rodríguez de Silva y** (1599–1660) 스페인의 화가.
veld(t) [velt, felt] *n.* ⒸⓊ (남아프리카의) 초원.
vel·lum [véləm] *n.* Ⓤ (필기·제본용의) 고급 피지(皮紙) 《새끼양·송아지 가죽》; 모조 피지, 벨럼.
ve·loc·i·pede [vilásəpì:d / -lɔ́s-] *n.* (초기의) 이[삼]륜차; (어린이용) 세발 자전거. 「기, 속력; 〖理〗속도.
***ve·loc·i·ty** [vilásəti/-ɔ́-] *n.* ⓊⒸ **빠르**
ve·lo·drome [ví:lədròum] *n.* (자전거·자동차 따위의) 경주장.
ve·lour(s) [vəlúər] *n.* ⓊⒸ 벨루어《비단·양털·무명제(製) 비로드의 일종》; 벨루어 모자.
ve·lum [ví:ləm] *n.* (*pl.* ***-la*** [-lə]) 〖解〗연구개(軟口蓋); 〖生〗피막(被膜).
ve·lure [vəlúər] *n.* Ⓤ 우단류(類); Ⓒ (실크해트용) 비로드 솔. **—** *vt.* 솔로 (실크해트를) 손질하다.
‡**vel·vet** [vélvit] *n.* ① ⓊⒸ **벨벳**[우단] (같은 물건). ② Ⓤ 《俗》고스란한 이익. **—** *a.* ① 벨벳제(製)의, 우단과 같은. ② 보드라운. ***～·y** *a.* **벨벳과 같은**, 부드러운; (술이) 감칠 맛이 있는. 「벨벳.
vel·vet·een [vèlvətí:n] *n.* Ⓤ 무명
Ven. Venerable; Venice.
ve·nal [ví:nl] *a.* 돈으로 좌우되는, 돈 힘으로의; 돈으로 얻을 수 있는, 매수되기 쉬운; 타락한. **～·ly** *ad.*
ve·nal·i·ty [vi(:)nǽləti] *n.* Ⓤ
ve·na·tion [venéiʃən, və-] *n.* Ⓤ 엽맥[시맥(翅脈)]의 배열; 《集合的》엽맥, 시맥.
vend [vend] *vt.* 팔다; 행상하다; (의견을) 말하다. 「는 사람.
vend·ee [vendí:] *n.* 〖法〗매수인, 사
vend·er [véndər], **vén·dor** [véndər, -dɔ:r] *n.* 파는 사람, 행상인; 자동 판매기.
ven·det·ta [vendétə] *n.* (Corsica 섬 등지의) 근친 복수《피해자의 친척이 가해자(의 친척)의 목숨을 노리는》(blood feud).
ven·deuse [vɑ̃:ŋdə́:z] *n.* (고급 양장점에서) 세일즈를 담당하는 여자.
vend·i·ble [véndəbəl] *a.* 팔 수 있는, 팔리는. **—** *n.* (보통 *pl.*) 팔리는 물건.
vénding machìne 자동 판매기.
ven·dor [véndər, vendɔ́:r] *n.* ① 〖法〗매주(賣主), 매각인; 행상인, 노점상인 (street ～). ② = VENDING MACHINE.
ven·due [vendjú:/-djú:] *n.* 《美》공매, 경매.
ve·neer [viníər] *n.* ⒸⓊ 베니어《합판(plywood)의 맨 윗거죽 판, 또는 합판 각 켜의 한 장》; Ⓒ 겉치레[꾸밈], 허식. **—** *vt.* 겉꾸밈 널을 대다; 겉바르기하다; 겉치레하다.
***ven·er·a·ble** [vénərəbəl] *a.* ① **존경할 만한.** ② 나이 먹어[오래 되어] 존엄한; 오래 되어 숭엄한. ③ 〖英國國敎〗…부주교님; 〖카톨릭〗가경자(可敬者)… 《열복(列福)에의 과정에 있는 사람에 대한 존칭》.
ven·er·ate [vénərèit] *vt.* 존경[숭배]하다. **ven·er·á·tion** [∸-éiʃən] *n.* Ⓤ
ve·ne·re·al [vəníəriəl] *a.* 성교의, 성교에서 오는; 성병의[에 걸린]. **～ *disease*** 성병《생략 V. D.》.
ve·ne·re·ol·o·gy [vinìəriálədʒi / -riɔ́l-] *n.* Ⓤ 성병학. 「호색(好色).
ven·er·y[1] [vénəri] *n.* Ⓤ 《古》성교;
ven·er·y[2] *n.* 《古》사냥.
***Ve·ne·tian** [viní:ʃən] *a.* **베니스(사람)의**, 베니스풍[식]의. **—** *n.* 베니스 사람; 《口》= **Venétian blínd** 널쪽발.
Ven·e·zue·la [vènəzwéilə] *n.* 남아메리카 북부의 공화국.
‡**venge·ance** [véndʒəns] *n.* ⓊⒸ **복수,** 원수 갚기. ***take* (*inflict, wreak*) ～ *on*** …에게 복수하다. ***with a* ～** 《口》맹렬하게, 극단으로, 철저하게.
venge·ful [véndʒfəl] *a.* 복수심에 불타는. **～·ly** *ad.*
ve·ni·al [ví:niəl, -njəl] *a.* (죄·과오 등이) 가벼운, 용서될 수 있는. **ve·ni·ál·i·ty** [∸-ǽləti] *n.* Ⓤ 경죄(輕罪).
‡**Ven·ice** [vénis] *n.* **베니스**《이탈리아 북동부의 항구 도시》.
Ven·ik [ví:nik] *n.* (소련의) 금성 탐측기(探測機). 「배심원 소집장.
ve·ni·re [vináiri/-náiə-] *n.* (L.) 〖法〗
ve·ni·re·man [vináirimən / -náiə-] *n.* 〖美法〗(소집장으로 소집된) 배심

원 (후보자).

***ven·i·son** [vénəsən, -zən/vénizən] *n.* Ⓤ 사슴 고기.

ve·ni, vi·di, vi·ci [ví:nai váidai váisai/véini: ví:di: ví:tʃi:] (L.) (내) 왔노라, 보았노라, 이겼노라《Caesar 의 전승 보고의 말》.

***ven·om** [vénəm] *n.* Ⓤ ① (뱀·거미 따위의) 독. ② 악의, 원한. ③ 독설. **~·ous** *a.* 유독한; 악의에 찬.

ve·nous [ví:nəs] *a.* 정맥(속)의; 맥이 〔줄기가〕 있는.

vent** [vent] *n.* ① **구멍**, 빠지는 구멍. ② 바람 구멍, (자동차 등의) 환기용 작은 창. ③ (관악기의) 손구멍. ④ (옷의) 터진 구멍〔자리〕. ⑤ (물고기·새 등의) 항문(肛門). ⑥ ⒸⓊ (감정 등의) 배출구. ***find 〔***make***〕 ***a ~ in*** …에 배출구를 찾다, 나오다. ***give ~ to*** (감정을) 터뜨리다, 나타내다. ── *vt.* ① …에 구멍을 내다; 나갈 구멍을 터주다. ② (감정 등을) 터뜨리다; 배출구를 찾아내다(*oneself*). ③ 공표하다.

vent·age [véntidʒ] *n.* (공기·물의) 빠지는 구멍, 새는 구멍; (관악기의) 손구멍; (감정의) 배출구.

ven·ter [véntər] *n.* ①〖動〗배, 복부; (근육·뼈 따위의) 불룩한 부분. ②〖法〗배(womb), 모(母).

vént hòle (가스·연기 등의) 빠지는 구멍, 새는 구멍; 환기〔바람〕 구멍.

***ven·ti·late** [véntəlèit, -ti-] *vt.* ① **환기하다**. ② (혈액을) 신선한 공기로 정화하다. ③ 환기 장치를 달다. ④ (문제를) 공표하다, 자유롭게 토론하다. **-la·tor** *n.* 환기(換氣)하는 사람〔도구〕, 환기 장치. **‡ven·ti·lá·tion** [ˌ-léiʃən] *n.* Ⓤ **통풍** (상태), 환기(장치); (문제의) 자유 토의.

ven·tral [véntrəl] *a.* 〖動·解〗배의, 복부의.

véntral fín 배지느러미.

ven·tri·cle [véntrikəl] *n.* 〖解〗실(室), 심실(心室). **ven·tric·u·lar** [ventríkjələr] *a.*

ven·tril·o·quism [ventríləkwìzəm], **-quy** [-kwi] *n.* Ⓤ 복화(腹話)(술). **-quist** *n.* 복화술가.

‡ven·ture [véntʃər] *n.* ① ⓊⒸ **모험**(적 사업). ② 투기; 건 물건. ***at a ~*** 모험적으로; 되는 대로. ── *vt.* ① 위험에 직면케 하다, (내)걸다. ② **위험을 무릅쓰고**〔용기를 내어〕 **하다**, 결행하다. ③ (의견 따위를) 용기를 내어 발표하다. ── *vi.* ① 위험을 무릅쓰고 해보다(*on, upon*). ② 대담하게도 …을 하다. ③ 용기를 내어 가다〔오다, 나아가다〕. **~·some** *a.* 모험적인, 대담한; 위험한.

ven·tur·ous [véntʃərəs] *a.* 모험을 좋아하는, 무모한; 위험한.

ven·ue [vénju:] *n.* 〖法〗범행지(부근), 현장; 재판지; 《口》집합지, 밀회 (장소).

***Ve·nus** [ví:nəs] *n.* ① 〖로神〗 **비너스**《사랑과 미의 여신》; 절세의 미인. ② 〖天〗금성.

Ve·nu·sian [vənjú:siən, -ʃiən] *a., n.* 금성의; (상상적인) 금성인(人).

Ve·nus's-fly·trap [ví:nəsizfláitræ̀p] *n.* 〖植〗파리지옥풀.

VERA Vision Electronic Recording Apparatus 텔레비전의 프로 수록 장치.

ve·ra·cious [vəréiʃəs] *a.* 정직한; 진실의. **~·ly** *ad.*

ve·rac·i·ty [vərǽsəti] *n.* ⓊⒸ 정직; 진실; 정확.

Ver·a·cruz [vèrəkrú:z] *n.* 멕시코 남동부의 주 및 항구.

‡ve·ran·da(h) [vərǽndə] *n.* **베란다**, 툇마루.

‡verb [və:rb] *n.* 〖文〗 **동사**.

***ver·bal** [və́:rbəl] *a.* ① **말의**, 말에 관한. ② 말로 나타낸, 구두의. ③ 축어적인. ④ 말뿐인. ⑤ 〖文〗 **동사의**, 동사적인. ── *n.* 〖文〗준동사《동명사·부정사·분사》. **~·ly** *ad.*

ver·bal·ism [və́:rbəlizəm] *n.* Ⓤ 언어적 표현; Ⓒ 형식적 문구; Ⓤ 자구(字句)에 구애되기, 자구를 캐기; 말 많음, 용장(冗長). **-ist** *n.* 말의 선택을 잘하는 사람; 자구(字句)에 구애하는 사람; 말많은 사람.

ver·bal·ize [və́:rbəlàiz] *vt.* 말로 나타내다; 〖文〗동사로 바꾸다. ── *vi.* 말이 지나치게 많다.

ver·ba·tim [vərbéitim] *ad., a.* 축어(逐語)적인〔으로〕.

ver·be·na [vərbí:nə] *n.* 마편초속(屬)의 식물, 버베나.

ver·bi·age [və́:rbiidʒ] *n.* Ⓤ 군말이 많음.

ver·bose [və:rbóus] *a.* 말이 많은, 번거로운. **-bós·i·ty** [-básə-/-ɔ́-] *n.* Ⓤ 다변(多辯), 용장(冗長).

ver·bo·ten [vərbóutn, fər-] *a.* (G.) 《美·캐나다》(법률 등에 의해) 금지된.

ver·dant [və́:rdənt] *a.* 푸른 잎이 무성한, 청청한; 미숙한. **-dan·cy** *n.* Ⓤ

Verde [və:rd], **Cape** 아프리카 최서단의 곶(岬).

Ver·di [véərdi], **Giuseppe** (1813–1901) 이탈리아의 가극 작곡가.

***ver·dict** [və́:rdikt] *n.* ① 〖法〗(배심원의) **답신, 평결**. ② 판단, 의견.

ver·di·gris [və́:rdəgrì:s, -gris] *n.* Ⓤ 녹청(綠靑).

Ver·dun [veərdʌ́n/ˌ-] *n.* 프랑스 북동부의 요새 도시.

ver·dure [və́:rdʒər] *n.* Ⓤ 신록(新綠); 울창히 무성한 초목; 신선함, 생기. **-dur·ous** *a.* 청청한, 신록의.

verge**[1] [və:rdʒ] *n.* ① **가**, 가장자리; (화단 등의) 가장자리. ② 끝, 경계, 한계. ***on the ~ of 막 …하려는 참에, 바야흐로 …하려고 하여. ── *vi.* …에 직면하다; 접하다(*on*).

verge[2] *vi.* 바싹 다가가다(*on*); …에 향하다, 기울다(*to, toward*).

ver·ger [və́:rdʒər] *n.* 《英》(성당·대학 따위의) 권표(權標) 받드는 사람; 사찰(司察).

Ver·gil [və́:rdʒəl/-dʒil] (70–19 B.C.) 로마의 시인.

ve·rid·i·cal [vərídikəl] *a.* 진실을 고하는, 진실한; 〖心〗(꿈·예언 따위가) 현실로 일어나는.

ver·i·est [vériist] *a.* 《very 의 最上級》 순전한, 철저한.

ver·i·fi·a·ble [vérəfàiəbəl] *a.* 입증〔증명〕할 수 있는.
ver·i·fi·ca·tion [vèrəfikéiʃən] *n.* Ⓤ 확인; 검증, 입증, 증언, 증명.
***ver·i·fy** [vérəfài, -ri-] *vt.* ① **입증〔증명〕하다.** ② 확인하다. ③ (사실·행위 따위가 예언·약속 따위를) 실증하다. ④ 〖法〗(선서·증거에 의하여) 입증하다. ⑤ 〖컴퓨터〗 …의 천공(穿孔) 검사를 하다. **ver·i·fi·cá·tion** [⌐–fikéiʃən] *n.* Ⓤ 입증; 확인. **-fi·er** *n.* 입증〔증명〕자, 검증자; 가스 계량기; 〖컴퓨터〗 검공기(檢孔機).
ver·i·ly [vérəli] (<very) *ad.* 《古》 참으로, 확실히.
ver·i·sim·i·lar [vèrəsímələr] *a.* 진실 같은, 있을 법한.
ver·i·si·mil·i·tude [vèrəsimílətjù:d] *n.* Ⓤ 정말 같음(likelihood), 박진(迫眞)함; Ⓒ 정말 같은 이야기〔일〕.
***ver·i·ta·ble** [véritəbəl] *a.* **진실의.**
ver·i·ty [vérəti] *n.* Ⓤ 진실(성); 진리; Ⓒ 진실한 진술.
ver·juice [vé:rdʒù:s] *n.* Ⓤ (설익은 과실로 만든) 신 과즙; 찌푸린 얼굴, 괴까다로움, 찌무룩함.
Ver·meer [vɛərmíər], **van Delft** (1632–75) 네덜란드의 화가.
ver·meil [vé:rmil, -meil] *n.* Ⓤ 《詩》 주홍색; 금도금한 은〔청동·구리〕.
ver·mi·cel·li [vè:rməséli, -tʃéli] *n.* Ⓤ (It.) 버미첼리 《spaghetti 보다 가는 국수류(類)》.
ver·mi·cide [vé:rməsàid] *n.* 살충제; (특히) 구충제. **ver·mi·cid·al** [⌐–sáidəl] *a.* 살충(제)의.
ver·mic·u·lar [və:rmíkjələr] *a.* 연충(蠕蟲)(모양)의; 연동(蠕動)하는; 벌레 먹은 자국 같은, 꾸불꾸불한.
ver·mi·form [vé:rməfɔ̀:rm] *a.* 연충(蠕蟲)모양의, 돼지벌레 모양의 (wormlike).
vérmiform appéndix 〖解〗 충양(蟲樣) 돌기.
ver·mi·fuge [vé:rməfjù:dʒ] *n.* 구충제.
ver·mil·ion [vərmíljən] *n.* ⓊⒸ 주(朱), 진사(辰砂); 주홍색. —— *a.* 진사의; 주홍색〔칠〕의.
ver·min [vé:rmin] *n. sing.* & *pl.* 해로운 짐승〔새〕 《쥐·두더지 따위; 영국에서는 엽조(獵鳥)나 가금(家禽)을 해치는 매·올빼미·여우·족제비 따위》; 해충《벼룩·이 따위》; 사회의 해충, 건달, 깡패. **～·ous** *a.* 벌레가 많은, 벌레로 인해 생기는, 벼룩·이가 꾄; 벌레 같은, 비열한.
Ver·mont [və:rmánt/-mɔ́nt] *n.* 미국 북동부의 주《생략 Vt.》.
ver·mouth, -muth [vərmú:θ/vé:məθ] *n.* Ⓤ 베르무트《맛이 달콤한 백포도주》.
***ver·nac·u·lar** [vərnǽkjələr] *n.* ① **제나라 말.** ② 방언; (직업상의) 전문어. ③ (학명이 아닌) 속칭. —— *a.* ① (언어가) 제나라의. ② 제고장 말로 씌어진. 「춘의, 싱싱한.
vér·nal [vé:rnl] *a.* 봄의, 봄같은; 청
vérnal équinox 춘분(春分)(점).
ver·nal·ize [vɔ́:rnəlàiz] *vt.* 〖農·植〗 (식물을) 춘화(春化)처리하다, 인공적으로 발육을 촉진하다.
Verne [və:rn/vɛən], **Jules** (1828–1905) 프랑스의 과학 소설가.
ver·ni·er [vé:rniər] *n.* 부척(副尺), 유척(遊尺) (vernier scale); 〖機〗 (조정용) 보조 장치.
vérnier éngine 부(副)엔진《장거리 탄도 미사일의 방향·속도 수정용 로켓 엔진》.
vérnier rócket 소형 보조 로켓 엔진《우주선이 연(軟)착륙·도킹할 때의 속도·궤도 수정용》.
Ver·o·nal [vérənɔ̀:l, -nl] *n.* 〖商標〗 진정·수면제.
ve·ron·i·ca [viránikə/-ɔ́-] *n.* 예수의 얼굴을 그린 헝겊; 현삼과의 식물.
ver·ru·ca [verú:kə] *n.* (*pl.* **-cae** [-rú:si:]) 〖醫〗 무사마귀; 〖動·植〗 사마귀 모양의 돌기.
***Ver·sailles** [vərsái, vɛər-] *n.* 베르사이유 《파리 근교의 도시》.
ver·sant [vé:rsənt] *n.* 산의 사면, 산복(山腹); 경사 지대.
***ver·sa·tile** [vé:rsətl/-tail] *a.* **재주가 많은,** 다예한, 다방면의; 변하기 쉬운, 변덕스러운. **～·ness** *n.* **ver·sa·til·i·ty** [⌐–tíləti] *n.* Ⓤ
‡**verse** [və:rs] *n.* ① Ⓤ **시**(poem), 시가(poetry). ② 시의 한 행. ③ 시형(詩形). ④ (시의) 귀절. ⑤ (성서의) 절. ***give chapter and ～ for*** (인용구 따위의) 출처를 명백히 하다.
versed [və:rst] *a.* 숙달〔정통〕한, …에 환한(*in*).
ver·si·cle [vé:rsikəl] *n.* 짧은 시; 〖宗〗 (예배시 목사와 신도들이 번갈아 부르는) 창화(唱和)의 단구(短句).
ver·si·fi·ca·tion [vè:rsəfikéiʃən] *n.* Ⓤ 작시(법); 시형(詩形); 운문화.
ver·si·fy [vé:rsəfài] *vi.* 시를 짓다. —— *vt.* 시로 말하다, 시로 만들다; (산문을) 시로 고치다. **vér·si·fi·er** *n.* 시인; 엉터리 시인.
***ver·sion** [vé:rʒən, -ʃən] *n.* ① **번역,** 역서(譯書). ② (예술상의) 해석(*a Dali ～ of Lady Macbeth* 달리가 표사한 맥베스 부인). ③ (개인적인〔특수한〕 입장에서 본 어떤 사건의) 설명. 「시.
vers li·bre [vɛ̀ər lí:brə] (F.) 자유
ver·so [vé:rsou] *n.* (*pl.* **～s**) (책의) 왼 편 페이지; (물건의) 이면.
verst [və:rst] *n.* 베르스타 《러시아의 이정(里程), 1.067km》.
****ver·sus*** [vé:rsəs] *prep.* (L.) (소송·경기 등의) …대(對)《생략 v., vs.》.
ver·te·bra [vé:rtəbrə] *n.* (*pl.* **-brae** [-brì:], **～s**) 척추골, 등뼈. **-bral** *a.*
ver·te·bra·ta [vè:rtəbrá:tə, -réi-] *n.* 척추〔등뼈〕 동물.
ver·te·brate [vé:rtəbrit, -brèit] *n.*, *a.* 척추 동물; 척추〔등뼈〕가 있는.
ver·tex [vé:rteks] *n.* (*pl.* **～es, -tices** [-təsì:z]) 최고점, 절정; 〖數〗 정점.

‡**ver·ti·cal** [vә́:rtikәl] *a.* ① **수직의**, 연직의(opp. horizontal). ② 정상의. ③ 천정(天頂)의. ④ 〖經〗(생산 공정 따위를) 종(縱)으로 연결한. ⑤ 〖幾〗 정점의, 대정(對頂)의. —— *n.* 수직선〔면·권·위〕, 세로. **~·ly** *ad.*

vértical envélopment 〖軍〗 공수 부대에 의한 포위.

ver·ti·cal·i·ty [vә̀:rtikǽlәti] *n.* Ⓤ 수직(성), 수직 상태.

vértical táke-off [téikɔ̀:f/-ɔ̀-] (항공기의) 수직 이륙《생략 VTO》.

vértical únion 산업별 노동조합 (cf. horizontal union).

ver·tig·i·nous [vә:rtídʒәnәs] (<⇩) *a.* 빙빙 도는; 어지러운; 눈이 빙빙 도는 듯한; (눈이) 아찔아찔하는. **~·ly** *ad.*

ver·ti·go [vә́:rtigòu] *n.* (*pl.* **~es, *vertigines*** [vә:rtídʒәni:z]) ⓊⒸ 〖醫〗 현기증, 어지러움.

ver·tu [vә:rtú:] *n.* =VIRTU.

verve [vә:rv] *n.* Ⓤ (예술품의) 정열, 힘, 활기.

†**ver·y** [véri] *ad.* ① **대단히**, 매우. ② 《強意》 참말로, 아주. —— *a.* ① 참된, 정말의. ② 순전한. ③ 《強意》 바로 그, 같은. ④ …까지도. ⑤ 현실로.

véry hìgh fréquency 〖電〗 초단파《생략 VHF, vhf》.

Véry lìght 〔**sìgnal**〕 (Very pistol로 쏘아올리는) 베리식 신호광(光).

véry lòw fréquency 〖電〗 초장파《생략 VLF, vlf》.

Véry pìstol 베리식 신호 권총.

ves·i·cant [vésikәnt] *a., n.* 〖醫〗 발포(發疱)하다〔시키다〕; 발포제.

ves·i·cate [vésәkèit] *vt., vi.* 〖醫〗 발포(發疱)시키다〔하다〕.

ves·i·cle [vésikәl] *n.* 〖醫·解·動〗 수포(水疱); 〖植〗 기포(氣泡); 〖地〗 기공(氣孔).

ves·per [véspәr] *n.* (V-) 개밥바라기, 태백성(太白星); 《詩》 저녁, 밤; 저녁 기도; 저녁에 울리는 종; (*pl.*) 〖宗〗 만도(晩禱), 저녁 기도(의 시각) 《canonical hours의 6회째》.

vésper bèll 저녁 기도의 종.

ves·per·tine [véspәrtàin, -tì:n] *a.* 저녁의; 〖植〗 저녁에 피는; 〖動〗 저녁에 나타나는; 〖天〗 (별이) 저녁에 (사라)지는.

Ves·puc·ci [vespú:tʃi], **Amerigo** (*Americus Vespucius*) (1451-1512) 이탈리아의 항해가《'America'는 그의 이름에서 유래됨》.

‡**ves·sel** [vésәl] *n.* ① **용기**(容器), 그릇. ② (대형의) **배**. ③ 비행선. ④ 〖解·生〗 도관(導管), 맥관(脈管). **~*s of wrath*** 〔***mercy***〕 〖聖〗 노여움〔자비〕의 그릇《하느님의 노여움을〔자비를〕 받을 사람들》.

‡**vest** [vest] *n.* ① **조끼**. ② (여성용의 V자형) 앞장식. ③ (여성용의) 속옷. —— *vt.* ① 옷을 입히다, (특히, 제복을) 입히다. ② (권리 따위를) 부여하다. ③ 소유〔지배〕권을 귀속시키다. —— *vi.* ① 제복을 입다. ② (권리·재산 따위가) 귀속하다(*in*). **~*ing order*** 〖法〗 권리 이전 명령. **~*ed rights*** 〔***interests***〕 기득권〔권익〕.

vest·ed [véstid] *a.* ① (재산 등의) 귀속이 정해진, 기득의《권리, 이권 등》. ② (특히) 제의(祭衣)를 입은.

Ves·ta [véstә] *n.* 〖로神〗 베스타《난로와 그 불의 여신》; (v-) 《英》 짧은 성냥의 일종(wax match).

ves·tal [véstl] *a.* Vesta의; vestal virgin의〔에 적합한〕; 순결한, 처녀의. —— *n.* =VESTAL VIRGIN; 처녀; 수녀(nun).

véstal vírgin 고대 로마에서 Vesta를 섬기며 제단의 성화를 지킨 처녀의 한 사람; 《比喩》 순결한 여성.

vest·ee [vestí:] *n.* (여성복의) 앞장식.

ves·ti·bule [véstәbjù:l] *n.* 현관, 문간방; 《美》 (객차의) 연랑(連廊); 〖解·動〗 전정(前庭).

véstibule schòol (공장의) 신입 공원 양성소.

véstibule tràin 《美》 연랑(連廊) 열차.

***ves·tige** [véstidʒ] *n.* ① **흔적**. ② 《보통 否定語를 수반하여》 극히 조금 (*of*). ③ 〖生〗 퇴화 기관(器管). ④ 《稀》 발자취. **ves·tig·i·al** [vestídʒiәl] *a.* 흔적의; 〖生〗 퇴화한.

vest·ment [véstmәnt] *n.* 의복; 〖宗〗 법의(法衣), 제복.

vest-pock·et [véstpɑ̀kit/-ɔ̀-] *a.* 회중용의, 아주 작은.

ves·try [véstri] *n.* (교회의) 제복실; 교회 부속실《주일 학교·기도회 등에 쓰이는》; (영국 국교회·미국 성공회의) 교구 위원회(教區委員會). **~·man** *n.* 교구 위원.

ves·ture [véstʃәr] *n.* ⓊⒸ 《古·雅》 의복; 덮개, 가리개(covering).

Ve·su·vi·us [visú:viәs], **Mount** 이탈리아 남서부의 활화산.

vet[1] [vet] *n.* 《口》 =VETERINARIAN.

vet[2] *n.* 《美口》 =VETERAN.

vet. veteran; veterinarian; veterinary.

vetch [vetʃ] *n.* 〖植〗 살갈퀴《잠두속》.

‡**vet·er·an** [vétәrәn] *n.* ① **고참병**; 노련자, 베테랑. ② 《美》 퇴역〔재향〕 군인. —— *a.* 실전의 경험을 쌓은; 노련한.

Véterans Dày 《美》 재향 군인의 날 《Armistice Day의 개칭》.

vet·er·i·nar·i·an [vètәrәnέәriәn] *n.* 수의(獸醫).

vet·er·i·nar·y [vétәrәnèri / -nәri] *n., a.* 수의(獸醫)(의)(*a* ~ *hospital* 가축 병원).

véterinary médicine 수의학.

ve·to** [ví:tou] *n.* (*pl.* **~es**) ① (법안에 대한 대통령·지사 등의) **거부권**; 그 행사. ② 부재가 이유의 성명. ③ 금지(권). ***put 〔***set***〕 ***a*** 〔***one's***〕 **~ *upon*** …을 거부〔금지〕하다. —— *a.* 거부(권)의. —— *vt.* 거부하다, 금지하다.

véto pòwer 거부권.

‡**vex** [veks] *vt.* ① (사소한 일로) **성나게 하다**, 짜증나게〔속타게〕 하다; 괴롭히다. ② 《古·詩》 뒤흔들리게〔들썩이게〕 하다, 동요시키다, (태풍 따위

가) 번롱(飜弄)하다. **be ~ed at** … 에 성내다, …을 분해하다. **be ~ed with** (*a person*) (아무)에게 화를 내다. **~ed** [-t] *a.* 속타는, 짜증난, 성난; 말썽 있는. **⌐·ed·ly** [⌐idli] *ad.* **⌐·ing** *a.* 화나는, 속상한, 성가신.
***vex·a·tion** [vekséiʃən] *n.* ① Ⓤ 애탐, 애태움, 화냄, 괴롭힘, 괴로움. ② Ⓤ (정신적) 고통, 고민. ③ 고민거리, 귀찮은 사물. **vex·á·tious** *a.* 화나는, 짜증나는, 속타는.
VF video frequency; voice frequency. **v. f.** very fair (fine); visual field. **VFO** variable frequency oscillator. **VFR** 〖空〗 visual flight rules. **VFW, V. F. W.** Veterans of Foreign Wars (of the U. S.). **VG, vg, v. g.** very good; *verbi gratia* (L. =for example).
V-girl [ví:gə̀:rl] *n.* =VICTORY GIRL.
VHF, V. H. F., vhf very high frequency. **Vi** 〖化〗 virginium. **V. I.** Virgin Islands. **v. i.** verb intransitive; *vide infra* (L. =see below).
‡**vi·a** [váiə, ví:ə] *prep.* (L.) …경유, …을 거쳐. —— *n.* 길.
vi·a·ble [váiəbəl] *a.* 생존할 수 있는; (태아·갓난애 등이) 자랄 수 있는.
vi·a·duct [váiədʌ̀kt] *n.* 고가교(高架橋), 육교.
vi·al [váiəl] *n.* 작은 유리병, 약병 ⌐(phial).
via me·di·a [mí:diə] (L.) 중도(中道).
vi·and [váiənd] *n.* 식품; (*pl.*) (정선된) 음식, 성찬.
vi·at·i·cum [vaiǽtikəm] *n.* (*pl.* **-ca** [-kə], **~s**) 〖카톨릭〗 노자 성체(路資聖體) 《임종 때의》; 〖古로〗 공무 여행 급여물, 여비.
vib·ist [váibist] *n.* 《美》 비브라폰 주자(奏者).
vi·brant [váibrənt] *a.* 진동하는; 울려 퍼지는; 활기찬; 〖音聲〗 유성(有聲)의.
vi·bra·phone [váibrəfòun] *n.* 비브라폰《전기 공명 장치가 붙은 철금(鐵琴)》.
‡**vi·brate** [váibreit / ⌐⌐] *vi.* ① 진동하다, 떨다. ② 감동하다. ③ 마음이 떨리다, 후들거리다. ④ (진자처럼) 흔들리다. —— *vt.* ① 진동시키다. ② 감동시키다. ③ 오싹하게〔떨리게, 후들거리게〕 하다. ④ (진자가) 흔들어 표시하다.
vi·bra·tile [váibrətl, -tàil] *a.* 진동할 수 있는; 진동하는; 진동의.
***vi·brá·tion** [vaibréiʃən] *n.* Ⓤ Ⓒ ① 진동, 떨림. ② 마음의 동요. ③ 〖理〗 진동.
vi·bra·ti·un·cle [vaibréiʃiʌ̀ŋkl] *n.* Ⓤ Ⓒ 가벼운 진동.
vi·bra·to [vibrá:tou] *n.* (*pl.* **~s**) (It.) 〖樂〗 비브라토 《소리를 떨어서 내는 효과》.
vi·bra·tor [váibreitər/⌐⌐⌐] *n.* 진동하는〔시키는〕 물건; 〖電〗 진동기.
vi·bra·to·ry [váibrətɔ̀:ri / -təri] *a.* 진동(성)의; 진동하는〔시키는〕.

V

vib·ri·o [víbriou] *n.* 비브리오《간상(桿狀) 세균의 한 속(屬)》.
vi·bur·num [vaibə́:rnəm] *n.* 〖植〗 가막살나무속의 식물; Ⓤ 그 말린 나무 껍질 《약용》.
vic, V- [vik] *n.* 《英》 V 자형 편대.
Vic. Victoria(n). **vic.** vicar(age).
***vic·ar** [víkər] *n.* ① 〖英國國敎〗 교구 신부. ② 〖美國 聖公會〗 회당 신부 《교구 부속의 교회를 관리함》. ③ 〖카톨릭〗 대리 감목(監牧), 교황 대리 감목; 대리자. **~·age** [-idʒ] *n.* vicar의 주택〔봉급〕; Ⓤ 그 지위〔직〕.
vic·ar-gen·er·al [-dʒénərəl] *n.* (*pl.* ***vicars-***) 〖英國國敎〗 (종교 소송 따위에 있어서의) (대)감독 대리《보통 평신도가 됨》; 〖카톨릭〗 대목(代牧).
vi·car·i·ous [vaikέəriəs, vik-] *a.* 대신의; 대리의; 〖生〗 대상 (代償)의. **~·ly** *ad.* **~·ness** *n.*
‡**vice**[1] [vais] *n.* Ⓤ Ⓒ ① 악, 사악, 부도덕, 악습. ② (말(馬) 따위의) 나쁜 버릇. ③ (인격·문장 등의) 결점. ④ 육체적 결함, 병.
vice[2] *n., v.* 《英》 =VISE.
vi·ce[3] [váisi] *prep.* …의 대신으로 〔대리로서〕.
vice- *pref.* 관직을 나타내는 명사에 붙여서 「부(副)·대리·차(次)」의 뜻을 나타냄.
vice-ad·mi·ral [váisǽdmərəl] *n.* 해군 중장.
vice-a·gent [⌐éidʒənt] *n.* 부대리인.
vice-chair·man [⌐tʃέərmən] *n.* 부의장〔회장·위원장〕.
vice-chan·cel·lor [⌐tʃǽnsələr, -á:-] *n.* 대학 부총장.
vice-con·sul [⌐kɑ́nsəl/-ɔ́-] *n.* 부영사.
vice·ge·rent [vàisdʒí(:)rənt] *n.* 권한 대행자; 대리인. —— *a.* 권한을 대행하는; 대리의. **-ren·cy** *n.* Ⓤ 권한 대행자〔대리인〕의 지위〔관구〕.
vice-gov·er·nor [váisgʌ́vənər] *n.* 부총독, 부지사.
vice-min·is·ter [⌐mínistər] *n.* 차관.
***vice-pres·i·dent** [⌐prézədənt] *n.* 부통령, 부총재; 부회장〔사장·총장〕.
vice-prin·ci·pal [⌐prínsəpəl] *n.* 부교장.
vice·re·gal [vàisrí:gəl] *a.* 부왕(副王)의, 태수〔총독〕의.
vice·re·gent [váisrí:dʒənt] *n.* 부섭정.
vice·roy [⌐rɔi] *n.* 부왕(副王), 태수, 총독.
více squàd (경찰의) 풍기 단속반.
vi·ce ver·sa [váisi və́:rsə] (L.) 반대〔역으〕로; 역(逆) 또한 같음.
Vi·chy [ví:ʃi, víʃi:] *n.* 프랑스 중부의 도시; =⌐ **wàter** 비시 광천수(鑛泉水) 《위장병·통풍에 좋음》.
vic·i·nage [vísənidʒ] *n.* Ⓤ 근처; 인접; Ⓒ 이웃 사람들.
vic·i·nal [vísənəl] *a.* 인근의; 한 지방의.
‡**vi·cin·i·ty** [visínəti] *n.* Ⓤ Ⓒ ① 근처, 근방, 주변. ② 근접(*to*).
‡**vi·cious** [víʃəs] *a.* ① 사악한, 부도덕한, 타락한. ② 악습이 있는, (말(馬) 따위) 버릇 나쁜. ③ 악의있는. ④ 부정확한; 결함이 있는. ⑤ 지독한, 심한. **~·ly** *ad.* **~·ness** *n.*

vícious círcle〔**cýcle, spíral**〕〖經〗 악순환; 〖論〗 순환 논법.
***vi·cis·si·tude** [visísətjù:d] *n.* ① **변화**, 변천. ② (*pl.*) 흥망, 성쇠.
‡**vic·tim** [víktim] *n.* ① **희생(자)**, 피해자(*of*). ② 밥, 봉. ③ 산 제물. ***fall a ~ to*** …의 희생이 되다.
vic·tim·ize [víktimàiz] *vt.* 희생으로 삼다, 괴롭히다; 속이다. **vic·tim·i·za·tion** [ˊtimizéiʃən/-maiz-] *n.* Ⓤ
‡**vic·tor** [víktər] *n.* **승리자**, 정복자. **——***a.* 승리(자)의.
Vic·to·ri·a [viktɔ́:riə] *n.* 영국의 여왕(1819–1901); (v-) 2인승 4륜 마차. ***Lake ~*** 아프리카 동부의 호수.
Victória Cróss 빅토리아 훈장《영국 최고의 무공 훈장: 생략 V.C.》.
Vic·to·ri·an** [viktɔ́:riən] *a.* ① **빅토리아 여왕(시대)의**. ② 빅토리아 왕조풍의. ③ 구식인. ***~ age 빅토리아 왕조 시대(1837–1901). **——***n.* 빅토리아 여왕 시대의 사람《특히 문학자》. **~·ism** [-ìzəm] *n.* Ⓤ 빅토리아 왕조풍.
‡**vic·to·ri·ous** [viktɔ́:riəs] *a.* ① **이긴**, 승리의. ② 승리를 가져오는.
‡**vic·to·ry** [víktəri] *n.* ⓊⒸ ① **승리**. ② (V-) 〖古로〗 승리의 여신(상).
Víctory gàrden 《美》 가정 채소밭《제 2 차 대전중, 정원 따위를 채소밭으로 한 것》.
Víctory gìrl 〖美軍〗 (직업적이 아닌) 위안부 《생략 V-girl》.
Vic·tro·la [viktróulə] *n.* 축음기 (phonograph) 《상표명》.
vict·ual** [vítl] *n.* (보통 *pl.*) **식료품**. **——vt., vi.* (《英》 *-ll-*) 식량을 공급하다〔싣다〕. **~·(l)er** *n.* (배·군대에의) 식량 공급자; 《英》 음식점〔여관〕의 주인; 식량 운송선.
vi·cu·ña [vikjú:nə, vai-] *n.* 〖動〗 (남미산) 라마의 종류; Ⓤ 그 털로 짠 나사(vicuña cloth).
vi·de [váidi:] *v.* (L.) 보라(see) 《생략 v.》. ***~ infra***[ínfrə] 아래를 보라. ***~ supra*** [sú:prə] 위를 보라.
vi·de·li·cet [vidéləsèt] *ad.* (L.) 즉 《viz. 로 생략하고 보통 namely 라 읽음》.
***vid·e·o** [vídiòu] *a., n.* 〖TV〗 ① 영상 수송(受送)(용)의. ② Ⓤ **텔레비전**.
vid·e·o·cast [vídiou̇kæ̀st, -ɑ̀:-] *n.* 텔레비전 방송.
vid·e·o·phone [-fòun] *n.* 텔레비전 전화.
vídeo recòrder 테이프식 녹화기
vídeo tàpe 비디오 테이프. 〔(機).
vid·e·o·tape [vídiou̇tèip] *vt.* …을 테이프 녹화하다.
vídeo tàpe cassétte 비디오 테이프 카세트, 녹화 카세트.
vídeo tàpe recòrder 비디오 테이프 녹화기《생략 VTR》. 〔이프 녹화.
vídeo tàpe recòrding 비디오 테
vid·i·con [vídəkàn / -kɔ̀n] *n.* 〖TV〗 비디콘《광(光) 전도 효과를 이용한 TV용 카메라의 저속형(低速型) 촬상관의 일종》.

vie** [vai] *vi.* (vying***) **경쟁하다**, 다투다(*with*).
Vi·en·na [viénə] *n.* 빈《오스트리아의 수도; 독일 이름 Wien》.
Vi·et·cong, Vi·ét Cóng [viétkáŋ, vjét-/vjétkɔ́ŋ] *n.* 베트콩《남 베트남 민족 해방 전선》.
Vi·et·minh [viétmín, vjét-] *n.* 베트남 독립 동맹; 베트남 공산 운동 지지자.
Vi·et·nam, Vi·ét Nám [viétná:m, vjét-, -nǽm] *n.* 베트남《인도차이나의 공화국》.
Vi·et(-)nam·ese [viétnəmí:z, vjét-] *a., n.* 베트남〔월남〕의 (사람).
Vi·et·nik [viétnik] *n.* 월남 반전(反戰) 운동자. 〔사.
Viet·vet [víetvet] *n.* 월남전 참전 용
†**view** [vju:] *n.* ① **보기**, 봄. ② Ⓤ 시력; 시계. ③ 보이는 것, 경치, 광경. ④ 풍경화〔사진〕. ⑤ 보기, 관찰. ⑥ 고찰; 생각, 의견. ⑦ 전망, 의도, 목적, 가망, 기대. ***end in ~*** 목적. ***in ~*** 보이어, 보이는 곳에; 고려하여; 목적으로서; 기대하여. ***in ~ of*** …이〔에서〕 보이는 곳에; …을 고려하여; …때문에. ***on ~*** 전시되어, 공개하여. ***point of ~*** 견지, 견해. ***private ~*** (전람회 따위의) 비공개 전람. ***take a dim*** 〔***poor***〕 ***~ of*** 비평적으로 보다, 찬성 않다. ***with a ~ to*** (do*ing*, 《俗》 do) …할 목적으로; …을 기대하여. ***with the ~ of*** (do*ing*) …할 목적으로. **——***vt.* ① **보다**, 바라보다. ② 관찰하다; 검사〔임검(臨檢)〕하다. ③ 이리저리 생각하다, 생각하다. ④ 《口》 텔레비전으로 보다. **——***vi.* 《口》 텔레비전을 보다. ***ˊ·er** *n.* **보는 사람**; 텔레비전 시청자(televiewer). **ˊ·less** *a.* 눈에〔눈이〕 안 보이는; 의견 없는, 선견지명이 없는.
víew fìnder 〖寫〗 파인더.
***view·point** [ˊpɔ̀int] *n.* ① **견해**, 견지. ② 보이는 곳.
view·y [vjú:i] *a.* 《口》 ① 비현실적인 (생각을 가진), 공상적인. ② 이목을 끄는; 화려한, 볼 만한.
***vig·il** [vídʒil] *n.* ① ⓊⒸ **밤샘**, 철야, 불침번. ② Ⓤ **불면**. ③ 교회 축일의 전날〔전야〕; 철야로 기도하는 밤; (보통 *pl.*) 축일 전날밤의 철야 기도.
***vig·i·lance** [vídʒələns] *n.* Ⓤ ① **경계**, 조심. ② 철야, 불침번, 불면. ③ 〖醫〗 불면증. 〔(自警團).
vígilance commìttee 《美》 자경단
***vig·i·lant** [-lənt] *a.* **자지 않고 지키는**, 경계하는; 방심하지 않는. **~·ly** *ad.* 〔경(自警) 단원.
vig·i·lan·te [vìdʒəlǽnti] *n.* 《美》 자
vigilánte còrps 《美》 자경단.
vi·gnette [vinjét] *n.* 당초문(唐草紋), (책의 타이틀 페이지·장(章) 머리〔끝〕 따위의) 장식 무늬; 윤곽을 흐리게 한 그림〔사진〕; 인물 스케치. **——***vt.* 장식 무늬를 달다; (인물을 뚜렷이 드러내기 위해, 초상화〔사진〕의 배경을) 바림으로 하다.

V

‡**vig·or,** 《英》 **-our** [vígər] *n.* Ⓤ ① 활기, 원기; 정력; 활력. ② 〖法〗 효력, 유효성.
‡**vig·or·ous** [vígərəs] *a.* ① **원기가 있는,** 활기에 찬. ② 힘찬, 기운찬. ③ 정력적인. *~**·ly** *ad.*
***Vi·king, v-** [váikiŋ] *n.* **바이킹**《8–10 세기경 유럽의 스칸디나비아 해적》; 《一般》 해적.
‡**vile** [vail] *a.* ① **대단히 나쁜**〔싫은〕. ② 상스러운, 야비한. ③ 부도덕한. ④ 빈약한, 하찮은, 변변찮은. ⑤ 지독한.
vil·i·fy [víləfài] *vt.* 비난하다; 중상하다. **vil·i·fi·cá·tion** [⌐–fikéiʃən] *n.* Ⓤ 비난, 중상.
***vil·la** [vílə] *n.* (시골·교외의 큰) 별장.
†**vil·lage** [vílidʒ] *n.* ① **마을,** 촌(락) 《town 보다 작음》. ② 《集合的》 (the ~) 촌민. ‡**víl·lag·er** *n.* **마을 사람,** 촌민.
***vil·lain** [vílən] *n.* ① **악한,** 악인. ② 《諧》 놈, 이 자식〔녀석〕. ③ = VILLEIN. ~**·ous** *a.* 악인의, 악인〔악당〕같은; 비열〔악랄〕한; 매우 나쁜, 지독한. ~**·y** *n.* Ⓤ 극악, 무도(無道); Ⓒ 나쁜 짓.
vil·lein [vílən] *n.* 〖史〗 농노(農奴). ~**·age** *n.* Ⓤ 농노의 신분; 농노의 토지 보유 (조건).
Vil·lon [viːjɔ́ːŋ], **François** (1431–63?) 프랑스의 방랑 시인.
vim [vim] *n.* Ⓤ 힘, 정력, 활기.
vi·na·ceous [vainéiʃəs] *a.* 포도(주) 빛깔의《특히 붉은 색에 대하여》.
vin·ai·grette [vìnəgrét] *n.* 정신 돌리는 약병〔통〕; 냄새맡는 약병〔통〕.
Vin·ci [víntʃi], **Leonardo da** = DA VINCI.
vin·ci·ble [vínsəbəl] *a.* 극복〔정복〕할 수 있는.
vin·di·cate [víndəkèit] *vt.* (불명예·의심 따위를) 풀다, …의 정당함〔진실임〕을 입증하다; 변호하다; 주장하다. **-ca·tor** *n.* 옹호〔변호〕자. **vin·di·cá·tion** [⌐–kéiʃən] *n.* Ⓤ Ⓒ 변호, 변명; 증명.
vin·di·ca·to·ry [víndikətɔ̀ːri / -təri] *a.* 옹호〔변호·변명〕하는.
vin·dic·tive [vindíktiv] *a.* 복수심이 있는, 앙심 깊은.
‡**vine** [vain] *n.* 덩굴(식물); **포도나무.**
vine·dress·er [⌐drèsər] *n.* 포도(밭) 가꾸는 사람.
「~**·y** *a.* 초같은; 신.
***vin·e·gar** [vínigər] *n.* Ⓤ (식)초.
vin·er·y [váinəri] *n.* 포도 온실; 《稀》 포도밭; Ⓤ 《集合的》 포도나무.
***vine·yard** [vínjərd] *n.* **포도밭.**
vin·i·cul·ture [vínəkʌ̀ltʃər] *n.* Ⓤ 포도 재배.
vin·om·e·ter [vainámitər, vi-/-nɔ́-] *n.* 포도주 주정계(酒精計).
vi·nous [váinəs] *a.* 포도주의, 포도주 같은; 술취한.
***vin·tage** [víntidʒ] *n.* ① (한 철의) **포도 수확량;** 거기서 나는 포도주; (포도주 양조용의) 포도 수확. ② = VINTAGE WINE. ③ Ⓤ Ⓒ (어떤 시기·해의) 수확, 생산품.
víntage cár (자동차의 역사에 남는 우수한) 구형 자동차《1917–30년제》.
víntage wíne (풍작인 해에 담근) 정선(精選)한 포도주《그 해의 연호를 붙여 팖》. 「상.
vint·ner [víntnər] *n.* 포도주 (도매)
vi·nyl** [váinəl, vínəl] *n.* Ⓤ Ⓒ 〖化〗 비닐기(基); 비닐. ~ ***chloride 염화 비닐. ~ ***polymer*** 비닐 중합체. ~ ***resin*** 〔***plastic***〕 비닐 수지.
Vi·nyl·ite [váinəlàit] *n.* 〖商標〗 비닐라이트《레코드 등 성형품 제조용》.
vi·nyl·on [vínilɑn/-ɔn] *n.* 비닐론《폴리비닐 알코올계의 합성 섬유; 의복·어망 제조용》.
Vin·yon [vínjɑn / -ɔn] *n.* 〖商標〗 비니온《합성 섬유; 어망·옷 등의 원료》.
vi·ol [váiəl] *n.* 중세의 현악기.
vi·ó·la[1] [vióulə] *n.* 〖樂〗 비올라. ~ ***da gamba*** [də gɑ́ːmbə] viol 류의 옛날 악기(bass viol).
vi·o·la[2] [váiələ] *n.* 제비꽃속(屬)의 식물; (V-) 여자의 이름.
vi·o·la·ble [váiələbəl] *a.* 범할〔어길〕 수 있는; 더럽힐 수 있는.
‡**vi·o·late** [váiəlèit] *vt.* ① (법률·규칙 따위를) **범하다,** 깨뜨리다; 어기다. ② 침입〔침해〕하다. ③ (불법으로) 통과하다. ④ (신성을) 더럽히다, 강간〔능욕〕하다. **-la·tor** *n.* 위의 행위를 하는 사람. ***vi·o·la·tion** [⌐–léiʃən] *n.* Ⓤ Ⓒ **위반;** 침해; 모독; 폭행.
‡**vi·o·lence** [váiələns] *n.* Ⓤ ① **맹렬.** ② 난폭, 폭력. ③ 손해, 침해. ④ 모독. ⑤ 〖法〗 폭행.
‡**vi·o·lent** [váiələnt] *a.* ① **맹렬한,** 격심한. ② (언사 따위가) 과격한. ③ 난폭한, 폭력에 의한. ④ 지독한. ~ ***death*** 변사, 횡사. ‡~**·ly** *ad.*
‡**vi·o·let** [váiəlit] *n.* ① 〖植〗 **제비꽃** (의 꽃). ② Ⓤ Ⓒ 보라빛(bluish purple). **—— *a.*** 보라빛의, 제비꽃 향기가 나는. ~ ***rays*** 자선(紫線); 《誤用》 = ULTRAVIOLET rays.
‡**vi·o·lin** [vàiəlín] *n.* ① **바이올린.** ② 현악기. ③ (관현악 중의) 바이올린 연주자. ***vi·o·lín·ist** [-ist] *n.*
vi·ol·ist [váiəlist] *n.* viol 연주자.
vi·o·lon·cel·lo [vìːələntʃélou, vài-] *n.* (*pl.* ~***s***) = CELLO. **-cél·list** *n.* = CELLIST.
vi·o·my·cin [vàiəmáisən] *n.* Ⓤ 〖藥〗 비오마이신《결핵 따위에 유효한 항생 물질》.
vi·os·ter·ol [vaiɑ́stərɔ̀ːl/-ɔ́stərɔ̀l] *n.* Ⓤ 〖生化〗 비오스테롤《비타민 D를 함유하는 유상물(油狀物)》.
VIP, V.I.P. [víːàipíː] *n.* (*pl.* ~***s***) 《口》 높은 양반〔사람〕, 요인, 고관(<*v*ery *i*mportant *p*erson).
***vi·per** [váipər] *n.* ① **독사,** 살무사. ② 독사〔살무사〕 같은 놈〔사람〕. ~**·ous** [-əs] *a.* 살무사의〔같은〕, 독이 있는; 사악한.
vi·ra·go [virɑ́ːgou, -réi-] *n.* (*pl.* ~***(e)s***) 잔소리 많은 여자, 표독스런 계집.

vir·e·o [víriòu] *n.* (*pl.* **~s**) 미국산 명금(鳴禽).
Vir·gil [və́:rdʒil] *n.* =VERGIL.
‡**vir·gin** [və́:rdʒin] *n.* ① **처녀**, 미혼녀. ② 동정(童貞)인 사람. ③ (the V-) 성모 마리아. ④ (V-) =VIRGO. ―*a.* ① **처녀의**, 처녀인, 처녀다운; 순결한. ② 아직 사용되지〔밟히지〕 않은. ③ 경험이 없는, 처음의, 신선한.
vir·gin·al [və́:rdʒənl] *a.* 처녀의〔같은, 다운〕; 순결한. ―*n.* 16–7 세기에 사용된 방형(方形) 무각(無脚)의 소형 피아노 비슷한 악기. 「생설.
vírgin bírth 〖神〗 (예수의) 처녀 탄
vírgin fórest 처녀림, 원시림.
*__Vir·gin·ia__ [və:rdʒínjə] *n.* ① 미국 동부의 주(州) 《생략 Va.》. ② Ⓤ 이 주에서 생산되는 담배.
Virgínia créeper 〖植〗 양담쟁이.
Virgínia réel 《美》 시골춤의 일종 《둘씩 짝지어 2 열로 춤추는》; 그 곡.
Vírgin Íslands, the 서인도 제도 중의 미국령(領) 및 영국령의 군도.
vir·gin·i·ty [vərdʒínəti] *n.* Ⓤ 처녀임, 처녀성; 순결.
vir·gin·i·um [və:rdʒíniəm] *n.* 〖化〗 버지늄《francium 의 구칭; 기호 Vi》.
Vírgin Máry 〔**Móther**〕, **the** 성모 마리아.
Vírgin Quéen, the =ELIZABETH I.
vírgin sóil 처녀지, 미개간지.
vírgin wòol 미가공 양털.
Vir·go [və́:rgou] *n.* 〖天〗 처녀자리, (황도대(黃道帶)의) 처녀궁(宮).
vir·gule [və́:rgju:l] *n.* 어느 쪽 뜻을 취해도 좋음을 나타내는 사선《A and/or B =A and B 또는 A or B》.
vi·ri·cide [váiərəsàid] *n.* 살(殺)바이러스제.
vir·i·des·cent [vìrədésənt] *a.* 담녹색〔연두빛〕의, 녹색을 띤. 「선; 미숙.
vi·rid·i·ty [virídəti] *n.* Ⓤ 녹색; 신
vir·ile [víral, -rail] *a.* 성년 남자의; 남성적인; 힘찬; 생식력이 있는. **vi·ril·i·ty** [viríləti] *n.* Ⓤ 사내다움; 힘참, 정력; 생식력.
vi·ri·on [váiəriàn/-ɔ́n] *n.* 비리온《바이러스의 최소 단위; 핵산 분자와 단백질 분자로 됨》.
vi·rol·o·gy [vaiərálədʒi, -rɔ́l-] *n.* Ⓤ 바이러스학(學). **-gist** *n.*
vir·tu [və:rtú:] *n.* Ⓤ (미술품 따위의) 뛰어난 가치〔훌륭함〕; 《集合的》 미술품, 골동품; 미술품 애호. ***articles*** 〔***objects***〕 ***of ~*** 골동품.
*__vir·tu·al__ [və́:rtʃuəl] *a.* ① **사실**〔**실질**〕**상의**. ② 〖理·컴퓨터〗 가상의. *~**·ly** *ad.* **사실상**.
vírtual displácement 〖力學〗 가상 변위(變位).
vírtual fócus 〔**ímage**〕 〖理〗 허초점〔허상(虛像)〕.
‡**vir·tue** [və́:rtʃu:] *n.* ① Ⓤ **도덕적 우수성**, 선량; 미덕; 고결. ② Ⓤ 정조. ③ 미점, 장점; 가치. ④ Ⓤ 효력, 효능. ***by*** 〔***in***〕 ***~ of*** … 의 힘으로, …에 의하여. ***make a ~ of*** NECESSITY.
vir·tu·ós·i·ty [və̀:rtʃuásəti/-ɔ́s-] *n.* Ⓤ 예술〔음악〕상의 묘기; 미술 취미, 골동품을 보는 안식.
vir·tu·ó·so [və̀:rtʃuóusou/-zou] *n.* (*pl.* **~s**, **-si** [-si:]) 미술품 감정가, 골동품에 정통한 사람; 예술(특히, 음악)의 거장(巨匠).
*__vir·tu·ous__ [və́:rtʃuəs] *a.* ① 선량한, **도덕적인**, 덕이 있는. ② 정숙한. ~**·ly** *ad.* ~**·ness** *n.*
vir·u·lent [vírjulənt] *a.* 맹독의, 치명적인; 악의에 찬; (병이) 악성인. ~**·ly** *ad.* **-lence, -len·cy** *n.* Ⓤ
*__vi·rus__ [váiərəs] *n.* ① **바이러스**, 여과성(濾過性) 병원체. ② (정신·도덕상의) 해독. 「warfare).
vírus wárfare 세균전(biological
vírus X 인플루엔자 비슷한 증상을 일으키는 정체불명의 바이러스 병독.
vis [vis] *n.* (*pl.* ***vires*** [váiəri:z]) (L. =force) 힘.
Vis. Viscount(ess).
*__vi·sa__ [ví:zə] *n.* (여권·서류 따위의) 배서(背書), **사증**(査證). ―*vt.* (여권 따위에) 배서〔사증〕하다.
vis·age [vízidʒ] *n.* 얼굴, 얼굴 모습.
vis-a-vis [vì:zəví:] *a.*, *ad.* (F.) 마주 보는〔보아〕, 마주 대하여(*to, with*). ―*n.* (특히 춤에서) 마주 대하고 있는 사람; 마주 보고 앉게 된 마차〔의자〕.
Visc. Viscount(ess).
vis·cer·a [vísərə] *n. pl.* (*sing.* ***viscus*** [vískəs]) 내장(內臟). **-al** *a.*
vis·cer·al [vísərəl] *a.* ① 내장〔창자〕의; 내장을 해치는《병》. ② 《美·캐나다》 뱃속에서의; 감정적인, 본능을 드러낸; 비이성적인, 도리를 모르는.
vis·cid [vísid] *a.* 점착성의; 반유동체의. **vis·cid·i·ty** [visídəti] *n.* Ⓤ 점착(성); Ⓒ 끈적끈적한 것.
vis·cose [vískous] *n.* Ⓤ 비스코스《인견·셀로판 따위의 원료》.
vis·cos·i·ty [viskásəti/-ɔ́-] *n.* Ⓤ 점착성, 점질(粘質); 점도(粘度).
*__vis·count__ [váikàunt] *n.* **자작**(子爵). ~**·cy** *n.* Ⓤ 자작의 지위. ~**·ess** *n.* 자작 부인〔미망인〕; 여(女)자작.
vis·cous [vískəs] *a.* 끈적이는, 점착성의; 가소성(可塑性)의.
vise, 《英》 **vice** [vais] *n.*, *vt.* 〖機〗 바이스(로 죄다).
vi·sé [ví:zei] *n.*, *vt.* (F.) =VISA.
Vish·nu [víʃnu:] *n.* 〖힌두敎〗 삼대신(三大神)의 하나.
‡**vis·i·ble** [vízəbəl] *a.* ① **눈에 보이는**. ② 명백한. ③ 면회할 수 있는. **-bly** *ad.* 눈에 띄게; 명백히. **vis·i·bil·i·ty** [⌐-bíləti] *n.* Ⓤ 눈에 보이는 것〔상태〕; 시계(視界), 시거(視距).
vísible spéech 〖音聲〗 시화(視話)(법)《음성 기호 체계의 하나》.
Vis·i·goth [vízəgàθ/-gɔ̀θ] *n.* 서(西)고트 사람.
‡**vi·sion** [víʒən] *n.* ① Ⓤ **시력**, 시각. ② 봄, 광경, 아름다운 사람〔광경〕. ③ Ⓤ 상상력, (미래) 투시력, 예언력. ④ 환영; 환상; 허깨비, 유령.

V

see ~*s* 꿈을 갖다; 미래의 일을 상상하다; 열성가이다.

*__vi·sion·ar·y__ [víʒənèri / -nəri] *a.* ① **환영의**, 환영으로 나타나는. ② 공상적인, 비현실적인; 환상에 잠기는. —— *n.* 환영을 보는 사람; 공상가.

†**vis·it** [vízit] *vt.* ① **방문하다**; 문병하다. ② 체재하다, 손님으로 가다. ③ 구경〔보러〕 가다; 시찰 가다; 왕진하다. ④ (병·재해 따위가) 닥치다; (재난을) 당하게〔입게〕 하다. —— *vi.* ① 방문하다; 구경하다; 체재하다. ② 《美口》 지껄이다, 얘기하다(chat)(~ *over the telephone* 전화로 지껄이다). ~ *with* 《美口》 …에 체재하다. —— *n.* ① **방문**; 문병; 구경; 시찰; 왕진; 체재. ② 《美口》 (허물 없는) 이야기, 담화. *pay a* ~ 방문하다.

vis·i·tant [vízətənt] *n.* 방문자; 철새. —— *a.* 《古》 방문하는.

*__vis·it·a·tion__ [vìzətéiʃən] *n.* ① **방문**. ② Ⓒ Ⓤ (고관·고위 성직자 등의) 시찰, 순시; 선박 임검. ③ (V-) 성모 마리아의 Elizabeth 방문, 그 축일 《7월 2일》. ④ 천벌; 천혜(天惠).

vis·it·a·to·ri·al [vìzətətɔ́:riəl] *a.* 방문의; 순시〔시찰〕의; 임검의.

vis·it·ing [vízitiŋ] *n.*, *a.* Ⓤ 방문〔체재·시찰〕(하는). 「객〕 방명록.

vis·it·ing-book [-bùk] *n.* 방문처〔내

vísiting càrd 《주로 英》 명함.

vísiting dày 면회일, 접객일.

vísiting núrse 방문〔순회〕 간호사.

vísiting proféssor (타대학으로부터의) 객원 교수.

vísiting téacher (등교 못하는 아동을 위한) 가정 방문 교사.

†**vis·i·tor** [vízitər] *n.* ① **방문자**, 문병객; 체재객; 관광객. ② 순시자; (대학의) 장학사. 「내객 방명록.

vísitors' bòok 《英》 숙박자 명부,

vi·sor [váizər] *n.* (투구의) 얼굴 가리개; (모자의) 챙; 마스크, 복면.

VISTA [vístə] Volunteers in Service to America.

*__vis·ta__ [vístə] *n.* ① (가로수·거리 따위를 통해 본 좁은) **전망**, 멀리 보이는 경치; (툭 터진) 가로수 길, 거리. ② 예상; 전망.

vísta dòme (열차의) 전망대.

Vísta Vìsion 〖映〗〖商標〗 비스타비전《와이드 스크린 방식의 일종》.

V

*__vis·u·al__ [víʒuəl] *a.* **시각의**, 시각에 인식되는; 보기 위한; 눈에 보이는. ~·**ly** *ad.*

vísual acúity 시력(視力).

vísual áids 시각 교육(용 기구).

vísual displáy 브라운관에 컴퓨터로부터의 출력 정보를 문자·도형으로 표시하는 일.

vísual flýing 유시계(有視界) 비행.

*__vis·u·al·ize__ [víʒuəlàiz] *vi.*, *vt.* **눈에 보이게 하다**; 생생하게 마음 속에 그리다. **vis·u·al·i·za·tion** [ˌ–əlizéiʃən] *n.* Ⓤ 구상화하기; Ⓒ 시각화한 사물.

vísual púrple 〖生化〗 시홍(視紅).

vísual shòw 공개 방송.

Vi·ta·glass [váitəglæ̀s, -ɑ̀:-] *n.* 〖商標〗 바이타글라스《자외선 투과 유리》.

‡**vi·tal** [váitl] *a.* ① **생명의**〔에 관한〕; 생명이 있는, 살아 있는; 생명 유지에 필요한. ② 대단히 필요〔중요〕한; 치명적인. ③ 활기에 찬, 생생한. —— *n.* (*pl.*) ① 생명 유지에 필요한 기관《심장·뇌·폐 따위》. ② 급소, 핵심. ~·**ism** [-ìzəm] *n.* Ⓤ 〖哲〗 활력론; 〖生〗 생명력설. *~·**ly** *ad.* **중대하게**, 치명적으로.

vítal capácity 폐활량(肺活量).

vítal fórce 생명력, 활력.

*__vi·tal·i·ty__ [vaitǽləti] *n.* Ⓤ **생명력**, 활력, 활기, 원기; 지속력.

vi·tal·ize [váitəlàiz] *vt.* …에(게) 생명을 주다; …에 생기를 주다, 원기를 북돋우다.

Vi·tal·li·um [vaitǽliəm] *n.* 〖商標〗 바이탤륨《코발트와 크롬의 합금; 치과·외과 의료, 공업 주조(鑄造)에 씀》.

vítal pówer 생명력.

vítal sígns 맥·호흡·체온 및 혈압.

vítal statístics 인구 동태 통계.

vítal wòund 치명상. 「타민.

‡**vi·ta·min(e)** [váitəmin/vít-] *n.* 비

vi·ta·min·ize [váitəminàiz] *vt.* (음식 등에) 비타민을 첨가(보강)하다, 강화하다.

vi·ta·min·ol·o·gy [vàitəminálədʒi/-ɔ́-] *n.* Ⓤ 비타민학. 「기의) 영사기.

vi·ta·scope [váitəskòup] *n.* (발명 초

vi·tel·lin [vitélin, vai-] *n.* Ⓤ 〖化〗 난황소(卵黃素).

vi·tel·line [vitélin, vai-] *a.* 난황의; 난황색의.

vi·tel·lus [vitéləs] *n.* 난황, 노른자.

vi·ti·ate [víʃièit] *vt.* …의 질을 손상시키다, 나쁘게 하다, 더럽히다, 썩이다; 무효로 하다. **vi·ti·a·tion** [ˌ–éiʃən] *n.* 「도 재배.

vit·i·cul·ture [vítəkʌ̀ltʃər] *n.* Ⓤ 포

vit·i·li·go [vìtəlí:gou, -lái-] *n.* 〖病〗 백버짐. 「같은; 유리질의.

vit·re·ous [vítriəs] *a.* 유리의; 유리

vítreous húmo(u)r (눈알의) 유리액(液).

vi·tres·cent [vitrésnt] *a.* 유리질로 되는; 유리질의(glassy). 「양의.

vit·ri·form [vítrəfɔ̀:rm] *a.* 유리 모

vit·ri·fy [vítrəfài] *vt.*, *vi.* 유리화하다, 유리 모양으로 하다〔되다〕. **vit·ri·fac·tion** [ˌ–fǽkʃən], **vit·ri·fi·ca·tion** [ˌ–fikéiʃən] *n.* Ⓤ 유리화; 투명; Ⓒ ~된 것.

vit·ri·ol [vítriəl] *n.* Ⓤ 〖化〗 황산염, 반류(礬類); 황산; 신랄한 말〔비꼼〕. *blue* 〔*copper*〕 ~ 담반(膽礬), 황산동. *green* ~ 녹반(綠礬), 황산철(鐵). *oil of* ~ 황산. *white* ~ 호반(皓礬), 황산아연. **vit·ri·ol·ic** [ˌ–álik/-ɔ́-] *a.* 황산의〔같은〕; 황산에서 얻어지는; 통렬한.

vit·ta [vítə] *n.* (*pl.* **-tae** [-ti:]) 〖植〗 유관(油管); 〖動〗 색대(色帶), (세로) 줄무늬.

vi·tu·per·ate [vaitjú:pərèit, vi-]

vt. 욕(설)하다. **-a·tive** [-rèitiv] *a.*
vi·tu·per·a·tion [-ˊ-éiʃən] *n.* Ⓤ
vi·va [váivə] *n., vt.* 구두 시험[시문(試問)](을 하다).
vi·va [víːvə] *int., n.* (It.) 만세(소리).
vi·va·ce [vivɑ́ːtʃei] *ad., a.* (It.) 〖樂〗 활발하게[한].
vi·va·cious [vivéiʃəs, vai-] *a.* 활발한, 명랑한. **∼·ly** *ad.* **vi·vac·i·ty** [-vǽsəti] *n.* Ⓤ
vi·van·dière [vìːvɑ̃ːndiέər] *n.* (F.) (프랑스 군대의) 종군 여상인.
vi·var·i·um [vaivέəriəm] *n.* (*pl.* **∼s, -ia** [-iə]) (자연적 서식 상태로 한) 동물 사육장, 식물 재배소.
ví·va vó·ce [váivə vóusi] (L.) 구두(口頭)로[의]; 구술 시험.
vive [viːv] *int.* (F.) 만세.
‡**viv·id** [vívid] *a.* ① (색·빛 등이) **선명한**, 산뜻한. ② (기억 따위가) 똑똑한; 생생한. *****∼·ly** *ad.* **∼·ness** *n.*
viv·i·fy [vívəfài] *vt.* …에 생기를 주다, 활기[원기]를 띠게 하다.
vi·vip·a·rous [vaivípərəs, vi-] *a.* 〖動〗 태생(胎生)의(cf. oviparous).
viv·i·sect [vívəsèkt, ˊ-ˊ] *vt., vi.* 산 채로 해부하다; 생체 해부를 하다. **-sec·tion** [ˊ-sékʃən] *n.* Ⓤ 생체 해부. **-sec·tor** *n.* 생체 해부자.
vix·en [víksən] *n.* 암여우; 쨍쨍대는[짓궂은] 여자. **∼·ish** *a.* 쨍쨍대는, 짓궂은.
Vi·yél·la [vaijélə] *n.* 〖商標〗 비엘라 《면모(綿毛) 혼방의 능직물》.
viz. *videlicet* (L. =namely).
viz·ard [vízərd] *n.* =VISOR.
vi·zi(e)r [vizíər, vízjər] *n.* (회교 여러 나라의) 고관, 장관. ***grand* ∼** (터키 등의) 수상.
vi·zor [váizər] *n.* =VISOR.
V-J Dày [víːdʒéi] (2차 대전의) 대일(對日) 전승 기념일 《미국 1945년 8월 14일, 영국 8월 15일》.
V. L. Vulgar Latin.
Vla·di·vos·tok [vlæ̀divɑ́stɑk / -vɔ́stɔk] *n.* 블라디보스톡《러시아 남동부의 군항》.
Vla·minck [vlɑmǽŋk], **Maurice de** (1876–1958) 프랑스 화가(cf. Fauvism).
V. L. F. very low frequency.
V-mail [víːmèil] (< *Victory mail*) *n.* V우편《2차 대전시 미본토와 해외 장병간의 마이크로필름을 통한 우편》.
V nèck (의복의) V꼴 깃.
V. O. Victorian Order. **VOA** VOICE of America. **voc.** vocative.
vo·ca·ble [vóukəbəl] *n.* (뜻을 고려 않고, 소리의 구성으로서 본) 단어.
‡**vo·cab·u·lar·y** [voukǽbjəlèri / -ləri] *n.* ① **어휘**. ② (알파벳 순의) 단어집. 「위의) 표제어.
vocábulary èntry (사전·단어집 따
‡**vo·cal** [vóukəl] *a.* ① **목소리의**, 음성의[에 관한]. ② 목소리를 내는, 구두(口頭)의; (흐르는 물 등이) 속삭이는, 소리나는. ③ 〖樂〗 성악의; 〖音聲〗 유성음의. **∼ *music*** 성악. **—** *n.* 목소리. **∼·ist** *n.* 성악가. **∼·ly** *ad.*
vócal còrds [**chòrds**] 성대.
vo·cal·ic [voukǽlik] *a.* 모음(성)의; 모음이 많은.
vo·cal·ize [vóukəlàiz] *vt.* 목소리로 내다, 발음하다; 〖音聲〗 모음[유성]화하다. **—** *vi.* 말하다, 노래하다, 소리치다. *****vo·cal·i·za·tion** [ˊ-izéiʃən] *n.* Ⓤ
*****vo·ca·tion** [voukéiʃən] *n.* ① **직업**, 장사. ② Ⓤ 〖宗〗 신(神)의 부르심, 신명(神命). ③ Ⓤ (특정 직업에 대한) 적성, 재능. ④ 천직, 사명.
*****vo·ca·tion·al** [-əl] *a.* **직업(상)의**; 직업 보도의.
vocátional diséase 직업병.
vocátional educátion 직업 교육.
vocátional guídance 직업 지도[보도]. 「호격(呼格)(의).
voc·a·tive [vɑ́kətiv / vɔ́-] *n., a.* 〖文〗
vo·cif·er·ant [vousífərənt] *a., n.* 큰 소리로 떠드는 (사람).
vo·cif·er·ate [vousífərèit] *vi., vt.* 큰 소리로 떠들다, 소리치다. **vo·cif·er·a·tion** [-ˊ-éiʃən] *n.* Ⓤ
vo·cif·er·ous [vousífərəs] *a.* 큰 소리로 외치는, 시끄러운. **∼·ly** *ad.*
vo·cod·er [vóukóudər] *n.* 보코더《음성을 분석·재구성하여 송신하는 장치》.
vod·ka [vɑ́dkə / vɔ́-] *n.* Ⓤ 보드카《러시아의 화주(火酒)》.
*****vogue** [voug] *n.* Ⓒ Ⓤ ① **유행(품)**. ② 인기. ***be in* ∼** 유행하고 있다. ***be out of* ∼** (유행·인기가) 스러지다[없어지다]. ***bring*** [***come***] ***into* ∼** 유행시키다[되기 시작하다].
†**voice** [vɔis] *n.* ① Ⓒ Ⓤ (인간의) **목소리**, 음성; (새의) 울음 소리. ② (바람·파도와 같은 자연물의) 소리. ③ Ⓤ 발성력, 발언력; 표현; (표명된) 의견, 희망. ④ Ⓤ Ⓒ 발언권, 투표권(*in*); 가수(의 능력); 〖樂〗 (성악·기악곡의) 성부(聲部). ⑤ 〖文〗 태(態); 〖音聲〗 유성음(有聲音). ***be in*** (***good***) **∼** (성악가·연설가 등의) 목소리가 잘 나오다. ***find one's* ∼** 입밖에 내어 말하다, 용기를 내어 말하다. ***give* ∼ *to*** …을 입밖에 내다. ***lift up one's* ∼** 소리치다; 항의하다. ***mixed* ∼*s*** 〖樂〗 혼성. ***raise one's* ∼** 언성을 높이다; 좌중(座中)에서 이야기하다. ***with one* ∼** 이구동성으로. **—** *vt.* ① 목소리를 내다, 말로 나타내다. ② 〖音聲〗 유성음으로 (발음)하다. **∼d** [-t] *a.* 목소리로 낸; 〖音聲〗 유성음의. 「頭)(larynx).
voice-box [vɔ́isbɑ̀ks / -ɔ̀-] *n.* 후두(喉
*****voice·less** [vɔ́islis] *a.* **목소리가 없는**; 무음의, 벙어리의; 〖音聲〗 무성음의. **∼·ly** *ad.* 「송《생략 VOA》.
Vóice of Amérìca 미국의 소리 방
voice-o·ver [ˊòuvər] *n.* Ⓤ Ⓒ (TV 따위의 화면 밖의) 해설 소리.
voice·print [ˊprint] *n.* 성문(聲紋).
vóice vòte 발성 투표《찬부를 소리의 크기에 따라 의결함》.
‡**void** [vɔid] *a.* ① **빈**, 공허한; (집·

토지 따위가) 비어 있는. ② …이 없는, 결한(*of*). ③ 무익한; 〖法〗 무효의. —— *n.* 빈 곳, 공간; 공허(감). —— *vt.* 무효로 하다, 취소하다; 배설하다, 비우다. ～**·a·ble** *a.* 무효로 할 수 있는.

void·er [vɔ́idər] *n.* 무효로 하는 사람.

voile [vɔil] *n.* Ⓤ 보일《엷은 직물》.

vol. volcano; volume; volunteer.

vo·lant [vóulənt] *a.* 나는, 날 수 있는; 〖紋〗 나는 모습의; 쾌속의.

Vo·la·pük [vòuləpjú:k, váləpùk / vɔ́ləpùk] *n.* 볼라퓍《1879년경 독일인 J. M. Schleyer 가 창시한 국제어》.

***vol·a·tile** [válətil/vɔ́lətàil] *a.* ① **휘발성의.** ② 쾌활한; 변덕스러운; 일시적인, 덧없는. ③ 〖컴퓨터〗 비지구(非持久)(성)의. **vol·a·til·i·ty** [⌐–tíləti] *n.* Ⓤ

vol·a·til·ize [válətəlàiz/vɔlǽt-] *vt., vi.* 기화〔증발〕시키다〔하다〕. **vol·a·til·i·za·tion** [⌐––izéiʃən] *n.* Ⓤ

***vol·can·ic** [vɑlkǽnik/vɔl-] *a.* ① **화산(성)의;** 화산이 있는. ② (기상 따위가) 폭발성의, 격렬한.

volcánic gláss 흑요석(黑耀石).

vol·can·ism [válkənìzəm/vɔ́-] *n.* Ⓤ 화산 활동〔현상〕.

‡**vol·ca·no** [vɑlkéinou / vɔl-] *n.* (*pl.* ～(*e*)*s*) **화산.** *active* 〔*dormant, extinct*〕 ～ 활〔휴, 사〕화산.

vol·can·ol·o·gy [vɑ̀lkənálədʒi / vɔ̀lkənɔ́l-] *n.* Ⓤ 화산학.

vole[1] [voul] *n.* 들쥐류(類).

vole[2] *n.* 〖카드〗 전승(全勝). *go the* ～ 건곤일척의 승부를 하다; 여러가지로 해보다.

Vol·ga [válgə/vɔ́-] *n.* 카스피해로 흘러드는 러시아 서부의 강.

vo·li·tion [vouliʃən] *n.* Ⓤ 의지의 작용, 의욕; 의지력, 의지, 결의; 선택. ～**·al** *a.* 의지의, 의욕적인.

Volks·lied [fɔ́:lksli:t, -li:d] *n.* (G.) 민요.

Volks·wa·gen [fɔ́:lksvà:gən] (G. = folk's wagon) *n. sing.* & *pl.* 독일(제)의 대중용 자동차.

***vol·ley** [váli/vɔ́-] *n.* ① **일제 사격;** 빗발치듯하는 탄환〔화살·돌〕; (질문·욕설의) 연발. ② 〖테니스·蹴〗 발리《공이 땅에 닿기 전에 치거나 차보내기》. —— *vt.* ① 일제 사격하다; (질문 따위를) 연발하다. ② 발리로 되치다〔되차다〕. —— *vi.* ① 일제히 발사되다. ② 발리를 하다.

‡**vol·ley·ball** [-bɔ̀:l] *n.* Ⓤ **배구;** Ⓒ 그 공.

vol·plane [válplèin/vɔ́-] *n., vi.* 〖空〗 (엔진을 멈추고) 활공(하다).

vols. volumes.

Vol·stead·ism [válstedìzəm/vɔ́l-] *n.* Ⓤ 주류 판매 금지주의〔정책〕.

***volt** [voult] *n.* 〖電〗 **볼트.** ⌐**·age** [⌐idʒ] *n.* ⓊⒸ 전압(電壓)(량).

vol·ta·ic [vɑltéiik/vɔl-] *a.* 유전기(流電氣)의〔를 발생하는〕.

voltáic báttery 볼타 전지.

voltáic céll 전지.

Vol·taire [vɑltέər, voul- / vɔ́l-], **François Marie Arouet de** (1694–1778) 프랑스의 풍자가·계몽 사상가《*Candide* (1759)》.

vol·tam·e·ter [vɑltǽmitər/vɔl-] *n.* 〖電〗 전량계(電量計).

volt-am·pere [vóultǽmpiər] *n.* 〖電〗 볼트암페어《생략 VA》.

volte-face [vɑ̀ltəfá:s, vɔ̀(:)l-] *n.* (F.) 방향 전환; (의견·정책 따위의) 전향.

volt·me·ter [vóultmì:tər] *n.* 전압계.

vol·u·ble [váljəbəl / vɔ́-] *a.* 수다스러운, 입심좋은, 말 잘 하는, 유창한. **-bly** *ad.* ～**·ness** *n.* **vol·u·bil·i·ty** [⌐–bíləti] *n.* Ⓤ

‡**vol·ume** [váljum/vɔ́-] *n.* ① **권**(卷); 책, 서적. ② Ⓤ 체적, 부피; 용적; 양(量); 음량. ③ 큰 덩어리, 대량. *speak* ～*s* 웅변으로 말하다, 의미심장하다.

vol·u·me·nom·e·ter [vɑ̀ljəmənámitər /vɔ̀ljuminɔ́mi-] *n.* 배수 용적계, 체적계.

vol·ume-pro·duce [váljumprədjú:s/vɔ́ljum-] *vt.* 대량 생산하다.

vol·u·met·ric [vɑ̀ljəmétrik / vɔ̀l-], **-ri·cal** [-əl] *a.* 용적〔체적〕 측정의.

***vo·lu·mi·nous** [vəlú:mənəs] *a.* ① (부피가) 큰 책의; **권수가 많은,** 큰 부수(部數)의. ② 저서가 많은, 다작의. ③ 풍부한; 부피가 큰.

‡**vol·un·tar·y** [válənteri / vɔ́ləntəri] *a.* ① **자유 의사의,** 자발적인. ② 의지에 의한; 임의의, 지원〔자원〕의. ③ 〖生〗 수의적인. ～ *muscle* 〖解〗 수의근(隨意筋). ～ *service* 지원 병역. —— *n.* 자발적 행위; (교회에서 예배식의 전, 중간, 후의) 오르간 독주. **-tar·i·ly** *ad.* 자발적으로. **-ta·rism** [-tərìzəm] *n.* Ⓤ 〖哲〗 주의설(主意說); 자유 지원제.

vóluntary convéyance 〔**disposítion**〕 〖法〗 임의〔무상〕 양도.

‡**vol·un·teer** [vɑ̀ləntíər/vɔ̀l-] *n.* 유지(有志), **지원자〔병〕.** —— *a.* 유지의; 지원병의; 자발적인. —— *vt.* 자발적으로 나서다; 지원하다(*to* do). —— *vi.* 자진해서 일을 맡다; 지원병이 되다(*for*).

vo·lup·tu·ar·y [vəlʌ́ptʃuèri/-əri] *n.* 주색〔일락〕에 빠지는 사람.

vo·lup·tu·ous [vəlʌ́ptʃuəs] *a.* 오관(五官)의 즐거움을 찾는, 일락(逸樂)에 빠지는; 육욕을 자극하는; 관능적인, (미술·음악 따위) 관능에 호소하는. ～**·ly** *ad.* ～**·ness** *n.*

vo·lute [vəlú:t] *n., a.* 〖建〗 (이오니아 및 코린트식 기둥머리 장식의) 소용돌이 모양; 소용돌이(의).

***vom·it** [vámit/vɔ́-] *vt.* ① (먹은 것을) **게우다.** ② (연기 따위를) 내뿜다; (욕설을) 퍼붓다. —— *vi.* 토하다; (화산이) 용암 따위를 분출하다. —— *n.* 구토물, 게운 것; 토제(吐劑).

vom·i·to·ri·um [vɑ̀mətɔ́:riəm/vɔ̀m-] *n.* (고대 건축물의) 출입구.

vom·i·to·ry [vámətɔ̀:ri/vɔ́mitəri] *a.*

《古》 구토증을 나게 하는. — *n.* (연기 등을) 빼내는 곳; =VOMITORIUM.
von [fan, 弱 fən/-ɔ-] *prep.* (G.) = from, of 《독일인의 성(姓) 앞에 쓰이며, 흔히 귀족 출신임을 나타냄》.
V-one [víːwʌ́n] *n.* 보복 병기 제 1 호 《제 2 차 대전 때의 독일의 로켓 폭탄》.
voo·doo [vúːduː] *n.* (*pl.* ~*s*) 부두교(敎) 《아프리카에서 발생하여 서인도 제도, 미국 남부의 흑인들이 믿는 원시 종교》; 부두 도사(道士). — *a.* 부두교의. ~·**ism** [-ìzəm] *n.* Ⓤ 부두교.
vo·ra·cious [vouréiʃəs] *a.* 게걸스레먹는, 대식(大食)하는; 대단히 열심인, 물릴 줄 모르는. ~·**ly** *ad.* ~·**ness** *n.* **vo·rac·i·ty** [-rǽsəti] *n.* Ⓤ
vor·tex [vɔ́ːrteks] *n.* (*pl.* ~*es*, *-tices* [-təsiːz]) (물·공기 따위의) 소용돌이; (사회적·지적(知的) 운동 등의) 소용돌이; 소용돌이 모양의 비행운(雲).
vor·ti·cal [vɔ́ːrtikəl] *a.* 소용돌이치는, 회오리치는, 소용돌이 같은, 선회하는. ~·**ly** *ad.*
Vos·tok [vɔ́ːstak/vɔstɔ́k] *n.* (Russ. =east) 보스토크《소련이 발사한 일련의 유인 위성》.
vo·ta·ress [vóutəris] *n.* votary 의 여성.
vo·ta·ry [vóutəri], **vo·ta·rist** [vóutərist] *n.* 종교적 생활을 하겠다고 맹세한 사람, 독신자; 열성가.
‡**vote** [vout] *n.* ① 찬부 표시, **투표**; 투표[선거]권. ② 표결 사항; 투표수; 투표인; 투표 용지. — *vi.* **투표하다**(*for, against*). — *vt.* 투표로 결정하다[지지하다]; 《口》 (세상 여론이) 평하다, 결정하다; 《口》 제의하다. ~ *down* (투표에 의해) 부결하다. ~ *in* 선거하다. ***vót·er** *n.* 투표자; 유권자. **vót·ing** *n.* Ⓤ 투표.
vóting machìne 자동 투표 기록 계산기.
vóting pàper 《英》 투표 용지.
Vóting Ríghts Àct 《美》 (흑인 및 소수 민족의) 투표권 법안(1965년 성립).
vo·tive [vóutiv] *a.* (맹세를 지키기 위해) 바친; 기원의.
vo·tress [vóutris] *n.* 《古》 =VOTARESS.
***vouch** [vautʃ] *vi.* **보증하다**; 확증하다(*for*). ∠·**er** *n.* 보증인; 증거물, 증빙 서류; 영수증.
vouch·safe [vautʃséif] *vt.* 허용하다, 주다, 내리다. — *vi.* …해 주시다(*to* do).
‡**vow** [vau] *n.* (신에게 한) **맹세**, 서약, 서원(誓願). *take* ~*s* 종교단의 일원이 되다. *under a* ~ 맹세를 하고. — *vt., vi.* 맹세하다; (…을) 할 [줄] 것을 맹세하다; 단언하다.
‡**vow·el** [váuəl] *n.* **모음**(자).
vówel gradátion 【言】 모음 전환.
vówel hármony 모음 조화.
vówel mutátion 【言】 =UMLAUT.
vówel pòint (히브리어·아랍어 등의) 모음 부호.
vox [vaks/-ɔ-] *n.* (*pl.* ***voces*** [vóusiːz]) (L.) 목소리, 음성; 말. ~ ***populi*** [pápjəlài/-ɔ́-] 민성(民聲), 여론.
‡**voy·age** [vɔ́iidʒ] *n.* (먼 거리의) **항해**. — *vi., vt.* 항해하다. **vóy·ag·er** *n.* 항해자.
vo·ya·geur [vwàːjaːʒə́ːr] *n.* (F.) 캐나다 변지(邊地)를 도보[카누] 여행한 프랑스계(系) 캐나다인《특히 털가죽이나 사람을 운송하던 뱃사공》.
vo·yeur [vwaːjə́ːr] *n.* (F.) 관음자(觀淫者).
V. P. Vice-President.
「【理】 V 입자.
V-par·ti·cles [víːpàːrtikəlz] *n. pl.*
vroom [vruːm] *n.* 부릉부릉《엔진 소리》.
vs. *versus.*
V. S. Veterinary Surgeon.
v. s. *vide supra* (L. =see above).
V-sign [víːsàin] *n.* 승리의 사인《집게손가락과 가운뎃손가락으로 만들어 보이는 V 자》.
V/STOL [víːstoul] vertical short takeoff and landing (aircraft) 수직 단거리 이착륙(기).
Vt. Vermont. **V-T** 《英》 video tape.
v. t., vt. verb transitive. **VTO** vertical takeoff 수직 이륙. **VTOL** [víːtɔ̀ːl/-tɔ̀l] vertical takeoff and landing (aircraft) 수직 이착륙(기).
V-two [víːtúː] *n.* 보복병기 제2호《제2차 대전 때의 독일의 로켓 폭탄》.
VTR video tape recording [recorder]. **Vul., Vulg.** Vulgate.
Vul·can [vʌ́lkən] *n.* 【로神】 불(火)과 대장일의 신.
vul·can·ite [vʌ́lkənàit] *n.* =EBONITE.
vul·can·ize [vʌ́lkənàiz] *vt.* (고무를) 유황 처리하다. **vul·can·i·za·tion** [∸-izéiʃən] *n.* Ⓤ
‡**vul·gar** [vʌ́lgər] *a.* ① **상스러운**, 야비[저속]한. ② 일반의, 통속적인; (상류 계급에 대해) 서민의; 일반 대중의. ***the*** ~ (***herd***) 일반 대중. ~·**ism** [-ìzəm] *n.* Ⓤ 속악(俗惡), 상스러움; ⓊⒸ 저속한 말. ~·**ly** *ad.*
vul·gar·i·an [vʌlgέəriən] *n.* 상스러운 사람, 속인; 상스러운[야비한] 어정뱅이.
vul·gar·i·ty [vʌlgǽrəti] *n.* Ⓤ 속악(俗惡), 상스러움, 예의 없음, 야비함.
vul·gar·ize [vʌ́lgəràiz] *vt.* 속되게 하다; 대중화(大衆化)하다. **vul·gar·i·za·tion** [∸-izéiʃən/-raiz-] *n.* Ⓤ
Vúlgar Látin 통속 라틴어.
Vul·gate [vʌ́lgeit, -git] *n.* 불가타 성서《4세기에 된 라틴어역(譯) 성서; 카톨릭교회에서 사용》; (the v-) 통속어(通俗語).
vul·ner·a·ble [vʌ́lnərəbəl] *a.* 부상하기[다치기] 쉬운, 공격 받기 쉬운; (비난·유혹·영향 따위를) 받기 쉬운, 약점이 있는(*to*); 【카드놀이】 (세판 승부 브리지에서 한번 이겼기 때문에) 두 배의 벌금을 짊어질 위험이 있는 (입장의). ~ ***point*** 약점. **vul·ner·a·bil·i·ty** [∸—bíləti] *n.* Ⓤ
vul·ner·ar·y [vʌ́lnərèri / -rə-] *a.* 상처에 잘 듣는.

vul·pine [vʌ́lpain] *a.* 여우의〔같은〕(foxy), 교활한(sly). 「쟁이.
***vul·ture** [vʌ́ltʃər] *n.* **독수리; 욕심**
vul·tur·ine [vʌ́ltʃəràin], **vul·tur·ous** [-rəs] *a.* 독수리 같은; 탐욕스러운.
vul·va [vʌ́lvə] *n.* (*pl.* **-vae** [-viː], **~s**) 〖解〗 음문(陰門).
VUNC the Voice of United Nations Command.
Vy·cor [váikɔːr] *n.* 〖商標〗 바이코어 유리《단단한 내열(耐熱) 유리이며 실험용 기구 제조 등에 쓰임》.
vy·ing [váiiŋ] (<vie) *a.* 다투는, 경쟁하는. **~·ly** *ad.*

W

W, w [dʌ́blju(ː)] *n.* (*pl.* ***W's, w's*** [-z]) W자 모양의 것.
W watt; 〖化〗 wolfram (G. =tungsten). **W, W., w.** west(ern). **W.** Wales; Wednesday; Welsh. **w.** week(s); wide; wife; with. **W. A.** West Africa. **WAAF** 《英》 Women's Auxiliary Air Force. **WAAS** 《英》 Women's Auxiliary Army Service.
wab·ble [wάbəl/-ɔ́-] *v., n.* =WOBBLE.
WAC [wæk] (<*W*omen's *A*rmy *C*orps) *n.* 《美》 육군 여군 부대(원).
wack·y [wǽki] *a.* 《美俗》 괴팍한; 광기가 있는. 「League.
WACL World Anti-Communist
wad [wɑd/-ɔ-] *n.* (부드러운 것의) 작은 뭉치; 씹고난 껌; (가득 찬) 뭉치, 덩어리; 채워〔메워〕 넣는 물건〔솜〕; 장전된 탄환을 고정시키는 충전물; 지폐 뭉치; 《美俗》 다액의 돈. **——** *vt.* (**-dd-**) 작은 뭉치로 만들다; 채워 넣다; (총에) 알마개를 틀어 넣다. **∠·ding** *n.* Ⓤ 채우는 물건〔솜〕.
wad·dle [wάdl/-ɔ́-] *vi.* (오리처럼) 어기죽어기죽 걷다. **——** *n.* 어기죽 걸음; 그 걸음걸이.
‡wade [weid] *vi.* ① (물 속을) **걸어서 건너다,** (진창·눈 따위 걷기 힘든 곳을) 간신히 지나가다. ② 애를 써 나아가다(*through*). **——** *vt.* (강 따위를) 걸어서 건너다. **~ *in*** 얕은 물속에 들어가다; 간섭하다; 상대를 맹렬히 공격하다. **~ *into*** 《口》 맹렬히 공격하다; 힘차게 일에 착수하다. **~ *through slaughter* 〔*blood*〕 *to* (*the throne*)** 살육을 해서 (왕위)를 얻다. **——** *n.* 도섭(徒涉). **wád·er** *n.* 걸어서 건너는 사람; 〖鳥〗 섭금(涉禽); 《英》 (*pl.*) (낚시꾼용) 긴 장화.
wadge [wɑdʒ/wɔdʒ] *n.* 《英口》 뭉친 것; 덩어리, 뭉치.
wa·di [wάːdi/-ɔ́-] *n.* (아라비아·북아프리카 등지의, 우기 이외는 말라 붙는) 마른 골짜기; 그 곳을 흐르는 강.
wáding bìrd 섭금(涉禽). 「터.
wáding pòol (공원 따위의) 물놀이
WADS Wide Area Data Service 광역 데이터 전송(傳送) 서비스.

W

wa·dy [wάːdi/-ɔ́-] *n.* =WADI.
WAF 《美》 Women's Air Force.
w.a.f. 〖商〗 with all faults 손상 보증 없음.
***wa·fer** [wéifər] *n.* **웨이퍼; 오블라토;** 〖카톨릭〗 (미사용의) 제병(祭餠) 《얇은 빵》; 봉함지(封緘紙). **~·y** *a.* 웨이퍼 같은; 얇은. 「은.
wá·fer-thin [wéifərθín] *a.* 아주 얇
waf·fle¹ [wάfəl/-ɔ́-] *n.* 와플《과자》.
waf·fle² *n., vt.* 《英》 쓸데 없는 소리(를 지껄이다).
wáffle ìron 와플 굽는 틀.
***waft** [wæft, -ɑː-] *vt.* (수중·공중을) **부동(浮動)시키다,** 떠돌게 하다. **——** *n.* 부동; (냄새 따위의) 풍김; (바람의) 한바탕 불기.
wag** [wæg] *vt., vi.* (**-gg-**) (상하·좌우로 빨리) **흔들(리)다. ~ *the tongue (쉴새없이) 지껄이다. **——** *n.* 흔듦; 흔들거림; 익살꾸러기.
‡wage [weidʒ] *n.* ① (보통 *pl.*) **임금,** 급료《일급·주급 따위》. ② 《古》(보통 *pl.*) 갚음, 보답. **——** *vt.* (전쟁·투쟁을) 하다(*against*).
wáge èarner 급료〔임금〕 생활자.
wáge frèeze 임금(賃金) 동결.
wáge pàcket 《英》 급료 봉투.
wa·ger** [∠ər] *n.* **내기;** 내기에 건 돈〔물건〕. **~ *of battle 〖史〗 결투(에 의한) 재판. **——** *vt.* (내기에) 걸다.
wáge scàle 임금표(賃金表).
wáge slàve 노예 임금 노동자《악조건·싸구려 임금으로 일하는 사람》.
wáge stòp 《英》 사회 보장 급부 지급 한도. 「=WAGE EARNER.
wage·work·er [∠wəːrkər] *n.* 《美》
wage·work·ing [∠wəːrkiŋ] *n., a.* Ⓤ 임금 노동(의).
wag·ger·y [wǽgəri] *n.* Ⓤ 우스꽝스러움; Ⓒ 익살, 농담; 장난.
wag·gish [wǽgiʃ] *a.* 우스꽝스러운; 익살맞은; 농담 좋아하는.
wag·gle [wǽgəl] *vt., vi.* =WAG. **——** *n.* 흔듦.
Wag·ner [vάːgnər], **Richard** (1813–83) 독일의 가극 작곡가. **Wag·ne·ri·an** [-níəriən] *a.* 바그너(풍)의.
‡wag·on, 《英》 **wag·gon** [wǽgən] *n.* (각종) **4륜차, 짐차;** 《英》 무개 화차. HITCH ***one's ~ to a star. on* 〔*off*〕 *the ~*** 《美俗》 술을 끊고〔또 시작하고〕. **——** *vt.* wag(g)on으로 나르다. **~·er** *n.* (짐마차의) 마차꾼. 「마차.
wag·(g)on·ette [wæ̀gənét] *n.* 유람
wag·(g)on·load [wǽgənlòud] *n.* wag(g)on 한 대분의 짐.
wa·gon-lit [vagɔ̃li] *n.* (F.) (유럽 대륙 철도의) 침대차.
wágon tràin 《美》 (특히) 군용 짐마차의 행렬〔일대(一隊)〕.
wag·tail [wǽgtèil] *n.* 〖鳥〗 할미새.
Wa(h)·ha·bi [wəhάːbi, wɑː-] *n.* (*pl.* **~s**) (회교의) 와하비파(派)《가장 보수적임》.
wa·hi·ne [wɑːhíːnei] *n.* (하와이 등지의) 소녀, 젊은 여자.

waif [weif] *n.* 부랑자, 부랑아; 임자 없는 물품〔짐승〕; 표착물(漂着物). ~*s and strays* 부랑아의 떼; 그러모은 것.

‡**wail** [weil] *vi.* ① **울부짖다**; 비탄하다(*over*). ② (바람이) 구슬픈 소리를 내다. ── *vt.* 비탄하다. ── *n.* ① 울부짖는 소리. ② (바람의) 처량하게 울리는 소리.

wain [wein] *n.* 짐마차.

wain·scot [wéinskət, -skòut] *n., vi.* (《英》 *-tt-*) ⓊⒸ 〖建〗 벽판(壁板) (을 대다), 징두리널(재료). ~·(t)**ing** *n.* Ⓤ 벽판, 징두리널; 그 재료.

wain·wright [wéinràit] *n.* 짐마차 제조자; 수레 목수.

‡**waist** [weist] *n.* ① **허리**, 요부(腰部); 허리의 잘룩한 곳. ② (의복의) 허리; 《美》 (여자·어린이의) 몸통옷, 블라우스. ③ (현악기 따위) 가운데의 잘록한 곳.

waist·band [⌐bæ̀nd] *n.* (스커트 등의) 허리띠.

wáist bèlt 벨트, 밴드.

waist·cloth [⌐klɑ̀θ, ⌐klɔ̀(:)θ] *n.* 허리 두르개.

***waist·coat** [wéskət, wéis*t*kòut] *n.* 《英》 조끼.

waist·deep [wéistdíːp] *a., ad.* 깊이가 허리까지 차는〔차게〕.

waist-high [⌐hái] *a.* 허리 높이의.

waist·line [⌐làin] *n.* 허리의 잘록한 곳; 웨이스트(라인), 허리통.

†**wait** [weit] *vi.* ① **기다리다**(*for*). ② **시중들다**(*at, on*). ③ 하지 않고 내버려 두다, 미루다. ── *vt.* ① 기다리다. ② 시중을 들다. ③ 《口》 늦추다. ~ *on* 〔*upon*〕 …에게 시중들다; …를 섬기다; (연장자를 의례적으로) 방문하다; (결과가) 따르다. ── *n.* ① 기다림, 기다리는 시간. ② (보통 *pl.*) 《英》 (크리스마스의) 성가대. *lie in* 〔*lay*〕 ~ *for* …을 숨어〔매복해〕 기다리다. ‡⌐·**er** *n.* **급사**, 음식나르는 쟁반; 기다리는 사람; ＝DUMBWAITER.

‡**wait·ing** [⌐iŋ] *a.* **기다리는**; 시중드는. ── *n.* Ⓤ **기다림**, 기다리는 시간; 시중듦. *in* ~ (왕·여왕 등을) 섬기어.

wáiting gàme (게임 등에서의) 지연 작전.

wáiting lìst 순번 명부; 보궐인 명부.

wáiting màid 시녀.

wáiting ròom 대합실.

***wait·ress** [wéitris] *n.* **여급사**, 여급.

waive [weiv] *vt.* (권리·요구 등을) 포기하다; 그만두다; 연기〔보류〕하다. **wáiv·er** *n.* 〖法〗 포기, 기권 증서.

†**wake**[1] [weik] *vi.* (*woke*, ~*d*; ~*d*, 《稀》 *woke, woken*) ① **잠깨다**, 일어나다(*up*); 깨어 있다; (정신적으로) 눈뜨다(*up, to*). ② 활기띠다; 되살아나다. ── *vt.* ① 깨우다, 일으키다(*up*). ② (정신적으로) 각성시키다; 분기시키다(*up*); 되살리다; 환기하다. ~ *to* …을 깨닫다. *waking or sleeping* 자나 깨나. ── *n.* (헌당식(獻堂式)의) 철야제(徹夜祭); 《Ir.》 밤샘, 경야.

wake[2] *n.* 항적(航跡); (물체가) 지나간 자국. *in the* ~ *of* …의 자국을 따라; …에 잇따라; …을 따라.

Wake *n.* 웨이크섬 《북태평양에 있는 미국령의 작은 섬》.

wake·ful [wéikfəl] *a.* 잠 못이루는, 잘 깨는; 자지 않는; 방심하지 않는. ~·**ly** *ad.* ~·**ness** *n.*

‡**wak·en** [wéikən] *vt.* ① **깨우다**, 일으키다. ② (정신적으로) 눈뜨게 하다, 분기시키다. ── *vi.* 잠이 깨다, 일어나다; 깨닫다.

wake-rob·in [wéikrɑ̀bin/-ɔ̀-] *n.* 《美》 ＝TRILLIUM; ＝JACK-IN-THE-PULPIT.

wale [weil] *n.* 채찍 자국, 지렁이처럼 부르튼 곳; (피륙의) 골, 이랑. ── *vt.* 채찍〔맷〕자국을 내다, 부르트게 하다; 골지게 짜다.

‡**Wales** [weilz] *n.* **웨일즈**《Great Britain섬의 남서부 지방》(cf. Cambria).

†**walk** [wɔːk] *vi.* ① **걷다**; 걸어가다; 산책하다. ② (유령이) 나오다. ③ 〖野〗 (사구(四球)로) 걸어 나가다. ── *vt.* ① (길·장소를) **걷다**; (말·개 따위를) 걸리다. ② …을 데리고 걷다, 동행하다. ③ 〖野〗 (사구로) 걸리다. ④ (무거운 것을) 걸리듯 좌우로 움직여 운반하다. ⑤ …와 걷기 경쟁을 하다. ~ *about* 걸어다니다, 산책하다. ~ *away from* …의 곁을 떠나다; (경주 등) 쉽사리 앞지르다. ~ *away* 〔*off*〕 *with* …을 가지고 도망하다; (상 따위를) 타다. ~ *in* 들어가다. ~ *into* 《俗》 때리다, 욕하다; 《俗》 배불리 먹다. ~ *off* (노하여) 가버리다; (죄인을) 끌고 가다; 걸어서 …을 없애다(~ *off a headache*). ~ *out* 나다니다; 퇴장해 버리다; 갑자기 떠나다; 《口》 파업하다. ~ *out on* 《美口》 버리다. ~ *out with* 《英》 (하인 등이 이성(異性))과 사랑하게 되다. ~ *over* (대항할 말이 없어서 코스를) 보통 걸음으로 걸어 수월히 이기다. ~ *the boards* 무대에 서다. ~ *the chalk* (취하지 않았음을 경찰관에게 보이기 위해서) 똑바로 걸어 보이다. ~ *the hospitals* (의학도가) 병원에서 실습하다. ~ *the street* 매음하다. ~ *through life* 세상을 살아가다. *W- up!* 어서 오십시오! 《손님을 끄는 소리》. ~ *upon air* 정신 없이 기뻐하다. ~ *up to* …에 걸어서 다가가다. ~ *with God* 하느님의 길을 걷다. ── *n.* ① **걷기**; 보행; 걸음걸이. ② (말의) 보통 걸음. ③ 산책. ④ 보도; 인도; 산책길. ⑤ 《古》 처세(법), 행동. ⑥ 〖野〗 사구출루(四球出壘). ⑦ (가축의) 사육장. *a* ~ *of* 〔*in*〕 *life* 직업; 신분. *go for* 〔*take*〕 *a* ~ 산책하(러 가)다. *⌐·**er** *n.* **보행자**; 산책하는 사람; 걷는 새.

walk·a·way [wɔ́ːkəwèi] *n.* 낙승(樂勝).

walk·ie-look·ie [⌐ilúki] *n.* 휴대용 텔레비전 카메라.

walk·ie-talk·ie, walk·y-talk·y [⌐itɔ́ːki] *n.* 휴대용 무선 전화기.

walk-in [wɔ́ːkìn] *n.* 밖에서 직접 들

어갈 수 있는 아파트; (선거의) 낙승; 대형 냉장고. 「보행(용의).
‡**walk·ing** [⌐iŋ] *n.*, *a.* Ⓤ **걷기**; 걷는;
wálking chàir =GO-CART.
wálking cráne 이동 기중기.
wálking díctionary 아는 것이 많은 사람.
wálking pàpers 《口》 해고(통지).
wálking stìck 지팡이; 대벌레.
wálking tòur 도보 유람 여행.
walk-on [wɔ́:kàn/-ɔ̀n] *n.* 〖劇〗 (대사가 없는) 단역《통행인 따위》.
walk·out [⌐àut] *n.* 《美口》 동맹 파업; 항의하기 위한 퇴장.
walk·o·ver [⌐òuvər] *n.* 〖競馬〗 (경쟁 상대가 없을 때 코스를) 보통 걸음으로 걷기; 《口》 낙승.
walk-through [⌐θrù:] *n.* 〖劇〗 연기와 대사읽기를 동시에 하는 무대 연습; 〖TV〗 리허설.
walk-up [⌐ʌ̀p] *a.*, *n.* 《美口》 엘리베이터가 없는 (건물).
walk·way [⌐wèi] *n.* 《美》 보도, 인도《특히 공원, 정원 등의》; (공장내의) 통로.
†**wall** [wɔ:l] *n.* ① **벽**; (돌·벽돌 등의) 담. ② (*pl.*) 성벽. ③ (모양·용도 등이) 벽과 같은 것. ***drive*** 〔***push***〕 ***to the*** ~ 궁지에 몰아 넣다. ***give a person the*** ~ 아무에게 길을 양보하다. ***go to the*** ~ 궁지에 빠지다; 지다; 사업에 실패하다. ***run one's head against the*** ~ 불가능한 일을 꾀하다. ***take the*** ~ ***of a person*** 아무를 밀어제치고 유리한 입장을 차지하다. ***with one's back to the*** ~ 궁지에 몰려서. ― *vt.* 벽〔담〕으로 둘러싸다; 성벽을 두르다, 벽으로 막다(*up*). **~ed** [-d] *a.* 벽을 댄; 성벽을 두른. 「캥거루.
wal·la·by [wáləbi/-ɔ́-] *n.* 〖動〗 작은
wal·la·roo [wɑ̀lərú:/wɔ̀l-] *n.* 〖動〗 큰캥거루.
wall·board [wɔ́:lbɔ̀:rd] *n.* ⓊⒸ 인조 벽판(壁板). 「(여행용) 바랑.
‡**wal·let** [wálit/-ɔ́-] *n.* **지갑**; 《英古》
wall·eye [wɔ́:lài] *n.* 뿌옇게 흐린 눈; 눈이 큰 물고기. **wáll·eyed** [-d] *a.* 각막이 뿌옇게 된, 뿌연 눈의; 사팔눈의; (물고기의) 눈이 큰.
wall·flow·er [⌐flàuər] *n.* 〖植〗 계란풀; 무도회에서 상대가 없는 젊은 여자. 「튼교식 축구.
wáll gàme 《英》 벽면을 이용한 이
wáll néwspaper 벽신문.
wal·lop [wáləp/-ɔ́-] *vt.* 《口》 때리다, 강타하다. ― *n.* 《口》 강타, 타격력.
wal·lop·ing [wáləpiŋ/wɔ́l-] *a.* 《口》 굉장히 큰; 센, 강한. ― *n.* ⓊⒸ 강타; 완패.
wal·low [wálou/-ɔ́-] *vi.* (진창·물 속 따위를) 뒹굴다, 허위적거리다; (주색 따위에) 빠지다, 탐닉하다(*in*). ~ ***in money*** 돈에 파묻혀 있다, 돈이 주체 못할 만큼 많다. ― *n.* 뒹굶; (물소 따위가 뒹구는) 수렁.
wáll pàinting 벽화.
***wall·pa·per** [wɔ́:lpèipər] *n.*, *vt.* Ⓤ 벽지(를 바르다). 「시장.
Wáll Strèet 월가(街); 미국 금융
wall-to-wall [wɔ́:ltəwɔ́:l] *a.* 바닥 전체를 덮은《카펫 따위》; 《口》 포괄적인.
***wal·nut** [wɔ́:lnʌt, -nət] *n.* **호두** 《열매·나무》; Ⓤ 그 목재; 호두색.
Wal·púr·gis Níght [vɑ:lpúərgis, væl-] 4월 30일밤《마녀들과 마왕과의 주연》. 「마.
***wal·rus** [wɔ́(:)lrəs, wál-] *n.* 〖動〗 해
wálrus moustáche 《口》 팔자수염.
Wal·ton [wɔ́:ltən], **Izaak** (1593–1683) 영국의 저술가《*The Compleat Angler*》.
***waltz** [wɔ:lts] *n.* **왈츠**. ― *vi.* 왈츠를 추다; 들떠서 춤추다; (경쾌하게) 춤추듯 걷다.
wam·pum [wámpəm/-ɔ́-] *n.* 조가비 염주《옛날, 북미 토인이 화폐나 장식으로 썼음》; Ⓤ 《美俗》 돈.
***wan** [wɑn/-ɔ-] *a.* (*-nn-*) ① **창백한**, 해쓱한. ② 약한. **⌐·nish** *a.* 좀 해쓱한.
***wand** [wɑnd/-ɔ-] *n.* (마술사의) **지팡이**; (직권을 나타내는) 관장(官杖); 〖樂〗 지휘봉; 《美》 (활의) 과녁판.
‡**wan·der** [wándər/-ɔ́-] *vi.* ① **걸어 돌아다니다**, 헤매다(*about*). ② 길을 잘못 들다, 옆길로 벗어나다(*off*, *out*, *of*, *from*). ③ 두서〔종잡을 수〕 없이 되다; (열 따위로) 헛소리하다, (정신이) 오락가락하다. ***~·er** *n.*
***wan·der·ing** [-iŋ] *a.* ① **헤매는**; 옆길로 새는. ② 두서 없는. ― *n.* ① ⓊⒸ 어슬렁어슬렁 걷기. ② (보통 *pl.*) 만유(漫遊). ③ (보통 *pl.*) 헛소리. **~·ly** *ad.*
Wándering Jéw, the 방랑하는 유대인《예수를 모욕했기 때문에, 재림의 날까지 세계를 유랑할 벌을 받은 유대인》. 「WORT.
wándering sáilor 〖植〗 =MONEY-
wan·der·lust [-lʌ̀st] *n.* Ⓤ 여행열; 방랑벽. 「플러그.
wan·der·plug [-plʌ̀g] *n.* 〖電〗 만능
wane** [wein] *vi.* ① (달이) **이지러지다**; (세력·빛 따위가) 이울다. ② 종말에 가까워지다. ― *n.* ⓊⒸ (달의) 이지러짐; 쇠미; 종말; 죽더기《모서리에 통나무의 일부가 남아 있는 하급품》. ***in 〔***on***〕 ***the*** ~ (달이) 이지러져서; 쇠미하여, 기울기 시작하여.
wan·gle [wǽŋgəl] *vt.* 《口》 책략으로 손에 넣다, 술책을 쓰다, 헤어나다.
wan·na [wɔ:nə, wɑ̀-] 《美口》 = WANT to.
†**want** [wɑnt, wɔ(:)nt] *vt.* ① **없다**, 모자라다(*of*). ② **바라다**; 필요하다. ③ 《不定詞와 더불어》 …하고 싶다, 해주기를 바라다. ④ 해야 한다, 하는 편이 낫다. ― *vi.* 부족하다(*in*, *for*); 곤궁하다. ― *n.* Ⓤ ① **결핍**, 부족. ② 필요; 곤궁. ③ Ⓒ (주로 *pl.*) 필요품; 욕망. ***for*** ~ ***of*** …의 결핍 때문에. ***in*** ~ ***of*** …이 필요하여; …이 없어. ‡**⌐·ing** *a.*, *prep.* **결핍한**; 불충분하여; …이

없는, 부족하여.

wánt àd 《美口》 (신문의) 3행 광고(란); (신문의) 구직〔구인〕 광고.

*__wan·ton__ [wántən, -ɔ́(ː)-] *a.* ① 까닭없는; 악의 있는; 분방한. ② 음탕한, 바람난. ③ 《詩》 들떠 날뛰는; 변덕스러운; 개구쟁이의. ④ 《詩》 (초목 따위) 우거진. —— *n.* 바람둥이, 바람난 여자. —— *vi.* ① 뛰어 돌아다니다, 장난치다, 까불다. ② 우거지다. **~·ly** *ad.* **~·ness** *n.*

WAP work analysis program 생산관리 프로그램.

wap·i·ti [wápəti/-ɔ́-] *n.* (*pl.* **~s,** 《集合的》 ~) (북미산) 큰 사슴.

†**war** [wɔːr] *n.* ① Ⓤ 전쟁. ② Ⓤ 군사, 전술. ③ 싸움. ***at ~*** 교전 중인 (*with*); 싸우는. ***declare ~*** 선전하다(*on, upon, against*). ***go to ~*** 전쟁하다(*with*). ***make ~*** 전쟁을 시작하다(*on, upon, against*). ***the ~ to end ~*** 제 1 차대전의 일컬음. ***W- between the States*** =CIVIL WAR. ***~ of nerves*** 신경전. —— *vi.* (**-rr-**) 전쟁하다, 싸우다. 「름).

War. Warwickshire 《영국의 주 이

wár bàby 전쟁 사생아.

*__war·ble__ [wɔ́ːrbəl] *vi., vt.* 지저귀다; 지저귀듯 노래하다; 《美》 =YODEL. —— *n.* 지저귐. **wár·bler** *n.* 지저귀는 새, 《美》 (특히 색채가 고운) 명금(鳴禽); 가수. 「정계의 보스.

wár bòss 《美口》 (각 지구의) 거두,

wár brìde 전쟁 신부《점령군의 현지처》. 「금.

wár chèst (전쟁·선거전 등의) 군자

wár clòud 전운(戰雲).

wár còrrespondent 종군 기자.

war·craft [∠kræ̀ft, -ɑ̀ː-] *n.* 전술; (*sing. & pl.*) (전투용) 비행기, 선

wár crìme(s) 전쟁 범죄. └박.

wár crìminal 전쟁 범죄인.

wár crỳ 함성; (정당의) 표어.

‡**ward** [wɔːrd] *n.* ① Ⓤ 감시, 감독; 보호; 후견. ② 병실, 병동; (양로원 등의) 수용실; 감방. ③ 〖法〗 피후견자. ④ (도시의) 구(區). ⑤ 《古》 Ⓤ 감금. ***be in ~ to*** …의 후견을 받고 있다. ***be under ~*** 감금되어 있다. —— *vt.* 막다(*off*); 병실에 수용하다; 《古》 보호하다. 「*ward.*

-ward *suf.* 「…쪽으로」의 뜻: north-

wár dànce (토인의) 출진(出陣)〔전

wár dèbt 전채(戰債). └승(戰勝)〕춤.

*__war·den__ [wɔ́ːrdn] *n.* ① 감시인, 문지기. ② 간수장; (관공서의) 장(長); 《英》 학장, 교장. ③ 교구(敎區) 위원. 「성.

Wár Depàrtment, the 《美》 육군

ward·er [wɔ́ːrdər] *n.* 지키는 사람, 감시인; 《주로 英》 간수.

wárd hèeler 《美》 (투표 따위를 부탁하며 다니는) 정계(政界) 보스의 측근자.

Ward·our Street [wɔ́ːrdər] 런던의 거리 이름; (영국) 영화업(계); (*a.*) 의고적(擬古的)인. **~ *English*** 의고문.

‡**ward·robe** [wɔ́ːrdròub] *n.* ① 옷장; 의상실. ② 《集合的》 (개인 소유의) 의류, 의상 (전부).

wárdrobe bèd 서랍 침대《쓰지 않을 때는 접어서 양복장에 넣어 둠》.

ward·room [wɔ́ːrdrù(ː)m] *n.* (군함의) 사관실.

-wards *suf.* 《주로 英》 =-WARD.

ward·ship [wɔ́ːrdʃip] *n.* Ⓤ 후견, 보호; 피후견인임.

wárd sìster 《英》 병실담당 간호원.

‡**ware**[1] [wɛər] *n.* (*pl.*) 상품; Ⓤ 제품; 도자기.

ware[2] *a.* 《古·詩》 알(아 채)고 있는; 조심성 있는. —— *vt.* 주의하다, 조심하다.

*__ware·house__ [wɛ́ərhàus] *n.* ① 창고. ② 《주로 英》 도매상, 큰 상점. —— [∠hàuz, -hàus] *vt.* 창고에 넣다〔저장하다〕. **~·man** *n.* 창고업자〔주〕; 창고 노동자, 창고계.

*__war·fare__ [wɔ́ːrfɛ̀ər] *n.* Ⓤ 전쟁, 교전 (상태). 「작전 연습.

wár gàme 군인 장기; 도상(圖上)

war·hawk [∠hɔ̀ːk] *n.* 매파《주전파》.

war·head [∠hèd] *n.* (어뢰·미사일의) 탄두(*an atomic ~* 핵탄두). 「병.

war-horse [∠hɔ̀ːrs] *n.* 군마; 《口》 노

*__war·like__ [∠làik] *a.* ① 전쟁〔군사〕의. ② 호전적인; 전투〔도전〕적인; 상무(尙武)의.

war·lock [∠lɑ̀k/∠lɔ̀k] *n.* 남자 마술사; 점쟁이.

†**warm** [wɔːrm] *a.* ① 따뜻한; 몹시 더운. ② (마음씨·색이) 따뜻한; 친밀한; 마음에서 우러나는. ③ 열렬한, 흥분한. ④ 〖獵〗 (냄새·자취가) 생생한. ⑤ 《口》 (숨바꼭질 따위에서, 술래가 숨은 사람에) 가까운. ⑥ 불유쾌한. ⑦ 《英口》 살림이 유복한. ***getting ~*** 《口》 (숨바꼭질의 술래가) 숨은 사람 쪽으로 다가가는; 진실에 가까워지는. ***grow ~*** 흥분하다. ***in ~ blood*** 격분하여. ***~ with*** 더운 물과 설탕을 섞은 브랜디(cf. COLD without). ***~ work*** 힘드는 일. —— *vt., vi.* ① 따뜻하게 하다, 따뜻해지다. ② 열중(하게)하다; 흥분시키다〔하다〕. ③ 동정적으로 되(게 하)다. ***~ up*** 〖競〗 준비 운동을 하다. —— *n.* 《口》 따뜻하게 하기, 따뜻해지기. **∠·er** *n.* 따뜻하게 하는 사람〔물건〕. ***∠·ly** *ad.*

warm-blood·ed [∠blʌ́did] *a.* 온혈(溫血)의; 열혈의; 온정이 있는.

warmed-o·ver [∠dóuvər] *a.* 《美》 (요리 등을) 다시 데운; (작품 따위)

warmed-up [∠dʌ́p] *a.* =⇧. └재탕한.

warm·er [wɔ́ːrmər] *n.* 따뜻하게 하는 것〔사람〕; 온열기; 가열 장치.

wárm frònt 〖氣〗 온난 전선.

warm-heart·ed [∠hɑ́ːrtid] *a.* 친절한, 온정이 있는. 「상기(暖床器).

wárming pàn 긴 손잡이가 달린 난

warm·ing-up [∠iŋʌ́p] *n.* 〖競〗 워밍업, 준비 운동.

warm·ish [∠iʃ] *a.* 좀 따스한.

war·mon·ger [wɔ́ːrmʌ̀ŋgər] *n.* 전쟁

도발자, 주전론자. ～·ing *n.* Ⓤ 전쟁 도발 행위.

‡**warmth** [wɔːrmθ] *n.* Ⓤ ① (기온·마음·색 따위의) **따뜻함**. ② 열심, 열렬; 흥분, 화. ③ 온정.

warm-up [wɔ́ːrmʌ̀p] *n.* =WARMING-UP.

‡**warn** [wɔːrn] *vt.* ① **경고하다** (*against, of*); 경고하여 …시키다. ② 훈계하다; 예고〔통고〕하다.

wár neuròsis 전쟁 신경증.

‡**warn·ing** [wɔ́ːrniŋ] *n.* ① Ⓤ **경고**. ② ⒸⓊ 훈계(가 되는 것). ③ 예고, 통지. ④ 전조. ***take* ～ *by*** …을 교훈으로 삼다.

wárning còloràtion 〚生〛 경계색.

wárning nèt 적(기)의 내침 탐색 경계망.

Wár Òffice, the 《英》 육군성.

***warp** [wɔːrp] *vt.* ① (판자 따위를) **뒤둥그러지게 하다, 구부리다**. ② (마음·진실 등을) 뒤틀리게 하다; 왜곡하다. ③ 〚海〛 (배를) 밧줄로 끌다. ── *vi.* 뒤둥그러〔구부러〕지다; 뒤틀리다. ── *n.* (피륙의) 날실(opp. woof); 뒤둥그러짐; 비뚤어짐; 뒤틀림; 〚海〛 밧줄.

wár pàint 야만인이 출진 전에 몸에 바르는 물감; 《口》 성장(盛裝).

war·path [wɔ́ːrpæ̀θ / -ɑ̀ː-] *n.* (북미 원주민의) 출정의 길. ***on the* ～** 싸우려고; 노하여.

war·plane [wɔ́ːrplèin] *n.* 군용기.

‡**war·rant** [wɔ́(ː)rənt, -ɑ́-] *n.* ① ⓊⒸ 정당한 이유, **근거**. ② Ⓤ 권능; 보증. ③ 영장 (*a* ～ *of arrest* 구속영장/*a* ～ *of* ATTORNEY); 지급 명령서; 허가증. ④ 〚軍〛 준사관 사령(辭令). ── *vt.* 권한을 부여하다; 정당화하다; 보증하다; 《口》 단언하다. ***I'll* ～ (*you*)** (挿入句) 확실히. ～·a·ble *a.* 보증할 수 있는; 정당한. ～·ed [-id] *a.* 보증된; 보증하는.

war·ran·tee [wɔ̀(ː)rəntíː, -ɑ̀-] *n.* 피보증인.

war·rant·er [wɔ́(ː)rəntər, -ɑ́-], 〚法〛 **-ran·tor** [-tɔ̀ːr] *n.* 보증인.

wárrant òfficer 〚軍〛 준사관; 〚美海軍〛 하사관.

war·ran·ty [wɔ́(ː)rənti, -ɑ́-] *n.* ⓊⒸ 보증, 담보; (확고한) 이유, 근거.

war·ren [wɔ́(ː)rən, -ɑ́-] *n.* 양토장(養兎場); 토끼의 번식지; 사람이 몰려 들끓는 지역.

war·ring [wɔ́ːriŋ] *a.* 서로 싸우는; 적대하는; 양립하지 않는.

***war·ri·or** [wɔ́(ː)riər, -ɑ́-] *n.* **무인(武人)**; 노병(老兵), 용사.

wár rìsk insùrance 《美》 전쟁 보험.

wár ròom (군의) 작전 기밀실.

War·saw [wɔ́ːrsɔː] *n.* 폴란드의 수도.

Wársaw Tréaty Òrganizàtion, the 바르샤바 조약 기구 (Warsaw Pact).

‡**war·ship** [wɔ́ːrʃìp] *n.* **군함**(war vessel).

wár sùrplus 잉여 군수품.

wart [wɔːrt] *n.* 사마귀; (나무의) 옹이. ╱·y *a.* 사마귀 모양의〔가 많은〕.

war·time [wɔ́ːrtàim] *n., a.* Ⓤ 전시(의).

wár whòop (아메리카 토인의) 함성.

War·wick·shire [wɔ́(ː)rikʃiər, -ɑ́-, -ʃər] *n.* 영국 중부의 주 《생략 Warks.》.

war·worn [wɔ́ːrwɔ̀ːrn] *a.* 전쟁에 지친.

***war·y** [wɛ́əri] *a.* **주의 깊은** (*of*). **wár·i·ly** *ad.* **wár·i·ness** *n.*

†**was** [wɑz, 弱 wəz/-ɔ-] *v.* be의 1인칭·3인칭 단수·직설법 과거.

†**wash** [wɑʃ, -ɔ(ː)-] *vt.* ① **씻다, 빨다**; 씻어내다(*off, out, away*). ② (종교적으로) 씻어 정하게 하다. ③ (물결이) 씻다, 밀려닥치다; 적시다; 떠내려 보내다, 쓸어 가다(*away, off, along, up, down*); 침식하다. ④ 색·금속 등을) 엷게 입히다, 도금하다. ⑤ 〚鑛〛 세광(洗鑛)하다. ── *vi.* ① 씻다; 세탁이 잘 되다. ② 《英口》 믿을 만하다. ③ 물결이 씻다 (*upon, against*). **～ *down*** 씻어내다; (음식을) 쓸어 넣다. **～ *one's hands*** 손을 씻다; 《婉曲히》 변소에 가다. **～ *one's hands of*** …에서 손을 떼다. **～ *out*** 씻어내다; 버리다. **～ *up*** (식후) 설거지하다. ── *n.* ① ⒸⓊ **씻기**, 세탁(물). ② (파도의) 밀려옴, 그 소리; 배 지나간 뒤의 물결, 비행기 지나간 뒤의 기류의 소용돌이. ③ 습지, 늪. ④ ⓊⒸ 물기 많은 음식. ⑤ 세제(洗劑), 화장수. ⑥ (그림 물감의) 엷게 칠한 것; Ⓤ 도금. ⑦ Ⓤ 〚鑛〛 세광 원료. ╱·a·ble *a.* 세탁이 잘 되는.

Wash. Washington[1].

wash-and-wear [wɑ́ʃənwέər, -ɔ́(ː)-] *a.* (직물이) 세탁후 다리지 않고 입을 수 있는.

wash·ba·sin [╱bèisn] *n.* 《英》 세숫대야.

wash·board [╱bɔ̀ːrd] *n.* 빨래판.

wash·bowl [╱bòul] *n.* 《美》세숫대야.

wash·cloth [╱klɑ̀ːθ, ╱klɔ̀(ː)θ] *n.* 세수〔목욕용〕 수건; 행주.

wash·day [╱dèi] *n.* (가정에서의 일정한) 세탁날.

washed-out [╱táut] *a.* 빨아서 바랜; 《口》 기운 없는.

washed-up [╱tʌ́p] *a.* 《俗》 실패한, 퇴짜맞은; 《口》 기진한.

***wash·er** [╱ər] *n.* **세탁하는 사람**, 세탁기; 좌철(座鐵), 「워셔」.

wash·er-dry·er [-dràiər] *n.* 탈수기 붙은 세탁기.

wash·er·man [-mən] *n.* 세탁인, 세탁업자.

wash·er·wom·an [-wùmən] *n.* 세탁부(婦).

wásh·hand stànd [wɑ́ʃhæ̀nd,-ɔ́(ː)-] =WASHSTAND.

wash·house [╱hàus] *n.* 세탁장, 세탁소.

‡**wash·ing** [╱iŋ] *n.* ① ⓊⒸ **빨래**, 세탁. ② 《集合的》 세탁물; (*pl.*) 빨래(한) 물; 씻겨 나온 것《때·사금(砂金) 따위》.

wáshing dày =WASHDAY.

wáshing machìne 세탁기.

wáshing sòda 세탁 소다.

wáshing stànd =WASHSTAND.

†**Wash·ing·ton**[1] [wɑ́ʃiŋtən, -ɔ́(ː)-] *n.* 미국의 수도; 미국 북서부의 주.

Wash·ing·to·ni·an [╵–tóuniən] *a.*,

n. 위의 주〔시〕의 (사람).
†**Wash·ing·ton²**, **Booker T.** (1856–1915) 미국의 흑인 교육가; **George** (1732–99) 미국 초대 대통령 (재직 1789–97).
wash·ing-up [wɑ́ʃiŋʌ̀p, wɔ́(:)ʃiŋʌ̀p] *n.* 설거지.
wash-leath·er [wɔ́(:)ʃlèðər, wɑ́ʃ-] *n.* Ⓤ 유피(柔皮)《양, 영양 등의》.
wash·out [wɑ́ʃàut, -ɔ́(:)-] *n.* (도로·철도의) 유실, 붕괴; 붕괴된 곳; 《俗》 실패(자), 실망.
wash·rag [⌐ræ̀g] *n.* = WASHCLOTH.
wash·room [⌐rù(:)m] *n.* 《美》 (호텔이나 공장의 변소 달린) 세면소.
wásh sàle 〖證〗 (시장의 활기를 가장한) 짬짜미 매매. 「대.
wash·stand [⌐stæ̀nd] *n.* 《美》 세면
wash·tub [⌐tʌ̀b] *n.* 빨래통.
wash·y [wɑ́ʃi, -ɔ́(:)-] *a.* 물기가 많은; 묽은; (색이) 엷은; (문체 따위) 약한, 힘 없는. 「not 의 단축.
†**was·n't** [wɑ́znt, wʌ́z- / wɔ́z-] was
***wasp** [wɑsp, -ɔ(:)-] *n.* ① 〖蟲〗 **장수말벌**. ② 성 잘 내는 사람. ⌐**·ish** *a.* 말벌 같은; 허리가 가는; 성 잘 내는; 심술궂은.
WASP¹ [wɑsp, -ɔ(:)-] (<*W*omen's *A*ir Force *S*ervice *P*ilots) *n.* 《美》 육군 항공 여자 조종사대《1944년 폐지》의 대원.
WASP², **Wasp** (<*W*hite *A*nglo-*S*axon *P*rotestant) *n.* 《蔑》 백인 앵글로색슨 신교도《미국 사회의 주류》.
wasp-waist·ed [⌐wèistid] *a.* 허리가 가는; 코르셋을 꽉 죈.
was·sail [wɑ́səl, -seil / wɔ́seil] *n.* 《古》 술잔치, 주연; Ⓤ 주연의 술; Ⓒ 축배의 인사. **—** *vi.* 술잔치에 나가다; 축배를 들다. **—** *int.* (건강을 축복하여) 축배!
Wás·ser·mann tèst 〔**reàction**〕 [wɑ́:sərmən / wǽs-] 바서만 검사〔반응〕《매독의 혈청 진단》.
***wast** [wɑst, 弱 wəst / wɔst] *v.* 《古·詩》 be 의 2인칭 단수 art 의 과거. 「ⓊⒸ 폐물.
wast·age [wéistidʒ] *n.* Ⓤ 소모(량);
‡**waste** [weist] *a.* ① **황폐한**, 미개간의, 불모의. ② 쓸모 없는; 폐물의; 여분의. ***lay*** **~** 파괴하다, 황폐케하다. ***lie*** **~** (땅이) 황폐하다, 개간되지 않고 있다. **—** *vt.* ① **낭비하다**(*on, upon*) ② 황폐시키다. **—** *vi.* 소모하다; 헛되이〔낭비〕되다; 쇠약해지다(*away*). **—** *n.* ① **황무지**; 황량한 전망. ② ⓊⒸ 낭비. ③ Ⓤ 쇠약; 폐물, 찌꺼기. ***go*** 〔***run***〕 ***to*** **~** 헛되이 되다, 낭비되다. ⌐**·less** *a.* 낭비 없는. 「지통.
***waste·bas·ket** [⌐bæ̀skit, -ɑ̀:-] *n.* 휴
wáste cocòon 지스러기 고치.
***waste·ful** [⌐fəl] *a.* **낭비하는**, 불경제의. **~·ly** *ad.* **~·ness** *n.*
wáste hèat 여열(餘熱).
wáste lànd(s) 황무지.
wáste màtter 노폐물(老廢物).
waste·pa·per [⌐pèipər] *n.* Ⓤ 휴지.
wástepaper bàsket 《英》 휴지통.
wáste pìpe 배수관.
wast·ing [wéistiŋ] *a.* 소모성의; 황폐하게 하는. **~ *disease*** 소모성 질환《결핵 등》.
wast·rel [wéistrəl] *n.* 낭비자; 《주로 英》 부랑자〔아〕; (제품의) 파치.
†**watch** [wɑtʃ, -ɔ:-] *n.* 《원뜻: 'wake'》 ① **회중〔손목〕시계**. ② ⓊⒸ 지켜봄, 감시; Ⓤ 주의, 경계. ③ 〖史〗 불침번, 야경. ④ 〖史〗 (밤을 3〔4〕분한) 1구분, 경(更). ⑤ ⒸⓊ 〖海〗 (4시간 교대의) 당직, 당직 시간, 당직원. ***be on the*** **~** ***for*** …을 감시하고 있다; 방심치 않고 있다; 대기하고 있다. ***in the*** **~*es of the night*** 밤에 자지 않고 있을 때에. ***keep (a)*** **~** 감시하다. ***on*** 〔***off***〕 **~** 당번〔비번〕인. ***pass as a*** **~** ***in the night*** 곧 잊혀지다. **~ *and ward*** 밤낮없는 감시; 부단한 경계. **—** *vt.* ① 주시하다; **지켜보다**; 감시하다. ② 간호하다, 돌보다. ③ (기회를) 엿보다. **—** *vi.* ① 지켜보다; 주의하다. ② 경계하다; 기대하다(*for*). ③ 자지 않고 있다, 간호하다. **~ *out*** 《美口》 조심하다, 경계하다. **~ *over*** 감시하다; 간호하다, 돌보다. ⌐**·er** *n.* 감시인; 간호인; 《美》 투표 참관인. *⌐**·ful** *a.* **주의깊은**; 방심하지 않는(*of, against*). ⌐**·ful·ness** *n.*
wátch chàin 회중 시계의 쇠줄.
wátch crỳstal 《美》 시계 유리.
watch·dog [⌐dɔ̀(:)g, -ɑ̀-] *n.* 집 지키는 개; (엄한) 감시인.
wátch fìre (야경의) 화톳불.
wátch glàss = WATCH CRYSTAL; (화학 실험용의) 시계 접시.
wátch guàrd 회중 시계의 줄〔끈〕.
***watch·mak·er** [⌐mèikər] *n.* **시계 제조〔수리〕인**.
***watch·man** [⌐mən] *n.* **야경**(夜警).
wátch mèeting 〔**nìght**〕 (교회의) 제야(除夜)의 예배식.
watch·tow·er [⌐tàuər] *n.* 감시탑, 망루(望樓). 「표어, 슬로건.
watch·word [⌐wə̀:rd] *n.* 〖史〗 암호;
†**wa·ter** [wɔ́:tər, wɑ́tər] *n.* Ⓤ ① **물**. ② ⓊⒸ 분비액《눈물·땀·침·오줌 따위》. ③ 물약, 화장수; (*pl.*) 광천수. ④ (종종 *pl.*) 바다, 호수, 강; (*pl.*) 조수, 홍수, 물결, 놀. ⑤ (*pl.*) 영해, **근해**. ⑥ (보석의) 광택도; Ⓒ (피륙의) 물결 무늬. ⑦ 자산의 과대평가 등에 의하여 불어난 자본〔주식〕. ***above*** **~** (경제적인) 어려움을 모면하여. ***back*** **~** 배를 후진(後進)시키다. ***bring the*** **~** ***to a person's mouth*** 군침을 흘리게 하다. ***by*** **~** 배로, 해로로. ***cast one's bread upon the*** **~*s*** 음덕(陰德)을 베풀다. ***get into hot*** **~** 곤경에 빠지다. ***hold*** **~** (그릇이) 물이 새지 않다; (이론·학설 따위가) 정연하고 빈틈이 없다, 옳다. ***in deep*** **~*(s)*** 《俗》 곤경에 빠져서. ***in low*** **~** 돈에 옹색하여, 기운이 없어. ***in smooth*** **~*(s)*** 평온하게, 순조로이.

W

like ~ 물쓰듯, 펑펑. ***make*** [***pass***] ~ 소변보다. ***of the first*** ~ (보석 따위) 최고급의; 일류의. ***take*** (***the***) ~ (배가) 진수하다; (비행기가) 착수하다. ***take*** ~ (배가) 물을 뒤집어 쓰다; 《美俗》 기운을 잃다, 지치다. ***throw cold*** ~ ***on*** …에 트집을 잡다. ***tread*** ~ 선헤엄치다. ***the*** ~ ***of crystallization*** 〖化〗 결정수. ***the*** ~ ***of forgetfulness*** 〖그神〗 망각의 강; 망각; 죽음. ***written in*** ~ 허망한. ── *vt.* ① 물을 끼얹다[뿌리다, 주다]; 적시다. ② 물을 타서 묽게 하다. ③ (피륙 등에) 물결 무늬를 넣다. ④ 불입 자본을 늘리지 않고 명의상의 증주(增株)를 하다. ── *vi.* ① (동물이) 물을 마시다. ② (배·기관이) 급수를 받다. ③ 눈물이 나다, 침을 흘리다.

wa·ter·age [wɔ́:təridʒ, wɑ́t-] *n.* 수로 수송; 그 요금.

wáter ballèt 수중 발레.

Wáter Bèarer 〖天〗 =AQUARIUS.

wáter bèd 물을 넣은 매트리스.

wáter bìrd 물새.

wáter blìster (피부의) 물집.

wáter bòa =ANACONDA.

wa·ter-borne [-bɔ̀:rn] *a.* 수상 운송의; 물에 떠 있는.

wáter bòttle (세면대·식탁용의 유리로 만든) 물병; 《주로 英》 수통.

wáter bràsh 가슴앓이.

wáter bùffalo 물소.

wa·ter-bus [-bʌ̀s] *n.* 수상 버스.

wáter cànnon trùck 방수차《데모

wáter càrt 살수차. └진압용》.

wáter chùte 워터슈트《보트의 활강

wáter clòck 물시계. └(滑降)》.

wáter clòset (수세식) 변소. 「(법).

***wáter còlo(u)r** 수채화 물감; 수채화

wa·ter-cool [wɔ́:tərkù:l] *vt.* 〖機〗 수냉(水冷)(식)으로 하다.

wáter còoler 음료수 냉각기.

wa·ter-course [-kɔ̀:rs] *n.* 물줄기, 강; 수로.

wa·ter·craft [-krӕft, -ɑ̀:-] *n.* Ⓤ 조선술(操船術); 수상 경기의 기술; Ⓒ

wáter crèss 〖植〗 논냉이. └배.

wáter cùre 〖醫〗 수료법(水療法).

wa·ter·cy·cle [-sàikl] *n.* 수상 자전거; 페달식 보트.

wa·tered [wɔ́:tərd, wɑ́t-] *a.* 관개(灌漑)된; 물결 무늬가 있는; 물을 탄. ~ ***capital*** 의제(擬制) 자본.

‡**wa·ter·fall** [-fɔ̀:l] *n.* 폭포.

wa·ter·fast [-fæ̀st, -ɑ̀:-] *a.* (물감 따위가) 내수성(耐水性)인.

wa·ter·find·er [-fàindər] *n.* (점지팡이로) 수맥을 찾는 사람.

wa·ter·fowl [-fàul] *n.* 물새.

water·front [-frʌ̀nt] 물가의 토지, 둔치; (도시의) 강가, 호수가, 해안거리. 「곡(峽谷), 계곡.

wáter gàp 《美》 (물이 흐르는) 협

wáter gàs 〖化〗 수성 가스.

wáter gàte 수문.

wáter gàuge 수준계(水準計).

wáter glàss 물안경; 물컵; 물유리《달걀의 방부용》; =WATER GAUGE.

wáter grùel 묽은 죽, 미음.

water-hammer [-hæ̀mər] *n.* 수격(水擊)《관(管) 안의 물의 흐름을 급히 멈췄을 때의 충격》.

wáter hòle 물웅덩이; 언 못 따위의 얼음 구멍.

wáter ìce 《英》 =SHERBET.

wa·ter·ing [wɔ́:təriŋ, wɑ́t-] *n.*, *a.* ⓊⒸ 살수[급수](의); 해수욕의.

wátering càn [**pòt**] 물뿌리개.

wátering càrt 살수차.

wátering hòle 《美口》 술집.

wátering plàce (마소의) 물 마시는 곳; (대상(隊商) 등을 위한) 급수장; 온천장; 해수욕장. 「(水套).

wáter jàcket 〖機〗 (방열용) 수투

wáter lèvel 수평면; =WATERLINE.

wáter lìly 〖植〗 수련. 「線).

wa·ter·line [-làin] *n.* 흘수선(吃水

wa·ter·logged [-lɔ̀(:)gd, -ɑ̀-] *a.* (목재 등) 물이 스며든; (배가) 침수한.

Wa·ter·loo [wɔ́:tərlù:, ⌐–⌐] *n.* 워털루《벨기에 중부의 마을; 1815년 나폴레옹의 패전지》(의 싸움); 대패전; 대결전. ***meet one's*** ~ 참패하다.

wáter màin 수도 본관(本管).

wa·ter·man [-mən] *n.* 뱃사공; 노젓는 사람.

wa·ter·mark [-mɑ̀:rk] *n.*, *vt.* (강의) 수위표; (종이의) 투문(透紋)(을 넣다).

***wa·ter·mel·on** [-mèlən] *n.* 〖植〗 수

wáter mìll 물레방아. └박(덩굴).

wáter nỳmph 물의 요정; 〖植〗 수

wáter òuzel 〖鳥〗 물까마귀. └련.

wáter òx 물소.

wáter pàrting 분수계.

wáter pìpe 송수관; 수연통(水煙筒).

wáter plàne 수상(비행)기.

wáter pollùtion 수질 오염.

wáter pòlo 〖競〗 수구(水球).

***wáter pòwer** 수력.

***wa·ter·proof** [-prù:f] *a.*, *n.*, *vt.* 방수(防水)의; Ⓤ 방수 재료[포·복], 레인코트; 방수처리(하다). 「경(화).

wa·ter·scape [-skèip] *n.* 물가의 풍

wa·ter·shed [-ʃèd] *n.* 분수계; 유역.

wa·ter·shoot [-ʃù:t] *n.* 배수관, 홈

wa·ter·side [-sàid] *n.* 물가. └통.

wáter skì 수상스키(의 용구). 「다.

wa·ter-ski [-skì:] *vi.* 수상스키를 하

wa·ter·skin [-skìn] *n.* 물을 나르는 가죽 부대. 「[적시다].

wa·ter·soak [-sòuk] *vt.* 물에 잠그다

wáter sòftener 연수제(軟水劑); 정수기.

wá·ter·sol·u·ble [-sɑ̀ljəbəl/-sɔ̀l-] *a.* 〖化〗 (비타민 등이) 수용성의.

wáter spàniel 털이 곱슬곱슬한 스패니엘 개.

water·spout [-spàut] *n.* 물기둥, 바다회오리; 홈통.

wáter sprìte 물의 요정.

***wáter supplỳ** 상수도; 급수(량).

wáter tàble 〖土〗 지하수면.

wa·ter·tight [-tàit] *a.* 물을 통하지 않는; (의론 따위) 빈틈없는.

wáter tòwer 급수탑; 《美》 소화용

W

급수탑〔사다리차〕.
wáter vàpo(u)r 수증기.
***wa·ter·way** [-wèi] *n.* **수로**, 운하.
wáter whèel 수차(水車); 양수차.
wáter wìngs (수영용의) 날개형 부대(浮袋).
wáter wìtch 《美》 수맥점(水脈占); 《英》 수맥 탐지기.
wa·ter·works [-wə̀ːrks] *n. pl.* 수도 설비, 급수소. 「으로 깎인.
wa·ter·worn [-wɔ̀ːrn] *a.* 물의 작용
***wa·ter·y** [wɔ́ːtəri, wάt-] *a.* ① **물의**; 물이〔물기〕 많은; 비 올 듯한; 수중의. ② 눈물어린. ③ (액체가) 묽은, (색 따위) 엷은; 물빛의; (문장 따위) 약한, 맥빠진.
WATS Wide Area Telephone Service 광역 전화 서비스.
***watt** [wαt/-ɔ-] *n.* **와트** 《전력의 단위》. **∠·age** [∠idʒ] *n.* Ⓤ 와트 수.
Watt [wαt/-ɔ-], **James** (1736-1819) 증기 기관을 완성한 스코틀랜드인.
Wat·teau [wαtóu/wɔ́tou], **Jean Antoine**(1684-1721) 와토《프랑스의 화가》. 「트시(時).
watt-hour [wάtàuər/-ɔ́-] *n.* 〖電〗 와
wat·tle [wάtl/-ɔ́-] *n.* 휘추리 (세공), 휘추리로 엮은 울타리; (닭·칠면조 따위의, 목 아래의) 늘어진 살; 아카시아의 일종. —— *vt.* (울타리·지붕 따위를) 휘추리로 엮어 만들다; 겯다. **-tled** [-d] *a.* 휘추리로 결어 만든; 늘어진 살이 있는.
watt·me·ter [wάtmìːtər] *n.* 전력계.
Wave [weiv] *n.* WAVES의 대원.
†**wave** [weiv] *n.* ① **물결**, 파도. ② 《詩》 (강·바다 등의) 물, 바다. ③ 파동, 기복, 굽이침; 파상 곡선; (머리털의) 웨이브; (감정 등의) 고조. ④ 격발, 속발(續發) (*a crime* ~ 범죄의 연발). ⑤ (신호의) 한 번 흔듦, 신호. ⑥ 〖理〗 파(波), 파동. ***make ~s*** 《美口》 풍파〔소동〕을 일으키다. —— *vi.* ① **물결치다**; 흔들리다; 너울거리다; 펄럭이다; (파상으로) 기복하다, 굽이치다. ② **흔들어 신호하다** (*to*). —— *vt.* ① 흔들다; 휘두르다; 펄럭이게 하다. ② 흔들어 신호하다〔나타내다〕(*She ~d him nearer.* 손짓으로 불렀다). ③ 물결치게 하다, (머리털에) 웨이브를 내다. ***~ aside*** 물리치다. ***~ away*** 〔***off***〕 손을 흔들어 쫓아버리다, 거절하다. 「帶).
wáve bànd 〖無電·TV〗 주파대(周波
wáve bòmbing 〖軍〗 파상 폭격.
wáve guíde 〖電子〗 도파관(導波管).
wave·length [∠lèŋkθ] *n.* 〖理〗 파장.
wave·let [∠lit] *n.* 작은 파도, 잔물결.
wáve mechànics 〖理〗 파동 역학.
wave·me·ter [∠mìːtər] *n.* 전파계
wáve mòtion 파동. 〔(計), 파장계.
***wa·ver** [wéivər] *vi.* ① **흔들리다**; (빛이) 반짝이다. ② 비틀거리다; **망설이다**. —— *n.* 망설임.
WAVES [weivz] (<*W*omen's *A*ppointed for *V*oluntary *E*mergency *S*ervice) *n.* 《美》 해군 여자 예비부대.
wáve tràin 〖理〗 파동열(波動列), 등(等)간격 연속파.
wav·y [wéivi] *a.* 파상의, 파도〔굽이〕치는; 파도많은, 물결이 일고 있는.
Wáv·y Návy [wéivi] 《英口》 해군 의용 예비대《소맷부리의 물결 금줄에서》.
WAWF World Association of World Federalists.
‡**wax**[1] [wæks] *n.* Ⓤ **밀랍**(蜜蠟); 납(蠟) (모양의 것). ***~ in one's hands*** 뜻대로 부릴 수 있는 사람. —— *vt.* 밀을 바르다, 밀을 입히다, 밀로 닦다. —— *a.* 밀의, 밀로 만든. **~ed** [-t] *a.* 밀을 바른. **∠·en** *a.* 밀로 만든; (밀처럼) 말랑말랑한, 부드러운, 창백한. **∠·y** *a.* 밀 같은; 밀로 만든, 밀을 입힌, 밀을 함유한; 창백한, 유연(柔軟)한.
wax[2] *vi.* 차차 커지다; 증대하다; (달이) 차다; …이〔하게〕 되다.
wax[3] *n.* 《口》 불끈하기, 격분. ***in a ~*** 불끈해서.
wáx bèan 《美》 완두의 일종.
wáx càndle 양초.
wáx mỳrtle 〖植〗 소귀나무.
wax-paint·ing [∠pèintiŋ] *n.* 납화(蠟畫). 「종이.
wáx pàper 초 먹인 종이, 파라핀
wax·wing [∠wìŋ] *n.* 〖鳥〗 여새과의 새. 「〔인형〕.
wax·work [∠wə̀ːrk] *n.* 납(蠟) 세공
†**way**[1] [wei] *n.* ① **길**, 가로. ② **진로**; 진행, 전진. ③ 기세. ④ 거리; **방향**; 근처, 부근, 방면(*He lives somewhere Seoul ~.*). ⑤ **방법**, 수단; 풍(風), 방식; **습관**, 풍습. ⑥ (종종 *pl.*) 버릇; 방침, 의향; (처세의) 길. ⑦ 《口》 장사(*He is in the toy ~.* 장난감 장사를 하고 있다). ⑧ (…한) **점**, 사항; (경험·주의 따위의) 범위. ⑨ 《口》 상태. ⑩ (*pl.*) 진수대(進水臺). ***all the ~*** 도중 내내; 멀리(서), 일부러; 《美》=ANYWHERE. ***a long ~ off*** 멀리 떨어져서, 먼 곳에. ***by the ~*** 도중에; 그런데. ***by ~ of*** …을 경유하여〔거쳐〕; …로서; …을 위하여, …할 셈으로. ***by ~ of doing*** 《英口》 …하는 버릇으로; …을 직업으로 하여; …으로 유명하여, …라는 상태〔지위, 위치〕로 (돼 있다) (*She's by ~ of being a pianist.*). ***come a person's ~*** (아무에게) 일어나다; (일이) 잘 돼 나가다. ***find one's ~*** …에 다다르다, 고생하며 나아가다 (*to, in, out*). ***force one's ~*** 무리하게 나아가다. ***gather*** 〔***lose***〕 ***~*** 〖海〗 속력을 내다〔늦추다〕. ***get in*** 〔***into***〕 ***the ~*** 방해가 되다. ***get out of the ~*** 제거하다, 처분하다; 피하다, 비키다. ***get under ~*** 진행하기 시작하다, 시작되다; 출범(出帆)하다. ***give ~*** 무너지다, 허물어지다; 굴복하다, 물러나다, 양보하다(*to*); 참다 못해 …하다(*give ~ to tears* 울음을 터뜨리다). ***go a good*** 〔***long***〕 ***~*** 크게 도움이 되다(*to, toward*). ***go little ~*** 그다지 도움이 안되다(*to,*

toward). **go** 〔**take**〕 **one's own** ～ 자기 마음대로 하다. **go one's** ～ 출발하다, 떠나다. **go out of the** ～ 딴데를 둘르다; 애초 예정에 없던 일을 하다; 일부러〔주제넘게〕 …하다. **go the** ～ **of all the earth** 〔**all flesh, all living**〕 죽다. **have a** ～ **with** *a person* (사람) 다룰 줄 알다. **have one's** (**own**) ～ 제 마음〔멋〕대로 하다. **in a bad** ～ 형편이 나빠져서; 경기가 나빠. **in a great** ～ 대규모로; 《英》 (감정이) 격해서. **in a small** ～ 소규모로. **in a** ～ 어떤 점으로는, 보기에 따라서는; 어느 정도; 《英》 (감정이) 격해서. **in no** ～ 결코 …아니다. **in one's** ～ 능사로, 전문인. (**in**) **one** ～ **or another** 〔**the other**〕 어떻게든 해서, 이럭저럭. **in the** ～ 도중에; 방해가 되어. **in the** ～ **of** …의 버릇이 있어; …에 대하여; …에 유망하여. **look nine** ～**s,** or **look two** ～**s to find Sunday** 지독한 사팔눈이다. **make one's** ～ 가다, 나아가다; 성공하다. **make** ～ 길을 열다〔양보하다〕(*for*); 나아가다, 진보하다. **once in a** ～ 이따금. **on the** ～ 도중에. **out of one's** ～ 자기 쪽에서 (일부러). **out of the** ～ 방해가 안되는 곳에; 길에서 벗어나; 이상(異常)한; 살해되어. **pay one's** ～ 빚지지 않고 지내다. **put** *a person* **in the** ～ **of** …할 기회를 주다. **see one's** ～ 할 수 있을것으로 생각하다(*to*). **take one's** ～ 나아가다(*to, toward*). **the** ～ **of the world** 세상의 관습. **under** ～ 진행중에; 항해중에. ～**s and means** 수단, 방법; 재원(財源).

way² *ad.* 《美口》 훨씬, 멀리(away). ～ **back** 훨신 이전.

way·bill [∠bìl] *n.* 화물 운송장(狀).

way·far·er [∠fɛ̀ərər] *n.* 《雅》 (특히 도보의) 나그네.

way·far·ing [∠fɛ̀əriŋ] *n., a.* 《雅》 Ⓤ (도보) 여행(을 하는); 여행(의).

wáy ín 《英》 입구.

way·lay [wèiléi] *vt.* (*-laid*) 숨어 기다리다; …을 기다리다가 말을 걸다.

way·leave [wéilì:v] *n.* 통과권(權)〔료〕《남의 땅·건물 위를 다니기 위한》.

wáy óut 《英》 출구; 해결법.

way-out [wéiáut] *a.* 《美俗》 이상한, 색다른; 전위적인, 탁월한.

-ways *suf.* 「방향·위치·상태」를 보이는 부사를 만듦.

*__way·side__ [wéisàid] *n., a.* 길가(의).

wáy stàtion 《美》 (철도의) 중간역.

wáy tràin 《美》 (각 역마다 정거하는) 보통 열차.

*__way·ward__ [wéiwərd] *a.* ① 정도(正道)에서 벗어난. ② **제멋대로 하는**; 고집 센. ③ **변덕스러운**; 일정하지 않은. ～**·ly** *ad.* ～**·ness** *n.*

way·worn [∠wɔ̀:rn] *a.* 여행에 지친.

W/B, W.B. waybill. **WBA** World Boxing Association. **WbN** west by north. **WbS** west by south. **WBS** World Broadcasting System 세계 방송망. **W.C.** West Central (London). **w. c.** water closet; without charge. **WCC** War Crime Commission 전범 조사 위원회. **W.C.T.U.** Women's Christian Temperance Union (미국) 기독교 부인 교풍회(矯風會). **W.D.** War Department.

†**we** [wi:, 弱 wi] *pron.* ① **우리는**〔**가**〕. ② 《제왕의 자칭》 짐(朕), 나. ③ (부모가 자식에게) 너, (간호부가 환자에게) 당신(*How are we today?* 오늘 좀 어떤지요).

W.E.A. 《英》 Workers' Educational Association.

†**weak** [wi:k] *a.* ① **약한**; 힘없는; (권위·근거 등이) 박약한. ② 어리석은, 결단력이 없는. ③ (용액이) 묽은. ④ 약점 있는; 불충분한. ⑤ 〖文〗 약변화의; 〖音聲〗 (소리가) 악센트 없는, 약한. ⑥ 〖商〗 (시장이) 약세인, 내림세인. ～ **point** 〔**side**〕 약점. ～ **verb** 약변화 동사. *∠**·ly** *a., ad.* **약한**, 병약한; 약하게. ‡∠**·ness** *n.* Ⓤ **약함**; 허약, 박약; 우둔; Ⓒ 약점; 못견디게 좋아하는 것; 편애(偏愛) (*for*).

‡**weak·en** [∠ən] *vt., vi.* ① **약하게 하다**; **약해지다**. ② 묽게 하다. ③ 결단성이 없어지다, 우유 부단하게 되다.

wéaker séx, the 《集合的》 여성.

weak-head·ed [∠hédid] *a.* 머리가 둔한; 쉽게 취하는.

weak·heart·ed [∠há:rtid] *a.* 마음 약한.

weak-kneed [∠ní:d, ∠∠] *a.* 무릎이 약한; 마음이 약한.

weak·ling [∠liŋ] *n.* 약한 사람〔동물〕.

weak-mind·ed [∠máindid] *a.* 저능(低能)한; 마음이 약한.

wéak síster 《美俗》 (그룹내의) 주체스러운 사람, 무능자.

weal¹ [wi:l] *n.* Ⓤ 《古》 복리, 행복. **in** ～ **and** 〔**or**〕 **woe** 화복(禍福) 어느 경우에도.

weal² *n.* 채찍 맞아 지렁이처럼 부르튼 곳.

weald [wi:ld] *n.* 《詩》 광야. **the W-** 윌드 지방《영국 남부의 삼림 지대》.

weald·en [wí:ldən] *a., n.* 《英》 광야(의); 《英》 〖地〗 윌드층(의).

†**wealth** [welθ] *n.* ① Ⓤ **부**(富); Ⓤ,Ⓒ 재산; 재화. ② 풍부(*of*). ‡∠**·y** *a.* **유복한**; 풍부한.

wean [wi:n] *vt.* 젖떼다(*from*); 떼어놓다, 버리게 하다, 단념시키다(*from, of*). ∠**·ling** *n.* 젖이 갓 떨어진 아이〔동물〕.

‡**weap·on** [wépən] *n.* **무기**, 병기, 흉기. **women's** ～**s** (여자의 무기인) 눈물(Shak., *Lear*, II. iv. 280). ～**·ry** *n.* Ⓤ 《集合的》 무기(weapons).

†**wear** [wɛər] *vt.* (*wore; worn*) ① **몸에 지니고 있다**; 입고〔신고, 쓰고, 차고〕 있다. ② (수염을) 기르고 있다. ③ 얼굴에 나타내다. ④ **닳게 하다**; 써서 낡게 하다; 닳아서 (구멍)이 생기게 하다. ⑤ **지치게 하다**. ⑥ 〖海〗 (배를) 바람을 등지게 돌리다. ── *vi.* ① **사용에 견디다**, (오래) 가

다. ② 닳아서 해지다(*away, down, out, off*). ③ (때 따위가) 점점 지나다(*away, on*). ～ ***away*** 닳(리)다; 경과하다. ～ ***down*** 닳(게 하)다; 닳려서 낮아지(게 하)다; 지치게 하다, (반항 등을) 꺾다. ～ ***off*** 점점 줄어들다〔닳게 하다〕. ～ ***one's years well*** 젊어 뵈다. ～ ***out*** 써서〔입어〕 낡게 하다; 닳리다; 다(하게)하다; 지치(게 하)다. —— *n.* Ⓤ ① **착용.** ② 옷(*everyday* ～ 평상복). ③ 입어 낡음, 닳아 해짐. ④ 지탱함. ***be in*** ～ (옷이) 유행되고 있다. ～ ***and tear*** 닳아해짐, 마손, 소모.

wéaring appàrel 의복.

‡**wea·ry** [wíəri] *a.* ① **피로한;** 싫어진, 싫증난(*of*). ② 지치게 하는; 넌더리 나는. —— *vt.* 지치게 하다; 지루하게 하다. —— *vi.* ① **지치다;** 지루해지다, 싫증나다(*of*). ② 동경하다(*for*). ***wéa·ri·ly** *ad.* ***wéa·ri·ness** *n.* Ⓤ **wéa·ri·some** *a.* 피곤하게 하는; 싫증나는.

wéary wíl·lie [wíli] 《俗》 게으른 사람; 방랑자.

wea·sel [wí:zəl] *n.* ① 족제비. ② 교활한 사람. ③ 수륙 양용차.

wéasel wòrds 핑계.

†**weath·er** [wéðər] *n.* Ⓤ ① **일기,** 날씨. ② 황천(荒天). ***April*** ～ 비가 오다 개다 하는 날씨; 울다 웃다 함. ***make heavy*** ～ ***of*** (작은 일을) 과장하여 생각하다. ***under the*** ～ 《口》 몸이 편찮아; 얼근히 취하여. —— *a.* 바람 불어오는 쪽의, 바람을 안은. —— *vt.* ① 비바람에 맞히다; 외기(外氣)에 쐬다, 말리다; (암석을) 풍화시키다. ② 〖海〗 …의 바람을 거슬러 달리다. ③ (곤란 따위를) 뚫고 나아가다. —— *vi.* 외기에 쐬어 변화하다, 풍화하다.

weath·er-beat·en [-bì:tn] *a.* 비바람에 시달린; 햇볕에 탄.

weath·er·board [-bɔ̀:rd] *n., vt., vi.* 미늘 판자(를 대다).

weath·er-bound [-bàund] *a.* 〖海·空〗 악천후로 출범(出帆)〔출항〕 못하고 있는, 비바람에 발이 묶인.

weath·er-box [-bàks/-ɔ̀-] *n.* 일기(예보) 상자《남녀 두 인형이 각각 비·맑음을 표시하는 장치》.

wéather brèeder 폭풍 전의 좋은 날씨.

Wéather Bùreau, the 《美》 기상국.

wéather chàrt 일기〔기상〕도(圖).

***weath·er·cock** [-kàk/-ɔ̀-] *n.* **바람개비;** 변덕쟁이.

wéather èye 기상 관측안(眼). ***keep one's*** ～ ***open*** 《俗》 방심않고 경계하다.

wéather fòrecàst 일기예보.

wéather gàuge 바람 불어오는 쪽의 위치; 우위(優位). 「계.

weath·er·glass [-glæ̀s, -ɑ̀:-] *n.* 청우계.

weath·er·ing [-iŋ] *n.* Ⓤ 풍화.

weath·er·ize [wéðəràiz] *vt.* (집의) 단열효과를 높이다.

***weath·er·man** [-mæ̀n] *n.* 《美》 **일기 예보자,** 관상대〔기상국〕원.

weath·er·proof [-prù:f] *a. vt.,* 비바람에 견디는〔견디게 하다〕.

wéather repòrt 일기 예보.

wéather sátellite 기상 위성.

wéather shìp 기상 관측선.

weath·er-stained [-stèind] *a.* 비바람에 바랜.

wéather stàtion 측후소, 관상대.

wéather strìp 문풍지, 문틈마개.

weath·er-tight [-tàit] *a.* 비바람을 막는.

wéather vàne 바람개비 (weathercock).

weath·er·wear [-wɛ̀ər] *n.* 《英》 비옷.

weath·er-wise [-wàiz] *a.* 일기를 잘 맞히는; 여론의 변화에 민감한.

weath·er-worn [-wɔ̀:rn] *a.* 비바람에 상한.

‡**weave** [wi:v] *vt.* (*wove,* 《稀》 ***～d; woven,*** 〖商〗 ***wove***) ① **짜다,** 엮다. ② (이야기 따위를) 꾸미다, 엮다. ～ ***one's way*** 누비듯이 나아가다; (길을) 이리저리 헤치고 나아가다. —— *vi.* ① 짜다. ② (좌우로) 헤치고 나아가다, 적기를 누비면서 잘 피하다. —— *n.* 짜기, 짜는 법. ***wéav·er** *n.* **짜는 사람,** 직공(織工); ＝WEAVERBIRD.

weav·er·bird [⌐ərbə̀:rd] *n.* 〖鳥〗 피리새.

‡**web** [web] *n.* ① **거미집,** 거미줄 모양의 것. ② **피륙;** 한 베틀분의 천. ③ 꾸민 것(*a* ～ *of lies* 거짓말 투성이). ④ (물새의) 물갈퀴. ⑤ 한 두루마리의 인쇄용지. **～bed** [-d] *a.* 물갈퀴 있는. **⌐·bing** *n.* Ⓤ̄Ⓒ̄ (피대 따위로 쓰는 튼튼한) 띠; (깔개 따위의) 두꺼운 가장자리; 물갈퀴.

We·ber [véibər], **Max**(1864–1920) 독일의 경제〔사회〕학자.

we·ber [wébər, véi-, wí:-] *n.* 〖理〗 웨버《자속(磁束)의 단위; 기호 Wb》.

web-foot·ed [wébfùtid], **web-toed** [-tóud] *a.* 발에 물갈퀴 있는.

Web·ster [wébstər], **Daniel**(1782–1852) 미국의 정치가·웅변가; **Noah** (1758–1843) 미국의 사전 편찬가.

wed** [wed] *vt.* (～ded; ～ded,*** 《稀》 ***wed; -dd-***) …**와 결혼하다**〔시키다〕; 결합하다 (*to*). —— *vi.* 결혼하다. ***⌐·ded** [⌐id] *a.* **결혼한;** 결합한; 집착한 (*to*).

‡**we'd** [wi:d, 弱 wid] we had 〔would, should〕의 단축.

***Wed.** Wednesday.

‡**wed·ding** [wédiŋ] *n.* **결혼**(식); 결혼 기념식.

wédding brèakfast 결혼 피로연.

wédding càke 혼례 과자.

wédding càrd 결혼식의 청첩장.

wédding drèss (신부의)웨딩드레스.

wédding màrch 결혼 행진곡.

wédding rìng 결혼 반지.

we·deln [véidəln] *n.* (G.) Ⓤ 〖스키〗 베델른《좌우로 작게 스키를 흔들며 나가는 활주법》.

wedge** [wedʒ] *n.* **쐐기.** —— *vt.* ① 쐐기로 짜개다〔죄다〕. ② 무리하게 밀어 넣다(*in, into*), 밀고 나가다. ～ ***away 〔***off***〕 밀어 제치다.

wedge-shaped [wédʒʃèipt] *a.* 쐐기

형의; V 자형의.

wedge·wise [∠wàiz] *ad.* 쐐기 꼴로.

wedg·ie [wédʒi] *n.* (흔히 *pl.*) 《美口》 쐐기꼴의 여자 구두.

wed-in [wédìn] *n.* 집단 결혼.

wed·lock [wédlɑk/-lɔk] *n.* Ⓤ 결혼(생활). 「일.

†**Wednes·day** [wénzdi, -dei] *n.* **수요**

***wee** [wi:] *a.* 《주로 Sc.》 **조그마한.**

‡**weed**[1] [wi:d] *n.* ① **잡초.** ② (the ~) 《口》 담배; 엽궐련; Ⓤ 《美俗》 마리화나. ③ 깡마르고 못생긴 사람〔말〕. ― *vt., vi.* 잡초를 뽑다. ~ ***out*** 잡초를〔못 쓸 것을〕 제거하다. **∠·er** *n.* 제초기, 제초하는 사람. **∠·y** *a.* 잡초의, 잡초 같은; 잡초가 많은; 호리호리한. 「의) 상복.

weed[2] *n.* 상장(喪章); (*pl.*) (미망인

weed·i·cide [∠əsàid] *n.* =⇩.

weed-kill·er [∠kìlər] *n.* 제초제.

†**week** [wi:k] *n.* ① **주**(週). ② 취업일. ***this day*** 〔***today***〕 ~ 전주〔내주〕의 오늘. ~ ***in,*** ~ ***out*** 매주마다.

‡**week·day** [∠dèi] *n., a.* **평일**(의).

‡**week·end** [∠ènd] *n., a., vi.* **주말** 《토요일 오후 또는 금요일 밤부터 월요일 아침까지》; 주말의; 주말을 보내다. **wéek·end·er** *n.* 주말 여행자. **-ends** [∠ènz] *ad.* 주말에.

‡**week·ly** [∠li] *a.* ① **1주간의;** 1주간 계속되는. ② 주 1회의, 매주의. ― *ad.* 주 1회, 매주. ― *n.* **주간지**(紙·誌). 「믿다; 기대하다.

ween [wi:n] *vt., vi.* 《古》 생각하다,

wee·nie, -ny[1] [wí:ni] *n.* 《美俗》 =WIENER.

wee·ny[2] *a.* 《口》 작은, 조그마한.

‡**weep** [wi:p] *vi.* (*wept*) ① **울다,** 눈물을 흘리다. ② 슬퍼하다, 비탄하다(*for, over*). ③ 물방울이 듣다. ― *vt.* ① (눈물을) **흘리다;** 비탄하다. ② (수분을) 스며 나오게 하다. ~ ***away*** 울며 지내다. ~ ***oneself out*** 실컷 울다. ~ ***out*** 울며 말하다. **∠·er** *n.* 우는 사람; (장례식에 고용되어) 우는 남자〔여자〕. ***∠·ing** *a.* **우는,** 눈물을 흘리는; (가지가) 늘어진. **~*ing willow*** 수양버들.

weep·ie [wí:pi] *n.* 《英俗》 슬픈 〔감상적〕 영화〔연극〕.

weep·y [wí:pi] *a.* 눈물 잘 흘리는.

wee·vil [wí:vəl] *n.* 〖蟲〗 바구미과의 곤충.

wee-wee [wí:wì:] *n., vi.* 《俗》《兒》 쉬(하다).

weft [weft] *n.* (피륙의) 씨실(woof).

we-group [wí:grù:p] *n.* =INGROUP.

‡**weigh** [wei] *vt.* ① **저울에 달다,** 손으로 무게를 헤아리다. ② (비교해서) 잘 생각하다. ③ (무게로) 압박하다, 내리 누르다(*down*). ④ (닻을) 올리다. ― *vi.* ① 무게를 달다; 무게가 …나가다. ② 중요시되다, 존중되다(*with*). ③ 무거운 짐이 되다, 압박하다(*on, upon*); 숙고하다. ④ 〖海〗 닻을 올리다. ~ ***in*** (기수가 경마후 〔권투 선수가 시합전〕에) 몸무게를 달다. ~ ***one's words*** 숙고하여 말하다, 말을 음미하다. ~ ***out*** 달아서 나누다; (기수가 경마 전에) 몸무게를 달다.

weigh·bridge [wéibrìdʒ] *n.* 계량대(臺) 《차량·가축 등을 재는, 노면과 같은 높이의 대형 저울》.

†**weight** [weit] *a.* ① Ⓤ **무게,** 중량. ② ⓊⒸ 저울눈, 형량(衡量). ③ 무거운 물건, 추, 분동(分銅); 무거운 짐, 압박; 부담. ④ Ⓤ 중요성; 영향력. ⑤ 〖統〗 가중치. ***by*** ~ 무게로. ***give short*** ~ 저울 눈을 속이다. ***have*** ~ ***with*** …에 있어 중요하다. ***pull one's*** ~ 자기 체중을 이용하여 배를 젓다; 제구실을 다하다. **~*s and measures*** 도량형. ― *vt.* 무겁게 하다, 무게를 가하다; 무거운 짐을 지우다; 괴롭히다(*with*). ***∠·y** **무거운,** 유력한; 중요한; 영향력이 있는; 견디기 어려운.

weight·less [∠lis] *a.* 무중력 상태인.

wéight lìfting 역도.

Wei·mar [váimɑ:r] *n.* 바이마르《독일 서부의 도시》.

Wéimar Cònstitution, the 바이마르헌법《1919년 바이마르 국민의회에서 제정된 독일 공화국 헌법》.

weir [wiər] *n.* 둑(dam); (물고기를 잡는) 어살.

***weird** [wiərd] *a.* **초**(超) **자연의;** 이상한, 《口》 기묘한; 《古》 운명의. ― *n.* ⓊⒸ 《古·Sc.》 운명, (특히) 불운.

weird·ie, -y [wíərdi], **-o** [-ou] *n.* 《口》 괴짜.

wéird sísters =(the) FATES.

Weis·mann·ism [váismɑ:nizəm] *n.* Ⓤ 〖生〗 (획득형질(獲得形質)의 유전을 부정하는) 바이스만 (유전학)설.

†**wel·come** [wélkəm] *a.* ① **환영받는.** ② 고마운. ③ 마음대로 …할 수 있는(*to*). ***and*** ~ 그것으로 됐다. ***You are*** (***quite***) ~. 《美》 ('Thank you.'에 대한 대답으로) 천만의 말씀. ― *int.* **어서 오십쇼!** ― *n.* 환영(인사). ― *vt.* 환영하다.

***weld** [weld] *vt.* **용접**(溶接)〔단접〕하다; 결합하다, 밀착시키다 (*into*). ― *vi.* 용접〔단접〕되다. **∠·ment** *n.* ⓊⒸ 용접(한 것).

‡**wel·fare** [wélfɛ̀ər] *n.* Ⓤ 행복, **후생,** 복지 (사업). **~·ism** [∠fɛ̀ərizəm] *n.* Ⓤ 복지 정책〔보조금〕.

wélfare económics 후생 경제학.

wélfare fùnd 후생 기〔자〕금.

Wélfare Mínistry, the 후생성(省).

wélfare stàte 복지 국가.

wélfare stàtism 복지 국가주의.

wélfare wòrk 복지 후생 사업.

wélfare wòrker 복지 사업가.

wel·kin [wélkin] *n.* 《古·詩》 창공.

‡**well**[1] [wel] *n.* ① **우물.** ② 샘; 원천. ③ (층계의) 뚫린 공간, (엘리베이터의) 종갱(縱坑). ④ 우묵한 곳, 책상의 잉크병 받이. ― *vi.* 솟아나다 (*up, out, forth*).

†**well**[2] *ad.* (***better; best***) ① **잘,** 훌륭히; 만족스럽게. ② 적당히. ③ 충

분히; 아주; 크게, 꽤; 상세히. *as ~* …도 또한, 그 위에; 마찬가지로. *as ~ as* …과 같이. *may (as) ~* …하는 것이 좋다. *might as ~* …하는 것이나 마찬가지다. *W- done!* 잘 한다! —— *a.* ① 《美口》 **건강한.** ② 적당한. ③ 좋은, 만족한, 형편〔운〕좋은. *get ~* 좋아지다, 낫다. —— *int.* ① 《놀라움》 어머, 저런. ② 《承認·讓步》 과연; 그래 그럼. ③ 《期待, 이야기의 繼續》 그런데; 그래서; 자. ④ 《抗議》 그것이 어쨌단말야(*W-?*). *W-, to be sure!* 저런, 이것 놀랐는걸. *W- then?* 아하, 그래서?

†**we'll** [wiːl] we shall 〔will〕의 단축.

well·a·day [wélədéi] *int.* 《古》 아아 슬프도다(alas). 「깊은, 현명한.

well-ad·vised [wélədváizd] *a.* 사려

well-ap·point·ed [⁄əpɔ́intid] *a.* 충분히 장비〔설비·준비〕된.

well-bal·anced [⁄bǽlənst] *a.* 균형 잡힌; 상식 있는, 제정신의.

well-be·haved [⁄bihéivd] *a.* 행실〔품행〕좋은. 「녕, 행복.

***well-be·ing** [⁄bíːiŋ] *n.* Ⓤ **복지,** 안

well·born [⁄bɔ́ːrn] *a.* 집안이 좋은.

well-bred [⁄bréd] *a.* 교양 있게 자란, 뱀뱀이가 있는; (말 따위) 씨가 좋은.

well-built [⁄bílt] *a.* 잘 세워진〔만들어진〕; 《특히》 체격이 훌륭한《사람》. 「選)된, (어구의) 적절한.

well-chos·en [⁄tʃóuzən] *a.* 정선(精

well-con·nect·ed [⁄kənéktid] *a.* 좋은 친척〔연줄〕이 있는.

well-deck [⁄dèk] *n.* 〖海〗 오목 갑판.

well-de·fined [⁄difáind] *a.* (정의가) 명확한; 윤곽이 뚜렷한.

well-dis·posed [⁄dispóuzd] *a.* 호의 있는; 선의의; 마음씨 좋은, 친절한.

well-do·ing [⁄dúːiŋ] *n.* Ⓤ 선행.

well-done [⁄dʌ́n] *a.* (고기가) 잘 구워진〔익은〕; 잘 한. 「쁜, 잘생긴.

well-fa·vo(u)red [⁄féivərd] *a.* 예

well-fed [⁄féd] *a.* 영양이 충분한; 살찐.

well-fixed [⁄fíkst] *a.* 《口》 유복한.

well-found·ed [⁄fáundid] *a.* 근거〔이유〕 있는, 사실에 입각한.

well-groomed [⁄grúːmd] *a.* 옷차림이 단정한.

well-ground·ed [⁄gráundid] *a.* 기본 훈련을 받은; ＝WELL-FOUNDED.

well·head [⁄hèd] *n.* 수원(水源).

well-heeled [⁄híːld] *a.* 《俗》 부유한, 아주 돈 많은.

well-in·formed [⁄infɔ́ːrmd] *a.* 정보에 밝은; 박식한.

Wel·ling·ton [wéliŋtən], **Arthur Wellesley, 1st Duke of** (1769–1852) 영국의 장군·정치가.

well-in·ten·tioned [wélinténʃənd] *a.* 선의의, 선의로 한.

well-kept [⁄képt] *a.* 손질이 잘 된.

well-knit [⁄nít] *a.* (체격이) 잘 째인.

‡**well-known** [⁄nóun] *a.* **유명한;** 친한.

well-made [⁄méid] *a.* 모양 좋은, 균형이 잡힌; 잘 만든.

well-man·nered [⁄mǽnərd] *a.* 예절 바른, 점잖은. 「명확한.

well-marked [⁄máːrkt] *a.* 분명한,

well-matched [⁄mǽtʃt] *a.* (색이) 잘 배합된; (부부가) 어울리는.

well-mean·ing [⁄míːniŋ] *a.* 선의의, 선의에서 나온.

well-meant [⁄mént] *a.* 선의로 한.

well-nigh [⁄nái] *ad.* 거의.

well-off [⁄ɔ́(ː)f, -ɑ́f] *a.* 순조로운; 유복한. 「능률적인; 《俗》 취한.

well-oiled [⁄ɔ́ild] *a.* 《比喩》 기름진;

well-pre·served [⁄prizə́ːrvd] *a.* 잘 보존된; (나이에 비해) 젊게 보이는.

well-pro·por·tioned [⁄prəpɔ́ːrʃənd] *a.* 균형이 잘 잡힌. 「(*in*).

well-read [⁄réd] *a.* 다독의; 박학한

well-reg·u·lat·ed [⁄régjəlèitid] *a.* 잘 정돈된.

well-round·ed [⁄ráundid] *a.* (통통히) 살찐; (문체 따위가) 균형잡힌.

Wells [welz], **Herbert George** (1866–1946) 영국의 소설가.

well-set [⁄sét] *a.* (몸이) 실팍한.

wéll sìnker 우물 파는 사람.

well-spo·ken [wélspóukən] *a.* 말씨가 점잖은; (표현이) 적절한.

well·spring [⁄sprìŋ] *n.* 수원(水源); (무궁무진한) 원천.

well-stocked [⁄stɑ́kt/-ɔ́-] *a.* (상품·장서 등이) 풍부한. 「리한

well-suit·ed [⁄súːtid] *a.* 적절한, 편

well sweep 방아두레박.

well-thought-of [⁄θɔ́ːtɑ̀v/-ɔ̀v] *a.* 평판이 좋은. 「춘.

well-timed [⁄táimd] *a.* 때를 잘 맞

***well-to-do** [⁄tədúː] *a.* **유복한.** *the ~* 부유 계급.

well-tried [⁄tráid] *a.* 숱한 시련을 견뎌낸.

well-turned [⁄tə́ːrnd] *a.* 잘 표현된.

well·wish·er [⁄wíʃər] *n.* 호의를 보이는 사람. 「진부한.

well-worn [⁄wɔ́ːrn] *a.* 써서 낡은;

Wéls·bach bùrner [wélzbæk, -ɑː-] 〖商標〗 벨스바하 등《밝은 백열광을 발하는 가스등》.

***Welsh** [welʃ, weltʃ] *a.* **웨일즈**(사람·말)**의.** —— *n.* ⒸⓊ 웨일즈 사람〔말〕.

welsh [welʃ, weltʃ] *vi., vt.* 《俗》 경마에 건 돈을 승자에게 치르지 않고 달아나다; 꾼 돈을 떼어먹다.

Wélsh Córgi 웨일즈 산의 작은 개.

Welsh·man [⁄mən] *n.* 웨일즈 사람.

Wélsh rábbit 〔**rárebit**〕 녹인 치즈를 부은 토스트.

welt [welt] *n., vt.* 대다리《구두창에 갑피를 대고 맞꿰매는 가죽테》(를 대다); 가장자리 장식(을 붙이다); 채찍〔맷〕자국; 구타(하다).

wel·ter [wéltər] *vi.* 뒹굴다, 허위적〔버둥〕거리다(*in*); 묻히다, 잠기다, 빠지다(*in*). —— *n.* 뒹굶; 동요, 혼란.

wel·ter·weight [wéltərwèit] *n.* 〖競馬〗 (장애물 경주 따위에서) 말에 지우는 중량물; 웰터급 권투선수〔레슬

W

러].
wen [wen] *n.* 혹.
wench [wentʃ] *n.* 《諧》《蔑》 젊은 여자, 소녀; 《古》 하녀.
wend [wend] *vt.* (∼*ed*, 《古》 *went*) 돌리다. ── *vi.* 《古》 가다.
†**went** [went] *v.* go의 과거; 《古》 wend의 과거(분사).
‡**wept** [wept] *v.* weep의 과거(분사).
†**were** [wəːr, 弱 wər] *v.* be의 과거 《直說法 複數, 假定法 單數·複數》.
†**we're** [wiər] we are의 단축.
†**were·n't** [wəːrnt] were not의 단축.
wer(e)·wolf [wíərwùlf, wə́ːr-] *n.* (*pl.* **-wolves**) (전설에서) 이리가 된 사람, 이리 인간.
wert [wəːrt, 弱 wərt] *v.* 《古》《主語가 thou인 때》 be의 2인칭·단수·직설법 및 가정법 과거.
Wes·ley [wésli, -z-], **John** (1703–91) 영국의 목사; 감리교회의 창시자. ∼**·an** *a.*, *n.* 웨슬레의; 감리교회의 (교도).
Wes·sex [wésiks] *n.* 영국 남부의 고대 왕국; (지금의) Dorsetshire 지방.
†**west** [west] *n.* ① **서쪽**, 서부(지방). ② (the W-) 서양. ③ (W-) (미국의) 서부지방. ***in*** 〔***on, to***〕 ***the*** ∼ ***of*** …의 서부에 〔서쪽에 접하여, 서쪽에 위치하여〕. ∼ ***by north*** 〔***south***〕 서미(微) 북〔남〕. ∼***-north*** 〔***-south***〕 ∼ 서북〔남〕서. ── *a.* 서쪽(으로)의; 서쪽에서의. ── *ad.* 서쪽에〔으로, 에서〕. ***go*** ∼ 서쪽으로 가다; 《俗》 죽다.
Wést Cóuntry 잉글랜드의 Southampton과 Severn 강 어귀를 잇는 선의 서쪽 지방. 「《상류 지역》.
Wést Énd, the (런던의) 서부 지구
west·er·ly [wéstərli] *a.*, *ad.*, *n.* 서쪽으로 향한〔향하게〕; 서쪽에서(의); (*pl.*) 서풍.
‡**west·ern** [wéstərn] *a.* ① **서쪽의**, 서쪽으로 향한; 서쪽에서의. ② (W-) 서양의. ③ (W-) 《美》 서부 지방의. ④ (W-) 서반구의. ── *n.* (문학의) 서부물, 서부극〔음악〕. ∼**·er** *n.* 서방에 사는 사람; (W-) (미국의) 서부 사람. ∼**·most** [-mòust] *a.* 가장 서쪽의. 「릭〕 교회.
Wéstern Chúrch 서방 〔로마 카톨
Wéstern civilizátion 서양 문명.
Wéstern (Européan) Únion 서구(西歐) 연맹 《영국·프랑스·Benelux의 연맹》. 「서부 전선.
wéstern frónt, the (제1차 대전의)
Wéstern Hémisphere 서반구 《남북아메리카 대륙》.
west·ern·ize [wéstərnàiz] *vt.* 서양식으로 하다, 서구화하다. **west·ern·i·za·tion** [ˌ–izéiʃən] *n.* Ⓤ
Wéstern (Róman) Émpire, the 서로마 제국(395–476).
Wéstern Samóa 서사모아《서태평양상의 9섬으로 된 독립국》.
Wést Gérmany 서독(西獨).
Wést Índies, the 서인도 제도.
Wést Í·ri·an [íriən] 서이리안《New Guinea 서쪽 반을 차지한 인도네시아 속령(屬領)》. 「《1974년 신설》.
Wést Mídlands 영국 중부의 주
West·min·ster [wéstmìnstər] *n.* 런던시 중앙의 자치구; 영국 국회 (의사당). 「스트민스터 성당.
Wéstminster Ábbey (런던의) 웨
Wést Póint 《美》 육군 사관 학교.
Wést Síde, the 《美》 New York 주 Manhattan 섬의 서부 지구.
Wést Virgínia 미국 동부의 주《생략 W. Va.》.
‡**west·ward** [wéstwərd] *n.*, *a.*, *ad.* 서쪽; **서쪽(으로)의**; 서방에〔으로〕. ∼**·ly** *a.*, *ad.* 서쪽으로의, 서쪽에; 서쪽에서의. ‡∼**s** *ad.*
‡**wet** [wet] *a.* (**-tt-**) ① **젖은**, 축축한. ② 비의, 비가 잦은. ③ 《美》 주류 제조 판매를 허가하고 있는. ***be all*** ∼ 《美俗》 전혀 잘못되다. ∼ ***through*** 〔***to the skin***〕 흠뻑 젖어서. ── *n.* ① Ⓤ **습기**, 물기. ② 비; 우천; 《美》 주류 제조 판매에 찬성하는 사람. ③ 《英俗》 (한잔의) 술. ── *vt.*, *vi.* (***wet, wetted; -tt-***) 적시다; 젖다. ∼ ***the bed*** 자다가 오줌을 싸다. ˊ∼**·tish** *a.* 축축한.
wet·back [ˊbæ̀k] *n.* 《美口》 (Rio Grande 강을 헤엄쳐 건너) 미국으로 밀입국한 멕시코 사람. 「약.
wét bárgain 술자리에서 맺어진 계
wét blánket 흥을 깨뜨리는 〔탈을 잡는〕 사람〔것〕.
wét-búlb thermómeter [wétbʌ́lb] 습구(濕球) 온도계.
wét céll 〖電〗 습전지. 「dock).
wét dòck 습선거(濕船渠) (cf. dry
wét dréam 몽정(夢精).
weth·er [wéðər] *n.* 불깐 숫양(羊).
wét lòok (직물의) 광택.
wét nùrse (젖을 주는) 유모(cf. dry
wét pàck 찬 찜질. ⌊nurse).
wét pláte 〖寫〗 습판(濕板).
wét sùit 잠수용 고무옷.
wét wàsh 젖은 빨래.
WEU Western European Union.
†**we've** [wiːv, 弱 wiv] we have의 단축.
w. f. wrong font 〖校正〗 「활자체가 틀림」. **WFTU** World Federation of Trade Unions. **W. G.**, **w. g.** wire gauge. **W. Ger.** West GERMANIC.
whack [*h*wæk] *vt.*, *vi.* 《口》 찰싹 때리다. ── *n.* 구타; 몫; 시도. ˊ∼**·ing** *a.*, *n.* 《英口》 엄청난. ˊ∼**·y** *a.* ＝WACKY.
whacked [*h*wækt] *a.* 《주로 英口》 기진맥진한.
whack·er [*h*wǽkər] *n.* 《俗》 (같은 것 중에서) 큰 사람〔물건〕; 허풍쟁이. 「《기쁨》.
whack·o [*h*wǽkou] *int.* 《英俗》 만세
‡**whale**[1] [*h*weil] *n.* **고래**; 《美口》 굉장히 큰〔엄청난〕 것. ── *vi.* 고래잡이에 종사하다. 「질하다.
whale[2] *vt.* 《口》 심하게 때리다; 매

whale·back [*h*wéilbæ̀k] *n.* 귀갑(龜甲) 갑판선.
whale·boat [∠bòut] *n.* (포경선 모양의, 노젓는) 구명 보트.
whale·bone [∠bòun] *n.* 고래 수염; 고래 수염 제품《코르셋 따위》.
whále fìn 고래 수염.
whále fìshery 포경업〔장〕.
whale·man [∠mən] *n.* 고래잡이《사람》.
whal·er [∠ər] *n.* 포경선; =⇧.
whal·ing¹ [∠iŋ] *n.* Ⓤ 고래잡이《일》.
whal·ing² *a.*, *n.*《美俗》=WHACKING.
wham [*h*wæm] (-*mm*-) *n.*, *vt.*, *vi.* 쾅치다, 후려갈기다; 그 소리.
wham·my [*h*wǽmi] *n.*《美俗》재수없는 〔불길한〕 물건; 주문, 마력. ***put a*** 〔***the***〕 ***~ on*** …을 트집잡다.
whang [*h*wæŋ] *vt.*, *vi.*, *n.*《口》찰싹〔탕〕 때리다〔울리다〕; 찰싹〔탕〕 때림〔울림〕.
‡**wharf** [*h*wɔːrf] *n.* (*pl.* ***~s, wharves***) 부두, 선창. **∠·age** [∠idʒ] *n.* Ⓤ 부두 사용(료); 《集合的》 부두.
wharf·in·ger [*h*wɔ́ːrfindʒər] *n.* 부두 임자.
*__wharves__ [*h*wɔːrvz] *n.* wharf의 복수.
†**what** [*h*wɑt / *h*wɔt] (*rel.*) *pron* ① 《疑問詞》 무엇; 어떤 것〔사람〕; 얼마《금액》. ② 《感嘆》 얼마나. ③ 《關係詞》 …(하는) 바의 것〔일〕; …(하는) 것〔일〕은 무엇이나 (*do ~ you please* 네가 무엇을 하든); …와 같은(*He is not ~ he was.* 옛날의 그가 아니다). ***and ~ not*** 그밖에 여러 가지, …등등. ***but ~*** 《否定文에서》 …않는, …이외에는. ***W- about*** (***it***)***?*** (그것은) 어떠한가. ***W-for?*** =WHY? ***W- if …?*** 만약 …라면〔하다면〕 어찌 될 것인가; =WHAT THOUGH …? ***~ is called*** 이른바. ***~ is more*** 그 위에. ***W- of it?*** 그게 어쨌다는 건가. ***~'s ~*** 《口》 사물의 도리, 일의 진상. ***W- though …?*** 설사 …라도 그것이 어떻단 말인가. ***~ with …,*** (***and***) ***~ with*** …을 하거나 또 …을 하거나하여, …다 …다 하여. ***I'll*** TELL ***you ~.*** —— *a.* ① 《疑問詞》 무슨, 어떤; 얼마의. ② 《感嘆詞》 정말이지, 어쩌면. ③ 《關係詞》 (…하는) 바의; …할 만큼의.
「*pron.*, *a.* 《詩》 =⇩.
*__what·e'er__ [*h*wɑtɛ́ər / *h*wɔt-] (*rel.*)
‡**what·ev·er** [*h*wɑtévər/*h*wɔt-] (*rel.*) *pron.* ① (…하는) 것〔일〕은 무엇이나; 무엇이 …하드지. ②《美口》《強調》 대체 무엇이〔을〕 (*W- do you mean?* 대체 어쩔 셈이냐). —— *a.* ① 《關係詞》 (비록) 어떤 …이라도; 어떤 …을 하더라도. ② 《no나 any 다음에서》 조금의 …도.
what-for [*h*wʌ́tfɔ̀ːr, *h*wɑ́t-/*h*wɔ́t-] *n.* Ⓤ 《口》 벌, 처벌, 잔소리.
what·not [*h*wɑ́tnɑ̀t/*h*wɔ́tnɔ̀t] *n.* (책·장식품을) 얹어 놓는 (장식) 선반.
†**what's** [*h*wɑts/*h*wɔts] what is〔has〕의 단축; 《口》 what does의 단축.
whats·is [*h*wɑ́tsiz/*h*wɔ́ts-] *n.* 《美口》 무엇〔누구〕인지, 무엇이라던가 하는 것〔사람〕.
what·so·e'er [*h*wɑ̀t-souɛ́ər/*h*wɔ̀t-] (*rel.*) *pron.*, *a.* =⇩.
*__what·so·ev·er__ [*h*wɑ̀t-souévər / *h*wɔ̀t-] (*rel.*) *pron.*, *a.* 《強意》 = WHATEVER.
wheal [*h*wiːl] *n.* 부르튼 채찍 자국; 뾰루지; 벌레 물린 자국.
‡**wheat** [*h*wiːt] *n.* Ⓤ 밀. **∠·en** *a.* 밀의, 밀로 만든.
whéat bèlt 《美》 소맥 산출 지대.
Whéat·stone brìdge [*h*wíːt-stòun, -stən] 전기 저항 측정기.
whee [*h*wiː] *int.* 야아, 와아(기쁨·흥분).
whee·dle [*h*wíːdl] *vt.* 감언으로 유혹하다(*into*); 감언이설로 속이어 빼앗다(*out of*).
‡**wheel** [*h*wiːl] *n.* ① 바퀴, 수레바퀴. ② (운명의) 수레바퀴. ③ 《美口》 자전거. ④ (자동차의) 핸들, 타륜(舵輪); 물레. ⑤ (*pl.*) 기계; 회전. ⑥ 《美俗》《比喩》 세력가, 거물. ***at the ~*** 타륜을 잡고; 지배하여. ***a turn of the ~*** 운명의 변천. ***go on ~s*** 순조롭게 나아가다. ***grease the ~s*** 바퀴에 기름을 치다; 일을 원활하게 진행시키다, 뇌물을 쓰다. ***~s within ~s*** 착잡한 사정, 복잡한 기구. —— *vt.* ① (수레를) 움직이다; 수레로 나르다. ② 선회시키다. ③ 녹로로 만들다. —— *vi.* 선회하다, 방향을 바꾸다(*about, round*); 자전거를 타다; (새 따위가) 원을 그리며 날다 (따위). **~ed** [-d] *a.* 바퀴 있는. **∠·er** *n.* 수레로 나르는 사람; …륜차; (마차의) 뒷말; =WHEEL-WRIGHT.
wheel·bar·row [*h*wíːlbæ̀rou] *n.* 외바퀴 손수레.
wheel·base [∠bèis] *n.* ⓊⒸ 축거(軸距) 《자동차 전후의 차축간의 거리》.
wheel·chair [∠tʃɛ̀ər] *n.* (환자용의) 바퀴 달린 의자.
wheel·er-deal·er [*h*wíːlərdíːlər] *n.* 《美俗》 수완가.
whéel hòrse (마차의) 뒷말; 《美口》 일 잘하는 사람, 부지런한 사람.
wheel·man [∠mən] *n.* 자전거를 타는 사람; 〖海〗 =STEERSMAN.
wheel·wright [∠ràit] *n.* 수레 목수.
wheeze [*h*wiːz] *vi.*, *vt.* 씨근거리(며소리내)다; 씩씩거리며 말하다. —— *n.* 씩씩거리는 소리; (배우의) 진부한 익살; 진부한 이야기. **whéez·y** *a.*
whelk¹ [*h*welk] *n.* 쇠고둥 《7cm 정도의 고둥; 식용》.
whelk² *n.* 여드름, 뾰루지.
whelm [*h*welm] *vt.* 물에 담그다; 압도하다.
whelp [*h*welp] *n.* 강아지; (사자·범·곰 등의) 새끼; 《蔑》 개구쟁이, 변변치 못한 아이. —— *vi.*, *vt.* (개 따위가) 새끼를 낳다.
†**when** [*h*wen] (*rel.*) *ad.* ① 언제. ② …한 바의, …한〔하는〕 때. ③ 바로 그 때. —— *conj.* ① (…할) 때에. ② …때에는 언제나. ③ …함에도 불구

W

하고, …인데〔한데도〕. —— (*rel.*) *pron.* 언제; 그때. —— *n.* 때.

when·as [-ǽz] *conj.* 《古》 =WHEN, WHILE, WHEREAS.

***whence** [*h*wens] (*rel.*) *ad.*《雅》 ① 어디서, 어찌하여. ② …바의, …하는 그 곳으로(부터).

whence·so·ev·er [*h*wènssouévər] (*rel.*) *ad.* 《雅》 어디서든지; 어떤 원인이든지. 「=⇩.

***when·e'er** [*h*wenέər] (*rel.*) *ad.* 《詩》

‡**when·ev·er** [-évər] (*rel.*) *ad.* …할 때에는 언제든지; 언제 …하더라도; 《口》 (도대체) 언제.

when·so·ev·er [*h*wènsouévər] (*rel.*) *ad.* 《古·雅》《強意》 =⇧.

†**where** [*h*wεər] (*rel.*) *ad.* ① 어디에〔서, 로, 에서〕, 어느 위치에〔방향으로〕, 어느 점에서. ② …하는 바의 《장소》, 그러자 거기에서, …하는 장소에〔로, 에서〕. —— *n.* (the ～) 어디; 장소; 광경.

***where·abouts** [*h*wέərəbàuts] *ad.*, *n.* ① 어디쯤에. ② 소재, 있는 곳, 행방.

‡**where·as** [*h*wεərǽz] *conj.* ① …인 까닭에, …을 고려하면. ② 이에 반하여, 그러나, 그런데. —— *n.* Whereas (…인 까닭에)로 시작하는 문서.

***where·at** [-ǽt] (*rel.*) *ad.* ① 《古》 왜, 무엇때문에. ② 그러자, 그래서.

***where·by** [*h*wεərbái] (*rel.*) *ad.* ① 《古》 어떻게. ② 그에 의하여.

wher·e'er [*h*wεərέər] (*rel.*) *ad.* 《詩》 =WHEREVER.

‡**where·fore** [*h*wέərfɔ̀:*r*] (*rel.*) *ad.*, *n.* 어째서; 그러므로; 이유.

where·from [*h*wεərfrám/-ɔ́-] (*rel.*) *ad.* =WHENCE.

‡**where·in** [*h*wεərín] (*rel.*) *ad.* ① 《雅》 무엇 가운데에, 어떤 점에서. ② 그 중에, 그 점에서.

where·in·to [-íntu:] (*rel.*) *ad.* 《古》 무엇 속으로; 그 속으로.

***where·of** [-ɑ́v/-ɔ́v] (*rel.*) *ad.* ① 《古》 무엇에 관하여, 누구의. ② 그것에 관하여.

***where·on** [-ɑ́n / -ɔ́-] (*rel.*) *ad.* ① 《雅》 무엇 위에. ② 그 위에.

where're [*h*wέərər] where are의 단축. 「의 단축.

‡**where's** [*h*wεərz] where is 〔has〕

where·so·e'er [*h*wὲərsouέər] (*rel.*) *ad.* 《詩》 =⇩.

where·so·ev·er [-souévər] (*rel.*) *ad.* 《強意》 =WHEREVER.

where·to [*h*wεərtú:] (*rel.*) *ad.* 《古》 무엇에, 무슨 목적으로, 어디로, 어째서; 그것에, 그곳으로.

where·un·to [*h*wεərʌ́ntu: / *h*wὲər-ʌntú:] *ad.* 《古》 =⇧.

***where·up·on** [*h*wὲərəpɑ́n / *h*wὲər-əpɔ́n] (*rel.*) *ad.* 《雅》 =WHEREON; 거기서, 그래서, 그때문에.

‡**wher·ev·er** [*h*wεərévər / *h*wεər-] (*rel.*) *ad.* ① 어디에든지, 어디로든지. ② 《口》 대체 어디에.

W

***where·with** [*h*wεərwíð, -wíθ] (*rel.*) *ad.*, *n.*, *rel. pron.* ① 《古》 무엇으로. ② 《to 붙은 不定詞를 수반하여》 그것으로, …하기 위한; (*n.*) =⇩; (*rel. pron.*) 《to 붙은 不定詞를 수반하여》 …하기 위한 것.

where·with·al [*h*wὲərwiðɔ́:l] *ad.* =WHEREWITH. —— [⌐—⌐] *n.* (…의) 자금, 수단.

wher·ry [*h*wéri] *n.* 나룻배; 경주용 보트; 《英》 (하천용) 폭넓은 돛배.

***whet** [*h*wet] *vt.* (*-tt-*) 갈다; (식욕 등을) 자극하다, 돋우다.

†**wheth·er** [*h*wéðər] *conj.* …인지 어떤지; …인지 또는 …인지, …이든 또 …이든. **～ *or no*** 어떻든, 하여간.

whet·stone [*h*wét-stòun] *n.* 숫돌.

whew [*h*wju:] *int.*, *n.* 어휴!; 후!《놀라움·실망·안도 등을 나타냄》.

whey [*h*wei] *n.* Ⓤ 유장(乳漿) 《우유에서 curd를 빼낸 나머지 액체》.

whey·face [⌐fèis] *n.* (공포 따위로) 창백한 얼굴(의 사람).

†**which** [*h*witʃ] (*rel.*) *pron.* ① 어느 것〔쪽〕. ② …하는바의《것·일》, 어느 것이든. —— (*rel.*) *a.* 어느 (쪽의); 그리고 그, 그런데 그.

‡**which·ev·er** [-évər] (*rel.*) *pron.*, *a.* ① 어느 …이든지. ② 어느 쪽이 …하든지.

whick·er [*h*wíkər] *vi.* 말이 울다; 소리를 죽이고 웃다, 킥킥거리다.

***whiff** [*h*wif] *n.* ① (바람 등의) 한 번 붊. ② 확 풍기는 냄새. ③ 담배의 한 모금. —— *vt.*, *vi.* 훅 불다; 담배 피우다. 「하찮은 사람〔것〕.

whif·fet [*h*wífit] *n.* 강아지; 《美口》

whif·fle [*h*wífəl] *vi.* 살랑거리다; 방향이 바뀌다; 의견을 바꾸다, 아무렇게나 말하다. —— *vt.* 불어 없애다.

whif·fle·tree [*h*wífltrì:] *n.* 물추리막대《마구의 끄는 줄을 매는 가로대》.

Whig [*h*wig] *n.* 〖英史〗 민권당원 (cf. Tory). ***the* ～*s*** Liberal Party의 전신. **Whig·ger·y** [⌐əri], **Whig·gism** [⌐izəm] *n.* Ⓤ 민권주의. **Whíg·gish** *a.*

†**while** [*h*wail] *n.* (잠시) 동안, 때, 시간. ***after a* ～** 잠시 후에. ***between* ～*s*** 틈틈이. ***for a* ～** 잠시 동안. ***in a little* ～** 얼마 안 있어. ***once in a* ～** 가끔. ***the* ～** 그 동안, 그렇게 하고 있는 동안에. ***worth* (*one's*) ～** 가치 있는. —— *conj.* ① …하는 동안에; …하는 동안, …하는 한(限). ② …에 대하여, 그런데, 그러나 한편. —— *vt.* 빈둥빈둥 (때를) 보내다(*away*).

whiles [*h*wailz] *ad.* 《Sc.》 때때로; 그러는 동안에. —— *conj.* 《古》 =WHILE.

whi·lom [*h*wáiləm] *ad.* 《古》 일찌기, 옛날에. —— *a.* 이전의.

***whilst** [*h*wailst] *conj.* 《주로 英》 = WHILE. 「기분.

***whim** [*h*wim] *n.* Ⓒ̲Ⓤ̲ 변덕, 일시적

***whim·per** [*h*wímpər] *vi.*, *vt.* 훌쩍훌쩍 울다; (개 따위가) 낑낑거리다. —— *n.* 흐느껴 욺, 낑낑거리는 소리.

whim·s(e)y [*h*wímzi] *n.* Ⓤ 변덕, 색다름; Ⓒ 색다른 언동. ***whím·si·cal** *a.* 변덕스러운. 「시금작화(gorse).
whin [*h*win] *n.* 《주로 英》〖植〗가
***whine** [*h*wain] *vi., vt., n.* ① 애처롭게 울다〔우는 소리〕, (개 따위가) 낑낑거리다, 낑낑거리는 소리. ② 우는 소리(를 하다).
whin·ny [*h*wíni] *vi., n.* (말이 낮은 소리로) 울다, 그 소리.
‡**whip** [*h*wip] *n.* ① 매〔채찍〕(질). ② 《주로 英》 마부. ③〖獵〗사냥개 담당원. ④《英》(의회의) 원내 총무《중대 의결을 할 때 자기 당원의 출석을 독려함》. ⑤ 크림·달걀 따위를 거품일게 한 디저트 과자. ― *vt.* (**-pp-**) ① 채찍질하다. ② 갑자기 움직이다 (*away, into, off, out, up*). ③ (달걀 따위를) 거품일게 하다. ④《口》(경기 등에서) 이기다. ⑤ 단단히 감다, 휘감다; (가장자리를) 감치다. ⑥ 낚싯대를 휙 던져 낚다(~ *a stream*). ― *vi.* ① 채찍을 사용하다. ② 갑자기 움직이다(*behind; into; out of; round*). ~ ***in*** (사냥개 따위를) 채찍으로 불러모으다. ~ ***up*** (말 따위에) 채찍질하여 달리게 하다; 그러모으다; 갑자기 부여잡다; 흥분시키다.
whip·cord [*h*wípkɔ̀:rd] *n.* 채찍끈; 능직 모직물의 일종.
whíp cràne 간이 기중기.
whíp hànd 채찍 쥔 손, 오른손; 우위(優位). ***get*** 〔***have***〕 ***the*** ~ ***of*** … …을 지배〔좌우〕하다.
whip·lash [⌐læʃ] *n.* 채찍끈; =⇩.
whíplash ìnjury (자동차의 충돌로 인한) 목뼈의 골절상 및 뇌진탕.
whip·per·snap·per [*h*wípərsnæ̀pər] *n.* 시시한 인간, 건방진 녀석.
whip·pet [*h*wípit] *n.* 경주용 작은 개《영국산》. 「(형벌).
whip·ping [*h*wípiŋ] *n.* ⓊⒸ 채찍질
whípping pòst (옛날의) 태형 기둥.
whip·ple·tree [*h*wípəltrì:] *n.* = WHIFFLETREE. 「(미국 동부산) 쏙독새.
whip·poor·will [*h*wípərwìl] *n.*〖鳥〗
whip·py [*h*wípi] *a.* 탄력성이 있고 부드러운. 「금, 기부금 모금.
whip-round [*h*wípràund] *n.* 《英》 모
whip·saw [⌐sɔ̀:] *n.* 틀톱. ― *vt.* 틀톱으로 자르다; 완전히 이기다.
whip·stitch [⌐stitʃ] *vt.* (천의 가장자리를) 감치다. ― *n.* 감쳐 공그르기. 「이.
whip·stock [⌐stàk/-ɔ̀-] *n.* 채찍 손잡
whir [*h*wə:r] *vi.* (**-rr-**), *n.* 휙 하다〔하는 소리〕, 휙 나는 소리; 윙윙 돌다〔도는 소리〕.
‡**whirl** [*h*wə:rl] *vt.* ① 빙빙 돌리다. ② 차로 신속히 운반하다. ― *vi.* ① 빙빙 돌다. ② 질주하다. ③ 현기증나다. ― *n.* ① 선회; 소용돌이. ② 잇따라 일어나는 일. ③ 혼란.
whirl·i·gig [*h*wə́:rligìg] *n.* 회전하는 장난감 《팽이·팔랑개비 따위》; 회전목마; 회전 운동;〖蟲〗물매암이.
***whirl·pool** [⌐pù:l] *n.* (강·바다의) 소용돌이(모양의 물건).
***whirl·wind** [⌐wìnd] *n.* 회오리바람, 선풍.
whirl·y·bird [⌐ibə̀:rd] *n.* 《俗》 = HELICOPTER.
whirr [*h*wə:r] *n., v.* = WHIR.
whish [*h*wiʃ] *vi., n.* 쌩하고 울리다〔는 소리〕.
***whisk** [*h*wisk] *n.* ① 작은 비(모양의 솔). ② 철사로 만든 거품내는 기구. ③ (총채·솔 따위의) 한 번 털기. ④ 민첩한 행동. ― *vt.* ① (먼지 따위를) 털다(*away, off*). ② (달걀 따위를) 휘저어서 거품내다. ③ 급히 채가다〔데려가다〕(*away, off*). ④ 가볍게 휘두르다. ― *vi.* (급히) 사라지다(*out of, into*).
whísk bròom 작은 비, 양복 솔.
***whisk·er** [*h*wískər] *n.* ① (보통 *pl.*) 구레나룻; (고양이·쥐 등의) 수염. ② (가느다란) 침상 결정(針狀結晶).
whísk·ered [-d] *a.* 구레나룻 있는.
‡**whis·k(e)y** [*h*wíski] *n.* Ⓤ 《種類는 Ⓒ》 위스키.
‡**whis·per** [*h*wíspər] *vi.* ① 속삭이다; 몰래 말하다. ② (바람·냇물 따위가) 살랑살랑〔졸졸〕 소리를 내다; 은밀히 말을 퍼뜨리다. ― *vt.* 속삭이다; 말을 가만히 퍼뜨리다. ― *n.* 속삭임; 소곤거림; 살랑살랑〔졸졸〕 소리.
whíspering campàign 계획적 데마 (작전). 「이의 일종》.
whist[1] [*h*wist] *n.* Ⓤ 휘스트《카드놀
whist[2] *int.* 《英》 쉿!; 조용히.
‡**whis·tle** [*h*wísəl] *vi.* ① 휘파람〔피리〕 불다; 기적을 울리다. ② (탄환 등이) 펭 하고 날다. ― *vt.* 휘파람을 불다〔불어 부르다, 신호하다〕. ~ ***for*** …을 휘파람을 불어 부르다; 헛되이 바라다. ― *n.* 휘파람; 호각, 경적. ***wet one's*** ~ 《口》 한 잔 하다.
whístle blòwer 《美俗》 밀고자.
whístle stòp (경적 신호가 있을 때만 열차가 서는) 작은 역; 작은 읍; (유세 중 작은 읍의) 단기 체류.
whit** [*h*wit] *n.* 조금, 미소(微少) 《보통 否定할 때 씀》. ***not a ~ 조금도 …않다.
†**white** [*h*wait] *a.* ① 흰, 백색의, 허연. ② 창백한; 투명한, 색없는. ③ 흰 옷의; (머리 따위) 은백색의. ④ 백색 인종의. ⑤ 결백한; 《俗》 공정한, 훌륭한. ⑥ 왕당파의, 반공산주의의. ⑦ 눈이 많은; 공백의. ***bleed a person*** ~ (아무)에게서 (돈 따위를) 짜내다. ― *n.* ① ⓊⒸ 하양, 백색. ② Ⓤ 흰 그림물감〔안료〕. ③ Ⓤ 흰 옷, 흰 천. ④ 백인. ⑤ (달걀·눈알의) 흰자위. ― *vt.* 《古》 희게 하다. *⌐·**ness** *n.* Ⓤ
whíte alért 경보 해제.
whíte ánt 흰개미(termite).
whíte bácklash 흑인에 대한 백인의 반발. 「〔청어〕의 새끼; 뱅어.
white·bait [⌐bèit] *n.*〖魚〗정어리
whíte béar 백곰.
whíte bírch 자작나무.
whíte bóok (정부가 발행하는) 백서.
white·cap [⌐kæ̀p] *n.* 흰 물결〔파도〕.

W

white cédar 노송나무속(屬)의 식물.
white clóver 토끼풀, 클로버.
white cóal (동력원으로서의) 물.
white cóffee 《英口》 우유를 탄 커피.
white-col·lar [*h*wáitkálər/-ɔ́-] *a.* 사무 계통의, 샐러리맨의.
White Cóntinent, the 남극 대륙 (Antarctica).
white córpuscle 백혈구. 「자.
whit·ed sépulcher [⸗id] 〖聖〗 위선
white dwárf 〖天〗 백색왜성.
white élephant 성가신 소유물.
white énsign 영국 군함기(cf. red ensign). 「~ 겁을 내다).
white féather 겁의 상징(*show the*
white·fish [⸗fiʃ] *n.* (은)백색의 담수 식용어《송어무리》; 흰 물고기.
white flág (항복·휴전의) 백기.
white gàsolíne (**gás**) 무연(無鉛) 가솔린. 「공용).
white góld 화이트 골드《귀금속 세
White·hall [⸗hɔ̀ːl] *n.* 런던의 관청가; 영국 정부(의 정책).
white-hand·ed [⸗hǽndid] *a.* 손이 하얀, 노동하지 않은; 결백한.
white héat 백열; 격노.
white hópe 《美口》 촉망되는 사람.
white-hot [⸗hát/-ɔ́-] *a.* 백열한(의); 열렬한.
***White Hòuse, the** **백악관**《미국 대통령 관저》; 미국 대통령의 직권; 미국 정부. 「통령 관저 사무국.
White Hòuse Óffice, the 《美》 대
white léad 백연(白鉛).
white líe 가벼운(악의없는) 거짓말.
white líght 대낮의 빛; 공정한 판단.
white líghtning 《美俗》 밀조한 위스키. 「심한, 겁많은; 창백한.
white-liv·ered [⸗lìvərd, ⸗⸗—] *a.* 소
white màn 백인.
white màtter (뇌의) 백질(白質).
***whit·en** [*h*wáitn] *vt.*, *vi.* **희게 하다** (되다); 표백하다. **~·er** *n.* 표백업자(제). **~·ing** *n.* Ⓤ 호분(胡粉), 백악(白堊).
white níght 백야; 잠 못 자는 밤.
white nóise 〖理〗 백색 잡음, 화이트노이즈《여러가지 음파가 뒤섞인 소음》.
white óak (북미산) 참나무의 일종.
white·out [⸗àut] *n.* 〖氣〗 눈의 난반사로 백일색이 되어 방향 감각이 없어지는 극지 대기 현상. 「(白書).
white páper 백지; (정부의) 백서
white pépper 흰 후추.
white píne 스트로부스 소나무 《북미 동부산》; 그 목재.
white plágue 폐결핵.
white póplar 흰포플러, 백양.
white potàto 감자.
white prímary 《美》 백인 예선회《미국 남부 여러 주의 백인만이 투표하던 민주당의 예비 선거》.
white ráce 백인(종).
White Rússia 백러시아; (제정 러시아 시대의) 러시아 서부 지방.
white sàle (시트·셔츠 등) 흰 (섬유) 제품의 대매출.
white sàuce 화이트소스《버터·우유·밀가루로 만듦》.
white scóurge (the ~) 폐결핵.
White Séa 백해(白海) 《소련 북부》.
white sláve 백인 매춘부(노예).
white·smith [⸗smìθ] *n.* 양철공.
white smóg 광(光)화학 스모그.
white suprémacy 백인 지배.
white tíe 흰 나비 넥타이; 연미복.
white trásh 가난한 백인.
white·wall [*h*wáitwɔ̀ːl] *n.* 흰 줄이 있는 자동차 타이어.
white wár 무혈전(無血戰); 경제전.
***white·wash** [*h*wáitwɑ̀ʃ/-wɔ̀ʃ] *n.* Ⓤ ① **백색 도료.** ② 실패를 겉꾸림하는 일(물건·수단). **—** *vt.* ① **백색 도료를**(회반죽을) **칠하다.** ② 실패를 겉꾸림하다; 《美口》 영패시키다.
white wáter 급류; 물보라; (여울 따위의) 흰 물결.
white wíne 백포도주.
white·y, W- [*h*wáiti] *n.* Ⓤ 《美俗》 《蔑》 흰둥이, 백인 (전체).
***whith·er** [*h*wíðər] (*rel.*) *ad.* 《古·雅》 ① 어디로; (…하는) 곳으로. ② (…하는) 어디로든지.
whith·er·so·ev·er [-souévər] (*rel.*) *ad.* 《古》 …하는 곳은 어디든지.
whit·ing[1] [*h*wáitiŋ] *n.* 〖魚〗 대구의 일종.
whit·ing[2] *n.* Ⓤ 호분(胡粉), 백악(白堊).
whit·ish [*h*wáitiʃ] *a.* 희읍스름한.
Whít·ley Cóuncil [*h*wítli] 《英》 노사(勞使) 협의회. 「(瘭疽).
whit·low [*h*wítlou] *n.* Ⓤ 〖醫〗 표저
Whit·man [*h*wítmən], **Walt** (1819–92) 미국의 시인. 「의.
Whit·sun [*h*wít-sən] *a.* Whitsunday
Whit·sun·day [*h*wít-sʌ́ndi, -dei, -səndèi] *n.* 성신 강림 축일《부활절 후의 제7 일요일》.
Whit·sun·tide [*h*wít-səntàid] *n.* 성신 강림절《Whitsunday 부터 1주일간, 특히 최초의 3일간》.
whit·tle [*h*wítl] *vt.* (나이프로 나무를) 깎다; 깎아서 모양을 다듬다, 새기다; 삭감하다(*down, away, off*). **—** *vi.* (칼로) 나무를 깎다, 새기다.
whit·y [*h*wáiti] *a.* 흰빛을 띤.
***whiz(z)** [*h*wiz] *vi.*, *n.* **윙윙**(핑핑)**하다**, 그 소리; 《美俗》 숙련가.
WHO World Health Organization.
†**who** [huː, 弱 hu] (*rel.*) *pron.* ① **누구**, 어떤 사람. ② (…하는) 사람, 그리고 그 사람은(사람이), …하는 사람(은 누구든지).
whoa [*h*wou/wou] *int.* =WO.
who'd [huːd] who had (would)의 단축.
who·dun·it [huːdʌ́nit] (<who done it) *n.* 《口》 추리 소설(극·영화).
who·e'er [hu(ː)ɛ́ər] (*rel.*) *pron.* 《詩》 =WHOEVER.
‡**who·ev·er** [huːévər] (*rel.*) *pron.* …하는 **사람은 누구든(지)**, 누가 …을 하더라도(하든).
†**whole** [houl] *a.* ① **전체의**, 전…; **완**

전한. ② 건강한. ③ 통째(로, 의). ④ (형제 등) 친…. ⑤ 고스란한. ⑥ 다치지 않은. ⑦ 〖數〗 정수(整數)의. a ~ lot of 《俗》 많은. out of ~ cloth 엉터리없는, 날조한. —— n. ① 전부, 전체. ② 완전한 것; 통일체. as a ~ 전체로서. on 〔upon〕 the ~ 전체로 보아서; 대체로. ˊ~·ness n.

whóle bròther 같은 부모의 형제.

whole-col·o(u)red [hóulkʌlərd] a. (온통) 일색의, 단색의.

*whole·heart·ed(·ly) [ˊhá:rtid(li)] a. (ad.) 정성어린, 진심으로.

whole·hog·ger [ˊhágər/-ɔ́-] n. 극단론자.

whole-length [ˊlèŋkθ] a. 전장〔전신〕의.

whóle nòte 〖樂〗 온음표.

whóle nùmber 〖數〗 정수(整數).

whóle rèst 〖樂〗 온쉼표.

*whole·sale [hóulsèil] n., vt., vi. Ⓤ 도매(하다). —— a. 도매의; 대대적인; 대강의. —— ad. 도매로; 대대적으로; 통틀어, 완전히; 대강. ~·er n.

‡whole·some [ˊsəm] a. 건강에 좋은; 건전한, 유익한. ~·ly ad. ~·ness n.

whole-souled [ˊsóuld] a. =WHOLEHEARTED.

whóle stèp〔tòne〕 〖樂〗 온음정.

whole-wheat [ˊhwí:t] a. (밀기울을 빼지 않은) 전 밀가루로 만든.

who'll [hu:l, 弱 hul] who will〔shall〕의 단축.

‡whol·ly [hóulli] ad. ① 아주, 완전히. ② 오로지.

†whom [hu:m, 弱 hum] (rel.) pron. who의 목적격.

whom·ev·er [hu:mévər] (rel.) pron. whoever 의 목적격.

whom·so·ev·er [hù:msouévər] (rel.) pron. whosoever 의 목적격.

*whoop [hu:p, hwu:p] vi. ① 큰 소리로 외치다. ② (올빼미가) 후우후우 울다. ③ (백일해로) 그르렁거리다. —— vt. 소리지르며 말하다. ~ it up 《俗》 와와 떠들어대다. —— n. ① 외치는 소리. ② 후우후우 우는 소리. ③ 그르렁거리는 소리.

whoop-de-do(o) [hwú(:)pdidù:] n. 《美·캐나다俗》 축제 기분, 흥겨운 모임.

whoop·ee [hwú(:)pi:, wúpi:] int., n. 《美口》 와아 《환희·흥분을 나타냄》; 야단 법석.

whóop·ing còugh [hú:piŋ] 〖醫〗 백일해.

whop [hwap/hwɔp] vt., vi. (-pp-) 《口》 철썩 때리다; (경기 등에서) 완패시키다; 쿵 넘어지다. —— n. 철썩 때림, 그 소리; 쿵 넘어짐, 그 소리.

whop·per [hwápər/hwɔ́-] n. 《口》 엄청나게 큰 것; 엄청난 거짓말.

whop·ping [hwápiŋ/-ɔ́-] a., ad. 《口》 터무니 없는〔없이〕, 엄청난; 몹시.

whore [hɔ:r] n. 매춘부. —— vi. 매춘 행위를 하다; 매춘부와 놀다. —— vt. (여자를) 타락시키다; 갈보 취급하다.

who're [hú:ər] who are 의 단축.

whore·house [hɔ́:rhàus] n. 매음굴.

whorl [hwə:rl] n. 〖植〗 윤생체(輪生體); 소용돌이; 〖動〗 (고둥의) 나선, 그 한 사리; 〖解〗 (내이(內耳)의) 미로(迷路). whorled [-d] a. 나선 모양으로 된, 소용돌이가 있는.

whor·tle·ber·ry [hwə́:rtlbèri] n. 월귤나무의 일종; 그 열매.

‡who's [hu:z] who is〔has〕의 단축.

†whose [hu:z] (rel.) pron. who〔which〕의 소유격.

who·so [hú:sou] (rel.) pron. 《古》 =WHO(SO)EVER.

who·so·ev·er [hù:souévər] (rel.) pron. 《強意》 =WHOEVER.

whó's whó 누가 누구인지; (W- W-) 인명록; 명사〔신사〕록.

†why [hwai] (rel.) ad. ① 왜, 어째서. ② …한 (이유), (왜 …(을) 했는)가의 (이유). W- not? 왜 안되는가. W- so? 왜 그런가. —— n. 이유. —— int. ① 어마, 저런. ② 뭐. ③ 물론(W-, yes.).

W.I. West India(n); West Indies.

wick [wik] n. (양초·램프 따위의) 심지. ˊ~·ing n. Ⓤ 심지의 재료.

‡wick·ed [wíkid] a. ① 나쁜, 사악한. ② 심술궂은; 장난이 심한. ③ 위험한; (말 따위) 버릇이 나쁜(a ~ horse). ~·ly ad. ~·ness n.

wick·er [wíkər] n. Ⓤ (결어 만드는) 채; 채그릇 세공. —— a. 채로 만든, 채그릇 세공의.

wick·er·work [-wə̀:rk] n. Ⓤ 고리버들 세공.

wick·et [wíkit] n. 작은 문, 쪽문; 회전식 입구, 개찰구; 창구(窓口); 수문(水門); 〖크리켓〗 삼주문(三柱門), 위켓(장); (타자의) 칠 차례.

wícket dòor〔gàte〕 쪽문.

wick·et·keep·er [-kì:pər] n. 〖크리켓〗 삼주문의 수비자.

wick·i·up [wíkiʌp] n. 아메리카 토인의 오두막.

†wide [waid] a. ① 폭이 넓은; 폭이 …되는; 너른. ② (지식 등이) 해박한; 편견없는, 활짝〔넓게〕 열린. ③ (의복 등) 헐렁헐렁한, 헐거운. ④ (표적에서) 벗어난, 잘못 짚은, 동떨어진(of). ⑤ 〖音聲〗 개구음(開口音)의. ~ of the mark 과녁을 벗어나서; 엉뚱하게 잘못 짚어. —— ad. 넓게; 크게 벌리고; 멀리; 빗나가, 잘못 짚어. have one's eyes ~ open 정신을 바싹 차리다. —— n. 넓은 곳; 〖크리켓〗 빗나간 공. *ˊ~·ly ad.

‡wide-an·gle [ˊǽŋgəl] a. (렌즈가) 광각(廣角)의.

wide-a·wake [ˊəwéik] a., n. 잠이 완전히 깬; 방심〔빈틈〕없는; 테가 넓은 중절모.

wide-eyed [ˊáid] a. 눈을 크게 뜬.

*wid·en [wáidn] vt., vi. 넓히다, 넓어지다.

wide-o·pen [ˊóupən] a. 활짝 연; (술·도박·매춘에 대해) 단속이 허술한.

wide-screen [ˊskrí:n] a. 〖映〗 와이드스크린의《시네라마, 시네마스코프, 비스타비전 따위》.

*wide·spread [ˊspréd] a. 널리 퍼진〔미친〕, 일반적인, 만연한.

WIDF Women's International

Democratic Federation. 「오리.
widg·eon [wídʒən] *n.* 《鳥》 홍머리
†**wid·ow** [wídou] *n.* ① 미망인, 과부. ② 〖카드〗 돌리고 남은 패. ── *vt.* 과부〔홀아비〕로 만들다. ～**ed** [-d] *a.* 아내를〔남편을〕 여읜. ～**·er** *n.* 홀아비. ～**·hood** [-hùd] *n.* Ⓤ 과부 신세〔살이〕. 「가복음 12:41～44》.
wídow's míte 「과부의 두 렙톤」《마
wídow's péak 이마 중앙에 V 자형으로 난 머리.
wídow's wàlk (해안 주택 지붕의) 조망대《선원의 아내가 남편의 귀항을 기다린 데서》.
wídow's wèeds 미망인의 상복.
‡**width** [widθ, witθ] *n.* ① ⓊⒸ 넓이, 폭. ② (피륙 등의) 한 폭. ③ Ⓤ (마음·지식의) 넓이. ∠**·ways** [∠wèiz], ∠**·wise** [∠wàiz] *ad.* 옆(쪽)으로.
*__wield__ [wi:ld] *vt.* ① (칼·필봉 등을) 휘두르다. ② (권력을) 휘두르다, 지배하다. 「《美》 위너 소시지.
wie·ner(·wurst) [wí:nər(wə̀:rst)] *n.*
wie·nie [wí:ni] *n.* 《美口》 =⇧.
†**wife** [waif] *n.* (*pl.* ***wives***) ① 처. ② 《古》 여자. ***old wives' tale*** 허황된 이야기. ***take to*** ～ 아내로 삼다. ∠**·like** [∠làik], ∠**·ly** *a.* 아내다운; 아내에 어울리는.
‡**wig** [wig] *n.* 가발. ── *vt.* (*-gg-*) 가발을 씌우다; 《英口》 몹시 꾸짖다. ～**ged** [-d] *a.* 가발을 쓴.
wig·gle [wígəl] *vi., vt.* (짧고 빠르게) 뒤흔들(리)다. ── *n.* 뒤흔듦, 뒤흔드는 선(線). **wíg·gler** *n.* 뒤흔드는 것〔사람〕; 장구벌레. **-gly** *a.*
wig·gle-wag·gle [wígəlwǽgəl] *vt., vi., n.* 《口》 =WIGGLE.
wight [wait] *n.* 《古·方》 인간, 사람.
wig·wag [wígwæ̀g] *vt., vi.* (*-gg-*), *n.* 흔들다; ⓊⒸ 수기(手旗) 신호(를 하다). 「토인의) 오두막집.
wig·wam [wígwɑm/-wɔm] *n.* (북미
wil·co [wílkou] *int.* 《美》 〖無電〗 승낙(<I *will* comply).
†**wild** [waild] *a.* ① 야생의. ② (토지가) 황폐한; 사람이 살지 않는. ③ 야만의; 난폭한; 어거하기 힘든; 제멋대로의, 방탕한. ④ 소란스런; (폭풍우 따위가) 모진; 어지러운; 미친듯한, 열광적인(*with, about, for*); 《口》 열중한(*to* do). ⑤ 공상적인. ⑥ 무모한; 빗나간. ***grow*** ～ 야생하다. ***run*** ～ 사나워지다; 제멋대로 하다; 제멋대로 자라게 방치돼 있다. ── *n.* 황무지, 황야; (*pl.*) 미개지. ── *ad.* 난폭하게; 되는 대로. ‡∠**·ly** *ad.* 난폭하게; 황폐하여; 무턱대고. ∠**·ness** *n.*
wíld bóar 야생의 돼지, 멧돼지.
wíld cárrot 야생의 당근.
*__wild·cat__ [∠kæ̀t] *n.* ① 살쾡이. ② 무법자. ③ 《美》 (객차·화차가 연결 안 된) 기관차. ④ (석유의) 시굴정(試掘井). ── *a.* 무모한; 당돌한; 비합법적인; (기관차 등이) 폭주(暴走)하는. ── *vt.* (석유 등을) 시굴하다. ～**·ter** *n.* 《美》 석유를〔광석을〕 함부로 시굴하는 사람; 탐광자.
wíldcat stríke 조합 본부의 지령 없이 지부가 멋대로 하는 파업.
wíld dúck 물오리.
Wilde [waild], **Oscar** (1856-1900) 영국의 소설가·극작가. 「GNU.
wil·de·beest [wíldəbì:st] *n.* 《動》 =
‡**wil·der·ness** [wíldərnis] *n.* ① 황야, 사람이 살지 않는 땅. ② 끝없이 넓음.
wílderness àrea 《美》 (정부 지정의) 자연보호 지역.
wild-eyed [wáildàid] *a.* 눈이 날카로운; 과격한.
wild·fire [∠fàiər] *n.* 옛날 화공(火攻)에 쓰인 화염제. ***spread like*** ～ (소문 등이) 삽시간에 퍼지다.
wíld flòwer 야생의 화초; 그 꽃.
wíld fòwl 엽조(獵鳥).
wíld góose 기러기. 「수색〔시도〕.
wíld-goose chàse [wáildgú:s] 헛된
wíld óat (목장에 나는) 야생의 귀리《잡초》; (*pl.*) 젊은 혈기의 난봉(*sow one's* ～*s* 젊은 혈기의 방탕을 하다).
wíld pítch 〖野〗 (투수의) 폭구, 폭
wíld tímes 난세(亂世). ㄴ투.
wíld 〔**Wíld**〕 **Wést, the** 《美》 (개척 시대의) 미국 서부 지방.
Wíld Wést Shòw 《美》 서부 개척 시대의 풍물을 보여주는 구경거리 《사격·사나운 말타기·올가미던지기 등》.
wild·wood [∠wùd] *n.* 자연림.
wile [wail] *n.* (보통 *pl.*) 책략, 간계(奸計). ── *vt.* 속이다(*away, into, from; out of*). ～ ***away*** 시간을 이럭저럭 보내다.
*__wil·ful__ [wílfəl], &c. =WILLFUL, &c.
†**will**[1] [強 wil, 弱 wəl, l] *aux. v.* (p. *would*). ① 《單純未來》 …할 것이다. ② 《意志未來》 …할 작정이다. ③ 《性質·習慣·眞理》 종종〔늘〕 …하다(*People* ～ *talk.* 남의 입이란 시끄러운 법); 원하다; …할 수 있다(*The theater* ～ *hold two thousand persons.* 그 극장엔 2천명은 들어갈 수 있다). ④ 《공손한 命令》 …해 주십시오(*You* ～ *not play here.* 이 곳에서 놀지 말아 주시오). ⑤ 《推量》 …일 것이다(*He* ～ *be there now.* 지금쯤은 거기 있을 것이다).
‡**will**[2] [wil] *n.* ⓊⒸ 의지(력); 결의; 소원; 목적; (사람에 대한) 감정(*good* 〔*ill*〕 ～ 선의〔악의〕); 〖法〗 유언(장). ***against one's*** ～ 본의 아니게. ***at*** ～ 마음대로. ***do the*** ～ ***of*** (…의 뜻)에 따르다. ***have one's*** ～ 자기 뜻〔의사〕대로 하다. ***with a*** ～ 정성껏, 열심히. ── *vt.* 결의하다; 바라다, 원하다; 의지의 힘으로 시키다; 유증(遺贈)하다. **willed** [-d] *a.* …할 의사를 가진.
*__will·ful__ [wílfəl] *a.* 계획적인, 고의의; 고집 센. ～**·ly** *ad.* ～**·ness** *n.*
Wil·liam [wíljəm] *n.* 남자 이름.
Wil·liams [-z], **Tennessee** (1914-83) 미국의 극작가《필명》.
wil·lies [wíliz] *n. pl.* (the ～) 《美口》 겁, 섬뜩한 느낌.

W

‡will·ing [wíliŋ] *a.* **기꺼이 …하는**(*to* do); 자진해서 하는. *~·ly *ad.* *~·ness *n.* Ⓤ
will-o'-the-wisp [wíləðəwísp] *n.* 도깨비불; 사람을 호리는 것.
‡wil·low [wílou] *n.* **버드나무;** 《口》 버드나무 제품. WEEP*ing* ~. ~·y *a.* 버들이 우거진; 버들 같은; 낭창낭창한; 우아한.
wíll pòwer 의지력, 정신력.
wil·ly-nil·ly [wíliníli] *ad.* 싫든 좋든. —*a.* 망설이는, 우유부단한.
Wil·son [wílsən], **Woodrow** (1856–1924) 미국 제 28대 대통령 (재직 1913–21).
wilt[1] [wilt] *vi., vt.* (초목이) 시들(게 하)다, 이울(게 하)다; (사람이) 풀이 죽(게 하)다. —*n.* Ⓤ 〖植〗 청고병(靑枯病).
wilt[2] *aux. v.* 《古》 =will 《주어가 thou 일 때》.
Wil·ton [wíltən] *n.* 융단의 일종.
wil·y [wáili] *a.* 책략이 있는, 교활한.
Wim·ble·don [wímbəldən] *n.* 런던 교외의 도시《국제 테니스 선수권 대회 개최지》.
wimp [wimp] *n.* 《口》 겁쟁이.
wim·ple [wímpəl] *n.* (수녀용의, 원래는 보통 여인도 썼던) 두건; 《英》 잔 물결. —*vt.* 두건으로 싸다; 잔물결을 일으키다. —*vi.* 잔물결이 일다.
†win [win] *vt.* (*won; -nn-*) ① **쟁취하다, 획득하다; 이기다.** ② 명성을 얻다; (노력하여) 이르다; 설득하다; 구워삶아서 결혼을 승낙시키다. —*vi.* 이기다; 다다르다; 소망을 이루다; (노력하여) …이 되다; (사람의 마음을) 끌다(*on, upon*). ~ *out* (*through*) 뚫고 나가다, 성공하다. ~ *over* 자기편으로 끌어 들이다, 회유하다. —*n.* 승리, 성공; 번 돈; 상금.
wince [wins] *vi.* 주춤〔멈칫〕하다, 움츠리다(*under, at*). —*n.* 주춤함, 흠칫〔움찔〕함, 움츠림.
winch [wintʃ] *n.* 윈치, 수동(手動)식 크랭크.
Wín·ches·ter (**rífle**) [wíntʃèstər, -tʃəs-] *n.* 윈체스터 (연발)총.
†wind[1] [wind] *n.* ① ⓊⒸ **바람;** 큰 바람. ② Ⓤ 바람에 불려오는 냄새; 소문. ③ Ⓤ (위·장에 괴는) 가스(*break* ~ 방귀 뀌다). ④ Ⓤ 숨, 호흡. ⑤ 객담, 빈말. ⑥ 관악기, (*pl.*) 《集合的》 관악기(류) (*the* ~*s*); (오케스트라의) 관악부(cf. the strings). *before* (*down*) *the* ~ 〖海〗 바람을 등지고, 바람이 불어가는 쪽에. *between* ~ *and water* (배의) 흘수선에; 급소에. *cast* (*fling*) *to the* ~ 내버리다, 포기하다. *find out how the* ~ *blows* (*lies*) 풍향(風向)을 살피다; 형세를 엿보다. *get* (*recover*) *one's* ~ 숨을 돌리다. *get* ~ *of* …한 풍문을 바람결에 듣다. *in the teeth* (*eye*) *of* ~ 바람을 안고. *in the* ~ 일어나려고 하여; 진행중에. *kick the* ~ 《俗》 교살당하다. *lose one's* ~ 숨을 헐떡이다. *off the* ~ 〖海〗 바람을 등지고. *on the* ~ 바람을 타고. *raise the* ~ 《俗》 자금〔돈〕을 모으다. SAIL *close to the* ~. SECOND ~. *take the* ~ *of* (다른 배의) 바람 윗녘으로 나가다; 보다 유리한 지위를 차지하다. *take the* ~ *out of a person's sails* (아무의) 선수를 치다, …을 앞지르다. *the four* ~*s* 사면 팔방. —*vt.* 바람에 쐬다, 통풍하다; 낌새 채다; 숨가쁘게 하다; 숨을 돌리게 하다.
‡wind[2] [waind] *vt.* (*wound*) ① (시계 태엽 등을) **감다;** (털실 등을) 감아서 토리를 짓다(*into*); 휘감다. ② **구불구불** 나아가다; 교묘히 들맞추다. —*vi.* 휘감기다(*about, round*); **구불구불 구부러지다,** 구불구불 나아가다; (시계 태엽이) 감기다; 교묘히 들맞추다. ~ *off* 되감다. ~ *up* (실 등을) 다 감다; (닻을) 감아 올리다; (시계 태엽을) 감다; 긴장시키다; (연설을) 끝맺다(*by, with*); 결말을 짓다; (회사 따위를) 해산하다(*up*); 〖野〗 (투수가) 팔을 돌리다, 와인드업하다. —*n.* 감는 일, 한번 감기; 굽이(침).
wind[3] [waind, wind] *vt.* (~*ed, wound*) (피리, 나팔 등을) 불다, 불어 신호하다.
wind·age [wíndidʒ] *n.* ⓊⒸ 유극(遊隙)《탄알과 총열과의 틈》; (바람에 의한 탄환의) 편차; (편차를 일으키는) 풍력(風力).
wind·bag [wíndbæ̀g] *n.* (백파이프의) 공기 주머니; 《口》 수다쟁이.
wind-blown [⁄blòun] *a.* 바람에 날린; (머리를) 짧게 잘라 앞에 착 붙인.
wind-borne [⁄bɔ̀:rn] *a.* (씨앗 따위가) 바람으로 옮겨지는.
wind·break [⁄brèik] *n.* 방풍림(林); 바람막이 (설비).
wind·break·er [⁄brèikər] *n.* 《美》 스포츠용 재킷의 일종; (W-) 그 상표.
wind·bro·ken [⁄bròukən] *a.* 〖獸醫〗 (말이) 천식에 걸린.
wind·burn [wíndbə̀:rn] *n.* ⓊⒸ 〖醫〗 풍상(風傷)《바람에 의한 피부 염증》.
wind·cheat·er [⁄tʃì:tər] *n.* =PARKA.
wínd còne (비행장의) 원뿔꼴 바람개비 (wind sock).
wind·ed [wíndid] *a.* 숨을 헐떡이는; 「숨이 …인〔한〕.
wind·fall [wíndfɔ̀:l] *n.* 바람에 떨어진 과일; 뜻밖의 횡재《유산 등》.
wind·flow·er [⁄flàuər] *n.* =ANEMONE.
wind·gauge [⁄gèidʒ] *n.* 풍력〔풍속〕계.
***wind·ing** [wáindiŋ] *a.* 굴곡하는, 꼬불꼬불한. ~ *sheet* 수의(壽衣). ~ *staircase* 나사 층층대. —*n.* ⓊⒸ **구부러짐,** 굽기; 감기; 감은 것.
wínd ìnstrument 관악기, 취주 악기.
wind·jam·mer [wínddʒæ̀mər] *n.* 《美口》 돛배(의 선원); 《俗》 수다쟁이.
wind·lass [wíndləs] *n.* 자아틀, 윈치(winch).
wind·less [wíndlis] *a.* 바람 없는, 잔잔한.

‡**wind·mill** [wíndmìl] *n.* **풍차**; 《俗》 헬리콥터. ***fight* 〔*tilt at*〕 ～*s*** 가상(假想)의 적과 싸우다.
†**win·dow** [wíndou] *n.* **창**, 창구; 유리창; (우주선의) 재돌입 회랑. ***have all one's goods in the* (*front*) ～** 겉치레뿐이다, 피상적이다.
wíndow bòx (창가에 놓는) 화초 상자.
wíndow drèssing 진열창 장식(법); 「겉꾸밈.
wíndow énvelope 투명창 봉투《수신인의 주소가 비쳐 보이는》.
wíndow fràme 창틀.
win·dow·pane [-pèin] *n.* 창유리.
wíndow sàsh (내리닫이 창의) 창문틀.
wíndow sèat 방안의 창 밑에 붙박이한 걸상.
win·dow-shop [-ʃɑ̀p/-ɔ̀-] *vi.* (*-pp-*) 사지 않고 진열창만 보고 다니다. ⌞**-shop·per** *n.*
wíndow sìll 창턱.
wind·pipe [wíndpàip] *n.* 〖解〗 기관(氣管).
wind·proof [wíndprù:f] *a.* (옷 따위가) 방풍의.
wind·row [wíndròu] *n.* 말리기 위해 죽 널어 놓은 풀〔볏단〕; (바람에 불려서 몰린) 낙엽. ── *vt.* (건초 따위를) 늘어 놓다.
wind·screen [wíndskrì:n], **wind·shield** [⌐ʃì:ld] *n.* (자동차 앞의) 바람막이 유리.
wínd slèeve 〔**sòck**〕 =WIND CONE.
***Wind·sor** [wínzər] *n.* **윈저가(家)** 《1917년 이래 현재에 이르는 영국의 왕실》. ***Duke of* ～** =Edward Ⅷ.
Wíndsor cháir 다리·등 모두 가는 나무로 짠 고아(古雅)한 의자.
Wíndsor tíe (검은 비단의) 큰 나비넥타이.
wind·storm [wíndstɔ̀:rm] *n.* 폭풍.
wind-swept [wíndswept] *a.* 바람에 시달린, 바람에 노출된.
wind·tight [wíndtàit] *a.* 바람이 안 통하는(airtight).
wínd tùnnel 〖空〗 (모형 실험용) 풍동(風洞).
wind·up [wáindʌ̀p] *n.* 종결, 마무리; 〖野〗 와인드업《투구의 동작》.
wínd vàne 풍향계〔기〕.
wind·ward [wíndwərd] *a.*, *ad.* 바람 불어오는 쪽의〔쪽으로〕. ── *n.* 바람 불어오는 쪽. ***get to* (*the*) ～ *of*** (다른 배·냄새 따위의) 바람 불어오는 쪽으로 돌다; …을 앞지르다.
Wíndward Íslands 윈드워드 군도《서인도 제도 중의 열도; 영국령》.
‡**wind·y** [wíndi] *a.* **바람이 센**, 바람받이의; (장(腸)에) 가스가 생기는; 수다스러운, 말뿐인; 공허한.
‡**wine** [wain] *n.* Ⓤ ① **포도주**; 과실주. ② Ⓒ (포도주처럼) 기운을 돋우는〔취하게 하는〕 것. ③ 붉은 포도주빛. ***in* ～** 술에 취하여. ***new* ～ *in old bottles*** 새 술은 새 부대에; 옛 형식으로는 다룰 수 없는 새로운 주의. ── *vt.*, *vi.* 포도주로 대접하다; 포도주를 마시다.
wine·bib·ber [⌐bìbər] *n.* 술고래, 「모주꾼.
wine·bib·bing [⌐bìbiŋ] *a.*, *n.* Ⓤ 술을 많이 마시는 (일).
wíne cèllar 포도주 저장 지하실; 그 포도주.
wine-col·o(u)red [⌐kʌ̀lərd] *a.* 포도주빛의.
wíne còoler 포도주 냉각기.
wíne gállon 《美》 (현행의) 표준 갤런《231입방인치; 영국은 전에 사용》.
wine·glass [⌐glæ̀s, -ɑ̀:-] *n.* 포도주잔.
wine·grow·er [⌐gròuər] *n.* 포도 재배 겸 포도주 양조자; (그곳의) 일꾼.
wíne prèss(er) 포도 짜는 기구〔통〕.
wíne réd 포도주 빛.
win·er·y [wáinəri] *n.* 포도주 양조장.
wine·skin [⌐skìn] *n.* 포도주 담는 가죽 부대.
†**wing** [wiŋ] *n.* ① **날개**; 날개 모양을 한 〔구실을 하는〕 물건. ② 《口·諧》 (동물의) 앞발, (사람의) 팔. ③ 〖建〗 날개; 무대의 양 옆. ④ 비행; 〖軍〗 비행단; 《軍口》 (*pl.*) (미국 공군의) 항공 배지. ⑤ 〖政〗 (좌익·우익의) 익. ***add* 〔*lend*〕 ～*s to*** …을 촉진하다. ***give* ～(*s*) *to*** 날 수 있게 하다. ***on the* ～** 비행중에; 활동중에; 출발하려고 하여. ***show the* ～*s*** 〖軍〗 (평시에) 시위 비행을 하다. ***take under one's* ～*s*** 비호하다. ***take* ～** 날아가다. ***under the* ～ *of*** …의 보호 하에. ── *vt.* 날개를〔깃을〕 달다; 날 수 있게 하다; 속력을 내게 하다; 날(리)다; (새의) 날개·(사람의) 팔에 상처를 입히다. **～ *its way*** (새가) 날아가다. **～ed** [-d] *a.* 날개 있는; 고속(高速)의; (새가) 날개를 다친; (사람이) 팔을 다친. ⌐**·less** *a.*
wing·beat [⌐bì:t] *n.* (새의) 날개치기, 홰치기.
wíng càse 〔**còver, shèath**〕 (곤충의) 시초(翅鞘), 겉날개.
wíng(ed) chàir 등널의 위쪽 좌우가 날개 모양으로 내민 안락 의자.
wíng commànder 《英》 공군 중령.
wing·ding [wíŋdiŋ] *n.* 《美俗》 시끌벅적한 파티.
wíng shìp 〖空〗 (편대의) 선두기의 좌〔우〕 후방을 나는 비행기.
wing·span [⌐spæ̀n] *n.* (항공기) 양 날개의 길이.
wing·spread [⌐sprèd] *n.* (곤충·새 등의 펼친) 날개 길이; =⇧.
‡**wink** [wiŋk] *vi.* **눈을 깜박이다**; **눈짓하다**(*at*); 보고도 못본 체하다(*at*); (별 등이) 반짝이다. ── *vt.* (눈을) 깜박이다; 눈짓으로 신호하다. ***like* ～*ing*** 《俗》 순식간에; 기운차게. ── *n.* **눈깜박임**; (별 등의) 반짝임; **눈짓**; 순간. ***forty* ～*s*** (식후의) 겉잠, 수잠. ***not sleep a* ～,** or ***not get a* ～ *of sleep*** 한숨도 못자다. ***tip a person the* ～** 《俗》 남에게 눈짓하다. ⌐**·er** *n.* 깜박이는〔눈짓하는〕 사람〔것〕; 《口》 속눈썹.
win·kle [wíŋkəl] *n.* 〖貝〗 경단고둥류《식용》. ── *vt.* 《口》 (조갯살 따위를) 뽑아 내다(*out*).
***win·ner** [wínər] *n.* ① **승리자**. ② 이긴 말. ③ **수상자**. ④ …을 얻는 사람.
***win·ning** [wíniŋ] *a.* 결승의; 이긴; 사람의 마음을 끄는, 매력적인.

—— *n.* [U.C] **승리; 성공;** 상금, 상품.
wínning pòst (경마장의) 결승점, 결승표.
win·now [wínou] *vt.* (곡식에서) 겨를 까부르다(*away, out, from*); (진위 등을) 식별하다; (좋은 부분을) 골라 [가려] 내다; 《古》 날개치다. —— *vi.* 키질하다, 까불질하다. —— *n.* 곡식을 까부르기; 그 장치. ~**·er** *n.*
wínnowing bàsket [**fàn**] 키.
win·o [wáinou] *n.* 《俗》 주정뱅이, 알코올 중독자.
win·some [wínsəm] *a.* 사람의 마음을 끄는; 쾌활한.
†**win·ter** [wíntər] *n., a.* [U.C] **겨울(의);** 만년(晩年); 나이, 세(歲). —— *vi.* 겨울을 나다; 피한(避寒)하다(*at, in*). —— *vt.* (동·식물을) 월동시키다; 얼리다.
win·ter·green [-grì:n] *n.* (북미산) 철쭉과의 상록수류(類); [U] 그 잎에서 얻는 기름.
win·ter·ize [-àiz] *vt.* (자동차·가옥 등에) 방한 장치를 하다(cf. tropicalize).
win·ter·kill [-kìl] *vt., vi.* 《美》 (보리 따위) 추위로 죽(게 하)다.
wínter slèep 동면(hibernation).
wínter sólstice ⇨ SOLSTICE.
win·ter·time [-tàim], 《詩》 **-tide** [-tàid] *n.* [U] 겨울(철).
wínter whéat 가을밀.
***win·try** [wíntri], **win·ter·y** [wíntəri] *a.* **겨울의[같은];** 겨울다운; 추운; 냉담한.
win·y [wáini] *a.* 포도주의[같은] 《맛·냄새·성질 등》; 포도주에 취한.
***wipe** [waip] *vt.* **닦다, 훔치다;** 닦아 내다(*away, off, up*); 비비다, 문지르다. ~ *a person's eye* 아무를 앞지르다, 선수 치다. ~ *out* (얼룩을) 빼다; 《比喩》 (부끄러움을) 씻다; 전멸시키다. —— *n.* 닦기, 훔치기, 한 번 닦기; 《俗》 찰싹 때리기; 손수건.
‡**wire** [wáiər] *n., a.* [U.C] **철사**(로 만든); **전선; 전신;** 전보; 철(조)망; (악기의) 금속현(弦). *be on* ~*s* 흥분해 [속태우고] 있다. *get under the* ~ 간신히 시간에 대다. *pull* (*the*) ~*s* 뒤[배후]에서 조종[책동]하다. —— *vt.* 철사로 묶다; 전선을 가설하다 [끌다]; (새를) 철망으로 잡다; 《口》 **전보를 치다.** —— *vi.* 《口》 전보 치다 (*to*).
wíre cùtter 철사 끊는 뻰찌.
wire·danc·er [⌐dæ̀nsər, -dà:n-] *n.* 줄타기 광대.
wire·draw [⌐drɔ̀:] *vt.* (*-drew; -drawn*) (금속을) 늘여 철사로 만들다; (시간·의론 등을) 질질 끌다.
wire·drawn [⌐drɔ̀:n] *a.* (철사처럼) 길게 늘여진; (토론·구별 등이) 지나치게 세밀한.
wíre gàuge 와이어 게이지《철사 굵기를 재는》.
wire·hair [⌐hὲər] *n.* 털이 빳빳한 테리아 개. **wíre-haired** [-d] *a.* 털이 빳빳한.
‡**wire·less** [⌐lis] *a.* **무선(전신)의;** 《英》 라디오의. ~ *set* 라디오 수신기. ~ *station* 무전국. ~ *telegraph* [*telephone*] 무선 전보[전화]. —— *n.* [U.C] **무선 전신[전화];** = RADIO. —— *vi., vt.* 무전을 치다.
wíre mémory 〖컴퓨터〗 와이어메모리《선으로 짠 기억 장치》.
wíre nètting 철망.
Wire·pho·to [⌐fòutou] *n.* 〖商標〗 유선 전송 사진(술). —— *vt.* (w-) (사진을) 유선 전송하다.
wire-pull·er [wáiərpùlər] *n.* 흑막.
wire-pull·ing [⌐pùliŋ] *n.* 이면(裏面)의 책동.
wíre recòrder 철사 자기(磁氣) 녹음기.
wíre recòrding 철사 자기 녹음.
wíre rópe 와이어 로프, 강삭(鋼索).
wíre rópeway 공중 삭도(索道).
wíre scrèen 철망(창)문.
wíre sèrvice 통신사.
wire·tap [⌐tæ̀p] *vt., vi.* 도청하다. —— *n.* 도청 (장치).
wire·tap·per [⌐tæ̀pər] *n.* 도청하는 사람, 정보꾼.
wir·ing [wáiəriŋ] *n.* [U] 《集合的》 가선(架線).
***wir·y** [wáiəri] *a.* **철사 같은; 철사로** 만든; (사람이) 실팍진.
wis [wis] *vi.* 《英》 알다(《'I ~'의 형태의 挿入節로서》).
WISC Wechsler Intelligence Scale of Children 벡슬러 아동 지능 측정표. **Wis(c).** Wisconsin.
***Wis·con·sin** [wiskánsin / -ɔ́-] *n.* 미국 중북부의 주《생략 Wis(c).》.
‡**wis·dom** [wízdəm] *n.* [U] **지혜, 현명;** 학문, 지식; 분별; 명언(名言), 금언; 《集合的》 《古》 현인(賢人).
wísdom tòoth 사랑니. *cut one's* ~ 사랑니가 나다; 철이 나다[들다].
†**wise**[1] [waiz] *a.* **현명한,** 분별 있는; 영리해 보이는; 학문이 있는; 《美俗》 알고 있는. *be* [*get*] ~ *to* [*on*] 《美俗》 …을 알(고 있)다. *look* ~ (잘난체) 점잔빼다. *none the* ~*r*, or *no* ~*r than* [*as* ~ *as*] *before* 여전히 모르고. *put a person* ~ *to* …을 아무에게 알리다. ~ *after the event* (어리석은 자의) 늦되《뒤늦게 깨닫는》. ~ *woman* 여자 마술사; 여자 점쟁이; 산파. ⌐**·ly** *ad.* 현명하게. *not* ~*ly but too well* 방법은 서툴지만 열심히《Sh.》. —— *vt., vi.* 《흔히 다음 句로만》 ~ *up* 《美俗》 알다, 알리다(*up*).
wise[2] *n.* [U.C] 방법; 정도; 양식, …식. *in any* ~ 아무리 해도. (*in*) *no* ~ 결코 …아니다[않다]. *in some* ~ 어딘지, 어딘가. *on this* ~ 이와 같이.
-wise *suf.* 「…과 같이, …의 방향으로」의 뜻.
wise·a·cre [wáizèikər] *n.* 《蔑》 짐짓 아는 체하는 사람, 윤똑똑이.
wise·crack [wáizkræ̀k] *n., vi.* 《口》 재치있는[멋진] 대답(을 하다).
wise gùy 《美俗》 건방진 놈.
†**wish** [wiʃ] *vt.* ① **바라다,** 원하다; …하고 싶어 하다; …**면 좋겠다고 생각하다.** ② 빌다, 기원하다. —— *vi.* 바라다(*for*); …**이기를 빌다**(*I ~ you*

a merry Christmas! 크리스마스를 축하합니다). ***have nothing left to ~ for*** 만족스럽다, 더할 나위 없다. **~ *on*** 《美俗》(남에게) 강제하다, 떠맡기다. ── *n.* UC **소원,** 바람; 원하는〔바라는〕 일〔것〕; (*pl.*) 기원.

wish·bone[wíʃbòun] *n.* (새 가슴의) Y 자형의 뼈《dinner 후 여흥으로 두 사람이 서로 당겨, 긴 쪽을 쥔 사람은 소원이 이루어진다 함》.

wished-for[ˊtfɔ:r] *a.* 바라던.

***wish·ful**[ˊfəl] *a.* **원하는**(*to* do; *for*); **갖고 싶은 듯한.**

wísh fulfil(l)ment 〖心〗(꿈 따위에 의한) 소원 성취.

wíshful thínking 희망적 관측.

wíshing bòne ＝WISHBONE.

wish·y-wash·y[wíʃiwɑ̀ʃi/-wɔ̀ʃi] *a.* (차·수프 등이) 멀건, 묽은; (이야기 따위) 김빠진, 시시한.

wisp[wisp] *n.* (건초 등의) 한 모숨; (머리칼의) 다발; 작은 것; 도깨비불 (will-o'-the-wisp); ＝WHISK BROOM.

***wis·te·ri·a**[wistíəriə] *n.* **등나무.**

wist[wist] *v.* wit²의 과거(분사).

***wist·ful**[wístfəl] *a.* **탐나는 듯한;** 생각에 잠긴.

‡**wit¹**[wit] *n.* ① UC **기지,** 재치(cf. humor). ② 재치있는 사람, 재사. ③ U **지력,** 이해. ④ (*pl.*) (건전한) 정신, 분별. ***at one's ~s'*** 〔~'s〕 ***end*** 어찌할 바를 몰라. ***have*** 〔***keep***〕 ***one's ~s about one*** 빈틈이 없다. ***have quick*** 〔***slow***〕 ***~s*** 약삭빠르다〔빠르지 않다〕. ***live by one's ~s*** 약빠르게 처세하다, 이럭저럭 둘러대며 살아가다. ***out of one's ~s*** 제정신을 잃어. 「*to* ~ 즉.

wit² *vi., vt.* (***wist; -tt-***) 《古》 알다.

‡**witch**[witʃ] *n.* **마녀;** 쭈그렁 할멈, 못된 할멈; 《英》 매혹적인 여자. ── *vt.* **마법을 쓰다;** 호리다. ── *a.* 마녀의.

***witch·craft**[ˊkræft, -ɑ̀:-] *n.* U **마법;** 마력; 매력.

wítch dòctor 마술사.

wítch èlm ＝WYCH ELM.

witch·er·y[ˊəri] *n.* ＝WITCHCRAFT.

wítch házel 〖植〗 조롱나무의 일종; 그 잎·껍질에서 낸 약《외상(外傷)용》.

wítch hùnt 《美俗》 마녀 사냥; 《比喩》 정적을 박해하기 위한 모함·중상.

witch·ing[ˊiŋ] *a.* 마력〔매력〕 있는. ***the ~ time of night*** 한밤중.

†**with**[wið, wiθ] *prep.* ① …**와** (함께); …의 속에(*mix ~ the crowd*). ② …을 **가진**〔**지니고**〕(*a man ~ glasses*). ③ …**으로,** …**을 써서.** ④ 《行動의 樣式·狀態를 나타내어》…을 사용하여, 보여(*~ care* 주의해서). ⑤ …에 더하여. ⑥ …**에 관하여** (*What is the matter ~ you?*). ⑦ …**때문에;** …으로 인하여. ⑧ 보관하여. ⑨ …에 있어서. ⑩ …와 동시〔같은 방향〕에; …의 쪽에(*vote ~ the Democrat*). ⑪ …와 (떨어져) (*part ~ a thing* 물건을 내놓다). ⑫ …을 상대로. ⑬ (…의 허가)를 **받고.** ⑭ …에도 불구하고.

with·al[wiðɔ́:l, wiθ-] *ad.* 《古》 그 위에, 게다가; 또한. ── *prep.* 《언제나 目的語 뒤에》 …으로써.

‡**with·draw**[wiðdrɔ́:, wiθ-] *vt.* (***-drew; -drawn***) **움츠러들다**(*from*); 물러서게 하다, 그만두게 하다(*from*); 회수하다(*from*); 철수하다; (특혜 등을) 빼앗다(*from*); **취소하다;** (소송을) 취하하다. ── *vi.* 움츠리다, **물러서다**〔**나다**〕(*from*); (회 따위에서) 탈퇴하다(*from*); 취소하다; (군대가) 철수하다. *~.**al** *n.*

***with·drawn**[-drɔ́:n] *v.* withdraw의 과거분사. ── *a.* (사람이) 내성적인; 외진, 인적이 드문. 「과거.

***with·drew**[-drú:] *v.* withdraw의

withe[wiθ, wið, waið] *n.* 버들가지; (장작 따위를 묶는) 넌출.

‡**with·er**[wíðər] *vi.* **이울다, 시들다,** 말라 죽다(*up*); (애정이) 식다, 시들다(*away*). ── *vt.* **이울게**〔**시들게,** 말라 죽게〕 **하다**(*up*); 쇠퇴시키다, 약해지게 하다; 움츠러들게 하다. **~ed**[-d] *a.* 이운, 시든; 쇠퇴한.

with·ers[wíðərz] *n. pl.* (말 따위의) 두 어깨뼈 사이의 융기.

with·er·shins[wíðərʃinz] *ad.* 《Sc.》 거꾸로; 태양 운행과 반대 방향으로《불길한 방향》.

***with·held**[wiðhéld, wiθ-] *v.* withhold의 과거(분사).

with·hold**[wiðhóuld, wiθ-] *vt.* (-held***) **억누르다;** 주지 않다(*from*); **보류하다.**

with·hóld·ing tàx[-iŋ] 원천 과세.

†**with·in**[wiðín, wiθ-] *prep.* ① …의 **안쪽에**〔**으로**〕, …속〔안〕에. ② …의 **한도 내에**(**서**), …이내에〔로〕, …의 범위내에서. ── *ad.* **안에, 속으로;** 옥내〔집안〕에; 마음 속에.

†**with·out**[wiðáut, wiθ-] *prep.* …**없이;** …**하지 않고;** …**이 없으면;** …의 밖에(서). ***do*** 〔***go***〕 ~ …없이 때우다. ~ ***day*** 무기한으로. ~ ***leave*** 무단히. ~ ***reserve*** 사양 않고, 거리낌 없이. ── *ad.* 외부에; 집 밖에; 외〔표〕면은; …없이. ── *conj.* 《古·方》 …하지 않고서는.

with·stand**[wiðstǽnd, wiθ-] *vt.* (-stood***) …에 **저항하다;** …에 반항〔거역〕하다; …에 **잘 견디다.**

***with·stood**[-stúd] *v.* withstand의 과거(분사).

with·y[wíði] *n.* 《주로 英》 ＝WITHE.

wit·less[wítlis] *a.* 우둔한.

‡**wit·ness**[wítnis] *n.* ① 〖法〗 **증인,** 목격자. ② U **증거, 증언.** ③ 연서인(連署人). ***bear ~ to*** 〔***of***〕 …의 증거가 되다, …을 입증하다. ***call a person to ~*** …을 증인으로 세우다. ── *vt.* **목격하다;** (증인으로서) 〔***take***〕 서명하다. ── *vi.* **증언하다** (*against, for, to*). ***W- Heaven!*** 《古》 하느님 굽어 살피소서.

wítness bòx 〔《美》 **stànd**〕 증인석.

wit·ti·cism[wítəsizəm] *n.* 재치 있

는 말, 명언; 익살.
wit·ting [wítiŋ] *a.* 《古》 알고 있는; 고의로, 알면서. **～·ly** *ad.*
***wit·ty** [wíti] *a.* 재치〔기지〕 있는, 익살 잘 떠는. **wít·ti·ly** *ad.* **wít·ti·ness** *n.*
wive [waiv] *vt., vi.* (여자와) 결혼하「다; 장가들다.
‡**wives** [waivz] *n.* wife 의 복수.
‡**wiz·ard** [wízərd] *n., a.* ① (남자) 마술사; 요술쟁이. ② 《口》 천재, 귀재(鬼才). ③ 천재적인, 굉장한. **～·ry** *n.* Ⓤ 마술, 마법. 「시든.
wiz·en(ed) [wízn(d)] *a.* 바싹 마른,
wk(s) week(s); work(s); wreck(s).
w. l. water line; wave length.
w. long. west longitude. **wmk.** water mark. **WMO** World Meteorological Organization (유엔) 세계 기상 기구. **WNW** west-northwest. **WO, W. O.** wait order; War Office; warrent officer.
wo [wou] *int.* 우어! 《말을 멈추는 소리》. 「그 잎에서 낸 물감.
woad [woud] *n.* 〖植〗 대청(大靑); Ⓤ
wob·ble [wábəl/-ɔ́-] *vi.* 동요하다, 떨리다; (마음·방침 등이) 흔들리다, 불안정하다. **—** *n.* 비틀거림, 동요; 불안정.
Wo·den [wóudn] *n.* 앵글로색슨의 주신(主神) 《북유럽 신화의 Odin 에 해당함》.
‡**woe** [wou] *n.* Ⓤ 비애; (큰) 고생, 고뇌; (*pl.*) 재난. **—** *int.* 슬프도다!; 아아! ***W- be to*** 〔***betide***〕 …은 화가 있을진저, …에 재앙이 있으라. ***W- worth the day!*** 오늘은 왜 이렇게 재수가 없을까.
woe·be·gone [⌐bigɔ̀(:)n, -án] *a.* 수심〔슬픔〕에 잠긴, 비통한.
***woe·ful** [⌐fəl] *a.* 슬픔에 찬, 비참한; 애처로운; 《諧》 심한, 지독한(*～ ignorance* 판무식). **～·ly** *ad.*
‡**woke** [wouk] *v.* wake¹ 의 과거(분사). 「분사.
wok·en [wóukən] *v.* wake¹의 과거
wold [would] *n.* 《英》 고원(高原).
†**wolf** [wulf] *n.* (*pl.* ***wolves***) 이리; 잔인한〔탐욕스런〕 사람; 《口》 색마, 엽색꾼. ***cry ～*** 거짓말을 하여 법석떨게 하다. ***keep the ～ from the door*** 굶주림을 면하다. ***a ～ in a lamb's skin*** 양의 탈을 쓴 이리. **—** *vi.* 이리 사냥을 하다. **—** *vt.* 게걸스레 먹다(*down*). **⌐·ish** *a.* 이리같은; 잔인한; 탐욕스런.
wólf càll (젊은 여성을 놀리는) 휘파람.
wolf·hound [⌐hàund] *n.* (옛날 이리 사냥에 쓰던) 큰 사냥개.
wolf·ram [wúlfrəm] *n.* Ⓤ 〖化〗 = TUNGSTEN; =⇩.
wolf·ram·ite [wúlfrəmàit] *n.* Ⓤ 볼프람 철광, 흑중석광(黑重石鑛).
wol·ver·ine, -ene [wùlvərí:n/⌐-⌐] *n.* (미국 북부산) 오소리류(類); Ⓤ 그 모피.
‡**wolves** [wulvz] *n.* wolf 의 복수.
†**wom·an** [wúmən] *n.* (*pl.* ***women***) (성인) 여자, 부인; 《集合的; 單數·無冠詞》 여성; (the ～) 여자다움; 《주로 方》 아내; 하녀. ***make an honest ～ of*** (애인 등을) 정식 아내로 삼다. ***play the ～*** 여자같이 굴다. ***～ of the world*** 산전 수전 겪은 여자. **—** *a.* 여자의. ***～·hood** [-hùd] *n.* Ⓤ 여자임; 여자다움; 《集合的》 여성. **～·ish** *a.* 여성 특유의; 여자 같은. **～·like** [-làik] *a.* 여자 같은; 여자다운; 여성에게 알맞은. ***～·ly** *a.* 여자 같은; 여자다운; 여성에게 어울리는. 「的》 여성.
wom·an·kind [-kàind] *n.* Ⓤ 《集合
wóman súffrage 여성 참정권.
womb** [wu:m] *n.* 자궁(子宮); 《比喩》 사물이 발생하는 곳. ***from the ～ to the tomb 요람에서 무덤까지. ***in the ～ of time*** 장래.
wom·bat [wámbæt/wɔ́mbət] *n.* 웜바트《오스트레일리아의 곰 비슷한 유대(有袋) 동물》.
†**wom·en** [wímin] *n.* woman 의 복수.
wom·en·folk(s) [-fòuk(s)] *n. pl.* 《集合的》 여성; 여자들.
won¹ [wɑn/wɔn] *n. sing. & pl.* 원 《한국의 화폐 단위》.
‡**won²** [wʌn] *v.* win 의 과거(분사).
†**won·der** [wʌ́ndər] *n.* ① Ⓤ 놀라움, 불가사의. ② 놀라운 사물〔일〕. ***and no ～*** …도 무리가 아니다, 당연한 이야기다. ***a*** NINE ***days' ～.*** ***do*** 〔***work***〕 ***～s*** 기적을 행하다. ***for a ～*** 이상하게도. ***in ～*** 놀라서. ***No*** 〔***Small***〕 ***～*** (***that***) …도 이상하지 않다. ***to a ～*** 놀랄 만큼. **—** *vi., vt.* 이상하게 생각하다(*that*); 놀라다(*at, to*); …이 아닐까 생각하다, 알고 싶어지다(*if, whether, who, what, why, how*). **～·ing** *a.* 이상한 듯한 《표정 따위》. **～·ment** *n.* ⓊⒸ 놀라움, 경이.
†**won·der·ful** [wʌ́ndərfəl] *a.* ① 놀라운, 이상한. ② 《口》 굉장한. **～·ly** *ad.* **～·ness** *n.* 「한 나라.
won·der·land [-lænd] *n.* ⓊⒸ 이상
won·der·struck [-strʌ̀k], **-strick·en** [-strìkən] *a.* 아연한, 깜짝 놀란.
***won·drous** [wʌ́ndrəs] *a.* 《詩·雅》 놀라운, 이상한. **—** *ad.* 《古》 놀랄 만큼.
‡**wont** [wɔ:nt, wount, wʌnt] *a.* 버릇처럼 된, (버릇처럼) 늘 …하는(*to* do). **—** *n.* Ⓤ 습관, 풍습. **⌐·ed** [⌐id] *a.* 버릇처럼 된, 예(例)의.
†**won't** [wount, wʌnt] will not 의 단축.
***woo** [wu:] *vt.* 구혼〔구애〕하다; (명예 등을) 추구하다; (아무에게) 조르다(*to* do). **⌐·er** *n.*
†**wood** [wud] *n.* ① (종종 *pl.*) 숲, 수풀. ② Ⓤ 《種類일 때는 Ⓒ》 나무, 재목; 목질부(木質部). ③ 나무 제품; 장작; 통. ④ 목관 악기; 《集合的》 (악단의) 목관 악기부; (*pl.*) (악단의) 목관 악기 주자들. ***cannot see the ～ for the trees*** 작은 일에 구애되어 대국을 그르치다. ***from the ～***

(술 따위) 술통에서 갓낸. ***out of the*** ~(***s***) 어려움을 〔위기를〕 벗어나. ―― *a.* 나무로 만든. ―― *vt.* 재목〔장작·수목〕을 공급하다; 식림(植林)하다. ―― *vi.* 목재〔장작〕을 모아두다. *∠·ed [∠id] *a.* **나무가 무성한**; 《複合語로》 …한 **목질의**. 「올.

wóod álcohol 〔**spìrit**〕 메틸알코

wood·bine [∠bàin] *n.* 인동덩굴; 양담쟁이. 「무 벽돌.

wóod blòck 목판(화); (포장용) 나

wóod càrving 목각; 목각술.

wood·chuck [∠tʃʌ̀k] *n.* 〖動〗 (북미산) 마못류(類). 「도요.

wood·cock [∠kɑ̀k/-ɔ̀-] *n.* 〖鳥〗 누른

wood·craft [∠krӕft, -ɑ̀:-] *n.* Ⓤ 숲(사냥)에 관한 지식; 목공〔목각〕술; 삼림학(學).

wood·cut [∠kʌ̀t] *n.* 목판(화).

***wood·cut·ter** [∠kʌ̀tər] *n.* **나무꾼**; 목판 조각가.

‡**wood·en** [wúdn] *a.* ① **나무의, 나무로 만든**. ② 무뚝뚝한, **얼빠진**.

wóod engràving 목각술; 목판화.

wood·en-head·ed [wúdnhèdid] *a.* 《口》 얼빠진. 「Trojan horse).

Wóoden Hórse 트로이의 목마(cf.

wood·en·ware [-wɛ̀ər] *n.* Ⓤ 나무기구《통·바리때·밀방망이 따위》.

‡**wood·land** [wúdlənd, -lӕnd] *n.*, *a.* Ⓤ 삼림지(森林地)(의). **~·er** *n.*

wóod làrk 종다리의 일종.

***wood·man** [wúdmən] *n.* **나무꾼**; 《英》 영림서원; 숲에서 사는 사람.

wood·note [∠nòut] *n.* (종종 *pl.*) 숲의 가락〔노래〕《새의 지저귐 따위》; 소박한 시(詩).

wóod nỳmph 숲의 요정.

***wood·peck·er** [∠pèkər] *n.* **딱따구리**.

wood·pile [∠pàil] *n.* Ⓤ 장작 더미.

wóod pùlp (제지용) 목재 펄프.

wood·ruff [∠rʌ̀f, -rəf] *n.* 〖植〗 선갈퀴. 「간.

wood·shed [∠ʃèd] *n.* 장작 쌓는 헛

woods·man [∠zmən] *n.* 숲에 사는 사람; =LUMBERMAN; 사냥꾼.

wóod sòrrel 〖植〗 괭이밥류(類).

wóod tàr 목(木)타르.

wóod thrùsh (북미 동부산) 개똥지빠귀의 일종. 「이질.

wóod tùrning 녹로(轆轤) 세공, 갈

wóod wìnd 목관 악기; (*pl.*) (오케스트라의) 목관 악기부.

wóod wòol (충전(充塡)용) 고운 대팻밥(excelsior).

***wood·work** [∠wə̀:rk] *n.* Ⓤ 나무 제품; (가옥의) 목조부.

wood·worm [∠wə̀:rm] *n.* 〖蟲〗 나무좀.

***wood·y** [∠i] *a.* ① **나무가 무성한**. ② 나무의, 목질(木質)의.

woof [wu:f] *n.* (*pl.* **~s**) (피륙의) 씨(줄)(opp. warp); 피륙, 천, 감.

†**wool** [wul] *n.* Ⓤ **양털**; **털실**; **모직물**; 모직의 옷; 양털 모양의 물건; (흑인 등의) 고수머리. ***go for ~ and come home shorn*** 혹 떼러 갔다가 혹 붙여 오다. ***much cry and little ~*** 태산 명동(泰山鳴動)에 서일필(鼠一匹). ―― *a.* 모직의.

‡**wool·en**, 《英》 **wool·len** [wúlən] *a.* **양털(제)의**. ―― *n.* ① Ⓤ 《種類는 Ⓒ》 모직물, 나사. ② (*pl.*) 모직의 옷. 「영국의 여류 소설가.

Woolf [wulf], **Virginia** (1882-1941)

wool·gath·er·ing [wúlgӕðəriŋ] *n.*, *a.* Ⓤ 얼빠짐, 멍청한; 방심(한).

wool·grow·er [∠gròuər] *n.* 목양(牧羊)업자.

***wool·(l)y** [wúli] *a.* ① **양털(모양)의**. ② 〖動·植〗 털〔솜털〕로 덮인. ③ (생각, 소리가) 희미한. ―― *n.* (보통 *pl.*) 《口》 모직의 옷《특히 스웨터 등》; 《美西部》 양.

wool·ly-head·ed [wú:lihédid], **-mind·ed** [-máindid] *a.* 생각이 혼란된, 머리가 멍한.

wool·pack [∠pӕk] *n.* 양모 한 짝《보통 240파운드》; 뭉게구름.

wool·sack [∠sӕk] *n.* 양털 부대; 《英》 대법관〔상원 의장〕의 자리〔직〕.

wooz·y [wú(:)zi] *a.* 《口》 (술 따위로) 멍청해진, 멍한.

Worces·ter·shire [wústərʃiər, -ʃər] *n.* 영국 남서부의 구주(舊州); Ⓤ 우스터소스《보통의 소스》.

Worcs. Worcestershire.

†**word** [wə:rd] *n.* ① **말, 단어**. ② (짧은) 이야기, **말**(*a ~ of praise*). ③ (종종 *pl.*) (사람의 입에서 나오는) 말; 명령(*His ~ is law.* 그의 명령은 곧 법률이다). ④ 암호; 약속. ⑤ 기별, 소식. ⑥ (*pl.*) 말다툼. ⑦ (*pl.*) 가사(歌詞). ⑧ (the W-) 성서(the Word of God); (예수로 표상되는) 하느님의 뜻. ⑨ 〖컴퓨터〗 기계어(語), 워드(machine word). ***be as*** GOOD ***as one's ~.*** ***big ~s*** 호언장담. ***break one's ~*** 약속을 어기다. ***bring ~*** 알리다. ***by ~ of mouth*** 구두로. ***eat one's ~s*** 식언하다. ***give*** 〔***pledge, pass***〕 ***one's ~*** 약속하다. ***hang on a person's ~s*** 아무의 말을 열심히 듣다. ***have the last ~*** 논쟁에서 상대방을 이기다; 최후의 단을 내리다. ***have ~s with*** …와 말다툼 하다. ***in a*** 〔***one***〕 ***~*** 요컨대. ***keep one's ~*** 약속을 지키다. ***man of his ~*** 약속을 지키는 사람. ***My ~!*** 이런! ***on*** 〔***with***〕 ***the ~*** 말이 떨어지기가 무섭게. ***take a person at his ~*** 남의 말을 곧이듣다. ***the last ~*** 마지막〔결론적인〕 말; 유언; 《口》 최신 유행 〔발명〕품, 최우수품, 최고 권위. ***upon my ~*** 맹세코; 이런! ***~ for ~*** 축어적으로, 한마디 한마디. ***~ of hono(u)r*** 명예를 건 약속〔언명(言明)〕. ―― *vt.* 말로 표현하다〔나타내다〕. **∠·ing** *n.* Ⓤ 말씨, 어법. ***∠·less** *a.* **말없는**, 무언의; 벙어리의.

word·age [∠idʒ] *n.* 말씨; 어휘.

word·book [∠bùk] *n.* 단어집; 사전; (가극 따위의) 가사집(歌詞集).

wórd èlement 어요소(語要素) 《복합어를 만듦; 보기 electro-》.

word-for-word [⌐fər⌐] *a.* (번역이) 축어적(逐語的)인.
wórd òrder 〖文〗 어순(語順).
wórd pàinter 생기 있는 글을 쓰는 사람. 「익살, 둘러대기.
word·play [⌐plèi] *n.* 말다툼, 언쟁;
wórd splìtting 말의 너무 세세한 구별, 어법의 까다로움.
Words·worth [wə́:rdzwə(:)rθ], **William** (1770–1850) 영국의 자연파 계관 시인.
word·y [wə́:rdi] *a.* 말의; 말이 많은, 장황한. **wórd·i·ness** *n.* 말이 많음, 수다(스러움).
†**wore** [wɔ:r] *v.* wear 의 과거.
†**work** [wə:rk] *n.* ① Ⓤ **일; 직업;** 노동, 공부, 직무; 사업; 짓. ② 제작물; (예술상의) **작품**, 저작; 〖理〗 일(의 양); (보통 *pl.*) 토목〔방어〕 공사. ③ (*pl.*) 《흔히 複合語로》 **공장;** (*pl.*) (기계의) 움직이는 부분, 장치, 기계. ④ (*pl.*) 〖神〗 (신이 하신) 일. ***at ~*** 일하고, 운전〔활동〕 중에. ***fall* 〔*get, go*〕 *to ~*** 일에 착수하다; 작용하기 시작하다. ***in ~*** 취업하여. ***make short ~ of*** …을 재빨리 해치우다. ***man of all ~*** 만능꾼. ***out of ~*** 실직하여. ***set to ~*** 일에 착수(케)하다. ***~ in process*** 반제품. ***~ in progress*** (문예·미술 등의) 미완성품. ***~ of art*** 예술품.
—*vi.* (*~ed, wrought*). ① **일하다**, 작업을 하다(*at, in*). ② **공부하다**, **노력하다**(*against, for*). ③ 근무하고 있다, 바느질하다. ④ (기관·기계 등이 효과적으로) **움직이다**, 돌다, 운전하다; 서서히〔노력하여〕 나아가다〔움직이다〕. ⑤ 발효(醱酵)하다. ⑥ 순조롭게 〔잘〕 되어가다; 작용하다. ⑦ (마음·얼굴 등이) 심하게 움직이다, 실룩거리다. —*vt.* ① **일시키다;** (사람·마소 등을) **부리다;** (손가락·기계 따위를) 움직이다; (차·배 등을) 운전하다; (광산·사업 등을) 경영하다. ② (계획 등을) **실시하다,** 세우다. ③ (문제 등을) 풀다. ④ 초래하다, (영향 따위를) 생기게 하다, 행하다. ⑤ 서서히〔애써서〕 나아가게 하다. ⑥ 세공(細工)하다; 반죽하다. ⑦ 단련하다; (사람을) 차차로 움직이다; 흥분시키다(*into*). ⑧ 발효시키다. ⑨ 《口》 (아무를) 움직여〔속여서〕 …을 얻다. ***~ away*** 계속해〔부지런히〕 일하다. ***~ in*** 삽입하다; 조화되다. ***~ loose*** 느즈러지다. ***~ off*** 서서히 제거하다; 처리하다. ***~ on* 〔*upon*〕** …에 작용하다; =work away. ***~ one's way*** 일하면서 여행하다; 애써서 나아가다. ***~ out*** (계획을) 세밀하게 세우다; (문제 등을) 풀다; (광산을) 다 파서 바닥내다, 써서 낡게 하다; (빚을 돈으로 갚는 대신) 일하여 갚다; 연습시키다; 애써서 완성하다; (합계를) 산출하다; (사람을) 지치게 하다; 결국 …이 되다. ***~ up*** 점차로 만들어내다; 서서히 흥분시키다, 선동하다; (이야기의 줄거리 따위를) 발전시키다(*to*); 정성들여 만들다; 뒤섞다; 대성〔집성〕하다.
—*a.* 일하는, 노동의〔을 위한〕.
work·a·day [wə́:rkədèi] *a.* 일하는 날의, 평일의; 평범한; 실제적인.
work·bag [⌐bæ̀g] *n.* (특히, 재봉의) 도구 주머니.
work·bas·ket [⌐bæ̀skit/⌐bɑ̀:s-] *n.* 도구바구니《특히 재봉〔바느질〕의》.
work·bench [⌐bèntʃ] *n.* (목수·직공 등의) 작업대.
work·book [⌐bùk] *n.* 연습장; 규정집, (예정·완성한) 작업 일람표.
wórk càmp 워크캠프《강제 노역장(勞役場); 종교 단체의 근로 봉사를 하는 모임》.
work·day [⌐dèi] *n.* 작업일, 근무일; (하루의) 취업 시간. —*a.* =WORKADAY.
‡**work·er** [⌐ər] *n.* ① **일〔공부〕하는 사람, 일손, 일꾼**, 노동자; 세공장(匠). ② 일벌, 일개미 (따위).
wórk fòrce 노동 인구, 노동력.
work·house [⌐hàus] *n.* 《美》 소년원, (경범죄자의) 취〔노〕역소; 《英》 구빈원(救貧院).
‡**work·ing** [wə́:rkiŋ] *n.* Ⓤ,Ⓒ **작용,** 일; 노동; 운전; 경영; (보통 *pl.*) (광산·채석장 등의) 작업장. —*a.* 일하는; 노동(자)의; 작업(용)의; 경영의; 실제로 일하는, 실용의; 유효한.
wórking càpital 운전 자본.
wórking clàss(es) 노동 계급.
wórking clòthes 〔drèss〕 작업복.
wórking dày =WORKDAY (*n.*)
wórking dràwing 공작도(圖), 설계도; (공사의) 시공도.
wórking expènses 경영비.
wórking fàce (광산의) 막장, 채굴장. 「장색, 공원(工員).
***work·ing·man** [-mæ̀n] *n.* **노동자,**
wórking pàrty 작업반; 《英》 (기업의 능률 향상을 위한) 노사(勞使) 위원회.
wórk lòad 작업 부담량.
‡**work·man** [wə́:rkmən] *n.* **노동자,** 장색. **~·like** [-làik] *a., ad.* 직공다운; 능숙한; 《종종 蔑》 손재간 있는.
***work·man·ship** [-ʃìp] *n.* Ⓤ (장색의) 솜씨; (제품의) 완성된 품; (제) 작품.
wórkmen's compensátion 노동자 재해 보상〔수당〕.
***work·out** [wə́:rkàut] *n.* (경기의) 연습, 연습 시합; (일반적으로) 운동; 고된 일; 《美俗》 때려 눕히기. 「동자들.
work·peo·ple [⌐pì:pl] *n. pl.* 《英》 노
work·room [⌐rù(:)m] *n.* 작업실.
wórks còuncil 《英》 공장 협의회; 노사(勞使) 협의회.
wórk shèet 〖會計〗 시산표(試算票).
***work·shop** [⌐ʃɑ̀p/-ɔ̀-] *n.* **작업장,** 일터; 공장; 《美》 강습회, 연구회.
work·sta·tion [⌐stèiʃən] *n.* 〖컴퓨터〗 (정보처리 회로망에 연결된) 컴퓨터 단말장치.
work·ta·ble [⌐tèibəl] *n.* 작업대.
work·up [⌐ʌ̀p] *n.* 정밀 (신체) 검사.
work·week [⌐wì:k] *n.* 주당 노동 시

간〔일수〕.

work·wom·an [´wùmən] *n.* (*pl.* *-women*) 여자 노동자; 여공; 침모.

†**world** [wə:rld] *n.* ① **세계,** 지구; 지구상의 한 구분. ② **분야,** …계(界). ③ 인류. ④ **세상;** 세상사(事), 인간사. ⑤ 별, 천체. ⑥ 이승. ⑦ 만물, 우주; 광활한 퍼짐〔범위〕. ⑧ 다수, 다량(*of*). ⑨ 세상 물정. ***as the ~ goes*** 일반적으로 말하면. ***a ~ of*** 무수한, 무한량의. ***come into the ~*** 태어나다. ***for all the ~*** 무슨 일이 있어도; 아무리 보아도, 꼭. ***for the ~*** 세상 없어도. ***get on in the ~*** 출세하다. ***How goes the ~ with you?*** 경기〔재미〕가 어떠십니까. ***in the ~*** 《疑問詞 다음에 써서》 도대체. ***make the best of both ~s*** 세속(世俗)의 이해와 정신적 이해를 조화시키다. ***man of the ~*** 세상 경험이 많은 사람. ***the next*** 〔***other***〕 ***~*** 저승, 내세(來世). ***to the ~*** 《俗》 아주, 완전히. ***~ without end*** 영원히.

Wórld Cóurt, the 국제 사법 재판소. 「권 대회(배)》.

Wórld Cùp 월드컵《세계 축구 선수

wórld('s) fáir 세계 박람회.

world-fa·mous [´féiməs] *a.* 세계적으로 유명한.

wórld féderalism 세계 연방주의.

wórld féderalist 세계 연방주의자.

Wórld Ísland 세계섬《유럽·아시아·아프리카의 총칭》. 「따위》.

wórld lánguage 국제어《Esperanto

world-line [´làin] *n.* 〔理〕 세계선《4 차원의 시공(時空) 세계에서 세계점(點)이 만드는 곡선》. 「물(俗物).

world·ling [wə́:rldliŋ] *n.* 속인, 속

‡**world·ly** [wə́:rldli] *a.* ① **이 세상의,** 현세의. ② 세속적인. **—** *ad.* 세속적으로. **wórld·li·ness** *n.* Ⓤ 속된 마음. 「리(名利)를 좇는, 세속적인.

world·ly-mind·ed [-máindid] *a.* 명

world·ly-wise [-wáiz] *a.* 세재(世才)가 뛰어난, 세상 물정에 밝은.

world-point [wə́:rldpɔ̀int] *n.* 〔理〕 세계점《시공 세계에서 공간의 위치와 시각을 정하는 점》.

wórld pówer 세계 열강.

wórld séries 〔野〕 월드시리즈, 전미(全美) 프로 야구 선수권 대회.

world-shak·ing [´ʃèikiŋ] *a.* 세계를 뒤흔드는; 중대한.

wórld sóul 세계 정신.

wórld spírit 신; 우주를 움직이는

wórld víew 세계관. 「힘.

Wórld Wár I 〔**II**〕 [wʌ́n 〔tú:〕] 제 1〔2〕차 세계 대전.

world-wea·ry [´wìəri] *a.* 세상이 싫어진, 생활에 지친.

‡**world-wide** [´wáid] *a.* **세상에 널리 알려진**〔퍼진〕, 세계적인.

‡**worm** [wə:rm] *n.* ① **벌레**《지렁이·구더기·회충 따위 같이 발이 없고 물렁한 것》. ② 벌레 같은 모양〔동작〕의 물건《나삿니 따위》. ③ (*pl.*) 기생충병. ***A ~ will turn.*** 《俗談》 지렁이도 밟으면 꿈틀한다. **—** *vi.* 벌레처럼 기다, 기듯 나아가다(*into, out of, through*); 교묘히 환심을 사다(*into*). **—** *vt.* ① (벌레처럼) 서서히 나아가게 하다; 서서히 들어가게 하다(*into*). ② (비밀을) 캐내다(*out, out of*). ③ 벌레를 없애다. **´·y** *a.* 벌레가 붙은〔먹은, 많은〕; 벌레 같은. 「케케묵은.

worm-eat·en [´ì:tən] *a.* 벌레먹은;

wórm gèar(ing) 〔機〕 웜기어(장치). 「의) 벌레 구멍.

worm·hole [´hòul] *n.* (나무·과실 등

wórm whèel 〔機〕 웜 톱니바퀴.

worm·wood [´wùd] *n.* 다북쑥속(屬)의 식물; Ⓤ 고민(거리).

‡**worn** [wɔ:rn] *v.* wear 의 과거 분사. **—** *a.* ① **닳아〔낡아〕빠진.** ② 녹초가 된.

***worn-out** [´áut] *a.* ① **다 써버린;** 닳아빠진 ② 진부한.

†**wor·ry** [wə́:ri, wʌ́ri] *vt.* ① **괴롭히다,** 걱정〔근심〕시키다. ② 물어뜯어 괴롭히다; 물고 흔들다. **—** *vi.* ① **걱정〔근심〕하다,** 괴로워하다(*about*). ② (개 따위가) 동물 《쥐·토끼 등》을 물어뜯어 괴롭히다. ***I should ~.*** 《美口》 조금도 상관 없네. ***~ along*** 고생하며 헤쳐 나아가다. **—** *n.* 근심, 걱정(거리), 고생(거리). ***wór·ried** [-d] *a.* **곤란한,** 당혹한; 걱정스런. **wór·ri·er** [-ər] *n.* 괴롭히는 사람; 잔걱정이 많은 사람. **wór·ri·ment** *n.* Ⓤ 《美口》 걱정, 근심, 괴로움. **wór·ri·some** *a.* 귀찮은; 성가신. 「많은 사람.

wor·ry·wart [´wɔ̀:rt] *n.* 군걱정이

†**worse** [wə:rs] *a.* 《bad, evil, ill 의 比較級》 **더욱 나쁜.** ***be ~ off*** 살림이 어렵다. (***and***) ***what is ~,*** or ***to make matters ~*** 설상가상으로. **—** *ad.* 《badly, ill 의 比較級》 **더욱 나쁘게.** **—** *n.* Ⓤ 더욱 나쁜 일〔물건〕(*a change for the ~* 악화). ***have*** 〔***put to***〕 ***the ~*** 패배하다〔시키다〕. 「〔하다〕.

wors·en [wə́:rsən] *vt., vi.* 악화시키다

‡**wor·ship** [wə́:rʃip] *n.* Ⓤ ① **숭배,** 경모. ② 예배(식). ③ 각하(閣下). ***place of ~*** 교회. ***Your*** 〔***His***〕 ***W-*** 각하. **—** *vt., vi.* (《英》 *-pp-*) ① **숭배〔존경〕하다.** ② 예배하다. **~·ful** [-fəl] *a.* 존경할 만한; 경건한. ***~·(p)er** *n.* **숭배〔예배〕자.**

†**worst** [wə:rst] *a.* 《bad, evil, ill 의 最上級》 **가장 나쁜.** **—** *ad.* 《badly, ill 의 最上級》 **가장 나쁘게.** **—** *n.* 최악의 것〔상태·일〕. ***at*** (***the***) ***~*** 아무리 나빠도; 최악의 상태인. ***get*** 〔***have***〕 ***the ~ of it*** 패배하다, 지다. ***give a person the ~ of it*** 아무를 지우다. ***if*** (***the***) ***~ comes to*** (***the***) ***~*** 최악의 경우에는. ***put a person to the ~*** 아무를 지우다. **—** *vt.* 지우다, 무찌르다.

wor·sted [wústid, wə́:r-] *n.* Ⓤ 소모사(梳毛絲), 털실; ⓊⒸ 소모직물. **—** *a.* 털실의, 털실로 만든.

wort¹ [wəːrt] *n.* Ⓤ 맥아즙(麥芽汁) 《맥주 원료》.
wort² *n.* 식물, 풀, 야채.
†**worth** [wəːrθ] *pred. a.* …**만큼의 값어치가 있는**, …만큼의 재산이 있는. ***for all one is*** ～ 전력을 다하여. ***for what it is*** ～ (사실 여부는 어쨌든) 그런 대로, 진위 선악은 차치하고. ～ (***one's***) ***while*** 시간을 들일[애쓸] 만한 가치가 있는. ── *n.* **값어치**; (일정한 금액에) 상당하는 분량; 재산. ‡∠·**less** *a.* **가치 없는**.
***worth·while** [∠*h*wáil] *a.* **할 만한 가치가[보람이] 있는**.
‡**wor·thy** [wə́ːrði] *a.* ① **가치 있는**, 훌륭한, 상당한. ② …하기에 족한, …할 만한; …에 어울리는(*of; to* do). ── *n.* 훌륭한 인물, 명사. **wór·thi·ly** *ad.* **wór·thi·ness** *n.*
†**would** [wud, 弱 wəd, əd] *aux. v.* 《will 의 過去》 ① 《未來》 …**할 것이다**; …할 작정이다. ② 《過去習慣》 가끔[곧잘] …했다. ③ 《所願》 …하고 싶다, …하여 주시지 않겠습니까. ④ 《假定》 …할 텐데, 하였을 것을; 기어코 …하려고 하다. ⑤ 《推量》 …일 것이다.
***would-be** [wúdbìː] *a.* ① **자칭(自稱)**의, 제딴은 …인 줄 아는. ② …이 되고 싶은[되려고 하는].
†**would·n't** [wúdnt] would not 의 단축.
wouldst [wudst] *aux. v.* 《古·詩》 [=WOULD.
‡**wound**¹ [wuːnd] *n.* ① **부상**, 상처. ② 손해; 고통; 굴욕. ── *vt.* 상처를 입히다, (감정 등을) 해치다. ‡～**ed** [∠id] *a.* **부상한**, 상처입은 (*the* ～*ed* 부상자들).
wound² [waund] *v.* wind² 의 과거 [(분사).
‡**wove** [wouv] *v.* weave의 과거(분사).
‡**wo·ven** [wóuvən] *v.* weave 의 과거분사.
wóve pàper 투명 그물 무늬가 있는 [종이.
wow [wau] *n.* 《美俗》 (연극 따위의) 대히트; 대성공. ── *int.* 야아, 이거 참.
wow·ser [wáuzər] *n.* 《濠》 극단적인 결벽가(潔癖家); 《美俗》 흥을 깨는 사람.
WP, w. p. wastepaper; weather permitting; wire payment. **WPA** 《美》 Work Projects Administration. **WPB** War Production Board. **W.P.C.** 《英》 woman police constable. **wpm** words per minute. **W.R.A.C.** Women's Royal Army Corps.
wrack [ræk] *n.* Ⓤ 파괴, 파멸; Ⓒ 난파선(의 표류물); Ⓤ 바닷가에 밀린 해초. ***go to ～ and ruin*** 파멸하다, 거덜나다.
W.R.A.F. Women's Royal Air [Force.
wraith [reiθ] *n.* (사람의 죽음 전후에 나타난다는) 생령(生靈); 유령.
***wran·gle** [rǽŋgəl] *vi.* **말다툼**[논쟁] **하다**. ── *vt.* 논쟁하다; 《美》 목장에서 (말 따위를) 보살피다. ── *n.* 말다툼. **-gler** *n.* 《美》 말지기; 《英》 (Cambridge 대학에서) 수학 학위 시험 1급 합격자.
‡**wrap** [ræp] *vt.* (～*ped, wrapt;* *-pp-*) ① **싸다**; 두르다; 휩싸다. ② 덮다, 가리다. ── *vi.* 싸다, 휩싸이다. ***be ～ped up in*** …에 열중되다; …에 말려들다. ～ ***up*** (방한구로) 휩싸다. ── *n.* (보통 *pl.*) 몸을 싸는 것; 어깨 두르개, 무릎 가리개, 외투. ∠·**page** [∠idʒ] *n.* Ⓤ 포장지[재료]. *∠·**per** *n.* **싸는 사람**[물건]; 포장지; 봉(封) 띠; (책의) 커버; 낙낙한 실내옷, 화장옷. ∠·**ping** *n.* (보통 *pl.*) 포장(지), 보자기. [뉴스.
wrap-up [rǽpʌ̀p] *n.* 《美口》 간추린
***wrath** [ræθ, rɑːθ/rɔːθ] *n.* Ⓤ ① **격노**. ② 복수; 벌. ∠·**ful**, ∠·**y** *a.* 《口》 격노한.
wreak [riːk] *vt.* (성을) 내다; (원한을) 풀다; (복수·벌 따위를) 가하다 (*upon*).
‡**wreath** [riːθ] *n.* (*pl.* ～*s* [riːðz, -θs]) ① **화환**(花環). ② (연기·구름 따위의) 소용돌이.
***wreathe** [riːð] *vt.* ① **화환으로 만들다**[꾸미다]. ② 두르다; 싸다. ── *vi.* (연기 등이) 동그라미를 지으며 오르다.
‡**wreck** [rek] *n.* ① Ⓤ,Ⓒ 파괴; **난파**(선). ② 잔해. ③ 영락한 사람. ④ (난파선의) 표류물. ***go to ～*** (***and ruin***) 파멸하다. ── *vt.* **난파시키다**; 파괴하다; (아무를) 영락시키다. ── *vi.* 난파[파멸]하다; 난파선을 구조[약탈]하다. *～·**age** [∠idʒ] *n.* Ⓤ **난파**, 파괴; 잔해, 난파 화물. ∠·**er** *n.* 난파선 약탈자; 건물 철거업자; 레커차(車), 구난(救難)차[열차]; 난파선 구조원[선].
wreck·ing [rékiŋ] *n.* Ⓤ 난파, 난선(難船); 난파선 구조(작업); 《美》 건물철거(작업).
***wren** [ren] *n.* 〖鳥〗 **굴뚝새**.
***wrench** [rentʃ] *n.* ① (급격한) **비틂**; 염좌(捻挫). ② 〖機〗 **렌치** 《너트·볼트 따위를 돌리는 공구》. ③ (이별의) 비통. ── *vt.* ① (급격히) **비틀다**, 비틀어 떼다(*away, off, from, out of*). ② 삐다, 접질리다. ③ (뜻·사실을) 왜곡하다; 억지로 갖다 붙이다. ④ …에게 몹시 사무치다[영향을 미치다](affect badly).
***wrest** [rest] *vt.* ① **비틀다**, 비틀어 떼다(*from*); 억지로 빼앗다(*from*). ② (사실·뜻을) 억지로 갖다 대다, 왜곡하다. ── *n.* 비틂; 접질림.
***wres·tle** [résəl] *vi.* ① **레슬링**[씨름]**을 하다**; 맞붙어 싸우다(*with*). ② (역경·난관·유혹 등과) 싸우다(*with, against*); (어려운 문제와) 씨름하다(*with*). ── *vt.* …와 레슬링[씨름]하다. ── *n.* 레슬링; 씨름; 맞붙어 싸움; 분투. ***wrés·tler** *n.* **레슬링 선수**, 씨름꾼. ‡**wrés·tling** *n.* Ⓤ 레슬링, 씨름. [나쁜 놈.
***wretch** [retʃ] *n.* ① **불운한 사람**. ②
‡**wretch·ed** [rétʃid] *a.* ① **불운한**, 비참한. ② 나쁜; 지독한. ～·**ly** *ad.*

~·ness n. 「접질림.
wrick [rik] vt., n. 가볍게 삐다〔삠〕,
***wrig·gle** [rígəl] vi. ① 꿈틀거리다; 꿈틀〔허위적〕거리며 나아가다(along, through, out, in). ② 교묘하게 환심을 사다(into); 잘 헤어나다(out of). —— vt. 꿈틀〔허위적〕거리게 하다. —— n. 꿈틀거림. **wríg·gler** n. 꿈틀거리는 사람; 장구벌레. **-gly** a.
wright [rait] n. 《稀》 제작자《주로 複合語》(wheel*wright*, play*wright*).
***wring** [riŋ] vt. (*wrung*) ① 짜다; (새의 목 따위를) 비틀다; (물을) 짜내다, 착취하다(*from, out; out of*). ② 꽉 쥐다; 어거지로 얻다(*from; out of*). ③ 괴롭히다; (말의 뜻을) 왜곡하다. *~ing wet* 흠뻑 젖어. *~ out* (돈·물을) 짜내다. —— n. 짜기. *∠·er* n. 짜는 사람; (세탁물) 짜는 기계.
‡wrin·kle[1] [ríŋkəl] n., vt., vi. 주름(잡다, 지다). **-kled** [-d] a. 주름진. **wrín·kly** a. 주름진, 주름 많은.
wrin·kle[2] n. 《口》 좋은 생각, 묘안.
‡wrist [rist] n. 손목; 손목 관절.
wrist·band [rístbæ̀nd] n. 소맷동.
wrist·let [rístlit] n. (방한용) 토시; 팔찌. 「손목 비틀어 꺾기.
wrist·lock [∠làk / -ɔ̀-] n. 〖레슬링〗
wríst pìn 《美》〖機〗 피스톤핀.
wríst wàtch 팔뚝시계.
writ [rit] n. 〖法〗 영장; 문서. ***Holy* 〔*Sacred*〕 *W-*** 성서. —— v. 《古》 write의 과거(분사). *~ large* 대서특필하여; (폐해 따위가) 증대하여.
†write [rait] vt. (*wrote*, 《古》 *writ; written*, 《古》 *writ*) ① (글씨·문장 따위를) 쓰다; 문자로 나타내다, 기록하다. ② 편지로 알리다. ③ (얼굴 따위에) 똑똑히 나타내다. —— vi. ① 글씨를 쓰다. ② 저작하다. ③ 편지를 쓰다(*to*). *~ a good* 〔*bad*〕 *hand* 글씨를 잘 〔못〕 쓰다. *~ down* 써두다; (자산 따위의) 장부 가격을 내리다. *~ off* 장부에서 지우다, 꺾자치다. *~ out* 써두다; 정서하다; 다 써버리다. *~ over* 다시 쓰다; 가득히 쓰다. *~ up* 게시하다; 지상(紙上)에서 칭찬하다; 상세히 쓰다. **‡wrít·er** n. 쓰는 사람, 필자, 기자; 저자.
wríte-ín campàign [∠ìn] 《美》 (후보자를 위한) 표 모으기 운동.
wríte-in (vóte) n. 《美》 기명 투표.
write-off [∠ɔ̀:f] n. (장부에서의) 삭제; (세금 따위의) 공제.
wríter's cràmp 〖病〗 서경(書痙), 손가락 경련.
write-up [∠ʌ̀p] n. 《口》 기사, (특히) 칭찬 기사, 남을 추어올리기.
***writhe** [raið] vt. (*~d; ~d*, 《古·詩》 *writhen* [ríðn]) 뒤틀다; 굽히다. —— vi. 몸부림치다; 고민하다(*at, under, with*). —— n. 뒤틀기; 몸부림.
†writ·ing [ráitiŋ] n. ① Ⓤ 씀; 습자; 필적. ② Ⓤ 저술(업). ③ ⓊⒸ 문서, 편지, 서류, 문장. ④ (*pl.*) 저작. *in ~* 써서, 문장으로. *~ on the wall* 절박한 재앙의 징조. —— a. 문자로 쓰는; 필기용의.
wríting brùsh 붓.
wríting càse 문방구 갑(匣), 문갑.
wríting dèsk 책상《종종 앞쪽으로 경사진》. 「ing ink).
wríting ìnk 필기용 잉크(cf. print-
wríting matèrials 문방구.
wríting pàper 편지지; 필기 용지.
wríting tàble 책상.
†writ·ten [rítn] v. write의 과거분사. —— a. 문자로 쓴; 성문의. *~ examination* 필기 시험. *~ language* 문어(文語). *~ law* 성문법.
writ·ten-off [-ɔ́(:)f, -áf] a. 《英空俗》 전사한; (비행기가) 대파한. 「Service.
W.R.N.S. Women's Royal Naval
†wrong [rɔ:ŋ, raŋ] a. ① 나쁜, 부정한. ② 틀린; 부적당한. ③ 역(逆)의; 이면의. ④ 고장난; 상태가 나쁜. *get* 〔*have*〕 *hold of the ~ end of the stick* (이론·입장 등을) 잘못 알다. *~ side out* 뒤집어서. —— ad. 나쁘게; 틀려서; 고장나서. *go ~* 길을 잘못 들다; 고장나다; (여자가) 몸을 그르치다. —— n. ① 나쁜 짓; 부정; 부당(한 행위·대우). ② 해(害). *do ~* 나쁜 짓을 하다; 죄를 범하다. *do a person ~*, or *do ~ to a person* 아무에게 나쁜 짓을 하다; 아무를 부당하게 다루다; 아무를 오해하다. *in the ~* 나쁜; 잘못되어. *put a person in the ~* 잘못을 남의 탓으로 돌리다. *suffer ~* 해를 입다; 부당한 처사를 당하다. —— vt. ① 해치다; 부당하게 다루다. ② 치욕을 주다; 오해하다. *∠·ful* a. 나쁜; 부정한, 불법의. *∠·ful·ly* ad. 「하는 사람, 범(죄)인.
wrong·do·er [∠dú:ər] n. 나쁜 짓을
wrong·do·ing [∠dú:iŋ] n. Ⓤ 나쁜 짓(하기). 「각·사상〕이 틀린; 완미한.
wróng-head·ed [∠hédid] a. 판단〔생
***wrong·ly** [∠li] ad. 잘못하여; 부당히.
wróng númber 잘못 걸린 전화(를 받은 사람); 《俗》 부적당한 사람〔물
†wrote [rout] v. write의 과거. 건〕.
wroth [rɔ:θ, rɑθ / rouθ] *pred. a.* 노하여.
***wrought** [rɔ:t] v. work의 과거(분사). —— a. 만든; 가공한; 세공한;
wróught íron 단철(鍛鐵). 불린.
wróught-up [∠ʌ́p] a. 흥분한.
***wrung** [rʌŋ] v. wring의 과거(분사).
***wry** [rai] a. ① 뒤틀린, 일그러진. ② (얼굴 따위) 찌푸린. *make a ~ face* 얼굴을 찡그리다. *∠·ly* ad. 냉담하게, 심술궂게, 비꼬는 투로 (dryly). *~·neck* [∠nèk] n. 목이 비뚤어진 사람; 딱따구리과의 일종.
WSC World Student Council.
WSW west-southwest.
WT wireless telegraphy 〔telephone〕.
wt. weight. 「몰리브덴 연광(鉛鑛).
wul·fen·ite [wúlfənàit] n. Ⓤ 〖鑛〗
Wun·der·kind [vúndərkìnd] n. (*pl.* *~s*, *~er*) (G.) 신동.
W.Va. West Virginia.
W.V.F.

World Veterans Federation. **WVS** 《英》 Women's Voluntary Service(s). **WW** 《美》 World War. **WX** women's extra large size. **Wy., Wyo.** Wyoming.
wych-elm [wítʃèlm] *n.* (유럽산) 느릅나무.
Wyc·liffe [wíklif], **John** (1320?–84) 영국의 종교 개혁가·성서의 영역자.
wynd [waind] *n.* 《Sc.》 골목길.
***Wy·o·ming** [waióumiŋ] *n.* 미국 북서부의 주《생략 Wy(o).》.

X

X, x [eks] *n.* (*pl.* ***X's, x's*** [éksiz]) X자 모양의 것; (로마 숫자의) 10; 미지의 사람〔것〕; 〖數〗 미지수〔량〕; 《美》 성인 영화의 기호(*a X-rated film* 성인용 영화).
x 〖幾〗 abscissa.
x [eks] *vt.* X표로 지우다〔를 하다〕.
xan·thine [zǽnθin] *n.* Ⓤ 〖生化〗 크산틴.
Xan·thip·pe [zæntípi] *n.* Socrates의 아내; 잔소리 많은 여자, 악처.
xan·thous [zǽnθəs] *a.* 황색의, 황색 인종의.
X-ax·is [éksæ̀ksis] *n.* 〖數〗 x 축.
X. C., x-c., x-cp. ex coupon 〖證〗 이자락(利子落).
X́ chrómosome 〖生〗 X염색체.
X. D., x-d. ex dividend 〖證〗 배당락(配當落). **Xe** 〖化〗 xenon.
xe·bec [zí:bek] *n.* (지중해에서 쓰인) 세대박이 작은 돛배.
xe·no·bi·ol·o·gy [zènoubaiɑ́lədʒi / -ɔ́-] *n.* Ⓤ 우주 생물학.
xen·o·gen·e·sis [zènədʒénəsis] *n.* 〖生〗 =HETEROGENESIS; =ALTERNATION of generations.
xe·non [zí:nɑn/zénɔn] *n.* Ⓤ 〖化〗 크세논《가스체의 희원소; 기호 Xe》.
xen·o·phile [zénəfàil] *n.* 외국(인)을 좋아하는 사람.
xen·o·phobe [zénəfòub] *n.* 외국(인)을 싫어하는 사람.
xen·o·pho·bi·a [zènəfóubiə, zìnə-] *n.* Ⓤ 외국인을 싫어하기, 외국인에 대한 공포.
Xen·o·phon [zénəfən] *n.* (434?–355? B. C.) 크세노폰《그리스의 역사가·철학자》.
xe·ro·cam·e·ra [zíərəkæ̀mərə] *n.* 건조 사진기.
xe·ro·der·ma [zìərədə́:rmə] *n.* Ⓤ 〖病〗 건피증(乾皮症)《살갗이 건조하여 굳어지는 병》.
xe·rog·ra·phy [zirɑ́grəfi/-ɔ́-] *n.* Ⓤ 제로그라피, (정전(靜電)) 전자 사진, 정전 복사법.
xe·ro·phyte [zíərəfàit] *n.* 건생(乾生) 식물.
Xe·rox [zíərɑks/-rɔ-] *n.* 〖商標〗 제록스《전자 복사 장치》; Ⓒ 제록스에 의한 복사.
Xer·xes [zə́:rksi:z] *n.* (519 ?–465? B. C.) 크세륵세스《옛 페르시아 왕》.
xi [zai, sai/sai, gzai] *n.* 그리스어 알파벳의 14째 글자《Ξ, ξ; 영어의 X, x에 해당》.
X. i., x-i., x-int. ex interest 〖證〗 이자락(利子落).
xí párticle 〖理〗 크시입자《소입자의 하나》.
xiph·oid [zífɔid] *a.* 〖解·動〗 검(劍) 모양의. —— *n.* 검상 연골〔돌기〕.
xí stàr 〖理〗 크시스타.
XL extra large.
‡**Xmas** [krísməs] *n.* =CHRISTMAS.
Xn. Christian. **XO** excutive officer.
XP [káiróu, kí:-] 예수의 표호(標號)《☧로 나타냄; Christ에 해당하는 그리스문자 *ΧΡΙΣΤΟΣ* 의 첫 두 글자》.
***X-ray** [éksrèi] *n., vt., a.* **엑스선** (사진); X선으로 검사〔치료〕하다; 뢴트겐 사진을 찍다; X선의〔에 의한〕.
X́-ray diffràction 〖理〗 엑스선 회절(법).
X́-ray thèrapy 엑스선 요법.
X-rts. ex-rights 〖證〗 신주 특권락(新株特權落). **Xt.** Christ. **Xtian.** Christian.
Xtra [ékstrə] *n.* 호외; 〖映〗 엑스트라.
X-u·nit [éksjù:nit] *n.* 〖理〗 엑스 단위《엑스선, 감마선의 파장 측정에 쓰임; 생략 Xu, xu》.
xy·lem [záiləm, -lem] *n.* Ⓤ 〖植〗 목질부(木質部).
Xy·lene [záili:n] *n.* Ⓤ 〖化〗 크실렌《물감의 원료》.
xy·lo·graph [záiləgræ̀f, -grɑ̀:f] *n.* (특히, 15세기의) 목판(화).
xy·lon·ite [záilənàit] *n.* =CELLULOID.
xy·loph·a·gous [zailɑ́fəgəs/-lɔ́f-] *a.* 나무를 자르는〔파먹어 드는〕《곤충·갑각류·연체동물 등》.
xy·lo·phone [záiləfòun, zíl-] *n.* 목금, 실로폰. **xý·lo·phon·ist** [-nist] *n.* 목금 연주자.
xyst [zist], **xys·tus** [zístəs] *n.* (*pl.* ***-ti*** [-tai]) *n.* 〖古그·로〗 (주랑식의) 옥내 경기장; (정원 안의) 산책길, 가로수길.

Y

Y, y [wai] *n.* (*pl.* ***Y's, y's*** [-z]) Y자형의 것; 〖數〗 (제2의) 미지수〔량〕.
Y 〖化〗 yttrium; yen; yeomanry; Y. M. C. A. *or* Y. W. C. A. (*I'm staying at Y.*). **y** 〖幾〗 ordinate.
y. yard(s); year(s).
‡**yacht** [jɑt/-ɔ-] *n., vi.* **요트**(를 달리다, 경주를 하다). **∠·ing** Ⓤ 요트 조종〔놀이〕.
yachts·man [∠smən] *n.* 요트 조종〔소유〕자.
yack·e·ty-yak [jǽkətijǽk] *n.* 《俗》 시시한 회화〔잡담〕.
yaf·fle [jǽfəl] *n.* 《英》 청딱따구리.
yah[1] [jɑ:] *int.* 야아! 《조소·혐오 등을 나타내는 소리》.
yah[2] *ad.* 《美口》 =YES.
Ya·hoo [jɑ́:hu:, jéi-] *n.* 야후《「걸리버 여행기」 속의, 인간의 모습을 한 짐승》.

X

Yah·we(h) [já:we, -ve] *n.* =JEHOVAH. 「명.
Yak [jæk, jɑ:k] *n.* 러시아의 전투기
yak [jæk] *n.* 야크, 이우(犛牛)《티베트·중앙 아시아산의 털 긴 (얼룩)소》.
***Yale** [jeil] *n.* **예일 대학**《미국 Connecticut주, New Haven 소재; 1701년 설립》.
Yále lòck 예일 자물쇠《미국인 L. Yale이 발명한 문에 다는 원통 자물쇠》.
Yal·ta [jɔ́:ltə/jǽ:l-] *n.* 얄타《러시아 크리미아 지방의 흑해 항구》.
Yálta Cónference, the (미·영·소 간의) 얄타 회담《1945》.
Ya·lu [já:lù:] *n.* (the ～) 압록강.
yam [jæm] *n.* 마(뿌리); 《美南部》 고구마; 《Sc.》 감자.
yam·mer [jǽmər] *vi., vt., n.* 《口》 끙끙〔낑낑〕거리다〔거리기〕; 불평을 늘어놓다〔늘어놓음〕, 투덜거리며 말하다; (새가) 높은 소리로 울다〔우는 소리, 울음〕. 「(the ～) 양자강.
Yang·tze, -tse [jǽŋsi(:), -tsi:] *n.*
Yank [jæŋk] *n., a.* 《俗》 =YANKEE.
yank [jæŋk] *vt., vi., n.* 《口》 확 잡아당기다〔당김〕.
‡**Yan·kee** [jǽŋki] *n.* ① 《美》 뉴잉글랜드 사람. ② (남북 전쟁의) 북군 병사; 북부 여러 주 사람. ③ 미국인. —— *a.* 양키의. **～·ism** [-izəm] *n.* Ⓤ 양키 기질; 미국식 (말씨).
Yan·kee·dom [-dəm] *n.* Ⓤ 양키 나라; 《集合的》 양키.
Yan·kee-Doo·dle [-dú:dl] *n.* 양키 노래《독립 전쟁 당시의 군가》.
Yap [jæp] *n.* 서태평양 캐롤린 제도 중의 한 섬.
yap [jæp] *n.* 요란스럽게 짖는 소리; 《俗》 시끄러운〔객적은〕 잔소리; 불량배, 바보. —— *vi.* (*-pp-*) (개가) 요란스럽게 짖다; 《俗》 시끄럽게〔재잘재잘〕 지껄이다.
yapp [jæp] *n.* ⓊⒸ 야프형 제본《성서처럼 가죽 표지의 가를 접은 제본 양식》.
‡**yard**[1] [jɑ:rd] *n.* ① 울안, **마당**, (안)뜰. ② 작업장, 물건 두는 곳, (닭 따위의) 사육장. ③ (철도의) 조차장(操車場). —— *vt.* (가축 등을) 울안에 넣다.
‡**yard**[2] *n.* **야드**《길이의 단위; 3피트, 약 91.4cm》, 마(碼); 〖海〗 활대.
yard·age[1] [∠idʒ] *n.* Ⓤ (가축의) 위탁장 사용권〔료〕; (가축 하역의) 역구내 사용료.
yard·age[2] *n.* Ⓤ 야드로 잼; 그 길이.
yard·arm [∠à:rm] *n.* 〖海〗 활대끝.
yard·bird [∠bə̀:rd] *n.* 초년병; 죄수.
yárd mèasure 야드 자《줄자·대자》.
yard·stick [∠stìk] *n.* 야드 자《대자》; 판단〔비교〕의 표준.
‡**yarn** [jɑ:rn] *n.* ① Ⓤ **방(적)사**(紡(績)絲), 뜨개질, 피륙 짜는 실. ② 《口》 (항해자 등의 긴) 이야기; 허풍. *spin a* ～ 긴 이야기를 하다. —— *vi.* 《口》 (긴) 이야기를 하다.
yarn-dyed [∠dàid] *a.* 짜기 전에 염색한(cf. piece-dyed).
yar·row [jǽrou] *n.* 〖植〗 서양톱풀.
yash·mak [jǽʃmæk] *n.* (회교국 여성이 남 앞에서 쓰는) 이중 베일.
yat·a·g(h)an [jǽtəgæ̀n, -gən] *n.* (회교도의 자루 끝이 뭉툭한) 날밑 없는 칼. 「어나다〔벗어남〕.
yaw [jɔ:] *vi., n.* 침로(針路)에서 벗
yawl [jɔ:l] *n.* 고물 근처에 두 개째의 짧은 돛대가 있는 범선; 4 〔6〕개의 노로 젓는 함재(艦載) 보트.
‡**yawn** [jɔ:n] *vi.* ① **하품하다**. ② (입·틈 등이) 크게 벌어져 있다. —— *vt.* 하품하며 말하다. —— *n.* ① 하품. ② 틈, 금. *∠·**ing** *a.* **하품하고 있는**; 지루한. 「치다〔외치는 소리〕.
yawp [jɔ:p] *n., vi.* 《俗》 시끄럽게 외
yaws [jɔ:z] *n. pl.* 〖醫〗 인도 마마.
y-ax·is [wáiæ̀ksis] *n.* (*pl.* *-axes* [-si:z]) 〖數〗 y축.
Yb 〖化〗 ytterbium.
Ý chrómosome 〖生〗 Y염색체.
y·clept, y·cleped [iklépt] *a.* 《古·諧》 …이라고 불리어지는, …이라는 이
yd. yard(s). 「름의.
***ye**[1] [ji:, 弱 ji] *pron.* 《古·詩》 (thou의 複數) **너희들**; 《口》 =YOU.
Ye, ye[2] [ði:, 弱 ðə, ði] *def. art.* 《古》 =THE.
yea** [jei] *ad.* ① **그렇다**, 그렇지(yes). ② 《古》 실로, 참으로. —— *n.* 찬성; 찬성 투표(자). ***～s and nays 찬부(의 투표). 「～? 정말이냐?).
***yeah** [jɛə, jɑ:] *ad.* 《口》 =YES (*Oh*
yean [ji:n] *vt., vi.* (양·염소 등이 새끼를) 낳다. **∠·ling** *n.* 새끼양〔염소〕.
†**year** [jiər/jə:r] *n.* ① …년, …해, …살. ② 연도, 학년. ③ (태양년·항성(恒星)년 등의) 1년; (유성의) 공전 주기(公轉周期). ④ (*pl.*) 연령; (*pl.*) 노년. ***for*** **～*s*** 몇 년이나. ***～ after*** 〔***by***〕 ～ 해마다, 매년. ***～ in,*** ～ ***out*** 연년 세세, 끊임없이. ‡**∠·ly** *a.* **연 1회의**; 매년의; 그 해만의; 1년간의. 「보.
year·book [∠bùk] *n.* 연감(年鑑), 연
year-end [∠énd] *n., a.* 연말(의).
year·ling [∠liŋ] *n., a.* (동물의) 1년생; 당년의; 1년된. 「동안 계속된.
year·long [∠lɔ̀(:)ŋ, -ɑ̀ŋ] *a.* 1 년〔오랜〕
‡**yearn** [jə:rn] *vi.* ① **동경하다**, 그리워하다(*for, after*); 그립게 생각하다(*to, toward*). ② 동정하다(*for*). ③ 간절히 …하고 싶어하다(*to* do). *∠·**ing** *n., a.* ⓊⒸ **동경**〔열망〕(하는). **∠·ing·ly** *ad.*
year-round [jíərràund/jə́:r-] *ad.* 1년중 계속되는.
***yeast** [ji:st] *n.* Ⓤ ① **이스트**, 빵누룩; 효모(균). ② 고체 이스트. ③ 영향을〔감화를〕 주는 것. ④ 거품. **∠·y** *a.* 이스트의〔같은〕; 발효하는; 불안정한. 「밀가루로 굳힌 것》.
yéast càke 고체 이스트《이스트를
Yeats [jeits], **William Butler** (1865–1939) 아일랜드의 시인·극작가.
yegg [jeg] *n.* 《美俗》 금고털이; 강도.
yelk [jelk] *n.* 《方》 =YOLK.

‡yell [jel] *vi.* **큰 소리로 외치다,** 아우성치다. —— *vt.* 외쳐 말하다. —— *n.* ① **외치는 소리,** 아우성. ②《美》 엘《대학생 등의 응원의 고함》.

†yel·low [jélou] *a.* ① **황색의;** 피부가 누런. ② 편견을 가진; 질투심 많은. ③《口》 겁많은. ④ (신문 기사 등이) 선정적인. —— *n.* ⓊⒸ **황색;** Ⓤ 황색(그림)물감; Ⓒ 노란 옷; (달걀의) 노른자위. —— *vt., vi.* 황색으로 하다〔되다〕. *∼·**ish** *a.* **누르스름한.**

yel·low·back [-bæ̀k] *n.* 황색 표지 책《19세기 후반의 싼 선정적 소설》.

yel·low-bel·ly [-bèli] *n.* 비겁자.

yel·low·bird [-bə̀:rd] *n.* (미국산) 검은 방울새의 일종; (각종의) 노란새.

yéllow còvered líterature《口》 통속 문학.

yéllow dóg 들개; 비열한 사람.

yél·low-dóg còntract [-dɔ́(:)g, -á-] 황견(黃犬) 계약《노조 불참을 조건으로 한 부정 고용 계약》.

yéllow féver 황열병(黃熱病).

yéllow flág 검역기《전염병 환자가 있는 표시, 또는 검역으로 정박중이라 해서 배에 다는 황색기; quarantine flag라고도 함》.

yel·low·ham·mer [-hæ̀mər] *n.*〖鳥〗 멧새의 일종.

yéllow jàck 황열병; 검역기(檢疫旗).

yel·low·jack·et [-dʒæ̀kit] *n.*《美》〖蟲〗 말벌.

yéllow jóurnal = YELLOW PRESS.

yéllow métal 금; 놋쇠의 일종.

yéllow ócher 〔《英》 **óchre**〕 황토; 황토색 그림물감.

yéllow páges 전화부의 직업별 난.

yéllow péril, the 황화(黃禍)《황색 인종의 우세에 대하여 백인이 품고 있는 우려》.

yéllow préss, the (선정적인) 황색 신문.

yéllow ráce, the 황색 인종.

Yéllow Ríver, the 황하.

Yéllow Séa, the 황해.

yéllow sòap (고체) 세탁 비누.

yéllow spòt〖醫〗 (망막의) 황반(黃斑).

Yel·low·stone [jéloustòun] *n.* 미국 와이오밍주의 강; =⇩.

Yéllowstone Nátional Párk (미국 와이오밍주 북서부의) 옐로스톤 국립 공원.

yéllow stréak 겁 많은 성격〔행동〕.

yel·low·tail [-tèil] *n.* (California 연해산의) 방어무리.

yéllow wárbler 아메리카솔새.

***yelp** [jelp] *n., vi.* (개·여우 따위의) **날카로운 울음 소리(를 내다),** 깽깽 (울다).

Yem·en [jémən] *n.* 예멘(Yemen Arab Republic).

yen[1] [jen] *n.* (Jap.) *sing. & pl.* 엔(圓)《일본의 화폐 단위》.

yen[2] *n., vi.* (**-nn-**)《美口》 열망(하다); 동경(하다) (*for*). ***have a* ∼ *for*** 열망하다.

yeo·man** [jóumən] *n.* (*pl.* **-men**) ①〖英史〗 **자유민.** ②《英》 소지주, 자작농. ③《英》 기마 의용병. ④《古》 (국왕·귀족의) 종자(從者). ⑤〖美海軍〗 (창고·서무계의) **하사관.** ∼**('s) *service (일단 유사시의) 충성, 급할 때의 원조〔도움〕 《Sh., *Haml.*》. ∼·**ly** *a., ad.* yeoman의〔다운, 답게〕; 용감한〔하게〕; 정직한.

yeo·man·ry [jóumənri] *n.*《集合的》 자유민; 소지주, 자작농; 기마 의용병.

yep [jep] *ad.*《美口》 =YES.

†yes [jes] *ad.* ① **네, 그렇습니다;** 정말, 과연《긍정·동의의 뜻으로 씀》. ② 그래요?, 설마? ③ 그 위에, 게다가(∼, *and* ...). —— *n.* 「네」라는 말〔대답〕 《동의·긍정을 나타내는》. ***say*** ∼ 「네」라고 (말)하다, 승낙하다. —— *vi.* 「네」라고 (말)하다.

yés màn《口》 예스맨《윗사람 하는 말에 무엇이나 네네하는 사람》.

†yes·ter·day [jéstərdèi] *n., ad.* Ⓤ **어제,** 어저께; 최근.

yes·ter·night [jéstərnáit] *n., ad.* Ⓤ《古·詩》 간밤, 엊저녁.

yes·ter·year [jéstərjíər/-jə́:r] *n., ad.* Ⓤ《古·詩》 작년; 지난 세월.

†yet [jet] *ad.* ① **아직;** 지금까지. ②《否定文》 아직 (…않다), 당장은, 우선은. ③《疑問文》 이미 (*Is dinner ready* ∼*?* 이미 식사 준비가 됐습니까); 머지 않아, 언젠가(는) (*I'll do it* ∼*!* 언젠가는 하고 말 걸); 더우기, 그 위에. ④《nor와 함께》 …조차도. ⑤《比較級과 함께》 더 한층; 그럼에도 불구하고, 그러나. ***as*** ∼ 지금까지로서는. (***be***) ∼ ***to*** 아직 … 않다 (*Three are* ∼ *to return.* 미귀환 3명). ∼ ***again*** 다시 한 번. —— *conj.* **그럼에도 불구하고, 그러나,** 그런데도.

ye·ti [jéti] *n.* (히말라야의) 설인(雪人) (the abominable SNOWMAN).

***yew** [ju:] *n.*〖植〗 **주목(朱木);** Ⓤ 그 재목.

Y-gun [wáigʌ̀n] *n.*〖海軍〗 Y형 폭뢰 투사 장치.

Y.H.A. Youth Hostels Association.

Yid·dish [jídiʃ] *n., a.* Ⓤ 이디시어(語)(의)《독일어·히브리어·슬라브어의 혼합으로, 히브리 문자로 쓰며 러시아·중유럽의 유대인이 씀》.

‡yield [ji:ld] *vt.* ① **생산〔산출〕하다,** 생기게 하다. ② (이익을) 가져오다. ③ 주다, 허락하다; 양도하다; 포기하다; 명도(明渡)하다. ④ 항복하다. —— *vi.* ① (토지 등에서) 농작물이 산출되다. ② 굴복하다. ③ (눌리어) 구부러지다, 우그러지다. —— *n.* 산출(물); 산액(產額); 수확. *∼·**ing** *a.* **생산적인;** 하라는 대로 하는, 순종하는; 구부러지기 쉬운.

yíeld pòint〖理〗 항복점《탄성 한계를 넘어서 되돌아가지 못하는 점》.

yip [jip] *vi.* (**-pp-**), *n.*《口》 (개 따위가) 깽깽 짖다; 그 소리.

yip·pie [jípi] *n.* (때로 Y-)《美俗》이피(족), 정치적 히피.

Ý lèvel〖測〗 Y자형 수준기(水準器).

Y.M.C.A. Young Men's Christian Association. **Y.M. Cath.A.** Young Men's Catholic Association.

yob [jɑb/jɔb], **yob·(b)o** [jɑ́bou/jɔ́b-] *n.*《英俗》 건달, 똘마니《boy를

거꾸로 한 것).

yod [jɔ(:)d] *n.* 요드《히브리어 자모의 10번째 글자; 발음기호 [j]의 호칭》.

yo·del, yo·dle [jóudl] *n., vt., vi.* 요들(로 노래하다, 을 부르다)《본성(本聲)과 가성(假聲)을 엇바꿔 가며 부르는 스위스나 티롤 지방의 노래》.

yo·ga, Y- [jóugə] *n.* Ⓤ 〖힌두教〗 요가, 유가(瑜珈).

yogh [jouk, joux, joug] *n.* 요흐《Middle English의 자모 ȝ; 발음기호 [ʒ]의 호칭》. 「트(cf. clabber).

yo·g(h)urt [jóugə:rt] *n.* Ⓤ 요구르

yo·gi [jóugi] *n.* 요가 수도자.

yo·gism [jóugizəm] *n.* Ⓤ 요가의 교리〔철리〕.

yó-heave-ho [jóuhì:vhóu] *int.* 어기여차!; 에이야 에이야! 《뱃사람들이 닻을 감을 때 내는 소리》.

yoicks [jɔiks] *int.* 《英》 쉭! 《여우 사냥에서 사냥개를 추기는 소리》.

‡**yoke** [jouk] *n.* ① (2 마리의 가축의 목을 잇는) 멍에 (모양의 것). ② (멍에에 맨) 한쌍의 가축〔소〕. ③ 멜대; (블라우스 따위의) 어깨, (스커트의) 허리. ④ 인연, 굴레; 구속, 속박; 지배. ***pass*** 〔***come***〕 ***under the*** ~ 굴복하다. —— *vt.* 멍에를 씌우다〔에 매다〕; 결합시키다; 한데 맺다(*to*). —— *vi.* 결합하다; 어울리다.

yoke-bone [ˊbòun] *n.* 〖解〗 광대뼈.

yoke·fel·low [ˊfèlou], **yoke·mate** [ˊmèit] *n.* 일의 동료; 배우자.

yo·kel [jóukəl] *n.* 시골뜨기.

yolk [jou*l*k] *n.* ⓊⒸ (달걀의) 노른자위; Ⓤ 양모지(羊毛脂).

yon(d) [jɑn(d)/-ɔ-] *a., ad.* 《古·方》 =⇩.

‡**yon·der** [jándər/-ɔ́-] *ad., a.* 저쪽〔저기〕에〔의〕; 훨씬 저쪽의.

yo·ni [jóuni] *n.* 〖힌두教〗 여음(女陰) 《여성의 생식력의 상징》.

yoo-hoo [jú:hù:] *int.* 이봐, 야.

yore [jɔr] *n.* Ⓤ 《다음 용법뿐》 ***in days of*** ~ 옛날에는. ***of*** ~ 옛날의.

York [jɔ:rk] *n.* 요크가(家) 《1461-85년 간의 영국의 왕가》; =YORKSHIRE. ˊ**·ist** *a., n.* 〖英史〗 요크가(家)〔당〕의 (사람).

Yorks. Yorkshire.

York·shire [ˊʃiər] *n.* 잉글랜드 북부의 주《1974년에 North Y-, South Y-, West Y- 등으로 분리》.

Yórkshire púdding 로스트 비프와 함께 요리하여 먹는 푸딩.

Yórkshire térrier 요크셔 테리어 《애완용의 작은 삽살개》.

Yo·sem·i·te [jousémiti] *n.* (미국 캘리포니아주 동부의) 요세미티 계곡.

†**you** [ju:, 弱 ju, jə] *pron. sing. & pl.* ① 당신(들)은〔이〕, 자네〔당신〕(들)에게(을). ② 사람, 누구든지. ***Are ~ there?*** 〖電話〗 여보세요. ***Y- there!*** 《呼稱》 여보세요. ***Y- idiot, ~!*** 이 바보야! ***You've had it!*** ⇨ HAVE.

you-all [ju:ɔ́:l, jɔ:l] *pron.* 《美南部口》 (2 사람 이상에 대한 호칭으로) 너희들, 여러분.

†**you'd** [ju:d] you had 〔would〕의 단축. 「의 단축.

†**you'll** [ju:l, 弱 jəl] you will 〔shall〕

†**young** [jʌŋ] *a.* ① (나이) 젊은; 기운찬; 어린. ② (같은 이름의 사람·부자·형제를 구분할 때) 나이 어린 쪽〔편〕의(junior). ③ (시일·계절·밤 등이) 아직 이른, 초기의; 미숙한(*in, at*). ④ (정치 운동 등이) 진보적인. —— *n.* 《集合的》 (동물의) 새끼. ***the ~*** 젊은이들. ***with ~*** (동물이) 새끼를 배어. ˊ**·ish** *a.* 약간 젊은.

yóung and àll 누구나 모두, 전원.

young·ber·ry [ˊbèri/-bəri] *n.* (미국 남서부산) blackberry와 dewberry를 접붙인 품종.

yóung blóod 청춘의 혈기; 젊은이들.

young·ling [ˊliŋ] *n.* 《詩》 어린 것, 유아, 어린 짐승, 어린 나무; 초심자. —— *a.* 젊은. 「이.

‡**young·ster** [ˊstər] *n.* 어린이; 젊은

youn·ker [ˊkər] *n.* 《古》 젊은이.

†**your** [juər, jɔ:r, 弱 jər] *pron.* (you의 所有格) ① 당신(들)의. ② 《古·口》 예(例)의 (familiar), 이른바. ③ 《敬稱으로》 (*Good morning, Y- Majesty!* 폐하, 안녕히 주무셨습니까).

†**you're** [juər, 弱 jər] you are의 단축.

†**yours** [juərz, jɔ:rz] *pron.* ① 당신의 것; 댁내. ② 당신의 편지. ***of ~*** 당신의. ~ ***truly*** 여불비례(餘不備禮); 《諧》 =I, ME.

†**your·self** [juərsélf, jər-, jɔ:r] *pron.* (*pl.* **-selves**) 당신 자신. ***Be ~!*** 《口》 정신 차려. 「수.

†**your·selves** [-sélvz] *pron.* ⇧의 복

‡**youth** [ju:θ] *n.* (*pl.* ~**s** [ju:ðz, -θs]) Ⓤ ① 젊음, 연소(年少). ② 청춘; 초기; 청년. ③ 《集合的》 젊은이들.

‡**youth·ful** [jú:θfəl] *a.* ① 젊은; 젊음에 넘치는. ② 젊은이의〔에 적합한〕. ~**·ly** *ad.* ~**·ness** *n.*

yóuth hòstel 유스 호스텔《주로 청년을 위한 비영리 간이 숙소》.

yóuth hóstel(l)er 유스 호스텔 협회 회원. 「축.

†**you've** [ju:v, 弱 juv] you have의 단

yowl [jaul] *vi., n.* 길고 슬프게 (우)짖다; 그 소리.

Yo·yo [jóujòu] *n.* (*pl.* ~*s*) 〖商標〗 요요《장난감의 일종》.

y·per·ite [i:pəràit] *n.* Ⓤ 〖化〗 이페릿《독가스의 일종》. 「yttrium.

yr. year(s); younger; your. **Yt** 〖化〗

yt·ter·bi·um [itə́:rbiəm] *n.* Ⓤ 〖化〗 이테르븀《희금속 원소》.

yt·tri·um [ítriəm] *n.* Ⓤ 〖化〗 이트륨《희금속 원소》. 「조).

Yü·an [ju:á:n] *n.* 원(元)《몽고 왕

yu·an [ju:á:n] *n. sing. & pl.* 원(元) 《중국의 화폐 단위》.

Yu·ca·tan [jù:kətá:n] *n.* 멕시코 남동부의 반도. 「식물.

yuc·ca [jʌ́kə] *n.* 〖植〗 유카속의 목본

Yu·go·slav [jú:gou*s*là:v, -slæv] *a.*,

n. 유고슬라비아(사람)의; 유고슬라비아 사람. 「유고슬라비아.
Yu·go·sla·vi·a [jù:gouslá:viə] *n.*
Yu·kon [jú:kɑn/-ɔn] *n.* (the ~) 캐나다 북서부의 강.
yule, Y- [ju:l] *n.* 크리스마스 (계절).
yule·tide [⌐tàid] *n.* Ⓤ 크리스마스 계절.
yum·my [jʌ́mi] *a.* 《口》 맛나는.
yum-yum [jʌ́mjʌ́m] *int.* 냠냠.
yup [jʌp] *ad.* 《美俗》 =YES.
yurt [jurt/juət] *n.* (몽고 유목민의) 이동용 천막《가죽, 펠트로 씌움》.
Y.W.C.A. Young Women's Christian Association.

Z

Z, z [zi:/zed] *n.* (*pl.* ***Z's, z's*** [-z]) Z 자 모양의 것; 〖數〗 (제3의) 미지수〔량〕. ***from A to Z*** 처음부터 끝까지, 철두철미.
z atomic number; zenith distance.
Z., z. zone; zero. 「몸매가 좋은.
zaf·tig [zɑ́:ftik] *a.* 《美俗》 (여성이)
zag [zæg] *n.* 지그재그의 한 획《zigzag의 zag》.
Za·ire [zɑ́:iər, zɑ:íər] *n.* 자이레《아프리카 중서부의 공화국》.
Zam·be·zi [zæmbí:zi] *n.* (the ~) 아프리카 남부의 강.
Zam·bi·a [zǽmbiə] *n.* 잠비아《아프리카 남부의 공화국》.
zam·bo [zǽmbou] *n.* (*pl.* ~(*e*)*s*) 아메리카 토인과 흑인과의 트기, 흑인과 흑백 혼혈아와의 트기 (sambo).
Za·men·hof [zɑ́:mənhòuf / -hɔ̀f], **Lazarus Ludwig**(1859–1917) 폴란드의 안과 의사; ESPERANTO의 창안자.
za·ny [zéini] *n.* 익살꾼; 바보.
Zan·zi·bar [zǽnzəbɑ̀:r/⌐—⌐] *n.* 아프리카 동해안의 섬《탕가니카와 함께 탄자니아 연합 공화국 구성》.
zap [zæp] *vt.* (**-*pp*-**) 《美俗》 치다, 타살하다; 습격하다.
zap·per [zǽpər] *n.* 《美》 (전파를 이용한) 해충〔잡초〕 구제기(器); 《俗》 심한 비평.
Zar·a·thus·tra [zæ̀rəθú:strə] *n.* = ZOROASTER. 「르는 도끼 공구.
zax [zæks] *n.* (지붕용) 슬레이트 자
Z-code [zí:kòud/zéd-] *n.* = ZIP CODE.
ZD zenith distance; zero defects.
‡**zeal** [zi:l] *n.* Ⓤ **열심**, 열중(*for*).
Zea·land [zí:lənd] *n.* 덴마크 최대의 섬. 「**ry** *n.* Ⓤ 열광.
zeal·ot [zélət] *n.* 열중〔열광〕자. **~-**
‡**zeal·ous** [zéləs] *a.* **열심인**, 열광적인. **~·ly** *ad.*
*__ze·bra__ [zí:brə] *n.* **얼룩말**.
zébra cròssing 《英》 (흑백의 얼룩무늬를 칠한) 횡단 보도.
ze·brass [zí:bræ̀s] *n.* 수얼룩말과 암탕나귀와의 교배종.
ze·bra·wood [zí:brəwùd] *n.* Ⓤ (기아나산의) 줄무늬 있는 목재.
ze·bu [zí:bju:] *n.* 봉우(犎牛)《중국·인도산의, 등에 큰 혹이 있는 소》.
Zech. Zechariah.
Zech·a·ri·ah [zèkəráiə] *n.* 기원전 6세기의 Israel 예언자; 〖舊約〗 스가랴서(書).
zed [zed] *n.* 《英》 Z〔z〕자. 「랴서(書).
zed·o·a·ry [zédouèri/-əri] *n.* Ⓤ 〖植〗
zee [zi:] *n.* 《美》 Z〔z〕자. 「심황(뿌리).
ze·in [zí:in] *n.* 〖生化〗 제인《옥수수에서 채취하는 가연성 단백질》.
Zeit·geist [tsáitgàist] *n.* (G.) 시대 정신〔사조〕.
ze·na·na [zenɑ́:nə] *n.* (인도 상류 가정의) 부인방. 「및 주석.
Zend [zend] *n.* Zend-Avesta의 번역
Zend-A·ves·ta [zèndəvéstə] *n.* 조로아스터교의 경전(經典).
*__ze·nith__ [zí:niθ/zé-] *n.* ① **천정**(天頂). ② 정점(頂點), 절정. 「리.
zénith dístance 〖天〗 천정(天頂) 거
zénith télescope 천정의(天頂儀).
Ze·no [zí:nou] *n.* (336?–264? B.C.) 그리스의 철학자, 스토아 학파 시조.
ze·o·lite [zí:əlàit] *n.* Ⓤ 불석(沸石).
Zeph. Zephaniah.
Zeph·a·ni·ah [zèfənáiə] *n.* 히브리의 예언자; 〖舊約〗 스바냐서(書).
zeph·yr [zéfər] *n.* 《雅》 (Z-) (의인화(擬人化)한) 서풍; 산들바람, 연풍(軟風); ⓊⒸ 가볍고 부드러운 실·천·옷.
zéphyr clòth 얇고 가벼운 캐시미어 모직. 「의) 아주 가는 털실.
zéphyr yàrn 〔**wòrsted**〕 (자수용
Zep·pe·lin, z- [zépəlin] *n.* 체펠린 비행선; 《一般》 비행선.
‡**ze·ro** [zíərou] *n.* (*pl.* ~(*e*)*s*) ① **영**. ② Ⓤ 영점; (온도계의) 영도. ③ Ⓤ 무; 최하점. ④ Ⓤ 〖空〗 제로 고도(高度)《500피트 이하》. ***fly at ~*** 제로 고도로 날다. **——** *a.* 영의; 전무한. **——** *vi., vt.* **겨냥하다**; (…에) 조준을 맞추다(*in*).
zé·ro-base(**d**) **búdgeting** [-bèist-] 제로베이스 예산(편성) 《예산을 백지상태로 돌려 놓고 검토》. 「ZD》.
zéro deféctts 무결점 (운동) 《생략
zéro Ǵ 〔**grávity**〕 무중력 (상태).
zéro hòur 〖軍〗 예정 행동〔공격〕 개시 시각; 위기, 결정적 순간.
ze·ro-sum [zíərousʌm] *a.* 피아(彼我) 득실에서 차감이 제로인.
ze·ro-ze·ro [⌐–⌐–] *a.* 〖氣〗 시계(視界)가 제로인.
*__zest__ [zest] *n.* Ⓤ ① **풍미**(를 돋우는 것)《레몬 껍질 등》. ② **묘미**, 풍취. ③ 대단한 흥미, 열심. ***with ~*** 대단한 흥미를 갖고, 열심히. **——** *vt.* …에 풍미〔흥미〕를 더하다. **~·ful** [⌐fəl] *a.*
ze·ta [zéitə, zí:-] *n.* 그리스어 알파벳의 여섯째 글자《Z, ζ; 영어의 Z, z에 해당》.
ZETA [zí:tə] (<*z*ero *e*nergy *t*her-monuclear *a*pparatus) *n.* 〖理〗 제어 열핵 반응 장치.
zeug·ma [zú:gmə] *n.* Ⓤ 〖文〗 액어법(軛語法)《하나의 형용사·동사로 두 개의 명사를 수식·지배하는 것; 보기: *kill* the boys and *destroy*

Z

the luggage를 *kill* the boys and the luggage로 하는 따위》.

*__Zeus__ [zju:s] *n.* 〖그神〗 제우스 《Olympus 산의 주신(主神); 로마 신화의 Jupiter에 해당》.

zib·el·(l)ine [zíbəlàin, -lin] *a.*, *n.* 검은담비(sable)의 (모피).

zib·et [zíbit] *n.* 사향고양이의 일종 《인도·말레이산》.

‡**zig·zag** [zígzæ̀g] *a.*, *ad.* **지그재그의〔로〕**, Z〔갈짓〕자형의〔으로〕. —— *vi.*, *vt.* (*-gg-*) **지그재그로 나아가**(게 하)다. —— *n.* 지그재그〔Z자〕형(의 것).

zilch [ziltʃ] *n.* 《美俗》 ① 무, 제로; 무가치한 것. ② (Z-) 아무개, 모씨(某氏).

zil·lion [zíljən] *n.*, *a.* 《美口》 엄청나게 많은 수(의).

zil·lion·aire [zìljənέər] *n.* 억만장자.

‡**zinc** [ziŋk] *n.*, *vt.* (*-(c)k-/-c(k)-*) Ⓤ 〖化〗 아연(으로 도금하다, 을 입히다).

zínc blènde 〖鑛〗 섬(閃)아연광.

zin·co·graph [zíŋkəgræ̀f, -grɑ̀:f] *n.*, *vt.* 〖印〗 아연 철판(凸版)(으로 복사〔인쇄〕하다).

zínc óintment 아연화 연고.

zínc óxide 산화아연. 「료).

zínc whíte 아연화, 아연백《백색 안

zing [ziŋ] *int.*, *n.* 《美口》 쌩 (소리). —— *vi.* (물체가 날아갈 경우 등) 쌩 소리를 내다.

zing·er [zíŋər] *n.* 팔팔한〔빠릿빠릿한〕 사람; 재치있는 응답.

zin·ni·a [zíniə] *n.* 백일초속(屬)의 식물.

Zi·on [záiən] *n.* 시온 산《예루살렘에 있는 신성한 산》; 유대 민족; Ⓤ 천국; Ⓒ 그리스도 교회. **~·ism** [-ìzəm] *n.* Ⓤ 시온주의《유대인을 Palestine에 복귀시키려는 민족 운동》. **~·ist** *n.* 시온주의자.

zip [zip] *n.* (총알 따위의) 핑 (소리); Ⓤ 《口》 원기; 지퍼. —— *vi.* (*-pp-*) 핑 소리를 내다; 《口》 기운차게 나아가다. —— *vt.* 지퍼〔척으〕로 채우다. —— *vt.* **~ *across the horizon*** 갑자기 유명해지다. **∠·per** *n.* 지퍼, 척. **∠·py**[1] *a.* 《口》 기운찬.

‡**zíp còde** (<*z*one *i*mprovement *p*rogram) 《美》 **우편 번호**(《英》 post-code). 「(英) =ZIPPER.

zip-fas·ten·er [∠fæ̀snər / -ɑ̀:-] *n.*

zíp fùel 열 함유도가 높은 제트〔로켓용〕 연료.

zíp gùn 수제(手製) 권총.

zip·pie, -py[2] [zípi] *n.* 지피《히피족의 일파》. 「르콘.

zir·con [zə́:rkɑn/-kɔn] *n.* Ⓤ 〖鑛〗 지

zir·co·ni·um [zərkóuniəm] *n.* Ⓤ 〖化〗 지르코늄《희금속 원소》.

zit [zit] *n.* 《美俗》 여드름(pimple).

zith·er(n) [zíθər(n), zíð-] *n.* 30–40 줄의 양금 비슷한 현악기.

zlot·y [zlɔ́:ti/-ɔ́-] *n.* (*pl.* **~s**, 《集合的》 **~**) 폴란드의 화폐 단위; 그 니켈화(貨).

Zn 〖化〗 zinc. **ZOA** Zionist Organization of America.

*__zo·di·ac__ [zóudiæ̀k] *n.* ① 〖天〗 **황도대**(黃道帶), 수대(獸帶); 12궁도(宮圖). ② 《稀》 일주(一周). ***signs of the*** **~** 〖天〗 12궁(宮). **zo·di·a·cal** [zoudáiəkəl] *a.* 「가) 몸매 좋은.

zof·tig [zɑ́ftig/zɔ́f-] *a.* 《美俗》 (여자

Zo·la [zóulə], **Emile** (1840–1902) 프랑스의 자연주의 소설가.

Zöll·ner's línes [zɑ́lnərz/-ɔ́-] 쵤너의 선《평행선의 각선에 역방향의 사선을 그은 것; 원 평행선은 기울어 보임》.

Zoll·ver·ein [tsɔ́(:)lfəràin, tsɑ́l-] *n.* (G.) (19세기 독일 연방 간의) 관세 동맹; 《一般》 관세 동맹.

zom·bi(e) [zɑ́mbi/-ɔ́-] *n.* 초자연력에 의해 되살아난 시체; 《俗》 바보; (럼과 브랜디로 만든) 독한 술.

zon·al [zóunəl] *a.* 띠(모양)의; 지대(地帶)로 갈린.

‡**zone** [zoun] *n.* ① 〖地〗 **대**(帶). ② 지대, 구역. ③ 《美》 (교통·우편의) 동일 요금 구역. ***loose the maiden ~ of*** …의 처녀성을 빼앗다. ***the Frigid*** 〔***Temperate, Torrid***〕 ***Z-*** 한〔온, 열〕대. —— *vt.*, *vi.* 지대로 나누다〔를 이루다〕.

zóne defènse 〖競〗 지역 방어.

zon·ing [zóuniŋ] *n.* Ⓤ 《美》 (도시의) 지구제; (소포 우편의) 구역제.

zonk [zɑŋk/zɔŋk] *vt.* 《俗》 인사불성으로 만들다(*out*); 술〔마약〕에 취하게 하다.

zonked [zɑŋkt/-ɔ-] *a.* 《美俗》 취한; (마약으로) 흐리멍덩한.

‡**zoo** [zu:] *n.* **동물원.**

zo·o·chem·is·try [zòuəkémistri] *n.* Ⓤ 동물 화학.

zo·og·a·my [zouɑ́gəmi/-ɔ́g-] *n.* Ⓤ 유성(有性) 생식, 양성 생식.

zo·o·ge·og·ra·phy [zòuədʒiɑ́grəfi/-ɔ́-] *n.* Ⓤ 동물 지리학.

zo·og·ra·phy [zouɑ́grəfi / -ɔ́-] *n.* Ⓤ 동물지학(動物誌學).

zo·oid [zóuɔid] *n.* 〖生〗 유생물(類生物) 《세포·정충 따위》; 〖動〗 (군체(群體)를 이루는) 개체.

zo·ol·a·try [zouɑ́lətri/-ɔ́l-] *n.* Ⓤ 동물숭배; 애완동물에의 편애.

zo·o·lite [zóuəlàit] *n.* 화석 동물.

‡**zo·o·log·i·cal** [zòuəlɑ́dʒikəl/-ɔ́-] *a.* **동물학**(상)의.

zoológical gárden(s) 동물원.

‡**zo·ol·o·gy** [zouɑ́lədʒi/-ɔ́-] *n.* Ⓤ ① **동물학.** ② 《集合的》 (어떤 지방의) 동물(상(相)) (fauna). ***zo·ól·o·gist** *n.* 동물학자.

*__zoom__ [zu:m] *n.*, *vi.* ① 〖空〗 **급상승**(하다), **붕** (소리나다). ② 《俗》 인기가 오르다, 붐을 이루다(cf. boom). ③ 〖映·寫〗 (줌 렌즈 효과로, 화면이) 갑자기 확대〔축소〕되다. —— *vt.* (화면을) 갑자기 확대〔축소〕시키다.

zoom·er [zú:mər] *n.* =ZOOM LENS.

zóom lèns 〖寫〗 줌 렌즈《경동(鏡胴)의 신축으로 초점 거리·사각(寫角)을 자유롭게 조절할 수 있는 렌즈》.

zo·on·o·my [zouɑ́nəmi/-ɔ́-] *n.* Ⓤ 동

Z

물 생리학.
zo·on·o·sis [zouάnəsis/-ɔ́-] *n.* UC 〖醫〗 동물 기생충《짐승에서 인간으로 옮는 질환》.
「애호.
zo·oph·i·ly [zouάfəli/-ɔ́-] *n.* U 동물
zo·o·phyte [zóuəfàit] *n.* 식충(植蟲)《산호·말미잘 따위》.
zo·o·psy·chol·o·gy [zòuəsaikάlədʒi/-kɔ́l-] *n.* U 동물 심리학.
zo·o·spore [zóuəspɔ̀:r] *n.* 〖植〗 유주자(遊走子).
「분류학.
zo·o·tax·y [zóuətæ̀ksi] *n.* U 동물
zóot sùit [zú:t] 《美俗》 주트복(服)《어깨가 넓은 긴 윗도리에, 아래가 좁은 바지》.
「한.
zoot·y [zú:ti] *a.* 《俗》 화려한, 현란
Zo·ro·as·ter [zɔ̀:rouǽstər, ⌐–⌐–] *n.* 이란의 조로아스터교의 개조(開祖) (*c.* 660–583B. C.) 《이란어로는 Zarathustra》.
Zo·ro·as·tri·an [zɔ̀:rouǽstriən] *a.*, *n.* 조로아스터(교)의, 조로아스터 교도. **~·ism** [-ìzəm] *n.* U 조로아스터교, 배화교(拜火教).
Zou·ave [zu(:)ά:v, zwα:v] *n.* 주아브병《아라비아 옷을 입은 알제리 사람으로 편성된 북아프리카의 프랑스 경보병(輕步兵)》; 〖美史〗 (주아브 복장을 한) 남북 전쟁의 의용병. 「쳇!
zounds [zaundz] *int.* 《古》 제기랄!;
ZPG Zero Population Growth 인구 증가 제로 계획. **Zr** 〖化〗 zirconium.
zuc·chet·to [zu:kétou, tsu:-] *n.* (*pl.* **~s**) 〖카톨릭〗 (공기를 엎은 모양의) 작은 모자《신부는 검정, 주교는 보라, 추기경은 빨강, 교황은 흰색》.
zuc·chi·ni [zu(:)kí:ni] *n.* (*pl.* **~(s)**) 《美》 (오이 비슷한) 서양 호박.
Zu·lu [zú:lu:] *n.* (*pl.* **~(s)**), *a.* 줄루 사람《아프리카 남동부의 호전적인 종족》; U 줄루어(語); 줄루 사람〔어〕의; C 원뿔꼴의 밀짚 모자.
Zu·rich [zúrik] *n.* 취리히《스위스 북부의 주(의 주도)》.
Zweig [tswaig], **Stefan** (1881–1942) 오스트리아 태생의 영국의 (반나치) 작가.
zwie·back [swí:bæ̀k, -bα:k, zwí:-] *n.* (G.) 러스크《가벼운 비스킷》의 일종.
Zwing·li [zwíŋgli], **Huldreich** or **Ulrich** (1484–1531) 스위스의 종교 개혁자.
zy·gal [záigəl] *a.* H자 꼴의《특히 뇌의 열구(裂溝)》.
zy·go·ma [zaigóumə] *n.* (*pl.* ***-mata*** [-mətə]) 〖解〗 광대뼈.
zy·go·spore [záigəspɔ̀:r] *n.* 〖植〗 접합포자(接合胞子).
zy·gote [záigout, zí-] *n.* 〖生〗 접합자(接合子).
zy·mase [záimeis] *n.* UC 〖生化〗 치마아제, 발효소(發酵素).
zy·mo·gen [záimədʒən] *n.* 〖生化〗 치모겐, 효소원(酵素原); 〖生〗 발효균.
zy·mol·o·gy [zaimάlədʒi/-ɔ́-] *n.* U 〖生化〗 발효학.
「의.
zy·mot·ic [zaimάtik/-ɔ́-] *a.* 발효(성)
zymótic diséase 발효병《발효가 병인(病因)으로 여겨졌던 smallpox 따위》.
「학(釀造學).
zy·mur·gy [záimə:rdʒi] *n.* U 양조
zzz [zí:zí:zí:] *n.* 쿨쿨《코고는 소리》.

Z

부 록

I. 미·영 중요 어구 비교

(1) 같은 말이면서 뜻의 차이가 나는 것

	미 어	영 어
avenue	큰 거리, 가로	가로수 길
bill	지폐	환어음
billion	10억	1조
bug	곤충	빈대
candy	(일반적으로) 사탕 과자	얼음사탕
cereals	(아침 식사용의) 곡물 식품	곡물
clerk	점원, 사무원	서기
Continent	북미 대륙	유럽 대륙
corn	옥수수	곡류, (특히) 밀
creek	시내, 지류	작은 후미
depot	정류장	창고
directly	이윽고	즉시
dresser	화장대	찬장
dry goods	직물류, 의류	곡류
express delivery	운송회사의 배달편	속달(우)편
faculty	수완, 교수단	능력, 학부
fire company	소방대	화재 보험 회사
first floor	1층	2층
frontier	변경《서부로 진출한 개척지와 미개척지와의 경계 지방》	국경지방
grammar school	초급중학교《4~8년에 상당》	문법학교, 지방 단체에서 세운 중등학교《미국의 high school에 상당》
guard	간수, 제동수	지키는 사람, 차장
homely	못생긴	수수한, 통속적인
hundredweight	100파운드	112파운드
jurist	법률전문가《법관·변호사》	법학자, 법학도
locust	매미	메뚜기
lumber	재목	잡동사니
lunch	가벼운 식사《점심 아니라도》	점심
merchant	소매상(인)	도매상(인)
overalls	작업용 바지	(의사·여성용의) 겉옷
pants	바지	팬티
pavement	차도	포장한 인도
pocketbook	지갑	수첩
postcard	사제 엽서	관제 엽서
producer	(극, 오페라 등의) 흥행인, 연출·제작의 책임자.	영화제작자, 무대감독, 연출자《미국의 director에 상당》
public school	공립 학교	퍼블릭 스쿨《기숙제의 사립 중등학교》
quiz	묻다, 시험하다	놀리다, 장난하다
rabbit	(일반적으로) 토끼	집토끼
redcap	(역의) 포터	헌병
shop	공장, (작업장을 겸한) 가게	가게, 상점, 소매점
sick	병의	느글거리는
sleeper	침대차	철도의 침목
subway	지하철	지하도
suspenders	바지 멜빵	양말대님
toilet room	세면소, 변소	화장실
vest	조끼	속옷
workhouse	소년원	구빈원(救貧院)

(2) 같은 한국말에 대한 다른 표현

Korean	American	English
	정 치 관 계 (POLITICS)	
정부	Administration	Government
연립내각	fusion administration	coalition cabinet
장관	Secretary	Minister
각료	Cabinet member	Cabinet minister
국무부(《영》 외무성)	State Department	Foreign Office
의회	Congress	Parliament
의원 휴게실	cloakroom	lobby
의안의 통과	passage of a bill	passing of a bill
…출신 국회 의원	representative from…; the gentleman from…	member for…
공천 후보자 명단	ticket	list of candidates
입후보; 출마	candidacy	candidature
국회의원에 출마하다	run for Congress	stand for Parliament
보궐선거	special election	by-election
절대 다수	majority	clear majority
선거 운동	campaign	canvass
투표수 점검자	canvasser	scrutineer
정당 강령	party platform	party programme
정당 연합	party fusion	party coalition
공무원	office-holder	civil servant
지방세	local taxes	local rates
	재판·경찰·범죄·소방 관계 (POLICE, etc.)	
사법권	judiciary	judicature
검사	district attorney	public prosecutor
배심원	venireman	juryman
(법정) 변호사	trial lawyer	advocate
변호사의 면허《영》[자격 《미》]을 얻다	be admitted to the bar	be called to the bar
(법정의) 속기사	stenographer	shorthand writer
증인을 서다	take the (witness) stand	enter the witness box
교도소	jail	gaol [dʒeil]
교도관, 간수	prison guard	warder; prison officer
교도소장	the warden of the prison	the governor of the prison
경찰서장	chief of police	chief constable
형사	investigator	detective
경관; 순경	patrolman ; policeman	constable
경찰봉	policeman's billy	policeman's truncheon
유치장	calaboose 《구어》	lock-up
소방서	fire department	fire(-brigade) station
소방 비상선	fire line	fire cordon
소년원	workhouse	house of correction
양로원	almshouse	workhouse
노상강도 《행위》	holdup	highway robbery
노상강도 《사람》	holdup man	highwayman
좀도둑	porch climber	cat burglar
방화범인	firebug 《속어》	incendiary
결쇠	a passkey	a skeleton key
	교 통 관 계 (TRANSPORTATION)	
철도	railroad	railway
고가 철도	elevated railroad; L	overhead railway
지하철	subway	tube; underground
레일	track; tracks	lines; metals
탈선하다	jump the track	run off the line; jump the metals
침목(枕木)	tie; crosstie	sleeper
보통 열차; 완행 열차	accommodation train	slow〔local〕 train
정거장; 역	railroad depot	railway station
플랫폼	track	platform

Korean	American	English
서울행 열차는 10번 폼입니다	You will find the train for Seoul on Track 10.	You will find the train for Seoul at Platform 10.
종착역	terminal	terminus
철도 종업원	railroad man	railway servant
역장	station agent	station master
이 표로 도중 하차를 할 수 있습니까	Does this ticket allow me to stop over (off)?	Does this ticket allow me to break journey?
기관차	locomotive	engine
기관사	engineer	engine-driver; driver
화물 열차	freight train	goods train
화차	freight car	goods waggon; goods van
객차	passenger car	passenger coach
식당차	diner	dining carriage
유개 화차	boxcar	goods-waggon
열차 차장; 여객 전무	conductor	guard
건널목지기	gate tender	gate-keeper
보선공	tracklayer	platelayer
정지 신호	stop light	red light
편도표(片道票)	one-way ticket	single ticket
왕복표	round-trip ticket	return ticket
회수권; 정기권	commutation ticket	season-ticket
매표소	ticket office	booking-office
매표계(원)	ticket agent	booking-clerk
안내소	bureau of information; information bureau	inquiry office
휴대품 보관소	baggage-room; checkroom	cloak-room
수하물(手荷物)	baggage	luggage
수하물을 맡기다	check a baggage	register a luggage
포터	redcap	station-porter
신문·잡지 판매소	news stand	bookstall
시간표	schedule	time-table
기차 시간에 대다	catch a train	be in time for a train
전원 승차하여 주십시오	All aboard!	Take your seats!
전원 갈아타십시오	All out!	All change!
갈아타다	transfer	change cars
비행기	airplane	aeroplane
비행장	airdrome	aerodrome
자동차	automobile; auto	motor-car; car
가솔린	gasoline	petrol
화물 자동차	truck	lorry
관광 버스	sightseeing bus	*char-à-banc* (F.)
살수차(撒水車)	sprinkling wagon	water-cart
주차장	parking-place	car-park
시내 전차	streetcar	tram-car
보도; 인도	sidewalk	footpath; pavement
큰거리; 큰 길	main street	high street
차도; 포장도로	pavement	roadway
지하도	underpass	subway

우정(郵政) 관계 (POSTAL SERVICES)

우편(으로)	(by) mail	(by) post
국내 우편물	domestic mail	inland mail
관제 엽서	postal card	post-card
등기 우편료	registry fee	registration fee
속달편	special delivery	express delivery
우체국 사무원	mail clerk	postal clerk
우편 집배인	mail carrier; mailman	postman
포스트; 우체통	mailbox	pillar-box; letter box
소포	package	parcel
전신 기사	telegrapher	telegraphist
전화 번호부	telephone book	telephone directory
공중 전화	telephone booth	public telephone-box
장거리 전화	long distance call	trunk call
《전화에서》 통화가 끝났습니까	Are you through?	Have you finished?
《전화에서》 나왔습니다. 말씀하세요	You are connected. / Go ahead.	You are through.
《전화에서》 통화 중	Line's busy!	Number's engaged!

Korean	American	English
입니다		
전보 용지	telegram blank	telegram form
라디오	radio	wireless
진공관	tube	valve

저널리즘 관계 (JOURNALISM)

인쇄소	printery	printing office
논설; 사설	editorial	leader; leading article
신문 기자	newspaperman	pressman; journalist
논설 기자	editorial writer	leader-writer
(신문·잡지 따위의) 부주필	copyreader	sub-editor
특종(特種) 기사	beat	scoop
신문[잡지] 판매원	newsagent	newsdealer
스트라이크를 하다	walk out	strike
연좌 데모; 농성 데모	sit-down strike	stay-in strike
삼문 소설(三文小說)	dime novel	shilling shocker; cheap novel; yellow-back

학 교 관 계 (SCHOOL)

(대학의) 교직원	faculty	college staff
대학생	college student	undergraduate
대학 1년생	freshman	first-year man [student]
대학 2년생	sophomore	second-year man
대학 3년생	junior	third-year man
대학 4년생	senior	fourth-year man
학점	point	unit
…을 전공하다	major in...	specialize in...
시험에 떨어지다	flunk in an examination	fail in an examination
(2학기제의) 1학기	semester	half-year
졸업생	alumnus	graduate; old boys
동창회	alumni association	graduates' association; old boys' association
졸업식	commencement	speech-day; graduation ceremoney
졸업 증서	sheepskin	diploma
졸업하다	graduate from	graduate at
남녀공학	co-education	mixed education
(남녀 공학의) 여학생	co-ed	woman student
초등 학교 교사	grade teacher	elementary school teacher
(초등학교 중학교) 교장	principal	headmaster
여선생	schoolma'am	schoolmistress
공립 학교	public school	council school
사립 학교	private school	public school ; non-provided school
필수 과목	required subject	compulsory subject
선택 과목	elective subject	optional subject
강당	auditorium	assembly hall; hall
교정	campus	school grounds
휴게 시간	intermission	break
기숙사	dormitory	hall of residence; hostel
책사, 서점	bookstore	bookseller's (shop)
헌책	used book	second-hand book

가정용품 · 가구 · 의복 관계 (FURNITURE, etc.)

지갑	pocketbook	purse
회중 전등	flashlight	electric torch
깡통	can	tin
통조림	canned goods	tinned goods
주전자	kettle	tea-kettle
물따르개	pitcher	jug
스튜 남비	kettle	stewpan
알미늄	aluminum	aluminium

Korean	American	English
철물상	hardware store	ironmonger's (shop)
축음기	phonograph	gramophone
펜촉	pen point	nib
단화(短靴)	low shoes; oxfords	shoes
덧신	rubbers	galoshes
제화점	shoe-store	bootmaker
유모차; 동차(童車)	baby carriage	perambulator; pram
휴지통	wastebasket	waste-paper basket
쓰레기	trash	rubbish
쓰레기통	ash can; garbage can	dust-bin
정원; 뜰	yard	garden
정원사	landscape architect	landscape gardener
셋집	house for rent	house to let
하녀; 식모	waitress; chambermaid	parlourmaid; house maid
가구	furnishings	upholstery
화장대	bureau; dresser	dressing-table
긴의자	davenport	settee
베란다	porch; piazza	verandah
차양(遮陽)《창문의》	window shades	(window) blinds
계단	stairway	staircase
거실(居室)	living room	sitting-room
응접실	parlor	drawing-room
세면소	washroom; toilet	lavatory; closet
세면기	washbowl	wash-hand basin
중산모(帽)	derby (hat)	bowler (hat)
신사복	business suit	lounge suit
프록코트《남자용 예복》	Prince Albert	frock coat
턱시도《남자의 야회복》	tuxedo (coat)	dinner jacket
조끼	vest	waistcoat
넥타이핀	stickpin	breast-pin
바지	pants	trousers
바지 멜빵	suspenders	braces
양말 대님	garters	suspenders
브로치	breastpin	brooch
레인코트	raincoat	mackintosh; water-proof
먼지막이 외투	duster	dust-cloak; covert-coat
나들이옷	glad rags	dress togs; Sunday clothes
세놓는 의상	costumes to rent	costumes on hire
포목점	dry goods store	draper's (shop)
양복점	tailor shop	tailor's (shop)
기성복	store clothes	ready-made clothes
사라사	calico	print
내의(內衣); 속셔츠	undershirt	vest; singlet
스웨터	sweater	jersey

음 식 물 관 계 (FOOD, etc.)

과자 가게	candy store	sweet-shop
사탕	candy	sweets
비스킷	cracker	biscuit
제과점 《빵·생과자 따위의》	bakery	baker's shop
아이스크림	ice cream	ice
담배 가게	cigar store	tobacconist's (shop)
과일 가게	fruit seller (dealer)	fruiterer
디저트	dessert; desserts	sweet course; sweets
식품점	grocer shop; grocery	grocer's (shop)
곡물(穀物)	grain	corn
오트밀	cereal	porridge
옥수수	corn	maize; Indian corn
땅콩	peanuts	monkey-nuts; earth-nuts
생선 가게	fish dealer	fishmonger
고깃〔푸줏〕간	meat-market	butcher's shop

백화점·호텔·회사 관계 (BUSINESS)

백화점	department store	the stores
판매 감독	floorwalker	shopwalker

Korean	American	English
월부 판매	installment plan	hire-purchase (system)
연쇄점	chain store	multiple shop
상점; 가게	store	shop
상점에 근무하다	be clerking in a store	be serving behind the counter
점원	clerk	shop-assistant
상점 주인	storekeeper; merchant	shopkeeper
1층	first floor	ground floor
2층	second floor	first floor
재고품 총정리 판매 떨이 판매	unloading sale	clearance sale
흑자; 이익	black	profit
적자; 결손; 부채	red	loss
할인 요금	cut rates	reduced rates
판매원	salesclerk	shop-assistant
외무 판매원; 외판 사원	traveling salesman	commercial traveller
수금원; 빚쟁이	bill collector	debt-collector
사무원	white-collar worker	black-coat worker
월급날	pay-day	wage-day
승급	boost (raise) in pay	rise in salary
일; 직업	job	employment
직업 소개소	employment bureau	registry office
게시판	billboard	hoarding
잡역부(婦); 여자 허드렛일꾼	scrubwoman	charwoman
상업회의소	board of trade	chamber of commerce
국내 무역	domestic trade	inland trade
해외 무역	overseas trade	foreign trade
경영하다	operate《a factory》	run《a factory》
주(株)	stock	share
주주(株主)	stockholder	shareholder
(주식)회사	(business) corporation	(business) company
증권 거래소	stock market	stock exchange
사장	president of a corporation	chairman of a company
중역; 이사	member of the directory	member of the directorate
지폐; 어음	bill	note
휴일	legal (public) holiday	bank holiday
엘리베이터	elevator	lift
(호텔의)보이	bellboy	hotel page
문지기	janitor	porter
화장실; 변소	toilet	lavatory
아파트	apartment	flat
관리인	janitor	caretaker

운동·사교·오락 관계 (SPORTS, etc.)

Korean	American	English
운동 기구	sporting goods	sports requisites
수렵(狩獵)	hunting	shooting
권투선수	boxer	bruiser
영화	movies; cinema	pictures; cinema
인기 배우; 스타	star; headliner	star; top-liner
첫날; 개연일(開演日)	opening night	first-night
막간(幕間)	intermission	interval; break
댄스홀	dance hall	dancing saloon
원유회(園遊會)	lawn(garden) fete	garden party
시소대(臺)	teeterboard	seesaw
회전 목마	carrousel	merry-go-round
썰매	sled	sledge

시간의 표현법 (TIME)

Korean	American	English
몇시입니까	Do you have the time? What time do you have?	Can you tell me the time? What time do you make it? What is the time by you?
8시 15분 전	a quarter of eight	a quarter to eight
8시 30분	half after eight; eight-thirty	half past eight
반 시간 후	a half hour later	half an hour later
2주간	two weeks	a fortnight

Korean	American	English
수주간	in weeks	for weeks
신년; 새해	New Year's	New Year's Day; New Year
주초(週初)	the first of the week	early in the week
주말(週末)경에 돌아옵니다	I shall return around the last of the week.	I shall return about the end of the week.
내주의 화요일	a week from Tuesday	Tuesday week
11월 5일부터 12월 4일까지	November 5 through December 4	from November 5 to December 4 inclusive

기 타 (OTHERS)

기상대	weather bureau	meteorological office
가을	fall	autumn
서머타임	daylight-saving time	summer time
병	sickness	illness
약제사	druggist	chemist
약국	drugstore	chemist's (shop)
장의사	funeral director	undertaker
이발소	barber shop	barber's (shop)
마구간	barn	stable
양계장	chicken yard	fowl-run
돼지 우리	hog pen	piggery; pigsty
수탉	rooster	cock
곤충	bug	insect
성(姓)	family name; last name	surname
명함	calling card	visiting-card
박람회	fair	exhibition
백년잔치; 백년제(祭)	centennial	centenary
1조(兆)	a trillion	a billion
10억(億)	a billion	a thousand millions; a milliard
재목	lumber	timber
권총	rod; gun	pistol; revolver
반반의	fifty-fifty	half-and-half
좋아	O.K.	all right

Ⅱ. 불 규 칙 동 사 표

1. 이탤릭체는 《古》 또는 《稀》　　2. 오른쪽 숫자는 본문 참조

현　재	과　거	과 거 분 사
abide	abode; abided	abode; abided
arise	arose	arisen
awake	awoke	awoke, awaked
baby-sit	baby-sat	baby-sat
be (am, *art*, is; are)	was, *wast*, *wert;* were	been
bear[2]	bore, *bare*	borne, born
beat	beat	beaten, beat
become	became	become
bedight	bedight	bedight, bedighted
befall	befell	befallen
beget	begot, *begat*	begotten, begot
begin	began	begun
begird	begirt; begirded	begirt; begirded
behold	beheld	beheld, *beholden*
bend	bent; *bended*	bent; *bended*
bereave	bereaved; bereft	bereaved; bereft
beseech	besought	besought
beset	beset	beset
bespeak	bespoke, *bespake*	bespoken, bespoke
bestride	bestrode; bestrid	bestridden; bestrid
bet	bet; betted	bet; betted
betake	betook	betaken
bethink	bethought	bethought
bid	bade, bad; bid	bidden; bid
bide	bided, bode	bided
bind	bound	bound
bite	bit	bitten, bit
bleed	bled	bled
blend	blended; blent	blended; blent
bless	blessed; blest	blessed; blest
blow[1]	blew	blown, 《俗》 blowed
blow[2]	blew	blown
break	broke; *brake*	broken; *broke*
breed	bred	bred
bring	brought	brought
broadcast	broadcast; broadcasted	broadcast; broadcasted
browbeat	browbeat	browbeaten
build	built	built
burn	burnt; burned	burnt; burned
burst	burst	burst
buy	bought	bought
can[2]	could	—
cast	cast	cast
catch	caught	caught
chide	chid; chided 《英에선 稀》	chid, chidden; chided 《英에선 稀》
choose	chose	chosen
cleave[1]	cleft; cleaved; clove	cleft; cleaved; clove
cleave[2]	cleaved, *clave*, *clove*	cleaved
cling	clung	clung
clothe	clothed; *clad*	clothed; *clad*

현 재	과 거	과거분사
come	came	come
cost	cost	cost
creep	crept	crept
crow[2]	crowed, crew	crowed
curse	cursed; curst	cursed; curst
cut	cut	cut
dare	dared, *durst*	dared
deal	dealt	dealt
deep-freeze	deep-froze; deep-freezed	deep-frozen; deep-freezed
dig	dug; 《英古》 *digged*	dug; 《英古》 *digged*
dive	dived, 《美口》 dove	dived
do, does	did	done
draw	drew	drawn
dream	dreamed; dreamt	dreamed; dreamt
dress	dressed; *drest*	dressed; *drest*
drink	drank, *drunk*	drunk, drunken
drive	drove	driven
dwell	dwelt; 《稀》 *dwelled*	dwelt; 《稀》 *dwelled*
eat	ate; *eat*	eaten; *eat*
fall	fell	fallen
feed	fed	fed
feel	felt	felt
fight	fought	fought
find	found	found
flee	fled	fled
fling	flung	flung
fly[2]	flew; fled	flown; fled
forbear	forbore	forborne
forbid	forbade, forbad	forbidden
forecast	forecast; forecasted	forecast; forecasted
forego[1]	forewent	foregone
foreknow	foreknew	foreknown
forerun	foreran	forerun
foresee	foresaw	foreseen
foreshow	foreshowed	foreshown
foretell	foretold	foretold
forget	forgot, *forgat*	forgotten, forgot
forgive	forgave	forgiven
forgo	forwent	forgone
forsake	forsook	forsaken
forswear	forswore	forsworn
freeze	froze	frozen
frostbite	frostbit	frostbitten
gainsay	gainsaid	gainsaid
get	got, *gat*	got, 《英古·美》 gotten
ghost-write	ghost-wrote	ghost-written
gild[1]	gilded; gilt	gilded; gilt
gird[1]	girded; girt	girded; girt
give	gave	given
gnaw	gnawed	gnawed, gnawn
go	went	gone
grave[3]	graved	graved, graven
grind	ground; 《稀》 *grinded*	ground; 《稀》 *grinded*
grow	grew	grown
hamstring	hamstringed;	hamstringed;

현 재	과 거	과거분사
	hamstrung	hamstrung
hang	hung; hanged	hung; hanged
have, *hast*, has	had, *hadst*	had
hear	heard	heard
heave	heaved; hove	heaved; hove
hew	hewed	hewn, hewed
hide[1]	hid	hidden, hid
highlight	highlighted	highlighted
hit	hit	hit
hold	held	held, *holden*
hurt	hurt	hurt
indwell	indwelt	indwelt
inlay	inlaid	inlaid
inset	inset; insetted	inset; insetted
keep	kept	kept
kneel	knelt; kneeled	knelt; kneeled
knit	knitted; knit	knitted; knit
know	knew	known
lade	laded	laden, laded
lay	laid	laid
lead[2]	led	led
lean[2]	leaned; 《英》 leant	leaned; 《英》 leant
leap	leaped; leapt	leaped; leapt
learn	learned; learnt	learned; learnt
leave[1]	left	left
lend	lent	lent
let[1]	let	let
let[2]	let; letted	let; letted
lie[2]	lay	lain
light[1,2]	lighted; lit	lighted; lit
list[4]	list; listed	list; listed
lose	lost	lost
make	made	made
may	might	—
mean[3]	meant	meant
meet	met	met
melt	melted	melted, molten
meseems	meseemed	—
methinks	methought	—
misdeal	misdealt	misdealt
misgive	misgave	misgiven
mislay	mislaid	mislaid
mislead	misled	misled
misread	misread	misread
misspell	misspelled; misspelt	misspelled; misspelt
mistake	mistook	mistaken
misunderstand	misunderstood	misunderstood
mow[1]	mowed	mowed, mown
must	(must)	—
ought	(ought)	—
outbid	outbade; outbid	outbidden, outbid
outdo	outdid	outdone
outgrow	outgrew	outgrown
outride	outrode	outridden
outrun	outran	outrun
outshine	outshone	outshone

현 재	과 거	과거분사
outsit	outsat	outsat
outspread	outspread	outspread
outwear	outwore	outworn
overbear	overbore	overborne
overbid	overbid	overbid, overbidden
overcast	overcast	overcast
overcome	overcame	overcome
overdo	overdid	overdone
overdraw	overdrew	overdrawn
overdrink	overdrank	overdrunk
overdrive	overdrove	ovedriven
overeat	overate	overeaten
overfeed	overfed	overfed
overgrow	overgrew	overgrown
overhang	overhung	overhung
overhear	overheard	overheard
overlay	overlaid	overlaid
overleap	overleaped; overleapt	overleaped; overleapt
overlie	overlay	overlain
overpay	overpaid	overpaid
override	overrode	overridden, overrid
overrun	overran	overrun
oversee	oversaw	overseen
overset	overset	overset
overshoot	overshot	overshot
oversleep	overslept	overslept
overspread	overspread	overspread
overtake	overtook	overtaken
overthrow	overthrew	overthrown
overwork	overworked; overwrought	overworked; overwrought
partake	partook	partaken
pay	paid	paid
pen[2]	penned; pent	penned; pent
pinch-hit	pinch-hit	pinch-hit
plead	pleaded; plead; pled	pleaded; plead; pled
prepay	prepaid	prepaid
proofread	proofread	proofread
prove	proved	proved,《英古·美》proven
put	put	put
quartersaw	quartersawed	quartersawed, quartersawn
quit	quitted; quit	quitted; quit
read	read	read
reave	reaved; reft	reaved; reft
rebuild	rebuilt	rebuilt
recast	recast	recast
reeve[1]	reeved; rove	reeved; rove
relay[2]	relaid	relaid
rend	rent	rent
repay	repaid	repaid
reset	reset	reset
retell	retold	retold
rid	rid; ridded	rid; ridded
ride	rode; *rid*	ridden; *rid*
ring[1]	rang, 《稀》 *rung*	rung

현 재	과 거	과거분사
rise	rose	risen
rive	rived	rived, riven
roughcast	roughcast	roughcast
run	ran	run
saw[3]	sawed	sawn, 《稀》 *sawed*
say, *saith*	said	said
see	saw	seen
seek	sought	sought
seethe	seethed; *sod*	seethed; *sodden*
sell	sold	sold
send	sent	sent
set	set	set
sew	sewed	sewed, sewn
shake	shook	shaken
shall, *shalt*	should	—
shave	shaved	shaved, shaven
shear	sheared, *shore*	sheared; shorn
shed[2]	shed	shed
shine	shone; shined	shone; shined
shoe	shod	shod, shodden
shoot	shot	shot
show	showed	shown, 《稀》 *showed*
shred	shredded; *shred*	shredded, *shred*
shrink	shrank; *shrunk*	shrunk; shrunken
shrive	shrived, shrove	shrived; shriven
shut	shut	shut
sight-read	sight-read	sight-read
sing	sang, sung	sung
sink	sank; sunk	sunk; sunken
sit	sat, *sate*	sat
slay	slew	slain
sleep	slept	slept
slide	slid	slid, 《美》 slidden
sling	slung, *slang*	slung
slink	slunk, *slank*	slunk
slip[1]	slipped, *slipt*	slipped
slit	slit; *slitted*	slit; *slitted*
smell	smelled; smelt	smelled; smelt
smite	smote; *smit*	smitten; *smit*
sow	sowed	sown, sowed
speak	spoke; *spake*	spoken; *spoke*
speed	sped; speeded	sped; speeded
spell	spelled; spelt	spelled; spelt
spellbind	spellbound	spellbound
spend	spent	spent
spill	spilled; spilt	spilled; spilt
spin	spun, span《美에선 古》	spun
spit[1]	spat; spit 《英에선 古》	spat; spit 《英에선 古》
split	split	split
spoil	spoiled; spoilt	spoiled; spoilt
spread	spread	spread
spring	sprang, sprung	sprung
squat	squatted; squat	squatted; squat
stand	stood	stood
stave	staved; stove	staved; stove
stay	stayed; staid《英에선 古》	stayed; staid

현 재	과 거	과거분사
steal	stole	stolen
stick	stuck	stuck
sting	stung, *stang*	stung
stink	stank, stunk	stunk
strew	strewed	strewn, strewed
stride	strode	stridden
strike	struck	struck, 《때로》 *stricken*
string	strung	strung
strive	strove	striven
strow	strowed	strown, strowed
sunburn	sunburnt; sunburned	sunburnt; sunburned
swear	swore, *sware*	sworn
sweat	sweat; sweated	sweat; sweated
sweep	swept	swept
swell	swelled	swelled, swollen
swim	swam, *swum*	swum
swing	swung, *swang*	swung
take	took	taken
teach	taught	taught
tear[2]	tore	torn
telecast	telecast; telecasted	telecast; telecasted
tell	told	told
think	thought	thought
thrive	throve; thrived 《英에선 稀》	thriven; thrived 《英에선 稀》
throw	threw	thrown
thrust	thrust	thrust
toss	tossed; 《詩》 tost	tossed; 《詩》 tost
tread	trod; *trode*	trodden; trod
typewrite	typewrote	typewritten
unbend	unbent; unbended	unbent; unbended
unbind	unbound	unbound
undergo	underwent	undergone
understand	understood	understood
undertake	undertook	undertaken
underwrite	underwrote	underwritten
undo, undoes	undid	undone
uphold	upheld	upheld
upset	upset	upset
wake[1]	waked; woke	waked; woken, woke
waylay	waylaid	waylaid
wear	wore	worn
weave	wove, *weaved*	woven, 〖商〗 wove
wed	wedded	wedded, wed
weep	wept	wept
wend	wended; *went*	wended; *went*
wet	wet; wetted	wet; wetted
will, *wilt*	would	—
win	won	won
wind[2]	wound; 《稀》 *windded*	wound; 《稀》 *winded*
withdraw	withdrew	withdrawn
withhold	withheld	withheld
withstand	withstood	withstood
work	worked; wrought	worked; wrought
wrap	wrapped; wrapt	wrapped; wrapt
wring	wrung	wrung
write	wrote; *writ*	written; *writ*

辭書의 전통, 辭書의 권위

● 최대한의 어휘 · 정평있는 내용
● 권위있는 편집 · 정확한 주석

민중서림의 사서 목록

서명	판형	면수
◆국 어 대 사 전	4×6倍判	4,784面
◆ 엣센스국어사전	3×6判	2,686面
◆ 엣센스영한사전	3×6判	2,784面
◆ 엣센스한영사전	3×6判	2,352面
◆ 엣센스영영한사전	3×6判	2,048面
◆ 엣센스일한사전	3×6判	2,526面
◆ 엣센스한일사전	3×6判	2,132面
◆ 엣센스독한사전	3×6判	2,144面
◆ 엣센스한독사전	3×6判	2,104面
◆ 엣센스불한사전	3×6判	2,156面
◆엣센스 中國語辭典	3×6判	2,620面
◆ 엣센스 스페인어사전	3×6判	1,812面
◆ 엣센스국어사전 가죽	3×6判	2,686面
◆ 엣센스영한사전 가죽	3×6判	2,784面
◆ 엣센스한영사전 가죽	3×6判	2,352面
◆ 엣센스국어사전 특장판	菊 判	3,088面
◆ 엣센스영한사전 특장판	菊 判	3,190面
◆ 엣센스한영사전 특장판	菊 判	2,688面
◆ 엣센스일한사전 특장판	菊 判	3,096面
◆ 엣센스한일사전 특장판	菊 判	2,552面
◆ 민중 실용국어사전	3×6判	1,728面
◆ 엣센스실용漢字辭典	3×6判	1,378面
◆ 신일한사전〔예해〕	4×6判	1,154面
◆ 신한일사전〔예해〕	4×6判	1,168面
◆엣센스신영한소사전 포켓판	3×6判	920面
◆엣센스신한영소사전 포켓판	3×6判	790面
◆ 엣센스실용영한사전	3×6判	1,888面

서명	판형	면수
◆ 엣센스영한 · 한영사전 포켓판	3×6判	1,710面
◆ 엣센스신일한소사전 포켓판	3×6判	1,054面
◆ 엣센스신한일소사전 포켓판	3×6判	1,120面
◆ 엣센스일한 · 한일사전 포켓판	3×6判	2,174面
◆ 엣센스新韓中소사전 포켓판	3×6判	416面
◆신 영 한 소 사 전	3×5判	920面
◆신 한 영 소 사 전	3×5判	790面
◆ 영한 · 한영사전	3×5判	1,710面
◆신 일 한 소 사 전	3×5判	1,054面
◆신 한 일 소 사 전	3×5判	1,120面
◆ 일한 · 한일사전	3×5判	2,174面
◆신 독 한 소 사 전	3×5判	718面
◆신 한 독 소 사 전	3×5判	540面
◆독 한 · 한 독 사 전	3×5判	1,258面
◆신 불 한 소 사 전	3×5判	780面
◆세 계 사 대 사 전	新菊判	2,002面
◆한 독 사 전	新菊判	2,104面
◆韓 美 大 辭 典	新菊判	1,918面
◆漢 韓 大 字 典	菊 判	2,528面
◆新 字 海	4×6判	1,002面
◆活 用 玉 篇	3×6判	832面
◆ 엣센스기초한자사전	4×6判	608面
◆ 엣센스교육한자사전	3×6判	790面
◆고교영어 단어 숙어 문법 총정리	3×6判	1,150面
◆초등학교용 새국어사전	3×6判	992面
◆ 엣센스어린이영어사전	菊 判	544面
◆ 엣센스 중학 영한 사전	4×6判	1,056面

머 리 말

—— 제 5 판을 내면서 ——

'신영한 소사전'의 자매편으로 본 '신한영 소사전(新韓英小辭典)'이 출간된 것이 1961년이었다. 그간 독자들의 지대한 호평과 성원 속에서 여러 차례 개정을 거듭하면서 각계의 사랑을 입어 왔다. 그러나 계속 가속화되어 가는 국내·국제사회의 변화에 적응하기 위해서는 시대 흐름에 앞서 가려는 부단한 자기 계발이 수반해야 하겠기에, 이제 다시 본사전에 대한 새로운 개편 작업에 손을 대기에 이르렀다.

이미 많은 독자들이 본 사전에 익숙해 온 점을 감안하여, 되도록 체제는 그대로 살리면서 신어(新語)의 보강에 주력을 기울였으며, 한편 독자들의 시력도 고려하여 자체를 키우는 데에도 노력하였다.

본사전의 편집 방침을 다시 한 번 보인다면,

① 현대어를 중심으로, 학생·직장인 등 각계 각층의 요구에 부응하도록 초점을 잡고, 전문어는 물론 속어에까지 폭 넓게 수록하였다.

② 내용의 충실을 기하기 위해 역어(譯語)에 밀접한 관계가 있는 말들, 이를테면 관련 전치사·동사·형용사 등을 가능한 한《 》안에 보였다.

이러한 취지에서, 현대 생활에서 부닥치게 되는 광범위한 많은 어휘들을 제한된 지면이지만 가급적 모두 수록하도록 각별한 노력을 기울였다.

늘 시대의 선구자적 역할을 감당해야 하는 저희로서는 그 사명에 맞도록 노력해 왔으며, 앞으로도 계속 노력할 것이다. 전과 다름없는 독자 제현의 지도와 편달이 계속 이어지기를 간곡히 바라는 바이다.

1992년 2월　　일

민중서림 편집국

일 러 두 기

이 사전의 구성

이 사전은 현재 널리 쓰이는 우리말과 외래어, 학술 용어 및 시사어 등을 가나다순으로 배열하였다.

A. 표제어

(1) 표제어는 고딕 활자로 보였고 한문에서 온 말은 괄호 속에 한자를 병기하였으며 일부가 우리말이고 다른 일부가 한자어인 것은 —과 한자를 붙여 병기하였다.

보기 **가난**, **상임**(常任), **도도하다**(滔滔—)

(2) 접두사, 접미사 및 어미(語尾)로 쓰이는 표제어는 각기 그 앞뒤에 …을 붙였다.

보기 **가…**(假), **…강**(强), **…도록**

(3) 낱말은 각각 독립 표제어로 내놓는 것을 원칙으로 삼되, 지면 절약을 위하여 경우에 따라서는 다음과 같은 방법을 쓰기도 했다.

a) 표제어를 어간(語幹)으로 한 낱말은 역어가 길지 않을 때 독립 표제어로 내세우지 않고 어간인 표제어의 역어 다음에 병기해 주었다.

보기 ㄱ. **억지** unreasonableness; obstinacy; compulsion. **~부리다** insist on having one's way; persist stubbornly.

ㄴ. **엄살** ¶ ~부리다 pretend pain (hardships).

b) 동의어 및 원말과 준말 등은 병기해 준 것도 있다.

보기 **여쭈다, 여쭙다**　**어찔(어찔)하다**　**가마**(니)

B. 역어와 용례

(1) 역어와 용례는 현대 영어를 표준으로 하였으며, 속어·전문어 및 속담 등도 필요에 따라 적절히 곁들였다.

(2) 영어의 철자는 미식을 위주로 하되, 특히 주의를 요하는 말은 영식을 아울러 보인 것도 있다. 단, 이 때에는 역어 뒤에 《英》을 보임으로써 그 구별을 나타냈다. 또, 철자 중의 일부를 달리할 때에는 ( )로 싸서 영미식의 다름을 보인 경우도 있다.

보기 **근로**(勤勞) labo(u)r....

수표(手票) a check《美》; a cheque《英》.

(3) 역어에 있어 미식·영식이 각기 그 표현을 달리할 때에는 다음처럼 표시했다.

보기 **왕복**(往復).... ‖ ~차표 a roundtrip ticket《美》; a return(ticket)《英》.

(4) 외래어(外來語)로서 아직 영어에 완전히 동화되지 않은 것은 이탤릭체(體)로 표시했다.

보기 **선천**(先天) ¶ ~적 *a priori*《라》.

(5) 표제어가 형용사일 때에는 (be)를 역어 앞에 붙여 형용사임을 나타냈다. 단, 동사로 밖엔 표현되지 않는 경우엔 역어 앞에 《서술적》, 역어 뒤라면 (서술적)이라고 표시했다.

(6) *one* (*oneself*), *a person* : 이것들은 일반적으로 「사람」을 가리키는 명사·대명사임을 나타낸다. *one* 은 주어와 같은 사람을, *a person* 은 주어와 다른 사람임을 나타낸다.

보기 **가로막다** interrupt 《*a person*》.

엎드리다 prostrate oneself

(7) 마찬가지로, *a thing* 은 「물건」을, *a matter* 는 「일」을, *a place* 는 「장소」를 가리킨다.

(8) *do* 는 일반적인 동사를 대표하며, *to do* 는 부정사, *doing* 은 동명사를 표시한다.

보기 **떳떳하다....** ¶ 떳떳하지 않게 여기다 be too proud 《*to do*》; be above 《*doing*》.

C. 기호의 용법

(1) 〖 〗의 용법

학술어와 기타 전문 용어 및 그 약어를 표시할 때

보기 **양서류**(兩棲類) 〖動〗 the amphibia.

(2) 《 》의 용법

표제어 또는 용례의 뜻을 설명하거나 어법 · 용법상의 설명을 가할 때

보기 **양여**(讓與) 《영토의》 cession.

가게.... ¶ ~를 닫다 close the store 〔shop〕; 《폐업》 shut 〔close〕 up store 〔shop〕.

(3) 《 》의 용법

a) 역어의 각국별 용법 및 어원 등을 표시할 때

보기 **감옥**(監獄) a jail《美》; a gaol《英》.

마티네 a *matinée*《프》

b) 그 역어가 취하는 관련 전치사 · 형용사 · 동사 및 보충 설명적인 목적어 등을 보인다.

보기 **거처**(居處).... ¶ ~를 정하다 take up one's residence 〔quarters〕 《*at, in*》.

개진(開陳) **~하다...**; express 《*one's opinion*》.

반소(反訴)《bring》 a cross action.

(4) ( )의 용법

a) 생략이 가능한 말을 쓸 때 및 영미의 철자가 부분적으로 다를 때

보기 **헤로인** a heroin(e)

{=a heroin
{=a heroine

노동(勞動) labo(u)r

{=labor《美》
{=labour《英》

데이트....~하다 date (with) 《*a girl*》.

{=date 《*a girl*》
{=date with 《*a girl*》.

b) 역어의 보충 설명 및 그 생략어 · 기호 따위

보기 **붕사**(硼砂) borax; tincal(천연의).

붕소(硼素) 〖化〗 boron(기호 B).

삼월(三月) March(생략 Mar.).

c) 복합어에 곁딸린 말들을 보였다.

보기 **양도**(讓渡).... ‖ ~ 소득 profit from transfer(~ 소득세 a transfer income tax).

d) 머릿글자로 이룩된 생략형 역어의 원어를 표시할 때

보기 **아이오시** IOC. (◀the International Olympic Committee)

e) 표제어가 형용사임을 보이기 위해 be 를 사용할 때

보기 **아름답다** (be) beautiful; pretty.

(5) 〔 〕의 용법

그 부분이 대치될 수 있음을 표시할 때

보기 **양자**(養子) an adopted 〔a foster〕 son.

{=an adopted son.
{=a foster son.

(6) [ ]의 용법

그 역어의 복수형을 보였다.

보기 **대정맥**(大靜脈) the vena cava [*pl.* vanae cavae]

(7) 「;」, 「,」의 용법

a) 역어와 역어 사이엔 「;」을, 역문이 둘 이상 계속될 때에는 「,」를 그 사이에 보였다.

b) 「;」이 있어야 할 데에 「,」가 사용되었을 때에는 「,」로 끊어진 앞뒤의 말에 공통된 설명어가 있음을 나타낸다.

보기 **가설**(架設) **~하다** construct; install(전화 따위); build, span (다리를). (=build(다리를); =span(다리를)).

(8) ~는 표제어와 일치한다.

보기 **가속**(加速).... ¶ ~적으로 with increasing speed.

(9) ☞는 「다음의 항을 보라」, =은 「다음 것과 같다」의 뜻

(10) ‖이하는 복합어, 연어를 보인다.

(11) 「〃」는 본래의 하이픈이 행말(行末)에 왔을 때 표시했다.

보기 **단도직입**(單刀直入) **~적**(으로) point〃
blank....

약 어 풀 이

(자명한 것은 생략)

《美》	美國用法	《獨》	獨逸語
《英》	英國用法	《그》	그리스語
《러》	러시아語	《라》	라틴語
《이》	이탈리아語	《梵》	梵語
《中》	中國語	《口》	口語
《프》	프랑스語	《俗》	俗語
〖建〗	建築	〖冶〗	冶金
〖經〗	經濟	〖野〗	野球
〖工〗	工業	〖藥〗	藥學
〖鑛〗	鑛物・鑛山	〖魚〗	魚類
〖教〗	教育	〖言〗	言語學
〖軍〗	軍事	〖倫〗	倫理學
〖基〗	基督教	〖醫〗	醫學
〖幾〗	幾何	〖理〗	物理學
〖論〗	論理學	〖印〗	印刷
〖農〗	農業・農學	〖電〗	電氣
〖動〗	動物學	〖鳥〗	鳥類
〖文〗	文法	〖宗〗	宗教
〖法〗	法律	〖證〗	證券
〖寫〗	寫眞	〖地〗	地理・地質學
〖商〗	商業	〖天〗	天文學
〖生〗	生理學・生物學	〖哲〗	哲學
〖船〗	造船	〖鐵〗	鐵道
〖聖〗	聖經	〖蟲〗	昆蟲
〖數〗	數學	〖土〗	土木
〖植〗	植物學	〖海〗	航海・海事
〖心〗	心理學	〖解〗	解剖學
〖樂〗	音樂	〖化〗	化學

KOREAN-ENGLISH DICTIONARY

ㄱ

가 《가장자리》 an edge; a border; a margin; a brink; a verge; 《옆》 a side. ‖ 강~ a riverside / 바닷~ the beach / 연못~ the margin of a pond.

가(可) 《성적》 fairly good; 《좋음》 good; right. ¶ ~히 (may) well; fairly well; (might) well / ~히 짐작할 수 있다 It can readily be imagined that....

가(加) ☞ 가(加)하다.

가…(假) 《임시의》 temporary: provisional; 《잠시의》 transient; 《비공식의》 informal. ¶ ~계약 provisional contract / ~계정(計定) temporary account.

…가(街) a street; St.(고유명사에). ¶ 3~ the 3rd St. / 유흥~ gay quarters.

가가대소(呵呵大笑) ~하다 have a good laugh; laugh heartily.

가가호호(家家戶戶) each 〔every〕 house〔door〕; from door to door.

가감(加減) ~하다 add and deduct; moderate, adjust(조절). ‖ ~승제(乘除) the four species; addition, subtraction, multiplication and division.

가건물(假建物) 《build》 a temporary building 〔house〕.

가건축(假建築) ☞ 가건물.

가게 a shop; a store 《美》; a booth (노점). ¶ ~를 보다 tend 〔keep〕 a shop / ~를 내다 open 〔start, set up〕 a shop / ~를 닫다 close the store 〔shop〕; 《폐업》 shut 〔close〕 up store 〔shop〕; wind up business. ‖ 구멍~ a penny candy store; a small store.

가격(價格) 《가치》 worth; value; 《값》 price. ¶ 일정한 ~으로 at a fixed price. ‖ ~인상 a price advance / ~절하 reduction; discount / ~표 a price list / ~표기 declaration of value (~표기 우편물 mail matter with value declared) / 도매 ~ a wholesale price / 생산자 ~ the producer('s) price / 소매 ~ a retail price / 소비자 ~ the consumer('s) price / 시장~ the market price / 정찰 ~ a net price / 최저 ~ the bottom price / 통제 ~ the controlled price / 판매 ~ a selling price / 현물 ~ a spot price / 협정 ~ the stipulated price.

가결(可決) approval; adoption; passage. ~하다 pass; carry; approve; adopt; vote. ¶ 원안대로 ~하다 pass a bill as drafted / 거수로 ~하다 decide 《*on a bill*》 by (a) show of hands.

가결의(假決議) a temporary decision; a provisional resolution.

가경(佳景) fine scenery; a picturesque scene; a wonderful view.

가경(佳境) a delightful 〔an interesting, an exciting〕 part; a climax. ¶ 얘기는 ~에 들어간다 The plot thickens.

가계(家系) a family line; lineage; pedigree. ‖ ~도 a family tree.

가계(家計) housekeeping (expenses); livelihood; family budget (☞ 생계). ‖ ~부 a domestic account book; a petty cashbook (~부를 적다 keep household accounts) / ~비 household 〔housekeeping〕 expenses; a family budget.

가곡(歌曲) 《노래》 a song; 《곡조》 a melody; a tune. ‖ ~집(集) a collection of songs.

가공(加工) processing. ~하다 process; work upon. ‖ ~무역 processing trade (위탁 ~ 무역 processing deal trade) / ~ 식품 processed foodstuffs / ~품 processed 〔finished〕 goods / 보세~(무역) bonded processing (trade).

가공(可恐) ~할 fearful; fearsome; terrible; dreadful. ¶ ~할 만한 적 a terrible foe.

가공(架空) ① 《공상적》 ~의 unreal; imaginary; fictitious. ¶ ~의 인물 an unreal person. ② 《공중 가설》 ~의 overhead; aerial. ‖ ~삭도(索道) an aerial ropeway 〔cableway〕 / ~전력선 an overhead power line.

가공사(假工事) provisional construction work.

가과(假果) 〖植〗 a pseudocarp.

가관(可觀) ~이다 《볼 만하다》 be

well worth seeing; 《꼴이》 be a sight. ¶경치가 ~이다 have a beautiful outlook; command a fine view / 노는 꼴이 ~이다 behave unseemly.
가교(架橋) ~하다 (build a) bridge; span 《*a river*》 with a bridge. ‖ ~ 공사 bridging works.
가교(假橋) a temporary bridge.
가구(家口) a household; a house (집). ‖ ~수 the number of households [families] / ~주 a householder; the head of a family.
가구(家具) (a piece of) furniture; upholstery. ¶ ~ 한 세트 a set of furniture. ‖ ~상 a furniture store; a furniture dealer (상인) / ~ 장이 a furniture maker; a joiner / ~ 점 a furniture store [shop].
가규(家規) rules of the house.
가극(歌劇) a lyric drama; an [a grand] opera (대가극); an operetta (소가극). ‖ ~단 [장, 배우] an opera company [house, singer].
가금(家禽) a domestic fowl; 《총칭》 poultry; fowls. ¶ ~을 기르다 keep chickens [poultry].
가급적(可及的) as...as possible; as ... as one can. ¶ ~ 속히 as soon as possible / ~이면 if possible.
가까스로 with difficulty; narrowly (☞ 겨우, 간신히). ¶ ~ 도망치다 have a narrow escape / ~ 제시간에 대다 be just in time for 《*the train*》.
가까워지다 《때·거리가》 approach; draw [get] near; be at hand; 《사이가》 become friendly; make friends with. ¶완성에 ~ be near completion / 종말에 ~draw to a close [an end].
가까이 (near) at hand; close by; handy; 《친밀하게》 intimately. ~ 하다 make friends 《*with*》; keep company《*with*》; make up to. ¶ ~ 가다 approach; draw [come] near / 술을 ~하다 take wine habitually/나쁜 벗들을 ~하지 마라 Keep away from bad company.
가깝다 《거리》(be) near; close [near] by; 《시간》(be) near; immediate; short; 《관계》(be) close; familiar; friendly; intimate;《근사》(be) akin to; close upon; allied to. ¶가까운 친구 an intimate friend/가까운 예(例) a familiar example / 가깝디 ~ be very close to; be near at hand/ 가까운 사이다 be on good [intimate] terms 《*with*》/ 원숭이는 사람에 ~The ape is closely allied to man.
가꾸다 《식물을》 grow; cultivate; raise; 《치장하다》 dress (oneself) up (옷으로); make oneself up (얼굴을); decorate(꾸미다).
가꾸로 ☞ 거꾸로.
가끔 occasionally; once in a while; from time to time. ¶ ~ 들르다 make frequent visits 《*to*》.
가나다 the Korean alphabet. ¶ ~ 순으로 하다 alphabetize; arrange in alphabetical order.
가나오나 wherever one may go [be]; always; all the time; constantly. ¶ ~그는 말썽을 일으킨다 He is a constant troublemaker.
가난 poverty; indigence; destitution; want; penury. ~하다(be)poor; destitute; needy; in want. ¶ 몹시 ~한 사람 a poverty-stricken man / ~한 집에 태어나다 be born poor/ 찢어지게 ~하다 be extremely poor / ~하게 살다 live in poverty[need, want]/~해지다 become poor; be impoverished; be reduced to poverty.
가난들다 《귀하다》 be short 《*of*》; be destitute 《*of*》. ¶ 인재에 ~ suffer from a dearth of talent.
가난뱅이 a poor man; a pauper; the poor (총칭).
가납(嘉納) acceptance; approval; appreciation. ~하다 accept 《*a present*》 with pleasure; approve; appreciate.
가내(家內) 《가족들》 a family; a household. ‖ ~공업 home [domestic] industry / ~ 제절 the whole family [household].
가날프다 (be) slender; slim; 《목소리가》 (be) feeble; faint. ¶ 가날픈 팔 a thin and weak arm/몸이 ~ be a slender build.
가누다 keep under control; keep steady. ¶ 고개를 ~hold up one's head / 몸을 ~ keep one's balance.
가느다랗다 ☞ 가늘다.
가늘다 (be) thin (소리가); slender (섬세); fine(실 따위). ¶가는 목소리 a thin voice / 가는 손 a slender hand / 가는 실 a fine thread.
가늠 《헤아림》 guess; 《겨냥》 aim; sight; 《대중》 discernment; estimate. ~보다 (take) aim 《*at*》; sight; guess; weigh; estimate.
가늠쇠 the bead; the foresight.
가늠자 the backsight; the rear sight.
가능(可能) ~한 possible; within the range of possibility. ¶ ~하다면 if (it is) possible; if I [you] can; if convenient(형편이 되면) / ~한 한 빨리 as soon as possible/ ~한 범위내에서 as much [far] as possible. ‖ ~성 possibility; likelihood.
가다 ① 《일반적》 go; come (상대방 본위); 《방문》 visit; call on 《*a person*》;《출석》attend; go to 《*church*》; 《떠나다》 go away 《*to*》; leave. ¶ …로 ~; …을 타고~ go by 《*train, bus*》/걸어 ~ walk; go on foot/ 미국에 ~ go over to America/2등을 타고 ~ travel [go] second class/여수까지 ~ go as far as *Yeosu*/ 하루 20마일을 ~ make [cover] twenty

miles a day / 집에 가는 도중에 on one's way home. ② 《시간》 pass (by); go by; elapse; fly. ¶ 얼마 안 가서 before long / 시간이 ~ time passes/세월이 가는 줄도 모르다 be unconscious of the flight [elapse] of time. ③ 《죽다》 die; pass away. ④ 《꺼지다》 go [die] out. ¶ 전깃불이 ~ electric light fails. ⑤ 《지탱하다》 wear; last; hold; be durable. ¶ 구두가 오래 ~ shoes wear well. ⑥ 《변하다》 go bad; rot; decompose; turn sour (시어지다); get stale (생선 따위). ¶ 맥주 맛이 ~ beer gets flat. ⑦ 《들다》 take; need; be required [needed]; cost (돈이). ¶ 품이 많이 가는 일 a work that requires much labo(u)r. ⑧ 《값어치》 be worth. ¶ 싯가 백만원 가는 책 a book worth a million won today. ⑨ 《이해·짐작이》 ¶ 이해가 가는 처사 an understandable measure [step].

가다가 at times; now and then; once in a while.

가다듬다 《마음을》 brace oneself (up); collect oneself; 《목소리를》 put one's voice in tune.

가닥 a ply; a strand. ¶ 실 한 ~ a piece of string / 세~으로 꼰 밧줄 a rope of three strands / 한 ~의 희망 a ray of hope.

가단성(可鍛性) malleability. ¶ ~이 있는 malleable.

가단(주)철(可鍛(鑄)鐵) malleable iron.

가담(加擔) ~하다 take part in; be a party to; fall in with; take part with (원조).

가당(可當) ~하다 《온당》 (be) reasonable; proper; right; 《감당》 (be) able to cope with.

가당(加糖) ~한 sweetened. ‖ ~분유 sugared powder [pulverized] milk/ ~ 연유(煉乳) sweetened condensed milk.

가당찮다(可當—) (be) unreasonable, unjust, improper (온당찮다); excessive, extravagant (엄청나다); tough, hard (난감하다). ¶ 가당찮은 요구 [값] an excessive demand [an unreasonable price].

가댁질 tag. ~하다 play tag.

가도(家道) 《도덕》 the family morals.

가도(街道) a highway; a road. ‖ 경인(京仁) ~ the Gyeong-In Highway.

가동(稼動) operation; work. ~하다 operate; run; put into operation. ¶ ~을 시작 [중단] 하다 start [stop] operation/~ 중이다 be in (full) operation; be at work. ‖ ~율(率) the rate of operation/완전 ~ full (-scale) operation/주야 ~ around-the-clock [24-hour] operation.

가동성(可動性) mobility; movability.

가두(街頭) 《모퉁이》 a street corner; 《십자로》 a crossing; 《가로》 a street. ‖ ~ 녹음(錄音) a street-corner transcription; a 'Man on the Street' program (~녹음반 a street transcription service team) / ~ 데모 [시위] 《stage》 a street demonstration / ~ 선전 street [wayside] propaganda [advertising] / ~ 연설 a stump speech (선거의) / ~ 풍경 a street scene.

가두다 shut in [up]; lock in [up]; confine 《*a person*》; imprison.

가두리 an edging; fringe; trimming.

가드 a guard, a watchman (경비원); a guard (농구의).

가드락거리다 swagger; be elated.

가득 full; crowded. ~하다 be full 《*of*》 ¶ 한 잔 ~ a glassful / ~ 채우다 [차다] fill [be filled] up / 컵에 ~ 붓다 fill a cup to the brim / 사람들로 ~ 차 있다 be crowded with people.

가들막거리다 ☞ 거들먹거리다.

가뜩 ① ☞ 가득. ② ☞ 가뜩이나.

가뜩이나 to add to; in addition to; moreover. ¶ ~ 곤란한데 to add to one's misery; to make matters worse.

가뜩한데 on top of that [everything else]; over and above these; in addition to that.

가뜬하다 (be) light; nimble. ¶ 가뜬히 lightly; nimbly; 《쉽게》without difficulty [trouble].

가라사대 say. ¶ 공자 ~ Confucius said..../성경에 ~ The Bible says....

가라앉다 ① 《물밑으로》 sink; go down; settle down; descend; go to the bottom. ¶ 가라앉은 배 a sunken ship(boat)/물속으로 ~ sink [be submerged] under water. ② 《고요해지다》 become quiet; calm [quiet] down; 《풍파가》 go [die] down; subside. ¶ 바람이 ~ the wind dies down. ③ 《마음·성질이》 recover one's composure; restore the presence of mind; become calm; calm down. ④ 《부기·고통 등이》 abate, subside; go down, sink, fall(내리다); be subdued, be put down(진정). ¶ 부기가 가라앉았다 The swelling has gone down. ⑤ 《수습되다》 be pacified; be put down; be suppressed; 《분쟁이》 be settled; come [be brought] to an end.

가라앉히다 ① 《물속에》 sink; send to the bottom. ¶ 배를 ~ sink a vessel. ② 《마음·신경을》 compose [calm] oneself; calm down one's feelings; quiet; pacify. ¶ 노여움을 ~ calm 《*a person's*》 anger; quell one's anger (자신의). ③ 《아픔·부기를》 relieve; allay; abate. ¶ 고통을 ~ allay [ease] the pain. ④ 《진압·수습》 suppress; quell. ¶ 싸움을 ~ settle a quarrel/(긴장

된) 정세를 ~cool off the situation.
가락¹ ① 《음조》 a key; a pitch; a tune; tone. ② 《박자·장단》 time; rhythm. ¶ ~에 맞춰 to the time of 《*the music*》.
가락² ① 《방추》 a spindle. ② 《갯수》 a stick. ¶ 한 ~ a stick of 《*gluten candy*》.
가락국수 wheat vermicelli; Korean noodle; noodles. ‖ ~집 a (Korean) noodle shop.
가락지 a set of twin rings.
가람(伽藍) a Buddhist temple; a cathedral.
가랑눈 powdery 〔light〕 snow.
가랑니 a young louse [*pl.* lice]; a nit.
가랑머리 hair braided in two plaits.
가랑무 a bifurcated radish.
가랑비 a drizzle; a light rain. ¶ ~가 내리다 drizzle.
가랑이 a crotch; a fork. ¶ ~를 벌리다 set one's legs apart.
가랑잎 dead 〔withered〕 leaves.
가래¹ 《농구》 a spade. ‖ ~질 spading (~질하다 spade; do spadework).
가래² 《담(痰)》 phlegm; sputum [*pl.* sputa]. ¶ ~를 뱉다 spit (out); expectorate phlegm.
가래³ 《열매》 a kind of walnut.
가래⁴ 《갯수》 a piece; a stick. ¶ ~떡 bar rice cake / 떡 한 ~ a stick of rice cake.
가래다 distinguish; discriminate; tell. ¶ 시비를 ~ distinguish right from wrong.
가래침 spittle. ¶ ~을 뱉다 spit; expectorate.
가래톳 a bubo [*pl.* -es].
가량(假量)¹ ☞ 어림. ~없다 be unreasonable 〔absurd〕 (터무니없다); be beyond measure (짐작할 수 없다). ¶ 네 말이 ~없다 Your story is quite absurd.
가량(假量)² 《쯤》 about; some; more or less; or so; approximately. ¶ 30명 ~some thirty people / 2개월 ~ some two months / 1마일 ~ a mile or so / 예순살 ~의 노인 an old man of about sixty / 두 시간 ~ 지나면 in about two hours.
가량가량하다 (be) thin-faced.
가려(佳麗) ~한 beautiful; fine; lovely; charming; picturesque.
가련하다(可憐—) (be) poor; pitiful; pathetic; sad; wretched; miserable. ¶ 가련한 처지 a miserable condition; a sad plight / 가련히 여기다 take pity on 《*a person*》/ 가련한 친구로군 What a poor fellow he is!
가렴(苛斂) extortion; exaction. ~하다 extort; exact; be very hard on the people. ‖ ~주구(誅求)=가렴.
가렵다 (be) itchy; itching; feel itchy. ¶ 가려운 데를 긁다 scratch an itchy spot / 온 몸이 ~ I feel itchy all over.
가령(假令) (even) if; though; although; supposing that; granted that. ¶ ~ 그것이 그렇다 치더라도 admitting that it is so / ~그가 그렇게 말했다 치더라도 even if he did say so.
가로 《폭》 width; 《부사적》 across; sideways; horizontally; crosswise; transversely. ¶ ~의 sidelong; horizontal / ~ 2피트 two feet wide / ~ 쓰다 write sideways / 줄을 ~치다 draw a horizontal line / ~ 놓다 lay 〔put〕 《*a thing*》 sideways / ~ 놓이다 lie across 〔sideways〕.
가로(街路) a street; a road; an avenue 《美》; a boulevard. ‖ ~등 a street lamp 〔light〕 / ~수(樹) street 〔roadside〕 trees/ ~ 청소부 a street cleaner; a scavenger.
가로닫이 a sliding door 〔window〕.
가로되 say. ¶ 옛말에 ~An old saying has it that....
가로막다 interrupt 《*a person*》; obstruct 《*the view*》; block 〔bar〕 《*the way*》. ¶ 길을~block the way; bar the passage; stand in another's way.
가로막히다 be 〔get〕 obstructed; be blocked (up); be barred.
가로맡다 take over; take upon oneself.
가로새다 sneak away from; slip away 〔off〕; drop out of 《*ranks*》.
가로세로 《명사적》 breadth and length; 《부사적》 breadthwise and lengthwise; horizontally and vertically.
가로쓰기 writing in a lateral line; writing from left to right.
가로지르다 《건너지름》 put 《*a bar*》 across; 《가로긋다》 draw 《*a line*》 across; 《건너감》 cross; go across.
가로차다 《빼앗음》 seize (upon); snatch; usurp; intercept.
가로채다 seize 《*a thing*》 by force; snatch (away) 《*form, off*》; intercept.
가로퍼지다 grow broad; 《뚱뚱하다》 be thickset 〔stocky〕.
가뢰 〖蟲〗 a blister-beetle.
가료(加療) 《be under》 medical treatment.
가루 《분말》 powder; dust; 《곡식가루》 flour; meal. ¶ ~로 만들다 〔빻다〕 reduce to 〔grind into〕 powder. ‖ ~(로 된) 비누 soap powder 〔flakes〕 / ~우유 powder(ed) milk; evaporated milk/ ~ 음식 flour food.
가루약(—藥) a (medicinal) powder.
가르다 ① 《분할·분배》 divide; part; sever; split; distribute. ¶ 다섯으로 ~ divide into five parts/ 이익을 반반으로 ~ split the profit fifty-fifty/머리를 한가운데서 〔오른쪽에서〕~ part one's hair in the mid-

dle (on the right) / 부부의 의를 ~ sever husband and wife; cut a husband from his wife. ② 《분류》 sort (out); group; classify; assort. ¶ 크게 둘로 ~ classify into two large groups. ③ 《판단·구별》 discriminate; distinguish; know (tell) 《*A*》 from 《*B*》; judge.

가르랑거리다 ☞ 그르렁거리다.

가르마 ¶ ~를 타다 part one's hair 《*on the left*》.

가르치다 《지식을》 teach; instruct; give lessons 《*in*》; educate (교육); coach (지도); enlighten (계몽); 《알아듣게》 show; tell; inform; explain. ¶ 수학을 ~teach 《*a person*》 mathematics / 수영을 ~ teach (show) 《*a person*》 (how) to swim/ 피아노를 ~ give lessons in piano/ 집을 가르쳐 주다 refer 《*a person*》 to a house.

가르침 《교훈》 teachings; an instruction; 《교의》 a doctrine; 《계율》 a precept; 《신조》 a creed. ¶ 소크라테스의 ~ the teachings of Socrates / ~을 받다 receive one's instruction; be taught 《*by*》.

가름하다 divide (up); separate; discriminate; 《대신하다》 substitute 《*one thing for another*》.

가리¹ 《고기잡는》 a (fish) weir; a fish trap.

가리² ☞ 갈비.

가리³ 《더미》 a stack; a pile; a rick.

가리가리 to (in) pieces; into shreds. ¶ ~ 찢다 tear to (in) pieces.

가리개 a cover; a shade 《*over*》; a twofold screen (병풍).

가리나무 tinder of pine needles and twigs.

가리다¹ ① 《선택》 choose; select; make a choice of; prefer; pick out. ¶ 때와 장소를 가리지 않고 disregarding the time and place. ② 《까다롭다》 be fastidious (particular) 《*about*》. ¶ 음식을 ~ be fastidious about food. ③ 《분별》 distinguish 《*between*》; tell 《*A*》 from 《*B*》. ¶ 시비를 ~ tell right from wrong. ④ 《셈을》 square (settle) accounts 《*with a person*》. ¶ 빚을 ~ clear off(up) one's debts. ⑤ 《낯을》 be shy (of strangers). ⑥ 《머리를 빗다》 comb (tidy) one's hair.

가리다² 《쌓다》 pile up; stack; rick; heap 《*up*》.

가리다³ ① 《막다》 shield; screen; shelter; cover; shade (빛을); hide; conceal. ¶ 눈을 ~ blindfold; bandage one's eyes / 얼굴을 ~ have one's face masked; cover one's face with *his* hands (두 손으로). ② 《간막다》 partition; set apart.

가리마 ☞ 가르마.

가리비 〖貝〗 a scallop.

가리새¹ 《갈피》 the drift 《*of an affair*》; 《조리》 reason. ¶ 어찌된 판인지 ~를 모르겠다 I can't make out what it's all about.

가리새² 〖鳥〗 a spoonbill.

가리우다 ☞ 가리다³.

가리이다 be covered; be hidden.

가리키다 point to (at); indicate; show. ¶ 방향을 ~ point the direction.

가리틀다 prevent 《*a person*》 from 《*doing*》; counteract; baffle.

가린스럽다 (be) miserly; stingy.

가마¹ 《머리의》 the whirl of hair on the head; a hair whirl.

가마² ① ☞ 가마솥. ② 《기와·질그릇을 굽는》 a kiln; a stove; 《빵굽는》 an oven.

가마³ 《탈것》 a palanquin; a sedan chair (주로 유럽의). ‖ ~꾼 a palanquin bearer.

가마(니)⁴ a straw-bag(-sack).

가마리 an object; a target; a focus; a butt. ‖ 욕 ~ the butt of abuse/ 조소 ~ a laughing-stock; the butt of derision.

가마솥 a cauldron; a large iron pot; 《기관(汽罐)》 a boiler. ‖ 증기 ~ a steam boiler.

가마아득하다 ☞ 까마아득하다.

가마우지 〖鳥〗 a cormorant.

가막조개 〖貝〗 a corbicula.

가만가만 stealthily; quiety; gently; softly; lightly.

가만있자 well; let me see.

가만히 ① 《넌지시》 covertly; tacitly; stealthily; imperceptibly; 《몰래》 in secret (private); privately; secretly. ¶ ~ 남의 얼굴을 살피다 scan *a person* covertly / ~ 집을 빠져나오다 slip out of the house. ② 《조용히》 still; calmly; quietly; silently; motionlessly. ¶ ~ 놓다 put (place) 《*a thing*》 cautiously / ~ 있다 keep still; remain quiet / ~ 누워 있다 lie motionless / 그런 모욕에 ~ 있진 않겠다 I would not stand such a humiliation.

가망(可望) hope; promise; chance; probability, possibility (가능성); a prospect (전망). ¶ ~없는 hopeless / 성공할 ~이 있다 have a good chance of success.

가맣다 ① 《검다》 (be) black; dark. ② 《멀다》 (be) distant; far; remote. ☞ 까맣다.

가매장(假埋葬) temporary interment (burial). ~하다 bury temporarily; be provisionally buried.

가맹(加盟) joining; participation; alliance; affiliation. ~하다 get affiliated 《*with*》; join; take part in. ‖ ~국 a member nation; a signatory / ~자 an associate; a member; a participant.

가면(假面) a mask; disguise. ¶ …의 ~하에 under the mask of; under colo(u)r of / ~을 쓰다 mask one's face, wear a mask (탈쓰다); dissemble, play the hypocrite (위선

의)/~을 벗다 unmask; throw off one's mask/~을 벗기다 unmask 《*a villain*》; debunk (명사의). ‖ ~극 a masque.

가면허(假免許) a temporary license.

가명(家名) the family name [hono(u)r]. ¶ ~을 더럽히다 disgrace [stain] the family name.

가명(假名) an assumed name; an alias. ¶ ~으로 under an assumed name; incognito.

가묘(家廟) a family shrine.

가무(歌舞) singing and dancing; all musical and other entertainments. ¶ ~ 음곡 일체를 중지시키다 order a suspension of all public performances in music and dancing.

가무러지다 faint; swoon; lose one's senses.

가무스름하다 (be) blackish; dark (-ish).

가무잡잡하다 (be) darkish; dingy; dusky.

가문(家門) one's family[clan]; birth; lineage (가계). ¶ ~의 영예 a credit to one's family / ~이 좋은[나쁜] of a good [bad] stock; of high [low] descent / 좋은 ~에 태어나다 come of a good stock [family].

가문비 〖植〗 a spruce; a silver fir.

가문서(假文書) a spurious document.

가물 ☞ 가뭄.

가물가물 《희미하게》 dimly; faintly; 《불빛》 flickeringly; glimmeringly; 《정신》 (feeling) dizzy [giddy]. ☞ 가물거리다.

가물거리다 ① 《불빛이》 flicker; glimmer; blink. ¶ 가물거리는 불빛 a flickering light. ② 《희미하다》 be dim [misty]; 《정신이》 have a dim consciousness [memory, *etc.*]. ¶ 가물거리는 기억을 더듬다 trace back a vague memory.

가물다 be droughty [dry]; have a spell of dry weather.

가물들다 《날씨》 a drought sets in; 《농작물》 suffer from a drought; 《부족》 be in short supply.

가물음 ☞ 가뭄.

가물치 〖魚〗 a snakehead.

가물타다 be easily affected by dry weather.

가뭄 dry weather; a drought.

가뭇하다 (be) blackish; dark.

가미(加味) ~하다 season [flavo(u)r] 《*something*》 with 《*another*》; add 《*something*》 with 《*another*》 (부가).

가발(假髮) 《wear》 a wig; false hair; a toupee (대머리가 쓰는).

가방 a bag; a satchel; a trunk (대형의); a suitcase (소형의). ¶ ~에 넣다 put 《*things*》 in a bag. ‖ 손 ~ a handbag; a valise (여행용).

가법(加法) ☞ 덧셈.

가법(家法) a family constitution.

가벼이, 가볍게 lightly; rashly (경솔하게). ¶ ~ 보아 넘기다 overlook 《*a person's fault*》/~ 행동하다 act rashly / ~ 나무라다 give a light scolding / 형량을 ~하다 reduce a sentence.

가변(可變) variableness; [형용사적] variable. ‖ ~ 비용 variable expenses. ~익(翼) variable wings / ~ 자본 variable capital / ~ 저항기 a variable resistor / ~ 전압 발전기 a variable voltage generator.

가볍다 ① 《무게가》 (be) light; not heavy. ¶ 가볍디 ~ be as light as a feather/ 가벼운 짐 a light load; a light baggage/체중이 ~ be light in weight. ② 《경미》 (be) slight; not serious; trifling. ¶ 가벼운 두통 a slight headache / 가벼운 범죄 minor offenses. ③ 《수월》 (be) simple; easy; light. ¶ 가벼운 일 a light [an easy] work / 가벼운 기분으로 with a light heart. ④ 《식사 등》 (be) light; not heavy; plain. ¶ 가벼운 식사 a light meal; a snack. ⑤ 《사람이》 (be) rash; imprudent; indiscreet; thoughtless. ¶ 입이 ~ be glib-tongued; be a telltale (누설하다).

가보 《투전판의》 the winning nine.

가보(家寶) a family treasure; an heirloom.

가봉(加俸) an extra [additional] allowance. ‖ 연공(年功) ~ a long service allowance / 특별 ~ special additional pay.

가봉(假縫) ~하다 baste; tack; 《양복 따위를》 try [fit] 《*a coat*》 on.

가부(可否) 《옳고 그름》 right or wrong; 《적부》 suitableness; propriety; 《찬부》 ayes and noes; pros and cons; for and against; yes or no. ¶ ~간 right or wrong (옳고 그름); for or against(찬부)/~를 논하다 argue for and against 《*a matter*》; discuss whether (it) is appropriate or not / 투표로 ~를 결정하다 decide 《*a matter*》 by vote; put 《*a matter*》 to vote.

가분수(假分數) 〖數〗 an improper fraction.

가분하다 (be) light; not heavy.

가불(假拂) an advance; advance payment (미리 주는); suspense payment (임시로 주는). ~하다 pay in advance; advance. ¶ ~ 받다 receive 《*money*》 in advance; get an advance; draw (a part of one's salary) in advance. ‖ ~금(金) an advance.

가불가(可不可) ☞ 가부(可否).

가뿟하다 (be) light; not heavy.

가쁘다 《서술적》 pant [gasp] (for breath); be out of breath.

가사(家事) household affairs; domestic duties; family concerns; domestic science (course) (학문의). ¶ ~를 처리하다 manage the house / ~에 얽매여 있다 be occupied with household cares.

가사(假死) apparent death; syncope; suspended animation. ¶ ~ 상태에 있다 be in a syncopic state.
가사(袈裟) a surplice; a stole; a cope.
가사(歌詞) the text 〔words〕 of a song.
가산(加算) ~하다 add; include. ¶ 이자를 ~하다 include interest; add interest to principal (원금에). ‖ ~기 an adding machine / ~세 an additional tax.
가산(家產) family property 〔estate〕; one's fortune. ¶ ~을 탕진하다 go through one's (inherited) fortune.
가산호(假珊瑚) imitation coral.
가상(假想) imagination; supposition. ~하다 imagine; suppose. ¶ ~적인 imaginary; hypothetical / ~의 적(敵) a hypothetical 〔potential, supposed〕 enemy.
가상(假像) a ghost; a pseudomorph (광석 결정의).
가상히(嘉尙—) ~여기다 applaud 《*a person for his deed*》.
가새지르다 cross 《*A* and *B*》; place 《*things*》 crosswise.
가새표(—標) a cross; an x.
가새풀 〖植〗 a milfoil; a yarrow.
가석방(假釋放) release on parole. ~하다 put 〔release〕 《*a person*》 on parole. ¶ ~되다 be paroled.
가석하다(可惜—) (be) regrettable; sad; pitiful; 《죽어서》 (be) sorry. ¶ 거 참 가석한 일이군 That's pity!, It is a matter for regret.
가선(架線) wiring (공사); a wire (선).
가설(架設) ~하다 construct; install (전화를); build, span (다리를). ‖ ~공사 building 〔construction〕 work/ ~비 an installation cost.
가설(假設) ① 《일시적》 ¶ ~의 temporary. ‖ ~교(橋) 〔극장〕 a temporary bridge 〔theather〕. ② 《상상적》 hypothesis; supposition; 〖法〗 fiction. ¶ ~의 hypothetic(al). ‖ ~ 연습 a skeleton drill.
가설(假說) 〖論〗 a hypothesis; assumption; supposition(가정). ¶ ~적인 hypothetical.
가성(苛性) causticity. ‖ ~ 석회(石灰) quicklime / ~ 소다 〔알칼리〕 caustic soda 〔alkali〕 / ~ 칼리 caustic potash.
가성(假性) ~의 false; pseud(o)-. ‖ ~ 근시 pseudomyopia / ~ 콜레라 pseudo-cholera.
가성(假聲) a feigned voice; 〖音〗 falsetto. ¶ ~을 내다 disguise one's voice.
가세(加勢) ~하다 《조력》 help; aid; assist; 《지지》 support; take sides 《*with*》.
가세(家勢) the fortunes of a family. ¶ ~가 기울었다 The family is down on its luck.
가소(可塑) ~의 plastic. ‖ ~물(物) plastics / ~성(性) plasticity / ~제 a plasticizer.
가소롭다(可笑—) (be) laughable; ridiculous; nonsensical. ¶ 가소롭기 짝없다 be highly ridiculous; be quite absurd.
가속(加速) acceleration. ¶ ~적으로 with increasing speed / ~이 붙다 accelerate; pick up (speed). ‖ ~계 an accelerometer / ~ 운동 an accelerated motion/ ~ 장치 an accelerator.
가속(家屬) 《가족》 one's family; 《아내》 one's wife.
가속도(加速度) ☞ 가속(加速).
가솔린 《휘발유》 gasoline.
가수(加數) 〖數〗 a summand; an addend.
가수(歌手) a singer; a songstress (여자); a vocalist (성악가).
가수금(假受金) a suspense receipt. ¶ 계약에 의한 ~ an advance received on contract.
가수분해(加水分解) 〖化〗 hydrolysis.
가수요(假需要) fictious 〔imaginary〕 demand; speculative demand (투기).
가스 gas. ¶ 배에 ~가 차다 have gas 〔wind〕 in the bowels. ‖ ~관(管) a gas pipe / ~등 a gas light 〔lamp〕 / ~레인지 a gas range / ~요금 a gas rate / ~ 중독 gas-poisoning.
가스러지다 become peevish〔rough〕.
가슬가슬하다 (be) rough; peevish.
가슴 the breast; the chest (흉곽); the bosom (품); heart, mind (마음). ¶ ~의 병 chest troubles / ~속 깊이 간직한 생각 an idea cherished deep in one's heart / ~이 뭉클해지다 have a lump in one's throat / ~이 뛰다 one's heart throbs 《*with*》 / ~이 설레다 feel excited 〔elated〕; 《사물이 주어》 cause in 《*a person*》 a lift of the heart / ~이 후련하여지다 feel relieved.
가슴걸이 a girth; a cinch.
가슴앓이 〖醫〗 heartburn.
가슴츠레하다 (be) sleepy 〔drowsy〕 eyed; 《one's eyes are》 heavy.
가습(加濕) humidification. ~하다 humidify. ‖ ~기 a humidifier.
가시[1] 《장미 따위의》 a thorn; 《풀잎 등의》 a prickle; 《덤불의》 a bramble; 《밤송이의》 a bur; 《나무·대·뼈 따위의》 a splinter; 《물고기의》 a spine. ¶ ~많은 thorny; spiny / ~가 목에 걸리다 have a bone stuck in one's throat / 손에 ~가 박이다 get a sticker in one's finger. ‖ ~나무 a thorn (bush); a bramble / ~나무 울타리 a hedge of thorn / ~ 덤불〔밭〕 a thorn thicket/ ~밭길 a thorny path.
가시[2] 《구더기》 a worm; a maggot.
가시광선(可視光線) visible rays.
가시다 ① 《부시다》 rinse; wash out. ¶ 병을 ~ rinse out a bottle. ② 《뒷맛을》 take off 〔away〕; get rid

of. ¶입안의 쓴 맛을 ~ take the bitter taste out of one's mouth. ③《없어지다》 disappear; leave 《*off*》; 《누그러지다》 soften; lessen; calm down.

ㄱ

가시세다 《완고》 (be) stubborn; wilful; obstinate; headstrong.

가시철(一鐵) barbed wire. ‖ ~망 (barbed-)wire entanglements.

가식(假飾) affectation; hypocrisy. ~하다 affect; pretend; play the hypocrite. ¶ ~적(인) hypocritical; false; affected / ~이 없는 unaffected; unpretentious; artless, frank (솔직한).

가심 a rinse; a wash(ing). ~하다 wash out; 「column.

가십 gossip. ‖ ~난(欄) a gossip

가압(加壓) pressurization. ~하다 pressurize; apply 〔give〕 pressure 《*to*》. ‖ ~ 장치 a pressure device.

가압류(假押留) provisional seizure. ~하다 seize 《*another's*》 property provisionally. 「rean harp.

가야금(伽倻琴) a *kayagŭm*; a Ko-

가약(佳約) the pledge of eternal love; a deep pledge. ☞ 백년가약.

가언(假言) 〖論〗 a conditional(word). ¶ ~적 conditional; hypothetic(al). ‖ ~ 명제 a hypothetical proposition.

가업(家業) one's trade 〔business, occupation〕. ¶ ~을 잇다 succeed to one's father's business.

가없다 (be) boundless; endless. ¶ 가없는 바다 a boundless ocean.

가연(可燃) ¶ ~성 inflammability; combustibility / ~성의 combustible; inflammable. ‖ ~물 combustibles; inflammables.

가열(加熱) ~하다 heat. ‖ ~ 분해 decomposition by heating / ~ 시험 a heat(ing) test.

가엾다 《불쌍하다》 (be) pitiable; pitiful; poor; sad; miserable; 《애틋하다》 (be) pathetic; touching. ¶ 가엾게 여기다 feel pity 〔sorry〕 for; take pity on; pity 《*a person*》; have〔take〕 compassion 《*on*》; sympathize with / 가엾어라 What a pity!; Alas, poor thing!

가영업(假營業) temporary business.

가오리 〖魚〗 a stingray.

가옥(家屋) a house; a building; 〖法〗 a messuage. ¶ ~의 매매에 종사하다 deal in real estate. ‖ ~ 관리비(費) the managing expense of a house / ~ 대장 a house register / ~세 a house tax.

가옥(假玉) an artificial pearl 〔gem〕.

가외(加外) ~의 extra; spare; excessive. ¶ 가욋일을 하다 do extra work; work extra time.

가요(歌謠) a song; a melody. ‖ ~곡 a popular song.

가용(可溶) ‖ ~물 a soluble body / ~성 solubility (~성의 soluble).

가용(可鎔) ‖ ~물 a fusible body / ~성 fusibility (~성의 fusible).

가용(家用) 《집안의 씀씀이》 cost of household; household expenses; 《자가용》 domestic use; family use.

가운(家運) 《retrieve one's》 family fortune.

가운 a gown. ¶ 대학생의 ~ an academic gown.

가운데 ① 《중간》 the middle; the midway; the center, the heart (복판); 《안쪽》 the interior; the inside. ¶ ~에 가르마를 타다 part one's hair in the middle / ~를 잡다 hold 《*a thing*》 in the middle / 《안내양 등의》 ~로 들어가 주십시오 Step forward, please. ② 《중에서》 between (둘); among (셋 이상). ¶ 그 ~서 어느것이든 다섯개만 골라라 Choose any five from among the number. ③ 《…하는 중》 in; amid(st).

가운뎃손가락 the middle finger.

가웃 (and) a half. ¶ 서 말 ~ three *mal* and a half.

가위[1] scissors; shears; clippers (털 베는). ¶ ~ 한 자루 a pair of scissors. ‖ ~질 scissoring / 가윗밥 cuttings.

가위[2] 《악몽》 a nightmare; an incubus. ~ 눌리다 have a nightmare.

가위(可謂) literally; exactly; truly; practically; in a sense; so to speak.

가윗날 ☞ 추석. 「(fall).

가으내 throughout the autumn

가을 autumn; fall 《美》. ¶ ~의 autumn(al); fall. ‖ ~ 경치 autumnal scenery / ~ 바람 autumn wind / ~ 보리 autumn-sown barley / ~갈이 autumn plowing / 늦~ late autumn 〔fall〕 / 초~ early autumn 〔fall〕.

가이던스 guidance 《*in the course of one's studies*》.

가이드 a 《*tour*》 guide (사람); a guide book(안내서).

가인(佳人) a beautiful woman; a beauty. ‖ ~박명(薄命) Beauties die young.

가일(佳日) an auspicious day.

가일층(加一層) (the) more; still 〔much〕 more; all the more. ¶ ~ 노력하다 make still more efforts.

가입(加入) ~하다 enter 《*for*》; join; associate 〔affiliate〕 oneself with; become a member of; subscribe for; 《넣다》 add 《*to*》; mix; blend. ‖ ~금 an entrance 〔a membership〕 fee / ~ 신청 application for admission; subscription (전화 따위의) / ~자 a member; a (telephone) subscriber. 「bation.

가입학(假入學) admission on pro-

가자미 〖魚〗 a flatfish; a flounder.

가작(佳作) a fine piece (of work); a work of merit. ‖ 선외 ~ a fine work left out of selection.

가장(家長) the head of a family; a

patriarch (남자); a matriarch (여자); one's husband (남편). ‖ ~ 제도 patriarchism.
가장(家藏) a household possession. ‖ ~ 집물 household furnishings.
가장(假葬) temporary burial. ~하다 bury temporarily.
가장(假裝) ① 《변장》 disguise; masquerade. ~하다 disguise oneself; dissemble; dress up. ¶ ~하여 in disguise / 여자로 ~하다 dress up as a woman. ‖ ~ 행렬 a fancy dress parade. ② 《거짓》 pretence; semblance; simulation; camouflage. ~하다 feign; pretend; affect; assume; make believe. ¶ …을 ~하여 under pretense [cover, the cloak] of / 양민으로 ~하다 counterfeit [pose as] a good citizen / 우정을 ~하다 pretend to be a friend.
가장 most; least (적을 때). ¶ ~ 쉬운 방법 the easiest method.
가장귀 a crotch [fork] of a tree.
가장이 a branch; a twig.
가장자리 the edge; the verge; the brink; the margin.
가재 〖動〗 a crawfish; a crayfish 《英》. ~걸음 치다 crawfish; move backward; make very slow progress (지지부진).
가재(家財) household belongings [goods]; furniture and effects.
가전(家傳) ~의 hereditary; proprietary. ¶ ~의 보물 a family heirloom.
가전제품(家電製品) electric home appliances.
가절(佳節) an auspicious occasion.
가정(苛政) tyrannical government.
가정(家政) household management; housekeeping. ‖ ~과 (the) domestic economics (course) (학문); the department of domestic science (대학의) / ~부 a housekeeper; a lady-help.
가정(家庭) home; a family. ~의 home; domestic; family. ¶ ~을 갖다 start a home; get married and settle down. ‖ ~ 교사 a private teacher; a tutor (~ 교사를 두다 engage a tutor / ~ 교사를 하다 teach 《*a boy*》 at his house) / ~ 교육 home education / ~난(欄) a domestic column / ~ 방문 a home visit(~방문하다 make a round of calls) / ~부인 a housewife / ~불화 family trouble [discord]; friction between man and wife (부부의) / ~ 생활 home life / ~의(醫) one's family doctor / ~ 의례 family rite (~의례 준칙 the Simplified Family Rite [Ritual] Standards) / ~ 쟁의 family troubles / ~ 환경 a home background [environment].
가정(假定) (a) supposition; (an) assumption; a hypothesis; 〖法〗 (legal) fiction. ~하다 suppose; assume. ¶ ~적인 hypothetic(al); imaginary; assumptive / …이라 ~하여 on the assumption that…; supposing that…. ‖ ~법 〖文〗 the subjunctive mood.
가정법원(家庭法院) a family [domestic relations] court.
가정부(假政府) a provisional government.
가제 《cotton, antiseptic》 gauze. ‖ 소독 ~ sterilized gauze.
가져가다 take [carry] away; take 《*a thing*》 along 《*with one*》; make off with.
가져오다 《지참》 bring (over); get; fetch; take 《*a thing*》 along; bring [take] 《*a thing*》 with 《*one*》; 《초래》 invite; cause; result [end] in; bring about.
가조(一調) 〖樂〗 the tone A.
가조약(假條約) a provisional treaty. ¶ ~을 맺다 conclude [make up, enter into] a provisional treaty 《*with another country*》.
가조인(假調印) a preliminary [provisional] signature; an initial signature. ~하다 affix a preliminary signature; sign provisionally; initial 《*a treaty, pact*》.
가족(家族) a family; one's folks [people] 《美》. ¶ 6인 ~ a family of six / ~ 동반의 여행 a family trip. ‖ ~ 계획 family planning / ~ 구성 a family make-up / ~ 묘지 a family burial ground / ~ 수당[석] a family allowance [box] / ~ 제도 the family system / ~탕[회사] a family bath [concern] / ~ 회의 《have, hold》 a family council [conclave].
가주거(假住居) a temporary residence [abode].
가주권(假株券) a scrip (certificate).
가주소(假住所) one's temporary residence [address].
가죽 skin; 《짐승의》 a hide (주로 마소의); 《무두질한》 (tanned) leather; tanned [dressed] skin; buff; chamois leather (양·사슴의); 《모피》 (a) fur. ¶ ~(제)의 leather 《*belt*》 / ~을 벗기다 skin / ~을 무두질하다 tan. ‖ ~ 부대 a leather bag / ~ 숫돌 a strap; a razor strap / ~ 잠바 a windbreaker / ~ 장갑 leather gloves / ~ 표지 a leather cover; leather binding.
가죽나무 〖植〗 a tree of heaven.
가중(加重) ① 《무겁게 함》 ~하다 weight. ‖ ~ 평균 weighted average. ② 《형벌》 ~하다 aggravate. ¶ 형(刑)을 ~하다 raise [aggravate] the penalty.
가증(可憎) ~하다 (be) hateful; disgusting; abominable; detestable. ¶ ~스럽게 provokingly.
가증서(假證書) a provisional certificate; an interim bond.
가지[1] a branch; a bough (큰); a

twig, a sprig(작은); a spray(꽃있는). ¶ ~를 뻗다 spread branches / ~를 꺾다 break (off) a branch / ~를 치다 cut 〔lop〕 off branches; prune 〔trim〕 《*a tree*》.

가지² 【植】 an eggplant; an egg apple(열매).

가지³ 《종류》 a kind; a class; a set (벌). ¶ ~~의 various; diverse; sundry / ~ 각색의 various; sundry / 세 ~ three kinds.

가지다 ① 《손에 쥐다》 have; take; hold; 《휴대·운반》 carry (with one); have with one. ¶(가서) 가져 오다 (go and) fetch 《*a thing*》 / 가지러 가다 go for 《*a thing*》 / 무엇을 가지러 오다 come 〔call〕 for a thing. ② 《소유》 have; own; possess; keep; 《마음에》 cherish; bear; hold; be endowed with (타고나다). ¶ 어떤 뜻을 ~ bear a meaning / 가게를 가지고 있다 keep 〔own〕 a shop. ③ 《임신》 conceive; become pregnant. ¶ 아이를 가지고 있다 be (big) with child; be pregnant.

가지런하다 (be) trim; even; equal; uniform. ¶ 가지런히 trimly; evenly / 키가 ~ be of the same height.

가지치다 ① 《잘라내다》 lop off branches. ② 《뻗다》 branch out.

가진급(假進級) passing on probation.

가집행(假執行) 【法】 provisional execution. ~하다 execute provisionally.

가짓말 ☞ 거짓말.

가짜(假—) 《모조품》 an imitation; a sham; a spurious article; 《위조품》 a forgery; a counterfeit; a fake; a bogus. ~의 sham; imitative; bogus; spurious; forged. ‖ ~ 다이아 a faked 〔sham〕 diamond / ~ 대령 a pretended colonel / ~ 미치광이 a faked mad man / ~ 수표 a bogus check / ~ 박사학위 a faked doctoral degree.

가차없다(假借—) (be) merciless; relentless. ¶ ~없이 without mercy; relentlessly; unscrupulously.

가책(呵責) torment; torture; pangs (양심의). ¶ 양심의 ~을 받다 be conscience-stricken; feel remorseful.

가처분(假處分) provisional disposition. ~하다 make provisional disposition 《*of*》. ¶ ~ 신청을 하다 apply for an injunction.

가처분소득(可處分所得) a disposable income.

가청(可聽) ‖ ~거리 earshot / ~ 범위 the audiable range.

가축(家畜) domestic animals; livestock. ¶ ~을 치다 raise livestock. ‖ ~ 병원 a veterinary hospital; a pet's hospital (애완동물의) / ~ 사료 stock feed / ~우리 a shed for animals.

가출(家出) ~하다 run 〔go〕 away from home; leave home. ‖ ~ 소녀 〔소년〕 a runaway girl 〔boy〕 / ~인 a runaway; an absconder.

가출옥(假出獄) provisional release; release on parole. ~하다 be released on parole; be out on bail (보석). ¶ ~시키다 release 《*a prisoner*》 on parole. ‖ ~자 a paroled man; a man on parole.

가치(價値) value; worth; merit. ¶ ~있는 valuable; worthy / ~없는 worthless; of no value. ‖ ~관 one's sense of values / ~ 판단 valuation; evaluation. / 실용 〔이용〕 ~ utility value / 영양(營養) ~ dietetic 〔nutritive〕 value.

가친(家親) my father.

가칠하다 ☞ 거칠하다.

가칭(假稱) ① 《잠정의》 a provisional designation; a tentative name. ② 《사칭》 impersonation; misrepresentation; false assumption.

가탄(可歎) ~하다 (be) lamentable; grievous; deplorable; regrettable. ¶ ~할 일 a matter worthy of grief; a deplorable affair.

가탈부리다 make trouble; raise problems; hinder.

가탈지다 go wrong; run into problems 〔hindrances〕.

가택(家宅) a house; a domicile; a residence. ‖ ~ 수색 house-searching; a domiciliary search (~ 수색하다 search a house / ~ 수색을 당하다 be subjected to a domiciliary search) / ~ 침입 housebreaking; (a) trespass; unlawful entry (~침입하다 trespass 《*a person's*》 premises).

가톨릭교(—敎) ☞ 카톨릭교.

가통(可痛) ~하다 (be) deplorable; lamentable.

가파르다 《경사가》 (be) steep; precipitous. ¶ 가파른 언덕 〔비탈〕 a steep hill 〔slope〕.

가표(加標) a plus (sign) (+); the sign of addition.

가표(可票) an affirmative vote. ¶ ~를 던지다 cast an aye vote for 《*a bill*》.

가풀막 a steep slope 〔ascent〕. ¶ ~지다 slope up 〔down〕 sharply.

가풍(家風) the family tradition 〔custom〕; the ways of a family.

가필(加筆) ~하다 correct; retouch; touch up; revise.

가하다(可—) 《옳다》 (be) right; rightful; reasonable; 《좋다》 (be) good; fair; nice.

가하다(加—) ① 《가산》 add (up); sum up; 《부가》 add. ¶ 원금에 이자를 ~ add interest to the principal. ② 《주다》 give; inflict 《*on*》. ¶ 압력을 ~ pressure 《*a person*》 / 일격을 ~ deal 《*a person*》 a blow / 열을 ~ apply heat. ③ 《증가》 increase. ¶ 속도를 ~ speed up.

가학(加虐) maltreatment; cruelty.

～하다 be cruel to 《*a person*》.
가합(可合) ～하다 (be) rational; reasonable; proper.
가해(加害) ① 《손해를》 harm, damage; loss. ～하다 damage; do harm 《*to*》; inflict a loss 《*on*》. ② 《상해를》 an assault; violence; murder (살해). ～하다 commit a violence 《*on*》; assault. ‖ ～자 an assaulter; an assailant.
가호(加護) divine protection; providence; guardianship. ¶ 신명의 ～로 by the grace of God / 신의 ～를 빌다 pray to God for help.
가혹(苛酷) 《무참》 cruelty; 《잔인》 brutality; 《엄혹》 severity; harshness. ～하다 (be) severe; cruel; hard; harsh; rigorous; merciless. ¶ ～하게 cruelly; harshly; relentlessly; rigorously / ～한 말 a hard saying / ～한 벌 a severe punishment / ～한 짓 a cruel act.
가화(佳話) 《미담》 a good (moving) story.
가효(佳肴) dainties; delicacies; a rare dish.
가훈(家訓) 《observe》 family precepts.
가희(歌姬) a singeress; a songstress; a chantress.
각(各) each; every. ¶ 각자 each one; everybody.
각(角) ① 《뿔》 a horn; an antler (사슴의). ‖ ～도장 a seal made of horn. ② 《모퉁이》 a corner; a turn (-ing) (돌아가는). ③ 《사각》 square. ④ 《각도》 an angle. ‖ ～거리 an angular distance / 내(외)～ an interior (exterior) angle.
각가지(各―) various kinds; all sorts. ¶ ～의 various kinds (all sorts) of.
각각(各各) 《따로따로》 separately; 《각기》 respectively; each; every. ¶ ～의 each; respective; individual.
각각으로(刻刻―) every moment; moment by moment. ☞ 시시각각.
각개(各個) each; every one; one by one. ‖ ～ 격파 defeating one by one / ～ 교련 individual drill.
각개인(各個人) each; each (every) individual; each person. ¶ ～의 소유품 the belongings of each person.
각계(各界) every field (sphere) of life; various circles (quarters). ¶ ～각층의 《people》 of all social standings/～각층의 명사 notables representing various departments of society.
각고(刻苦) hard work; close application; indefatigable industry. ～하다 work hard; apply oneself closely to. ¶ ～정려하여 by dint of industry.
각골난망(刻骨難忘) ～하다 indelibly engrave on one's memory.
각광(脚光) footlights. ～을 받다 《사람·일이》 be in the limelight; be highlighted (spotlighted).
각국(各國) 《각나라》 every country; each nation; 《여러나라》 various countries; 《만국》 the world; all countries. ¶ 세계 ～ world nations.
각기(脚氣) beriberi. ¶ ～에 걸리다 have an attack of beriberi.
각기(各其) each; severally; respectively; apiece. ¶ 제 ～ respectively; in one's own way.
각기둥(角―) 〖數〗 a prism.
각도(角度) an angle; angular measure; degrees of an angle; 《관점》 a viewpoint; a standpoint. ¶ ～를 재다 take (measure) the angle 《*of*》/ 모든 ～에서 검토하다 survey 《*a problem*》 from all angles (viewpoints). ‖ ～기 a protractor; a graduator.
각등(角燈) a square hand-lantern; a bull's-eye (렌즈가 달린).
각뜨다(脚―) cut up a butchered animal in several parts; dismember.
각로(脚爐) a foot warmer (pan).
각론(各論) an itemized discussion; particulars; details. ¶ ～으로 들어가다 go into details 《*of*》. ‖ 해부학 ～ special anatomy.
각료(閣僚) the Cabinet ministers (전부); a cabinet member (minister) (개인). ‖ ～급 회담 a minister-level conference / ～ 회의 a Cabinet meeting / 주요 ～ key ministers of the Cabinet.
각막(角膜) 〖解〗 the cornea. ‖ ～염(炎) keratitis / ～이식(移植) corneal transplant(ation).
각목(角木) a square wooden club (stick).
각박(刻薄) ～하다 (be) hard(-hearted); heartless; cruel; exigent (세상살이). ¶ ～한 세상 a hard world; hard times.
각반(脚絆) leggings; gaiters; spats; puttees (감는).
각방(各方), 각방면(各方面) every direction (quarter); all directions. ¶ 사회 ～ all sorts and conditions of men; all strata of society.
각별하다(各別―) ① 《특별》 (be) especial; special; particular; exceptional (파격적). ¶ 각별한 사랑 (호의) special love (favo(u)r) / 각별히 especially; particularly; exceptionally / 각별히 주의하다 pay special attention. ② 《깍듯하다》 (be) polite; decorous; courteous. ¶ 각별히 politely; civilly; courteously/각별히 대하다 give a warm reception.
각본(脚本) a play(book); a drama; 《영화의》 a script; a *scenario* 《이》. ‖ ～ 작가 a playwright; a dramatist; a *scenario* writer.
각부(各部) ① 《각부내》 each section; every department (ministry) (정부의). ‖ ～ 장관 the minister of

each department. ② ☞ 각부분.
각부분(各部分) each [every] part; all parts;《여러 부분》various parts.
각사탕(角砂糖) cube(let) sugar.
각살림(各一) ~하다 live separately [apart]《*from*》; set up one's own home.
각색(各色) ①《종류》every kind; all sorts. ¶ 각양 ~의 various; of every kind; of all sorts. ②《빛깔》various [all] colo(u)rs; each color.
각색(脚色) dramatization. ~하다 dramatize《*a story*》; adapt《*a novel*》for a play. ‖ ~가 a dramatizer; an adapter.
각서(覺書) a memorandum; a memo; a note; an *aide-mémoire* (외교상의)《프》. ¶ ~의 교환 an exchange of notes [memoranda].
각선미(脚線美) the beauty of leg lines. ¶ ~있는 with shapely legs.
각설(却說) ①《화제를 돌림》~하다 resume《*one's story*》; return to the subject. ②《부사적》now; now to resume our story.
각섬석(角閃石)〖鑛〗amphibole.
각성(覺醒) awakening; arousal; disillusion. ~하다 awake《*from*》; wake up《*to*》; be disillusioned (미몽에서). ¶ ~시키다 awaken; open《*a person's*》eyes; bring《*a person*》to (*his*) senses; arouse. ‖ ~제 a stimulant (drug).
각속도(角速度) angular velocity.
각시《인형》a doll bride;《새색시》a bride. ¶ ~놀음하다 play with dolls.
각양(各樣) ~(각색)의 various; diverse; manifold; of all kinds [sorts]. ¶ 사람의 마음은 ~각색이다 So many men, so many minds.
각오(覺悟)《마음 준비》preparedness; readiness;《결심》(a) resolution;《체념》resignation. ~하다 be prepared [ready]《*for*》; be resolved《*to do*》; be determined be resigned. ¶ 노여움 살 것을 ~하고 말하다 dare *a person's* anger and say / 그것은 ~한 바다 I have expected as much. *or* I am prepared for it.
각운(脚韻) a rhyme.
각위(各位) every one; all; gentlemen (여러분); sirs(편지에서). ¶ 관계자~《서한에서》To whom it may concern/회원 ~에게 to the members.
각의(閣議) a Cabinet conference [council, meeting]. ¶ ~를 열다 hold [call] a Cabinet council. ‖ 정례 [임시] ~ an ordinary [extraordinary] session of the Cabinet council.
각인(各人) each person; every one;《모두》everybody.
각일각(刻一刻) ☞ 시시각각.
각자(各自) each; each [every] one. ~의 each; respective; one's own.
각재(角材) square lumber [timber].
각적(角笛) a horn; a bugle.
각조(各條) each [every] article; each [every] item; all articles [items]; the articles.
각종(各種) every kind; various kinds; all kinds [sorts]. ¶ ~의 all sorts of; of all kinds; various.
각주(角柱) a square pillar;〖數〗a prism.
각주(脚註) footnotes. ¶ ~를 달다 give footnotes《*to*》.
각지(各地) every [each] place;《여러지방》various places [quarters];《전지방》all parts of the country. ¶ 세계 ~로부터 from every corner [all parts] of the earth.
각질(角質) horniness;〖生化〗keratin; chitin (곤충 등의). ‖ ~층(層) horny layer; stratum corneum.
각처(各處) every [each] place;《여러곳》various places. ¶ ~에[의] in every[each] place; in various [all] places; everywhere.
각추(角錐)〖數〗a pyramid.
각추렴(各一) ~하다 collect from each; split the account, go Dutch (자기몫만 내다).
각축(角逐) (a) competition; rivalry; contest. ¶ ~(전)을 벌이다 compete《*with*》; contend《*with*》; vie with. ‖ ~장 the arena of competition.
각층(各層) each class (of society). ¶ 각계 ~의 of all social standing/ 각계 ~의 명사 notables in [of] all walks of life.
각파(各派) each party, all political parties [groups] (정당); each faction (파벌); all sects (종파); all schools (유파, 학파).
각판(刻板)《판목》a (printing) block; a woodcut;《판각》woodcutting. ‖ ~본 a book printed by engraved wood.
각필(擱筆) ~하다 lay down one's pen; leave off [stop] writing.
각하(却下) ☞ 기각(棄却). 「hour.
각하(刻下) ~의 present; of the
각하(閣下)《2인칭》Your Excellency;《3인칭》His [Her] Excellency (단수); Their Excellencies (복수).
각항(各項) each item [paragraph]; every clause [provision].
각혈(咯血) ☞ 객혈(喀血).
각형(角形)《모난 형상》a square shape;《사각형》a quadrilateral.
간《짠 정도·맛》seasoning; a salty taste; saltiness. ¶ ~을 치다 apply salt《*to*》; season / ~보다 taste《*a thing*》to see how it is seasoned/ ~이 맞다 be well-seasoned; be properly seasoned/~이 싱겁다 be not well salted.
간(肝) ①〖解〗the liver. ‖ ~경변(증) cirrhosis of the liver. ②《배짱》pluck; courage; grit《口》. ¶ ~이 큰 daring; bold; plucky / ~이 콩알만 해지다 have a thrill of

horror.
간(間) ① 《길이》 a *kan* (=5.965ft.). ②《면적》 ☞ 칸. ③ ☞칸살.
…간(間) 《기간》 for; during; a period; 《사이》 from ... to ...; between; among; 《간격》 an interval; 《관계》 relation(ship). ¶ 형제 ~ brotherly relation / 형제 ~의 싸움 a quarrel between brothers/ 3일~에 in three days / 친구~에 among one's friends.
간간이(間間—) occasionally; at times; (every) now and then; once in a while; at intervals; from time to time. ¶ ~ 소나기가 오겠습니다 There will be showers from time to time.
간간짭짤하다 (be) pleasantly salty; good and salty.
간간하다 《맛이》 be somewhat salty.
간거르다(間—) be alternate; skip 《*a thing*》 every other.
간격(間隔) 《시간·공간》 a space; an interval. ¶ 5미터의 ~을 두고 at five-meter intervals; at intervals of five meters.
간결(簡潔) brevity; conciseness; terseness; pithiness. ~하다 (be) brief; concise; terse. ¶ ~히 briefly; concisely / ~한 설명 a brief explanation.
간계(奸計) a trick; an evil design; a vicious plan; an artifice.
간고(艱苦) hardships; suffering; privations.
간곡(懇曲) ~하다 《정중》 (be) polite; courteous; 《친절》 (be) kind; friendly; 《극진함》 (be) cordial; warmhearted; hospitable.
간과(干戈) arms; weapons (of war).
간과(看過) ~하다 fail to notice; overlook; pass over; connive at (묵인).
간교(奸巧) ~한 cunning; wily; sly; crafty; artful.
간구(艱苟) poverty. ☞ 빈곤.
간국 salt [brine] water. ¶ ~에 절이다 soak in brine.
간균(桿菌) a bacillus [*pl*.-li]; a bacterium [*pl*.-ria].
간극(間隙) a gap; an aperture.
간기능검사(肝機能檢査) a liver-function exam(ination).
간디스토마(肝—) 《병》 distomatosis; liver rot; 《병균》 a liver fluke; a flukeworm; *distoma hepaticum*.
간난(艱難) hardship; privations. ¶ ~ 신고(辛苦)하다 undergo [suffer, go through] hardships.
간능(幹能) ability; talent; parts; capacity.
간단(間斷) ~없는 continual; incessant; continuous. ¶ ~없이 incessantly; ceaselessly; constantly.
간단(簡單) brevity; simplicity. ~한 brief; simple; light(식사 따위가). ¶ ~한 편지 a brief letter / ~히 simply; briefly; in brief; easily, with ease (손쉽게) / ~히 말하다 speak in plain language.
간담(肝膽) ① 《간과 쓸개》 liver and gall. ② 《속마음》 one's innermost heart. ¶ ~을 서늘케 하다 strike chill into *a person's* heart; curdle *a person's* blood / ~이 서늘해지다 be quite put out; be taken aback.
간담(懇談) a chat; a familiar talk. ~하다 have a familiar talk 《*with*》; chat 《*with*》. ‖ ~회 a social gathering [meeting].
간대로 《not》 so easily; 《none》 too cheap.
간댕거리다 dangle; tremble. ¶ 간댕간댕 danglingly.
간데족족 everywhere; wherever one goes.
간도(間道) a bypath; a short cut (지름길).
간독(奸毒) viciousness; wickedness.
간독(懇篤) ~하다 (be) kind; warm; hearty; cordial.
간동그리다 arrange neatly; bundle 《*something*》 up.
간두지세(竿頭之勢) the most critical situation.
간드랑거리다 swing gently; dangle.
간드러지다 (be) charming; coquettish; fascinating. ¶ 간드러지게 웃다 laugh coquettishly.
간들간들 《태도》 charmingly; in fascinating manners; 《바람》 gently; lightly; 《물체》 rockingly; unsteadily.
간들거리다 ① 《태도》 act coquettishly; put on coquettish air. ② 《바람》 blow gently; breeze. ③ 《물체》 shake; rock; totter.
간략(簡略) simplicity; brevity. ~한 simple; brief; informal(약식). ¶ ~히 simply; concisely; tersely; briefly; in formally/~한 기사 a short account/ ~한 보고 a brief report / ~하게 하다 make simple [brief]; simplify
간막이(間—) ☞ 칸막이.
간만(干滿) ebb and flow; flux and reflux; tide. ¶ ~의 차 the range of tide.
간망(懇望) an entreaty; solicitation. ~하다 entreat 《*a person*》 to 《*do*》; desire earnestly.
간명(簡明) terseness; brevity; conciseness. ~한 concise; terse; short and clear.
간물 salt(y) water; (salt) brine.
간물(奸物) a crafty fellow;a villain.
간물(乾物) dry provisions; dry goods; groceries 《美》. ¶ ~상(商) a grocer.
간밤 last night [evening].
간병(看病) nursing. ☞ 병구완.
간부(奸婦) a wicked woman.
간부(姦夫) an adulterer; a paramour.
간부(姦婦) an adulteress; a paramour.
간부(幹部) the leading members; the (managing) staff; the executives; the leaders. ‖ ~회 an ex-

ecutive session; a directorial meeting / ~ 후보생 a cadet; an officer cadet.
간사(奸邪) treachery; wickedness. ~한〔스러운〕 wicked; ill-natured; evil-minded; treacherous. ¶ ~한 사람 a wicked person.
간사(奸詐) cunning; craft(iness); guile. ~한〔스러운〕 cunning; sly; wily; artful. ¶ ~한 놈 a foxy fellow.
간사(幹事) 《사람》 a manager; a secretary. ‖ ~장 a chief secretary / 원내 ~ the whip 《英》; an executive secretary 《美》.
간살(間—) ☞ 칸살.
간살부리다 flatter; adulate; fawn upon; curry favo(u)r with.
간상(奸商) a dishonest merchant; a fraudulent dealer; a profiteer. ‖ ~배 (a group of) racketeers.
간상균(桿狀菌) a bacillus [*pl.*-li].
간색(看色) 《보기》 sampling; 《물건》 a sample.
간색(間色) a compound 〔secondary〕 colo(u)r.
간석지(干潟地) a dry beach; a tideland; a beach at ebb tide.
간선(幹線) a trunk 〔main〕 line. ‖ ~ 도로 a principal road; an arterial road 《英》; a boulevard 《美》; a highway.
간섭(干涉) (an) interference; (an) intervention; meddling. ~하다 interfere 《*in, with*》; meddle 《*in, with*》; step in. ¶ ~을 받다 be interfered with. ‖ 무력 ~ armed 〔military〕 intervention / 선거 ~ official interference in an election.
간성(干城) a bulwark; a defender; a safeguard.
간세포(間細胞) an interstitial cell.
간소(簡素) simplicity. ~한 simple; plain (and simple). ¶ ~한 식사 a homely 〔plain〕 meal. ‖ ~화 simplification (~화하다 simplify).
간솔(簡率) ~한 straightforward.
간수(一水) bittern; brine.
간수(看守) a (prison) guard; a warder; a jailer 《美》〔gaoler《英》〕. ‖ ~장 a chief jailer / 건널목 ~ a (railroad) crossing gateman / 산림 ~ a (forest) ranger.
간수하다 keep; preserve; take custody 〔charge〕 《*of*》.
간식(間食) eating between meals; a snack. ~하다 eat 《*something*》 between meals; have a snack.
간신(奸臣) a villainous retainer; a treacherous subject; a traitor.
간신(諫臣) a remonstrant to the king; a faithful retainer.
간신히(艱辛—) narrowly; barely; with difficulty (힘겹게); just, only (근근히). ¶ ~ 살아가다 eke out a scanty livelihood.
간악(奸惡) wickedness; treachery. ~한 wicked; villainous; knavish.
간암(肝癌) cancer of the liver.
간언(諫言) remonstrance; advice.
간염(肝炎) 〖醫〗 hepatitis. ‖ ~ 예방접종 the anti-hepatitis inoculation / 전염성 ~ infectious hepatitis / 혈청 ~ serum hepatitis.
간요(肝要) 《중요》 importance; 《필요》 necessity. ~하다 《중요》 (be) important; of (vital) importance; vital; 《필수》 (be) essential.
간원(懇願) (an) entreaty; solicitation; supplication. ~하다 entreat 〔beseech〕 《*a person*》 to 《*do*》; beg earnestly; solicit; supplicate 《*for*》.
간위(奸僞) wile; trickery.
간유(肝油) cod-liver oil. ‖ ~ 드롭스 cod-liver oil drops.
간음(姦淫) adultery; misconduct; illicit intercourse. ~하다 commit adultery; have illicit intercourse with. ‖ ~죄 adultery.
간이(簡易) simplicity; handiness; easiness. ~하다 (be) simple; easy; handy; plain; simplified. ‖ ~ 생활 a simple life / ~숙박소 day laborer's lodgings; a common 〔public〕 lodging house / ~ 식당 a quick-lunch room; a chop-house / ~ 재판소 a summary court / ~ 주택 a simple frame house.
간자(間者) ☞ 간첩.
간작(間作) catch-cropping. ~하다 grow 〔raise〕 《*beans*》 as a catch crop; intercrop. ‖ ~물 a catch-crop.
간장(一醬) soy (sauce).
간장(肝腸) 《간과 창자》 the liver and intestines; 《마음》 (the) heart; the seat of emotion 〔sorrow〕. ¶ ~을 녹이다 charm; captivate.
간장(肝臟) 〖解〗 a liver. ‖ ~ 디스토마 distomatosis; liver rot / ~병 liver trouble / ~염 ☞ 간염(肝炎).
간재(奸才) cunning; trickiness; craft; a crafty fellow.
간적(奸賊) 《역적》 a traitor; a rebel; 《악한》a knave; a villain; a ruffian.
간절(懇切) ~하다 (be) earnest; eager; fervent. ¶ ~한 부탁 one's earnest request / ~한 소원 one's fervent desire / ~히 earnestly; eagerly; sincerely / ~히 부탁하다 entreat / ~히 권(勸)하다 urge 《*a person*》 strongly; strongly advise.
간접(間接) ~의 indirect; roundabout; second-hand. ¶ ~적으로 indirectly; at second hand / ~으로 듣다 have the news at second hand; learn 《*about something*》 indirectly. ‖ ~ 목적어 an indirect object / ~ 선거 indirect election; voting for the presidential electors (미국 대통령의) / ~세 an indirect tax / ~화법 indirect narration 〔speech〕.
간조(干潮) ebb tide; low water.
간주(看做) ~하다 consider 〔regard, look upon〕 《*as*》; take 《*for*》. ¶ 해결된 것으로 ~하다 look upon 《*a matter*》 as settled / 침묵을 승낙

으로 ~하다 regard silence as consent.
간주곡(間奏曲) 〖樂〗 an interlude; an intermezzo.
간지(干支) the sexagenary cycle.
간지(奸智) cunning; craft; guile; wiles; subtlety.
간지럼 ¶ ~타다 be ticklish; be sensitive to tickling / ~태우다 tickle; titillate.
간지럽다 ① 《몸이》 (be) ticklish. ¶ 간지러워하다 feel ticklish / 발이 ~ my foot tickles. ② 《마음이》 be (feel) abashed; be pricked.
간직하다 keep; store; put away; harbo(u)r, hoard (가슴속에). ¶ 가슴속에 깊이 ~해 두다 keep in one's heart.
간질(癎疾) 〖醫〗 epilepsy; an epileptic fit (발작). ‖ ~환자 an epileptic.
간질세포(間質細胞) 〖解〗 interstitial cells.
간질이다 tickle; titillate. ¶ 겨드랑 밑을 ~ tickle 《*a person*》 under *his* arm.
간책(奸策) a sinister scheme; a crafty design; a (shrewd) trick. ¶ ~을 부리다 hatch a plot; make a wicked design.
간척(干拓) land reclamation by drainage. ~하다 reclaim 《*land*》 by drainage. ‖ ~ 사업 a (land) reclamation project / ~지(地) reclaimed land.
간첩(間諜) a spy; an agent. ‖ ~단 a spy ring / ~ 신고 a report on a suspect of espionage / ~ 행위 espionage / ~ 활동 《do, have》 espionage activities (work) / 무장 ~ an armed espionage agent / 이중 ~ a double agent.
간청(懇請) entreaty; solicitation; an earnest request. ~하다 entreat; implore; solicit 《*a person for*》; earnestly request (ask for). ¶ ~에 의하여 at *a person's* earnest request.
간추리다 sum up; summerize; epitomize; abridge; brief 《美》.
간취(看取) ~하다 perceive; notice; grasp 《*the situation*》; see through. ¶ 나는 그의 간계를 ~했다 I saw through his wiles.
간친(懇親) ‖ ~회 a social meeting (gathering); a social 《美》.
간통(姦通) adultery; illicit intercourse. ~하다 have (illicit) intercourse 《*with*》; commit adultery 《*with*》; have a liaison 《*with*》. ‖ ~죄(罪) adultery.
간특(奸慝) craft; wickedness. ~한 crafty; trickish; wicked.
간파(看破) ~하다 see through 《*a design*》; read 《*a person's thought*》; detect. ¶ 동기를 ~하다 penetrate another's motives.
간판(看板) a sign(board); a billboard; 《사무소·병원 등의》 a doorplate; a shingle 《美》; 《내세우는 방편》 false front; a draw (사람을 끌기 위한 인물); a school career (학벌). ‖ ~장이 a sign maker (painter).
간편(簡便) ~하다 (be) simple; easy; handy; convenient. ¶ ~한 방법 an easy (a simple) method.
간품(看品) ~하다 sample; inspect.
간하다(諫—) remonstrate (expostulate) 《*a person on his folly*》; admonish 《*a person against*》; advise.
간행(刊行) publication. ~하다 publish; issue; bring out. ‖ ~물 a publication (정기~물 a periodical).
간헐(間歇) intermittence. ~적(으로) intermittent(ly). ‖ ~열(熱) intermittent fever / ~천 a geyser.
간호(看護) nursing; tending. ~하다 nurse; care for; attend on 《*a sick person*》. ‖ ~법 the art of nursing / ~병(兵) a nurse; a hospital orderly; a medical-corps man / ~조무사 a nurse's aid / ~사 a (hospital) nurse; a sick nurse (수~사 a head (chief) nurse / 수습 ~사 a student (probationer 《英》) nurse) / ~학교 a nurses training school.
간혹(間或) occasionally; sometimes; once in a while. ¶ ~있는 occasional; infrequent / ~오는 손님 a casual visitor / ~찾아오다 show up in a long while.
간힘쓰다 hold one's breath in an effort to endure (stand) pain.
간힘주다 ☞ 간힘쓰다.
갇히다 be confined; be shut up; be locked in; be imprisoned(감옥에).
갇힌물 standing (stagnant, confined) water.
갈가리 ☞ 가리가리.
갈가마귀 〖鳥〗 a jackdaw.
갈개 a ditch; a gutter; a drain.
갈개꾼 a meddler; an interferer.
갈거미 〖蟲〗 a long-legged spider.
갈겨먹다 snatch (away) 《*from, off*》; take by force.
갈겨쓰다 scrawl; scribble.
갈고랑쇠 ① 《쇠》 an iron hook; a fluke. ② 《사람》 perverse (cross-minded) person.
갈고랑이 a hook; a gaff (작살의).
갈고리 ☞ 갈고랑이.
갈고쟁이 a hook.
갈구하다(渴求—) crave (long, yearn, thirst) for; be thirsty after (for); desire eagerly.
갈그랑거리다 ☞ 그(르)렁거리다.
갈근(葛根) the root of an arrowroot.
갈근거리다 ☞ 걸근거리다.
갈기 a mane. ¶ ~있는 짐승 a maned beast.
갈기갈기 to pieces; (in)to shreds. ¶ ~ 찢다 tear to pieces; tear into strips; tear piecemeals.
갈기다 《때리다》 beat; strike; hit;

knock; thrash; 《베다》 cut; slash; prune. ¶ 따귀를 ~ box 《*a person*》 on the ear / 채찍으로 ~ lash; whip / 호되게 ~ hit 《*a person*》 hard.

갈길 one's way; one's path; 《목적지》 designation.

갈다[1] 《땅을》 till; plow; plough《英》; cultivate; get 《*the soil*》 turned over.

갈다[2] 《바꾸다》 renew; change; replace; alter; fix anew. ¶ 구두 뒤축을 ~ reheel a shoe / 이름을 ~ change one's name.

갈다[3] ① 《숫돌에》 whet; sharpen; grind; hone (면도칼을). ¶ 칼을 ~ sharpen a knife; scour a knife/ 면도칼을 ~ hone a razor; strap a razor (가죽으로). ② 《광이 나게》 polish; burnish; cut (광석을). ¶ 금강석을 ~ cut [polish] a diamond. ③ 《문지르다》 rub; chafe; file (줄로). ¶ 먹을 ~ rub (down) an ink stick. ④ 《가루로》 grind (down); rub fine; reduce to powder. ¶ 옥수수를 ~ grind corn into flour. ⑤ 《이를》 grind [gnash] one's teeth. ¶ 이를 갈며 분해하다 grind one's teeth with vexation 《*at*》.

갈대 〖植〗 a reed; a rush. ¶ ~ 많은 reedy / 여자의 마음은 ~와 같다 Woman is as fickle as a reed. ‖ ~발 a reed blind [screen]/ ~발 ☞ 갈발.

갈등(葛藤) complications; trouble(s); discord. ¶ ~을 일으키다 cause [give rise to] complications; breed discord.

갈라서다 break (off relations) 《*with*》; separate; divorce oneself 《*from*》, be divorced《*from*》(이혼). ¶ 아내와 ~ be parted from one's wife.

갈라지다 ① 《쪼개짐》 split; cleave; fissure; crack; break. ¶ 둘로 ~ break in two. ② 《사람 사이가》 break up 《*with*》; split; fall out 《*with*》; be [become] estranged 《*from*》; be parted 《*from*》. ¶ 여러 파로 ~ split into several factions. ③ 《분가·분리》 branch off [out] 《*from*》; split; fork (out).

갈래 《분기》 a fork; 《분파》 a branch; an offshot; a sect; a faction(당내의). ¶ 두~ 길 a crossroad(s)/세~진 three-forked/~지다 be forked.

갈론 ☞ 갤런.

갈륨 〖化〗 gallium.

갈리다[1] ① 《갈게 하다》 get 《*a person*》 to change; have [get] 《*something*》 replaced. ¶ 구두창을 ~ have one's shoes resoled. ② 《자리를》 be replaced [changed].

갈리다[2] 《칼 따위를》 have 《*a knife*》 sharpened (갈게 하다); be sharpened, be whetted (갈려지다).

갈리다[3] 《가루로》 make 《*a person*》 grind (up), have 《*grain*》 ground (갈게하다); be ground to powder (갈아지다).

갈리다[4] 《분리》 be divided 《*into*》; break into; branch off 《*from*》; fork. ¶ 두패로 ~ be divided into two groups / 여기서 길이 갈린다 At this point the road branches.

갈리다[5] 《논밭을》 make 《*a person*》 plow [plough 《英》], have 《*land*》 cultivated (갈게 함); be cultivated.

갈림길 a branch road; a fork (in the road); a crossroad(s); turning point. ¶ 생의 ~에 서다 stand at the crossroads of one's life.

갈마(羯磨) *karma* 《梵》.

갈마들다 take turns; take by spell; alternate 《*with another*》.

갈망하다 deal [cope] with; manage 《*a matter*》; set 《*matters*》 right; wind up.

갈망(渴望) ~하다 long[yearn, thirst, crave] 《*for*》; be anxious 《*for, to do*》. ¶ 지적 ~ an intellectual thirst [desire].

갈매 Chinese green; lokao. ‖ ~나무 〖植〗 a kind of buckthorn.

갈매기 〖鳥〗 a sea gull [mew].

갈무리하다 put 《*a thing*》 away in order; finish 《*a thing*》 up.

갈미 〖動〗 a sea cucumber.

갈밭 a field of reeds.

갈보 a harlot; a prostitute; a street walker. ¶ ~노릇을 하다 go [live] on the streets; walk the streets. ‖ ~집 a brothel; a whorehouse.

갈분(葛粉) arrowroot starch.

갈붙이다 alienate; estrange.

갈비 the ribs; a rib(요리). ‖ ~탕 beef-rib soup / 쇠~ ribs of beef / 갈빗대 a rib.

갈색(褐色) brown. ~의 brown. ‖ ~ 인종 the brown races.

갈수(渴水) a shortage of water; a water famine. ‖ ~기 the drought [dry] season.

갈수록 more and more; as time goes on (시간이). ¶ 날이 ~ as days go by.

갈씬거리다 be close to 《*the floor*》; ⌈graze.

갈아내다 remove; replace; renew.

갈아대다 renew; replace; change. ¶ 우산대를 ~ put a new stem to an umbrella.

갈아들다 supplant; supersede; take the place of.

갈아들이다 replace 《*A*》 with 《*B*》; substitute 《*B*》 for 《*A*》.

갈아붙이다 《이를》 gnash [grind] one's teeth.

갈아입다 change (one's) clothes. ¶ 갈아입을 옷 a change of clothes; spare clothes.

갈아타다 change cars [trains] 《*at*》; transfer 《*to another train*》; tranship (배를). ¶ 갈아타는 역 a junction; a transfer point / 목포행으로 ~ change for *Mogpo*.

갈음질 whetting; sharpening. ~하

다 whet; sharpen. ☞ 갈다.
갈이¹ 《일》 turnery; lathing. ‖ ~방 a turning shop / ~장이 a turner/ ~칼 a turning blade/~틀 a lathe.
갈이² ① 《논밭의》 plowing; ploughing 《英》; tillage; cultivating. ‖ ~질 farming. ② 《넓이》 the acreage that can be plowed by a person in a day.
갈증(渴症) 《목마름》 thirst. ¶ ~이 나다 feel thirsty/~을 풀다 appease one's thirst.
갈진(渴盡) exhaustion. ~하다 exhaust; run out.
갈참나무 〖植〗 a white oak.
갈채(喝采) cheers; applause; an ovation. ~하다 applaud; acclaim; cheer; give cheer; give an ovation. ¶ 우뢰 같은 ~ a storm of applause.
갈철광(褐鐵鑛) 〖鑛〗 limontle.
갈취(喝取) ~하다 extort 《*money from a person*》 by threats.
갈치 〖魚〗 a hairtail.
갈퀴 a rake. ¶ ~로 긁어 모으다 rake together (up).
갈탄(褐炭) brown coal; lignite.
갈파(喝破) ~하다 declare; affirm; proclaim; expound; pronounce.
갈팡질팡 confusedly; in a flurry; helter-skelter; pell-mell; this way and that. ~하다 run helter-skelter; run pellmell; get flurried; do not know what to do; be at a loss.
갈포(葛布) ko-hemp cloth.
갈피 a space between folds (layers); 《요점》 the point; the drift. ¶ 책 ~ 속에 사진을 끼워 두다 keep a picture between the leaves of a book/~잡을 수 없다 cannot make head nor tail 《*of*》; cannot catch (grasp) the meaning 《*of*》.
갉다 《쏠다》 gnaw; nibble 《*at*》; 《긁다》 scratch; scrape; 《갈퀴로》 rake up; 《헐뜯다》 peck at; cavil (carp) at; nag; 《재물을》 squeeze; extort.
갉아먹다 ① 《이로》 gnaw; nibble 《*at*》; crunch. ② 《재물을》 squeeze· extort.
갉이 a grinder; a polisher; a burnisher.
갉작거리다 scrape; crunch; gnaw.
갉죽거리다 ☞ 갉작거리다.
감¹ 〖植〗 a persimmon. ‖ ~나무 a persimmon(-tree).
감² 《재료》 material; matter; stuff; 《옷감》 texture; stuff. ¶ ~이 좋은 of fine texture.
감(減) (a) decrease; (a) deduction. ☞ 감하다.
감(感) 《느낌》 feeling; sense; sentiment; 《인상》 an impression. ¶ 5~ the five senses/제6~ the sixth sense / 공복~ a sense of hunger/ …(한) ~을 주다 impress (strike) 《*a person*》 as; give an impression of.
감가(減價) reduction of price; depreciation; a discount. ~하다 reduce (discount) the price 《*of*》. ‖ ~ 상각(償却) depreciation.
감각(感覺) sense; feeling; sensation (감성). ¶ 미적(美的) ~ one's sense of beauty/~적 sensible, sensual/ ~이 없는 senseless; numb/~을 잃다 become senseless; be benumbed (추위로) / ~이 날카롭다 (둔하다) have keen (dull) senses. ‖ ~ 기관 a sense organ; a sensory / ~력 sensibility / ~론(論) sensationalism; sensualism/ ~ 마비 sensory paralysis / ~ 신경 〖生〗 a sensory nerve/~ 중추 a sensory center / 색채 ~ the colo(u)r sense.
감감하다 ① 《소식이》 hear nothing of; learn no news of 《*a person*》. ¶ 그 후 소식이 ~ (감감 무소식이다) I have not heard from him ever since. ② 《차이·시간 등이》 (be) far above (beyond); long (before). ¶ 내가 그의 학식을 따라 가려면 아직 ~ It will be long before I get as much knowledge as he has. ③ 《기억이》 forget entirely.
감개(感慨) (a) deep emotion. ¶ ~무량하다 be filled with deep emotion.
감격(感激) deep emotion. ~하다 be deeply moved (touched) 《*by*》; be deeply impressed 《*with, by*》; be deeply stirred; be carried away with emotion. ¶ (사람을) ~케 하는 연설 an inspiring (a touching) speech / ~적인 장면 a dramatic (touching) scene / ~시키다 inspire; impress; give a deep impression 《*to a person*》; stir deeply/~의 눈물을 흘리다 be moved to tears.
감관(感官) ☞ 감각 기관.
감광(感光) 《사진의》 exposure (to light); sensitization; sensitiveness (감광도). ~하다 be exposed (to light). ¶ ~시키다 expose (to light). ‖ ~계 a sensitometer (사진의) / ~막(필름) sensitive film / ~제(劑) a sensitizer / ~지(紙) sensitive paper / ~판(板) a sensitive plate.
감국(甘菊) 〖植〗 a winter chrysanthemum.
감군(減軍) a military manpower reduction; arms (armament) reduction. ~하다 cut (reduce) armed forces.
감금(監禁) confinement; imprisonment. ~하다 confine; imprison; detain; lock in. ‖ 불법 ~ illegal (unlawful) detention.
감기(感氣) a cold. ¶ 심한 ~ a bad cold / ~에 걸리다 catch (take) (a) cold; have a cold / ~로 누워 있다 be laid up (in bed) with a cold. ‖ 기침 ~ a cold on the chest/유행성 ~ influenza; flu(e) 《俗》 / 코 ~ a cold in the nose (head) / ~ 약 medicine for a cold; a cold-cure.
감기다¹ ① 《넝쿨 따위가》 twine (coil) itself round; entwine; 《태엽 따위

가》 be wound; 《거치적거리다》 cling to; 《걸리다》 be caught in. ②《감게 하다》 let [make] 《*a person*》 wind.

감기다² 《눈》《one's eyes》 be closed of their own accord; 《감게 하다》 let 《*a person*》 close 《*his eyes*》.

감기다³ 《씻기다》 wash [bath] 《*a person*》. ¶ 어린애 머리를 ~ wash a baby's hair.

감내(堪耐) ~하다 bear; endure; stand.

감다¹ 《눈》 shut [close] 《*one's eyes*》.

감다² 《씻다》 wash; bathe; have a bath. ¶ 머리를 ~ wash one's hair.

감다³ 《실 따위를》 wind; coil; twine; bind round. ¶ 시계 태엽을 ~ wind a clock/목에 붕대를 ~ tie a bandage round the neck.

감당(堪當) ~하다 be equal to 《*a task*》; be up to 《*doing*》; cope with; deal well with. ¶ ~해낼 만하다 be equal to; be competent for/적을 ~해 내다 cope with the enemy / ~하지 못하다 be unequal to; be incompetent for; be beyond one's power.

감도(感度) sensitivity 《*of a radio set*》. ¶ ~가 좋다 be highly sensitive 《*to*》.

감독(監督) superintendence; supervision; control; 《사람》 a supervisor; an overseer; a manager(경기의); a director (영화의); a bishop (감독 교회의). ~하다 superintend; supervise; control; oversee; direct (영화 따위를). ¶ …의 ~하에 under the supervision [direction] of. ‖ ~관 an inspector / ~ 관청 the competent authorities; the supervisory office / 영화 ~ the director of a film / 현장~ a field overseer.

감돌다 《둘레를》 go [turn] round; 《굽이치다》 wind; meander; curve; 《…기운이》 linger; hang low.

감동(感動) impression; deep emotion. ~하다 be impressed 《*with, by*》; be moved [touched, affected] 《*by*》. ¶ ~시키다 impress; move; affect; appeal to 《*a person*》/크게 ~하다 be deeply moved.

감득(感得) ~하다 《눈치채다》 get conscious 《*of*》; take hint 《*of*》; 《깨닫다》 realize; perceive.

감등(減等) ~하다 lower the grade; demote; commute.

감람(橄欖) an olive. ‖ ~나무 an olive tree / ~빛 olive colo(u)r [green] / ~석 〖鑛〗 olivine; peridot.

감량(減量) a loss in weight [quantity]. ~하다 reduce the quantity.

감로(甘露) nectar; honeydew. ‖ ~주 sweet liquor.

감루(感淚) tears of gratitude.

감리(監理) supervision; superintendence. ~하다 supervise.

감리교(監理敎) Methodism. ‖ ~ 신자 a Methodist/ ~회 the Methodist Church.

감마선(一線) 〖理〗 gamma rays.

감면(減免) (reduction and) exemption. ~하다 exempt; remit.

감명(感銘) (deep) impression. ~하다 be (deeply) impressed [moved, touched] 《*by*》. ¶ ~시키다 impress 《*a person*》; make an impression on 《*a person's mind*》.

감미(甘味) sweetness; a sweet taste. ~롭다 (be) sweet. ‖ ~료 sweetening materials; sweetenings.

감방(監房) a cell; a ward. ¶ ~에 처넣다 throw 《*a person*》 into a cell.

감배(減配) ~하다 reduce the dividend 《*to* 10%》(배당); reduce [cut] the ration (배급).

감법(減法) 〖數〗 subtraction.

감별(鑑別) discrimination; discernment. ~하다 discriminate; discern.

감복(感服) admiration; wonder. ~하다 admire; be struck with admiration; wonder at. ¶ ~할 만한 admirable; praiseworthy / ~시키다 excite 《*a person's*》 admiration; strike 《*a person*》 with admiration.

감봉(減俸) a pay [wage] cut. ~하다 reduce 《*a person's*》 salary 《*from* 300,000 *won to* 200,000 *won*》. ¶ ~당하다 have one's pay cut down.

감빨리다 whet one's appetite (식욕이); be tempted by gain, get greedy (잇속, 욕심이).

감사(感謝) thanks; gratitude; appreciation; 《신에의》 thanksgiving. ~하다 thank; be thankful [grateful] 《*for*》; feel grateful; express one's gratitude. ¶ ~의 표시로서 as a token of gratitude. ‖ ~장 a letter of thanks [appreciation]; a testimonial.

감사(監事) 《사람》 an inspector; a supervisor; an auditor(회계 등의).

감사(監査) 《검사》 (an) inspection; audit (회계의). ~하다 inspect; audit 《*accounts*》(회계를). ‖ ~역 an auditor/~원(장)(the Chairman of) the Board of Audit and Inspection.

감산(減算) 〖數〗 subtraction.

감산(減産) a decrease in production; a 《20 *percent*》 production cut. ~하다 cut production 《*by* 20 *percent*》.

감상(感傷) sentimentality. ~적인 sentimental. ¶ ~적으로 되다 become sentimental. ‖ ~주의 sentimentalism (~주의자 a sentimentalist).

감상(感想) feelings; thoughts; impression(s). ¶ ~을 말하다 state [give] one's impressions 《*of*》. ‖ ~담 comments; expression of one's feeling / ~문 a description of one's impressions.

감상(鑑賞) appreciation. ~하다 appreciate; enjoy. ‖ ~력 an appreciative power; an eye 《*for beauty*》 / 음악 ~ listening to music/명화 ~회 a special show of noted films.

감색(紺色) dark 〔navy〕 blue; indigo.
감성(感性) sensitivity; sensibility; the sense; susceptibility (감수성).
감세(減稅) reduction of taxes; a tax cut. ~하다 reduce 〔cut, lower〕 taxes.
감소(減少) (a) decrease 《*in population*》; (a) reduction 《*in working hours*》. ~하다 diminish; decrease; lessen; drop; dwindle (점차적으로). ¶ ~되고 있다 be on the decrease.
감속(減速) speed reduction. ‖ ~장치 reduction gear; a speed reducer.
감손(減損) decrease; diminution; loss (손해); wear (마손).
감쇄(減殺) ~하다 lessen; diminish; reduce; attenuate; deaden 《*force*》.
감수(甘受) ~하다 willingly submit 《*to*》; put up with. ¶ 모욕을 ~하다 brook 〔pocket, swallow, stomach〕 an insult; eat dust 〔dirt〕.
감수(減水) the fall 〔decrease〕 of water. ~하다 decrease; recede; fall; subside.
감수(減收) 《suffer》 a decrease in income 〔harvest, production〕.
감수(減壽) ~하다 shorten one's life; one's life is shortened.
감수(減數) 〖數〗 a subtrahend. ‖ ~분열 〖生〗 reduction division; meiosis.
감수(監修) (editorial) supervision. ~하다 supervise (the compilation of). ¶ 양 박사 ~ compiled under the supervision of Dr. Yang. ‖ ~자 a supervisor; the chief editor.
감수성(感受性) susceptibility; receptivity. ¶ ~이 강한 sensitive 《*to*》; susceptible 《*to, of*》.
감시(監視) 《파수》 watch; lookout; vigil; observation; picketting (쟁의 등의); 《감독》 superintendence; supervision. ~하다 watch; keep watch 《*on, over*》; observe. ¶ ~하에 두다 put 《*a person*》 under observation 〔police surveillance〕. ‖ ~ 기구 a supervisory organization / ~병(兵) lookout man / ~원 a watchman.
감식(減食) reduction of diet; dieting. ~하다 go on a diet. ‖ ~요법(療法) reduced diet cure.
감식(鑑識) judg(e)ment; appreciation (감상). ~하다 judge; discern; appreciate. ¶ ~안이 있다 have an eye 《*for*》. ‖~가 a judge; a connoisseur 《*of*》 (미술품의) / 범죄 〔지문〕 ~ criminal 〔fingerprint〕 identification/ 시경 ~과(課) the Identification Section of the Metropolitan Police Bureau.
감실거리다 flicker; glimmer.
감싸다 《감아 싸다》 wrap 《*in*》; wind 《*something*》 round; 《비호》 protect; shield; take 《*a person*》 under one's wings. ¶ 죄인을 ~ shelter 〔harbo(u)r〕 a culprit.
감안(勘案) ~하다 take into account.
감액(減額) a reduction; a cut; a curtailment. ~하다 reduce; curtail; cut down.
감언(甘言) sweet talk; honeyed 〔sweet〕 words; flattery; cajolery. ¶ ~으로 속이다 coax 《*a person*》 to; deceive with honeyed words / ~이설로 꾀다 talk 〔cajole, wheedle〕 《*a person*》 into.
감연히(敢然一) boldly; daringly; fearlessly; resolutely. ¶ ~ 일어나다 stand up bravely 《*against*》.
감염(感染) 《간접의》 infection; 《접촉의》 contagion. ~하다, ~되다 get infected 《*with*》; catch. ¶ ~성의 infectious; contagious.
감옥(監獄) a prison; a jail 《美》; a gaol 《英》. ‖ ~살이 imprisonment; a prison life; servitude (~살이하다 be in prison; serve a (prison) term).
감우(甘雨) a welcome 〔seasonable〕 rain. ☞ 단비.
감원(減員) reduction of the staff; a personnel cut. ~하다 lay off; reduce the personnel 《*of*》. ‖ ~ 선풍 a sweeping reduction of the personnel.
감은(感恩) gratitude《*for kindness*》; gratefulness.
감읍(感泣) ~하다 be moved to tears; shed tears of gratitude 《*for*》.
감응(感應) 《전기 따위의》 induction; influence; 《공감》 sympathy; 《영감》 inspiration; 《신명의》 (divine) response; answer. ~하다 induce; sympathize with; respond to. ‖ ~ 변색 sympathetic coloration/ ~ 유전 telegony/ ~ 전기 〔전류〕 induced electrical current / ~ 코일 an induction coil.
감자 a (white) potato.
감자(甘蔗) ☞ 사탕수수. ‖ ~당(糖) cane sugar; sucrose.
감자(減資) a decrease in capital; reduction of capital. ~하다 reduce 〔curtail〕 capital.
감작(減作) a short crop.
감전(感電) (receiving) an electric shock. ~하다 get shocked; be struck by electricity. ¶ ~되어 죽다 be killed by an electric shock; be electrocuted. ‖ ~사(死) electrocution.
감점(減點) a demerit mark. ~하다 give 《*a person*》 a demerit mark. ¶ ~을 당하다 receive a cut in marks.
감접이 a hem; hems at the ends of a roll of cloth.
감정(感情) feeling(s); (an) emotion (정서); (a) passion (격정); (a) sentiment. ¶ ~적인〔으로〕 sentimental(ly); emotional(ly) / ~을 자극하다 stir 〔excite〕 《*a person's*》 emotion/ ~을 해치다 hurt 《*a person's*》 feelings; offend 《*a person*》/

~에 흐르다 give way to one's feelings / 일시적인 ~에 이끌려 on the impulse of the moment. ‖ ~ 이입 empathy.

감정(憾情) an unpleasant 〔ill〕 feeling. ¶ ~을 사다 earn 〔incur〕 《*a person's*》 grudge / ~(이) 나다 get displeased / ~을 품다 bear 〔have〕 a grudge against 《*a person*》.

감정(鑑定) ① 《판단》 judg(e)ment; an expert opinion (전문가의). **~하다** judge; give an (expert) opinion. ¶ 필적을 ~하다 give an expert opinion on handwriting / 술맛을 ~하다 taste liquor. ‖ 정신 ~ a psychiatric test. ② 《가격의》 (an) appraisal. **~하다** appraise; estimate. ¶ 허위 ~을 하다 give a false appraisal. ‖ ~ 가격 an appraisal; the estimated value / 한국 ~원 the Korea Appraisal Board. ③ 《소송의》 legal advice. **~하다** give legal advice.

감정가(鑑定家) a judge; a connoisseur, virtuoso (미술품의); a taster (술 따위의); an appraiser (자산의).

감정인(鑑定人) ① ☞감정가(鑑定家). ② 〖法〗 an expert witness.

감죄(減罪) commutation. **~하다** commute.

감주(甘酒) ☞단술.

감지(感知) perception. **~하다** perceive; sense; become aware of. ‖ ~ 장치 〖電子〗 a sensor.

감지덕지(感之德之) **~하다** be 〔feel〕 very thankful 〔grateful〕 《*for*》.

감질나다(疳疾—) feel insatiable; never feel satisfied; feel tantalized; feel 〔be〕 dying for more.

감쪽같다 《수선해서》 (be) as good as new 〔before〕; just as it was; 《꾸민 일이》 (be) successful. ¶ 감쪽같이 nicely; successfully; artfully / 감쪽같이 속다 be nicely 〔completely〕 taken in; fall an easy victim to a trick.

감찰(監察) 《행위》 inspection; 《사람》 an inspector; a supervisor. **~하다** inspect. ‖ ~감 〖軍〗 an inspector general.

감찰(鑑札) a license 〔licence〕. ¶ ~을 내주다 〔내다〕 grant 〔take (out)〕 a license. ‖ ~료 a license fee / 영업 ~ a business 〔trade〕 license.

감채(減債) partial payment of debt. ‖ ~ 기금(基金) a sinking fund; an amortization fund.

감청(紺靑) deep 〔ultramarine〕 blue; navy 〔dark〕 blue.

감초(甘草) 〖植〗 a liquorice(-plant), a licorice (나무); a liquorice (root) (뿌리). ¶ 약방의 ~ an indispensable man 〔thing〕; what one cannot do without.

감촉(感觸) the (sense of) touch; the feel. **~하다** touch; feel; perceive through the senses. ¶ ~이 부드럽다 feel soft; be soft to the touch; be pleasant to the taste (혀에).

감추다 《숨겨두다》 hide; conceal; put out of sight; keep secret; 《안 드러나게》 cover; veil; cloak; disguise. ¶ 몸을 ~ hide oneself / 나이를 〔감정을〕 ~ conceal one's age 〔feelings〕 / 행방을 ~ disappear; conceal oneself / 눈물을 ~ stifle one's tears.

감축(減縮) reduction; diminution; retrenchment. **~하다** reduce; diminish; retrench; curtail; cut down.

감축(感祝) **~하다** celebrate 〔congratulate〕 enthusiastically; thank heartily.

감치다[1] 《마음에》 linger 〔haunt〕 (in one's mind); be haunted 《*by*》.

감치다[2] 《바느질의》 hem; sew up.

감칠맛 《맛》 good flavo(u)r; savo(u)ry taste; 《끄는힘》 charm; attraction.

감탄(感歎) admiration; wonder; marvel. **~하다** admire; be struck with admiration; marvel 《*at*》. ¶ ~할 만한 admirable; wonderful. ‖ ~문 an exclamatory sentence / ~ 부호 an exclamation mark / ~사 an interjection; an exclamation.

감탕 ① 《풀》 birdlime. ② 《곤죽》 mud; mire.

감퇴(減退) decline; ebb; loss. **~하다** decline; ebb; recede; fall off. ‖ 기억력 ~ failing of memory / 식욕 ~ loss of appetite / 정력 ~ a decline in energy.

감투 ① 《모자》 a horsehair cap formerly worn by the common people. ② 《벼슬》 a high office; a distinguished post. ¶ ~를 쓰다 assume office; hold a prominent post. ‖ ~ 싸움 a struggle for an influential post.

감투(敢鬪) **~하다** fight courageously 〔bravely〕. ‖ ~상 a consolation 〔fighting-spirit〕 prize / ~ 정신 a fighting spirit.

감파르족족하다 (be) tawny with a blue tint.

감하다(減—) 《빼다》 subtract; deduct 《*from*》; 《줄이다》 decrease; lessen; reduce; diminish; 《경감》 mitigate; allay. ¶ 값을 ~ cut down a price / 형(刑)을 ~ reduce a penalty 《*by*》.

감행(敢行) **~하다** venture 〔dare〕 《*to do*》.

감형(減刑) reduction of penalty; commutation of a sentence. **~하다** commute 〔mitigate〕 《*a sentence*》.

감호처분(監護處分) preventive custody.

감화(感化) influence; reform (교정). **~하다** influence; inspire; reform.

¶ ~를 받다 be influenced [affected] 《by》 / …의 ~를 받아 under the influence of.... ‖ ~교육 reformatory instruction / ~력 (power to) influence / ~ 사업 reformatory work / ~원 a reformatory.
감회(感懷) thoughts; impressions; sentiments; reminiscences.
감흥(感興) interest; fun. ¶ ~을 자아내다 arouse 《*a person's*》 interest.
감히(敢—) boldly; daringly; positively. ¶ ~ …하다 dare [venture] to 《*do*》.
갑(甲) 《갑을병의》 the former; the one; A; 《성적의》 class "A".
갑(匣) a case; a box; a pack(et) (담배 따위의). ¶ 담배 한~ a pack(et) of cigaret(te)s.
갑(岬) a cape; a promontory; a headland.
갑각(甲殼) a shell; a crust; a carapace. ‖ ~류(類) 〖動〗 *Crustacea.*
갑갑증(—症) ennui; tedium; irksomeness.
갑갑하다 (be) stodgy; stuffy; irksome; tedious; heavy. ¶ 가슴이 ~ feel heavy in the chest/갑갑해 죽겠다 be bored to death.
갑근세(甲勤稅) the income tax of Grade A; the Grade A income tax. ¶ 월급에서 ~를 공제하다 deduct the income tax of Grade A from *one's* salary.
갑년(甲年) the sixty-first year of one's birth; one's 61st year.
갑론을박(甲論乙駁) ~하다 argue for and against 《*a matter*》; argue pro and con.
갑문(閘門) a lock gate; a sluice (gate); a floodgate.
갑부(甲富) the richest man; the wealthiest; a millionaire.
갑상선(甲狀腺) 〖醫〗 thyroid gland. ‖ ~비대(肥大) dilation of the thyroid gland / ~염 thyroiditis / ~호르몬 thyroxin(e).
갑옷(甲—) (a suit of) an armo(u)r.
갑자기 《별안간》 suddenly; all of a sudden; all at once; 《뜻밖에》 unexpectedly. ¶ ~ 병에 걸리다 be suddenly taken ill/~해고하다 dismiss 《*a person*》 without notice.
갑작스럽다 (be) sudden; abrupt; unexpected. ¶ 갑작스러운 일 an unexpected thing [happening].
갑작스레 suddenly; all of a sudden.
갑절 ☞ 배(倍).
갑종(甲種) grade A; first grade; top-grade. ‖ ~ 합격자 a first-grade conscript.
갑주(甲冑) (helmet and) armo(u)r; a panoply.
갑충(甲蟲) 〖蟲〗 a beetle; a coleopteron.
갑판(甲板) a deck. ¶ ~에 나가다 go on deck. ‖ ~ 사관 a deck officer / ~ 승강구 a hatchway / ~장 a boatswain.
갑피(甲皮) the uppers (of a shoe).
값 《가격》 price; cost; 《가치》 value; worth. ¶ 엄청난 ~ an unreasonable price / 알맞은 ~ a reasonable price / ~나가는 expensive; dear / ~(이) 싼 low-priced; cheap / ~지다 be valuable / ~치르다 pay for 《*an article*》; pay the price for / ~이 오르다 [내리다] go up [come down] in price; rise [fall] in price/ ~을 올리다 [내리다] raise [lower] the price / ~을 좀더 깎아 주세요 Come down just a little more.
값어치 《가치》 value; worth.
갓[1] 《쓰는》 a Korean top hat (made of horsehair); a *gat.*
갓[2] ① 《방금》 fresh from; just (now); newly. ¶ ~지은 밥 rice hot from the pot / ~구운 빵 bread fresh from the oven / ~사 온 책 a brand-new book / ~결혼한 부부 a newly wedded couple; newlyweds. ② 《나이》 just. ¶ ~스물이다 be just twenty years old.
갓난아이, 갓난애 a (new-born) baby.
강(江) a river. ¶ ~건너(에) across the river / ~을 따라 along a river / ~을 건너다 cross a river / ~을 거슬러 올라 [내려] 가다 go up [down] the river. ‖ ~바닥 the bottom of a river; a riverbed / ~어귀 the mouth of a river / ~줄기 the course of a river.
…강(强) a little over [more]; and a fraction. ¶ 5할~a little over 50 percent.
강가(江—) a riverside; a riverbank.
강간(强姦) rape; outrage; violation. ~하다 rape; violate. ‖ ~ 미수 an attempted rape/~범 a rapist (사람) / ~죄 rape; criminal assault.
강강수월래 a country circle dance.
강건(剛健) sturdiness; manliness. ~한 sturdy; manly.
강건(强健) robust health. ~한 robust; healthy; strong; hardy.
강경(强硬) ~한 strong; firm; vigorous; resolute. ¶ ~히 strongly; firmly; vigorously; resolutely / ~한 결의문 a strongly-worded resolution / ~한 태도를 취하다 take a firm attitude [stand] 《*against*》. ‖ ~ 노선 a hard line / ~ 수단 a drastic measure; a resolute step / ~파 tough elements; a hard-liner.
강계(疆界) the frontier; a border.
강고(强固) ~한 firm; stable; strong.
강관(鋼管) a steel pipe [tube].
강괴(鋼塊) a steel ingot.
강구(講究) ~하다 consider; contrive; think [work] out; take measures [steps].
강국(强國) a great [strong] power. ¶ 5대 ~ the Big Five.
강권(强勸) ~하다 press; force; compel; urge.
강권(强權) authority; state power. ¶ ~을 발동하다 take forcible [strong] measures; appeal to le-

gal action. ‖ ~ 발동 invocation of the legal power / ~ 정치 power (a high-handed) politics.
강기(綱紀) ☞ 기강(紀綱).
강기슭(江—) a riverside.
강남(江南) south of the Han River. ‖ ~ 지역 areas south of the Han River.
강낭콩 【植】 a kidney (French) bean.
강녕(康寧) health and peace.
강다리 a brace; a strut.
강다짐하다 ①《마른밥을》eat boiled rice without water or soup. ②《누름》oppress; compel《*a person*》to《*do*》. ③《부림》force (drive)《*a person*》to work without pay.
강단(講壇) a (lecture) platform (학술의); a cathedra; a pulpit (설교단); a rostrum (연단). ¶ ~에 서다 stand on a platform; teach school.
강당(講堂) a (lecture) hall; an auditorium; an assembly hall.
강대(强大) ~하다 (be) mighty; powerful; strong. ‖ ~국 a powerful country; a big power.
강도(强度) (degree of) strength; intensity; tenacity (질김); solidity (단단함).
강도(强盜) a burglar; a robber. ‖ ~질 burglary; robbery(~질하다 burglarize; commit burglary (robbery); burgle) / 권총 ~ a holdup (man)《美口》/ 무장 (복면) ~ an armed (a masked) robber / 살인 ~ (죄) burglary and murder / 3인조 ~ a trio of burglars.
강독(講讀) reading. ~하다 read.
강동거리다 leap lightly; skip.
강동하다 (be) rather (too) short.
강둑(江—) a river embankment; a levee.
강등(降等) demotion; degradation. ~하다 demote; reduce (degrade) to a lower rank.
강력(强力) ~하다 (be) strong; powerful; mighty. ‖ ~범(犯) a crime (criminal (사람)) of violence.
강렬(强烈) ~한 severe; intense; strong. ¶ ~한 색채 a loud (gaudy) colo(u)r / ~한 냄새 a powerful odor.
강령(綱領) a compendium; general principles; essential points; a summary; a platform (정당의). ‖ 10대 ~ a 10-point program(me).
강론(講論) a lecture. ~하다 lecture《*on*》.
강림(降臨) descent from Heaven; advent. ~하다 descend (from Heaven). ⌈to sell.
강매(强買) ~하다 force《*a person*》
강매(强賣) ~하다 force a sale《*on*》; force《*a thing*》upon《*a person*》.
강모(剛毛) 【動·植】 a bristle; a seta.
강목(綱目)《분류의》class and order; classes;《요점》the main points; the gist.
강물(江—) a river; a stream; river water. ¶ ~이 붇다 the river rises.
강바람 a dry wind.
강바람(江—) a river wind.
강박(强迫) coercion; duress(e); compulsion. ‖ ~ 관념 fear complex; an imperative conception; an obsession (~관념에 사로잡히다 be obsessed《*by, with*》; suffer from an obsession).
강변(江邊) a riverside; a riverbank. ‖ ~ 도로 a riverside road (drive).
강변(强辯) quibble; sophistry. ~하다 quibble; sophisticate.
강병(强兵)《군사》a strong soldier;《병력》a powerful (strong) army. ‖ 부국 ~ a rich country with powerful armed forces.
강보(襁褓) swaddling clothes. ¶ 아기를 ~에 싸다 wrap an infant in swaddling clothes.
강보합(强保合) ¶ ~의 【證】 (be) firm (steady) with an upward tendency.
강북(江北) north of the Han River. ‖ ~ 지역 areas north of the Han River.
강사(講士) a speaker; a lecturer.
강사(講師) a lecturer; an instructor;《직》lectureship. ¶ 서울 대학교 ~ a lecturer at (of) Seoul National University. ‖ 시간 (전임) ~ a part-time (full-time) lecturer.
강삭(鋼索) a steel (wire) rope; a cable. ‖ ~ 철도 a cable railway.
강산(江山)《강과 산》rivers and mountains;《땅》a land; the territory.
강새암 (unreasonable) jealousy. ~하다 feel (be) burning jealousy.
강생(降生) incarnation. ~하다 be incarnated.
강선(鋼線) a steel wire.
강설(降雪)《have》a《*heavy, light*》snow(fall). ‖ ~량 the (amount of) snowfall.
강설(講說) a lecture; explanation. ~하다 lecture《*on*》; explain.
강성(强盛) ~한 strong; powerful.
강세(降世) incarnation; advent. ~하다 be incarnated.
강세(强勢)《음의》stress; emphasis; accent;《시세의》a strong (firm) tone. ¶ ~를 두다 emphasize; lay (put) emphasis (stress)《*on*》.
강속구(强速球) 【野】 fast (speed) ball; fireball. ¶ ~ 투수 a strong-armed pitcher; a smoke-ball hurler.
강쇠바람 the east wind in early autumn.
강수(降水) precipitation. ‖ ~량 (the amount of) precipitation.
강술 ¶ ~을 마시다 drink liquor without food.
강술(講述) exposition; delivery. ~하다 expound; deliver a lecture《*on*》.
강습(强襲) ~하다 storm; assault;

take 《*a fort*》 by storm.
강습(講習) a short (training) course. ~하다 give a course 《*in*》. ¶ ~을 받다 take a course 《*in*》. ‖ ~생 a student; a lecture class (총칭) / ~소 a training school / 여름 〔겨울〕 ~회 a summer 〔winter〕 school.
강시(僵屍) the body of a person frozen to death.
강신술(降神術) spiritualism.
강심(江心) the "heart" of a river.
강심제(强心劑) a heart stimulant; a cardiac.
강아지 a little dog; a pup.
강아지풀 〖植〗 a foxtail.
강압(强壓) pressure; coercion; high-handedness. ~하다 coerce; oppress; repress. ¶ ~적 high-handed; coercive. ‖ ~수단 a repressive 〔high-handed〕 measure / ~정책 a high-handed policy; a big-stick policy 《美俗》.
강약(强弱) strength (and weakness); power; stress (음의).
강어귀(江—) a river mouth.
강연(講演) a lecture; an address; a speech. ~하다 (give a) lecture; address 《*an audience*》. ‖ ~회 a lecture meeting / 공개 ~ a public lecture / 라디오~ a radio talk; an address given over the radio / 시국 ~ a lecture on the current situation 〔issue〕.
강옥(鋼玉), 강옥석(鋼玉石) 〖鑛〗 corundum; diamond spar.
강온(强穩) toughness and moderateness. ‖ ~ 양면 정책 a carrot-and-stick policy / ~ 양파 the hawks and the doves.
강요(强要) enforcement; extortion; exaction. ~하다 exact; demand; force; compel. ¶ 아무에게 …을 ~하다 force 〔compel〕 《*a person*》 to 《*do*》.
강요(綱要) elements; an outline.
강우(降雨) rain; a rainfall. ‖ ~기 wet 〔rainy〕 season / ~량(量) the (amount of) rainfall; a rainfall 《*of* 70 *inches a year*》 (서울의 연~량 the annual rainfall in Seoul) / ~전선 a rain front / 인공 ~ artificial rain; rain making.
강음(强音) stress; accent; emphasis. ‖ ~부 an accent.
강음(强飮) ~하다 drink against one's will.
강의(剛毅) fortitude; sturdiness.
강의(講義) a lecture; an explanation (설명); an exposition (해설). ~하다 lecture; give a lecture; explain 《*a book*》. ¶ ~를 빼먹다 《학생이》 cut 〔quit〕 a lecture. ‖ 문법 ~ a lecture on grammar.
강의록(講義錄) a correspondence course; a lecture magazine.
강인(强靭) ~하다 (be) tough; tenacious; stiff; firm. ¶ ~한 의지 a tough spirit; an iron will. ‖ ~성 strength; toughness; solidarity.
강자(强者) a strong man; the powerful, the strong(총칭). ¶ ~와 약자 the strong and the weak.
강장(强壯) ~한 strong; robust; sturdy; sound; lusty. ‖ ~제(劑) a tonic; an invigorant (~제 주사를 맞다 have a tonic shot).
강장거리다 walk in a leaping manner.
강장동물(腔腸動物) a coelenterate.
강정제(强精劑) a tonic.
강재(鋼材) steel (materials); rolled steel (압연강).
강적(强敵) a great 〔powerful〕 enemy; a formidable rival 〔foe〕.
강점(强占) ~하다 occupy 〔possess〕 《*a person's house*》 by force.
강점(强點) one's strength; a strong point. ¶ 그의 ~은 …하다는 점이다 His strength lies in....
강정 a glutinous cake coated with rice 〔sesame, *etc.*〕.
강제(强制) compulsion; enforcement. ~하다 compel; force 《*a person to do*》; enforce. ¶ ~적인 compulsory; forced / ~적으로 compulsorily; by force. ‖ ~노동 forced labo(u)r / ~송환 enforced repatriation / ~수용소 a concentration camp / ~집행 compulsory execution; distraint(압류).
강조(强調) stress; emphasis. ~하다 stress; emphasize; lay stress on. ¶ 저축의 필요성을 ~하다 stress the need of savings. ‖ 방화 〔방범〕 ~주간 (a) fire 〔crime〕 prevention week.
강조밥 unmixed boiled millet.
강좌(講座) a (professional) chair; 《강의》 a lecture 《*on music*》; a course. ¶ ~를 개설하다 establish 〔create〕 a chair 《*of*》. ‖ 라디오 영어 ~ a radio English course.
강주정(—酒酊) feigned drunkenness. ~하다 pretend to be drunk.
강직(剛直) ~하다 (be) upright; incorruptible. ¶ ~한 사람 a man of integrity 〔moral courage〕.
강직(强直) 《굳어짐》 stiffness; rigidity(☞경직). ‖ ~경련(痙攣) tetanus / 사후(死後) ~ *rigor mortis*; cadaveric rigidity.
강진(强震) a violent earthquake; a severe shock (of earthquake).
강짜 (unreasonable) jealousy (☞강새암). ¶ ~부리다 show unreasonable jealousy.
강철(鋼鐵) steel. ¶ ~같은 의지 an iron will. ‖ ~판 a steel plate.
강청(强請) exaction; persistent demand. ~하다 extort 《*money*》; blackmail.
강촌(江村) a riverain 〔riverside〕 village.
강추위 severe 〔dry〕 cold weather.
강타(强打) a hard 〔heavy〕 blow; 〖拳〗 a Sunday punch; 〖野〗 a heavy 〔hard〕 hit; a slug 《俗》. ~하다 give 〔deal〕 《*a person*》 a heavy

blow; 〖野〗 hit the ball on the nose. ¶ ~를 퍼붓다 rain hard blows 《on》. ‖ ~자 〖野〗 a heavy hitter; a slugger.
강탄(降誕) birth; nativity; advent. ~하다 be born; be incarnated.
강탈(强奪) seizure; extortion; robbery; plunder; plunderage. ~하다 seize; extort 《*a thing*》 from 《*a person*》; rob 〔plunder〕 《*a person*》 of 《*a thing*》. ‖ ~자 a plunderer; a looter; a robber.
강태공(姜太公) an angler; a Waltonian.
강토(疆土) a country; a territory.
강파르다 (be) lean and petulant.
강판(鋼板) a steel plate (두꺼운); a steel sheet (얇은).
강판(薑板) a 《*raddish*》 grater.
강평(講評) criticism; review. ~하다 criticize 《*essays*》; comment on; review.
강포(强暴) ~하다 (be) atrocious; ferocious; violent.
강풀 《된풀》 thick paste 〔starch〕. ¶ ~치다 paste 〔starch〕 again.
강풍(强風) a strong 〔high〕 wind; a moderate gale (기상용어). ‖ ~주의보 a strong-wind warning.
강하(降下) a fall; a descent. ~하다 descend; fall; drop; land (착륙). ¶ 기온의 ~ a drop in temperature. ‖ ~물 《radioactive》 fallout / 급~ a nose dive.
강하다(剛一) (be) stiff; solid.
강하다(强一) (be) strong; powerful; mighty; vigorous (기력이); muscular (근력이). ¶ 강하게 hard; severely; strongly; powerfully/강해지다 grow strong 〔powerful〕/ 강하게 하다 make strong; strengthen / 의지가 강한 사람 a man of strong will.
강행(强行) (en)forcing. ~하다 enforce; force. ¶ 저물가 정책을 ~하다 enforce a low-price policy.
강행군(强行軍) a forced march. ~하다 make 〔go on〕 a forced march.
강호(江湖) 《세상》 the 《*reading*》 public; the world. ‖ ~제현 the general public; people at large.
강호(强豪) a veteran (player); a powerful 〔an undefeatable〕 team.
강화(强化) ~하다 strengthen; consolidate; reinforce. ¶ 내각〔국방〕을 ~하다 strengthen the Cabinet 〔national defense〕. ‖ ~식품 (vitamin-)enriched foods / 전력(戰力)~ buildup of war potential.
강화(講和) peace; peace settlement 〔negotiations〕. ~하다 make peace 《*with*》. ¶ 굴욕적인 ~ a humiliating peace / ~를 맺다 conclude peace 《*with*》. ‖ ~조건 conditions 〔terms〕 of peace / ~조약 〔회의〕 a peace treaty 〔conference〕 / ~협상 〔제의〕 peace negotiations 〔proposals〕 / 단독 〔전면〕 ~ separate 〔overall〕 peace.
갖… ¶ ~바치 a shoemaker / ~신 leather shoes / ~옷 clothes lined with fur.
갖은 all (sorts of); every (possible). ¶ ~고생 《go through》 all sorts 〔kinds〕 of hardships/~ 수단 《try》 every means available 〔conceivable〕; every possible means.
갖추다 《구비》 possess; have; be endowed 《*with talent*》; 《준비》 make 〔get〕 《*it*》 ready; prepare; furnish; provide. ¶ 위엄을 ~ have (a certain) dignity / 상식을 ~ possess common sense/준비를 ~ prepare for; make full preparation / 상품을 ~ keep various articles in stock / 가구 일체를 ~ get a complete suite of furniture.
갖풀 (animal) glue; gelatin(e). ¶ ~로 붙이다 glue.
같다 ① 《동일》 be (one and) the same; (be) identical. ¶ 똑 ~ be the very same; be just the same/거의 ~ be much 〔about, almost〕 the same 《*as*》 / 그것은 내 가방과 ~ That is the same bag as mine. ② 《동등》 (be) equal 《*to*》; uniform; equivalent 《*to*》. ¶ 같은 액수 a like sum / 같은 자격으로 협상하다 negotiate on equal terms / 자네와 나와는 키가 거의 ~ You are about as tall as I. ③ 《같은 모양》 (be) similar; like; alike; such ... as. ¶ 그 같은 자 a man like him / 새것이나 ~ be as good as new/꼭 ~ be exactly alike / 샛별같은 눈 eyes like stars / 사형 선고와 ~ be as much as a death sentence / 같은 입장에 있다 face the same situation; stand on like ground; be in the same boat. ④ 《공통》 (be) common. ¶ 기원이 ~ have a common origin 《*with*》. ⑤ 《불변》 (be) changeless; 《서술적》 be 〔remain〕 unchanged; be the same. ¶ 성미는 젊었을 때와 ~ He remains the same in disposition as when he was young. ⑥ 《생각되다》 seem; 《보이다》 look (like); appear; seem; 《될 것 같다》 be likely 《*to*》; probably. ¶ 참말 같은 거짓말을 하다 lie like the truth / 장사꾼 ~ look like a merchant / 비가 올 것 ~ It looks like rain., It is likely to rain. ⑦ 《가정》 if it were. ¶ 나 같으면 if it were me; if I were you / 옛날 같으면 if these were the old days.
같은값이면 if... at all; if possible. ¶ ~ 잘해라 If you do it at all, do it well.
같이 ① 《같게》 like; as; likewise; similarly; (in) the same (way); equally (동등하게). ¶ 여느때와 ~ as usual/말씀하시는 바와 ~ as you say / 이와 ~하여 in this manner

〔way〕/ 의견을 ~하다 share the same view. ② 《함께》 (along, together) with; in company with. ¶ ~ 살다 live together / ~ 자다 share the bed / 자리를 ~하다 sit together/행동을 ~하다 co-operate with / 운명 〔기쁨〕을 ~하다 share one's fate 〔joy〕/ 식사를 ~하다 dine together.

같이하다 ☞ 같이.

같잖다 (be) trivial; worthless. ¶ 같잖은 물건 a no-good thing / 같잖은 인간 a worthless 〔good-for-nothing〕 fellow.

갚다 ① 《금전을》 repay; pay back; refund. ¶ 빚을 ~ pay one's debts; pay the money back. ② 《물어주다》 indemnify; retrieve; compensate 《*for*》; requite. ¶ 손해본 것을 갚아주다 compensate 〔indemnify〕 《*a person*》 for the loss. ③ 《죄를》 atone 〔expiate〕 for. ¶ 죄를 ~ expiate for an offense. ④ 《은혜를》 return; repay; requite; reward. ¶ 공을 ~ reward 《*a person*》 for his service / 은혜를 원수로 ~ return evil for good. ⑤ 《원수를》 revenge; avenge; requite; take vengeance 《*upon*》. ¶ 아버지를 죽인 원수를 ~ avenge one's father's murder.

개¹ 《물가의》 a beach (at ebb tide); a mud flat.

개² 〖動〗 a dog; a puppy (강아지); a hound (사냥개); a spy (앞잡이). ~의 canine. ¶ ~ 같은 doggish; doglike/~를 기르다 keep a dog.

개(箇) a piece. ¶ 사과 세 ~ three apples/비누 두~ two pieces〔cakes〕 of soap.

개가(改嫁) remarriage. ~하다 marry again; remarry.

개가(凱歌) a triumphal 〔victory〕 song. ¶ 현대 과학의 ~ a triumph of modern science / ~를 올리다 sing in triumph; win a victory 《*over*》.

개각(改閣) a Cabinet shake-up 〔reshuffle〕. ~하다 reorganize 〔reshuffle〕 the Cabinet. ¶ ~을 단행하다 effect a Cabinet reshuffle.

개간(改刊) revision. ~하다 reprint; issue a revised edition.

개간(開墾) cultivation; reclamation. ~하다 bring under cultivation; clear 《*the land*》; reclaim 《*wasteland*》. ‖ ~지 a reclaimed land / ~ 사업 reclamation (work) / 산림 ~ forest clearing/미~지 a virgin soil.

개값 ¶ ~으로 at a sacrifice; for a mere song / ~으로 팔다 sell dirt cheap 〔for a mere song〕.

개강(開講) ~하다 begin a series of one's lectures《*on*》; open a course.

개개(箇箇) ~의 individual.

개개다 《손해나다》 suffer a loss; suffer in one's pocket; 《손해뵈다》 inflict a loss upon 《*a person*》.

개개풀어지다 ① 《국수 등이》 lose 《*its*》 stickiness 〔viscosity〕. ② 《눈이》 get bleary; come fishy.

개고(改稿) rewriting *one's* manuscript; 《원고》 a rewritten manuscript. ~하다 rewrite *one's* manuscript.

개고기 ① 《사람》 a naughty fellow; a pest; a nuisance. ② 《고기》 dog meat; dog flesh. 「《美》.

개골창 a drain; a gutter; a ditch

개과(改過) ~하다 repent; mend oneself; turn over a new leaf.

개관(開館) the opening. ~하다 open 《*a hall*》. ‖ ~식(式) an opening ceremony (~식을 하다 inaugurate 〔open〕 a hall).

개관(槪觀) a general survey; an outline. ~하다 survey; take a bird's-eye view 《*of*》.

개괄(槪括) a summary. ~하다 sum up. ¶ ~적인 general / ~해서 말하면 on the whole; generally.

개교(開校) ~하다 open a school. ‖ ~식 the opening 〔inauguration〕 ceremony of a school.

개구리 a frog. ¶ 우물안의 ~ a man of narrow views. ‖ ~헤엄 ☞ 평영 / 식용 ~ an edible frog.

개구리밥 〖植〗 a great duckweed.

개구멍 a doghole. ‖ ~받이 a foundling.

개구쟁이 a naughty boy; an urchin. ¶ ~짓 naughtiness.

개국(開國) ~하다 《건국》 found a state; 《개방》 open a country to foreign intercourse. ‖ ~주의 an open-door policy.

개그 a gag. ‖ ~맨 a gagman; a gagster.

개근(皆勤) regular attendance. ~하다 attend regularly. ‖ ~상 a reward for regular attendance/ ~자 one who has not missed a day 《*at*》.

개기(皆旣) 〖天〗 a total eclipse. ‖ ~ 일〔월〕식 a total solar 〔lunar〕 eclipse. 「face.

개기름 (natural) grease on one's

개꿈 a wild 〔silly, false〕 dream.

개나리 〖植〗 a forsythia.

개념(槪念) a general idea; a concept. ~적 conceptional; notional. ‖ ~ 작용 conception / 기본 ~ fundamental notions.

개다¹ 《날씨 · 안개 따위가》 clear up 〔away, off〕; 《it가 주어》 be fine.

개다² 《으깨다》 knead 《*flour*》; mix up. ¶ 진흙을 ~ knead clay.

개다³ 《접어서》 fold (up); wrap up. ¶ 옷을 ~ fold (up) clothes / 이부자리를 ~ take up beddings; fold up quilts.

개돼지 ¶ ~ 같은 사람 a brute (of a man); a man no better than beast. 「of bran.

개떡 a bran cake; steamed bread

개떡같다 (be) worthless; rubbish. ¶개떡같이 여기다 make nothing of.
개똥밭 ¶~에도 이슬 내릴 날이 있다 《俗談》 Every dog has his day.
개똥벌레 〖蟲〗 a firefly; a glowworm.
개략(槪略) 《give》 an outline 《*of*》; a summary.
개량(改良) (an) improvement; (a) reform. ~하다 improve; reform; (make) better; ameliorate. ¶~의 여지 room for improvement. ‖~종 a select 〔an improved〕 breed/ ~형 an improved model / 사회 ~ social reform.
개런티 《출연료》 a guarantee.
개론(槪論) an introduction; an outline; general remarks; a summary. ~하다 (give a) survey.
개막(開幕) ~하다 raise the curtain; commence 〔begin〕 the performance; open. ‖~식 the opening ceremony.
개머루 〖植〗 a wild grape.
개머리 a gunstock; a butt. ‖~판 the butt (end) 《*of a rifle*》.
개명(改名) ~하다 change one's name; rename.
개문(開門) opening a gate. ‖~ 발차(發車) starting with doors open.
개미 〖蟲〗 an ant. ¶~떼 a swarm of ants. ‖~ 마을 a colony of ragpickers / ~핥기 〖動〗 an anteater / 개밋둑 an ant hill.
개미핥기 〖動〗 an anteater.
개미허리 a slender 〔wasp〕 waist. ¶~의 여인 a wasp-〔slim-〕waisted lady.
개발(開發) 《개척》 development; exploitation. ~하다 develop; cultivate; exploit. ‖~ 금융 〔사업〕 development credit 〔work〕/~ 도상국 a developing country / 저~국 an underdeveloped 〔a less developed〕 nation.
개발계획(開發計劃) a development project 〔program, plan〕.
개발코 a short flatnose.
개밥 ¶~에 도토리다 be an outcast of one's associates'.
개밥바라기 《저녁의 금성》 the evening star; Vesper; Hesperus.
개방(開放) ~하다 (leave) open; throw open 《*a place*》 to the public. ¶~적(인) open-hearted. ‖문호~주의 the open-door policy.
개벽(開闢) the Creation. ¶~ 이래 since the beginning of the world.
개변(改變) 《고침》 change; innovation; renovation. ~하다 innovate; renovate.
개별(個別) ~적(으로) individual(ly); separate(ly). ‖~ 심사 individual screening.
개병제도(皆兵制度) a universal conscription system.
개복수술(開腹手術) 〖醫〗 ventrotomy; laparotomy.
개봉(開封) unsealing; (a) release (영화의). ~하다 release 《*a film*》; open 《*a letter*》; break a seal. ‖~영화 a firstrun 〔a newly released〕 film/~관 a first-runner.
개비 a piece (of split wood); a stick. ‖성냥~ a matchstick.
개비(改備) ~하다 renew; replace 《*A with B*》; refurnish.
개산(槪算) a rough calculation. ~하다 make a rough estimate 《*of*》.
개살구 〖植〗 a wild apricot. ¶빛 좋은~다 be not so good as it looks; be deceptive.
개새끼 《강아지》 pups (of a dog); 《개자식》 a "son-of-a-bitch".
개서(改書) 《다시 씀》 rewriting; 《어음·증서 등의》 (a) renewal. ~하다 《어음 따위》 renew 《*a bill, a bond*》. ‖~ 어음 a renewed bill.
개선(改善) improvement; betterment. ~하다 improve; amend; reform; (make) better. ¶생활의 ~ the betterment of living/노동 조건의 ~을 외치다 cry for better working conditions.
개선(改選) re-election. ~하다 re-elect.
개선(疥癬) ☞ 옴.
개선(凱旋) a triumphal return. ~하다 return in triumph. ‖~가〔문〕 a triumphal song 〔arch〕/~군(軍) a victorious army; returned troops/~ 장군 a triumphant general.
개설(開設) opening; establishment; installation. ~하다 open; establish; set up; install. ¶신용장을 ~하다 open 〔establish〕 an L/C.
개설(槪說) a summary; an introduction; an outline. ~하다 treat 《*a subject*》 in outline.
개성(個性) individual character; individuality; personality. ¶~을 존중하다 respect 《*a person's*》 personality.
개소(個所) 《곳》 a place; a spot; 《부분》 a part; a portion. ‖수~에 침수되다 be flooded in several places.
개소리 silly talk; nonsense.
개수(改修) repair; improvement. ~하다 repair; improve. ‖하천 ~공사 river improvement 〔conservation works〕.
개수(槪數) round numbers.
개수작(一酬酌) silly talk; nonsense.
개술(槪述) ~하다 summarize; give an outline.
개숫물 dishwater.
개시(開市) ① 《시장을 엶》 ~하다 open up a market. ② 《마수걸이》 ~하다 make the first sale of the day.
개시(開始) start; opening; beginning. ~하다 open; start; begin. ¶~부터 from the outset / 교섭을 ~하다 open negotiations / 영업을 ~하다 start business.

개신(改新) reformation; renovation. ~하다 reform; renew.
개심(改心) ~하다 reform oneself; turn over a new leaf.
개악(改惡) a change for the worse. ~하다 change for the worse; deteriorate.
개안(開眼) opening one's eyes; gaining eyesight. ‖ ~수술 an eyesight recovery operation.
개암 a hazelnut; a filbert.
개업(開業) ~하다 open [start] business; set oneself up 《*in business, as a dentist*》; set up practice (의사·변호사 등이). ¶ ~대매출 an opening sale. ‖ ~의(醫) a practitioner.
개역(改易) change; alteration.
개역(改譯) retranslation; revision. ~하다 retranslate; revise. ‖ ~판 a revised version.
개연성(蓋然性) probability.
개오(開悟) spiritual awakening; philosophy. ~하다 be spiritually awakened.
개요(槪要) an outline; a summary.
개운하다 feel refreshed; feel relieved [at ease].
개울 a brook; a streamlet.
개원(改元) the change of the era.
개원(開院) ~하다 open the national assembly; open [inaugurate] 《*a hospital*》.
개의(介意) ~하다 mind; take 《*a matter*》 to heart. ¶ ~치 않다 do not care about; pay no attention.
개인(改印) ~하다 change one's seal.
개인(個人) an individual. ~의, ~적(으로) individual(ly); personal (-ly); private(ly). ¶ ~자격으로 in one's private capacity/내 ~ 의견으로는 in my personal opinion. ‖ ~교수 [경영] a private lesson [enterprise]/~문제 a private affair; a personal matter/~소득 an individual [a personal] income/~숭배 the cult of personality/~전 a private exhibition; a one-man show / ~주의 individualism (~주의자 an individualist)/~택시 (기사) an owner-taxi (driver).
개인전(個人戰) a tournament series in singles.
개입(介入) intervention. ~하다 intervene [interfere] 《*in a dispute*》.
개자(芥子) ☞ 겨자.
개자리 〖植〗 a snail clover; a medic.
개작(改作) (an) adaptation 《*from*》. ~하다 adapt; rewrite; plagiarize. ‖ ~자 an adapter [adaptor].
개잡놈(一雜一) a vile wretch; an abandoned villain.
개장(改葬) reburial; reinterment. ~하다 reinter; rebury.
개장(改裝) remodeling; conversion. ~하다 refit; remodel; convert 《*a thing*》 into.
개장(開場) ~하다 open 《*a place, the doors*》. ‖ ~식 the opening ceremony.
개장(국) dog-meat broth [stock].
개재(介在) interposition. ~하다 lie [stand] between; interpose [intervene] 《*between*》.
개전(改悛) 《회오》 repentance; penitence; 《개심》 reform. ~하다 repent [be penitent] 《*of one's sins*》; reform oneself; mend one's ways. ¶ ~의 빛[정]이 뚜렷하다 show sincere repentance.
개전(開戰) opening [declaring] war; the outbreak of war. ~하다 begin war; open hostilities.
개점(開店) ~하다 open [start] a store [shop]; set up in business 《*as a grocer*》.
개정(改正) 《수정》 revision; amendment; 《변경》 change; alteration. ~하다 revise; reform; amend; alter; change. ‖ ~세율 revised duties / ~시간표 [정가] a revised timetable [price] / ~안 a revised bill [plan]; an amendment / 조약 ~ treaty revision.
개정(改定) a reform. ~하다 reform.
개정(改訂) revision. ~하다 revise. ‖ ~증보판 a revised and enlarged edition / ~판 a revised edition; a revision.
개정(開廷) ~하다 open [hold] a court; give a hearing. ¶ ~중이다 The court is sitting.
개제(改題) ~하다 change the title of 《*a book*》; retitle.
개조(改造) remodeling; reconstruction; reorganization. ~하다 remodel; reconstruct; reorganize. ¶ 사회를 ~하다 reconstruct society.
개조(開祖) the founder 《*of a sect*》.
개종(改宗) conversion. ~하다 get [be] converted; change one's religion [sect]. ‖ ~자 a convert.
개종(開宗) ~하다 found a religious sect.
개죽음 useless death. ~하다 die to no purpose; die in vain.
개중(個中) ¶ ~에는 among them [the rest] / ~에는 반대자도 있었다 Some of them objected it.
개진(開陳) ~하다 state; express 《*one's opinion*》.
개짐 a sanitary napkin [towel]; a menstrual cloth.
개집 a doghouse; a kennel.
개차반 (filthy) scum; a hangdog.
개착(開鑿) excavation. ~하다 excavate; cut; dig.
개찬(改竄) ~하다 alter; tamper 《*with a document*》.
개찰(改札) the examination of tickets. ~하다 examine [punch, collect] tickets. ‖ ~구 a wicket.
개척(開拓) cultivation (땅의); reclamation 《*of wasteland*》 (개간); exploitation (자원의). ~하다 open up; bring 《*land*》 under cultiva-

tion; exploit (개발). ¶ 시장을 ~하다 open up (find) a new market/ 자원을 ~하다 exploit (develop) natural resources. ‖ ~ 사업 reclamation work/~자 a pioneer (~자 정신 the pioneer (frontier) spirit)/~지 reclaimed land (미~지 undeveloped land).
개천(開川) an open sewer (ditch); a streamlet.
개천절(開天節) the National Foundation Day (of Korea).
개청(開廳) inauguration; opening. ~하다 inaugurate; open 《*a government office*》.
개체(個體) an individual. ‖ ~ 발생【生】ontogeny.
개초(蓋草) 《이엉》 thatch(ing); 《잇기》 thatching. ‖ ~장이 a thatcher; a roofer.
개최(開催) ~하다 hold; open. ¶ ~중이다 be open; be in session (회의가). ‖ ~지 the site 《*of a meeting*》.
개축(改築) rebuilding; reconstruction. ~하다 rebuild; reconstruct. ‖ ~ 공사 reconstruction works.
개칠(改漆) ~하다 《칠을》 repaint; recoat; paint afresh; 《그림 · 글씨를》 correct (retouch) 《*a picture, a written letter*》.
개칭(改稱) ~하다 change the name (title) 《*of*》; rename.
개키다 fold (up). ¶ 옷을 ~ fold the clothes up.
개탄(慨嘆) ~하다 deplore; lament; grieve. ¶ ~할 만한 deplorable; lamentable; grievous.
개탕(開鍚)【建】a groove; a quirk.
개통(開通) ~하다 be opened to (for) traffic; 《복구》 be reopened for (to) traffic. ‖ ~식 the opening ceremony.
개판(改版)【印】revision; 《개정판》 a revised edition. ~하다 revise; issue a revised (new) edition.
개펄 a tidal (mud) flat.
개편(改編) reorganization. ~하다 reorganize; remodel. ‖ 내각 ~ a Cabinet reshuffle.
개평 《노름판의》 the winner's tip. ¶ ~을 떼다 take away the winner's tip. ‖ ~꾼 onlookers expecting for the winner's grace.
개평(槪評) a general review (comment). ~하다 give a general comment.
개평방(開平方)【數】evolution; extraction of a square root. ~하다 extract the square root of.
개폐(改廢) ~하다 reorganize: alter and abolish.
개폐(開閉) opening and (or) shutting (closing); 【電】make and break. ~하다 open and shut. ‖ ~교 a drawbridge/~기 a switch; a shutter (사진기의).
개표(開票) ballot counting. ~하다 open the ballots; count the votes. ‖ ~소 a ballot-counting place (~소 참관인(人) a ballot-counting witness) / ~ 종사원 a teller.
개피떡 a rice-cake stuffed with bean jam.
개학(開學) the beginning of school. ~하다 begin school; school begins.
개함(開函) opening of a ballot box. ~하다 open the ballot boxes.
개항(開港) ~하다 open a port to foreign trade. ‖ ~장 an open port.
개헌(改憲) a constitutional amendment (revision). ~하다 amend (revise) a constitution. ‖ ~안 a bill for amending the constitution.
개혁(改革) reform; innovation. ~하다 reform; innovate. ‖ ~자 a reformist; an innovator.
개화(開化) ~하다 be civilized. ¶ ~된 국민 civilized people.
개화(開花) efflorescence. ~하다 flower; bloom. ‖ ~기 the flowering season (time).
개황(槪況) a general condition; an outlook. ‖ 일기 ~ a general weather condition.
개회(開會) ~하다 open a meeting (the proceedings (의회가)). ¶ ~를 선언하다 announce the meeting open; call 《*a meeting*》 to order 《美》. ‖ ~사 an opening address (speech) / ~식 the opening ceremony.
개흙 black soil (mud) on the water shores; silt.
객(客) ☞ 손님.
객고(客苦) discomfort suffered in a strange land; weariness from travel. ¶ ~에 지치다 be travel-worn.
객관(客觀) 《take》 an objective view. ~적(的)(으로) objective(ly). ‖ ~식 시험 an objective test / ~식 문제 an objective question.
객기(客氣) 《혈기》 ill-advised bravery; blind daring.
객년(客年) last year.
객담(客談) an idle talk; futile talk.
객담(喀痰) expectoration. ‖ ~ 검사 the examination of one's sputum.
객비(客費) 《낭비》 extra expenses.
객사(客死) ~하다 die in a strange land. ¶ 런던에서 ~하다 pass away during one's stay in London.
객석(客席) a seat for a guest.
객선(客船) a passenger boat (steamer).
객소리 (an) idle talk; windy eloquence. ~하다 talk rot (idly, nonsense).
객스럽다(客—) (be) useless; unnecessary.
객식구(客食口) a dependent; a hanger-on [*pl.* hangers-on].
객실(客室) a guest room (여관 등의); a passenger cabin (배 · 비행기의).
객원(客員) a guest (non-regular) member. ‖ ~ 교수 a guest (visit-

ing〕 professor.
객주(客主) 《거간》 a commission merchant〔agency〕; 《객주집》 a peddler's inn; a commission agency home.
객지(客地) a strange〔an alien〕 land; one's staying place on a journey.
객쩍다 (be) unnecessary; useless. ¶객쩍은 소리를 하다 talk nonsense.
객차(客車) a passenger car(riage) 〔coach〕.
객토(客土) soil brought from another place (to improve the soil).
객향(客鄕) a foreign land〔town〕.
객혈(喀血) h(a)emoptysis; blood-spitting. ~하다 expectorate blood; spit〔cough〕 out blood.
갤런 a gallon.
갯가재 〖動〗 a squilla.
갯지렁이 〖動〗 a lugworm; a lobworm; a nereid.
갱(坑) a pit; a shaft.
갱 《강도》 a gang (of robbers); a gangster (한 사람); a holdup man. ‖~영화 a gangster film.
갱내(坑內) 《in》 the pit 〔shaft〕. ‖~궤도 a pit line/~근로자 a pit worker/~작업 underground working/~폭발〔화재〕 a mine explosion〔fire〕.
갱년기(更年期) the turn〔change〕 of (one's) life; the menopause (여성). ‖~장애 a menopausal disorder.
갱도(坑道) 《광산의》 a gallery; a drift (가로); a shaft, a pit (세로); 《지하의》 a mine; a tunnel.
갱목(坑木) a pit prop; a mine pillar〔post〕.
갱부(坑夫) a miner; a mine worker; a pitman; a digger.
갱생(更生) rebirth; revival; regeneration. ~하다 start one's life afresh; start life anew; be regenerated. ‖~원(院) a rehabilitation center/자력 ~ rehabilitation by one's own efforts.
갱소년(更少年) ~하다 be〔become〕 rejuvenated; grow young again.
갱신(更新) renewal; renovation. ~하다 renew; renovate (☞ 경신). ¶계약을 ~하다 renew a contract.
갱신못하다 cannot move about; cannot stir an inch.
갱의실(更衣室) a dressing room; a locker room.
갱지(更紙) 《거친종이》 pulp paper; rough (printing) paper.
갱충적다 (be) loose; slovenly; imprudent; careless.
갸륵하다 (be) praiseworthy; laudable; admirable; commendable. ¶갸륵한 정신 a commendable spirit/갸륵한 행실 exemplary behavio(u)r.
갸름하다 ☞ 기름하다.
갹금(醵金) (a) contribution; (a) subscription. ~하다 contribute〔give〕 money 《*to a fund*》; collect funds.
갹출(醵出) ~하다 contribute; chip in; donate 《*to*》.
거간(居間) ① 《행위》 brokerage. ~하다 do (the) brokerage; act as (a) broker. ② =거간꾼. ‖~꾼 a broker; a middleman.
거개(擧皆) the greater part 《*of*》; almost all; nearly everyone.
거거익심(去去益甚) ~하다 get worse and worse; go from bad to worse.
거구(巨軀) a gigantic〔massive〕 figure; a big body. ¶~의 사나이 a giant (of a man).
거국(擧國) the whole country〔nation〕. ¶~적(인) nationwide/~적으로 on a nationwide scale. ‖~일치 national unity.
거금(巨金) big money; a large sum (of money).
거금(距今) ago. ¶~500년 전 five hundred years ago.
거기 ① 《장소》 that place; there. ¶~서 (기다려라) (Wait) there. ② 《그것》 that; 《범위》 so far; to that extent. ¶~까지는 좋았으나… so far, so good, but…/~까지는 인정한다 I admit as much.
거꾸러뜨리다 make fall flat〔headfirst〕; throw〔bring〕 down; knock 〔strike〕 down; 《멸망》 ruin; overthrow; 《죽임》 kill.
거꾸러지다 fall; fall down〔over〕; fall headfirst; tumble down; be off one's feet; 《죽음》 die; fall down dead. ¶앞으로 ~ fall forward.
거꾸로 reversely; (in) the wrong way; 《안팎을》 inside out; 《아래위를》 upside down; topsy-turvy; wrong side〔end〕 up; 《곤두박혀》 head over heels. ¶~하다 invert; turn 《*a thing*》 upside down/빗자루를 ~ 세우다 stand a broom the wrong end up/~ 떨어지다 fall head over heels.
…거나 if; whether… or. ¶너야 하~ 말~ whether you do it or not.
거나하다 (be) mellow; tipsy.
거느리다 have (with one); lead, head, command (지휘, 인솔). ¶부하를 거느리고 with subordinates/많은 식구를 ~ have a large family (to support).
거느림채 a detached house〔building〕; an annex.
…거늘 much〔still〕 more; much 〔still〕 less; while. ¶개조차 주인에게 충실하~ 하물며 사람에 있어서랴 If a dog is so faithful to its master, how much more should we human beings be!
…거니와 still〔much〕 more; still 〔much〕 less; yet; while. ¶속이는 것도 좋지 못하~ 도둑질하는 것은 더욱 나쁘다 It is bad to cheat, still more to rob.
거닐다 (take a) stroll; ramble

about. ¶공원을 ~ saunter about a park.
거담(去痰) the discharge of phlegm. ‖ ~제 an expectorant.
거당(擧黨) the whole party.
거대(巨大) ~한 huge; gigantic; enormous; colossal. ¶~한 건물 a massive building.
거덕거덕하다 (be) damp-dry.
거덕치다 (be) awkward; out of place. 「rickety.
거덜거덜하다 (be) shaky; unsteady;
거덜나다 be ruined; become 〔go〕 bankrupt; fail; go broke.
거동(擧動) conduct; behavio(u)r; doings (행동). ¶~이 수상하다는 이유로 on account of one's suspicious behavior.
거두(巨頭) a leader; a magnate. ‖ ~회담 〔회의〕 a top-level conference / 정계 〔재계〕의 ~ a leading politician 〔financier〕.
거두다 ① 《모으다》 gather (up); collect; harvest. ¶세금을 ~ collect taxes/곡식을 ~ harvest crops. ② 《성과 등을》 gain; obtain. ¶승리를 ~ gain 〔win〕 the victory/좋은 성과를 ~ obtain excellent results. ③ 《돌보다》 take care of; care for; look after. ¶아이들을 ~ take care of the children. ④ 《숨을》 die; expire. ¶숨을 ~ breathe one's last.
거두절미(去頭截尾) ① 《자르기》 ~하다 cut off the head and tail 《*of it*》. ② 《요약》 ~하다 summarize; leave out details; make a story short 《*of*》.
거둠질 gathering (in); harvesting.
거둥 a royal visit 〔procession〕. ~하다 pay a royal visit 《*to*》; proceed outside the palace.
거드럭거리다 assume an air of importance; swagger.
거드름 a haughty attitude; an air of importance. ¶~스러운 haughty/~ 피우며 haughtily/~ 부리다 give oneself airs; act important; mount the high horse.
…거든 ① 《가정》 if; when. ¶그를 만나~ 오라고 전해라 If you meet him, tell him to call on me. ② 《경탄》 indeed; to one's surprise. ¶비가 오기는 많이 왔~ We had a heavy rain, indeed. ③ 《더구나》 (still) more.
거들 《코르셋》 a girdle.
거들다 help; give help 《*to*》; assist; lend a (helping) hand 《*to*》.
거들떠보다 pay attention 《*to*》; take notice 《*of*》. ¶거들떠 보지도 않다 do not even 〔so much as〕 cast a look at; ignore completely.
거들먹거리다 mount the high horse; put oneself airs; swagger.
거듭 (over) again; repeatedly. ~하다 repeat; do 《*a thing*》 over again. ¶~되는 repeated 《*troubles*》; a series of 《*misfortunes*》/판을 ~하다 run into several editions.
거듭나다 be born again; resuscitate.
거래(去來) transactions; dealings; business; trade. ~하다 do 〔transact〕 business 《*with*》; deal 〔have dealings〕 《*with*》; trade 《*in silk, with a person*》. ‖ ~소 an exchange (증권 ~소 a stock exchange)/~액 a turnover/~ 은행 one's bank/~처 a customer; business connections/돈~ lending and borrowing money / 부정 〔불법〕 ~ illegal transactions/신용 ~ dealings on credit/현금〔현물, 선물〕 ~ cash 〔spot, forward〕 transactions.
거론(擧論) ~하다 take up a problem 〔subject〕 for discussion; make 《*it*》 a subject of discussion.
거룩하다 (be) divine; sublime; sacred; holy. 「pan.
거룻배 a barge; a lighter; a sam-
거류(居留) residence. ~하다 live; reside; dwell. ‖ ~민 residents (~민단 a settlement corporation).
거르다¹ 《여과》 filter; strain; percolate.
거르다² 《차례를》 skip 《*over*》; omit. ¶하루 〔이틀〕 걸러 every other 〔third〕 day/점심을 ~ go without lunch.
거름 《비료》 manure; muck; a fertilizer; 《똥·오줌》 night soil. ¶~치는 사람 night soil man/~주다 manure; fertilize.
거리¹ a street; a town. ¶~의 여자 a street girl.
거리² 《재료》 material; matter; stuff; 《대상》 the cause; a butt. ¶웃음~ a butt of ridicule; a laughingstock / 걱정~ the cause of one's anxiety.
거리(距離) (a) distance; an interval (간격); a range; 《차이》 a gap; (a) difference. ¶~가 있다 be distant; 《차이》 be different 《*from*》. ‖ ~감 the sense of distance(s) / 직선 ~ distance in a straight line.
거리끼다 be afraid 《*of doing*》; hesitate 《*to do*》; refrain from 《*doing*》. ¶거리낌 없이 openly; without hesitation 〔reserve〕.
거마비(車馬費) traffic expenses; carriage.
거만(巨萬) ¶~의 부를 쌓다 amass a vast fortune; become a millionaire.
거만(倨慢) ~하다 (be) arrogant; haughty; insolent. ¶~을 빼다 give oneself airs; ride the high horse. 「(별에 타서).
거매지다 turn black; get tanned
거머리 ① 〖動〗 a leech. ② 《사람》 a bur. 「by.
거머무트름하다 (be) dark and chub-
거머삼키다 swallow; gulp (down).
거머쥐다 take hold of; seize 《*on,*

upon》; grasp.
거멀못 a clamp; a cramp.
거멀장 a clamp; a cramp.
거멓다 (be) deep black; jet-black.
거목(巨木) a great 〔big, monster〕 tree.
거무스름하다 (be) dark(ish); blackish; swarthy.
거무죽죽하다 (be) dark; blackish.
거문고 a Korean harp; a *geomungo*.
거물(巨物) 《사람》 a leading 〔prominent〕 figure; a bigwig 《口》. ¶ 당대의 ~ the lion of the day / 재계의 ~ a financial magnate/정계의 ~ a leading figure in politics.
거미 a spider. ‖ ~줄 a spider's thread/~집 a spider's web; a cobweb.
거미줄치다 spin 〔weave〕 a web; 《굶주리다》 go hungry; starve.
거미치밀다 get covetous; be seized with envy.
거반(居半) ☞ 거의.
거병(擧兵) ~하다 rise in arms; raise an army; take up arms.
거보(巨步) ¶ ~를 내딛다 make a giant 〔mammoth〕 stride (forward) 《*in*》.
거부(巨富) a man of great wealth; a (multi)millionaire; a billionaire.
거부(拒否) (a) denial; (a) refusal; rejection. ~하다 deny; refuse; reject; veto 《*a bill*》. ‖ ~권 《exercise》 a veto/~ 반응 a rejection reaction 〔symptom〕; an immune reaction 〔response〕 (항원항체 반응).
거북 a tortoise; a (sea) turtle.
거북선(一船) the "Turtle Boat"; an ironclad battle ship shaped like a turtle.
거북하다 《몸이》 feel 〔be〕 unwell; 《형편이》 (be) awkward; uncomfortable; ill at ease. ¶ 입장이 ~ be in an awkward position.
거비(巨費) an enormous expenditure; a great cost.
거사(擧事) ~하다 set 《*a plan*》 on foot; rise in rebellion.
거상(巨商) a wealthy merchant; a merchant prince.
거상(巨像) a colossus; a gigantic statue.
거상(居喪) ~하다 be in mourning 《*for*》. ¶ ~을 입다 take to 〔go into〕 mourning.
거석(巨石) a huge stone; a megalith (기념물). ‖ ~ 문화 megalithic culture.
거성(巨星) a big star; 《비유적》 a great man; a big shot 《口》. ¶ 문단의 ~ a great writer.
거세(去勢) ① 《불을 깜》 castration; emasculation. ~하다 castrate; emasculate; geld; sterilize (단종). ¶ ~한 소 a bullock. ② 《세력제거》 a purge (숙청); weakening (약화); exclusion (배제); eradication (근절). ~하다 purge; weaken; exclude.
거세다 (be) rough; wild; violent. ¶ 거센 세파 the storms of life/거센 여자 an unruly woman.
거소(居所) a dwelling place; one's abode.
거수(擧手) ~하다 raise one's hand; show one's hand (표결에). ‖ ~ 경례 a hand 〔military〕 salute (~ 경례하다 touch one's cap)/~기 a rubber stamp / ~ 표결 voting by show of hands.
거스러미 《손톱 뒤의》 an agnail; a hangnail; 《나무의》 a splinter.
거스러지다 ① 《성질이》 grow wild; become rough 〔rude〕. ② 《털이》 fluff; get ruffled.
거스르다 ① 《반대》 oppose; go 〔act〕 against; run counter to; cross. ¶ 뜻을 ~ cross another's will/거슬러 올라가다 go against the stream; retroact (소급) / 시대의 조류를 ~ go against the stream 〔current〕 of the times. ② 《잔돈을》 give (back) the change. ¶ 거슬러 받다 get the change.
거스름돈 change. ¶ ~을 받다 get the change/~을 주다 give the change; give 《*a person*》 change.
거슬리다 offend; be offensive; be against the grain. ¶ 귀에 ~ be harsh 〔unpleasant〕 to the ear/눈에 ~ be an eyesore/비위에 ~ get on one's nerves.
거슴츠레하다 《눈이》 (be) sleepy; drowsy; dull; fishy.
거시적(巨視的) macroscopic. ¶ ~으로 보다 take a broad view 《*of*》.
거실(居室) one's own room (자기의); a sitting 〔living〕 room (가족의).
거액(巨額) a colossal 〔an enormous〕 sum 《*of*》; a large amount 《*of*》. ¶ ~에 달하다 amount to a colossal sum.
거여목 〖植〗 a (snail) clover.
거역(拒逆) ~하다 disobey; oppose; go against; contradict; offend.
거울 ① 《모양을 보는》 a mirror; a looking glass. ¶ ~을 보다 look in a glass. ② 《모범》 a mirror; a pattern; a model; a paragon. ¶ …을 ~로 삼다 model 〔pattern〕 after 《*a person*》; follow the example of 《*a person*》.
거웃 pubic hair; pubes.
거위[1] 〖鳥〗 a goose [*pl.* geese]; 《수거위》 a gander.
거위[2] 《회충》 a roundworm. ☞ 회충.
거유(巨儒) a savan; a great scholar (of Confucianism).
거의 《대체로》 almost; nearly; practically; 《부정》 little; hardly; scarcely. ¶ ~ 다 almost all; mostly; the greater part 《*of*》/~ 불가능하다 be next to impossible/그것을 믿는 사람은 ~ 없다 Scarcely anybody believes that.
거인(巨人) a giant; a Titan; a great man (위인).

거장(巨匠) a (great) master; a great artist; a *maestro*.
거재(巨財) an enormous 〔a vast〕 fortune; millions. ¶ ~를 투입하다 invest millions 《*in an enterprise*》.
거저 gratis; free (of charge); for nothing. ¶ ~일하다 work for nothing.
거저먹기 an easy task 〔job〕; a cinch 《美俗》. ¶ 그것은 ~다 That's an easy job., That's nothing.
거적 a (straw) mat. ¶ ~을 깔다 spread a mat.
거절(拒絶) (a) refusal; (a) rejection; (a) denial. **~하다** refuse; reject; decline; deny. ¶ 딱 ~하다 give a flat refusal; refuse point-blank. ‖ ~증서 〖法〗 a protest.
거점(據點) a position; a foothold; a base (기지). ‖ 군사 ~ a strategic position.
거족(巨族) a powerful family; a mighty clan.
거족(擧族) **~적** nationwide; national. ¶ ~적으로 throughout the nation; across the country.
거주(居住) residence; dwelling. **~하다** dwell; reside; inhabit; live. ‖ ~권 the right of residence / ~자 a resident/~증명서 a certificate of residence.
거죽 《표면》 the face; the surface; 《외면부》 the exterior; 《외견》 the appearance.
거중조정(居中調停) (inter)mediation; intervention; arbitration. ¶ ~에 나서다 undertake mediation.
거증(擧證) **~하다** establish a fact (by evidence). ‖ ~책임 the burden of proof.
거지 a beggar; a mendicant. ‖ ~근성 a mean spirit.
거지반(居之半) ☞거의.
거짓 fraud; falsehood; untruth; a lie (거짓말). **~의** false; untrue; unreal. ‖ ~웃음 a feigned smile/ ~울음 sham 〔crocodile〕 tears.
거짓말 a lie. **~하다** (tell a) lie. ¶ ~의 false/~같은 이야기 an incredible story/새빨간 〔속이 들여다뵈는, 그럴듯한〕 ~ a downright 〔transparent, plausible〕 lie. ‖ ~장이 a lier; a storyteller/~탐지기 a lie detector.
거짓이름 《가명》 a false 〔an assumed〕 name.
거찰(巨刹) a grand temple; a cathedral.
거창(巨創) **~한** great; huge; gigantic; colossal. ¶ ~한 계획 a mammoth enterprise.
거처(去處) one's destination (목적지); one's whereabouts (행방).
거처(居處) one's (place of) residence; one's abode. **~하다** reside; live. ¶ ~를 정하다 take up one's residence 〔quarters〕 《*at, in*》. ‖ 임시 ~ a temporary abode 〔residence〕.
거추장스럽다 《거북함》 (be) burdensome; cumbersome; troublesome.
거춤거춤 cursorily; roughly.
거취(去就) one's attitude. ¶ ~를 정하다 define 〔decide〕 one's attitude /~를 망설이다 be at a loss how to act.
거치(据置) 《저금등》 **~하다** leave unredeemed. ¶ ~의 unredeemable; unredeemed; deferred / 3년 ~이다 be unredeemable for three years. ‖ ~기간 a period of deferment / ~예금 a fixed deposit.
거치다 pass by 〔through〕; go by way 《*of*》; stop 〔call〕 at one's way. ¶ …을 거쳐 through; by way of; via.
거치적거리다 cause hindrance to; be a drag 〔burden〕 on 〔to〕 《*a person*》.
거칠다 (be) coarse; rough; harsh; violent. ¶ 거친 물결 wild waves/ 거친 사나이 a rude fellow/거친 살결 a rough skin/숨결이 ~ breathe hard/거칠게 다루다 work 《*a person*》 too hard; handle roughly (물건을).
거칠하다 (be) haggard; 《서술적》 look emaciated. ☞까칠하다.
거침 ¶ ~없이 without a hitch; without hesitation (서슴잖고).
거쿨지다 (be) manly; masterful; commanding.
거탄(巨彈) ① 《탄환》 a heavy 〔huge〕 shell. ② 《비유적》 a hit; a feature (영화의).
거포(巨砲) a big 〔huge〕 gun; 《강타자》 a slugger 《口》.
거푸 again and again; over again; repeatedly.
거푸집 《주형》 a mo(u)ld; a cast.
거풀거리다 flutter; flap; wave.
거품 a bubble; foam; froth. ¶ ~이 이는 foamy; frothy / ~이 일다 foam; froth; bubble / 물~이 되다 come to nothing. ‖ 맥주 ~ froth 〔barm〕 of beer / 비누 ~ lather.
거하다 ① 《산이》 (be) lofty; steep; sheer. ② 《나무》 (be) thick; dense; rampant.
거한(巨漢) a man of gigantic stature; a giant.
거함(巨艦) a big 〔monster〕 warship; a leviathan.
거행(擧行) performance; celebration. **~하다** hold 〔give〕 《*a reception*》; perform 〔conduct〕 《*a ceremony*》; celebrate.
걱정 ① 《근심》 apprehensions; anxiety; concern; 《불안》 uneasiness; fear; 《신경 씀》 care; worry; trouble. **~하다** feel anxiety; be anxious 《*about*》; be concerned; be worried 《*by*》; trouble oneself 《*about*》(☞근심). ¶ ~스러운 듯이 with a concerned air/~스러운 나머지 in an excess of anxiety/~을 끼치다 give 《*a person*》 trouble/

～으로 병이 되다 worry oneself ill. ‖ ～거리 a cause of anxiety; cares; worries; troubles. ② 《나무람》 scolding; lecture; reproach. ～하다 scold; reprove; reprimand. ¶ ～ 듣다 receive a reprimand; be reproved.
건(巾) ① ☞ 두건(頭巾). ② a hood; a kerchief.
건(件) a matter; a case; an affair.
건(腱) 〖解〗 a tendon. ‖ 아킬레스 ～ Achilles' tendon.
건(鍵) 〖樂〗 a key. ⌈cod.
건…(乾) dried. ¶ ～대구 a dried
건각(健脚) strong legs.
건강(健康) health. ～하다 (be) well; healthy; sound; 《서술적》 be in good health. ¶ ～에 좋은〔나쁜〕 (un)healthful; good〔bad〕 for the health/～에 조심하다 take (good) care of oneself. ‖ ～진단 《undergo》 a medical examination/～체 a healthy body.
건강미(健康美) healthy beauty.
건강상태(健康狀態) the condition of *one's* health.
건건하다 (be) salty; brackish.
건곤일척(乾坤一擲) ～하다 stake all upon the cast.
건국(建國) the founding of a nation. ～하다 found a state〔nation〕. ‖ ～공로 훈장 the Order of Merit for National Foundation / ～ 기념일 National Foundation Day.
건너 the opposite〔other〕 side. ¶ ～편에 on the opposite〔other〕 side/강 ～에 across the river / ～ 뛰다 jump across; skip (over)(읽을 때)/미국으로 ～가다 go over to America.
건너다 cross 《*a bridge*》; walk〔run, ride〕 across; sail〔swim, wade〕 across 《*a river*》; go〔pass〕 over 《*to*》.
건널목 a (railroad) crossing. ‖ ～지기 a watchman; a flagman《美》.
건네다 ① 《건너게 하다》 pass〔set〕 《*a person*》 over〔across〕; take〔ferry〕 over (배로). ② 《주다》 hand (over); deliver; transfer.
건네주다 ☞ 건네다.
건달(乾達) a libertine; a scamp.
건답(乾畓) a rice field that dries easily; a dry paddy field.
…건대 when; if; according to. ¶ 듣～ as I hear; according to what people say.
건더기 《국의》 ingredients; a piece of meat〔vegetables〕 in soup; 《내용》 a ground; substance.
건둥그리다 set in good order; set right. ⌈order.
건둥하다 (be) neat; tidy; in good
건드러지다 ☞ 간드러지다.
건드레하다 《술취해》 (be) mellow; tipsy; 《서술적》 be a bit high.
건드리다 《손대다》 touch; jog; 《감정을》 provoke; fret; tease (집적이다); 《여자를》 become intimate 《*with*》. ¶ 비위를 ～ get〔jar〕 on 《*a person's*》 nerve.
건들거리다 《바람이》 blow gently; 《물체가》 sway; dangle; 《사람이》 idle〔dawdle〕 one's time away.
건락(乾酪) cheese. ‖ ～소(素) casein.
건류(乾溜) dry distillation; carbonization (석탄의). ～하다 dry (up) by distillation; carbonize.
건립(建立) ～하다 build; erect.
…건마는 but; though; although; still; while. ¶ 생각은 있～ 돈이 없네 I want it, but I don't have the money to get it.
건망(健忘) forgetfulness; a short memory. ‖ ～증 amnesia (～증이 심하다 be forgetful; have a short〔poor〕 memory).
건목(乾木) seasoned lumber. ⌈《*of*》.
건목치다 do a cursory〔rough〕 job
건몸달다 get all heated up for nothing; run madly about to no purpose.
건물(建物) a building; a structure; an edifice (큰). ‖ 목조 ～ a wooden building.
건반(鍵盤) a keyboard. ‖ ～ 악기 keyboard instruments.
건방지다 (be) impertinent; cocky; forward; fresh; saucy; insolent; haughty; pert. ¶ 건방진 태도 a haughty bearing / 건방지게 굴다 behave oneself haughtily.
건배(乾杯) a toast. ☞ 축배(祝杯).
건백(建白) ～하다 memorialize. ‖ ～서 a written memorial.
건빵(乾一) a cracker; a (hard) biscuit 《英》.
건사하다 ① 《일거리를》 provide work 《*for*》. ② 《수습》 manage; control; deal〔cope〕 with. ③ 《간수》 keep; preserve. ⌈dock.
건선거(乾船渠) a dry〔graving〕
건설(建設) construction; erection; building. ～하다 construct; erect; establish. ¶ ～적 constructive. ‖ ～ 공사 construction works / ～ 교통부 the Ministry of Construction & Transportation / ～ 용지 a building lot〔site〕. ⌈ing oil.
건성(乾性) ～의 dry. ‖ ～유(油) dry-
건성 《목적없이》 aimlessly; 《정신없이》 absentmindedly; halfheartedly; mechanically. ¶ ～(으로) 듣다 listen to 《*a person*》 in an absent sort of way.
건수(件數) ‖ 도난 ～ the number of cases of theft. ⌈ter.
건습(乾濕) ‖ ～계(計) a psychrome-
건시(乾柿) a dried persimmon.
건실(健實) ～하다 (be) steady; solid; sound; reliable; safe. ¶ ～하게 steadily; soundly/～한 사상 sound ideas/～한 사람 a steady person; a reliable person.
건아(健兒) a healthy young man.
건어(乾魚) dried fish.

건옥(建玉) 〖證〗 engagement; a commitment.
건울음 make-believe crying. ¶ ~울다 shed crocodile tears.
건위(健胃) ‖ ~제(劑) a peptic; a stomachic; a digestive.
건으로(乾—) without reason(cause); to no purpose (avail).
건의(建議) 《제의》 a proposal; a suggestion. ~하다 propose; suggest; move. ‖ ~서 a memorial/ ~안 a proposition; a motion/~자 a proposer.
건장(健壯) ~한 strong; stout; robust; sturdy. ¶ ~한 체격 a tough (robust) constitution.
건재(建材) building (construction) materials. ‖ ~상 building materials shop (dealer (상인)).
건재(健在) ~하다 be well (in good health).
건재(乾材) dried medicinal herbs.
건전(健全) ~하다 (be) healthy; sound; wholesome. ¶ ~한 사상 wholesome ideas/~한 신체에 ~한 정신 A sound mind in a sound body.
건전지(乾電池) a dry cell (battery).
건조(建造) building; construction. ~하다 build; construct. ¶ ~중이다 be under construction. ‖ ~물 a building; a structure.
건조(乾燥) ~한 dry; dried; arid. ¶ ~무미한 dry; tasteless; dull / ~시키다 dry (up). ‖ ~기(期) the dry season/~기(機) a dryer; a desiccator/~실 a drying room / ~제 a desiccant / 이상 ~ 주의보 a dry weather warning.
건주정(乾酒酊) ~하다 pretend to be drunk.
건지 a sounding (fathom) line.
건지다 ① 《물에서》 take (bring) 《*a thing*》 out of water; pick up. ② 《구명·구제》 save (rescue) 《*a person from*》; help 《*a person*》 out of; relieve 《*a person from*》. ¶ 목숨을 ~ escape death. ③ 《손해에서》 save 《*from*》; retrieve. ¶ 밑천을 ~ recoup one's capital.
건초(乾草) dry grass; hay.
건축(建築) construction; building; erection ~하다 build; construct; erect. ¶ ~중 be under construction. ‖ ~가 an architect/~ 공사 construction work/~물 a building/~비(재료) building expenses (materials) / ~ 양식 a style of architecture / ~업자 a builder; a building contractor.
건투(健鬪) a good fight; strenuous efforts(노력). ~하다 put up a good fight; exert oneself hard.
건판(乾板) 〖寫〗 a dry plate; a plate; 〖印〗 a gelatine dry plate.
건평(建坪) a floor space.
건폐율(建蔽率) building coverage; the building-to-land ratio.
건포(乾脯) dried slices of meat (fish).
건포도(乾葡萄) raisins; dried grapes.
건필(健筆) a ready (facile, powerful) pen. ¶ ~을 휘두르다 wield a facile pen. ‖ ~가(家) a prolific writer.
건함(建艦) naval construction.
건혼나다 be frightened at nothing; start at one's own shadow.
걷다¹ ① 《걷어 올리다》 tuck (roll) up 《*one's sleeves*》; gather up 《*curtain*》; fold up(개키다). ② 《치우다》 take away; remove (☞ 걷어치우다①). ¶ 빨래를 ~ remove the laundry 《*from*》 / 천막을 ~ strike a tent. ③ ☞ 거두다 ①, ②.
걷다² 《발로》 walk; go on foot; stroll; trudge(터벅터벅). ¶ 걷기 시작하다 《아기가》 begin to toddle.
걷어차다 kick hard; give 《*a person*》 a hard kick.
걷어치우다 ① 《치우다》 put (take) away; clear off; remove. ② 《그만둠》 stop; quit; shut (close) (up) (점포 등을). ¶ 하던 일을 ~stop doing a job; leave off one's work.
걷잡다 hold; stay; stop; 《막다》 check; keep 《*a danger*》 at bay. ¶ 걷잡을 수 없는 혼란에 빠지다 get into uncontrollable confusion.
걷히다 ① 《비·안개 등이》 clear up (away, off); lift. ¶ 안개가 ~ a fog lifts. ② 《돈 따위가》 be collected; be gathered.
걸걸하다(傑傑—) (be) openhearted; free and easy; 《쾌활》 (be) cheerful; sprightly.
걸귀 ① 《사람》 a glutton. ¶ ~들린 gluttonous. ② 《암돼지》 a mother hog.
걸근거리다 ① 《욕심내다》 covet; be greedy 《*for, of*》. ② 《목구멍이》 be scratchy.
걸다¹ ① 《땅이》 (be) rich; fertile. ② 《액체가》 (be) thick; heavy; turbid. ③ 《식성이》 (be) not particular; not fastidious. ④ 《언사가》 (be) foulmouthed; abusive.
걸다² ① 《매달다》 hang; suspend 《*from*》; put 《*a cloth*》 on (over). ‖ 간판을 ~ put up a signboard/ 못에 ~ hang 《*a thing*》 on a peg. ② 《올가미를》 lay 《*a snare*》; set 《*a trap*》. ③ 《시비를》 pick; provoke; fasten; force. ¶ 싸움을 ~ pick a quarrel 《*with a person*》. ④ 《돈을》 pay; advance; bet (노름에서). ¶ 계약금을 ~ advance money on a contract; pay earnest money. ⑤ 《목숨을》 stake; risk 《*one's life*》. ¶ 목숨을 걸고 싸우다 fight at the risk of one's life. ⑥ 《말을》 address (speak to) 《*a person*》; address oneself to; accost 《*a person*》. ⑦ 《전화를》 call (up); ring 《*a person*》 up; telephone 《*a person*》; make a (phone) call to

《a person》. ⑧ 《문고리를》 fasten; lock (자물쇠를). ⑨ 《발동을》 set 《a machine》 going; start 《an engine》. ⑩ 《장치》 fix; install.
걸때 size (of the body); the body. ¶ ~가 큰 big bodied; of large build.
걸러 at intervals of. ¶ 하루〔이틀〕 ~ every other〔third〕 day / 5피트 ~ at intervals of five feet / ~ 뛰다 skip; leave out; omit.
걸레 a dustcloth; a house〔floor〕 cloth; a mop. ~질하다 swab (up); wipe with a damp cloth; mop 《the floor》.
걸리다[1] ① 《매달림》 hang 《from, on》; be suspended 《from》. ② 《걸려 안 떨어지다》 catch 《on a nail》; be caught 《in, on》; stick (in one's throat). ③ 《병에》 fall 〔be taken〕 ill. ④ 《잡히다》 be〔get〕 caught; be pinched《俗》. ¶ 교통 순경에게 ~ be pinched by a traffic cop. ⑤ 《저촉》 violate〔go against〕 《the law》. ⑥ 《빠지다》 fall 《into》; 《말려듦》 be involved 《in》; get entangled 《with》. ⑦ 《시간이》 take; require. ⑧ 《마음에》 weigh on one's mind. ⑨ 《작동》 work; run. ¶ 발동이 걸리지 않다 cannot get the engine to start.
걸리다[2] 《걷게 하다》 make 《a person》 walk 〔go on foot〕; walk 《a person》; 〖野〗 walk a batter.
걸림돌 the stumbling block.
걸맞다 (be) suitable 《for, to》; becoming 《to》. ¶ 걸맞은 becoming; suitable 《for》; well-matched; 《정도 따위가》 well-balanced 〔-proportioned〕.
걸머잡다 catch hold of; clutch at.
걸머지다 ① 《등에》 carry 《a thing》 on one's shoulder; 《책임을》 bear; take upon oneself. ② 《빚을》 be saddled with 《a debt》; get 〔run〕 into 《debt》.
걸메다 shoulder; strap 《a burden》 on one's shoulder.
걸물(傑物) a great man.
걸상(一床) 《sit on 〔in〕》 a chair; a seat; a bench; a stool.
걸쇠 a catch; a latch.
걸식(乞食) ~하다 go begging; beg one's bread.
걸신(乞神) ~들리다 have a voracious appetite. ¶ ~들린 듯이 hungrily; greedily.
걸어총(一銃) 《구령》 Stack 〔Pile〕 arms!
걸음 walking; a step; pace (보조). ¶ ~이 빠른 〔느린〕 swift-〔slow-〕 footed / 한 ~ 한 ~ step by step; by degrees / ~이 빠르다〔느리다〕 be quick 〔slow〕 of foot / ~을 재촉하다 quicken one's pace. ‖ ~걸이 one's manner of walking / 첫~ the first step.
걸음마 ¶ ~를 하다 toddle; find its feet.
걸음발 ¶ ~ 타다 start to toddle; find its feet.
…걸이 《거는 제구》 a peg; a rack; 《얹는 것》 a rest. ¶ 모자~ a hat-rack / 옷~ a clothes hanger.
걸인(乞人) a beggar. ☞ 거지.
걸작(傑作) a masterpiece; one's best work; 《언행》 a droll 〔jocular〕 remark 〔behavio(u)r〕; 《사람》 a droll; a buffoon.
걸쩍거리다 be ready for anything.
걸차다 (be) fertile; rich; productive.
걸출(傑出) ~한 distinguished; prominent; outstanding. ¶ ~한 인물 a distinguished character; a master spirit.
걸치다 ① 《건너 걸치다》 lay 〔place, build〕 over 〔across〕; 《기대어 놓다》 place 〔set up〕 《a thing against》; put up 《against》. ② 《얹어 놓다》 put 《a thing》 on 〔over〕; drape 《a thing》 over. ¶ 수건을 어깨에 ~ throw a towel. ③ 《옷을》 slip 〔throw〕 on. ¶ 외투를 ~ throw on one's overcoat. ④ 《범위가》 cover 《a wide field》; range 《from... to》; 《시간·거리가》 extend 《over》. ¶ 여러해에 ~ extend over so many years.
걸태질하다 rake in 《money》 shamelessly.
걸터앉다 sit 《on, in》; sit astride.
걸터타다 mount; straddle.
걸핏하면 too often; readily; without reason. ¶ ~ …하다 be apt 〔liable〕 to 《do》 / ~ 울다 will cry over nothing.
검(劍) a sword; a saber (군도); a bayonet (총검); a dagger (단검).
검객(劍客) a swordsman; a fencer.
검거(檢擧) an arrest; a roundup. ~하다 arrest; round up. ¶ 일제히 ~하다 make a wholesale roundup 《of》.
검경판(檢鏡板) 《현미경의》 an object plate; a slide.
검뇨(檢尿) a urine test. ¶ ~를 받다 have one's urine examined. ‖ ~기(器) a urinometer.
검누렇다 (be) dark yellow.
검다 (be) black; dark; swarthy; sooty (그을려). ¶ 검디 ~ be jet-black / 속검은 사람 a black-hearted person.
검댕 soot. ¶ ~투성이의 sooty; sooted / ~이 앉다 become sooty; be stained with soot.
검도(劍道) (the art of) fencing.
검둥이 《살검은 이》 a dark-skinned person; 《흑인》 a Negro; a nigger.
검량(檢量) measuring; weighing; 《적하의》 metage. ‖ ~기 a gauging rod / ~료 a weighing charge.
검류계(檢流計) 〖電〗 a galvanometer; a galvanoscope.
검무(劍舞) a sword dance.
검문(檢問) examination; a checkup. ~하다 check up 《passers-by》. ‖ ~소(所) a check point / 불심

~questioning (of suspicious person) 《*by*》.
검박(儉朴) ~한 simple; frugal; plain. 「an old man).
검버섯 dark spots (on the skin of
검변(檢便) a stool test; scatoscopy.
검부러기 remnants (bits) of dry grass (leaves).
검불 dry grass; dead leaves.
검붉다 (be) dark-red.
검사(檢事) a public prosecutor; the prosecution (총칭). ‖ 부장 ~ a chief public prosecutor.
검사(檢査) (an) inspection; 《undergo》 an examination; a test; an audit(회계의). ~하다 inspect; examine; test; audit. ‖ ~관 an inspector (examiner); an auditor(회계의) / ~소 an inspecting office/ 체력 ~ a physical test.
검산(檢算) ~하다 verify (check) accounts.
검색(檢索) reference 《*to*》. ~하다 look up 《*a word in a dictionary*》.
검소(儉素) ~하다 (be) simple; frugal; plain. ¶ ~한 옷차림을 하다 be plainly dressed / ~하게 살다 live in a small way.
검속(檢束) (an) arrest. ~하다 arrest; take 《*a person*》 into custody.
검수기(檢水器) a water gauge.
검술(劍術) fencing; swordsmanship.
검숭검숭 ¶ ~하다 be blackish.
검시(檢屍) 《hold》 an inquest (autopsy) 《*over*》. ~하다 examine a corpse. ‖ ~관 a coroner.
검실거리다 ☞ 감실거리다.
검쓰다 (be) as bitter as gall; 《마음에》 (be) unpleasant.
검안(檢眼) an eye examination. ~하다 examine 《*a person's*》 eyes; test 《*a person's*》 vision. ¶ ~을 받다 have one's eyes examined. ‖ ~경(鏡) an ophthalmoscope.
검약(儉約) thrift; 《practice》 economy. ~하다 economize; save 《*money*》; be thrifty.
검역(檢疫) quarantine; (a) medical inspection. ~하다 quarantine. ‖ ~관 (소) a quarantine officer (station).
검열(檢閱) censorship(간행물의);(an) inspection; review(군대의). ~하다 censor; inspect; examine. ¶ ~을 받다 be submitted for censorship. ‖ ~관 an inspector; a film censor (영화의) / ~필 censored / 사전 (사후) ~ pre-(post-)censorship / 신문 ~ press censorship.
검온기(檢溫器) a clinical thermometer.
검은자위 the iris.
검이경(檢耳鏡) an auriscope.
검인(檢印) a seal (stamp) (of approval).
검인정(檢認定) ‖ ~ 교과서 an authorized textbook / 문교부 ~필(畢) Approved by the Ministry of Education.
검전기(檢電器) an electroscope; a detector (누전의). 「감).
검정 black (colo(u)r); black dye(물
검정(檢定) 《give》 official approval (sanction) 《*to*》. ~하다 approve; authorize. ‖ ~고시(시험) a qualifying (license) examination / ~료 an authorization fee / ~필 Approved by....
검증(檢證) verification; an inspection 《*of the scene of a crime*》. ~하다 verify; inspect; probate (유언을). ‖ 현장 ~ an inspection of the scene 《*of a murder*》.
검진(檢診) a medical examination; health screening. ~하다 examine; give a medical examination. ‖ 집단 ~ a group 《*tuberculosis*》 examination.
검질기다 (be) persistent; tenacious.
검찰(檢札) examination of tickets. ¶ ~을 받다 have the ticket checked. ‖ ~원 a ticket inspector (examiner).
검찰(檢察) ‖ ~관 a public prosecutor (procurator) / ~ 당국 the procuratorial authorities / ~청 the (Public) Prosecutor's Office / ~총장 the prosecutor-general; 《英》 the director of public prosecutions.
검출(檢出) 〖化〗 (chemical) search; detection. ~하다 detect 《*poison*》; analyze out.
검측하다 (be) tricky; treacherous; 《서술적》 be a black-hearted person.
검침(檢針) inspection of a meter. ~하다 check (read) a meter. ‖ ~원 a 《*gas, water*》 meterman.
검토(檢討) (an) examination; (an) investigation. ~하다 examine; investigate. ‖ 재~ re-examination; review.
검파(檢波) detection. ~하다 detect. ‖ (광석) ~기 a (crystal) detector.
검푸르다 (be) dark-blue; blueblack.
검호(劍豪) a master (great) swordsman.
겁(怯) 《소심》 cowardice; timidity; 《공포》 fear; fright; awe. ¶ ~ 많은 cowardly; timid; weak-kneed/ ~결에 in the excess of fear; driven by horror / ~(이) 나다 be seized with fear; be struck with awe/~내다 fear; dread; be afraid of/ ~을 집어먹다 be frightened; be scared. ‖ ~쟁이 a coward; a chicken.
겁간(劫姦) outrage; violation; rape.
겁탈(劫奪) 《약탈》 plunderage; 《강간》 rape. ~하다 plunder; deflower (처녀를); rape (violate) 《*a woman*》.
것 《사람·물건》 a one; the one; a thing; an object; 《…것》 the one that...; 《소유》 the one of; -'s. ¶ 새 ~ a new one / 이 ~ this; this one/저 ~ that; that one/볼 ~ the

one to see / 내 ~ mine.
겅둥하다 (be) rather short.
겅성드뭇하다 (be) sparse; thin; scattered.
겅정거리다 walk with rapid strides.
겉 《표면》 the face; the surface; the right side(옷의); 《외면》 the outside; the exterior; outward appearance(외관). ¶ ~으로는 outwardly; on the surface/~을 보고 판단하다 judge by appearance/~을 꾸미다 make outward show; put on a show.
겉…[1] 《껍질 안 깐》 unhulled. ¶ ~곡식 〔수수〕 unhulled grain 〔millet〕.
겉…[2] 《외부의》 outer. ¶ ~꺼풀 an outer covering; a husk; a crust/~대 《푸성귀의》 the outer stalk/~싸개 an outer covering; a cover; a wrapper/~잎 an outer leaf.
겉가량(—假量) 《make》 a rough estimate 〔calculation〕; eye measure (눈대중).
겉날리다 scamp 《*one's work*》.
겉눈감다 pretend to close 〔shut〕 one's eyes.
겉늙다 look older than one's age.
겉대중 ☞ 겉가량.
겉더껑이 the film; the scum.
겉더께 (surface) scum; scale; fur.
겉돌다 《바퀴가》 spin free; race; 《물체가》 do not mix freely; 《사람이》 stay out of the party; have a curtain reserve.
겉말 lip service; lip homage.
겉맞추다 gloss over; smooth over; temporize.
겉면(—面) the surface; the face; the exterior.
겉모양(—貌樣) (outward) appearance; show; look.
겉바르다 make outward show; put up a good front.
겉보기 ☞ 겉모양. ¶ ~에는 outwardly; seemingly.
겉보리 unhulled barley.
겉봉(—封) 《봉투》 an envelope; 《겉에 쓴 것》 an address(주소 성명). ¶ ~을 쓰다 address 《*a letter*》.
겉약다 (be) clever in a superficial way; smart merely in show.
겉어림 ☞ 겉가량.
겉잡다 《겉어림》 make a rough estimate 〔calculation〕; measure 《*something*》 by (the) eye; 《헤아림》 guess; get a rough idea 《*of*》.
겉장 《일면》 the first 〔front〕 page; 《표지》 the cover of a book.
겉짐작 a rough estimate.
겉치레 ¶ ~하다 dress up; make outward show; put on a fair show.
겉치장(—治粧) an outward show. ~하다 put on a fair show; cut a dash.
게 〖動〗 a crab. ¶ ~의 집게발 claws. ‖ ~걸음 a sidewise crawl of a crab (~걸음 치다 walk sideways)/~딱지 the crust of a crab.
게거품 《게의》 foam, froth; foam (사람·동물의).
게걸 greed for food. ~스럽다 (be) greedy 《*for food*》; voracious. ¶ ~들(리)다 get an insatiable appetite; get gluttonous.
게검스럽다 ☞ 게걸스럽다.
게다가 moreover; besides; what is more; in addition 《*to that*》; 《설상 가상으로》 to make matters 〔things〕 worse; what is worse.
게라 〖印〗 a galley.
게르만 ¶ ~의 Germanic. ‖ ~ 민족 the Germanic race.
게릴라 a guer(r)illa. ‖ ~대원 a guerilla / ~전 guerilla war(fare)/ ~전술 《use》 guerrilla tactics.
게시(揭示) a notice; a bulletin. ~하다 post 〔put up〕 a notice 《*on the wall*》; notify. ‖ ~판 a notice 〔bulletin〕 board.
게양(揭揚) ~하다 hoist; raise 《*a flag*》.
게염 covetousness; avarice. ~스럽다 (be) covetous; greedy. ¶ ~나다 become 〔get〕 covetous 《*of*》/~내다 〔부리다〕 behave covetous.
게우다 vomit; throw up; fetch up.
게으르다 (be) idle; lazy; tardy; indolent. ¶ 게을러 빠지다 be intolerably lazy.
게으름 idleness; laziness; indolence. ¶ ~부리다 〔피우다〕 be idle 〔lazy〕; loaf. ‖ ~뱅이 an idle 〔a lazy〕 fellow; a lazybones.
게을리하다 neglect 《*one's work*》; be negligent 《*of duty*》.
게이지 a gauge.
게임 a game; a match(경기) (☞ 경기). ~하다 play a game. ‖ ~세트 《테니스》 Game and set., 《일반적》 Game (is) over. / 실내 ~ a parlor game.
게장(—醬) ① 《간장》 soy sauce in which crabs are preserved. ② ☞ 게젓.
게재(揭載) ~하다 publish 〔print〕 《*in a newspaper*》; insert 《*an advertisement in a magazine*》. ‖ ~금지 a press ban.
게저분하다 (be) disorderly; untidy.
게젓 pickled crabs; crabs preserved in soy sauce.
게트림하다 belch in haughty manner.
겨 chaff; hulls 〔husks〕 of grain; bran. ‖ ~죽 rice-bran gruel / 쌀 ~ rice bran.
겨냥 ① 《조준》 an aim; aiming. ~하다 (take) aim 《*at*》; aim one's gun 《*at*》. ¶ ~ 대다 (take) aim; sight 《*a gun*》/~이 빗나가다 miss one's aim 〔the mark〕. ② 《치수》 measure; size; 《견본》 a sample. ~하다 measure; take measure of. ‖ ~도 a (rough) sketch.
겨누다 ① 《겨냥하다》 (take) aim at; level 《*a gun*》 at. ¶ 권총을 가슴에 ~ point 〔level〕 a pistol at the breast. ② 《대보다》 compare 《*A*

with B)); measure. ¶길이를 ~ compare length.

겨드랑(이) ① 《몸의》 the armpit. ¶~에 끼다 carry (hold) 《*a thing*》 under one's arm. ‖~털 hair of the armpit. ②《옷의》the armhole.

겨레 《한 자손》 offspring of the same forefather; 《동포》 brothers; brethren; one's countrymen. ‖한 ~ one and the same people.

겨루다 compete with 《*a person for a thing*》; contend 《*with another for a thing*》; pit 《*one's skill against*》. ¶학력을 ~ vie in scholarship.

겨를 leisure; spare moments; time to spare. ¶…할 ~이 없다 have no time to do....

겨리 a plow (plough《英》) pulled by a yoke of oxen.

겨반지기 chaffy rice.

겨우 barely; narrowly; with difficulty; only 《*fifty won*》. ¶~ 스무살 된 여자 a girl just out of her teens / ~ 살아가다 make a bare living; eke out a scanty livelihood.

겨우내 throughout the winter; all winter through.

겨우살이¹ 《옷》 winter clothes; winter wear.

겨우살이² 〖植〗 a mistletoe; a parasite.

겨울 winter. ~의 winter; wintry. ‖~ 방학 the winter vacation (holidays) / ~옷 winter clothes; winter wear / ~철 winter (time); the winter season.

겨워하다 feel 《*something*》 to be too much 《*for one*》; feel 《*something*》 to be beyond one's control.

겨자 《양념》 mustard; 《풀》 a mustard (plant). ¶~ 채 mustard salad.

격(格) rank; status; standing(지위); capacity(자격); 〖文〗 the case. ¶~이 다르다 belong to a different class/~이 오르다(내리다) rise (fall) in rank/~을 올리다 raise 《*a person*》 to higher status; upgrade.

격감(激減) a sharp decrease. ~하다 decrease sharply; show a marked decrease.

격나다(隔一) break up with; break relations 《*with*》; become alienated (estranged) 《*from*》.

격납고(格納庫) a hangar; an airplane (aviation) shed.

격년(隔年) ¶~으로 every other (second) year.

격노(激怒) wild rage; fury. ~하다 rage; be enraged 《*with a person*》.

격돌(激突) a crash. ~하다 crash 《*into, against*》.

격동(激動) a violent shock; excitement(인심의); agitation (동요). ~하다 be stirred up; be excited; be agitated; be convulsed. ¶정계를 ~시키다 stir up political circles.

격랑(激浪) raging (stormy) waves; heavy seas.

격려(激勵) encouragement. ~하다 encourage; urge 《*a person to do*》; cheer 《*a person*》 up. ¶~의 말 words of encouragement; stirring remarks.

격렬(激烈) ¶~한(하게) violent(ly); severe(ly); vehement(ly); keen(ly). ¶~한 경쟁 a keen competition; a hot contest.

격론(激論) 《have》 a heated argument (discussion) 《*with*》; a warm controversy. ~하다 argue hotly.

격류(激流) a rapid stream; a swift current; a torrent. ¶~에 휩쓸리다 be swept away by a torrent.

격리(隔離) isolation; segregation. ~하다 isolate; segregate 《*A from B*》. ¶환자를 ~하다 isolate a patient; keep a patient in isolation. ‖~ 병실 (병동) an isolation room (ward).

격막(隔膜) the diaphragm.

격멸(擊滅) destruction; annihilation. ~하다 destroy; exterminate; annihilate.

격무(激務) a busy office (post); hard work. ¶~에 지치다 be worn to a frazzle by a hard work/~로 쓰러지다 break down under the strain of overwork.

격문(檄文) 《issue》 a manifesto; an appeal; a declaration.

격발(激發) an outburst 《*of emotion*》. ~하다 burst (out); explode.

격발(擊發) percussion. ‖~ 신관 a percussion fuse/~ 장치 percussion lock.

격벽(隔壁) a partition. ‖방수 ~ watertight bulkhead.

격변(激變) a sudden change; revulsion(감정의). ~하다 undergo a sudden change; change violently. ¶사회의 ~ an upheaval in society; rapid changes of society.

격분(激忿) wild rage; vehement indignation. ~하다 be enraged; fly into a fury; flare (blow) up.

격상(格上) ~하다 raise (promote) 《*a person*》 to higher status (to a higher rank); upgrade 《*a person*》.

격상(激賞) ☞ 격찬.

격세(隔世) a quite different world. ¶~지감이 있다 feel as if one were living in a quite different world. ‖~ 유전 atavism; reversion.

격식(格式) an established form; formality. ¶~을 차리다 stick to formality / ~을 차리는 ceremonious.

격심(激甚) ~한 extreme; intense; severe; fierce; keen. ¶~한 추위 severe cold/~한 경쟁 keen competition.

격앙(激昂) 《in》 excitement; rage; fury. ~하다 get excited; be en-

raged.
격언(格言) a proverb; a maxim; a (wise) saying.
격외(格外) ~의 extraordinary; unusual; special; exceptional.
격원(隔遠) ~하다 (be) a long way off.
격월(隔月) ~로 every other month.
격의(隔意) ¶ ~없는〔없이〕unreserved(-ly); frank(ly) / ~없이 얘기하다 have a frank talk; talk without reserve.
격일(隔日) ~로 every other day; on alternate days. ¶ ~제로 근무하다 shift once in two days. ‖ ~열〖醫〗a tertian (fever).
격자(格子) a lattice; fretwork(무늬). ‖ ~창 a lattice window.
격전(激戰) hot fighting; a fierce battle; a hot contest(선거 등의). ~하다 have a fierce battle. ‖ ~지 a hard-fought field.
격절(隔絶) ~하다 be separated〔isolated〕《*from*》.
격정(激情) a violent emotion; 《in a fit of》passion.
격조(格調) 《작품의》style; gusto; tone; 《사람의》character; personality. ~ 높은 sonorous; refined; high-toned.
격조(隔阻) ~하다 be remiss in writing〔calling〕.
격주(隔週) ~의 fortnightly; biweekly. ¶ ~로 every two weeks; every other week; fortnightly; biweekly.
격증(激增) a marked increase. ~하다 increase suddenly〔markedly〕.
격지다(隔—) get estranged; be at odds〔outs〕《*with*》.
격진(激震) a severe earthquake〔shock〕.
격차(格差·隔差) a difference《*in quality, price*》; 《wage》differentials; a 《*technical*》disparity. ¶ ~를 없애다 abolish 《*earning*》differentials.
격찬(激讚) 《win》high praise. ~하다 praise highly; extol; speak highly of.
격철(擊鐵) a cock(총의).
격추(擊墜) ~하다 shoot〔bring〕down; down《*a plane*》.
격침(擊沈) ~하다 (attack and) sink 《*a ship*》; send 《*a ship*》to the bottom.
격통(激痛) an acute〔a sharp〕pain.
격퇴(擊退) ~하다 repulse; repel; drive back; beat off; dislodge.
격투(格鬪) a grapple; a (hand-to-hand) fight; a fisticuffs; a scuffle. ~하다 grapple〔scuffle, fight〕《*with*》.
격파(擊破) ~하다 defeat; destroy; beat out; crush; smash up.
격하(格下) degradation; downgrading; demotion《美》. ~하다 degrade; downgrade; demote《美》.
격하다(隔—) 《시간·공간적》leave an interval; 《사이에 두다》interpose; 《막다》screen. ¶ 강을 격하여 《a village》across〔over〕the river/벽 하나를 격하여 on the other side of the wall.
격하다(激—) be〔get〕excited; be enraged; fly into a passion. ¶ 격하기 쉬운 excitable.
격화(激化) ~하다 grow more intense〔violent〕; intensify. ¶ ~일로에 있다 be increasingly intensified.
겪다 ①《경험》experience; go through; undergo; suffer. ¶ 어려움을 ~ experience hardships/갖은 고초를 ~ undergo all sorts of hardships. ②《치르다》receive; entertain; treat hospitably. ¶ 손님을~ receive〔entertain〕guests.
견(絹) silk.
견갑(肩胛) the shoulder. ‖ ~골 the shoulder blade; the scapula.
견강부회(牽强附會) a far-fetched interpretation; distortion. ~하다 force〔wrench〕the meaning; draw a forced inference.
견고(堅固) ~한 strong; solid; stout; firm. ¶ ~한 진지 a strong position; a stronghold / ~히 하다 solidify; strengthen.
견과(堅果)〖植〗a nut. ¶ ~상(狀)의 glandiform.
견디다 ①《참다》bear; endure; put up with; stand; tolerate. ¶ 견딜 수 있는 bearable; endurable; tolerable / 견디기 어려운 unbearable; intolerable/견딜수 없다 be unable to bear; cannot stand; be unbearable / 시련에 ~ bear a trial / 어려움을 ~ endure hardships/더워 견딜 수 없다 be unbearably hot / 걱정이 돼 견딜 수 없다 be oppressed with anxiety. ②《일·사용 등에》wear; last; bear; hold; be good for; be equal to. ¶ 불에 ~ be proof against fire; be fireproof / 10년의 사용에 ~ be good for ten years.
견딜성(—性) endurance; perseverance; patience.
견마지로(犬馬之勞) what little one can; one's bit. ¶ ~를 다하다 do one's bit《*for*》; do little one can.
견문(見聞) information; experience (경험). ~하다 see and hear; observe; experience. ¶ ~을 넓히다 enrich one's stock of information; add to one's experience; see more of life / ~이 넓다〔좁다〕be well-informed〔poorly informed〕.
견물생심(見物生心) Seeing is wanting.
견방적(絹紡績) silk spinning.
견방직(絹紡織) silk weaving.
견본(見本) a sample; a specimen(표본); a pattern(무늬, 천의). ¶ ~대로 as per sample. ‖ ~시(市) 《an international》trade fair.

견본(絹本) silk cloth; silk canvas.
견사(絹絲) silk thread 〔yarn〕.
견사(繭絲) raw silk.
견습(見習) apprenticeship; probation; 《사람》 an apprentice 《*to*》. ☞수습(修習).
견식(見識) 《의견》 a view; an opinion; discernment(안식). ¶ ~이 있는 사람 a man of insight; a discerning man / ~이 넓다 have a broad vision.
견실하다(堅實—) (be) steady; steadfast; sound; solid; reliable. ¶ 견실하게 steadily; reliably; soundly/ 견실한 사람 a steady 〔reliable〕 person.
견우성(牽牛星) 〖天〗 Altair.
견원(犬猿) ~지간이다 lead a cat-and-dog life (특히 부부가); be on bad terms 《*with*》.
견인(牽引) traction. ~하다 pull; draw; drag; haul. ‖ ~력 pulling 〔traction〕 capacity/~차 a tractor.
견인(堅忍) perseverance; fortitude. ¶ ~ 불발(不拔)의 indomitable; persevering.
견장(肩章) a shoulder strap; an epaulet(te).
견적(見積) an estimate. ~하다 make 〔form〕 an estimate 《*of*》; estimate 《*at*》; put (down) 《*at*》. ¶ ~을 내다 =견적하다. ‖ ~ 가격 an estimated 〔assessed〕 value / ~서 an estimate (sheet) / 과대〔과소〕 ~ overestimation 〔underestimation〕.
견제(牽制) ~하다 (hold in) check; restrain; contain(군사). ¶ 서로 ~하다 hold each other in check / 주자를 ~하다 〖野〗 check a runner. ‖ ~구(球) a feint ball.
견제품(絹製品) silk manufactures; silk goods (견직물).
견주다 《비교》 compare 《*A*》 with 《*B*》; 《겨루다》 compete 〔contend, vie〕 《*with*》.
견지 a fishing troll 〔reel, spool〕. ¶ ~질하다 fish with a reel.
견지(見地) a standpoint; a viewpoint; a point of view; an angle.
견지(堅持) ~하다 stick 〔hold fast〕 《*to*》; maintain firmly.
견직물(絹織物) silk fabrics; silk goods; silks.
견진(堅振) 〖가톨릭〗 confirmation. ‖~ 성사 the sacrament of confirmation.
견책(譴責) (a) reprimand; (a) reproof. ~하다 reprimand; reprove. ¶ ~을 받다 be reprimanded.
견치(犬齒) a canine; an eyetooth.
견학(見學) (an) inspection; (a) study. ~하다 inspect; visit 《*a place*》 for study.
견해(見解) an opinion; 《give》 one's view 《*on a subject*》. ¶ ~를 같이〔달리〕하다 agree 〔differ〕 in opinion; have the same 〔a different〕 opinion. ‖ ~차 divergence of opinion.
결고틀다 persist 〔hold out〕 to the end; struggle over.
결 ① 《나무·피부 따위의》 grain; texture. ¶ ~이 고운 fine-grained 〔-textured〕; delicate 《*skin*》. ② 《사품》 (as) an incidental result of. ¶ 잠 ~에 in one's sleep. ③ ☞물결, 숨결, 성결, 결기.
결가부좌 (結跏趺坐) 〖佛〗 sitting with legs crossed (as in Buddhist statues).
결강(缺講) ~하다 《교수가》 do not give one's lecture; 《학생이》 cut a lecture.
결격(缺格) disqualification. ‖ ~자 a person disqualified 《*for*》.
결과(結果) (a) result; (a) consequence; an outcome; an effect; 《good, bad》 fruit; the end. ¶ …의 ~ as a 〔the〕 result of…; in consequence of… / …(한) ~가 되다 result 〔end〕 in ….
결국(結局) in the end; in the long run; finally; eventually; after all. ¶ ~에 가서는 ultimately; in the end.
결근(缺勤) absence 《*from*》. ~하다 be absent 〔absent oneself〕 《*from*》. ‖ ~계 《tender》 a report of absence / ~자 an absent person; an absentee / 무단~ absence without notice.
결기(一氣) impetuosity; vehemence; hot temper; impetus; strain.
결나다 get angry; flare up; burst 〔fly〕 into a passion.
결내다 give vent to one's anger; get angry; flare up.
결단(決斷) decision; determination; resolution. ~하다 decide; determine; resolve. ¶ ~코 never; by no means; on no account / ~력이 강한 사람 a man of decision / ~성이 있다〔없다〕 be resolute 〔irresolute〕 / ~을 내리다 reach 〔come to〕 a definite decision.
결단(結團) ‖ ~식 an inaugural meeting 〔rally〕.
결당(結黨) formation of a party. ~하다 form a party. ‖ ~식 the inaugural ceremony of a party.
결딴 ¶ ~나다 be spoilt 〔ruined〕; fail; go wrong/~내다 spoil; mar; ruin; destroy.
결렬(決裂) a rupture. ~하다 come to a rupture; break down; be broken off. ¶ 협상의 ~ rupture of negotiations / ~시키다 break off; rupture.
결례(缺禮) failure to pay one's compliments; want of respect.
결론(結論) a conclusion; a concluding remark. ~하다 conclude; close. ¶ ~으로서 in conclusion; to conclude / ~에 도달하다 reach 〔come to〕 a conclusion.
결리다 feel a stitch 〔have a crick〕

《in》; get stiff.
결막(結膜) the conjunctiva. ‖ ~염〖醫〗conjunctivitis.
결말(結末)《끝》an end; a conclusion; settlement(낙착); the result (결과); the final issue. ¶ ~나다 be settled; come to a conclusion; be brought to an end / ~이 안 나다 remain unsettled / ~내다 〔짓다〕 settle; bring《a matter》to a conclusion〔close〕; put an end to.
결박(結縛) ~하다〔짓다〕bind; tie (up); pinion. ¶ 범인을 ~하다 tie a criminal with cords; pinion a criminal.
결백(潔白) purity(순결);《prove one's》innocence(무죄); integrity (청렴). ~하다 (be) pure; upright; innocent; clean(handed).
결번(缺番) a missing number. ¶ 4번은 ~이다 The number four is blank on the roll.
결벽(潔癖) ~한 fastidious; dainty; overnice.
결별(訣別) ~하다 part from; bid fare well《to》.
결본(缺本) a missing volume.
결부(結付) ~하다 connect《A》with《B》; link. ¶ 양자를 밀접히 ~시키다 link the two into closer relations with each other.
결빙(結氷) freezing. ~하다 freeze over; be frozen over; be icebound. ‖ ~기(期) the freezing season 〔time〕.
결사(決死) ~적 desperate; death-defying. ¶ ~의 각오로 with a "do-or-die" spirit / ~ 투쟁하다 struggle desperately. ‖ ~대 a forlorn hope; a death band; a suicide corps.
결사(結社)《form》an association. ¶ ~의 자유 the freedom of association. ‖ 비밀 ~ a secret society.
결삭다 soften; become mild; be mollified.
결산(決算) settlement of accounts. ~하다 settle〔balance〕an account. ‖ ~기 a settlement term / ~ 보고 balance sheets (서류); a statement of accounts(일람표) / ~일 a settling day.
결석(缺席) absence; nonattendance. ~하다 be absent《from》; absent oneself《from》; fail to attend. ‖ ~계 a report of absence/~자 an absentee / ~ 재판 judg(e)ment by default / 병〔무단〕 ~ absence on account of illness〔without leave〕.
결석(結石)〖醫〗a calculus; a stone《in the bladder》.
결선(決選) a final vote〔election〕. ‖ ~ 투표《take》the final vote 〔ballot〕《on》.
결성(結成) ~하다 organize; form; inaugurate. ‖ ~식 an inaugural ceremony.
결속(結束) union; combination; unity. ~하다 unite; band together; be united. ¶ ~하여 in a body / ~이 안 되다 fail to present a united front / ~을 강화(强化)하다 strengthen the unity《of》.
결손(缺損)《suffer》a loss〔deficit〕《of ₩20,000》. ¶ ~을 메우다 cover 〔make up〕the loss〔deficit〕. ‖ ~액 the amount of loss; a deficit / ~ 처분 deficits disposal.
결승(決勝) the decision《of a contest》. ‖ ~전 the final (game, match) / ~점〔선〕《reach》the goal (line)/준~전 the semifinals.
결식(缺食) ~하다 go without a meal. ‖ ~ 아동 a pupil without a meal; an undernourished child.
결실(結實) ~하다 bear fruit;《비유적》be successful; achieve a success. ‖ ~기 the fruiting season.
결심(決心) determination; resolution. ~하다 decide《to do, upon》; be resolved; make up one's mind. ¶ 굳은 ~ a firm resolution/~이 서지 않다 be in two minds; be undecided《whether, about》.
결심(結審) the conclusion of a hearing〔trial〕. ~하다 close《a hearing》.
결여(缺如) lack; want; deficiency. ~하다 lack; be lacking〔wanting〕《in》; be short of.
결연(決然) ~한 resolute; firm; decisive. ¶ ~히 resolutely; firmly; in a determined manner / ~한 태도 a determined attitude.
결연(結緣) ~하다 form a connection《with》; establish relations《with》. ‖ 자매 ~ establishment of sisterhood ties.
결원(缺員) a vacancy; a vacant post. ¶ ~을 보충하다 fill (up) a vacancy.
결의(決意) a firm resolution; determination (☞결심). ¶ ~를 굳히다 be fully resolved《to do》/~를 새로이 하다 make a fresh determination.
결의(決議)《pass》a resolution(안); a decision. ~하다 resolve; pass a vote《for, against》. ‖ ~ 기관 a voting organ/~ 사항 resolutions/~안〔문〕a resolution.
결의(結義) ~하다 swear《to be brothers》; take an oath《of brotherhood》. ‖ ~형제 sworn brothers.
결자웅(決雌雄) ~하다 try conclusions with one's adversary.
결장(結腸)〖解〗the colon.
결재(決裁) sanction; approval. ~하다 decide《upon》; approve; sanction; give sanction《to》. ¶ ~를 맡다 obtain an approval; get《a person's》sanction. ‖ ~권 the right of decision.
결전(決戰) a decisive battle(전쟁);《경기의》a deciding match; a final. ~하다 fight it out; fight a

decisive battle 《*with*》.
결절(結節) a knot; 〖解〗 a tuber; a tubercle; 〖植·醫〗 a node; a nodule.
결점(缺點) a fault; a defect; a flaw; a shortcoming; a weak point (약점). ¶ ～이 있는 defective; faulty / ～이 없는 flawless; faultless / ～을 찾다 find fault with; pick out another's defects.
결정(決定) (a) decision; (a) determination; (a) conclusion; (a) settlement. ～하다 decide 《*to do, for, against*》; determine; settle; fix 《*upon*》; be decided 《*upon*》; 《사물이 주어》 be determined [settled, fixed]. ¶ ～적(으로) definite(ly); final(ly). ‖ ～권 decisive power / ～적 순간 the crucial moment / ～타 〖野〗 a gamewinning hit / ～판 a definitive [final] edition.
결정(結晶) crystallization; a crystal (결정체). ～하다 crystallize 《*into*》. ¶ 노력의 ～ the fruit of one's efforts. ‖ ～학 crystallography.
결제(決濟) (a) settlement. ～하다 settle [square] accounts. ‖ ～ 자금 a settlement fund / 대차(貸借) ～ the settlement of accounts / 미～계정 outstanding accounts.
결집(結集) ～하다 concentrate; collect in mass.
결착(決着·結着) (a) conclusion; (an) end; settlement. ¶ ～을 내다 [이 나다] settle [be settled].
결초보은(結草報恩) ～하다 carry *one's* gratitude beyond the grave.
결코(決一) never; by no means; not in the least; on no account; under no circumstances.
결탁(結托) ～하다 conspire 《*with*》; act in collusion 《*with*》. ¶ …과 ～하여 in conspiracy with; in collusion with.
결투(決鬪) 《fight》 a duel 《*with*》. ¶ ～를 신청하다 challenge 《*a person*》 to a duel.
결판(決判) ¶ ～내다 bring 《*a matter*》 to an end; settle 《*a quarrel*》/～나다 be settled [brought to an end].
결핍(缺乏) 《결여》 want; lack; 《부족》 shortage; scarcity; deficiency. ～하다 lack; want; be wanting [lacking, deficient] 《*in*》; run short of 《*money*》. ‖ ～증 《비타민 등의》 a deficiency disease.
결하다(決一) decide 《*to do, on*》; determine; settle. ¶ 승부를 ～ fight it out; decide a contest.
결함(缺陷) a defect; a fault; a shortcoming; (a) deficiency. ¶ ～이 있는 defective / 성격의 ～ a defect in one's character / ～을 드러내다 betray one's weakness.
결합(結合) union; combination; fusion (원자핵의). ～하다 unite [combine] 《*with*》.
결항(缺航) suspension of 《*ferry*》 service. ～하다 cancel the sailing [flight] 《*on a line*》; 《the flight will》 be canceled.
결핵(結核) tuberculosis; consumption. ¶ ～성의 tubercular; tuberculous. ‖ ～균 tubercle bacilli / ～예방 prevention of tuberculosis / ～ 요양소 a sanatorium for T.B. patients / ～ 환자 a T.B. patient.
결행(決行) ～하다 carry out; take a resolute step.
결혼(結婚) marriage; matrimony; 《celebrate》 a wedding (식). ～하다 marry 《*him*》; be [get] married 《*to*》. ¶ ～시키다 marry 《*a daughter*》 to 《*a man*》; get 《*a daughter*》 married / ～을 신청하다 propose 《*to*》 / ～을 승낙하다 accept a proposal. ‖ ～ 상담소 a matrimonial agency / ～ 생활 a married life / ～ 피로연 a wedding dinner [reception]/연애 ～ a love match/중매 ～ an arranged match.
결혼사기(結婚詐欺) a matrimonial [marriage] fraud; a false [fake] marriage. ‖ ～꾼 a matrimonial swindler.
결후(結喉) the Adam's apple.
겸(兼) and; in addition; concurrently; at the same time. ¶ 수상 ～ 외상 the Premier and (concurrently) Foreign Minister / 거실 ～ 침실 a bed-sitting-room / 사업도 할 ～ 관광도 할 ～ with a double purpose of business and sightseeing.
겸무(兼務) ～하다 serve concurrently 《*as*》.
겸비(兼備) ～하다 combine 《*one thing with another*》. ¶ 재색 ～의 (both) beautiful and intelligent.
겸사(謙辭) modesty; humility. ☞ 겸손.
겸사겸사 partly... and partly...; at the same time; combined with; for a double purpose. ¶ 볼일 유흥 ～ partly on business and partly for pleasure; on business combined with pleasure.
겸상(兼床) a table for two; 《식사》 a *tête-à-tête* dinner. ～하다 sit at the same dinner table; take a *tête à tête* dinner.
겸손(謙遜) modesty; humility. ～하다 (be) modest; humble. ¶ ～하게 with modesty; in a modest way.
겸양(謙讓) modesty; humility. ‖ ～지덕 the virtue of modesty.
겸업(兼業) a side job [business, line]. ～하다 take up a side job; pursue 《*a job*》 as a side business. ‖ ～농가 a farmer with a side-line business.
겸연쩍다(慊然一) 《서술적》 be embarrassed; be abashed; feel awkward.
겸용(兼用) a combined use. ～하다 use 《*a thing*》 both as... and.... ¶

~이 되다 serve both as... and....
겸유(兼有) ~하다 have 〔possess, own〕 both; combine.
겸임(兼任) 《hold》 an additional post. ¶ 문교부 장관을 ~하다 hold concurrently the portfolio of Education.
겸자(鉗子) 〖外科〗 a forceps [*pl.* ~, -cipes].
겸전(兼全) ~하다 《서술적》 be perfect in both; be good at both.
겸직(兼職) a concurrent office 〔position〕. ~하다 hold an additional post.
겸하다(兼一) combine 《*one thing with another*》; serve both as (겸용); 《겸직》 hold 《*the other office*》 concurrently.
겸행(兼行) ¶ 주야 ~으로 일하다 work day and night.
겸허(謙虛) ~한 humble; modest. ¶ ~하게 in a humble way; with modesty.
겹 -fold; a layer; a ply. ¶ 두 ~ twofold / 여러 ~ many folds.
겹겹이 ply on ply; in many folds; one upon another. ¶ ~ 쌓여 있다 be piled thick one over another/ ~ 둘러싸다 surround 《*the enemy*》 thick and threefold.
겹다 《억제 못하다》 (be) uncontrollable; irresistible; 《힘에 부치다》 (be) beyond one's capacity 〔power〕; too much for 《*one*》. ¶ 힘겨운 일 work beyond one's power 〔ability〕 / 설움에 겨워 in a passion of grief.
겹옷 lined clothes.
겹질리다 have a strain 《*in the leg*》.
겹창(一窓) a double〔storm〕 window.
겹치다 ① 《…을》 put one upon another; pile up. ② 《…이》 be piled up; overlap 《*each other*》; 《날짜가》 fall on 《*Sunday*》. ¶ 불행에 불행이 ~ have a series of misfortunes.
경 punishment; scolding. ~치다 suffer severe punishment; have a hard time (of it).
경(更) watches of the night. ¶ 삼 ~ midnight.
경(卿) 《호칭》 Lord; Sir; you.
경(經) 《불경》 a sutra; the Buddhist scripture. ¶ ~을 읽다 chant a sutra.
경…(輕) light. ¶ ~공업 〔음악〕 light industries 〔music〕.
…경(頃) about; toward(s); around. ¶ 3시~ about three o'clock/월말 ~에 around the end of month.
경각(頃刻) a moment; an instant. ¶ ~에 in a moment.
경각(傾角) (angle of) inclination.
경각심(警覺心) (self-) consciousness; (self-)awakening. ¶ ~을 불러일으키다 arouse 《*a person's*》 attention.
경감(輕減) ~하다 reduce 〔lighten〕 《*the tax*》; mitigate; alleviate.
경감(警監) a police inspector; a police captain.
경거(輕擧) a rash 〔hasty〕 act; rashness. ¶ ~(망동)하다 behave rashly; commit a rash act / ~ 망동을 삼가다 behave〔proceed〕 prudently.
경건(敬虔) piety; devotion. ~하다 (be) pious; devout.
경계(境界) a boundary; a border; a frontier (국경). ‖ ~선 a border line 《*between*》/ ~표 a landmark; a boundary stone; a demarcation post.
경계(警戒) (pre)caution; lookout (감시); guard. ~하다 (be on one's) guard 《*against*》; look out 〔watch〕 《*for*》. ‖ ~ 경보 a preliminary alert/ ~망 a police cordon (~망을 펴〔뚫〕다 throw 〔slip through〕 a police cordon) / ~색 sematic colo(u)ration.
경고(警告) (a) warning; (a) caution. ~하다 warn 《*a person against, of*》; give warning 《*to*》.
경골(脛骨) the shinbone; the tibia. ‖ ~ 동맥 the tibial artery.
경골(硬骨) ① 《굳은 뼈》 hard bone. ‖ ~어(魚) a teleost. ② 《기골참》 inflexibility; a firm character. ‖ ~한(漢) a man of firm character.
경골(頸骨) the neck bone.
경공업(輕工業) light industries.
경과(經過) ① 《일의》 progress 《*of a case*》; development 《*of an event*》. ¶ 수술후 ~ the post operation course / ~가 양호하다 progress favo(u)rably 〔satisfactorily〕; go on well; show satisfactory progress. ② 《시간의》 lapse 《*of time*》; expiration (기한의). ~하다 elapse; pass; go by; expire. ¶ 시간의 ~에 따라 as time goes by; in course 〔process〕 of time.
경관(景觀) a scene; a spectacle; a view. ¶ 일대 ~ a grand sight.
경관(警官) a policeman 〔policewoman (여자)〕; a constable 《英》; a cop 《俗》; the police (총칭).
경구(硬球) a hard 〔regulation〕 ball.
경구(經口) ~의 oral. ‖ ~ 감염 oral infection / ~ 피임약 an oral contraceptive; the pill.
경구(警句) an aphorism; an epigram.
경구개(硬口蓋) the hard palate.
경국(傾國) ‖ ~지색 a woman of matchless 〔peerless〕 beauty; a Helen of Troy.
경국(經國) ‖ ~지사 a statesman / ~지재 the capacity of a statesman; administrative talent.
경금속(輕金屬) light metals.
경기(景氣) ① 《시황》 business (condition); market; prosperity (호경기); a boom (갑작 경기). ¶ ~가 좋다 〔나쁘다〕 Business is brisk 〔dull〕. ‖ ~ 순환 a business cycle/ ~ 침체 stagnation / ~ 회복 return

to prosperity / ～ 후퇴 〔변동〕 business 〔industrial〕 recession 〔fluctuation〕. ② 《세상 형편》 the times; things.
경기(競技) a game; a match; a contest; an event (종목). ～하다 have a game 〔match〕; play a game 〔match〕. ¶ ～에 이기다 〔지다〕 win 〔lose〕 a game 〔match〕. ‖ ～ 대회 an athletic meet(ing) / ～장 a ground / 학교 대항 ～ an interschool match.
경기관총(輕機關銃) a light machine gun.
경기구(輕氣球) a balloon.
경내(境內) 《in》 the grounds 〔precincts〕; the premises; the compound.
경뇌막(硬腦膜) 〖解〗 *dura mater*.
경단(瓊團) a rice cake dumpling (covered with powdered bean).
경대(鏡臺) a dressing table; a mirror stand.
경도(硬度) hardness; solidity. ‖ ～계 a durometer; a hardness meter.
경도(經度)[1] 《월경》 the menses.
경도(經度)[2] 《지구상의》 longitude.
경도(傾度) gradient; inclination.
경도(傾倒) ～하다 devote oneself 《*to literature*》; be devoted 《*to*》; admire.
경동맥(頸動脈) 〖解〗 the carotid artery; the carotid(s).
경락(經絡) a blood vessel; 《정맥》 a vein; 《동맥》 an artery.
경락(競落) ～하다 make a successful bid 《*for*》; 《경매인이》 knock 《*a thing*》 down. ‖ ～인 a successful bidder.
경량(輕量) light weight. ‖ ～급 (권투 선수) a lightweight (boxer).
경력(經歷) a career; one's (personal) history. ¶ ～ 소개 a biographical introduction / ～이 좋다 〔나쁘다〕 have a good 〔bad〕 career. ‖ 무대 ～ one's stage career.
경련(痙攣) convulsions; a spasm; (a) cramp (근육의). ¶ ～성의 spasmodic; convulsive / ～이 일어나다 have a convulsive fit 〔a cramp〕.
경례(敬禮) 《make》 a bow; a salute. ～하다 salute; bow 《*to*》. ¶ ～에 답하다 return 〔acknowledge〕 《*a person's*》 salute.
경로(敬老) respect for the aged. ‖ ～회 a respect-for-age meeting.
경로(經路) ① 《길순서》 a route; a course. ② 《과정·단계》 a channel; a course; a stage; a process. ¶ 발달의 ～ the processes of growth / 비밀 ～를 통해 through secret channels.
경륜(經綸) statesmanship; statecraft. ¶ ～을 펴다 administer state affairs; govern the State.
경륜(競輪) a bicycle 〔cycle, bike 《美》〕 race. ‖ ～선수 a cycle racer.
경리(經理) accounting (회계); management (처리). ¶ ～에 밝다 be expert in accounting. ‖ ～과 the accounting section / ～ 사무 accountant's business/ ～학교 a paymaster's school.
경마 a rein; a bridle. ¶ ～잡다 hold a horse by the bridle / ～잡히다 have a groom lead a horse / 말타면 ～잡히고 싶다 《俗談》 Avarice knows no bounds.
경마(競馬) horse racing; a horse race. ‖ ～광 a turf fan / ～ 기수 a jockey/ ～말 a race horse / ～장 a race horse track.
경망(輕妄) ～하다, ～스럽다 (be) thoughtless; rash; imprudent. ¶ ～한 짓 a rash act.
경매(競賣) auction; public sale. ～하다 sell by 〔at〕 auction; put 《*an article*》 at 〔to 《英》〕 auction. ¶ ～에 부치다＝경매하다 / ～에 부쳐지다 come under 〔go to〕 the hammer. ‖ ～인 an auctioneer / ～장 an auction room.
경멸(輕蔑) contempt; disdain; scorn. ～하다 despise; scorn; look down upon; hold in contempt. ¶ ～할 만한 contemptible; despicable.
경모(敬慕) ～하다 admire; love and respect.
경묘(輕妙) ～한 light; witty; clever; smart.
경무(警務) police affairs; police administration (경찰행정).
경무관(警務官) an inspector general; a superintendent general.
경미(輕微) ～한 slight; trifling; little.
경박(輕薄) ～하다 (be) frivolous; flippant; fickle. ¶ ～한 사람 a frivolous character.
경백(敬白) Yours respectfully.
경범죄(輕犯罪) a minor offense; misdemeanor. ‖ ～처벌법 (위반) (a violation of) the Minor Offense Law.
경변증(硬變症) 〖醫〗 cirrhosis 《*of the liver*》.
경보(競步) 《스포츠》 a walking race. ‖ ～ 선수 a walker.
경보(警報) an alarm; a warning. ¶ ～를 발하다 give a warning; raise an alarm. ‖ ～기 an alarm (signal) / ～ 해제 All clear / 경계 ～ an air defense alarm / 공습 ～ an airraid alarm / 폭풍 ～ 《issue》 a storm warning.
경복(敬服) ～하다 admire; respect.
경부(京釜) Seoul and Busan. ‖ ～ 고속 도로 the Seoul-Busan expressway 〔superhighway, speedway 《美》〕 / ～선 the Seoul-Busan line.
경부(頸部) the neck.
경비(經費) 《비용》 expense(s); 《지출》 expenditure; outlay. ¶ ～ 관계로 for financial reasons; owing to the expenses involved / ～가 드는 expensive/ ～를 줄이다 cut down the expenses. ‖ ～절약 〔절감〕 curtailment of expenditure / 제(諸)

~ overhead expenses.
경비(警備) defense; guard. ~하다 defend; (keep) guard. ‖ ~병〔원〕 a guard / ~대 a garrison / 국경〔해안〕 ~대 a border garrison 〔the coast guard〕.
경사(傾斜) (an) inclination; a slant; a slope (비탈 따위); a list (배의). ~지다 incline; slant; slope. ¶ 가파른〔완만한〕 ~ a steep 〔gentle〕 gradient. ‖ ~도 a gradient / ~면 an inclined plane; a slope.
경사(慶事) a happy event; an auspicious occasion. ~스러운 happy; felicitous.
경사(警査) a police sergeant.
경산부(經產婦) a multipara [*pl.* -rae]; 《1회의》 a primipara [*pl.* ~s, -rae].
경상(經常) ‖ ~비(費) working 〔running〕 expenses / ~ 세입 〔세출〕 ordinary revenue 〔outlay〕 / ~ 예산 the working 〔ordinary〕 budget.
경상(輕傷) a slight injury 〔wound〕. ¶ ~을 입다 be slightly injured; suffer a slight injury. ‖ ~자 the slightly injured 〔wounded〕.
경색(梗塞) stoppage; blocking; tightness (핍박); 〖醫〗 infarction. ‖ 금융 ~ monetary 〔financial〕 stringency; tight money (시장의).
경서(經書) Chinese classics.
경석(輕石) 〖鑛〗 a pumice stone.
경선(經線) a line of (terrestrial, geographical) longitude; a meridian.
경선(頸腺) 〖解〗 cervical gland.
경성(硬性) hardness. ‖ ~ 하감 〖醫〗 chancre.
경세(經世) administration; statesmanship. ‖ ~가 a statesman.
경세(警世) a warning to the times.
경솔(輕率) ~하다 (be) rash; hasty; careless; thoughtless; imprudent. ¶ ~히 rashly; hastily; thoughtlessly/~한 짓(을 하다) (commit) a rash act.
경수(硬水) hard water.
경수(輕水) light water. ‖ ~로(爐) a light-water reactor.
경승(景勝) picturesque scenery. ‖ ~지 a scenic spot.
경시(輕視) ~하다 slight; neglect; make light 〔little〕 of. ¶ 문제를 ~하다 treat a matter lightly.
경식(硬式) ~의 hard; regulation 《*tennis*》.
경식(輕食) a light meal; a snack; a (light) lunch; a light diet. ‖ ~당 a lunchroom; a quick-lunch room; a snack bar.
경신(更新) renewal. ~하다 renew; renovate. ¶ 계약〔세계 기록〕을 ~하다 renew a contract 〔a world record〕.
경신(敬神) piety; reverence. Lord).
경신(輕信) credulity; ready credence. ~하다 be credulous.
경악(驚愕) 《놀라움》 astonishment; amazement. ~하다 be astonished 〔amazed〕 《*at, by*》.
경앙(景仰) ~하다 adore; admire.
경애(敬愛) respect and affection. ~하다 love and respect. ¶ ~하는 dear; venerable.
경야(經夜) 《지냄》 passing a night; 《새움》 staying awake for a night; passing a sleepless night; vigil. ~하다 pass a night; stay up all night.
경어(敬語) a term of respect; an honorific (expression, word).
경역(境域) the grounds; 《경계》 the boundary; the border.
경연(慶宴) a feast; banquet; a party.
경연(競演) a contest. ~하다 compete 《*on the stage*》. ‖ 음악 ~회 《hold》 a music contest.
경염(競艶) ‖ ~ 대회 a beauty contest.
경영(經營) management; administration; operation (운영). ~하다 manage 《*a bank*》; run 《*a hotel*》; keep 《*a store*》; operate 《*a railroad*》. ¶ ~난에 빠지다 fall into financial difficulties. ‖ ~자 a manager / ~학(과) (the faculty 〔department〕 of) business administration / ~ 합리화 business rationalization / 다각 ~ multiple management.
경영(競泳) a swimming race 〔contest〕. ‖ ~대회 a swimming meet.
경옥(硬玉) 〖鑛〗 a jade; a jadeite.
경우(境遇) 《때》 an occasion; a time; 《사정》 circumstances; a case. ¶ …한 ~에는 in case of... / 그런 ~에는 in that 〔such a〕 case / 어떤 ~에도 under any circumstances/~에 따라서는 according to 〔under some〕 circumstances.
경운기(耕耘機) 《drive, run》 a (power) cultivator.
경원(敬遠) ~하다 keep 《*a person*》 at a respectful distance; give 《*a person*》 a wide berth.
경위(涇渭) good and evil; vice and virtue; right and wrong. ¶ ~에 어긋나다 be out of reason/~에 어긋난 짓 an improper act; unreasonable doings.
경위(經緯) ① 《경위도》 longitude and latitude. ‖ ~의(儀) a theodolite; an altazimuth. ② 《날과 씨》 warp and woof. ③ 《전말》 details; particulars; circumstances. ¶ 사건의 ~ the complicated circumstances of an affair.
경위(警衛) 《직위》 a police lieutenant; 《경호》 guard; escort.
경유(經由) ~하다 go by way of; pass 〔go〕 through. ¶ …을 ~하여 via; by way of; through.
경유(輕油) light oil; gasoline.
경유(鯨油) whale oil; train oil.
경음(硬音) ☞ 된소리.
경음(鯨飮) ~하다 drink like a fish.
경음악(輕音樂) light music. ‖ ~ 작

곡가 a light composer.
경의(敬意) respect; regard; homage. ¶ ~를 표하다 pay one's respects [regards] 《*to*》; do [pay] homage to; do honor to.
경이(驚異) (a) wonder; a marvel. ¶ ~적 wonderful; marvel(l)ous / ~의 눈으로 보다 stare in wonder.
경인(京仁) Seoul and Incheon. ‖ ~고속도로 the *Kyŏngin* Expressway / ~ 지방 the Seoul-Incheon area; the *Kyŏngin* district(s).
경작(耕作) cultivation; farming. ~하다 cultivate; farm. ¶ ~에 (부)적합한 (un)arable. ‖ ~물 farm products / ~지 arable [cultivated] land.
경장(更張) 《쇄신》 renovation; innovation; reformation. ‖ 갑오 ~ the Political Reform in 1894.
경장(輕裝) ~하다 be lightly dressed.
경장(警長) a police senior patrol.
경쟁(競爭) competition; rivalry; a contest. ~하다 compete [vie] 《*with another for a thing*》. ‖ ~심 a competitive [fighting] spirit/ ~ 상품 competitive goods / ~율 a competitive rate / ~자 a rival / ~터 an arena of competition/과당 ~ overcompetition / 군비 ~ an armament race.
경쟁가격(競爭價格) a competitive price.
경쟁력(競爭力) competitive power. ¶ ~을 약화시키다 [기르다] weaken [increase, develop] one's competitive power.
경쟁시험(競爭試驗) a competitive [an eliminative] examination.
경적(輕敵) ~하다 belittle the enemy.
경적(警笛) an alarm whistle; a (warning) horn. ¶ ~을 울리다 give an alarm whistle; sound a horn (자동차 따위의).
경전(經典) sacred books; the Sutra (불교의); the Koran (회교의).
경절(慶節) a fête [gala] day; a flag day.
경정(更訂) ~하다 revise.
경정(警正) a police superintendent.
경정맥(頸靜脈) the jugular vein.
경제(經濟) ① 《일반적》 economy; finance (재정). ¶ ~의 economic/ ~적(으로) economical(ly) / ~적 난국 an economic deadlock. ‖ ~ 개발 economic development (~개발 5개년 계획 a five-year plan for economic development) / ~ 관념 a sense of economy/ ~ 기획원 the Economic Planning Board (생략 E.P.B.) /~문제 an economic problem /~봉쇄 an economic blockade/~ 부양책 an economic stimulus package / ~ 상태 economic conditions; the state of one's finances (개인의) / ~ 성장(율) (the rate of) economic growth / ~학(과) (the faculty [department] of) economics. ② 《절약》 thrifty; saving; economy. ¶ ~적 economical / 시간 [노력]의 ~ saving of time [labor] / ~가 되다 be economical; save 《*a person time*》.
경제계(經濟界) financial circles; the economic world.
경제공황(經濟恐慌) a financial crisis.
경제권(經濟圈) an economic bloc.
경제난(經濟欄) financial columns.
경제대국(經濟大國) a major economic nation [power].
경제력(經濟力) economic strength; financial power.
경제면(經濟面) 《신문 따위의》 the financial page; the financial aspect.
경제백서(經濟白書) an economic white paper.
경제사범(經濟事犯) 《죄》 an economic offense; 《사람》 an economic criminal; an offender of economic law.
경제원조(經濟援助) financial support [aid, help]. ‖ ~계획 an economic aid program.
경제위기(經濟危機) an economic [financial] crisis.
경제윤리(經濟倫理) economic ethics; business ethics. ‖ ~강령 the Economic Ethics Charter [Code] / ~위원회 the Economic Ethics Commission.
경제인(經濟人) an economic man; businessmen. ‖ 전국 ~연합회 the Federation of Korean Industries (생략 FKI).
경제전(經濟戰) an economic war; a white war.
경제정책(經濟政策) an economic policy.
경제제재(經濟制裁) economic sanction.
경제질서(經濟秩序) the economic order.
경제통계(經濟統計) economic [financial] figures [statistics].
경제행위(經濟行爲) economical action [activities].
경제협력(經濟協力) economic cooperation. ‖ ~개발기구 the Organization for Economic Cooperation and Development (생략 OECD).
경제회복(經濟回復) economic recovery.
경조(競漕) a boat race; a regatta (경조 대회).
경조부박(輕佻浮薄) frivolity; levity. ~한 fickle and frivolous.
경조비(慶弔費) expenses for congratulations and condolences.
경종(警鐘) an alarm [a fire] bell; a warning (경고). ¶ ~을 울리다 ring [sound] an alarm bell; 《경고하다》 give a warning to.
경죄(輕罪) a minor offense [crime].
경주(傾注) ~하다 devote oneself

《*to*》; concentrate《*on*》. ¶ …에 정력을 ~하다 concentrate one's energies on.
경주(競走) 《run》 a race 《*with*》; a splint (단거리의). ¶ ~에 이기다〔지다〕 win 〔lose〕 a race.
경중(輕重) relative importance (일의); relative weight (물체의).
경증(輕症) a slight illness; a mild case. ‖ ~ 환자 a mild case 《*of pneumonia*》.
경지(耕地) a cultivated field 〔area〕; arable land. ‖ ~ 면적 acreage under cultivation / ~ 정리 readjustment of arable lands.
경지(境地) ① 《상태》 a state; a condition; a stage. ¶ …의 ~에 이르다 reach 〔attain〕 a stage of. ② 《분야·영역》 a sphere; territory; ground. ¶ 새로운 ~를 개척하다 break new ground; open up a new path 《*in literature*》. ⌈dy.
경직(勁直) ~하다 (be) upright; stur-
경직(硬直) ~하다 stiffen; get stiff. ‖ 사후(死後) ~ death rigor.
경진(輕震) a tremo(u)r.
경질(更迭) a change; a reshuffle. ~하다 (make a) change. ¶ 내각의 ~ a reshuffle of the Cabinet.
경질(硬質) ~의 hard. ‖ ~ 유리〔고무〕 hard glass 〔rubber〕.
경찰(警察) the police (force); a police station (경찰서). ¶ ~에 알리다〔고발하다〕 report 〔inform〕 to the police/~에 자수하다 give oneself up to the police. ‖ ~견 a police dog/~관 a police officer; a policeman; the police (총칭)/~대학 the National Police College/~봉 a policeman's club/~서장 a chief of police; a chief constable 《英》/~청 the National Police Administration / (서울특별시) 지방~청 the (Seoul) Provincial Police Administration.
경척(鯨尺) a cloth measure.
경천동지(驚天動地) ~하다 astound 〔startle〕 the world; take the world by surprise. ⌈the hinges.
경첩 a hinge. ¶ ~이 빠지다 be off
경첩(輕捷) ~한 light; agile.
경청(傾聽) ~하다 listen (intently) 《*to*》. ¶ ~할 만하다 be worth listening to.
경축(慶祝) congratulation; celebration. ~하다 congratulate; celebrate. ‖ ~일 a national holiday; a fête day; a festival 〔feast〕 day/~ 행사 festivities.
경치(景致) scenery; a landscape; a view. ¶ ~ 좋은 곳 a scenic spot. ‖ 시골 ~ rural scenery; a country scene.
경치다 《벌을 받다》 suffer torture; be heavily punished; 《혼나다》 have a hard 〔rough〕 time (of it); pay dearly; go through hell.
경칭(敬稱) a title of hono(u)r; a term of respect.
경쾌(輕快) ~한 light; nimble; light-hearted (마음이). ¶ ~하게 lightly; nimbly; with a light heart.
경탄(驚歎) wonder; admiration. ~하다 wonder 〔marvel〕 《*at*》; admire. ¶ ~할 만한 wonderful; admirable; marvel(l)ous.
경파(鯨波) a billow; a big roller.
경편(輕便) ~하다 (be) convenient; handy; portable; light (간이).
경표(警標) a warning post; a danger signal.
경품(景品) a gift; a premium. ‖ ~권 a premium ticket; a coupon / ~부(付) 대매출 a sale with gifts 〔premiums〕.
경풍(輕風) a (soft) breeze; a zephyr.
경풍(驚風) (children's) fit; convulsions.
경하(慶賀) congratulation. ~하다 congratulate 《*a person on his success*》.
경하다(輕一) 《가볍다》 (be) light; 《경솔》 (be) rash; imprudent; 《경미》 (be) light; slight.
경합(競合) concurrence; conflict; competition (경쟁). ~하다 concur; compete 《*with a person for*》; vie with each other 《*for*》. ¶ 심한 ~ keen 〔hot〕 competition; a tight 《*election*》 race. ‖ ~범(犯) concurrent offenses.
경합금(輕合金) a light alloy.
경향(京鄕) the capital and (the rest of) the country; town and country.
경향(傾向) a tendency; a trend; an inclination. ¶ …한 ~이 있다 have a tendency 《*to*》; have an inclination 《*to*》 (성향).
경험(經驗) (an) experience. ~하다 experience; go through. ¶ ~이 있는〔없는〕 (in)experienced/… ~이 있다 have experience in 《*teaching English*》 / ~을 쌓다 gain 《*work*》 experience / ~을 살리다 make good use of one's experience. ‖ ~ 과학 an empiric science/~담 a story of one's personal experience/~론 empiricism/~자 a man of experience; a veteran (노련가) (~자를 구함 《광고》 Wanted; experienced hands 《*in trade*》).
경혈(經穴) 〚漢醫〛 spots on the body suitable for acupuncture.
경호(警護) guard; escort. ~하다 guard; escort. ¶ …의 ~하에 under guard 〔escort〕 of… / ~를 맡다 act as escort; stand 〔keep〕 guard 《*over*》. ‖ ~원 a (body)guard; a security guard.
경화(硬化) hardening 《*of arteries*》; stiffening; 〚醫〛 sclerosis. ~하다 stiffen 《*one's attitude*》. ⌈a coin.
경화(硬貨) hard money 〔currency〕;
경화기(輕火器) 〚軍〛 light firearms.
경황(景況) ~없다 be too busy

〔preoccupied〕 to 〔for〕; be too dispirited to be interested in.
곁 side. ¶ ~에 by (the side of); beside/바로 ~에 hard 〔near, close〕 by/~에 두다 keep 《*a thing*》 at hand.
곁가지 a side 〔lateral〕 branch.
곁눈 a side(long) glance. ¶ ~ 주다 cast a (sidelong) glance 《*at*》; eye 《*a person*》 meaningly/~질하다 look askance 〔sideways〕 《*at*》; cast an armorous glance 《*at*》.
곁두리 snacks for farm hands.
곁들다 assist 〔help〕 《*a person*》 in lifting 《*something*》; 《돕다》 lend 《*a person*》 a hand.
곁들이다 《음식을》 garnish; add 《*some vegetables*》 as a relish; 《부수》 go with.
곁방(一房) ~살이하다 live in a rented room.
곁쇠 a pass-key; a duplicate key.
곁순(一筍) a lateral bud.
계(戒) ① 《훈계》 a precept. ② 《계율》 a Buddhist commandment.
계(計) ① 《총계》 the total; 《합계해서》 in total; in all; all told. ② 《계기》 a meter; a gauge. ‖ 온도 ~ a thermometer / 우량~ a rain gauge. ③ 《계략》 a scheme. ‖ 미인~ a badger game.
계(係) 《기구》 a section 《*in an office*》; 《담당》 charge; duty; 《담당자》 a clerk 〔an official〕 in charge. ‖ 출납~ the cashier's section; a cashier (사람).
계(契) a (mutual) loan club; a credit union; loan society 〔circle, association〕. ¶ ~에 들다 〔를 모으다〕 join 〔found〕 a loan club.
…계(系) 《조직》 a system; 《혈통》 a family line; lineage; 《당파》 a faction; a clique; a party; 《수학의》 a corollary. ¶ 한국~ 미국인 a Korean-American.
…계(界) circles; a community; a world; a kingdom. ¶ 동물~ the animal kingdom / 문학~ the literary world/실업~ business circles / 독서~ the reading public.
계간(季刊) (a) quarterly publication. ‖ ~지 a quarterly (magazine).
계간(鷄姦) sodomy; buggery.
계고(戒告) ~하다 give a warning to; caution; warn.
계곡(溪谷) a valley; a glen; a dale.
계관(桂冠) a laurel. ‖ ~ 시인 a poet laureate.
계교(計巧) a design; a scheme.
계궁역진(計窮力盡) ~하다 come to the end of one's tether.
계급(階級) 《신분》 a class; caste (봉건적); 《지위·등급》 (a) rank; a grade; degree; 《목사 등의》 an order. ¶ ~을 형성〔타파〕하다 set up 〔level〕 classes. ‖ ~ 투쟁〔의식〕 class strife 〔consciousness〕/무산 ~ proletariat/상〔중, 하〕류 ~ the upper 〔middle, lower〕 class/유산 ~ the bourgeoisie/지배 ~ the governing class.
계기(計器) a gauge; a meter; an instrument. ‖ ~ 비행 〔착륙〕 an instrument flight 〔landing〕 / ~판 an instrument board (비행기의); a fascia 〔dash〕 board (자동차의).
계기(契機) a moment; an impetus; an opportunity. ¶ 이것을 ~로 taking this opportunity; with this as a momentum.
계단(階段) (a flight of) stairs 〔steps〕; 《현관의》 doorsteps. ¶ ~을 오르다 〔내리다〕 go up 〔down〕 the stairs. ‖ 나선식 ~ a spiral staircase.
계도(系圖) genealogy; pedigree; a family-tree.
계도(啓導) guidance; leading; instruction; teaching; enlightenment. ~하다 guide; lead; instruct; teach; enlighten.
계란(鷄卵) a hen's egg. ☞ 달걀. ‖ ~지 〖寫〗 albumenized paper.
계략(計略) a scheme; a design; a plot; a trick. ¶ ~에 능한 사람 a resourceful man; a man of resources / ~을 꾸미다 lay a plan; hatch a blot; think out a scheme.
계량(計量) ~하다 measure; weigh. ‖ ~기 a meter; a gauge(가스, 수도 등의); a scale.
계량경제학(計量經濟學) econometrics.
계루(繫累) 《처자 따위》 dependents; ties; an encumbrance; 《연루》 implication; involvement; complicity. ¶ ~가 없다 have no dependents; be single (홀몸).
계류(溪流) a mountain stream.
계류(繫留) mooring. ~하다 moor 《*at, to*》. ‖ ~ 기구(氣球) a captive balloon/~탑 a mooring mast.
계리사(計理士) ☞ 공인 회계사.
계명(戒名) a (posthumous) Buddhist name.
계명(誡命) 〖宗〗 commandments. ‖ 십~ the Ten Commandments; the Decalog(ue).
계모(繼母) a stepmother.
계몽(啓蒙) enlightenment; education. ~하다 enlighten; edify. ¶ ~적 enlightening; elementary (초보적). ‖ 국민 ~ 운동 a mass-education drive 〔campaign〕 / 농촌 ~ 운동 a rural enlightenment drive.
계발(啓發) development; enlightenment. ~하다 develop; enlighten; illuminate.
계보(系譜) pedigree; genealogy; lineage. ¶ 한국 문학의 ~ genealogy of Korean literature.
계부(季父) an uncle.
계부(繼父) a stepfather.
계사(鷄舍) a henhouse; a poultry 〔fowl〕 house; a battery (배터리식의). ¶ 닭을 ~에 넣다 house chickens 〔fowls〕.

계산(計算) calculation; reckoning; counting; computation. ~하다 calculate; reckon; count; sum up. ¶ ~이 느리다 be slow at figures/~에 넣다 take《*a thing*》into account [consideration] / ~을 잘못하다 miscalculate; miscount. ‖ ~서 a bill; an account/~척 a slide rule/전자 ~기 an electronic computer.

계상(計上) ~하다《합계》add up; sum [count] up;《충당》appropriate; earmark.

계선(繫船) mooring;《배》a laidup [an idle] ship. ~하다 moor [lay up] a ship. ‖ ~료 quayage.

계속(繼續) continuance; continuation; renewal (경신). ~하다 continue; go on with; last. ¶ ~적인 continuous; continual; uninterrupted/~하여 in succession; continually; continuously; without interruption. ‖ ~범(犯) [비(費)] a continuing crime [expenditure] / ~ 사업 a continued project.

계속(繫屬)〖法〗pendency.

계수(季嫂) a sister-in-law.

계수(計數) calculation; computation. ~하다 number; count; calculate; compute. ‖ ~기 a calculating machine; an arithmometer.

계수(係數)〖數〗a coefficient.

계수나무(桂樹—)〖植〗a (Chinese) cinnamon; a cassia (bark).

계승(繼承) succession. ~하다 succeed to; accede to; inherit. ‖ ~자 a successor《*to the throne*》; an inheritor.

계시(計時) clocking. ~하다《경기따위에서》(check) time. ‖ ~원(員) a timekeeper / 전자 ~ (an) electronic clocking.

계시(啓示) revelation; apocalypse. ~하다 reveal. ¶ 신의 ~ a revelation of God.

계시다 be; stay. ¶ 김선생은 어디 계신가요 Where is Mr. Kim?

계씨(季氏)《동생》your [his] younger brother.

계약(契約) a contract; an agreement; a promise. ~하다 contract; make a contract [promise]. ¶ ~을 어기다 [취소하다, 지키다, 이행하다] break [dissolve, abide by, carry out] a contract. ‖ ~고 contract amount / ~금 a contract deposit / ~ 기한 the term of contract / ~서 a (written) contract / ~ 위반 (a) breach of contract / ~자 a contractor / 수의 [가, 구두, 쌍무] ~ a private [provisional, verbal, bilateral] contract.

계약액(契約額) contract amount.

계약이민(契約移民) contract immigrants.

계약자(契約者) a contracting party.

계약조항(契約條項) contract clauses.

계엄(戒嚴) guarding against danger. ‖ ~령 martial law (~령을 펴다 place《*a city*》under martial law / ~령을 해제하다 withdraw martial law)/~사령관 the Martial Law Commander / ~ 사령부 the Martial Law Enforcement Headquarters.

계열(系列) ①〖生〗order. ②《당파》a faction; a clique; a party;《산업의》interrelationship《*among industries*》;《대학의》department. ¶ 기업의 ~화(化) the systematization of enterprises. ‖ ~회사 an affiliaed company (K ~회사 K's affiliated firms).

계원(係員) a clerk [an official] in charge《*of*》. ‖ 접수 ~ an information clerk; a receptionist.

계원(契員) a member of a credit union [loan club, mutual aid association].

계율(戒律) commandments; religious law; Buddhist precepts.

계인(契印) a tally impression; a joint seal. ~하다 seal the two papers.

계장(係長) a chief [*pl.* ~s]; a chief clerk.

계쟁(係爭) dispute; a law suit; controversy. ¶ ~ 중의 in dispute; at issue. ‖ ~점 a point at issue; a disputed point.

계절(季節) a season. ¶ ~의 seasonal. ‖ ~풍 the monsoon.

계정(計定) an account (생략 a/c). ¶ …의 ~에 넣다 place [pass] to the account of…. ‖ 당좌[대체]~a current [transfer] account.

계제(階梯) ①《순서》a step; a stage; the course《*of things*》. ②《기회》an opportunity; a chance; an occasion ¶ 이 ~에 taking this opportunity; with this as a turning point.

계좌(計座) an account. ¶ (은행에) ~를 트다 open an account (with a bank). ‖ 대체 저금 ~ a postal transfer account.

계주(契主) the organizer of a mutual finance association [credit union].

계주경기(繼走競技) a relay (race).

계집 ①《여자》a female; the fair sex. ‖ ~아이 a girl/~종 a maid (-servant); a servant girl. ②《아내》a wife;《정부》a mistress / ~ 자식 one's wife and children; one's dependents/~질 keeping a mistress (첩질); whoring (오입); debauchery (난봉).

계책(計策) a stratagem; a design; a scheme; a plot. ¶ ~을 쓰다 adopt [use] a stratagem.

계체량(計體量) the weight-in. ¶ ~ 통과에 실패하다 fail to pass the weight-in.

계출(屆出) ☞ 신고(申告).

계측(計測) ~하다 measure;《토지 따

위를》 survey. ‖ ~ 공학 instrumentation engineering / ~기학(器學) instrumentology.

계층(階層) a class; a social stratum [*pl.* -ta]; a walk of life. ¶ 모든 ~의 사람 people of every walk (all walks) of life / 고(저)소득 ~ the high (low) income brackets.

계통(系統) 《조직》 a system; 《계도》 a family line; lineage; 《당파》 a party. ~적 systematic. ¶ ~적으로 systematically; on system / ~을 세우다 systematize. ‖ 소화기 (신경, 근육) ~ the digestive (nervous, muscular) system / 지휘 (명령) ~ a channel (chain) of command.

계통(繼統) ~하다 succeed to the throne.

계표(界標) a boundary mark.

계피(桂皮) cinnamon ; cassia bark. ‖ ~ 가루 cinnamon (powder).

계획(計劃) a plan; a project; a scheme; a program(me); 《의도》 intention. ~하다 plan; project; scheme; intend. ¶ ~적인 intentional; deliberate; calculated; systematic / ~적으로 intentionally; deliberately; on purpose / ~을 실행하다 carry out a plan / ~을 세우다 make (form, lay) a plan; map out a program. ‖ ~ 경제 planned economy / 도시 ~ town planning; city planning《美》/ 5개년 ~ a five-year plan.

곗돈(契—) money for (from, owned by) the mutual financing association.

고[1] 《끈 따위》 a loop 《*of a string*》.

고(高) 《수량》 amount; volume; 《금액》 an amount; a sum. ‖ 매상~ the amount sold; the sales; the proceeds.

고[2] that (☞ 그). ¶ ~것 that (one)/ ~까짓 such.

고(故) the late. ¶ ~A씨 the late Mr. A.

고가(古歌) songs of old times; an old poem.

고가(故家) a family of old standing.

고가(高架) ‖ ~선 overhead wires / ~철도 an elevated railway (railroad).

고가(高價) a high price. ~의 expensive; costly; dear. ¶ ~로 팔다 sell 《*a thing*》 at a high price. ‖ ~품 a costly (high-priced) article.

고각포(高角砲) a high angle gun.

고갈(枯渴) ① 《물이》 ~하다 be dried up; run dry; be parched. ② 《결핍》 ~하다 be exhausted; be drained; give out.

고개 ① 《목의》 the nape; the scruff (of the neck); the head (머리). ¶ ~를 가로젓다 say "no"/ ~를 들다 raise (hold up) one's head / ~를 들지 못하다 cannot hold up one's head 《*for shame*》. ② 《산·언덕의》 a slope; a (mountain) pass. ¶ ~를 넘다 cross over a pass. ‖ ~턱 the head of a pass (slope)/고갯길 an uphill (ascending) pass. ③ 《절정》 the crest; the height; the summit. ¶ 50 ~를 넘다 be on the shady side of fifty/물가가 ~를 숙였다 The prices are falling.

고객(顧客) a customer; a patron; a client; custom (총칭). ¶ ~이 많다 have a large custom.

고갱이 the heart; the pith.

고견(高見) ① 《남의 의견》 your opinion (views, ideas). ② 《뛰어난 의견》 an excellent opinion; a fine idea.

고결(高潔) ~하다 (be) noble; lofty; pure; noble-minded. ¶ ~한 사람 a man of noble character.

고경(苦境) adverse circumstances; a difficult position; a fix. ¶ ~에 처하다 be in a fix; be in great difficulties.

고계(苦界) the bitter world; the world (of mortals).

고고(孤高) ~하다 stand in lofty solitude; remain aloof from others. ¶ ~한 생활 a life of proud loneliness.

고고(呱呱) ¶ ~의 소리를 올리다 be born; come into the world.

고고학(考古學) arch(a)eology. ¶ ~의 archeological/~상으로 archeologically. ‖ ~자 an archeologist.

고골(枯骨) a skeleton.

고공(高空) a high sky; high altitude. ¶ ~에 high in the sky / ~을 날다 fly at an altitude (a height) of 《6,000 *feet*》. ‖ ~ 비행 high-altitude flying (flight).

고공(藁工) straw-work. ‖ ~품 straw goods.

고과(考課) consideration of services; evaluation of merits. ‖ ~표(表) a business report.

고관(高官) a high official (officer); a dignitary; 《직위》 a high office.

고굉(股肱) one's right-hand (man).

고교(高校) a high school. ‖ ~ 내신성적 high school records/~생 a high school student.

고구마 a sweet potato.

고국(故國) one's native land (country); 《leave》 one's home(land). ¶ ~을 그리다 pine (long) for one's home. ‖ ~ 방문 계획 a 'Homeland Visit' program.

고군(孤軍) a forlorn force; an isolated (a lone) force. ¶ ~ 분투하다 fight alone (unsupported); cope 《*with the situation*》 alone.

고궁(古宮) an ancient (old) palace.

고귀(高貴) ~한 noble; highborn; exalted. ¶ ~한 집안에서 태어나다 be born in the purple.

고금(古今) ancient and modern ages; all ages. ¶ ~에 유례(類例) 없는 unprecedented / ~을 통하여 through (in) all ages.

고급(高級) ~의 high-class〔-grade〕; higher; senior. ‖ ~ 공무원 higher officials / ~ 장교 a high-ranking officer; brass《美俗》/ ~차(車) a de luxe car / ~품 goods of superior quality; high-grade goods.
고급(高給) a high 〔big〕 salary. ‖ ~ 사원 high-salaried employees.
고기 ①《동물의》 meat; beef (소의); pork (돼지의). ¶ ~ 한 점 a piece of meat / 다진 ~ minced meat; hashed meat. ②《물고기》 fish. ‖ ~잡이 fishing, fishery (어렵); a fisher (어부).
고기밥 ① ☞ 미끼. ②《먹이》 feed.
고기압(高氣壓) high atmospheric pressure. ‖ 대륙성 ~ the continental high pressure.
고기전골 a hot beef casserole.
고깔 a cowl; a monk's hood.
고깝다 (be) vexing; disgusting; disagreeable; unpleasant.
고난(苦難) distress; suffering; hardship; affliction. ¶ ~을 겪다 undergo hardships / ~을 극복하다 overcome difficulties.
고녀(鼓女) a woman with underdeveloped genitals.
고뇌(苦惱) suffering; distress; affliction; agony.
고니 〖鳥〗 a swan.
고다 ①《끓이다》 boil hard; boil down. ¶ 쇠고기를 흐무러지게 ~ boil beef to a pulp. ②《양조》 brew; distil(l). ¶ 소주를 ~ distill *soju*.
고단하다 (be) tired; fatigued; wearied. ¶ 고단해 보이다 look tired.
고달 ①《슴베》 a tang. ②《부리쇠》 a ferrule; a metal cap.
고달이 a loop (of a string).
고달프다 (be) exhausted; fatigued; tired out; done up. ¶ 고달픈 인생 a weary 〔hard〕 life.
고담(古談) an old tale; folklore.
고답(高踏) ~적 transcendent; highbrowed; high-toned. ‖ ~주의 transcendentalism / ~파 the Parnassian school; the transcendentalists.
고대(古代) ancient 〔old〕 times; antiquity. ~의 ancient; antique. ¶ ~로부터 from ancient times. ‖ ~사 ancient history / ~인 the ancients; the antiquity.
고대(苦待) ~하다 wait eagerly for; eagerly look forward to. ¶ ~하던 소식 the long-awaited news.
고대 《막》 just now; a moment ago.
고대광실(高大廣室) a grand house; a lordly mansion.
고도(古都) an ancient city; a former capital (구도).
고도(孤島) a solitary 〔lonely〕 island 《*in the far-off sea*》.
고도(高度) ①《높이》 altitude; height. ¶ 600 미터의 ~를 유지하다 keep 〔maintain〕 the altitude 〔height〕 of 600 meters. ‖ ~계(計) an altimeter; a height indicator / ~ 비행 an altitude flight. ②《정도》 a high power 〔degree〕. ¶ ~의 high; high-power 《*microscope*》; advanced 《*civilization*》. ‖ ~ 경제 성장 high growth of 《*Korean*》 economy.
고도리 〖魚〗 a young mackerel.
고독(孤獨) solitude; loneliness; isolation. ~하다 (be) solitary; lonely; isolated. ¶ ~한 생활을 보내다 lead a solitary life; live in solitude.
고동 ①《장치》 a starter; a switch; a stopcock (수도 등의); a handle. ¶ ~을 틀다 〔잠그다〕 turn on 〔off〕 《*the water*》. ②《기적》 a steam whistle; a syren; a siren 《美》. ¶ ~을 울리다 (give a) whistle. ③《요점》 a vital point; a decisive factor.
고동(鼓動) beat(ing); pulsation; palpitation. ~하다 beat; palpitate; throb.
고동맥(股動脈) the femoral artery.
고동색(古銅色) dark brown; dun.
고되다 (be) hard (to bear); painful. ¶ 고된 일 hard work; toil.
고두머리 the pivot pin of a flail.
고두밥 hard-boiled rice.
고둥 〖貝〗 roll shell; a Venus's-comb.
고드름 an icicle.
고들개 ‖ ~ 채찍 a loaded whip; a knobbed lash.
고들고들 ¶ ~한 dry and hard.
고등(高等) ~의 high; higher; advanced; high-class〔-grade〕. ‖ ~ 교육 《a man with》 higher education / ~ 군법 회의 a general courtmartial / ~ 동물 a higher animal / ~ 법원 a high court of justice / ~ 수학 higher mathematics / ~ 식물(植物) higher plant life / ~ 학교 a (senior) high school.
고등(高騰) ☞ 앙등.
고등어 〖魚〗 a mackerel.
고딕 Gothic. ‖ ~식 건축 Gothic architecture / ~체 《활자의》 Gothic type.
고라니 〖動〗 an elk.
고락 ①《낙지 배》 the belly of an octopus. ②《낙지의 먹》 octopus ink. ¶ ~을 뿜다 spurt the ink.
고락(苦樂) pleasure and pain; joys and sorrows. ¶ ~을 같이하다 share one's joys and sorrows 〔one's fortunes〕.
고람(高覽) your inspection; your perusal.
고랑¹ 《수갑》 handcuffs; manacles. ¶ ~을 채우다 handcuff; manacle; put 《*a person*》 in irons.
고랑² 《두둑 사이》 a furrow. ¶ ~을 짓다 make furrows.
고랑창 a narrow deep furrow; a ditch.
고래 〖動〗 a whale. ‖ ~기름 whale oil / ~수염 a baleen; a whalebone; a whalefin / ~ 작살 a harpoon; a gaff / ~잡이 whale fishing.

고래(古來) ~의 old; time-honoured. ¶ ~로 from olden〔ancient〕 times.
고래고래 loudly; snarlingly. ¶ ~ 소리지르다 roar; brawl.
고래등 ¶ ~ 같은 grand; stately; lordly; magnificent; palatial.
고량(高粱) 〖植〗 kaoliang; African 〔Indian〕 millet. ‖ ~주(酒) kaoliang wine.
고량진미(膏粱珍味) rare delicacies of all descriptions; all sorts of delicacies.
고려(考慮) consideration; deliberation; reflection. ~하다 consider; think over; take 《*a matter*》 into account. ¶ 충분히 ~하여 after due consideration / ~에 넣다 〔안 넣다〕 take into 〔leave out of〕 consideration / ~ 중이다 《사물이 주어》 be under consideration.
고려(顧慮) regard; respect; consideration. ~하다 regard; consider; have respect to; take into consideration.
고려자기(高麗瓷器) *Goryeo* ceramics 〔porcelain, pottery〕.
고령(高齡) an advanced 〔a (good) ripe〕 age. ¶ ~으로 죽다 die at the ripe age 《*of ninety*》. ‖ ~자 the aged; a person of an advanced age/ ~화 사회 senior citizen's society.
고령토(高嶺土) kaolin(e).
고로(古老) an old man; an elder; the aged. ¶ 마을의 ~ elders of the village; village seniors.
고로(高爐) a shaft 〔blast〕 furnace.
고로(故―) so; accordingly; therefore. ☞ 그러므로.
고로롱거리다 be troubled with a lingering disease.
고료(稿料) fee for a manuscript; remuneration for one's writing. ¶ ~ 생활자 a commercial writer.
고루 equally; evenly(같게); indiscriminately(차별없이). ¶ ~ 나누다 divide 《*a thing*》 equally.
고루(固陋) ~한 bigoted; narrow-minded; conservative; obstinate.
고루(高樓) a lofty building.
고르다[1] (be) even; equal; similar; uniform. ¶ 고르지 않은 uneven; unequal; rugged / 고르게 evenly; equally.
고르다[2] ① 《평평하게》 level; make even; roll(롤러로). ¶ 땅을 ~ level the ground. ② 《선택》 choose; select. ¶ 골라내다 pick out; select. / 잘〔잘못〕 ~ make a good 〔bad〕 choice.
고름 pus; (purulent) matter; discharge. ¶ ~이 생기다 form pus; pus gathers; fester / ~을 짜다 press 〔squeeze〕 out the pus.
고리[1] 《둥근 것》 a ring; a link; a loop(실 따위의). ¶ ~를 만들다 form a ring; make a loop.
고리[2] ☞ 고리짝. ‖ ~장이 a wicker worker.
고리(高利) high interest; usury. ¶ ~로 at a high rate of interest. ‖ ~ 대금업 usury (~ 대금업자 a usurer; an extortionate creditor; a loan shark 《美》) / ~채(債) usurious loan.
고리다 ① 《냄새가》 (be) rancid; stinking; rank; fetid. ② 《행동이》 (be) illiberal; small; mean.
고리버들 〖植〗 an osier; a red osier.
고리삭다 (be) not sprightly; too discreet for one's age.
고리짝 a wicker trunk; 《짐》 luggage; baggage 《美》.
고리타분하다 ① 《냄새가》 (be) stinking; rancid; fetid; rank. ② 《성질이》 (be) narrow-minded; small; stingy; hackneyed(진부한). ¶ 고리타분한 소리 a trite remark.
고린내 a bad smell; an offensive odo(u)r; a stench.
고릴라 〖動〗 a gorilla.
고립(孤立) isolation. ~하다 be isolated; stand alone. ¶ ~한 isolated; solitary; helpless. ‖ 국제적 ~ international isolation/~주의 isolationism / ~파 the isolationists.
고마움 《감사》 gratitude; thankfulness; 《가치》 value; blessing 《*of health*》. ¶ 돈의 ~을 알다 know what it means to have money/그는 돈의 ~을 모른다 He is a stranger to the value of money.
고막 〖貝〗 an ark shell.
고막(鼓膜) the eardrum; the tympanum; the tympanic membrane. ‖ ~염(炎) myringitis; tympanitis.
고만하다 ☞ 그만하다.
고맙다 (be) kind; obliging; welcome; gracious. ¶ 고마우신 말씀 your kind words/고맙게도 kindly; graciously; fortunately; luckily/ 고마워하다 be 〔feel〕 thankful; be grateful; be obliged/대단히 고맙습니다 Thank you very much., Thanks ever so much.
고매(高邁) ~하다 (be) lofty; noble; high-minded.
고명 《양념》 a garnish; a relish; a condiment.
고명(古名) an old name.
고명(高名) ① 《명성》 fame; reputation; renown; distinction. ② 《경어》 your name.
고명딸 the only daughter among many sons.
고모(姑母) one's father's sister; a paternal aunt. ‖ ~부 the husband of one's paternal aunt; an uncle.
고목(古木) an old tree.
고목(枯木) a dead tree.
고무(鼓舞) encouragement. ~하다 cheer up; encourage; inspire; stir up. ¶ 사기를 ~하다 stir up the morale of the troops.
고무 (India) rubber; gum; 《지우개》 an eraser. ¶ ~창을 댄 rubber-soled 《*shoes*》. ‖ ~공 a rubber

ball / ～나무 〔재배원〕 a rubber tree 〔plantation〕 / ～신 rubber shoes; gumshoes / ～제품 rubber goods / ～줄 an elastic cord 〔string〕; a rubber band (둥근)/～풀 gum arabic; mucilage; rubber cement / 생～ crude rubber / 인조 ～ synthetic rubber/재생 ～ reclaimed 〔reprocessed〕 rubber.

고무래 a wood rake.

고문(古文) ancient 〔archaic〕 writing. ‖ ～체 an archaic style.

고문(拷問) torture; the third degree 《美》. ～하다 torture; give 《*a person*》 the third degree; rack. ‖ ～대 a rack.

고문(顧問) an adviser 《*to*》; a counsel(l)or; a consultant. ¶ 군사 ～단 Military Advisory Group / 기술 ～ a technical adviser / 법률 ～ a legal adviser / ～ 변호사 a consulting lawyer.

고물[1] ground grain for coating rice-cake.

고물[2] 《배의》 《in》 the stern. ¶ ～에 astern; aft.

고물(古物) ① ☞ 골동품. ② 《낡은 것》 used articles; an old article; a secondhand article (중고품). ‖ ～상 a secondhand dealer(사람); a secondhand store 〔shop〕(가게) / ～ 시장 the flea market.

고물딱지 worn-out articles 〔furniture〕.

고미 a plaster panel ceiling. ‖ ～다락 an attic; a garret; a loft.

고미(苦味) a bitter taste. ‖ ～ 정기 〖藥〗 bitter tincture.

고민(苦悶) agony; anguish(심통). ～하다 be in agony; agonize; writhe (with pain). ¶ 사랑의 ～ agony of ardent love/～ 끝에 병들다 worry oneself sick.

고발(告發) prosecution; indictment; complaint (민간의). ～하다 prosecute; indict; charge; inform 《*against*》. ¶ …의 ～에 따라(서) on complaint of... / 방화범으로 ～하다 indict 〔prosecute〕 《*a person*》 for arson. ‖ ～자 a prosecutor; an accuser; an informant / ～장 a bill of indictment.

고배(苦杯) a bitter cup. ¶ ～를 마시다 drink a bitter cup; go through the ordeal 《*of*》; be sadly defeated (승부에서).

고백(告白) (a) confession; an admission; a profession(신앙의). ～하다 confess; profess; own; admit. ¶ 죄상을 ～하다 confess; confess one's guilt 〔fault〕.

고별(告別) leave-taking; farewell; good-bye. ～하다 take leave 《*of*》; say good-bye; bid adieu 〔farewell〕. ‖ ～사 a farewell address/ ～식 a farewell ceremony / ～ 연주회 a farewell concert.

고병(古兵) a veteran; an old-timer.

고본(古本) a secondhand book; an old book. ‖ ～상(商) a secondhand book store 〔shop〕; an old bookseller (사람).

고본(稿本) a manuscript.

고봉(高峰) a lofty peak; a high mountain. ‖ ～ 준령 high mountains and steep peaks.

고봉(高捧) a heap 《*of*》; a full measure.

고부(告訃) ☞ 부고.

고부(姑婦) mother-in-law and daughter-in-law.

고부조(高浮彫) high relief.

고분(古墳) an old mound 〔tomb〕; tumulus. ¶ ～을 발굴하다 unearth 〔dig up〕 an old tomb.

고분고분 gently; meekly; obediently; submissively. ～하다 (be) gentle; meek; mild; obedient.

고분자(高分子) a high molecule 〔polymer〕. ‖ ～ 화합물 a high-molecular 〔polymerized〕 compound; a high polymer.

고비[1] 《절정》 the climax; the crest; the height; 《위기》 the crisis; a critical moment; 《대목》 a turning point. ¶ ～를 넘다 pass the crisis (병 따위); pass the peak 《*of*》 (물가 따위).

고비[2] 《편지꽂이》 a letter file.

고비[3] 〖植〗 a flowering fern.

고비(高飛) ‖ ～ 원주(遠走) abscondence; decampment.

고비사막(一沙漠) the desert of Gobi.

고빗사위 a critical 〔psychological〕 moment.

고빙(雇聘) ～하다 invite; engage.

고뿔 a cold. ☞ 감기.

고삐 reins; a bridle. ¶ ～를 당기다 tighten 〔pull up〕 the reins/～를 늦추다 slacken the reins; give the rein 《*to the horse*》.

고사(古史) ancient history.

고사(古事) an ancient event.

고사(考査) 《고찰》 consideration; 《시험》 an examination; a test. ～하다 examine; test. ‖ 본〔기말, 예비, 중간〕 ～ a final 〔term, preliminary, midterm〕 examination / 학력〔인물, 지능〕 ～ an achievement 〔a character, an intelligence〕 test.

고사(告祀) a shamanistic practice of offering to spirits. ～지내다 make offerings to spirits.

고사(固辭) ～하다 refuse 〔decline〕 positively.

고사(枯死) ～하다 die; wither.

고사(故事) 《유래》 an origin; a source; a historical fact; 《구비(口碑)》 tradition; folklore. ¶ ～를 인용하다 allude to historical event.

고사(高射) ‖ ～ 기관총 an antiaircraft machine gun / ～포 an antiaircraftgun; an A.A. gun (～포 부대 antiaircraft battery 〔corps〕).

고사리 〖植〗 a fernbrake; a bracken.

고사장(考査場) a test 〔an examina-

tion) site.
고사하고(姑捨—) apart from; setting aside (apart); 《말할 것도 없고》 to say nothing 《*of*》; not to mention; 《커녕》 anything but; far from; not at all.
고산(高山) a high (lofty) mountain. ¶ ~의 alpine. ‖ ~병(病) mountain sickness/~ 식물 an alpine plant; alpine flora(총칭).
고살(故殺) murder; wil(l)ful murder; 〖法〗 manslaughter.
고상(高尙) ~하다 (be) lofty; noble; sublime; refined; elegant. ¶ ~한 취미 an elegant taste/~한 인격 noble character. 「gorge.
고샅 《골목길》 an alley; 《골짜기》 a
고색(古色) an antique look; a note of antiquity. ¶ ~ 창연한 antique-looking; hoary with antiquity.
고생(苦生) 《곤고·고난》 hardships; difficulties; troubles; trials; afflictions; sufferings; adversity; 《수고》 labo(u)r; toil; pains. ~하다 suffer troubles; undergo hardships; have one's trials; struggle with difficulties; take pains. ¶ ~스러운 hard; painful; toilsome; arduous / ~길에 들다 be thrown into adversity / 가난으로 ~하다 suffer from poverty / ~을 같이하다 share in a person's hardship. ‖ ~살이 a hard life; a life full of hardships.
고생대(古生代) 〖地〗 the Pal(a)eozoic era. ¶ ~의 Pal(a)eozoic.
고생물(古生物) extinct animals and plants. ‖ ~학 pal(a)eontology / (~학자 a pal(a)eontologist).
고서(古書) an old book; classics; rare books.
고성(古城) an old (ancient) castle.
고성(孤城) a solitary castle; a helpless castle (포위당한).
고성(高聲) a loud voice. ¶ ~으로 loudly; aloud / ~ 방가(放歌)하다 sing with a loud voice; sing boisterously.
고성능(高性能) high performance (efficiency). ~의 highly efficient 《*machine*》; high-performance 《*airplane*》. ‖ ~ 수신기 a high fidelity receiver / ~ 폭약 a high explosive; TNT / ~ 증식로(增殖爐) a fast breeder reactor (생략 FBR).
고소(告訴) an accusation; a complaint; a legal action. ~하다 accuse 《*a person of a crime*》; bring a charge 《*against*》; proceed 《*against*》; sue. ¶ ~를 수리(기각, 취하)하다 accept (reject, withdraw) a complaint / 사기로 ~당하다 be accused of fraud. ‖ ~인 an accuser; a complainant / 고솟장 a written complaint; a bill.
고소(苦笑) a bitter (wry, forced) smile. ~하다 smile a bitter smile; force a smile.
고소(高所) the high ground; an eminence; an elevation; a height. ‖ ~ 공포증 acrophobia.
고소득층(高所得層) the high-income bracket. ☞ 고액 소득자.
고소원(固所願) one's earnest wish.
고소하다 ① 《맛·냄새가》 (be) sweet; tasty; savo(u)ry; nice-smelling. ② 《남의 일이》 be pleased 《*to see other's fault*》. ¶ 고소하게 여기다 gloat 《*over*》; take an unholy pleasure 《*in*》/ 아이 (고것) 고소해 Serve(s) you right!
고속(古俗) an old custom.
고속(高速) 《at》 high speed; rapid transit. ‖ ~ 도로 a superhighway; an expressway; a speedway; a freeway / ~ 버스 an express bus / ~화(化)도로 a semi-expressway / ~ 철도 a high-speed railway.
고수(固守) ~하다 adhere (stick) to.
고수(鼓手) a drummer.
고수머리 《머리》 curly (frizzled, wavy) hair; 《사람》 a curly-pate; a curly-pated person.
고수부지(高水敷地) the terrace land on the river; the riverside highlands.
고스란히 all; altogether; wholely; untouched; intact. ¶ ~ 그대로 있다 remain as it was; remain intact; be left untouched.
고스톱 a traffic signal; a stop-go sign 《英口》.
고슬고슬하다 《밥이》 be cooked just right (서술적).
고슴도치 〖動〗 a hedgehog.
고승(高僧) a high priest.
고시(告示) a notice; a bulletin; an announcement. ~하다 notify; give notice 《*of*》. ‖ ~ 가격 an officially fixed price / ~판 a bulletin board; a message board.
고시(考試) (an) examination. ‖ 고등(보통)~ the higher (ordinary) civil service examination / 국가 ~ a state examination.
고식(姑息) ~적 temporizing; time-serving; patched-up; makeshift. ¶ ~적인 수단 a makeshift.
고실(鼓室) the eardrum; the tympanic cavity; the atrium [*pl.*-ria].
고심(苦心) 《노력》 pains; hard work; 《심로》 care; anxiety. ~하다 work hard; take pains; be anxious; worry. ¶ ~하여 by hard work; with great pains / ~ 참담하다 take great pains; toil and labor. ‖ ~담 an account of one's hard experience.
고십 ☞ 가십.
고아(古雅) ~하다 (be) antique and elegant; quaint; classical.
고아(孤兒) an orphan. ¶ ~가 되다 be orphaned; be left an orphan. ‖ ~원 an orphanage; an orphan asylum / 전쟁~ a war orphan.
고아(高雅) ~한 refined; elegant.

고안(考案) an idea; a plan; a design; a project; a device. ~하다 conceive; plan; design; devise. ‖~자 a designer; an originator; a deviser.
고압(高壓) 《기압의》 high pressure; 《전기의》 high tension; high voltage《美》; 《압제》 high-handedness. ¶~적 high-handed; coercive/~적으로 high-handedly. ‖~선 a high-tension (-voltage) wire/~ 수단 a high-handed action (measure).
고액(高額) a large amount (sum) 《*of money*》. ‖~권 large denomination notes / ~ 납세자 a high (an upper-bracket) taxpayer / ~ 소득자 a large-income earner.
고약(膏藥) a plaster; an ointment.
고약하다 (be) bad, evil, ill-natured (성미가); offensive(냄새가); ugly, ill-looking (용모가).
고양이 a cat; a puss(y) (애칭). ‖~새끼 a kitten.
고어(古語) 《옛말》 an archaic word.
고언(苦言) bitter counsel; candid (outspoken) advice. ¶~을 하다 give candid advice 《*to*》.
고역(苦役) hard work; a tough job; toil; drudgery. ¶~을 치르다 have a hard time of it; sweat.
고열(高熱) 《have》 a high fever (temperature) (몸의); 《emit》 intense heat.
고옥(古屋) an old house; an ancient building.
고온(高溫) a high temperature. ‖~계(計) a pyrometer.
고요하다 (be) quiet; silent; still; calm; placid; tranquil. ¶고요히 stilly; calmly; quietly / 고요한 거리 a deserted street / 고요한 바다 a calm sea.
고욤 〖植〗 a lotus persimmon.
고용(雇用) employment; hiring. ~하다 employ; hire. ‖~주 an employer.
고용(雇傭) 《피고용》 employment; engagement. ~하다 be employed (hired). ‖~계약 an employment contract / ~살이 service as an employee; domestic service (머슴의)/~인 《피고용자》 an empolyee; a hire man (woman) / ~ 조건 employment conditions (terms) / 완전~ full employment / 불완전 ~ underemployment.
고원(高原) a plateau; a tableland. ‖~ 지대 highlands. 「high.
고원(高遠) ~하다 (be) lofty; noble;
고원(雇員) an (a minor) employee.
고위(高位) a high rank. ‖~ 관리 a ranking government official / ~ 성직자 religious dignitary.
고위도(高緯度) a high latitude.
고유(固有) ~의 peculiar 《*to*》; characteristic 《*of*》; native(특유). ¶동양 ~의 풍속 a custom peculiar to the Orient. ‖~ 명사 a proper noun / ~성(性) peculiarity; a (peculiar) property.
고육지계(苦肉之計) ¶~를 쓰다 have recourse to the last resort; take a desperate measure 《under the circumstances》.
고율(高率) a high rate. ¶~의 이자 a high (rate of) interest. ‖ ~ 관세 a high tariff / ~ 배당 a high-rate dividend.
고을 a country; a district.
고음(高音) a loud sound; a high key. ‖~부 〖樂〗 soprano; treble.
고읍(古邑) an ancient (old) town.
고의(故意) intention; deliberation; purpose. ~의 intentional; deliberate; wil(l)ful. ¶~로 intentionally; on purpose; deliberately / ~가 아닌 unintentional.
고의(高誼) 《두터운 정》 close friendship; 《남의 정의》 your favo(u)r.
고이 ① 《곱게》 beautifully; finely; gracefully. ② 《조용히》 peacefully; gently; quietly; carefully. ¶~ 잠들다 fall gently to sleep; pass away peacefully (죽다) / ~ 다루다 handle carefully / 영령이여 ~ 잠드소서 May your noble soul rest in peace!
고인(故人) the deceased (departed); the lamented; the decedent《美》. ¶~이 되다 die; pass away.
고인돌 a dolmen.
고자(告者) ~질하다 《까바치다》 tell (carry) tales 《*about, against*》. ‖~쟁이 an informant; a taleteller.
고자(鼓子) a man with underdeveloped genital organs.
…고자 (in order) to; wishing to. ¶하~ 하다 intend 《*to*》; plan.
고자누룩하다 《서술적》 become quiet; calm down; get mitigated(병세).
고자세(高姿勢) a high-handed attitude. ¶~로 나오다 act (speak) highhandedly; take a high-handed attitude.
고작 at (the) most; at best; no more than; only. ¶~ 20세 밖에 안된다 He is twenty at the most.
고장 《지방》 locality; 《산물의》 the place of production; 《동식물의》 the home; the habitat; the native place. ¶말의 ~ a horse-breeding district / 사과의 (본)~ the home of the apple / 그 ~ 팀 the home team.
고장(故障) 《지장》 a hindrance; an obstacle; an impediment; a hitch; a trouble. ~나다 get out of order; break down; go wrong. ¶기관의 ~ engine trouble / ~(이) 난 차 a disabled car / ~을 내다 put out of order (fix 《美》).
고쟁이 drawers worn by Korean women.
고저(高低) unevenness; undulations; fluctuations (시세의); height (높이);

pitch; modulation(음성의). ¶ ~있는 undulating; uneven; fluctuating.
고적(古蹟) historic remains; a place of historical interest; ruins.
고적(孤寂) solitude; loneliness. ~하다 (be) solitary; lonely; lonesome.
고적대(鼓笛隊) a drum and fife band. ‖ ~장 a drum major [majorette(여자)].
고적운(高積雲) an altocumulus.
고전(古典) classics. ~적 classic(al). ‖ ~미(美) classical beauty / ~주의 classicism.
고전(古錢) an ancient [old] coin. ‖ ~ 수집가 a collector of old coins.
고전(苦戰) hard fighting; a desperate fight; 《경기의》 a close game; a tight play. ~하다 fight hard; have a close contest.
고정(固定) ~하다 fix; settle; be fixed. ‖ ~ 관념 ☞ 고착 관념 / ~급(給) a regular pay / ~석(수입) a fixed seat [income] / ~ 손님 a regular customer 《*of a restaurant*》 / ~ 자본 fixed capital / ~ 자산 stationary property.
고제(古制) old systems; ancient institutions.
고제(高弟) one's best pupil; a leading disciple.
고조(高潮) 《조수의》 the high tide [water]; 《고비》 the climax; the culmination. ¶ ~된 장면 a climax; a thrilling scene / 최~에 달하다 reach the climax; culminate 《*in*》. ‖ ~선(線) the high water line.
고조모(高祖母) one's great-great-grandmother.
고조부(高祖父) one's great-great-grandfather.
고종사촌(姑從四寸) a cousin; a child of one's father's sister.
고주망태 (dead) drunkenness. ¶ ~가 되다 get dead drunk.
고주파(高周波) 〖理〗 high-frequency. ‖ ~ 전류 a high-frequency current.
고증(考證) inquiry; research; study. ~하다 study; investigate; inquire into. ‖ ~학(學) the methodology of historical researches.
고지 《호박 따위의》 chopped and dried pumpkins, eggplant, *etc.*
고지(告知) a notice; a notification; an information. ~하다 notify; inform. ‖ (납세) ~서 a tax bill; tax papers.
고지(高地) high ground; highlands; heights; a plateau (고원).
고지기(庫—) (a) warehouse keeper.
고지대(高地帶) the hilly sections 《*of a city*》. ¶ ~의 주민 hillside residents.
고지새 〖鳥〗 a migratory Chinese grosbeak.
고지식하다 (be) simple and honest; simple-minded; tactless.
고진감래(苦盡甘來) Sweet after bitter., Pleasure follows pain.
고질(痼疾) an inveterate [a chronic] disease. ‖ ~ 환자 a confirmed invalid.
고집(固執) stubbornness; persistence; obstinacy; adherence. ~하다 persist in; adhere to; hold fast to. ¶ ~센 stubborn; obstinate; headstrong; self-willed / 자기 설을 ~하다 hold fast to one's view. ‖ ~ 불통 extreme obstinacy [stubbornness, persistence, bigotry] / ~쟁이 an obstinate [a headstrong] person.
고차방정식(高次方程式) 〖數〗 an equation of higher degree.
고착(固着) ~하다 adhere [stick] to. ‖ ~ 관념 a fixed idea.
고찰(古刹) an old [ancient] temple.
고찰(考察) consideration; (a) study. ~하다 consider; study; examine. ¶ 사회 문제에 관한 ~ a study of the social problem.
고참(古參) 《사람》 a senior; a veteran; an old-timer. ~의 senior. ‖ ~병 a veteran; a senior comrade.
고창(高唱) ~하다 《노래》 sing loudly; 《창도》 advocate; stress.
고철(古鐵) scrap iron; old metal.
고체(古體) archaic style; archaism.
고체(固體) a solid (body). ~의 solid. ¶ ~화(化)하다 solidify. ‖ ~ 연료 solid fuel.
고초(苦楚) hardships; sufferings; troubles; trials. ¶ ~를 겪다 suffer (hardships); have one's trials.
고총(古塚) an old mound; an ancient tomb.
고추 red [cayenne] pepper. ‖ ~ 바람 a cutting wind / ~잠자리 a red dragonfly / ~장 hot pepper paste / 고춧가루 powdered red pepper.
고충(苦衷) a painful position; a dilemma; a predicament. ¶ ~을 알아주다 appreciate *a person's* painful position; sympathize with *a person* in a predicament.
고충실도(高忠實度) 《전축 따위의》 high-fidelity (생략 hi-fi).
고취(鼓吹) inspiration; advocacy(창도). ~하다 inspire; instil(l); stir up (환기); advocate. ¶ 애국심을 ~하다 instill [infuse] patriotism into the hearts of 《*people*》.
고층(高層) 《건물의》 higher stories; upper floors; 《대기의》 a high layer. ‖ ~ 건물 a high [lofty] building / ~ 기류 the upper air (current) / ~운(雲) altostratus.
고치 a (silk) cocoon. ¶ 빈 ~ a pierced cocoon / ~에서 실을 잣다 reel silk off cocoons.
고치다 ① 《치료》 cure; heal; remedy. ¶ 환자의 병을 ~ cure a patient of his illness. ② 《수리》 mend; repair; fix (up)《美》. ¶ 기계

(구두)를 ~ repair a machine (a pair of shoes). ③《교정》 remedy; reform; correct. ¶ 나쁜 버릇을 ~ correct (get rid of, get over) a bad habit. ④《정정》 correct; rectify; amend. ¶ 틀린 데를 ~ correct errors (mistakes). ⑤《변경》 change; alter; shift. ¶ 예정표를 ~ change the schedule. ⑥《번역》 translate 《*into*》. ¶ 영어를 우리말로 ~ translate English into Korean. ⑦《조정》 set right; put in order; adjust. ¶ 복장을 ~ adjust one's dress; tidy oneself.

고칭(古稱) an old name.

고탑(古塔) an old tower; an ancient pagoda.

고태(古態) an old state of things; an antique and elegant appearance.

고토(故土) one's native land; one's native place; one's (old) home.

고토(苦土) 〖化〗 magnesia. ‖ ~ 운모(雲母) 〖鑛〗 biotite.

고통(苦痛) pain; suffering; agony; anguish. ~스러운 painful; afflicting; tormenting. ¶ 심한 ~ pang/ ~을 느끼다 feel a pain; suffer (pain); be in pain / ~을 참다 endure the pain / ~을 주다 give 《*a person*》 pain / ~을 덜다 relieve the pain.

고패 a pulley. ‖ 고팻줄 a pulley cord (rope).

고팽이 ①《새끼의》 a fold; a coil. ②《왕복》 a return trip; a round trip.

고평(高評) your criticism.

고풍(古風) an antique style; old fashion (manner).

고프다 (be) hungry. ¶ 배가 ~ feel hungry.

고하(高下) 《지위의》 rank; 《품질의》 quality; 《시세의》 fluctuations; rise and fall. ¶ 지위의 ~를 불문하고 irrespective (regardless) of rank.

고하다(告—) tell; inform; announce. ¶ 종언(終焉)을 ~ come to an end/ …에게 작별을 ~ bid farewell to…; take leave of… / 일반에게 ~ announce to the public.

고학(苦學) ~하다 study under adversity; work one's way through school. ‖ ~생 a self-supporting student.

고함(高喊) a shout; a roar; a howl; a yell. ¶ ~ 지르다 (치다) shout; yell; roar; howl.

고해(苦海) the bitter human world.

고행(苦行) asceticism; penance. ~하다 practice asceticism; do penance. ‖ ~자 an ascetic.

고향(故鄕) one's home; one's native place; one's birthplace. ¶ 제 2의 ~ one's second home; one's land of adoption/ ~을 그리워하다 long for home; be homesick/ ~에 돌아가다 return to one's native place; go home. ‖ ~ 방문 home visits.

고현학(考現學) study on modern phenomena; modernology.

고혈(膏血) sweat and blood. ¶ 백성(百姓)의 ~을 빨다 (짜내다) exploit (sweat) the people.

고혈압(高血壓) high blood-pressure; hypertension. ‖ ~증 hyperpiesia/ ~ 환자 a hypertensive.

고형(固形) solidity. ~의 solid. ¶ ~화하다 solidify. ‖ ~물(체) a solid body; a solid.

고혹(蠱惑) fascination; enchantment. ~적(인) fascinating; attractive; alluring.

고혼(孤魂) a solitary spirit. ¶ 수중 ~이 되다 die at sea; go to Davy Jone's locker《俗》. ‖ 무주 ~ a forlorn wandering spirit.

고화(古畫) an ancient picture; an old painting.

고환(睾丸) the testicles. ‖ ~염(炎) orchitis/ 부(副)~ the epididymis.

고희(古稀) three scores and ten. ¶ 연세가 ~에 이르다 obtain one's 70th year of age.

곡(曲) 《음악의》 a tune; an air; a piece; music. 「곡하다.

곡(哭) wailing; lamentation. ☞

곡가(穀價) the price of grain.

곡괭이 a pick; a picker; a pickax(e).

곡구(曲球) 〖野〗 a curve (ball); a bender; 〖撞〗 a fancy shot.

곡기(穀氣) food. ¶ ~를 끊다 go without meals.

곡두 a phantom; a vision; an illusion.

곡류(曲流) a meander(ing stream).

곡류(穀類) cereals; corn; grain《美》.

곡률(曲率) curvature. ‖ 공간 ~ a space curvature.

곡마(曲馬) a circus; equestrian feats. ‖ ~단 a circus (troupe).

곡목(曲目) a program(me); a selection; a number.

곡물(穀物) corn; cereals; grain《美》. ‖ ~ 시장 the grain (corn) market/ ~ 장수 a corn factor / ~ 창고 a granary; a grain elevator《美》.

곡보(曲譜) ☞ 악보(樂譜).

곡사(曲射) high-angle fire. ‖ ~포 a howitzer; a high-angle gun.

곡선(曲線) a curve; a curved line. ~의 curvilinear; curvilineal. ‖ ~미 the beauty of line; curvaceousness《美》 (~미의 여자 a curvaceous woman) / ~ 운동 movement along a curve.

곡성(哭聲) a cry; a wail.

곡식(穀食) cereals; corn; grain《美》.

곡예(曲藝) (acrobatic) feats; stunts; tricks; fancy performances. ‖ ~사 an acrobat; a tumbler/공중 ~ an aerial stunt performance (서커스의); stunt flying, aerobatics(항공기의).

곡절(曲折) ①《까닭》 reasons; details; the whys and hows. ¶ 무슨

~인지 for some unknown reason/ 여러가지 ~이 있어서 for many reasons combined. ② 《복잡》 intricacies; complications; 《파란》 vicissitudes; ups and downs. ¶ 인생의 파란 ~ the vicissitudes (the ups and downs) of life.
곡조(曲調) a tune; an air; a melody. ¶ ~에 안 맞는 노래 a song out of tune / 한 ~ 부르다 sing a tune.
곡직(曲直) right or (and) wrong; merits 《*of a case*》.
곡창(穀倉) ① 《창고》 a granary; a grain elevator《美》. ② 《많이 나는 데》 a granary.
곡척(曲尺) 《목수의》 a metal measure; a carpenter's square(곱자).
곡하다(哭—) lament; bewail; weep.
곡학(曲學) prostitution of learning. ‖ ~아세지도(阿世之徒) literary sycophants.
곡해(曲解) distortion; misinterpretation; strained interpretation; perversion. ~하다 misconstrue; interpret wrongly; distort.
곡향(穀鄕) a granary.
곤경(困境) an awkward position; a predicament; a fix. ¶ ~에 빠지다 be thrown into a fix; be placed in an awkward position.
곤궁(困窮) poverty; destitution; distress. ~한 poor; needy; destitute; distressed. ¶ ~한 사람들 the poor; the needy.
곤댓짓하다 behave in an affected manner.
곤돌라 a gondola.
곤두박이다 fall headlong; nosedive.
곤두박이치다 fall headlong; fall head over heels; precipitate.
곤두서다 stand erect (upright, on end); 《머리털이》 bristle up.
곤두세우다 set on end; erect; bristle up(머리털을); ruffle up(깃털을).
곤드라지다 drop off to sleep; sink into a slumber. ¶ 술에 취해 ~ drink oneself to sleep.
곤드레만드레 dead-drunk. ¶ ~가 되다 get dead-drunk.
곤란(困難) difficulty; 《성가심》 trouble; 《곤궁》 distress; hardships; 《난처》 embarrassment; perplexity. ~한 difficult; hard; troblesome; awkward; needy; distressed. ¶ ~한 처지 a delicate (an awkward) position; an embarrassing situation / ~을 극복하다 overcome a difficulty / ~을 받다 have difficulty 《*in*》; feel difficulty/생활이 ~하다 be hard up; be in needy circumstances. ‖ 재정~ financial difficulty.
곤룡포(袞龍袍) an Imperial (a Royal) robe.
곤봉(棍棒) a club; a cudgel; an Indian club (체조용의); a billy (truncheon《英》) (순경의). ‖ ~ 체조 an Indian club exercise.
곤약(蒟蒻) paste made from the arum root.
곤욕(困辱) bitter insult; extreme affront. ¶ ~을 당하다 suffer a bitter insult.
곤이(鯤鮞) milt (of fish); hard roe.
곤장(棍杖) a club (for beating criminals). ¶ ~을 안기다 flog.
곤쟁이 a kind of tiny shrimp. ‖ ~젓 the shrimps preserved in brine.
곤죽 ① 《진창》 sludge; (quag)mire. ② 《뒤범벅》 a mess.
곤줄매기 〖鳥〗 a varied tit; a titmouse.
곤지 a rouge; spot on a bride's brow. ~ 찍다 put a rouge spot on one's forehead.
곤충(昆蟲) an insect. ‖ ~ 채집 insect collecting (~ (채집)망(網) an insect net) / ~학 entomology; insectology(~학자 an entomologist).
곤핍(困乏) ~한 fatigued; tired; exhausted.
곤하다(困—) (be) exhausted; weary; fatigued; dog-tired. ¶ 몹시 ~ be ready to drop (with faitigue); be tired to death / 곤히 자다 sleep soundly.
곧 ① 《바로》 at once; immediately; directly; without delay; soon (이내). ¶ 지금 ~ this very instant; right now / 식사가 끝나자 ~ right (immediately) after dinner / ~ …하다 lose no time in …ing; do… without delay/~ 돌아오겠다 I'll be back soon. ② 《쉽게》 easily; readily; straight off. ¶ ~ 배울 수 있다 be easy to learn. ③ 《즉》 namely; to wit; that is (to say).
곧다 ① 《물건이》 (be) straight; upright. ¶ 곧은 길 a straight road. ② 《마음이》 (be) honest; upright. ¶ 곧은 사람 an honest man; a man of upright character.
곧바로 straight; at once. ¶ ~ 집에 돌아가다 go home straight.
곧이곧대로 frankly; plainly; honestly. ¶ ~ 말하다 tell the truth.
곧이듣다 take 《*a person's*》 words seriously; believe 《*what a person says*》; accept 《*a thing*》 as true. ¶ 농담을 ~ take a joke seriously.
곧잘 《꽤 잘》 fairly (pretty) well; readily. ¶ 책을 ~ 읽다 read pretty well.
곧장 directly; straight; without delay. ¶~ 집으로 돌아가다 go straight home / 그 길로 ~ 떠나다 leave without delay.
골¹ 《골수》 the marrow (of bones); the medulla; 《머릿골》 the brain.
골² 《구두 따위의》 a block. ¶ 구둣~ a last; a shoetree.
골³ 《성》 anger. ¶ ~이 나다 be angry / ~나게 하다 make 《*a person*》 angry; provoke 《*a person*》 to

anger / ~내다 get (become) angry 《*with, at*》; lose one's temper / 좀처럼 ~을 안 내다 be slow to anger.
골⁴ the goal. ‖ ~ 라인 (포스트) a goal line (post) / ~ 키퍼 a goalkeeper.
골간(骨幹) 《뼈대》 physique; framework; 《골자》 the gist; the substance; essentials.
골갱이 ① 《심》 a core; the heart. ② 《골자》 the gist; the pith.
골격(骨格) frame; build. ¶ ~이 건장한 사람 a man of sturdy (stout) build.
골계(滑稽) ☞ 해학.
골고루 ☞ 고루.
골골하다 suffer from a chronic disease; suffer constantly from weak health. ¶ 골골하는 사람 a confirmed invalid.
골다 《코를》 snore. ¶ 드렁드렁 코를 ~ snore heavily.
골독하다(汨篤—) ☞ 골똘하다.
골동(骨董), 골동품(骨董品) a curio; an antique. ¶ 골동품상 a curio store (shop) (가게); a curio dealer (사람) / 골동품 애호가 a virtuoso; a curioso.
골든아워 《at》 the prime time; the peak listening (viewing) hour.
골똘하다 be absorbed (engrossed, lost) 《*in*》; be intent 《*on*》; be given 《*to*》. ¶ 골똘히 intently; absorbedly / 공부에 ~ be absorbed in study / 사업에 ~ be engrossed in business / 골똘히 생각에 잠기다 be lost in thought.
골라잡다 choose; take one's choice. ¶ 골라잡아 100 원 100 *won* a piece at your choice.
골락새 〖鳥〗 ☞ 크낙새.
골마루 a rear veranda(h).
골막(骨膜) 〖解〗 the periosteum. ‖ ~염(炎) 〖醫〗 periostitis.
골막하다 (be) almost full 《*with*》.
골머리 the brain; the head. ¶ ~를 앓다 be troubled; be annoyed.
골목 an alley; a side street; a byway. ‖ ~ 대장 the cock of the walk; the boss of youngsters / 뒷~ a backlane; a back street / 막다른 ~ a blind alley.
골몰(汨沒) engrossment; absorption. ~하다 be absorbed (engrossed) 《*in*》; be devoted 《*to*》. ¶ 일에 ~하다 be engrossed in one's work.
골무 a thimble.
골반(骨盤) 〖解〗 the pelvis.
골방(—房) a side room; a closet.
골병들다 get injured internally.
골분(骨粉) powdered bones; bone dust. ‖ ~ 비료 bone manure.
골상(骨相) physiognomy; one's features. ‖ ~학 phrenology (~학자 a phrenologist).
골생원(—生員) 《옹졸한》 a little soul; 《허약한》 a weak (sickly) man.
골수(骨髓) the marrow; the medulla. ¶ ~에 사무치다 cut deep into one's heart. ‖ ~ 분자 a hard core; an ingrained (out-and-out) ...ist/ ~염 〖醫〗 osteomyelitis.
골육(骨肉) one's own flesh and blood; kindred; blood relations. ‖ ~ 상잔 a strife among flesh and blood; an internecine feud.
골자(骨子) the gist; the essence; the main point. ¶ 문제의 ~ the gist of the question.
골저리다(骨—) be chilled to the bone.
골절(骨折) a fracture (of a bone). ~하다 suffer a fracture.
골질(骨質) bony (osseous) tissue.
골짜기 a valley; a gully; a vale; a ravine; a dale.
골창 ☞ 고랑창.
골치 the head; 《성가심》 (a) trouble; a nuisance. ¶ ~ 아픈 문제 a troublesome question / ~ 앓다 be troubled (annoyed, worried) / ~가 아프다 have a headache.
골탄(骨炭) animal (bone) charcoal; boneblack.
골탕(—湯) great injury (insult). ~ 먹다 suffer a big loss; be taken in; have the worst of it.
골통대 a (tobacco) pipe.
골패(骨牌) domino(e)s.
골풀 〖植〗 a rush.
골프 golf. ¶ ~를 치다 play golf. ‖ ~장(場) a golf links; a golf course / ~채(공) a golf club (ball).
골필(骨筆) a stylus; a stencil pen; an iron pen; a horn pen.
골학(骨學) 〖解〗 osteology.
골회(骨灰) bone ashes.
곪다 ① 《상처가》 form pus; fester; gather. ¶ 종기가 ~ a boil festers (comes to a head). ② 《사물이》 come to a head; ripen.
곯다¹ ① 《덜차다》 remain unfilled; be still not full; lack being full. ② 《배가》 go hungry. ¶ 곯은 배를 채우다 satisfy one's hunger.
곯다² ① 《썩다》 rot; go bad; addle (달걀이). ¶ 곯은 달걀 bad eggs. ② 《엉걸들다》 suffer (receive) damage; get injured internally (골병).
곯리다¹ ①《그릇을》 fill short of the full measure. ② 《배를》 underfeed; let 《*a person*》 go hungry.
곯리다² ①《썩이다》 rot; spoil; addle. ②《해롭히다》 inflict injury (damage) upon 《*a person*》; do harm to; cause damage to; play trick on (꾀를 써서).
곯아떨어지다 《술에》 lie with liquor; drink oneself to sleep; 《잠에》 be dead asleep.
곰 ① 〖動〗 a bear. ¶ ~ 가죽 bearskin / ~ 새끼 a (bear's) cub. ② 《사람》 a fathead; a slow-witted person; a simpleton.
곰곰 carefully; deeply; deliberately. ¶ ~ 생각하다 think 《*a matter*》

over (and over); reflect carefully.
곰국 thick soup (of meat).
곰방대 a short (tobacco) pipe.
곰배팔이 a person with a deformed arm.
곰보 a pockmarked person.
곰살갑다 《너그럽다》 (be) generous; broad-minded; 《다정스럽다》 (be) tender; kind; gentle.
곰살궂다 (be) gentle; meek; kind.
곰탕 (一湯) ① ☞ 곰국. ② 《밥을 넣은》 meat and rice soup.
곰팡(이) mo(u)ld; mildew; must. ¶ ~내 나는 musty; moldy; stale / ~ 나다 〔슬다〕 grow moldy; get musty.
곱 《곱절》 times; 《배》 double. ☞ 곱하다.
곱다¹ 《눈·귀에》 (be) beautiful; pretty; lovely; fine; 《마음씨가》 (be) tender; kindly; gentle. ¶ 곱게 beautifully; prettily; charmingly / 고운 목소리 a sweet voice / 고운 마음씨 a tender heart / 곱게 차려 입다 dress oneself beautifully; be finely dressed.
곱다² 《손발이》 (be)numb; benumbed (with cold). ¶ 추워서 손발이 ~ one's limbs are numb with cold.
곱다랗다 ① 《아름답다》 (be) very beautiful 〔pretty, lovely〕. ② 《고스란하다》 (be) intact; untouched.
곱똥 mucous feces.
곱배기 ① 《술》 a double-glass of liquor; 《요리》 a double-the-ordinary dish. ② 《두번 거듭》 double; two times.
곱사등이 a humpback; a hunchback.
곱살끼다 fret; be fretful.
곱살스럽다 (be) pretty (얼굴이); gentle (마음씨가).
곱새기다 misconstrue; misinterpret.
곱셈 multiplication. ~하다 multiply; do multiplication.
곱슬곱슬하다 (be) curled; curly; kinky; wavy.
곱자 a carpenter's square; a metal measure.
곱쟁이 double.
곱절 《배(倍)》 times; double. ~하다 double 《*it*》. ¶ 두 ~ double; twice; two times / 두 ~의 양 〔수〕 twice as much 〔many〕 as.
곱창 the small intestines of cattle.
곱치다 ① 《곱절하다》 double. ② 《둘로 접다》 double; fold up.
곱하다 multiply. ¶ 3에 2를 ~ multiply 3 by 2. ‖ 곱하기 multiplication.
곳 《장소》 a place; a spot(좁은 곳); a scene (현장); 《지방》 a locality; a district. ¶ 안전한 ~ a place of safety / 숨을 ~ a hiding place / ~ ~에 here and there / 가는 ~ ~마다 everywhere; wherever one goes / ~에 따라 다르다 be different in localities.
곳간(一間) a warehouse; a storehouse. ‖ ~차 a box waggon《英》; a boxcar《美》.
곳집 a warehouse; a storehouse. ¶ ~에 쌓다 store; warehouse.
공 a ball; a handball. ¶ ~을 차다 kick a ball / ~을 튀기다 bounce a ball / ~을 던지다 throw a ball.
공(公) ① 《공사》 public matters; public affairs. ¶ ~과 사를 구별하다 draw the line between public and private matters. ② 《공작》 a prince; a duke (영국의). ¶ 에딘버러 ~ the Duke of Edinburgh.
공(功) (meritorious) services; merits; a meritorious deed. ¶ 특히 ~이 있는 사람 a person of exceptional merit / ~을 세우다 render meritorious services; perform a meritorious deed; serve with distinction / ~들이다 elaborate; exert oneself; take pains.
공(空) 《영(零)》 zero; cipher; 《무(無)》 naught; nothing(허사); 《빔》 emptiness; 《동그라미》 a circle; an 'O'.
공 a gong. ¶ ~이 울렸다 《권투》 There is the bell.
공가(空家) an empty 〔an unoccupied, a vacant〕 house; a deserted house.
공간(空間) space; room. ~적 spatial. ¶ 무한한 ~ infinite space / 시간과 ~을 초월하다 neglect time and space. ‖ ~ 예술 space art.
공갈(恐喝) a threat; a menace; intimidation; blackmail. ~하다 threat(en); blackmail. ¶ ~하여 돈을 빼앗다 blackmail 《*a person*》 of *his* money. ‖ ~ 취재(取財) blackmail; extortion by threats.
공감(共感) sympathy; response. ~하다 sympathize 《*with*》. ¶ ~을 불러 일으키다 arouse sympathy 《*from*》 / ~을 얻다 win the sympathy 《*of*》.
공개(公開) ~하다 (throw) open to the public; exhibit (진열); offer shares for public subscription (주식을). ¶ ~된 open 《*to the public*》/ 주식(株式)의 ~ public offering of stocks; a public sale of shares / ~ 석상에서 in public; in open audience. ‖ ~ 회의 an open session / 공개장 an open letter / 일반 ~ opening to the general public.
공개념(公槪念) the public concept. ¶ 토지의 ~ the public concept of land ownership.
공개방송(公開放送) open broadcasting.
공개입찰(公開入札) a public 〔an open〕 bidding.
공것(空一) a thing that can be had for nothing; a thing got for nothing; something free; a gift.
공격(攻擊) an attack; an assault; a drive; a push; 《비난》 an attack; censure. ~하다 attack; assail; as-

sault; charge; 《비난》 attack; censure; criticize. ‖ ~ 개시 기간 H-hour; zero / ~군 an attacking force / ~정신 an offensive spirit / 기습 ~ a surprise attack / 총~ a general attack.
공경(恭敬) respect; reverence. ~하다 respect; revere; pay respect to. ¶ ~할 만한 respectable; venerable / 어른을 ~하다 be respectful to one's elders.
공고(工高) a technical high school.
공고(公告) a public〔an official〕 announcement〔notice〕. ~하다 notify publicly; announce.
공고(鞏固) ~한 firm; stable; strong; sound. ¶ ~한 유대 strong ties.
공골차다 ☞ 옹골차다.
공공(公共) ~의 public; common. ¶ ~의 이익을 도모하다 promote the public interest. ‖ ~ 단체 a public body / ~ 복지 public welfare / ~ 사업 a public enterprise; public utility / ~심 public spirit / ~ 요금 public utilities charges / ~ 위생〔시설, 재산〕 public health〔facilities, property〕.
공공(○○) 《형용사적》 undisclosed; a certain; unidentified. ‖ ~ 기지 an undisclosed base / ~ 부대 an unnamed unit / ~ 사건 a certain affair.
공공기관(公共機關) a public institution.
공공기업체(公共企業體) a government corporation; a public corporation.
공공생활(公共生活) communal life.
공공심(公共心) public spirit; a spirit of public duty.
공공연(公公然) ~한 open; public. ¶ ~히 openly; publicly; in public / ~한 비밀 an open secret / ~한 사실 a matter of common knowledge.
공공용(公共用) public (affairs); public property; for public use.
공과(工科) the engineering department. ‖ ~ 대학 an engineering college.
공과(公課) public imposts〔charges〕; taxes. ‖ ~금(金) =공과.
공과(功過) merits and demerits.
공관(公館) an official residence. ‖ 재외 ~ Korean diplomatic and consular offices in foreign countries / ~장 회의 a conference of the heads of diplomatic mission abroad.
공교롭다(工巧—) (be) unexpected; coincidental; (in)opportune; (un-)fortunate; casual; accidental. ¶ 공교(工巧)로운 때 an (in)opportune time〔occasion〕/ 공교롭게 by chance (우연히); unluckily; unfortunately (재수없게); unexpectedly (의외로); by good luck (재수있게) / 공교롭게도 그날은 비가 왔다 The day happened to be rainy.
공구(工具) a tool; an implement. ‖ ~점 a machine-parts supplier / 기계 ~ a machine tool.
공구(工區) 〖建〗 a section of works.
공구(恐懼) awe; dread; fear.
공국(公國) a dukedom; a (grand) duchy.
공군(空軍) an air force. ‖ ~ 기지 an air base / ~력 air power; aerial strength / ~ 사관 학교 an air-force academy / ~ 작전〔부대〕 an air operation〔unit〕/ 한국 ~ the Republic of Korea Air Force (생략 ROK.A.F.)
공권(公權) civil rights; citizenship. ‖ ~ 박탈〔정지〕 deprivation〔suspension〕 of civil rights.
공권력(公權力) public power. ¶ ~의 행사 exercise of public power.
공권(空拳) a bare hand. ¶ (적수) ~으로 with one's naked〔bare〕 hands.
공규(空閨) the bedchamber of a neglected wife. ¶ ~를 지키다 be a lonely wife.
공극(空隙) an opening; a gap.
공금(公金) public funds〔money〕; government funds. ¶ ~을 횡령하다 embezzle public money.
공급(供給) supply; provision. ~하다 supply〔furnish, provide〕 《*a person*》 with. ¶ ~을 받다 be supplied 《*with*》; get a supply 《*of*》. ‖ ~자(者) a supplier / ~원(源) a source of supply.
공기 a jackstone(돌); jackstones(놀이). ~ 놀다 play jackstones.
공기(工期) 〖建〗 a term of works.
공기(公器) a public organ〔institution〕.
공기(空氣) air; atmosphere(분위기). ¶ 탁한 ~ foul air / 좌중의 ~ the atmosphere of a meeting. ‖ ~ 오염 air pollution; atmospheric pollution (대기 오염) / ~ 전염 infection (by air) / ~ 제동기〔압착기〕 a pneumatic brake〔compressor〕/ ~총 an air gun.
공기(空器) ① 《빈그릇》 an empty vessel. ② 《식사용》 a (rice-)bowl. ¶ 밥 한 ~ a bowl of rice.
공기업(公企業) public enterprise〔undertaking〕; a government project.
공납(公納) public imposts; taxes; 《학교의》 regular school payments. ‖ ~금 = 공납.
공납(貢納) ~하다 pay tribute.
공단(工團) ☞ 공업단지.
공단(公團) a public corporation.
공담(公談) an official talk; a public conversation.
공당(公黨) a political party.
공대(恭待) ~하다 receive 《*a person*》 cordially (대접); address with respect (존대).
공대공(空對空) air-to-air 《*missile*》.

공대지(空對地) air-to-surface.
공덕(公德) public morality. ‖ ~심 public spirit (morality).
공덕(功德) charity; a pious act. ¶ ~을 쌓다 do an act of charity; accumulate virtuous deeds.
공도(公道) 《도로》 a highway; a public way; 《정의》 justice; equity. ¶ ~를 밟다 act with (take the path of) justice.
공돈 unearned (windfall) income; easy-gotten money. ¶ ~은 오래 못간다 Lightly come, lightly go., Easy come, easy go.
공동(共同) ~의 common; joint; public. ¶ ~으로 jointly; in concert / ~의 이익을 위하여 for common benefit / ~의 적 a common enemy. ‖ ~ 경영 joint operation / ~ 묘지 a (public) cemetery / ~ 성명 《issue》 a joint communiqué (statement) / ~ 작전 《form》 a united front 《*with*》 / ~ 재산 joint (common) property. / ~ 전화 a party-line telephone / ~ 제작 joint production; co-production / ~ 주최 《under》 the joint auspices 《*of*》 / ~ 출자(出資) (a) joint investment / ~ 취사장 a community (communal) kitchen.
공동(空洞) a cave; a cavern.
공동가입(共同加入) 《전화》joint subscription. ‖ ~ 선 a party wire (line) / ~자 a joint subscriber/~ 전화 a part-line telephone.
공동생활(共同生活) community (communal) life; communal living; living together. ~하다 live together.
공동연구(共同硏究) joint research (-es). ~하다 study jointly; make (conduct) joint researches 《*into*》.
공동체(共同體) a community; a communal society.
공들다(功—) require much labo(u)r; cost strenuous effort. ¶ 공드는 일 hard (laborious) work.
공들이다(功—) elaborate; take (be at) pains; exert oneself; apply oneself to. ¶ 공(을)들인 elaborate; painstaking.
공떡(空—) a godsend; a windfall.
공락(攻落) ~하다 take 《*a castle*》; capture 《*a fort*》.
공란(空欄) a blank; a (blank) space; a column. ¶ ~에 기입하다 fill up the blanks in the sheet.
공람(共覽) ~하다 submit 《*things*》 to public inspection; exhibit 《*things*》 before the public.
공랭식(空冷式) ~의 air-cooled 《*engine*》.
공략(攻略) capture; invasion(침략). ~하다 carry; capture; invade.
공로(公路) a highway; a public way.
공로(功勞) (meritorious) services; merits; an exploit (☞ 공(功)). ¶ ~에 의하여 for (in recognition of) one's services. ‖ ~자 a person who has done good service; a person of distinguished service / ~주(株) 〖商〗 a bonus stock.
공로(空路) an air route (lane); a skylane. ¶ ~로 by plane (air).
공론(公論) 《여론》 public opinion; 《정론》 an impartial view.
공론(空論) an empty theory; an academic argument. ‖ ~가 a doctrinaire / 탁상 ~ a desk (paper) theory; an academic discussion.
공룡(恐龍) a dinosaur(ian).
공률(工率) rate of production; 〖理〗 power; activity.
공리(公吏) a public official; an officeholder.
공리(公利) public welfare(interests).
공리(公理) 〖數〗 a maxim; an axiom; 《도리》 a self-evident truth.
공리(功利) utility. ¶ ~적 utilitarian. ‖ ~주의 utilitarianism (~주의자 a utilitarian).
공리(空理) an empty theory; doctrinarianism. ¶ ~ 공론에 흐르다 indulge in academic discussion.
공립(公立) ~의 public. ‖ ~ 학교 a public school.
공막(鞏膜) 〖解〗 the sclera. ‖ ~ 절개(切開) 수술 sclerotomy.
공매(公賣) public auction (sale). ~하다 sell by auction; sell at auction《美》. ¶ ~에 부치다 put 《*a thing*》 to public sale; sell 《*a thing*》 by (at) auction. ‖ ~ 처분 disposition by public sale.
공매(空賣) 〖證〗 a short sale; short selling. ~하다 sell shorts.
공명(公明) fairness; justice; openness. ¶ ~ 정대한 fair; just; open. ‖ ~ 선거 a clean election.
공명(功名) a great exploit; distinction; fame. ¶ ~을 세우다 distinguish oneself. ‖ ~심 aspiration; ambition.
공명(共鳴) 《동감》 sympathy; response; 〖理〗 resonance. ~하다 《마음이》 sympathize (feel) with; respond to; 《물체가》 be resonant with; reverberate; echo. ‖ ~기(器) a resonator/~자 a sympathizer.
공모(公募) public subscription; public offering. ~하다 offer for public subscription (주식을); raise by subscription (기부를); invite public contribution (소설 따위). ¶ 주식을 ~하다 offer stocks for public subscription.
공모(共謀) conspiracy; collusion. ~하다 conspire with; plot together. ¶ …와 ~하여 in conspiracy with .... ‖ ~자 a conspirator; an accomplice.
공목(空木) 〖印〗 lead.
공무(工務) engineering works. ‖ ~국(局) an engineering office; 《신문사 따위의》 the Printing Bureau.
공무(公務) official business (duties).

¶ ~로 on official business. ‖~원 a public official 〔servant〕 (~원법 the Public Officials Law) / ~재해 보상 compensation for accidents in line of duty / ~집행 방해 interference with a government official in the exercise of his duties.
공문(公文) 《문서》 an official document; archives; 《통신》 an official dispatch. ‖~서 위조 forgery of official document.
공문(空文) a dead letter. ¶ ~화하다 turn out a dead letter.
공물(公物) government property; government issues(관급품).
공물(供物) an offering; sacrifice (제물).
공물(貢物) a tribute; a tributary payment.
공미리 〖魚〗 a snipe-fish(-eel).
공민(公民) a citizen. ‖~교육 civic education; education for citizenship / ~권 citizenship; civil rights (~권을 박탈하다 disfranchise).
공박(攻駁) refutation; attack. ~하다 refute; confute; argue against.
공방(攻防) offense and defense. ‖~전 an offensive and defensive battle.
공방(空房) 《빈방》 a vacant room; an unoccupied chamber; 《공규(空閨)》 the bedchamber of a neglected wife.
공배수(公倍數) 〖數〗 a common multiple. ‖최소 ~ the least common multiple (생략 L.C.M.).
공백(空白) a blank; a space; 《비유적》 a vacuum; a gap. ¶ ~을 메우다 fill up 〔in〕 a blank; fill a gap 《*in*》.
공범(共犯) 《죄》 complicity. ‖~자 an accomplice; a confederator.
공법(工法) a method of construction. ‖실드 ~ 〖建〗 the shield method.
공법(公法) public law. ‖~학자 a publicist / 국제 ~ international law.
공변되다 (be) fair; just; impartial.
공병(工兵) an engineer; a sapper 《英》. ‖~대 an engineer corps.
공보(公報) an official report; an official bulletin. ‖~실〔국〕 the Office 〔Bureau〕 of Public Information / 미국 ~원 the U.S. Information Service (생략 USIS).
공보처(公報處) the Ministry of Information.
공복(公僕) a public servant.
공복(空腹) hunger; an empty stomach. ¶ ~에 on an empty stomach; before meal.
공부(工夫) study. ~하다 study. ¶ ~를 잘하다 〔못하다〕 be good 〔poor〕 at one's studies. ‖~방 a study (room) / 시험 ~ study for an examination.
공분(公憤) righteous 〔moral〕 indignation. ¶ ~을 느끼다 be morally indignant 《*at, about it, with him*》.
공분모(公分母) 〖數〗 a common denominator.
공비(工費) the cost of construction; construction expenses.
공비(公費) public expense.
공비(共匪) red guerrillas. ‖무장 ~ armed red guerrillas.
공사(工事) works; construction; engineering work. ~하다 (do construction) work 《*at*》. ‖~비 the cost of construction / ~입찰 a bid for construction work / ~장 a site of construction / 개축〔수리, 증축〕 ~ rebuilding 〔repair, extension〕 works / 날림 ~ jerry-building / 부정 ~ faulty work / 토목 ~ public works.
공사(公司) a company; a corporation (=회사).
공사(公私) official 〔public〕 and private matters. ¶ ~ 간에 both in public and private / ~를 구별하다 draw the line between public and private matters.
공사(公社) a public corporation. ‖대한 석탄 ~ the *Dae Han* Coal Corporation.
공사(公使) a minister. ‖~관 a legation (~관원 (a member of) the legation staff).
공사(公事) public 〔official〕 affairs.
공사채(公社債) bonds; (public) bonds and (coporate) debentures. ‖~시장 the bond market / ~투자신탁 an open-end bond investment trust.
공산(公算) probability. ¶ …할 ~이 크다 There is a strong probability that....
공산(共產) common property. ‖~당(黨) the Communist Party; the Communists (~당원〔주의자〕 a communist) / ~주의 communism (~주의의 communist(ic)) / ~ 진영 the Communist camp / ~화(化) communization(~화하다 《타국을》 communize).
공산권(共產圈) the Communist bloc 〔orbit〕. ‖~제국(諸國) 《trade with》 Communist bloc countries 〔nations〕 / 비(非)~ 제국 countries outside the Communist bloc.
공산명월(空山明月) ① 《달》 the moon shining on a lone mountain. ② 《대머리》 a bald head.
공산품(工產品) industrial goods 〔products〕.
공상(工商) 《직업》 industry and commerce; 《계급》 the classes of artisans and tradesmen.
공상(公傷) an injury sustained while on duty.
공상(空想) an idle fancy; a daydream. ~하다 fancy; (day)dream. ¶ ~적 fanciful; visionary / ~에 잠기다 indulge in idle fancies; be

given to daydreaming. ‖ ~가(家) a dreamer; a visionary; a daydreamer / ~ 과학 소설 science fiction (생략 SF).
공생(共生) 〖生〗 symbiosis; commensalism. ‖ ~ 동물〔식물〕a commensal.
공서양속(公序良俗) 〖法〗 good public order and customs.
공석(公席) ①《공식의 석상》 a public occasion; the meeting. ¶ ~에서 on a public occasion. ② 《공무보는 자리》 an official post.
공석(空席) a vacant seat; a vacancy. ¶ ~을 채우다 fill (up) a vacancy.
공선(公選) public 〔popular〕 election. ~하다 elect by popular vote. ‖ ~ 시장 a publicly-elected mayor.
공설(公設) ~의 public; municipal (시립). ‖ ~ 시장 a public market.
공세(攻勢) the offensive 〔aggressive〕. ¶ ~를 취하다 take the offensive. ‖ 외교 〔평화〕 ~ a diplomatic 〔peace〕 offensive.
공소(公訴) 〖法〗 arraignment; prosecution; accusation; public action. ~하다 arraign; accuse; prosecute. ‖ ~ 사실 charge / ~장 a written arraignment.
공손(恭遜) ~한 polite; civil; courteous. ¶ ~히 politely; civilly; humbly; courteously.
공수(攻守) offense and defense; 〖野〗 batting and fielding. ‖ ~ 동맹 an offensive and defensive alliance.
공수(空手) ☞ 빈손.
공수(空輸) air transport; an airlift. ~하다 transport 〔carry〕 《*a thing*》 by air. ‖ ~ 부대 an air-borne unit 〔troops〕; an airlift troop 《美》; 《수송의》 an air transport corps (생략 A.T.C.) / ~ 작전 an airborne 〔airlift〕 operation / ~ 화물 airfreight.
공수병(恐水病) 〖醫〗 hydrophobia; rabies. ‖ ~ 예방 주사 anti-hydrophobia inoculation.
공수표(空手票) a fictitious bill; a kite; a bad check 〔cheque 《英》〕; 《비유적》 an empty promise. ¶ ~를 떼다 fly a kite; make an empty promise (비유).
공술(空—) a free 〔gratis〕 drink; free liquor.
공술(供述) a deposition; an affidavit. ~하다 depose; make affidavit. ‖ ~서 an affidavit; a written statement.
공습(空襲) an air raid 〔attack〕. ~하다 make an air attack 《*on*》. ‖ ~경보 《give》 an air-raid alarm 〔warning〕 (~ 경보를 해제하다 give the all clear signal).
공시(公示) public announcement 〔notice〕. ~하다 announce publicly. ‖ ~ 최고(催告) 〖法〗 a public summons.
공식(公式) 《수학의》 a formula; 《정식》 formality. ~의 formal; official; state. ¶ ~으로 formally; officially. ‖ ~발표 an official announcement 〔statement〕/ ~방문 a formal visit; an official call; a state visit (국가 원수의) / ~화(化) formulation.
공신(功臣) a meritorious retainer.
공신력(公信力) 《lose》 public confidence.
공안(公安) public peace (and order); public security 〔safety〕. ¶ ~을 유지하다〔해치다〕 keep〔disturb〕 public peace. ‖ ~ 경찰 the public peace police; the security police.
공알 《음핵》 the clitoris.
공액(共軛) ‖ ~각〔점, 호(弧)〕 〖幾〗 a conjugate angle 〔point, ark〕.
공약(公約) a public pledge 〔promise〕; a commitment. ~하다 pledge 〔commit〕 oneself. ¶ 선거 때의 ~을 지키다 keep campaign 〔election〕 promises.
공약수(公約數) a common measure 〔divisor〕. ‖ 최대 ~ the greatest common measure (생략 G.C.M.).
공양(供養) ~하다 provide 《*one's elders*》 with food; hold a mass 〔memorial service〕 for 《*the dead*》. ‖ ~미 rice offered to Buddha.
공언(公言) (open) declaration; profession; avowal. ~하다 declare (openly); profess.
공업(工業) (manufacturing) industry. ~의 industrial; manufacturing; technical. ¶ ~용의 for industrial use 〔purpose〕. ‖ ~가 an industrialist/ ~계 industrial circles / ~고등학교 a technical high school / ~국(國) an industrial nation / ~규격 industrial standard / ~단지 an industrial complex / ~용수 industrial water / ~ 지대 an industrial area; a manufacturing district / ~화(化) industrialization(~화하다 industrialize). / 석유화학 ~ the petrochemical industry / 철강~ the iron and steel industry.
공여(供與) giving; a grant. ~하다 give; grant; make a grant 《*of*》.
공역(共譯) joint translation.
공연(公演) a public performance. ~하다 perform; play; exhibit. ‖ 위문 ~ a consolation performance.
공연(共演) ~하다 coact; costar; play together. ‖ ~자 a costar; a coactor.
공연(空然) ~한 useless; futile; needless; unnecessary. ¶ ~히 to no purpose; uselessly; unnecessarily; in vain.
공염불(空念佛) a fair but empty phrase. ¶ ~에 그치다 end in an empty talk.

공영(公營) public management. ~하다 place 《*an undertaking*》 under public management.
공영(共榮) mutual prosperity.
공영(共營) joint management. ~하다 operate jointly 《*with*》.
공예(工藝) industrial arts; technology. ~의 industrial; technical. ‖ ~가(家) an industrial artist; an artistic craftsman / ~ 미술 applied fine arts / ~품 an object of industrial art / ~ 학교 a technological school.
공용(公用) public use; official [public] business. ¶ ~으로 on official business [duty]. ‖ ~어(語) an official language.
공용(共用) common use. ~하다 use 《*a thing*》 in common; share 《*a thing*》 with 《*another*》. ¶ ~의 for common use; public. ‖ ~전(栓) a common tap.
공원(工員) a (factory) worker; an operative.
공원(公園) a park. ‖ 국립 ~ a national park.
공위(空位) ① 《빈》 vacancy; a vacant position. ② 《실권없는》 a nominal position.
공유(公有) public ownership. ~의 public; public(ly)-owned. ‖ ~물 [재산] public property / ~지 public land.
공유(共有) joint [common] ownership. ~하다 hold in common; own 《*a thing*》 jointly. ¶ ~의 common; jointly owned. ‖ ~물 common property / ~지 a common.
공으로(空—) free (of charge); for nothing; gratis. ¶ ~ 얻다 [일하다] get [work] for nothing.
공의(公醫) a community doctor.
공이 a pestle; a pounder; a firing pin. ¶ ~로 찧다 pestle.
공이치기 《총의》 a hammer.
공익(公益) public benefit [interest]; the common good. ‖ ~ 단체 [사업] a public corporation [utility] / ~ 우선 public interests first.
공익(共益) common profit [benefit].
공인(公人) a public man [character].
공인(公認) authorization; official approval [recognition]. ~하다 recognize officially; authorize. ¶ ~의 authorized; approved; official / ~을 받다 gain official approval. ‖ ~ 기록 an official record / ~ 후보자 a recognized candidate; an officially endorsed candidate.
공인수(公因數) 〖數〗 a common factor.
공일(空—) free service. ~하다 work for nothing.
공일(空日) 《일요일》 Sunday; 《공휴일》 a holiday.
공임(工賃) a wage; wages; pay. ¶ ~을 올리다 [줄이다] raise [cut down] the wages.
공자(公子) a young nobleman.
공자(孔子) Confucius.
공작(工作) work; construction; 《책동》 a maneuver; activities, operations (행동). ~하다 《제작》 work; make; build; 《책동》 maneuver. ¶ 준비 ~을 하다 pave the way 《*for*》. ‖ ~ 기계(機械) a machine tool / ~대 a worktable / ~실 a workshop / ~창 an arsenal / ~품 handicrafts / 정치 ~ political maneuvering / 지하 ~ underground activities.
공작(孔雀) 〖鳥〗 a peacock; a peahen (암컷). ‖ ~석 〖鑛〗 malachite.
공작(公爵) a prince; a duke 《英》. ‖ ~ 부인 a princess; a duchess.
공작금(工作金) operational funds.
공장(工匠) a craftsman; an artisan.
공장(工場) a factory; a plant; a works; a mill; a workshop. ‖ ~ 관리 factory management / ~장 [감독] a factory [works] manager / ~ 지대(地帶) a factory district [area] / ~ 폐수 industrial sewage / 유리 ~ a glassworks / 조립 ~ an assembly shop [plant] / ~ 폐쇄 [휴업] plant closure
공장도(工場渡) 〖商〗 ex factory. ‖ ~ 가격 the factory [mill] price.
공저(共著) collaboration; a joint work (책). ‖ ~자 a joint author; a coauthor.
공적(公的) public; formal; official. ¶ ~으로 officially; publicly; formally.
공적(公敵) a public [common] enemy. ¶ 인류의 ~ an enemy of mankind.
공적(功績) a meritorious deed; merits; services. ¶ ~을 세우다 render distinguished services to 《*the country*》.
공전(工錢) wages; pay. ☞ 공임.
공전(公轉) 〖天〗 revolution. ~하다 revolve; move 《*round the sun*》.
공전(空前) ~의 unprecedented; unheard-of; epochal. ¶ ~ 절후의 the first and probably the last / ~의 기록 an all-time record 《美》.
공전하다(空轉—) 《기계 따위가》 race; run idle; skid (바퀴가); argue in a circle (이야기가).
공정(工程) the progress of work; a (manufacturing) process (과정); the amount [rate] of work. ‖ ~ 관리 process control.
공정(公正) justice; fairness; impartiality. ~한 just; impartial; fair. ¶ ~한 처리 a fair [square] deal. ‖ ~ 증서 a notarial deed / ~ 상거래 위원회 the Fair Trade Commission.
공정(公定) ~의 official; legal; (officially) fixed. ‖ ~ 가격 an official price / ~ 환율 an official exchange rate.

공정대(空挺隊) airborne troops; paratroops.
공제(共濟) mutual aid (relief). ‖ ~ 사업 a mutual benefit (aid) project / ~ 조합 a mutual benefit society (association).
공제(控除) subtraction; deduction. ~하다 subtract; deduct; take off. ‖ ~액(額) an amount deducted 《*from*》/ 기초 ~(액) (the amount of) basic tax exemption.
공존(共存) coexistence. ~하다 coexist; exist together. ‖ ~공영 coexistence and coprosperity / 평화적~ peaceful coexistence.
공죄(功罪) merits and demerits.
공주(公主) an Imperial (a Royal) Princess; a princess (of the blood).
공준(公準) 〖數〗 a postulate.
공중(公衆) the public. ~의 public; common. ¶ ~앞에서 in public; before company / ~의 이익 the public interest; the general good. ‖ ~ 도덕 public morality / ~목욕탕 a public bath / ~ 변소 a public (street) latrine / ~ 위생 public health (sanitation) / ~ 전화(電話) a public (tele)phone.
공중(空中) ~의 aerial; (in the) air. ¶ ~에 in the air (sky); in mid air. ‖ ~ 그네 a (flying) trapeze / ~ 급유 air(-to-air) refuel(l)ing / ~ 보급 an airlift / ~ 분해 a midair disintegration / ~선(線) an antenna; an aerial (wire) 《英》/ ~ 수송 air service (transportation)/ ~전 an air battle (combat) / ~질소 atmospheric nitrogen / ~활주(滑走) volplane; gliding.
공중감시(空中監視) (an) air surveillance; aerial inspection.
공중납치(空中拉致) hijacking of an airplane; sky-jacking. ~하다 high-jack (hijack) a (passenger) plane. ‖ ~범 a hijacker.
공중누각(空中樓閣) a castle in the air; an air (a cloud) castle; a dream. ¶ ~을 짓다 build castles in the air/ ~을 짓는 사람 a daydreamer; a visionary.
공중제비(空中一) a somersault; a tumble. ¶ ~를 하다 turn a somersault; turn head over heels.
공증인(公證人) a notary (public).
공지(空地) vacant ground (land); a vacant lot.
공지(公知) common (universal) knowledge. ¶ ~의 known to all; widely (well) known/~ 사항 the official announcement.
공직(公職) a public service. ¶ ~에 있다 hold (be in) a public office. ‖ ~ 생활 a public career (life) / ~ 추방(追放) purge from public office.
공직자(公職者) a public official; a government official; a public post holder. ¶ ~들의 무사 안일주의와 수동적인 자세 the easy-going and passive attitude on the part of government officials. ‖ ~ 사회 the bureaucratic society / ~ 윤리법 the Public Servants' Ethics Law.
공진회(共進會) a competitive exhibition; a prize show; a fair 《美》.
공짜 an article got for nothing. ¶ ~로 for nothing; free (of charge); gratis.
공차(公差) 〖數〗 a common difference; 《조폐(造幣)의》 allowance; tolerance.
공차(空車) 《빈차》 an empty car; 《무료 승차》 a free (stolen) ride. ¶ ~ 타다 steal a ride; get a free ride.
공창(工廠) an arsenal.
공창(公娼) a licensed prostitute (사람); licensed prostitution (제도).
공채(公債) a public loan (debt); 《증권》 a public (loan) bond. ‖ ~ 시장 the bond market / 군사 ~ war loan bonds / 무이자 ~ passive bonds / 장기~ a long-term government bond / 정리 ~ consolidated public loan bonds; consols 《英》.
공책(空冊) a notebook.
공처가(恐妻家) a henpecked husband; a henpeck.
공천(公薦) public nomination. ~하다 nominate publicly. ¶ 후보자를 ~하다 officially adopt a candidate; nominate a candidate.
공첩(公牒) an official dispatch.
공청(公廳) a public office.
공청회(公聽會) 《hold》 a public hearing; a committee hearing.
공출(供出) delivery. ~하다 deliver; offer. ‖ ~할당 allocation of delivery quotas.
공치다(空一) 《허탕》 be unsuccessful (fruitless); 《동그라미》 draw a circle.
공치사(功致辭) self-praise; admiration of one's own merit. ~하다 praise one's own service; brag of one's merit.
공칭(公稱) ~의 nominal. ‖ ~ 자본금 nominal (authorized) capital.
공탁(供託) ~하다 deposit 《*in, with*》; place 《*money*》 on deposit 《*in*》. ‖ ~금(金) deposit money / ~물 a deposit; a deposited article / ~소 a deposit office; a depository / ~자 a depositor.
공터(空一) a vacant lot; an open space.
공통(共通) ~의 common; mutual; general; public. ¶ ~의 이해 common interests / ~점이 있다 have something in common. ‖ ~성 community; commonness / ~어 a common language.
공판(公判) a (public) trial; a (public) hearing. ¶ ~에 부치다 bring 《*a case*》 to trial; put 《*a case*》 on tri-

al / ~을 열다 hold (a) court. ‖ ~정 the court; a public trial court.
공판장(共販場) a joint market.
공편(共編) coeditorship; collaboration.
공평(公平) impartiality; justice. ¶ ~한 fair; just; impartial / ~히 impartially; fairly; justly. ‖ ~무사 impartiality; fair play. ｢ion.
공평(公評) popular 〔a public〕 opin-
공포(公布) ~하다 promulgate; proclaim; make public.
공포(空胞) 〖生〗 vacuoles.
공포(空砲) a blank shot. ¶ ~를 쏘다 fire a blank shot.
공포(恐怖) fear; terror; dread; horror. ¶ ~에 사로잡히다 be seized with fear; be struck with horror/~의 빛을 보이다 look scared. ‖ ~관념 a fear complex / ~심 =공포 / ~ 정치 terrorism / ~증 phobia; morbid fear.
공폭(空爆) an air bombardment.
공표(公表) 《공포》 official 〔public〕 announcement; proclamation; 《발표》 publication. ~하다 announce officially; publish; make public. ¶ ~되다 be published; be made known.
공하신년(恭賀新年) wishing a happy New Year.
공학(工學) engineering. ‖ ~사 〔박사〕 a bachelor 〔doctor〕 of engineering. ｢education 《英》.
공학(共學) coeducation 《美》; mixed
공한(公翰), 공함(公函) an official letter. ｢공지(空地).
공한지(空閑地) vacant land. ☞
공항(空港) an airport; an aviation field. ‖ ~ 출입국 관리소 〔세관〕 the airport immigration office 〔customs house〕 / 국제 ~ an international airport.
공해(公海) the open sea; the high seas. ‖ ~ 어업 high sea fishery.
공해(公害) 《environmental, air, noise, water》 pollution. ¶ ~가 없는 pollution-free 《*engine*》 / ~를 제거하다 depollute. ‖ ~ 대책 an antipollution measure / ~문제 the problem of environmental pollution / ~병 pollution-caused diseases / 무~ 차 a zero emission vehicle 《ZEV》 / 산업 ~ industrial pollution.
공허(空虛) ~한 empty; vacant; void. ¶ ~한 느낌이 들다 feel hollow. ‖ ~감 a sense of emptiness; a hollow feeling.
공헌(貢獻) (a) contribution; service. ~하다 contribute 《*to*》; render services 《*to, for*》; make a contribution 《*to*》.
공화(共和) ~의 republican. ‖ ~국 a republic/~당 the Republican Party / ~ 정치 republican government / ~제(制) republicanism.
공황(恐慌) a panic; a scare; alarm. ¶ ~을 가져오다 bring on a panic / ~을 이겨내다 get over a crisis. ‖ 금융~ a financial panic 〔crisis〕.
공회(公會) a public meeting. ‖ ~당 a public hall; a city 〔town〕 hall.
공효(功效) an effect; use. ☞ 보람.
공훈(功勳) merits; an exploit. ¶ ~을 세우다 perform meritorious deeds.
공휴일(公休日) 《법정의》 a (legal) holiday; a red-letter day (일반적인).
…곶 a cape; a headland; a spit.
곶감 a dried 〔cured〕 persimmon.
과(科) 《학교의》 a course; a faculty; a department; 《동식물의》 a family; 《병과》 an arm. ‖ 고양이~ the cat family / 보병~ the infantry arm / 영문~ the English course; the Department of English (language and literature).
과(課) 《학과》 a lesson; 《분과》 a section. ¶ 제2~ Lesson 2 〔two〕/ ~원 the staff of a section / ~장 the head of a section; a section chief / 인사~ the personnel (affair) section.
과 and; 《함께 · 대항 · 분리 · 비교》 with; against; from. ¶ 손~ 발 hand and foot / 그 사람~ 같이 가다 go with him / 남~ 관계를 끊다 break with 《*a person*》.
과감(果敢) ~한 daring; bold; resolute. ｢senger.
과객(過客) a passer-by; a foot pas-
과거(科擧) the government 〔civil〕 service examination.
과거(過去) the past (days); 《과거생활》 one's past life; 《시제의》 the past tense; the preterite. ~의 past; bygone. ‖ ~ 분사 a past participle / ~ 완료 the past perfect tense; the pluperfect/~지사 past events; bygones.
과격(過激) ~한 excessive; violent; radical; extreme. ¶ ~한 수단 a drastic measure. ‖ ~ 분자 a radical element / ~주의 extremism; radicalism; Bolshevism (러시아) / ~파 extreme Radicals; an extremist faction.
과공(過恭) ~한 overmodest. ¶ ~은 비례이다 It is impolite to be too modest.
과꽃 〖植〗 a China aster.
과남풀 〖植〗 a gentian.
과납(過納) ~하다 pay in excess. ‖ ~액 an amount paid in excess.
과녁 a target; a mark. ¶ ~에 맞(히)다 hit the target/~을 빗맞히다 miss the target. ‖ ~빼기 the right opposite side.
과년(瓜年) 《여자의》 teens; a marriageable age.
과년(過年) ~한 past the marriageable age. ¶ ~한 처녀 an old maid.

과년도(過年度) the past financial year.
과념(過念) ~하다 mind excessively; worry too much.
과다(過多) excess; overplus. ~한 excessive; superfluous; superabundant; too much. ‖ ~ 청구 overcharge / 공급 ~ an excess of supply; oversupply.
과단(果斷) resolution; quick action; decision. ~한 decisive; resolute; quick. ‖ ~성(性) decisiveness; promptness in decision (~성 있는 사람 a man of determined character 〔quick decision〕/ ~성이 없다 lack decision; be irresolute).
과당(果糖) fruit sugar; fructose; levulose.
과당(過當) ~한 excessive; undue, unreasonable (부당한). ‖ ~경쟁 excessive 〔cut-throat〕 competition.
과대(過大) ~한 〔하게〕 excessive(ly); exorbitant(ly); extravagant(ly). ¶ ~ 평가하다 overestimate; overrate; think too highly of.
과대(誇大) exaggeration. ~하다 exaggerate; overstate; magnify. ‖ ~ 망상(증) megalomania (~ 망상에 빠지다 fall into expansive delusion).
과도(果刀) a fruit knife.
과도(過度) excess. ~한 excessive; immoderate; too much. ¶ ~하게 excessively; immoderately; to excess.
과도(過渡) ‖ ~ 내각〔정부〕 an interim 〔a caretaker〕 cabinet 〔government〕/ ~ 현상 a transient phenomenon.
과도기(過渡期) a transitional period 〔stage〕; an age 〔a period〕 of transition.
과두정치(寡頭政治) oligarchy.
과람(過濫) ~하다 (be) undeserved; undue; more than one deserves.
과려(過慮) ~하다 be overly 〔excessively〕 concerned 《*about*》.
과로(過勞) excessive labo(u)r; overwork. ~하다 work too hard; overwork oneself.
과료(科料) a fine. ¶ ~에 처하다 fine; impose a fine 《*upon*》.
과립(顆粒) a granule. ¶ ~ 모양의 granular.
과목(果木) a fruit tree.
과목(科目) a subject; a lesson; a course (과정); a curriculum (전과목); items (항목). ‖ 시험 ~ subjects of examination.
과묵(寡默) taciturnity. ~한 reserved; taciturn; reticent.
과문(寡聞) ~하다 be ill-informed 《*as to*》; have little knowledge 《*of*》.
과물(果物) fruit. ‖ ~전 a fruit shop 〔store〕; a fruit parlor 《美》.
과민(過敏) ~한 hyperacute; nervous; over-sensitive. ‖ ~증 〖醫〗 erethism; hypersensitiveness.
과밀(過密) overcrowding; overpopulation (인구의). ‖ ~ 도시 an overpopulated 〔overcrowed〕 city.
과반(過半) the greater 〔better, most〕 part 《*of*》; the majority.
과반(過般) last time; some time ago; the other day.
과반수(過半數) a majority; 《대부분》 the greater part 〔number〕 《*of*》. ¶ ~를 차지하다 hold a majority. ‖ 절대 ~ an absolute majority.
과병(寡兵) a small force 〔army〕; insufficient strength.
과보(果報) retribution. ☞ 인과응보.
과부(寡婦) a widow. ¶ ~로 사는 여자 a woman living in widowhood / ~가 되다 be widowed; lose one's husband.
과부족(過不足) overs and shorts. ¶ ~없이 neither too much nor too less.
과분(過分) ~한 excessive; undue; undeserved. ¶ ~한 영광 an undeserved hono(u)r.
과산화(過酸化) ‖ ~ 망간 manganese dioxide / ~물 peroxides / ~ 수소 peroxide of hydrogen / ~ 작용 peroxidation.
과세(過歲) ~하다 greet 〔celebrate〕 the New Year.
과세(課稅) taxation. ~하다 tax; impose a tax. ‖ ~율 tax rate / ~품 an article subject to taxation; a customable article 《美》/ 누진 ~ progressive taxation / 인정 ~ optional taxation / 중(重)~ heavy taxation.
과소(過小) ~한 too small.
과소(過少) ~한 too little 〔small〕. ¶ ~평가하다 underrate; underestimate; belittle 《*a danger*》; minimize.
과소(寡少) ~한 little; few; scanty.
과소비(過消費) overconsumption; conspicuous consumption.
과속(過速) overspeed. ¶ ~으로 달리다 overspeed. ‖ ~ 차량(車輛) an overspeeding vehicle.
과수(果樹) a fruit tree. ‖ ~원 an orchard/~ 재배 fruit culture.
과시(誇示) ~하다 display; show off; make (a) display 〔show〕 of 《*one's knowledge*》.
과식(過食) ~하다 overeat oneself; eat too much; eat to excess.
과신(過信) ~하다 put too much confidence 《*in*》; be overconfident; be credulous. ¶ 자기 실력을 ~하다 overestimate one's own ability.
과실(果實) 《총칭》 fruit; fruitage; 《단칭》 a fruit; a nut (견과); a berry (장과). ¶ ~을 따다 pick fruit / ~을 맺다 bear fruit (나무가); (develop into) fruit. ‖ ~상 a fruit shop 〔store〕 (가게); a fruiterer (사람) / ~주(酒) fruit wine.
과실(過失) ① 《과오》 a fault; a mis-

take; an error. ¶ ~을 저지르다 commit a fault (an error). ② 《사고》 an accident. ‖ ~ 치사 accidental homicide. ③ 《태만》 negligence; carelessness. ‖ ~범(犯) a careless offense (offence 《英》).

과액(寡額) a small (petty) sum.

과언(過言) 《지나친 말》 saying too much; 《과장》 exaggeration. ¶ …이라 해도 ~이 아니다 It is not too much (no exaggeration) to say that ....

과업(課業) ① 《학업》 a lesson; school work; a task. ② 《임무》 a task; a duty. ¶ ~을 맡기다 assign 《*a person*》 to a task/~을 완수하다 perform (carry out) one's duties.

과연(果然) as expected; just as one thought; sure enough; really (정말). ¶ ~ 그는 거기 있었다 Sure enough, there he was.

과열(過熱) ~하다 overheat. ¶ ~된 경제 an overheated economy.

과오(過誤) a fault; an error; a mistake. ¶ ~를 깨닫다 see the error of one's ways/~를 저지르다 commit a fault; make a mistake.

과외(課外) ~의 extracurricular; extra-classroom. ‖ ~ 공부 out-of-school studies / ~ 수업 an extracurricular lesson / ~ 활동 extracurricular activities.

과욕(過慾) avarice; greed. ¶ ~을 부리다 be greedy (avaricious, covetous) 《*of*》; expect too much.

과욕(寡慾) ~한 unselfish; disinterested; of few wants.

과용(過用) ~하다 waste; spend 《*money*》 too much (in excess); take an overdose of medicine.

과원(課員) a member of the section staff; a staff of a section.

과유불급(過猶不及) Too much is bad as too little.

과음(過淫) carnal excess; sexual indulgence. ~하다 indulge (oneself) in sex.

과음(過飮) excessive drinking. ~하다 drink too much; drink to excess; overdrink oneself.

과인산(過燐酸) 〖化〗 perphosphoric acid. ‖ ~ 비료 a superphosphate.

과일 ☞ 과실(果實)

과잉(過剩) an excess; a surplus. ~의 surplus; superfluous. ‖ 생산 ~ overproduction / 인구~ over population; surplus population.

과자(菓子) 《총칭》 confectionery; 《생과자》 cake; 《당과》 sweets; candy 《美》. ¶ 과잣집 a confectionery; a candy store 《美》; a sweet shop 《英》.

과장(誇張) exaggeration. ~하다 exaggerate; magnify; overstate.

과장(課長) a section(al) chief. ‖ ~ 대리 an acting chief of a section.

과정(過程) (a) process; a course. ‖ 생산 ~ the process of production.

과정(課程) a course; a curriculum 전교과(全教科)).

과제(課題) a subject; a theme; a home task (work) (숙제); exercises (연습문제). ¶ ~를 주다 give a subject; impose a task on 《*a person*》.

과주(果酒) fruit wine; a fruit drink.

과줄 a fried cake made of wheat flour, honey and oil.

과중(過重) ~한 too heavy; burdensome. ¶ ~한 노동 overwork / ~한 짐 overload; overfreight.

과즙(果汁) fruit juice. 「excessively.

과찬(過讚) ~하다 overpraise; praise

과태금(過怠金), 과태료(過怠料) a fine for default; a negligence fine.

과표(課標) a standard of assessment. ‖ ~액 the taxable amount; the ratal 《英》.

과하다(過—) (be) too much; excessive; undue. ¶ 과하게 to excess; excessively; unduly / 술을 과하게 마시다 drink too much; drink to excess / 과한 부담을 지우다 overtask; overweigh / 농담이 ~ carry a joke too far.

과하다(課—) levy (put, impose) 《*a tax*》; assess; assign 《*a task to*》. ¶ 세금을 ~ tax; impose tax 《*on*》/ 숙제를 ~ assign (set) 《*a student*》 homework.

과학(科學) science. ¶ ~화하다 make scientific / ~적(으로) scientific (-ally). ‖ ~ 기술 science and technology/~ 기술처 the Ministry of Science and Technology/~자 a scientist/~전(무기) scientific warfare (weapon) / 응용(자연, 사회) ~ applied (natural, social) science/ 한국 ~ 기술 연구소 Korea Institute of Science and Technology (생략 KIST).

과히(過—) 《너무》 too (much); excessively; overly; to excess; 《부정》 《not》 very (quite); 《not》 so much. ¶ ~걱정 마라 Take it easy / ~ 좋지 않다 be not particularly (very) good.

곽향(藿香) 〖植〗 a betony.

관(冠) a horsehair cap with an open top; a crown (왕관).

관(棺) a coffin.

관(管) a pipe; a tube.

관(館) ① 《푸주》 a butcher's shop. ② 《요정》 a fancy restaurant.

관(觀) a view; an outlook. ¶ 사회 ~ one's view of social life/세계 ~ an outlook on the world.

관(貫) 《무게》 a *gwan* (=3.75kg).

관개(灌漑) irrigation. ~하다 irrigate; water. ‖ ~ 공사 irrigation works / ~ 용수 irrigation water.

관객(觀客) a spectator; the audience (총칭).

관건(關鍵) ① 《문빗장》 a bolt; a

bar. ② 《핵심》 a key. ¶ 문제의 ~ the key to the question; the crux of the problem / …해결의 ~을 쥐다 hold the key to the solution of.

관계(官界) the official world; official circles; officialdom. ‖ ~ 쇄신 a renovation of officialdom.

관계(關係) ① 《관련》 relation(ship); reference; bearing; 《이해관계》 an interest; concern. **~하다** be related 《*to*》; connect (oneself) 《*with*》; bear reference 《*to*》; concern. ¶ ~하고 있다 be concerned [connected] 《*with*》 / …와 ~가 있다 [없다] have something [nothing] to do 《*with*》 / ~를 끊다 sever [cut off] connection 《*with*》. ‖ ~ 대명사 a relative pronoun/~ 법규 the related laws and regulations. ② 《관여》 (a) participation; concern; 《연루》 implication. **~하다** participate [be concerned] 《*in*》; be involved 《*in*》. ¶ 경영에 ~하다 participate in the management. ‖ ~ 기관 the organs [agencies] concerned / ~자 the persons concerned; an interested party (이해의). ③ 《영향》 influence; effect. **~하다** affect; have influence on; matter. ¶ ~가 크다《일을 주어로》 exert a wide influence 《*over, upon*》; affect deeply. ④ 《정교》 connection; (sexual) relations. **~하다** have connection [relations] 《*with*》; keep company with 《*a woman*》. ¶ …와 불의의 ~를 계속하다 continue illicit connection with.

관공(官公) ‖ ~리 public officials/ ~서 government and (other) public offices; public agencies.

관광(觀光) sightseeing. **~하다** go sightseeing; do [see] the sights 《*of*》; visit. ‖ ~객 a sightseer; a tourist / ~ 버스 a sightseeing bus / ~ 사업 the tourist industry; tourism/~ 시설 tourist facilities/ ~ 여행 a sightseeing tour(~여행을 하다 take a sightseeing trip) / ~지[단, 호텔, 선] a tourist resort [party, hotel, ship] / ~ 코스 a tourist route.

관광시즌(觀光一) the tourist season.

관구(管區) a district (under jurisdiction); a jurisdiction; a parish (교회의).

관군(官軍) the government forces [troops]; the royal army (왕국의).

관권(官權) government authority [power].

관극(觀劇) playgoing; theater going. **~하다** enjoy a theatrical perform.

관급(官給) government supply [issue]. ‖ ~품(品) a government issue 《美》.

관기(官紀) official discipline. ‖ ~ 문란 a laxity in official discipline/~ 숙정 (strict) enforcement of official discipline.

관내(管內) ¶ ~를[에] throughout [within] the jurisdiction [province] 《*of*》 / ~를 순시하다 make a tour of inspection through one's (area of) jurisdiction.

관념(觀念) ① 《의식》 a sense. ¶ 시간 ~이 없다 have no sense of time. ‖ 도의 ~ a moral sense/의무[책임] ~ a sense of duty [responsibility]. ② 《철학·심리학의》 an idea; a conception (개념). ¶ ~적인 ideal / 추상적 ~ an abstract idea / ~의 유희 a mere abstraction. ‖ ~론 idealism.

관능(官能) (a) sense (감각); (physical) function (기능). ¶ ~적인 functional (기능); sensuous (감각적); sensual (육감적). ‖ ~주의 sensualism.

관대(款待) a warm [hospitable] reception. **~하다** give 《*a person*》 a warm reception [a hearty welcome].

관대(寬大) broad-mindedness; generosity; tolerance. **~한** broad-minded; generous; liberal; tolerant. ¶ ~히 generously; liberally; tolerantly/~한 태도 generous attitude/~한 처분 lenient dealing (~한 처분을 탄원하다 plead for leniency).

관등(官等) official rank. ‖ ~ 성명 one's official rank and name.

관등(觀燈) the celebration of the birthday of Buddha; the Lantern Festival.

관람(觀覽) inspection; viewing. **~하다** see; view; inspect. ‖ ~객 a spectator; a visitor; an audience (총칭) / ~권 an admission ticket/ ~료 admission fee / ~석 a seat; a box; a stand.

관련(關聯) relation; connection. **~하다** relate 《*to*》; be related 《*to*》; be connected 《*with*》. ¶ …과 ~하여 in connection 《*with*》; in relation 《*to*》.

관례(冠禮) the celebration of one's coming of age.

관례(慣例) a custom; a usage; a practice; a precedent (선례). ¶ ~에 따라 in accordance with the custom/~에 따르다 follow the custom.

관록(官祿) a stipend; a salary.

관록(貫祿) dignity; weight. ¶ ~이 붙다 gain in dignity.

관료(官僚) bureaucracy; officialdom; 《사람》 a bureaucrat. ¶ ~적인 bureaucratic. ‖ ~주의 bureaucratism.

관류하다(貫流一) run [flow] through.

관리(官吏) a government official; a public servant. ¶ ~가 되다 en-

ter government service.
관리(管理) 《지배 · 총찰》 management; administration; control; 《보관》 custody; charge, care (돌봄). ~하다 administer; manage; take charge of. ‖ ~인[자] a manager; a superintendant; a custodian; a caretaker (집의); an executor (유산의) / ~직 an administrative position / 생산 [노무] ~ production [labo(u)r] management.
관립(官立) ~의 government(al). ‖ ~ 학교 a government school.
관망(觀望) ~하다 observe; watch; 《형세를》 wait and see; sit on the fence. ¶ 형세를 ~하다 watch the course of events; sit on the fence / ~적 태도를 취하다 take a wait-and-see attitude.
관명(官名) an official title [name]. ¶ ~을 사칭하다 assume an official title.
관명(官命) 《by》 official [government] order.
관모(冠毛) 〖植〗 an egret; a pappus; 〖動〗 a crest.
관목(灌木) a shrub; a bush.
관문(關門) a barrier; a gateway 《*to*》; a difficulty (어려움). ¶ ~을 통과하다 get over a barrier; pass (the barrier of) the examination (시험의).
관문서(官文書) an official document.
관물(官物) government property; article supplied by the government.
관민(官民) officials and people; the governing and the governed. ¶ ~이 협력하여 by the united efforts of government and people.
관변(官邊) 《관청측》 government circles; official quarters.
관보(官報) the official gazette; 《전보》 an official telegram. ⌈fit].
관복(官服) an official uniform [out-
관비(官費) the government expense(s). ¶ ~로 at government expense. ‖ ~ 유학생 a student sent abroad by the government.
관사(官舍) an official residence.
관사(冠詞) an article. ‖ 정[부정]~ a definite [an indefinite] article.
관상(冠狀) ~의 coronary; coronal; coronate. ‖ ~ 동맥[정맥] 《심장의》 the coronary arteries [veins].
관상(管狀) ~의 tubular; tubulous; tube-shaped. ¶ ~의 물건 a tube.
관상(觀相) phrenological interpretation. ¶ ~을 보다 tell 《*a person's*》 fortune by physiognomy (남의); get 《*a person*》 to tell one's fortune by physiognomy (자기의). ‖ ~술 physiognomy; phrenology/ ~장이 a physiognomist; a phrenologist.
관상(觀象) meteorological observation. ‖ ~대 a meteorological observatory (중앙 ~대 the Central Meteorological Office [Observatory]).
관상(觀賞) ~하다 admire; enjoy. ‖ ~ 식물 a decorative plant / ~어(魚) an aquarium fish.
관서(官署) a government office.
관선(官選) ~의 chosen [appointed] by the government. ‖ ~ 이사 a government-appointed trustee.
관설(官設) ~의 established by the government.
관성(慣性) 〖理〗 inertia. ‖ ~ 능률 the moment of inertia / ~의 법칙 the law of inertia.
관세(關稅) customs (duties); a (customs) tariff; tariff rates (세율). ‖ ~법 the customs law / ~ 장벽 a tariff barrier [wall] / ~청 the Office of Customs Administration / 보호 ~ a protective tariff/ 수입[수출] ~ import [export] duties / 통과 ~ a transit tariff.
관세음보살(觀世音菩薩) the Buddhist Goddess of Mercy.
관솔 a resinous pine knot.
관수(官需) an official demand. ‖ ~물자 supplies for government use.
관수(貫數) ¶ ~가 나가다 weight much.
관습(慣習) custom; usage; convention; usual practice. ~적 customary; usual. ¶ 사회의 ~ the social code; the mores. ‖ ~법 a customary law; the common law.
관심(關心) concern; interest. ¶ …에 ~을 갖다 be interested in/…에 ~이 없다 be indifferent to; be not concerned about [for]. ‖ ~사 a matter of 《*primary*》 concern (공동[상호] ~사 a matter of common interest).
관아(官衙) a government office.
관악(管樂) pipe-music; the wind music. ‖ ~기 a wind instrument.
관업(官業) a government enterprise.
관여(關與) participation. ~하다 participate [take part, have a share] 《*in*》.
관영(官營) ☞ 국영(國營).
관용(官用) 《용무》 government [official] business [duty]; an official mission; 《사용》 official [public] use. ¶ ~으로 on official business; for official use (사용).
관용(寬容) magnanimity; tolerance; leniency. ~하다 tolerate; be generous. ¶ ~의 정신 the spirit of tolerance.
관용(慣用) usage; common use. ~의 common; usual; idiomatic (어구의). ‖ ~어구 an idiomatic expression; an idiom.
관원(官員) a government official; a public servant.
관위(官位) office and rank; 《관등》 official rank.

관유(官有) government [state] ownership. ☞ 국유(國有)
관인(官印) an official [a government] seal. ¶ ~을 찍다 affix an official seal.
관인(寬仁) generosity; liberality; magnanimity.
관자놀이(貫子—) the temple.
관작(官爵) an office and rank; official rank. ¶ ~을 주다 grant 《*a person*》 official rank.
관장(管掌) management; charge; control. ~하다 manage; take charge of; have 《*a matter*》 in charge. ‖ ~ 업무 the business in one's charge.
관장(館長) a superintendent; a director; a (chief) librarian (도서관의); a curator (박물관의).
관장(灌腸) (an) enema. ~하다 administer [give] an enema 《*to*》. ‖ ~기 an enema; a clyster pipe.
관재(管財) administration (유산의); receivership (파산시의); property custodianship. ~하다 administer; put 《*property*》 under one's custody. ‖ ~국 the bureau of property custody/~인 a trustee (공공물의); an administrator (유산의); a receiver (청산시의); a property custodian (정부 등의).
관저(官邸) an official residence. ¶ 대통령 ~ the Presidential residence.
관전(觀戰) ~하다 witness a battle; watch a game (경기를). ‖ ~기(記) a witness's account 《*of a chess match*》.
관절(冠絶) ~하다 be unsurpassed; stand peerless.
관절(關節) 〖解〗 a joint; an articulation. ~의 articular. ‖ ~염 inflammation of a joint; arthritis.
관점(觀點) a point of view; a viewpoint; a standpoint. ¶ 이 ~에서 from this viewpoint/~이 다르다 have a different point of view; differ in opinion 《*from*》.
관제(官制) government organization [setup]; regulations.
관제(官製) ~의 government-manufactured; of government make. ‖ ~ 데모 a government-inspired demonstration/~ 엽서 a government postcard; a postal card《美》.
관제(管制) control; controlling. ‖ ~탑 a control tower (공항의) / 등화 ~ control of lights; a blackout (소등) / 보도 ~ news censorship; a news blackout.
관조(觀照) contemplation; meditation. ~하다 contemplate 《*nature*》.
관존민비(官尊民卑) preponderance of official power; putting government above people.
관중(觀衆) spectators; an audience; onlookers.
관직(官職) government service; a government post. ¶ ~에 있다 be in government service.
관찰(觀察) observation; a survey. ~하다 observe; make observation 《*of*》; watch closely. ‖ ~력 (the power of) observation/~안(眼) an observing [observant] eye.
관찰사(觀察使) 〖史〗 a (provincial) governor.
관철(貫徹) 《수행》 accomplishment; consummation; fulfilment. ~하다 accomplish; realize; carry out. ¶ 목적을 ~하다 realize [carry through] one's purpose; attain one's object.
관청(官廳) a government [public] office. ‖ 관계 ~ the authorities concerned / 주무 ~ the competent authorities.
관측(觀測) observation; a survey. ~하다 observe; make [take] an observation. ¶ 희망적 ~ wishful thinking. ‖ ~기구 an observation balloon; 《send up》 a trial balloon (비유적) / ~소 an observatory / ~자 an observer.
관통(貫通)《뚫음》penetration. ~하다 pierce; penetrate; pass through; shoot through (탄알이). ¶ ~ 총상(銃傷) a piercing bullet-wound/총알이 ~하다 be shot through 《*the arm*》.
관포(管鮑) ‖ ~지교(交) a Damon and Pythias friendship.
관하(管下), ¶ ~의[에] under the jurisdiction [control] 《*of*》.
관하다(關—) ① 《관계》 be connected [concerned] with; concern; relate to. ¶ …에 관하여 about; as to; regarding; concerning; with respect to/…에 관한 한 as [so] far as 《*it is*》 concerned / 그 점에 관해서 on that point; in that connection / 철학에 관한 책 a book on philosophy. ② 《영향》 affect 《*one's hono(u)r*》; concern; compromise. ¶ 명예에 관한 문제 a question affecting one's honor.
관학(官學) a government school.
관할(管轄) jurisdiction; control; competence; 《영역》 province. ~하다 have [exercise] jurisdiction 《*over*》; control; govern; have competence over 《*a matter*》. ¶ …의 ~에 속하다 fall under the jurisdiction 《*of*》. ‖ ~ 관청 the competent authorities/~ 구역 territorial jurisdiction/~권 jurisdiction/~ 다툼 a jurisdictional dispute / ~서(署) the police station concerned.
관함식(觀艦式) a naval review.
관행(慣行) (a) habitual practice. ~의 customary. ¶ 국제적 ~ an international practice.
관향(貫鄕) one's ancestral home.
관허(官許) government permission.

~의 licensed. ‖ ~ 요금 (government-)licensed charge.
관헌(官憲) the authorities; the officials.
관현(管絃) wind and string instruments. ‖ ~악 orchestral music(~악의 반주 an orchestral accompaniment / ~악단 an orchestra).
관혼상제(冠婚喪祭) ceremonial occasions; the ceremonies (of coming of age, marriage, funeral, and ancestral worship).
관화(官話) 《북경말》 Mandarin.
관후(寬厚) ~한 generous; liberal. ‖ ~ 장자 a man of magnanimity.
괄괄하다 《성질이》 (be) fiery; violent; impetuous; hot-tempered; spirited.
괄다 《화력이》 (be) strong; high.
괄대(恝待) ~하다 treat 《*a person*》 coldly; give 《*a person*》 a cold reception. 「bracket.
괄선(括線) 〖數〗 a vinculum; a
괄시(恝視) ~하다 《박대》 treat 《*a person*》 coolly; 《경멸》 hold 《*a person*》 in contempt; make light of.
괄약근(括約筋) 〖解〗 a sphincter; a constrictor.
괄태충(括胎蟲) 〖動〗 a slug.
괄호(括弧) 《둥근》 parenthesis; 《각》 brackets; 《큰》 a brace. ¶ ~ 속에 넣다 parenthesize; put 《*a word*》 in parentheses [brackets]. 「(땅광).
광 a storehouse; a barn; a cellar
광(光) 《윤》 gloss; luster. ¶ ~내다 gloss; glaze; polish up; bring out the luster; burnish (금속을).
광(廣) 《넓이》 area; extent; 《너비》 width; breadth.
광(鑛) 《갱》 a pit; a mine; 《덩어리》 a (mineral) ore. ‖ 철~ an iron ore.
…광(狂) 《열광》 a craze 《*for*》; a mania 《*for*》; 《사람》 a maniac; an enthusiast 《*for*》; a fan. ¶ 댄스~ a dance maniac / 영화 [야구]~ a movie [baseball] fan.
광각(光角) 〖理〗 an optic angle.
광각(光覺) the light sensation [sense]; the optic sense.
광각렌즈(廣角—) a wide-angle lens; a pantoscope.
광갱(鑛坑) a mine (shaft); a pit.
광견(狂犬) a rabid [mad] dog. ‖ ~병 rabies; hydrophobia (~병에 걸리다 be affected with rabies).
광경(光景) a spectacle; a sight; a view; a scene. ¶ 슬픈 ~ a sad sight/참담한 ~ a wretchted spectacle; a disastrous scene.
광고(廣告) 《알림》 a notice; an advertisement(영업상의); 《선전》 publicity. ~하다 advertise; announce. ‖ ~란 an ad column / ~료 ad (-vertisement) rates / ~ 방송 a commercial (broadcast) / ~전단 a (show) bill; a handbill / ~탑 a poster column; an advertising pillar [tower] (옥상의) / 사망 ~ a death [an obituary] notice/제품 ~ a product advertisement.
광공업(鑛工業) the mining and manufacturing industries.
광구(匡救) ~하다 rectify; redress.
광구(光球) 〖天〗 a photosphere. 「lot.
광구(鑛區) a mining area; a mine
광궤(廣軌) a broad [the standard] gauge. ‖ ~ 철도 a broad-gauge railroad [railway 《英》].
광기(狂氣) madness; craziness; insanity; (a) frenzy. ¶ ~의 insane; mad; crazy.
광나다(光—) gloss; glaze; shine; be glossy [shiny, lustrous].
광년(光年) 〖天〗 a light-year.
광대 a feat actor [actress (여자)]; an acrobatic [a stunt] performer (곡예); a mask performer (탈춤).
광대(廣大) ~한 immense; vast; extensive. ¶ ~ 무변한 (vast and) boundless; infinite.
광대뼈 the cheekbones; the malar bone. ¶ ~가 나온 사람 a person with high cheekbones.
광도(光度) 〖理〗 intensity of light; brightness. ‖ ~계 a photometer.
광독(鑛毒) mine [mineral] pollution; copper poisoning. ¶ ~의 피해 damage from mine pollution.
광란(狂亂) frenzy; wildness; madness. ~하다 be driven mad; be frantic [wild] 《*with*》; be beside oneself.
광력(光力) 〖理〗 illuminating power; light. ‖ ~계 〖寫〗 an actinometer.
광림(光臨) your visit [presence].
광막(廣漠) ~한 vast; wide; boundless. ¶ ~한 땅 a vast tract of land.
광망(光芒) a beam [shaft] of light.
광맥(鑛脈) a vein (of ore); a mineral vein; a deposit. ¶ ~을 찾아내다 strike a vein of ore.
광명(光明) 《빛》 light; 《희망》 hope; a bright future. ¶ 한 줄기의 ~ a flash of hope / 새로운 ~을 주다 shed [cast] a new light on 《*the subject*》.
광목(廣木) cotton cloth.
광물(鑛物) a mineral. ~의 mineral. ‖ ~계 the mineral kingdom / ~질 mineral matter / ~학 mineralogy.
광범(廣汎) ~한 extensive; wide; broad; far-reaching. ¶ ~한 개혁 a far-reaching reform / ~한 영향을 주다 exercise a far-reaching influence 《*on*》.
광범위(廣範圍) a wide scope; a vast range. ¶ ~에 걸치다 cover [extend over] a wide area. ☞ 광범.
광복(光復) the restoration of independence. ~하다 regain 《*a country's*》 independence. ‖ ~절 Independence [Liberation] Day of Korea.

광부(鑛夫) a miner; a mine worker; a collier; a pitman.
광분(狂奔) ~하다 run wild; busy oneself about; run madly about.
광분열(光分裂) 〖理〗 photofission.
광산(鑛山) a mine. ‖~ 공학 mining engineering / ~ 기사 a mining engineer 〔expert〕 / ~ 노동자 a miner / ~업 the mining industry/~채굴권 mining concessions/ ~측량(술) mine surveying.
광산(鑛産) a mineral product. ‖~지 a mineralized area.
광상(鑛床) (mineral) deposits.
광상곡(狂想曲) a rhapsody.
광석(鑛石) a mineral; an ore; a crystal (라디오의). ‖~ 검파기〔수신기〕 a crystal detector 〔set〕.
광선(光線) light; a ray; a beam. ‖~ 분석 spectrum analysis / ~ 요법 phototherapy / ~ 조절기 〖寫〗 an iris diaphragm; a stop / 굴절 〔반사〕 ~ refracted 〔reflected〕 light / 살인 ~ a death ray / 엑스 ~ the X 〔Roentgen〕 rays / 태양 ~ the sunlight.
광섬유(光纖維) optical fiber.
광속(光束) a beam; a pencil of light 〔rays〕; 〖電〗 a flux of light. ‖~ 발산도 luminous radiance 〔emittance〕.
광속(光速) the velocity of light.
광수(鑛水) mineral water.
광신(狂信) (religious) fanaticism. ~적 fanatic(al). ‖~자 a fanatic.
광심(光心) 〖理〗 an optical center.
광야(曠野) a wild 〔desolate〕 plain; a prairie 《美》.
광양자(光量子) 〖理〗 a photon; light quantum.
광언(狂言) mad talk; crazy remarks.
광업(鑛業) mining (industry). ‖~가 a mine owner 〔operator《美》〕/ ~권 a mining right / ~소 a mining station 〔office〕.
광역(廣域) a wide 〔large〕 area. ‖~ 수사 a search 《*for a suspected criminal*》 conducted over a very wide area / ~ 지방 의회 선거 a large-unit local election.
광열(光熱) light and heat. ‖~비 heat 〔fuel〕 and light expense(s).
광영(光榮) hono(u)r; glory. ☞ 영광.
광우리장수 a peddler carrying her wares in a basket on her head.
광원(光源) a source of light; a luminous source.
광원(廣遠) ~한 far and wide.
광유(鑛油) mineral oil.
광음(光陰) time. ¶~이 여류(如流)하다 Time flies (like an arrow).
광의(廣義) a broad sense. ¶~로 해석하다 interpret 《*it*》 in a broad sense.
광인(狂人) an insane person; a lunatic.
광자(光子) 〖理〗 a photon; a light quantum.
광장(廣場) an open space; a plaza; a (public) square.
광재(鑛滓) slag; dross.
광저기 〖植〗 cowpea; a black-eyed pea.
광적(狂的) mad; insane; lunatic; wild; frantic.
광전(光電) 〖電〗 photoelectricity. ‖~자 a photoelectron.
광점(光點) a luminous point; a radiant; 〖天〗 a facula (태양의).
광정(匡正) ~하다 reform; correct; remedy.
광주(鑛主) a mineowner.
광주리 a round wicker 〔bamboo〕 basket.
광증(狂症) madness; insanity. ¶~을 일으키다 become mad 〔insane〕.
광차(鑛車) a mine car; a coal tub (석탄차).
광채(光彩) luster; brilliancy. ¶~가 나다 be brilliant 〔dazzling, lustrous〕; shine/~를 발하다 shine.
광천(鑛泉) a mineral spring; mineral water (광수); a spa (온천).
광체(光體) a luminous body.
광축(光軸) 〖光〗 an optical axis.
광층(鑛層) an ore bed.
광치다 《떠벌리다》 talk big; show off; flaunt; boast 〔brag〕 《*of*》; 《광내다》 give a gloss to; shine; polish.
광태(狂態) shameful 〔disgraceful〕 conduct. ¶~를 부리다 behave disgracefully; make a scene; get wild in drink (취해서).
광택(光澤) luster; gross; shine. ¶~있는 lustrous; glossy / ~을 내다 polish; burnish; shine.
광파(光波) 〖理〗 a light wave.
광포(狂暴) ~한 furious; frenzied; outrageous; violent.
광폭(廣幅) 《넓은 폭》 a wide width. ¶~의 《goods》 of full width.
광풍(狂風) a raging wind.
광학(光學) optics; optical science. ‖~ 기계 an optical instrument / ~ 병기 optical weapon.
광행차(光行差) 〖理〗 an aberration.
광화(鑛化) 〖鑛〗 mineralization.
광화학(光化學) 〖理〗 photochemistry.
광활(廣闊) spaciousness; extensiveness. ~한 spacious; extensive; wide.
광휘(光輝) brilliance; glory; splendo(u)r.
광희(狂喜) wild joy; (a) rapture; (an) ecstasy. ~하다 go 〔be〕 wild with joy; be in raptures.
괘관(掛冠) resignation. ~하다 resign; tender one's resignation.
괘념(掛念) ~하다 mind; care; worry about.
괘도(掛圖) a wall map 〔chart〕 (지도); a hanging scroll (건축).
괘력(掛曆) a wall calendar.
괘선(罫線) a ruled line; a rule mark.
괘씸하다 (be) rude; intolerable; unpardonable; ungrateful; outrageous. ¶괘씸한 짓 an improper

act; an offensive deed; outrageous doings.
괘종(掛鐘) a (wall) clock.
괘지(罫紙) ruled (lined) paper.
괜찮다 ①《쓸만하다》(be) passable; not so bad; good; will do. ¶ 맛이 ~ taste good. ②《상관없다》do not care (mind); may, can; be all right. ¶ 괜찮으시다면 if you don't mind...; if it is convenient to you/비가 와도 ~ I don't care if it rains. / 나는 ~ I don't mind., I am all right.
괜히 ☞ 공연히.
괭이 《농구》 a hoe; a mattock.
괴걸(怪傑) a mystery man; a person of remarkable talent.
괴경(塊莖) 〖植〗 a tuber; a seed (감자 따위). ‖ ~ 식물 a tuber plant.
괴괴하다 (be) quiet; calm; deserted.
괴근(塊根) a tuberous (tuberose) root.
괴금(塊金) a nugget.
괴나리봇짐 a traveller's back bundle.
괴다¹ 《물이》 stagnate; be stagnant; stay.
괴다² 《발효》 ferment; undergo fermentation.
괴다³ 《받치다》 support; prop; 《쌓다》 pile up food on a table.
괴담(怪談) a ghost (weird) story.
괴도(怪盜) a mysterious (phantom) thief.
괴란(壞亂)《풍속의》corruption; 《질서의》subversion. ~하다 demoralize; corrupt; destroy.
괴력(怪力) superhuman strength.
괴로움《오뇌》agony; trouble; 《곤고》 sufferings; distress; hardship; 《고통》 pain. ¶ 삶의 ~ worries (troubles) of life / 마음의 ~ anguish of heart; mental affliction.
괴로워하다 suffer; be in pain (agony); 《시달리다》suffer from; be troubled 《*with*》; 《근심을 하다》 be worried 《*by*》; worry oneself 《*about, over*》.
괴롭다《고통》(be) painful; distressing; trying; tormenting; 《곤란》 (be) hard; difficult; 《경제적으로》 (be) straitened; needy; 《거북하다》 (be) awkward; embarrassing. ¶ 괴로운 입장 a painful (an awkward) position/괴로운 마음 a troubled heart/괴로운 나머지 driven by pain; in one's distress.
괴롭히다 trouble; torment; annoy; worry; distress; harass; 《고통으로》 afflict; give 《*a person*》 pain; persecute. ¶ 적을 ~ harass the enemy/제 마음을 ~ worry oneself.
괴뢰(傀儡) a puppet; a tool. ¶ ~ 정부 a puppet government.
괴망(怪妄) ~한 (스러운) eccentric; erratic; odd.
괴멸(壞滅) destruction; annihilation (전멸). ~하다 be destroyed (ruined, annihilated). ¶ ~시키다 destroy; annihilate.
괴문(怪聞) a wild (strange) rumor; a scandal.
괴물(怪物) a monster; a goblin; 《사람》 a mystery; an eccentric (괴벽한); a sphinx (수수께끼의).
괴벽(乖僻) eccentricity. ☞ 괴팍.
괴변(怪變) a strange accident; a curious affair.
괴사(怪事) a mystery (case); a wonder.
괴상(怪常) ~한 strange; queer; odd. ¶ ~한 일 a strange thing; an oddity / ~하게 여기다 think it strange that....
괴상(塊狀) ~의 massive. ‖ ~암(岩) (화산) a massive rock (volcano).
괴수(怪獸) a monster.
괴수(魁首) the ringleader; the leader; a boss.
괴승아 〖植〗 a wood sorrel; an oxalis.
괴위(魁偉) ~한 imposing; commanding.
괴이(怪異) ~한 mysterious; strange; odd.
괴좆나무 ☞ 구기자.
괴질(怪疾) a mystery disease; an unidentified disease.
괴짜(怪—) an odd (eccentric) person; a queer sort of fellow; a screwball.
괴철(塊鐵) an iron ingot; 〖冶〗 bloom (iron).
괴탄(塊炭) lump coal.
괴팍 ~한(스러운) fastidious; finical; perverse; cranky; eccentric. ¶ ~한 사람 a crank; an eccentric (a queer) man; a fastidious (bigoted) person / ~한 성미 a fussy temperament.
괴한(怪漢) a suspicious(-looking) fellow (guy); a ruffian.
괴혈병(壞血病) 〖醫〗 scurvy; scorbutus.
괴화(怪火) a mysterious fire; a fire of unknown origin.
굄돌 a stone prop (support).
굉굉하다(轟轟—) (be) thunderous; roaring; deafening.
굉대(宏大) ~한 vast; huge; grand.
굉음(轟音) a roaring sound; a loud report; a deafening roar; an ear-splitting sound. ¶ ~을 내다 make (produce) a thundering noise.
굉장(宏壯) ~한《큰》grand; magnificent; imposing; 《대단한》 splendid; excellent; great; awful, terrible (엄청나다). ¶ ~히 very; magnificently; awfully / ~한 건축물 a magnificent structure/~한 부자 an awfully rich man/~히 가난하다 be deadly poor/~히 덥다 be awfully hot / ~히 아름답다 be strikingly beautiful.
교(教) ☞ 종교(宗教).
교가(校歌) a school (college) song.
교각(橋脚) a (bridge) pier; a bent.
교각살우(矯角殺牛) a deadly effect of a good intention; "The remedy is worse than the evil."
교감(校監) a head teacher; an assistant (acting) principal.
교감신경(交感神經) the sympathetic

nerve.
교갑(膠匣) a capsule.
교골(交骨) 〖解〗 the pubis [*pl.*-bes]; the pubic bone.
교과(教科) a course of study; the curriculum; 《과목》 a subject. ‖ ~서 a textbook; a school book.
교관(教官) an instructor; the teaching staff (전체).
교교하다(皎皎—) (be) bright; brilliant. ¶ 교교히 bright(ly).
교구(教具) teaching implements.
교구(教區) a parish. ‖ ~민 a parishioner.
교권(教權) 《종교상의》 ecclesiastical authority; ecclesiasticism; 《교육상의》 educational authority. ‖ ~확립 the establishment of the educational authority.
교규(校規) school regulations.
교근(咬筋) 〖解〗 the masticatory muscle.
교기(校紀) school discipline.
교기(校旗) a school banner.
교기(驕氣) a proud air; haughtiness. ¶ ~부리다 behave haughtily; ride the high horse.
교내(校內) ~의 interclass. ‖ ~운동대회 an interclass athletic meet.
교단(教團) a religious body; an order; a brotherhood.
교단(教壇) the platform. ¶ ~에 서다 stand on the platform; teach a class; be a teacher. ‖ ~생활 a teaching career.
교당(教堂) a church; a temple; a cathedral; a mosque (회교의).
교대(交代) alternation; change; relief; shift (직공 따위의). ~하다 relieve; change; take turns; alternate 《*with a person*》 (번갈아). ¶ ~로 by turns; in shifts; alternately/주야 ~로 by day and night shifts / 3 ~로 일하다 work in three shifts. ‖ ~시간 the changing time/~원 a shift / 2 ~제 the two shift system / ~조업 shift operation; working in shift.
교도(教徒) a believer; an adherent.
교도(教導) instruction; teaching; training. ~하다 instruct; teach; train; coach; guide. ‖ ~민주주의 guided democracy.
교도(矯導) ‖ ~관 a prison officer; a (prison) guard; a warder / ~소 a prison; a jail (gaol 《英》); a penitentiary (~소에 들어가다 be put in prison; be sent to jail).
교두보(橋頭堡) a bridgehead; a beachhead (해안의). ¶ ~를 확보(구축)하다 secure (establish) a bridgehead.
교란(攪亂) disturbance; derangement. ~하다 disturb; derange; stir up; throw into confusion.
교량(橋梁) a bridge. ¶ ~을 가설하다 construct (build) a bridge 《*over*》. ‖ ~공사 bridge building.
교련(教鍊) 《군사 훈련》 military exercises (drill(학교의)). ~하다 train; exercise; drill. ‖ ~교관 a drill instructor / 집총 ~ arms drill.
교료(校了) 《부호》 O.K. ~하다 finish proofreading; be OK'd. ‖ ~쇄(刷) an OK'd proof.
교류(交流) interchange; 〖電〗 an alternating current (AC). ¶ 한미문화~ cultural exchange between Korea and America. ‖ ~발전기 an AC generator; an alternator/ 인사 ~ interchange of personnel 《*between*》.
교리(教理) a doctrine; a creed; a dogma; teachings. ‖ ~문답 catechism.
교린(交隣) relations of neighboring countries. ‖ ~정책 a good-neighbor policy.
교만(驕慢) pride; elation; haughtiness. ~한 proud; elated; haughty; puffed-up.
교목(喬木) a tall tree; a forest tree; an arbor. ‖ ~대(帶) the forest-tree zone.
교묘(巧妙) ~한 clever; skil(l)ful; dexterous; deft; tactful. ¶ ~하게 cleverly; skillfully; deftly; expertly/~한 솜씨 a deft performance; exquisite workmanship/~한 수단 a subtle (clever, shrewd) trick/~하게 속이다 play a clever (neat) trick 《*on a person*》.
교무(教務) ① 《학교》 school affairs. ‖ ~과 the instruction section/~주임 the chief of school affairs. ② 《교회》 religious affairs.
교문(校門) a school-gate. ¶ ~을 나서다 leave the school gates; leave school; graduate from the school.
교미(交尾) copulation; coition. ~하다 copulate; mate; pair; cover. ‖ ~기(期) the mating (pairing) season.
교배(交配) crossbreeding; crossing; cross-fertilization (식물의). ~하다 crossbreed; cross; cross-fertilize.
교복(校服) a school uniform.
교본(教本) a textbook 《*on, in*》.
교부(交付) delivery; grant. ~하다 deliver; hand 《*a ticket*》 to; serve 《*a person*》 with; grant. ¶ 통지서를 ~하다 serve 《*a person*》 with a notice.
교분(交分) friendship. ¶ ~이 두텁다 be good friends with; enjoy a close intimacy with.
교빙(交聘) ~하다 exchange (interchange) envoys.
교사(巧詐) ~스러운 sly; tricky; crafty; foxy.
교사(校舍) a schoolhouse; a school building. ‖ 가(假)~ a temporary (makeshift) school building (schoolhouse).
교사(教師) a teacher; an instructor; a master; a schoolmaster (국민

학교의). ‖ ~ 자격증 a teacher's license; a teaching certificate/여 ~ a schoolmistress; a lady teacher/영어 ~ a teacher of English; an English teacher.
교사(教唆) incitement; instigation. ~하다 incite; instigate. ‖ ~자 an instigator. ¶ …의 ~로 at 《*a person's*》 instigation; on 《*a person's*》 suggestion.
교사(驕奢) luxury; extravagance.
교살(絞殺) strangulation. ~하다 murder by suffocation; strangle; hang.
교상(咬傷) a bite.
교생(教生) a student teacher.
교서(教書) a message. ‖ 연두 ~ the New Year Presidential Message/특별 ~ a special message.
교섭(交涉) ① 《협상》 negotiation(s); discussion(s); talks; bargaining. ~하다 negotiate 《*with a person about a matter*》; treat 〔confer, bargain〕 《*with*》. ¶ ~중이다 be in 〔under〕 negotiations 《*with*》/~ 단계에 있다 be in the negotiation stage. ‖ ~ 단체 a bargaining 〔negotiating〕 body (국회의) / 단체 ~ collective bargaining/예비 ~ preliminary negotiation. ② 《관계》 relation; connection.
교수(教授) teaching; instruction; tuition; 《사람》 a professor; the faculty (전체). ~하다 teach; instruct; give instruction 《*in*》. ‖ ~법 a teaching method/~ 요목 an outlined program of instruction/~회 a faculty meeting 〔council〕/개인 ~ private lessons 《*in*》/부~ an associate professor/조~ an assistant professor/지도 ~ an adviser.
교수(絞首) hanging; strangulation. ~하다 hang; strangle. ‖ ~대 gallows; the gibbet/~형 death by hanging.
교습(教習) training; instruction. ~하다 give 《*a person*》 lessons 《*in*》; train; drill; instruct. ¶ ~을 받다 take lessons 〔a course〕 《*in*》. ‖ ~소 a training school / 피아노 ~ piano lessons.
교시(教示) teaching; instruction. ~하다 instruct; teach.
교신(交信) communication. ~하다 communicate 《*with*》; exchange telegraphic messages 《*with*》.
교실(教室) a classroom; a schoolroom. ‖ 콩나물 ~ an overcrowded classroom.
교안(教案) a teaching plan. ¶ ~을 짜다 work out a teaching plan.
교양(教養) culture; education; refinement. ¶ ~(이) 있는 cultured; (well-)educated; refined. ‖ ~ 과목 cultural studies; liberal arts/~학부 the department of liberal arts; a liberal arts school.
교언(巧言) (a) flattery; fair 〔fine〕 words. ‖ ~ 영색(令色) flattery; fine words and insinuating looks.
교역(交易) trade; commerce; barter (교환). ~하다 trade 〔barter〕 with; exchange.
교역자(教役者) a religious worker.
교열(校閱) revision. ~하다 revise. ‖ ~자 a reviser.
교오(驕傲) ~한 arrogant; proud; haughty.
교외(郊外) the suburbs; the outskirts. ‖ ~ 생활 a suburban life.
교외(校外) ~의〔에〕 outside the school; out of school. ‖ ~생 an extramural student; a correspondence-course student/~ 활동 extramural activities.
교우(交友) 《사귐》 companionship; 《벗》 a friend; a companion; an acquaintance. ¶ ~ 관계 one's associates (~관계를 조사하다 check up 《*a person's*》 associates).
교우(校友) a schoolmate; 《동창》 an alumnus [*pl.* -ni] (남자); an alumna [*pl.* -nae] (여자) 《美》; an old boy 《英》. ‖ ~회 a students' association.
교우(教友) a fellow believer 〔Christian, Buddhist〕; a brother in the same faith.
교원(教員) a teacher; an instructor; the (teaching) staff (총칭). ¶ ~이 되다 take up teaching. ¶ ~ 양성소 a teachers' training school.
교원병(膠原病) a collagen disease.
교유(交遊) companionship; friendship; acquaintance. ~하다 associate 《*with*》; keep company 《*with*》.
교육(教育) education; schooling (교습); instruction; 《훈련》 training. ~하다 educate; instruct; train. ¶ ~받은 educated; cultured/~받지 못한 uneducated; ignorant/~을 잘 받은 well-educated 〔-trained〕; well-bred. ‖ ~감 the superintendent of education 〔schools〕/~계 the educational world / ~ 공무원 an educational public service employee/~과정 a course of study/~ 기관 an educational 〔a teaching〕 institution/~ 대학 a college of education; a teachers' college/~비(費) educational 〔school〕 expenses/~ 시설 〔행정〕 educational facilities 〔administration〕/~ 영화 an educational film/~ 위원회 a board of education; a school board 《美》 / ~자 an educator; a (school) teacher/~ 제도 a school system / 기술 ~ technical education.
교육부(教育部) the Ministry of Education.
교의(交誼) friendship; friendly relationship.
교의(校醫) a school physician 〔doctor〕.
교의(教義) a doctrine; teachings; a dogma.
교인(教人) a believer 《*in*》; an adherent 《*of*》; a follower.

교자상(交子床) a large (dining) table.
교장(校長) a director (고교의); a principal (중학의); a headmaster (국민학교의).
교장(校葬) a school funeral.
교장(教場) a drill ground [field].
교재(教材) teaching materials[aids].
교전(交戰) 《전쟁》 war; hostilities; 《전투》 a battle; an action. ~하다 fight 《*with, against*》; engage in a battle; wage war (전쟁). ‖ ~국 belligerents; warring nations/~상태 a state of war.
교점(交點) an intersecting point; 〖天〗 a node.
교접(交接) 《성교》 sexual intercourse; coition. ~하다 have sexual intercourse 《*with*》.
교정(校正) proofreading. ~하다 read proofs; correct the press. ‖ ~쇄(刷) a proof sheet; (printer's) proofs/~원 a proofreader/~필(畢) a corrected proof; 《기호》 Corrected; O.K.
교정(校訂) revision. ~하다 revise. ‖ ~판(版) a revised edition.
교정(校庭) a schoolyard; a (school) playground; the campus 《美》.
교정(教程) 《교본》 a textbook; a manual; 《과정》 a course of study; 《방법》 a method of teaching.
교정(矯正) reform correction; remedy. ~하다 correct; reform; remedy; cure (치료). ‖ ~법 a remedy; a cure.
교제(交際) (friendly) relations; intercourse; association; company. ~하다 associate with; hold intercourse with; keep company with. ¶ ~상 as a matter of social courtesy/~가 넓다 have large social connections; be widely acquainted/~를 넓히다 extend one's acquaintance/~를 끊다 break off relations with. ‖ ~가 a sociable person/~ 범위 a circle of acquaintance/~비 social expenses; 《회사에서 지급되는》 an expense account.
교조(教祖) the founder of a religion.
교조주의(教條主義) doctrinism. ‖ ~자 a doctrinist.
교졸(巧拙) skill; performance (연기의); workmanship (세공의).
교주(校主) the proprietor of a school.
교주(教主) the founder of a religion; the head of a sect.
교지(校地) a school site.
교지(教旨) tenets; doctrine (교리).
교직(交織) a mixed weave; silk-rayon fabric (비단, 인조견의). ‖ 면모 ~ half wool; wool-cotton fabric.
교직(教職) 《학교의》 the teaching profession; 《종교의》 the ministry. ¶ ~에 있다 be a teacher. ‖ ~원 the teaching staff; the faculty.
교질(膠質) stickiness; a colloid.
교차(交叉) intersection; crossing. ~하다 cross [intersect] 《*each other*》. ‖ ~로 (a) crossroads; an intersection/~ 승인 cross-recognition/~점 a cross(ing); a junction.
교착(交錯) complication; intricacy; blending; mixture. ~하다 be complicated [intricated, entangled]; cross [mingle with] each other. ¶ 명암(明暗)의 ~ a mixture of light and shade.
교착(膠着) agglutination; stalemate (사태의). ~하다 glue 《*to*》; agglutinate. ‖ ~ 상태 a deadlock; a standstill (~ 상태에 있다 be at a stalemate/~ 상태에 빠지다 come to a standstill [deadlock]).
교체(交替) replacement; a change; a switch (투수의). ~하다 change; replace. ¶ 내각의 ~ a cabinet reshuffle.
교칙(校則) school regulations.
교칙(教則) rules for teaching.
교탁(教卓) a teacher's desk.
교태(嬌態) coquetry. ¶ ~를 부리다 put on coquettish airs; play the coquetry.
교통(交通) 《왕래》 traffics; 《연락》 communication; 《운수》 transport; transportation; navigation 《*on a river*》. ¶ ~을 차단하다 cut off communication; isolate (격리); quarantine (전염병으로). ‖ ~ 규칙 traffic regulations [rules]/~ 기관 means of transportation [traffic, conveyance]/~난 a traffic congestion/~도덕 traffic morals/~량 traffic (volume)/~ 마비 traffic paralysis/~망 a traffic net (-work)/~방해 obstruction of traffic/~부 the Ministry of Transportations/~비 traffic expenses; carfare/~ 사고 a traffic accident/~ 순경 a traffic constable/~ 신호 a traffic signal [light] (~신호를 무시하다 neglect traffic signal)/~ 안전 traffic safety/~ 위반 a traffic offense [offence 《英》] (~ 위반자 a traffic offender [violator])/~ 정리 traffic control/~ 지옥 a traffic mess/~ 체증 traffic holdups; a traffic tie-up [jam, gridlock].
교파(教派) a (religious) denomination; a sect; a religious party.
교편(教鞭) teaching. ¶ ~을 잡다 teach (at a) school; stand on the platform.
교포(僑胞) 《동포》 a Korean resident abroad; overseas Koreans (총칭).
교풍(校風) school morals [traditions].
교합(交合) sexual union.
교향(交響) ‖ ~곡 a symphony/~시 a symphonic poem/~악=교향곡 (~악단 a symphony orchestra).
교호(交互) ~의 mutual; reciprocal; alternate. ‖ ~ 작용 (an) inter-

action.
교화(敎化) education; culture; enlightenment. ~하다 educate; enlighten; civilize.
교환(交換) 《교역》 exchange; interchange; barter (물물의); 《바꿔놓음》 substitution; 《어음의》 clearing. ~하다 exchange; interchange; barter; substitute; clear (어음을). ¶ …과 ~으로 in exchange 〔return〕 for.... ‖ ~ 가격 〔가치〕 the exchange price 〔value〕/ ~ 교수 〔학생〕 an exchange professor 〔student〕 / ~소 a clearing house (어음의) / ~수 a (tele)phone girl; an operator/ ~ 업무 clearance operation (어음의) / ~ 조건 a bargaining point / ~품 an exchange; a barter 《美》/ (전화) ~국 a central office; a telephone exchange/(전화) ~대 a switchboard.
교환(交歡·交驩) an exchange of courtesies. ~하다 exchange courtesies 〔greetings〕; fraternize 《*with*》. ‖ ~ 경기 a courtesy game; a good-will match.
교활(狡猾) ~한 cunning; sly; artful; crafty; tricky. ¶ ~한 수단 (a) sharp practice; a shrewd trick/ ~하게 굴다 act craftily.
교황(敎皇) the Pope; the (Supreme) Pontiff. ~의 papal. ‖ ~ 사절 an apostolic(al) delegate / ~청 the Vatican.
교회(敎會) a church; 《단체·종파》 (the) Church. ¶ ~에 가다 go to church. ‖ ~당 a church; a cathedral (성당); a chapel (학교 등의).
교회사(敎誨師) a (prison) chaplain.
교훈(校訓) school precepts; a motto for school discipline.
교훈(敎訓) 《가르침》 teachings; a precept; 《훈화》 a lesson; a moral (우화의). ~적 instructive; edifying. ¶ ~을 얻다 learn 〔get〕 a lesson 《*from*》/ ~을 주다 give a lesson 《*to*》.
구(句) 《구절》 a phrase; a clause; 《문구》 an expression; 《성구·숙어》 a (set) phrase; a passage; a paragraph.
구(區) ① 《시의》 a ward; a district. ② 《구역》 a section; a district. ‖ 선거~ an electoral district; a constituency.
구(球) a ball; a globe; a sphere; a bulb (전구 등의); a tube (라디오 등의). ¶ 4~식 수신기 a four-tube radio set 〔receiver〕.
구(九) nine. ¶ 제 ~ the ninth.
구…(舊) former, ex- (전); old (낡은). ¶ ~ 사상 an old fashioned idea/ ~정치인 an exstatesman; an ex-politician.
구가(謳歌) ~하다 glorify; eulogize; sing the praises of. ¶ 인생을 ~하다 sing the joys of life / 자유를 ~하다 sing the praises of liberty.
구각(舊殼) ¶ ~을 벗다 break with 〔discard〕 the tradition.
구간(區間) the section 《*between A and B*》. ¶ ~ 버스 요금 the bus fare for a section.
구간(舊刊) 《잡지의》 a back number; 《서적의》 an old edition.
구간(軀幹) he body; physique; build.
구갈(口渴) thirst.
구강(口腔) the mouth; the oral cavity. ‖ ~ 외과 oral surgery/~ 위생 the hygiene of the mouth.
구개(口蓋) 〖解〗 the palate; the roof of the mouth. ~의 palatal. ‖ ~골 the palatine bones/~음 a palatal (sound) / 연〔경〕~ the soft 〔hard〕 palate.
구걸(求乞) begging. ~하다 beg; ask charity; go (about) begging. ¶ 집집마다 ~하며 다니다 beg from door to door.
구경 ¶ ~하다 see 《*a play*》; look at; watch 《*a game*》; visit 《*a museum*》; do 〔see〕 the sights 《*of*》 (관광) / ~스럽다 be worth seeing/ 연극을〔영화를〕 ~하다 see a play 〔movie〕 / 시내를 ~하다 do the sights of a city. ‖ ~가마리 a laughingstock; an object 〔a butt〕 of ridicule/~감〔거리〕 a sight; a spectacle; an object of interest; a draw 〔show〕; something to see/ ~꾼 a spectator, an audience (관객); a looker-on(방관자); a visitor.
구경(口徑) caliber; calibre 《英》. ¶ ~ 8인치 포 a 8-inch gun.
구경(究竟) ① 《필경》 after all; in the long run; in the end. ② 《궁극》 the final; the extreme; the ultimate.
구경(球莖) a bulb. ☞ 구근(球根).
구고(舊稿) an old manuscript.
구곡(舊穀) grain produced in the previous year; long-stored grain.
구공탄(九孔炭) a nine-holed (coal) briquet(te).
구관(舊館) the old(er) building.
구관조(九官鳥) 〖鳥〗 a (hill) myna(h).
구교(舊交) 《오랜 정분》 old friendship 〔acquaintance〕.
구교(舊敎) Catholicism; the Catholic Church. ‖ ~도 a (Roman) Catholic.
구구(九九) the rules of multiplication. ‖ ~표(表) a multiplication table.
구구하다(區區—) 《변변찮음》 (be) petty; small; insignificant; minor; trivial; 《각각》 (be) various; diverse; divided. ¶ 구구한 변명 a lame 〔poor〕 excuse/의견이 ~ be divided in opinion.
구국(救國) rescue of one's country. ‖ ~ 운동 a save-the-nation movement.
구균(球菌) a micrococcus [*pl.* -ci].
구근(球根) a bulb; a tuber (감자 따위). ‖ ~ 식물 a bulbous plant.

구금(拘禁) detention; confinement; custody. ~하다 detain; confine; imprison; keep 《*a person*》 in custody. ¶ ~되다 be detained (in custody); be held in custody; be placed under confinement.

구급(救急) relief. ~의 emergency; first-aid. ‖ ~ 상자 〔약, 치료〕 a first-aid box 〔medicine, treatment〕/ ~차 an ambulance / ~ 환자(患者) an emergency case.

구기 a small ladle 〔dipper〕.

구기(球技) a ball game. ‖ ~장 ☞ 구장(球場).

구기다 crumple; wrinkle; rumple; crush. ¶ 구겨지다 be crumpled 〔wrinkled〕; get mussed.

구기자(枸杞子) 〖植〗 a Chinese matrimoney vine.

구김살 creases; rumples; folds. ¶ ~을 펴다 smooth out wrinkles; smooth 《*the dress*》.

구깃구깃하다 (be) creasy; crumpled; wrinkled.

구난(救難) rescue; salvage. ‖ ~선 a rescue 〔salvage〕 ship/~ 작업 rescue 〔salvage〕 work.

구내(構內) premises; a compound; an enclosure; the yard. ‖ ~ 식당 a refectory (학교 등의); a refreshment room (역 따위의).

구내염(口內炎) 〖醫〗 stomatitis.

구년(舊年) the old 〔past〕 year; last year.

구더기 a maggot. ¶ ~가 들끓다 be infested with maggots.

구덩이 a hollow; a depression; a cavity; a pit.

구도(求道) seeking after truth. ‖ ~자(者) a seeker after truth.

구도(構圖) composition; planning.

구도(舊都) an old capital; an ancient seat of government.

구독(購讀) subscription. ~하다 subscribe for 〔to〕; take (in). ¶ ~을 신청하다 take out a subscription 《*to*》. ‖ ~료 subscription (rates)/ ~자 a subscriber; a reader.

구두 shoes; boots. ¶ ~ 한 켤레 a pair of shoes / ~를 벗다 remove 〔take off〕 shoes / ~를 신다 put on shoes / ~를 맞추다 have a pair of shoes made / ~를 닦다 shine 〔polish〕 shoes / 구둣발로 들어가다 〔차다〕 enter 〔kick〕 with one's shoes on. ‖ ~골 a last; a shoetree / ~끈 a shoelace; a shoestring 《美》; a bootlace 《英》/ ~닦이 shoe polishing; a shoeshine boy (사람) / ~수선 shoe mending/ ~약 shoe 〔boot〕 polish / ~장이 a shoemaker / ~ 주걱 a shoehorn; a shoe lifter / ~창 the sole of a shoe / 구둣방 a shoe store 〔shop〕/ 구둣솔 a shoe brush.

구두(口頭) ~의 oral; verbal; spoken. ¶ ~로 orally; verbally; by word of mouth / ~로 전달하다 give a verbal message. ‖ ~ 변론 〖法〗 oral proceedings; oral argument / ~선(禪) empty slogan (한낱 ~선에 그치다 become mere empty slogan).

구두(句讀) punctuation. ‖ 구두점 punctuation marks 〔points〕 (구두점을 찍다 punctuate 《*a sentence*》).

구두쇠 a grasping 〔stingy〕 fellow; a miser; a close-fisted person; a penny pincher; a pinch; a niggard.

구드러지다 dry up; be parched.

구들장 flat pieces of stone used for flooring a Korean room.

구라파(歐羅巴) ☞ 유럽.

구락부(俱樂部) ☞ 클럽.

구랍(舊臘) last December; the end of last year.

구래(舊來) ~의 old; ancient; traditional. ¶ ~의 누습 old abuses.

구렁 《패인 곳》 a depression; a hollow; a pit; 《구렁텅이》 the bottom; a chasm; the depths; abyss. ¶ 절망(絶望)의 ~(텅이) 《sink into》 the depths of despair.

구렁이 ① 《뱀》 a big snake; a huge serpent. ¶ ~ 담 넘어가듯 하다 realize one's aim in an unnoticed way. ② 《사람》 an old fox; a tricky person.

구레나룻 whiskers.

구력(舊曆) the old 〔lunar〕 calendar.

구령(口令) a command. ~하다 (give a) command.

구루(傴僂) a hunchback. ‖ ~병 〖醫〗 rickets.

구류(拘留) detention; custody. ~하다 detain; keep 〔hold〕 《*a person*》 in custody. ¶ 10일간의 ~ 처분을 받다 be sentenced to ten days' detention.

구르다[1] 《데굴데굴》 roll (over). ¶ 굴러들어오다 roll in; fall into one's hands (유산 등이).

구르다[2] 《발을》 stamp one's feet; stamp with impatience 〔vexation〕.

구름 a cloud; the clouds (총칭). ¶ ~없는 cloudless / ~낀 cloudy / ~사이 a break 〔rift〕 in the clouds / ~에 덮이다 be covered with clouds; be clouded over / ~ 위에 솟다 soar to the sky; rise above the clouds / ~ 한 점 없다 be cloudless; be without a speck of cloud.

구름다리 an overpass; a footbridge; a railway 〔land〕 bridge.

구릉(丘陵) a hill; a hillock. ‖ ~ 지대 hilly districts.

구리 copper. ¶ 구릿빛의 copper-colo(u)red / ~를 입히다 copper; plate 《*a thing*》 with copper. ‖ ~철사 copper wire.

구리다 ① 《냄새가》 (be) stinking; badsmelling. ¶ 구린내 a bad 〔foul〕 smell; an offensive odo(u)r. ② 《수

상함》(be) suspicious; shady; 《추잡》(be) dirty; nasty; mean. ¶ 제 밑이 ~ have something on one's conscience.

구매(購買) purchase. **~하다** purchase; buy. ‖ ~력 purchasing power (사람의); the buying value (화폐의) / ~자 a purchaser; a buyer / ~ 조합 a purchasing guild (association); a co-operative.

구멍 a hole; an opening; a chink (틈); a slit (기다란); an orifice (작은); a perforation (꿰뚫은); a stop (관악기의); a pit (구덩이); a leak (물이 새는); an eyelet (끈을 꿰는). ¶ 바늘 ~ an eye (of a needle) (바늘의); a hole made by a needle (뚫어놓은) / ~을 뚫다 make (bore, drill) a hole.

구멍가게 a small shop (store); a mom-and-pop store.

구메농사(一農事) ① 《소농》 small-scale farming. ② 《농작》 an irregular crop.

구면(球面) 〖數〗 a spherical surface. ‖ ~ 기하학 (삼각법) spherical geometry (trigonometry) / ~ 삼각형 a spherical triangle.

구면(舊面) an acquaintance (of long standing); a familiar person.

구명(究明) **~하다** study; investigate; look (inquire) into 《*a matter*》; bring 《*a matter*》 to light.

구명(救命) lifesaving. ‖ ~대(帶) a life (safety) belt / ~대(袋) an escape chute (고층에서의); a float (수영용) / ~ 동의(胴衣) a life jacket / ~정 a lifeboat.

구명(舊名) an old name.

구무럭거리다 be slow (tardy); move slowly; hesitate.

구문(口文) ☞ 구전.

구문(構文) sentence structure; construction of a sentence. ‖ ~법 syntax.

구문(舊聞) an old story; stale news.

구물거리다 ☞ 구무럭거리다.

구미(口味) (an) appetite; taste; flavo(u)r. ¶ ~를 돋우다(가 당기다) whet one's appetite; 《비유》 stir up interest; arouse curiosity / ~가 없다 have no appetite.

구미(歐美) Europe and America. **~의** European and American; Western. ‖ ~인 Europeans and Americans; Westerners / ~ 제국 Western countries.

구박(驅迫) cold (harsh, cruel) treatment; maltreatment. **~하다** maltreat; treat 《*a person*》 badly; be hard upon 《*a person*》.

구배(勾配) a slope. ☞ 물매.

구변(口辯) ¶ ~이 좋다 have a fluent (ready) tongue / ~이 좋은 사람 a good speaker; a glib talker.

구별(區別) 《make》 a distinction 《*between*》; (a) difference. **~하다** distinguish 《*A from B, between A and B*》; tell 《*A from B*》. ¶ …의 ~ 없이 without distinction of; irrespective of.

구보(驅步) a run; 《말의》 a canter; a gallop; 《군대의》 double time; double quick. ¶ ~로 at a run (canter); 《marching》 on the double.

구복(口腹) mouth and stomach. ‖ ~지계(計) living; livelihood.

구부러뜨리다 bend; curve; crook.

구부러지다 bend; curve; wind.

구부리다 《몸을》 stoop; bow; 《물건을》 bend; curve; crook. ¶ 허리를 ~ bend oneself (one's knees).

구부스름하다 (be) somewhat bent.

구부정하다 ☞ 구부스름하다.

구분(區分) 《분할》 division; demarcation; 《구획》 a section; a partition; 《분류》 classification. **~하다** divide 《*up*》; section 《*off*》; partition; classify.

구불구불 ¶ ~한 winding; meandering; curved.

구불텅구불텅 ¶ ~한 ever-bending; winding.

구비(口碑) tradition; legend; folklore.

구비(具備) **~하다** have; possess; be fully equipped 《*with*》; be endowed (furnished) 《*with*》 (재능 따위를). ¶ 모든 조건을 ~하다 fulfil all the conditions; satisfy all the requisites. ‖ ~ 서류 required documents.

구사(驅使) **~하다** 《부리다》 have 《*one's men*》 at one's beck and call; keep 《*a person*》 on the trot; 《능숙히》 use freely; have a good command of 《*English*》.

구사상(舊思想) old-fashioned ideas.

구사일생(九死一生) a narrow escape from death. **~하다** have a narrow escape; escape by the skin of one's teeth. ¶ ~으로 with bare life.

구상(求償) ‖ ~ 무역 compensation trade.

구상(具象) ~적 concrete. ¶ ~적으로 in the concrete. ‖ ~ 개념(명사) a concrete concept (term).

구상(球狀) a spherical shape. ¶ ~의 spherical; globular.

구상(鉤狀) ¶ ~의 hook-shaped. ‖ ~골(骨) an unciform bone.

구상(構想) a plan; (a) conception; a plot; design. ¶ 소설의 ~ the plot of a novel / ~을 가다듬다 think out a plan; polish a plot.

구새먹다 become (get) hollow. ¶ 구새먹은 나무 a hollowed tree.

구색(具色) assortment; an assortment of goods (물건). ¶ ~을 갖추다 assort; furnish with various sorts; have an assortment of goods; have a well-assorted stock.

구석 a corner; a nook. ¶ ~에 in a corner / ~~에 in every nook and corner; in all the corners. ‖ ~ 자리 a corner seat.

구석기(舊石器) a pal(a)eolith. ‖~시대 the Early Stone Age.
구석지다 (be) secluded; recessed; out-of-the-way. ¶구석진 데 a recess; a nook; an out-of-the-way place.
구설(口舌) words of denunciation; malicious gossip; strictures. ¶~을 듣다 suffer from a slip of the tongue. ‖~수 the bad luck to be verbally abused.
구성(構成) constitution; composition; organization; formation. ~하다 constitute; organize; make up; compose; form. ¶문장의 ~ construction of a sentence / 범죄를 ~하다 constitute a crime. ‖~분자 a component; a constituent / ~비(比) 〖統〗 the component ratio / 문장 ~법 syntax.
구세(救世) salvation (of the world). ‖~주 the Savio(u)r; the Messiah / ~군 the Salvation Army.
구세계(舊世界) the Old World; the Old Continent.
구세대(舊世代) the old generation.
구속(拘束) restriction; restraint; 《감금》 confinement; detention; 《체포》 arrest. ~하다 restrict; restrain; bind; detain 《*a person*》 in custody; arrest. ¶~받다 be bound; be placed under restraint / ~받지 않는 free. ‖~력 binding force / ~ 영장 a warrant of arrest.
구속(球速) 〖野〗 (pitching) pace; the speed of a pitched ball. ¶~이 있다 pitch a very swift ball.
구수(口授) ~하다 instruct (teach) orally; dictate.
구수하다 《맛이》 (be) tasty; savory; taste good (서술적); 《냄새가》 (be) pleasant; smell good (서술적); 《이야기 따위》 (be) attractive; appealing; plausible.
구수회의(鳩首會議) a conference. ~하다 counsel together; lay (put) 《*their*》 heads together.
구술(口述) an oral statement; a dictation. ~하다 state orally; dictate. ¶~의 oral; verbal. ‖~서 a verbal note.
구슬 glass beads; 《보옥》 a gem; a bijou; 《진주》 a pearl. ‖~백 a beaded bag.
구슬땀 beads of sweat. ¶~을 흘리며 일하다 work with sweat running down in beads.
구슬리다 coax (cajole, wheedle) 《*a person into*...》.
구슬프다 (be) sad; touching; sorrowful; mournful; plaintive. ¶구슬픈 노래 a plaintive (doleful) song.
구습(舊習) old (time-hono(u)red) customs. ¶~을 고수하다 stick to old customs (practices).
구승(口承) (an) oral tradition. ~하다 hand down; tell a story from generation to generation. ‖~ 문학 oral literature.
구시대(舊時代) the old era. ¶~의 정치인 an old-school politician.
구시렁거리다 keep grumbling 《*at, over, about*》; nag 《*at*》.
구식(舊式) an old style (fashion, school). ~의 old-fashioned; antiquated; out-of-date. ‖~ 사람 an old-fashioned person.
구신(具申) a representation. ~하다 report (in detail); make a representation to 《*a superior*》. ‖~서(書) a representation; a detailed report.
구실[1] 《역할》 one's function (duty, share); a part; a role. ¶중요한 ~을 하다 play an important (a great) part / 제 ~을 하다 do one's (share of) duty; do one's bit.
구실[2] 《조세》 《pay》 a tax; duties.
구실(口實) an excuse; a pretext; a pretence. ¶…을 ~로 하여 on the pretext (pretence) of / ~을 만들다 make up (find) an excuse.
구심(求心) ~적(으로) centripetal(ly). ‖~력 centripetal force.
구심(球心) the center of a sphere.
구심(球審) 〖野〗 a ball (chief) umpire.
구십(九十) ninety. ¶제 ~ the ninetieth.
구아야콜 〖藥〗 guaiacol.
구아주(歐亞洲) Europe and Asia; Eurasia. ~의 European and Asiatic; Eurasian.
구악(舊惡) a past crime (misdeed); the old evils (사회 등의). ¶~을 들추다 expose 《*a person's*》 past misdeed / ~을 일소하다 make a clean sweep of (stamp out) the old evil.
구애(求愛) courtship. ~하다 woo; court; make love 《*to*》.
구애(拘礙) ~하다 be particular 《*about formality*》; stick (adhere) to; be wedded 《*to*》. ¶~하지 않고 freely; irrespective of / 사소한 일에 ~하다 be particular about trifles.
구약성서(舊約聖書) the Old Testament.
구어(口語) (the) spoken (colloquial) language. ~의 spoken; colloquial. ¶~로 in spoken language; colloquially. ‖~체 a colloquial style; colloquialism.
구역(區域) 《경계》 the limits; the boundary; 《지대》 an area; a zone; a district. ‖담당 (순찰) ~ one's rounds; a beat.
구역(嘔逆) nausea. ¶~나다 feel sick (nausea). ‖~질 nausea (~질 나는 sickening; nauseating).
구연(口演) an oral narration. ~하다 recite; tell 《*a story*》.
구연(舊緣) old relationship (ties).
구연산(枸櫞酸) 〖化〗 citric acid.
구옥(舊屋) 《고옥》 an old house; 《전

의 집》 one's former house.
구우(舊友) an old friend (pal).
구우일모(九牛一毛) a mere fraction; a drop in the bucket.
구운석고(一石膏) plaster of Paris.
구워지다 《빵 따위가》 be baked; be toasted(토스트); 《석쇠로》 be grilled; 《고기가》 be roasted; 《생선이》 be broiled. ¶ 설~ be underdone.
구원(久遠) eternity; permanence; perpetuity. ~한 eternal; perpetual; everlasting; permanent.
구원(救援) relief; 《go to the》 rescue 《of》; reinforcement; salvation (종교상의). ~하다 rescue; relieve. ‖ ~대 a relief (rescue) party / ~병(군) reinforcements / ~ 투수 〖野〗 a relief pitcher.
구원(舊怨) an old grudge.
구월(九月) September (생략 Sep(t).).
구유 a manger; a trough.
구의(舊誼) old friendship.
구이 roast meat (고기); broiled fish (생선). ‖ 돼지고기 ~ roast pork / 생선~ fish broiled with salt / 통닭~ a roast chicken.
구인(求人) ~하다 offer a job; seek help. ‖ ~ 광고 a help-wanted advertisement; a want ad 《美》 / ~난(難) a labo(u)r shortage / ~난(欄) the help-wanted column.
구인(拘引) arrest; custody (구류). ~하다 arrest; apprehend.
구일(九日) ① 《초아흐레》 the ninth (day). ② 《9일간》 nine days.
구입(購入) purchase; buying. ~하다 purchase; buy; get. ‖ ~ 원가 purchase cost / ~자 a purchaser; a buyer(대량 ~자 a heavy buyer).
구작(舊作) one's old work.
구잠함(驅潛艦) a submarine chaser; a subchaser.
구장(球場) a baseball park (ground, field); a soccer ground (축구장).
구저분하다 ☞ 구접스럽다.
구적(求積) 〖數〗 mensuration. ‖ ~법 stereometry.
구전(口傳) oral tradition; a legend; 《구수(口授)》 oral instruction. ~하다 instruct orally; hand down by word of mouth.
구전(口錢) a commission; percentage; brokerage (fee). ¶ ~을 받다 take commission 《*of* 1,000 *won*, *of* 5%》. ‖ 매입(매출) ~ buying (selling) commission.
구절(句節) a phrase and a clause; 《문장》 a paragraph.
구절양장(九折羊腸) a meandering path; a winding road.
구절초(九節草) 〖植〗 the Siberian chrysanthemum.
구절판(九折坂) a nine sectioned lacquer ware serving plate.
구점(句點) a punctuation mark (point).
구점(灸點) moxa cautery.
구접스럽다 (be) dirty; filthy; nasty; mean; untidy; shabby; low.
구정(舊正) the lunar New Year's Day.
구정(舊情) old friendship. ¶ ~을 새로이 하다 renew one's old friendship 《*with*》; return to one's former love (남녀간에).
구정물 filthy water; slops; sewage.
구제(救濟) relief; succo(u)r; help; aid; redress. ~하다 relieve; succor; deliver 《*a person*》 from; help 《*a person*》 out of; remedy; save. ¶ ~할 수 없는 unrelievable; unremediable; beyond remedy / 빈민을 ~하다 relieve the poor. ‖ ~ 기금 a relief fund / ~ 사업 relief work / ~책 a relief measure; remedy.
구제(驅除) extermination. ~하다 exterminate; get rid of; stamp out. ¶ 해충을 ~하다 stamp out noxious insects.
구제도(舊制度) the old (former) system.
구조(救助) rescue; relief; aid; help; salvage (배 따위). ~하다 rescue; relieve; save; help. ¶ 인명을 ~하다 save a life / ~를 청하다 call for help. ‖ ~대 a rescue (relief) party / ~선 a rescue ship; a relief boat / ~ 신호 an SOS (call) / ~원 a rescue man / ~ 작업 relief work; rescue operations; salvage work (operations) (난파선의).
구조(構造) structure; construction; setup; organization (조직). ~의 structural. ¶ 사회의 ~ the organization of society / 인체의 ~ the structure of the human body. ‖ ~식 〖化〗 a structural formula / ~ 언어학 structural linguistics / 산업(產業) ~ 《Korea's》 industrial structure.
구좌(口座) an account. ☞ 계좌.
구주(救主) ☞ 구세주(救世主).
구주(歐洲) Europe. ☞ 유럽.
구주(舊株) 〖證〗 an old stock (share).
구죽 a pile of oyster shells on the seashore.
구중궁궐(九重宮闕) the Royal Palace; the Court.
구중중하다 (be) damp; moist; wet; nasty.
구직(求職) seeking work; job hunting. ~하다 look out for a job; seek employment. ‖ ~ 광고 a situation-wanted advertisement; a want ad 《*for a job*》 (~ 광고란 a situation-wanted column / ~ 광고를 내다 advertise 《*in a newspaper*》 for a (vacant) position) / ~자 a job hunter; an applicant 《*for a position*》.
구질구질하다 ① ☞ 구중중하다. ② 《지저분》 (be) dirty; filthy; untidy; sordid; squalid; slovenly. ③ 《언행이》 (be) mean; base.
구차(苟且) ~하다, ~스럽다 (be) very

poor; destitute; needy; miserable; 《서술적》 be badly off; be hard up; 《구구함》(be) ignoble; humiliating; unworthy; clumsy (변명 따위). ¶ ~한 목숨 a humiliating life; an ignoble existence / 살림이 ~하다 be in poverty; be in needy circumstances / 남에게 ~한 소리를 하다 beg another's favo(u)r; ask for another's sympathy.

구창(口瘡) a sore in the mouth.

구척장신(九尺長身) a giant.

구천(九泉) Hades; the nether world.

구청(區廳) a ward [district] office. ‖ ~장 the chief of a ward / ~ 직원 a ward official.

구체(具體) concreteness. ~적(으로) concrete(ly); definite(ly) / ~적으로 말하면 to put it concretely [in the concrete] / ~화하다 embody; give shape to; make concrete; materialize 《*a plan*》.

구체제(舊體制) an old structure[system]; an old order.

구축(構築) ~하다 build; construct.

구축(驅逐) ~하다 drive away; expel; oust. ‖ ~함 a destroyer.

구출(救出) rescue; relief; help. ~하다 rescue 《*a person from danger*》; save; help 《*a person*》 out of. ‖ ~ 작업 relief work; rescue operation.

구충(驅蟲) ‖ ~약, ~제 an insecticide; a vermifuge (회충약).

구취(口臭) bad [foul] breath.

구치(臼齒) a molar (tooth).

구치(拘置) confinement; detention. ~하다 confine; detain; keep 《*a person*》 in custody. ‖ ~소 a prison; a detention house.

구칭(舊稱) an old name; a former title.

구타(毆打) a blow; assault. ~하다 give [deal] a blow; beat [strike, hit] 《*a person*》 on.

구태(舊態) ¶ ~ 의연하다 remain unchanged [as it was].

구태여 purposely; deliberately; intentionally; daringly(감히); knowingly (알면서); positively (적극). ¶ ~ 갈 필요는 없다 You need not take the trouble to go. / ~ 반대하지 않는다 I dare not oppose it.

구토(嘔吐) vomiting; emesis. ~하다 vomit; cast [turn, fetch] up. ‖ ~ 설사 vomiting and diarrhea/ ~제 an emetic.

구파(舊派) an old school (유파); the conservatives (보수파).

구판(舊版) an old [a former] edition; an old book.

구푸리다 bend 《*one's body*》 forward; bow. ¶ 몸을 ~ bend oneself; stoop.

구풍(颶風) a hurricane; a whirlwind.

구하다(求—) ① 《얻다》 get; obtain; come by; buy, purchase (사서). ¶ 구하기 힘든 hard to get; rare. ② 《찾다》 seek; search for; look [call] for; ask 《*for*》; want; need. ¶ 셋집을 ~ look for a house to let / 행복을 ~ pursue happiness.

구하다(救—) relieve [rescue] 《*a person from*》; help 《*a person out of*》; aid; redeem (죄에서). ¶ 인명을 ~ save a man's life; rescue 《*a person*》 from death.

구현(具現) an embodiment. ~하다 embody; materialize; realize.

구형(求刑) prosecution. ~하다 prosecute; demand a penalty 《*for*》. ¶ 사형[징역 2년]을 ~하다 demand a sentence of death [two years' imprisonment].

구형(矩形) a rectangle. ~의 rectangular.

구형(球形) a globular form; globosity. ~의 spherical; globular; globe-shaped.

구형(舊型) an old model [type, style]. ~의 old-fashioned; outmoded; out-of-date.

구호(口號) 《표어》 a slogan; a motto; a catchword; a rallying word. ¶ …이란 ~를 내걸고 under the slogan of.... ‖ 선거 ~ an election slogan.

구호(救護) relief; rescue; aid; help. ~하다 relieve; rescue; aid; help. ‖ ~금 (a) relief fund [money] / ~물자 relief goods [supplies] / ~미 relief [emergency] rice / ~반 a relief squad / ~소(所) a first-aid station.

구혼(求婚) a proposal [an offer] of marriage; courtship. ~하다 court; propose 《*to*》. ¶ ~을 승낙[거절]하다 accept [decline] 《*a man's*》 hand. ‖ ~ 광고 a matrimonial advertisement / ~자 a suitor; a wooer.

구황(救荒) ~하다 relieve (the sufferers from) famine.

구획(區劃) 《구분》 a division; a section; a block; a boundary (한계). ~하다 divide; mark off. ‖ ~ 정리 land readjustment; street improvements / 행정 ~ an administrative section [boundary].

구휼(救恤) relief (of the poor). ~하다 relieve; aid. ‖ ~금 relief funds.

국 soup; broth. ‖ ~을 먹다 [마시다] eat [sip] soup. ‖ ~거리 material for soup / ~말이 soup containing boiled rice.

국(局) 《관서》 an office; a bureau; a post office(우체국); the central [exchange《英》](전화). ‖ 통상~ the Bureau of Commercial Affairs.

국가(國家) a state; a country; a nation. ~적 national; state. ‖ ~ 경제 state [national] economy / ~ 공무원 a national public servant [official]; national public service personnel(총칭)/~ 과학기술 자문회

의 the Advisory for National Science and Technology/ ~관념 a spirit of nationalism / ~ 관리 state (government) control / ~ 기관 a state organ / ~ 보상 national indemnities/ ~ 보안법 the National Security Law/ ~ 사회(자본)주의 state socialism (capitalism) / ~ 시험 a state examination/~ 안전 기획부 the Agency for National Security Planning / ~주의 nationalism.

국가(國歌) the national anthem.

국경(國境) the frontier; the border; the boundaries (of a country). ¶ 사랑엔 ~이 없다 Love knows no frontier. ‖ ~ 경비대(분쟁, 선) a border garrison (dispute, line).

국경일(國慶日) a national holiday.

국고(國庫) the (national) treasury. ‖ ~금 national funds / ~ 보조 a state subsidy / ~ 부담 defrayal out of the national treasury / ~ 수입 national revenues.

국교(國交) diplomatic relations. ¶ ~를 맺다 enter into diplomatic relations 《*with*》. ‖ ~ 단절(화복) a severance (restoration) of diplomatic relations.

국교(國教) a state religion (church). ‖ 영국 ~회 ☞ 성공회.

국군(國軍) 《일반적인》 the armed forces of a nation; 《한국군대》 the Korean army; ROK Army (Armed Forces). ¶ ~의 날 the (ROK) Armed Forces Day.

국권(國權) national power (prestige). ¶ ~을 신장(伸張)하다 expand national power; enhance national prestige.

국그릇 a soup bowl.

국기(國技) a national sport (game).

국기(國旗) the national flag (colo(u)rs). ¶ ~를 게양하다 hoist (put up) a national flag. ‖ ~ 게양식 a flag hoisting ceremony / 미국 ~ the Stars and Stripes; the Star-Spangled Banner / 영국 ~ the Union Jack.

국난(國難) a national crisis (calamity, danger, disaster). ¶ ~을 구하다 deliver one's country out of difficulty; save the nation in a great crisis.

국내(國內) the interior. ~의 internal; domestic; home. ¶ ~에 in (within) the country. ‖ ~ 문제 internal (domestic) affairs / ~법 a municipal (national) law/~선 《항공》 domestic air service / ~ 수요 domestic needs (demands) / ~ 우편 domestic mail.

국도(國道) a national road; a state road《美》; a state highway.

국란(國亂) a civil war; an internal disturbance.

국량(局量) 《재간》 caliber; calibre 《英》; ability; talent; capacity; 《도량》 magnanimity; generosity.

국력(國力) national strength (power); national resources (자원). ¶ ~을 기르다 (증진하다) build up (increase) national power.

국록(國祿) a government salary; a stipend. ¶ ~을 먹다 receive a stipend; be in government service.

국론(國論) national (public) opinion (sentiment). ¶ ~을 통일하다 unify public opinion.

국리(國利) ¶ ~ 민복을 도모하다 promote national interests and the welfare of the people.

국립(國立) ~의 national; state; government. ‖ ~ 극장 (공원) a national theater (park) / ~ 묘지 the National Cemetery.

국면(局面) the situation; an aspect (a phase) (of affairs). ¶ ~을 타개하다 remove the bottleneck on the way; turn the tables in one's favo(u)r / ~이 일변하다 enter upon a new phase; take a new turn.

국명(局名) 〖無電〗 a call sign; call letters.

국명(國名) the name of a country.

국모(國母) 《황후》 an empress; 《왕후》 a queen.

국무(國務) state affairs. ‖ ~성 the Department of State 《美》/ ~ 위원 a minister of state; a minister without portfolio (무임소 장관) / ~ 장관(차관, 차관보) the Secretary (Undersecretary, Assistant Undersecretary) of State 《美》/ ~ 총리 the Prime Minister; the Premier / ~ 회의 a Cabinet council (meeting).

국문(國文) 《문학》 national (Korean) literature; 《국어》 the national (Korean) language; 《문자》 the Korean alphabet. ‖ ~법 Korean grammer / ~학과 the Korean literature course / ~ 학자 a scholar of Korean literature.

국물 soup.

국민(國民) a nation; a people; 《개인》 a citizen; a national. ~의 national. ‖ ~ 감정(정신) national sentiment (spirit) / ~ 개병(주의) universal conscription (system) / ~군 the militia / ~ 대회 a national convention; a mass meeting / ~병 a militiaman / ~ 소득 the national income / ~ 운동 a national campaign (movement)/ ~ 의례 national ceremony / ~장 a people's (public) funeral / ~ 총생산 gross national product (생략 GNP) / ~ 투표 a plebiscite; a (national) referendum [*pl.* -da, ~s].

국민학교(國民學校) an elementary school; a primary school. ‖ ~ 학생 a (primary) schoolboy; a (primary) schoolgirl.

국밥 rice-and-meat soup.

국방(國防) national defense. ‖ ~부

〔장관〕 the Ministry 〔Minister〕 of National Defense / ~비(費) national defense expenditure / ~색 khaki (color) / ~자원 national defense resources / 자주 ~ independent national defense.

국번(局番) a telephone office number; an exchange number.

국법(國法) the national law; the laws of the country. ¶ ~으로 by law.

국보(局報) ① 《관청 전보》 a service telegram. ② 《보도》 news of a radio station (방송국의); an official bulletin(국의).

국보(國寶) a national treasure. ¶ ~적 존재 a national asset.

국보위(國保委) the Special Committee for National Security Measures.

국부(局部) 《일부》 a locality; a part; a section; 《환부》 the affected part; 《음부》 the (private) parts. ¶ ~적(으로) local(ly); sectional(-ly); partial(ly)/~화하다 localize. ‖ ~ 마취 local an(a)esthesia.

국부(國父) the father of the country.

국부(國府) the Nationalist China.

국부(國富) national wealth.

국비(國費) the national expenditure 〔expenses〕. ¶ ~로 at the expense of the state. ‖ ~ 유학생 a government student abroad / ~ 장학생 a holder of a scholarship from the government.

국빈(國賓) a guest of the state; a national guest. ¶ ~ 대우를 하다 accord 《*a person*》 the treatment of a national guest.

국사(國史) the national history; 《한국의》 the history of Korea; Korean history.

국사(國事) a national affair; the affairs of state. ¶ ~를 논하다 discuss the affairs of a nation. ‖ ~범 a political offense; high treason; a political offender(사람).

국산(國産) home 〔domestic〕 production. ~의 homemade. ‖ ~ 자동차 a homemade car; a motorcar of Korean make/~품 home products; homemade articles(~품 장려 encouragement of the use of home products).

국상(國喪) national mourning.

국새(國璽) the Seal of the State.

국선변호인(國選辯護人) a court-appointed lawyer. ¶ ~을 대다 assign a defense counsel (to a defendant).

국세(局勢) 《판국》 the aspect of affairs; the situation. ¶ ~가 일변하다 take a new turn; enter upon a new phase.

국세(國稅) a national tax. ‖ ~청 the Office of National Tax Administration.

국세(國勢) the state of a country; national conditions. ‖ ~ 조사 census (taking)(~ 조사원 a census taker / ~ 조사를 행하다 take a census 《*of*》).

국소(局所) ☞ 국부(局部).

국수 noodle; spaghetti; vermicelli.

국수(國手) a master 〔capital〕 hand.

국수주의(國粹主義) ultranationalism.

국시(國是) 《fix》 a national 〔state〕 「policy.

국악(國樂) (traditional) Korean music. ‖ 국립 ~원 the National Classical Music Institute.

국어(國語) the national 〔Korean〕 language; one's mother tongue; 《언어》 a language. ¶ 2개 ~의 bilingual. ‖ ~ 교사 a teacher of Korean / ~ 독본 a Korean reader.

국영(國營) state operation 〔management〕. ¶ ~의 state-operated 〔-run〕 / ~화하다 nationalize 《*railways*》. ‖ ~ 기업 a state 〔national〕 enterprise; a government-run corporation.

국왕(國王) a monarch; a king; a sovereign.

국외(局外) ~의 outside; external. ‖ ~자 an outsider / ~ 중립 neutrality; neutralism (~ 중립국 a neutral country).

국외(國外) ~에서〔로〕 abroad; oversea(s). ¶ ~로 추방하다 expel 〔banish〕 《*a person*》 from the country; expatriate.

국운(國運) the national fortunes; the destiny 〔fate〕 of a country. ¶ ~의 성쇠 the prosperity and decline of a country / ~을 걸다 stake the national destiny.

국위(國威) national prestige 〔glory〕. ¶ ~를 떨치다 enhance 〔heighten〕 national prestige.

국유(國有) ~의 state-〔government-〕owned; state; nationalized. ‖ ~림〔철도〕 a state forest 〔railway〕 / ~ 재산 national 〔state〕 property 〔assets〕 / ~지 state 〔national〕 land.

국유치(局留置) *poste restante* 《프》; general delivery 《美》. ‖ ~ 전보 a telegram delivered at the office; *télégraphe restante* 《프》.

국유화(國有化) nationalization. ~하다 nationalize 《*key industries*》.

국으로 suitable to one's ability; within bounds〔one's limitations〕. ¶ ~ 가만히 있다 keep within bounds; keep 〔know〕 one's place.

국은(國恩) one's debt to one's country.

국자 a ladle; a dipper; a scoop.

국장(局長) the director 〔chief〕 of a bureau; a postmaster (우체국의).

국장(國葬) a state〔national〕funeral.

국장 (國章) a national emblem.

국적(國籍) nationality; citizenship 《美》. ¶ ~ 불명의 《a ship》 of unknown nationality / ～을 취득 〔상실〕하다 acquire 〔lose〕 citizenship. ‖ ～ 불명기(機) an unidentified plane / ～ 상실 denationalization; loss of nationality.

국전(國展) the National Art Exhibition.

국정(國政) (national) administration; government; 《국무》 affairs of state. ¶ ～에 참여하다 participate in the administration. ‖ ～ 감사 (parliamentary) inspection on state administration.

국정(國定) ～의 statutory; authorized by the state. ‖ ～ 교과서 a state 〔an authorized〕 textbook.

국정(國情) the state of affairs in a country.

국제(國際) ～적(인) international; world. ¶ ～적으로 internationally; universally. ‖ ～ 견본시 an international trade fair / ～ 결제 은행 the Bank of International Settlement / ～ 결혼 intermarriage; international marriage / ～ 도시 a cosmopolitan city / ～법 international law / ～ 부흥 개발 은행 the International Bank for Reconstruction and Development (생략 IBRD) / ～ 분쟁 international disputes / ～ 수지 the balance of international payment / ～어〔문제, 정세〕 an international language 〔problem, situation〕 / ～ 연합 the United Nations (생략 UN) (～ 연합 안전보장이사회 the United Nations Security Council) / ～ 의원 연맹 the Inter-Parliamentary union / ～ 전화 the international telephone service / ～ 통화 기금 the International Monetary Fund (생략 IMF) / ～ 해사 위성 지구국 an international marine satellite earth station.

국지(局地) a locality. ～적 local; regional. ¶ ～화하다 localize. ‖ ～전 localized 〔limited〕 warfare.

국채(國債) 《부채》 a national debt; 《공채》 a public loan; 《증권》 a national 〔government〕 bond. ¶ ～를 모집〔상환〕하다 raise 〔redeem, sink〕 a national loan.

국책(國策) a national 〔state〕 policy. ¶ ～에 따라 along the line of national policy. ‖ ～ 은행 a government-run bank / ～ 회사 a national policy concern 〔company〕.

국체(國體) national constitution; national structure.

국치(國恥) ‖ ～일 the National Humiliation Day.

국태민안(國泰民安) national prosperity and the welfare of the people.

국토(國土) a country; a territory; a domain. ¶ ～를 개발하다 cultivate 〔reform〕 the national land. ‖ ～ 개발 national land development (～ 개발 계획 a national land development program) / ～ 방위 national defense / ～ 보전 territorial integrity.

국판(菊版) a small octavo; a medium octavo 《美》. ¶ ～ 300 페이지의 책 a 300-page octavo volume.

국학(國學) Korean (classical) literature. ‖ ～자 a Korean (classical scholar.

국한(局限) localization; limitation. ～하다 localize; limit; set limits 《*to*》.

국한문(國漢文) Korean and Chinese literature.

국헌(國憲) the national constitution. ¶ ～을 준수하다 respect 〔observe〕 the national constitution.

국호(國號) the name of a country.

국화(國花) the national flower.

국화(菊花) a chrysanthemum.

국회(國會) the National Assembly (한국, 프랑스); Parliament (영국); the (National) Diet (일본, 덴마크, 스웨덴 따위); Congress (미국). ‖ ～ 도서관〔법〕 the National Assembly Library 〔Law〕 / ～ 사무처 the Secretariat of the National Assembly / ～ 의사당 the Assembly Hall; the Parliamentary Building 《英》; the Capitol 《美》 / ～ 의원 an Assemblyman; a member of Parliament (생략 an M.P.); a Congressman (미국의).

군(君) 《자네》 you; 《이름에》 Mister; Mr. 《*Kim*》; Master (소년에게).

군(軍) 《군대》 an army; force; troops; 《팀》 a team. ¶ 제 1 야전 ～ the First Field Army.

군(郡) a district; a county.

군 extra (가외); superfluous; unnecessary. ¶ ～걱정 needless worry / ～비용 extra expenses.

군가(軍歌) a war 〔military〕 song.

군거(群居) gregarious life. ～하다 live gregariously 〔in flocks〕. ¶ ～하는 【動】 gregarious.

군것 superfluities; unnecessary things.

군것질 taking extra eatables between meals. ～하다 spend one's money on eatables between meals.

군경(軍警) the military and the police.

군계(群鷄) ¶ ～의 일학(一鶴) a jewel on a dunghill; a Triton among the minnows.

군고구마 a roast sweet potato.

군공(軍功) ☞ 전공.

군관구(軍管區) a military district.

군국(軍國) ‖ ～주의 militarism (～주의자 a militarist).

군기(軍紀) military discipline. ¶ ～를 유지〔문란하게〕하다 maintain 〔break〕 military discipline.

군기(軍旗) the colo(u)rs; a standard.

군기(軍機) a military secret. ‖ ～ 누설 leakage of military secrets.

군납(軍納) the purveyance of supplies or services for the army. ‖ ~ 업자 a military goods supplier; service contractors for the army (용역의) / ~ 회사 military supply contract firm.
군내 a stale [an unpleasant] smell.
군단(軍團) an army corps; a corps.
군대(軍隊) an army; troops; forces; the military. ¶ ~에 입대하다 join [enlist in] the army. ‖ ~ 생활 (an) army life.
군더더기 a superfluity.
군데 《곳》 a place; a spot; a point (지점); 《부분》 a part. ¶ ~~ in places; here and there; sporadically.
군도(軍刀) a saber; a service-sword.
군도(群島) an archipelago [*pl.*-(e)s]; a group of islands. ‖ 말레이 ~ the Malay Archipelago.
군란(軍亂) an army insurrection [rebellion].
군략(軍略) strategy; a stratagem; tactics. ‖ ~가 a strategist; a tactician.
군량(軍糧) military provisions.
군령(軍令) a military command.
군림(君臨) ~하다 reign [rule] over 《*a person*》; lord it over. ¶ 사계(斯界)에 ~하다 dominate the field 《*of*》.
군마(軍馬) 《말》 a military [war] horse.
군만두(—饅頭) a toasted dumpling.
군말 an unnecessary [uncalled-for] remark; an expletive. ~하다 say unnecessary things; make an uncalled-for remark.
군매점(軍賣店) a canteen; a post exchange (생략 P.X.).
군명(君命) a royal command.
군모(軍帽) a military cap.
군목(軍牧) 〖軍〗 a chaplain.
군무(軍務) military affairs [service].
군문(軍門) a camp gate (문); an army (군대). ¶ ~에 들어가다 enlist in the army; enter the service.
군민(軍民) the military and the people.
군밤 roast chestnuts.
군번(軍番) (a soldier's) serial number; service number (생략 SN).
군벌(軍閥) the military clique. ‖ ~정치 militaristic government.
군법(軍法) martial [military] law. ‖ ~ 회의 a court-martial (~ 회의에 회부하다 try 《*a soldier*》 by the court-martial; court-martial(l) 《*a soldier*》).
군복(軍服) a service [military, naval] uniform.
군부(軍部) the military authorities; army circles; the military (총칭).
군불 ¶ ~때다 heat the floor (of a Korean *ondol*).
군비(軍備) armaments; preparedness 《美》. ‖ ~ 경쟁 an armament race / ~ 철폐 disarmament / ~ 축소 [확장] reduction [expansion] of armaments.
군비(軍費) war expenditure.
군빵 baked bread.
군사(軍士) troops; the ranks; a soldier (단수).
군사(軍使) a military envoy.
군사(軍事) military affairs. ~상의 military; war. ¶ ~상의 목적으로 for military [strategic] purposes. ‖ ~ 고문단 the Military Advisory Group / ~ 기지 a military base / ~ 동맹 a military alliance / ~ 분계선 the Military Demarcation Line / ~ 원조 [우편] military aid [mail] / ~ 행동 military movements [action] / ~ 훈련 military drill [training].
군사람 a superfluous [extra] person.
군사력(軍事力) military strength [capacity, might].
군사령관(軍司令官) an army commander.
군사령부(軍司令部) army headquarters.
군사설(—辭說) a long and uncalled-for words; a long lecture.
군살 superfluous flesh. ¶ ~이 붙다 put on extra flesh.
군상(群像) ① 《조각》 a group. ② 《족속》 people.
군색(窘塞) ~하다 《구차》 (be) indigent; poor; needy; 《불완전》 (be) lame; clumsy. ¶ ~한 변명 a clumsy excuse.
군서(群棲) gregarious life. ~하다 live gregariously.
군세(軍勢) 《병력》 the number of soldiers; troops; forces; 《형세》 the military situation 《*of a country*》.
군소(群小) minor; petty; lesser. ‖ ~ 정당 minor political parties.
군소리 ① 《군말》 superfluous words; an uncalled-for remark; nonsense. ~하다 talk nonsense. ② ☞ 헛소리.
군속(軍屬) a civilian employee.
군수(軍需) ‖ ~ 공장 a munitions factory / ~ 산업 the munitions [war] industry / ~품 [물자] war supplies; munitions.
군수(郡守) the magistrate of a *gun* [county]; a county headman.
군식구(—食口) a dependant; a hanger-on.
군신(君臣) sovereign and subject.
군신(軍神) the god of war; Mars.
군악(軍樂) military music. ‖ ~대 a military [naval] band.
군영(軍營) a military camp [base].
군왕(君王) a king. ¶ 승즉(勝則) ~이오 패즉 역적 Losers are always in the wrong.
군용(軍用) 《for》 military use [purpose]. ‖ ~견 a war [military] dog / ~기 a war plane / ~ 도로 a military road / ~ 열차 a troop train.

군웅(群雄) rival leaders [barons]. ‖ ～할거 rivalry of local [powerful] barons; a galaxy of talent.
군원(軍援) military aid [assistance].
군율(軍律) 《군법》 martial law; the articles of war; 《군기》 military discipline.
군음식(一飮食) extra food; snack.
군의(軍醫) an army [a naval] doctor [surgeon]. ‖ ～관[장교] a medical officer.
군인(軍人) a serviceman; a soldier (육군); a sailor(해군); an airman (공군). ¶ ～다운 soldierly; soldierlike. ‖ ～ 부양 가족 dependents of military personnel / ～생활 military life / ～출신 an ex-soldier / 직업 ～ a professional [career] soldier.
군입정 eating extra eatables between meals. ～하다 snack between meals.
군자(君子) a man of virtue; a true gentleman; a wise man.
군자금(軍資金) war funds; the sinews of war; campaign funds (선거 자금 등).
군장(軍裝) 《평시의》 military uniform [equipment]; 《전투시의》 war outfit [attire].
군장(軍葬) a military funeral.
군적(軍籍) the military register; the army [naval, air force] list.
군정(軍政) 《establish, be under》 military administration. ‖ ～부 a military government.
군정(軍情) military conditions.
군제(軍制) a military system.
군주(君主) a monarch; a sovereign; a ruler. ‖ ～국 a monarchy / ～ 정체 monarchism.
군중(群衆) a crowd (of people); a multitude; the masses(대중). ‖ ～ 심리 mob [mass] psychology.
군진(軍陣) a military camp; an encampment.
군집(群集) ～하다 gather; throng; crowd together.
군짓 doing unnecessary [useless] things; things done unnecessarily [in vain]. ～하다 do unnecessary [useless] things.
군청(郡廳) a *gun* (county) office.
군청(群靑) ultramarine; navy blue.
군축(軍縮) the reduction of armaments; disarmament. ～하다 reduce armament. ‖ ～ 회의 a disarmament conference.
군침 excess(ive) saliva. ¶ ～을 흘리다 one's mouth waters; be envious 《*of*》.
군턱 a double chin.
군표(軍票) a military script; an army note; military payment certificate (생략 M.P.C.) 《美》.
군함(軍艦) a warship; a vessel of war; a battleship. ‖ ～기(旗) a naval ensign.
군항(軍港) a naval port [station].
군호(軍號) a password; a watchword.
군화(軍靴) military shoes; combat [army] boots; GI shoes 《美》.
군후(君侯) a (feudal) lord.
굳건하다 (be) firm; steady; solid.
굳다[1] 《물체가》 (be) hard; solid; 《정신 태도》 (be) firm; strong; 《안전》 (be) secure; safe; reliable(믿을만하다). ¶ 굳게 strongly; firmly; solidly / 굳은 결심 a firm resolution / 굳은 의지 strong [iron] will / 굳게 약속하다 give a firm promise.
굳다[2] 《동사》 become stiff [hard]; harden; stiffen; set. ¶ 젤리가 굳었다 The jelly has set.
굳세다 (be) firm; strong; stout; adamantine. ¶ 굳세게 stout-heartedly; firmly / 굳센 신념 a firm [strong] conviction.
굳이 positively; firmly; stubbornly; obstinately. ¶ ～ 사양하다 decline positively.
굳히다 harden; stiffen; 《공고히》 strengthen; consolidate. ¶ 결심을 ～ make a firm determination.
굴 〖貝〗 an oyster. ‖ ～껍질 an oyster shell / ～ 양식장 an oyster bed [farm].
굴(窟) ① 《짐승의》 a lair; a den; a burrow (토끼 따위); an earth (여우의). ② 《동혈》 a cave; a cavern. ③ 《터널》 a tunnel.
굴곡(屈曲) bending; winding; 《해안의》 indentation; irregularity; 《광선의》 refraction. ～하다 bend; wind; be curved; be refracted. ‖ ～부 a bent; a turn / ～선 a broken line / ～ 작용 《관절의》 flection; flexion.
굴다 act; behave; treat(대하다). ¶ 고맙게 ～ act kindly 《*toward a person*》; treat 《*a person*》 kindly.
굴다리 an overpass; a viaduct.
굴대 an axle; an axis; a shaft.
굴도리 a round [cylindrical] beam.
굴뚝 a chimney; a (smoke) stack; a funnel (기선의); a (stove) pipe (난로의). ‖ ～ 청소 chimney sweeping.
굴뚝새 〖鳥〗 a wren.
굴렁쇠 a hoop.
굴레 a bridle. ¶ ～를 씌우다 bridle; 《속박》 restrain; curb / ～를 벗다 take off a bridle; get released.
굴리다 ① 《굴러가게》 roll 《*a ball*》. ② 《한구석에》 throw 《*a thing*》 to one side; leave 《*a thing*》 negligently. ③ 《돈을》 lend out 《*money*》. ④ 《운영》 run. ¶ 버스를 ～ have a bus running for business purposes. ⑤ 《깎다》 round 《*an edge*》; smooth [even] 《*a log*》.
굴복(屈服) surrender; submission. ～하다 yield; submit; surrender; give in 《*to*》. ¶ ～시키다 bring 《*a person*》 to *his* knees; make 《*a person*》 give in.
굴비 a dried yellow corvina.

굴신(屈伸) ~하다 bend and stretch; extend and contract. ¶ ~이 자유자재한 elastic; flexible.
굴욕(屈辱) (a) humiliation; (a) disgrace; an insult; shame. ~적 humiliating; disgraceful; ignoble. ¶ ~을 주다 humiliate; insult/~을 참다 eat crow [humble pie] 《口》. ‖~ 외교 a submissive foreign policy
굴절(屈折) bending; winding; 【理】 refraction. ~하다 refract; bend. ‖ ~ 광선 a refracted light [ray]/~ 렌즈 a refracting lens; a refractor / ~어(語) 【言】 an inflectional language / ~률 a refractive index.
굴젓 pickled oysters.
굴종(屈從) ~하다 submit [yield, succumb] 《*to*》.
굴지(屈指) ~의 leading; prominent; outstanding. ¶ ~의 실업가 a leading businessman.
굴진(掘進) ~하다 dig through [into, under].
굴착(掘鑿) ~하다 excavate; dig out. ‖ ~기 an excavator.
굴하다(屈一) 《굽히다》 bend; stoop 《*to*》; 《복종》 yield [submit] 《*to*》; give in; bow 《*to*》. ¶ …에 굴하지 않고 in spite [defiance] of; undaunted.
굵다 (be) big; thick; deep (음성이); bold (활자가). ¶ 굵은 목소리로 in a thick voice / 굵은 팔 a big arm / 굵은 실 a thick thread / 굵다랗다 be very big [thick] / 굵은 글씨로 쓰다 write in bold strokes.
굶기다 starve, let [make] 《*a person*》 go hungry. ¶ 굶겨 죽이다 starve 《*a person*》 to death.
굶다 go without food [eating]; go hungry; starve; famish. ¶ 굶어 죽다 die of hunger; starve to death.
굶주리다 starve; famish; hanker 《*after*》; hunger [thirst] 《*for*》. ¶ 사랑에 ~ hanker after love.
굼뜨다 (be) slow; tardy. ¶ 일에 ~ be slow at the job.
굼벵이 ① 《벌레》 a white grub; a maggot. ② 《사람》 a laggard; a sluggard.
굼틀거리다 writhe; wriggle; twist; wiggle. ¶ 굼틀거리며 나아가다 wriggle along.
굽 ① 《마소의》 a hoof. ¶ 갈라진 ~ cloven hoofs / 말발~ 소리 the sound of a horse's hoofs. ② 《신의》 a heel. ¶ ~이 높은[낮은] 구두 high-[low-]heeled shoes. ③ 《그릇의》 a foot 《*of a glass*》.
굽다[1] 《휘다》 (be) bent; curved; crooked; winding; stooped. ¶ 굽은 나무 a crooked tree/허리가 ~ be stooped; have a bent back.
굽다[2] 《음식을》 roast (고기를); broil (생선을); grill(석쇠에 놓아); toast, bake (빵을); heat, parch (김을); 《벽돌 등을》 burn; bake; fire; 《숯을》 burn. ¶ 잘 구워진 well-done; well baked / 덜 구워진 medium (중간쯤); rare (설구워진).
굽도리 the lower parts of walls of a room.
굽실거리다 cringe; wince; bow to; ko(w)tow. ¶ 굽실굽실 obsequiously / 상사에게 ~ cringe to one's superiors.
굽어보다 《내려다보다》 look down; overlook; 《굽어 살피다》 condescend to help. ¶ 골짜기를 ~ look down into a valley.
굽이 a turn; a curve; a bend. ¶ ~마다 at every turn [bend]/~~ 흐르는 물 a meandering stream. ‖ 물~ a bend of a river.
굽이치다 wind; meander; roll.
굽히다 bend; bow; stoop; curve; 《뜻을》 yield; submit; give in. ¶ 무릎을 ~ bend the knee/지조를 ~ depart from one's principles.
굿 《무당의》 an exorcism; 《구경거리》 a spectacle; a show.
굿바이히트 【野】 a game-ending hit.
굿보다 《방관》 look on; be an onlooker.
굿하다 exorcise.
궁(宮) a palace.
궁경(窮境) ① 《가난》 narrow circumstances; great straits. ② ☞ 궁지.
궁궐(宮闕) the royal palace.
궁극(窮極) eventuality; finality. ~의 final; ultimate; eventual. ¶ ~의 목적 one's ultimate purpose [object]/~에 가서는 in the end; in the long run; in the final analysis.
궁금하다 (be) anxious; worried; concerned 《*about, for*》; interested 《*in*》. ¶ (아무의) 소식이 ~ be anxious to hear from 《*a person*》.
궁기(窮氣) ¶ ~가 낀 poor-looking.
궁끼다(窮一) be impoverished; be in narrow circumstances.
궁내(宮內) the palace; the royal household.
궁녀(宮女) a court lady; a maid of hono(u)r.
궁노루 a musk deer.
궁도(弓道) archery; bowmanship.
궁도련님(宮一), 궁도령(宮道令) a green youth; a greenhorn.
궁둥이 the buttocks; the hips; the rump; the butt, the ass 《俗》. ¶ ~가 무겁다 be lazy [sluggish]/~가 질기다 have a habit of overstaying / 여자 ~를 쫓아다니다 chase after a girl.
궁륭(穹窿) a dome; a vault.
궁리(窮理) deliberation; consideration; thought; a design, a device (고안). ~하다 ponder 《*on*》; think [mull] over; devise. ¶ …할 ~를 하다 mull over ways of *doing*....
궁박(窮迫) ~하다 (be) poor; destitute; poverty-stricken.
궁벽(窮僻) ~한 out-of-the-way; re-

mote; secluded. ¶ ~한 곳 an out-of-the-way place.
궁상(弓狀) arch. ~의 arched; bow-shaped; curved.
궁상(窮狀) distress; a sad plight; straitened circumstances. ¶ ~스러운〔맞은〕 poor-looking; wretched; ill-appearing / ~떨다 behave like a poor person; pretend poverty.
궁상(窮相) a meager face.
궁서(窮鼠) a cornered mouse; a rat at bay. ¶ ~는 오히려 고양이를 문다 《俗談》 A stag at bay is a dangerous foe.
궁수(弓手) an archer; a bowman.
궁술(弓術) archery; bowmanship. ‖ ~ 대회 an archery match.
궁시(弓矢) bow and arrow.
궁여지책(窮餘之策) the last resort; a desperate shift 〔measure〕.
궁전(宮殿) a (royal) palace. ¶ 버킹검 ~ Buckingham Palace.
궁정(宮廷), 궁중(宮中) the Court.
궁중요리(宮中料理) the Korean Royal cuisine.
궁지(窮地) a difficult situation; a predicament; a fix; a dilemma; a sad plight. ¶ ~에 빠지다 be in a fix 〔sad plight〕 / ~에 몰리다 be driven to the wall; be thrown into a fix/~에 몰아넣다 drive 《*a person*》 into a corner.
궁핍(窮乏) ~한 poor; needy; destitute. ¶ ~한 생활 a life of distress 〔want〕.
궁하다(窮—) 《살림이》 be in distress 〔want〕; (be) destitute; needy; 《입장이》 be in an awkward position; be in a dilemma; 《처지에》 be at a loss. ¶ 궁한 때에 in time of need / 돈에 ~ be pressed for money / 대답에 ~ be at a loss for an answer.
궁합(宮合) marital affinity. ¶ ~이 (안)맞다 be (un)congenial 《*to*》.
궁형(弓形) a crescent (form); 〖數〗 a segment of a circle; a lune. ~의 arched; bowed.
궂기다 ① 《일이》 go wrong; fail. ② 《상사나다》 die.
궂다 ① 《언짢다》 (be) cross; bad. ¶ 궂은 일 an unlucky affair; a disaster / 심술 ~ be bad-natured; be cross-minded. ② 《날씨가》 (be) bad; foul; nasty; rainy; wet. ¶ 궂은 날씨 nasty weather / 궂은 비 a long and nasty rain.
권(勸) 《추천》 recommendation; 《권고》 advice; suggestion; 《장려》 encouragement. ¶ 친구의 ~으로 on the advice of one's friend.
권(卷) ① 《책 따위의》 a volume; a book; 《영화의》 a reel. ¶ 제일~ the first volume; vol. I; book one. ② 《종이의》 twenty sheets of Korean paper; a quire 《*of paper*》.
권고(勸告) advice; counsel; expostulation. ~하다 advise; counsel; urge; give advice. ¶ 의사의 ~로 on a doctor's advice / 사직을 ~하다 urge 〔advise〕 《*a person*》 to resign. ‖ ~문 a written advice/ ~안(案) a recommendation.
권내(圈內) ~에 within the circle 〔range, sphere〕. ¶ 당선~에 있다 be in the running; be within the bounds of possibility.
권농(勸農) ~하다 encourage 〔promote〕 agriculture.
권능(權能) authority; power.
권도(權道) political expediency; a policy adapted to circumstances; the next best policy.
권두(卷頭) ‖ ~사〔언〕 a foreword; a preface.
권력(權力) power; authority; influence (세력). ¶ ~ 있는 powerful; influential. ‖ ~가 a man of power 〔influence〕 / ~욕 the desire for power/~주의 authoritarianism / ~ 투쟁 a struggle for power.
권리(權利) a right; a claim(요구권); a title 《*to*》 (소유권); a privilege (특권). ¶ ~를 행사〔남용〕하다 exercise 〔abuse〕 one's rights/~가 있다 have a right 《*to*》; be entitled 《*to*》/~를 침해하다 infringe up(on) another's rights. ‖ ~금 a premium; key 〔concession〕 money.
권말(卷末) the end of a book.
권면(勸勉) ~하다 admonish; encourage.
권모(權謀) a trick; an intrigue; an artifice; a scheme; wiles. ¶ ~에 능하다 be full of wiles; be resourceful. ‖ ~가 a schemer; an intriguer/~술수 chicanery; trickery; machination(~ 술수를 쓰다 resort to trickery; appeal to Machiavellian diplomacy).
권문(權門) ‖ ~ 세가(勢家) =권문. an influential family.
권불십년(權不十年) Every flow has its ebb.
권선(捲線) a coil; winding. ‖ ~기 a (coil) winding machine.
권선징악(勸善懲惡) promotion of virtue and reproval of vice. ~하다 reward the good and punish the wicked.
권세(權勢) authority ; influence ; power. ¶ ~부리다 wield power 《*over*》; exercise authority 《*over*》. ¶ ~욕 a lust for power.
권속(眷屬) ① 《식구》 one's family; one's dependents. ¶ 일가 ~ a whole family; one's kith and kin. ② 《아내》 my wife.
권솔(眷率) one's family; one's dependents; the members of a household.
권수(卷鬚) 〖植〗 a cirrus [*pl.* cirri].
권신(權臣) an influential vassal; a powerful courtier.
권업(勸業) ~하다 promote 〔encourage〕 industry.

권외(圈外) ~에 outside the circle 〔sphere〕《*of*》; beyond the radius. ¶ 당선~로 떨어지다 be outside 〔out of〕 the running. ‖ 대기~ outer space.
권운(卷雲) a cirrus [*pl.* cirri].
권위(權威) 《권세》 authority; power; 《위엄》 dignity; 《대가》 an authority; a (big) wheel 《俗》. ¶ ~ 있는 authoritative.
권유(勸誘) inducement; canvass (-ing); solicitation; invitation. ~하다 induce; canvass; solicit; invite. ¶ 기부를 ~하다 canvass for subscription/가입을 ~하다 invite 《*a person*》 to join 《*a club*》. ‖ ~원(員) a canvasser; an agent; a solicitor.
권익(權益) 《protect one's》 rights and interests.
권장(勸奬) ~하다 encourage; urge; exhort; promote; recommend.
권적운(卷積雲) a cirro-cumulus.
권좌(權座) a position of power 〔authority〕.
권척(卷尺) a tape measure.
권총(拳銃) a pistol; a revolver (연발의); a gun《美》; a handgun《俗》. ‖ ~ 강도 a burglar armed with a pistol; a gunman; a hold-up (man) / 6연발 ~ a six-chambered revolver; a six-shooter 《美》.
권축(卷軸) a scroll.
권층운(卷層雲) a cirro-stratus.
권태(倦怠) fatigue; languor; ennui; weariness; tedium; boredom. ¶ ~를 느끼다 become weary; feel languid. ‖ ~기(期) a stage of weariness; a period of lassitude.
권토중래(捲土重來) ~하다 make another attempt with redoubled efforts; resume one's activities with redoubled energies.
권투(拳鬪) boxing; pugilism. ~하다 box 《*with*》. ‖ ~계 the boxing world/ ~ 선수 a boxer; 《프로의》 a prize fighter / ~ 시합 a boxing match 〔bout〕/~장 a ring.
권하다(勸一) ① 《추천》 recommend. ¶ 책을 ~ recommend a book to 《*a person*》. ② 《권고》 ask; advise; counsel; suggest; persuade. ¶ …하지 않도록 ~ advise 《*a person*》 against 《*eating*》/ 회에 들라고 ~ ask 《*a person*》 to join a society. ③ 《권유》 invite; 《강권》 press on 《*a person*》; urge; 《내놓다》 offer. ¶ 담배를 〔술을〕 ~ offer a cigarette 〔a glass of wine〕.
권한(權限) authority; power; competence; 《법원의》 jurisdiction. ¶ ~밖의 unauthorized; unwarranted / ~ 내〔외〕에 within 〔outside〕 one's competence/~을 부여하다 empower; authorize; invest 《*a person*》 with authority. ‖ ~ 대행 the acting 《*President*》/ ~ 쟁의 conflict of attribution.
권화(權化) incarnation; embodiment; avatar. ☞ 화신(化身).
궐기(蹶起) ~하다 spring up; rise; stand up 《*against*》; rouse oneself to action. ‖ ~ 대회 a rally.
궐내(闕內) 《within》 the royal palace.
궐련 《smoke》 a cigarette. ‖ ~갑 a cigarette case.
궐석(闕席) ☞ 결석.
궐위(闕位) a vacancy; the interregnum (왕위의). ~하다 become vacant.
궤(櫃) a chest; a coffer; a box.
궤도(軌道) 《천체의》 an orbit; a circle (유성의); 《철도의》 a (railway) line; a track 《美》. ¶ ~에 오르다 be started along right lines; 《인공위성이》 go into orbit; 《사물이》 get on the right track. ‖ ~ 비행 an orbital flight.
궤멸(潰滅) a rout; a collapse; annihilation(전멸). ~하다 be defeated; be routed; be put to rout.
궤범(軌範) a model; an example; a pattern.
궤변(詭辯) sophism; chicanery; casuistry; a paradox (역설). ¶ ~을 농하다 quibble; chicane; sophisticate. ‖ ~가 a sophist; a quibbler.
궤양(潰瘍) 〖醫〗 an ulcer. ‖ 위~ an ulcer of the stomach; a gastric ulcer.
궤적(軌跡) 〖數〗 a locus; the trace of wheels. ¶ ~을 구하다 find a locus.
궤주(潰走) a rout. ~하다 be routed; be put to rout 〔flight〕.
궤짝(櫃一) a box; a chest. ☞상자.
귀 《사람의》 an ear; hearing (청각); 《물건의》 an edge(끝); a list(천의); a corner (구석); a pouring spout (귀때); the eye (of a needle) (바늘귀). ¶ ~에 손을 대고 with one's hand cupped behind one's ear/~가 멀다 〔밝다〕 be hard 〔quick〕 of hearing/~에 익다 be familiar/ (한쪽) ~가 안 들리다 be deaf (of one ear)/…이 ~에 들어가다 reach one's ear.
귀(句) ☞ 구(句).
귀가(歸家) return(ing) home. ~하다 return 〔come, go〕 home; 《돌아오다》 get 〔reach〕 home. ¶ ~가 늦다 be late in coming home.
귀감(龜鑑) a model; a pattern; a mirror. ¶ 군인의 ~ a model soldier; a pattern of soldiery.
귀갑(龜甲) a tortoise shell.
귀거칠다 be unpleasant to hear; be harsh to the ear; (be) offensive.
귀걸이 《귓집》 earmuffs; an earcap; 《장식용》 an earring; a pendant.
귀결(歸結) a conclusion; an end; 《결과》 a result; a consequence. ¶ 당연한 ~로서 as a natural consequence / ~짓다 bring to a conclusion.

귀경(歸京) ～하다 return to Seoul.
귀고리 an earring; an eardrop.
귀골(貴骨) 《사람》 people of noble birth; 《골격》 noble features.
귀공자(貴公子) a young noble(man). ¶ ～다운 princely.
귀국(貴國) your (esteemed) country.
귀국(歸國) ～하다 return to one's country; return 〔come, go〕 home. ¶ ～ 길에 오르다 leave for home.
귀글(句一) a verse; a poem.
귀금속(貴金屬) precious metals. ‖ ～상 《상인》 a dealer in precious metals; a jeweler 《美》; 《상점》 a jewelery store.
귀나다 《모가》 be irregular 〔uneven〕; 《의견이》 differ in opinion; disagree with each other.
귀납(歸納) induction. ～하다 induce 《*A from B*》; generalize. ¶ ～적(으로) inductive(ly); *a posteriori*/ ～적 추리 inductive reasoning 〔inference〕. ‖ ～법 induction; the inductive method.
귀농(歸農) ～하다 return to the farm; go back to the soil. ‖ ～운동 a "back-to-the-earth" movement.
귀담아듣다 listen willingly 〔carefully〕.
귀동냥 learning by the ear; ear-learning. ～하다 learn by (the) ear; pick up knowledge.
귀동자(貴童子) one's dear (son).
귀두(龜頭) 〖解〗 the glans (of the penis). ‖ ～염 balanitis.
귀둥대둥 recklessly; thoughtlessly; blindly.
귀때 a spout; a tap(술통 따위의). ‖ ～ 항아리 a pot with a spout.
귀뚜라미 a cricket; a grig. ¶ ～가 울다 a cricket chirps.
귀뜨다 《a baby》 start to hear for the first time.
귀뜨이다 《끌리다》 have one's attention drawn 《*to*》.
귀띔 a tip; a hint; an intimation. ～하다 give a tip; hint 《*at*》; give 〔drop〕 a hint; intimate; suggest.
귀로(歸路) one's way home 〔back〕; one's return journey 〔trip〕(여행길의). ¶ ～에 오르다 leave 〔start〕 for home.
귀리 oats. ¶ 탄 ～ oatmeal.
귀머거리 a deaf person.
귀먹다 become deaf; be deafened (일시적으로).
귀물(貴物) a rare 〔precious〕 thing; a treasure.
귀밑 the root of the ear. ¶ ～까지 빨개지다 blush to the roots of one's ears.
귀밝다 (be) sharp-eared; be quick to hear.
귀부(龜趺) the turtle base of a stone monument.
귀부인(貴婦人) a (titled) lady; a noblewoman. ¶ ～다운 ladylike.
귀빈(貴賓) a guest of hono(u)r; an honored guest. ‖ ～석〔실〕 seats 〔a room〕 reserved for special guests 〔VIPs〕.
귀뿌리 the root of the ear.
귀사(貴社) your (esteemed) company.
귀서(貴書) your (esteemed) letter.
귀설다 (be) unfamiliar; unaccustomed; strange.
귀성(歸省) home-coming. ～하다 return 〔go, come〕 home. ‖ ～객 homecoming people.
귀소본능(歸巢本能) homing instinct.
귀속(歸屬) 《복귀》 reversion; return; 《소속》 possession. ～하다 revert 《*to*》; be returned 《*to*》; belong to.
귀순(歸順) submission; allegiance. ～하다 defect; submit 《*to*》; give in one's submission. ‖ ～병 a defecting soldier / ～자 a defector.
귀신(鬼神) 《망령》 a departed soul; a ghost (유령); 《마귀》 an ogre; a fiend. ¶ ～ 같다 be supernatural 〔otherworldly〕 / ～도 모른다 No one knows.
귀아프다 be fed up with; have heard enough. ¶ 귀 아프도록 들어 왔네 I have heard enough of it.
귀얄 a paste 〔paint〕 brush.
귀양 exile; banishment. ¶ ～ 살다 live in exile/～(을) 가다 go into exile / ～ 보내다 condemn 《*a person*》 to exile; banish; ostracize. ‖ ～살이 living in exile.
귀엣말 a whisper; whispering. ～하다 whisper 〔speak〕 in 《*a person's*》 ear; talk in whispers.
귀여겨듣다 listen attentively 〔with strained ears〕.
귀여리다 (be) credulous; gullible; be easily convinced.
귀염 love; favo(u)r. ¶ ～받다 be loved; be liked; enjoy *a person's* favor. ‖ ～성 charm; attractiveness; lovableness; amiability; cuteness.
귀엽다 (be) lovely; charming; attractive; lovable; sweet; cute; amiable; dear. ¶ 귀여운 계집애 a cute little girl/귀여워하다 love; pet; be affectionate 《*to*》; fondle; caress.
귀영(歸營) ～하다 return to one's barracks. ‖ ～ 시간 the hour for returning to barracks.
귀의(歸依) conversion. ～하다 be converted 《*to Buddhism*》; become a believer 《*in*》. ‖ ～자 a convert 《*to*》.
귀이개 an earpick.
귀인(貴人) a noble(man); a dignitary; a high personage.
귀일(歸一) ～하다 be united into one; be unified.
귀임(歸任) ～하다 return 〔go back〕 to one's post.
귀잠 a sound 〔deep〕 sleep. ¶ ～들다 fall into a deep sleep; fall fast asleep.
귀재(鬼才) 《사람》 an unusual genius; a wizard; 《재주》 unusual tal-

ent.
귀접스럽다 ① 《더럽다》 (be) dirty; filthy. ② 《천하다》 (be) mean; base; low; nasty.
귀접이 rounding off the edges.
귀족(貴族) 《총칭》 the nobility; nobles; the peerage; 《개인》 a noble(-man); a peer; an aristocrat. ~의 noble; aristocratic; titled. ‖ ~계급 the aristocratic class / ~ 정치 aristocracy.
귀중(貴中) Messrs. ¶ A 상회 ~ Messrs. A & Co./서울대학교 ~ To the Seoul National University.
귀중(貴重) ~한 precious; valuable. ‖ ~품 an article of value; valuables (총칭).
귀중중하다 (be) dirty; untidy.
귀지 ear wax.
귀지(貴地) your place [district].
귀지(貴紙) your (valued) paper; your (esteemed) columns. ¶ ~를 통하여 through the medium of your columns.
귀지(貴誌) your (valued) magazine.
귀질기다 (be) unresponsive; insensitive; be slow to understand.
귀착(歸着) ① 《돌아옴》 ~하다 return; come back. ② 《귀결》 ~하다 arrive at 《*a conclusion*》; come to; result [end] in. ¶ 토론의 ~점 the logical conclusion of an argument.
귀찮다 (be) troublesome; annoying; bothering; irksome. ¶ 귀찮은 사람 an annoying person; a nuisance; a bore/…이 귀찮아지다 get tired of; feel weary of/귀찮아하다 feel annoyed 《*at, by*》; regard 《*a matter*》 as a nuisance / 귀찮게 굴다 bother; annoy.
귀천(貴賤) high and low; the noble and the mean. ¶ ~의 차별없이 irrespective of rank; high and low alike.
귀청 the eardrum. ¶ ~이 터질 듯한 deafening; ear-splitting; ear-rending.
귀체(貴體) you; your health.
귀추(歸趨) a trend; a tendency; a drift; 《결과》 an issue; a consequence. ¶ 당연한 ~로서 as a natural course of events.
귀퉁이 《모퉁이》 a corner; an angle; 《귀언저리》 the root of the ear.
귀틀 ‖ ~집 a log hut [cabin].
귀하(貴下) Mr.; Mrs.; Mdm(e); Miss; you (당신).
귀하다(貴—) ① 《드물다》 (be) rare; uncommon; 《귀중》 (be) precious; valuable. ¶ 귀한 물건 a rarity; a valuable thing/귀한 손님 a welcome visitor. ② 《고귀》 (be) noble; august; high; hono(u)rable. ¶ 귀하신 분 a person of noble birth; an august person. ③ 《귀엽다》 (be) dear; lovely; sweet. ¶ 귀한 자식 one's precious child.
귀한(貴翰) your (esteemed) letter [favo(u)r].
귀함(歸艦) ~하다 return to one's warship.
귀항(歸航) a return passage; a homeward voyage [trip]. ~하다 sail for home; make a homeward voyage [trip].
귀항(歸港) ~하다 return to port; put back to port.
귀향(歸鄕) home-coming. ~하다 go [come] home; return to one's old home. ‖ ~ 활동 activity at one's constituency.
귀화(歸化) 《국적 취득》 naturalization. ~하다 be naturalized 《*in Japan*》. ‖ ~인[민] a naturalized citizen; a denizen.
귀환(歸還) ~하다 return. ‖ ~병 a returned soldier/~자 a repatriate; a returnee.
귀휴(歸休) release 《*of a soldier*》 before the expiration of one's service. ‖ ~병 a soldier on (terminal) leave / (일시) ~ 제도 【經】 the layoff system.
귓결 ¶ ~에 (듣다) (hear of) by chance.
귓구멍 an ear-hole; the ear.
귓등 the back of an ear. ¶ ~으로 듣다 do not listen carefully.
귓바퀴 a pinna; an auricle.
귓밥 (the thickness of) an earlobe.
귓불 an earlobe.
귓속말 ¶ ~로 in a whisper.
귓전 ¶ ~에 about one's ears.
귓집 earmuffs.
규격(規格) a gauge; a standard; a norm. ¶ ~화하다 standardize. ‖ ~ 통일 standardization/~품 a standardized article.
규명(糾明) a searching examination. ~하다 examine closely; grill. ¶ 죄상을 ~하다 examine into 《*a person's*》 guilt.
규모(規模) ① 《구조》 a structure; 《체재》 a scale; 《범위》 a scope; 《설계》 a plan. ¶ 대[소]~로 on a large [small] scale; in a large [small] way. ② 《씀씀이의 한도》 a budget limit. ¶ 돈을 ~ 있게 쓰다 make effective use of one's money.
규방(閨房) 《도장방》 a boudoir; a woman's living room; 《안방》 women's quarters.
규범(規範) 《모범》 a rule; a pattern; 《표준》 a standard; a criterion; a norm. ¶ ~적 법칙 normative law.
규사(硅砂) 【鑛】 silica.
규산(硅酸) 【化】 silicic acid. ‖ ~염 a silicate.
규석(硅石) 【鑛】 silex; silica.
규소(硅素) 【化】 silicon (기호 Si). ‖ ~ 수지 silicone (resins).
규수(閨秀) ① 《처녀》 a maiden; a spinster; a virgin. ② 《글하는 여자》 a literary woman; a bluestocking. ‖ ~ 시인 a female poet; a poetess / ~ 작가 a lady [woman]

writer / ~ 화가 a lady (woman) painter.
규약(規約) ① 《규정》 rules; regulations. ② 《협약》 an agreement; a covenant; a pact. ¶ ~을 맺다 enter into an agreement 《*with*》.
규율(規律) discipline; order; rules (규정). ¶ ~있는 disciplined; orderly; systematical / ~ 없는 irregular; disorderly; undisciplined/~ 있게 in good order; systematically / ~을 지키다 (어기다) observe (break) the rules.
규정(規定) 《규칙》 rules; regulations; 《조항》 provisions; stipulations. ~하다 prescribe; ordain; provide; stipulate 《*for*》. ¶ ~대로 (에 따라) according to the rules. ‖ ~ 요금 the regulation (standard) charge (fare)/ 통행 ~ the traffic regulations.
규정(規程) official regulations; inner rules; a bylaw. ‖ 직무 ~ the regulations defining the duties of the staff.
규제(規制) regulation; control; restriction. ~하다 regulate; control; restrict. ‖ 교통 ~ traffic control.
규조(硅藻) 〖植〗 a diatom. ‖ ~토(土) diatom earth.
규중(閨中) ‖ ~ 처녀 a maid; a spinster.
규칙(規則) a rule; regulations. ¶ ~적(으로) regular(ly); methodical (-ly); systematical(ly). ‖ ~ 동사 a regular verb/~서 prospectus/ ~ 위반 violation of a regulation; a breach of rules; an offense against the rule/ 취업 ~ the shop (office) regulations.
규탄(糾彈) censure; impeachment; denunciation. ~하다 censure; impeach; denounce. ¶ 정부를 ~하다 censure the Government.
규토(硅土) silica; silex.
규폐(증)(硅肺(症)) silicosis; a stoneman's disease. ‖ ~환자 a sufferer of silicosis; a silicosis sufferer.
규합(糾合) ~하다 rally; muster; convoke; call together. ¶ 동지를 ~하다 muster (rally) kindred spirits.
규화(硅化) silicification. ‖ ~물(物) a silicide.
균(菌) a bacillus [*pl.* bacilli]; a bacterium [*pl.* -ria]; a germ. ‖ ~ 배양 germiculture; cultivation of bacteria.
균등(均等) equality; uniformity; parity. ~한 equal; even; uniform. ‖ 기회 ~ equality of opportunity.
균류(菌類) fungi. ‖ ~학(學) fungology.
균배(均配) ~하다 divide (share) equally.
균분(均分) equal division. ~하다 divide equally; equalize.
균열(龜裂) a crack; a cleft; a crevice; a fissure. ~하다 crack; be cracked.
균일(均一) uniformity; equality. ~한 uniform; equal; even. ¶ 백 원 ~ a uniform rate of 100 *won*. ‖ ~ 요금 (운임) a uniform rate (fare).
균점(均霑) equal allotment of profits. ~하다 share 《*in*》; participate 《*in*》; have equal shares 《*in*》; have equal portions 《*of*》.
균질(均質) homogeneity. ‖ ~로(爐) a homogeneous reactor / ~체(體) homogeneous substance.
균형(均衡) balance; equilibrium; equipoise. ¶ 세력의 ~ the balance of power/~이 잡힌 well-balanced/ ~을 유지하다 (잃다) keep (lose) the balance. ‖ ~ 예산 a balanced budget.
귤(橘) an orange. ¶ ~ 껍질을 벗기다 peel an orange. ‖ ~밭 an orange orchard (plantation).
그[1] 《사람》 that (the) man; he; that (the) woman; she. ¶ ~의 his; her.
그[2] 《형용적으로》 that; those; the; its. ¶ ~ 날 that (the) day / ~ 때 then; that time / ~같이 thus; so; like that; in that manner.
그건그렇고 by the by(e); by the way; well; now.
그것 it; that (one).
그곳 there; that place. ¶ ~에 there.
그글피 three days after tomorrow; four days hence.
그까짓 such; so trivial; so trifling. ¶ ~ 일로 걱정 마라 Don't worry yourself over such a trifle.
그끄러께 three years ago; two years before last.
그끄저께 three days ago; two days before yesterday.
그나마 even that; and that. ¶ ~ 없다 Even that one is gone.
그냥 as it is; as it stands; intact; 《내처》 all the way; (all) through; continuously. ¶ ~ 두다 leave 《*a thing*》 as it is (intact); let 《*a thing*》 alone; leave 《*a thing*》 at that; let 《*a person*》 alone/~ 울고만 있다 do nothing but cry.
그네 a swing; a trapeze 《美》. ¶ ~를 타다 get on a swing. ‖ 그넷줄 the swing rope(s).
그네들 they; them. ¶ ~의 their.
그녀 she. ¶ ~의(를, 에게) her.
그느르다 take care of; look after.
그늘 ① 《응달》 shade. ‖ 나무 ~ the shade of a tree. ② 《남의 보호》 《someone's》 protection; care. ¶ 부모 ~에서 자라다 grow up under one's parents' wings. ③ 《배후》 the back. ¶ ~에 숨어서 behind 《*a person's*》 back; behind the scenes.
그늘지다 get (be) shaded; be shady.
그닐거리다 ① 《피부가》 feel creepy. ② 《마음이》 feel thrill (uneasy,

nervous).
그다지 《not》 so much; so; very. ¶ ~ 좋아하지 않다 do not care much for/ ~ 춥지 않다 be not so cold.
그대 you; thou. ¶ ~들 you; ye.
그대로 as it is [stands]; intact; just like that. ¶ ~ 내버려 두다 leave 《*a matter*》 as it is / ~ 있다 remain intact [as it was]; be left untouched.
그동안 the while; during that time; these [those] days. ¶ ~ 안녕하셨는지요 Have you been all these days?
그득하다 (be) full; filled.
그들 they. ¶ ~의 their / ~에게 them.
그들먹하다 (be) almost full.
그따위 such (a one); that kind [sort] of. ¶ ~ 모자 such a hat.
그라비아 【印】 photogravure; gravure. ¶ ~ 인쇄의 그림 a gravure picture.
그라운드 《경기장》 a 《*baseball, football*》 ground.
그랑프리 a *grand prix* 《프》; a grand prize.
그래[1] 《대답》 Yes (긍정); No (부정); So it is., That's right.
그래[2] 《그래서》 well. ¶ ~ 어쩧단 말인가 So what?
그래도 but; still; and yet.
그래서 and; (and) then [so]; upon this; so (따라서); then (그런데). ¶ ~ 어떻게 되었나 Well, then?
그래야 only if one does [says] that; only if it is that way; only so; unless so.
그래프 a graph; a graphic chart. ‖ ~ 용지 graph [section] paper.
그랜드 ‖ ~ 오페라 a grand opera/ ~ 피아노 a grand piano.
그램 a gram(me).
그러구러 somehow.
그러께 the year before last.
그러나 but; still; however.
그러나저러나 anyway; anyhow; in any case; either way.
그러넣다 rake in; put into.
그러니까 so; for that [this] reason; therefore; consequently; accordingly.
그러담다 gather [rake] up 《*something*》 (and put it) into.
그러면 and (그렇게 하면); well (then) (그럼); if (it is) so, then, in that case (그렇다면).
그러모으다 rake [scrape] up (together); gather up (together).
그러므로 so; therefore; accordingly.
그러잡다 clasp; grasp; take [get] hold of.
그러저러하다 (be) so and so; such and such. ¶ 그러저러해서 for such and such reasons.
그러쥐다 seize; catch; grasp; hold.
그러하다 (be) so; such; like that. ¶ 그러한 such; of the sort; like that / 그러하게 ☞ 그렇게 / 그러한 사람 such a person; a man of that kind.
그럭저럭 somehow (or other); (in) one way or other [another].
그런 such. ☞ 그러하다.
그런고로 hence; therefore. ☞ 그러므로.
그런데 but; however; and yet.
그런즉 therefore; so; then.
그럴듯하다 ☞ 그럴싸하다.
그럴법하다 (be) likely; possible. ¶ 그럴 법한 일이다 That is very likely.
그럴싸하다 (be) plausible; likely (그럴 법하다). ¶ 그럴싸하게 들리다 sound plausible / 그럴싸한 거짓말을 하다 lie like the truth; tell a plausible lie.
그럼 《긍정》 yes; certainly; 《그러면》 then; well.
그렁그렁하다 《눈물이》 be suffused with tears. ¶ 눈물이 그렁그렁한 눈 eyes suffused [filled, streaming] with tears; moist eyes.
그렇게 so (much); to that extent; 《부정어와 함께》 《not》 very [so]; 《그런식으로》 in that manner [way]; like that. ¶ ~까지 to such an extent; so (much).
그렇고말고 indeed; of course; certainly.
그렇다 《그러하다》 be so; be like that; 《대답》 yes; no (부정). ¶ ~고 하더라도 (and) yet; for all that; nevertheless; be that as it may; even so/ ~면 if (it is) so; then/ 그렇지 않으면 otherwise; else; or (else); if not so.
그렇듯이 so (much).
그렇지 yes; So it is., That's right., You are right.
그로기 ¶ ~ 상태의 groggy/(얻어맞아) ~ 상태가 되다 become groggy with a punch; be punch-drunk.
그로스 a gross (=12 dozen).
그로테스크 ¶ ~한 grotesque.
그루[1] 《나무의》 a stump (베고난 것); 《셀 때》 a plant; a tree. ¶ 한 ~의 소나무 one pine tree. ‖ ~터기 a stump (나무의); a stubble (벼 따위).
그루[2] 《농사의》 a crop. ‖ ~갈이 《raise》 two crops a year / ~콩 an aftercrop of beans.
그룹 《form》 a group. ¶ ~을 이루어 in groups. ‖ ~ 활동 group activities.
그르다 ① 《틀리다·옳지 않다》 (be) wrong; mistaken; incorrect; blamable; 《서술적》 be at fault; be in the wrong. ¶ 그른 짓 a wrong; an evil deed; a misdeed. ② 《무망》 (be) hopeless; be all over, be done for (서술적). ¶ 난 글렀어 I am done for.
그르렁거리다 wheeze; (make) purr.
그르치다 spoil; ruin; err; make a failure of. ¶ 계획을 ~ spoil [ruin]

a plan / 판단을 ~ make an error of judgement / 일생을 ~ make a failure of one's life.

그릇¹ ① 《용기》 a vessel; a container. ¶ 물 한 ~ a cup of water. ②《기량》 caliber; capacity; ability. ¶ ~이 크다 〔작다〕 be a man of large 〔small〕 caliber.

그릇² wrongly; mistakenly. ¶ ~ 생각하다 miscalculate; misunderstand; mistake.

그릇되다 go wrong 〔amiss〕; fail; be mistaken; be ruined(결딴나다). ¶ 그릇된 wrong; mistaken / 그릇된 길 the wrong way; an evil course / 그릇된 짓을 하다 misconduct oneself; do wrong.

그리 so. ☞ 그렇게.

그리니치 Greenwich. ‖ ~ 표준시 Greenwich (mean) time (생략 G.M.T.).

그리다¹ 《그림을》 picture; draw(무채색); paint (채색화); describe (원을); depict, portray (묘사); imagine (마음에); sketch(약식으로). ¶ 산수(山水)를 ~ paint a landscape/마음에 ~ picture to oneself; imagine/ 지도를 ~ draw a map.

그리다² 《사모·동경》 long 〔pine〕 for. ☞ 그리워하다.

그리마 〖動〗 a house centiped(e).

그리스 Greece. ¶ ~의 Greek; Grecian / ~말 Greek/~ 사람 a Greek.

그리스도 ☞ 크리스트.

그리움 yearning; attachment; affection.

그리워하다 《연정》 pine for 《*one's lover*》; be dying 《*to see one's love*》; 《동경》 long for, yearn after 〔for〕; miss 《*one's friend*》; be sick for.

그린란드 Greenland.

그릴 a grill (room).

그림 《회화》 a picture (일반적); a painting (채색화); a drawing (무채색); a sketch (사생·약도); an illustration (삽화); a figure (도형); a diagram(설명도); a cut (잡지 따위의). ¶ ~ 같은 picturesque 《*view*》/ 피카소의 ~ a picture by Picasso. ‖ ~ 물감 pigment; paint; (oil) colo(u)rs; water colors (수채화용)/ ~ 엽서 a picture (post) card/~ 책 a picture book; an illustrated book (그림이 든).

그림자 《투영》 a shadow; 《영상》 a reflection; an image; a silhouette; 《모습》 a figure. ¶ 장지에 비친 사람 ~ the shadow of a man falling on the paperdoor/~를 던지다 cast 〔throw〕 《*its*》 shadow 《*on, over*》/~를 감추다 conceal oneself; disappear.

그립다 《동사적》 feel yearning for; long for. ¶ 그리운 dear; dearest; beloved/그리운 사람 one's beloved.

그만 《정도》 to that extent; such; 《부사적》 enough; that much and no more; anymore. ¶ ~ 울어라 Don't cry any more.

그만그만하다 (be) nearly 〔about〕 the same; much the same.

그만두다 ① 《중지·중단》 stop; cease; discontinue; give up; quit. ¶ 장사를 ~ quit one's business / 학교를 ~ leave 〔give up〕 school. ② 《사직》 resign; quit; leave. ¶ 회사를 ~ leave (the service of) the company.

그만저만하다 (be) about the same; neither more ... nor less.

그만큼 as much (as that); so 〔that〕 much; to that extent; all the more.

그만하다 ① 《정도》 be nearly 〔about〕 the same; be neither better nor worse. ② 《크기·수량 등이》 be about 〔much〕 the same; be as much 〔many〕 as; be neither more nor less. ③ 《중지하다》 stop; cease; leave off.

그맘때 about 〔around〕 that time; about the age (나이).

그물 a net; a draget (끄는); a casting net (잼이); netting (총칭). ¶ ~에 걸리다 be trapped 〔caught〕 in a net/~을 뜨다 make a net/~을 치다 pitch 〔set〕 a net. ‖ ~코 a net knot; a netting loop /새 ~ a sparrow net.

그믐 ¶ ~날 the end 〔last day〕 of the month / ~밤 the last night of the (lunar) month/~께 around the end of the month / 섣달 ~ 《on》 New Year's Eve.

그밖 the rest; the others. ¶ ~의 other; further/~에 besides; moreover; further.

그사이 the while; the meantime; the interval.

그슬리다 burn; scorch; singe.

그악스럽다 (be) mischievous; hard-working; naughty; industrious (부지런하다).

그악하다 ☞ 그악스럽다.

그야말로 really; quite; indeed.

그예 at last; finally; in the end; ultimately; after all.

그윽하다 ① 《고요하다》 (be) deep and quiet; secluded; still; silent. ② 《생각이》 (be) deep; profound.

그을다 《햇볕에》 be 〔get〕 burned; be scorched 〔sunburned, tanned〕; 《연기에》 be sooted (up); get black with soot.

그을음 soot. ¶ ~이 앉다 〔끼다〕 be sooted; be come sooty; be soot-covered.

그저 《줄곧》 yet; still; so far; 《이유없이》 without any reason; 《목적·생각없이》 casually; recklessly; aimlessly; 《그런대로》 so and so; not so 《*good*》; 《단지》 only; just; 《제발》 please.

그저께 the day before yesterday. ¶ ~ 밤 the night before last.

그전(一前) former times [days]; the past. ¶ ~의 old; past; former/~에는 formerly; before; in old days. 「when.
그제야 only then; not ... until; only
그중(一中) ① 《그것중》 among the rest [others]; of them. ② 《제일》 most; best. ¶ ~좋다[나쁘다] be the best [worst].
그지없다 (be) endless; boundless; eternal(영원); inmeasurable; 《형언못하다》 (be) beyond description. ¶ 그지없는 사랑 deep love.
그치다 stop; cease; end; be over. ¶ 그칠새없이 without cease; continuously.
그토록 ☞ 그렇게.
그후(一後) 《이후》 after that; thereafter; 《이래》 (ever) since; since then.
극(極) ① 《지구·자석의》 a pole; the poles (양극). ¶ ~지방 the polar regions. ② 《절정·극도》 the height; the extreme; the climax; the zenith. ¶ 영화(榮華)의 ~ the height of glory/ …의 ~에 달하다 reach the height of; be at its height.
극(劇) a drama; a play. ¶ ~적(으로) dramatic(ally)/~을 공연하다 perform [stage] a play/~을 연출하다 render a play. ‖ ~영화 a film [feature] play / 교훈(教訓)~ a moral play.
극광(極光) the aurora; the polar lights.
극구(極口) ¶ ~ 찬양하다 speak highly of; praise 《*a person*》 to the skies.
극권(極圈) the polar circle. ‖ 북[남] ~ the Arctic [Antarctic] Circle.
극기(克己) self-control[-denial]. ~하다 deny oneself; excercise self-denial. ‖ ~심 a spirit of self-denial. 「hard.
극난(極難) ~한 most difficult; very
극단(極端) an extreme; extremity. ¶ ~의[적인] extreme; excessive / ~으로 to an extreme; to excess/~적인 예 an extreme case/~으로 흐르다 go too far; go to extremes. ‖ ~론 an extreme view [opinion] (~론자 an extremist).
극단(劇團) a dramatic company; a troupe. ¶ 지방 순회 ~ a provincial touring company.
극단(劇壇) the stage; the theatrical world.
극대(極大) the maximum. ‖ ~치 the maximum value.
극도(極度) the extreme; 《최대》 the maximum; 《절정》 the zenith; the climax. ¶ ~의 utmost; extreme; maximum / ~로 extremely; to the utmost/~에 달하다 reach [be carried to] an extreme.
극동(極東) the Far East. ¶ ~의 Far Eastern. ‖ ~ 문제 Far Eastern questions.

극락(極樂) (a) paradise; *Sukkavati* 《梵》; the abode of the blessed; 《go to》 heaven. ‖ ~ 왕생(하다) (die) a peaceful death/~조 a bird of paradise.
극력(極力) 《부사적》 to the utmost; to the best of one's ability; strenuously. ¶ ~ 부인하다 deny stoutly.
극렬분자(極烈分子) a radical; an extremist.
극론(極論) an extreme argument. ~하다 make an extreme argument; go so far as to say (that...).
극미(極微) ~한 microscopic; infinitesimal; atomic.
극복(克服) conquest. ~하다 conquer; overcome; get [tide] over.
극본(劇本) ☞ 각본(脚本).
극북(極北) the extreme north; the north pole (북극).
극비(極秘) strict secrecy. ¶ ~로 하다 keep 《*a matter*》 in absolute secrecy.
극빈(極貧) extreme poverty. ~한 extremely poor. ‖ ~자 a needy [destitute] person; a pauper (구호대상자).
극상(極上) ~의 best; extra fine; excellent; superfine. ‖ ~품(品) a choice [an A 1] article; an article of superfine quality.
극서(極暑) the severe [intense] heat.
극성(極盛) ~스러운 extreme; overeager. ¶ ~부리다 run to extremes; get [be] mad [frantic].
극소(極小) minimum. ~한 smallest; minimum; infinitesimal. ‖ ~량 the (irreducible) minimum/~수(數) the minimum number; a small minority / ~치 the minimum value.
극심(極甚) ~한 extreme; intense; severe; violent; vehement.
극악(極惡) ~한 heinous; atrocious; most wicked.
극약(劇藥) a powerful medicine [drug]; a violent poison. 「say.
극언(極言) ~하다 go so far as to
극영화(劇映畫) a dramatic movie.
극우(極右) an ultra-rightist; the extreme right. ¶ ~의 ultranationalistic. ‖ ~파 the extreme right; an extreme right wing.
극작(劇作) playwriting. ~하다 write a play [drama]. ‖ ~가 a dramatist; a playwright.
극장(劇場) a theater; a playhouse.
극점(極點) the extreme point; a climax; a height.
극좌(極左) the extreme left. ¶ ~의 ultraleftist. ‖ ~파 extreme leftist.
극지(極地) the pole; the polar regions. ‖ ~탐험 a polar expedition.
극진(極盡) ~한 very kind [cordial]; (utterly) devoted. ¶ ~히 kindly; cordially; heartity; devotedly/~

한 대접 heart-warming hospitality/~히 사랑하다 love deeply.
극초단파(極超短波) microwave.
극치(極致) the height; the zenith; the acme; the culmination. ¶ 미의 ~ ideal 〔perfect〕 beauty.
극통(劇痛) an acute pain; a severe pain; a pang.
극피동물(棘皮動物) 〖動〗 an echinoderm.
극한(極限) the limit; an extremity; the bounds. ¶ ~에 달하다 reach the limit 《*of*》. ‖ ~ 상황 an extreme situation/~치 〖數〗 a limiting value / ~ 투쟁 struggle to the extremes.
극한(極寒) severe 〔intense〕 cold.
극형(極刑) capital punishment; the maximum penalty. ¶ ~에 처하다 condemn 《*a person*》 to capital punishment.
극히(極一) 《심히》 very; highly; 《가장》 most; 《아주》 quite.
근(斤) a *geun* (=0.6 kilogram).
근(根)[1] 《종기의》 the core (of a boil).
근(根)[2] 〖數〗 a root; a radical. ‖ 평방 〔입방〕 ~ a square 〔cubic〕 root.
근간(近刊) a recent 〔forthcoming〕 publication 〔issue〕. ‖ ~서(書) a recent publication; a forthcoming book (예정)/~ 예고 an announcement of books in preparation.
근간(近間) 《부사적》 shortly; before long; one of these days.
근간(根幹) 《뿌리와 줄기》 root and trunk; 《근본》 the basis; the root; 《기조(基調)》 the keynote. ¶ ~을 이루다 form the keynote of.
근거(根據) the basis; the base; the foundation; the ground; the authority (전거). ¶ ~가 있는 well-grounded 〔-founded〕 / ~가 없는 groundless; baseless; unfounded. ‖ ~지 a base.
근거리(近距離) a short distance. ¶ ~에 있다 be a little way off.
근검(勤儉) thrift (and diligence). ~한 thrifty; frugal. ‖ ~ 저축 thrift and savings.
근경(近景) a near view.
근경(根莖) 〖植〗 a rootstock; a rhizome.
근계(謹啓) Dear Sir; Dear Mr. ...; Dear Sirs 《회사·단체 앞》.
근고(近古) the early modern age.
근골(筋骨) bones and sinews; 《체격》 build; physique. ¶ ~이 억센 muscular; sinewy.
근교(近郊) the suburbs; the outskirts. ¶ ~에 in the suburbs 《*of*》.
근근이(僅僅一) barely; narrowly; with difficulty (☞ 간신히). ¶ ~ 살아가다 rub along; pick up a scanty living; eke out one's living.
근근하다[1] 《물이》 (be) full.
근근하다[2] 《가렵다》 feel itchy.
근기(根氣) perseverance; patience; endurance; energy. ¶ ~ 있는 patient; persevering/~ 있게 patiently; with perseverance 〔patience〕/~가 없다 lack patience; soon get tired.
근기(根基) the foundation; the base; the root (밑동).
근년(近年) recent 〔late〕 years. ¶ ~에 of late years; in recent years.
근농(勤農) diligent farming.
근대 〖植〗 a (red) beet; a (Swiss) chard.
근대(近代) modern ages; recent times. ~의 modern. ¶ ~적인 modern(istic). ‖ ~사 〔영어〕 modern history 〔English〕 / ~화 modernization.
근대다 bother; tease; annoy.
근덕거리다 become shaky 〔rickety〕; sway.
근동(近東) the Near East.
근들거리다 rock; sway.
근래(近來) recent time. ~의 recent; late. ¶ ~에 (in) these days; in recent time; of late.
근량(斤量) ☞ 근수.
근력(筋力) muscular strength; physical strength. ☞ 기력(氣力).
근로(勤勞) labo(u)r; work; service. ~하다 labor; work; serve. ‖ ~ 계급 〔대중〕 the working class 〔masses〕 / ~ 기준법 the Labor Standard Law / ~ 봉사 a labor service/~ 소득 an earned income.
근류(根瘤) ‖ ~ 박테리아 root nodule bacteria.
근린(近隣) ☞ 근처.
근면(勤勉) diligence; industry. ~한 industrious; diligent; laborious.
근모(根毛) 〖植〗 a root hair.
근무(勤務) service; duty; work. ~하다 serve; work. ‖ ~ 성적 one's service record / ~처 one's place of employment 〔business〕 / ~ 태도 assiduity / 시간외 ~ overtime (work) / 육상 〔해상〕 ~ shore 〔sea〕 service.
근무시간(勤務時間) office 〔working〕 hours; hours of duty.
근무연한(勤務年限) the term 〔period〕 of *one's* service.
근무자(勤務者) men in service 〔on duty〕; workers.
근무조건(勤務條件) working conditions 〔terms〕.
근묵자흑(近墨者黑) He who touches pitch shall be defiled therewith.
근방(近方) ☞ 근처.
근배(謹拜) 《편지의 맺음말》 Yours truly 〔sincerely〕.
근본(根本) 《기초》 the foundation; the basis; 《근원》 the root; the source; the origin. ~적(으로) fundamental(ly); basic(ally); thorough(ly). ¶ ~을 거슬러 캐다 trace 《*something*》 to its origin 〔source〕/~을 밝히다 get at the root 《*of things*》. ‖ ~ 문제 a fundamental problem.
근사(近似) ~한 approximate; close-

ly resembled; fine, nice (멋진). ‖ ~치(値) approximate quantity [value].
근사모으다 make continued efforts.
근성(根性) disposition; temper; nature. ¶ ~이 나쁜 ill-natured. ‖ 상인 ~ a mercenary spirit.
근세(近世) modern age. ☞ 근대. ‖ ~사 modern history.
근소(僅少) ~한 a few (수); a little (양); small; trifling. ¶ ~한 차로 이기다 win by a narrow margin.
근속(勤續) continuous service. ~하다 be in continuous service; serve long. ‖ ~ 수당 a long-service allowance/~ 연한 the length of (one's) service / ~자(者) a long-service man (20년 ~자 a person in twenty years of continuous service). 「in *geun*.
근수(斤數) the weight (expressed)
근수(根數) 〖數〗 a root; a radical. ‖ 부진(不盡) ~ a surd root.
근시(近視) shortsightedness; myopia; 《사람》 a shortsighted person. ¶ ~의 shortsighted; short of sight; nearsighted. ‖ ~ 안경(眼鏡) spectacles for a shortsighted person / 가성 ~ pseudomyopia.
근신(近臣) one's trusted vassal; a close court attendant.
근신(謹愼) ~하다 be on one's good behavio(u)r; behave oneself. ¶ ~의 뜻을 표하다 show one's penitence.
근실(勤實) ~한 diligent; assiduous.
근실거리다 itch; feel itchy.
근심 anxiety; concern; worry; cares; trouble. ~하다 be anxious about; worry over [about]; be concerned about; feel uneasy.
근엄(謹嚴) sobriety. ~한 serious; grave; stern; rigorous. ¶ ~한 태도 a dignified mien.
근역(槿域) Korea.
근염(筋炎) 〖醫〗 myositis.
근왕(勤王) loyalty. ¶ ~의 royalistic.
근원(根源) 《시초》 the origin; the source; 《원인》 the cause; 《근본》 the root. ¶ 모든 사회악의 ~ the root of all social evils/~을 캐다 trace 《*something*》 to its origin.
근위(近衛) ‖ ~대(隊) the Royal Guards; the court guards.
근육(筋肉) muscles; sinews. ¶ ~의 muscular. ‖ ~ 노동 physical [manual] labo(u)r (~ 노동자 a manual worker)/~ 주사 an intramuscular injection.
근인(近因) the immediate cause.
근일(近日) 《부사적》 soon; shortly; at an early date.
근일점(近日點) the perihelion.
근자(近者) ~에 these days; lately; recently.
근작(近作), 근저(近著) one's latest [recent] work.
근저(根柢, 根底) the bottom; the basis; the root. ¶ ~를 이루다 form the basis 《*of*》; be basic 《*to*》.
근저당(根抵當) fixed collateral.
근절(根絶) extermination; eradication. ~하다 exterminate; eradicate; root [stamp] out. ¶ ~되다 be eradicated [extirpated].
근점(近點) a near point; 《근일점》 the perihelion.
근접(近接) approach; 《천체의》 appulse; 〖心〗 contiguity. ~하다 draw near; come [go] close 《*to*》; approach. ¶ ~한 neighbo(u)ring; adjacent.
근정(謹呈) presentation; 《책에》 With the compliments of the author. ~하다 give; present 《*a person* with *a thing*, *a thing* to *a person*》.
근제(謹製) making carefully; 《명사 뒤에서》 made [produced, prepared] carefully by. ~하다 make [prepare] carefully.
근지럽다 ☞ 간지럽다.
근지점(近地點) 〖天〗 the perigee.
근직(謹直) ~한 conscientious; scrupulous; faithful.
근질거리다 feel ticklish [itchy].
근착(近着) recent arrival. ¶ ~의 외국 신문 foreign newspapers just to hand.
근처(近處) the neighbo(u)rhood; the vicinity. ¶ ~에 in the neighborhood [vicinity] 《*of*》; near.
근청(謹聽) ~하다 listen to 《*a person*》 with attention.
근치(根治) complete cure. ~하다 cure completely [radically]. ¶ ~가 어렵다 be hard of radical cure.
근친(近親) a near [close] relation [relative]; a kin. ‖ ~ 결혼 intermarriage; consanguineous marriage / ~ 상간(相姦) incest.
근친(覲親) a bride's (first) visit to her parents. ~하다 make a (first) visit to her parents after her marriage.
근태(勤怠) diligence and/or indolence.
근하(謹賀) ~ 신년 (I wish you) a Happy New Year.
근해(近海) the neighboring [home] waters; the near [adjacent] seas. ‖ ~어 a shore fish/~어업 inshore fishery / ~ 항로 a coastal service [line]. 「borhood.
근화(近火) a fire in one's neigh-
근황(近況) the present condition; the recent state.
글 writings; a composition; prose (산문); style; a sentence (문장); letters (문학); a letter [character] (문자). ¶ 쉬운 ~로 쓰다 write in an easy style/~을 모르다 be unlettered [illiterate]. ‖ ~짓기 composition.
글겅이 a currycomb. ‖ ~질 currying (빗김); squeezing (착취).

글귀 words; terms; a phrase, a clause (구절); 《인용절》 a passage; 《글》 a sentence; a line (한줄).
글동무 a schoolmate.
글라디올러스 〖植〗 a gladiolus.
글라스 《잔》 a glass.
글라이더 a glider.
글래머걸 a glamo(u)r girl.
글러브 〖野〗 a glove; 〖拳〗 gloves.
글러지다 fail; go amiss (wrong); 《악화》 get worse; take a bad turn (병세가).
글루타민산(一酸) glutamic acid. ‖ ~ 소다 monosodium glutamate.
글리세린 〖化〗 glycerin(e).
글리코겐 〖化〗 glycogen.
글방(一房) a private (home) school.
글썽글썽 with tearful eyes. ~하다 tears blur *one's* eyes; *one's* eyes are filled with tears; be about to cry.
글쎄 well; let me see; I say (단정). ¶ ~ 하란 말이야 I say you do it./ ~갈 생각이 없는 걸 Well, I don't feel like going.
글씨 a letter; a character; 《글씨 쓰기》 writing; penmanship. ¶ ~를 잘(못) 쓰다 write a good (poor) hand/~를 가르치다 teach how to write.
글월 a sentence (문장); a letter (편지).
글자(一字) a letter; a character.
글재주 literary talent (ability, genius). ¶ ~가 있다 have a talent for writing.
글제(一題) a subject; a theme.
글피 two days after tomorrow; three days hence.
긁다 ① 《피부를》 scratch; 《표면을》 scrape 《*off, out*》. ② 《그러모으다》 rake (scrape) up; gather up. ③ 《감정·비위를》 provoke; nag (at).
긁어먹다 ① 《이로》 gnaw (bite) off and eat; nibble. ② 《재물을》 extort; squeeze. ☞ 착취.
긁적거리다 scratch (scrape) successively.
긁혀미다 be scratched.
긁히다 be scratched; be clawed (발톱에).
금¹ 《값》 price. ¶ 적당한 ~ a moderate (reasonable) price / ~보다, ~을 놓다 bid a price 《*for*》; make an offer; adjust the price 《*of*》/ ~나다 《the price》 is agreed upon.
금² ① 《접은 자국》 a fold; a crease. ② 《줄》 a line. ¶ ~긋다 draw a line. ③ 《균열》 a crevice; a crack. ¶ ~을 내다 notch; nick/~이 가다 crack; be cracked / ~이 간 것 a defective (flawed) article.
금(金) ① gold (기호 Au); gilding (도금). ~의 gold; golden; auric. ¶ 18~의 시계 an 18-carat gold watch/~을 입히다 plate 《*a thing*》 with gold. ‖ ~반지 a gold ring/ ~종이 gilt paper. ② 《금속물》 a metal; hardware.
금강력(金剛力) Herculean strength.
금강사(金剛砂) emery (powder).
금강산(金剛山) the Diamond Mountains. ¶ ~도 식후경 Bread is better than the song of the birds.
금강석(金剛石) a diamond. ¶ ~을 갈다 cut (polish) a diamond.
금계(禁界) the forbidden ground; an off-limits area.
금계랍(金鷄蠟) 〖藥〗 quinine.
금고(金庫) ① 《철제의》 a (money) safe; a strongbox; a cash box; a vault (지하의). ‖ ~털이 safebreaking, safecracking(행위); a safebreaker, a safecracker(사람). ② 《국고금 취급소》 a cash office; a depository.
금고(禁錮) confinement; imprisonment. ¶ ~형에 처하다 imprison; confine.
금과옥조(金科玉條) a golden rule. ¶ ~로 삼다 adhere strictly 《*to*》.
금관(金冠) a gold crown.
금관악기(金管樂器) (a) brass.
금광(金鑛) 《광산》 a gold mine; gold ore (광석).
금괴(金塊) gold bullion; a gold ingot; a gold bar.
금권(金權) the power of money; financial (monetary) influence. ‖ ~ 정치 plutocracy.
금궤(金櫃) a money chest (box).
금귤(金橘) 〖植〗 a kumquat.
금기(禁忌) taboo; 〖醫〗 contraindication.
금난초(金蘭草) 〖植〗 a helleborine.
금남(禁男) ¶ ~의 집 a home without a man.
금낭화(錦囊花) 〖植〗 a dicentra.
금년(今年) this year. ☞ 올해.
금니(金一) a gold tooth. ‖ ~박이 a man with gold teeth.
금단(禁斷) ~하다 prohibit; forbid. ¶ ~의 prohibited; taboo(ed)/~의 열매 the forbidden fruit. ‖ ~ 증상 the withdrawal distress; an abstinence syndrome.
금도(襟度) generosity; magnanimity.
금도금(金鍍金) gilding. ~하다 plate 《*a thing*》 with gold; gild. ¶ ~한 gilt; gold-plated.
금란지계(金蘭之契) a Damon and Pythias friendship.
금력(金力) the power of money. ¶ ~으로 by force of money. ‖ ~만능 mammonism/~ 정치 plutocracy; timocracy.
금렵(禁獵) prohibition of shooting (hunting). ‖ ~기 the close(d) season; the fence season (time)/~지구(地區) a (game) preserve; a sanctuary.
금령(禁令) a prohibition; an interdict; a ban. ¶ ~을 내리다 issue a ban 《*on*》/~을 풀다 lift the ban 《*on*》.
금리(金利) interest; money rates. ¶ ~를 올리다(내리다) raise (lower) the rate of interest.

금맥(金脈) a vein of gold.
금메달(金―) a gold medal. ¶ ~을 따다 win〔be awarded〕a gold medal.
금명간(今明間) today or tomorrow; in a couple of days.
금몰(金―) gold braid〔lace〕. ¶ ~의 gold-braided.
금물(禁物) (a) taboo; a prohibited〔forbidden〕thing.
금박(金箔) gold foil; gold leaf. ¶ ~입히기〔박기〕gold pressing; gilding in the press.
금발(金髮) golden〔fair〕hair. ¶ ~의 blonde (여자); blond (남자).
금방(今方) ☞ 방금(方今).
금방(金房) a goldsmith's shop.
금번(今番) this time; lately; recently.
금법(禁法) a prohibitive law; a ban.
금보다 《평가하다》 make an appraisal〔estimate, evaluation〕; put a value 《*on a thing*》; value 《*a thing*》.
금본위(金本位) the gold standard. ‖ ~국 a gold-using country/~기준 the gold basis / ~제 =금본위.
금분(金粉) gold dust.
금불(金佛) a gold image of Buddha.
금붕어(金―) a goldfish. ‖ ~ 장수 a goldfish seller〔vendor〕.
금붙이(金―) things made of gold; gold (총칭).
금비(金肥) (a) chemical fertilizer.
금사(金絲) gold thread; spun gold.
금산(金山) a gold mine.
금상(金像) a gold statue; a gilt statue.
금상(今上) the present king〔Emperor〕; His Majesty the Emperor.
금상첨화(錦上添花) ~하다 add luster to what is already brilliant; add something more to the beauty〔hono(u)r, grace〕《*of*》.
금새 price.
금색(金色) golden color. ~의 golden.
금서(禁書) a banned book.
금석(今昔) past and present. ¶ ~지감을 금할 수 없다 be struck with the change of times.
금석(金石) minerals and rocks. ¶ ~지약(約) a solemn promise; a deep pledge. ‖ ~문 a monumental inscription / ~학 epigraphy.
금설(金屑) gold dust.
금성(金星) ① 〖天〗 Venus; the daystar. ② 《별표》 a gold(en) star.
금성철벽(金城鐵壁) a citadel; an impregnable fortress.
금세공(金細工) goldwork. ‖ ~ 장이 a goldsmith.
금속(金屬) (a) metal. ~의 metal; metallic. ‖ ~ 가공 the processing of a metal/~공 a metal worker/~ 공업 the metalworking industry/~ 공학 metal engineering/~ 원소 a metallic element / ~ 제품 metal goods; hardware.
금수(禁輸) an embargo on the export〔import〕of. ~하다 embargo; ban the export〔import〕《*of*》. ‖ ~품 contraband (goods).
금수(禽獸) birds and beasts; (dumb) animals. ¶ ~와 같은 beastly/~와 다를 바 없다 be no better than a beast.
금수(錦繡) ‖ ~ 강산 the land of beautiful scenery; Korea (별칭).
금슬(琴瑟) ¶ ~이 좋다 live in conjugal harmony; lead a happy married life.
금시(今始) ¶ ~초문이다 have never heard of before; be news to one. ‖ ~초견(初見) seeing for the first time.
금시계(金時計) a gold watch.
금식(禁食) fasting. ~하다 fast; go without food. ‖~일 a fast day.
금실(金―) gold thread; spun gold.
금싸라기(金―) a thing of great value. ‖~땅 an exceedingly high; priced plot of land.
금압(禁壓) suppression; prohibition; a ban. ~하다 suppress; ban; prohibit.
금액(金額) an amount of money; a sum (of money). ¶ 큰〔적은〕 ~ a large〔small〕amount of money.
금야(今夜) this evening; tonight.
금어(禁漁) prohibition of fishery. ‖ ~기 the closed season / ~구(역) a marine preserve.
금언(金言) a golden〔wise〕saying; a proverb; a maxim.
금연(禁煙) prohibition of smoking; 《게시》 "No Smoking." ~하다 prohibit smoking (못피우게); give up smoking (끊음). ‖ ~일 No-Smoking Day.
금요일(金曜日) Friday.
금욕(禁慾) abstinence; continence. ~하다 practice asceticism; control the passions. ‖ ~주의 stoicism (~주의자 a stoic) / ~ 생활 《lead》 an ascetic life.
금월(今月) ☞ 이달.
금융(金融) monetary circulation; the money market; finance; financing. ‖ ~계 the financial circles / ~ 공황 a financial crisis〔panic〕/ ~ 기관 a banking〔financial〕organ/~ 긴축 정책 a tight-money policy/~ 시장 the money market/~업 financial〔banking〕business; money lending (business) / ~ 여신 loan advance/~ 정책 a financial policy / ~ 핍박 money stringency.
금융거래실명제(金融去來實名制) the real-name financial transaction system.
금융경색(金融梗塞) money〔monetary〕stringency; a tight-money market〔situation〕.
금융부조리(金融不條理) malpractices at banks; bank-related irregularities.
금융사고(金融事故) a banking incident; a loan fraud.
금융조작(金融造作) money market

manipulation.
금융특혜(金融特惠) privileged loans 《*to*》.
금은(金銀) gold and silver. ‖ ~ 보배 money and valuables; treasures.
금의환향(錦衣還鄕) ~하다 go home loaded with hono(u)rs.
금일(今日) ☞ 오늘.
금일봉(金一封) ¶ ~을 주다 grant 〔give〕 《*a person*》 money 《*in appreciation of* ...》.
금자(金字) gold 〔gilt〕 letters. ¶ ~의 gold-lettered.
금자탑(金字塔) a pyramid; a monumental achievement (위업). ¶ ~을 세우다 accomplish a monumental work.
금작화(金雀花) 〖植〗 a common broom.
금잔(金盞) a gold cup 〔goblet〕.
금잔화(金盞花) 〖植〗 a common marigold; a yellow oxeye.
금잡인(禁雜人) ~하다 forbid the access of unauthorized persons.
금장식(金粧飾) gold(en) decoration.
금전(金錢) money; cash. ¶ ~상의 money; monetary; financial; pecuniary. ‖ ~ 등록기 a cash register / ~ 출납계원 a cashier; a treasurer/~ 출납부 a cashbook.
금점(金店) a gold mine. ☞ 금광.
금제(禁制) prohibition; taboo; a ban. ¶ ~의 contraband; prohibited / 여인 ~의 《a temple》 closed to women. ‖ ~품 contraband 〔prohibited, banned〕 goods.
금조개(金—) the shell of an abalone.
금족(禁足) confinement. ~하다 confine; keep 《*a person*》 indoors. ‖ ~령(令) a standstill order.
금주(今週) this week. ¶ ~ 중에 in the course of the week; some time this week.
금주(禁酒) abstinence (from drink); total abstinence (절대); prohibition (법령). ~하다 abstain (from drink); give up drinking; go dry. ‖ ~가(家) an abstainer; a dry (man) / ~법 the prohibition law/ ~ 운동 a temperance movement; a dry campaign.
금준비(金準備) the gold reserve.
금줄(金—) a vein of gold ore.
금중(禁中) the Court; the Royal Palace.
금지(金紙) gold-colored paper; gilt paper.
금지(禁止) prohibition; a ban; an embargo. ~하다 forbid 《*a person to do*》; prohibit 《*a person from doing*》; (place under a) ban. ‖ ~ 구역 a restricted area / ~령 a prohibition order; a prohibitory decree / 상연 ~ a stage ban / 판매 ~ a sales ban/수출입 ~ 품목 items on the contraband list.
금지옥엽(金枝玉葉) a person of Blood (임금의 집안 자손); precious 〔beloved〕 child. ¶ ~으로 자라나다 be brought up like a prince(ss).
금지조항(禁止條項) a forbidden clause.
금지처분(禁止處分) prohibited measure; prohibition.
금지환(金指環) a gold ring.
금치산(禁治產) incompetency; interdiction. ‖ ~자 an incompetent; an interdict.
금침(衾枕) bedclothes and a pillow; bedding.
금테(金—) gold rims (안경의); a gilded frame (사진틀의). ‖ ~ 안경 gold(-rimmed) spectacles.
금패(金牌) a gold medal. ¶ ~를 받다 be awarded a gold medal.
금품(金品) money and goods. ¶ ~을 주다 make a gift of 〔bribe 《*a person*》 with〕 money and other valuables.
금하다(禁—) ① ☞ 금지하다. ② 《억제》 suppress; repress; restrain. ¶ 웃음을 금할 수가 없다 cannot help laughing. ③ 《절제》 refrain 〔abstain〕 from. ¶ 술을 ~ refrain from drinking.
금혼식(金婚式) a golden wedding.
금화(金貨) a gold coin 〔piece〕; gold currency (총칭).
금환식(金環蝕) 〖天〗 an annular eclipse of the sun.
금회(今回) this time. ☞ 이번.
금후(今後) after this; hereafter; in future; from this time on. ¶ ~의 future; coming / ~ 계속하여 from this time forth/~ 5년 내지 10년은 for five or ten years from now.
급(急) 《위급》 (a) danger; an emergency; a crisis; 《긴급》 necessity; urgency. ¶ ~을 요하는 urgent; pressing/~을 알리다 give 〔raise〕 an alarm; dispatch an SOS; admit of no delay.
급(級) 《등급·학년》 a class; a grade. ¶ 대사~ 회담 a conference on the level of ambassadors / 1년~ the first year class / ~이 오르다 be moved up to a higher grade.
급각도(急角度) an acute angle. ¶ ~로 sharply; with a sudden turn.
급강하(急降下) a sudden drop; a dive. ~하다 drop suddenly (온도가); nose-dive (비행기가). ‖ ~ 폭격 dive bombing (~ 폭격기 a dive bomber).
급거(急遽) in haste; in a hurry; hastily; hurriedly. ¶ ~ 상경하다 hurry up 〔rush〕 to Seoul.
급격(急激) ~한 rapid; sudden; abrupt; radical (과격). ¶ ~히 suddenly; rapidly/~한 변화 a sudden 〔radical〕 change.
급격(急擊) a sudden attack. ~하다 take 《*the enemy*》 by surprise.
급경사(急傾斜) a steep slope (물매); a steep ascent (치받이); a steep descent (내리받이).

급고(急告) an urgent notice. ～하다 give an urgent notice.
급급하다(汲汲—) be intent 〔bent〕 《on》; be absorbed 《in》. ¶ 명리(名利)에 ～ be striving hard after fame and gain.
급기야(及其也) at (long) last; finally; in the end.
급등(急騰) a sudden rise; a jump. ～하다 rise suddenly; jump; soar.
급락(及落) success or failure.
급락(急落) a sudden drop; a sharp decline. ～하다 decline heavily; slump; fall suddenly.
급료(給料) pay; a salary; wages (☞ 봉급, 임금). ‖ ～일 a payday.
급류(急流) a rapid stream 〔current〕; a torrent; rapids.
급무(急務) an urgent necessity; a pressing need. ¶ 초미(焦眉)의 ～ the pressing need of the hour.
급박(急迫) ～하다 (be) imminent; urgent; pressing. ¶ ～한 pressing; imminent; urgent / ～해지다 become 〔grow〕 tense 〔critical〕.
급변(急變) a sudden change 〔turn〕; 《변고》 an emergency; an accident. ～하다 change suddenly; 《병세가》 take a sudden turn for the worse. ¶ ～하는 세계 정세 the rapidly changing world situation.
급병(急病) sudden (attack of) illness. ‖ ～ 환자 an urgent 〔emergency〕 case.
급보(急報) an urgent message 〔dispatch〕. ～하다 send an urgent message 《to》; report promptly.
급부(給付) presentation; delivery; 《보험 따위》 (a) benefit; payment (지급). ～하다 deliver; pay. ‖ ～금 a benefit / 반대 ～ a counter-presentation.
급비(給費) scholarship; supply of expenses.
급사(急死) a sudden death. ～하다 die suddenly.
급사(急使) an express messenger.
급사(給仕) ① ☞ 사환. ② 《호텔의》 a page 《英》; a bellboy 《美》; 《식사의》 a waiter; a waitress (여자); 《배·여객기의》 a cabin 〔ship〕 boy; a steward; a stewardess (여자); 《열차의》 a train boy; a porter.
급사면(急斜面) a steep slope.
급살맞다(急煞—) die suddenly.
급상승(急上昇) a sudden rise; a zoom (비행기의). ～하다 rise suddenly; zoom. ‖ ～ 반전 a wing-over.
급선무(急先務) the most urgent business; a matter of immediate necessity; a pressing need.
급선봉(急先鋒) a leader; a vanguard; a forerunner.
급성(急性) ～의 acute. ¶ ～이 되다 run an acute course. ‖ ～ 맹장염 acute appendicitis / ～병 an acute case 〔disease〕.
급성장(急成長) a rapid growth. ～하다 grow rapidily; achieve a rapid growth. ‖ ～ 시장 the big emerging market.
급소(急所) a vital point 〔part〕; a vulnerable spot (약점). ¶ ～를 맞다 be hit in the vitals / ～를 찌르다 strike 〔hit〕 home (요점을); hit 《*a person*》 in a vulnerable spot (약점을); touch 《*a person*》 on the raw (아픈 데를).
급속(急速) rapidity. ～한 rapid; swift; sudden. ¶ ～히 rapidly; swiftly; promptly.
급송(急送) ～하다 send 《*a thing*》 by express 〔in haste〕; dispatch.
급수(給水) water supply 〔service〕. ～하다 supply 《*a town*》 with water. ‖ ～관(차) a water pipe 〔wagon〕 / ～전(栓) a hydrant / 시간 ～ a water supply restricted to certain hours.
급수(級數) 〖數〗 progression; a series. ‖ 산술 〔기하〕 ～ arithmetical 〔geometrical〕 series.
급습(急襲) a sudden attack; a raid. ～하다 make a surprise attack 《on》; make a police raid 《on》 (경찰이).
급승(急昇) ☞ 급상승.
급식(給食) supply of food. ～하다 provide meals 〔lunch〕 《for》; furnish 《*a person*》 with food.
급여(給與) supply; (an) allowance; 《봉급》 pay; wages. ～하다 grant; allow; supply 〔provide〕 《*a person*》 with; pay.
급용(急用) 《on》 urgent 〔pressing〕 business.
급우(級友) a classmate.
급유(給油) oil supply; refueling. ～하다 feed 〔supply〕 《*a machine*》 with oil; refuel. ‖ ～기 《비행기》 a tanker (plane) / ～소 an oil 〔a gas〕 station.
급작스럽다 (be) sudden; abrupt; unexpected.
급전(急轉) a sudden change 〔turn〕. ～하다 change suddenly; take a sudden turn. ¶ ～ 직하로 all of a sudden; all at once.
급전(急錢) urgently needed money for immediate use.
급전환(急轉換) a sudden change 〔turn〕; 〖空〗 a reverse turn.
급정거(急停車) a sudden stop. ～하다 stop suddenly 〔short〕; come 〔be brought〕 to a sudden stop.
급제(及第) ～하다 pass 〔be successful in〕 an examination.
급조(急造) ～하다 build in haste; construct hurriedly; produce 〔prepare〕 《*something*》 in a hurry.
급증(急症) 《급병》 a sudden illness; 《급성병》 an acute disease.
급증(急增) ～하다 increase 〔rise〕 suddenly 〔rapidly〕. ¶ ～하는 교통량 rapidly increasing traffic.
급진(急進) rapid progress; 《과격》 radicalism. ～하다 progress rapidly; rush (forward). ¶ ～적 radical; extreme. ‖ ～ 분자 a radical

element / ~ 사상 radical idea/~파 the radicals; the extremists.
급커브(急—) a sharp curve 〔turn〕. ¶ ~를 틀다 make a sharp turn 《*at*》; turn 《*a corner*》 sharply.
급탄(給炭) supply of coal. ‖ ~선 a collier / ~장〔소〕 a coaling station.
급템포(急—) quick 〔fast〕 tempo. ¶ ~의 rapid; speedy/~로 in quick tempo; speedily; rapidly.
급파(急派) dispatch. ~하다 dispatch 《*a messenger*》; rush 《*troops to the front*》.
급하다(急—) 《다급하다》 (be) urgent; pressing; imminent; 《바쁘다》 (be) hurried; hasty; 《빠르다》 (be) swift; quick; 《성급하다》 (be) impatient; quick-(short-)tempered; 《병세가》 (be) critical; serious; 《가파름》 (be) steep; sharp (커브가). ¶ 급히 quickly; rapidly; hastily; in a hurry / 급한 볼일(로) (on) urgent business / 급한 걸음(으로) (with) hurried steps / 급한 환자 a serious 〔an emergency〕 case / 시간이 ~ be pressed for time.
급항(急航) an express service. ~하다 rush 〔hurry〕 《*to*》; sail hastily 《*for*》.
급행(急行) 《급히 감》 going hastily; 《열차》 an express 〔a fast〕 train. ~하다 hasten 〔rush〕 《*to*》. ¶ ~으로 가다 take an express 《*to*》/현장으로 ~하다 rush to the scene. ‖ ~권 an express ticket/~ 버스 an express bus / ~ 요금 an express charge.
급환(急患) an emergency case; a sudden illness.
긋다 《줄을》 draw; 《성냥을》 strike 《*a match*》. ¶ 선을 ~ draw a line.
긍정(肯定) affirmation. ~하다 affirm; answer "yes"; acknowledge. ¶ ~적 affirmative/~도 부정도 않다 make no commitment either way. ‖ ~ 명제(命題) an affirmative proposition.
긍지(矜持) pride; dignity.
긍휼(矜恤) ~하다 pity; take pity on; feel pity for.
기(忌) 《상》 mourning; 《연기》 an anniversary of 《*a person's*》 death.
기(氣) ① 《정기》 spirit; ether; essence. ② 《원기·기력》 vigor; energy; strength. ③ 《의기·기세》 spirit; heart; ardo(u)r. ¶ ~가 나서 exultantly/~가 죽다 be dispirited 〔dejected〕; lose heart/~를 못펴다 feel constrained; feel ill at ease. ④ breath; wind. ☞ 기막히다. ⑤ 《온 힘》 all one's energy; all-out effort. ☞ 기쓰다. ⑥ 《기미》 a feeling 《*of*》; a dash; a touch; a smell. ¶ 시장~ hungriness / 익살~가 있다 have a touch of humor.
기(記) an account; a narrative; 《기록》 annals; a record.
기(期) 《기일》 a date; 《시대》 a period; 《기간》 a period; 《계절》 a season; 《병의》 a stage. ¶ 2~생 a second-term student / 제1~의 폐병 tuberculosis in the first stage.
기(旗) a flag; a banner; the colo(u)rs (군기). ¶ ~를 올리다 〔내리다〕 hoist 〔lower〕 a flag; put up 〔take down〕 a flag.
기…(幾) some; several. ¶ ~천의 thousands of.
기각(棄却) 《각하》 rejection; 〖法〗 dismissal. ~하다 turn down; reject; dismiss. ¶ 소(訴)를 ~하다 dismiss a suit.
기간(基幹) a mainstay; nucleus. ‖ ~ 산업 key industries.
기간(旣刊) ¶ ~의 already 〔previously〕 published 〔issued〕.
기간(期間) a term; a period. ¶ 일정한 ~내에 within a certain period of time.
기갈(飢渴) starvation; hunger and thirst.
기갑부대(機甲部隊) a panzer unit; armo(u)red troops 〔forces 《美》〕.
기강(紀綱) 《관기》 official discipline; 《질서》 public order; law and order. ¶ ~을 바로잡다 improve the moral fiber 《*of*》; tighten discipline 《*among*》.
기개(氣槪) spirit; mettle; pride. ¶ ~있는 (high-)spirited / ~를 보이다 show one's mettle/~가 없다 have no spirit.
기거(起居) 《건강》 one's health; 《일상 생활》 one's daily life. ¶ ~를 같이하다 live together. ‖ ~ 동작 one's daily conduct and behavio(u)r.
기결(旣決) ~의 decided; settled; convicted (죄의). ‖ ~수 a convict (-ed prisoner).
기경(起耕) ~하다 bring 《*land*》 under cultivation; cultivate.
기계(奇計) a cunning plan; a clever stratagem; an ingenuity.
기계(器械) an instrument; an apparatus; an appliance. ‖ ~ 체조 heavy gymnastics / 의료 ~ medical appliances 〔instruments〕.
기계(機械) a machine; machinery (총칭); works (시계의). ¶ ~적(인) mechanical / ~적으로 mechanically; automatically / ~로 만든 machine-made. ‖ ~공 a mechanic / ~ 공업 the machine industry/~ 공장〔제작소〕 a machine shop 〔works〕 / ~ 공학 mechanical engineering / ~ 기사 a mechanical engineer / ~ 수리공 a machine mender; a mechanist / ~ 조립공 an erector.
기계화(機械化) mechanization. ~하다 mechanize. ‖ ~ 농업 mechanized farming/~ 부대 a mechanized unit.
기고(寄稿) (a) contribution. ~하다 contribute 《*to*》; write 《*for*》.
기고만장(氣高萬丈) ~하다 《서술적》

burst with anger, blow one's top (성나서); 《의기양양》 (be) elated; be big with pride (서술적).
기골(氣骨) spirit; mettle; pluck.
기공(起工) ~하다 begin construction; lay down (철도 따위); break ground (토목공사).
기공(技工) a craftsman; a technician. ¶ 치과 ~ a dental technician.
기공(氣孔) 【植】 a pore; a stoma; 【動】 a stigma.
기관(汽管) a steam-pipe.
기관(汽罐) a (steam) boiler. ‖ ~실 a boiler room; a stokehole (기선의).
기관(奇觀) a singular spectacle; a wonderful sight. ¶ ~을 이루다 present (offer) a spectacular sight.
기관(氣管) 【解】 the trachea; the windpipe.
기관(器管) an organ. ‖ 감각 ~ sense organs / 호흡 ~ the respiratory organs.
기관(機關) an engine; a machine (기계); facilities (시설); an organ (수단); machinery (기구). ‖ ~고 an engine shed / ~ 단총 a submachine (burp) gun / ~사(士) an engineer; an engineman / ~실 a machinery room; an engine room / ~장 the chief of an organ / ~지(紙) an organ / ~차(車) a locomotive; an engine/~총(銃) a machine gun; a heavy machine gun (기관포) / 교육 ~ (an) educational institution (facilities) / 교통(운수) ~ transportation facilities / 증기 ~ a steam engine / 집행 ~ an executive organ.
기관지(氣管支) the bronchus [*pl.* -chi]; a bronchial tube. ‖ ~염 【醫】 bronchitis.
기괴(奇怪) ~한 strange; mysterious; weird; outrageous (못된). ¶ ~망측한 outrageous; extraordinary.
기교(技巧) art; technique; a trick; technical skill.
기구(氣球) a balloon. ¶ ~를 띄우다 fly (raise) a balloon. ‖ 계류(관측) ~ a captive (an observation) balloon.
기구(崎嶇) 《운명》 ~한 checkered; varied; adverse; ill-fated. ¶ ~한 생애 a checkered life.
기구(器具) a utensil; an implement; an apparatus; fixtures (설비된). ‖ 전기 ~ an electrical appliance.
기구(機構) (a) structure; a mechanism; machinery; a system. ¶ ~를 개혁하다 reorganize the system. ‖ 국제 ~ an international organization / 당(黨)~ party apparatus.
기권(氣圈) the atmosphere.
기권(棄權) 《투표에서》 abstention (from voting); 《권리의》 the renunciation of one's right; 《경기의》 default. ~하다 abstain (from voting); give up (abandon) one's right; withdraw one's entry. ‖ ~율 the abstention rate / ~자 an abstentionist; an absentee.
기근(氣根) 【植】 an aerial root.
기근(饑饉) (a) famine; 《동이 남》 dearth; scarcity. ‖ 물~ a water famine.
기금(基金) a fund; a foundation. ¶ ~을 설정(모집(募集))하다 establish (raise) a fund. ‖ 공동 ~ a common purse / 국제 통화 ~ the International Monetary Fund (생략 IMF).
기급하다(氣急一) be frightened out of one's wits; cry out in surprise.
기기(器機) machinery and tools.
기기묘묘(奇奇妙妙) ~하다 (be) very wonderful and beautiful; marvellous; fabulous.
기꺼이 willingly; with pleasure; readily (선뜻). ¶ ~ 승낙하다 consent with pleasure.
기껍다 (be) joyful; glad; pleased; happy. ☞ 기쁘다.
기껏 ① 《힘껏》 to the utmost; as... as possible. ¶ ~ 애쓰다 do one's best; exert oneself to the utmost. ② 《고작》 at (the) most; at (the) best; if so much. ¶ ~해야 1마일 a mile at the outside.
기나(幾那) ‖ ~수(樹) a bark tree/ ~염(塩) a salt of quinine.
기낭(氣囊) an air bladder (sac).
기년(期年) one year.
기념(記念) commemoration; memory. ~하다 commemorate; honor the memory 《*of*》. ¶ ~의 commemorative; memorial/~으로 in memory (commemoration) of...; as a souvenir (token) of.... ‖ ~물 a souvenir; a keepsake; a token; a memorial; a memory / ~비 a monument / ~ 사진 a souvenir picture / ~식 exercises marking the occasion / ~ 우표 a commemorative stamp (postmark) / ~일(日) a memorial (commemoration) day/~제 a commemoration; an anniversary.
기능(技能) skill; ability; capacity. ¶ ~이 뛰어나다 be highly skilled 《*in*》. ‖ ~공 a technical engineer; a technician/~ 교육(훈련) technical education (training) / ~ 올림픽 the Vocational Olympics; the International Vocational Training Competition (정식 명칭).
기능(機能) faculty; function. ¶ ~적 functional/~을 하다 function; work. ‖ ~ 장애 a functional disorder/소화~ digestive functions.
기다 crawl; creep; grovel (배를 깔고). ¶ 기어 가다 go on all fours/ 기어 다니다 crawl about (along)/ 기어 오르다 climb (crawl) up.
기다랗다 (be) very long; lengthy.
기다리다 wait 《*for*》; await; 《기대》

look for; expect; anticipate. ¶ 기다리게 하다 keep 《*a person*》 waiting; let 《*a person*》 wait / 기회를 ~ watch for an opportunity.
기담(奇談) a strange 〔weird〕 story.
기대(期待) expectation; anticipation; hope. ~하다 expect; anticipate; look forward to; hope for. ¶ …을 ~하고 in anticipation 〔expectation, hopes〕 of / ~에 반하여 contrary to 〔against〕 one's expectation(s) / ~에 부응하다 〔어긋나다〕 meet 〔fall short of〕 one's expectation(s).
기대다 ① 《무엇에 몸을》 lean on 〔against〕; rest 〔stand〕 against. ② 《의뢰》 rely 〔depend, lean〕 on.
기도(企圖) 《계획》 a plan; a design; a project; a plot; 《시도》 an attempt. ~하다 plan; plot; design; try; attempt; intend; undertake.
기도(祈禱) (a) prayer; grace (식사 때의). ~하다 pray; offer 〔give〕 prayers; say grace.
기도(氣道) the airway.
기독교(基督教) Christianity; the Christian religion 〔faith〕. ~의 Christian. ¶ ~를 믿다 be a Christian. ‖ ~도 a Christian / ~ 사회주의 Christian socialism / ~ 여자 청년회 The Young Women's Christian Association (생략 Y.W.C.A.) / ~ 청년회 The Young Men's Christian Association (생략 Y.M.C.A.) / ~회 a Christian Church.
기동(起動) ① ☞ 시동(始動). ② 《운신》 one's movement. ~하다 move; stir.
기동(機動) ‖ ~ 경찰 the riot police; 《그 중의 한 대》 a riot squad / ~력 maneuverability / ~ 부대 mobile troops; a task force / ~성 mobility / ~ 연습 〔훈련〕 maneuvers / ~ 작전 mobile operations / ~ 타격대(隊) a special strike 〔task〕 force (ready to act).
기둥 ① 《건축의》 a pillar; a post; a pole; a column (둥근). ¶ ~을 세우다 erect 〔set up〕 a pillar. ② 《버팀목》 a post; a pole. ③ 《사람》 a pillar; a support; a prop; a stay. ¶ 나라의 ~ the pillar of the state.
기둥서방 a kept man; a gigolo; a 「pimp.
기득(既得) ~의 already acquired; vested. ‖ ~권 vested rights.
기라성(綺羅星) ¶ ~ 같은 고관들 a galaxy of dignitaries / ~같이 늘어서다 There is a fine array of....
기량(技倆) ability; talent; skill. ¶ ~을 기르다 improve one's skill.
기러기 〖鳥〗 a wild goose [*pl.* wild geese].
기러기발 《현악기의》 a bridge.
기력(氣力) ① 《기운》 energy; spirit; vigo(u)r. ¶ ~이 왕성한 energetic; vigorous; full of vitality. ② 〖理〗 air pressure.
기로(岐路) 《갈림길》 a forked road; a crossroad. ¶ 인생의 ~에 서다 stand at the crossroads of life.
기록(記錄) a record; a document (문서); archives (관청의); 《연대기》 annals; a chronicle. ~하다 record; register; write down; put on record. ¶ ~을 깨뜨리는 record (-breaking) / ~을 깨뜨리다 break 〔smash〕 the record / (신)~을 세우다 make 〔establish〕 a (new) record 《*in*》 / 득점을 ~하다 keep (the) score. ‖ ~계원 a recorder; a scorer / ~ 보유자 a record holder; a titleholder / ~ 영화 a documentary (film) / ~적 저온 the record-low temperature.
기뢰(機雷) 〖軍〗 a mine. ¶ ~를 부설하다 lay 〔place〕 mines. ‖ 부동 ~ a floating mine.
기류(氣流) an air 〔aerial〕 current; a current 〔stream〕 of air. ‖ 난(亂)~ (air) turbulence / 악(惡)~ a treacherous air current.
기류(寄留) temporary residence. ~하다 reside temporarily 《*at*》. ‖ ~계 report of one's temporary residence / ~지 a place of temporary residence 〔domicile〕.
기르다 ① 《양육·양성》 bring up; rear; breed; raise; train. ¶ 모유로 ~ feed a child at the breast / 인재를 ~ cultivate men of ability. ② 《사육·재배》 breed; raise; keep; grow; cultivate (재배). ¶ 가축을 ~ raise livestock. ③ 《배양》 cultivate; foster. ¶ 도의심을 ~ cultivate moral sense. ④ 《버릇을》 form 《*a habit*》. ⑤ 《머리·수염을》 grow 《*a mustache*》.
기름 oil (기름); fat (지방); lard (비계); suet (소, 양의); grease (바르는); tallow (짐승의); pomade (머릿 기름). ‖ ~기 fat (비계); oiliness (기름 기운).
기름지다 ① 《기름이》 (be) greasy; fatty; oily; fat (살찐). ¶ 기름진 음식 greasy 〔fatty, rich〕 food. ② 《땅이》 (be) fertile; rich; productive. ¶ 기름진 땅 fertile 〔rich〕 field.
기름틀 an oil press.
기름하다 (be) somewhat 〔rather〕 long; longish.
기리다 praise; extol(l); admire.
기린(麒麟) 〖動〗 a giraffe. ‖ ~아(兒) a prodigy; a marvel.
기립(起立) standing up; 《구령》 Rise!, Everybody up! ~하다 stand up; rise. ‖ ~ 투표 a rising 〔standing〕 vote.
기마(騎馬) 《말타기》 (horse) riding; 《타는 말》 riding horse. ‖ ~ 순경 a mounted policeman; the mounted police (총칭).
기막히다(氣—) 《숨막히다》 stifle; feel stifled 〔suffocated, choked〕; 《놀랍

다·어이없다》(be) amazed; stunned; aghast; dum(b)founded; 《엄청남》 (be) breathtaking; amazing. ¶ 기막히게 amazingly; stunningly; extremely; terribly/기막힌 일 a horribly [disgusting] thing/기막히게 예쁘다 be stunningly beautiful/기가 막혀 말이 안 나오다 be dumfounded.

기만(欺瞞) deception; imposition. ~하다 deceive; impose on; cheat. ¶ ~적 deceptive; tricky.

기맥(氣脈) 《연락》 connection; communication. ¶ ~을 통하다 conspire 《*with*》; be in collusion 《*with*》.

기명(記名) register; signature(서명). ~하다 register; sign. ¶ ~ 날인하다 sign and seal. ‖ ~(무~) 투표 an open [unopen] vote.

기명(器皿) tableware.

기묘(奇妙) ~한 strange; queer; odd; curious; funny.

기문(奇聞) news; a curious story.

기문(氣門) 〖動〗 a stoma; stigma; spiracle(곤충 등의).

기물(器物) household dishes; a utensil(기구); furniture(가구).

기미 《얼굴의》 freckles. ¶ ~가 끼다 freckle.

기미(氣味) ① 《냄새와 맛》 smell and taste. ② 《…듯싶은 기분》 a touch; a smack; a tinge.

기미(機微) ☞ 낌새.

기민(機敏) ~한 prompt; smart; sharp; shrewd. ¶ ~하게 promptly; smartly/~한 동작 quick action [movement].

기민(饑民) starved people; the famished.

기밀(氣密) ~의 airtight; gastight. ‖ ~실 an airtight chamber.

기밀(機密) secrecy; a secret(일). ~의 secret; confidential. ‖ ~ 누설 a leak of secret information / ~ 서류(문서) secret [confidential] documents / ~비 secret (service) funds.

기박(奇薄) ~한 unfortunate; hapless; unlucky; ill-fated. ¶ ~한 팔자를 타고 나다 be born under an unlucky star.

기반(基盤) a base; a basis; a foundation; foothold(발판). ¶ ~을 이루다 form the basis [foundation] of / ~을 굳히다 solidify one's footing.

기반(羈絆) bonds; ties; fetters. ¶ ~을 벗어나다 set oneself free 《*from*》; shake off the fetters.

기발(奇拔) ~한 original; novel; smart; fanciful. ¶ ~한 도안 a fantastic design / ~한 생각 an original [a novel] idea.

기백(氣魄) spirit; vigo(u)r; soul.

기범선(機帆船) a motor-powered sailing boat.

기법(技法) a technique. ¶ ~을 배우다 acquire the technique 《*of*》; learn the craft 《*of*》.

기벽(奇癖) an eccentric [a queer] habit; an eccentricity.

기별(奇別) information; a notice. ~하다 inform [notify] 《*a person of*》; give 《*a person*》 notice 《*of, that...*》.

기병(起兵) ~하다 raise an army; rise in arms 《*against*》.

기병(騎兵) 《총칭》 cavalry; horse; 《한사람》 a cavalryman; a horseman.

기보(棋譜) the record of a *badug* game.

기보(既報) a previous report. ¶ ~한 바와 같이 as previously[already] reported.

기보법(記譜法) 〖樂〗 music notation.

기복(起伏) ups and downs; undulation. ~하다 rise and fall; undulate.

기본(基本) 《기초》 a foundation; a basis; 《기준》 a standard. ~적인 fundamental; basic; standard. ¶ ~이 되는 것 a fundamental 《*of*》. ‖ ~ 계획 general planning; a master plan / ~금 (재산) a fund; an endowment / ~급 the basic pay [wage]; a basic salary/~ 단위 a standard unit/~방침 a Keynote / ~요금 an initial [a basic] charge / ~적 인권 fundamental human rights / ~형 a basic pattern.

기부(寄附) (a) subscription; (a) contribution. ~하다 contribute [subscribe] 《*to*》; make a donation 《*to, for*》. ¶ ~를 모으다 raise subscriptions 《*from*》; collect contributions. ‖ ~금 a contribution; a subscription; a donation/~자 a contributor; a subscriber; a donor.

기분(氣分) feeling; humo(u)r; mood; frame of mind. ¶ ~이 좋다 feel well [fine]; be pleased/~이 좋지 않다 feel unwell [ill]; be out of sorts; be displeased/~ 상하다 feel unpleasant; feel hurt; be offended/~이 안나다 be in no mood 《*to do, for*》; do not feel like 《*doing*》. ‖ ~ 전환 diversion (~ 전환을 하다 refresh oneself 《*with*》; divert oneself).

기불(既拂) ~의 paid (up); settled.

기쁘다 (be) glad; delightful; happy; pleasant(유쾌). ¶ 기쁜 날 a happy [glad] day/기쁜 소식 glad [happy] news / 기쁘게 하다 gladden; delight; please / 기뻐하다 be glad; be pleased 《*with*》; be delighted 《*with, at*》; rejoice 《*at, by*》.

기쁨 《희열》 joy; gladness; delight; rejoice; pleasure. ¶ ~을 참을 수 없다 be unable to contain one's delight.

기사(技師) an engineer; a technician. ‖ 건축 ~ an architectural engineer / 토목(광산) ~ a civil [mining] engineer.

기사(記事) ①《신문의》news; a news item; an account; an article; a report (보도). ‖ ~ 금지 a press ban / 특종 ~ a scoop; a beat《美》. ②《서술》description; an account.
기사(騎士) a knight; a horseman. ‖ ~도 knighthood; chivalry.
기사회생(起死回生) resuscitation; revival. ~하다 revive; restore from death; resuscitate.
기산(起算) ~하다 reckon (count) from 《*a date*》; measure from 《*a point*》. ‖ ~일 the initial date (in reckoning).
기상(奇想) a fantastic idea. ¶ ~천외의 fantastic.
기상(起床) ~하다 rise; get up. ‖ ~ 나팔 the reveille; the morning bugle / ~ 시간 the hour of rising; the turnout.
기상(氣象) weather. ‖ ~ 관측 (a) weather observation (~ 관측 위성 a weather (watch) satellite) / ~대 a meteorological observatory; a weather station / ~도 a weather chart / ~ 통보 weather news; a weather report / ~학 meteorology.
기상(氣像) nature; temper; spirit; disposition.
기색(氣色) looks; air; signs humo(u)r (기분). ¶ 노한 ~ an angry look / ~이 변하다 change colo(u)r.
기색(基色) 《삼원색》 the three primary colors.
기생(妓生) a *kisaeng*; a professional entertainer.
기생(寄生) parasitism ~하다 be parasitic 《*on*》; live upon; sponge on. ‖ ~ 생물(충, 식물) a parasite.
기생식물(氣生植物) an aerial plant.
기선(汽船) a steamship; a steamer. ¶ ~으로 by steamer. ‖ 정기 ~ a regular liner.
기선(機先) ¶ ~을 제하다(잡다) forestall 《*a person*》; get ahead (the start) of 《*a person*》; take the initiative 《*in, to do*》.
기설(既設) ~의 established; existing. ‖ ~선 lines in operation.
기성(奇聲) a queer (peculiar) voice.
기성(氣盛) ~하다 be in high spirits.
기성(既成) ~의 accomplished; existing; established; ready-made (옷따위). ‖ ~ 도덕 the established moral principles / ~복(服) ready-made clothes / ~ 세대 the older generation / ~ 정당 existing political parties.
기성(棋聖) a great master of *paduk* (chess (장기의)).
기성회(期成會) a preparatory association 《*for*》; a school supporting organization (학교의). ‖ ~비 dues for school supporting organization.
기세(氣勢) spirit; vigo(u)r. ¶ ~가 오르다 be in high spirits / ~를 올리다 get elated; arouse one's enthusiasm / ~를 꺾다 dispirit; discourage.
기세(棄世) ~하다 die; decease.
기소(起訴) 《형사》 (a) prosecution; 《민사》 litigation. ~하다 prosecute (indict) 《*a person for*》; bring an action (a suit) 《*against*》 (민사). ‖ ~장 an indictment / 불~ 처분 a disposition not to institute a public action (불~ 처분하다 drop a case).
기소유예(起訴猶豫) 〖法〗 suspension of indictment; stay of prosecution. ~하다 dispense with a public action; stay a prosecution.
기수(奇數) ☞ 홀수.
기수(基數) a cardinal number.
기수(既遂) ~의 consummated; perpetrated. ‖ ~범(犯) a consummated crime.
기수(旗手) a standard-bearer; an ensign.
기수(機首) the nose (of a plane). ¶ ~를 남으로 돌리다 head for the south; take a southern course.
기수(騎手) a rider; a horseman; a jockey (경마의).
기숙(寄宿) ~하다 lodge (board) 《*at, with a person*》. ‖ ~사 a dormitory / ~생 a boarding (resident) student; a boarder.
기술(技術) an art; technique; skill. ~적인 technical. ¶ ~상 technically / ~ 상의 어려움 a technical difficulty. ‖ ~ 원조 technical assistance / ~자 a technical expert; a technician / ~ 혁신 technological innovation.
기술(奇術) ☞ 요술.
기술(記述) (a) description; an account. ~하다 describe; give an account 《*of*》. ¶ ~적 descriptive; narrative.
기술개발(技術開發) technical development.
기술격차(技術隔差) disparity in technic.
기술도입(技術導入) the introduction of technology.
기술이전(技術移轉) the transfer of technical know-how.
기술인력(技術人力) skilled technical hands; (highly) skilled technical manpower. ¶ 될 수 있는 대로 많은 ~을 양성하다 foster as much excellent skilled manpower as possible.
기술제휴(技術提携) a technical tie-up (cooperation).
기술집약산업(技術集約產業) a technology-intensive industry.
기술축적(技術蓄積) the accumulation of technology (industrial know-how).
기스락 the edge of the eaves.
기슭 the foot (base); the bank (강의).
기습(奇習) a strange custom.
기습(奇襲) a surprise (attack); a sudden attack. ~하다 make a sur-

prise attack 《*on*》; take 《*a person*》 by surprise.
기승(奇勝) a place of scenic beauty; a beauty spot.
기승(氣勝) ~한〔스러운〕 unyielding; unbending; spirited; strong-minded.
기승전결(起承轉結)〖文學〗the four steps in composition (i.e. the introduction, the development of the theme, conversion, and summing up).
기식(氣息) ¶ ~ 엄엄(奄奄)하다 gasp for breath; be on one's last legs (비유적).
기식(寄食) ~하다 sponge 〔live〕 on 《*one's relative*》. ‖ ~자 a hanger-on; a parasite.
기신호(旗信號) flag signaling.
기실(其實) ~은 in reality 〔fact〕; really.
기쓰다(氣—) do one's utmost; make every possible effort; spare no labo(u)r. ¶ 기쓰고 with all one's might.
기아(棄兒) 《버리기》 abandoning a child; 《아이》 an abandoned child; a foundling.
기아(飢餓) hunger; starvation. ¶ ~에 허덕이다 be pressed close by hunger/~를 면하다 keep the wolf from the door. ‖ ~임금(賃金) starvation wages.
기악(器樂) instrumental music.
기안(起案) drafting. ~하다 prepare a draft; draw up a plan.
기암괴석(奇岩怪石) rocks of fantastic shape.
기압(氣壓) atmospheric 〔air〕 pressure. ‖ ~계 a barometer/~골 a trough (of atmospheric pressure).
기약(期約) promise; pledge. ~하다 promise; pledge.
기약분수(既約分數)〖數〗 a simple fraction.
기어이(期於—) by all means; at any cost; under any circumstances.
기억(記憶) memory; remembrance; recollection. ~하다 《외고 있다》 remember; 《기억에 남다》 remain in one's memory; 《상기》 recall; recollect; 《잊지 않도록》 bear 《*a thing*》 in mind; 《암기》 memorize. ¶ ~할 만한 memorable 《*day*》/ 내 ~으로는 as far as I can remember / 또렷이 ~하다 have a clear memory 《*of*》/~에 새롭다 be fresh in one's memory. ‖ ~력 memory (~력이 좋다〔나쁘다〕 have a good 〔poor〕 memory)/~법 mnemonics; the art of memory / ~ 상실증(症) amnesia.
기업(企業) an enterprise; an undertaking. ¶ ~의 합리화 rationalization of enterprises / ~화(化)하다 industrialize; commercialize. ‖ ~가 an enterpriser / ~농 market farming / ~ 연합 a cartel / ~ 진단 management consulting/~ 합동 a trust / 부실 ~ an insolvent enterprise.
기업공개(企業公開) a corporation's public offering 〔sale〕 of stocks 〔shares〕; going public. ¶ ~를 권장하다 encourage (a corporation) to go public.
기업윤리(企業倫理) 《*establish sound*》 business ethics; the ethics of enterprise.
기여(其餘) the rest; the others.
기여(寄與) (a) contribution; service. ~하다 contribute 《*to*》; render services 《*to, for*》.
기역(其亦) ☞ 역시.
기연(奇緣) a strange fate 〔chance〕.
기연가미연가하다 be not sure.
기염(氣焰) tall 〔big〕 talk; bombast. ¶ ~을 토하다 talk big; speak with great vehemence.
기영(機影) the sight of a plane.
기예(技藝) arts; crafts (수예); accomplishments.
기예(氣銳) ~의 spirited; energetic. ¶ 신진 ~의 young and energetic; up-and-coming.
기온(氣溫) (atmospheric) temperature. ¶ ~의 변화 a change of 〔in〕 temperature.
기와 a tile. ‖ ~ 가마 a tile-kiln/ ~ 공장 a tilery/~ 지붕 a tiled roof/~집 a tile-roofed house.
기왕(既往) the past. ~의 past; bygone. ‖ ~증(症) the medical history (of a patient); anamnesis.
기외(其外) the rest; besides.
기용(起用) appointment. ~하다 appoint 《*a person to*》; employ the service 《*of*》; promote.
기우(杞憂) imaginary 〔groundless〕 fears 〔apprehensions〕.
기우(奇遇) a chance meeting. ~하다 meet unexpectedly.
기우(祈雨) praying for rain. ~하다 offer prayers for rain. ‖ ~제 a service to pray for rain.
기우(寄寓) ~하다 live 〔stay, lodge〕 《*with*》.
기우듬하다 (be) somewhat slant 〔inclined〕. ¶ 왼쪽으로 ~ have a tilt to the left.
기우뚱거리다 sway from side to side; rock; totter; shake.
기운 ① 《힘》 (physical) strength; energy; force; might. ¶ ~이 나다〔줄다〕 gain 〔diminish〕 in strength/~ 내다 put forth one's strength/~이 세다 be strong; be mighty/~이 빠지다 be exhausted. ② 《원기·활기》 vigo(u)r; energy; spirits. ¶ ~찬 vigorous; energetic/~을 내다 brace oneself up/~을 북돋우다 cheer up; invigorate. ③ 《기미》 a touch; a dash; a shade; a tinge. ¶ 감기 ~ a touch of cold/술~이 있다 be under the influence of liquor; be tipsy/붉은

~이 돌다 be tinged with red/(약 따위) ~이 빨리 퍼지다 take effect rapidly.
기운(氣運) 《경향·형편》 a tendency; a trend. ¶ …의 ~이 고조되다 show a strong tendency to 《*do*》.
기운(機運) ① 《운수》 fortune; luck. ② 《기회》 an opportunity; a chance.
기울 《밀 등의》 bran. ‖ ~죽 mash.
기울다 ① 《경사》 incline 《*to*》; lean 《*to*》; tilt; bank(비행기가); list, heel over (배가). ¶ 기운 slant; inclined. ② 《쇠하다》 decline; fall. ¶ 운(運)이 ~ one's star [luck] is on the wane; be down on one's luck (사람이 주어). ③ 《해·달이》 decline 《*toward*》; sink. ④ 《경향》 tend to; be inclined to. ¶ 공산주의로 ~ lean to communism; turn left.
기울어뜨리다 incline; tip, tilt (기구를); heel, list (배를).
기울어지다 ① 《경사》 incline; lean; tilt; 《배가》 list; heel over. ¶ 한쪽으로 ~ lean to one side. ② 《해·달이》 decline 《*toward*》; be going down. ③ 《경향》 tend 《*to*》; be inclined 《*to*》. ¶ 숙명론에 ~ lean towards fatalism.
기울이다 ① 《일반적》 incline; bend; lean; 《기구 등을》 tip; tilt; slant. ¶ 고개를 ~ incline one's head/술잔을 ~ have a drink/귀를 ~ listen 《*to*》; give ear 《*to*》. ② 《경주》 devote oneself to; direct 《*one's attention*》 to; concentrate 《*one's energy*》 on. ¶ 공부에 정력을 ~ devote one's energy to one's studies.
기웃거리다 look in; peep.
기웃하다 (be) somewhat inclined.
기원(技員) an assistant engineer; an operator.
기원(祈願) a prayer; a supplication; a petition. ~하다 pray; supplicate; petition. ‖ ~문 an optative sentence.
기원(紀元) an era; an epoch. ¶ ~전 500년 500 B.C. (=Before Christ). ☞ 서기·신기원.
기원(起源) origin; beginning; genesis. ~하다 originate [rise] 《*in*》.
기원(棋院) a *paduk* [*go*] club(house).
기율(紀律) ☞ 규율.
기음문자(記音文字) phonetic letters.
기이(奇異) ~한 strange; curious; queer; odd.
기이다 conceal; keep 《*a matter*》 secret 《*from*》.
기인(奇人) an eccentric (person); a queer fish.
기인(起因) ~하다 be due 《*to*》; be caused 《*by*》; originate 《*in*》.
기인(基因) a fundamental cause. ~하다 be principally caused 《*by*》.
기일(忌日) an anniversary of one's death; a deathday.
기일(期日) a (fixed) date; an appointed day; a time limit (기한). ¶ ~을 지키다 keep one's day.
기입(記入) entry. ~하다 enter; make an entry 《*in*》; fill up a blank (용지에). ¶ 장부에 ~하다 enter in a book. ‖ ~ 누락 an omission / ~필 Entered.
기자(記者) a journalist; a news(paper)man; a pressman 《英》; a reporter (외근기자); a correspondent (통신원); an editor (편집자); a writer(집필자). ‖ ~단[클럽] a press corps [club]/~석 a press gallery (의회의); a press stand (경기장의); a press box (극장의) / ~ 회견 a press conference [interview] (~회견을 하다 meet the press)/수습 ~ a junior reporter.
기자(譏刺) cynicism; a satire. ~하다 satirize; innuendo.
기장¹ 【植】 millet.
기장² length. ☞ 길이.
기장(記章) a sign; a badge; a medal.
기장(記帳) ~하다 make an entry 《*in*》; register; post up accounts (대장에).
기장(機長) a (plane) captain; a crew chief.
기재(奇才) 《사람》 a genius; a prodigy; 《재주》 peculiar [remarkable] talent.
기재(記載) mention. ~하다 record; mention; enter (장부에). ‖ ~ 사항 mentioned items / 허위 ~ a false entry.
기재(器材·機材) 《기구와 재료》 tools and materials; 《기계의 재료》 machine parts.
기저(基底) a base; a foundation.
기저귀 a diaper; a (baby's) napkin 《주로 英》. ¶ ~를 채우다 diaper [put a diaper on] 《*a baby*》.
기적(汽笛) a (steam) whistle; a siren 《美》.
기적(奇蹟) a miracle; a wonder. ¶ ~적(으로) miraculous(ly)/~적으로 살아나다 escape death by a miracle.
기전(起電) generation of electricity. ‖ ~기(機) an electric motor/~력 electromotive force.
기절(氣絶) fainting; a swoon. ~하다 faint (away); go faint; swoon; fall unconscious [senseless]; lose one's senses.
기점(起點) a starting point.
기점(基點) a cardinal point.
기정(旣定) ~의 fixed; established; foregone; previously arranged; prearranged. ‖ ~ 방침 a prearranged program [plan] / ~ 사실 an established fact; a *fait accompli* 《프》.
기제(忌祭) a memorial service held on the anniversary of 《*a person's*》 death.
기제(旣濟) ~의 paid-up; already settled.
기조(基調) the basis; the keynote.

¶ …의 ~를 이루다 form the keynote of…. ‖ ~ 연설 a keynote speech / 경제 ~ a basic economic condition.
기존(既存) ~의 existing. ‖ ~ 시설 the existing facilities.
기종(氣腫) 〖醫〗 emphysema. ‖ 폐(肺)~ pulmonary emphysema.
기준(基準) a standard; a basis. ~의 standard 《*wages*》; basic; base. ‖ ~ 가격 a standard price / ~량 a norm / ~ 시세 the basic rate / ~점〔선, 면〕 a datum 〔base〕 point 〔line, plane〕.
기중(忌中) (in) mourning.
기중기(起重機) 《lift a thing with》 a crane; a derrick; a hoist.
기증(寄贈) a presentation. ~하다 present; contribute; donate. ‖ ~본 a presentation 〔complimentary〕 copy; a giftbook / ~자 a donator / ~품 a gift; a donation.
기지(基地) a base. ‖ ~촌 a military campside town / 작전 ~ a base of operations / 항공 ~ an air base.
기지개 a stretch. ~켜다 stretch oneself.
기지(既知) ~의 (already) known. ‖ ~수 a known quantity 〔number〕.
기지(機智) ☞ 재치.
기직 a coarse strawmat.
기진(氣盡) ¶ ~ 맥진하다 be (utterly) exhausted; be worn out; be dead tired; be dog-tired 《口》.
기질(氣質) disposition; nature; temper; character; spirit. ‖ 학생 ~ the spirit of the students.
기차(汽車) 《열차》 a (railway) train; 《객차》 a railway carriage; a railroad car 《美》. ¶ ~로 by train 〔rail〕 / 목포행〔발(發)〕 ~ a train for 〔from〕 *Mokpo* / ~를 타다 get into 〔on〕 a train; take 〔board 《美》〕 a train / ~에서 내리다 leave 〔get off〕 a train / ~를 놓치다 〔시간에 대다〕 miss 〔catch〕 a train. ‖ ~ 시간표 a railroad schedule 《美》; a railway timetable 《英》 / ~ 운임 railway 〔train〕 fares / 상행〔하행〕 ~ an up 〔a down〕 train.
기차다(氣―) be dum(b)founded; be disgusted 《*at*》.
기착(寄着) a stopover; a stop-off. ~하다 stop over 〔off〕 《*at Honolulu*》.
기채(起債) flo(a)tation of a loan. ~하다 float 〔raise〕 a loan; issue bonds. ‖ ~ 시장 the bond market.
기척 a sign; an indication.
기체(氣體) gas; vapo(u)r. ¶ ~의 gaseous; aerial / ~화하다 gasify; vaporize. ‖ ~ 연료 gaseous fuel.
기체(機體) the body (of an airplane); an airframe; a fuselage (동체).
기초(起草) drafting. ~하다 draft 《*a bill*》; draw up; make a draft. ‖ ~ 위원(회) a drafting committee / ~자 a drafter.
기초(基礎) 《lay》 the foundation 《*of*》; the basis; the base. ¶ ~부터 배우다 learn 《*English*》 from the beginning. ‖ ~ 공사 foundation works / ~ 공제 basic deduction 《*from the taxable income*》 / ~ 과목〔학과〕 the fundamental studies 〔courses〕; primary subjects (of study) / ~ 산업 the key industries / ~ 지식 an elementary knowledge 《*of*》; a grounding 《*in*》 / ~ 훈련 a basic training.
기총(機銃) a machine gun. ‖ ~ 소사 machine-gunning (~ 소사하다 machine-gun; strafe).
기축통화(基軸通貨) key currency.
기치(旗幟) 《기》 a flag; a banner; a standard (군기). ¶ ~를 선명히 하다 make clear one's attitude.
기침 a cough; coughing. ~하다 (have a) cough. ¶ 잔 ~ a slight cough. ‖ ~약 a cough medicine.
기침(起枕) ☞ 기상(起床).
기타(其他) the others; the rest; and others; and so forth 〔on〕.
기타 《play》 a guitar. ‖ ~ 연주가 a guitarist.
기탁(寄託) deposit(ion); 〖法〗 bailment. ~하다 deposit 《*a thing with a person*》; entrust 《*a person with a thing*》. ‖ ~자 a depositor; a truster / ~ 증서 a deposit certificate.
기탄(忌憚) reserve; hesitation. ¶ ~없는 frank; outspoken; unreserved / ~ 없이 without reserve; frankly 《*speaking*》.
기통(氣筒) a cylinder. ¶ 6~ 엔진〔차〕 a six-cylindered engine〔car〕.
기특(奇特) ~한 laudable; praiseworthy; commendable. ¶ ~한 행동 a commendable deed / ~한 마음씨 tender mind.
기틀 the crux 《*of a matter*》; the key 〔pivotal〕 point.
기펴다(氣―) feel relieved; feel at ease; feel spirited; be animated.
기포(氣泡) a blowhole (주물의); a bubble (유리의).
기포(氣胞) 〖動〗 an air bladder 〔cell〕.
기폭제(起爆劑) an initial explosive. ¶ 혁명의 ~가 되다 trigger a revolution.
기표(記票) balloting. ~하다 fill in a ballot. ‖ ~소 a polling booth.
기품(氣品) dignity. ¶ ~있는 dignified; graceful; elegant.
기품(氣稟) nature; temper; disposition.
기풍(氣風) character; disposition; morale (단체의); 《정신》 spirit. ¶ 국민의 ~ the traits of a nation.
기피(忌避) 《징병 등을》 (an) evasion; 《재판관 등을》 (a) refusal; a challenge. ~하다 evade 《*conscription*》; shirk; avoid; 〖法〗 challenge 〔take exception to〕 《*a judge*》. ‖ ~ 신청 a motion for challenge / ~인물

〖外交〗 an unwelcome (unacceptable) person; *persona non grata* 《라》/~자 an evader (of service); a shirker.
기필(期必) ~코 certainly; by all means; at any cost; without fail.
기하(幾何) geometry. ~학적(으로) geometrical(ly). ‖ ~ 급수 geometric(al) progression/~학자 a geometrician/평면(해석) ~ plane (analytical) geometry.
기하다(期—) ① ☞ 기대하다. ②《정하다》 fix(기한을); promise 《*to meet again*》. ¶ 가까운 장래를 기하여 in the near future. ③ 《결의》 determine 《*to do*》. ¶ 필승을 기하고 resolved to win.
기한(期限) a term; a period; a time limit; a deadline 《美》. ¶ ~부의(로) with a time limit/~이 지나다 pass a fixed term; expire. ‖ ~만료 the expiration of a term / 지불 ~ the time of payment.
기한(飢寒) hunger and cold.
기함(旗艦) a flagship.
기합(氣合) a shout; a yell. ¶ ~을 주다 chastise; punish; discipline/~을 넣다 shout (yell) at 《*a person*》. ‖ ~술 the art of mesmerizing by one's cry (willpower).
기항(寄港) ~하다 put in; call 《*at*》. ‖ ~지 a port of call.
기행(奇行) eccentric conduct.
기행(紀行) an account of travels. ‖ ~문 an account of one's journey; a travel description.
기형(畸形) (a) deformity. ~의 deformed. ‖ ~아 a deformed (malformed) child.
기호(記號) a mark; a sign; a symbol; a clef (음악의). ¶ ~를 붙이다 mark; put a mark 《*on*》.
기호(嗜好) taste; liking; fancy. ¶ ~에 맞다 suit (be to) one's taste; catch (strike) one's fancy. ‖ ~품 luxury goods (사치품); one's favorite food (식품).
기혼(既婚) ~의 married. ‖ ~자 a married (wo)man.
기화(奇貨) ¶ ~로 하여 taking advantage 《*of*》.
기화(氣化) evaporation; vaporization. ~하다 vaporize; gasify. ‖ ~기 a carburet(t)er; a vaporizer / ~ 폭탄 a fuel-air explosive bomb.
기회(機會) 《seize, miss》 an opportunity; a chance; an occasion. ¶ 절호의 ~ a golden opportunity. ‖ ~ 균등 주의 the principle of equal opportunity/~주의 opportunism (~주의자 an opportunist; a timeserver).
기획(企劃) planning; a plan. ~하다 (make a) plan; work out a program. ‖ ~ 관리 planning and management (~ 관리실 the Planning and Management Office)/~부 the planning department/~조정실 the Office of Planning and Coordination.
기후(氣候) climate; weather. ¶ 온화한 (해양성, 대륙성) ~ a mild (maritime, continental) climate.
기휘(忌諱) displeasure; offence. ~하다 dislike; abhor. ¶ 당국의 ~를 사다 incur the displeasure of the authorities.
긴급(緊急) emergency; urgency. ~한 urgent; pressing; emergent; burning. ‖ ~ 동의 《make》 an urgent motion/~ 명령 an emergency order/~ 사태 《declare》 a state of emergency/~ 조치(대책) an emergency measure (countermeasure).
긴맛 〖貝〗 a razor shell (clam).
긴밀(緊密) ~한 close (intimate) 《*relations*》. ¶ ~한 연락을 취하다 (제휴를 하다) be in close contact (cooperation) with.
긴박(緊迫) tension; strain. ¶ ~한 정세 a tense (strained) situation/~한 국제관계 a tense international relationship.
긴요(緊要) ~한 vital; important; essential; indispensable.
긴장(緊張) tension; strain. ~하다 be strained; be on the strain. ¶ ~한 strained; tense; serious/~ 상태 a tense situation / 동서의 ~ 완화 East-West *détente* / ~을 완화하다 relieve (ease) the tension 《*between*》.
긴축(緊縮) 《경제적》 (strict) economy; retrenchment; deflation (통화의). ~하다 economize; retrench; deflate (통화를). ‖ ~ 생활 《lead》 an austere life; a life of austerity / ~ 예산(재정) a reduced budget / ~ 정책(政策) a retrenchment (tight money) policy.
긴축경영(緊縮經營) belt-tightening management.
긴하다(緊—) (be) of burning necessity; of vital importance; essential. ¶ 긴히 쓰다 make good use of.
긷다 draw; pump (펌프로). ¶ 우물물을 ~ draw water from a well.
길¹ 《깊이》 a fathom.
길² ① 《윤》 polish; gloss. ②《숙련》 skill; dexterity. ③ 《짐승 등의》 tameness; domestication.
길³ ① 《도로》 a road; a way; a street (가로); a path (좁은); a pass (산길); a passage(통로); a thoroughfare (거리); a lane (골목길); a route (경로). ¶ 가는 ~에 on the way / ~을 잃다 lose (miss) one's way; get lost/~을 잘못 들다 take the wrong way/~을 묻다(가르쳐주다) ask (show, tell) 《*a person*》 the way 《*to the post office*》/(후진에게) ~을 양보하다(터주다) make way for (one's juniors)/~을 막다 block the passage; stand in 《*a person's*》 way. ② 《여정(旅程)》 journey; 《거

리》 distance. ③《방법》 a course; a way《*of doing, to do*》; a means; 《비유적》 the road《*to peace* 〔*success*〕》. ¶ 피할 ~ means of escape. ④《도덕》 a duty; a moral principle.
길⁴《등급》 a class; a grade. ¶ 웃~ a superior grade.
길⁵《책의》 a set of volumes.
길가 the wayside; the roadside.
길거리 a street; a road. ¶ ~를 쏘다니다 roam about the streets.
길길이 ①《높이》 high; tall. ¶ ~ 쌓다 pile up high. ②《몹시》 very; extremely; exceedingly. ¶ 성이 나서 ~ 뛰다 be very angry.
길년(吉年) an auspicious year《*for marriage*》.
길눈《방향 감각》 a sense of direction. ¶ ~이 밝다〔어둡다〕 have a good 〔poor〕 sense of direction.
길다 (be) long; lengthy. ¶ 길게 lengthily.
길드 a guild. ‖ ~ 사회주의 guild socialism.
길들다 ①《동물이》 grow tame; become domesticated. ¶ 길든 tame; domesticated. ②《윤나다》 take a good polish. ③《익숙》 get accustomed to; grow familiar with.
길들이다 ①《동물을》 tame; domesticate; train《*a dog*》. ②《윤나게》 give a polish to; polish up; make 《*it*》 glossy. ③《익숙하게》 accustom; habituate; inure.
길래 (for) long.
길마 a packsaddle. ¶ 두 ~ 보기 sit on the fence.
길목 ①《길모퉁이》 a (street) corner; a turning of a road. ②《요소》 an important position 〔place〕.
길몽(吉夢) a lucky dream.
길보(吉報) good news; glad tidings.
길손 a wayfarer; a traveler.
길쌈 weaving《*by hand*》. ~하다 weave《*on a loom*》. ‖ ~꾼 a weaver.
길운(吉運) luck; good fortune.
길이¹《거리》 length. ¶ 무릎 ~의 《overcoat》 of knee length/~가 2 미터이다 be 2 meters long.
길이²《오래》 long; forever; eternally.
길일(吉日) a lucky day.
길조(吉兆) a good 〔lucky〕 omen.
길짐승 a creeping animal; creeping things.
길쭉길쭉 ¶ ~한 long(ish).
길차다《수목이》 be densely grown; be grown to a great height (높이). ¶ 길찬 숲 a dense forest.
길하다(吉—) (be) auspicious; lucky; fortunate; good.
길항지대(吉抗地帶) a countervailing industrial zone.
길흉(吉凶) good or ill luck; fortune. ¶ ~을 점치다 tell *a person's* fortune.
김¹《먹는》 laver (채취한 대로의); dried laver (말린). ‖ ~ 양식 laver farming.
김²《수증기》 steam; vapo(u)r. ¶ ~ 빠진《맛 따위》 flat 〔vapid〕《*beer*》; insipid; stale/~내다〔나다〕 steam.
김³《잡초》 weeds. ~매다 weed.
김⁴ ①《기회》 occasion; opportunity; chance. ¶ …하는 ~에 while; when; as/온 ~에 while I am here/생각난 ~에 as I am reminded of 《*the matter*》. ②《바람》 a fit; the influence. ¶ 홧~에 in a fit of anger / 술~에 under the influence of drink.
김장 pickled vegetables prepared for the winter. ~하다 pickle vegetables in preparation for the winter.
김치 *kimchi*; pickled vegetables; pickles; spicy pickled vegetables.
깁 silk gauze.
깁다 sew (together) (꿰매다); stitch; mend; patch up(헝겊을 대고); darn (양말 따위를). ¶ 옷을 ~ patch up clothes / 해진 곳을 ~ mend 〔sew up〕 a rip.
깁스〔醫〕 gyps; gypsum; a (plaster) cast. ¶ ~를 하다 wear a (plaster) cast.
깃¹《양복의》 a collar; 《샤쓰 따위의》 a neckband. ¶ 세운〔접은〕 ~ a stand-up 〔turned-down〕 collar/ (외투) ~을 세우다 turn up the collar (of one's overcoat).
깃² ①《날개털》 a feather; a plume. ¶ ~이 난〔달린〕 feathered / ~솔 a feather brush / ~펜 a quill pen. ②《살깃》 feather (of an arrow).
깃³《외양간의》 litter; horse bedding. ¶ ~주다 litter down; litter with straw.
깃대(旗—) a flagstaff; a flagpole.
깃들이다《새가》 (build a) nest; roost; 《짐승이》 lair; 《비유적》 lodge; dwell. ¶ 건전한 정신은 건전한 신체에 깃들인다 A sound mind (dwells) in a sound body.
깃발(旗—) a flag; a banner.
깊다 ①《깊이가》 (be) deep. ¶ 깊이 deep(ly)/깊은 데 a depth; a deep place/깊이 파다 dig《*a hole*》 deep (-ly). ②《빽빽》 (be) thick; dense. ¶ 깊은 숲 a dense 〔thick〕 forest. ③《정도가》 (be) deep; intense; strong; 《관계가》 (be) close; intimate. ¶ 깊이 deeply; heartily; intensely/깊은 애정 deep affections/ 깊은 관계 close connection / 깊은 인상 a strong 〔deep〕 impression/ 깊은 증오 intense 〔deep-seated〕 hatred/깊이 사랑하다 love《*a person*》 deeply 〔dearly〕. ④《생각이》 (be) deep; profound. ¶ 깊이 deep (-ly); profoundly/깊은 학문 profound 〔deep〕 learning/깊은 생각 a deep thought/깊이 생각하다 think deep(ly)《*about*》. ⑤《잠이》 (be) deep; sound; heavy. ¶ 깊은 잠 a

deep (sound, heavy) sleep / 깊은 잠이 들다 fall into a deep sleep. ⑥ 《밤이》 (be) late. ¶ 밤이 깊어서 late at night / 깊어지다 《밤이》 grow late; advance; wear on.
깊숙하다 (be) deep; retired. ¶ 깊숙한 골짜기 a deep valley.
깊이 《명사》 depth; deepness. ¶ ~ 6피트(이다) (It is) six feet deep (in depth) / ~를 재다 sound the depth 《*of*》.
까뀌 a hatchet.
까끄라기 《이삭의》 an awn; an arista [*pl.* -tae].
까놓다 unbosom oneself to; open one's heart; confide 《*to*》. ¶ 까놓고 말하면 frankly speaking.
까다¹ 《입으로》 tell; talk; sophisticate. ¶ 까지다 become sophisticated/뻥을 ~ tell a lie; talk big.
까다² ① 《껍질을》 peel 《*an orange*》; rind; pare 《*an apple*》; skin; shell 《*a chestnut*》; hull. ¶ 호두를 ~ crack a nut. ② 《새끼를》 hatch; incubate. ¶ 병아리를 ~ hatch out chickens.
까다³ 《비판》 condemn; criticize severely; attack; write down (신문에서).
까다⁴ 《제하다》 deduct; subduct; subtract. ¶ 그 비용은 내 월급에서 깠다 The cost was taken away (deducted) from my pay.
까다롭다 ① 《성미가》(be) particular; fastidious; hard to please. ¶ 까다로운 사람 a particular person; a man hard to please/까다롭게 굴다 be particular (fastidious) 《*about one's food*》. ② 《일·문제가》 (be) troublesome; complicated; difficult. ¶ 까다로운 문제 a delicate matter; a ticklish question.
까닥거리다 nod 《*one's head*》.
까닭 《이유》 reason; why; a cause (원인); 《사정》 circumstances; the matter. ¶ 무슨 ~으로 why; for what reason / ~없이 without any reason/무슨 ~인지 for some reason or other; somehow or other/ ~이 있어 for a certain reason.
까딱 ¶ ~하면 very nearly 《*do*》/~하면 자동차에 칠 뻔했다 I was nearly run over by a car.
까마귀 〖鳥〗 a crow; a raven (갈가마귀); a bird of ill omen (별명).
까마아득하다 (be) far(away); far distant; far-off; remote. ¶ 까마아득한 옛날 a long long time ago.
까마종이 〖植〗 a black nightshade; a morel; a garden huckleberry.
까막눈이 an ignoramus; an unlettered person; an illiterate.
까맣다 ① 《멀다》 (be) distant; remote; far-off. ② 《빛깔이》 (be) deepblack; coal-black.
까먹다 ① 《까서 먹다》 peel (shell, crack) and eat. ② 《밑천을》 squander; run through 《*one's fortune*》. ③ 《잊다》 forget.
까무러뜨리다 deprive 《*a person*》 of *his* sense; make insensible; stun (때려서).
까무러치다 faint; swoon; lose one's senses. ¶ 놀라서 ~ faint with surprise.
까발리다 《속의 것을》 pod (shuck, shell) 《*a thing*》 out; 《폭로》 expose; disclose; divulge 《*a secret*》.
까부르다 winnow; fan.
까불다 ① 《행동》 act frivolously; be flippant. ¶ 까불까불 flippantly. ② 《물건을》 jolt. ③ ☞ 까부르다.
까불리다¹ 《탕진》 squander; dissipate; run through.
까불리다² 《키질로》 get (be) winnowed.
까불이 a sportive (jocose) boy; a frivolous person.
까붐질 winnowing.
까지 ① 《때》 till; until; (up) to; before; by (미래). ¶ 아침부터 저녁 ~ from morning till night / 다음달 ~ till next month/그때 ~ till then; up to that time / 칠십 ~ 살다 live to (be) seventy. ② 《장소》 (up) to; as far as. ¶ 서울 ~ 《go》 to (as far as) Seoul / 제5장 ~ 읽다 read to Chapter 5. ③ 《정도》 to (the extent of); so (as) far as; even. ¶ 빚 ~ 지다 go to the extent of incurring a debt/도둑질 ~ 하다 go so far as to commit a theft.
까치 〖鳥〗 a magpie. ‖ ~ 설날 New Year's Eve.
까치발 a bracket; a tripod; a crossarm.
까칠하다 (be) lean; haggard; emaciated. ¶ 까칠한 얼굴 a haggard (worn) face.
까투리 a hen pheasant.
깍깍 cawing. ¶ ~ 울다 caw; croak.
깍두기 hot pickles of chopped radishes.
깍둑거리다 chop; mince.
깍듯하다 (be) courteous; civil; polite; well-mannered. ¶ 깍듯이 인사하다 greet 《*a person*》 politely; make a low bow.
깍정이 《인색한 이》 a miser; a niggard; a stingy fellow.
깍지¹ 《껍질》 a pod; a shell.
깍지² 《활 쏠 때의》 an archer's thimble. ¶ ~끼다 cross one's fingers.
깎다 ① 《값을》 beat down 《*the price to* 1,000 *won*》; haggle over 《*the price*》; chaffer. ② 《머리를》 cut; shave (수염을); 《양털을》 shear 《*a sheep*》. ¶ 머리를 짧게 ~ cut one's hair short (close). ③ 《껍질을》 peel; pare; skin; 《연필 등을》 sharpen. ¶ 사과(배)를 ~ pare an apple (a pear). ④ 《명예 등을》 bring disgrace on (upon); injure; dishonor. ⑤ 《삭감》 cut (down); reduce 《*the budget*》.
깎아지르다 (be) precipitous; very steep.
깎이다 ① 《사역》 let 《*a person*》 cut

(shave, shear, *etc.*). ②《피동》have 《*one's hair*》 cut; be hurt; be reduced. ¶ 낯이 ~ lose face.
깐 calculation; estimation. ¶ 제 ~ 에는 in one's own calculation.
깐깐하다 ①《성질이》(be) sticky; pertinacious; tenacious. ②《차지다》(be) sticky and stiff.
깐보다 《헤아리다》calculate.
깔개 a cushion; matting.
깔기다 let off; discharge.
깔깔 ¶ ~ 웃다〔대다〕laugh loudly 〔aloud〕.
깔깔하다 ①《마음이》(be) clean and pure. ②《감촉이》(be) rough. ¶ 깔깔한 촉감 a rough 〔sandy〕 feel.
깔끔하다 (be) neat and tidy; sleek and clean. ¶ 옷 맵시가 ~ be neatly dressed.
깔다 ①《요 따위를》spread; 《돌 따위를》pave; 《철도 등을》lay 《*a railway*》. ¶ 요를 ~ make a bed/ 자갈을 ~ spread gravel. ②《깔고 앉다》sit 〔seat oneself〕 on 《*a cushion*》. ③《돈·상품을》spread; lend out 《*money*》 widely; invest in.
깔때기 a funnel.
깔리다 ①《널리》be spread; cover all over. ¶ 얼음이 ~ be frozen all over. ②《밑에》get 〔be, caught, be pinned〕 under. ¶ 전차 밑에 ~ be pinned under a tramcar.
깔보다 make light of; look down upon; hold 《*a person*》 cheap; belittle; slight.
깔쭉깔쭉 ¶ ~한 rough.
깔축없다 show no deficiency; have no loss.
깜깜하다 《어둠》(be) pitch-dark; 《모름》(be) ignorant.
깜박거리다 《명멸》twinkle (별이); flicker; glitter; blink; 《눈을》blink (one's eyes); wink. ¶ 깜박거리는 등불 a blink of 〔flickering〕 light.
깜박이다 ☞ 깜박거리다.
깜부기 ①《이삭》a smutted ear 《*of barley*》. ② =깜부기숯. ‖ ~병 smut; bunt (밀의) / ~숯 cinders; charred firewood.
깜빡 《잠시》for the moment. ¶ ~ 잊다 forget for the moment.
깜작 ¶ ~거리다〔이다, 하다〕blink; wink.
깜짝 ¶ ~ 놀라다 be surprised 〔startled〕 / 아이구 ~야 What a surprise!
깜찍스럽다 be (too) clever (for one's age); precocious.
깜찍하다 ☞ 깜찍스럽다.
깝신거리다 behave frivolously; be flippant.
깝죽거리다 ☞ 깝신거리다.
깡그리 all; wholly; altogether; utterly.
깡그리다 finish 《*off, up*》.
깡똥하다 (be) unbecomingly short.
깡쭝거리다 walk with hopping steps.
깡총거리다 ☞ 깡쭝거리다.
깡통 an empty can; a can 《美》; a tin 《英》; a canister. ‖ ~따개 a can 〔tin 《英》〕 opener.
깡패 a hoodlum; a hooligan; a ruffian; a gangster. ¶ ~의 세계 the outskirts of society.
깨 ①《식물》a sesame. ☞ 참깨, 들깨. ②《씨》sesame seeds; perilla seeds. ‖ ~소금 salt and sesame.
깨끗이 ①《청결》clean(ly); 《정연》neatly; tidily. ~하다 (make) clean; make neat 〔tidy〕. ②《결백》clean(ly); 《공정》fairly. ¶ ~ 지다 be fairly beaten / ~ 살다 lead an honest 〔a pure〕 life. ③《아주》clean; completely; thoroughly. ¶ 빚을 ~ 갚다 pay one's debt in full; clear off 〔up〕 one's debts.
깨끗하다 ①《청결함》(be) clean; cleanly; pure; 《맑다》(be) clear; 《정연》(be) tidy; neat. ¶ 깨끗한 물〔공기〕clear 〔pure〕 water 〔air〕/옷차림이 깨끗한 neatly-dressed. ②《결백》(be) pure; clean; innocent; noble (고상); chaste (순결); 《공정》(be) fair; clean. ¶ 깨끗한 일생 a career with a clean record/깨끗한 사랑《남녀의》Platonic 〔pure〕 love /깨끗한 정치 clean politics/깨끗한 투표 corruption-free balloting / 깨끗한 한 표 《cast》 a clean 〔an honest〕 vote. ③《심신이》(be) well; refreshed. ¶ 몸이 깨끗치 않다 be unwell.
깨나다 come to oneself; recover one's senses; come round; revive; awake from 《*a dream*》.
깨다[1] ①《잠을》wake up; awake. ¶ 잠이 ~ awake from one's sleep. ②《술이》become sober; sober (up). ③《각성》have one's eyes opened; be disillusioned; 《개화》become civilized. ¶ 깬 civilized; modernized; enlightened/망상에서 깨어나다 be awakened from one's illusions. ④ ☞ 깨우다.
깨다[2] ①《부수다》break; crush; smash. ¶ 그릇(침묵)을 ~ break a dish 〔the silence〕. ②《일을》bring to a rupture; break off 《*negotiations*》. ¶ 혼담을 ~ break off a proposed marriage / 흥을 ~ spoil the fun 《*of*》; cast a chill 《*upon, over*》.
깨다[3] 《알에서》hatch; incubate; be hatched (까이다).
깨닫다 see; perceive; realize; understand; sense; be aware of; be convinced of. ¶ 진리를 ~ perceive a truth/제 잘못을 ~ be convinced of one's error 〔fault〕 / 위험을 ~ awake to the danger / 제 결점을 ~ realize one's own deficiencies.
깨뜨리다 break. ☞ 깨다.
깨물다 bite 《*one's tongue*》; gnaw.
깨알 a grain of sesame; a sesame seed. ¶ ~ 같은 글씨로 《write》 in microscopic letters.
깨우다 《잠을》wake up; awake;

(a)rouse; call (아침에).
깨우치다 awaken; disillusion; enlighten (계몽).
깨지다 ① 《부서지다》 break; be broken [smashed]. ¶ 깨지기 쉬운 brittle; easily breaking; fragile. ¶ 산산조각으로 ~ be crushed to pieces. ② 《일이》 fail; come to a rupture; 《an engagement》 be broken off. ③ 《흥 따위》 be dampened [spoiled]. ④ 《상처나다》 get a wound; get hurt 《*in the head*》.
깨지락거리다 do [perform] sluggishly.
깨치다 《해득》 master; learn; understand; comprehend. ¶ 한글을 ~ learn [master] Korean language.
깩 ¶ ~ 소리치다 scream; shout; roar; bawl.
깻묵 oil cake; sesame dregs.
깽깽 ¶ ~ 울다 yelp; yap; yip.
꺼내다 ① 《속에서》 take [put, draw, bring] out. ¶ 주머니에서 …을 ~ take [draw] 《*a thing*》 out of one's pocket. ② 《말·문제를》 bring forward; introduce; broach. ¶ 문제를 ~ broach a matter.
꺼덕꺼덕 ¶ ~하다 be dryish; be damp-dry.
꺼두르다 grab (by the hair) and pull about.
꺼떡거리다 ☞ 거드럭거리다.
꺼뜨리다 put out a fire by mistake; let the fire die out.
꺼리다 ① 《싫어하다》 dislike; abhor; regard with aversion; 《금기》 taboo. ② 《피하다》 avoid; shun; 《두려워하다》 be afraid of. ¶ 남의 눈을 ~ be afraid of being seen. ③ 《주저》 hesitate.
꺼림(칙)하다 feel somewhat uneasy 《*about*》; be rather unwilling 《*to*》; 《양심 등에》 have pricks of conscience.
꺼멓다 (be) deep-[jet-, coal-]black.
꺼지다 ① 《불이》 go [die] out; 《화재가》 be put out; be extinguished. ¶ 꺼져가는 불 a dying fire. ② 《거품이》 break; burst. ③ 《함몰》 cave [fall] in; sink; subside; give way (붕괴). ¶ 얼음이 ~ ice breaks.
꺼풀 skin; film; coat; skim; outer layer. ‖ 눈~ an eyelid.
꺽꺽하다 (be) rough; stiff; hard.
꺽다리 a tall person; a longlegs.
꺽지다 (be) stout; firm; tough; bold.
꺾다 ① 《분지르다》 break; snap (딱하고). ¶ 꽃을 ~ pluck [pick] a flower; 《비유적》 deflower/붓을 ~ give up [leave off] writing / 나뭇가지를 ~ break off a branch. ② 《접다》 fold 《*a thing*》 over; double; turn up [down]. ③ 《방향을》 (make a) turn; wheel. ¶ (차의) 핸들을 ~ turn the wheel. ④ 《기운을》 break; crush; discourage; lower. ¶ 사기를 ~ lower the morale / 적의 예봉을 ~ break the brunt of the enemy. ⑤ 《고집을》 yield 《*to*》; concede 《*to*》; give in 《*to*》. ⑥ 《지우다》 defeat; beat. ¶ 상대방을 ~ beat *a person* 《*at a game*》.
꺾쇠 《fasten with》 a clamp; a cramp (iron); a staple.
꺾어지다 《부러짐》 break; be broken; 《접힘》 be doubled [folded].
꺾이다 ① 《부러지다》 break; be broken; snap. ② 《접히다》 be folded; be doubled. ③ 《방향이》 bend; turn. ④ 《기세가》 break (down); be discouraged; 《굴복》 bend [bow] 《*to*》; yield 《*to*》. ¶ 금력에 ~ bow to money.
껄껄 ¶ ~ 웃다 laugh aloud.
껄껄하다 (be) rough; coarse; harsh.
껄끄럽다 (be) rough; coarse.
껄끔거리다 be [feel] rough.
껄떡껄떡 gulpingly(삼킴); gasping (-ly) (숨이).
껄떡이 a covetous[greedy] person.
껄떡하다 《눈이》 (be) hollow [sunken] with fatigue [hunger].
껄렁하다 (be) worthless; insignificant; trashy; useless. ¶ 껄렁한 학교 a third-rate school.
껌 chewing gum. ¶ ~을 씹다 chew gum.
껌껌하다 (be) pitch-dark; malicious, black-hearted (마음이).
껍데기 a shell. ☞ 껍질.
껍질 《나무의》 bark; 《과실의》 rind; peel; 《깍지》 husk; a shell (견과의); 《얇은 껍질》 film. ¶ 바나나 ~ a banana skin / ~을 벗기다 bark 《*a tree*》; rind; peel 《*an orange*》; skin; shell.
…껏 as... as possible; to the best of.... ¶ 힘~ as far [much] as one can; to the best of one's ability / 성의~ with utmost sincerity / 양~ 먹다 eat one's full.
껑충 with a jump [leap].
께 《에게》 to; at; for; by 《*a person*》 (☞ 에게). ¶ 아버님~ 온 편지 a letter for my father.
…께 《경(頃)》 about; toward 《*a time*》; around 《美》; 《곳》 around; near 《*a place*》. ¶ 그믐~ toward [near, around] the end of the month/정거장~ near the station.
께끄름하다 feel uneasy 《*about*》; 《사람이 주어》 weigh on one's mind; get on one's nerves.
께죽거리다 grumble 《*at*》; keep complaining 《*of, about*》.
께지럭거리다 《일을》 do 《*something*》 listlessly; 《음식을》 eat with apparent disrelish.
껴들다 hold 《*a thing*》 between one's arms [hands].
껴안다 embrace [hug] (each other); hold 《*a baby*》 in one's arms. ¶ 꽉 ~ hug 《*a person*》 tightly.
껴입다 wear 《*a coat*》 over another; wear 《*two undershirts*》 one over

another.
꼬다 ①《새끼 따위를》 twist; twine. ¶ 새끼를 ~ twist (make) a rope with straw. ②《몸을》 twist; writhe.
꼬드기다 ①《부추김》 incite; urge; egg (set) 《*a person on to do*》. ②《연줄을》 tug at a kite line.
꼬들꼬들 ¶ ~한 dry and hard; hard-boiled.
꼬락서니 ☞ 꼴!
꼬리 a tail (일반적); a brush (여우 따위); a scut (토끼 따위); a trail (꼬리별의); a caudal fin (물고기의). ¶ ~를 물고 (잇달아) one after another (the other); in rapid succession / ~(를) 치다 wag its tail (개가); seduce, entice, allure (유혹) / ~가 잡히다 give a clue 《*to the police*》; be found out.
꼬리표(一票) a tag; a label. ¶ ~를 달다 put on a tag; tag (label) 《*a trunk*》.
꼬마 《소년》 a boy; a (little) kid; 《소형》 baby; midget; miniature. ‖ ~ 자동차 a baby (midget) car; a minicar / ~ 전구 a miniature (electric) bulb.
꼬바기, 꼬박 whole; full(y). ¶ ~ 이틀 two full days; a full two days / ~ 뜬눈으로 밤을 새우다 do not sleep a wink all night.
꼬박꼬박 without fail (어김없이); to the letter (정확히). ¶ 세금을 ~ 내다 pay one's taxes regularly.
꼬부라지다 bend; curve; be bent. ¶ 늙어 허리가 ~ be bent with age.
꼬부랑하다 (be) bent; crooked. ¶ 꼬부랑 글자 alphabetic letters / 꼬부랑 늙은이 a bent old person.
꼬부리다 stoop; bend; curve; crook.
꼬불꼬불 ¶ ~한 winding; meandering.
꼬이다 ①《실·끈 등이》 get twisted ((en)tangled). ②《일이》 suffer a setback; go wrong (amiss); miscarry. ③《마음이》 become crooked (peevish).
꼬장꼬장하다 《노인이》 (be) hale and hearty; 《성미가》 (be) stern; unbending; upright; incorruptible; 《가는 것이》 (be) straight and stiff.
꼬집다 ①《살을》 (give a) pinch; nip. ②《비꼼》 make cynical remarks about; say spiteful things.
꼬챙이 a spit; a skewer; a broach. ¶ ~에 꿰다 spit; skewer.
꼬치 ① skewered stuff; food on a skewer. ② ☞ 꼬챙이
꼬치꼬치 ¶ ~ 마르다 be worn (reduced) to a shadow (skeleton)/~ 캐묻다 be inquisitive 《*about*》; ask inquisitively.
꼬투리 ①《깍지》 a pod; a shell; a hull; a shuck. ②《꽁초》 a cigaret (-te) butt. ③《발단》 the cause; reason.
꼭 ①《단단하게》 tightly; firmly; 《hold》 fast. ¶ 문을 ~ 닫다 shut the door tight / ~ 쥐다 grasp firmly. ②《빠듯이》 tight(ly); closely. ¶ ~ 끼는 모자 a tight cap/~ 끼다 be tight (close). ③《빈틈없이》 exactly; to a T. ¶ ~ 맞는 뚜껑 a close lid/(옷 등이) ~ 맞다 fit like a glove. ④《정확하게》 exactly; just. ¶ ~ 세 시간 exactly (full) three hours; three hours to minute/~같다 be just the same《*as*》. ⑤《틀림없이》 surely; certainly; by all means; without fail. ¶ ~ 출석하다 attend without fail / ~하다 be sure to 《*do*》. ⑥《흡사》 just like; as if. ☞ 마치.
꼭꼭 ☞ 꼭 ①. ¶ ~ 묶다 bind (tie) 《*a thing*》 tightly.
꼭대기 the top; the summit (산의).
꼭두각시 a puppet; a dummy.
꼭두새벽 the peep of day (dawn). ¶ ~에 before (in the early) down.
꼭두서니 〖植〗 a (Bengal) madder.
꼭뒤지르다 forestall; get the start of 《*a person*》.
꼭지 ①《수도 따위의》 a (stop-)cock; a tap; a faucet. ¶ 수도 ~를 틀다 (잠그다) turn on (off) the water. ②《뚜껑의》 a knob; a nipple (우유병의). ③《식물의》 a stalk; a stem.
꼲다 《채점》 give marks; mark.
꼴[1] 《모양》 shape; form; 《외양》 appearance; 《상태》 a state; a condition; a situation; 《광경》 a sight; a spectacle; a scene. ¶ ~ 사나운 unsightly; ungainly; indecent; shabby. ‖ 세모~ a triangle.
꼴[2] 《먹이》 fodder; forage; hay.
…꼴 rate; proportion; ratio. ¶ 한 근 (하루)에 5백원 ~로 at the rate of 500 *won* a *keun* (a day).
꼴깍꼴깍 gurgling(ly).
꼴뚜기 〖動〗 an octopus.
꼴불견(一不見) ~이다 be a sight to see; be unsightly (ungainly).
꼴찌 the last; the bottom; the tail (end); the tail ender (사람·팀). ¶ ~에서 둘째 the last but (save) one / ~이다 be at the end (bottom).
꼼꼼하다 (be) scrupulous; meticulous; methodical. ¶ 꼼꼼한 사람 a methodical man; a man of method / 꼼꼼히 exactly; methodically; punctually.
꼼짝 ¶ ~도 않다 remain motionless; do not stir (budge) an inch; stand firm/~ 못하다 cannot move at all; cannot stir an inch; 《궁지》 stick in the mud; be in a fix《口》; 《상대에게》 be under 《*a person's*》 thumb; be cowed / ~ 못하게 하다 beat 《*a person*》 hollow; talk (argue) 《*a person*》 down (말로).
꼽다 count (on one's fingers). ¶ 날짜를 ~ count (reckon) the days.
꼽재기 ①《때》 dirt; filth. ②《작은 사물》 a bit; a whit; a fig; a tri-

fle.
곱추 ☞ 곱사등이.
꼿꼿하다 (be) erect; straight; upright. ¶ 꼿꼿이 서다 stand upright.
꽁무니 the rear (end); 《궁둥이》 the buttocks; 《끝》 the tail (end); the bottom; the last. ¶ ~ 빼다 flinch 《*from*》; try to escape/여자 ~를 따라다니다 dangle after a girl; chase (run) after a woman.
꽁지 a tail; a train (공작 따위의).
꽁지벌레 a maggot.
꽁초(—草) a cigarette end (butt); a cigar end.
꽁치 〖魚〗 a mackerel pike.
꽁하다 (be) introvert and narrow-minded; reserved and unsociable; hidebound.
꽂다 《박다》 stick 《*in(to)*》; put (fix) in(to); prick; pin; 《끼우다》 insert; put into; 《찌르다》 drive into. ¶ 장식핀을 머리에 ~ stick an ornamental pin in the hair / 병에 꽃을 ~ put flowers in a vase.
꽂을대 《탄약 다져 넣는》 a rammer; 《총포 손질용》 a cleaning rod; a sponge (대포의).
꽂히다 《박히다》 be embedded; hit (맞히다); be inserted (끼이다); 《찔리다》 be stuck (pinned).
꽃 ① 《초목의》 a flower; a blossom (과수의); bloom (총칭). ¶ ~의 floral / ~다운 flowery; flowerlike/~파는 아가씨 a flower girl / ~피다 open; bloom; blossom. ‖ ~가루 pollen / ~가지 a spray 《*of lily*》/ ~구경 flower-viewing / ~나무 a flower(ing) tree / ~놀이 a flower-viewing excursion / ~다발 a bouquet; a bunch of flowers / ~동산 a flower garden / ~무늬 (시계) a floral pattern (clock)/~받침 the calyx / ~봉오리 a (flower) bud / ~송이 a blossom; an open flower /~재배 floriculture; flower gardening. ② 《미인·명물》 flower; pride; a belle (사교계의); 《정화(精華)》 the essence.
꽃꽂이 (the art of) flower arrangement. ‖ ~회 a flower (floral) arrangement club.
꽃밭 a flower garden (bed).
꽃병 a (flower) vase.
꽃샘 a cold snap in the flowering season; a spring cold.
꽃술 a stamen(수술); a pistil (암술).
꽃식물(—植物) ☞ 현화식물.
꽃잎 a petal.
꽈리 〖植〗 a ground cherry.
꽉 ① 《단단히》 ☞ 꼭①. ② 《가득히》 close(ly); tight(ly); compactly; full(y). ¶ ~ 차다 be packed to the full; be crammed 《*with*》; be full 《*of*》. ③ ☞ 꾹.
괄괄 gurglingly.
꽝 with a bang (boom, slam). ¶ 문을 ~ 닫다 bang a door.
꽤 fairly; considerably; pretty; quite. ¶ ~잘 하다 do fairly well/ ~ 좋다 (힘들다) be pretty good (hard).
꽥 ¶ ~ 지르다 cry; shout; roar.
꽹과리 a (small) gong.
꾀 《슬기》 resources; resourcefulness; wit; 《계략》 a trick; an artifice; a ruse; a trap. ¶ ~ 많은 사람 a resourceful man; a man of resources / ~부리다 spare oneself; make excuse; shirk (evade) 《*one's duty*》 with a phony excuse / ~바르다 be crafty (shrewd, clever) / ~에 넘어가다 be entrapped; fall a prey to another's stratagem / ~쓰다 use tricks; resort to a ruse.
꾀꼬리 〖鳥〗 an oriole; a (Korean) nightingale.
꾀다[1] 《모이다》 swarm; crowd; gather; flock.
꾀다[2] 《유혹》 tempt; decoy; (al)lure; entice; seduce. ¶ 꾀어내다 lure 《*a person*》 out / 여자를 ~ seduce a woman.
꾀병(—病) feigned (pretended) illness. ¶ ~ 부리다 pretend (feign) illness; pretend to be ill (sick).
꾀보 a tricky (wily) person.
꾀이다 《꼬임을 당하다》 be lured (enticed, tempted); be seduced.
꾀잠 sham (pretended) sleep; fox sleep; make-believe sleep. ¶ ~자다 pretend (feign) to be asleep.
꾀죄(죄)하다 (be) untidy; dirty; slovenly; shabby.
꾀하다 ① 《계획》 plan; contrive; attempt 《*suicide*》; scheme; 《나쁜 짓을》 plot; conspire. ¶ 반란을 ~ conspire to rise in revolt. ② 《추구》 seek; intend 《*to do*》. ¶ 사리를 ~ seek one's own interests.
꾐 temptation; allurement; enticement. ¶ ~에 빠지다 yield to (fall into) temptation; be cajoled.
꾸기적거리다 crumple (up); wrinkle; rumple; crush.
꾸다[1] 《꿈을》 dream. ☞ 꿈꾸다.
꾸다[2] 《돈·물건을》 borrow 《*money from a person*》; have 《*money*》 on loan; have a loan of.
꾸드러지다 be dried and hardened.
꾸들꾸들 ¶ ~한 dry and hard.
…꾸러기 one who is given to.... ‖ 장난~ a naughty (mischievous) fellow; an urchin.
꾸러미 a package; a packet; a parcel; a bundle.
꾸르륵 ¶ ~거리다 (give a) rumble.
꾸리다 ① 《짐을》 pack (up); wrap (tie) up. ¶ 짐을 다시 ~ repack baggage. ② 《일을》 manage; arrange. ¶ 꾸려 나가다 manage to get along; arrange matters.
꾸무럭거리다 be slow; dawdle; linger; loiter.
꾸물거리다 ☞ 꾸무럭거리다.
꾸미다 ① 《치장》 decorate 《*a room*》;

ornament; adorn; dress《*a shop-window*》; 《화장》 make up; 《말을》 embellish. ¶ 얼굴을 곱게 ~ make one's appearances. ② 《가장》 feign; affect; pretend. ¶ 꾸민 태도 an affected attitude. ③ 《조작》 invent; fabricate; 《계획》 plot(음모를); design. ¶ 꾸며낸 얘기 a made-up [an invented] story; an invention. ④ 《조직》 form; organize 《*a company*》; 《건조》 make; build. ¶ 가정을 ~ make a home / 정원을 ~ lay out a garden. ⑤ 《작성》 make; draw up. ¶ (계약서를) 두 통 ~ make out (a contract) in duplicate.

꾸밈 ¶ ~없는 simple; plain; frank (솔직한).

꾸벅거리다 nod (in a doze); make repeated bows.

꾸벅이다 ☞ 꾸벅거리다.

꾸부러뜨리다 ☞ 구부러뜨리다.

꾸역꾸역 in great numbers; in a crowd; in a steady stream.

꾸준하다 (be) untiring; steady; assiduous. ¶ 꾸준히 untiringly; steadily; assiduously.

꾸지람 a scolding. ~하다 scold; chide; rebuke. ¶ ~ 듣다 be scolded; get a scolding.

꾸짖다 scold; chide; rebuke; reprove. ¶ 되게[가볍게] ~ scold severely [mildly]; give 《*a person*》 a good [a mild] scolding.

꾹 ① 《참는 모양》 patiently. ¶ ~ 참다 bear 《*the pain*》 patiently. ② 《누르는 모양》 tightly; firmly; hard. ¶ ~ 누르다 press hard.

꿀 honey; nectar (꽃의).

꿀꺽 ① 《삼키는 모양》 at a gulp. ② 《참는 모양》 patiently.

꿀꿀 ¶ ~거리다 《돼지가》 grunt.

꿀떡 ¶ ~ 삼키다 gulp (down); swallow at a gulp.

꿀리다 ① 《주름잡히다》 be creasy; get wrinkled [crumpled]. ② 《형편이》 be hard up; be in straitened circumstances. ③ 《켕기다》 be guilty; feel small; be overwhelmed. ¶ 꿀리지 않고 without flinching; undaunted 《*by*》.

꿀물 honeyed water.

꿀벌 a honeybee; a bee.

꿇다 kneel (down); fall [drop] on one's knees. ¶ … 앞에 무릎을 ~ bow the knee to [before] 《*a person*》.

꿇어앉다 sit on one's knees.

꿈 a dream; 《환상》 a vision; an illusion. ¶ 들어맞는[개] ~ a true [false] dream / 불길한 ~ an evil dream / ~의 세계 a dreamland; a dream world / ~ 같은 dreamlike; dreamy / 젊은 시절의 ~ the romantic vision of youth / ~에서 깨어나다 awake from a dream; be disillusioned (망상에서) / ~자리가 좋다 [사납다] have a good [bad] dream / …을 ~에 보다 dream of [about] 《*a person, one's home*》; see 《*something*》 in a dream.

꿈결 ¶ ~ 같은 like a dream; dreamy / ~같이 dreamily; like a dream; swiftly(빠르게).

꿈꾸다 ① 《잠을 자면서》 dream; have a dream. ② 《바라다》 dream of 《*success*》; have an ambition 《*to...*》. ¶ 미래의 작가를 ~ have a dream of becoming a writer.

꿈실거리다 creep about 《*over*》; wriggle.

꿈지럭거리다 stir [move] sluggishly.

꿈쩍없다 remain unmoved; be undaunted.

꿈틀거리다 ☞ 굼틀거리다.

꿋꿋하다 (be) firm; solid; strong; steady; upright. ¶ 꿋꿋한 의지 a strong [an iron] will.

꿍꿍 《신음》 ¶ ~ 앓다 groan; moan.

꿍꿍이셈, 꿍꿍이속 a secret design [intention]; calculation concealed in one's heart. ¶ ~이 있다 have a plot in mind; have a secret design.

꿩 〖鳥〗 a pheasant.

꿰다 《구멍에》 run [pass] 《*a thing*》 through. ¶ 바늘에 실을 ~ run a thread through a needle; thread a needle.

꿰뚫다 ① 《관통하다》 pierce; pass [run] through; penetrate; shoot through (탄환 따위가). ② 《정통》 be versed in; have a thorough knowledge of; 《통찰》 penetrate; see through.

꿰뜨리다 break; burst; wear out.

꿰매다 ① 《바늘로》 sew; stitch. ¶ 해진[터진] 데를 ~ sew up a rip / 상처를 두 바늘 ~ put two stitches in the wound. ② 《깁다》 patch up.

꿰미 a string (끈); a string of 《*coppers*》 (꿴것).

꿰지다 ① 《미어지다》 be torn; tear; rip; 《해지다》 be worn out. ② 《터지다》 break; be broken; burst; be punctured.

꿰찌르다 thrust [run] through.

꽥 ¶ ~ 소리지르다 give a shout [yell].

뀌다 《방귀를》 break wind; fart 《俗》.

끄나풀 ① 《끈》 a (piece of) string. ② 《앞잡이》 a tool; a cat's-paw; an agent (경찰의).

끄느름하다 (be) gloomy; cloudy; dreary; dim.

끄다 ① 《덩어리를》 break (into pieces); crack; crush. ¶ 얼음을 ~ crack [break] ice. ② 《불을》 put out; extinguish; blow out (불어서). ¶ 불을 ~ extinguish [put out] a fire / 촛불을 ~ blow out a candle. ③ 《전기·가스 등을》 switch [turn] off 《*the light*》; put off [out]. ¶ 엔진을 ~ stop [kill] an engine.

끄덕거리다 nod. ¶ 끄덕거리며 with a nod.

끄덕이다 ☞ 끄덕거리다.

끄덩이 ¶ (머리) ~를 잡다 seize [grab]

《*a person's*》 hair; seize《*a person*》 by the hair.
끄떡 ¶ ~없(않)다 do not budge an inch(움직이지 않다); remain composed (unmoved)(태연); be all right(safe) (안전).
끄르다 untie 《*a knot*》; undo; unfasten; unbind; loosen. ¶ 단추를 ~ undo a button; unbutton.
끄르륵거리다 belch. 「up.
끄무러지다 become cloudy; cloud
끄무레하다 (be) cloudy; overcast.
끄물거리다 become cloudy off and on; be unsettled.
끄물끄물 ¶ ~한 unsettled; fickle.
끄집다 hold and pull; take; draw.
끄집어내다 take (bring, carry) out.
끄트러기 odd pieces; a (broken) piece; a fragment; a cut.
끄트머리 ① 《맨끝》 an end; a tip; 《stand at》 the tail end. ② 《실마리》 a clue.
끈 《줄》 《(un)tie》 a string; a cord; 《결거나 짠 끈》 a braid; a lace; 《가죽끈》 a strap; a thong.
끈기(一氣) ① 《끈끈함》 stickiness; viscosity; glutinousness. ② 《근기》 tenacity.
끈끈이 birdlime.
끈끈하다 ① 《끈적임》 (be) sticky; adhesive; viscous. ②《검질김》 (be) tenacious; pertinacious; persistent.
끈덕거리다 become shaky.
끈덕지다, 끈질기다 (be) tenacious; persevering. ¶ 끈질긴 노력 a strenuous effort.
끈적거리다 be sticky; be greasy.
끈적끈적 ¶ ~한 sticky; adhesive.
끈적이다 ☞ 끈적거리다.
끊다 ①《자르다》 cut (off); sever; chop off. ② 《중단·차단》 cut off; break; interrupt; stop; pause; 《전화를》 ring off 《英》; hang up 《美》; 《전기를》 shut off; switch off. ③ 《인연·관계를》 sever; break off; break with 《*a person*》. ¶ 교제(交際)를 ~ sever acquaintance with. ④ 《그만두다》 abstain from; quit; give up. ¶ 술을 ~ stop(give up) drinking; abstain from wine (alcohol). ⑤ 《목숨을》 kill (oneself). ⑥ 《사다》 buy 《*a ticket*》. ⑦ 《발행》 issue (draw) 《*a check*》.
끊어지다 ① 《절단됨》 be cut; break; snap (뚝 소리 내며). ② 《중단·차단됨》 break off; become broken; be cut off; discontinue; be interrupted; 《전화가》 be cut (switched) off. ③ 《관계 등이》 break (off) with; have done with. ④ 《기한이》 expire; run out; terminate. ⑤ 《목숨이》 expire; die.
끊임없다 (be) ceaseless; incessant; continual; constant. ¶ 끊임없이 ceaselessly; incessantly; continually; constantly.
끌 a chisel.
끌끌하다 (be) upright; clean and pure.
끌다 ① 《당기다》 draw; pull; tug(배를); 《질질》 drag; trail (옷자락을). ¶ 아무의 소매를 ~ pull 《*a person*》 by the sleeve. ② 《지연》 delay; prolong; protract; drag on. ¶ 오래 끄는 병 a long illness/ 오래 끌어온 협상 long-pending(-drawn (-out)) negotiations. ③ 《이끌다》 attract; draw; catch. ¶ 손님을 ~ draw customers / 주의를 ~ attract (draw) 《*a person's*》 attention / 인기를 ~ catch (win, gain) popularity. ④ 《인도》 lead. ¶ 노인의 손을 ~ lead an old man by the hand. ⑤ 《끌어들이다》 conduct 《*water into*》; admit; 《가설》 lay on (수도, 가스 따위를); install (전등, 전화를).
끌러지다 come (get) loose; get untied (undone).
끌리다 ① 《당겨지다》 be drawn (pulled, dragged); be tugged; be trailed (질질). ¶ 치마가 ~ one's skirt trails 《*on*》. ② 《연행》 be taken to 《*the police*》. ③ 《마음이》 be attracted (drawn, caught); be charmed(매혹); be touched(감동).
끌밋하다 (be) handsome; clearcut.
끌방망이 a chisel mallet (hammer).
끌어내다 take (pull) out; drag 《*a thing*》 out (of); lure 《*a person*》 out of (from) (꾀어냄).
끌어내리다 take (pull, drag, draw) down.
끌어넣다 ☞ 끌어들이다.
끌어당기다 draw 《*a thing*》 near (toward); pull up. ☞ 끌다①.
끌어대다 ① 《돈을》 borrow money for 《*a business*》; finance. ② 《인용》 cite; quote. ¶ 전례를 ~ cite precedents.
끌어들이다 ① 《안으로》 draw (take) in(into); pull in. ②《자기편에》 gain (win) 《*a person*》 over 《*to one's side*》. ¶ 사업에 자본가를 ~ interest capitalists in an enterprise.
끌어안다 embrace; hug; hold 《*a person*》 in one's arms (to one's breast).
끌어올리다 pull (draw, drag) up; salvage (배를).
끓다 ①《물이》 boil; seethe; get hot; be ready (목욕물이). ¶ 끓어 넘치다 boil over. ②《마음이》 burn; glow; be aflame. ¶ 피가 끓게 하다 stir one's blood. ③ 《배가》 rumble. ④ 《가래가》 make a gurgling sound. ⑤ 《우글거리다》 swarm; be crowded with. ¶ 파리가 ~ be infested with flies.
끓이다 ① 《끓게 하다》 boil 《*water*》; heat. ② 《익히다》 cook. ¶ 밥을 ~ cook (boil) rice / 국을 ~ make soup. ③ 《속태우다》 worry; bother; trouble.
끔벅거리다 ☞ 깜박거리다.
끔찍하다 ① 《참혹》 (be) awful; ter-

rible. ¶ 끔찍한 광경 a cruel 〔horrible〕 sight. ② 《극진》 (be) very hearty 〔kind〕; warm. ¶ 끔찍이 《굉장히》 surprisingly; awfully; terribly; 《극진히》 warmly; wholeheartedly; cordially; deeply / 끔찍이 사랑하다 love deeply.

끙끙 ¶ ～ 앓다 groan; moan.

끝 ①《첨단》 the point 《*of a pencil*》; the tip 《*of a finger*》; the end 〔top〕 《*of a pole*》. ¶ 혀～ the tip of one's tongue / ～에서 ～까지 from end to end. ② 《한도》 the end; the limit. ¶ ～없는 endless; boundless; everlasting. ③ 《마지막》 an end; a close; a conclusion (결말). ¶ ～의 last; final; concluding / ～으로 finally; in the end; in conclusion / ～까지 to the end 〔last〕; 《fight》 to a finish / ～이 나다 (come to an) end. ④ 《결과》 《in the》 end; 《as the 〔a〕》 result. ¶ 오랜 병 ～에 after a long illness.

끝갈망 ¶ ～하다 settle; set 《*matters*》 right; wind up.

끝끝내 to the last; to the (bitter) end. ¶ ～ 반대하다 persist in one's opposition; be dead set against; oppose stoutly.

끝나다 (come to an) end; close; be over 〔up〕; be finished; expire (기한이); result in (…한 결과로). ¶ 실패로 ～ end 〔result〕 in failure.

끝내다 end; get 〔go〕 through 《*with*》; finish; complete; conclude; settle 《*an account*》.

끝돈 《pay》 the (unpaid) balance; the remainder (to be paid).

끝마감 closing; conclusion. **～하다** close; conclude.

끝막다 close; conclude; end.

끝맺다 ☞ 끝내다.

끝물 the last 《*farm, sea*》 products of the season.

끝수(一數) a fraction; an odd sum; odds. ¶ ～를 버리다 omit 〔ignore, round off〕 fractions.

끝장 《종결》 an end; a conclusion; 《낙착》 settlement. ¶ ～나다 be ended; be over 〔settled〕; come to an end / ～내다 end; bring to a conclusion 〔settlement〕; put an end to 《*a quarrel*》.

끝전(一錢) ☞ 끝돈.

끝판 the end; the last stage 《*of*》; 《승부의》 the last round 《*of*》.

끼끗하다 (be) smart; clean-cut.

끼니 a meal; a repast. ¶ ～때 a mealtime / ～를 거르다 〔굶다〕 miss 〔skip〕 a meal; go hungry.

끼다¹ ① 《안개 따위가》 gather; hang over; envelop. ¶ 구름이 〔안개가〕 ～ become cloudy 〔foggy〕. ② 《때 따위가》 collect; gather; become dirty. ¶ 때가 낀 dirty.

끼다² ① ☞ 끼이다. ② ☞ 끼우다. ③ 《착용》 put 〔pull〕 on; wear. ¶ 장갑을 ～ draw 〔pull〕 on one's gloves / 안경을 ～ put on one's glasses. ④ 《팔짱을》 fold 《*one's arms*》. ¶ 팔짱을 끼고 with one's arms folded; 《남과》 arm in arm 《*with*》. ⑤ 《옆구리에》 hold 《*a thing*》 under one's arm. ¶ 책을 몇 권 끼고 with some books under one's arm. ⑥ 《참가》 join; participate in; be a party to. ¶ 일행에 ～ join the party. ⑦ 《따라서》 ¶ …을 끼고 along; by / 강을 끼고 along the river. ⑧ 《배경》 be backed by. ¶ 권력을 ～ have an influential person at one's back.

끼룩거리다 stretch one's neck.

…끼리 among 〔by, between〕 oneselves. ¶ 저희～ 싸우다 quarrel 〔fight〕 among themselves.

끼리끼리 each in a group; group by group; in separate groups.

끼어팔기 a tie-in sale.

끼얹다 pour 〔dash〕 on; sprinkle 〔shower〕 《*over*》. ¶ 등에 물을 ～ dash water on one's back.

끼우다 《사이·속·틈에》 put 〔hold〕 《*a thing*》 between; get 〔put, let〕 in; insert 《*in*》; fix 〔fit〕 into (맞춰넣다). ¶ 창에 유리를 ～ fix glass in a window.

끼이다 《사이에》 get between; be caught in; be sandwiched between; 《꽉》 be tight (구두 따위). ¶ 잇새에 ～ get in between the teeth.

끼적거리다 scribble; scrawl.

끼치다 ① ¶ 소름이 ～ get goose flesh. ② 《폐·은혜 따위》 cause; give; affect (영향). ¶ 폐를 ～ trouble 《*a person*》; give 《*a person*》 trouble; cause inconvenience 《*to*》.

끽소리 ¶ ～ 못하다 sing small; be (utterly) silenced; can't say a thing / ～ 못하게 하다 silence; floor; squash; put 《*a person*》 to silence.

낄낄 ¶ ～거리다 giggle; titter.

낌새 the turn 《*of*》; niceties; secrets; delicate signs; the delicate turns. ¶ ～를 (알아)채다 get scent 〔wind〕 of; smell out; be suspicious of.

ㄴ

나 I; myself. ¶ ～의 my / ～에게 〔를〕 me / ～의 것 mine / ～로서는 as for me; for my part.

나가다 ①《밖으로》 go out; get out. ¶ 뜰로 ～ go out into the garden. ②《출석》 attend; appear. ¶ 강의에 ～ attend a lecture. ③《근무》 work 《*in, at, for*》. ¶ 신문사에 ～ work in a newspaper office. ④ 《참가》 join; participate in; take part in. ¶ 올림픽에 ~ take part in the Olympic games. ⑤ 《입후보》 run 《*for*》. ¶ 대통령 선거에 ~ run for the Presidency. ⑥ 《팔리다》 sell; get sold. ¶ 잘 ~ sell well. ⑦ 《지출》 be paid out; be disbursed. ¶ 나가는 돈 expenditure; outlay. ⑧ 《가치 등이》 be worth; 《무게가》 weigh. ¶ 무게가 〔값이〕 55파운드 ~ weigh 〔be worth〕 fifty-five pounds. ⑨ 《떠남》 leave; go away. ¶ 집을 ~ leave home. ⑩ 《진출》 go forth 《*into*》; launch 《*into*》; enter 《*upon*》. ¶ 정계에 ~ enter upon a political career. ⑪ 《닳음·꺼짐》 be out; be broken; be worn out. ¶ 불이 ~ the (electric) light is out 〔cut off〕/구두 뒤축이 ~ the heel of one's shoe is worn out.

나가떨어지다 ① 《뒤로 넘어지다》 be knocked down; be thrown off; fall flat on one's back. ¶ 한 방에 ~ be knocked down at a single blow. ② 《녹초가 되다》 be worn 〔tired〕 out; be done up 〔in〕 《俗》.

나가자빠지다 ① ☞ 나가떨어지다. ② 《불이행》 fall down on; withdraw oneself 《*from*》; back out. ¶ 약속을 이행 않고 ~ fall down on a promise.

나귀 an ass; a donkey.

나그네 a travel(l)er; a stranger; a wanderer; a visitor (손).

나긋나긋하다 (be) tender; soft.

…나기 a native 《*of Kwangju*》. ¶ 서울~ a (native) Seoulite.

나나니벌 〖蟲〗 a mud dauber.

나날이 daily; every day; day by 〔after〕 day; from day to day.

나누다 ① 《분할》 divide; part; sever; split. ¶ 나눌 수 있는 divisible / 다섯으로 ~ divide into five parts. ② 《분배》 distribute; divide; share; allot. ¶ 과자를 아이들에게 나누어 주다 distribute the sweets among the children. ③ 《구별》 distinguish; classify. ¶ 세 항목으로 ~ classify into three items. ④ 《함께 하다》 share 《*something*》 with. ¶ 점심을 ~ have lunch together/기쁨을 ~ share one's joy.

나누이다 be 〔get〕 divided.

나눗셈 (a) division. ~하다 divide.

나다 ① 《출생》 be born. ¶ 어디(에)서 났는가 Where were you born? ②《돋아남》 be out; come into 《*bud, leaf*》; grow. ¶ 어린애이가 ~ a child cuts its teeth. ③ 《산출·발생》 produce; yield. ¶ 쌀이 나는 지방 a rice-producing district / 이익이 ~ yield profits. ④ 《살림을》 set up a separate family; live apart 《*from*》. ⑤ 《끝장이》 come to an end; be finished. ⑥ 《기타》 ¶ 냄새 ~ smell/맛이 ~ taste/이름이 ~ become famous / 병이 ~ get sick; become ill / 성이 ~ get angry / 눈물이 ~ tears flow / 땀이 ~ sweat / 신문에 ~ appear in the newspaper / 탄로(綻露) ~ get discovered / 새 길이 ~ a new road is opened / 소문이 ~ a rumo(u)r gets abroad.

나다니다 go 〔gad〕 about.

나달 four or five days; several days.

나들이 going out; an outing. ‖ ~옷 a street dress 〔wear〕; a visiting dress; one's best clothes.

나라 ① 《국토》 a country; a land; 《국가》 a state; a nation. ¶ ~를 위하여 《lay down one's life》 for one's country. ‖ ~님 the king. ② 《특수세계》 a world; a realm. ‖ 꿈~ a dreamland/달~ the lunar world.

나락(奈落) hell; an abyss. ¶ ~으로 떨어지다 fall into the bottomless pit.

나란히 in a row 〔line〕; side by side. ¶ ~ 서다 stand in a row/~ 앉다 sit side by side/우로 ~ Right dress!

나래 《농기구》 soil leveler 〔grader〕; 《노》 an oar.

나력(瘰癧) 〖醫〗 ☞ 연주창.

나루 a ferry. ‖ ~터 a ferry / 나룻배 a ferry(boat) / 나룻전 ferriage/ 나룻배 사공 a ferryman.

나룻 whiskers; a beard; a m(o)ustache.

나르다 carry; convey; transport.

나르시(시)즘 〖心〗 narci(ssi)sm.

나른하다 (be) languid; weary; tired. ¶ 나른한 오후 a slack afternoon.

나름 ¶ … ~이다 depend on …; rest 〔lie〕 with / 자기〔그〕 ~대로 in one's 〔its〕 own way.

나리[1] 《존칭》 sir; gentleman; your hono(u)r.

나리[2] 〖植〗 a lily.

…나마 though; even. ¶ 그만한 비 ~ 와 주니 다행이다 Even that much of rain is of great help.

나막신 (wooden) clogs.

나머지 ① 《남은 것》 the rest; the remainder; the balance (잔금). ¶ ~의 remaining / ~ 없이 wholly; entirely. ② 《…한 끝에》 excess. ¶ 기쁜 ~ in the excess of one's joy; elated by joy.

나무 ① 《수목》 a tree; a plant. ‖ ~그늘 the shade of a tree; a leafy recess / 나뭇결 the grain / 나뭇등걸 a stump / 나뭇잎 a leaf; foliage(총칭). ② 《재목》 wood; lumber 《美》; timber 《英》. ¶ ~의〔로 된〕 wooden. ‖ ~못 a wooden nail; a peg/~ 상자 a wooden box/~토막 a block; a chunk of wood/~때기 a splinter; a piece of wood. ③ 《땔나무》 firewood. ~하다 gather firewood; cut wood for fuel. ‖ ~꾼 a woodman; a woodcut-

ㄴ

ter / ~ 장수 a firewood dealer.

나무라다 reprove; reproach; reprimand; scold; take to task.

나무람 reproof; reproach; reprimand; scolding.

나무아미타불(南無阿彌陀佛) Save us, merciful Buddha!; 《명복을 빌 때》 May his soul rest in peace!

나물 greens; vegetables; (edible) herbs. ¶ ~국 soup with greens in it / ~을 무치다 season greens.

나방 〖蟲〗 a moth.

나변(那邊) ¶ ~에 where (in the world); what (on earth) / 진의가 ~에 있는가 What is the real objective of this?

나병(癩病) 〖醫〗 leprosy; lepra. ¶ ~에 걸려있다 be leprous. ‖ ~원 a leper house/~ 환자 a leper.

나부(裸婦) a woman in the nude.

나부끼다 fly; flutter; flap; wave. ¶ 깃발이 바람에 ~ a flag blows (waves) in the wind.

나부랭이 a scrap; a piece; odds and ends.

나부죽이 flat; gently.

나불거리다 《나부끼다》 flutter (flap) away; 《입을》 wag one's tongue; chatter.

나붓거리다 keep fluttering (flapping).

나비 a butterfly. ‖ ~넥타이 a bow (tie) / ~ 매듭 a bowknot.

나쁘다 ① 《좋지않다》 (be) bad; evil; ill; wrong; wicked(사악); harmful, injurious(해로운); inferior(품질이); unwell(건강이); poor, weak (기억이); rough(길이); nasty, foul (날씨가); ill, unlucky (불길한); unsavo(u)ry (평이 나쁜). ¶ 나쁜 짓 a wrong; an evil deed; a misdeed; a crime (sin) (죄)/나쁜 동무 bad companions/나쁜 소식 sad news/나쁜 징조 an ill omen/눈에 ~ be injurious to the eyes / 위가 ~ have a weak stomach / 기억력이 ~ have a poor (bad) memory/나빠지다 become bad; grow worse; take a bad turn / 나쁘게 말하다(생각하다) speak (think) ill of 《*a person*》. ② 《모자라다》 (be) not enough; not satisfied. ¶ 그렇게 먹고 아직 나쁘냐 You really ate much. And are you not filled (satisfied) yet?

나삐 《나쁘게》 badly; ill; 《부족하게》 not enough; unsatisfactorily. ¶ ~ 여기지 말게 Don't take it ill, please.

나사(螺絲) ①《못》 a screw; a stopcock (전(栓)). ¶ ~로 죄다 screw up / ~를 돌리다(늦추다) turn (loosen) a screw. ‖ ~돌리개 a screwdriver / ~송곳 a screw auger; a gimlet / 수~ a male (an exterior) screw / 암~ a female (an interior) screw; a nut. ② 《나선》 a spiral.

나사(羅紗) woollen cloth. ‖ ~상 a woollen dealer (draper).

나사 《미국 항공 우주국》 NASA.(◀ the National Aeronautics and Space Administration)

나상(裸像) a nude figure.

나서다 ① 《앞으로》 come out (forth); get out of (나가다); go into (들어가다); enter upon (진출); run for (입후보). ¶ 줄에서 ~ get (step) out of line / 교문을 ~ get out of the campus; leave the school / 실업계에 ~ go into business / 정계에 ~ enter upon a political career. ② 《간섭》 intrude; obtrude; interfere. ¶ 남의 일에 나서기를 싫어하다 be unobtrusive / 네가 나설 자리가 아니다 This is none of your business. ③《구하는 것이》 turn up; present itself. ¶ 일자리가 ~ find a job / 희망자가 하나도 나서지 않았다 No one applied for it.

나선(螺旋) a screw; a spiral. ¶ ~상의 screw-shaped; spiral. ‖ ~ 강하 비행 spiral down (drive) / ~계단 a spiral (screw) stairs.

나신(裸身) ☞ 나체.

나아가다 ①《전진》advance; proceed; march; go forward; move on. ¶ 한 걸음 ~ make (take) a step forward. ② 《진보하다》 advance; (make) progress; improve. ¶ 영어 진도가 ~ be forward (advanced) in English / 순조로이 ~ go on smoothly (well). ③《좋아지다》 change for the better; take a favo(u)rable turn.

나아지다 become (get) better; improve; make a good progress; change for the better.

나약(懦弱) effeminacy; indolence. ~한 indolent; effeminate; emasculate. ¶ ~한 국민 a soft and spiritless people.

나열(羅列) ~하다 marshal; arrange in a row; set forth; enumerate 《*instances*》.

나오다 ① 《나타나다》 appear; come out; emerge; turn up; present oneself. ¶ 무대에 ~ appear on the stage/나쁜 버릇이 ~ one's bad habit peeps out. ②《나가다·떠나다》 leave; get out of; go (come) out of. ¶ 집을 ~ leave the house. ③ 《음식이》 be brought; be served. ④ 《태도》 take 《*a move*》; assume 《*an attitude*》. ¶ 그가 어떻게 나올지 볼 만하다 Let's wait and see what move he will take. ⑤《생기다》 issue (arise) 《*from*》; be derived. ⑥《실리다》 appear in; come out; go into. ⑦ 《출판되다》 be published. ⑧ 《흐르다》 flow; run. ⑨ 《졸업》 graduate 《*from*》. ⑩ 《싹이》 shoot; sprout; bud. ⑪ 《돌출》 project; protrude. ⑫ 《문제가》 be given. ⑬ 《노출》 be exposed 《*to*》. ¶ 이불에서 발이 ~ one's legs stretch out of bedclothes. ⑭ 《산

출》be raised; be produced. ⑮《통하다》lead to. ¶ 이 길로 가면 어디가 나옵니까 Where does this road lead to? ⑯《참가》join; take part in; enter; launch into. ¶ 정계에 ~ enter upon a political career. ⑰《석방》be released.
나왕(羅王)〖植〗a lauan; lauan (재목).
나위 ¶ 더할 ~ 없이 perfectly; most [best] of all; more [better] than anything else / …은 말할 ~도 없고 not to mention that.../ 말할 ~도 없이 needless to say....
나이 age; years. ¶ ~ 지긋한 elderly; well advanced in age / ~ 탓으로 from (old) age / ~순으로 according to age / ~에 비해《look young》for one's age / ~를 먹다 grow old; become older.
나이드라짓〖藥〗Nydrazid.
나이배기 a person older than he looks.
나이테《나무의》an annual ring.
나이트《밤》a night. ‖ ~ 가운 a night gown / ~ 캡 a night cap / ~ 클럽 a night club.
나이프 a knife.
나인(內人) a court lady; a maid of hono(u)r.
나일론 nylon.
나잇값 behavio(u)r appropriate to one's age.
나전(螺鈿) mother-of-pearl《美》; nacre. ‖ ~ 세공(細工) mother-of-pearl work.
나전어(羅甸語) Latin. ☞ 라틴.
나절 half a day. ‖ 반~ a quarter day.
나조(一調)〖樂〗B. ¶ ~ 장[단]음계 B major [minor].
나중 ¶ ~에 later (on); afterwards; after some time/~것 the latter.
나지리 ¶ ~보다 [여기다] make light of; hold《*a person*》cheap.
나지막하다 (be) somewhat low. ¶ 나지막한 소리 a low voice.
나직하다 ☞ 나지막하다.
나체(裸體) a naked body; nakedness; nudity. ¶ ~의 naked; nude. ‖ ~미 physical beauty; the beauty of the nude / ~주의 nudism / ~화 a nude (picture)/반~ seminudity.
나치스 the Nazis. ¶ ~의 Nazi.
나침반(羅針盤) a compass.
나타나다 ①《출현》come out; turn up; appear; emerge. ¶ 현장에 ~ appear on the scene. ②《표현》show itself; come out; be expressed. ¶ 얼굴에 ~ be shown in one's face. ③《시야에》come in sight [into view]. ④《발각》be found《*out*》; come to light; be revealed; be proved. ¶ 본성이 ~ reveal the nature. ⑤《언급됨》mention. ¶ 미국 문헌에 나타난 한국 Korea mentioned in American literature. ⑥《알려지다》become known [famous]. ¶ 세상에 나타나지 않고 숨어서 살다 live in obscurity.
나타내다 ①《표시》show; indicate; manifest;《증명》prove; speak for. ¶ 성격을 ~ show the character. ②《노출》disclose; reveal; betray. ¶ 정체를 ~ betray oneself. ③《표현》express; describe. ¶ 말로 나타낼 수 없다 be in expressible; be beyond expression. ④《대표》represent; stand for. ⑤《상징》symbolize. ⑥《뚜렷이 하다》distinguish. ¶ 두각을 ~ distinguish oneself; cut a figure.
나태(懶怠) idleness; laziness; indolence. ~한 lazy; idle; indolent; slothful; sluggish.
나토 NATO; Nato. (◀ the North Atlantic Treaty Organization)
나트륨 natrium; sodium (기호 Na).
나팔(喇叭) a trumpet [bugle (군대의)]. ¶ ~을 불다 blow a trumpet; 《술을》drink《*beer*》from a bottle. ‖ ~수 a trumpeter; a bugler.
나팔거리다 ☞ 나풀거리다.
나팔관(喇叭管)〖解〗the oviduct; the salpinx. ‖ ~염〖醫〗salpingitis.
나포(拿捕) capture; seizure. ~하다 capture; seize. ‖ ~선(船) a captured ship.
나폴리 Naples.
나푼거리다 flutter; wave; flap.
나풀거리다 ☞ 나푼거리다.
나프타 naphtha. ‖ ~ 분해 naphtha cracking.
나프탈렌〖化〗naphthalene.
나흗날 the fourth (day) of the month.
나흘 ①《네날》four days. ② ☞ 「나흗날.
낙(樂) pleasure; enjoyment; delight; happiness(행복); hope(희망); taste (취미); interest(재미). ¶ …을 ~으로 삼다 delight in; set one's hope on /자식을 ~으로 삼다 live for the sake of one's child.
낙관(落款)《서명·날인》a writer's [painter's] signature [seal]. ~하다 sign; seal. ¶ ~이 없는 unsigned.
낙관(樂觀) optimism; an optimistic view. ~하다 be optimistic; take an optimistic view《*of*》. ¶ ~적 optimistic /~을 불허하다《Things》are by no means reassuring. ‖ ~론 optimism (~론자 an optimist).
낙농(酪農) dairy (farming). ‖ ~가 a dairy farmer/~장 a dairy farm; a milk ranch / ~ 제품 a dairy product.
낙담(落膽) discouragement; disappointment. ~하다 be discouraged [disappointed]《*by, at, with*》; lose heart. ¶ ~시키다 disappoint; discourage.
낙도(落島) a remote [deserted] island.
낙뢰(落雷) thunderbolt. ~하다 be

struck by lightning (맞는 것이 주어(主語)); a thunderbolt falls (벼락이 주어).
낙루(落淚) ~하다 shed tears; weep.
낙마(落馬) ~하다 fall from one's horse; be thrown off one's horse.
낙망(落望) despair; discouragement. ☞실망, 낙담.
낙반(落盤) a cave-in; a collapse.
낙방(落榜) ~하다 fail in an examination.
낙상(落傷) a hurt from a fall. ~하다 get hurt from a fall.
낙서(落書) a scribble; a scrawl. ~하다 scribble; scrabble; scrawl. ¶ 벽에 ~하다 scribble on the wall.
낙석(落石) ‖ ~ 주의 《게시》 Beware of Falling Stones.
낙선(落選) defeat (in an election) (선거의); rejection (출품의). ~하다 be defeated (in an election); be rejected (not accepted). ‖ ~자 an unsuccessful candidate/~작 a rejected work.
낙성(落成) completion. ~하다 be completed; be finished. ‖ ~식 an inauguration ceremony.
낙수물(落水一) raindrops (from the eaves); eavesdrops. ‖ ~ 소리 pattering of raindrops.
낙승(樂勝) an easy victory; a walkaway 《口》. ~하다 gain (win) an easy victory 《*over*》; have a walkover.
낙심(落心) disappointment; discouragement. ~하다 be disheartened; be discouraged; be dispirited; lose heart; become disappointed.
낙엽(落葉) fallen (dead) leaves. ¶ ~이 지다 shed (cast) its leaves (나무가); fall (잎이). ‖ ~색 yellowish brown / ~송 a larch / ~수 a deciduous tree.
낙오(落伍) straggling; a failure (인생의). ~하다 straggle; drop (fall) behind. ‖ ~자 a straggler; a failure (인생의 ~자가 되다 make a failure of one's life).
낙원(樂園) a paradise; Elysium; Eden. ¶ 지상의 ~ an earthly paradise.
낙인(烙印) a brand. ¶ ~을 찍다 brand 《*a person as a liar*》; stigmatize / ~이 찍히다 be branded 《*as a traitor*》.
낙자(落字) a missing word; an omission.
낙장(落張) a missing leaf; missing pages.
낙제(落第) failure in an examination. ~하다 fail (in an examination); flunk (an exam) 《美口》; be (get) plucked 《英口》; stay back in the class (유급(留級)); be rejected (검사에). ‖ ~생 a plucked student; a repeater 《美》 / ~점 a failure mark.
낙조(落照) the setting sun.
낙지 【動】 an octopus.
낙진(落塵) fallout. ‖ 방사성 ~ (radioactive) fallout.
낙질(落帙) a wanting volume.
낙차(落差) a fall; 【電】 a head. ‖ 고(저)위 ~ a high (low) head/ 유효 ~ an effective head.
낙착(落着) a settlement; an end; a conclusion. ~하다 be settled; come to a conclusion; (come to an) end. ¶ ~짓다 settle; bring 《*a matter*》 to an end (a close).
낙찰(落札) the awarding of a contract; a successful bid. ~하다 be awarded a contract; be knocked down to 《*a person*》 (사물이 주어). ‖ ~ 가격 a contract price; the highest bid price / ~인 a successful bidder.
낙천(樂天) ~적 optimistic; sanguine. ‖ ~가 an optimist / ~주의 optimism (~주의자 an optimist).
낙천자(落薦者) an unsuccessful applicant (candidate).
낙타(駱駝) 【動】 a camel. ‖ ~직(織) mohairs / ~털 camel's hair / 단봉(쌍봉) ~ an Arabian (a Bactrian) camel.
낙태(落胎) abortion; miscarriage. ~하다 have an abortion; commit foeticide. ‖ ~ 수술 a surgical abortion / ~약 an abortive (drug); an aborticide/인공 ~ an induced (artificial) abortion.
낙토(樂土) (a) paradise; Heaven.
낙하(落下) falling. ~하다 fall; come down; descend. ‖ ~ 지점 an impact point.
낙하산(落下傘) a parachute. ¶ ~으로 내리다 parachute (down); descend with parachute. ‖ ~병 a parachutist; a paratrooper / ~부대 a parachute troop; paratroops.
낙향(落鄕) rustication. ~하다 rusticate; move to the country.
낙화(烙畫) a poker work (picture).
낙화(落花) 《짐》 falling of blossoms; 《진 꽃》 fallen (scattered) blossoms; 《지는 꽃》 falling blossoms. ~하다 flowers fall (scatter).
낙화생(落花生) ☞땅콩.
낙후(落後) ~하다 fall behind 《*others*》.
낚다 《고기를》 angle 《*for fish*》; fish; catch; 《꾀다》 decoy; allure; entice; take in. ¶ 강에서 고기를 ~ fish (in) the river / 여자를 ~ entice a woman.
낚시 《바늘》 a (fish(ing)) hook; 《낚시질》 fishing; angling. ~가다 go fishing. ‖ ~꾼 an angler; a rodster / ~찌 a float; a cork / ~터 a fishing place (spot) / 낚싯대 a fishing rod / 낚싯밥 a bait / 낚싯봉 a sink(er) / 낚싯줄 a fishing line.
난(亂) a war; a rebellion; a rising; an insurrection. ¶ ~을 일으키다 raise a war; start a rebellion.
난(欄) ① 《신문 등의》 a column. ¶ 가

십~ a gossip column. ②《기입란》 a blank; a column; a space. ¶ 등기 번호의~ the registry number column.

난(難) 《접미어》 trouble; difficulty; 《접두어로》 difficult; troublesome. ¶ ~문제 a hard question [problem] / 식량~ difficulty in securing food stuffs/주택 ~ a shortage of houses.

난가(亂家) a family in turmoil; a disturbed family.

난간(欄干) a railing; a rail; a balustrade (계단의).

난감(難堪) ~하다 《견디기 어려움》 (be) unbearable; intolerable; insufferable; 《힘겨움》 (be) beyond one's ability [power]; 《딱함》 be quite at a loss.

난공불락(難攻不落) impregnability. ~의 impregnable. ¶ ~의 요새 an impregnable fortress.

난공사(難工事) a difficult construction work.

난관(難關) a barrier; an obstacle; a difficulty. ¶ ~을 돌파하다 overcome a difficulty.

난국(難局) a difficult situation; a crisis. ¶ ~에 봉착하다 be in a difficult position / ~을 타개하다 break the deadlock.

난군(亂軍) a routed army.

난기류(亂氣流) 【氣】 (air) turbulence; turbulent air.

난다긴다하다 (be) nimble; smart; ablest ¶ 난다긴다하는 사람 a man of great ability.

난대(暖帶) the subtropical zone.

난데없이 to one's surprise; abruptly; all of a sudden; unexpectedly.

난도질(亂刀—) mangling; hacking; 《고기 따위를》 mincing; chopping; hashing. ~하다 hack [chop] to pieces; mince; hash.

난독(亂讀) desultory reading. ~하다 read 《*books*》 at random [desultorily].

난동(暖冬) a warm [mild] winter. ‖ 이상 ~ an abnormally warm winter.

난동(亂動) 《소란》 a disturbance; a commotion; 《폭동》 a riot. ¶ ~을 부리다 raise [make, cause] a disturbance; stir up a riot; kick up a row.

난로(煖爐) a (heating) stove; a fireplace. ¶ ~를 피우다 light a stove / ~를 쬐다 warm oneself at a stove. ‖ 석유 ~ an oilstove / 전기 ~ an electric heater.

난류(暖流) a warm current.

난리(亂離) 《전쟁》 a war; a revolt (반란); a rebellion (모반); 《분규》 a disturbance; an agitation.

난립(亂立) ~하다 be flooded with 《*candidates*》.

난마(亂麻) ¶ 쾌도로 ~를 끊다 cut the Gordian knot; solve a knotty problem once and for all.

난만(爛漫) ~한 splendid; glorious; blooming in profusion. ¶ ~하게 in full bloom; in all 《*their*》 glory.

난망(難忘) ~이다 be unforgettable.

난맥(亂脈) 《혼란》 disorder; confusion; chaos. ¶ ~상을 나타내다 be thrown into disorder; fall into chaos.

난무(亂舞) ~하다 dance boisterously [wildly]; be rampant.

난문제(難問題) a difficult question; a knotty problem [subject].

난민(難民) the destitute; sufferers (이재민); 《피난민》 refugees; displaced persons (전쟁으로 조국을 쫓겨난). ‖ ~ 수용소 《피난민의》 a refugee reception center.

난바다 a far-off sea; an offing.

난반사(亂反射) 【理】 diffused reflection.

난발(亂髮) dishevel(l)ed hair.

난방(煖房) ① 《데움》 heating; heater. ‖ ~ 장치 a heating apparatus; an air conditioning. ② 《방》 a heated room.

난방비(煖房費) heating expenses.

난방시설(煖房施設) heating equipment [facilities]; a heating system. ¶ ~을 하다 install a heater 《*in a room*》.

난백(卵白) the white (of an egg); the albumen.

난봉 dissipation; debauchery; profligacy. ¶ ~부리다 live fast; lead a dissipated life / ~나다 take to fast living. ‖ ~꾼 a libertine; a prodigal; a debauchee; a Lothario.

난사(亂射) random firing. ~하다 fire blindly [at random].

난사(難事) a difficult thing [matter]; a difficulty.

난사람 an outstanding [a distinguished] person.

난산(難產) a difficult delivery. ~하다 have a difficult delivery.

난삽(難澁) ~한 hard; difficult.

난색(難色) disapprobation; reluctance; unwillingness. ¶ ~을 보이다 show disapproval; be opposed 《*to a plan*》; hesitate 《*to do*》.

난생(卵生) ~의 oviparous. ‖ ~동물 an oviparous animal.

난생처음 for the first time in one's life.

난세(亂世) troublous times; turbulent days.

난세포(卵細胞) 【生】 an egg cell; an ovum.

난센스 a nonsense.

난소(卵巢) 【解】 an ovary; an ovarium. ~의 ovarian. ‖ ~염 【醫】 ovaritis; oöphoritis / ~ 적출(摘出) removal of the ovar.

난수표(亂數表) the table of random numbers [digits].

난숙(爛熟) ~한 overripe; over-mature; highly-developed. ‖ ~기(期) full maturity (~기의 문화 matured culture).

난시(亂時) troublous times; turbu-

lent days. 「astigmatic.
난시(亂視)〖醫〗astigmatism. ~의
난신(亂臣) a traitor; a rebel. ‖ ~적자(賊子) traitors; rebels.
난외(欄外) ~의 marginal. ¶ ~(의)주 marginal notes. ‖ ~ 기사 stop-press news / ~ 여백 marginal space.
난이(難易) hardness or ease; (relative) difficulty. ‖ ~도(度) the degree of difficulty.
난입(亂入) intrusion. ~하다 intrude (break, burst) 《into》. ‖ ~자 an intruder; a trespasser.
난자(卵子) 《난소》 an ovum [*pl.* ova]; an egg cell.
난자(亂刺) ~하다 stab violently.
난잡(亂雜) 《혼잡》 disorder; confusion. ~한 disorderly; confused. ¶ ~하게 in disorder (confusion); disorderly; confusedly.
난장판(亂場―) a scene of disorder; a chaotic scene; a mess. ¶ ~이 되다 fall into utter confusion.
난쟁이 a dwarf; a pigmy.
난전(亂戰) a confused fight; a dogfight; a scuffle.
난점(難點) a difficult (knotty) point; the crux of a matter.
난제(難題) 《난문》 a difficult problem; a knotty subject.
난조(亂調) 《음악》 discord; ragtime tune; 《혼란》 confusion; disorder; 《맥박》 irregularity; 《시세》 violent fluctuations; uneven market ¶ ~를 보이다 《투수가》 lose control / ~에 빠지다 be thrown into disorder; be out of tune.
난중(亂中) the midst of turmoil (commotion); time of war; a tumultuos (strife-ridden) period. ¶ ~에 during a war; in the midst of turmoil. ‖~일기 《책 이름》 *A War Diary*.
난중지난(難中之難) the most difficult of all things; the hardest of all. ‖~사(事) the hardest thing to do.
난질 adultery by a woman.
난처(難處) ~한 hard to deal with; awkward; embarrassing; cumbersome. ¶ ~한 입장에 있다 be in an awkward position.
난청(難聽) hardness of hearing. ‖ ~ 지역(地域)《라디오의》 a blanket area.
난초(蘭草) an orchid; an orchis.
난측(難測) ~한 immeasurable; uncertain (불확실); hard to foretell (예측 불능).
난층운(亂層雲) nimbo-stratus.
난치(難治) incurability. ~의 incurable; fatal.
난타(亂打) pommeling; repeated knocking; random blows. ~하다 strike violently; pommel; slug, slog (야구·권투에서). ¶ ~전〖拳·野〗a slugfest 《美口》.
난투(亂鬪) a confused fight; a free (-for-all) fight; a scuffle. ‖ ~극 a scene of violence and confusion.
난파(難破) a shipwreck. ~하다 be (ship)wrecked. ‖ ~선 a wrecked ship.
난폭(亂暴) violence; outrage. ~하다 (be) violent; rude; rough; wild. ¶ ~한 짓을 하다 do violence.
난필(亂筆) a (careless) scrawl. ¶ ~을 용서하십시오 Please excuse me for my hasty writing.
난하다(亂―) (be) gorgeous; gaudy; showy; loud. ¶ 난한 색 loud colo(u)r / 난하게 차리다 be gaudily dressed.
난항(難航) a rough voyage; a hard flight (비행기의); hard sledding (비유적). ~하다 have a rough voyage (배가); get into a difficult situation (일이).
난해(難解) ~한 difficult; hard; knotty; abstruse (심원한).
난행(亂行) debauchery; violation; misconduct. ~하다 lead a dissipated life; 《강간》 violate; rape.
난행(難行) penance; asceticism. ~하다 do penance; practice asceticism.
난형(卵形) ~의 ovate 《*leaf*》; egg-shaped; oval.
난형난제(難兄難弟) ‖ ~다 There is nothing to choose between the two., They are nearly all alike.
난황(卵黃) the yolk; the deutoplasm. ~의 deutomic.
낟 ‖ ~가리 a rick; a stack / ~알 a grain; a corn.
날[1] ① 《달력상의》 a day; a date (날짜); time (시일). ¶ 어느 ~ one day / ~마다 every (each) day; daily / ~로 ~로 day by (after) day / ~을 보내다 pass one's days / ~을 받다 fix a date; fix upon the day / ~이 저물다 grow dark; (the sun) sets; (night) falls; (the day) closes / ~이 밝다 the day breaks (dawns). ② 《경우·때》 on the morrow of; in the event of. ¶ 성공하는 ~에는 when one succeeds / 완성하는 ~에 on the completion of the work. ③ ☞ 날씨.
날[2] 《칼 따위의》 an edge; a blade. ¶ ~을 세우다 put an edge on; sharpen / ~서다 be edged (sharpened); sharpen.
날[3] 《피륙의》 warp.
날… 《안 익은》 uncooked; raw. ¶ ~것 raw (uncooked) food / ~계란 a raw egg / ~고기 raw meat (fish).
날강도(―强盜) a barefaced robber; a racketeer.
날개 a wing; the wings. ¶ ~ 있는 (달린) winged / ~ 돋치듯 팔리다 sell like hot cakes (wildfire).
날다[1] ① 《하늘을》 fly; be blown off. ¶ 날고 있다 《새가》 be on the wing / 높이 ~ fly high / 날리다

(let) fly; have《*one's hat*》blown off. ②《빨리 가다》fly; hurry. ¶나는 듯이 달리다 run like the wind.
날다² ①《색이》fade; discolo(u)r. ¶색이 안 나는 fade-proof; fast; standing / 색이 잘 나는 fugitive. ②《냄새가》lose odo(u)r.
날다³《실을》spin.
날들다 clear (up). ☞ 개다.
날뛰다 jump (leap) (up);《사납게》behave violently; run riot; go wild; get rowdy. ¶좋아 ~ leap for joy / 성이 나서 ~ rush about wildly with anger; rage.
날래다 (be) quick; swift; nimble.
날려보내다 (let) fly; have《*a thing*》blown off (away) (바람에); set free (놓아줌);《탕진》lose; waste; blow.
날렵하다 (be) sharp; acute; agile.
날로 ①《나날이》daily; day by day. ¶~ 나아지다 get better day by day. ②《날것으로》raw. ¶~ 먹다 eat《*fish*》raw.
날름 quickly; swiftly.
날름거리다 ①《혀 따위를》let《*a tongue*》dart in and out. ¶뱀이 혀를 ~ a snake's tongue darts in and out. ②《탐내다》be greedy for; peep stretching one's neck.
날름쇠《무자위의》a valve;《총의》the hammer;《물건의》a spring.
날리다¹《바람에》flutter; wave; fly《*in the wind*》.
날리다² ①《날게 하다》fly; let fly; blow off (바람이). ¶연을 ~ fly a kite. ②《재산을》☞ 날려보내다, 까불리다. ③《이름을》make famous. ¶이름을 ~ win fame; make a name for oneself. ④《일을》scamp; do slipshod.
날림 slipshod work; careless manufacture. ‖~ 공사 a jerry-built; a hasty (slipshod) job.
날밑 a sword guard.
날밤새우다 sit up all (through the) night.
날벼락《야단》an unreasonable scolding;《재앙》an undeserved misfortune; a sudden calamity; a thunderbolt from a clear sky.
날변(一邊) daily interest; interest per day; *per diem*《라》.
날불한당(一不汗黨) a barefaced swindlers (crooks); shameless scoundrels.
날붙이 blade implements; bladeware; cutlery.
날삯 daily wages. ‖~꾼 a day laborer.
날샐녘 dawn; daybreak.
날숨 exhalation; expiration. ¶~ 쉬다 exhale; breathe out; expire.
날실 warp threads.
날쌔다 (be) quick; swift; nimble; agile. ¶날쌔게 nimbly; quickly; swiftly.
날씨 the weather; weather condition. ¶좋은 ~ fair (fine) weather / 궂은 ~ bad (foul, nasty) weather / ~가 좋으면 if it is fine...; if weather permits....
날씬하다 (be) slender; slim; supple; lithe. ¶날씬한 여자 a slim woman.
날염(捺染) (textile) printing. ~하다 print. ‖~기(機) a printing machine.
날인(捺印) seal. ~하다 seal; affix one's seal《*to a paper*》. ‖~자 a sealer.
날조(捏造) concoction. ~하다 fabricate; invent; forge. ‖~ 기사 a fabrication; a fabricated report.
날짐승 fowls; birds; the feathered tribe.
날짜 a date. ¶~가 없는 undated / ~를 매기다 date.
날짝지근하다 (be) very languid; much weary; very dull.
날치 〖魚〗a flying fish.
날치기 snatching;《사람》a snatcher. ~하다 snatch. ¶~를 당하다 have《*a thing*》snatched.
날카롭다 (be) sharp; keen; cutting; acute; pointed. ¶날카로운 비평 sharp criticism / 신경이 날카로워지다 become nervous.
날탕 a person with no means; a good-for-nothing.
날품 daywork; day labo(u)r. ¶~을 팔다 work (be hired) by the day. ‖~팔이꾼 a day laborer.
낡다 (be) old; used; worn;《구식》(be) old-fashioned; be out of date. ¶낡은 옷 old (worn-out) clothes / 낡은 생각 an old-fashioned idea.
남《타인》another person; others;《친척 아닌》unrelated person. ¶아무 관계 없는 ~ an utter stranger / ~ 모르는 secret; hidden / ~ 몰래 in secret / ~같이 대하다 treat《*a person*》like a stranger / ~보다야 일가가 낫다 Blood is thicker than water.
남(男) ①《사내》a man; a male. ②《자식》a son.
남(南) the south. ~의 south(ern). ¶~으로 to the south / ~으로 가다 go south.
남(藍) ‖~색(빛) deep blue; indigo.
남가일몽(南柯一夢) a vain (an empty) dream.
남계(男系) the male line; the spear side. ~의 on the male line. ‖~ 상속 succession in the male line.
남구(南歐) ☞ 남유럽.
남국(南國) a southern country; a southern land.
남극(南極) the South Pole. ~의 antarctic. ‖~광(光) aurora australis; the southern lights / ~ 대륙(권, 해) the Antarctic Continent (Circle, Ocean) / ~성 the south polestar / ~ 탐험 an antarctic expedition.

남근(男根) the penis.
남기다 ①《뒤에》 leave (behind); bequeath (유산을); 《안 쓰고》 spare; save; reserve. ¶ 발자국을 ~ leave footmarks / 이름을 후세에 ~ leave one's name to posterity / 처자를 남기고 죽다 leave a widow and children / 내 것 좀 남겨 놔라 Spare some for me. ②《이를 보다》 make 〔get, obtain〕 a profit (of). ¶ 천 원 ~ get 〔realize〕 a profit of 1,000 *won*/많이 ~ make a large profit.
남김없이 all (together); entirely; without exception. ¶ 한 사람 ~ to the last man; to a man.
남남동(南南東) the south-southeast (생략 SSE).
남남북녀(南男北女) South for men and North for women.
남남서(南南西) the south-southwest. (생략 SSW).
남녀(男女) man and woman; both sexes. ¶ ~ 노소 할 것 없이 regardless of sex or age. ‖ ~ 공학 coeducation / ~ 동권〔관계〕 sex equality 〔relations〕 / ~ 유별 distinction between the sexes / ~ 추니 a hermaphrodite.
남녘(南—) the south. ~에 in 〔to, on〕 the south.
남다 ①《또 있다》 be left over; remain; 《처져 있다》 remain; stay. ¶ 남은 돈 the money left over / 남은 일 the remainder of work / 남는 인원 supernumerary members / 남아나다 be abundant; be in excess / 집에 ~ remain at home / 이름이 ~ be remembered / 최후까지 살아남다 survive to the last / 9에서 3을 빼면 6이 남는다 3 from 9 leaves 6. ②《이익이》《a business》 yield a profit; 《a person》 make a profit. ¶ 남는 장사 a profitable 〔paying〕 business.
남다르다 (be) peculiar; 《서술적》 be different from others.
남단(南端) the southern extremity 〔end〕.
남달리 extraordinarily; unusually; exceptionally. ¶ ~ 노력하다 work harder than others / ~ 키가 크다 be exceptionally tall.
남대문(南大門) the South Gate (of Seoul).
남동(南東) the southeast. ‖ ~풍 a southeast 〔southeastly〕 wind.
남동생(男同生) a younger brother; *one's* little brother.
남루(襤褸) rag; shred. ~한 shabby; ragged; tattered.
남매(男妹) 《둘》 a brother and a sister; 《여럿》 brothers and sisters.
남모르다 (be) secret; hidden. ¶ 남모르는 슬픔 a hidden sorrow / 남모르게 secretly; in secret.
남미(南美) South 〔Latin〕 America. ~의 South American.
남반구(南半球) the Southern Hemisphere.
남발(濫發) an over-issue. ~하다 issue recklessly. ¶ 지폐의 ~ an overissue of notes.
남방(南方) the south. ~의 southern. ‖ ~ 샤쓰 an aloha shirt.
남벌(濫伐) indiscriminate deforestation. ~하다 cut 〔fell〕 trees recklessly.
남복(男服) men's wear; male attire.
남부(南部) the southern part; the South (미국의). ‖ ~ 제주 《미국의》 the Southern States.
남부끄럽다 feel shameful; be ashamed 《*of*》. ¶ 남부끄러운 일 a shameful thing; a shame / 못난 아들을 두어 남부끄럽네 I am ashamed of my son.
남부럽잖다 ¶ 남부럽잖게 살다 be well off; have no need to envy others.
남부여대(男負女戴) ~하다 set out on a wandering life.
남북(南北) south and north. ‖ ~ 경제회담 a South-North Korean economic conference; the Inter Korean economic talk 〔meeting〕/ ~ 국회 회담 《*hold*》 a south-north parliamentarian's conference / ~ 대화 the South-North dialog(ue)/ ~ 적십자 회담 the South-North Red Cross talks 〔conference〕/ ~ 전쟁 《미국의》 the Civil War / ~ 조절 위원회 the South-North Co-ordinating Committee / ~ 체육 회담 the sports meeting between south and north Korea; the inter-Korean sports talks/ ~ 통일 reunification of North and South (Korea); the national reunification/ ~ 한 교차 승인 a cross recognition of south and north Korea/ ~ 협력 south-north cooperation/ ~ 협상 《선진국과 발전 도상국간의》 North-South negotiation; the south-north talks.
남비 ☞ 냄비.
남빙양(南氷洋) 〖地〗 the Antarctic Ocean.
남사당(男寺黨) 〖民俗〗 a wayfaring male entertainer; a troupe of strolling entertainers. ‖ ~패(牌) a troupe of players.
남산골샌님 a penniless 〔poor〕 scholar.
남상(男相) an unwomanly face; a woman with manly features.
남상(濫觴) the origin; the beginning; the genesis; the source. ¶ 문화의 ~ the origin 〔cradle〕 of culture.
남새 vegetables. ‖ ~밭 a vegetable garden.
남색(男色) sodomy; buggery.
남색(藍色) 《남빛》 indigo; dark blue; 《남색짜리》 a married woman around twenty.
남생이 a tortoise.
남서(南西) southwest. ‖ ~풍 a southwester.
남성(男性) the male sex; the stern-

er sex; 〖文〗 the masculine gender. ~적 manly; virile. ¶ ~ 같은 mannish. ‖ ~미 masculine beauty.
남성(男聲) a male voice. ‖ ~ 4 중창 a male quartet(te) / ~ 합창 male chorus band.
남십자성(南十字星) the Southern Cross; the Crux.
남아(男兒) 《남자》 a boy; a son; 《장부》 a man.
남아메리카(南—) South America.
남아프리카(南—) South Africa. ~의 South African. ‖ ~ 공화국 the Republic of South Africa.
남양(南洋) the South Seas. ‖ ~ 군도 the South Sea Islands.
남용(濫用) misuse; abuse. ~하다 misuse; abuse; use improperly. ¶ 직권을 ~하다 abuse one's official authority.
남우(男優) an actor.
남우세 suffering other's derision; a disgrace. ~하다 make a laughingstock of oneself; disgrace oneself. ¶ ~스럽다 be shameful; be ridiculous.
남위(南緯) the south latitude. ¶ ~ 20 도 30 분 상에 in lat. 20°30′S (= latitude 20 degrees 30 minutes south).
남유럽(南—) Southern Europe.
남의눈 another's eyes; the notice of others. ¶ ~을 피하다 avoid observation 〔public notice〕.
남의살같다 (be) benumbed; senseless.
남의집살다 work 〔be employed〕 as a domestic servant of a household.
남자(男子) a man; a male; a boy (사내애); a hero (대장부). ~의 male; masculine. ¶ ~다운 manly. ‖ ~옷 men's wear / ~용 men's; gentlemen's; for gentlemen's use.
남작(男爵) a baron. ‖ ~ 부인 a baroness.
남작(濫作) overproduction. ~하다 overproduce; produce 〔write〕 at random.
남장(男裝) male attire. ~하다 be dressed like a man; wear men's clothes. ‖ ~ 미인 a beauty in male attire.
남정네(男丁—) 《남자들》 the menfolk; 《남편들》 the husbands.
남조(濫造) overproduction; reckless manufacture. ~하다 produce in 〔to〕 excess; overproduce; manufacture excessively.
남존여비(男尊女卑) predominance of man over woman.
남중(南中) 〖天〗 southing; culmination. ~하다 south; cross the meridian; culminate.
남지나해(南支那海) the South China Sea.
남진(南進) southward advance. ~하다 advance southward. ‖ ~ 정책 the southward expansion policy.
남짓 ¶ ~한 slightly over 〔above〕 / 1년 ~ a little over a year.
남쪽(南—) the south. ☞ 남(南).
남침(南侵) ~하다 invade the south. ¶ 북괴의 ~ a north Korean invasion of the south.
남탕(男湯) the men's section of a public bath.
남태평양(南太平洋) the South Pacific.
남파(南派) ~하다 《무장 간첩을》 dispatch 〔send〕 《*an armed agent*》 to the south. ‖ ~ 간첩 an espionage agent sent (by the north) to the south.
남편(男便) a husband; one's man; one's worse half 《俗》. ¶ ~ 있는 married.
남포¹ 《다이너마이트》 dynamite. ¶ ~질하다 dynamite.
남포² 《등》 a lamp; an oil 〔a petroleum〕 lamp (석유등). ¶ ~의 등피 〔심지, 갓〕 a lamp chimney 〔wick, shade〕.
남풍(南風) the south wind.
남하(南下) ~하다 come (to the) south; go 〔advance〕 south(ward).
남한(南韓) South Korea.
남해(南海) the southern sea.
남해안(南海岸) the south coast.
남행(南行) ~하다 go (down) south; south. ‖ ~ 열차 a south-bound train.
남향(南向) ~의 facing (the) south; with a southern aspect 〔exposure〕. ‖ ~집 a house facing the south; a house with a southern aspect.
남회귀선(南回歸線) the Tropic of Capricorn.
남획(濫獲) reckless fishing 〔hunting〕; overfishing; overhunting. ~하다 fish 〔hunt〕 recklessly.
납 《연(鉛)》 lead (기호 Pb).
납(蠟) wax. ‖ ~세공 waxwork / ~인형 a wax doll 〔figure〕.
납금(納金) payment (지불); the money due (지불할); the money paid (지불한). ~하다 pay 《*money*》.
납기(納期) the payment term. ¶ 세금의 ~ the date of tax payment.
납길(納吉) ~하다 notify the bride's family of the wedding date.
납득(納得) understanding. ~하다 understand. ¶ ~하기 어려운 unconvincing; hard to understand/ ~시키다 convince 《*a person*》 of; persuade.
납땜 soldering. ~하다 solder. ‖ ~인두 a soldering-iron.
납량(納涼) ~하다 enjoy the cool air. ‖ ~객 a cool-breeze hunter / ~ 특집 (프로) a special summer evening program.
납본(納本) ~하다 present a specimen copy for censorship.
납부(納付) payment (세금 따위); delivery (물품). ~하다 pay; deliver; supply 《*goods*》. ‖ ~금 pay-

able collections / ~자 a payer / 분할 ~ divided payments.
납북(拉北) kidnap(p)ing to the north. ¶ ~되다 be kidnaped to the north. ‖ ~ 어부 a fisherman kidnaped to north Korea.
납석(蠟石) 〖鑛〗 agalmatolite.
납세(納稅) tax payment. ~하다 pay one's tax(es). ‖ ~ 고지서 tax papers / ~액 the amount of taxes / (고액) ~자 a (high) taxpayer / ~필 Tax 〔Duty〕 paid (~ 필증 a certificate of tax 〔duty〕 payment).
납신거리다 chatter; patter; prattle.
납입(納入) ~하다 pay. ‖ ~금 money due / ~품 supplies; goods for supply.
납작 《모양》 flat; low; 《빨리》 with quick motion. ¶ ~ 엎드리다 lie down flat 〔with quick motion〕. ‖ ~ 보리 pressed 〔rolled〕 barley / ~코 a flat nose.
납작하다 (be) flat. ¶ 납작하게 flat / 코가 납작해지다 《비유적》 be humbled; lose face.
납지(蠟紙) wax paper.
납지(鑞紙) tin foil; silver papers.
납질(蠟質) ~의 waxen; waxy.
납채(納采) betrothal presents.
납치(拉致) kidnap(p)ing; hijacking (배·비행기의). ~하다 kidnap; hijack; carry away; take 《*a person*》 captive. ¶ ~되다 be taken away; be kidnapped. ‖ ~범 a kidnaper; a hijacker.
납품(納品) delivery of goods. ~하다 deliver 《*goods*》. ‖ ~ 업자 a supplier.
납회(納會) the last meeting of the year; 〖證〗 the last session of the year.
낫 a sickle; a scythe (큰 낫). ¶ ~ 놓고 기역자도 모르다 do not know A from B.
낫다¹ 《좋다·잘하다》 (be) better 《*than*》; preferable. ¶ 나아지다 become better; be improved / 아버지보다 ~ surpass 〔outdo〕 one's father.
낫다² 《병이》 recover 《*from*》; get well; be cured 《*of*》; heal up (상처가). ¶ 병이 ~ be restored to health; recover from illness / 감기가 ~ get over one's cold.
낭군(郞君) (my) husband; my dear.
낭독(朗讀) reading; recitation(암송). ~하다 read (aloud); recite. ¶ 시를 ~하다 read 〔recite〕 poems.
낭떠러지 a cliff; 《fall over》 a precipice.
낭랑(朗朗) ~한 ringing; clear; sonorous; resonant.
낭만(浪漫) ~적 romantic. ‖ ~주의 romanticism (~주의자 a romanticist)
낭보(朗報) good 〔happy〕 news.
낭비(浪費) waste; wasteful expenditure. ~하다 waste; squander; throw away; use to no purpose. ¶ ~적 wasteful; extravagant / 시간의 ~ waste of time. ‖ ~벽 spendthrift habits (~벽이 있다 have the habit of wasting money) / ~자 a waster.
낭설(浪說) a groundless rumo(u)r; false rumors. ¶ ~을 퍼뜨리다 set a false rumor afloat / ~을 믿다 take a rumor as it is.
낭성(狼星) 〖天〗 the dog-star; Sirius.
낭송(朗誦) recitation; reading. ~하다 read aloud; recite.
낭음(朗吟) recitation; recital.
낭자 a plaited bundle of hair; a chignon.
낭자(狼藉) disorder; confusion. ~하다 (be) in wild disorder; in great confusion. ¶ 유혈이 ~하다 be all covered with blood.
낭패(狼狽) failure; frustration; bafflement. ~하다 fail; be frustrated; be baffled.
낭하(廊下) a corridor; a passage. ☞ 복도.
낮 day; daytime. ~에 in the daytime; by day. ¶ ~말은 새가 듣고 밤말은 쥐가 듣는다 《俗談》 Pitchers have ears.
낮다 (be) low (높이가); humble (비천). ¶ 낮게 low / 낮은 지위 a humble position / 낮은 소리로 in a low voice / 낮아지다 become low; lower; sink (목소리 따위).
낮도깨비 《사람》 a shameless bastard.
낮도둑 a sneak thief; a noonday thief.
낮은음자리표 〖樂〗 bass〔F〕 clef.
낮잠 a (midday) nap; a siesta. ¶ ~자다 take a nap; take a siesta.
낮잡다 underrate; underestimate.
낮차(一車) a day train.
낮참 《점심》 a midday meal; lunch; 《쉬는 시간》 a noon recess.
낮추다 lower; bring down; drop (목소리 따위를). ¶ 값을 ~ lower 〔bring down〕 the price / 정도를 ~ lower the standard.
낮추보다 look down upon; despise; hold 《*a person*》 in contempt.
낮춤말 familiar 〔plain〕 speech 〔terms〕.
낯 ① 《얼굴》 a face; 《생김새》 features; looks; 《표정》 a look. ¶ 성난 ~(으로) (with) an angry look / ~을 씻다 wash oneself 〔one's face〕. ② 《면목》 face; countenance; hono(u)r. ¶ ~을 세워 주다 save *a person's* face; keep 《*a person*》 in countenance / ~이 깎이다 lose (one's) face 〔reputation, dignity〕 / 그러면 내 ~이 선다 That will save my face.
낯가리다 be shy of strangers. ¶ 이 애는 낯가리지 않는다 This baby takes to strangers.
낯가죽 ¶ ~ 두꺼운 thick-skinned; brazen-faced; impudent; cheeky.

낯간지럽다 (be) bashful; shy.
낯나다 get credit 《*for*》; reflect credit 《*on*》; have the credit 《*of*》.
낯내다 do oneself proud 〔credit〕; reflect credit on oneself.
낯두껍다 (be) thick-skinned; impudent; shameless.
낯바닥 a face; a phiz 《俗》; a mug; a pan.
낯부끄럽다 (be) ashamed; shameful.
낯붉히다 《성이 나서》 get angry; be red with anger; 《부끄러워》 blush for shame.
낯설다 (be) unfamiliar; strange. ¶ 낯선 사람 a stranger.
낯없다 be ashamed of 《*oneself*》; be put out of countenance.
낯익다 be familiar 《*to*》. ¶ 낯익은 얼굴 a familiar face.
낯짝 ☞ 낯바닥.
낱개 a piece; bulk (묶지 않은 것). ¶ ~로 팔다 sell by the piece 〔in loose pieces〕.
낱낱이 one by one; separately; each; without omission. ¶ ~ 캐묻다 ask questions in detail / ~ 이름을 들다 mention each by name.
낱돈 small 〔loose〕 money.
낱말 a word; a vocabulary.
낳다[1] 《실을》 spin; make yarn; 《피륙을》 weave.
낳다[2] ① 《출산》 bear; give birth to; be delivered of; bring forth; lay (알을). ¶ 사내 아이를 ~ give birth to a boy. ② 《생기다》 produce; bring forth. ¶ 이자를 ~ draw interest.
내[1] 《나의》 my; 《내가》 I; myself. ¶ ~ 것 mine.
내[2] 《개울》 a stream; a brook.
내[3] 《연기》 smoke; 《냄새》 smell.
내…(來) next; coming. ¶ ~주 next week.
…내 《…중》 through; throughout. ¶ 하룻밤~ all night through / 일년~ all the year round.
…내(內) within. ¶ 기한 ~에 within the period 《*of*》.
내가다 take 〔bring〕 out 〔away〕.
내각(內角) 〖幾〗 an interior angle.
내각(內閣) a cabinet; a ministry; the government. ¶ 처칠 ~ the Churchill Cabinet 〔Ministry〕 / ~을 조직하다 form a Cabinet. ‖ ~ 개편 a reshuffle of the Cabinet / ~ 수반 the Premire; the Prime Minister / ~ 책임제 the parliamentary government 〔cabinet system〕 / ~ 총사직 a general resignation of the Cabinet / 연립 ~ a coalition cabinet.
내갈기다 hit; 《글씨를》 dash off; scribble; scrawl.
내강(內剛) ¶ ~한 stout-hearted; strong-minded〔-willed〕.
내객(來客) a visitor; a caller; a guest.
내걸다 ① 《물건을》 hoist; hang. ¶ 간판을 ~ hang out a sign(board) / 슬로건을 내걸고 under the slogan 《*of*》. ② 《목숨 따위》 risk; stake; bet. ¶ 생명을 ~ risk 〔stake〕 one's life.
내경(內徑) the inside diameter.
내공(內攻) 〖醫〗 retrocession. ~하다 retrocede; strike in.
내공(耐空) ‖ ~ 비행(기록) an endurance flight (record).
내과(內科) medicine. ‖ ~의(醫) an internist; a physician; a medical practitioner (개업의) / ~ 치료 internal treatment / ~ 환자 a medical case.
내과피(內果皮) the endocarp.
내관(來觀) a visit. ~하다 visit; attend. ‖ ~자 a visitor; a spectator.
내교섭(內交涉) informal negotiations.
내구(耐久) endurance; durability. ‖ ~력(성) durability; persistence (~력 테스트 an endurance test / ~력이 있는 durable; lasting; persistent) / ~재 durables.
내국(內國) home; the home country. ~의 home; domestic; national; native. ‖ ~세 an internal tax / ~ 우편 domestic mail / ~인 a native / ~환(換) demestic 〔inland〕 exchange (~환 어음 an inland bill).
내규(內規) by-laws; standing 〔private〕 rules.
내근(內勤) indoor duty 〔service〕. ~하다 work inside; be on room duty. ‖ ~ 기자 a deskman / ~ 경관 a policeman on inside duty.
내기 《도박》 betting; staking; gambling. ~하다 bet 《*on*》; lay a wager 《*on*》; gamble. ¶ ~에 이기다 win a bet / (돈)~ 바둑을 두다 play *badug* for money.
내남없이 anyone; every mother's son.
내내 from start to finish; all the time 〔way〕; all along. ¶ 1년 ~ throughout the year; all the year round.
내내년(來來年) the year after next.
내내월(來來月) the month after next.
내년(來年) next year; the coming year. ¶ ~ 봄 next spring / ~ 이맘 때 about this time next year.
내놓다 《꺼내다》 take 〔bring, put, draw〕 out; 《보이다》 show; display; expose; 《놓아 주다》 let loose; set free; let go; 《제출》 present; 《제공》 offer; contribute (기부); vacate (명도) (☞ 내다[2]). ¶ 창 밖으로 머리를 ~ stick 〔put〕 one's head out of the window / 죄수를 ~ set a prisoner free / 팔려고 ~ lay out for sale / 집을 ~ 《팔려고》 put a house on sale / 젖가슴을 ~ bare one's breast / 술 〔마실것〕을 ~ serve drinks / 생명을 ~ offer one's life / (갇힌) 개를 ~ let a dog loose / 거

액의 돈을 ~ contribute a great sum.
내다¹ 《연기가》 smoke; smo(u)lder.
내다² ① 《꺼내다》 take 〔put, draw〕 out. ¶ 호주머니에서 ~ take out from one's pocket. ② 《속력을》 put forth; 《용기를》 pluck up. ¶ 전속력을 ~ put forth full speed / 용기를 ~ pluck up courage. ③ 《출품》 exhibit; 《발송》 send; mail; post; 《제시》 produce; present; 《제출》 give 〔send〕 in; present; 《발행》 publish; issue; 《게재》 give; publish; 《발표》 give; show; issue (명령을). ¶ 문제를 ~ give a question / 편지를 ~ mail 〔post〕 a letter / 원서를 ~ present an application / 신문에 ~ give 《*a matter*》 to the press. ④ 《개설》 open; set up. ¶ 가게를 ~ open 〔set up〕 a shop / 길을 ~ open a road / 길을 내어 주다 make way 《*for*》 / 구멍〔창문〕을 ~ put in an opening 〔a window〕. ⑤ 《음식을》 serve; offer; treat. ¶ 차를 ~ offer 《*a person*》 tea / 한턱 ~ give 《*a person*》 a treat. ⑥ 《산출·발생》 produce; turn out; 《소문》 set 《*a rumor*》 afloat; spread. ¶ 인재(人材)를 ~ turn out men of ability / 사상자를 ~ suffer casualties. ⑦ 《소리를》 give; raise; 《빛·열을》 emit; radiate; 《먼지를》 raise (a dust); 《불을》 cause (a fire). ⑧ 《지불》 pay; give; 《자금을》 invest; contribute (기부). ¶ 수업료를 ~ pay a school fee. ⑨ 《시간을》 make; arrange. ¶ 시간을 내서 참석하다 make 〔find〕 time to be present at a meeting. ⑩ 《얻다》 take out; get. ¶ 빚〔여권〕을 ~ get 〔take out〕 a loan 〔a passport〕. ⑪ 《팔다》 sell. ¶ 곡식을 ~ sell grain; put grain on sale 〔on the market〕 (시장에).
내다보다 look out (밖을); look forward (앞을); foresee, anticipate (앞일을). ¶ 창 밖을 ~ look out of a window / 앞일을 ~ foresee the future.
내닫다 run out; start forward.
내달(來—) next month.
내담(來談) ~하다 come and see; interview. ¶ 본인 직접 ~할 것 apply in person.
내대다 give the cold shoulder to.
내던지다 ① 《밖으로》 throw out. ② 《버리다》 give up; abandon. ¶ 지위를 ~ throw up one's office / 사표를 ~ thrust one's resignation at 《*the employer*》.
내도(來到) ~하다 come; arrive.
내돋다 rise to the surface; come out; appear.
내돌리다 hand 〔pass〕 around indiscriminately.
내동댕이치다 ☞ 내던지다.
내두르다 ① 《흔들다》 brandish; flourish. ¶ 손을 ~ wave one's hand. ② 《사람을》 turn 《*a person*》 round one's finger.
내둘리다 ① 《남에게》 be under one's sway 〔thumb〕. ② 《어찔해지다》 be shaky; feel dizzy; get giddy.
내디디다 step forward 〔out〕; start. ¶ 인생의 첫발을 잘못 ~ make a wrong start in life.
내뜨리다 throw 〔cast, fling〕 away.
내락(內諾) informal consent. ~하다 give an informal consent. ¶ ~을 얻다 obtain 《*a person's*》 private consent.
내란(內亂) a civil war; internal disturbances; an insurrection. ¶ ~을 일으키다 raise a rebellion. ‖ ~죄 high treason; rebellion.
내려가다 go down; descend; fall. ¶ 언덕을 ~ go down a hill / 기온이 영하로 ~ fall down below zero.
내려놓다 put 〔take〕 down. ¶ 남비를 ~ take a pot off the fire.
내려다보다 ① 《밑을》 overlook; look down. ② 《얕보다》 look down upon; despise.
내려뜨리다 let fall; drop; throw down.
내려앉다 《자리를》 take a lower seat; 《무너져》 come 〔fall〕 down; collapse; sag (천정이).
내려오다 come down; descend.
내려지다 come 〔go〕 down.
내려치다 give a downright blow. ¶ 책상을 주먹으로 ~ hit the table with one's fist.
내력(來歷) ① 《경력》 a history; a career; 《유래》 an origin; a history. ¶ ~을 캐다 trace 《*a thing*》 to its origin. ② ☞ 내림.
내륙(內陸) inland. ‖ ~ 지방 inland area.
내리 ① 《아래로》 down; downward. ¶ ~ 불다 《바람이》 blow down / ~ 차다 kick down. ② 《잇달아》 continuously; through; without a break. ¶ ~ 사흘 for three successive days / 비가 ~ 오다 keep on raining.
내리긋다 draw 《*a line*》 down; draw a vertical 〔longitudinal〕 line.
내리깎다 《값을》 knock 〔beat〕 down the price.
내리깔다 drop one's eyes.
내리다¹ ① 《높은 데서》 come 〔go〕 down; descend; 《하강(下降)》 fall; drop; 《차에서》 alight; get 〔step〕 off; 《말에서》 dismount. ¶ 연단에서 ~ descend from the platform. ② 《먹은 것이》 be digested. ③ 《부기 따위가》 subside; abate; go down; 《살이》 lose flesh; become leaner; fall off. ④ 《신이》 possess; take possession of. ⑤ 《뿌리가》 take 〔strike〕 (root).
내리다² ① 《내려뜨리다》 take down; lower; bring 〔put, pull〕 down; drop. ¶ 선반에서 책을 ~ take down a book from a shelf / 커튼을 ~ drop the curtain / 차에서 짐

을 ~ get a bundle off a car / 불에 서 냄비를 ~ take the pot off the fire / 가게 앞에서 내려 주시오 Drop me before the shop. ② 《하사》 give; grant; bestow. ③ 《명령을》 give; issue; 《판결을》 pass 《*sentence on*》; give (a decision).

내리닫이 《창》 a sash window; 《옷》 children's overalls with a slit in the seat.

내리뜨다 drop 〔cast down〕 (one's eyes).

내리막 ①《길의》 a downward slope; a downhill; a descent. ¶ ~길 a downhill road; a descending path. ②《쇠퇴》 a decline; an ebb; wane. ¶ ~길의 복서 a boxer on the downgrade/인생의 ~ the downhill of life; the afternoon of life / 더위도 이제 ~이다 The heat is on the decline.

내리받이 a downward slope. ¶ ~가 되다 slope down (길이); decline (인기·운세 따위가).

내리사랑 love from older toward younger members of a family.

내리찌다 beat 〔strike〕 down 《*upon*》.

내림 《내력》 heredity; (hereditary) transmission; inheritance. ¶ 책을 좋아하는 것은 우리 집의 ~일세 A love of books is in my blood.

내림(來臨) attendance. ~하다 attend; be present at.

내림세(一勢) a downward trend; a falling 〔declining〕 tendency.

내막(內幕) inside facts; private circumstances; the inside. ¶ ~을 잘 알고 있다 be in the know. ‖ ~ 얘기 the inside story 《*of*》.

내막(內膜) 〖解〗 the lining membrane.

내맡기다 leave 《*a matter*》 entirely to 《*a person*》; 《방임》 leave 《*a person*》 to 《*do*》.

내면(內面) the inside; the interior. ¶ ~적(으로) internal(ly). ‖ ~ 관찰 an inside view / ~ 묘사 (an) inner description / ~ 생활 one's inner life.

내명(內命) a private 〔secret〕 order.

내몰다 turn 〔send, drive〕 out.

내몰리다 be expelled 〔turned out〕.

내무(內務) home affairs. ‖ ~반 quarters; barracks / ~부〔성〕 the Ministry 〔Department〕 of Home Affairs / ~ 장관 the Minister for Home Affairs; the Home Minister; the Secretary of the Interior 《美》; the Home Secretary 《英》.

내밀(內密) ~한 secret; private; confidential. ¶ ~히 secretly; privately; in secret; confidentially.

내밀다 push 〔thrust, put, stick〕 out; project; protrude.

내밀리다 be pushed 〔forced〕 out.

내밀힘 push; drive.

내방(來訪) a visit; a call. ~하다 visit; call on 《*a person*》.

내배다 ooze; exude; soak through.

내뱉다 《침·말 따위를》 spit (out).

내버려두다 《그냥두다》 leave 《*a thing*》 as it is; leave 《*a person, a thing*》 alone; let along. ¶ 제 마음대로 하게 ~ leave 《*a person*》 to *his* own devices.

내버리다 《던져서》 throw 〔cast〕 away; abandon (버리다).

내보내다 ① 《나가게 하다》 turn 〔put, send, get〕 out. ¶ 척후를 ~ send out scouts. ② 《해고》 dismiss; fire.

내복(內服) ① ☞ 속옷. ② 《약의》 internal use. ~하다 use 〔take〕 internally. ‖ ~약 an internal medicine.

내부(內部) the inside; the interior. ~의 inside; internal; inner; interior. ¶ ~에 inside; within. ‖ ~ 분열 an internal disunion / ~ 사람 an insider / ~ 사정 the internal affairs; the inside story.

내분(內紛) an internal trouble; domestic discord.

내분비(內分泌) internal secretion. ‖ ~선 an internal gland / ~액 an internal secretion.

내빈(來賓) a guest; a visitor. ‖ ~석 the seats for guests; 《게시》 For Guests. / ~실(室) a reception room.

내빼다 fly; flee; run away. ☞ 달아나다.

내뿜다 spout; spurt; shoot up (연기를).

내사(內査) a secret investigation; an internal probe. ~하다 investigate secretly.

내색 betrayal of one's emotions. ~하다 betray one's emotions; give expression to one's feelings. ¶ ~도 않다 do not give the least hint 《*of*》.

내생(來生) the future life; the life after death.

내선(內線) 《전기의》 interior wiring; 《전화의》 an extension; 《작전상의》 an inner line.

내성(內省) introspection. ~하다 introspect; reflect. ¶ ~적 introspective / ~적인 사람 an introvert.

내성(耐性) tolerance. ‖ ~균 resistant bacteria.

내세(來世) the future life; the other 〔next〕 world.

내세우다 ① 《나서게 하다》 give backing to; back; support (옹립); nominate (지명); recommend (추천). ¶ 후보자를 ~ put up a candidate. ② 《조건·의견 따위를》 give; hold out; maintain; stand. ¶ …한 주장을 ~ hold out that… / 이런 사실을 이유로 ~ give these facts as the reason.

내소박(內疎薄) jilting one's husband. ~하다 jilt 〔reject〕 one's husband.

내수(內需) domestic demand. ‖ ~용 원자재 raw materials for do-

mestic demand (consumption).
내수(耐水) ~의 waterproof. ‖ ~성 water-resisting qualities / ~포 waterproof cloth; tarpaulin.
내수면(內水面) inland waters. ‖ ~ 어업 fresh-water fishery.
내숭스럽다 (be) wicked; treacherous.
내쉬다 breathe out.
내습(來襲) an attack; a raid. ~하다 attack; raid; assault; invade.
내습(耐濕) ~의 wetproof; dampproof.
내시(內示) unofficial announcement. ~하다 announce unofficially.
내시(內侍) a eunuch.
내시경(內視鏡) 〖醫〗 an endoscope. ‖ ~ 검사(법) endoscopy.
내신(內申) an unofficial report. ~하다 report unofficially. ‖ ~서 《학교의》 a school report.
내신(來信) a letter (received); a message.
내신성적(內申成績) 《고교의》 the high school records; the academic reports (from high school to universities).
내실(內室) the inner room; the women's quarters (안방).
내실(內實) ¶ ~을 기하다 insure substantiality.
내심(內心) one's inmost heart; one's mind; one's thought; 〖幾〗 the inner center. ¶ ~으로 at heart; inwardly.
내야(內野) 〖野〗 the infield; the diamond. ‖ ~수 an infielder / ~안타 〔플라이〕 an infield hit (fly).
내약(內約) ~하다 make a private agreement.
내역(內譯) the items 《*of*》; details.
내연(內緣) an unregistered marriage. ¶ ~의 처 a commonlaw wife; a wife without wedlock.
내연(內燃) internal combustion. ‖ ~ 기관 an internal-combustion engine.
내열(耐熱) ~의 heatproof. ‖ ~ 시험 a heat-resistance test.
내오다 bring (take, carry) out.
내왕(來往) 《왕래》 coming and going; traffic; 《교제》 intercourse; association. ~하다 come and go; pass; intercommunicate 《*with*》. ☞ 왕래.
내외(內外)[1] 《부부》 husband and wife; a couple.
내외(內外)[2] ① 《안팎》 ~의 internal and external; home (domestic) and foreign. ‖ ~ 동포 one's countrymen both at home and abroad / ~ 정세 the internal and external state of affairs. ② 《약》 some; about; around; or so. ¶ 일 주일 ~ a week or so.
내외하다(內外—) 《the sexes》 keep their distance (from each other); avoid society with the opposite sex.
내용(內用) internal use. ☞ 내복.
내용(內容) contents; substance; subject matter; import. ¶ 편지 ~ the contents of a letter / 사건의 ~ the details of a case / 형식과 ~ form and matter. ‖ ~ 증명 certification of contents(~ 증명 우편 contents-certified mail).
내용연수(耐用年數) durable years.
내우(內憂) internal troubles. ‖ ~외환 troubles both at home and abroad; troubles from within and without.
내원(來援) help; aid; assistance. ¶ ~을 요청하다 ask 《*a person*》 to come and help.
내월(來月) next month; proximo (생략 prox.).
내유(來遊) ~하다 visit.
내응(內應) ☞ 내통(內通).
내의(內衣) an undershirt; an undergarment; underwear (총칭).
내의(內意) one's intention (의중); one's private (personal) opinion (견해). ¶ ~를 알아채다 read one's intention.
내의(來意) the object of one's call.
내이(內耳) the internal ear. ‖ ~염 inflammation of the internal ear.
내일(來日) tomorrow. ¶ ~ 아침(밤) tomorrow morning (night) / ~의 한국 Korea's tomorrow.
내자(內子) my wife.
내자(內資) domestic capital (fund). ‖ ~ 동원 the mobilization of local capital.
내장(內粧) interior decoration; 〖建〗 trim. ‖ ~ 공사 〖建〗 interior finish work.
내장(內障) 〖醫〗 amaurosis (흑내장); cataract (백내장).
내장(內臟) the internal organs; the intestines. ‖ ~ 질환 an internal disease.
내재(內在) 〖哲〗 immanence. ~적 immanent; inherent.
내적(內的) inner; internal. ‖ ~ 생활 inner life.
내전(內戰) a civil (an intestine) war.
내전(來電) 《전화의》 a (tele)phone call 《*from*》; 《전보》 a telegram; a dispatch; a message.
내접(內接) ~하다 be inscribed; touch internally. ‖ ~원(圓) an inscribed circle.
내정(內定) informal decision. ~하다 decide informally. ¶ ~되다 be informally arranged (decided, designated as (…으로)).
내정(內政) domestic (home) administration; internal affairs. ‖ ~ 간섭 (foreign) intervention in the domestic affairs 《*of a country*》.
내정(內庭) 《안뜰》 a courtyard; an inner garden.
내정(內情) 《내부사정》 inside affairs; 《실정》 the real state of affairs. ¶ ~에 밝다 be familiar with

the inside affairs.
내조(內助) one's wife's help. ～하다 help one's husband. ¶ ～의 덕택〔공〕으로 through the assistance of one's wife. ｢aunt.
내종(內從) cousins by a paternal
내주(來週) next week. ¶ ～의 오늘 this day (next) week.
내주다 vacate (집 따위를); hand; give〔hand〕over; pay (지불).
내주장(內主張) petty-coat government. ～하다 henpeck one's husband. ¶ 그 집은 ～이다 The wife is the ruler in that house.
내지(內地) the interior; inland. ‖ ～인 inlanders.
내지(乃至) 《…부터 …까지》 from... to...; between... and...; 《또는》 or.
내직(內職) side work; a sideline; a side job; 《부녀자의》 a job〔work〕for housewives. ¶ ～을 하다 do a side job; do〔pick up〕odd jobs.
내진(內診) an internal examination. ～하다 make an internal examination.
내진(來診) ¶ ～을 청하다 send for a doctor.
내진(耐震) ～의 earthquake-proof. ‖ ～ 가옥 an earthquake-proof building.
내쫓기다 《밖으로》 be expelled; be turned out; 《해고》 be dismissed; be fired.
내쫓다 ① 《밖으로》 expel; turn〔send, drive〕out. ② 《해고》 dismiss; fire; 《아내를》 divorce.
내착(來着) arrival. ～하다 reach; arrive 《*at, in*》. ｢loan.
내채(內債) an internal〔a domestic〕
내처 in succession; on end; at a stretch. ¶ ～ 일하다 keep on working.
내출혈(內出血)〔醫〕internal h(a)emorrhage〔bleeding〕. ¶ ～을 일으키다 bleed〔hemorrhage〕internally.
내치(內治) ① 《내정》 home administration. ② 《내과 치료》 internal treatment.
내치다 《요구를》 reject; turn down; 《물리침》 drive back〔out, away〕; expel.
내친걸음 ¶ ～이다 We are already in it with both feet.
내키다[1] 《마음이》 feel inclined; feel like doing 《*a thing*》; have a mind to 《*do*》. ¶ 마음이 내키지 않다 don't feel like 《*doing*》; have no inclination for; be in no mood to 《*do*》.
내키다[2] ① 《물려냄》 remove farther; set farther ahead. ② 《마음을》 put one's mind to.
내탐(內探) a private inquiry; a secret investigation. ～하다 make private inquiries.
내탕금(內帑金) the Royal Privy Purse.
내통(內通) secret communication; betrayal. ～하다 communicate secretly with 《*a person*》; betray 《*a person*》 to 《*the enemy*》; 《남녀가》 have improper relations 《*with*》. ‖ ～자 a betrayer.
내평(內—) the real state (of affairs); the internal conditions.
내포(內包)〔論〕connotation; intension; comprehension. ～하다 contain; involve; connote.
내피(內皮)〔解〕endothelium.
내핍(耐乏) austerity; voluntary privation. ～하다 practice austerities; put up with poverty. ‖ ～ 생활 austerity; an austerity life (～생활을 하다 bear a hard life; practice austerities).
내한(耐寒) ～의 coldproof. ‖ ～ 식물 hardy plants/～ 행군 a cold-weather endurance march.
내한(來韓) a visit to Korea; arrival in Korea. ～하다 visit〔come to〕Korea.
내항(內港) the inner harbo(u)r.
내항(內項)〔數〕a mean; an internal terms.
내항(來航) ～하다 visit; visit these〔Korean〕shores.
내항선(內航船) a home-waters liner.
내해(內海) an inland sea.
내향(內向) ¶ ～적인 사람 an introvert. ‖ ～성〔心〕introversion.
내홍(內訌) an internal dissension〔trouble〕; domestic discord.
내화(內貨) local currency.
내화(耐火) ～의 fireproof. ‖ ～ 건축물 a fireproof building / ～ 벽돌 a firebrick / ～재(材) fireproof material; refractory material.
내환(內患) ① the sickness of one's wife. ② ☞ 내우.
내후년(來後年) three years hence.
냄비 a pan (얕은); a pot (깊은). ‖ ～ 뚜껑 a potlid.
냄새 smell; odo(u)r; scent; 《방향》 fragrance; perfume; 《악취》 stink; reek. ¶ ～ 나다 smell 《*of tobacco*》; reek 《*with sweat, of garlic*》; stink 《*of liquor*》/ ～가 좋다〔나쁘다〕smell sweet〔bad〕/ ～ 맡다 smell 《*flowers*》.
냅다[1] 《연기가》 (be) smoky. ¶ 아이 내워 O, how smoky!
냅다[2] 《몹시》 violently; severely; 《빨리》 at full speed; in all haste. ¶ ～ 달아나다 flee in all haste.
냅킨 a napkin; a serviette 《俗》.
냇가 a riverside; the bank〔edge〕of a river. ｢scent.
냇내 the smell of smoke; smoky
냇버들〔植〕a purple willow.
냉(冷) ① 《대하증》 leucorrh(o)ea; whites. ② 《몸의》 a (body) chill.
냉…(冷) cold; iced. ¶ ～커피 ice(d) coffee.
냉각(冷却) cooling; refrigeration. ～하다 refrigerate; cool (down). ‖ ～기 a freezer; a refrigerator /

~ 기간 a cooling-off period.

냉간(冷間) ‖ ~ 가공 cold working/ ~ 압연(壓延) cold strip (~ 압연 공장 a cold strip iron mill).

냉과리 half-burnt charcoal.

냉국(冷—) soup prepared cold.

냉기(冷氣) cold; chill; a cold wave.

냉난방(冷暖房) 《장치》 air-conditioning; an air conditioner. ‖ ~ 완비 Air-conditioned (게시).

냉담(冷淡) coolness; indifference. ~한 cool; cold; indifferent; half-hearted. ¶ ~하게 coolly; coldly; indifferently; half-heartedly.

냉대(冷待) ☞ 푸대접.

냉동(冷凍) freezing; refrigeration. ~하다 freeze; refrigerate. ‖ ~기 a refrigerator / ~선 a refrigerator boat / ~ 식품 frozen food (-stuffs) / ~어 frozen fish.

냉랭하다(冷冷—) 《한랭》 (be) cold; cool; chilly; 《냉담》 (be) cool; indifferent.

냉면(冷麵) buckwheat vermicelli served in cold soup; *naengmyeon.*

냉방(冷房) an unheated room. ‖ ~ 장치 air-conditioning; an air conditioner; an air cooler.

냉소(冷笑) a cold smile; a sneer; a derision. ~하다 smile derisively; sneer 《*at*》.

냉수(冷水) cold water. ¶ ~스럽다 be insipid. ‖ ~ 마찰 《take》 a rubdown with a cold wet towel / ~욕 《take》 a cold bath.

냉습(冷濕) ~한 cold and moist (damp).

냉엄(冷嚴) ~한 grim; stern; stark. ¶ ~한 현실 stark realities of life.

냉이 〖植〗 a shepherd's purse.

냉장(冷藏) cold storage; refrigeration. ~하다 keep 《*a thing*》 in cold storage; refrigerate. ‖ ~고 a refrigerator; an icebox/ ~차 a refrigerator (chill《美》) car.

냉전(冷戰) a cold war.

냉정(冷情) ~한 cold(-hearted); pitiless; heartless.

냉정(冷靜) calmness; composure; coolness; serenity. ~한 calm; cool; serene. ¶ ~히 calmly; coolly; serenely/ ~을 잃다 lose one's head (temper); be upset.

냉차(冷茶) iced tea; ice (cold) tea.

냉철(冷徹) ~한 cool-headed.

냉큼 promptly; instantly; at once.

냉하다(冷—) (be) cold; chilly.

냉한(冷汗) a cold sweat.

냉해(冷害) 《suffer much》 damage from (by) cold weather.

냉혈(冷血) 《온혈에 대한》 cold-bloodedness; 《무정》 cold-heartedness; heartlessness. ~의 cold-blooded (-hearted); heartless. ‖ ~ 동물 a cold-blooded animal / ~한(漢) a cold-hearted fellow.

냉혹(冷酷) cruelty; heartlessness. ~한 cruel; unfeeling; heartless; cold-hearted.

냠냠 yum-yum. ~하다 want to eat; itch 《*for*》; lust 《*for*》. ¶ ~거리다 go yum-yum; eat with much gusto. ‖ ~이 dainty food; a delicacy.

냥(兩) 《단위》 a *nyang.* ¶ 엽전 열~ ten copper *nyang.*

너 《2인칭》 you. ¶ ~의 your/~에게 you.

너구리 〖動〗 a ra(c)coon dog.

너그러이 leniently; generously; liberally. ¶ ~ 용서하다 forgive generously / ~ 봐주다 overlook 《*a person's fault*》.

너그럽다 (be) lenient; generous. ¶ 너그럽게 ☞ 너그러이 / 너그러운 태도 generous attitude.

너글너글하다 (be) large-hearted; broad-minded; generous; liberal.

너나없이 ¶ ~ 모두 all (both) 《*of us*》; everyone; everybody.

너더분하다 (be) disorderly; untidy; messy; confused; tedious (장황).

너덕너덕 ¶ ~ 기운 patchy; full of patches.

너덜거리다 flutter; dangle in tatters (가닥이); gabble (지껄임).

너덜너덜 ¶ ~한 worn-out; tattered; ragged.

너덧 about four.

너럭바위 a broad flat rock.

너르다 (be) wide; vast; extensive; spacious; roomy (집이).

너리 〖漢醫〗 gumboil.

너머 the opposite (other) side; across. ¶ 산 ~에 on the other side of the mountain/어깨 ~로 over one's shoulder.

너무 too (much); over; excessively. ¶ ~ 진하다 《차가》 be too strong.

너부죽이 flat; pronely. ¶ ~ 엎드리다 lay oneself flat.

너부죽하다 (be) somewhat flat and broad.

너불거리다 flutter; flap; wave.

너비 width; breadth. ¶ ~가 넓(좁)다 be wide (narrow) (in width)/ ~가 5 피트다 be five feet wide.

너비아니 sliced roast beef.

너새 〖鳥〗 a great bustard.

너설 a jag (of rock); a crag.

너울 a lady's black veil.

너울가지 affability; sociability.

너울거리다 《물결이》 wave; roll; 《나무·풀이》 flutter; undulate; waver.

너울너울 waving; swaying. ¶ ~ 춤을 추다 dance with swaying arms.

너저분하다 (be) untidy; shabby; disorderly.

너절하다 《추접하다》 (be) shabby; mean; vulgar; slovenly (흘게늦다); 《허름하다》 (be) shabby, worthless (변변찮다); untidy, disorderly (모양이).

너털거리다 dangle in tatters.

너털너털 in tatters; in a disorderly manner.

너털웃음 a loud laugh; a guffaw.

너펄거리다 flutter (flap, sway,

wave] in the wind.
너풀거리다 ☞ 너펄거리다.
너희 you; you people [folks].
넉가래 a wooden shovel; a snow shovel [pusher] (눈치는). ¶ ~질하다 shovel 《*grain, snow*》.
넉넉하다 (be) enough; sufficient. ¶ 넉넉히 enough; sufficiently; fully; well / 살림이 ~ be well off / 시간이 ~ have plenty time / 치수가 ~ have ample measure.
넉살스럽다 ☞ 넉살좋다.
넉살좋다 (be) impudent [cheeky]; 《서술적》 have a (lot of) nerve.
넋 the soul; the spirit (정신). ¶ ~을 잃고 beside oneself; vacantly; absent-mindedly; absorbedly / ~을 잃다 be carried away; be absent-minded; be fascinated 《*by*》/ ~을 위로하다 pray for the repose of the departed soul.
넋두리 《하소연》 ~하다 make complaints; grumble 《*at, over*》; bewail one's lot.
넌더리 ¶ ~나다 be sick of; be fed up with; get weary of / ~대다 make 《*a person*》 sick; weary.
넌덕 ¶ ~스러운 witty; amusing; humorous / ~부리다 laugh a witty remark.
넌센스 ☞ 난센스.
넌지시 tacitly; allusively; implicitly; indirectly; in a casual way. ¶ ~ 말하다 hint 《*at*》; allude / ~ 경고하다 give a veiled warning.
넌출 a vine; a tendril; a runner. ~지다 grow on vines; creep over.
널 ① 《널빤지》 a board; a plank. ‖ ~다리 a wooden bridge / ~마루 a wooden floor; a board-floor / ~빈지 board [wooden] shutters / ~판장 a board-fence. ② 《관》 a coffin; a casket. ③ 《널뛰기의》 a seesaw board.
널다 《펴놓다》 spread 《*out*》; stretch; 《걸다》 hang; put up. ¶ 옷을 널어 말리다 hang out clothes to air.
널따랗다 (be) wide; extensive; spacious; roomy.
널뛰기 seesaw; seesawing; teeter-totter(ing).
널뛰다 play seesaw.
널리 widely; far and wide; generally (일반적으로). ¶ ~ 세상에 알려지다 be known all the world over.
널리다 《넓히다》 widen; broaden; extend; enlarge; 《흩어져 있다》 be spread [scattered] 《*over, around*》.
널빤지 a board; a plank.
널찍하다 ☞ 널따랗다. ¶ 널찍이 widely; spaciously.
넓다 ① 《폭·넓이가》 (be) broad; wide; large; extensive; spacious; roomy. ¶ 넓은 의미로 in a broad sense. ② 《마음이》 (be) large-hearted; broad-minded; generous.
넓이 《폭》 width; breadth; 《면적》 area; extent; floor space (건물의).
넓이뛰기 the broad jump. ‖ 제자리 ~ the standing broad jump.
넓적다리 the thigh.
넓적하다 (be) flat (and wide).
넓죽 ① 《입을》 with one's mouth wide open; 《주저없이》 without hesitation. ② 《몸을》 flat. ¶ ~ 엎드리다 prostrate oneself.
넓히다 widen; enlarge; broaden; extend. ¶ 운동장을 ~ enlarge the playground / 지식[견문]을 ~ broaden [extend] one's knowledge.
넘겨다보다 look over (넘어다보다); covet (탐내다).
넘겨씌우다 put 《*a blame*》 on another; lay 《*a fault*》 at another's door; impute.
넘겨잡다 guess (out); suppose; conjecture.
넘겨주다 ☞ 넘기다 ①.
넘겨짚다 speculate; guess; anticipate; make a shot 《*at*》.
넘고처지다 be either too long or too short; be good neither for one thing nor the other.
넘기다 ① 《인도》 hand (over); turn over; transfer; pass. ¶ 범인을 경찰에 ~ hand over a criminal to the police / 다음 사람에게 ~ pass 《*a thing*》 to the next person. ② 《넘어뜨리다》 throw down; overthrow. ③ 《기한 등을》 pass. ¶ 기한을 ~ pass a fixed term. ④ 《이월》 carry over [forward].
넘나다 behave out of keeping with one's station; get out of line.
넘나들다 make free access 《*to*》. ¶ 문턱이 닳도록 ~ frequent a 《*person's*》 house.
넘다 ① 《건너다》 cross; go over; go [get] beyond; clear. ¶ 산을 ~ go over [cross] a mountain. ② 《초과》 exceed; pass; be over [above, more than]. ¶ 마흔이 넘었다 be over forty. ③ 《범람》 overflow; run [flow] over.
넘버 《번호》 number. ‖ ~링 a numbering machine / ~원 No. 1; number one; A-1.
넘보다 hold 《*a person*》 cheap; make light of; look down upon; belittle.
넘성거리다 stretch [crane] one's neck with envy; rubberneck.
넘실거리다 surge; roll; swell.
넘어가다 ① 《지나가다》 cross; go across [over]. ② 《해·달이》 sink; set; go down. ③ 《남의 소유로》 pass [fall] 《*to, into*》. ④ 《속다》 be taken in; be imposed upon. ¶ 계략에 ~ fall into a trap. ⑤ 《쓰러지다》 fall; be thrown down. ⑥ 《음식이》 be swallowed; be taken down.
넘어뜨리다 ① 《넘어지게하다》 throw [tumble] down; knock over; overthrow; fell. ¶ 바람이 나무들을 넘

어뜨렸다 The wind blew down several trees. ② 《지우다》 defeat; beat. ③ 《전복》 overthrow.
넘어서다 pass (get) over. ¶ 어려운 고비를 ~ get over the hump (the hard period).
넘어오다 ① 《오다》 come over. ② 《쓰러져》 fall (topple over) (this way). ③ 《제 차지로》 come into one's hand; be turned over.
넘어지다 fall (down); come down; drop; tumble down. ¶ (돌에) 걸려 ~ stumble (trip, fall) over (a stone).
넘치다 ① 《범람》 overflow; flow (run) over; flood; be full of. ¶ 기쁨에 ~ be full of joy. ② 《초과》 exceed; be above (beyond). ¶ 분에 넘치는 영광 an undeserved hono(u)r.
넙치 〖魚〗 a flatfish; a halibut.
넝마 old clothes; rags. ‖ ~ 장수 a ragman; a junkman / ~주이 a ragpicker.
넣다 ① 《속에》 put in (into); set (let) in; stuff (속을). ¶ 커피에 우유를 ~ put milk into coffee/주머니에 손을 ~ put one's hand in (into) one's pocket / 이불에 솜을 ~ stuff bedclothes with cotton (wool). ② 《학교 등에》 send (put) 《*to*》; 《입장》 admit. ¶ 학교에 ~ put (send) 《*a child*》 to school. ③ 《포함》 include. ¶ 이자를 넣어서 (넣지 않고) 2만원 twenty thousand *won*, inclusive (exclusive) of interest.
네¹ ① 《너》 you. ¶ ~가 잘못했다 You are to blame. ② 《너의》 your. ¶ ~ 아들 your son.
네² 《넷》 four.
…네 《들》 ¶ 우리~ we/그~ they/옥동이~ Ogdong's family.
네가(필름) negative (film).
네거리 a crossroads; a crossing.
네글리제 a negligee.
네까짓 ¶ ~ 놈 (년) such a creature (a wench) as you/~ 것 the likes of you.
네댓 four or five; several. ¶ ~새 a few days.
네덜란드 Holland; the Netherlands. ¶ ~의 Dutch / ~말 Dutch/~ 사람 a Hollander; a Dutchman.
네모 a square. ¶ ~난 four-cornered; square. ‖ ~꼴 a quadrilateral; a tetragon.
네발짐승 a quadruped.
네쌍동이(一雙童一) quadruplets.
네온 〖化〗 neon (기호 Ne). ‖ ~ 사인 neon lights (signs).
네이블 〖植〗 a navel orange.
네이팜 napalm. ‖ ~탄 a napalm bomb.
네째 the fourth; No. 4; the fourth place.
네커치프 a neckerchief.
네크리스 a necklace.
네트 a net. ‖ ~워크 a network.
네팔 Nepal. ¶ ~의 Nepalese / ~말 Nepali / ~ 사람 a Nepalese.
네활개 ¶ ~치다 strut; swagger.
넥타이 a necktie; a tie. ‖ ~핀 a tiepin; a stickpin 《美》 / 나비 ~ a bow (tie).
넷 four.
녀석 a fellow; a guy; a chap.
년 a woman; a bitch; a wench.
년(年) year(s).
녘 toward(s). ¶ 해뜰 ~ toward daylight / 동~ (the) east.
노 《줄》 a string; a cord.
노(櫓) an oar; a paddle; a scull. ¶ ~를 젓다 pull an oar; row; work a scull; scull 《*a boat*》.
노…(老) old; aged. ‖ ~신사 an old gentleman.
노간주나무 〖植〗 a juniper.
노경(老境) one's old age. ¶ ~에 들다 grow old; be advanced in life (years).
노고(勞苦) labo(u)r; pains; toil. ¶ ~를 아끼지 않다 spare no pains.
노곤(勞困) ~한 tired; exhausted; weary; languid.
노골(露骨) ~적(的)(으로) plain(ly); blunt(ly); indecent(ly); suggestive (-ly) (도발적).
노구(老軀) one's old bones (body). ¶ ~를 이끌고 in spite of one's old age.
노굿 the flowers of leguminous plants.
노그라지다 ① 《피로》 be dog-tired; get weary. ② 《빠지다》 give oneself up 《*to*》; abandon oneself 《*to*》; be addicted 《*to*》; be taken up 《*with*》; be stuck 《*on*》.
노기(怒氣) anger; wrath; indignation. ¶ ~ 등등하다 be in a black rage; be furious / ~충천하다 boil with rage.
노끈 a string; a cord.
노년(老年) old (advanced) age. ‖ ~기 senescence; old age.
노농(勞農) farmer-labo(u)r. ‖ ~당 the Labor-Farmer Party.
노느다 ☞ 나누다.
노느매기 distribution; sharing; division.
노닐다 stroll (ramble) about; saunter (lounge, loiter) along.
노다지 a rich mine; a bonanza. ¶ ~를 캐다 strike a bonanza.
노닥거리다 keep chatting (joking); be bantering away.
노닥이다 ☞ 노닥거리다.
노대(露臺) 〖建〗 a gallery; a balcony.
노대가(老大家) an old authority 《*on*》; a past master.
노대국(老大國) a senile great nation; a declining empire.
노도(怒濤) raging billows; angry waves; a high sea.
노독(路毒) (sickness from) the fatigue of travel. ¶ ~을 풀다 take a good rest after one's journey.

노동(勞動) labo(u)r; toil; manual labor (근육). ～하다 labor; work; toil. ‖ ～당(黨) the Labor Party (～ 당원 a Laborite) / ～력 manpower; labor (power) / ～ 문제 a labor problem / ～법 labor law / ～ 시간 working hours / ～ 시장 the labor market / ～ 운동 a labor movement / ～ 인구 working population; labor force / ～자 a laborer; a work(ing)man; a worker; labor (총칭) (～자 계급 working classes) / ～ 쟁의 labor troubles [disputes] / ～절 May Day; Labor Day 《美》/ ～ 조건 working [labor] conditions / ～ 조합 a labor union 《美》; a trade union 《英》/ ～부 the Ministry of Labor / ～ 환경 labor environment / 강제 ～ compulsory [forced] labor / 육체[정신] ～ physical [mental] work / 중～ heavy labor.

노두(露頭) 〖鑛〗 a crop; an outcrop.

노둔(魯鈍) ～한 imbecile; stupid; dull; muddleheaded.

노드리듯 in torrents. ～하다 pour down; rain in torrents.

노랑 yellow (dyes).

노랑이 ① 《노란 것》 a yellow thing [one]. ② 《인색한 이》 a miser; a stingy person.

노랗다 (be) yellow.

노래 a song; a ballad; singing (창가). ～하다 sing (a song). ¶ ～를 잘하다 be a good singer / 피아노에 맞춰 ～하다 sing to a piano accompaniment. ‖ ～ 자랑 a [an amateurs'] singing contest; Amateur Singers on the Air (프로 이름).

노래기 〖動〗 a millipede; a myriapod.

노략질(擄掠—) plunder(ing); pillage. ～하다 pillage; despoil; plunder.

노려보다 glare [stare] 《*at*》.

노력(努力) endeavo(u)r; effort; exertion. ～하다 endeavor; strive; make efforts; exert oneself. ¶ 피눈물 나는 ～ blood-and-tears endeavor / 끊임없이 ～하다 persevere in one's efforts. ‖ ～가 a hard worker / ～상 a prize awarded in recognition of 《*a person's*》 efforts.

노력(勞力) 《수고》 trouble; pains; effort; 《노동》 labo(u)r. ～하다 take pains [trouble]; make efforts; labo(u)r; strive; work. ¶ ～이 드는 일 laborious work / ～을 제공하다 offer personal labor [services].

노련(老鍊) ～한 experienced; veteran; old; expert; skilled. ¶ ～한 선수 a veteran player / ～한 솜씨 masterly skill [dexterity]. ‖ ～가 a veteran 《*of*》; an old hand 《*at*》; an expert 《*of*》.

노령(老齡) old [advanced] age.

노루 a roe (deer).

노루발장도리 a claw hammer.

노루잠 a broken sleep; a cat nap.

노르딕 ‖ ～ 종목 〖스키〗 the Nordic events.

노르스름하다 (be) yellowish.

노르웨이 Norway. ¶ ～의 [사람] (a) Norwegian.

노른자(위) the yolk (of an egg); the vitellus.

노름 gambling; gaming; betting (내기). ～하다 gamble; play for money. ‖ ～꾼 a (confirmed) gambler; a gamester / ～판 a gambling-place[-house, -room].

노릇 a part; a role; a character; a job; work; function. ¶ 선생 ～ a teaching job; teaching / 바보 ～을 하다 act [play] the fool / 간사 ～을 하다 act [function] as a manager.

노리개 《장신구》 a pendent trinket; 《장난감》 a plaything; a toy.

노리다¹ ① 《냄새가》 (be) stinking; fetid; 《서술적》 smell like burning hair (털타는); smell like a skunk (동물의). ‖ 노린내 a stench; the smell of a skunk. ② 《다랍다》 (be) mean; stingy.

노리다² 《겨냥》 (take) aim 《*at*》; 《엿보다》 have an eye 《*on a thing, a person*》; watch 《*for*》 (기회를). ¶ 기회를 ～ watch for a chance / 이익을 ～ aim at profit-making / 목숨을 ～ seek 《*a person's*》 life.

노망(老妄) dotage; senility. ～하다 be in one's dotage; be senile.

노면(路面) the road surface. ‖ ～ 전차 a surface car / ～ 포장 road surfacing.

노모(老母) one's old [aged] mother.

노목(老木) an old [aged] tree.

노무(勞務) labo(u)r; work; service. ‖ ～ 관리 personnel [labor] management / ～자 a worker; a labo(u)rer.

노반(路盤) roadbed.

노발대발(怒發大發) ～하다 (be inflamed with) rage; get [be] very mad; flare up.

노방(路傍), 노변(路邊) the roadside [wayside]. ‖ 노방초 grass at [by] the roadside.

노벨 ‖ ～상 a Nobel prize (～상 수상자 a Nobel prize winner) / ～ 평화상 the Nobel prize for peace.

노변(爐邊) the fireside. ‖ ～ 잡담 a fireside chat.

노병(老兵) an old soldier; a war veteran.

노병(老病) senile infirmity.

노복(奴僕) a man servant.

노부(老父) one's old father.

노부모(老父母) one's aged [old] parents.

노비(奴婢) male and female servants; domestics.

노비(路費) travel(l)ing expenses.

노사(勞使) capital and labo(u)r; labor and management. ‖ ～ 관계 the relations between labor

and capital / ~ 분쟁 a labor-management dispute / ~불이(不二) the amicable labor-management relations / ~ 협의회 a joint labor-management conference / ~협조 cooperation (harmonization) of capital and labor.
노산(老產) delivery in one's old age. ~하다 deliver a child in one's old age.
노상 《늘》 always; all the time; habitually (버릇으로).
노상(路上) ¶ ~에서 by the roadside; on the street. ‖ ~ 강도 a highwayman; a holdup (man) (~ 강도짓을 하다 commit highway robbery).
노새 〖動〗 a mule.
노색(怒色) anger; an angry look.
노선(路線) a route; a line; a course. ‖ 강경 ~ a tough (hard) line/버스 ~ a bus service route / 정치 ~ (one's) political line.
노성(怒聲) an angry voice.
노소(老少) young and old; age and youth. ¶ ~를 막론하고 without distinction of age.
노송(老松) an old pine tree.
노송나무 〖植〗 a Japanese cypress.
노쇠(老衰) age and infirmity; decrepitude; senile decay. ~하다 be old and infirm; grow senile. ‖ ~기(期) senescence.
노숙(老熟) ~하다 attain maturity; mature; mellow.
노숙(露宿) camping-out. ~하다 sleep in the open air; camp out.
노스탤지어 nostalgia; homesickness.
노심초사(勞心焦思) ~하다 exert one's mind; be worried.
노아 Noah. ¶ ~의 홍수 the Noachian deluge / ~의 방주(方舟) Noah's ark.
노아가다 《배가》 sail fast; 《말이》 run fast.
노안(老眼) 〖醫〗 presbyopia. ¶ ~의 presbyopic / ~이 되다 one's sight deteriorates with age. ‖ ~경 spectacles for the aged.
노약(老弱) ‖ ~자 the old and the weak.
노어(露語) Russian; the Russian language.
노여움 anger; rage; indignation; displeasure. ¶ ~을 사다 arouse (excite) 《*a person's*》 anger; incur (arouse, provoke) 《*a person's*》 anger (wrath, displeasure).
노여워하다 be offended (displeased) at; feel hurt (displeasure).
노역(勞役) work; labo(u)r; toil. ~하다 labor; work.
노염 《노여움》 anger; offence; displeasure. ¶ ~을 사다 incur 《*a person's*》 displeasure / ~ 타다 be easily offended.
노엽다 (be) displeasing; offended; indignant; feel hurt (displeasure).
노영(露營) ☞ 야영(野營).
노예(奴隷) a slave (사람); slavery (신세). ¶ ~ 같은 slavish; servile. ‖ ~ 근성 a servile spirit / ~ 매매 slave trade / ~ 해방 emancipation (of slaves).
노옹(老翁) an aged (old) man.
노유(老幼) young and old.
노이로제 《suffer from, be affected with》 neurosis; (a) nervous breakdown. ‖ ~ 환자 a neurotic.
노익장(老益壯) ¶ ~을 자랑하다 enjoy a green old age.
노인(老人) an old (aged) man; 《총칭》 the aged; the old. ‖ 대한 ~회 the Korean Senior Citizens Association / ~병 geriatric diseases / ~학 gerontology; geriatrics (노인병학).
노인복지(老人福祉) the welfare for old people; old people's welfare; welfare of the aged.
노일(露日) ¶ ~의 Russo-Japanese.
노임(勞賃) wages. ‖ ~ 인상(인하) a wage increase (decrease) / ~ 투쟁 a wage struggle / 기본 ~ basic wages / 실질 (명목) ~ real (nominal) wages/최저 (최고) ~ minimum (maximum) wages.
노자(老子) Lao-tsze. ‖ ~ 사상 Taoism.
노자(勞資) ☞ 노사(勞使).
노자(路資) travel(l)ing expenses.
노작(勞作) a laborious work. ¶ 다년간의 ~ the product of years' labor.
노장(老壯) ‖ ~파 the old group (faction); an old member (사람).
노장(老將) a veteran (general); an old-timer. ‖ ~ 선수 a veteran player.
노적가리(露積一) a stack (rick) of grain; stacked grain.
노점(露店) a street-stall; a booth. ‖ ~가(街) open-air stall quarters.
노점(露點) 〖理〗 the dew point.
노점상(露店商) a street vendor.
노정(路程) 《잇수》 (a) distance; mileage; 《여정》 an itinerary; a course; a route. ‖ ~표 a table of itinerary.
노정(露呈) exposure; disclosure. ~하다 expose; disclose.
노정골(顱頂骨) 〖解〗 the parietal bone.
노조(勞組) a labor union 《美》; a trade union 《英》. (☞ 노동 조합). ‖ ~ 간부 a union leader / ~원 a unionist, a union man.
노처녀(老處女) a spinster.
노천(露天) 《in》 the open (air). ‖ ~ 굴(掘) open-air mining / ~ 극장 an open-air theater.
노총각(老總角) an old bachelor.
노출(露出) (an) exposure. ~하다 expose; lay bare; disclose; crop out (광맥이). ¶ ~된 exposed; bare; naked. ‖ ~계 〖寫〗 an exposure (a light) meter / ~ 시간 〖寫〗 time of exposure / ~증 ex-

hibitionism.
노친(老親) one's old parents.
노크 a knock. ~하다 knock 《at, on》.
노타이(셔츠) an open-necked shirt.
노트¹ 〖海〗 a knot.
노트² 《필기》 a note; 《필기장》 a notebook. ~하다 note 〔jot〕 down; take notes of 〔on〕 《a lecture》.
노티(老—) signs of (old) age; looking old. ¶ ~가 나다 look old for one's age.
노파(老婆) an old woman. ‖ ~심 grandmotherly 〔excessive〕 solicitude (~심에서 out of kindness; for good).
노폐(老廢) superannuation. ~하다 be superannuated. ‖ ~물 effete matter; waste material.
노폭(路幅) the width of a street.
노하다(怒—) get angry; be offended; get mad 《美》.
노형(老兄) 《당신》 you.
노호(怒號) a roar; a bellow. ~하다 roar; bellow.
노화(老化) ag(e)ing. ‖ ~ 현상 symptoms of senility.
노환(老患) the infirmities of (old) age; senile infirmity.
노회(老獪) ~한 crafty; cunning; foxy.
노획(鹵獲) capture. ~하다 capture; seize; plunder. ‖ ~물 booty; spoil(s).
노후(老朽) ~한 old; timeworn; antiquated; superannuated. ‖ ~선박〔차량〕 a superannuated vessel 〔car〕 / ~ 시설 an out-worn equipment.
노후(老後) 《provide for》 one's old age. ¶ ~의 낙 consolations of one's old age.
노히트노런게임 a no hit, no run game.
녹(祿) a fief; a stipend; an allowance. ¶ ~을 먹다 receive a stipend.
녹(綠) 《금속의》 rust; tarnish (☞ 동록). ¶ ~슨 rusty / ~슬다 (gather) rust; get rusty.
녹각(鹿角) an antler; a deer horn.
녹나무 〖植〗 a camphor tree.
녹내장(綠內障) 〖醫〗 glaucoma.
녹다 ① 《물체가》 melt; dissolve (용해); fuse (불·열에); thaw (눈·얼음이). ② 《주색·잡기에》 give oneself up 《to gambling》; be dead gone 《on a girl》; get ruined 《by dissipation》. ③ 《좌절》 be discouraged; lose heart. ④ 《몸이》 be warmed; get warm. ⑤ 《혼나다》 have a hard time (of it).
녹다운 a knock-down. ¶ ~시키다 knock down; floor 《美》.
녹두(綠豆) green 〔mung〕 beans. ‖ ~묵 mung-bean jelly.
녹로(轆轤) a lathe; a potter's wheel; 《고패》 a pulley. ‖ ~ 세공 turnery.
녹록하다(碌碌—) (be) useless; of little value; trivial; of no importance.
녹말(綠末) starch; farina. ¶ ~질(質)의 starchy; farinaceous.
녹변(綠便) green stool.
녹비(鹿—) deerskin.
녹비(綠肥) green manure.
녹색(綠色) green. ‖ ~ 신고 a green return.
녹신녹신하다 (be) soft; tender; elastic; pliant; supple.
녹실녹실하다 ☞ 녹신녹신하다.
녹아웃 knockout. ¶ ~시키다 knock out.
녹엽(綠葉) green leaves; green foliage (집합적).
녹용(鹿茸) a young antler.
녹음(綠陰) the shade of trees; a shady nook.
녹음(錄音) ~하다 record; record 《a speech》 on (a) tape. ¶ ~ 방송하다 broadcast the record 《of》. ‖ ~기 a (tape) recorder / ~실 a recording room / ~ 재생 playback / ~테이프 a recording tape / ~판 a record / 가두(街頭) ~ a street-corner transcription; a "Man on the Street" program / 동시 ~ synchronous recording.
녹이다 ① 《녹게함》 melt; dissolve; fuse; smelt; thaw. ② 《뇌쇄하다》 fascinate; enchant; captivate; bewitch. ③ 《혼내다》 make 《a person》 have a hard time (of it). ④ 《몸을》 warm oneself 《at》; make 《it》 warm.
녹지(綠地) a green tract of land. ‖ ~대 a green belt 〔zone〕.
녹진녹진하다 (be) soft and sticky.
녹차(綠茶) green tea.
녹초 ¶ ~가 되다 be exhausted 〔done up〕 (몸이); be worn out (물건이).
녹화(綠化) afforestation. ~하다 plant trees 《in》. ‖ ~ 운동 a tree-planting campaign.
녹화(錄畫) 〖TV〗 telerecording; video tape recording. ~하다 record 《a scene》 (on video tape). ‖ ~방송 a filmed TV broadcast.
논 a rice 〔paddy〕 field. ‖ ~도랑 a ditch of a rice paddy.
논(論) 《논의》 an argument; a discussion; a debate (토론); 《논평》 a comment; a criticism; an essay; a treatise (논설); 《이론》 a theory; 《문제》 question; 《얘기》 a talk. ☞ …론(論), 논하다.
논갈이 plowing a rice field. ~하다 plow〔till〕 a rice field.
논객(論客) a controversialist; a critic.
논거(論據) the basis of 〔grounds for〕 an argument. ¶ ~가 확실하다 《one's argument》 be well grounded / …의 ~가 되다 supply argument for….
논고(論告) the concluding 〔final〕

speech of the prosecutor. ¶ 김 검사의 ~는 준엄했다 The final speech of Prosecutor *Kim* was a scathing one.

논공(論功) ~하다 examine 《*a person's*》 services; estimate the merits. ‖ ~ 행상 a grant of rewards [hono(u)rs]; the distribution of patronage (정당의) (~ 행상하다 award [reward] according to 《*a person's*》 merits; confer honors [rewards]).

논구(論究) discussion. ~하다 discuss thoroughly; make a full discussion. 「《*on*》.

논급(論及) ~하다 refer 《*to*》; touch

논꼬 a rice-field sluice gate.

논난(論難) ☞ 논란.

논농사(一農事) rice farming; rice cultivation. ~하다 do rice farming; cultivate rice.

논다 ☞ 나누다 ②.

논다니 a harlot; a prostitute.

논단(論壇) the platform; 《평론계》 the world of criticism; the press.

논두렁 the levee of a rice paddy. ‖ ~길 a ridgeway; a footpath between rice paddies.

논란(論難) (adverse) criticism; censure; charge; denunciation. ~하다 criticize; censure; denounce.

논리(論理) logic. ~적(으로) logical(-ly); dialectical(ly). ‖ ~학 logic (~학자 a logician).

논문(論文) an essay 《*on*》 (문학 따위의); 《학문적인》 a thesis; a dissertation; an article (신문, 잡지의); a paper (보고적). ‖ ~집 a collection of treatises / 박사 ~ a doctoral dissertation / 졸업 ~ a graduation thesis.

논문서(一文書) the title deed of a paddy field.

논물 water in a rice-field. ¶ ~을 대다 draw water for a rice paddy.

논박(論駁) refutation; confutation. ~하다 argue against; refute; confute; attack.

논법(論法) logic; reasoning. ‖ 삼단 ~ a syllogism.

논봉(論鋒) (the force of) an argument. ¶ 예리한 ~ an incisive [a keen] argument.

논설(論說) 《논문》 a discourse; 《사설》 a leading article; an editorial 《美》. ‖ ~란(欄) the editorial column / ~ 위원 a leader writer; an editorial writer 《美》.

논술(論述) (a) statement. ~하다 state; say; discourse on.

논어(論語) the Analects [Discourses] of Confucius.

논외(論外) ~의 《문제 안 되는》 out of the question; 《본제를 떠난》 beside the question.

논의(論議) discussion; argument; debate. ~하다 argue; dispute; discuss; debate. ¶ ~ 중이다 be under discussion / ~할 여지가 없다 be indisputable; admit of no dispute.

논자(論者) a disputant (논객); the writer(필자); an advocate 《*of*》 (주창자). ‖ 개혁론자 an advocate of reform.

논쟁(論爭) a dispute; a controversy. ~하다 argue [dispute, contend] 《*about*》; take issue 《*with a person on a matter*》.

논전(論戰) wordy warfare; a battle of words. ☞ 논쟁.

논점(論點) the point at issue [in question, under discussion].

논제(論題) a subject 《*of discussion*》; a theme; a topic.

논조(論調) the tone [tenor, drift] of argument. ¶ 신문의 ~ press comments.

논죄(論罪) ~하다 rule; find.

논증(論證) proof; demonstration. ~하다 demonstrate; prove.

논지(論旨) the drift [point] of an argument. ¶ ~를 명백히 하다 make one's point (of argument) clear.

논파(論破) ~하다 refute; confute; disprove.

논평(論評) (a) criticism; a comment; (a) review. ~하다 criticize; review; comment 《*on*》.

논풀다 make [clear] 《*land*》 into a rice paddy.

논픽션 nonfiction. ‖ ~ 작가 a nonfictioneer.

논하다(論一) discuss; argue; treat 《*of*》; deal 《*with*》; talk 《*about*》.

놀[1] 《하늘의》 glow. ¶ 저녁 ~ an evening glow; a red sunset.

놀[2] 《파도》 a big wave; a billow; a big roller. ¶ ~치다 billow; surge; swell.

놀다 ①《유희》 play; 《즐기다》 amuse oneself; divert oneself. ② 《휴식》 (take) rest 《*from*》; 《중지》 suspend (operations); 《무직》 be out of work; be unemployed; 《무위》 idle; loaf; take one's ease; 《유휴》 lie idle. ¶ 놀고 있는 사람 an unemployed person/노는 날 a holiday/노는 돈 idle money/놀고 있는 땅 land lying idle / 놀고 지내다 idle away one's time. ③ 《유흥》 make merry; have a spree; revel; 《방탕》 lead a dissolute life. ④ 《움직임》 be loose. ¶ 나사가 논다 The screw is loose.

놀라다 ① 《경악》 be surprised [astonished, amazed, startled] 《*at, to hear*》; 《공포·질림》 be frightened [scared] 《*at*》. ¶ 놀랄 만한 surprising; astounding; amazing/놀라게 하다 startle; surprise. ② 《경이》 wonder [marvel] 《*at*》. ¶ 놀랄 만한 wonderful; marvellous / 아무의 용기에 ~ marvel at 《*a person's*》 courage.

놀라움 《경이》 wonder; 《경악》 sur-

prise; astonishment; amazement; 《공포》 fright.
놀랍다 (be) wonderful; marvellous; surprising; amazing.
놀래다 surprise; astonish; amaze; startle; frighten (무섭게하다); create a sensation (화제를 일으키다).
놀리다 ① 《조롱》 banter; ridicule; chaff; jeer at; make fun [sport] of. ② 《놀게하다》 let [have] 《*a boy*》 play; 《쉬게하다》 give a holiday (휴일을 주다); leave 《*a person, a thing*》 idle (안부리다); suspend (작업중단). ¶ 공장을 ~ leave a factory idle. ③ 《틀다》 play 《*a piece*》; 《움직임》 move; set [put] in motion; operate.
놀림 ridicule; mockery; derision; chaff. ‖ ~감 [거리] an object of ridicule (~감이 되다 be laughed at; be a laughing stock).
놀아나다 fall into vicious courses; take to fast living.
놀아먹다 lead a dissipated life.
놀이 《유희》 play; 《경기》 a game; a sport (야외의); 《오락》 amusement; pastime; a recreation; 《행락》 an outing; a picnic. ‖ ~꾼 a merrymaker; 《소풍객》 a picnicker; an excursionist / ~딱지 cards / ~터 a playground; a (holiday) resort(유원지등)/단풍~ 《go》 maple-viewing/놀잇배 a pleasure boat.
놈 a fellow; a chap; a guy.
놈팡이 a man; a fellow; a guy; a chap; 《건달》 a bum; a loafer; 《애인》 a boyfriend.
놋 brass. ¶ ~빛의 brass-colo(u)red; brass(y). ‖ ~그릇 brass-ware; a brass vessel [receptacle] / ~세공 brass-work / ~점 a braziery; a brass-smith's shop.
놋쇠 ☞ 놋.
놋좆(櫓—) a thole(pin).
농(弄) a sport; a joke; a jest; fun; a pleasantry. ¶ (반)~으로 (half) for fun [in joke, in jest].
농(膿) pus. ☞ 고름.
농(籠) a trunk; a clothes-box; a suitcase.
농가(農家) a farmhouse.
농간(弄奸) a trick; an artifice; a craft; a design. ¶ ~(을) 부리다 play [use] tricks on 《*another*》; carry out a wicked design.
농경(農耕) tillage; farming.
농공(農工) agriculture and industry.
농과(農科) the agricultural department; an agricultural course (과정). ‖ ~대학 an agricultural college.
농구(農具) a farm implement; [farming tools.
농구(籠球) basketball. ‖ ~선수 a basketball player.
농군(農軍) a farmer; a peasant; a [farm hand.
농기(農期) the farming season.
농기구(農機具) farm machines and implements.
농노(農奴) a serf; serfdom (신분).
농단(壟斷) monopolization. ~하다 monopolize; have 《*a thing*》 to oneself; engross.
농담(弄談) a joke; a jest; a prank. ~하다 (crack [make] a) joke; jest. ¶ ~으로 for fun; for a joke/~은 그만하고 joking [jesting] apart [aside].
농담(濃淡) light and shade (명암); shades 《*of colo(u)r*》.
농도(濃度) thickness; density; depth 《*of color*》; consistency 《*of soup*》; 〖化〗 concentration. ‖ ~계 a densitometer.
농땡이 a lazybones; a do-little.
농락(籠絡) ~하다 take in; trifle [toy] with; make sport of. ¶ 남자에게 ~당하다 fall a prey to a man's lust.
농림(農林) agriculture and forestry. ‖ ~수산부 the Ministry of Agriculture, Forestry & Fisheries.
농막(農幕) a farm(er's) hut.
농무(農務) agricultural affairs.
농무(濃霧) a dense fog. ‖ ~경보 [주의보] a dense fog warning.
농민(農民) farmers; peasants. ‖ ~보조금 farm subsidies.
농번기(農繁期) the (busy) farming season.
농본주의(農本主義) physiocracy; the "agriculture-first" principle.
농부(農夫) a farmer; a peasant.
농사(農事) agriculture; farming; crop(수확). ~하다[짓다] engage in agriculture; follow the plow; do farming; farm. ‖ ~시험장 an agricultural experiment station; an experimental farm.
농산물(農產物) agricultural [farm] products; farm produce. ‖ ~가격 farm prices.
농성(籠城) siege; confinement (칩거); 《농성투쟁》 a sit-in; a sit-down (strike). ~하다 be besieged; be shut up, keep indoors (칩거); go on a sit-down (strike).
농수산(農水產) agriculture and fisheries. ‖ ~물 agricultural and marine products/~부 the Ministry of Agriculture and Fisheries.
농아(聾啞) deaf and dumb. ‖ ~학교 a deaf-and-dumb school.
농악(農樂) instrumental music of peasants. ‖ ~대 a farm band.
농액(濃液) a thick liquid.
농약(農藥) agricultural chemicals.
농어 〖魚〗 a sea bass [perch].
농어촌(農漁村) farming and fishing [fishing and agrarian] villages.
농업(農業) agriculture; farming. ~의 agricultural. ‖ ~국 [정책] an agricultural country [policy]/~기술 agricultural techniques/ ~인구 the farming population / ~학교 an agricultural school/ ~협동조합 a farmers' cooperative (socie-

ty)/~ 협동조합 중앙회 the National Agricultural Co-operative Federation (생략 NACF) / 조방(粗放) ~ extensive agriculture / 집약 ~ intensive agriculture.
농예(農藝) agriculture. ‖ ~ 화학 agricultural chemistry.
농우(農牛) a plow ox; farming cattle.
농원(農園) a farm; a plantation.
농익다(濃—) be overripe; be overmature.
농작(農作) farming. ‖ ~물 the crops; farm produce.
농장(農場) a farm; a plantation. ‖ 집단 ~ a collective farm.
농정(農政) agricultural administration.
농지(農地) farm 〔agricultural〕 land. ‖ ~ 개량 improvement of farmland/~ 개혁 an agrarian reform/~ 제도 the farmland system.
농지거리(弄—) joking; jesting.
농촌(農村) a farm village; a rural community; an agricultural district. ~의 rural; agrarian. ‖ ~ 개량 agrarian reform/~ 문제 a rural 〔an agrarian〕 problem.
농축(濃縮) concentration. ~하다 concentrate; enrich. ‖ ~ 우라늄 enriched uranium.
농토(農土) farmland; agricultural land.
농학(農學) agriculture. ‖ ~과 the faculty 〔department〕 of agriculture/~사〔박사〕《사람》 a bachelor 〔doctor〕 of agriculture; 《학위》 Bachelor 〔Doctor〕 of Agriculture.
농한기(農閑期) the farmer's slack 〔leisure〕 season.
농협(農協) ☞ 농업 협동 조합. ‖ ~ 중앙회 the National Agricultural Co-operative Federation (생략 NACF).
농후(濃厚) ~한 thick; dense; rich; heavy; strong.
높낮이 《고저》 high and low; unevenness; undulations.
높다 ① 《장소·높이》 (be) high; tall; raised; lofty; elevated. ¶ 높은 산 a high mountain/높은 건물 a tall 〔high〕 building. ② 《지위·희망》 (be) high; lofty; noble. ¶ 높은 사람 a dignitary; a high official (고관)/뜻이 ~ aim high. ③ 《음성》 (be) loud; stentorian. ④ 《값이》 (be) high; costly. ¶ 물가가 ~ Prices are high. ⑤ 《비율·도수가》 (be) high; strong. ¶ 도수 높은 안경 strong 〔powerful〕 glasses.
높다랗다 (be) very high.
높이 《명사》 height; altitude(고도); loudness(소리의); pitch(가락); 《부사》 high; aloft. ¶ ~가 5미터이다 be five meters high 〔in height〕/하늘 ~ 《fly》 high up in the air/~ 쳐들다 raise 《*a thing*》 high.
높이다 raise; elevate; enhance 《*the value*》; improve. ¶ 담을 ~ make a wall higher; raise a wall/질을 ~ raise 〔improve〕 the quality.
높이뛰기 a (running) high jump. ‖ 장대 ~ a pole vault 〔jump〕/제자리 ~ a standing high jump.
높직하다 (be) rather high.
놓다 ① 《물건을》 put; place; lay; set. ¶ 책상 위에 ~ put on the table. ② 《방면·방치》 let go; set free; release; unloose. ¶ 잡은 손을 ~ let go one's hold. ③ 《가설》 build; construct; lay; install. ¶ 전화를 ~ install a telephone/강에 다리를 ~ build 〔lay〕 a bridge over a river. ④ 《총포를》 fire 《*a gun*》; let off; discharge; shoot. ⑤ 《불을》 set 《*a fire*》. ⑥ 《마음을》 ease; set 《*one's mind*》 at ease; 《방심》 relax 《*one's attention*》. ⑦ 《주판을》 work 《*an abacus*》. ⑧ 《주사를》 inject; give 《*injections*》. ¶ 침을 ~ needle; apply acupuncture. ⑨ 《자수》 do embroidery 《*on*》; embroider 《*figures on*》. ⑩ 《사람을》 put in 《*as an intermediary*》; send 《*a person*》. ¶ 사람을 놓아 수소문하다 send a person for information. ⑪ 《…해두다》 keep; have; leave. ¶ 문을 열어 ~ leave 〔keep〕 the door open.
놓아두다 let 《*a thing, a person*》 alone; leave 《*a matter*》 as it is.
놓아먹다 grow up waywardly; run wild.
놓아먹이다 pasture; graze.
놓아주다 let go; set 《*a bird*》 free; release 《*a prisoner*》.
놓이다 ① 《얹히다》 be put 〔set, laid, placed〕. ② 《마음이》 be at ease; be set at ease; feel relieved.
놓치다 《쥔것을》 miss one's hold 《*of*》; drop; fail to catch(못잡다); 《사람을》 let 《*a person*》 go; let 《*a thief*》 escape; 《기회를》 miss 〔lose〕 《*a chance*》.
뇌(腦) the brain; brains(지력). ¶ ~의 cerebral/~의 손상 brain damage. ‖ ~병원 a mental hospital/~작용 a cerebration; brain action.
뇌격(雷擊) ~하다 attack with torpedoes; torpedo. ‖ ~기 a torpedo bomber 〔plane〕.
뇌관(雷管) a percussion cap; a detonator. ‖ ~ 장치 a percussion lock.
뇌까리다 repeat; harp on 〔upon〕.
뇌다 《말을》 repeat; reiterate.
뇌동(雷同) ☞ 부화 뇌동. ‖ ~자 a blind follower.
뇌락(磊落) ~한 frank; jolly; free and easy; unaffected.
뇌력(腦力) mental capacity; intellectual power; brains.
뇌리(腦裡) ¶ ~에 떠오르다 flash across one's mind; occur to 《*one*》/~에서 떠나지 않다 haunt one's memory.
뇌막(腦膜) 〖醫〗 the meninges. ‖ ~

염 meningitis; brain fever.
뇌명(雷鳴) a thunder; a peal (clap) of thunder.
뇌문(雷文) a fret. ‖ ~ 세공 fretwork.
뇌물(賂物) a bribe. ¶ ~을 주다 (쓰다) bribe (corrupt) ((a person)); offer a bribe/~을 먹다 take (receive) a bribe; take graft.
뇌병(腦病) a brain disease.
뇌병원(腦病院) a mental hospital.
뇌빈혈(腦貧血) 〖醫〗 ((have an attack of)) cerebral an(a)emia.
뇌사(腦死) the brain death.
뇌성(雷聲) a thunder; a peal (a clap) of thunder.
뇌쇄(惱殺) ~하다 fascinate; enchant; captivate; charm.
뇌수(腦髓) 〖解〗 the brain.
뇌수술(腦手術) brain surgery. ~하다 perform an operation on the brain.
뇌신경(腦神經) a cranial (cerebral) nerve. ‖ ~ 외과 neurosurgery.
뇌연화증(腦軟化症) 〖醫〗 encephalomalacia.
뇌염(腦炎) encephalitis.
뇌염경보(腦炎警報) ((issue)) a warning against the outbreak of (Japanese) encephalitis.
뇌염모기(腦炎—) a culex mosquito; an encephalitis-bearing mosquito.
뇌염증세(腦炎症勢) symptoms of encephalitis.
뇌염환자(腦炎患者) an encephalitis patient. ¶ ~로 확인되다 be confirmed an encephalitis patient.
뇌우(雷雨) a thunderstorm.
뇌일혈(腦溢血) 〖醫〗 (cerebral) apoplexy. ¶ ~을 일으키다 have a fit (stroke) of apoplexy.
뇌장(腦漿) the brains.
뇌장애(腦障礙) a brain injury; brain trouble. ¶ ~를 일으키다 suffer from brain trouble; get (be) injured in the brain.
뇌전(雷電) a thunderbolt.
뇌조(雷鳥) a ptarmigan.
뇌종양(腦腫瘍) a cerebral tumo(u)r.
뇌진탕(腦震蕩) 〖醫〗 ((have)) concussion of the brain.
뇌척수(腦脊髓) ‖ ~막염 〖醫〗 cerebrospinal meningitis.
뇌출혈(腦出血) cerebral h(a)emorrhage.
뇌충혈(腦充血) 〖醫〗 congestion of the brain; cerebral hyper(a)emia.
뇌파(腦波) 〖醫〗 brain waves. ‖ ~ 검사 a brain wave test.
뇌하수체(腦下垂體) the pituitary body (gland).
뇌혈전(腦血栓) cerebral thrombosis.
누(累) trouble; complication; evil; involvement. ¶ ~를 끼치다 bring trouble ((to)); affect; involve ((others in trouble)).
누(樓) a tower; a turret; a lookout(망루).
누(壘) 〖野〗 a base.
누가(累加) ~하다 increase by successive additions; cumulate.
누가복음(—福音) the (Gospel of) Luke.
누각(樓閣) a tower; a castle. ‖ 공중 ~ a castle in the air.
누계(累計) the (sum) total; the aggregate. ~하다 sum up; total.
누관(淚管) 〖解〗 the lachrymal duct.
누구 ① ((의문)) who (누가); whose (누구의); whom (누구에게, 누구를). ② ((부정(不定))) anyone; anybody; any; some (one); whoever (누구든지, 누구나, 누구라도).
누그러뜨리다 soften ((one's attitude (voice))); relieve ((the situation)).
누그러지다 ((태도·감정이)) soften; be softened; be mitigated; be alleviated; calm down; ((날씨가)) get milder; abate; subside.
누글누글하다 (be) tender; soft; flexible; pliant.
누긋하다 (be) soft; placid; calm. ¶ 누긋한 성질 a placid temper.
누기(漏氣) moisture. ¶ ~찬 wet; moist.
누나 one's elder sister.
누년(屢年) successive years.
누누이(屢屢—) repeatedly; over and over (again).
누다 ((오줌을)) make (pass) water; ((똥을)) evacuate the bowels; relieve oneself.
누대(屢代) successive generations. ¶ ~에 걸쳐 from generation to generation.
누더기 rags; tatters (and rags). ¶ ~를 걸친 사람 a person in rags.
누덕누덕 in patches. ¶ ~ 깁다 patch up; patch and darn.
누드 (the) nude. ‖ ~ 사진 a nude photo (picture).
누락(漏落) an omission; a lacuna. ~하다 ((…을)) omit; leave out; ((…이)) be omitted (left out).
누란(累卵) ¶ ~의 위기 ((be in)) imminent peril.
누렇다 (be) deep (quite) yellow; be a golden yellow.
누룩 malted wheat; malt; ((효모)) yeast; leaven.
누룽지 scorched rice.
누르다[1] ((빛이)) (be) yellowish; sallow(얼굴이).
누르다[2] ① ((내리누름)) press (down); weigh on; ((꼼짝못하게)) hold ((a person)) down; ((도장을)) stamp; seal. ¶ 돌로 ~ place (put) a stone as a weight on ((something)). ② ((억제)) hold (keep) down; control; check; ((진압)) suppress; ((제압)) beat ((a person, a team)); defeat.
누르락붉으락하다 ((서술적)) change one's countenance with anger; flare up.
누르스름하다 (be) yellowish; ((서술적)) be tinged with yellow.
누르락푸르락하다 ☞ 누르락붉으락하다.
누릇누릇하다 (be) yellowy; yellow-spotted.
누리 ((세상)) the world.
누리다[1] ((냄새가)) smell of fat (grease) (☞ 노리다[1]). ¶ 누린내 un-

pleasant smell of fat (grease).
누리다² 《복을》 enjoy. ¶ 건강을 ~ enjoy good health/장수를 ~ live a long life.
누명(陋名) ¶ ~을 쓰다 incur a bad name; be falsely (unjustly) accused 《of》; be falsely charged 《with》/~을 씻다 clear one's name.
누범(累犯) repeated offense. ‖ ~자 an old offender.
누비 quilting. ‖ ~ 이불 a quilt/~옷 quilted clothes.
누비다 quilt. ¶ 군중 속을 누비며 가다 thread one's way through the crowd.
누선(涙腺) the lachrymal gland.
누설(漏泄) leakage. ~하다 leak. ¶ 기밀을 ~하다 let out (leak) a secret. ‖ 군기 ~ a leakage of military secrets.
누수(漏水) leakage of water.
누습(陋習) an evil custom (practice).
누습(漏濕) ~한 damp; moist.
누승(累乘) 〖數〗 involution.
누실(漏失) ~하다 lose. 「pire.
누심(壘審) 〖野〗 a base (field) um-
누에 a silkworm. ¶ ~를 치다 rear (raise) silkworms. ‖ ~고치 a cocoon / ~나방 a silkworm moth/~똥 (씨) silkworm droppings (egg).
누옥(陋屋) a humble house (cottage).
누워떡먹기 《be》 an easy task.
누워먹다 live an idle life; eat the bread of idleness.
누이 a sister; 《손위》 an elder sister; 《손아래》 a younger sister.
누이다 ① ☞ 눕히다. ② 《대소변을》 make (let) 《*a child*》 urinate (defecate). ③ 《피륙을》 gloss; boil off.
누적(累積) accumulation. ~하다 accumulate. ¶ ~된 서류 accumulated papers 《*on the table*》.
누전(漏電) a short circuit. ~하다 short-circuit. ¶ ~에 의한 화재 a fire caused by a short circuit.
누정(漏精) spermatorrh(o)ea.
누지다 (be) damp(ish); wettish.
누진(累進) successive promotion. ¶ ~적(으로) progressive(ly); gradual(ly). ‖ ~(과)세 progressive tax(ation).
누차(屢次) repeatedly; over and over (again); time and again.
누추(陋醜) ~한 dirty; filthy; humble; shabby(옷차림이). 「(가스가).
누출(漏出) ~하다 leak (out); escape
누타(壘打) 〖野〗 a base-hit.
눅눅하다 (be) damp; humid. ¶ 눅눅한 빵 soggy bread.
눅다¹ 《값이》 fall (drop, decline) in price; 《날씨가》 become mild(er); warm up.
눅다² 《반죽이》 (be) soft; limp; 《눅눅하다》 (be) damp; soft (with wet); 《성질이》 (be) genial; placid.
눅신눅신하다 (be) soft; supple; pliant; elastic; flaccid.
눅실눅실하다 ☞ 눅신눅신하다.
눅이다 ① 《부드럽게》 soften; make soft (tender). ② 《마음을》 soften; appease; calm; quiet《*one's anger*》. ③ 《축축이》 damp; moisten; make 《*a thing*》 damp.
눅지다 become genial (mild).
눅진눅진하다 (be) soft and sticky.
눈¹ ① 〖解〗 the eye. ¶ ~이 큰 (푸른) big-(blue-)eyed / ~ 깜짝할 사이에 in the twinkling of an eye; in an instant (a moment)/~이 아프다 have sore eyes; 《안질》 have eye trouble/~을 뜨다 (감다) open (close) one's eyes/~에 티가 들다 have a mote (get something) in one's eye/~에 거슬리다 offend the eye / ~에 선하다 be clear in one's memory; linger before one's eye/돈에 ~이 어두워지다 be blinded by money; be lured by gain/~에 들다 be in 《*a person's*》 favor; find favor 《*with a person*》/~밖에 나다 be out of favor 《*with a person*》. ② 《눈치》 a look; an eye. ¶ 부러운 ~으로 보다 see with an envious eye. ③ 《시력》 eyesight; sight. ¶ ~이 좋다 (나쁘다) have a good (bad) sight. ④ 《주의》 notice; attention; surveillance(감시). ¶ ~을 속여 (~에 띄지 않게) secretly/~에 띄다 (~을 끌다) attract one's attention; be attractive. ⑤ 《견지》 a point of view; a standpoint. ¶ 서양 사람의 ~으로 보면 from a Western point of view. ⑥ 《안식》 an eye; judgment (판단력). ¶ 전문가의 ~ an expert's eye/~이 높은 appreciative/사람을 보는 ~이 있다 have an eye for character.
눈² ① 《자·저울의》 a graduation; a scale. ¶ 저울 ~을 속이다 give short weight. ② 《나무의 싹》 a sprout; a germ; a bud. ¶ ~트다 bud; shoot; sprout. ③ 《그물의》 a mesh; a stitch(코). ¶ ~이 성긴 (촘촘한) wide-(fine-)mesh(ed).
눈³ 《내리는》 snow; a snowfall (강설); snows (쌓인눈). ¶ ~길 a snow-covered road / ~을 이고 있는 snow-capped / ~같이 흰 snow-white/~을 맞다 get snowed on/~을 털다 knock snow off 《*one's overcoat*》 / ~에 갇히다 be snowbound (snowed in) / ~이 온다 It snows., Snow falls.
눈가리개 a bandage; blinders(말의). ¶ ~를 하다 blindfold 《*a person*》.
눈가림 hoodwinking; deception. ~하다 hoodwink; dissemble; patch up; cover up. ¶ ~으로 일하다 scamp (fudge) one's work.
눈감다 ① 《눈을》 close (shut) one's eyes. ¶ 눈 감으면 코 베어 먹을 세상 a dog-eat-dog world. ② 《죽다》 die; breathe one's last.
눈감아주다 overlook; pass over;

connive at.

눈거칠다 (be) offensive to the eye.

눈겨룸 《play》 a staring game.

눈결 a glance; a glimpse.

눈곱 eye mucus. ¶ ~이 끼다 one's eyes run / 양심이라곤 ~만큼도 없다 haven't got an ounce of conscience.

눈곱자기 ☞ 눈곱.

눈구멍 〖解〗 the eye socket.

눈구석 the corner of the eye.

눈금 a scale (mark); graduations. ¶ ~을 매기다 graduate; mark with degrees.

눈기이다 hoodwink; deceive.

눈깔사탕(一砂糖) a toffee; a taffy.

눈깜작이 a person who blinks habitually; a blinkard.

눈꺼지다 《one's eyes》 sink 〔become hollow〕.

눈꺼풀 an eyelid.

눈꼴사납다 (be) disgusting; unsightly; 《서술적》 be offensive to the eye.

눈꼴틀리다 be hateful to see; be sick of.

눈높다 (be) overnice 《*in choice*》; aim high; 《안목》 (be) appreciative.

눈대중 a rough estimate. ~하다 measure 〔estimate〕 by the eye.

눈독 ¶ ~들이다 have 〔keep〕 an eye to; set one's eyes on.

눈동자(一瞳子) the pupil (of the eye).

눈두덩 the brow. ¶ ~이 붓다 have swollen eyes.

눈딱부리 《눈》 a pop eye; 《사람》 a lobster-eyed person.

눈뜨다 ① 《눈을》 open one's eyes; wake (up) (깨다). ② 《깨닫다》 awake 〔be awakened〕 《*to*》; come to one's senses(정신을 차리다).

눈뜬장님 《문맹》 an illiterate (person); a blind fool.

눈띄다 《보이다》 be seen; come in sight; 《눈을 끌다》 attract 〔draw〕 《*a person's*》 attention; 《두드러짐》 be conspicuous 《*by, for*》; stand out.

눈망울 an eyeball.

눈맞다 fall in love with each other.

눈맞추다 《남녀가》 make eyes at each other.

눈매, 눈맵시 the eyes. ¶ 사랑스러운 ~ charming eyes.

눈멀다 become blind; lose one's sight; 《현혹》 be blinded 《*by*》.

눈물 tears. ¶ ~겨운 이야기 a pathetic 〔moving, touching〕 story/~에 젖은 얼굴 a tear-stained face/~이 나다 tears come into one's eyes/~어리다 tears come to one's eyes / ~지다 tears flow / ~짓다 moisten at one's eyes/~을 흘리다 shed tears/~을 닦다 dry one's eyes/~을 보이다 show weak eyes/~을 자아내다 call 〔draw〕 tears/~을 참다 keep back one's tears.

눈바람 《풍설》 wind and snow; 《눈보라》 a snowstorm; a blizzard.

눈발서다 threaten to snow.

눈방울 a glaring eyeball.

눈병(一病) an eye disease 〔trouble〕; 《have》 sore eyes.

눈보라 《have》 a snowstorm.

눈부시다 ① 《부시다》 (be) dazzling; glaring; blinding; radiant. ¶ 눈부시게 희다 be dazzling white. ② 《빛나다》 (be) bright; brilliant; remarkable. ¶ 눈부신 업적 brilliant achievements.

눈부처 one's reflection in 《*a person's*》 eyes; an eyebaby.

눈빛 eye colo(u)r; the cast of one's eyes; the expression in one's eyes. ¶ 애원하는 듯한 ~ a look of appeal.

눈사람 《make》 a snowman. ¶ ~처럼 커지다 〔불어나다〕 snowball.

눈사태(一沙汰) a snowslip; a snowslide; an avalanche (규모가 큰).

눈살 ¶ ~을 찌푸리다 knit one's brows; frown.

눈석임 thawing. ~하다 thaw. ‖ ~물 snow water.

눈설다 (be) unfamiliar; strange.

눈속이다 throw dust in 《*a person's*》 eyes; cheat; deceive; impose upon; hoodwink.

눈속임 hoodwinking; deception; trickery.

눈송이 a snowflake.

눈시울 ¶ ~이 뜨거워지다 be moved to tears.

눈싸움 《have》 a snowball fight.

눈썰미 ¶ ~가 있다 〔없다〕 have a quick 〔dull〕 eye for learning thing.

눈썹 an eyebrow. ¶ 굵은 ~ strong eyebrows/~을 그리다 pencil the eyebrows.

눈알 an eyeball.

눈앞 ¶ ~의 before one's eyes; 《절박》 imminent; impending/~에서 under one's very nose; in the presence of / ~에 닥치다 be near 〔close〕 at hand.

눈어림 ☞ 눈대중.

눈엣가시 an eyesore; a pain in the neck.

눈여겨보다 take a good look 《*at*》; observe closely 〔carefully〕.

눈요기(一療飢) ~하다 feast one's eyes 《*on*》.

눈웃음 a smile about 〔with〕 one's eyes. ~치다 wear a smile about one's eyes.

눈익다 (be) familiar.

눈인사(一人事) ☞ 목례.

눈자위 the rim of the eyes.

눈정기(一精氣) the glitter 〔vivacity〕 of one's eyes.

눈주다 give 《*a person*》 the eye; wink 《*at*》.

눈짓 winking. ~하다 wink 《*at*》; make a sign with one's eyes.

눈초리 the corner 〔tail〕 of the eye.

눈총기(一聰氣) ¶ ~가 있다 have a photographic memory.

눈총맞다 be hated; 《뭇사람의》 be a common eyesore.

눈치 ¶ ~ 보다 study the pleasure of 《*a person*》; read 〔study〕 《*another's*》 face; see how the wind blows / ~채다 become aware 《*of*》; suspect; get wind 〔scent〕 of; sense/~채이다 arouse 〔excite〕 《*a person's*》 suspicion; be suspected/~가 빠르다 be quick-witted/~가 없다 have no sense.
눈치레 mere show. ¶ ~로 for show; for appearance sake.
눈칫밥 ¶ ~ 먹다 feed 〔sponge〕 on 《*a person*》.
눈코뜰새없다 (be) very busy; 《서술적》 be pressed by business 〔work〕.
눋다 burn; be scorched. ¶ 밥이 눌었다 The rice has got burned.
눌러 in succession; consecutively. ¶ ~ 앉다 stay on; remain in office (유임).
눌러보다 overlook; connive at.
눌리다[1] be pressed down; 《압도》 be overawed 〔overpowered〕.
눌리다[2] 《눋게 하다》 burn; scorch.
눌변(訥辯) slowness of speech.
눌어붙다 ①《타서》 scorch and stick to. ②《한군데에》 stick to; remain.
눌은밥 scorched rice.
눌하다(訥—) 《서술적으로》 stammer; stutter.
눕다 lie down; lay oneself down. ¶ 쭉 뻗고 ~ lie at full length; stretch oneself at ease/자리에 ~ lie in one's bed/병으로 누워 있다 be laid up; keep one's bed with illness.
눕히다 lay down; lay on the side. ¶ 자리에 ~ put 《*a person*》 to bed.
눙치다 soothe 〔appease〕 with nice words.
뉘[1] 《쌀의》 a grain of unhulled rice.
뉘[2] 《누구의》 whose.
뉘앙스 nuance. ¶ 말의 ~ a shade of difference in meaning 〔expression〕.
뉘엿거리다 ①《해가》 be about to set 〔sink〕. ②《뱃속이》 feel sick 〔nausea, queasy〕.
뉘우치다 regret 《*to have done; having done*》; repent 《*of*》. ¶ 뉘우치는 빛도 없이 without any repentance / 잘못을 ~ regret one's mistake.
뉴기니 New Guinea.
뉴스 news. ‖ ~ 방송 a newscast/~ 밸류 news value / ~ 영화 a newsreel; a newsfilm / ~ 해설 a news comment (~ 해설자 a news commentator).
뉴욕 New York. ¶ ~ 사람 a New Yorker.
뉴질랜드 New Zealand. ¶ ~ 사람 a New Zealander.
뉴트론 〖理〗 neutron.
뉴페이스 a new face.
느글거리다 feel sick 〔nausea〕; keck.
느긋하다 《서술적》 be well pleased 〔satisfied〕 《*with*》; be sitting easy; feel relieved.
느끼다 ①《지각》 feel; be aware 〔conscious〕 《*of*》. ¶ 고통 〔공복〕을 ~ feel pain 〔hungry〕/불편을 ~ find (it) inconvenient 《*to do*》/어려움을 ~ find 〔have〕 difficulty 《*in doing*》. ②《감동》 be impressed 《*by, with*》; be moved 〔touched〕 《*by*》. ¶ 비애를 ~ feel sad. ③ ☞ 흐느끼다.
느끼하다 (be) too fatty 〔greasy, rich〕.
느낌 《인상》 an impression; 《기분》 sentiment; feeling; 《촉감》 touch. ¶ …한 ~을 주다 impress 〔strike〕 《*a person*》 as; give an impression of. ‖ ~씨〔표〕 ☞ 감탄사, 감탄 부호.
느닷없이 suddenly; all of a sudden; unexpectedly; without notice. ¶ ~ 덤벼들다 make a sudden spring at 《*a person*》.
느루 ¶ ~ 먹다 eat 《*food*》 sparingly; make 《*food*》 last (long).
느른하다 (be) languid. ☞ 나른하다.
느릅나무 〖植〗 an elm (tree).
느리광이 a laggard; a slowcoach.
느리다 ①《움직임이》 (be) slow; tardy; sluggish (굼뜨다); dull (둔하다). ¶ 느리게 slowly; tardily. ②《짜임새가》 (be) loose. ¶ 짜임새가 느린 천 loose fabric.
느림 a tassel.
느릿느릿 《동작이》 slowly; tardily; sluggishly; 《성기게》 loose; slack.
느물거리다 act craftily; talk 〔behave〕 insidiously.
느슨하다 《헐겁다》 (be) loose; lax; slack; relaxed (마음이). ¶ 느슨하게 loose(ly) / 느슨해지다 loosen.
느즈러지다 ①《느슨해지다》 loosen; slacken; become loose; relax(마음이). ②《기한이》 be put off; be postponed.
느지감치 rather 〔quite〕 late; later (than usual).
느지막이 ☞ 느지감치.
느지막하다 (be) rather 〔quite〕 late.
느직하다 ① ☞ 느지막하다. ② ☞ 느슨하다.
느치 〖蟲〗 a cadelle.
느타리 〖植〗 an agaric.
느티나무 〖植〗 a zelkova (tree).
늑간(肋間) ‖ ~ 신경통 intercostal neuralgia.
늑골(肋骨) a rib; 《배의》 frame.
늑대 a wolf.
늑막(肋膜) the pleura. ‖ ~염 《dry, moist》 pleurisy.
늑목(肋木) Swedish bars.
늑장부리다 dawdle 《*over*》; linger; loiter; be tardy. ¶ ~가 기회를 놓치다 dally away one's opportunity.
늑줄주다 relax control; ease up 《*on*》.
는적거리다 feel squashy 〔flabby〕; be crumbly (고기가).
는질거리다 ☞ 는적거리다.
늘 ☞ 언제나.
늘그막 ¶ ~에 late in life; in one's last years.

늘다 ① 《증가》 increase; grow; swell; rise. ¶ 10이 ~ increase by 10 / 2배〔3배〕로 ~ double〔treble〕/ 회원이 ~ have an increased membership / 체중이 (2킬로) ~ gain (two kilograms) in weight. ② 《향상》 progress 《*in*》; advance 《*in*》; be improved. ¶ 영어가 ~ make progress in one's English.
늘름 quickly; swiftly. ☞ 날름.
늘리다 《수·양을》 increase; add to; raise (증액); multiply (배가); 《면적을》 enlarge; extend. ¶ 인원을 (20명으로) ~ increase the personnel (to twenty) / 복용량을 ~ step up the dose.
늘비하다 《서술적》 be arrayed 〔spread out〕. ¶ 늘비하게 in a row 〔line〕.
늘썽하다 (be) coarse; loose.
늘씬하다 (be) slender; slim. ¶ 키가 늘씬한 미인 a beautiful girl, slender as a lily.
늘어가다 go on increasing; be on the increase.
늘어나다 ① 《길이가》 extend; grow longer; expand; stretch. ¶ 고무줄이 ~ a rubber band stretches. ② 《많아지다》 increase 《*in number*》; rise (강물 따위가).
늘어놓다 ① 《배열》 arrange; place 《*things*》 in a row; 《진열》 display; lay out. ② 《산란》 scatter 《*about*》; leave 《*things*》 lying about. ③ 《열거》 enumerate; list. ④ 《배치》 post; station; 《사업을》 carry on 《*various enterprises*》.
늘어뜨리다 《아래로》 hang down; suspend; droop.
늘어서다 stand in a row; form in a line; stand abreast (옆으로). ¶ 두 줄로 ~ form 〔stand in〕 two rows / 배급을 타려고 죽 ~ make a queue waiting for the ration.
늘어지다 ① 《길어지다》 extend; lengthen; grow longer. ② 《처지다》 hang (down); dangle; droop. ③ 《몸이》 droop; be languid 〔exhausted〕. ④ 《팔자가》 live in comfort; be on easy street.
늘이다 ① ☞ 늘어뜨리다. ② 《길게》 lengthen; make 《*something*》 longer; stretch; extend. ¶ 고무줄을 ~ stretch a rubber band.
늘쩍지근하다 feel tired 〔weary〕.
늘컹거리다 be squashy 〔flabby〕.
늘큰거리다 ☞ 늘컹거리다.
늙다 grow old; age; advance in age. ¶ 늙은 old; aged / 나이보다 늙어 보이다 look old for one's age.
늙다리 《사람》 a dotard; 《짐승》 an old animal.
늙수그레하다 (be) fairly old; oldish.
늙어빠지다 (be) decrepit 〔very old〕.
늙은이 an old man; 《총칭》 the old; the aged.
늙정이 an old buffer; a dotard.
늙히다 make 《*a person*》 old. ¶ 처녀로 ~ let 《*a girl*》 become an old maid.
늠렬(凜烈) **~하다** (be) severe; bitter.
늠름하다(凜凜—) (be) gallant; imposing; commanding; dignified.
능(陵) a royal mausoleum.
능(稜) an angle; an edge.
능가(凌駕) **~하다** surpass; exceed; override; outstrip; get ahead of. ¶ 젊은이를 ~하다 outdo 〔surpass〕 the young.
능갈치다 (be) cunning; sly; crafty.
능구렁이 ① 《뱀》 a yellow spotted serpent. ② 《사람》 a snake; a sly dog.
능글능글하다 (be) sly; cunning; crafty; impudent (뻔뻔스럽다).
능금 a crab apple.
능동(能動) **~적** voluntary; active. ‖ ~태 【文】 the active voice.
능라(綾羅) figured silk and silk gauze; silk fabrics.
능란(能爛) **~한** skillful; proficient; adroit; expert. ¶ ~하게 well; skillfully; with skill; tactfully / 말솜씨가 ~하다 have an oily tongue.
능력(能力) ability; capacity. ¶ ~있는 able; capable / …할 ~이 있다 be able to 《*do*》; be capable of 《*doing*》. ‖ ~ 상실자 an incompetent / ~별 학급 편성 grouping according to ability / ~자 a competent 〔capable〕 person / 생산 ~ productive capacity / 지불 ~ solvency.
능률(能率) efficiency. **~적** efficient. ¶ 비~적 inefficient / ~을 올리다 〔낮추다〕 improve 〔lower〕 the efficiency. ‖ ~급 an efficiency pay / ~ 저하〔증진〕 lowering 〔increase, improvement〕 of efficiency / ~제 승급 merit increases 〔raises〕.
능멸(凌蔑) **~하다** despise; disdain.
능변(能辯) eloquence. **~의** eloquent. ‖ ~가 an eloquent speaker.
능사(能事) a suitable work (적당한); something in one's line (잘하는). ¶ …을 ~로 하다〔삼다〕 make it one's business to 《*do*》 / 돈을 모으는 것만이 ~가 아니다 It is not everything to accumulate money.
능선(稜線) a ridgeline.
능소능대(能小能大) **~한** able and adaptable; versatile.
능수(能手) 《수완》 ability; capability; capacity; 《사람》 an able man 〔hand〕; an expert; a veteran.
능수버들 a weeping willow.
능숙(能熟) skill. **~한** skilled; skillful; proficient; experienced. ¶ ~해지다 become skillful; attain proficiency.
능욕(凌辱) 《강간》 violation; outrage; rape. **~하다** violate; rape; ravish. ¶ ~당하다 be violated 〔outraged〕/ 처녀를 ~하다 deflower.

능준하다 (be) sufficient; enough.
능지기(陵—) the caretaker of a royal mausoleum.
능지처참(陵遲處斬) ~하다 behead and dismember 《*a criminal*》.
능청 dissemblance; guile; wile. ~떨다(부리다) dissemble; play innocent; display guile. ‖ ~이 a wily person; a sly dog.
능청거리다 be pliable (pliant).
능청스럽다 (be) cunning; artful; wily; sly; crafty; dissembling.
능통(能通) ~하다 (be) skillful; proficient. ¶ …에 ~하다 be proficient in; be a master of; be expert in; be (well) versed in.
능하다(能—) (be) skillful; good 《*at*》; proficient (versed, expert) 《*in*》. ¶ 영어에 ~ be good at English.
능히(能—) well; easily; ably. ¶ ~ 할 수 있다 can easily do; be able to do; be equal to; 《서슴지 않다》 make no scruple of 《*doing*》; be capable of any 《*crime*》.
늦… late. ¶ ~가을 late autumn.
늦다 ① 《시각》 (be) late; behind time; 《속도가》 (be) slow; 《시계가》 lose (시계가). ¶ 늦게 late / 늦어도 at (the) latest / 밤늦게(까지) (until) late at night / 열차에 ~ miss a train / 늦게 떠나다 make a belated start / 5분 ~ be five minutes slow / 때는 이미 늦었다 It is too late now. ② 《느슨하다》 (be) loose; slack.
늦더위 the lingering summer heat; the heat of late summer.
늦되다 mature late; be slow to mature. ¶ 늦되는 과일 late fruit.
늦바람 ① 《바람》 an evening breeze. ② 《방탕》 dissipation in one's later years. ¶ ~ 나다 take to fast living late in one's life.
늦배 a late litter.
늦벼 late rice (plants).
늦복(—福) happiness in one's later days.
늦잠 late rising; morning sleep. ¶ ~ 자다 rise (get up) late. ‖ ~꾸러기 a late riser.
늦장마 the rainy spell in late summer.
늦추다 ① 《느슨히》 loosen; unfasten; relax (정신을); slow down (속도를). ¶ 고삐를 ~ slack the rein; let the rein go / 경계를 ~ relax (lower) one's guard 《*against*》 / 속도를 ~ down the speed. ② 《시일을》 postpone; put off. ¶ 마감 날짜를 이틀 ~ put the deadline off two days.
늦추위 the lingering cold; the afterwinter cold.
늪 a swamp; a marsh; a bog.
니그로 a negro. ¶ ~의 negro.
니스 varnish. ¶ ~ 칠하다 varnish.
니카라과 Nicaragua.
니켈 nickel (기호 Ni). ¶ ~ 입힌 nickel-plated.
니코틴 nicotine. ‖ ~ 중독 nicotinism.
니크롬선(—線) (a) nichrome wire.
니트로글리세린 〖化〗 nitroglycerine.
니트웨어 knitwear.
니힐 nihil. ‖ ~리스트 a nihilist / ~리즘 nihilism.
님 《경칭》 Mister, Mr.; Esq. (남자); Miss (미혼 여자); Mrs. (부인). ¶ 사장~ Mr. President; 《여자》 Madam President / 선생~ Sir!; Mr. (Miss) 《*Brown*》 / 임금~ His Majesty; 《호칭》 Your Majesty!
님비현상(—現像) the NIMBY phenomena 《NIMBY=Not In My Back Yard》.
닢 a piece 《*of coin* (*copper*)》.

ㄷ

다 《모두》 all; everything; everyone; utterly; completely. ¶ 둘 ~ both together / ~ 먹다 eat up / ~ 알다 know thoroughly.
다가놓다 bring near; put closer.
다가붙다 stick nearer 《*to*》.
다가서다 step (come) up to; approach closer; come (go) nearer.
다가앉다 sit close.
다가오다 approach; draw (come) near; draw close 《*to*》. ¶ 종말이 ~ draw to a close / 시험이 다가온다 The examination is drawing on.
다각(多角) ~적 many-sided 《*tastes*》; versatile 《*genius*》. ‖ ~경영 diversified (multiple) management / ~무역 multilateral trade / ~형 〖數〗 polygon (~형의 polygonal).
다갈색(茶褐色) (yellowish) brown; liver-colo(u)r. ~의 brown; liver-colored.
다감(多感) ~한 emotional; sensitive; sentimental. ¶ ~한 시인 a passionate poet.
다과(多寡) many and (or) few; (a) quantity(양); (an) amount(액); (a) number(수).
다과(茶菓) tea and cake; (light) refreshments. ‖ ~회 a tea party.
다관(茶罐) a teakettle; a teapot.
다구(茶具) tea-things; tea utensils; a tea set (한벌의).
다국적(多國籍) ‖ ~기업 a multinational corporation (enterprise).
다국적군(多國籍軍) the coalition forces; the multinational coalition forces.
다그다 bring (up) near; draw close; 《기일을》 advance; set ahead 《*the date of*》.
다그치다 ① ☞다그다. ② 《감정·행동》 press; urge; impel. ¶ 다그쳐 묻다 press 《*a person*》 (hard) for

an answer.
다급하다 (be) imminent; impending; pressing; urgent. ¶ 다급한 용무로 on an urgent business.
다기(多氣) ~지다 〔하다〕 (be) courageous; bold; plucky; daring.
다난(多難) ~하다 be full of troubles; (be) eventful. ¶ ~한 해 a tumultuous year / 국가 ~한 때(에) (in) a national crisis.
다녀가다 drop in for a short visit; call at 《*a house*》; look 《*a person*》 up; stop by 〔in〕.
다녀오다 get 〔come〕 back 《*from visiting*》; be (back) home.
다년(多年) many years. ¶ ~간 for many years. ‖ ~생 식물 a perennial (plant).
다뇨증(多尿症) 〖醫〗 polyuria.
다능(多能) ~한 many-sided; versatile; accomplished.
다니다 《왕래》 come and go; go 〔walk〕 about 〔around〕; 《왕복》 go and return; go to 《*a place*》 and back; 《배가》 ply 《*between, from ... to ...*》; 《기차 따위가》 run between; 《통근·통학》 attend 《*a college*》; go to; commute 《*to the office*》 (통근); 《들르다》 visit. ¶ 자주 ~ frequent; visit frequently / 학교에 ~ attend school / 회사에 ~ work for a company.
다다르다 arrive 《*at, in, on*》; reach; get to 〔at〕; come 《*to*》.
다다미 a Japanese mat; matting. ¶ ~를 깔다 lay mats; mat 《*a room*》.
다다이즘 Dadaism; Dada. ┌better.
다다익선(多多益善) The more, the
다닥다닥 in clusters.
다닥뜨리다 ☞ 다닥치다.
다닥치다 run against 〔into〕; come across; 《절박》 come (round); draw near; be imminent; be near at hand.
다달이 every month; monthly.
다대(多大) ~한 much; great; huge; heavy; considerable; serious. ¶ ~한 손해 a heavy loss.
다도해(多島海) an archipelago 〔*pl.* -es, -s〕.
다독(多讀) extensive reading. ~하다 read much 〔widely〕. ‖ ~가 an extensive reader; a well-read man / ~주의 the principle of extensive reading.
다듬다 ① 《매만짐》 arrange; smooth; finish (up); do up; adorn; face (석재 등을); plume (깃 따위를); trim (나무 따위를); plane (대패로). ¶ 머리를 ~ groom one's hair. ② 《푸성귀를》 trim; nip 《*off*》. ③ 《땅바닥을》 (make) even; level off 〔out〕; smooth. ④ 《천을》 full 《*cloth*》.
다듬이 ‖ ~질 fulling cloth / 다듬잇돌 a fulling-block / 다듬잇방망이 a fulling club.
다듬질 ① finishing touches. ~하다 give the final touches; finish (up). ② ☞ 다듬이.
다라지다 (be) plucky; fearless; bold.
다락 a loft; a garret.
다락같다 (be) very high. ¶ 물가가 ~ Prices are very high.
다람쥐 〖動〗 a squirrel.
다랍다 ① ☞ 더럽다. ② 《인색》 (be) stingy; niggardly; mean.
다랑귀뛰다 cling to; hold on fast to; clutch.
다랑어(一魚) a tunny; a tuna 《美》.
다래끼 《바구니》 a fish basket; a creel; 《눈병》 a sty(e).
다량(多量) ~의 much; a lot of; plenty of; a large quantity of; a great deal of. ¶ ~으로 abundantly; in great quantities.
다루다 ① 《처리·대우》 handle; manage; deal with; treat. ¶ 다루기 힘든 unmanageable; hard to deal with. ② 《가죽을》 tan; dress 《*a skin*》; taw (회게). ¶ 다루지 않은 untanned; raw 《*hide*》.
다르다 《상위》 (be) different from; 《서술적》 vary; differ from; 《닮지 않음》 (be) unlike; 《불일치》 do not agree 《*with*》, do not correspond 《*with*》 (서술적).
다름아닌 《be》 nothing but; no more 〔less〕 than.
다름없다 《같다》 be not different 《*from*》, be similiar 《*to*》, be alike (서술적); 《변치 않음》 (be) constant; as ever; 《매한가지》 be as good as 《*dead, new*》 (서술적).
다리[1] 《사람·동물의》 a leg; a limb; 《물건의》 a leg.
다리[2] 《교량》 a bridge. ¶ ~를 놓다 build 〔construct, throw〕 a bridge 《*across*》. ‖ 다릿목 the approach to a bridge / 돌~ a stone bridge/ 홍예 ~ an arch bridge.
다리[3] 《머리의》 a tress of false hair.
다리다 iron (out); press; do the ironing.
다리미 a flatiron; an 〔a smoothing〕 iron. ¶ ~질하다 iron 《*clothes*》; do the ironing. ‖ 전기 〔증기〕 ~ an electric 〔a steam〕 iron.
다리쇠 a trivet; a spider.
다림 plumbing. ¶ ~보다 plumb; 《이해를》 keep alert to one's own interest. ‖ ~줄 a plumbing line/ ~추 a plummet; a plumb / ~판 a levelling plate.
다림질 ironing. ~하다 iron (out); press; do the ironing.
다릿돌 a stepping stone.
다만 《오직》 only; merely; simply; 《그러나》 but; still; however; provided that.
다망(多忙) pressure of work; busyness. ~하다 (be) busy 《*with work, (in) doing*》. ¶ 공무 ~하여 by stress of official business.
다모작(多毛作) multiple cropping.
다목적(多目的) ‖ ~댐 a multipur-

ㄷ

pose dam.
다문(多聞) ‖ ~ 박식 much information and wide knowledge.
다물다 shut; close. ¶ 입을 꽉 ~ keep one's lips tight; keep silent.
다박나룻 a bushy beard; unkempt whiskers.
다발 a bundle; a bunch; a fag(g)ot (장작의). ¶ 꽃 한 ~ a bunch of flowers.
다발성(多發性) ‖ ~ 신경염 〖醫〗 polyneuritis.
다발식(多發式) multiengine 《*plane*》.
다방(茶房) a tea house 〔booth〕; a coffee house; a tearoom; a coffee shop (호텔 따위의). ‖ ~ 레지 a tea house waitress / ~ 마담 the manageress of a tearoom.
다방면(多方面) ~의 varied; many-sided; all round; manifold; versatile. ¶ ~으로 in many 〔various〕 fields 〔directions〕.
다변(多邊) ~적 multilateral. ¶ 수출 시장의 ~화 diversification of export markets. ‖ ~ 외교 a multilateral diplomacy / ~형(形) a polygon.
다변(多辯) talkativeness. ~의 talkative; garrulous.
다병(多病) ~한 weak; infirm; sickly.
다복(多福) ~하다 (be) happy; lucky; blessed; blest.
다복다복 in bunches 〔groves〕.
다부일처(多夫一妻) polyandry.
다부지다 《사람이》 (be) sta(u)nch; firm; determined; 《힘들다》 (be) hard; trying; tough.
다북쑥 〖植〗 a mugwort; a wormwood.
다분(多分) ~히 much; in large measure; quite a lot.
다불과(多不過) at (the) most; no more than.
다붓하다 (be) close; dense; be at short intervals. ¶ 다붓이 close(ly); dense(ly).
다붙다 close in together.
다붙이다 bring 《*two things*》 close together.
다비(茶毘) 〖佛〗 cremation. ~하다 cremate.
다사(多事) ~한 eventful; busy. ¶ ~스러운 officious; meddlesome; nosy. ‖ ~ 다난 eventfulness.
다산(多產) ~의 productive; prolific. ‖ ~부 prolific woman.
다섯 five. ¶ ~째 the fifth / ~ 배(의) fivefold; quintuple.
다소(多少) (a) number (수); (a) quantity (양); (an) amount (액); 《부사적》 more or less; somewhat; in a way; to some extent.
다소곳하다 (be) modest and quiet with one's head lowered; obedient. ¶ 다소곳이 gently; obediently.
…다손치더라도 (even) though; even if; no matter how 〔what, *etc.*〕; admitting 〔granting〕 that…. ¶ 그렇 ~ admitting that it is so.
다수(多數) a large 〔great〕 number; many; a majority. ~의 (a great) many; a large number of; numerous. ‖ ~결 decision by majority (~결로 정하다 decide by majority) / ~당 the majority 〔dominant〕 party / ~표 a plurarity / 절대 ~ a majority 《美》; an absolute majority 《英》.
다수확(多收穫) ~의 high-yield(ing) 《*wheat*》. ‖ ~ 품종 a high-yield variety 《*of grain*》.
다스 《12개》 a dozen 《명사 앞 및 숫자 뒤는 단수 복수 동형》. ¶ 12 ~ a gross / 5 ~ five dozen 《*pencils*》 / ~로 팔다 sell by the dozen.
다스리다 ① 《통치》 rule 〔reign〕 over; govern 《*the people*》; manage 《*one's household*》 (관리). ② 《바로잡다》 put 《*things*》 in order; set 《*things*》 to right. ③《통제》 control; keep under control; regulate 《*rivers*》. ④ 《병을》 treat; cure; heal. ⑤ 《죄를》 punish; bring 《*a person*》 to justice.
다스하다 (be) somewhat warm.
다습하다(多濕一) (be) damp(ish); humid. ¶ 다습한 기후 humid weather.
다시 《또》 again; overagain; once more 〔again〕 (다시 한번); 《거듭》 repeatedly; again and again; 《새로이》 anew; afresh. ¶ ~없는 only; unique / ~없는 기회 a golden opportunity.
다시마 〖植〗 a (sea) tangle; a tang.
…다시피 《마찬가지로》 as; like; 《같은 정도로》 almost; nearly; practically; all but. ¶ 보시〔아시〕~ as you know 〔see〕 / 멸망하~ 되다 be almost ruined.
다식(多食) ~하다 eat much 〔to excess〕; overeat. ¶ ~가 a great eater.
다식(多識) wide knowledge; erudition.
다신교(多神教) polytheism. ‖ ~도 a polytheist.
다실(茶室) ☞ 다방.
다액(多額) ~의 large; a large sum 〔amount〕 of; considerable.
다양(多樣) ~하다 (be) various; diverse; manifold. ¶ ~화하다 diversify. ‖ ~성 diversity; multiplicity / ~화 diversification.
다언(多言) ~의 talkative; garrulous; voluble.
다염기산(多塩基酸) 〖化〗 polybasic acid.
다예(多藝) versatility; varied accomplishments.
다우존즈식(一式) 〖證〗 ‖ ~ 평균 주가 the Dow-Jones average 《*on the Seoul Stock Exchange*》.
다운 〖拳〗 a down. ~되다 go down. ¶ ~시키다 knock down; floor.
다원(多元) pluralism. ~적 plural. ‖ ~론 pluralism/~ 방송 a broadcast from multiple origination / ~화 multipolarization.
다윈 Darwin. ‖ ~설 Darwinism.

다육(多肉) ~의 fleshy; pulpy.
다음 next; following; second (버금가는). ¶ ~의=다음 / ~날 the next (following) day / ~달(해) the next month (year); the following month (year) / ~에 next; secondly; in the second place; in the following / ~ 월요일 next Monday/~가다 be second (next) 《to》; rank next (second) 《to》.
다음(多音) ‖~자(字) a polyphone / ~절 a polysyllable.
다음다음 next but one; after next. ¶ ~날 the next day after one; two days after.
다의(多義) polysemy. ¶ ~의 polysemous. ‖~어(語) a word of many meanings.
다이너마이트 dynamite. ¶ ~로 폭파하다 dynamite 《*a rock*》.
다이빙 diving.
다이아 ① ☞다이아몬드. ② 《운행표》a railway schedule (timetable).
다이아나 〖羅神〗 Diana.
다이아몬드 a diamond.
다이아진 〖藥〗 diazin(e); sulfadiazine.
다이얼 a dial. ¶ ~을 돌리다 turn a dial / ~ 113번을 돌리다 dial 113. ‖ ~ 통화 direct-dialing.
다이얼로그 a dialog(ue).
다이오드 〖電子〗 diode.
다인 〖理〗 a dyne.
다작(多作) ~하다 be prolific in writing; write many works. ¶ ~의 prolific. ‖ ~가(家) a prolific writer (author).
다잡다 《사람을》 closely supervise; exercise strict; control 《*over*》; urge; 《마음을》 brace oneself up 《*for a task*》.
다재(多才) versatile talents. ~한 versatile; talented; many-sided. ¶ ~한 사람 a many-sided man; a man of versatile talents.
다정(多情) ~한 warm(-hearted); tender; affectionate; kind. ¶ ~ 다한 (다감)한 emotional; sentimental / ~히 warmly; kindly; affectionately; intimatly / ~한 친구 intimate (close) friends / ~하게 지내다, ~한 사이다 be on good (intimate, friendly) terms 《*with*》.
다정자(茶亭子) a tea table.
다조(一調) 〖樂〗 C.
다조지다 press; urge (goad, egg) on; bustle.
다족류(多足類) 〖動〗 the milliped(e); myriapoda.
다죄다 tighten (stiffen) 《*a thing*》 up taut (hard).
다지다 ① 《단단하게》 ram; harden 《*the ground*》. ② 《고기를》 mince; hash; chop (up). ③ 《다짐받다》 press 《*a person*》 for a definite answer; make sure 《*of*》.
다짐 《확약》 a definite answer (promise); a pledge; an oath; 《보증》 reassurance; guaranty. ~하다 assure; (give one's) pledge; (make a) vow; take an oath. ¶ ~받다 make sure 《*of*》; get an assurance from 《*a person*》; secure a definite answer.
다짜고짜로 without warning (notice); abruptly. ¶ ~ 사람을 치다 hit *a person* abruptly.
다채(多彩) ¶ ~롭다 (be) colo(u)rful; variegated. ¶ ~로운 행사 variegated functions.
다처(多妻) a plurality of wives. ‖일부 ~ polygyny; polygamy.
다치다 get (be) hurt; be wounded (injured). ¶ 다리를 ~ get hurt in the leg / 자동차에 ~ be injured in an auto accident.
다큐멘터리 ‖ ~ 영화 a documentary film.
다크호스 a dark horse; a sleeper 《美》.
다투다 fight; quarrel 《*about a matter with a person*》; dispute 《*with a person*》 (논쟁); be at variance 《*with*》 (불화); 《겨루다》 contest; compete; vie 《*with*》; struggle. ¶ 권력(우승)을 ~ vie for power (dominance).
다툼 《논쟁》 a dispute; an argument; a quarrel; 《경쟁》 a struggle; a contest; a competition 《*for a position*》.
다팔머리 short hair flowing in the wind.
다하다¹ 《없어지다》 be exhausted; run out; be all gone; 《끝나다》 (come to an) end; be out (up, over).
다하다² ① 《다 들이다》 exhaust; use up; run through. ¶ 최선을 ~ do one's best / 힘을 ~ put forth all one's strength. ② 《끝내다》 finish; get done; go through; be through 《*with*》; 《완수》 accomplish; carry out; 《이행》 fulfill; perform. ¶ 일을 ~ finish one's work / 본분을 ~ perform one's duty / 사명을 ~ accomplish (carry out) one's mission.
다항식(多項式) 〖數〗 a polynominal (multinominal) expression.
다행(多幸) good fortune (luck). ~하다 (be) happy; lucky; blessed; fortunate. ¶ ~히 happily; fortunately; luckily; by good luck / ~히도 …하다 be lucky enough to 《*do*》; have the luck to 《*do*》 / ~스럽다=다행하다.
다혈질(多血質) a sanguine (hot) temperament. ~의 full-blooded; sanguine; plethoric. ¶ ~인 사람 a man of sanguine temperament; a full-blooded man.
다홍(一紅) deep red; crimson. ‖ ~치마 a crimson skirt.
닥나무 〖植〗 a paper mulberry.
닥닥 ¶ ~ 긁다 scratch (noisily).
닥뜨리다 encounter; meet with; face; be confronted by.
닥치다 approach; draw near; be (close) at hand; be imminent (im-

pending). ¶ 눈 앞에 닥친 pressing 《*dangers*》; imminent; pending / 닥치는 대로 at random; without discrimination / 닥치는 대로 읽다 read at random.
닥터 a doctor; a doc 《ㅁ》.
닦다 ① 《윤내다》 polish; burnish; shine; brighten. ¶ 구두를 ~ shine (polish) one's shoes. ② 《씻다》 clean; wash; brush; 《훔치다》 wipe; mop; scrub. ¶ 이를 ~ brush (clean) one's teeth / 걸레로 ~ wipe 《*the floor*》 with a floorcloth / 눈물을 ~ dry one's eyes. ③ 《단련》 cultivate; train; improve. ¶ 기술을 ~ improve one's skill / 지덕(知德)을 ~ cultivate wisdom and virtue. ④ 《고루다》 level; make even. ¶ 터를 ~ level the ground; lay the foundation (기초를). ⑤ 《셈을》 balance; settle; clear off (청산).
닦달질하다 scold; rebuke; give 《*a person*》 a good talking-to; take 《*a person*》 to task 《*for*》; teach a lesson; reprove.
닦아세우다 ☞ 닦달질하다.
닦음질 cleaning; wiping.
닦이다 ① 《닦음을 당하다》 be wiped (polished, shined, cleaned, washed, brushed). ② 《홀닦이다》 be strongly rebuked; have a good scolding; catch it.
단 《묶음》 a bundle; a bunch; a sheaf (벼 따위); a faggot (장작 따위). ¶ ~짓다 (tie up in a) bundle; sheave; bind into a bundle.
단(段) ① 《지적 단위》 a *dan* (=about 0.245 acres). ② 《인쇄물의》 a column. ¶ 삼~ 표제 a three-column heading. ③ 《등급의》 a grade; a class; a rank; a level. ¶ 바둑 9 ~ a ninth grader in *badug* / ~수가 틀리다 be not in a class with; stand on different levels; belong to a higher class (낫다). ④ 《층계》 a step; a stair.
단(壇) a platform; a raised floor; a rostrum [*pl.* -tra, ~s]; a stage (무대); a pulpit (교회의 연단); an altar (제단); 《…계》 circles, the world.
단(斷) decision; resolution; judg(e)ment. ~을 내리다 make a final decision.
단(單) only (one). ¶ ~ 한번 only once.
단(但) but; however; provided that (조건).
단(團) a body; a corps; a group; a party; a team (경기단); a troupe (극단); a gang (악한 따위의). ¶ 외교~ a diplomatic corps / 관광~ a tourist party.
단가(短歌) a *dan-ga* (poem); a Korean ode.
단가(單價) a unit cost (price). ¶ ~ 50원으로 at 50 *won* a piece. ‖ 생산 ~ the unit cost of production.
단가(團歌) the official song of an association.
단가(檀家) 〚佛〛 a parishioner; a supporter of a Buddhist temple.
단강(鍛鋼) forged steel.
단거리¹ 《재료》 the only material available (at hand).
단거리² 《나무》 a fag(g)ot; a bundle of firewood.
단거리(短距離) a short distance; a short range (사정(射程)의). ‖ ~ 경주 a short-distance race; a sprint (race); a dash / ~ 선수 a sprinter; a sprint-runner / ~ 탄도 미사일 a short-range ballistic missile (생략 SRBM).
단검(短劍) a short (small) sword; a dagger (비수).
단견(短見) short-sightedness; a narrow view (opinion).
단결(團結) unity; union; solidarity. ~하다 unite; hold (get) together. ‖ ~권 the right of organization (근로자의) / ~력 power of combination / ~심 co-operative spirit; *esprit de corps* 《프》.
단결에 while it is hot; before the chance slips away. ¶ 쇠뿔도 ~에 빼랬다 《俗談》 Strike while the iron is hot.
단경(短徑) 〚幾〛 the minor axis.
단경(斷經) 〚漢醫〛 menopause; natural cessation of menstruation. ~하다 go through menopause. ‖ ~기(期) the (time of) menopause.
단경기(端境期) an off-crop (a preharvest) season.
단계(段階) a stage; a step; a phase. ‖ 최종 ~ the final stage.
단곡(短曲) a short piece (of music); a *morceau* 《프》.
단골 《관계》 custom; connection; patronage; 《사람》 a (regular) customer; a patron; a client; a regular visitor.
단과대학(單科大學) a college.
단광(單光) ☞ 단색광.
단교(斷交) a rupture 《*of diplomatic relations*》. ~하다 break off relations 《*with*》. ‖ 경제 ~ a rupture of economic relations 《*between*》.
단구(段丘) a bench; a terrace.
단구(短軀) 《be of》 short stature.
단권(單卷) (a work in) one volume.
단궤(單軌) a monorail. ‖ ~ 철도 a monorail (centripetal) railway.
단근(單根) ① 〚化〛 a simple radical. ② 〚植〛 a simple root.
단근질 torturing with a red-hot iron. ~하다 torture 《*a criminal*》 with a red-hot iron.
단기(單記) single entry. ‖ ~ 투표 single voting.
단기(短期) a short term (time). ~의 short-term; short-dated. ‖ ~ 강습 a short(-term) course 《*in English*》 / ~ 대부 a short-term loan.
단기(單機) a single plane.
단기(單騎) a single horseman.
단기(團旗) an association banner.

단내 burning smell; a scorched smell.
단념(斷念) abandonment. ~하다 give up 《*an idea*》; abandon; relinquish; forego; despair of. ¶ 출세를 ~하다 despair of success in life.
단단하다 (be) hard; solid; strong (세다); firm (굳건하다); tight(매듭이). ¶ 단단히 hard; solidly(굳게); tightly(꽉); fast(안 움직이게); firmly (단연); strongly (세게); strictly (엄중히); severely (되게); greatly (크게)/단단한 기초 a solid foundation / 단단히 결심하다 be firmly resolved / 단단히 약속하다 make a solemn promise/단단히 이르다 give strict orders.
단대목(單一) the high tide 《*of*》; a critical point.
단도(短刀) a dagger; a short sword.
단도직입(單刀直入) ~적(으로) point-blank; straightforward(ly); direct(-ly); frank(ly).
단독(丹毒) 〖醫〗 erysipelas; the rose. ¶ ~성의 erysipelatous.
단독(單獨) ¶ ~적(으로) independent(-ly); separate(ly); individual(ly); single-handed; (a)lone. ‖ ~ 강화 《conclude》 a separate peace/~범 《범인》 a sole offender; 《죄》 a single offence / ~행위 《take》 an independent 〔individual〕 action/ ~ 회견 an exclusive 〔a single〕 interview.
단두대(斷頭臺) a guillotine; a scaffold; a block. ¶ ~의 이슬로 사라지다 die on the scaffold; be guillotined.
단락(段落) the end of a paragraph; a section; 《결말》 a conclusion; a close; settlement. ¶ ~을 짓다 bring 《*a matter*》 to a conclusion; fix (up); settle.
단락(短絡) 〖電〗 a short (circuit).
단란(團欒) ~하다 (be) happy; harmonious; sit in a happy circle. ¶ ~한 가정 생활 a happy home life.
단량체(單量體) 〖化〗 a monomer.
단련(鍛鍊) ① 《금속》 temper; forging. ~하다 temper 《*iron*》; forge. ② 《심신》 training; drilling; discipline. ~하다 train; drill discipline. ¶ 심신을 ~하다 train one's body and mind.
단리(單利) 〖經〗 simple interest.
단막(單幕) one act. ‖ ~극 a one-act drama (play).
단말마(斷末魔) one's last moments. ¶ ~의 고통 death agony; throes of death.
단맛 sweetness; 《have》 a sweet taste.
단면(斷面) a section. ¶ 사회 생활의 ~ a phase of social life. ‖ ~도 a cross section; a cross-sectional view / 수평〔종, 횡, 수직〕 ~ horizontal 〔longitudinal, cross, vertical〕 section.
단명(短命) a short life. ~한 short-lived. ¶ 재사(才士) ~ Men of talent die young.
단모음(單母音) a single vowel.
단무지 pickled (yellow) radish.
단문(短文) a short sentence.
단문(單文) 〖文〗 a simple sentence.
단물 ① 《담수》 fresh water. ② 《맛이 단》 sweet water. ③ 《알속》 the cream; 《take》 the lion's share. ¶ ~을 빨아먹다 take the lion's share; skim the cream off. ④ 《연수》 soft water.
단물나다 be worn out; become threadbare.
단박 instantly; immediately; in a moment 〔an instant〕; at once.
단발(單發) ① 《한발》 a shot. ¶ ~에 at a shot. ‖ ~총 a single-loader. ② 《발동기》 a single engine. ‖ ~기 a single-engined plane.
단발(短髮) short hair; crop.
단발(斷髮) bobbed hair. ~하다 bob one's hair. ‖ ~미인 a beautiful woman with bobbed hair.
단방(單放) ① ☞ 단발(單發). ② ☞ 단번(單番).
단배 a strong 〔good〕 appetite (식욕); strong digestion (소화력).
단백(蛋白) albumin. ‖ ~뇨증(尿症) albuminuria/~석(石) 〖鑛〗 opal/~질 protein; albumen (동물성〔식물성〕 ~질 animal 〔vegatable〕 protein).
단번(單番) ~에 at a stroke〔stretch〕; at one coup 〔try〕; by one effort.
단벌(單一) 《옷》 one's only suit. ‖ ~ 신사 one who has no spare suit.
단병(短兵) ‖ ~ 접전 a hand-to-hand fight; a fight at close quarter.
단본위제(單本位制) 〖經〗 monometallism; a single standard (system).
단봉낙타(單峰駱駝) 〖動〗 an Arabian 〔a single-hump〕 camel; a dromedary.
단분수(單分數) 〖數〗 simple fraction.
단비 a welcome 〔timely〕 rain.
단비(單比) 〖數〗 simple ratio.
단비례(單比例) 〖數〗 simple proportion.
단사(丹砂) 〖鑛〗 cinnabar.
단산(斷產) ~하다 terminate foetation; stop the childbirth 《*at the age of*》.
단삼(丹蔘) 〖植〗 a salvia.
단상(單相) 〖電〗 single phase. ‖ ~전동기 a single-phase motor.
단상(壇上) ¶ ~에 on the platform 〔rostrum, stage〕 / ~에 서다 stand on 〔take〕 the platform.
단색(單色) ~의 unicolo(u)red; monochromatic. ‖ ~광 monochromatic rays 〔light〕/~화(畫) a monochrome.
단서(但書) a proviso [*pl.* ~(e)s]; a provisory clause; a provision. ¶ ~가 붙은 conditional.

단서(端緖) 《기원》 birth; origin; 《시작》 beginning; the start; 《초보》 the first step; 《실마리》 a clue. ¶ 문제 해결의 ~ a clue [key] to the solution of a question/~를 잡다 have [get, gain] a clue.

단선(單線) ① 《한 줄》 a single line. ② 《단궤》 a single track. ‖ ~ 철도 a single-track railway.

단선(斷線) breaking of a wire; disconnection. ~하다 a wire snaps [is broken down].

단성(單性) 【生】 unisexuality. ‖ ~ 생식 monogenesis/~화(花) a unisexual flower.

단세(單稅) the single tax.

단세포(單細胞) 【生】 a single cell. ‖ ~동물[식물] unicellular animals [plants].

단소(短小) ~한 small and short.

단속(團束) 《관리》 control; regulation; management; 《감독》 supervision; 《기율》 discipline. ~하다 (keep under) control; keep in order; regulate; manage; supervise; maintain 《*discipline*》; oversee.

단속(斷續) ¶ ~적인 intermittent; on-again/~적으로 on and off; at intervals. ‖ ~기 an interrupter.

단속곳 a slip; an underskirt.

단수(斷水) (a) suspension of water supply. ~하다 the water supply is suspended [cut off].

단수(單數) 【文】 the singular number. ~의 singular.

단수(端數) ☞ 끝수, 우수리.

단순(單純) simplicity. ~하다 (be) simple; plain; simple-minded [-hearted] (사람이). ¶ ~히 simply; merely / ~하게[화]하다 simplify. ‖ ~ 개념 a simple concept.

단순호치(丹脣皓齒) red lips and white teeth; 《용모》 a lovely face; 《미인》 a beauty.

단술 a sweet rice drink.

단숨에(單一) at a stretch [stroke]; at [in] a breath; at one effort; at a draught (한 모금에). ¶ ~ 마시다 drink at one draft.

단시(短詩) a sonnet; a short poem [verse]. ‖ ~ 작가 a sonneteer.

단시간(短時間) 《in》 a short (space of) time.

단시일(短時日) ¶ ~에 in a short (period of) time; in a day.

단식(單式) 【數】 a simple expression; 《부기》 single entry; 《테니스·탁구》 singles.

단식(斷食) a fast; fasting. ~하다 fast. ‖ ~일[요법] a fast day [cure]/~ 투쟁 《go on》 a hunger strike.

단신(單身) 《부사적》 alone; by oneself; single-handed; unaided; unaccompanied. ¶ ~ 여행하다 travel alone.

단신(短信) a brief letter [note, message, news].

단심제(單審制) single-trial system.

단아(端雅) ~한 elegant; graceful.

단안(單眼) 【蟲】 a stemma; an ocellus. ¶ ~의 ocellar.

단안(斷案) a decision (결정); a conclusion (결론); consequence (귀결). ¶ ~을 내리다 make a (final) decision; draw the conclusion.

단애(斷崖) a precipice; a cliff. ‖ ~ 절벽 a precipitous [an overhanging] cliff.

단어(單語) a word; a vocabulary (어휘). ‖ ~집(集) a collection of words / 기본 ~ a basic word.

단언(斷言) an affirmation; a declaration; an assertion. ~하다 affirm; assert; declare; say [state] positively.

단역(端役) 《play》 a minor part [role]; an extra (사람).

단연(斷然) firmly; resolutely; decisively; 《절대적으로》 absolutely; positively; decidedly. ¶ ~ 제일이다 be by far the best of all / ~ 유리하다 have a decided advantage / ~ 다른 것을 리드하다 hold the unquestioned lead.

단연(斷煙) ~하다 give up [quit] smoking.

단엽(單葉) 【植】 single-leaf; unifoliate. ‖ ~ 비행기 a monoplane.

단오절(端午節) the *Dan-o* Festival (on the 5th of the fifth month according to the lunar calendar).

단원(單元) ① 《학과의》 a unit. ② 【哲】 the monad.

단원(團員) a member 《*of a group*》.

단원제(單院制) the unicameral [single-chamber] system.

단위(單位) a unit; a denomination (화폐의). ‖ 기본 ~ a standard unit / 화폐 ~ a monetary unit.

단음(短音) a short sound. ‖ ~계 【樂】 the minor scale.

단음(單音) a single sound; 【樂】 a monotone.

단음(斷飮) ☞ 단주(斷酒).

단일(單一) ~의 singular; single; unique; simple; sole. ¶ ~화하다 simplify. ‖ ~ 환율 a single exchange rate / ~ 후보 a sole candidate.

단자(單子) a list of gifts; 【哲】 monad.

단자(短資) a short-term loan. ‖ ~ 시장 the short-loan market / ~ 회사 a short-term financing company.

단자(團子) a dumpling.

단자(端子) 【電】 a terminal.

단작(單作) a single crop. ‖ ~ 지대 a one-crop area [belt].

단작스럽다 (be) mean; base; stingy.

단잠 《sleep》 a sweet [sound] sleep.

단장(丹粧) ~하다 make one's toilet; dress oneself; dress up; make up; beautify oneself.

단장(短杖) a walking stick; a cane.

단장(團長) a commandant; a head [a leader] 《*of a party*》.

단장(斷腸) ~의 heartrending; heart-

breaking. ¶ ~의 비애 heartbreaking grief.
단적(端的) ~으로 directly; straightforwardly; frankly; plainly. ¶ ~으로 말하면 frankly (speaking); to be frank with you.
단전(丹田) the abdomen. ¶ ~에 힘을 주다 strain the abdomen.
단전(斷電) ~하다 suspend power supply 《*to*》; cut off electricity. ‖ ~일(日) a power holiday; a non-power-supply day; a no-power day.
단절(斷絕) extinction (소멸); rupture; break (국교); interruption (중단). ~하다 sever; cut 〔break〕 off. ¶ ~되다 become extinct; be broken off; come to a rupture; be severed. ‖ 국교 ~ the rupture 〔severance〕 of diplomatic relations.
단점(短點) a weak point; a defect; a fault; a shortcoming.
단정(短艇) a boat.
단정(端正) ~하다 (be) right; upright; decent; handsome 《*face*》. ¶ ~히 upright; properly; neatly; tidily / ~치 못한 slovenly; loose; untidy; disorderly.
단정(斷定) ~하다 draw 〔come to〕 a conclusion; conclude; decide; judge.
단조(單調) 《가곡의》 monotone; 《무변화》 monotony; dullness. ~롭다 (be) monotonic; dull; monotonous/~로운 빛깔 a dull 〔flat〕 colo(u)r.
단조(短調) 〖樂〗 a minor (key).
단종(斷種) castration (거세); sterilization.
단좌(單坐) ‖ ~식 single-seated (~식 비행기 a single seater).
단좌(端坐) ~하다 sit straight.
단죄(斷罪) judgment of a crime; condemnation; conviction. ~하다 convict; condemn.
단주(端株) 〖證〗 a broken 〔an odd〕 lot.
단주(斷酒) ~하다 abstain from wine; give up drinking.
단지 a jar; a pot; a crock.
단지(團地) a housing development 〔estate 《英》〕; a collective 〔public〕 housing area. ‖ 공업 ~ an industrial complex.
단지(斷指) ~하다 cut off one's finger.
단지(但只) simply; merely; only.
단짝 an intimate friend; a chum.
단철(鍛鐵) wrought iron.
단청(丹青) ① 《색채》 (red and blue) colo(u)rs. ② 《그림》 a picture 〔a painting〕 of many colors and designs.
단체(單體) 〖化〗 a simple substance.
단체(團體) a body; a group; a party; 《조직체》 an organization; an association. ¶ ~를 조직〔해산〕하다 form 〔dissolve〕 an organization. ‖ ~ 경기 a team event; team competition/~ 교섭(권) collective bargaining (right) / ~ 생활 a group life / ~ 여행 《make》 a group tour / ~ 정신 *esprit de corps* 《프》; a team spirit / ~ 할인 a party reduction / ~ 행동 collective action.
단총(短銃) a pistol; a revolver. ‖ 기관 ~ a submachine gun.
단추 a button; a stud (장식 단추). ¶ ~를 채우다 button (up) / ~를 끄르다 unbutton; undo a button / ~를 달다 sew a button 《*on a coat*》. ‖ 단춧구멍 a buttonhole / 커프스 ~ cuff buttons; a sleeve link.
단축(短軸) 〖鑛·機〗 the minor axis.
단축(單軸) ~의 uniaxial 《*crystal*》.
단축(短縮) reduction; shortening; curtailment. ~하다 reduce; shorten; cut (down); curtail; abridge. ¶ 시간을 ~하다 reduce the time/학년을 ~하다 shorten the school years. ‖ 조업 ~ the curtailment of operation; output reduction.
단출하다 be a family of small members 〔numbers〕; 《간편》 (be) simple; handy; convenient. ¶ 단출한 살림 a simple menage 〔household〕/단출한 식구 a small family.
단층(單層) ~의 one-storied. ‖ ~집 a one-storied〔-story 《英》〕 house.
단층(斷層) 〖地〗 a fault; a dislocation.
단침(短針) the short 〔hour〕 hand.
단칭(單稱) ~의 singular. ‖ ~ 명제 〖論〗 a singular proposition.
단칸(單一) a single room. ‖ ~살림, ~살이 living in a single room.
단칼(單一) with one stroke of the sword.
단타(單打) 〖野〗 a single (hit). ¶ ~를 치다 single 《*to right field*》.
단타(短打) 〖野〗 chopping. ¶ ~를 치다 chop 《*the ball*》.
단파(短波) a short wave (length). ‖ ~ 방송 short-wave broadcasting / ~ 수신〔송신〕기 a short-wave receiver 〔transmitter〕.
단판(單一) a single round. ¶ ~에 in a single round. ‖ ~ 승부 a game of single round.
단팥죽 sweet red-bean broth.
단편(短篇) a short piece; a sketch. ‖ ~ 소설 a short story (~ 소설집 a collection of short stories) / ~ 영화 a short film; a briefie 《俗》.
단편(斷片) a piece; a fragment; a scrap; a fraction. ~적 fragmentary.
단평(短評) a short criticism 〔comment, remark〕. ‖ 시사 ~ a brief comment on current events.
단풍(丹楓) ① 《나무》 a maple (tree). ② 《잎》 red 〔yellow〕 leaves; autumnal tints. ¶ ~들다 turn red 〔yellow, crimson〕 / ~ 구경가다 go to see the scarlet maple leaves.
단합(團合) unity. ~하다 be united.

‖ ~ 대회 a rally to strengthen the unity. ☞ 단결.

단항식(單項式) 〖數〗 monomial (expression).

단행(單行) ‖ ~법 〖法〗 a single offense / ~법 a special law / ~본 a book.

단행(斷行) ~하다 carry out; take a resolute step; act up to 《*one's conviction*》.

단호(斷乎) ~한 firm (결심); decisive (수단); resolute (결의); drastic (과단성). ¶ ~히 firmly; decisively; resolutely / ~한 조처(措處)를 취하다 take drastic measures; take a stern action.

단화(短靴) shoes.

닫다[1] 《사람이》 run; 《말이》 canter; 「gallop.

닫다[2] 《닫치다》 shut; close. ¶ 쾅 ~ slam, bang 《*the door*》 / 닫아 걸다 lock 《*a door*》.

닫치다 shut (up); close (up).

닫히다 be shut; get closed. ¶ (문이) 저절로 ~ shut of itself / 잘 안 ~ shut hard.

달 ① 《하늘의》 the moon. ¶ ~세계 the moon / ~의 여신 Diana / ~ 없는 밤 a moonless night / ~이 차다 〔이즈러지다〕 the moon waxes 〔wanes〕. ② 《달력의》 a month. ¶ 전전 ~ the month before last / ~마다 every month; monthly / 큰 〔작은〕 ~ an odd 〔even〕 month / ~ 수가 차지 않은 아이 a premature infant; a prematurely-born baby.

달가닥거리다 rattle; clatter.

달가당거리다 jingle; tinkle; clink.

달각거리다 ☞ 달가닥거리다.

달갑다 (be) satisfying. ¶ 달갑지 않은 손 an unwelcome guest.

달개집 a penthouse; a projection added to a house.

달걀 an egg. ¶ ~ 모양의 egg-shaped / ~의 흰자위 〔노른자〕 the white 〔yolk〕 of an egg / ~ 껍질 an eggshell / 반숙의 〔날, 갓난〕 ~ a soft-boiled 〔raw, new-laid〕 egg / ~빛 a light-yellowish color / ~을 깨다 break 〔open〕 an egg.

달게굴다 badger; tease; importune 《*a person for a thing, a person to do*》.

달견(達見) a far-sighted 〔an excellent〕 view; a fine idea.

달관(達觀) a broad outlook; a long view; far-sightedness; a philosophic view. ~하다 take a long 〔philosophic〕 view 《*of*》.

달구 a ground rammer. ‖ ~질 ramming earth (~질하다 ram; harden the ground).

달구다 heat 《*a piece of iron*》.

달구지 a large cart; an oxcart.

달그락거리다 rattle; rumble.

달그랑거리다 jingle; tinkle; clink.

달다[1] ① 《맛이》 (be) sweet; sugary; ¶ 단 것 sweet things; sweets / 맛이 ~ taste sweet; have a sweet taste. ② 《입맛이》 (be) tasty; nice; sweet; 《술어적》 have a good appetite. ¶ 인생의 쓰고 단 것 the sweets and bitters of life / 달게 먹다 eat with gusto.

달다[2] ① 《뜨거워지다》 become 〔get〕 very hot; burn. ¶ 쇠가 ~ iron is heated / 빨갛게 ~ become red-hot. ② 《너무 익다》 be overdone. ③ 《마음타다》 fret; be anxious 〔impatient, nervous〕.

달다[3] ① 《붙이다》 attach; affix; fasten; 《가설》 install; fix; set up. ¶ 문에 종을 ~ fix a bell on the door / 샤쓰에 단추를 ~ sew a button on a shirt / 전화를 ~ install 〔set up〕 a telephone; have a telephone installed. ② 《걸다》 put up 〔hang out〕 《*a sign*》. ③ 《착용》 put on; wear. ¶ 메달을 ~ put on 〔wear〕 a medal. ④ 《올리다》 hoist; fly 《*a flag*》. ⑤ 《기입》 give; enter; put (down); 《주(註)를》 annotate; annex 〔make〕 《*notes*》. ¶ 외상을 ~ put down (charges) to one's credit account.

달다[4] 《무게를》 weigh. ¶ 저울로 ~ weigh 《*a thing*》 in the balance.

달단(韃靼) Tartary; Tatary. ‖ ~인 a Ta(r)tar.

달뜨다 become fickle 〔wanton〕.

달라다 ask 〔beg〕 for 《*a thing*》; request; demand.

달라붙다 stick 〔cling, adhere〕 to.

달라지다 (undergo a) change; alter; be changed 〔altered〕; vary. ¶ 달라지지 않다 be 〔remain〕 unchanged.

달랑거리다 《방울이》 jingle; tinkle.

달래 〖植〗 a wild rocambole.

달래다 appease; soothe; coax; beguile (마음을). ¶ 우는 어린애를 ~ soothe a crying child / 시름을 술로 ~ drown one's sorrows in drink.

달러 a dollar (기호 $). ‖ ~ 박스 a money box; a strongbox.

달려들다 go at; pounce on; fly at; jump 〔leap, spring〕 at 〔on〕.

달력(一曆) a calendar; an almanac (책력).

달로켓 a lunar 〔moon〕 rocket. ¶ ~의 발사 a moonshot.

달리 differently; in a different way; separately (따로). ~하다 differ 〔be different〕 《*from*》. ¶ 생각했던 것과는 ~ contrary to one's expectations / 견해를 ~하다 have a different opinion.

달리기 a run; a race (경주). ¶ ~에서 이기다 win a race. ‖ ~ 선수 a runner; a racer.

달리다[1] 《부족》 ☞ 딸리다.

달리다[2] 《기운이》 sag; be languid 〔tired, droopy〕; 《눈이》 droop; be drawn.

달리다[3] 《질주》 run; dash; hurry; sail (배가); drive 《*a car*》 (with

speed); gallop ⟪*a horse*⟫. ¶ 달려가다 run 〔hasten〕 to / 달려오다 come running; run up to / 현장으로 달려가다 rush to the scene ⟪*of*⟫.
달리다⁴ ① ⟪…에 걸려서⟫ hang ⟪*on, from*⟫; dangle; be suspended ⟪*from*⟫; be hung. ② ⟪부속⟫ be attached 〔fixed〕. ¶ 전등이 ~ an electric lamp is fixed / 수도(가) 달린 집 a house with city-water laid on. ③ ⟪여하에⟫ depend on. ¶ 그것은 사정 여하에 달렸다 It depends on the respective circumstances.
달리아 〖植〗 a dahlia.
달마(達磨) *Dharma* ⟪梵⟫.
달맞이 ¶ ~하다 view 〔welcome〕 the first full moon.
달무리 a halo; a ring around the moon.
달문(達文) a clearly written composition; a lucid style.
달밤 a moonlight 〔moonlit〕 night.
달변(達辯) eloquence; fluency. ~의 eloquent; fluent.
달빛 moonlight. ¶ ~을 받고 in the moonlight.
달성(達成) achievement. ~하다 accomplish; achieve; attain; carry through. ¶ 목적을 ~하다 attain one's purpose.
달아나다 ① ⟪도망⟫ run away; flee; take to flight; escape; make off; get free (동물이). ¶ …을 가지고 ~ run away with; abscond with. ② ⟪달려가다⟫ run; dash; speed.
달아매다 hang; suspend; dangle.
달아보다 ① ⟪무게를⟫ weigh. ② ⟪사람을⟫ test (out); put 〔bring〕 to the test.
달아오르다 ⟪뜨거워지다⟫ become red-hot; ⟪얼굴·몸이⟫ feel hot; burn.
달음(박)질 running; a run. ~하다 run.
달의(達意) intelligibility; lucidity.
달이다 ⟪간장 따위⟫ boil down; ⟪약제를⟫ decoct; infuse. ¶ 약을 ~ make a medical decoction.
달인(達人) an expert ⟪*at, in*⟫; a master ⟪*of*⟫.
달짝지근하다 (be) sweetish.
달창나다 ⟪해지다⟫ wear out; be worn out; ⟪바닥나다⟫ run out; be used up; be all gone.
달치다 heat to excess; get too hot; boil down 〔dry〕 (끓여).
달카닥거리다 ⟪소리⟫ clang; clatter; rattle.
달칵거리다 ☞ 달카닥거리다.
달콤하다 (be) sweet; sugary. ¶ 달콤한 말 honeyed 〔sugared〕 words.
달통(達通) ~하다 be a master ⟪*of*⟫.
달팽이 〖動〗 a snail. ¶ ~ 걸음으로 ⟪walk⟫ at a snail's pace.
달포 a month odd.
달품 work paid for by the month.
달필(達筆) a skil(l)ful hand (솜씨); a good (running) hand (글씨). ¶ ~이다 write a good hand.
달하다(達一) ① ⟪목적 등을⟫ attain ⟪*one's aim*⟫; accomplish; achieve; realize ⟪*one's hopes*⟫. ② ⟪도달⟫ reach; arrive in 〔at〕; get to 〔at〕; come up to ⟪*the standard*⟫. ¶ 수준에 ~ reach the level. ③ ⟪수량이⟫ reach; amount to; come (up) to. ¶ 5 백만원에 ~ reach 〔amount to〕 five million *won*.
닭 a hen (암탉); a cock 〔rooster〕 (수탉); a chicken. ¶ ~을 치다 keep hens; raise chickens / ~잦추다 crow busily (at dawn). ‖ ~고기 chicken / ~고집 a bigot; a stiff-necked fellow / ~어리 a chicken 〔hen〕 coop / ~(의)장 a (hen) coop; a henhouse.
닮다 resemble; be alike; look like; take after. ¶ 많이 ~ resemble ⟪*a person*⟫ closely.
닳다 ① ⟪마멸⟫ wear 〔be worn〕 out; be rubbed off 〔down〕; ⟪해지다⟫ wear threadbare. ② ⟪국물이⟫ be boiled down 〔dry〕. ③ ⟪세파에⟫ lose one's modesty; be sophisticated. ¶ 닳고 단 여자 a saucy wench. ④ ⟪살갗이⟫ be flushed with cold.
닳리다 ⟪해뜨리다⟫ wear away 〔down〕; rub off 〔down〕; ⟪국물을⟫ boil down 〔dry〕.
담 ⟪집의⟫ a wall; a fence (울타리). ¶ ~을 두르다 set up a wall; fence round ⟪*a house*⟫.
담(痰) phlegm; sputum.
담(膽) ⟪쓸개⟫ gall(bladder); ⟪담력⟫ courage; pluck; nerves. ¶ ~이 큰 daring; bold courage / ~이 작은 timid; faint-hearted.
담갈색(淡褐色) light brown colo(u)r.
담결석(膽結石) ☞ 담석(膽石).
담그다 ① ⟪물에⟫ soak 〔steep ⟪*in*⟫〕; dip ⟪*into*⟫. ② ⟪김치 등⟫ prepare ⟪*kimchi*⟫; pickle ⟪*vegetables*⟫; ⟪절이다⟫ salt; preserve with salt. ③ ⟪술을⟫ brew ⟪*sul*⟫.
담기다 be filled 〔put in〕; hold; be served (음식이); be bottled (병에).
담낭(膽囊) 〖解〗 the gall(bladder). ‖ ~관 the cystic duct.
담다 ① ⟪그릇에⟫ put in; fill; ⟪사상 따위⟫ put into; incorporate ⟪*in*⟫; ⟪음식을⟫ fill; serve. ¶ 광주리에 ~ put into a basket. ② ⟪입에⟫ employ ⟪*foul language*⟫. ¶ 입에 담지 못할 욕 very foul language. ③ ☞ 담그다.
담담하다(淡淡一) ⟪마음이⟫ (be) indifferent; disinterested; serene; ⟪빛·맛이⟫ (be) plain; light. ¶ 담담한 심경 a serene state of mind.
담당(擔當) charge. ~하다 take charge ⟪*of*⟫. ‖ ~ 검사 the prosecutor in charge / ~ 구역 a district assigned to one; one's round 〔beat〕 / ~ 업무 〔사무〕 the business in one's charge / ~자 a person in charge ⟪*of*⟫.
담대(膽大) ~한 bold; daring; fear-

less; plucky. 「fulness.
담략(膽略) courage and resource-
담력(膽力) courage; pluck; nerve(s). ¶ ~이 있는 courageous; plucky; bold / ~없는 timid; cowardly / ~을 기르다 cultivate 〔foster〕 courage.
담록색(淡綠色) light 〔pale〕 green.
담론(談論) (a) talk; a discussion; (an) argument.
담박(淡泊) ~한《마음이》indifferent; candid; frank; 《맛·빛이》light; plain. ¶ ~한 사람 a man of few wants (욕심 없는); an open-hearted person (솔직한).
담방거리다 ☞ 덤벙거리다.
담배 tobacco; a cigaret(te) (궐련). ¶ 씹는 ~ chewing tobacco / ~를 피우다 smoke (a cigaret); smoke 〔have〕 a pipe. ‖ ~ 꽁초 a cigar(-ette) butt / ~쌈지 a tobacco pouch / ~ 설대 the bamboostem of a pipe / 담뱃갑 a cigaret case/ 담뱃가게 a tobacconist's (shop); a cigar store 《美》/ 담뱃값 money for tobacco; a tip (수고비) / 담뱃대 a (tobacco) pipe / 생~ a cigaret burning of itself / 파이프 ~ pipe tobacco.
담백(淡白) ☞ 담박(淡泊).
담벼락 the surface of a wall.
담보(擔保) ①《보증》guarantee; assurance. ~하다 gurantee; assure. ②《채무의》security; mortgage (부동산의). ¶ ~로 넣다 〔잡히다〕 give as a security 《for》/ ~를 잡다 take security. ‖ ~권 a security right / ~금 a security / ~ 대부 loan on security / ~물 a security; a collateral / ~ 물권 real rights granted by way of security.
담비 〖動〗 a marten; a sable.
담뿍 much; (in) plenty; full; brimful. ¶ 물을 ~ 붓다 pour water full to the brim. ☞ 듬뿍.
담색(淡色) a light colo(u)r.
담석(膽石) 〖醫〗 a gallstone. ‖ ~증 cholelithiasis.
담세(擔稅) ‖ ~력 tax-bearing capacity / ~자 a tax-payer.
담소(談笑) ~하다 chat 《with》; have a pleasant talk 《with》.
담소(膽小) ~한 timid; cowardly; chicken-hearted.
담수(淡水) fresh water. ‖ ~어〔호〕 a fresh-water fish 〔lake〕.
담수(湛水) ~하다 contain water; be filled with water.
담쌓다 ①《두르다》enclose with a fence; fence (up). ②《관계를 끊다》break off relations with 《*a person*》; be through with 《美》.
담요(毯—) a blanket.
담임(擔任) charge. ~하다 be in 〔take〕 charge of; teach (가르침). ‖ ~교사 a class teacher; a teacher in charge / ~반 a class under one's charge.
담쟁이 〖植〗 an ivy.
담즙(膽汁) bile; gall. ‖ ~질 bilious temperament.
담차다(膽—) (be) stout-hearted; daring; bold; plucky.
담청색(淡靑色) light blue.
담판(談判) (a) negotiation; a parley; a talk. ~하다 negotiate 《*with a person for*》; talk over.
담합(談合) consultation; conference. ~하다 consult 〔confer〕 with. ¶ ~에 의해 by mutual consent/입찰에 관해 ~하다 confer on the bidding.
담홍색(淡紅色) (rose) pink.
담화(談話) (a) talk; (a) conversation; a statement (성명). ~하다 talk 〔converse〕 《*with*》; have a talk 《*with*》. ‖ ~문(文) an official statement.
담황색(淡黃色) lemon yellow.
답(答) an answer; a reply; a solution (해답) (☞ 답하다). ¶ ~을 내다 get 〔work out〕 an answer / …라는 ~이 나온다 we have... for the answer.
답곡(畓穀) grain from paddy fields.
답농(畓農) rice culture.
…답다 (be) -ly; -like; worthy of. ¶ 남자〔여자〕다운 manly 〔womanly, ladylike〕/ 신사다운 〔답지 못한〕 행위 conduct proper for 〔unbecoming〕 a gentleman.
답답하다(沓沓—) ①《가슴이》(be) stifling; suffocating; stuffy; 《갑갑하다》(be) stuffy; close; tight. ¶ 답답한 집 a narrow〔cramped〕 house/ 가슴이 ~ feel heavy in the chest. ②《사람됨이》(be) hidebound; unadaptable; lack versatility ③《속타다》(be) depressed; irritated; uneasy.
답례(答禮) a return courtesy (인사에 대한); a return call (방문에 대한); a return present (선물에 대한). ~하다 salute in return; return a call; make a return 《*for*》; give 《*a person a present*》 in return.
답배(答拜) ~하다 salute in return; return a salute.
답변(答辯) an answer; a reply; an explanation; a defense (변호). ~하다 reply; answer; explain; defend oneself.
답보(踏步) stepping; a stalemate (정체). ~하다 step; mark time; be at a standstill.
답사(答辭) an address in reply; a response. ~하다 give thanks; make a formal reply 《*to*》.
답사(踏査) a survey; (an) exploration; a field investigation. ~하다 explore; survey; investigate. ‖ 현지 ~ 《make》 a field investigation / ~대 an exploring party.
답서(答書) ☞ 답장(答狀).
답습(踏襲) ~하다 follow 〔tread〕 in

《*a person's*》 footsteps; follow.
답신(答申) ～하다 submit a report 《*to*》. ‖ ～서 a report.
답안(答案) a paper; an exam(ination) paper; 《답》 an answer. ¶ ～을 내다 hand in one's paper. ‖ 영어 ～ a paper in English.
답장(答狀) an answer; a reply. ～하다 answer 〔reply to〕 a letter.
답전(答電) a reply telegram. ～하다 answer 〔reply to〕 a telegram; wire back.
답지(遝至) ～하다 rush 〔pour〕 in storm; throng 〔rush〕 to 《*a place*》. ¶ 주문이 ～하다 have a rush of orders.
답파(踏破) ～하다 travel on foot; tramp; traverse.
답하다(答―) answer 《*a question*》; reply 《*to*》; give an answer 〔a reply〕; respond 《*to*》; solve (풀다).
닷… five. ¶ ～말 five *mal*.
닷새 ① 《닷샛날》 the fifth day (of the month). ② 《다섯날》 five days.
당(黨) 《단체》 a party; a faction (당파); a clique (도당). ¶ ～을 조직하다 form a party. ‖ ～간부 a party officer / ～기관 a party apparatus / ～대회 a (party) convention.
당…(當) 《이》 this; the present, the current (현재의); 《그》 that; the said; 《문제의》 in question; at issue. ¶ ～역(驛) this station / ～ 20세 be in one's twentieth year (this year); be 20 years old.
당고(當故) ～하다 go into mourning for one's parent.
당고모(堂姑母) one's grandfather's niece on his brother's side. 「dy;
당과(糖菓) sweetmeats; sweets; can-
당구(撞球) billiards; pills. ¶ ～를 하다 play billiards. ‖ ～대 a billiard table / ～봉 a cue / ～장 a billiard-room.
당국(當局) 《관계》 the authorities (concerned). ¶ ～의 명에 의하여 by order of the authorities. ‖ ～자 a person in authority(한 사람) / 관계～ the authorities concerned / 학교 ～ the school authorities.
당권(黨權) party hegemony.
당규(黨規) the party regulations.
당근 〖植〗 a carrot. 「these day.
당금(當今) (at) present; nowadays;
당기(當期) this 〔the current, the present〕 term 〔period〕.
당기(黨紀) party discipline.
당기다¹ 《끌어》 draw; pull; tug; haul; bend (활을); 《앞당기다》 advance; move 《*a date*》 up 〔forward〕; 《켕기다》 strain; stretch 《*a rope*》 tight. 「(one's appetite).
당기다² 《입맛》 stimulate; appeal to
당나귀 an ass; a donkey.
당년(當年) 《금년》 this 〔the current〕 year; 《왕년》 those years 〔days〕.
당뇨병(糖尿病) 〖醫〗 diabetes. ‖ ～ 환자 a diabetic.
당닭(唐―) 《닭》 a bantam.
당당(堂堂) ～한 grand; stately; imposing; fair (공정한). ¶ ～히 in a dignified manner; with an imposing air; grandly; fair and square (정정당당히) / ～한 풍채 a stately appearance / ～히 싸우다 play fair.
당대(當代) 《한평생》 one's lifetime; 《시대》 the present generation 〔age〕; those days.
당도(當到) ～하다 arrive 《*at, in*》; reach; gain; get to.
당도(糖度) saccharinity.
당돌(唐突) ～한 《안찬》 bold; plucky; fearless; 《주제넘은》 forward; rude. ¶ ～히 abruptly; rudely.
당락(當落) the result of an election; success (or defeat) in an election.
당략(黨略) party politics; a party policy; the party platform.
당량(當量) 〖理·化〗 equivalent; equivalence.
당로(當路) ‖ ～자 the authorities; those in authorities.
당론(黨論) a party opinion.
당류(糖類) saccharoid; sugars.
당리(黨利) party interests.
당면(唐麵) Chinese vermicelli.
당면(當面) ～하다 face; confront. ¶ ～한 urgent; present; pressing/ ～한 문제 the matter 〔question〕 in hand; an urgent problem.
당목(唐木) calico; fine cotton cloth.
당무(黨務) party affairs.
당밀(糖蜜) molasses; treacle; syrup.
당번(當番) being on duty 〔watch, guard〕; 《사람》 a person on duty. ～하다 be on duty.
당부(當否) right or wrong; justice; 《적부》 propriety; fitness.
당부하다 ask 〔tell, request〕 《*a person*》 to do 《*something*》; entrust 《*a person*》 with.
당분(糖分) (the amount of) sugar. ¶ ～을 함유하다 contain sugar. ‖ ～ 측정기 a saccharometer.
당분간(當分間) 《현재》 for the present 〔time being〕; 《얼맛동안》 for some time (to come).
당비(黨費) party expenditure 〔expenses〕.
당비름 〖植〗 a Joseph's coat.
당사(當事) ‖ ～국 the country concerned / ～자 the person 〔party〕 concerned; a concerned party.
당선(當選) election; return 《英》; winning. ～하다 be elected; win the election; be returned; win the prize. ¶ ～권내에 있다 be in the running. ‖ ～ 소설 a prize-winning novel / ～자 a successful candidate; an elected person; a prize winner (현상의).
당세(當世) the present day 〔time〕.
당세(黨勢) party influence 〔prestige〕. ¶ ～를 확장하다 expand the

strength of a party.
당수(黨首) the party leader; the leader of a party.
당숙(堂叔) a male cousin of one's father.
당시(唐詩) the poems of Tang age.
당시(當時) 《그때》 (in) those days; (at) that time; then. ~의 of those days; of the day; then.
당시(黨是) party principles (platform).
당신(當身) 《2 인칭》 you; (my) dear, darling (부부 사이).
당아욱(唐—) 〖植〗 a (common) mallow.
당야(當夜) that (the) night.
당연(當然) ~한 reasonable; right; proper; natural. ¶ ~히 justly; properly; naturally; as a matter of course / ~한 결과 a natural result / ~한 권리 an undoubted right / ~한 의무 an inevitable duty / ~한 일 a matter of course/ 이치(사리)상 ~하다 be in the nature of things; stand to reason / …하는 것은 ~하다 It is proper (natural, but right) that one should....
당원(黨員) a member of the party; a party man. ¶ ~이 되다 join a party members. ‖ ~ 명부 the list of party members / 평~ an ordinary member.
당원질(糖原質) 〖化〗 glycogen.
당월(當月) ① ☞이달. ② 《그달》 that (the said) month.
당의(糖衣) sugar coat(ing). ‖ ~정 a sugar-coated tablet (pill).
당의(黨議) 《회의》 a party council; 《결의》 a party decision.
당인(黨人) ☞ 당원(黨員).
당일(當日) 《on》 the (that) day; 《on》 the appointed day.
당일치기(當日—) ¶ ~ 여행을 하다 make a day trip 《*to*》.
당자(當者) the person concerned (in question).
당장(當場) 《즉시》 at once; right away; 《그 자리에서》 on the spot; then and there; 《때》 the present (현재); that time.
당쟁(黨爭) party strife. ¶ ~을 일삼다 be given to party squabbles.
당적(黨籍) the party register.
당정협의(黨政協議) a government-ruling party session; a special cabinet and ruling party consultative session.
당조짐하다 teach 《*a person*》 a lesson; tighten the control 《*of*》; make sure 《*of, that...*》; give 《*a person*》 beans; bear down on.
당좌(當座) ¶ ~를 트다 open a current account. ‖ ~ 계정 a current account / ~ 대부금 a call loan / ~ 예금 a current account / ~잔고 the balance of a current account.
당지(當地) this place (district, city, locality); here.
당지다 be pressed and hardened; become hard (solid) by pressure.
당직(當直) being on duty (watch). ~하다 be on duty (watch). ‖ ~원 a person on duty / ~ 의사 a duty doctor / ~장교 an officer of the day (guard).
당직(黨職) a party post. ‖ ~ 개편 reorganization of a party's hierarchy / ~자 a party executive; the party leadership (총칭).
당질(堂姪) a son of male cousin.
당질(糖質) sugariness; saccharinity; 〖化〗 a glucide.
당집(堂—) a temple; a shrine.
당차다 (be) stocky; short but stout.
당착(撞着) contradiction; conflict. ~하다 be contradictory 《*to*》; be inconsistent 《*with*》; clash (conflict) 《*with*》. ☞자가 당착.
당찮다 (be) unreasonable; absurd; unjust; improper.
당첨(當籤) prize winning. ~하다 win a prize; draw a lucky number. ‖ ~ 번호 a lucky number / ~자 a prize winner.
당초(當初) ~의 original; initial; first. ¶ ~에 at (in) beginning (outset); at first / ~부터 from the first (start).
당초문(唐草紋) an arabesque.
당칙(黨則) party rules.
당파(黨派) a party; a faction. ‖ ~심 partisan spirit / ~ 싸움 party dispute; factional squabbles / 초~ 외교 supra-party diplomacy.
당폐(黨弊) party evils. ¶ ~를 없애다 eliminate party evils.
당하다(當—) ① 《사리에》 (be) reasonable; sensible; right. ② 《겪다·만나다》 have; experience; happen. ¶ 불행을 ~ experience (encounter) a disaster. ③ 《감당·대항》 match; cope 《*with*》; be equal to; be faced (confronted) (직면). ¶ 당할 수 없다 be no match for / 난국에 ~ deal with a difficult situation. ④ 《속다》 be taken in.
…당하다(當—) 《입다》 receive; suffer; have; get; be ...ed. ¶ 도난 ~ be stolen; have 《*a thing*》 stolen.
당해(當該) proper; concerned; competent. ‖ ~ 관청(관헌) the competent (proper) authorities; the authorities concerned.
당혹(當惑) ~하다 be perplexed; be embarrassed; be puzzled.
당화(糖化) 〖化〗 saccharification. ‖ ~ 효소 diastatic enzyme.
당황(唐慌) ~하다 be confused (upset); lose one's head. ¶ ~하여 confusedly; in confusion; in a flurry / ~케 하다 confuse; upset.
닻 an anchor. ¶ ~을 내리다 (주다) cast anchor / ~을 감다 weigh anchor. ‖ ~가지 an arm / ~줄 a hawser; a cable / ~혀 a fluke.

닿다 《도착》 reach; arrive 《*at, in*》; get to 〔at〕; 《접촉》 touch; reach, get at 〔to〕(미치다). ¶ 손닿는〔닿지 않는〕 곳에 within 〔beyond, out of〕 one's reach / 발이 바닥에 ~ touch the bottom.

닿소리 a consonant.

대¹ 〖植〗 (a) bamboo. ¶ ~로 만든 bamboo / (성격이) ~쪽 같은 사람 a man of frank 〔straightforward〕 disposition. ‖ ~나무 세공 bamboo work / ~마디 a bamboo joint / ~바구니 a bamboo basket / ~발 a bamboo blind 〔screen〕 / ~밭 a bamboo thicket / ~울〔칼, 지팡이〕 a bamboo fence 〔knife, cane〕.

대² ① 《줄기》 a stem; a stalk; 《막대》 a pole; a staff; a holder (붓·펜의). ¶ ~가 약하다 《비유》 be weak-kneed 〔fainthearted〕. ‖ 저울~ the beam of a balance / 펜~ a penholder. ② 《담뱃대》 a (tobacco) pipe; 《피우는 도수》 a smoke; a fill(양). ¶ 담배 한 ~피우다 have a smoke 〔pipe〕. ③ 《주먹 따위의》 a blow; a stroke. ¶ 한 ~에 at a stroke 〔blow〕.

대(大) greatness; largeness; 《크기》 size; 《커다란》 big; large; great; grand; heavy (손해 따위). ¶ ~서울 Great Seoul / ~손해 a great loss / 실물~ as large as life; life-size.

대(代) 《시대》 a time; an age; a generation(세대); a reign(치세); 《생존대》 one's lifetime; 《요금》 a charge; a fee. ¶ 10~의 사람 a teenager / 제2~ 왕 the second king / ~를 잇다 succeed 《*a person, to one's father's estate*》.

대(隊) 《군인의》 a company; a corps; a body; 《악대의》 a band; 《일행》 a party.

대(對) ① ☞ 짝¹. ② 《반대의 것》 the opposite; 《대어》 an antonym. ③ 《상대》 versus (생략 v., vs.); against; to(비율). ¶ 서울 ~ 부산 경기 Seoul vs. Busan game / 4~2의 스코어 a score of 4 to 2 / ~전차포 an antitank gun / ~미 정책(政策) a policy toward the United States.

대(臺) ① 《받침·걸이》 a stand; a rest; a holder; a rack (시렁같은); a table(탁자); a support(지주); a pedestal(비석 따위의); foundation (기초). ② 《대수》 ¶ 5 ~의 자동차 five cars / 발동기 3 ~ three motors. ③ 《액수》 a level. ¶ 만원~에 달하다 touch 〔rise to〕 the level of 10,000 *won*.

…대(帶) a zone; a belt. ¶ 한~ the frigid zone.

대가(大家) ① 《권위》 an authority; a great master. ¶ 음악의 ~ a great musician / 문단의 ~ a distinguished writer 〔author〕. ② 《큰 집안》 a great 〔distinguished〕 family.

대가(貸家) a house to let.

대가(代價) price, cost; (a) change. ¶ ~를 치르다 pay the price; pay for 《*an article*》/ 어떤 ~를 치르더라도 at any price〔cost〕. ☞ 값.

대가다 get 《*somewhere*》 on time; be in time 《*for*》 (늦지 않게).

대가리 the head. ¶ 생선 ~ the jowl.

대가족(大家族) a large family. ‖ ~제도 an extended family system.

대각(大覺) ~하다 attain spiritual enlightenment; perceive absolute truth.

대각(對角) 〖幾〗 the opposite angle. ‖ ~선 a diagonal line.

대각거리다 crackle; clatter; rattle.

대간첩(對間諜) ‖ ~ 작전 《conduct》 a counter-espionage operation.

대갈(大喝) ~하다 yell 《*at*》; thunder 〔roar〕 《*at*》. ¶ ~ 일성(一聲)하다 shout thunderously.

대강(大綱) 《대강령》 general principles; 《대략》 an outline; 《부사적》 in outline; generally; roughly. ¶ ~ 설명하다 (give an) outline; give a short sketch 《*of*》 / ~끝나다 be almost finished.

대강(代講) ~하다 teach for 〔in place of〕 《*another*》.

대갚음 revenge; retaliation. ~하다 revenge oneself 〔be revenged〕 《*on a person for a thing*》; retaliate 《*on a person*》; give tit for tat; get even 《*with*》.

대개(大概) 《개요》 an outline; 《대략》 mostly; generally; in general; for the most part; mainly; 《거의》 practically; almost; nearly. ~의 general; most. ¶ ~ 다 nearly all; practically all / ~의 경우 in most cases; generally.

대개념(大概念) 〖論〗 a major concept.

대거(大擧) 《부사적》 in a body; in (great) force; in large numbers; on a grand scale.

대거리(對一) ~하다 talk 〔answer〕 back; retort.

대검(帶劍) wearing a sword; a sword at one's side(검).

대검찰청(大檢察廳) the Supreme Public Prosecutors Office.

대견하다 (be) satisfactory; gratified; helpful. ¶ 대견하게 여기다 feel satisfactorily; take 《*it*》 laudable.

대결(對決) confrontation; a showdown. ~하다 confront oneself 《*with*》. ¶ ~시키다 bring 《*a person*》 face to face 《*with*》; confront 《*a person*》 with 《*another*》.

대경(大驚) ~하다 be greatly surprised; be astounded 〔consternated〕. ¶ ~ 실색하다 lose colo(u)r with astonishment.

대계(大系) an outline.

대계(大計) a far-sighted〔-reaching〕 policy. ¶ 국가의 백년 ~ a far-reaching state policy.

대고모(大姑母) a grand-aunt on one's father's side.

대공〖建〗 a king post.
대공(大功) a great merit; distinguished services; a signal deed. ¶ ~을 세우다 render meritorious services; achieve great things.
대공(對空) anti-air. ‖ ~ 레이다 an air search radar / ~ 포화 anti-aircraft fire.
대공국(大公國) the grand duchy.
대과(大科) the higher civil service examination.
대과(大過) a serious error; a grave [gross] mistake; a blunder.
대과거(大過去)〖文〗the past perfect tense.
대관(大官) a high official; a dignitary.
대관(大觀) a general [comprehensive] view.
대관(戴冠) coronation. ‖ ~식 a coronation (ceremony).
대관절(大關節) 《부사적》 on earth; in the world; in the name of God.
대구(大口)〖魚〗a codfish; a cod.
대구루루 ¶ ~ 굴리다 roll 《*a coin*》 over 《*the table*》.
대국(大局) the general situation. ¶ ~적으로는 on the whole / ~적 견지에서 보면 on a broad survey.
대국(大國) a large country; a big power; the great powers (총칭).
대국(對局) a game 《*of badug*》. ~하다 play (a game of) chess [*badug*] 《*with*》.
대군(大君) a (Royal) prince.
대군(大軍) a large army [force].
대굴대굴 ¶ ~ 구르다 roll over and over.
대궁 leftover rice in a bowl; the leftover.
대권(大圈) a great circle. ‖ ~ 항로 the great circle route [track].
대권(大權) sovereignty; the supreme [governing] power.
대궐(大闕) the royal palace. ¶ ~ 같은 집 a palatial mansion.
대규모(大規模) a large scale. ~의 large-scale. ¶ ~로 on a large scale; in a big [large] way.
대그락거리다 keep clattering [rattling]; clatter.
대금(大金) a large sum (of money).
대금(大禁) strict prohibition.
대금(代金) a price; the money; a charge [bill]; a check 《美》. ¶ ~ 상환으로 in exchange for the money; cash [collect 《美》] on delivery (생략 C.O.D.) ‖ ~ 상환 판매 C.O.D. sale.
대금(貸金) a loan. ‖ ~업 money-lending business; usury(고리대금).
대기(大氣) the air; the atmosphere. ‖ ~권 the atmosphere / ~압(력) atmospheric pressure / ~ 오염 air [atmospheric] pollution.
대기(大器) 《그릇》 a large vessel; 《인재》 a great talent [genius]. ‖ ~ 만성 Great talents mature late.
대기(待機) waiting for a chance. ~하다 watch and wait 《*for*》; stand ready for. ¶ 항상 ~하고 있다 be on constant alert / ~ 자세에 있다 be standing by ready 《*to do*》; be on alert status.
대기발령(待機發令) an order to leave *one's* post and to wait for further action; being placed on the waiting list. ¶ ~되다 be ordered to leave *one's* post and wait for further action of the government.
대기상태(待機狀態) stand-by status.
대기업(大企業) a large enterprise [corporation]; a conglomerate; big business; major companies [firms].
대길(大吉) excellent luck; a great stroke of luck.
대꾸 ☞ 말대꾸.
대난(大難) a great misfortune; a crisis.
대남(對南) ~의 against the South. ‖ ~ 공작 operations against the South.
대납(代納) payment by proxy. ~하다 pay for 《*another*》.
대낮 《백주》 the broad day light; the daytime; high noon; midday.
대내(對內) ~적 domestic; internal; home. ‖ ~정책 a domestic policy.
대농(大農) large-scale farming; 《부농》 a wealthy farmer.
대뇌(大腦) the cerebrum [*pl.* -bra]; the brain proper. ‖ ~막 the cerebral membrance.
대다¹ ① 《접촉》 put 《*a thing*》 on [over]; place; lay; apply 《*a thing*》 to [on]; touch(손을). ¶ 상처에 가제를 ~ apply gauze on a wound / 손을 ~ touch; put one's hand to / 손을 안 ~ leave untouched [intact] / 손(을)대지 마시오 Hands off. ② 《비교》 compare with; make a comparison with. ¶ 길이를 ~ compare the length / …에 댈 것이 못되다 be no match for; cannot stand comparison with / …에 댈 것이 아니다 be much better than. ③ 《착수》 set one's hand 《*to*》; have a hand 《*in*》; concern oneself 《*with*》; 《관여》 take to; meddle with [in]; make a pass at (여자에게). ¶ 정치에 손을~ meddle in politics. ④ 《공급》 furnish [supply, provide] 《*a person*》 with. ¶ 학비를 ~ supply a student with his school expenses. ⑤ 《도착》 bring to; pull. ¶ 배를 해안에 ~ bring a boat to the shore. ⑥ 《알리다》 tell; inform; confess (고백); make (핑계를). ¶ 증거를 ~ give evidence / 핑계를 ~ make an excuse for oneself. ⑦ 《관개》 water; irrigate. ¶ 논에 물을 ~ water a rice-field. ⑧ 《연결·대면》 connect 《*one thing*》 with [to] 《*another*》; get 《*a person*》 on the telephone (전화에). ¶ 김군 좀 대주시오 Get me Mr. Kim, please.
대다² 《행동·동작》 ¶ 떠들어 ~ noise

about / 먹어 ~ gluttonize / (바람이) 불어 ~ blow hard.
대다수(大多數) a large majority; the greater part 《of》. ¶ ~를 점하다 hold a large majority.
대단 ¶ ~한 《수가》 a great 〔large〕 number of; 《양이》 much; a great 〔good〕 deal of; 《엄청난》 innumerable; enormous; 《놀라운》 horrible; tremendous; wonderful; 《중대·심한》 serious; grave; 《뛰어난》 great / ~히 very; awfully; seriously; exceedingly; greatly / ~찮은 of little 〔no〕 importance 〔value〕; insignificant; slight; trivial; worthless.
대단원(大團圓) the end; the (grand) finale; the finis 〔*dénouement*《프》〕.
대담(大膽) ~한 bold; daring. ¶ ~하게 boldly; daringly; fearlessly / ~하게도 …하다 be bold enough 〔have the nerve〕 to 《*do*》.
대담(對談) a talk; a conversation; an interview. ~하다 talk 〔converse〕 《*with*》; have a talk 《*with*》.
대답(對答) an answer; a reply; a response. ~하다 answer; reply; give an answer.
대대(大隊) a battalion. ‖ ~장 a battalion commander.
대대(代代) ¶ ~로 for generations; from generation to generation; from father to son.
대대적(大大的) great; grand; wholesale. ¶ ~으로 extensively; on a large scale; in a large way.
대도(大道) a highway; a main road; a great principle (도의).
대도시(大都市) a large city.
대독(代讀) reading by proxy. ~하다 read for 《*another*》.
대돈변(一邊) a loan of 10-percent interest per month.
대동(大同) ¶ ~ 소이하다 be practically 〔just about〕 the same; be much alike. ‖ ~ 단결 a unity; a union; solidarity.
대동(帶同) ~하다 take 《*a person*》 (along) 《*with one*》; be accompanied 《*by*》.
대동맥(大動脈) 〖解〗 the main artery; the aorta. ‖ ~염 aortitis.
대두(大斗) a dry measure; a ten-*doe* measure.
대두(大豆) a soybean. ☞ 콩.
대두(擡頭) ~하다 raise 《*its*》 head; gain force 〔power〕.
대들다 fall on 〔upon〕; defy; challenge; fly at; retort (말대꾸).
대들보(大一) a girder; a crossbeam.
대등(對等) equality. ~한 equal; even. ¶ ~하게 on equal terms; on an equal footing.
대뜸 at once; immediately; outright; then and there.
대란(大亂) a great disturbance.
대략(大略) 《개요》 an outline; 《적요》 a summary; 《발췌》 an abstract; 《약》 about; roughly; 《거의》 mostly; nearly. ¶ ~을 말하다 give an outline 〔a summary〕 《*of*》 / ~ 다음과 같다 It may be summarized as follows.
대량(大量) a large quantity 《*of*》; a large amount. ‖ ~생산 mass production / ~ 소비 mass consumption / ~ 주문 a bulk order / ~ 학살 mass murder.
대령(待令) ~하다 await orders.
대령(大領) 《육군》 a colonel (생략 Col.); 《해군》 a captain(생략 Capt.); 《공군》 a group captain 《英》; a flight colonel 《美》.
대례(大禮) 《결혼》 a marriage ceremony.
대로(大怒) wild rage; violent anger. ~하다 be enraged 《*with, at*》; be 〔grow〕 furious.
대로(大路) a broad street; a highway.
대로 ① 《같이》 like; as; as it is; 《…에 따라》 as; according to 〔as〕; in accordance with. ¶ 예기한 ~ as was expected / 규칙 ~ according to the rule / 법률 ~ in accordance with the law. ② 《곧》 as soon as; immediately; directly. ¶ 도착하는 ~ as soon as one arrives; on one's arrival / 형편이 닿는 ~ at one's earliest convenience.
대롱 a (bamboo) tube.
대롱거리다 dangle; swing.
대류(對流) a convection (current).
대륙(大陸) a continent. ~적 continental. ‖ ~간 탄도탄 an intercontinental ballistic missile (생략 ICBM) / ~붕(棚) a continental shelf / ~성 기후 a continental climate.
대리(代理) procuration; representation; agency; 《사람》 a representative; a proxy. ~하다 act for. ¶ ~의 acting; deputy / …의 ~로 as proxy for…; in 〔on〕 behalf of…. ‖ ~ 공사 〔대사〕 a *chargé d'affaires* / ~인(人) a proxy; a substitute; a deputy; an attorney 〔agent〕; a representative / ~점(店) an agency (독점 ~점 an exclusive 〔a sole〕 agent).
대리석(大理石) marble.
대립(對立) opposition; confrontation; rivalry. ~하다 be opposed 《*to*》; be confronted 《*with*》; be at variance 《*with*》. ¶ ~적인 opposing; rival.
대마(大麻) 〖植〗 hemp. ¶ ~로 만든 hempen. ‖ ~유 hempseed oil / ~인(仁) hempseed / ~초 marijuana; hemp; a hemp cigarette (~초 흡연자 a hemp 〔marijuana〕 smoker).
대마루 the ridge (of a roof).
대만(臺灣) Taiwan; Formosa. ¶ ~의 Taiwanese; Formosan / ~ 사람 a Formosan.
대만원(大滿員) a capacity audience; a full 〔large, packed〕 house. ~이다 be filled to bursting.

대망(大望) a great ambition [desire]. ¶ ~을 품은 ambitious; aspiring.
대망(待望) ~하다 eagerly wait for; expect; anticipate. ¶ ~의 hoped-for; long-awaited[-expected].
대매출(大賣出) a special bargain.
대맥(大麥) barley. ☞ 보리.
대머리 《머리》 a bald head; 《사람》 a bald-headed person. ¶ ~지다 become bald-headed [baldish].
대면(對面) an interview. ~하다 interview; meet; see. ¶ 첫 ~을 하다 be introduced to one another.
대명(待命) awaiting orders; pending appointment.
대명사(大名辭) 〖論〗 the major (term).
대명사(代名詞) a pronoun. ‖ 관계 [지시, 인칭, 의문] ~ the relative [demonstrative, personal, interrogative] pronoun.
대모(代母) a godmother.
대모집(大募集) a wholesale employment; an extensive employment. ¶ 남녀 공원 ~ 《광고》 Wanted —— a large force of factory workers.
대목 《시기》 the busiest [highest] occasion; the most important time; a rush period (상인의); 《부분》 a part; a passage. ¶ 설달 ~ the rush period of the year-end / 어려운 ~ a difficult passage.
대목(大木) ☞ 목수.
대목(臺木) 《접목의》 a stock.
대문(大門) the front [main] gate.
대문자(大文字) a capital (letter). ¶ ~로 쓰다 write in capitals.
대문장(大文章) 《잘된 글》 masterful writing; 《사람》 a great master of (literary) style.
대물(對物) ~의 real; objective. ‖ ~경[렌즈] an object glass [lens].
대물(代物) a substitute. ‖ ~ 변제 payment in substitutes.
대물리다(代—) hand down [leave, transmit] to *one's* posterity. ¶ 손자에게 재산을 ~ bequeath *one's* property to *one's* grandson.
대미(對美) ‖ ~ 무역 trade with America / ~ 정책 a policy toward America.
대민(對民) ‖ ~봉사 활동 service for public welfare / ~사업 a project for the people.
대받다 《반항》 retort; contradict.
대받다(代—) succeed to; inherit.
대번(에) 《곧》 at once; immediately; in a moment [an instant]; easily (쉽사리).
대범(大泛) ~한 liberal; broad-minded; large-hearted.
대법관(大法官) a justice of the Supreme Court.
대법원(大法院) the Supreme Court. ‖ ~장 the President of the Supreme Court; the Chief Justice.
대법회(大法會) a (Buddhist) high mass.
대변(大便) excrement; f(a)eces; stool. ¶ ~을 보다 evacuate; go to stool; ease oneself.
대변(大變) a serious trouble; a great accident.
대변(代辯) ~하다 speak for 《*another*》; act as spokesman 《*of*》. ‖ ~자[인] a spokesman; a mouthpiece.
대변(貸邊) 《장부의》 the credit side. ¶ ~에 기입하다 enter on the credit side. ‖ ~ 계정 credit account.
대변(對邊) 〖數〗 the opposite side; the subtense.
대별(大別) ~하다 classify [divide] roughly 《*into*》; make a general classification 《*of*》.
대병(大兵) ☞ 대군(大軍).
대보(大寶) ① 《보물》 a treasure of great value; a priceless treasure. ② 《옥새》 the Royal Seal.
대보다 compare 《*A with B*》; make a comparison 《*between*》.
대보름(大—) the 15th of January by the lunar calendar.
대본(大本) the foundation; the basic principle.
대본(貸本) ☞ 세책(貰冊).
대본(臺本) a playbook (극의); a (film) script, a scenario (영화의); a libretto (가극의).
대본산(大本山) the headquarters [cathedral] 《*of a sect*》.
대봉치다(代捧—) 《대신받다》 take a payment in substitutes; 《채우다》 fill up [make up for] in substitutes.
대부(代父) a godfather.
대부(貸付) loan(ing). ~하다 lend; loan. ‖ ~금 a loan; an advance / 당좌 ~ a call loan / 신용 ~ a loan on personal pledge; an open credit / 장[단]기 ~ a long-[short-] term loan.
대부분(大部分) most 《*of*》; the major [greater] part 《*of*》; 《부사적으로》 mostly; largely; for the most part.
대부인(大夫人) your [his] (esteemed) mother.
대북방송(對北放送) propaganda broadcast beamed at north Korea; broadcast to the north.
대분수(帶分數) 〖數〗 a mixed number.
대불(大佛) a big statue of Buddha.
대비(大妃) a Queen Dowager; a Queen Mother.
대비(對比) 《대조》 contrast; comparison. ~하다 contrast [compare] 《*two things, A and B*》.
대비(對備) provision 《*for, against*》; preparation 《*for*》. ~하다 prepare for; provide against [for]. ¶ 만일에 ~하다 provide against emergency [a rainy day] / 적습에 ~하다 provide [guard oneself] against an enemy attack.

대사(大事) 《중대사》 a matter of grave concern; 《대례》 a marriage ceremony.
대사(大使) an ambassador; an envoy(특사). ‖ 대리 ~ a *chargé d'affaire* 《프》 / 순회 ~ a roving ambassador / 주미 한국 ~ the Korean Ambassador to America.
대사(大師) a saint; a great Buddhist priest.
대사(大赦) ☞ 일반사면.
대사(大寫) 《영화의》 a close-up.
대사(臺詞) speech; one's lines; words. ¶ ~를 말하다 speak one's part; deliver one's lines / ~를 잊다 forget one's lines.
대사관(大使館) an embassy. ‖ ~원 (a member of) embassy staff / ~ 참사관 a councillor of an embassy / 미국 ~ the American Embassy / 주미 한국 ~ the Korean Embassy in Washington.
대사무실(貸事務室) an office for rent [to let 《英》].
대사업(大事業) a great undertaking; a great enterprise.
대상(大祥) the second anniversary of 《*a person's*》 death.
대상(代償) ① 《변상》 compensation. ¶ …의 ~으로 in compensation [return] for. ‖ ~ 수입(輸入) compensatory imports. ② 《대신의》 vicarious compensation. ③ 《딴것으로 하는》 compensation in substitutes.
대상(隊商) a caravan.
대상(對象) an object; a target(목표).
대생(對生) 〖植〗 opposition; symmetry. ~의 opposite(-leaved). ‖ ~엽 opposite leaves.
대서(大書) ¶ ~ 특필하다 write in large letters; single 《*it*》 out for special mention.
대서(代書) ~하다 write for another. ‖ ~소 a scrivener's office / ~인 a scribe; a scrivener.
대서다 ① 《뒤따라서다》 stand close behind 《*a person*》; follow. ② 《대들다》 stand against 《*a person*》; turn against [upon] 《*a person*》; defy.
대서양(大西洋) 〖地〗 the Atlantic (Ocean). ~의 Atlantic. ‖ ~ 헌장 the Atlantic Charter.
대석(臺石) a pedestal (stone).
대선(大船) a big ship [boat]; a large vessel; a leviathan.
대선거(大選擧) ‖ ~구(제) a major constituency (system).
대설(大雪) 《눈》 a heavy snow.
대성(大成) ~하다 《사람이》 attain [come to] greatness; be crowned with success.
대성(大聖) a great sage.
대성(大聲) a loud voice [tone]. ¶ ~ 질호(疾呼)하다 address vehemently; thunder; vociferate / ~ 통곡하다 weep loudly [bitterly].
대성황(大盛況) prosperity; a great success. ¶ ~을 이루다 be prosperous [a great success].
대세(大勢) 《형세》 the general situation [trend, drift]; the main current. ¶ 세계의 ~ the international situation / ~에 좇다 [역행하다] go with [against] the tide.
대소(大小) great and small sizes; size (크기). ~의 large and [or] small; of all [various] sizes. ¶ ~에 따라 according to size.
대소(大笑) ~하다 roar with laughter; laugh (out) aloud.
대소(代訴) litigation by proxy. ~하다 sue on behalf of 《*another*》; sue by proxy.
대소동(大騷動) 《소란》 a hubbub; an uproar; 《혼잡》 a hustle; a turmoil; 《소요》 a row; great trouble; 《법석》 a fuss; much ado.
대소변(大小便) urine and f(a)eces; 《용변》 urination and defecation.
대소수(帶小數) 〖數〗 a mixed decimal.
대속(代贖) redemption.
대손(貸損) a bad debt; an irrecoverable debt.
대수(大數) ① 《큰수》 a great [large, big, high] number. ② 《대운》 a good luck; great fortune.
대수(代數) algebra. ‖ ~식(式) an algebraical expression / ~학자 an algebraist.
대수(對數) 〖數〗 a logarithm. ‖ ~표 a table of logarithm.
대수롭다 (be) important; valuable; significant; serious. ¶ 대수롭지 않은 trifle; trivial; of little [no] importance; insignificant / 대수롭게 여기지 않다 slight; ignore; pay little attention 《*to*》 / 대수롭지 않은 일에 화를 내다 lose one's temper on a slight provocation.
대수술(大手術) a major operation. ¶ 성공적인 ~ a brilliant operation.
대숲 a bamboo thicket [grove].
대승(大乘) ¶ ~적 견지 a broader viewpoint. ‖ ~ 불교 Mahayanist Buddhism.
대승(大勝) ~하다 win [gain] a great victory; win a landslide 《*over*》 (선거에서).
대승리(大勝利) a great [sweeping, signal] victory.
대식(大食) ~하다 eat much [heavily]; gormandize. ‖ ~가 a great [heavy] eater; a glutton.
대신(大臣) a minister (of state); a State [Cabinet] minister; a secretary.
대신(代身) 《부사적》 instead of; in place of; on [in] behalf of; (as a substitute) for; while (반면에); in return [exchange, compensation] 《*for*》 (대상으로). ~하다 take the place of; take 《*a person's*》 place; be substituted for. ¶ 가스

～ 전기를 쓰다 use electricity instead of gas / 자기 ～ 사람을 보내다 send a deputy / 비싼 ～ 오래간다 While a bit expensive, it wears long. / 그 ～ 내일은 자네가 한턱내야 해 In return, you should treat me tomorrow.
대실(貸室) a room on (for) hire.
대심(對審) a trial (공판); confrontation (대질). ～하다 confront 《*the accused with the accuser*》.
대아(大我) absolute ego; the higher self.
ㄷ
대안(代案) an alternative (plan). ¶ ～을 제시하다 make an alternative plan (measure).
대안(對岸) the other side 《*of a river*》; the opposite bank (shore). ¶ ～의 불구경하듯하다 look on 《*a trouble*》 unconcernedly.
대안(對案) a counterproposal.
대안(對眼) ‖ ～경 an ocular / ～ 렌즈 an eye lense.
대액(大厄) 《재난》 a great misfortune (calamity, disaster).
대야 a (wash) basin; a washbowl.
대양(大洋) the ocean. ～의 oceanic. ‖ ～도(島) oceanic islands / ～주(洲) Oceania (～주의 Oceanian)/ ～학 oceanography / ～ 항로선 an oceangoing vessel.
대어(大魚) a large fish; a big game fish (낚시군의); 《fail to attain》 the great objective.
대어(大漁) a large (good) catch; a good haul.
대언(大言) big talk; boasting; bragging. ¶ ～ 장담하다 talk big (tall); brag; boast 《*of, about*》.
대업(大業) a great achievement (enterprise).
대여(貸與) lending; a loan. ～하다 loan; lend. ‖ ～금 a loan / ～ 장학금 a loan scholarship.
대여섯 five or six; several.
대역(大役) an important task (duty, mission); an important part(role). ¶ ～을 맡다 undertake (take up) an important part; take a heavy trust upon oneself.
대역(大逆) high treason. ‖ ～죄(罪) (high) treason.
대역(代役) substitution (행위); a substitute actor(actress); a stand-in. ¶ ～을 하다 act in *a person's* place; play the part for 《*another*》.
대역(對譯) a translation printed side by side with original.
대열(隊列) a line; the ranks; formation. ¶ ～을 짓다 form ranks / ～을 지어 in line (procession); in formation.
대엿새 five or six days; several days.
대영(對英) ‖ ～ 무역 trade with Great Britain.
대오(大悟) spiritual awakening. ～하다 attain spiritual awakening; be enlightened.
대오(隊伍) ☞ 대열(隊列).
대오다 come (arrive) on time 《*for*》.
대왕(大王) a (great) king. ¶ 알렉산더 ～ Alexander the Great.
대외(對外) ～의 foreign; external; outside (외부). ¶ ～ 무역 foreign (overseas) trade / ～ 방송 broadcasting abroad / ～ 원조 a foreign aid / ～ 정책 foreign (external) policy.
대요(大要) 《개략》 an outline; a summary; a gist; 《학문의》 general principles; elements. ¶ ～를 설명하다 give the outline 《*of*》.
대용(代用) substitution. ～하다 substitute 《*A for B*》; use 《*one thing*》 for 《*another*》. ¶ …의 ～이 되다 serve for (as); serve the purpose of. ‖ ～품 a substitute (article).
대용(貸用) ～하다 take (use) on loan; borrow.
대우(大雨) a heavy rain(fall).
대우(待遇) treatment; reception (접대); pay (급료). ～하다 treat; receive; pay. ¶ ～가 좋다 pay (treat) 《*a person*》 well; be paid well; be hospitable to (접대가) / 신사 ～를 하다 treat 《*a person*》 as a gentleman. ‖ ～ 개선 improvement of working conditions; increase of pay.
대우(對偶) ‖ ～법 【修】 antithesis / ～ 정리 【數】 contraposition.
대운(大運) great fortune; good luck.
대웅전(大雄殿) the main sanctuary (of a temple).
대원(大願) one's cherished desire.
대원수(大元帥) the generalissimo.
대월(貸越) an overdraft; an outstanding account.
대원칙(大原則) the broad principle.
대위(大尉) a captain (육군) 《美·英》; a captain 《美》, a flight lieutenant (공군) 《英》; a lieutenant (해군) 《英·美》.
대위법(對位法) 【樂】 counterpoint.
대유(大儒) a great Confucianist (유학의); a great scholar.
대음(大飮) ～하다 drink heavily.
대응(對應) ～하다 《맞먹다》 correspond with (to); be equivalent to; 《대항·대처》 cope with; deal with. ‖ ～책 a countermeasure.
대의(大意) the gist; the substance; a general idea; an outline; a summary.
대의(大義) a great cause; a great duty; moral obligations; justice; righteousness. ¶ ～를 위하여 for the great cause. ‖ ～ 명분 a just cause (～ 명분이 서지 않다 cannot be justified).
대의(代議) popular representation. ‖ ～원 a delegate; a representative / ～ 제도 representative (parliamentary) system (government).
대이름씨(代—) ☞ 대명사.
대인(大人) ① 《남의 아버지》 your

〔his〕 (esteemed) father. ② 《어른》 a grown-up; an adult. ‖ ~용(用) for adults. ③ 《위인》 a big〔broad-minded〕 person; a man of virtue (군자). ④ 《거인》 a giant.
대인(代印) signing per procuration. ~하다 sign 〔set a seal〕 by proxy.
대인(對人) ‖ ~ 관계 〔신용, 담보〕 personal relations 〔credit, security〕 / ~ 방어 man-to-man defense.
대인기(大人氣) a big hit; great popularity; a great success(성공). ¶ ~이다 be very popular 《*with, among*》; make a great hit.
대인물(大人物) a great man 〔character, figure〕.
대일(對日) ‖ ~ 감정 the sentiment toward Japan / ~ 관계〔무역〕 relations 〔trade〕 with Japan.
대임(大任) a great task; an important charge 〔mission〕. ¶ ~을 맡다 undertake a great task / ~을 맡기다 entrust 《*a person*》 with an important duty.
대입준비학원(大入準備學院) a college entrance test preparation institute.
대입학력고사(大入學力考査) the national 〔state-run〕 scholastic achievement test for university and college entrance.
대자대비(大慈大悲) great mercy and compassion.
대자보(大字報) 《중공의 벽보》 a big-character paper 〔poster〕; a wall poster.
대자연(大自然) nature; creation; Mother Nature; (Mighty) Nature.
대작(大作) a great work; a masterpiece (걸작); a volumnious work (방대한).
대작(代作) ① 《글의》 ghostwriting. ~하다 ghostwrite; write for 《*a person*》. ‖ ~자 a ghost. ② ☞ 대파(代播).
대작(對酌) ~하다 drink together; exchange cups 《*between*》; hobnob 《*with*》.
대잠(對潛) ‖ ~ 미사일 an antisubmarine missile / ~ 초계기 a sub-spotting plane.
대장(大將) a general (육군, 공군); an admiral (해군).
대장(大腸) the colon; the large intestine. ‖ ~균 a colon (bacillus)/ ~염(炎) colitis / ~카타르 catarrh of the large intestine.
대장(隊長) a (troop) commander; a captain; a leader.
대장(臺帳) a ledger (회계의); a register (등록의); a cadaster (토지의).
대장간(一間) a blacksmith's shop; a smithy; a forge.
대장경(大藏經) 〚佛〛 the complete collection of Buddhist Scriptures 〔Sutras〕.
대장부(大丈夫) a (brave) man; a manly 〔great〕 man. ¶ ~답게 굴라 Be a man!, Play the man!
대장장이 a blacksmith.
대저(大抵) generally (speaking); on the whole; as a rule.
대적(大敵) a great 〔powerful, formidable〕 enemy; a formidable rival 〔opponent〕 (경쟁 상대).
대적(對敵) ~하다 turn 〔fight, face〕 against; 《겨루다》 vie 〔contend〕 《*with*》; compete 《*with*》.
대전(大全) 《전집》 a complete work.
대전(大典) 《의식》 a state ceremony; 《법전》 a code of laws; a canon (종교의).
대전(大戰) a great war 〔battle〕. ‖ 구라파 ~ the great European war / 제2차 세계 ~ World War II; the Second World War.
대전(帶電) 〚理〛 electrification; electric charge. ‖ ~체 a charged body.
대전(對戰) ~하다 encounter 《*the enemy*》; fight 《*with*》; compete 《*with*》, play a match 《*against*》 (시합에서). ¶ ~시키다 match 《*a person*》 against 《*another*》. ‖ ~료 a fight money; a fighter's purse.
대전제(大前提) 《논리에서》 the major premise.
대전차(對戰車) anti-tank. ‖ ~포〔호〕 an anti-tank gun 〔trench〕.
대점포(貸店鋪) a shop to let; a store for rent.
대접 《그릇》 a (soup) bowl.
대접(待接) treatment; reception; entertainment. ~하다 treat; receive; entertain. ¶ 극진히 ~하다 give 《*a person*》 warm hospitality; entertain 《*a person*》 cordially.
대정각(對頂角) ☞ 맞꼭지각.
대정맥(大靜脈) the *vena cava* 〔*pl. venae cavae*〕.
대제(大帝) a great emperor. ¶ 피터 ~ Peter the Great.
대제(大祭) a grand festival; a great fête.
대조(大潮) the flood 〔major〕 tide.
대조(對照) (a) contrast; (a) comparison; (a) collation. ~하다 contrast 〔compare〕 《*A with B*》; check 《*A*》 up with 《*B*》; collate 《*A with B*》.
대종(大宗) 《계통》 the main stock; 《주요품》 the main items. ¶ 수출의 ~ the staple items for export. ‖ ~가(家) a head 〔main〕 family.
대종상(大鍾賞) Grand Bell Awards.
대좌(對坐) ~하다 sit opposite 《*to*》; sit face to face 《*with*》.
대죄(大罪) a heinous 〔high〕 crime; a grave offense; a felony.
대죄(待罪) ~하다 await the official decision on one's punishment.
대주(大酒) ‖ ~가 a heavy drinker.
대주(代走) ‖ ~자 《야구의》 a pinch runner.
대주(貸主) the lender; the creditor; the lessor (부동산의).

대주교(大主教) an archbishop.
대주다 supply (provide, furnish) (*a person with*).
대중 《겉어림》 a rough estimate (calculation); 《추측》 guess; 《표준》 a standard. ~하다 (잡다) make a rough estimate (calculation) (*of*); set up a standard. ¶ ~없다 be hard to foresee; be uncertain (irregular)(일정찮다); be without a fixed principle (주견 없다).
대중(大衆) the masses; the populace. ‖ ~ 문학 popular literature / ~ 식당 an eating place (house); a cheap restaurant / ~요금 a popular price / ~ 운동 a mass movement / ~ 작가(잡지) a popular writer (magazine) / ~화 popularization (~화하다 popularize; be popularized) / 근로 ~ the working masses.
대중(對中) ‖ ~ 관계 relations with China.
대증(對症) ‖ ~ 요법 symptomatic treatment.
대지(大地) the earth; the ground; *terra firma* (라).
대지(大志) an ambition; an aspiration.
대지(垈地) a (building) site; (a plot of) ground.
대지(臺紙) (paste)board; ground paper; a mount(사진의).
대지(臺地) 《고지》 a height; 《고원》 a tableland; a plateau.
대지(貸地) land (a lot) to let (for rent).
대지(對地) ‖ ~공격 a ground attack.
대지르다 ☞ 대들다.
대지주(大地主) a great landowner.
대진(代診) ~하다 examine (*a patient*) in behalf of (*another doctor*). ‖ ~의(醫) a doctor's assistant; a locum tenens; an intern.
대진(對陣) ~하다 be encamped facing each other; play a match (*against*), compete with (경기에서). ‖ ~표 a list of matches.
대질(對質) confrontation. ¶ ~시키다 confront (*a person*) with (*another*).
대짜(大一) a big one; 《사냥·낚시의》 big game. ‖ ~못 a big nail.
대차(大車) a giant swing (철봉의).
대차(大差) much (a great, a wide) difference. ¶ …과 ~ 없다 make little difference; be very much the same as ….
대차(貸借) (a) loan; debt and credit. ‖ ~ 계정 a debtor and creditor account / ~ 관계 financial relations; accounts (~ 관계가 있다 have accounts to settle with (*a person*)) / ~ 대조표 a balance sheet.
대찰(大刹) a grand temple.
대책(對策) a countermeasure. ¶ ~을 강구하다 consider a countermeasure (counterplan).
대처(帶妻) ‖ ~승 a married Buddhist priest.
대처(對處) ~하다 meet; deal (cope) with.
대척(對蹠) ¶ ~적인 directly opposite; antipodal (*to*).
대첩(大捷) a signal (great) victory. ~하다 win a sweeping victory.
대청(大廳) a (the main) hall.
대청소(大淸掃) general(house)cleaning.
대체(大體) 《개요》 an outline; a summary; the gist; the purport (취지); 《요점》 the principal parts; 《도대체》 on earth. ¶ ~적인 general; main; rough / ~로 generally; as a whole / ~로 말하여 generally (broadly) speaking / ~ 넌 누구냐 What on earth are you?
대체(代替) ~하다 substitute (*A for B*); replace (*A*) with (*B*); alternate (*with*). ‖ ~물 〖法〗 a substitute; a fungible (대체 가능물).
대체(對替) ① 〖商〗 change; transfer. ~하다 change (*a bill*); transfer; switch over (*to*). ‖ ~ 계정 a transfer account / ~ 전표 a transfer slip.
대추 a jujube; a Chinese date. ‖ ~나무 a jujube tree.
대출(貸出) lending; a loan. ~하다 loan (lend) out; advance. ¶ 책을 ~하다 take a book out of library. ‖ ~금 loaned money / 부당 ~ an illegal advance.
대충(代充) ~하다 supplement (replenish) with substitutes.
대충 roughly; approximately; 《거의》 about; nearly; almost. ¶ ~ 어림하다 make a rough estimate / ~ 설명하다 explain briefly / ~ 훑어보다 glance (run one's eyes) over; run over (*a morning paper*).
대충자금(對充資金) the counterpart fund.
대취(大醉) ~하다 get dead drunk.
대치(對峙) ~하다 stand face to face with; hold one's own (*against*); be pitted against each other.
대타(代打) 〖野〗 pinch-hitting. ¶ ~로 나가다 pinch-hit for …. ‖ ~자 a pinch hitter.
대통(一筒) 《담뱃대의》 the bowl of a tobacco pipe.
대통(大統) the Royal line.
대통령(大統領) the President; the Chief Executive. ~의 presidential. ‖ ~ 관저 the Presidential Mansion; the White House (미국의) / ~ 교서 a Presidential message / ~ 부인 the first lady (of the land) / ~ 선거(입후보자) a presidential election (candidate) / ~특별 보좌관 the Special Assistant (*for the foreign affairs*) to the President.
대통령권한대행(大統領權限代行) the acting president.

대퇴(大腿) 〖解〗 the thigh; the femur. ‖ ~골(骨) a thighbone; a femur / ~부 the femoral region.
대파(大破) ~하다 be greatly [seriously] damaged(파괴); defeat completely, put to rout(격파).
대파(代播) ~하다 sow in substitution 《*for*》.
대판(大—) ¶ ~ 싸우다 have a violent quarrel 《*with*》; fight a big fight.
대판(大版) large size [edition].
대패 a plane. ¶ ~질하다 plane. ‖ 대팻날 a plane iron / 대팻밥 (wood) shavings / 대팻집 a plane stock.
대패(大敗) ~하다 sustain a crushing defeat; be routed.
대포 drinking from a large cup [a bowl]. ‖ 대폿값 drink money; a tip / 대폿집 a groggery; a pub.
대포(大砲) a gun; a cannon; a (big) lie(거짓말). ¶ ~를 놓다 fire a gun; tell a lie(거짓말).
대폭(大幅) 《부사적》 sharply; steeply; by a large margin. ¶ ~적인 large; big; substantial. ‖ ~ 삭감 a sharp cut; a drastic slash / ~ 인상 a steep raise; a sharp increase; a heavy boost.
대표(代表) representation; 《대표자》 a delegation(단체); a delegate [representative](개인). ~하다 represent; stand [act] for. ¶ ~적인 representative; typical(전형적) / …을 ~하여 on [in] behalf of…; representing. ‖ ~ 사원 a senior partner.
대풍(大風) a strong [violent, big] wind.
대풍(大豊) an abundant harvest; a bumper [record] crop.
대피(待避) ~하다 shunt(철도에서); take shelter. ‖ ~선 《철도》 a siding; a sidetrack / ~호 a dugout; a (bomb) shelter.
대하(大河) a large river. ‖ ~ 소설 a saga novel; a *roman-fleuve*(프).
대하(帶下) a discharge (from the womb). ‖ ~증(症) leucorrh(o)ea; whites(백대하).
대하다(對—) 《마주보다》 face; confront; be opposite to; 《상대·접대》 receive; treat. ¶ …에 대하여 against; to; toward(s); 《관해》 on; concerning; in regard to; 《비교·대조》 as opposed to; in contrast to; compared with; per(비례) / 물음에 대한 대답 an answer to a question / 부모에 대한 의무 one's duty to his parents / 문학에 대한 취미 interest in literature / 밥상을 ~ sit down to table / 친절하게 ~ be kind to 《*a person*》; receive 《*a person*》 warmly.
대학(大學) a university(종합); a college(단과). ¶ ~의 자유 academic freedom / ~ 1 [2, 3, 4] 학년생 a freshman [sophomore, junior, senior]. ‖ ~생 a university student; a college man [woman] / ~ 수학 능력 시험 the college aptitude test / ~원 a (post)graduate school / ~ 입학 예비고사 the preliminary examination to qualify for college entrance / ~ 총장 the president of a university / ~ 출신 a university graduate / ~ 학장 a dean / 초급 ~ a junior college.
대학자(大學者) a great scholar.
대한(大旱) a severe drought.
대한(大寒) midwinter; the coldest season.
대한(大韓) ‖ ~ 무역 진흥 공사 the Korea Trade Promotion Corporation 《KOTRA》 / ~ 무역 협회 the Korean Foreign Trade Association《KFTA》 / ~ 민국 the Republic of Korea 《ROK》 / ~ 상공회의소 the Korea Chamber of Commerce and Industry / ~ 적십자사 the Korea National Red Cross / ~ 해협 the Straits of Korea.
대함(大艦) a big warship.
대합(大蛤) 〖貝〗 a clam. ‖ ~ 구이 grilled clam meat in shell / ~ 찜 steamed clam meat in shell.
대합실(待合室) a waiting room.
대항(對抗) opposition; rivalry. ~하다 stand against; oppose; cope with; meet. ¶ ~시키다 pit [set up] 《*a person*》 against 《*another*》. ‖ ~ 경기 a match; a tournament / ~책 《take》 a countermeasure.
대해(大害) great harm.
대해(大海) the ocean; the sea. ¶ ~의 일속(一粟) a drop in the bucket [ocean].
대행(代行) vicarious execution. ~하다 execute as proxy; act for 《*another*》. ‖ ~ 기관 an agency; a substitute machinery / ~ 업무 agency business / 대통령 권한 ~ the Acting President / 수출 [수입] ~업자 an export [import] agent.
대헌장(大憲章) Magna C(h)arta.
대형(大形) a large size. ~의 large (-sized).
대형(隊形) (a) formation; order. ‖ 전투 ~ a battle [combat] formation.
대화(大火) a big [great] fire; a conflagration.
대화(對話) (a) conversation; a dialog(ue). ~하다 talk [speak] 《*with a person*》; converse 《*in English, on* [*about*] *a subject, with a person*》; have a conversation [talk] 《*with*》. ‖ ~극 a dialog play / 남북 ~ a South-North dialog.
대회(大會) a mass [great] meeting; a rally; a general meeting; a convention; a meet [tournament] (경기의). ¶ ~를 열다 hold a mass meeting.
대훈위(大勳位) the Grand Order.
대흉(大凶) 《흉년》 an unusually bad harvest [crop]; 《불길》 singular

ill fortune; a black omen.
댁(宅) 《집》 (your, his, her) house; a residence; 《당신》 you; 《남의 부인》 Mrs. ...; the wife of 《*a person*》.
댁내(宅內) your (his) family.
댁대구루루 ¶ ~ 구르다 roll over and over
댄서 a dancer; a dancing girl.
댄스 a dance; dancing. ~하다 dance; have a dance 《*with*》. ‖ ~ 교습소 (교사) a dancing school (master (남자), mistress (여자)) / ~ 파티 a dance; a ball / ~홀 a dance hall.
댐 《제방》 a dam. ¶ ~을 만들다 build a dam. ‖ 다목적 ~ a multi-purpose dam.
댓… about five. ¶ ~ 번 about five times.
댓돌(臺—) terrace stones.
댓바람 at a stroke (blow); at once, quickly. ¶ 일을 ~에 해치우다 finish one's work at a stroke.
댓진 nicotine; tar. ¶ ~이 끼다 be choked with nicotine.
댕그랑거리다 tinkle; jingle; clang.
댕기 a pigtail ribbon.
댕기다 《불을》 light; kindle; ignite; 《불이》 catch fire; be ignited.
댕댕 jingling; dingdong; tinkling.
댕댕하다 ① 《팽팽하다》 (be) tight; taut; tense. ② 《옹골차다》 (be) stuffed; firm; solid.
댕돌같다 (be) as hard as a brick.
더 more; longer (시간); farther (거리); further (더욱). ¶ ~ 한층 more and more; still more / 그만큼 ~ as many (much) more / 조금만 ~ a little (few) more / 더욱 ~ more and more / ~ 많이 much (a lot) more (양); (a good) many more (수).
더가다 go past (beyond); 《정도》 exceed; go farther; 《시계가》 gain time.
더군다나 besides; moreover; further (more); in addition; what is more (worse).
더껑이 scum; cream; film.
더께 encrusted dirt; a layer of dirt. 「《*for*》.
더넘스럽다 (be) a little too large
더덕 〖植〗 *Codonopsis lanceolata.*
더덕더덕 in clusters; in bunches.
더듬거리다 《손으로》 grope; fumble for; feel about (around) for; 《말을》 stammer; stutter. ¶ 더듬더듬 stammering (말을); gropingly (손으로).
더듬다 ① 《손으로》 grope about (around) for; fumble for. ¶ 더듬어 찾다 feel (grope) for 《*a thing*》. ② 《길을》 grope (pick) one's way; 《근원을》 trace. ¶ 길을 ~ grope (feel) one's way 《*in the dark*》 / 근원을 더듬어 올라가다 trace 《*something*》 back to its origin / 기억을 ~ try to recall. ③ 《말을》 stammer; falter.
더듬이 〖動〗 a tentacler; a feeler.
더디다 (be) slow; tardy 《*at*》; dilatory. ¶ 일손이 ~ be slow in one's work.
…더라도 if; even if; (even) though; admitting that. ¶ 설령 농담이라 하 ~ even in joke / 설령 그렇 ~ admitting (granting) that it is so; even if it were so.
더러[1] 《다소》 some; somewhat; a little; 《어쩌다》 occasionally; at times.
더러[2] 《에게》 to; toward. ¶ 나는 그 ~ 나가라고 했다 I ordered him out.
더러워지다 《때묻다》 become dirty; be soiled; be stained.
더럭 all at once. ¶ 겁이 ~ 나다 be struck with horror.
더럭더럭 pertinaciously; persistently; importunately (귀찮게). ¶ ~ 조르다 importune 《*a person for*》; ask importunately for.
더럼타다 be easily soiled; soil easily.
더럽다 (be) unclean; dirty; filthy; mean (비열); indecent (추잡); stingy (인색); impure (부정). ¶ 더러운 옷 dirty (soiled) clothes / 더러운 계집 an impure (unchaste) woman / 돈에 ~ be mean over money matters.
더럽히다 《때묻히다》 make dirty; soil; stain; 《명예따위를》 disgrace; dishono(u)r; stain; 《신성을》 desecrate; profane; 《여자를》 violate; outrage; dishonor. ¶ (여자가) 몸을 ~ lose one's chastity; stain her virtue.
더미 a pile; a heap; a stack. ‖ 쓰레기 ~ a rubbish heap.
더미씌우다 shift 《*a responsibility on another's shoulder*》; lay 《*a blame on a person*》.
더벅머리 《머리》 disheveled hair; 《소년》 a boy with disheveled hair; 《갈보》 a prostitute.
더부룩하다 《풀이》 (be) thick; 《머리·수염이》 (be) bushy; shaggy. ¶ 수염이 ~ have a shaggy growth of whiskers. 「ant.
더부살이 a living-in (resident) serv-
더불어 《함께》 together; with. ¶ ~ 즐기다 enjoy together.
더블 double; 《양복의》 a double-breasted coat. ¶ ~되다 be doubled; be duplicated. ‖ ~ 베드 a double bed / ~ 플레이 〖野〗 a double play / ~ 헤더 〖野〗 a double-header.
더블유시 a water closet; W.C.
더빙 〖映·TV〗 dubbing.
더뻑거리다 act (behave) rashly.
더욱 more; more and more; still more. ¶ ~ 중대한 것은 what is more important / ~ (더) 적어지다

grow less and less / ~ 좋다〔나쁘다〕be so much the better〔worse〕.
더욱이 besides; moreover; what is more; in addition (to that).
더위 the heat; hot weather. ¶ ~를 식히다 beat the heat / ~ 먹다 be affected by the heat; suffer from hot weather / ~타다 be sensitive to the heat.
더치다 become〔grow〕worse; take a bad turn.
더킹〖拳〗ducking. ~하다 duck《*to avoid blows*》.
더펄개 a shaggy dog.
더펄거리다《머리털 따위가》fly up and down;《사람이》act frivolously.
더펄머리 bouncing hair.
더펄이 a harum-scarum; a busybody.
더하다¹《보태다》add《*to*》; add〔sum〕up;《증가》increase; gain;《심해지다》grow severe〔intense〕; get〔grow〕worse. ¶ 3에 4를 ~ add 4 to 3 / 병세가 ~ take a turn for the worse/추위가 ~ get colder / 속력을 ~ speed up / 3에 2를 더하면 5이다 Three and two make〔are〕five.
더하다²《비교해》(be) more...; -er. ¶ 크기가 ~ be bigger / 수에 있어서 ~ exceed in number; outnumber.
더할나위없다 be perfect; leave nothing to be desired; be ideal. ¶ 더할나위없이 perfectly (완전히); most; supremely.
덕(德)《미덕》(a) virtue; goodness; a merit;《덕택》indebtedness; favo(u)r. ¶ ~이 높은 사람 a man of high virture / …의 ~으로 by virtue〔dint〕of...; thanks to....
덕대 a subcontractor of mining.
덕망(德望) moral influence. ¶ ~가 a man of high (moral) repute.
덕분(德分) ☞ 덕택.
덕성(德性) moral character; moral nature. ¶ ~스럽다 be virtuous.
덕아우트〖野〗a dugout.
덕업(德業) virtuous deeds.
덕육(德育) moral training〔education〕; character-building.
덕적덕적, 덕지덕지 in a thick layer; thickly. ¶ 때가 ~ 끼다 be thickly covered with dirt.
덕택(德澤)《은혜》indebtedness; favo(u)r;《후원》support. ¶ …의 ~으로 thanks to《*a person*》; by *a person's* favor〔help〕;《원인·이유》due〔owing〕to.
덕행(德行) virtuous〔moral〕conduct; virtue; goodness.
덕화(德化)《감화》moral influence〔reform〕.
덖다《찌들다》be stained with dirt; get dirty.
던적스럽다《비열》(be) mean; base; sordid;《추잡》(be) indecent; obscene; filthy.

던지다《내던지다》throw; hurl; fling; cast. ¶ 공을 ~ throw〔pitch〕a ball / 깨끗한 한 표를 ~ cast an honest〔a clean〕vote《*for*》.
던지럽다 (be) mean; base; foul; filthy; obscene.
덜 less; incompletely. ¶ ~ 마른 half-dried / ~ 익은 half-cooked; underdone.
덜거덕거리다 rattle; clatter.
덜다 ①《경감·완화》lessen; ease; mitigate; relieve; alleviate; lighten;《절약》save; spare. ¶ 수고를 ~ save《*a person*》trouble; save labo(u)r / 고통을 ~ ease the pain. ②《빼다》subtract; deduct《*from*》; take off;《적게 하다》decrease; lessen; abate; reduce. ¶ 세 개를 ~ remove three; take three from.
덜덜 ¶ ~ 떨다 tremble《*for fear*》; quiver; shiver; tremble all over.
덜되다 ①《미완성》(be) incomplete; unfinished;《덜익다》be not ripe. ¶ 덜된 원고 an unfinished manuscript. ②《사람이》be no good; be not up to the mark; be half-witted.
덜렁거리다《소리》jingle; tinkle; clink;《행동》behave oneself flippantly.
덜렁쇠 a frivolous person.
덜렁하다《소리가》jingle;《가슴이》feel a shock; get startled.
덜름하다 (be) rather short.
덜리다 be reduced〔deducted, removed〕.
덜미 ☞ 뒷덜미. ¶ ~잡이하다 take〔seize〕《*a person*》by the scruff of the neck.
덜커덕거리다 rattle; clatter.
덜커덩거리다 ☞ 덜커덕거리다.
덜컥 ①《갑자기》suddenly; unexpectedly. ¶ ~ 죽다 die suddenly; drop dead. ②《소리》with a click〔clatter, bump〕.
덜퍽지다 (be) plentiful; ample.
덤 ①《추가》an extra; something thrown in; a throw-in; an addition; a premium. ②《바둑》a handicap.
덤덤탄(一彈) a dumdum〔softnosed〕bullet.
덤덤하다(be)speechless; remain silent(서술적).
덤받이 a child by one's former marriage.
덤벙거리다《행동을》act frivolously〔rashly〕;《물에서》splash; splatter.
덤벨 a dumbell.
덤불 a thicket; a bush.
덤비다 ①《달려들다》fall〔turn〕upon《*a person*》; fly out at; defy. ¶ 맹호같이 덤벼들다 spring at with tigerlike ferocity. ②《서둘다》be hasty; hurry; make undue haste. ¶ 덤비지 말라 Don't be so hasty., Take easy.
덤프카 a dump truck〔lorry《英》〕.
덤핑〖經〗dumping. ~하다 dump

《articles》. ‖ ~방지 관세 anti-dumping duties / ~전 a dumping war.
덥다 (be) hot; warm; feel hot. ¶ 더운 날씨 hot weather / 더운 물 hot water / 몸이 ~ have a fever.
덥석 quickly; suddenly; tightly (단단히). ¶ 손을 ~ 쥐다 suddenly clasp [grasp] 《*a person's*》 hand/ ~ 물다 snap 《*at*》.
덧 a short time [while]; a brief span of time. ¶ 어느~ before one knows; unawares; 《벌써》 already.
덧나다 ① 《병이》 grow worse; get inflamed; 《곪다》 form pus; fester. ② 《성나다》 be offended.
덧내다 《병을》 cause to take a bad turn; cause to fester; make worse.
덧니 a snag tooth; a double tooth (겹친). ¶ ~가 나다 cut a snaggletooth. ‖ ~박이 a person with a snaggletooth.
덧들이다 hurt 《*a person's*》 feelings; offend; provoke 《*a person*》 to anger.
덧문(—門) an outer door; a shutter.
덧붙이다 add [attach, stick] 《*one thing to another*》; 《말을》 add; make an additional remark.
덧셈 addition. ~하다 add up figures. ‖ ~표 plus sign.
덧신 overshoes; rubbers.
덧없다 (be) transient; vain; uncertain; momentary. ¶ 덧없이 transiently; evanescently / 덧없는 인생 a transient [an ephemeral] life.
덩굴 a vine; a runner. ‖ ~손 〖植〗 a tendril; a cirrus.
덩그렇다 《헌거롭다》 (be) high and big; imposing; 《텅비다》 look hollow [empty].
덩달다 follow suit. ¶ 덩달아 웃다 laugh following suit.
덩실거리다 dance lively [sprightly].
덩어리, 덩이 a lump; a mass. ¶ ~지다 lump; (form a) mass. ‖ 얼음 ~ a lump of ice / 흙~ a clod of earth.
덩지, 덩치 physique; build; bulk; mass; size.
덫 a snare; a trap. ¶ ~을 놓다 set [lay] a trap [snare] 《*for*》/ ~에 걸리다 be caught in a trap.
덮개 a cover; a covering; a lid (뚜껑); a coverlet (침구).
덮다 《씌우다》 cover 《*with*》; put 《*a thing*》 on; veil; overspread; 《은폐》 hide; cover up; cloak; 《닫다》 shut; close. ¶ 책을 ~ close [shut] a book.
덮어놓고 causelessly; without any reason. ¶ ~ 치다 hit 《*a person*》 without giving any explanation.
덮어두다 ignore; look [pass] over; shut one's eyes 《*to*》.
덮어씌우다 ① 《가림》 cover 《*a thing with...*》; put 《*a thing*》 over [on]. ② 《죄를》 charge 《*a person with a blame*》.
덮이다 be covered [veiled, hidden, wrapped]. ¶ 눈에 ~ be covered with snow.
덮치기 a large fowling net.
덮치다 ① 《겹쳐누름》 lie one upon another; overlap one another. ② 《한꺼번에》 rush in. ¶ 불행이 ~ have a series of misfortune.
데 a place; a spot; a point; 《경우》 an occasion; a case.
데걱거리다 clatter; rattle.
데구루루, 데굴데굴 ¶ ~ 구르다 roll over and over.
데꺽 at once (곧); easily (쉽게). ¶ ~ 해결하다 solve [settle] on the spot.
데다 ① 《불에》 get burnt; have a burn; scald oneself; get scalded. ¶ 손을 ~ get burnt in the hand; burn one's hand. ② 《혼나다》 have a bitter experience. ¶ 빚에는 아주 데었다 I know to my cost what it is to be in debt.
데드볼 〖野〗 a dead ball.
데려가다 take 《*a person*》 along; take 《*a person*》 with one; take away.
데려오다 bring 《*a person*》 along; bring 《*a person*》 with one; take back (도로).
데리다 take [bring] with; be accompanied by; keep (두다). ¶ 데리고 나오다 take [bring] out; lure / 데리러 오다 call for; come to claim 《*a person*》/ 데리러 가다 go for; go and bring 《*a person*》/ 데리고 놀다 amuse; take care of (아이를).
데릴사위 a son-in-law taken into the family. ¶ 데릴사윗감 a model youth.
데마 《circulate》 a false rumo(u)r; demagogy.
데면데면하다 (be) careless; negligent.
데모 《stage》 a demo(nstration). ~하다 demonstrate 《*against*》. ‖ ~대 (a group of) demonstrators / 가두 ~ a street demonstration.
데모크라시 democracy.
데모행진(—行進) a demonstration parade. ¶ ~을 하다 stage a demonstration parade.
데밀다 push [force] in.
데뷔 a *début* (프). ~하다 make one's *début*.
데삶기다 be half-done(-boiled).
데삶다 parboil; boil 《*an egg*》 soft [lightly].
데상 a *dessin* (프); a (rough) sketch.
데설궂다 (be) rough; rude.
데스마스크 a death mask.
데시 ‖ ~리터 a deciliter / ~미터 a decimeter.
데알다 have a smattering of 《*English*》; know 《*something*》 by halves.

데억지다 《너무 크다·많다》 be too big 〔much〕.
데우다 warm; heat (up); mull (술을). ¶ 데워 먹다 eat hot.
데이비스컵 〖테니스〗 the Davis cup.
데이터 《gather》 data 《on》. ‖ ~처리 장치 a data processing machine.
데이트 a date. ~하다 date (with) 《a girl》; have 〔make〕 a date 《with》.
데익다 be half-cooked 〔-done〕.
데치다 scald; parboil.
데카 ‖ ~리터 a decaliter / ~미터 a decameter.
데카당 decadence; a decadent (사람).
데크 the deck (배의); the platform (열차의).
데퉁스럽다 (be) clumsy; gawky.
덴겁하다 be flurried 〔disconcerted〕.
덴마크 Denmark. ¶ ~의 Danish / ~ 사람 a Dane.
델리킷 ¶ ~한 delicate.
델린저현상(一現象) 〖物〗 Dellinger phenomena.
델터 〖地〗 a delta. ¶ ~상(狀)의 deltoid; deltaic. ‖ ~ 지대 〔평야〕 a delta land 〔plain〕.
뎅그렁거리다 jangle; clang.
도(度) ① 《온도·각도》 a degree. ¶ 60 ~ sixty degrees. ② 《정도》 (a) degree; extent; a measure. ¶ ~를 지나치다 go too far; carry to excess; be intemperate. ③ 《회수》 times.
도(道)[1] 《행정 구획》 a province. ¶ 경기~ Gyeong-gi Province / ~(립)의 provincial. ‖ ~지사 a provincial governor.
도(道)[2] 《도리》 teachings, doctrines (교리); truth (진리).
도 〖樂〗 do.
도 ① 《및, …도…도》 and; as well (as); both... and (긍정); neither... nor (부정); 《역시》 so; too; also; not... either (부정). ② 《조차도》 even; not so much as. ¶ 지금~ even now / 작별 인사~ 없이 without so much as saying good-by(e). ③ 《비록 …이라도》 even if; (al)though.
도가니 a melting pot; a crucible. ¶ 흥분의 ~로 변하다 turn into a scene of wild excitement.
도가머리 a crest 《of a bird》.
도각(倒閣) ~하다 overthrow 〔unseat〕 the Cabinet.
도강(渡江) ~하다 cross 〔go across〕 a river.
도개교(跳開橋) a bascule bridge.
도거리 ¶ ~로 in a lump 〔the gross, bulk〕.
도검(刀劍) a sword; swords (도검류).
도계(道界) a provincial border.
도공(刀工) a sword-smith.
도공(陶工) a ceramist.
도관(導管) a conduit (pipe); a pipe.
도괴(倒壞) collapse. ~하다 collapse; fall down; crumble. ‖ ~ 가옥 collapsed houses.
도교(道敎) Taoism.
도구(道具) ① 《공구》 a tool; an implement; a utensil; 《용구일체》 an outfit. ② 《방편》 a means; a stepping stone. ③ 《앞잡이》 a tool; a cat's paw. ¶ 사람을 ~로 사용하다 use 《a person》 as a tool.
도구(渡歐) ~하다 go to Europe.
도국(島國) an island country. ‖ ~근성 insularism.
도굴(盜掘) ~하다 rob a grave. ‖ ~범 a grave robber.
도규(刀圭) medicine. ‖ ~가(家) a medical man; a physician / ~계 the medical profession 〔world〕.
도그머 a dogma; dogmatism(주의).
도금(鍍金) gilding; plating. ~하다 plate; gild. ¶ 동을 은으로 ~하다 plate copper with silver. ‖ 전기 ~ electric gilding.
도급(都給) 《청부》 undertaking; a contract. ¶ ~맡다 contract 《for》/ ~ 주다 give 《a person》 a contract 《for》. ‖ 일괄 ~계약 a contract on the turnkey basis / 일괄 ~식 (수출) (export) by turnkey system.
도기(陶器) china(ware); earthenware; pottery. ‖ ~ 상 a china shop; a china-dealer.
도깨그릇 earthenware; chinaware.
도깨비 a bogy; a ghost.
도깨비불 a will-o'-the-wisp; an elf fire; a Jack-o'-lantern.
도꼬마리 〖植〗 a cocklebur.
도끼 an ax(e); a hatchet; a chopper. ‖ ~자루 an ax haft / ~질 wielding an ax (~질하다 wield an ax).
도난(盜難) 《a case of》 robbery 〔burglary, theft〕. ¶ ~당하다 be robbed 《of one's money》; have 《one's money》 stolen; be stolen (물건이 주어). ‖ ~ 경보기 a burglar alarm / ~품 stolen goods.
도내(道內) ¶ ~의〔에〕 in the province; throughout the province.
도넛 a doughnut.
도달(到達) arrival. ~하다 arrive in 〔at〕; reach; get to. ¶ 결론에 ~하다 arrive at a conclusion.
도당(徒黨) a faction; a clique. ¶ ~을 짓다 band together; form a league〔faction, clique〕.
도대체(都大體) on earth; in the world.
도덕(道德) morality; virtue; morals. ¶ ~상〔적으로〕 morally; from the moral point of view. ‖ ~가 a moralist; a virtuous man / ~ 교육 moral education / ~심 a moral sense; a sense of morality / ~율 a moral law; an ethical code.
도덕재무장운동(道德再武裝運動) a moral rearmament movement.
도도록하다 (be) swollen; bulging;

convex.
도도하다 《거만》 (be) proud [arrogant]. ¶ 도도하게 proudly; arrogantly.
도도하다(滔滔—) ① 《변설이》 (be) eloquent; fluent. ¶ 도도한 변설 a flood of eloquence. ② 《물이》 ¶ 도도히 흐르다 flow with a rush; run [flow] in a large stream.
도둑 ¶ ~ 맞다 《사람이 주어》 have 《*a thing*》 stolen; be robbed of 《*one's purse*》; 《물건이 주어》 be stolen. ‖ ~놈 a thief; a burglar; a robber / ~질 theft; burglary; stealing (~질하다 commit theft; steal; rob).
도둑고양이 a stray cat.
도드라지다 ① 《형용사적》 (be) swollen; protuberant; 《현저하다》 (be) salient; prominent. ② 《자동사적》 swell; protrude; heave.
도드미 a riddle.
도떼기시장(—市場) an open-air [a flea] market.
도라지 ① 〖植〗 a Chinese balloon flower; a broad bellflower. ② 《뿌리》 platycodon.
도락(道樂) a hobby; a pleasure. ¶ …을 ~으로 삼다 do 《*something*》 as a hobby [for pleasure].
도란 《화장용의》 grease paint.
도란거리다 ☞ 두런거리다.
도랑 a hitch; a drain; a gutter. ¶ ~을 치다 clear out a ditch. ‖ ~창 a gutter; a drain.
도랑이 mange.
도랑치마 a short [mini] skirt.
도래 ‖ ~ 매듭 a double knot / ~송곳 a gimlet.
도래(到來) arrival; advent. ~하다 arrive; come.
도래(渡來) ~하다 visit; come over the sea; be introduced 《*into*》.
도량(度量) 《마음》 magnanimity; liberality; generosity. ¶ ~이 큰 magnanimous; generous; liberal; broad-minded / ~이 좁은 narrow-minded; illiberal; ungenerous.
도량(跳梁) ~하다 be rampant; be dominant; prevail.
도량(道場) 〖佛〗 a Buddhist seminary.
도량형(度量衡) weights and measures. ‖ ~기 measuring instruments / ~표 tables of weights and measures.
도려내다 scrape out; cut off [out, away]; cleave.
도련님 a young gentleman; an unmarried boy (as addressed by servants); 《호칭》 Master; Darling; 《시동생》 a young brother-in-law.
도령 《총각》 an unmarried man; a boy.
도로(徒勞) ¶ ~에 그치다 come to nothing; prove fruitless.
도로(道路) a road; a street; a highway (공도). ‖ ~ 공사 road repairing; street improvement / ~ 표지 a road sign / 유료 ~ a toll road / 한국 ~ 공사 the Korea Highway Corporation.
도로 back (되짚어); (over) again (또다시). ¶ ~ 주다 give back / ~ 가다 [오다] go [come] back.
도로아미타불(—阿彌陀佛) ¶ ~이 되다 come to nothing.
…도록 ① 《목적》 to; so as to; in order to [that]; so that one may.... ¶ …지 않~ (so as) not to; that ... may not; lest ... should / 나에게 …하~ 그가 말했다 It was suggested to me that I might .... ② 《…때까지》 till; untill. ¶ 밤늦~ till late at night. ③ 《되도록…》 as... as possible. ¶ 되~ 빨리 as soon as possible.
도롱뇽 〖動〗 a salamander.
도롱이 a straw raincoat.
도료(塗料) paints. ¶ ~분무기 a paint sprayer / 발광 ~ luminous paint.
도루(盜壘) 〖野〗 a stolen base; a steal. ~하다 steal a base.
도루묵 〖魚〗 a kind of sandfish.
도륙(屠戮) ~하다 massacre; butcher; slaughter.
도르다¹ 《분배》 distribute; pass out; deal out; serve round; deliver (배달). ¶ 신문을 ~ deliver newspapers / 초대장을 ~ send out invitations.
도르다² 《융통》 raise; procure. ¶ 돈을 ~ raise money; secure a loan; borrow money.
도르래 《장난감》 a pinwheel top; 《활차》 a pulley.
도르르 rolling.
도리 〖建〗 a beam; a crossbeam.
도리(道理) ① ☞ 사리(事理). ② 《방도》 a way; a means; a plan; a measure. ¶ 딴 ~가 없다 have no alternative / 기다릴 수밖에 다른 ~가 없다 We have nothing to do but wait. ③ 《의리》 duty; obligation. ¶ 자식의 ~ filial duty.
도리깨 《thresh with》 a flail.
도리다 cut off [out]; scoop out; 《구멍을》 hollow out; bore.
도리도리 《아기에게》 Shake-shake!
도리암직하다 (be) short but slim.
도리어 《반대로》 instead; on the contrary; 《오히려》 rather; (all the) more.
도리질 ① 《아기의》 ~하다 《a child》 shake its head for fun (from side to side). ② 《거절》 ~하다 shake one's head in denial; say "No."
도립(倒立) a handstand; a headstand. ~하다 stand on one's (head and) hands.
도립(道立) ~의 provincial. ‖ ~ 병원 a provincial hospital.
도마 a chopping board [block]. ¶ ~ 위에 오른 고기 be resigned to one's fate.
도마뱀 〖動〗 a lizard.

도막 ☞ 토막.
도말(塗抹) ① 《칠》 ~하다 paint 《*a thing*》 over 《*with*》. ‖ ~제(劑) a liniment. ② 《미봉》 ~하다 patch up; shuffle; varnish.
도망(逃亡) escape; flight; desertion. ~치다[하다] run away; flee; fly; desert. ¶ ~치게 하다 put 《*a person*》 to flight / 무사히 ~하다 make good one's escape 《*to*》; run away to 《*a safe distance*》. ‖ ~병 a runaway soldier; a deserter / ~자[군] a runaway; a fugitive; an absconder.
도맡다 undertake alone; take all upon oneself; answer for.
도매(都賣) wholesale. ~하다 sell wholesale. ‖ ~물가(지수) wholesale price (index) / ~상 《carry on》 a wholesale trade [business] (영업); a wholesale dealer (사람); a wholesale store (상점) / ~ 시세[값] 《at》 a wholesale price.
도면(圖面) a drawing; a sketch; a plan. ¶ 건축 ~ a blueprint.
도모(圖謀) ~하다 ☞ 꾀하다.
도무지 quite; entirely; utterly; (not) at all; (not) in the least. ¶ ~ 개의치 않다 do not care at all / ~ 알 수 없다 can hardly understand.
도미 〖魚〗 a sea bream.
도미(掉尾) 《끝판에 활약함》 final efforts; one's crowning labo(u)r.
도미(渡美) ~하다 visit [go to] the States. ‖ ~ 유학 going to the U.S. for further study.
도미노 a domino. ‖ ~이론 the "domino" theory.
도민(島民) an islander; the inhabitants of an island.
도민(道民) the natives of a province.
도박(賭博) gambling. ~하다 gamble. ‖ ~꾼 a gambler / ~ 상습자 a confirmed [habitual] gambler / ~장 a gambling house; a casino / 사기 ~ fraudulent gambling.
도발(挑發) ~하다 arouse [excite] 《*one's curiosity*》; provoke 《*one's anger*》; be suggestive 《*of indecent thoughts*》. ¶ ~적인 provocative; suggestive; sensational.
도배(塗褙) paper hanging; papering 《*walls and ceiling*》. ~하다 paper 《*walls and ceiling*》; wallpaper. ‖ ~장이 a paper hanger / ~지(紙) wallpaper; paper hangings.
도버해협(一海峽) the Straits of Dover.
도벌(盜伐) ~하다 fell trees in secret; steal timber.
도범(盜犯) robbery; theft.
도법(圖法) drawing. ‖ 평면[투영] ~ projection.
도벽(盜癖) a thieving habit; kleptomania. ¶ ~이 있다 be larcenous; be kleptomaniac.
도벽(塗壁) plastering. ~하다 plaster a wall.
도별(道別) ~의 by province. ‖ ~ 인구표 population chart by province.
도보(徒步) walking. ¶ ~로 《go》 on foot. ‖ ~ 경주 a walking [foot] race / ~ 여행 《go on》 a walking tour.
도부(到付) ~치다 peddle; hawk. ‖ 도붓장사 peddling; hawking / 도붓장수 a peddler; a hawker.
도불(渡佛) a visit to France. ~하다 visit [go to] France.
도사(道士) 《도교의》 a Taoist; 《불교의》 an enlightened Buddhist.
도사리 ① 《과일》 an unripe fallen fruit. ② 《잡풀》 weeds grown in a rice seedbed.
도사리다 《앉다》 sit cross-legged; sit with one's legs crossed; 《마음을》 calm 《*one's mind*》; 《뱀 따위가》 coil itself (up).
도산(倒産) ① bankruptcy (☞ 파산). ¶ 그 회사는 ~했다 The firm went down. ② 〖醫〗 a crossbirth.
도살(屠殺) slaughter; butchery. ~하다 slaughter; butcher. ‖ ~자 a butcher / ~장 a slaughterhouse.
도상(圖上) ‖ ~작전 a war game; tactics on the map(s).
도색(桃色) rose (colo(u)r); pink. ~의 rosy; pink. ‖ ~ 영화 a sex film; blue movies 《俗》 / ~ 유희 an amorous [a love] affair / ~ 잡지 a yellow journal.
도서(島嶼) islands.
도서(圖書) books. ‖ ~관 a library (국립 중앙 ~관 the National Central Library) / ~관장 the chief librarian / ~관학 library science / ~ 목록 a catalog(ue) of books / ~실 a reading room / 대학[학교, 순회] ~관 a university [school, circulating] library / 신간 ~ new books.
도서다 ① 《바람이》 change; shift; veer. ② 《태아가》 quicken.
도선(渡船) a ferry(boat). ‖ ~장 a ferry.
도선(導船) pilotage; piloting. ~하다 pilot 《*a boat*》. ‖ ~사 a pilot.
도선(導線) the leading [conducting] wire.
도섭 ¶ ~부리다 show fickleness / ~스럽다 be fickle [capricious]; be whimsical.
도수(度數) ① 《횟수》 the number of times; frequency. ‖ (전화의) ~ 요금 message rates / ~제 the message-[call-]rate system. ② 《각도·안경 등의》 the degree. ¶ ~가 높은 안경 strong [thick] glasses; powerful spectacles. ③ 《알코올분의》 proof. ¶ ~가 높은 위스키 high-proof whisky.
도수(徒手) ¶ ~ 공권(空拳)으로 empty-handed. ‖ ~체조 free gymnastics.

도수장(屠獸場) a slaughterhouse; a butchery.
도스르다 brace oneself (up); tighten one's nerves.
도승(道僧) an enlightened Buddhist monk [priest].
도시(都市) a city; a town. ‖ ~ 계획 city [town] planning / ~ 국가 a city-state / ~ 생활 a city life (~ 생활자 a city dweller; city people).
도시(都是) ☞ 도무지.
도시(圖示) ~하다 illustrate.
도시락 a lunch box; a lunch [tiffin《英》] (밥). ¶ ~을 먹다 (have, take) lunch.
도시재개발사업계획(都市再開發事業計劃) the city's massive urban renewal program.
도식(徒食) ~하다 lead an idle life; live in idleness.
도식(倒植) 〖印〗 a reversed character [letter].
도식(圖式) a diagram; a graph; a schema. ¶ ~으로 나타내다 diagrammatize.
도심(都心) ‖ ~ 지대 the midtown area.
도안(圖案) a design [sketch]. ¶ ~을 만들다 design / ~화하다 make a design《of》. ‖ ~가 a designer.
도야(陶冶) cultivation. ~하다 cultivate; train; build (up). ‖ 인격 ~ character-building.
도약(跳躍) a jump; jumping. ~하다 jump. ‖ ~ 운동 a jumping exercise / ~판 a spring board.
도연(陶然) ¶ ~히 취하다 get mellow [tipsy] (술에); be fascinated《by》(음악 등에).
도열(堵列) ~하다 line up; form a line.
도열병(稻熱病) rice blight.
도영(渡英) a visit to England. ~하다 go (over) to England.
도예(陶藝) ceramic art. ‖ ~가 a potter / ~술 ceramics; pottery.
도와주다 《조력》 aid; help; assist; 《구제》 relieve《*the poor*》; give a relief to《*a person*》.
도외시(度外視) ~하다 ignore; disregard; overlook.
도요(새) 〖鳥〗 a snipe; a longbill.
도용(盜用) ~하다 steal; embezzle; peculate; appropriate.
도우(屠牛) slaughtering cattle.
도움 help; assistance; aid; support (부조). ¶ ~을 청하다 call [ask, cry] for help / ~이 되다 be helpful [a help]《to》; be of help《to》; be useful.
도원경(桃源境) Shangrila.
도읍(都邑) a capital; 《도읍지》 the seat of government; 《도시》 a city [town].
도의(道義) morality; morals. ¶ ~적 책임 a moral obligation. ‖ ~심 the moral sense.
도이치 Germany. ☞ 독일.
도일(渡日) a visit to Japan. ~하다 visit [go to] Japan.
도입(導入) ~하다 introduce《*foreign capital*》.
도자기(陶瓷器) pottery; ceramic ware. ‖ ~공 a ceramist.
도장(道場) a drill hall; an exercise hall; a gymnasium [*pl.* -s, -sia].
도장(塗裝) ~하다 coat with paint. ‖ ~ 공사 painting.
도장(圖章) a seal; a stamp (소인); a postmark (우편의). ¶ ~을 찍다 seal; affix a seal《*to*》; stamp / ~을 파다 engrave a seal. ‖ ~포 a seal-engraver's shop.
도저히(到底一) 《cannot》 possibly; 《cannot》 by any possibility; 《none》 at all; utterly. ¶ …은 ~ 있을 수 없다 It is out of the bounds of possibility that....
도적(盜賊) ☞ 도둑.
도전(挑戰) a challenge; defiance. ~하다 challenge《*a person, a mountain*》. ¶ ~적 challenging; aggressive / ~에 응하다 accept a challenge.
도전(盜電) ~하다 steal electricity [power].
도전(導電) electric conduction. ‖ ~체(體) an electric conductor.
도정(道程) distance; itinerary.
도제(徒弟) an apprentice.
도조(賭租) rice paid as land tax.
도주(逃走) ☞ 도망.
도중(途中) ~에 on one's way《*to, from*》; 《give up》 halfway (중도에); in the middle of《*one's talk*》. ¶ ~ 일박하다 stop overnight《*at*》/ ~하차하다 stop over《*at*》.
도지다[1] ① 《심하다》 (be) extreme; severe. ② 《단단하다》 (be) hard; strained.
도지다[2] 《병의 악화》 become worse; 《재발》 relapse《*into*》; have a lapse《*of*》.
도지사(道知事) a provincial governor.
도착(到着) ~하다 arrive《*at, in*》; reach; get to. ¶ ~순(順)으로 in order of arrival / ~하는 대로 upon [immediately on one's] arrival; as soon as one arrives. ‖ ~불 payment on delivery / ~역[항] an arrival station [harbo(u)r].
도착(倒錯) perversion. ‖ 성~자 a sexual pervert.
도찰(塗擦) ~하다 rub in; embrocate. ‖ ~제 an embrocation; a liniment.
도처(到處) ~에(서) everywhere; throughout [all over]《*the country*》; wherever《*one goes*》.
도청(盜聽) ~하다 tap《*a wire*》; listen to the radio without a license; eavesdrop《*on*》. ‖ ~기(器) a concealed microphone (회화의); a wire tapping device (전화의);

a wall-snooper; a bug《美俗》/ ~사건 a wiretap scandal / ~자 a wiretapper; a pirate listener.
도청(道廳) a provincial office. ‖ ~소재지 the seat of a provincial government.
도체(導體) 〖理〗 a medium (매개물); a conductor (전기, 열의). ‖ 양〔불량〕 ~ a good 〔bad〕 conductor.
도축(屠畜) butchery. ‖ ~업 butchery trade 〔business〕.
도취(陶醉) intoxication; fascination. ~하다 be intoxicated 〔fascinated, enraptured〕. ‖ 자기 ~ narcissism; self-absorption 〔-complacency〕.
도치(倒置) ~하다 invert; reverse. ‖ ~법 inversion; hyperbaton.
도큐멘터리 ☞ 다큐멘터리.
도크 a dock. ¶ ~에 넣다 dock《*a ship*》. ‖ 부(浮)〔건(乾)〕~ a floating 〔dry〕 dock.
도킹 docking; linking-up. ¶ ~시키다 dock《*spacecraft*》; link up (in space).
도탄(塗炭) misery; distress. ¶ ~에 빠지다 fall into extreme distress.
도태(淘汰) selection. ~하다 select; weed 〔comb〕 out. ‖ 자연 〔인위〕 ~ natural 〔artificial〕 selection.
도토(陶土) potter's clay.
도토리 an acorn. ¶ 개밥에 ~ an outcast. ‖ ~ 깍정이 an acorn cup; a cupule.
도통(都統)《도합》in all; all together;《전혀》《not》at all.
도통(道通) ~하다 attain enlightenment.
도포(塗布) ~하다 spread; apply《*an ointment to*》.
도포(道袍) Korean robe.
도표(道標) a guidepost; signpost.
도표(圖表) a chart; a diagram; a graph. ¶ ~로 나타내다 put《*figures*》into the form of a diagram; diagramatize.
도품(盜品) stolen goods; swag《俗》.
도피(逃避) a flight《*of capital*》; an escape《*from reality*》. ~하다 flee; 〔escape〕《*from*》. ‖ ~ 생활 a life of escape from the world / ~주의 escapism / ~행 a runaway trip; an escape journey / 현실 ~ escape from reality.
도하(都下) ¶ ~의〔에〕 in the capital.
도하(渡河) ☞ 도강(渡江). ‖ ~ 작전 river-crossing operations.
도학(道學) ethics; moral philosophy. ‖ ~자 a moralist.
도한(盜汗) night sweat.
도합(都合)《총계》the (grand) total;《부사적》in all; all told; altogether.
도항(渡航) a passage; a voyage. ~하다 make a voyage 〔passage〕《*to*》; go over《*to*》. ‖ ~자 a passenger《*to*》/ ~증 a passport.
도해(圖解) a diagram; an illustration. ~하다 illustrate (by a diagram); show in a graphic form.
도형(圖形) a figure; a device; a diagram. ‖ 입체 ~ a solid figure.
도홍색(桃紅色) rose (colo(u)r); pink.
도화(桃花) a peach-blossom.
도화(圖畫) drawing; a picture. ‖ ~지 drawing paper.
도화선(導火線) a fuse; a train of powder. ¶ ~이 되다 cause; give rise to.
도회(都會) ☞ 도시(都市).
도흔(刀痕) a sword cut 〔scar〕.
독《그릇》a jar; a jug; a pot. ¶ ~안에 든 쥐다 be like a rat in a trap / 밑 빠진 ~에 물 붓기 be like throwing water on thirsty soil.
독(毒) poison; venom (독사의); virus (병독); harm (해). ¶ ~이 있는 poisonous; venomous; harmful / ~을 마시다 〔먹이다〕 take 〔administer〕 poison.
독가스(毒―) poison gas; asphyxiating gas. ‖ ~ 마스크 a gas mask / ~탄 a poison-gas shell 〔bomb〕.
독감(毒感) influenza; flu; a bad cold. ¶ ~에 걸리다 be attacked by influenza.
독거(獨居) solitary life. ~하다 live alone; lead a solitary life.
독경(讀經) sutra-chanting. ~하다 chant a sutra.
독과점(獨寡占) monopoly and oligopoly. ‖ ~ 품목 monopolistic and oligopolistic items.
독기(毒氣) poisonous character; virulence;《악의》malice; acrimony. ¶ ~ 있는 poisonous; malicious.
독나방(毒―) a brown-tailed moth.
독농가(篤農家) a diligent farmer.
독단(獨斷) arbitrary decision; dogmatism. ¶ ~적 arbitrary; dogmatic / ~(적)으로 on one's own judg(e)ment 〔responsibility〕.
독두(禿頭) ☞ 대머리. ‖ ~병(病) alopecia.
독려(督勵) encouragement. ~하다 encourage; stimulate; urge.
독력(獨力) ~으로 by one's own efforts; single-handed; for oneself.
독립(獨立) independence; self-reliance; self-support (자활). ~하다 become independent《*of*》; stand alone 〔on one's own legs〕. ¶ ~의 independent. ‖ ~가옥 an isolated cottage; a solitary 〔detached〕 house / ~국 an independent country 〔state〕 / ~ 기념일 (미국의) Independence Day / ~심 the spirit of independence / ~ 운동 an independence movement / ~ 정신 the spirit of national independence / ~ 채산제 the independent profit system.
독립자영(獨立自營) independent management. ~하다 manage 〔run〕 independently.

독립자존(獨立自存) independence and self-existence. ～하다 be self-existent; be self-sufficient.
독립자활(獨立自活) independence and self-support. ～하다 support *oneself*.
독무대(獨舞臺) ～이다 hold the field; stand 〔be〕 unchallenged 〔without a rival〕.
독물(毒物) poisonous substance.
독방(獨房) a single room; a room to oneself; a solitary cell (감옥의). ‖ ～ 감금 solitary confinement.
독백(獨白) a soliloquy; a monologue. ～하다 say to oneself; soliloquize.
독보(獨步) ¶ ～적인 unique; matchless; peerless; unequalled.
독본(讀本) a reader. ‖ 영어 ～ an English reader.
독부(毒婦) a vamp; a wicked woman.
독불(獨佛) ～의 Franco-German; French-German 《*relations*》.
독불장군(獨不將軍) 《겉도는》 a person left out in the cold; an outcast; 《고집장이》 a stubborn fellow; a man of self-assertion; a self-conceited fellow.
독사(毒蛇) a venomous snake.
독살(毒殺) poisoning. ～하다 poison; kill 〔murder〕 by poison. ‖ ～자 a poisoner.
독살부리다 (毒殺—) give vent to one's spite; act spitefully; act wickedly.
독살스럽다(毒殺—) (be) venomous; virulent; malignant; bitter.
독살피우다(毒殺—) ☞ 독살부리다.
독생자(獨生者) Jesus Christ.
독서(讀書) reading. ～하다 read (books). ¶ ～를 즐기다 be fond of reading. ‖ ～가 a reader; a great reader (다독가) / ～계(界) the reading public 〔world〕 / ～력 reading ability; power of reading / ～ 주간 a book week / ～회 a reading circle.
독선(獨善) self-righteousness. ～적 self-righteous. ‖ 관료 ～ bureaucratic self-righteousness.
독설(毒舌) a stinging 〔malicious, acrimonious〕 tongue. ¶ ～가(家)다 have a spiteful tongue / ～을 퍼붓다 speak bitterly 《*of*》; sharply attack; abuse.
독성(毒性) poisonous character. ～의 virulent; poisonous.
독소(毒素) poisonous matter; a toxin. ‖ 항(抗)～ an antitoxin.
독수(毒手) a vicious means. ¶ …의 ～에 걸리다 fall a victim to; fall into the hands of 《*a usurer*》.
독수공방(獨守空房) ～하다 live in solitude with one's husband away from home; lead a solitary life.
독수리(禿—) 〖鳥〗 an eagle.
독순술(讀脣術) lip reading. ¶ ～로 해독하다 lip-read.
독습(獨習) ☞ 독학, 자습.
독시(毒矢) a poisoned arrow.
독식(獨食) ～하다 monopolize.
독신(獨身) ～의 single; unmarried. ¶ ～이다 be single / ～으로 살다 remain single. ‖ ～ 생활 a single life / ～자 a bachelor; a spinster (여자).
독신(篤信) ～하다 believe in 《*Buddhism*》 earnestly.
독신(瀆神) blasphemy; profanity.
독실(篤實) ～하다 (be) sincere; faithful.
독심술(讀心術) mind〔thought〕 reading; telepathy.
독아(毒牙) ～에 걸리다 fall a victim 《*to*》.
독액(毒液) venom (독사의); poisonous liquid 〔juice, sap〕.
독약(毒藥) a poison. ¶ ～을 먹다 take poison / ～을 먹이다 poison 《*a person*》.
독어(獨語) ☞ 독일어.
독연(獨演) 《give》 a solo performance 〔a recital (음악)〕.
독염(毒焰) a poisonous flame.
독영(獨英) ～의 Anglo-German; England-Germany 《*relations*》.
독일(獨逸) Germany. ¶ ～의 German / ～어(語) (the) German (language) / ～인 a German; the Germans (총칭) / 서부〔동부〕 ～ Western 〔Eastern〕 Germany.
독자(獨子) the only son (외아들); the only child (자식).
독자(獨自) ～의 original; characteristic; personal; unique. ‖ ～성 individuality; originality.
독자(讀者) a reader; a subscriber (구독자); the reading public (독서계). ¶ ～가 많다 《신문·잡지따위가》 have 〔enjoy〕 a large circulation; 《책이》 be widely read. ‖ ～난 the reader's column / ～층 a class of readers.
독장수셈 an unreliable account.
독장치다(獨場—) stand without rivals; stand unchallenged.
독재(獨裁) dictatorship. ～적 dictatorial; autocratic. ‖ ～자 an autocrat; a dictator / ～ 정치 dictatorship; dictatorial government (～정치를 펴다 impose one-man rule 《*on*》) / ～주의 dictatorship; despotism.
독전(督戰) ～하다 urge the soldiers to fight (still more) vigorously.
독점(獨占) monopoly; exclusive possession. ～하다 monopolize; have 《*something*》 to oneself. ¶ ～적 monopolistic; exclusive. ‖ ～ 가격 a monopoly price / ～ 사업 a monopolistic enterprise 〔undertaking〕 / ～욕 a desire to possess 《*something*》 (exclusively) / ～자 a monopolizer 〔monopolist〕; a sole owner / ～ 판매 an exclusive sale.

독종(毒種) 《사람》 a person of fierce character; 《짐승》 fierce animal.
독주(毒酒) ① 《독한》 strong liquor. ② 《독을 탄》 poisoned *sul.*
독주(獨走) ~하다 leave others far behind; have a walkover (경기에서); 《비유》 go one's own way.
독주(獨奏) a recital; a solo. ~하다 play a solo. ‖ ~ 곡 a solo / ~자(者) a soloist / ~회 《give, have》 a recital (피아노 ~회 a piano solo (recital)).
독지(篤志) charity; benevolence; 《열성》 interest; zeal. ‖ ~가 a volunteer; a charitable person.
독직(瀆職) corruption; bribery; (a) graft (수회). ‖ ~ 공무원 a corrupt official / ~ 사건 a corruption scandal; a bribery (graft) case.
독차지(獨—) ~하다 take all to oneself; monopolize. ¶ 아무의 사랑을 ~하다 engross (monopolize) 《*a person's*》 love.
독창(獨唱) a (vocal) solo. ~하다 sing (give) a solo. ‖ ~자 a soloist / ~회 a vocal recital.
독창(獨創) originality. ~적 original; creative. ‖ ~력 originality; creative talent (~력을 기르다 develop originality) / ~성(性) originality.
독채(獨—) an unshared (a separate) house.
독초(毒草) a poisonous plant (herb); a noxious weed.
독촉(督促) pressing; urging. ~하다 press 《*a person*》 for; urge. ‖ ~장 a letter of reminder.
독충(毒蟲) a poisonous insect.
독침(毒針) 《곤충 따위의》 a poison sting(er); 《독을 바른 바늘》 a poisoned needle.
독탕(獨湯) a private bath. ~하다 take a bath in a private bathroom.
독특(獨特) ~한 peculiar 《*to*》; characteristic; special; unique.
독파(讀破) ~하다 read through.
독판치다(獨—) ☞ 독장치다.
독하다(毒—) ① 《유독》 (be) poisonous; virulent. ② 《술·담배가》 (be) strong. ¶ 독한 담배(술) strong tobacco (liquor). ③ 《모질다》 (be) wicked; harsh; hardhearted; hard. ¶ 독한 여자 a wicked woman / 마음을 독하게 먹다 harden oneself 《*against*》. ④ 《굳세다》 (be) firm; indefatigable; indomitable.
독학(獨學) self-study(-education). ~하다 teach oneself; study (learn) by oneself. ¶ ~한 사람 a self-educated(-taught) person.
독학(篤學) a love of learning.
독항(獨航) ‖ ~선(船) an independent fishing boat.
독행(篤行) a good deed; an act of charity.
독행(獨行) ~하다 go alone; act independently (자립).
독혈(毒血) bad blood. ‖ ~증(症) 【醫】 tox(a)emia.
독회(讀會) a reading. ‖ 제1 (2, 3)~ the first (second, third) reading.
독후감(讀後感) (one's) impressions of a book.
돈¹ 《금전》 money; gold; cash; 《재산》 wealth; riches. ¶ 많은(적은) ~ a large (small) sum of money / 부정한 ~ ill-gotten money / ~있는 rich; wealthy / ~으로 살 수 없는 priceless / ~이 많이 들다 be expensive; be costly / ~을 벌다 make money / 물건을 ~으로 만들다 change goods into money / ~을 내다 pay for (지불); contribute money to (기부); invest in (투자) / ~에 눈이 어둡다 be blinded by money / ~을 물쓰듯하다 squander money like water / ~이면 안 되는 일이 없다 Money governs (Gold rules) the world.
돈² 《무게의 단위》 a *don* (=0.1325 ounce, 3.7565 grams).
돈(噸) a ton (☞ 톤). ‖ ~수(數) tonnage / 미터 ~ a metric ton.
돈구멍 《돈이 생길 길》 a source of income.
돈궤(—櫃) a money-chest; a strongbox.
돈꿰미 《줄》 a string; 《돈》 a string of coppers.
돈냥(—兩) ¶ ~깨나 벌다 amass a small fortune.
돈놀이 money-lending (business). ~하다 run money-lending business; practice usury.
돈독(敦篤) sincerity. ☞ 돈후.
돈맛 ¶ ~ 알다 (들이다) know what money is; learn the value of money; come to realize the use of money.
돈벌이 moneymaking. ~하다 make (earn) money. ¶ ~가 되는 일 a lucrative (profitable) job / ~를 잘하다 be clever at making money.
돈복(—福) luck with money.
돈수(頓首) ① 《절》 a bow; obeisance. ② 《편지의》 Yours truly.
돈아(豚兒) my son.
돈육(豚肉) pork.
돈절(頓絶) ~하다 cease suddenly; be cut off once and all.
돈좌(頓挫) a setback; a check. ~하다 receive a setback; be checked; come (be brought) to a deadlock.
돈주머니 a purse; a moneybag.
돈줄 a line of credit; a source of money. ¶ ~이 떨어지다 lose one's financial backing.
돈지갑(—紙匣) a coin purse; a pocketbook.
돈키호테 (a) Don Quixote. ¶ ~식의 quixotic(al).
돈푼 a small sum of money. ¶ ~깨나 있다 have a pretty fortune; be rich.
돈피(獤皮) marten; sable.
돈후(敦厚) ~하다 (be) simple and honest; naive.

돋구다 《높게 하다》 raise; make higher; 《자극하다》 excite; arouse; tempt; stimulate. ¶ 미각〔식욕〕을 ～ tempt〔whet, stimulate〕 one's appetite.
돋다 ① 《해가》 rise. ② 《싹이》 bud (out); sprout; shoot (forth); come out. ③ 《종기 따위가》 form; break 〔come〕 out.
돋보기 《노안경》 spectacles for the aged; 《확대경》 a magnifying glass.
돋보이다 look better; be set off (to advantage). ¶ 돋보이게 하다 set 《*a thing*》 off (to advantage).
돋우다 ① 《심지를》 turn up 《*the wick*》. ② 《높이다》 raise; elevate; make higher. ¶ 목청을 ～ raise one's voice. ③ 《화를》 offend; provoke; aggravate (더욱). ¶ 남의 부아를 ～ offend 《*a person*》; aggravate 《*a person's*》 anger (더). ④ 《일으키다》 excite 《*curiosity*》; stimulate. ⑤ 《고무》 encourage; cheer up. ¶ 사기를 ～ heighten the morale 《*of troops*》. ⑥ 《충동이다》 instigate; incite; stir up.
돋을새김 relief. ¶ ～으로 하다 carve in relief.
돋치다 《내밀다》 grow; come out; rise 〔sprout〕 up. ¶ 날개가 ～ grow wings / 날개돋친 듯이 팔리다 sell like hot cakes.
돌¹ ① a baby's first birthday. ② a full day 〔year〕; an anniversary. ¶ 해방 열 ～ 기념식 the 10th anniversary of the Liberation.
돌² 〖鑛〗 a stone; a pebble (잔돌); 《라이터의》 a flint (for the lighter). ¶ ～을 깐 paved with stone / ～ 많은 stony.
돌개바람 a whirlwind.
돌격(突擊) a dash; a rush; a charge. ～하다 dash at; charge; rush. ‖ ～대 shock troops; a storming party.
돌계단(一階段) ☞ 돌층계.
돌계집 a barren 〔sterile, childless〕 woman.
돌고드름 a stalactite.
돌고래 〖動〗 a dolphin.
돌곪기다 fester within.
돌공이 a stone pestle 〔pounder〕.
돌관(突貫) ‖ ～ 공사 rush work.
돌기(突起) a projection; a protuberance. ～하다 protrude; project.
돌날 ☞ 돌¹.
돌다 ① 《회전》 go round; turn; spin; revolve; rotate. ¶ 오른 쪽으로 ～ turn to the right / 빙빙 ～ turn round and round / 지구는 태양의 주위를 돈다 The earth moves 〔revolves〕 round the sun. ② 《순회》 make a round; go one's round; 《회유(回遊)》 tour; make a tour. ¶ 호남 지방을 ～ make a tour of the Honam area. ③ 《우회》 go 〔come〕 round. ¶ 곶을 ～ 《배가》 (go) round a cape. ④ 《약·술 따위가》 take effect. ¶ 독이 전신에 돌았다 The poison has passed into his system. ⑤ 《소문이》 circulate; be afloat; get about; spread. ¶ 내각 사직의 소문이 돌고 있다 Rumo(u)rs are afloat that Cabinet will step out. ⑥ 《융통》 circulate. ¶ 불경기가 돼서 돈이 잘 안 돈다 Money is tight owing to the trade depression. ⑦ 《눈이》 feel dizzy; get giddy. ⑧ 《소생》 come round; be restored. ⑨ 《머리가》 go off one's head 〔chump 《英》〕. ⑩ 《전염병이》 prevail; be prevalent.
돌다리 a stone bridge. ¶ ～도 두드려 보고 건너다 be extremely prudent 〔cautious〕.
돌담 a stone wall.
돌대가리 a stupid 〔bigoted〕 person.
돌덩이 a stone; a piece of rock.
돌도끼 a stone ax(e).
돌돌 ¶ 종이를 ～ 말다 roll up a sheet of paper.
돌돌하다 《영리》 (be) clever; bright; 《똑똑》 (be) smart; shrewd.
돌라주다 distribute; share; serve round; send out.
돌려내다 ① 《사람을》 win 〔gain〕 《*a person*》 over; lure away. ② 《따돌리다》 leave 《*a person*》 out in the cold.
돌려보내다 《반환》 return; give back; 《원래의 자리로》 put back; restore; 《반송》 send back.
돌려보다 circulate; send round 《*a notice*》.
돌려쓰다 borrow 《*money, things*》.
돌려주다 ① 《반환》 return; give back; bring back; restore (임자에게); pay back (돈을). ② 《융통함》 lend; accommodate 〔oblige〕 《*a person with*》.
돌리다¹ ① 《고비·위기를 넘기다》 turn the corner; be over the hump. ② 《회생》 come to oneself; recover. ③ 《융통》 lend; accommodate 《*a person with*》; borrow.
돌리다² ① 《방향을》 turn; change; divert; convert. ¶ 눈을 ～ avert 〔turn away〕 one's eyes from / 마음을 ～ change one's mind; divert oneself from care / 화제를 ～ change the subject. ② 《회전》 turn (round); roll; spin; revolve. ¶ 핸들을 ～ turn a handle / 팽이를 ～ spin a top. ③ 《넘기다·보내다》 pass 〔send〕 round; hand round 《*on*》; forward (전송(轉送)); transmit (회부); 《술잔을》 pass; offer. ¶ 자동차를 사무실로 ～ send a car round to the office / 행운의 편지를 ～ send on a "chain letter." ④ 《운전시키다》 set in motion; run; drive; work. ¶ 기계를 ～ run 〔work〕 a machine. ⑤ 《기타》 ¶ 농담으로 ～ treat 《*a matter*》 as a joke / 백지로 ～ bring to 〔set at〕 naught.
돌리다³ 《원인 따위를》 attribute to;

ascribe to. ¶성공을 행운으로 ~ attribute [credit] one's success to luck.
돌림 ①《교대》 turn; rotation. ② ☞돌림병. 「《俗》.
돌림감기(一感氣) influenza; flu(e)
돌림병(一病) a contagious [an infectious] disease; an epidemic.
돌림쟁이 a person left out in the cold.
돌멘 〖考古〗 a dolmen.
돌멩이 a small stone; a piece of stone; a pebble. ¶ ~질하다 throw a stone at 《*a dog*》.
돌무더기 a pile of stones.
돌발(突發) burst; outbreak. ~하다 break [burst] out; occur suddenly. ¶ ~적(으로) sudden(ly); unexpected(ly). ‖ ~ 사건 an unforeseen accident [incident].
돌변(突變) ~하다 change suddenly; undergo a sudden change.
돌보다 《보살피다》 take care of; care for; look [see] after 《*a person*》; attend to. ¶환자를 ~ look after [tend to] a patient.
돌부리 a jag of rock. ¶ ~에 채여 넘어지다 stumble over a stone.
돌부처 a stone Buddhist image.
돌비(一碑) a stone monument.
돌비늘 〖鑛〗 mica; isinglass.
돌솜 〖鑛〗 asbestos.
돌아가다 ①《되돌아》 go [get] back; return; turn back; 《다녀감》 go away; be off. ¶온 길을 ~ return one's steps; turn back / 제자리로 ~ go back to one's seat. ②《우회》 take a roundabout way; go round; make a detour. ③《원상으로》 return 《*to*》; be restored to; resume. ¶정상상태로 ~ return to normal(cy). ④《귀착》 come to; result in; end in. ¶수포로 ~ come to naught. ⑤《책임 따위가》 fall 《*upon*》; attribute 《*to*》; ascribe 《*to*》. ⑥《죽다》 die; be dead. ⑦《되어가다》 turn out; develop (발전하다). ¶사태가 어떻게 돌아가는지 두고 보다 wait and see how the matter develops.
돌아눕다 lie the other way round.
돌아다니다 ①《다니다》 walk [gad, go, wander] about. ¶연설하며 ~ go around making speeches. ②《퍼지다》 spread; prevail.
돌아보다 ①《뒤를》 turn round; turn one's face; look back [round, behind]. ②《회상》 reflect; look back upon. ③ ☞돌보다.
돌아서다 ①《뒤로》 turn one's back; turn on one's heels. ②《등지다》 break up with; fall out with; be alienated. ③《병세가》 take a favo(u)rable turn.
돌아앉다 sit the other way round.
돌아오다 ①《귀환》 return; come back [home]; be back. ¶회사에서 ~ come home from the office. ②《차례·때가》 come again; come round. ¶차례가 ~ one's turn comes (round). ③《책임 따위가》 fall on [upon]; be imposed on. ④《회복》 return 《*to*》; revert 《*to*》; recover.
돌알 《안경알》 a crystal lens.
돌연(突然) suddenly; on [all of] a sudden; unexpectedly; all at once. ~한 sudden; abrupt; unexpected; unlooked-for. ‖ ~ 변이 mutation.
돌옷 rock moss.
돌이키다 ①《고개를》 turn one's face [head]; turn round; 《회상》 look back (과거를). ②《원상 회복》 get back; regain; recover. ③《재고》 reconsider; reflect; 《달리 생각》 think better of; change one's mind.
돌입(突入) ~하다 dash in [into]; rush into; charge into.
돌잔치 the celebration of a baby's first birthday.
돌잡이 a one-year-old baby.
돌절구 a stone mortar.
돌제(突堤) a jetty; a pier; a breakwater (방파제).
돌진(突進) a rush; a dash; a charge. ~하다 rush [dash] 《*at*》; charge.
돌쩌귀 a hinge.
돌출(突出) protrusion; projection. ~하다 stand [jut] out; protrude. ‖ ~부 a projecting part.
돌층계(一層階) 《계단》 a stone step; (a flight of) stone steps.
돌파(突破) ~하다 break through; pass 《*an examination*》; exceed, be over (넘다); overcome (극복). ¶천원대를 ~하다 break the 1,000 *won* level / 난관을 ~하다 overcome the difficulties. ‖ ~구 a breakthrough.
돌팔매 a throwing stone. ¶ ~질하다 throw stones.
돌팔이 a wandering tradesman [semiprofessional]. ‖ ~ 선생 an inferior teacher / ~ 의사 a traveling healer; a quack doctor.
돌풍(突風) a (sudden) gust of wind.
돌피 〖植〗 a barnyard grass [millet].
돌확 a stone mortar.
돕다 ①《조력》 help; aid; assist; 《지지》 support; back up. ②《구조》 save; rescue; relieve (구제). ③《이바지》 contribute to; help (to) 「《*do*》.
돗바늘 a big needle.
돗자리 a (rush) mat; matting(총칭). ¶ ~를 깔다 spread a mat.
동¹ 《묶음》 a bundle.
동² ①《맥락》 a chain (of reason); a thread (of connection); 《조리》 reason; logic. ¶ ~이 닿는 coherent; consistent. ②《동안》 a period; an interval. ③《옷의》 a cuff.
동(東) the east. ~의 east; eastern. ¶ ~에[으로] in [to, on] the east.
동(洞) 《촌》 a village; a hamlet; 《도시의》 a sub-ward; a *dong*. ‖ ~

사무소 a *dong* office.
동(胴) 《몸의》 the trunk (of the body); 《격검의》 the body armo(u)r.
동(銅) copper (기호 Cu).
동(同) the same; the said (상기의); corresponding (상당한).
동가식서가숙(東家食西家宿) a vagabond; a wanderer; a man with no fixed abode. ~하다 lead a vagabond [wandering] life; live as a tramp.
동감(同感) the same opinion [sentiment]; sympathy. ~이다 agree 《*with a person*》; be of the same opinion 《*with a person*》.
동갑(同甲) ~이다 be (of) the same age.
동강 a (broken) piece. ¶ ~나다 break into pieces [parts] / ~치다 cut 《*a thing*》 into pieces. ‖ ~치마 a short skirt.
동개 a quiver.
동거(同居) ~하다 live [board] with 《*a person*》; room together (셋방). ‖ ~인 a lodger; a boarder.
동격(同格) 《동지위》 the same rank; 〖文〗 apposition. ¶ ~이다 rank [be on a level] 《*with a person*》; 〖文〗 be in apposition 《*with*》.
동결(凍結) freezing. ~하다 freeze. ¶ ~을 해제하다 unfreeze. ‖ 임금 ~ (정책) a wage-freezing (policy) / 자산 ~ freezing of assets [credits].
동경(東經) east longitude. ¶ ~ 20도 40분 20 degrees 40 minutes of east longitude; Long. 20°40′E.
동경(憧憬) longing; yearning. ~하다 long [sigh] 《*for*》; aspire 《*to*》; yearn [hanker] 《*after*》.
동계(冬季) the winter season [term]. ‖ ~ 방학 [휴가] a winter vacation/ ~ 올림픽 the Winter Olympic Games.
동계(同系) ~의 agnate; akin; of the same stock. ‖ ~ 회사 an allied [affiliated] company.
동계(動悸) palpitation; thumping; throbbing; pulsation. ~하다 palpitate; pulsate; throb; beat.
동고동락(同苦同樂) ~하다 share one's joys and sorrows 《*with*》.
동고비 〖鳥〗 a nuthatch.
동공(瞳孔) the pupil; the apple of the eye. ‖ ~ 확대 [수축] the dilatation [contraction] of the pupil.
동광(銅鑛) copper ore; crude copper; 《광산》 a copper mine.
동구(東歐) Eastern Europe.
동구(洞口) ~밖 《on》 the outskirts of a village.
동국(同國) the same [said] country. ‖ ~인 a fellow countryman.
동굴(洞窟) a cavern; a cave; a grotto. ‖ ~ 탐험 spelunking / ~학 speleology.
동궁(東宮) 《왕세자》 the Crown Prince; 《세자궁》 the Palace of the Crown Prince.
동권(同權) equality; equal rights. ‖ 남녀 ~ sex equality; equal rights for men and women (남녀 ~주의 feminism).
동그라미 《원형》 a circle; a ring; a loop (실, 끈으로 만든). ¶ ~를 그리다 [만들다] describe [make, draw] a circle. ‖ ~표 the circle symbol.
동그라지다 tumble 《*down, over*》; fall 《*down, over*》.
동그랗다 (be) round; circular; globular (구형). 「그스름하다.
동그스름하다 (be) roundish. ☞ 둥
동글다 ☞ 동그랗다.
동급(同級) the same class. ‖ ~생 a classmate; a classfellow.
동기(冬期) the winter (season).
동기(同氣) brothers (남자); sisters (여자). ‖ ~간 sibling relationship (~간의 우애 fraternal love).
동기(同期) the same [corresponding] period. ¶ ~생이다 be classmates; graduate from 《*Yeonse*》 in the same year.
동기(動機) a motive; an impulse; an incentive 《*to some action*》. ¶ 범죄의 ~ the motive of a crime. ‖ ~론 〖倫〗 motivism.
동기(銅器) a copper [bronze] vessel; copper ware. ‖ ~ 시대 the bronze age.
동나다 run out (of stock); be all gone. ¶ 석유가 ~ be [run] out of kerosene.
동나무 a small faggot.
동남(東南) the southeast. ~의 southeast(ern); southeasterly. ‖ ~ 아시아 Southeast Asia / ~풍 the southeast wind.
동냥 ¶ ~하다 beg 《*food, rice, money*》; beg one's bread; beg [ask] for alms (중이). ‖ ~아치 a beggar/ ~질 begging; mendicancy.
동네(洞一) a village (마을); the neighborhood (사는 근처). ‖ ~사람 a villager; village folk (복수).
동년(同年) the same year; the same age (동갑).
동녘(東一) the east.
동단(東端) the eastern end.
동닿다 ① 《조리가 맞다》 be consistent [logical]. ¶ 동닿지 않는 inconsistent; incoherent. ② 《이어지다》 come [follow] in succession.
동대다 ① 《이어지게》 make follow in regular succession. ② 《조리를》 make 《*it*》 coherent [logical].
동댕이치다 throw [cast, fling] 《*something*》 at; 《그만 둠》 abandon.
동동¹ 《북소리》 tom-tom. ☞ 둥둥.
동동² ① 《물위에》 ¶ ~ 뜨다 float; drift; be adrift. ② 《발을》 ¶ ~ 구르다 stamp (one's feet) on 《*the floor*》.
동등(同等) equality; parity. ~하다 (be) equal; co-ordinate; on a par. ¶ ~히 equally; on an equal footing / ~히 하다 make equal; equal-

ize.
동떨어지다 be far apart; be far from; be quite different 《*from*》.
동뜨다 ① ☞ 동안뜨다. ② 《뛰어나다》 (be) superior; outstanding.
동란(動亂) agitation; disturbance; upheaval; a riot; a war.
동량(棟梁) ‖ ~지재(之材) the pillar 《*of the state*》.
동력(動力) (motive) power. ‖ ~계 a dynamometer / ~선 a power vessel(배) / ~ 자원부 the Ministry of Energy and Resources.
동렬(同列) the same rank [file].
동록(銅綠) verdigris; green rust.
동료(同僚) one's colleague; an associate; a comrade; a co-worker.
동류(同類) 《동종류》 《belong to》 the same class [category, kind]; an accomplice (공모자).
동리(洞里) a village. ☞ 동네.
동마루(棟一) the ridge of a tiled roof.
동막이(垌一) ~하다 embank; dike.
동맥(動脈) 〖解〗 an artery. ~의 arterial. ‖ ~ 경화증 the hardening of arteries; arteriosclerosis / ~류(瘤) an aneurysm / 대~ the main artery.
동맹(同盟) an alliance; a league; a union (연합). ~하다 ally with; be allied [leagued] with; unite; combine. ‖ ~국 an ally; an allied power / ~군 allied forces [armies] / ~ 파업 a strike / ~ 휴학 a school strike (~ 휴학하다 go on (a) strike).
동메달(銅一) a copper medal.
동면(冬眠) winter sleep; hibernation. ~하다 hibernate. ‖ ~ 동물 a hibernating animal.
동명(同名) the same name. ‖ ~ 이인(異人) a different person of the same name.
동명사(動名詞) 〖文〗 a gerund.
동무 a friend; a companion (반려); a comrade (짝패); a pal《口》 (☞ 친구). ‖ 길~ a fellow traveller; a travelling companion.
동문(同文) the same [common] script. ¶ 이하 ~ and so forth; and so on.
동문(同門) 《동창》 a fellow student [disciple]; 《졸업생》 an alumnus [*pl.* -ni]; an alumna [*pl.* -nae](여자). ‖ ~회 an alumni association.
동문서답(東問西答) an irrelevant answer. ~하다 give an irrelevant [incoherent] answer to a question.
동문수학(同門受學) ~하다 study under the same teacher 《*with a person*》.
동물(動物) an animal. ¶ ~적 [성의] animal. ‖ ~계 the animal kingdom / ~성 단백질 animal protein / ~성 식품 animal food / ~원(園) a zoological garden; a zoo / ~학 zoology (~학자 a zoologist) / ~ 학대 방지회 the Society for Prevention of Cruelty to Animals 《SPCA》 / 육식 [초식] ~ a carnivorous [herbivorous] animal / 태생 ~ a viviparous animal.
동민(洞民) a villager; the village folk.
동박새 〖鳥〗 a white-[silver-]eye.
동반(同伴) ~하다 go with; accompany; take 《*a person*》 with. ‖ ~자 a companion.
동반구(東半球) the Eastern hemisphere.
동반자살(同伴自殺) 《남녀의》 a lover's suicide; a double suicide; a joint suicide 《*with a woman*》; 《한 집안의》 a (whole) family suicide. ‖ 모자 ~ a mass suicide of a mother and children.
동방(東方) the east; the Orient. ~의 eastern.
동방(洞房) ‖ ~화촉 sharing bed on the bridal night.
동배(同輩) one's equal; a fellow; a comrade; a colleague (동료).
동백(冬栢) camellia seed. ‖ ~ 기름 camellia oil / ~꽃 a camellia (blossom) / ~나무 a camellia.
동병(同病) the same sickness [disease]. ¶ ~ 상련(相憐)한다 Grief is best pleased with grief's company., Fellow sufferers pity one another.
동병(動兵) ~하다 mobilize 《*an army*》.
동복(冬服) winter clothes [clothing]; winter wear.
동복(同腹) ~의 uterine. ‖ ~ 형제 [자매] uterine brothers [sisters].
동봉(同封) ~하다 enclose; inclose 《*a letter*》. ¶ ~한 편지 the enclosed letter / ~해 보내다 send under the same cover. ‖ ~ 서류 enclosures.
동부 〖植〗 the common cowpea.
동부(東部) the eastern part.
동부인(同夫人) ~하다 go out with one's wife; take one's wife along [with]; accompany one's wife.
동북(東北) 《동북간》 the northeast. ~의 northeast(ern). ‖ ~동 east-northeast (생략 E.N.E.) / ~풍 the northeast wind.
동분모(同分母) 〖數〗 the same denominator.
동분서주(東奔西走) ~하다 bustle about; busy oneself about 《*a thing*》.
동사(同事) ~하다 go into business 《*with*》; run 《*a business*》 in partnership 《*with*》.
동사(凍死) ~하다 《얼어죽다》 be frozen to death; die of [from] cold.
동사(動詞) a verb. ~의 verbal. ‖ 규칙 [불규칙] ~ a regular [an irregular] verb / 완전 [불완전] ~ a complete [an incomplete] verb / 자 [타] ~ an intransitive [a transitive] verb.
동사무소(洞事務所) a *dong* [village] office.
동산 a hill; a garden. ‖ 꽃~ a flower garden.
동산(動産) movable property; mov-

ables; personal effects.
동상(同上) the same as (the) above; ditto (생략 do.).
동상(凍傷) a frostbite; chilblains. ¶ ~에 걸리다 be [get] frostbitten. ‖ ~자 a frostbitten person.
동상(銅像) a bronze statue; a copper image. ¶ ~을 세우다 erect [set up] a bronze (statue).
동색(同色) the same colo(u)r. ¶ 초록은 ~이다 《俗談》 Like attracts like.
동생(同生) a (younger) brother [sister]; one's little brother [sister].
동생공사(同生共死) ~하다 share the fate with others. ¶ 모두 ~의 운명이다 be all in the same boat.
동서(同書) ① 《같은 책》 the same book. ② 《그 책》 the said book. ¶ ~에서 《출처 표시로》 ibidem (생략 ib., ibid.).
동서(同壻) ① 《자매간의 남편》 the husband of one's wife's sister; a brother-in-law. ② 《형제간의 아내》 the wife of one's husband's brother; a sister-in-law.
동서(同棲) cohabitation. ~하다 cohabit [live together] 《*with*》. ¶ ~하는 사람 a cohabitant.
동서(東西) 《동과 서》 the east and the west; 《동서양》 the East and the West. ‖ ~ 고금 all ages and countries / ~남북 the (four) cardinal points (~남북도 가리지 못하다 do not know one's right hand from the left).
동석(同席) ~하다 sit in company 《*with a person*》. ¶ 우연히 ~하다 happen to be (present). ‖ ~자 those present; the (present) company.
동석(凍石) 〖鑛〗 steatite; soapstone.
동선(同船) taking the same ship; 《같은 배》 the same [said] ship. ~하다 take the same ship; sail on the same vessel. ‖ ~자 a fellow passenger.
동선(銅線) copper wire [wiring].
동설(同說) the same opinion [view].
동성(同性) ① 《남녀의》 the same sex; homosexuality. ~의 homosexual. ‖ ~ (연)애 homosexual love; unnatural love; Lesbianism (여자간의) (~연애를 하다 fall in unnatural love 《*with*》). ② 《성질의》 homogeneity; congeniality. ~의 homogeneous; congenial.
동성(同姓) the same surname. ‖ ~동명인 a person of the same family and personal name / ~동본 the same surname and the same family origin / ~인(人) a namesake; a person of the same name as oneself.
동소(同所) the same [said] place.
동소체(同素體) 〖化〗 allotrope.
동수(同數) the same number. ~의 as many 《*as books*》; of the same number. ¶ 찬부 ~의 투표 a 《30—30》 tie vote / 가부 ~인 경우에는 in case of a tie.
동숙(同宿) ~하다 stay at the same hotel; lodge in the same house. ‖ ~자 a fellow lodger; a fellow guest (여관의); an inmate.
동승(同乘) ~하다 ride together; ride [go] with 《*another*》 in 《*the same car*》. ‖ ~자 a fellow passenger.
동시(同時) the same time. ~의 simultaneous; concurrent. ¶ ~에 at the same time, simultaneously [concurrently] 《with》; at a time, at once (일시에); while, on the other hand (한편으로는). ‖ ~ 상영 a double feature [bill] / ~ 통역 《make》 simultaneous interpretation (~ 통역사 a simultaneous interpreter).
동시(同視) ① ☞ 동일시. ② 《같은 대우》. ~하다 treat alike; treat without discrimination.
동시(童詩) children's verse; nursery rhymes.
동시녹음(同時錄音) synchronous recording. ~하다 synchronize. ‖ ~촬영 sound shooting.
동시대(同時代) the same age. ~의 contemporary 《*with*》; of the same age. ¶ ~의 사람 a contemporary; a coeval / ~의 작가들 contemporary [coeval] writers.
동식물(動植物) plants and animals; flora and fauna.
동실(同室) the same room. ‖ ~자 a roommate.
동실동실 ☞ 둥실둥실.
동심(同心) ① 《같은 마음》 the same mind. ¶ 두 사람은 ~ 일체다 The two are practically of a mind. ‖ ~ 협력 harmonious cooperation. ② 〖幾〗 《같은 중심》 concentricity. ‖ ~원 a concentric circle.
동심(童心) the child [childish, juvenile] mind. ¶ ~으로 돌아가다 become children again / ~을 좀먹다 destroy the innocence of a child's mind.
동아(東亞) East Asia; the East (동양).
동아리 《부분》 a part; 《무리》 confederates; companions; a group.
동아줄 a thick and durable rope.
동안 ① 《간격》 an interval. ¶ 일정한 ~을 두고 at regular intervals. ② 《기간》 time; a space; a period; 《부사적》 for; during; while. ¶ 오랫~ for a long time / 잠깐 ~ for a little while.
동안(東岸) the east coast.
동안(童顔) a boyish face. ~의 boyish-looking.
동안뜨다 have an interval [a space] between; have a longer interval than usual.
동액(同額) the same sum [amount].
동양(東洋) the East; the Orient. ~

의 Eastern; Oriental. ‖ ~ 문명〔문화〕 Oriental civilization 〔culture〕/ ~ 사람 an Oriental / ~ 사상 Orientalism / ~학 Oriental studies (~ 학자 an Orientalist) / ~화 an Oriental painting.

동업(同業) ① 《같은 업》 the same trade 〔profession, calling〕. ¶ ~ 동아일보 the Don-a Ilbo, our contemporary. ‖ ~자 men of the same industry 〔trade, profession〕/ ~ 조합 a trade association. ② 《공동의》 ~하다 do 〔engage in〕 business in partnership; run business together. ‖ ~자 a partner.

동여매다 bind; tie; fasten.

동역학(動力學) 〖理〗 kinetics.

동요(動搖) tremble; quake; shake; 《마음의》 agitation; perturbation; excitement; 《소요》 disturbance; commotion; 《불안》 restlessness; unrest. ~하다 tremble; quake; shake; be agitated; be disturbed; jolt (차가); rock, roll, pitch (배가). ¶ 사상의 ~ an agitation of thought / 정계의 ~ political disturbance / ~하지 않고 composedly; calmly / ~를 일으키다 cause 〔create〕 unrest.

동요(童謠) a children's song; a nursery rhyme.

동우(同友) like-minded friends; a fellow member (회 따위).

동원(動員) mobilization. ~하다 mobilize 《*troops*》; set in motion. ‖ ~ 계획 a mobilization plan / ~령 《issue》 mobilization orders / 강제 ~ compulsory mobilization 《*of students*》.

동월(同月) the same month.

동위(同位) ~의 co-ordinate. ‖ ~각(角) corresponding angles/~ 원소 an isotope (방사성 ~ 원소 a radioisotope).

동유(桐油) tung oil.

동음(同音) the same sound; homophony. ‖ ~어 a homonym; a homophone / ~ 이의어(異議語) a homonym.

동의(同意) agreement; consent; assent. ~하다 consent 〔assent〕 《*to*》; approve《*of*》, agree《*with a person, to a proposal*》. ¶ ~를 얻다 obtain 《*a person's*》 consent 〔approval〕.

동의(同義) synonymy; the same meaning. ~의 synonymous. ‖ ~어 a synonym.

동의(胴衣) a jacket; a vest.

동의(動議) a motion. ~하다 make 〔bring in〕 a motion. ¶ ~를 철회하다 withdraw a motion / ~를 가결하다 adopt a motion. ‖ 긴급 ~ an urgent motion.

동이 a jar. ‖ 물~ a water jar.

동이다 bind (up); tie (up); fasten.

동인(同人) ① 《회원》 a member; a coterie (문예상의). ‖ ~ 잡지 a literary coterie magazine. ② 《같은 사람》 the same person. ③ 《그 사람》 the said person.

동인(動因) a motive; an inducement.

동인도(東印度) the East Indies. ¶ ~의 East-Indian.

동일(同一) identity; sameness; oneness (동일성). ~한 the same; one and the same; identical 《*with*》.

동일(同日) the same 〔said〕 day.

동일시(同一視) ~하다 regard 《*A*》 in the same light with 《*B*》; identify 《*A*》 with 《*B*》; place 《*A and B*》 in the same category.

동자 《밥짓기》 ~하다 cook rice. ‖ ~아치 a kitchen maid.

동자(童子) a child; a (young) boy.

동자꽃 〖植〗 a lychnis.

동자르다 ① 《단교》 break off; sever. ② 《절단》 cut in long pieces.

동작(動作) action; movement(s); manners. ¶ ~이 빠르다 〔느리다〕 be quick 〔slow〕 in action.

동장(洞長) a *dong* headman; the chief of a *dong* office.

동장군(冬將軍) a severe 〔hard〕 winter.

동저고릿바람 ¶ ~으로 나다니다 go about in one's shirtsleeves.

동적(動的) dynamic.

동전(同前) the same (as above); ditto (생략 do.).

동전(銅錢) a copper (coin). ¶ ~ 한푼 없다 haven't a penny 〔cent〕.

동절(冬節) the winter (season).

동점(同點) ¶ ~이 되다 tie 〔draw〕 《*with*》 / ~으로 끝나다 finish in a tie.

동정(同情) sympathy; pity. ~하다 sympathize 《*with*》; pity; feel (pity) 《*for*》. ¶ ~하여 out of sympathy 《*with, for*》. ‖ ~심 a sympathetic feeling; sympathy / ~자 a sympathizer/~표 《win》 a sympathy vote.

동정(童貞) a chastity; a virgin. ¶ ~을 지키다 〔잃다〕 keep 〔lose〕 one's chastity 〔virginity〕. ‖ ~녀 a virgin; 《성모》 the Virgin (Mary).

동정(動靜) movements; a state of things; doings. ¶ 정계의 ~ development of political affairs.

동제(銅製) ~의 copper(y); made of copper. ‖ ~품 copper manufactures.

동조(同調) ~하다 side 《*with*》; fall into line 《*with*》; follow suit. ‖ ~자 a sympathizer.

동족(同族) 《일족》 the same family 〔tribe〕. ‖ ~ 결혼 endogamy / ~ 상잔(相殘) dog-eat-dog; a fratricidal war / ~애 fraternal love.

동종(同宗) the same blood 〔family〕; the same sect (종파).

동종(同種) 《of》 the same kind 〔sort〕.

동주(同舟) ‖ 오월(吳越) ~ bitter enemies placed in the same boat (by fate).

동지(冬至) the winter solstice. ‖ 동짓달 November in 〔by〕 the lunar

calendar.
동지(同志) comrades; friends.
동진(東進) ~하다 move [march] eastward; proceed east.
동질(同質) the same quality; homogeneity. ~의 homogeneous; of the same quality [substance].
동쪽(東—) the east. ~의 east; eastern; easterly. ¶ ~으로 to the east 《*of*》; in the direction of the east.
동차(同次) 〖數〗 ~의 homogeneous. ‖ ~식 homogeneous expression / ~적(積) 〖數〗 homogeneous product.
동차(童車) a perambulator; a baby carriage 《美》.
동창(同窓) a classmate; a school fellow; a fellow student; 《졸업생》 a graduate. ‖ ~회 an old boys' association; an alumni association; an alumni reunion (모임).
동체(胴體) the body [trunk]; the hull (배의); the fuselage (비행기의). ‖ ~ 착륙 《make》 a belly landing.
동체(動體) 〖理〗 a body in motion (움직이는); a fluid (유동체).
동치(同値) 〖數〗 the equivalent.
동치다 bind [tie] up.
동치미 chopped radishes pickled in salt water.
동침(一鍼) a large needle.
동침(同寢) ~하다 sleep with 《*a person*》; share the (same) bed 《*with*》.
동태(凍太) a (frozen) pollack.
동태(動態) the movement 《*of population*》. ‖ ~ 통계 vital statistics (인구의).
동통(疼痛) a pain; an ache.
동트다 dawn; break. ¶ 동틀녘에 at daybreak [dawn].
동티나다 ① 《앙얼입다》 suffer the wrath of the earth gods. ② 《잘못되다》 get into trouble; incur trouble.
동파(同派) the same [said] school [faction, clique].
동판(銅板) a copperplate; sheetcopper. ‖ ~ 인쇄 a copperplate (print).
동편(東便) the east(ern) side.
동포(同胞) 《형제》 brothers; 《동국민》 brethren; one's fellow countryman; 《인간》 fellow creatures. ‖ ~애 brotherly love.
동풍(東風) the east wind. ¶ 마이(馬耳) ~이다 turn a deaf ear to 《*a person's advice*》.
동하다(動—) ① 《움직이다》 move; stir. ② 《마음이》 be perturbed [agitated, excited, shaken]. ¶ 동하지 않다 be unperturbed; remain firm.
동학(同學) a fellow scholar [student, researcher].
동해(東海) the East Sea; the Sea of Japan (일본해).
동해(凍害) frost damage.
동해안(東海岸) the east coast.
동행(同行) ~하다 go (along) with; accompany 《*a person*》; travel together. ‖ ~자[인] a fellow travel(l)er; a (travel(l)ing) companion.
동향(同鄕) ‖ ~인 a person from the same town [village, district].
동향(東向) facing east. ‖ ~집 a house facing east.
동향(動向) a trend; a tendency; a movement. ¶ 여론의 ~ the trend of public opinion / 경제계의 ~ economic trends.
동혈(洞穴) a cave; a cavern; a grotto (인공적인).
동형(同型) the same type [pattern].
동호(同好) ‖ ~자 persons interested in the same subject; men sharing the same interest.
동화(同化) assimilation. ~하다 assimilate. ‖ ~ 작용 =동화.
동화(動畫) an animation; an animated film.
동화(童話) a nursery tale [story]; a fairy tale. ‖ ~극 a juvenile play.
동활자(銅活字) a copper type.
동활차(動滑車) a movable pulley.
동회(洞會) a *dong* [town-block] office. ☞ 동사무소.
돛 a sail; a canvas. ¶ ~을 올리다[내리다] hoist [lower] a sail. ‖ ~(단)배 a sailing ship [boat] / ~대 a mast.
돼지 ① 《가축》 a pig; a hog (불깐). ¶ ~를 치다 keep pigs; raise hogs. ‖ ~ 고기 pork / ~ 우리 a pigpen. ② 《사람》 a piggish person.
되 《계기》 a (dry, wet) measure; 《양》 a *doe*. ¶ ~를 속이다 give short measure.
되… 《도로》 back. ¶ ~찾다 regain; get back / ~묻다 inquire again.
되넘기 resale; brokerage.
되넘기다 resell.
되놈 a Chinaman; a Chink 《俗》.
되는대로 《마구》 at random; 《거칠게》 roughly; carelessly; slovenly; slapdash. ¶ ~ 지껄이다 talk at random / ~ 살다 live in a happy-go-lucky way.
되다¹ ① 《질지 않다》 (be) thick; hard (밥 따위). ② 《벅차다》 (be) hard; laborious. ③ 《심하다》 (be) hard; heavy; severe; intense. ¶ 되게 severely; hard; heavily / 되게 꾸짖다 scold severely. ④ 《켕기다》 (be) tight; taut; tense. ¶ 되게 tightly; tautly.
되다² 《되질》 measure.
되다³ ① 《신분·위치·상태가》 become; get; be; grow; turn; develop. ¶ 부자가 ~ become rich / 어른이 ~ grow up (to be a man) / 버릇이 ~ grow into habit / 빨갛게 ~ turn red / 기독교 신자가 ~ become a christian; turn christian. ② 《…하기 시작》 begin [come] to 《*do*》; get to. ¶ 좋아하게 ~ begin to like

《*a thing*》; develop a fondness 《*for a girl*》. ③《성립》consist of; be composed of; be made of; 《구성》form; constitute. ¶ 나무로 되어 있다 be made of wood / 활동의 원동력이 ~ constitute the main spring of one's activity. ④《생육》grow; 《제작》be manufactured. ¶ 농사가 잘 ~ have a good crop. ⑤《성취》succeed; be accomplished; be attained. ¶ 일이 잘 ~ go well; succeed / 준비가 ~ be ready. ⑥《…결과가》result (end) 《*in*》; turn out; prove. ¶ 거짓말이 ~ turn out false / 정말이 ~ come (out) true. ⑦《수량이》come to; amount to; run up to; make. ¶ 6에 3을 더하면 아홉이 된다 Six and three make nine. ⑧《역할·소용》act as; serve as. ¶ 걸상이 ~ serve as a seat / 알콜은 소독약이 된다 Alcohol acts as a disinfectant. ⑨《경과》elapse; pass. ¶ …한지 5년이 ~ It is now five years since…. ⑩《나이가》attain; reach; turn. ¶ 16세가 ~ attain the age of sixteen. ⑪《계절이》come; set in. ¶ 봄이 되었다 Spring has come. ⑫《가능》can; be able to; be possible (일이 주어); may (…해도 괜찮다). ¶ 될 수 있으면 if possible; if one can / 될 수 있으면 빚을 지고 싶지 않다 I will not borrow money if I can help it.

되도록 as… as possible; as… as one can. ¶ ~ 많이 as much (many) as possible.

되돌아가다 turn (go) back; return. ¶ 중간에서 ~ turn back halfway.

되돌아오다 return; come back.

되룽거리다 dangle; sway; swing.

되룽거리다 hold one's head high.

되리 a woman with no pubic hair.

되묻다 《다시 묻다》ask again; 《반문》ask back; throw back a question.

되바라지다 ①《그릇 따위》(be) open; shallow. ②《까지다》(be) precocious; pert; forward. ¶ 되바라진 아이 a precocious child. ③《성품이》(be) narrow-minded; illiberal.

되살다 ①《먹은 것이》remain undigested in the stomach. ② ☞ 소생하다.

되새기다 《음식을》chew over and over again (because of poor appetite); 《소 등이》ruminate; 《비유적》ruminate 《*about, of, on, over*》.

되씌우다 put a blame on another.

되씹다 《말을》repeat; harp on the same string; dwell 《*on*》.

되알지다 ①《억지손 세다》(be) compulsory; coercive. ②《벅차다》(be) beyond one's power.

되어가다 ①《일이》go (on); work; get along. ¶ 잘 ~ go well (all right); work well. ②《물건이》be getting finished (completed).

되지못하다 《하찮다》(be) worthless; trivial; be no good (서술적); 《건방지다》(be) impertinent; saucy.

되직하다 (be) somewhat thick; a bit too hard.

되질 measuring. ~하다 measure.

되짚어 back; right away; by return 《*of*》.

되치이다 be counterattacked; go for wool and come home shorn.

되풀이하다 repeat; reiterate. ¶ 되풀이하여 over again; repeatedly.

된밥 hard boiled rice.

된비알 a steep slope.

된서리 a heavy frost; a severe frost. ¶ ~ 맞다 《비유적》receive a bitter blow; suffer heavily.

된서방(一書房) a hard (severe, harsh) husband. ¶ ~ 맞다 get married to a harsh husband.

된소리 a strong sound; a fortis.

된장(一醬) (soy)bean paste. ‖ ~국 beanpaste soup.

된장찌개(一醬一) (soy) bean paste stew 《*toenjang chige*》.

될성부르다 ¶ 될성부른 나무는 떡잎부터 알아본다 《俗談》Genius displays itself even in childhood.

됨됨이 《사람》one's nature (본성); character (성격); personality (인품); 《물건》make; structure.

됫박 a *doe* (되); a gourd bowl used as a measure.

됫박질 ¶ ~하다 measure 《*rice*》 with a gourd bowl; 《조금씩 사다》 buy 《*rice*》 in small quantities.

두(頭) ¶ 소 70 ~ seventy head of cattle.

두 《둘》two. ¶ ~ 가지 two kinds 《*of*》/ ~ 배 double; two times / ~ 번 twice; two times.

두각(頭角) ~을 나타내다 cut a conspicuous figure 《*in*》; distinguish oneself 《*in*》.

두개골(頭蓋骨) the skull.

두건(頭巾) a mourner's hempen hood.

두겁 a cap. ‖ 붓~ a writing brush cap.

두견(杜鵑) ① ☞ 소쩍새. ② ☞ 진달래.

두고두고 (for) long; forever; for many years.

두골(頭骨) the cranium; the skull.

두근거리다 palpitate; throb; feel uneasy (nervous).

두근두근 pit-a-pat. ¶ 가슴이 ~하다 one's heart go pit-a-pat.

두길마보다 straddle; sit on the fence; see how the wind blows.

두꺼비 〖動〗 a toad. ‖ ~집 a fuse box (전기의).

두껍다 (be) thick; heavy; bulky. ¶ 두꺼운 책 a thick book / 두껍게 하다 thicken; make thicker.

두께 thickness. ¶ ~가 5인치다 be five inches thick (in thickness).

두뇌(頭腦) brains; a head. ¶ 치밀(산만)한 ~ a close (loose) head /

～가 명석한 사람 a clear-headed person. ‖ ～ 유출 a brain drain.
두뇌집단(頭腦集團) a group of brains; a think-tanker.
두다 ①《놓다》put; place; set (세워서); lay (뉘어서);《보존》keep; store (저장). ②《사람을》keep; lodge (하숙인을); engage, employ (고용). ¶ 첩을 ～ keep a mistress/하녀를 ～ keep a maid / 가정 교사를 ～ engage [have] a (private) tutor. ③《배치》put; station. ¶ 보초를 ～ post a sentinel. ④《사이를》leave. ¶ 5미터 간격을 두고 at five-meter intervals / 간격을 두지 않다 leave no space. ⑤《마음을》harbor; bear; cherish; entertain;《마음에》bear; hold; keep. ¶ 마음을 ～ have a mind to; set one's mind on / 염두에 ～ bear《*a thing*》in mind. ⑥《넣다》stuff. ¶ 이불에 솜을 ～ stuff a quilt with cotton. ⑦《바둑·장기를》play. ⑧《설치》set up; establish. ¶ 각 대학에 도서관을 ～ set up a library at each university. ⑨《뒤에 남김》leave (behind). ¶ 두고 온 물건 a thing left behind.
두더지〖動〗a mole.
두덜거리다 ☞ 투덜거리다.
두덩 a bank; a levee.
두두룩하다 (be) swollen; raised; elevated; heaved; high.
두둑 a ridge between fields; a levee.
두둑하다《두껍다》(be) thick; heavy;《풍부하다》(be) plenty; ample; satisfactory. ¶ 두둑한 보수 an ample reward.
두둔하다《편역》side with;《비호》protect [defend]《*a person*》from [against]; shelter《*a person*》.
두드러기 nettle rash. ¶ ～가 돋다 [나다] get nettle rash.
두드러지다 ①《내밀다》swell; bulge out. ②《뚜렷함》(be) notable; conspicuous; remarkable; marked.
두드리다 strike; beat; hit; knock. ¶ 문을 ～ knock at the door / 가볍게 ～ tap / 세게 ～ rap; bang.
두들기다 strike; hit; beat; knock.
두런거리다 exchange whispers.
두렁 a ridge between fields; a levee.
두렁이 a baby's skirt; swaddling clothes.
두레 a water scoop (used in irrigation). ¶ ～질하다 irrigate with water scooper.
두레박 a well-bucket. ¶ ～질하다 draw water with a well-bucket. ‖ ～줄 a well-rope.
두려움《공포》fear; dread; terror;《염려》anxiety; apprehension;《외경》awe; reverence. ¶ ～으로 [때문에] out of fear; from [with] fear.
두려워하다《무서워하다》be afraid of; fear; dread; be frightened《*at*》; apprehend (근심);《외경》stand in awe [fear] of《*a person*》. ¶ 병날까 ～ be in fear of falling ill / 몹시 ～ be in mortal fear of.
두렵다 ①《무섭다》be afraid《*of*》; be fearful《*of*》;《염려》(be) feared; apprehended. ¶ …이 두려워서 for fear《*of, that...*》 ②《외경》be awed. ¶ 두려워서 고개를 못 들다 be too much awed to raise one's head.
두령(頭領) a leader; a boss.
두루《널리》universally;《전체적으로》all over; all around;《골고루》equally; evenly;《예외없이》without exception. ¶ 전국을 ～ 돌아다니다 go around all over the country.
두루마기 a Korean overcoat.
두루마리 a roll《*of paper*》; a scroll. ‖ ～구름 the roll cumulus.
두루뭉수리《사물》an unshapely thing; a mess;《사람》a nondescript person; a good-for-nothing (fellow).
두루미〖鳥〗a crane. ‖ 재～ a white-naped crane/흑～ a hooded crame.
두루치기《둘러쓰기》using a thing for various purposes.
두르다 ①《둘러싸다》enclose《*with, in*》; surround《*with, by*》; encircle; wear about one. ②《돌리다》turn (round); wheel; revolve. ③《손아귀에》wield; have《*a person*》under perfect control. ④《변통》contrive; manage to.
두름 a string of fish or vegetables.
두름성 resourcefulness; management; versatility (융통성). ¶ ～이 있다 be versatile.
두리반(一盤) a round dining table.
두리번거리다 look around [about].
두마음 duplicity; double-dealing. ¶ ～을 품다 have two faces; play (a) double game.
두말 ¶ ～할 것 없이 of course; needless to say / ～ 않다 do not raise objection (반대 않다); do not complain (불평 않다); do not mention again (재론 않다).
두메 an out-of-the-way mountain village; a secluded village in the mountains. ¶ ～에 살다 live in the backcountry [remote countryside]. ‖ 두멧사람 a deep countryman.
두목(頭目) a chief; a head; a leader; a captain; a boss《美俗》.
두문불출(杜門不出) ～하다 keep indoors; be confined to one's home.
두문자(頭文字) a capital letter;《이름의》an initial.
두발(頭髮) the hair (of the head).
두벌갈이 tilling a second time; a second sowing. ～하다 till a second time.
두부(豆腐) bean-curd; *dubu*. ¶ ～ 한 모 a cake of *dubu* [bean-curd].
두부(頭部) the head. ～의 cephalic.

두상(頭上) ¶ ~에 over (above, upon) one's head; overhead.
두상화(頭狀花)〖植〗a capitate flower.
두서(頭書) a superscription. ~의 superscribed; above-mentioned.
두서(頭緖) ¶ ~없는 rambling; incoherent; absurd; desultory.
두서너, 두서넛 two or three; a few.
두세, 두셋 two or three; a few.
두어, 두엇 about two; a few.
두엄 (a) compost.
두절(杜絶) ~하다 stop; be interrupted (cut off); be tied (held) up.
두주(斗酒) ¶ ~도 불사하다 be ready to drink kegs (gallons) of wine.
두주(頭註) marginal notes.
두텁다 (be) close; cordial; warm. ¶ 두터운 우정 a close friendship.
두통(頭痛) 《have》 a headache. ‖ ~거리 a headache; a source (cause) of constant anxiety.
두툴두툴하다 (be) uneven; rugged; rough.
두툼하다 (be) somewhat thick. ¶ 두툼한 책 a thick book / 두툼한 입술 full lips.
두호(斗護) ~하다 protect; patronize; favo(u)r; shield.
둑 a bank; a dike; an embankment; a levee. ¶ ~을 쌓다 build a dike; embank.
둔각(鈍角)〖幾〗an obtuse angle.
둔감(鈍感) ~한 dull; insensible.
둔갑(遁甲) ~하다 change (transform) oneself 《*into*》; take the form (shape) 《*of*》.
둔기(鈍器) a dull (blunt) weapon.
둔덕 an elevated land; a hill.
둔부(臀部) the buttocks; the rump; the hip.
둔사(遁辭) 《make》 an excuse.
둔세(遁世) ~하다 renounce (retire from) the world.
둔재(鈍才) dull wit; stupidity; 《사람》 a dunce; a dullard. ~의 dull-witted; dull.
둔전(屯田) a farm cultivated by stationary troops.
둔주(遁走) ~하다 flee; run away; abscond; take (to) flight. ‖ ~곡〖樂〗☞ 푸가.
둔질(鈍質) ~의 imbecile; stupid.
둔탁(鈍濁) ~하다 (be) dull; thick; dead. ¶ ~한 소리 a dead sound.
둔팍하다(鈍—) (be) thick-headed; slow-witted; stolid; stupid.
둔필(鈍筆) 《글씨》 a poor handwriting; 《사람》 a poor hand.
둔하다(鈍—) (be) dull; slow; stupid. ¶ 둔한 사람 a dull man.
둘 two. ¶ ~도 없는 unique; only; matchless / ~ 다 both / ~씩 two at a time; by twos / ~씩 걸러 every third (three) 《*place(s)*》.
둘… 《새끼못배는》 barren; sterile. ¶ ~암캐 a barren bitch / ~암소 (암탉) a barren cow (hen).
둘되다 (be) insensible; dull; stolid.

둘둘 ¶ ~ 감다 wind 《*a rope*》 round 《*a thing*》.
둘러대다 ① 《꾸며대다》 give an evasive answer; dodge; make an excuse 《*for*》. ② 《변통》 make shift 《*with*》; manage somehow.
둘러막다 enclosure; surround; environ; hem (shut) in.
둘러보다 look (a)round (about).
둘러서다 stand in a circle.
둘러싸다 《포위》 besiege; lay siege to; 《에워싸다》 surround; enclose. ¶ 바다에 둘러싸인 나라 a sea-girt country / 난로를 ~ gather about a stove.
둘러쌓다 pile 《*things*》 up in a circle.
둘러쓰다 ① 《머리에》 wear 《*it*》 around one's head. ② 《몸에》 get 《*it*》 all over oneself. ③ 《변통》 borrow 《*money, things*》.
둘러앉다 sit in a circle.
둘러치다 ① 《두르다》 surround; enclose. ¶ 담을 ~ surround with walls. ② 《내던지다》 throw hard; fling; hurl.
둘레 《주위》 circumference. ¶ ~에 round; around; about / ~ 3 피트 three feet round.
둘레둘레 ¶ ~ 둘러보다 look around; stare around (about).
둘리다 《둘려 막히다》 be enclosed (surrounded, encircled).
둘째 the second (place); number two (생략 No.2). ¶ ~로 secondly; in the second place / ~의 second; secondary.
둘친 dulcin (상표 Dulcin 에서).
둘하다 (be) stupid; dull; dull-witted.
둥¹ rub-a-dub; with a tum. ☞ 둥둥.
둥² 《하는 듯 마는 듯》 ¶ 자는 ~ 마는 ~ 하다 be (fall) half asleep.
둥개다 《사람이 주어》 cannot manage; do not know what to do; 《사물이 주어》 be too much 《*for*》.
둥글대 《평미레》 a round strickle.
둥그렇다 (be) round; circular; globular (공 모양).
둥그스름하다 (be) somewhat round.
둥근톱 a circular saw.
둥글다 (be) round; circular; globular (구상의). ¶ 얼굴이 둥근 round-faced.
둥글둥글 ¶ ~한 round; globular; 《인품이》 smooth (원만); amicable.
둥글리다 round (off).
둥덩거리다 rataplan; tomtom; beat 《*a drum*》.
둥둥 《북소리》 rub-a-dub; rataplan; tomtom.
둥실둥실 《float》 buoyantly; lightly.
둥싯둥싯 《walk》 waddlingly; slowly; sluggishly.
둥우리 a basket.
둥지 a nest.
둥치 the butt; the base of a tree trunk.
둥치다 tie up together; pack up.
뒈지다 kick the bucket; bite the dust; drop dead.

뒤 ① 《배후·후방》 the back; the rear. ～의 back; behind; rear. ¶ ～에[로] behind; back; after; backward / ～에서 in the rear; at the back; behind one's back (배후에서); in secret (몰래) / ～로부터 from behind / ～로 물러나다 step back / ～에 남다 stay [remain] behind / ～로 돌아 《구령》 About face! ② 《장래》 future. ¶ 뒷일 future affairs. ③ 《나중·다음》 ¶ ～에 after; later / 사오일 ～에 a few days after [later]; after a few days. ④ 《종적》 ¶ ～를 따르다 [밟다] follow; trail 《*a person*》; shadow 《*a person*》. ⑤ 《후계》 ¶ ～를 잇다 succeed. ⑥ 《대변》 feces; excrement; stools. ¶ ～가 마렵다 want to relieve oneself. ⑦ 《돌봄》 support; backing. ¶ ～를 밀어 주다 give support to; back (up).

뒤걸 a rear garden; a back yard [lot].

뒤꼭지치다 get disappointed; lose heart.

뒤꿈치 the heel.

뒤끓다 ① 《끓다》 seethe; boil up. ② 《소란》 be uproarious. ③ 《여럿이》 swarm; squirm.

뒤끝 《종말》 an end; a close; 《결과》 an outcome.

뒤내다 shrink (back) 《*at, from*》; get sick 《*of*》.

뒤넘기치다 throw [cast] backward; throw [cast, fling] down.

뒤넘다 fall backward; overturn; tumble; upset.

뒤넘스럽다 (be) pert; impudent; forward.

뒤놀다 ① 《흔들리다》 be shaky; shake; (배가) pitch; plunge; roll. ② 《방랑》 wander.

뒤늦다 (be) late; belated.

뒤대다 《공급》 supply 《*a person with*》; provide 《*a person with*》.

뒤덮다 cover; overspread; veil; hang over.

뒤덮이다 be covered (all over) 《*with*》; be hung over.

뒤돌아보다 look back; turn round.

뒤둥그러지다 ① 《뒤틀리다》 be distorted [twisted]. ② 《생각이》 grow crooked [perverse].

뒤떨어지다 fall [drop] behind; be [fall] behind 《*the times*》; be backward 《*in*》 (후진적); draggle (낙오). ¶ 경주에서 ～ fall behind in a race / 문화가 ～ be backward in civilization / 유행에 뒤떨어지지 않도록 하다 keep pace with the styles.

뒤뚱거리다 be shaky [unsteady]; totter; stagger; falter.

뒤뚱뒤뚱 totteringly; staggeringly; unsteadily. ¶ ～ 걷다 walk with faltering steps.

뒤뜨다 ① 《들뜨다》 warp and become loose. ② 《항거》 oppose; resist; rise against.

뒤뜰 a back garden [yard].

뒤란 a back lot.

뒤룩거리다 glare [goggle] (one's eyes); sway (one's body); waddle; 《성이 나서》 jerk with anger.

뒤룽거리다 swing; sway; dangle.

뒤미처 soon [shortly] after.

뒤바꾸다 invert; reverse.

뒤바뀌다 be inverted [reversed]; get out of order; be mixed up.

뒤받다 talk back; (make a) retort.

뒤밟다 track 《*a person*》; follow; shadow.

뒤버무리다 mix up; mix together.

뒤범벅 ¶ ～되다 be mixed up; be jumbled together / ～을 만들다 jumble (up) together; mix up.

뒤보다[1] 《용변》 go to stool; relieve [ease] oneself.

뒤보다[2] 《잘못 보다》 (make a) mistake; misread; misjudge.

뒤보아주다 ☞ 돌보다.

뒤서다 fall behind.

뒤섞다 mix up; mingle together.

뒤섞이다 be mixed (together, up); be jumbled (together, up).

뒤숭숭하다 (be) confused; disorderly; restless; nervous; ill at ease. ¶ 마음이 ～ feel restless [nervous].

뒤스럭거리다 ① 《변덕부리다》 act fickle; be capricious. ② 《손을》 rummage; feel [fumble] for.

뒤스르다 arrange; make shift 《*with*》; manage somehow.

뒤엉키다 get entangled; get confused [mixed].

뒤엎다 upset; overturn; overthrow.

뒤웅박 a gourd.

뒤적거리다 make search; rummage; ransack.

뒤적이다 ☞ 뒤적거리다.

뒤져내다 rummage out; hunt [seek, search] out.

뒤져보다 look [search] 《*for*》; rummage 《*a house for a thing*》.

뒤조지다 set 《*matters*》 securely; make sure.

뒤주 a rice-chest.

뒤죽박죽 ¶ ～으로 topsyturvy; in disorder; in confusion; pellmell.

뒤쥐 〖動〗 a shrewmouse.

뒤지(一紙) toilet paper; privy paper.

뒤지다[1] 《찾다》 ransack; search; rummage; fumble.

뒤지다[2] 《뒤떨어지다》 fall [lag] behind; be backward 《*in*》. ¶ 유행에 ～ be behind the fashion.

뒤집다 ① 《겉을》 turn 《*a coat*》 inside out; turn 《*it*》 over [out]; 《엎다》 upset; overturn. ② 《순서를》 reverse; invert. ③ 《혼란시키다》 throw into confusion.

뒤집어쓰다 ① 《온몸에》 pour 《*water*》 on oneself; be covered with 《*dust*》. ② 《이불 따위를》 draw [pull] over. ③ 《죄·책임을》 take 《*another's fault*》 upon oneself.

뒤집어엎다 upset; overturn; overthrow; turn over.

뒤집히다 ① 《뒤집어지다》 be upset [overturned, overthrown]. ② 《야

단나다》 be turned topsyturvy; be in utter confusion.
뒤쫓다 pursue; chase; run after 《*a person*》; track; trail.
뒤채 a backhouse; the back wing.
뒤채다 《많다》 be in excess; be excessive; 《발길에 걸리다》 get in one's way.
뒤처리(—處理) settlement 《*of an affair*》. ~하다 settle 《*an affair*》; put 《*things*》 in order.
뒤척거리다 rummage; ransack.
뒤축 the heel. ¶ ~이 높은〔낮은〕신 high-〔low-〕heeled shoes.
뒤치다 turn over; overturn.
뒤치다꺼리 ① 《돌봄》 care. ~하다 look after; take care of. ② ☞ 뒤처리, 뒷수습.
뒤탈 later trouble. ¶ ~이 두려워서 for fear of later troubles / ~이 없도록 so as to prevent any trouble that might occur in future / ~이 없도록 하다 leave no seeds of future troubles.
뒤통수 the occipital region; the back of the head.
뒤퉁스럽다 (be) clumsy; bungling; thickheaded (미련).
뒤틀다 ① 《비틀다》 twist; wrench; distort; wring. ② 《일을》 thwart; frustrate; foil; baffle.
뒤틀리다 ① 《비틀어지다》 be distorted〔twisted〕; go awry; warp; be cross-grained (마음이). ¶ 뒤틀린 distorted; wry; crooked. ② 《일이》 go wrong; go amiss.
뒤틀어지다 《물건이》 twist; warp; go awry; 《일이》 fail; miss; go amiss〔wrong〕.
뒤흔들다 ① 《사물을》 shake violently; sway hard. ② 《마음을》 disturb; stir; agitate.
뒷간 a lavatory; a latrine.
뒷갈이 ☞ 그루갈이.
뒷갈망 setting 《*matters*》 right; settlement; winding up 《*an affair*》.
뒷거래(—去來) backdoor〔illegal〕 dealing〔business〕.
뒷걸음치다 move〔step〕 backwards; 《무서워서》 flinch; shrink back 〔away〕《*from*》.
뒷골목 a back street; an alley; a by-street.
뒷공론(—公論) backbiting (험담); gossip. ~하다 backbite; gossip in private; speak ill of 《*a person*》 behind *his* back; discuss 《*something*》 after it is over.
뒷구멍 the back door; backstairs (channel). ¶ ~으로 입학하다 obtain admission 《*to a college*》 by unfair means.
뒷굽 《동물의》 the back hoof of an animal; 《신의》 the heel of a shoe.
뒷길 a back street; a by-road(샛길).
뒷날 days to come; another day (후일); future (장래).
뒷다리 a hind leg.
뒷담당(—擔當) setting 《*matters*》 right; after adjustment. ~하다 settle; set 《*matters*》 right; wind up; deal with the aftermath.
뒷덜미 the nape; the back〔scruff〕 of the neck. ¶ ~를 잡다 take 《*a person*》 by the scruff of *his* neck.
뒷돈 capital; funds; extra funds.
뒷동산 a hill at the back 《*of*》.
뒷말 backbiting; malicious gossip.
뒷맛 aftertaste. ¶ ~이 좋다〔나쁘다〕 leave a pleasant〔an unpleasant〕 (after)taste.
뒷모습(—貌襲) ☞ 뒷모양.
뒷모양(—貌樣) the sight of one's back; one's back〔rear〕 view.
뒷문(—門) a back〔rear〕 gate.
뒷물 ¶ ~하다 bathe one's private parts.
뒷바라지 looking after; taking care of. ~하다 look after; take care of; care for.
뒷바퀴 a rear〔back〕 wheel.
뒷받침 backing; backup. ~하다 back up; support.
뒷발 ① 《발》 a hind leg. ② 《발길》 ¶ ~질하다 kick with one's heel.
뒷배보다 help 《*a person*》 from behind.
뒷보증(—保證) ~하다 endorse.
뒷북치다 rush〔fuss〕 around fruitlessly after the event.
뒷소문(—所聞) gossip about some past event; later tidbits (of gossip).
뒷손가락질 ¶ ~받다 be an object of social contempt.
뒷손없다 be careless〔loose〕 about finishing things up.
뒷수쇄(—收刷) putting 《*things*》 in order. ~하다 put to rights; wind up; settle.
뒷수습(—收拾) settlement 《*of an affair*》. ¶ 사건의 ~을 하다 settle an affair.
뒷이야기 a sequel to the story.
뒷일 《나중일》 the aftermath of an event; the rest; 《장래·사후의》 future affairs; affairs after one's death.
뒷자리 《take》 a back seat.
뒷조사(—調査) a secret investigation〔inquiry〕. ~하다 investigate secretly〔in secret〕.
뒷짐 ¶ ~지다 clasp hands behind one's back / ~결박 지우다 tie *a person's* hands behind *his* back.
뒹굴다 ① 《누워서》 roll (about); tumble about. ② 《놀다》 idle away; roll about.
듀랄루민 duralumin.
듀스 〖테니스〗 deuce. ¶ ~가 되다 go to deuce.
듀엣 〖樂〗 a duet.
드나들다 ① 《출입》 go in and out; 《방문》 visit (frequently); frequent. ¶ 자유로 드나들 수 있다 have free access to.... ② 《들쭉날쭉》 be indented.
드넓다 (be) wide; spacious; large.
드높다 《높이가》 (be) high; tall;

lofty; eminent.
드디어 at last [length]; finally.
드라마 《연극》 a drama; a play. ‖ 라디오 ~ a radio drama.
드라이 dry. ‖ ~ 아이스 dry ice / ~ 클리닝 dry cleaning.
드라이버 a driver.
드라이브 a drive. ~하다 take [have] a drive 《*to*》.
드러나다 ① 《표면에》 be revealed; show itself; come into evidence. ¶ 표면에 ~ come to the front; appear on the surface. ② 《발견》 be found (out); be discovered; 《노현(露見)》 be exposed; be disclosed; come to light. ¶ 거짓말이 드러났다 His falsehood was found out.
드러내다 ① 《나타내다》 show; indicate; manifest. ② 《노출시킴》 disclose; reveal; bare; expose. ¶ 비밀을 ~ divulge a secret / 본성을 ~ betray oneself; reveal one's real character.
드러눕다 lie [throw oneself] down.
드러쌓이다 be piled up; accumulate; lie 《*on*》; be plentiful; be full of.
드럼 a drum.
드렁드렁 ¶ ~ 코를 골다 snore heavily [loudly].
드레스 《옷·예복》 a dress. ‖ ~메이커 a dressmaker.
드레지다 (be) imposing; dignified.
드레질하다 try 《*a person's*》 prudence; size up 《*a person*》.
드로잉 drawing. ‖ ~ 페이퍼 drawing paper.
드론게임 《무승부》 a drawn game.
드롭 〖野〗 a drop.
드롭스 《사탕》 drops.
드르렁거리다 snore loudly.
드르르 ① 《미끄럽게》 slipperily; smoothly. ② 《떠는 모양》 trembling; shivering. ③ 《막힘없이》 smoothly; without a hitch; easily (쉽게); fluently (유창하게).
드리다[1] 《주다》 give; present; offer.
드리다[2] 《꼬다》 braid; plait.
드리다[3] 《방·마루 따위를》 make; build; furnish with.
드리다[4] 《가게문을》 close 《*the shop*》.
드리다[5] 《곡식을》 winnow 《*chaff from grain*》. 「inform 《*of*》.
드리다[6] let. ¶ 알려 ~ let one know;
드리블 〖競〗 a dribble.
드리우다 ① 《늘어뜨림》 hang down; let (hang) down; suspend. ② 《줌》 give 《*to an inferior*》; bestow 《*on, upon*》; grant. ③ 《남김》 leave 《*one's name*》.
드릴 thrill. ¶ ~을 느끼다 have a thrill from 《*a game*》.
드림 《기드림》 a streamer; 《장막》 a curtain; hangings.
드림셈 ☞ 분납(分納).
드문드문 ① 《시간적》 once in a while; at (rare, long) intervals; occasionally. ¶ ~ 찾아오다 come once in a while. ② 《공간적》 at intervals; sparsely; thinly; here and there. ¶ 나무를 ~ 심다 plant trees at intervals.
드물다 《진기》 (be) rare; scarce; unusual; uncommon (보통 아니다). ¶ 드물게 rarely; seldom / 드문 일 an unusual thing; a rarity; a rare occurrence.
드새다 pass the night 《*at an inn*》.
드세다 (be) powerful; very strong; influential.
드잡이 ① 《싸움》 a scuffle; a grapple. ~하다 scuffle; grapple 《*with*》. ② 《압류》 attachment; seizure. ~하다 attach; seize.
드티다 ① 《자리·날짜가》 be extended [stretched out]. ② 《자리·날짜를》 extend; stretch out.
득(得) 《이익》 profit; gain; interest; 《유리》 advantage; 《유용》 benefit. ¶ ~보다 profit; gain.
득남(得男) ~하다 beget a son.
득녀(得女) ~하다 beget a daughter.
득명(得名) ~하다 win [gain] fame; make a name.
득병(得病) ~하다 fall ill.
득세(得勢) ~하다 obtain influence; become influential; gain ground.
득승(得勝) ~하다 win (a victory).
득시글득시글하다 squirm; swarm.
득실(得失) merits and demerits; gain and loss. ¶ ~이 상반(相半)하다 The gains and losses are about on a par.
득의(得意) ① 《뽐냄》 pride; exultation; triumph; elation. ¶ ~ 만면하여 triumphantly; in triumph. ② 《성공》 prosperity. ¶ ~의 시절에 in one's best [bright] days.
득인심(得人心) ~하다 win the hearts of the people.
득점(得點) marks; a point (경기의); a score (총괄적). ~하다 score (a point). ‖ ~표 a scorebook; scoreboard.
득책(得策) good policy; advisability; the best plan. ¶ ~이다 be wise; be advisable; be politic.
득표(得票) the number of votes gained; one's votes [poll]. ~하다 poll [get] votes.
…든 either…or; whether…or. ☞ …든지.
든거지난부자(一富者) a person who looks rich but is really poor.
든든하다 ① 《굳세다》 (be) firm solid; strong; steady. ¶ 든든히 firmly; fast; solidly / 마음을 든든히 먹다 take courage; keep out one's nerve. ② 《미덥다》 (be) reassuring; safe; reliable; trustworthy. ¶ 든든한 사람 a reliable man / 마음 든든히 여기다 feel reassured [secure]. ③ 《배가》 (be) stomachful. ¶ 든든히 먹다 eat one's fill.
든벌 everyday clothes; home wear.
든부자난거지(一富者) a person who

looks poor but is really rich.
…든지 either…or; whether…or. ¶ 좋~ 나쁘~ good or bad / 너~나 ~ either you or I. ｢dignified.
듣직하다 (be) sedate; composed;
든침모(—針母) a resident seamstress 〔needlewoman〕.
듣다¹ ① 《소리를》 hear; 《전해》 hear 〔learn〕 from others; learn by hearsay; be told 〔informed〕 《*of*》; 《경청》 listen 〔give ear〕 to. ¶ 듣는 사람 a hearer; a listener; an audience (청중) / 듣자니 I hear 〔am told, learn〕 that; from what I hear / 연설을 ~ hear 〔listen to〕 a speech / 잘못 ~ hear amiss; mishear / 무심코 ~ hear casually / 강의를 ~ attend a lecture / 듣기 좋다 sound well / 듣기 싫다 be offensive to the ear. ② 《칭찬·꾸지람을》 receive; suffer. ¶ 꾸지람 ~ be scolded; catch a scolding. ③ 《따르다·들어주다》 obey; take; follow; listen to; grant (청을); accept (수락). ¶ 충고를 ~ take 〔follow〕 one's advice / 부모의 말을 ~ obey one's parents. ④ 《효험 있다》 be efficacious; take 〔have〕 effect 《*on*》; be good 《*for*》; 《기계 따위가》 act; work. ¶ 잘 듣는 약 a very efficacious medicine / 브레이크가 안 듣는다 The brake refuses to act 〔work〕. ｢le.
듣다² 《떨어지다》 drip; drop; trick-
듣보기장사 speculative business.
듣보다 search; seek; look for.
들¹ ① 《들판》 a field; 《전답》 the fields; 《평야》 a plain; the plains. ② 《야생의》 field-grown; wild. ‖ ~장미 a wild rose.
들² 《따위》 and so forth 〔on〕; and 〔or〕 the like. ☞ 따위.
…들 《복수》 -s. ¶ 여학생~ schoolgirls / 우리~ we.
들것 a stretcher; a litter.
들고나다 ① 《간섭》 interfere 《*in*》; meddle 《*in*》. ② 《집안의 세간을》 carry out for sale.
들고뛰다 run away; flee; fly; take to flight.
들고빼다 ☞ 들고뛰다.
들고튀다 ☞ 들고뛰다.
들국화(—菊花) 〖植〗 a wild c(h)amomile 〔chrysanthemum〕.
들기름 perilla oil.
들까불다 ① 《물건을》 fan 〔winnow〕 briskly. ② 《사람이》 behave rashly; act frivolously.
들깨 〖植〗 *Perilla frutescens* (학명).
들끓다 ① 《떼지어》 crowd; swarm 《*with flies*》; be infested with 《*rats*》. ② 《소란》 get excited; be in an uproar. ¶ 들끓는 군중 a boiling 〔an excited〕 crowd.
들날리다 《이름·세력 따위》 enjoy a great popularity 〔prosperity〕. ¶ 이름을 ~ win 〔gain〕 a reputation; become popular.
들녘 a plain; an open field.
들놀이 a picnic; an outing.
들다¹ ① 《날씨가》 clear away 〔up, off〕; stop 《*raining*》. ② 《땀이》 stop; cease.
들다² 《칼날이》 cut (well). ¶ 들지 않는 dull; blunt / 잘 ~ cut well; be sharp.
들다³ 《나이가》 grow old(er). ¶ 나이가 듦에 따라 as one grows old(er).
들다⁴ ① 《손에》 take 〔have, carry〕 in one's hand; hold. ¶ 펜을 ~ take a pen in hand; write. ② 《사실·예를》 give 《*an example*》; mention 《*a fact*》; cite. ¶ 이유를 ~ give a reason / 증거를 ~ adduce 〔produce〕 evidence. ③ 《올리다》 raise; lift (up); hold up. ¶ 손을 ~ hold 〔lift〕 up one's hand; raise one's hand. ④ 《음식을》 take 《*a meal*》; have; eat; drink (마시다).
들다⁵ ① 《들어가다》 go 〔get〕 in(to); 《살다》 settle 《*at, in*》; dwell. ¶ 자리에 ~ go to bed / 새집에 ~ settle in a new house. ② 《가입·참여》 join 《*a club*》; go into; enter. ③ 《풍흉·절기 등이》 set in; begin; come. ¶ 풍년〔흉년〕이 ~ have a good 〔bad〕 harvest / 장마가 ~ the rainy season sets in. ④ 《물이》 be dyed 《*black*》; take colo(u)r. ⑤ 《버릇 등이》 take to 《*a habit*》; fall into 《*the habit of doing*》. ⑥ 《마음에》 be satisfied 〔pleased〕 《*with*》; suit one's fancy; 《I》 like. ¶ 마음에 드는 여자 a woman after one's heart 〔fancy〕. ⑦ 《포함》 contain; hold; 《들어 있다》 be included; be among. ⑧ 《소요》 take; need; require; cost 《*much*》. ⑨ 《병이》 suffer from; catch 《*cold*》. ⑩ 《침입》 visit; break in. ¶ 도둑이 ~ a burglar breaks in 〔into a house〕. ⑪ 《햇빛이》 shine in. ⑫ ¶ 정신이 ~ come to oneself 〔one's senses〕.
들들 ¶ ~ 볶다 parch 《*beans*》; torment 《*a person*》 / ~ 뒤지다 ransack; rummage / ~ 타다 grind 《*wheat*》. ｢fuss.
들떠들다 make an uproar; make a
들떼놓고 indirectly.
들뜨다 ① 《틈이》 become loose. ② 《살이》 sallow and swell. ¶ (누렇게) 들뜬 얼굴 a sallow and swollen face. ③ 《마음이》 be unsteady; grow restless; be fidgety.
들락날락하다 go in and out frequently.
들랑거리다 go in and out.
들러리 ① 《신랑의》 a best man; 《신부의》 a bridesmaid. ¶ ~ 서다 serve as a bridesmaid 〔best man〕. ② 《비유적》 a setoff; a foil. ¶ ~가 되다 serve as a setoff 《*for*》; act as a foil 《*for*》.
들러붙다 adhere 〔stick, cling〕 《*to*》. ¶ 찰싹 ~ stick fast to.

들려주다 let 《*a person*》 know 《*of*》; tell (말해); read to (읽어); play for (연주해); sing for (노래해).
들르다 《도중에》 drop 〔look〕 in 《*at*》; stop by 〔in〕; call 《*at, on*》; go by 《美》.
들리다¹ ① 《소리가》 be audible; be heard; hear; 《울리다》 sound; ring 《*true*》. ¶ 들리지 않는 inaudible / 부르면 들리는 데서 within call 〔earshot, hearing〕 / 이상하게 들릴는지 모르지만 strange as it may sound. ② 《소문이》 be said 〔rumo(u)red〕; come to one's ears. ¶ 들리는 바에 의하면 according to a report 〔rumor〕; it is said that... ; I hear 〔am told〕 that....
들리다² ① 《병이》 suffer from; be attacked 《*by*》; catch. ② 《귀신이》 be possessed 〔obsessed〕 by. ¶ 귀신들린 것처럼 like one possessed.
들리다³ ① 《올려지다》 be lifted 〔raised〕. ② 《들게 하다》 let 《*a person*》 raise 〔lift〕.
들먹거리다 ① 《움직이다》 move up and down; rise and fall; raise and lower. ② 《마음이》 become restless; be fidgety.
들먹이다 ☞ 들먹거리다.
들보 【建】 a beam; a girder.
들보 《샅에 차는》 a loincloth.
들볶다 annoy; torment; be hard on 《*a person*》; be cruel to. ¶ 들볶이다 be tormented 〔annoyed, molested〕 / 며느리를 ~ be cruel to one's daughter-in-law.
들부수다 break 《*a thing*》 to pieces; smash; crush.
들새 wild fowl; a wild 〔field〕 bird.
들소 a wild ox; a bison.
들손 a handle; a bail.
들숨 inspiration; inhalation.
들썩거리다 ☞ 들먹거리다.
들썩이다 ☞ 들먹거리다.
들썽거리다 be impatient; itch 《*for action*》.
들쓰다 ① 《덮어쓰다》 draw 〔pull〕 over. ② 《머리에》 put on; cover. ③ 《물 따위를》 pour 《*water*》 on oneself; be covered with 《*dust*》. ④ 《허물 따위를》 take 《*blame, responsibility*》 upon oneself.
들씌우다 ① 《덮다》 cover 《*with*》; put on. ② 《들어붓다》 pour 《*on*》. ③ 《죄 따위를》 impute 《*a fault*》 to 《*another*》; lay 《*a fault*》 on 《*a person*》.
들어가다¹ ① 《안으로》 enter; go 〔get, walk, step〕 in 〔into〕. ¶ 몰래 ~ steal in(to) 《*a room*》 / 앞〔뒷〕문으로 ~ enter at 〔by〕 the front 〔back〕 door. ② 《가입·참가》 join 《*a club*》; go into; enter. ¶ 학교〔회사〕에 ~ enter a school 〔company〕 / 실업계에 ~ go into business. ③ 《틈·속·사이에》 go through; be inserted. ¶ 뚫고 ~ penetrate in. ④ 《비용이》 be put in; be spent; be sunk; cost. ⑤ 《움푹》 become hollow. ¶ 배가 고파 눈이 ~ one's eyes grow hollow with hunger.
들어가다² 《가져가다》 take 〔carry〕 away; make away 〔off〕 《*with*》.
들어내다 ① 《내놓다》 take 〔bring, carry〕 out. ② 《내쫓다》 expel; turn out.
들어맞다 《적중》 hit (the mark); 《예상이》 come true; be 〔prove〕 correct; 《알맞다》 fit; suit. ¶ 꼭 ~ fit perfectly; fit like a glove; fit to a T / 꿈이〔예언이〕 ~ a dream 〔prophesy〕 comes true.
들어먹다 ① 《탕진하다》 squander; run through; dissipate 《*one's fortune*》. ¶ 도박으로〔술로〕 전재산을 ~ gamble 〔drink〕 away one's fortune. ② 《남의 것을》 pocket; embezzle; peculate.
들어박히다 ① 《촘촘히》 be packed; be stuffed. ② 《칩거》 be confined to one's home; stay indoors. ¶ 집 안에만 들어박혀 있는 사람 a homekeeper; a home-immured person; a stay-at-home.
들어붓다 ① 《비가》 pour down; fall heavily. ② 《그릇에》 pour into. ③ 《술을》 guzzle; drink heavily.
들어서다 ① 《안쪽으로》 step in; enter; go 〔come〕 into. ② 《꽉 차다》 be full 《*of*》; be filled 《*with*》; be crowded 《*with houses*》. ③ 《자리에》 succeed; sit in 《*a person's*》 place.
들어앉다 ① 《안쪽으로》 sit 〔get〕 nearer. ② 《은퇴》 retire from 《*business*》; go into retirement. ③ 《자리에》 take office; become. ¶ 본처로 ~ become a legal wife.
들어오다 ① 《안으로》 enter; come 〔get〕 in; walk in 〔into〕. ¶ 들어오시오 Come in.; Walk in. ② 《수입이》 have 《*an income of*》; get; receive. ③ 《입사·입회》 join 〔enter〕 《*a company*》; be employed 《*by*》.
들어주다 grant; hear; answer 《*a person's prayer*》; comply with; assent to. ¶ 소원을 ~ grant one's wishes.
들어차다 be packed; be crowded. ¶ 꽉 ~ be chock-full 《*of*》; be packed (to the) full.
들엉기다 solidify; condense.
들엎드리다 confine oneself to 《*a room*》.
들여가다 ① 《안으로》 take 〔bring, carry〕 in. ② 《사다》 buy; get.
들여놓다 ① 《발을》 set foot in; step into 《*a bog*》. ② 《물건을》 bring 〔take〕 in. ③ 《사들이다》 buy in; lay in 《*a stock of*》. ¶ 식량과 연탄을 ~ lay in provisions and briquets.
들여다보다 ① 《속을》 look 《*in*》; peep 《*into, through*》. ② 《자세히》 gaze 〔stare〕 《*at*》; fix 〔fasten〕 one's

eyes 《*on*》. ③ 《들르다》 look 〔drop〕 in; look 《*a person*》 up.
들여다보이다 《속이》 be transparent; be seen through. ¶ 빤히 들여다뵈는 거짓말 a transparent 〔an obvious〕 lie.
들여보내다 send in; let 〔allow〕 in; 「admit.
들여앉히다 《여자를》 have 〔make, let〕 《*a woman*》 settle down in her home.
들여오다 ① 《안으로》 take 〔bring, carry〕 in. ② 《사다》 get (in); buy; import (수입).
들은풍월(一風月) picked-up knowledge; learning by ear.
…들이 containing. ¶ 2 병~ 상자 a box containing two bottles 《*of*》 / 2 리터~ 병 a two-liter bottle.
들이다 ① 《안으로》 let 〔allow〕 in; admit. ② 《비용을》 spend 《*on*》; invest; 《힘을》 take 《*troubles*》; make 《*efforts*》. ¶ 큰 돈을 들여서 at a great cost / 힘들여서 with great efforts. ③ 《고용》 engage; employ; hire. ¶ 가정교사를 ~ have 〔engage〕 a tutor 《*for one's child*》. ④ 《맛을》 get 〔acquire〕 a taste for; take to 《*gambling*》. ⑤ 《길을》 tame; train. ⑥ 《물감을》 dye 《*black*》. ⑦ 《땀을》 cause 《*sweat*》 to subside; cool oneself; catch one's breath.
들이닥치다 come with a rush; be close at hand; 《사람이》 be visited suddenly; 《위험 등이》 be impending 〔imminent〕.
들이대다 ① 《대들다》 defy; oppose; turn upon 《*a person*》. ② 《흉기 등을》 put 〔place〕 under one's nose; point at. ¶ 권총을 ~ point a revolver at 《*a person*》. ③ 《제시》 produce. ¶ 증거를 ~ thrust proofs before 《*a person*》.
들이덤비다 fall 〔turn〕 upon 《*a person*》; defy.
들이마시다 《기체를》 inhale; breathe in 《*fresh air*》; 《액체를》 drink (in); suck in; guzzle.
들이몰다 《안으로》 drive in; 《마구》 drive fast 〔violently〕.
들이밀다 push 〔thrust, shove〕 in.
들이밀리다 《안으로》 be pushed 〔thrust〕 in; 《한 곳으로》 crowd; swarm; gather 〔flock〕 (together).
들이받다 run into; knock 〔dash, run, bump〕 against. ¶ 차가 담을 ~ run 〔crash〕 a car into a wall.
들이불다 《안으로》 blow in(to); 《세차게》 blow hard.
들이붓다 pour into.
들이빨다 suck in; imbibe.
들이쉬다 breathe in; inhale; inspire.
들이쑤시다 ① 《쑤시다》 smart; tingle. ¶ 들이쑤시는 상처 a sore cut. ② 《충동이다》 incite; abet; instigate.
들이지르다 ① 《몹시》 push forcibly; thrust hard; kick hard (발길로). ② 《소리를》 yell; shout; raise one's voice; cry out.
들이치다[1] 《비·눈이》 sweep 〔drive〕 into 《*a room*》. ¶ 비가 ~ rain into 《*the eaves*》.
들이치다[2] 《습격》 attack; assault; storm.
들이켜다 drink up 〔down, deep〕; gulp down.
들이키다 draw near; bring close.
들이퍼붓다 ① 《비가》 rain upon hard. ② 《비난 따위를》 shower 《*abuses*》 upon. ¶ 질문을 ~ bombard 《*a person*》 with questions.
들일 farm work; field labo(u)r.
들입다 by force; violently; relentlessly.
들쥐 〖動〗 a field rat.
들짐승 a wild animal.
들쩍지근하다 (be) sweetish.
들쭉나무 〖植〗 a blueberry.
들쭉날쭉하다 (be) notched; indented; jagged.
들차다 be sound in mind and body.
들창(一窓) a small window.
들창코(一窓一) a turned-up nose.
들추다 ① 《뒤지다》 ransack; rummage. ② 《폭로》 reveal; disclose.
들추어내다 disclose; lay bare; bring to light; rummage out (뒤져서); rake up 《*an old scandal*》.
들치기 《행위》 shoplifting; 《사람》 a shoplifter. ~하다 shoplift. ‖ ~ 상습범 a habitual shoplifter.
들치다 lift; hold up 《*the end of*》.
들키다 be found out; be detected; be caught 《*doing*》.
들통(一筒) a pail; a bucket. ¶ ~나다 be detected 〔disclosed〕; get found out.
들판 a field; a plain; the green.
들피 ¶ ~지다 get emaciated from hunger.
듬뿍 much; plenty; brimfully.
듬뿍듬뿍 (severally) much; plenty; lots; full.
듬성듬성 sparsely; thinly.
듬쑥 full; greedily; firmly.
듯이 like; as (...as); as if 〔though〕. ¶ 자기 아들 사랑하~ 사랑하다 love 《*a child*》 like one's own.
듯하다 look like; seem; appear. ¶ 비가 올 ~ It looks like rain.
등 the back 《*of a chair*》 (뒤에); the ridge (산의). ¶ 의자의 ~ the back of a chair / ~을 보이다 turn tail; turn one's back 《*on the enemy*》.
등(等) ① 《등수》 a grade. ¶ 1~ first class 〔grade〕. ☞ 등급. ② ☞ 따위 ②.
등(燈) a light; a lamp; a lantern.
등(籐) 〖植〗 a rattan; a cane. ‖ ~ 의자 a rattan 〔cane〕 chair.
등가(等價) 〖化〗 equivalence. ‖ ~량 an equivalent.
등각(等角) 〖幾〗 equal angles. ‖ ~ 3 각형 an equiangular triangle.
등갓(燈一) a (lamp) shade.

등거리 a sleeveless shirt.
등거리(等距離) an equal distance; equidistance. ‖ ~ 외교 equidistance diplomacy.
등걸 a stump; a stub.
등걸잠자다 sleep with clothes on.
등겨 rice-bran (쌀겨); chaff (왕겨).
등경걸이(燈檠—) a lamp pole; a lantern stand.
등고선(等高線) a contour (line).
등골 the line of the backbone. ¶ ~이 오싹하다 feel a chill run down one's spine.
등과(登科) ~하다 pass the higher civil service examination.
등교(登校) ~하다 attend 〔go to〕 school.
등귀(騰貴) a rise; an advance; (an) appreciation. ~하다 rise; advance; go 〔run〕 up; appreciate. ¶ 달러의 ~ appreciation of the dollar.
등극(登極) ~하다 accede 〔come〕 to the throne.
등급(等級) a class; a grade; a rank. ¶ ~을 매기다 grade; graduate.
등기(登記) registration; registry. ~하다 register; have 《*a thing*》 registered. ¶ ~ 우편으로 by registered mail / 미 ~의 unregistered. ‖ ~료 a registration fee / ~부 a register / ~소 a registry (office) / ~ 편지 a registered letter / ~필 《표시》 Registered / 가~ provisional registration.
등꽃(藤—) wisteria-flower.
등나무(藤—) 〖植〗 a wisteria. ‖ ~덩굴 a wisteria vine.
등널 the back board of a chair.
등단(登壇) ~하다 go on the platform; take 〔mount〕 the rostrum.
등달다 be in a stew 《*about*》; be in hot haste; be impatient; fret.
등대(燈臺) a lighthouse. ‖ ~선 a light ship / ~지기 a lighthouse-keeper / 등댓불 a beacon lamp; lights.
등대다 lean 〔depend〕 on; rely upon.
등덜미 the upper part of the back.
등등(等等) etc.; and so on; and others.
등등하다(騰騰—) (be) wild. ¶ 노기 ~ be in wild rage / 기세가 ~ be in high spirits.
등락(騰落) rise and fall; ups and downs; fluctuations.
등록(登錄) registration; entry. ~하다 register 《*a trademark*》; enter 《*in*》; enrol(l). ‖ ~금 a tuition (fee) (수업료) / ~료〔세〕 a registration fee 〔tax〕 / ~부 a register book / ~ 상표 a registered trademark / ~인 a registrant / ~필 《표시》 Registered / 의장 ~ registration of designs / 주민 ~ the resident registration / 금전 ~기 a cash register.
등롱(燈籠) a hanging 〔garden〕 lantern; 《신전의》 a sacred lantern.
등마루 the spinal column; the spine.
등명(燈明) a sacred light.
등반(登攀) climbing. ~하다 climb (up); scale. ‖ ~대 a climbing party (히말라야 ~대 a Himalayan expedition).
등변(等邊) 〖幾〗 equal sides. ‖ ~ 삼각형 an equilateral triangle.
등본(謄本) a (certified) copy; a transcript; a duplicate.
등분(等分) ~하다 divide equally 〔in equal parts〕; share equally. ¶ 2 ~ bisection.
등불(燈—) a light; a lamp(light).
등비(等比) 〖數〗 equal ratio. ‖ ~ 급수 geometric(al) progression.
등뼈 the backbone; the spine.
등사(謄寫) copy; transcription. ~하다 copy; make a copy; mimeograph. ‖ ~ 원지 stencil paper / ~판 a mimeograph.
등산(登山) mountaineering; mountain climbing. ~하다 climb 〔ascend, go up〕 a mountain. ‖ ~가 a mountaineer; an alpinist / ~대 a mountaineering party / ~ 지팡이 an alpenstock / ~화 mountaineering boots.
등색(橙色) orange (colo(u)r).
등성이 the back (잔등); a ridge (산의).
등세공(籐細工) rattan-work. ‖ ~품 a rattan work; canework.
등속(等速) 〖理〗 uniform velocity. ‖ ~ 운동 uniform motion.
등속(等屬) and so forth 〔on〕; and the like.
등수(等數) 《차례》 a grade; a rank; 《같은 수》 an equal number.
등식(等式) 〖數〗 an equality.
등신(等身) life-size; full-length. ‖ ~상 a life-size statue.
등신(等神) a fool; a dunce; a noodle. ¶ ~ 같은 stupid; foolish.
등심(燈心) a wick.
등쌀 annoyance; harassing; pestering. ~대다 harass; bother; pester; annoy.
등압선(等壓線) an isobar; an isobaric line.
등에 〖蟲〗 a horsefly; a gadfly.
등온(等溫) ~의 isothermal. ‖ ~선 〖地〗 an isothermal (line).
등외(等外) 《경기 등의》 an also-ran. ¶ ~가 되다 fail to win the prize; fall under the regular grades (품평회 따위에서). ‖ ~품 an offgrade article.
등용(登用) 《임용》 appointment. ~하다 appoint; elevate; promote.
등용(燈用) ‖ ~ 가스 illuminating 〔light〕 gas.
등용문(登龍門) an opening to hono(u)rs; the gateway to success (in life).
등원(登院) attendance at the House. ~하다 attend the House.
등위(等位) class; rank; grade.
등유(燈油) lamp oil; kerosene.

등자(橙子) 〖植〗 a bitter orange.
등자(鐙子) stirrups.
등잔(燈盞) a lamp-oil container. ¶ ~ 밑이 어둡다 《俗談》 One has to go abroad to get news of home. ‖ ~불 a lamplight.
등장(登場) entrance. ~하다 enter; appear (on the stage). ¶ 신무기의 ~ the advent of new weapons. ‖ ~ 인물 characters; *dramatis personae* 《라》 / 리어왕 ~ 《각본에서》 Enter King Lear.
등재(登載) ~하다 register; record; enter; note down.
등정(登頂) ~하다 reach (climb to, conquer) the summit 《*of*》.
등정(登程) departure. ~하다 set out on a journey; depart.
등줄기 the line of the backbone.
등지(等地) (and) like places. ¶ 서울·부산 ~ Seoul, Busan and like (other) cities.
등지다 ① 《사이가》 turn against 《*one's country*》; break up with; fall out with. ¶ 서로 ~ be on bad terms with; be at odds with 《*a person*》. ② 《등 뒤에 두다》 lean one's back against.
등짐 a pack on one's back; a backpack. ‖ ~ 장수 a packman; a pedlar.
등차(等差) ‖ ~ 수열(급수) 〖數〗 arithmetical progression (series).
등청(登廳) attendance at office. ~하다 attend (go to) the office.
등촉(燈燭) a lamplight and a candlelight; a (lighted) lamp.
등치다 ① 《치다》 slap 《*a person*》 on the back. ② 《빼앗다》 extort money by threats; blackmail. ¶ 등쳐먹고 살다 live by racketeering.
등판(登板) ~하다 〖野〗 take the plate (mound); go to the mound; 《구원 투수로》 come in (up) to pitch.
등피(燈皮) a lamp chimney.
등하불명(燈下不明) One has to go abroad to get news of home.
등한(等閑) ~히 하다 neglect 《*one's duties* (*studies*)》; slight; disregard; make light 《*of*》.
등화(燈火) a light; a lamplight. ‖ ~가친지절 a good season (the season) for reading / ~ 관제 control of lights; a blackout (소등); a brownout; a dim-out (제한) / ~ 신호 signal(l)ing by a flashlight.
디기탈리스 〖藥〗 digitalis; 〖植〗 a foxglove.
디데이 (the) D-day 《*for a military coup*》.
디디다 step (tread) on. ¶ 외국 땅을 ~ step (set foot) on foreign soil.
디딜방아 a treadmill (pestle); a mortar (worked by treading).
디딤돌 a stepstone; 《수단》 a stepping stone.
디럭스 deluxe 《*cars*》. ‖ ~판(版) an edition deluxe; a deluxe edition / ~ 호텔 a hotel deluxe.
디렉터 a director.
디스카운트 discount 《*sale*》; price cutting.
디스코테크 a discotheque.
디스크 a disk. ‖ ~ 자키 a disk jockey (생략 D.J.).
디스토마 《편충》 a distoma; flukes; 《병》 distomiasis. ‖ 간(肝)~ distoma hepaticum.
디아스타아제 〖化〗 diastase.
디자이너 a designer; a stylist 《美》. ‖ 공업 (실내 장식) ~ an industrial (interior) designer.
디자인 a design; designing. ~하다 design 《*a dress*》.
디저트 (a) dessert.
디젤 ‖ ~ 기관 a Diesel (diesel) engine / ~ 기관차 a diesel(-electric) locomotive.
디지털 ‖ ~ 시계 (계산기) a digital clock (computer).
디프테리아 diphtheria. ‖ ~ 혈청 antidiphtheria serum.
디플레(이션) deflation. ‖ ~ 정책 a deflationary policy.
딜레마 《fall into》 a dilemma. ¶ ~에 빠뜨리다 force 《*a person*》 into a dilemma.
딜레탕티슴 dilettantism.
딩딩하다 ① 《힘이 셈》 (be) strong; mighty. ② 《팽팽하다》 (be) tense; taut. ③ 《기반이》 (be) stable; secure.
따갑다 《뜨겁다》 (be) unbearably hot; 《쑤시듯이》 (be) prickly; tingling; pricking; smart.
따귀 ¶ ~ 때리다 slap 《*a person*》 on the cheek.
따끈따끈 ¶ ~한 hot; heated.
따끔하다 ① 《쑤시다》 (be) prickly; pricking. ② 《호되다》 (be) sharp; severe. ¶ 따끔한 맛을 보이다 make 《*a person*》 smart for it.
따다[1] ① 《잡아 떼다》 pick; pluck; nip (off). ② 《종기를》 open 《*an abscess*》; lance; 《깡통을》 open 《*a can*》; uncork (마개를). ③ 《발췌》 pick out; extract; sum up; quote (인용); follow (따르다); model after (본뜨다); 《표절》 appropriate; steal. ④ 《얻다》 get; gain; take; obtain; win. ¶ 만점을 ~ get a full mark 《*in*》 / 학위를 ~ take (get) a degree / 돈을 ~ win money 《*in gambling*》.
따다[2] 《안만남》 pretend to be out; feign absence; 《따돌림》 leave 《*a person*》 out (in the cold); cut 《*a person*》 out; shun.
따다[3] 《다르다》 (be) different. ¶ 딴 different; dissimilar; another.
따돌리다 ☞ 따다[2].
따뜻하다 《온도가》 (be) warm; mild; 《정이》 (be) kindly; cordial; warm (-hearted). ¶ 따뜻이 warmly; kindly / 따뜻한 겨울 a mild (soft) winter / 따뜻한 마음씨 a warm (kindly) heart / 따뜻이 대접하다 give 《*a*

person》 a hearty reception.
따라가다 《동행》 go along with; 《뒤를》 follow 《*a person*》; go in the wake of; 《뒤지지 않고》 keep up with; catch up with (따라붙다). ☞ 따르다¹ ①, ③.
따라붙다 overtake; catch 〔come〕 up with.
따라서 ① 《…대로》 in accordance 〔conformity〕 with; according to. ¶ 국법에 ~ in accordance with the national law / 관습에 ~ according to custom / 지시에 ~ in accordance with 〔in obedience to〕 《*a person's*》 orders. ② 《비례하여》 in proportion to 〔as〕; according to; as. ¶ 능력에 ~ according to one's ability / 문명이 발달함에 ~ as civilization progresses. ③ 《병행해서·끼고》 along (with); by; with; 《모방》 after (the example of); 《함께》 with. ¶ 강둑을 ~ along the river bank / 아버지를 ~ with one's father. ④ 《그러므로》 accordingly; consequently; therefore; so that.
따라오다 《수행》 come with; accompany; follow; 《좇아옴》 keep up with; 《남이 하는 대로》 follow (suit); catch up. ☞ 따르다¹ ①, ③.
따라잡다 ☞ 따라붙다.
따라지목숨 a wretched life.
따로 《별개로》 apart; separately; 《추가로》 additionally; besides; in addition; 《특별히》 especially; in particular; particularly. ¶ ~ 두다 keep 〔lay〕 aside / ~ 10만 원의 수입이 있다 have additional income of 100,000 *won* / ~~ 살다 live separately / ~ 말할 것이 없다 have nothing particular to mention.
따르다¹ ① 《수행》 go along with; follow; accompany. ② 《수반되다》 accompany; go with; be followed 〔attended〕 by. ¶ 여러 곤란이 ~ be attended by various difficulties. ③ 《본뜨다》 follow; model 《*after*》. ¶ 남의 예에 ~ follow another's example. ④ 《복종·준수》 obey; follow; conform (oneself) to; abide by. ¶ 충고에 ~ follow 《*a person's*》 advice. ⑤ 《겨루다》 equal; be a match for. ¶ 따를 사람이 없다 be peerless. ⑥ 《좋아하다》 be attached to 《*a person*》; love 《*a person*》; be tamed (동물이). ¶ 그녀를 친엄마처럼 ~ love her like a real mother.
따르다² 《붓다》 pour 《*out, in*》.
따르르 ¶ ~ 구르다 roll fast / ~ 울리다 tinkle; ring clamorously.
따름 just; only; merely; alone. ¶ …일〔할〕 ~이다 it is just that….
따리 flattery; cajolery. ¶ ~붙이다 flatter; fawn (up)on.
따분하다 ① 《느른함》 (be) languid; dull. ② 《지루함·맥빠짐》 (be) boring; tedious; wearisome. ¶ 따분한 날씨 enervating weather / 따분한 이야기 a boring tale.
따오기 〖鳥〗 a crested ibis.
따옴표(—標) quotation marks.
따위 ① 《…와 같은》 … and such like; such 《*a thing*》 like 〔as〕…; the like (of). ¶ 네 ~ your likes / 예를 들면 …~ such as; for example. ② 《등등》 and so on 〔forth〕; et cetera (생략 etc., &c.); and 〔or〕 the like.
따지다 ① 《수를》 calculate; count; compute 《*interest*》. ② 《시비》 inquire into; distinguish 《*between*》; discriminate 《*one from another*》; demand an explanation of.
딱 ① 《벌린꼴》 wide. ¶ 입을 ~ 벌리고 with one's mouth wide open. ② 《정확히》 exactly; just; to a T; sharp; 《들어맞게》 perfectly; 《꽉》 tight(ly); closely. ¶ ~ 맞는 옷 a perfectly fitting coat. ③ 《버티는 꼴》 firmly; stiffly. ¶ ~ 버티다 stand firmly against 《*a person*》. ④ 《단호히》 positively; flatly. ¶ ~ 거절하다 refuse flatly; decline positively. ⑤ 《꼭》 only; just. ¶ ~ 한 번 only 〔but〕 once. ⑥ 《소리》 with a snap 〔crack〕.
딱따구리 〖鳥〗 a woodpecker.
딱따기 《나무》 wooden clappers; 《사람》 a night watchman.
딱딱 with claps 〔cracks, raps〕; with snaps.
딱딱거리다 snap 《*at*》; nag 《*at*》; speak harshly 〔roughly〕.
딱딱하다 《단단하다》 (be) hard; solid; 《굳어서》 (be) stiff; rigid; tough; 《엄격》 (be) strict; rigid; 《학문이》 (be) academic; 《문장이》 (be) bookish; stiff; 《형식적》 (be) formal; stiff.
딱바라지다 《사람이》 (be) thickset; stocky; 《물건이》 (be) wide and shallow.
딱부리 a lobster-eyed person(사람).
딱새 〖鳥〗 a redstart (bird).
딱성냥 a friction match.
딱장대 a harsh person.
딱장받다 torture; give 《*a person*》 a third degree.
딱정벌레 ① 《갑충》 a beetle. ② 〖蟲〗 a ground beetle.
딱지¹ 《부스럼의》 a scab; 《종이 티》 a fleck in paper; 《게·소라의》 a shell; a carapace; 《시계의》 a case. ¶ ~가 앉다 a scab forms 《*on*》.
딱지² ① 《라벨》 a label; 《우표》 a (postage) stamp; 《꼬리표》 a tag; ¶ ~가 붙은 《소문난》 marked; notorious; arrant. ② 《놀이 딱지》 a card; a pasteboard dump. ③ 《주차 위반의》 a sticker.
딱지³ 《거절》 rejection; a rebuff (퇴짜). ¶ ~를 놓다 refuse; give 《*a suitor*》 the mitten / ~ 맞다 be rejected; get snubbed; get the mitten (구혼자에게).
딱총(—銃) a popgun; a firecracker (폭죽).

딱하다 ① 《가엾다》 (be) pitiable; pitiful; sad; 《안되다》 (be) sorry; regrettable. ¶ 딱한 정상 a pitiable condition / 딱하게 여기다 pity; take pity on; sympathize with; regret. ② 《난처》 (be) awkward; embarrassing. ¶ 딱한 입장 an awkward 〔a painful〕 position.
딴 other; another; different. ¶ ~ 것 other things; another; the rest; the other / ~ 데 another 〔some other〕 place / ~ 방법 another method; a different way.
딴꽃가루받이 〖植〗 cross-fertilization (of flowers).
딴딴하다 (be) hard; solid. ☞ 단단하다.
딴마음 any other intention; a secret purpose (흉계); duplicity, treachery (두 마음). ¶ ~이 있다 have an ulterior motive / ~이 없다 have no ulterior motives.
딴말 irrelevant remarks; a double tongue (일구 이언).
딴머리 a false hair; a wig.
딴사람 《다른 사람》 a different person; another person; 《새사람》 a new being; a changed man. ¶ 그는 아주 ~이 되었다 He is quite another man now.
딴살림하다 live separately.
딴생각 a different intention; another motive; a secret purpose (속다른).
딴소리 irrelevant remarks. ☞ 딴말.
딴은 ① 《하기는》 really; indeed; I see. ¶ ~ 옳은 말이오 Indeed you are right. ② 《…으로는》 as. ¶ 내 ~ as for me; for 〔on〕 my part.
딴전부리다 make irrelevant remarks (딴말로); pretend 〔feign〕 ignorance (시치미떼다).
딴판 ¶ ~이다 be quite different / ~이 되다 change completely.
딸 a daughter.
딸가닥거리다 clatter; rattle.
딸각거리다 ☞ 딸가닥거리다.
딸기 〖植〗 a strawberry. ‖ ~밭 a strawberry bed 〔patch〕.
딸꾹질 a hiccup; a hiccough. ~하다 hiccough; have hiccups.
딸랑거리다 tinkle; jingle.
딸리다 ① 《부속》 belong to; be attached to; depend. ¶ 가구 딸린 셋집 a furnished house to let / 딸린 식구 dependants. ② 《수종》 let 《*a person*》 attend 〔accompany〕. ③ 《부치다》 be inferior to; be no equal for; 《부족》 be 〔fall, run〕 short 《*of*》. ¶ 돈이 ~ run short of funds / 역량이 ~ be beyond one's capacity.
땀 sweat; perspiration. ¶ ~ 흘리는 sweaty; perspiring / 손에 ~을 쥐고 breathlessly / ~ 흘리다 (be in a) sweat / ~내다 sweat; perspire / ~빼다 《혼남》 have a hard time of it; take pains (수고). ‖ 구슬~ beads of sweat.
땀내 the smell 〔stink〕 of sweat. ¶ ~가 나는 옷 garments stinking with sweat.
땀띠 《have》 prickly heat. ‖ ~약 prickly heat powder.
땀받이 a sweat shirt.
땀샘 〖生〗 ☞ 한선(汗腺).
땅[1] ① 《대지·지면》 the earth; the ground. ¶ ~을 파다 dig in the ground / ~에 떨어지다 fall to the ground; be at a low ebb (퇴폐). ② 《영토》 territory; land; 《토양》 soil; land; 《토지》 lands; an estate. ¶ ~을 갈다 cultivate land / 한국~을 밟다 set foot on Korean soil / 이국 ~에서 죽다 die in a strange land. ‖ ~ 임자 a land owner.
땅[2] 《총소리》 (with a) bang.
땅가뢰 〖蟲〗 a blister beetle.
땅강아지 〖蟲〗 a mole cricket.
땅거미[1] 〖動〗 a ground spider.
땅거미[2] 《저녁어스름》 《at》 twilight; dusk. ¶ ~질 때 at dusk; toward evening / ~가 내리다 grow dark.
땅기다 《몸이》 be cramped; have the cramp 《*in one's leg*》; 《가까이》 draw (near); pull.
땅꽈리 〖植〗 a ground cherry.
땅꾼 a snake-catcher.
땅덩이 land; the earth (지구); territory (국토).
땅딸막하다 (be) thick-set; chunky.
땅딸보 a stocky person.
땅땅거리다 ① 《큰소리치다》 talk big 〔high-handedly〕. ② ☞ 떵떵거리다.
땅뙈기 a patch of land.
땅마지기 a few acres of field.
땅바닥 the (bare) ground. ¶ ~에 앉다 squat on the (bare) ground.
땅버들 〖植〗 a sallow; a goat willow.
땅벌 〖蟲〗 a sphex; a digger wasp.
땅벌레 〖蟲〗 a grub; a ground beetle.
땅볼 〖野〗 a grounder; a bounder.
땅사기꾼 a land swindler; a fake land broker.
땅울림 earth tremor; a rumbling of the earth.
땅콩 a groundnut; a peanut.
땅투기 land speculation.
땋다 plait; braid.
때[1] ① 《시각·시간》 time; hour; moment. ¶ 점심 ~ lunch time / ~를 어기지 않고 punctually; on time / ~ 늦은 〔늦게〕 late / (매일) 이맘~에 at this time of day / 이제 잘 ~다 It's time for you to go to bed. ② 《경우》 case; occasion. ¶ 위급 존망의 ~ a crisis / 실패했을 ~에는 in case I should fail; in the event of failure. ③ 《기회》 opportunity; chance; 《시기》 season; time. ¶ ~ 아닌 unseasonable 《*rain*》 / ~를 못 만난 영웅 an unappreciated genius / ~를 기다리다 await one's time / ~를 놓치다

miss an opportunity. ④《시대·당시》 the time(s); the day. ¶그 ~ at that time; then / 내가 런던에 있었을 ~ when I was in London / 학교에 다니던 ~에 in one's school days. ⑤《끼니》 a meal. ¶~를 거르다 go without a meal.

때² ①《더러운》 dirt; filth; grime; 《얼룩》 a stain; a spot; a blot. ¶~(가) 묻다 become dirty (filthy, soiled); be stained with dirt / ~ 빼다〔씻다〕 wash off the dirt; remove stain 《*from*》. ②《시골티 따위》 ¶~를 벗은 refined; elegant; smart / ~를 벗지 못한 unpolished; rustic.

때가다《잡혀가다》 be caught〔arrested〕; be taken up.

때구루루 ¶~ 구르다 roll (over).

때굴때굴 ¶~ 굴리다 roll 《*a thing*》 over and over.

때까치〖鳥〗 a bull-headed shrike.

때깔 the shape and colo(u)r (of cloth).

때다¹《잡히다》 be caught〔arrested〕.

때다²《불을》 burn; make a fire. ¶불을 ~ make a fire / 석탄〔장작〕을 ~ burn coal〔wood〕.

때다³《액을》 overcome; pass by.

때때로 occasionally; now and then; from time to time; at times; sometimes. ¶~ 방문하다 call on 《*a person*》 from time to time.

때때옷 a colo(u)rful dress for children.

때리다 strike; beat; hit; slap (손바닥으로). ¶때려 눕히다 knock 《*a person*》 down / 때려 부수다 knock 《*a thing*》 to pieces; break up; smash up / 때려 죽이다 strike〔beat〕 to death / 얼굴을 ~ hit〔slap〕 《*a person*》 in the face.

때마침 opportunely; seasonably; timely; at the right moment.

때문 ¶~에 because of; due to; owing to; on account of / 부주의 ~에 because of carelessness / 전쟁 ~에 due to the war / 그 ~에 because of that.

때물벗다 be refined; be polished.

때우다 ①《깁다》 patch up; 《땜질》 solder; tinker up. ②《넘기다》 make shift 《*with*》; manage 《*with*》; do with(out); substitute 《*doughnuts for lunch*》.

땔나무 firewood.

땜 ☞ 땜질.

땜납 solder; pewter.

땜인두 a soldering iron.

땜장이 a tinker.

땜질 tinkering; soldering. ~하다 tinker (up); solder; pitch up.

땡《뜻밖의 수》 a windfall. ☞ 땡잡다.

땡감 an unripe and puckery persimmon.

땡그랑거리다 clink; clang; jingle.

땡땡 ding-dong; clango(u)r.

땡땡하다 (be) full; taut.

땡잡다 make a lucky hit; hit the jackpot 《美》.

떠꺼머리 ‖ ~ 처녀〔총각〕 a pigtailed old maid〔bachelor〕.

떠나다 ①《출발함》 leave; start 《*from*》; set out; depart 《*from*》. ¶서울을 ~ leave Seoul / 부산으로 ~ start for〔set off to〕 Busan / 세상을 ~ depart this life; die; pass away. ②《물러나다》 leave; quit; resign 《*from*》; 《떨어지다》 separate; part from〔with〕. ¶직을 ~ quit one's post / 멀리 떠나 살다 live far apart.

떠내다 dip〔scoop〕 up.

떠다니다 drift〔wander〕 about.

떠다밀다 ①《밀다》 push; thrust; press〔hold〕 《*a person against*》. ②《넘기다》 shift one's work on another; put 《*the blame*》 on another.

떠돌다《표류》 drift about; float; 《방랑》 wander〔roam〕 about.

떠돌이 a wanderer; a Bohemian. ‖ ~별〖天〗 a planet.

떠들다 ①《큰소리로》 make a noise; clamo(u)r. ②《술렁거리다》 kick up a row; make much ado (소동).

떠들썩하다 (be) noisy; clamorous. ¶떠들썩하게 noisily; clamorously.

떠들어대다 raise a clamor; make an uproar; set up a cry (죽인다고).

떠듬거리다 ☞ 더듬거리다.

떠듬적거리다 ☞ 더듬거리다.

떠름하다 ①《맛이》 (be) slightly astringent. ②《내키지 않다》 (be) indisposed; feel〔be〕 creepy; 《꺼림하다》 feel〔be〕 leery.

떠맡기다 leave 《*a matter*》 to others; saddle 《*a person*》 with. ¶억지로 ~ force on; pass〔impose〕 upon.

떠맡다 undertake; assume; take 《*a task*》 upon oneself; be saddled with; take over. ¶빚을 ~ hold oneself liable for a debt / 책임을 ~ assume the responsibility.

떠받들다 ①《쳐들다》 hold up; lift; raise; push up. ②《공경》 revere; hold 《*a person*》 in esteem; 《추대》 set 《*a person*》 up 《*as*》; exalt; support. ③《소중히》 make〔think〕 much of.

떠받치다 support; prop up.

떠버리 a braggart; a chatterbox.

떠벌리다 ①《과장》 talk big; brag; 《떠들어 댐》 wag one's tongue. ②《크게 차리다》 set up 《*a thing*》 in a large scale.

떠보다 ①《무게를》 weigh. ②《속을》 sound; feel. ③《인품을》 size up 《*a person*》.

떠세하다 make use of another's influence.

떠오르다 ①《물위에》 be afloat; rise〔come up〕 to the surface; 《공중에》 rise; fly aloft; soar. ②《생각이》 occur to〔strike〕 one; come across〔into〕 one's mind. ③《얼굴에》

rise to one's eyes (눈물이); play about (웃음이). ④ 《수사선상에》 loom up 《*as a possible suspect*》.
떡¹ rice-cake. ‖ 가래 ～ bar rice cake.
떡² ¶ ～ 버티다 stand firmly against / 입을 ～ 벌리고 with one's mouth wide open.
떡갈나무 〖植〗 an oak (tree); 《재목》 「oak.
떡국 rice-cake soup.
떡메 a rice-cake mallet.
떡밥 《낚시미끼》 (a) paste bait; 「paste.
떡방아 a rice-flour mill. ¶ ～를 찧다 pound rice into flour.
떡벌어지다 spread (out); widen; 《입이》 be wide open. ¶ 가슴이 ～ be broad of chest.
떡잎 a seed leaf; a bud; a sprout. ¶ 될성부른 나무는 ～부터 알아본다 《俗談》 Genius will assert itself at an early age.
떨거덕거리다 clatter; rattle.
떨거럭거리다 ☞ 떨거덕거리다.
떨거지 one's folk; one's relatives.
떨걱거리다 ☞ 떨거덕거리다.
떨그렁거리다 clink; clatter; clang.
떨기 a cluster; a bunch; a plant. ¶ 한 ～ 꽃 a (single) flower.
떨다¹ ① 《붙은 것을》 clear away; dust (먼지를); beat; shake [brush] off. ② 《곡식을》 thrash. ③ 《몽땅》 clear off; empty 《*one's purse*》. ④ 《팔다 남은 것을》 sell off; clear out [off]. ⑤ 《부리다》 show; display. ¶ 애교를 ～ be profuse of one's smiles; turn on the charm / 수다를 ～ wag one's tongue / 엄살 ～ pretend to be in pain.
떨다² 《몸을》 shake; tremble 《*for fear*》; shiver 《*with cold*》; quiver; quake; shudder 《*with terror*》.
떨리다¹ ① 《떨어지다》 be shaken [swept, brushed] off; be thrown off. ② 《쫓겨나다》 get fired; be dismissed.
떨리다² 《몸이》 shake; tremble; shiver; quiver; quake; chatter (이가); shudder (무서워); vibrate (진동). ¶ 떨리는 목소리 a trembling [tremulous] voice.
떨어뜨리다 ① 《아래로》 drop; let fall; throw down; 《공을》 miss. ¶ 컵을 ～ drop a cup. ② 《줄이다》 decrease; reduce; lessen. ¶ 값 [속력]을 ～ reduce the price [speed]. ③ 《지위·명성을》 debase; detract; degrade (지위를). ¶ (일이) 인기를 ～ detract from one's popularity / 계급을 ～ demote; reduce to a lower rank. ④ 《질을》 debase; deteriorate. ¶ 품질을 ～ lower in quality; deteriorate. ⑤ 《함락》 capture; take. ⑥ 《해뜨리다》 wear out [down]. ⑦ 《잃다》 lose; drop. ¶ 지갑을 ～ lose one's purse. ⑧ 《불합격》 reject 《*a candidate*》; fail.
떨어지다 ① 《낙하》 fall; drop; come down; crash (비행기가). ¶ 쿵 ～ fall with a thud / 나무에서 ～ fall down from a tree. ② 《붙은 것이》 come [fall] off. ¶ 얼룩이 안 떨어진다 The stain won't come out. ③ 《남다》 be left (over). ¶ 빚 갚고 떨어진 돈 the money left over after clearing the debt / 이 문이 많이 ～ yield much profit. ④ 《뒤지다》 fall off; drop behind; lag behind. ¶ 경주에서 ～ fall behind in the race / 비행술이 서양에 ～ lag behind the West in the art of flying. ⑤ 《값이》 fall; go down; decline. ¶ 값이 ～ go down in price; decline [fall] in price. ⑥ 《감퇴》 decrease; diminish; go down; fall. ¶ 가치가 ～ decrease [diminish] in value / 인기가 ～ lose one's popularity; fall in popularity. ⑦ 《못하다》 be inferior 《*to*》; be worse (than). ¶ 품질이 ～ be inferior in quality. ⑧ 《해지다》 be worn out. ¶ 떨어진 ragged; threadbare; worn-out. ⑨ 《바닥나다》 run [get] out of; be [run] short of; be all gone; be out of stock (상품이). ¶ 용돈이 ～ run out of pocket money / 식량이 ～ run out of food. ⑩ 《숨이》 breathe one's last; die; expire. ⑪ 《병·습관이》 be shaken off; be got rid of. ¶ 감기가 ～ shake off one's cold. ⑫ 《거리·간격》 be 《*a long way*》 off; be away 《*from*》. ¶ 멀리 떨어진 far-off; distant / …에서 4 마일 떨어져 있다 be four miles away 《*from*》. ⑬ 《갈라짐》 separate; part from [with]; leave(떠나다). ¶ 떨어질 수 없는 inseparable / 떨어져 나오다 break off 《*with*》. ⑭ 《함락》 fall. ⑮ 《실패》 fail; be unsuccessful. ¶ 3 표 차로 ～ be shy of winning by only three votes. ⑯ 《수중·술책에》 fall into.
떨이 goods for clearance sale.
떨치다 ① 《명성을》 become [get] well known; 《타동사적》 make well known in the world; 《힘을》 wield 《*power*》. ¶ 이름을 ～ win fame. ② 《흔들어서》 shake off; whisk off.
떫다 (be) astringent; rough.
떳떳하다 (be) just; fair; right; have a clear conscience. ¶ 떳떳이 fairly; openly; with a clear conscience / 떳떳이 행동하다 act fair and square / …을 떳떳하지 않게 여기다 be too proud 《*to do*》; be above 《*doing*》.
떵떵거리다 live in great splendo(u)r [style]; live like a prince.
떼¹ 《무리》 a group; a crowd; a throng (사람); a herd (마소); a flock (양, 새); a shoal (어류); a swarm (벌레). ¶ ～를 지어(서) in crowds [flocks, shoals, swarms]; in a body [group].

떼² 《잔디》 sod; turf. ¶ ~를 뜨다 cut out sod / ~를 입히다 sod; turf.
떼³ 《뗏목》 a raft.
떼⁴ an impossible demand; insisting on. ¶ ~쓰다 ask for the impossible; fret 《*about*》.
떼구루루 ☞ 떼굴떼굴.
떼굴떼굴 ¶ ~ 구르다 roll over and over.
떼다¹ ① 《붙은것을》 take off 〔away〕; remove 《*a sign*》. ② 《분리》 part; separate; pull apart (당겨); pluck 〔tear〕 off; 《사이를》 keep apart; leave 《*space*》. ¶ 행간(行間)을 ~ leave spaces between lines. ③ 《봉한것을》 break 〔open〕 the seal; cut 《*a letter*》 open. ④ 《공제》 deduct 〔detract〕 《*from*》. ¶ 봉급에서 ~ deduct 《*a sum*》 from one's pay; take 《*a sum*》 off one's pay. ⑤ 《절연(絶緣)》 cut 〔sever〕 connections with 《*a person*》; break (off) with 《*a person*》. ¶ 뗄래야 뗄 수 없는 사이다 be inseparably bound up with each other. ⑥ 《거절》 refuse; reject. ⑦ 《수표 따위를》 draw 〔issue〕 《*a check*》.
떼다² 《안갚다》 bilk 《*one's debt*》; fail to pay.
떼먹다 ☞ 떼어먹다.
떼새 ① 〖鳥〗 a plover. ② 《새의 떼》 a flock of birds.
떼어놓다 《분리》 pull 〔draw〕 《*a person, things*》 apart; separate 〔part〕 《*things*》; estrange (이간).
떼어먹다 《가로채다》 appropriate; embezzle; 《안갚다》 bilk; fail to pay 〔return〕.
떼어버리다 ☞ 떼다¹ ①, ⑤.
떼치다 《붙는 것을》 shake oneself loose 〔free〕 from; break loose 《*from*》; 《거절》 refuse; reject; turn down.
뗏목 (―木) a raft. ‖ ~꾼 a raftsman.
뗏장 a turf; a piece of sod.
뗑그렁거리다 clang; jingle; tinkle.
또 ① 《또다시》 again; once more; 《거듭》 repeatedly. ¶ ~ 한번 once again 〔more〕 / ~ 하나의 the other; another (딴). ② 《또한》 too; also; as well. ¶ 나도 ~ 가지고 있다 So have I., I have it, too. ③ 《그 위에》 and; moreover; besides.
또는 (either ...) or; 《아마》 perhaps; probably; maybe; or again.
또다시 again; once more 〔again〕. ~하다 do over again.
또닥거리다 tap; pat; rap.
또랑또랑 ¶ ~한 clear; bright; distinct.
또래 (of) about the same age; 《물건》 (of) the (same) size 〔shape〕.
또렷하다 clear. ☞ 뚜렷하다.
또바기 punctually; regularly; without fail.
또한 《한가지로》 too; also; as well; 《그 위에》 besides; moreover; at the same time.
똑¹ 《소리》 with a snap 〔crack, flop〕.
똑² 《틀림없이》 just; exactly. ¶ ~ 같다 be just the same 《*as*》; be just like; be identical / ~같이 just like; alike; likewise; equally; impartially.
똑딱거리다 click; clack; 《시계가》 tic(k)-toc(k). ¶ 똑딱똑딱 clicking; tick(-tack).
똑딱선(―船) a motorboat; a power launch.
똑똑 ① 《두드리는 소리》 rapping; knocking. ¶ 문(門)을 ~ 두드리다 knock 〔tap〕 at the door. ② 《부러지는》 with a snap. ③ 《물이》 dripping; trickling; drop by drop.
똑똑하다 ① 《영리》 (be) clever; sharp; intelligent; bright; smart. ¶ 똑똑한 아이 a bright child. ② 《분명》 (be) clear; distinct; vivid; plain. ¶ 똑똑한 발음 clear 〔articulate〕 pronunciation.
똑똑히 《명료하게》 clearly; distinctly; plainly; definitely; 《영리하게》 wisely; smartly. ¶ ~ 굴다 act wisely.
똑바로 《바르게》 in a straight line; straight; 《곧추》 upright; erect; 《바른대로》 honestly; frankly; 《정확하게》 correctly; exactly; 《옳게》 right(ly); 《정면으로》 to 〔in〕 one's face; directly (직접).
똘똘 ¶ ~말다 roll up 《*a sheet of paper*》.
똘똘하다 (be) clever; bright; sharp; smart.
똥 f(a)eces; stool; excrement; dung (동물의). ¶ ~을 푸다 dip up night soil / ~ 푸는 사람 a night-soil man / ~마렵다 feel a motion; be taken short (급히) / 얼굴에 ~칠하다 disgrace one's name.
똥값 a giveaway 〔dirt-cheap〕 price. ¶ ~으로 팔다 sell dirt-cheap; sell at a sacrifice.
똥거름 night soil; dung-manure.
똥겨주다 hint 《*at*》; drop a hint 《*to a person*》; intimate; enlighten.
똥구멍 the anus; the back passage. ¶ ~이 찢어지게 가난하다 be extremely poor; be as poor as a church mouse.
똥기다 ☞ 똥겨주다.
똥끝타다 feel anxious 〔worried〕 very much.
똥누다 evacuate 〔move〕 the bowels; ease nature; relieve oneself.
똥똥하다 (be) thick-set; pudgy; plump.
똥싸개 a pants-soiler; a baby.
똥싸다 ① ☞ 똥누다. ② 《혼나다》 have a hard time (of it); be put to it.
똬리 a head pad. ‖ ~쇠 a (metal) washer.
뙈기 《논밭의》 a patch; a plot 〔lot〕.
뙤약볕 the burning 〔scorching〕 sun; strong sunshine. ¶ ~을 쬐다 expose oneself to scorching sunshine; be under the full sun.
뚜 《소리》 with a toot 〔hoot, honk〕.

뚜껑 a lid(솥, 상자의); a cover(덮개); a case(호주머니의); a cap(병, 만년필의); a shield(붓 따위의); a flap(호주머니의). ¶ ~을 덮다 put on the lid; cover up / ~을 열다 open; uncover; take off [lift] the lid [cover].
뚜덕거리다 knock; tap; rap.
뚜덜거리다 ☞ 두덜거리다.
뚜뚜 《소리》 toot-toot; hoot-hoot.
뚜렷하다 (be) clear; plain; vivid; distinct; obvious; evident; manifest; 《현저》 (be) striking; remarkable; brilliant. ¶ 뚜렷이 clearly; distinctly; strikingly; remarkably.
뚜벅거리다 swagger; strut.
뚜쟁이 a pander; a pimp.
뚝 ① 《갑자기》 suddenly. ¶ ~ 그치다 come to a dead stop; stop suddenly. ② 《떨어지는 소리》 with a thud [thump]. ③ 《꺾는 소리》 with a snap.
뚝딱거리다 ① 《소리가》 clatter; rattle. ② 《가슴이》 go pitapat; palpitate; throb.
뚝뚝 ① 《물방울 소리》 dripping; trickling; drop by drop. ② 《부러짐》 with snaps; snappingly.
뚝뚝하다 ① 《애교가 없다》 (be) unsociable; unaffable; blunt; brusque. ¶ 뚝뚝하게 bluntly; curtly; surlily. ② 《굳다》 (be) stiff; rigid.
뚝배기 an earthen(ware) bowl.
뚝별나다 (be) quick-tempered; peevish; touchy.
뚝심 staying power; endurance.
뚫다 《구멍을》 bore; punch; make [drill] 《*a hole*》; 《관통》 pierce; cut [pass, run] through; shoot through (탄환이). ¶ 뚫고 나아가다 《사람틈·곤란을》 force [cut] one's way through; get through.
뚫리다 《구멍》 be opened; be bored through; be drilled; be pierced; be run through.
뚫어지다 bore; drill; pierce; be bored [drilled, pierced]; a hole is made 《*through*》; be torn [worn out] (닳아서).
뚱딴지 ① 《사람》 a log; a blockhead. ¶ ~ 같은 wild; preposterous; absurd. ② 《전기의》 an insulator.
뚱땅거리다 keep drumming and twanging. ¶ 뚱땅거리며 놀다 make merry.
뚱뚱보 a fatty [plump] person.
뚱뚱하다 (be) fat; corpulent; plump.
뚱보 ① 《뚱한사람》 a dull [taciturn] person. ② ☞ 뚱뚱보.
뚱하다 (be) taciturn.
뛰놀다 gambol [frisk] (about); romp (about); be frisky.
뛰다¹ ☞ 튀다.
뛰다² ① 《도약》 leap; spring; jump; 《튀다》 bound; 《가슴이》 throb; palpitate; 《달리다》 run; 《시세가》 jump 《*to*》. ¶ 뛰는 가슴으로 with beating heart / 좋아서 겅중겅중 ~ jump for [dance with] joy. ② 《거르다》 skip (over); jump 《*a chapter*》. ③ 《그네·널을》 swing; seesaw. ¶ 널을 ~ play Korean seasaw.
뛰어가다 go at a run 《*to*》; rush 《*for*》.
뛰어나가다 run out; rush out; start forward (out).
뛰어나다 《남보다》 be superior 《*to*》; excel 《*in*》; surpass; stand [tower] high above 《*the others*》. ¶ 뛰어난 eminent; prominent; superior; distinguished.
뛰어내리다 jump [leap, spring] down [off]. ¶ 달리는 차에서 ~ jump off a running car.
뛰어넘다 ① 《솟구쳐》 leap [jump, spring, vault] over. ¶ 담장을 ~ clear [jump over] a fence. ② ☞ 뛰다² ②.
뛰어다니다 《깡충깡충》 jump [romp] about; frisk; frolic; 《바쁘게》 run about; busy oneself 《*about*》.
뛰어들다 jump [spring, plunge] in (-to); dive into (물속으로).
뛰어오다 run; come running.
뛰어오르다 jump on; leap [spring] up.
뜀 《도약》 a jump; a leap; a spring; 《달림》 a run. ¶ ~뛰기 jumping/ ~박질 jumping(도약); running(달리기).
뜀뛰기 〖競〗 jumping. ‖ ~ 선수 a jumper / ~ 운동 a jumping exercise / ~판 a springboard; a leaping board.
뜀틀 《체조의》 a buck; a vaulting horse. ¶ ~을 뛰어넘다 vault over a buck.
뜨개질 knitting; knitwork. ~하다 do knitting; knit. ‖ ~ 바늘 a knitting pin [stick, needle]; a crochet hook (코바늘).
뜨겁다 (be) hot; burning; passionate.
뜨끈뜨끈한 (burning) hot.
뜨끔거리다 ☞ 뜨끔하다.
뜨끔하다 (be) stinging; prickly; 《서술적》 prick; sting; come [go] home 《*to one*》.
뜨내기 ① 《사람》 a tramp; a vagabond. ‖ ~ 손님 a chance [casual] customer / ~장사 a casual business. ② 《일》 an odd job; casual labo(u)r.
뜨다¹ ① 《느리다》 (be) slow; 《둔하다》 (be) dull; slow-witted. ② 《입이》 (be) taciturn; reticent. ③ 《칼날이》 (be) dull; blunt. ④ 《비탈이》 (be) easy; gentle.
뜨다² ① 《물·하늘에》 float 《*on the water, in the air*》. ② 《해·달이》 rise; come up. ③ 《사이가》 be distant [apart] 《*from*》; get separated; be estranged (관계가). ④ 《빌려준 것 따위》 be lost for good.
뜨다³ ① 《석다》 become stale; grow moldy [musty]; undergo fermentation(발효). ② 《얼굴이》 be-

come sallow. ¶ 누렇게 뜬 얼굴 a sallow face.
뜨다⁴ 《뜸을》 cauterize with moxa.
뜨다⁵ 《자리를》 leave; go away 《*from*》; 《옮기다》 move; remove.
뜨다⁶ 《물 따위를》 scoop up; ladle (국자로); 《떼어내다》 cut off [out]; 《뗏장을》 shovel off; 《고기를》 slice; cut into slices; 《각뜨다》 cut up; 《종이를》 make; shape; 《옷감을》 cut out [buy] a piece of cloth.
뜨다⁷ 《눈을》 open (one's eyes); wake up; awake.
뜨다⁸ 《실로》 knit; crochet (코바늘로); darn, stitch (깁다); 《그물을》 net; weave.
뜨다⁹ 《본을》 copy (out); imitate; follow suit (남을).
뜨뜻하다 (be) warm; hot. ¶ 뜨뜻이 warm; hot.
뜨물 water in which rice has been washed.
뜨음하다 ☞ 뜸하다.
뜨이다 ① 《눈이》 (come) open; be opened; awake; 《비유적》 come to one's senses; have one's eyes opened. ② 《발견》 be seen; catch one's eye; attract the attention; come to one's notice; be striking.
뜬구름 ¶ ~ 같은 인생 transient life.
뜬눈 ¶ ~으로 새우다 sit up all night; pass a sleepless night.
뜬벌이 a nomadic occupation; a casual job.
뜬소문(一所聞) a wild [groundless] rumo(u)r.
뜬숯 used charcoal; cinders.
뜯기다 ① 《빼앗기다》 have 《*a thing*》 bitten off; be extorted [squeezed, exploited] 《*by*》. ② 《물리다》 get bitten. ¶ 벼룩에게 뜯긴 자리 a flea-bite. ③ 《마소에 풀을 먹임》 graze 《*cattle*》.
뜯다 ① 《분리·분해》 take down [off]; tear [take] apart; break up; 《풀·털 따위를》 pluck; pull; tear (off); pick. ② 《악기를》 play (on). ③ 《얻다》 ask 《*a person*》 for 《*money*》; extort; squeeze.
뜯어내다 ① 《붙은 것을》 take down [off]; remove; pick [pluck] off; ② 《분해》 take 《*a thing*》 to pieces; take 《*a machine*》 apart; dismantle. ③ 《금품 등을》 extort; fleece.
뜯어말리다 《싸움 등을》 pull [draw] apart.
뜯어먹다 ① 《붙은 것을》 take 《*a thing*》 off and eat; eat at [on]; gnaw [bite] off. ② 《…를 졸라대서》 squeeze; exploit 《*a person*》; sponge 《*off a person*》.
뜯어벌이다 ① 《벌여 놓다》 take 《*a machine*》 apart; pull [take] to pieces. ② 《이야기를》 give a long talk.
뜯어보다 ① 《살펴보다》 examine carefully; study closely. ② 《읽다》 read by guess; make out. ③ 《봉한 것을》 open.
뜰 《정원》 a garden; 《울안》 a yard; a court.
뜸 《구(灸)》 cautery; moxibustion. ¶ ~ 뜨다 cauterize 《*the skin*》 with moxa; apply moxa 《*to*》.
뜸부기 〖鳥〗 a moorhen; a water cock.
뜸직하다 (be) dignified; reserved.
뜸질 《뜸뜨기》 moxa cautery.
뜸하다 (be) infrequent; have a rather long interval. ¶ 뜸해지다 come to (a state of) lull; hold [let] up.
뜻 ① 《의지》 (a) will; mind; 《의향》 (an) intention; a motive; 《목적》 an object; an aim; (a) purpose; 《지망》 (an) aspiration; (an) ambition; 《희망》 desire(s); wish(es). ¶ 큰 ~ a high ambition [aspiration] / ~대로 as one expects [wishes] / ~을 두다 intend; aim at; aspire to; have an ambition to / ~을 이루다 attain one's aim; realize one's aspirations. ② 《의미》 (a) meaning; a sense; 《취지》 effect; the intent; import. ¶ ~이 통하지 않는 말 senseless talk / ~ 있는 눈짓 a significant [meaningful] glance.
뜻맞다 《의기상통》 be of a mind; be like-minded; 《마음에 들다》 be after one's fancy; suit one's fancy [taste].
뜻밖 ¶ ~의 unexpected; unlooked-for; surprising / ~에 unexpectedly / ~에 …하게 되다 happen [chance] to 《*do*》.
뜻하다 《의도》 plan; intend; aim at; expect; 《의미》 mean; signify; imply. ¶ 뜻하지 않은 unexpected.
띄다 catch the eye; attract one's attention.
띄어쓰다 write leaving a space between words.
띄엄띄엄 《단속적》 intermittently; 《드문드문》 sparsely; here and there; sporadically; 《새를 두고》 at intervals.
띄우다 ① 《물위에》 float; set 《*a ship*》 afloat; sail 《*a toy boat*》; 《공중에》 (let) fly; float in the air. ② 《얼굴에》 show; wear. ¶ 웃음을 ~ (wear a) smile / 입가에 미소를 띄우고 with a smile about one's lips. ③ 《훈김으로》 ferment; mo(u)ld; leaven. ④ 《사이를》 leave a space 《*between*》; space 《*the lines*》. ⑤ 《편지 따위를》 send; dispatch.
띠¹ a belt; a (waist) band; a sash (여자의). ¶ 가죽~ a leather belt / ~를 매다 tie a belt [sash] / ~를 끄르다 undo a belt. ‖ 머리~ 《wear》 a headband.
띠² 〖植〗 a kind of reed.
띠다 ① 《두르다》 put on; do up; wear. ¶ 띠를 ~ do up a belt; wear a belt (oneself). ② 《지니다》 wear; carry; be armed with. ③ 《용무

따위를》 be charged 〔entrusted〕 《*with*》. ¶ 중요한 사명(使命)을 ~ be charged with some important mission. ④ 《빛·기색 따위를》 have; wear; be tinged with. ¶ 붉은 빛을 띤 tinged with red / 웃음을 ~ wear a smile.
띠앗머리 brothery 〔sisterly〕 affection.
띵하다 《머리가》 (be) dull; have a dull pain. ¶ 머리가 ~ have a dull headache.

ㄹ

…ㄹ것같다 ① 《추측》 look (like); seem; appear (to be). ¶ 비가 올 것 같다 It looks like rain., It is likely to rain. ② 《막 …할 것 같다》 threaten 《*to do*》; be ready 《*to do*》. ¶ 곧 울음을 터뜨릴 것 같다 be ready to cry.
…ㄹ망정 (al)though; yet; nevertheless. ¶ 나이는 어릴망정 though young; young as he is / (비록) 여자일망정 woman as she is.
…ㄹ바에 if… at all; once. ¶ 이왕 할 바에(는) if you do it at all.
…ㄹ뿐더러 not only 〔merely〕 but (also); as well as. ¶ 그것은 경제적일 뿐더러 몸에도 좋다 It is not merely economical but also good for the health.
…ㄹ수록 《비교》 the more…, the more (더); the less…, the less (덜). ¶ 자식은 어릴수록 귀엽다 The younger the child, the dearer it is to you.
…ㄹ수없다 cannot; be unable to. ☞ 수 없다.
…ㄹ지 whether (…or not); if. ¶ 올지 안 올지 whether one will come or not.
…ㄹ지도모르다 may 〔might〕 《*be, do*》; maybe; perhaps; possibly. ¶ 그는 가버렸을지도 모른다 He may have gone away. / 그럴지도 모른다 It may be so.
…ㄹ지라도 but; (al)though; however; even (if); no matter 《*how, who, what*》. ¶ 아무리 가난할지라도 however poor one may be / 결과가 어찌될지라도 whatever the consequence may be.
…ㄹ지어다 should; ought to 《*do*》.
…ㄹ지언정 even if 〔though〕; rather 〔sooner〕 《*than*》. ¶ 죽을지언정 항복은 않겠다 I would rather die than surrender.
…ㄹ진대 if; in case 《*of*》; provided (조건).
라 〖樂〗 《계명》 la; 《음명》 re; D.
…라고 to. ¶ 들어오~ 해라 Tell him to come in.
라도 even; any; either … or. ¶ 어린애~ even a child / 어느 것이 ~ either one / 어디~ anywhere.
라돈 〖化〗 radon (기호 Rn).
라듐 radium (기호 Ra). ‖ ~ 광천 〔요법〕 a radium spring 〔treatment〕/ ~방사능 radioactivity.
라드 lard. ‖ ~유(油) lard oil.
라디에이터 a radiator.
라디오 radio 《美》; wireless 《英》. ¶ ~를 틀다 〔끄다〕 turn 〔switch〕 on 〔off〕 the radio / ~를 듣다 listen (in) to the radio. ‖ ~ 방송 raido broadcasting / ~ 수신기 a radio receiver 〔set〕 / ~ 중계 hookup 《美》; relay / ~ 체조 radio exercises 〔gymnastics〕 / ~ 해설자 a radio commentator.
라르고 〖樂〗 largo.
라마 《라마승》 a lama. ‖ ~교 Lamaism (~교도 a Lamaist; a Lamaite) / ~ 사원 a lamasery.
라면 《국수》 instant noodle; Chinese noodle (soup); *ramyon*.
라셀 〖醫〗 a murmur; a rhonchus [*pl.* -chi]; a rale.
라야(만) only; alone. ¶ 너~ you alone 〔only you〕 《*can do it*》.
라오스 Laos. ¶ ~의 Laotian / ~ 사람 a Laotian.
라우드스피커 a loudspeaker.
라운드 〖拳〗 a round. ¶ 10 ~의 권투 시합 a boxing-match of ten rounds.
라이너 ① 〖野〗 《타구의》 a liner; a line drive. ② 《안감》 a liner.
라이노타이프 〖印〗 a linotype.
라이닝 〖機〗 lining.
라이든병(一甁) 〖理〗 a Leyden jar 〔bottle〕.
라이벌 a rival. ‖ ~ 의식 the spirit of rivalry.
라이선스 (a) license 《美》; (a) licence 《英》.
라이스카레 curry and rice; curried rice.
라이온 a lion; a lioness (암컷).
라이온스클럽 Lions Club. (◀liberty, intelligence, our nation's safety)
라이카 a Leica (camera).
라이터 a lighter. ¶ ~를 켜다 strike a lighter. ‖ ~돌 a lighter flint.
라이트 a (car) light. ¶ ~를 켜다 〔끄다〕 switch on 〔off〕 a light.
라이트급(一級) ‖ ~ 선수(選手) 〖拳〗 a lightweight (boxer).
라이트윙 〖蹴〗 the right wing.
라이트필더 〖野〗 a right fielder.
라이트필드 〖野〗 the right field.
라이플총(一銃) a rifle.
라인 a line. ¶ ~을 긋다 draw a line.
라인강(一江) the Rhine.
라인업 a line-up.
라일락 〖植〗 lilac.
라임라이트 the limelight.
라조(一調) 〖樂〗 D. ‖ 라장〔단〕조 D major 〔minor〕.

라켓 a racket; a racquet; a bat (탁구의).
라틴 Latin. ‖ ~어 Latin / ~ 민족 the Latin races.
…락말락 on the brink of; 《be》 about to.
란도셀 a knapsack; a satchel.
란제리 *lingerie* 《프》.
랑데부 a rendezvous. ~하다 have a rendezvous (date) 《*with*》.
래커 lacquer.
램프¹ a lamp. ‖ 석유 ~ an oil lamp.
램프² 《교차로 따위의》 a ramp.
랩 《경기의》 a lap. ‖ ~ 타임 the 《500 *meter*》 lap time.
랩소디 【樂】 a rhapsody.
랭킹 ranking. ¶ ~ 1위를 차지하다 take the first ranking.
러너 a runner. ¶ ~를 일소하다 empty (clear) the bases (of runners).
러닝 《경주》 a running (race). ‖ ~ 셔츠 a (sleeveless) undershirt.
러닝메이트 a running mate.
러버 《고무》 rubber; 《애인》 a lover.
러브 《연애》 love. ‖ ~ 레터 a love letter / ~ 신 a love scene.
러셀 《제설차》 a Russel snowplow.
러시아 Russia. ¶ ~의 Russian / ~ 말 Russian / ~ 사람 a Russian.
러시아워 the rush hour(s).
러키 lucky. ‖ ~ 세븐 the lucky seventh; the stretch inning.
럭비 Rugby (football); a rugger.
런던 London. ¶ ~ 사람 (나기) a Londoner; a cockney.
런치 《식사》 lunch; luncheon.
럼(주)(—(酒)) rum.
레가타 《경조(競漕)》 a regatta.
레귤러 ① 《정식의》 regular. ‖ ~ 멤버 a regular member. ② 《정선수》 a regular player.
레그혼 a leghorn.
레닌 Lenin. ‖ ~주의 Leninism.
레디메이드 ready-made.
레모네이드 lemonade.
레몬 a lemon. ‖ ~수 lemonade / ~즙 (주스) lemon juice.
레벨 a level. ¶ ~이 높다 (낮다) be on a high (low) level.
레스비언 a lesbian.
레스터런트 a restaurant.
레슨 a lesson. ¶ 피아노 ~ piano lessons.
레슬링 wrestling. ‖ ~ 선수 a wrestler.
레용 rayon; artificial silk.
레이 a lei. ¶ ~를 목에 걸다 put a lei around one's neck.
레이더 a radar. ‖ ~ 장치 a radar system (installation).
레이디 a lady. ‖ ~퍼스트 lady first.
레이스¹ 《경주》 a race.
레이스² 《끈장식》 lace. ¶ ~를 달다 trim with lace.
레이저 (a) laser. ‖ ~ 광선 a laser beam.
레인코트 a raincoat.
레일 a rail; a track(선로) 《美》. ¶ ~을 깔다 lay rails.
레저¹ leather; immitation leather (모조 가죽).
레저² 《여가》 leisure. ‖ ~붐 a leisure boom / ~ 산업 the leisure industry.
레지 《다방의》 a tearoom waitress.
레지스탕스 resistance (activity). ‖ ~ 운동 a resistance movement.
레지스터 《금전 등록기》 a (cash) register.
레커차(—車) 《구난차》 a wrecker; a tow car (truck).
레코드 ① 《기록》 a record. ② 《축음기의》 a (phonograph) record; a disk. ¶ ~를 틀다 play a record. ‖ ~ 콘서트 a record concert.
레크리에이션 recreation.
레테르 a label. ¶ ~를 붙이다 label 《*a bottle*》.
레토르트 【化】 a retort.
레퍼리 《심판》 a referee.
레퍼터리 《상연목록》 repertory; repertoire.
렌즈 a lens. ¶ ~를 맞추다 train the lens 《*on*》. ‖ 오목 (볼록) ~ a concave (convex) lens.
렌치 《공구》 a wrench.
렌트카 a rental car.
…려고 (in order) to. ¶ 책을 사~ to buy books.
로 ① 《원인》 with; from; due to; through; for. ¶ 부주의~ through (one's) carelessness. ② 《단위》 by. ¶ 다스~ 팔다 sell by the dozen/ 26을 둘~ 나누다 divide 26 by 2. ③ 《원료》 from; of. ¶ 벽돌~ 지은 집 a house (built) of brick. ④ 《수단》 by; with; on; in; through; by means of. ¶ 기차~ by train / 도보~ on foot / 영어~ in English. ⑤ 《추정·근거》 by; from. ¶ 목소리~ 알다 recognize by voice. ⑥ 《방향》 to; in; at; for; toward. ¶ 여수~ 향하다 leave for *Yeosu* / 프랑스~ 가다 go to France. ⑦ 《지위·신분》 as; for. ¶ 대표~ as a representative / 맏이 (천재)~ 태어나다 be born eldest (a genius).
로고스 【哲】 logos.
로그 【數】 a log(arithm).
로드쇼 a road show 《美》.
로드워크 《운동선수의》 a roadwork.
로랜 《장거리 항법》 loran. (◀long range navigation aid)
로마 Rome. ¶ ~는 하루 아침에 이루어진 것이 아니다 Rome was not built in a day. ‖ ~가톨릭교 Roman Catholicism / ~ 교황청 the Vatican / ~ 숫자 Roman numerals / ~자 Roman letters.
로마네스크 Romanesque 《*style*》.
로맨스 romance; a love affair. ‖ ~ 그레이 a gentleman with gray hair.
로맨티시즘 romanticism.
로맨틱 romantic.
로봇 a robot. ¶ ~ 조종의 robot-controlled 《*airplane*》 / ~ 장관 a

figurehead minister.
로비 a lobby; a lounge; a *foyer* 《프》.
로서 《지위·신분·자격》 as; for; in the capacity of. ¶학자~ as a scholar / 나~는 as for me.
로션 (a) lotion. ‖헤어 ~ hair lotion.
로스트 《불고기》 roast beef 〔pork〕.
로열티 a royalty.
로이드안경(一眼鏡) horn-rimmed spectacles.
로이얼 ‖~ 복스 a royal box / ~ 젤리 royal jelly.
로이터 Reuter. ‖~ 통신사 the Reuter's News Agency.
로진백 〖野〗 a rosin bag.
로커빌리 〖樂〗 rock-a-billy.
로컬 local. ‖~ 뉴스 local news.
로케이션 location. ¶~ 가다 go on location / ~ 중이다 be on location 《*in*》.
로켓 a rocket. ‖~포〔탄, 비행기〕 a rocket gun 〔bomb, plane〕 / 3〔다(多)〕단식 ~ a three-stage 〔multi-stage〕 rocket / 역추진 ~ a retro-rocket.
로코코식(一式) rococo 《*architecture*》.
로큰롤 rock'n' roll; rock-'n-roll.
로터리 a rotary. ‖~ 클럽 the Rotary Club.
로테이션 rotation.
로프 a rope. ‖~ 웨이 a ropeway.
로힐 low-heeled shoes.
록 ROK. (◀The Republic of Korea)
론 《대부금》 a loan.
…론(論) a theory(이론); an opinion (의견); an essay 《*on*》 (논설). ¶문학~ an essay on literature / 한자 제한~ the question of limiting the use of Chinese characters.
롤러 a roller. ‖~ 스케이트 roller skates.
롱런 a long run 《*of a film*》.
뢴트겐 Roentgen rays; X-rays. ‖~ 사진 a radiograph; an X-ray photograph (~ 사진을 찍다 take an X-ray (photograph) 《*of*》).
루브르 《박물관》 the Louvre (Museum).
루블 《소련 화폐》 a rouble.
루비 a ruby. ‖~ 반지 a ruby ring.
루주 rouge; lipstick (입술 연지). ¶~를 바르다 rouge.
루트 《경로》 a route; a channel. ‖판매〔정상, 불법〕 ~ sales 〔legal, illegal〕 channels.
루피 《인도 화폐》 a rupee.
룩색 a rucksack.
룩스 《조명도의 단위》 a lux.
룰 《규칙》 a rule. ¶~에 어긋나다 be against the rules.
룰렛 《도박》 roulette; a roulette(도구).
룸 a room. ‖~서비스 room service.
룸바 《춤·곡》 r(h)umba.
룸펜 《부랑자》 a loafer; a tramp; a hobo 《美》; 《실직자》 a jobless man. ‖~ 생활 hoboism 《美》.
류머티즘 〖醫〗 rheumatism.
르네상스 the Renaissance.
르완다 Rwanda. ¶~의 Rwandese; Rwandan / ~ 공화국 the Rwandese Republic / ~ 사람 a Rwandan.
르포르타주 *reportage* 《프》; a report 《*on*》.
리골레토 〖樂〗 *rigoletto* 《이》.
리그 a league. ‖~전 a league tournament 〔game〕.
리더 《지도자》 a leader.
리드 《앞섬》 lead. ~하다 (go into the) lead.
리듬 rhythm. ¶~에 맞추어 to the rhythm.
리라 《이탈리아 화폐》 a lira [*pl.* lire].
리릭 a lyric.
리바이벌 revival. ‖~붐 revival boom.
리버럴 ¶~한 liberal. ‖~리즘 liberalism / ~리스트 a liberalist.
리버티 liberty.
리벳 a rivet.
리보핵산(一核酸) ribonucleic acid (생략 RNA).
리본 a ribbon; a band (모자의).
리볼버 《연발 권총》 a revolver.
리사이틀 a recital. ¶~을 열다 give 〔have〕 a 《*piano*》 recital.
리셉션 a reception. ¶~을 열다 hold 〔give〕 a reception.
리스트 a list. ¶~에 올리다 put 《*a person*》 on the list.
리시버 a receiver.
리어카 a handcart; a (cycle) trailer.
리얼 ¶~한 real. ‖~리즘 realism.
리치 ¶~가 길다 have a long reach.
리터 a liter.
리턴매치 a return match 〔game〕.
리트머스 ¶~ 시험지 litmus paper.
리포트 a report; 《학교의》 a term paper.
리프트 a lift; a ski 〔chair〕 lift.
리허설 《hold》 a rehearsal.
린네르 linen.
린스 a rinse. ¶~로 헹구다 apply a rinse to 《*one's hair*》.
린치 lynch (law); lynching.
릴 《낚싯대·테이프 등의》 a reel. ‖~ 낚싯대 a spinning tackle.
릴레이 a 《400-meter》 relay (race).
립스틱 a lipstick.
링 ① 〖拳〗 the ring. ‖~사이드 《sit at》 the ringside. ② 《반지》 a ring.
링게르 ‖~ 주사 《give》 an injection of Ringer's solution.
링궈폰 Linguaphone (상표명).
링크¹ 〖經〗 link. ‖~제(制) a link system (~제로하다 place 《*something*》 on a link system).
링크² ① 《스케이트장》 a rink. ② 《골프장》 a links.

ㅁ

마 〖植〗 a yam.

마(魔) a demon; a devil; an evil spirit. ¶ ~의 건널목 a fatal (railroad) crossing / ~가 끼다 be possessed 〔tempted〕 by an evil spirit; be jinxed 《俗》.

마(碼) a yard (생략 yd.). ¶ ~로 팔다 sell by the yard.

…마(魔) devilish; diabolic; fiendish. ¶ 살인~ a devilish murderer.

마가린 margarin(e); marge 《英口》. ‖ 식물성 ~ nut margarine.

마가목 〖植〗 a mountain ash.

마가복음(一福音) 〖聖〗 the (Gospel of) Mark.

마각(馬脚) ¶ ~을 드러내다 show the cloven hoof; show one's true colo(u)rs.

마감 closing. ~하다 close. ‖ ~날 the closing day; the deadline / ~시간 the closing hour.

마개 a stopper (병 따위의); a bung (통 따위의); a cork (코르크의); a (stop) cock (수도 따위의); a plug. ¶ ~를 뽑다 uncork; unstop(per) / ~를 하다 cork; put a stopper 《*on*》. ‖ ~뽑이 a bottle opener; a corkscrew (코르크 마개의).

마고자 an outer coat worn by men over their coats.

마구(馬具) horse-equipment 〔furniture〕; harness; trappings (장식).

마구(馬廐) ☞ 마구간.

마구 violently; recklessly; wildly; blindly; freely. ¶ ~ 지껄이다 talk at random / 비가 ~ 쏟아지다 it rains cats and dogs / 돈을 ~ 쓰다 squander 〔lavish〕 money.

마구간(馬廐間) a stable; a barn 《美》. ¶ ~에 넣다 stable 《*a horse*》.

마구리 end pieces; caps on both ends.

마구잡이 a blind 〔reckless〕 act; 《남획》 indiscriminate fishing 〔hunting〕.

마굴(魔窟) ① 《마귀의》 a lair of devils. ② 《악한의》 a den; a cloaca. ③ 《창녀의》 a brothel.

마권(馬券) a *pari-mutuel* ticket; a pool ticket. ¶ ~을 사다 buy a pool ticket.

마귀(魔鬼) a devil; a demon; an evil spirit. ¶ ~ 할멈 a witch; a hag; a harridan.

마그나카르타 the Magna C(h)arta; the Great Charter.

마그네사이트 〖鑛〗 magnesite.

마그네슘 〖化〗 magnesium (기호 Mg); 《사진의》 flash powder.

마그네시아 〖化〗 magnesia. ‖ 황산 ~ sulfate of magnesia.

마나님 an elderly lady; an old woman; 《호칭》 madam; your (good) lady.

마냥 to the full; as much as one wishes 〔wants〕. ¶ ~ 즐기다 enjoy to one's heart's contents.

마네킹 a mannequin; a manikin. ‖ ~걸 a manikin girl.

마녀(魔女) a witch; a sorceress.

마노(瑪瑙) 〖鑛〗 agate.

마누라 《아내》 a wife; 《노파》 an old woman.

마늘 〖植〗 garlic. ¶ ~ 냄새가 나는 garlicky; smelling of garlic.

마니교(摩尼教) Manich(a)eanism.

마닐라 Manila. ‖ ~삼〔지〕 Manila hemp 〔paper〕.

마님 《부인》 a lady; 《호칭》 my lady; madam.

마다 every; each; at intervals of; whenever (…할 때마다). ¶ 5분 ~ every five minutes; at intervals of five minutes / 해~ every year.

마담 a madam; *madame* 《프》; 《술집 등의》 a hostess; a bar madam. ‖ 다방 ~ the manageress of a coffee shop 〔tea room〕.

마당 《뜰》 a garden; a yard; a court (안뜰). ‖ 뒷~ a backyard / 앞~ a front yard 〔garden〕.

마당발 a flatfoot; a splayfoot.

마당질 threshing; flailing. ~하다 thresh; flail.

마대(麻袋) a gunny bag 〔sack〕; a jute bag.

마도로스 a sailor. ‖ ~ 파이프 a (tobacco) pipe.

마돈나 《성모》 the Madonna.

마드무아젤 a *mademoiselle* 《프》.

마들가리 《나무의》 twigs; sticks; dead branches; 《해진 옷의》 seams of a worn-out garment.

마들다(魔—) get possessed by a demon; be jinxed; be thwarted by evil influence.

마디 ① 《뼈의》 a joint; a knuckle (손가락, 무릎의); 《생긴 마디》 a knot; a knob (혹). ② 《말 따위의》 a phrase; a passage; a word; a tune (노래의).

마디다 (be) durable; enduring; long-lasting.

마땅하다 ① 《적합》 (be) becoming; suitable; proper; reasonable (상당한). ¶ 마땅한 집 a suitable house / 마땅한 값으로 at reasonable prices. ② 《당연》 (be) right; proper; deserved; 《의당》 ought to; should. ¶ 벌을 받아 ~ deserve punishment.

마뜩하다 (be) satisfactory; agreeable; acceptable.

마라톤 a marathon (race). ‖ ~ 선수 a marathoner.

마량(馬糧) fodder; forage; provender.

마력(馬力) horsepower (생략 h.p.). ¶ 50 ~의 발동기 a 50 h.p. motor / …의 ~이 있다 have the capacity of 《200 *h.p.*》.
마력(魔力) magical [enchanting] power; magic.
마련(磨鍊) ~하다 manage; arrange; prepare; make shift. ¶ 돈을 ~하다 make up a sum; raise money [funds].
마렵다 《오줌[똥]이》 feel an urge to urinate [defecate]; have to urinate [defecate].
마로니에 〖植〗 a *marronnier* 《프》; a horse chestnut (tree).
마루 ① 《집의》 a floor. ¶ ~방 a board-floored room / ~를 놓다 floor 《*a house*》; board the floor. ② 《산·지붕의》 a ridge.
마루터기, 마루턱 the ridge; the top.
마르다¹ ① 《건조》 (be) dry (up); get dry; run dry (물이); wither (시들다). ¶ 마른 가지 a dead [withered] branch / 우물이 ~ well dries up. ② 《여위다》 become [grow] thin [lean]; lose flesh. ¶ 마른 사람 a thin [lean, skinny] person. ③ 《목이》 be [feel] thirsty.
마르다² 《재단》 cut out 《*a garment*》; cut 《*a suit*, etc.》. ¶ 마르는 법 a cut; cutting.
마르크 《독일 화폐》 a mark.
마르크스 (Karl) Marx. ‖ ~주의(자) Marxism [a Marxist].
마른걸레 a dry cloth [mop].
마른기침 a dry [hacking] cough.
마른버짐 psoriasis.
마른옴 the itch; scabies.
마른일 sewing and [or] weaving; woman's room work.
마른하늘 the clear (blue) sky. ¶ ~에 날벼락 "a bolt from the blue".
마른행주 a dishtowel; a table napkin (식탁용).
마름 〖植〗 a water chestnut; a water caltrop.
마름모꼴 a lozenge; a diamond shape; 〖數〗 a rhombus.
마름쇠 a caltrap; a caltrop.
마름질 cutting (out). ~하다 cut out 《*a dress*》.
마리 a head. ¶ 강아지 다섯 ~ five puppies / 소 두 ~ two head of cattle.
마리아 《성모》 the Virgin Mary.
마리화나 marihuana; marijuana.
마마¹(媽媽) 《존칭》 Your [His, Her] Highness [Majesty].
마마²(媽媽) 《천연두》 smallpox. ‖ 마맛자국 a pockmark; a pit.
마멸(磨滅) wear (and tear); defacement; abrasion (금속의). ~하다 wear out; be defaced; be worn out.
마멋 〖動〗 a marmot.
마무르다 ① 《일을》 finish; arrange; conclude. ② 《가장자리를》 hem; fringe; border.
마무리 finish; finishing (touches). ~하다 finish (up); complete.
마바리 《말》 a pack-horse; 《짐》 a horse load. ‖ ~꾼 a pack-horse man [driver].
마법(魔法) ☞ 마술(魔術).
마부(馬夫) a driver; a coachman.
마분(馬糞) horse dung; stable manure. ‖ ~지 millboard; strawboard.
마비(痲痺) paralysis; palsy; numbness; an(a)esthesia. ~되다 be paralyzed; be benumbed; go numb. ¶ ~시키다 benumb; paralyze; an(a)esthetize. ‖ 소아 ~ infantile paralysis / 심장 ~ heart failure.
마사지 massage. ~하다 massage 《*a person on the arm*》. ‖ ~사 a massagist; a masseur [masseuse (여성)] / 전기 ~ electromassage.
마사회(馬事會) ¶ 한국 ~ the Korean Horse Affairs Association.
마상이 a canoe; a skiff.
마성(魔性) devilishness.
마손(磨損) friction loss; wear and tear; abrasion (화폐의).
마수(魔手) an evil hand; evil influence. ¶ ~를 뻗치다 extend a sinister hand; attempt to victimize 《*a person*》 / ~에 걸리다 fall a victim 《*to*》.
마수걸다 sell for the first time.
마수걸이 the first sale of the day; the first transaction at the beginning of business. ~하다 make the first sale of the day.
마술(馬術) horsemanship. ‖ ~경기 an equestrian event.
마술(魔術) magic; black art; 《요술》 a conjuring trick; jugglery. ¶ ~을 쓰다 use [practice] magic; conjure; juggle. ‖ ~사 a magician; a conjurer; a wizard; a sorcerer; a juggler(요술쟁이).
마스카라 mascara.
마스코트 a (good-luck) mascot.
마스크 a mask; a respirator. ¶ ~를 쓰다 wear a mask. ‖ 산소 ~ an oxygen mask.
마스터 master. ~하다 master 《*English*》.
마스터베이션 masturbation.
마스터키 a master key.
마스터플랜 a master plan.
마스트 a mast.
마시다 ① 《액체를》 drink; take; have; swallow. ¶ 물[술]을 ~ drink water [wine] / 차를 ~ take [sip] tea. ② 《기체를》 breathe in; inhale.
마약(痲藥) a narcotic; a drug; a dope 《美俗》. ‖ ~ 단속 a dope check (~ 단속법 Narcotics Control Law) / ~ 중독[밀매]자 a drug addict [peddler].
마왕(魔王) Satan; the Devil.
마요네즈 mayonnaise.
마운드 〖野〗 the mound. ¶ ~에 서다 take the mound; be on the

mound.
마을 《동리》 a village; a hamlet(촌락). ¶ ~ 사람들 villagers; village people / ~가다 visit one's neighbo(u)rhood 《*for a chat*》.
마음 ① 《정신》 mind; spirit; mentality(심성); 《생각》 idea; thought. ¶ ~속으로 in one's heart; inwardly / ~의 양식 〔자세〕 mental food 〔attitude〕 / ~이 넓은 generous; liberal; large-〔broad-〕minded / ~이 좁은 ungenerous; illiberal; narrow-minded / ~에 걸리다 weigh upon one's mind / ~을 합치다 be united; act in concert with / ~이 맞다 be like-minded; get along very well. ② 《심정》 heart; feeling. ¶ 불안한 ~ a feeling of uneasiness / ~이 변(變)하다 be unfaithful; grow out of love 《*with*》 (남녀) / ~을 끌다 attract; appeal to. ③ 《사려》 thought; consideration; sympathy. ¶ ~이 좋다 be gentle-hearted; be good-natured / ~이 나쁘다 be ill-natured. ④ 《주의》 mind; attention; interest; care. ¶ ~에 두다 mind; attend / ~이 편하다 feel easy; be free from care. ⑤ 《의사》 will; mind; intention. ¶ ~이 있다 have a mind to 《*do*》; be interested 《*in*》 / ~ 먹어서 안되는 일 없다 Where there is a will, there is a way. ⑥ 《기분》 a mood; humor; fancy. ¶ ~에 드는 집 a house to one's mind 〔fancy〕 / ~이 내키지 않다 be in no mood 《*to do*》; be unwilling 《*to do*》.
마음가짐 《마음태도》 *one's* mental attitude; one's state of mind; 《결심》 determination; resolution.
마음결 a cast of mind; disposition; nature.
마음껏 to the full; as much as one likes 〔pleases〕; to one's heart's content; freely. ¶ ~ 즐기다 enjoy oneself to the full.
마음놓다 feel 〔be〕 relieved. ¶ 마음놓고 free from care 〔fear〕; without anxiety 〔worry〕.
마음대로 as one pleases 〔likes, wishes〕; of one's own accord; at one's (own) discretion; arbitrarily; 《자유로이》 freely. ~하다 have one's (own) way 《*in everything*》; do what one pleases. ¶ ~ 해라 Do as you please!
마음먹다 ① 《결심》 resolve; determine; be determined; make up one's mind. ¶ 굳게 ~ be firmly determined. ② 《의도》 intend to; 《계획》 plan; have a mind to; think; 《희망》 wish; hope. ¶ …하려고 ~ plan 〔intend〕 to 《*do*》.
마음보 disposition; nature. ¶ ~ 고약한 ill-natured; bad.
마음속 one's mind; (the bottom of) one's heart. ¶ ~을 떠보다 sound 《*a person's*》 views.
마음씨 disposition; nature. ¶ ~ 고운 good-natured; tender-hearted.
마음에들다 《만족》 be pleased 〔satisfied〕 《*with*》; 《사물이 주어》 be satisfactory; be to 《*a person's*》 satisfaction. ¶ 마음에 드는 favorite / 아무의 마음에 (안)들다 be in *a person's* (dis)favo(u)r.
마음졸이다 worry (oneself) 《*about*》; be concerned 《*about*》; be anxious 《*about*》; be kept in suspense.
마이너스 minus; 《불리》 a handicap. ¶ ~가 되다 lose; suffer a loss.
마이동풍(馬耳東風) ~이다 turn a deaf ear 《*to*》.
마이신 streptomycin.
마이크로… micro-. ‖ ~버스 a minibus; a microbus / ~ 필름 a microfilm.
마이크(로폰) a microphone; a mike. ‖ ~ 공포증 mike fright.
마일 a mile. ¶ 1시간에 4~ 가다 cover 〔make〕 four miles in an hour / 시속 60~로 달리다 run at (the rate of) sixty miles per hour. ‖ ~수 mileage.
마작(麻雀) ~하다 play mah-jong(g).
마장 《거리》 a *ri*. ¶ 반 ~ half a *ri*.
마장(馬場) 《방목장》 a grazing land for horse; 《경마장》 a racecourse.
마저 《남김없이》 with all the rest; all (together); 《까지도》 even; too; so much as; so far as.
마적(馬賊) mounted bandits.
마전 bleaching. ~하다 bleach.
마제(馬蹄) ☞ 말굽.
마조(一調) 〖樂〗 the tone E. ‖ 마장(단)조 E major 〔minor〕.
마조히즘 〖醫〗 masochism.
마주 opposite; face to face. ¶ ~ 대하다 face 〔confront〕 each other / ~ 앉다 sit face to face 〔*vis-a-vis*〕 with 《*a person*》 / ~ 놓다 set 《*things*》 opposit each other.
마주치다 ① ☞ 부딪치다. ② 《만나다》 meet with; come across; encounter.
마중 meeting; reception (영접). ~하다 receive; meet; welcome. ¶ 역으로 ~나가다 go to meet 《*a person*》 at the station.
마중물 《펌프의》 priming water. ¶ ~을 붓다 prime 〔fetch〕 《*a pump*》.
마지기 a field enough to grow one *mal* of seed; a *majigi* (=500 m^2).
마지막 the last; the end; the conclusion (결말); 《형용사적》 last; final; terminal. ¶ ~으로 finally; at the end / ~까지 to the end 〔last〕 / ~ 수단 the last resort.
마지못하다 be compelled. ¶ 마지못하여 unwillingly; reluctantly; with a bad grace; against one's will.
마지않다 can never 《*thank*》 enough. ¶ 감사해~ can never thank 《*a person*》 enough; offer one's heartful thanks.

마진 a margin ⟪*of profit*⟫.
마질 ¶ ～하다 measure with a *mal*.
마차(馬車) a coach; a carriage; a cab (가두 마차); a cart (짐마차).
마찬가지 ¶ ～의 the same; similar ⟪*to*⟫; like / ～로 similarly; likewise; equally.
마찰(摩擦) ⟪서로 비빔⟫ friction; ⟪비벼댐⟫ rubbing; ⟪불화⟫ a trouble; friction; discord. ～하다 rub ⟪*against*⟫; chafe ⟪*the skin*⟫. ‖ ～음 a fricative (sound) / 무역 ～ a trade friction.
마천루(摩天樓) a skyscraper.
마추다 ☞ 맞추다.
마춤 ☞ 맞춤.
마취(痲醉) an(a)esthesia; narcotism. ～하다 anesthetize; narcotize. ‖ ～약〔제〕 an anesthetic; a narcotic / ～ 전문의(醫) an anesthetist / 국부〔전신〕 ～ local 〔general〕 anesthesia.
마치¹ ① ⟪장도리⟫ a small hammer. ‖ ～질 hammering. ② ☞ 망치.
마치² ⟪흡사⟫ as if 〔though〕; just (like). ¶ ～ 미친 사람 같다 look as if *one* were mad.
마치다 ⟪끝내다⟫ finish; end; be〔go〕 through; complete. ¶ 학업을 ～ complete 〔finish〕 a school course.
마침 ⟪기회 좋게⟫ luckily; fortunately; opportunely; just in time. ¶ ～ 그 때 just then.
마침내 at (long) last; at length; in the end; in the long run; finally.
마침표(—標) a period; a full stop.
마카로니 macaroni.
마케팅 marketing. ‖ ～ 리서치 marketing research.
마켓 a market. ‖ ～ 셰어 the market share.
마크 ⟪표⟫ a mark; ⟪레테르⟫ a label.
마키아벨리즘 Machiavellism.
마태복음(—福音) 〖聖〗 the (Gospel of) Matthew.
마티네 a *matinée* ⟪프⟫.
마파람 the south wind; a souther.
마포(痲布) hemp cloth (삼베).
마하 〖理〗 Mach (number) (생략 M). ¶ ～ 3으로 날다 fly at Mach 3.
마호가니 mahogany.
마호메트교 ☞ 회교.
마흔 forty.
막(幕) ① ⟪휘장⟫ a curtain; a hanging screen. ¶ ～을 올리다 raise 〔draw up〕 a curtain; open, begin (시작) / ～이 오르다〔내리다〕 the curtain rises 〔drops〕. ② ⟪극의⟫ an act. ¶ 제 2 ～ 제 3 장 Act 2, Scene 3. ③ ⟪작은 집⟫ a cottage; a hut; a shack. ④ ⟪끝장⟫ an end; a close. ¶ 전쟁의 ～을 내리다 put an end to the war.
막(膜) 〖解〗 a membrane. ¶ ～ 같은 〔모양의〕 membranous.
막¹ ⟪방금⟫ just (now); a moment ago. ¶ ～ …하려 하다 be about to ⟪*do*⟫; be on the point of ⟪*doing*⟫.
막² ☞ 마구.
막간(幕間) an interval (between acts); an intermission ⟪美⟫. ‖ ～극 an interlude.
막강(莫强) ～한 mighty.
막걸리 unrefined 〔raw〕 rice wine; *makkoli*.
막내 the youngest 〔last-born〕 (child). ‖ ～ 아들 the last 〔youngest〕 son.
막노동(—勞動) ☞ 막일.
막다 ① ⟪구멍 등을⟫ stop (up); plug. ¶ 쥐구멍을 ～ stop up a rathole. ② ⟪차단·방해⟫ intercept; block; obstruct. ¶ 길을 ～ block the way; stand in the way / 바람을 ～ shelter ⟪*a person*⟫ from the wind. ③ ⟪방어⟫ defend; keep off 〔away〕; ⟪저지⟫ check; stop; ⟪예방⟫ prevent; ⟪금지⟫ prohibit; forbid. ¶ 적을 ～ keep off the enemy / 전염을 ～ prevent infection. ④ ⟪구획⟫ screen off; compart. ¶ 칸을 ～ partition a room.
막다르다 come to the end of the road; come to a deadlock (사태가). ¶ 막다른 골목 a blind alley / 막다른 지경에 이르다 run into a blind alley; be driven into a corner; come to a deadlock.
막대(莫大) ～한 vast; huge; enormous; immense. ¶ ～한 비용 an enormous 〔immense〕 expense.
막대기 a stick; a staff; a rod.
막되다 (be) rude; unmannerly.
막둥이 ⟪막내⟫ the youngest son.
막론(莫論) ¶ …을 ～하고 not to speak of…; to say nothing of….
막료(幕僚) the staff (전체); a staff officer (한 사람).
막막하다(寞寞—) (be) lonely; lonesome; dreary; desolate.
막막하다(漠漠—) (be) vast; boundless; limitless.
막말 rude 〔rough〕 talk. ～하다 speak roughly 〔thoughtlessly〕.
막무가내(莫無可奈) ¶ ～로 obstinately; stubbornly; firmly.
막바지 the very 〔dead〕 end; the top (of a hill); a climax (절정); the last moment (고비).
막벌이 earning wages as a day laborer. ～하다 earn wages as a day laborer. ‖ ～꾼 a day laborer; an odd-jobber.
막사(幕舍) a camp; a barracks.
막살이 a hand-to-mouth life.
막상 ⟪실제로⟫ really; actually. ¶ ～ 일이 닥치면 at the last 〔critical〕 moment.
막상막하(莫上莫下) ～의 equally〔evenly-, well-〕matched. ¶ ～의 경기 a close 〔seesaw〕 game.
막심하다(莫甚—) (be) tremendous; enormous; heavy. ¶ 후회가 ～하다 I regret it very much.
막역(莫逆) ～한 intimate; close. ¶ ～한 친구 an intimate friend.

ㅁ

막연하다(漠然—) (be) vague; obscure; ambiguous; hazy. ¶ 막연히 말하다 speak in general terms.
막일 hard manual labo(u)r; heavy [rough] work. ~하다 be engaged in rough work. ‖ ~꾼 a manual [physical] laborer.
막자 a medicine pestle; a muller. ‖ ~ 사발 a mortar.
막장 a (coal, working) face; 《작업》 mining.
막중(莫重) ~하다 (be) very important; invaluable.
막차(—車) the last car [train, bus].
막판 《마지막판》 the last round; the final scene; 《고비》 the last [critical] moment; the eleventh hour.
막후(幕後) ‖ ~ 인물 a man behind the curtain [scene]; a wirepuller.
막히다 be closed; be clogged; be stopped [stuffed] (up); be blocked (up) (길따위); be chocked (숨이). ¶ 말이 ~ be stuck for a word / 길이 ~ the road is blocked / 하수도가 ~ a drain is stopped up.
만(卍) the Buddhist emblem; a fylfot; a swastika.
만(滿) just; full(y); whole. ¶ ~ 5일간 (for) a full five days.
만(灣) a bay (작은); a gulf (큰).
만(萬) ten thousand; a myriad. ¶ 수십~ hundreds of thousands 《of》.
만¹ 《경과》 after. ¶ 닷새 ~에 on the fifth day; after five days.
만² ① 《단지》 only; alone; merely; just. ¶ 한 번~ only once / 한 번 ~ 더 just once again / 이번~은 for this once / 밥~ 먹다 eat only rice / 그것~은 못 하겠다 I will do anything but that. ② 《비교》 as... as. ¶ 내 키가 너~ 하다 I am as tall as you (are). ③ 《겨우 그 정도》 so trifling; such a small. ¶ 그~ 일로 성낼 것은 없네 Don't be offended at such a trifle.
만가(輓歌) an elegy; a dirge; a lament; a funeral song.
만감(萬感) a flood of emotions.
만강(滿腔) ~의 hearty; heartfelt 《thanks》.
만경(萬頃) ¶ ~ 창파 the boundless expanse of water.
만고(萬古) ¶ ~ 불변의 eternal; immutable 《truths》 / ~ 불후의 immortal; everlasting; eternal / ~풍상(을 다 겪다) (undergo) all kinds of hardships / ~의 영웅 a hero for all ages.
만곡(彎曲) ~하다 curve; bend.
만국(萬國) world nations; all countries on earth. ‖ ~ 박람회 an international exhibition [exposition]; a world('s) fair / ~기(旗) the flags of all nations.
만금(萬金) an immense sum of money.
만기(滿期) expiration 《of a term》; maturity 《of a bill》. ¶ ~가 되다 expire; mature; fall due; 《복역이》 serve out one's time. ‖ ~일 the day of maturity; the due date / ~ 제대 an honorable discharge.
만끽(滿喫) ~하다 enjoy fully [to the full]; have enough 《of》.
만나다 ① 《사람을》 see; meet; interview (면회). ¶ 우연히 ~ come across [upon] 《a person》. ② 《당하다》 meet with 《an accident》; suffer. ¶ 화를 ~ suffer a calamity / 소나기를 ~ be caught in a shower.
만난(萬難) ¶ ~을 무릅쓰고 at any cost; at all costs [risks].
만년(晩年) ¶ ~에 in one's last [later] years; late in life.
만년(萬年) eternity; ten thousand years. ‖ ~설(雪) perpetual [eternal] snow / ~필 a fountain pen.
만능(萬能) ~의 almighty; omnipotent. ‖ ~ 선수 an all-(a)round player / ~ 후보 an ever unsuccessful candidate.
만단(萬端) ¶ ~의 준비가 되었다 Everything [All] is ready.
만담(漫談) a comic chat [dialogue]. ~하다 have a comic chat. ‖ ~가(家) a comic-chat artiste; a comedian; 《a couple of》 comic dialogists.
만당(滿堂) ☞ 만장.
만대(萬代) all ages. ¶ ~에 for all ages; forever.
만돌린 【樂】 a mandolin(e).
만동(晩冬) late winter.
만두(饅頭) a dumpling stuffed with minced meat.
만득(晩得) ~하다 beget a child in one's later years.
만들다 ① 《제조》 make; manufacture; prepare 《food》; 《양조》 brew 《beer》; distil 《whisky》. ¶ 나무로 책상을 ~ make a desk of wood / 쌀로 술을 ~ make wine from rice. ② 《작성》 make (out); draw up. ¶ 서류[계약서]를 ~ draw up a document [contract]. ③ 《건설》 make; build. ¶ 길을 ~ build a road. ④ 《조직·창설》 set up; establish; organize; form. ¶ 회사를 ~ set up a company / 클럽을 ~ organize a club. ⑤ 《조작》 make up; invent. ¶ 만들어 낸 이야기 a made-up [an invented] story. ⑥ 《창조》 make; create. ⑦ 《마련》 make; get; raise 《money》. ¶ 재산을 ~ make [amass] a fortune / 기금을 ~ raise a fund.
만듦새 make; 《옷 따위의》 cut; style; 《세공》 workmanship; craftsmanship.
만료(滿了) expiration; expiry. ~하다 expire. ‖ 임기 ~ the termination of office.
만루(滿壘) 【野】 a full base. ‖ ~ 홈런 a base-loaded homer; a grand

slam 《美》 / 일사(一死) ～ one out bases loaded.

만류(挽留) ～하다 detain; keep 〔hold〕 back, check (제지). ¶ 소매를 잡고 ～하다 detain 《*a person*》 by the sleeve / 싸우지 말라고 ～를 하다 hold 《*a person*》 back from wrangling.

만류(灣流) the Gulf Stream.

만리(萬里) ‖ ～ 장성 the Great Wall (of China).

만만(滿滿) ～하다 (be) full 《*of*》. ¶ 패기〔자신〕～하다 be full of ambition 〔self-confidence〕. 「over.

만만쟁이 an easy mark; a push-

만만하다 ① 《보드랍다》 (be) soft; tender. ② 《다루기가》 (be) easy 《*to deal with*》; negligible, not formidable (두렵지 않다). ¶ 만만한 사람 an easy mark / 만만치 않은 적 no common enemy; a formidable adversary / 만만히 보다 〔여기다〕 hold 《*a person*》 cheap; make light of; undervalue.

만면(滿面) the whole face. ¶ ～에 미소를 띠우고 smiling all over one's face / 희색이 ～하여 with one's face beaming with joy.

만무(萬無) ～하다 cannot be; be most unlikely. ¶ 그럴 리가 ～하다 It is next to impossible., It's most unlikely.

만문(漫文) ☞ 만필.

만물(萬物) all things (under the sun); all creation. ‖ ～ 박사(博士) a walking dictionary; a jack-of-all-trades / ～상(商) a general store.

만민(萬民) the whole nation; all the people. ‖ ～법(法) *jus gentium*.

만반(萬般) ～의 all; every. ¶ ～의 준비를 갖추다 make full 〔thorough〕 preparations 《*for*》.

만발(滿發) ～하다 bloom all over; come into full bloom; be in full bloom 〔blossom〕. 「way.

만방(萬方) all directions; every

만방(萬邦) nations of the world.

만백성(萬百姓) all the people.

만병(萬病) all kinds of diseases. ‖ ～ 통치약 a panacea; a cure-all.

만보(漫步) a ramble; a stroll.

만복(萬福) all sorts of good fortunes. ¶ 소문 ～래 Fortune comes to a merry home., Laugh and grow fat.

만복(滿腹) satiety; a full stomach.

만부당(萬不當) ～하다 (be) utterly unjust; unright; unlawful; unreasonable; inappropriate.

만분지일(萬分之一) one in ten thousand; a ten-thousandth.

만사(萬事) all things; everything; all. ¶ ～ 태평하다 be nonchalant / ～가 여의하다 Everything goes well.

만사형통(萬事亨通) being prosperous in everything; all going well. ¶ ～하다 all goes well; be prosperous in everything.

만삭(滿朔) (the month of) parturiency. ～하다 be in the last month of pregnancy; be parturient. ¶ ～의 부인 a parturient woman.

만산(滿山) the whole mountain.

만상(萬象) the visible world; the universe; all (things in) nature.

만생종(晩生種) a variety of late ripening.

만석꾼(萬石—) a rich landlord; a millionaire.

만성(晩成) ～하다 mature late; be slow to develop. ‖ 대기 ～ A genius is slow to develop.

만성(慢性) 〖醫〗 chronicity. ～의〔적〕 chronic; confirmed. ‖ ～병〔환자〕 a chronic disease 〔invalid〕 / ～ 위장병 inveterate dyspepsia / ～ 인플레 chronic inflation.

만세(萬世) all ages 〔generations〕; eternity.

만세(萬歲) ① ☞ 만세(萬世). ‖ ～력(曆) a perpetual almanac. ② 《외치는》 cheers; hurrah; hurray. ¶ ～를 삼창하다 give three cheers 《*for a person*》. 「its〕.

만속(蠻俗) barbarous customs 〔hab-

만수(萬壽) longevity. ‖ ～무강(無康) a long life; longevity (～ 무강하다 live long; enjoy longevity).

만시(晩時) ‖ ～지탄(歎) a belated regret.

만신(滿身) the whole body. ¶ ～창이다 be covered all over with wounds.

만심(慢心) pride; self-conceit. ～하다 be proud; be self-conceited; be puffed up 《*with*》.

만안(萬安) peace; welfare; health.

만약(萬若) if; in case 《*of*》. ¶ ～ 그것이 사실이라면 if it is true.

만연(漫然) ～한 random; rambling; desultory; discursive. ¶ ～히 aimlessly; in a rambling way; at random; desultorily; discursively.

만연(蔓延) ～하다 spread; prevail; be prevalent.

만용(蠻勇) reckless courage; recklessness; foolhardiness. ¶ ～을 부리다 resort to violence; use force; show reckless courage.

만우절(萬愚節) April 〔All〕 Fools' Day.

만원(滿員) 《극장의》 a full 〔packed〕 house; 《관객의》 a capacity audience; 《게시》 "House full"; 《극장의》 "Sold out". ～이다 be full; be crowded 〔packed〕 《*with*》; draw a full house (극장 따위). ‖ ～ 버스 a jam-packed bus.

만월(滿月) a full moon.

만유(萬有) nature; all things in the universe. ‖ ～ 인력 universal gravitation (～ 인력의 법칙 the law of gravitation).

만인(萬人) every man; all people.
만인(蠻人) a savage; a barbarian.
만일(萬一) by any chance; if; in case 《*of, that*》. ¶ ~의 경우에는 if anything should happen; in case of emergency.
만입(灣入) embayment. ~하다 curve in.
만자(卍字) a swastika; a fylfot; a gammadion [*pl.* -dia]. ‖ ~창(窓) a window with swastika-shaped frame.
만장(萬丈) ¶ ~의 기염을 토하다 talk big; make a grand splurge.
만장(輓章) a funeral ode; an elegy.
만장(滿場) the entire audience; the whole assembly [house]. ¶ ~ 일치로 unanimously; by a unanimous consent [vote] / ~의 갈채를 받다 bring down the (whole) house.
만재(滿載) ~하다 be fully loaded 《*with*》; carry a full cargo of; be filled [crowded, packed] 《*with*》. ‖ ~ 흘수선(吃水線) the plimsoll line [mark]; a load (water) line.
만적거리다 ☞ 만지작거리다.
만전(萬全) ~의 perfect; safe; secure. ¶ ~을 기하다 make assurance; doubly secure.
만점(滿點) a full mark. ¶ ~을 따다 get full marks / ~이다《완전》 be perfect; be satisfactory.
만져보다 touch; feel; finger.
만조(滿潮) the high [full] tide; the high water. ¶ ~시에 at high tide.
만족(滿足) satisfaction; gratification (욕망의); contentment. ~하다 be satisfied [gratified] 《*with*》; be content [pleased] 《*with*》. ¶ ~할 만한 satisfactory; gratifying / ~히 satisfactorily; properly (적당히); perfectly (완전히); sufficiently; enough (충분히) / ~시키다 satisfy; gratify; give 《*a person*》 satisfaction. ‖ ~감 a feeling of satisfaction / 자기 ~ self-complacency[-satisfaction, -sufficiency].
만종(晩鐘) the curfew.
만좌(滿座) the whole company [assembly]. ¶ ~ 중에 in public; before the whole company.
만주(滿洲) Manchuria. ¶ ~의 Manchurian / ~인 a Manchurian; a Manchu / ~어 Manchu.
만지다 finger; handle; touch; feel. ¶ 손으로 ~ touch 《*a thing*》 with the hand / 만지지 마시오 《게시》 Hands off.
만지작거리다 keep fingering; fumble with; tamper with.
만질만질하다 (be) soft; tender.
만찬(晩餐) (a) dinner; supper. ‖ ~회 《give》 a dinner party.
만천하(滿天下) the whole world. ¶ ~에 universally; in the whole world; throughout the country; 《announce》 to the whole nation.
만초(蔓草) a vine; a creeper; a climber.
만추(晩秋) late autumn [fall].
만춘(晩春) late spring.
만취(漫醉·滿醉) ~하다 get dead drunk; be beastly drunk.
만큼《비교》 as...as (긍정); not as [so] ...as (부정); 《정도》 so much that; enough; 《…이므로》 since; in view of. ¶ 그 ~ as [so that] much / 얼마 ~ how much; to what extent / 때가 때인 ~ in view of the times / 얼마 ~의 some.
만태(萬態) various phases. ‖ 인생 ~ various phases of life.
만판 entirely; wholely (그저); to the full; to one's heart's content (마음껏); as much as one pleases (실컷).
만평(漫評) rambling criticism; literary gossip. ‖ 시사 ~ rambling comments on current events.
만필(漫筆) stray [random] notes; jottings; *causerie* 《프》.
만하(晩夏) late summer.
만하다 ①《족하다》 be enough [sufficient] 《*to do*》. ¶ 나이가 일하기 좋을 ~ be old enough to work efficiently. ②《가치·힘이》 be worth 《*doing*》; be worthy of...; deserve. ¶ 칭찬할 ~ deserve praise.
…만하다 《정도》 be to the extent of; be as...as; be the size of. ¶ 크기가 네 것 ~ be as big as yours.
만학(晩學) ~하다 study [begin to learn] late in life ‖ ~자 an opsimath; a late learner.
만행(蠻行) savagery; a brutality; an atrocity.
만혼(晩婚) a late marriage. ~하다 marry late (in life).
만화(漫畫) a caricature (인물의); a cartoon (풍자적); 《연재의》 a comic strip; comics. ‖ ~가 caricaturist; a cartoonist; a comic stripper / ~ 영화 an animated cartoon; a cartoon film / ~책 [잡지] a comic book [magazine] / 불량 ~ substandard comic books.
만화경(萬華鏡) a kaleidoscope.
만화방창(萬化方暢) luxuriant growth of all things in spring. ~하다 all things grow luxuriantly 《*in spring*》.
만회(挽回) recovery; retrieval (명예 등의); restoration (복구). ~하다 recover 《*one's losses*》; restore 《*one's reputation*》; retrieve 《*one's fortunes*》; make up 《*for lost time*》. ¶ ~할 수 없는 irrecoverable; irretrievable. ‖ ~책(策) a means of retrieving.
많다 《수》 (be) many; numerous; 《양》 (be) much; 《수·양》 (be) a lot of; plenty of; 《풍부》 (be) abundant [plentiful]; abound in; 《충분》 (be) enough; sufficient; 《회수》 (be) frequent; often; prevalent. ¶ 많이 《다수·수량》 much; lots; plenty; a great deal; in a large amount

(number); in large quantities / 많은 책 many books / 많은 돈 much money / 많은 사람 a great crowd of people / 돈이 ~ have much money; be rich / 볼일이 ~ have many things to do / 강에는 잉어가 ~ The river abounds in carp. / 많을 수록 좋다 The more, the better.
맏 firstborn; the eldest; the oldest. ‖ ~아들 the eldest son / ~형 the eldest brother.
맏물 the first product (crop) of the season; the first fruits (과일).
맏배 the firstborn (of animals); the first batch (hatch, litter). ‖ ~ 돼지 the first litter of pigs / ~병아리 chicken of the first hatch.
맏사위 the husband of *one's* first-born (eldest) daughter.
맏상제 (—喪制) the chief mouner; the eldest son of the deceased.
맏손자 (—孫子) the eldest (first) grandson (grandchild).
맏이 the firstborn (eldest) son.
말[1] 《타는》 a horse. ¶ 마차 ~ a carriage horse / 수~ a stallion (종마) / 암~ a mare / 조랑~ a pony / 짐싣는 ~ a pack-horse / ~을 타다 ride (mount) a horse / ~을 타고가다 go on horseback.
말[2] 《분량》 a *mal* (=18 liters).
말[3] ① 《언어》 language; speech; a word (낱말); a language (국어); a dialect (방언). ‖ 서울~ Seoul speech / 시골~ a local dialect / 표준~ the standard language. ② 《언사》 a talk; a speech; a conversation; a chat; a remark; a statement. ¶ ~없이 without a word / ~이 많다 be talkative (loquacious) / ~이 적다 be taciturn; be (a man) of few words / ~이 서투르다 be a poor speaker / ~을 걸다 speak to 《*a person*》 / ~을 놓다 don't mister 《*a person*》 / ~을 잘 하다 be eloquent (fluent).
말[4] 【植】 duckweed.
말[5] 《장기·윷의》 a marker in chess; a piece; a chessman.
…말(末) 《끝》 the end 《*of May*》; the close 《*of the century*》.
말갈기 a mane.
말갛다 (be) clear; clean; limpid.
말거머리 【動】 a horseleech.
말경 (末境) 《끝판》 the end; the close; 《말년》 the declining years of *one's* life.
말고삐 reins; a bridle.
말공대(—恭待) addressing in honorifics. ~하다 adress in honorifics.
말괄량이 a romp; a tomboy; a hussy; a minx; a flapper.
말구종(—驅從) a footman; a groom.
말굴레 a bridle; a headgear.
말굽 a horse's hoof; a horseshoe (편자). ‖ ~ 소리 the clattering of horse's hoofs / ~ 자석 a horseshoe magnet.
말귀 《말의 뜻》 the meaning of what one says; 《알아 듣는 힘》 catching on; an ear (for words). ¶ ~를 못 알아 듣다 can't make out what 《*a person*》 says.
말기(末期) the last stage (years, days); the end; the close. ¶ ~적 증상이다 show signs of a downfall.
말꼬리 ¶ ~를 잡다 catch 《*a person*》 in *his* own words; take up 《*a person*》 on a slip of the tongue.
말꼬투리 ☞ 말꼬리.
말끄러미 ☞ 물끄러미.
말끔 completely; thoroughly; all; entirely; wholly; totally. ¶ 빚을 ~ 청산하다 clear off one's debts.
말끔하다 (be) clean; neat; tidy. ¶ 말끔히 clean(ly); neatly; tidily.
말끝 ¶ ~을 흐리다 leave one's statement vague; prevaricate / 그는 ~마다 그런 소리를 한다 He never opens his mouth without saying it.
말내다 ① 《얘기삼아》 bring into the conversation; begin to talk about. ② 《비밀을》 disclose; divulge; reveal; expose.
말년(末年) ① 《일생의》 one's later years. ② 《말엽》 the last years (days).
말눈치 a suggestion; a hint; one's way of talking.
말다[1] 《둘둘》 roll 《*paper*》.
말다[2] 《물에》 put 《*rice*》 into soup; mix 《*food*》 with 《*water, soup*》.
말다[3] 《그만두다》 give up; quit; stop; cease. ¶ 하다가 만 일 an unfinished work.
말다[4] ① 《금지》 don't; not; never; avoid. ¶ 잊지 마라 Don't forget. ② 《필경 …되다》 end up 《*doing*》; finally 《*do*》. ¶ 그는 마침내 술로 죽고 말았다 Drink ended him.
말다툼 a dispute; a quarrel; a wrangle; a squabble; an argument. ~하다 have a quarrel (an argument, a dispute) with; quarrel (argue) with.
말단(末端) the end; the tip. ~의 terminal. ‖ ~ 공무원 a petty official / ~ 기관 terminal offices (organs) / ~ 기구 the lowest unit 《*of an organization*》 / ~ 사원 a minor clerk.
말대꾸(—對—) a reply; an answer; a retort. ~하다 reply; retort; answer back.
말대답(—對答) a retort; a back talk; contradiction. ~하다 retort; talk (answer) back; contradict 《*a person*》. ¶ 어른한테 ~해서는 못쓴다 You shouldn't talk back to your elders.
말더듬다 ☞ 더듬다, 더듬거리다.
말더듬이 a stammerer; a stutterer.

‖ ~교정기 an articulator.
말똥말똥 with vacant fixed eyes. ~하다 be wide awake.
말뚝 a pile; a stake; a post.
말라깽이 a living skeleton; a bag of bones.
말라리아 〖醫〗 malaria. ‖ ~열 malarial fever.
말라빠지다 be(come) thin (lean); grow gaunt; lose flesh.
말랑말랑하다 (be) soft; tender; elastic.
말레이 Malay. ¶ ~말 Malay(an) / ~ 반도 the Malay Peninsula / ~ 인종 the Malay(an) race.
말려들다 be dragged 《*in*》; be involved (entangled) 《*in*》. ¶ 전쟁(분쟁)에 ~ be involved in a war (trouble).
말로(末路) the last days; the (final) fate; the end 《*of one's career*》. ¶ 영웅의 ~ the last days of a hero.
말리(茉莉) 〖植〗 a jasmine.
말리다¹ 《둘둘》 be rolled (curled) up.
말리다² 《건조》 (make) dry; desiccate (저장용); season (재목을); drain (고갈). ¶ 불에 ~ dry 《*a thing*》 over the fire.
말리다³ 《만류》 dissuade 《*a person from doing*》; get 《*a person*》 not to; stop. ¶ 싸움을 ~ stop a quarrel.
말림 conservancy (protection) of forest. ‖ ~갓 a reserved forest.
말마디 a phrase; a speech; a talk. ¶ 그 사람 ~께나 할 줄 안다 He is quite a good speaker.
말막음 ¶ ~하다 hush up; shut 《*a person*》 up; stop 《*a person's*》 mouth.
말머리 ¶ ~를 돌리다 change the subject of one's speech.
말먹이 fodder; hay; forage.
말몰이꾼 a pack-horse driver.
말문(一門) ¶ ~이 막히다 be struck dumb; be stuck for word.
말미 leave (of absence); furlough. ¶ ~를 얻다 get (be granted) a leave of absence / ~를 주다 give (grant) leave (of absence).
말미(末尾) the end; the tip.
말미암다 《유래》 come (arise) from; be derived 《*from*》; 《원인》 be due to; be caused by. ¶ 부주의로 말미암은 사고 an accident due to carelessness / 말미암아 owing to; because of; on account of.
말미잘 〖動〗 a sea anemone.
말버릇 one's manner of speaking; one's way of talking; one's favo(u)rite phrase.
말버짐 psoriasis.
말벌〖蟲〗 a (ground) wasp; a hornet.
말벗 a companion; someone to talk to (with). ¶ ~이 되다 keep 《*a person*》 company.
말복(末伏) the last phase of dog days.
말본 ☞ 문법.
말불버섯 〖植〗 a puffball.
말살(抹殺) erasure; obliteration. ~하다 erase 《*letters*》; cross out; efface; strike out 《*from the list*》.
말상(一相) an extremely long face. ¶ ~이다 be long-(horse-)faced.
말석(末席) the lowest seat; the bottom. ¶ ~을 더럽히다 be humbly present at; be a member 《*of*》.
말세(末世) a degenerate age; the end of the world.
말소(抹消) erasion. ~하다 erase; efface; strike out. ¶ 등기의 ~ cancelation of registration.
말소리 a voice. ¶ ~가 들리다 hear 《*a person*》 talking.
말솜씨 one's ability to speak (talk); eloquence. ¶ ~가 좋다 be good at speaking; be eloquent.
말수(一數) ¶ ~가 적은 silent; taciturn; reticent.
말승냥이 ① 《이리》 a wolf. ② 《키 큰 사람》 a tall man.
말실수(一失手) a slip of the tongue. ~하다 make a slip of the tongue.
말썽 trouble; complaint; a dispute (분쟁). ¶ ~부리다 complain; cause trouble; lead to a dispute. ‖ ~거리 a cause (source) of trouble; a matter for complaint / ~꾸러기, ~꾼 a troublemaker; a grumbler.
말쑥하다 (be) clean; neat; smart; nice.
말씨 the use of words; one's way of speaking; the language. ¶ 점잖은 ~ refined diction / ~가 상스럽다 be rough of speech.
말씬말씬하다 (be) soft; flabby; flaccid.
말씹조개 〖貝〗 a fresh-water mussel.
말아니다 ① 《언어도단》 (be) unreasonable; absurd; nonsensical. ② 《형편이》 be in very bad shape; (be) extremely poor (miserable, wretched).
말안되다 (be) absurd; unreasonable; contrary to logic.
말없이 《묵묵히》 in silence; silently; without comment; without saying anything; 《선뜻》 without a word; readily; 《무단으로》 without notice.
말엽(末葉) the end; the close.
말오줌나무 〖植〗 an elder (tree); an elderberry.
말일(末日) the last day; the end.
말재기 a gossipmonger.
말재주 a talent for speaking; the gift of gab; eloquence. ¶ ~있는 eloquent; glib-tongued.
말전주 taletelling; mischief-making. ~하다 tell (carry) tales. ‖ ~꾼 a taleteller; a talebearer.
말조심(一操心) ~하다 be careful of one's speech.
말주변 the gift of gab. ¶ ~이 있는 glib-tongued / ~이 좋다 have a ready tongue / ~이 없다 be a

poor talker.
말직(末職) a small post; a petty office; the lowest position.
말질 a dispute; (exchange of) high words. ～하다 dispute; have words 《*with*》.
말짱하다 《온전》 (be) perfect; whole; flawless; sound; free from blemish; 《안취함》 remain sober (서술적). ¶ 정신이 ～ have a clear mind; be sound in mind.
말참견(一參見) interfering; meddling. ～하다 put in word; poke one's nose into; interfere 《*in*》.
말채찍 a horsewhip.
말초(末梢) ～적 trifling; trivial; 〖解〗 distal. ‖ ～ 신경 the peripheral nervous system; the peripheral nerve.
말총 horsehair.
말치레 ¶ ～하다 use fine 〔fair, honeyed〕 words; say nice 〔pretty〕 things.
말캉말캉하다 (be) soft; flabby; flaccid.
말투 one's way of talking. ¶ 야비한 ～ a mean 〔low〕 expression.
말판 a game 〔dice〕 board.
말편자 a horseshoe.
말하다 《얘기》 talk (about); speak; converse; relate; have a talk 〔chat〕 with; 《알리다》 tell; say; speak of; 《서술》 state; mention; narrate; set forth; 《표현》 express; touch upon; refer to; 《언급》 declare. ¶ 말할 수 없는 unspeakable; indescribable / …은 말할 것도 없고 to say nothing of / 말하자면 so to speak; as it were / 한 마디로 말하자면 in short; in a word / 간단히 〔자세히〕 ～ state briefly 〔in detail〕 / 좋게 〔나쁘게〕 ～ speak well 〔ill〕 of 《*a person*》 / …은 말할 것도 없다 It is needless to say 《*that...*》 / …이라 말해도 좋다 It may safely be said that....
맑다 ① 《물이》 (be) clear; clean; limpid; pure; resonant (소리가). ② 《날씨가》 (be) fine; clear. ¶ 맑은 하늘 clear sky. ③ 《마음이》 (be) clear; pure; fresh. ④ 《청빈》 (be) clean; honest; upright.
맑은장국(一醬一) clear meat soup; *consommé* 《프》.
맘보 a mambo. ‖ ～바지 drain-pipe trousers.
맙소사 Oh, no!; Good God; Good gracious 〔heaven〕.
맛[1] ① 《음식의》 (a) taste; (a) flavo(u)r; savo(u)r. ¶ ～이 좋은 nice; tasty; palatable; delicious / ～없는 untasty; ill-tasting; unpalatable / 아무 ～도 없는 tasteless / ～이 변하다 turn sour 〔stale〕. ② 《사물의》 relish; taste. ¶ ～을 알다 know; experience.
맛[2] 〖貝〗 a kind of razor clam.
맛깔스럽다 《맛이》 (be) tasty; palatable; agreeable; 《마음에》 (be) pleasing; after one's fancy; to one's taste.
맛나다 ① 《맛있다》 (be) delicious; nice; tasty. ② 《맛이 나다》 taste good 〔nice〕; have a flavo(u)r of.
맛난이 《조미료》 sauce; flavo(u)ring; seasoning.
맛들다 pick up flavo(u)r; become tasty; grow ripe.
맛들이다 ① 《재미붙이다》 acquire 〔get〕 a taste 《*of*》. ② 《맛들게 하다》 season 〔flavo(u)r〕 with; make tasty.
맛맛으로 according to *one's* pleasure 〔taste, desire〕. ¶ ～ 골라 먹어라 Help yourself according to your taste.
맛배기 《특제》 a special order.
맛보다 《맛을》 taste; try the flavo(u)r of; 《경험》 experience; suffer; undergo ¶ 인생의 쓰라림을 ～ experience hardships of life.
맛부리다 behave in an insipid manner 〔way〕.
맛없다 ① 《맛이 없다》 (be) untasty; tasteless; unpalatable; unsavory. ② 《재미없다》 (be) dry; flat; dull; insipid.
맛있다 (be) nice; tasty; delicious; palatable; dainty. ¶ 맛있어 보이는 tempting; delicious-looking / 맛있게 먹다 eat with gusto 〔relish〕.
맛적다 《맛이》 lack flavo(u)r; (be) flat; dull; tasteless; 《재미가》 lack charm; (be) unpleasant; unenjoyable.
망(望) ① 《살핌》 watch; lookout; guard; vigilance. ¶ ～보다 keep a watch; stand guard; look out for. ② ☞ 망일.
망(網) ① 《그물》 a net; netting (총칭). ② 《조직》 a network. ‖ 철도〔통신, 방송〕～ a railway 〔communication, radio〕 network.
망각(忘却) ～하다 forget; bury in oblivion; be forgetful of 《*one's responsibilities*》.
망간 〖化〗 manganese (기호 Mn).
망거(妄擧) a rash 〔reckless〕 act.
망건(網巾) a headband made of horsehair.
망고 〖植〗 a mango [*pl.* -(e)s].
망구다 ruin; destroy; wreck.
망국(亡國) national ruin 〔decay〕; a ruined country. ¶ ～적(인) ruinous 〔dangerous〕 to one's country / ～지한(之恨) lamentation 〔grief〕 over the national ruin.
망그러뜨리다 break down; damage; ruin; spoil; disable; destroy.
망그러지다 break; be put out of shape; be damaged 〔broken, destroyed, ruined, spoilt〕; get out of order.
망극(罔極) ～하다 《은혜가》 (be) immeasurable; great; immense; 《슬픔》 (be) grievous; be deeply in sorrow (서술적). ¶ 얼마나 ～하십

니까 I sympathize with you.
망나니 ① 《사형 집행인》 an executioner. ② 《못된 사람》 a wretch; a rogue; a villain; a scoundrel.
망년회(忘年會) a year-end party.
망대(望臺) ☞ 망루.
망동(妄動) a rash [reckless] act. ~하다 act blindly; commit a rash act. ‖ 경거 ~ rash and blind behavio(u)r.
망둥이 〖魚〗 a goby fish.
망라(網羅) ~하다 《포함》 include; comprise; contain; comprehend; 《모으다》 bring together; collect. ¶ 총~한 exhaustive; comprehensive; (thorough and) complete.
망령(亡靈) a departed spirit [soul].
망령(妄靈) dotage; senility. ~되다 (be) childish; foolish; silly; absurd; unreasonable. ¶ ~들다 be in one's dotage; be in one's second childhood; be senile / ~ 부리다 behave like a child; commit an absurd act.
망루(望樓) a watchtower; an observation tower; a lookout.
망막(網膜) 〖解〗 the retina. ‖ ~검시경 a retinoscope; a skiascope / ~염 〖醫〗 retinitis.
망망(茫茫) ~하다 (be) vast; extensive; boundless. ‖ ~ 대해 an immense expanse of water.
망명(亡命) (a) flight ~하다 seek [take] refuge 《*in*》; flee from one's own country; exile oneself. ¶ ~ 생활을 하다 live in exile / 정치적 ~을 요구하다 take [seek] political asylum 《*in France*》. ‖ ~객 an exile; a (political) refugee / ~ 정권 an exiled government [regime].
망발(妄發) thoughtless words; a reckless remark. ~하다 make an ignominious speech [reckless remarks].
망부(亡父) one's deceased father.
망부(亡夫) one's deceased husband.
망사(網紗) gauze.
망상(妄想) a wild fancy; a fantastic idea; phantasm; a chimera; delusion. ¶ ~에 빠지다 be lost in wild fancies. ‖ 과대 ~광(狂)(증) megalomania / 피해 ~증 a delusion of persecution; persecution mania.
망상(網狀) reticulation. ¶ ~의 reticulate; net-shaped. ‖ ~ 조직 the rete [*pl.* -tia].
망상스럽다 (be) frivolous; saucy; impertinent.
망석중이 a puppet; a marionette.
망설이다 hesitate; scruple; be at a loss. ¶ 망설이며 hesitatingly; with hesitation / 갈까 말까 ~ can't make up one's mind whether to go or not.
망신(亡身) a disgrace; a shame; humiliation. ~하다 disgrace oneself; be disgraced. ¶ ~시키다 disgrace; bring shame on; put 《*a person*》 out of countenance.
망실(亡失) loss. ~하다 lose.
망아지 a colt (수컷); a filly (암컷); a foal (총칭); a pony (작은 말).
망양지탄(望洋之歎) lamenting *one's* inability (to cope with a situation); a feeling of hopelessness [total incapacity].
망언(妄言) thoughtless words; reckless remarks. ~하다 make an absurd remark. ‖ ~ 다사(多謝) "Many apologies for my bold criticism."
망연(茫然) ① 《정신없음》 ¶ ~히 vacantly; blankly; absentmindedly/ ~ 자실하다 be distract; be stupefied [dazed]; be at one's wits' end. ② ☞ 아득하다.
망외(望外) ¶ ~의 unexpected.
망우초(忘憂草) ☞ 원추리.
망울 ① 《덩어리》 a (hard) lump; a bud (꽃망울). ② 〖醫〗 a swollen lymph node; lymphadenoma.
망원가늠자(望遠—) 〖理〗 a telescopic sight.
망원경(望遠鏡) a telescope; a spyglass. ¶ ~으로 보다 look at 《*a star*》 through a telescope. ‖ 천체(天體) [반사] ~ an astronomical [a reflecting] telescope.
망원렌즈(望遠—) a telephoto lens.
망원사진(望遠寫眞) a telephotograph. ‖ ~기 a telephotographic camera.
망월(望月) 《보름달》 a full moon.
망인(亡人) a dead person; the deceased.
망일(望日) a full-moon day.
망제(亡弟) one's deceased younger brother.
망조(亡兆) omens of ruin. ~가 들다 show sings of ruin.
망종(亡種) a good-for-nothing fellow; a ruffian; a scamp.
망중한(忙中閑) a moment of relief from busy hours; a break.
망지소조(罔知所措) ~하다 be at a loss what to do; feel awkward.
망집(妄執) an obsession; a deep [deep-rooted] delusion.
망처(亡妻) one's deceased wife.
망측(罔測) ~하다 (be) absurd; 《상스러움》 (be) low; mean; indecent; nasty (추잡); 《꼴사나움》 (be) ugly; unsightly; unshapely.
망치 a hammer; a sledge(-hammer). ‖ ~질 hammering (~질하다 hammer).
망치다 spoil; ruin; destroy; frustrate; make a mess 《*of*》. ¶ 신세를 ~ ruin oneself; make a failure of one's life.
망태기(網—) a mesh bag.
망토 a mantle; a cloak; a cape (어깨망토).
망판(網版) 〖印·寫〗 a halftone; a halftone plate [block].

망평(妄評) unjust criticism; abusive remarks.
망하다(亡一) ① 《멸망》 fall; perish; 《영락》 be ruined; go to ruin. ② 《어렵다》 be hard to deal with; 《좋지않다》 be ugly [unshapely]. ¶ 하기 망한 hard to do.
망향(望鄕) homesickness; nostalgia. ¶ ~병에 걸리다 become [get] homesick.
맞… ☞ 마주. ¶ ~보다 look at each other.
맞고소(一告訴) a cross action; a counteraction. ~하다 counter-claim 《against》.
맞꼭지각(一角) 〖數〗 vertical angles; vertically opposite angles.
맞다¹ ① 《정확》 be right [correct]; keep good time (시계가). ¶ 꼭 ~ be perfectly correct (계산이). ② 《어울림》 become; match [harmonize] 《with》. ¶ 분수에 알맞게 살다 live within one's means. ③ 《적합》 fit; suit; be fitted 《to》; answer [serve] 《the purpose》. ¶ (몸에) 꼭 ~ fit 《one》 very well / 마음에 ~ suit 《a person's》 taste [fancy]. ④ 《합치》 agree 《with》; be in accord 《with》. ¶ 사리에 ~ stand for reason / 박자에 ~ [안 ~] be in [out of] tune. ⑤ 《적중함》 hit; strike; come true (예상이); 《제비·복권이》 draw; win. ⑥ 《수지가》 pay.
맞다² ① 《영접》 meet; receive. ¶ 반가이 ~ welcome; greet / 정거장에서 ~ meet 《a person》 at the station. ② 《맞아들임》 invite; engage. ¶ 아내를 ~ take a wife; get married / 전문가를 ~ engage an expert. ③ 《때를》 ¶ 새해를 ~ greet the New Year / 생일을 ~ mark one's 《53rd》 birthday. ④ 《비바람 등》 be exposed to 《rain》; expose oneself to. ⑤ 《매를》 get a blow; be struck; be shot (총탄을). ¶ 머리를 ~ be struck on the head. ⑥ 《당하다》 meet with; come across; suffer. ¶ 도둑을 ~ have 《a thing》 stolen; be stolen (금품이 주어) / 야단 ~ get [have] a scolding / 퇴짜를 ~ get rejected. ⑦ 《주사를》 get [have] 《an injection, a shot》; 《침을》 get acupunctured.
맞닥뜨리다 be faced with; be confronted with; encounter.
맞담배 ¶ ~질을 하다 smoke to 《a person's》 face.
맞당기다 draw [pull] each other.
맞닿다 touch each other; meet.
맞대다 face; confront; bring into contact with (접촉). ¶ 맞대(놓)고 face to face; to one's face; in the presence.
맞대매 a play-off; a finish fight.
맞대하다(一對一) come face to face 《with》; meet [see] each other.
맞돈 cash (down); cash [immediate] payment. ¶ ~으로 사다 [팔다] buy [sell] 《a thing》 for cash.
맞들다 lift together; hold up 《a thing》 together.
맞먹다 correspond 《to》; be equal 《to》.
맞물다 bite each other; gear 《into, with》; engage 《with》.
맞물리다 go in gear 《with》; engage.
맞바꾸다 exchange 《a watch for a camera》; barter.
맞바둑 an unhandicapped match of badug.
맞바람 a head wind.
맞받다 《정면으로》 receive [face] directly; 《들이받다》 crash head-on 《into》; collide head-on 《with》; 《응수》 give 《a person》 tit for tat; (make a) retort.
맞벌이 ¶ ~하다 《Both husband and wife》 work for their living. ‖ ~가정(생활) a dual-income family [living].
맞보기 《안경》 plain glasses.
맞부딪치다 run [crash] into; run [collide, hit] against. ☞ 충돌.
맞붙다 《싸움 따위》 wrestle [grapple] 《with》; be matched against; tackle 《a difficult problem》.
맞붙이다 《물건을》 stick [paste, fix, join] 《things》 together; 《사람을》 bring 《them》 together [into contact]; match 《A》 with [against] 《B》.
맞상대(一相對) a man-to-man fight.
맞서다 《서다》 stand face to face 《with》; face each other; confront; 《대항하다》 stand [fight] 《against》; oppose; defy.
맞선 ¶ ~ 보다 meet [see] each other with a view to marriage.
맞소송(一訴訟) a cross action; a counter-action.
맞쇠 a duplicate [fellow] key; a passkey; a master key.
맞수(一手) a (good) match.
맞은편 the opposite side. ¶ ~에 opposite; on the opposite side of.
맞이하다 ☞ 맞다² ①,②,③.
맞잡다 《잡다》 take [hold] together [each other]; 《드잡이》 grapple with each other; 《협력》 cooperate 《with》; collaborate 《with》; work together. ¶ 손에 손을 맞잡고 hand in hand 《with》.
맞잡이 an equal; a match.
맞장구치다 chime in 《with》.
맞절하다 bow to each other.
맞추다 ① 《짜맞춤》 put together; assemble; fit into (끼워). ② 《맞게 함》 set [fit, suit] 《a thing to another》; adjust 《a radio dial》. ¶ 시계를 ~ set one's watch 《by the radio》. ③ 《대조》 compare 《with》; check (up). ¶ 계산을 맞추어 보다 check accounts. ④ 《주문》 order; give an order. ¶ 양복을 ~ order a suit; have a suit made.
맞춤 ‖ ~옷 a custommade[made-to-order] suit.
맞춤법(一法) the spelling system;

orthography.
맞춤법통일안(—法統一案) a draft for unified 〔standardized〕 spelling system. ¶ 현행 ~ the current 〔present〕 spelling system.
맞흥정 ¶ ~하다 make a direct bargain.
맞히다 ①《알아맞히다》 guess right; give a right answer (답을). ②《명중》 hit; strike. ¶ 맞히지 못하다 miss the mark. ③《눈비 따위》 expose 《*to*》. ¶ 비를 ~ expose to the rain; put out in the rain. ④ ¶ 주사를 ~ have 《*a person*》 get an injection.
맡기다 ①《보관》 leave 〔deposit〕 《*a thing with a person*》; entrust 《*a person with a thing*》. ¶ 돈을 은행에 ~ put money in a bank / 짐을 ~ check one's baggage 《美》; book one's luggage 《英》. ②《위임》 entrust 〔leave〕 《*a matter*》 to 《*a person*》. ¶ 임무를 ~ charge 《*a person*》 with a duty / 운을 하늘에 ~ trust to chance 〔luck, God〕; leave 《*a thing*》 to chance.
맡다¹ ①《보관》 be entrusted with 《*money*》; keep; receive 《*a thing*》 in trust. ¶ 이 돈을 맡아 주시오 Please keep this money for me. ②《담임·감독》 take 〔be in〕 charge of; take care of; 《떠맡다》 take 《*a task*》 upon oneself; 《연기를》 play (the role of). ¶ 5학년반을 ~ have charge of the fifth-year class. ③《허가를》 get; receive; secure; obtain 《*permission*》. ¶ 허가 맡고 영업하다 do business under license.
맡다² ①《냄새를》 smell; sniff 《*at*》; scent. ¶ 맡아 보다 give a sniff to; sniff at; have 〔take〕 a smell at. ②《낌새를》 sense; get wind 〔scent〕 of 《*a plot*》; smell out 《*the secret*》.
매¹ 《때리는》 a whip; a cane; whipping (매질) (☞ 매맞다). ¶ ~를 때리다 whip; flog; beat; give 《*a person*》 a blow.
매² 《맷돌》 a millstone.
매³ 〖鳥〗 a goshawk; a hawk; a falcon. ‖ ~사냥 hawking; falconry.
매…(每) every; each. ¶ ~ 일요일 every Sunday.
매가(賣家) a house for sale.
매가(買價) a purchase price.
매가(賣價) a sale 〔labeled〕 price. ¶ 이것을 ~의 반으로 드리죠 I offer this at half the sale price.
매가오리 〖魚〗 an eagle ray.
매각(賣却) sale; disposal by sale. ~하다 sell (off); dispose of. ‖ ~공고 a public notice of sale.
매개 ¶ ~(를) 보다 watch the development 《*of*》.
매개(每箇) each 〔every〕 piece; apiece.
매개(媒介) mediation; a medium (매개물). ~하다 mediate; carry 《*germs*》. ¶ …의 ~로 through…; by…. ‖ ~자 a mediator; a carrier (병균의).
매개념(媒概念) 〖論〗 the middle concept; the mean term.
매거(枚擧) ~하다 enumerate; mention. ¶ 이루다 ~할 수 없다 be too many to count 〔enumerate〕.
매관매직(賣官賣職) ~하다 traffic in government posts.
매국(賣國) betrayal of 〔selling〕 one's country. ‖ ~노 a traitor to one's country; a betrayer of one's country.
매기(每期) each 〔every〕 term 〔period〕.
매기(買氣) a buying tendency; 〖證〗 a bullish sentiment.
매기다 《값을》 put 《*a price*》 on; fix; bid; 《등급을》 grade; classify; give 《*marks*》 (점수를); 《번호를》 number.
매끄럽다 (be) smooth; slimy; slippery.
매끈… ☞ 미끈…
매나니 《빈손》 an empty 〔a bare〕 hand. ~로 with empty hands; empty-handed. ¶ ~로 사업을 시작하다 start a business with no capital.
매너 《have good》 manners.
매너리즘 《fall into》 mannerism.
매년(每年) every 〔each〕 year; 《부사적》 annually. ~의 yearly; annual.
매니저 a manager.
매니큐어 (a) manicure. ~하다 paint one's nails; 《미장원에서》 have a manicure (on one's nails).
매다¹ 《동이다》 tie (up); bind; fasten; 《목을》 hang oneself. ¶ 구두끈을 ~ tie a shoestring.
매다² 《김을》 weed (out).
매달(每一) every month. ~의 monthly.
매달다 ①《달아맴》 hang; suspend; attach 〔fasten〕 《*to*》 (부착). ②《일에》 tie oneself down 〔bind oneself〕 《*to*》. ¶ 회사에 목숨을 ~ be tied hand and soul to the company.
매달리다 ①《늘어짐》 hang 〔be suspended〕 《*from*》; dangle 《*from*》. ②《붙잡다》 cling 〔hold on〕 《*to a rope*》; hang 《*on*》; 《애원》 entreat; implore. ③《의지》 depend 〔rely, lean〕 (up)on.
매대기 ¶ ~치다 smear 〔daub〕 all over.
매도(罵倒) ~하다 abuse; denounce.
매도(賣渡) ~하다 sell over; deliver; negotiate (어음을). ‖ ~인 a seller / ~ 증서 a bill of sale.
매독(梅毒) 《contract》 syphilis. ¶ ~성의 syphilitic. ‖ ~ 환자 a syphilitic.
매듭 a knot; a tie. ¶ ~을 맺다 〔풀다〕 make 〔untie〕 a knot.
매듭짓다 settle; conclude; complete; put an end to. ¶ 일을 ~ conclude one's work / 연구를 ~ round off one's researches / 협상을 ~ bring the negotiations to a suc-

cessful close.
매력(魅力) (a) charm; (a) fascination. ¶ ~있는 charming; attractive / 성적 ~ a sex appeal.
매립(埋立) reclamation; filling-up. ~하다 fill in 〔up〕; reclaim. ‖ ~ 공사 reclamation work / ~지 a reclaimed land.
매만지다 smooth down 《*one's hair*》; trim; dress; adjust.
매맞다 be struck; be 〔get〕 lashed 〔thrashed〕; get licked; be flogged (회초리로).
매매(賣買) 《거래》 trade; dealing; a bargain. ~하다 deal 〔trade〕 《*in*》. ¶ ~ 계약을 맺다 make a contract 《*with*》. ‖ 견본 ~ a sale by sample; a sale by pattern / 위탁 ~ consignment sales and purchases.
매머드 a mammoth. ‖ ~ 기업 a mammoth enterprise.
매명(賣名) self-advertisement. ~하다 advertise oneself; seek publicity. ‖ ~가 a self-advertiser; a publicity seeker.
매몰(埋沒) ~하다 bury 《*in, under*》. ¶ ~되다 be 〔lie〕 buried 《*in*》.
매몰스럽다 (be) heartless; cold; harsh; unkind.
매몰차다 ☞ 매몰스럽다.
매무시 primping. ~하다 primp (oneself). ¶ ~가 단정하다 keep oneself neat and trim; be careful about one's personal appearance.
매문(賣文) literary hackwork.
매물(賣物) an article for 〔on〕 sale; "For Sale" (게시). ¶ ~로 내놓다 offer 《*a thing*》 for sale.
매미 a cicada; a locust 《美》. ¶ ~소리 the shrill chirrup of a cicada.
매번(每番) 《때마다》 each 〔every〕 time; 《자주》 very often; 《늘》 always.
매복(埋伏) ~하다 lie in ambush 《*for*》; waylay.
매부(妹夫) one's brother-in-law; one's sister's husband.
매부리[1] 《매 부리는 이》 a hawker; a falconer.
매부리[2] 《매의 주둥이》 a hawk's beak. ‖ ~코 a hooked 〔a Roman〕 nose.
매사(每事) every business 〔matter〕. ¶ ~에 in everything.
매상(買上) ~하다 purchase; buy. ‖ ~ 가격 the (government's) purchasing price.
매상(賣上) sale. ¶ 그날의 ~ the day's takings. ‖ ~액 the amount sold; the proceeds (of a sale); sales; takings 《*of a shop*》 (총~액 gross sales; a (total) turnover) / ~ 장부 〔전표〕 a sales book 〔slip〕.
매석(賣惜) an indisposition to sell. ~하다 be indisposed to sell; be unwilling to sell.
매설(埋設) ~하다 lay 《*a thing*》 under the ground.
매섭다 (be) fierce; sharp; severe.
매수(買收) ~하다 purchase; buy up 〔out〕; 《뇌물로》 bribe 〔buy over〕 《*a person*》. ‖ ~ 합병 mergers and acquisitions 《M & A》.
매수(買受) ~하다 buy 〔take〕 over; acquire 《*a thing*》 by purchase. ‖ ~인 a buyer; a purchaser.
매스게임 a mass 〔group〕 game.
매스미디어 mass media.
매스커뮤니케이션 mass communications; journalism.
매시(每時) every hour; per hour.
매식(買食) ~하다 eat out; take 〔have〕 a meal at a restaurant.
매실(梅實) a plum.
매씨(妹氏) your 〔his, *etc.*〕 sister.
매암돌다 spin oneself round; whirl.
매암돌리다 spin 〔turn〕 《*a person*》 round.
매약(賣約) a sales contract; 《게시》 Sold. ~하다 (strike a) bargain; conclude a sale.
매약(賣藥) a patent medicine; a drug. ~하다 sell patent medicines.
매양(每一) always; every 〔all the〕 time.
매연(媒煙) smoke; soot. ¶ ~이 많은 smoky. ‖ ~ 공해 smoke pollution / ~ 차량 harmful-gas emitting vehicles.
매염(媒染) mordanting. ‖ ~료(料) 〔제(劑)〕 a mordant.
매우 very (much); greatly; awfully. ¶ ~ 덥다 be very hot.
매운탕(一湯) a pepper-pot soup.
매월(每月) every month; monthly.
매음(賣淫) prostitution. ~하다 practise prostitution; walk the street. ‖ ~녀 a prostitute (~녀가 되다 live on the street).
매이다 《끈으로》 be tied 《*to*》; be fastened; 《일에》 be fettered 《*to one's task*》; be tied down 《*to*》; be bound 《*by a rule*》. ¶ 매인 데 없는 free.
매인(每人) each man; every one. ‖ ~당 per head 〔capita〕; for each person.
매일(每日) every day; daily. ~의 daily; everyday. ¶ ~의 일 daily works / ~같이 almost everyday.
매일반 ☞ 매한가지.
매입(買入) buying; purchase. ~하다 purchase; buy in; lay in; take in. ‖ ~ 원가 the purchase price 〔cost〕.
매장(埋葬) ① 《시체의》 (a) burial; (an) internment. ~하다 bury. ‖ ~ 신고 the report of a burial / ~지 a burial place 〔ground〕. ② 《사회적》 social ostracism. ~하다 oust 《*a person*》 from society.
매장(埋藏) ~하다 《묻다》 hide underground; bury in the ground; 《땅이 자원을》 have 《*oil*》 deposits underground. ‖ ~량 reserves (석탄 ~량 the estimated amount of

ㅁ

coal deposits).
매장(賣場) a counter; 《점포》 a shop; a store.
매저키즘 ☞ 마조히즘.
매점(買占) cornering. ~하다 corner 《in》; buy up; hoard.
매점(賣店) a stand; a stall; a booth; a store 《美》. ¶ 역의 ~ a station stall (kiosk) / ~을 내다 install a booth; set up a stand (stall).
매정스럽다 (be) cold; icy; heartless; unfeeling. ¶ 매정스럽게 굴다 be hard on 《*a person*》; treat coldly/ 매정스럽게 거절하다 give a point-blank refusal.
매정하다 ☞ 매정스럽다.
매제(妹弟) a younger sister's husband; a brother-in-law.
매주(每週) every week; weekly; per week (1주일마다).
매주(買主) a buyer; a purchaser.
매주(賣主) a seller (dealer).
매지근하다 (be) lukewarm; tepid.
매직 magic. ‖ ~아이 a magic eye/ ~ 유리 one-way glass / ~잉크 Magic ink (상표).
매진(賣盡) a sellout; 《게시》 Sold Out (today). ~하다 be sold out; run (go) out of stock.
매진(邁進) ~하다 push on (forward); go ahead 《*with the work*》; strive 《*for*》.
매질 thrashing; whipping. ~하다 whip; flog; beat.
매질(媒質) 〖理〗 a medium.
매체(媒體) a medium [*pl.* ~*s*, -*dia*]. ‖ 광고 ~ a medium of advertisement/대중 ~ the mass media.
매축(埋築) reclamation; filling-up. ~하다 reclaim 《*land from the sea*》; fill up 《*a pond with earth*》. ‖ ~지 a reclaimed land (ground).
매춘(賣春) ☞ 매음.
매출(賣出) a sale; selling. ~하다 sell off (out); put 《*a thing*》 on sale. ‖ ~ 가격 an offering price.
매치 《경기》 a match.
매캐하다 《연기가》 (be) smoky; 《곰팡내가》 (be) musty; mo(u)ldy.
매콤하다 (be) hot; pungent.
매큼하다 ☞ 매콤하다.
매트 《spread》 a mat.
매트리스 a mattress.
매파(一派) a hawk; the Hawks (총칭).
매판자본(買辦資本) comprador capital.
매팔자(一八字) a free and easy mode of life. ¶ ~다 lead an easy life; be comfortably off.
매표(賣票) ‖ ~구(口) a ticket window / ~소 a ticket (booking 《英》) office; a box office (극장의).
매품(賣品) goods for sale; merchandise; "For sale." (게시).
매한가지 all the same; (much) the same. ¶ …나 ~다 be as good as 《*dead, new*》; be little (no) better than 《*a beggar*》; might as well 《*throw money away*》 as 《*spend it on bicycle races*》.
매형(妹兄) one's elder sister's husband; a brother-in-law.
매호(每戶) every (each) house(hold).
매혹(魅惑) fascination; captivation. ~하다 fascinate; charm; enchant. ¶ ~적 charming; captivating; fascinating / ~되다 be charmed (fascinated).
매화(梅花) 〖植〗 a plum tree (나무); plum blossoms (꽃).
맥(脈) ① 《맥박》 pulse; pulsation. ¶ ~을 짚어 보다 feel the pulse / ~이 뛰다 pulsate; the pulse beats.
맥고모자(麥藁帽子) a straw hat.
맥락(脈絡) ① 《혈맥》 the (system of) veins. ② 《사물의》 (a thread of) connection; coherence; the intricacies (내용).
맥류(麥類) barley, wheat, oats, *etc*.
맥맥하다 ① 《코가》 (be) stuffy; be stuffed up (서술적). ② 《생각이》 be stuck 《*for an idea*》, be at a loss (서술적).
맥박(脈搏) pulsation; (the stroke of) the pulse. ‖ ~계(計) a pulsimeter; a sphygmometer / ~수 pulse frequency; pulse rate.
맥보다(脈一) ① 《맥박을》 feel (take) the pulse. ② 《남의 의중을》 sound (feel) 《*a person on a subject*》; sound out 《*a person('s view)*》.
맥빠지다(脈一) ① 《기운없다》 be worn out (spent up). ② 《낙심》 be disappointed (damped).
맥아(麥芽) ☞ 엿기름. ‖ ~당 maltose; malt sugar.
맥없다(脈一) ① 《기운없다》 (be) enervated; feeble; 《서술적》 be exhausted (spent up); feel depressed, be dispirited (풀없다). ¶ 맥없이 feebly; spiritlessly; helplessly; easily (무르게). ② 《이유없다》 ¶ 맥없이 without any reason; for no reason.
맥작(麥作) barley culture (crop).
맥적다 ① 《따분하다》 (be) tedious; dull. ② 《낯없다》 be ashamed of oneself; be put out of countenance.
맥주(麥酒) beer; ale; porter. ¶ 김빠진 ~ stale (flat) beer / ~ 한 잔 하다 have a (glass of) beer. ‖ ~집(홀) a beer hall / 생 ~ draft beer.
맥추(麥秋) the barley harvest season.
맥풀리다(脈一) ☞ 맥빠지다.
맨 《오로지》 nothing but (else); just; full of; 《가장》 (ut)most; extreme. ¶ ~ 끝찌 the very last (bottom) / ~ 먼저 at the very first; first of all / ~ 거짓말이다 be full of falsehood.
맨… 《안 섞인》 just; bare; naked; unadulterated. ¶ ~바닥 the bare floor / ~손 an empty (bare) hand.
맨공무니 ☞ 맨손, 매나니.
맨나중 the very last (end). ¶ ~의

final; terminal / ～에 finally; lastly.
맨둥맨둥하다 (be) bald; bare.
맨뒤 the very last (end); the (tail) end.
맨드라미 〖植〗 a cockscomb.
맨땅 《sit on》 the bare ground.
맨머리 a bare head; a hatless head.
맨먼저 the beginning (최초); at the very first (beginning) (최초에); first of all (우선).
맨몸 ①《알몸》 a naked body; a nude. ②《무일푼》 being penniless; an empty hand.
맨발 bare feet. ¶ ～의 barefoot(ed)/ ～로 《walk》 barefoot.
맨밥 boiled rice served without any side dishes.
맨션 an apartment of better class.
맨손 an empty (a bare) hand.
맨송맨송하다 (be) hairless (털없다); bare, bald (민둥민둥하다); sober (술 안취하다).
맨숭맨숭하다 ☞ 맨송맨송하다.
맨아래 the very bottom. ¶ ～의 the lowest; the undermost (bottommost).
맨앞 the foremost; the (very) front; the head. ¶ ～의 foremost/ ～에 at the head 《*of*》.
맨위 the (very) top; the summit; the peak. ¶ ～의 topmost; highest; uppermost / ～에 on (the) top 《*of*》.
맨입 ¶ ～으로 with empty stomach.
맨주먹 ☞ 맨손, 빈주먹, 매나니.
맨투맨 ‖ ～ 방어 a man-to-man defense.
맨틀피스 a mantelpiece.
맨홀 a manhole. ¶ ～ 뚜껑 a manhole cover.
맬서스 Malthus. ‖ ～주의 Malthusianism.
맵다 《맛이》 (be) hot; pungent; 《혹독》 (be) intense; severe; strict. ¶ 매운 추위 the intense cold.
맵시 figure; shapeliness. ¶ ～있는 smart; shapely; well-formed. ‖ 옷～ the cut of one's clothes.
맷돌 a hand mill; a millstone. ～질하다 grind grain in a stone mill.
맹격(猛擊) 《strike》 a hard blow 《*at, on*》; 《make》 a violent attack 《*on*》.
맹견(猛犬) a fierce (ferocious) dog. ‖ ～ 주의 Beware of the Dog.
맹공격(猛攻擊) a fierce attack; a violent assault. ～하다 make a vigorous attack 《*on*》.
맹그로브 〖植〗 a mangrove.
맹금(猛禽) ‖ ～류 birds of prey.
맹꽁이 〖動〗 a small round frog; 《맹추》 a bird-brain; a simpleton; a blockhead. ‖ ～자물쇠 a padlock.
맹도견(盲導犬) a guide (seeing-eye) dog.
맹독(猛毒) (a) deadly poison. ¶ ～이 있다 be virulently poisonous.
맹랑하다(孟浪—) 《허망》 (be) false; untrue; 《믿을 수 없다》 (be) incredible; 《터무니없다》 (be) groundless; absurd; nonsensical; 《만만찮다》 (be) no small; not negligible. ¶ 맹랑한 설 groundless (unreliable) views / 맹랑한 소문을 퍼뜨리다 set wild rumo(u)rs afloat.
맹렬(猛烈) ～한 violent; furious; fierce. ¶ ～히 violently; furiously; fiercely / ～한 반대 strong opposition.
맹목(盲目) ～적(으로) blind(ly); reckless(ly). ¶ ～적인 사랑 (모방) blind love (imitation).
맹문 ¶ ～ 모르다 do not understand the matter at all; have no grasp of the situation; have no sense.
맹물 ①《물》 plain (tasteless) water. ②《사람》 a dull drink of water; a jelly fish.
맹방(盟邦) an ally.
맹성(猛省) serious reflection. ～하다 reflect seriously 《*on oneself*》. ¶ ～을 촉구하다 urge 《*a person*》 to reconsider seriously.
맹세 an oath; a pledge; a vow. ～하다 swear; vow; take an oath; give one's pledge. ¶ ～코 upon my hono(u)r (word); by God / ～를 지키다 (어기다) keep (break) one's vow (oath, pledge).
맹수(猛獸) a fierce animal; a beast of prey. ‖ ～ 사냥 《do, go》 a big game hunting.
맹습(猛襲) a vigorous (fierce) attack. ～하다 make a fierce attack 《*on*》.
맹아(盲啞) ‖ ～ 학교 a blind and dumb school.
맹약(盟約) 《서약》 a pledge; a covenant; a pact; 《동맹》 alliance; confederacy; a league.
맹연습(猛練習) ～하다 do hard training; train hard; carry out vigorous practice.
맹위(猛威) violence; fury. ¶ ～를 떨치다 rage; be violent.
맹인(盲人) ☞ 소경.
맹자(孟子) Mencius.
맹장(盲腸) the blind gut; the appendix. ¶ ～ 수술을 받다 have an operation for appendicitis. ‖ ～염 appendicitis.
맹장(猛將) a brave general; a veteran fighter.
맹점(盲點) a blind spot. ¶ 법의 ～을 찌르다 evade the law.
맹종(盲從) ～하다 follow (obey) blindly.
맹주(盟主) a leader 《*of allies*》; the leading power.
맹진(猛進) ～하다 dash forward.
맹추 a thickhead; a dullard.
맹타(猛打) 《give》 a heavy blow (hit).
맹탕 《국물》 insipid (watery) soup; 《사람》 a dull (flat) person.
맹폭(盲爆) blind (indiscriminate) bombing. ～하다 bomb blindly.
맹폭(猛爆) heavy bombing. ～하다 bomb (bombard) heavily.

맹풍(猛風) a violent wind.
맹학교(盲學校) a school for the blind.
맹호(猛虎) a fierce tiger.
맹활동(猛活動) vigorous activity. ~하다 be in full activity [swing].
맹휴(盟休) a strike; a school strike. ☞ 동맹휴교.
맺다 ① 《끈·매듭을》 tie (up); (make a) knot. ② 《끝내다》 finish; complete; conclude 《*one's speech with ..., by saying that...*》. ③ 《관계》 contract; enter [come into] relations 《*with*》. ¶ 관계를 ~ establish relations 《*with*》/ 부부 인연을 ~ plight one's troth 《*with*》. ④ 《계약·흥정 따위》 make 《*a contract*》; close 《*a bargain*》; conclude 《*a treaty*》. ⑤ 《열매를》 bear 《*fruit*》. ⑥ 《원한을》 harbo(u)r 《*an enmity toward*》; cherish; nurse.
맺히다 ① 《매듭이》 be tied; be knotted. ② 《열매가》 come into bearing; fruit; (go to) seed. ③ 《원한이》 be pent up; smo(u)lder. ¶ 맺힌 원한 a deep grudge. ④ 《눈물·이슬이》 form. ¶ 이슬이 ~ dew forms; be dewy.
머금다 ① 《입에》 keep [hold] 《*water*》 in one's mouth. ② 《마음에》 bear in mind; bear 《*malice to*》 (원한을). ③ 《기타》 ¶ 눈물을 ~ have tears in one's eyes / 이슬을 ~ have dew on 《*it*》; be dewy / 웃음을 ~ wear a smile.
머루 【植】 wild grapes [grapevines].
머리 ① 《두부》 the head ¶ ~가 아프다 have a headache. ② 《두뇌·기억력》 a brain; a head. ¶ ~를 쓰다 use one's head / ~가 좋다 have a clear head. ③ 《머리털》 hair. ¶ ~를 감다 wash one's hair; have a shampoo / ~를 깎다 have [get] one's hair cut. ④ 《꼭대기》 the top [head] 《*of*》. ¶ 기둥 ~ the top of a pillar.
머리끝 the crown of the head. ¶ ~에서 발끝까지 from top [head] to toe / ~이 쭈뼛해지다 one's hair stands on end.
머리띠 a headband.
머리말 a preface; a foreword.
머리맡 ¶ ~에 at [by] one's bedside.
머리채 a long tress of hair.
머리카락 (a) hair.
머리털 (the) hair. ¶ ~이 곤두서게 하다 make one's hair stand on end.
머리핀 a hairpin.
머릿기름 hair oil; pomade.
머릿수(一數) the number of persons; a head [nose] count.
머무르다 《묵다》 stay; stop; put up 《*at an inn*》; 《남다》 remain. ¶ 현직에 ~ remain in one's present office.
머무적거리다 ☞ 머뭇거리다.
머무적머무적 hesitantly; diffidently; nervously; in a hesitant manner.
머뭇거리다 hesitate; waver; linger; 《말을》 mumble; falter. ¶ 머뭇거리며 hesitatingly; falteringly.
머슴 a farm hand; a farmer's man. ‖ ~살이 the life of a farm employee (~살이(를) 하다 work [serve] as a farm hand).
머쓱하다 ① 《키가》 (be) lanky. ② 《기가 죽다》 (be) in low spirits; dejected.
머위 【植】 a butterbur(r).
머줍다 (be) dull; slow; sluggish.
머춤하다 stop [cease] for a while; break; lull; hold up.
머큐로크롬 mercurochrome.
머큐리 Mercury.
머플러 a muffler.
먹 an ink stick. ¶ ~을 갈다 rub an ink stick.
먹구름 dark [black] clouds.
먹다¹ ① 《음식 따위를》 eat; take; have 《*one's meal*》. ¶ 먹어보다 try 《*food*》; sample / 다 ~ eat up all / 먹고 살다 《쌀 등을》 live on 《*rice*》/ 약을 ~ take medicine(s). ② 《생계 유지》 live 《*on*》; exist on; feed on; subsist on; make a living 《*by*》. ¶ 붓으로 먹고 살다 live by one's pen. ③ 《담배를》 (have a) smoke. ④ 《가로챔》 seize; appropriate; embezzle. ¶ 뇌물을 ~ take [accept] a bribe. ⑤ 《욕을》 get 《*a scolding*》; be abused; be scolded. ⑥ 《마음을》 fix; set 《*one's mined on*》; make up one's mind 《*to*》. ⑦ 《겁을》 be scared; be frightened. ⑧ 《나이를》 grow [become, get] old(er). ⑨ 《벌레가》 eat into; be worm-[moth-] eaten. ⑩ 《이문》 get 《*a commission*》; receive; have. ⑪ 《더위를》 be affected by the heat. ⑫ 《판돈·상금을》 win [take] 《*the prize*》. ⑬ 《한대》 be given a blow (맞음). ⑭ 《녹을》 receive 《*a stipend*》.
먹다² ① 《귀가》 become hard of hearing; become deaf. ② 《날이 들다》 bite [cut] well. ③ 《물감·풀이》 dye (well); soak in (well). ④ 《비용이》 cost; be spent. ¶ 돈이 많이 ~ be costly [expensive].
먹먹하다 《귀가》 (be) deaf; deafened; stunned. ¶ 먹먹해지다 deafen.
먹물 Indian [Chinese] ink.
먹성 ¶ ~이 좋다 have a good appetite; be omnivorous.
먹실 a string stained with ink; 《문신》 tattooing. ¶ ~ 넣다 tattoo 《*a flower on one's arm*》.
먹음새 the way of eating; table manners.
먹음직스럽다 (be) delicious-looking; appetizing; tempting.
먹음직하다 ☞ 먹음직스럽다.
먹이 《양식》 food; 《사료》 feed; fodder (소·말의). ¶ …의 ~가 되다 become food 《*for*》; become the

prey of (야수의) / ~를 찾다 《야수가》 seek for prey; forage for food.
먹이다 ① 《음식을》 let someone eat [drink]; feed 《*cattle on grass*》. ¶ 젖을 ~ give the breast 《*to a baby*》. ② 《가축을》 keep; raise; rear. ③ 《부양》 support 《*one's family*》. ④ 《뇌물을》 (offer a) bribe; oil [grease] *a person's* hand [palm]. ⑤ 《때리다》 give [deal, inflict] 《*a blow*》. ⑥ 《겁 따위》 frighten; terrify. ⑦ 《물감을》 dye; 《풀을》 starch 《*a shirt*》.
먹자판 a scene of riotous eating; a big feast; a spree.
먹줄 an inking line; an inked string.
먹칠(一漆) ~하다 smear with (Chinese) ink; 《명예 따위에》 injure; disgrace; impair 《*one's dignity*》; mar.
먹통(一筒) a carpenter's inkpad case.
먹히다 be eaten up 《*by*》; be devoured 《*by*》; 《먹을 수 있다》 can be eaten; be edible; 《빼앗기다》 be cheated of; be taken for; 《돈이》 take; need. ¶ 먹느냐 먹히느냐의 싸움 a life-and-death [kill-or-be-killed] struggle.
먼나라 a far-off land; 《서양》 Western countries.
먼눈 ① a blind eye. ② a distant view.
먼데 ① 《변소》 a lavatory. ② 《먼곳》 a distant place; a long way.
먼동 ¶ ~ 트다 dawn; daybreak / ~이 트기 전에 before dawn [daybreak].
먼로주의(一主義) the Monroe doctrine.
먼발치기 somewhat distant place.
먼빛으로 《view》 from afar; from far away.
먼저 ① 《앞서》 《go》 first [ahead]. ② 《우선》 first (of all); above all; before anything (else). ③ 《미리》 earlier (than); beforehand. ¶ 돈을 ~ 치르다 pay in advance. ④ 《전에》 previously; formerly. ¶ ~ 말한 바와 같이 as previously stated.
먼지 dust. ¶ ~ 투성이의 dusty / ~를 털다 dust 《*one's coat*》. ‖ ~떨이 a duster.
멀거니 vacantly; absent-mindedly; with a blank look.
멀겋다 (be) thin; washy; dilute.
멀끔하다 (be) clean; cleanly; tidy.
멀다[1] ① 《거리가》 (be) far(-off); faraway; distant; 《…에서》 (be) far 《*from*》; a long way off; 《…까지》 (be) a long way 《*to*》. ¶ 멀리 떨어지다 keep away 《*from*》 (멀리 물러나다). ② 《시간적으로》 (be) remote. ¶ 멀지 않아 soon; shortly; before long; in the near future / 먼 옛날에 in the far-off days. ③ 《관계가》 (be) distant. ¶ 먼 친척 a distant relative.
멀다[2] 《눈이》 go blind; lose one's sight; be blinded 《*by*》 (욕심에). ¶ 돈에 눈이 멀어서 blinded by money.
멀떠구니 【鳥】 a crop; a craw.
멀뚱멀뚱 《눈이》 vacantly; absent-mindedly; 《국물이》 《be》 wishy-washy.
멀리 far away; in the [at a] distance. ¶ ~서 from afar; from a distance / ~하다 keep away 《*from*》; drive off (물리치다); estrange (소원); abstain 《*from*》 (절제).
멀미 ① 《배·수레의》 sickness; seasickness (배의); airsickness (비행기); carsickness (차). ~하다 get sick; feel nausea. ② 《넌더리남》 an aversion; dislike; a repugnance. ~하다 [나다] feel a repugnance 《*to*》; get sick of; be fed up 《*with*》.
멀쑥하다 ① 《키가》 (be) lanky; lean and tall. ② 《묽다》 (be) watery; thin. ③ ☞ 말쑥하다.
멀어지다 go away 《*from*》; recede 《*from view*》; die away (소리 등이); be(come) alienated [estranged] 《*from*》 (관계가); come less frequently, fall away 《*from*》 (발길이).
멀쩡하다 ① 《온전》 (be) flawless; spotless; free from blemish; perfect; 《다친 데 없다》 (be) unhurt; unwounded; 《정신이》 (be) sane; sober. ② 《뻔뻔하다》 (be) impudent; shameless. ¶ 멀쩡한 거짓말 an arrant lie / 멀쩡한 놈 a brazen-faced fellow; a dissembler. ③ 《부당》 (be) absurd; groundless (무근). ¶ 멀쩡한 소문 a groundless rumo(u)r.
멀찌막하다 (be) pretty far; rather distant.
멀찍멀찍 far apart; some distance apart.
멀찍하다 ☞ 멀찌막하다. ¶ 멀찍이 pretty far; far apart; away from; at a distance / 멀찍이 사이를 두다 leave a pretty long interval 《*between*》.
멈추다 《…이》 stop; cease; halt; come to a stop; be interrupted; 《…을》 stop; break [lay] off; bring 《*a thing*》 to a stop; put a stop 《*to*》. ¶ 비가 ~ it stops raining/ 차를 ~ bring a car to a stop.
멈칫거리다 hesitate; linger; shrink [hold] back; flinch.
멈칫하다 stop abruptly (for a moment); flinch 《*from*》; wince 《*at*》. ¶ 멈칫멈칫 hesitatingly; lingeringly.
멋 ① 《세련미》 dandyism; foppery (☞ 멋지다, 멋없다). ¶ ~ 있는 smart(-looking); stylish; chic; splendid (솜씨 따위) / ~으로 《wear glasses》 for show [appearance' sake] / ~(을) 부리다 [내다] dress stylishly [smartly]; dress oneself

ㅁ

up; be foppish. ② 《풍치》 relish; flavo(u)r; taste; zest; pleasure; delight. ¶ ~을 알다 get a taste 《for》; take a liking 《for, to》; appreciate 《the fun》 / ~을 모르다 have no taste 〔relish〕 《for》; have no appreciation 《of》. ③ 《사정》 circumstances; 《까닭》 reason. ¶ ~도 모르고 without any knowledge of the situation; without knowing why.
멋대로 as one likes; at pleasure 〔will〕; willfully; waywardly. ¶ ~ 굴다〔하다〕 have one's own way 《in》.
멋들어지다 (be) nice; smart; stylish. ¶ 멋들어지게 smartly; nicely; fascinatingly; with zest.
멋없다 (be) not smart 〔stylish〕; tasteless; insipid; dull.
멋쟁이 《남자》 a dandy; a fop; 《여자》 a dressy 〔chic〕 woman.
멋적다 (be) awkward.
멋지다 (be) stylish; smart; dandyish; refined; chic; splendid. ¶ 멋진 솜씨 great 〔wonderful〕 skill; excellent workmanship.
멍 ① 《맺힌 피》 a bruise; a contusion. ~들다 turn black and blue; be bruised 《all over》; 《마음에》 be hurt. ② 《일의 탈》 a serious hitch 〔setback〕. ~들다 suffer a serious hitch 〔setback〕; go wrong 《with》; be ruined.
멍석 a straw mat.
멍에 《put》 a yoke 《upon》.
멍울 ☞ 망울.
멍청이 a fool; a dullard; a simpleton.
멍청하다 (be) stupid; dull(-headed).
멍텅구리 a fool; an idiot 〔ass〕.
멍하다 (be) absent-minded; blank; vacant. ¶ 멍하니 absent-mindedly; vacantly; blankly.
메 《방망이》 a mallet (목제); a hammer (철제); a maul (큰 것).
메가사이클 a megacycle (약호 mc).
메가톤 a megaton. ¶ ~급의 《a hydrogen bomb》 in the megaton range.
메가폰 a megaphone. ¶ ~을 잡다 direct the production of a motion picture.
메기 〖魚〗 a catfish.
메기다 《화살을》 fix; put; notch 《an arrow》.
메뉴 a menu; a bill of fare.
메다¹ 《막히다》 be stopped 〔stuffed, blocked, choked〕 (up); be clogged. ¶ 목이 ~ feel choked / 코가 ~ one's nose is stopped up.
메다² shoulder 《a gun》; carry 《a load》 on one's shoulder 〔back〕.
메달 《win》 a medal. ‖ 금~ 수상자 a gold medal winner; a gold medalist.
메들리 a medley; a medley relay 〔race〕.
메뚜기 〖蟲〗 a grasshopper; a locust.
메리야스 knitted goods; hosiery; a knit shirt (셔츠). ‖ ~ 공장 a knitting mill / ~ 기계 a knitting machine; a knitter.
메린스 muslin (=모슬린).
메마르다 《땅이》 (be) dry; arid; 《불모》 (be) poor; barren; sterile; 《마음이》 (be) harsh. ¶ 메마른 마음 a cold 〔an unfeeling〕 heart; a heart of stone.
메모 a memo; a memorandum. ¶ ~를 적다 make a memo; take notes 《of》. ‖ ~지 scratch paper/ ~장 a note pad.
메밀 buckwheat. ‖ ~ 국수 buckwheat noodles / ~묵 buckwheat jelly.
메부수수하다 (be) boorish; rustic.
메숲지다 (be) thick; dense. ¶ 메숲진 산 a thickly wooded hill.
메스 a surgical knife; a scalpel. ¶ ~를 가하다 《비유》 probe 《into a matter》.
메스껍다 ① 《역겹다》 feel sick 〔nausea〕. ② ☞ 아니꼽다 ②.
메슥거리다 feel sick 〔nausea〕; feel like vomiting.
메슥메슥하다 ☞ 메스껍다.
메시아 Messiah.
메시지 《send》 a message. ¶ ~를 남기다 《본인 부재중》 leave a message 《with the secretary》.
메신저 a messenger.
메아리 an echo. ~치다 echo; be echoed; resound.
메어치다 throw 《a person》 over one's shoulder.
메우다 ① 《빈곳·구멍을》 fill up 〔in〕; stop (up); reclaim (매립). ¶ 틈을 ~ make 〔stop〕 up a gap / 여백을 ~ fill space 〔blanks〕 / 결원을 ~ fill up a vacancy. ② 《부족을》 make up for; compensate for (보상). ¶ 결손을 ~ make good the loss. ③ 《통을》 hoop 《a barrel》; fix. ¶ 통에 테를 ~ hoop a tub.
메이저 《석유 자본》 the Majors.
메이커 a maker; a manufacturer. ¶ (일류) ~ 제품 articles manufactured by well-known makers; name brands.
메이크업 make-up. ~하다 make up.
메조소프라노 〖樂〗 mezzo-soprano.
메주 soybean malt; fermented soybeans. ¶ 재주가 ~다 be a slow-witted person.
메지다 (be) nonglutinous.
메질 ¶ ~하다 hammer; strike with a mallet.
메추라기, 메추리 〖鳥〗 a quail.
메카 Mecca.
메커니즘 (a) mechanism.
메탄 〖化〗 methane. ‖ ~ 가스 methane (gas).
메탄올 〖化〗 methanol; methyl alcohol.
메탈 metal.
메테나민 〖藥〗 methenamin(e).
메토헤모글로빈 〖化〗 metohemoglobin.
메트로놈 〖樂〗 a metronome.
메틸알코올 methyl 〔wood〕 alcohol.

멕시코 Mexico. ¶ ~의 Mexican / ~ 사람 a Mexican.
멘델 ‖ ~ 법칙 Mendel's laws; Mendelism.
멘셰비키 a Menshevik.
멘스 the menses. ☞ 월경.
멘탈테스트 《give》 a mental test.
멜대 a carrying pole.
멜로드라마 a melodrama.
멜로디 a melody.
멜론 a melon.
멜빵 shoulder straps (of a pack); a shoulder strap; a sling (총의); 《양복바지의》 suspenders; braces 《英》.
멤버 a member; a lineup (면면).
멥쌀 nonglutinous rice.
멧나물 edible mountain herbs.
멧누에 〖蟲〗 a tussah; a wild silkworm.
멧닭 〖鳥〗 a black grouse; a blackcock (수컷); a gray hen (암컷).
멧돼지 〖動〗 a wild boar.
멧두릅 〖植〗 a spikenard.
멧부리 the peak.
멧새 〖鳥〗 a meadow bunting.
멧종다리 〖鳥〗 a mountain hedge-sparrow.
며느리 one's son's wife; a daughter-in-law. ¶ ~를 보다 have one's son get married.
며느리발톱 〖動·鳥〗 a spur; a calcar [*pl.* -ria]; a dewclaw (개 등의).
며칠 《그달의》 what day; 《날수》 how many days; how long; a few days. ¶ ~ 동안 for (many) days / 오늘이 ~인가 What day of the month is (it) today?
멱¹ 《목》 a throat; a gullet. ~따다 cut 《*a fowl's*》 gullet 〔throat〕.
멱² ☞ 미역².
멱(冪) 〖數〗 a power. ‖ ~수 an exponent.
멱미레 dewlap.
멱살 the throat. ¶ ~잡다〔들다〕 seize 《*a person*》 by the collar 〔coat lapels〕; grab 《*a person's*》 throat.
멱서리 a straw-bag.
멱씨름 ¶ ~하다 grapple at each other's throat; come to grips with each other.
면(面)¹ ① 《얼굴》 a face. ② ☞ 체면. ③ 《표면》 the (sur)face; 《측면》 a side; 《다면체》 a facet; a face. ④ 《방면》 an aspect; a phase; a field; a side. ¶ 재정 ~에서 in the financial aspect / 모든 ~에서 in every respect. ⑤ 《지면(紙面)》 a page.
면(面)² 《행정 구역》 a *myŏn* (as a subdivision of a *gun*); a township.
면(綿) cotton. ☞ 무명.
…면 if; when; in case. ¶ 비가 오~ if it rains.
면경(面鏡) a hand 〔small〕 mirror.
면관(免官) ☞ 면직(免職).
면구스럽다(面灸—) (be) shamefaced; abashed; feel awkward 〔nervous, embarrassed〕 (서술적).
면담(面談) an interview; a talk. ~하다 have an interview 《*with*》; talk personally 《*with*》.
면대(面對) ~하다 meet face to face 《*with*》; face (each other). ¶ ~하여 face to face.
면도(面刀) shaving. ~하다 shave oneself; 《남을 시켜》 have one's face shaved; get a shave. ‖ (안전) ~칼 a (safety) razor / 면돗날 a blade.
면려(勉勵) 《스스로》 (close) application; 《남을》 encouragement. ~하다 exert oneself; work hard; urge (남을).
면류(麵類) noodles; vermicelli.
면류관(冕旒冠) a crown; a diadem.
면면(綿綿) ~한 unbroken; continuous; endless. ¶ ~히 without a break; ceaselessly.
면모(面貌) a countenance; looks; features; (an) appearance (일의). ¶ ~를 일신하다 put on quite a new aspect; undergo a complete change / ~를 되찾다 return to 《*its*》 former conditions.
면목(面目) 《얼굴》 countenance; looks; features; 《체면》 face; honor; credit; 《모양》 an appearance; an aspect. ¶ ~을 잃다 lose one's face / ~을 유지하다〔세우다〕 save one's face 〔honor〕 / ~ 없다 be ashamed of oneself / ~을 일신하다 change completely 〔radically〕; undergo a renewal.
면밀(綿密) ~한 close; minute; careful. ¶ ~히 minutely; carefully; scrupulously / ~한 검사 a close examination.
면바르다(面—) (be) even; level; clean-cut.
면박(面駁) ~하다 refute to one's face; reprove 〔blame〕 《*a person*》 to *his* face.
면방적(綿紡績) cotton spinning. ‖ ~기 a cotton spinning machine.
면벽(面壁) 〖佛〗 《sit in》 meditation facing the wall 《*of a cave*》.
면부득(免不得) ~하다 be unavoidable 〔inevitable〕.
면사(免死) ~하다 escape 〔be saved from〕 death.
면사(綿絲) cotton yarn (직조용); cotton thread (바느질용).
면사무소(面事務所) a *myŏn* office.
면사포(面紗布) a wedding 〔bridal〕 veil. ¶ ~를 쓰다 marry; get married.
면상(面上) the face.
면상(面相) a countenance; looks.
…면서 ① 《동작의 진행》 …ing; 《동시에》 as; while; over; during. ¶ 웃으~ with a smile; smiling / 책을 읽으~ 걷다 read as one walks. ② 《불구하고》 (al)though; and yet; still; in spite of; for all that. ¶ 나쁜 일인 줄 알~ though I knew it was wrong; against my better

judg(e)ment.
면서기(面書記) a *myŏn* official; an official of township office.
면세(免稅) tax exemption. ～하다 exempt 《*a person*》 from taxes; free 《*goods*》 from (custom) duty (관세를). ‖ ～점(點) 《raise, lower》 the tax exemption limit / ～품(品) tax-exempt[-free] articles.
면소(免訴) acquittal. ～하다 dismiss 《*a case*》; acquit [release] 《*a prisoner*》. ¶ ～되다 be acquitted 《*of*》.
면식(面識) acquaintance. ¶ ～이 있다 be acquainted 《*with*》; know.
면양(緬羊) a (wool) sheep.
면역(免役) exemption from public labo(u)r [military service].
면역(免疫) immunity. ¶ ～이 되다 become [be] immune 《*from*》 / ～이 되게 하다 immune 《*a person against*》. ‖ ～ 주사 (a protective) inoculation / ～학 immunology.
면장(免狀) a license [licence 《英》]. ‖ 수입 ～ an import permit.
면장(面長) the chief of a *myŏn* [township].
면적(面積) an area. ¶ ～을 차지하다 cover an area 《*of ten acres*》. ‖ 경작 ～ area under cultivation.
면전(面前) ～에서 before [in the presence of] 《*a person*》. ¶ 내 ～에서 in my presence.
면접(面接) an interview. ～하다 (have an) interview. ‖ ～ 시험 an oral test (구술의); a personal interview (입사 등의).
면제(免除) (an) exemption 《*from*》. ～하다 exempt 《*a person from tax*》; release [excuse] 《*a person from a duty*》. ¶ 징집 [병역]이 ～되다 be exempted from draft [military service]. ‖ 일부 [전부] ～ partial [total] exemption / 입학금 ～ exemption of the entrance fee.
면제품(綿製品) cotton goods.
면종(面腫) a facial furuncle [boil].
면종복배(面從腹背) false [pretended, treacherous] obedience; (a) Judas kiss.
면지(面紙) 《책의》 the inside of a book cover; a flyleaf; an endpaper.
면직(免職) dismissal (from office); discharge. ～하다 dismiss [discharge, remove, eject] 《*a person*》 (from office); fire 《口》. ¶ ～되다 be dismissed [fired].
면직물(綿織物) cotton fabrics [textiles].
면책(免責) one's exemption from responsibility [obligation]. ‖ ～조항 an exemption [escape] clause.
면책(面責) personal reproof. ～하다 reprove 《*a person*》 to his face.
면치레(面一) ～하다 save [keep up] appearances; put up a good front.
면포(綿布) cotton cloth [stuff].
면하다(免一) ① 《벗어남》 free oneself 《*from*》; be freed 《*from*》; relieve oneself 《*of*》; be relieved 《*of*》. ② 《회피》 avoid; escape. ¶ 면하기 어려운 inevitable; fatal. ③ 《모면》 escape 《*danger*》; be saved 《*from drowning*》; get rid 《*of a bad habit*》. ④ 《면제》 be exempt (-ed) [free] 《*from*》; be immune 《*from*》. ¶ 병역을 ～ be exempted from military service.
면하다(面一) face (on); look on [to] 《*the sea*》. ¶ 바다에 면한 집 a house facing [fronting (on)] the sea / 호수에 면한 호텔 a hotel on the lake; a lakeside hotel.
면학(勉學) study; academic pursuit. ～하다 study; pursue one's studies. ¶ ～ 분위기를 조성하다 create an academic atmosphere.
면허(免許) permission; a license [licence 《英》]. ¶ ～ 있는(없는) (un-) licensed / ～를 얻다 obtain [take] a license. ‖ ～증(證) a 《*driving*》 license.
면화(棉花) ☞ 목화(木花).
면회(面會) an interview. ～하다 meet; see; have an interview 《*with*》. ¶ ～를 청하다 ask 《*a person*》 to see 《*one*》; ask for [request] an interview 《*with*》 / ～를 사절하다 refuse to see a visitor. ‖ (작업 중) ～ 사절 《게시》 Interview Declined (During Working Hours).; No Visitors (환자). / ～ 시간 visiting hours.
멸공(滅共) crushing communism; rooting up communists. ‖ ～ 정신 the spirit to crush [exterminate] communism.
멸구 【蟲】 a rice insect; a leafhopper.
멸균(滅菌) ☞ 살균(殺菌).
멸망(滅亡) a (down)fall; ruin; destruction; collapse. ～하다 be ruined [destroyed]; perish.
멸문(滅門) ‖ ～지화 (之禍) a disaster that wipes out 《*a person's*》 whole family.
멸사봉공(滅私奉公) selfless devotion to *one's* country.
멸시(蔑視) contempt; disdain; disregard (☞ 경멸). ～하다 despise; disdain; hold 《*a person*》 in contempt. ¶ ～받다 be held in contempt.
멸절(滅絶) extermination; extirpation; eradication.
멸족(滅族) ～하다 《타동사》 exterminate [eradicate] 《*a person's*》 whole family; 《자동사》 《a family》 be exterminated.
멸종(滅種) ～하다 《타동사》 exterminate [eradicate] a stock; 《자동사》 《a stock》 be exterminated [eradicated].
멸치 【魚】 a kind of anchovy. ‖ ～젓 salted anchovies.
멸하다(滅一) ruin; destroy 《*an ene-*

my》; exterminate. 「(목화).
명 《무명》 cotton (cloth); a cotton
명(命) ① ☞ 명령. ¶ 당국의 ~에 의하여 by order of the authorities. ② 《명수》 one's (span of) life; one's destiny (운명). ¶ 제 ~에 죽다 die a natural death.
명(銘) 《기념비》 an inscription; 《묘비》 an epitaph; 《칼의》 a signature; 《스스로의 계율》 a precept; a motto.
명(名) 《사람수》 a man; persons. ¶ 20~ twenty persons.
명…(名) 《유명》 great; noted; celebrated; 《탁월》 excellent; judicious. ¶ ~배우 a star actor.
명가(名家) 《집안》 a reputable family; 《저명인》 an eminent person; 《대가》 a great master.
명가수(名歌手) a great (famous) singer.
명검(名劍) a noted sword; an excellent blade. 「ror.
명경(明鏡) a stainless (clear) mir-
명계(冥界) ☞ 명도(冥途).
명곡(名曲) 《appreciate》 a famous piece of music.
명공(名工) a skil(l)ful craftsman; an expert artisan.
명관(名官) a celebrated governor; a wise magistrate.
명관(鳴管) 〖鳥〗 a syrinx.
명구(名句) 《구》 a famous phrase; 《명담》 a wise saying.
명군(明君) an enlightened monarch.
명궁(名弓) 《사람》 an expert archer; 《활》 a noted bow.
명금(鳴禽) a songbird.
명기(明記) ~하다 state clearly; specify.
명년(明年) next year.
명단(名單) a list of names; a roll.
명단(明斷) ¶ ~을 내리다 pass a fair judg(e)ment 《*on*》.
명담(名談) a wise saying; a witty remark.
명답(名答) a clever (right) answer.
명답(明答) a definite answer.
명당(明堂) ① 《대궐의》 the king's audience hall. ② 《묏자리》 a propitious site for a grave.
명도(名刀) a celebrated sword.
명도(明度) luminocity.
명도(明渡) evacuation; quitting. ~하다 vacate (quit) 《*a house*》; clear out of 《*a house*》; evacuate. ¶ ~를 요구하다 ask 《*a person*》 to quit 《*the house*》. ‖ (가옥의) ~ 소송 an eviction suit. 「world.
명도(冥途) 〖佛〗 Hades; the under-
명동(鳴動) ~하다 rumble. ¶ 태산 ~에 서일필(鼠一匹) 《俗談》 Much cry and little wool.
명란(明卵) pollack roe. ‖ ~젓 salted pollack roe.
명랑(明朗) ~한 gay; merry; cheerful; bright; light-hearted; jolly. ¶ ~하게 하다, ~해지다 brighten.
명령(命令) an order; a command; a direction; instructions (훈령). ~하다 order (tell) 《*a person to do*》; give orders. ¶ ~적(으로) imperative(ly) / ~조로 《speak》 in a commanding tone / ~에 따르다 obey (carry out) an order / ~대로 하다 do as one is told. ‖ ~법 〖文〗 the imperative (mood).
명론(名論) an excellent opinion; a sound (convincing) argument.
명료(明瞭) ~한(하게) clear(ly); distinct(ly); plain(ly). ¶ ~하게 하다 make clear.
명류(名流) celebrities; notables; men of reputation.
명리(名利) 《run after》 fame and fortune. ¶ ~를 좇다 strive after fame and gain; be bent on gaining wealth and fame.
명마(名馬) a good (fine) horse.
명망(名望) (a) reputation; popularity (인망). ‖ ~가 a man of high reputation.
명맥(命脈) life; existence. ¶ ~을 유지하다 keep alive; remain in existence / 겨우 ~을 유지하다 《살아 있음》 be barely alive; 《존속함》 barely keep 《*itself*》 in existence.
명멸(明滅) ~하다 《불이》 flicker; glimmer; blink. ‖ ~ 신호(信號) a blinking signal.
명명(命名) ~하다 christen; name. ‖ ~식 a naming ceremony; a christening.
명명백백(明明白白) ~한 as clear as day; quite obvious.
명모(明眸) bright eyes; beauty.
명목(名目) a name; a title; 《구실》 《under (on) the》 pretext 《*of, that* ...》. ~상의 nominal; titular; in name only. ¶ ~에 지나지 않다 be in name only. ‖ ~ 가격 a nominal price / ~ 임금 nominal wages.
명문(名文) a literary gem; a beautiful passage (composition). ‖ ~가 a master of style; a stylist.
명문(名門) a distinguished (noble) family. ‖ ~교 a famous school (university).
명문(明文) an express provision (statement). ¶ 법률에 ~화되어 있다 be expressly stated in the law.
명물(名物) 《산물》 a special product; a speciality; 《저명한 것》 a feature; an attraction; a popular figure 《*in town*》 (사람).
명미(明媚) ~한 beautiful; of scenic beauty.
명민(明敏) ~하다 (be) sagacious; intelligent; clear; sharp.
명반(明礬) alum. ‖ ~석 alum stone.
명백(明白) ~하다 (be) clear; plain; obvious. ¶ ~히 clearly; plainly.
명복(冥福) happiness in the other world; heavenly bliss. ¶ ~을 빌다 pray for the repose of 《*a person's*》 soul.

명부(名簿) a list [roll] of names. ¶ ~를 만들다 make a list 《*of*》. ‖ 선거인 ~ a pollbook / 회원 ~ a membership list.
명부(冥府) Hades; the other world.
명분(名分) 《분(分)》 one's duty; one's moral obligations; 《정당성》 (moral) justification. ¶ ~이 서는 justifiable / ~이 안 서는 unjustifiable / ~을 세우다 justify oneself [one's conduct].
명불허전(名不虛傳) ~이다 It is quite true as I have heard that....
명사(名士) a man of note; a distinguished [noted, celebrated] person 「tive.
명사(名詞) 【文】 a noun; a substan-
명산(名山) a noted mountain.
명산(名產) a special [noted] product; a speciality.
명상(瞑想) meditation. ~하다 meditate 《*on*》; contemplate. ¶ ~적인 meditative / ~에 잠기다 be lost in meditation.
명색(名色) a title; a name; an appellation. ☞ 명목.
명석(明晳) ~하다 (be) clear; bright. ¶ 두뇌가 ~하다 be clearheaded.
명성(名聲) fame; reputation; renown. ¶ ~을 얻다 gain [win] fame [a reputation] / ~을 높이다 [더럽히다] enhance [injure] one's reputation.
명성(明星) ① 《샛별》 the morning star; Lucifer. ② 《인기인》 a (shining) star.
명세(明細) details; particulars. ‖ ~서 a detailed account [statement]; a specification (선적 ~서 shipping specifications / 지출 ~서 a bill of expenditure).
명소(名所) a noted place; a beauty [scenic] spot. ¶ ~를 구경하다 see [do] the sights 《*of Seoul*》.
명수(名手) a master-hand 《*at*》; an expert 《*at, in*》. ¶ 사격의 ~ a crack shot 《ロ》.
명수(命數) one's (span of) life; one's destiny (운).
명승(名勝) ‖ ~ 고적 places of scenic beauty and historic interest / ~지 a beautiful place.
명승(名僧) a great priest.
명시(明示) ~하다 point out [state] clearly; clarify. ¶ ~적(으로) explicit(ly).
명실(名實) ~공히 (both) in name and reality. ¶ ~ 상부하다 be true to the name; be up to 《*its*》 reputation.
명심(銘心) ~하다 bear [keep] 《*a matter*》 in mind; take 《*the advice*》 to heart.
명아주 【植】 a goosefoot.
명안(名案) a capital [good] idea; a splendid plan.
명암(明暗) light and darkness [shade]. ¶ 인생의 ~ 양면(兩面) the bright and dark sides of life. ‖ ~법 shading; *chiaroscuro* 《이》.
명약관화(明若觀火) ~하다 《서술적》 be as clear as day; be plain enough.
명언(名言) a wise saying; a witty remark.
명언(明言) ~하다 declare; say definitely; state explicitly.
명역(名譯) an apt [excellent] translation.
명연기(名演技) good acting; a fine [an excellent] performance.
명예(名譽) hono(u)r; credit. ¶ ~로운 honorable 《*position*》 / ~를 걸고 on one's honor / ~를 얻다 win [gain] honor / ~로 여기다 It is a great honor 《*to do*》 / ~가 되다 be a credit 《*to one's school*》; do honor 《*to*》 / ~를 더럽히다 disgrace [bring discredit on] 《*one's family*》. ‖ ~ 교수 a professor emeritus / ~ 시민(직, 회장) an honorary citizen [post, president] / ~심 love of fame; ambition / ~ 훼손죄 a libel (문서로의); (a) slander (말로); defamation.
명왕성(冥王星) Pluto.
명우(名優) a great [celebrated] actor; a (famous) star. 「(악운).
명운(命運) one's fate; one's doom
명월(明月) a bright [full] moon. ¶ 중추의 ~ the harvest moon.
명의(名義) the [one's] name. ~상의 nominal. ¶ …의 ~로 in 《*a person's*》 name / 아내의 ~로 바꾸다 transfer 《*property*》 to one's wife. ‖ ~ 도용 an illegal use of other's name / ~ 변경 transfer.
명의(名醫) a noted [great] doctor; a skilled physician.
명인(名人) an expert 《*at, in*》; a (past) master 《*in, of*》. ¶ ~ 자리를 따다 win the championship in the *badug* tournament. ‖ ~전 the 《*badug*》 championship series.
명일(名日) a national holiday; a festive [fete] day.
명일(明日) tomorrow.
명작(名作) a masterpiece; a fine piece 《*of literature*》; a fine work 《*of art*》. 「man).
명장(名匠) a master hand [crafts-
명장(名將) a great commander [general].
명재경각(命在頃刻) be(ing) on the brink [point] of death.
명저(名著) a fine book [work].
명절(名節) a gala day; a fete (day); a national holiday. ¶ ~ 기분 festive mood.
명정(酩酊) intoxication. ☞ 취하다.
명제(命題) 【論】 a proposition.
명조(明朝) ① tomorrow morning. ②=명조체. ‖ ~체 【印】 Ming(-style) type.
명주(明紬) silk; 《견직물》 silk fabric; silks. ‖ ~실 silk thread.

명주(銘酒) choice [high-quality] liquor; liquor of a famous brand.
명중(命中) a hit. ~하다 hit 《*the mark*》; strike home. ¶ ~하지 않다 miss 《*the mark*》. ‖ ~탄(彈) a (direct) hit; a telling shot.
명찰(名札) a name plate [tag].
명찰(明察) insight; discernment. ~하다 discern; see through.
명창(名唱) a great [noted] singer (사람); a famous song (노래).
명철(明哲) sagacity; intelligence. ~하다 (be) sagacious; intelligent.
명추(明秋) next autumn [fall].
명춘(明春) next spring.
명치 the pit (of the stomach).
명칭(名稱) 《give》 a name; a title; a designation.
명콤비(名一) 《form》 an ideal combination; 《make》 a good pair.
명쾌(明快) ~한 plain; clear; lucid.
명태(明太) 〖魚〗 a Alaska pollack.
명토(名一) ~박다 indicate; pinpoint.
명필(名筆) 《글씨》 a fine handwriting [calligraphy]; 《사람》 a noted calligrapher; a skilled penman.
명하다(命一) ① ☞ 명령하다. ② 《임명》 appoint; nominate.
명함(名啣) a (name) card; a visiting [calling] card (사교용); a business card (영업용). ¶ ~을 내다 give one's card. ‖ ~판(사진) a *carte de visite* 《프》.
명현(名賢) a man of great wisdom; a noted sage.
명화(名畵) a famous [great] picture; a masterpiece; a good film (영화).
명확(明確) ~한 clear; precise; accurate; definite. ¶ ~하게 clearly; precisely; accurately.
몇 《얼마》 how many (수); how much (양, 금액); how far (거리); how long (시간); some. ¶ ~ 개 how many; some (긍정) / ~ 년(年) how many years / ~ 번 how many times; how often; what number (번호) / ~ 사람 how many people [persons]; some people (약간) / ~ 살 how old / ~ 시 what time; when / ~ 번씩이나 often; many times / ~ 살이지 How old are you? / ~ 시입니까 What time is it?
몇몇 some; several 《*persons*》.
모[1] ① 《각》 an angle. ¶ ~가 난 angular; angled. ② ☞ 모서리. ③ 《언행의》 angularity; harshness. ¶ ~(가) 나다 be angular [harsh]; be harsh-mannered / ~나지 않다 be smooth-mannered. ④ 《측면》 the side. ¶ 여러 ~로 in various [many] ways / ~로 눕다 lie on one's side.
모[2] 《벼의》 a (rice) seedling; 《묘목》 a sapling (☞ 모내다). ¶ ~를 심다 transplant rice seedlings.
모(某) 《모씨》 a certain person; Mr. So-and-so; 《어떤》 a; one; certain. ¶ ~처 a certain place / 김 ~(金某) a certain Kim.
모[3] 《두부 따위의》 a cake [piece] 《*of bean curd*》.
모가치 one's share. ☞ 몫.
모개 ¶ ~로 《buy》 in the lump [lot, mass]. ‖ ~ 흥정 a package deal.
모경(暮景) an evening scene.
모계(母系) 《on》 the maternal line [mother's side].
모계(謀計) a trick; a scheme; a plot; a stratagem.
모골(毛骨) ~이 송연하다 shudder; feel one's hair stand on end.
모공(毛孔) pores (of the skin).
모과 〖植〗 a Chinese quince.
모관(毛管) a capillary (tube). ‖ ~ 작용 (a) capillary action; 《by》 capillarity / ~ 현상 a capillary phenomenon.
모교(母校) one's *Alma Mater*; one's (old) school.
모국(母國) one's (mother) country. ‖ ~어(語) one's mother [native] tongue.
모국(某國) a certain state [nation]; an undisclosed country.
모권(母權) mother's authority; maternal rights.
모근(毛根) the root of hair. ‖ ~이식 implantation of hair; hair implantation.
모금(募金) fund raising; collection of subscriptions [contributions]. ~하다 raise a fund 《*for*》; collect contributions. ‖ ~ 운동 a 《*charity*》 fund drive / 가두 ~ a street collection of subscriptions.
모금 a mouthful 《*of*》; a draft; a puff (담배의); a sip (차 따위).
모기 a mosquito. ¶ ~ 소리로 in a very faint voice / ~에 물리다 be bitten [stung] by a mosquito. ‖ ~장 《put up》 a mosquito net [curtain] / ~향 a mosquito(-repellent) stick [coil].
모깃불 a smudge; a mosquito smoker [fumigator].
모나코 Monaco. ¶ ~ 공국(公國) the Principality of Monaco.
모내기 a rice-transplantation. ‖ ~철 the rice-planting season.
모내다 ① 《벼의 모를》 transplant rice; 《모종을》 transplant the seedling 《*of*》; bed out. ② 《각(角)을》 make angular.
모녀(母女) mother and daughter.
모노레일 a monorail.
모노타이프 a monotype.
모놀로그 a monologue.
모니터 a monitor. ‖ ~제 a monitor system (방송).
모닝코트 a morning coat [dress].
모닥불 an open-air fire; a bonfire. ¶ ~을 피우다 build up a fire.
모더니즘 modernism.

모던 modern. ‖ ~ 걸 a modern girl.
모데라토 〖樂〗 *moderato* 《이》.
모델 a model. ¶ ~이 되다 pose [sit, stand] for an artist. ‖ 사진 ~ a photographic model / 패션 ~ a fashion model.
모독(冒瀆) profanation. ~하다 profane; defile; sully.
모두 all; everything; everybody; everyone; 《다해서》 in all; all told; 《다 함께》 altogether; in a body; 《몰아서》 in the gross. ¶ 우리 셋이 ~ everyone of us three.
모두(冒頭) 《at》 the beginning; the opening; the outset. ‖ ~ 진술 an opening statement.
모두뜀 leaping on both feet.
모드라기풀 〖植〗 a sundew.
모든 all; whole; every. ¶ ~ 점에서 in all points; in every respect.
모들뜨기 a cross-eyed person.
모뜨다 《흉내》 imitate; copy; ape; mimic.
모라토리엄 a moratorium.
모락모락 ☞ 무럭무럭.
모란(牡丹) a (tree) peony.
모랄 moral sense; morals; ethics; *morale* 《프》.
모래 sand; grit (거친). ¶ ~가 많은 sandy / ~ 장난을 하다 play with sand. ‖ ~땅 sandy soil / ~ 먼지 《raise》 a cloud of dust / ~밭 the sands; a sand pit / ~ 벌판 a sandy plain / ~ 사장 [톱] a sandy beach; the sands / ~ 시계 an hourglass/ ~ 주머니 a sandbag / ~ 찜질 a sand bath / ~ 채취장 a sand pit.
모래무지 〖魚〗 a false goby minnow.
모래집 the amnion [*pl.* -nia]. ‖ ~물 amniotic fluid; the water.
모략(謀略) a plot; a trick; stratagem. ¶ ~을 꾸미다 devise a stratagem. ‖ ~ 선전 strategical propaganda.
모레 the day after tomorrow.
모로 《비스듬히》 diagonally; obliquely; 《옆으로》 《walk》 sideways.
모로코 Morocco. ¶ ~의 Moroccan.
모롱이 the spur of a hill.
모루 an anvil. ‖ ~채 a (sledge) hammer.
모르다 ① 《일반적》 do not know; be ignorant 《*of*》; 《생소함》 be not acquainted 《*with*》; be unfamiliar; 《추측 못하다》 cannot tell. ¶ 모른 체하다 look 《*on a thing*》 with indifference; pretend not to know; feign ignorance; cut 《*a person*》 dead (몽따다) / 글을 ~ be unlettered / 할 바를 ~ do not know what to do / 전혀 ~ know nothing 《*about*》. ② 《이해못함》 do not understand; have no idea 《*of*》; 《인식못함》 do not recognize [appreciate]. ¶ 시를 ~ have no relish for poetry / 중요성을 ~ do not recognize the importance 《*of*》 / 돈을 ~ be indifferent to money. ③ 《깨닫지 못함》 be unaware 《*of*》; be unconscious 《*of*》; 《못느낌》 do not feel; be insensible 《*of, to*》. ¶ 모르는 사이에 before one knows; without knowing it/ 창피를 ~ be shameless. ④ 《기억못함》 do not remember. ⑤ 《무관계》 have no relation 《*with*》; have nothing to do 《*with*》; 《무경험》 have no experience; be ignorant 《*with*》. ¶ 세상을 ~ be ignorant of the world.
모르모트 〖動〗 a guinea pig.
모르몬교(一敎) Mormonism. ‖ ~도 a Mormon.
모르쇠 know-nothingism.
모르스 ‖ ~ 부호 the Morse code.
모르타르 mortar.
모르핀 morphia; morphine. ‖ ~ 중독 morphinism.
모름지기 by all means; necessarily; should 《*do*》; ought 《*to do*》.
모리(謀利) profiteering. ~하다 make [plan] undue profits 《*on*》; profiteer. ‖ ~배 a profiteer.
모리타니아 Mauritania. ¶ ~의 Mauritanian / ~사람 a Mauritanian.
모면(謀免) ~하다 escape 《*death*》; get rid of; avoid; tide over. ¶ 위기를 ~하다 escape [tide over] a crisis.
모멸(侮蔑) contempt. ☞ 경멸.
모모(某某) unspecified persons; such and such persons; so-and-sos.
모모한(某某一) notable; well-known. ¶ ~ 인사 somebody; anybody; a notable.
모물(毛物) furs; fur goods. ‖ ~전 a fur store.
모물질(母物質) 《핵연료의》 fertile material.
모반(母班) a n(a)evus [birthmark].
모반(謀叛) a rebellion; a revolt. ~하다 plot a rebellion [treason]; rise [rebel] 《*against*》. ‖ ~자(者) a rebel; a traitor (배반자) / ~죄 treason.
모발(毛髮) hair. ‖ ~ 영양제 a hair tonic.
모방(模倣) (an) imitation; (a) copy. ~하다 imitate; copy 《*from, after*》; model 《*on, after*》. ‖ ~ 본능 the instinct of imitation / ~예술 imitative arts / ~자 an imitator; a copier.
모범(模範) a model; an example; a pattern (귀감). ~적 exemplary; model; typical. ¶ …을 ~으로 삼다 model after; follow the example 《*of*》 / ~을 보이다 set [give] an example. ‖ ~생 a model student / ~수 a well-behaved prisoner/ ~시민 an exemplary citizen / ~ 운전사 [공무원] an exemplary driver [official].
모병(募兵) recruiting; conscription. ~하다 recruit; draft 《美》.
모사(毛紗) ☞ 털실.

모사(模寫) 《일》 copying; 《물건》 a copy. ~하다 copy (out); trace; reproduce.
모사(謀士) a strategist; a tactician; a schemer.
모사(謀事) ~하다 lay a plan; devise a stratagem; plot 《*against*》.
모살(謀殺) ~하다 murder; kill 《*a person*》 of malice prepense. ‖ ~미수 attempted murder; an attempt at murder (~ 미수범 an attempted murderer).
모상(母喪) the death of one's mother.
모새 sand.
모색(暮色) evening dusk; the dark; the shades of evening.
모색(摸索) ~하다 grope (about) 《*for*》. ‖ 암중 ~ groping in the dark.
모생약(毛生藥) a hair grower; a hair restorer.
모서리 an angle; an edge; a corner. ¶ ~를 훑다 round off the angles.
모선(母船) a mother (depot) ship; 《우주선의》 a mother craft; a command module.
모성(母性) motherhood; maternity. ‖ ~애 maternal affection (love).
모세 【聖】 Moses.
모세관(毛細管) a capillary tube. ‖ ~현상 a capillary action (phenomenon).
모세혈관(毛細血管) 【解】 a capillary (vessel).
모션 a motion.
모손(耗損) ☞ 손모(損耗).
모순(矛盾) contradiction; conflict. ~되다 be inconsistent (incompatible) 《*with*》; do not agree 《*with*》.
모숨 a lock; a bunch 《*of straw*》.
모스크 《회교의》 a mosque.
모스크바 Moscow; Moskva.
모슬린 muslin.
모습(貌襲) 《풍채》 an appearance; one's features; (one's) image; 《용모》 a face; a look; 《자취》 traces; remnants. ¶ 걷는 ~ the walking figure 《*of*》 / 옛 ~ one's former self / 어릴 때 ~ a childhood face / ~을 나타내다 appear; show oneself.
모시 ramie cloth. ‖ ~옷 clothes of ramie cloth.
모시다 ① 《섬기다》 attend (wait) upon 《*a person*》; serve. ¶ 부모를 ~ have one's parents with *him*; serve one's parents. ② 《인도》 show 《*a person*》 in (into); 《함께 가다》 go with 《*a person*》; accompany 《*a person*》. ¶ 손님을 방으로 ~ show a caller into the room / 주인을 모시고 가다 escort one's master. ③ 《받들다》 deify (신으로); enshrine (사당에). ④ 《추대》 have (set up) 《*a person*》 as.
모시류(毛翅類) 【蟲】 *Trichoptera*; the caddis flies.
모시조개 【貝】 《황합》 a short-necked clam; 《가막조개》 a corbicula.
모시풀 【植】 a Chinese silk plant; a ramie.
모시항라(—亢羅) loosely woven ramie cloth.
모씨(某氏) a certain person; an unnamed person; Mr. X.
모양(模樣) 《생김새》 shape; form; 《자태》 (personal) appearance; figure; look; 《태도》 air; manner; bearing; 《상태》 the state (of affairs); the condition. ¶ ~이 좋은 shapely; well-shaped(-formed) / ~ 사나운 unshapely; ill-formed; unsightly; disgraceful (점잖찮은) / …한 ~이다 seem to be… / …할 ~이다 seem about to be (do)… / …하는 ~이다 seem to be *do*ing….
모어(母語) one's mother tongue.
모여들다 gather; come (get) together; crowd (flock) in.
모역(謀逆) rebellion; treason. ~하다 rebel; conspire; plot against.
모옥(茅屋) a straw-thatched cottage; a hovel.
모욕(侮辱) 《brook (bear)》 an insult; contempt. ~하다 insult; treat 《*a person*》 with contempt; affront. ¶ ~적인 언사 《make》 an insulting remark / ~을 당하다 be insulted; suffer an affront / 갖은 ~을 주다 heap insults upon 《*a person*》. ‖ 법정 ~죄 contempt of court.
모유(母乳) mother's milk. ¶ ~로 자란 아이 a breast-fed child / ~로 기르다 feed 《*a baby*》 on mother's milk.
모으다 ① 《한데 모으다》 gather; collect; get (bring) together; get in 《*subscriptions*》. ¶ 자금을 ~ raise the funds / 재료를 ~ gather materials. ② 《집중》 focus on; concentrate; 《끌다》 draw; attract; absorb. ¶ 주의를 …에 ~ concentrate one's attention on…. ③ 《저축》 save; lay by; put aside; store; lay up; amass. ¶ 돈을 ~ save (accumulate) money.
모음(母音) a vowel (sound). ‖ ~변화 (조화) vowel gradation (harmony) / 기본 ~ a cardinal vowel / 반~ a semivowel / 이중 ~ a diphthong.
모의(模擬) ~의 imitation; sham. ‖ ~국회 a model parliament / ~시험 a sham (trial) examination / ~재판 (전) a mock trial (battle).
모의(謀議) (a) conspiracy (음모); (a) conference (상의). ~하다 conspire (plot) together 《*against*》; consult together 《*about*》.
모이 feed; food. ¶ ~를 주다 feed; give food 《*to*》.
모이다 ① 《몰려듦》 gather (flock) (together); come (get) together; swarm; line up (정렬). ② 《회동》 meet; assemble. ¶ 모두 ~ meet

all together. ③ 《집중》 center 《*on, in, at*》; concentrate 《*on*》; focus 《*on*》. ④ 《축적》 be saved 〔accumulated〕; 《걷힘》 be collected.
모인(某人) a certain person; Mr. So-and-so.
모일(某日) a certain day.
모임 《have 〔hold〕》 a meeting; a gathering; an assembly; a reception; a party (사교적).
모자(母子) mother and child.
모자(帽子) a hat (테 있는); a cap (테 없는); headgear (총칭). ¶ ~를 쓰지 않고 hatless; bareheaded / ~를 쓰다 〔벗다〕 put on 〔take off〕 a 〔one's〕 hat. ‖ ~걸이 a hatrack / ~상(商) 《사람》 a hatter; a milliner (여성용의); 《가게》 a hat shop 〔store〕; a millinery.
모자라다 ① 《부족》 be not enough; be insufficient; be deficient; be short of 〔be in want〕 《*of money*》. ¶ 원기가 ~ lack energy. ② 《우둔》 be dull 〔stupid〕; be half-witted.
모자이크 a mosaic.
모정(母情) maternal affection.
모정(慕情) longing; love.
모젤권총(一拳銃) a Mauser-action gun; a Mauser.
모조(模造) imitation. ~하다 imitate; make an imitation 《*of*》. ¶ ~의 imitation 《*pearl*》; artificial; counterfeit. ‖ ~품 an imitation.
모조리 all; wholly; entirely; all together; without (an) exception. ¶ ~ 가져가다 take away everything / ~검거하다 make a wholesale arrest 〔sweeping roundup〕 / 전답을 ~ 팔아 치우다 sell all one's estate.
모조지(模造紙) vellum paper.
모종 a seedling; a sapling (묘목). ~하다 〔내다〕 plant a seedling; bed out. ‖ ~삽 a (garden) trowel.
모종(某種) a certain kind. ~의 a certain; unnamed; some. ¶ ~의 이유로 for a certain reason.
모주 a drunkard; a sot. ‖ ~꾼 〔망태〕 =모주.
모주(母酒) raw 〔crude〕 *sul*; lees (재강).
모지다 《모양새가》 (be) angular; edged; pointed; square; 《언행이》 (be) angular; harsh; stiff; 《일이》 (be) hard to do 〔deal with〕.
모지라지다 wear out 〔away〕; be worn out; become blunt.
모지락스럽다 (be) cruel; harsh; ruthless.
모지랑비 a worn-out broom.
모직(毛織) ~의 woolen; worsted (꼰 털실의). ‖ ~물 woolen goods 〔fabrics, textiles〕; woolen(s) / ~상 a woolen draper.
모진목숨 one's damned〔contemptible, wretched〕 life; one's hard lot.
모진바람 a hard 〔strong, violent〕 wind.
모질다 ① 《독함》 (be) harsh; ruthless; hardhearted. ¶ 모질게 대하다 treat 《*a person*》 harshly / 마음을 모질게 먹다 harden oneself 《*against pity*》. ② 《배겨냄》 (be) hard; tough; die-hard. ③ 《날씨따위》 (be) hard; severe; bitter. ¶ 모진 추위 a severe cold.
모집(募集) 《사람·물건·돈의》 collection; raising; 《권유》 invitation; advertisement 《*for*》; 《채권 따위》 floatation; 《기부》 subscription. ~하다 collect; raise 《*funds*》; invite; float(채권을); recruit(신병을). ¶ 회원을 ~하다 collect members. ‖ ~ 광고 an advertisement 《*for shopboys*》 / 학생 ~ 《광고》 New Students Invited.
모집다 《명시》 point out; indicate; 《모조리 집다》 grasp all.
모착하다 (be) short and thick; stocky.
모채(募債) ~하다 float〔raise, issue〕 a loan.
모처(某處) a certain place; somewhere.
모처럼 long-awaited (기다리던); after a long time 〔silence, separation〕(오래간만의); (so) kindly; with much trouble (고생 끝에). ¶ ~의 휴일 a long-awaited holiday / ~ 찾아오다 take the trouble to pay a visit (after a long interval).
모체(母體) the mother('s body); 《중심》 the body; the nucleus. ‖ ~전염 hereditary transmission.
모춤 a bunch of rice seedlings.
모친(母親) mother. ‖ ~상 the death of one's mother.
모탕 a block.
모태(母胎) the mother's womb.
모터 a motor; an engine. ‖ ~보트 a motorboat / ~사이클 a motorcycle.
모토 a motto. ¶ …을 ~로 하다 make it one's motto 《*to do*》.
모퉁이 《turn》 a corner; a turn; a turning. ‖ ~집 a house at the corner.
모티브 a motive.
모판(一板) a nursery; a seedbed; a seed plot.
모포(毛布) a blanket; a rug.
모표(帽標) a cap badge.
모피(毛皮) a fur (부드러운); a skin (거친). ‖ ~상 a furrier / ~ 외투 a fur(-lined) overcoat.
모필(毛筆) a writing brush; a hair pencil. ‖ ~화 a hair pencil picture.
모하메드 Mohammed; Mahomet. ‖ ~교 ☞ 회교.
모함(母艦) a mother ship. ‖ 잠수 ~ a submarine carrier.
모함(謀陷) ~하다 slander; libel; speak ill 《*of*》.
모항(母港) a home port.
모해(謀害) ~하다 harm 《*a person*》 of malice aforethought.
모험(冒險) an adventure; a risk. ~하다 adventure; run the risk 《*of*

doing》; take a risk 〔chance〕. ¶ ~적인 adventurous; risky / 목숨을 건 ~을 하다 stake 〔venture〕 one's life. ‖ ~가 an adventurer/ ~담 an adventure story / ~심 an adventurous spirit / ~주의 adventurism.
모형(母型) 〖印〗 a matrix.
모형(模型) a model; a pattern (기계 등의). ‖ ~ 비행기 a model airplane / ~ 지도 a relief map.
모호(模糊) ~한 vague; obscure; uncertain; ambiguous; equivocal.
모회사(母會社) a parent company; a holding company.
목 ① 《모가지》 a neck. ¶ ~이 굵은 〔가는〕 thick-〔thin-〕necked / ~을 길게 늘이다 crane one's neck / ~을 조르다 strangle 《*a person*》 to death. ② ☞ 목구멍. ③ 《길 등의》 a neck; a key position (on the road).
목(目) 《항목》 an item; an order (동식물의); 《바둑의》 a piece (돌); a cross (판의).
목가(牧歌) a pastoral (song). ~적 pastoral; bucolic.
목각(木刻) wood carving. ‖ ~ 인형 a wooden doll / ~ 활자 a block letter.
목간(沐間) 《목욕간》 a bathhouse; 《목욕》 a bath. ~하다 bathe; take 〔have〕 a bath.
목걸이 《wear》 a 《*pearl*》 necklace.
목검(木劍) a wooden sword.
목격(目擊) ~하다 witness; observe; see (with one's own eyes). ‖ ~자 an eyewitness (~자의 이야기 an eyewitness account; a first-hand account).
목고리 《개의》 a collar. ¶ ~를 달다 put a collar (on a dog).
목골(木骨) ‖ ~ 구조 〖建〗 a timber 〔wooden〕 frame.
목공(木工) a woodworker; a carpenter(목수). ‖ ~소 a woodworking shop 〔plant〕; a sawmill.
목관(木管) ‖ ~ 악기 a woodwind instrument; the woodwind (총칭).
목구멍 a throat; a gullet (식도); a windpipe (기관(氣管)). ¶ ~이 아프다 have a sore throat / ~이 포도청 《俗談》 The belly has no ears.
목금(木琴) 〖樂〗 a xylophone.
목기(木器) woodenware.
목다리(木—) 《a pair of》 crutches. ¶ ~로 걷다 walk 〔go〕 on crutches.
목단(牧丹) ☞ 모란.
목대잡다 supervise; command; oversee; direct.
목덜미 the nape 〔back, scruff〕 of the neck. ¶ ~를 잡다 take 〔seize〕 《*a person*》 by the scruff of *his* neck.
목도 a pole (for shouldering). ‖ ~꾼 a shoulder-pole carrier.
목도(木刀) ☞ 목검(木劍).
목도(目睹) ☞ 목격(目擊).
목도리 a neckcloth; a comforter (털로 된 것); 《wear》 a muffler 〔scarf〕; a neckerchief.
목돈 a (good) round sum (of money); a sizable sum.
목돌림 an infectious sore throat.
목동(牧童) a shepherd boy; a cowboy.
목련(木蓮) 〖植〗 a magnolia.
목례(目禮) nod. ~하다 nod 《*to*》; greet with a nod; recognize.
목로(木爐) a drinking stall. ‖ ~주점 a grogshop; a public house.
목록(目錄) ① 《상품·장서의》 a list; a catalog(ue). ¶ ~을 만들다 make a list. ② 《차례》 (a table of) contents.
목마(木馬) a wooden horse; a rocking horse (장난감); a vaulting horse (체조용의). ¶ ~를 뛰어넘다 vault a horse. ‖ 회전 ~ a merry-go-round.
목마르다 ① 《갈증》 be 〔feel〕 thirsty (서술적). ② 《갈망》 have a thirst for 《*money, knowledge*》, hanker for 〔after〕 《*affection*》 (서술적).
목말 ¶ ~타다 ride a pickaback; ride on another's shoulders.
목매달다 《남을》 hang 《*a person*》; 《스스로》 hang oneself 《*on a tree*》.
목메다 《슬퍼서》 be choked 〔suffocated〕 《*with*》; be stifled 《*by*》. ¶ 목메어 울다 be choked with tears.
목면(木棉·木綿) ① 〖植〗 a cotton plant. ② 《목화》 raw cotton. ③ 《무명》 cotton (cloth).
목목이 at every turn of road; at all important points 〔positions〕. ¶ ~ 지키다 stand guard at every turn of a road.
목민(牧民) ~하다 govern the people. ‖ ~관 a governor; a magistrate.
목발(木—) ☞ 목다리.
목불인견(目不忍見) ~이다 cannot bear to see; be unable to stand the sight of.
목비 a spell of rain around the rice planting season.
목사(牧師) a pastor; a minister; a clergyman; 《교구의》 a rector; a parson. ¶ 김 ~님 Reverend 〔Rev.〕 Kim / ~가 되다 enter the ministry; take (holy) orders.
목상(木像) a wooden image 〔statue〕.
목석(木石) trees and stones; 《무감각물》 inanimate objects; stocks and stones. ¶ ~ 같은 heartless / ~이 아니다 be made of flesh and blood.
목선(木船) a wooden vessel.
목성(木星) 〖天〗 Jupiter.
목세공(木細工) woodwork.
목소리 a voice. ¶ 큰 〔작은, 굵은, 가는〕 ~ a loud 〔low, deep, thin〕 voice / 떠는 ~로 with a quivering voice / ~를 높이다 〔낮추다〕 raise 〔lower〕 one's voice.

목수(木手) a 《*ship*》 carpenter. ‖ ~일 《do》 carpentering.
목수(木髓) the pith; the medulla.
목숨 life. ¶ ~이 있는 한 as long as one lives / ~을 건 《a matter》 of life and death / ~을 건지다〔바치다〕 save 〔lay down〕 one's life.
목쉬다 get hoarse 〔husky〕. ¶ 목쉰 소리로 in a hoarse 〔husky〕 voice.
목양(牧羊) sheep farming. ‖ ~자 a sheep-raiser; a shepherd.
목양말(木洋襪) cotton socks 〔stockings〕.
목요일(木曜日) Thursday.
목욕(沐浴) bathing; a bath. ~하다 bathe (oneself) 《*in*》; take 〔have〕 a bath. ¶ ~시키다 give 《*a child*》 a bath / ~재계하다 perform ablution 〔purification〕. ‖ ~물 the bath (~물을 끓이다 get the bath ready; make a bath) / ~실 a bathroom / ~탕 a bathhouse; a public bath / ~통 a bathtub; a bath.
목자(牧者) ① 《목양자》 a shepherd; a herdsman. ② 《성직자》 a shepherd; a pastor; a clergyman.
목자르다 ① 《목베다》 cut off the head 《*of*》; behead; decapitate. ② 《해고》 dismiss; discharge; fire 《美口》.
목잠(木簪) a wooden hairpin.
목잠기다 get 〔become〕 hoarse 〔husky〕; be too hoarse to speak.
목장(牧場) a pasture; a stockfarm; a meadow; a ranch 《美》. ¶ ~을 경영하다 run a ranch. ‖ ~ 주인 a rancher; a ranchman 《美》.
목장갑(木掌匣) (a pair of) cotton work gloves.
목재(木材) wood; 《건축용》 timber; lumber 《美》. ‖ ~상(商) a timber 〔lumber〕 dealer.
목적(目的) a purpose; an aim; an object; an end. ~하다 intend 《*to do*》; aim 《*at*》. ¶ …할 ~으로 with the object of 《*doing*》; with a view to 《*doing*》; for the purpose of 《*doing*》. ¶ ~을 정하다 set a purpose/~을 달성하다 attain one's object. ‖ ~격(格) 〖文〗 an objective (case); an accusative / ~론 〖哲〗 teleology / ~물 the object; object matter/~어 〖文〗 an object/ ~지 one's destination.
목전(目前) ~의 impending; imminent. ¶ …의 ~에서 in the presence of; under one's very nose / ~에 닥치다 be near 〔close〕 at hand.
목정 neckbeef; chuck.
목정(木精) ☞ 메틸알코올.
목정강이 the neck bone.
목젖 the uvula [*pl.* -s, -lae].
목제(木製) ~의 wooden; made of wood. ‖ ~품(品) wooden goods; woodenware.
목조(木造) ~의 wooden; built 〔made〕 of wood. ‖ ~ 건물(建物) a wooden building.
목질(木質) ~의 woody; ligneous. ‖ ~부(部) the woody parts 《*of a plant*》 / ~ 섬유 wood(y) fiber / ~소(素) 〖化〗 lignin / ~ 조직 woody tissue; a lignum.
목차(目次) (a table of) contents.
목책(木柵) a wooden fence 〔barricade〕.
목첩(目睫) ¶ ~지간에 박두하다 be imminent; be directly ahead.
목청 《성대》 the vocal chords; 《목소리》 voice. ¶ ~껏 at the top of one's voice / ~을 돋우다 raise〔lift〕 one's voice.
목초(牧草) grass; pasturage. ‖ ~지 a meadow; grass land.
목축(牧畜) cattle breeding; stock raising. ~하다 raise 〔rear〕 cattle. ‖ ~업 stock raising 〔farming〕 (~업자 a stock farmer).
목측(目測) eye measurement. ~하다 measure with the eye. ‖ ~ 거리 distance measured with the eye.
목침(木枕) a wooden pillow.
목타르(木—) wood tar; pine tar.
목탁(木鐸) a wooden gong; 《교도자》 a guide of the populace. ¶ 사회의 ~ a leader of society.
목탄(木炭) 《숯》 charcoal. ‖ ~차(車) a charcoal engine car / ~화 a fusain; a charcoal drawing.
목판(木板) 《그릇》 a wooden tray.
목판(木版) woodcut; woodblock printing. ‖ ~술 wood engraving; woodblock printing / ~화(畫) a wooden block print; a woodcut.
목표(目標) a mark; a target (표적); an object; an aim. ~하다 aim at; have... as an object; set the goal at. ¶ ~에 달하다 reach 〔attain〕 the goal. ‖ ~ 연도 the goal year / ~ 지점 an objective point/ 공격 ~ the target for an attack.
목피(木皮) bark (of a tree).
목하(目下) now; at present. ☞ 현재.
목형(木型) a wooden pattern.
목화(木花) a cotton (plant); cotton wool. ¶ ~씨를 빼다 gin cotton. ‖ ~ 송이 a cotton ball / ~씨 a cottonseed.
몫 a share; a portion; a quota; a split 《俗》. ¶ 내 ~ my share / 한 ~ 끼다 (have a) share 《*in*》 / 한 ~ 주다 give a share 《*to*》.
몫몫이 each share 〔portion, quota〕; into shares; share by share. ¶ ~ 나누다 divide into (equal) shares.
몬순 a monsoon.
몰각(沒却) ~하다 ignore; forget.
몰강스럽다 ☞ 모지락스럽다.
몰골 unshapeliness; shapelessness. ¶ ~사납다 be ill-shaped〔-formed〕; be unshapely 〔ungainly〕.
몰교섭(沒交涉) ~하다 have nothing to do 〔no relation〕 with 《*a person*》.
몰년(歿年) a person's age at death.

몰다 ①《차·말 등을》 drive《*a car*》; urge 《*a horse*》 on. ②《뒤쫓다》 pursue; go〔run〕after;《몰이하다》 hunt up〔out〕. ③《궁지에》 corner; drive. ¶ 궁지에 ~ drive《*a person*》 into a corner. ④《죄인 따위로》 charge《*a person with a crime*》; denounce《*as a traitor*》.
몰두(沒頭) ~하다 be absorbed〔engrossed〕in; devote oneself to.
몰라보다 cannot〔fail to〕recognize《*a person*》.
몰락(沒落)《파멸》 ruin; downfall;《파산》 bankruptcy. ~하다 go to ruin; fall; be ruined.
몰래 secretly; stealthily; in secret〔private〕.
몰려가다 ①《떼지어》 go in force〔groups, crowds, flocks〕; crowd〔throng, swarm〕toward. ②《쫓겨》 be driven away.
몰려나다 ①《쫓겨나다》 be driven〔put, expelled〕out; be ousted. ②《떼지어 나가다》 go out in crowds〔groups〕.
몰려다니다 ①《떼지어》 go〔move〕about in crowds〔groups〕. ②《쫓겨》 be driven round〔about〕; be run after.
몰려들다 ①《쫓기어》 be driven〔chased〕into. ②《떼지어》 come in crowds〔flocks, swarms〕; crowd〔flock, swarm〕in.
몰려오다 ①《떼지어》 rush in〔to〕; storm. ②《쫓겨》 be driven back.
몰리다 ①《쫓기다》 be pursued after; be chased. ②《일에》 be pressed〔driven〕. ③《돈에》 be pressed〔hard up〕for《*money*》. ④《한군데로》 throng; storm; surge.
몰리브덴 〖化〗 molybdenum (기호 Mo).
몰매 ☞ 뭇매.
몰박다 put〔fix〕all in one place.
몰사(沒死) ~하다 be annihilated; be extincted; die to the last man.
몰살(沒殺) massacre; annihilation; a wholesale murder. ~하다 massacre; annihilate; wipe out.
몰상식(沒常識) ~한 wanting in common sense; senseless; absurd.
몰수(沒收) confiscation; forfeiture; seizure. ~하다 confiscate; seize. ¶ ~당하다 forfeit; be confiscated. ‖ ~물 a confiscated article; a forfeit(ure).
몰식자(沒食子) a gall(nut). ‖ ~산 gallic acid.
몰아 (all) in all; altogether; in the (a) lump; in one lot. ¶ ~ 지불하다 pay in a lump sum / ~(서) 사다 buy《*things*》 in a mass.
몰아(沒我) self-effacement ☞ 무아(無我).
몰아가다 drive (away); sweep away「(휩쓸어).
몰아내다 expel; drive out; eject; oust (지위에서).
몰아넣다 《안으로》 drive〔push, force〕in;《휩쓸어서》 herd〔jam〕into;《궁지에》 corner《*a person*》; drive〔get〕《*a person*》 into a corner.
몰아대다 《막해댐》 give《*a person*》 a setdown; take《*a person*》 to task;《재촉》 spur《*a horse*》 on; urge on; press.
몰아들이다 《넣다》 drive〔chase〕in;《휩쓸어》 take in all together; take all in a mass; buy (up) in a lot (사들이다).
몰아받다 《한꺼번에》 get《*it*》 at a〔one〕time〔in a lump〕;《대표해서》 receive all the shares in〔on〕behalf of a group.
몰아붙이다 put《*it*》 all to one side.
몰아세우다 rebuke《*a person*》 strongly; take《*a person*》 roundly to task.
몰아주다 give《*it*》〔pay《*it*》 up〕 all at once.
몰아치다 ①《한군데로》 put all to one side. ②《일을》 make haste with《*one's work*》; do all at one time.
몰염치(沒廉恥) ☞ 파렴치.
몰이 《사냥의》 chasing; hunting. ~하다 chase; beat; hunt out. ‖ ~꾼 a beater.
몰이해(沒理解) ~한 unfeeling; heartless; unsympathizing.
몰인정(沒人情) ~한 inhuman; cruel; hard-〔cold-〕hearted.
몰입(沒入) ~하다 be absorbed〔immersed〕in. 「thoughtless.
몰지각(沒知覺) ¶ ~한 indiscreet;
몰취미(沒趣味) ~한 tasteless; dry; vulgar.
몰하다(歿―) die; pass away.
몰후(沒後) ¶ ~에 after one's death.
몸¹ ①《신체》 the body;《체격》 physique; build; frame (골격);《덩치》 stature; size;《모습》 figure;《건강》 health. ¶ ~이 큰〔작은〕 large-〔small-〕sized / ~에 좋다〔나쁘다〕 be wholesome〔unwholesome〕; be good〔bad〕for the〔one's〕health / ~을 녹이다 warm oneself《*at the fire*》 / ~을 팔다 give oneself《*for money*》. ②《몸통》 the body; the trunk. ③《신분》 one's status〔place, position〕. ¶ 종의 ~ one's status as a slave.
몸² 《월경》 menses. ¶ ~하다 be in the flowers; have one's periods.
몸가짐 《품행》 behavio(u)r; conduct;《태도》 an attitude. ¶ ~이 얌전하다 behave well〔oneself〕.
몸값 price of redemption; a ransom; money paid for prostitution.
몸나다 grow fat; get stout.
몸단속(―團束) ~하다 《경계》 arm oneself against《*danger*》; be on one's guard;《몸가축》 tidy (up) oneself; get (oneself) up.
몸단장(―丹粧) ~하다 dress〔equip〕

oneself.
몸달다 fidget; be eager (anxious).
몸두다 ¶몸둘 곳이 없다 have no place to live (stay) in.
몸때 the menstrual period.
몸뚱이 a body; a frame. ¶～가 크다 have a bulky frame.
몸매 a 《*graceful, slender*》 figure.
몸부림 ¶～치다 struggle; writhe; wriggle; flounder.
몸살 ¶～나다 suffer from fatigue.
몸서리 ¶～치다 shiver; shudder 《*at*》; tremble 《*at*》; feel repugnance to / ～쳐지는 (나는) horrible; shocking.
몸소 oneself; in person; personally.
몸수색(—搜索) a body search; a frisk(ing). ～하다 frisk; search 《*a person for weapons*》.
몸져눕다 take to one's bed; be bedridden; be confined to bed.
몸조리(—調理) ～하다 take good care of one's health.
몸조심(—操心) care of health. ～하다 take care of oneself.
몸종 a maid in attendance; a lady's (chamber) maid.
몸집 build; constitution. ¶～이 큰 large-built; of large build.
몸짓 a gesture; (a) motion. ～하다 make gestures; sign; motion.
몸채 the main part of a house.
몸치장(—治粧) dressing (oneself) up. ～하다 dress (trim) oneself up.
몸통 the trunk; the body.
몸풀다 ① 《분만》 give birth to 《*a baby*》; be delivered of 《*a boy*》. ② 《피로를》 relieve one's fatigue.
몸피 physique; build; constitution; frame. ¶～가 큰 사람 a man of large girth.
몹시 very (much); hard; greatly; awfully; extremely.
몹쓸 bad; evil; wicked. ¶～ 놈 a wicked man; a rascal / ～ 짓 an evil deed; knavery; a vice / ～ 감기 a bad cold.
못¹ 《연못》 a pond; a pool (작은); 《저수지》 a reservoir.
못² 《박는》 a nail; a peg (나무, 참대로 만든). ¶～을 박다 (빼다) drive in (pull out) a nail.
못³ 《살가죽의》 a callosity; a corn. ¶발바닥에 ～이 생기다 have (get) a corn on the sole / 귀에 ～이 박히다 be sick (tired) of hearing 《*something*》.
못⁴ 《불가·불능》 (can)not; unable; never; won't. ¶～ 보다 cannot (fail to) see / ～ 가겠다 I won't (can't) go.
못걸이 a clothes rack; a peg.
못나다 ① 《용모가》 (be) ugly; bad-looking; plain. ② 《어리석다》 (be) stupid; foolish; silly. ¶못난 짓을 하다 play the fool.
못내 《대단히》 immeasurably; ever so much; 《늘》 always; constantly; ever; never. ¶～ 그리워하다 retain a lingering love 《*for*》 / 이별을 ～ 아쉬워하다 be deeply sorry to part from 《*a person*》.
못되다 ① 《미달》 (be) under; short of; less than 《2 *years*》. ② 《악하다》 (be) bad; evil; wrong; wicked. ¶ 못된 짓 an evil deed; a misdeed.
못마땅하다 (be) unsatisfactory; distasteful; disagreeable; displeased.
못박이다 ① 《손·발에》 have a callus (corn). ② 《가슴속에》 cut deep 《*into one's heart*》; feel a deep ranco(u)r (grudge). ③ 《그 자리에》 stand transfixed (riveted) (on the spot).
못본체하다 pretend not to see; 《묵인》 overlook; connive 《*at*》; 《방치》 neglect.
못뽑이 pincers; a nail puller.
못살게굴다 tease; treat badly; torment.
못생기다 《생김새》 (be) plain; ugly; ill-favo(u)red; homely.
못쓰다 (be) useless; worthless; bad; 《금지》 must (shall) not 《*do*》. ¶물건이 못쓰게 되다 become useless; spoil.
못자리 a rice seedbed (nursery).
못주다 (drive a) nail.
못지않다 be just as good as; be not inferior 《*to*》; be no less (than). ¶누구 ～ be second to none / 남 못지 않게 like the common run.
못질 nailing. ～하다 nail.
못하다¹ 《질·양이》 (be) inferior to; worse than; not as good as. ¶보기에 …만 ～ compare unfavo(u)rably with....
못하다² 《불능》 cannot 《*do*》; fail; be unable to 《*do*》. ¶가지 ～ fail to (cannot) go.
몽고(蒙古) 《Inner (Outer)》 Mongolia. ¶～의 Mongol; Mongolian/ ～ 사람 a Mongol; a Mongolian/ ～어(語) Mongolian.
몽구리 《까까머리》 a close-cut head; 《중》 a Buddhist priest.
몽글다 (be) beardless; awnless.
몽글리다 ① 《낟알을》 take beard off; clear 《*grains*》. ② 《단련》 make 《*a person*》 accustomed 《*to*》; inure. ③ 《맵시를》 trim (spruce) up; preen (oneself).
몽글몽글하다 (be) soft; pulpy; mushy.
몽니 ¶～궂다(사납다) be avaricious/ ～부리다 act greedy; behave perversely.
몽당비 a stumpy broom; a worn-out broom.
몽당치마 a skirt worn out short.
몽둥이 a stick; a club; a cudgel (짧고 굵은). ‖ ～찜(질) (세례) clubbing; cudgeling; drubbing.
몽따다 feign (pretend) ignorance; pretend not to know; cut 《*a person*》 dead (길에서).

몽땅 all; wholly; entirely; altogether; in full.
몽뚝하다 ☞ 뭉뚝하다.
몽롱(朦朧) ~한 dim; indistinct; vague. ¶ ~하게 dimly; indistinctly; vaguely / 의식이 ~해지다 get fuzzy.
몽매(蒙昧) ~한 unenlightened; ignorant; uncivilized.
몽매(夢寐) ¶ ~간에도 잊지 못하다 do not forget even in sleep.
몽상(夢想) a dream; a vision; a fancy. ~하다 dream 《*of*》; fancy. ‖ ~가 a dreamer; a visionary.
몽설(夢泄) a wet dream; nocturnal polution. ☞ 유정(遺精)
몽실몽실 plump; fleshily; round. ~하다 (be) lumpy; plump.
몽유병(夢遊病) sleepwalking; somnambulism. ‖ ~자 a sleepwalker; a somnambulist.
몽진(蒙塵) ~하다 flee from the Royal Palace [the capital].
몽총하다 (be) cold; indifferent.
몽치 a club; a bar; a cudgel.
몽타주 *a montage* 《프》. ‖ ~ 사진 a photomontage.
몽탕몽탕 ¶ ~ 자르다 cut in lumps [chunks].
몽톡하다 (be) blunt; dull.
몽혼(朦昏) ☞ 마취(痲醉).
몽환(夢幻) ~적 dreamy; fantastic. ‖ ~극 a fantasy play.
뫼 a tomb; a grave; a sepulcher. ¶ ~를 쓰다 bury at [in]. ‖ 뫼자리 a grave site.
묘(墓) a grave; a tomb.
묘(卯) the Hare. ‖ ~년 the year of the Hare.
묘(妙) 《현묘》 a mystery; a wonder; 《교묘》 skill; cleverness. ¶ ~를 터득하고 있다 be skillful 《*in*》; have the knack 《*of*》.
묘계(妙計) ☞ 묘책.
묘기(妙技) exquisite skill; a wonderful performance. ¶ ~를 보이다 exhibit [display] one's feats. ‖ 공중 ~ an aerial stunt.
묘령(妙齡) youth; blooming age. ~의 young; blooming.
묘리(妙理) an abstruse principle.
묘막(墓幕) a hut nearby a grave.
묘목(苗木) a sapling; a seedling; a young tree [plant].
묘미(妙味) charms; (exquisite) beauty. ¶ ~를 맛보다 appreciate the charm [beauty] 《*of*》.
묘방(妙方) 《약의》 an excellent prescription.
묘법(妙法) an excellent method; a secret(비법).
묘비(墓碑) a tombstone; a gravestone.
묘사(描寫) description; depiction. ~하다 《그림으로》 draw; sketch; paint; 《글로》 describe. ‖ 인물 ~ character portrayal.
묘상(苗床) a nursery; a seedbed.
묘소(墓所) a graveyard.
묘수(妙手) 《솜씨》 excellent skill; a nice move (바둑 등의); 《사람》 a skil(l)ful person.
묘안(妙案) a good [capital, bright] idea; an excellent plan [scheme]. ¶ ~을 생각해 내다 hit on a capital idea.
묘안석(猫眼石) 〖鑛〗 cat's-eye.
묘약(妙藥) a specific; a golden remedy. ¶ 두통의 ~ an excellent remedy for headache.
묘역(墓域) a graveyard.
묘연(杳然) ~한 《거리가》 far away; remote; 《소식이》 unknown; missing. ¶ 그의 행방은 아직도 ~하다 His whereabouts is still unknown.
묘지(墓地) a graveyard; a burial ground; a cemetery(공동 묘지). ‖ 공동 ~ a public cemetery / 공원 ~ a cemetery park.
묘지(墓誌) ‖ ~명(銘) an epitaph; an inscription on a tomb.
묘지기(墓―) a grave keeper.
묘책(妙策) a clever scheme; a capital plan.
묘판(苗板) ☞ 못자리.
묘포(苗圃) a nursery (garden).
묘하다(妙―) (be) strange, curious (기이); mysterious(현묘);exquisite, excellent (절묘); delicate (미묘). ¶ 묘한 말을 하다 say strange things/ 묘하게 들리다 sound strange [funny].
묘혈(墓穴) a grave. ¶ 스스로 ~을 파다 dig one's own grave; bring about one's own ruin.
무 a radish. ‖ ~김치 radish *kimchi* / ~채 radish shreds [strips].
무 〖醫〗 osteitis.
무(武) 《무예》 military[martial] arts; 《무위》 military power [glory]; 《군사》 military affairs.
무(無) nothing; naught; nil; zero.
무가내(無可奈) ~다 be at one's wit's end; be helpless [uncontrollable] (다룰 수 없다); be at a loss what to do 《*with*》 (할바를 모르다).
무가내하(無可奈何) ☞ 무가내.
무가치(無價値) ~한 worthless; valueless; of no value.
무간(無間) ~한 intimate; close. ¶ ~하게 지내다 be on an intimate footing with 《*a person*》.
무간섭(無干涉) nonintervention. ‖ ~주의 a laissez-faire policy; a policy of noninterference.
무감각(無感覺) ~한 insensible; senseless; numb; apathetic.
무감사(無鑑査) ~의 not subject to the jury [selecting committee].
무강(無疆) ~한 infinite; eternal; immortal; endless.
무개(無蓋) ~의 open; uncovered. ‖ ~ 화차 an open wagon [freight-car].
무거리 screenings; bran; coarse flour.
무겁 the mound behind a target.
무겁다 《중량》 (be) heavy; weighty; 《중대》 (be) important; serious;

grave; 《신중》 (be) prudent; cautious; 《기분》 (be) heavy(hearted). ¶ 무거운 죄 a grave crime / 무거운 책임 a heavy [grave] responsibility / 머리가 ~ feel heavy in the head.
무게 《중량》 weight; heaviness; burden; 《중요》 importance; 《위엄》 dignity. ¶ ~가 있는 heavy (물건이); dignified (위엄 있는) / (사람이) ~가 없는 undignified; lacking in dignity / ~를 달다 weigh 《*a thing*》.
무결근(無缺勤) ☞ 무결석.
무결석(無缺席) perfect attendance; regular attendance.
무경쟁(無競爭) ~의 [으로] without competition [a rival].
무경험(無經驗) ~의 inexperienced; green; untrained.
무계획(無計劃) ~한 planless; unplanned; haphazard.
무고(無故) ~하다 (be) safe; well; have no trouble.
무고(無辜) ~한 innocent; guiltless. ¶ ~한 백성 innocent people.
무고(誣告) a false charge [accusation]; a libel (문서의); a slander; a calumny (구두의). ~하다 accuse 《*a person*》 falsely; make a false accusation; slander; calumniate. ‖ ~자 a false accuser; a calumniator / ~죄 a calumny; a false accusation.
무곡(舞曲) dance music.
무골충(無骨蟲) ① 《동물》 boneless worms. ② 《사람》 a spineless fellow; an invertebrate.
무골호인(無骨好人) an excessively good-natured person.
무공(武功) military merits; distinguished military services. ¶ ~을 세우다 distinguish oneself on the field of battle.
무과실(無過失) ‖ ~ 책임〖法〗 liability without fault; absolute liability.
무관(武官) a military officer(육군); a naval officer (해군). ‖ 대사관부 ~ an *attaché* to the Embassy.
무관(無冠) ¶ ~의 제왕(帝王) an uncrowned king.
무관(無關) ☞ 무관계.
무관계(無關係) ~하다 have no connection [relation] 《*with*》; have nothing to do 《*with*》; be irrelevant 《*to*》.
무관심(無關心) indifference; unconcern. ~하다 (be) indifferent 《*to*》; unconcerned 《*about*》; have no interest 《*in*》 (서술적).
무교육(無敎育) ~의 uneducated; uncultured. ‖ ~자 uneducated people; an illiterate (person).
무구(無垢) ~한 pure; spotless; innocent; immaculate.
무국적(無國籍) loss of nationality. ¶ ~ 피난민 a stateless refugee. ‖ ~자 a denationalized [stateless] person.
무궁(無窮) ~한 infinite; eternal; immortal; endless. ¶ ~ 무진한 infinite; unlimited.
무궁화(無窮花)〖植〗《나라꽃》 a rose of Sharon; a Syrian mallow.
무궤도(無軌道) ~의 railless; trackless; reckless (행동이) ¶ ~한 생활 a reckless [dissipated] life. ‖ ~ 전차 a trolly bus.
무균(無菌)〖醫〗 asepsis. ~의 germ-free; sterilized (살균한). ‖ ~ 우유 sterilized milk.
무극(無極)〖化〗 ‖ ~ 분자 [결합] nonpolar molecule [union].
무근(無根) ~의 groundless; unfounded. ‖ ~지설 a groundless [wild] rumo(u)r.
무급(無給) ~의 unpaid. ¶ ~으로 일하다 work without pay. ‖ ~ 휴가 unpaid holidays.
무기(武器) arms; a weapon. ¶ ~를 들다 take up arms; rise in arms 《*against*》 / ~를 버리다 give up [lay down] one's arms. ‖ ~고 an armo(u)ry; an arsenal(병기창).
무기(無期) ~의 unlimited; indefinite; 《징역의》 for life. ‖ ~ 연기 indefinite postponement / ~ 징역 life imprisonment; a life term (~ 징역수(囚) a life-timer).
무기(無機) ~의 inorganic; mineral. ‖ ~물 [화학] inorganic substance [chemistry] / ~산(酸) a mineral acid / ~화합물 an inorganic compound.
무기력(無氣力) ~한 spiritless; enervate; nerveless.
무기명(無記名) ~의 unregistered; unsigned; uninscribed. ¶ ~식의 blank; general. ‖ ~ 공채 a bearer bond / ~ 예금 an uninscribed deposit / ~ 투표 a secret vote.
무기한(無期限) ¶ ~으로 indefinitely; for an indefinite period.
무꾸리 a shaman's divination [fortunetelling]. ~하다 consult a shaman.
무난(無難) ~한 《쉬운》 easy; 《안전》 safe; secure; 《무던한》 passable; acceptable. ¶ ~히 easily; without difficulty [trouble] / ~히 이기다 win an easy victory 《*over*》.
무남독녀(無男獨女) an [the] only daughter.
무너뜨리다 break; pull down; bring down; destroy; demolish.
무너지다 crumble; collapse; go [fall] to pieces; break; give way; come down; be destroyed.
무능(無能) ~한 incapable; incompetent; good-for-nothing.
무능력(無能力) incompetence; disability; incapacity. ‖ ~자(者) an incompetent person; a person without legal capacity.
무늬 a pattern; design; a figure. ¶ ~ 없는 plain; unadorned; unfigured.

무단(武斷) ‖ ~ 정치 military government / ~주의 militarism.
무단(無斷) ¶ ~히 without notice; without leave 〔permission〕 (허가 없이). ‖ ~ 결석 absence without notice 〔leave〕 / ~ 사용 illegal use.
무담보(無擔保) ~의 unsecured; without collateral. ¶ ~로 돈을 빌려 주다 grant《*a person*》 a loan without collateral. ‖ ~ 대부금 an unsecured loan / ~ 사채 an unsecured 〔a naked《英》〕 debenture.
무당(巫堂) a (female) shaman; a sorceress; an exorcist. ¶ ~이 제 굿 못하고 소경이 저 죽을 날 모른다《속담》The fortune-teller cannot tell his own fortune. ‖ ~ 서방《남편》 the husband of a shaman; 《공것 바라는 사람》a man who likes things which are free; a drone.
무당(無糖) ‖ ~ 연유 evaporated milk. 「《美》).
무당벌레 〖蟲〗 a ladybird 〔ladybug
무대(舞臺) 《연극의》 the stage; 《활동의》a sphere; a field. ¶ ~인이 되다 go on the stage / 첫 ~를 밟다 make one's *début*. ‖ ~극〔감독〕 a stage drama 〔director〕 / ~ 장치 (stage) setting; the set(s) / 활동 ~ one's sphere of activity; one's field of action.
무더기 a heap; a pile; a mound. ¶ ~ 해고 a mass discharge / ~로 쌓이다 be piled up high / 한 ~ 얼마로 팔다 sell by the lot.
무더위 sultriness; sweltering heat.
무던하다 ①《사람이》(be) generous; broad-minded; liberal; inoffensive. ②《정도가》(be) serviceable; passable; satisfactory; enough (충분).
무던히 pretty; fairly; considerably; quite; nicely(잘). ¶ ~ 애를 쓰다 make considerable efforts.
무덤 a grave; a tomb.
무덥다 (be) sultry; sweltering; hot and close; muggy.
무도(無道) ~한 inhuman; brutal; cruel; heartless. ¶ ~한 짓을 하다 act brutally toward 《*a person*》; be cruel 《*to*》.
무도(舞蹈) a dance; dancing. ~하다 dance. ‖ ~곡 dance music / ~병 〖醫〗 St. Vitu's dance; chorea / ~실 a dancing 〔ball〕 room / ~회 a dancing party; a dance; a ball (대규모의).
무독(無毒) ~한 innoxious; poisonless; harmless.
무두장이 a tanner.
무두질 tanning. ~하다 tan; dress; taw (희게). 「sic.
무드 a mood. ‖ ~ 음악 mood mu-
무득점(無得點) ~의 《end》 scoreless.
무디다 ①《성질·머리 따위》 (be) dull; slow. ②《말씨가》(be) blunt; curt; brusque. ③ 《칼날이》 (be) blunt; dull.
무뚝뚝하다 (be) curt; brusque; unaffable.
무람없다 (be) impolite; uncivil; rude; overfamiliar.
무량수전(無量壽殿) 〖佛教〗 the Hall of Eternal Life; the *Muryangsujŏn*.
무량(無量) ~한 infinite; immeasurable.
무럭무럭 ① 《빨리》《grow up》 rapidly; well. ② 《김 따위가》 steaming; piping (hot); 《냄새가》strongly; rank (악취가).
무려(無慮) about; some; as many as; no less than 《3,000》.
무력(武力) military power. ¶ ~으로 by force (of arms). ¶ ~에 호소하다 appeal 〔resort〕 to arms; use force. ‖ ~ 간섭 an armed intervention / ~ 외교(外交) power diplomacy.
무력(無力) ~한 powerless; helpless; impotent; incompetent.
무렵 《때》 time; 《즈음》 about; around; toward(s); 《…할 무렵》 about the time when.... ¶ 해질 ~에 toward evening / 그 ~에 in those days; at that time; then.
무례(無禮) ~한 rude; discourteous; impolite; uncivil; insolent. ¶ ~하게도 …하다 be rude enough to 《*do*》.
무뢰한(無賴漢) a rogue; a rascal; a scoundrel; a hooligan.
무료(無料) ~의〔로〕 free (of charge); gratuitous; gratis; for nothing. ‖ ~ 관람〔입장〕권 a free pass / ~ 봉사 free service / ~숙박소 〔진료〕 a free lodginghouse 〔clinic〕 / ~승차권 a (free) pass.
무료(無聊) tedium; dullness; *ennui* 《프》. ~한 tedious. ¶ ~함을 달래다 beguile tedious hours; kill time.
무루(無漏) without omission 〔exception〕; to 〔for〕 everybody; all.
무르녹다 ① 《익다》 ripen; mellow; mature; soften. ② 《녹음이》 be deepen; become deeper. ③《때가》 be ripe for; mature.
무르다¹ ①《물건이》(be) soft; tender; limp; squashy. ② 《약하다》 (be) tender-hearted(정에); weak, weak-kneed(대가); mild, submissive (순하다); 《잘깨짐》(be) brittle; fragile.
무르다² 《돈·물품을》 return 《*a thing*》 and get the money back; cancel a purchase (and take back the money); buy back (판 것을); give a refund.
무르익다 ripen; mellow; mature.
무르춤하다 stop short; flinch; halt.
무릅쓰다 《곤란을》 risk; dare; brave; run; defy. ¶ …을 무릅쓰고 in spite of; in the face of / 폭풍우를 ~ brave a storm / 생명의 위험을 ~ run the risk of losing one's life.
무릇¹ 〖植〗 a squill.
무릇² generally (speaking); as a (general) rule; on the whole; in

general. ¶ ~ 사람이란 것 a man in general.
무릎 a knee; a lap. ¶ ~ 깊이의 knee-deep / ~을 꿇다 kneel down; fall on one's knees 《*before*》. ‖ ~ 관절〔마디〕 the knee joint.
무릎맞춤 ☞ 대질(對質).
무리¹ 《한패》 a group; a band; a party; a gang; a crowd(군중).
무리² 《해·달의》 a halo; a ring; a corona.
무리(無理) ①《부조리》~한 unreasonable; unjust; immoderate (도를 넘은); impossible (불가능한). ¶ ~한 요구 an unreasonable demand / ~한 운동 immoderate exercise / ~하게 《억지로》 by force; forcibly; compulsorily / ~가 없는 reasonable; moderate; natural (자연스러운) / ~한 짓을 하다 attempt the impossible; try to do something beyond one's power / 너무 ~를 하다 overstrain 〔overtax〕 oneself. ② 〖數〗 ~의 irrational. ‖ ~수 〔식, 방정식〕 an irrational number 〔expression, equation〕.
무릿매 stone slinging. ¶ ~질하다 throw 〔hurl〕 a stone with a sling.
무마(撫摩) ①《손으로》~하다 pat; stroke. ②《달램》~하다 appease; pacify; sooth; quiet.
무망중(無妄中) unexpectedly; unawares.
무맥증(無脈症) 〖醫〗 acrotism.
무면허(無免許) ~의 unlicensed; 《drive a car》 without a license. ‖ ~ 운전사 〔의사〕 unlicensed driver 〔practitioner〕.
무명 《옷감》 cotton; cotton cloth. ‖ ~옷 〔실〕 cotton clothes 〔thread〕.
무명(無名) ~의 nameless; unnamed; anonymous (익명의); obscure (알려지지 않은). ¶ ~ 용사의 묘 the Tomb of the Unknown (Soldiers). ‖ ~ 작가 obscure writer.
무명골(無名骨) 〖解〗 an innominate bone.
무명씨(無名氏) an anonymous person.
무명조개 〖貝〗 a clam.
무명지(無名指) a ringfinger.
무모(無毛) ~의 hairless. ‖ ~증 〖醫〗 atrichosis.
무모(無謀) ~하다 (be) rash (경솔); thoughtless (생각없는); reckless; imprudent (경망). ¶ ~하게 recklessly; rashly.
무문근(無紋筋) 〖解〗 a smooth muscle.
무미(無味) ~한 《맛없는》 tasteless; flat; vapid; flavo(u)rless. ¶ ~ 건조한 dry; insipid; uninteresting; prosaic 《*life*》.
무반동총(無反動銃) 〖軍〗 a recoilless rifle.
무반주(無伴奏) ~의 unaccompanied 《*cello sonata*》.
무방(無妨) ~하다 do no harm; be no hindrance 〔obstacle〕; do not matter; 《사람이 주어》 may. ¶ 그렇게 해도 ~하다 You may do so.
무방비(無防備) ~의 defenseless; unfortified; open. ‖ ~ 도시 an open city.
무배당(無配當) ¶ ~의 without dividend. ‖ ~주(株) a non-dividend-payer.
무벌점(無罰點) ¶ ~이다 be clean of penalty marks.
무법(無法) ~한 unlawful; unreasonable; unjust; outrageous (난폭한). ‖ ~자 a ruffian; an outlaw / ~ 천지 a lawless world 〔state〕; anarchy.
무변(武弁) a military man 〔officer〕; a soldier.
무변(無邊) ~의 boundless; limitless; infinite. ‖ ~ 대해(大海) a boundless ocean.
무변화(無變化) changelessness; monotony(단조로움).
무병(無病) ~하다 (be) in good health; healthy.
무보수(無報酬) ~의 gratuitous. ¶ ~로 without pay 〔recompense, reward〕; 《무료의》 free of charge; for nothing.
무분별(無分別) ~한 thoughtless; indiscreet; imprudent; reckless.
무불간섭(無不干涉) indiscreet meddling in everything; indiscreet interference. ~하다 always nose into; meddle constantly.
무비(無比) ~한 peerless; unparalleled; unique. ¶ 당대 ~의 unparalleled by one's contemporaries.
무비판(無批判) ~적(으로) uncritical(-ly); indiscriminate(ly).
무사(武士) a warrior; a soldier; a knight.
무사(無私) ~한 unselfish; disinterested. ¶ 공평 ~한 just and fair.
무사(無事) 《안전》 safety; 《평온》 peace; 《건강》 good health. ~한 safe; peaceful; quiet; well; uneventful. ¶ ~히 safely; in safety; without accident; all right; in peace / ~히 지내다 get along well / ~히 해결되다 come to a satisfactory conclusion.
무사(無死) 〖野〗 ‖ ~ 만루 full bases with no outs.
무사고(無事故) ~의 accident-free 《*flying*》. ‖ ~ 비행 flying without an accident.
무사마귀 a wart; a papula.
무사분주(無事奔走) ~하다 (be) very busy about nothing.
무사안일(無事安逸) ‖ ~주의 the principle of "safety first"; a peace-at-any-price principle.
무사태평(無事泰平) ~하다 (be) peaceful; tranquil; easygoing; carefree.
무산(無産) ~의 propertyless; unpropertied; proletarian. ‖ ~계급 the proletariat(e); the proletarians / ~자 a proletarian.
무산(霧散) ~하다 disperse; be dispelled; dissipate.
무산증(無酸症) 〖醫〗 achlorhydria.

무상(無上) ～의 the highest; the greatest; supreme; the best; ideal. ¶ ～의 영광 the supreme hono(u)r.
무상(無常) uncertainty; mutability; transiency. ～한 uncertain; mutable; transient.
무상(無償) ～의 〔으로〕 gratis; for nothing. ‖ ～ 계약 a unilateral contract / ～ 교부 〖證〗 delivery without compensation / ～ 대부 a free loan / ～ 배급 free distribution / ～원조 a grant; grant-type aid / ～주(株) a stock dividend.
무상출입(無常出入) ～하다 go in and out constantly; visit freely; have free access to.
무색(一色) dyed colo(u)r. ‖ ～옷 a dyed clothes.
무색(無色) ① 《빛깔》 ～의 colo(u)rless; achromatic 《*lens*》. ② 《무안》 ～하다 be ashamed; feel shame. ¶ ～케 하다 put 《*a person*》 to shame; put 《*a person*》 in the shade; outshine 〔eclipse〕 《*a person*》.
무생물(無生物) an inanimate object. ‖ ～계(界) inanimate 〔inorganic〕 nature / ～학 abiology.
무서리 the first frost of the year; an early frost.
무서움 fear; fright; 《in》 terror; awe. ¶ ～을 타다 be easily frightened / ～을 모르다 have no fear; be fearless; fear nothing / ～을 참다 bear one's fear.
무서워하다 fear; be fearful 《*of*》; be afraid 《*of a thing, to do*》; be frightened 《*at*》; be scared 〔terrified〕 《*at*》.
무선(無線) 《by》 wireless 〔radio〕. ‖ ～기사 a wireless 〔radio〕 operator / ～ 방송 radiobroadcasting / ～ 전신 a wireless (telegraph) (～전신국 a wireless station / ～ 전화 a radiotelephone ; a wireless 〔cordless〕 telephone ; a walkie-talkie / ～ 조종 wireless 〔radio〕 control / ～호출기 a pager 〔beeper〕 ; a radio pager.
무선철(無線綴) unsewn binding.
무섭다 ① 《두렵다》 (be) fearful; terrible; dreadful; horrible 《*crimes*》; frightful. ¶ 무서운 병 a horrible disease / 무서운 구두쇠 an awful miser / 무섭게 하다 frighten; terrify; scare. ② 《사납다》 (be) ferocious; fierce; formidable.
무성(茂盛) ～한 thick; dense; luxuriant.
무성(無性) ～의 sexless; neuter. ‖ ～생식 asexual reproduction.
무성(無聲) ～의 silent; voiceless. ‖ ～ 영화 a silent picture / ～음 a voiceless sound.
무성의(無誠意) insincere; unfaithful. ¶ ～한 dishonest. 「(duty-)free.
무세(無稅) ～의 free of duty; tax-
무소 〖動〗 a rhinoceros.

무소득(無所得) ～하다 gain nothing 《*from, by*》. 「niscient.
무소부지(無所不知) ～하다 (be) om-
무소불능(無所不能) ～하다 (be) omnipotent; almighty.
무소속(無所屬) ～의 independent; unattached; neutral. ‖ ～ 의원 an independent; nonaffiliated members.
무소식(無消息) ～이다 hear nothing. ¶ ～이 희소식 No news is good news.
무쇠 (cast) iron.
무수(無水) 〖化〗 ～의 anhydrous. ‖ ～산(酸) anhydride / ～ 화합물 an anhydrous compound.
무수(無數) ～한 numberless; innumerable; countless. ¶ ～히 innumerably; without number.
무수리 〖鳥〗 an adjutant (bird).
무숙자(無宿者) a tramp; a vagabond; a vagrant.
무순(無順) irregularity; disorder; 《단서로》 "Not in order."
무술(武術) military 〔martial〕 arts.
무슨 what 《*book*》; what sort 〔kind〕 of 《*a man*》; What (의문). ¶ ～ 일로 on what business / ～ 까닭에 why; for what reason / ～ 일이 있더라도 above all things; at any cost; by all means.
무승부(無勝負) a draw; a drawn game; a tie. ¶ ～가 되다 draw 〔tie〕 with 《*a person*》; end in a draw 〔tie〕.
무시(無視) ～하다 ignore; disregard; set at naught; defy; 《유린·거부》 override; veto. ¶ …을 ～하고 in disregard of; in defiance of. 「times.
무시로(無時一) at any time; at all
무시무시하다 (be) terrible; horrible; dreadful; awful; frightful; ghastly.
무시험(無試驗) 《admission》 without examination.
무식(無識) ignorance; illiteracy. ～한 ignorant; illiterate; uneducated. ‖ ～장이 an *ignoramus* 《라》; a sheer illiterate.
무신경(無神經) ～한 insensible 《*to*》; thick-skinned; callous; apathetic.
무신론(無神論) atheism. ¶ ～적(인) atheistic. ‖ ～자 an atheist.
무실점(無失點) ¶ ～으로 without losing a point.
무심(無心) ～하다 (be) indifferent 《*in*》; 《서술적》 do not care 《*about*》 (무관심); 《생각없음》 (be) innocent (순진); unintentional; casual. ¶ ～코 unintentionally; inadvertently; 《문득》 casually; incidentally; 《부주의로》 carelessly / ～코 한 말 a casual remark.
무심결(無心一) ¶ ～에 《아무 생각없이》 unintentionally; 《저도 모르게》 undesignedly; unconsciously; in spite of oneself; 《문득》 casually; by chance.

무쌍(無雙) ~한 peerless; matchless; unparalleled; unique.
무아(無我) self-effacement; selflessness. ¶ ~의 경지에 달하다 attain a spiritual state of perfect selflessness; rise above self. ‖ ~경 ecstasy; transport; absorption.
무악(舞樂) dancing (and) music.
무안(無顔) ~하다 be ashamed; feel shame; lose face. ¶ ~(을) 주다 put 《*a person*》 to shame; put 《*a person*》 out of countenance; make 《*a person*》 blush.
무안타(無安打)〖野〗no hit. ‖ ~ 무득점 경기 a no hit, no run game.
무어 ① 《감탄사》 why; well; what! ¶ ~동생이 죽었다고 What! Brother dead? / ~ 괜찮아 Never mind! ② 《대답》 yes; what. ③ ☞ 무엇.
무어라 ¶ ~하든 whatever one may say; after all(결국) / ~ 말할 수 없다 be indescribable; One cannot tell (단정 못하다).
무언(無言) silence. ~의 silent;mute. ¶ ~중(에) silently; mutely; in silence. ‖ ~극 a dumb show; a pantomime.
무엄(無嚴) ~한 bold; audacious; pert; impudent; indiscreet. ¶ ~하게도…하다 have the indiscretion (impudence) to 《*do*》; be impertinent enough to 《*do*》.
무엇 《대명사》 what (의문); something. ¶ ~이든 anything; whatever / ~보다도 above all (things); first of all / ~하러 what for.
무역(貿易) trade; commerce. ~하다 trade 《*with*》; carry on commerce; engage in foreign trade. ‖ ~경쟁국 a trade rival / ~량 the volume of trade / ~박람회(풍(風)) a trade fair (wind) / ~상 a trader / ~수지 the balance of trade / ~품(品) trade goods / ~협정 a trade agreement / ~회사 a trading firm (company) / 대미 ~ Korea's trade with America.
무역관리(貿易管理) (foreign) trade control(management).
무역마찰(貿易摩擦) a trade friction.
무역역조(貿易逆調) adverse balance of payments; trade imbalance.
무역장벽(貿易障壁) a trade barrier.
무역정책(貿易政策) a trade policy.
무역항(貿易港) a trade port.
무연(無煙) ~의 smokeless. ‖ ~탄(炭) anthracite / ~화약 smokeless powder.
무연(無鉛) ‖ ~가솔린 lead-free gasoline.
무연고(無緣故) ~의 without relations; having no surviving relatives. ‖ ~분묘 an unknown person's grave; a neglected (deserted) grave.
무예(武藝) ☞ 무술.
무욕(無慾) ~한 free from avarice; unselfish.
무용(武勇) bravery; prowess; valo(u)r. ‖ ~담 a tale of heroism.
무용(無用) ~의 useless; of no use; unnecessary (불필요한); without business(볼일없는). ¶ ~지물 a useless thing; a good-for-nothing / ~자 출입 금지《게시》 "No Admittance Except on Business."
무용(舞踊) dancing; a dance. ~하다 dance; perform a dance. ‖ ~단 a dance company; a *corps de ballet* 《프》 / 민속 ~ a folk dance.
무우 ☞ 무.
무운(武運) the fortunes of war; 《wish *a person*》 good luck in war.
무운(無韻) ~의 unrhymed; blank 《*verse*》.
무위(武威) military prestige (glory).
무위(無爲) idleness; inactivity. ¶ ~의 생활 an idle life / ~도식하다 live (lead) an idle life; eat the bread of idleness.
무의무탁(無依無託) ~하다 (be) homeless; 《서술적》 have no one to depend (rely) on.
무의미(無意味) ~한 meaningless; senseless; empty; insignificant.
무의식(無意識) unconsciousness. ~적(으로) unconscious(ly); involuntar(il)y; mechanical(ly).
무의촌(無醫村) a doctorless village.
무이자(無利子) ~의(로) without interest. ‖ ~공채 a flat (passive) bond.
무익(無益) ~한 useless. ¶ 백해 ~하다 do more harm than good.
무인(武人) a warrior; a soldier.
무인(拇印) a thumb-mark(-print).
무인(無人) ‖ ~비행기 a pilotless (radio-controlled) plane / ~위성 an unmanned satellite.
무인도(無人島) a desert (an uninhabited) island.
무인지경(無人之境) an uninhabited region. ¶ ~을 가듯하다 carry everything before one.
무일푼(無一) ¶ ~이다 be penniless.
무임(無賃) ¶ ~으로 free (of charge) / ~승차(乘車)를 하다 ride free (of charge). ‖ ~승차권 a free-pass.
무임소(無任所) ~의 unattached; unassigned; without portfolio. ‖ ~장관(長官) a minister (of state) without portfolio.
무자각(無自覺) ~한 apathetic; insensible; unconscious.
무자격(無資格) disqualification; incapacity. ~의 disqualified; 《무면허의》 unlicensed. ‖ ~교원 an unlicensed (uncertified) teacher.
무자력(無資力) lack of funds.
무자맥질 diving; ducking. ~하다 dive into (in, under) water; go underwater; duck 《*down*》.
무자본(無資本) ¶ ~으로 without

capital [funds].
무자비(無慈悲) ~한 merciless; cruel; ruthless. ¶ ~한 짓을 하다 do a cruel thing.
무자식(無子息) ~하다 (be) childless; heirless.
무자위 a pump.
무작위(無作爲) ‖ ~(표본)추출 random sampling.
무작정(無酌定) ~한 reckless; blind. ¶ ~하고 blindly; recklessly; with no particular object in mind.
무장(武將) a general; a warlord.
무장(武裝) armaments; equipments. ~하다 arm; be under arms. ¶ ~한 armed. ‖ ~ 간첩 an armed spy (~ 간첩선 an armed espionage ship) / ~ 봉기 rising in arms; an armed uprising / ~ 중립 armed neutrality / ~ 해제 disarmament; demilitarization / ~화(化) militarization.
무장지졸(無將之卒) a leaderless army.
무재(無才) ¶ ~ 무능한 incapable; incompetent.
무저항(無抵抗) nonresistance. ‖ ~주의 the principle of nonresistance.
무적(無敵) ~의 invincible; unconquerable. ‖ ~ 함대 the Invincible Armada.
무적자(無籍者) a person without a registered domicile.
무전(無電) 《by》 wireless [radio《美》]. ‖ ~ 장치 a wireless [radio] apparatus / ~유도 장치 《비행장의》 a talking-down system.
무전(無錢) ¶ ~ 취식하다 jump a restaurant bill; bilk a restaurant. ‖ ~ 여행 《go on》 a penniless journey; a travel without money.
무절제(無節制) ~하다 (be) intemperate; incontinent.
무절조(無節操) ~한 inconstant; unchaste; unprincipled.
무정(無情) ~한 heartless; hard(-hearted); unfeeling; merciless.
무정거(無停車) ~의 nonstop.
무정견(無定見) ~한 inconstant; unprincipled; fickle; wavering.
무정란(無精卵) an unfertilized egg; a wind egg.
무정부(無政府) anarchy. ~의 anarchic(al). ¶ ~ 상태에 있다 be in a chaotic condition [a state of anarchy]. ‖ ~주의 anarchism (~주의자 an anarchist).
무정형(無定形) ~의 formless; shapeless; amorphous 《metal》. ‖ ~ 수정(水晶) massive quartz.
무제(無題) 《작품에서》 no title. ~의 titleless; without a title.
무제한(無制限) ~의 limitless; unrestricted; free. ¶ ~으로 without any restriction; with no restriction; freely.
무조건(無條件) ~의 unconditional; unqualified. ¶ ~으로 unconditionally; unqualifiedly. ‖ ~ 항복 unconditional surrender.
무족(無足) ☞ 무지(無肢).
무좀 〖醫〗 water-eczema; athlete's foot.
무종교(無宗敎) ~의 irreligious; godless; atheistic. ‖ ~자 an atheist; an unbeliever.
무죄(無罪) innocence. ~의 innocent; guiltless. ¶ ~를 선고하다 declare 《*a person*》 not guilty. ‖ ~ 석방 acquittal (and discharge).
무주기(無週期) ~의 〖醫〗 acyclic.
무주의(無主義) ~의 without any (fixed) purpose; unprincipled.
무주정(無酒精) ‖ ~ 음료 a nonalcoholic beverage; a soft drink.
무주택(無住宅) ‖ ~ 서민(층) the homeless masses / ~자 a houseless [homeless] person.
무중력(無重力) 《a state of》 weightlessness [nongravitation].
무증거(無證據) lack of evidence [proof]; no evidence [witness].
무지(無知) ignorance; illiteracy (무교육). ~한 ignorant; stupid; silly. ¶ ~ 몽매한 백성 unenlightened people.
무지(無肢) ~의 〖動〗 apodous.
무지각(無知覺) indiscretion. ~한 indiscreet; imprudent; unwise.
무지개 a rainbow. ‖ ~빛 rainbow colo(u)r; iridescence.
무지근하다 feel heavy [dull].
무지러지다 wear out (to a stump).
무지렁이 a fool; an ignoramus.
무지막지(無知莫知) ~한 rough; wild; rude; heartless; violent.
무지몰각(無知沒覺) ~한 ignorant; unthinking and uninformed.
무직(無職) ~의 unemployed; jobless; out of work. ‖ ~자 a person without a regular occupation; an unemployed person; a person out of work (실업자).
무진(無盡) ☞ 무한(無限). ‖ ~ 회사 a mutual loan company.
무진장(無盡藏) ~의 inexhaustible; limitless; without end.
무질서(無秩序) disorder. ~한 disordered; chaotic; lawless.
무집게 (a pair of) pincers.
무찌르다 defeat (격파); rout (대파); attack (공격); mow down 《*the enemy*》.
무차별(無差別) indiscrimination. ~의[한] indiscriminate 《*bombing*》; blind; without distinction.
무착륙(無着陸) ~의 nonstop. ¶ ~ 비행을 하다 make a nonstop flight; fly nonstop 《*to*》.
무참(無慚) ~하다 《서술적》 feel quite ashamed 《*of, for*》.
무참(無慘) ~한 merciless; cruel; pitiful; tragic (비참한).
무채색(無彩色) an achromatic colo(u)r.
무책(無策) lack of policy.
무책임(無責任) irresponsibility. ~한 irresponsible. ¶ ~하게 irre-

sponsibly.
무척 very (much); quite; highly; extremely; exceedingly.
무척추동물(無脊椎動物) an invertebrate animal.
무취(無臭) ~의 odo(u)rless; scentless.
무취미(無趣味) ~한 uninteresting; prosaic; dry.
무치다 season; dress. ¶ 나물을 ~ season vegetable.
무탈(無頉) ~한 healthy; well.
무턱대고 recklessly; blindly; rashly; thoughtlessly.
무테(無一) ~의 brimless; rimless; unframed; frameless. ‖ ~ 안경 (a pair of) rimless spectacles.
무통(無痛) ~의 painless. ‖ ~ 분만 painless delivery; twilight sleep.
무투표(無投票) ¶ ~로 without voting. ‖ ~ 당선 return without voting / ~ 당선지구 a district uncontested in election.
무표정(無表情) ~한 expressionless; blank; deadpan 《美俗》.
무풍(無風) ~의 windless; calm. ‖ ~대 the calm latitudes (belt); the doldrums / ~ 상태 a (dead, flat) calm; peaceful condition (비유).
무학(無學) ignorance. ~의 ignorant; illiterate; uneducated.
무한(無限) infinity. ~한 limitless; endless; infinite; boundless; eternal (영구). ¶ ~량의 unlimited; immeasurable / ~정의 unlimited; infinite. ‖ ~ 궤도(차) a caterpillar (tractor) / ~ 급수 an infinite series / ~대[소] infinite [infinitesimal] / ~ 책임(사원) (a member with) unlimited liability / ~ 책임회사 an unlimited (liability) company.
무해(無害) ~한 harmless. ¶ ~ 무익한 neither harmful nor useful. ‖ 인축(人畜) ~ no harm [harmless] to men and beasts.
무허가(無許可) ~의 unlicensed; nonlicensed. ‖ ~ 건물 [판자집] an unlicensed building [shack].
무혈(無血) ‖ ~ 혁명 [점령] a bloodless revolution [occupation].
무협(武俠) chivalry; heroism.
무형(無形) ~의 《비물질적》 immaterial; 《추상적》 abstract; formless; 《정신적》 moral; spiritual; 《안뵈는》 invisible. ‖ ~ 문화재 an intangible cultural treasure / ~ 재산 immaterial property.
무화과(無花果) a fig. ‖ ~나무 a fig tree.
무환(無換) ‖ ~ 수입[수출] no-draft import [export].
무효(無效) invalidity; ineffectiveness. ~의 invalid; unavailable; ineffectual; fruitless; futile. ¶ ~가 되다 become null [void, invalid]; come to nothing / ~로 하다 annul; invalidate 《*a contract*》; make (null and) void. ‖ ~ 투표 a spoilt [an invalid] vote.
무훈(武勳) a distinguished military service. ☞ 무공(武功).
무휴(無休) ¶ ~이다 have no holiday. ‖ 연중(年中) ~ 《게시》 Open Throughout The Year.
무희(舞姬) a dancer; a dancing girl; a ballet girl.
묵 jelly. ‖ 도토리 ~ acorn jelly.
묵객(墨客) an artist; a painter; a calligrapher.
묵계(默契) a tacit understanding [agreement] 《*with, between*》. ~하다 agree tacitly; make a tacit agreement.
묵과(默過) connivance. ~하다 overlook; connive 《*at*》.
묵낙(默諾) a tacit consent. ~하다 consent tacitly 《*to*》.
묵념(默念) ① 《묵도(默禱)》 a silent [tacit] prayer. ~하다 pray silently 《*for*》. ② ☞ 묵상.
묵다 ① 《숙박》 stay [stop, put up] 《*at*》. ¶ 호텔에 ~ put up [stop] at a hotel. ② 《오래되다》 become old; be timeworn [stale]. ¶ 묵은 잡지 a back number magazine / 묵은 사상 an old-fashioned idea.
묵도(默禱) ☞ 묵념①.
묵독(默讀) ~하다 read silently; look through.
묵례(默禮) a bow. ~하다 (make a) bow 《*to*》; bow in silence.
묵묵(默默) ~한 silent; mute. ¶ ~히 silently; in silence; mutely.
묵비권(默秘權) 《use》 the right of silence.
묵살(默殺) ~하다 take no notice 《*of*》; ignore. ¶ 의안(議案)을 ~하다 shelve [pigeonhole, kill] a bill.
묵상(默想) (a) meditation. ~하다 meditate 《*on*》; muse 《*on*》.
묵새기다 make a long stay.
묵수(墨守) ☞ 고수(固守).
묵시(默示) ① 《신의》 a revelation. ~하다 reveal. ‖ ~록 【聖】 the Book of Revelation; the Apocalypse. ② 《명시에 대한》 implication. ~하다 imply. ¶ ~적 implicit; implied.
묵시(默視) ~하다 overlook; pass over; connive 《*at*》; tolerate.
묵은해 the old year; last year.
묵인(默認) a tacit admission; connivance. ~하다 permit tacitly; give a tacit consent; wink [connive] 《*at*》.
묵정밭 a fallow field that has gone to waste; a desert field.
묵정이 an old article.
묵종(默從) acquiescence. ~하다 acquiesce 《*in*》.
묵주(默珠) 【가톨릭】 a rosary.
묵지(墨紙) copying [carbon] paper.
묵직하다 (be) massive; heavy. ¶ 묵직이 heavily.
묵척(墨尺) a carpenter's inking line.
묵화(墨畫) a painting in Chinese

ink.
묵흔(墨痕) an ink-mark.
묵히다 leave unused [wasted]; let 《*goods*》 lie idle; keep 《*money*》 idle.
묶다 bind; tie; fasten. ¶ 손발이 묶이다 be tied [bound] hand and foot.
묶음 a bundle; a bunch; a sheaf (곡물, 서류 따위). ¶ ~으로 만들다 bundle; tie up in a bundle.
문(文) ① 〖文〗 a sentence. ② 《학문》 civil affairs; the pen. ¶ ~은 무보다 강하다 The pen is mightier than the sword.
문(門) ① 《대문》 a gate(way); 《출입구》 a door; 《미닫이》 a sliding; 《덧문》 a shutter. ② 《분류학상의》 a phylum (동물의); a division (식물의).
문(問) ☞ 문제. ¶ 제 1~ the first problem.
문간(門間) a door; an entrance; a doorway.
문갑(文匣) a stationery chest.
문경지교(刎頸之交) lifelong friendship; 《친구》 a sworn friend.
문고(文庫) ① 《서류 넣는》 a handbox; 《책장》 a bookcase. ② 《서고(書庫)》 a library; 《장서》 a collection of books; 《총서》 a library.
문고리(門—) a door ring.
문공부(文公部) ☞ 문화부.
문과(文科) the literary course [department]. ‖ ~ 대학 a college of literature.
문관(文官) a civil official; a civilian; the civil service (총칭).
문교(文敎) education; educational affairs. ‖ ~당국 education authorities concerned / ~ 행정 educational administration.
문구(文句) words; phrases; an expression.
문구멍(門—) a hole in a door.
문기둥(門—) a gatepost.
문단(文壇) the literary world [circles]; the world of letters.
문단속(門團束) ~하다 fasten [secure, bolt, lock] the doors.
문답(問答) questions and answers; a dialog(ue) (대화). ~하다 catechize; hold a dialogue. ¶ ~식으로 catechetically; in question and answer form. ‖ ~식 교수 catechism.
문대다 rub; scrub. ☞ 문지르다.
문덕(문덕) in lumps; into pieces. ~하다 fall apart 《*from decay*》.
문둥병(—病) leprosy; lepra; Hansen's disease. ☞ 나병, 한센병.
문둥이 a leper; a leprous patient.
문드러지다 ulcerate; fester; decompose; disintegrate.
문득, 문뜩 suddenly; unexpectedly; by chance; casually.
문란(紊亂) disorder; confusion. ~하다 be in disorder. ‖ 관기 ~ a breach of official discipline / 풍기 ~ corruption of public morals.
문례(文例) an example.
문리(文理) ① 《문맥》 the context; the line of thought. ② 《문과와 이과》 literature and science. ‖ ~과대학 the College of Liberal Arts and Science(s).
문맥(文脈) the context 《*of a passage*》. ¶ ~상의 contextual.
문맹(文盲) ignorance; illiteracy; 《사람》 an unlettered person; an illiterate. ‖ ~율 《lower》 the illiteracy rate / ~ 퇴치 a crusade against illiteracy.
문면(文面) the contents [wording] of a letter. ¶ ~에 의하면 according to the letter.
문명(文名) literary fame. ¶ ~을 날리다 win literary fame.
문명(文明) civilization; culture. ~한 civilized; enlightened. ¶ ~의 이기 modern conveniences. ‖ ~국 a civilized country / ~ 시대 the age of civilization; an enlightened age / ~인 a cultured person / 기계 ~ mechanical civilization.
문묘(文廟) 《공자 사당》 a Confucian shrine [temple].
문무(文武) civil and military arts; the pen and the sword. ¶ ~ 겸전(兼全)하다 be well up in both literary and military arts. ‖ ~백관 civil and military functionaries [officials].
문문하다 ① 《부드럽다》 (be) tender; soft. ② 《우습다》 (be) contemptible. ¶ 문문히 slightly; lightly / 문문히 보다 slight; hold cheap.
문물(文物) civilization (문명); culture (문화). ¶ 서양의 ~ Occidental civilization.
문밖(門—) ① 《문의 바깥》 outdoors. ~의 outdoor. ② 《성외》 the outside of a castle; 《교외》 the outskirts 《*of a city*》; suburbs. ¶ ~에 살다 live in the suburbs.
문방구(文房具) stationery; writing materials. ‖ ~점 a stationer's; a stationer (shop).
문벌(門閥) 《가문》 lineage; a good family.
문법(文法) grammar. ¶ ~적(으로) grammatical(ly). ‖ ~학자 a grammarian.
문병(問病) a visit to a sick person. ~하다 (go to) inquire [ask] after a sick person; visit 《*a person*》 in *his* sickbed.
문부(文簿) documents; an account book.
문빗장(門—) a bolt; a latch.
문사(文士) a literary man; a writer; a man of letters.
문살(門—) the frame of a paper sliding door.
문상(問喪) ☞ 조상(弔喪).

문서(文書) 《서류》 a document; a paper; 《통신》 correspondence; letters; 《기록》 archives; a missive (공문서). ¶ ~로 in writing; in written form. ‖ ~과 the section of archives / ~ 위조 forgery (of documents).
문선(文選) an anthology; 〖印〗 type-picking. ~하다 pick types. ‖ ~공 a type-picker.
문설주(門─) a gatepost; a doorjamb.
문소리(門─) a sound at the door 《*opening*》; a knock at the door.
문수(文數) size of shoes.
문수보살(文殊菩薩) *Manjusuri* 《梵》.
문식(文飾) literary 〔rhetorical〕 embellishment. ~하다 embellish; garnish.
문신(文身) a tattoo. ~하다 tattoo.
문안(門─) ① 《문의 안》 indoors. ② 《성내》 inside the city gate〔walls〕; the city proper.
문안(文案) a draft; a sketch; an outline. ¶ ~을 작성하다 make 〔draw up〕 a draft 《*of*》; draft.
문안(問安) an inquiry. ~하다 inquire after another's health; pay the compliments of the season.
문약(文弱) effeminacy; imbecility (나약). ¶ ~으로 흐르다 become effeminate.
문어(文魚) 〖動〗 an octopus.
문어(文語) written 〔literary〕 language. ‖ ~체 literary style.
문예(文藝) (art and) literature; literary arts 〔pursuits〕. ‖ ~ 기자〔난〕 a literary writer 〔column〕 / ~ 부흥 the Renaissance / ~ 비평 literary criticism / ~ 작품〔영화〕 literary works 〔pictures, films〕.
문외한(門外漢) an outsider; a layman (비전문가).
문우(文友) one's pen pal 〔friend〕.
문원(文苑) the literary world.
문의(文義) the meaning (of a passage); the purport of a letter.
문의(問議) inquiry. ~하다 inquire 《*of a person about a matter*》; make inquiries 《*about*》; ask. ‖ ~처 a reference.
문인(文人) a literary man; a man of letters. ‖ ~극 theatrical performances by men of letters / ~ 협회 the Literary Men's Association.
문인(門人) a pupil; a disciple; a follower.
문자(文字) ① 《글자》 a letter; a character (한문 따위); an alphabet (자모). ¶ ~ 그대로 to the letter; literally. ‖ ~반(盤) a dial (plate); the face 《*of a clock*》. ② 《구·숙어》 a phrase; an idiomatic phrase from the Chinese classics.
문자새(門─) doors and windows.
문장(文章) a sentence; a composition; a writing; an article (논문); a style (문체); 《문장가》 a good writer. ‖ ~론 〔구성법〕 syntax.
문장부(門─) a door pivot.
문재(文才) literary talent 〔ability〕.
문적(문적) ☞ 문떡(문덕).
문전(文典) grammar (=문법).
문전(門前) ¶ ~에 before 〔in front of〕 a gate; at the door / ~ 걸식하다 go out begging / ~ 성시를 이루다 be crowded with callers.
문제(問題) a question; a problem; a subject (연구 등의); an issue (계쟁(係爭)의); a topic (화제); a matter, an affair (사건). ¶ ~가 안 되다 be out of the question / ~를 야기하다 arouse 〔raise〕 a question; cause trouble. ‖ ~아 〔작〕 a problem child 〔play, novel〕 / ~점 the point at issue / 금전 ~ money matters / 영어 ~ a question 〔problem〕 in English.
문제화(問題化) ~하다 become an issue; 《표면화》 come to a head 〔the fore〕; 《말썽》 cause 〔give rise to〕 trouble.
문조(文鳥) 〖鳥〗 a Java sparrow; a paddybird.
문죄(問罪) ~하다 accuse 《*a person*》 of a crime.
문중(門中) a family; the whole clan.
문지기(門─) a gatekeeper; a doorkeeper; a gateman; a doorman; a janitor 《美》.
문지도리(門─) a hinge (of a door).
문지르다 rub; scour; scrub. ¶ 문질러 없애다 rub off 〔out〕.
문지방(門地枋) the threshold; a doorsill (문의).
문진(文鎭) a (paper) weight.
문집(文集) a collection of works; an anthology; analects.
문짝(門─) a leaf 〔flap〕 of a door.
문채(文彩) ① ☞ 무늬. ② 《광채》 beautiful colo(u)ring.
문책(文責) the responsibility for the wording of an article.
문책(問責) ~하다 reprehend; censure; reprove; rebuke.
문체(文體) a (literary) style. ¶ 간결〔화려〕한 ~ a concise 〔florid〕 style / 쉬운 ~로 in an easy 〔a plain〕 style / 독자적인 ~를 만들어 내다 make a style of one's own.
문초(問招) investigation. ~하다 investigate; inquire 《*into*》. ¶ ~를 받다 be examined 《*by the police*》.
문치(文治) civil administration.
문치(門齒) the incisor.
문치적거리다 shilly-shally; dilly-dally.
문턱(門─) the threshold; a doorsill. ¶ ~이 닳도록 《visit》 frequently / ~을 넘어서다 cross 〔step over〕 the threshold.
문투(文套) a literary style; form.
문틀(門─) a doorcase; a doorframe.
문패(門牌) a name plate; a doorplate.
문풍지(門風紙) a weather strip;

weather stripping (총칭).
문필(文筆) literary art; writing. ¶ ~로 먹고 살다 live by one's pen. ‖~가 a writer; a literary man / ~업 the literary profession.
문하(門下) ‖~생 one's pupil [disciple, follower].
문학(文學) literature. ~의 [적] literary. ‖~계 the literary world [circles] / ~ 박사 a Doctor of Literature (생략 Litt. D.) / ~사 a Bachelor of Arts (생략 B.A.) / ~자(者) a man of letters; a literary man / ~ 작품 literary works / ~ 청년 a literary youth; a young belletrist / 대중 [고전] ~ popular [classic] literature.
문헌(文獻) 《문서》 literature; booklet, a leaflet (소책자); 《기록》 records; documents; 《전거》 authority. ¶ ~을 조사하다 refer to documents. ‖참고 ~ a bibliography.
문형(文型) a sentence pattern.
문호(文豪) a master [great] writer.
문호(門戶) 《open》 the door 《*of*, *to*》. ‖~ 개방주의 the open-door principle [policy].
문화(文化) culture; civilization. ~적 cultural. ‖~부 the Ministry of Culture / ~ 생활 cultural life / ~ 유산 cultural inheritance / ~인 a man of culture; a cultured man / ~재(財) cultural assets [properties] / ~ 주택 a modern [an up-to-date] house / ~ 체육부 the Ministry of Culture & Sports / ~ 협정 a cultural agreement / ~ 훈장 an Order of Cultural Merits; a Cultural Medal.
문후(問候) ~하다 inquire after; pay one's respect 《*to*》.
묻다¹ 《땅에》 bury 《*in*, *under*》; inter (매장).
묻다² 《칠 따위가》 be stained 《*with*》; be smeared 《*with*》. ¶ 피 묻은 옷 bloodstained clothes.
묻다³ 《문의》 ask; inquire; question.
묻히다¹ 《칠 따위를》 smear; stain; apply (바르다). ¶ 옷에 흙을 ~ soil one's clothes / 신발에 흙을 ~ get mud on one's shoes.
묻히다² 《덮이다》 be buried in [under]; be covered with.
물¹ ① 《일반적》 water. ¶ 화초에 ~을 주다 water flowers [plants] / ~을 타다 dilute; mix 《*wine*》 with water / ~에 빠져 죽다 be drowned (to death). ② 《홍수》 a flood. ¶ ~이 나다 be flooded [inundated].
물² 《빛깔》 dyed colo(u)r (☞ 물들다, 물들이다). ¶ 검정 ~을 들이다 dye black / ~이 날다 the color fades.
물³ 《옷·과실 등의》 ☞ 첫물.
물가 the water's edge; the waterside; the beach.
물가(物價) prices (of commodities). ¶ ~가 오르다 price rise [go up] / ~가 내리다 prices fall [come down]. ‖~고 high prices of commodities / ~ 상승 [하락] a rise [fall] in prices / ~ 수준 price levels / ~의 등귀 [상승] a rise [an advance] in prices / ~통제 prices control / ~ 파동 the fluctuations of prices.
물가대책(物價對策) a commodity price policy.
물가안정(物價安定) price stabilization; stability of commodities prices. ¶ 튼튼한 ~에 바탕을 둔 지속적인 경제 성장을 추구하다 pursue sustained economic growth based on the firm foundation of price stabilization. ‖~선 a price stabilization zone.
물가지수(物價指數) a price index.
물가체계(物價體系) a price structure [system].
물갈래 a branch; a tributary.
물감 dyes; dyestuffs; colo(u)r.
물개 〖動〗 a fur seal.
물거리 《땔나무》 dead branches; brushwood; fag(g)ot.
물거미 〖蟲〗 a water spider.
물거품 foam; froth; a bubble. ¶ ~이 되다 end [go up] in smoke; come to naught; prove a failure.
물건(物件) an article; goods; a thing; an object; 《품질》 quality.
물걸레 a wet floorcloth. ¶ ~질하다 wipe [mop] with a damp [wet] cloth.
물것 biting insects.
물결 a wave; a billow (큰 물결); a ripple (잔 물결); a swell (너울거리는); a surf (밀려오는); a breaker (흰 물결); a wash (물가를 씻어 내리는); a stream (사람·차 따위의). ¶ 속세의 거친 ~ rough dealings of the world / ~을 헤치고 나아가다 plough the waves / ~에 떠다니다 drift on the waves.
물결치다 move in waves; wave; roll; undulate. ¶ 물결치는 벼이삭 waving heads of rice.
물경(勿驚) to one's surprise. ¶ 빚이 ~ …원이다 The debt adds up to a surprising amount of …*won*.
물계(物一) the current [market] price.
물고(物故) ~나다 die; pass away.
물고기 fish; a fish.
물고늘어지다 ① 《입으로》 bite at. ② 《끝까지》 hold on to; cling to.
물고동 a stopcock; a faucet. ¶ ~을 틀다 [잠그다] turn on [off] a faucet.
물곬 《도랑》 a drain(age).
물구나무서다 stand on one's (head and) hands.
물구덩이 a pool; a (mud) puddle.
물굽이 a bend [curve] of a stream.
물권(物權) a real right; a right *in rem*. ‖~법 the law of realty.
물귀신 a water demon. ¶ ~이 되다 be drowned (to death).
물금(一金) 〖化〗 amalgam.

물긋하다 《묽다》 (be) somewhat thin [washy, weak].
물기 moisture. ¶ ~ 있는 moist; damp; humid.
물기름 《머리기름》 hair oil.
물길 a waterway; a watercourse.
물까마귀 〖鳥〗 a water ouzel; a (pale) dipper.
물꼬 a sluice; a lock.
물끄러미 《look》 fixedly; firmly; steadily. ¶ 얼굴을 ~ 쳐다보다 look blankly [vacantly] at *a person's* face; stare 《*a person*》 in the face.
물난리(一亂離) ① 《수해》 a flood (disaster). ¶ ~를 겪다 suffer from a flood. ② 《식수난》 the shortage of water supply.
물납(物納) payment in kind. ‖ ~세(稅) a tax in kind. ☞ 현물세(現物稅).
물너울 a swell; a roller; a surge.
물놀이 ① 《물결침》 ~하다 ripple; ruffle. ② 《물가 놀이》 a waterside vacation. ¶ ~가다 go swimming 《*to the seaside*》; go to a summer resort.
물다[1] pay (지불); compensate 《*for*》 (배상).
물다[2] 《상하다》 decay; rot; spoil; go bad.
물다[3] ① 《깨물다》 bite. ¶ 물어 뜯다 bite off. ② 《입에》 put [hold] 《*a thing*》 in one's mouth. ③ 《벌레가》 bite; sting (모기가). ④ 《톱니바퀴 등이》 gear with [into]; engage with.
물덤벙술덤벙 blindly; aimlessly; rashly.
물독 a water-jar.
물두부(一豆腐) bean curds cooked in water.
물들다 ① 《빛깔이》 dye; be dyed 《*black*》; take colo(u)r. ② 《감염(感染)》 be infected [stained] with 《*vices*》; be influenced by.
물들이다 dye; colo(u)r; tint. ¶ 검게 ~ dye 《*a thing*》 black; get 《*a thing*》 dyed black.
물딱총(一銃) a squirt (gun); a syringe.
물때[1] 《물의》 fur; incrustation.
물때[2] 《조수의》 the tidal hour; 《만조시》 the high tide.
물똥 ☞ 물찌똥.
물똥싸움하다 splash water on each other.
물량(物量) the amount of materials. ¶ ~ 작전으로 on the strength of material superiority.
물러가다 《떠나다》 leave; take one's leave; 《후퇴》 retrograde; recede; go back, retreat (퇴각).
물러나다 withdraw; retire; resign.
물러서다 《후퇴》 move backward; draw back; recede; 《은퇴》 retire; resign 《*position*》; leave.
물러앉다 ① 《뒤에 앉다》 move one's seat backward. ② 《지위에서》 retire; resign.
물러오다 come back; withdraw; retreat.
물러지다 soften; become tender.
물렁물렁하다 (be) soft; tender.
물렁하다 ① 《푹 익어서》 (be) overripe; mellow; soft. ② 《성질이》 (be) flabby; weak-hearted.
물레 a spinning wheel.
물레방아 a water mill.
물레새 〖鳥〗 a forest wagtail.
물려받다 inherit 《*from*》; take over; obtain by transfer. ¶ 부모에게서 물려받은 inherited from [handed down by] one's parents; hereditary.
물려주다 《양도》 hand [make] over; transfer; 《지위를》 abdicate; 《동산을》 bequeath; 《부동산을》 devise.
물려지내다 be in *a person's* clutches; be at *a person's* mercy.
물력(物力) material power.
물론(勿論) (as a matter) of course; to be sure; to say nothing of; naturally. ¶ 그는 영어는 ~ 프랑스어도 한다 He knows French, not to speak of English.
물리(物理) ① 《이치》 the law of nature. ② ☞ 물리학. ¶ ~적인 physical. ‖ ~ 요법 physiotherapy / ~ 화학 physical chemistry.
물리다[1] 《싫증나다》 get sick of; lose interest in; be fed up with.
물리다[2] ① 《연기》 postpone; put off; defer. ② 《옮기다》 move; shift; get around; 《뒤로》 move back(ward); put back. ③ ☞ 물려주다.
물리다[3] 《치우다》 clear away; put [take] away.
물리다[4] 《푹 익힘》 cook soft [tender].
물리다[5] 《동물·벌레에》 be [get] bitten by 《*fleas*》. ② 《재갈을》 bit [bridle] 《*a horse*》; gag 《*a person with*》 (사람 입에).
물리다[6] 《돈을》 make 《*a person*》 pay [compensate].
물리다[7] 《치우다》 put [take] away; clear away [off]. ¶ 상을 ~ take away the table.
물리치다 《거절하다》 reject; refuse; turn down; 《격퇴》 repulse; drive away; beat back.
물리학(物理學) physics. ¶ ~(상)의 physical. ‖ ~자 a physicist / 응용 [이론] ~ applied [theoretical] physics / 핵 ~ nuclear physics.
물마루 the crest (of waves); a wave crest.
물만두(一饅頭) boiled ravioli.
물망(物望) popular expectation. ¶ ~에 오르다 be popularly [widely] expected.
물망초(勿忘草) 〖植〗 a forget-me-not.
물매[1] 《경사》 a slope; a slant; an incline; a pitch. ¶ ~가 싼 지붕 a roof which has a steep slant.
물매[2] 《매질》 hard flogging [whipping]. ¶ ~ 맞다 be flogged hard.
물매화풀 〖植〗 a grass-of-Parnassus.
물멀미 seasickness.

물명(物名) names of articles.
물목(物目) a list of articles; a catalog(ue) (목록).
물문(一門) a sluice; a floodgate; a lock.
물물교환(物物交換) barter. ∼하다 barter 《*A for B*》.
물미 a shoe; the ferrule (지팡이 등의).
물밀다 《만조가 되다》 rise; flow; 《밀려 오다》 surge; rush 《*to*》.
물방아 ① 《방아》 a water mill. ② 《방아두레박》 water wheel buckets.
물방울 a drop of water; a waterdrop.
물뱀 a sea (water) snake.
물베개 a (rubber) water-pillow (-cushion).
물벼락 ¶∼ 맞다 get doused.
물벼룩 【動】 a water flea.
물병(一甁) a water bottle (flask).
물보라 a spray (of water).
물부리 《담뱃대의》 a mouthpiece; 《궐련의》 a cigarette holder.
물분(一粉) a liquid face-paint.
물불 ¶∼을 안 가리다 go through fire and water (thick and thin) 《*for*》.
물비누 liquid soap; soft soap (반유동체의).
물산(物産) a product; produce (총칭). ¶∼의 집산지 a produce distributing center / ∼이 풍부하다 be rich in products. ‖∼ 회사 a products company.
물살 the current of water. ¶∼이 세다 A current is swift.
물상(物象) ① 《사물》 an object. ② 《현상》 material phenomena. ③ 《교과》 the science of inanimate nature.
물새 ① 《수금(水禽)》 a water bird; waterfowl. ② ☞ 쇠새.
물색하다(物色一) 《찾다》 look for; search for; hunt (up); 《고르다》 select; pick.
물샐틈없다 ① 《틈이 없다》 (be) watertight. ② 《완벽》 (be) strict; watertight; airtight. ¶물샐틈 없는 경계망을 펴다 throw a tight cordon around.
물세례(一洗禮) ① 【宗】 baptism by effusion. ② ☞ 물벼락.
물소 【動】 a buffalo.
물수건(一手巾) a wet towel; a steamed (hot) towel.
물수제비뜨다 skip stones; play ducks and drakes.
물시계(一時計) ① 《시계》 a water clock; a clepsydra. ② 《수도 계량기》 a water gauge.
물실호기(勿失好機) ∼하다 do not miss (lose, let slip) a chance.
물심(物心) ¶∼ 양면으로 both materially and morally.
물싸움 《논물의》 an irrigation (a water-rights) dispute. ∼하다 dispute about (over) the water rights.
물써다 ebb; go out; be on the ebb.
물쑥 【植】 an artemisia.
물쓰듯하다 spend money like water.
물씬하다 《물체가》 (be) soft; tender; 《냄새가》 smell strong; stink 《*of fish*》 (악취가).
물안경(一眼鏡) swimming goggles.
물약(一藥) a liquid medicine.
물어내다 ① 《퍼뜨리다》 air (let out) family secrets. ② 《변상》 pay for; compensate.
물어떼다 bite (gnaw) off.
물어뜯다 bite off; tear off with one's teeth.
물어보다 《묻다》 ask; inquire; question; 《조회》 make inquiries.
물어주다 ☞ 물어내다 ②.
물억새 【植】 a common reed.
물역(物役) construction (building) materials.
물엿 millet jelly.
물오르다 《초목이》 (sap) rise; 《셈펴이다》 emerge from poverty; get better off than before.
물오리 【鳥】 a wild duck; a mallard.
물욕(物慾) worldly desires.
물유리(一琉璃) water glass.
물음 a question. ‖∼표 a question mark.
물의(物議) public censure; trouble. ¶∼를 자아내다 (일으키다) cause public discussion; give rise to scandal (hot criticism).
물잇구럭하다 pay off 《*another's*》 loss (deft); pay off for 《*another*》.
물자(物資) goods; commodities; (raw) materials (원료); resources (자원). ‖∼ 공급 a supply of goods / 생활 ∼ daily necessaries.
물자동차(一自動車) ① 《살수차》 a street sprinkler. ② ☞ 급수차(給水車).
물장구 the thrash; the flutter kick. ¶∼치다 (질하다) make flutters.
물장난 ¶∼치다 dabble in the water; play with water.
물적(物的) material; physical. ‖∼ 증거 material (real) evidence.
물정(物情) 《세상인심》 public feeling; 《실정》 the state of affairs; the world. ¶세상 ∼을 모르다 be ignorant of the world.
물주(物主) 《자본주》 a financier; 《노름판의》 a banker.
물줄기 a watercourse; a flow; 《분출하는》 a spout of water.
물지게 a frame for carrying water.
물질(物質) matter; substance. ¶∼적(인) material; physical. ‖∼계 the material (physical) world / ∼ 대사 【生】 metabolism / ∼ 명사 a material noun / ∼ 문명 material civilization / ∼주의 materialism.
물집[1] 《염색집》 a dyer's; a dye house (shop).
물집[2] 《피부의》 a (water) blister. ¶∼ 잡히다 get (have) a blister 《*on*》; blister.
물쩡(물쩡)하다 (be) faint-hearted; weak-spirited.

물찌똥 liquid (loose) stool.
물차(一車) a street sprinkler (살수차); a water carrier (물공급차).
물참나무 〖植〗 a Japanese oak.
물체(物體) a body; an object.
물초 ¶ ~하다 be wet (drenched) to the skin; get wet through / ~가 되다 =물초하다.
물총새 〖鳥〗 a kingfisher.
물컥 with a strong stink (stench); stinkingly.
물컹이 《사람》 a softy; a weakling.
물컹하다 (be) soft; squashy.
물크러지다 be reduced to pulp; decompose (썩어).
물통 a water-pail; a (water-)bucket.
물표(物標) a ticket; a (baggage) check.
물푸레나무 〖植〗 an ash tree.
물품(物品) articles; things; goods; commodities. ‖ ~세(稅) a commodity tax.
물화(物貨) goods; commodities (일용품); merchandise (상품).
묽다 ① 《농도》 (be) thin; watery; washy. ¶ 묽게 하다 thin; dilute. ② 《사람이》 (be) weak(-hearted).
뭇¹ 《묶음》 a bundle; a faggot; a sheaf (볏단); 《생선의》 ten fish.
뭇² 《여러》 many; numerous. ¶ ~사람 people of all sorts; company; the public.
뭇매 beating in a group; sound thrashing. ¶ ~ 맞다 get (be under) a pelting rain of kicks and blows.
뭇발길 《get》 a pelting rain of kicks.
뭇방치기 forwardness; intrusion; 《사람》 a lot of meddlers.
뭇소리 many voices; hisses and boos (비난의).
뭇시선(一視線) everyone's eyes; public gaze.
뭇입 public rebuke; hisses and boos.
뭉개다 ① 《으깨다》 crush; smash; squash; mash. ② 《일을》 do not know what to do (how to deal) with; find 《*a thing*》 unmanageable; make a mess of.
뭉게구름 a cumulus.
뭉게뭉게 thickly; in thick clouds.
뭉그러뜨리다 destroy; demolish; throw down.
뭉그러지다 crumble; fall (come) down; collapse.
뭉글뭉글하다 (be) clotty; slippery.
뭉긋하다 (be) gentle; easy; 《휘우듬하다》 (be) slightly bent.
뭉때리다 ① ☞ 시치미떼다. ② 《할 일을》 deliberately shirk one's duty (task).
뭉뚝하다 (be) dull; blunt; stubby.
뭉뚱그리다 wrap up in a slipshod way.
뭉실뭉실하다 (be) plump; portly.
뭉치 a bundle; a ball; a lump; a mass.
뭉치다 ① 《덩이지다》 lump; mass; 《엉기다》 congeal; clot (피가). ¶ 한데 뭉쳐 in a lump (bunch). ② 《덩이짓다》 make a lump. ¶ 눈을 ~ make snow ball. ③ 《단결》 unite; be united; stand together; combine. ¶ 굳게 ~ be strongly united.
뭉클뭉클하다 (be) lumpy.
뭉클하다 ① 《먹은 것이》 feel heavy on one's stomach. ② 《가슴이》 be filled with 《*sorrow*》; have a lump in one's throat.
뭉키다 lump; mass; conglomerate. ¶ 단단히 ~ form a hard mass.
뭉텅이 a lump; a mass.
뭉툭하다 (be) dull; blunt; stumpy.
뭍 land; the shore (배에서 본).
뭐 ☞ 무어.
…므로 because (of); as. ¶ 몸이 약하~ because of one's delicate health.
미(美) beauty; the beautiful. ¶ 자연의 ~ natural beauty; beauties of nature.
미가(米價) the price of rice. ‖ ~정책 the rice price policy.
미가공(未加工) ~의 raw; unfinished; unprocessed.
미각(味覺) the palate; the (sense of) taste. ‖ ~ 신경 the gustatory nerve.
미간(未刊) ~의 unpublished.
미간(眉間) the middle of the forehead; the brow. ¶ ~을 찌푸리다 knit one's brows.
미간지(未墾地) uncultivated land.
미개(未開) ~한 uncivilized; savage; barbarous. ‖ ~ 민족 a savage race / ~지 a backward region.
미개간(未開墾) ~의 uncultivated.
미개발(未開發) ~의 undeveloped; uncultivated; underdeveloped (저개발의).
미개척(未開拓) ~의 undeveloped; unexploited; wild. ‖ ~ 분야 an unexplored fieldy / ~지 undeveloped land; virgin soil.
미거(美擧) a commendable act; a praiseworthy undertaking.
미결(未決) ~의 undecided; pending; unsettled; unconvicted. ‖ ~감 a house of detention / ~구류 detention pending trial; unconvicted detention / ~ 문제 a pending question; a moot point / ~수 an unconvicted (undertrial) prisoner / ~안 an unsettled matter (bill); a pending case.
미결산(未決算) ~의 unsettled; outstanding.
미결제(未決濟) ~의 unsettled; outstanding; unpaid (미지불의).
미곡(米穀) rice. ‖ ~ 보유량 rice in stock / ~상 a rice dealer / ~ 연도 the rice (crop) year.
미골(尾骨) 〖解〗 the coccyx.
미공인(未公認) ~의 not yet officially recognized; unofficial. ☞ 비

공인(非公認).
미관(美觀) a fine 〔beautiful〕 sight 〔view〕. ¶ ~을 이루다 present a fine spectacle / ~을 해치다 spoil the beauty 《*of*》.
미관(味官) the taste organs.
미관(微官) a low office; a low official (사람).
미교육(未敎育) **~의** untrained.
미구(未久) **~에** before long; shortly; soon; in the near future.
미국(美國) the United States (of America) (생략 U.S., U.S.A.). **~의** American; U.S.. ¶ ~화하다 Americanize. ‖ ~ 국기 the American flag; the Stars and Stripes (성조기) / ~어(語) American 《美》; American English / ~인(人) an American; a Yankee.
미군(美軍) the U.S. army 〔armed forces〕; 《병사》 an American soldier; a GI. ‖ ~ 점령지 the American-occupied area.
미궁(迷宮) mystery; a maze; a labyrinth. ¶ ~에 빠지다 become shrouded in mystery.
미균(微菌) ☞ 세균.
미그 《소련제 전투기》 a MIG; a Mig jet fighter.
미급(未及) **~하다** 《미달》 fall short 《*of*》; do not reach; 《열등》 be inferior 《*to*》; be no match 《*for*》.
미기(美技) a fine play.
미꾸라지 a loach; a mudfish.
미끄러지다 slide; glide; slip; 《실패》 fail (in) an examination.
미끄럼 sliding. ¶ ~(을) 타다 slide 〔play〕 on a slide; slide 〔skate〕 on the ice; slide over the snow (눈 위에서). ‖ ~대 a slide.
미끄럽다 (be) slippery; slimy; 《반드럽다》 (be) smooth; sleek.
미끈거리다 be slippery 〔slimy〕.
미끈미끈 ¶ ~한 slippery; slimy.
미끈하다 (be) sleek; clearcut; handsome; fine-looking.
미끼 ① 《낚시의》 a bait. ¶ 낚시에 ~를 달다 bait a fishhook. ② 《유혹물》 a bait; an allurement; a lure. ¶ ~에 걸려들다 be lured; get decoyed.
미나리 〖植〗 a Japanese parsley.
미남(美男) a handsome man; a good-looking man; an Adonis.
미납(未納) **~의** unpaid; in arrears; back. ‖ ~금 (the amount in) arrears / ~자 a person in arrears; a defaulter / ~ 처분 punishment for failure to pay.
미네랄 (a) mineral. ‖ ~ 워터 mineral water; minerals 《英》.
미녀(美女) a beauty; a belle; a beautiful woman; a pretty girl. ¶ 절세의 ~ a rare beauty; a woman of matchless beauty.
미뉴에트 〖樂〗 a minuet(te).
미늘 a barb. ‖ ~창(槍) a halberd.
미니 a mini. ‖ ~스커트 a miniskirt / ~카메라 a minicam(era).
미니어처 miniature 《*camera*》.
미다¹ 《구멍을 내다》 tear a hole 《*in*》; get torn.
미다² 《따돌리다》 leave 《*a person*》 out (in the cold); avoid 〔shun〕 《*a person's*》 company.
미닫이 a sliding door.
미담(美談) a beautiful 〔noble, an inspiring〕 story; a fine anecdote.
미덕(美德) a virtue; a moral excellency; a noble attribute.
미덥다 (be) trustworthy; reliable; dependable. ¶ 미덥지 못한 unreliable; untrustworthy; not to be depended upon.
미동(微動) a slight shock; a tremor. ¶ ~도 않다 do not move an inch; stand as firm as a rock.
미두(米豆) speculation in rice. ‖ ~장 the rice exchange.
미등(尾燈) 《자동차의》 a tail light 〔lamp〕; a rear 〔red〕 light.
미들 ¶ ~급의 middleweight. ‖ ~급 선수 a middleweight (boxer).
미디 a midi; a midiskirt; a midi-dress.
미라 a mummy. ¶ ~로 만들다 mummify; mummy.
미란(糜爛) **~하다** be inflamed; ulcerate; fester; decompose. ‖ ~성 가스 irritating 〔vesicant〕 poisonous gas; mustard gas.
미래(未來) future; the time to come. **~의** future; coming; to come. ¶ ~에 in (the) future. ‖ ~사(事) future 〔coming〕 events / ~상 an image of the future / ~시제 〖文〗 the future tense / ~파 futurism; a futurists (사람) / ~학 futurology.
미량(微量) a very small quantity 〔amount〕 《*of*》. ‖ ~ 분석 microanalysis / ~ 측정기 a microdetector.
미려(美麗) beauty. **~한** beautiful; fine; lovely.
미력(微力) one's poor ability; the little one can do. ¶ ~을 다하다 do one's bit 〔poor best〕; do what (little) one can.
미련 stupidity. **~한** stupid; senseless; thickheaded. ‖ ~통이 〔쟁이〕 a dullard; a stupid person.
미련(未練) lingering attachment; regret. ¶ ~이 있다 be still attached to; have a lingering regret 《*for*》.
미로(迷路) a maze; a labyrinth.
미루다 ① 《연기》 postpone; put off; defer; protract; delay (지연). ② 《전가》 lay 〔throw〕 《*the blame on a person*》; shift 〔shuffle off〕 《*the responsibility on another*》. ③ 《헤아리다》 infer 〔gather〕 《*from*》; guess; judge 《*by, from*》. ¶ 이로 미루어 보아 judging from this.
미루적거리다 prolong; protract; delay; draw 〔drag〕 out.

미륵보살(彌勒菩薩) *Maitreya* 《梵》.
미리 beforehand; in advance; previously; in anticipation (예견하고).
미립자(微粒子) a corpuscle. ～의 corpuscular. ‖ ～ 필름 a fine-grained film.
미만(未滿) ～의 under; less than.
미만(彌漫) ～하다 pervade; extend all round; prevail; spread 《*about*》.
미망(迷妄) an illusion; delusion. ‖ ～설(說) illusionism.
미망인(未亡人) a widow. ¶ ～이 되다 be left a widow. ‖ 전쟁 ～ a war widow.
미명(未明) ¶ ～에 before (at) daybreak; at dawn.
미명(美名) ¶ …의 ～아래 under the pretense (veil) of.
미모(美貌) beauty; good looks. ～의 beautiful; pretty; handsome.
미목(眉目) feature; looks. ¶ ～이 수려하다 have a handsome face (clean-cut features).
미몽(迷夢) an illusion; a delusion. ¶ ～에서 깨어나다 open one's eyes 《*to*》; be disillusioned.
미묘(美妙) ～한 fine; excellent; elegant; sweet.
미묘(微妙) ～한 delicate; subtle; nice; fine.
미문(美文) elegant prose (style).
미물(微物) ① 《하찮은 것》 a trifle. ② 《미생물》 a microorganism; a microbe.
미미(美味) 《맛》 a good flavo(u)r; deliciousness. ～의 nice; sweet; delicious.
미미(微微) ～한 slight; little; small; insignificant.
미발표(未發表) ～의 unpublished.
미복(美服) a pretty dress; fine clothes.
미복(微服) an incognito. ¶ ～으로 in disguise; under an incognito.
미본토(美本土) the continental U.S. ¶ ～의(에 (있는)) stateside.
미봉(彌縫) ～하다 temporize; patch up; make shift. ‖ ～책 a make-shift.
미부(尾部) the tail.
미분(微分) 〖數〗 differential calculus. ～하다 differentiate. ‖ ～ 방정식 a differential equation.
미분자(微分子) an atom; a molecule.
미불(未拂) ～의 unpaid; outstanding. ‖ ～ 잔금 arrears; balance due.
미불(美弗) the U.S. dollar.
미불입(未拂込) ～의 unpaid(-up). ‖ ～주(株) (자본금) unpaid stocks (capital).
미비(未備) ～한 insufficient; imperfect; defective; not up to the mark. ¶ ～한 점 a defect.
미쁘다 (be) reliable; trustworthy; dependable.
미사(美辭) flowery words (language). ¶ ～ 여구를 늘어놓다 marshal all sorts of flowery words.
미사(彌撒) a mass; *missa* 《라》. ¶ ～를 올리다 say (read) mass. ‖ 진혼 ～ a requiem mass.
미사일 a missile. ‖ 공대공 ～ an air-to-air missile / 지대공 ～ a surface-to-air missile.
미산지(米産地) a rice-producing district; a rice country.
미삼(尾蔘) rootlets of ginseng.
미상(未詳) ～한(의) unknown; unidentified. ¶ 작자 ～의 anonymous; unidentified.
미상불(未嘗不) really; indeed.
미상환(未償還) ～의 outstanding; unredeemed. ‖ ～액(額) outstanding issues.
미색(米色) light (pale) yellow.
미색(美色) a beautiful woman; a beauty.
미생물(微生物) a microorganism; a microbe. ‖ ～학 microbiology (～학자 a microbiologist).
미성(未成) incompletion. ～의 unfinished; uncompleted.
미성(美聲) 《the owner of》 a sweet voice.
미성년(未成年) minority. ¶ ～이다 be under age; be not yet of age. ‖ ～ 범죄 juvenile delinquency / ～자 a minor.
미세(微細) ～한 minute; detailed; delicate; nice; subtle.
미세스 a married lady (woman); Mrs.
미션스쿨 a mission school.
미소(美蘇) ～의 American-Soviet 《*relations*》; Russo-American.
미소(微小) ～한 very small; minute; microscopic.
미소(微少) ～한 very little; next to nothing.
미소(微笑) a smile. ～하다 smile 《*at*》; beam. ¶ ～를 띄우고 with a smile; smiling(ly).
미소년(美少年) a handsome youth; a good-looking boy; an Adonis.
미송(美松) 〖植〗 an Oregon pine.
미수 a cold drink of roast-grain powder. ‖ 미숫가루 powder of roast grain (rice, barley).
미수(未收) ～의 accrued; receivable; deferred; uncollected. ‖ ～금 an outstanding amount; an amount receivable.
미수(未遂) ～의 attempted. ¶ ～로 그치다 fail (end) in the attempt. ‖ ～범(犯) an attempted crime; a would-be criminal (사람) / 살인 ～ an attempted murder / 자살 ～ (an) attempted suicide.
미수교국(未修交國) a nation with which it has no diplomatic tie.
미숙(未熟) ① 《덜익음》 ～한 unripe; green; immature. ② 《익숙지 못함》 ～한 inexperienced; unskilled; raw; green.

미숙련(未熟練) ~의 unskilled; unskillful. ‖ ~공 an unskilled worker; unskilled labo(u)rer.
미술(美術) art; the fine arts. ¶ ~적인 artistic. ‖ ~가 an artist / ~관 an art museum [gallery] / ~대학 a college of fine arts / ~ 전람회 an art exhibition / ~품 a work of art / ~ 학교 a school of fine arts.
미술공예(美術工藝) artistic handicrafts; arts and crafts; industrial arts.
미스¹ ① 《호칭》 Miss 《*Kim*》. ② 《미혼녀》 an unmarried woman; a bachelor girl.
미스² 《틀림·잘못》 a mistake; an error. ‖ ~프린트 a misprint.
미스터 Mister; Mr. [*pl.* Messrs.].
미스터리 《소설 따위》 a mystery (novel, *etc.*).
미스테이크 a mistake.
미시즈 Mrs. (Mistress의 생략).
미식(米食) rice diet. ~하다 eat [live on] rice.
미식(美食) delicatessen; epicurism (미식하기). ~하다 live on dainty food. ‖ ~가 an epicure; a gourmet.
미식축구(美式蹴球) American football.
미신(迷信) (a) superstition. ¶ ~적인 superstitious; bigoted. ‖ ~가 a superstitious person.
미심(未審) ~한 [쩍은] doubtful; dubious; suspicious; questionable; uncertain. ¶ ~한 점 a suspicious [doubtful] point / ~쩍은 듯이 suspiciously; with a doubtful air.
미아(迷兒) a stray [lost] child. ¶ ~가 되다 be missing; get lost 《*in*》. ‖ ~ 보호소 a home for missing children.
미안(未安) ~하다 (be) sorry; regrettable; repentant. ¶ ~한 생각이 들다 feel sorry; regret / ~합니다마는 Excuse me, but...; (I am) sorry to trouble you but....
미안(美顔) ‖ ~수 a beauty wash [lotion] / ~술(術) beauty culture.
미약(微弱) ~한 weak; feeble.
미양(微恙) 《대단찮은 병》 an indisposition; a slight illness.
미어(美語) American (English).
미어뜨리다 tear a hole in; rend.
미어지다 get torn; tear; be worn out.
미역¹ 〖植〗 brown seaweed.
미역² 《목욕》 a bath; a swim; swimming. ~감다 swim; bathe in water.
미역국 《국》 brown-seaweed soup. ¶ ~ 먹다 《시험에》 fail in an examination; 《직장에서》 be dismissed [discharged]; get the sack; be fired.
미연(未然) ¶ ~에 before 《*it*》 happens; previously / ~에 방지하다 prevent; nip in the bud.
미열(微熱) 《have》 a slight fever.
미온(微溫) ¶ ~적인 lukewarm; half-hearted (태도가).
미완(未完), 미완성(未完成) ~의 incomplete; unfinished. ‖ ~ 교향악 the "Unfinished Symphony".
미용(美容) ‖ ~사 a beauty-culturist; a beautician 《美》 / ~술 beauty culture; a facial 《美》 / ~식 food for beauty / ~원 a beauty shop / ~체조 beauty exercise; calisthenics.
미욱하다 (be) stupid; dull.
미움 hatred; hate; enmity. ¶ ~(을) 받다 be hated [detested].
미워하다 hate; detest; have a spite against.
미음(米飮) thin rice-gruel; water gruel; rice water.
미의식(美意識) an (a)esthetic sense.
미이라 ☞ 미라.
미익(尾翼) 《비행기의》 the tail.
미인(美人) ① 《가인》 a beautiful woman [girl]; a beauty. ‖ ~계 a badger game (~계를 쓰다 pull a badger game) / ~ 대회 a beauty contest. ② 《미국인》 an American; a Yankee.
미작(米作) rice crop [harvest] (수확); rice culture (재배). ‖ ~ 지대 a rice-producing district.
미장(美粧) beauty culture. ‖ ~원 a beauty salon [parlo(u)r, shop].
미장(美裝) fine dress. ~하다 be finely [well] dressed.
미장이 a plasterer.
미저골(尾骶骨) 〖解〗 the coccyx.
미적(美的) (a)esthetic. ‖ ~ 감각 an esthetic sense.
미적거리다 ① 《밀다》 push [shove] forward little by little. ② 《연기》 put off from day to day; delay; procrastinate.
미적분(微積分) infinitesimal calculus.
미적지근하다 (be) tepid; lukewarm; half-hearted.
미전(美展) ☞ 미술 전람회.
미점(美點) a merit; a good quality.
미정(未定) ~의 undecided; unsettled; unfixed; uncertain. ¶ ~이다 be not decided.
미제(未濟) ~의 unfinished; outstanding; unpaid.
미제(美製) ~의 of American make; made in U.S.A [America].
미제품(未製品) an unfinished article [product].
미조(美爪) ‖ ~사(師) a manicurist / ~술(術) manicure; pedicure (발톱의).
미주(美酒) excellent wine; a good drink.
미주(美洲) the Americas.
미주신경(迷走神經) 〖解〗 a vagus; the pneumogastric nerves.
미주알고주알 inquisitively; thoroughly.
미중(美中) ¶ ~의 Sino-[Chinese-]

American 《*relations*》.
미증유(未曾有) ~의 unheard-of; unprecedented.
미지(未知) ~의 unknown. ‖ ~수 an unknown quantity; the unknown.
미지근하다 ☞ 미적지근하다.
미진(未盡) ~하다 (be) incomplete; unfinished; 《미흡》 (be) unsatisfied.
미진(微震) a earth tremor; a slight shock (faint of earthquake).
미착(未着) ~의 not yet arrived; not yet delivered (미배달의). ‖ ~품 goods to arrive [not yet delivered].
미착수(未着手) ~의 not yet started.
미채(迷彩) camouflage.
미처 (as) yet; up to now; so far; before (앞서).
미천(微賤) ~한 humble; obscure; ignoble.
미추(美醜) beauty or ugliness; 《용모》 personal appearance.
미추룸하다 be healthy and fair.
미취(微醉) slight intoxication.
미취학(未就學) ~의 not (yet) attending school. ‖ ~ 아동 a preschool child.
미치광이 《광인》 a madman; a lunatic; 《열광자》 a maniac; a fan. ~의 mad; insane; crazy.
미치다¹ ① 《정신이》 go [become, run] mad; go [become] insane; get crazy. ¶ 미친 mad; insane; crazy. ② 《열광》 be crazy [mad] 《*about*》; lose one's head 《*over*》. ¶ 계집에 ~ be infatuated with [be crazy about] a woman.
미치다² ① 《이르다》 reach; come (up) to 《*standard*》; amount to (액수가); 《걸치다》 extend 《*to, over*》; range 《*over*》. ¶ 미치지 않다 do not reach; fall short 《*of*》; 《겨룰 수 없다》 be inferior 《*to*》; be no match 《*for*》 / 힘이 미치는 한의 일을 하다 do everything in one's power. ② 《영향을》 exert influence 《*on*》; affect.
미칭(美稱) a euphemism 《*for*》.
미크론 a micron (기호 μ). ‖ 밀리 ~ a millimicron (기호 μ).
미타(彌陀) *Amitabha* 《梵》.
미태(媚態) coquetry. ¶ ~를 부리다 be coquettish; flirt 《*with men*》.
미터 ① meter. ‖ ~법 the metric system. ② 《계량기》 a meter; a gauge.
미투리 hemp shoes.
미트 《야구 장갑》 a mitt.
미풍(美風) a fine custom. ‖ ~ 양속 mores; public morals.
미풍(微風) a breeze; a gentle wind.
미필(未畢) ~의 unfinished; unfulfilled.
미필적고의(未必的故意) 〖法〗 wil(l)ful [conscious] negligence.
미학(美學) (a)esthetics. ~의 esthetic. ‖ ~자 an esthetician.
미해결(未解決) ~의 unsolved; unsettled; pending; outstanding.
미행(尾行) ~하다 follow; track 《*a person*》; shadow. ‖ ~자 a shadow(er); a tail.
미행(美行) a praiseworthy [good] conduct; a good deed.
미행(微行) incognito traveling. ~하다 travel incognito; pay a private visit; go in disguise (변장).
미혹(迷惑) 《미망》 a delusion; an illusion; 《헤맴》 perplexity (당혹); (a) doubt. ~하다 《그릇된 길에》 go [be led] astray; 《여자에게》 be infatuated 《*with a woman*》; 《헤맴》 be perplexed [bewildered]; be at a loss; be in doubt (의혹).
미혼(未婚) ~의 unmarried; single. ‖ ~모(母) an unwed [unmarried] mother / ~자 an unmarried person; not-yet-weds.
미화(美化) beautification. ~하다 beautify 《*a city*》; make beautiful; glorify. ‖ 도시 ~ 운동 a city beautification movement.
미화(美貨) 《in》 American money [currency]; the U.S. dollar.
미확인(未確認) ‖ ~ 보도 news from an unconfirmed source / ~ 비행물체 an unidentified flying object (생략 UFO).
미흡(未洽) ~한 insufficient; unsatisfactory; imperfect; defective. ¶ ~한 점이 있다[없다] leave something [nothing] to be desired.
미희(美姬) a beautiful girl; a beauty.
믹서 a mixer.
민가(民家) a private house.
민간(民間) ~의 private; nonofficial; civil; civilian. ‖ ~ 기업[사업] a private enterprise [business] / ~ 방송 (a) commercial [private] broadcasting / ~ 외교 people-to-people diplomacy / ~인 a private person; a civilian / ~ 항공 civil aviation / ~ 회사 private companies.
민감(敏感) ~한 sensitive 《*to*》; susceptible 《*to*》.
민국(民國) 《공화국》 a republic.
민권(民權) civil right; the people's rights. ¶ ~을 옹호[신장]하다 defend [extend] the people's rights.
민꽃식물(一植物) ☞ 은화식물.
민단(民團) a settlement corporation; 《일본에 있는》 the (pro-Seoul) Federation of Korean Residents in Japan.
민도(民度) the conditions [cultural standard] of the people.
민둥민둥하다 (be) bald; bare; treeless.
민둥산(一山) a bald [bare, denuded] hill.
민들레 〖植〗 a dandelion.
민란(民亂) a riot; an insurrection; a revolt; an uprising.
민망(民望) public confidence (신망); popular expectation (기대).
민망(憫惘) ~하다 (be) embarrassed;

sorry; pitiful; sad.

민머리 a bald (bare) head; 《쪽 안 찐》 undone hair.

민며느리 a girl brought up in one's home as a future wife for one's son.

민물 fresh water. ~의 limnetic. ‖ ~ 고기 a fresh-water fish.

민박(民泊) ~하다 lodge at a private house. ‖ ~집 a tourist home; a guesthouse《英》.

민방(民放) ☞ 민간 방송.

민방위(民防衛) civil defense. ‖ ~대 a 《*regional*》 Civil Defense Corps unit / ~ 훈련 Civil Defense training (drill).

민법(民法) the civil law; the civil code (법전). ‖ ~학자 a scholar of the civil law.

민병(民兵) a militiaman; the militia. ‖ ~대 a militia corps.

민복(民福) well-being of the people; national welfare.

민본주의(民本主義) democracy.

민사(民事) ‖ ~ 소송 《bring》 a civil suit (action) 《*against*》 / ~ 재판 a civil trial.

민생(民生) public welfare; life of the people.

민선(民選) ~의 elected (chosen) by the people. ‖ ~ 의원 a representative elected by the people (by popular vote).

민속(民俗) folk customs. ‖ ~ 박물관 a folklore museum / ~촌 the Folk Village / ~학 folklore.

민속무용(民俗舞踊) a folk dance. ‖ ~가 a folk dancer.

민속(敏速) ☞ 민활.

민수(民需) private (civilian) demands. ‖ ~산업 civilian industry.

민숭민숭하다 (be) bare; treeless; bald; hairless.

민심(民心) public sentiment. ¶ ~의 동요 popular unrest / ~을 거역하다 go against public sentiment.

민약설(民約說) the theory of social contract.

민어(民魚) 【魚】 a croaker.

민영(民營) ~의 private; privately operated (managed). ¶ ~으로 하다 leave 《*the railway*》 to private enterprise / ~이다 be under private management. ‖ ~ 아파트 a privately-built apartment house.

민예(民藝) folk craft 《*shop*》; folk art. ‖ ~품 a folk-art article.

민완(敏腕) ability. ~의 able; capable; shrewd. ‖ ~가 an able man; a man of ability; a shrewd man.

민요(民謠) a folk song; a ballad. ‖ ~ 가수 (가락) a folk singer (melody).

민요(民擾) ☞ 민란.

민원(民怨) public resentment (grievance). ¶ ~을 사다 incur the enmity of the people.

민원(民願) a civil appeal. ‖ ~ 사무 civil affairs administration / ~ 상담소 a civil affairs office / ~ 창구 a window for civil petitions.

민유(民有) ~의 privately-owned; private. ‖ ~지 private land.

민의(民意) the will of the people; public opinion.

민재(民裁) ☞ 민사 재판.

민정(民政) 《군정에 대한》 civil administration (government). ¶ ~을 펴다 place 《*a territory*》 under civil administration.

민정(民情) ① 《정상》 the condition (life) of the people. ② ☞ 민심.

민족(民族) a race; a people; a nation. ‖ ~성 racial characteristics / ~ 운동 a national movement / ~ 자결 racial self-determination / ~ 자본 national capital / ~ 정신 the national spirit / ~주의 racialism; nationalism / ~ 통일 연구원 the Research Institute for National Unification / ~학(學) ethnology.

민족감정(民族感情) a national sentiment 《*toward*》.

민족문제(民族問題) a racial problem.

민족문화(民族文化) national culture.

민주(民主) democracy. ¶ ~적 democratic / ~화하다 democratize. ‖ ~당 the Democratic Party; the Democrats / ~주의 democracy (~주의자 a democrat) / ~ 회복 the restoration of democracy.

민주공화국(民主共和國) a democratic republic.

민주국(民主國) a democratic country.

민주대다 detest; hate.

민주제도(民主制度) a democratic system.

민중(民衆) the people; the masses. ¶ ~화하다 popularize. ‖ ~ 심리 mass psychology / ~ 예술 popular arts / ~ 운동 a popular movement.

민첩(敏捷) ~한 quick; nimble; ready; sharp; acute. ¶ 행동이 ~하다 be quick in action.

민통선(民統線) the civilian passage restriction line; the farming restriction line (in Korea).

민틋하다 (be) smoothly aslant.

민폐(民弊) an abuse suffered by the public; a public nuisance. ¶ ~를 끼치다 cause a nuisance to the people.

민활(敏活) ~한 prompt; active; brisk; quick; swift.

믿다 ① believe; accept as true; be convinced 《*of*》; 《사람을》 trust; credit; believe 《*in*》. ¶ 믿을 수 있는 believable / 믿을 만한 reliable 《*source*》; authentic(al) / 남의 말을 그대로 ~ take 《*a person*》 at *his* words. ② 《신불을》 believe 《*in god*》.

믿음 faith; belief. ¶ ~이 두터운 pious; devout / ~이 없는 unbelieving; impious.
믿음성(一性) reliability; dependability. ¶ ~ 있는 trustworthy; reliable.
믿음직하다 (be) reliable; trustworthy; encouraging; reassuring; hopeful, promising (유망).
밀¹ 《소맥》 wheat.
밀² 《밀랍의》 (bees)wax; (yellow) wax. ¶ ~로 만든 wax; waxen / ~을 먹이다 wax.
밀가루 wheat flour.
밀감(蜜柑) 【植】 a mandarin orange.
밀계(密計) a secret scheme; a plot; designs 《*on her life*》. ¶ ~를 꾸미다 plot secretly.
밀고(密告) 《고자질》 (secret) information 《*against*》. ~하다 inform 《*against*》; betray. ‖ ~자 an informant.
밀국수 wheat vermicelli.
밀기울 wheat bran.
밀깜부기 a bunt ear of wheat.
밀다 ① 《떠다밀다》 push; shove; thrust. ¶ 밀어내다 push out / 밀어젖히다 push [brush] aside / 밀고 들어가다 force oneself into. ② 《깎다》 shave 《*off*》; 《대패로》 plane 《*off, away*》. ¶ 수염을 ~ shave oneself; have a shave. ③ ☞ 미루다 ②.
밀담(密談) 《have》 a secret [private] talk 《*with*》.
밀도(密度) density. ‖ ~측정 densimetry / 인구 ~ density of population.
밀도살(密屠殺) secret slaughter 《*of cattle*》. ~하다 slaughter 《*cattle*》 in secret.
밀랍(蜜蠟) beeswax.
밀렵(密獵) poaching. ~하다 poach; steal game. ‖ ~자 a poacher.
밀리 ‖ ~그램 a milligram(me) / ~리터 a milliliter / ~미터 a millimeter.
밀리다 ① 《일이》 be delayed [belated]; be behind 《*in, with*》. ¶ 밀린 사무를 정리하다 clear up belated business. ② 《지불이》 be left unpaid; fall [be] in arrears; be overdue. ¶ 밀린 overdue; outstanding; back. ③ 《떼밀리다》 be pushed [thrust, jostled]. ¶ 밀려나다 be pushed [forced] out / (파도 등이) 밀려오다 break [beat] 《*upon the shore*》; 《적이》 press 《*on, toward*》. ④ 《내밀리다》 be pushed back; be beaten a retreat.
밀림(密林) a dense [thick] forest; a jungle.
밀막다 refuse under a pretext.
밀매(密賣) illicit sale. ~하다 sell 《*liquor*》 illegally; smuggle. ‖ ~자 a secret [an illicit] dealer.
밀매매(密賣買) illicit traffic 《*in*》.
밀매음(密賣淫) ~하다 prostitute illegally. ‖ ~녀(女) an unlicensed prostitute.
밀모(密謀) ☞ 음모(陰謀).
밀무역(密貿易) smuggling. ~하다 smuggle.
밀물 the flowing [high] tide.
밀보리 rye (쌀보리); wheat and barley (밀과 보리).
밀봉(密封) ~하다 seal hermetically; seal up. ‖ ~ 교육 secret training.
밀봉(蜜蜂) a (honey)bee.
밀사(密使) a secret messenger; an emissary.
밀생(密生) ~하다 grow thick.
밀서(密書) a secret letter [message, papers].
밀선(密船) a smuggling vessel [(boat).
밀수(密輸) smuggling. ~하다 smuggle 《*a thing into, abroad*》; import through illegal channels. ‖ ~단 a smuggling ring / ~선 a smuggling vessel / ~자 a smuggler / ~품 contraband; smuggled goods.
밀수입(密輸入) smuggling. ~하다 smuggle 《*a thing*》 (into the country); import through illegal channels.
밀수제비 (pieces of) flour dough boiled with meat soup.
밀수출(密輸出) smuggling. ~하다 smuggle 《*a thing*》 abroad.
밀실(密室) a secret room [chamber]; a closed room.
밀약(密約) a secret understanding [agreement]. ¶ ~을 맺다 make a secret agreement 《*with*》.
밀어(密漁) poaching. ~하다 poach 《*for salmon*》. ‖ ~자 a poacher.
밀월(蜜月) ‖ ~여행 the honeymoon.
밀의(密議) 《have》 a secret conference.
밀입국(密入國) ~하다 make an illegal entry 《*into a country*》.
밀전병(一煎餠) a grilled wheat cake.
밀접(密接) ~한 close; intimate. ¶ ~한 관계가 있다 be closely related [connected] 《*with*》.
밀정(密偵) a spy; a secret agent.
밀조(密造) ~하다 manufacture [brew] unlawfully.
밀주(密酒) home-brew; moonshine 《美俗》; bootleg. ‖ ~업자 a moonshiner; a home-brewer.
밀집(密集) ~하다 gather closely together; crowd; mass.
밀짚 wheat [barley] straw. ‖ ~모자 a straw hat.
밀착(密着) ~하다 adhere [stick] 《*to*》. ‖ ~ 인화 【寫】 contact printing.
밀초 a wax candle.
밀치다 push; shove; thrust.
밀크 milk (우유); condensed milk (연유). ‖ ~ 셰이크 a milk shake / ~홀 a milk bar.
밀타승(密陀僧) 【化】 litharge.
밀탐(密探) ~하다 spy 《*on a person,*

into a secret》; investigate secretly (in secret).
밀통(密通) ① 《내통하다》 secret communication 《*with the enemy*》. ~하다 communicate secretly 《*with*》; betray. ‖ ~자 a betrayer. ② 《남녀의》 illicit intercourse; (an) adultery. ~하다 be intimate 《*with*》.
밀폐(密閉) ~하다 shut (close) up tight; make (keep) airtight.
밀항(密航) a secret passage; smuggling. ~하다 stow away 《*on a boat*》. ‖ ~자 a stowaway.
밀행(密行) ~하다 prowl 《*about*》; go secretly 《*to*》.
밀회(密會) a clandestine (secret) meeting; a rendezvous. ~하다 meet 《*a person*》 in secret. ‖ ~장소 a place of assignation; a secret rendezvous.
밉다 (be) hateful; abominable; detestable.
밉살스럽다 (be) hateful; provoking.
밋밋하다 (be) long and slender; straight and smooth.
밍밍하다 《맛이》 (be) tasteless; insipid; thin; washy; weak.
밍크 〖動〗 a mink. ¶ ~ 외투 a mink coat; 《wear》 a mink.
및 (both...) and; as well (as).
밑 ① 《아래》 the lower part; the bottom; the base; the foot. ~의 lower; subordinate (하위); inferior (못한). ¶ ~에(의) under; below; beneath / ~으로(의) down(ward); downstairs (아래층으로) / ~으로부터 from under (below); 《the 3rd line》 from the bottom. ② 《근본》 the root; the origin. ③ 《음부》 the private parts; the secrets. ④ 《바닥》 the bottom. ⑤ 〖數〗 a base; a radix.
밑각(一角) 〖數〗 a base angle.
밑그림 《그림의》 a rough sketch; a draft.
밑돌다 be lower (less) than; fall below.
밑동 the root; the base.
밑면(一面) the base.
밑바닥 the bottom; the bed (강의); the sole 《*of a shoe*》.
밑바탕 《근저》 the foundation; the ground; the base; 《본성》 nature; one's true colo(u)rs.
밑받침 an underlay; a desk pad (책상 위의); a board.
밑변(一邊) the base.
밑지다 lose; suffer (sustain) a loss; cannot cover the cost. ¶ 밑지고 팔다 sell at a loss (sacrifice).
밑창 the sole 《*of a shoe*》.
밑천 《상업 자본》 capital; funds; principal (원금); the cost price. ¶ ~을 들이다 put money 《*into*》.

ㅂ

…ㅂ시다 let's. ¶ 갑시다 Let's go.
바¹ 《밧줄》 a rope; a hawser (큰 바); 《끈》 a cord; a string.
바² 《술집》 a bar; a saloon 《美》; a pub(lic house). ‖ ~ 호스테스 a barmaid.
바³ 《기압 단위》 bar. ‖ 밀리~ millibar.
바⁴ what. ¶ 그가 말하는 ~ what he says.
바가지 ① 《그릇》 a gourd (dipper). ② 《요금 따위의》 overcharges. ¶ ~를 쓰다 pay exorbitantly / ~씌우다 overcharge 《*a person for...*》. ‖ ~ 요금 an exorbitant prices (fees).
바가지긁다 nag (yap) at one's husband. ¶ 바가지 긁는 아내 a nagging wife.
바각거리다 make scraping sounds.
바겐세일 a bargain sale.
바구니 a basket. ‖ 장~ a market (shopping) basket.
바구미 〖蟲〗 a rice weevil.
바그르르 ① ☞ 바글바글. ② 《거품이》 foaming; bubbling.
바글바글 ¶ ~ 끓다 boil up; simmer.
바깥 the outside (외부); the exterior (외면); out-of-doors (야외). ~의 outside; outdoor; outer; external. ¶ ~에(서) in the open (air); out of doors; outside. ‖ ~양반 my (your) husband.
바께스 a bucket; a pail.
바꾸다 ① 《교환》 (ex)change; barter (물물 교환); replace; renew; cash. ¶ 물건을 돈으로 ~ convert (turn, exchange) goods into money. ② 《변경》 change; alter; shift; convert; vary. ¶ 바꾸어 말하면 in other words / 방향을 ~ change the direction. ③ 《피륙을》 buy.
바뀌다 change (turn) 《*into*》; be changed (altered, varied); 《개정되다》 be revised. ☞ 변하다.
바나나 《peel》 a banana. ¶ ~ 껍질 a banana skin.
바느질 sewing; needlework. ~하다 sew; do needlework. ¶ ~품을 팔다 earn one's living by needlework.
바늘 a needle; a pin (핀); a hook (낚시 등의); a hand (시계의). ¶ ~방석에 앉은 것 같다 feel very nervous / ~에 실을 꿰다 thread a needle / (상처를) 여섯 ~ 꿰매다 have six stitches 《*on one's cut*》. ‖ ~겨레 a needle pad; a pincushion / ~귀 a needle's eye.
바다 the sea; the ocean (대양). ¶ ~로 나가다 go (sail) out to sea. ‖ 불~ a sea of flames / 바닷바람

a sea breeze.
바다표범 〖動〗 a seal.
바닥 ① 《평면의》 the floor; the ground. ¶ 마룻 ~에서 자다 lie on the bare floor. ② 《밑부분》 the bottom; the bed (강 따위의); the sole (신의). ③ 《끝》 end; close. ☞ 바닥나다. ④ 《번잡한 곳》 a congested area. ¶ 장~ a marketplace / 종로 ~ the *Jongno* district.
바닥나다 be exhausted; run out; be all gone; be out of stock.
바닥보다 ☞ 바닥나다.
바닥짐 《배의》 ballast.
바닷가 the shore (seashore); the beach.
바닷물 sea water. ‖ ~고기 a sea fish.
바닷새 marine birds.
바동거리다 (kick and) struggle; paw (말이); writhe; wriggle.
바둑 *paduk*; *go*. ¶ ~을 두다 play (have a game of) *paduk*. ‖ ~돌 a *paduk* (*go*) stone / ~판 a *paduk* board.
바둑무늬 ¶ ~의 piebald; checkered.
바둑이 a white and black dog.
바드득거리다 creak; grate.
바득바득 doggedly; perversely.
바디 a reed; a yarn guide.
바라다 ① 《예기·기대》 expect; hope for; count on; look forward to. ② 《소원함》 want; wish; desire; hope. ③ 《간원·부탁》 beg; request; entreat.
바라보다 see; look 《*at*》; look out over 《*a lake*》; watch; gaze 《*at*, *on*》 (응시); view (관망); look 《*on*》 (방관).
바라보이다 be looked over; command; overlook.
바라지 care; looking after. ~하다 take care 《*of*》; look after.
바라지다¹ ① 《몸이》 (be) stumpy; stuggy; broad. ② 《그릇이》 (be) shallow. ③ 《속마음이》 get too smart (for one's age); be precocious (saucy).
바라지다² 《갈라지다》 split off; 《열리다》 open out; be wide open.
바라크 a barrack; a shack.
바락바락 desperately; doggedly. ¶ ~ 기를 쓰다 make desperate efforts.
바람¹ ① 《대기의 유동》 a wind; a breeze (미풍); a gale (강풍); a draft (draught) (틈으로 들어오는); a current (선풍기 따위의). ¶ ~이 있는 (없는) windy (windless) / ~ 방향이 바뀌다 shift; veer / ~이 잘 통하다 be well ventilated; be airy / 저녁 ~을 쐬다 enjoy the cool of the evening / ~에 쐬다 expose oneself to the wind / ~이 일다 (자다) the wind rises (drops). ‖ 찬~ a cold wind. ② 《들뜬 마음》 fickleness; inconstancy. ¶ ~나다 take to amours; have a secret love affair / ~난 fickle; inconstant; wanton. ‖ ~장이 a flirt; a fickle man (woman). ③ 《풍》 palsy; paralysis.
바람² ① 《사품》 ~에 in conjunction 《*with*》; in the process 《*of*》; as a consequence 《*of*》. ¶ 일어나는 ~에 in (the act of) rising / 떠드는 ~에 in the confusion. ② 《차림》 샤쓰 ~으로 in shirt sleeves; without one's coat on.
바람개비 a vane; a weathercock.
바람결 《풍편》 a rumo(u)r; hearsay.
바람둥이 ① 《풍장이》 a braggart. ② 《바람잡이》 a Don Juan; a wanton (fickle) woman (여자).
바람들다 ① 《푸성귀가》 get pulpy; get soft inside; get soggy. ¶ 바람든 무우 a pulpy radish. ② 《바람나다》 become indiscreet; go wild; take up a gay life. ¶ 바람든 남자 a gay blade; a man-about-town. ③ 《일·계획이》 be upset; fail; be spoiled; be hindered; go wrong.
바람막이 a windscreen; a shelter from the wind.
바람맞다 ① 《속다》 be fooled (deceived); be stood up by 《*a person*》 (기다리다). ¶ 바람맞히다 stand 《*a person*》 up. ② 《풍병이》 be stricken with paralysis.
바람받이 a place exposed to the wind.
바람벽(一壁) a wall.
바람잡다 be fickle; take to amours.
바람직하다 (be) desirable; advisable. ¶ 바람직하지 않다 (be) undesirable.
바랑 a Buddhist's pack-sack.
바래다¹ ① 《변색》 fade; discolo(u)r; ¶ 바래지 않는 fade-proof; fast; standing. ② 《표백》 bleach 《*laundry in the sun*》.
바래다² 《배웅》 see 《*a person*》 home (off); give 《*a person*》 a send-off.
바로 ① 《옳게》 rightly (정직히); honestly (정확히); correctly (진실하게); truly (곧장); directly; straight; 《불과》 only; just; 《다름 아닌》 the very. ¶ ~ 말하다 tell the truth / ~ 집으로 가다 go straight home / ~ 알아맞추다 guess right / ~ 이웃에 살다 live close by / ~ 이 근처에서 그를 보았다 I saw him just about here. ② 《구령》 Eyes front!
바로미터 a barometer.
바로잡다 ① 《굽은 것을》 straighten; make straight (right). ② 《교정》 correct; redress; remedy; reform; set right.
바로크 ‖ ~ 시대 the baroque age / ~ 음악 baroque music.
바륨 〖化〗 barium (기호 Ba).
바르다¹ ① 《곧다》 (be) straight; straight forward; upright (직립). ② 《정당》 (be) right; righteous; just; 《참되다》 (be) honest; upright; 《적절》 (be) proper; 《합법》 (be) lawful; 《정확》 (be) correct; accurate.

바르다² ①《붙이다》 stick; paste; plaster; 《장지 따위》 paper; cover. ②《칠하다》 paint (채색을); plaster (벽토 따위를); coat (칠 따위를); apply(고약 등을); rub (문질러서); 《분 따위를》 powder; put on; rouge (연지를). ¶ 버터를 바른 빵 bread and butter / 고약을 ~ apply an ointment 《*to*》.
바르다³ 《발라내다》 (crack) open; shell; clean; hull 《*peas*》; crack, crush (단단한 껍질을).
바르르 ¶ ~ 끓다 come to a bubbling boil; be hissing hot / ~ 화내다 flare up in anger / 추워서 ~ 떨다 shiver with cold.
바르샤바 Warsaw (폴란드의 수도). ‖ ~ 조약 the Warsaw Pact.
바르작거리다 ☞ 버르적거리다.
바른길 《곧은 길》 a straight way; 《옳은 길》 the right path (track).
바른말 《옳은 말》 a reasonable (right) word; 《직언》 plain speaking; a straight talk. ~하다 speak reasonably (plainly).
바리 《짐》 a pack (load); a horseload.
바리전(一廛) a brassware shop.
바리캉 hair clippers.
바리케이드 a barricade. ¶ ~를 치다 set up a barricade; barricade 《*a place*》 / ~를 돌파하다 break through a barricade.
바리콘 a variable condenser.
바리톤 〖樂〗 baritone; a baritone (가수); baritone voice.
바림 〖美術〗 shading.
바바리코트 a Burberry (coat).
바베큐 barbecue.
바벨 〖聖〗 ‖ ~탑 the tower of Babel.
바보 a fool; an ass; an idiot; 《미련퉁이》 a dunce. ¶ ~ 같은 silly; foolish. ¶ ~ 같은 소리를 하다 talk silly.
바빌로니아 Babylonia. ¶ ~ 사람 a Babylonian.
바쁘다 (be) busy 《*in, with*》; 《급하다》 (be) pressing; urgent. ¶ 바쁘게 busily; hurriedly / 바쁜 걸음으로 at a quick pace / 시험 준비에 ~ be busy preparing for the examination / 바빠서 이리뛰고 저리뛰다 run (bustle) about busily; have a very busy time (of it).
바삐 《바쁘게》 busily; 《급히》 hurriedly; in haste; in a hurry; 《즉시》 at once; immediately. ¶ 한시 ~ without a moment's delay.
바삭거리다 (make a) rustle. ¶ 바삭바삭 rustlingly; with a rustle.
바소 a lancet.
바소쿠리 a wicker basket.
바수다 ☞ 부수다.
바스락거리다 rustle. ¶ 바스락바스락 rustlingly; with a rustle.
바스러뜨리다 crush; smash; break.
바스러지다 break; be broken (crushed, smashed).
바심¹ 《타작》 threshing.
바심² 《재목의》 ~하다 trim (dress, smooth) lumber.
바싹 ①《바삭》 rustlingly. ☞ 바삭…. ②《마르다》《dried up》 completely (물기가); thinly, haggardly (수척). ¶ ~ 말라붙은 우물 dried-up well / ~ 마른 입술 parched lips. ③《죄는 모양》 fast; tightly; closely (밀착). ¶ 나사를 ~ 죄다 screw tightly.
바야흐로 ¶ ~ …하려 하다 be going (about) to 《*do*》; be on the point of 《*doing*》.
…바에야 《이왕 …이면》 at all; 《차라리》 rather (than); as soon. ¶ 이왕 그만둘 ~ if you give it up at all / 항복할 ~ 죽겠다 I would rather die than surrender.
바위 a rock; a crag. ¶ ~가 많은 rocky. ‖ ~ 너설 a sharp edge of a rock.
바위옷 〖植〗 rock moss; lichen.
바이러스 〖醫〗 a virus. ¶ ~병의 viral / ~가 원인인(에 기인하는) virus-caused 《*tumo(u)rs*》.
바이블 《swear on》 the Bible.
바이스 《공구》 a vise; a vice 《英》.
바이올린 a violin. ‖ ~ 주자 a violinist.
바자¹ ‖ ~울 a roughly-wooven (bamboo) fence.
바자² 《자선시》 a (charity) baz(a)ar; a fancy fair. ¶ ~를 열다 open (hold) a bazaar.
바자위다 (be) stingy; niggardly.
바작바작 《소리》 with a crackling (sizzling); 《속이》 fretfully; in a state of anxiety.
바제도병(一病) Basedow's disease.
바조(一調) 〖樂〗 F major (장조); F minor (단조).
바주카포(一砲) a bazooka.
바지 (a pair of) trousers; pants 《美口》.
바지락(조개) a short-necked clam.
바지랑대 laundry pole.
바지저고리 jacket (coat) and trousers; 《비유적》 a good-for-nothing; a figurehead (무실권자).
바지지 sizzling; hissing.
바짝 ☞ 바싹.
바치다¹ 《드리다》 give; offer; present; consecrate (신에게); devote; give up (심신을); dedicate (건물, 저서 등을); 《납부》 pay in; 《납품》 supply; purvey. ¶ 일생을 ~ devote (dedicate) one's life 《*to*》.
바치다² 《즐기다》 have an excessive liking for; be addicted to.
바칠루스 〖生〗 a bacillus [*pl.* -li].
바캉스 (a) vacation; holidays; *vacances* 《프》.
바퀴¹ 〖蟲〗 a cockroach.
바퀴² 《수레의》 a wheel; 《일주》 a round (turn). ¶ 한 ~ 돌다 take a turn; go one's rounds (담당 구역을). ‖ ~살 a spoke / ~ 자국 ruts; tracks / 앞 (뒷) ~ the front (back) wheel.
바탕¹ 《기초》 foundation; basis; 《성

질》 nature; character; 《소지·소질》 the making; the (physical) constitution; 《재료의》 a ground; texture (직물의).
바탕² for some 〔a〕 time.
바터 barter. ‖ ~ 무역(貿易) barter trade / ~제(制) the barter system 〔basis〕.
바텐(더) a bartender 《美》; a barman 《英》.
바통 a baton. ¶ ~을 넘기다 hand over the baton 《to》/ ~을 넘겨받다 receive the baton 《from》; 《비유적》 take over 《a task》.
바투 close; closely.
바특하다 《국물이》 (be) thick.
바티칸 《로마 교황청》 the Vatican.
박 〖植〗 gourd; a calabash.
박(箔) foil (두꺼운); leaf (얇은).
박격포(迫擊砲) a (trench) mortar.
박공(膊栱) 〖建〗 a gable.
박다¹ 《못 따위를》 drive 〔strike〕 《in, into》; hammer 《in》 (큰못을); 《상감》 set; inlay; fix.
박다² 《찍다》 take 《a picture》 (사진을); 《인쇄》 print; get 《a thing》 printed.
박다³ 《바느질》 sew; stitch. ¶ 재봉틀로 ~ sew 《something》 with sewing machine.
박달(나무) 〖植〗 a birch.
박대(薄待) ☞ 냉대.
박덕(薄德) want 〔lack〕 of virtue.
박두(迫頭) ~하다 draw near; press; be imminent 〔pressing〕.
박락(剝落) ~하다 fall 〔come, peel〕 off; exfoliate.
박람(博覽) ‖ ~회 an exhibition; a fair (~회장 the exhibition 〔fair〕 grounds).
박래(舶來) ☞ 외래(外來).
박력(迫力) force; intensity. ¶ ~있는 strong; powerful; convincing.
박론(駁論) (a) refutation. ☞ 반박.
박리(薄利) small profits. ‖ ~ 다매 small profits and quick returns(~다매주의 a quick-returns policy).
박멸(撲滅) ~하다 eradicate; exterminate; stamp 〔wipe〕 out.
박명(薄命) ~한 unfortunate; unlucky; short-lived (단명의). ‖ 가인(佳人) ~ Beauty and luck seldom go hand in hand.
박물(博物) ‖ ~관 a museum / ~군자 a man of erudition / ~학 natural history (~학자 a naturalist).
박박 《긁는 모양》 《scrape, grate》 hard, vigorously; 《얽은 모양》 《pockmarked》 all over.
박복(薄福) misfortune; sad fate. ~한 unlucky; unfortunate.
박봉(薄俸) a small 〔low〕 salary; small pay. ¶ ~으로 생활하다 live on small pay.
박사(博士) a doctor (생략 Dr.). ‖ ~논문 a thesis for a doctorate / ~학위 a doctor's degree (~학위를 따다 take a doctorate) / 만물 ~ a well-informed person.
박살(撲殺) ~하다 beat 《a person》 to death. ¶ ~내다 shatter; smash; knock 《a thing》 to pieces.
박색(薄色) an ugly look; a plain woman (사람).
박수 a male diviner 〔shaman〕.
박수(拍手) hand clapping. ~하다 clap one's hands. ¶ 우뢰 같은 ~ a thunderous clapping of hands. ‖ ~ 갈채 cheers; applause (~갈채하다 give 《a person》 a clap and cheers) / ~부대 《극장 등의》 *claque* 《프》 (총칭).
박식(博識) erudition. ~한 erudite; well-informed.
박신거리다 crowd; throng; swarm.
박애(博愛) 《사랑》 philanthropy. ~의 philanthropic; charitable. ‖ ~주의 philanthropism.
박약(薄弱) ~한 feeble; weak. ¶ 의지 ~한 weak-minded.
박음질 sewing; sewing-machine stitches.
박이다 ① 《찍게 하다》 let print (인쇄); have a picture taken (사진을). ② 《속에》 get stuck 〔embedded〕 in; 《마음속에》 sink deep in 《one's heart》. ③ 《배다》 become a habit; be addicted 《to》.
박자(拍子) time; rhythm; beat. ¶ ~를 맞추다 keep time 《to, with》; beat time / ~를 맞추어 in 〔keeping〕 time 《with》.
박작거리다 be crowded 〔swarming〕.
박장대소(拍掌大笑) applause mingled with laughter. ~하다 engage in applause mingled with laughter; laugh aloud clapping one's hands.
박재(薄才) lack of ability.
박절(迫切) ☞ 박정(薄情).
박정(薄情) ~한 cold-hearted; heartless; unfeeling; indifferent; unkind.
박제(剝製) a stuffed bird 〔animal〕. ~하다 stuff 《a bird》. ¶ ~한 stuffed; mounted. ‖ ~사(師) a taxidermist / ~술(術) taxidermy.
박주(薄酒) untasty liquor; unpalatable *sul*.
박쥐 〖動〗 a bat.
박쥐구실 opportunism; wait-and-see policy.
박쥐우산(一雨傘) an umbrella.
박진(迫眞) truthfulness to life. ¶ ~감 있는 true to life / ~감 있다 be true to nature.
박차(拍車) a spur. ¶ ~를 가하다 spur 《one's horse, a person》.
박차다 kick away 〔off〕; 《뿌리치다》 kick 《a person's proposal》; reject; snub.
박처(薄妻) ~하다 treat one's wife coldly 〔cruelly〕.
박치기 butting. ~하다 give 《a person》 a butt of head; butt 《a person's chest》.
박탈하다(剝奪一) ☞ 빼앗다.

박테리아 a bacterium [*pl.* -ria].
박토(薄土) barren [sterile] soil.
박하(薄荷) 〖植〗 peppermint. ‖ ~담배 a mentholated cigaret(te) / ~유 (pepper)mint oil.
박하다(薄一) 《적다》 (be) little; 《인색》 (be) illiberal; stingy; severe (점수가); 《인정이》 (be) heartless; unfeeling; hard. ¶ 인심이 ~ be inhospitable / 점수가 ~ be strict [severe] in marking.
박학(博學) erudition; great learning. ~의 erudite; learned.
박해(迫害) persecution. ~하다 persecute; oppress. ‖ ~자 a persecutor; an oppressor.
박히다 《들어가》 get stuck; be driven 《*in*》; 《인쇄물이》 be printed; 《사진이》 be taken.
밖 ① ☞ 바깥. ② 《그외》 the rest (다른 전부); the other(s); another (다른 하나); 《밖에는》 except…; but; only. ¶ 그 ~에 besides; else / 그 ~의 사람들 the rest; the others.
반(半) ① 《절반》 a half. ¶ 1 다스 ~ a dozen and a half / 3시 ~ half past three / 1시간 ~ an hour and a half / ~마일 half a mile; a half mile / ~으로 가르다 divide 《*a thing*》 into halves; cut in half / …의 ~쯤 half as many [much] as. ② 《반쯤》 partial; half. ¶ ~숙의 half-boiled / ~은 농으로 half in jest.
반(班) 《학급》 a class; 《동네의》 a neighbourhood association; 《집단》 a party; a team; 《군대의》 a section; a squad; a set.
반…(反) anti-. ¶ ~제국주의 anti-imperialism.
반가공품(半加工品) semimanufactured goods.
반가워하다 be glad [pleased, delighted] 《*at, about*》; rejoice in.
반가이 gladly; delightedly; with joy; with pleasure.
반감(反感) antipathy; an ill-feeling. ¶ ~을 품다 harbo(u)r ill-feeling 《*towards*》 / ~을 사다 offend 《*a person*》; provoke 《*a person's*》 antipathy.
반감(半減) ~하다 reduce [cut] 《*the price*》 by half; halve.
반갑다 (be) joyful; glad; happy; delightful; pleasant. ¶ 반가운 소식 glad [happy, joyful] news / 반갑잖은 손님 an unwelcome guest.
반값(半一) half the price; half-price. ¶ ~으로 at half-price.
반거들충이(半一) a smatterer; a sciolist.
반걸음(半一) half a step.
반격(反擊) a counterattack. ~하다 make a counterattack; strike back.
반경(半徑) a radius. ¶ …의 ~내에 within a radius of….
반골(叛骨) ~의 unyielding. ‖ ~정신 a spirit of defiance; an unyielding spirit.
반공(反共) anti-Communism. ~의 anti-Communist. ‖ ~운동 an anti-Communist drive [movement].
반공일(半空日) a half-holiday; Saturday.
반관반민(半官半民) ~의 semigovernmental 《*company*》.
반구(半球) a hemisphere.
반군(叛軍) a rebel army.
반기(反旗) ¶ ~를 들다 revolt [rise] against; be up in arms 《*against*》.
반기(半旗) a flag at half-mast. ¶ ~를 걸다 hang a flag (at) half-mast.
반기(半期) ~의 semiannual. ¶ 4~ a quarter (term) / 상 [하] ~ the first [second] half of the year. ‖ ~ 결산 a half-yearly account.
반기다 rejoice 《*at, over*》; be glad 《*of*》; be delighted [pleased] 《*at*》.
반나마(半一) more than half.
반나절(半一) a quarter of a day; half the morning.
반나체(半裸體) ~의 half-naked; seminude.
반납(返納) ~하다 return 《*a thing to*》; give back.
반년(半年) half a year; a half-year. ¶ ~마다 half-yearly.
반닫이(半一) a chest with a hinged front flap.
반달(半一) ① 《반개월》 half a month. ② 《달의》 a half-moon.
반대(反對) ① 《반항》 opposition; (an) objection (이의). ~하다 oppose; object 《*to*》. ¶ ~의 opposite; contrary / …에 ~하여 《vote》 against; in opposition to… / …에 ~이다 be against. ‖ ~당 an opposition (party) / ~ 신문 〖法〗 a cross-examination / ~ 운동 a movement 《*against*》 / ~자 an opponent. ② 《역》 the opposite; the reverse. ¶ ~의 opposite; reverse; contrary / ~로 the other way; conversely; on the contrary. ‖ ~ 급부 a consideration / ~어 an antonym.
반도(半島) a peninsula. ~의 peninsular.
반도(叛徒) rebels; insurgents.
반도체(半導體) a semiconductor.
반독(反獨) ~의 anti-German.
반동(反動) (a) reaction; recoil (총 따위의). ~하다 react; rebound; kick; recoil. ¶ ~적인 reactionary. ‖ ~분자 reactionary elements / ~주의자 a reactionary.
반드럽다 (be) smooth; glossy; slippery.
반드르르 ¶ ~한 smooth; glossy.
반드시 《확실히》 certainly; surely; without fail (틀림없이); 《꼭》 by all means; 《항상》 always; ever; 《필연》 necessarily; inevitably. ¶ ~ …하다 be sure to 《*do*》/ ~…은 아니다 be not necessarily [always]….

반들거리다 shine; have a gloss; 《얄밉게》 be idle; play truant.
반듯하다 (be) straight; upright; erect; even; 《용모가》 (be) comely; neat; decent. 반듯이 straight; upright; even.
반등(反騰) a reactionary rise. ~하다 rally 《*in price*》; rebound. ¶ 주가의 급~ a sharp rebound in stock prices.
반딧불 the glow of a firefly.
반락(反落) a reactionary fall 《*in stock prices*》. ~하다 fall (drop) in reaction; fall (slip) back. ‖ 급~ a sharp setback.
반란(反亂) (a) revolt; (a) rebellion. ¶ ~을 일으키다 rise in revolt; rebel (rise) 《*against*》. ‖ ~군 a rebel (an insurgent) army / ~자 a rebel.
반려(伴侶) a companion. 「turn.
반려(返戾) ~하다 give back; re-
반론(反論) a counterargument; a refutation. ~하다 argue against; refute. 「talk.
반말(半—) crude language; rough
반면(反面) the other side; the reverse. ¶ ~에 on the other hand.
반면(半面) 《사물의》 one side; a half; 《얼굴의》 a profile. ‖ ~상(像) a profile; a silhouette.
반모음(半母音) a semivowel.
반목(反目) antagonism; hostility 《*to*》; (a) feud. ~하다 be in antagonism 《*with*》; be at feud 《*with*》.
반문(反問) ~하다 ask in return.
반문(斑紋) a spot; a speckle.
반물 blue black; indigo.
반미(反美) ~의 anti-American.
반미치광이(半—) a slightly mad (crazy) person.
반바지(半—) shorts; knee pants (trousers).
반박(反駁) confutation; refutation. ~하다 refute; retort 《*on, against*》.
반반(半半) ¶ ~(으로) 《mix》 half-and-half; fifty-fifty 《주로 美》.
반반하다 ① 《바닥이》 (be) smooth; even. ② 《인물이》 (be) nice-looking; fine. ¶ 얼굴이~ have a handsome (beautiful) face. ③ 《지체가》 (be) decent; respectable.
반발(反撥) repulsion. ~하다 repel; repulse; resist. ‖ ~력 repulsion power; repulsive force.
반백(半白) ~의 gray-haired; grizzled. 「mumbler.
반벙어리(半—) a half-mute; a
반병신(半病身) ① 《불구자》 a half-cripple; a partially disabled person. ② ☞ 반편이.
반복(反復) ~하다 repeat. ¶ ~하여 repeatedly; over again.
반분(半分) ~하다 halve; divide into halves (나누다); cut in half.
반비(反比) reciprocal ratio.
반비례(反比例) ~하다 be in inverse (reciprocal) proportion 《*to*》.
반사(反射) reflection; reflexion 《英》; reflex (신경의). ~하다 reflect 《*light*》. ‖ ~경 a reflex mirror; a reflector / ~광(열) reflected light (heat) / ~ 운동 a reflex (movement) / ~ 작용 a reflex (action).
반사식(反射式) ‖ ~스토브 a reflecting heater (stove).
반사회적(反社會的) antisocial. ‖ ~ 집단(행위) an antisocial group (action). 「month.
반삭(半朔) half a month; a half
반상(飯床) a table service; a set of tableware.
반색하다 show great joy; rejoice; be delighted.
반생(半生) half one's life; half a lifetime.
반석(盤石) a rock; a crag. ¶ ~같은 (같이) as firm as a rock.
반성(反省) reflection; self-examination. ~하다 reflect on 《*oneself*》; reconsider. ¶ ~을 촉구하다 ask 《*a person*》 to reconsider 《*the matter*》.
반세기(半世紀) half a century.
반소(反蘇) ~의 anti-Soviet.
반소(反訴) 《bring》 a cross action.
반소(半燒) ~한 half-burnt.
반소매(半—) a half(-length) sleeve.
반송(返送) ~하다 return; send back.
반송장(半—) a half-dead person; a person who is as good as dead.
반수(半數) half the number.
반숙(半熟) ~의 half-done (-boiled); 《과일》 half-ripe; unripe. ‖ ~란(卵) a half-(soft-)boiled egg.
반시간(半時間) half an hour; a half hour 《美》.
반식민지(半植民地) ‖ ~국가 a semicolonial state.
반신(半身) 《the upper, lower》 half of one's body; one (the right, the left) side of one's body. ‖ ~상 a half-length (portrait); a bust / ~ 불수 hemiplegia.
반신(返信) a reply; an answer. ‖ ~료 return postage.
반신반의(半信半疑) ~하다 be dubious (doubtful) 《*about, of*》.
반심(叛心) treacherous mind.
반암(斑岩) 【地】 porphyry.
반액(半額) half the amount (sum, price, fare); half-price (-fare). ¶ ~으로 at half price (fare) / ~으로 하다 make a fifty percent discount.
반양자(反陽子) 【理】 an antiproton.
반어(反語) irony. ¶ ~적(으로) ironical(ly).
반역(叛逆) treason; a rebellion. ~하다 rebel (revolt) 《*against*》; rise in revolt. ‖ ~자 a traitor; a rebel.
반영(反映) reflection. ~하다 reflect; be reflected 《*in*》.
반영(反英) ~의 anti-British.
반영구적(半永久的) semipermanent.
반올림(半—) ~하다 raise 《*to a unit*》

(끝수를).
반원(半圓) a semicircle. ¶ ~(형)의 semicircular.
반월(半月) a half moon. ¶ ~(형)의 cresent(-shaped).
반유대 ~의 anti-Semitic.
반유동체(半流動體) (a) semifluid; (a) semiliquid.
반음(半音) 〖樂〗 semitone; half step. ¶ ~ 올리다 〔낮추다〕 sharp 〔flat〕 (the tone).
반응(反應) (a) reaction; 《반향》 a response; 《효과》 an effect. ¶ ~을 보이다 react 《to》; respond 《to》 / ~이 있다 have effect 《on》; find a response 《in》.
반의반《半一半》 a quarter; one fourth.
반의식(半意識) 〖心〗 subconsciousness. ¶ ~적 subconscious; half-conscious
반의어(反意語) an antonym.
반일(反日) ~의 anti-Japanese.
반입(搬入) ~하다 carry 〔bring, take〕 in.
반자 a ceiling. ‖ ~지(紙) ceiling paper.
반작거리다 ☞ 반짝거리다.
반작용(反作用) (a) reaction. ~하다 react 《on, to》.
반장(班長) a monitor (학급의); a foreman (직공의); the head of a neighbourhood association (동네의).
반장화(半長靴) half boots.
반전(反戰) ~의 antiwar; pacifistic. ‖ ~론〔주의〕 pacifism (~론〔주의〕자 a pacifist) / ~ 운동 an antiwar movement.
반전(反轉) ~하다 turn 〔roll〕 over.
반절(半折) folding in half. ~하다 fold in half 〔two〕. ‖ ~지 a piece of paper folded in half.
반점(斑點) a spot; a speck. ¶ ~이 있는 spotted; speckled.
반정(反正) restoration; renovation.
반정부(反政府) ~의 antigovernment.
반제국주의(反帝國主義) anti-imperialism. ~적 anti-imperialistic.
반제품(半製品) half-finished goods.
반주(伴奏) an accompaniment. ~하다 accompany 《*a person on the piano*》. ¶ …의 ~로 accompanied by *a person* / 피아노 ~로 《sing》 to the piano. ‖ ~자 an accompanist.
반주(飯酒) liquor taken at meal time.
반죽 ¶ ~하다 knead 《*dough*》; work 《*clay*》.
반죽음(半一) half death. ~하다 be nearly 〔all but〕 killed.
반증(反證) (a) disproof; (an) evidence to the contrary. ¶ ~을 들다 disprove; prove the contrary.
반지(半紙) Chinese writing paper.
반지(斑指) 《wear, slip》 a 《*an engagement, a wedding*》 ring.
반지랍다 (be) smooth; glossy; sleek.
반지르르 glossily; sleekly.
반지름(半一) ☞ 반경(半徑).
반지빠르다 ① 《얄밉도록》 (be) snobbish; pert; presumptuous; impudent. ② 《어중되다》 (be) unsuitable either way; awkward.
반직업적(半職業的) semiprofessional.
반짇고리 a workbox; a needle case; a housewife (발음 hʌzif).
반질거리다 ① 《매끄럽다》 be glossy 〔smooth, slippery〕. ② 《교활》 be sly 〔saucy, cunning〕.
반질반질 ¶ ~한 glossy; smooth; slippery.
반짝거리다 shine; glitter; sparkle; twinkle (별이); glimmer (깜박임).
반짝이다 ☞ 반짝거리다.
반쪽(半一) (a) half.
반찬(飯饌) a sidedish. ‖ ~ 가게 a grocer's (shop); a grocery.
반창고(絆瘡膏) a plaster. ¶ ~를 붙이다 apply a plaster 《to》.
반체제(反體制) anti-Establishment. ‖ ~ 인사 an anti-Establishmentarian; a dissident.
반추(反芻) rumination. ~하다 ruminate; chew the cud. ‖ ~ 동물 a ruminant.
반출(搬出) ~하다 carry 〔take〕 out.
반취(半醉) ~하다 get half-drunk.
반칙(反則) 《경기의》 a foul; violation of the rules 〔law〕 (법규의). ~하다 (play) foul; break 〔violate〕 the rule. ¶ ~이다 be against the rule.
반타작(半打作) 〖農〗 sharing a tenant crop fifty-fifty with the landowner. ~하다 share equally 〔half-and-half〕 with the landowner; share the crop equally.
반토(礬土) 〖化〗 alumina.
반투명(半透明) ~의 semitransparent 《*body*》; translucent.
반편(半偏), 반편이(半偏一) a half-wit 〔simpleton〕; a fool.
반포(頒布) ~하다 promulgate; circulate.
반품(返品) returned goods. ~하다 return 《*goods*》. ‖ ~ 사절 《게시》 All Sales Final.
반하다¹ ☞ 번하다.
반하다² 《매혹》 fall 〔be〕 in love 《*with*》; take a fancy 《*to*》; lose one's heart 《*to*》.
반하다(反一) 《반대되다》 be contrary to 《*one's interests*》; go 〔be〕 against; violate 〔break〕 《*a rule*》. ¶ 의사에 반하여 against one's will / 이에 반하여 on the contrary; on the other hand.
반합(飯盒) a canteen; a messtin.
반항(反抗) resistance; opposition; defiance. ~하다 resist; oppose; defy. ¶ ~적인 defiant 《*attitude*》; rebellious 《*spirit*》.
반향(反響) an echo; reverberation(s); 《반응》 a response; influence. ~하다 echo; resound. ¶ ~을 일으키다 create a sensation / ~이 있다 find a response 《*in*》.
반혁명(反革命) a counterrevolu-

ㅂ

tion. ～적 antirevolutionary.
반환(返還) return. ～하다 return; give back; restore.
받다 ①《수령·수납》 receive; accept; be given〔granted, accorded〕; have; take; get. ¶ 교육을 ～ receive education; be educated 《*at*》/ 환영을 ～ receive〔meet with〕 a welcome. ②《당하다》 receive; suffer; sustain. ¶ 손해를 ～ suffer〔sustain〕 a loss / 혐의를 ～ fall〔come〕 under suspicion. ③《겪다》 undergo; go through. ¶ 치료를 ～ undergo medical treatment / 문초를 ～ undergo an examination. ④《내려오는 것을》 stop; catch; receive. ¶ 공을 ～ catch a ball. ⑤《우산을》 put up 《*an umbrella*》; hold. ⑥《뿔·머리로》 butt; horn; toss. ¶ 황소에 받히다 be gored by a bull. ⑦《볕·바람 따위》 be bathed 《*in*》; catch. ¶ 햇볕을 ～ be bathed in the sunlight. ⑧《아기》 deliver 《*a woman of a child*》. ⑨《응답》 answer. ¶ 전화를 ～ answer a telephone call; have a call from 《*a person*》.
받들다 ①《추대》 set up 《*a person as...*》; have 《*a person*》 as〔over〕. ②《지지》 hold up; support;《보좌》 assist; help;《따르다》 obey. ¶ …의 명령을 받들어 in obedience 《*a person's*》 order. ③《공경》 respect; hono(u)r. ④《받쳐듦》 lift (up); hold up.
받들어총《구령》 Present arms!
받아들이다 accept〔agree to〕《*a proposal*》; receive; grant 《*a request*》.
받아쓰기 (a) dictation.
받아쓰다 write〔take, put〕 down; take dictation. ¶ 받아 쓰게 하다 dictate 《*to a person*》.
받을어음〖商〗 bills receivable (생략 B / R, b.r.).
받치다 ①《괴다》 prop; bolster up; support; hold. ②《먹은 것이》 lie heavy on the stomach. ③《우산 따위를》 hold 《*an umbrella*》 over one's head; put up.
받침대 a prop; a support; a stay; a strut.
받히다 be butted〔gored〕.
발¹ a foot; a leg(다리); a paw(개·고양이 따위의); tentacles(문어의). ¶ ～을 멈추다 stop; halt / ～을 맞추다 keep pace〔step〕《*with*》/ ～을 헛디디다 miss one's footing.
발²《치는》 a bamboo blind.
발³《깊이·길이의 단위》 a fathom.
발(跋) an epilog(ue); a postscript 《*to a book*》.
발(發) ①《출발》 ¶ 오전 10시 ～ 열차〔급행〕 the 10 a.m. train〔express〕《*for Busan*》/ 6월 10일 목포～의 배 a boat leaving *Mogpo* on June 10. ②《탄알수》 a round; a shot(소총의); a shell(대포의). ¶ 탄약 1만 ～ 10,000 rounds of ammunition.
발가락 a toe.
발가벗다 ☞ 벌거벗다.
발가숭이 ☞ 벌거숭이.
발각(發覺) ～되다 be disclosed〔detected〕; be brought to light.
발간(發刊) publication. ～하다 publish; issue; start 《*a magazine*》.
발갛다 (be) light red.
발개지다 turn bright-red; redden. ¶ 얼굴이 ～ blush; flush.
발걸음 gait; step. ¶ ～을 재촉하다 quicken one's pace.
발견(發見) (a) discovery. ～하다 find (out); make a discovery; discover. ‖ ～자 a finder; a discoverer.
발광(發光) radiation. ～하다 radiate; emit; give light. ‖ ～체 a luminous body / ～ 도료 luminous paint.
발광(發狂) ～하다 go〔run〕 mad; become insane. ¶ ～케 하다 drive 《*a person*》 mad.
발구르다 stamp one's feet; stamp with vexation.
발군(拔群) ～의 distinguished; outstanding; unparalleled.
발굴(發掘) excavation. ～하다 dig up〔out〕; excavate; exhume.
발그레하다 (be) reddish.
발그림자 a footmark; a trail.
발그스름하다 ☞ 발그레하다.
발급(發給) ～하다 issue. ¶ 여권을 ～하다 issue a passport.
발긋발긋 ¶ ～한 dotted with red spots.
발기(勃起)《근육의》 erection. ～하다 stand erect; become rigid〔stiff〕. ¶ ～가 안되다 become impotent. ‖ ～력 감퇴 impotency.
발기(發起) a projection; a suggestion; a proposal. ～하다 project; suggest; propose. ¶ …의 ～로 at *a person's* suggestion. ‖ ～인 projector; a promoter (회사 등의).
발기다 open up; tear to pieces.
발길 ¶ ～이 잦다 make frequent calls 《*on, at*》/ ～을 돌리다 turn back.
발길질 a kick 《*at*》. ～하다 (give *a person* a) kick.
발꿈치 the heel.
발끈 ☞ 불끈.
발끝 the tip of the toes; a tiptoe; a toe (구두·양말 따위의).
발단(發端) the origin; the opening; the beginning. ¶ 사건의 ～ the origin of an affair.
발달(發達) development; growth; 《진보》 progress; advance(ment). ～하다 develop; grow; (make) progress; advance. ¶ 학문〔과학〕의 ～ the advancement of learning〔science〕/ 도시의 ～ the growth of a city.
발돋움 ¶ ～하다 stand on tiptoe; stretch oneself; 《비유적》 overstretch oneself; try to do what is beyond one's power.
발동(發動) operation; exercise (법·

권력 따위의). ~하다 move; put 《*a law*》 into operation; exercise.
발동기(發動機) a motor; an engine. ‖ ~선 a motorboat; a motorship.
발뒤꿈치, 발뒤축 the heel.
발등 the instep.
발딱 ¶ ~ 일어나다 rise to one's feet; jump 〔spring〕 up. ¶ ~ 자빠지다 fall on one's back.
발딱거리다 palpitate; throb; beat.
발라내다 tear 〔peel, strip〕 off; clean; pare. ¶ 생선 뼈를 ~ bone a fish.
발라맞추다 flatter; cajole; curry favo(u)r with.
발랄(潑剌) ~한 fresh; lively; brisk.
발레 a ballet.
발레리나 a ballerina.
발령(發令) gazetting; an (official) announcement. ~하다 announce 《*a person's appointment*》. ¶ ~을 받다 receive an official announcement of appointment.
발로(發露) expression.
발론(發論) a proposal; a motion. ~하다 propose; move. ‖ ~자 a proposer; a mover; an introducer.
발맞다 fall into step. ¶ 발맞지 않다 get out of step.
발맞추다 keep pace 《*with*》; fall 〔get〕 into step 《*with*》; act in concert 《*with*》 (행동상).
발매 felling; deforestation. ~하다 cut down; fell (trees).
발매(發賣) ~하다 sell; put 《*books*》 on sale. ¶ ~중 (be) on sale.
발명(發明) ① 《고안》 (an) invention; (an) contrivance. ~하다 invent; devise. ¶ 신~의 newly-invented. ‖ ~가 an inventor / ~품(品) an invention. ② 《변명》 explanation. ~하다 explain; make an excuse.
발목 an ankle. ¶ ~잡히다 《일에》 be tied to 《*a job*》; be chained to one's business; 《약점을》 give a handle to the enemy.
발밑 ¶ ~에 at one's feet / ~에도 못 따라가다 be no match 《*for a person*》.
발바닥 the sole of a foot.
발바리 a spaniel (dog).
발발(勃發) an outbreak; an outburst. ~하다 break 〔burst〕 out.
발버둥이치다 paw (말 등이); (kick and) struggle; make vain efforts.
발버둥질치다 ☞ 발버둥이치다.
발병(發病) ~하다 be taken ill; fall ill 〔sick〕.
발본(拔本) eradication. ~하다 root out 〔up〕; eradicate. ¶ ~색원(塞源)하다 lay the axe to the root of 《*evil*》.
발부리 tiptoe; a toe. ¶ ~를 돌에 채다 tip on 〔stumble over〕 a stone.
발분(發憤) ~하다 be inspired 〔stimulated, roused, stirred〕 《*by*》. ¶ ~망식(忘食)하다 give oneself up entirely to.
발뺌 an evasion; 《구실》 an excuse; a way out. ~하다 excuse oneself; talk oneself out of a difficulty.
발사(發射) firing; discharge. ~하다 fire; shoot; discharge. ‖ ~ 장치〔대〕 a launcher; a launching pad.
발산(發散) emission; emanation; radiation (빛의). ~하다 give out 〔forth〕; radiate; diffuse.
발상(發想) 〖樂〗 expression; 《사상》 conception.
발상지(發祥地) the cradle (land) 《*of*》; the birthplace.
발생(發生) 《돌발》 occurrence; outbreak; 《기원》 origination; 《생육》 growth; generation; 《출현》 appearance. ~하다 occur; break out; originate; grow. ¶ 사건의 ~ the occurrence of an event / 콜레라의 ~ an outbreak of cholera. ‖ ~학 genetics.
발설(發說) ~하다 divulge; make public; disclose.
발성(發聲) utterance. ~하다 utter. ‖ ~ 기관 a vocal organ; a talking apparatus / ~법(法) vocalization / ~ 영화 a talkie; a talking 〔sound〕 picture 〔film〕.
발소리 (the sound of) footsteps. ¶ ~를 죽이고 with stealing steps.
발송(發送) ~하다 《물품》 send out; dispatch; forward; 《우편물》 post; mail《美》. ‖ ~역 a forwarding station / ~인 a sender; a consignor (출하주).
발신(發信) ~하다 send 《*a letter, a telegram*》; dispatch 《*a message*》. ‖ ~국 the sending office 〔station〕 / ~음 a dial tone (전화의); a signal (무전의) / ~인 an addresser / ~지 the place of dispatch.
발싸개 feet wraps.
발씨 one's manner of walking; a step. ¶ ~ 익은 well-acquainted 《*road*》.
발아(發芽) ~하다 bud; germinate; ⌈sprout.
발악(發惡) ~하다 curse and swear; rave; revile; inveigh against. ¶ 최후의 ~ the last-ditch fight.
발안(發案) suggestion; proposal (발의); motion (동의). ~하다 suggest; propose 《*a bill*》; move; originate (계획). ‖ ~자 a proposer; an originator.
발암(發癌) ¶ ~성의 carcinogenic 《*chemicals*》; cancer-causing. ‖ ~물질 a carcinogen; a carcinogenic 〔cancerogenic〕 substance.
발언(發言) speech; speaking; utterance. ~하다 speak; utter; take the floor (의회에서) 《美》. ¶ ~을 취소(取消)하다 retract one's words. ‖ ~권 the right to speak 〔of speaking〕; the floor (국회의원의) / ~자 a speaker.
발연(發煙) ‖ ~탄 〔폭탄〕 a smoke shell 〔bomb〕.

ㅂ

발열(發熱) ① 《열의 발생》 generation of heat. ~하다 generate heat. ‖ ~량 calorific value. ② 《병으로》 ~하다 have fever.
발원(發源) ~하다 originate 《*in*》; rise; spring 《*from*》.
발원(發願) ~하다 offer a prayer 《*to a deity*》.
발육(發育) growth; development. ~하다 grow; develop. ¶ ~이 불완전한 underdeveloped; undergrown / ~이 빠르다 [늦다] grow rapidly [slowly]. ‖ ~기 the period of growth.
발음(發音) pronunciation. ~하다 pronounce. ¶ 잘못 ~하다 mispronounce. ‖ ~ 기관 a vocal organ/ ~ 기호 a phonetic symbol [sign]/ ~학 phonetics.
발의(發議) a suggestion; a proposal; a motion (동의). ~하다 propose; move (동의); suggest. ¶ …의 ~로 at *a person's* suggestion [proposal]. ‖ ~권 the initiative.
발인(發靷) ~하다 carry a coffin out of the house.
발자국 a footprint; a footmark; a footstep; a trail. ¶ ~을 남기다 leave one's footprints.
발자귀 an animal's footprint [footmark].
발자취 ① ☞ 발자국. ② 《종적》 a trace; track(s); a course.
발작(發作) a fit; a paroxysm; a spasm. ~하다 have a fit [spasm]. ¶ ~적(으로) spasmodic(ally); paroxysmal(ly); fitful(ly).
발장단(一長短) ~치다 beat time 《*to the music*》 with one's foot [feet].
발전(發展) 《발달》 development; growth; 《융성》 prosperity. ~하다 develop; expand; prosper (번영). ¶ 공업의 ~ industrial growth / 사업을 ~시키다 develop one's business / ~적 해소 dissolution for the better. ‖ ~성 possibilities.
발전(發電) generation of electric power. ~하다 generate electricity. ‖ ~기 a generator; a dynamo [*pl.* -s] / ~소 a 《*tidal*》 power plant [station, house].
발정(發情) sexual excitement; (o)estrus (동물의). ~하다 go to (the) rut; be in heat. ‖ ~기 (the age of) puberty; the mating [rutting] season (동물의) / ~호르몬 (o)estrogenic hormone.
발족(發足) inauguration. ~하다 (make a) start; be inaugurated.
발주(發注) ordering. ~하다 (give an) order.
발진(發疹) 〖醫〗 eruption; rash. ~하다 break out (in a rash); effloresce. ¶ ~성의 eruptive. ‖ ~티푸스 (eruptive) typhus.
발진(發進) 《비행기의》 departure; takeoff; 《로켓의》 launching; lift [blast-] off.
발진기(發振器) 〖電〗 an oscillator.
발차(發車) departure. ~하다 start; leave; depart 《*at* 6 p.m.》. ‖ ~ 계원 a starter / ~시간 the time for departure/~신호 a starting signal.
발착(發着) departure and arrival. ~하다 arrive and depart. ‖ ~시간표 a timetable; a 《*railroad*》 schedule 《美》.
발췌(拔萃) 《뽑아냄》 extraction; selection; 《뽑아낸 것》 an extract; an excerpt; summary (적요); a selection. ~하다 extract 《*from*》; select 《*from*》. ‖ ~곡(曲) a selection.
발치 the foot 《*of one's bed*》.
발칙하다 ① 《버릇없다》 (be) ill-mannered; rude. ② 《괘씸하다》 (be) insolent; unpardonable.
발칵 all of a sudden; suddenly.
발칸 ‖ ~ 반도 the Balkan peninsula.
발코니 a balcony.
발탁(拔擢) ~하다 select; single [pick] out; choose.
발톱 toenails (사람의); a claw (짐승의); a talon (맹금의); a hoof (마소의); a bill (고양이의).
발틱해(一海) the Baltic Sea.
발파(發破) ~하다 blast; set a dynamite. ‖ ~공 a blaster.
발판(一板) ① 《비계의》 a scaffold; 《발을 딛는》 a footboard; a footstool; a step. ② 《기반·거점》 a footing; a foothold. ¶ ~을 얻다 gain [secure] a footing 《*in society*》. ③ 《수단》 a stepping-stone.
발포(發布) promulgation. ~하다 promulgate; proclaim; issue.
발포(發泡) foaming. ~하다 foam; froth. ‖ ~스티롤 styrol foam; 《상표》 Styrofoam / ~제 a blowing [foaming] agent.
발포(發砲) ~하다 fire 《*on*》; open fire 《*on*》; discharge 《*a gun*》. ‖ ~ 사건 a shooting incident.
발표(發表) announcement; expression; publication. ~하다 announce 《*a statement*》; make known [public]; release 《*the news*》; express 《*one's opinion*》. ¶ 연구를 ~하다 《출판물로》 publish the results of one's research. ‖ 미~ 작품 an unpublished work.
발하다(發一) ① 《빛·열 등을》 emit; emanate; radiate; give forth [out]; shed (향기 등을). ② 《명령 등을》 issue; publish; promulgate 《*a decree*》. ¶ 명령을 ~ issue an order. ③ 《출발》 leave; start. ④ 《기원》 originate 《*in*》.
발한(發汗) ~하다 sweat; perspire. ‖ ~제 a diaphoretic.
발행(發行) ① 《도서의》 publication; issue. ~하다 publish; issue. ¶ 매월 [월 2회] ~의 잡지 a monthly [a semi-monthly] (magazine). ‖ ~금지 prohibition [suppression, suspension] of publication / ~부수

a circulation / ～소 a publishing office / ～인 a publisher. ② 《어음 등》 drawing; issue. ～하다 draw 《*a bill upon a person*》. ‖ ～인 a drawer / ～일 the date of issue. ③ 《지폐·채권 등의》 flo(a)tation. ～하다 float 《*a bond*》; issue. ‖ ～ 가격 the issue par (공채 등의) / ～고 issue amount.

발호(跋扈) ～하다 be rampant; infest 《*a place*》.

발화(發火) ～하다 catch fire; ignite. ‖ ～ 장치 an ignition device / ～점 the ignition 〔firing〕 point / 자연～ spontaneous combustion.

발회(發會) the opening of a meeting; 《거래소의》 the first meeting 《*of the year*》. ～하다 open a meeting. ‖ ～식 an opening ceremony.

발효(發效) effectuation. ～하다 become effective; come into effect.

발효(醱酵) fermentation. ～하다 ferment. ¶ ～시키다 ferment. ‖ ～소 yeast; leaven.

발휘(發揮) ～하다 show; display; exhibit. ¶ 수완을 ～하다 display 〔show〕 one's ability.

발흥(勃興) ～하다 rise suddenly (into power); make a sudden rise. ¶ 인도의 ～ the rise of India.

밝기 《명도》 luminosity.

밝다¹ ① 《환하다》 (be) light; bright. ¶ 밝은 데 a light place / 밝게 하다 lighten; light up. ② 《정통》 (be) familiar with; well versed in; conversant with. ¶ 미국 사정에 ～ be conversant with American affairs. ③ 《귀·눈이》 (be) sharp; keen; quick. ¶ 귀가 ～ have a sharp ear; be quick of hearing. ④ 《성격·사정이》 (be) cheerful; bright. ¶ 밝은 표정 a cheerful 〔bright〕 look / 밝은 미래 (전망) a bright future 〔prospect〕. ⑤ 《공명》 (be) clear; clean. ¶ 밝은 정치 clean politics.

밝다² 《날이》 dawn; 《day》 break. ¶ 밝아 오는 하늘 the dawning sky / 날이 밝기 전에 before light.

밝을녘 daybreak; dawn; break of day.

밝히다 ① 《불을》 brighten; lighten; light up; make brighter. ② 《분명히》 make 《*a matter*》 clear; clear (up); clarify; bring 《*a matter*》 to light. ¶ 신분을 ～ prove one's identity. ③ 《밤새움》 sit 〔stay〕 up all night.

밞다 measure by pace.

밟다 ① 《발로》 step 〔tread〕 on. ¶ 보리를 ～ step 〔tread〕 on the seedling of barley. ② 《가다》 set foot on. ¶ 이국 땅을 ～ set foot on foreign soil. ③ 《경험》 ¶ 무대를 ～ tread the stage 〔boards〕. ④ 《절차 등을》 go through 《*formalities*》; complete. ¶ 정규 과정을 ～ complete 〔go through〕 a regular course. ⑤ 《뒤를》 follow; shadow; trail; dog 《*a person's steps*》.

밟히다 be stepped 〔trampled〕 on; be trod upon.

밤¹ ① 《야간》 night; evening (저녁). ～에 at night; in the evening. ¶ ～의 서울 Seoul by night / ～거리의 여인 a street girl; a woman of the street / ～마다 every night; nightly; night after night / ～늦게(까지) (till) late at night / 얘기로 ～을 새우다 talk the night away. ‖ ～경치 a night scene. ② 《행사》 an evening. ¶ 모짜르트의 ～ Mozart evening.

밤² 〖植〗 a chestnut. ¶ ～나무 a chestnut tree / ～색(의) chestnut; nut-brown.

밤길 a walk at night; a night trip.

밤낚시 night fishing 〔angling〕. ～하다 go fishing by night; drop a line at night. ‖ ～꾼 a night angler.

밤낮 day and night; always, all the time (늘).

밤눈 ¶ ～이 어둡다 be night blind; be nyctalopic.

밤도와 all night.

밤바 a bumper.

밤바람 a night wind 〔breeze〕.

밤비 rain in the night; nightly rain.

밤사이 during the night; overnight.

밤새도록 all night (long); overnight; all the night through.

밤새(우)다 sit 〔stay〕 up all night.

밤새움하다 sit up all night.

밤소경 a night-blind person.

밤소일(一消日) a night out. ～하다 go out in the evening for pleasure.

밤손님 a night thief 〔prowler〕; a burglar; a nightbird 《俗》.

밤송이 a chestnut bur(r).

밤안개 a night fog 〔mist〕.

밤알 a chestnut.

밤이슬 the night dew.

밤일 nightwork.

밤잠 night sleep; sleeping at night.

밤중(一中) midnight. ¶ ～에 at (mid)night.

밤차(一車) a night train.

밤참 a night meal 〔snack〕.

밤톨 ¶ ～만하다 be as big as a chestnut.

밤하늘 a night sky.

밥 ① 《쌀밥》 boiled 〔cooked〕 rice. ¶ ～을 짓다 cook 〔boil〕 rice. ② 《식사》 a meal; food; 《생계》 living; livelihood. ¶ ～을 먹다 take 〔have〕 a meal; dine; earn one's bread (벌이). ③ 《먹이》 feed; food; bait (낚시용); 《희생물》 a prey; a victim. ¶ 돼지～ hog feed / …의 ～이 되다 fall a prey 〔victim〕 to.

밥값 food costs; board.

밥그릇 a rice bowl.

밥맛 the flavo(u)r of rice; appetite (입맛).

밥벌레 a do-nothing; a useless mouth; a good-for-nothing.
밥벌이 breadwinning. ～하다 make a living; earn one's daily bread.
밥보자(一褓子), 밥보자기(一褓子一) a covering for a boiled rice container.
밥상(一床) a dining 〔an eating〕 table. ¶ ～을 치우다 〔차리다〕 clear 〔set〕 the table.
밥솥 a kettle for cooking rice. ‖ 전기～ an electric rice cooker.
밥술 a few spoonfuls of boiled rice; a rice spoon (숟가락).
밥알 a grain of cooked-rice.
밥장사하다 sell meals; run an eating house.
밥장수 one who sells meals.
밥주걱 a rice spatula.
밥줄 one's means of livelihood. ¶ ～이 끊어지다 lose one's job; be out of job 〔work〕.
밥집 an eating house; a chophouse.
밥짓다 boil 〔cook〕 rice; prepare food.
밥통(一桶) ① 《그릇》 a boiled-rice container. ② ☞ 위(胃). ③ ☞ 밥벌레, 바보.
밥투정하다 grumble over meals.
밥풀 ① 《풀》 rice paste. ② 《밥알》 a boiled rice-grain.
밧줄 a rope; a line. ¶ 세 가닥으로 꼰 ～ a three-ply rope / ～로 당기다 pull with a rope/～을 당기다 draw〔pull〕 the rope; haul at 〔upon〕 a rope/～을 타고 내려오다 climb down a rope.
방(房) a room; a chamber. ¶ 자기 ～ one's (own) room / 양지바른 ～ a sunny room / ～이 셋 있는 집 a three-room(ed) house / ～을 빌다 〔세놓다〕 hire 〔rent〕 a room.
방(榜) 《방목》 the list of successful candidates; 《방문》 a placard; a public notice.
방(放) 《총알 등의》 a shot; a round.
…방(方) 《우편 등에서》 care of (생략 c/o). ¶ 김씨 ～ 유씨 Mr. Yu, care of 〔c/o〕 Mr. Kim.
방갈로 a bungalow.
방값 《방세》 room rent; 《호텔 등의》 room charge.
방게 〔動〕 a kind of small crab.
방계(傍系) ～의 collateral; subsidiary. ‖ ～ 회사 a subsidiary 〔an affiliated〕 company.
방공(防空) air defense. ‖ ～ 연습〔훈련〕 an anti-air-raid 〔air defense〕 drill / ～호 an air-raid 〔a bomb〕 shelter; a dugout.
방과(放課) dismissal of a class. ¶ ～후 after school (hours).
방관(傍觀) ～하다 remain 〔sit as〕 a spectator; stand by idly; look on (unconcerned). ¶ ～적 태도를 취하다 assume the attitude of an onlooker. ‖ ～자 an onlooker; a bystander.
방광(膀胱) the bladder. ‖ ～염(炎) 〔醫〕 inflammation of the bladder; cystitis.
방귀 wind; a fart 《俗》. ¶ ～ 뀌다 break wind; fart.
방그레 ¶ ～ 웃다 smile; beam.
방글(방긋)거리다 smile; beam. ¶ 방글방글 〔방긋방긋〕 with a gentle 〔bland〕 smile; smilingly; beamingly.
방금(方今) just now; a moment ago.
방긋하다 (be) ajar; slightly open.
방년(芳年) the sweet age 《*of a young lady*》. ¶ ～ 20세의 처녀 a girl of sweet twenty.
방놓다(房一) build a room.
방뇨(放尿) urination; pissing 《俗》. ～하다 pass urine; urinate; make 〔pass〕 water; piss《俗》.
방담(放談) a random 〔free〕 speech 〔talk〕.
방대(尨大) ～한 bulky; massive; huge; enormous; vast. ¶ ～한 계획 a huge-scale plan.
방도(方途) a means; a measure; a way.
방독(防毒) ‖ ～ 마스크〔면〕 an anti-gas mask; a gas mask 〔helmet〕; a respirator 《英》.
방랑(放浪) ～하다 wander 〔roam〕 about; rove. ‖ ～객〔자〕 a wanderer; a vagabond / ～벽 vagrant habits / ～ 생활 a vagabond 〔wandering〕 life.
방략(方略) a policy; a stratagem (책략); a means (수단).
방류(放流) ～하다 《물을》 discharge; 《물고기를》 stock 〔plant〕 《*a river*》 with 《*fish*》.
방망이 a club; a stick; a billy (club); a cudgel.
방매(放賣) selling; sale. ～하다 offer for sale.
방면(方面) ① 《방향》 a direction; 《지방》 a quarter; a district. ¶ 제주 ～ the *Jeju* districts. ② 《분야》 a line; a field.
방면(放免) ～하다 set 《*a person*》 free; acquit; release; liberate. ‖ 훈계(訓戒) ～ release after admonition.
방명(芳名) your (hono(u)red) name. ‖ ～록 a list of names; a visitors' register 〔list〕.
방목(放牧) ～하다 pasture; graze. ‖ ～지(地) a grazing land; a pasture.
방문(房門) a door (of a room).
방문(訪問) a call; a visit. ～하다 (pay a) visit; (make a) call on 《*a person*》; call at 《*a house*》; go and see 《*a person*》. ¶ ～을 받다 receive a call 〔visit〕. ‖ ～객 a caller; a visitor / ～ 외교 diplomacy by visit / 공식 ～ a formal visit; an official call; a state visit (국가 원수의).
방문단(訪問團) a group 〔team〕 of visitors.

방물장수 a peddler of fancy goods.
방미(訪美) a visit to the United States. ¶ ~ 길에 오르다 leave for America.
방바닥(房—) the floor of a room.
방방곡곡(坊坊曲曲) ~에서 throughout the length and breadth of the land; all over the country.
방범(防犯) crime prevention. ‖ ~ 대원 a (night) watchman / ~ 주간 Crime Prevention Week.
방법(方法) 《방식》 a way; a method; 《과정》 a process; 《수단》 a means; 《방책》 a plan; a system; 《조치》 a step; a measure; 《처방》 a recipe; a formula; 《방안》 a scheme; 《절차》 a procedure. ¶ 최선의 ~ the best method 〔way〕 / …하는 ~ how to 《*make, swim*》. ‖ ~론 methodology / 교육 ~ a teaching method.
방벽(防壁) a protective 〔defensive〕 wall; a barrier.
방부(防腐) antisepsis; embalmment (시체의). ‖ ~제 an antiseptic; a preservative.
방불(彷彿) ~하다 resemble closely. ¶ ~케 하다 remind 《*one*》 of 《*a thing*》.
방비(防備) defense; defensive preparations. ~하다 defend; guard. ¶ 무~ 도시 an open city.
방사(房事) sexual intercourse; coition. ¶ ~를 삼가다 be continent.
방사(放射) radiation; emission. ~하다 radiate; emit. ‖ ~상(狀) 도로 a radial road / ~성 radioactivity (~성 동위 원소 a radioisotope / ~성 물질 a radioactive substance) / ~선 radial 〔radiant〕 rays (~선 치료의(醫) a radiologist / ~선 요법 radiotheraphy / ~선 의학 radiotherapeutics).
방사능(放射能) radioactivity. ‖ ~ 낙진 〔비, 구름〕 radioactive fallout 〔rain, cloud〕 / 인공 ~ artificial radioactivity.
방사림(防沙林) trees planted to prevent sandshifting.
방생(放生) 〖佛〗 the release of captive animals.
방석(方席) a cushion.
방성대곡(放聲大哭) ~하다 cry loudly and bitterly.
방세(房貰) a room rent; the charge for 〔rent of〕 a room. ¶ ~를 올리다 raise the (room) rent.
방세간(房—) furniture; furnishings.
방송(放送) broadcasting; a broadcast (일회의). ~하다 broadcast; go on the air; send 《*news*》 on the air. ¶ ~중이다 be on the air. ‖ ~국 a broadcasting 〔radio, TV〕 station / ~극 a radio 〔television〕 drama / ~ 기자 a radio 〔TV〕 reporter 〔newsman〕 / ~망 《radio, TV》 network / ~방해 jamming / ~실 a (radio, TV) studio / ~통신 대학 a home study college; a radio and correspondence college / ~ 프로 a radio 〔TV〕 program / 상업 ~ commercial broadcasting / 생 ~ a live broadcast 〔program〕 / 해외 ~ foreign broadcast.
방수(防水) ~의 waterproof; watertight ‖ ~제〔포〕 waterproof stuff 〔cloth〕 / ~화(靴) rubbers.
방수로(放水路) a drainage canal; a sluiceway.
방습(防濕) ~의 dampproof.
방식(方式) 《형식》 a formula; a form; 《양식》 a mode; 《방법》 a method; a system; 《절차》 formalities; usage (관례). ‖ 사고 ~ one's way of thinking / 생활 ~ the mode of living.
방식제(防蝕劑) an anticorrosive.
방실거리다 smile (sweetly); beam.
방심(放心) ~하다 be off one's guard; be careless; be unwatchful. ¶ ~하고 있는 틈에 in an unguarded moment.
방아 a (grinding) mill. ‖ 방앗간 a flour(ing) mill / 물~ a water mill.
방아깨비 〖蟲〗 a kind of grasshopper; a locust.
방아쇠 a trigger; a gunlock (대포 등의). ¶ ~를 당기다 pull the trigger.
방안(方案) a plan; a device; a scheme; a program(me). ¶ ~을 세우다 draw up a plan.
방안지(方眼紙) section 〔graph《美》〕 paper.
방약무인(傍若無人) ~한 arrogant; overbearing; audacious; outrageous.
방어(防禦) defense; protection. ~하다 defend; protect. ¶ 선수권을 ~하다 defend the title. ‖ ~전 a defensive war 〔fight〕 / 대인〔지역〕 ~ 〖競〗 man-to-man 〔zone〕 defense / 최종 ~선 the last defensive line.
방어(魴魚) 〖魚〗 a yellowtail.
방언(方言) a dialect; a provincialism. ‖ ~ 연구〔학〕 dialectology.
방역(防疫) prevention of epidemics. ‖ ~ 대책 anti-epidemic measure (~ 대책을 세우다 take preventive measures against epidemics).
방연광(方鉛鑛) 〖鑛〗 galena.
방열(防熱) ‖ ~복(服) heat-proof clothes.
방영(放映) televising 《*a movie*》. ~하다 televise; telecast.
방울 ① 《쇠방울》 a bell. ‖ ~ 소리 the tinkling of a bell. ② 《물의》 a drop. ¶ ~~ (떨어지다) (fall) in drops.
방울새 〖鳥〗 a greenfinch.
방울집게 pincers; a nail puller.
방위(方位) a direction. ‖ ~각 an azimuth (angle); a declination.
방위(防衛) defense; protection. ~

하다 defend; protect. ‖ ~ 산업 《develop》 the defense industry / ~ 성금 a donation (contribution) to the national defense fund / ~세 a defense tax / ~ 소집 the defense call-up; the defensive mobilization / 달러 ~ defense of dollar.

방음(防音) ~의 soundproof. ‖ ~실 a soundproof room / ~ 장치(裝置) soundproofing; 《소음(消音) 장치》 a sound arrester; a silencer.

방임(放任) ~하다 let (leave) 《*a person*》 alone. ‖ ~주의 a let-alone (noninterference) policy; a laissez-faire principle.

방자 ¶ ~하다 curse; execrate; wish ill of 《*a person*》.

방자(放恣) ~한 self-indulgent; licentious; willful.

방잠망(防潛網) a torpedo (an anti-submarine) net.

방적(紡績) spinning. ‖ ~ 견사 spun silk / ~공 a spinner / ~ 공업 the (cotton) spinning industry / ~ 공장 (기계, 회사) a spinning mill (machine, company).

방전(放電) electric discharge. ~하다 discharge electricity. ‖ 공중 ~ atmospheric electricity.

방점(傍點) a side point (mark).

방정 ¶ ~ 맞다 be flighty (rash) / ~ 떨다 behave rashly.

방정(方正) ~하다 (be) good; upright; correct. ¶ 품행이 ~한 사람 a man of good conduct.

방정식(方程式) an equation. ‖ 1 (2, 3)차 ~ a simple (quadratic, cubic) equation.

방제(防除) 《해충 등의》 prevention of the breeding and extermination 《*of flies*》; control of insect pests.

방조(幇助) assistance; aiding and abetting (범죄의). ~하다 assist; aid; help; aid and abet 《*suicide, etc.*》. ‖ ~자 an abettor (범죄의).

방조제(防潮堤) a tide embankment; a seawall.

방종(放縱) license; dissoluteness. ~한 self-indulgent; licentious; dissolute; unrestrained.

방주(方舟) an ark. ¶ 노아의 ~ Noah's ark.

방주(旁註) marginal notes; foot notes (각주(脚註)).

방죽(防一) ☞ 둑.

방증(傍證) circumstantial evidence.

방지(防止) prevention. ~하다 prevent; check. ‖ ~책 a preventive measure (인플레 ~책 an anti-inflation policy / 전쟁 ~책 a preventive of war).

방직(紡織) spinning and weaving. ‖ ~(공)업 the textile industry / ~공장 a spinning mill.

방책(方策) 《방안》 a plan; a scheme; 《방침》 a policy; 《수단》 a means; a measure. ¶ 최선의 ~ the best policy / 현명한 ~ a wise plan.

방책(防柵) a palisade; a barricade; a stockade.

방첩(防諜) anti-(counter-)espionage; counter-intelligence 《美》. ‖ ~ 부대 Counter-Intelligence Corps (생략 C.I.C.).

방청(傍聽) hearing; attendance. ~하다 hear; listen to; attend. ‖ ~권(券) an admission ticket / ~석 seats for the public; the (visitors') gallery (의회·법정 등의) / ~인 a hearer; an auditor; an audience (청중).

방추(方錐) a square drill. ¶ ~형의 pyramidal.

방추(紡錘) a spindle. ¶ ~ 형(의) spindle-shape(d).

방축(放逐) ~하다 expel; deport; banish.

방축가공(防縮加工) ~한 pre-shrunk; shrinkproof 《*stuff*》.

방출(放出) release 《*of goods*》; discharge (배출). ~하다 release; discharge. ¶ 정부(보유)미의 ~ the release of government rice. ‖ ~물자 released goods (commodities).

방충제(防蟲劑) an insecticide; 《좀약》 a moth ball.

방취(防臭) ‖ ~제(劑) a deodorizer; a deodorant.

방치(放置) ~하다 let 《*a thing*》 alone; leave 《*a matter*》 as it is; neglect (등한시).

방침(方針) 《방향》 a course; a line; 《정책》 a policy; 《원칙》 a principle; 《계획》 a plan. ‖ 시정(영업) ~ an administrative (a business) policy / 행동 ~ a course of action.

방탄(防彈) ~의 bulletproof; bombproof. ‖ ~ 조끼 (유리) a bulletproof jacket (glass).

방탕(放蕩) dissipation; debauchery. ~하다 (be) dissipated; prodigal; 《서술적》 lead a dissipated (dissolute) life. ‖ ~ 생활 a fast life; fast living / ~자 a libertine; a debauchee.

방파제(防波堤) a breakwater.

방패(防牌) a shield; a buckler (원형의). ¶ …을 ~삼아 《use something》 as a shield 《*against*》; 《비유적》 on the strength (ground, plea) of.

방편(方便) 《수단》 expediency; an expedient; a means; 《도구》 an instrument. ¶ 일시적 ~ a temporary expedient; a makeshift.

방풍(防風) ‖ ~림(林) a shelter belt; a windbreak (forest).

방학(放學) school holidays; a vacation. ~하다 close the school; go on vacation. ‖ 겨울 ~ the winter vacation.

방한(防寒) protection against the cold. ‖ ~모 winter cap / ~복 (special) winter clothes / ~화(靴) winter shoes; arctic boots; arctics 《美》.

방한(訪韓) a visit to Korea. ~하다

visit Korea. ‖ ~ 경제 사절단 an economic mission to Korea.
방해(妨害) obstruction; disturbance; a hindrance; 《간섭》 interference. ~하다 obstruct; disturb; hinder; interfere with. ‖ ~물 an obstacle; an obstruction / 교통 ~ traffic obstruction / 의사(議事) ~ obstructive tactics; a filibuster 《美》/ 치안 ~ the disturbance of public peace.
방해석(方解石) 〖鑛〗 calcite.
방향(方向) 《방위》 direction; bearings; 《진로》 a course. ¶ ~을 전환하다 change one's course. ‖ ~ 감각 a sense of direction / ~ 탐지기 direction finder.
방향(芳香) a sweet smell; perfume; fragrance. ‖ ~제(劑) an aromatic.
방형(方形) a square. ~의 square.
방호(防護) protection. ~하다 protect; guard.
방화(防火) fire prevention(fighting). ~의 fireproof. ‖ ~벽 〔셔터, 연습〕 a fire wall 〔shutter, drill〕/ ~ 설비 a fire protections.
방화(邦畫) 《영화》 a Korean film 〔movie, motion picture〕.
방화(放火) 《행위》 arson; incendiarism; 《불》 an incendiary fire. ~하다 set fire to 《*a house*》. ‖ ~광(狂) a pyromaniac / ~범(犯) an arsonist; an incendiary; a firebug 《美俗》/ ~죄 arson.
방황(彷徨) wandering. ~하다 wander 〔roam〕 about; rove.
밭 a field; a farm. ‖ 배추 ~ a cabbage patch / 옥수수~ a corn field / 채소~ a vegetable 〔kitchen〕 garden.
밭갈이 cultivating. ~하다 cultivate; farm; till.
밭고랑 a furrow.
밭곡식(一穀食) dry-field grain 〔(corn〕.
밭농사(一農事) dry-field farming.
밭다¹ ① 《인색》 (be) stingy; illiberal. ② 《가깝다》 (be) near; very close.
밭다² 《거르다》 filter; strain; percolate.
밭도랑 a ditch between fields.
밭두둑 a ridge between fields.
밭둑 ☞ 밭두둑.
밭벼 a dry-field rice plant.
밭은기침 a dry cough; a hack.
밭이랑 a ridge in a field.
밭일 farming. ~하다 work in the fields.
배¹ ① 《복부》 the belly; the abdomen; 《창자》 the bowels; 《위》 the stomach. ¶ ~가 나온 potbellied; big-bellied / ~가 아프다 have a stomach-ache / 제 ~만 불리다 enrich one's own pocket; feather one's own nest. ② 《맘속》 a heart; a mind. ¶ 뱃속 검은 black-hearted; wicked; evil-minded. ③ 《시샘》 ¶ ~가 아프다 be green with envy. ④ 《태내》 a womb. ¶ ~가 부르다 be large with a child.
배² 《타는》 a ship; a boat; a vessel; a steamer (기선); a junk (중국배); craft (총칭). ~로 《go》 by ship. ¶ ~를 타다 go 〔get〕 on board (a ship); embark / ~에서 내리다 get off 〔leave〕 a ship; disembark.
배³ 《과일》 a pear.
배(胚) 〖植〗 an embryo; 〖動〗 a fetus.
배(倍) ① 《2배》 double. ~의 double; twice; two times 《美》; twofold. ¶ ~로 하다〔되다〕 double 《*the profit*》; be doubled. ② 《곱절》 times; -fold. ¶ 한~ 반 one and half times/…의 3~의 양 thrice as much as… / 3~ three times; treble; thrice; threefold / 4~ quadruple / 5~ quintuple / 6~ sextuple / 7~ septuple / 8~ octuple / 9~ nonuple / 10~ decuple / 백 ~ centuple.
배가(倍加) ~하다 (make) double; be doubled; increase double. ¶ 노력을 ~하다 redouble one's efforts.
배갈 a strong Chinese liquor.
배겨나다 bear up 《*under*》; put up 《*with*》; suffer patiently 《*through*》.
배격(排擊) ~하다 denounce; reject; drive out.
배경(背景) ① 《후면》 a background. ② 《무대의》 scenery; setting; a scene. ‖ ~ 음악 background music. ③ 《빽》 backing; support; pull 《美俗》; 《후원자》 a backer; a supporter. ¶ 유력한 ~ strong backing; a strong backer / 정치적 ~ political backing / ~이 없다 have no "pull" behind 《*one*》.
배고프다 (be) hungry. ¶ 배고파 죽겠다 be dying with hunger.
배곯다 have an empty stomach.
배관(配管) pipe arrangement 〔laying〕; piping (총칭). ‖ ~공(工) a plumber / ~ 공사 piping work; plumbing.
배교(背教) apostasy; renegation. ‖ ~자 an apostate; a renegade.
배구(排球) 〖競〗 volleyball.
배금(拜金) ‖ ~주의 mammonism(~주의자 a mammonist).
배급(配給) distribution; rationing. ~하다 distribute; supply; ration (식량을). ‖ ~소 a distributing station 〔center〕/ ~쌀 〔품〕 rationed rice 〔goods〕/ ~제(도) distributing 〔rationing〕 system / ~ 통장 a ration (pass)book / ~표 a ration ticket.
배기(排氣) exhaust; ventilation. ‖ ~ 가스 waste 〔exhaust〕 gas / ~관 an exhaust pipe / ~량 engine displacement.
배기다¹ endure; bear with; suffer. ¶ 배길 수 있는 bearable; endurable / 배길 수 없는 unbearable; insufferable; unendurable.
배기다² 《마치다》 be hard; pinch;

squeeze.
배꼽 the navel. ¶ ~이 빠지도록 웃다 laugh like anything; die with laughing.
배낭(胚囊) 〖植〗 an embryo sac; a megaspore.
배낭(背囊) a knapsack; a rucksack.
배내옷 clothes for a newborn baby.
배냇니 a milk tooth.
배냇병신(一病身) a congenital cripple.
배뇨(排尿) urination. ~하다 urinate; pass (make) water.
배니싱크림 vanishing cream.
배다¹ 《촘촘하다》 (be) close; fine.
배다² 《잉태》 conceive; become pregnant. ¶ 애를 ~ conceive a child; be with child; be pregnant / 새끼를 ~ be with young; be in pup (개가); be in (with) calf (소가).
배다³ ① 《스미다》 sink 《*into*》; soak through; permeate. ¶ 피가 밴 붕대 a bandage saturated with blood. ② 《익숙》 get used 《*to*》; become accustomed 《*to*》. ¶ 몸에 밴 일 a familiar job (work); one's accustomed work / 일이 손에 ~ get skilled 《*in*》.
배다르다 be born of a different mother; be half-blooded. ¶ 배다른 형제(자매) one's half brother (sister).
배다리 《임시가교》 a pontoon bridge.
배달(倍達) ‖ ~ 민족 the Korean race.
배달(配達) delivery. ~하다 deliver; distribute. ‖ ~료 the delivery charge / ~부(원) a deliveryman; a carrier; a mailman (우편의); a milkman (우유의); a newsboy (신문의) / ~ 증명서 a delivery receipt / ~처 the destination / 무료 ~ free delivery / 시내 ~ local delivery / 특별 ~ special delivery.
배당(配當) allotment; a dividend. ~하다 allot; pay a dividend (배당금을). ‖ ~금 a dividend; a share (특별 ~금 a bonus; an extra (a special) dividend) / ~율 dividend rate / 가(假)(적립) ~ an interim (a cumulative) dividend / 무(주식) ~ non (a stock) dividend.
배두렁이 a belly band for a baby.
배드민턴 badminton.
배때벗다 (be) arrogant; haughty.
배란(排卵) ovulation. ~하다 ovulate.
배려(配慮) 《마음씀》 care; consideration. ~하다 consider. ¶ 세심한 ~ thoughtful consideration.
배럴 《용량 단위》 a barrel.
배례(拜禮) ~하다 bow; salute.
배맞다 make an illicit intercourse.
배면(背面) the rear; the back. ‖ ~공격 a rear attack.
배밀이 ¶ ~하다 crawl; creep.
배반(背反, 背叛) betrayal. ~하다 betray; turn (rebel) 《*against*》. ¶ 친구를 ~하다 turn against one's friend / 남자를 ~하다 jilt a man / 나라를 ~하다 turn traitor to one's country. ‖ ~자 a betrayer; a traitor.
배반(胚盤) 〖動〗 the germinal disk.
배배 ☞ 비비.
배변(排便) ~하다 evacuate (open) the bowels.
배본(配本) distribution of books. ~하다 distribute books.
배부(配付) distribution. ~하다 distribute 《*among, to*》; deliver.
배부르다 have a full stomach; be large with a child (임신해서). ¶ 배부른 흥정 a take-it-or-leave-it deal (sale) / 배부른 여자 a woman big with child.
배분(配分) distribution. ~하다 distribute; allot.
배불뚝이 a person with a potbelly.
배사(背斜) 〖地〗 anticline. ~의 anticlinal. ‖ ~ 구조 an anticline.
배상(賠償) reparation; indemnity; compensation. ~하다 compensate; indemnify; make reparation 《*for*》. ¶ ~을 요구하다 demand reparation; claim for compensation. ‖ ~금 an indemnity; reparations (전쟁의) / 현물(금전) ~ reparation in kind (cash).
배색(配色) a colo(u)r scheme; coloring.
배서(背書) (an) endorsement. ~하다 endorse 《*a check*》; back 《*a bill*》. ‖ ~인 an endorser / 피~인 an endorsee.
배석(陪席) ~하다 sit with 《*one's superior*》. ‖ ~자 an attendant / ~ 판사 an associate judge; an assessor.
배선(配船) ~하다 place (assign) a ship 《*on a line*》.
배선(配線) wiring. ~하다 wire 《*a house*》. ‖ 전기 ~ electric wiring.
배설(排泄) excretion. ~하다 excrete; evacuate; discharge. ‖ ~기관 the excretive organs / ~물 excrements.
배설(排雪) ☞ 제설.
배속(配屬) assignment. ~하다 assign; attach 《*an officer to*》. ¶ ~되다 be attached 《*to*》. ‖ ~장교 a military officer attached to a school.
배수(拜受) ~하다 receive; accept.
배수(配水) ~하다 supply water 《*to*》. ‖ ~관(管) a conduit pipe / ~지(池) a distributing reservoir.
배수(倍數) 〖數〗 a multiple. ‖ 공~ a common multiple.
배수(排水) drainage. ~하다 drain; pump out. ‖ ~관(管) a drainpipe / ~량 displacement (이 배의 ~량은 2만톤이다 This ship displaces twenty thousand tons.) / ~ 펌프 a drain(age) pump.
배수진(背水陣) ¶ ~을 치다 fight with one's back to the wall (sea);

burn one's boats; burn the bridges (behind one).
배신(背信) betrayal; a breach of faith. ～하다 betray《*a person's*》confidence; break faith. ‖ ～자 a betrayer; a traitor; a turncoat (변절자) / ～ 행위 a breach of faith [trust].
배심(陪審) a trial by jury. ‖ ～원 a jury (총칭); a juror, a juryman (개인) (～원석 the jury-box) / ～ 제도 the jury system.
배아(胚芽) a germ; an embryo bud.
배알 entrails; guts. ☞ 창자.
배알(拜謁) an audience《*with the king*, etc.》. ～하다 have an audience《*with the king*》.
배앓이 colic; gripes.
배액(倍額) double the amount [price]; a double sum.
배양(培養) culture; cultivation. ～하다 cultivate; nurture; breed. ¶ 세균을 ～하다 cultivate [culture] bacteria. ‖ ～기(基) a (culture) medium / ～액(液) a culture fluid / 인공 ～ artificial culture / 조직 ～ tissue culture.
배역(配役) the cast《*of a play*》. ¶ ～을 정하다 cast《*an actor*》for a part; cast a part《*to an actor*》.
배열(排列) ～하다 arrange; dispose; put《*things*》in order.
배엽(胚葉) a germinal [germ] layer.
배영(背泳) the backstroke.
배외(排外) ～의 antiforeign. ‖ ～사상 antiforeign ideas; antiforeignism; antialienism.
배우(俳優) a player; an actor (남자); an actress (여자). ¶ ～가 되다 become an actor [actress]; go on the stage. ‖ ～ 학교 a school of acting / 영화[연극] ～ a film [stage] actor / 인기 ～ a star / 주연 ～ a leading actor.
배우다 learn; study; be taught; take lessons《*in, on*》;《연습》practise; be trained in. ¶ 철저히 ～ learn thoroughly / 피아노를 ～ take lessons on the piano / 차 운전을 ～ learn how to drive a motorcar.
배우자(配偶子) 〖生〗 a gamete.
배우자(配偶者) a spouse; a match; a life partner. ‖ ～ 공제 tax exemption for one's wife.
배움 study; learning. ¶ ～의 길 the pursuit of studies; learning. ‖ ～터 a school; a place for learning.
배웅 send-off. ～하다 show《*a person*》out; see [send]《*a person*》off. ¶ ～ 나가다 go《*to the station*》to see《*a person*》off.
배유(胚乳) 〖植〗 an albumen; an endosperm.
배율(倍率) magnification.
배은망덕(背恩忘德) ingratitude. ～하다 be ungrateful; lose one's gratitude. ¶ ～한 사람 an ungrateful person.
배음(倍音) 〖樂〗 a harmonic (tone); an overtone.
배일(排日) ～의 anti-Japanese《*feeling, movement*》.
배일성(背日性) 〖植〗 negative heliotropism.
배임(背任) breach of trust; misappropriation (부정 유용). ‖ ～ 행위 an act in violation of one's duty.
배자(褙子) a vest.
배전(倍前) ～의 redoubled; more than ever.
배전(配電) ～하다 supply electricity; distribute power. ‖ ～반(盤) a switchboard / ～선 a service wire / ～소 [회사] a power distribution station [company].
배점(配點) ～하다 allot《20 *points*》to《*a question*》.
배정(配定) assignment. ～하다 assign.
배제(排除) exclusion; elimination. ～하다 exclude; remove; eliminate. ¶ 정실을 ～하다 eliminate favoritism.
배죽거리다 ☞ 비죽거리다.
배지 a badge. ¶ ～를 달다 wear a badge.
배지성(背地性) 〖植〗 negative geotropism.
배짱 boldness; pluck; nerve; courage. ¶ ～센 daring; bold; plucky; courageous / ～없는 timid; faint-hearted; chicken-hearted.
배차(配車) operation [allocation] of cars. ～하다 operate [allot] cars. ‖ ～ 계[원] a《*train*》dispatcher / (택시의) ～사무소 a taxi station.
배척(排斥) rejection; exclusion; boycott. ～하다 exclude; reject; boycott (상품을). ¶ 일본 상품에 대한 ～ a boycott of [against] Japanese goods. ‖ ～ 운동 a boycott (campaign); an expulsion agitation.
배추 a Chinese cabbage. ‖ ～ 김치 pickled cabbage.
배출(排出) ～하다 exhaust; transpire; discharge; eject. ‖ ～관 an exhaust [a discharge] pipe / ～구 an outlet; an issue.
배출(輩出) ～하다 produce a large [great] number of《*scholars*》; appear in great numbers (나오다).
배치(背馳) ～하다 be contrary《*to*》; run counter《*to*》; contradict《*each other*》.
배치(配置) arrangement; disposition. ～하다 arrange; distribute;《부서에》post; station; detail. ‖ ～계획《도시 계획 따위의》block planning; 〖建〗 plot planning / ～도 〖機〗 an arrangement plan; 〖建〗 a plot plan / 부대 ～ troop disposition / 인원 ～ disposition of men.
배타(排他) exclusion. ～적 exclusive; cliquish. ‖ ～주의 exclusivism; exclusionism.
배탈 a stomach trouble [upset]. ¶ ～나다 have a stomach ache [upset].

ㅂ

배태(胚胎) ~하다 originate《*in*》; have《*its*》origin《*in*》.
배터리《전지·야구의》a battery.
배터복스〖野〗a batter's box.
배트〖野〗a bat.
배팅〖野〗batting. ‖ ~ 오더 the batting order.
배편(―便) shipping service. ~으로 by ship〔water, sea〕.
배포(配布) distribution. ~하다 distribute《*among, to*》.
배포(排布) a plan〔scheme〕(in one's mind). ¶ ~가 크다 be magnanimous; think on a large scale.
배필(配匹) a partner for life; a spouse; a mate; a consort. ‖ 천생 ~ a well-matched couple〔pair〕.
배합(配合)《결합》combination;《조화》harmony; match;《혼합》mixture. ~하다 combine; match; harmonize; mix. ¶ 색의 ~ colo(u)r scheme〔harmony〕. ‖ ~비료 compound fertilizer / ~ 사료 assorted feed.
배혁(背革) a leather-back. ‖ ~ 제본 quarter binding.
배화교(拜火敎) fire worship; Zoroastrianism.
배회(徘徊) ~하다 wander〔roam, loiter〕about; hang about〔around〕.
배후(背後) the back; the rear. ¶ ~에서 조종하다 pull the wires〔strings〕from behind. ‖ ~ 인물〔조종자〕a wirepuller; a man behind the scenes.
백(白) white.
백(百) a〔one〕hundred. ¶ ~ 번 a hundred times / ~ 번째(의) the hundredth / 수 ~명 hundreds of men.
백계(白系) ‖ ~ 러시아인(人) White Russians.
백계(百計) all〔every〕means. ‖ ~ 무책 helplessness.
백곡(百穀) all kinds of grain.
백골(白骨) a white bone; a skeleton. ¶ ~ 난망이다 be very grateful; be unforgettable.
백곰(白―) a white〔polar〕bear.
백과사전(百科辭典) an (en)cyclop(a)edia. ¶ ~적(인) (en)cyclopedic《*knowledge*》.
백관(百官) all the government officials.
백구(白鷗) a white gull.
백군(白軍)《경기의》the white team; the white(s).
백금(白金) white gold;〖化〗platinum (기호 Pt).
백기(白旗) a white flag; a flag of truce〔surrender〕. ¶ ~를 들다 hang out a white flag.
백납(白―)〖醫〗vitiligo; leucoderma. ¶ ~ 먹다 have a leucoderma.
백내장(白內障)〖醫〗cataract.
백네트〖野〗backstop.
백년(百年) a〔one〕hundred years; a century. ‖ ~제(祭) a centennial (anniversary)《美》; a centenary《英》/ (국가) ~ 대계 a far-sighted (national) policy〔program〕.
백년가약(百年佳約)《부부로서의》a marriage bond; a plight of eternal love; conjugal tie. ¶ ~을 맺다 tie the nuptial knot; become man and wife for weal or〔and〕woe.
백년해로(百年偕老) ~하다 grow old together in wedded life.
백대하(白帶下)〖醫〗leucorrh(o)ea; whites《俗》.
백랍(白蠟) white〔refined〕wax.
백러시아(白―) White Russia.
백로(白鷺)〖鳥〗an egret; a snowy heron.
백마(白馬) a white horse.
백만(百萬) a million. ¶ ~분의 1 one〔a〕millionth; 1 ppm. ‖ ~ 장자 a millionaire.
백면서생(白面書生) a stripling of a student.
백모(伯母) an aunt; an auntie, an aunty (애칭).
백묵(白墨) ☞ 분필(粉筆).
백문불여일견(百聞不如一見) Seeing is believing., An eye finds more truth than two ears.
백미(白米) polished〔cleaned〕rice.
백미(白眉) the best《*of*》; a masterpiece (걸작); a star.
백미러 a rearview mirror; a driving mirror《英》.
백반(白飯) boiled〔cooked〕rice.
백반(白礬) alum.
백발(白髮) white〔gray, snowy〕hair. ¶ ~의 white-(gray-)haired / ~이 되다《머리가 주어》turn gray;《사람이 주어》grow gray. ‖ ~노인(老人) a white-haired(-headed) old man.
백발백중(百發百中) ~하다 never miss the target〔mark〕;《실패 없음》never fail.
백방(百方) all〔every〕means. ¶ ~으로 노력하다 make every effort.
백배(百拜) ¶ ~ 사죄(謝罪)하다 bow a hundred apologies.
백배(百倍) one〔a〕hundred times. ~하다 increase《*a number*》a hundredfold; centuple. ¶ ~의 centuple; hundredfold / 그 소식을 듣고 용기 ~했다 The news inspired us with fresh courage.
백병전(白兵戰) a hand-to-hand fight; a close combat. ¶ ~을 벌이다 fight hand to hand《*with*》.
백부(伯父) an uncle.
백분(白粉) face〔toilet〕powder.
백분(百分) ~하다 divide into a hundred parts. ¶ ~의 십 ten-hundredths; ten percent. ¶ ~율〔비〕percentage.
백사(白沙) white sand. ‖ ~장 a sandy beach; the sands.
백삼(白蔘) white ginseng.
백색(白色) white (colo(u)r). ‖ ~인종 the white race; white people / ~ 테러 a white terror.
백서(白書) a white paper〔book〕.

‖경제(외교) ~ an economic (a diplomatic) white paper.
백선(白癬) 〖醫〗 ringworm; favus.
백설(白雪) snow. ¶ ~ 같은 snowy; snowwhite / ~로 덮인 산 a snow-capped mountain.
백설탕(白雪糖) white (refined) sugar.
백성(百姓) the people; the populace; the nation (국민).
백수(百獸) ¶ ~의 왕 the king of beasts.
백수건달(白手乾達) a penniless bum (tramp); a good-for-nothing; a debauchee.
백숙(白熟) (a dish of) fish or meat boiled in plain water.
백신 〖醫〗 vaccine. ‖ ~ 주사 (a) vaccine injection; (a) vaccination (~ 주사를 놓다 vaccinate 《*a person*》) / 생 ~ a live vaccine.
백씨(伯氏) your (his) eldest brother.
백악(白堊) chalk. ‖ ~관 the White House / ~기 〖地〗 the Cretaceous period / ~질 《이의》 cement.
백안시(白眼視) ~하다 frown upon (흘겨보다); look with indifference, look coldly (slightingly) upon (냉대하여 보다).
백야(白夜) nights with the midnight sun.
백약(百藥) all sorts of medicine. ¶ ~이 무효하다 All medicines prove useless.
백양(白羊) a white sheep (goat). ‖ ~궁 〖天〗 the Aries; the Ram.
백양(白楊) 〖植〗 a (white) poplar; a white aspen.
백업 〖野〗 backup. ~하다 back up.
백연(白鉛) white lead; ceruse (분 만드는). ‖ ~광 cerusite.
백열(白熱) white heat; incandescense. ¶ ~화하다 glow white; reach the climax; get excited. ‖ ~전 hot fighting (~전을 벌이다 put on a thrill game (race)) / ~(전)등 a glow lamp; an incandescent (electric) lamp.
백옥(白玉) a white gem.
백운(白雲) white clouds.
백운모(白雲母) 〖鑛〗 white mica.
백의(白衣) a white dress (robe). ‖ ~ 민족 the white-clad (Korean) people / ~천사 an angel in white; a white-clad nurse (간호사).
백인(白人) a white (man). ¶ ~에 의한 지배 white domination 《*in Africa*》. ‖ ~ 여자 a European woman (lady); a white woman / ~종 the white race; the whites.
백인(白刃) a naked sword.
백일(白日) ¶ ~하에 드러나다 be brought to light / 청천 ~의 몸이 되다 be cleared of the charge. ‖ ~몽 a daydream.
백일(百日) 《백날》 one hundredth day from a child's birth; 《백일간》 one hundred days. ‖ ~ 기도 a prayer for a hundred days / ~잔치 the feast (celebration) of a hundred-day-old baby / ~재(齋) the one hundredth day's service 《*for the deceased*》.
백일몽(白日夢) a daydream; a daydreaming; a fantasy.
백일장(白日場) a composition (literary) contest. ‖ 주부 ~ a literary contest for housewives.
백일초(百日草) 〖植〗 a zinnia.
백일해(百日咳) pertussis; whooping cough.
백일홍(百日紅) 〖植〗 a crape myrtle.
백작(伯爵) a count; an earl 《英》. ‖ ~ 부인 a countess.
백장 a butcher.
백전노장(百戰老將) a veteran; an old campaigner; an old-timer.
백전백승(百戰百勝) ~하다 win every battle (that is fought); be ever victorious.
백절불굴(百折不屈) ~의 indefatigable; indomitable. ¶ ~의 정신 an indomitable spirit.
백점(百點) one (a) hundred points; 《만점》 full marks. ¶ 영어에서 ~ 받다 get full marks for English.
백조(白鳥) a swan; a cygnet (새끼).
백주(白晝) ~에 in broad daylight; in the daytime.
백중(伯仲) ~하다 be nearly equal 《*to*》; match 《*each other*》; be even 《*with*》; be well contested.
백중날(百中一) July 15th of lunar month.
백지(白紙) a (blank) sheet of paper; white paper (흰종이). ¶ ~ 답안을 내다 give (hand) in a blank paper / ~ (상태)로 돌리다 start afresh; start with a clean slate. ‖ ~ 위임장 a blank power of attorney; a *carte blanche* 《프》.
백지도(白地圖) a blank map.
백차(白車) a (police) patrol car; a squad car 《美》.
백척간두(百尺竿頭) ¶ ~에 서다 be in a dire extremity; be driven (reduced) to the last extremity.
백청(白淸) white honey of fine quality.
백출(百出) ~하다 arise in great numbers. ¶ 의견이 ~하다 become a subject of heated discussion.
백치(白痴) 《상태》 idiocy; 《사람》 an idiot; an imbecile.
백탄(白炭) hard charcoal.
백태(白苔) fur (on the tongue).
백토(白土) white clay; *terra alba* 《라》.
백통(白銅) nickel. ‖ ~돈(전) a nickel (coin).
백팔번뇌(百八煩惱) the 108 passions (a) man is subject to.
백팔십도(百八十度) ¶ ~ 전환(轉換)하다 make a complete about-face (turnabout) 《*in one's stand*》.
백퍼센트(百一) 100% (percent). ¶ 효과 ~의 100% efficacious.
백포도주(白葡萄酒) white wine.
백합(百合) a lily.
백해무익(百害無益) ~하다 be very

harmful; do more harm than good.

백핸드 〖테니스〗 backhand; a backhand drive.

백혈(白血) ‖ ~구 a white blood corpuscle / ~병 leuk(a)emia.

백형(伯兄) one's eldest brother.

백호(白濠) ‖ ~주의 the White Australia principle 〔policy〕.

백화(百花) all sorts of flowers. ¶ ~가 만발한 《The field is》 ablaze with all sorts of flowers.

백화점(百貨店) a department store 《美》; the stores 《英》.

밴대질 Lesbianism.

밴댕이 〖魚〗 a large-eyed herring.

밴드 ① 《혁대》 a belt; 《띠·끈》 a band; a strap. ② 《악대》 a band. ‖ ~마스터 a bandmaster / ~맨 bandman / 재즈 ~ a jazz band.

밴조 〖樂〗 a banjo.

밴텀급(一級) the bantamweight class. ‖ ~ 선수 a bantamweight.

밸런스 balance. ¶ ~가 잡힌 well-balanced.

밸브 《안전판》 a valve. ‖ ~ 장치 valve gear / ~콕 a valve cock.

뱀 a snake; a serpent (구렁이). ‖ ~가죽 snakeskin / ~ 허물 the slough of a snake.

뱀도랏 〖植〗 a hedge parsley.

뱀딸기 〖植〗 an Indian strawberry.

뱀뱀이 courtesy; (good) manners; etiquette; discipline. ¶ ~가 없는 ill-bred.

뱀장어(一長魚) 〖魚〗 an eel.

뱁새 〖鳥〗 a Korean crow tit. ‖ ~눈이 a person with slitted 〔narrow〕 eyes.

뱃고동 a boat whistle.

뱃길 a (ship's) course; a waterway. ‖ ~로 가다 go by ship 〔water〕.

뱃노래 a boatman's song; a chant(e)y.

뱃놀이 a boating (excursion); a boat ride 《美》. ~하다 enjoy boating 〔a boat ride〕. ¶ ~ 가다 go boating.

뱃대끈 《마소의》 a bellyband; a girth.

뱃덧 a stomach disorder.

뱃머리 the bow 〔prow, head〕. ¶ ~를 돌리다 put a ship about; head 《*for*》.

뱃멀미 seasickness. ~하다 get seasick. ¶ ~하는 〔안하는〕 사람 a bad 〔good〕 sailor.

뱃밥 oakum; ca(u)lking.

뱃사공(一沙工) a boatman.

뱃사람 a seaman; a sailor; a mariner.

뱃삯 《승선료》 passage (fare); boat fare; 《나룻배의》 ferriage; ferryboat charge; 《화물의》 freight (rates); shipping charges.

뱃살 ¶ ~을 잡다 shake one's sides with laughter; split one's sides.

뱃속 ① 《복부》 the stomach. ② 《속마음》 mind; heart; intention. ¶ ~이 검은 evil-hearted; black-hearted.

뱃심 ¶ ~ 좋다 be shameless and greedy; be impudent.

뱃장수 a bumboatman (항구내의).

뱃전 the side of a boat; a gunwale.

뱃짐 a (ship's) cargo; a freight.

뱅 ☞ 빙.

뱅그르르 ☞ 빙그르르.

뱅뱅 《go, turn》 round and round (about).

뱅어(一魚) 〖魚〗 a whitebait.

뱅충맞다 (be) shy; clumsy; self-conscious; weak-headed. ‖ 뱅충맞이 a clumsy fellow; a dull and bashful person; a milksop.

뱉다 ① 《입밖으로》 spew; spit (out) (침 등을). ¶ 가래를 ~ cough out phlegm. ② 《물건을》 vomit; disgorge.

버걱거리다 rattle; clatter.

버겁다 (be) too big 〔bulky〕 to handle; beyond one's control; unmanageable.

버글버글 ¶ ~ 끓다 seethe; boil.

버금 ¶ ~ 가다 be second to; be in the second place; rank next to.

버긋하다 (be) split; open; ajar.

버너 a burner. ‖ 가스 ~ a gas burner.

버둥거리다 wriggle; (kick and) struggle; flounder.

버드나무 a willow.

버드러지다 ① 《밖으로》 protrude (이 따위가). ② 《뻣뻣해지다》 stiffen; get stiff; become rigid.

버들 a willow. ‖ ~ 개지 willow catkins / ~ 고리 a wicker trunk.

버들옷 〖植〗 an euphorbia.

버라이어티쇼 a variety show; a vaudeville 《美》.

버럭 suddenly. ¶ ~ 소리를 지르다 shout 〔cry〕 suddenly / ~ 화를 내다 explode with anger.

버렁 《범위》 an extent; a scope.

버력 《천벌》 a curse; the wrath 〔scourge〕 of God. ¶ ~ 입다 be punished by Heaven; incur the wrath of God.

버르적거리다 struggle; writhe; wriggle.

버르집다 ① 《숨은 일을》 reveal; disclose; expose; lay bare. ② 《오무라진 것을》 cut open; cut and enlarge. ③ 《작은 일을》 exaggerate.

버름하다 《틈이》 (be) slightly open; loosely fitted; 《마음이》 (be) discordant.

버릇 ① 《습관》 a habit; a way. ¶ 고치기 힘든 ~ an inveterate habit / ~이 되다 become 〔grow into〕 a habit / ~이 생기다 get 〔fall〕 into a habit 《*of*》 / ~을 고치다 cure 《*a person*》 of a habit (남의); cure 〔break〕 oneself of a habit (자기의) / …하는 ~이 있다 have a habit 〔way〕 of *do*ing. ② 《특징》 a peculiarity (특색); a characteristic (특성); a propensity (성벽). ¶ 말 ~ one's peculiar way of speaking. ③ 《예의》 manners; eti-

quette; breeding (품행); behavior (행실). ¶ ~없다 be badly brought up; be ill-mannered / ~없이 rudely / ~ 없는 아이 a spoilt child / ~을 가르치다 punish; teach 《*a person*》 manners 〔a lesson〕.
버릇하다 form a habit. ¶ 술을 먹어 ~ take to drink / 일찍 일어나 ~ accustom oneself to early rising.
버릊다 dig open; scratch; scatter.
버리다¹ ① 《내던지다》 throw 〔cast, fling〕 away. ¶ 음식〔폐물〕을 ~ throw away food 〔waste〕. ② 《포기·유기》 abandon; forsake; desert; give up. ¶ 버림받다 be abandoned 〔forsaken, deserted〕 / 지위를 ~ give up 〔throw〕 one's position / 처자를 ~ desert one's wife and children. ③ 《망치다》 ruin; spoil. ¶ 아이를 ~ spoil a child / 위장을 ~ injure the stomach.
버리다² 《끝내다》 up; through. ¶ 다 읽어 ~ read through 《*a book*》 / 다 써 ~ use up 《*money*》 / 다 먹어 ~ eat up 《*the food*》.
버림치 a useless thing; waste.
버마 Burma. ¶ ~ 사람 a Burmese / ~어 Burmese.
버무리다 mix (up). ¶ 나물을 ~ mix a salad.
버새 〖動〗 a hinny.
버석거리다 rustle; make a rustle. ¶ 버석버석 rustlingly.
버선 Korean socks.
버섯 〖植〗 a mushroom; a fungus [*pl.* -gi]. ¶ ~을 따다 gather 〔pick up〕 mushrooms. ‖ ~구름 a mushroom cloud (핵폭발의) / ~ 재배자 a mushroom grower.
버성기다 ① 《틈이》 (be) loose; have gaps between. ② 《사이가》 be estranged 〔alienated〕.
버스 a bus; an autobus 《美》; a motorbus. ¶ ~로 가다 go by bus; take a bus. ‖ ~ 노선 a bus route 〔line〕 / ~ 안내양 a (bus) conductress / ~ 운전사 a busman / ~요금 〔정류장, 종점〕 a bus fare 〔stop, terminal〕 / ~ 전용 차선(제도) the "bus-only" lane (system) / 관광 ~ a sight-seeing bus; a charabanc / 통근 ~ a commuter bus / 통학 ~ a school bus.
버스러지다 ① 《뭉그러짐》 crumble. ② 《벗겨짐》 peel 〔scale〕 off; exfoliate; be worn off; get skinned. ③ 《벗나가다》 go beyond; exceed.
버스름하다 be slightly open (틈이); be estranged 〔alienated〕 (관계가).
버스트 a bust.
버썩 ☞ 바싹.
버저 a buzzer. ¶ ~를 누르다 buzz; press a buzzer.
버적버적 crackling; with a crunching sound.
버젓하다 《당당하다》 (be) fair and square; 《떳떳하다》 (be) respectable; decent. ¶ 버젓이 fairly; openly; decently / 버젓한 인물 〔직업〕 a respectable person 〔occupation〕.
버지다 ① 《베어지다·긁히다》 be cut 〔scratched〕. ② 《찢어지다》 fray; be worn out.
버짐 ringworm; psoriasis (마른 버짐).
버찌 a cherry; a cherry bob (꼭지에 달린). ‖ ~씨 a cherry stone.
버캐 an incrustation; crust. ¶ 소금〔오줌〕 ~ salt 〔urine〕 incrustations.
버커리 a withered old woman; a hag; a crone.
버클 a buckle.
버터 butter. ¶ 빵에 ~를 바르다 butter one's bread; spread butter on bread.
버터플라이 《수영법》 the butterfly stroke.
버티다 ① 《괴다》 support; prop (up); bolster up. ¶ 기둥으로 ~ support 《*a wall*》 with a post. ② 《맞서다》 stand up to; contend 〔compete〕 with. ¶ 끝까지 ~ 《주장을》 persist to the last; hold out to the end. ③ 《견뎌내다》 bear up 《*under*》; sustain; endure; hold (out). ¶ 버티어 나가다 endure through; persevere.
버팀목(一木) a support; a prop; a stay.
벅적거리다 be crowded 〔thronged〕; bustle; swarm.
벅차다 ① 《힘에》 be beyond one's power 〔ability〕; be too much for 《*a person*》. ¶ 이 일은 내게 ~ I am not equal to this task. ② 《가슴이》 be too full. ¶ 벅찬 기쁨 an ineffable joy / 가슴이 벅차서 말이 안 나온다 My heart is too full for words.
번(番) ① 《숙직》 night duty. ② 《회수》 a time; number (번호). ¶ 여러 ~ many times.
번각(翻刻) reprinting; a reprint. ~하다 reprint. ‖ ~자 a reprinter.
번갈아 alternately; by turns; one after another; in turn.
번개 (a flash of) lightning. ¶ ~같이 as swiftly as lightning; in a flash / ~가 번쩍하다 lightning flashes.
번거롭다 《복잡》 (be) troublesome; annoying; complicated.
번뇌(煩惱) agony; 〖佛〗 worldly desires; the lusts of the flesh (육욕). ¶ ~에 시달리다 be harassed by (worldly) passions.
번다(煩多) ~한 troublesome; onerous.
번데기 a chrysalis; a pupa.
번드럽다 ☞ 반드럽다.
번드르르 ☞ 반드르르.
번득거리다, 번득이다 《광채가》 flash; glitter; sparkle.
번들거리다 be smooth 〔slippery, glossy〕. ¶ 번들번들한 smooth; slippery; glossy.
번들다(番一) be on duty; go on guard 〔watch〕.
번듯하다 (be) even; well-balanced.
번롱(飜弄) ~하다 trifle with; make fun of. ¶ ~당하다 be tossed by

the waves; 《사람이》 be trifled with; be made a fool of.
번문욕례(煩文縟禮) red tape; red-tapery[-tapism]; officialism.
번민(煩悶) worry; agony; anguish. ~하다 worry; agonize; be in anguish [agony].
번번이(番番―) each [every] time; whenever; always.
번번하다 ☞ 반반하다. 「reverse.
번복(飜覆) ~하다 change; turn;
번서다(番―) stand guard.
번성(蕃盛) ~하다 《자손이》 flourish; thrive; 《수목이》 grow thick.
번성(繁盛) prosperity. ~하다 prosper; flourish; thrive.
번식(繁殖) breeding; propagation. ~하다 breed; increase; propagate (itself). ‖ ~기 a breeding season / ~력 propagating power; fertility (~력이 왕성한 prolific) / 인공 ~ artificial fecundation.
번안(飜案) ① 《안건의》 change. ~하다 change; reverse 《*a former plan*》. ② 《작품의》 (an) adaptation. ~하다 adapt; rehash. ‖ ~ 소설 an adapted story.
번역(飜譯) (a) translation. ~하다 translate [render] 《*English*》 into 《*Korean*》; put 《*into*》. ¶ 틀린 ~ (a) mistranslation / ~을 잘하다 [이 서투르다] be a good [poor] translator. ‖ ~권 right of translation / ~서[물] a translation; a version; translated literature (총칭) / ~자 a translator.
번열증(煩熱症) a fever.
번영(繁榮) prosperity. ~하다 prosper; flourish; thrive. ¶ 국가의 ~ national prosperity.
번의(飜意) ~하다 change one's mind [decision]; go back on one's resolution.
번잡(煩雜) ~하다 (be) complicated; troublesome; intricate. ¶ ~한 거리 crowded streets.
번적거리다 glitter; glisten; flash.
번지(番地) a house [lot] number; an address. ¶ 정동 48~ 48 *Jeong-dong*.
번지다 ① 《잉크 등이》 blot; spread; run. ② 《확대》 spread; extend. ③ 《옮아가다》 spread; affect (병이).
번지럽다 ☞ 반지랍다.
번지르르 ¶ ~한 glossy; lustrous; smooth.
번질거리다 ☞ 반질거리다.
번쩍 ① 《거뜬히》 lightly; easily; 《높이》 high; aloft. ¶ 큰돌을 ~ 들어 올리다 lift up a huge stone lightly / 상대자를 ~ 들어올리다 hold one's opponent high. ② 《빛이》 with a flash. ~하다 (give out a) flash. ③ 《감각》 suddenly; strongly. ¶ ~뜨이지 않는 unattractive; obscure / 귀가 ~ 뜨이다 be attracted strongly 《*by*》.
번쩍거리다, 번쩍이다 glitter; glare; twinkle; flash.
번차례(番次例) turn.
번창(繁昌) prosperity. ~한 prosperous; flourishing; thriving.
번철(燔鐵) a frying pan; a frypan.
번트 〖野〗 a bunt. ~하다 bunt.
번하다 ① 《희붐하다》 grow light, turn gray (서술적). ② 《분명》 (be) clear; plain; obvious; 《확실》 (be) certain. ☞ 뻔하다. ③ 《짬이 있다》 (be) free; be at leisure. ④ 《병이》 be in a state of lull.
번호(番號) a number; a mark (부호); 《구령》 Number! ¶ ~순(으로) (in) numerical order / ~를 매기다 [달다] number. ‖ ~표[패] a number ticket [plate].
번화(繁華) ~한 flourishing 《*town*》; busy [bustling] 《*streets*》. ¶ ~해지다 grow prosperous. ‖ ~가(街) 《상점가》 shopping quarters; 《유흥가》 an amusement quarter.
벋가다 deviate; swerve 《*from*》; go astray.
벋다 ☞ 뻗다 ①, ②.
벋대다 resist. ☞ 버티다.
벋디디다 ① 《힘주어》 step [stand] firmly. ② 《금 밖으로》 step out of 《*bounds*》.
벋서다 resist; oppose.
벌¹ 《벌판》 a field; a plain. ¶ 황량한 ~ a wilderness.
벌² 〖蟲〗 a bee; a wasp (땅벌). ¶ ~(의) 떼 a swarm of bees / ~에 쏘이다 be stung by a bee.
벌³ 《옷·그릇 등》 a suit 《*of clothes*》; a pair (바지의); a set 《*of dishes*》; 《서류 등》 a copy; 《가구 등》 a suite 《*of furniture*》. ¶ 찻잔 한 ~ a tea set [service].
벌(罰) (a) punishment; (a) penalty. ~하다 [주다] punish; penalize; inflict penalty on 《*a culprit*》. ¶ ~로서 as a penalty 《*for*》 / ~을 받다 be punished; suffer punishment / ~을 면하다 escape punishment.
벌개지다 turn red; flush, blush (얼굴이).
벌거벗다 become naked; strip oneself naked. ¶ 벌거벗기다 unclothe; strip 《*a person*》 naked.
벌거숭이 a nude; a naked body. ~의 (stark-)naked; nude; bare. ‖ ~산 a bare [bald] mountain [hill].
벌겋다 (be) red; crimson (진홍); ruddy (얼굴 따위가).
벌그스름하다 (be) reddish.
벌금(罰金) a fine; a penalty; a forfeit (위약금). ¶ ~을 과하다 fine; punish 《*a person*》 with a fine / ~을 물다 be fined; pay a penalty. ‖ ~형 〖法〗 amercement.
벌끡 suddenly; in a rage (성나).
벌끈 ① ☞ 불끈. ② 《시끄러운 모양》 in an uproar; in commotion. ¶ ~뒤집히다 be in a great disturbance.
벌노랑이 〖植〗 a bird's-foot trefoil.

벌다[1] 《사이가》 open; be opened.
벌다[2] 《이익》 earn; make; gain. ¶ 힘들여 번 돈 hard-earned money/ 돈을 (잘) ~ make (good) money/ 생활비를 〔용돈을〕 ~ earn one's living 〔pocket money〕.
벌떡 suddenly; quickly. ☞ 발딱.
벌떡거리다 ① 《가슴이》 go pit-a-pat; palpitate; throb. ② 《물을》 gulp.
벌렁거리다 act lightly.
벌레 ① 《곤충》 an insect; a bug; 《구더기 등》 a worm; 《나방·좀 등》 a moth; 《해충》 vermin. ¶ ~먹은 이 a decayed tooth/~먹은 worm-〔moth-〕eaten; wormy / ~먹은 사과 a wormy apple / ~가 먹다 be eaten by worms. ② 《비유적》 ‖ 공부 ~ a diligent student; a dig 《美俗》 / 책~ a bookworm; a great booklover.
벌룩거리다, 벌름거리다 open and shut 〔swell and subside〕 alternately; quiver.
벌리다 ① 《열다》 open. ¶ 입을 딱 ~ open one's mouth wide; gape. ② 《넓히다》 leave 《*space*》; widen; spread. ¶ 다리를 ~ set one's legs apart / 팔을 ~ open one's arms.
벌린춤 ¶ ~이라 In for a penny, in for a pound., Having set about it, there is no turning back.
벌목(伐木) felling; cutting. ~하다 cut 〔hew〕 down; fell; lumber. ‖ ~기(期) 〔작업〕 a felling season 〔operation〕 / ~꾼 a feller; a wood cutter; a lumberjack.
벌벌 ¶ ~ 떨다 tremble; shake; shiver.
벌써 ① 《이미》 already; yet (의문문에); 《지금쯤은》 by now. ② 《오래전》 long ago; a long time ago.
벌쓰다(罰一) be punished.
벌씌우다(罰一) punish; penalize.
벌어먹다 earn one's bread; make a living; support oneself. ¶ 가족을 벌어먹이다 support one's family.
벌어지다 ① 《사이가》 split; crack; open; be separated. ¶ 틈이 ~ a gap widens. ② 《몸이》 grow stout 〔firm〕. ¶ 어깨가 딱 ~ have broad shoulders. ③ 《일·싸움 등이》 occur; come about; take place.
벌이 《돈벌이》 moneymaking; earning money; 《일》 work; 《번 돈》 earnings; income (수입). ~하다 work for one's living; earn one's bread. ¶ ~하러 가다 go to 〔for〕 work / ~가 좋다 〔나쁘다〕 have a good 〔poor〕 income / ~를 잘하다 make a good living.
벌이다 ① 《일을》 begin; start; 《착수》 set about; embark on; 《가게를》 open 《*a shop*》; establish. ¶ 사업을 ~ start an enterprise / 전쟁을 ~ enter into a war / 잔치를 ~ hold 〔give〕 a banquet. ② 《물건을》 arrange; display 《*goods*》; spread.
벌잇줄 a source of income 〔earning〕; a means to earn one's bread. ¶ ~이 끊기다 lose one's job.
벌점(罰點) 《give》 a black mark 《*for*》.
벌족(閥族) ☞ 족벌.
벌주(罰酒) the wine one is forced to drink as a penalty.
벌집 a beehive; a honeycomb. ¶ ~을 건드리지 말라 Let sleeping dogs lie.
벌쭉거리다 open and shut.
벌채(伐採) felling. ~하다 cut 〔hew〕 down; fell 《*trees*》; lumber 《美》. ¶ 산림을 ~하다 exploit 〔cut down〕 a forest. ‖ ~ 면적 a cutover area.
벌초(伐草) ~하다 weed a grave; tydy up a grave.
벌충하다 supplement; make up 《*for*》; make good 《*the loss*》.
벌칙(罰則) penal regulations 〔clauses〕; punitive rules. ‖ ~ 규정 penal provisions.
벌컥 ☞ 벌꺽.
벌통(一桶) a (bee)hive; a hive.
벌판 a field; fields; a plain (평야); a wilderness (황야). ‖ 눈 ~ a snow-field.
범 a tiger; a tigress (암컷). ¶ 새끼 ~ a tiger kitten; a cub / 자는 ~ 코침 주기 《俗談》 Let a sleeping dog lie. / ~의 굴에 들어가야 ~의 새끼를 잡는다 《俗談》 Nothing venture, nothing have 〔gain〕.
범…(汎) Pan-. ¶ ~ 민족대회 a pan-national rally / ~아시아 Pan-Asiatic / ~아시아주의 Pan-Asianism / ~유럽 Pan-Europe.
…범(犯) offense. ¶ 파렴치 ~ an infamous criminal (사람).
범국민(汎國民) ~적인 pan-national; nation-wide (전국적인). ‖ ~ 운동(運動) 《conduct》 a pan-national 〔nation-wide〕 campaign 〔movement, drive〕 《*for,against*》.
범나비 【蟲】 a swallowtail (butterfly).
범람(氾濫) ~하다 overflow; flow 〔run〕 over 《*the banks*》; flood. ¶ ~하기 쉬운 강 a river prone to rampage.
범례(凡例) introductory remarks; explanatory notes; a legend (지도·도표의).
범미(汎美) Pan-American. ‖ ~주의 Pan-Americanism / ~ 회의 the Pan-American Conference.
범백(凡百) ① 《사물의》 all things 〔matters〕. ② 《언행》 manners; etiquette; breeding; behavio(u)r.
범벅 《뒤죽박죽》 a medley; a pell-mell; a hotchpotch; a mess. ¶ ~(이) 되다 go to pie; be jumbled 〔mixed〕 up.
범범하다(泛泛一) (be) careless; inattentive.
범법(犯法) violation of the law. ~하다 break 〔violate〕 the law; commit an offense. ‖ ~자 a lawbreaker / ~ 행위 an illegal act.
범부(凡夫) 《범인》 an ordinary per-

son; a common mortal; 《속인》 a layman.
범사(凡事) ① 《모든 일》 all matters; everything. ② 《평범사》 an ordinary matter; a common affair.
범상(凡常) ~한 common(place); ordinary; usual; average. ¶ ~치 않은 extraordinary; out of the common; uncommon.
범서(梵書) Sanskrit literature; 《불경》 the Buddhist scriptures.
범선(帆船) a sailing ship (boat, vessel); a sailer.
범속(凡俗) vulgarity. ~한 vulgar; common; ordinary.
범신교(汎神教) pantheism.
범신론(汎神論) ☞ 범신교.
범아랍(汎—) Pan-Arab(ic). ‖ ~주의 Pan-Arabism.
범안(凡眼) ordinary intelligence; a layman's eye.
범어(梵語) Sanscrit; Sanskrit.
범연(泛然) ~한 careless; indifferent; inattentive.
범용(凡庸) ~한 mediocre; common (-place).
범위(範圍) an extent; a scope; a sphere; a range; a province; 《제한》 limits; bounds. ¶ ~내(외)에 within (beyond) the limits (scope) 《*of*》 / 내가 아는 ~로는 as far as I know. ‖ 활동 (세력) ~ one's sphere of activity (influence).
범의(犯意) a criminal intent. ¶ ~를 인정하다 recognize one's criminal intent.
범의귀 〖植〗 a (creeping) saxifrage.
범인(凡人) an ordinary person (mind); a common mortal; a (man of) mediocrity.
범인(犯人) a criminal; an offender; a culprit. ¶ ~을 은닉하다 harbor a criminal. ‖ ~ 수색 man (criminal) hunt / ~ 인도 협정 the bilateral agreement on extradition of criminals.
범재(凡才) (a man of) common (ordinary) ability.
범절(凡節) manners; etiquette.
범죄(犯罪) a crime; a criminal act (행위). ¶ ~의 criminal / ~를 저지르다 commit a crime / ~와의 전쟁 a war on crime and violence; a war against crime. ‖ ~ 소설 (예방) crime stories (prevention) / ~ 수사 (a) criminal investigation / ~ 조직 a criminal syndicate / ~ 현장 the scene of a crime / ~유형 (발생율) a crime type (rate) / 소년 ~ juvenile crimes (delinquency) / (전쟁) ~자 a (war) criminal.
범주(範疇) a category. ¶ ~에 들다 come within (fall under) the category 《*of*》.
범천(왕)(梵天(王)) Brahma.
범칙(犯則) violation. ~하다 infringe; violate; break. ‖ ~ 물자 illegal materials (goods); 《밀수품》 a smuggled article.
범칭(汎稱) a general title; a popular name.
범타(凡打) 〖野〗 《hit》 an easy fly (grounder).
범태평양(汎太平洋) Pan-Pacific. ‖ ~회의 the Pan-Pacific Conference.
범퇴(凡退) 〖野〗 ~하다 be easily put out. ‖ 삼자 ~ The three went out in quick order.
범포(帆布) canvas; sailcloth.
범하다(犯—) 《죄를》 commit; 《법률 등을》 violate; infringe; break; 《여자를》 rape; assault; ruin 《*a girl*》. ¶ 죄를 ~ commit a crime (sin) / 과오를 ~ commit (make) a fault (an error).
범행(犯行) a crime; an offense. ¶ ~을 자백(부인)하다 confess (deny) one's crime. ‖ ~ 현장 the scene of an offense.
법(法) ① 《법률》 a law; a rule(법규); a code(법전); a regulation(조례, 규정). ¶ ~의 정신 the spirit of the law / ~에 어긋난 unlawful; illegal / ~을 지키다 (어기다) observe (break) the law / ~에 호소하다 appeal to the law. ‖ 특별~ a special law. ② 《방법》 a method; a way; a manner. ‖ 교수~ a teaching method / 수영~ how to swim. ③ 《도리》 reason; propriety. ④ 〖文〗 the mood (of a verb). ‖ 가정 ~ the subjunctive mood.
법과(法科) the law faculty (department); a law course (과정). ‖ ~ 대학 a law college; a school of law 《美》 / ~ 출신 a graduate of the law department / ~ 학생 a law student.
법관(法官) a judicial officer; a judge; 《총칭》 the judiciary; the bench.
법규(法規) laws; regulations. ‖ 현행 ~(를 무시하다) (neglect) the law in force.
법당(法堂) the main hall (of the Buddhist temple).
법도(法度) a law; a rule.
법등(法燈) the light of Buddhism.
법랑(琺瑯) (porcelain) enamel. ¶ ~을 입힌 enameled. ‖ ~ 철기 enameled ironware.
법령(法令) a law; an ordinance; a statute. ‖ ~집(集) a statute book.
법례(法例) the law governing the application of laws.
법률(法律) a law; (the) law (총칭) (☞ 법). ¶ ~의 legal; juridical / ~상 legally / …을 금하는 ~ a law prohibiting (against) 《*gambling*》 / ~을 제정하다 enact (make) a law; legislate. ‖ ~가 a lawyer; a jurist / ~ 고문 a legal adviser / ~ 사무소 a law office / ~ 상담 legal advice / ~ 위반 a breach of the law / ~학 jurisprudence.
법리(法理) a principle of law. ‖ ~학 jurisprudence (~학자 a jurist).

법망(法網) the net of the law. ¶ ～에 걸리다 fall into the meshes of the law/～을 피하다 evade 〔elude〕 the law.
법명(法名) 〖佛〗 one's Buddhist name.
법무(法務) judicial affairs. ‖ ～관 a law officer; a judge advocate (군의)/～부〔장관〕 the Ministry 〔Minister〕 of Justice.
법문(法門) ¶ ～에 들다 embrace Buddhism; become a Buddhist.
법복(法服) a (judge's) robe; a gown; 《승려의》 the robe of a Buddhist priest.
법사(法師) a Buddhist priest 〔monk〕; a bonze.
법사위원회(法司委員會) 《국회의》the Legislation-Judiciary Committee.
법석 a noisy 〔boisterous, clamorous〕 way; fuss; ado. **～하다** be noisy; raise a clamor; make a fuss; fuss 《*about*》. ¶ ～떨다 make a lot of noise 〔a racket〕.
법식(法式) 《형식》 a form; a formula; 《방법》 a method; a process; 《절차》 formalities; 《관례》 usage. ¶ ～에 따르다 〔어긋나다〕 follow 〔run counter to〕 the formalities.
법안(法案) a bill; a measure. ¶ ～을 제출 〔가결, 부결〕하다 introduce 〔pass, reject〕 a bill.
법어(法語) 《설교》 a Buddhist sermon; Buddhist literature; 《용어》 Buddhistic terms; a Buddhist term.
법열(法悅) ① 《즐거움》 (an) ecstasy; rapture. ② 《종교적》 religious ecstasy 〔exultation〕.
법원(法院) a court of justice; a law court. ‖ 가정 ～ the Family Court/고등 ～ the High Court; a court of appeal / 관할 ～ the competent court / 대～ the Supreme Court/ 민사 〔형사〕 ～ a civil 〔criminal〕 court / 상고 ～ a court of revision / 지방 ～ a District Court.
법의(法衣) ☞ 법복.
법의학(法醫學) medical jurisprudence; forensic 〔legal〕 medicine. ¶ ～의 medicolegal. ‖ ～자 a doctor of forensic medicine; a medicolegal expert.
법인(法人) a juridical 〔legal〕 person; a corporation. ¶ ～ 조직으로 하다 incorporate 《*a firm*》. ‖ ～세 the corporation tax / ～ 소득 the income of a corporation.
법적(法的) legal(istic). ¶ ～ 근거(根據) a legal basis / ～으로는 legally (speaking) / ～ 조치를 취하다 take legal steps 〔action〕. ‖ ～ 하자 a legal flaw.
법전(法典) a code (of laws); a canon (교회법).
법정(法廷) a (law) court; a court of justice. ¶ ～에서 in court / ～에 서다 stand at the bar. ‖ ～ 투쟁 court struggle.
법정(法定) **～의** legal; statutory. ‖ ～ 가격 〔전염병〕 a legal price 〔epidemic〕 / ～ 대리인 a legal representative/～ 상속인 an heir-at-law / ～ 화폐 legal tender.
법제(法制) laws; legislation (입법). ‖ ～처 the Ministry of Legislation.
법조(法曹) judicial officers. ‖ ～계 legal circles; the bench and bar.
법치(法治) constitutional government. ‖ ～ 국가 a constitutional state; a law-governed country / ～ 사회 a community of law; a law-abiding society.
법칙(法則) a law; a rule. ‖ 자연 ～ a law of nature; a natural law.
법통(法統) a religious tradition. ¶ ～을 잇다 receive the mantle 《*of the preceding abbot*》; succeed to the abbacy 《*in a temple*》.
법하다 be likely 《*to*》; may. ¶ 그가 올 법한데 He might come. / 그런 일도 있을 ～ It's probable.
법학(法學) law; jurisprudence (법률학). ‖ ～도 a law student / ～ 박사 Doctor of Laws (생략 LL.D.) / ～부 the law department / ～사 Bachelor of Laws (생략 LL. B.)/ ～자 a jurist / ～ 통론 〔개론〕 an outline of law; an introduction to law.
법화(法貨) a legal tender.
법회(法會) a Buddhist mass 〔service〕.
벗 《친구》 a friend; a comrade (동아리); company (교우); 《비유적》 a companion (반려). ¶ 좋은 〔나쁜〕 ～과 사귀다 keep good 〔bad〕 company / 책을 ～삼다 have books for companions.
벗겨지다 come 〔wear, fall, peel〕 off; be taken 〔stripped〕 off; slip off 〔down〕.
벗기다 ① 《껍질 따위를》 peel; rind; pare; skin; strip. ② 《옷을》 strip 《*a person*》 of 《*his clothes*》; take off 《*a person's clothes*》. ¶ 옷을 ～ unclothe; undress / 외투를 벗겨주다 help 《*a person*》 out of his overcoat. ③ 《덮은것을》 remove; take off 《*a lid*》. ¶ 위선자의 가면을 ～ unmask a hypocrite.
벗나가다 deviate 〔swerve〕 《*from*》; go astray.
벗다[1] take 〔put〕 off; slip 〔fling〕 off (급히). ¶ 모자를 〔안경을〕 ～ take off one's hat 〔glasses〕 / 옷을 ～ take off one's clothes; undress (oneself) / 장갑을 ～ pull off one's gloves.
벗다[2] 《벗어짐》 come 〔peel〕 off.
벗어나다 ① 《헤어나다》 get out of 《*difficulties*》; escape from; free oneself from 《*a bondage*》. ¶ 가난에서 ～ overcome poverty / 질곡에서 ～ shake off fetters; cast off the yoke 《*of*》. ② 《어긋나다》 be contrary to; be against 《*the

rules》; deviate《*from*》. ¶ 예의에 ～ get against etiquette. ③《눈 밖에 나다》 be out of 《*a person's*》 favo(u)r.
벗어던지다 ☞ 벗어버리다.
벗어버리다 take off; throw 〔cast, fling〕 off; kick off (신을).
벗어지다 ①《옷·신 따위가》 come off; be taken 〔stripped〕 off; peel (off) (거죽이). ②《머리가》 become 〔grow〕 bald.
벗하다 make friends with; associate with; keep company with. ¶ 자연을 ～ commune 〔live〕 with nature.
벙거지 a felt hat; a hat.
벙글거리다, 벙긋거리다 smile; beam.
벙긋하다 ☞ 방긋하다.
벙벙하다《서술적》 be puzzled; be dumbfounded; be at a loss. ¶ 어안이 ～ be quite at a loss; be amazed.
벙실거리다 smile; beam.
벙어리 ①《사람》 a (deaf-)mute; a dumb person; the dumb (총칭). ¶ ～의 dumb. ‖ ～ 장갑 a mitten. ②《저금통》 a savings box; a (piggy) bank (돼지저금통).
벚꽃 cherry blossoms 〔flowers〕. ¶ ～놀이 가다 go to see the cherry blossoms 《*at*》.
벚나무 〖植〗 a cherry tree.
베 hemp cloth (삼베).
베가톤 ‖ ～ 폭탄 a begaton bomb.
베개 a pillow. ¶ 팔～를 베다 make a pillow of one's arm / 베갯 머리에 앉다 sit up by 《*a person's*》 bedside. ‖ 베갯속 the stuffing of a pillow / 베갯잇 a pillowcase; a pillow slip.
베갯머리 《at》 one's bedside.
베고니아 〖植〗 a begonia.
베끼다 copy; transcribe; take a copy 《*of*》. ¶ (공)책을 ～ copy a (note)book.
베네수엘라 Venezuela. ¶ ～의 Venezuelan.
베넬룩스 Benelux. (◀Belgium, the Netherlands and Luxemburg)
베니스 Venice. ¶ ～의 상인 "The Merchant of Venice."
베니어판(一板) a veneer board; a plywood (합판).
베다[1] 《베개를》 rest 〔lay〕 one's head on 《*a pillow*》.
베다[2] 《날붙이로》 cut; chop; saw (톱으로); shear (가위로); slice (얇게); hack (to pieces) (난도질); 《베어넘기다》 fell; hew; cut down; 《절단》 cut off; sever; 《곡물을》 reap; gather in; harvest; 《풀을》 mow; cut down. ¶ 손가락을 ～ cut one's finger 《*on a knife*》 / 목을 ～ cut off 《*a person's*》 head; behead.
베돌다 do not mix with; keep to oneself; hold 〔stand〕 aloof 《*from*》.
베드 a bed. ‖ ～신 《장면》 a bedroom scene.
베들레헴 Bethlehem.
베란다 a veranda(h); a porch 《美》.
베레모(一帽) a beret.
베르뭇 《술》 verm(o)uth.
베르사이유 Versailles.
베를린 Berlin. ‖ ～ 봉쇄 〔장벽〕 the Berlin Blockade 〔Wall〕.
베릴륨 〖化〗 beryllium (기호 Be).
베링 ‖ ～해 (해협) the Bering Sea 〔Strait〕.
베물다 bite off 〔away〕.
베스트 best. ‖ ～ 셀러 a best 〔top〕 seller.
베슬거리다 shirk 《*from*》.
베실 hemp yarn 〔thread〕.
베어내다 cut off 〔out, away〕.
베어링 〖機〗 a bearing. ‖ 볼～ a ball bearing.
베어먹다 cut off and eat; take a bite out of 《*an apple*》 (입으로). ¶ 케이크를 ～ slice a cake to eat.
베어버리다 cut; cut down.
베옷 hemp(en) clothes.
베이비 a baby. ‖ ～ 카메라 a baby 〔midget〕 camera.
베이스[1] 〖樂〗 bass.
베이스[2] ① 〖野〗 a base. ¶ ～를 밟다 tread on the base. ‖ ～볼 baseball. ②《기준》 a base. ‖ 임금 ～ the wage base.
베이스캠프 〖登山〗 a base camp.
베이지 beige. ¶ ～색의 beige.
베이컨 bacon.
베이클라이트 〖化〗 bakelite.
베이킹파우더 baking powder.
베일 a veil. ¶ ～을 벗기다 lift a veil / ～을 쓰다 veil one's face.
베짱이 〖蟲〗 a grasshopper.
베타 beta; B, β. ‖ ～선 〔입자〕 beta rays 〔particles〕.
베테랑 a veteran; an expert; an old hand.
베트남 Vietnam. ¶ ～의 (사람) (a) Vietnamese / ～어 Vietnamese.
베틀 a (hemp-cloth) loom.
베풀다 ①《주다》 give; bestow; show 《*kindness*》; grant. ¶ 은혜를 ～ bestow a favor 《*on a person*》 / 자선을 ～ give alms 《*to*》. ②《잔치 등을》 give 〔hold〕 《*a party*》.
벡터 〖數·理〗 a vector.
벤젠 〖化〗 benzene; benzol.
벤진 〖化〗 benzine.
벤치 a bench.
벨 a bell; a doorbell (현관의). ¶ ～을 울리다 〔누르다〕 ring 〔press, push〕 the bell.
벨기에 Belgium. ¶ ～사람 a Belgian.
벨벳 velvet.
벨트 a belt. ¶ ～를 매다 fasten a belt. ‖ ～콘베이어 a belt conveyor / 안전 ～ a seat belt.
벼 a rice plant; a paddy; unhulled rice (낟알). ¶ ～를 심다 plant rice. ‖ ～베기 rice reaping.
벼농사(一農事) 《농사》 rice farming; 《작황》 a rice crop. ～하다 do 〔engage in〕 rice farming.
벼락 a thunderbolt; a stroke of lightning. ¶ ～같은 thunderous /

~맞다 be struck by lightning.
벼락감투 a mushroom office.
벼락공부(—工夫) ~하다 cram up.
벼락부자(—富者) a new rich; an upstart; a mushroom [an overnight] millionaire; a parvenu. ¶ ~가 되다 become [get] rich suddenly.
벼락치기 hasty preparation. ¶ ~의 hastily prepared/~ 공사로 지은 집 a hurriedly constructed building; a jerry-built house.
벼락치다 a thunderbolt falls; be struck by lightning (장소가 주어).
벼랑 a cliff; a precipice; a bluff.
벼루 an inkstone. ‖ 벼룻집 an inkstone case.
벼룩 a flea. ¶ ~에 물리다(시달리다) be bitten [tormented] by fleas.
벼르다 ①《분배》divide [distribute, share] equally. ②《꾀하다》be firmly determined to 《*do*》; plan; design; intend. ¶ 기회를 ~ watch for a chance.
벼리 the border ropes of a fishing net.
벼리다 sharpen; forge a blade on.
벼슬《관직》a government post [service]. ~하다 enter the government service. ¶ ~살이하다 be in government service. ‖ ~아치 an official; a government official.
벼훑이 a rice-thresher.
벽(壁) a wall; a partition (wall) (칸막이). ¶ ~을 바르다 plaster a wall / ~에 부딪치다《비유적》be deadlocked. ‖ ~시계 a wall clock.
벽(癖) ☞ 버릇.
벽개(劈開) 〖鑛〗 cleavage. ~하다 cleave.
벽공(碧空) the blue [azure] sky.
벽난로(壁煖爐) a fireplace; a hearth.
벽돌(甓—) (a) brick. ¶ ~을 굽다 burn [bake, make] bricks / ~을 쌓다 lay bricks. ‖ ~공 a brickmaker (제조공); a bricklayer (쌓는 사람) / ~ 공장 a brickyard / ~집(담) a brick house [wall] / 내화 ~ (a) fire(proof) brick.
벽두(劈頭) the outset. ¶ ~에 at the very beginning; first of all; at the outset / ~부터 from the start [outset].
벽력(霹靂) ☞ 벼락. ‖ 청천 ~ a bolt from the blue.
벽로(壁爐) a fireplace.
벽보(壁報) a wall newspaper; a bill; a poster; a placard. ¶ ~를 붙이다 put up a bill [poster].
벽성(僻姓) an unusual [a rare] surname.
벽시계(壁時計) a wall clock.
벽신문(壁新聞) a wall newspaper.
벽안(碧眼) ~의 blue-eyed.
벽오동(碧梧桐) 〖植〗 a sultan's parasol.
벽옥(碧玉) jasper.
벽자(僻字) a rare [an odd] character.
벽장(壁欌) a (wall) closet.
벽장코 a flat [pug] nose.
벽지(僻地) a remote [an out-of-the-way] place. ‖ ~교육 education in remote regions [areas].
벽지(壁紙) wallpaper.
벽창호(碧昌—) an obstinate person; a blockhead (바보).
벽촌(僻村) a remote village.
벽토(壁土) plaster; wall mud.
벽해(碧海) the blue sea.
벽화(壁畫) a mural [wall] painting; a fresco. ‖ ~가 a muralist.
변《결말》a jargon; an argot; a cant; a lingo.
변(便)《대변》motions; f(a)eces. ¶ 된 [묽은] ~ hard [loose] feces.
변(邊)[1] ①〖數〗a side. ②《가장자리》a side; an edge.
변(邊)[2]《한자의》a left-hand radical.
변(邊)[3]《변리》(rate of) interest.
변(變)《재앙》an accident; a disaster; a disturbance. ¶ ~을 당하다 have a mishap; meet with an accident.
변격(變格) ①《변격 활용》irregular conjugation. ② ☞ 변칙.
변경(邊境) a frontier (district); a border(land).
변경(變更) change; alteration; modification; transfer (명의의). ~하다 change; alter; modify; transfer.
변계(邊界) ☞ 변경(邊境).
변고(變故) an accident; a mishap; a disaster.
변광성(變光星) 〖天〗 a variable star.
변기(便器) a chamber pot; a (night) stool; a bedpan (환자용).
변덕(變德) caprice; whim; fickleness. ¶ ~스러운 capricious; whimsical; fickle; changeable 《*weather*》/ ~부리다 behave capriciously. ‖ ~쟁이 [꾸러기] a man of moods; a fickle [capricious] person.
변돈(邊—) money lent at interest; a loan.
변동(變動) change; alteration; fluctuation. ~하다 change; fluctuate (시세가). ¶ 물가의 ~ fluctuations in prices. ‖ ~ 환율제 a floating exchange rate system / 대~ a violent [radical] change; a cataclysm (사회·정치상의).
변두리(邊—) ①《교외》the outskirts; the end 《*of a place*》. ¶ 서울 ~에 on the outskirts of Seoul / ~에 살다 live in a suburb. ②《가장자리》a brim; an edge; a border.
변란(變亂) a (social) disturbance; a civil war; an uprising (반란).
변론(辯論) discussion; argument; debate (토론); pleading (법정의). ~하다 discuss; argue; debate; plead 《*in court*》. ‖ ~가 a debater.
변류기(變流器) 〖電〗 a converter.
변리(辨理) ‖ ~ 공사 a minister resident / ~사 a patent attorney.
변리(邊利) ☞ 변(邊)[3].
변명(辯明) (an) explanation; an excuse. ~하다 explain [excuse] oneself; apologize 《*for one's fault*》.

변모(變貌) transfiguration. ~하다 undergo a (complete) change.
변모없다 ① 《무뚝뚝하다》 (be) unaffable; blunt. ② 《변통성없다》 (be) unadaptable; hidebound.
변박(辯駁) refutation; confutation. ~하다 refute; argue against.
변방(邊方) ☞ 변경(邊境).
변변하다 《생김새가》 (be) fairly good-looking; handsome; 《흠이 없다》 (be) fairly good; fair; tolerable. ¶ 변변치 않은 worthless; insignificant; trifling; poor / 변변치 못한 사람 a good-for-nothing; a stupid person / 변변치 않은 선물 a small [humble] present.
변복(變服) (a) disguise. ~하다 disguise [dress] oneself 《*as*》; be disguised 《*as*》. ¶ ~으로 in disguise; incognito.
변비(便秘) constipation. ¶ ~에 걸리다 be constipated [costive]. ‖ ~증 =변비.
변사(辯士) ① 《연설하는》 a speaker; an orator. ② 《무성영화의》 a movie talker; a film interpreter.
변사(變死) an unnatural death. ~하다 die an unnatural [a violent] death; die by violence. ‖ ~자 a person accidentally killed.
변상(辨償) compensation. ~하다 compensate; indemnify; pay for. ‖ ~금 a compensation; an indemnity.
변색(變色) discolo(u)ration. ~하다 change color; discolor; fade.
변설(辯舌) eloquence. ‖ ~가 an eloquent speaker; an orator.
변성(變成) regeneration. ~하다 regenerate. ‖ ~작용 metamorphism.
변성(變性) degeneration. ~하다 degenerate (바뀌다); denaturalize, denature (바꾸다).
변성(變聲) ~하다 one's voice changes. ‖ ~기 puberty.
변성명(變姓名) ~하다 change one's name.
변소(便所) a toilet (room); a water closet (생략 W. C.); a lavatory; a rest room (극장 등의) 《美》; a latrine (막사·공장 등의). ¶ ~에 가다 go to wash one's hands; go to pay a call of nature; go to stool (대변보러). ‖ 바깥 ~ an outhouse 《美》; a backhouse 《美》/ 수세식 ~ a flush toilet [lavatory].
변수(變數) 【數】 a variable.
변스럽다(變—) (be) queer; odd.
변신(變身) ~하다 《변장》 disguise oneself 《*as a monk*》; 《변태》 be transformed 《*into*》.
변심(變心) a change of mind; fickleness. ~하다 change one's mind; 《배반》 betray 《*a person, a person's confidence*》.
변압(變壓) 【電】 transformation. ~하다 transform 《*current*》. ‖ ~기 a (current) transformer.
변위(變位) 【理】 displacement. ‖ ~전류(電流) a displacement current.
변이(變異) 【生】 (a) variation. ‖ 돌연 ~(설) (a) mutation (theory).
변장(變裝) disguise. ~하다 disguise oneself 《*as a beggar*》; make up 《*as a woman*》. ¶ …으로 ~하고 in [under] the (dis)guise of.
변재(辯才) oratorical talent [skill]; eloquence (능변). ¶ ~가 있는 eloquent; fluent / ~가 없다 be awkward in speaking; be a poor speaker.
변전(變轉) mutation; change. ~하다 change; transmute.
변전소(變電所) a (transformer) substation.
변절(變節) (an) apostasy; (a) betrayal; (a) treachery. ~하다 apostatize; change [turn] one's coat. ‖ ~자 an apostate; a turncoat.
변제(辨濟) (re)payment. ~하다 pay back; repay 《*one's debt*》.
변조(變造) 《개조》 alteration; 《위조》 falsification; forgery. ~하다 alter; forge; falsify; counterfeit. ‖ ~어음 a forged check / ~자 a forger / ~지폐 a counterfeit note.
변조(變調) 【樂】 (a) variation; 【無電】 modulation; 《언행의》 irregularity; abnormality. ‖ 주파수 ~ frequency modulation (생략 FM) / 진폭 ~ amplitude modulation (생략 AM).
변종(變種) a variety; a sport; a mutation.
변주곡(變奏曲) 【樂】 a variation.
변죽(邊—) a brim; an edge. ¶ ~을 울리다 hint 《*at*》; intimate; allude to 《*a fact*》; give [drop] a hint.
변증법(辯證法) dialectic(s). ~적 dialectic(al). ¶ ~적 유물론 dialectic(al) materialism.
변지(邊地) a remote region; a frontier district. ☞ 벽지(僻地).
변질(變質) ~하다 change in quality; deteriorate; degenerate; go bad (음식이). ‖ ~자 a degenerate.
변차(變差) 【天】 (a) variation.
변천(變遷) (a) change; transition; vicissitudes. ~하다 change; undergo [suffer] changes. ¶ 시대의 ~ the change of times.
변칙(變則) (an) irregularity; anomaly. ~적 irregular; anomalous; abnormal.
변태(變態) ① 《이상》 (an) anomaly; abnormality. ¶ ~적인 abnormal; anomalous. ‖ ~ 심리[성욕] abnormal mentality [sexuality]; mental [sexual] perversion. ② 【生】 a metamorphosis [*pl.* -ses]. ③ 《변형》 (a) transformation.
변통(便通) a passage; the action [motion] of the bowels. ‖ ~약 a laxative; a purgative. ☞ 하제.
변통(變通) 《융통성(性)》 versatility; adaptability; flexibility; 《처리》 contrivance; makeshift; management; arrangement. ~하다 man-

age; contrive; make shift; arrange matters; accommodate《*a person with a* 5,000 *won advance*》; raise《*money*》(조달). ‖ ~성 adaptability; flexibility; versatility (~성 있는 versatile; adaptable; flexible / ~성(性)을 보이다 adapt oneself to altered conditions; accommodate oneself to circumstances) / 임시 ~수 a rough makeshift.

변하다(變—) change; undergo a change; vary (여러가지로); change [turn, be transformed] into (…으로 변하다). ¶ 변하기 쉬운 changeable; unsettled; fickle / 영원히 변하지 않는 eternal; everlasting / 태도가 아주 ~ assume a completely changed attitude/마음이 ~ change one's mind.

변함없다(變—) be [remain] unchanged; show no change. ¶ 변함없는 unchangeable; constant; steady / 변(變)함없이 without a change; unvaryingly; constantly; 《전과같이》 as usual; as ever / 올해도 변함없이 애호하여 주십시오 I beg you will continue to favor me this year.

변혁(變革) (a) change; (a) reform (개혁); a revolution (혁명). **~하다** change; reform; revolutionize.

변형(變形) (a) transformation; a variety; (a) modification. **~하다** 《바꾸다》 change (the shape of) 《*a thing*》; transform 《*into*》; 《변하다》 change [turn] 《*into*》; be transformed [metamorphosed] 《*into*》.

변호(辯護) defense; justification. **~하다** plead; defend; speak for 《*a person*》; justify. ‖ ~료 a lawyer's fee / ~ 의뢰인 a client / ~인 a counsel; a pleader; a defender (~인단 the (defense) counsel / 국선 ~인 a court-appointed lawyer).

변호사(辯護士) a lawyer; an attorney (at law) 《美》; a barrister 《英》. ¶ ~의 자격을 따다 be admitted [called] to the bar / ~ 개업을 하고 있다 practice law. ‖ ~ 사무소[회] a law office [association] / 고문 ~ a legal adviser.

변화(變化) (a) change; (a) variation; 《변경》 alteration; 《다양》 variety; 《변형》 (a) transformation; 《동사의》 conjugation. **~하다** change 《*into*》; make [undergo] a change; turn 《*from, into*》; alter; vary; be transformed 《*into*》; conjugate. ¶ ~ 없는 changeless; lacking in variety; monotonous (단조) / ~가 많은 full of variety; varied; diverse; eventfull / 정세 [일기]의 ~ a change in situation [the weather]. ‖ ~구 〖野〗 a slow [curve] ball pitched for a change of pace (~구를 던지다 pull the string).

변환(變換) **~하다** change; convert; divert.

별 a star; the stars. ¶ ~빛 starlight / ~같은 starlike; starry / ~이 반짝이다 the stars twinkle.

별갑(鱉甲) tortoiseshell. ‖ ~ 세공 tortoiseshell work.

별개(別個) **~의** separate; another; different; special.

별거(別居) separation; limited divorce. **~하다** live apart [separately] 《*from*》; live in a separate house. ¶ ~중인 아내 a separated wife; a grass widow. ‖ ~ 수당 alimony; a separate maintenance.

별것(別—) something peculiar; a rarity; a different [another] thing (다른 것).

별고(別故) 《이상》 the matter; something wrong; 《사고》 an accident. ¶ ~없다 be well; be all right / ~없이 지내다 get along well.

별과(別科) a special course. ‖ ~생 a special student.

별관(別館) an annex 《*to a hotel*》; an extension; the detached office 《*of the city office*》.

별궁(別宮) a detached palace.

별기(別記) ¶ ~와 같이 as stated elsewhere [in a separate paragraph].

별꼴(別—) obnoxious thing [person]. ¶ ~ 다 보겠다 What a sight [(mess)!

별꽃 〖植〗 a chickweed.

별나다(別—) (be) strange; queer; peculiar. ¶ 별나게 strangely; peculiarly / 별나게 굴다 behave eccentrically.

별놈(別—) an eccentric person; an oddity. ☞ 별사람.

별다르다(別—) 《이상》 (be) uncommon; extraordinary; 《특별》 be of a particular kind. ¶ 별다른 것이 아니다 It is nothing peculiar.

별당(別堂) a separate house.

별도(別途) **~의** special. ‖ ~ 지출 a special outlay.

별도리(別道理) a better way; an alternative; a choice. **~없다** have no choice but to 《*do*》; there is no alternative but to 《*do*》.

별동대(別動隊) a flying party; a detached force.

별똥 a meteor; a shooting star.

별로(別—) in particular; especially; particularly. ¶ ~ 할 일도 없다 I have nothing particular to do.

별말(別—) 《make》 a preposterous [superfluous] remark. ¶ ~ 다 한다 You take nonsense.

별말씀(別—) ¶ ~ 다 하십니다 Don't mention it., Not at all.

별명(別名) another name; a nickname; a byname; a pseudonym. ¶ ~을 붙이다 nickname 《*a person*》; give 《*a person*》 a nickname / 스미스란 ~으로 통하다 go by the alias of Smith.

별문제(別問題) another 〔a different〕 question; another thing 〔matter〕. ¶ …은 ~로 하고 apart 〔aside〕 from… / 그것은 ~이다 That's a different story.
별미(別味) 《맛》 peculiar taste; an exquisite flavo(u)r; 《음식》 a dainty; a delicacy.
별반(別般) ☞ 별로.
별별(別別) of various and unusual sorts. ¶ ~ 사람 all sorts of people / ~일 unusual things of all sorts.
별봉(別封) ¶ ~으로 (보내다) (send) under separate 〔another〕 cover.
별사람(別—) an eccentric; a queer bird; an odd duck; a mess. ¶ ~ 다 보겠다 I have never seen such a mess of a man.
별석(別席) another 〔a special〕 seat.
별세(別世) death. ~하다 die; decease; pass away; depart this world.
별세계(別世界) another world; a world of its own; a paradise.
별소리(別—) ☞ 별말.
별수(別數) special luck (운수); a special 〔peculiar〕 way 〔means〕 (방법); the magic formula (묘법). ¶ 이젠 ~ 없다 Now there is no help for it.
별스럽다(別—) ☞ 별나다.
별식(別食) specially-prepared food; a rare dish.
별실(別室) 《또 다른 방》 another 〔a separate〕 room.
별안간(瞥眼間) suddenly; all at once; all of a sudden; abruptly. ¶ ~ 죽다 die suddenly.
별일(別—) a strange 〔an odd〕 thing; an accident (사고); 《특별한 일》 something particular. ¶ ~없이 safely; without any accident.
별자리 〖天〗 a constellation.
별장(別莊) a villa; a country house; a cottage 《美》; a summer house.
별종(別種) a special kind; a different kind.
별지(別紙) ☞ 별첨.
별차(別差) (much) difference. ¶ ~ 없다 be much the same.
별찬(別饌) a rare dish; a dainty.
별책(別冊) a separate volume; 《잡지 따위의》 an extra number. ‖ ~ 부록 a separate-volume supplement.
별천지(別天地) ☞ 별세계.
별첨(別添) an annexed 〔attached〕 paper; an accompanying 〔a separate〕 sheet. ¶ ~의 enclosed herewith / ~과 같이 as per enclosure.
별칭(別稱) a byname; another name.
별표(—標) 《별꼴》 a star; an asterisk.
별표(別表) an attached 〔annexed〕 table 〔list, sheet〕. ‖ ~ 양식 an attached form.
별항(別項) another 〔a separate〕 paragraph 〔section, clause〕.
별행(別行) another 〔a new〕 line.
별호(別號) 《호》 a pen name; 《별명》 a nickname.
볍씨 rice seed.
볏 a cockscomb; a crest; a crown.
볏가리 a rick; a stack of rice.
볏단 a rice sheaf.
볏섬 a sack of rice.
볏짚 rice straw.
병(丙) the third grade 〔class〕; C.
병(病) (an) illness; (a) sickness 《美》; a disease; (an) indisposition (가벼운); 《국부적》 a trouble; a disorder; an ailment; a complaint; 《만성의》 a malady. ¶ ~난 ill; sick; unwell; diseased; indisposed / ~ 때문에 on account of illness; owing to ill health / 가벼운 〔불치의〕 ~ a slight 〔an incurable, a fatal〕 illness / ~들다〔에 걸리다〕 get 〔fall, become, be taken〕 ill / ~에 걸리기 쉽다 be liable to illness 〔a disease〕 / ~이 낫다 get well; recover from one's illness / ~으로 죽다 die of illness 〔a disease〕. ‖ ~문안(問安) a visit to a sick person.
병(甁) a bottle; a phial (약병); a flask (플라스크); a jar (아가리가 넓은). ¶ 맥주 한 ~ a bottle of beer / ~에 담다 bottle 《*milk*》 / ~에 담은 in bottles; bottled.
병가(兵家) a man of arms; a soldier; a tactician (병법가).
병가(病暇) sick leave.
병결(病缺) absence due to illness.
병고(病苦) suffering 〔pain〕 from sickness. ¶ ~에 시달리다 labo(u)r under one's disease.
병과(兵科) a branch of the service; an arm 《*of the army*》. ‖ ~ 장교 a combatant 〔line〕 officer / 보병 ~ the infantry branch 〔arm〕.
병구(病軀) a sick body; ill health. ¶ ~를 무릅쓰고 in spite of one's sickness.
병구완(病—) nursing; care (of the sick). ~하다 nurse; care for; tend; sit up with 《*a person*》 (자지 않고).
병권(兵權) 《seize, hold》 military power.
병균(病菌) a disease germ; a virus; 《전염병의》 an epidemic bacillus. ¶ …의 ~을 발견하다 isolate the virus of….
병기(兵器) arms; weapons of war; ordnance. ‖ ~고 an armory / ~창 an arsenal; an ordnance department 〔depot 《美》〕.
병나다(病—) ① ☞ 병들다. ② 《탈이》 get out of order; go wrong; break down.
병내다(病—) ① 《병을》 cause 〔bring about〕 illness; make 《*a person*》 sick. ② 《탈을 내다》 bring 〔put〕 《*a thing*》 out of order.
병단(兵團) an army corps.
병독(病毒) disease germs; a virus.
병동(病棟) a ward. ‖ 격리 ~ an iso-

lation ward.
병들다(病—) get sick 《美》; fall 〔be taken〕 ill. ¶ 병든 ill; sick.
병란(兵亂) wars; disturbances.
병략(兵略) strategy; tactics.
병력(兵力) a military force; forces; strength. ¶ 10만의 ~ an army force 100,000 strong.
병렬(並列) ~하다 stand in a row. ‖ ~ 회로 a parallel (circuit).
병리(病理) ‖ ~학 pathology (~학상의 pathological / ~학자 a pathologist) / ~해부학 pathological anatomy.
병립(並立) ~하다 stand abreast 〔side by side〕; coexist.
병마(兵馬) military affairs (군사); war (전쟁); troops (군대).
병마(病魔) ¶ ~가 덮치다 get 〔fall〕 ill; be attacked by a disease / ~에 시달리다 be afflicted with a disease.
병마개(甁—) a bottle cap; a stopper; a cork (코르크제의). ¶ ~를 뽑다 open 〔uncork〕 a bottle / ~로 막다 put a cap on a bottle.
병명(病名) the name of a disease.
병무(兵務) military 〔conscription〕 affairs. ‖ ~ 소집 a call for reserve training / ~청 the Office of Military Manpower.
병발(倂發) concurrence; a complication (병의). ~하다 concur; develop 〔accompany〕 《*another disease*》. ‖ ~증 《develop》 a complication.
병법(兵法) tactics; strategy. ‖ ~가 a strategist; a tactician.
병사(兵士) a soldier; a serviceman; a private; men (복수).
병사(兵舍) barracks.
병사(兵事) military affairs. ‖ ~ 계원 a secretary in charge of military affairs.
병사(病死) death from sickness. ~하다 die of 〔from〕 a disease; die in one's bed.
병살(倂殺) 〖野〗 《make》 a double play 〔killing〕.
병상(病床) a sickbed. ‖ ~ 일지 a clinical diary; a sickbed record.
병상(病狀) the condition of a patient 〔disease〕.
병색(病色) ¶ ~이 보이다 look sickly.
병서(兵書) a book on tactics 〔strategy〕.
병석(病席) a sickbed. ¶ ~에 있다 be ill in bed; be ill abed; be confined to bed.
병선(兵船) a warship.
병세(病勢) the condition of a disease 〔patient〕. ¶ ~가 악화〔호전〕하다 take a turn for the worse 〔better〕.
병술(甁—) bottled *sul*; liquor sold by the bottle.
병신(病身) ① 《불구자》 a deformed 〔maimed〕 person; a cripple; 《병자》 an 〔a chronic〕 invalid. ¶ ~을 만들다 deform; maim; cripple / ~이 되다 be crippled 〔disabled〕. ② 《물건》 a defective thing; an odd set. ③ 《바보》 a stupid person; a fool; a dunce; an idiot (천치). ¶ ~ 노릇을 하다 act the fool.
병실(病室) a sickroom; a (sick) ward (병원의); a sick bay (군함의).
병아리 a chicken; a chick. ¶ ~를 까다 hatch chickens. ‖ ~ 감별사 a (chick) sexer.
병약(病弱) ~한 (constitutionally) weak; sickly; invalid; infirm.
병어(—魚) 〖魚〗 a pomfret; a butterfish.
병역(兵役) military service. ‖ ~ 기피자 a draft evader 〔dodger〕 / ~ 면제 exemption from (military) service / ~ 미필자 a person who has not yet completed his military duty.
병영(兵營) barracks.
병용(倂用) ~하다 use 《*a thing*》 together with 《*another*》; use 《*things*》 jointly 〔at the same time〕.
병원(兵員) military personnel; soldiers; troop strength.
병원(病院) a hospital; an infirmary (학교·공장 등의). ¶ ~에 입원하다〔시키다〕 go into 〔send 《*a person*》 to〕 hospital / ~에 다니다 attend a hospital. ‖ ~선 a hospital ship / ~장 the superintendent 〔director〕 of a hospital / ~차(車) an ambulance.
병원(病源) the cause 〔origin〕 of a disease. ‖ ~균 a (disease) germ; a bacillus [*pl.* -li]; a virus / ~체 pathogenic organ / ~학 etiology.
병인(病因) the cause of a disease; an etiological cause 〔factor〕.
병자(病者) a sick person; an invalid; 《환자》 a patient; a case; the sick (총칭).
병장(兵長) a (bug) sergeant.
병적(兵籍) military records 〔registers〕; one's military status (신분). ‖ ~부 a muster roll.
병적(病的) morbid; diseased; abnormal; unsound. ¶ ~으로 morbidly; abnormally.
병조림(甁—) bottling. ~하다 bottle 《*a thing*》; seal 《*a thing*》 in a bottle.
병존(並存) coexistence. ~하다 coexist 《*with*》; be coexistent 《*with*》; exist together.
병졸(兵卒) a soldier; a private; an enlisted man 《美》; the rank and file (총칭).
병종(丙種) the third class 〔grade〕.
병중(病中) during one's illness; while one is ill. ¶ ~이다 be ill in bed.
병증(病症) the nature of a disease.
병진(並進) ~하다 advance together; keep abreast of; keep pace with.
병집(病—) a fault; a defect; a flaw.

병참(兵站) communications; logistics. ‖ ~감 the quartermaster general / ~ 기지 a supply base / ~부 the commissariat; a supply department / ~사령부 the Logistic Support Command / ~선 a line of communications; a supply line / ~ 장교 a quartermaster.
병창(並唱) ~하다 sing together (in chorus).
병충해(病蟲害) damages by blight and harmful insects.
병칭(並稱) ~하다 rank (class) 《*A*》 with 《*B*》.
병탄(併呑) ~하다 annex 《*A to B*》; absorb 《*into*》; swallow up.
병폐(病弊) an evil; a vice; a morbid practice.
병풍(屛風) a (folding) screen. ¶ 여섯폭 ~(을 치다) (set up) a six-fold screen.
병합(併合) ☞ 합병.
병행(並行) ~하다 go side by side 《*with*》; do (carry out, try) 《*two things*》 simultaneously.
병화(兵火) ¶ ~에 파괴되다 be destroyed by fire in a battle.
병환(病患) illness; sickness.
병후(病後) ~의 convalescent. ¶ ~의 조섭 aftercare.
볕 sunshine; sunlight. ¶ ~이 들다 the sun comes in 《*a window*》 / ~에 말리다 dry 《*a thing*》 in the sun / ~에 타다 be sunburnt / ~에 쬐다 expose 《*a thing*》 to the sun / ~을 쬐다 bask (bathe) in the sun.
보(保) 《보증》 a guarantee; security; 《보증인》 a guarantor; 《연대의》 a surety. ¶ ~서다 stand guaranty (security) 《*for*》 / ~를 세우다 find surety 《*for*》.
보(洑) 《저수지》 a reservoir for irrigation; an irrigation pond.
보(褓) ☞ 보자기.
보(步) a (one) step; a pace.
…보(補) assistant; probationary. ¶ 서기~ an assistant clerk / 차관~ an assistant secretary 《美》.
보각(補角) 〖幾〗 a supplementary angle; a supplement.
보감(寶鑑) a thesaurus; a handbook.
보강(補强) ~하다 strengthen; reinforce; invigorate. ‖ ~ 공사 reinforcement work.
보강(補講) a supplementary lecture; a makeup lesson. ~하다 make up for missing lecture.
보건(保健) (preservation of) health; 《위생》 sanitation; hygienics. ‖ ~ 복지부 the Ministry of Health and Welfare / ~소 a health center / 세계 ~ 기구(機構) the World Health Organization (생략 WHO).
보검(寶劍) a treasured sword.
보결(補缺) 《일》 a supplement; 《사람》 a substitute; an alternate 《美》. ~의 supplementary; substituted. ‖ ~ 모집 an invitation for filling vacancies / ~생 a standby student.
보고(報告) a report; information. ~하다 report; inform 《*a person of an event*》. ‖ ~서 a report; returns / ~자 a reporter.
보고(寶庫) a treasury; a treasure house.
보관(保管) custody; (safe) keeping; charge. ~하다 keep 《*a thing for*》; take custody (charge) of; take (have) 《*a thing*》 in charge. ‖ ~물 an article in custody / ~료 storage; custody fee / ~인 a custodian; a keeper.
보국(報國) patriotic service 《*by taxation*》; patriotism.
보궐(補闕) ‖ ~ 선거 a special election 《美》; a by-election 《英》.
보균자(保菌者) a germ carrier; an infected person.
보글보글 ¶ ~ 끓다 simmer; boil steadily.
보금자리 a nest; a roost. ¶ 사랑의 ~ a love nest.
보급(普及) diffusion; spread; popularization (대중화). ~하다 diffuse; pervade; propagate; spread; popularize. ‖ ~소 an agency; a distributing agency / ~판 a popular (cheap) edition.
보급(補給) a supply. ~하다 supply; replenish 《*coal, fuel*》. ‖ ~관 〖軍〗 a quartermaster / ~ 기지(로, 선) a supply base (route, ship).
보기[1] an example; an instance.
보기[2] 《보는 각도》 a way of looking at 《*things*》. ¶ 내가 ~에는 in my eyes (opinion) / ~에 따라서는 in a (certain) sense.
보기차(一車) a bogie car.
보깨다 suffer from indigestion.
보내다 ① 《물품을》 send; forward; transmit (전송(電送)); ship (배로); remit (돈을); write (편지를); 《증정》 present; give. ¶ 책을 ~ send a book to 《*a person*》; present 《*a person*》 with a book / 편지를 ~ write (send) a letter / 찬사를 ~ pay 《*a person*》 a compliment. ② 《사람을》 send; dispatch. ¶ 심부름 ~ send 《*a person*》 on errand / 부르러 ~ send for 《*a doctor*》. ③ 《이별》 see 《*a person*》 off; give 《*a person*》 a send-off. ④ 《세월을》 pass 《*one's life*》; spend 《*one's time*》. ¶ 시간을 ~ take up one's time; waste (kill) time.
보너스 a bonus.
보늬 astringent coat; the inner skin 《*of a chestnut*》.
보다[1] ① 《눈으로》 see; look 《*at*》; 《목격》 witness. ¶ 본 일이 없는 unfamiliar; strange / …을 보고 at the sight of / 보는 데서 in one's sight/ 보기 좋게 beautifully, finely (아름답게); excellently; skillfully (멋지게) / 보시는 바와 같이 as you see /

얼핏 ~ catch a glimpse of; glance at / 뚫어지게 ~ stare (gaze) 《*at*》 / 잘 ~ have a good look 《*at*》 / 몰래 ~ steal a glance at; cast a furtive glance at / 차마 볼 수 없다 cannot bear to see; be unable to bear the sight of 《*a person, a thing*》. ② 《관찰》 observe; look at; view; see; 《시찰》 inspect; visit; 《간주》 look upon 《*as*》; regard 《*as*》; consider; take 《*a thing*》 for (to do). ¶ 내가 본 바로는 from my point of view; in my opinion / 어느 모로 봐도 in every respect; from every point of view / 보는 바가 다르다 view a matter differently. ③ 《구경》 see 《*the sights*》; do 《*a town*》; visit 《*a theater*》. ¶ 텔레비전을 ~ watch television / 볼 만하다 be worth seeing (visiting) / 박물관을 보러 가다 visit a museum. ④ 《읽다》 read; see; 《훑어 보다》 look through (over). ¶ 신문을 ~ read (see) the papers. ⑤ 《조사》 look over; look into; examine; 《참고》 refer to; consult 《*dictionary*》. ¶ 답안을 ~ look over the examination papers / 환자를 ~ 《의사가》 examine a patient. ⑥ 《판단》 judge; read; tell (fortune). ¶ 손금을 ~ read 《*a person's*》 palm. ⑦ 《견적》 estimate 《*at*》; offer 《*a price*》; bid; value; put. ¶ 손해를 만 원으로 ~ estimate the loss at 10,000 *won*. ⑧ 《보살피다》 look (see) after; take charge (care) 《*of*》; watch over 《*a child*》; 《처리》 attend to; manage. ¶ 아기를 ~ nurse a baby; baby-sit 《美》 / 집을 ~ watch over a house / 사무를 ~ attend to business. ⑨ 《…해 보다》 try; have a try 《*at*》; test. ¶ 양복을 입어 ~ try on a new suit / 자전거를 타 ~ try a ride on a bicycle. ⑩ 《시험을》 take (sit for) 《*an examination*》. ⑪ 《대소변을》 do 《*one's needs*》; relieve (ease) 《*nature*》. ⑫ 《자손 등》 take; get 《*a child*》. ¶ 사위를 ~ take a husband for one's daughter. ⑬ 《이해를》 get; experience; undergo; go through; suffer. ¶ 손해를 ~ suffer (sustain) a loss / 이익을 ~ make a profit / 재미를 ~ enjoy oneself. ⑭ 《전의(轉義)》 ¶ 두고 보아라 You shall soon see. / 두고 보자 I'll soon be even with you., You shall smart for this.

보다² 《…인 것 같다》 look like; seem; it seems (to me) that...; I guess. ¶ 그 사람이 아픈가~ He seems to be ill. / 그가 벌써 왔는가~ I guess he is here already.

보다³ 《비교》 《more, better, *etc.*》 than; rather than; 《superior, inferior, *etc.*》 to. ¶ ~ 정확하게 말하면 to be more exact; to speak more precisely / ~ 낫다 (못하다) be superior (inferior) to; be better (worse) than / 목숨~ 이름을 중히 여기다 value honor above life.

보다못해 being unable to remain a mere spectator.

보답(報答) 《보상》 recompense; a reward. **~하다** return (repay) 《*a person's kindness*》; requite; reward; recompense. ¶ 노력에 ~하다 recompense 《*a person*》 for *his* labo(u)r.

보도(步道) a sidewalk 《美》; a pavement 《英》; a footpath. ‖ 횡단 ~ a pedestrian crossing.

보도(報道) a report; news; information; intelligence. **~하다** report; inform 《*a person of a fact*》; publish the news. ¶ 신문 ~에 의하면 according to the paper (the newspaper reports). ‖ ~ 관제 news blackout; a press ban / ~ 기관 mass (news) media; the press / ~진 a news front; a reportorial camp.

보도(輔導) guidance; direction. **~하다** lead; guide; direct. ‖ 직업 (학생) ~ vocational (student) guidance.

보도독거리다 creak; graze; grind.

보동보동 ¶ ~한 plump; chubby; full.

보드랍다 (be) soft; pliant; flexible; supple.

보드카 《술》 vodka.

보들보들하다 (be) soft; pliant; supple; lithe.

보디 a body. ‖ ~ 블로 【拳】 《deliver》 a body blow / ~ 빌딩 body-building / ~ 가드 a bodyguard.

보따리(褓—) a package; a bundle. ‖ ~ 장수 a peddler; a hawker.

보라 ☞ 보랏빛.

보람 《효력》 worth; effect; result. ¶ ~있는 fruitful; effective / ~없는 useless; vain; fruitless; ineffective / ~있는 생활 a life worth while to live / ~없이 in vain; to no purpose; uselessly / ~이 있다 be worth while 《*to do*》; be worth 《*doing*》; be rewarded.

보랏빛 light purple colo(u)r; violet; lavender. ¶ 연~ lilac.

보로통하다 ① 《종기가》 (be) swollen; tumid; swell (bloat) up. ② 《성나서》 (be) sullen; sulky.

보료 a mattress used as cushion.

보루(堡壘) a battery; a bulwark; a fort; a rampart.

보류(保留) reservation. **~하다** reserve; shelve; withhold; defer(연기). ‖ ~ 조건 a reserve; a reservation.

보르네오 Borneo. ¶ ~의 Bornean.

보름 ① 《15일》 fifteen days; half a month. ② 《보름날》 the fifteenth day of a lunar month. ‖ ~달 a full moon.

보리 《대맥》 barley. ¶ ~ 타작하다

thresh barley. ‖ ~ 농사 the barley raising (farming)/ ~밥 boiled barley (and rice)/ ~밭 a barley field/ ~차 barley water (tea) / 보릿고개 the period of spring poverty / 보릿짚 barley straw.
보리(菩提) *Bodhi* 《梵》; the Supreme Enlightenment.
보링 boring.
보모(保姆) a nurse. ¶ 유치원의 ~ a kindergarten teacher; a kindergart(e)ner.
보무(步武) ¶ ~ 당당히 《march》 in fine array.
보무라지, 보물 tiny scraps of paper (cloth). ‖ 실~ tiny bits of thread; lint.
보물(寶物) a treasure; a treasured article; valuables. ‖ ~선(船) (섬) a treasure ship (island) / ~찾기 treasure hunting.
보배 a treasure; precious (valuable) things.
보병(步兵) infantry (총칭); an infantryman; a foot soldier (군인). ‖ ~ 연대(학교) an infantry regiment (school).
보복(報復) retaliation; revenge; (a) reprisal. ~하다 retaliate 《*an insult*》 upon 《*a person*》; revenge oneself 《*on a person for an insult*》. ¶ ~적 retaliatory; reprisal.
보부상(褓負商) a peddler; a pedlar; a packman. ¶ ~을 하다 peddle; hawk.
보사위원회(保社委員會) the Health Social Affairs Committee of the National Assembly.
보살(菩薩) 〖佛〗 *Bodhisattva* 《梵》; a Buddhist saint.
보살피다 look (see) after; take care of; care for; attend to 《*the sick*》.
보상(報償) (a) compensation. ~하다 recompense; remunerate; reward.
보상(補償) (a) compensation; indemnity; reparation. ~하다 compensate (indemnify) 《*a person for damage*》; make reparation 《*for*》; make up for 《*loss*》. ‖ ~금 an indemnity; compensation (money) / 수출 ~ export compensation.
보색(補色) a complement(ary) colo(u)r.
보석(保釋) ~하다 release 《*a person*》 on bail; bail. ¶ ~ 중이다 be under (out on) bail / ~되다 be released on bail. ‖ ~금 bail / 병 ~ sick bail.
보석(寶石) a jewel; a gem; a precious stone. ‖ ~류 (세공) jewelry/ ~상 a jeweler; 《상점》 a jeweler's (shop).
보선(保線) maintenance of tracks. ‖ ~공 a trackman 《美》; a lineman 《英》 / ~ 공사 track work.
보세(保稅) bond. ‖ ~ 가공 (수출) bonded processing (export)/ ~ 공장 (창고) a bonded factory (warehouse) / ~ 화물 bonded goods.
보송보송하다 (be) dry; parched.
보수(保守) conservatism. ~적 conservative. ‖ ~당(黨) the conservative party / ~ 세력 conservative force / ~주의 conservatism / ~ 진영 the conservative camp.
보수(報酬) remuneration; (a) recompense; a reward; a fee (의사 등의); pay (급료). ¶ …의 ~로 in recompense (return, reward) for; as a reward for / 무~로 without pay (fee); for love / ~를 주다 remunerate (reward) 《*a person for his labo(u)r*》; pay 《*a person*》 a fee / ~를 받다 be paid 《*for*》.
보수(補修) ~하다 mend; repair. ‖ ~ 공사 repair works.
보수계(步數計) a pedometer.
보스 a boss; a boss man.
보슬보슬 《fall》 gently; softly; drizzly.
보슬비 a drizzle; a drizzling rain.
보습 a share; a plowshare.
보습(補習) supplementary work. ~하다 supplement.
보시(布施) an offering; alms; charity.
보시기 a small bowl.
보신(保身) 《the art of》 self-preservation(-protection).
보신(補身) ~하다 build oneself up by taking tonics. ‖ ~탕 soup of dog-meat.
보쌈김치(褓—) *Kimchi* wrapped in a large cabbage leaf like a bundle.
보아란듯이 ostentatiously; showily; for show (display).
보아주다 take care of; take trouble; look after 《*a person*》; oversee; help.
보안(保安) the preservation (maintenance) of public peace; security. ‖ ~과 the public peace section/ ~관 a sheriff / ~림(林) reserved forest.
보안사범(保安事犯) national security violators; a public security offender.
보안요원(保安要員) 《탄광 등의》 the maintenance personnel.
보약(補藥) a tonic; a restorative.
보양(保養) preservation of health; 《병후의》 recuperation. ~하다 take care of one's health; recuperate; recreate oneself. ‖ ~소 a convalescent hospital (병후의); a rest home / ~지 a health resort.
보양(補陽) ~하다 strengthen the virile power; invigorate oneself.
보얗다 ① 《빛깔이》 (be) whitish; milky. ¶ 살결이 ~ have a pearly skin. ② 《연기·안개가》 (be) hazy; misty.
보어(補語) 〖文〗 a complement. ‖ 목적격 ~ an objective complement.
보여주다 let 《*a person*》 see; show.
보온(保溫) ~하다 keep warm. ‖ ~병 a thermos (bottle, flask); a vacuum flask.
보완(補完) repletion; supplementation; (a) complement. ~하다

complement; supplement; supply 《*a want*》; make good; make up for.
보우(保佑) ～하다 protect; aid; help.
보위(寶位) the throne; the crown.
보유(保有) ～하다 possess; hold; keep; retain. ‖ ～물 〖法〗 tenement / 금 ～고 gold holdings / 기록 ～자 a record holder / 정부 ～미 government-stocked rice.
보유스름하다 (be) whitish; milky.
보육(保育) ～하다 bring up; nurse; nurture; rear; foster. ‖ ～원 a nursery school; a day nursery 《美》.
보은(報恩) requital of favo(u)r; gratitude. ～하다 requite [repay] another's kindness.
보이 a boy; a waiter (식당의); a porter, a bell boy (기차·호텔의); a carriage boy (열차의); a steward [cabin] boy (기선의). ‖ ～장 a head waiter; a bell captain (호텔의).
보이다¹ 《보게 하다》 show; let 《*a person*》 see [look at]; 《전시하다》 exhibit; display. ¶ 실력을 ～ show [display] one's ability.
보이다² ① 《눈에》 see; catch sight of; 《사물이》 be seen [visible]; be in sight; appear; show up (나타나다). ¶ 보이지 않는 곳에 out of sight / 보이지 않게 되다 go out of sight / 보이게 되다 come in sight [into view]. ② 《…같다》 seem; appear; look (like). ¶ 슬퍼 ～ look sad / 그녀는 서른쯤 되어 보인다 She looks about thirty.
보이스카우트 the Boy Scouts; a boy scout (한 사람).
보이콧 a boycott (movement). ～하다 boycott 《*a shop, goods*》.
보일러 〖機〗 a boiler.
보자기 a (cloth) wrapper.
보잘것없다 ☞ 하치않다.
보장(保障) guarantee; security. ～하다 guarantee; secure. ‖ 사회 ～(제도) social security / 상호 안전 ～ 조약 a mutual security treaty / 집단 ～ collective security.
보전(保全) integrity; preservation. ～하다 preserve; conserve; keep intact. ‖ 영토 ～ territorial integrity.
보전(寶典) a handbook 《*of, to*》; a treasury.
보조(步調) a step; a pace. ¶ ～를 맞추다 keep pace [step] with 《*a person*》; act in concert with (협조) / ～가 맞지 않다 be [walk] out of step; break step.
보조(補助) 《원조》 (an) assistance; help; support; aid; a grant; 《보족(補足)》 supplement. ～하다 assist; help; aid; support; subsidize. ¶ ～의 auxiliary; subsidiary; supplementary. ‖ ～금 a subsidy; a bounty / ～원 a supplementary member / ～자 a supporter / ～탱크 《비행기의》 a belly tank / ～화폐 subsidiary coins.
보조개 a dimple. ¶ ～있는 dimpled 《*face*》.
보족(補足) ～하다 complement; supplement; make good 《*a deficiency*》.
보존(保存) preservation; storage. ～하다 preserve; keep; conserve.
보좌(補佐) aid; assistance. ～하다 aid; assist; advise; give counsel to 《*the president*》. ‖ ～인 [관] an assistant; a counsel(l)or (고문).
보증(保證) (a) guarantee; (a) security; (an) assurance; (a) warrant. ～하다 guarantee; secure; warrant; assure; vouch [answer] for. ¶ ～서다 give [stand] security 《*for*》 / 신원을 ～하다 vouch for 《*a person*》 / 품질을 ～하다 guarantee the excellence of the quality 《*of goods*》. ‖ ～금 security [caution] money; a deposit / ～부(付) guaranteed; warranted / ～서 a letter of guarantee / ～ 수표 a certified check / ～인 a guarantor; a surety; 《신원 조회처》 a reference.
보지 the vulva [*pl.* ～s, ～e].
보지(保持) ～하다 maintain; hold; retain.
보직(補職) assignment to a position. ¶ ～되다 be assigned [appointed] 《*to the post of*》.
보짱 heart; mind; intention.
보채다 fret; be peevish. ¶ 보채는 아이 a fretful child.
보철(補綴) ～하다 supplement; replenish.
보청기(補聽器) a hearing aid; 《상표명》 an Acousticon.
보초(步哨) a sentry; a sentinel. ¶ ～서다 be [stand] on sentry; stand sentinel / ～를 세우다 post a sentry. ‖ ～병 a guard; a sentry / ～선 a sentry line.
보충(補充) a supplement; a replacement. ～하다 supplement; replenish; fill up 《*vacancy*》; replace. ¶ ～의 supplementary; complementary. ‖ ～ 계획 a replacement program / ～대 drafts; reserves / ～병 a recruit; a reservist / ～ 수업 supplementary lessons.
보칙(補則) supplementary rules.
보크사이트 〖鑛〗 bauxite.
보태다 ① 《보충》 supply 《*a lack*》; make up 《*for*》; supplement. ¶ 모자람을 ～ make up a deficiency / 보탬이 되다 go towards; be an aid 《*to*》. ② 《가산》 add (up); sum up.
보통(普通) 《부사적》 ordinarily; usually; commonly; normally; generally; on the average. ～의 《통상의》 usual; general; ordinary; common; 《정상적인》 normal; ordinal; 《평범한》 commonplace; 《평균의》 average. ‖ ～ 교육 common [ordinary] education / ～ 명사 a common noun / ～ 사람 an ordinary

(average) man; a common being / ~ 선거 universal (popular) suffrage / ~ 우편 ordinary post.
보통내기 《not》 an ordinary person; 《not》 a mediocrity.
보퉁이(褓—) a bundle; a package; a parcel.
보트 a boat; a gig (선장용의); a cutter (군함의); a shell (기다란 경조용의). ‖ ~ 레이스 boat race; 《대회》 a regatta / ~ 선수 a oarsman.
보편(普遍) ~적(으로) universal(ly); general(ly); ubiquitous(ly). ‖ ~성 universality; catholicity / ~ 타당성 universal validity.
보폭(步幅) a stride; a pace.
보표(譜表) 〖樂〗 a staff [*pl.* staves]; a score; a stave.
보풀 shag; nap 《*of cloth*》; flue; fuzz 《*of paper*》. ¶ ~이 인 shaggy; nappy 《*silk*》.
보풀다 become nappy; have fuzz.
보풀리다 raise a nap on; nap.
보풀보풀 ¶ ~하다 have a nap; be nappy (downy, fuzzy).
보필(輔弼) assistance. ~하다 assist; counsel; give advice.
보하다(補—) 《보직》 appoint; assign; 《원기를》 tone up; build up 《*one's health*》.
보학(譜學) genealogy.
보합(保合) 〖經〗 steadiness. ~하다 (keep) balance; remain the same (steady, stationary). ¶ 시세는 ~ 상태이다 Prices are steady.
보행(步行) ~하다 walk; go on foot. ‖ ~자 a walker; a pedestrian.
보험(保險) ① 《보증》 guarantee; warrant. ② 《생명·화재의》 insurance; assurance. ¶ ~에 들다 be insured 《*against unemployment*》 / ~을 해약하다 surrender. ‖ ~ 계약자 an insurant / ~금 insurance money (~금 수취인 a beneficiary) / ~료 a (an insurance) premium; insurance (due) / ~업자 an insurer; an underwriter / ~ 외무원 an insurance man / 생명 (상해, 실업, 화재, 해상, 자동차) ~ life (accident(al), unemployment, fire, marine, car) insurance.
보헤미아 Bohemia.
보헤미안 a Bohemian.
보혈(補血) ‖ ~제 a h(a)ematic.
보호(保護) protection; shelter; safeguard. ~하다 protect 《*a person* (*thing*) *from*》; shelter; safeguard 《*home industries*》 (옹호); take care of (돌봐주다); patronize (애호); preserve (보존). ¶ …의 ~하에 under the protection of.... ‖ ~ 관세 a protective duty (tariff) / ~ 관찰 《place an offender on》 probation / ~ 무역 protective (protected) trade / ~색(色) a protective col-o(u)r; protective coloring / ~자 a protector; a guardian; a patron.
보훈(報勳) ‖ ~ 병원 Korea Veterans Hospital; the Patriots and Veterans Hospital / ~처 the Agency for Patriots and Veterans Affairs.
복 〖魚〗 a swellfish; a globefish; a puffer. ¶ ~의 독 tetrotoxin.
복(伏) the dog days; midsummer.
복(福) happiness; felicity; bliss; a blessing; good luck; fortune. ¶ ~된 happy; felicitous; blessed / ~을 받다 be blessed / 새해에 ~ 많이 받으십시오 (I wish you) A Happy New Year.
복각(伏角) 〖理〗 a dip 《*of the compass*》.
복간(復刊) reissue; revived publication. ~하다 republish; reissue.
복강(腹腔) the abdominal cavity. ‖ ~ 임신 abdominal pregnancy.
복걸(伏乞) ~하다 prostrate oneself and beg.
복고(復古) restoration; revival. ‖ ~조(調) 《of》 a revival mood / ~주의 reactionism.
복교(復校) reinstatement. ~하다 be reinstated (at school); return to school.
복구(復舊) rehabilitation; restoration. ~하다 be restored to normal conditions. ‖ ~ 공사 repair (restoration) works.
복권(復權) rehabilitation; reinstatement. ~하다 be rehabilitated (reinstated); be restored to one's rights.
복권(福券) a lottery ticket (card). ¶ ~에 당첨되다 win (a prize) in a lottery; get (draw) a lottery prize. ‖ ~ 추첨 a lottery.
복귀(復歸) ~하다 return (revert) 《*to*》; be restored 《*to*》.
복대기 slag; dross.
복대기다 be noisy (boisterous; in a bustle); be tossed about; be jostled around.
복대기치다 ☞ 복대기다.
복더위(伏—) a heat wave during the dog days.
복덕(福德) ‖ ~방 a real estate agent; a realtor 《美》.
복도(複道) a corridor; a passage; a gallery; a lobby (극장 따위의).
복리(福利) ☞ 복지.
복리(複利) compound interest. ¶ ~로 계산하다 calculate at compound interest. ‖ ~법 the compound interest method.
복마전(伏魔殿) a pandemonium. ¶ 정계의 ~ a hotbed of the political iniquity.
복막(腹膜) the peritonium [*pl.* -nea]. ‖ ~염 peritonitis.
복망(伏望) ~하다 desire earnestly.
복면(覆面) a veil; a mask (가면). ~하다 (wear a) mask; muffle the face. ¶ ~의 masked / ~을 벗다 unmask (unveil) (oneself). ‖ ~강도 a masked robber.
복명(復命) ~하다 report (the result of a mission) 《*to one's chief*》. ‖ ~서(書) a report.
복모음(複母音) 〖文〗 a diphtong.

복무(服務) (public) service. ～하다 serve; be in (public) service. ‖ ～규정 the service regulations; standing orders / ～ 연한 the term of service.
복문(複文) a complex sentence.
복받치다 be filled 《*with emotion*》; have a fit 《*of*》; well up (솟구침); fill one's heart (사물이 주어).
복배(腹背) the back and front.
복병(伏兵) an ambush; an ambuscade; men in ambush. ¶ ～을 두다 [만나다] lay [fall into] an ambush.
복본위제(複本位制) the double standard system; bimetallism.
복부(腹部) the abdomen; the belly. ‖ ～ 수술 a abdominal operation.
복부인(福夫人) a wealthy housewife chasing after the speculative benefit; women speculators swarming to a place of bidding.
복비례(複比例) 〖數〗 compound proportion.
복사(複寫) reproduction; duplication; reprint; 《복사물》 a copy; a reproduction. ～하다 reproduce; copy. ‖ ～지 a duplicator; a copying press; a mimeograph / ～용 잉크 [종이] copying ink [paper] / ～지 carbon paper.
복사(輻射) radiation. ～하다 radiate. ‖ ～선 a radiant ray / ～열 radiant heat / ～체 a radiator.
복사뼈 the ankle (bone); the talus.
복상(服喪) ～하다 go into mourning 《*for*》.
복색(服色) the colo(u)r and style of a uniform; 《의상》 clothes; attire.
복서 a boxer.
복선(伏線) ¶ ～을 깔다 lay an underplot; drop a hint as to what is to follow; 《선수침》 forestall 《*a person*》.
복선(複線) a double track [line]. ¶ ～으로 하다 double-track. ‖ ～공사 double-tracking.
복성스럽다 (be) happy-looking.
복소수(複素數) a complex number.
복수(復讐) revenge; vengeance; retaliation (보복). ～하다 revenge oneself 《*on a person*》; take revenge 《*for, on*》. ‖ ～심(에 불타다) (burn with) revengeful thought / ～자 a revenger / ～전 a war of revenge; a return match [game] (경기의).
복수(腹水) 〖醫〗 abdominal dropsy; dropsy of the belly; ascites.
복수(複數) the plural (number). ～의 plural. ‖ ～ 명사 a plural noun.
복술(卜術) the art of divination.
복숭아 a peach.
복스 《상자》 a box; 《좌석》 a box; 《가죽》 box calf.
복스럽다(福—) (be) happy-looking; prosperous-looking.
복슬복슬하다 (be) shaggy; bushy; fluff(y).
복습(復習) review. ～하다 review [repeat] one's lessons.
복시(複視) 〖醫〗 diplopia; double vision. ～의 diploptic.
복식(服飾) dress and its ornaments.
복식(複式) ～의 double-entry(부기); plural (투표의); compound (기계의). ‖ ～ 부기 bookkeeping by double entry / ～ 투표 plural voting / ～펌프 a dual [duplex] pump.
복식호흡(腹式呼吸) 《배로하는》 abdominal breathing.
복싱 boxing. ‖ 섀도～ shadowboxing.
복안(腹案) a plan [scheme] in one's mind; an idea.
복약(服藥) ～하다 take medicine.
복어(—魚) ☞ 복.
복역(服役) (penal) servitude. ～하다 serve one's term [sentence]. ‖ ～ 기간 a term of sentence.
복연(復緣) ～하다 be reinstated as 《*a person's*》 wife [husband].
복엽(複葉) 〖植〗 a compound leaf. ‖ ～ 비행기 a biplane.
복용(服用) 《약의》 internal use; dosage. ～하다 take 《*medicine*》; use internally. ‖ ～량 dosage; a dose.
복원(復元) restoration. ～하다 restore to the original state; revert. ‖ ～력 〖機〗 stability.
복원(復員) demobilization. ～하다 be demobilized.
복위(復位) restoration; reinstatement. ～하다 be restored 《*to the throne*》.
복음(福音) 《크리스트의》 the gospel; 《좋은 소식》 good [welcome] news. ‖ ～ 교회(敎會) the Evangelical Church / ～서 the (four) Gospels.
복음(複音) a compound sound.
복자(覆字) a turn (in set type); a reversal of type in printing; asterisks (별표).
복작거리다 ☞ 북적거리다.
복잡(複雜) complexity; complication. ～하다 (be) complicated; complex; intricate; tangled; knotty. ¶ ～ 기괴한 complicated and inscrutable / ～한 기계 complex machinery.
복장(服裝) dress; costume; attire; clothes. ¶ ～은 자유 Dress optional. ‖ ～ 검사 a dress inspection.
복적(復籍) ～하다 return to one's original domicile [family].
복제(服制) dress regulation [system]; costume.
복제(複製) reproduction; 《복제품》 a reproduction; a duplicate; a replica. ～하다 reproduce; reprint(책의). ‖ ～화 a reproduced picture / 불허 ～ All rights reserved., Reprinting prohibited.
복종(服從) obedience; submission. ～하다 obey 《*one's parents*》; be obedient to; submit [yield, bow] 《*to*》.
복죄(服罪) ～하다 plead guilty 《*to*》; enter a plea of guilty.

복지(福祉) (public) welfare; well-being. ‖ ~ 국가 a welfare state / ~ 사업 welfare work / ~ 시설 welfare facilities.
복직(復職) resumption of office; reinstatement; reappointment. ~하다 resume office; be reinstalled (rehabilitated, reinstated) ((*in one's former office*)).
복창(復唱) ~하다 repeat; recite; rehearse.
복채(卜債) a fortune-teller's fee.
복첨(福籤) a lottery. ¶ ~을 뽑다 hold a lottery.
복통(腹痛) ((have)) a stomachache.
복판 the middle (center, heart). ¶ ~의 middle; central / ~에 in the midst ((*of*)).
복합(複合) ~의 compound; composite; complex. ‖ ~ 개념 a complex concept / ~어 a compound (word).
복합기업(複合企業) a conglomerate.
복합비료(複合肥料) composite (compound, complex) fertilizer.
복합체(複合體) a complex (body).
복화술(腹話術) ventriloquy.
복활차(複滑車) a tackle; a compound pulley.
볶다 ① ((불에)) parch; roast; fry (기름에). ② ((들볶다)) bully; tease; pester; harass; annoy; torment.
볶아대다 keep bothering (annoying, pestering).
볶아치다 hurry ((*through, over*)); rush about.
볶음 ① ((볶으기)) panbroiling; roasting; parching. ② ((음식)) any panbroiled (roasted) food; a roast; a broil. ‖ ~밥 frizzled (fried) rice / 닭~ chopped roast chicken / 미나리~ broiled parsley.
볶이다 be teased (annoyed, tormented).
본(本) ① ((본보기)) an example; a model. ② ((옷 따위의)) a pattern. ¶ 종이로 ~을 뜨다 make a pattern out of paper ((*for a dress*)). ③ ((본관)) family origin.
본…(本) ((이·현재의)) this; the present ((*meeting*)); ((주요한)) the main ((*store*)); principal; ((진짜의)) real ((*name*)); regular.
본가(本家) ① ((본집)) the main family; the head family (house) (원조). ② ((친정)) one's old home.
본값(本一) the cost price; the prime cost. ¶ ~에 팔다 sell ((*something*)) at cost (price) / ~을 건지다 cover the cost.
본거(本據) (the) headquarters; a base; a stronghold.
본건(本件) this affair (item); the case in question.
본격(本格) ~적 regular; real. ¶ ~적으로 in earnest / ~적인 여름 a real summer.
본견(本絹) pure silk.
본고장(本一) ((본바닥)) the home ((*of tobacco*)); center (중심지); habitat (서식지); ((고향)) one's native place.
본과(本科) the regular course. ‖ ~생 a regular student.
본관(本官) ((자칭)) the present official; I.
본관(本貫) family origin; one's ancestral home.
본관(本管) a main (pipe); a water main (수도의).
본관(本館) the main building.
본교(本校) this (our) school; the principal school (분교에 대한).
본국(本局) the main (head) office; ((전화의)) a central ((美)); an exchange.
본국(本國) one's own land; one's home (native, mother) country. ‖ ~ 정부 the home government.
본남편(本男便) ((전남편)) one's ex-hushand; ((법적)) one's legal husband.
본능(本能) (an) instinct. ¶ ~적(으로) instinctive(ly).
본대(本隊) the main body (force).
본댁(本宅) one's home.
본데 discipline; education; good manners (범절). ¶ ~ 있다(없다) be well-(ill-)bred; have good (no) manners.
본드 bond, adhesives. ‖ ~ 흡입 glue-(bond-)sniffing
본디(本一) originally; from the first; by nature.
본때(本一) ① ((본보기)) an example; a model. ¶ ~ 있다 be exemplary (splendid). ② ((교훈)) a lesson; a warning; an example. ¶ ~를 보이다 make an example (a lesson) ((*of*)); punish.
본뜨다(本一) follow ((*an example*)); model after; copy from a model.
본뜻(本一) ((본생각)) one's real intention; will; ((본의미)) the original meaning. ¶ ~을 이루다 accomplish (effect) one's purpose.
본래(本來) ((원래)) originally; primarily; ((본질적으로)) essentially; fundamentally; ((자연적으로)) naturally; by nature. ¶ ~의 original; essential; natural.
본론(本論) the main subject (issue). ¶ ~으로 들어가다 proceed to the main subject.
본루(本壘) the base of operations; 〖野〗 the home base (plate). ‖ ~타 a home run (hit); a homer.
본류(本流) the main stream.
본말(本末) ¶ ~을 전도하다 mistake the means for the end; put the cart before the horse.
본명(本名) one's real name.
본무대(本舞臺) the main stage.
본문(本文) the body ((*of a letter*)); the text ((*of a treaty*)).
본밑천(本一) capital; funds.
본바닥(本一) a native place; the place of origin; the home ((*of coffee*)); the center (중심지).
본바탕(本一) essence; (real) sub-

stance; one's true colo(u)r. ¶ ~이 정직한 honest by nature.
본받다(本—) follow 《*a person's*》 example; imitate 《*a person*》; model 〔copy〕 《*after*》.
본보기(本—) 《모범》 an example; 《본뜨는 자료》 a model; a pattern. ¶ ~로 삼다 make an example 《*of a person*》.
본봉(本俸) the regular salary; a basic pay; base pay.
본부(本部) the headquarters; the head 〔main〕 office; an administrative building (대학 따위의).
본분(本分) one's duty 〔part, role〕; function. ¶ ~을 다하다 do 〔perform, fulfil〕 one's duty; do one's part.
본사(本社) 《본점》 the main 〔head〕 office; 《자기 회사》 our firm 〔company〕; we.
본산(本山) the head temple.
본새(本—) 《생김새》 appearance; style; features; 《바탕》 the nature; basic quality. ¶ ~가 곱다 be nicelooking; have good features.
본색(本色) one's real character; one's true colo(u)rs. ¶ ~을 드러내다 betray one's true colors.
본서(本署) the chief police station; the principal 〔head〕 office.
본선(本船) this 〔our〕 ship (이 배); a mother 〔depot〕 ship (본거선). ‖ ~ 인도(引渡) free on board (생략 f.o.b.); ex ship (수입항에서).
본선(本線) the main 〔trunk〕 line.
본성(本性) the original nature 《*of*》. ☞ 본색.
본시(本是) 《부사적》 originally; primarily; from the first.
본심(本心) 《진심》 one's real intention; 《마음》 one's right 〔true〕 mind; one's heart; one's senses. ¶ ~으로는 at heart.
본안(本案) 《이 안건》 this proposal 〔bill〕; 《원안》 the original proposal 〔bill, motion〕.
본업(本業) one's main occupation; one's regular business 〔work〕.
본연(本然) ~의 natural; inherent; proper.
본위(本位) standard(기준); principle (주의); a basis (기초). ¶ 자기 ~의 self-centered; selfish (이기적). ‖ ~ 기호〖樂〗a natural / ~ 화폐 a standard money 〔coin〕 / 금~ the gold standard / 품질 ~ quality first.
본의(本意) one's will; one's real intention; one's original purpose. ¶ ~ 아니게 against one's will; unwillingly; reluctantly.
본인(本人) the person himself 〔herself〕; the principal (대리인에 대한); the person in question(당자).
본적(本籍) one's (permanent) domicile; the place of register.
본전(本錢) principal (sum); capital (밑천).
본점(本店) the head 〔main〕 office 〔shop, store〕; 《이》 this office.
본제(本題) the original topic 〔subject〕. ¶ ~로 돌아가서 to return to our subject.
본지(本旨) 《참목적》 the true aim; the object in view; 《본래의 취지》 the main 〔principal〕 object.
본지(本紙) this 〔our〕 paper.
본지(本誌) this 〔our〕 journal 〔magazine〕.
본직(本職) ① 《본업》 one's (regular) occupation 〔profession〕; (principal) business. ② 《관리의 자칭》 I; my, myself.
본질(本質) essence; essential qualities; true nature; substance (실질). ~적 essential. ¶ ~적으로 essentially; substantially; in essence; in itself.
본집(本—) one's home.
본처(本妻) a lawful 〔legal〕 wife.
본체(本體) 《본자태》 the true form; 《실체》 substance; 《실재》 reality. ‖ ~론 ontology.
본초(本草) 《한약재》 medical herbs. ‖ ~가(家) a herbalist / ~학 Chinese medical botany.
본초자오선(本初子午線) the prime 〔first〕 meridian.
본토(本土) the mainland; the country proper. ‖ ~박이 aborigines; natives / 중국 ~ China proper.
본회담(本會談) a full-dress talk; the main conference.
본회의(本會議) a plenary 〔full〕 session; a general 〔regular〕 meeting.
볼¹ ① 《뺨의 복판》 a cheek. ② 《넓이》 width; breadth.
볼² 《공》 a ball.
볼가심 ¶ ~하다 eat 〔have〕 just a bite of food to appease one's hunger.
볼기 the buttocks; the rump. ¶ ~를 때리다〔치다〕 spank; beat on the buttocks / ~ 맞다 be spanked.
볼꼴사납다 (be) ugly; mean; unseemly; unsightly.
볼되다 ① 《벅차다》 be a strain on one (서술적); (be) too hard. ② 《세다》 (be) intense; very tight.
볼레로 《여성 옷》 a bolero; 《무용곡》 a bolero.
볼록 ¶ ~거리다 swell and subside; palpitate / ~하다 be bulgy; be fat 〔protuberant〕. ‖ ~ 거울〔렌즈, 면〕 a convex mirror 〔lens, surface〕.
볼륨 volume. ¶ ~이 있는 voluminous; bulky / ~을 높이다 turn up the volume on.
볼리비아 Bolivia. ¶ ~의 Bolivian/ ~사람 a Bolivian.
볼링 bowling. ‖ ~장 a bowling alley.
볼만하다 ① 《방관》 look on silently; remain as a spectator. ②《볼 가치가 있다》 be worth seeing.
볼멘소리 sullen 〔grouchy〕 words.

¶ ~로 in angry tone / ~로 대답하다 give a sullen answer.
볼모 ①《물건》a security; a pledge. ②《사람》a hostage; a prisoner. ¶ ~로 잡다 take《*a person*》as hostage / ~로 잡히다 be held 〔taken〕 as a hostage.
볼셰비즘 Bolshevism.
볼셰비키 a Bolshevik.
볼썽사납다 (be) awkward; unsightly; unseemly; indecent.
볼일 《on》 business; an engagement; an errand (심부름). ¶ ~이 있다 be engaged《*in*》; have something to do / ~이 없다 be free; have nothing to do / ~ 보다 do business / ~을 다 마치다 finish 〔carry out〕 one's work.
볼장 ¶ ~ 다 보다 have done with 《*a thing*》; it's all up with《*this business*》. 「터 a voltmeter.
볼트¹ 〖電〗 a volt; voltage. ‖ ~ 미
볼트² 〖機〗 a bolt.
볼펜 a ball(-point) pen.
볼품 appearance; show; looks. ¶ ~ 있다 be attractive; make a good show / ~ 없다 have a bad appearance; be unattractive 〔ugly〕.
볼호령(—號令) a howl; an angry roar. ~하다 roar; bellow; howl.
봄 ①《계절》spring (time). ¶ ~의 spring; vernal. ¶ 이른 〔늦은〕 ~에 in the early 〔late〕 spring. ‖ ~농사(農事) a spring crop / ~누에 spring silkworms / ~ 아지랑이 spring haze / ~옷 spring wear. ②《청춘》the prime《*of life*》.
봄갈이 《do》 the spring plowing 〔ploughing《英》〕.
봄나물 young greens 〔herbs〕. ¶ ~을 캐다 pick young herbs.
봄날 《날》 a spring day; 《날씨》 spring weather. 「spring.
봄내 all through 〔throughout〕 the
봄눈 spring snow.
봄맞이꽃 〖植〗 a rock jasmine.
봄바람 a spring breeze 〔wind〕.
봄보리 spring-sown barley.
봄비 a spring rain. 「view.
봄빛 spring scene(ry); a spring
봄새 springtime. 「son.
봄철 spring(time); the spring sea-
봄추위 the lingering cold in spring.
봄타다 suffer from 〔get〕 spring fever.
봅슬레이 《양썰매》 a bobsleigh; a bobsled; a bobsledding (경기).
봇도랑(洑—) an irrigation ditch.
봇물(洑—) reservoir water.
봇짐(褓—) a bundle; a package; a packet. ‖ ~ 장수 a packman; a peddler.
봉(封) a paper package. ¶ 약 한 ~ a packet of medicine.
봉(鳳) ① ☞ 봉황. ②《만만한》a dupe; one's (easy) mark; a pigeon.
봉건(封建) 《제도》 feudalism; the feudal system. ~적 feudal; feudalistic. ‖ ~ 사상 a feudalistic idea / ~ 시대 the feudal age 〔times〕; the era of feudalism / ~주의 feudalism; feudality.
봉고도(棒高跳) pole jump 〔vault〕.
봉급(俸給) a salary; pay; wages. ¶ ~이 오르다 〔내리다〕 get a raise 〔cut〕 in one's pay / ~이 많다 〔적다〕 be well-〔ill-〕paid / ~을 타다 draw a pay《*of 300,000 won a month from a firm*》/ ~을 올리다 raise《*a person's*》pay. ‖ ~ 생활자 a salaried man; a white-collar worker; the salaried class (총칭) / ~일 a payday.
봉기(蜂起) an uprising. ~하다 rise in revolt 〔arms〕; rise《*against*》.
봉납(奉納) ~하다 offer; dedicate; present; consecrate.
봉놋방(—房) the lodging room in an inn 〔a tavern〕 where a guest sleeps with his fellow lodgers; the inn dormitory.
봉당(封堂) the unfloored area 〔space〕 between two rooms.
봉돌 《낚싯줄의》 a sink(er).
봉두난발(蓬頭亂髮) disheveled 〔unkempt, shaggy〕 hair.
봉랍(封蠟) sealing wax.
봉박다 《구멍에》 patch a hole; stop up a hole. 「cell.
봉방(蜂房) a honeycomb; a honey
봉변(逢變) ①《모욕당함》~하다 be insulted 〔humiliated〕; have bitter experiences; have a hard time of it. ②《변을 당함》~하다 meet with an accident 〔a mishap〕.
봉봉 《과자》 a *bonbon* 《프》.
봉분(封墳) ~하다 mound《*a grave*》; build a mound over a grave.
봉사(奉仕) service; attendance (시중). ~하다 serve; attend 〔wait〕 on《*a person*》; render services 《*to the public*》. ¶ ~ 가격으로 제공《광고》To be sold at a sacrifice., Slashed prices! ‖ ~료 a tip / ~품 a bargain / 사회 ~ social 〔public〕 service.
봉살(封殺) 〖野〗 force-out. ~하다 force《*a runner*》out《*at second base*》.
봉서(封書) a sealed letter.
봉선화(鳳仙花) a balsam; a touch-me-not (flower).
봉쇄(封鎖) a blockade; blocking; freezing (동결). ~하다 blockade 《*a port*》; block up《*a street*》; seal 〔bottle〕 up; freeze《*assets*》. ¶ ~를 풀다 lift the blockade. ‖ 경제 ~ an economic blockade / 해상 ~ a naval 〔sea〕 blockade.
봉숭아 ☞ 봉선화.
봉양(奉養) ~하다 support 〔serve〕 one's parents (faithfully).
봉오리 a bud(☞ 꽃봉오리). ¶ ~가 지다 have 〔bear〕 buds.
봉욕(逢辱) ~하다 suffer an insult.

봉우리 a peak; a top; a summit.
봉인(封印) a seal; sealing. ~하다 seal up. ¶ ~한 sealed; under seal.
봉접(蜂蝶) bees and butterflies.
봉제(縫製) needlework; sewing; dressmaking. ‖ ~공 a seamster (남자); a seamstress (여자) / ~ 공장 a sewing factory / ~품 needlework products; sewing (총칭).
봉지(封紙) a paper bag. ¶ 약 한 ~ a packet of medicinal herbs.
봉직(奉職) ~하다 serve 《*at, in*》; be in the service 《*of*》; work 《*in*》.
봉착(逢着) ~하다 meet 《*with*》; be faced [confronted] 《*with*》; happen 《*on*》; encounter. ¶ 난관에 ~하다 be confronted with a difficulty.
봉창 ¶ ~하다 make up for 《*one's loss*》(벌충); lay aside stealthily(감추어 둠). ‖ ~질 hoarding things.
봉창(封窓) ① 《봉한 창》 a sealed window; sealing (up) a window (봉하기). ② 《구멍만 낸》 an opening in the wall.
봉토(封土) a fief; a feud.
봉투(封套) an envelope; a paper bag [sack] (봉지). ‖ 양~ a slide-opening envelope / 편지 [반신용] ~ a letter [return] envelope.
봉피(封皮) an envelope; a cover.
봉하다(封一) ① 《붙이다》 seal 《*a letter*》; seal up 《*a window*》; fasten; 《봉해 넣다》 enclose; confine. ② 《다물다》 shut [close] 《*one's mouth*》. ③ 《봉토를》 invest 《*a person*》 with a fief; enfeoff. ④ 《작위를》 confer a peerage.
봉함(封緘) a seal; sealing. ~하다 seal 《*a letter*》. ‖ ~엽서 a letter card.
봉합(縫合) 【醫】 suture. ~하다 suture; stitch (together).
봉화(烽火) a signal [beacon] fire; a rocket. ¶ ~를 올리다 light a signal fire. ‖ ~대, ~둑 a beacon lighthouse.
봉황(鳳凰) a Chinese phoenix.
봐하니 so far as my observation goes; to all appearances; apparently.
뵙다 humbly see [meet] 《*one's elders*》; have an audience with.
부(否) no [*pl.* noes]; nay(s); negation.
부(部) ① 《부분》 a part; a portion. ② 《분과》 a department; a bureau; a division; a section; 《내각의》 a department; a ministry. ③ 《서적의》 a copy 《*of a book*》; a volume.
부(富) wealth; riches; opulence.
부(賦) poetical prose; an ode; verses of six feet.
부…(副) assistant; deputy; vice-; sub-. ¶ ~시장 a deputy mayor / ~영사 a vice-consul / ~주장 《경기의》 a subcaptain / ~지배인 an assistant manager / ~지사 a deputy [lieutenant] governor / ~통령 [회장, 총재, 사장] a vice-president.
…부(附) ① 《날짜》 dated 《*Aug. 3rd*》; under the date of 《*the 5th inst.*》. ② 《부속》 attached to; belonging to. ¶ 대사관~ 육[해]군 무관 a military [naval] *attaché* to an embassy.
부가(附加) ~하다 add 《*to*》; supplement; 《첨부》 annex; append. ¶ ~적 additional; annexed; supplementary. ‖ ~ 가치세 a tax on value added; a value-added tax / ~물 an addition; an appendage; an affix / ~세(稅) an additional tax; a surtax; a supertax.
부각(浮刻) ~하다 emboss; raise; 《새기다》 carve in relief. ¶ ~되다 stand out in bold relief / ~시키다 bring 《*a thing*》 into relief.
부감(俯瞰) ~하다 overlook; command a bird's-eye view 《*of*》. ‖ ~도(圖) a bird's-eye view 《*of*》; an aerial view.
부강(富强) wealth and power.
부걱거리다 bubble up; foam; pop.
부결(否決) rejection; voting down. ~하다 reject; vote down; decide [vote] 《*against a bill*》.
부계(父系) the father's side; the paternal line.
부고(訃告) an announcement of 《*a person's*》 death; an obituary (notice).
부과(賦課) ~하다 levy [impose, assess] 《*a tax upon a person* [*land*]》. ‖ ~금 dues; taxes / ~액 the amount imposed; assessment/ ~징수 assessment and collection/ 자동 ~제(制) taxation-by-schedule system.
부관(副官) an adjutant. ‖ 고급 ~ a senior adjutant / 전속 ~ an *aid-de-camp* 《프》; an aide.
부교(浮橋) a pontoon [floating] bridge.
부교재(副教材) an auxiliary textbook.
부국(富國) a rich country; a prosperous nation. ‖ ~ 강병책 measures to enrich and strengthen the country.
부군(夫君) one's husband.
부권(父權) paternal rights.
부권(夫權) husband's [marital] rights.
부귀(富貴) wealth and fame. ‖ ~영화 wealth and prosperity (~영화를 누리다 live in splendor).
부그르르 ¶ ~ 끓다 sizzle / ~ 일다 bubble up.
부근(附近) neighbo(u)rhood; vicinity. ~의 neighboring; nearby; adjacent. ¶ ~에 near; in the neighborhood [vicinity] of.
부글거리다 《끓어서》 simmer; 《거품이》 bubble up.
부금(賦金) an instal(l)ment; a premium (보험의).
부기(附記) an addition; an addi-

tional remark (note); an appendix. ~하다 add 《*that...*》; append 《*a note*》; write in addition.
부기(浮氣) swelling (of the skin). ¶ ~가 빠지다 the swelling goes down.
부기(簿記) bookkeeping. ‖ ~봉 a ruler / 단식 (복식) ~ bookkeeping by single (double) entry.
부끄럼 ① 《창피》 shame; disgrace. ¶ ~을 알다 (모르다) have a (no) sense of shame. ② 《수줍음》 shyness; bashfulness. ¶ ~ 타다 be shy (coy, bashful).
부끄럽다 《창피하다》 (be) shameful; disgraceful; 《수줍다》 (be) shy (abashed); bashful. ¶ 부끄러운 듯이 bashfully; shyly / 부끄러워하다 be (feel) shy; 《창피해 하다》 feel shame 《*at*》; be ashamed 《*of*》.
부나비 【蟲】 a tiger moth.
부낭(浮囊) ① ☞ 부레. ② 《구명용》 a life buoy (belt); a float. ③ 《수영용》 a tire; an inner tube.
부녀(父女) father and daughter.
부녀자(婦女子) 《부인》 a woman; 《총칭》 womenfolk; the fair sex.
부농(富農) a rich farmer.
부닐다 ingratiate oneself with 《*a person*》; act amiably.
부닥치다 come upon (across); hit upon; 《당면》 face 《*a difficulty*》; be confronted by; encounter; meet with.
부단(不斷) ~한 constant; continual; ceaseless; incessant. ¶ ~한 노력 constant efforts.
부담(負擔) a burden; a charge (지불); a responsibility (책임). ~하다 bear 《*the expenses*》; shoulder 《*a burden*》; stand; share 《*in*》(일부를); take upon oneself. ¶ ~을 주다 burden; charge; tax; impose a burden on 《*a person*》. ‖ ~액 one's share 《*in the expenses*》; an allotment.
부당(不當) ~한 unjust; unfair; unreasonable; wrong; undue; excessive(과도). ¶ ~한 값 an unreasonable price / ~한 요구 an excessive demand. ‖ ~ 이득 an undue (excessive) profit; profiteering (폭리) / ~ 해고 unfair dismissal.
부대(附帶) ~의 incidental; accessory; secondary; attendant. ‖ ~ 결의 an incidental vote; a supplementary resolution / ~사업 business incidental to 《*a railway enterprise*》; a subsidiary enterprise / ~ 조건 a collateral (an incidental) condition.
부대(負袋) a burlap bag; a bale; a sack. ¶ 밀가루 한 ~ a sack of flour.
부대(浮袋) ☞ 부낭.
부대(部隊) a unit; a corps [*pl.* ~]; a force; a group; a detachment. ‖ ~장 a commander; a commanding officer (생략 C.O.) / 기동 ~ a task force / 외인 ~ a foreign legion / 전투 ~ a fighting unit.
부대(富大) ~한 fat; corpulent.
부대끼다 be troubled (tormented) 《*by*》; be pestered 《*by*》. ¶ 빚쟁이에게 ~ be worried by creditors.
부덕(不德) want (lack) of virtue; unworthiness. ¶ 모두 내 ~의 소치이다 I am solely to blame for it.
부덕(婦德) womanly (female) virtue.
부도(不渡) dishono(u)r (어음); nonpayment (부지불). ¶ ~나다 be dishonored / ~를 내다 dishonor a bill (check). ‖ ~ 어음 (수표) a dishonored (bad) bill (check).
부도(婦道) woman's duties; womanhood.
부도덕(不道德) immorality; lack of morality. ~한 immoral; unvirtuous; unprincipled. ¶ ~한 행동 immoral conduct.
부도체(不導體) a nonconductor.
부동(不同) ~한 unequal; uneven; irregular; dissimilar; different.
부동(不動) ~의 immovable; firm; solid; motionless; fixed. ‖ ~자세 an immobile posture; 【軍】 《stand at》 attention.
부동(浮動) ~하다 float; be afloat; fluctuate. ‖ ~주(株) floating stocks / ~표 a floating vote.
부동산(不動産) immovable property; immovables; realty; real estate. ‖ ~ 실명제 the real-name system for real estate trading; the real-name land deal system / ~ 업자 a real estate agent; a realtor 《美》 / ~ 투기 speculation in real estate; land speculation.
부동액(不凍液) an antifreeze.
부동항(不凍港) an ice-free port.
부두(埠頭) a quay; a pier; a wharf. ‖ ~ 인부 a stevedore; a longshoreman.
부두둑거리다 grate; creak; rasp.
부둑부둑하다 (be) damp-dry; be dry enough for ironing (서술적).
부둥키다 《안다》 hug 《*a person*》 tightly; 《붙잡다》 hold on fast to; hold tight.
부드럽다 《유연》 (be) soft; tender; 《온화》 (be) gentle; mild; compliant; 《소리·색 따위가》 (be) soft; subdued; delicate. ¶ 부드럽게 softly; gently; mildly; tenderly / 마음씨가 ~ have a tender heart.
부득부득 stubbornly; obstinately; persistently; importunately.
부득불(不得不) out of sheer necessity; unavoidably; inevitably; necessarily; against one's will (본의 아니게). ¶ ~ …하다 be compelled to 《*do*》.
부득이(不得已) against one's will; unavoidably; inevitably; out of necessity. ~한 unavoidable; necessary; inevitable. ¶ ~ …하다 be

obliged (compelled, forced) to 《*do*》.
부들 〖植〗 a cattail; a reed mace; a bulrush. ‖ ~자리 a cattail mat.
부들부들 ¶ ~ 떨다 quiver 《*with emotion*》; tremble 《*with rage*》; shiver 《*with cold*》.
부들부들하다 (be) very soft (tender).
부듯하다 ① 《꼭 맞다》 (be) tight; close. ② 《꼭 차다》 (be) full; close. ③ 《가슴이》 feel a lump in one's throat (서술적).
부등(不等) disparity; inequality. ~의 unequal. ‖ ~식 an inequality / ~호 a sign of inequality.
부등가리 an improvised fire shovel.
부등깃 down; fluff; pinfeathers.
부등변(不等邊) ~의 scalene 《*triangles*》.
부등속(不等速) ‖ ~ 운동 〖理〗 ununiform (accelerated) motion.
부디 ① 《꼭》 by all means; without fail; in any case. ¶ ~ 오십시오 Come, by all means. ② 《바라건대》 (if you) please; (will you) kindly.
부딪다 bump (run, knock, dash) 《*against*》; bump (crash, run) into.
부딪뜨리다 crash 《*a thing into something*》.
부딪치다 《충돌》 run (knock, clash, dash) against; collide with; 《봉착》 meet with; come across; encounter.
부딪히다 be bumped (crashed, run) into.
부뚜막 a kitchen (cooking) range; a (kitchen) furnace.
부라리다 glare; stare 《*at*》; look with glaring eyes.
부락(部落) a village; a hamlet. ‖ ~민 villagers; village folk.
부란(孵卵) incubation; hatching. ‖ ~기(器) an incubator.
부랑(浮浪) ‖ ~아 a street Arab; a juvenile vagrant; a waif / ~자 a vagabond; a vagrant; a tramp; a bully; a hoodlum; a bum, a hobo [*pl.* ~(e)s] 《美俗》.
부랴부랴 in a great hurry; in deadly haste; hurriedly. ¶ ~ 달려가다 rush to 《*the scene*》.
부러 purposely; on purpose; intentionally; deliberately; knowingly (알면서).
부러뜨리다 break; snap (딱 소리를 내며); fracture (뼈를).
부러워하다 envy 《*a person, a person's luck, a person his luck*》; be envious of; feel envy 《*at*》.
부러지다 break; be broken; snap; give away.
부럽다 (be) enviable; envious 《*of*》. ¶ 부러운 듯이 enviously; 《glance》 with envy / 부럽게 하다 make 《*others*》 envy(envious); excite 《*a person's*》 envy.
부레 an air bladder (sac).
부려먹다 ☞ 부리다. ¶ 막 ~ work (drive) 《*a person*》 hard; keep another's nose to the grindstone.
부력(浮力) 〖理〗 buoyancy; floatage; lift (비행기의). ‖ ~계(計) a buoyancy gauge.
부력(富力) wealth; resources; finance.
부령(部令) a departmental ordinance (order).
부록(附錄) an appendix [*pl.* ~es, -ices]; a supplement 《*to the magazine*》.
부루말 a white horse.
부루퉁하다 《부어서》 (be) swollen; bloated; 《성나서》 (be) sulky. ¶ 부루퉁한 얼굴 a sullen face.
부룩소 a small bull.
부류(部類) 《종류》 a class; a kind; 《종속》 a species; a category; a head (유목(類目)). ¶ …의 ~에 들다 come under the head of.
부르다¹ ① 《배가》 (be) full. ¶ 배부르게 먹다 eat one's fill. ② 《임신하여》 (be) pregnant. ③ 《중배가》 (be) bulgy.
부르다² ① call; 《오라고》 call 《*a person*》 to 《*one*》. ¶ 부르면 들릴 곳에 within call / 이름을 ~ call 《*a person*》 by name / 의사를 부르러 보내다 send for a doctor / 불러내다(들이다) call 《*a person*》 out (in). ② 《일컫다》 call; name; term; designate. ¶ …라고 ~ be called…. ③ 《청하다》 invite (ask) 《*a person to dinner*》; 《소환》 summon 《*a person by letter*》. ④ 《값을》 bid 《*a price*》; offer; set. ¶ 부르는 값에 사다 buy 《*an article*》 at the price asked / 값을 싸게 ~ 《a seller》 set the price low; 《a buyer》 offer a low price. ⑤ 《노래를》 sing 《*a song*》. ⑥ 《외치다》 cry; shout. ¶ 만세를 ~ cry "Hurrah!"
부르르 ¶ ~ 떨다 tremble 《*with fear*》; shiver 《*with cold*》; quiver.
부르조아 a bourgeois [*pl.* ~] (사람); the bourgeoisie (계급). ‖ ~ 취미 bourgeois taste.
부르쥐다 clench 《*one's fist*》; double up 《*one's fist*》.
부르짖다 ① 《외치다》 shout; cry; utter (give) a cry; exclaim; 《비명》 shriek; scream. ② 《창도(唱導)》 cry 《*for*》; clamo(u)r 《*for*》; advocate. ¶ 개혁을 ~ cry (loudly) for a reform.
부르트다 《물집이》 get a blister; have a corn 《*on the sole*》 (발바닥의); 《물린 자리가》 swell up.
부릅뜨다 open 《*one's eyes*》 wide; make one's eyes glare (성내어); glare fiercely. ¶ 눈을 부릅뜨고 with angry (glaring) eyes.
부리 ① 《새의》 a bill (평평한); a beak (매의 부리 따위). ② 《물건의》 a pointed end (head); a tip.
부리나케 in a hurry; in haste; precipitately; hurriedly. ¶ ~ 도망가다 flee in all haste.

부리다¹ ① 《일시키다》 keep 《*a person, a horse*, etc.》 at work; work; set 〔put〕 to work; use; hire; employ (고용). ¶ 사람을 심하게 ~ work 〔drive〕 a person hard; be a hard master. ② 《조종》 manage; work; handle; run; operate. ¶ 기계를 ~ work 〔operate〕 a machine. ③ 《행사》 exercise; use; wield; exert (one's) power. ¶ 권력을 ~ exercise one's power. ④ 《꾀·재주를》 play 《*a trick*》; show 《*one's ability*》; start 《*trouble*》.
부리다² 《짐을》 unload 《*cargo, a truck*》; discharge; get off.
부리망(一網) a muzzle 《*for cattle*》.
부리부리하다 (be) big and bright.
부리잡히다 《a boil》 come 〔gather〕 to a head.
부마(駙馬) a princess's husband; a king's son-in-law.
부모(父母) one's parents. ~의 parental 《*love, affection*》.
부목(副木) a splint. ¶ ~을 대다 splint 《*one's arm*》; apply splints 《*to*》.
부문(部門) a class; a group; a department; a category; a section; a branch; a line. ¶ ~으로 나누다 divide 《*things*》 into classes; classify / …의 ~에 넣다 classify 《*things*》 under; bring 〔place〕 《*things*》 under the division....
부박(浮薄) ~한 frivolous; fickle; insincere.
부복(俯伏) ~하다 lie prostrate.
부본(副本) a copy; a duplicate; a counterpart.
부부(夫婦) man 〔husband〕 and wife; a (married) couple. ~의 conjugal; matrimonial. ¶ ~가 되다 become man and wife; be married. ‖ ~ 싸움 a quarrel between husband and wife; a domestic scene 〔squabble〕 (언쟁) / 김씨 ~ Mr. and Mrs. Kim / 신혼 ~ a newly married couple; the newlyweds 《美口》.
부분(部分) a part; a portion; a section. ~적 partial; sectional; local; limited. ‖ ~식(蝕) a partial eclipse 《*of the sun*》 / ~품 parts; accessories.
부빙(浮氷) floating ice; a floe.
부사(副使) a vice-envoy; a deputy delegate.
부사(副詞) 〖文〗 an adverb. ¶ ~적(으로) adverbial(ly). ‖ ~구 an adverbial phrase.
부산물(副産物) a by-product; a residual product; 〖化〗 the residuum [*pl.* -dua].
부산하다 《떠들썩하다》 (be) noisy; boisterous; uproarious; 《바쁘다》 (be) busy; bustling.
부삽(一鍤) a fire shovel.
부상(負傷) an injury; a wound (전상); a cut. ~하다 get 〔be〕 injured 《*in the arm*》; be wounded; get hurt. ‖ ~병(자) a wounded soldier 〔person〕; the wounded(총칭).
부상(浮上) ~하다 come 〔rise〕 to the surface; float; be refloated (배가); emerge from obscurity (희미했던 존재가).
부상(副賞) an extra 〔a supplementary〕 prize.
부서(部署) one's post 〔place, station〕. ¶ ~를 지키다 keep one's post.
부서(副署) countersignature. ~하다 countersign; endorse.
부서지다 break; be smashed 〔broken, wrecked〕; go 〔fall〕 to pieces; 《파손》 be damaged; get out of order (기계가). ¶ 부서지기 쉬운 fragile; easy to break; frail; delicate.
부석부석 ¶ ~한 somewhat swollen 〔(tumid)〕.
부선거(浮船渠) a floating dock.
부설(附設) ~하다 attach; annex. ‖ ~ 도서관 a library attached 《*to*》; an annex library.
부설(敷設) ~하다 lay 《*a mine, a cable*》; build; construct 《*a railroad*》. ‖ ~권 a right of construction (철도 ~권 a railroad charter) / ~ 기뢰 a submarine mine.
부성애(父性愛) a paternal love.
부속(附屬) ~하다 belong 《*to*》; be attached 《*to*》. ¶ ~의 attached; belonging to; accessory; dependent. ‖ ~ 국민학교 an elementary school attached to... / ~물 adjuncts; appendages / ~품 《automobile》 accessories; fittings.
부수(附隨) ~하다 accompany; be attended 《*with*》; be incidental to; be annexed to. ¶ ~적 accompanying; attendant 《*on*》; incidental. ‖ ~ 사실 a collateral fact / ~ 서류 appended papers / ~정황 attendant circumstances.
부수(部數) the number of copies; the circulation (발행 부수).
부수다 break; destroy; smash.
부수수 in disorder; disheveled; untidy.
부수입(副收入) an additional 〔a side〕 income; the income from a side job.
부숭부숭하다 《마르다》 (be) dry; parched; 《곱다》 (be) neat; clean.
부스러기 a bit; a fragment; scraps 《*of meat*, etc.》; odds and ends; crumbs 《*of bread*》; chips 《*of wood*》.
부스러뜨리다 break; destroy; demolish; smash; crush.
부스러지다 break; be smashed; be broken; go to pieces (조각조각).
부스럭거리다 rustle. ¶ 부스럭부스럭 rustlingly; with a rustle.
부스럼 a swelling; a tumor; a boil; an abscess. ¶ ~ 건드리듯 with utmost care.
부슬부슬 ¶ (비가) ~ 내린다 It driz-

zles.
부시 a metal piece (for striking fire). ¶ ~ 치다 make sparks with metal on flint; strike fire. ‖ 부싯깃 tinder / 부싯돌 a flint.
부시다¹ 《눈이》 (be) dazzling; glaring; blinding. ¶ 눈이 부시게 빛나다 dazzle; glare.
부시다² 《그릇을》 wash 《*out*》; rinse.
부시장(副市長) a deputy mayor. ¶ 제 1 〔2〕 ~ a senior 〔junior〕 deputy mayor.
부식(扶植) ~하다 plant; implant; foster; establish (확립). ¶ 세력을 ~하다 establish 〔extend〕 one's influences.
부식(副食) ☞ 부식물(副食物).
부식(腐蝕) corrosion; erosion. ~하다 corrode, erode (산(酸)에 의해). ‖ ~제 a corrosive (agent); a caustic.
부식물(副食物) a side dish; a subsidiary food.
부식성(腐食性) ¶ ~의 saprophagous 《*insect*》; scavenging 《*bird*》.
부식토(腐植土) humus (soil).
부신(副腎) adrenal glands.
부실(不實) ~하다 ① 《불성실》 (be) faithless; unfaithful; insincere; 《불신》 (be) unreliable; untrustworthy. ¶ 부실한 아내 an undeserving 〔a faithless〕 wife. ‖ ~ 기업 an insolvent enterprise. ② 《부족·불충실》 (be) short; incomplete; insufficient. ③ 《몸이》 (be) feeble; weak; delicate. ¶ 몸이 ~하다 be delicately built; be weak in body; 《불건강》 be of weak health; be in poor health.
부심(副審) a subumpire (야구); subreferee.
부심(腐心) ~하다 take pains; be at pains 《*to*》; be bent on; rack 〔tax〕 one's brain.
부썩 ☞ 바싹.
부아 ① 《허파》 the lungs. ② 《분함》 anger; rage. ¶ ~가 나다, ~를 내다 be exasperated 《*at a person's word*》; feel offended.
부양(扶養) support; maintenance. ~하다 maintain; support; sustain; provide 《*for*》. ‖ ~ 가족 a dependent family; 《have》 dependants / ~(가족) 수당 a family allowance / ~(가족) 공제 deduction for dependents; dependents exemption.
부양(浮揚) ~하다 float; be floated; be refloated (좌초한 배가). ¶ 경기를 ~시키다 boost one's business; steam up 《*peace industries*》; 《증권》 make a market. ‖ ~력(力) buoyancy / ~ 작업(作業) salvage operations.
부언(附言) an additional remark; a postscript (생략 P.S.). ~하다 add 《*that*...》; say in addition.
부얼부얼 ¶ ~하다 be plump; chubby; buxom.
부업(副業) a side line 〔job〕. ¶ ~으로(서) as a sideline.
부엉이 〖鳥〗 a horned owl.
부엌 a kitchen. ‖ ~데기 a kitchen maid / ~ 세간 kitchen utensils 〔ware〕 / ~일 kitchen work.
부여(附與) ~하다 give; grant; confer 《*a title on a person*》.
부여(賦與) ~하다 endow 〔bless〕 《*a person*》 with.
부역(賦役) compulsory 〔statute〕 labo(u)r 〔service〕. ¶ ~을 과하다 put 《*a person*》 to slave labor.
부연(敷衍) ~하다 amplify 《*on*》; expatiate 《*on*》.
부영사(副領事) a vice-consul.
부옇다 (be) whitish; grayish.
부예지다 get misty 〔hazy〕; 《눈이》 dim; be blurred.
부용(芙蓉) ① 《연꽃》 a lotus. ② 《목부용》 a cotton rosemallow.
부원(部員) a member; the staff (전체).
부유(浮遊) ~하다 waft; float; drift. ‖ ~ 기뢰 a floating mine / ~물 floating matters / ~ 생물 plankton.
부유(富裕) ~하다 (be) rich; wealthy; opulent. ☞ 유복(裕福).
부유스름하다 (be) somewhat pearly 〔milky〕; frosty.
부음(訃音) a report of 《*a person's*》 death.
부응하다(副應—) meet; conform to; satisfy 《*a person's wishes*》.
부의(附議) ~하다 refer 《*a matter*》 to 《*a committee*》.
부의(賻儀) an obituary gift. ‖ ~금 condolence money.
부의장(副議長) a vice-president 〔-chairman〕; a deputy speaker.
부익부빈익빈(富益富貧益貧) the rich-get-richer and the poor-get-poorer.
부인(夫人) a wife; a married lady; 《경칭》 Mrs. 《*Kim*》; Madam.
부인(否認) (a) denial; disapproval. ~하다 deny; disapprove; say no.
부인(婦人) a woman (☞ 여성). ‖ ~과 gyn(a)ecology (~과 의사 a gynecologist) / ~병 women's diseases 〔ailments〕 / ~회 a women's club 〔society〕.
부임(赴任) ~하다 leave 〔start〕 for one's (new) post. ‖ ~지(地) the place of appointment; one's (new) post.
부자(父子) father and son.
부자(富者) a rich 〔wealthy〕 man; a man of wealth 〔property〕; the rich (총칭). ¶ (큰) ~가 되다 become rich (as Croesus); make a (large) fortune.
부자연(不自然) ~한, ~스러운 unnatural; against nature; artificial (인위적).
부자유(不自由) lack of freedom; 《불편》 (an) inconvenience; want (결핍). ~하다 (be) not free; restricted; needy; 《몸이》 (be) disabled.
부작용(副作用) (evil) reaction; sub-

sidiary ill effects; secondary effect; side effects. ¶ ~을 일으키다 give rise to 〔produce〕 ill effects 《*on the stomach*》. 「〔stage〕.
부잔교(浮棧橋) a floating pier
부장(部長) the head 〔chief, director〕 of (a department, a section).
부장품(副葬品) an article buried in a tomb.
부재(不在) absence. ~하다 be absent; be out; be not at 〔away from〕 home. ‖ ~자 an absentee (~자 투표 absentee voting) / ~지주 an absentee landlord / 현장 ~ 증명 an alibi. 「a charm.
부적(符籍) an amulet; a talisman;
부적격(不適格) ~의 disqualified 《*for the post*》. ¶ ~이다 be unfit for; be not suited to / ~이 되다 be disqualified.
부적당(不適當) ~한 unfit 《*for, to*》; unsuited, inappropriate 《*to*》.
부적임(不適任) ~의 inadequate; unqualified; unfit; unsuitable 《*for*》. ‖ ~자 an unqualified 〔incompetent〕 person.
부적절(不適切) ~한 unsuitable; inappropriate; inadequate. ¶ ~하게 malapropos; in an inappropriate way.
부전(不全) 〖醫〗 ‖ ~ 마비 partial paralysis; paresis / ~ 색맹증 partial colo(u)r blindness / ~ 실어증(失語症) dysphasia.
부전(附箋) a slip; a tag; a label.
부전나비 〖蟲〗 a hairstreak.
부전승(不戰勝) an unearned win. ~하다 get 〔score〕 an unearned win. ¶ ~이 되다 win on default; draw a bye (추첨으로).
부전자승(父傳子承) ~하다 hand down from father to son.
부전자전(父傳子傳) ☞ 부전자승.
부전조약(不戰條約) an antiwar pact.
부절(不絕) ~하다 (be) incessant; unceasing.
부절제(不節制) excess; intemperance. ~하다 be intemperate.
부젓가락 fire tongs.
부정(不正) (an) injustice; dishonest; unlawfulness (불법); (a) wrong (비행). ~한 unjust; foul; dishonest; unlawful; wrong. ¶ ~을 하다 do wrong; cheat 《*in the examination*》(시험에서). ‖ ~ 선거 a rigged election / ~ 수단 《by》 an unlawful 〔a dishonest〕 means / ~ 축재자 an illicit fortune maker / ~품 a fraudulent article.
부정(不定) ~한 uncertain; indefinite; unfixed; irregular; unsettled. ‖ ~ 관사 an indefinite article / ~법 an infinitive mood / ~ 수입 an irregular income.
부정(不貞) unchastity; inconstancy. ~한 unchaste; unfaithful, false 《*to one's husband*》.
부정(不淨) ~한 unclean; dirty; impure; filthy. ¶ ~한 돈〔재물〕 ill-gotten money 〔wealth〕 / ~ 타다 suffer an evil 〔a bad luck〕; have 〔meet with〕 a misfortune.
부정(否定) (a) denial; negation. ~하다 deny; make a denial of; negate. ¶ ~적 negative / ~할 수 없는 undeniable; indisputable. ‖ ~문 a negative sentence / ~어 a negative.
부정공무원(不正公務員) a corrupt (-ed) 〔venal〕 official; tainted officials.
부정기(不定期) ~의 irregular. ‖ ~선(船) an irregular liner; a tramp (steamer).
부정당(不正當) ~한 unjust; improper; wrong; unlawful.
부정대부(不正貸付) an unlawful accomodation of money; an illegal loan.
부정맥(不整脈) 〖醫〗 arrhythmia; an irregular pulse. 「honest.
부정직(不正直) dishonesty. ~한 dis-
부정확(不正確) inaccuracy; incorrectness. ~한 inaccurate; incorrect.
부조(父祖) ancestors; forefathers. ¶ ~ 전래의 ancestral; hereditary.
부조(不調) bad condition; irregularity. ~하다 (be) irregular; be in disorder; 《운동선수가》 be in a bad condition; be out of form.
부조(扶助) ① 《도움》 help; aid; assistance; support. ~하다 aid; assist; help. ‖ 상호 ~ mutual aid. ② 《금품》 a congratulatory gift (결혼 따위에); (offering) condolence money〔goods〕(상가(喪家)에).
부조(浮彫) relief; relievo; embossed carving. ‖ ~ 세공 raised 〔relief〕 work.
부조리(不條理) irrationality; absurdity; unreasonableness.
부조화(不調和) disharmony; discord (-ance). ~한 inharmonious; discordant.
부족(不足) 《모자람》 shortage; deficiency; deficit (금전의); 《결핍》 want; lack; 《불충분》 insufficiency; 《불만족》 dissatisfaction; discontent. ~하다 (be) insufficient; scanty; scarce; 《서술적》 be short 《*of*》; be in want 《*of*》; be lacking 《*in*》. ¶ 천 원 ~하다 be one thousand *won* short / ~한 점이 없다 leave nothing to be desired. ‖ ~액 shortage; a deficit (금전의); a difference (차액) / 중량 ~ short weight.
부족(部族) a tribe.
부존(賦存) ~하다 be blessed 〔favo(u)red〕 《*with*》. ‖ ~ 자원 natural resources (~ 자원이 많다 be blessed with natural resourses).
부주의(不注意) carelessness; heedlessness; negligence. ~하다 be careless 《*in, about*》; be inattentive 《*to*》; be heedless 〔negli-

gent). ¶ ~하게 carelessly; inattentively; heedlessly / ~로 through one's carelessness.
부증(浮症) an edema [*pl.* -mata]; a swelling.
부지(扶支) ~하다 bear; endure; stand; hold out.
부지(敷地) a site; a lot; the ground.
부지기수(不知其數) ~이다 be innumerable (numberless).
부지깽이 a poker.
부지런하다 (be) diligent; assiduous; industrious. ¶ 부지런히 diligently; industriously; assiduously; hard.
부지불식간(不知不識間) ~에 unconsciously; involuntarily; unintentionally; unawares.
부지중(不知中) ☞ 부지불식간.
부지하세월(不知何歲月) ~이다 do not know when it will be 《*done*》.
부진(不振) dullness; inactivity; depression (불경기). ~하다 (be) dull; inactive; depressed; stagnant; slack; be in slump.
부진(不進) ~하다 make no progress.
부질없다 (be) vain; useless; futile; worthless; insignificant; trivial; nonsensical.
부집게 (a pair of) iron tongs.
부쩍 rapidly; remarkably (현저히).
부차적(副次的) secondary.
부착(附着) ~하다 adhere (stick, cling) to. ‖ ~력 cohesive power.
부창부수(夫唱婦隨) a way of life in which the wife follows the lead set by her husband.
부채 a 《*folding*》 fan. ¶ ~질하다 (use a) fan; fan oneself; 《선동》 instigate; excite; stir up / 붙는 불에 ~질하는 격이다 It is like adding oil to the fire. ‖ 부챗살 the ribs of a fan.
부채(負債) a debt (빚); liabilities (채무); dues. ¶ ~가 있다 be in debt; be indebted 《*to a person*》. ‖ ~자 a debtor.
부처 《불타》 Buddha; 《불상》 an image of Buddha. ¶ ~ 같은 사람 a saint of a man.
부처(夫妻) husband and wife; a couple. ¶ 김씨 ~ Mr. and Mrs. Kim.
부총리(副總理) a deputy prime minister; a vice-premier. ¶ ~겸 경제기획원 장관 the Deputy Premier and (concurrently) Minister of Economic Planning Board; the deputy premier-economic planning minister.
부추 〖植〗 a leek.
부추기다 stir up; incite; instigate. ¶ 부추겨서 …하게 하다 incite (instigate) 《*a person to an action, to do*》.
부축하다 help 《*a person to a car, out of the car*》; give one's arm to.
부치다¹ 《힘에》 be beyond one's power; be too much for.
부치다² 《부채로》 fan 《*a fire*》.
부치다³ ① 《보내다》 send; forward; ship (배로); mail (우송); remit (돈을). ② 《돌리다》 refer (forward) 《*to*》; pass on 《*to*》; commit (remit) 《*to*》; put. ¶ 인쇄에 ~ commit 《*it*》 to print / 재판에 ~ put 《*a case*》 on trial. ③ 《심정을》 convey one's feelings 《*to*》.
부치다⁴ 《논밭을》 (work a) farm; till; plow; cultivate 《*a field*》.
부치다⁵ 《번철에》 (cook on a) griddle.
부칙(附則) 《규칙》 an additional rule (clause).
부침(浮沈) ups and downs 《*of life*》; rise and fall; vicissitudes 《*of life*》.
부타놀 〖化〗 butanol.
부탁(付託) (a) request; (a) favo(u)r. ~하다 (make a) request; ask 《*a person to do, a person for help*》; beg; solicit ¶ ~을 들어주다 (거절하다) comply (decline) 《*a person's*》 request / ~이 있다 I have a favor to ask of you.
부탄 〖化〗 butane.
부터 ① 《사람》 from; of; through. ¶ 친구로~ 온 편지 a letter from a friend (far away). ② 《장소》 from; out of; off. ¶ 서울~ 인천까지 from Seoul to Incheon. ③ 《시간》 from; since (이래); (on and) after (며칠 이후). ¶ 세 시~ 다섯 시까지 from three to five / 그 때~ since then / 지금~ from now on. ④ 《견지·표준》 from; by. ¶ 이러한 사실로~ 판단하면 judging from these facts. ⑤ 《범위》 (ranging) from...to. ¶ 대체로 2만원 ~ 3만원 사이 all the way from 20,000 *won* to 30,000 *won*. ⑥ 《순서》 beginning with; first; starting from. ¶ 무엇~ 할까 What shall I begin with (do first)?
부통령(副統領) a vice-president (생략 V.P.).
부패(腐敗) 《물질의》 decomposition; rotting; putrefaction; 《정신의》 corruption. ~하다 《물질이》 go (become) bad; rot; be spoiled (decomposed); decay; 《정신이》 be(come) corrupted; degenerate. ¶ ~한 rotten; spoiled; decayed; corrupt 《*life, society*》 / ~하기 쉬운 perishable; corruptible / 정치의 ~ the corruption of politics. ‖ ~공무원 a tainted (corrupt) official / ~균 saprogenous bacillus.
부평초(浮萍草) ☞ 개구리밥.
부표(否票) a "nay" vote; a vote "no". ¶ ~를 던지다 vote against …; ballot against….
부표(浮漂) floating; floatage.
부표(浮標) a buoy; 《낚시찌》 a float; a cork; a quill. ‖ ~등 a buoy light.
부풀다 ① 《팽창》 get bulky; swell up (물건이); rise (빵이); expand

(팽창하다). ② ☞ 보풀다.
부풀리다 ① 《팽창》 swell (out); bulge 《*one's pocket with candies*》; expand; inflate 《*a balloon with gas*》; puff out 《*one's cheeks*》. ② 《보풀을》 raise a nap on; nap. 「품).
부품(部品) parts; accessories (부속
부프다 ① 《크다》 (be) bulky. ② 《성급하다》 (be) quick-tempered.
부피 bulk; volume; size. ¶ ~ 있는 bulky; voluminous.
부하(負荷) ① 《짐》 a burden; a load. ② 〖電〗 load. ‖ ~ 전류〔율, 시험〕 a load current 〔factor, test〕.
부하(部下) one's men; a subordinate; an underling; a follower (하나). ¶ ~ 사병(士兵) the soldiers 〔men〕 under one's command / ~ 3,4명을 거느리고 with three or four men under one's command.
부합(符合) coincidence; agreement; correspondence. ~하다 agree 〔tally, coincide〕 with; correspond 《*to, with*》. ¶ …의 말과 ~하다 fit in with 《*a person's*》 story.
부형(父兄) parents and brothers.
부호(符號) a mark; a sign; a symbol; a cipher (암호); a code (전신부호).
부호(富豪) a rich man; a man of wealth; a millionaire (백만장자); a billionaire (억만장자).
부화(孵化) hatching; incubation. ~하다 hatch 《*eggs, chickens*》; incubate. ‖ ~기 an incubator / ~장 a hatchery / 인공 ~(법) artificial incubation.
부화뇌동(附和雷同) ~하다 follow 《*another*》 blindly; echo 《*another's views*》; chime in with.
부활(復活) 《소생》 resurrection; rebirth; 《회복》 revival; 《재흥》 restoration. ~하다 revive; come to life again; resuscitate; resurrect. ‖ ~절 Easter (~절 전야 Easter eve). 「(-president).
부회장(副會長) a vice-chairman
부흥(復興) revival; reconstruction; rehabilitation. ~하다 be reconstructed; be revived; revive (☞ 복구). ‖ ~ 사업(事業) reconstruction〔rehabilitation〕 work / 경제 ~ economic rehabilitation / 문예 ~ the Renaissance.
북¹ 〖樂〗 a drum. ¶ ~을 치다 beat a drum / ~치는 사람 a drummer.
북² 《베틀의》 a spindle; a shuttle.
북³ 《흙》 soil piled up around a plant. ¶ ~(을) 주다 heap soil around 《*a plant*》.
북(北) the north. ~의 north; northern; northerly. ¶ ~으로 north; northward(s) / …의 ~에 (to the) north of… (북방); on the north of…(인접); in the north of…(북부).
북경(北京) 《중국의》 Peking.
북광(北光) aurora borealis.
북괴(北傀) (Communist) north Korea; the north Korean puppet regime.
북구(北歐) Northern Europe. ~의 Scandinavian. ‖ ~ 인종 the Nordic race.
북국(北國) a northern country.
북극(北極) the North Pole. ~의 Arctic; polar; pole. ‖ ~곰 a pole bear / ~광 ☞ 북광 / ~권 the Arctic Circle / ~성(星) the polestar / ~양 the Arctic Ocean / ~지방 the Arctic region
북녘(北―) the north(ward); the northern part.
북단(北端) the north(ern) end.
북대서양(北大西洋) the North Atlantic (Ocean). ‖ ~ 조약 기구 the North Atlantic Treaty Organization (생략 NATO).
북더기 waste straw; straw 〔grass〕 refuse.
북돋우다 ① 《북주다》 heap earth around 《*a plant*》. ② 《원기·힘을》 cheer up; invigorate; encourage. ¶ 사기를 ~ stimulate the morale 《*of troops*》.
북동(北東) northeast (생략 N.E.). ‖ ~풍 a northeaster(ly wind).
북두칠성(北斗七星) the Great Bear 〔Dipper〕; the Plough 〔Plow 《美》〕.
북미(北美) North America. ~의 North American. ‖ ~ 자유무역협정 the North American Free Trade Agreement 《NAFTA》 / ~합중국 the United States of America 《U.S.A.》. 「sphere.
북반구(北半球) the Northern Hemi-
북방(北方) the north; northward; a northern district (지방). ~의 northern; northerly. ¶ ~에, ~으로 northwards; toward the north. ‖ ~ 정책 a northern 〔northward〕 policy; a Nordpolitik
북부(北部) the north(ern part).
북북 《세게》 《scrape, scratch》 hard 〔roughly〕; 《rip》 to pieces.
북북동(北北東) north-northeast.
북북서(北北西) north-northwest.
북빙양(北氷洋) the Arctic Ocean.
북상(北上) ~하다 go (up) north; proceed northward.
북새 hustle; bustle; commotion; hubbub. ~ 놓다 hustle and bustle. ¶ ~통에 in the confusion; during the commotion.
북서(北西) northwest (생략 N.W.) ‖ ~풍 a northwester(ly wind).
북슬개 a shaggy dog; a poodle.
북슬북슬 ¶ ~한 bushy; shaggy.
북안(北岸) the northern coast.
북양(北洋) the northern sea.
북어(北魚) a dried pollack.
북위(北緯) the north latitude (생략 N.L.). ¶ ~37도 30분 《in》 lat. 37° 30′N.L.
북적거리다 《뒤끓다》 bustle; crowd; throng 《*the streets*》; be crowded

〔jammed〕《*with people*》.
북적북적 in a bustle; full of stir; bustling. 「☞ 북³.
북주다 earth up; hill 《*potatoes*》.
북진(北進) 《나아감》 ~하다 march 〔go〕 north; sail northward(배가).
북쪽(北一) the north(☞ 북). ~의 north; northern; northerly. ¶ ~으로 north(ward(s)) / ~에 to the north.
북채 a drumstick.
북풍(北風) the north(erly) wind. ¶ 살을 에는 ~ a biting 〔freezing〕 north wind.
북한(北韓) North Korea.
북해(北海) the North Sea.
북향(北向) a northern aspect 〔exposure〕. ‖ ~집 a house facing north.
북회귀선(北回歸線) the Tropic of Cancer.
분(分) ① 《시간·각도의》 a minute 《*of an hour* 〔*degree*〕》. ¶ 15~ a quarter 《*of an hour*》; fifteen minutes. ☞ 푼수. ② 《1의 1/10》 percent; 0.1%(☞ 푼). ¶ 1할 5~ fifteen percent.
분(忿·憤) 《분격》 indignation; 《노염》 wrath; anger; 《원통》 vexation; mortification; chagrin; regret. ¶ ~이 나다 get 〔be〕 indignant 《*at*》.
분(盆) a flower pot.
분(粉) (face) powder 〔paint〕. ¶ ~을 바르다 powder 〔paint〕 one's face. ‖ ~내 the smell of powder / 물~ liquid powder.
…분(分) ① 《부분》 a part. ¶ 3~의 1 a third (part); one-third. ② 《몫》 a share; a portion; 《양》 quantity; amount. ¶ 2일~의 양식 food for two days / 식사 5인~ dinner for five. ③ 《성분》 an ingredient; a component. ¶ 알코올~ alcoholic contents 〔percentage〕.
분가(分家) a branch family. ~하다 establish 〔set up〕 a branch 〔separate〕 family.
분간(分揀) 《분별》 distinction; discrimination; discernment. ~하다 distinguish 《*between A and B, A from B*》; discriminate 《*A from B*》; know 〔tell〕 《*from*》; discern. ¶ ~하기 어려운 indistinguishable.
분갑(粉匣) a puff box; a compact.
분개(分介) 〖簿〗 journalizing. ~하다 journalize. ‖ ~장 a journal.
분개(憤慨) indignation; resentment. ~하다 be 〔get〕 very angry; be indignant 《*at*》; be enraged; resent. ¶ ~하여 in resentment 〔a rage〕; indignantly / ~시키다 enrage; infuriate.
분격(奮激) ☞ 분기(奮起).
분견(分遣) detachment. ~하다 detach; detail. ‖ ~대 a detachment; a contingent.
분결(粉一) ¶ ~ 같은 tender and spotless; fair-skinned / 살결이 ~ 같다 have a fair skin; have a smooth complexion.
분계(分界) 《경계》 a boundary; a border; 《한계》 demarcation. ~하다 demarcate; delimit. ‖ ~선 a boundary 〔demarcation〕 line(군사 ~선 the military demarcation line).
분골쇄신(粉骨碎身) ~하다 do one's best; make one's best exertions.
분공장(分工場) a branch factory.
분과(分科) a section; a branch. ‖ ~위원회 a subcommittee.
분관(分館) an annex; a detached building.
분광(分光) spectrum. ‖ ~기 a spectroscope / ~사진 a spectrogram / ~학 spectroscopy.
분교(分校) a branch school.
분국(分局) a branch (office).
분권(分權) decentralization (of authority 〔power〕). ‖ ~주의 decentralism.
분규(紛糾) a complication; confusion; a trouble; a dispute (분쟁). ¶ ~를 일으키다 cause 〔arouse, make〕 trouble.
분극(分極) 〖電〗 polarization.
분기(分岐) ~하다 branch off; diverge; ramify. ‖ ~선 a branch (line) / ~점 a turning point; a crossroads; a junction (철도의).
분기(奮起) ~하다 rouse oneself up 《*to*》; brace up 《*to, for*》. ¶ ~시키다 encourdge 《*a person to do*》; brace up. 「spite 〔vexation〕.
분김(憤一) ~에 in a rage; out of
분꽃(粉一) 〖植〗 a marvel-of-Peru.
분납(分納) an installment payment. ~하다 pay by 〔in〕 installments.
분노(憤怒) (a) fury; rage; indignation. ~하다 get 〔be〕 angry 《*at, with*》; be enraged. ¶ ~를 사다 bring another's wrath upon oneself.
분뇨(糞尿) excrements; night soil. ‖ ~차(車) a night-soil truck; a dung cart.
분단(分團) a branch; a (local) chapter 《美》.
분단(分斷) ~하다 divide into section; cut in halves. ‖ ~국 a divided 〔partitioned〕 country 〔nation〕.
분담(分擔) one's share; (an) allotment (할당); one's duty (의무). ~하다 share in 《*the work*》; share 《*the work*》 with 《*a person*》; pay one's share 《*of the expenses*》 / ~시키다 allot 〔assign〕 a part of 《*the work*》 to 《*a person*》. ‖ ~금 one's alloted charge.
분당(分黨) ~하다 secede 《*from a political party*》; split up 《*into two parties*》.
분대(分隊) a squad (육군); a de-

tachment (분견대); a division (해군). ‖ ~장 a squad leader [commander] (육군); a divisional officer (해군).
분대질 ¶ ~치다 make [raise] trouble; kick up a dust.
분란(紛亂) 《혼란》 disorder; confusion; 《소란》 bustle; 《말썽》 trouble. ¶ ~을 일으키다 complicate matters; muddle 《things》 up; throw into disorder.
분량(分量) a quantity; a dose (약의). ¶ ~이 늘다 [줄다] gain [diminish] in quantity.
분력(分力) a component (force).
분류(分流) a tributary; a branch. ~하다 branch 《from》.
분류(分溜) 【化】 fractional distillation; fractionation. ‖ ~관(管) a fractionating column / ~ 분해 fractional decomposition / ~ 장치 a fractionator.
분류(分類) (a) classification; assortment (품별로). ~하다 classify 《as, into》; divide 《things》 into classes; assort. ‖ ~ 번호 a class number (도서 등의) / ~표 a classified list [table] / ~학(學) taxonomy.
분류(奔流) a rapid stream; a torrent.
분리(分離) (a) separation; segregation; (a) secession. ~하다 《떼다》 separate 《a thing》 from; isolate; 《떨어지다》 be separated 《from》; secede 《from》. ¶ ~할 수 없는 inseparable. ‖ ~ 과세 separate taxation.
분리수거(分離收去) separate collection. ¶ 쓰레기 ~ separate garbage collection
분립(分立) ~하다 separate [segregate, secede] 《from》; become independent 《of》.
분만(分娩) (a) childbirth; parturition; delivery. ~하다 give birth to [be delivered of] 《a boy》. ‖ ~실 a delivery room. ‖ 무통 ~ twilight sleep; painless labo(u)r.
분말(粉末) powder. ~의 powdered.
분망(奔忙) the press(ure) of business. ~하다 (be) busy; be occupied [heavily engaged].
분매(分賣) ~하다 sell 《things》 singly.
분명(分明) clearness. ~하다 (be) clear; distinct; plain; evident; obvious; unquestionable. ¶ ~히 clearly; plainly; apparently / ~한 증거 a positive proof / ~히 하다 make clear; clarify; prove; explain.
분모(分母) 【數】 a denominator.
분묘(墳墓) a tomb; a grave.
분무(噴霧) ~하다 atomize. ‖ ~기 a spray(er); a vaporizer; an atomizer / ~도장(塗裝) spraying; spray painting.
분문(噴門) 【解】 the esophageal orifice (of the stomach); the cardia.
분바르다(粉—) powder 《one's face》; put powder on 《one's face》.
분발(奮發) ~하다 exert oneself; make strenuous efforts; endeavo(u)r; do one's best. ‖ ~심(心) a spurt; the spirit of exertion.
분방(奔放) ~하다 (be) free and unrestrained.
분배(分配) sharing; distribution. ~하다 distribute 《things among, to》; divide 《things among, between》; allot 《things to》; portion (out). ¶ ~를 받다 have a share 《of, in》. ‖ ~액 a share.
분변(分辨) ☞ 분별 ②.
분별(分別) ① 《구별》 discrimination; 《분류》 classification; assortment. ~하다 distinguish; discriminate 《A from B, between A and B》; tell 《a thing》 from 《another》; 《분류》 classify; assort. ② 《분변》 good sense; discretion. ¶ ~있는 sensible; thoughtful; prudent / ~없는 thoughtless; imprudent.
분봉(分封) ① 《제후의》 ~하다 enfeoff; invest 《a person》 with a fief. ② ☞ 분봉(分蜂).
분봉(分蜂) ~하다 hive off.
분부(吩咐) 《명령》 an order; a command; 《지시》 directions; instructions. ~하다 tell; order; bid; command; give instructions [directions]. ¶ ~대로 하다 do as one is bidden; act according to orders.
분분하다(紛紛—) ¶ 제설(諸說)이 ~ There are diversities of opinion.
분비(分泌) secretion; excretion (배설). ~하다 secrete; excrete. ‖ ~기관 a secretory organ / ~물 a secretion; an excretion / ~선(腺) a secreting gland / ~액 secreting fluid.
분사(分詞) a participle. ‖ ~구문 a participial construction / 현재 [과거] ~ a present [past] participle.
분사(憤死) ~하다 die of indignation.
분사(噴射) ~하다 jet; spout; eject. ¶ ~ 추진식의 jet(-propelled).
분산(分散) (a) breakup; dispersion. ~하다 break up; scatter; disperse; decentralize. ¶ 인구를 ~하다 disperse the population.
분상(粉狀) ~의 powdered; pulverized; powdery.
분석(分析) (an) analysis; an assay (광석의). ~하다 analyze; assay. ¶ ~적인 analytic(al). ‖ ~학 analytics (~ 학자 an analyst [assayer]) / ~화학 analytical chemistry.
분설(分設) ~하다 establish [set up] 《a branch of》.
분성(分性) 【理】 divisibility.
분손(分損) 【經】 a partial loss.
분쇄(粉碎) ~하다 《가루로》 reduce to powder; pulverize; 《부수다》 shatter [smash] to pieces; 《격파》

crush; smash; annihilate. ‖ ~기(機) a pulverizer; a grinder; a crusher.
분수(分數)[1] ①《분별》discretion; propriety; good sense; prudence. ¶ ~없다 lack prudence. ②《분한》one's lot [status, place]; one's means; one's social standing. ¶ ~에 맞게 [안 맞게]《live》within [above] one's means / ~를 지키다 keep to one's sphere in life; keep within one's bounds / ~를 모르다 fail to know oneself; get oneself above.
분수(分數)[2]〖數〗fraction; a fractional number. ~의 fractional. ‖ ~식 a fractional expression / 가 [진, 복] ~ an improper [a proper, a complex] fraction.
분수(噴水) a fountain; a jet《*of water*》. ‖ ~기(器) a waterspout.
분수령(分水嶺)《form》a watershed《英》; a divide《美》.
분승(分乘) ~하다 ride separately.
분식(扮飾) (an) embellishment; (a) decoration; makeup (화장). ~하다 decorate; embellish; paint; make up. 「~하다 eat flour.
분식(粉食) powdered food; flour.
분신(分身) ①〖佛〗an incarnation of the Buddha. ②《제2의 나》one's other self; the *alter ego*《라》.
분신(焚身) ~하다 burn oneself to death. ¶ ~ 자살하다=분신하다. ‖ ~ 자살 burning oneself to death; self-burning.
분실(分室)《관공서 따위의》a detached office.
분실(紛失) loss. ~하다 lose; miss; be lost; be missing. ‖ ~물 a lost [missing] article / ~(물) 신고 the report of the loss《*of an article*》.
분압(分壓)〖機〗partial pressure.
분야(分野) a sphere; a field; a division; a branch. ¶ ~가 다르다 be off [out of] one's line [beat, domain]. ‖ 연구 ~ a field [an area] of study.
분양(分讓) ~하다 sell《*land*》in lots; lot out. ‖ ~ 주택 a house for installment sale; a condominium / ~지 land for sale in lots.
분업(分業) division of labo(u)r; specialization. ~하다 divide work《*among*》; specialize《*in*》.
분연(憤然) ~히 indignantly; in a rage.
분연(奮然) ~히 resolutely; courageously; boldly; vigoro(u)sly.
분열(分列) ~하다 file off. ‖ ~식《hold》a parade; a march past.
분열(分裂) a split; (a) division; disruption; breakup. ~하다 split《*into factions*》; break up. ‖ 세포 ~ segmentation / 핵 ~ nuclear fission.
분외(分外) ~의《과분한》beyond one's lot [status]; undeserved; unworthy;《과도의》undue. ¶ ~의 영광 an undeserved hono(u)r.
분요(紛擾) ☞ 분란. ¶ ~를 일으키다 give rise to complications; kick up a row; raise a dust.
분원(分院) a detached building; a branch hospital [institute].
분위기(雰圍氣)《produce, create》an atmosphere. ¶ 자유 ~에서 in an atmosphere of freedom / ~를 조성하다 [깨뜨리다] create [destroy] an atmosphere.
분유(粉乳) powdered milk. ‖ 탈지 ~ nonfat dry milk.
분자(分子) ①〖化〗a molecule;〖數〗a numerator. ‖ ~량 molecular weight / ~ 생물학 molecular biology / ~식 a molecular formular. ②《사람》an element; elements. ‖ 불평 ~ discontented elements.
분잡(紛雜) confusion; a mess; disorder. ~한 confused; crowded.
분장(分掌) ~하다 divide [allot]《*office, duties*》among; take partial charge of《*business*》.
분장(扮裝) (a) makeup; (a) disguise; (an) impersonation. ~하다 make [dress] up as; (im)personate, act as, act [play] the part of (배우가); disguise oneself as (변장). ‖ ~실 a dressing room.
분재(分財) ~하다 distribute one's property《*among*》.
분재(盆栽) culture of plants in pots;《나무》a potted plant. ~하다 culture plants in pots.
분쟁(紛爭) a trouble; a dispute; (a) strife; controversy. ¶ ~의 씨 an apple of dispute [discord]. ‖ 국제 ~ an international dispute.
분전(奮戰) a desperate fight; hard [hot] fighting. ~하다 fight desperately [hard].
분점(分店) a branch shop [store].
분젠등(―燈) a Bunsen burner.
분주(奔走) ~하다 (be) busy; busily engaged. ¶ ~하게 busily; in hurried manner.
분지(盆地) a basin; a hollow.
분지르다 break; snap(딱하고); fracture (뼈를).
분책(分冊) a separate volume.
분첩(粉貼) a (powder) puff.
분초(分秒) a moment (or second).
분출(噴出) ~하다 gush out [forth]; spout; belch《*out, forth*》(불, 연기를); well《*out, up, forth*》(솟아 나오다); jet; emit. ‖ ~물 ejecta; eruptions (화산의).
분침(分針) the minute [long] hand.
분탄(粉炭) slack; dust [fine] coal.
분탕질(焚蕩―) ~하다 squander; run through; dissipate.
분통(憤痛) resentment; vexation. ¶ ~터지다 be greatly vexed; be mortified; resent《*at*》.
분투(奮鬪) a hard fighting; a struggle; efforts (노력). ~하다 strug-

gle; fight hard; 《노력》 work hard; make efforts.
분파(分派) a sect; a faction. ‖ ~활동 factional activities.
분패(憤敗) ☞ 석패(惜敗).
분포(分布) (a) distribution. ~하다 be distributed; range 《*from a place to another*》. ‖ ~도 a distribution chart.
분풀이(憤一) ~하다 vent one's anger [spite] 《*on*》; revenge oneself 《*on*》. ¶ ~로 out of spite.
분필(粉筆) (a piece of) chalk.
분하다(扮一) ☞ 분장(扮裝).
분하다(憤一) ① 《원통》 (be) mortifying; vexing. ¶ 분해서 out of vexation / 분해하다 be [feel] vexed [mortified] 《*at*》; resent. ② 《아깝다》 (be) regrettable; sorry. ¶ 분해하다 regret; be regretful.
분한(分限) ① 《한계》 a limit. ② 《실용성》 usefulness; utility; 《경제성》 economical [wise] use. ¶ ~있다 [없다] be economical [wasteful]. ③ ☞ 분수(分數)[1] ②.
분할(分割) division; partition. ~하다 divide 《*a thing into*》; partition; cut up; split. ‖ ~상환 payment by [in] installments / ~지배 divide and rule.
분할(分轄) ~하다 divide for administrative purposes.
분해(分解) 《분석》 (an) analysis; 《물질의》 resolution; decomposition; disintegration. ~하다 《분석》 analyze; take 《*a machine*, etc.》 to pieces; overhaul (분해 수리); 《물질이, 을》 resolve 《*into*》; dissolve; decompose. ‖ ~사진 a photographic playback / ~작용 disintegration; catabolism (생물 등).
분향(焚香) ~하다 burn incense.
분홍(粉紅) pink (colo(u)r).
분화(分化) differentiation; specialization. ~하다 differentiate; specialize; branch into.
분화(噴火) an eruption; volcanic activity. ~하다 erupt; go [burst] into eruption. ‖ ~구 a crater / ~산 a volcano.
분회(分會) a branch; a (local) chapter.
붇다 ① 《물에 젖어》 swell (up); become sodden; get soaked. ② 《늘다》 increase; gain; grow bulky (부피가); swell. ¶ 강물이 ~ the river rises.
불[1] ① 《일반적》 fire; 《화염》 flame; blaze. ¶ ~붙기 쉬운 easily set on fire; easy to catch fire; inflammable / ~(이) 붙다 catch [take] fire / ~을 붙이다 set fire 《*to*》; light (점화) / ~을 일으키다 make a fire / ~을 끄다 put out a fire. ② 《등화》 a light; a lamp; an electric light. ¶ ~을 켜다 (make a) light; light a lamp; switch [turn] on the light(s) (전등) / ~을 끄다 put out [turn off] the light [a lamp]. ‖ 전깃 ~ electric light. ③ 《화재》 a fire; a conflagration (큰 불). ¶ ~을 내다 start [cause] a fire; have a fire started 《*in a house*》 / ~이 나다 a fire breaks out / ~ 조심하다 look out for fire; take precautions against fire. ‖ ~바다 a sea of flame.
불[2] 《음낭》 the scrotum; 《불알》 the testicles; the balls 《俗》.
불(弗) a dollar. ☞ 달러.
불(佛) 《부처님》 Buddha; 《프랑스》 France.
불…(不) not; un-; in-; non-.
불가(不可) ~하다 (be) wrong; bad; improper; unadvisable.
불가(佛家) ① 《불문》 (Buddhist) priesthood; a Buddhist (신자). ② 《절》 a Buddhist temple.
불가결(不可缺) ~하다 (be) indispensable 《*to*》; essential 《*to*》.
불가능(不可能) impossibility. ~한 impossible; unattainable; impracticable. ¶ ~한 일 an impossibility.
불가래 a fire shovel.
불가리아 Bulgaria. ¶ ~의 Bulgarian / ~사람 a Bulgarian.
불가분(不可分) indivisibility. ~의 inseparable; indivisible. ¶ ~의 관계에 있다 be inseparably related 《*to each other*》.
불가불(不可不) inevitably; whether willing or not; willy-nilly. ¶ ~해야(만) 하다 have no choice but to do.
불가사리 【動】 a starfish; an asteroid.
불가사의(不可思議) (a) mystery; a wonder; a miracle (기적). ~한 mysterious; miraculous; strange; marvel(l)ous.
불가시(不可視) invisibility. ‖ ~광선 dark [invisible] rays.
불가역성(不可逆性) irreversibility.
불가역현상(不可逆現象) an irreversible phenomenon.
불가침(不可侵) nonaggression; inviolability (신성). ~의 inviolable; sacred. ‖ ~권(權) an inviolable right / ~조약 a nonaggression pact [treaty] 《*with*》.
불가피(不可避) ~한 inevitable; unavoidable.
불가항력(不可抗力) an irresistible force; *force majeure* 《프》; an act of God. ~의 uncontrollable; beyond one's control. ¶ ~이다 be inevitable; be beyond our control.
불가해(不可解) ~한 mysterious; incomprehensible; strange. ¶ ~한 일 a mystery; an enigma.
불간섭(不干涉) nonintervention; noninterference. ~하다 do not interfere [meddle] 《*in, with*》. ‖ ~주의(主義) a nonintervention [laissez-faire] policy.
불감증(不感症) 【醫】 frigidity. ¶ ~의 여자 a frigid woman / ~이 되다 grow insensible 《*to*》.

불개미 〖蟲〗 a red ant.
불개입(不介入) nonintervention; noninvolvement. ‖ ~정책 a nonintervention policy.
불거웃 pubic hair; pubes.
불거지다 ① 《비어지다》 protude; jut out; bulge out; swell out. ② 《숨겼던 것이》 appear; come out.
불걱거리다 ① 《씹다》 chew 《*rubbery things*》 mumblingly. ② 《빨래를》 scrub (and scrub).
불건전(不健全) ~한 unsound; unwholesome; unhealthy.
불경거리다 be chewy [lumpy, leathery].
불결(不潔) ~하다 (be) dirty; unclean; filthy; foul; unsanitary. ‖ ~물 dirt; filth.
불경(不敬) ~한 disrespectful; irreverent; impious. ‖ ~죄 (a case of) lese majesty.
불경(佛經) the Buddhist scriptures; the sutras.
불경기(不景氣) 《일반의》 hard [bad] times; dullness; 《상업의》 (business) depression; slump. ¶ 심각한 ~ a serious depression.
불경제(不經濟) bad [poor] economy; extravagance; waste (낭비). ~적(인) uneconomical; expensive.
불계승(不計勝) 《바둑》 a one-sided game. ~하다 win 《*a game*》 by a wide margin.
불고(不顧) ~하다 reglect; disregard; ignore; take no notice 《*of*》; pay no attention 《*to*》.
불고기 roast [grilled] meat; *bulgogi*.
불공(不恭) ~한 insolent; impolite.
불공(佛供) 《offer》 a Buddhist mass.
불공대천지수(不共戴天之讎) a mortal foe; a sworn enemy.
불공정(不公正) ~하다 (be) unfair; unjust; inequitable; partial.
불공평(不公平) ~하다 (be) partial; unfair; unjust. ¶ ~한 짓을 하다 do injustice 《*to*》 / ~한일이 없도록 하다 see that no one will suffer an injustice [a disadvantage].
불과(不過) only; mere(ly); 《지나지 않는》 nothing but...; no more than.... ¶ 동창에 ~하다 be nothing but a schoolmate.
불과(佛果) 〖佛〗 Buddhahood; *Nirvana* 《梵》.
불교(佛敎) Buddhism. ~의 Buddhist(ic). ‖ ~도(徒) a Buddhist; a follower of Buddhism / ~ 문화 Buddhist civilization [culture] / ~ 청년회 the Young Men's Buddhist Association.
불구(不具) deformity; malformation. ~의 deformed; maimed; crippled (절름발이); disabled; disfigured (얼굴이). ‖ ~자(者) a deformed[disabled, maimed] person; a cripple.
불구(不拘) ~하고 in spite of; despite (of); notwithstanding; 《상관없이》 regardless [irrespective] 《*of*》.
불구대천(不俱戴天) ☞ 불공대천지수.
불구속(不拘束) nonrestraint. ~으로 without physical restraint. ‖ ~입건 booking without detention.
불굴(不屈) ~의 indomitable; dauntless. ¶ ~의 정신 an indomitable spirit. ‖ 불요 ~ dauntlessness; indomitableness.
불귀(不歸) ¶ ~의 객이 되다 pass away; go on one's last journey.
불규칙(不規則) irregularity. ~하다 (be) irregular; unsystematic; unsteady. ¶ ~하게 irregularly; unsystematically; fitfully / ~한 생활을 하다 live an irregular life.
불균형(不均衡) imbalance; inequality; disproportion. ~하다 (be) out of balance; ill-balanced; disproportionate. ¶ 경제적인 ~을 시정하다 redress economic imbalance.
불그데데하다 (be) somberly reddish.
불그레하다 (be) reddish.
불그스름하다 ☞ 불그레하다.
불그죽죽하다 ☞ 불그데데하다.
불급(不急) ~한 not urgent [pressing]. ¶ 불요 ~한 산업 a nonessential industry.
불긋불긋 ¶ ~하다 be dotted with red.
불기(一氣) fire. ¶ ~없는 unheated; fireless / ~없는 방 an unheated room.
불기둥 a pillar of fire [flames].
불기소(不起訴) nonprosecution. ¶ ~로 하다 drop a case / ~가 되다 be acquitted (사람이 주어). ‖ ~처분 a disposition not to institute a public action.
불긴(不緊) not urgently needed[necessary] 《*to*》; not essential 《*to*》.
불길 the fire [flames, blaze]. ¶ ~에 휩싸다 be wrapped in flames / ~을 잡다 put out a fire; bring [get] a fire under control.
불길(不吉) ~한 unlucky; ominous; inauspicious. ¶ ~한 예감 an ominous presentiment / ~한 전조 an ill omen.
불김 《in》 the warmth of a fire.
불까다 castrate; emasculate; geld.
불꽃 《화염》 a flame; a blaze; 《불똥》 a spark; 《꽃불》 fireworks. ¶ ~이 튀다 spark. ‖ ~놀이 a fireworks display [exhibition].
불끈 《갑자기》 suddenly; 《단단히》 firmly; fast; tightly. ¶ ~화내다 flare up; fly into a passion / 주먹을 ~쥐다 clench one's fist.
불나다 a fire breaks out [occurs].
불나방 a tiger moth.
불난리(一亂離) 《in》 the confusion of a fire.
불놀이 《불장난》 playing with fire. ~하다 play with fire.
불놓다 set fire 《*to*》; set 《*a house*》 on fire.
불능(不能) ☞ 불가능, 무능(력). ‖ 지급 ~ insolvency; one's inability to pay.

불다¹ 《바람이》 blow; breathe (조용히). ¶ 바람이 세게 분다 It blows hard.
불다² ① 《입으로》 blow; breathe out (숨을). ¶ 촛불을 불어 끄다 blow out a candle. ② 《악기를》 play 《*the flute*》; sound 《*a trumpet*》; blow 《*a whistle*》. ③ 《죄를》 confess 《*one's guilt*》; own (up).
불단(佛壇) a Buddhist altar.
불당(佛堂) a Buddhist shrine [temple].
불덩어리 a fireball; 《고열》 a high fever.
불도(佛徒) a Buddhist; a believer in Buddhism.
불도(佛道) Buddhist doctrines; Buddhism.
불도저 a bulldozer. ¶ ~로 땅을 밀다 bulldoze land.
불독 《개》 a bulldog.
불되다 (be) oppressive; hard; harsh; severe.
불두덩 the pubic region.
불등걸 embers; a brand.
불때다 make [build] a fire.
불똥 a spark(le).
불뚱거리다 take [get into a] huff.
불뚱이 choler; a passion; temper. ¶ ~를 일으키다 [누르다] lose [control] one's temper; fly into a [keep down one's] passion.
불란서(佛蘭西) France.
불량(不良) ~하다 (be) bad; inferior; delinquent. ¶ ~화하다 be degraded; become delinquent. ‖ ~도체 a nonconductor; an insulator / ~배 a scoundrel; a hoodlum / ~소년 소녀 a juvenile delinquent / ~품 a substandard article / ~학생 a disorderly [bad] student.
불러내다 call 《*a person*》 out; 《전화통에》 call 《*a person*》 up (on the phone); 《꾀어내다》 lure 《*a person*》 out of [from].
불러오다 call 《*a person*》 to one [one's presence]; summon; 《사람을 보내》 send for 《*a person*》.
불러일으키다 arouse; rouse; stir up; awaken. ¶ 여론을 ~ arouse public opinion / 주의를 ~ call 《*a person's*》 attention 《*to*》.
불려가다 be summoned to 《*the police*》. ¶ 사장에게 ~ be called before the president.
불로(不老) eternal youth. ‖ ~불사 eternal youth and immortality / ~장생 《the secret of》 eternal youth / ~초 an elixir of life.
불로소득(不勞所得) an unearned income; a windfall income. ‖ ~생활자 a person living on unearned incomes; a rentier.
불룩거리다 bulge.
불룩하다 (be) swollen; baggy; fat; bulgy.
불륜(不倫) immorality. ~의 immoral 《*conduct*》; illicit 《*love*》.
불리(不利) a disadvantage; a handicap. ~한 disadvantageous; unfavo(u)rable. ¶ ~한 입장에 서다 be (placed) at a disadvantage.

불리다¹ 《배를》 fill 《*one's stomach*》; 《사복채우다》 enrich oneself 《*with public fund*》; feather one's nest.
불리다² ① 《쇠를》 forge; temper. ② 《곡식을》 ☞ 까부르다.
불리다³ 《부름받다》 be called [summoned].
불리다⁴ 《바람에》 be blown; blow.
불리다⁵ ① 《물에》 soak [dip, steep] 《*a thing*》 in; sodden; soften. ② 《늘리다》 increase 《*one's fortune*》; add 《*to*》.
불림 《쇠붙이의》 tempering.
불만(不滿), 불만족(不滿足) dissatisfactions 《*with, at*》; discontent. ~의 dissatisfied; discontented; unsatisfactory. ¶ ~으로 여기다 be not satisfied 《*with*》.
불만스럽다(不滿―) (be) unsatisfactory; dissatisfied; discontented.
불매운동(不買運動) a consumer [buyers'] strike [boycott]; a civic campaign to boycott some products.
불면불휴(不眠不休) ¶ ~로 《work》 day and night.
불면증(不眠症) 《suffer from》 insomnia. ‖ ~환자 an insomniac.
불멸(不滅) 《정신적인》 immortality; 《물질의》 indestructibility. ~의 immortal; eternal.
불명(不明) ① 《사람됨이》 lack of brightness. ~하다 (be) unwise; ignorant; stupid. ② ☞ 불명료. ¶ 원인 ~이다 be unknown; remain unexplained; be a mystery.
불명료(不明瞭) ~하다 (be) indistinct; obscure; not clear; vague.
불명예(不名譽) (a) dishono(u)r; (a) disgrace; (a) shame. ~한 dishonorable; shameful; disgraceful. ‖ ~제대 dishonorable discharge.
불모(不毛) ~의 barren; sterile. ‖ ~지(地) barren [waste] land.
불문(不問) ¶ …을 ~하고 without regard to; regardless 《*of sex*》 / ~에 부치다 pass over 《*a matter*》; connive 《*at a matter*》.
불문(佛門) priesthood; Buddhism. ¶ ~에 들다 become a Buddhist.
불문가지(不問可知) ~이다 be obvious; be self-evident.
불문곡직(不問曲直) ~하다 do not inquire into the rights and wrongs 《*of a case*》; do not care the propriety 《*of*》.
불문율(不文律) an unwritten law; *lex non scripta* 《라》.
불미(不美) ~한 [스러운] ugly; unsavo(u)ry; unworthy; scandalous; shameful. ¶ ~스러운 일 a scandal; an ugly case.
불민(不敏) lack of sagacity; stupidity. ~한 incompetent; dull.
불발(不發) ~하다 misfire; snap. ¶ 계획은 ~로 끝났다 The plan fell through. ‖ ~탄 an unexploded [a

blind) shell; a dud 《俗》.
불법(不法) illegality. ~의 unlawful; unjust; illegal; wrongful. ‖ ~소지 illegal possession 《*of weapon*》/ ~ 외국인 근로자 an illegal foreign worker/~입국 illegal entry [immigration] (~ 입국자 an illegal entrant)/~ 집회 an illegal assembly / ~행위[감금] an illegal action [confinement].
불법(佛法) Buddhism.
불벼락 ① 《번갯불》 a bolt of lightning. ② 《비유적》 《issue》 a tyrannical decree [order].
불변(不變) ~의 unchangeable; immutable; invariable; constant. ‖ ~색(色) a permanent [fast] colo(u)r / ~성 immutability / ~수 a constant.
불볕 a burning [scorching] sun.
불복(不服) 《불복종함》 disobedience 《*to*》; 《불복죄》 a denial 《*of one's guilt*》; 《이의》 an objection; a protest. ~하다 disobey; be disobedient; deny one's guilt; object to; protest against.
불복종(不服從) disobedience 《*to an order*》.
불분명(不分明) ~한 not clear; obscure; vague; indistinct; ambiguous; dim.
불붙다 catch [take] fire; burn. ¶ 쉽사리 불붙지 않다 do not kindle [catch fire] easily; be slow to catch fire.
불붙이다 set 《*a thing*》 alight; kindle; light; ignite.
불비(不備) ~한 defective; deficient; incomplete. ☞ 미비.
불빛 light. ¶ ~이 어둡다 the light is dim.
불사(不死) ~의 immortal; eternal. ‖ ~조(鳥) a phoenix.
불사(佛事) 《hold》 a Buddhist service.
불사르다 burn (up); set 《*a thing*》 on fire; put 《*a thing*》 into the flames.
불사신(不死身) ~의 invulnerable.
불사하다(不辭一) fail to [do not] decline. ¶ …하기를 ~ be (quite) willing [ready] to 《*do*》.
불상(不祥) ‖ ~사 an unpleasant [a disgraceful] affair; a scandal.
불상(佛像) a Buddhist image [statue]. ‖ 금속 ~ a metal image of Buddha; a bronze statue of Buddha.
불상놈 a very vulgar [mean] person.
불서(佛書) the Buddhist scriptures; Buddhist literature.
불선명(不鮮明) ☞ 선명(鮮明).
불성립(不成立) ~하다 fail; miscarry; fall through.
불성실(不誠實) insincerity. ~한 insincere; dishonest; unfaithful.
불성인사(不省人事) ~하다 lose consciousness [one's senses].
불세지재(不世之才) a man of rare talent; a prodigy; an extraordinary talent [gift].
불세출(不世出) rarity. ¶ ~의 extraordinary; uncommon; unparalleled; matchless/~의 위인 a great man with few paralleled in history.
불소(不少) ~하다 be not a little; be much 《*indebted to*》.
불소(弗素) 〖化〗 fluorine (기호 F).
불손(不遜) insolence. ~한 insolent; haughty; arrogant.
불수(不隨) paralysis. ‖ 반신 [전신] ~ partial [total] paralysis.
불수의(不隨意) ‖ ~근(筋) [운동, 작용] an involuntary muscle [movement, action].
불순(不純) ~하다 (be) impure; foul; mixed. ¶ ~한 동기 《from》 a dishonest [selfish] motive. ‖ ~물 impurities / ~ 분자 an impure element.
불순(不順) ~하다 《일기가》 (be) unseasonable; changeable; irregular; unsettled (불안정).
불승인(不承認) disapproval; nonrecognition (신정권 등의).
불시(不時) ~의 《때아닌》 untimely; 《뜻밖의》 unexpected; 《우연의》 accidental. ¶ ~에 unexpectedly; without notice [warning] / ~의 공격 a surprise attack / ~의 변(變) an (unforeseen) accident / ~에 방문하다 pay 《*a person*》 a surprise visit / ~의 재난을 당하다 suffer an unexpected calamity; meet with an accident.
불시착(不時着) 《make》 an emergency [unscheduled] landing.
불식(佛式) the Buddhist ritual; Buddhist rites. ¶ ~에 따라 according to [with] Buddhist rites.
불식(拂拭) ~하다 wipe out 《*a disgrace*》; sweep off; clean.
불신(不信) distrust; discredit. ~하다 discredit; distrust. ‖ ~ 풍조 a trend of mutual distrust / ~ 행위 a breach of faith.
불신감(不信感) (a) distrust; (a) suspicion. ¶ ~을 품다 be distrustfull of; have a (deep) distrust 《*of*》/~을 일으키다 make 《*a person*》 distrustful 《*of*》.
불신임(不信任) nonconfidence. ~하다 have no [do not place] confidence 《*in*》; distrust. ¶ ~안을 제출[결의]하다 move [pass] a nonconfidence bill [vote]. ‖ ~ 결의 a nonconfidence rosolution; a vote of censure / ~ 투표 a vote of nonconfidence; a nonconfidence vote.
불심(不審) ‖ ~ 검문 questioning(~검문을 받다 be questioned 《*by a policeman*》).
불쌍하다 (be) poor; pitiful; pitiable; pathetic; sad; miserable. ¶ 불쌍해서 out of pity [sympathy] / 불쌍히 여기다 pity 《*a person*》; take pity on 《*a person*》; feel pity

《*for*》.
불쏘시개 kindlings; a fire lighter.
불쑥 abruptly; all of a sudden.
불쑥하다 (be) protruding; bulgy.
불씨 live charcoal to make a fire; a pilot-light; 《원인》 a cause. ¶ 분쟁의 ~ an apple of discord.
불안(不安) uneasiness; anxiety; unrest. ~하다 (be) uneasy; anxious; uncertain. ¶ ~하게 여기다 feel (be) uneasy 《*about*》; feel anxious 《*about*》.
불안정(不安定) instability; unrest. ~한 unstable; unsteady; insecure.
불알 the testicles; the balls 《俗》.
불야성(不夜城) a nightless quarters (city).
불어(佛語) 《프랑스말》 French; the French language.
불어나다 increase; grow. ¶ 냇물이 ~ the river rises.
불여의(不如意) ~하다 《일이》 go contrary to one's wishes; go wrong (amiss).
불연(不然) ~이면 otherwise; or else; if not so.
불연성(不燃性) incombustibility. ~의 incombustible; nonflammable; fireproof. ‖ ~ 물질 incombustibles / ~ 필름 safety film.
불연속선(不連續線) 〖氣〗 a line of discontinuity.
불온(不穩) unrest; disquiet. ~한 threatening; disquieting; improper 《*words, behavio(u)r*》; dangerous; inflammatory (선동); subversive (파괴적). ‖ ~ 문서 a seditious circular; dangerous (subversive) documents / ~ 분자 a disturbing element / ~ 사상 a threatening (disturbing, riotous) idea.
불완전(不完全) imperfection; incompleteness. ~한 imperfect; incomplete; defective. ‖ ~ 고용 underemployment / ~ 자(타) 동사 an incomplete intransitive (transitive) verb.
불요불굴(不撓不屈) ~의 unyielding; indomitable; inflexible; dauntless.
불요불급(不要不急) ~의 not urgent (pressing). ¶ ~의 사업 (산업) nonessential enterprises (industries).
불용(不用) ~의 useless; of no use; unnecessary; disused. ‖ ~물(품) a disuseded article.
불용성(不溶性) insolubility. ~의 insoluble 《*matter*》; infusible.
불우(不遇) (a) misfortune (불행); adversity (역경); obscurity (영락). ~한 unfortunate; adverse; obscure. ¶ ~하게 지내다 lead an obscure life / ~한 처지에 있다 be in adverse circumstances. ‖ ~ 이웃 돕기 운동 a "Let's help needy neighbors" campaign.
불운(不運) (a) misfortune; ill luck. ~한 unfortunate; unlucky; ill-fated. ¶ ~하게도 unfortunately; unluckily.
불원(不遠) 《거리》 not far (off); 《시간》 before long; in the near future. ¶ ~ 천리하고 despite the long way / ~한 장래에 at the not very (in no) distant future.
불유쾌(不愉快) ☞ 불쾌.
불응(不應) ~하다 do not comply with (consent to).
불의(不意) ~의 unexpected; sudden; unlooked-for. ☞ 불시.
불의(不義) 《부도덕》 immorality; 《부정》 injustice; 《밀통》 illicit intercourse; infidelity. ~의 immoral; improper; illicit; unjust. ¶ ~의 씨 a love-child / ~의 사랑 illicit love.
불이익(不利益) disadvantage. ☞ 불리.
불이행(不履行) nonfulfil(l)ment 《*of a contract*》; nonobservance; a breach 《*of promise*》. ‖ ~자(者) a defaulter.
불인가(不認可) disapproval; refusal; rejection.
불일간(不日間) ☞ 불일내.
불일내(不日內) ~에 at an early date; shortly; before long; soon; in a few days.
불일듯하다 (be) prosperous; thriving; flourising. ¶ 장사가 ~ one's business is spreading (growing) like wildfire.
불일치(不一致) discord(ance); disagreement; discrepancy; disharmony (부조화). ~한 discordant; discrepant; inharmonious. ‖ 언행 ~ discordance between one's words and actions.
불임증(不姙症) sterility.
불입(拂入) payment. ~하다 pay in; pay up (주금(株金)을). ‖ ~금 money due; 《불입된》 money paid / ~ 자본(금) paid-up (paid-in) capital.
불잉걸 live (burning) charcoal.
불자동차(一自動車) a fire engine.
불잡다 《진화》 quench (put out) a fire; get a fire under control.
불장(佛葬) a Buddhist funeral.
불장난 ¶ ~하다 play with fire; 《남녀간의》 play with love; have an idle love affair. ¶ 사랑의 ~ an amorous adventure.
불전(佛典) the Buddhist scripture.
불전(佛殿) a Buddhist sanctum.
불제(祓除) ~하다 exorcise; purify.
불조심(一操心) 《*take*》 precautions against fire. ~하다 look out for fire.
불종(佛鐘) a temple bell.
불좌(佛座) the seat of a Buddhist idol.
불지르다 set fire to 《*a house*》; set 《*a house*》 on fire.
불지피다 make (build (up)) a fire.
불질하다 《불때다》 make a fire 《*for cooking*》; 《발포》 fire 《*a gun*》; shoot.
불집 ¶ ~을 건드리다 arouse a nest of hornets; stir up a hornets' nest.
불집게 ☞ 부집게.
불쬐다 《사람이》 warm oneself at the fire; 《사물을》 put 《*a thing*》

over the fire.
불착(不着) nonarrival; nondelivery.
불찬성(不賛成) disagreement; disapproval; objection. ~하다 be against 《*a plan*》; do not agree 《*to a thing, with a person*》; object 《*to*》; disapprove 《*of*》.
불찰(不察) negligence; carelessness; mistake; a blunder.
불참(不參) absence; nonattendance. ~하다 be absent 《*from*》; fail to attend; do not appear. ‖ ~자 an absentee.
불철저(不徹底) ~하다 (be) inconclusive; be not thorough(going); 《논지 등이》 (be) inconsistent.
불철주야(不撤晝夜) ¶ ~로 《work》 day and night; (a)round the clock.
불청객(不請客) an uninvited guest.
불초(不肖) being unworthy of one's father; 《나》 I, myself. ‖ ~ 자식 an unworthy son.
불출(不出) a stupid person; a fool.
불충(不忠) disloyalty; infidelity. ~의 disloyal; unfaithful.
불충분(不充分) insufficiency; inadequacy. ~한 insufficient; not enough; inadequate. ¶ 증거 ~으로 무죄가 되다 be acquitted for lack of evidence.
불충실(不充實) disloyalty; infidelity. ~한 disloyal; unfaithful.
불측(不測) ~하다 (be) immeasurable; unforeseeable; 《흉칙》 (be) bad; wicked.
불측지변(不測之變) an unforeseen accident; an unexpected 〔a sudden〕 calamity.
불치(不治) ~의 incurable; fatal. ¶ ~의 환자 a hopeless case. ‖ ~병 an incurable 〔a remediless〕 disease.
불친소 a bullock; a steer.
불친절(不親切) unkindness. ~한 unkind; unfriendly.
불침번(不寢番) 《지킴》 night watch; vigil; all-night watch; a night watchman (사람). ¶ ~을 서다 keep watch during the night.
불켜다 light (up) 《*a lamp*》; turn 〔put, switch〕 on a light.
불쾌(不快) unpleasantness; displeasure; (a) discomfort. ~하다 《서술적》 feel unpleasant 〔uncomfortable, displeased〕. ‖ ~ 지수 a discomfort index (생략 DI); the temperature-humidity index (생략 T-H index).
불타(佛陀) Buddha.
불타다 burn; blaze; be on fire 〔in flames〕.
불통(不通) ① 《교통·통신의》 (an) interruption 《*of bus service, of communication*》; stoppage. ~하다 be cut off; be interrupted; be blocked 〔tied up〕. ② 《모르다》 no understanding; unfamiliarity; ignorance. ~하다 have no understanding; be unfamiliar 《*with*》; be ignorant 《*of*》. ‖ 언어 ~ 《have》 language difficulty.
불퇴전(不退轉) ~의 indomitable 《*resolve*》; determined; unswerving 《*determination*》.
불투명(不透明) opacity. ~한 opaque 《*glass*》; cloudy 《*liquid*》; thick.
불퉁불퉁 ① 《표면》 ruggedly; knottily. ~하다 (be) uneven; rough; knotty. ② 《퉁명스럽게》 bluntly; curtly. ~하다 (be) curt; blunt.
불퉁스럽다 (be) curt; blunt; gruff.
불퉁하다 bulgy; protuberant.
불티 embers; (flying) sparks; fireflakes. ~같다 〔나다〕 sell like hot cakes.
불편(不便) ① 《몸 따위가》 discomfort; sickness. ~하다 (be) uncomfortable; 《서술적》 be not well; feel unwell. ② 《편리치 않음》 inconvenience. ~하다 (be) inconvenient. ¶ ~을 느끼다 feel inconvenience / ~을 끼치다 cause inconvenience 《*to*》.
불편부당(不偏不黨) impartiality. ~의 impartial; fair.
불평(不平) 《불만》 discontent; dissatisfaction; 《투덜댐》 a complaint; a grievance. ~하다 grumble 《*at, about*》; complain 《*about, of, that*》. ¶ ~이다 be dissatisfied 《*with*》. ‖ ~가 〔객〕 a grumbler / ~ 분자 a discontent.
불평등(不平等) inequality. ~한 unequal; unfair. ‖ ~ 조약 an unequal treaty.
불포화(不飽和) (being) unsaturated. ‖ ~기(基) an unsaturated radical/ ~ 화합물 an unsaturated compound.
불피우다 make 〔build〕 a fire.
불필요(不必要) ~한 unnecessary; needless; unessential.
불하(拂下) sale 《*of government property*》; disposal(경매로). ~하다 sell; dispose of. ‖ ~품 an article (to be) disposed of by the government.
불학무식(不學無識) illiteracy. ~한 illiterate; utterly ignorant.
불한당(不汗黨) a gang of bandits 〔robbers〕; hooligans; gangsters.
불합격(不合格) failure; rejection. ~하다 fail 《*in the examination*》; be rejected 〔eliminated〕; come short of the standard. ‖ ~자 an unsuccessful candidate / ~품 rejected goods; a thrown-out.
불합리(不合理) ~한 irrational; illogical; unreasonable; absurd.
불행(不幸) unhappiness; misery; 《불운》 (a) misfortune; ill luck; a disaster(재난). ~한 unhappy; unfortunate; unlucky; wretched. ¶ ~히(도) unfortunately; unluckily; unhappily / ~ 중 다행 a stroke of good luck in the midst of misfortune; one consolation in sadness.

불허(不許) ~하다 do not permit 〔allow〕; disapprove. ‖ ~ 복제(複製) "Reprint prohibited."
불현듯이 suddenly; all at once.
불협화(不協和) discord; disharmony. ¶ ~의 dissonant; discordant.
불협화음(不協和音) 〖樂〗 a discord; a dissonance.
불호령(一號令) ¶ ~을 내리다 issue a fiery order; give a strict command.
불혹(不惑) the age of forty.
불화(不和) a trouble; a quarrel; (a) discord. ~하다 be on bad terms 《*with*》; be in discord 《*with*》. ¶ ~하게 되다 fall out 《*with*》. ‖ 가정 ~ family discord 〔trouble〕.
불화(弗化) 〖化〗 fluoridation. ‖ ~수소(水素) 〔칼슘〕 hydrogen 〔calcium〕 fluoride.
불화(弗貨) a dollar.
불화(佛畫) a Buddhist painting 〔picture〕.
불확대(不擴大) ‖ ~ 방침 a nonexpansion policy; a localization policy (국지화).
불확실(不確實) ~한 uncertain; unreliable. ☞ 확실.
불확정(不確定) ~한 indefinite; uncertain; undecided. ☞ 확정.
불환지폐(不換紙幣) inconvertible note 〔paper money〕.
불활성(不活性) ‖ ~ 가스 inert gas(-es).
불황(不況) a depression; a slump; recession (일시적). ~의 inactive; dull; stagnant. ‖ ~ 시대 depression days; hard times.
불효(不孝) undutifulness (to one's parents). ~한 undutiful; disobedient. ‖ ~자 an undutiful (a bad) son.
불후(不朽) ☞ 불멸.
붉다 (be) red; crimson (심홍); scarlet (진홍); 《사상이》 (be) communist(ic). ¶ 붉은 사상 Communism / 붉어지다 turn red; redden; glow (볼 따위가); blush (부끄러워서); be flushed 《*with anger*》.
붉덩물 a muddy stream.
붉디붉다 (be) ever so red.
붉히다 turn red; blush 《*with shame*》; blaze 《*with fury*》.
붐 a boom 《*in shipbuilding*》.
붐비다 (be) crowded 〔congested〕; packed; jammed; thronged 《*with people*》. ¶ 붐비는 시간 the rush hour (출퇴근시).
붓 《모필》 a (writing) brush; 《펜》 a pen. ¶ ~을 들다 take up one's pen 〔brush〕; write / ~을 놓다 lay down one's pen 〔brush〕; cease to write. ‖ ~집 a brush 〔pen〕 case / ~통 a brush 〔pen〕 stand.
붓꽃 〖植〗 an iris; a blue flag.
붓끝 ① 《붓의》 the tip of a (writing) brush. ② 《필봉》 a stroke of the pen 〔brush〕; manipulation of one's brush 〔pen〕.
붓다¹ ① 《살이》 swell (up); become swollen; tumefy. ¶ 얼굴이 ~ have a swollen face. ② 《성나서》 get 〔be〕 sulky. ¶ 부은 얼굴 a sullen face.
붓다² ① 《쏟다》 pour 《*in, out*》; fill 《*a cup with tea*》; put 《*water in a bowl*》. ② 《씨앗을》 sow (seeds). ③ 《돈을》 pay in 〔by〕 installments; pay one's share 《*in a mutual aid society*》 by installments.
붓대 the stem of a writing brush.
붓두껍 a writing-brush cap.
붓순 〖植〗 a Japanese star anise.
붓질 making a brush stroke; drawing; painting. ~하다 stroke; make strokes with a brush; paint.
붕괴(崩壞) collapse; a breakdown. ~하다 collaspe; crumble; break 〔fall〕 down; give way.
붕긋하다 ① 《언덕·산봉우리가》 (be) a bit high; 《서술적》 form a little hill 〔bump〕. ② 《들뜨다》 (be) a bit loose. ③ 《배가》 (be) bulgy; big.
붕당(朋黨) a faction; a clique.
붕대(繃帶) a bandage; dressing. ¶ ~를 감다 bandage 《*the arm*》; apply a bandage 《*to*》; dress 《*a wound*》.
붕붕거리다 hum; buzz.
붕사(硼砂) borax; tincal (천연의).
붕산(硼酸) 〖化〗 bor(ac)ic acid.
붕소(硼素) 〖化〗 boron (기호 B).
붕어 〖魚〗 a crucian carp.
붕어(崩御) demise; death.
붕장어(一長魚) 〖魚〗 a sea eel; a conger.
붕정(鵬程) a long way. ¶ ~ 만리의 비행 a long flight.
붙다 ① 《부착》 stick 《*to*》; adhere 〔cling〕 《*to*》; 《접하다》 adjoin; be adjacent 《*to*》; 《바짝》 keep 〔stand〕 close 《*to*》. ¶ 철썩 ~ stick fast 《*to*》 / 붙어 앉다 sit closely together. ② 《딸리다》 be joined 《*with*》; be attached 《*to*》. ③ 《생기다·늘다》 ¶ 이자가 ~ bear 〔yield〕 interest / 버릇이 ~ get 〔fall〕 into a habit 《*of*》 / 별명이 ~ be nicknamed / 살이 ~ gain flesh / 취미가 ~ acquire a taste 《*for*》; take an interest 《*in*》 / 영어 실력이 ~ become proficient in English. ④ 《좇아 따르다》 follow; accompany; 《편들다》 take sides with; attach oneself to, join (가담); 《수발들다》 attend 〔wait〕 《*on*》. ¶ 붙어다니는 follow 《*a person*》 about; 《미행》 shadow / 적에게 ~ go over to the enemy. ⑤ 《의지하다》 depend on. ¶ 붙어 살다 live 〔sponge〕 on 《*a person*》. ⑥ 《불이》 catch (fire); be ignited. ⑦ 《시험에》 pass 《*an examination*》. ⑧ 《싸움이》 start; be started; develop 《*into*》. ⑨ 《마귀가》 be possessed 〔obsessed〕 《*by, with*》. ⑩ 《교미》 copulate; cover (말이). ⑪ ☞ 간통하다.
붙들다 ① ☞ 잡다 ①, ②. ② 《만류》 detain; hold. ③ 《도와 주다》

help; assist; aid.
붙들리다 《잡히다》 be caught [arrested, seized]; 《만류》 be detained; be made to stay.
붙박이 a fixture; a fixed article. ~의 fixed; built-in.
붙박이다 be fixed; be fastened immovably; 《집에》 be confined [closeted] in 《*one's room*》.
…붙이 ① 《일가 친척》 kith and kin. ¶ 일가~ one's relatives. ② 《같은 종류》 things made of.... ¶ 쇠~ ironware.
붙이다 ① 《부착》 put [fix, affix, stick] 《*to, on, together*》; attach [fasten] 《*to*》; paste(풀로); glue (아교로); 《고약 등을》 apply 《*to*》. ¶ 우표를 ~ put a stamp on / 꼬리표를 ~ attach a tag to 《*a parcel*》 / 책상을 벽에 ~ place a desk close to the wall. ② 《첨부》 add; attach 《*to*》; give [set] 《*to*》(제약을). ¶ 의견을 ~ make an additional comment/조건을 ~ attach a condition 《*to*》. ③ 《몸을》 rely on 《*a person*》 for 《*one's care*》; hang [sponge] on 《*one's relations*》. ④ 《불을》 light; kindle. ⑤ 《두 사이를》 go between 《*two parties*》; 《흥정·싸움 따위를》 get two parties to 《*do*》; arrange. ¶ 싸움을 ~ make 《*persons*》 quarrel / 흥정을 ~ arrange a bargain. ⑥ 《이름 따위를》 give (a name) 《*to*》; name; entitle (제목을). ⑦ 《사람을》 have 《*a person*》 in attendance; let 《*a person*》 be attended [waited upon]. ¶ 감시를 ~ keep [place] 《*a person*》 under guard. ⑧ 《때리다》 (give a) slap. ¶ (빰)따귀를 ~ box 《*a person's*》 ears. ⑨ 《교미》 mate 《*a dog*》; pair 《*animals*》. ⑩ 《기타》 ¶ 재미를 ~ take (an) interest 《*in*》; find pleasure 《*in*》 / 취미를 ~ acquire a taste 《*for*》 [an interest 《*in*》].
붙임성(一性) amiability; affability. ¶ ~있는 affable; sociable.
붙잡다 ① 《잡다》 seize; grasp. ☞ 잡다 ①,②,④. ② 《일자리를》 get [obtain] a job. ③ 《돕다》 ¶ 붙잡아 주다 help; aid 《*a person*》.
붙잡히다 be seized [caught]; be arrested.
붙장(一欌) a built-in cupboard.
브라스밴드 a brass band.
브라우닝 《자동 권총》 a Browning (revolver).
브라운관(一管) 〖TV〗 a (picture) tube; a kinescope; a cathode-ray tube. ¶ ~에 등장하다 make an appearance on television.
브라질 Brazil. ¶ ~의(사람) (a) Brazilian.
브래저 a *brassière* 《프》; a bra 《美口》.
브랜디 《양주》 brandy.
브러시 a brush.
브레이크¹ a brake. ¶ ~를 걸다 apply [put on] the brake.
브레이크² 〖拳〗 a break.
브레인트러스트 a brain trust.
브로마이드 a bromide; bromide paper (감광지).
브로치 a brooch; a breastpin.
브로커 《act as》 a broker.
브롬 〖化〗 bromine. ‖ ~칼리 potassium bromide / ~화 bromination (~화(化)하다 brominate) / ~화물(化物) a bromide.
브리지 ① 《다리》 a bridge. ② 《트럼프놀이》 《play》 bridge.
브리튼 (Great) Britain. ¶ ~ 사람 a Briton; a British; a Britisher.
블라우스 a blouse.
블랙리스트 a black list.
블록 《동맹》 a bloc. ‖ ~ 경제 bloc economy / 달러[금] ~ the dollar [(gold) bloc.
블루머 bloomers.
블루진 (blue) jeans.
비¹ 《강우》 rain; a rain(fall); a shower (소나기). ¶ ~가 많은 rainy/~가 많이 오는 계절 a rainy [wet] season / ~가 오다 [멎다] 《It》 rains [stops raining].
비² 《쓰는》 a broom. ‖ 빗자루 a broomstick.
비(比) 《비율》 ratio; proportion; 《비교》 comparison; 《대조》 contrast; 《필적》 an equal; a match. ☞ 비(比)하다.
비(妃) 《왕비》 a queen consort; 《황태자비》 a crown princess.
비(碑) 《묘비》 a gravestone; 《기념비》 a monument.
비…(非) 《반대의》 non-; un-; anti-; in-.
비가(悲歌) an elegy; a dirge.
비각 (a) conflict. ~이다 conflict 《*with*》; be at variance 《*with*》.
비각(碑閣) a monument house.
비감(悲感) sad feeling; grief; sorrow.
비강(鼻腔) 〖解〗 the nasal cavity.
비걱거리다 creak; squeak; grate.
비겁(卑怯) ~한 cowardly; mean (비열한); foul (부정한). ¶ ~한 자 a coward / ~한 짓을 하다 play 《*a person*》 foul (상대에게).
비견(比肩) 《나란히함》 ~하다 rank 《*with*》; equal; be comparable 《*with*》.
비결(秘訣) a secret; a key 《*to*》. ¶ 성공의 ~ the secret of [a key to] success.
비경(秘境) an unexplored region 《*of the Himalayas*》; an out-of-the-way place; an off-the-beaten-track place.
비경(悲境) misery; distress. ¶ ~에 빠지다 be in [reduced to] distress.
비계¹ fat; lard (돼지의).
비계² 〖建〗 a scaffold; scaffolding.
비계(秘計) a secret plan; one's trump card.
비고(備考) a note; a remark; a reference. ‖ ~난 a reference [remarks] column.
비곡(秘曲) a secret music.

비곡(悲曲) a plaintive melody.
비공개(非公開) ~의 private; informal; closed 《*meeting*》.
비공식(非公式) ¶ ~적(으로) unofficial(ly); informal(ly).
비공인(非公認) ~의 unofficial; unauthorized; unrecognized. ¶ ~ 세계 기록 an as-yet-unratified [a pending] world record.
비과세(非課稅) tax exemption. ‖ ~품 a tax-free article.
비과학적(非科學的) unscientific.
비관(悲觀) pessimism; 《낙담》 disappointment. ~하다 be pessimistic 《*of, about*》; take a gloomy view 《*of*》; be disappointed. ¶ ~적 pessimistic. ‖ ~론자 a pessimist.
비교(比較) (a) comparison. ~하다 compare 《*two things, A with B*》. ¶ ~적(으로) comparative(ly)/ …와 ~하면 (as) compared with... / ~가 안 되다 《낫다》 be more than a match 《*for*》; 《못하다》 cannot be compared 《*with*》. ‖ ~급 〖文〗 the comparative (degree)/ ~문학 comparative literature / ~연구 a comparative study.
비구(飛球) 〖野〗 a fly (ball).
비구니(比丘尼) a priestess; a nun.
비구승(比丘僧) a *bhikku* 《梵》; a Buddhist monk.
비국민(非國民) an unpatriotic person.
비군사(非軍事) ~적 nonmilitary. ‖ ~화 demilitarization.
비굴(卑屈) ~한 mean; servile.
비극(悲劇) 《end in》 a tragedy. ~적 tragic. ¶ 가정의 ~ a domestic tragedy. ‖ ~ 배우 a tragedian; a tragic actor [actress (여자)].
비근(卑近) ~한 familiar; common; 《평이》 plain; simple.
비근거리다 be shaky [rickety].
비금속(非金屬) a nonmetal; a metalloid.
비금속(卑金屬) a base metal.
비기다¹ ①《무승부》 end in a draw; tie [draw] 《*with*》. ②《상쇄》 offset.
비기다² 《비유·견줌》 liken 《*to*》; compare 《*to*》. ¶ 비길 데 없는 incomparable; indescribable.
비꼬다 ① 《끈을》 twist; entwist; twine. ② 《말을》 make cynical remarks; give a sarcastic twist to one's words.
비꼬이다 《끈·실이》 be [get] twisted; 《일이》 get (en)tangled; 《마음이》 get peevish; become crooked [distorted].
비끗거리다 ①《잘 안되다》 go wrong [amiss]. ② 《어긋나다》 work loose; be not firmly fixed.
비난(非難) blame; (a) censure. ~하다 blame [censure] 《*a person for*》; accuse 《*a person of*》; criticize.
비너스 Venus.
비녀 《wear》 an ornamental hairpin. ‖ ~장 a linchpin.
비논리적(非論理的) illogical.
비뇨기(泌尿器) the urinary organs. ‖ ~과 urology.
비누 《a cake of》 soap. ¶ ~로 씻다 wash with soap and water / 얼굴에 ~칠을 하다 lather one's face. ‖ 비눗갑 a soap case / 비눗거품 lather / 비눗물 soapsuds / 가루 ~ soap powder / 세수 [빨랫] ~ toilet [washing] soap.
비늘 a scale. ¶ ~이 있다 be covered with scales / ~을 벗기다 scale 《*a fish*》. ‖ ~구름 a cirrocumulus.
비능률(非能率) inefficiency. ~적 inefficient.
비닐 vinyl. ‖ ~ 수지 vinyl resin / ~하우스 a vinyl plastic hothouse.
비닐론 《상표명》 Vinylon.
비다 (be) empty; vacant. ¶ 빈 집 a vacant house / 뱃속이 ~ be hungry / 손이 비어 있다 be free.
비단(緋緞) silk fabric; silks. ¶ ~결 같다 be soft as velvet.
비단(非但) not only... but (also)....
비당파적(非黨派的) (being) nonpartisan; nonparty.
비대(肥大) ~한 fat; enlarged. ‖ 심장 ~ enlargement of the heart.
비데 a *bidet* 《프》.
비동맹(非同盟) ‖ ~국 a nonaligned nation (~국 회의 the nonaligned conference).
비둘기 a dove; a pigeon (기르는). ‖ ~장 a dovecot(e); a pigeon cage [house] / ~파(派) the doves; a soft-liner.
비듬 dandruff; scurf. ¶ ~투성이의 머리 a scurfy [dandruffy] head. ‖ ~약 a hair lotion [tonic].
비등(比等) ~하다 be on a par; be about the same; be equal 《*to*》.
비등(沸騰) ~하다 《끓다》 boil (up); seethe; 《여론 따위가》 get [become] heated [excited]. ‖ ~점 the boiling point.
비디오 ‖ ~ 카세트 a video cassette / ~ 테이프 videotape; a videotape recording (비디오 녹화) (~ 테이프에 녹화하다 record on videotape).
비뚜로 obliquely; aslant; slantwise.
비뚜름하다 be somewhat crooked [askew, oblique].
비뚝거리다 《흔들거리다》 wobble; be shaky [rickety]; 《절다》 limp (along).
비뚤다 (be) crooked; tilted; slanting.
비뚤어지다 ① 《사물이》 get crooked; slant; incline; be tilted. ¶ 비뚤어진 코 a crooked nose. ② 《마음 등이》 be perverse [crooked, twisted, warped].
비래(飛來) ~하다 come flying; come by air (비행기로).
비럭질 begging. ~하다 go begging.
비련(悲戀) tragic [blighted] love.
비례(比例) proportion; a ratio (비율). ~하다 be in proportion 《*to*》. ¶ …에 ~하여 in proportion to.... ‖ ~ 대표(제) (the) proportional

representation (system) / ～식 a proportional expression / 정〔반〕～ direct 〔inverse〕 proportion (정〔반〕 ～하다 be directly 〔inversely〕 proportional 《*to*》). 「ness; rudeness.
비례(非禮) discourtesy; impolite-
비로소 for the first time; not... until 〔till〕.... 「ord〕.
비록(秘錄) a (secret) memoir 〔rec-
비록 (al)though; if; even if. ¶ ～ 비가 오더라도 even if it should rain.
비롯하다 begin; commence; originate; initiate. ¶ …을 비롯하여 including...; ...and; as well as...; beginning with....
비료(肥料) manure; fertilizer. ¶ ～를 주다 manure; fertilize. ‖ ～공장 a fertilizer plant / 화학 ～ chemical fertilizer 〔manure〕.
비루 mange. ～먹다 suffer from mange.
비루(鄙陋) ～한 vulgar; mean; base.
비리(非理) irrationality; unreasonableness; absurdities and irregularities.
비리다 《생선이》 (be) fishy; 《피가》 (be) bloody; 《아니꼽다》 (be) disgusting.
비린내 a fishy smell; a bloody smell (피의). ～나다 smell fishy 〔bloody〕.
비릿하다 be slightly fishy.
비만(肥滿) ～하다 (be) fat; corpulent; plump. ‖ ～아 an overfed 〔a fat〕 child / ～형 a pyknic 〔pycnic〕 type; a stout size (양복의).
비말(飛沫) a splash; a spray.
비망록(備忘錄) a memorandum [*pl.* -da]; a memo.
비매품(非賣品) an article not for sale; 《게시》 "Not for Sale."
비명(非命) ¶ ～에 죽다〔가다〕 die 〔meet with〕 an unnatural death.
비명(悲鳴) a scream; a shriek. ¶ ～을 지르다 scream; shriek 《*for help*》.
비명(碑銘) an epitaph; an inscription (on a monument).
비몽사몽(非夢似夢) ～간에 between asleep and awake.
비무장(非武裝) ～의 demilitarized; open 《*city*》. ¶ ～화(化)하다 demilitarize. ‖ ～지대 a demilitarized zone; 《한국의》 the Demilitarized Zone (생략 DMZ). 「tion.
비문(碑文) an epitaph; an inscrip-
비민주적(非民主的) undemocratic; nondemocratic.
비밀(秘密) secrecy; a secret; a mystery (신비). ～의 secret; confidential; private. ¶ ～히 secretly; confidentially; privately / 다 아는 ～ an open secret / ～로 하다 keep 《*a matter*》 secret / ～을 지키다 keep a secret / ～을 밝히다 disclose a secret 《*to*》. ‖ ～결사〔단체, 조약〕 a secret society 〔organization, treaty〕 / ～ 서류 a confidential document / ～ 회의 a closed-door session.
비바람 rain and wind; a storm. ¶ ～을 무릅쓰고 through 〔in the teeth of〕 the raging storm.
비바리 a girl diver.
비방(秘方) a secret method〔recipe〕; a secret formula (약의).
비방(誹謗) slander; abuse. ～하다 slander; abuse; speak ill of.
비번(非番) ¶ ～이다 be off duty. ‖ ～날 an off-duty.
비범(非凡) ～한 extraordinary; unusual; uncommon; rare.
비법(秘法) a secret.
비법인(非法人) ～의 unincorporated.
비보(悲報) sad 〔heavy〕 news.
비복(婢僕) (domestic) servants.
비본(秘本) a treasured book.
비분(悲憤) resentment; indignation. ¶ ～강개하다 deplore; be indignation 《*at a matter, with a person*》.
비브라폰 《악기》 a vibraphone.
비비(狒狒) 〖動〗 a baboon.
비비꼬다 ① (en)twist over and over again. ② ☞ 비꼬다.
비비꼬이다 be 〔get〕 twisted many times; 《일이》 go wrong 〔amiss〕.
비비다 ① 《문지르다》 rub. ② 《둥글게》 (make a) roll. ③ 《뒤섞다》 mix. ④ 《송곳을》 twist 《*a gimlet into a plank*》; drill.
비비대기치다 《붐빔》 hustle and jostle; push and shove; 《부산떨다》 move about busily; bustle about.
비비송곳 a drill; a gimlet.
비비적거리다 rub 〔chafe〕 《*against*》.
비비틀다 twist〔wrench, turn〕 hard.
비빈(妃嬪) the queen and the royal concubine.
비빔국수 a noodle hash.
비빔밥 boiled rice with assorted mixture.
비사(秘史) a secret history.
비사교적(非社交的) unsociable.
비산(飛散) ～하다 scatter; disperse; 비산(砒酸) 〖化〗 arsenic acid. ˪fly.
비상(非常) ① 《보통이 아님》 unusualness; extraordinariness. ～하다 (be) unusual; uncommon; extraordinary; exceptional. ¶ ～한 인물 an uncommon being / ～한 솜씨 unusual skill. ② 《사태의》 an emergency; a disaster(재해). ¶ ～시에는 in (case of) emergency. ‖ ～경보 an alarm (signal, bell) / ～계단 an emergency staircase / ～구 a fire exit 〔escape〕; an emergency exit / ～소집 an emergency call / ～수단 《adopt》 an emergency measure / ～시국에 an emergency situation.
비상(砒霜) arsenic poison.
비상(飛翔) ～하다 fly; soar.
비상근(非常勤) ～의 part-time. ‖ ～직 a part-time position.
비상사태(非常事態) a state of emer-

gency. ¶ ～를 선포하다 proclaim a (state of) emergency.
비상선(非常線) a (police) cordon; a patrol line; a fire line (화재의). ¶ ～을 펴다 draw [post] a cordon [dragnet] 《*about, around*》.
비상시(非常時) an emergency; a crisis.
비상장주(非上場株) 〖證〗 an unlisted share.
비생산적(非生産的) unproductive; nonproductive.
비서(秘書) ① 《책》 a treasured book. ② 《비서역》 a (private) secretary. ‖ ～실 a secretariat (office).
비석(碑石) a stone monument; 《묘비》 a tombstone.
비소(砒素) arsenic (기호 As).
비속(卑俗) ～한 vulgar; low.
비수(匕首) a dirk; a dagger; a dart.
비술(秘術) a secret (art).
비스듬하다 (be) slant; skew; oblique. ¶ 비스듬하게 obliquely; aslant; diagonally.
비스름하다 be somewhat similar.
비스코스 〖化〗 viscose.
비스킷 a cracker 《美》; a biscuit 《英》.
비스타비전 〖映〗 Vista Vision.
비슥거리다 dawdle (one's work); 《배돌다》 keep to oneself; hang back.
비슬거리다 totter; reel; stagger.
비슷비슷하다 be all much the same; be of the same sort.
비슷하다 《닮다》 (be) like; similar; look like (서술적); 《기울다》 (be) slant; oblique. ¶ 비슷한 데가 있다 have certain points of likeness.
비시지 BCG (vaccine). (◀Bacillus Calmette-Guérin) ‖ ～접종 inoculation by BCG.
비신사적(非紳士的) ungentlemanly; ungentlemanlike.
비실제적(非實際的) unpractical.
비싸다 (be) dear; expensive; costly; high. ¶ 비싸게 사다 buy at a high price; pay dear.
비아냥거리다 make sarcastic remarks; be cynical 《*about*》.
비애(悲哀) sorrow; grief; sadness; pathos. ¶ ～를 느끼다 feel sad.
비애국적(非愛國的) unpatriotic.
비약(秘藥) a secret remedy [medicine]; a nostrum.
비약(飛躍) a leap; a jump. ¶ 논리의 ～ a leap in argument / ～적인 발전을 하다 make rapid progress; take long strides.
비양(飛揚) ～하다 make a flight; fly; soar (up) (높이).
비어(卑語) a slang; a vulgar word.
비어 《맥주》 beer; ale. ‖ ～홀 a beer hall.
비어지다 ① 《쑥내밀다》 protrude; jut out [forth]. ② 《드러나다》 be revealed; come to light.
비업무용(非業務用) 《*of*》 non-business purpose. ¶ ～토지를 백만 평이나 소유하다 possess one million *p'yŏng* of non-business idle land. ‖～ 부동산 real estate held for non-business purpose; idle land.
비역 《계간》 sodomy; buggery. ～하다 practice sodomy.
비열(比熱) 〖理〗 specific heat.
비열(卑劣) ～한 mean; base; dirty; low; sordid. ¶ ～한 놈 a sneak.
비영리(非營利) nonprofit. ‖ ～ 법인 [사업] a nonprofit corporation [undertaking].
비예술적(非藝術的) inartistic.
비오리 〖鳥〗 a goosander.
비옥(肥沃) ～한 fertile; rich.
비올라 a viola.
비옷 a raincoat; rainwear.
비용(費用) (a) cost; expense(s). ¶ ～이 드는 expensive; costly / ～에 관계없이 regardless of expense / ～이 얼마나 드나 How much does it cost 《*to do*》?
비용절감운동(費用節減運動) a cost saving move.
비우다 empty 《*a box*》; clear 《*a room*》; vacate [quit] 《*a house*》; absent [stay away] from 《*home*》.
비우호적(非友好的) unfriendly.
비운(悲運) (a) misfortune; ill luck.
비웃 a herring. ☞ 청어.
비웃다 laugh with scorn 《*at*》; laugh derisively 《*at*》; sneer [scoff, laugh, mock] 《*at*》; scorn.
비웃음 a sneer; ridicule; scorn.
비원(秘苑) a palace garden.
비위(脾胃) ① 《기호》 taste; palate; liking. ¶ ～에 맞다 suit one's taste. ② 《기분》 humo(u)r; temper. ¶ ～를 거스르다 [건드리다] rub 《*a person*》 the wrong way; put 《*a person*》 in a bad humor / ～를 맞추다 put 《*a person*》 in a good humor; curry favo(u)r with / ～(가) 상하다 be offended; be [feel] disgusted 《*at, by, with*》 / ～가 좋다 《뻔뻔하다》 have a nerve.
비위생적(非衛生的) unwholesome; unsanitary.
비유(比喩·譬喩) a figure of speech; a simile (직유); a metaphor (은유). ～하다 compare [liken] 《*to*》; speak figuratively; use a simile [metaphor]; allegorize. ¶ ～적(으로) figurative(ly); metaphorical(ly).
비육우(肥肉牛) beef cattle.
비율(比率) proportion; rate; ratio; percentage. ¶ …의 ～로 at the rate [ratio] of.
비율빈(比律賓) ☞ 필리핀.
비음 ¶ ～하다 put on gala dress.
비음(鼻音) a nasal; a nasal sound.
비익(裨益) ～하다 benefit; profit 《*by*》; do good.
비인간적(非人間的) inhuman; impersonal.
비인도(非人道) ～적 inhumane; brutal.
비인칭(非人稱) ～의 impersonal.
비일비재(非一非再) ～하다 (be) not in frequent; there are many

such cases.
비자 visa; *visé* 《프》. ¶ ~를 얻다 have 《*one's passport*》 visaed.
비잔틴 Byzantine.
비장(秘藏) ~하다 treasure; keep 《*a thing*》 with great care. ¶ ~의 treasured; precious; favo(u)rite. ‖ ~품 a treasure.
비장(悲壯) ~한 touching; tragic; grim; heroic (장렬).
비장(脾臟) 〖解〗 the spleen.
비재(非才) lack of ability; incapacity. ¶ ~를 불고하고 incapable as I am.
비전(秘傳) a secret; a recipe; the mysteries.
비전 a vision. ¶ ~이 있는 사람 a man of vision.
비전략물자(非戰略物資) nonstrategic goods.
비전투원(非戰鬪員) a noncombatant; a civilian.
비접 ¶ ~나가다 move to another place (for one's health).
비정(非情) ~한 cold-hearted; heartless; cruel.
비정(秕政) maladministration; misgovernment; misrule.
비정규군(非正規軍) irregular troops.
비정상(非正常) anything unusual; abnormality; irregularity. ¶ ~의 abnormal; unusual; exceptional; singular. ‖ ~아(兒) an abnormal child / ~자 〖心〗 a deviate.
비조(鼻祖) ☞ 시조.
비좁다 (be) narrow and close 〔confined〕; cramped. ¶ 비좁은 곳 a confined place.
비종교적(非宗敎的) nonreligious.
비주룩하다 (be) sticking out a bit.
비주류(非主流) non(-)mainstreamers; the non(-)mainstream faction 〔group〕.
비죽거리다 pout (one's lips); make (up) a lip.
비죽비죽 ¶ ~한 protruding; projecting.
비준(批准) ratification. ~하다 ratify 《*a treaty*》. ¶ ~의 교환 the exchange of ratifications.
비중(比重) 〖理〗 specific gravity. ‖ ~계(計) a hydrostatic balance.
비지 bean-curd dregs.
비지땀 ¶ ~을 흘리다 drip with perspiration; have heavy sweating.
비질 sweeping (with a broom). ~하다 sweep with a broom.
비집다 ① 《틈을》 split open; push 〔force〕 open. ② 《눈을》 rub one's eyes open.
비쭉 ¶ ~ 내밀다 pout 《*one's lips*》.
비쭉거리다 pout (one's lips); make up a lip.
비참(悲慘) ~한 miserable; wretched; tragic(al); pitiable; sad. ¶ ~한 생활 a miserable 〔wretched〕 life; 《lead》 a dog's life.
비책(秘策) a secret plan 〔scheme〕; a subtle stratagem. ¶ ~을 짜다 elaborate 〔work out〕 a secret plan.
비척거리다 ☞ 비틀거리다.
비천(卑賤) ~한 humble(-born); low(-ly); obscure. ¶ ~한 몸 a man of low birth.
비철금속(非鐵金屬) nonferrous metals.
비추다 ① 《빛이》 shine 《*on*》; shed light 《*on*》; light (up); lighten; illuminate. ② 《그림자를》 reflect 《*a mountain*》. ③ 《비교·참조》 compare with; collate. ¶ …에 비추어 보아 in the light of; in view of. ④ 《암시》 hint; suggest; allude to. ¶ 사직할 뜻을 ~ hint at resignation.
비축(備蓄) a stockpile. ~하다 save for emergency; stockpile. ‖ ~미(米) reserved rice.
비취(翡翠) ① 〖鳥〗 a kingfisher. ② 〖鑛〗 nephrite; green jadeite; jade. ‖ ~색 jade green.
비치(備置) ~하다 equip 〔furnish〕 with; provide with; keep 〔have〕 《*a thing*》 ready.
비치다 ① 《빛이》 shine. ② 《그림자가》 be reflected 〔mirrored〕 《*in*》. ③ 《통해 보이다》 show 《*through*》.
비칭(卑稱) a humble title.
비켜나다 draw back; move aside; step aside.
비켜서다 step 〔move〕 aside; get out of the way.
비키니 Bikini. ¶ ~ 스타일로 in (a) bikini. ‖ ~ 수영복 a bikini.
비키다 move out; step aside; remove.
비타민 vitamin(e). ‖ ~ 결핍증 a vitaminosis / 종합 ~ multivitamin.
비타협적(非妥協的). ¶ ~인 unyielding; uncompromising; intransigent / ~ 태도 intransigence; intransigency.
비탄(悲嘆) grief; sorrow; lamentation. ~하다 grieve; mourn; sorrow 《*over, on*》; lament.
비탈 a slope; an incline; a hill.
비통(悲痛) grief; sorrow. ~한 sad; pathetic; touching; sorrowful.
비트족(一族) the beat generation.
비틀거리다 stagger; totter; falter; reel. ¶ 비틀걸음 unsteady 〔reeling〕 steps; tottering / 비틀비틀 totteringly.
비틀다 twist; twirl; wrench; distort. ¶ 팔을 ~ wrench 〔twist〕 《*a person's*》 arm.
비틀리다 ☞ 비틀어지다.
비틀어지다 be twisted 〔distorted〕.
비파(琵琶) a lute; a Korean mandolin(e).
비판(批判) criticism; (a) comment. ~하다 criticize; comment 《*on*》. ¶ ~적(으로) critical(ly). ‖ ~력 critical power 〔ability〕 / ~안(眼) 《have》 a critical eye / ~자 a critic / 자기 ~ (a) self-criticism.
비평(批評) criticism; (a) comment; (a) review (논평). ~하다 criticize; comment on; review 《*a book*》.

‖ ~가 a critic; a commentator; a reviewer / 문예 ~ a literary criticism.
비폭력(非暴力) ahimsa; nonviolence. ~의 nonviolent.
비품(備品) furniture; furnishings; fixtures; fittings.
비프스테이크 beefsteak.
비하(卑下) ~하다 humble [depreciate] oneself.
비하다(比一) compare《*the two, A with B*》. ☞ 비교.
비학술적(非學術的) unscientific; unacademic.
비합법적(非合法的) illegal; unlawful.
비핵(非核) ‖ ~무장국 a non-nuclear power / ~무장지대 a denuclearied zone / ~화(化) denuclearization (~화하다 denuclearize《*an area, a nation*》).
비행(非行) a misdeed; a misconduct; an irregularity. ‖ ~소년 a juvenile delinquent.
비행(飛行) flying; a flight; 【空】 aviation; air voyage. ~하다 fly; make a flight; travel by air. ‖ ~복 a flying uniform / ~사[가] an aviator; a flier; an airman / ~장 an airfield, an airport《美》; an aerodrome《英》/ ~장교 a flight officer / 세계 일주 [장거리, 연습] ~ a round-the-world [long-distance, training] flight / 정기 ~ a regular air service.
비행기(飛行機) an airplane《美》; an aeroplane《英》; aircraft (총칭). ¶ ~로 by air(plane). ‖ 단엽 [복엽] ~ a monoplane [biplane] / 여객 [수송] ~ a passenger [transport] plane.
비행선(飛行船) an airship. ‖ 경식 [연식] ~ a rigid [nonrigid] airship.
비행정(飛行艇) a flying boat; an aeroboat.
비현실적(非現實的) not real; unreal; impractical; fantastice (가공의).
비호(庇護) protection; patronage. ~하다 protect; shelter; cover.
비호(飛虎) a flying tiger. ~같이 like a shot; as quick as lightning.
비화(秘話) a secret story; a behind-the-scenes story.
비화(飛火) ~하다 flame; leap to 《*another place, house*》; 《사건이》 come to involve 《*another*》.
비화(悲話) a sad [pathetic] story.
비화수소(砒化水素) 【化】 arseniuretted hydrogen.
빅수(一手) a move to end《*a game*》 in a draw.
빈 Vienna. ¶ ~ 사람 a Viennese.
빈객(賓客) a guest (of hono(u)r); an honored guest.
빈곤(貧困), 빈궁(貧窮) poverty; indigence; need(궁핍). ~한 poor; needy; destitute. ¶ ~에서 벗어나다 emerge from poverty.
빈농(貧農) a poor farmer [peasant].
빈대 a bedbug; a housebug.
빈대떡 a mung bean pancake.
빈도(頻度) frequency. ¶ 높은 [낮은] ~수 high [low] frequency.
빈둥거리다 idle away; loaf around; loiter about. ¶ 빈둥빈둥[빈들빈들] idly; indolently.
빈들거리다 ☞ 빈둥거리다.
빈말 an idle talk; empty words; an empty promise. ~하다 talk idly; make idle promise.
빈민(貧民) the poor; the needy. ‖ ~굴 the slums; the slum [poor] quarters / ~ 복지 사업 settlement work.
빈발(頻發) frequent occurrence. ~하다 occur frequently.
빈방(一房) a vacant room.
빈번(頻繁) ~한 frequent; incessant. ¶ ~히 frequently.
빈병(一瓶) an empty bottle.
빈부(貧富) wealth and poverty; rich and poor (사람). ¶ ~의 차 the distance [gap] between (the) rich and (the) poor / ~의 차별 없이 rich and poor alike.
빈사(瀕死) ~의 dying. ¶ ~ 상태에 있다 be dying; be on the verge of death.
빈소(殯所) the place where a coffin is kept until the funeral day.
빈속 an empty stomach. ¶ ~에 술을 마시다 drink on an empty stomach.
빈손 an empty hand. ¶ ~으로 empty-handed.
빈약(貧弱) ~한 poor; scanty; meager.
빈자(貧者) a poor man; the poor (총칭). ¶ ~의 일등(一燈) the widow's mite.
빈자리 《공위》 a vacancy; an opening; 《공석》 a vacant seat.
빈정거리다 be sarcastic; make sarcastic remarks; be cynical.
빈주먹 ☞ 빈손.
빈집 a vacant [an unoccupied, an empty] house.
빈차(一車) an empty car; 《택시》 a disengaged taxi; 《택시의 게시》 For hire., Vacant.
빈천(貧賤) poverty (and lowliness) ~한 poor and lowly.
빈촌(貧村) a poor village.
빈축(嚬蹙) ~하다 frown upon; be scandalized at. ¶ (남의) ~을 사다 be frowned at [on] 《*by*》.
빈탕 emptiness; vacancy; 《과실의》 an empty nut; 《제비 따위의》 a blank.
빈털터리 a penniless person. ¶ ~가 되다 become penniless.
빈틈 ① 《간격》 an opening; an aperture; a gap; a chink. ¶ ~없이 closely; compactly. ② 《불비》 unpreparedness; a blind side; an opening. ¶ ~없는 사람 a shrewd [sharp] fellow.
빈한(貧寒) ☞ 가난.
빈혈(貧血) an(a)emia. ¶ ~증에 걸리

다 become anemic; be impoverished of blood; suffer from anemia. ‖ 악성 ~ pernicious anemia.
빌다¹ ① 《차용》 borrow; have 《*money*》 on loan; 《세내다》 hire; rent 《*a house, land*》; take 《*a house*》; lease 《*land*》. ② 《힘을》 enlist the help [aid] 《*of*》. ¶ …의 힘을 빌어 by the aid of…; with the help of….
빌다² ① 《구걸》 beg; solicit. ② 《간청》 ask; request; beg; appeal; sue for; entreat. ③ 《기원》 pray 《*to God*》; wish(소원). ④ 《사죄》 beg 《*a person's*》 pardon; beg another's forgiveness.
빌딩 《건물》 an office building.
빌려주다 ☞ 빌리다.
빌로도 velvet.
빌리다 ① 《대여》 lend; advance; loan 《美》. ¶ 이름 [힘]을 ~ lend one's name [aid] 《*to a project*》. ② 《임대》 hire [let] out; 《부동산을》 let; rent; lease.
빌리어드 billiards.
빌미 the cause of evil [disease]. ¶ ~ 붙다 bring evil [a curse] 《*upon*》; curse; haunt (원귀가) / ~ 잡다 attribute 《*a calamity*》 to.
빌붙다 curry favo(u)r 《*with*》; win one's favor by flattery; flatter.
빌어먹다 beg one's bread; go begging. ¶ 빌어먹을! Damn [Dash] it!; Hell!; The Devil!
빗 a comb. ‖ ~살 the teeth of a comb / ~솔 a comb-brush.
빗각(一角) 〖數〗 an oblique angle.
빗금 ☞ 사선(斜線).
빗기다 comb 《*a person's hair*》.
빗나가다 turn away [aside]; deviate; wander 《*from*》; 《빗맞다》 miss; go astray.
빗다 comb 《*the hair*》.
빗대다 ① 《비꼬다》 insinuate 《*that*》; hint at. ② 《틀리게》 make a false statement; perjure.
빗돌(碑一) a stone monument.
빗듣다 《잘못 듣다》 hear 《*it, him*》 wrong [amiss]; mishear.
빗디디다 ☞ 헛디디다.
빗맞다 ① 《빗나가다》 miss (the mark); go wide (of the mark). ② 《뜻한 일이》 fail; go wrong.
빗먹다 《톱이》 veer off-line; go in crooked.
빗물 rainwater.
빗발 ¶ ~치듯하다 《탄알이》 fall in showers; shower like hail; come thick and fast / ~같이 쏟아지는 총알 a shower of bullets.
빗방울 a raindrop. ‖ ~ 소리 the drip of rain.
빗변(一邊) 〖幾〗 the hypotenuse.
빗장 a bolt; a (cross)bar. ¶ 문에 ~을 걸다 bar [bolt] the gate.
빗접 a comb box.
빗질하다 comb 《*one's hair*》.
빗치개 an instrument for parting hair and cleaning combs.
빙 ¶ ~ 돌다 circle [turn] round; swing.
빙고(氷庫) an icehouse; a refrigerator.
빙과(氷菓) ices; ice cream; an ice-cream cone.
빙괴(氷塊) a lump [block] of ice; an ice floe, an iceberg (떠도는).
빙그레 ¶ ~ 웃다 beam 《*upon a person*》; smile 《*at a person*》.
빙그르르 《go, turn》 round and round.
빙글거리다 smile 《*at a person*》; beam 《*upon a person*》.
빙긋거리다 ☞ 빙글거리다.
빙낭(氷囊) an ice bag.
빙부(聘父) ☞ 장인.
빙벽(氷壁) an ice ridge.
빙빙 ¶ ~ 돌다 turn round and round; circle.
빙산(氷山) an iceberg; an ice floe. ¶ ~의 일각 part of an iceberg above water; 《비유적으로》 only a visible bit of.
빙상(氷上) ¶ ~에서 on the ice. ‖ ~ 경기 ice skating.
빙설(氷雪) ice and snow.
빙수(氷水) shaved ice; iced water.
빙원(氷原) an ice field.
빙자(憑藉) ~하다 make a pretext [plea] of; make an excuse of. ¶ …을 ~하여 under [on] the pretense [pretext] of.
빙점(氷點) the freezing point.
빙초산(氷醋酸) 〖化〗 glacial acetic acid.
빙충맞다 (be) clumsy; stupid.
빙충맞이, 빙충이 a clumsy [stupid] person.
빙탄(氷炭) ¶ ~ 불상용(不相容)이다 be as irreconcilable as oil and water; agree like cats and dogs; be antagonistic to each other.
빙퉁그러지다 go wrong; 《성질이》 have a perverse[crooked] temper.
빙판(氷板) a frozen [an icy] road.
빙하(氷河) a glacier. ‖ ~ 시대 the glacial [ice] age / ~ 작용 glaciation.
빚 a debt; a loan. ¶ ~을 지다 run [get] into debt; incur debt / ~을 갚다 pay off a debt. ‖ ~장이 a debt collector; a dun.
빚거간(一居間) ~하다 act as a loan agent.
빚꾸러기 a person deeply in debt.
빚내다 borrow money 《*from*》; get a loan.
빚놀이 lending money; making a loan.
빚놓다 lend money; loan 《*out*》.
빚다 ① 《술을》 brew (wine); make; 《만두·송편 따위를》 shape dough for; make dumplings. ② ☞ 빚어내다.
빚돈 a debt; a loan; liabilities; borrowings.
빚물이하다 pay another's debts.
빚받이하다 collect (debts).
빚어내다 bring about [on]; give rise to; cause; engender. ¶ 분쟁을

~ bring about trouble; give rise to dispute.
빚쟁이 a moneylender; a usurer (고리 대금업자); a dun (받으러온).
빚주다 lend (loan) 《*a person*》 money.
빚지다 run (get) into debt; incur (contract) a debt; owe.
빛 ① 《광명》 light; 《광선》 rays (of light); a beam (굵은); a flash (섬광); a gleam (어둠속의); a twinkle; a glimmer (미광(微光)); 《광휘》 glow; shine; brightness; brilliancy. ② 《색채》 a colo(u)r; a hue; a tint; a tinge (빛깔). ③ 《안색 따위》 complexion; color; 《표정》 a countenance; a look; an air; 《표시》 a sign. ¶ 피곤한 ~을 나타내다 show signs of fatigue.
빛깔 colour(ing); hue. ☞ 빛 ②, 색채(色彩).
빛나다 ① 《광선이》 give forth light; radiate. ② 《광휘가》 shine; glitter (금은 따위가); be bright; glisten (반사로); glimmer (어슴프레); gleam (어둠속에); flash (번쩍); twinkle (별이); sparkle (보석이); be lustrious (윤이). ③ 《영광스럽게》 be bright (brilliant). ¶ 빛나는 장래 bright future (prospects).
빛내다 light up; brighten; make 《*a thing*》 shine. ¶ 이름을 ~ win fame.
빛살 rays of light.
빠개다 split; cleave; rip. ¶ 장작을 ~ split firewood.
빠개지다 split; cleave; break; be broken; 《일이》 get spoilt; be ruined; come to nothing.
빠드득거리다 creak; grate; rasp.
…빠듯 a bit less than; just under; a little short of. ¶ 두자~ just under two feet (long).
빠듯하다 ① 《겨우 미침》 (be) barely enough. ¶ 빠듯이 barely; narrowly. ② 《꼭낌》 be tight; close fitting. ¶ 빠듯한 구두 tight shoes.
빠뜨리다 ① 《누락》 omit; miss (out); pass over; leave out. ② 《잃다》 lose; drop. ③ 《물속 따위에》 drop; throw into 《*a river*》; 《함정에》 entrap; ensnare; 《유혹 등에》 lead into 《*temptation*》; allure.
빠르다 ① 《속도가》 (be) quick; fast; swift; speedy; rapid. ¶ 발이 ~ be swift of foot / 진보가 ~ make rapid progress. ② 《시간이》 (be) early; premature (시기 상조). ¶ 빠르면 빠를수록 좋다 The sooner, the better.
빠빠 papa, pa, dad (애들 말).
빠이빠이 bye-bye (주로 애들 말).
빠지다 ① 《허방 따위에》 fall (get) into; 《물에》 sink; go down. ¶ 물속에 ~ sink under the water. ② 《탐닉》 indulge in; be given (up) to; abandon oneself to; 《어떤 상태에》 fall (get, run) into; be led into. ¶ 주색에 ~ be addicted to sensual desires; indulge in wine and women / 위험 상태에 ~ run into danger. ③ 《탈락》 come (fall, slip) off (out). ¶ 털이 ~ one's hair falls out; one's hair thins out. ④ 《탈루》 be left out; be omitted; 《없다》 be wanting; be missing. ⑤ 《살이》 become thin; lose flesh (병으로). ⑥ 《물 등이》 drain; flow off; run out. ⑦ 《빛·힘·김 따위가》 come off (out); be removed; be taken out(얼룩 등이). ⑧ 《지나가다》 go by (through); pass through. ¶ 골목으로 ~ go by a lane. ⑨ 《탈출》 escape; slip out; get away; 《피하다》 evade; excuse oneself from. ¶ 위기를 빠져나가다 escape danger. ⑩ 《탈퇴》 leave; quit; withdraw 《*from*》; secede from. ⑪ 《…만 못하다》 be inferior 《*to*》; fall behind. ¶ 빠지지 않다 be as good as 《*any one else*》. ⑫ 《제비 뽑히다》 draw; win 《*in a lottery*》; fall 《*to one's lot*》.
빠짐없이 without omission; one and all; in full; exhaustively; thoroughly. ¶ ~ 투표하다 vote without exception.
빡빡 ① 《얽은 모양》 ¶ ~ 얽은 pitted all over one's face. ② 《머리깎은 모양》 ¶ ~ 깎다 crop the hair; have one's hair cut close.
빡빡하다 ① 《꽉차다》 (be) close; closely packed; chock-full. ② 《두름성이》 (be) unadaptable; rigid; strait-laced. ③ 《음식 따위가》 (be) dry and hard.
빡작지근하다 ☞ 뻑적지근하다.
빤드르르 ¶ ~한 smooth; glassy; glossily.
빤들거리다 《매끄럽다》 be smooth; 《약게만 굴다》 be too smart.
빤들빤들 smoothly; glossily; lustrously; shiningly; 《빈들빈들》 idly; lazily; slothfully.
빤작거리다 glitter; sparkle; twinkle.
빤질거리다 ☞ 반질거리다.
빤하다 ☞ 번하다.
빤히 ① 《분명히》 clearly; plainly; obviously; undoubtedly. ② 《뚫어지게》 staringly; with a searching look.
빨간 downright; utter. ¶ ~ 거짓말 a downright (plump) lie.
빨강 red (color); crimson (심홍색).
빨강이 ① 《물건》 a red-colo(u)red thing. ② 《공산당원》 a Communist; a Red; the Reds (전체).
빨갛다 (be) crimson; deep red.
빨개지다 turn bright-red; redden.
빨그스름하다 (be) reddish; reddy.
빨다[1] 《입으로》 suck; sip; smoke, puff at (담배를); 《흡수》 absorb; suck in.
빨다[2] 《세탁》 wash; launder.
빨다[3] 《뾰족함》 (be) pointed; sharp.
빨대 a straw; a sipper (종이의).
빨딱거리다 《가슴이》 go pit-a-pat; throb; palpitate; 《맥이》 pulsate;

《물마시는 꼴》 quaff; take drafts 《*of*》; gorge. 「hurry.
빨랑빨랑 quickly; promptly; in a
빨래 wash; washing. ～하다 wash. ‖ ～감 washing; laundry / ～집게 a clothespin / ～통 a washtub / ～터 a wash place / ～판 a washboard / 빨랫줄 a clothesline.
빨리 《일찍》 early; 《바로》 soon; immediately; instantly; 《신속》 fast; rapidly; quickly; in haste (급히); promptly (기민하게). ¶ 걸음을 ～ 하다 quicken one's steps / ～ 가라 Go at once! / ～ 해라 Make haste!, Hurry up!
빨리다 ① 《흡수당함》 be absorbed; be sucked 〔soaked〕 up. ② 《착취당하다》 be squeezed 〔extorted〕. ③ 《빨아먹이다》 let 《*a person*》 suck; suckle 《*a child*》.
빨병(一甁) 《수통》 a canteen; a flask; a water bottle 《英》.
빨아내다 suck 〔soak〕 up; absorb; 〖醫〗 aspirate (고름 따위를).
빨아들이다 《기체를》 inhale; breathe 〔draw〕 in; 《액체를》 suck in; absorb. ¶ 연기를 ～ inhale the smoke.
빨아먹다 ① 《음식을》 suck; imbibe. ② 《우려내다》 squeeze; exploit.
빨치산 a partisan; a guerrilla.
빨판 ☞ 흡반.
빳빳하다 (be) rigid; stiff; straight and stiff. ¶ 풀기가 빳빳한 stiffly starched.
빵¹ bread. ¶ 버터〔잼〕 바른 ～ bread and butter 〔jam〕 / ～ 한 조각 a slice 〔piece〕 of bread / ～을 굽다 bake 〔toast〕 bread.
빵² 《소리》 pop; bang.
빵꾸 puncture. ～나다 be punctured; have a blowout; have 〔suffer〕 a flat tire.
빵집 a bakery; a bake-shop 《美》.
빻다 pound; pulverize; grind into powder (갈아서).
빼각거리다 ☞ 삐걱거리다.
빼기 〖數〗 subtraction. ¶ ～를 하다 subtract; take away 《*a number from another*》.
빼내다 ① 《골라내다》 pick 〔single〕 out; select; 《뽑다》 draw 〔pull〕 out; extract. ② 《돌려내다》 pilfer; steal. ③ 《매인 몸을》 ransom; redeem; buy out.
빼놓다 ① 《젖혀 놓다》 drop; omit; leave out. ② 《뽑아 놓다》 draw 〔pull〕 out; extract. ③ 《골라 놓다》 pick 〔single〕 out; select.
빼다 ① 《빼내다》 take 〔pull〕 out; draw 《*a sword*》; extract 《*a tooth*》. ② 《얼룩을》 remove 《*an inkspot*》; wash off; take out. ③ 《생략》 omit; exclude; take off; leave out. ④ 《감산》 subtract 《*from*》; deduct 《*from*》. ¶ 10에서 5를 ～ subtract five from ten. ⑤ 《회피하다》 evade; shirk; avoid. ¶ 꽁무니를 ～ shirk one's responsibility. ⑥ 《차려입다》 dress 〔doll〕 up.
빼먹다 ① 《빠뜨리다》 omit; leave 〔miss〕 out; skip over (뛰다). ② 《돌려내다》 pilfer; steal. ③ 《수업을》 ¶ 학교를 ～ play truant 〔hook(e)y 《美俗》〕.
빼물다 《거만하게》 be haughty; pout one's lips (화가 나서).
빼쏘다 be exactly alike.
빼앗기다 ① 《탈취》 be deprived 〔robbed〕 of 《*something*》; have 《*something*》 taken away. ② 《정신을》 be absorbed 〔engrossed〕 《*in*》; 《매혹되다》 be fascinated 〔captivated〕.
빼앗다 ① 《탈취》 take 《*a thing*》 away from 《*a person*》; snatch 《*a thing*》 from; 《약탈》 rob 《*a person*》 of 《*a thing*》; plunder; pillage; 《찬탈》 usurp 《*the throne*》; 《박탈》 divest 〔deprive〕 《*a person*》 of 《*a thing*》; 《함락》 capture 《*a castle*》. ② 《정신을》 absorb 《*one's attention*》; engross 《*one's mind*》; 《매혹하다》 fascinate; charm; captivate.
빼어나다 excell 《*in*》; surpass; be superior 《*to*》; be excellent.
빽¹ 《후원자》 a backer; a supporter; a patron; 《연줄·배경》 patronage; backing; pull 《美》.
빽² 《소리》 ¶ ～ 소리지르다 shout; cry out; brawl. 「closely.
빽빽이 compactly; tightly; thickly;
빽빽하다 《촘촘하다》 (be) close; 《조밀》 (be) dense; thick; 《가득하다》 (be) packed (to the) full; chock-full; 《막히다》 (be) clogged stuffy.
빈둥거리다 idle one's time away.
빈들거리다 ☞ 빈둥거리다.
뺄셈 subtraction. ～하다 subtract.
뺑 round; around. ¶ ～ 둘러싸다 surround completely.
뺑그르르 ☞ 뱅그르르.
뺑소니 flight. ～치다 《도망》 run away; take (to) flight; 《자동차가》 hit and run. ‖ ～차 〔운전사, 사건〕 a hit-and-run car 〔driver, case〕.
뺨 a cheek. ¶ ～을 때리다 slap 《*a person*》 in the cheek / ～을 맞다 get slapped in the cheek / ～을 비비다 rub one's cheek (손으로); press 〔nestle〕 one's cheek against another's (남의 뺨에).
뺨치다 ① 《때리다》 give 《*a person*》 a slap in the cheek. ② 《무색케 하다》 outdo; outshine. ¶ 전문가를 뺨치는 솜씨다 (almost) outdo a professional. 「pain.
뻐근하다 feel heavy; have a dull
뻐기다 boast; be proud; be haughty; give oneself airs; talk big 「(말로).
뻐꾸기 〖鳥〗 a cuckoo.
뻐끔하다 (be) open; deep and wide.
뻐드렁니 a projecting tooth; a bucktooth.

빽빽 ¶담배를 ~ 피우다 puff at a cigarette (one's pipe).
빽빽하다 ☞ 빡빡하다.
뻐적지근하다 feel stiff and sore. ¶어깨가 ~ feel stiff in the shoulders.
뻔뻔하다 (be) shameless; impudent; audacious; unabashed. ¶뻔뻔하게 impudently; shamelessly; brazenfacedly; saucily.
뻔하다¹ ☞ 번하다.
뻔하다² 《까딱하면 …》 be (come) near 《*doing*》; almost; nearly 《*do*》; just barely escape 《*doing*》. ¶(하마터면) 죽을 ~ come near being dead (killed).
뻔히 ☞ 빤히.
뻗다 ① 《가지·뿌리 등이》 extend; spread; stretch. ¶뿌리가(를) ~ spread the root. ② 《연이음》 extend; stretch; run. ¶동서로 ~ run east and west / …까지 뻗어 있다 extend to (as far as).... ③ 《팔다리를》 extend; stretch (out). ¶손을 ~ reach out (one's hand) 《*to, for*》. ④ 《발전》 make progress; develop; expand. ⑤ 《죽다》 collapse; pass out.
뻗대다 hold out 《*against*》; take a stand 《*against*》; hold one's own 《*against*》; do not yield 《*to*》.
뻗치다 ☞ 뻗다.
뻘 《관계》 ¶조카 ~이다 stand 《*to one*》 in the relation of nephew.
뻣뻣하다 《억세다》 (be) stiff; hard; 《태도가》 (be) tough; unyielding. ¶목이 ~ have a stiff neck.
뻥 ① 《소리》 pop. ¶~ 하고 with a pop. ② 《구멍이》 ¶~ 뚫어지다 break open. ③ ☞ 거짓말.
뻥글거리다 smile 《*at*》; beam.
뻥긋거리다 ☞ 뻥글거리다.
뻥뻥하다 be at a loss; (be) puzzled.
뻥실거리다 beam; smile gently.
뼁끼 ☞ 페인트.
뼈 ① 《골격》 a bone; 《유골》 ashes; remains. ¶생선 ~를 바르다 bone a fish / ~가 부러지다 break a bone. ② 《저의》 a hidden meaning. ¶~있는 말 words full of hidden (latent) meaning; suggestive words.
뼈다귀 a bone.
뼈대 《골격》 frame; physique; build; 《구조물의》 skeleton; framework; structure. ¶~가 단단한 stoutly-built.
뼈물다 plan to do 《*something*》.
뼈저리다 cut (go) deep into one's heart; sting (cut, touch) 《*one*》 to the quick. ¶뼈저린 keen; severe; acute / 뼈저리게 keenly; severely; acutely; bitterly.
뼈지다 《옹골차다》 (be) solid; firm; 《말이》 (be) sharp; pungent; harsh. ¶뼈진 말 spicy (poignant) remarks.
뼘 a span. ¶~으로 재다 span.
뼘다 span.
뽀얗다 (be) grayish; whitish.
뽐내다 boast; be proud; be haughty; give oneself airs.
뽑다 ① 《박힌 것을》 pull (take) out; draw 《*a sword, lots*》; extract 《*a tooth*》; root up 《*a tree*》. ② 《선발》 select; pick (single) out; 《선거》 elect. ③ 《모집》 enlist; enroll; recruit.
뽕 the mulberry (leaf). ‖ ~나무 a mulberry (tree).
뽕빠지다 suffer a heavy loss; go bankrupt; fail; be broken.
뾰로통하다 (be) sullen; sulky; 《서술적》 look sullen.
뾰롱뾰롱하다 (be) ill-tempered; cross-grained.
뾰루지 an eruption; a boil. ¶~가 나다 A boil forms.
뾰조록하다 《서술적》 stick out a bit.
뾰족탑 (一塔) a steeple; a spire; a pinnacle.
뾰족하다 (be) pointed; sharp(-pointed). ¶뾰족하게 하다 sharpen.
뿌리 《식물의》 a root. ¶~깊은 deep-rooted 《*evil*》 / ~를 박다 take (strike) root; root / ~를 빼다 root up.
뿌리다 《끼얹다》 sprinkle (물 따위를); strew (꽃 따위를); 《흩뜨리다》 scatter; diffuse; disperse. ¶씨를 ~ sow (scatter) seed.
뿌리치다 shake off; reject; refuse; discard. ¶손목을 ~ shake off *a person's* hand.
뿌옇다 (be) whitish; grayish; hazy (안개 같이).
뿐 merely; alone; only; but. ¶이름 ~인 의사 a doctor only in name / …할 ~만 아니라 not only... but (also).
뿔 a horn; an antler (사슴의). ¶~로 받다 horn; gore. ‖ ~세공 a hornwork.
뿔뿔이 scatteredly; in all directions; separately; dispersedly. ¶~ 흩어지다 be scattered; scatter; disperse; break up.
뿜다 belch; emit; spout; spurt; gush out. ¶연기(煙氣)를 ~ belch smoke / 용암을 ~ spout lava.
뿡뿡 ¶~ 소리내다 honk; hoot.
삐걱거리다 creak; squeak; grate; jar.
삐다¹ 《수족을》 sprain; dislocate; wrench; twist.
삐다² 《물이》 subside; go down; sink.
삐대다 make a nuisance of oneself; outstay (wear off) one's welcome.
삐딱거리다 wobble; be shaky (rickety).
삐딱하다 (be) slant; inclined.
삐라 a (hand)bill; a leaflet. ¶~를 뿌리다 distribute handbills (leaflets) / ~를 붙이다 put up a bill.
삐삐 ¶~ 울다 squall / ~ 마르다 be as thin as a lath.
삐악삐악 ¶~ 울다 peep.
삐죽거리다 pout (one's lips); make a lip. ¶성이 나서 ~ pout in anger / 울려고 ~ sulk (pout) al-

most to tears.
삐죽하다 (be) protruding.
삑 《기적의》 with a whistle. ¶ ~ 울리다 whistle.
삥 round; around 《美》; completely (완전히). ¶ ~ 둘러싸다 surround 《*a person, a thing*》.
삥땅 《버스 안내양의》 pocketing; a kickback 《美》; a rake-off. ~하다 take off; pocket a rake-off 《*of*》.

ㅅ

사¹ a buttonhole stitch. ☞사뜨다.
사² 〖樂〗 G; sol 《이》. 「snake.
사(巳) the zodiacal sign of the
사(四) four; the fourth (제 4). ‖ ~ 차원 the fourth dimension.
사(私) privateness; privacy; self (자기); self-interest (사리). ‖ ~가 있는 selfish; self-interested / ~가 없는 unselfish; disinterested.
사(邪) 《부정》 wrong; injustice; unrighteousness; 《사악》 evil; vice.
사(社) 《회사》 a company; a corporation 《美》; a firm; an office (사무소).
사(紗) (silk) gauze; gossamer.
…사(史) history. ¶ 국〔세계〕~ Korean 〔world〕 history.
…사(辭) an address; a message. ¶ 환영 ~ an address of welcome.
사가(史家) a historian.
사가(私家) a private residence (집); one's (private) home (가정).
사각(四角) a square. ¶ ~의 four-cornered; square. ‖ ~형 a quadrilateral; a tetragon.
사각(死角) the dead angle 〔ground〕.
사각(射角) an angle of fire.
사각(斜角) 〖數〗 an oblique angle.
사각사각 ¶ ~ 먹다 munch; crunch.
사감(私憾) spite; grudge; a bitter feeling; malice.
사감(舍監) a dormitory inspector 〔superintendent, dean〕; 《여자》 a house mistress; a dormitory ma-
사개 a dovetail (joint). ⌊tron.
사거리(四一) a crossroads; a cross-
사거리(射距離) a range. ⌊ing.
사건(事件) an event (큰); an incident (사소한); 《음모》 a plot; 《일》 an affair; a matter; 《봉기》 an outrage; 《사고》 an accident; 《소송》 a case; 《알력》 a trouble; 《추문》 a scandal. ¶ ~을 떠맡다 take a case in hand. ‖ 간통 ~ an adultery scandal.
사격(射擊) firing; shooting. ~하다 shoot; fire at. ‖ ~ 대회 a shooting match; a rifle meeting / ~술(術) marksmanship / ~ 연습 shooting practice / ~장 a firing range; a shooting gallery (실내의).
사격전(射擊戰) a gun battle; a fire fight. ¶ ~을 벌이다 fight a gun battle 《*with*》; exchange fire 〔shots〕 《*with*》.
사견(私見) one's personal opinion 〔view〕. ¶ ~으로는 in my opinion.
사경(死境) a deadly situation; the brink of death; 《궁경》 a deadly pass. ¶ ~을 헤매다 hover 〔hang〕 between life and death.
사경제(私經濟) 《경제》 private 〔individual〕 economy.
사계(四季) 《사철》 the four seasons.
사계(斯界) the line (of business); the subject; the profession. ¶ ~의 권위 an authority on the subject.
사고(四顧) ¶ ~ 무친하다 have no one to turn to for help; be without kith or kin. 「tice.
사고(社告) an announcement; a no-
사고(事故) an incident (예측 못한); an accident; 《고장》 a hitch; a trouble. ¶ ~를 일으키다 cause accidents. ‖ 철도 〔교통〕 ~ a railway 〔traffic〕 accident.
사고(思考) thought; consideration. ~하다 think; consider; regard 《*a thing*》 as. ‖ ~력 thinking power / ~ 방식 a way of thinking.
사공(沙工) a boatman; a ferryman.
사과(沙果) an apple. ‖ ~나무 an apple tree / ~산(酸) malic acid / ~술 cider; apple wine.
사과(謝過) an apology. ~하다 apologize 《*to a person for a fault*》; make 〔offer〕 an apology; beg one's pardon. ‖ ~장 〔편지〕 a written apology; a letter of apology.
사관(士官) an 《*a military, naval*》 officer. ‖ ~ 학교 a military academy / ~ 후보생 a cadet (officer).
사관(史觀) a historical view.
사교(社交) social intercourse 〔life〕; society. ¶ ~적인 social; sociable. ‖ ~가 a sociable person; a good mixer 《美口》 / ~계 《go into》 society; fashionable society (~계의 여왕 the queen 〔belle〕 of society) / ~술 the art of social intercourse / ~춤 a ballroom 〔social〕 dance.
사교(邪敎) a heretical religion; heresy. ‖ ~도 a heretic.
사구(四球) 〖野〗 《give》 four balls; walking. ¶ ~로 나가다 walk.
사구(死球) 〖野〗 a dead ball.
사구(砂丘) a sandhill; a dune.
사군자(四君子) 〖美術〗 the Four Gracious Plants (=plum, orchid, chrysanthemum and bamboo).
사권(私權) 〖法〗 a private right.
사귀(邪鬼) an evil spirit; a devil.
사귀다 make friends 《*with*》; associate 〔keep company〕 with; mix with; hold intercourse with. ¶ 좋

은〔나쁜〕 친구와 ~ keep good〔bad〕 company.
사귐성 affinity; sociability. ¶ ~있는 sociable; congenial.
사그라지다 decompose (썩어); melt away (녹아서); be resolved (종기 등이). 「ma).
사극(史劇) a historical play (dra-
사근사근하다 《성질이》 (be) amiable; affable; pleasant; 《먹기에》 (be) crisp; fresh.
사금(砂金) gold dust; alluvial gold. ‖ ~ 채집 alluvial mining.
사금융(私金融) private loan.
사금파리 chips.
사기(士氣) morale; fighting spirit. ¶ ~가 떨어지다 be demoralized / ~를 고무하다 raise the morale / ~ 왕성하다 have high morale.
사기(史記) a historical book〔work〕.
사기(死期) the hour of death.
사기(砂器) china; crockery; porcelain (자기).
사기(詐欺) (a) fraud; fraudulence; swindling. **~하다** swindle; commit a fraud. ¶ ~를 당하다 get〔be〕 swindled. ‖ ~꾼 a swindler; an impostor / ~ 혐의자 a fraudulence suspect.
사기업(私企業) a private enterprise; an individual enterprise.
사나이 ① 《남자》 a man; a male. ② 《남성》 man(hood); the male sex. ③ 《사내다움》 manliness. ¶ ~다운 manly; manlike; manful / ~답게 like a man; in a manly manner.
사나토리움 a sanatorium; a sanitarium. 「days.
사날¹ three or four days; several
사날² ¶ ~ 좋다 be self-indulgent; be arbitrary; have one's own way / ~ 좋게 as one pleases 〔likes〕; arbitrarily (독단); without leave (무단).
사납금(社納金) 《택시 기사의》 money which taxi drivers have to turn over to the company out of their daily earning.
사납다 (be) fierce; wild; violent; rude; rough; ferocious; 《운수가》 (be) unlucky. ¶ 사나운 짐승 a wild animal; a fierce beast / 사납게 생긴 rough-〔fierce-〕looking.
사낭(砂囊) a sandbag; 《날짐승의》 a gizzard.
사내 ① ☞ 사나이. ‖ ~아이 a boy / ~종 a man servant. ② 《남편》 a husband.
사내(社內) ¶ ~의〔에〕 in the company 〔firm, office〕. ‖ ~ 보(報) an internal house organ / ~ 유보(留保) internal reserves.
사냥 hunting; shooting (총렵). **~하다** hunt; shoot. ¶ ~가다 go hunting; go on a shooting expedition. ¶ ~감 game; a game animal / ~개 a hound; a hunting dog / ~꾼 a hunter / ~터 a hunting ground 〔field〕. 「mind.
사념(邪念) evil thoughts; a vicious
사농공상(士農工商) the scholar, the farmer, the artisan and the merchant.
사다 ① 《구매》 buy; purchase. ¶ 싸게 〔비싸게〕 ~ buy cheap 〔dear〕; make a good 〔bad〕 bargain / 외상〔현금〕으로 ~ buy 《*a thing*》 on credit 〔for cash〕. ② 《가져 오다》 incur; invite; bring 《*upon*》 / 환심을 ~ win 〔gain〕 *a person's* favor / 미움을 ~ incur hatred. ③ 《인정하다》 appreciate 《*a person's effort*》; think highly of 《*a person's ability*》.
사다리 ☞ 사닥다리. ‖ ~꼴 〖幾〗 a trapezoid / ~ 소방차(車) a fire engine with ladder; a hook-and-ladder (truck).
사다새 〖鳥〗 a pelican.
사닥다리 《climb, go up》 a ladder; 《소방용》 an extension ladder (신축식의). ¶ ~를 놓다 place 〔set up〕 a ladder 《*against*》.
사단(社團) a corporation. ¶ ~ 법인 a corporation; a corporate body.
사단(事端) 《발단》 the origin 〔cause〕 of an affair; the beginning. ¶ ~을 일으키다 stir up troubles.
사단(師團) a 〔an army〕 division. ‖ ~ 사령부 the division(al) headquarters (생략 D.H.Q.) / ~장 a division(al) commander.
사담(私談) a private talk. **~하다** have a private talk with 《*a person*》. 「party.
사당(私黨) a faction; a private
사당(祠堂) a shrine; a sanctuary.
사대(事大) ‖ ~ 사상〔주의〕 flunkeyism; toadyism / ~주의자 a trimmer; a truckler; a timeserver.
사대부(士大夫) a man of highbirth.
사도(私道) a private road 〔path〕.
사도(邪道) evil ways 〔courses〕; vice.
사도(使徒) an apostle 《*of peace*》. ‖ ~ 행전(行傳) 〖聖〗 The Acts of the Apostles / 십이(十二) ~ the (Twelve) Apostles.
사도(斯道) the subject (문제); the line (방면); the art (기술). ¶ ~의 대가 an authority in the line; a master of the art.
사돈(査頓) a member of the family of one's daughter-〔son-〕in-law; in-laws 《美口》. ¶ ~의 팔촌 distant relatives. ‖ ~집 the house of in-laws.
사동(使童) an office 〔errand〕 boy.
사두마차(四頭馬車) a coach-and-four; a four-horse coach.
사들이다 lay in 《*goods*》; stock 《*a shop with goods*》; purchase.
사디스트 a sadist.
사디즘 sadism.
사뜨다 buttonhole; hemstitch;

cross-stitch.

사라사 printed cotton; chintz; calico《美》; print.

사라지다 vanish; disappear; fade away; go out of sight;《소멸》die away (out). ¶어둠 속으로 ~ disappear in the darkness / 연기처럼 ~ vanish like smoke.

사람 ①《인류》man(kind);《개인》a man; a person; a human being. ¶~의 떼 a crowd; a throng / ~의 일생 a human life(time) / ~을 보내다 send a messenger / ~은 만물의 영장 Man is the soul of the universe. ②《인재》a man of talent; a capable man;《성격·인물》character; nature; personality. ¶~이 좋은 〔나쁜〕 good-(ill-) natured / ~을 잘 〔잘못〕 보다 be a good 〔bad〕 judge of character / ~ 구실을 하다 worth one's salt / ~들 앞에서 울다 cry in the presence of others.

사람답다 (be) human; decent; modest.

사람멀미하다 feel sick from the jostling of a crowd.

사랑 love; affection; attachment (애착); tender passion. ~하다 love; be fond of; be attached to. ¶~하는 beloved; dear / ~스러운 lovable; lovely / 순결한 ~ Platonic love / 불의의 ~ illicit love / ~하는 이 one's sweetheart; a lover (남자); a love (여자) / ~의 보금자리 a love nest / ~의 표시 a love-token; a token of affection / ~에 번민하다 be lovesick 〔lovelorn〕 / ~을 고백하다 confess one's love 《*to*》/ ~에 빠지다 fall in love 《*with*》.

사랑(舍廊) a detached room used as man's quarters. ‖ ~ 양반 your husband / ~채 a detached house.

사랑니 a wisdom tooth.

사랑싸움 a matrimonial quarrel.

사래질 winnowing. ~하다 winnow.

사레 ¶ ~들리다 be choked by the food.

사려(思慮) thought; consideration; discretion; sense; prudence(분별). ¶ ~ 깊은 thoughtful; prudent; discreet; sensible.

사력(死力) ¶ ~을 다하다 make desperate 〔frantic〕 efforts.

사력(社歷) the history of a company.

사련(邪戀) illicit 〔immoral〕 love.

사령(司令) command. ‖ ~관 a commander; a commandant / ~부 the headquarters / ~선 a command module(우주선의) / ~탑 a conning tower / 연합군 최고 ~관 The Supreme Commander for the Allied Powers (생략 SCAP).

사령(辭令) ①《응대의 말》diction; wording. ‖외교 ~ diplomatic language. ②《사령장》a written appointment 〔order〕.

사례(事例) an instance; an example; a case; a precedent (선례). ‖ ~ 연구 a case study.

사례(謝禮)《감사》thanks;《보수》a remuneration. ~하다 reward; remunerate; recompense 《*a person for*》; pay a fee. ‖ ~금 a reward; a recompense; a remuneration.

사로자다 have a restless sleep.

사로잠그다 lock 〔bolt〕 《*a door*》 halfway.

사로잡다 catch 《*an animal*》 alive; capture 〔take〕 《*a person*》 prisoner (생포);《매혹》captivate; charm.

사로잡히다 be captured (alive); be taken prisoner;《매혹》be captivated;《얽매이다》be seized with 《*fear*》; be a slave of 《*honor and gain*》.

사론(史論) a historical essay 〔treatise〕.

사론(私論) one's personal opinion.

사뢰다 tell; relate; inform; report 《*to a high personage*》.

사료(史料) historical materials.

사료(思料) ~하다 consider; regard.

사료(飼料) fodder; feed; forage.

사륙배판(四六倍版) a large octavo.

사륙판(四六版) duodecimo; 12 mo.

사르다[1]《불을》set fire 《*to*》; make a fire;《피우다》kindle; burn(태우다); set 《*a thing*》 on fire.

사르다[2]《곡식을》winnow.

사르르 gently; lightly; softly.

사리《국수·새끼 등의》a coil.

사리(私利) one's own interest; self-interest; personal gain 〔profit〕. ¶ ~를 꾀하다 look after one's own interests.

사리(舍利) *sarira*《梵》; ashes (화장한). ‖ ~탑 a *sarira* stupa / ~함 a *sarira* casket.

사리(事理) reason; facts (사실); propriety (적부). ¶ ~에 닿다 stand to reason; be reasonable; be logical / ~에 밝다 be sensible; have good sense.

사리다 ①《말다》coil (up); wind 《*rope*, etc.》 round. ②《몸을 아끼다》spare oneself; take care to oneself; shrink from danger.

사린(四隣) the surrounding countries; the whole neighbourhood.

사립(私立) ¶ ~의 private. ‖ ~ 탐정 a private detective / ~ 학교 〔대학〕 a private school 〔college, university〕.

사립문(一門) a gate made of twigs.

사마귀 a mole;《무사마귀》a wart.

사막(沙漠) a desert.

사망(死亡) death; decease. ~하다 die; pass away. ‖ ~ 신고서 a notice of death / ~률 mortality; the death rate / ~자 the dead; the deceased (~자 명단 a death roll 〔list〕) / ~ 진단서 a certificate of death.

사면(四面) the four sides; all directions. ¶ ~ 팔방에 on all sides. ‖ ~체 a tetrahedron.

사면(斜面) a slope; a slant; an inclined plane.
사면(赦免) pardon; amnesty (대사). ~하다 pardon; remit; let off; discharge. ‖ 일반 ~ a general pardon / 특별 ~ a particular pardon; a special amnesty.
사면(辭免) ~하다 resign; retire from office.
사면초가(四面楚歌) ~이다 be surrounded by foes (on all sides); be forsaken by everybody.
사멸(死滅) ~하다 die out; become extinct; be annihilated; perish.
사명(社命) an order of the company.
사명(使命) a mission. ¶ ~을 띠다 be charged with a mission. ‖ ~감 a sense of duty.
사모(思慕) ~하다 be attached to; long for; yearn after.
사모(師母) ‖ ~님 Madam; Mrs.
사무(事務) business; affairs; office (clerical) work. ¶ ~적인 businesslike; practical / ~를 보다 attend to one's business (official duties); work / ~를 처리하다 manage (execute) the business / ~에 쫓기다 be pressed (kept busy) with business. ‖ ~관 a secretary / ~당국 the authorities in charge / ~소 an office / ~실 an office (room) / ~ 용품 office supplies / ~원(직원) a clerk; a deskworker / ~장 a head official / ~ 총장 a secretary general.
사무자동화(事務自動化) office automation. ‖ ~ 기기 the office automated machine.
사무치다 pierce; strike one home; sink deeply into one's mind.
사문(死文) ¶ ~화(化)되다 proved (to be) a dead letter.
사문(沙門) 《중》 a Buddhist monk (priest).
사문(査問) inquiry; inquisition. ~하다 interrogate; examine; inquire 《*into a matter*》. ‖ ~ 위원회 an inquiry committee.
사문서(私文書) a private document. ‖ ~ 위조 forgery of a private document.
사문석(蛇紋石) 〖鑛〗 serpentine; ophite (사문 대리석).
사물(死物) a dead (lifeless) thing; an inanimate object. ‖ ~ 기생 〖植〗 saprophytism.
사물(私物) private thing; personal effects.
사물(事物) things; a matter; an affair. ‖ ~ 관할(管轄) material jurisdiction.
사물놀이(四物—) a (Korean) traditional percussion quartet, "*Samulnori*".
사뭇 《몹시》 very much; quite; 《거리낌없이》 as one pleases (likes); willfully.
사바(娑婆) *Sahā, Sabha* 《梵》; this world. ¶ ~의 earthly; worldly; mundane. ‖ ~ 세계 =사바.
사바사바하다 bribe (buy off) an official.
사박거리다 crunch softly.
사박스럽다 (be) rude; rough; rambunctious.
사반(四半) a quarter. ‖ ~기(期) a quarter / ~ 세기 a quarter of a century.
사반(死斑) a death spot.
사발(沙鉢) a (porcelain) bowl. ¶ ~ 농사하다 live as a beggar. ‖ ~ 시계 a bowl-shaped clock.
사방(四方) four sides; all directions (quarters). ¶ ~에 (으로) on all sides; on every side; in all directions; all round / ~ 2피트 two feet square / 삼지 ~으로 in all directions; far and wide.
사방(砂防) erosion control; sandbank fixing. ‖ ~ 공사 sand arrestation work; sand guards.
사방침(四方枕) an armrest; an elbow rest.
사방형(斜方形) a rhomb(us). ¶ ~의 rhombic.
사배(四倍) four times; quadruple. ~하다 multiply by four; quadruple. ¶ ~의 fourfold; quadruple.
사범(事犯) an offence; a crime. ‖ 경제 ~ an economic offence / 선거 ~ election illegalities.
사범(師範) a teacher; a master; a coach. ‖ ~ 대학 a college of education / ~ 학교 a normal school / 검도 ~ a fencing master.
사법(司法) administration of justice; the judicature. ~의 judicial; judiciary. ‖ ~ 경찰 the judicial police / ~관 a judicial officer; the judiciary (전체) (~관(官) 시보(試補) a probationary judicial officer) / ~권 judicial power / ~ 서사 a judicial scrivener / ~ 연수생 a judicial apprentice / ~ 연수원 the Judicial Research and Training Institute / ~ 제도 the judicial system / ~ 행정 judicial administration / 국제 ~재판소 the International Court of Justice.
사법(死法) a dead law.
사법(私法) 〖法〗 private law.
사법고시(司法考試) the judicial test (examination).
사변(四邊) ‖ ~형 a quadrilateral.
사변(事變) 《사고》 an accident; a disaster; an incident; 《변란》 a trouble; a disturbance; 《급변》 an emergency; exigency.
사변(思辨) speculation; discrimination. ¶ ~적 speculative. ‖ ~ 철학 speculative philosophy.
사변(斜邊) 〖幾〗 the hypotenuse. ☞ 빗변.
사별(死別) ~하다 be bereaved of 《*one's husband*》; be parted 《*from a person*》 by death.
사병(士兵) a private; a (common) soldier; (enlisted) men (복수); the ranks, the rank and file (총칭).

사보타주 sabotage. ～하다 go on a sabotage; go slow.

사복(私服) plain 〔civilian〕 clothes. ‖～ 형사 〔경찰관〕 a plainclothes man 〔policeman〕.

사복(私腹) ¶～을 채우다 fill one's own pocket; enrich oneself.

사본(寫本) a manuscript 〔copy〕; a duplicate (부본); a transcript (등사물). ¶～을 만들다 (make a) copy.

사부(四部) four parts. ‖～작 a quadrilogy / ～ 합주 〖樂〗 a quartet / ～ 합창 a vocal quartet.

사부(師父) one's teacher; a (fatherly) master.

사부(師傅) 《스승》 a teacher; 《왕자의》 a prince's fosterer and tutor.

사부랑거리다 chatter; prattle; gabble; tattle. 「ly-bound.

사부랑하다 (be) loosely-piled; loose-

사북 《부채의》 the pivot (on a fan); 《요점》 the point; a pivot.

사분(四分) ～하다 divide in four; quarter. ¶～의 일 one fourth; a quarter. ‖～면(面) 〖數〗 a quadrant / ～ 음표 〖樂〗 a quarter note 《美》; a crotchet 《英》 / ～의(儀) a quadrant.

사분거리다 ① 《지근거리다》 tease 《*a person*》 humo(u)rously. ② 《가만가만》 whisper; talk in a low voice. 「amiable.

사분사분 ¶～한 kindly; gentle;

사분오열(四分五裂) ～하다 go to pieces; be torn up 〔asunder〕; be disrupted.

사비(私費) private expenses. ¶～로 at one's own expense 〔cost〕; at private expense.

사뿐사뿐 softly; lightly.

사사(私事) personal affairs; private matters. 「thing.

사사(事事) ‖～건건(件件) in every-

사사(師事) ～하다 become *a person's* pupil; study 《*under*》.

사사롭다(私私—) (be) personal; private. ¶사사로이 personally; privately; in private; informally.

사사오입(四捨五入) ～하다 round 《*a number to*》; raise 《*to a unit*》 (우수리를). 「vate matters.

사사일(私私—) personal affairs; pri-

사사집(私私—) a private house.

사산(死産) a stillbirth. ～하다 give birth to a dead child.

사살(射殺) ～하다 shoot 《*a person*》 dead 〔to death〕.

사상(史上) in history. ¶～ 유례가 없는 unparalleled in history.

사상(死相) the seal of death 《*on a person's face*》.

사상(死傷) ‖～자 the killed and wounded; the dead and injured; casualties.

사상(事相) an aspect; a phase.

사상(事象) a phenomenon [*pl.* -na]; an aspect; an event.

사상(思想) thought; an idea. ‖～가 a (great) thinker / ～범 political offense; a political offender (사람) / ～전 ideological warfare/ 자유 ～ liberal thought / 근대 ～ modern thought / 신～ new idea/ 정치 ～ political ideas / 진보 ～ a progressive idea / 혁명 ～ a revolutionary idea.

사상(絲狀) ～의 filiform; thready. ‖～균(菌) a filamentous fungus.

사상(寫象) an image. ‖～파 the imagists.

사색(四色) 《빛깔》 four colo(u)r; 〖史〗 the Four Factions (of the Yi Dynasty). ‖～ 당쟁 strife among the Four Factions.

사색(死色) deadly 〔ghastly〕 pale look.

사색(思索) thinking; contemplation; meditation. ～하다 think; contemplate; speculate. ¶～적인 speculative; meditative / ～에 잠기다 be given to speculation; be lost in meditation. ‖～가 a thinker.

사생(死生) life and 〔or〕 death. ¶～결단하고 at the risk of one's life.

사생(寫生) sketching; a sketch (작품). ～하다 sketch; sketch from nature 〔life〕. ‖～ 대회 a sketch contest.

사생아(私生兒) an illegitimate child; a natural 〔love〕 child; a bastard. ¶～로 태어나다 be of illegitimate birth; be born out of wedlock.

사생활(私生活) one's private life. ¶～에 참견하다 dig 〔nose〕 into 《*a person's*》 private life.

사서(四書) ‖～ 삼경(三經) the Four Books and the Three Classics.

사서(司書) a librarian.

사서(史書) a history book.

사서(私書) a private document; 《사신》 a private letter. ‖(우편)～함 a post-office box; P.O.B.

사서(辭書) ☞ 사전(辭典).

사석(沙石) sand and stones.

사석(私席) ¶～에서 at a private meeting.

사선(死線) 《감옥·포로수용소 둘레에 친》 the deadline; 《죽을 고비》 a life-or-death crisis. ¶～을 넘다 cross the deadline; survive a life-or-death crisis.

사선(射線) 《탄도》 a trajectory; 《사격선》 firing line.

사선(斜線) 〖幾〗 an oblique line.

사설(私設) ～의 private 《*railway*》. ‖～ 학원 a proprietary school.

사설(邪說) a heretical doctrine.

사설(社說) a leading article; a leader 《英》; an editorial. ‖～란 the editorial column.

사성(四聖) the four greatest sages of the world.

사세(事勢) the situation; the state of things 〔affairs〕. ¶～ 부득이 unavoidably; out of sheer necessity.

사소(私訴) 〖法〗 a civil suit [action].

사소(些少) ~한 trifling; trivial; small; slight; inconsiderable. ¶ ~한 일 a (mere) trifle; a trifling matter; a little thing; triviality.

사수(死守) ~하다 defend 《*a position*》 to the death; maintain desperately.

사수(射手) a shooter; a marksman; a gunner (포수). ‖ 명(名)~ a crack shot [shooter].

사숙(私淑) ~하다 adore 《*a person*》 in one's heart; take 《*a person*》 for a model.

사숙(私塾) a private school.

사순절(四旬節) 〖基〗 Lent.

사슬 a chain; 《개 매는》 a tether. ¶ ~에서 풀려나다 《비유적》 free oneself from restraint. ‖ ~ 고리 a link.

사슴 a deer [*pl.* deer]; a stag (수컷); a hind (암컷). ‖ ~ 가죽 deer skin / ~ 고기 venison / ~뿔 an antler / ~ 사육장 a deer garden.

사시(四時) the four seasons. ¶ ~ 내내[를 통하여] all the year round; throughout the year.

사시(斜視) a squint; squinting eyes; strabismus. ¶ ~의 squint-[cross-] eyed. ‖ ~ 수술 〖醫〗 strabotomy / 내[외] ~ cross-eyed [wall-eyed] strabismus.

사시나무 〖植〗 a poplar; an aspen. ¶ ~ 떨 듯하다 tremble like an aspen leaf.

사시장춘(四時長春) 《늘 봄》 everlasting spring. ~하다 《늘 봄》 be spring all the year round; 《잘 지냄》 be well-off.

사식(私食) food privately offered to a prisoner.

사식(寫植) ☞ 사진 식자.

사신(私信) a private letter [message].

사신(使臣) an envoy; an ambassador.

사실(史實) a historical fact.

사실(私室) a private room.

사실(事實) a fact; an actual fact; truth (진실). ¶ ~상 in fact; actually; really; as a matter of fact / ~상의 actual; virtual; practical / ~ 무근의 unfounded; groundless / 움직일 수 없는 ~ an established [accomplished] fact / ~에 반하다 be contrary to the fact / ~을 왜곡하다 falsify facts; pervert the truth. ‖ ~ 조사 fact-finding 《美》.

사실(寫實) ~적(으로) realistic(ally); graphic(ally). ‖ ~주의 realism (~주의자 a realist).

사심(私心) selfishness; self-interest; a selfish motive. ¶ ~이 없는 unselfish; disinterested.

사심(邪心) evil mind; malicious intention.

사십(四十) forty. ¶ 제 ~ the fortieth / ~ 전의 under [on the sunny side of] forty / ~이 넘은 over [on the wrong side of] forty.

사십구재(四十九齋) the memorial services on the forty-ninth day after 《*a person's*》 death.

사악(邪惡) wickedness; evil; vice. ~한 wicked; vicious; evil; sinister. ¶ ~한 사람 a wicked man.

사안(私案) one's private plan.

사암(砂岩) 〖地〗 sandstone.

사약(賜藥) ¶ ~을 내리다 bestow poison upon 《*a person*》 as a death penalty.

사양(斜陽) 《be in》 the setting sun. ‖ ~ 산업 a declining industry.

사양(飼養) ☞ 사육(飼育).

사양(辭讓) ~하다 decline; excuse oneself 《*from*》; refrain [keep] from; stand on ceremony. ¶ ~하지 않고[말고] freely; unreservedly; without reserve.

사어(死語) ☞ 폐어(廢語).

사업(事業) 《일》 work; a task; 《기업》 an enterprise; undertaking; a project; 《상업》 business; 《실업》 (a line of) business; an industry (산업); 《업적》 an achievement; a deed; merits. ¶ ~에 성공[실패]하다 succeed [fail] in business. ‖ ~가 a man of enterprise / ~비 working expenses / ~ 소득 an income from an enterprise (~ 소득세 the business tax) / ~ 연도 a business year / ~ 자금 business funds/교육 ~ educational work/ 정부[민간] ~ a government [private] enterprise.

사에이치클럽 (四—) 《a member of》 a Four-H (4-H) club.

사역(使役) ~하다 employ; work; use. ‖ ~ 동사 〖文〗 a causative verb.

사연(事緣) circumstances; the matter; the case.

사열(四列) four lines [rows]. ¶ ~로 행진하다 go [march] by fours.

사열(査閱) inspection. ~하다 inspect; examine. ‖ ~관 an examiner; an inspector; an inspecting officer (교련의) / ~식 a military review; a parade (~식을 갖다 hold a military review).

사염화(四塩化) ‖ ~물(物) 〖化〗 tetrachloride.

사영(私營) ~하다 run [operate] privately.

사영(射影) 〖數〗 projection. ‖ ~ 기하학 projective geometry.

사옥(社屋) the building (of a company).

사욕(沙浴) a (hot) sand bath.

사욕(私欲) self-interest; selfishness. ¶ ~ 있는 selfish; interested / ~ 없는 unselfish; disinterested.

사욕(邪慾) an evil passion; a carnal [wicked, vicious] desire.

사용(私用) private [personal] use; 《on》 private [personal] business (용무). ~하다 turn to private use; appropriate to oneself.

사용(使用) use; employment. ~하다 use; employ; apply. ‖ ~료

rent; hire / ~법 use; how to use; directions / ~인(人) an employee (employé); a hired person 《美》 / ~자 a user; an employer (고용주).
사용(社用) ¶ ~으로 on (company) business.
사우(社友) a colleague (동료); a "friend" of the firm (사의 관계자).
사우나 a sauna (bath).
사우디아라비아 Saudi Arabia. ¶ ~의 Saudi Arabian / ~ 사람 a Saudi; a Saudi Arabian.
사우스포 〖野〗 a southpaw (pitcher).
사운(社運) ¶ ~을 걸다 risk (hazard) the future of the company 《*on*》.
사운드 sound. ‖ ~ 복스 a sound box.
사원(寺院) a (Buddhist) temple.
사원(私怨) a (personal, private) grudge (spite, enmity). ¶ ~을 품다 have a grudge against 《*a person*》 / ~을 풀다 satisfy one's grudge.
사원(社員) a member; an employee; a clerk; 《increase》 the staff (총칭). ¶ ~이 되다 join the staff 《*of*》. ‖ ~ 식당 a cafeteria for employees / 신입(퇴직) ~ an incoming (outgoing) partner (employee) / 임시 ~ a temporary employee / 정(종신) ~ a regular (life) member.
사월(四月) April.
사위 a son-in-law. ‖ 사윗감 a suitable person for a son-in-law.
사위다 burn up; burn to nothing.
사위스럽다 (be) abominable; loathsome; abhorrent; ominous.
사유(私有) ~의 private(-owned). ‖ ~물 (재산, 지(地)) private possessions (property, land).
사유(事由) a reason; a cause; a ground; conditions. ¶ 다음과 같은 ~로 for the reason(s) given below.
사유(思惟) thinking. ~하다 think; speculate; consider.
사육(飼育) raising; breeding; keeping. ~하다 raise; rear; breed; keep; bring up. ‖ ~자 a fancier; a breeder / ~장 a 《*cattle-*》breeding farm.
사육제(謝肉祭) the carnival.
사은(謝恩) ‖ ~ (대)매출 thank-you sales / ~회 a thank-you party; a testimonial dinner.
사의(私意) self-will; a selfish motive; one's own will.
사의(謝意) ① 《감사》 thanks; gratitude; appreciation. ¶ ~를 표하다 express one's gratitude. ② 《사죄의 뜻》 apology.
사의(辭意) one's intention to resign. ¶ ~를 비추다 hint at resignation; intimate one's intention to resign / ~를 표명하다 announce one's resignation.
사이 ① 《공간》 interval (간격); distance (거리); space (공간). ¶ ~에 between (둘의); among (셋 이상의); through (통하여); amidst (한가운데) / 10미터 ~를 두고 at intervals of 10 meters / ~를 두다 leave a space 《*for*》. ② 《시간》 interval; time. ¶ ~에 in (for) 《*a week, three days*》; during 《*the lesson, the vacation*》; between (중간); while (…을 하는 동안) / 외출한 ~에 while one is out / 어느 ~에 before one knows. ③ 《관계》 relations; terms. ¶ 정다운 ~ harmonious relations / ~가 벌어지다 be estranged from each other / ~에 들다 mediate between 《*two parties*》; act as go-between / ~를 가르다 separate; estrange / ~가 좋다 (나쁘다) be on good (bad) terms 《*with*》.
사이다 carbonated drinks; (a) soda pop (cider 는 사과주(酒)). ‖ ~병 a pop bottle.
사이드카 a sidecar.
사이렌 a siren; a whistle. ¶ ~을 울리다 sound (blow) a siren.
사이비(似以非) false; sham; make-believe; pretended. ‖ ~ 학자 a pretended scholar; a charlatan.
사이사이 ① 《공간》 spaces; intervals. ② 《시간》 (every) now and then.
사이언스 science.
사이언티스트 a scientist.
사이즈 size. ¶ ~가 (안) 맞다 be (out of) one's size / ~를 재다 take the size 《*of*》.
사이참(一站) 《휴식》 a rest; an intermission; a break.
사이클 〖電〗 a cycle.
사이클로트론 〖理〗 cyclotron.
사이클링 cycling. ¶ ~ 가다 go cycling (bike-riding).
사이펀 a syphon; a siphon.
사이프러스 Cyprus.
사인(死因) 《inquire into》 the cause of *a person's* death.
사인(私人) ¶ ~으로서 as a private individual.
사인(私印) a private seal.
사인[1] 〖數〗 a sine (생략 sin).
사인[2] ① 《부호·암호》 a signal; a sign. ② 《서명》 a signature; an autograph. ~하다 sign; autograph. ¶ ~을 받다 get *a person's* autograph / ~ 좀 부탁합니다 Will you oblige me with your autograph? ‖ ~북 an autograph book.
사임(辭任) resignation (☞ 사직(辭職)). ~하다 resign 《*one's post*》.
사일로 〖農〗 a silo.
사자(死者) a dead person; the deceased; the dead (총칭); 《사고에 의한》 fatalities; loss of life.
사자(使者) a messenger.
사자(獅子) a lion; a lioness (암컷).
사자(嗣子) an heir; an heiress(여자).
사자(寫字) copying; transcription.
사자코 a pug (snub) nose.
사자후(獅子吼) 《열변》 harangue; fiery eloquence. ¶ ~를 토하다 make

ㅅ

an eloquent speech.
사장(死藏) ~하다 hoard; keep 《*a thing*》 idle; keep idle on stock.
사장(社長) the president; the director. ‖ 부~ the vice-president.
사장(射場) an archery ground [gallery (실내의)].
사재(私財) private means [funds, property]. ¶ ~를 털어 out of one's own pocket [purse]; at one's own expense / ~를 투자하다 expend one's funds 《*upon*》.
사저(私邸) one's private residence.
사적(史的) historic(al). ¶ ~ 고찰 historical researches.
사적(史蹟) a historic spot [site]; a place of historic interest; historical relics [remains].
사적(史籍) historical books.
사적(私的) personal; private. ‖ ~ 감정 personal feeling / ~ 생활 one's private life.
사적(事績) 《업적》 an achievement; an accomplishment; a deed; 《공적》 services; merits.
사적(射的) a target; a mark. ‖ ~장(場) a rifle range; a shooting gallery (놀이의).
사전(私錢) counterfeit money[coin].
사전(事前) ~에 before the fact; beforehand, in advance (미리). ¶ ~에 알리다 inform 《*a person*》 in advance. ‖ ~ 검열 pre-censorship/ ~ 선거 운동 pre-election campaign / ~ 통고 an advance [a previous] notice.
사전(辭典) a dictionary; a lexicon; a wordbook. ¶ ~을 찾다 look up 《*a word*》 in a dictionary; consult [refer to] a dictionary.
사전편집자(辭典編集者) a lexicographer; a compiler of a dictionary.
사전학(辭典學) lexicography.
사전협의(事前協議) prior consultation.
사절(四折) ~의 fourfold; folded in four. ‖ ~판 a quarto edition.
사절(使節) 《일행》 a mission; 《개인》 an envoy; an ambassador. ‖ ~단 a 《*military*》 mission; a delegation / (방한) 문화 ~단 a cultural mission (to Korea).
사절(謝絶) denial; refusal. ~하다 excuse oneself 《*from*》; refuse; decline; deny; turn down. ¶ 외상 ~ "No credit allowed."
사정(司正) audit and inspection.
사정(私情) personal feelings [regard, sentiment]. ¶ ~을 두다 be influenced by personal sentiment; be partial.
사정(邪正) right and wrong; justice and evil.
사정(事情) ① 《처지·곡절》 circumstances; conditions; reasons; 《형세》 the state of things [matters, affairs]. ¶ 자세한 ~ the details; the whole circumstances / ~이 허락하는 한 as far as circumstances permit / 부득이한 ~이 있어 for some unavoidable reasons; under unavoidable circumstances. ‖ 식량 ~ food situation. ② 《하소연》 ~하다 beg 《*a person's*》 consideration(s) [leniency, indulgence]; ask a favo(u)r. ¶ ~ 없다 be merciless [relentless].
사정(査定) 《세금의》 assessment; 《예산의》 revision. ~하다 assess; revise. ¶ ~ 가격 an assessed value [price] / ~액 an assessed amount/ 세액 ~ the assessment of taxes.
사정(射程) a (shooting) range. ¶ ~안(밖)에 within [out of] range. ‖ 유효 ~ the effective range.
사정(射精) ejaculation. ~하다 emit semen; ejaculate.
사제(司祭) a priest; an officiant; a pastor; a celebrant.
사제(私製) ~의 privately-made; unofficial. ‖ ~ 엽서(葉書) a private postcard / ~품 privately made goods.
사제(師弟) master and pupil; teacher and student. ‖ ~ 관계 the relation of [between] teacher and student.
사조(思潮) the trend of thought; the drift of public opinion. ‖ 문예 ~ the trend of literature.
사족(四足) ~의 four-footed; quadruped. ¶ ~ 못쓰다 be spellbound; be crazy 《*about*》; be helplessly fond 《*of*》.
사족(蛇足) superfluity; redundancy. ¶ ~을 달다 make an unnecessary addition.
사죄(死罪) a capital offence.
사죄(赦罪) ~하다 pardon; remit 《*a punishment*》; absolve 《*a person from* [*of*]》.
사죄(謝罪) apology. ~하다 apologize 《*to a person for*》; make an apology 《*for*》; acknowledge one's fault.
사주(四柱) ‖ ~쟁이 a fortuneteller/ ~ 팔자 one's lot; destiny; fate.
사주(社主) the proprietor 《*of a firm*》.
사주(使嗾) instigation. ~하다 instigate; incite; egg 《*a person*》 on. ¶ …의 ~로 instigated by 《*a person*》; at *a person's* instigation.
사주(砂洲) a sand bar; a delta (하구 등의).
사주체(斜柱體) 〖數〗 an oblique cylinder.
사중(四重) ‖ ~주[창] a quartet(te).
사증(査證) a visa; a *visé*. ‖ 입국 [출국] ~ an entry [exit] visa.
사지(四肢) the limbs; the legs and arms.
사지(死地) the jaws of death; a fatal position. ¶ ~로 들어가다 [를 벗어나다] go into [escape from] the jaws of death.
사지 serge (cloth).

ㅅ

사지코 ☞ 사자코.
사직(司直) the judicial authorities; 《법관》 a judge; the bench (총칭). ‖～ 당국 =사직(司直).
사직(社稷) the guardian deities of the State; 《국가》 the State.
사직(辭職) resignation. ～하다 resign; resign (from) office; give up one's office; quit [leave] office. ¶～을 권고하다 advise [urge] 《*a person*》 to resign. ‖～원(을 내다) (tender, hand in) one's resignation / ～자 a resigner.
사진(砂塵) dust.
사진(寫眞) a photograph; a photo; a picture; photography (사진술). ¶～을 찍다 (take a) photograph 《*of*》; have a picture taken (남이 찍어 주다) / ～을 인화(印畫)[확대]하다 print [enlarge] a photograph/ ～을 현상하다 develop a film. ‖～관 a photo studio/～기 a camera/ ～ 식자 photocomposition (～ 식자기 a photocomposer) / ～ 전송 facsimile / ～첩 an album / ～판 a photogravure (요판); a phototype (철판); a photostat / 전[반]신 ～ a full-[half-]length photograph / 컬러 ～ a colo(u)r photograph [picture] / 흑백 ～ a black and white photograph.
사차(四次) ～의 biquadratic 《*equation*》. ‖～원 the fourth dimension.
사차선도로(四車線道路) a four-lane road[highway].
사찰(寺刹) ☞ 절.
사찰(査察) inspection; investigation. ～하다 inspect; investigate. ‖세무 ～ tax investigation.
사창(私娼) 《업》 unlicensed prostitution; 《사람》 an unlicensed prostitute; a streetwalker. ‖～굴 a house of ill fame; a brothel.
사채(私債) a personal debt [loan]; private liabilities. ‖～ 놀이 private loan business / ～ 동결 a loan freeze.
사채(社債) a bond; a debenture. ‖～권(券) a bond; a debenture bond / ～ 발행 debenture issue / ～ 상환 debenture redemption / 보증 ～ a guaranteed debenture / 장기[단기] ～ a long-[short-]term debenture.
사천왕(四天王) the four Devas.
사철(四—) the four seasons; seasons of the year; 《부사적》 throughout the year; all the year round.
사철(私鐵) a private line [railway].
사철나무 〖植〗 a spindle tree.
사체(死體) ☞ 시체.
사초(莎草) ① ☞ 잔디. ② 《잔디입히기》 ～하다 turf [sod] a tomb.
사촌(四寸) a (first) cousin. ‖～형 an elder cousin.
사춘기(思春期) adolescence; (the age of) puberty. ～의 pubescent; adolescent. ¶～의 남녀 boys and girls at puberty / ～에 달하다 attain [reach] puberty.
사출(射出) ～하다 shoot out; project; emit; radiate; 《항공》 catapult. ‖～기(機) a catapult.
사춤 a crack; a cleft.
사취(詐取) fraud; swindle. ～하다 obtain by fraud; swindle 《*money from*》; defraud 《*a person of a thing*》.
사치(奢侈) luxury; extravagance. ～하다 be extravagant 《*in food, etc.*》; indulge in luxury. ¶～스러운 luxurious; extravagant / ～에 흐르다 indulge in luxury; fall into luxurious habits. ‖～세(稅) luxury tax / ～품 a luxury; a luxurious article.
사칙(四則) 〖數〗 the four operations [rules] in arithmetic.
사칙(社則) the (company's) regulations.
사친회(師親會) a Parent-Teacher Association (생략 P.T.A.).
사칭(詐稱) false assumption. ～하다 assume another's [a false] name. ¶…라고 ～ under a feigned name of....
사카린 〖化〗 saccharin(e).
사커 〖競〗 soccer; socker 《英》; association football. ☞ 축구.
사타구니 the groin.
사탄 Satan; the devil.
사탕(砂糖) ① 《설탕》 sugar (☞ 설탕). ‖ ～무 the white beet; the sugar beet / ～수수 the sugar cane / 모～ lump [cube] sugar / 얼음 ～ sugar [rock] candy. ② 《과자》 sweets; candy.
사탕발림(砂糖—) cajolery; flattery; honeyed words (감언). ～하다 sweet-talk; sugar [butter] (up); soft-soap; flatter; cajole; coax.
사태(沙汰) ① 《산 따위의》 a landslip; a landslide; an avalanche (눈의). ② 《많음》 a flood; lots 《*of*》; a multitude 《*of*》. ‖사람 ～ a flood of overflowing people; crowds.
사태(事態) a situation; the state [position] of affairs [things]. ‖비상 ～ a state of emergency.
사택(社宅) a company's house; company's housing quarters.
사토(沙土) sandy soil.
사통(私通) 《밀통》 intimacy; illicit intercourse; (illicit) liaisons. ～하다 misconduct oneself with.
사통오달(四通五達) ～하다 run [radiate, stretch] in all directions.
사퇴(辭退) ① 《사양》 declination 《美》; refusal. ～하다 decline 《*an offer*》; refuse to accept. ② 《사직》 resignation. ～하다 resign 《*one's post*》. ‖자진 ～ voluntary resignation.
사투(死鬪) a (life or) death struggle. ～하다 fight [struggle] des-

ㅅ

perately. 「vincialism.

사투리 a dialect; an accent; a pro-

사특(邪慝) ~한 wicked; vicious.

사파(娑婆) ☞ 사바(娑婆). 「fari.

사파리 (a) safari. ‖ ~대(隊) a sa-

사파이어 〖鑛〗 a sapphire.

사팔눈 a squint(-eye); cross-eyes. ~의 squint-(cross-)eyed.

사팔뜨기 a cross-(squint-)eyed person; a squinter. 「ery) paper.

사포(砂布) sandpaper; glass (em-

사표(師表) a model; a pattern; an example; a paragon.

사표(辭表) a written resignation; a letter of resignation. ¶ ~를 제출하다 tender (give in) one's resignation / ~를 반려 (철회) 하다 turn down (withdraw) one's resigna-

사푼사푼 softly; lightly. ⌊tion.

사프란 〖植〗 a saffron.

사필귀정(事必歸正) a matter of course; corollary. ~하다 Right will prevail in the end. *or* Truth wins out in the long run.

사하다(赦―) pardon; forgive.

사하중(死荷重) the deadweight; the dead load 《*of a wagon*》.

사학(史學) history (as science); historical science. ‖ ~자 a historian.

사학(私學) a private school (college, university).

사학(斯學) this study; this field; the subject. ¶ ~의 권위 an authority on the subject.

사할린 Sakhalin.

사항(事項) 《일》 matters; subjects; 《항목》 items; articles; particulars. ‖ 주요 ~ an essential particular; a main point.

사해(四海) the four seas; the seven seas; 《천하》 the whole world. ‖ ~ 동포 the brotherhood of mankind; universal fraternity.

사해(死海) the Dead Sea.

사행(射倖) speculation; adventure. ‖ ~심 a speculative (gambling) spirit.

사향(麝香) musk. ‖ ~노루 a musk deer / ~수 musk water / ~초 a wild thyme. 「blood.

사혈(瀉血) depletion. ~하다 deplete

사형(死刑) death penalty (sentence); capital punishment. ¶ ~에 처(處)하다 put to death; execute; condemn to death. ‖ ~ 선고 sentence of death; a capital sentence / ~수 a criminal under sentence of death; a condemned man / ~장 the execution ground / ~ 집행인 an executioner; a hangman.

사형(私刑) lynch; lynching. ¶ ~을 가하다 lynch 《*a person*》.

사형(舍兄) my elder (big) brother.

사화(士禍) the massacre of scholars; the calamity of *literati*.

사화(史話) a historical tale (story).

사화(私和) reconciliation. ~하다 become (be) reconciled 《*with*》.

사화산(死火山) an extinct volcano.

사환(使喚) an errand boy; a boy; an office boy (girl).

사활(死活) life and death. ‖ ~ 문제 a matter of life and (or) death.

사회(司會) chairmanship. ~하다 preside at (over) 《*a meeting*》; take the chair. ‖ ~봉(棒) a gavel / ~자 the chairman; the toastmaster (연회의); the master (mistress (여자)) of ceremonies (생략 m. c., M. C.) (TV 등의).

사회(社會) society; the world(세상); 《공중》 the public; 《일부》 a community. ~적 social 《*status*》. ¶ ~의 적 a public enemy / ~적 지위 one's social position (standing) / ~를 위하여 for the good of the public / ~에 나가다 go out into the world. ‖ ~ 개량 (도덕, 질서) social improve (morality, order) / ~ 과학 social science / ~ 문제 (면) a social problem (column, page (신문의)) / ~ 보장 제도 the social security system / ~ 사업 social work (service) (~ 사업가 a social worker) / ~상 social phenomenon / ~악 (불안) social evils (unrest) / ~인 a member of society / ~장(葬) a public funeral / ~주의 socialism / ~학 sociology (~학자 a sociologist) / 상류 (중류, 하류) ~ the higher (middle, lower) classes/원시 (봉건) ~ primitive (feudal) society / 일반 ~ the general public.

사회 간접자본(社會間接資本) (the) social overhead capital《SOC》.

사회기강(社會紀綱) social discipline.

사회복지(社會福祉) social welfare. ¶ ~를 꾀하다 take a measure with a view to social welfare/~를 증진하다 promote social welfare.

사회정화(社會淨化) social purification. ‖~ 운동 a social purification drive / ~ 위원회 the Social Reform Commission. 「lic opinion.

사회풍조(社會風潮) the trend of pub-

사회현상(社會現狀) a social phenomenon (phase). 「ment.

사회환경(社會環境) social environ-

사후(死後) ~의 after death; future; posthumous. ¶ ~에 after one's death; posthumously. ‖ ~ 강직(强直) stiffening after death.

사후(事後) ~의 after the fact; *ex post facto* 《라》. ¶ ~에 after the fact; *post factum* 《라》. ‖ ~ 승낙 *ex post facto* approval (consent).

사흗날 《3일》 the third (day of the month).

사흘 ① 《세날》 three days. ¶ ~째 the third day. ② ☞ 사흗날.

삭(朔) 《달》 a month.

삭감(削減) reduction; curtailment; retrenchment; cut. ~하다 curtail; retrench; reduce; cut (down); slash. ¶ 예산을 ~하다 cut (slash)

the budget.
삭과(蒴果)〖植〗a capsule.
삭구(索具) rigging.
삭다 ①《소화》be digested; digest. ②《옷 따위가》wear thin〔threadbare〕; get rotten; decay. ③《종기가》get resolved. ④《마음이》calm down; be appeased〔alleviated〕. ⑤《익다》acquire〔develop, absorb〕flavo(u)r; ferment (술 따위). ⑥《묽어지다》become sloppy; turn bad.
삭도(索道) a cable way; a ropeway.
삭막(索莫) ~한 dim (in one's memory);《황야 등이》dreary; bleak; desolate.
삭망(朔望) the first and fifteenth days of the lunar month.
삭발(削髮) ~하다 have one's hair cut.
삭월세(朔月貰) monthly rent〔rental〕. ‖ ~방〔집〕a rented room〔house〕.
삭이다《소화》digest.
삭정이 dead twigs〔branches〕.
삭제(削除) ~하다 strike〔cross〕out; delete; cancel; expurgate. ¶ 명부에서 ~하다 strike《*a person's name*》off the list.
삭치다 cancel; strike out; erase.
삭탈관직(削奪官職) removing a government official from office. ~하다 deprive〔strip〕《*a person*》of *his* office; remove from office.
삭풍(朔風) the north wind of winter.
삭히다 digest (소화); make《*something*》ripe; mellow; (cause to) ferment(발효); resolve(종기 등을).
삯《요금》charge;《찻삯》fare;《운송》carriage; freight;《품삯》wages; pay; hire;《보수》remuneration; reward. ‖ ~전 wages; pay / ~품 wage labo(u)r.
삯바느질 needlework for pay.
산(山) a mountain; a hill (동산). ¶ ~이 많은 mountainous; hilly.
산(酸) an acid. ~의 acid.
…산(山) Mt. (◀Mount.). ¶ 한라~ Mt. *Halla* / 금강~ the Diamond mountains / 남~ *Namsan* Hill.
…산(産) production; a product《*of*》. ¶ 외국~ foreign-made.
산가지(算—) a counter; a chip;《점치는》a divining stick.
산간(山間) ~의〔에〕among〔in〕the mountains〔hills〕. ‖ ~ 벽지 a secluded place in the mountains.
산개(散開) extension; development; deployment (군대의). ~하다 extend; form in open〔extended〕order.
산계(山系)《줄기》a mountain chain〔range〕; a mountain system.
산고(産苦) birth pangs; labo(u)r pains.
산골 a secluded place.
산골(山—) a mountain district; a
산골짜기(山—) a ravine; a gorge.
산과(産科) obstetrics. ‖ ~ 병원 a maternity hospital / ~ 의사 an obstetrician; an accoucheur (남자); an accoucheuse (여자) / ~학 obstetrics; midwifery.
산광(散光)〖理〗scattered〔diffused〕light.
산금(産金) gold mining. ‖ ~량 gold output / ~ 지대 a gold field.
산기(産氣) travail;《진통》pangs of childbirth. ¶ ~가 돌다〔있다〕begin to labo(u)r.
산기(産期) the time of parturition.
산기슭(山—) the foot〔base〕of a mountain.
산길(山—) a mountain path; a (mountain) pass.
산꼭대기(山—) the top; the summit; the crest; the crown; the peak.
산나물(山—) wild edible greens.
산놓다(算—) calculate with sticks.
산더미(山—) a heap; a pile. ¶ ~같이 쌓인 a mountain of; lots〔heaps〕of.
산돼지(山—)〖動〗a wild boar.
산들거리다 blow cool and gentle.
산들바람 a gentle〔light〕breeze.
산들산들 gently; softly.
산등(山—) ☞ 산등성이.
산등성이(山—) a (mountain) ridge.
산뜻하다《선명》(be) clear; fresh; vivid; bright;《보기 좋다》(be) neat; tidy; trim; clear; smart; nice. ¶ 산뜻한 옷 a neat dress.
산란(産卵) ~하다 lay egg(s); spawn (물고기가). ‖ ~기 a breeding season; spawning-time / ~ 회유(回遊) spawning migration.
산란(散亂) ~하다 be scattered about; lie about in disorder. ¶ 마음이 ~해지다 be distracted.
산록(山麓)《at》the foot〔base〕of a mountain.
산림(山林) a forest; woodlands. ‖ ~ 보호 forest conservancy / ~업 the forestry industry / ~청(廳) the Office of Forestry / ~학 forestry; dendrology.
산마루(山—) a mountain ridge. ‖ ~턱 the summit of a mountain.
산만(散漫) ~한 loose; vague; desultory.
산매(散賣) ☞ 소매(小賣).
산맥(山脈) a chain of mountains; a mountain range. ‖ 알프스 ~ the Alps; the Alpine range.
산명수려(山明水麗) ☞ 산자수명.
산모(産母) a woman in childbed.
산모롱이(山—), 산모퉁이(山—) the spur of a mountain.
산목숨 one's life.
산문(産門) the vulva; the vagina.
산문(散文) prose (writings). ¶ ~적인 prosaic. ‖ ~시 a prose-poem / ~체 prose style; prosaism.
산물(産物) a product; production; produce(총칭);《성과》a product; a result; (the) fruit(s). ‖ 주요 ~ staple products.
산미(酸味) acidity; sourness.
산밑(山—) the foot of a mountain.

ㅅ

산발(散發) ~하다 occur sporadically. ¶ ~적인 sporadic(al). ‖ ~ 안타 scattered hits.
산발(散髮) dishevel(l)ed hair. ~하다 have 〔wear〕 one's hair disheveled.
산벼락 ¶ ~ 맞다 undergo a horrible experience.
산병(散兵) a skirmisher; 《일》 loose 〔extended〕 order. ‖ ~선 a skirmish(ing) line / ~호 a fire 〔firing, shelter〕 trench.
산보(散步) ☞ 산책. 「hillside.
산복(山腹) 《on》 a mountainside; a
산봉(山峰), 산봉우리(山—) a peak; a summit; a top. ‖ 산봉우리구름 a cumulus.
산부(產婦) a woman in childbed.
산부인과(產婦人科) obstetrics and gyn(a)ecology. ‖ ~ 의사 an obstetrician(산과); a gynecologist(부인
산불(山—) a forest 〔hill〕 fire. ㄴ과).
산비둘기(山—) a ringdove; a turtledove. 「slope.
산비탈(山—) a steep mountain
산뽕나무(山—) 〔植〕 a wild mulberry tree. 「a May tree.
산사나무(山査—) 〔植〕 a hawthorn;
산사람(山—) a mountain man; a wood(s)man; a hillbilly 《美》.
산사태(山沙汰) a landslide; a landslip 《英》; a landfall. 「tion.
산삭(產朔) the month of parturi-
산산이(散散—) to 〔in〕 pieces (조각남); scatteringly (흩어짐).
산산조각(散散—) ~나다 be broken to pieces; be smashed to fragments.
산삼(山蔘) a wild ginseng.
산상(山上) ¶ ~의〔에〕 on the top 〔summit〕 of a mountain 〔hill〕. ‖ ~ 수훈(垂訓) 〔聖〕 the Sermon on the Mount.
산새(山—) a mountain bird.
산색(山色) mountain scenery.
산성(山城) a mountain fortress; walls 〔a castle〕 on a hill.
산성(酸性) acidity. ~의 acid. ¶ ~화하다 acidify; acidulate / ~ 반응 an acid reaction / ~ 산화물 an acid oxide.
산소(山所) a grave; a tomb; an ancestral graveyard (묘소).
산소(酸素) oxygen. ‖ ~ 봄베〔통〕 an oxygen cylinder / ~ 요법 oxygen treatment / ~ 용접〔맴〕 oxyacetylene welding / ~ 화합물 an oxide/ ~ 흡입 oxygen inhalation.
산소리하다 do not yield 《to》; do not give in; talk big.
산속(山—) the recesses 〔heart〕 of a mountain.
산송장 a living corpse 〔dead〕. ¶ ~이다 be as good as dead.
산수(山水) a landscape; scenery. ‖ ~화 a landscape (painting) (~화가 a landscape painter).
산수(算數) arithmetic; calculation.
산수소(酸水素) oxyhydrogen. ‖ ~ 용접 oxyhydrogen welding.
산술(算術) arithmetic. ~의 arithmetical.
산스크리트 Sanskrit; Sanscrit.
산식(算式) an arithmetic expression; a formula. 「tain.
산신령(山神靈) the god of a moun-
산실(產室) a lying-in 〔delivery〕 room; a maternity ward.
산아(產兒) a new-born baby. ‖ ~ 제한〔조절〕 《practice》 birth control.
산악(山岳) mountains. ‖ ~병(病)〔전〕 mountain sickness 〔warfare〕 / ~부 a mountaineering 〔an alpine〕 club / ~ 지대 a mountainous region. 「output 《of gold》.
산액(產額) the yield 《of rice》; the
산야(山野) fields and mountains.
산약(散藥) powder medicine; powder. 「양》 an antelope.
산양(山羊) ① 《염소》 a goat. ② 《영
산업(產業) industry. ~의 industrial. ‖ ~계 the industrial world / ~별 노조 an industrial union / ~ 스파이 an industrial spy / ~ 재해 보험 the Workmen's Accident Compensation Insurance / ~ 합리화 the rationalization of industry.
산업 폐기물(產業廢棄物) industrial wastes.
산욕(產褥) childbed; confinement. ¶ ~에 눕다 be in childbed; be lying-in. ‖ ~열(熱) puerperal fever.
산용(山容) the figure 〔looks〕 of a mountain.
산울림(山—) ☞ 메아리.
산울타리 a hedge. 「hospital.
산원(產院) a maternity 〔lying-in〕
산월(產月) ☞ 산삭(產朔).
산유국(產油國) an oil-producing country; an oildom.
산일(散逸·散佚) ~하다 get scattered and lost. 「〔reckon〕 in.
산입(算入) ~하다 include in; count
산자수명(山紫水明) beautiful scenery; scenic beauty. 「〔villa〕.
산장(山莊) a mountain retreat
산재(散在) ~하다 be 〔lie〕 scattered; 《장소가 주어》 be dotted 《with》.
산재(散財) ~하다 spend 〔squander〕 money; run through one's fortune.
산적(山賊) a bandit; a brigand.
산적(山積) ~하다 lie in piles; accumulate; make a pile; have a mountain of 《work to do》.
산적(散炙) skewered slices of seasoned meat.
산전(產前) ~에 before childbirth. ¶ ~산후의 휴가 a maternity leave.
산전수전(山戰水戰) ¶ ~다 겪다 taste the sweets and bitters of life; go through hell and high water.
산정(山頂) the summit 〔top〕 (of a mountain).
산정(算定) ~하다 compute; work

out; 《추정》 estimate; appraise.
산줄기(山一) a mountain range; a chain of mountains.
산중(山中) ¶ ～에(서) in the mountain(s).
산증(疝症) 〖醫〗 lumbago [*pl*. -s]. ¶ ～을 앓다 suffer from lumbago.
산지(山地) a mountainous district.
산지(產地) a place of production [origin]; 《동식물의》 the home; the habitat.
산지기(山一) a (forest) ranger; a grave keeper (묘지의).
산질(散秩) odd volumes. ～하다 have some volumes missing.
산책(散策) a walk; a stroll. ～하다 take a walk; stroll. ¶ ～길 a promenade / ～나가다 go (out) for a walk.
산천(山川) mountains and rivers. ‖ ～ 초목 nature; landscape.
산촌(山村) a mountain village.
산출(產出) ～하다 produce; yield; bring forth; turn out. ‖ ～고〔량〕 (a) production; output.
산출(算出) ～하다 compute 《*at*》; calculate; reckon.
산탄(霰彈) a shot; case shot; slugs; buckshot. ‖ ～총 a shotgun.
산토끼(山一) 〖動〗 a hare.
산토닌 〖藥〗 santonin; santonic acid.
산통(算筒) ¶ ～ 깨뜨리다 spoil [ruin] 《*a scheme*》; put a spoke in *a person's* wheel.
산파(產婆) a midwife (☞ 조산원). ¶ ～역을 맡다 act as a go-between; assist in the formation 《*of a Cabinet*》.
산판(山坂) a forest reserve.
산패(酸敗) 《맛이 시어짐》 acidification. ～하다 acidify; turn sour.
산포(散布) ☞ 살포(撒布).
산표(散票) scattered votes.
산하(山河) mountains and rivers.
산하(傘下) ～의〔에〕 under the influence 《*of*》. ‖ ～ 기업〔조합〕 an affiliated enterprise [union].
산학협동(產學協同) industrial-educational cooperation. ‖ ～체 an educational-industrial complex.
산해(山海) ‖ ～ 진미 《entertain a person with》 all sorts of delicacies; a sumptuous feast.
산허리(山一) 《on》 a mountainside; a hillside.
산협(山峽) ☞ 두메.
산호(珊瑚) coral. ‖ ～섬 a coral island / ～수 a coral / ～초〔충〕 a coral reef [insect].
산화(山火) a forest [hill] fire.
산화(散華) a heroic death in battle [action]. ～하다 die a glorious death.
산화(酸化) 〖化〗 oxid(iz)ation; combustion(유기체의). ～하다 oxidize; oxidate. ‖ ～물 an oxide / ～철 oxidized steel.
산회(散會) adjournment. ～하다 break up; adjourn; close.
산후(產後) ～의〔에〕 after childbirth. ¶ ～가 좋다〔나쁘다〕 be doing well [poorly] after childbirth.
살¹ 《몸의》 flesh; muscles (근육); the skin(살결); 《과실의》 flesh. ¶ ～이 많은 fleshy / ～이 오르다〔빠지다〕 gain [lose] flesh.
살² 《벌의》 a sting.
살³ 《뼈대》 a frame(장지 따위의); a rib (우산, 부채 따위의); a tooth (빗살); a spoke (바퀴의).
살⁴ 《어살》 a weir; 《화살》 an arrow.
살⁵ 《나이》 age; years.
살가죽 the skin.
살갑다 ① 《속이》 (be) broad-minded. ② 《다정함》 (be) warm(-hearted); kind.
살강 a kitchen shelf.
살갗 the skin; complexion. ¶ ～이 곱다 have a fair complexion.
살거리 fleshiness.
살결 the (texture of) skin. ¶ ～이 고운 of close [delicate] texture.
살구 an apricot.
살균(殺菌) sterilization. ～하다 sterilize; pasteurize 《*milk*》. ‖ ～력 sterilizing power / ～제 a sterilizer; a disinfectant.
살그머니 secretly; stealthily; quietly; by stealth.
살금살금 softly; with stealthy steps; stealthily; noiselessly.
살긋하다 (be) wry; bent; distorted; slanting.
살기(殺氣) wild excitement; thirst for blood. ¶ ～를 띤 wildly excited; ferocious / ～를 띠다 grow [get] excited; be bloodshot.
살길 a means to live. ¶ ～을 찾다 seek a way to make living.
살깃 the feathers of an arrow.
살내리다 lose flesh; get thin.
살다 ① 《생존》 live; be alive. ¶ …을 먹고 ～ live on 《*rice*》. ② 《생활》 live; make a living; get along. ¶ 이럭저럭 살아가다 manage to live / 잘 ～ be well-off. ③ 《거주》 live; reside; inhabit. ④ 《생동》 be enlivened. ¶ 살아있는 듯한 초상화 a portrait full of life. ⑤ 〖野〗 be safe.
살담배 cut [pipe] tobacco.
살닿다 make an inroad 《*on the capital*》; leave a deficit.
살대 《화살대》 an arrow-shaft.
살뜰하다 (be) frugal; thrifty. ☞ 알뜰하다.
살랑거리다 《바람이》 blow gently [softly].
살래살래 ¶ 머리를 ～ 흔들다 shake [wag] one's head.
살려주다 save [rescue] 《*a person*》 from; spare.
살롱 a *salon* 《프》; a saloon (술집).
살륙(殺戮) ☞ 살육.
살리다 ① 《목숨을》 save; spare 《*a person's*》 life; keep 《*a fish*》 alive (살려 두다); bring [restore] 《*a person*》 to life(소생). ② 《활용》 make good use of 《*one's money*》. ③ 《생기를 주다》 give life to.
살리실산(一酸) salicylic acid.

ㅅ

살림 《생계》 living; livelihood; 《살림살이》 housekeeping; 《형편》 circumstances. ~하다 run the house; manage a household. ¶ ~이 넉넉하다 〔넉넉지 못하다〕 be well 〔badly〕 off / ~에 찌들다 be worn out with the cares of housekeeping / 새 ~을 차리다 make a new home; set up house.
살림꾼 《맡은 이》 the mistress of a house; 《잘하는 이》 a good housewife.
살림맡다 take charge 〔care〕 of a household.
살며시 ☞ 슬며시.
살몽혼(一朦昏) local an(a)esthesia. ~하다 anesthetize locally.
살무사 a viper; an adder.
살바르산 〖藥〗 salvarsan.
살벌(殺伐) ~하다(be) bloody; bloodthirsty; brutal; savage; violent.
살별 〖天〗 a comet.
살붙이 one's kith and kin.
살빛 flesh colo(u)r. ¶ ~의 flesh-colored.
살사리 a wily person; a boot-licker.
살살 softly; gently; stealthily.
살상(殺傷) bloodshed(ding). ~하다 shed blood.
살생(殺生) ~하다 kill; take life.
살수(撒水) ~하다 water 《*a street*》; sprinkle with water. ‖ ~기 〔장치〕 a sprinkler / ~차(車) a water-sprinkler.
살신성인(殺身成仁) ~하다 become a martyr to humanity.
살아나다 ① 《소생》 revive; be resuscitated; be restored to life. ② 《구명》 be saved 〔rescued〕; survive (조난의 경우). ③ 《곤경에서》 escape 《*death, danger*》.
살아생전(一生前) ¶ ~에 during one's lifetime.
살얼음 thin ice; a thin coat of ice. ¶ ~을 밟는 것 같다 feel as if one were treading on thin ice.
살육(殺戮) ~하다 massacre; butcher; slaughter. ¶ ~을 자행하다 kill recklessly; massacre brutally.
살의(殺意) 《conceive》 murderous intent; 《with》 intent to kill.
살인(殺人) homicide; murder(모살). ~하다 commit murder; kill 《*a person*》. ¶ ~적인 deadly; hectic. ‖ ~ 광선 a death ray / ~ 미수 an attempted murder / ~범 a homicide; a murderer / ~ 사건 a murder case.
살점(一點) a piece of meat; a cut.
살조개 〖貝〗 an ark shell.
살짝 ☞ 슬쩍.
살쩍 sideburns 《美》; sideboards 《英》.
살찌다 grow 〔get〕 fat; put on 〔gain〕 flesh; 《땅이》 grow fertile 〔rich〕.
살찌우다 make 《*a pig*》 fat; fatten (up).
살촉(一鏃) an arrowhead.
살충제(殺蟲劑) an insecticide; an insect powder (가루).
살코기 lean meat; red meat.
살쾡이 a wild cat; a lynx.
살팍지다 (be) muscular; brawny.
살판나다 be in luck's way; fortune turns in one's favo(u)r.
살펴보다 look around 〔about〕; look into; examine; see.
살포(撒布) ~하다 scatter; sprinkle; spread. ‖ ~약 a dusting powder.
살풍경(殺風景) ~한 inelegant; prosaic; tasteless; vulgar; 《정취없는》 dreary; bleak.
살피다 ① ☞ 살펴보다. ② 《헤아리다》 judge; gather(판단); sympathize with, feel for(동정).
살해(殺害) ~하다 murder; kill; put 《*a person*》 to death; slay. ‖ ~자 a murderer; a murderess(여자).
삶 life; living. ¶ ~을 영위하다 lead a life; live.
삶다 ① 《물에》 boil; cook. ¶ 달걀을 ~ boil an egg / 삶아지다 be boiled. ② ☞ 구슬리다. ③ 《논밭흙을》 harrow (tilled soil).
삼¹ hemp; a hemp. ¶ ~씨 hempseeds / ~으로 만든 hempen.
삼² 《태아의》 the amnion and placenta.
삼³ 《눈동자의》 《get》 a phlyctenula.
삼(三) three. ¶ 제 ~(의) the third.
삼(蔘) ginseng. ☞ 인삼.
삼가 respectfully; humbly. ¶ ~ 말씀드립니다 I beg to inform you.
삼가다 ① 《조심》 be discreet 〔prudent, careful〕. ¶ 언행을 ~ be discreet in word and deed. ② 《억제》 abstain 〔keep, refrain〕 from; 《절제》 be moderate 《*in*》. ¶ 술을 ~ abstain 〔keep〕 from drinking.
삼가르다 cut the umbilical cord.
삼각(三角) a triangle. ~의 triangular; three-cornered. ‖ ~건 a triangle (bandage) / ~ 관계 the eternal triangle; a triple love affair / ~근(筋) a deltoid muscle / ~기 a pennon / ~법 trigonometry / ~익(翼) a delta wing / ~자 a set square / ~주(洲) a delta / ~ 함수 trigonometrical function.
삼각(三脚) a tripod. ~의 three-legged; tripodal. ‖ ~가(架) a tripod / 이인 ~ a three-legged race.
삼각형(三角形) a triangle. ~의 triangular; triangle-shaped.
삼간초옥(三間草屋) a thatched cottage.
삼강(三綱) the three bonds. ‖ ~오륜 the three bonds and the five moral disciplines in human relations.
삼거리(三一) a crossing with three corners; a three-way junction.
삼겹실(三一) three-ply thread.
삼경(三更) midnight; the dead of night.
삼계탕(蔘鷄湯) ginseng chicken soup; young chicken soup with ginseng (and other fruits), "*samgyet'ang*".
삼국(三國) ‖ ~ 동맹 a triple alli-

ance / 제 ~인 a third national.
삼군(三軍) the armed forces; the whole army. ¶ ~을 지휘하다 command a whole army. ‖ ~ 의장대 the tri-service hono(u)r guard.
삼권분립(三權分立) separation of the three powers.
삼남(三南) three southern provinces of Korea.
삼년(三年) three years. ¶ ~생(학생) a third-year student.
삼다 ①《…을 …으로》 make; make 《*a thing*》 of; set up 《*a person*》 as; 《사용》 use [have] 《*a thing*》 as. ¶ 그녀를 며느리로 ~ make her one's daughter-in-law. ② 《생각》 ¶ 책을 벗~ have books for companion / 장난삼아 half in fun. ③ 《짚신을》 make 《*straw shoes*》.
삼단 ¶ ~ 같은 머리 locks of long, rich hair.
삼단논법(三段論法) a syllogism.
삼단도(三段跳) a triple jump.
삼대(三代) three generations.
삼동(三冬) the three winter months; winter(겨울).
삼두정치(三頭政治) triumvirate.
삼등(三等) the third class [rate]; the third place (3 위). ‖ ~ 차표[석] a third-class ticket [seat].
삼등분(三等分) ~하다 cut [divide] into three equal parts; trisect.
삼라만상(森羅萬象) all things in nature; the whole creation.
삼루(三壘) 〖野〗 the 3rd base. ‖ ~수 a third-baseman / ~타 a three-base hit; a triple.
삼류(三流) ~의 third-rate[-class].
삼륜차(三輪車) 《ride》 a tricycle.
삼림(森林) ☞ 산림, 숲.
삼립(森立) ☞ 임립(林立).
삼매(三昧) ecstasy; absorption. ‖ ~경(에 들다) (attain) the perfect state of spiritual concentration.
삼면(三面) three sides [faces]; 《신문의》 the third page. ‖ ~ 기사 city [local] news.
삼모작(三毛作) 《raise》 three crops a year.
삼목(杉木) a cedar; a cryptomeria.
삼민주의(三民主義) the Three Principle of the Peoples; Sunwenism.
삼박자(三拍子) 〖樂〗 triple time.
삼반규관(三半規管) 〖解〗 semicircular canals.
삼발이 a tripod; a trivet.
삼배(三倍) three times; thrice. ~하다 treble; multiply by three. ¶ ~의 threefold; treble; triple / …의 ~나 되는 three times as many [much, large] as….
삼베 hemp cloth.
삼복(三伏) the hottest period of summer; midsummer; the dog days. ‖ ~ 더위 the midsummer heat.
삼부(三部) three parts [sections]; three copies (서류 따위); three volumes (서적); three departments(부처). ‖ ~작 a trilogy / ~합창 a (vocal) trio.
삼분(三分) ~하다 divide 《*a thing*》 into three (parts); trisect. ¶ ~의 1 one [a] third.
삼분오열(三分五裂) ~하다 break [tear] asunder; be broken [torn] asunder; be disrupted.
삼산염기(三酸塩基) a triacid base.
삼산화(三酸化) 〖化〗 ‖ ~물 a trioxide.
삼삼오오(三三五五) ¶ ~로 by twos and threes; in groups.
삼삼하다 《맛이》 (be) not salty but tasty; 《눈에》 (be) fresh; 《the sight》 still haunts one (서술적).
삼색(三色) three (primary) colors. ~의 three-color; tricolored. ‖ ~기 the tricolor.
삼성들리다 eat to one's heart's content.
삼승(三乘) ☞ 세제곱.
삼시(三時) three daily meals; 《때》 morning, noon and evening.
삼십(三十) thirty; XXX (로마숫자). ¶ 제 ~(의) the thirtieth / ~대이다 be in one's thirties.
삼십육계(三十六計) ~놓다 beat a retreat; show a clean part of heels.
삼엄(森嚴) ~하다 (be) solemn; sublime; awe-inspiring; grave.
삼오야(三五夜) a night of full moon.
삼용(蔘茸) ginseng and antler.
삼원색(三原色) the three primary colo(u)rs.
삼월(三月) March.
삼위일체(三位一體) the Trinity; consubstantiality.
삼인(三人) three men. ‖ ~조 a trio/ ~칭 the third person.
삼일(三一) ‖ ~ 운동 the 1919 Independence Movement (of Korea)/ ~절 Anniversary of the *Samil* Independence Movement.
삼일(三日) three days; the third (day) (셋째 날). ¶ ~ 동안 for three days. ‖ ~ 천하 short-lived reign.
삼자(三者) ‖ ~ 범퇴 〖野〗 three up and three down / ~ 회담 a tripartite meeting [conference].
삼중(三重) ~의 threefold; treble; triple. ‖ ~주[창] a trio.
삼지사방(一四方) ¶ ~으로 in all directions.
삼진(三振) 〖野〗 a strikeout. ¶ ~당하다 be struck out.
삼차(三次) the third; cubic (수학의) ‖ ~ 산업 the tertiary industry / ~식 a cubic expression / ~원 three dimensions (~원의 three-dimensional).
삼차신경(三叉神經) 〖解〗 the trigeminal; the trigeminus.
삼창(三唱) 《만세의》 three cheers. ~하다 give three cheers.
삼척동자(三尺童子) a mere child.
삼촌(三寸) 《숙부》 an uncle.
삼총사(三銃士) a trio.
삼추(三秋) the three autumn

months; 《세 해》 three years.
삼출(滲出) ～하다 ooze out; exude.
삼층(三層) the second floor 《英》; the third floor [story] 《美》. ‖ ～집 a three-storied[-story] house.
삼치 〖魚〗 a Spanish mackerel.
삼칠일(三七日) the 21st day after (a baby's) birth.
삼키다 ① 《입으로》 swallow; gulp down (꿀떡). ¶ 통째 ～ swallow 《*a biscuit*》 whole. ② 《참다》 suppress. ¶ 눈물을 ～ keep back one's tears. ③ 《횡령》 make 《*a thing*》 one's own; appropriate.
삼태기 a carrier's basket.
삼투(滲透) saturation; infiltration; permeation. ～하다 saturate; permeate; infiltrate; pass into. ‖～성 osmosis; permeability.
삼파전(三巴戰) a triangular contest; a three-cornered contest (fight). ¶ ～을 벌이다 break out a three-sided struggle.
삼팔선(三八線) the 38th parallel.
삼포(蔘圃) a ginseng field.
삼하다 (be) wild; unruly; fretful.
삼한사온(三寒四溫) alternation of three cold days and four warm days. 「(expression).
삼항식(三項式) 〖數〗 a trinomial
삽(鍤) a shovel; a scoop. ¶ ～질하다 shovel.
삽사리, 삽살개 a shaggy dog.
삽시간(霎時間) ～에 in a twinkling; in an instant; in less than no time.
삽입(挿入) ～하다 insert; put 《*a thing*》 in [between]. ¶ ～적으로 parenthetically; in parenthesis. ‖ ～구 a parenthesis / ～부 〖樂〗 an episode.
삽화(揷畫) an illustration; a cut. ‖ ～ 화가 an illustrator.
삿갓 a conical bamboo hat.
삿대 ☞ 상앗대.
삿자리 a reed mat.
상(上) 《윗부분》 upper; 《등급》 the first (class, grade); the best [top]; the superior; 《상권》 the first volume.
상(床) a (dining) table; a small table. ¶ 밥 한 ～ a meal set on a table / ～을 차리다 set the table 《*for dinner*》 / ～을 치우다 clear the table.
상(相) 《상태》 an aspect; a phase; 《인상》 physiognomy; 《얼굴》 countenance; a face, a look (표정). ¶ ～을 찌프리고 with a frown.
상(商) 〖數〗 the quotient.
상(喪) mourning 《*for*》. ¶ ～을 입다 [벗다] go into [out of] mourning/ ～중이다 be in mourning 《*for*》.
상(像) a figure; statue; an image; 《화상》 a picture; a portrait.
상(賞) a prize; a reward (보수). ¶ 1등～ the first prize; first hono(u)rs / ～타다 win [get] a prize.
상가(商家) a shop; a store.
상가(商街) a downtown; the business section [quarters, center].
상가(喪家) a house of mourning.
상각(償却) ～하다 repay; refund; redeem; pay [clear] off. ‖ ～ 자금 a redemption [sinking] fund / 감가 ～ depreciation.
상감(上監) His Majesty.
상감(象嵌) inlaying; inlaid work. ～하다 inlay 《*a thing with*》.
상감세공(象嵌細工) inlaid work.
상갑판(上甲板) an upper [a spar] deck.
상객(上客) the guest of honor; a chief guest; a guest of high rank.
상객(常客) a regular customer [patron]; a frequenter.
상거(相距) ～하다 (be) far; 《서술적》 be 《*two miles*》 away 《*from*》.
상거래(商去來) a commercial transaction; a business deal.
상견(相見) ～하다 meet [see] each other; interview; exchange looks.
상경(上京) ～하다 go [come] (up) to Seoul [the capital]. 「ital plan.
상계(上計) the best policy; a cap-
상고(上古) ancient times. ～의 ancient; of remote antiquity. ‖ ～사 an ancient history.
상고(上告) ① 〖法〗 an appeal 《*to*》. ～하다 appeal 《*to a higher court*》; petition for revision. ¶ ～를 기각하다 reject an appeal. ‖ ～인 an appellant. ② 《보고》 a report. ～하다 report.
상고(尙古) ‖ ～주의 classicism.
상고(詳考) ～하다 consult 《*a book*》 in detail; refer closely to.
상고대 silver thaw; frost on trees.
상고머리 a square-cut hair; a crew cut.
상공(上空) the upper air; the sky. ¶ …의 ～을[에] 《fly》 over 《*the city of Seoul*》.
상공(商工) 《상공업》 commerce and industry. ‖ ～부 The Ministry of Commerce & Industry / 대한 ～회의소 the Korea Chamber of Commerce and Industry / 중소 ～업자 small and medium merchants and industrialists.
상과(商科) a commercial course. ‖ ～ 대학 a commercial college.
상관(上官) a higher [superior] officer; a senior officer.
상관(相關) ① 《상호관계》 correlation; mutual relation(s). ～하다 correlate; be related [connected] 《*to*》. ② 《관련》 relation; connection; 《관여》 participation; involvement; 《관심·개의》 concern; care. ～하다 take part 《*in*》; concern oneself 《*in*》; be involved 《*in*》(연루). ¶ ～ 않다 do not mind (개의); be indifferent 《*to*》/ ～없다 《무관계》 have nothing to do with; It does not matter. / 네가 ～할 게

아니다 It's none of your business. ③《남녀의》(sexual) relations. ～하다 have connection 〔relations〕《with》.
상관습(商慣習) a commercial practice; business usage.
상궁(尙宮) a court lady.
상권(上卷) volume one; Vol. 1.
상권(商權) 《acquire》 commercial supremacy; commercial rights.
상궤(常軌) the normal course. ¶ ～를 벗어나다 break bounds; go off the track; be abnormal.
상규(常規) established rules.
상그레웃다 beam; smile blandly.
상극(相剋) 《충돌》 conflict; rivalry; incompatibility. ¶ ～이다 be mutually exclusive; be incompatible 《with》.
상근(常勤) full-time 《lecturer》. ‖ ～자 a full-timer.
상글거리다 beam; smile blandly.
상금(賞金) a reward; a prize (money). ¶ ～을 타다〔내걸다〕 win 〔offer〕 a prize. 「(부정).
상금(尙今) up to now; still; yet
상급(上級) a high rank; an upper 〔a higher〕 grade; an upper class. ～의 upper; higher; superior; senior. ‖ ～ 관청 superior offices 〔authorities〕 / ～생 an upperclass 〔a senior〕 student / ～직 a senior post / ～ 학교 a school of higher grade.
상긋거리다 smile blandly; beam.
상기(上氣) ～하다 have a rush of blood to the head; (be) flush(ed).
상기(上記) ～의 the above-mentioned; the said.
상기(想起) ～하다 remember; recollect; call to mind. ¶ …을 ～시키다 remind 《*a person*》 of 《*a thing*》.
상기(詳記) ～하다 describe minutely; state in detail; give a full account 《*of*》.
상길(上—) the highest quality.
상납(上納) ～하다 pay to the authorities 〔government〕; offer a (regular) bribe 《*to*》.
상냥하다 (be) gentle; kind; sweet; affectionate; amiable; affable. ¶ 상냥하게 대하다 be kind 〔good, nice〕 《*to a person*》.
상념(想念) a notion; conception.
상놈(常—) a mean 〔vulgar〕 fellow; 《본데 없는》 an ill-bred fellow.
상단(上端) the top; the upper end.
상담(相談) consultation. ¶ ～에 응하다 give counsel 〔advice〕 《*to*》. ‖ ～난 the consulting columns 〔department〕 《of》 / ～소 an information 〔a consultation〕 office (결혼 ～소 a matrimonial advice office).
상담(商談) 《have》 a business talk. ¶ ～을 매듭짓다 strike a bargain.
상당(相當) ～한 《적당한》 suitable; fit; proper; 《어울리는》 worthy; becoming; 《훌륭한》 respectable; decent; 《어지간한》 considerable; fair; tolerable; 《맞먹는》 corresponding 《*to*》; equivalent 《*to*》; 《합당》 reasonable. ¶ ～히 pretty; fairly; considerably / ～한 보수 a due reward / ～한 교육 〔수입〕 a good education 〔income〕 / ～한 인물 a respectable person / ～한 값 a reasonable price.
상대(相對) 《마주 대함》 facing each other. ～하다 face 《*each other, a person*》; be opposite 《*to*》. ¶ ～하여 앉다 sit face to face 《*with*》. ② 《친구·짝》 (one's) companion 〔mate, partner〕; 《대상》 an object. ～하다 make a companion of; keep company 《*with*》. ¶ ～하지 않다 ignore; do not care for. ③ 《상대방》 the other party; an opponent; a match 〔rival〕 (적수). ～하다 deal with; contend with; play 《*against*》. ¶ ～가 안되다 be no match 《*for*》. ④ 《절대에 대한》 relativity. ¶ ～적(으로) relative(ly). ‖ ～성 원리 〔이론〕 the principle 〔theory〕 of relativity.
상대역(相對役) the player of an opposite role; 《춤의》 a partner. ¶ ～을 하다 play 《*a part*》 opposite (to) 《*an actor*》.
상도(常道) 《떳떳한 도리》 a regular 〔normal〕 course.
상도(想到) ～하다 think of; consider; hit upon 《*a plan*》.
상도덕(商道德) commercial 〔business〕 morality.
상도의(商道義) ☞ 상도덕.
상되다(常—) (be) vulgar; low; mean; base; indecent.
상등(上等) ～의 first-class 〔-rate〕; superior; very good 〔nice〕; fine. ‖ ～품 first-class articles.
상등병(上等兵) ☞ 상병(上兵).
상량(上樑) ～하다 set up the framework (of a house); put up the ridge beam. ‖ ～식 the ceremony of putting up the ridge pole.
상례(常例) ～의 regular; customary; usual. ¶ …을 ～로 하다 be in the habit of 《*doing*》; make it a rule to 《*do*》.
상록(常綠) ～의 evergreen. ‖ ～수 an evergreen (tree).
상론(詳論) ～하다 state 〔treat〕 in detail; dwell 《*upon*》.
상류(上流) 《강의》 the upper stream 〔reaches〕; 《사회에서의》 the higher 〔upper〕 classes. ¶ ～의〔에〕 upstream; upriver. ‖ ～ 사회 high 〔refined〕 society / ～ 생활(生活) high 〔fashionable〕 life.
상륙(上陸) landing. ～하다 land 《*at*》; go on shore. ‖ ～ 부대〔지점〕 a landing force 〔place〕 / ～ 작전 landing operations.
상말(常—) vulgar words; vulgarism; four-letter words.
상면(相面) ～하다 meet 《*a person*》

ㅅ

for the first time; interview.
상무(尙武) ¶ ~의 기상 martial 〔warlike〕 spirit.
상무(常務) regular business; 《회사 간부》 a managing director.
상무(商務) commercial affairs. ‖ ~관 a commercial *attaché*.
상미(上米) first-class 〔top-grade〕 rice; rice of the best quality.
상미(賞味) ~하다 relish; appreciate.
상민(常民) the common people; the lower classes.
상박(上膊) 〖解〗 the upper arm; the brachium.
상반(相反) ~하다 be contrary 〔run counter〕 to 《*each other*》; conflict with 《*each other*》.
상반기(上半期) the first half (of the year).
상반신(上半身) the upper half of the body. ¶ ~을 벗고 stripped to the waist / ~을 내밀다 lean forward.
상밥(床—) a meal sold on an individual table.
상배(喪配) ☞ 상처(喪妻).
상배(賞杯) a prize cup; a trophy.
상벌(賞罰) rewards and punishments. ¶ ~ 없음 No reward and no punishment.
상법(商法) the commercial law 〔code〕.
상병(上兵) a corporal.
상병병(傷病兵) the sick and wounded (soldiers); the invalid (soldiers).
상보(床褓) a tablecloth; a meal cover.
상보(詳報) a detailed 〔full〕 report. ~하다 report in detail 〔full〕.
상복(喪服) a mourning dress; mourning clothes. ¶ ~을 입고 (있다) (be) in mourning 〔black〕.
상봉(相逢) ~하다 meet each other.
상부(上部) the upper part; the top; 《위쪽》 the upside; 《기관·직위》 superior offices; a superior post. ‖ ~ 구조 the superstructure.
상부상조(相扶相助) mutual help 〔aid〕; interdependence.
상비(常備) ~하다 reserve 《*something*》 for; have 《*something*》 ready 〔on hand〕; be provided with. ¶ ~의 standing; permanent; regular. ‖ ~군 a standing army / ~약 a household medicine.
상사(上士) a Master 〔First〕 Sergeant. ‖ 특무 ~ a Sergeant Major.
상사(上司) superior authorities; 《상관》 one's superior.
상사(相似) ~의 similar 《*figures*》; like.
상사(相思) mutual love. ‖ ~병 lovesickness (~병에 걸린 lovesick / ~병을 앓다 languish for love).
상사(商社) a (commercial) firm; a trading concern 〔company〕.
상사(商事) ‖ ~ 회사 a commercial firm; a business concern.
상사람(常—) a commoner; the common people (전체).
상상(想像) imagination; fancy(공상); supposition(가정); (a) conjecture, speculation(추측). ~하다 imagine; fancy; suppose; conjecture; surmise; guess. ¶ ~의 imaginary; imaginative / ~할 수 있는 〔~도 못할〕 (un)imaginable; (un)thinkable / ~이 맞다 guess right. ‖ ~력 imaginative power / ~ 임신 imaginary pregnancy.
상상봉(上上峰) the highest peak.
상서(上書) 《웃어른께》 a letter to one's senior 〔superior〕. ~하다 send 〔write〕 a letter to one's superior.
상서(祥瑞) a good omen. ¶ ~로운 auspicious; propitious.
상석(上席) 《서열의》 seniority; 《상좌》 an upper seat; the top seat; 《주빈석》 the seat 〔place〕 of hono(u)r.
상석(床石) the stone table in front of a tomb.
상선(商船) a merchant vessel; a merchantman; the mercantile marine (총칭). ‖ ~대 a merchant fleet.
상설(常設) ~하다 establish permanently. ¶ ~의 standing; permanent. ‖ ~관(館) 《영화의》 a movie 〔cinema〕 house.
상설(詳說) ~하다 explain in detail; state in full 〔at length〕.
상세(詳細) ~한 full; detailed; minute. ¶ ~히 in full 〔detail〕; minutely; fully.
상소(上疏) ~하다 present 〔send up〕 a memorial to the Throne.
상소(上訴) an appeal. ~하다 appeal to 《*a higher court*》. ¶ ~를 포기〔취하〕하다 waive 〔withdraw〕 an appeal. ‖ ~권(權) the right of appeal.
상소리(常—) four-letter words; vulgar language; indecent talk. ~하다 use vulgar 〔coarse〕 language.
상속(相續) succession; inheritance (재산의). ~하다 succeed 《*to*》; inherit. ‖ ~세 an inheritance tax / ~인 a successor; an heir (남자); an heiress (여자) / ~ 재산 an inheritance.
상쇄(相殺) ~하다 offset 〔cancel〕 each other; set off. ‖ ~ 계정 an offset account.
상수(上手) a better hand; a superior. ¶ ~이다 be no (more than a) match 《*for a person*》.
상수(常數) 〖數〗 a constant; an invariable (number).
상수도(上水道) waterworks; water service 〔supply〕.
상수리나무 〖植〗 an oak tree.
상순(上旬) the first ten days of a month; early in 《*May*》.
상술(上述) ☞ 상기(上記).
상술(商術) a knack of the trade (요령); a business policy(정책); business ability(상재).
상술(詳述) ~하다 explain 〔state〕 in

full (detail).
상스럽다(常一) (be) vulgar; mean; low; base; indecent.
상습(常習) ¶ ~적인 customary; habitual; regular. ‖ ~범 a habitual crime (범죄); a habitual (confirmed) criminal (범인).
상승(上昇) ~하다 rise; ascend; climb; go up; soar (up). ‖ ~ 기류 《ride》 a rising current of air.
상승(相乘) ~하다 multiply. ‖ ~비 a geometrical ratio / ~ 작용 synergism.
상승(常勝) ~의 invincible; undefeated.
상시(常時) ① ☞ 평상시(平常時). ② ☞ 항시(恒時).
상시고용(常時雇用) regular employ.
상식(常食) staple food; daily food. ¶ ~으로 하다 live on 《*rice*》.
상식(常識) common sense; mother wit. ¶ ~적인 common-sense; sensible; practical / ~을 벗어난 eccentric; senseless / ~적으로 생각하여 in the name of common sense.
상신(上申) ~하다 report (state) 《*to a superior official*》. ‖ ~서(書) a written report.
상실(喪失) ~하다 lose; be deprived 《*of*》; forfeit.
상심(傷心) ~하다 be grieved; be heartbroken.
상심(喪心) ~하다 feel gloomy; be depressed; be dejected (dispirited).
상아(象牙) ivory. ‖ ~ 세공 ivory work / ~질(質) 《치아의》 a dentin(e) / ~탑 an ivory tower.
상악(上顎) 〖解〗 the upper jaw.
상앗대 a (row) pole; a punt pole.
상어 a shark. ‖ ~ 가죽 sharkskin; sea leather.
상업(商業) commerce; trade; business. ~의 commercial; business. ¶ ~화하다 commercialize / ~에 종사하다 engage in business. ‖ ~ 고교 a commercial high school / ~ 미술 commercial art / ~ 어음 a commercial bill / ~영어 business (commercial) English.
상업방송(商業放送) commercial broadcasting. ¶ ~을 개시하다 begin broadcasting on a commercial basis. ‖ ~국 a commercial radio (TV) station.
상여(喪輿) a bier. ¶ ~를 메다 take (carry) a bier on the shoulders. ‖ ~꾼 a bier carrier.
상여금(賞與金) a bonus; a reward; a prize(상금). ¶ 연말 ~을 타다 get a year-end bonus.
상연(上演) presentation; performance. ~하다 put 《*a play*》 on the stage; stage (present) 《*a drama*》.
상영(上映) screening. ~하다 show; (put on the) screen. ¶ ~중 be on (show) 《*at*》 / 곧 ~될 영화 the forthcoming film. ‖ ~ 시간 the running time 《*of a movie*》.
상오(上午) the forenoon. ☞ 오전.
상온(常溫) a normal temperature.
상완(賞玩) ~하다 appreciate; prize; admire.
상용(商用) ¶ ~으로 on business / ~으로 방문하다 pay a business call (visit) 《*to*》. ‖ ~문 commercial correspondence; a business letter/ ~어 a commercial term.
상용(常用) common (everyday) use. ~하다 use habitually; make regular use 《*of*》. ‖ ~어(語) common (everyday) words / ~ 영어 everyday English/~자 a habitual user.
상원(上院) the Upper House; the House of Lords 《英》; the Senate 《美》. ‖ ~ 의원 a member of the Upper House; a senator 《美》.
상위(上位) a high rank. ¶ ~에 있다 be higher in rank 《*than*》 / ~를 차지하다 rank high.
상위(相違) (a) difference; (a) variation; (a) disparity. ~하다 differ 《*from*》; vary; disagree 《*with*》. ‖ ~점 a point of difference.
상응(相應) ① 《호응》 ~하다 act in concert 《*with*》; respond to 《*a request*》. ② 《대응》 ~하다 correspond 《*to*》; answer 《*to*》. ③ 《상당》 ~한 suitable; fit; suited 《*to*》; proper; due.
상의(上衣) a coat; a jacket; an upper garment.
상의(上意) ¶ ~ 하달하다 convey the will and ideas of those who govern to those who are governed.
상의(相議·商議) (a) consultation; (a) conference. ~하다 consult (confer) 《*with*》; talk over 《*a matter with*》; negotiate.
상이(傷痍) ~의 disabled; wounded. ‖ ~ 군인 a disabled veteran; a wounded soldier.
상인(商人) a merchant; a tradesman; a shopkeeper. ‖ ~ 근성 a mercenary spirit.
상인방(上引枋) 〖建〗 a lintel.
상일(常一) manual (rough) work; odd jobs. ‖ ~꾼 a manual laborer.
상임(常任) ~의 standing; regular. ‖ ~ 위원(회) (a member of) the standing commitee / ~ 지휘자 a regular conductor.
상자(箱子) a box 《*of apples*》; a case; a packing case (포장용). ¶ 포도주 한 ~ a case of wine.
상자성(常磁性) paramagnetism.
상잔(相殘) ~하다 struggle (fight) with each other. ‖ 동족 ~ an internecine feud.
상장(上場) ~하다 list 《*stocks*》. ¶ ~되다 be listed 《*on the Seoul Stock Exchange*》. ‖ (비)~주 (un)listed stocks (shares) / ~ 폐지 delisting.
상장(喪章) a mourning badge; a crape.
상장(賞狀) a certificate of merit; an honorary certificate.
상재(商才) business ability.
상쟁(相爭) ~하다 be at feud with

each other; struggle against each other; fight one another.
상적(商敵) a commercial 〔trade〕 rival; a rival in trade.
상전(上典) one's master 〔employer〕.
상전(相傳) ~하다 《대대로》 inherit; hand down 《*to*》; transmit.
상전(桑田) a mulberry field. ‖ ~ 벽해 convulsions of nature; changes in nature.
상점(商店) a shop; a store 《美》. ‖ ~가 a shopping street; an arcade.
상접(相接) 〖數〗 contact. ~하다 come in contact with each other; touch each other.
상정(上程) ~하다 place 《*a bill*》 on the order of the day(일정에); lay 《*a bill*》 before the House (의회에); bring up 《*a bill*》 for discussion (토의에).
상정(常情) (ordinary) human nature 「(feeling).
상정(想定) ~하다 suppose; imagine; estimate. ¶ ~한 hypothetic; imaginary; estimated (어림의).
상제(上帝) ☞ 하느님.
상제(喪制) a person in mourning, a mourner (사람); the ritual of mourning (제도).
상조(尙早) ~의 too early; premature. ¶ 시기 ~다 It is too early yet 《*to do*》.
상조(相助) mutual aid. ~하다 help each other 〔one another〕; be interdependent; cooperate. ¶ ~적인 cooperative; friendly.
상종(相從) ~하다 associate 〔keep company〕 《*with*》; mingle 《*with*》.
상종가(上終價) 《증권》 《*hit*》 the daily permissible ceilling.
상좌(上座) the top seat; an upper seat; 《take》 the seat of honor.
상주(上奏) ~하다 report to the Throne. 「lation.
상주(常住) ‖ ~ 인구 a settled popu-
상주(常駐) ~하다 be stationed 《*at*》.
상주(喪主) the chief mourner.
상주(詳註) copious notes.
상중(喪中) ~이다 be in mourning.
상중하(上中下) the first, the second and the third classes 〔grades〕; the three grades of quality—good, fair and poor.
상지상(上之上) the very best.
상징(象徵) a symbol; an emblem. ~하다 symbolize; be symbolic 《*of*》. ¶ ~적인 symbolic(al). ‖ ~주의 symbolism.
상찬(賞讚) admiration. ~하다 admire; praise; laud. ¶ ~할 만한 admirable; praiseworthy.
상찰(詳察) ~하다 observe carefully 〔closely〕; consider in full.
상책(上策) a capital plan; the best policy.
상처(喪妻) ~하다 lose one's wife; be bereaved of one's wife.
상처(傷處) a wound; an injury; a hurt; a cut; a bruise (타박상); a gash (깊은); a scar (흉터). ¶ ~를 입히다 inflict a wound 《*on*》 / ~가 남다 leave a scar.
상체(上體) the upper part of the body.
상추 〖植〗 a lettuce.
상춘(賞春) enjoying spring. ‖ ~객 springtime holiday-makers.
상층(上層) 《지층 따위》 the upper layer 〔stratum〕; 《하늘》 the upper air; 《건물의》 the upper stories; 《사회》 the upper classes. ‖ ~ 기류 the upper air current(s).
상치(相値) a conflict. ~하다 be in discord 《*with*》; collide 《*with*》.
상쾌(爽快) ~한 refreshing; fresh; 「crisp.
상큼상큼 with light steps.
상탄(賞嘆) admiration. ☞ 상찬.
상태(狀態) a condition; a state 《*of things, affairs*》; a situation. ¶ 현 ~로는 under the present circumstances. ‖ 건강 ~ the state of health / 생활 ~ living conditions / 위험 ~ a critical condition; a crisis / 정신 ~ one's mental state.
상태(常態) ☞ 정상(正常).
상통(相通) ① 《연락》 ~하다 communicate 〔be in touch〕 《*with*》. ② 《의사 소통》 ~하다 be mutually understood. ¶ 의사가 ~하다 understand each other; come to mutual understanding. ③ 《공통》 ~하다 have something in common 《*with*》.
상투 a topknot. ¶ ~를 틀다 do one's hair up into a topknot.
상투(常套) ~적(인) commonplace; conventional; hackneyed. ‖ ~ 수단 an old 〔a common〕 trick / ~어(語) a hackneyed expression; a *cliché* (문구).
상팔자(上八字) a happy lot; an easy 〔a carefree〕 life.
상패(賞牌) a medal.
상편(上篇) the first volume 〔piece〕.
상표(商標) 《register》 a trademark; a brand; a label (라벨). ¶ ~를 도용하다 pirate the trademark 《*of*》. ‖ ~권 the trademark right / ~ 도용 trademark piracy.
상품(上品) first-grade articles; an article of superior quality.
상품(商品) a commodity; goods; merchandise (총칭). ‖ ~ 견본 a sample; a pattern (옷감의) / ~권 a gift certificate / ~ 목록 a catalog(ue) / ~ 진열실 〔진열장〕 a showroom 〔showcase〕 / ~학 the study of merchandize.
상품(賞品) 《win》 a prize.
상피(上皮) 〖生〗 the epithelium.
상피병(象皮病) 〖醫〗 elephantiasis.
상피붙다(相避—) commit incest.
상하(上下) ① 《위와 아래》 up and down; upper and lower sides; top and bottom. ② 《귀천》 the upper and lower classes; high and low; superiors and inferiors. ③ 《책》

the first and second volumes. ④ ☞관민(官民).
상하(常夏) ¶ ~의 나라 a land of everlasting [eternal] summer.
상하다(傷—) ①《다치다》get hurt [injured]; be damaged [spoiled](손상);《썩다》rot; go bad; turn sour (우유 따위). ②《마음이》be hurt; be worried《*about*》; be distressed [troubled]《*with*》. ③《야윔》get thin [emaciated].
상학(商學) commercial science.
상한(象限)〖數〗a quadrant. ☞사분면(四分面).
상한선(上限線) a ceiling; the maximum. ¶ ~을 두다 [정하다] put a ceiling on; fix the limits.
상항(商港) a commercial harbo(u)r.
상해(傷害) (bodily) harm; (a) bodily injury. ~하다 injury; do《*a person*》an injury. ‖ ~ 보험 accident [casualty] insurance / ~죄 mayhem / ~ 치사(致死) bodily injury resulting in death.
상해(詳解) ~하다 explain minutely; give a detailed explanation《*of*》.
상해(霜害) damage by frost; frost damage. ¶ ~를 입다 suffer from frost.
상행(上行) ~의 up. ‖ ~선 [열차] an up-line[-train].
상행위(商行爲) a business transaction.
상현(上弦) the first quarter (달의). ‖ ~달 a young moon; a crescent.
상형문자(象形文字) a hieroglyph.
상호(相互)《부사적》mutually; each other; one another. ~의 mutual; reciprocal. ¶ ~의 합의로 by mutual consent. ‖ ~ 관계[작용] reciprocal relation [action] / ~ 부조 mutual aid / ~ 의존 interdependence / ~ 조직 a cooperative system.
상호(商號) a firm [shop] name.
상혼(商魂)《장사정신》a commercial spirit. ¶ ~이 악착 같은 enterprising; shrewd in business.
상환(相換) ~하다 exchange《*a thing for another*》. ¶ …과 ~으로 in exchange for…. ‖ ~권 an exchange ticket; a coupon.
상환(償還) repayment; redemption. ~하다 repay; redeem《*loans*》. ‖ ~금 money repaid; a repayment/~ 기한 the term of redemption; maturity (만기).
상황(狀況) the state of things; a situation; circumstances. ¶ 현 ~으로는 under the present conditions. ‖ ~ 판단 circumstantial judgment.
상황(商況) the condition of the market. ¶ ~은 부진[활발]하다 The trade [market] is dull [brisk].
상회(上廻) ~하다 be more than; be over [above]; exceed《*the average crop*》.
상회(商會) a firm; a company.
샅 the crotch; the groin.
샅바《씨름의》a wrestler's thigh band.
샅샅이 all over; in every nook and corner.
새¹《동물》a bird; a fowl; poultry (가금). ¶ ~의 똥 droppings; guano (해조의).
새² ☞ 사이.
새³ new (새로운); novel (신기한); fresh (신선한); recent (최근의).
새가슴 ¶ ~의 pigeon-breasted.
새골(鰓骨)〖魚〗branchial skeleton [bones].
새근거리다《뼈마디가》feel a slight pain《*in one's joints*》;《숨을》gasp; be out of breath.
새근하다 have a slight pain (서술적).
새기다 ①《파다》carve《*an image*》; engrave; chisel; incise; inscribe. ¶ 도장을 ~ engrave a seal. ②《마음에》bear [keep]《*a thing*》in mind; take《*a thing*》to heart; engrave《*an image*》on one's mind. ③《해석함》interpret; construe; translate (번역). ④《반추》ruminate; chew the cud.
새기어듣다 listen attentively to; give ear to;《참뜻을》catch《*a person's*》meaning.
새김《뜻의》interpretation; explanation;《조각》carving; engraving. ‖ ~칼 a carving knife.
새김질《조각》carving; engraving; sculpture;《반추》rumination.
새까맣다 (be) deep-[jet-]black.
새끼¹《끈》a (coarse) straw rope. ¶ ~를 꼬다 make [twist] a rope.
새끼² ①《동물의》the young; a cub; a litter (한배의); a calf (소의); a colt (말, 사슴의); a puppy (개의); a kitty (고양이의); a lamb (양의); fry (물고기의); a young bird, a chick(-en)(새의). ¶ ~를 낳다 bring forth《*its*》young; litter; cub; lamb (양이); pup (개가); kitten (고양이가); calf (소가) / ~를 배다 be with young; be in pup (개가). ②《자식》a child; a son (사내); a daughter (딸). ③《욕》a fellow; a guy. ¶ 저 ~ that fellow.
새끼발가락 the little toe.
새끼손가락 the little finger.
새나다《비밀이》get [slip] out; leak out; be disclosed.
새노랗다 (be) bright [vivid] yellow.
새다 ①《날이》dawn; break. ¶ 날이 샐 녘에 at the crack [peep] of dawn / 날이 샌다 The day breaks., It dawns. ②《기체·액체 따위가》leak (out); run out; escape;《불빛 따위》come through;《말소리가》be heard outside. ¶ 새는 데 a leak/ 새는 데를 막다 stop a leak. ③《비밀이》get [slip] out; leak out; be disclosed.
새달《다음달》next month; the coming month.
새댁 ☞ 새색시.
새들다 act as go-between [matchmaker].

새들새들 ¶ ~하다 be somewhat withered. ⌈neat and clean.
새뜻하다 (be) fresh and bright;
새로 new(ly); freshly; afresh; anew; (over) again.
새롭다 (be) new; novel(진기); fresh (신선); recent, latest(최근); up-to-date (현대적인). ¶ 새롭게 newly; afresh / 새롭게 하다 renew; renovate.
새마을 ‖ ~금고〔사업〕a New Community 〔*Saemaŭl*〕 fund 〔project〕/ ~운동 the *Saemaŭl* movement / ~ 정신 *Saemaŭl* 〔New Community〕 spirit.
새매〖鳥〗 an Asiatic sparrow-hawk.
새물 ①《과일·생선 따위》 the first product of the season. ②《옷》 clothes fresh from washing.
새벽 《아침》 dawn; the break of the day; daybreak. ¶ ~같이 early in the morning / ~에 at dawn; at break 〔the peep〕 of day.
새봄 early spring.
새빨갛다 (be) deep-red; crimson; downright (거짓말이). ¶ 새빨간 거짓말 a downright lie / 새빨개지다 turn red; 《얼굴이》 flush, blush (부끄러워서).
새사람 ①《신인》 a new figure 〔face〕. ②《신부》 a new bride. ③《갱생한》 a new man; another man. ¶ ~이 되다 start life anew; turn over a new leaf.
새삼 〖植〗 a dodder.
새삼스럽다 (be) abrupt; new; fresh; 《서술적》 stand on ceremony. ¶ 새삼스럽게 anew; afresh; again(다시); specially(특히); formally(형식적으로); now(이제서야).
새색시 a bride.
새알 an egg of a sparrow.
새암 jealousy; envy. ~하다 be jealous 〔envious〕 《*of*》; envy.
새앙 〖植〗 ginger (나무, 근경).
새옹지마(塞翁之馬) ¶ 인간 만사 ~ Inscrutable are the ways of Heaven.
새우 〖動〗 a lobster; a prawn; a shrimp (작은). ¶ ~로 잉어를 낚다 《俗談》 throw a sprat to catch a whale. ‖ ~젓 pickled shrimp.
새우나무 〖植〗 a hop hornbeam.
새우다¹ 《밤을》 sit 〔stay〕 up all night; keep vigil. ¶ 밤을 새워 일하다 sit up all night working; work all night.
새우다² 《시기》 be jealous 〔envious〕 《*of*》.
새우등 a stoop. ~의 round-shouldered. ⌈bed.
새우잠 ¶ ~자다 lie huddled up in
새장(一欌) a birdcage. ¶ ~에 갇힌 새 a caged bird; a cageling.
새전(賽錢) 《make》 a money offering 《*to*》. ‖ ~함(函) an offertory chest.

새조개 〖貝〗 a cockle.
새집¹ 《가옥》 one's new house; a newly built house (신축의).
새집² 《새의》 a bird's nest; a bird 〔nest〕 box (인공의).
새총(一銃) an air gun (공기총); a slingshot (고무줄의).
새출발(一出發) a fresh start. ~하다 make a fresh start; set out anew.
새치 premature graying. ¶ ~가 나다 have gray hair though one is not yet very old.
새치기 ①《일》 ~하다 do odd jobs. ②《차례》 ~하다 break into the queue; cut in.
새치름하다 (be) cold(offish); prim; look prim; assume a prim air.
새침하다 ☞ 새치름하다.
새카맣다 (be) pitch-dark; jet-black.
새큼하다 (be) sour; acid.
새털 a feather; plume; down(솜털).
새파랗다 (be) deep blue; 《안색이》 (be) deadly pale; as white as a sheet. ¶ 새파랗게 질리다 turn deadly pale.
새하얗다 (be) pure-〔snow-〕white.
새해 a new year; the New Year. ¶ ~ 복 많이 받으십쇼 (I wish you a) Happy New Year! ‖ ~ 문안 a New Year's greeting.
색(色) a colo(u)r; a shade(농담); a complexion (얼굴); 《색사》 sensual pleasure; female charms, a mistress(여색). ¶ 진한〔흐린〕 ~ a deep 〔light〕 color.
색 a sack; 《피임구》 a condom.
색각(色覺), 색감(色感) the colo(u)r sense. ⌈son; a Don Juan.
색골(色骨) a sensualist; a lewd per-
색광(色狂) an erotomaniac; a sexual maniac. ‖ ~증 sex mania; erotomania.
색다르다(色一) (be) fresh; new; novel; 《기이》 (be) unusual; uncommon.
색도(色度) chromaticity; 《조명》 chroma; color. ‖ ~ 측정(測定) colorimetry.
색동(色一) ‖ ~ 저고리 a jacket with sleeves of multy-colo(u)red stripes.
색마(色魔) a libertine; an erotomaniac; a sex fiend.
색맹(色盲) colo(u)r blindness. ~이다 be color-blind. ‖ 적(赤)~ red-blindness / 전(全) ~ achromatopsia; total color blindness.
색색 ¶ ~거리다 breathe lightly / ~ 잠들다 《애가》 sleep peacefully.
색소(色素) a colo(u)ring matter; a pigment. ‖ ~체 chromatophore; chromatogen.
색소폰 〖樂〗 a saxophone.
색스혼 〖樂〗 a saxhorn.
색시 《신부》 a bride; 《아내》 a wife; 《처녀》 a maiden; a girl; 《술집의》 a barmaid.

색실(色—) dyed [colored] thread.
색쓰다(色—) have sex; sex (it) up.
색안경(色眼鏡) colored spectacles. ¶ ~으로 보다 look at 《things》 through colored spectacles; look on 《things》 with a jaundiced eye.
색연필(色鉛筆) a colo(u)red pencil.
색옷(色—) ☞ 무색옷.
색욕(色慾) lust; sexual [carnal] desire.
색유리(色琉璃) stained glass.
색인(索引) an index. ¶ ~을 달다 index 《a book》; provide 《a book》 with an index.
색정(色情) sexual [carnal] desire; lust. ‖ ~광(狂) ☞ 색광.
색조(色調) a tone of color; coloring; a tint; a tinge. ¶ 갖가지 ~의 푸른색 various shades of blue.
색종이(色—) (a) colo(u)red paper.
색주가(色酒家) a shady bar; a bar-whorehouse.
색채(色彩) a colo(u)r; a hue; a tint. ¶ …한 ~를 띤 with a tinge [tint] of... / 종교적 ~를 띠다 have a religious color. ‖ ~ 감각 a color sense.
색출(索出) ~하다 search (out); hunt up; seek (out); ferret (out). ¶ 간첩(의) ~ 작전 a search operation against an espionage agent.
색칠(色漆) colo(u)ring; painting. ~하다 color; paint.
샌님 a meek person; a weak-kneed and bigoted person.
샌드위치 a sandwich. ‖ ~맨 a sandwich man.
샌들 sandals.
샐녘 《여명》 《at》 the peep of dawn [day].
샐러드 a 《fruit》 salad. ‖ ~유(油) salad oil.
샐러리 a salary. ‖ ~맨 a salaried man; the salaried class (계층).
샘¹ 《물》 a spring; a fountain.
샘² 《시새움》 ☞ 새암.
샘물 spring water; fountain water.
샘바르다 (be) jealous; envious.
샘솟다 《물이》 rise in a fountain; gush [spring] out [forth]. ¶ 눈물이 ~ tears well up in one's eyes.
샘터 a fountain place [site].
샘플 a sample.
샛검불 fireweeds.
샛길 a byway; a narrow path; a bypath; a byroad.
샛밥 snack for farmhands.
샛별 the morning star; Lucifer.
샛서방(—書房) a secret lover; a paramour.
생(生)¹ life (생명); living (삶). ¶ ~을 받다 be born; live.
생(生)² 《자기》 I.
생…(生) 《조리하지 않은》 raw; uncooked; 《자연 그대로의》 crude; 《신선한》 fresh; 《익지않은》 green; unripe; 《덜 요리된》 underdone; half-boiled; 《살아있는》 live; green. ¶ ~고무 crude [raw] rubber / ~밥 half-boiled rice / ~울타리 a hedge / ~우유 raw milk.
생가(生家) the house of one's birth; one's parents' home.
생가죽(生—) 《무두질 아니한》 a rawhide; an untanned skin.
생각 ① 《사고》 thinking; feeling (느낌); 《사상》 (a) thought; 《관념》 an idea; a notion; a conception. ② 《의견》 one's opinion [view]; 《신념》 a belief. ¶ 내 ~으로는 in my opinion. ③ 《의도·의향》 mind; an idea; an intention; an aim; 《방책》 a plan; 《동기》 a motive; a view. ¶ 좋은 ~ a good idea / 그렇게 할 ~은 없다 have no mind to do so. ④ 《기대》 expectation; hope; 《소원》 wish; desire. ¶ ~ 밖의 unexpected; unforeseen / ~이 어그러지다 be disappointed of one's expectations. ⑤ 《판단》 judg(e)ment; 《사려》 prudence; sense; discretion. ¶ ~ 있는 prudent; discreet; thoughtful. ⑥ 《상상》 imagination; fancy; supposition. ¶ ~도 못할 unimaginable; unthinkable. ⑦ 《고려》 consideration; regard; thought; 《참작》 allowance. ¶ ~에 넣다 [안 넣다] take [leave] 《a matter》 into [out of] consideration. ⑧ 《숙고》 consideration; deliberation; reflection; rumination; 《추억》 retrospection; recollection; 《명상》 meditation; reverie (공상). ⑨ 《각오》 a resolution. ☞ 생각하다.
생각나다 《기억》 recollect; remember; recall; be reminded 《of》; 《착상》 think 《of》; occur 《to one's mind》; hit upon. ¶ (문득) 생각난 듯이 by fits (and starts) / 생각나게 하다 remind one 《of a thing》.
생각컨대 Methinks..., It seems to me that..., I believe [think]....
생각하다 ① 《사고·고려》 think 《of, about》; consider. ¶ 다시 ~ think over; reconsider. ② 《믿다》 believe; hold; 《판단》 judge. ¶ 옳다고 ~ believe 《it》 to be right. ③ 《간주》 take 《a thing》 as [for]; regard [consider] 《as》; 《오인》 mistake 《it》 for. ¶ 명예로 ~ regard 《it》 as an hono(u)r. ④ 《의도》 intend; plan; be going to; think of 《doing, etc.》. ⑤ 《예기》 expect; anticipate. ¶ 생각한 대로 as (one) expected / 생각했던 대로 되다 《사물이 주어》 turn out just as one wanted; 《사람이 주어》 play into the hands 《of》 (상대의). ⑥ 《상상》 suppose; imagine; fancy; guess. ⑦ 《회상》 look back 《upon》; recollect; 《반성》 reflect 《on》; reconsider; 《상기》 think of; recall; call to mind; remember. ⑧ 《희망》 wish; want; desire; hope. ⑨ 《관심》 think of; be interested in; 《사랑》 love; care for; 《사모》 sigh for; yearn after. ☞ 생각.

생각해내다 《안출》 think out 《*a plan*》; work out 《*a scheme*》; invent; contrive; devise; 《상기》 recall; remember; call to mind.
생강(生薑) ☞ 새앙.
생것(生一) ☞ 날것.
생견(生絹) raw silks.
생경(生硬) ~하다 (be) raw; crude; unrefined; stiff.
생계(生計) livelihood; living. ¶ ~를 세우다 make a living 《*by doing*》. ‖ ~비 the cost of living.
생과(生果) (raw) green fruits.
생과부(生寡婦) a neglected wife; a grass widow.
생과자(生菓子) (a) pastry.
생굴(生一) a raw 〔fresh〕 oyster.
생글거리다 smile (affably).
생금(生金) native 〔unrefined〕 gold.
생금(生擒) capture. ☞ 생포.
생긋거리다 ☞ 생글거리다.
생기(生氣) 《be full of》 life; animation; vitality. ~있는 animated; vital; lively. ¶ ~를 주다 enliven.
생기다 《발생》 happen; occur; take place; come into being (존재); 《야기함》 give rise to; cause; bring about; 《유래함》 originate 《*from, in*》; result 《*from*》; 《산출》 yield; produce; 《얻다》 obtain; get; 《얼굴이》 have looks.
생김새 looks; personal appearance.
생나무(生一) green wood; wet fag(g)ot 〔wood〕.
생남(生男) the birth 〔begetting〕 of a son; delivery of a boy. ~하다 give birth to a son; beget 〔be delivered of〕 a boy. ‖ ~턱 celebration of the birth of one's son; "handing out cigars".
생녀(生女) the birth 〔begetting〕 of a daughter. ~하다 give birth to a daughter; be delivered of a girl.
생년(生年) ‖ ~월일(시) the date (and hour) of one's birth.
생니(生一) a healthy tooth.
생담배(生一) a lighted cigaret(te) left lying in the ash tray; a live butt.
생도(生徒) ¶ 사관 ~ a cadet; a midshipman (해군의).
생돈(生一) money spent to no purpose.
생동(生動) ~하다 move lively; be full of life; be vivid 〔lifelike〕.
생동생동하다 (be) as vigorous 〔lively〕 as ever.
생득(生得) ~의 natural; inborn; innate. ‖ ~권 one's birthright.
생떼(거리) ¶ ~쓰다 persist; stick to 《*it*》 doggedly; be obstinate; badger.
생래(生來) ~의 natural; innate.
생략(省略) omission; abbreviation. ~하다 omit; abbreviate; abridge. ¶ ~한 〔된〕 omitted; abridged. ‖ ~법 ellipsis / ~ 부호 an apostrophe / 이하 ~ "The rest is omitted".
생력화(省力化) elimination or reduction of labor. ‖ ~ 장치 a labor-saving device.
생령(生靈) souls; lives; people.
생리(生理) physiology. ¶ ~적(的)인 physical; physiological. ‖ ~학(學) physiology(~학자 a physiologist) / ~ 현상 a physiological phenomenon / ~ 휴가 a women's holiday.
생리일(生理日) one's menstrual period; one's monthly days.
생매장(生埋葬) ~하다 bury 《*a person*》 alive.
생맥주(生麥酒) draft 〔draught 《英》〕 beer; beer on draft 〔tap〕.
생면(生面) ~하다 see 〔meet〕 《*a person*》 for the first time. ‖ ~ 부지 an utter stranger.
생명(生命) life; 《정수》 the soul 《*of thing*》. ¶ ~을 걸고 《love》 at the risk of one's life / ~을 희생으로 하여 at the cost of one's life / ~을 내던지다 lay down one's life 《*for*》 / ~을 노리다 seek 《*another's*》 life. ‖ ~ 보험 life insurance (~ 보험에 들다 have one's life insured) / ~선 a life line / ~수 life-giving water.
생명주(生明紬) raw silk cloth.
생모(生母) one's real mother.
생모시(生一) unglossed ramie cloth.
생목(生木) unbleached cotton cloth.
생목숨(生一) ① 《산》 life. ② 《죄없는》 an innocent (person's) life.
생무지 a novice; a greenhand.
생물(生物) a living thing; a creature; life(총칭). ‖ ~계(界) animals and plants / ~학 biology (~학자 a biologist / ~학적 biological) / ~ 화학 biochemistry.
생방송(生放送) a live broadcast; live 《*TV*》 coverage. ~하다 broadcast 〔televise〕 《*an event*》 live.
생벼락(生一) an unreasonable 〔undeserved〕 scolding; a sudden 〔an unexpected〕 calamity.
생부(生父) one's real father.
생불(生佛) a living Buddha.
생사(生死) life and 〔or〕 death; safety (안부). ¶ ~에 관계되는 a vital 《*question*》 / ~ 불명의 《be》 missing / ~를 같이하다 share one's fate 《*with*》 / ~지경을 헤매다 hover between life and death.
생사(生絲) raw silk. ‖ ~ 검사소 a silk conditioning house.
생사람(生一) an innocent 〔unrelated〕 person. ~잡다 kill an innocent person (살해); inflict injury upon an innocent person (모해).
생산(生産) production. ~하다 produce; turn out. ‖ ~고〔액〕 an output / ~ 과잉 overproduction / ~ 관리 production control / ~력 productive capacity / ~ 목표 《attain》 a goal of production / ~물(物) a product / ~비 production cost / ~자 a producer; a maker (~자

가격 the producer('s) price / ~ 제한 restriction of output / ~ 지 a producing district / 국내 ~ domestic production.
생살여탈(生殺與奪) ¶ ~권을 쥐다 hold the power of life and death 《*over a person*》.
생색(生色) ~나다 reflect credit on 《*a person*》; do 《*a person*》 credit. ¶ ~을 내다 pose as a benefactor 《*to*》; try to gain 《*a person's*》 gratitude.
생생하다(生生一) (be) fresh; vivid; lively; full of life. ¶ 생생히 vividly; true to life.
생석회(生石灰) quicklime.
생선(生鮮) (a) fish; fresh fish. ‖ ~ 가게 a fish shop / ~ 구이 baked (broiled) fish / ~ 장수 a fishmonger / ~회 slices of raw fish.
생성(生成) ~하다 create; form; generate; be created (formed).
생소(生疎) ~한 unfamiliar; strange; inexperienced 《*in*》.
생소리(生一) 《엉뚱한》 an absurdity; a nonsense; 《근거가 없는》 a groundless remark.
생수(生水) natural(spring) water.
생시(生時) ① 《난 시간》 the time (hour) of one's birth. ② 《깨어 있을 때》 one's waking hours; 《생전》 one's lifetime.
생식(生食) ~하다 eat 《*fish*》 raw; eat uncooked food.
생식(生殖) reproduction; generation. ~하다 reproduce; procreate; generate. ‖ ~기 sexual organs / ~력 generative power; fecundity / ~ 세포 a germ cell / ~ 작용 (기능) reproductive function.
생신(生辰) ☞ 생일(生日).
생인손 a sore finger; (a) paronychia.
생애(生涯) a 《*happy*》 life; a career; lifetime.
생약(生藥) made herb icine. ‖ ~학 pharmacognosy.
생억지(生一) ~쓰다 say extremely unreasonable things; stick to one's unjust opinion.
생업(生業) an occupation; a calling. ¶ …을 ~으로 하다 live by 《*doing*》. ‖ ~ 자금 a rehabilitation fund.
생육(生肉) raw (uncooked) meat.
생으로(生一) ① 《날짜로》 raw. ¶ ~ 먹다 eat raw. ② 《억지로》 forcibly; willy-nilly; by force; 《까닭없이》 unreasonably; without any reason; causelessly.
생이별(生離別) ~하다 part 《*from a person*》 for life.
생일(生日) one's birthday. ‖ ~ 케이크 a birthday cake.
생장(生長) growth. ☞ 성장.
생장작(生長斫) undried firewood.
생전(生前) lifetime. ¶ ~에 in one's lifetime; before one's death.
생존(生存) existence; life. ~하다 exist; live; survive (살아남다). ‖ ~ 경쟁 《beaten in》 the struggle for existence / ~권 right to live/ ~자 a survivor.
생죽음(生一) a violent death. ~하다 die an accidental death; die by violence.
생쥐 〖動〗 a mouse [*pl.* mice].
생지옥(生地獄) a hell on earth.
생질(甥姪) one's sister's son; a nephew.
생짜(生一) 《날것》 something raw; uncooked food (음식 따위); unripe (green) fruits (과실).
생채(生菜) a vegetable salad.
생채기 a scratch.
생청붙이다 say something preposterous (far-fetched); contradict oneself.
생체(生體) a living body. ‖ ~ 공학 bionics / ~ 해부 vivisection.
생태(生態) a mode of life. ‖ ~ 변화 ecological adaptation / ~학(學) ecology.
생트집(生一) a false charge. ~하다 find fault 《*with a person*》; accuse 《*a person*》 falsely.
생판(生板) completely; utterly; quite. ¶ ~ 다르다 be utterly different.
생포(生捕) capture. ~하다 take 《*a person*》 prisoner; capture; catch 《*an animal*》 alive.
생호령(生號令) ~하다 scold for nothing.
생화 business (to make one's living); a trade; an occupation.
생화(生花) a natural (fresh) flower.
생화학(生化學) biochemistry. ‖ ~자 a biochemist.
생환(生還) ~하다 return alive; 〖野〗 reach the home plate; score. ¶ ~시키다 《야구에서》 bring home 《*the runner*》. ‖ ~자 a survivor.
생활(生活) life; living, livelihood (생계). ~하다 live; lead a 《*lonely*》 life; support oneself; make a living. ¶ ~이 안정되다 secure one's living / ~이 어렵다 be unable to make a living; be badly off. ‖ ~ 개선 the improvement of living condition / ~고 hardships of life / ~난 hard living (life) / ~력 vitality; one's capacity for living / ~ 보호 livelihood protection (~ 보호를 받다 go (be) on welfare) / ~비 the cost of living / ~ 상태 the condition of living / ~ 수준 the standard of living / ~ 양식 a mode of living; a way of life / ~ 필수품 necessaries of life / ~ 환경 life environment.
생후(生後) after (since) one's birth. ¶ ~ 3개월의 아이 a three-month-old baby.
샤워 《have, take》 a shower (bath).
샴페인 《술》 champagne.
샴푸 《have》 a shampoo.
샹들리에 a chandelier.
샹송 a *chanson* 《프》.

서(西) (the) west.
서(序) a preface; a foreword; an introduction.
서(署) ① ☞ 관서. ② ☞ 경찰.
서가(書架) a bookcase; a bookshelf; a bookstack (도서관의).
서가(書家) a calligrapher.
서간(書簡) a letter; a note. ‖ ~문 letter writing.
서거(逝去) death; demise. ☞ 사망.
서경(西經) the west longitude. ¶ ~ 20도 long. 20 W.
서고(書庫) a library; a stack room.
서곡(序曲) an overture; a prelude.
서관(書館) 《책사》 a bookshop; a bookstore; 《출판사》 a publisher.
서광(曙光) dawn. ¶ 평화의 ~ the dawn of peace.
서구(西歐) West(ern) Europe; the West (서양). ‖ ~ 문명 Western civilization.
서글서글하다 (be) free and easy; open-hearted; magnanimous; sociable; affable.
서글프다 (be) sad; plaintive; lonesome.
서기(西紀) the Christian Era; *Anno Domini* (생략 A.D.).
서기(書記) a clerk; a secretary. ‖ ~국 a secretariat / ~장(長) the head clerk; a chief secretary / (일등) ~관 a (first) secretary 《*of the embassy*》.
서기(瑞氣) an auspicious sign; a good omen.
서까래 a rafter.
서남(西南) southwest. ~의 southwestern; southwesterly. ‖ ~풍 a southwester; a southwesterly wind.
서낭 a tutelar(y) deity. ‖ ~당 the shrine of a tutelary deity.
서너 three or four; a few.
서너너덧 three or four; a few 《*of*》.
서느렇다 ☞ 서늘하다.
서늘하다 ① 《온도가》 (be) cool; refreshing; chilly (차갑다). ② 《마음이》 have a chill; be chilled.
서다 ① 《기립》 stand (up); rise (to one's feet); get up. ② 《정지》 stop; (make a) halt; come to stop; draw up (말 따위가); run down (시계가). ¶ 갑자기 ~ stop short. ③ 《건립》 be built (erected); be established; be set up. ④ 《장이》 be opened (held). ⑤ 《칼날이》 be sharpened (edged). ⑥ 《명령이》 be obeyed; be followed; be carried out; 《질서가》 be orderly; be in good order. ⑦ 《조리가》 hold good; be made good; 《이유가》 pass; be admissible. ⑧ 《계획이》 be formed (established); be woked out. ⑨ 《위신·체면이》 save 《*one's face*》. ⑩ 《잉태함》 ¶ 아이 ~ become pregnant. ⑪ 《결심이》 make up one's mind.
서당(書堂) a village schoolhouse; a private school.
서도(書道) calligraphy.
서독(西獨) West(ern) Germany; the German Federal Republic (정식명).
서두르다 《급히》 (be in a) hurry; hasten; make haste; 《재촉》 press; urge. ¶ 서둘러서 in haste (a hurry); hastily / 일을 ~ speed (up) one's work.
서랍 a drawer.
서러워하다 grieve 《*at, over*》; sorrow 《*at, over*》; be sorrowful.
서럽다 (be) sad; sorrowful; mournful; grievous.
서력(西曆) ☞ 서기(西紀).
서로 mutually; 《help》 each other (one another (셋 이상)).
서론(序論) an introduction; introductory remarks.
서론(緖論) an introduction; a foreword; a preface.
서류(書類) 《shipping》 documents; 《important》 papers. ‖ ~가방 a brief case / ~함 a filing cabinet / 관계 ~ related documents.
서류전형(書類銓衡) selection (screening) of candidates by examining their papers.
서른 thirty.
서름(서름)하다 ① 《익숙잖다》 (be) unacquainted (unfamiliar) 《*with*》; inexperienced. ② 《태도가》 (be) reserved; distant; quite estranged (alienated) 《*from*》.
서리 frost. ¶ ~가 내리다 it frosts. ‖ 된~ heavy frost / 첫~ 《have》 the first frost of the season.
서리(署理) administering as an acting director (일); an acting director, a deputy 《*official*》 (사람). ~하다 administer 《*affairs*》 as a deputy (an acting director); stand proxy for. ‖ 국무총리~ an acting premier.
서리다[1] ① 《김이》 rise; be clouded (up) 《*with*》; steam up. ② 《기가》 get dejected; be disheartened.
서리다[2] 《새끼 따위를》 coil; wind; twine; 《뱀이》 coil itself.
서리맞다 ① 《내리다》 be frosted 《*over*》; be nipped (shriveled) by frost. ② 《기운이》 be dispirited; 《타격》 be hard hit; receive a setback.
서리서리 in a coil; round and round.
서막(序幕) 《극에서》 the opening (first) scene; 《시초》 a prelude 《*to*》; the beginning.
서머타임 daylight saving time; summer time 《美》.
서머하다 《낯없다》 be ashamed 《*of oneself*》.
서먹서먹하다 feel awkward (nervous) 《*before an audience*》; feel small (embarassed) 《*in company*》; feel ill at ease.
서면(書面) a letter; correspondence (총칭); 《문서》 writing; a document. ¶ ~으로 by letter; in writing.
서명(書名) the title (name) of a

book.
서명(署名) a signature. ~하다 sign one's name 《to》; affix one's signature to; autograph. ¶ ~ 날인하다 sign and seal. ‖ ~ 운동 signature-obtaining campaign / ~자 a signer; a signatory (나라).
서모(庶母) one's father's concubine.
서몽(瑞夢) an auspicious dream.
서무(庶務) general affairs 《*section*》.
서문(序文) a foreword; a preface.
서민(庶民) the (common) people; the masses. ~적 popular; common. ‖ ~ 금융 petty loans for the people.
서반구(西半球) the Western Hemisphere.
서반아(西班牙) ☞ 스페인.
서방(西方) the west. ~의 western. ¶ ~에 to the west 《*of*》. ‖ ~ 세계 the Western world.
서방(書房) ① 《남편》 one's husband (man). ¶ ~맞다 get married to a man. ② 《호칭》 Mr. 《*Kim*》; 《하인에게》 Old....
서방질(書房—) adultery. ~하다 cuckold one's husband; misconduct oneself 《*with a man*》.
서벅거리다 eat crisp (과일 따위가); crunch on 《*gravel*》.
서법(書法) one's (a style of) handwriting.
서부(西部) the west(ern part); the West (미국의). ~의 western. ‖ ~극 a western; a cowboy picture.
서부렁하다 (be) loose; be not tightly tied.
서북(西北) ① 《서와 북》 north and west. ② 《서북간》 the northwest. ~의 northwestern; northwesterly. ‖ ~풍 a northwestern (northwesterly) wind.
서브 〖테니스〗 a serve; a service. ~하다 serve.
서비스 service. ¶ ~가 좋다 (나쁘다) give good (bad) service. ‖ ~료 a tip; a charge for room service (호텔의) / ~업 a service industry.
서사(敍事) narration; description. ~적 descriptive; narrative. ‖ ~문 a description / ~시 an epic.
서사(書寫) ~하다 copy; transcribe.
서산(西山) the western mountain. ¶ ~에 지는 해 the sun setting behind the hill(s).
서생(書生) a student; 《남의 집의》 a student houseboy.
서서히(徐徐—) slowly; gradually; by degrees.
서설(序說) ☞ 서론(序論).
서설(瑞雪) propitious snow.
서성거리다 walk up and down restlessly; go back and forth uneasily.
서수(序數) an ordinal (number).
서술(敍述) description; depiction. ~하다 describe; narrate; depict. ¶ ~적(인) descriptive; narrative. ‖ ~어 〖文〗 the predicative.
서스펜스 suspense. ¶ ~에 넘치는 suspenseful.
서슬 ① 《칼날》 a burnished blade; a sharp edge. ② 《기세 따위》 the brunt 《*of an attack, argument*》; impetuosity.
서슴다 hesitate 《*to do, about doing*》; waver. ¶ 서슴지 않고 without hesitation.
서슴없다 (be) unhesitating; 《서술적》 be not hesitant.
서식(書式) a (fixed, prescribed) form. ¶ ~에 따라 in due form.
서식(棲息) ~하다 live 《*in water*》; be found 《*in*》. ¶ ~에 적합한 (in-)habitable. ‖ ~지 a habitat.
서신(書信) 《편지 왕래》 correspondence; 《편지》 a letter.
서악(序樂) a prelude; an overture.
서약(誓約) an oath; a pledge; a vow. ~하다 (make a) pledge, vow; swear; take an oath. ¶ ~을 지키다 (어기다) keep (break) one's pledge. ‖ ~서 a written oath.
서양(西洋) the West; the Occident. ~의 Western; Occidental. ¶ ~화하다 Westernize; Europeanize. ‖ ~ 문명 (사상) Western civilization (ideas) / ~사 European history / ~ 사람 a Westerner; a European / ~식 Western style; the Western way 《*of thinking*》 / ~화(畫) a painting in oils.
서언(序言) a preface; a foreword.
서언(緖言) a foreword; an introduction; a preface.
서열(序列) rank; order; grade.
서운하다 (be) sorry; regrettable; disappointing. ¶ 서운해하다 be sorry 《*for*》; regret; be disappointed; miss.
서울 Seoul; 《수도》 the capital; the metropolis. ‖ ~내기 a Seoulite.
서원(書院) a lecture-hall; an auditorium.
서원(署員) a member of the staff (총칭). ‖ 세무~ a tax office clerk.
서인도제도(西印度諸島) the West Indies.
서임(敍任) appointment; installation. ~하다 appoint.
서자(庶子) an illegitimate child; a bastard.
서장(書狀) a letter; a note.
서장(署長) the head (chief) 《*of*》; a marshal (경찰·소방서의). ‖ 경찰~ the chief of police.
서재(書齋) a study; a library.
서적(書籍) books; publications (출판물). ‖ ~상 a bookseller (사람); a bookshop (bookstore 《美》) (가게).
서점(西漸) a westward drive.
서점(書店) a bookstore; a bookshop; a bookseller's.
서정(庶政) all administrative affairs; civil services. ‖ ~ 쇄신(刷新) purification (renovation) of officialdom.
서정(敍情·抒情) lyricism. ~적 lyric(al). ‖ ~시 lyric poetry (총칭); a lyric (~시인 a lyrist).
서지(書誌) a bibliography. ‖ ~학

bibliography (～학자 a bibliographer).
서진(書鎭) a paperweight.
서쪽(西—) the west. ～의 west; western. ¶ ～으로 west(ward).
서책(書册) a book; 《저서》 a work.
서체(書體) a style of handwriting; a calligraphic style.
서체(暑滯) indigestion caused by [due to] hot weather.
서출(庶出) ～의 illegitimate; bastard; born out of wedlock.
서치라이트 《flash》 a searchlight 《on》.
서캐 nits.
서커스 《run》 a circus.
서클 a circle.
서투르다 (be) unskil(l)ful; clumsy; poor; awkward. ¶ …이 ～ be bad [not good] at…; be a poor hand at 《doing》….
서평(書評) a book review.
서표(書標) a bookmark.
서풍(西風) the west wind; a westerly (wind).
서한(書翰) ☞ 서간.
서해(西海) the western sea; 《황해》 the Yellow Sea.
서해안(西海岸) the west coast. ‖ ～간선도로 the west coast highway.
서행(徐行) ～하다 go slow(ly); slow down. ¶ ～ 《게시》 Go [Drive] Slow.
서향(西向) a western exposure.
서혜(鼠蹊) 〖解〗 the groin. ～의 inguinal. ‖ ～부 the inguinal region.
서화(書畫) 《an exhibition of》 paintings and writings.
서훈(敍勳) (conferment of a) decoration. ～하다 confer a decoration 《on a person》.
석(石) ① 《시계의》 a jewel. ¶ 15 ～의 시계 a 15-jewel watch. ② 《섬》 a *seog* (=4.9629 bushels).
석 ☞ 세. ¶ ～ 달 three months.
석가(釋迦) ☞ 석가모니.
석가모니(釋迦牟尼) Sakyamuni; Buddha.
석가산(石假山) an artificial [a miniature] hill; a rockery.
석각(石刻) stone carving; a carved stone. ～하다 carve in stone.
석간(夕刊) an evening paper; the evening edition 《of》.
석경(石鏡) a (looking) glass.
석고(石膏) gypsum; plaster (of Paris). ‖ ～ 세공 plasterwork.
석공(石工) ☞ 석수(石手).
석광(錫鑛) a tin mine; a stannary.
석굴(石窟) a rocky cavern; a stone cave.
석권(席捲) ～하다 overwhelm; carry everything before 《one》; conquer; sweep 《over》.
석기(石器) a stone implement. ‖ ～시대 the stone Age (구[신]～ 시대 the Early [New] Stone Age).
석남(石南) 〖植〗 a rhododendron.
석류(石榴) 〖植〗 a pomegranate (tree). ‖ ～석(石) 〖鑛〗 garnet.
석면(石綿) 〖鑛〗 asbestos.
석명(釋明) ～하다 explain; give an explanation 《of》; vindicate 《oneself》.
석문(石門) a stone gate.
석물(石物) stonework set before a tomb.
석반(夕飯) an evening meal; supper.
석방(釋放) release; acquittal. ～하다 set 《a person》 free; release; free.
석벽(石壁) ① 《절벽》 a cliff; a rock-wall. ② 《벽》 a stone wall.
석별(惜別) ～하다 be loath to part 《from》; express regret at parting. ¶ ～의 정 reluctance to leave.
석부(石斧) a stone ax(e).
석불(石佛) a stone (image of) Buddha.
석비(石碑) a stone monument.
석비레(石—) weathered gneiss.
석사(碩士) master. ‖ ～ 과정 [학위] a master's course [degree] / 이학 ～ a master of science; Master of Science (생략 M.S., M.Sc.).
석상(石像) a stone image [statue].
석상(席上) ¶ ～에서 at the meeting / 회의 ～에서 at the conference.
석쇠 a grill; a gridiron.
석수(石手) a stonemason; a stonecutter.
석수(汐水) the evening tide.
석순(石筍) 〖鑛〗 stalagmite.
석양(夕陽) the setting [evening] sun.
석연(釋然) ～하다 (be) satisfied 《with》; satisfactory. ¶ ～치 않다 be not satisfied 《with》.
석영(石英) 〖鑛〗 quartz. ‖ ～암(岩) quartzite.
석유(石油) oil; petroleum; kerosene (등유). ‖ ～갱 an oil well / ～ 난로 an oil stove / ～ 생산국 an oil producing country / ～ 시추 oil(-well) drilling / ～ 위기 the oil crisis / ～ 풍로 an oil stove for cooking / 대한 ～ 공사 the Korea Oil Corporation.
석유수출국기구 (石油輸出國機構) Organization of Petroleum Exporting Countries (생략 OPEC).
석유안정기금(石油安定基金) the Petroleum Stability [Stabilization] Fund.
석유자원(石油資源) petroleum resources; oil riches. ¶ ～을 개발하다 develop [exploit] petroleum resources.
석유제품(石油製品) petroleum [oil] products.
석유화학(石油化學) petrochemistry. ‖ ～ 공업 the petrochemical industry / ～ 제품 petrochemicals / ～ 콤비나트 a petrochemical complex.
석인(石人) a stone image of a person.
석재(石材) (building) stone.
석전(石戰) a mock fight with stone missiles.
석전(釋奠) the rite observed in memory of Confucius.

석조(石造) ~의 (built of) stone. ‖ ~ 건물 a stone building.
석존(釋尊) Buddha; Sakyamuni.
석종유(石鍾乳) 〖鑛〗 stalactite.
석주(石柱) a stone pillar.
석차(席次) 《자리의》 the order of seats; precedence; 《성적의》 standing. ¶ ~가 오르다 〔내리다〕 gain 〔lose〕 in class standing 《*by a place*》.
석창포(石菖蒲) 〖植〗 a sweet rush.
석탄(石炭) coal. ¶ ~을 캐다 mine coal. ‖ ~ 가스 coal gas/~갱〔광〕 a coal mine; a coal pit (~ 갱부 a coal miner; a collier) / ~산 carbolic acid / ~상 a coal dealer / ~선 a collier / ~층 a coal seam / ~통 a coal box / 대한 ~ 공사 Dai Han coal Corporation.
석탑(石塔) a stone pagoda 〔tower〕.
석판(石板) a slate.
석판(石版) lithography (기술); a lithograph (그림).
석패(惜敗) ~하다 be defeated by a narrow margin.
석필(石筆) a slate pencil.
석학(碩學) a man of erudition.
석화(石火) a flint spark (불꽃); a flash (빠름).
석회(石灰) lime. ¶ ~질의 calcic. ‖ ~석 limestone / ~수 limewater.
섞갈리다 get confused 〔mixed, tangled, complicated〕.
섞다 mix; mingle; blend; admix; adulterate 《*with*》.
섞바꾸다 mix up.
섞바뀌다 be mixed up.
섞이다 be mixed 〔mingled〕 《*with*》; mix 〔mingle〕 《*with*》.
섯 《노염》 a fit of anger 〔passion〕; 《의심》 a passing 〔quick〕 doubt; a flash of suspicion. ¶ ~삭다 relent (노염이); be solved 〔cleared〕 (의심이).
선 《혼사의》 an interview with a view to marriage. ¶ ~보다 have an interview with a prospective bride 〔bridegroom〕.
선(先) the first move 《*in a chess game*》.
선(善) 《do》 good; goodness; 《practice》 virtue. ¶ ~과 악 good and evil.
선(腺) 〖解〗 a gland.
선(線) 《draw》 a line; a route (항로); a track (역의); a wire (전선). ¶ 경부~ the *Gyeongbu* line / …~을 따라 along the line 《*of*》; in line with / ~을 이루어 in a line. ‖ 38도~ the 38 th Parallel.
선(選) selection; choice. ¶ ~에 (못) 들다 be (not) chosen.
선(禪) religious meditation; *Dhyana* 《梵》; 〖佛〗 the *Seon* sect (종파); the *Seon* doctrine (선학).
선가(禪家) a *Seon* temple 〔priest〕.
선각자(先覺者) a pioneer; a forerunner; a leading spirit.
선객(船客) a passenger. ‖ ~ 명부 a passenger list / 1 〔2〕등 ~ a first〔second-〕class passenger.
선거(船渠) ☞ 도크.
선거(選擧) (an) election. ~하다 elect; vote 《*for*》; return. ¶ ~를 실시하다 hold an election / ~에 이기다 win in an election. ‖ ~ 관리 위원회 an election administration committee / ~구 a constituency / ~권 suffrage / ~ 방해 (an) election obstruction/~ 사무소 an election campaign office / ~ 연설 a campaign speech / ~ 운동 election canvassing (~ 운동하다 electioneer) / ~ 위반 election irregularities / ~ 유세 a canvassing 〔campaign〕 tour / ~인 an elector 〔electress (여자)〕; a voter; electorate (총칭) (~인 명부 a pollbook; a voter's list) / ~ 참관인 a referee of an election / 공명 ~ a fair election / 보궐 ~ a by-election / 중간 ~ an off-year election 《美》 / 대〔소〕~구제 the major 〔minor〕 electorate system.
선거법(選擧法) election 〔electoral〕 law. ‖ ~ 개정 (an) electoral reform / ~ 위반 (a) violation of election law; an election law violence / ~ 위반자 an election law breaker 〔violator〕.
선거위원(選擧委員) an election committee-man. ‖~장 a campaign chairman; the chairman of an election committee《英》/~회 an election committee. an advanced unit 〔contingent〕
선견(先見) foresight. ¶ ~지명이 있는 farsighted; foresighted / ~지명이 있다〔없다〕 have 〔lack〕 foresight.
선견(先遣) ‖ ~ 부대 advance troops.
선결(先決) ‖ ~ 문제 a *sine qua non* 《라》; a precondition; a prerequisite; a previous question.
선경(仙境) a fairyland; an enchanted land.
선고(先考) one's deceased father.
선고(宣告) a sentence; a verdict; 《판결》 (a) judg(e)ment. ~하다 (pass a) sentence 《*on*》; condemn 《*a person to death*》.
선공(先攻) ~하다 attack first; 〖野〗 go to bat first.
선광(選鑛) dressing ores. ~하다 dress ores. ‖ ~부 an ore dresser.
선교(宣敎) missionary work. ‖ ~사 a missionary.
선교(船橋) ① ☞ 배다리. ② a bridge (갑판의).
선구(先驅) ☞ 선구자.
선구자(先驅者) a forerunner; a pioneer.
선구(船具) ship's fittings; rigging.
선구안(選球眼) 《야구의》 《have》 a 《*sharp*》 batting eye.
선글라스 (a pair of) sunglasses 〔sunspecs 《口》〕.
선금(先金) an advance; a prepayment. ¶ ~을 치르다 pay in ad-

vance.
선급(先給) payment in advance; advance payment; prepayment.
선급(船級) (ship's) classification 〔class〕. ‖ ~ 증서 a classification certificate/~ 협회 a classfication society.
선남선녀(善男善女) pious people.
선납(先納) payment in advance. ~하다 pay in advance; prepay.
선녀(仙女) a fairy; a nymph.
선다형(選多型) a multiple choice system 〔format〕. ‖ ~ 문제 a multiple-choice question.
선단(船團) a fleet of vessels.
선대(先代) one's predecessor.
선대(船臺) 《조선용》 a building slip.
선도(先渡) forward delivery.
선도(先導) ~하다 guide; (take the) lead. ‖ ~자 a guide; a leader.
선도(善導) proper guidance. ~하다 lead properly; guide aright.
선도(鮮度) freshness. ¶ ~가 높은 very fresh / ~가 낮은 not very fresh / ~가 떨어지다 become less fresh.
선동(煽動) instigation; agitation. ~하다 instigate; stir up; agitate. ¶ ~적 inflammatory; seditious. ‖ ~자 an agitator; an instigator.
선두(先頭) the lead; the head; the van. ¶ ~에 서다 take the lead 《*in doing*》; be at the head. ‖ ~부대 the van / ~타자 〖野〗 a leadoff.
선두(船頭) the bow; the prow.
선두르다 put a border 《*on*》; border; fringe; hem.
선득하다 (be) chilly; 《서술적》 feel a chill; feel 〔be〕 chilled; feel a thrill, shudder 《*at, to think of*》 (놀라서).
선들거리다 get 〔feel〕 cold; 《cool breezes》 blow gently.
선뜩하다 ☞ 선득하다.
선뜻 《가볍게》 lightly; 《쾌히》 readily; willingly; with a good grace; offhand (즉석에서).
선뜻하다 ☞ 산뜻하다.
선량(善良) ~한 good; virtuous; honest. ¶ ~한 사람 a good(-natured) man / ~한 시민 a good 〔law-abiding〕 citizen.
선량(選良) a representative of the people; the nation's choice.
선려(鮮麗) ~한 bright; vivid.
선령(船齡) the age of a vessel.
선례(先例) a precedent. ☞ 전례.
선로(線路) 《lay》 a (railway) line; a (railroad) track 《美》. ‖ ~공사 railroad construction.
선류(蘚類) 〖植〗 mosses.
선린(善隣) neighbo(u)rly friendship. ‖ ~관계 good neighborly relations 《*with*》 / ~정책 a good neighbor policy.
선망(羨望) envy. ~하다 envy 《*a person, a person's luck, a person his luck*》; be envious 《*of*》. ¶ ~의 대상이 되다 become the envy 《*of*》.
선매(先賣) an advance sale.
선매권(先買權) (the right of) preemption.
선머슴 a naughty boy; an urchin.
선명(宣明) ~하다 announce; proclaim.
선명(鮮明) ~하다 (be) clear; distinct; vivid. ¶ ~한 영상 《TV의》 distinct pictures / 기치를 ~히 하다 define 〔clarify〕 one's attitude. ‖ ~도 distinction (TV의).
선무(宣撫) placation; pacification. ‖ ~공작 pacification work / ~반 a placation squad.
선물(先物) 《deal in》 futures. ‖ ~거래 trading in futures.
선물(膳物) a gift; a present; a souvenir (기념품).
선미(船尾) ☞ 고물.
선민(選民) the chosen (people); the elect. ‖ ~의식 elitism.
선박(船舶) a vessel; a ship; shipping (총칭). ‖ ~사용료 charterage / ~업 the shipping industry/ ~업자 〔회사〕 a shipping man 〔company〕.
선반 a shelf; a rack (그물의). ¶ ~에 얹다 put 《*a thing*》 on a shelf.
선반(旋盤) a lathe. ‖ ~공 a latheman / ~공장 a turnery.
선발(先發) ~하다 start 〔go〕 in advance 《*of others*》; go ahead. ‖ ~대 an advance party / ~투수 a starting pitcher.
선발(選拔) selection; choice. ~하다 select; choose; pick 〔single〕 out. ‖ ~시험 a selective 〔competitive〕 examination / ~팀 a picked 〔pickup〕 team; an all-star team.
선배(先輩) a senior; an elder. ¶ 3년 ~이다 be one's senior by three years / ~티를 내다 pose 〔give oneself airs〕 as a senior. ‖ 대~ a big senior.
선별(選別) sorting; assortment. ‖ ~융자 selective lending.
선병(腺病) ~질(質)의 lymphatic 《*constitution*》.
선복(船腹) bottoms; tonnage; 《secure》 ship space; shipping 《*shortage*》.
선봉(先鋒) 《lead》 the van(guard); the advance guard.
선부(先夫) one's former husband.
선분(線分) 〖幾〗 ¶ ~ AB, the given straight line AB.
선불 a stray bullet.
선불(先拂) payment in advance. ~하다 pay in advance; prepay. ‖ 운임(運賃) ~ carriage forward; freight prepaid.
선비 a (gentleman) scholar; a classical scholar; a learned gentleman.
선비(先妣) one's deceased mother.

선사(善事) 《선물을 줌》 ~하다 give 〔make〕 《*a person*》 a present; send 《*a person*》 a gift.
선사(禪師) a *Seon* priest.
선사시대(先史時代) prehistory. ~의 prehistoric(al).
선산(先山) one's ancestral grave-「yard.
선생(先生) 《교사》 a teacher; an instructor; a (school) master 〔mistress (여자)〕; a doctor (의사); 《호칭》 Mr.; Esq.; Sir; Miss; Madam. ¶ 음악 ~ a teacher of music.
선서(宣誓) an oath. ~하다 swear; take an oath. ¶ ~시키다 attest. ‖ ~문 a written oath / ~식 administering of an oath; an oath-taking ceremony.
선선하다 ① 《날씨가》 (be) cool; refreshing. ¶ 선선해지다 become 〔get〕 cool. ② 《성질이》 (be) candid; frank; free and easy; open-hearted. ¶ 선선히 with a good grace (선뜻).
선셈(先一) payment in advance.
선소리 nonsense; silly talk; rubbish.
선손(先一) ~쓰다 take the initiative; get the start; forestall 《*another*》. ¶ ~ 걸다 strike the first blow.
선수(先手) ~쓰다 forestall 《*another*》; get the start of; have the first move (바둑 따위의).
선수(船首) ☞ 이물.
선수(選手) a player; 《전체》 a team; the nine (야구의); the eleven (축구의). ‖ ~권 《win, lose, defend》 a championship 〔title〕 (~권 보유자 a championship holder; a titleholder) / ~권 시합 a title match (권투 따위) / ~촌 an athletic village / 후보 ~ a substitute (player); a sub 《口》 / 최우수 ~ the most valuable player 《MVP》.
선술집 a (stand) bar; a pub; a tavern.
선승(先勝) ~하다 win the first 「game.
선실(船室) a 《*first-class*》 cabin. ¶ 3등 ~ the steerage / ~을 예약하다 book a berth.
선심(善心) ① 《착한 마음》 virtue; moral sense. ② 《큰 마음》 generosity; benevolence. ~쓰다 do a kindness 《*for a person*》; show one's generosity.
선심(線審) 〖競〗 a linesman.
선악(善惡) good and evil; right and wrong. ¶ ~을 가릴 줄 알다 know right from wrong.
선약(仙藥) the elixir of life.
선약(先約) 《have》 a previous engagement 〔appointment〕.
선양(宣揚) ~하다 raise; enhance; promote.
선언(宣言) declaration; proclamation. ~하다 declare; proclaim. ‖ ~서 《draw up》 a declaration.
선열(先烈) a martyr (of old). ‖ 순국 ~ a martyr for one's country.
선외(選外) ~의 《be》 left out of selection 〔choice〕. ‖ ~ 가작 good work left out of selection.
선용(善用) ~하다 make good use of 《*one's knowledge*》; employ 《*time*》 well 〔wisely〕.
선웃음 a forced 〔an〕 affected smile. ~치다 force 〔feign〕 a smile.
선원(船員) a seaman; a crew (총칭). ‖ ~ 수첩 a seaman's pocket ledger / ~실 the crew's quarters / 고급 ~ an officer (of a ship) / 하급 ~ a sailer.
선유(船遊) boating; rowing.
선율(旋律) a melody. ~적 melodi-「ous.
선의(船醫) a ship's doctor.
선의(善意) a favo(u)rable sense (의미); good intentions (의도); 〖法〗 good faith, bona fide. ~의 well-intentioned; bona-fide. ¶ ~로 in good faith / ~로 해석하다 take 《*a person's words*》 in a favorable sense.
선의권(先議權) the right to prior consideration 《*of the budget*》.
선인(仙人) a hermit (은자); a fairy (선녀); an unworldly being.
선인(先人) ① ☞ 선친. ② 《전대 사람》 one's predecessors.
선인(善人) a good 〔virtuous〕 man.
선인선과(善因善果) the fruit of good deeds.
선인장(仙人掌) 〖植〗 a cactus.
선일 a stand-up work 〔job〕.
선임(先任) seniority. ~의 senior. ‖ ~순 《in》 the order of seniority / ~자 a senior member.
선임(船賃) ☞ 뱃삯.
선임(選任) ~하다 elect; appoint; nominate.
선입감(先入感) ☞ 선입견.
선입견(先入見) preconception; a preconceived idea; a prejudice(편견). ¶ ~을 품다 have a preconceived idea 〔opinion〕 / ~을 버리다 get rid of one's prejudice.
선입관(先入觀) ☞ 선입견.
선잠 《have》 a light 〔dog, short〕 sleep; 《take》 a nap.
선장(船長) a captain; a commander; a skipper.
선적(船積) 《발송》 shipping; shipment; 《적재》 loading; lading. ~하다 ship 《*a cargo*》; load 《*a boat with*》. ‖ ~ 송장(送狀) a shipping invoice / ~항 a port of shipment.
선적(船籍) the nationality of a ship. ‖ ~항 a port of registry.
선전(宣傳) 《through》 propaganda; publicity; advertisement (광고). ~하다 propagandize; give publicity 《*to*》; advertise. ¶ 자기 ~을 하다 advertise oneself. ‖ ~부 the publicity department / ~비(費) publicity expenses / ~ 삐라 a handbill / ~업자(業者) a publici-

ty agent / ～원(員) a publicity man; a press agent (상품의); a propagandist (주의의) / ～차 a sound truck / ～ 효과 (a) propaganda effect; a propaganda impact.
선전(宣戰) ～하다 declare war 《*upon, against*》. ‖ ～ 포고 a proclamation of war.
선전(善戰) ～하다 put up a good fight; fight [play (게임에서)] well.
선점(先占) prior occupation. ‖ ～ 취득 acquisition by occupancy.
선정(善政) good government [administration]; just rule. ¶ ～을 베풀다 govern well [wisely].
선정(煽情) ～적 sensational; exciting; suggestive.
선정(選定) ～하다 select; choose.
선제(先制) a head start. ¶ ～점을 올리다 score first points [runs].
선제공격(先制攻擊) a containment offensive; a preemptive [the first] strike. ～하다 open the first strike; attack 《*the enemy*》 first.
선조(先祖) ☞ 조상.
선종(禪宗) the *Seon* sect.
선주(先住) ‖ ～ 민족 aborigines / ～자 a former occupant 《*of a house*》.
선주(船主) a shipowner.
선지 fresh animal blood.
선진(先陣) 《lead》 the van.
선진(先進) ～의 advanced. ‖ ～국 an advanced nation.
선집(選集) a (choice) selection 《*of*》.
선착(先着) ¶ ～순(順)으로 in order of arrival; on a first-come-first-served basis.
선창(先唱) ～하다 lead the song [chorus]; take the lead 《*in*》; 《비유적》 advocate; advance.
선창(船窓) a porthole.
선창(船艙) 《부두의》 a (landing) pier; a wharf; 《배의》 a hatch. ¶ ～에 대다 bring a boat alongside the pier.
선책(善策) a capital plan; a good policy.
선처(善處) ～하다 take a proper measures [step]; deal adequately 《*with*》; make the best 《*of*》.
선천(先天) ～적 inherent; native; inborn; hereditary; *a priori* 《라》. ‖ ～설 〖哲〗 apriorism.
선철(銑鐵) pig iron.
선체(船體) a hull; a ship (배).
선출(選出) election. ～하다 elect; return.
선취(先取) ～하다 take first; preoccupy. ¶ ～ 득점을 올리다 〖野〗 score 《*two runs*》 first. ‖ ～특권 〖法〗 a preferential right.
선취권(先取權) the right of preoccupancy.
선측(船側) ‖ ～ 인도 free alongside ship (생략 f.a.s.).
선친(先親) my deceased [late] father.
선탁(宣託) an oracle; a divine revelation.
선탄(選炭) coal dressing [washing]. ～하다 concentrate [dress] coal. ‖ ～기 a coal washer; a coal-dressing machine.
선태(蘚苔) 〖植〗 moss(es).
선택(選擇) selection; choice. ～하다 select; choose. ¶ ～의 자유 freedom of choice; option / ～에 갈팡거리다 be at a loss which to choose / ～을 그르치다 make a bad choice. ‖ ～ 과목 an optional [elective 《美》] (subject) / ～권(權) 《have》 the option.
선팽창(線膨脹) 〖理〗 linear expansion.
선편(船便) shipping service. ¶ ～으로 by ship [steamer, water].
선포(宣布) proclamation. ～하다 promulgate; proclaim. ¶ 계엄령을 ～하다 proclaim martial law.
선표(船票) a passage ticket.
선풍(旋風) a whirlwind; a cyclone. ¶ ～을 일으키다 cause a sensation.
선풍기(扇風機) 《turn on, turn off》 a fan [an electric fan].
선하(船荷) a cargo; freight. ‖ ～ 증권 a bill of lading (생략 B/L).
선하다 (be) vivid [fresh] 《*before one's eyes*》; live vividly in one's memory. ¶ 그 광경이 눈에 ～ The sight still haunts me.
선행(先行) ～하다 precede; go [be] ahead 《*of*》. ‖ ～ 조건 a condition precedent; an essential prerequisite.
선행(善行) 《do》 a good deed; good conduct.
선향(仙鄕) a fairyland.
선향(線香) 《offer》 an incense stick.
선험(先驗) ～적 〖哲〗 transcendental; *a priori* 《라》. ‖ ～론 transcendentalism.
선헤엄 treading water. ¶ ～ 치다 tread water.
선현(先賢) ancient sages.
선혈(鮮血) (fresh) blood. ¶ ～이 낭자하다 be covered with blood.
선형(扇形) a fan shape; a sector (기하에서). ～의 fan-shaped.
선호(選好) preference. ～하다 prefer 《*to*》. ¶ 남아 ～ 사상 a notion of preferring a son to a daughter.
선화(線畫) line drawing.
선화지(仙花紙) reclaimed paper.
선회(旋回) revolution; rotation. ～하다 circle; revolve; turn; gyrate. ‖ ～ 비행 a circular flight.
선후(先後) 《앞과 뒤》 front and rear; 《순서》 order; sequence.
선후책(善後策) a remedial [relief] measure. ¶ ～을 강구하다 devise [work out] remedial measures.
섣달 the twelfth month of the lunar calendar; December.
섣불리 tactlessly; clumsily; 《부주의하게》 unwisely; carelessly; thoughtlessly.
설 《새해》 New Year's Day. ¶ ～(을) 쇠다 observe [celebrate] the New Year's Day.
설(說) 《의견》 《hold》 an opinion; a

view; 《학설》 《advance》 (a) theory; a doctrine; 《풍설》 a rumo(u)r. ¶ ~을 굽히다 yield / ~을 같이 〔달리〕 하다 agree 〔disagree〕 《*with a person*》.
설겅거리다 chew hard; be half-done.
설겆이 dishwashings. ~하다 wash 〔do〕 dishes; wash up.
설경(雪景) a snow scene.
설계(設計) a plan; a design. ~하다 plan; design; project; lay out (공원 등의). ‖ ~도 a plan; a blueprint / ~서 specifications / ~자 a designer; a projector.
설교(說教) a sermon; preaching. ~하다 preach; 《잔소리》 remonstrate; give 《*a person*》 a lecture. ‖ ~단 a pulpit / ~사 a preacher.
설기 《떡》 steamed rice cake in layers.
설날 the New Year's Day.
설다 ① 《서투르다》 (be) unfamiliar; unskilled. ② 《덜익다》 be half-done 〔underdone〕 (음식이); be not fully pickled (김치 따위); be unripe (과일 따위). ¶ 선 밥 half-cooked rice.
설다루다 mismanage; handle carelessly 〔wrong〕.
설대 《담뱃대》 a bamboo pipestem.
설득(說得) persuasion. ~하다 persuade 《*a person into doing, to do*》; reason 《*a person out of doing*》. ‖ ~력 power of persuation (~력 있는 persuasive; convincing).
설렁탕(—湯) beef bone and tripe 〔internals〕 soup (and rice); *sŏllŏngt'ang*.
설렁하다 be a bit chilly.
설레다 《가슴이》 《one's heart》 throbs 〔beats〕 fast; feel uneasy; have a presentiment; 《움직이다》 move about uneasily; be restless.
설레설레 ¶ ~ 흔들다 shake one's head.
설령(設令) even if; even though; (al)though. ¶ ~ 어떤 일이 있더라도 whatever may happen.
설립(設立) establishment; foundation. ~하다 establish; found; set up; organize. ‖ ~자 a founder; an organizer / ~ 취지서 a prospectus.
설마 surely 《*not*》; 《not》 possibly; That's impossible., You don't say!
설맞다 miss the vital parts; receive a flesh wound.
설맹(雪盲) snow blindness; 〖醫〗 niphablepsia.
설면하다 (be) estranged 〔alienated〕 《*from*》; 《정답지 못함》 (be) unfamiliar; cold; not intimate.
설명(說明) (an) explanation. ~하다 explain; illustrate; describe. ¶ ~적 explanatory. ‖ ~도(圖) a diagram / ~서 an explanatory note/ ~자 an expositor / ~ 자막 an explanatory title; a subtitle.
설문(設問) a question. ~하다 pose a question.
설법(說法) a sermon; preaching. ~하다 preach 《*a sermon*》.
설복(說服) ☞ 설득(說得).
설봉(舌鋒) ¶ 날카로운 ~으로 with an incisive tongue; in most cutting terms.
설비(設備) equipment(s); arrangements; facilities; accommodations (수용의). ~하다 equip 〔furnish, provide〕 《*with*》; install; accommodate; arrange. ¶ ~가 좋은 well-equipped. ‖ ~ 투자 investment in plant and equipment.
설빔 gala dress; fine dress worn on the New Year's Day.
설사(泄瀉) loose bowels; diarrh(o)ea. ~하다 have loose bowels; suffer from diarrhea. ‖ ~약 a binding medicine.
설사(設使) ☞ 설령(設令).
설산(雪山) a snow(-covered) mountain; a mountain covered with snow.
설상가상(雪上加霜) ~으로 to make things 〔matters〕 worse; to add to one's troubles 〔miseries〕.
설선(雪線) a snow line 〔limit〕.
설설 《boil》 temperately; 《warm》 comfortably. ¶ 물이 ~ 끓다 water simmers.
설설기다 keep one's head low 《*before a person*》; be under 《*a person's*》 thumb; be awe-stricken.
설암(舌癌) cancer on the tongue.
설염(雪炎) 〖醫〗 glossitis.
설왕설래(說往說來) ~하다 argue 《*with, back and forth*》; bandy 〔cross〕 words 《*with*》.
설욕(雪辱) ~하다 vindicate one's hono(u)r; wipe out a shame; get even 《*with*》 (경기에서). ‖ ~전 a return match 〔game〕.
설움 sorrow; grief; sadness.
설원(雪原) a snowfield; the frozen waste.
설원(雪冤) ~하다 clear oneself of a false charge.
설유(說諭) admonition. ~하다 admonish; exhort; reprove.
설음(舌音) a lingual (sound).
설익다 《과실》 become 〔be〕 half-ripe; 《음식》 be 〔get〕 half-done 〔-boiled〕.
설전(舌戰) a wordy war(fare). ~하다 have a wordy 〔verbal〕 war 《*with a person*》.
설정(設定) ~하다 establish; create; set up. ¶ 기금을 ~하다 set up a fund. ‖ 저당권 ~ settlement of mortgage.
설중(雪中) ~에 in the snow. ‖ ~ 행군 a snow march.
설치(設置) establishment. ~하다 establish; institute; set up.
설치다 《못마침》 leave 《*something*》 half-done; do 《*a thing*》 by halves; 《날뜀》 rampage; run riot 〔amuck〕.

설치류(齧齒類) rodents.
설탕(雪糖) sugar. ‖ ~물 sugared water / 정제〔백〕~ refined 〔white〕 sugar / 흑~ muscovado; raw sugar.
설태(舌苔) 〖醫〗 fur. ¶ ~가 낀 혀 a coated 〔furred〕 tongue.
설파(說破) ① 《명시》 ~하다 state clearly; elucidate. ② 《논파》 ~하다 argue against; refute; confute.
설퍼제(一劑) 〖藥〗 a sulfa drug; sulfas.
설피다 (be) loose-woven; rough; coarse.
설핏하다 (be) somewhat coarse; rather loose-woven.
설하선(舌下腺) 〖解〗 the sublingual gland.
설해(雪害) damage from 〔by〕 snow; snow damage.
설형(楔形) ~의 cuneiform. ‖ ~ 문자 a cuneiform (character).
설혹(設惑) ☞ 설령.
설화(舌禍) an unfortunate slip of the tongue.
설화(雪花) ① 《눈송이》 snowflakes. ② 《나뭇가지의》 silver thaw.
설화(說話) a story; a tale; a narrative. ~적 narrative. ‖ ~ 문학 narrative 〔legendary〕 literature.
섬[1] 《용기》 a straw-bag; a bale; 《용량》 a *sŏm* (=5.12 U.S. bushels).
섬[2] an island; an isle; an islet (작은 섬). ~의 insular. ¶ 외딴 ~ a solitary 〔an isolated〕 island. ‖ ~ 사람 an islander.
섬거적 a straw mat.
섬광(閃光) a flash; a glint. ‖ ~ 전구 a flash bulb.
섬기다 serve; be in 《*a person's*》 service; work under; wait on.
섬나라 an island 〔insular〕 country. ¶ ~ 근성 an insular spirit; insularism.
섬돌 a stone step (단칭); (a flight of) stone steps.
섬뜩하다 (be) startled; frightened; alarmed; be taken aback (서술적).
섬망(譫妄) 〖醫〗 delirium.
섬멸(殲滅) ~하다 annihilate; wipe out; extirpate. ‖ ~전 annihilation operations.
섬섬(纖纖) ‖ ~옥수 slender 〔delicate〕 hands.
섬세(纖細) ~한 delicate; slender; exquisite.
섬약(纖弱) ~한 weak; feeble; delicate.
섬유(纖維) a fiber 〔fibre 《英》〕. ¶ ~질의 fibrous. ‖ ~ 공업 the textile industry / ~소 cellulose; 〖動〗 fibrin / ~ 제품 textile goods / 인조 ~ staple fiber.
섬찟지근하다 《서술적》 feel a thrill; be horrified. ¶ 섬찟지근하게 하다 make 《*a person's*》 blood run cold.
섭금류(涉禽類) 〖鳥〗 wading birds.
섭렵(涉獵) ~하다 read extensively; range 《*over extensive literature of*》.
섭리(攝理) (Divine) Providence. ¶ ~에 맡기다 trust in Providence.
섭생(攝生) care of health; regimen. ~하다 take care of one's health. ‖ ~법 hygiene.
섭섭하다 《서운하다》 (be) sorry; sad; disappointed; heartbreaking; miss; 《유감》 (be) regrettable; sorry; 《원망》 (be) reproachful; regretful. ¶ 섭섭한 뜻을 표하다 express one's regret / 헤어지기가 ~ be sorry to part 《*with a person*》.
섭씨(攝氏) Celsius (생략 C.). ¶ ~ 온도계 a centigrade thermometer / ~ 15도 《at》 fifteen degrees centigrade; 15°C.
섭외(涉外) public relations; liaison. ‖ ~ 계원 a public-relations man 〔clerk〕; a liaison officer.
섭정(攝政) 《appoint》 a regent (사람); 《set up》 regency (직). ~하다 attend to the affairs of the state as a regent.
섭취(攝取) ~하다 take; partake of; assimilate (문화 따위를).
성(姓) a family name; a surname.
성(性) sex (남녀의); gender (문법의); nature (성질). ~적 sexual. ¶ ~에 눈뜨다 be sexually awakened. ‖ ~교육 《give》 sex education / ~도덕 sex(ual) morality / ~문제 a sex problem / ~행위 sexual intercourse.
성(城) a castle; a fort(ress); a citadel (성채).
성(省) 《내각》 a department; a ministry; 《행정구역》 a province. ¶ 국무~ the Department of State / 산동~ Shantung Province.
성(聖) ~스러운 holy; sacred; saint. ¶ ~바울 St. Paul.
성가(聖歌) a sacred song; a hymn. ‖ ~대 a choir / ~집 a hymnal; a hymnbook.
성가(聲價) reputation; fame. ¶ ~를 높이다〔잃다〕 enhance 〔lose〕 one's popularity.
성가시다 (be) troublesome; annoying; bothersome; importunate (조르다); hard to please (말이 많다).
성감(性感) sexual feeling. ¶ ~을 높이다 promote 〔work up〕 one's sexual feeling. ‖ ~대(帶) an erogenous zone.
성게 〖動〗 a sea urchin.
성격(性格) character; personality; individuality (개성). ¶ 강한 ~의 사람 a man of strong character. ‖ ~ 묘사 character description.
성결(聖潔) ~한 holy and pure. ‖ ~교(敎) the Holiness Church.
성경(聖經) the (Holy) Bible; the Scriptures; the Book. ‖ 구약〔신약〕 ~ the Old 〔New〕 Testament.
성공(成功) (a) success 《*in life*》; achievement. ~하다 succeed 《*in*》; be successful; get on in life. ¶ ~한 사람 a successful man / ~할 가망 the chance of success.
성공회(聖公會) 〖宗〗 the Anglican

Church; the (Protestant) Episcopal Church 《美》.
성과(成果) a result; the fruit; an outcome. ¶ ~를 올리다 obtain good results.
성곽(城郭) 《성》 a castle; a citadel; 《곽》 a castle wall; 《성채》 a fortress; a stronghold.
성교(性交) sexual intercourse. ~하다 have sexual intercourse 《*with*》. ‖ ~ 불능 impotence.
성교육(性敎育) 《*give*》 sex education [information].
성구(成句) a set phrase; an idiomatic phrase.
성군(星群) 〖天〗 asterism; a cluster of stars.
성글성글 beamingly; with a bland smile.
성금(誠金) a contribution; a donation; a subscription. ‖ 방위 ~ a contribution to the national defense fund.
성급(性急) ~한 hasty; quick-[short-] tempered; impatient.
성기(性器) genitals; genital organs.
성기다 (be) thin; sparse; loose; open.
성깔 a sharp temper. ¶ ~을 부리다 lose one's temper 《*with a person*》.
성나다 get angry 《*with a person, at a thing*》; lose one's temper; get excited; get mad 《*with, at*》.
성내다 ☞ 성나다.
성냥 a match. ¶ ~을 긋다 [켜다] strike [light] a match. ‖ ~갑 a matchbox / ~개비 a matchstick / 종이 ~ a matchbook.
성년(成年) (legal) majority; full [coming of] age. ¶ ~이 되다 come of age; attain one's majority. ‖ ~자 an adult.
성능(性能) ability; capacity; efficiency; performance. ¶ ~이 좋은 efficient. ‖ ~ 검사 a performance [an efficiency, an ability] test.
성단(星團) 〖天〗 a star cluster.
성단(聖壇) an altar; a pulpit.
성당(聖堂) a church; a sanctuary.
성대 〖魚〗 a gurnard; a gurnet.
성대(盛大) ~한 prosperous; flourishing; thriving; 《당당한》 grand; magnificent. ¶ ~히 splendidly; on a grand scale (대규모로).
성대(聲帶) the vocal chords. ‖ ~모사 vocal mimicry (~ 모사를 하다 mimic 《*a person's*》 voice).
성도(聖徒) a saint; a disciple, an apostle (제자).
성량(聲量) volume of one's voice. ¶ ~이 풍부하다 have a rich voice.
성력(誠力) 《with》 one's heart and might; wholehearted devotion.
성령(聖靈) the Holy Ghost [Spirit]. ‖ ~ 강림절 Whitsuntide.
성례(成禮) ~하다 hold a matrimonial ceremony.
성루(城樓) a castle turret; a turret on a castle wall.
성루(城壘) a fort(ress); a rampart.
성립(成立) ① 《실현》 materialization; realization. ~하다 come into existence [being]; be materialized [realized, effected]. ② 《조성》 formation; organization. ~하다 be formed [organized]. ③ 《체결》 conclusion; completion. ~하다 be completed [concluded].
성마르다 (be) short-[quick-]tempered; intolerant.
성만찬(聖晩餐) the Sacrament of the Lord's Supper; the Holy Communion.
성망(聲望) reputation; popularity. ¶ ~이 있는 popular 《*with*》; of high reputation.
성명(姓名) 《give》 one's (full) name. ¶ ~ 미상의 unidentified.
성명(盛名) fame; reputation. ¶ ~을 떨치다 make one's name renowned.
성명(聲明) a declaration; a statement. ~하다 declare; proclaim; announce. ‖ ~서(를 발표하다) (issue) a statement.
성모(聖母) the Holy Mother. ‖ ~ 마리아 the Holy Mother; the Virgin Mary.
성묘(省墓) ~하다 visit one's ancestor's grave. ‖ ~객 a visitor to one's ancestor's grave.
성문(成文) ~의 written. ¶ ~화하다 codify; put in statutory form. ‖ ~법 a statute.
성문(城門) a castle gate.
성문(聲門) 〖解〗 the glottis. ‖ ~ 폐쇄음 a glottal stop.
성미(性味) nature; disposition; temperament. ¶ ~ 급한 hot-[quick-, short-]tempered / ~가 못된 ill-natured; wicked / ~에 맞는 congenial 《*work*》.
성범죄(性犯罪) a sex offense.
성벽(性癖) one's natural disposition; a mental habit; a propensity.
성벽(城壁) a castle wall; a rampart.
성별(性別) sex distinction.
성병(性病) a venereal disease (생략 V.D.); a social disease 《美》.
성복(成服) ~하다 go into mourning 《*for*》.
성부(成否) success (or failure); the result.
성분(成分) an ingredient; 《조직의》 a component; a constituent; an element.
성불(成佛) ~하다 attain Buddhahood; enter Nirvana.
성불성(成不成) success or failure; 《결과》 the result; the issue.
성사(成事) success; attainment (of an end); achievement. ~하다 accomplish; achieve; succeed 《*in*》.
성산(成算) confidence [chances] of success. ¶ ~이 있다 [없다] be confident [have little hope] of success.

성상(星霜) years; time. ¶십개 ~ ten years' time.
성상(聖上) His Majesty (the King).
성상(聖像) a sacred image; an icon.
성상학(性相學) physiognomy.
성서(聖書) ☞ 성경(聖經).
성선(性腺) 〖解〗 a sex gland; a gonad.
성선설(性善說) the ethical doctrine that man's inborn nature is good.
성성이(猩猩—) 〖動〗 an orangutan.
성성하다(星星—) (be) hoar(y); gray-haired.
성쇠(盛衰) ups and downs; rise and fall; vicissitudes.
성수(星宿) 〖天〗 constellations.
성수(聖水) holy water. ‖ ~반 a font for holy water.
성수기(盛需期) a high-demand season. ¶ ~를 맞다 be in great demand.
성숙(成熟) ~하다 ripen; mature; attain full growth; reach maturity. ¶ ~한 ripe; mature. ‖ ~기 the age of puberty (maturity).
성스럽다(聖—) (be) holy; sacred; divine.
성시(城市) a castle town; a walled town (city).
성신(星辰) stars; heavenly bodies. ‖ ~ 숭배 astrolatry.
성신(聖神) the Holy Spirit.
성실(誠實) sincerity; honesty. ~한 sincere; faithful; honest; truthful. ‖ ~성 sincerity; fidelity; honesty.
성심(誠心) sincerity; a single heart; devotion. ¶ ~껏, ~성의 sincerely; in all sincerity; 《work》 heart and soul.
성싶다 be likely 《*to do*》; look; seem; appear. ¶비가 올 ~ It looks like rain., It is likely to rain.
성악(聖樂) sacred music.
성악(聲樂) vocal music. ‖ ~가 a vocalist / ~과(科) a vocal music course.
성악설(性惡說) the ethical view that human nature is evil.
성안(成案) 《have》 a definite plan.
성애(性愛) sexual love.
성야(星夜) a starry (starlit) night.
성업(成業) the completion of one's work (studies). ‖ ~ 공사 the Readjustment Corporation.
성업(盛業) ¶ ~중(中)이다 drive a thriving (booming) trade (장사가); have a large practice (병원 따위).
성에 (a layer of) frost; 《성엣장》 a drift ice; a floe. ¶냉장고의 ~를 없애다 defrost a refrigerator.
성역(聖域) sacred (holy) precincts.
성연(盛宴) a grand feast.
성염(盛炎) the midsummer heat.
성외(城外) ~에 outside (the walls of) a castle.
성욕(性慾) sexual desire(s) (appetite). ‖ ~도착(倒錯) sexual perversion (~도착자 a sexual pervert).
성우(聲優) a radio actor (actress).
성운(星雲) a nebula [*pl.* -lae]. ¶ ~(모양)의 nebular.
성원(成員) a member; 《회의 성립의》 a quorum; a constituent. ¶ ~이 되다 constitute (make) a quorum. ‖ ~ 미달 lack of a quorum.
성원(聲援) encouragement; (moral) support; cheering (경기에서의). ~하다 encourage; support; 《경기에서》 cheer; root for 《美》.
성은(聖恩) Royal favo(u)r (grace).
성음(聲音) a vocal sound. ‖ ~학 phonetics.
성의(誠意) sincerity; 《in》 good faith. ¶ ~ 있는 sincere; honest; faithful / ~가 없는 insincere; dishonest / ~를 보이다 show one's good faith.
성인(成人) an adult; a grown-up. ‖ ~ 교육 adult education / ~ 관람용 영화 adults-only movies / ~병 geriatric diseases.
성인(聖人) a sage; a saint.
성자(聖者) a saint.
성장(成長) growth. ~하다 grow (up). ¶ ~한 grown-up. ‖ ~률 a growth rate / ~주 a growth stock.
성장(盛裝) ~하다 be dressed up; be in full dress; be dressed in one's best.
성적(成績) result; record; merit; marks (점수). ¶ ~순으로 in the order of merit / ~이 좋다 (나쁘다) do well (poorly) at school; show good (poor) business result. ‖ ~표 a list of students' records (전체의); a report card / 학교 ~ one's school record.
성적(性的) sexual. ‖ ~ 매력 a sex appeal / ~ 충동 a sex impulse.
성전(聖典) ☞ 성경.
성전(聖戰) a holy war.
성전환(性轉換) sex change. ‖ ~ 수술 a transsexual operation.
성정(性情) (human) nature.
성조기(星條旗) 《미국기》 the Stars and Stripes.
성좌(星座) a constellation. ‖ ~도(圖) a planisphere; a star chart.
성주 a guardian deity of a house.
성중(城中) ¶ ~에 in (inside) a castle.
성지(城址) the ruins of a castle.
성지(聖地) a sacred ground; the Holy Land; Mecca. ‖ ~ 순례 a pilgrimage to the Holy Land.
성직(聖職) 《take》 holy orders; the ministry; the clergy. ‖ ~자 a churchman; a clergyman.
성질(性質) 《기질》 nature; disposition; temper; 《특성》 property; character; 《소질》 quality. ¶ ~이 좋은 (못된) 사람 a good-(ill-)natured man / 문제의 ~상 from the nature of the matter.
성찬(盛饌) a sumptuous dinner; a good table.

성찬(聖餐) the Holy Communion. ‖ ~배(杯) a chalice.
성찰(省察) reflection; introspection.
성채(城砦) a fort; a fortress.
성책(城柵) a castle and a stockade.
성충(成蟲) 〖動〗 an imago.
성취(成就) 《달성》 accomplishment; achievement. ~하다 accomplish; achieve 《*an end*》; realize 《*one's wishes*》; succeed 《*in doing*》.
성취(成娶) ~하다 marry a woman.
성층(成層) ‖ ~ 광맥 a bedded vein / ~권 《fly through》 the stratosphere (~권 비행기 a stratoplane) / ~암 a stratified rock / ~ 화산 a strato volcano.
성큼성큼 with big 〔long〕 strides.
성탄(聖誕) the birth of a sage 〔king〕. ‖ ~목(木) a Christmas tree / ~절 ☞ 크리스마스.
성토(聲討) ~하다 censure; arraign 《*a person*》 for; denounce. ‖ ~ 대회 an indignation meeting; a rally.
성패(成敗) hit or miss; success (or failure).
성폭행(性暴行) (a) sexual assault 〔violence〕; a sexual harassment.
성품(性品) one's nature 〔disposition, character〕; one's temper.
성하(城下) ¶ ~지맹(盟) capitulation.
성하(盛夏) midsummer; high summer.
성하다 ① 《온전하다》 (be) intact; unimpaired; undamaged. ② 《탈없다》 (be) healthy; in good health.
성하다(盛一) ① 《초목이》 (be) dense; thick; luxuriant; rampant. ② 《사회·국가 따위가》 (be) prosperous; flourishing; thriving; 《…기운이》 (be) vigorous; furious; extensive (퍼짐).
성함(姓銜) your 〔his〕 esteemed name.
성행(性行) character and conduct.
성행(盛行) ~하다 prevail; be prevalent 〔rampant〕.
성향(性向) an inclination; a disposition. ¶ 소비〔저축〕 ~ the propensity to consume 〔save〕.
성현(聖賢) saints; sages. ¶ ~의 가르침 the teaching of the sages; the words of the wise.
성형(成形) 〖醫〗 correction of deformities; 《얼굴의》 face-lifting. ‖ ~병원 a plastic hospital / ~ 수술 《undergo》 a plastic operation / ~ 외과 plastic surgery; restorative surgery.
성혼(成婚) a marriage; a wedding.
성홍열(猩紅熱) scarlet fever.
성화(星火) ① ☞ 운성(隕星). ② 《불빛》 the light of a shooting star. ③ 《급한 일》 ¶ ~ 같다 (be) urgent; pressing; importunate / ~같이 재촉하다 urge 〔importune, press〕 《*a person for...*》; press 《*a person*》 hard 《*for*》.
성화(聖火) sacred fire; the Olympic Torch. ‖ ~대 a flame-holder / ~ 주자 a flame-bearer.
성황(盛況) ¶ ~을 이루다 《모임이》 be a success; be well attended.
성희롱(性戱弄) sexual harassment.
섶¹ 《버팀》 a support; a prop.
섶² 《옷의》 a gusset; a gore.
섶³, 섶나무 brushwood. ¶ 섶을 지고 불로 뛰어들다 jump from the frying pan into the fire.
세(稅) 《pay》 a tax 〔duty (물품), toll (통행)〕; rates. ¶ ~를 거두다 collect taxes / ~를 과하다 impose a tax 《*on*》.
세(貰) 《임대·임차》 lease; tenancy; hire; 《임대료》 (a) rent; hire. ¶ ~ 놓다 rent 〔lease (out)〕 《*a house*》; let 《*a room*》; let 《*a thing*》 out on hire / ~ 들다 take 〔hold〕 《*a house*》 by 〔on〕 lease; rent 《*a room*》.
세 《셋》 three.
세간 household effects 〔goods, stuffs〕; household furniture.
세간(世間) the world; people.
세간나다 set up housekeeping on one's own.
세간내다 set up a separate home 《*for*》.
세거리 a three-forked road.
세계(世系) genealogy; lineage; pedigree.
세계(世界) the world; the earth; the universe (우주). ~적 worldwide; universal; international; global 《*affairs, war*》. ¶ 온 ~에〔의〕 all over the world / ~ 각지에서 from all parts of the world / ~를 일주하다 go round the world. ‖ ~관(觀) one's outlook on the world / ~ 기록 《establish》 a world record / ~사 world history / ~어 a universal language / ~ 연방 the World Federation / ~ 은행(銀行) the World Bank / ~ 일주 여행 a round-the-world trip / ~주의 cosmopolitanism / ~ 지도 a world map; a map of the world / ~화 globalization ; Segyehwa.
세계무역기구(世界貿易機構) the World Trade Organization 《WTO》.
세공(細工) work; workmanship. ~하다 work 《*on bamboo*》. ‖ ~품 (a piece of) work / ~인 an artisan/ 금속 ~ metal ware.
세관(稅關) a customhouse; the customs. ‖ ~원 a customs officer / 인천 ~ the *Incheon* Customhouse.
세광(洗鑛) ore washing. ~하다 wash 《*ore*》; scrub 《*ore*》. ‖ ~부(夫) an ore washer / ~조(槽) a buddle.
세궁역진(勢窮力盡) ~하다 be driven to extremity 〔the wall〕; be reduced to the last extremity.
세균(細菌) a bacillus; a bacterium; a germ. ‖ ~ 검사 a bacteriological examination / ~ 병기 a bacteriological weapon / ~성 질환 a germ〔specific〕 disease / ~전 germ warfare / ~학 bacteriology (~학자 a bacteriologist).

세금(稅金) a tax. ¶ ~ 공제 급료 take-home pay; pay after tax.
세기(世紀) a century. ¶ 20 ~ the twentieth century / ~말 the end of a century; the *fin de siècle* (19 세기의) (~말적인 decadant) / 몇 ~ 동안 for centuries past.
세나다 《잘 팔리다》 sell well; sell like fun 〔hot cakes〕; be in great demand.
세납(稅納) payment of tax. ☞ 납세(納稅).
세내다(貰—) hire 《*a boat*》; rent 《*a house*》.
세네갈 Senegal. ¶ ~의 Senegalese / ~ 사람 a Senegalese.
세뇌(洗腦) brainwash(ing).
세다¹ 《강력》 (be) strong; powerful; mighty; muscular(근력이); 《강렬》 (be) violent; strong; hard; severe. ¶ 세게 hard; severely; strongly; powerfully.
세다² 《머리털이》 《one's hair》 turns gray 〔grey 《英》〕; be gray-haired.
세다³ 《계산》 count; number; calculate. ¶ 잘못 ~ miscalculate; miscount.
세단 a sedan(-car).
세대(世代) a generation. ¶ 젊은 ~ the rising 〔younger〕 generation. ‖ ~ 교체 shift 〔transfer〕 in generation; generational change / ~차 a generation gap.
세대(世帶) ☞ 가구(家口).
세도(勢道) power; (political) influence 〔authority〕. ~하다 seize political power. ¶ ~부리다 exercise 〔wield〕 one's authority 〔power〕 《*over*》. ‖ ~싸움〔다툼〕 a struggle for power; a power struggle.
세레나데 〖樂〗 a serenade.
세력(勢力) influence; power; 《물리적》 force; energy. ¶ ~ 있는 influential; powerful / ~ 없는 powerless; uninfluential / ~이 강해지다 increase in power / ~을 부리다 wield power; hold sway / ~을 펴다 establish one's influence. ‖ ~가 a man of influence / ~권 one's sphere of influence / ~ 균형 the balance of power.
세련(洗練) ~하다 polish; refine. ¶ ~된 polished; refined; elegant.
세례(洗禮) baptism. ¶ 포화의 ~ a volley of gun fire / ~를 받다 be baptized. ‖ ~명 a Christian 〔baptismal〕 name.
세로 length(길이); height(높이); 《부사적으로》 vertically; lengthwise; lengthways. ¶ ~ 2피트 가로 30피트 two feet by thirty.
세론(世論) (public) opinion; general sentiment. ☞ 여론.
세루(世累) worldly cares.
세루 serge. ‖ ~옷 a serge suit.
세류(細流) a streamlet; a brooklet.
세륨 〖化〗 cerium. ‖ ~금속 cerium metals.
세리(稅吏) a tax collector; a revenue officer.
세립(細粒) a granule; infinitesimal grains.
세말(歲末) ☞ 세밑.
세면(洗面) ~하다 wash one's face. ‖ ~기 a washbowl; a wash basin 《英》 / ~대 a washstand / ~소 a lavatory; a washroom.
세모(歲暮) ☞ 세밑.
세목(細目) details; particulars. ¶ ~으로 나누다 itemize; specify.
세목(稅目) items of taxation.
세무(世務) public 〔worldly〕 affairs.
세무(稅務) taxation business. ‖ ~사 a licensed tax accountant / ~서 a tax 〔revenue〕 office (~서원 a tax office clerk / ~서장 the superintendent of a revenue office).
세물(貰物) object for rent. ‖ ~전 a renter's store.
세미(細微) ~한 minute; fine; delicate.
세미나 a seminar.
세미다큐멘터리 semidocumentary 《*film*》.
세미콜론 a semicolon (;).
세밀(細密) ~한 minute; detailed; close; elaborate. ¶ ~히 minutely; in detail; closely / ~한 검사 close 〔minute〕 examination / ~히 조사하다 inquire minutely into 《*a matter*》; examine closely.
세밑(歲—) the year-end; the end of the year.
세발(洗髮) shampoo. ~하다 wash the hair. ‖ ~제 shampoo.
세배(歲拜) a formal bow of respect to one's elders on New Year's day; a New Year's greeting 〔call〕. ~하다 perform a New Year's bow.
세버들(細—) a weeping willow.
세법(稅法) the taxation law.
세별(細別) ~하다 subdivide 《*into*》; break 《*into parts*》.
세부(細部) details.
세부득이(勢不得已) by force of circumstances; by an unavoidable circumstances.
세분(細分) ~하다 subdivide 《*into*》; itemize.
세비(歲費) annual expenditure; 《수당》 yearly pay; an annual allowance.
세사(世事) worldly affairs.
세상(世上) the world; life; society. ¶ ~에 in the world / ~일 worldly affairs; the way of the world / ~일에 훤하다 know much of the world; see much of life / ~을 모르다 know nothing 〔little〕 of the world / ~에 나가다 go out into the world; start in life / ~에 알리다 bring to light; make public / ~에 알려지다 get abroad / ~을 떠나다 die; depart this life / 제 ~이라고 판치다 have one's own way; be one's own master; be without a rival.
세상살이(世上—) life; a living. ~하다 live; get on in the world.
세상없어도(世上—) under 〔in〕 any

circumstances; whatever may happen; by all means.
세세하다(細細—) (be) minute; detailed. ¶ 세세히 minutely; in detail; closely.
세속(世俗) the world; popular customs (세상풍습). ~적 worldly. ¶ ~을 떠난 unworldly / ~을 초월하다 stand aloof from the world.
세수(洗手) ~하다 wash oneself; have a wash. ‖ ~ 수건 a (face) towel / 세숫대야 a washbowl / 세숫물 wash(ing) water; water for washing up.
세수(稅收) the revenue.
세슘 〖化〗cesium (기호 Cs).
세습(世襲) ~의 hereditary; patrimonial. ‖ ~ 재산 hereditary property [estate]; freehold; heritage.
세심(細心) ~하다 (be) prudent; circumspect; scrupulous; careful. ¶ ~한 주의를 기울이다 pay close attention 《*to*》.
세쌍둥이(—雙童—) triplets; a triplet (그 중의 하나). ¶ ~를 낳다 have three at a birth.
세안(洗眼) ~하다 wash one's eyes. ‖ ~약 a collyrium; eyewash.
세안(歲—) ~에 within the present year; before the current year is out.
세액(稅額) the amount of a tax. ¶ ~을 정하다 assess.
세업(世業) hereditary occupation.
세우(細雨) a fine rain; a drizzle.
세우다 ① 《일으키다》 stand; raise; set [put] up; erect; turn up 《*one's collar*》. ② 《정지》 stop; hold up. ③ 《건조》 build; erect; construct; set up. ④ 《설립》 establish; found; create; set up. ⑤ 《조직》 organize; institute; constitute. ⑥ 《정하다》 establish; lay down 《*regulations*》; enact 《*a law*》; form [make] 《*a plan*》. ⑦ 《공훈 등을》 render 《*a service*》; perform 《*meritorious deeds*》. ⑧ 《날을》 sharpen; set 《*the teeth of a saw*》. ⑨ 《체면을》 save 《*one's face*》. ⑩ 《생계를》 earn 《*one's living*》.
세원(稅源) a source of taxation.
세월(歲月) time; time and tide; years. ¶ ~이 감에 따라 with the lapse of time; as time passes by; as days go by / ~없다 《Business》 is dull [bad].
세율(稅率) tax rates; a tariff (관세의). ¶ ~을 올리다 [내리다] raise [lower] the tariff.
세이프 〖野〗《declare》 safe. ¶ 1루에서 ~되다 be safe on first base.
세이프티번트 〖野〗 a safety bunt.
세인(世人) people; the public.
세일러 ‖ ~복 《a girl in》 a sailor [middy] blouse.
세일즈맨 a salesman.
세입(稅入) tax revenue [yields].
세입(歲入) an annual revenue [income]. ‖ ~ 세출 revenue and expenditure.
세자(世子) the Crown Prince.
세전(世傳) ~하다 be handed down from generation to generation.
세정(世情) the ways of the world; human nature(인정).
세정(稅政) tax administration.
세정(洗淨) washing; cleaning. ~하다 wash; rinse; clean.
세제(洗劑) a cleanser; detergent. ‖ 합성[중성] ~ synthetic [neutral] detergent.
세제(稅制) a tax(ation) system.
세제곱 〖數〗 cube. ~하다 cube. ‖ ~근 a cube root / ~멱 the third power.
세족(勢族) a powerful clan [family].
세존(世尊) Buddha; Sakyamuni.
세주다(貰—) rent 《*a room to a person*》; let (집 따위) 《英》; lease (땅을); hire out 《*a boat*》 (임대).
세차(洗車) ~하다 wash a car. ‖ ~장 a carwash.
세차(歲差) 〖天〗 precession.
세차다 (be) strong; violent; fierce; hard. ¶ 세찬 물결 rough waves / 세차게 불다 blow hard [furiously].
세찬(歲饌) 《선물》 a year-end present [gift]; 《음식》 food for serving New Year's guests.
세책(貰冊) a book to loan out; 《빈책》 a book on hire. ‖ ~집 a lending library.
세척(洗滌) ~하다 wash; rinse; clean. ‖ ~기(器) a washer; a syringe / ~약 a wash; a lotion.
세출(歲出) annual expenditure.
세칙(細則) detailed rules [regulations]; by(e)laws. ‖ 시행 ~ rules for operation.
세탁(洗濯) wash(ing); laundry. ~하다 wash; launder; do washing. ‖ ~기 a washing machine / ~물 《거리》 the laundry; 《have a lot of》 washing / ~ 비누 laundry [washing] soap / ~소 a laundry / ~솔 a scrub(bing) brush / ~업자 a laundryman; a washerman.
세태(世態) social conditions; the way of the world.
세터 《사냥개》 a setter.
세톱(細—) a fine-tooth saw.
세트 ① 《한벌》 a set. ‖ 응접실 ~ a drawing room suite / 커피 ~ a coffee (serving) set. ② 《영화의》 《build》 a set. ③ 《수신기》 a receiving set. ④ 《퍼머의》 a set. ¶ 머리를 ~하다 have one's hair set. ⑤ 《테니스 따위의》 《play》 a set.
세파(世波) the storms [rough and tumble] of life. ¶ ~에 시달리다 be buffeted about in the world.
세편(細片) a small piece; flinders.
세평(世評) public opinion; popularity; (a) rumo(u)r. ¶ ~에 오르다 be talked about / ~에 무관심하다 do not care what people will say of

one.
세포(細胞) ① 《생물의》 a cell. ~의 cellular. ‖ ~ 분열 cell division/ ~ 조직 cellular tissue / ~질 cytoplasm / ~학 cytology. ② 《조직의》 《organize》 a communist cell 〔fraction〕(공산당의).
세표(稅表) ☞ 관세율표.
섹스 《남녀별의》 (a) sex; 《성교》 《have》 sex 《*with*》.
센머리 gray hair; white hair.
센물 hard water.
센세이션 a sensation. ¶ ~을 일으키다 cause 〔create〕 a sensation.
센스 a sense. ¶ ~있는 sensible / ~가 없다 have no sense 《*of*》.
센터 ① 〖野〗 the center field; a center fielder(사람). ② 《시설》 a center. ‖ 쇼핑 ~ a shopping center.
센트 《미국화폐》 a cent.
센티미터 a centimeter(기호 cm).
셀로판 cellophane (paper).
셀룰로이드 ¶ ~(제품)의 celluloid 《*toys*》. 「《*store*》.
셀프서비스 ¶ ~식(式) self-service
셀프타이머 a self-timer.
셈 ① 《계산》 calculation; counting (☞ 셈하다). ¶ ~이 빠르다 〔느리다〕 be quick 〔slow〕 at figures. ② 《지불》 settlement of accounts; payment of bills (☞ 셈하다). ③ 《분별》 discretion; prudence; good sense. ¶ ~이 나다 grow sensible; mature. ④ 《의도》 intention; idea. ¶ …할 ~으로 with the intention 〔idea〕 of 《*doing*》; in the hope of 《*doing*》. ⑤ ☞ 셈판.
셈본 ☞ 산수.
셈속 《속내용》 the real state of affairs 〔things〕; 《속마음》 the mind; one's inmost thoughts.
셈치다 《가정》 suppose; assume; grant (that...); 《요량》 think of 《*doing*》; expect (that...). ¶ 다시 팔 셈치고 사다 buy 《*something*》 intending to resell it.
셈판 ① 《사정》 circumstances; conditions; the situation; 《원인》 reason. ¶ ~을 모르다 do not know how the matter stands. ② ☞ 주판(籌板).
셈(평)펴이다 《넉넉해지다》 become better off; live in ease; be in easy circumstances; be well-to-do.
셈하다 《계산》 count; reckon; calculate; 《지불》 pay 〔make out〕 a bill; settle one's accounts. ☞ 셈.
셋 three; Ⅲ (로마숫자).
셋돈(貰—) rent (money).
셋방(貰房) a room to let 〔for rent〕; a rented room. ¶ ~살이하다 live in a rented room / ~을 얻다 rent a room.
셋집(貰—) a house to let 〔for rent〕; a rented house. ¶ ~을 얻다 rent 「a house.
셋째 the third.
셔츠 an undershirt; a vest 《英》; a shirt (와이셔츠). ¶ ~ 바람으로 《work》 in one's shirt sleeves.
셔터 《카메라·문의》 a shutter. ¶ ~ 누르개 a shutter release / ~를 누르다 release 〔click〕 the shutter / (문의) ~를 내리다 pull down the shutter.
셰이커 a (cocktail) shaker.
셰퍼드 a German shepherd《美》; an Alsatian 《英》.
소¹ 〖動〗 a cow (암소); a bull (황소·종우); an ox(불깐 소); cattle(총칭).
소² 《떡의》 dressing; stuffing. ‖ 팥 ~ bean jam.
소(小) little; small; minor; lesser; miniature(소형).
소(少) little; few; young(젊은).
소각(燒却) ~하다 burn (up); destroy by fire.
소간(所幹), 소간사(所幹事) business; affairs; 《일》 work; things to do.
소갈머리 ¶ ~없는 thoughtless; imprudent; shallow-minded.
소감(所感) 《give》 one's impressions 《*of*》; 《express》 one's opinions.
소강(小康) ¶ ~ 상태가 되다 come to a (state of) lull.
소개(紹介) (an) introduction; presentation; recommendation(추천). ~하다 introduce 《*a person to another*》; present 《*to*》; recommend. ¶ 자기를 ~하다 introduce oneself 《*to*》. ‖ ~자 an introducer / 소개장 a letter of introduction / 직업 ~소 a public employment agency 〔exchange〕.
소개(疏開) dispersal; evacuation. ~하다 disperse; evacuate; thin out 《*houses*》. ¶ 공장을 ~하다 dismantle a plant. ‖ 강제 ~ compulsory evacuation.
소거(消去) ~하다 eliminate. ‖ ~법 〖數〗 elimination.
소격(疎隔) ☞ 소원(疎遠).
소견(所見) 《give, express》 one's views 〔opinions〕 《*on*》.
소경 a blind person; the blind (총칭). ☞ 장님.
소계(小計) a total. ¶ ~ …가 되다 It totals 〔amounts to〕....
소계(小憩) 《take》 a short rest; a brief recess.
소곡(小曲) a short piece (of music).
소곤거리다 whisper; talk in whispers.
소관(所管) jurisdiction; competency (권능). ‖ ~ 사항(事項) matters under the jurisdiction 《*of*》/ ~청(廳) the competent authorities; the authorities concerned.
소관(所關) what is concerned. ‖ ~사 one's business 〔concern〕; matters concerned.
소국(小國) a small country; a minor power. ‖ ~민 a small nation.
소굴(巢窟) a den; a nest; a lair(짐승의); a breeding place(범죄의). ‖ 범죄 ~ a hotbed of crime.
소권(訴權) 〖法〗 the right to bring an

action in a court.
소규모(小規模) a small scale. ¶ ~의 small-scale; on a small scale / ~로 on a small scale.
소극(消極) ~적(으로) negative(ly); conservative(ly); passive(ly). ‖ ~성 passivity / ~주의 negativism.
소극(笑劇) a farce.
소금 salt. ¶ ~에 절이다 salt 《*fish*》; pickle [preserve] 《*vegetables*》 with salt. ‖ ~기 a salty taste; a touch of salt.
소금물 salt water; brine.
소금쟁이 〖蟲〗 a water strider.
소급(遡及) ~하다 trace back; retrace; 〖法〗 be retroactive 《*to May 1, 1978*》; act retroactively. ¶ ~법 a retroactive [retrospective] law.
소기(小朞) ☞ 소상(小祥).
소기(沼氣) marsh gas; methane.
소기(所期) ~의 《as was》 expected; anticipated. ¶ ~의 성적을 올리다 achieve the expected results.
소꿉질 playing house. ~하다 play (at keeping) house.
소나기 a shower; a passing rain. ¶ ~를 만나다 be caught in a shower. ‖ ~구름 a cumulonimbus.
소나무 a pine (tree).
소나타 〖樂〗 a 《*violin*》 sonata.
소네트 a sonnet.
소녀(少女) a (young) girl; a lass; a maid. ¶ ~ 시절에 in one's girlhood / ~ 같은 girlish.
소년(少年) a boy; a lad. ¶ ~ 시절에 in one's boyhood [childhood]; when a boy. ‖ ~단(團) the Boy Scouts (~단원 a boy scout) / ~문학 ☞ 아동문학 / ~ 범죄 juvenile delinquencies [offenses] / ~소녀 가장 a young family head / ~원(院) a reformatory; a reform school.
소농(小農) a small farmer; a peasant.
소농가(小農家) a petty farmer.
소뇌(小腦) 〖解〗 the cerebellum.
소다 soda. ‖ ~ 공업 alkali manufacture / ~수 soda water / 세탁용 ~ washing soda.
소담스럽다 ☞ 소담하다.
소담하다 look nice and rich; be tasty.
소대(小隊) a platoon. ‖ ~장 a platoon leader [commander].
소독(消毒) disinfection; 《살균》 sterilization; 《우유 등의》 pasteurization. ~하다 disinfect 《*by steam*》; sterilize 《*by boiling*》; pasteurize. ‖ ~기 a sterilizer / ~액 an antiseptic solution / ~약 [제] a disinfectant.
소독저(消毒箸) half-split chopsticks.
소동(騷動) (a) disturbance; 《말썽》 a dispute; a trouble; confusion, disorder(혼란); 《법석》 a tumult; a fuss; a riot(폭동); an affair(사건). ¶ ~을 일으키다 raise a disturbance; give rise to confusion; make trouble.
소두(小斗) a half-*mal* measure.
소득(所得) (an) income; 《수익》 gain earnings. ‖ ~세 income tax (종합 ~세 the composite income tax)/ 국민 ~ national income / 근로 [불로] ~ earned [unearned] income/ 순(純)~ net income / 실질 ~ real income.
소등(消燈) ~하다 put out lights.
소라 〖貝〗 a top [wreath] shell; 《악기》 a shell trumpet. ‖ ~게 〖動〗 a hermit crab / ~고둥 〖貝〗 a trumpet shell; a triton.
소란(騷亂) 《소동》 a disturbance; confusion; agitation; 《훤조》 a noise; a clamo(u)r. ~한 turbulent; agitated; troubled; noisy; clamorous. ¶ ~을 피우다 make an uproar; (make a) fuss; raise an alarm.
소량(少量) a small quantity 《*of*》; a little. ~의 a little; a small quantity [amount, dose] of.
소련(蘇聯) the Soviet Union; Soviet Russia. ¶ ~ 사람 a Soviet; the Soviets (총칭).
소령(少領) a major(육군); a lieutenant commander (해군); a major 《美》, a squadron leader《英》(공군).
소로(小路) a narrow path; a lane.
소론(所論) one's opinion [view].
소루(疎漏) ~하다(be) careless; heedless; negligent.
소름 gooseflesh; goose pimples. ¶ ~이 끼치는 horrible; ghastly; gruesome / ~이 끼치다 get gooseflesh skin; 《무서워서》 feel a shudder; make one's hair stand on end (사물이 주어).
소리 ① 《음향》 (a) sound; (a) noise (잡음); a crash(부서지는); a roar (굉음); a tone(음조). ¶ ~가 나다 sound / ~를 내다 make a noise. ② 《음성》 a voice; a cry; a shout; 《새·벌레의》 chirp; notes. ¶ 맑은 ~ a clear [silvery, ringing] voice/ 큰[작은] ~로 in a loud[low] voice. ③ 《말》 a talk; words. ¶ 이상한 ~ 같지만 it may sound strange, but.... ④ 《소문》 a rumo(u)r; a report. ¶ 터무니없는 ~ an unfounded rumor. ⑤ 《노래》 a song; singing. ~하다 sing (a song).
소리(小利) a small profit. ¶ 눈앞의 ~에 눈이 어두워지다 be blinded by a small immediate profit.
소리개 〖鳥〗 a kite.
소리결 ☞ 음파(音波).
소리굽쇠 〖理〗 a tuning fork.
소리지르다 shout; cry [call] (out); scream; roar; yell; 《요란하게》 clamo(u)r; bawl.
소리치다 ☞ 소리지르다.
소마소마 in fear (and trembling); timidly; nervously.
소망(所望) wish; desire. ~스럽다 (be) desirable.
소매 a sleeve; an arm(양복의). ¶

~가 긴 long-sleeved / ~가 없는 sleeveless / ~를 걷어붙이다 roll up one's sleeves / ~를 끌다 pull《*a person*》by the sleeve; entice; solicit (창녀가). ‖ ~통 the breadth of a sleeve / 소맷부리 a cuff.

소매(小賣) retail sale. **~하다** retail; sell at [by《英》] retail. ¶ ~로 at [by] retail. ‖ ~상인 a retailer / ~점 a retail store [shop].

소매치기 pocket-picking; a pickpocket (사람). **~하다** pick《*a person's*》pocket. ¶ ~당하다 have one's pocket picked.

소맥(小麥) ☞ 밀.

소멸(消滅) **~하다** disappear; vanish; cease to exist; go out of existence; become null and void(실효). ¶ ~시키다 extinguish; nullify《*a right*》/ 자연 ~하다 die out in course of time.

소멸(燒滅) **~하다** destroy by fire; reduce to ashes.

소멸시효(消滅時效) extinctive prescription.

소명(召命) a royal summons.

소모(消耗)《소비》consumption;《마손》wear and tear. **~하다** consume; use up; exhaust. ¶ ~된 emaciated; exhausted. ‖ ~전 a war of attrition / ~품 articles of consumption.

소목장이(小木―) a cabinet maker; a joiner.

소몰이 a cattle droving; a cattle drover(사람).

소묘(素描) a rough sketch; a dessin.

소문(所聞) (a) rumo(u)r; a report; talk; hearsay. ¶ 사실 무근한 ~ a groundless report / ~을 퍼뜨리다 spread a rumor / ~을 내다 set [start] a rumor afloat / ~에 듣다 hear of; know by hearsay.

소문만복래(笑門萬福來) "Laugh and grow fat."

소박(素朴) **~한** simple; artless; naive.

소박(疎薄) ill treatment to one's wife. **~하다** ill-treat one's wife; desert. ¶ ~맞다 be neglected [deserted] by one's husband. ‖ ~데기 a deserted [neglected] wife.

소반(小盤) a small dining table.

소방(消防) fire service; fire fighting《美》. ‖ ~대 a fire-brigade / ~사 a fireman / ~서 a fire(-brigade) station / ~ 연습 a fire drill / ~ 자동차(펌프) a fire engine [pump].

소변(小便) urine; water piss. **~보다** make water; piss《俗》.

소복(素服)《wear》white (mourning) clothes.

소비(消費) consumption. **~하다** consume; spend《*in, on, for*》; expend《*on, for*》; take (시간을). ‖ ~경제 consumption economy / ~량 (the amount of) consumption / ~세(稅) a consumption tax / ~자 a consumer; the consuming public (소비대중) (~자 가격(지수) the consumer's price (index)) / ~재 consumer goods / ~ 조합 a (consumers') cooperative society.

소비에트 Soviet. ‖ ~ 연방 the Union of Soviet Socialist Republics (생략 U.S.S.R.).

소비자보호법(消費者保護法) the consumer protection law.

소비자보호협회(消費者保護協會) a consumer protection organization.

소사(掃射) machine-gunning. **~하다** machine-gun; mow; sweep down; sweep with fire.

소사(燒死) **~하다** be burnt to death. ‖ ~자 a person burnt to death; the dead in a fire (총칭).

소산(所産) a product; fruit(s); an outcome.

소산(消散) **~하다** disappear; vanish; evaporate(증발); lift (안개 등).

소상(小祥) the first anniversary of《*a person's*》death.

소상(小像) a statuette.

소상(塑像) a plastic[plaster] image; a clay figure.

소생(小生) I; me; myself.

소생(所生) one's child(ren) [offspring].

소생(蘇生) revival; resuscitation; reanimation. **~하다** revive; come to oneself; be restored to life.

소석고(燒石膏) plaster of Paris.

소석회(消石灰) slaked lime.

소선거구(小選擧區) a small electoral district. ‖ ~제(制) the single-member constituency system.

소설(小說) a story; a novel; fiction (총칭). **~적인** romantic; fictitious. ‖ ~가 a novelist; a story [fiction] writer / 단편 ~ a short story; a novelette / 역사 [심리, 신문, 통속] ~ a historical [psychological, newspaper, popular] novel / 현상 ~ a prize story.

소성(塑性)〖理〗plasticity. ¶ ~이 있다 be plastic.

소소하다(小小―)《자질구레함》(be) minor; trifling; insignificant.

소속(所屬) **~하다** belong [be attached]《*to*》. ¶ ~의 belonging [attached]《*to*》/ ~시키다 attach; assign.

소송(訴訟) a (law)suit; an action. **~하다** sue《*a person*》; bring a lawsuit [an action]《*against*》. ¶ ~을 일으키다 go to law《*against*》. ‖ ~대리인 a counsel; an attorney / ~ 사건 a legal case / ~ 의뢰인 a client / ~인 a plaintiff / ~ 절차(를 밟다) (take) legal proceedings.

소수(小數)〖數〗a decimal (fraction). ‖ 소수점 a decimal point (소수점 이하 3자리까지 계산하다 calculate down to three places of decimals).

소수(少數) a minority; a few. ‖ ~당 [파] a minority (party) / ~ 민

족 a minority race / ~ 의견 the opinion of the minority.
소수(素數) 〖數〗 a prime number.
소스 《Worcester》 sauce. ¶ ~를 치다 pour sauce 《*over food*》.
소슬하다(蕭瑟—) 《쓸쓸하다》 (be) sobbing; bleak; chilly.
소승(小乘) 〖佛〗 *Hinayâna* 《梵》; the Lesser Vehicle. ~적 shortsighted 《*view*》.
소시(少時) one's early days; one's youth.
소시민(小市民) ‖ ~ 계급 the lower middle class; the *petite bourgeoisie*.
소시지 a sausage.
소식(少食·小食) ~하다 do not eat much. ‖ ~가 a light eater.
소식(素食) meatless meal; plain fare.
소식(消息) news; tidings; information. ¶ ~이 있다 〔없다〕 hear 〔hear nothing〕 《*from*》 / ~을 가져오다 bring news 《*of*》. ‖ ~자(子) 〖醫〗 a probe; a sound / ~통 well-informed circles 〔sources〕; a well-informed person (사람).
소신(所信) one's belief 〔conviction〕; one's opinions 〔views〕. ¶ ~을 밝히다 express one's opinions 〔beliefs〕.
소실(小室) 《keep》 a mistress.
소실(消失) ~하다 vanish; disappear.
소실(燒失) ~하다 be burnt down; be destroyed by fire. ‖ ~가옥(家屋) houses burnt down.
소심(小心) ~한 timid; faint-hearted; 《신중한》 prudent; cautious.
소아(小我) 〖哲〗 the ego.
소아(小兒) an infant; a little child. ‖ ~마비 《suffer from》 infantile paralysis; polio(myelitis) / ~병 infantile disease.
소아과(小兒科) pediatrics. ‖ ~ 의사 a pediatrician; a children's doctor / ~ 의원 a children's hospital.
소아시아(小—) Asia Minor.
소액(小額) a small sum 〔amount〕 《*of money*》. ‖ ~ 지폐 small notes.
소야곡(小夜曲) a serenade.
소양(素養) attainments; knowledge; accomplishments; a grounding 《*in*》. ¶ ~이 있는 cultured; educated / …의 ~이 있다 have some knowledge of….
소연(騷然) ~한 noisy; confused; disturbed; agitated; troubled.
소염제(消炎劑) an antiphlogistic.
소외(疎外) ~당하다 be shunned 〔neglected〕. ‖ ~감 a sense of alienation.
소요(所要) ~의 《the time》 required; necessary; needed.
소요(逍遙) ~하다 stroll; ramble; take a walk.
소요(騷擾) ☞ 소동, 소란.
소용(所用) need; want; demand; necessity; use. ¶ ~되는 necessary; needful; wanted / ~없다 be useless 〔needless〕.
소용돌이 《be drawn into》 a whirlpool; a swirl. ~치다 whirl around; swirl.
소원(所願) 《바람》 a desire; a wish; a prayer (기원). ¶ ~이 성취되다 have one's wishes realized / ~을 들어 주다 grant 〔meet〕 《*a person's*》 wishes.
소원(疎遠) ~하다 (be) estranged 〔alienated〕. ¶ ~해지다 become estranged; drift apart.
소원(訴願) a petition; an appeal. ~하다 petition; appeal 《*to*》.
소위(少尉) 《육군》 a second lieutenant 《美·英》; 《해군》 an acting sublieutenant 《英》; an ensign 《美》; 《공군》 a second lieutenant 《美》; a pilot officer 《英》.
소위(所爲) a deed; one's doing 〔work〕.
소위(所謂) 《이른바》 so-called; what is called; what you call.
소위원회(小委員會) a subcommittee.
소유(所有) possession. ~하다 have; possess; own; hold. ¶ …~의 belonging to…; owned by…. ‖ ~격 the possessive (case) / ~권 the right of ownership; a right 〔title〕 《*to a thing*》 / ~물 one's property 〔possessions〕 / ~자(者) 〔주〕 an owner; a proprietor.
소유욕(所有欲) a desire to possess.
소음(騷音) (a) noise. ¶ ~방지의 antinoise. ‖ ~ 공해 noise pollution.
소음기(消音器) a sound arrester; a muffler; a silencer.
소이(所以) (the reason) why.
소이탄(燒夷彈) an incendiary bomb 〔shell〕.
소인(小人) 《난쟁이》 a dwarf; a pigmy; 《어린이》 a child; a minor; 《소인물》 a small-minded person; 《나》 I, me, myself.
소인(消印) a postmark; a date stamp. ¶ ~이 찍힌 postmarked 《*from London on May* 1》.
소인(素因) a primary cause.
소일(消日) ~하다 while away 〔kill〕 one's time. ‖ ~거리 a time killer; a pastime.
소임(所任) one's duty 〔task〕. ¶ ~을 다하다 fulfill 〔discharge〕 one's duty / ~을 맡다 take a duty 〔job〕 on oneself.
소입자(素粒子) an elementary particle.
소자(素子) 〖電子〗 an element. ‖ 발광 ~ a light emitting diode (생략 LED).
소작(小作) tenancy. ~하다 tenant a farm. ‖ ~농 tenant farming / ~료 farm rent / ~인 a tenant (farmer).
소장(小腸) the small intestines.
소장(少壯) ~의 young; youthful. ‖ ~파 the young group.
소장(少將) 《육군》 a major general 《美·英》; 《해군》 a rear admiral 《美·英》; 《공군》 a major general 《美》; an air vice-marshal 《英》.

소장(所長) the head (chief) 《of an office, a factory》.
소장(所藏) ~의 in one's possession. ¶ Y씨 ~의 《a book》 owned by (in the possession of) Mr. Y.
소장(訴狀) a (written) complaint; a petition (청원장).
소재(所在) one's whereabouts; the position (location) (위치). ¶ ~를 감추다 disappear; hide oneself / ~불명이다 be missing. ‖ ~지 the seat 《of》.
소재(素材) material; subject matter.
소전(小傳) a biographical sketch; a brief biography. 「ise.
소전제(小前提) 【論】 a minor prem-
소정(所定) ~의 fixed; established; prescribed; appointed. ¶ ~의 절차를 밟다 go through the regular course (the prescribed formalities).
소제(小題) a subtitle; a subhead.
소제(掃除) ☞ 청소.
소조(小潮) the neap (tide).
소주(小註) detailed notes.
소주(燒酒) (distilled) spirits; *soju*.
소중(所重) ~한 important; valuable; precious. ¶ ~히 carefully; with care / ~히 여기다 《존중》 value; make much of 《*a person, a thing*》; treasure / ~히 하다 take good care of.
소지(所持) possession. ~하다 have (in one's possession); possess; carry. ‖ ~금 money in hand (one's pocket) / ~자 a holder; a possessor; an owner (면허증 ~자 a license holder) / ~품 one's belongings; one's personal effects.
소지(素地) a foundation; a ground (-work); 《경향》 an aptitude 《*for*》; an inclination 《*to*》. 「pear.
소진(消盡) ~하다 vanish; disap-
소진(燒盡) ~하다 be burnt down (to the ground); be totally destroyed by fire.
소질(素質) the making(s); a nature; a gift; 《체질》 a constitution; predisposition(병의). ¶ ~이 있다 have genius 《*for*》; have the makings 《*of a scientist*》 in one.
소집(召集) a call; a summons; convocation (의회 따위의); mobilization (동원). ~하다 《회의를》 call; convene; summon; 《군대를》 levy; muster; call up (out); 《군대에》 call 《*a person*》 into the army. ‖ ~ 나팔 a bugle call / ~령(令) a draft call / ~ 영장 a call-up paper; a draft notice 《美》.
소쩍새 【鳥】 a (common) cuckoo.
소차(小差) a small difference; a narrow margin.
소찬(素饌) a plain dish (dinner).
소창(消暢) diversion; pastime. ~하다 divert (recreate) oneself 《*with baseball*》.
소채(蔬菜) vegetables; greens. ‖ ~밭 a kitchen garden(터밭).
소책자(小冊子) a pamphlet; a booklet. 「cad.
소철(蘇鐵) 【植】 a sago palm; a cy-
소청(所請) a request. ¶ ~을 들어주다 grant 《*a person's*》 request.
소총(小銃) a rifle; small arms (총칭). ‖ ~탄 a bullet; a rifle shot / 엠원 ~ an M-1 rifle / 카빈 ~ a carbine.
소추(訴追) prosecution; indictment. ~하다 prosecute (indict) 《*a person for a crime*》.
소출(所出) crops; yield(s); products. ¶ ~이 많은 heavily (highly) productive 《*farm*》.
소치(所致) 《결과》 consequences; result; 《영향》 effect. ¶ …의 ~이다 be caused by; be due to.
소켓 【電】 a socket. ¶ ~에 끼우다 socket. ‖ 쌍~ a two-pin (-way) socket.
소쿠라지다 《a wave》 leap up.
소쿠리 a bamboo (wicker) basket.
소크백신 【藥】 Salk vaccine.
소탈(疏脫) ~하다 (be) informal; unconventional; free and easy.
소탐대실(小貪大失) ~하다 suffer a big loss in going after a small gain.
소탕(掃蕩) ~하다 wipe (stamp) out; sweep away; mop up. ‖ ~(작)전 a mop-up operation.
소택(沼澤) a marsh; a swamp. ‖ ~지 swampland; fenland 《英》.
소통(疏通) 《의사의》 ~하다 come to understand each other; come to a mutual understanding.
소파(搔爬) 【醫】 curettage; curetting. ¶ ~ 수술을 받다 undergo
소파 《긴 의자》 a sofa. ⌊curetting.
소포(小包) a parcel; a package; a packet. ‖ ~우편 《by》 parcel post.
소품(小品) 《문예의》 a short piece; a sketch; 《물건》 a trifle article; 《무대의》 (stage) properties. ‖ ~담당원 a property man (master).
소풍(消風) 《산책》 a walk; a stroll; an outing; 《행락》 an excursion; a picnic. ~하다 go for a walk; go on an excursion (a picnic). ¶ 학교의 ~ a school picnic (excursion). ‖ ~객 an excursionist; a holiday-maker. 「(가수).
소프라노 【樂】 soprano; a soprano
소프트 soft. ‖ ~ 드링크 《have》 a soft drink / ~볼 《play》 softball / ~웨어 【電】 software / ~ 칼라 a soft collar. 「ter; urinate.
소피(所避) ~보다 pass (make) wa-
소피스트 a sophist. 「diet.
소하다(素一) stick to a vegetarian
소하물(小荷物) ☞ 소화물.
소한(小寒) the beginning of the severest cold (season).
소할(所轄) ☞ 관할(管轄).
소해(掃海) mine sweeping. ~하다 sweep up mines; sweep the sea

《*for mines*》. ‖ ~작업 sweeping operations/~정(艇) a minesweeper. 「doing 〔work〕.
소행(所行) an act; a deed; one's
소행(素行) conduct; behavio(u)r. ¶ ~이 못되다 be dissolute in conduct; be a person of loose morals.
소형(小型·小形) a small size. ~의 small(-sized); tiny; pocket(-size). ‖ ~권총 a pocket pistol / ~자동차 a small(-sized) car; a minicar/~카메라 a miniature camera; a minicam.
소홀(疏忽) ~하다 (be) negligent; neglectful; careless; rash. ¶ ~히 하다 neglect; disregard; 《경시》 make light of; slight.
소화(消火) ~하다 extinguish 〔put out, fight〕 a fire. ‖ ~기 a (fire) extinguisher / ~전(栓) a fireplug; a hydrant / ~ 호스 a fire hose.
소화(消化) digestion; consumption (상품의). ~하다 digest; consume; absorb. ¶ ~하기 쉬운〔어려운〕(in-) digestible; easy 〔hard〕 to digest. ‖ ~기관 digestive organs / ~력 digestive power (이해·흡수의) / ~불량 《suffer from》 indigestion / ~제 a digestive 〔peptic〕.
소화(笑話) a funny 〔humorous〕 story; a joke.
소화물(小貨物) a parcel; a package; a packet. ¶ ~로 부치다 send 〔forward〕 《*something*》 by mail (우편); consign 《*something*》 as a parcel (철도편). ‖ ~취급소 a parcel-office.
소환(召喚) a summons; a call. ~하다 summon; call; subpoena. ¶ ~되다 be summoned 〔called〕. ‖ ~장 a summons; a subpoena.
소환(召還) recall. ~하다 recall; call back. ¶ 본국(本國)에 ~되다 be summoned 〔ordered〕 home.
속 ① 《내부·안》 the interior 〔inside〕; the inner part; the depth(s) 《*of a forest*》. ¶ ~에 within; in; amid(st) / ~에서 out of; from within. ② 《속에 든 것》 contents (내용); substance(실질); stuffing(박제품 등의); pad(ding) (의자 등의); wad(ding) (이불속 따위). ¶ 요에 ~을 넣다 stuff the mattress. ③ 《중심·핵》 the heart 〔core〕. ¶ ~까지 썩다 be rotten to the core. ④ 《마음》 the heart; the depth 〔bottom〕. ¶ ~검은 wicked; malicious / ~으로(는) at heart / ~을 떠보다 sound 《*a person*》. ⑤ 《뱃속》 insides; stomach. ¶ ~이 비다 get hungry/ ~이 거북하다 feel heavy in the stomach. 「~의 generic.
속(屬) 〖生〗 a genus 〔*pl.* genera〕.
속(續) 《계속》 continuance; succession; an installment, continuation (얘기의); a series(부분의).
속(贖) ☞ 속(贖)하다.
속가(俗歌) a popular song; a folk song; a ballad. 「lication.
속간(續刊) ~하다 continue (its) pub-
속개(續開) resumption. ~하다 continue; resume (재개).
속결(速決) ☞ 즉결.
속계(俗界) the (workaday) world; the earthly 〔secular〕 life.
속고(續稿) the next 〔remaining〕 manuscripts.
속곳 a slip; a petticoat; underwear. ¶ ~바람으로 with nothing on but a slip.
속공(速攻) a swift attack. ~하다 launch a swift attack 《*against*》.
속구(速球) 〖野〗 a speed 〔fast〕 ball. ¶ ~투수 a fast-ball pitcher; a speedballer 《美俗》.
속국(屬國) a vassal state; a dependency; a subject 〔tributary〕 state.
속기(速記) 《속기법》 shorthand; stenography. ~하다 take down in shorthand; write shorthand. ‖ ~록 a stenographic 〔shorthand〕 records / ~사 a stenographer; a shorthand writer / ~술 stenography; shorthand.
속내평 the inside (facts); inner workings 《*of a business*》.
속념(俗念) worldly ambitions; earthly desires. ¶ ~을 떠나다 free oneself from earthly desires.
속눈썹 the eyelashes. ‖ 인조 ~ false eyelashes.
속다 be cheated 〔deceived, taken in, imposed upon, fooled〕. ¶ 속기 쉬운 credulous; gullible.
속닥… ☞ 숙덕….
속단(速斷) ~하다 decide hastily; jump to a conclusion.
속달(速達) express 〔special 《美》〕 delivery. ~하다 send 《*a letter*》 by express; express 《*a parcel*》. ‖ ~료 a special delivery fee / ~우편 express delivery post; special delivery mail 《美》.
속달다 be anxious 〔worry oneself〕 《*about*》; be eager 〔impatient, mad〕 《*for, to do*》.
속담(俗談) a proverb; a (common) saying. ¶ ~에도 있듯이 as the proverb says 〔goes〕.
속대 the heart of vegetable. ‖ ~쌈 boiled rice wrapped in cabbage hearts.
속도(速度) (a) speed; (a) velocity; (a) rate; 〖樂〗 tempo. ¶ ~를 내다 speed up; gather speed / ~를 줄이다 slow down; reduce the speed / 매시 600마일의 ~로 at the rate of 600 miles an hour. ‖ ~계 a speedometer; a speed indicator; an autometer(자동차의) / ~위반 violation of the speed law/ ~ 제한 《set》 a speed limit / 경제 ~ an economic speed.
속독(速讀) rapid 〔fast〕 reading. ~하다 read 《*a book*》 fast.
속돌 〖鑛〗 a pumice (stone).

속되다(俗—) 《비속》 (be) vulgar; 《통속》 (be) common; popular; 《세속적》 (be) worldly; earthly; mundane; 《현세의》 (be) lay; secular. ¶ 속된 욕망 worldly desires (ambitions).
속등(續騰) a continued advance. ~하다 continue to rise (advance).
속락(續落) a continued fall (drop). ~하다 continue to fall (drop).
속력(速力) ☞ 속도. ¶ ~이 빠른 (느린) fast (slow) in speed / 전~으로 (at) full speed. ‖ 최대 ~ the greatest (maximum) speed.
속령(屬領) a possession; a dependency (속국). ‖ ~지 a dominion.
속론(俗論) a popular opinion; conventional views.
속류(俗流) the common run of men.
속립결핵(粟粒結核) 〖醫〗 miliary tuberculosis.
속마음 one's inmost heart; real inward feeling; one's mind. ¶ ~을 꿰뚫어 보다 see through 《*a person*'》 heart; read 《*a person's*》 thoughts / ~을 떠보다 sound (tap) 《*a person's*》 mind.
속말 a confidential (private, frank) talk.
속명(俗名) ① 《통속적인》 a common (popular) name. ② 《법명에 대한》 a secular name.
속명(屬名) 〖生〗 a generic name.
속문학(俗文學) vulgar (popular) literature.
속물(俗物) a worldling; a worldly person; a snob. ‖ ~ 근성 Philistinism; snobbery.
속박(束縛) (a) restraint; (a) restriction; fetters; a yoke. ~하다 restrict; restrain; shackle; bind; fetter. ¶ ~을 받다 be placed under restraint / ~을 벗어나다 shake off the yoke 《*of*》 / 일에 ~되다 be tied down to a job.
속발(續發) successive (frequent) occurrence. ~하다 occur (happen) in succession; crop up one after another.
속배포(一排布) one's innermost thought; one's real intention; one's design.
속병(一病) a chronic internal disease.
속보(速步) a quick pace.
속보(速報) 《뉴스》 a prompt (quick) report; a (news) flash. ~하다 report promptly; make a quick report 《*on*》. ‖ ~판 a newsboard.
속보(續報) further news (particulars); a continued report; a follow-up.
속보이다 betray (reveal) one's heart; be seen through.
속사(速射) quick firing (fire). ~하다 fire quickly. ‖ ~포 a quick-firing gun; a quick-firer.
속사(速寫) 《사진의》 a snapshot. ~하다 (take a) snapshot 《*of*》. ‖ ~카메라 a snapshot camera.
속삭이다 whisper; murmur; speak under one's breath; talk in whispers. ¶ 속삭이는 (듯한) whispery; whisperous / 사랑의 속삭임 sweet whispers of love; soft nothings / 귀에 대고 ~ whisper in 《*a person's*》 ear.
속산(速算) 《do》 a rapid calculation.
속살 《옷속살》 the part of the skin covered by clothes.
속살찌다 《살찜》 be plumper than 《*he*》 looks (서술적); 《실속》 (be) substantial; solid.
속상하다(一傷一) feel distressed; be annoyed (irritated, troubled); be vexed (chagrined) 《*at*》.
속새 〖植〗 a scouring rush.
속설(俗說) a common saying; a popular view; 《전설》 folklore; tradition.
속성(俗姓) one's secular surname.
속성(速成) rapid completion; quick mastery. ~하다 complete rapidly; give a quick training. ‖ ~과 a short (an intensive) course / ~법 a shortcut; a quick way (method) 《*to*》.
속성(屬性) 〖論〗 an attribute.
속세(俗世) this world; earthly life; the mundane world. ¶ ~를 떠난 unworldly; supermundane / ~를 버리다 renounce the world.
속세간(俗世間) ☞ 속세.
속셈 ① inner thoughts; what one has in mind; an ulterior motive; a secret intention. ② ☞ 암산.
속셔츠 an undershirt; an underwear shirt.
속속(續續) successively; one after another; in (rapid) succession.
속속곳 women's underwear.
속속들이 wholly; thoroughly; to the core (속까지). ¶ ~ 썩다 be rotten to the core / ~ 젖다 get wet to the skin.
속손톱 a half-moon (of the fingernail); a lunula.
속수무책(束手無策) ~이다 be at the end of one's tether; nothing can be done.
속아넘어가다 be deceived (fooled). ¶ 감쪽같이 ~ be nicely taken in.
속악(俗惡) ~하다 (be) vulgar; low; coarse; gross.
속악(俗樂) popular (vulgar) music.
속앓이 ☞ 속병.
속어(俗語) colloquial language (총칭); 《개별》 a colloquial expression; slang.
속어림 one's guess. ¶ ~으로 in one's estimate; by guess.
속옷 an underwear; an undergarment; underclothes.
속요(俗謠) a popular (folk) song.
속음(俗音) the popular phone of a Chinese character.
속이다 deceive; cheat; fool; swindle (금품을); impose on; play 《*a person*》 false; play a trick 《*on*》;

falsify; (tell a) lie (거짓말); feign (가장). ¶ 이름을 속이고 under a false name / 사람의 눈을 ~ delude 《*a person*》 / 감언으로 ~ impose upon 《*a person*》 by honeyed words / 나이를 ~ misrepresent one's age / 대학생이라고 ~ feign [pretend to be] a university student.

속인(俗人) 《세속인》 a worldling; a worldly man; the common crowd; 《중이 아닌》 a layman.

속인(屬人) ~의 individual; personal. ‖ ~ 특권 personal privileges/ ~주의 〖法〗 the personal principle.

속임수 (a) deception; trickery. ¶ ~를 쓰다 cheat; play a trick on 《*a person*》; take 《*a person*》 in.

속잎 the inner leaves.

속자(俗字) the popular [simplified] form of a Chinese character.

속장(一張) the inside pages 《*of a newspaper*》.

속전(贖錢) a ransom.

속전속결(速戰速決) a lightning war plan; *blitzkrieg* operations. ‖ ~ 전법 blitz tactics; push-button tactics.

속절없다 (be) helpless; hopeless; futile; unavailing. ¶ 속절없이 helplessly; unavoidably; inevitably; in vain/속절없이 굶다 starve helplessly.

속죄(贖罪) atonement; expiation; redemption. ~하다 atone for; expiate 《*sins*》; redeem. ¶ ~할 수 없는 inexpiable 《*offense*》 / 죽음으로써 ~하다 expiate a crime with death.

속주다 take 《*a person*》 into one's confidence; open one's heart 《*to*》.

속지(屬地) a possession; a dependency; a territory; a dominion. ‖ ~주의 〖法〗 the territorial principle.

속진(俗塵) the world; earthly affairs. ¶ ~을 씻다 disengage [disentangle] one's mind from all worldly cares.

속창 an insole; a sock.

속출(續出) successive occurrence. ~하다 appear [occur] in succession; crop up.

속취(俗臭) low taste; vulgarity. ¶ ~를 몹시 풍기는 extremely vulgar.

속취(俗趣) vulgar taste.

속치마 an underskirt; a petticoat; a slip.

속칭(俗稱) a popular [common] name. ~하다 call commonly; be popularly known as....

속타다 be distressed 《*about, by*》; be worried 《*about*》; be vexed [irritated] 《*at*》; be [get] harassed [annoyed].

속탈 a stomach trouble [upset]; stomach disorder.

속태우다 ①《남을》 vex; fret; worry; irritate; annoy; trouble. ② 《스스로》 worry (oneself) 《*about*》; fret 《*about*》; be distressed [bothered, harassed].

속티(俗一) a vulgar appearance; worldliness; vulgarity.

속편(續篇·續編) a sequel 《*of, to*》; a second volume.

속필(速筆) quick [rapid] writing.

속하다(速一) (be) quick; fast; swift; rapid; speedy (☞ 빠르다). ¶ 속히 fast; rapidly; quickly; hastily.

속하다(屬一) belong 《*to*》; come [fall] 《*under*》; be subject 《*to*》 (나라가).

속하다(贖一) atone for 《*one's sin*》; redeem; expiate.

속한(俗漢) a Philistine; a snob.

속행(續行) ~하다 continue; resume; go on [proceed] 《*with*》; keep on 《*doing*》.

속화(俗化) vulgarization. ~하다 vulgarize; be vulgarized.

속효(速效) ☞ 즉효.

속회(續會) ~하다 resume 《*a meeting*》. ☞ 속개(續開).

솎다 thin (out) 《*plants*》.

손¹ ①《사지의》 a hand; an arm (팔). ¶ 바른 ~ right [better] hand/ ~을 마주잡고 hand in hand; arm in arm / ~으로 만든 handmade; manual / ~을 들다 raise one's hand; give up (단념) / ~을 잡다 grasp *a person's* hands/ ~을 불에 쬐다 warm one's hand over the fire / ~을 뻗치다 stretch one's hand; 《사업 등에》 extend one's business (확장하다). ② 《일손》 a hand; a help. ¶ ~을 빌리다 give a hand; lend a (helping) hand / ~이 비다 be free; have no work on hand / ~이 모자라다 be shorthanded; be short of hands. ③ 《솜씨》 hand; skill. ¶ ~에 익다 be at home 《*in*》; know one's game. ④ 《손질》 trouble; care (돌봄). ¶ ~이 많이 가는 troublesome; elaborate/ ~을 덜다 save trouble. ⑤ 《소유》 the hands 《*of*》; possession. ¶ ~에 넣다 get; obtain; win / ~에 들어오다 come into one's possession / 남의 ~에 넘어가다 pass [fall] into another's hands. ⑥ 《관계》 ☞ 손대다①. ¶ 남의 일에 ~을 대다 meddle in other people's affairs / …에서 ~을 떼다 wash one's hands of 《*the business*》 / …와 ~을 끊다 break with 《*a woman*》. ⑦ 《경유》 ¶ ~을 거쳐서 through (the medium of) / 아무의 ~을 거쳐(서) 사다 buy 《*a thing*》 through a person.

손² ☞ 손님.

손(損) loss (손실); disadvantage (불리); damage(손해).

손가락 a finger. ¶ ~에 끼다 put [wear] 《*a ring*》 on a finger. ‖ 엄지 ~ the thumb / 집게 [가운뎃, 약,

새끼)~ the index (middle, ring, little) finger.

손가락질 ¶ ~하다 point at; indicate; 《지탄》 shun; scorn; point a finger of scorn 《*at*》. ¶ ~ 받다 be pointed at with scorn; be an object of social contempt.

손가방 a briefcase; a handbag; a valise; a gripsack 《美》.

손거스러미 an agnail; a hangnail.

손거울 a hand glass (mirror).

손거칠다 (be) lightfingered; thievish; 《서술적》 have sticky fingers.

손겪다 《대접함》 entertain a guest; play host 《*to*》.

손곱다 《one's hands are》 stiff (benumbed) (with cold).

손그릇 household necessaries.

손금 the lines of the palm. ¶ ~을 보다 read 《*a person's*》 palm; have one's palm read (손금쟁이에게); practice palmistry (영업). ‖ ~쟁이 a palmist.

손금(損金) pecuniary loss.

손길 《손》 hands; one's reach(뻗은); a (helping) hand (구원의). ¶ 따뜻한 구원의 ~ 《extend》 a warm helping hand 《*to*》 / ~이 닿는 곳에 within one's reach.

손꼽다 ① 《셈하다》 count... on one's fingers. ¶ 손꼽아 기다리다 look forward to 《*a person's arrival*》. ② 《굴지》 ¶ 손꼽는 leading; outstanding.

손꼽아치다 count (for) much; be leading (prominent, outstanding).

손끝 a finger tip; manual dexterity(솜씨). ¶ ~(이) 여물다 be clever with one's hands.

손끝맵다 《서술적으로》 have an ill-starred touch; have an unlucky touch.

손끝맺다 remain idle; stand by with one's arms folded.

손넘기다 ① 《시기를 놓치다》 lose (miss) an opportunity; let a chance go (slip). ② 《잘못 세다》 skip numbers in counting; miscalculate; count wrong.

손녀(孫女) a granddaughter.

손놓다 《일을》 leave (lay) off 《*one's work*》.

손님 ① 《내방객》 a caller; a visitor; a guest (초대한). ¶ 사업상의 ~ a business visitor / ~을 대접하다 entertain a guest / ~을 맞다 receive a visitor (caller) / ~이 있다 have a visitor; have company / ~ 접대가 좋다 (나쁘다) be a good (poor) host(ess). ② 《고객》 a customer; a patron; an audience (극장의); a guest(여관 등의). ¶ 단골~ a customer; a frequenter / ~이 없다 have no customer / ~이 늘다 (줄다) gain (lose) customers / ~을 끌다 attract customers; draw custom / ~ 서비스가 좋다 (나쁘다) give good (poor) service (여관 등에서). ③ 《승객》 a passenger; a fare.

손대다 ① 《건드리다》 touch; lay (put) one's hands 《*on*》; 《남의 것에》 make free with 《*another's money*》; pocket. ¶ 음식에 손도 안 대다 leave food untouched / 손대지 마시오 《게시》 Hands off. ② 《착수》 put (turn, set) one's hand 《*to*》; try one's hands 《*at*》; 《관계》 have a hand 《*in*》. ¶ 정치에 ~ dabble in politics / 여자에게 ~ become intimate with a woman. ③ 《손찌검》 beat; strike.

손대중 measuring (weighing) by hand. ¶ ~으로 by hand measure.

손도끼 a hand ax(e); a hatchet.

손도장(—圖章) a thumb-mark; a thumbprint. ¶ ~ 찍다 seal with the thumb.

손독(—毒) ¶ ~이 오르다 be infected by touching; become worse by fingering it.

손득(損得) ☞ 손익(損益).

손들다 raise (lift, hold up) one's hand; show one's hand (찬성); be defeated (beaten) (지다); yield 《*to*》 (항복); give up (단념). ¶ 손들어! Hands (Hold) up!

손등 the back of the hand.

손때 dirt from the hands; finger marks; soiling by hand. ¶ ~묻은 finger-marked; hand-stained.

손떠퀴 ¶ ~가 좋다(나쁘다) have the lucky (ill, unlucky) touch.

손떼다 《…에서》 get 《*something*》 off one's hands; wash one's hands of; break with; withdraw oneself 《*from*》.

손료(損料) hire; rent (fee).

손밝다 ① 《생기는 것이 없다》 have hard luck in making money (서술적). ② 《다랍다》 (be) stingy.

손모(損耗) wear (and tear); wastage.

손목 the wrist. ¶ ~을 잡다 take 《*a person*》 by the wrist.

손바느질 sewing by hand.

손바닥 the palm (of the hand). ¶ ~을 뒤집듯이 without the least trouble / ~으로 때리다 (give a) slap.

손발 hands and feet; the limbs.

손버릇 ¶ ~(이) 나쁜 light-fingered; thievish; larcenous.

손보다 《돌보다》 care for; take care of; 《수리》 repair; mend; put 《*something*》 in repair; 《원고를》 touch up; retouch.

손봐주다 give (lend) a (helping) hand; 《고쳐주다》 repair (fix) 《*a car*》 for 《*a person*》.

손빌다 get help; get (receive) the aid 《*of*》.

손뼉치다 clap (one's) hands.

손상(損傷) injury; damage. **~하다** injure; damage; impair. ¶ ~을 주다=손상하다 / ~을 입다 be in-

jured (damaged); suffer a loss.
손샅 the fork of a finger.
손색(遜色) inferiority. ~없다 《서술적으로》 bear (stand) comparison 《*with*》; be equal 《*to*》; be by no means inferior 《*to*》.
손서투르다 (be) unskil(l)ful; poor; clumsy; 《서술적》 be a poor hand 《*at*》.
손속 a gambler's luck; a hand. ¶ ~이 좋다 be a lucky gambler / ~이 나쁘다 have a wretched hand.
손수 with one's own hands; in person, personally (몸소).
손수건(一手巾) a handkerchief.
손수레 a handcart; a barrow; a hand truck.
손쉽다 《용이함》 (be) easy; simple. ¶ 손쉬운 일 an easy job (task). ¶ 손쉽게 이기다 win easily; get a walkover / 손쉽게 생각하다 take 《*things*》 easy / 돈을 손쉽게 벌다 make an easy gain.
손실(損失) a loss. ¶ 국가적인 ~ a national loss / ~을 주다 (입다) inflict (suffer) a loss.
손심부름 a petty errand.
손싸다 (be) dexterous; quick-handed; nimble-fingered.
손쓰다 take (resort to) a measure; take steps; do something 《*for*》. ¶ 미리 ~ take preventive measure 《*against*》 / 손을 쓸 수 없다 can do nothing.
손아귀 ¶ ~에 넣다 get 《*something*》 in one's hands; 《사람을》 have 《*a person*》 under one's thumb (control) / ~에 들다 fall into 《*a person's*》 hands (power); be under 《*a person's*》 thumb.
손아래 ¶ ~의 younger; junior / 손아랫 사람 one's junior (inferior) / 세살 ~이다 be one's junior by three years.
손어림 hand measure. ~하다 (make a rough) estimate by the hand.
손위 ¶ ~의 older; elder / 손윗 사람 one's elder; one's senior.
손익(損益) profit and loss; loss and gain. ‖ ~계산서 a statement of profit and loss.
손익다 (be) accustomed; familiar; 《서술적》 get accustomed to; be (quite) at home 《*in, on*》.
손일 hand (manual) work; handicraft.
손자(孫子) a grandson.
손잠기다 be busy (occupied); have one's hands full.
손잡이 a handle; 《문의》 a knob; a catch. ‖ ~끈 (전동차 등의) a strap.
손재주 ¶ ~있는 clever-fingered; deft-handed; dexterous.
손질 ¶ ~(을)하다 take care of; trim 《*a tree*》; repair (수리) / ~이 잘 된 (되지 않은) well-kept (ill-kept) 《*gardens*》; 《be》 in good (bad) repair.
손짓 a gesture; signs; a hand signal. ~하다 (make a) gesture; make signs; beckon 《*to*》.
손찌검하다 beat; slap; strike.
손치다 《여관 따위》 take in 《*lodgers*》.
손치르다 entertain guests; give a party; play host 《*to*》.
손크다 《후하다》 (be) liberal; freehanded; generous. ¶ 손(이) 큰 사람 a liberal giver; an open-handed man.
손톱 fingernails. ¶ ~을 깎다 cut (trim) one's nails / ~으로 할퀴다 scratch with one's nails; claw / 빨갛게 물들인 ~ redpolished (finger) nails. ‖ ~깎이 a nail clipper; nail scissors (가위) / ~ 자국 a nail mark; a scratch (상처).
손풍금(一風琴) an accordion.
손해(損害) damage; (an) injury; (a) loss; casualties (사상자). ¶ ~를 주다 damage; injure; do harm 《*to*》; inflict damage (a loss) on / (큰) ~를 입다 be (greatly) damaged 《*by*》; suffer a (heavy) loss. ‖ ~배상 compensation for damages (~배상을 요구하다 claim damages 《*against a person*》) / ~ 보험 insurance against loss / ~액 (the amount of) damages.
손회목 a wrist.
솔¹ 《터는》 a brush. ¶ ~로 털다 brush off 《*dust*》.
솔² 《나무》 a pine (tree). ‖ ~가지 a pine branch (twig) / ~방울 a pine cone / ~밭 a pine grove (wood) / ~잎 a pineneedle.
솔권(率眷) ~하다 take one's family along.
솔기 a seam. ¶ ~없는 seamless.
솔깃하다 《서술적》 be interested 《*in*》; take an interest《*in*》. ¶ 솔깃하여 with (much) interest / 솔깃한 이야기 good (welcome) news.
솔다¹ ① 《말라 죄어들다》 get shrivelled; get tightened. ② 《소쿠라지다》 《water》 leap up; surge. ③ 《무솔다》 decay from the dampness.
솔다² 《귀가 아프다》 be (get) sick (tired) of hearing 《*something*》.
솔다³ ① ☞좁다. ② 《서술적》 be itchy but too sore to scratch.
솔로 【樂】 《sing》 a solo. ‖ ~ 가수 a soloist / 피아노 ~ a piano solo.
솔선(率先) ~하다 take the lead (initiative) 《*in*》; set an example 《*to others*》.
솔솔 gently; softly.
솔직(率直) ~한(히) plain(ly); frank (-ly); candid(ly). ¶ ~한 대답 a straight answer / ~한 사람 a straightforward (an openhearted) person / ~히 말하면 frankly speaking; to be frank 《*with you*》.
솔질 brushing. ~하다 brush.
솔트 SALT. (◀ Strategic Arms Limitation Talks)
솜 cotton; wadding (옷의). ¶ ~타

기 cotton beating / ~을 두다 stuff 《*a cushion*》 with cotton; wad 《*a gown*》 (옷에) / ~을 타다 whip [willow] cotton / ~을 틀다 gin cotton. 「candy fluff.
솜사탕 cotton candy; spun sugar;
솜씨 《기술》 skill 《*in*》; 《세공》 make; workmanship; 《능력》 ability 《*to do, for*》. ¶ ~있는 skillful; clever; dexterous; able (유능한) / ~가 좋다 be a good hand 《*at*》; be clever 《*at*》 / ~를 보이다 show [display] one's skill [ability].
솜옷 wadded [padded] clothes.
솜저고리 a padded jacket.
솜털 down; fluff; pile.
솜틀 a cotton gin; a willow(er); a willowing machine.
솜화약(一火藥) guncotton; cotton powder. 「feet).
솟구다 jump up; leap (to one's
솟다 ① 《높이》 rise; tower; soar. ¶구름 위로 (치)~ rise above the clouds. ② 《샘 등이》 gush out; spring; well. ③ 《불길이》 flame [blaze] up.
솟아나다 ① 《샘이》 gush (out); well 《*up, out, forth*》. ② 《여럿 중에서》 (be) conspicuous; 《서술적》 cut a figure.
솟을대문(一大門) a lofty [tall] gate.
송가(頌歌) an anthem; a hymn of praise. 「(falcon).
송골매(松鶻一) 〖鳥〗 a peregrine
송곳 a gimlet (도래송곳); a drill (금속·돌을 뚫는). ¶ ~으로 구멍을 뚫다 bore a hole with a gimlet.
송곳니 an eyetooth; a canine tooth.
송구(送球) ① ☞ 핸드볼. ② 《던지다》 ~하다 throw a ball 《*to*》.
송곳칼 a combination knife-drill.
송구(悚懼) ~스럽다 be very sorry (죄송); be much obliged (감사); be filled with awe.
송구영신(送舊迎新) ~하다 see the Old Year out and the New Year in.
송금(送金) (a) remittance 《*to*》. ~하다 remit [send] money. ‖ ~수수료 a remittance charge / ~수취인 the remittee / ~ 수표 a remittance check / ~액 the amount of remittance / ~인 the remitter.
송기(送氣) air supply. ~하다 supply air. ‖ ~관(管) an air pipe.
송년(送年) (bidding) the old year out.
송달(送達) delivery. ~하다 send; deliver; forward; serve (교부). ‖ ~부(簿) a chit book.
송당송당 ¶ ~ 자르다 cut to pieces; chop up; hash.
송덕(頌德) eulogy. ‖ ~비(碑) a monument in hono(u)r of 《*a person*》.
송독(誦讀) ~하다 recite (from memory).
송두리째 《통째》 whole; 《뿌리째》 root and branch; all; completely; thoroughly. ¶ ~ 없애다 uproot; eradicate / 배를 ~ 먹다 eat a pear, rind and all. 「room.
송로(松露) 〖植〗 a truffle; a mush-
송료(送料) the carriage 《*on a parcel*》 (운임); the postage 《*of a book*》. ¶ ~ 선불 "carriage prepaid" / ~ 포함 1,000원 1,000 *won* postage [carriage] included.
송림(松林) a pine wood [forest].
송별(送別) farewell; send-off. ‖ ~사(辭) a farewell speech [address] / ~회 a farewell meeting [party].
송부(送付) ~하다 send; forward; remit (송금).
송사(訟事) a lawsuit; a suit; legal proceedings [steps].
송사(頌辭) a eulogy; a panegyric.
송사리 ① 〖魚〗 a killifish. ② 《사람》 a small fry. 「pieces.
송송 ¶ ~썰다 chop into small
송수(送水) ~하다 supply 《*the town*》 with water. ‖ ~관 a water pipe; a water main (본관).
송수신기(送受信機) 《라디오》 transceiver. 「set.
송수화기(送受話機) 《전화의》 a hand
송신(送信) transmission 《*of a message*》. ~하다 transmit [dispatch] a message. ‖ ~국[탑] a transmitting station [tower] / ~기 a transmitter.
송아지 a calf. ¶ ~를 낳다 calve. ‖ ~ 가죽 calfskin / ~ 고기 veal.
송알송알 ¶ ~ 땀이 나다 perspire
송어(松魚) 〖魚〗 a trout. ⌊profusely.
송영(送迎) welcome and send-off. ~하다 welcome and send off.
송영(誦詠) ~하다 recite 《*a poem*》.
송유(送油) oil supply. ~하다 supply oil; send oil. ‖ ~관(管) an oil pipe(line).
송이 《꽃·과실의》 a bunch; a cluster; 《눈의》 a flake (of snow). ¶ 포도 한 ~ a bunch [cluster] of grapes. 「버섯=송이.
송이(松栮) a *song-i* mushroom. ‖ ~
송장 a (dead) body; a corpse. ‖ 산 ~ a living corpse.
송장(送狀) an invoice; a dispatch note. ¶ ~을 작성하다 invoice 《*goods*》; make out an invoice. ‖ ~ 대장 an invoicebook / 내국 [수출, 수입] ~ an inland [export, import] invoice.
송전(送電) ~하다 transmit electricity 《*from... to*》; supply (electric) power 《*to*》. ‖ ~선 a power-line / ~소 a (power-)transmission site / ~탑 a pylon.
송죽(松竹) pine and bamboo.
송지(松脂) ☞ 송진. ‖ ~유(油) rosin
송진(松津) (pine) resin. ⌊oil.
송청(送廳) ~하다 turn 《*a culprit*》 over to the public prosecutor's office; send 《*papers*》 to the public procurator's office.

송축(頌祝) ~하다 praise and bless: bless; eulogize.
송충이(松蟲一) a pine caterpillar. ‖인간 ~ a human caterpillar.
송치(送致) ~하다 send; forward; dispatch; commit. ¶검찰에 ~하다 commit 《*a culprit*》 for trial; send 《*the papers*》 to the prosecutor's office.
송판(松板) a pine board.
송편(松一) a rice cake stuffed with beanjam.
송풍(送風) ventilation. ‖~관 a blastpipe / ~기 a ventilator; a blower; a fan.
송화(松花) pine flowers [pollen].
송화(送話) transmission. ~하다 transmit. ‖~구(口) 《전화기의》 a mouthpiece / ~기 a transmitter.
송환(送還) sending back [home]; repatriation (포로 따위). ~하다 send back [home]; repatriate. ¶(부상병으로) 본국에 ~되다 be invalided home. ‖~자 a deportee.
솥 an iron pot; a kettle (물 끓이는); a cauldron (가마솥). ¶한~밥을 먹다 live under the same roof 《*with*》. ‖~뚜껑 the lid of a kettle.
솨 rustlingly; noisily; briskly.
솰솰 ¶~흐르다 flow without stopping.
쇄골(鎖骨) 〖解〗 the collarbone; the clavicle.
쇄광기(碎鑛機) a crushing machine; a crusher.
쇄국(鎖國) national isolation. ~하다 close a country; close the door (to foreigners). ‖~ 시대 the isolation period / ~ 정책 a national isolation policy / ~주의 seclusionism; isolationism.
쇄도(殺到) a rush; a flood. ~하다 rush [pour] 《*in*》; storm 《*a place*》; throng [rush] 《*to*》. ¶주문이 ~하다 have a rush [flood] of orders.
쇄빙선(碎氷船) an icebreaker.
쇄신(刷新) reform; renovation. ~하다 (make a) reform; renovate; innovate. ¶정계의 ~ a political reform [cleanup] / 일대 ~을 단행하다 carry out a radical reform.
쇄편(碎片) a fragment; a splinter.
쇠 ① 《철》 iron (기호 Fe); a metal (금속). ¶~로 만든 iron; (made) of iron. ‖~갈고리 an iron hook / 쇳빛 iron-blue. ② 《열쇠》 a key. ¶~채우다 turn a key on; lock.
쇠가죽 oxhide; cowhide.
쇠고기 beef.
쇠고랑 handcuffs; manacles. ¶~ 채우다 handcuff; put handcuffs on.
쇠고리 an iron ring; a metal hoop; a clasp. ¶~던지기 quoits.
쇠공이 an iron pestle [pounder].
쇠귀 ¶~에 경읽기 preaching to deaf ears.
쇠귀나물 〖植〗 an arrowhead.
쇠기름 beef tallow.
쇠꼬리 a cow's tail; 《식용의》 (an) oxtail. ¶닭벼슬이 될 망정 ~는 되지마라 《俗談》 Better be the head of an ass than the tail of a horse.
쇠꼬챙이 an iron skewer.
쇠다 ① 《명절을》 keep 《*one's birthday*, etc.》; celebrate; observe. ¶명절을 ~ celebrate [observe] a festival day / 설을 ~ keep the New Year's Day. ② 《채소가》 become tough (and stringy). ③ 《병이 덧나다》 get worse; grow chronic.
쇠똥[1] 《소의 똥》 cattle-dung; ox-droppings; ox-manure (거름).
쇠똥[2] 《쇳부스러기》 slag; scoria.
쇠망(衰亡) ~하다 fall; decline; go to ruin; be ruined.
쇠망치 an iron hammer.
쇠멸(衰滅) ☞쇠망.
쇠몽둥이 an iron bar [rod]; a metal rod [bar].
쇠뭉치 a mass of iron.
쇠미(衰微) ~하다 《서술적》 be on the decline [wane].
쇠버짐 a kind of ringworm.
쇠붙이 metal things; ironware.
쇠비름 〖植〗 a purslane.
쇠뼈 cow bones; ox-bone.
쇠뿔 ¶~도 단김에 빼랬다 《俗談》 Strike the iron while it is hot.
쇠사슬 a chain; a tether (개의). ¶~로 매다 enchain; chain up 《*a dog*》; put 《*a person*》 in chains / ~을 풀다 unchain; undo the chain.
쇠새 〖鳥〗 a kingfisher; a halcyon.
쇠스랑 〖農〗 a rake; a forked rake.
쇠약(衰弱) weakening; emaciation. ~한 weak; weakened; emaciated (야윈); debilitated. ¶병으로 ~해지다 grow weak from illness. ‖전신 ~ general weakening [prostration].
쇠운(衰運) declining fortune. ¶~에 접어들다 begin to decline; be on the wane.
쇠잔(衰殘) ~하다 《쇠약》 become emaciated; lose vigo(u)r; 《쇠퇴》 fall off; 《기운이》 sink; wane.
쇠줄 iron wire; a cable; a chain.
쇠진(衰盡) decay; exhaustion. ~하다 decay; be exhausted.
쇠코뚜레 a nose ring.
쇠톱 a hacksaw.
쇠퇴(衰退·衰頹) ~하다 decline; decay; wane.
쇠파리 a warble fly.
쇠푼 a small [petty] sum of money.
쇠하다 (衰一) 《쇠약》 become weak; lose vigo(u)r; be emaciated; 《위축》 wither; 《쇠망》 decline; wane; 《감퇴》 fall off.
쇳내 a metallic taste. ¶~가 나다 taste iron [metallic].
쇳물 《녹물》 iron mo(u)ld; a rust stain; 《녹인 쇠》 melted iron.
쇳소리 a metallic sound.
쇳조각 a piece [scrap] of iron.
쇳줄 《광맥》 a mineral vein; a vein of ore.
쇼 a show. ¶~를 보러 가다 go to

see a show. ‖ ~걸 a show girl / 퀴즈 ~ a《TV》quiz show.
쇼룸 a showroom.
쇼맨 a showman. ‖ ~십〔기질〕showmanship.
쇼비니즘 chauvinism.
쇼윈도 a show 〔display〕 window; a shopwindow. ¶ ~를 장식하다 dress a show window.
쇼케이스 a showcase.
쇼크 a shock (☞ 충격). ¶ ~를 받다 be shocked《*at*》/ ~를 주다 give《*a person*》a shock.
쇼트【野】a shortstop.
쇼핑 shopping. ~하다 shop. ¶ ~가다 go shopping. ‖ ~백 〔센터〕a shopping bag 〔center, district〕.
숄 a shawl. ¶ ~을 걸치다 wear 〔put on〕 a shawl.
숄더백 a shoulder(-strap) bag.
숏커트 a short cut.
수(手) ①《바둑·장기의》a move. ¶ 나쁜 ~ a bad move / 한 ~ 두다 make a move. ②《수법·꾀》a trick; wiles. ¶ ~에 넘어가다 fall into a trap; be taken in.
수(壽)《나이》age; one's natural life;《장수》longevity; long life. ¶ ~를 누리다 enjoy a long life; live to be《90 *years old*》/ ~를 다하다 die a natural death.
수(數) ① (a) number; a figure (숫자). ¶ ~많은 numerous; (a great) many; a large number of / ~없는 countless; innumerable / ~를 세다 count; take count of / ~에 넣다 count in the number《*of*》; include in the number. ② ☞ 운수, 행운. ¶ ~사납다 be unlucky.
수(繡) embroidery. ¶ ~실 embroidery thread / ~놓다 embroider《*a figure on*》.
수 ①《수단·방법》a means; a way; a resource; help; a device (방안). ¶ 가장 좋은 ~ the best way〔method〕/ 무슨 ~를 써서라도 by all means; at any cost; at all risks 〔costs〕/ …하는 ~밖에 없다 cannot help《*doing*》; have no choice but《*to do*》/ 별 ~ 없다 There is no help for it. ②《가능성·능력》possibility; likelihood; ability. ☞ 수없다, 수있다.
수(首) a poem; a piece.
수…(數)《몇》several. ¶ ~일 several 〔a few〕 days.
…수(囚) ¶ 미결~ an unconvicted prisoner / 사형~ a condemned criminal.
수감(收監) confinement. ~하다 put in jail; confine in prison; imprison.
수갑(手匣) handcuffs; manacles; darbies《英俗》. ¶ ~을 채우다 handcuff; put 〔slip〕 handcuffs on《*a person*》.
수강(受講) ~하다 take lectures; attend a lecture. ‖ ~생 a trainee.
수개(數個) ~의 several. ¶ ~월 several months.
수갱(竪坑) a shaft; a pit.
수건(手巾) a towel. ‖ ~걸이 a towel horse 〔rack〕/ 세수 ~ a face towel.
수검(受檢) ‖ ~자 an examinee; a subject of inspection.
수결(手決) a signature. ¶ ~(을) 두다 sign; affix one's signature.
수고(手苦) trouble; labo(u)r; pains; efforts; service. ~하다 take pains 〔trouble〕; work 〔labor〕 hard. ¶ ~스러운 troublesome; hard; laborious; painful / ~를 아끼지 않다 spare no efforts 〔pains〕《*to do*》; do not mind work / ~를 끼치다〔시키다〕give《*a person*》trouble; trouble《*another*》; put《*a person*》to trouble / ~를 덜다 save《*a person*》trouble / ~스럽지만 I am sorry to trouble you, but….
수고양이 a tomcat; a he-cat.
수공(手工) manual arts 〔work〕; hand(i)work; handicraft. ‖ ~업 handicraft; manual industry (~업자 a handicraftsman) / ~품 a piece of handicraft 〔handiwork〕.
수괴(首魁) the (ring)leader.
수교(手交) ~하다 hand over; deliver. ¶ 각서(覺書)를 ~하다 hand a memorandom; deliver a note.
수교(修交) amity; friendship (☞ 수호(修好)). ‖ ~ 훈장(勳章) the Distinguished Order of Diplomatic Service.
수구(水球)【競】water polo.
수국(水菊)【植】a hydrangea.
수군거리다 talk in whispers; speak under one's breath.
수군수군 in whispers; in an undertone; secretly.
수굿하다 (be) somewhat drooping; hanging down a little.
수그러지다 ①《머리가》become low; lower; droop; drop; sink; respect (존경). ②《바람 따위가》go 〔die, calm〕 down; subside; abate. ③《병세가》be suppressed 〔subdued〕;《분노 따위가》be appeased.
수그리다 ☞ 숙이다.
수금(收金) collection of money; bill collection. ~하다 collect money 〔bills〕. ‖ ~원 a bill 〔money〕 collector.
수급(需給) demand and supply. ‖ ~계획 demand-supply program《*of*》/ ~ 조절 adjustment of demand and supply.
수긍(首肯) assent; consent; a nod. ~하다 agree 〔consent〕《*to*》; assent to; be convinced《*of, that*》(납득하다).
수기(手記) a note; memoirs; a memorandum 〔*pl.* -da, -dums〕.
수기(手旗) a flag. ‖ ~ 신호 flag signaling 〔semaphore〕.
수꽃【植】a male flower.
수난(水難) a disaster by water.
수난(受難) sufferings; ordeals. ¶ ~

을 겪다 suffer; undergo hardships (trials). ‖ ~일 〖聖〗 Good Friday.
수납(收納) receipt. ~하다 receive. ‖ ~계원 a receiver.
수납(受納) ~하다 accept; receive. ‖ ~자 a recipient.
수냉식(水冷式) ~의 water-cooled 《*engine*》.
수녀(修女) a nun; a sister. ¶ ~가 되다 enter a convent. ‖ ~원 a nunnery; a convent.
수년(數年) 《for》 several years.
수뇌(首腦) the head (leader). ‖ ~부 the governing body (정당 따위의); the top management (회사 등의)/ ~ 회담 a summit (top level) conference (talk).
수뇨관(輸尿管) 〖解〗 the ureter.
수다 chattering; prattle. ~스럽다 (be) talkative; garrulous; chatty; gossipy. ¶ ~떨다 chatter; gossip 《*with*》. ‖ ~쟁이 a prattler; a chatterbox.
수단(手段) a means; a way; a step; a measure; a shift (편법). ¶ 목적을 위한 ~ a means to an end / 부정한 ~ a foul means / ~을 안 가리고 by any means / 최후의 ~으로 as a last resort / ~이 다하다 be at one's wit's end / ~을 그르치다 take a wrong step / 비상 ~을 쓰다 take drastic measures / 온갖 ~을 다 쓰다 try every possible means.
수달(水獺) 〖動〗 an otter. ‖ ~피(皮) an otter skin (fur).
수당(手當) an allowance; a bonus (상여금). ¶ ~을 주다 (받다) give (get) an allowance. ‖ 가족 (특별, 퇴직) ~ a family (special, retiring) allowance / 연말 ~ a year-end bonus / 출산 ~ a maternity benefit.
수더분하다 (be) simple(-hearted); unsophisticated.
수도(水道) 《설비》 waterworks; water service (supply). ¶ ~를 틀다 (잠그다) turn on (off) the tap / ~를 놓다 have water supplied. ‖ ~공사 water supply works / ~국 the Water Works Bureau / ~ 꼭지 a tap / ~료 water rates (charges) / ~관 a water pipe / ~물 tap (piped) water; city water.
수도(首都) a capital (city); a metropolis. ~의 metroplitan. ‖ ~경찰 the Metropolitan Police / ~권 the metropolitan area.
수도(修道) ~하다 practice asceticism; search for truth. ‖ ~ 생활 monastic life / ~승 a monk / ~원 a monastery (주로 남자의); a cloister; a convent, a nunnery (수녀의).
수도권(首都圈) the Metropolitan area. ‖ ~ 방위 the defense of the Metropolitan area / ~ 전철화 electrification of Metropolitan railroads.
수동(手動) ¶ ~의 hand-operated, handworked. ‖ ~ 펌프 a hand pump.
수동(受動) ~적(으로) passive(ly). ‖ ~태 〖文〗 the passive voice.
수두(水痘) 〖醫〗 chicken pox.
수두룩하다 《많다》 (be) abundant; plentiful; 《흔하다》 be common. ¶ 수두룩이 plentifully; abundantly; commonly / 할 일이 ~ have a heap of work to do; have much (a lot) to do.
수득수득 ¶ ~한 dried-up; shrivel(l)ed; withered.
수들수들 ☞ 수득수득.
수라(水剌) a royal meal.
수라장(修羅場) a scene of bloodshed (carnage). ¶ ~이 되다 be turned into a shambles.
수락(受諾) acceptance. ~하다 accept; agree 《*to*》.
수란관(輸卵管) 〖解〗 the oviduct.
수량(水量) the volume of water. ‖ ~계 a water gauge.
수량(數量) quantity; volume. ¶ ~이 늘다 increase in quantity.
수렁 a quagmire; a slough; a bog; a mire. ¶ ~에 빠지다 fall in the mire.
수렁배미 a marshy rice field.
수레 a wag(g)on; a cart. ‖ ~ 바퀴 a (wagon) wheel.
수려(秀麗) ~한 graceful; beautiful; fine.
수력(水力) 《by》 water (hydraulic) power. ‖ ~ 발전 generating electricity by waterpower (~ 발전소 a hydroelectric plant) / ~ 터빈 a hydraulic turbine.
수련(修練) training; practice. ~하다 train; practice (practise 《英》); discipline. ‖ ~의 an intern(e); an apprentice doctor.
수련(睡蓮) 〖植〗 a water lily.
수렴(收斂) ① ☞ 추렴. ② 〖理〗 convergence; astringency; 〖醫〗 astriction. ~하다 be astringent; be constricted; converge. ‖ ~ 렌즈 a convergent lens / ~제 an astringent.
수렴청정(垂簾聽政) administering state affairs from behind the veil.
수렵(狩獵) hunting; shooting (☞ 사냥). ‖ ~가 a hunter / ~ 금지 (해제) 기 the close (open) season / ~기 the shooting (hunting) season / ~지 a hunting ground.
수령(守令) a magistrate; a local governor.
수령(受領) ~하다 accept; receive. ‖ ~인 a receiver; a recipient.
수령(首領) a leader; the head; the chief; a boss 《俗》.
수령(樹齡) the age of a tree.
수로(水路) a waterway; a watercourse; a channel; a lane (항로). ‖ ~도(圖) a hydrographic map.
수로안내(水路案內) pilotage; piloting; 《사 람》 a pilot. ~하다 pilot 《*a boat*》. ‖ ~료 pilotage (dues) /

~선 a pilot boat.
수록(收錄) ~하다 gather; collect; 《기재》 record; write down.
수뢰(水雷) 《어뢰》 a torpedo; 《기뢰》 a mine. ‖ ~정 a torpedo boat; a mosquito boat.
수료(修了) ~하다 complete; finish. ¶3학년(과정)을 ~하다 finish the third-year course. 「flow.
수류(水流) a (water) current; a
수류탄(手榴彈) 《throw》 a hand grenade 《*at*》; a pineapple 《軍俗》.
수륙(水陸) land and water. ¶~ 양서(兩棲)의 amphibious. ‖ ~ 양서동물 an amphibian; an amphibious animal / ~ 양용 비행기 〔전차〕 an amphibian plane 〔tank〕 / ~ 양용(자동)차 an amphicar.
수리 〖鳥〗 an eagle.
수리(水利) water supply(급수); irrigation(관개); water carriage. ‖ ~ 시설 〔사업〕 irrigation facilities 〔works, projects〕 / ~ 조합 an irrigation association.
수리(水理) ‖ ~학 hydraulics.
수리(受理) ~하다 accept; receive. ¶원서〔사표〕를 ~하다 receive an application 〔*a person's* resignation〕.
수리(修理) repair(s). ~하다 repair; mend; have 《*a thing*》 mended (시키다). ¶~ 중이다 be being repaired 〔mended〕; be under repair / ~할 수 없다 be beyond repair. ‖ ~공 a 《*car*》 repairman / ~ 공장 a repair shop / ~비 repairing charges.
수리(數理) a mathematical principle. ~적(으로) mathematical(ly). ‖ ~ 경제학 mathematical economics. 「est.
수림(樹林) a wood; a grove; a for-
수립(樹立) ~하다 establish; found; set up.
수마(水魔) a flood; an inundation.
수마(睡魔) sleepiness. ¶~와 싸우다 try not to fall asleep.
수만(數萬) tens of thousands.
수매(收買) (a) purchase; buying; procurement(정부의). ~하다 purchase; buy (out). ¶정부의 쌀 ~ 가격 the Government's purchasing price of rice. 「ter.
수맥(水脈) 《strike》 a vein of wa-
수면(水面) the surface of the water. ¶~에 떠오르다 rise to the surface.
수면(睡眠) sleep. ¶~을 (충분히) 취하다 sleep (well); have 〔get〕 a (good) sleep / ~을 방해하다 disturb one's sleep. ‖ ~병〔시간〕 sleeping sickness 〔hours〕 / ~ 부족 lack 〔want〕 of sleep / ~제 a sleeping drug 〔pill, tablet〕.
수명(壽命) life; the span of life. ¶기계의 ~ a machine's life / 현 정부의 ~ the life of the present government. ‖ 평균 ~ the average span of (human) life.
수모(手母) a matron of hono(u)r.
수모(受侮) insult; contempt. ~하다 be insulted; suffer insult.
수모자(首謀者) ☞ 주모자. 「bors.
수목(樹木) trees (and shrubs); ar-
수몰(水沒) ~하다 be submerged 《*in*》; be flooded 〔inundated〕 (with water); be under water. ‖ ~ 지역 submerged districts; an area (to be) under water. 「gate.
수문(水門) a sluice (gate); a flood-
수문수답(隨問隨答) following questions with answers. ~하다 follow questions with answers; answer readily; have ready answers.
수미(首尾) beginning and end; alpha and omega.
수미(愁眉) ¶~(를) 펴다 feel re-
수밀도(水蜜桃) a peach. ⌊lieved.
수박 a watermelon. ¶~ 겉 핥기 a superficial 〔half〕 knowledge; a smattering.
수반(首班) the head; the chief. ¶내각의 ~ the head of a Cabinet; a premier. 「low.
수반(隨伴) ~하다 accompany; fol-
수배(手配) ~하다 arrange 〔prepare〕 《*for*》; 《배치》 make dispositions; 《경찰이》 make 〔spread〕 (a) search 《*for*》. ‖ ~ 사진 a photo(graph) of a wanted criminal.
수배(數倍) ~의 several times as 《*many, much, fast, good*》 as.
수백(數百) ~의 several hundred; hundreds of. ¶~ 마일 a few hundred miles.
수벌 a drone. 「ample 《*to*》.
수범(垂範) ~하다 set 〔give〕 an ex-
수법(手法) a technique; a style; a way; a trick (속임수). ¶새 ~의 사기 a swindle of a new type.
수병(水兵) a sailor; a seaman; a bluejacket. ‖ ~복 a sailor suit.
수보다(數—) get lucky; have a run-in with luck; come into a fortune.
수복(收復) recovery (of a lost territory). ~하다 recover; reclaim. ‖ ~ 지구 a reclaimed area.
수복(壽福) longevity and happiness. ‖ ~ 강녕 longevity, happiness and healthiness.
수부(水夫) a sailor; a seaman. ‖ ~장 a boatswain (갑판장). ☞ 선원.
수부(首府) a capital; a metropolis.
수북하다 be heaped up (서술적); 《부어서》 (be) swollen. ¶수북이 full(y); in a heap.
수분(水分) moisture; water; juice (액즙). ¶~이 많은 watery; juicy 《*fruit*》 / ~을 흡수하다 absorb 〔suck up〕 water 《*from*》.
수분(受粉·授粉) 〖植〗 pollination. ~하다 pollinate.
수비(守備) defense 〔defence 《英》〕; 〖野〗 《airtight》 fielding. ~하다 defend; guard; garrison; 〖野〗

(take the) field. ¶ ~를 강화하다 strengthen the defenses. ‖ ~대 a garrison; guards / ~병 a guard; a garrison (총칭) / ~율 〖野〗 a fielding average.
수비둘기 a cock-dove; a male pigeon.
수사(手寫) copying. ~하다 copy (by hand).
수사(修士) a monk; a friar.
수사(修辭) figures of speech. ‖ ~학 rhetoric (~ 학자 a rhetorician).
수사(搜査) (a) criminal investigation; a search. ~하다 investigate 《*a case*》; search 《*for*》. ¶ ~에 착수하다 institute a search 《*for*》. ‖ ~과 the criminal investigation section / ~망 the (police) dragnet / ~ 본부 the investigation headquarters / 합동 ~반 the joint investigation team.
수사(數詞) 〖文〗 a numeral.
수사납다(數一) (be) unlucky [luckless]; unfortunate; 《서술적》 be out of luck.
수산(水産) ‖ ~국 a fishery nation / ~ 대학 a fisheries college / ~물 marine [aquatic] products / ~업 fisheries (~업 협동 조합 중앙회 Central Federation of Fisheries Cooperatives) / ~청 the Office of Fisheries.
수산(蓚酸) 〖化〗 oxalic acid. ‖ ~염 oxalate.
수산화(水酸化) 〖化〗 hydration. ‖ ~나트륨 sodium hydroxide / ~물 a hydroxide.
수삼(水蔘) undried [green] ginseng.
수상(水上) ~의 aquatic; on the water. ‖ ~경기 aquatics; water sports / ~ 경찰 the water police / ~(비행)기 a seaplane; a hydroplane / ~ 스키 water skiing; water skis (도구) (~ 스키를 하다 water-ski).
수상(手相) ☞ 손금. ¶ ~술 palmistry; chiromancy.
수상(受像) ~하다 televise; receive 《*images*》. ‖ ~기 a television receiving set; a TV set.
수상(受賞) ~하다 win [receive] a prize. ‖ ~ 소설 [작품] a prize novel [winner] / ~자 a prize winner; a prizeman.
수상(首相) the prime minister; the premier; the chancellor (서독의). ‖ ~ 서리 the acting prime minister / ~직 premiership.
수상(殊常) ~한 suspicious(-looking); dubious; doubtful; questionable. ¶ ~하게 여기다 suspect; feel suspicious 《*about*》.
수상(授賞) ~하다 award [give] a prize 《*to*》. ‖ ~식 a prize-giving ceremony.
수상(隨想) occasional [stray, random] thoughts. ‖ ~록 essays; stray notes.
수색(搜索) a search; an investigation; a manhunt 《美》. ~하다 look [hunt, search] for; rummage. ¶ for a search. ‖ ~대 a search(ing) party / ~ 영장 a search warrant.
수색(愁色) a worried look; melancholy [gloomy] air.
수생(水生) ~의 aquatic. ‖ ~ 식물 an aquatic plant.
수서(手書) an autograph letter.
수서(水棲) ~의 aquatic. ‖ ~ 동물 an aquatic animal.
수석(首席) 《사람》 the head [chief]; 《석차》 the top [head] seat. ~의 leading; head. ¶ ~을 차지하다 be at the top [head] 《*of a class*》 / ~으로 졸업하다 graduate first 《*on the list*》. ‖ ~ 대표 the chief delegate.
수선 fuss; ado; bustle. ~스럽다 (be) noisy; unquiet; clamorous; bustling. ¶ ~부리다 [떨다] make [raise] a fuss; fuss [bustle] 《*about*》. ‖ ~장이 a fuss-budget[-box].
수선(修繕) repair(s); mending. ~하다 repair; mend; have 《*a shoe*》 mended (시키다). ¶ ~중 be under repair / ~이 안되다 be past repair. ‖ ~비 repairing expenses.
수선화(水仙花) 〖植〗 a narcissus; a daffodil.
수성(水性) ‖ ~ 가스 [도료] water gas [(paint)].
수성(水星) Mercury.
수성(獸性) animality; beastliness; brutality.
수성암(水成岩) an aqueous rock.
수세(水勢) the force of water [a current].
수세(守勢) 《take, assume》 the defensive. ¶ ~적인 defensive.
수세공(手細工) hand(i)work; handicraft. ~의 handmade. ‖ ~품(品) handmade goods.
수세미 a scrubber made from a sponge gourd. ‖ ~외 a sponge gourd; a loofah.
수세식(水洗式) ‖ ~ 변소 a flush toilet; a water closet (생략 W.C.).
수소 a bull; an ox.
수소(水素) hydrogen (기호 H). ~의 hydric; hydrogenous. ‖ ~ 가스 hydrogen gas / ~산(酸) hydracid / ~ 폭탄 a hydrogen bomb; an H-bomb.
수소문(搜所聞) ~하다 ask around; trace rumo(u)rs.
수속(手續) ☞ 절차.
수송(輸送) transport(ation). ~하다 transport; convey. ‖ ~기 [선(船)] a transport plane [ship] / ~량 volume of transportation / 국내 [해외] ~ inland [overseas] transport / 육상 [해상] ~ transport by land [sea] / 철도 [항공] ~ railway [air] transport.
수쇠 《돌쩌귀의》 a pintle [pivot]; 《맷돌의》 a pivot.
수수 〖植〗 Indian millet; kaoliang.
수수(授受) delivery. ~하다 give [deliver] and receive.
수수께끼 a riddle; a puzzle; a mystery (비밀). ¶ ~ 같은 enigmatic;

mysterious / ～의 인물 a mysterious man / ～를 던지다 〔풀다〕 ask 〔guess〕 a riddle.
수수료(手數料) a fee; 《take》 a commission 《*of* 5%》; brokerage.
수수방관(袖手傍觀) ～하다 look on with folded arms; be an idle spectator 〔onlooker〕.
수수하다 (be) plain; quiet; sober; simple; modest. ¶ 수수한 무늬 a plain pattern / 수수한 빛깔 a sober colo(u)r.
수술 〖植〗 a stamen.
수술(手術) an 〔a surgical〕 operation 《*for appendicitis*》. ～하다 operate 《*upon*》; perform an operation. ¶ ～을 받다 be operated 《*upon*》; undergo an operation. ‖ ～실〔대, 복, 의〕 an operating room 〔table, gown, surgeon〕 / 대～ a major operation.
수습(收拾) control. ～하다 get under control; save; manage; cope 《*with*》. ¶ 난국을 ～하다 save a difficult situation / ～ 못하게 되다 get out of hand 〔control〕.
수습(修習) apprenticeship; probation. ～하다 receive training; practice oneself 《*at*》. ‖ ～ 간호사 a probationer nurse / ～ 기간 the period of apprenticeship; the probationary period / ～ 기자 a cub reporter 《美口》.
수시(隨時) ～로 at any time, at all times (언제든지); on demand, as occasion calls (필요에 따라).
수식(水蝕) 〖地〗 erosion.
수식(修飾) ～하다 embellish; ornament; 〖文〗 modify 《*a noun*》. ‖ ～어 a modifier.
수신(水神) a naiad (여신); the god of water; a water nymph.
수신(受信) the receipt of a message; reception. ～하다 receive 《*a message*》. ‖ ～국 〔안테나〕 a receiving station 〔antenna〕 / ～기 a receiver; a receiving set / ～인 an addressee (～인 불명의 편지 a blind letter).
수신(修身) morals; moral training (수양). ¶ ～ 제가하다 order one's life and manage one's household.
수심(水深) 《sound》 the depth of water. ‖ ～계 a hydrobarometer.
수심(垂心) 〖數〗 an orthocenter.
수심(愁心) worry; anxiety; apprehension(s). ¶ ～에 잠기다 be lost in apprehension; be sunk in grief.
수십(數十) scores 〔dozens〕 《*of men*》. ¶ ～ 년간 for several decades.
수압(水壓) water 〔hydraulic〕 pressure. ‖ ～기〔계〕 a hydraulic press 〔gauge〕.
수액(樹液) sap. ¶ ～을 채취하다 sap.
수양(收養) adoption. ～하다 adopt. ¶ ～딸로 주다 put out a daughter to nurse. ‖ ～ 부모(父母) foster parents / ～ 아들〔딸〕 an adopted 〔a foster〕 son 〔daughter〕.
수양(修養) culture; cultivation. ～하다 train; cultivate 《*one's mind*》; improve oneself. ¶ ～을 쌓은 사람 a cultivated person.
수양버들(垂楊―) the weeping willow.
수업(修業) study. ～하다 study; make a study 《*of*》; get one's education 《*from*》. ‖ ～ 연한 the years required for graduation / ～ 증서 a certificate of study.
수업(授業) teaching; instruction; school (work); a lesson. ～하다 teach; instruct; give lessons 《*to*》. ¶ ～을 받다 be taught; take a lesson 《*in English*》 / ～이 없다 We have 〔There is〕 no school. ‖ ～료 a school 〔tuition〕 fee / ～ 시간 school hours / ～ 일수 the number of school days.
수없다 《불가능》 cannot; be unable 《*to do*》; 《힘겹다》 be too much for 《*one*》; cannot afford to 《*do*》.
수없이(數―) innumerably; countlessly; without number.
수에즈운하(―運河) the Suez Canal.
수여(授與) ～하다 give; confer 《*a degree on a person*》; award 《*a person with a thing*》.
수여리 〖蟲〗 a female bee.
수여식(授與式) a conferment ceremony. ‖ 상품 ～ awarding 〔distribution〕 of prizes/졸업 증서 ～ a graduation ceremony; 《美》 commencement exercises.
수역(水域) the water area 《*of*》; 《in Korean》 waters. ‖ 경제 ～ an economic zone (off the coast) / 중립 ～ neutral waters.
수역(獸疫) a livestock disease; an epizootic.
수연(壽宴) a birthday feast 〔party〕 for an old man (to celebrate his long life).
수염(鬚髥) 《콧수염》 a m(o)ustache; 《구레나룻》 whiskers; 《턱수염》 a beard. ¶ ～이 있는〔난〕 bearded / ～이 텁수룩한 bushy-bearded / ～을 깎다 shave / ～을 기르다 grow a beard 〔mustache〕. ‖ 가짜 ～ 《wear》 a false mustache 〔beard〕/ 옥수수 ～ corn silk.
수영(水泳) swimming; a swim. ～하다 (have a) swim. ¶ ～하러 가다 go swimming; go for a swim / ～을 잘하다 be a good swimmer. ‖ ～ 경기〔대회, 복〕 swimming contest 〔meet, suit〕 / ～ 선수 a swimmer / ～장 a swimming place 〔pool〕 / ～ 팬츠 (swim) trunks 《美》.
수예(手藝) manual arts; a handicraft. ‖ ～품 fancyworks; handicraft articles.
수온(水溫) water temperature.
수완(手腕) ability; capability; (a) talent. ‖ ～ 있는 (cap)able; talented / ～을 발휘하다 show 〔display, exercise〕 one's ability. ‖ ～가 a man of capacity; a go-get-

ter《美口》/ 외교(적) ~ diplomatic ability.
수요(需要) (a) demand. ¶ ~가 있다 be in demand; be wanted / ~를 채우다 meet a demand. ‖ ~ 공급 demand and supply / ~ 과다(過多) 〔감소〕 an excessive 〔a reduced〕 demand / 가~ imaginary demand; speculative demand (투기성).
수요일(水曜日) Wednesday.
수욕(獸慾) animal 〔carnal〕 desire; lust.
수용(水溶) ¶ ~성의 water-soluble. ‖ ~액 a solution.
수용(收用) expropriation. ~하다 expropriate; requisition. ‖ 토지 ~ expropriation of land (토지 ~법 the Compulsory Land Purchase Law).
수용(收容) accommodation; admission; seating; housing. ~하다 receive; accommodate; take in; intern. ¶ 수재민을 ~하다 house flood victims 《*in schools*》. ‖ ~력 accommodation; (seating) capacity / ~소 an asylum; a camp; a home.
수용(受容) reception. ~하다 accept; receive. ‖ ~ 태세 preparations to receive.
수용(需用) consumption. ‖ ~자 a user; a consumer.
수운(水運) water transportation.
수원(水源) the head 〔source〕 of a river; a riverhead; a source of water supply(수도의). ‖ ~지(池) a reservoir.
수원(受援) ‖ ~국 a recipient country.
수월찮다 (be) not easy 〔simple〕; hard.
수월하다 (be) easy; simple; light. ¶ 하기가 ~ it is no trouble to do.
수월히 easily; with ease.
수위(水位) the water level. ‖ ~표(標) a watermark / 위험 ~ the dangerous water level.
수위(守衛) a guard; a doorkeeper; a gatekeeper. ‖ ~실 a guard office; a (porter's) lodge / ~장 the chief guard.
수위(首位) the head 〔leading〕 position; the first place. ¶ ~를 차지하다 be at the top 〔head〕 《*of*》; stand 〔rank〕 first 《*in*》. ‖ ~ 타자 〖野〗 the leading hitter.
수유(授乳) ~하다 suckle; give the breast to 《*a baby*》. ‖ ~기(期) the lactation.
수유관(輸乳管) 〖解〗 the lactiferous duct.
수유자(受遺者) 〖法〗 a legatee (동산의); a devisee (부동산의).
수육(獸肉) meat.
수은(水銀) mercury; quicksilver (기호 Hg). ‖ ~등 a mercury(-vapor) lamp / ~주 〔온도계〕 a mercurial column 〔thermometer〕 / ~ 중독 mercury poisoning.
수음(手淫) 《practice》 masturbation 〔onanism〕.
수의(壽衣) graveclothes; a shroud.
수의(隨意) ~의 voluntary; optional; free. ¶ ~로 freely; at will; voluntarily. ‖ ~ 계약 a private contract / ~근(筋) a voluntary muscle.
수의(獸醫) a veterinary surgeon; a veterinarian 《美》. ‖ ~과 대학 a veterinary college / ~학 veterinary science 〔medicine〕.
수익(收益) earnings; profits; gains; 《투자의》 returns. ¶ ~을 올리다 make profits. ‖ ~세 profit tax.
수익(受益) ~하다 benefit 《*by*》; receive benefits. ‖ ~자 a beneficiary / ~ 증권 a beneficiary certificate.
수인(囚人) a convict; a prisoner.
수인성(水因性) ‖ ~ 질병 waterborne diseases.
수임(受任) ~하다 accept an appointment; be nominated. ‖ ~자 an appointee; a nominee; a mandatary.
수입(收入) 《소득》 an income; earnings; 《세입》 revenue; 《입금》 receipts; 《매상고》 proceeds. ¶ ~과 지출 income and outgo / ~이 많다 〔적다〕 have a large 〔small〕 income / ~의 길이 막히다 lose sources of one's income. ‖ ~ 인지 a revenue stamp / 고정 〔월〕 ~ a fixed 〔monthly〕 income / 실제 ~ a net 〔an actual〕 income.
수입(輸入) import(ation); 《문물의》 introduction. ~하다 import; introduce. ‖ ~ 가격 import price/ ~ 감시 품목 the import surveillance items/ ~ 결제 어음 an import settlement bill/ ~ 계약 an import contract/ ~ 과징금 import surcharge/ ~국 an importing country/ ~ 규제 import restraints 〔curbs; restrictions〕/ ~ 금지 an import prohibition/ ~ 담보율 the import deposite 〔mortgage〕 rate/ ~ 대리점 an import agent/ ~ 대체 산업 import substitute 〔replacing, saving〕 industry/ ~량 import volume/ ~ 면장 an import license/ ~ 무역 import trade/ ~상〔업자〕 an importer; an import trader/ ~ 상사 an import firm 〔house〕/ ~ 성향(性向) the propensity of import/ ~세 import duties 〔tax〕/ ~ 쇠고기 the imported beef/ ~ 수속 import procedure/ ~ 신고(서) a declaration of importation; an import declaration/ ~ 신용장 an import (letter of) credit/ ~액 the amount of imports/ ~ 어음 an import bill/ ~ 억제 〔금지〕 품목 import-restricted 〔banned〕 items/ ~ 의존도 the rate of dependence on imports/ ~ 자유화 the import liberalization/ ~ 제한 import restrictions/ ~ 초과 an excess of imports (over exports); an unfavorable balance of trade/ ~ 품

imports; imported articles/~ 할당 an import (allotment) quota/~ 할당 제도 the import quota system/~항 an import port/~ 허가서 an import permit/~ 허가제 the import licensing system / 직접〔간접〕~ direct〔indirect〕import.
수입절차(輸入節次) the process of import; import procedure.
수있다《능력》can《do》; be able to《do》; be capable of《doing》; be equal《to》;《사물이 주어》be in one's power; be possible;《무방》may; be entitled to. ¶될 수 있는 대로 as《much》as one can; as《much》as possible / 할〔될〕수 있으면 if you can; if possible.
수자원(水資源) water resources. ‖~ 개발 the development of water resources / 한국 ~ 공사 the Korean Water Resources Corporation.
수작(授爵) ennoblement. ~하다 ennoble; confer a peerage on《*a person*》.
수작(酬酌) ~하다《말을》exchange words;《술잔을》exchange cups《*of wine*》. ¶허튼 ~을 하다 talk nonsense.
수잠 a light sleep. ¶~ 들다 doze〔(off).
수장(水葬) a burial at sea. ~하다 bury《*a person's body*》at sea.
수장(收藏) ~하다 garner up; collect.
수장(綬章) a cordon; a ribbon. ‖대 ~ the Grand Cordon.
수재(水災) a flood (disaster). ‖~민 flocd sufferers〔victims〕.
수재(秀才) a genius; a talented person; a bright student. ‖~ 교육 education of gifted children.
수저 a spoon; a tablespoon(수프용); spoon and chopsticks.
수저(水底)《at》the bottom of the water. ‖~어(魚) a ground fish.
수전(水田) a paddy〔rice〕field.
수전(水戰) a sea fight. ☞해전.
수전노(守錢奴) a miser; a niggard.
수전증(手顫症)〔漢醫〕palsy in the arm; tremor of the hand.
수절(守節) ~하다《정조》preserve one's chastity〔virtue〕;《절조》be true to one's principles.
수정(水晶) (a) (rock) crystal. ¶~ 같은 crystal(line). ‖~ 시계 a quartz watch〔clock〕/ ~체 the crystalline lens(눈의) / 자~ amethyst.
수정(受精)〔生〕fecundation; fertilization;〔植〕pollination. ~하다 be fertilized〔fecundated, pollinated〕. ¶~시키다 fertilize; pollinate. ‖~란(卵) a fertilized egg / 인공 ~ artificial fertilization / 체외 ~ external fertilization.
수정(修正) amendment; modification; revision. ~하다 amend; modify; revise. ‖~ 신고 a revised return〔report〕/ ~안 an amended bill; an amendment / ~ 예산 a revised budget / ~ 자본주의 modified capitalism / ~주의 revisionism.
수정(修整) ~하다 adjust; retouch (사진을). ¶사진 원판을 ~하다 retouch a negative.
수정과(水正果) a fruit punch (made of dried persimmon).
수정관(輸精管)〔解〕the spermatic cord〔duct〕.
수제(手製) ~의 handmade; homemade. ¶~품 a handmade article; handiwork.
수제비 soup with dough flakes; flour dumplings served in soup.
수제자(首弟子) the best pupil〔disciple〕《*of*》.〔tern.
수조(水槽) a (water) tank; a cis-
수조(水藻) duckweed; seaweed.
수족(手足) hands and feet; the limbs(사지). ¶(남의) ~처럼 일하다 serve *a person* like a tool; move〔act〕at *another's* beck and call.
수족관(水族館) an aquarium. ‖해양 ~ an oceanarium.
수주(受注) ~하다 accept〔receive〕an order. ‖~고〔액〕the amount of orders received.
수준(水準) the water level; (a) level〔standard〕(표준). ¶지적 ~ an intellectual level / ~에 (도)달하다〔을 높이다〕reach〔raise〕the level / ~ 이상〔이하〕이다 be above〔below〕the (common) level. ‖~기(器) a (water) level / 문화 ~ the cultural level (문화 ~이 높다 have a high level of culture) / 생활 ~ the standard of living / 최고 ~ the highest level.
수줍다 (be) shy; bashful; timid. ¶수줍어하다 be〔feel〕shy.
수중(水中) ~의 underwater. ¶~에 in the〔under〕water. ‖~보(洑) sluice gates under a bridge / ~ 안경 swimming goggles(수영용); a hydroscope (관측용) / ~ 작업원 an aquanaut / ~ 촬영 underwater photography.
수중(手中) ¶~에 들어가다 fall into《*a person's*》hands/~에 넣다 take possession《*of*》; secure.
수증기(水蒸氣) vapo(u)r; steam.
수지(收支)《균형》income and outgo; revenue and expenditure;《채산》profits. ¶~맞는 paying; profitable / ~가 맞다 make even;《채산이》pay; be profitable / ~가 안 맞다 income does not cover the expenses;《채산》do not pay; be unprofitable / ~를 맞추다 make both ends meet; make《*it*》pay / ~를 결산하다 strike a balance.
수지(樹脂) resin (유동체); rosin (고체). ¶~(질)의 resinous. ‖~ 가공 plasticization / 합성 ~ plastics.
수지(獸脂) grease; animal fat.
수직(手織) ~의 hand-woven; home-

spun. ‖ ~기 a hand loom.
수직(垂直) ~의 perpendicular; vertical. ‖ ~선 〔강하 (비행기의)〕 a vertical line 〔descent〕/ ~ 이착륙기 a vertical take-off and landing craft (생략 VTOL).
수질(水質) the quality of water. ‖ ~ 검사 water analysis 〔examination〕/ ~ 오염 water pollution.
수집(蒐集) collection. ~하다 collect; gather. ‖ ~가 a collector / ~벽 collection mania.
수차(水車) a water mill 〔wheel〕.
수차(收差) 〖理〗 aberration. ‖ 구면(球面) ~ spherical aberration.
수채 a sewer; a drain. ‖ 수챗구멍 a drainage vent 〔outlet〕.
수채움(數—) ~하다 fill up the number 《*of*》.
수채화(水彩畫) a water colo(u)r. ‖ ~가 a water-color painter / ~물감 water-color paints; water colors.
수척(瘦瘠) ~한 emaciated; worn-out; gaunt; haggard.
수천(數千) thousands 《*of people*》.
수첩(手帖) a notebook; a pocketbook; a memobook 《美》.
수초(水草) a water 〔an aquatic〕 plant.
수축(收縮) shrinking; contraction. ~하다 contract; shrink. ¶ 통화의 ~ the contraction of currency. ‖ ~근(筋) 〖解〗 a contractor / ~성(性) contractibility.
수축(修築) ~하다 repair; rebuild.
수출(輸出) export(ation). ‖ ~ 가격 〔면장, 장려금, 항〕 an export price 〔permit, bounty, port〕/ ~ 공업 단지 the export industrial complex / ~세 an export duty 《*on*》/ ~ 시장 다변화 a diversification of export markets / ~업 the export business 〔trade〕/ ~ 초과 an excess of exports (over imports) / ~품 an export; exported goods.
수출경쟁력(輸出競爭力) competitiveness in exports.
수출국(輸出國) an exporting country; an exporter (country).
수출금융(輸出金融) export financing.
수출금지(輸出禁止) an export ban; an embargo. ~하다 put 〔place, lay〕 an embargo 《*on*》.
수출상〔업자〕(輸出商〔業者〕) an export trader; an exporter.
수출송장(輸出送狀) an export invoice.
수출신용보험(輸出信用保險) export credit insurance.
수출신용장(輸出信用狀) an export letter of credit.
수출실적(輸出實績) the export performance; the actual exports.
수출액(輸出額) exports; the amount of export (in terms of money). ¶ 총~ the total export.
수출입(輸出入) import and export; exportation and importation; import-export. ¶ ~ 의 차액 the balance of trade. ‖ ~ 은행 an export-import bank/~ 금제품 a contraband.
수취(受取) receipt. ~하다 receive. ‖ ~인 a receiver; a recipient; a payee (어음의); a remittee(송금의).
수치(羞恥) shame; disgrace; dishonor; humiliation. ¶ ~스런 shameful; disgraceful / ~를 당하다 be put to shame; be humiliated.
수치(數値) the numerical value. ¶ ~를 구하다 evaluate.
수캉아지 a he-puppy.
수캐 a he-dog.
수컷 a male; a cock (새의). ¶ ~의 male 《*dog*》; cock; he-.
수키와 a convex roofing tile.
수탁(受託) trust. ~하다 be given in trust; be entrusted with 《*a thing*》; take charge of 《*a thing*》. ‖ ~금 money given in trust / ~물 a thing put under one's custody / ~인 a trustee; a consignee.
수탈(收奪) exploitation. ~하다 exploit; plunder; usurp.
수탉 a rooster 《주로 美》; a cock.
수태(受胎) conception. ~하다 conceive; become pregnant. ‖ ~ 고지(告知) the Annunciation / ~ 조절 conception control.
수통(水筒) a (water) flask; a canteen.
수퇘지 a boar.
수틀(繡—) an embroidery frame; a tambour(둥근).
수평(水平) ~의 level; horizontal. ¶ ~으로 horizontally; at a level 《*with*》/ ~으로 하다 level. ‖ ~면 a horizontal plane; a level surface / ~ 비행 a level flight / ~선 a horizontal line; the horizon.
수포(水泡) foam; a bubble. ¶ ~로 돌아가다 end in smoke 〔(a) failure〕; come 〔be brought〕 to nothing 〔naught〕.
수포(水疱) 〖醫〗 a blister.
수폭(水爆) ☞ 수소폭탄. ‖ ~ 실험 a thermonuclear 〔an H-bomb〕 test.
수표(手票) a check 《美》; a cheque 《英》. ¶ 5만 원짜리 ~ a check for 50,000 *won* / ~로 지불하다 pay by check / ~를 떼다 draw a check / ~를 현찰로 바꾸다 cash a check. ‖ ~장 a checkbook / 부도 ~ a dishono(u)red 〔bad〕 check / 분실〔위조, 변조〕 ~ a lost 〔forged, raised〕 check.
수풀 a forest; a wood; a grove; a thicket.
수프 《eat》 soup. ‖ ~ 접시 a soup plate.
수피(樹皮) bark; rind.
수피(獸皮) a hide; (an animal) skin; fell; a fur (모피).
수필(隨筆) an essay; stray notes. ‖ ~가 an essayist / ~집 a collec-

tion of 《one's》 essays. 「derling.
수하(手下) a subordinate; an un-
수하(受荷) receipt of goods. ‖ ~인 a consignee.
수하(誰何) ① 《검문》 challenge. ~하다 challenge 《a person》. ② 《누구》 ¶ ~를 막론하고 anyone.
수하다(壽—) live long; enjoy longevity.
수하물(手荷物) 《a piece of》 baggage 〔luggage 《英》〕; personal effects(휴대품). ¶ ~을 맡기다 have one's baggage checked. ‖ ~ 일시 보관소 a cloak-room; a check-room 《美》 / ~ 취급소 a baggage 〔luggage〕 office.
수학(修學) ~하다 learn; study. ‖ ~ 여행 《go on》 a school excursion 〔trip〕 《to》; a study tour.
수학(數學) 《applied》 mathematics. ~의 mathematic(al). ‖ ~자 a mathematician / 고등 ~ higher mathematics.
수학능력시험(修學能力試驗) a scholastic aptitude test.
수해(水害) damage by a flood; a flood disaster. ¶ ~를 입다 suffer from a flood. ‖ ~ 대책 a flood control measure(예방); a flood relief measure(구조) / ~지 〔가옥〕 a flooded district 〔house〕.
수행(修行) 《수련》 training; practice; 《종교상의》 ascetic practices. ~하다 receive one's training; train oneself 《in》; practice asceticism.
수행(遂行) ~하다 accomplish; carry out 《a plan》; execute; perform.
수행(隨行) ~하다 attend; accompany; follow. ‖ ~원 a suite; (a suite of) attendants; a retinue(총칭).
수험(受驗) ~하다 take 〔undergo, sit for〕 an examination. ¶ ~ 준비를 하다 prepare (oneself) for an examination. ‖ ~ 과목 subjects of examination / ~료 an examination fee / ~ 번호 an examinee's seat number / ~생 a candidate for examination; an examinee / ~ 자격 qualifications for an examination / ~표 an admission ticket for an examination.
수혈(輸血) ~하다 give a blood transfusion; transfuse blood. ¶ ~을 받다 be transfused.
수형(受刑) ~하다 serve time 《for murder》. ‖ ~자 a convict.
수호(守護) ~하다 protect; guard; watch over. ‖ ~신 a guardian deity; a tutelar(y) god.
수호(修好) friendship; amity. ‖ ~ 조약 《conclude》 a treaty of amity 〔friendship〕 《with》. 「hydrate.
수화(水化) 〖化〗 hydration. ‖ ~물 a
수화기(受話器) a receiver; an earphone. ¶ ~를 놓다〔들다〕 hang up 〔take off〕 the receiver.
수화법(手話法) dactylology; deaf-and-dumb language. ¶ ~으로 이야기하다 talk with fingers.
수확(收穫) a harvest; a crop; the fruits(성과). ~하다 harvest; reap; gather in. ¶ ~이 많다〔적다〕 have a good 〔poor〕 crop. ‖ ~기(期) the harvest time / (예상) ~량 the (estimated) crop.
수회(收賄) corruption. ~하다 take 〔accept〕 a bribe; graft 《美口》. ¶ ~ 공무원 a corrupt official / ~ 혐의로 on the charge of taking a bribe. ‖ ~ 사건 a bribery case; a graft scandal 《美》 / ~자 a bribee; a grafter 《美》.
수효(數爻) a number.
수훈(垂訓) a precept; teachings. ‖ 산상(山上) ~ the Sermon on the Mount.
수훈(殊勳) distinguished services; meritorious deeds. ¶ ~을 세우다 render distinguished services. ‖ ~타(打) 〖野〗 a winning hit / 최고 ~ 선수 the most valuable player (생략 MVP).
숙고(熟考) (mature) consideration; deliberation. ~하다 think over; consider (carefully). ¶ ~한 끝에 after due consideration.
숙군(肅軍) 《effect》 a purge in the army; restoration of military discipline.
숙녀(淑女) a lady; a gentlewoman. ¶ ~다운 ladylike.
숙다 ☞ 수그러지다.
숙달(熟達) ~하다 become proficient 《in》; get a mastery 《of》. ¶ ~되어 있다 be proficient 《in》; be a master 《of》.
숙당(肅黨) a purge of disloyal elements from a party.
숙덕(淑德) feminine virtue.
숙덕거리다 talk in whispers; talk in a subdued tone. ¶ 숙덕숙덕 in whispers 〔an undertone〕; secretly. ‖ 숙덕 공론 exchanges of subdued remarks; secret counsel.
숙덕이다 ☞ 숙덕거리다.
숙독(熟讀) (a) perusal. ~하다 read carefully 〔thoroughly〕; peruse.
숙려(熟慮) ☞ 숙고(熟考).
숙련(熟練) skill; dexterity. ¶ ~된 skil(l)ful; trained; expert / 미~의 unskilled; inexperienced. ‖ ~공 a skilled worker; skilled labo(u)r (총칭). 「ished desire.
숙망(宿望) 《attain》 one's long-cher-
숙맥(菽麥) a fool; an ass; a simpleton. ‖ ~ 불변(不辨) = 숙맥.
숙면(熟眠) a deep 〔sound〕 sleep. ~하다 sleep well 〔soundly〕; have a good sleep.
숙명(宿命) fate; destiny. ¶ ~적인 fatal; predestined. ‖ ~론 fatalism (~론자 a fatalist).
숙모(叔母) an aunt.
숙박(宿泊) lodging. ~하다 put up 〔stay〕 《at》; lodge 《in, at》; take

up one's lodgings. ‖ ~료 hotel charges; a hotel bill / ~부 a hotel register 〔book〕/ ~소 one's lodgings; an inn / ~인 a lodger; a guest; a boarder.
숙부(叔父) an uncle.
숙사(宿舍) lodgings; quarters; a billet(군대). ¶ ~를 마련하다 provide accommodation 《*for*》.
숙성(夙成) ~한 precocious; premature.
숙소(宿所) a place of abode; one's quarters 〔address〕. ¶ ~를 잡다 stay 〔put up〕 at 《*a hotel*》.
숙수(熟手) a (fancy) cook.
숙시(熟視) ~하다 gaze 《*at*》; look hard 〔intently〕 《*at*》.
숙식(宿食) ~하다 board and lodge. ‖ ~비 the charge for board and lodging.
숙어(熟語) a 〔an idiomatic〕 phrase; an idiom. ‖ ~집 a phrase book.
숙연(肅然) ~한 solemn(엄숙); quiet. ¶ ~히 solemnly; quietly; silently.
숙영(宿營) ~하다 be billeted; be quartered. ‖ ~지 a billeting area.
숙원(宿怨) 《bear》 a deep-rooted grudge 《*against*》; (a) long-harbo(u)red enmity.
숙원(宿願) 《realize》 one's long-cherished desire.
숙의(熟議) ~하다 deliberate 《*on*》; discuss (fully); talk 《*a matter*》 over. ¶ ~(한) 끝에 after careful discussion.
숙이다 hang 〔lower〕 《*one's head*》; bow 《*to*》; droop.
숙적(宿敵) an old enemy 〔foe〕.
숙정(肅正) 《단속》 regulation; enforcement; 《정화·숙청》 purification; a purge; a cleanup. ~하다 regulate; purify; clean (up). ‖ 공무원 ~ 작업 a cleanup drive in officialdom.
숙정작업(肅正作業) a cleanup campaign《*against corruption*》.
숙제(宿題) 《do one's》 homework; a home task; an assignment; a pending 〔an open〕 question (미해결의). ¶ 오랜 ~ a question of long standing / ~를 내다 set 《*students*》 homework / ~를 봐 주다 help *a person* with *his* homework / ~로 남기다 leave 《*a problem*》 for future solution.
숙주(宿主) 〖生〗 a host. ‖ 중간 ~ an intermediary host.
숙주(나물) green 〔mung〕 bean sprouts.
숙지(熟知) ~하다 know well; be well aware 《*of*》; be familiar 《*with*》.
숙직(宿直) night duty 〔watch〕. ~하다 be on night duty; keep night watch. ‖ ~실 a night-duty room / ~원 a person on night duty.
숙질(叔姪) uncle and nephew.
숙청(肅淸) a purge; a cleanup. ~하다 clean up; purge.
숙취(宿醉) 《have》 a hangover.
숙폐(宿弊) an old 〔a deep-rooted〕 evil; an abuse of long standing.
숙환(宿患) a chronic disease.
순(旬) 《10일》 (a period of) ten days; 《10년》 ten years; a decade.
순(筍) 《싹》 a sprout; a bud.
순(純) 《순수한》 pure; genuine; unmixed; true(진정한); net(이익 등의); a true-born(사람 따위). ¶ ~ 거짓말 a pure fabrication / ~ 수입 net income / ~ 한국식 a purely Korean style.
…순(順) order; turn. ¶ 가나다 〔번호〕~ 《in》 alphabetical 〔numerical〕 order / 성적〔나이〕~ 《in》 order of merit 〔age〕.
순간(旬刊) ~의 published every ten days.
순간(瞬間) 《in》 a moment; an instant; a second. ~적 momentary; instantaneous. ¶ 그를 본 ~ the moment 〔instant〕 (that) I saw him. ‖ ~ 최대 풍속 the maximum instantaneous wind speed.
순검(巡檢) 《make》 a tour of inspection.
순견(純絹) pure silk; all-silk.
순결(純潔) purity; chastity. ~한 pure; clean; chaste. ¶ ~한 사랑 Platonic 〔pure〕 love / ~한 처녀 a chaste maiden / ~을 빼앗기다 be deprived of one's virgin purity. ‖ ~ 교육 education in sexual morality.
순경(巡警) a policeman; a (police) constable 《英》; a cop 《美口》; 《계급》 a police patrol.
순경(順境) a favo(u)rable circumstance. ¶ ~에 처해 있다 be in favorable conditions.
순교(殉教) martyrdom. ~하다 die a martyr (for one's faith); be martyred. ‖ ~자 a martyr.
순국(殉國) ~하다 die for one's country. ‖ ~ 선열 a (patriotic) martyr / ~ 정신 (the spirit of) martyrdom; patriotism.
순금(純金) pure 〔solid〕 gold.
순난(殉難) ~하다 die for one's country.
순대 a sausage.
순도(純度) purity.
순라(巡邏) a patrol; a round. ¶ ~ 돌다 go one's rounds. ‖ ~꾼 a patrolman.
순량(純良) ~한 pure; genuine.
순량(順良) ~한 good; honest; obedient.
순력(巡歷) ~하다 make a tour 《*of, round*》; travel 《*through, about*》.
순례(巡禮) a pilgrimage. ~하다 make 〔go on〕 a pilgrimage 《*to*》. ‖ ~자 a pilgrim; a palmer / ~지 a place of pilgrimage.
순록(馴鹿) 〖動〗 a reindeer.
순리(純理) pure reason; logic. ¶ ~적(인) rational; logical. ‖ ~론 rationalism.
순리(順理) ~적 reasonable; rational; right; proper. ¶ ~적으로 reason-

ably; rationally.
순면(純綿) pure cotton. ~의 pure cotton; all-cotton.
순모(純毛) pure wool. ~의 all-wool; pure-wool(en). ‖ ~ 제품 all-wool goods (fabrics).
순무【植】 a turnip.
순문학(純文學) pure (polite) literature; *belles-lettres* 《프》.
순박(淳朴·醇朴) ~한 simple and honest; naive; homely (풍속 따위).
순방(巡訪) a round of calls (visits). ~하다 make a round of calls. ¶ 각국을 ~하다 make a tour of various countries.
순배(巡杯) ~하다 pass cups round.
순백(純白) ~의 pure-(snow-)white; immaculate.
순번(順番) order; turn(교대). ¶ ~으로 in (due, regular) order; in turn; by turns (rotation) / ~을 기다리다 await (wait (for)) one's turn.
순보(旬報) a ten-day report (magazine, newspaper).
순분(純分) fineness (금, 은의); carat 「(금의).
순사(殉死) self-immolation ~하다 kill (immolate) oneself on the death of one's lord.
순산(順產) an easy delivery (birth). ~하다 have an easy delivery.
순색(純色) a pure colo(u)r.
순서(順序) 《차례》 order; sequence; 《절차》 procedure; formalities. ¶ ~ 바르게 in good order; in regular sequence / ~가 틀리다 be in wrong order; be out of order / ~를 세우다 systematize; put in order / ~를 바로잡다 correct the order / ~를 밟다 go through due formalities.
순수(純粹) purity. ~한 pure; genuine; unmixed; trueborn (적출의). ¶ ~한 동기 pure motives / ~한 서울나기 a Seoulite born and bred; a trueborn Seoulite. ‖ ~ 과학(시) pure science (poetry).
순순하다(順順—) 《성질이》 (be) gentle; docile; obedient; submissive. ¶ 순순히 tamely; meekly; obediently; smoothly.
순시(巡視) ~하다 make a tour of inspection; inspect; patrol. ¶ 공장 내부를 ~하다 inspect (go over) a factory. ‖ ~선 a patrol boat / ~인 a patrolman / 연두 ~ the new year inspection tour.
순식간(瞬息間) ~에 in an instant; in a moment; in a twinkling.
순양(巡洋) ~하다 cruise; sail about. ‖ ~ 전함 a battle cruiser / ~함 a cruiser. 「sheer; absolute.
순연(純然) ~한 pure (and simple);
순연(順延) ~하다 postpone; put off. ‖ 우천시 ~ In case of rain, to be postponed till the next (first) fine day.
순열(順列) 【數】 permutation; (linear) arrangement.
순위(順位) order; grade; ranking. ¶ ~를 정하다 decide ranking. ‖ ~ 결정전 a play-off (동점자간의).
순유(巡遊) ☞ 순력(巡歷). 「silver.
순은(純銀) pure (solid, sterling)
순음(脣音) 【音聲】 a labial.
순응(順應) ~하다 adapt (accommodate, adjust) oneself 《*to circumstances*》. ¶ 시대에 ~하다 go with the tide (times). ‖ ~성(性) adaptability.
순(이)익(純(利)益) net (clear) profit (gain). ¶ 연간 1만 달러의 ~을 올리다 net (clear) (a profit of) 10,000 dollars a year. ‖ ~금 = 순(이)익.
순일(旬日) 《열흘》 (a period of) ten days; 《초열흘》 the tenth (day of the lunar month).
순잎(筍—) sprouted leaves.
순전(純全) ~한 pure (and simple); absolute; perfect; sheer; utter. ¶ ~히 purely; perfectly; utterly / ~한 개인 문제 a purely personal matter.
순정(純正) ~한 pure; genuine.
순정(純情) a pure heart (mind). ~의 purehearted; naive. ¶ ~을 바치다 give all one's love 《*to*》. ‖ ~ 소설 a boy-meets-girl story; a puppy (calf) love story.
순조(順調) ~로운 favorable; well; satisfactory; smooth; normal; seasonable (날씨). ¶ ~롭게 《progress》 favorably; well; smoothly.
순종(純種) a pure blood; a thoroughbred. ~의 full-blooded; thoroughbred.
순종(順從) ~하다 obey without objection; submit tamely.
순직(純直) ~한 pure and honest; simple and upright.
순직(殉職) ~하다 die (be killed) at one's post of duty. ¶ ~ 경찰관 a policeman who died on duty. ‖ ~자 a martyr to duty.
순진(純眞) ~한 naive; pure; innocent; genuine. ¶ ~한 어린아이 an innocent child / ~한 처녀 a maiden pure in (of) heart.
순차(順次) order; turn(순번). ¶ ~적으로 in regular order.
순찰(巡察) a patrol. ~하다 patrol; go one's rounds. ‖ ~대 a patrol party (~ 대원 a patrolman) / ~차 a (police) patrol car; a squad car.
순치(馴致) ① 《길들임》 ~하다 tame; domesticate. ② 《초래》 ~하다 lead to; bring about; give rise to.
순탄(順坦) ~한 《길이》 even; flat; smooth; 《일이》 favo(u)rable. ¶ ~한 길 a (broad-)level road.
순풍(順風) a favo(u)rable (fair) wind. ¶ ~에 돛을 달다 sail before (with) the wind.
순하다(順—) ① 《성질이》 (be) obedient; gentle; docile; meek; submissive. ② 《맛이》 (be) mild; light

《*wine*》; weak. ¶ 순한 담배 mild cigarettes. ③ 《일이》 (be) easy; smooth.
순항(巡航) a cruise. ~하다 sail (about); cruise. ‖ ~선 a cruiser / ~ 속도 《at full》 cruising speed.
순행(巡行) ~하다 go round. ☞ 순회.
순행(巡幸) an Imperial tour.
순혈(純血) pure blood. ~의 pure-blooded; thoroughbred.
순화(醇化) ~하다 purify; refine; sublimate. ‖ 국어 ~ 운동 《launch》 a campaign to refine the Korean language.
순환(循環) circulation; rotation; a cycle. ~하다 circulate; rotate; (move in a) cycle. ¶ 혈액 ~을 좋게 하다 improve the circulation of the blood. ‖ ~ 곡선 a recurring curve / ~기(器) 〖醫〗 the circulatory organs (system) / ~선 a belt (loop) line; a circular railway / 경기 ~ a business cycle (경기 ~설 the cycle theory).
순회(巡廻) a round; a patrol; a tour (of inspection). ~하다 go (walk) round; go one's rounds; patrol. ‖ ~ 강연 a lecturing tour / ~ 공연 a provincial performance / ~ 구역 one's beat / ~ 대사 a roving ambassador / ~ 도서관 (진료소) a traveling library (clinic) / ~ 재판소 a circuit court.
순후(淳厚·醇厚) ~한 warm-(kind-) hearted; courteous.
숟가락 a spoon. ¶ ~으로 뜨다 spoon up / 한 ~의 설탕 a spoonful of sugar. ‖ 밥~ a tablespoon / 찻~ a teaspoon.
술¹ ☞ 숟가락.
술² 《음료》 liquor; drink; 《한국술》 rice (Korean) wine; *sul*. ¶ 독한 (약한) ~ a strong (weak) wine; a hard (light) liquor / ~김에 under the influence of drink / ~김에 하는 싸움 a drunken brawl / ~버릇이 나쁘다 be a bad drunk / ~로 시름을 달래다 drown care in wine bowl; drink down one's cares / ~에 물을 타다 water wine / ~을 만들다 brew rice wine / ~을 마시다 drink (*sul*); take wine / ~을 끊다 give up drinking; abstain from drinking / ~에 취하다 get drunk; become intoxicated / ~이 세다 (약하다) be a good (bad) drinker; be a heavy (poor) drinker. ‖ ~값 drink money; a tip (수고비) / ~고래 a heavy drinker; a drunkard / ~친구 a pot companion; a boon companion.
술³ 《책의 부피》 thickness of a book, paper, or cloth bolt. 「fringe.
술⁴ 《장식용의》 a tassel; a tuft; a
술(戌) the zodiacal sign of the dog. ‖ ~년 the Year of the Dog. 「on *sul*.
술구더기 a grain of rice floating
술꾼 a (heavy) drinker; a drunkard; a tippler; a thirsty soul.
술래 a tagger; a hoodman (눈을 가린); 《You are》 it.
술래잡기 《play》 tag; blindman's buff (눈을 가리고 하는).
술렁거리다 be disturbed (noisy); be astir; be in commotion.
술망나니 a (confirmed) drunkard; a sot. 「for brewing.
술밑 boiled-rice mixed with yeast
술밥 boiled-rice for brewing.
술법(術法) magic; witchcraft; conjury.
술병(一甁) a liquor bottle.
술부대(一負袋) ☞ 술고래.
술상(一床) a drinking table. ¶ ~을 차리다 prepare dishes for drink; set the drinking table. 「술책.
술수(術數) ① ☞ 술법. ② ☞
술술 《순조롭게》 smoothly; without a hitch; 《유창하게》 《speak》 fluently; facilely; 《쉽게》 easily; readily; 《바람이》 gently; softly. ¶ 어려운 문제를 ~ 풀다 solve a hard question easily.
술어(述語) 〖文〗 the predicate.
술어(術語) ☞ 학술어. ¶ 의학상의 ~ medical terms.
술자리 《give》 a drinking party; 《hold》 a banquet.
술잔(一盞) a wine cup (glass). ¶ 이별의 ~ a parting cup / ~을 권하다 (받다) offer (accept) a cup / ~을 비우다 drain (drink off) a cup.
술집 a bar(room); a saloon 《美》; a public house 《英》. ‖ ~ 여자(여급) a barmaid / ~ 주인 a barkeeper.
술책(術策) an artifice; a stratagem; a trick; tactics. ¶ ~을 부리다 resort to tricks / ~에 걸리다 fall into the snare (trap) 《*of the enemy*》; play into the hands 《*of*》; be entrapped 《*by*》.
술청 a drinking board.
술추렴하다 share the expense of drinking; club the expense together to pay for drinking.
술타령(一打令) ~하다 indulge in drinking; ask for nothing but liquor.
술통(一桶) a wine cask (barrel).
술회(述懷) ~하다 speak reminiscently; relate one's thoughts (reminiscences); reminisce.
숨¹ a breath; breathing(호흡). ¶ ~을 헐떡이며 out of breath; breathlessly / ~을 거두다 breathe one's last / ~을 죽이다 hold one's breath / ~(을) 돌리다 take breath; take a pause (쉬다).
숨² 《야채 따위의》 harshness.
숨결 breathing. ¶ ~이 가쁘다 breathe hard; be short of breath (환자가) / 봄의 ~을 느끼다 feel a breath of spring.

숨구멍 《숨통》 the trachea; the windpipe.
숨기다 hide; conceal; 《은닉》 harbo(u)r; shelter; 《비밀로》 keep 《*a matter*》 secret 〔back〕《*from*》; 《덮어두다》 cover 《*a fact*》; 《속이다》 disguise. ¶ 나이를 ~ conceal one's age / 본색을 ~ wear 〔put on〕 a mask.
숨김없다 (be) frank; open-hearted; unreserved; straightforward. ¶ 숨김 없이 frankly; openly; without reserve.
숨다 ① 《안보이게》 hide 〔conceal〕 oneself; disappear; 《피신》 take shelter; take refuge 《*in*》. ¶ 숨은 hidden 《*meaning*》; unknown 《*genius*》 / 숨어서 out of sight; in secret (몰래) / 숨은 재주 one's hidden talents / 숨은 자선가(家) an anonymous philanthropist. ② 《은둔》 retire 《*from the world*》.
숨막히다 be suffocated; be choked. ¶ 숨막히는 stuffy; stifling; suffocating; breath-taking 《*game*》.
숨바꼭질 《play》 hide-and-seek; I spy; hy-spy.
숨소리 a breath. ¶ ~를 죽이고 with bated breath; holding one's breath.
숨숨 ¶ ~ 얽은 pitted; pockmarked.
숨쉬다 breathe; take 〔draw〕 a breath.
숨지다 breathe one's last; die; 「expire.
숨차다 pant; be out 〔short〕 of breath; be breathless.
숨통 the windpipe.
숫구멍 〖解〗 the fontanel(le).
숫기(―氣) ¶ ~ 없는 shy; coy; self-conscious / ~ 좋은 unabashed; unashamed; bold.
숫돌 《sharpen on》 a whetstone; a grindstone; a hone (면도칼용). ‖ 가죽 ~ a strap.
숫되다 (be) innocent; simple-minded; naive.
숫색시 ☞ 숫처녀.
숫자(數字) a figure; a numeral. ¶ 세자리 ~ three figures / 천문학적 ~ astronomical figures / ~적으로 numerically / ~상의 착오 a numerical error / ~로 나타내다 express in figures. ‖ 로마 〔아라비아〕 ~ Roman 〔Arabic〕 numerals.
숫제 《차라리》 rather 《*than*》; preferably; from the first.
숫지다 (be) simple and honest; naive.
숫처녀(―處女) an innocent 〔immaculate, undefiled〕 virgin.
숫총각(―總角) 《He is》 a virgin.
숭고(崇高) ~한 lofty; noble; sublime. ¶ ~한 이상 a lofty idea.
숭굴숭굴하다 (be) well-rounded; bland; suave; affable; amiable.
숭늉 scorched-rice tea.
숭덩숭덩 ¶ ~ 자르다 chop thickly 〔in large parts〕.
숭배(崇拜) worship; adoration. ~하다 worship; admire; adore; idolize. ‖ ~자 a worshipper; an adorer; an admirer / 영웅〔조상〕 ~ hero 〔ancestor〕 worship.
숭상(崇尙) ~하다 respect; esteem; venerate; revere.
숭숭 ① ☞ 숭덩숭덩. ② 《바느질》 with large stitches; coarsely.
숭어 〖魚〗 a grey mullet.
숭엄(崇嚴) ~한 solemn majestic; sublime.
숯 charcoal. ¶ ~을 굽다 burn 〔make〕 charcoal / ~불을 피우다 make fire with charcoal. ‖ ~가마 a charcoal kiln 〔oven〕 / ~불〔검정〕 charcoal fire 〔soot〕.
숯내 ¶ ~ 맡다 inhale carbonic gas.
숯등걸 charcoal cinders; half-burned charcoal.
숯머리 a headache caused by carbonic gas.
숯장수 ① a charcoal dealer. ② 《얼굴이 검은》 a dark-faced person.
숱 thickness; density. ¶ ~이 많은 머리 thick hair / (머리)~이 적다 have thin hair.
숱하다 (be) many; much; numerous; plentiful.
숲 ☞ 수풀. ¶ 소나무~ a pine grove. ‖ ~길 a forest path.
쉬, 쉬이 《새·닭 쫓는 소리》 Shoo!
쉬¹ 《파리알》 a flyblow.
쉬² 《미구에》 soon; shortly; before long; 《쉽게》 easily; readily.
쉬³ 《조용히》 Hush!; Sh! (=*Be quiet!*).
쉬다¹ 《상하다》 spoil; go bad; turn sour (우유 따위가). ¶ 쉰내 a stale 〔sourish〕 smell / 쉰 밥 spoiled rice.
쉬다² 《목이》 get 〔grow〕 hoarse; become husky; hoarsen. ¶ 쉰 목소리 《in》 a hoarse 〔husky〕 voice.
쉬다³ ① 《일을》 rest from one's work; lay off 《美俗》; 《휴가로》 take a vacation 〔holiday, day〕; 《결석·결근》 be absent 《*from*》; miss 《*school*》; stay away 《*from school, work*》. ¶ 병으로 하루 ~ take a day account of illness. ② 《휴식》 rest; take 〔have〕 a rest; stop 《*from work*》. ¶ 잠시 ~ take a (brief) rest; take a breath / 누워서 ~ lie at rest / 쉴사이도 없다 have no time to rest / 조용히 ~ rest quietly / 쉬엇 《구령》 At ease! ③ 《중지》 suspend 《*business*》; pause. ¶ 쉬지 않고 ceaselessly; continually; without a break / 쉴 새 없이 지껄이다 talk without a pause. ④ 《취침》 sleep; go to bed; turn in. ¶ 일찍 ~ go to bed early; turn in early.
쉬다⁴ 《숨을》 breathe; take breath.
쉬쉬하다 《숨기다》 keep 《*a matter*》 secret; cover 《*a fact*》; hide 《*from*》; hush up 《*a scandal*》.
쉬슬다 flyblow.

쉬엄쉬엄 《go》 resting at frequent intervals; 《do a job》 by easy stages.
쉬척지근하다 《음식이》 (be) quite stale-smelling.
쉬파리 a blowfly; a bluebottle fly.
쉬하다 《오줌누다》 piddle; urinate.
쉰 fifty.
쉼표 〖樂〗 a rest; a pause. ‖ 온 〔2분, 4분〕 ~ a whole 〔half, quarter〕 rest.
쉽다 ① 《용이》 (be) easy; simple; light; plain. ¶ 쉽게 easily; simply / 쉬운 일 an easy task; easy 〔light〕 work / 쉬운 영어 《write in》 easy 〔plain〕 English / 아주 쉬운 as easy as ABC / 쉽게 말하면 in plain language 〔words〕 / 깨지기 ~ break easily; be easy to break. ② 《경향》 (be) apt 〔liable, prone〕 to; tend to 《do》 (서술적). ¶ 잘못을 저지르기 ~ be liable to err / 감기 들기 ~ be liable to catch cold; be susceptible to a cold.
쉽사리 easily; readily; without difficulty.
슈미즈 a chemise.
슈즈 《구두》 shoes.
슈크림 a cream puff; *chou à la crème* 《프》.
슈트케이스 a suitcase.
슈퍼마켓 a supermarket.
슛하다 《구기에서》 shoot 《*a ball*》.
스낵바 a snack bar.
스냅사진(一寫眞) a snap(shot). ¶ ~을 찍다 snap(shot); take a snapshot 《*of*》.
스님 ① 《사승(師僧)》 a teacher 〔master〕 of a Buddhist priest. ② 《중》 a Buddhist priest; a bonze; 《경칭》 the Reverend.
스라소니 〖動〗 a lynx.
…스럽다 (be) like; seem; -(a)ble; -ous; -ish. ¶ 바보~ be foolish / 촌~ be boorish.
스르르 smoothly; easily; softly.
스리랑카 Sri Lanka.
스마트 ¶ ~한 smart; stylish.
스매시하다 〖테니스〗 smash.
스매싱 〖테니스〗 smashing; a smash.
스멀거리다 itch; be itchy; feel crawly 〔creepy〕.
스모그 《연무(煙霧)》 smog.
스모킹 smoking. ‖ ~ 룸 a smoking room.
스무 twenty; the twentieth (스무번째).
스무드 ¶ ~한 smooth / ~하게 smoothly.
스물 twenty; a score.
스미다 soak 〔penetrate, infiltrate〕 《*into*》; permeate through. ¶ 스며나오다 ooze out / (빗물이) 지붕으로 스며들다 soak through a roof.
스스럼 ¶ ~없이 unreservedly; freely; without ceremony.
스스럽다 ① 《정분이 두텁지 못하여》 be ill at ease, feel constrained 〔awkward〕 (서술적). ② 《부끄럽다》 (be) shy; coy.
스스로 (for) oneself; in person. ~의 one's own; personal.
스승 a teacher; a master. ¶ ~의 은혜 the favo(u)rs of one's teacher / ~으로 받들다 look up to 《*a person*》 as a teacher.
스웨덴 Sweden. ¶ ~의 〔말〕 Swedish / ~ 사람 a Swede.
스웨터 《knit》 a sweater 〔jersey 《英》〕.
스위스 Switzerland. ¶ ~의 Swiss / ~제(製)의 《a watch》 of Swiss make; Swiss-made / ~ 사람 a Swiss.
스위치 a switch. ¶ ~를 넣다 〔끄다〕 switch on 〔off〕.
스윙 ① 〖樂〗 swing (music). ② 〖스포츠〗 a swing. ~하다 swing 《*a club*》.
스쳐보다 cast a side glance at; glance sidewise at.
스치다 graze; glance 《*off*》; go past by 《*a person*》.
스카프 a scarf.
스카우트 a scout. ~하다 scout 《*a promising player*》.
스카이다이빙 skydiving. ¶ ~(을) 하다 skydive.
스카치 ‖ ~위스키 Scotch(whisky) / ~ 테이프 Scotch tape.
스칸디나비아 Scandinavia. ¶ ~의 Scandinavian / ~ 사람 a Scandinavian.
스캔들 a scandal.
스커트 a skirt. ¶ ~를 입다 〔벗다〕 put on 〔take off〕 one's skirt. ‖ 롱 〔플레어〕 ~ a long 〔flared〕 skirt / 타이트 ~ a tight 〔straight〕 skirt.
스컹크 〖動〗 a skunk.
스케이트 skating; 《구두》 (a pair of) skates. ~ 타다 skate; do skating. ¶ ~타러 가다 go skating. ‖ ~장 a (skating) rink; an ice rink / 피겨〔스피드〕 ~ figure〔speed〕 skating.
스케일 《규모》 a scale. ¶ ~이 큰〔작은〕 large-〔small-〕scaled.
스케줄 《make》 a schedule 〔plan, program〕. ¶ ~대로 as scheduled; on schedule / 꽉 짜인 ~ a crowded 〔tight〕 schedule.
스케치 a sketch; sketching. ~하다 sketch; make a sketch of 《*a thing*》. ‖ ~북 a sketchbook.
스코어 a score. ¶ 2대 1의 ~로 by (a score of) 2 to 1. ‖ ~ 보드 a scoreboard.
스코틀랜드 Scotland. ¶ ~의 〔말〕 Scotch; Scottish / ~ 사람 a Scotchman; a Scot; the Scotch (총칭).
스콜 《열대 지방의》 a squall.
스콜라철학(一哲學) Scholasticism.
스쿠터 a (motor) scooter.
스쿨 a school. ‖ ~ 버스 a school bus.
스쿼시 《lemon》 squash.
스퀴즈 〖野〗 a squeeze play.
스크랩북 a scrapbook.
스크럼 a scrum(mage); scrimmage. ¶ ~을 짜다 form 〔line up for〕 a scrummage; scrimmage.
스크린 a screen; the screen (영화계). ‖ ~ 테스트 a screen test.

스키 skiing; 《a pair of》 ski(s) (기구). ～ 타다 ski. ¶ ～타러 가다 go skiing. ‖ ～복 a ski suit / ～장 a skiing ground / ～화(靴) ski boots.
스키어 a skier; a ski runner.
스킨다이빙 skin diving.
스타 a star; a cinema 〔film〕 star. ¶ ～가 되다 become a star; enter stardom. ‖ 일류 ～ a star of the first class.
스타디움 a stadium.
스타일 《옷의》 a style; 《모습》 one's figure 〔form〕; 《문체》 one's style. ¶ ～이 좋다 〔나쁘다〕 have a good 〔poor〕 figure / 최신 (유행의) ～ the latest style. ‖ ～북 a stylebook.
스타카토 〖樂〗 staccato.
스타킹 《nylon》 stockings.
스타트 a start. ～하다 (make a) start. ¶ ～가 좋다 〔나쁘다〕 start well 〔ill〕; make a good 〔poor〕 start. ‖ ～ 라인 a starting line.
스태미나 stamina. ¶ ～를 기르다 develop 〔build up〕 one's stamina.
스탠드 ① 《관람석》 the stands; bleachers 《美》 (지붕없는). ② 《전등》 a desk 〔floor〕 lamp.
스탬프 a 《commemoration》 stamp; a postmark (소인). ¶ ～를 찍다 stamp 《*a card*》.
스테레오 ¶ ～의 stereo(phonic) / ～로 듣다 listen on the stereo. ‖ ～레코드 a stereo(phonic) record 〔disc〕 / ～ 전축 a stereo (phonograph).
스테이지 the stage.
스테이크 a (beef)steak.
스테인리스스틸 stainless steel.
스텐실 a stencil.
스텝 《춤의》 a step. ¶ ～을 밟다 step; dance.
스토리 story.
스토브 a 《*gas, an oil, an electric*》 stove 〔heater〕.
스토아 ‖ ～주의 Stoicism / ～학파 the Stoic school.
스톡 《재고》 a stock.
스톱 stop. ‖ ～ 워치 a stop watch.
스튜디오 a studio.
스튜어디스 a stewardess; a 〔an air〕 hostess.
스트라이크 ① 《파업》 a strike; a walkout. ¶ ～중이다 be on strike / ～를 중지하다 call off a strike. ② 〖野〗 a strike.
스트레스 《dispel》 a stress. ¶ ～가 쌓이다 stress builds up. / ～를 해소하다 alleviate stress.
스트레이트 〖拳〗 《give》 a straight punch 《*on*》.
스트렙토마이신 〖藥〗 streptomycin.
스트로 《suck through》 a straw.
스트립쇼 a strip show 〔tease〕.
스틸 《강철》 steel; 《영화의》 a still (photograph).
스팀 steam; 《난방》 steam heating. ¶ ～을 넣은 steam-heated 《*room*》.
스파게티 spaghetti 《이》.
스파르타 Sparta. ¶ ～ 사람 a Spartan / ～식의 Spartan 《*training*》.
스파링 〖拳〗 sparring. ‖ ～ 파트너 one's sparring partner.
스파이 ☞ 간첩. ¶ ～ 노릇을 하다 (act as) spy. ‖ 산업 ～ an industrial spy.
스파이크 《구둣바닥의》 a spike; 《구두》 spiked shoes; 《배구의》 spiking; a spike.
스파크 a spark. ～하다 spark.
스패너 a wrench 《美》; a spanner 《英》.
스펀지 (a) sponge. ‖ ～고무 sponge rubber.
스페어 a spare. ‖ ～ 타이어 a spare tire.
스페인 Spain. ¶ ～의 〔말〕 Spanish / ～ 사람 a Spaniard; the Spanish (총칭).
스펙터클 a spectacle. ‖ ～영화 a spectacular film.
스펙트럼 a spectrum. ‖ ～ 분석 spectrum analysis.
스펠(링) 《철자》 spelling.
스포츠 sports. ¶ ～를 좋아하는 sports-minded 《*youth*》. ‖ ～계(界) the sportsdom 《美》; the sporting world / ～난 a sports section / ～맨 a sportsman / ～ 신문 a sports paper / ～ 정신 sportsmanship / ～카 a sports car.
스포트 라이트 《focus》 a spotlight 《*on*》.
스폰서 a sponsor. ¶ ～가 되다 sponsor 《*a concert*》.
스폿 spot. ‖ ～ 뉴스 〔방송〕 spot news 〔broadcasting〕.
스푼 a spoon.
스프링 《용수철》 a spring. ‖ ～보드 a springboard.
스프링코트 a topcoat.
스프링클러 a sprinkler.
스피드 speed (☞ 속도, 속력). ‖ ～광 a speed maniac / ～ 시대 the age of speed.
스피츠 a spitz (dog).
스피커 《확성기》 a (loud)speaker; 《라디오의》 a radio speaker.
스핑크스 a sphinx.
슬개골(膝蓋骨) the kneepan; the kneecap.
슬그머니 stealthily; secretly; by stealth. ¶ ～ 나가다〔들어가다〕 steal out of 〔into〕 《*a room*》.
슬금슬금 stealthily; sneakingly.
슬기 wisdom; intelligence; sagacity; resources. ～로운 wise; intelligent; intellectual; sagacious.
슬다 《알을》 oviposit (곤충이); blow (파리가); spawn (물고기가).
슬라브 Slav. ‖ ～말 Slavic / ～ 민족 the Slavs / ～ 사람 a Slav.
슬라이드 《환등》 a (lantern) slide. ‖ 칼라 ～ a colo(u)r slide.
슬라이딩 〖野〗 sliding.
슬랙스 《a girl in》 slacks.
슬랭 slang.
슬럼 a slum. ‖ ～가 a slum district.
슬럼프 ¶ ～에 빠지다 〔에서 벗어나다〕 get into 〔out of〕 a slump.
슬레이트 a slate 《*roof*》. ¶ ～로 지붕을 이다 slate a roof.

슬로 slow. ‖ ~ 모션《영화·TV의》 a slow motion picture / ~볼 a slowball.
슬로건 a slogan; a motto. ¶ …라는 ~을 내걸고 under the slogan of.... 「mule.
슬리퍼 《a pair of》 slippers; a
슬며시, 슬면슬면 secretly; furtively; stealthily; quietly.
슬슬 ① 《가볍게》 softly; gently; lightly. ② 《은근히》 cajolingly. ¶ ~ 달래다 soothe 《*a person*》; appease.
슬쩍 ① 《몰래》 secretly; stealthily. ② 《쉽게》 lightly; easily; readily.
슬프다 (be) sad; sorrowful; pathetic. ¶ 슬퍼하다 sorrow; grieve 《*at, over*》; feel sad (sorrow); be sorrowful; regret (유감) / 슬프도다 Alas!; Woe is (to) me!
슬픔 sorrow; sadness; grief. ¶ ~에 잠기다 be in deep grief. 「ly.
슬피 sorrowfully; sadly; mournful-
슬하(膝下) the parental roof. ¶ 부모 ~에서 자라다 grow up under one's parental roof (care) / 부모 ~를 떠나다 leave one's paternal roof; live away from one's parents.
슴베 the tang 《*of a sword*, etc.》.
습격(襲擊) an attack; an assault. ~하다 attack; assault.
습관(習慣) habit (습성); practice (상습); usage (관용); custom (풍속). ¶ 평소의 ~ one's habitual ways / ~을 들(붙)이다 form a 《*good*》 habit. ‖ ~성 의약품 habit-forming drugs. 「humidity.
습기(濕氣) damp(ness); moisture;
습도(濕度) 《determine》 the humidity 《*of the air*》. ‖ ~계 a hygrometer.
습득(拾得) ~하다 pick up; find. ‖ ~물 a find / ~자 a finder.
습득(習得) ~하다 learn 《*French*》; acquire 《*an art*》.
습성(習性) a habit; one's way.
습성(濕性) wet. ‖ ~ 늑막염 moist (wet) pleurisy.
습속(習俗) (manners and) customs; usage(s); convention; folkways.
습유(拾遺) gleanings (습유집).
습윤(濕潤) dampness; moistness; humidity.
습자(習字) 《practice》 penmanship; calligraphy (붓글씨). ‖ ~책 a writing (copy) book. 「《프》.
습작(習作) a study; an essay; *étude*
습작(襲爵) ~하다 succeed to the title (peerage).
습전지(濕電池) a galvanic battery.
습지(濕地) damp ground; marsh.
습진(濕疹) 〖醫〗 eczema.
습하다(濕―) (be) damp; humid; moist; wet.
승(升) ☞ 되.
승(乘) multiplication. ☞ 승하다.
승(勝) a victory. ¶ 3~1패 3 victories (wins) and (against) 1 defeat.
…승(乘) -seater. ¶ 5인~ 비행기 a 5-seater (air)plane / 9인~ 자동차 a nine-passenger car.
승강(昇降) ~하다 go up and down; ascend and descend. ‖ ~구 an entrance / ~기 an elevator 《美》; a lift 《英》.
승강이 《티격태격》 《have》 a petty quarrel; wrangling. ~하다 wrangle 《*with*》. 「시 따위의).
승객(乘客) a passenger; a fare (택
승격(昇格) ~하다 be elevated (raised) to the status of 《*university*》; be promoted 《*to*》.
승경(勝景) a fine view; beautiful scenery. 「승.
승계(承繼) succession 《*to*》. ☞ 계
승급(昇級) promotion; rise. ~하다 be promoted 《*to*》; rise in rank.
승급(昇給) 《get》 a rise (raise) in pay (salary). ~시키다 increase (raise) *a person's* salary.
승기(勝機) 《miss, seize》 a chance of victory.
승낙(承諾) consent; assent; agreement. ~하다 consent (agree, assent) to; comply with.
승냥이 〖動〗 a wild dog.
승단(昇段) promotion. ~하다 be promoted 《*to a higher grade*》.
승려(僧侶) ☞ 중.
승률(勝率) the percentage of victories; the chance of success(승산).
승리(勝利) victory; triumph; a win. ~하다 win; win (gain) a victory; win (carry) the day. ¶ 최후의 ~를 얻다 gain the final victory. ‖ ~자 a victor; a winner (경기의) / ~ 투수 the winning pitcher.
승마(乘馬) (horse) riding. ~하다 ride (mount) a horse. ‖ ~ 바지 riding breeches / ~복 a riding suit / ~술 horsemanship / ~화(靴) riding boots.
승무(僧舞) a Buddhist dance.
승무원(乘務員) a trainman (열차); a carman (전차); the crew (총칭) 《美》.
승방(僧房) a Buddhist nunnery.
승법(乘法) 〖數〗 multiplication.
승벽(勝癖) an unyielding spirit; a competitive spirit.
승복(承服) ~하다 submit 《*to*》; yield to 《*another's views*》.
승복(僧服) a clerical (priest's) robe.
승부(勝負) victory or defeat; 《경기》 a 《*tennis*》 match; a game. ¶ 단판 ~ a game of single round/ ~를 짓다 fight to the finish / ~에 이기다 (지다) win (lose) a game / ~는 끝났다 The game is over (up).
승산(勝算) prospects of victory; chances of success. ¶ ~ 없는 hopeless / ~이 있다 (없다) have a (no) chance of success.
승상(丞相) ☞ 정승(政丞).

승선(乘船) embarkation; boarding. ~하다 embark; go on board.
승소(勝訴) ~하다 win a suit [case].
승수(乘數) 〔數〕 a multiplier.
승승장구(乘勝長驅) ~하다 make a long drive following up the victory.
승압기(昇壓器) a step-up [boosting] transformer; a booster.
승용차(乘用車) (one's) car; a 《five-》 passenger car. ¶ 4 인승 ~ a four-seater car / 고급 ~ a delux car.
승원(僧院) a Buddhist monastery; a cloister.
승인(承認) recognition; acknowledg(e)ment; admission; approval (인가). ~하다 recognize; admit; approve. ¶ ~을 얻다 obtain approval. ‖ ~서 a written acknowledgment.
승자(勝者) a winner; a victor.
승적(僧籍) 《enter》 the priesthood; the holy orders.
승전(承前) "continued 《*from*》."
승전(勝戰) ~하다 win a war [battle]. ‖ ~고(鼓) the drum of victory.
승제(乘除) 〔數〕 multiplication and division.
승직(僧職) the priesthood; holy orders.
승진(昇進) promotion; advancement. ~하다 rise (in rank); be promoted [advanced]; get [obtain] promotion.
승차(乘車) ~하다 take [board] a train; get in [on] a car. ‖ ~구 the entrance; the way in / ~권 a ticket (~권 매표소 a booking office).
승천(昇天) ascension. ~하다 go [ascend] to Heaven. ‖ ~ 축일 the Ascension Day.
승패(勝敗) victory or defeat. ¶ ~를 다투다 contend for victory.
승하(昇遐) demise. ~하다 die; pass away.
승하다(乘—) ☞ 곱하다.
승합(乘合) ☞ 합승.
승홍(昇汞) 〔化〕 corrosive sublimate. ‖ ~수 a solution of corrosive sublimate.
승화(昇華) 〔化〕 sublimation. ~하다 sublimate.
시(市) a city; a town; a municipality (행정구획). ~의 municipal; city. ‖ ~ 당국 the city [municipal] authorities.
시(時) 《시간》 hour; 《시각》 o'clock; time. ¶ 8~ eight o'clock; the hour of eight / 3~ 15 분 a quarter past three / 2~ 20분이다 It is twenty minutes past [after 《美》] two. / 5~ 5 분 전이다 It is five minutes to [of 《美》] five.
시(詩) poetry (총칭); verse (운문); 《write, compose》 a poem.
시가(市街) the streets; a town. ‖ ~전(戰) street fighting / ~지 a city area.
시가(市價) the market [current] price. ‖ ~ 변동 market fluctuations.
시가(時價) the current [market] price; a quotation 《*for*》. ¶ ~로 쳐서 (estimated) in current prices.
시가(媤家) ☞ 시집(媤—).
시가(詩歌) poetry; poems and songs. ‖ ~ 선집 an anthology.
시가 a cigar.
시각(時刻) time; hour.
시각(視角) the visual angle.
시각(視覺) (the sense of) sight; vision; eyesight. ‖ ~ 교육 visual education / ~ 기관 an organ of vision.
시간(時間) time; an hour; 《학교의》 a lesson; a class. ¶ 영어 ~ 《during》 an English lesson / 제 ~에 punctually; on time / ~에 늦다 be late; be behind time / ~을 벌다 play for time; buy time / ~을 지키다 be punctual / ~제로 하다 work by the hour / ~이 (많이) 걸리다 take (much) time. ‖ ~ 강사 a part-time lecturer / ~급 time wages / ~ 엄수 punctuality / ~외 근무 [수당] overtime work [pay] (~외 근무를 하다 work overtime) / ~표 a timetable / 소요 ~ the time required / 수업 [영업, 집무] ~ school [business, office] hours / 식사 ~ meal time.
시거렛 a cigarette 《*case, holder*》.
시경(詩經) the *Shih Ching*; the Book of Odes.
시경찰국(市警察局) 《수도의》 the Metropolitan Police Board [Bureau]. ‖ ~장 the Metropolitan Police Director.
시계(時計) a watch; a clock (괘종, 탁상시계). ¶ ~를 맞추다 set one's watch 《*by the time signal*》 / ~를 보다 look at one's watch. ‖ ~탑 a clock tower / 시곗바늘 the hands / 시계방 a watch store 《美》; a watchmaker's; a watch-repair shop / 시곗 소리 ticktack / 시곗줄 a watch chain [guard] / 자동 ~ a self-winding watch / 탁상 ~ a table clock.
시계(視界) the field [range] of vision. ☞ 시야.
시골 the country(side); a rural district; 《고향》 one's home [native village]. ~의 country; rural. ¶ ~서 자라난 country-bred; rustic. ‖ ~ 구석 a remote village; a secluded place / ~길 a country lane / ~내기 a rustic / ~뜨기 a (country) bumpkin; a clodhopper; a hick / ~말 [사투리] a provincial dialect / ~ 사람 a country-man; a rustic / ~ 생활 (a) country [rural] life / ~ 풍경 rural scenery.
시공(施工) ~하다 construct; build; make a construction 《*of*》. ‖ ~자 〔建〕 a builder.

시구(市區) the streets; a municipal district.
시구(詩句) a verse; a stanza.
시구(始球) ～하다 throw the first ball. ¶…의 ～로 with the first ball pitched by….
시국(時局) the situation; the state of things (affairs); an emergency (비상시). ¶～의 추이 the development of the situation / ～을 수습하다 save the situation / ～에 대처하다 meet the situation. ‖중대 ～ a critical juncture.
시굴(試掘) ～하다 prospect 《*a mine*》; bore for 《*oil*》. ‖～권 prospecting rights / ～자 a (mining) prospector / ～정(井) 《석유의》 a test well; a wildcat 《美》.
시궁창 a ditch; a gutter; a drain; a sewer.
시그널 a 《*traffic*》 signal.
시극(詩劇) a poetical drama (play).
시근거리다 《숨을》 pant; gasp; 《뼈마디가》 twinge; tingle; smart; ache.
시글시글 in swarms.
시금(試金) assaying. ‖～석 a touchstone; 《시험》 a test.
시금떨떨하다 (be) sourish and astringent.
시금치 spinach.
시금털털하다 ☞ 시금떨떨하다.
시급(時急) ～한 urgent; imminent.
시기(時期) season; time; the times; period; an occasion (경우). ¶이 중대한 ～에 at this crucial period.
시기(時機) a chance; 《miss》 an opportunity; an occasion (경우). ¶～에 적합한 opportune; timely; appropriate; well-timed / ～를 기다리다 wait for a ripe opportunity / ～를 포착하다 take (seize) the opportunity / ～ 상조이다 It is too early yet 《*to do*》.
시기(猜忌) jealousy; green envy. ～하다 be jealous (envious) 《*of*》; envy. ‖～심 =시기.
시꺼멓다 (be) deep black; jet-black.
시끄럽다 ① 《소란함》 (be) noisy; clamorous; boisterous. ¶시끄럽게 noisily; clamorously / 시끄러워 Be quiet! ② 《여론이》 be much discussed. ¶시끄러운 세상 troublous world / 시끄러운 문제가 되다 become a subject of much discussion. ③ 《귀찮다》 (be) severe; strict; troublesome (곤란).
시나리오 a scenario; a screenplay. ‖～ 작가 a scenario writer; a scenarist; a screenwriter.
시나브로 by imperceptible degrees.
시난고난 ¶～하다 《an illness》 gradually get worse.
시내 a brook(let); a stream(let); a rivulet. ¶시냇가 the edge of a stream.
시내(市內) 《in, within》 the city. ‖～ 거주자 a city resident / ～ 배달 city delivery / ～ 버스 an urban bus / ～판 a city edition.
시네라마 a Cinerama.
시네마 a cinema; a kinema. ‖～스코프 a CinemaScope.
시녀(侍女) a waiting maid (woman); a lady-in-waiting.
시누이(媤—) one's husband's sister; a sister-in-law.
시늉 《흉내》 mimicry; apery; 《체함》 (false) show; pretension. ～하다 mimic; ape; take off; 《체하다》 feign; pretend. ¶죽은 ～을 하다 feign death.
시다 ① 《맛이》 (be) sour; acid; tart. ¶시어지다 turn sour. ② 《뼈마디가》 have a twinging ache.
시단(詩壇) poetical circles; the poetry world.
시달(示達) ～하다 instruct; give directions.
시달리다 be troubled (annoyed, afflicted) 《*with, by*》; suffer 《*from*》. ¶가난에 ～ be poverty-stricken / 빚쟁이에게 ～ be pressed by creditors; be dunned.
시대(時代) 《시기》 a time; a period; an epoch; 《연대》 an age; an era; 《시세(時世)》 the times. ¶～의 총아 the favo(u)rite (child) of the times / ～에 뒤떨어진 behind the times; out-of-date / ～에 역행하다 swim against the current. ‖～감각 the sense of the times / ～상(相) (정신) the phases (spirit) of the times / ～ 착오 anachronism (～ 착오의 anachronistic) / 원자력 ～ the atom(ic) age.
시도(試圖) an attempt. ～하다 attempt.
시동(始動) 《기계의》 starting. ～하다 start. ¶～을 걸다 set (start) a machine. ‖～ 장치 a starting device (gear, system).
시동생(媤—) one's husband's younger brother; a brother-in-law.
시들다 ① 《초목이》 wither; wilt; droop; fade; be shriveled up; dried-up. ② 《기운이》 weaken; wane. ¶인기가 ～ lose popularity.
시들하다 《마음에》 (be) unsatisfactory; 《마음이 없다》 (be) half-hearted; uninterested; 《시시하다》 (be) trivial. ¶삶이 시들해지다 lose interest in life.
시디시다 (be) very sour (acid, tart).
시뜻하다 ① ☞ 시들하다. ② 《싫증나다》 (be) fed up 《*with*》; sick (weary) 《*of*》.
시래기 dried radish leaves. ‖～국 soup cooked with dried radish leaves.
시량(柴糧) fuel and food; provisions.
시럽 syrup; sirup 《美》.
시렁 a shelf; a rack (그물꼴의); a bracket; a trellis (포도시렁).
시력(視力) (eye)sight; vision. ¶～이 좋다 (약하다) have good (poor) eyesight / ～을 잃다 (회복하다)

lose [recover] one's sight. ‖ ~ 감퇴 amblyopia / ~ 검사 an eyesight test / ~ (검사)표 an eye-test chart.

시련(試鍊) a trial; a test; an ordeal. ¶ 가혹한 ~ severe [bitter] trials / ~을 겪은 tried; (well-)tested / ~에 견디다 endure [stand] the trials 《*of life*》.

시론(時論) comments on current events; a current view; public opinion (of the day)(여론).

시론(詩論) poetics; an essay on poetry; a criticism of poems.

시료(施療) free medical treatment. ~하다 treat 《*a person*》 free (of charge); give 《*a person*》 free medical treatment.

시루 an earthenware steamer. ‖ ~떡 steamed rice cake.

시류(時流) 《풍조》 the current of the times; the trend of the world; 《유행》 the fashion (of the day). ¶ ~에 따르다 follow the fashion / ~에 순응[역행]하다 go with [against] the stream.

시르죽다 be in poor spirits.

시름 trouble; anxiety; worry; cares. ¶ 한~ 놓다 be relieved of worry.

시름없이 vacantly; absent-mindedly.

시리다 《손발이》 feel cold(freezing).

시리아 Syria. ‖ ~ 사람 a Syrian.

시리즈 a series. ¶ ~로 출판하다 publish in a serial form. ‖ ~물 a serial / 월드 ~ the World Series.

시립(市立) ~의 city; municipal. ‖ ~ 도서관 a city library / ~ 병원 a municipal hospital.

시말서(始末書) a written apology.

시멘트 cement. ¶ ~를 바르다 cement. ‖ ~ 공장 [기와, 벽돌] a cement factory [tile, brick].

시모(媤母) ☞ 시어머니.

시무(時務) the requirements of the time; current affairs.

시무(視務) ~하다 attend to business; work.

시무룩하다 (be) sullen; sulky; glum; ill-humo(u)red. ¶ 시무룩하여 with a sullen face.

시무식(始務式) the opening ceremony.

시문(試問) a question; a test; an interview. ~하다 question; interview.

시민(市民) a citizen; the citizens (총칭). ‖ ~권 citizenship / ~대회 a mass meeting of citizens.

시발(始發) ‖ ~역 the starting station.

시범(示範) a model for others. ~하다 set an example 《*to*》; show [give] a good example 《*of*》. ‖ ~경기 《play》 an exhibition game / ~ 농장(農場) [학교] a model farm [school].

시베리아 Siberia. ~의 Siberian.

시보(時報) ① 《시간의 알림》 a time signal; an announcement of time. ② 《보도》 current news; a bulletin (공보); a review(평론).

시보(試補) a probationer. ‖ 사법관 ~ a judiciary probationer.

시부(媤父) ☞ 시아버지.

시부렁거리다 jabber; gabble.

시부모(媤父母) one's husband's parents.

시비(市費) municipal expenses; city expenditure (경비).

시비(是非) 《distinguish between》 right and [or] wrong; the propriety 《*of*》. ~하다 quarrel [wrangle] with 《*a person*》.

시비(施肥) dressing; fertilization. ~하다 manure 《*the field*》; give manure 《*to*》; fertilize 《*the soil*》.

시비(詩碑) a monument inscribed with a poem.

시뻘겋다 (be) deep red; crimson. ¶ 시뻘겋게 단 난로 a red-glowing stove.

시쁘다 ☞ 시들하다.

시사(示唆) suggestion. ~하다 hint; suggest. ¶ ~적 suggestive.

시사(時事) current events [affairs]; events of the day. ‖ ~ 문제[영어] current topics [English] / ~ 해설 comments on current topics (~해설가 a news commentator).

시사(試射) test firing. ~하다 test-fire; test 《*a weapon*》.

시사(試寫) a preview; a private showing. ~하다 preview; give [hold] a preview 《*of a film*》. ‖ ~회 a preview.

시산(試算) a trial. ‖ ~표 a trial balance (sheet).

시삼촌(媤三寸) one's husband's uncle.

시상(施賞) ~하다 award a prize. ‖ ~식 a ceremony of awarding prizes.

시상(詩想) a poetical imagination [sentiment].

시새(우)다 be terribly jealous 《*of*》; be green with envy 《*of*》.

시선(視線) one's eyes; a glance. ¶ ~을 돌리다 turn one's eyes 《*on*》 / ~을 피하다 avoid *a person's* gaze.

시선(詩選) an anthology; a selection of poems.

시설(施設) an establishment; an institution; 《설비》 equipment; facilities. ~하다 establish; institute. ‖ ~ 투자 investment in equipment / 공공 ~ a public institution / 군사 ~ military establishments / 산업 [항만] ~ industrial [port] facilities.

시성(詩聖) a great poet.

시세(時世) the times; the day; the age.

시세(時勢) ① 《그때의 형세》 the current [trend] of the times. ② 《싯가》 the current price; the market (price). ¶ ~의 변동 fluctuations in the market / ~가 오르다[내리

다) rise〔fall〕 in price. ‖ 개장〔폐장〕 ~ 〖證〗 an opening 〔a closing〕 quotation / 달러 ~ the exchange rate of the dollar / 쌀~ the price of rice; the rice market / 증권 ~ stock quotations 〔prices〕 / 최고〔최저〕 ~ the ceiling 〔bottom〕 price.
시소 a seesaw. ¶ ~를 타고 놀다 play (at) seesaw. ‖ ~게임 a seesaw game.
시속(時俗) the customs of the age 〔times〕.
시속(時速) speed per hour. ¶ ~ 24마일 24 miles an 〔per〕 hour(약호 24 m.p.h.).
시스템 a system. ‖ ~ 공학 system engineering.
시승(試乘) a trial ride. ~하다 have a trial ride 《*in*》; test 《*a new plane*》.
시시(時時) ~로 at times; sometimes; occasionally.
시시각각(時時刻刻) ~으로 hourly; every hour 〔moment〕; momentarily.
시시덕거리다 chat and giggle; laugh over nothing.
시시부지하다 drop into oblivion; drift into obscurity; go up in smoke. ¶ 시시부지되다 be dropped; become hazy.
시시비비(是是非非) ~하다 call a spade a spade; call what is right right, and wrong wrong. ‖ ~주의 a free and unbias(s)ed policy.
시시콜콜 inquisitively. ¶ ~ 캐묻다 inquire of 《*a person*》 about every detail of 《*a matter*》; be inquisitive about 《*a matter*》.
시시하다 《흥미없다》 (be) dull; flat; uninteresting; 《사소》 (be) trifling; trivial; petty; insignificant; 《하찮다》 (be) of little importance; 《가치없다》 (be) worthless; useless; poor. ¶ 시시한 것 〔일〕 a matter of no importance; a trifle / 시시한 책 a worthless book / 시시한 배우 a poor actor / 시시한 말을 하다 talk nonsense.
시식(試食) ~하다 try; taste; sample 《*a cake*》. ‖ ~회 a sampling party.
시신(侍臣) a courtier; an immediate vassal.
시신경(視神經) the optic nerve.
시아버지(媤—) a father-in-law (by marriage); one's husband's father.
시아주버니(媤—) a brother-in-law (by marriage); one's husband's elder brother.
시안(試案) a tentative plan.
시앗 one's husband's concubine.
시야(視野) a visual field; the field of vision; one's view. ¶ ~에 들어오다 come in sight / ~를 벗어나다 go 〔get〕 out of sight / ~를 넓히다 broaden one's outlook 《*on*》.
시약(施藥) ~하다 dispense medicine free.
시약(試藥) 〖化〗 a reagent.
시어(詩語) a poetical word; poetic diction.
시어머니(媤—) a mother-in-law (by marriage); one's husband's mother.
시업(始業) ~하다 begin〔commence〕 work. ‖ ~식 an opening ceremony.
시여(施與) ~하다 give in charity; contribute; give free; donate.
시역(市域) the municipal area; the city limits(한계).
시역(弑逆) regicide. ~하다 murder 《*one's lord*》; assassinate; commit regicide.
시연(試演) 《give》 a trial performance; a rehearsal; a preview.
시영(市營) municipal management. ~의 municipal. ¶ ~으로 하다 municipalize. ‖ ~ 버스 a city 〔municipal〕 bus / ~ 주택 a municipal dwelling house.
시오니즘 Zionism.
시온 Zion.
시외(市外) the suburbs of a city; the outskirts. ~의 suburban. ‖ ~ 거주자 an out-of-towner / ~ 전화 a long-distance call 《美》; a trunk call 《英》.
시용(試用) ~하다 try; put to trial.
시우(時雨) a seasonable rain.
시우쇠 pig iron.
시운(時運) the tide.
시운전(試運轉) 《make》 a trial run 〔trip〕; a test working 〔run〕 (기계의).
시원섭섭하다 feel mixed emotions of joy and sorrow.
시원스럽다 《성격이》 (be) frank; unreserved; open-hearted; 《동작》 (be) brisk; lively; active.
시원시원하다 ☞ 시원스럽다.
시원찮다 ① 《기분이》 (be) not refreshing; dull; heavy. ② 《언행 따위가》 (be) reserved; not agreeable 〔cheerful, sprightly〕. ③ 《형세》 (be) not satisfactory; unfavo(u)rable.
시원하다 ① 《온도가》 feel cool 〔refreshing〕. ¶ 시원해지다 become cool. ② 《상쾌》 feel refreshed; be refreshing; feel relieved(안심하다). ③ 《언행이》 ☞ 시원스럽다.
시월(十月) October.
시위[1] 《활의》 a bowstring.
시위[2] 《홍수》 a flood. ~나다 be flooded 〔inundated〕.
시위(示威) 《운동》 a demonstration; a parade(행진). ~하다 demonstrate; carry out a demonstration. ¶ ~적 demonstrative. ‖ ~자 a demonstrator.
시위(侍衛) ~하다 escort; guard. ‖ ~대 the Royal Guards.
시유(市有) ~의 municipal; city-owned. ¶ ~로〔화〕하다 municipalize. ‖ ~ 재산 municipal property/

～지 city land.
시음(試飮) ～하다 try; sample 《*wine*》. ‖ ～회 a sampling party.
시읍면(市邑面) cities, towns and villages; municipalities.
시의(時宜) ¶ ～에 맞는 timely; opportune / ～에 맞다 be opportune.
시의(猜疑) suspicion (의심); jealousy (질투). ～하다 be suspicious of; distrust; suspect.
시의회(市議會) a municipal [city] assembly. ‖ ～의사당 a municipal assembly hall / ～의원 선거 a municipal election.
시인(是認) approval. ～하다 approve of; admit.
시인(詩人) a poet; a poetess(여자).
시일(時日) 《때》 time; days; 《날짜》 the date. ¶ ～ 문제 a question of time / ～과 장소(를 정하다) (fix) time and place / ～의 경과에 따라 as time passes / ～이 걸리다 require [take] (much) time.
시작(始作) the start; the beginning. ～하다 begin; start; commence. ¶ 사업을 ～하다 start [go into] business / 하기 ～하다 begin to do.
시작(試作) trial manufacture; one's first work. ～하다 manufacture for trial [experiment].
시작(詩作) versification; poem writing. ～하다 write [compose] poems.
시장 ¶ ～하다 be hungry. ‖ ～기 hungriness (～기를 느끼다 feel empty [hungry]).
시장(市長) a mayor. ¶ 서울 ～ the Mayor of Seoul. ‖ ～직 mayoralty; mayorship.
시장(市場) a market (place); a fair. ¶ 침체된 ～ sick [dull] market / ～에 나오다[나와 있다] come into [be on] the market / ～을 개척하다 cultivate [open up] a market 《*for*》. ‖ ～ 분석[점유율] a market analysis [share] / ～성 marketability(～성이 없는 unmarketable) / ～조사[조작] market surveying [operations] / 공설 ～ a public market / 국내[해외] ～ a home [an oversea(s), a foreign] market / 자본[증권] ～ the capital [a stock] market / 현물 ～ a spot market.
시재(時在) ‖ ～돈[액] cash on [in] hand.
시재(詩才) a poetic genius [talent].
시적(詩的) poetic(al). ‖ ～ 감정 a poetic sentiment.
시적거리다 do half-heartedly.
시절(時節) 《계절》 a season; 《시기》 one's time; a chance; 《시세(時世)》 the times. ¶ ～에 맞지 않는 out of season; unseasonable / 그 ～에(는) at that time; in those days/ 젊은 ～에 while (one is) young / 학생 ～에 in one's school days.
시점(時點) a point of [in] time. ¶ 오늘의 ～에서 as of today.
시정(市政) municipal government; city administration.
시정(是正) correction. ～하다 correct; put to right; improve.
시정(施政) government; administration. ‖ ～방침 《decide upon》 an administrative policy / ～ 연설 a speech of administrative politics.
시정(詩情) poetic feeling [sentiment].
시정아치(市井―) a market merchant [tradesman].
시제(市制) municipal system [organization].
시제(時制) 〖文〗 the tense.
시조(始祖) the founder; the originator; the father 《*of*》. ¶ 인류의 ～ the progenitor of the human race.
시조(時調) a Korean ode; Korean verse; a *shijo*.
시종(始終) 《부사적》 from first [beginning] to last [end]; all the time; consistently.
시종(侍從) a chamberlain; a lord in waiting.
시주(施主) 《일》 offering; oblation; almsgiving; 《물건》 an offering; 《사람》 an offerer; a donor. ～하다 offer; donate.
시준(視準) collimation. ‖ ～기 a mercury collimator.
시중 service; attendance; nursing (간호). ～하다[들다] serve; attend; nurse. ‖ ～꾼 an attendant; a nurse(간호인).
시중(市中) 《in》 the city [town, streets]. ‖ ～ 금리 the open market (interest) rate / ～ 은행 a city bank.
시즌 a season. ¶ ～이 아닌 off-season; out of season. ‖ 야구 ～ the baseball season.
시진(視診) an ocular inspection.
시집(媤―) one's husband's home [family]. ¶ ～가다 be [get] married 《*to*》 / ～(을) 보내다 marry 《*one's daughter to a man* [*into a family*]》; marry 《*one's daughter*》 off.
시집(詩集) a collection of poems; an anthology.
시차(時差) difference in time; 〖天〗 the equation of time. ‖ ～제 출근 staggered office hours. 「lax.
시차(視差) 〖天〗 the 《*solar*》 paral-
시찰(視察) (an) inspection. ～하다 inspect; visit; make an inspection 《*of*》. ‖ ～단 《send》 an inspecting party / ～여행 an observation trip; 《go on》 a tour of inspection.
시채(市債) a municipal loan [bond].
시책(施策) a measure; a policy. ¶ ～을 강구하다 take measures [steps] 《*to do*》.
시척지근하다 (be) sourish.
시청(市廳) a city(municipal) office; a city hall.
시청(視聽) seeing and hearing; 《주

의》 attention. ‖ ~각 the visual and auditory senses (~각 교육〔교재〕 audio-visual education 〔aids〕) / ~율 an audience rating / ~자 a TV viewer; the TV audience(총칭).
시청(試聽) an audition 《*room*》.
시체(屍體) a dead body; a corpse; 《동물의》 a carcass. ¶ ~로 발견되다 be found dead. ‖ ~부검(剖檢) an autopsy; a post-mortem (examination).
시체(詩體) a style of a poem.
시초(始初) the beginning; the start; 《발단》 the outset; the origin.
시추(試錐) drilling; prospecting(시굴). ‖ ~선 an oil prospecting rig / 해저(海底) 석유 ~ offshore oil drilling.
시취(屍臭) the smell of a dead body.
시취(詩趣) poetical interest 〔sentiment〕. ¶ ~가 있는 poetic(al).
시치다 baste; tack. ‖ 시침질 basting.
시치미떼다 pretend not to know; feign 〔affect〕 ignorance; play innocent.
시침(時針) the hour hand (of a watch).
시커멓다 (be) jet-black.
시큼시큼하다 (be) sourish.
시키다 《하게 하다》 make 〔let, get〕 《*a person*》 do; 《주문》 order. ¶ 잡채를 ~ order *chop suey*.
시트 ① 《침대의》 a (bed) sheet. ② 《우표의》 a sheet 《*of stamps*》.
시틋하다 ☞ 시뜻하다.
시판(市販) marketing. ~하다 market; put 《*goods*》 on the market. ¶ ~되고 있다 be on the market. ‖ ~품 goods on the market / 공동 ~ joint marketing.
시퍼렇다 (be) deep blue; black-blue.
시편(詩篇)〖聖〗 the Book of Psalms.
시평(時評) comments on current events; 《신문의》 editorial comments. ‖ ~난(欄) editorial columns / 문예 ~ a literary column 〔page, section〕.
시폐(時弊) evils of the times; the existing evils 〔abuses〕.
시하(侍下) 《부사적》 with both grandparents 〔both parents〕 living.
시하(時下) now; at this time of (the) year.
시하다(視―) regard as; consider 《*to be*》. ¶ 위험 ~ regard 《*a thing*》 as dangerous.
시학(詩學) poetics; poetry.
시한(時限) time limit; a period. ‖ ~부 파업 a time-limit strike / ~ 폭탄 a time bomb / 법적 ~ the legal deadline.
시할머니(媤―) one's husband's grandmother.
시할아버지(媤―) one's husband's grandfather.
시합(試合) ☞ 경기(競技).
시해(弑害) ☞ 시역(弑逆).
시행(施行) enforcement. ~하다 《법률을》 enforce; put in force; 《일반적》 carry out; conduct. ¶ ~되고 있다 be in force. ‖ ~령 an Enforcement Ordinance / ~ 세칙 detailed enforcement regulations.
시행착오(試行錯誤) trial and error.
시험(試驗) an examination; an exam 《口》; a test; 《실험》 an experiment; a trial. ~하다 examine; test; put to the test; experiment. ¶ ~삼아 tentatively; experimentally; on trial / ~에 합격〔실패〕하다 pass 〔fail in〕 an examination / ~을 치다 take an examination. ‖ ~과목〔장〕 an examination subject 〔room, hall〕 / ~관(管) a test tube(~관 아기 a test-tube baby) / ~답안지 an examination 〔a test 《美》〕 paper / ~대(臺) a test board 〔desk〕 / ~ 발사 〔비행〕 a test fire 〔flight〕 / ~ 지옥 the ordeal of examinations.
시현(示現) ~하다 reveal; manifest.
시호(時好) the fashion 〔vogue〕.
시호(諡號) a posthumous name 〔title〕.
시화(視話) lip reading 〔language〕. ‖ ~법 visible speech.
시화(詩畫) a poem and a picture. ‖ ~전 an exhibition of illustrated poems 《*by*》.
시황(市況) (the tone of) the market. ‖ ~ 보고 a market report / 주식 ~ the stock market.
시효(時效)〖法〗 prescription; statute of limitations. ¶ ~에 걸리다 be barred 〔extinguished〕 by prescription. ‖ ~ 기간 the period of prescription / ~정지〔중단〕 suspension 〔interruption〕 of prescription / 소멸〔취득〕 ~ negative 〔positive〕 prescription.
시후(時候) the season; 《일기》 weather; climate.
시흥(詩興) poetical inspiration.
식(式) ① 《식전》 《hold》 a ceremony; rites; rituals. ② 《양식》 form; 《형》 type; style; model; fashion; 《방법》 a method. ¶ 한국~의 (of) Korean style 〔fashion〕. ③ 〖數〗 an expression; 〖化〗 a formula. ¶ ~으로 나타내다 formularize.
식간(食間) ~에 between meals.
식객(食客) a dependent; a hanger-on. ¶ ~ 노릇을 하다 be a dependent 《*on*》.
식견(識見) discernment; insight; judg(e)ment; 《견해》 view; opinion.
식곤증(食困症) languor 〔drowsiness〕 after a meal.
식구(食口) a family; members of a family. ¶ 많은 〔적은〕 ~ a large 〔small〕 family.
식권(食券) a food 〔meal〕 ticket.
식기(食器) tableware; a dinner set; a table service.
식다 ① 《냉각》 (become) cool; get cold. ② 《감퇴》 cool down; flag;

subside; be chilled(흥, 몸이). ¶ 열의가 ~ lose interest 《*in*》; grow less enthusiastic.
식단(食單) a menu; a bill of fare.
식당(食堂) a dining room 〔hall〕; a mess hall (군대·공장 등의); 《음식점》 a restaurant; an eating house; 《간이 식당》 a lunch counter. ‖ ~차 a dining 〔restaurant〕 car.
식도(食刀) ☞ 식칼.
식도(食道) 〖解〗 the gullet. ‖ ~암 〖醫〗 cancer of the esophagus / ~염 〖醫〗 esophagitis.
식도락(食道樂) epicurism. ‖ ~가 an epicure; a gourmet.
식량(食糧) food; foodstuffs; provisions. ‖ ~ 부족 〔통제〕 food shortage 〔control〕 / ~ 사정 〔문제〕 the food situation 〔problem〕.
식료(食料) food. ‖ ~품 an article of food; provisions; foodstuffs (~품상(商) a dealer in foodstuffs; a grocer / ~품점 a grocery (store) 《美》; a grocer's (shop) 《英》).
식림(植林) afforestation. ~하다 afforest; plant trees.
식모(食母) 《keep》 a kitchenmaid (☞ 가정부). ‖ ~살이(하다) (be in) domestic service.
식목(植木) tree planting. ~하다 do planting; plant trees. ‖ ~일 Arbo(u)r Day 《美》.
식물(植物) a plant; vegetation (총칭). ~(성)의 vegetable 《*oil*》. ‖ ~계 the vegetable kingdom / ~성 단백질 vegetable albumin / ~원 a botanical garden. / ~ 인간 a human vegetable / ~지(誌) a flora; a herbal / ~ 채집 《go》 plant collecting / ~학 botany (~학자 a botanist).
식민(植民) colonization; settlement. ~하다 colonize; plant a colony 《*in*》. ‖ ~지 a colony (~지 정책 a colonial policy / ~지화(化)하다 colonialize / 구(舊)~지 an ex-colony / 해외 ~지 an overseas colony / (반)~지주의 (anti-)colonialism).
식별(識別) discrimination; discernment. ~하다 discriminate 〔distinguish〕 《*between A and B, A from B*》; tell 《*A from B*》. ¶ ~할 수 있는 〔없는〕 (in)distinguishable.
식보(食補) ~하다 take nourishing food; diet on nourishments.
식복(食福) luck in eating; luck to be treated with food.
식비(食費) food cost 〔expenses〕; 《하숙의》 (charges for) board.
식빵(食—) bread. ¶ ~ 한 개 〔조각〕 a loaf 〔slice〕 of bread.
식사(式辭) 《read, give》 an address 《*at a ceremony*》.
식사(食事) a meal; a diet. ~하다 take 〔have〕 a meal; dine. ¶ 가벼운 ~ a light meal / ~ 중이다 be at table / ~ 대접을 하다 serve a meal / ~ 준비를 하다 prepare a meal; set 〔fix 《美》〕 the table 《*for dinner*》. ‖ ~ 시간 mealtime; dinner time / ~ 예법 table manners.
식산(殖産) industry; (increase of) production.
식상(食傷) ~하다 be surfeited 〔fed up〕 《*with*》; be sick 《*of*》 《ㅁ》; be poisoned by food(중독).
식생활(食生活) dietary 〔food〕 life. ¶ ~을 개선하다 improve one's diet.
식성(食性) likes and dislikes in food; (one's) taste. ¶ ~에 맞다 suit one's taste/~이 까다롭다 be particular about food.
식수(食水) drinking water.
식수(植樹) ☞ 식목.
식순(式順) the order 〔program〕 of a ceremony.
식식거리다 gasp; pant.
식언(食言) ~하다 eat one's words; break one's promise.
식염(食塩) (table) salt. ‖ ~수(水) a solution of salt / ~ 주사 a saline 〔salt〕 injection.
식욕(食慾) (an) appetite. ¶ ~이 있다 〔없다〕 have a good 〔poor〕 appetite / ~을 잃다 lose one's appetite. ‖ ~ 감퇴 〔증진〕 loss 〔promotion〕 of appetite / ~ 증진제 an appetizer.
식용(食用) ~의 edible; eatable. ¶ ~으로 하다 use 《*a thing*》 for food. ‖ ~ 개구리 a bullfrog / ~유 cooking oil / ~품 eatables.
식육(食肉) (edible) meat. ‖ ~류 〖動〗 the Carnivora.
식은땀 a cold sweat. ¶ ~을 흘리다 be in a cold sweat.
식음(食飮) ¶ ~을 전폐하다 give up eating and drinking.
식이(食餌) ‖ ~요법(을 하다) (be on a) diet; (go on) a dietary cure.
식인(食人) ~의 man-eating; cannibal. ‖ ~종 a cannibal race; cannibals.
식자(植字) 〖印〗 typesetting. ~하다 set (up) type. ‖ ~공 a compositor; a typesetter 《주로 美》.
식자(識者) intelligent people.
식자우환(識者憂患) Ignorance is bliss.
식장(式場) the hall of ceremony; a ceremonial hall.
식전(式典) a ceremony; rites; rituals.
식전(食前) ~에 before a meal; before breakfast (아침 식사 전). ¶ ~ 30 분에 복용 To be taken 30 minutes before meals 〔each meal〕.
식중독(食中毒) food poisoning. ¶ ~에 걸리다 be poisoned by food.
식지(食指) ☞ 집게손가락.
식체(食滯) indigestion; dyspepsia.
식초(食醋) vinegar.
식충(食蟲) ① 〖生〗 ‖ ~류(類) Insectivore. ② 《사람》 a glutton.
식칼 a kitchen 〔carving〕 knife.
식탁(食卓) a (dining) table. ¶ ~에

앉다 sit at table. ‖ ~보 a cloth; a tablecloth.

식탈(食頉) sickness caused by overeating; food poisoning (식중독).

식품(食品) food(stuffs); groceries. ‖ ~ 공업 the food industry / ~ 위생 food hygiene / ~점 ☞ 식료품점 / 불량 ~ unsanitary 〔illegal〕 foodstuff.

식피(植皮) 〖醫〗 (skin) grafting. ~하다 graft skin 《*to*》. ‖ ~술=식피.

식혜(食醯) a sweet drink made from fermented rice.

식후(食後) ~에 after a meal; after dinner.

식히다 cool; let 《*a thing*》 cool; bring down 《*the fever*》. ¶ 식힌 cooled / 머리를 ~ cool one's head.

신¹ 《신발》 footgear; footwear; shoes. ¶ ~을 신은 채로 with one's shoes on / ~을 신다〔벗다〕 put on 〔take off〕 one's shoes.

신² 《신명》 enthusiasm; excitement; interest; fervo(u)r; rapture.

신(申) 《십이지》 the ninth of the twelve horary signs; the Ape.

신(神) God(일신교의); the Lord(주님); a god(다신교의); a goddess(여신). ~의 divine; godly. ¶ ~의 가호〔은총〕 divine protection 〔blessing〕.

신 a 《*dramatic*》 scene. ‖ 러브 ~ a love scene.

신가정(新家庭) a new home; a home of newlyweds.

신간(新刊) a new publication. ~의 new; newly-published. ‖ ~ 서적 a new book 〔publication〕 / ~ 소개 a book review.

신개발지(新開發地) a newly-opened land; a new town.

신격화(神格化) deification. ~하다 deify.

신경(神經) a nerve. ~성(의) nervous 《*fever*》. ¶ ~이 예민한 nervous; sensitive / ~이 둔한 insensitive; thick-skinned / ~이 굵다 be bold / ~을 건드리다 jar on one's nerves. ‖ ~ 계통 the nervous system / ~과민 nervousness; over-sensitiveness / ~과 (전문)의사 a neurologist / ~병 a nervous disease; neurosis / ~ 세포 a nerve cell / ~ 쇠약 《suffer from》 nervous prostration 〔breakdown〕; 〖醫〗 neurasthenia / ~염(炎) neuritis / ~전(戰) a nerve war; psychological warfare; a psywar 《美》 / ~질 nervous temperament / ~통 《suffer from》 neuralgia.

신경지(新境地) ¶ ~를 개척(開拓)하다 break new ground.

신경향(新傾向) 《display, show》 a new tendency 〔trend〕.

신고(申告) a report; a statement; a return(수입, 매상고 등의); declaration(세관에서의). ~하다 state; report; declare; make 〔file〕 a return. ‖ ~ 납세 tax payment by self-assessment / ~서 a report; a return blank(용지) / ~자 a reporter / ~제 a report system / 소득세 ~ an income-tax return / 전입〔전출〕 ~ a moving-in(-out) notification / 출생 ~ a register 〔notification〕 of birth / 확정〔예정〕 ~ a final 〔provisional〕 return.

신고(辛苦) hardships; trials; toil; pains. ~하다 suffer hardships; take pains.

신곡(新曲) a new song 〔tune〕.

신곡(新穀) the new crop; new grain.

신관(信管) a fuse. ¶ ~을 끊다〔장치하다〕 cut 〔set〕 a fuse. ‖ 시한〔격발〕 ~ a time 〔percussion〕 fuse.

신관(新館) a new building; an annex(별관).

신교(信敎) ☞ 신앙.

신교(新敎) Protestantism. ‖ ~도 a Protestant.

신구(新舊) ~의 old and new. ¶ ~사상의 충돌 a collision between old and new ideas.

신국면(新局面) a new phase 〔aspect〕.

신권(神權) the divine right. ‖ ~정치 theocracy.

신규(新規) ~의 new; fresh. ¶ ~로 anew; afresh; newly / ~로 채용하다 hire 〔employ〕 a new hand. ‖ ~ 사업〔예금〕 a new enterprise 〔deposit〕.

신극(新劇) the new drama; 《파(派)》 a new school of acting. ‖ ~ 운동 the new-drama movement.

신기(神技) superhuman 〔exquisite, marvel(l)ous〕 skill.

신기(神奇) ~한 marve(l)ous; mysterious(신비); miraculous(기적적); magic(al)(마술적). ¶ ~하게 marvelously; mysteriously.

신기(新奇) ~한 new; novel; original.

신기다 put 《*shoes*》 on 《*a person*》; get 《*a person*》 to put on 《*his shoes*》.

신기록(新記錄) 《establish, make》 a new 《*world*》 record.

신기루(蜃氣樓) a mirage.

신기원(新紀元) a new era 〔epoch〕. ¶ ~을 이루는 사건 epoch-making event / ~을 이룩하다 make 〔mark〕 an epoch 《*in*》.

신기축(新機軸) a new device 〔contrivance, departure〕; an originality.

신나 (a) thinner.

신나다 get in high spirits; get elated; feel on top of the world.

신남(信男) 〖佛〗 a male believer.

신녀(信女) 〖佛〗 a female believer.

신년(新年) a new year (☞ 새해). ‖ 근하(謹賀) ~ (I wish you a) Happy New Year!

신념(信念) belief; faith; conviction (확신). ¶ 정치적 ~ one's political creed / ~이 강한〔약한〕 사람 a man of strong 〔weak〕 faith / ~이 없다 lack faith 《*in*》.

신다 wear; put 〔have〕 on. ¶ 구두를〔양말을〕 ~ put on one's shoes

〔socks〕.

신당(新黨) 《organize》 a new political party.

신대륙(新大陸) a new continent; the New World.

신도(信徒) ☞ 신자(信者).

신동(神童) an infant prodigy 〔genius〕; a wonder child.

신뒤축 a shoe heel.

신디케이트 《form》 a syndicate.

신랄(辛辣) ~한 sharp; severe; bitter; cutting; poignant; pungent. ¶ ~한 풍자 a pungent satire.

신랑(新郞) a bridegroom. ‖ ~감 a likely 〔suitable〕 bridegroom / ~신부 the bride and bridegroom, a new couple.

신력(神力) divine power.

신력(新曆) the new 〔solar〕 calendar.

신령(神靈) ① 《신성한》 divine spirits. ② 《죽은 이의》 souls of departed persons.

신례(新例) a new example 〔precedent〕.

신록(新綠) fresh green 〔verdure〕.

신뢰(信賴) confidence 《*in*》; trust 《*in*》; reliance 《*on*》. ~하다 trust; believe in; rely 〔depend〕 《*on*》. ¶ ~할 만한 reliable; trustworthy/ ~를 저버리다 betray 《*a person's*》 trust.

신망(信望) confidence; popularity. ¶ ~을 잃다 lose the confidence 《*of*》 / ~이 있다 enjoy the confidence 《*of*》; be popular 《*with*》.

신명(身命) one's life. ¶ ~을 바치다 lay down one's life.

신명(神明) God; gods. ¶ ~의 가호 《by》 God's 〔divine〕 protection.

신묘(神妙) ~한 mysterious; marvel(l)ous.

신문(訊問) an examination 《*of a witness*》; an interrogation. ~하다 question; examine; interrogate. ‖ ~ 조서 〖法〗 interrogatory / 반대 ~ 〖法〗 cross-examination.

신문(新聞) a (news)paper; a journal; the press(총칭). ¶ 헌 ~ an old newspaper / ~에 나다 appear 〔be reported〕 in the paper / ~에서 얻어맞다 be attacked in the press / ~ 배달(을) 하다 deliver newspapers / ~을 편집〔발행〕하다 edit 〔issue〕 a paper. ‖ ~ 가판대 a newsstand/~ 광고 a newspaper advertisement/~ 구독료 a subscription/ ~ 구독자 a (newspaper) reader 〔subscriber〕 / ~ 기사 a newspaper article; a news item / ~ 기자 a pressman; a news(paper)man; a reporter; a journalist(~ 기자단 a press corps / ~ 기자석 the press box 〔gallery(국회 등의)〕) / ~사〔보급소〕 a newspaper office 〔agency〕/ ~ 소설 a serial novel (in a newspaper) / ~ 스크랩 newspaper clipping 《美》 / ~ 용지 newsprint / ~팔이〔배달인〕 a newsboy / 일간 〔주간〕 ~ a daily 〔weekly〕 (paper) / 조간 〔석간〕 ~ a morning 〔an evening〕 paper.

신물 ¶ ~(이) 나다 《비유적》 get sick and tired 《*of*》.

신바닥 the soles of shoes; a shoe sole.

신바람 excitement; interest.

신발명(新發明) a new invention. ~의 newly-invented.

신발족(新發足) 《make》 a new start; a fresh start.

신방(新房) a bridal room; the bridal bed.

신벌(神罰) divine punishment 〔retribution〕.

신변(身邊) ¶ ~의 위험 one's personal 〔bodily〕 danger / ~을 걱정하다 be anxious about one's personal safety. ‖ ~ 잡기 personal episodes.

신병(身柄) one's person. ¶ ~의 구속 physical restraint / ~을 인수하다 take over a person.

신병(身病) sickness; illness.

신병(新兵) a new conscript; a recruit. ‖ ~ 훈련(訓練) boot 〔recruit〕 training (~ 훈련소 a recruit training center).

신봉(信奉) ~하다 believe 〔have faith〕 in; follow.

신부(神父) a father.

신부(新婦) a bride. ‖ ~ 의상 a bridal costume / ~학교 a finishing school.

신분(身分) 《사회적인》 social position 〔standing, status〕; rank(위계); 《신원》 identity; origin; 《자력》 means. ¶ ~을 밝히다 〔숨기다〕 disclose 〔conceal〕 one's identity / ~에 알맞게〔지나치게〕 살다 live within 〔beyond〕 one's means. ‖ ~ 증(명서) an identity 〔identification〕 card; an ID card.

신불(神佛) gods and Buddha. ¶ ~의 가호 divine protection.

신비(神秘) mystery. ~한 mystic; mysterious. ¶ ~에 싸여 있다 be shrouded 〔wrapped〕 in mystery. ‖ ~경 a land of mystery / ~주의 mysticism.

신빙(信憑) ~하다 credit; give credence 《*to*》; put trust 《*in*》. ‖ ~성 authenticity; credibility(~성이 있다〔없다〕 be (un)authentic; be (un-)reliable).

신사(神祠) a shrine.

신사(紳士) a gentleman. ~적 gentlemanly; gentlemanlike. ¶ ~적으로 in a gentlemanly way / 비~적인 ungentlemanly/세련된 ~ a finished gentleman. ‖ ~도 the code of a gentleman / ~복 a men's suit; a business 《美》 〔lounge 《英》〕 suit / ~ 협정 a gentleman's agreement/시골〔청년〕 ~ a rustic〔young〕 gentleman.

신산(辛酸) 《suffer》 hardships.

신상(身上) 《몸》 one's body; 《처지》 one's circumstances. ‖ ~ 문제 one's personal affairs / ~ 상담난 an advice 〔agony《美》〕 column /

～ 조사서〔명세서〕 a report card on one's family.
신색(神色) looks; countenance.
신생(新生) a new life; (a) rebirth. ‖ ～국(가) a newly emerging nation / ～대〖地〗 the Cenozoic era.
신생명(新生命) 《inspire》 a new life 《*into*》.
신생아(新生兒) a newborn (baby); 「〖醫〗 a neonate.
신생애(新生涯) a new life.
신생활(新生活) 《begin》 a new life. ‖ ～ 운동 a new-life movement.
신서(信書) a letter; correspondence (총칭). ‖ ～의 비밀 《violate》 the privacy of correspondence.
신석기(新石器) ‖ ～ 시대 the neolithic era; the New Stone Age.
신선(神仙) a supernatural being. ‖ ～경 a fairyland; an enchanted place.
신선(新選) ～의 newly-selected (책의); newly-elected(선출의).
신선(新鮮) ～한 new; fresh. ¶ ～하게 하다 make fresh; freshen / ～한 공기〔채소〕 fresh air〔vegetables〕. ‖ ～미(가 없다) (lack) freshness.
신선로(神仙爐) 《그릇》 a brass chafing dish; 《요리》 various ingredients in a chafing dish; *sinsŏllo*.
신설(新設) ～하다 (newly) establish; found. ¶ ～의 new(ly-established). ‖ ～ 학교〔공장〕 a newly-founded school 〔factory〕.
신설(新說) a new theory 〔doctrine〕.
신성(神性) divinity; divine nature.
신성(神聖) sacredness; sanctity. ～한 sacred; holy; divine. ¶ ～ 불가침이다 be sacred and inviolable. ‖ ～ 로마 제국(帝國) the Holy Roman Empire.
신세 kindness; favo(u)r. ¶ ～를 지다 be indebted 《*to*》; receive assistance; be obliged 《*to*》; 《의지하다》 depend on 《*a person*》; live on 《*a person*》; 《폐끼치다》 give 《*a person*》 trouble / ～를 갚다 repay 《*a person's*》 kindness.
신세(身世) one's lot 〔circumstances, condition〕. ¶ 가련한 ～ a miserable 〔wretched〕 life / ～ 타령을 하다 express grievances about one's own lot.
신세계(新世界) a new world; the New World(미대륙).
신세대(新世代) the new generation.
신소리 a pun; a witty reply.
신속(迅速) ～한 rapid; swift; quick; prompt; speedy. ¶ ～히 rapidly; swiftly; quickly; promptly.
신수(身手) one's appearance; look. ¶ ～가 훤하다 have a fine appearance.
신수(身數) one's star; fortune; luck. ¶ ～를 보다 have one's fortune told. 「② ☞신체시.
신시(新詩) ① 《신작》 a new poem.
신시대(新時代) a new age 〔epoch, era〕. ¶ ～를 이루는 epoch-making; epochal.
신식(新式) a new style 〔pattern, type, method〕. ～의 new(-style, -type); modern.
신신부탁(申申付託) ～하다 request earnestly 〔repeatedly〕; solicit.
신실(信實) sincerity; faithfulness. ～한 sincere; true; faithful.
신심(信心) faith; piety. ☞ 믿음.
신안(新案) a new idea 〔design, mode〕. ‖ ～ 특허(를 신청하다) (apply for) a patent on a new design.
신앙(信仰) faith; belief. ¶ ～이 두터운 devout; pious; godly / ～이 없는 unbelieving; impious / ～의 자유 religious liberty; freedom of religion 〔faith〕 / ～을 깊이하다 〔버리다〕 deepen 〔forsake〕 one's faith. ‖ ～ 생활 《lead》 a religious life / ～ 요법 the faith cure / ～자 a believer.
신약(神藥) a wonderful remedy.
신약(新藥) a new drug 〔medicine〕.
신약성서(新約聖書) the New Testament.
신어(新語) 《coin》 a new word; a newly-coined word; a neologism.
신여성(新女性) the modern girl; the new woman.
신역(新譯) ～의 newly translated.
신열(身熱) 《have》 fever; (body) temperature.
신예(新銳) ～의 fresh 《*troops*》; new and powerful; picked. ‖ ～기(機) a newly produced airplane; an up-to-date aircraft.
신용(信用) 《신임》 confidence; trust; faith; 《신뢰》 reliance; 《명망》 reputation; 《경제상의》 credit. ～하다 trust; place 〔put〕 confidence in; give credence to. ¶ ～ 있는 trustworthy; creditable / ～ 없는 untrustworthy; discreditable / ～으로 돈을 꾸다 borrow money on credit / ～을 얻다 〔잃다〕 gain 〔lose〕 one's credit 《*with a person*》. ‖ ～ 거래 sales on credit; credit transaction / ～ 금고 a credit association / ～ 대부 a credit loan / ～ 보험 credit insurance / ～장 a letter of credit(생략 L/C) / ～ 조사 〔상태〕 a credit inquiry 〔standing〕 / ～ 조합 a credit union.
신용도(信用度) credit rating. ¶ 그의 ～는 높다 〔낮다〕 He is a good 〔poor, bad〕 credit risk.
신우(腎盂) 〖解〗 the pelvis of the kidney. ‖ ～염(炎) 〖醫〗 pyelitis.
신원(身元) one's birth and parentage; one's identity. ¶ ～ 불명의 unidentified 《*body*》 / ～을 조사하다 inquire into 《*a person's*》 background. ‖ ～ 보증 sponsorship(～ 보증인 a sponsor; a guarantor).
신음(呻吟) ～하다 groan; moan; be oppressed 《*by*》. ‖ ～ 소리 a moan; a groan.

신의(信義) faith; fidelity. ¶ ~있는 faithful / ~를 지키다 〔깨다〕 keep 〔break〕 faith 《*with a person*》.
신의(神意) God's will; providence.
신의(神醫) a wonderful physician.
신인(神人) God and man; 《신 같은 사람》 a man of God. ¶ ~ 공노할 죄 a crime against God and humanity.
신인(新人) a new figure 〔man〕; a new face 〔star〕 (연예계 따위의); a rookie(스포츠 따위의) 《俗》. ‖ ~왕 〖野〗 the rookie king.
신임(信任) trust; confidence. ~하다 trust; confide 《*in*》. ¶ ~이 두터운 trusted / ~을 얻다 win the confidence 《*of*》; be trusted 《*by*》. ‖ ~장 《present one's》 credentials / ~ 투표 a vote of confidence.
신임(新任) ~의 new(ly-appointed). ‖ ~자 a new appointee.
신입(新入) ~의 new; newly-joined. ‖ ~생 a new student; a freshman (대학의) / ~자 a newcomer.
신자(信者) 《종교의》 a believer 《*in Buddhism*》; an adherent; a devotee; the faithful(총칭). ¶ 기독교 ~가 되다 become 〔turn〕 a Christian.
신자(新字) a newly-made character.
신작(新作) a new work 〔production, composition (작곡)〕. ‖ ~ 소설 a newly-written novel.
신작로(新作路) a new road; a highway(큰길).
신장(一欌) a shoe chest.
신장(身長) stature; height. ¶ ~이 5피트 6인치다 stand five feet six inches.
신장(伸張) ~하다 extend; expand; elongate. ‖ ~성 expansibility.
신장(新裝) a new dress (옷); refurbishment (외관의); new binding (장정). ~하다 give a new look 《*to*》; refurbish.
신장(腎臟) the kidney. ‖ ~ 결석(結石) a renal calculus / ~병 a renal disease; kidney trouble / ~염(炎) nephritis.
신저(新著) one's new work; a new publication(신간서).
신전(神前) ¶ ~에 before God.
신전(神殿) a shrine; a sanctuary.
신접살이(新接—) life in a new home. ~하다 make a new home; set up house.
신정(神政) theocracy; thearchy.
신정(新正) the New Year.
신정(新訂) ‖ ~판 a newly-revised edition.
신정권(新政權) a new regime.
신제(新制) a new system. ‖ ~ 대학 a new-system university.
신제(新製) ~의 new; newly-made. ‖ ~품 a new product.
신조(信條) 《hold》 a creed; an article of faith; a principle(신념). ‖ 생활 ~ one's principles of life.
신조(神助) divine grace 〔aid〕; providence.
신조(新造) ~하다 build; construct; coin 《*words*》. ¶ ~의 newly-made 〔-built〕. ‖ ~어(語) a (new-, newly-) coined word.
신종(新種) 《종류》 a new species 〔variety〕; 《수법》 a new type. ‖ ~ 사기 a new type of swindling.
신주(神主) an ancestral tablet. ¶ ~를 모시다 enshrine one's ancestral tablet.
신주(新株) 《allot》 new stocks 《美》 〔shares 《英》〕. ¶ ~를 공모하다 collect new stocks publicly.
신중(愼重) care; caution; prudence. ~한 careful; cautious; prudent. ¶ ~한 태도를 취하다 take a prudent attitude 《*in*》.
신지식(新知識) new 〔advanced〕 ideas; new 〔up-to-date〕 knowledge.
신진(新進) ~의 rising; new. ¶ ~ 기예의 young and energetic. ‖ ~ 작가 a rising writer.
신진대사(新陳代謝) renewal; regeneration; 〖生〗 metabolism. ~하다 be renewed; be regenerated.
신착(新着) ~의 newly-arrived 《*books*》. ‖ ~품 new arrivals.
신찬(新撰) ~의 newly-compiled 〔-edited〕.
신참(新參) ~의 new; green(미숙한). ‖ ~자 a newcomer; a new hand; a novice.
신창 a shoe sole.
신천옹(信天翁) 〖鳥〗 an albatross.
신천지(新天地) a new world. ¶ ~를 개척하다 open up a new field of activity.
신청(申請) (an) application; (a) petition; 〖法〗 (a) motion. ~하다 apply 〔make an application〕 《*for*》; petition 〔file〕 《*for*》. ‖ ~서(書) an 〔a written〕 application / ~인 an applicant.
신청마감〔기한〕 the deadline for making application; a time limit for application.
신체(身體) the body; the person. ~의 bodily; physical. ¶ ~의 결함 a physical defect / ~의 자유 personal liberty. ‖ ~ 검사 《undergo》 a physical examination; searching(소지품) / ~ 장애자 a disabled person; the (physically) handicapped.
신체시(新體詩) the new-style poetry; a new-style poem (한 편).
신체제(新體制) a new structure 〔order, system〕.
신축(伸縮) ~하다 expand and contract; be elastic. ¶ ~ 자재의 elastic; flexible. ‖ ~성 elasticity.
신축(新築) ~하다 build; construct. ‖ ~ 가옥 a new(ly-built) house.
신춘(新春) 《신년》 the New Year; 《새봄》 early spring. ‖ ~ 문예 a literary contest in spring.
신출귀몰(神出鬼沒) ~하는 protean; elusive; with preternatural agil-

ity.
신출내기(新出—) a novice; a greenhorn; a tenderfoot; a beginner.
신코 a toecap.
신탁(信託) trust. ~하다 entrust; trust 《*a person*》 with 《*a thing*》. ‖ ~물 a trust / ~ 예금 a trust deposit / ~업 the trust business / ~자 a truster (피~자 a trustee) / ~ 재산 an estate in trust / ~ 증서 [회사] a trust deed [company] / ~ 통치 《be under UN》 trusteeship(~ 통치 지역 a trust territory)/ 금전[투자] ~ money [investment] trust / 대부 ~ loan trust / 수익 ~ a beneficial trust.
신탁(神託) an oracle; a divine revelation [message].
신통(神通) ~한 mysterious; wonder-working; miraculous; wonderful. ‖ ~력(力) a divine [an occult] power.
신트림 belch(ing).
신파(新派) 《form》 a new school; a new faction(정당의). ‖ ~극 [배우] a new-school play [actor].
신판(新版) a new publication [edition]. ~의 newly-published.
신편(新編) a new edition [version].
신품(新品) a new article. ¶ ~의 brand-new.
신하(臣下) a subject; a vassal.
신학(神學) theology. ‖ ~교[생] a theological [divinity] school [student] / ~자 a theologian.
신학기(新學期) a new (school) term.
신학문(新學問) new learning; modern sciences.
신형(新型) a new [the latest] style [design, type, model, fashion].
신호(信號) a 《*traffic*》 signal; signal(l)ing. ~하다 (make a) signal. ‖ ~기[등] a signal flag [lamp] / ~수 a signal man / 경계[위험] ~ a caution [danger] signal / 적[청] ~ a red [green] light / 조난 ~ an SOS.
신혼(新婚) ~의 newly-married [-wedded]. ‖ ~ 부부 [생활] a newly-married couple [life] / ~ 여행 《set out on》 a honeymoon (~ 여행자 honeymooners).
신화(神化) ~하다 deify.
신화(神話) a myth; mythology(총칭). ~적인 mythical. ‖ ~ 시대 the mythological age.
신환자(新患者) a new patient.
신흥(新興) ~의 new; rising. ‖ ~ 계급 a newly-risen class / ~국 a rising nation / ~ 도시(都市) a boom town / ~ 아프리카 제국(諸國) the emergent African countries / ~ 종교 a new religion.
싣다 ① 《적재》 load; take on; take on board, ship(배에). ② 《기재함》 record; publish; insert. ¶ 신문에 소설을 ~ publish a novel in a newspaper. ③ 《논에 물을》 water 《*a rice field*》.
실 yarn(방사(紡絲)); thread(재봉용). ¶ 바늘귀에 ~을 꿰다 thread a needle / ~을 실패에 감다 spool; reel/ ~을 잣다 spin thread [yarn] / ~오라기 하나 걸치지 않고 stark-naked. ‖ ~토리 a thread-ball.
실(實) net; solid; true; clear. ‖ ~ 중량 net weight.
실가(實價) ①《진가》 intrinsic value. ② ☞원가.
실각(失脚) a downfall; a fall. ~하다 fall 《*from power*》; lose one's position. ¶ ~한 정치가 a fallen politician.
실감(實感) actual feeling; realization(체득). ~하다 feel actually; realize. ¶ ~이 나다 be true to nature.
실감개 a spool; a reel; a bobbin.
실개천 a brooklet; a streamlet.
실격(失格) ~하다 be disqualified 《*from a game*》. ‖ ~자 a disqualified person.
실경(實景) the actual view [scene].
실고추 threaded [shredded] pepper.
실과(實果) ☞과실(果實).
실과(實科) a practical course.
실국수 thin [thread-like] noodles.
실권(失權) ~하다 lose one's rights; forfeit one's power.
실권(實權) real power. ¶ ~을 쥐다 hold [take] the reins of 《*government*》; hold power 《*over*》(지배하다). ‖ ~파 the power-holders; the faction in power.
실기(失期) ~하다 fail to keep an appointed time.
실기(失機) ~하다 miss an opportunity.
실기(實技) practical talent. ‖ ~ 시험 practical (talent) examination.
실기(實記) a true record; a history.
실꾸리 a ball of thread [yarn].
실낱 a (single) thread; a strand; a ply.
실내(室內) ~의 indoor. ¶ ~에서 indoors; in a room / ~를 장식하다 decorate [upholster] a room. ‖ ~악 chamber music / ~ 운동 indoor exercise / ~ 장식 interior decoration.
실농(失農) ~하다 miss the season for farming.
실눈 narrow eyes.
실답다(實—) (be) truthful; reliable; trustworthy. ¶ 실답잖은 untrustworthy; unreliable.
실뜨기 《play》 cat's cradle.
실랑이질 ¶ ~하다 pester; bother; trouble.
실력(實力) real power [ability]; capability; merit; force(폭력); arms (무력). ¶ 어학 ~ one's linguistic ability / ~있는 able; capable; talented; efficient / ~에 호소하다 appeal to arms [force]. ‖ ~자(者) a strong man; an influential person (정계 등의) / ~주의 the merit system / ~ 행사 use of force; 《파업》 a strike (~ 행사에 들어가다 go on a strike).

실례(失禮) rudeness; discourtesy; 《무례》 a breach of etiquette; bad manners. ¶ ~되는 rude; impolite/ ~되는 말을 하다 say rude things/ ~되는 짓을 하다 behave rudely/ ~지만 Excuse me, but.... / ~했습니다 I beg your pardon.
실례(實例) 《give》 an example; an instance; a precedent(선례).
실로(實―) truly; really; indeed; surely; to be sure.
실로폰 〖樂〗 a xylophone. 「tory).
실록(實錄) an authentic record (his-
실론 ¶ ~의 Ceylon 《*tea*》/~말(사람) (a) Ceylonese. 「twitch.
실룩거리다 quiver convulsively;
실리(實利) an actual profit (gain); utility. ~적 utilitarian. ‖ ~외교 utilitarian diplomacy / ~주의 utilitarianism(~주의자 a utilitarian; a materialist).
실리다 《기재됨》 appear; be printed (reported) (신문에); be recorded(기록); 《싣게 하다》 get 《*goods*》 loaded; have 《*a person*》 load 《*a car, goods*》.
실리콘 〖化〗 silicone. ☞ 규소.
실린더 a cylinder. 「ling (생략 s.).
실링 《영국의 구화폐 단위》 a shil-
실마리 《시작》 the beginning; 《단서》 a clue 《*to*》. ¶ …의 ~를 찾다 (놓치다) find (lose) a (the) clue to....
실망(失望) disappointment; discouragement; despair(절망). ~하다 be disappointed 《*at, in, of*》; be disheartened; despair 《*of*》. ¶ ~하여 disappointedly; in despair / ~시키다 disappoint.
실명(失名) ¶ ~의 anonymous. ‖ ~씨 an anonymous person.
실명(失明) ~하다 lose one's (eye-) sight; become (go) blind. ‖ ~자 a blind person.
실명(實名) *one's* real-name. ‖ ~계좌 *one's* real-name accounting (bank accounts).
실명제(實名制) the real-name financial transaction system.
실무(實務) (practical) business (affairs). ~적 practical; businesslike. ¶ ~에 종사하다 go into business / ~에 어둡다 not familiar with office routine. ‖ ~가 a man of business (affairs) / ~자(급) 회담 working-level talks.
실물(實物) a (real) thing; an (actual) object; a genuine article(진짜); an original(원형). ¶ ~ 크기(의) life-size(d); full-size(d). ‖ ~ 거래 (a) spot transaction/~ 수업(교육) (an) object lesson.
실밥 ① 《솔기》 a seam. ② 《뜯은 보무라지》 waste thread (ripped out of seams).
실보무라지 waste thread (yarn).
실버들 a weeping willow.
실비(實費) actual expenses; 《원가》 cost price; prime cost. ¶ ~로 팔다 (제공하다) sell (offer) 《*a thing*》 at cost. ‖ ~ 제공 a cost sale.
실사(實査) ~하다 inspect actually; survey.
실사(實寫) a photograph taken from life (on the spot).
실사회(實社會) the everyday (actual) world. ¶ ~에 나가다 go into the world; start in life.
실상(實狀) the actual (real) state of affairs; the actual condition.
실상(實相) real facts 《*of a case*》; real aspects. ¶ 사회의 ~ a true picture of life. 「pale.
실색(失色) ~하다 lose colo(u)r; turn
실생활(實生活) (a) real [(an) actual] life; the realities of life.
실성(失性) ~하다 become insane; go (run) mad; lose one's mind.
실소(失笑) ~하다 burst out laughing; burst into laughter. ¶ ~를 금치 못하다 cannot help laughing 《*at*》.
실속(實―) substance; matter; contents(내용). ¶ ~있는 substantial; solid / ~없는 unsubstantial; empty; poor(강의 등) / 겉보다 ~을 취하다 prefer substance to appearance.
실수(失手) a mistake; 《과실》 a blunder; a fault; 《사소한》 a slip. ~하다 make a mistake (slip); commit a blunder. ¶ 큰 ~ a gross mistake; a (serious) blunder.
실수(實收) 《수입》 an actual (a net, a real) income; 《수확》 an actual yield.
실수(實數) the actual number; 〖數〗 a real number (quantity).
실수요(實需要) actual demand. ‖ ~자 an end user (~자 증명 a certificate of an end user).
실습(實習) practice 《*in cooking*》; (practical) exercise; drill. ~하다 practice; have (practical) training. ‖ ~생 a student apprentice; a probationer; a trainee / ~ 시간 practice hours.
실시(實施) enforcement; operation; execution. ~하다 enforce 《*a law*》; carry 《*a law*》 into effect; put 《*a system*》 in operation (force).
실신(失神) ~하다 swoon; faint; lose consciousness.
실액(實額) actual amount.
실어증(失語症) aphasia. ‖ ~환자 an aphasiac.
실언(失言) 《make》 a slip of the tongue. ¶ ~을 사과하다 apologize for one's slip of the tongue.
실업(失業) 《실직》 unemployment. ~하다 lose one's job (work); be (thrown) out of work (job). ‖ ~구제 (보험) unemployment relief (insurance)/~ 수당 an unemployment allowance / ~율 the unemployment rate / ~자 an unemployed person; 《총칭》 the unem-

ployed; the jobless / 계절적 ~ seasonal unemployment / 잠재 ~(자) latent unemployment.
실업(實業) business(상업); industry (생산업). ¶ ~에 종사하다 go into [be engaged in] business. ‖ ~가 a businessman/~계(界) the business world / ~ 교육 vocational [industrial] education/~(고등)학교 a vocational [business] (high) school.
실없다 (be) insincere; faithless; unreliable. ¶ 실없이 frivolously; nonsensically; uselessly / 실없는 소리 silly [idle] talk.
실연(失戀) disappointed [unrequited] love; a broken heart. ~하다 be disappointed [crossed] in love 《*for a person*》. ¶ ~한 lovelorn; broken-hearted.
실연(實演) acting; a stage performance [show]; a demonstration. ~하다 act [perform] (on the stage); demonstrate.
실외(室外) ~의 outdoor. ¶ ~에서 outdoors; outside (of) a room.
실용(實用) practical use; utility. ~적 practical 《*English*》; useful; for practical use. ‖ ~ 신안 a utility model / ~주의 〖哲〗 pragmatism/ ~품(品) a utility [useful] article; necessaries(필수품).
실의(失意) dejection; disappointment; 《period of》 adversity(불우).
실익(實益) an actual [a net] profit; 《실리》 practical benefit; utility.
실인(實印) one's registered [legal] seal.
실재(實在) reality; actual existence. ~하다 exist (really). ¶ ~적(인) real; actual. ‖ ~론 〖哲〗 realism.
실적(實績) (actual) results; business showings. ¶ ~을 올리다 give actual [satisfactory] results. ‖ ~제(制) a merit system.
실전(實戰) actual fighting; (an) action; a battle. ¶ ~에 참가하다 take part in actual fighting. ‖ ~ 경험 combat experience.
실정(失政) misgovernment; maladministration; misrule.
실정(實情) the actual circumstances [condition]; the real [actual] state of things.
실제(實際) 《사실》 the truth; a fact; 《실지》 practice; 《실정》 the actual condition [state]; 《현실》 actuality; reality. ~의 true; real; actual; practical. ¶ ~로 really; in fact; actually / 이론과 ~ theory and practice / ~로 일어난 일 an actual occurrence.
실족(失足) ~하다 miss one's foot [step]; slip; take a false step.
실존(實存) ‖ ~주의 existentialism (~주의자 an existentialist).
실종(失踪) disappearance; missing. ~하다 disappear 《*from*》; be missing. ‖ ~ 신고 a report of 《*a person's*》 disappearance/~자 a missing person.
실주(實株) 〖證〗 a spot share; a real stock.
실증(實證) an actual proof. ~하다 prove; corroborate 《*a proof*》; establish 《*a fact*》. ¶ ~적(으로) positive(ly). ‖ ~론 [주의] positivism.
실지(失地) a lost territory. ¶ ~를 회복하다 recover the lost territory.
실지(實地) practice; actuality; reality. ~의 practical; actual; real. ¶ ~로 in practice; practically. ‖ ~경험 practical experience/~조사 an actual [on-the-spot] survey.
실직(失職) ☞ 실업(失業).
실질(實質) substance; essence; quality. ~적(으로) substantial(ly); essential(ly); actual(ly). ¶ 비~적 unsubstantial; empty. ‖ ~ 소득 [임금] real income [wages].
실쭉하다 (be) sullen; petulant. ¶ 실쭉하여 sullenly; with a sullen look.
실책(失策) an error; a mistake; a blunder. ~하다 make a mistake; commit a blunder [an error]. ‖ 대~ a gross error; a serious blunder.
실천(實踐) practice. ~하다 practice; put 《*a theory*》 into practice. ~적 practical. ‖ ~ 이성 [도덕] practical reason [morality].
실체(實體) substance; essence; an entity. ‖ ~화(化) substantialization (~화하다 substantialize) / ~론 〖哲〗 substantialism; ontology.
실총(失寵) ~하다 lose 《*a person's*》 favo(u)r.
실추(失墜) ~하다 lose (one's prestige); fall; sink (in people's estimation).
실측(實測) (actual) survey [measurement]. ~하다 survey; measure. ‖ ~도 an ordnance map.
실컷 to one's heart's content; as much as one wishes. ¶ ~ 먹다 [울다] eat [cry, weep] one's fill.
실켜다 reel silk off cocoons.
실크해트 a silk [top] hat.
실탄(實彈) 《소총》 a ball cartridge; 《포탄》 a live [loaded] shell. ¶ ~을 발사하다 fire ball cartridges. ‖ ~ 사격 ball firing.
실태(失態) a blunder; a fault; indiscretion; disgrace (면목없음). ¶ ~를 부리다 commit a blunder.
실태(實態) the realities; the actual condition [state]. ‖ ~조사 research on the actual condition (~ 조사 위원회 a fact-finding committee).
실토(實吐) ~하다 confess; tell the whole truth.
실파 a thready stone-leek.
실팍지다 (be) solid; strong; stout.
실패 a spool; a bobbin; a reel. ¶ ~에 감다 spool; reel.
실패(失敗) 《end in》 failure; miscarriage; a fiasco; a blunder(실수). ~

하다 fail 《*in*》; be unsuccessful; go wrong(계획 등이). ¶ 사업 〔시험〕에 ～하다 fail in one's business 〔an examination〕. ‖ ～자 a failure; 《낙오자》 a social failure.
실하다(實—) ① 《실팍》 (be) strong; stout; robust. ② 《재산 등이》 (be) wealthy; well-to-do. ③ 《내용이》 (be) full; substantial; replete.
실행(實行) 《실천》 practice; 《수행》 execution; performance; 《이행》 fulfil(l)ment; 《실시》 enforcement. ～하다 practice; execute; carry out; put 《*a plan*》 in(to) practice. ¶ ～상의 practical; executive / ～할 수 없는 impracticable; unworkable. ‖ ～력 executive ability / ～예산 the working budget.
실험(實驗) (an) experiment; a test; experimentation. ～하다 (make an) experiment 《*on, in*》. ¶ ～적(으로) experimental(ly). ‖ ～ 과학 〔극장〕 an experimental science 〔theater〕 / ～ 단계 《in》 the experimental stage / ～대(臺) a testing bench; 《비유적》 a guinea pig / ～식 〖化〗 an empirical formula / ～실 a laboratory / ～주의 〖哲〗 experimentalism (～주의자 an experimentalist) / 핵～ a nuclear test / 화학 ～ 《make》 a chemical experiment.
실현(實現) realization. ～하다 realize 《*one's ideal*》; materialize; come true(희망 등이). ¶ ～(불)가능한 (un)realizable.
실형(實刑) penal servitude to which one is sentenced without a stay of execution.
실화(失火) an accidental fire.
실화(實話) a true story; an authentic account.
실황(實況) the real condition; the (actual) scene. ‖ ～ 녹음 a live recording / ～ 녹화 a live TV recording / ～ 방송 on-the-spot 〔play-by-play (스포츠의)〕 broadcasting; a running commentary 《*on*》 (～ 방송을 하다 broadcast on the spot).
실효(失效) ～하다 lapse; lose effect; become (null and) void.
실효(實效) (an) effect; efficacy (약 따위의). ¶ ～있는 effective.
싫다 (be) disagreeable, unpleasant, disgusting, odious (불쾌); unwilling, reluctant(내키지 않다). ¶ 싫든 좋든 whether willing or not; willy-nilly / 싫어도 against one's will / 싫은 얼굴을 하다 make a (wry) face; look displeased.
싫어하다 dislike; hate; loathe; be unwilling 〔reluctant〕 《*to do*》.
싫증(—症) 《불호》 dislike; distaste; 《염오》 detestation; repugnance; 《권태》 weariness; tiredness; 《포만》 satiety. ¶ ～나다 get tired of 《*a task*》; be 〔grow〕 weary 〔sick〕 《*of*》; be fed up 《*with*》; be bored 《*with*》 / ～나게 하다 weary 《*a person*》; bore; make 《*a person*》 sick of.
심 《심줄》 beef's tendon.
심(心) ① 《핵심》 a core; 《나무의》 the heart; the pith. ② 《초의》 a wick; 《연필의》 lead; 《양복의》 a padding; 《상처에 박는》 〖醫〗 a wick.
심(審) a trial; a hearing. ¶ 제1～ the first trial.
심각(深刻) ～한 serious; grave; keen. ¶ ～해지다 turn serious / ～한 얼굴을 하다 look serious 〔grave〕/ ～하게 생각하다 think deeply 〔seriously〕.
심경(心境) one's 《*present*》 state of mind. ¶ ～의 변화를 가져오다 undergo a change of mind / ～을 토로하다 speak one's mind 《*to*》.
심계항진(心悸亢進) 〖醫〗 palpitation (of the heart); heart acceleration.
심근(心筋) 〖解〗 the heart muscle; the myocardium. ‖ ～ 경색 〖醫〗 myocardial infarction.
심금(心琴) heartstrings. ¶ ～을 울리다 touch 《*a person's*》 heartstrings.
심기(心氣) the mind; mood; sentiment.
심기(心機) ¶ ～ 일전(一轉)하다 《one's mind가 주어》 take a new turn; 《사람이 주어》 change one's mind; turn over a new leaf.
심낭(心囊) 〖解〗 the pericardium.
심녹색(深綠色) deep 〔dark〕 green.
심다 plant 《*trees*》; sow 《*barley*》; 《재배》 grow; raise.
심대(甚大) ～하다 (be) enormous; immense; great; heavy.
심덕(心德) virtue; moral character.
심도(深度) 《measure the》 depth 《*of*》. ‖ ～계 a depth gauge.
심드렁하다 《일이》 (be) not urgent; 《마음에》 (be) rather unwilling 《*to*》; take no interest 《*in*》 (서술적); 《병이》 (be) lingering.
심란(心亂) ～한 uneasy in mind; distracted; fidgety. ¶ ～해서 distractedly; worriedly.
심려(心慮) worry; anxiety; care. ～하다 be anxious 《*about*》; feel uneasy; be concerned 《*for*》. ¶ ～를 끼치다 give 《*a person*》 trouble.
심려(深慮) prudence; thoughtfulness; deliberation; foresight(선견).
심력(心力) mental power.
심령(心靈) the spirit; the soul. ‖ ～술 spiritualism / ～학 psychics (～학자 a psychicist) / ～ 현상 a spiritual phenomenon.
심로(心勞) worry; care; anxiety.
심리(心理) psychology; a mental state; mentality. ～적(으로) mental(ly); psychological(ly). ¶ 범죄자의 ～ the psychology of criminals. ‖ ～ 상태 a mental state / ～소설〔현상〕 a psychological novel 〔phenomenon〕 / ～ 작용 a mental process / ～전 〔묘사〕 psychological

warfare (description) / ～학 psychology (～학자 a psychologist / 교육(범죄, 이상(異常)) ～학 educational (criminal, abnormal) psychology) / ～ 현상 a psychological phenomenon.
심리(審理) trial; examination. **～하다** try 《*a case*》; examine; inquire 《*into*》. ¶ ～ 중이다 be under (on) trial.
심마니 diggers of wild ginseng.
심문(審問) a trial; 《give》 a hearing 《*to*》. **～하다** hear 《*a case*》; examine; try; interrogate. ¶ ～을 받다 be given a hearing; be tried (examined).
심미(審美) ～적 (a)esthetic(al). ‖ ～안 《have》 an eye for the beautiful / ～주의 estheticism / ～학 esthetics.
심방(心房) 〖解〗 an atrium [*pl*. -ria].
심방(尋訪) a call. ☞ 방문.
심벌 a symbol 《*of peace*》.
심벌즈 〖樂〗 (a pair of) cymbals.
심보(心—) ☞ 마음보.
심복(心服) **～하다** be devoted 《*to*》; have a high regard 《*for*》.
심복(心腹) one's second self. ‖ ～부하 one's confidential servant; one's right-hand man.
심부름 an errand; a message. **～하다** go on an errand; do (run) an errand 《*for a person*》. ¶ ～ 보내다 send 《*a servant*》 on an errand. ‖ ～꾼 an errand boy; a messenger; an office boy.
심사(心思) ～부리다 thwart; disturb; get in the way; put a spoke in another's wheel. ¶ ～사나운 malicious; ill natured; cantankerous.
심사(深謝) **～하다** thank heartily; 《사죄》 make a sincere apology.
심사(審査) 《검사》 inspection; examination; 《판정》 judging. **～하다** examine; judge; investigate. ¶ ～에 합격하다 pass the examination; be accepted. ‖ ～관(원) an examiner; a judge / ～ 위원 a judging committee/ ～ 제도 the screening system.
심사숙고(深思熟考) **～하다** consider carefully; ponder 《*on, over*》. ¶ ～끝에 after long deliberation.
심산(心算) an intention; a design; calculation. ¶ …할 ～이다 have a mind 《*to do*》.
심산(深山) the heart of a mountain; a deep (remote) mountain. ‖ ～ 유곡 deep mountains and dark valleys.
심상(心象) an image.
심상(尋常) **～한** common; ordinary; usual. ¶ ～치 않은 uncommon; unusual; serious.
심성(心性) mind; nature; disposition.
심술(心術) cross temper; perverseness; crabbedness. ¶ ～ 궂은 ill-tempered(-natured); perverse; cross(-grained); cantankerous / ～부리다 be cross with 《*a person*》. ‖ ～꾸러기 a cross-grained (an ill-natured) person; a crosspatch (아이) / ～패기 a crosspatch; a perverse (spoilt) child.
심신(心身) mind and body; body and soul. ¶ ～의 피로 mental and physical exhaustion / ～을 단련하다 train both bodies and spirits. ‖ ～ 장애자(아) a mentally and physically handicapped person (child).
심실(心室) 〖解〗 the 《*right, left*》 ventricle (of the heart).
심심(深甚) **～한** deep; cordial; profound 《*gratitude*》. ¶ ～한 사의를 표하다 《감사의 뜻》 express one's deepest gratitude 《*to*》; 《사과의 뜻》 beg 《*a person*》 a thousand pardons.
심심소일(—消日) ☞ 심심풀이.
심심풀이 a kill-time. **～하다** kill time; while away the tedium. ¶ ～로 《read》 to kill time; to pass the tedious hours / ～로 바둑을 두다 play *badug* to kill time.
심심하다[1] 《일 없어》 be bored, feel ennui, have a dull time(서술적).
심심하다[2] 《싱겁다》 (be) not salty.
심악스럽다(甚惡—) ☞ 심악하다.
심악하다(甚惡—) (be) heinous; atrocious; cruel; harsh.
심안(心眼) 《open》 the mind's eye.
심야(深夜) 《in》 the dead of night; 《at》 midnight. ¶ ～까지 till late at night; until midnight. ‖ ～ 방송(작업) midnight broadcasting (labo(u)r).
심약(心弱) **～하다** (be) timid; fainthearted.
심연(深淵) an abyss; a gulf.
심오(深奧) **～한** profound; abstruse. ¶ ～한 뜻 a profound meaning.
심원(心願) one's heart's desire.
심원(深遠) **～하다** (be) deep; profound; abstruse; recondite.
심의(審議) consideration; discussion. **～하다** consider; discuss. ¶ ～중이다 be under deliberation; be on the carpet / ～에 부치다 refer 《*a matter*》 to 《*a committee*》. ‖ ～회 a (deliberative) council (교육 ～회 an educational council).
심이(心耳) 〖解〗 the auricles of the heart.
심장(心臟) the heart. ¶ 서울의 ～부 the heart of Seoul / ～의 고동(鼓動) the beating (palpitation) of the heart / ～이 강한 bold; stout-hearted; brazen-faced / ～이 약하다 suffer from a weak heart; be fainthearted(마음 약하다). ‖ ～ 마비(痲痺) 《die of》 a heart attack; heart failure / ～병(病) a heart disease (trouble) / ～염 carditis / ～ 외과 cardiosurgery / ～ 이식(수술) a heart transplant (graft) (operation) / ～ 판막증 a valvular

disease of the heart.
심장(深長) ~한 deep; profound. ¶ 의미 ~하다 have a deep meaning; be (deeply) significant.
심적(心的) mental. ‖ ~ 현상〔작용〕 a mental phenomenon 〔action〕.
심전계(心電計)〚醫〛an electrocardiograph.
심전도(心電圖)〚醫〛an electrocardiogram (생략 ECG).
심정(心情) one's heart 〔feelings〕. ¶ ~을 헤아리다〔이해하다〕 enter into 《*a person's*》 feelings; sympathize with 《*a person*》 / 울고 싶은 ~이다 I feel like crying.
심줄 a tendon; a sinew.
심중(心中) the heart; the mind ¶ ~에 at heart; in one's heart; inwardly / ~을 털어놓다 unburden 〔unbosom〕 oneself 《*to*》.
심중(深重) ~하다 (be) prudent; discreet; circumspect.
심증(心證)〚法〛a conviction. ¶ ~을 얻다 gain a confident belief / ~을 굳히다 be confirmed in one's belief that... / ~을 해치다 give 《*a person*》 an unfavo(u)rable impression.
심지(心—) a wick. ¶ ~를 돋우다〔내리다〕 turn up 〔down〕 the wick.
심지(心地) disposition; nature; temper(ament); character.
심지어(甚之於) what is worse; on top of that; worst of all; even; 《not》 so much as.
심청(深靑) dark 〔deep, navy〕 blue.
심취(心醉) ~하다 be fascinated 〔charmed〕 《*with*》; be devoted 《*to*》. ‖ ~자 a devoted admirer; an adorer.
심판(審判) judg(e)ment; trial. ~하다 judge; (act as) umpire 〔referee〕. ¶ 최후의 ~ the Last Judg(e)ment. ‖ ~관(원) an umpire; a referee; a judge.
심포니 a symphony.
심포지엄 a symposium.
심하다(甚—) (be) severe; intense; extreme; excessive; heavy; great. ¶ 심한 경쟁 a keen competition / 심한 더위 intense heat / 심한 상처 a serious wound / 심한 추위 severe 〔bitter〕 cold / 심해지다 become violent 〔severe〕; get worse 〔serious〕 (악화).
심해(深海) the deep sea. ‖ ~어 a deep-sea fish / ~ 어업(漁業) deep-sea fishing.
심혈(心血) ¶ ~을 기울여 with all one's heart/ ~을 기울인 작품 one's most laborious work / ~을 기울이다 put one's heart (and soul) 《*into*》; do one's utmost.
심호흡(深呼吸) a deep breath; 《do》 deep breathing. ~하다 take deep breaths.
심혼(心魂) the soul; the heart. ☞ 심혈.
심홍(深紅) deep red; crimson.
심화(心火) fire of anger.
심화(深化) ~하다 deepen.
심황(—黃)〚植〛a turmeric.
심황(深黃) deep yellow; saffron (colo(u)r).
심회(心懷) thoughts of the heart; the mind.
심히(甚—) very (much); hard; severely; heavily; terribly; bitterly.
십(十) ten; the tenth(열째).
십각형(十角形) a decagon. ~의 decagonal.
십간(十干) the ten calendar signs; the ten celestial stems.
십계명(十誡命)〚聖〛《keep, break》 the Ten Commandments; the Decalog(ue).
십구(十九) nineteen. ‖ ~ 공탄 a nineteen-holed briquet/ ~ 세기 the nineteenth century.
십년(十年) ten years; a decade. ¶ ~간의 decennary / ~을 하루같이 year in year out; without a break for (ten) long years.
십대(十代) 《in》 one's teens. ¶ ~의 아이 a teenager; a teen-age boy 〔girl〕.
십만(十萬) a hundred thousand.
십면체(十面體)〚幾〛a decahedron.
십분(十分) ① 《시간》 ten minutes. ② 《충분히》 enough; sufficiently; fully. ③ 《십등분》 division in ten. ¶ ~의 일 one-tenth.
십사(十四) fourteen. ¶ 제(第) ~ the fourteenth.
십삼(十三) thirteen. ¶ 제(第) ~ the thirteenth.
십상 just right; just the (right) thing; admirable; perfect(ly).
십상팔구(十常八九) ☞ 십중팔구.
십억(十億) a billion《美》; a thousand million《英》.
십오(十五) fifteen. ¶ 제 ~ the fifteenth / ~분(分) a quarter (of an hour).
십육(十六) sixteen. ¶ 제 ~ the sixteenth. ‖ ~ 밀리 a 16 mm. film(영화) 〔camera(촬영기)〕/ ~분 음표 a semiquaver; a sixteenth note.
십이(十二) twelve; a dozen. ¶ 제 ~ the twelfth / ~각형 a dodecagon.
십이월(十二月) December.
십이지(十二支) the twelve zodiacal signs.
십이지장(十二指腸)〚解〛the duodenum. ‖ ~ 궤양 a duodenal ulcer/ ~충 a hookworm.
십인십색(十人十色) So many men, so many minds.
십일(十一) eleven. ¶ 제 ~ the eleventh.
십일월(十一月) November.
십자(十字) a cross. ¶ ~형의 cross-shaped; crossed; cruciform / ~형으로 crosswise / ~를 긋다 cross oneself. ‖ ~가(架) a cross; a crucifix(상(像))(~가에 못박다 crucify/

~가를 지다 bear [carry] one's cross) / ~군 a crusade / ~로(路) 《at》 a crossroads / ~ 포화 a cross fire.
십자매(十姉妹) 〖鳥〗 a lovebird.
십장(什長) the chief workman; a foreman.
십종경기(十種競技) the decathlon.
십중팔구(十中八九) ten to one; in nine cases out of ten; most probably.
십진(十進) ~의 decimal; denary. ‖ ~법 the decimal system.
십칠(十七) seventeen; the seventeenth(제 17).
십팔(十八) eighteen; the eighteenth (제 18). ‖ ~금 18-carat gold.
싱겁다 ① 《맛이》 (be) insipid; 《서술적》 be not properly salted; taste flat; 《술·담배 등이》 (be) washy 《*liquor*》; weak 《*cigarette*》; thin 《*coffee*》; watery. ¶ 간(맛)이 ~ be not well salted. ② 《언행이》 (be) flat; dull; nonsensical. ¶ 싱거운 자식 a senseless fellow / 싱거운 소리를 하다 talk nonsense.
싱그레 ¶ ~ 웃다 smile a gentle smile; grin.
싱글 《침대》 a single bed; 《양복》 a single-breasted coat; 《테니스 등의》 a singles (match).
싱글거리다 grin; be grinning.
싱글벙글 ¶ ~하다 smile; beam 《*upon a person*》; be all smiles.
싱긋 ¶ ~ 웃다 grin 《*at a person*》.
싱긋거리다 ☞ 싱글거리다.
싱긋벙긋 ☞ 싱글벙글.
싱둥싱둥하다 (be) vigorous; hale and hearty.
싱숭생숭하다 (be) restless; unsettled; fidgety.
싱싱하다 (be) fresh; lively; fresh-looking. ¶ 싱싱한 생선 a fresh fish.
싱크로트론 〖理〗 a synchrotron.
싶다 《욕구》 want [wish, hope, desire] to 《*do*》; would [should] like to 《*do*》; be eager to 《*do*》; 《기분이》 feel like 《*doing*》; be [feel] inclined to 《*do*》. ¶ 싶어하다 want [wish, desire] to 《*do*》 / 하고 싶은 대로 하다 do as one likes; have one's own way in everything.
싸개 a cover; a wrapper; a packing sheet.
싸구려 a cheap [low-priced] article; 《hunt for》 a bargain. ¶ ~ 시장 a cheap market.
싸늘하다 ☞ 써늘하다.
싸다¹ wrap (up) 《*in paper*》; tie [do] up 《*in*》; 《짐을》 pack (up); 《덮다》 cover; envelop 《*in*》. ¶ 한데 ~ put 《*things*》 into one parcel.
싸다² 《대소변을》 excrete 《*urine, feces*》; void. ¶ 바지에 오줌을 ~ wet one's pants.
싸다³ ① 《입이》 (be) talkative; voluble. ② 《걸음이》 (be) quick; fast. ③ 《불이》 (be) intense.
싸다⁴ ① 《값이》 (be) cheap; low (-priced); of a mederate price; inexpensive. ¶ 싸게 팔다 [사다] sell [buy] cheap [at a low price] / 아주 ~ be dirt-[dog-]cheap. ② 《마땅》 deserve, merit, be due(서술적). ¶ 벌받아 ~ You well merit the punishment. / 그래 ~ It serves you right!
싸다니다 run [gad, bustle] about.
싸라기 broken rice. ‖ ~눈 hail.
싸리 〖植〗 a bush clover.
싸우다 fight 《*with, against*》; fight a battle; make war 《*with*》; (have a) quarrel, wrangle(말다툼); contend 《*with*》(다투다).
싸움 a war(전쟁); a battle(전투); 《투쟁》 a fight; a strife; a struggle; 《말다툼》 a quarrel. ~하다 (☞ 싸우다). ¶ ~에 나가다 go to war [the front] / ~에 이기다 [지다] win [lose] a battle.
싸움꾼 a quarrelsome person; a fire-eater.
싸움터 a battlefield; a battleground.
싸움판 the scene of a fight [quarrel].
싸움패 hoodlums; (a gang of) hooligans.
싸이다 be wrapped [covered]. ¶ 수수께끼에 ~ be shrouded in mystery.
싸전(—廛) a rice store.
싸하다 (be) pungent; acrid; sharp.
싹¹ ① 《씨앗》 a bud; a sprout; a shoot. ¶ ~트다 sprout; put forth buds [shoots]; bud (일 따위). ② ☞ 싹수.
싹² 《베는 꼴》 at a stroke; 《모두》 completely; all; thoroughly. ¶ ~ 베다 cut at a stroke / ~ 변하다 change completely / ~ 쓸다 sweep out.
싹독거리다 snip continuously 《*off*》. ¶ 싹독싹독 snip-snap.
싹수 a good omen; promise. ¶ ~가 노랗다 be hopeless; have no prospect of.
싹싹 ¶ ~ 빌다 supplicate [beg 《*a person's*》 pardon] with joined hands.
싹싹하다 (be) affable; amiable.
싼거리 a bargain; a good buy; a cheap article(싼 물건). 「buy.
싼흥정 (a great) bargain; a good
쌀 rice. ‖ ~가게 a rice store / ~가루 rice flour / ~가마니 a straw rice bag / ~겨 rice-bran / ~밥 boiled rice / ~알 a grain of rice / ~장사 rice dealing / ~장수 a rice dealer / ~풍작 bumper rice harvest.
쌀보리 rye; naked barley.
쌀쌀 ¶ (배가) ~ 아프다 have a griping pain (in the stomach).
쌀쌀하다 ① 《냉정》 (be) cold; cold-hearted; unfeeling; indifferent. ¶

쌀쌀하게 coldly; indifferently. ② 《일기가》 (be) chilly; wintry.
쌈 rice wrapped in leaves 《*of lettuce*, etc.》. ¶ 상추～ lettuce-wrapped rice.
쌈지 a tobacco pouch. ‖ ～ 담배 cut [pipe] tobacco.
쌉쌀하다 《서술적》 taste bitterish.
쌍(雙) a pair; a couple; a brace 《*of pheasants*》. ～의 twin. ¶ 잘 어울리는 한 ～의 부부 a well-matched couple [pair] / ～을 만들다 pair; make a pair of 《*two things*》.
쌍갈지다(雙一) fork [branch] off in two; bifurcate.
쌍견(雙肩) one's shoulders. ¶ ～에 짊어지다 [달리다] bear [rest, fall] on one's shoulders.
쌍겹눈(雙一) a double eyelid eye.
쌍곡선(雙曲線) 〖幾〗 a hyperbola.
쌍꺼풀(雙一) a double eyelid.
쌍동기(雙胴機) a twin-fuselage plane.
쌍동밤 twin chestnuts.
쌍동이(雙童一) ☞ 쌍둥이.
쌍두(雙頭) ～의 double-headed. ‖ ～ 마차 a carriage-and-pair.
쌍둥이(雙一) twins; twin brothers [sisters]; a twin (그 중 한 사람). ¶ ～를 낳다 give birth to twins. ‖ 세～ triplets.
쌍무계약(雙務契約) a bilateral contract.
쌍바라지(雙一) a double (-hinged) door; a two-leaved door.
쌍발(雙發) ～의 bimotored. ‖ ～ 비행기 a twin-engine plane.
쌍방(雙方) both parties [sides]. ～의 both; mutual 《*consent*》.
쌍벽(雙璧) the two greatest authorities 《*of*》; the twin matchless stars.
쌍분(雙墳) twin graves.
쌍생(雙生) ～의 twin; binate. ‖ ～아 twins; a twin(한쪽).
쌍수(雙手) 《raise》 both hands. ¶ ～를 들어 찬성하다 support 《*a person's plan*》 whole-heartedly.
쌍시류(雙翅類) 〖蟲〗 a dipterous insect.
쌍심지(雙一) double wicks. ¶ ～(가) 나다 burn with anger; flare up.
쌍십절(雙十節) the Double Tenth (Anniversary).
쌍쌍이(雙雙一) by twos; in pairs; in couples.
쌍안(雙眼) ～의 binocular. ‖ ～경(鏡) (a pair of) binoculars; 《look through》 a field glass(야외용); an opera glass(극장용).
쌍자엽(雙子葉) ‖ ～ 식물 a dicotyledon.
쌍창(雙窓) a double window.
쌍태(雙胎) twin-fetuses in the uterus.
쌓다 ① 《포개다》 pile [heap] (up); stack 《*hay*》; lay 《*bricks*》. ② 《구축》 build 《*a wall*》; construct; erect 《*a tower*》. ③ 《축적》 accumulate [gain] 《*experience*》; store up; amass 《*a big fortune*》; practice(연습을).
쌓이다 be piled; accumulate; lie 《*3 inches deep*》(눈이). ¶ 쌓인 원한 growing hatred; deep-rooted ranco(u)r 《*against*》.
쌔고쌨다 (be) superabundant; superfluous.
쌔근거리다 pant; breathe hard; gasp.
써늘하다 ①《차다》(be) cold; chilly; icy; cool. ② 《놀라서》 be chilled, be shocked 《*at, by*》(서술적). ¶ 간담을 써늘하게 하다 make 《*a person's*》 blood run cold.
써다 《조수가》 ebb; flow back; sink, subside(감수).
써레 a harrow. ¶ ～질하다 harrow (up) 《*the fields*》.
써리다 harrow up 《*the fields*》.
썩 ① 《빨리》 right away; at once. ¶ ～ 물러나라 Get out at once. ② 《대단히》 very (much); exceedingly; greatly. ¶ ～ 좋은 기회 a very lucky opportunity.
썩다 ① 《부패》 go bad; rot; decay (과일 등); spoil(음식 등이); decompose; corrode (쇠붙이가); corrupt (타락). ¶ 썩은 이빨 a decayed tooth. ② 《활용안됨》 gather dust; get rusty.
썩이다 ① 《부패》 let rot [decay]; corrupt. ② 《속을》 worry; annoy; eat one's heart out 《*with*》. ¶ 남의 속을 ～ give 《*a person*》 trouble; worry another's heart.
썰다 chop (up); mince; dice; slice; cut up; hash(잘게).
썰레놓다 manage to accomplish an impossible task.
썰매 a sled; a sledge; a sleigh(대형의). ¶ ～를 타다 ride on a sled [in a sledge]; sled. ‖ ～타기 sledding; sleigh riding.
썰물 an ebb tide; a low tide; low water.
쏘가리 〖魚〗 a mandarin fish.
쏘개질하다 tell [carry] tales.
쏘다 ① 《발사함》 fire; shoot; discharge. ¶ 쏘아 죽이다 shoot 《*a person*》 dead [to death]. ② 《말로》 criticize; censure; attack. ③ 《벌레가》 bite; sting.
쏘다니다 gad [roam] about; run around.
쏘삭거리다 instigate; incite; stir up.
쏘아올리다 shoot [fire, let, set] off; launch(인공 위성을). ¶ 인공 위성을 ～ put [fire] an artificial satellite into the sky.
쏜살같다 be as swift as an arrow. ¶ 쏜살같이 like an arrow; at full speed.
쏟다 ① 《물건을》 pour 《*into, out*》; spill; empty 《*a box*》. ② 《집중》 devote 《*to*》; concentrate 《*on*》. ¶

마음을 ~ give one's mind 《*to*》; devote oneself 《*to*》; concentrate one's thought 《*on*》/ 전력을 ~ concentrate one's energies 《*on*》; do one's best [utmost].

쏟아지다 pour 《*out, down*》; 《물 따위가》 gush out; spout; spurt; be spilt. ¶ 비가 ~ it rains hard.

쏠다 gnaw; nibble (at); bite (at).

쏠리다 ① 《기울다》 incline 《*to*》; lean 《*to, toward*》. ② 《경향이 있다》 be inclined [disposed] to; tend to; lean toward.

쐐기 a wedge; a chock. ¶ ~를 박다 drive in a wedge.

쐬다 ① 《바람 따위를》 expose oneself to; be exposed to. ② 《벌레 따위에》 be stung 《*by a bee*》.

쑤다 cook 《*gruel*》; prepare; make 《*paste*》.

쑤석거리다 ① 《쑤시다》 poke about. ② 《선동》 incite; urge; egg [set] 《*a person on to do*》.

쑤시개 a poke; a pick. ‖ 이~ a toothpick.

쑤시다¹ 《구멍 따위를》 pick; poke. ¶ 이를 ~ pick one's teeth.

쑤시다² 《아프다》 throb with pain; tingle; twinge; smart; ache.

쑥¹ 〖植〗 a mugwort.

쑥² 《바보》 a fool; a simpleton; an ass; a dupe.

쑥³ 《부사》 ¶ ~ 뽑다 draw [pull] out 《*a thing*》 with a jerk / ~ 들어가다 sink; cave in(땅이); give in / ~ 내밀다 project; thrust [jut] out.

쑥갓 〖植〗 a crown daisy.

쑥대강이 dishevel(l)ed [unkempt] hair.

쑥대밭 ¶ ~이 되다 be reduced to complete ruin.

쑥덕공론(—公論) secret talks; a secret conference; a talk in whispers. ~하다 discuss things under one's breath; exchange subdued remarks.

쑥스럽다 (be) unseemly; improper; indecent; awkward(어색하다).

쑬쑬하다 (be) fairly good; so-so.

쓰개 a headgear; headdress.

쓰다¹ 《글씨를》 write; pen; scribble; spell(철자하다); 《적다》 put [write, note] down; 《문장·시를》 write; compose; 《기술》 describe. ¶ 잉크로 ~ write in ink / 잘 ~ write a good hand / 써 넣다 write in; enter; fill out the blank.

쓰다² ①《사용》 use 《*as, for*》; make use of; utilize; put to use; 《취급》 work 《*a machine*》; handle 《*a tool*》; 《채택》 take; adopt. ¶ 쓰기에 편한 handy; convenient 《*to handle*》/ …을 써서 by means of/ 너무 ~ overuse; overwork; use too much / 약으로 ~ use 《*it*》 for medicine / 수단을 ~ take a measure. ② 《고용》 engage; employ; take 《*a person*》 into one's service; keep; hire. ¶ 시험삼아 써 보다 give 《*a person*》 a trial. ③ 《소비함》 use; spend 《*in, on*》. ¶ 돈을 ~ spend money / 다 ~ use up; exhaust; consume; deplete; go through. ④ 《술법 따위》 practice 《*magic*》. ⑤ 《약을》 administer 《*medicine*》 to 《*a person*》; dose. ⑥ 《힘을》 exert; exercise; use. ¶ 머리를 ~ use one's head [brains]/ 폭력을 ~ apply force. ⑦ 《행사》 circulate; pass; utter. ¶ 가짜돈을 ~ pass a counterfeit coin. ⑧ 《색을》 have sex. ⑨ 《말하다》 speak. ¶ 영어를 ~ speak English.

쓰다³ ① 《머리에》 put on(모자를); cover(수건 따위를); wear(착용). ② 《안경을》 put on 《*spectacles*》. ③ 《들쓰다》 pour 《*water*》 upon oneself; be covered with 《*dust*》. ④ 《우산》 hold [put] up 《*an umbrella*》; hold 《*an umbrella*》 over one's head. ⑤ 《이불을》 draw [pull] over. ⑥ 《누명 등을》 be falsely accused 《*of*》.

쓰다⁴ 《맛이》 (be) bitter. ¶ 쓴 약 a bitter medicine.

쓰다⁵ ¶ 뫼를 ~ set up a grave; bury in [at].

쓰다듬다 stroke 《*one's beard*》; pass one's hand [fingers] over; smooth 《*one's hair*》; pat, caress(애무).

쓰디쓰다 (be) very bitter.

쓰라리다 (be) smart; sore; 《괴롭다》 (be) painful; hard; bitter. ¶ 쓰라린 경험 a bitter experience / 이별의 쓰라림 the pain of parting.

쓰러뜨리다 throw down; knock down; overthrow (전복); blow down (바람이); fell 《*a tree*》; pull down; 《죽이다》 kill.

쓰러지다 ① 《전도·도괴》 collapse; fall (down); be overturned(전복). ② 《죽다》 fall dead; die; meet one's death; be killed. ¶ 쓰러질 때까지 싸우다 die game; fight to a finish. ③ 《도산·몰락》 be ruined; go to ruin; go bankrupt; fail. ¶ 쓰러져 가는 tottering.

쓰레기 rubbish; refuse; garbage; dust; trash. ¶ ~ 버리는 곳 a refuse heap; a dump. ‖ ~ 분리수거 separate garbage collection / ~차 a dust cart; a garbage truck/ ~통 a dustbin; an ash can 《美》 / 부엌 ~ kitchen refuse; garbage 《美》/ 재활용 ~ recyclable [recurrent] wastes.

쓰레기 종량제(—從量制) the volume-rate garbage disposal system.

쓰레받기 a dustpan.

쓰레질하다 sweep.

쓰레하다 (be) leaning; tottering.

쓰르라미 〖蟲〗 a clear-toned cicada.

쓰리다 (be) smarting; tingling; 《공복》 (be) hungry. ¶ 가슴이 ~ have a heartburn.

쓰이다¹ 《글씨》 write (써지다); be written(씌어 있다); let 《*a person*》 write(쓰게 하다).

쓰이다² ① 《사용》 be used; be in use; be utilized. ¶항상 쓰이는 말 a word in general use. ② 《소용》 be spent; be consumed; need; take; cost.
쓱싹하다 ① 《해먹다》 pocket; embezzle. ② 《일을》 hush 〔cover〕 up. ③ 《셈을》 settle; square; balance.
쓴맛단맛 ¶인생의 ~을 다 보다 taste the sweets and bitters of life.
쓴웃음 a bitter 〔wry〕 smile. ¶ ~을 짓다 smile grimly.
쓸개 the gall (bladder). ¶ ~ 빠진 사람 a spiritless man.
쓸까스르다 rub 《*a person*》 the wrong way; make fun of.
쓸다¹ 《쓰레질》 sweep 《*up, away, off*》. ¶쓸어 내다 sweep out 《*with a broom*》; sweep up 《*a room*》/ 쓸어 모으다 sweep into a heap.
쓸다² 《줄로》 file; rasp.
쓸데없다 《불필요》 (be) needless; unnecessary; 《무용》 be of no use (서술적); (be) useless; worthless; 《달갑지 않다》 (be) uncalled-for; unwanted. ¶쓸데없이 to no purpose; in vain; unreasonably; wastefully.
쓸리다¹ 《비로》 be swept (쓸어지다); let 《*a person*》 sweep (쓸게 하다).
쓸리다² 《줄에》 get rasped 〔filed〕.
쓸리다³ 《살갗이》 be chafed 〔grazed〕.
쓸만하다 (be) useful; serviceable; valuable (가치 있다).
쓸모 《효용》 use; service; good; utility; 《가치》 value; worth; serviceability. ¶ ~가 있다 be useful; be serviceable; be of use 〔service〕; serve the purpose; be able (사람이) / ~ 없다 be of no use 〔service〕; be useless.
쓸쓸하다 (be) lonely; lonesome; desolate; deserted; solitary (고독). ¶쓸쓸하게 lonesomely; solitarily / 쓸쓸하게 지내다 lead a solitary life / 쓸쓸해지다 feel lonely; miss 《*a person*》.
쓸어버리다 sweep out 〔away〕.
쓿다 polish 《*grain*》; refine.
씀바귀 【植】 a lettuce.
씀씀이 ¶ ~가 헤프다 spend money wastefully; be free with one's money.
씁쓸하다 (be) bitterish.
씌우다 ① 《머리에》 put 《*a thing*》 on; 《덮다》 cover 《*a thing*》 with. ② 《죄를》 pin 《*a fault*》 on 《*a person*》; lay 《*a blame*》 at another's door; charge 〔fix〕 《*a person with a blame*》.
씨¹ ① 《씨앗》 a seed; a stone (열매 속의 단단한 씨); a kernel (핵); a pip (사과, 배 따위의). ¶ ~ 뿌릴 때 seedtime / ~ 없는 seedless / 밭에 ~를 뿌리다 sow the field / ~를 받다 gather the seeds / ~가 생기다 (go to) seed. ‖ ~ 장수 a seedsman. ② 《마소의》 a breed; a stock. ¶ ~받이 소 a bull / ~가 좋다 be of a good stock. ③ 《사람의》 paternal blood. ¶불의의 ~ a child born in sin. ④ 《근원》 the source; the cause. ¶불평의 ~ a source of complaint.
씨² ☞ 품사(品詞).
씨³ 《피륙의》 the woof 〔weft〕 ¶ ~와 날 woof and warp.
씨(氏) 《경칭》 Mr. (남자); Miss. (미혼 여성); Mrs. (기혼 여성).
씨근 ¶ ~거리다 gasp; be out of breath / ~ 벌떡 breathlessly; out of breath; panting for breath.
씨닭 a breeding chicken.
씨름 wrestling; a wrestling match. ~하다 wrestle 〔have a wrestling match〕 with 《*a person*》; 《비유》 tackle 《*a difficult problem*》. ‖ ~꾼 a wrestler.
씨명(氏名) a name; a full name.
씨아 a cotton gin. ‖ ~질 ginning.
씨암탉 a breeding hen.
씨앗 a seed. ☞ 씨¹ ①.
씨족(氏族) a clan; a family. ‖ ~ 정치 clan politics / ~ 제도 the family 〔clan〕 system.
씨종 a hereditary slave.
…씩 ¶조금~ little by little; bit by bit / 하나~ one at a time; one by one / 두 사람~ two by two; two at a time / 1주 2회~ twice a week.
씩둑거리다 talk idly; prattle; chatter.
씩씩하다 (be) manly; manful; courageous; brave. ¶씩씩하게 manfully; bravely; valiantly.
씹 ① 《음부》 the vulva. ② 《성교》 sexual intercourse. ☞ 씹하다.
씹다 chew; masticate.
씹하다 have sexual intercourse 「《*with*》.
씹히다 be chewed; 《씹게 하다》 let 《*a person*》 chew 《*on*》. ¶잘 씹히지 않다 be hard to chew 〔masticate〕.
씻가시다 wash out; rinse.
씻기다 《씻어지다》 be washed; 《씻게 하다》 let 《*a person*》 wash.
씻다 ① 《물로》 wash; wash away (씻어 버리다); wash off 〔out〕 (씻어 내다); cleanse (세정); bathe (상처 따위를). ¶손과 얼굴을 ~ get a wash / 때를 씻어 버리다 wash off the dirt / (잔)등을 ~ wash 〔rub〕 down the back. ② 《죄 따위를》 clear; blot out (누명 따위를); clear oneself (혐의를). ¶씻을 수 없는 치욕 an indelible disgrace / 치욕을 ~ clear one's hono(u)r. ③ 《닦아내다》 wipe (off); mop (up). ¶이마의 땀을 ~ wipe the sweat off one's brow.
씻부시다 wash 《*dishes*》 clean; cleanse; rinse 《*a bottle*》.
씻은듯이 clean(ly); completely; thoroughly.
씽 《바람》 ¶ ~ 불다 whistle.

ㅇ

아《감동》 Ah!; Oh!; 《놀람》 O dear!; O!; Dear me!; Good gracious!; (Good) Heavens!; Got bless me!
아(亞) Asia. ¶ ~주(洲)의 Asian.
아(阿) Africa. ¶ ~아(亞) 블록 the Afro-Asian bloc.
아…(亞) sub-; near-. ¶ ~열대 the subtropics.
아가 ☞ 아기.
아가미 the gill(s) 《*of a fish*》.
아가씨 a young lady; a girl; 《호칭》 Miss; *Mademoiselle* 《프》.
아가위 a haw. ‖ ~나무 the Chinese hawthorn.
아교(阿膠) glue. ¶ ~질의 gluey; glutinous; colloid / ~로 붙이다 glue. ‖ ~질체 a cololid.
아국(我國) our country.
아군(我軍) our forces (troops).
아궁이 a fuel hole; a furnace.
아귀 ① 《갈라진》 a fork; a crotch; a corner. ‖ 입~ the corner of the mouth. ② 《싹트는》 ¶ 씨가 ~트다 a seed sprouts open. ③ 《옷의 터놓은 것》 side slits 《*on an overcoat*》.
아귀(餓鬼) 〖佛〗 a hungry ghost; a famished devil (demon); 《사람》 a greedy person; a person of voracious appetite. ‖ ~ 다툼 a dispute.
아귀세다 (be) tough; firm; strong-minded.; unyielding.
아귀아귀 greedily; ravenously.
아그레망 *agrément* 《프》; approval; acceptance.
아기 ① 《어린애》 a baby; a babe; an infant. ② 《딸》 a young daughter; a daughter-in-law (며느리).
아기살 a short arrow.
아기서다 become pregnant; conceive. ☞ 임신.
아기자기하다 《예쁘다》 (be) sweet; charming; fascinating; 《재미있다》 (be) intriguing; juicy; be full of interest(서술적).
아기작거리다 toddle along; waddle (어린아이가). ¶ 아기작아기작 toddlingly; waddlingly.
아기집 the womb; the uterus [*pl.* -ri].
아까 some time (a little while) ago. ¶ ~부터 for some time.
아깝다 《애석》 (be) pitiful; regrettable; 《귀중》 (be) dear; precious; valuable; 《과분》 (be) wasteful; too good 《*for*》. ¶ 아깝게도 regrettably; lamentably / 아까운 듯이 reluctantly; unwillingly; in a grudging manner.
아끼다 ① 《인색》 grudge; spare; be sparing 《*of*》; be stingy. ¶ 수고를 아끼지 않다 spare no efforts (pains) / 비용(費用)을 ~ spare expense / 돈을 아끼지 않고 쓰다 be liberal with one's purse. ② 《소중히》 value; prize; hold 《*a thing*》 dear. ¶ 시간을 ~ value time / 목숨을 ~ hold one's life dear.
아낌없이 ungrudgingly; unsparingly; generously; freely; lavishly (풍부히). ¶ ~ 주다 give freely; be generous 《*with*》.
아나운서 an announcer; a radio (TV) announcer.
아낙 a boudoir; woman's quarters. ‖ ~ 군수 a stay-at-home / ~네 a woman (~네들 the womenfolk).
아내 a wife; one's better half; a spouse (배우자). ¶ ~를 얻다 take a wife; get married / 훌륭한 ~가 되다 make a fine wife.
아네모네 〖植〗 an anemone.
아녀자(兒女子) children and women; minor and women.
아뇨 no (대답이 부정일 때); yes (대답이 긍정일 때).
아늑하다 (be) snug; cosy.
아는체하다 pretend to know; pretend as if one knew; speak in a knowing manner. ¶ 아는 체하는 사람 a knowing fellow.
아니[1] ① 《부정의 대답》 no; nay; not at all; yes (긍정). ¶ ~라고 대답하다 say no; answer in the negative / ~ 그렇지 않다 No, you are wrong. ② 《놀람·의아함》 why; what; dear me; good heavens. ¶ ~ 이게 웬 일이냐 Why, what happened? / ~ 또 늦었니 What! Are you late again?
아니[2] 《부사》 not. ~하다 do not. ¶ ~ 가다 do not go.
아니꼽다 《불쾌》 (be) sickening; revolting; disgusting; provoking; irritating. ¶ 아니꼬운 자식 a disgustful fellow.
아니나다를까 as one expected; as was expected; sure enough. ¶ ~ 그는 나타나지 않았다 As was expected, he failed to turn up.
아니다 (be) not. ¶ 그는 바보가 ~ He is not foolish.
아니면 either 《*you*》 or 《*I*》.
아닌게아니라 indeed; really.
아닌밤중 ¶ ~에 홍두깨 내미는격으로 all of a sudden; unexpectedly.
아닐린 〖化〗 anilin(e).
아다지오 〖樂〗 *adagio* 《이》.
아담(雅淡) ~한 refined; elegant; neat; tidy; dainty.
아데노이드 〖醫〗 adenoids.
아동(兒童) a juvenile; a child [*pl.* children]; a boy; a girl. ~의 juvenile. ‖ ~ 교육 the education of children / ~ 문학 juvenile literature / ~ 심리학 child psychology / 초등 학교 ~ (elementary)

school children; school boys and girls.

아둔하다 (be) dull(-witted); slow; stupid; dim-witted.

아득하다 (be) far; distant; remote; dim; far-off; far-away. ¶아득한 옛날 remote antiquity; dim past / 갈 길이 ~ have a long way to go.

아들 a son; a boy.

아따 Gosh!; (Oh) Boy!; Gee!; Dammit! ¶~ 걱정도 많다 Dammit—don't worry so much.

아뜩(아뜩)하다 (be) dizzy; giddy; dazed; stunned.

아라비아 Arabia. ¶~(사람)의 Arabian; Arabic / ~ 사람 an Arab(-ian) / ~ 숫자 Arabic figures [numerals].

아랍 Arab. ‖~ 국가 the Arab states / ~어(語) Arabic.

아랑곳 ¶~하다 concern oneself with; interfere in [with]; have to do with / ~ 없다 be no concern of; have nothing to do with.

아래 ①《방향》the low part; the foot; the bottom; the base. ~의 lower; under;《다음의》following. ¶~에(서) below; down; under; beneath; downstairs (아래층) / ~로 내려가다 [내려오다] go [come] down; go [come] downstairs / ~와 같다 be as follows. ②《하위》~의 lower; inferior; subordinate; below, under (이하의). ¶아랫 사람 one's subordinates; one's inferior / …의 지휘 [지도] ~ under *a person's* command [direction].

아래위 up and down; above and below; upper and lower sides; top and bottom.

아래윗벌 upper and lower garments; a suit《*of clothes*》.

아래쪽 down; lower position [direction]; the south (남쪽).

아래채 the outhouse (near the gate).

아래층(—層) downstairs.

아래턱 the lower [under] jaw.

아래통 the girth [circumference] of the lower part (of the body).

아랫니 the lower teeth.

아랫도리 the lower part (of the body).

아랫목 the part of a Korean room nearest the fireplace.

아랫방(—房) a detached room.

아랫배 the belly; the abdomen.

아랫사람 one's junior (손아래); an inferior; a subordinate (부하).

아랫수염(—鬚髯) a beard; a goatee.

아랫입술 the lower [under] lip.

아량(雅量) tolerance; generosity; magnanimity. ¶~있는 generous; liberal; magnanimous.

아련하다 (be) dim; vague; faint; hazy; obscure; misty.

아령(啞鈴) a dumbbell. ‖~ 체조 exercise with dumbbells.

아로새기다 engrave [carve] elaborately; make an elaborate bas-relief. ¶마음에 ~ engrave in [upon] one's mind.

아롱아롱하다 (be) variegated; mottled.

아뢰다 tell; inform; say.

아류(亞流) an adherent; a follower; a second....

아르바이트 *Arbeit*《獨》; a side job.

아르헨티나 Argentina. ¶~의 Argentine / ~ 사람 an Argentine.

아른거리다 ☞ 어른거리다.

아름 an armful《*of firewood*》.

아름답다 (be) beautiful; pretty; lovely; fine; picturesque; charming;《미모》(be) handsome; good-looking. ¶아름답게 beautifully; prettily.

아름드리 ‖~ 나무 a tree measuring more than an arm's span around.

아리다 ①《맛이》(be) pungent; acrid; sharp. ②《상처 따위》(be) smarting; tingling; burning.

아리땁다 (be) lovely; sweet; pretty; charming. ¶아리따운 처녀 a charming young lady.

아리송하다 (be) indistinct; dim; hazy; misty; vague; obscure.

아리아 〖樂〗aria.

아리안 Aryan. ‖~족 [인종] Aryan races.

아릿하다 (be) pungent; sharp; acrid.

아마(亞麻) 〖植〗flax. ¶~의 flaxen. ‖~사(絲) flax yarn / ~유 linseed oil / ~천 linen.

아마 《대개》probably; perhaps; maybe; possibly; presumably.

아마존강(—江) the Amazon.

아마추어 an amateur; a nonprofessional;《초심자》a novice; the inexperienced. ~의 amateur; nonprofessional.

아말감 〖化〗amalgam.

아메리카 America. ~의 American. ☞ 미국. ‖~ 대륙 the American continent.

아메바 an amoeba [*pl.* -s, -bae].

아멘 Amen!

아명(兒名) one's childhood name.

아무 ①《긍정·부정(不定)》anyone; anybody; any; whoever; (every-)one; all; everybody. ¶~라도 할 수 있다 Anyone can do it. ②《부정(否定)》no one; no body; none; anyone; anybody. ¶~도 …이라는 것은 의심할 수 없다 No one can doubt that....

아무개 Mr. So-and-so; a certain person. ¶김 ~ a certain Mr. Kim; one Kim.

아무것 anything; something;《부정》nothing. ¶~이나 좋아하는 것 anything one likes / 할 일이 ~도 없다 have nothing to do.

아무데 somewhere; a certain place; anywhere (부정, 의문). ¶~나 in every place; everywhere; all over / ~도 nowhere.

아무때 ¶ ~나 (at) any time; 《항상》 always; all the time; 《할 때는 언제나》 whenever.

아무래도 ① 《어떻든》 anyhow; anyway. ¶ ~ 그것은 해야 한다 I must do it anyhow. ② 《결국》 after all; in the long run; in the end. ③ 《모든 점에서》 to all appearance; in all respects. ¶ ~ 부부라고 밖에 볼 수 없다 They are, to all appearance, man and wife. ④ 《싫건 좋건》 whether one likes it or not; willy-nilly. ⑤ 《결코》 by any means; on any account. ⑥ 《무관심》 ¶ 그까짓 일은 ~ 좋다 That does not matter.

아무러면 (no matter, it makes no difference) whatever [however] it is; whoever says it. ¶ 옷이야 ~ 어떠냐 It doesn't matter how your clothes look.

아무런 《부정》 any; no. ¶ ~ 사고 없이 without any accident.

아무렇거나 anyhow; anyway; at any rate; in any case. ¶ ~ 해 보세 Anyhow, let us try.

아무렇게나 at random; carelessly; indifferently; half-heartedly; in a slovenly way. ¶ ~ 말하다 talk at random.

아무렇게도 《어떻게도》 in any [no] way; 《무관심》 nothing; not at all; not a bit. ¶ ~ 생각 안하다 make little [nothing] of (예사); do not hesitate (주저 않다); do not care about (고려 않다).

아무렇든지 anyhow; in any event [way]; at any rate.

아무렴 To be sure.; Of course!; Certainly!

아무리 ¶ ~ …해도 however much; no matter how / ~ 돈이 많아도 no matter how rich a man may be; however rich a man may be.

아무말 any words; no words. ¶ ~ 없이 without saying a word.

아무일 something; anything; nothing (부정). ¶ ~ 없이 without accident; in safety; quietly.

아무짝 ¶ ~에도 못 쓰겠다 It is of no use whatsoever.

아무쪼록 as much as one can; to the best of one's ability; 《꼭》 by all means; 《부디》 (if you) please; I beg. ¶ ~ 몸조심하십시오 Take the best possible care of yourself.

아물거리다 《깜박이다》 flicker; 《희미하다》 be dim [hazy]; 《눈앞이》 be dizzy. ¶ 아물아물 flickeringly; dimly; vaguely.

아물다 heal (up); be healed.

아물리다 make [help] 《*a wound*》 heal.

아뭏든지 anyway; in any case; at any rate.

아미(蛾眉) arched [shapely] eyebrows; eyebrows of a beautiful woman.

아미노산(一酸) 〖化〗 an amino acid.

아미타(阿彌陀) Amitabha 《梵》.

아버지 a father. ¶ ~다운 fatherly; fatherlike; paternal / ~를 닮다 take after one's father / ~를 잃다 be left fatherless.

아베마리아 Ave Maria.

아베크 《남녀의 쌍》 a young man with his girl friend; a girl with her boy friend; 《밀회하는》 a rendezvousing couple; 《밀회》 a rendezvous; a date 《美》. ~하다 have a date 《*with*》; rendezvous. ‖ ~ 비행 a tandem flight.

아부(阿附) flattery. ~하다 flatter; fawn upon 《*a person*》; curry favo(u)r 《*with a person*》; butter up.

아비 father.

아비규환(阿鼻叫喚) agonizing cries. ¶ ~의 참상(慘狀) an agonizing [a heart-rending] scene.

아비산(亞砒酸) 〖化〗 arsenious acid. ‖ ~염 arsenite.

아빠 papa; daddy; dad; pop 《美俗》.

아뿔싸 O my!; Darn it!; Gosh!; Damn!

아사(餓死) death from hunger [by starvation]. ~하다 be starved to death; die of [from] hunger. ¶ ~시키다 starve 《*a person*》 to death.

아삭아삭 ¶ ~ 씹다 crunch.

아서라 Quit!; Stop!; Don't!

아성(牙城) inner citadel; the stronghold; the headquarters (본부).

아성(亞聖) a sage of second order.

아성층권(亞成層圈) the substratosphere.

아세테이트 〖化〗 acetate.

아세톤 〖化〗 acetone.

아세틸렌 〖化〗 acetylene.

아속(雅俗) culture and vulgarism; the classical and the colloquial.

아수라(阿修羅) *Asura* 《梵》. ¶ ~같이 《fight》 like a demon.

아쉬워하다 miss; feel the lack of; 《서운해하다》 be unwilling [reluctant] 《*to do*》.

아쉰대로 inconvenient though it is; though it is not enough; as a temporary makeshift (임시 변통으로).

아쉽다 miss; feel the lack of; be inconvenienced by not having. ¶ 아쉬운 것 없이 지내다 live in comfort; be comfortably off.

아스파라거스 〖植〗 an asparagus.

아스팍 ASPAC. (◀Asian and Pacific Council)

아스팔트 asphalt. ¶ ~길 an asphalt(ed) road / ~를 깔다 pave 《*streets*》 with asphalt; asphalt 《*streets*》.

아스피린 〖藥〗 aspirin.

아슬아슬 ¶ ~한 dangerous; risky; thrilling; exciting; close / ~하게 narrowly; by hairbreadth / ~한 승부 a close game / ~한 때에 at the critical moment; in the nick of time / ~하게 이기다 win by a narrow margin.

아시아 Asia. ~의 Asian; Asiatic.

‖ ~ 개발 은행 the Asian Development Bank (생략 ADB) / ~ 경기 대회 the Asian Games; the Asiad / ~ 사람 an Asian.
아식축구(一式蹴球) association football; soccer; socker.
아씨 《호칭》 your lady(ship); Mrs; 《하인의》 mistress; madam.
아아(阿亞) ‖ ~ 블록 the Afro-Asian block.
아아 ① 《감동》 Ah!; Oh!; Alas! (비탄, 실망). ¶ ~ 기쁘다 Oh, how glad I am! / ~ 그렇군 Oh, I see. ② 《가벼운 감정》 Well,.... ¶ ~ 이제 다 왔군 Well, here we are at last.
아악(雅樂) court (ceremonial) music.
아야 Ouch!
아양 coquetry; 《아첨》 flattery. ¶ ~ 떨다 (부리다) play the coquette; coquet; flatter.
아어(雅語) an elegant word; a polite expression; refined diction.
아역(兒役) 《역》 a child's part 《*in a play*》; 《사람》 a child actor.
아연(亞鉛) zinc (기호 Zn). ¶ ~을 입힌 galvanized. ‖ ~ 도금 galvanizing / ~판(板) a zinc plate / ~판(版) a zincograph; a zincotype / ~화 연고(軟膏) zinc ointment.
아연(俄然) suddenly; all of a sudden. ¶ ~ 활기를 띠다 begin to show signs of activity suddenly.
아연(啞然) 《부사적》 agape 《*with wonder*》; aghast; in utter amazement. ¶ ~케 하다 strike 《*a person*》 dumb; dumbfound.
아열대(亞熱帶) the subtropics; the subtropical zone. ~의 subtropic(al); near-tropical. ‖ ~ 식물 a subtropical plant.
아예 from the beginning; 《절대로》 entirely; altogether; never.
아옹다옹하다 bicker; quarrel (dispute) 《*with*》.
아우 a younger brother (sister).
아우르다 put (join) together; unite; combine. ¶ 힘을 아울러서 by united effort; in cooperation 《*with*》.
아우성 a shout; a clamo(u)r; a hubbub. ¶ ~을 치다 shout; raise a hubbub.
아욱 〖植〗 a mallow.
아웃 〖野〗 out. ¶ ~이 되다 be (put) out / ~시키다 put out. ‖ ~라인 《give》 an outline 《*of*》.
아이 a child; a boy; a girl; a son; a daughter. ¶ ~ 보는 이 a (dry) nurse; a nursemaid; a baby-sitter / ~를 가지다 (배다) be with (conceive a) child / ~를 보다 look after a baby; baby-sit.
아이고 Oh!; Ah!; Oh dear!; Dear me!
아이누 an Ainu; an Aino; the Ainus (민족). ‖ ~어 Aino.
아이디어 an idea 《*man*》. ¶ ~를 모집하다 invite (ask for) new ideas.
아이러니 (an) irony.
아이론 a flatiron; an iron.
아이스 ice. ‖ ~ 링크 an ice rink / ~ 캔디 an ice candy / ~ 케이크 a popsicle / ~ 하키 ice hockey.
아이스크림 (an) ice cream; an ice 《英》. ‖ ~ 제조기 an ice-cream freezer.
아이슬란드 Iceland. ¶ ~의 (말) Icelandic / ~ 사람 an Icelander.
아이오시 IOC. (◀the International Olympic Committee)
아이젠 climbing irons; crampons (등산용).
아이큐 IQ. (◀intelligence quotient)
아일랜드 Ireland. ¶ ~말 Irish / ~ 사람 an Irishman.
아장거리다 toddle. ¶ 아장아장 toddlingly.
아전(衙前) a subordinate official.
아전인수(我田引水) ¶ ~격의 selfish; self-seeking.
아주 《전혀》 quite; utterly; completely; entirely; thoroughly; altogether; 《몹시》 exceedingly; extremely; 《조금도》 《not》 at all; 《not》 in the least. ¶ ~ 피곤하다 be dead tired; be utterly exhausted / 관계를 ~ 끊다 break off entirely 《*with*》.
아주(亞洲) the Continent of Asia.
아주(阿洲) the Continent of Africa.
아주까리 〖植〗 a castor bean. ‖ ~ 기름 castor oil.
아주머니 《숙모》 an aunt; 《일반 부인》 a lady.
아주버니 one's husband's brother; a brother-in-law.
아지랑이 heat haze; the shimmer of the air. ¶ ~가 끼었다 The air is shimmering.
아지작거리다 munch; crunch.
아지트 an agitating point (공산당의); a hideout.
아직 ① 《아직…(않다)》 《not》 yet; still(지금도); so far(현재까지는). ② 《더》 still; more. ③ 《겨우》 only. ¶ …한 지 ~ 3년밖에 안 된다 It is only three years since....
아질산(亞窒酸) nitrous acid. ‖ ~염 nitrite.
아집(我執) egoistic attachment; egotism.
아찔하다 feel dizzy; be giddy.
아차 O my!; Gosh!; Hang it! ¶ ~ 속았구나 O my! I have been fooled!
아첨(阿諂) flattery; adulation. ~하다 flatter; curry favo(u)r with 《*a person*》; fawn upon. ‖ ~꾼 a flatterer; a toadeater; a toady.
아취(雅趣) good taste; elegance; tastefulness. ¶ ~ 있는 tasteful; elegant; graceful; refined.
아치 an arch; a green arch(녹엽의). ¶ ~형의 arched.
아침 ① 《때》 (a) morning. ¶ ~에 in the morning / ~ 나절 the forenoon / ~ 안개 morning mist / 오늘 ~ this morning / ~ 일찍 early in the morning / 3일날 ~ on the morning of the 3rd / ~부터 밤까지

from morning till night 〔evening〕. ② 《식사》 breakfast; the morning meal. ¶ ~을 먹다 (take) breakfast.
아침저녁 morning and evening.
아침참 a breakfast break (in work).
아카데미 an academy. ‖ ~상 the Academy Award; the Oscar.
아카시아 〖植〗 an acacia.
아케이드 an arcade.
아코디언 an accordion.
아퀴 ¶ ~짓다 finish; wind up 《*one's work*》; bring 《*a matter*》 to a conclusion 〔close〕.
아크등(一燈) an arc light 〔lamp〕.
아킬레스건(一腱) Achilles' tendon.
아트지(一紙) art paper; coated paper 《美》.
아틀라스 〖希神〗 Atlas.
아틀리에 an *atelier* 《프》; a studio.
아파트 《건물》 an apartment house 《美》; a block of flats 《英》; 《방》 an apartment 《美》; a flat 《英》. ‖ ~군(群) an apartment block / 임대 〔분양〕 ~ a rental 〔lot-sold, condominium〕 apartment.
아편(阿片) 《smoke, eat》 opium; an opiate (아편제). ‖ ~굴 〔상용자〕 an opium den 〔eater〕 / ~ 중독 opium poisoning; opiumism / ~ 전쟁 the Opium War.
아폴로 〖그神〗 Apollo. ‖ ~ 계획 the Apollo Plan.
아프가니스탄 Afghanistan. ¶ ~의 Afghan / ~사람 an Afghan.
아프다 (be) painful; sore; have 〔feel〕 a pain (서술적). ¶ 이 〔머리〕가 ~ have a toothache 〔headache〕 / 배가 ~ 《비유적》 be green with envy; be jealous.
아프리카 Africa. ~의 African. ‖ ~사람 an African.
아프트식(一式) ‖ ~ 철도 an Abt system railroad.
아픔 a pain; an ache; a sore; 《마음의》 (mental) pain; 《슬픔》 grief. ¶ 상처의 ~ the smart of a wound / 이별의 ~ the pain of parting / 격심한 ~ a severe 〔sharp, bad〕 pain / ~을 참다 stand 〔bear〕 pain.
아하 Ha!; Aha!; Oh! ¶ ~ 이제 생각이 나는군 Oh! I remember it now.
아한대(亞寒帶) the subarctic zone.
아호(雅號) a pen name; a (literary) pseudonym; a *nom de plume* 《프》.
아홉 nine. ¶ ~째 the ninth.
아흐레 ① 《아흐렛날》 the ninth day (of a month). ② 《아홉 날》 nine days.
아흔 ninety.
악¹ ① 《큰소리》 a shout; a cry. ¶ ~쓰다 shout; cry; shriek. ② 《모질음》 excitement; desperation. ¶ ~이 바치다 become 〔grow〕 desperate; be excited.
악(惡) badness; evil; wrong (그름); vice (악덕); wickedness (사악) (☞ 악하다). ¶ ~에 물(이) 들다 be steeped in vice / ~을 선으로 갚다 return good for evil.
악² 《놀랄 때》 Oh!; Dear me!
악감(惡感) an ill feeling 〔will〕; an unfavo(u)rable impression; a grudge. ¶ ~을 품다 bear 〔entertain〕 an ill feeling 《*against*》; bear 《*a person*》 a grudge.
악곡(樂曲) a musical composition; a piece of music; a tune.
악공(樂工) a (court) musician.
악귀(惡鬼) a demon; an evil spirit; a devil.
악극(樂劇) an opera; a musical 〔music〕 drama 〔play〕. ‖ ~단 a musical troupe.
악기(樂器) 《play on》 a musical instrument. ‖ ~점 a musical instrument store / 관 〔현, 건반, 타, 금관〕 ~ a wind 〔string, key, percussion, brass〕 instrument.
악녀(惡女) a wicked woman.
악다구니하다 brawl; engage in mud-flinging at each other; throw mud 《*at*》.
악단(樂團) an orchestra; a band. ‖ 교향 ~ a symphony orchestra.
악단(樂壇) the musical world; musical circles.
악담(惡談) an abuse; a curse. ~하다 abuse; curse; revile; vilify.
악대(樂隊) a band; a brass band (취주 악대). ‖ ~원 a bandsman.
악덕(惡德) vice; corruption; immorality. ‖ ~ 기업주 a vicious *entrepreneur* 《프》 / ~ 기자 a corrupt journalist / ~ 상인(업자) wicked dealers 〔traders〕.
악독(惡毒) ~한 villainous; atrocious; brutal; infernal.
악랄(惡辣) ~한 mean; nasty; knavish; villainous.
악력(握力) grip; grasping power. ‖ ~계 a hand-dynamometer.
악례(惡例) a bad example; a bad precedent.
악마(惡魔) an evil spirit; a devil; a demon; a fiend; Satan. ¶ ~같은 devilish; fiendish. ‖ ~주의 Satanism / ~파 the Satanic school.
악명(惡名) an evil reputation; a bad name; notoriety. ¶ ~ 높은 infamous; notorious.
악몽(惡夢) a bad 〔an evil〕 dream; 《suffer from》 a nightmare. ¶ ~같은 nightmarish / ~에서 깨어나다 start from a nightmare; 《비유적》 come to one's senses.
악물다 《이를》 gnash 〔set, clench〕 《*one's teeth*》; shut 《*one's teeth*》 hard; compress 《*one's lips*》. ¶ 이를 악물고 with one's teeth set.
악바리 a hard tough person.
악보(樂譜) a sheet music; a 《*piano*》 score (총보); music (집합적). ¶ ~를 보고 〔안 보고〕 연주하다 play at sight 〔by ear〕.
악사(樂士) a band(s)man; a musician.
악서(惡書) a bad 〔vicious〕 book; a

harmful book. ¶ ~를 추방하다 put harmful books out of circulation.

악선전(惡宣傳) vile [false] propaganda; a sinister rumor. ~하다 launch false propaganda 《*about*》; spread a bad rumor 《*about*》.

악성(惡性) ~의 bad; malignant; virulent; vicious 《*inflation*》. ‖ ~감기 a bad cold.

악성(樂聖) a celebrated musician.

악센트 an accent; a stress. ¶~를 붙이다 accent 《*a word*》; stress.

악송구(惡送球) 〖野〗 a bad throw. ~하다 make a bad throw.

악수(握手) a handshake; handshaking. ~하다 shake hands 《*with*》; 《제휴》 join hands; 《화해》 make peace. ¶ 굳은 ~ a firm handclasp / ~를 청하다 offer one's hand.

악순환(惡循環) a vicious circle [cycle]. ¶ 물가와 임금의 ~ a vicious circle of prices and wages.

악습(惡習) a bad habit (악벽); an evil (practice), a vice (악풍); an abuse (악폐).

악식(惡食) 《음식》 coarse [gross] food; plain food. ~하다 live [feed] low; live on plain food.

악어(鰐魚) 〖動〗 a crocodile(아프리카산); an alligator(북미산); a cayman(남미산). ‖ ~가죽 crocodile skin; alligator leather / ~핸드백 an alligator handbag.

악업(惡業) *karma* 《梵》.

악역(惡役) 〖劇〗 a villain's part. ¶ ~을 맡(아하)다 play [act] the villain.

악연(愕然) ~히 in surprise; amazedly. ¶ ~ 실색하다 turn pale with consternation.

악연(惡緣) 《나쁜》 an evil destiny [connection]; 《어쩔 수 없는》 a fatal relation; 《남녀간의》 an unhappy marriage.

악영향(惡影響) a bad effect [influence]; harm. ¶ ~을 미치다 have [exert] a bad influence 《*on*》.

악용(惡用) ~하다 abuse; use for a wrong purpose; make a bad use 《*of*》. ¶ 권력을 ~하다 abuse one's authority.

악우(惡友) a bad [an evil] companion [friend]. ¶ ~와 사귀다 keep bad company.

악운(惡運) bad [adverse] fortune; ill luck [fate].

악의(惡意) an evil intention; ill will; malice. ¶ ~ 있는 ill-intentioned; malicious / ~ 없는 innocent / ~에서 out of spite; from malice.

악의악식(惡衣惡食) ~하다 be ill-clad and poorly fed.

악인(惡人) a bad [wicked] man; a rogue; a villain; a scoundrel.

악장(樂長) a bandmaster; a music director; a conductor.

악장(樂章) 〖樂〗 a movement. ¶ 제1~ the first movement 《*of a symphony*》.

악장치다 brawl; quarrel [wrangle] with each other.

악전고투(惡戰苦鬪) hard fighting; a desperate fight. ~하다 fight desperately; fight at a disadvantage.

악정(惡政) ☞ 비정(秕政).

악조건(惡條件) adverse [unfavo(u)rable] conditions.

악종(惡種) a rogue; a villain; a rascal.

악질(惡疾) a malignant disease.

악질(惡質) ~의 bad; evil; vicious; ill-natured; cross; inferior(열등의). ‖ ~분자 bad elements; undesirables.

악착(齷齪) ¶ ~같이 hard; perseveringly; persistently; 《필사적으로》 desperately; like hell《口》/ ~같이 일하다 toil and moil; work hard / ~같이 돈을 벌다 be all eagerness to make money; be engrossed in moneymaking.

악처(惡妻) a bad wife; a Xanthippe.

악천후(惡天候) inclement [rough] weather. ¶ ~를 무릅쓰고 in spite of bad weather.

악취(惡臭) an offensive odo(u)r; a bad [nasty] smell; a stink. ¶ ~가 나는 ill-[bad-] smelling; stinking; fetid; foul-smelling.

악취미(惡趣味) bad [vulgar] taste.

악평(惡評) 《평판》 a bad reputation; ill repute; 《비난》 an adverse [unfavo(u)rable] criticism. ~하다 speak ill of; make malicious remarks; 《신문 따위에서》 criticize unfavorably [severely].

악폐(惡弊) an evil; an abuse; evil practices. ¶ ~를 일소하다 do away with abuses [evils].

악풍(惡風) a bad custom [habit]; evil manners; a vicious practice.

악필(惡筆) bad handwriting; a poor hand. ‖ ~가 a bad penman.

악하다(惡—) (be) bad; evil; wrong; wicked; vicious. ¶ 악한 짓 an evil deed; a misdeed; a vice; a crime, a sin (죄악).

악한(惡漢) a rascal; a villain; a rogue; a scoundrel.

악행(惡行) bad conduct; wrong [evil] doing; an evil deed; a misdeed.

악형(惡刑) a severe [cruel] punishment; torture.

악화(惡化) a change for the worse. ~하다 grow worse; degenerate; go from bad to worse; take a turn for the worse (병세가).

악화(惡貨) bad coins [money]. ¶ ~는 양화를 구축한다 Bad money drives out the good.

안 ① 《내부》 the inside; the interior. ¶ ~에 within; inside; in; indoors (집의) / ~으로부터 from the inside; from within. ② 《한도내》 ¶ ~에 [으로] in; within; inside of; less than; not more than; during(… 중에) / 그 날 ~으로 in the course of the day / 기한 ~에 within the time limit. ③《이면》 the back; the wrong [reverse, other] side; the inside (내면). ④《옷의》 the lining. ¶ ~을 대다 line《*clothes*》. ⑤《내실》 the woman's quarters; the inner room. ⑥《아내》 one's wife. ⑦《여자》 ‖ ~부모 a mother / ~손님 a lady visitor / ~주인 a mistress.

안(案)《의안》 a bill; a measure;《제안》 a proposal; 《고안》 an idea; a conception; 《계획》 a plan; a project; 《초안》 a draft. ‖ 결의~ a resolution / 정부~ a government bill.

안간힘쓰다 hold back an urge; restrain《*one's indignation*》; strain to《*win*》.

안감 lining (material); cloth for lining.

안강(鮟鱇)〖魚〗 an angler; a devilfish.

안개 (a) fog; (a) mist. ¶ 짙은 ~ a dense [thick] fog / ~가 짙은 foggy / ~에 싸이다 be shrouded in fog / ~가 끼다 [걷히다] The fog gathers [lifts].

안건(案件) a matter; a case; an item; a bill(의안). ¶ 주요 ~ an important matter.

안경(眼鏡)《a pair of》 spectacles; glasses; 《먼지·비행사용》 goggles. ¶ ~을 쓰다 [벗다] put on [take off] one's glasses / ~을 쓰고 with spectacles on. ‖ ~ 다리 a bow / ~방(房) an optician's / ~알 a spectacle lens / ~장이 a spectacled man; a four-eyes《俗》/ ~집 a spectacle case / ~테 a rim; a spectacle frame.

안계(眼界) ☞ 시계(視界).

안고나다 assume another's responsibility; hold oneself responsible for another's《*actions*》.

안고지다 be entrapped by one's own trick.

안공(眼孔) an eyehole; the orbit of an eye; the eye socket.

안과(眼科)〖醫〗《the department of》 ophthalmology. ‖ ~병원 an ophthalmic hospital / ~의사 an ophthalmologist; an eye doctor [specialist]; an oculist.

안광(眼光) the brightness of the eye; penetration (통찰).

안구(眼球) an eyeball. ‖ ~ 은행 an eye bank.

안기다¹ ①《팔에》 be embraced; be in《*a person's*》 arms [bosom]; be carried in the arms. ②《알을 닭에》 set《*a hen*》 on eggs.

안기다² ①《물건을》 force [thrust] on; 《가짜를》 pass upon; palm off《*upon*》. ②《책임을》 fix responsibility upon; charge《*a person with a duty*》; lay《*the blame*》 on. ¶ 빚을 ~ hold《*a person*》 liable for the debt.

안남(安南) Annam. ¶ ~의 Annamese.

안내(案內)《under the》 guidance《*of*》; conduct; leading. ~하다 guide; conduct; show; lead《*the way*》; usher(좌석으로). ¶ 응접실로 ~하다 show《*a person*》 into the drawing room. ‖ ~소 an information bureau [desk]《美》; an inquiry office《英》/ ~양 a conductress / ~인[자] a guide(관광 등의); an usher (극장 등의) / ~장 an [a letter of] invitation.

안녕(安寧) ①《평온 질서》 public peace; tranquility; welfare, well-being (복지). ‖ ~ 질서《maintain, disturb》 peace and order. ②《건강》 good health. ~하다 (be) well; be in good health; 《평안》 (be) uneventful; live in peace. ¶ ~하십니까 How are you?; 《초면》 How do you do? ③《작별 인사》 good-by(e); bye-bye; farewell (멀리 갈 때). ¶ ~히 가십시오 Good-by!

안다 ①《팔에》 hold [carry] in one's arm(s); embrace; hug. ¶ 안고 있다 have《*a baby*》 in one's arms. ②《새가 알을》 sit [brood] on《*eggs*》. ③《떠맡다》 undertake《*another's responsibility*》; shoulder; answer for. ¶ 남의 부채를 ~ shoulder another's debt.

안단테〖樂〗 *andante*《이》.

안달하다 worry《*about, over*》; fret《*over*》; be anxious about; be impatient [nervous]. ¶ 가지 못해 ~ be anxious to go. ‖ ~뱅이 a fretful person; a worry-wart.

안대(眼帶) an eyepatch; an eye bandage.

안데스산맥(一山脈) the Andes.

안도(安堵) relief. ~하다 be [feel] relieved; feel at ease; breathe again. ¶ ~의 한숨을 쉬다 heave a sigh of relief.

안되다 ①《금지》 must not; ought not to; shall not; don't. ¶ …하여서는 안 됩니까 May I not…? ②《불성공》 be unsuccessful; fail. ③《조심》 ¶ …하면 안 되니까 lest…; for fear that… should; so as not to. ④《유감》 be [feel] sorry《*for, to hear that…*》, be a pity (서술적); be regrettable. ¶ 보기에 안 됐다 be pitiful to see.

안뜰 a courtyard. ☞ 안마당.

안락(安樂) ease; comfort. ~한 comfortable; easy; cozy. ¶ ~하게 at ease; in comfort. ‖ ~사(死) euthanasia; mercy killing / ~ 의자 an easy chair; an armchair.

안력(眼力) (eye)sight; vision; visual power [activity].

안료(顔料)《화장품》 cosmetics; face paints; 《채료》 a colo(u)r; a paint.

안마(按摩) massage. ~하다 mas-

sage 《*a person('s back)*》. ‖ ～장이 a massagist.
안마(鞍馬) 〖體操〗 a pommeled horse; a side horse.
안마당 an inner court (garden).
안면(安眠) peaceful (quiet) sleep. ～하다 sleep well (peacefully). ‖ ～ 방해 disturbance of sleep; nuisance at night (～ 방해하다 disturb 《*a person's*》 sleep).
안면(顔面) ① 《얼굴》 the face. ～의 facial. ‖ ～ 신경통 facial neuralgia; face-ache. ② 《면식·친분》 acquaintance. ¶ ～이 있다 be acquainted with 《*a person*》; know 《*a person*》 by sight.
안목 inside measurement (dimensions); interior width.
안목(眼目) an (appreciative) eye; a discerning (critical) eye; discernment. ¶ ～이 있다 have an eye 《*for*》.
안무(按舞) the arrangement of a dance; choreography. ～하다 arrange; design.
안방(一房) the inner (main living) room; the women's quarters.
안배(按排) ～하다 arrange; distribute; assign.
안벽(岸壁) a quay (wall).
안보(安保) ☞ 안전보장. ‖ 집단 (총력) ～ collective (all-out) security / 한미 ～ 조약 the Korea-U.S. Security Treaty.
안부(安否) one's state of health; safety; welfare; health. ¶ ～를 묻다 inquire after 《*a person's*》 health / ～를 염려(걱정)하다 worry about 《*a person's*》 safety / …에게 ～ 전해주십시오 Give my (best, kind) regards 《*to*》.
안색(顔色) ① 《얼굴 빛》 complexion. ¶ ～이 좋다 (나쁘다) look well (pale) / ～이 변하다 change colo(u)r (countenance); turn pale. ② 《표정》 a look; a countenance; an expression. ¶ ～에 나타내다 betray 《*one's emotions*》; show.
안성맞춤(安城一) ～의 suitable (fit) 《*for*》; right; just; ideal. ¶ 그것이면 나에게 ～이다 It is just the thing to me.
안섶 an in-turned *jeogori* collar.
안손님 a lady visitor.
안수(按手) 〖基〗 the imposition of hands. ～하다 impose hands on 《*a person*》. ‖ ～례(禮) the (order of) confirmation (신도의); the ordination (성직의).
안식(安息) ～하다 rest; repose. ¶ 종교에서 마음의 ～을 찾다 find relief in religion. ‖ ～ 교회 the Seventh Day Adventist Church / ～일 the Sabbath (day) / ～처 a place for peaceful living.
안식(眼識) discrimination; discernment; insight; 《have》 an eye 《*for*》. ¶ ～있는 사람 a discerning person; a man of insight.
안식향(安息香) 〖化〗 benzoin.
안심(安心) 《안도》 relief; 《근심·걱정 없음》 peace of mind; ease of mind; freedom from care; 《안전》 safety; security. ～하다 feel at rest; feel easy 《*about*》; feel relieved (안도). ¶ ～시키다 ease 《*a person's*》 mind; set 《*a person*》 at ease / ～찮다 be ill at ease; feel uneasy; be anxious / 그 소식을 듣고 ～했다 I was (felt) relieved at the news.
안심부름 errands around the house.
안아맡다 bear (assume, shoulder) 《*another's responsibility*》; answer for.
안약(眼藥) eyewater; eye lotion. ¶ ～을 넣다 apply eye lotion.
안염(眼炎) 〖醫〗 ophthalmia.
안온(安穩) peace. ～한 (히) peaceful(ly); quiet(ly); calm(ly).
안위(安危) fate; safety; welfare. ¶ 국가의 ～ a national crisis.
안이(安易) ～한 easy(going). ¶ ～하게 easily; with ease / ～하게 생각하다 take 《*a thing*》 too easy.
안일(安逸) ease; idleness; indolence. ～한 easy; idle; indolent. ‖ 무사 ～주의 a peace-at-any-price principle.
안장(安葬) ～하다 bury; inter. ‖ ～지 a burial ground.
안장(鞍裝) a saddle. ¶ ～을 지우다 saddle 《*a horse*》.
안전(安全) safety; security. ～한 safe; secure; free from danger. ¶ ～히 safely; securely. ‖ ～등(燈) (면도(날), 성냥, 장치, 주간, 판, 핀) a safety lamp (razor (blade), match, device, week, valve, pin) / ～ 제일 safety first / ～ 지대 《도로상의》 a safety zone; a traffic island / ～책 a safe plan (～책을 강구하다 take a safe measure).
안전(眼前) ¶ ～에서 under one's very nose.
안전보장(安全保障) security. ‖ (유엔) ～ 이사회 the Security Council. ☞ 안보(安保).
안전점검(安全點檢) a safety check-up.
안절부절못하다 be restless (nervous); flutter; be in a fidget; be irritated; grow impatient.
안정(安定) stability; steadiness; 《economic》 stabilization. ～하다 be stabilized; become stable. ¶ ～을 유지하다 (잃다) keep (lose) balance (equilibrium) / 통화를 ～시키다 stabilize currency. ‖ ～감 a sense of stability / ～도 (성) stability / ～ 성장 the stable growth / ～ 세력 a stabilizing power / ～제(劑) a stabilizer.
안정(安靜) rest; repose. ¶ ～을 유지하다 keep quiet; lie quietly. ‖ ～요법 a rest cure / 절대 ～ an ab-

solute rest.
안정(眼睛) the apple of the eye.
안주(安住) ~하다 lead a peaceful living; live peacefully.
안주(按酒) a relish taken with wine; an accompaniment of wine; a side dish.
안주머니 an inside (inner, a breast) pocket.
안주인(一主人) the lady of the house; the mistress; the hostess.
안중(眼中) ¶ ~에 없다 be out of one's account (consideration); 《사람이 주어》 think nothing of.
안중문(一中門) the inner gate.
안질(眼疾) an eye disease (trouble); sore eyes. ¶ ~을 앓다 be afflicted with an eye disease.
안집 an inner building; the main building (of a house).
안짝 ① 《이내》 ~의 within; inside of; less than; not more than. ¶ 만원 ~의 수입 an income short of ten thousand *won*. ② 《글귀의》 the first line (of a couplet).
안짱다리 a pigeon-toed person. ¶ ~로 걷다 walk intoed (pigeon-toed).
안쪽 the inside; the inner part. ~의 inside; inner. ¶ ~에서 from within; on the inside.
안차다 (be) bold; daring; fearless.
안착(安着) safe arrival; 《물품의》 safe receipt. ~하다 arrive safe; reach in good condition (물품이).
안창 《구두의》 an inner sole.
안채 the main building (of a house).
안출(案出) ~하다 contrive; invent; originate; think (work) out.
안치(安置) ~하다 enshrine; install; lay 《*a person's remains*》 in state (유해를).
안치다 《밥을》 prepare rice for cooking (boiling).
안타(安打) 【野】 a (safe, base) hit; a safety. ¶ ~를 치다 hit; make a (safe) hit.
안타깝다 (be) impatient; irritated; vexed; 《애처롭다》 (be) pitiful; pitiable; poor. ¶ 안타까워하다 be (feel) impatient (irritated).
안테나 an antenna; aerial wire.
안티모니 【化】 antimony (기호 Sb).
안티피린 【藥】 antipyrin(e).
안팎 ① 《안과밖》 the interior and exterior; the inside and outside. ¶ ~으로 (에) within and without; inside and outside 《*the house*》. ② 《표리》 the right and the wrong side; both sides. ③ 《대략》 ...or so; about; around 《美》. ¶ 열흘 ~ ten days or so.
안표(眼標) a sign; a mark. ~하다 mark; put a mark 《*on*》.
안하(眼下) ¶ ~에 right beneath the eye; under one's eyes.
안하무인(眼下無人) 《거만》 haughtiness; arrogance; 《뻔뻔스러움》 audacity; effrontery; 《무법》 outrage. ~의 overbearing; arrogant; audacious. ¶ ~으로 audaciously; imprudently; highhandedly (고압적으로).
앉다 ① 《자리에》 sit down; take a seat; be seated. ¶ 의자에 ~ sit on (in) a chair / 편히 ~ sit at one's ease / 바로 ~ sit up; sit erect / 책상다리하고 ~ sit crosslegged. ② 《지위에》 take up 《*a post*》; engage in; be installed. ③ 《새 따위가》 perch (alight, sit, settle) on; roost (홰에).
앉은뱅이 a cripple.
앉은일 sedentary work.
앉은자리 ¶ ~에서 immediately; on the spot.
앉은장사 a sedentary trade.
앉은저울 a platform scale.
앉은키 one's sitting height.
앉히다 ① 《앉게 하다》 have 《*a person*》 sit down; seat 《*a person*》. ② 《추대》 place 《*a person in a position*》; install 《*a person in a place*》. ③ 《버릇을》 teach 《*manners*》; discipline.
않다 be not 《*pretty*》; do not 《*go*》.
않을수없다 be compelled (forced, obliged) to 《*do*》; cannot help 《*doing*》. ¶ 가지 ~ be forced to go / 웃지 ~ cannot help laughing.
알¹ 《동물의》 an egg; spawn (물고기, 조개 따위의). ¶ ~을 낳다 lay an egg; spawn (물고기가).
알² ① 《낟알》 a grain; a berry. ② 《작고 둥근 것》 a ball; a bead. ¶ 눈~ an eyeball.
알… bare; naked; stripped; uncovered. ¶ ~몸 a naked body.
알갱이 a kernel; a grain; a berry.
알거지 a man with no property but his own body; a person as poor as a crow.
알겨먹다 cheat (wheedle) 《*a person*》 out of 《*something*》.
알곡(一穀) 《곡식》 cereals; grain; corn 《英》; 《껍질을 벗긴》 husked grain.
알다 ① 《일반적으로》 know; can tell; learn; be informed of (about); be aware of (알아채다); infer (추리해). ¶ 알면서 deliberately; intentionally; knowingly / 알지 못하고 without knowing it; ignorantly / 아시는 바와 같이 as you (must) know; as you are aware / 안다는 듯 knowingly; with a knowing look / 내가 아는 한에서는 so far as I know / 알고서인지 몰라서인지 knowingly or unknowingly / …으로 알 수 있다 can be known from / 아는 체하다 pretend to know / 알 수 없다 be unknowable; be beyond one's ken / 알고 있다 know; have a knowledge of; be acquainted with / 신문을 보고 ~ learn of it in a newspaper / …이오니 그리 아십시오 We beg to inform you that.... ② 《이해》

ㅇ

understand; comprehend; see; catch; make out; grasp 《*the meaning*》; appreciate; know. ¶ 알기쉽게 simply; plainly/알기쉬운 말로 in plain language / 알 만하다 be understandable; be easy to understand / 잘못 ~ mistake 《*for*》/ 음악을 ~ appreciate music; have an ear for music. ③ 《인지》 recognize; tell; be recognizable. ¶ 알아볼 수 없을 만큼 자라다 grow out of recognition. ④ 《낯이 익다》 know; become 〔get〕 acquainted with. ¶ 아는 사람 an acquaintance / 약간 아는 사이 a casual acquaintance/잘 아는 well-acquainted; familiar. ⑤ 《깨닫다》 find; notice; realize; sense; perceive. ¶ 위험을 ~ sense the danger. ⑥ 《기억》 remember; keep 〔have〕 in mind. ¶ 똑똑히 〔어렴풋이〕 알고 있다 remember clearly 〔vaguely〕. ⑦ 《관여》 have to do with; be concerned with. ¶ 그것은 내가 알 바가 아니다 That's none of my business. ⑧ 《경험》 experience; feel. ¶ 여자를 ~ 《성경험》 know woman.

알뚝배기 a small earthen bowl.

알뜰하다 (be) thrifty; frugal; economical; saving. ¶ 알뜰(살뜰)히 frugally; economically.

알라 《회교의 신》 Allah.

알랑거리다 flatter; toady; fawn upon; cringe 《*to*》. ¶ 윗사람에게 ~ curry favo(u)r with one's superior.

알랑쇠 a flatterer; a sycophant; a toady.

알랑알랑 cunningly; with flattery.

알래스카 Alaska. ¶ ~의 Alaskan.

알량하다 《반의적》 (be) just "fine" ("dandy, ducky, grand").

알레그로 〖樂〗 allegro.

알레르기 〖醫〗 allergy. ~성의 allergic. ¶ 항(抗)~(의) antiallergic 《*drugs*》.

알려지다 be 〔become〕 known 《*to*》; come to light; come to 《*a person's*》 knowledge 〔ears〕; be found; prove to be; turn out; be detected (탄로); be well-known 〔noted, famous〕 (유명). ¶ 널리 알려진 well-known; famous / 알려지지 않게 하다 keep 《*a matter*》 secret.

알력(軋轢) friction; discord; jar; strife. ¶ ~을 초래하다 〔피하다〕 produce 〔avoid〕 friction.

알로하셔츠 an aloha shirt.

알록달록 ☞ 얼룩덜룩.

알록알록 ☞ 알록달록.

알루미늄 alumin(i)um (기호 Al). ‖ ~ 새시 an aluminum sash 〔window-frame〕 / ~ 제품 aluminium ware.

알리다 let 《*a person*》 know; tell; inform 《*a person*》 《*of, that...*》; report; publish (공표). ¶ 넌지시 ~ suggest; hint 《*at*》.

알리바이 an alibi. ¶ ~를 입증하다 prove an alibi / ~를 깨다〔꾸미다〕 break 〔concoct, fake〕 an alibi.

알맞다 《적도》 (be) modest; moderate; 《적당》 (be) fit; right; proper; adequate; suitable; appropriate; 《합당》 reasonable; fair; 《시기가》 seasonable; well-timed. ¶ 알맞게 properly; rightly; reasonably; suitably; appropriately / 알맞은 값으로 at a reasonable price.

알맹이 《과실의》 a kernel; 《실질》 substance; contents (내용). ¶ ~ 없는 unsubstantial; empty.

알몸 ¶ ~의 (stark-)naked; absolutely nude / ~으로 in one's bare skin/~이 되다 strip oneself bare; become penniless (무일푼).

알몸뚱이 a naked body. ☞ 알몸.

알밤 a (shelled) chestnut.

알배기 a fish full of roe.

알부랑자(一浮浪者) a regular rascal.

알부민 〖生化〗 albumin.

알선(斡旋) intercession; recommendation; good offices; mediation. ~하다 intercede; recommend; use one's good offices; assist. ¶ …의 ~으로 by 〔through〕 the good offices of 《*Mr. Kim*》. ‖ ~자 a mediator.

알슬다 lay 〔deposit〕 eggs; oviposit (곤충); blow (파리 따위).

알싸하다 (be) acrid; pungent; hot.

알쏭달쏭 ① 《줄·점무늬》 ~한 variegated in designs; motley. ② 《뜻이》 ~한 vague; ambiguous; slippery; indefinite; evasive (포착키 어려운); incomprehensible. ¶ ~한 말을 하다 evade the point.

알아내다 find out; detect; locate (소재를); trace 《*the origin of a rumo(u)r*》.

알아듣다 understand; catch 《*a person's words*》. ¶ 알아들을 수 없다 be inaudible; cannot catch.

알아맞히다 guess right; make a good guess.

알아보다 《문의·조사》 inquire 《*of a person, about a matter*》; look into; investigate; examine (확인); ascertain (식별); recognize.

알아주다 ① 《인정》 acknowledge; recognize; appreciate. ¶ 진가를 ~ appreciate the real worth. ② 《이해》 understand; sympathize 《*with*》; feel 《*for*》.

알아차리다 realize in advance; anticipate 《*in a person's mind*》.

알아채다 become aware 〔conscious〕 of; catch; understand; notice, grasp; take in 《*the situation*》; sense; get scent 〔wind〕 of; be suspicious of; smell a rat.

알아하다 do at one's discretion; do as one thinks fit.

알은체 ① 《남의 일에》 meddling. ~하다 interfere 《*in a matter, with*

a person》; meddle in (with). ② 《사람을 보고》 recognition. ~하다 recognize; notice.
알음알음 《아는 관계》 mutual acquaintance; 《친분》 shared intimacy.
알젓 seasoned (pickled) roe.
알짜 the best thing (part); the cream; the essence; the choice; the quintessence.
알칼리 【化】 alkali. ¶ ~성의 alkaline.
알코올 alcohol. ¶ ~성의 alcoholic. ‖ ~ 중독 alcoholism(~ 중독자 an alcoholic).
알토 【樂】 alto. ‖ ~ 가수 an alto (singer).
알파 alpha; α. ‖ ~선 (입자) alpha rays (particles).
알파벳 the alphabet. ¶ ~순의(으로) alphabetical(ly).
알파카 【動】 an alpaca.
알프스 Alps. ~의 Alpine. ‖ ~ 산맥 the Alps.
알피니스트 an Alpinist.
알현(謁見) an (imperial) audience. ~하다 be received in audience 《*by*》; have an audience 《*with*》.
앓는소리하다 moan; groan; complain 《*of illness*》.
앓다 ① 《병을》 be ill (sick); be afflicted with; suffer from 《*cold*》. ② 《비유》 be afflicted (distressed, troubled) 《*with*》; feel annoyed 《*at*》. ¶ 골치를 ~ suffer from brain trouble.
암¹ 《암컷》 a female (animal, bird, flower); a she.
암² 《감탄사》 Of course!; To be sure!; Certainly!; Why not?
암(癌) ① 【醫】 cancer. ~의 cancerous. ‖ 위(폐)~ stomach (lung) cancer. ② 《화근》 a cancer; a curse; the root of evil (trouble).
암거(暗渠) an underdrain; a culvert. ‖ ~ 배수 drainage by a culvert.
암거래(暗去來) black-market dealings; illegal (illicit) transactions. ~하다 black-marketeer; black-market 《*goods*》.
암굴(岩窟) a cave; a (rocky) cavern.
암기(暗記) ~하다 learn (get) by heart; commit to memory; memorize 《美》. ¶ ~하고 있다 know by heart. ‖ ~ 과목 a memory subject; memory work / ~력(力) memory (~력이 좋다(나쁘다) have a good (bad) memory).
암꽃 【植】 a pistillate (female) flower.
암나사(一螺絲) a female screw.
암내 ① 《겨드랑내》 axillary (body) odo(u)r. ② 《발정》 the odo(u)r of a female animal in heat. ¶ ~(가) 나다 go in (on) heat / ~(를) 내다 be in (on, at) heat.
암달러(暗一) a black-market dollar 《*transaction*》. ‖ ~ 상인 an illegal dollar currency dealer.
암담(暗澹) ~한 dark; gloomy; dismal.
암류(暗流) an undercurrent.
암만해도 from every point of view; to all appearance; in every (all) respect.
암매상(暗賣商) a black marketeer; a black-market dealer.
암매장(暗埋葬) ☞ 암장(暗葬).
암모늄 【化】 ammonium.
암모니아 【化】 ammonia. ‖ ~수(水) liquid ammonia; hartshorn.
암묵(暗默) ~의 tacit. ¶ ~리에 by a tacit consent; tacitly.
암반(岩盤) base rock; a rock bed.
암벽(岩壁) a rockwall; a rock face. ‖ ~ 등반 rock-climbing.
암산(暗算) mental arithmetic. ~하다 do (a sum in) mental arithmetic; calculate mentally.
암살(暗殺) (an) assassination. ~하다 assassinate. ¶ ~을 기도하다 attempt 《*a person's*》 life. ‖ ~계획 an assassination plot against 《*a person*》 / ~자 an assassin.
암상부리다 show (burn with) jealousy.
암상스럽다 (be) jealous; envious.
암상피우다 ☞ 암상부리다.
암석(岩石) (a) rock; a crag. ¶ ~이 많은 rocky; craggy.
암송(暗誦) recitation; recital. ~하다 recite; repeat from memory; give a recitation.
암수 male and female; the sex. ¶ ~를 가려내다 determine the sex; sex 《*a chicken*》.
암수(暗數) ☞ 속임수. ¶ ~에 걸리다 fall into a trick.
암술 【植】 a pistil.
암시(暗示) a hint; a suggestion. ~하다 hint 《*at*》; suggest; drop a hint. ¶ ~적 suggestive / ~를 주다 give 《*a person*》 a hint. ‖ 자기 ~ autosuggestion.
암시세(暗時勢) 《값》 a black-market price.
암시장(暗市場) a black market.
암실(暗室) a dark room.
암암리(暗暗裡) ~에 tacitly; implicitly; secretly.
암야(暗夜) a (pitch-)dark night.
암약(暗躍) ~하다 be active behind the scenes.
암염(岩塩) 【鑛】 rock salt.
암영(暗影) a shadow; a gloom. ¶ …의 전도에 ~을 던지다 cast a shadow (gloom) over the future of….
암운(暗雲) dark (murky) clouds. ¶ ~이 감돌고 있다 Dark clouds are hanging 《*over the political world*》.
암유(暗喩) 【文】 a metaphor. ~적 metaphorical.
암자(庵子) a hermitage; a hermit's cottage; 《작은 절》 a small temple.
암자색(暗紫色) dark purple.
암장(暗葬) ~하다 bury 《*a body*》 secretly.
암죽(一粥) thin (rice-)gruel.
암중(暗中) ¶ ~ 모색하다 grope

(blindly) in the dark.
암초(暗礁) a reef; a (sunken) rock. ¶ ~에 걸리다 strike a rock; go on a reef.
암치질(一痔疾) internal hemorrhoids.
암캐 a she-dog; a bitch.
암컷 a female (animal); a she.
암키와 a concave roof-tile.
암탉 a hen; a pullet (햇닭의).
암톨쩌귀 a gudgeon.
암퇘지 a sow.
암투(暗鬪) a secret strife (feud); a veiled enmity.
암팡스럽다 《다부지다》 (be) bold; daring; plucky.
암팡지다 ☞ 암팡스럽다.
암펄 a female bee; a queen (bee).
암펌 a tigress.
암페어 an ampere. ‖ ~계 an amperemeter / ~시(時) an ampere hour.
암평아리 a she-chick; a pullet.
암표상(暗票商) a ticket broker; a (ticket) scalper 《口》; a speculator 《美》.
암행(暗行) ~하다 travel incognito. ‖ ~어사 a secret royal inspector.
암호(暗號) 《암호문》 a cryptograph; a cryptogram; 《전신용》 a cipher (비밀 암호); a code (주로 상업용); 《군호》 a password; a sign. ¶ ~를 풀다 decode (decipher) 《*a message*》 / ~로 쓰다 write in cipher. ‖ ~장 a code book / ~전보 《(send)》 a cipher (code) telegram / ~통신 a signal; cryptography / ~해독 code-breaking.
암흑(暗黑) darkness. ~의 dark; black. ¶ 사회의 ~면 the dark side of society. ‖ ~가 a gangland; the underworld / ~시대 a dark age.
압권(壓卷) the best; the masterpiece; the best part 《*of a book*》.
압도(壓倒) ~하다 overwhelm; overcome; overpower; 《능가》 surpass; excel; exceed; outrival. ¶ ~적 overwhelming / ~적 승리 a sweeping victory; a landslide (선거의) 《美》.
압력(壓力) pressure; stress. ¶ ~을 가하다 press; give pressure 《*to*》. ‖ ~계 a manometer; a pressure gauge / ~단체 (솥) a pressure group (cooker).
압록강(鴨綠江) the Yalu River.
압류(押留) attachment; seizure. ~하다 attach; seize. ¶ ~를 당하다 have one's property attached. ‖ ~영장 a writ of attachment / ~품 seized goods.
압박(壓迫) pressure; oppression. ~하다 exert pressure upon 《*a person*》; oppress; suppress; coerce. ¶ 생활의 ~ the stress (pressure) of life. ‖ ~감 an oppressive sensation / 피~민족 an oppressed people.
압사(壓死) 《눌려서 죽음》 ~하다 be crushed (pressed) to death. ¶ 축대가 무너져 ~하다 be crushed to death by the collapse of the wall.
압송(押送) ~하다 escort 《*a criminal*》; send 《*a person*》 in custody 《*to*》.
압수(押收) seizure; confiscation. ~하다 seize; take over; attach; confiscate. ‖ ~물(物) a confiscated article / ~수색 영장 a seizure and search warrant.
압승(壓勝) an overwhelming victory; a landslide (victory). ~하다 win an overwhelming victory 《*over*》.
압연(壓延) rolling. ~하다 roll. ‖ ~공장 a rolling mill / 열간 (냉간) ~ hot (cold) rolling.
압정(押釘) a (thumb) tack; a pushpin.
압정(壓政) tyranny (학정); despotism (전제).
압제(壓制) 《groan under》 despotism; oppression; tyranny (학정). ~하다 oppress; tyrannize over 《*people*》. ¶ ~적 oppressive; tyrannical. ‖ ~자 a tyrant; an oppressor / ~정치 despotism.
압지(壓紙) blotting paper; a blotter.
압착(壓搾) pressure; compression. ~하다 press; compress. ‖ ~기 a press.
압축(壓縮) compression; condensation. ~하다 compress; condense. ‖ ~가스 (공기) compressed gas (air) / ~계 a piezometer / ~기 a compressor.
앗다 ① ☞ 빼앗다. ② 《씨빼다》 gin 《*cotton*》. ③ 《품을》 pay for labor in kind.
앗아가다 snatch 《*a thing*》 away 《*from a person*》.
앗아라 (Oh) No!; Stop!; Quit!; Now now!
앙가발이 a short bowlegged person.
앙가슴 the middle of the chest.
앙감질하다 hop (on one leg).
앙갚음 revenge. ~하다 revenge oneself; vent one's spite; get revenge.
앙그러지다 ① 《음식이》 (be) appetizing; tempting. ② 《모양이》 (be) fine; nice.
앙금 《술 따위》 lees; dregs; 《침전물》 sediment; settlings; 《커피 따위의》 grounds.
앙금앙금 ¶ ~기다 crawl; go on all fours.
앙등(昻騰) a sudden (steep) rise 《*in prices*》. ~하다 rise (suddenly); go up; soar; jump. ¶ ~하는 생활비 the rising cost of living / 땅값 (집세)의 ~ the rise of the land value (house rent).
앙망(仰望) ~하다 beg; entreat; hope; desire.
앙모(仰慕) ~하다 admire; adore.
앙바틈하다 (be) short and thick; fat and short; stocky; stumpy; chunky 《美》.
앙상궂다 (be) terribly gaunt.

앙상블 *ensemble* 《프》.
앙상하다 (be) gaunt; haggard; thin; spare; sparse (☞ 영성하다). ¶ 말라서 뼈만 ~ be wasted [reduced] to a skeleton; be reduced to skin and bones.
앙숙(怏宿) ~이다 be on bad terms 《*with*》; lead a cat-and-dog life.
앙심(怏心) malice; grudge; spite. ~먹다 bear 《*a person*》 a grudge. ¶ ~을 품은 revengeful; vindictive; spiteful.
앙앙하다(怏怏—) (be) disconsolate; despondent; disheartened; unhappy.
앙양(昻揚—) ~하다 exalt; raise; enhance; uplift 《*the national spirit*》.
앙증스럽다 (be) very small; tiny.
앙증하다 ☞ 앙증스럽다.
앙천대소(仰天大笑) ~하다 have a good laugh; laugh loudly.
앙칼스럽다 (be) fierce; sharp; aggressive; furious; unyielding.
앙칼지다 ☞ 앙칼스럽다.
앙케트 a question(n)aire; an opinionnaire; *enquête* 《프》. ¶ ~를 내다 send out [obtain information through] a questionnaire.
앙코르 an encore. ¶ ~를 청하다 [받다] call for [receive, get] an encore.
앙큼스럽다 ☞ 엉큼스럽다.
앙큼하다 ☞ 엉큼하다.
앙탈부리다 ☞ 앙탈하다.
앙탈하다 scheme to disobey; try to evade; fuss.
앙화(殃禍) 《응보》 divine wrath; 《재난》 disaster; calamity; woe; 《불행》 misfortune; evil.
앞 ① 《미래》 the future. ¶ ~으로 in future / 이 ~으로 after this; hereafter; in future. ② 《전방·전면》 the front. ¶ ~의 front; preceding / ~으로[에] in front of; before; forward; ahead. ③ 《면전》 presence. ¶ (아무가 있는) ~에서 in 《*a person's*》 presence. ④ 《순서의》 the head; the foremost; the first. ¶ ~에 서다 be at the head; take the lead. ⑤ 《먼저》 the foregoing [preceding] part. ☞ 앞서 ①. ⑥ 《편지》 addressed [directed] to 《*a person*》; 《어음의》 drawn in favo(u)r of 《*a person*》. ⑦ 《몫》 a share; a portion. ¶ 한사람 ~에 2개 two each.
앞가림하다 have just enough education to get by.
앞가슴 the breast.
앞길 《갈길》 the road ahead; the way yet to go; 《전도》 《spoil》 one's future; prospects.
앞날 future (career); remaining years [days]; the remainder [rest] of one's life. ¶ ~을 염려하다 feel anxious about one's future.
앞니 a front tooth.
앞다리 《짐승의》 forelegs; fore limbs.
앞당기다 《시일을》 advance; move [carry] up.
앞대문(—大門) the front gate.
앞두다 have 《*a period, a distance*》 ahead.
앞뒤 《전후》 before and behind; front and rear; 《순서》 sequence; order; 《결과》 consequences. ¶ ~가 맞지 않는 inconsistent; incoherent / ~를 생각지 않는 thoughtless; reckless; rash / (말이) ~가 맞다 be consistent; hang together.
앞뒷집 the neighbo(u)ring houses; the neighbo(u)rs.
앞뜰 a front garden [yard].
앞못보다 《소경》 be blind; 《무식》 be ignorant.
앞문(—門) a front gate [door].
앞바다 the offing; the open sea. ¶ ~에 in the offing; offshore.
앞바퀴 a front [fore] wheel.
앞발 a forefoot; a paw (개·고양이 따위의).
앞서 ① 《이전에》 previously; before. ¶ ~ 말한 바와 같이 as aforesaid; as previously stated. ② 《먼저》 ahead 《*of*》; in advance 《*of*》; earlier (than); prior to. ¶ 남보다 ~ 가다 go ahead of others.
앞서다 go before [ahead of]; go in advance of; precede; head; lead 《*others*》; take the lead. ¶ 앞서거니 뒤서거니 now ahead and now behind.
앞세우다 make 《*a person*》 go ahead. ¶ …을 앞세우고 headed [led, preceded] by….
앞앞이 ① 《각 사람의 앞》 in front of each person. ② 《몫몫이》 each; individually; respectively.
앞에총(—銃) 《구령》 Port arms!
앞이마 the forehead.
앞일 things to come; the future (앞날). ¶ ~을 생각하다 think of the future 《*of*》.
앞자락 the front end [hem] 《*of a garment*》.
앞잡이 ① 《선도자》 a guide; a leader. ② 《주구》 an agent; a tool; a cat's-paw. ¶ 경찰의 ~ a police agent [spy] / ~로 쓰다 make a cat's-paw of 《*a person*》; use 《*a person*》 as a tool.
앞장 《일》 the head; the first; the lead; 《사람》 a leader. ¶ ~서다 be the first; lead; take the lead 《*in*》.
앞정강이 the shin.
앞지르다 get ahead of 《*another*》; steal a march on 《*the other*》; pass 《*another in the race*》; 《능가》 surpass 《*one's friends*》; outstrip.
앞집 the house in front; 《길건너의》 the opposite house.
앞차(—車) 《앞엣 차》 the car ahead; 《앞서 떠난》 the last bus [train].
앞채 the front building [wing].
앞치마 an apron.

애¹ 《수고》 pains; trouble; effort; 《걱정》 worry; anxiety.
애² ☞ 아이. ¶ ~밴 pregnant.
애가(哀歌) an elegy; a dirge; a plaintive song.
애개(개) 《아뿔싸》 My!; Gosh!; Golly!; 《몹시 작을 때》 How skimpy 〔puny, little〕!
애걸(哀乞) ~하다 implore; plead 〔beg〕 for.
애걸복걸(哀乞伏乞) ~하다 beg earnestly. 「of dogs.
애견(愛犬) a pet dog. ‖ ~가 a lover
애고(愛顧) patronage; favo(u)r. ~하다 patronize; favor.
애고머니 《감탄사》 Heavens!; Good Lord!; O my!; Dear me!
애교(愛嬌) charm; attractiveness; courtesy (상인들의). ¶ ~ 있는 attractive; charming; winsome; affable / ~를 떨다 be all smiles 《*for everybody*》.
애교심(愛校心) love of 〔for〕 one's school; attachment to one's *Alma Mater*.
애국(愛國) love of one's country; patriotism. ~적 patriotic. ‖ ~선열 deceased patriots / ~심 patriotism / ~자 a patriot.
애국가(愛國歌) a patriotic song; 《국가》 the (Korean) national anthem. 「bird fancier.
애금가(愛禽家) a lover of birds; a
애기(愛機) one's favo(u)rite 〔own〕 plane.
애꾸(눈이) a one-eyed person.
애꿎다 (be) innocent. ¶ 애꿎은 사람 an innocent person. 「to pieces〕.
애끊다 feel one's heart rent 〔torn
애끓다 fret 《*about*》; be anxious 〔worried〕 《*about*》; worry (oneself) 《*about*》.
애달프다 (be) heartbreaking; sorrowful; anguishing; painful; pathetic.
애도(哀悼) condolence; grief; regret; mourning. ~하다 grieve 《*for*》; lament 《*for, over*》; mourn 《*over a person's death*》. ¶ ~의 뜻을 표하다 express one's regret 《*over the death of a person*》.
애독(愛讀) ~하다 read 《*a book*》 with pleasure; read and enjoy; read 《*a magazine*》 regularly. ‖ ~서 〔작가〕 one's favo(u)rite book 〔author〕 / ~자 a (regular) reader (신문 따위의); a subscriber (구독자); an admirer 《*of an author*》.
애드벌룬 an advertising balloon; an ad-balloon 《ㅁ》. ¶ ~을 띄우다 float an advertising balloon; fly a kite (비유적).
애련(哀憐) pity; compassion. ~하다 be piteous 〔pitiable, pathetic〕.
애로(隘路) a narrow path; a defile; a bottleneck (장애). ¶ ~를 타개하다 break the bottleneck.
애림(愛林) forest conservation.

애마(愛馬) one's favo(u)rite 〔pet〕 horse.
애매(曖昧) ~한 vague; ambiguous; doubtful; evasive(회피적); equivocal(두 뜻의). ¶ ~한 태도를 취하다 maintain an uncertain attitude 《*toward*》; sit on the fence.
애매하다 be wrongly 〔unjustly〕 accused 《*of*》; be falsely charged 《*with*》; be unjustly suspected 《*of*》.
애먹다 do not know what to do 《*with*》; have a hard time 《*with*》. ¶ 애먹이다 give 《*a person*》 much trouble; embarrass.
애모(愛慕) ~하다 love; be attached to; yearn after 〔for〕.
애무(愛撫) ~하다 pet; fondle; caress; cherish.
애벌 the first time. ‖ ~갈이 the first tilling / ~ 빨래 rough washing.
애벌레 a larva; a newborn insect.
애사(哀史) a sad 〔pathetic〕 story 〔history〕. 「one's company.
애사(愛社) ‖ ~ 정신 devotion to
애서가(愛書家) a booklover; a bibliophil(e).
애석(哀惜) ~하다 grieve 〔lament, mourn, sorrow〕 《*over*》; be regrettable (아깝다).
애석(愛惜) ~하다 be loathe to 《*part*》; be reluctant to 《*separate*》.
애소(哀訴) an appeal; a petition. ~하다 appeal; implore; petition.
애송(愛誦) ~하다 love to recite; sing often. ‖ ~ 시집 a collection of one's favo(u)rite poems.
애송이 a stripling; a green youth. ¶ ~ 시절 one's salad days.
애수(哀愁) sorrow; sadness; grief. ¶ ~를 느끼다 feel sad / ~를 자아내다 make 《*a person*》 feel sad.
애쓰다 exert 〔strain〕 oneself; make efforts; strive 《*for*》; endeavo(u)r; take pains 〔trouble〕.
애연가(愛煙家) a habitual smoker.
애오라지 to some extent 〔degree〕; somewhat.
애완(愛玩) ~하다 love; pet; make a pet of; fondle; prize. ‖ ~ 동물 one's pet (animal). 「of》 passion.
애욕(愛慾) love and lust; 《a slave
애용(愛用) ~하다 use regularly; patronize. ¶ ~하는 (one's) favorite 《*cigars*》 / 국산품을 ~하다 patronize home production. ‖ ~자〔가〕 a patron; a regular user.
애원(哀願) an appeal; a petition; (an) entreaty; supplication. ~하다 implore; plead 〔beg〕 for; appeal; supplicate. ‖ ~자 an implorer; a petitioner.
애육(愛育) ~하다 bring up 《*a child*》 with care; coddle up.
애음(愛飮) ~하다 drink regularly; be fond of drinking.
애인(愛人) a lover (남자); a love (여

자); a sweetheart (주로 여자). ¶ 그의 ~ his love / 그녀의 ~ her lover / ~이 생기다 get a girl friend (boyfriend).
애자(碍子) 〖電〗 an insulator.
애절하다(哀切—) (be) pathetic; sorrowful; touching.
애정(愛情) love; affection. ¶ ~이 있는 affectionate; loving; warm-hearted / ~이 없는 cold(-hearted); loveless; unfeeling.
애제자(愛弟子) one's favo(u)rite disciple.
애조(哀調) a plaintive (mournful) melody; 〖樂〗 a minor key.
애족(愛族) ‖ 애국 ~ devotion to one's country and to one's people.
애주(愛酒) ~하다 drink habitually; be fond of liquor. ‖ ~가 a habitual drinker.
애증(愛憎) love and hatred; partiality.
애지중지(愛之重之) ~하다 dote on 《*one's child*》; treasure.
애착(愛着) attachment; affection; love. ¶ …에 ~을 느끼다 become attached to.
애창(愛唱) ~하다 love to sing 《*a song*》. ‖ ~곡 one's favorite song.
애처(愛妻) one's (beloved) wife. ‖ ~가 a devoted husband.
애처롭다 (be) pitiful; sorrowful; pathetic; touching. ¶ 애처로운 이야기 a sad (touching) story.
애첩(愛妾) one's favorite mistress.
애초 the first (beginning). ¶ ~에 at first; at the start (beginning).
애칭(愛稱) a pet name; a nickname; a term of endearment.
애타(愛他) ~적 altruistic. ‖ ~심 (주의) altruism / ~주의자 an altruist.
애타다 be anxious 《*about*》; be nervous (much worried) 《*about*》; worry oneself (sick).
애태우다 ① 《스스로》 worry oneself 《*about*》; feel anxiety. ¶ 그런 일로 애태우지 말라 Don't let that worry you. ② 《남을》 bother; worry; vex; tantalize; keep 《*a person*》 in suspense. ¶ 부모를 ~ worry one's parents.
애통(哀痛) ~하다 lament; grieve; deplore. ¶ ~할 deplorable; lamentable.
애티 ¶ ~가 나다 be childish (puerile).
애프터서비스 《give good》 after-sale service 《*on the articles sold*》.
애향(愛鄕) ‖ ~심 love of one's home; local patriotism.
애호(愛好) love 《*for, of*》; a liking 《*for*》. ~하다 love; be fond (a lover) 《*of*》. ‖ ~가 a lover 《*of music*》; a 《*movie*》 fan.
애호(愛護) protection; loving care. ~하다 protect ; look after.
애호박 a young (green) pumpkin.
애화(哀話) a sad (pathetic) story.
애환(哀歡) joy and sorrows 《*of life*》.
액(厄) misfortune; ill luck.
액(液) 《액체》 liquid; fluid; 《즙》 juice (과실의); sap (나무의).
…액(額) 《금액》 an amount; a sum. ¶ 생산 (소비)~ the amount of production (consumed).
액년(厄年) an evil (an unlucky, a bad) year (age); critical year (age).
액달 an evil (an unlucky, a bad) month; a critical month.
액때우다(厄—) escape evil 《*by*》.
액때움(厄—) an escape from evil; 《액막이》 exorcism.
액땜(厄—) ☞ 액때움.
액량(液量) liquid measure.
액막이(厄—) exorcism. ~하다 drive away one's evils.
액면(額面) face (par) value (가격); a denomination (증권 등의). ¶ ~ 이하로 (이상으로) below (above) par; at a discount (premium) / ~에 달하다 reach par / ~대로 받아들이다 take 《*a rumor*》 at its face value.
액모(腋毛) the hair of the armpit.
액사(縊死) ~하다 hang oneself.
액세서리 accessories; accessaries. ¶ ~를 달다 《양재에서》 wear accessaries.
액셀러레이터 an accelerator. ¶ ~를 밟다 step on the gas.
액수(額數) a sum; an amount.
액운(厄運) misfortune; evil; ill luck.
액일(厄日) an evil (unlucky) day.
액자(額子) a (picture) frame.
액자(額字) letters written on a tablet.
액체(液體) (a) liquid; (a) fluid. ‖ ~ 공기 (연료) liquid air (fuel).
액취(腋臭) ☞ 암내①.
액화(液化) 〖化〗 liquefaction. ~하다 liquefy 《*coal*》; become liquid. ‖ ~ 가스 liquefied gas.
앨범 an album.
앰풀 an amp(o)ule.
앰프 《증폭기》 an amplifier.
앵 ¶ ~ 소리를 내다 hum; buzz.
앵글로색슨 Anglo-Saxon. ‖ ~ 민족 the Anglo-Saxon race.
앵두 a cherry. ¶ ~같은 입술 lips red as a cherry. ‖ ~나무 〖植〗 *Prunus tomentosa* (학명).
앵무새(鸚鵡—) a parrot.
앵속(罌粟) ☞ 양귀비.
앵앵거리다 hum; buzz.
앵하다 (be) mortifying; resentful; feel bitter 《*about*》.
야 《놀랄 때의》 Oh dear!; O my!; Good heavens!; 《부를때의》 Hey (you)!; Hey there!; Hi! 《美》.
야(野) ¶ ~에 있다 be in private life; be in opposition (야당에).
야간(夜間) the night time. ¶ ~에 at (by) night. ‖ ~ 경기 (비행) a night game (flight) / ~ 근무 ☞ 야근 / ~부 the evening session 《*of a school*》 (~부 학생 a night-school student) / ~ 영업 《게시》

Opening at Night; Staying Open.
야견(野犬) a stray 〔wild〕 dog.
야경(夜景) a night view 〔scene〕.
야경(夜警) night watch. ～하다 keep watch at night. ‖ ～꾼 a night watchman.
야광(夜光) ～의 noctilucent. ‖ ～도료 a luminous paint / ～시계 a glow watch / ～충(蟲) a noctiluca.
야구(野球) 《play》 baseball. ¶ ～시합을 하다 have 〔hold〕 a baseball game 〔match〕 《*with*》. ‖ ～광 a baseball buff / ～선수〔부, 팬〕 a baseball player 〔club, fan〕 / ～장 a baseball ground; a ball park 《美》 / 직업 ～단 a professional baseball team.
야근(夜勤) night duty 〔work〕 (야업); a night shift (주야 교대의). ～하다 take night duty; be on night work. ‖ ～수당 a nightwork allowance.
야금(冶金) metallurgy. ‖ ～학〔술〕 metallurgy / ～학자 a metallurgist.
야금(野禽) a wild fowl.
야금야금 little by little; bit by bit; gradually; by degrees.
야긋야긋하다 (be) notched; notchy; indented; jagged.
야기(夜氣) 《밤공기》 night air; 《냉기》 the cool of the night.
야기(惹起) ～하다 cause; bring about; give rise 《*to*》.
야뇨증(夜尿症) 〔醫〕 bed-wetting; enuresis.
야단(惹端) ① 《소란》 an uproar; a clamo(u)r; a tumult; a row; a commotion. ～하다 make a fuss 〔row〕; raise 〔make〕 an uproar. ② 《꾸짖음》 a scolding; a rebuke. ～하다 scold; chide. ¶ ～을 맞다 be scolded 〔rebuked〕 《*by*》. ③ 《곤경》 a trouble; a predicament; a quandary. ¶ ～나다 be in a quandary 〔fix, pickle〕; be at a loss.
야담(野談) an unofficial version of historical story. ‖ ～가 a historical storyteller.
야당(野黨) an Opposition party; the Opposition (총칭). ‖ ～당수〔기관지〕 an opposition leader 〔organ〕 / 제1 ～ the leading opposition.
야드 a yard (생략 yd.).
야드르르하다 (be) soft and delicate 〔shiny〕; silky.
야들야들하다 ☞ 야드르르하다.
야료(惹鬧) ～하다 disturb; hoot; interrupt; heckle; jeer.
야릇하다 (be) queer; strange; odd; curious; eccentric.
야만(野蠻) ～적 savage; barbarous; uncivilized. ‖ ～인 a barbarian; a savage / ～행위 a barbarous 〔cruel〕 act; (acts of) barbarity.
야말로 indeed; the very 《*man for the post*》. ¶ 그～ indeed.
야망(野望) (an) ambition; (an) aspiration. ¶ ～이 있는 ambitious / ～을 품다 be ambitious 《*of, for, to do*》; have an ambition 《*for*》.
야맹증(夜盲症) 〔醫〕 night blindness; nyctalopia.
야멸스럽다 (be) heartless; cold (-hearted); inhuman; unsympathetic; hard-hearted.
야멸치다 ☞ 야멸스럽다.
야무지다 (be) firm; strong; solid; hard; tough. ¶ 야무진 사람 a man of firm character.
야바위 trickery; swindle. ～치다 play a trick upon 《*a person*》; cheat; swindle. ‖ ～꾼 a swindler; an impostor; a trickster.
야박(野薄) ～하다 (be) cold-hearted; heartless; hard; cruel; unfeeling. ¶ ～한 세상 a hard world.
야반(夜半) ～에 at midnight. ¶ ～도주하다 flee by night.
야밤중(夜—) ☞ 한밤중.
야비(野卑) ～한 vulgar; mean; low; boorish; coarse.
야사(野史) an unofficial history.
야산(野山) a hill; a hillock.
야상곡(夜想曲) 〔樂〕 a nocturne.
야생(野生) ～의 wild; savage; undomesticated; uncultivated. ‖ ～식물〔동물〕 a wild plant 〔animal〕.
야성(野性) wild nature. ～적 wild; rude; rough; savage. ‖ ～미(美) unpolished beauty.
야속(野俗) ～하다 (be) cold-hearted; heartless; unfeeling; unkind.
야수(野手) 〔野〕 a fielder. ‖ ～선택(으로 세이프가 되다) (become safe on) a fielder's choice / 외～ an outfielder; a fielder.
야수(野獸) a wild beast 〔animal〕. ¶ ～같은 beastly; beastlike. ‖ ～성 brutality / ～파(派) 〔美術〕 Fauvism; a Fauvist (사람).
야습(夜襲) a night attack 〔raid〕. ～하다 make a night attack 《*on*》.
야시(夜市) a night fair 〔market〕.
야식(夜食) 《have》 a midnight meal 〔snack〕.
야심(夜深) ～하다 be late at night.
야심(野心) 《야망》 (an) ambition; 《음모》 designs. ¶ ～있는 ambitious. ‖ ～가 an ambitious person; a designer.
야업(夜業) ☞ 야근.
야영(野營) a camp; camping (out). ～하다 camp (out); make camp. ‖ ～지 a camp(ing ground).
야옹 mewing. ¶ ～하고 울다 mew.
야외(野外) 《들》 the field; 《옥외》 the open air. ¶ ～의 outdoor; open-air / ～에서 in the open air; outdoors. ‖ ～극장 an open-air 〔outdoor〕 theater / ～운동 outdoor sports / ～작업〔연습〕 field work 〔exercise〕 / ～촬영 a location.
야위다 ☞ 여위다.
야유(野遊) a picnic; an outing. ‖ ～회 a picnic party (～회를 가다 go on a picnic).
야유(揶揄) banter; jeer. ～하다 banter; make fun of; tease; 《연설 따

위》 hoot 〔disturb〕 《*a speaker*》; hiss 《*at*》.
야음(夜陰) ¶ ~을 틈타 under cover of darkness 〔the night〕.
야인(野人) ① 《시골 사람》 a rustic; a boor; a countryman. ② 《재야의》 a private citizen.
야자(椰子) 〖植〗 a coconut tree; a cocopalm. ‖ ~ 기름 coconut oil / ~ 열매 a coconut.
야전(野戰) field operations 〔warfare〕. ‖ ~군〔병원〕 a field army 〔hospital〕.
야조(夜鳥) a nightbird.
야채(野菜) vegetables; greens. ¶ ~를 가꾸다 grow 〔raise〕 vegetables. ‖ ~ 가게 a greengrocery / ~밭 《가정의》 a kitchen 〔vegetable〕 garden / ~ 샐러드〔수프〕 vegetable salad 〔soup〕 / ~ 요리 greens; a vegetable dish.
야틈하다 《깊이가》 (be) rather shallow; shallowish.
야포(野砲) a field gun; field artillery (총칭). ‖ ~대(隊) a field battery (중대).
야하다(冶—) ① 《난하다》 (be) gorgeous; showy; gaudy 《*clothes*》. ② 《속되다》 (be) vulgar; mean; low; boorish; coarse.
야학(夜學) a night school. ¶ ~에 다니다 attend a night school; go to night school. ‖ ~생(生) an evening 〔a night〕 school student.
야합(野合) an illicit union 〔connection〕. ~하다 contract an illicit intimacy.
야행(夜行) ~하다 go 〔travel〕 by night. ‖ ~성(性) 〖動〗 the nocturnal habit (~성 동물 a nocturnal animal).
야회(夜會) 《give》 an evening party; a ball (무도회). ‖ ~복 an evening dress.
약(葯) 〖植〗 the anther.
약(藥) ① 《치료제》 a remedy; medicine; a drug(약종); a pill(환약); a specific(특효약); a tonic(강장제); a chemical(화학약품). ¶ ~을 먹다 〔바르다〕 take 〔apply〕 medicine / ~을 주다 〔먹이다〕 administer medicine to 《*a person*》 / ~을 조제하다 compound 〔prescribe (처방)〕 a medicine. ② 《이익》 good; benefit. ¶ ~이 되다 be good 《*for health*》; do good. ③ 《뇌물》 a bribe. ¶ ~을 쓰다 oil 〔grease〕 《*a person's*》 palm.
약(約) 《대략》 about some; nearly; in round numbers; around 《美》; approximately. ¶ ~ 5마일 about 〔nearly〕 five miles.
…약(弱) ☞ …빠듯. ¶ 5마일 ~ a little under 〔less than〕 five miles.
약가심(藥—) ~하다 take off the aftertaste (of the medicine).
약간(若干) some; somewhat; 《양》 some quantity of; a little; 《수》 a few; a number of. ¶ ~의 돈 some money. 「a medical fee.
약값(藥—) a charge for medicine;
약골(弱骨) ¶ ~이다 be of delicate health.
약과(藥菓) ① ☞ 과줄. ② 《쉬운 일》 an easy thing; a cinch 《美俗》. ¶ 그것쯤은 ~다 It's an easy task., That's nothing.
약관(約款) a stipulation; an article; an agreement; a clause.
약관(弱冠) 《20세》 twenty years of age; 《어린 나이》 an early age; youth. ¶ ~에 while (one is) in one's youth; at an early age.
약국(藥局) a drugstore 《美》; a chemist's 〔pharmacist's〕 shop 《英》; a pharmacy (병원의).
약기(略記) ~하다 make a short sketch 《*of*》; give a sketch 〔an outline〕 《*of*》.
약다 (be) clever; wise; sharp; shrewd; smart. ¶ 약게 굴다 act smartly; be tactful.
약대 ☞ 낙타(駱駝).
약도(略圖) a sketch; a sketch map (지도의); a rough plan.
약동(躍動) ~하다 move lively; stir; throb.
약력(略歷) a brief history; a sketch of one's life.
약리(藥理) ‖ ~ 작용 a medical action / ~학 pharmacology.
약물(藥物) medicines; drugs. ‖ ~ 요법 medical treatment / ~ 중독 drug poisoning.
약밥(藥—) a sweet rice dish.
약방(藥房) a drugstore; a pharmacy 《英》.
약방문(藥方文) a prescription (slip); a recipe. ¶ 사후 ~ the doctor after death; a day after the fair.
약변화(弱變化) 〖文〗 weak conjugation. ¶ ~의 (동사) weak (verbs).
약병(藥甁) a medicine bottle; a vial; a phial.
약복(略服) a dishabille; an informal 〔ordinary〕 dress. 「cine.
약봉지(藥封紙) a packet of medi-
약분(約分) 〖數〗 reduction. ~하다 reduce 《*a fraction*》. ¶ ~할 수 없는 irreducible.
약빠르다 ☞ 약삭빠르다.
약사(略史) a brief 〔short〕 history.
약사발(藥沙鉢) ¶ ~을 내리다 bestow poison 《*to a person*》 as a death penalty.
약사법(藥事法) the Drugs, Cosmetics and Medical Instruments Act.
약삭빠르다 (be) clever; sharp; shrewd; smart; quick-witted. ¶ 약삭빠르게 굴다 move smartly; act shrewdly.
약석(藥石) ¶ ~의 보람 없이 in spite of every medical treatment.
약설(略說) a summary; a *résumé* 《프》. ~하다 summarize; sum up.
약소(弱少) ~한 small and weak.

ㅇ

‖ ~국(가) a lesser 〔minor〕 power 〔nation〕/ ~ 민족 the people of a small and weak power.
약소(略少) ~한 scanty; insignificant; a few(수); a little(양).
약속(約束) a promise; an engagement; an appointment. ~하다 (make a) promise; give one's word; make an appointment 〔a date 《美口》〕《with》. ¶~ 시간 〔장소〕 the appointed time 〔spot〕/ ~대로 as promised / ~을 지키다 〔어기다〕 keep 〔break〕 one's promise 〔word〕.
약속어음(約束—) 《issue》 a promissory note. ‖ ~ 발행인 a promisor.
약손가락(藥—) the third finger; the ring finger.
약솜(藥—) ☞ 탈지면.
약수(約數) 〖數〗 a measure; an (exact) divisor. ‖공~ a common measure 〔divisor〕.
약수(藥水) 《약물》 medicinal 〔mineral〕 water. ‖ ~터 a mineral spring; a spa.
약술(略述) ~하다 give an outline 〔a rough sketch〕 《of》.
약시(弱視) 〖醫〗 weak sight; amblyopia. ~의 weak-sighted.
약시중(藥—) ~하다 serve 《*a person*》 with a medicinal decoction.
약식(略式) ~의 informal; unceremonious. ¶ ~으로 informally; without formality. ‖ ~ 재판 a summary trial / ~ 절차 informal proceedings.
약식(藥食) ☞ 약밥.
약실(藥室) 《총의》 a cartridge chamber.
약쑥(藥—) (medicinal) moxa.
약어(略語) an abbreviation. ‖ ~풀이 a key to an abbreviation.
약언(略言) ~하다 summarize. ¶ ~하면 in short 〔brief〕; in a word; to be brief.
약연(藥碾) a druggist's mortar.
약오르다 (藥—) fret (and fume) 《*about*》; become impatient; be irritated.
약올리다(藥—) irritate; fret; tantalize; tease (놀려서).
약용(藥用) ~의 medicinal; medical. ¶ ~에 쓰다 use 《*a thing*》 for medical purposes. ‖ ~ 비누 a medicated soap / ~ 식물 a medicinal plant 〔herb〕.
약육강식(弱肉强食) ~하다 The weak fall a prey to the strong.
약음기(弱音器) a mute; a sordine 〔sordino (관현악기의)〕; a damper (피아노·취주악기의).
약자(弱者) the weak. ¶ ~의 보호 protection of the weak / ~의 편을 들다 stand by the weak.
약자(略字) 《한자의》 a simplified character.
약장(略章) a miniature decoration 〔medal〕.
약장(藥欌) a medicine chest.
약재(藥材) medicinal stuff.
약저울(藥—) pharmacy scales.
약전(弱電) a weak electric current. ‖ ~ 기기(器機) light electric appliances.
약전(略傳) a biographical sketch; a short biography 《of》.
약전(藥典) the pharmacop(o)eia.
약점(弱點) a weakness; a weak point; a disadvantage(불리); one's blind side; a sore spot(급소). ¶ ~을 지니고 있다 have a weakness 《*for women*》/ ~을 찔리다 be struck at one's most vulnerable point / ~을 잡히다 give a handle 《*to the enemy*》.
약정(約定) ~하다 agree; contract; promise; engage. ‖ ~서 an agreement.
약제(藥劑) drugs; chemicals; (a) medicine. ‖ ~사 a pharmacist; a dispensing chemist 《英》; a druggist 《美》.
약조(約條) ~하다 promise; pledge. ‖ ~금 a contract deposit.
약종(藥種) drugs; *materia medica* 《라》. ‖ ~상 a seller of *materia medica*; an apothecary.
약주(藥酒) ① 《약용》 medical liquor. ② 《술》 refined *sul*; rice wine.
약진(弱震) a weak shock.
약진(躍進) ~하다 (make a) rush 〔dash〕 《*for*》; 《진보》 make rapid advance 〔progress〕.
약질(弱質) a weak person.
약체(弱體) ~의 weak; effete. ¶ ~화하다 become weak 〔effete〕. ‖ ~내각 an effete cabinet.
약초(藥草) medicinal herbs; a medical plant. ‖ ~밭 a herbal garden.
약칭(略稱) an abbreviation.
약탈(略奪) plunder; pillage; a sack. ~하다 pillage; plunder; despoil; strip 《*a person*》 of 《*a thing*》. ‖ ~자 a plunderer / ~품 spoil(s); plunder; loot.
약탕관(藥湯罐) a clay-kettle for preparing medicinal decoctions.
약포(藥圃) a herbal garden.
약품(藥品) medicines; drugs (매약) 《美》; chemicals (화학 약품). ‖ 불량 ~ illegal 〔fraudulent〕 medicine drugs.
약하다(弱—) 《연약》 (be) weak; 《섬약》 (be) frail; delicate; 《미약》 (be) faint; feeble; 《순하다》 (be) light; mild; weak. ¶ 마음이 약한 softhearted; timid / 의지(意志)가 약한 weak-willed / 몸이 ~ be physically weak; be poor in health / 술에 ~ get easily drunk / 약하게 하다 weaken; enfeeble / 약해지다 grow 〔become〕 weak(er) 〔feeble〕.
약하다(略—) ☞ 생략(省略).
약학(藥學) pharmacy; pharmacology. ‖ ~과 the pharmaceutical department / ~대학 the college of pharmacy / ~사〔박사〕 a bachelor

(doctor) of pharmacy; Bachelor (Doctor) of Pharmacy (학위) / ~자 a pharmacologist.
약해(略解) a rough explanation.
약호(略號) a code (cable) address. ‖ 전신 ~ a telegraphic code address.
약혼(約婚) engagement; betrothal. ~하다 engage oneself to. ‖ ~반지 an engagement ring / ~ 선물 a betrothal (an engagement) present / ~식 an engagement ceremony / ~자 a *fiancé* (남), a *fiancée* (여) 《프》.
약화(弱化) ~하다 weaken; be (become) weakened.
약화(略畫) a rough sketch.
약효(藥效) the effect (virtue, efficacy) of a medicine. ¶ ~를 나타내다 tell 《*on*》; take effect.
알궂다 (be) perverse; treacherous; nasty; strange; quaint; queer.
알긋거리다 ☞ 일긋거리다.
알따랗다 (be) rather thin.
알망궂다 (be) erratic. ¶ 알망궂게 굴다 behave erratically.
알밉다 《불쾌》 (be) offensive; 《주제넘다》 (be) saucy; cheeky; pert; 《밉다》 (be) disgusting; hateful; detestable.
알타 ‖ ~ 협정 the Yalta Pact.
알팍하다 (be) rather thin.
얇다 (be) thin. ¶ 얇게 thinly / 얇게 하다 thin.
암심 jealousy. ~부리다 display jealousy. ‖ ~데기 a jealous person.
얌전하다 ① 《단정·침착》 (be) gentle; well-behaved; modest; quiet; calm. ¶ 얌전히 《behave》 gently; modestly; quietly. ② 《솜씨·모양》 (be) nice; neat; good.
얌치 sense of shame.
양(羊) a sheep [*sing. & pl.*]; a lamb (새끼). ¶ 길잃은 ~ a lost (stray) lamb / ~가죽 sheepskin; 《제본용》 roan / ~고기 mutton / ~떼 a flock of sheep / ~털 wool; pile / ~같이 순한 as gentle as a lamb.
양(良) good; fine; B.
양(洋) an ocean; the sea. ¶ ~의 동서(東西)를 막론하고 throughout the world; both in the West (Occident) and the East (Orient).
양(量) ① 《분량》 quantity; amount; volume. ~적 quantitative. ¶ ~적으로 quantitatively / ~이 적다 (많다) be small (large) in quantity / ~보다 질 quality before quantity. ② 《식량》 one's capacity for food (wine, *etc.*). ¶ ~껏 to one's fill; stomachful / ~이 크다 be a great eater.
양(陽) the positive. ¶ 음으로 ~으로 openly and coverly; explicitly and implicitly.
양…(洋) foreign; Western; European. ¶ ~요리 foreign food; Western dishes.
…양(孃) Miss 《*Kim*》.
양가(良家) a respectable (good) family. ¶ ~ 태생이다 come of a good family.
양가(兩家) both houses (families).
양가(養家) one's adopted family.
양각(陽刻) relief; embossed carving. ~하다 carve in relief.
양각기(兩脚器) (a pair of) compasses.
양갈보(洋—) a foreigners' whore; a prostitute catering to foreigners.
양계(養鷄) poultry farming; chicken raising. ~하다 raise poultry (chickens). ‖ ~업자 a poultry farmer (raiser) / ~장 a poultry farm; a chicken farm (yard).
양곡(糧穀) provisions; cereals; corn; grain. ‖ ~도입 importation of grains / ~ 수급 계획 a plan for demand and supply of grains.
양공주(洋公主) ☞ 양갈보.
양과자(洋菓子) Western confectionary (cakes).
양국(兩國) both countries.
양군(兩軍) both armies (군); both teams (경기의).
양궁(洋弓) Western-style archery (궁술); a Western-style bow (활).
양귀비(楊貴妃) 〖植〗 a poppy.
양극(兩極) the two poles (지구의); the positive and negative poles (전극·자극의). ~의 bipolar. ‖ ~지방 the polar circles (areas) / ~화(化) bipolarization.
양극(陽極) 〖電〗 the positive pole; the anode.
양극단(兩極端) the two extremes.
양금(洋琴) 《동양 악기》 a kind of zither; a *yang-geum*.
양기(陽氣) ① 《햇볕》 sunlight; sunshine. ② 《남자의》 vigo(u)r; virility; vitality.
양날(兩—) ~의 double-edged; two-bladed.
양녀(養女) an adopted daughter.
양념 《향료》 spices; flavo(u)r; 《조미료》 seasoning; condiments. ¶ ~을 한 spicy / ~을 치다 season; flavor.
양다리(兩—) ~걸치다 try to have 《*it*》 both ways; 《기회주의》 sit on the fence. ¶ ~(를) 걸치는 사람 a double-dealer; a time server; a fencesitter.
양단(兩端) both ends; either end.
양단(兩斷) bisection. ~하다 cut (break) in two.
양단(洋緞) satin.
양단간(兩端間) anyway; anyhow; at any rate; in any way (case).
양달(陽—) a sunny place (spot). ‖ ~쪽 the sunny side.
양담배(洋—) foreign cigarettes (tobacco); American cigarettes.
양당(兩黨) the two political parties. ‖ ~ 정치 (제도) the two-party politics (system).
양도(糧道) supply of provisions. ¶ ~를 끊다 cut off the 《*enemy's*》 supplies.

양도(讓渡) transfer; conveyance; negotiation (어음의). ～하다 transfer 《*to*》; make [hand] over 《*to*》; deed 《美》. ¶～할 수 있는 transferable; alienable; negotiable (어음의). ‖～ 가격 transfer price / ～소득 profits from transfer (～소득세 a transfer income tax) / ～인 a grantor; a transferer (피～인 a transferee) / ～ 증서 a conveyance; a (deed of) transfer / 무상 ～ a gratuitous conveyance.
양도체(良導體) a good conductor 《*of heat*》.
양돈(養豚) hog-[pig-]farming. ～하다 raise [rear] hogs. ‖～가 a pig breeder; a hog raiser 《美》/ ～장 a pig farm.
양동이(洋—) a metal pail [bucket].
양동작전(陽動作戰) a feint operation; 《make》 a feint.
양두(兩頭) ～의 double-headed. ‖～정치 diarchy.
양두구육(羊頭狗肉) cry wine, and sell vinegar.
양떼구름(羊—) an alto-cumulus (cloud).
양력(陽曆) the solar calendar.
양력(揚力) lift.
양로(養老) ‖～보험 old-age [endowment] insurance / ～연금 an old-age pension / ～원 a home for the aged; an old people's home; a retirement community 《노인촌》.
양론(兩論) both arguments; both sides of the argument.
양륙(揚陸) landing. ～하다 land; unload; disembark. ‖～비 landing charges / ～장(場) a landing place [stage].
양립(兩立) ～하다 be compatible 《*with*》; stand together. ¶～할 수 없다 be incompatible 《*with*》.
양막(羊膜) 【解】 the amnion.
양말(洋襪) socks (짧은); stockings, hoses (긴). ‖～ 대님 garters 《美》; suspenders 《英》.
양면(兩面) both faces. ～의 double-faced; both-sided. ‖～ 작전 double-sided operations.
양명(揚名) ～하다 gain fame; make one's name; win distinction.
양모(羊毛) wool. ～의 woollen.
양모(養母) an adoptive mother; a foster mother.
양모제(養毛劑) a hair tonic.
양미간(兩眉間) ¶～을 찌푸리다 knit one's brows; frown 《*at, on*》.
양민(良民) good citizens; peaceable people; law-abiding citizens. ‖～학살 massacre [slaughter] of the innocent people.
양반(兩班) the nobility; 《사람》 a noble(man); 《자기 남편》 my husband. ¶～은 얼어 죽어도 겻불을 안 쬔다《俗談》 The nobleman glories in hono(u)rable poverty.
양배추(洋—) a cabbage.
양버들(洋—) 【植】 a poplar.
양변(兩邊) both sides.
양병(養兵) building up [training] an army. ～하다 build up [train] an army.
양보(讓步) (a) concession; (a) compromise. ～하다 concede; make a concession; recede from; yield (굴하다). ¶서로 ～하다 make mutual concessions; meet halfway.
양복(洋服) 《in》 Western [European] clothes. ¶～을 맞추다 have [get] a suit made. ‖～감[지] cloth; stuff / ～ 걸이 a coat hanger / ～장 a wardrobe / ～점(店) a tailor's (shop).
양봉(養蜂) beekeeping; apiculture. ～하다 keep [culture] bees; engage in apiculture. ‖～가 a beekeeper / ～업 bee-farming / ～장(場) a bee garden; an apiary.
양부(良否) good or bad; quality.
양부(養父) an adoptive [a foster] father.
양부모(養父母) foster parents; adoptive parents.
양부인(洋婦人) ☞ 양갈보.
양분(兩分) ～하다 bisect; cut 《*a thing*》 in two.
양분(養分) nourishment; nutriment; nutritious substance [matter]. ¶～이 있다 be nourishing.
양산(陽傘) a parasol. ¶～을 펴다[접다, 쓰다] open [close, put up] a parasol.
양산(量產) mass production. ～하다 mass-produce.
양상(樣相) an aspect; a phase (국면). ¶새로운 ～을 띠게 되다 enter on [upon] a new phase.
양상군자(梁上君子) 《도둑》 a robber; a thief.
양생(養生) 《보건》 the care of the health; 《보양》 recuperation. ～하다 be careful of one's health; recuperate oneself (병후의). ‖～법 rules of health; hygiene.
양서(良書) a good book; a valuable work.
양서(洋書) a foreign book; a book in a Western language.
양서동물(兩棲動物) an amphibious animal; an amphibian.
양서류(兩棲類) 【動】 the amphibia.
양성(兩性) the two sexes; both sexes. ～의 bisexual 《*flowers*》. ‖～생식 gamogenesis.
양성(陽性) positivity. ～의 positive; active. ¶～이다 prove positive. ‖～화 legalization (정치 자금의 ～화 legalization of political funds).
양성(養成) training; cultivation. ～하다 foster; train; educate; cultivate. ‖～소 a training school 《*for teachers [nurses]*》.
양속(良俗) a good [fine] custom.
양손(兩—) both hands. ¶～에 꽃 be doubly blessed.
양송이(洋松栮) a mushroom; a champignon. ‖～ 재배 mushroom

cultivation.
양수(羊水)〖醫〗 ☞ 모래집물.
양수(兩手) both hands. ‖ ~걸이《장기 등의》 scoring a double point with a single move / ~잡이 (1) = 양수걸이. (2)《사람》 an ambidexter.
양수(揚水) ‖ ~기 a water pump / ~(식) 발전소 a pumping-up (electric) power plant.
양수(陽數)〖數〗 a positive number; a plus.
양수(讓受) acquisition by transfer; inheritance (계승). ~하다 obtain by transfer; take over; inherit. ‖ ~인 a grantee; a transferee.
양순(良順) ~한 good; obedient; gentle; meek; docile. ¶ ~한 백성 law-abiding 〔obedient〕 people.
양식(良識) good sense. ¶ ~있는 사람 a sensible person.
양식(洋式) ~의 European-〔Western-〕 style.
양식(洋食) foreign food; Western cookery; European dishes. ‖ ~집 a (foreign-style) restaurant.
양식(樣式) a form; a style; a mode. ‖ 건축 ~ a style of building.
양식(養殖) culture; breeding. ~하다 raise; cultivate; breed. ‖ ~장 a nursery; a farm / ~ 진주 a cultured pearl / 굴~ oyster culture 〔farming〕 / 진주 ~ pearl culture 〔growing〕 (진주 ~장(場) a pearl farm).
양식(糧食) food; provisions. ¶ 마음의 ~ mental pabulum 〔food〕.
양식기(洋食器) foreign-style tableware; 《a set of》 dinnerware.
양심(良心) conscience. ~적 conscientious. ¶ ~이 없는 conscienceless / ~의 소리 a voice of conscience / ~의 가책 the pangs of conscience; compunction (~의 가책을 받다 feel the pricks 〔stings〕 of conscience) / 일편의 ~ a spark of conscience / ~에 호소하다 appeal to 《*a person's*》 conscience / ~에 어긋나다 betray one's conscience. ‖ ~의 자유 freedom of conscience / ~ 선언 a declaration of conscience.
양심수(良心囚) a conscientious prisoner.
양아들(養—) an adopted 〔a foster〕 son.
양아버지(養—) a foster father.
양아욱(洋—)〖植〗 a geranium.
양악(洋樂) Western music.
양안(兩岸) both banks; either bank 〔side〕.
양안(兩眼) 《be blind of 〔in〕》 both eyes.
양약(良藥) a good medicine. ¶ ~은 입에 쓰다 A good medicine tastes bitter.
양약(洋藥) 《서양약》 Western 〔European〕 drugs; Western medicines.
양양(洋洋) ~한 vast; broad; boundless; bright (앞길이). ¶ ~한 전도 《have》 a bright 〔great〕 future.
양양(揚揚) ~한 triumphant; exultant; proud.
양어(養魚) fish breeding 〔farming〕. ‖ ~가 a fish farmer 〔breeder〕 / ~장 a fish farm.
양어머니(養—) a foster mother.
양언(揚言) ~하다 declare; speak publicly.
양여(讓與) transfer; 《영토의》 cession; alienation (할양); 《이권의》 concession; 《포기》 surrender; 《양도》 assignment. ~하다 transfer; concede 《*a privilege to another*》.
양옥(洋屋) a Western-style house.
양요리(洋料理) ☞ 양식(洋食).
양용(兩用) 《for》 double use.
양웅(兩雄) ¶ ~은 병립할 수 없다 A great man cannot brook a rival.
양원(兩院) both Houses 〔Chambers〕; the two Houses. ‖ ~ 의원 members of both Houses / ~제도 a bicameral systems.
양위(讓位) 《임금의》 abdication (of the Throne). ~하다 abdicate (the Throne).
양유(羊乳) sheep's 〔goat's〕 milk.
양육(羊肉) mutton.
양육(養育) ~하다 bring up; rear; nurse; foster. ‖ ~비 the expenses for bringing up 《*a child*》 / ~원 a poorhouse; an orphan house (고아의) / ~자 a fosterer; a rearer.
양은(洋銀) nickel 〔German〕 silver.
양의(良醫) a good physician.
양의(洋醫) a Western (medical) doctor.
양이(攘夷) the expulsion of foreigners. ‖ ~론자 an exclusionist.
양이온(陽—)〖理〗 a positive ion.
양익(兩翼) both 〔two〕 wings.
양일(兩日) two days.
양자(兩者) both (men, parties, *etc.*). ‖ ~ 택일 selecting one alternative.
양자(陽子)〖理〗 a proton.
양자(量子)〖理〗 quantum. ‖ ~ 물리학 quantum physics / ~ 역학 quantum mechanics 〔dynamics〕.
양자(養子) 《행위》 adoption; 《사람》 an adopted 〔a foster〕 son. ¶ ~로 삼다 adopt a child / ~로 가다 be adopted into a family.
양자강(揚子江) the Yangtse (River).
양잠(養蠶) sericulture; silk raising. ~하다 rear 〔raise, breed〕 silkworms. ‖ ~농가 a silkfarmer / ~업 the sericultural 〔silk-raising〕 industry.
양장(洋裝) ① 《옷》 foreign 〔Western〕 style of dress. ~하다 be dressed in Western style; wear Western-style clothes. ¶ ~한 여성 a lady in foreign dress. ‖ ~점 a dressmaking shop. ② 《제본》 foreign binding. ¶ ~한 책 a book bound in foreign style.

양재(良材) good timber(재목); a man of ability(인재).
양재(洋裁) dressmaking. ‖ ~사 a dressmaker / ~ 학원 a dressmaking school.
양재기(洋—) an enamelware.
양잿물(洋—) caustic soda.
양전기(陽電氣) positive electricity.
양전자(陽電子) 〖理〗 a positron.
양젖(羊—) ☞ 양유(羊乳).
양조(釀造) brewing; brewage. ~하다 brew 《*beer*》; distill 《*whisky*》. ‖ ~업자 a brewer; a distiller / ~장 a brewery; a distillery (위스키의) / ~학 zymurgy.
양주(兩主) husband and wife; a couple.
양주(洋酒) foreign wine 〔liquors〕.
양지(洋紙) Western-style paper.
양지(陽地) a sunny place. ¶ ~에 in the sun / ~가 음지(陰地)되고 음지가 ~된다 Life is full of ups and downs.
양지(諒知) ~하다 know; understand.
양지머리 the brisket of beef.
양지바르다(陽地—) (be) sunny.
양지쪽(陽地—) the sunny side; a sunny spot.
양진영(兩陣營) both camps 〔parties〕; the two opposing sides. ¶ 동서(東西) ~ the camps of East and West.
양질(良質) ~의 of good quality; superior; good (in quality).
양쪽(兩—) both; both sides 〔parties〕; 《on》 either side; 《부정》 neither 《*of them*》.
양차(兩次) two times; twice. ¶ ~ 대전 the two World Wars.
양찰(諒察) ~하다 consider; take into consideration.
양책(良策) a good plan; a wise policy.
양처(良妻) a good wife.
양철(洋鐵) tin plate; galvanized iron; white iron. ‖ ~ 가위 (a pair of) snips / ~공(工) a tinman; a tinsmith / ~ 깡통 a can; a tin 《英》.
양초(洋—) a candle; a taper (가는 것). ‖ ~ 심지 a candlewick.
양추(凉秋) the cool autumn.
양춘(陽春) spring; the springtime.
양측(兩側) both sides; either side. ¶ ~의 사상자 casualties on both sides.
양치(養齒) ~하다 rinse (out) one's mouth; gargle (the throat). ‖ ~물 gargling water.
양치기(羊—) sheep-raising; a shepherd (목동).
양치류(羊齒類) 〖植〗 the ferns.
양친(兩親) (both, one's) parents. ¶ ~ 슬하에서 under one's parental roof.
양키 a Yankee; a Yank 《俗》.
양탄자(洋—) a carpet; a rug. ¶ ~를 깔다 spread a carpet; carpet 《*a floor*》.
양토(養兎) rabbit raising〔rearing〕. ~하다 raise〔rear〕 rabbit. ‖ ~장(場) a rabbitry.
양파(洋—) an onion.
양팔(兩—) two 〔both〕 arms.
양편(兩便) either side; both sides.
양푼 a brass basin.
양품(洋品) haberdashery; fancy goods. ‖ ~점 a haberdashery; a fancy(-goods) store.
양풍(良風) a good custom. ‖ ~ 미속 a good and beautiful custom.
양풍(洋風) the European 〔Western〕 style 〔manner〕.
양피(羊皮) sheepskin; roan (제본용). ‖ ~ 구두 sheepskin 〔goatskin〕 shoes / ~지 parchment; 《특히 표지용》 for(r)el.
양학(洋學) 《서양학문》 Western 〔European〕 learning.
양항(良港) a good harbo(u)r.
양해(諒解) consent (승낙); agreement (동의); understanding (이해). ~하다 consent to; agree with; understand. ¶ 상호 ~하에 by mutual agreement / ~를 얻다 obtain another's consent. ‖ ~ 각서 a memorandum of understanding (생략 MOU) / ~ 사항 agreed items; items of understanding.
양행(洋行) ① 《외국행》 ~하다 go 〔travel〕 abroad. ② 《점포》 a firm; a hong (중국의).
양형(量刑) assessment of a case.
양호(良好) ~하다 (be) good; excellent; successful; satisfactory.
양호(養護) ‖ ~ 교사 a nurse-teacher / ~ 시설 a protective institution.
양화(良貨) good money. ¶ 악화는 ~를 구축한다 Bad money drives out good.
양화(洋靴) ☞ 구두. ‖ ~점 a shoe shop 〔store 《美》〕.
양화(洋畫) ① 《서양화》 a Western-style painting. ② 《영화》 a foreign movie 〔film〕.
양화(陽畫) 〖寫〗 a positive (picture).
양회(洋灰) cement.
얕다 ① 《깊이가》 (be) shallow. ¶ 얕은 물 a shoal; a shallow / 얕은 접시 a shallow dish. ② 《생각이》 (be) shallow; superficial; thoughtless; imprudent. ¶ 얕은 꾀 shallow wit / 얕은 소견 a superficial view. ③ 《정도가》 (be) shallow; superficial; slight. ¶ 얕은 상처 a slight wound. ④ 《높이·지위가》 (be) low; humble. ¶ 얕은 지위 a humble position / 지위가 ~ be low in position; be placed low.
얕보다 hold 《*a person*》 cheap; make light of; look down (up)on; belittle; despise. ¶ 얕볼 수 없는 적 a formidable enemy.
얕잡다 ☞ 얕보다.
얘 《호칭》 Sonny!; My boy!; You!; Hey!; 《이 애》 this child.
어 《감탄》 Oh!; Well!; Why!; 《대

답》 yes!; yea!
어간(語幹) the stem (root) of a word.
어감(語感) a linguistic sense (사람의); word feeling (말의).
어개(魚介) marine products.
어거하다 drive 《*an ox, a horse*》; 《제어》 manage; control.
어구(語句) words and phrases.
어구(漁具) a fishing implement.
어구(漁區) a fishery.
어군(魚群) a shoal (school) of fish. ‖ ~탐지기 a fish finder (detector).
어군(語群) 〖文〗 a word group.
어귀 an entrance 《*to a village*》; an entry 《*to a river*》; the mouth 《*of a harbo(u)r*》.
어그러지다 be (act) contrary to; be against 《*the rule*》; depart (deviate) from. ¶ 기대에 ~ be contrary to one's expectation.
어근(語根) the root (radical) of a word.
어근버근 ① 《느슨하다》 ~하다 (be) loose; do not dovetail (서술적). ② 《불화》 ~하다 《서술적》 be at variance; be on bad terms.
어금니 a molar (tooth).
어긋나다 ① 《엇걸리다》 cross each other. ② 《길이》 pass each other; miss each other on the road. ③ 《빗나가다》 go amiss; miss; go wrong with; fail. ¶ 계획이 ~ be baffled in one's design. ④ 《틀리다·위반되다》 be against; be contrary to 《*the rule*》. ⑤ 《뼈 따위가》 be dislocated.
어긋매끼다 cross 《*two sticks*》; place (stack) crosswise; intercross.
어긋물리다 cross (each other).
어긋버긋하다 《서술적》 be out of joint (with each other); (be) loose; uneven.
어기(漁期) the fishing season.
어기다 《거역》 go against; disobey; 《안지킴》 break 《*a promise*》; violate. ¶ 부모 뜻을 어기어 against one's parents' wishes / 시간을 어기지 않고 punctually; on time / 명령을 ~ go (act) against orders / 규칙을 ~ violate the rule.
어기대다 disobey; oppose; go (act) against.
어기적거리다 waddle; shuffle along.
어기중하다 be in the middle (서술적); (be) medium; average; mediocre.
어기차다 be sturdy (courageous).
어김 ¶ ~없는 unerring; infallible/ ~없이 without fail; surely; certainly / ~없이 …하다 do not fail (forget) to 《*do*》.
어깨 the shoulder. ¶ ~가 넓은 (떡 벌어진) broad-(square-)shouldered 《*man*》/ ~에 메다 shoulder 《*a thing*》/ ~를 으쓱하다 shrug one's shoulders / …과 ~를 나란히 하다 stand side by side; 《비견》 can compare with; rank with 《*another*》.
어깨넘엇글 picked-up knowledge.
어깨동무 ¶ ~하다 put arms around each other's shoulders.
어깨뼈 the shoulder blade.
어깨에총(一銃) 《구령》 Shoulder arms!
어깨춤 《춤》 ¶ ~을 추다 dance with one's shoulders moving up and down.
어깻바람 ¶ ~이 나서 in high spirits.
어깻숨 ¶ ~을 쉬다 pant.
어깻죽지 the shoulder.
어느 ① 《한》 a; one; a certain; some. ¶ ~ 날 one day / ~ 정도 to some (a certain) extent; somewhat. ② 《의문》 which; what. ¶ ~ 날(책) which day (book). ③ 《그 중의 어느》 whichever; any. ¶ ~ …도 any; every; whichever; 《부정》 none; neither / ~ 모로 보아도 from every point of view.
어느것 which; any. ¶ ~이든지 which; any / ~이나 either (둘 중에서); any; every; neither (부정) / ~이나 하나 either...or / ~도 …하지 않다 neither...nor....
어느덧 《어느새》 before one knows (is aware); unawares.
어느때 when; (at) what time; 《어느 때나》 any time; whenever.
어느새 ☞어느덧.
어느쪽 《의문》 which; 《무엇이든》 whichever; 《선택》 either... (*or*); neither... (*nor*) (부정); 《두 쪽 다》 both; either; neither (부정); 《방향》 which direction (side). ¶ ~이든 간(間)에 in either case; either way / ~이라도 좋다 Either will do.
어두컴컴하다 (be) dark; dusky. ¶ 어두컴컴한 밤 a dark night.
어둑(어둑)하다 (be) dim; gloomy; dusky.
어둠 darkness; (the) dark; dimness; 《저녁의》 dusk; twilight. ¶ ~ 속에(서) in the dark; in darkness / ~을 틈타 under cover of darkness (the night).
어둠침침하다 (be) obscure; somber; dark; gloomy; dim. ¶ 어둠침침한 방 a dimly-lit room.
어둡다 ① 《암흑》 (be) dark; dim (희미); gloomy (음침). ¶ 어두워지기 전에 while it is light; before (it gets) dark / 어두워진 후에 after dark / 어둡게 하다 darken; dim 《*the light*》; obscure / 어두워지다 become (get) dark. ② 《무지》 be ignorant 《*of*》 (서술적); be badly (ill-)informed 《*of*》; be a stranger 《*to*》. ¶ 국제 사정에 ~ be ill-informed of international affairs / 세상 일에 ~ know but little of the world / 이 곳 지리에 ~ I am a stranger here. ③ 《눈·귀가》 ¶ 눈이 ~ have dim eyes / 귀가 ~ be

hard of hearing. ④《비유적》 ¶어두운 얼굴 a clouded face / 어두운 전망 a dark view.

어디[1] 《장소》 where; what place; somewhere. ¶~까지 how far(거리); to what extent(정도) / ~에나 anywhere; everywhere / ~에서 from where; whence / 너는 ~까지 가느냐 How far are you going? / 그 남자의 ~가 좋은가 What (good) do you see in such a man? / 인정은 ~나 마찬가지다 Human nature is the same everywhere.

어디[2] 《감탄사》 Well!; (Well) now!; Just!; let me see. ¶~ 산책이나 할까 Let's see now, shall we take a walk?

어디까지나 to the end (끝까지); persistently (악착같이); in all respects, in every point (어느 모로나); thoroughly, out and out (철저히).

어딘가, 어딘지 somehow. ¶~ 이상하다 Somehow, it seems strange.

어떠한, 어떤 ①《무슨·여하한》 what; what like; what sort (kind) of; any (여하한). ¶~…이라도 whatever; any / ~ 이유로 why; for what reason; what for / ~ 사람 who(누구); what (신분) / ~ 사람(이라)도 anybody; 《부정》 nobody / ~ 일이 있어도 in any case; come what may; under any circumstances. ②《어느》 a; a certain; some. ¶~ 날 once; one day / ~ 마을 a certain village / ~ 사람 someone; somebody / ~ 곳에서 at a certain place; somewhere / ~ 의미로 in a sense.

어떻게 how. ¶~ 보아도 to all appearance; in every respect / ~해서라도 by all (any) means; at any cost / (이 편지를) ~ 할까요 What shall I do (with this letter)? / 요즈음 ~ 지내십니까 How are you getting along these days? / ~ 되겠지 Something will turn up. / ~ 된건가 What is the matter (with you)?

어떻든(지) 《좌우간》 at any rate; anyway; anyhow; be that as it may. ¶~ 간에 =어떻든.

어란(魚卵) spawn; roe; fish eggs.

어레미 a coarse sieve; a riddle.

어련하다 (be) infallible; certain; reasonable. ¶그가 하니 어련하랴 We may trust him. He knows how to deal with it.

어련히 naturally; surely; infallibly. ¶내버려 둬. ~ 알아서 할라구 Let him alone, he will take care of himself.

어렴풋하다 (be) dim; indistinct; faint; vague (애매).

어렴풋이 dimly; faintly; vaguely.

어렵(漁獵) fishing; fishery.

어렵다 ①《곤란·난해》 (be) hard; difficult. ¶어려운 문제 a hard (tough) question / 믿기 ~ be hard to believe; be incredible / 어려운 고비를 당하다 have a hard (trying) time of it. ②《가난》 (be) poor; needy; indigent. ¶어려운 살림 narrow (needy) circumstances. ③《거북하다》 feel awkward (constraint); be (feel) ill at ease.

어령칙하다 (be) dim; vague.

어로(漁撈) fishing; fishery. ‖ ~과(科) the fishery course / ~ 보호구역 the fisheries conservation zone / ~전관 수역 fishing waters / ~ 협정 a fisheries agreement.

어로불변(魚魯不辨) ignorance; illiteracy.

어록(語錄) analects; sayings. ¶처칠 ~ Quotations from Winston Churchill.

어뢰(魚雷) a torpedo. ‖ ~ 발사관 a torpedo tube / ~정(艇) a torpedo boat; a PT boat 《美》.

어루더듬다 grope; fumble; feel about (around) 《*for*》. 「《라》.

어루러기 〖醫〗 *Pityriasis versicolor*

어루만지다 ①《쓰다듬다》 stroke; pat 《*a person on the head*》; caress (애무). ②《위무하다》 soothe; appease; console.

어룽더룽하다 (be) variegated; mottled; dappled.

어류(魚類) fishes. ‖ ~학 ichthyology (~학자 an ichthyologist).

어르다 fondle; amuse; humo(u)r; try to please.

어른 ①《성인》 a man; an adult; a grown-up (person). ¶~의 adult; grown-up / ~답지 않은 unbecoming a grown-up person; childish (애들같은); unworthy of a man (도량없는) / ~이 되다 grow up (to be a man); become a (wo)man. ②《웃사람》 one's senior; one's elder(s).

어른거리다 《눈에》 flicker; glimmer; 《마음에》 haunt 《*one*》; 《눈이》 be dazzled. ¶눈앞에 ~ flit before one's eye.

어른스럽다 (be) well-behaved(-mannered); look like a grown-up.

어름거리다 ①《언행을》 equivocate; prevaricate; quibble. 어름어름 equivocally; quibblingly. ②《일을》 scamp (slapdash) 《*one's work*》. 어름어름 slovenly; at random; inattentively.

어리 《병아리의》 a hencoop.

어리광 ¶~부리다 behave like a spoilt child; play the baby 《*to*》.

어리굴젓 oysters salted with hot pepper.

어리다[1] 《나이》 (be) young; infant; juvenile; 《유치》 (be) childish; infantile; 《미숙》 (be) green; inexperienced. ¶어린 잎 young leaves / 어린 마음 a childish mind / 어릴 때에(부터) in (from) one's childhood / 생각하는 것이 ~ have a childish idea.

어리다² ① 《눈물이》《one's eyes》 dim (be suffused) with tears; tears gather in the eyes. ¶ 눈물 어린 눈으로 with tearful eyes / 두 눈에 눈물이 어리어 with one's eyes swimming with tears. ② 《눈에》 haunt; be haunted. ③ 《엉기다》 coagulate; curdle; congeal; 《정성이》 be filled 《*with*》. ④ 《눈이》 be dazzled (glared).

어리둥절하다 (be) dazed (stunned); bewildered; 《서술적》 be (get) confused; be puzzled (at a loss).

어리벙벙하다 (be) dumfounded; bewildered; disconcerted.

어리석다 (be) foolish; silly; dull; stupid. ¶ 어리석은 사람 a foolish person; a fool / 어리석은 짓 a foolish act; a folly / 어리석게도 …하다 be foolish enough 《*to do*》.

어린것 a little (young) one; one's child (kid).

어린애 a child [*pl.* children]; a youngster; a boy (남아); a girl (여아); a baby (갓난애); an infant(영아); little ones (총칭). ¶ ~ 같은 childlike; childish / ~가 없는 childless / ~ 장난 a mere child's play / ~ 장난 같은 childish; like a child's play / ~ 취급을 하다 treat 《*a person*》 as (like) a child.

어린이 children (☞ 어린애). ‖ ~ 공원 a children's garden / ~ 교육 child education / ~날 Children's Day / ~ 방 a nursery / ~ 시간 the children's hour (라디오, TV 의) / ~ 은행 a children's bank / ~ 헌장 the Children's Charter.

어림 a rough estimate (guess). ~하다 (잡다) guess; estimate 《*at*》; make a rough estimate 《*of*》. ¶ ~치다 = 어림하다. ‖ ~셈 a rough calculation (estimate) / ~수(數) a rough number (figure); round numbers.

어림없다 be wide of the mark; be far from it; 《당치않다》 (be) preposterous; absurd; nonsensical. ¶ 어림(도) 없는 수작 preposterous remarks.

어릿광대 a clown; a buffoon.

어마 《놀람》 My!; Oh!; Good heaven(s)!; O dear!

어마어마하다 《당당》 (be) grand; magnificent; stately; majestic; 《과장적》 (be) ostentatious; pompous; 《엄청남》 (be) tremendous; colossal; innumerous (수가).

어망(漁網) a fishing net.

어머(나) Oh!; Why!; Dear me!; O my!; Good gracious!

어머니 ① a mother. ~의 mother's; motherly; maternal. ¶ ~의 사랑 mother's love (affection) / ~다운 (같은) motherly; maternal. ‖ ~날 Mother's Day. ② 《사물의 근본》 cause; motive. ¶ 필요는 발명의 ~ Necessity is the mother of invention.

어멈 《하녀》 a housemaid; an amah; a maid(servant).

어명(御命) 《임금의》 a Royal command (mandate).

어물(魚物) dried fish; stockfish. ‖ ~전 a dried-fish shop.

어물(쩍)거리다 equivocate; prevaricate; quibble. 어물어물 equivocally; evasively.

어미 a mother. ¶ ~ 새 a mother bird.

어미(語尾) the ending of a word. ‖ ~ 변화 inflection.

어민(漁民) fishermen. ‖ ~ 조합 a fishermen's cooperative society.

어버이 parents. ~의 parental.

어법(語法) 《a mistake in》 wording; diction; grammar.

어부(漁夫) a fisherman. ¶ ~지리를 얻다 fish in troubled waters.

어분(魚粉) fish meal.

어불성설(語不成說) unreasonable talk; lack of logic. ¶ ~이다 be illogical (unreasonable); lack logic.

어비(魚肥) fish manure (fertilizer).

어사(御史) a Royal secret inspector travel(l)ing incognito.

어사리(漁—) net-fishing. ~하다 (fish with a) net.

어살(魚—) a weir; a fish trap.

어색(語塞) ~하다 《말이 막히다》 be stuck for a word (서술적); 《열적다》 (be) awkward (constrained); feel ill at ease (서술적); 《서투름》 (be) awkward; clumsy.

어서 ① 《빨리》 quick(ly); without delay. ② 《환영》 (if you) please; right; kindly. ¶ ~ 들어오십쇼 Come right in, please.

어선(漁船) a fishing boat. ‖ ~단(대(隊)) a fishing fleet.

어설프다 ① 《성기다》 (be) coarse; rough; loose. ¶ 어설피 coarsely. ② 《탐탁찮다》 (be) clumsy; slovenly; careless. ¶ 어설피 clumsily.

어세(語勢) emphasis; stress.

어수룩하다 (be) naive; unsophisticated; simple. ¶ 어수룩하게 보다 《사물을》 take 《*things*》 simple and easy; 《사람을》 hold 《*a person*》 cheap.

어수선하다 《난잡·혼란》 be in disorder (confusion) (서술적); (be) jumbled; 《산란》 (be) distracted; troubled; confused. ¶ 어수선하게 disorderly; in disorder (confusion) / 어수선해지다 fall into disorder (confusion); get confused.

어순(語順) 【文】 word order.

어스 【無電】 an earth; a ground. ‖ ~선 an earthed line.

어스레하다 《날이》 (be) dusky; dim; gloomy; murky.

어슬렁거리다 prowl; stroll (ramble) about; hang around. 어슬렁어슬렁 slowly; lazily.

어슴푸레하다 (be) dim; vague; indistinct; misty; hazy.
어슷비슷하다 (be) much [nearly] the same; somewhat alike.
어슷하다 (be) slant; oblique; 《서술적》 be on the tilt [slant].
어시장(魚市場) a fish market.
어안(魚眼) ‖ ~ 렌즈 [석(石)] a fish-eye lens [stone].
어안이벙벙하다 《서술적》 be dum(b)-founded; be struck dumb; be taken aback.
어언간(於焉間) before one knows [is aware]; unawares.
어업(漁業) fishery; fishing (industry). ‖ ~권 fishing rights / ~ 전관 수역 a fishing boundary; an exclusive fishery zone / ~ 협동조합 a fishermen's cooperative association / ~ 협정 a fisheries agreement / 원양 [근해] ~ deep-sea [inshore, coastal] fishery.
어여차 Heave-ho!; Yo-heave-ho!
어엿하다 (be) respectable; decent; good. ¶ 어엿한 집안 a respectable family / 어엿하게 stately; in a dignified manner.
어용(御用) ‖ ~ 신문 a kept press; a government [mouthpiece] organ / ~ 조합 a company [kept] union / ~ 학자 a government-patronized scholar.
어울리다 ① 《조화》 become; match; be becoming [suitable, befitting]; go (well) 《*with*》. ¶ 안 어울리는 unbecoming 《*to*》; unsuitable 《*for*》; ill-matched / 안 어울리는 부부 an ill-matched couple / (옷이) 잘 ~ sit well on 《*a person*》; fit 《*a person*》 well / 장소에 어울리지 않다 be out of place. ② 《한데 섞임》 join 《*with*》; mix [mingle] 《*with*》. ¶ 불량 소년의 무리에 ~ join a band of bad boys.
어원(語源) the derivation [origin] of a word; an etymology. ¶ ~을 찾다 trace a word to its origin. ‖ ~학(學) etymology.
어유(魚油) fish oil.
어육(魚肉) fish (meat).
어음 〖商〗 a draft; a bill; a note. ¶ 3개월 불(拂) ~ a bill at three months' sight / ~으로 지급하다 pay by draft / ~을 떼다 [할인하다] draw [discount] a bill. ‖ ~ 교환소 a clearing house / ~ 발행인 [수취인] the drawer [payee] of a bill / 개인 ~ a private bill / 상업 ~ a commercial paper [bill] / 약속 ~ a promissory note / 환(換) ~ a bill of exchange; a draft.
어의(語義) the meaning of a word.
어이 《호칭》 Hey!; Hi!; There!; Here!; I say!
어이구 《놀람》 Oh!; Wow!; Ouch!
어이없다 (be) amazing; surprising; absurd; egregious. ¶ 어이없어하다 be dumfounded 《*by*》; be amazed 《*at the news, to see*》 / 어이없어 말이 안 나오다 be (struck) dumb with amazement.
어장(漁場) a fishing ground; fishing banks; a fishery. ‖ 정치(定置) ~ a fishing ground for fixed net fishery.
어적거리다 munch; crunch; champ.
어정거리다 walk leisurely along; stroll [ramble] about.
어정쩡하다 《모호하다》 (be) noncommittal; ambiguous; evasive; vague; 《의심스럽다》 (be) doubtful; dubious; 《난처함》 (be) perplexed; embarrassed.
어제 yesterday. ¶ ~ 아침 yesterday morning / 어젯밤 yesterday evening; last night.
어조(語調) a tone; an accent. ¶ ~를 누그러뜨리다 soften one's voice.
어조사(語助辭) 〖文〗 a particle.
어족(魚族) fishes; the finny tribe.
어족(語族) a family of language.
어줍다 《언동이》 (be) dull; slow; awkward; 《솜씨가》 (be) clumsy; awkward; poor. ¶ 어줍은 솜씨 a clumsy workmanship.
어중간(於中間) ~하다 be about half way [midway] (서술적); 《엉거주춤》 (be) uncertain; ambiguous; noncommittal.
어중되다(於中—) 《서술적》 be either too small [little, short] or too big [much, long]; be unsuitable [insufficient] either way.
어중이떠중이 (anybody and) everybody; all the world and his wife.
어지간하다 《상당·우연만하다》 (be) fair; tolerable; passable; considerable. 어지간히 fairly; passably; tolerably; considerably. ¶ 어지간한 미인 quite a beauty / 어지간히 지내다 be fairly well off.
어지럽다 ① 《어찔하다》 (be) dizzy; feel giddy, swim (서술적). ¶ 머리가 ~ My head swims. ② 《어수선》 (be) disorderly; confused; disturbed; troubled; be in disorder (서술적). ¶ 어지러운 세상 troubled [troublous] times.
어지르다 scatter 《*things*》 (about); leave 《*things*》 scattered [lying] about; put 《*a room*》 in disorder.
어지빠르다 《서술적》 be too big or little to be right; be too much for one thing, not enough for the other; be unsuitable.
어질다 (be) wise; kindhearted; benevolent; humane. ¶ 어진 정치 a benign rule.
어질어질하다 feel giddy [dizzy] (서술적). ¶ 머리가 ~ My head swims., I feel dizzy.
어째서 why; for what reason; how.
어쨌든 anyhow; anyway; at any rate; in any case [event].
어쩌다 《우연히》 by chance [accident]; casually; 《이따금》 once in

a while; now and then.
어쩌면 《감탄사적》 how; 《아마·혹》 possibly; maybe; perhaps.
어쩐지 ① 《웬일인지》 somehow; without knowing why. ¶ ~ 무섭게 느껴지다 have an unaccountable fear. ② 《그래서》 so that's why; (it is) no wonder. ¶ ~ 기쁜 얼굴을 하고 있더라 That explains his happy look.
어줍지않다 (be) pert; fresh; 《가소롭다》 (be) laughable; contemptible. ¶ 어줍지 않게 말하다 say silly things; talk fresh.
어찌나 how; what; too; so. ¶ ~ 기쁜지 in (the excess of) one's joy; be so glad that....
어찔(어찔)하다 (be) dizzy; feel giddy(서술적).
어차피(於此彼) anyhow; anyway; in any 〔either〕 case; at any rate.
어처구니없다 (be) amazing; surprising; absurd; egregious. ¶ 어처구니없는 소리 a damned silly remark / 어처구니없어 하다 be amazed 《*at*》; be disgusted 《*with*》.
어촌(漁村) a fishing 〔sea〕 village.
…어치 worth. ¶ 달걀을 천원~ 사다 buy one thousand *won* worth of eggs.
어투(語套) one's way of speaking.
어퍼컷 〖拳〗 an uppercut.
어폐(語弊) ~가 있다 be misleading.
어포(魚脯) dried slices of fish.
어프로치 an approach; a run-down approach (스키 점프의).
어필 an appeal. ~하다 appeal 《*to*》.
어학(語學) language study; linguistics. ~의 linguistic 《*talent*》. ‖ ~ 교육 linguistic 〔language〕 education / ~자 〔교사〕 a linguist 〔language teacher〕.
어항(魚缸) a fish basin; 《유리의》 a fish bowl 〔globe〕.
어항(漁港) a fishing port.
어허 ☞ 아하.
어험 Hem!; Ahem!
어형(語形) forms of words. ‖ ~ 변화 〖文〗 inflection.
어회(魚膾) slices of raw fish.
어획(漁獲) fishing. ‖ ~고 a catch 〔haul〕 (of fish) / ~ 할당량 the amount of fish quotas.
어휘(語彙) (a) vocabulary; a glossary.
억(億) a 〔one〕 hundred million(s). ¶ 10 ~ a billion; a milliard 《英》.
억누르다 《진압》 suppress; 《제지》 repress; restrain; control; 《억제》 hold; check; keep under; curb; 《압박》 oppress. ¶ 억누를 수 없는 uncontrollable; irrepressible; irresistible / 억눌리다 be overpowered; be repressed / 눈물을 ~ repress 〔keep back〕 one's tears / 웃음을 ~ stifle a laugh.
억류(抑留) detention; detainment; internment. ~하다 detain 〔keep〕 by force; seize; hold; apprehend. ‖ ~자 a detainee; an internee.
억만(億萬) 《억》 a hundred million; 《무수》 myriads. ‖ ~년 countless years / ~ 장자 a billionaire.
억병 hard drinking. ¶ 술이 ~이다 drink heavily / ~으로 취하다 get dead-drunk.
억보 an obstinate man; a stubborn fellow.
억설(臆說) 《억측》 a conjecture; a surmise; speculation; an assumption. ~하다 make a conjecture 《*about*》; speculate 《*about*》.
억세다 ① 《체격이》 (be) stout; sturdy; strong; 《정신이》 (be) strong; tough; stubborn; dogged; tenacious. ② 《뻣뻣하다》 (be) tough; hard; stiff.
억수 a pouring 〔heavy, torrential〕 rain; downpour 《美》. ¶ ~같이 퍼붓다 rain in torrents 〔hard〕.
억압(抑壓) oppression; suppression; check; restraint; pressure. ~하다 hold 〔keep〕 《*a person*》 down; check; restrain; suppress. ¶ ~된 감정 pent-up feelings.
억양(抑揚) 《음조》 intonation; modulation; accent. ¶ ~있는 modulated; intoned / ~을 붙이다 modulate; intone.
억울(抑鬱) ~하다 《서술적》 feel pent-up 〔depressed〕 (답답); feel undeserved 〔mistreated〕, feel oneself wronged (부당); 《허위》 (be) false; innocent; groundless (근거없음). ¶ ~하게 죄를 쓰다 be falsely charged 〔accused〕.
억제(抑制) control; restraint; suppression; repression. ~하다 control; repress; suppress; restrain; 《절제》 moderate. ¶ ~할 수 없는 uncontrollable / 감정을 ~하다 suppress 〔smother〕 one's feelings / 충동을 ~하다 inhibit 〔resist〕 an impulse 《*to do*》 / 인플레를 ~하다 check inflation. ‖ ~력 restraint; control.
억조(億兆) ‖ ~ 창생 the (common) people; the multitude 〔masses〕.
억지 unreasonableness; obstinacy; compulsion. ~부리다 〔쓰다〕 insist on having one's own way; persist stubbornly; make an unreasonable demand 《*of a person*》. ‖ ~웃음 《laugh》 a forced smile.
억지로 by force; forcibly; against one's will (부득이); willy-nilly. ¶ ~ 갖다 댄 far-fetched; forced; strained / ~ 하게 하다 press upon 《*a person*》; force; compel.
억척스럽다 (be) unyielding; unbending; tough.
억측(臆測) an inference; speculation; a supposition; a conjecture. ~하다 suppose; conjecture.
억패듯 harshly; relentlessly.
억하심정(抑何心情) It is hard to understand why.... ¶ 무슨 ~으로

…하느냐 Why〔How〕 in the world …?/무슨 ~으로 그런 짓을 했을까 What made him do such a thing, I wonder?

언감생심(焉敢生心) ¶~ …하느냐 How dare you 《*do*》?

언걸 ¶~먹다〔입다〕 suffer a by-blow 《*in another's matter*》; be involved 《*in*》; get mixed (up) 《*in*》.

언급(言及) ~하다 refer 〔make reference〕 《*to*》; allude 《*to*》; mention. ¶위〔앞〕에 ~한 above-mentioned; as stated above.

언니 an elder 〔older〕 sister 〔brother (남자)〕.

언더라인 an underline. ¶~을 긋다 underline 《*a word*》; underscore.

언더스로 《야구에서》 an underhand throw; underhand pitching.

언덕 a slope; a hill. ¶가파른 ~ a steep slope / ~이 되다 slope up 〔down〕 / ~을 오르다 〔내리다〕 go uphill 〔downhill〕.

언도(言渡) a sentence; a judg(e)ment. ~하다 sentence; pronounce. ¶판결을 ~하다 give 〔pronounce〕 judgment 《*upon*》; pass sentence 《*upon*》. ‖사형 ~ a sentence of death.

언동(言動) 《be careful in》 one's speech and action.

언뜻 《잠깐》 at a glance; 《우연히》 by chance; by accident. ¶~ 보다 catch 〔get〕 a glimpse of; take a glance at.

언론(言論) speech. ¶~의 자유 freedom of speech. ‖~계 the press/ ~ 기관 an organ of expression 〔public opinion〕.

언명(言明) ~하다 declare; state; make a statement. ¶~을 피하다 do not make any comment.

언문(言文) ‖~ 일치 the unification of written and spoken language.

언변(言辯) oratorial talent; eloquence. ¶~이 좋다 be gifted with eloquence; have a ready tongue. 「expression (표현).

언사(言辭) words; speech; language;

언성(言聲) a tone (of voice). ¶~을 높이다 raise 〔lift〕 one's voice.

언약(言約) a (verbal) promise; a pledge; a vow. ☞ 약속.

언어(言語) language; speech; words. ¶~가 통하다 make 《*oneself*》 understood. ‖~ 능력 (the faculty of) speech / ~ 장애(障碍) aphasia; speech impediment (~ 장애자 an aphasi(a)c) / ~학 linguistics; philology (~학자 a philologist).

언어도단(言語道斷) ~의 inexcusable; outrageous; abominable; absurd, preposterous (어처구니없는).

언재(言才) oratorical talent; eloquence.

언쟁(言爭) a dispute; a quarrel; a wrangle. ~하다 dispute 〔quarrel〕 《*with*》; have words 《*with*》.

언저리 the edge 〔rim〕; bounds; parts around. ¶입 ~에 about one's mouth.

언제 when; (at) what time 〔hour〕; how soon; 《일간》 some time (or other); some day. ¶~부터 from what time; since when; how long 《*have you been…*》 / 그건 ~ 됩니까 How soon I get it ready? / ~ 한 번 (놀러) 오너라 Come and see me one of these days.

언제까지 how long; till when; by what time; how soon. ¶~나 as long as one likes; forever.

언제나 《항상》 always; all the time; 《평소》 usually; 《습관적으로》 habitually; 《…할 때마다》 whenever; every time.

언제든지 《어느 때라도》 (at) any time; 《항상》 always; all the time; whenever. ¶~ 나를 찾아 오너라 Feel free to come to see me any time.

언젠가 some time (or other) (미래의); some day; one of these days (일간); once (과거의); the other day (일전). 「ly; impudently.

언죽번죽 shamelessly; brazen-faced-

언중유골(言中有骨) ~이다 speak 《*it*》 up with implicit bitterness.

언중유언(言中有言) ~이다 imply some other meaning; (what one says) is very suggestive.

언질(言質) a pledge; a commitment. ¶~을 주다 give 《*a person*》 a pledge; be committed to 《*a person*》 / ~을 잡다 〔받다〕 get 《*a person*'s》 pledge.

언짢다 ① 《기분이》 (be) displeased; bad-tempered; 《서술적》 feel bad 〔unhappy, sad〕. ② 《불길》 (be) bad; ill. ¶언짢은 꿈 a bad 〔unlucky〕 dream. ③ 《나쁘다》 (be) bad; ill; evil; wrong. ¶아무를 언짢게 말하다 speak ill of *a person*. ④ 《해로움》 (be) bad; harmful; detrimental. ⑤ 《열등》 (be) bad; inferior.

언청이 a harelip. ~의 harelipped.

언치 《마소의》 a pad; a saddlecloth.

언필칭(言必稱) always; habitually.

언행(言行) one's sayings and doings. ¶~이 일치하다 act up to what one says. ‖~록 memoirs / ~ 일치 conformity of one's action to one's word.

얹다 《놓다》 put on; place 〔lay, set〕 《*a thing*》 on; load (짐을).

얹히다 ① 《놓이다》 be placed 〔put, set, laid〕 on. ② 《좌초》 be stranded; run aground. ③ 《음식이》 sit 〔lie〕 heavy on (the stomach). ④ 《붙어살다》 be a dependant on 《*a person*》; sponge 〔feed〕 on 《*a person*》.

얻다 ① 《획득》 get; gain; obtain; earn; achieve; win; command; 《이득을》 profit 〔gain〕 《*by, from*》; 《배우다》 learn 《*from*》. ¶지위를

~ obtain [secure] a position / 취직 자리를 얻어 주다 find a position for 《a person》. ② 《결혼》 take (a wife); marry (a woman); get (a husband). ③ 《줍다》 pick up; find. ④ 《병을》 fall [get] ill.
얻어듣다 hear from others; learn by hearsay.
얻어맞다 get [receive] a blow; be struck.
얻어먹다 ① 《음식을》 get treated to (대접받다); beg one's bread (걸식). ② 《욕 따위를》 get called (names); suffer harsh words; be spoken ill of.
얼 ① 《흠》 a scratch. ¶ ~이 가다 get scratched. ② 《넋》 soul; 《정신》 spirit; mind. ¶ 한국의 ~ the spirit of Korea.
얼간 《간의》 salting lightly; 《사람》 a half-wit; a dolt; a fool. ‖ ~ 고등어 lightly salted mackerel.
얼간이 a fool; a dunce; a blockhead.
얼거리 the general [overall] structure; an outline.
얼결 ☞ 얼떨결.
얼굴 ① a face; features. ¶ ~이 잘나다 have a handsome face / ~을 내밀다 show one's face; put in an appearance. ② 《안색》 a look; (a) countenance; (an) expression (표정). ¶ 실망한 ~ a disappointed look. ③ 《체면》 one's face; hono(u)r. ¶ ~이 깎이다 lose one's face / ~에 똥칠하다 disgrace oneself. ④ 《비유적》 acquaintance. ¶ ~이 잘 알려져 있다 be widely known.
얼근하다 ① 《술이》 (be) tipsy; mellow; slightly intoxicated. ② 《매워서》 (be) rather hot [peppery]; somewhat pungent.
얼기설기 ¶ ~ 얽히다 get [become] entangled (실 따위가); be intricated; get complicated (문제가).
얼김 ¶ ~에 on the spur of the moment; under the impulse 《of》.
얼낌덜낌에 in the confusion of the moment.
얼다 freeze; be frozen 《over》; be benumbed with cold (몸이); 《기죽다》 cower; feel small; get nervous 《on》 (무대 따위에서). ¶ 언 frozen / …에 얼음이 ~ ice is formed 《on》 / 얼어(서) 죽다 be frozen to death.
얼떨결 ¶ ~에 in the confusion of the moment.
얼떨떨하다 (be) confused; dazed; bewildered; perplexed; puzzled. ¶ 얼떨떨하여 in confusion [embarrassment] / 얼떨떨해지다 get confused; be upset; lose one's head; be puzzled [bewildered].
얼뜨기 a stupid; a blockhead.
얼뜨다 (be) slow-witted; silly; 《겁이 많다》 (be) cowardly.
얼락녹을락 playing fast and loose.
얼렁뚱땅 ¶ ~하다 《엉너리로》 mystify; behave evasively; prevaricate; 《일을》 do a slapdash job.
얼렁얼렁 wheedlingly; coaxingly; cajolingly.
얼레 a reel; a spool.
얼레빗 a coarse-tooth comb.
얼룩 《오점》 a stain; a spot; a blot; a smut; 《반점》 a speckle; dapples; a blotch; mottles. ¶ ~진 spotted; stained; smeared / ~을 빼다 remove a stain. ‖ ~ 고양이 a tabby cat / ~말 a zebra.
얼룩덜룩 ¶ ~한 spotted; dappled; motley; speckled.
얼룩얼룩 ☞ 얼룩덜룩.
얼룩지다 become stained [blotted].
얼른 quickly; rapidly; promptly; fast; at once. ¶ ~ 해라 Make haste!; Hurry up!
얼리다 《얼게 하다》 freeze; refrigerate. ¶ 얼음을 ~ make ice / 생선을 ~ refrigerate fish.
얼마 ① 《값》 how much; what price. ¶ 이게 ~요 How much (is this)? ② 《수량》 how many (수); how much (양); what number [amount]. ¶ ~든지 원하는 대로 as many [much] as one wants. ③ 《다소·정도》 some; what; 《동안》 a while. ¶ ~ 있다가 after a while / ~ 되지 않는 곳에 not far off [away] / 몸무게가 ~냐 What is your weight? ④ 《비율》 by; so much. ¶ 하루 ~로 by the day.
얼마나 ① 《값·금액》 how much; what; 《수량》 how many (수); how much (양). ② 《정도》 how 《*far*, *large*, *deep*, *high*, *long*, *old*, etc.》. ③ 《여북》 what; how. ¶ ~ 기쁠까 How glad I should be!
얼마만큼 how many [much, long, far, high, heavy].
얼마쯤 ☞ 얼마만큼.
얼버무리다 《말을》 equivocate; prevaricate; quibble; shuffle.
얼보이다 ① 《흐릿하게》 be seen dimly [indistinctly]; be blurred. ② 《바로 안보이다》 be seen distortedly.
얼부풀다 expand from freezing; swell with cold.
얼빠지다 be stunned [stupefied]; be abstracted; get absentminded; look blank. ¶ 얼빠진 abstracted; blank; stupid; silly.
얼싸안다 hug; embrace; hold 《*a person*》 in one's arms.
얼씨구 Yippee!; Whoopee!; Hurrah!
얼씬 ¶ ~하다 make one's appearance; show up; turn up / ~거리다 keep showing up; haunt; hang [hover] around / ~(도) 아니하다 do not appear at all / ~ 못하다 dare not come around [show up] / ~ 없다 do not show up.
얼어붙다 freeze up [over].

얼얼 ¶ ～하다《상처가》smart; 《맛이》taste hot; bite.
얼음 ice. ¶ ～ 같은 icy (cold); ice-cold / ～이 언 frozen / ～으로 차게 하다 (cool with) ice / ～에 채우다 pack《*fish*》in ice / ～장 같다 be as cold as ice. ‖ ～ 과자 ices; ice-candy / ～덩이 a block [lump] of ice / ～물 ice [iced《英》] water / ～ 베개 an ice pillow / ～ 주머니 an ice bag [pack] / ～집 an ice shop / ～판 an icy ground / 인조 ～ artificial ice.
얼음지치다 skate《*on ice*》; do skating. ¶ ～지치기 skating; sliding / ～지치러 가다 go skating.
얼얼지근하다《살이》(be) smarting; tingling; 《맛이》(be) somewhat hot [pungent].
얼추《거의》nearly; almost; roughly; approximately.
얼추잡다 make a rough estimate.
얼치기 an in-between; something half-and-half. ～의 halfway; half-learned(-trained). ¶ ～로 halfway; by halves.
얼토당토않다 (be) irrelevant; extravagant; absurd.
얽다¹ ①《엮다》bind; tie up. ②《꾸미다》fabricate; cook [frame] up; forge.
얽다²《얼굴 등이》get [be] pock-marked; be pitted with small-pox.
얽매다 tie [bind] up tight; fetter; restrict.
얽매이다《속박》be bound; be tied down; be fettered [shackled]; 《분주》be taken up with《*business*》; be busy. ¶ 규칙에 ～ be bound by a rule.
얽죽얽죽 ¶ ～하다 be heavily pitted(서술적).
얽히다《엉키다》get intertwined; be [get] entangled; get [be] complicated(일 등이); 《감기다》twine round; get coiled round.
엄격(嚴格) ～한 [히] strict(ly); stern(-ly); rigorous(ly); severe(ly). ¶ ～한 부친 a stern father / ～한 규칙 rigid regulation.
엄금(嚴禁) strict prohibition; a ban. ～하다 prohibit [forbid] strictly; interdict; ban. ¶ 소변 ～ "Decency forbids." (게시).
엄동(嚴冬) a severe winter; the coldest season.
엄두 ¶ ～를 못 내다 cannot even conceive the idea《*of doing*》.
엄마 mama; mammy; mummy.
엄명(嚴命) a strict order. ～하다 give a strict order《*to do*》.
엄밀(嚴密) ～한 [히] strict(ly); close(-ly); exact(ly). ¶ ～한 의미로 in a strict sense.
엄벌(嚴罰) a severe punishment. ～하다 punish《*a person*》severely. ‖ ～주의 rigorous measures; strict discipline.
엄벙덤벙 at random; sloppily; slapdash. ～하다 act thoughtlessly [carelessly].
엄부(嚴父) a stern father; one's father.
엄부렁하다 (be) slovenly; loose; sloppy.
엄살 ¶ ～하다 pretend pain [hardship]; exaggerate; carry on / ～부리다＝엄살하다. ‖ ～꾸러기 a cry-baby; a great one to fuss.
엄선(嚴選) careful selection. ～하다 select carefully.
엄수(嚴守) ～하다 observe《*a rule*》strictly; keep《*one's promise*》strictly. ¶ 시간을 ～하다 be punctual.
엄숙(嚴肅) ～한 [히] solemn(ly); serious(ly); grave(ly).
엄습(掩襲) ～하다 make a sudden [surprise] attack; take《*the enemy*》by surprise; fall on.
엄연(儼然) ～한 solemn; grave; stern; majestic; authoritative. ¶ ～히 solemnly; gravely / ～한 사실 an undeniable fact.
엄정(嚴正) ～한[히] strict(ly); exact(-ly); rigid(ly); impartial(ly)(공평). ‖ ～ 중립《observe》strict neutrality.
엄중(嚴重) ～한[히] strict(ly); severe(-ly). ¶ ～한 경계 a strict [close] watch.
엄지(가락) the thumb (손의); the big toe(발의). ‖ ～ 발가락 the big toe / ～ 발톱 the nail of the big toe / ～ 손가락 the thumb / ～ 손톱 the nail of the thumb.
엄책(嚴責) ～하다 reprimand harshly.
엄청나다 (be) surprising; extraordinary; exorbitant; absurd; awful; terrible. ¶ 엄청나게 exorbitantly; extraordinarily; absurdly; awfully; terribly / 엄청나게 큰 very big; huge.
엄칙(嚴飭) ～하다 admonish《*a person*》severely.
엄친(嚴親) a father; my father.
엄탐(嚴探) ～하다 search strictly for; be on a sharp lookout for.
엄파이어 an umpire (야구의); a referee (축구, 권투 등의).
엄폐(掩蔽) ～하다 hide; conceal; cover up; suppress, keep《*a fact*》dark. ‖ ～호(壕) a covered trench; an entrenchment; a bunker.
엄포 a bluff; menace. ～놓다 menace; threat intimidate by bluster.
엄하다(嚴—) (be) strict; severe; stern; rigorous; harsh; bitter.
엄한(嚴寒) intense [severe] cold.
엄호(掩護) ～하다 back (up); (give) support《*to*》; cover; protect. ‖ ～사격 covering fire.
업(業)¹《직업》a calling; an occupation; a profession (전문의); 《상공업》business; trade; industry. ¶ 의사를 ～으로 하다 be a physician by profession.

업(業)² 〖佛〗 *karma* 《梵》.
업계(業界) the industry; the trade. ‖ ~지 a trade paper.
업다 carry on one's back. ¶ 업히다 be carried on 《*a person's*》 back.
업무(業務) business. ¶ ~에 힘쓰다 attend to one's business with diligence. ‖ ~ 관리 business management / ~상 과실 치사 accidental homicide / ~ 시간 office (business) hours / ~용(用) for business use.
업보(業報) 〖佛〗 retribution for the deeds of a former life.
업신여기다 despise; hold in contempt; slight; neglect; make light (little) of. ¶ 업신여김을 받다 be held in contempt.
업어치기 ¶ ~로 넘기다 throw 《*a person*》 over one's shoulder.
업자(業者) traders; the trade(업계). ‖ ~ 단체 a trade association.
업적(業績) (일의) one's 《*scientific*》 achievements; results.
업종(業種) 《종류》 a type of industry (business). ‖ ~별 industrial classification(~별로 하다 classify by industry).
업히다 ride (get) on 《*a person's*》 back; be carried on 《*a person's*》 back.
없다 ① 《존재하지 않다》 There is no...; 《보이지 않다》 be missing (gone); cannot be found. ② 《갖지 않다》 have no...; be free from 《*debt*》; 《결여》 lack; want; be lacking (wanting) 《*in*》; be out of 《*money*》 (떨어짐). ¶ ...없이 without / 없어서 for want of. ③ 《가난하다》 be poor. ¶ 없는 사람들 the poor.
없애다 《제거》 take off; remove; get rid of; do away with; 《낭비》 waste; throw away; run through; squander; 《분실》 lose; 《죽이다》 kill; settle; make away with. ¶ 장애물을 ~ remove obstacles.
없어지다 《분실》 be (get) lost; be missing; be gone; 《다하다》 be gone (used up, exhausted); run out (short); 《소멸》 be gone; disappear; vanish; get out of sight.
없이살다 live in poverty.
엇가다 go astray; deviate (swerve) 《*from*》.
엇갈리다 《길이》 pass (cross) each other; 《번갈아 듦》 alternate; take turns. ¶ 길이 ~ cross (each other) on the way / 희비가 ~ have a mingled feeling of joy and sorrow.
엇걸다 cross (intersect) (each other); join 《*things*》 crosswise.
엇대다 apply (put, fix) askew.
엇바꾸다 exchange 《*one thing*》 for 《*another*》.
엇베다 cut aslant (obliquely).
엇보(一保) mutual guarantee.
엇비슷하다 《서술적》 be about alike; be nearly the same.
엉거주춤하다 ① 《자세》 half-stand half-sit. ¶ 엉거주춤한 자세로 in a half-rising posture. ② 《주저》 hover; waver; hesitate.
엉겅퀴 〖植〗 a thistle.
엉구다 form 《*a plan*》 up; see to it that 《*a plan*》 works; work out.
엉금엉금 on all fours.
엉기다 《응축》 curdle; congeal; coagulate; clot.
엉너리치다 ingratiate oneself 《*with a person*》 trickishly.
엉덩방아 ¶ ~를 찧다 fall on one's buttocks.
엉덩이 the buttocks; the hips. ¶ ~짓하다 swing one's hips.
엉덩춤 hip dancing; a hip dance.
엉덩판 the buttocks; the hips.
엉뚱하다 《당치 않다》 (be) extravagant; wild; fantastic; absurd; reckless(무모하다); 《무관계》 (be) irrelevant; 《틀리다》 (be) wrong. ¶ 엉뚱한 대답 an irrelevant answer / 엉뚱한 생각 a bold (wild) idea / 엉뚱한 짓을 하다 do quite unexpected thing (뜻밖의); act recklessly (crazy) (무모한).
엉망(진창) ¶ ~이 되다 be spoiled; get mixed up; get confused; get out of shape / ~을 만들다 make a mess of; upset.
엉성하다 ① 《여위다》 (be) lean; haggard; emaciated. ② 《째이지 않다》 (be) thin; sparse; loose; coarse. ③ 《탐탁찮다》 (be) unsatisfactory; slipshod, poor (솜씨가).
엉엉거리다 《울다》 cry bitterly; 《하소연》 complain of one's hard lot.
엉클다 entangle; tangle; knot.
엉클어지다 get entangled; become (get) tangled.
엉큼스럽다 ☞ 엉큼하다.
엉큼하다 (be) wily (insidious); be inwardly audacious (서술적).
엉터리 ① 《사람》 a fake; a sham; a quack; a gasbag(허풍꾼); 《물건》 a gimcrack; 《일》 a slipshod job. ~의 fake; sham; false; slovenly. ‖ ~ 의사 a quack (doctor) / ~ 회사 a bogus company. ② 《대강·윤곽》 a framework; an outline. ¶ 일의 ~가 잡히다 the general plan of a job is drawn up (laid out); a job gets under way. ③ 《터무니》 ¶ ~없는 groundless; absurd / ~없는 짓 a foolish act.
엊그저께 《수일전》 a few days ago; 《그저께》 the day before yesterday. ¶ ~아침 the morning before last.
엊저녁 last night; last (yesterday) evening.
엎다 《전복》 overturn; turn over; 《거꾸로 하다》 turn 《*a thing*》 upside down; put (lay) 《*a thing*》 face down; 《타도》 overthrow.
엎드러지다 fall on one's face; fall down. ¶ 엎드러지면 코닿을 데에

within a stone's throw 《*of*》.

엎드리다 lie flat 《*on the ground*》; lie on one's face; prostrate oneself.

엎어지다 《넘어지다》 fall on one's face; fall down; 《뒤집히다》 be turned over; be capsized(배가); be overthrown 〔upset〕 (체제, 계획이).

엎지르다 spill; slop. ¶ 엎지른 물 What is done cannot be undone.

엎치락뒤치락 ¶ ~하다 《잠자리에서》 toss about in bed; toss and turn (on one's pillow); 《경기》 seesaw. ¶ ~하는 경기 a dingdong game; a nip-and-tuck game.

엎친데덮치다 add to one's troubles; make things worse. ¶ 엎친데 덮치기로 to make matters worse.

에 ① 《때》 at (시각); in (연, 월, 주); on (날). ¶ 2시 5분~ at 5 minutes past 2 o'clock/1주일~ in a week/8월 10일~ on the 10th of August. ② 《장소》 at (지점); in(나라, 도, 도시, 가로); on(현장, 구내); 《위치》 in (속); on (표면). ¶ 50 페이지~ on page 50/용산~ 있는 학교 a school at *Yongsan* / 한국~ in Korea / 10번지~ 살다 live at No. 10. ③ 《방향·목적》 in; to; for; on; into (속에); at (향해서). ¶ 학교~ 가다 go to school. ④ 《가격》 at (the price of); for; in. ¶ 백 원~ at 〔for〕 100 *won*. ⑤ 《나이》 in; at. ¶ 20대~ in one's twenties/30~ at (the age of) thirty. ⑥ 《비율·마다》 a; per; for. ¶ 한 다스~ 5백 원 500 *won* per dozen 〔a dozen〕 / 일주일에 한 번 once a week / 백 원~ 팔다 sell at 100 *won* 《*a yard*》. ⑦ 《원인》 at; with; from; of. ¶ 추위~ 떨다 shiver with cold. ⑧ 《수단》 with; on; in; to. ¶ 물~ 담그다 soak in water. ⑨ 《표준》 by; to; at; on. ¶ 시계를 시보~ 맞추다 set a watch by the timecast. ⑩ 《그 밖의 관계》 to; with; on; in; of. ¶ 어떤 일~ 관계하다 relate to 〔be concerned with〕 a certain matter.

에게 to; for; with; from; 《피동》 by. ¶ 아무~ 말을 걸다 speak to a person / 영어를 영국 사람~ 배우다 learn English from an Englishman.

에게로 to; for. ☞ 에게.

에게서 from; through. ¶ 먼 데 있는 친구~ 온 편지 a letter from a friend far away / 선물을 받았지—누구~? I got a present. —From whom?

에고이즘 egoism.

에끼 Ugh!; Fie!; Phew!; How could you!

에끼다 offset 〔cancel〕 each other.

에나멜 enamel. ¶ ~을 칠하다 enamel. ‖ ~ 가죽〔구두〕 enamel(l)ed leather 〔shoes〕.

에너지 energy. ¶ ~가 많은 energetic. ‖ ~ 불멸의 법칙 the law of the conservation of energy / 열~ heat energy/운동 ~ kinetic 〔actual〕 energy / 잠재 ~ latent energy/ ~ 절약 운동 an energy conservation drive

에네르기 ☞ 에너지.

에누리 《지나친 값》 an overcharge; two prices; 《깎음》 (a) discount; (a) reduction. **~하다** overcharge; ask a fancy price 〔two prices〕; 《깎다》 make a 《20 *percent*》 discount; cut 〔take〕 off 《200 *won*》. ¶ 이야기를 ~해서 듣다 take a story with a grain of salt.

에다 gouge (out); cut 〔scoop, hollow〕 out. ¶ 살을 에는 듯이 춥다 It is biting cold.

에다(가) to; at; in; on. ¶ 5~ 6을 보태라 Add 6 to 5.

에덴동산 Eden.

에델바이스 〖植〗 an edelweiss.

에도 《까지도》 even; 《…도 또한》 also; too; either.

에돌다 hover around shy; linger hesitantly.

에두르다 《둘러싸다》 enclose; surround; 《말을》 hint; suggest; say in a roundabout way.

에러 《make》 an error.

에로 erotic(ism). ‖ ~책 an obscene book.

에메랄드 emerald.

에보나이트 ebonite.

에부수수하다 (be) rude; rough; unrefined; shaggy.

에서 ① 《곳》 in 《*Seoul*》; at 《*Jongno*》; on 《*the table*》. ¶ 부산~ in Busan/서울역~ at Seoul Station. ② 《출발점》 from; out of; off; in; over. ¶ 서울~ 부산까지 from Seoul to Busan. ③ 《동기》 out of; from. ¶ 호기심~ out of curiosity. ④ 《견지·표준》 from; by; according to. ¶ 사회적 견지~ 보면 from a social point of view. ⑤ 《범위》 from. ¶ 대략 2만 원~ 3만 원 사이 all the way from 20,000 *won* to 30,000 *won*/한 시~ 네 시 사이에 between one and four o'clock.

에세이 an essay.

에스오에스 《send out, flash》 an SOS (call).

에스컬레이터 an escalator; a moving stairway.

에스키모 an Eskimo. **~의** Eskimo.

에스페란토 Esperanto. ‖ ~학자 an Esperantist.

에스피판 an SP 〔a standard-playing〕 rocord.

에어컨 an air conditioner(기계); air conditioning (장치).

에어컴프레서 an air compressor.

에어포켓 an air pocket.

에우다 《…에 둘러 싸다》 enclose; surround; fence (around); 《지우다》 corss out; strike off. ¶ 에워가다 make a detour.

에움길 a detour.

에워싸다 surround; enclose; 《사람이》 crowd round; 《포위》 besiege; lay siege to. ¶ 요새를 ~ lay seize to a fortress.

에이스 an ace 《*pitcher*》; a leading player.

에이에프피 《프랑스 통신사》 AFP. (◀ *Agence France Presse*)
에이커 an acre.
에이프런 an apron.
에이피 《통신사》 A.P.; the Associated Press.
에잇 《불쾌》 Pshaw!; O! ¶ ~ 빌어먹을 Damn it (me, you)!; Hang it!
에콰도르 Ecuador. ¶ ~ 사람 an Ecuadorian.
에크(나) 《놀람》 Oh!; Dear me!; heavens!; Wow!
에테르 〖化〗 ether.
에티오피아 Ethiopia. ¶ ~ 사람 an Ethiopian.
에티켓 etiquette. ¶ 식사의 ~ table manners.
에틸렌 〖化〗 ethylene.
에틸알코올 〖化〗 ethyl alcohol.
에페 〖펜싱〗 an *épée*.
에펠탑(一塔) The Eiffel Tower.
에프엠 ‖ ~ 방송 an FM (Frequency Modulation) broadcast.
에피소드 an episode.
에필로그 an epilog(ue).
에헴 Hem!; Ahem!
엑스¹ 《미지수》 an unknown quantity. ‖ ~(광)선 X rays (~선 사진 《take》 an X-ray picture / ~선 요법 X-ray therapy) / ~형 X-shape.
엑스² an extract (essence) 《*of*》.
엑스트라 《play》 an extra (part).
엔간하다 《적당》 (be) proper; suitable; 《상당》 (be) considerable; fair; tolerable; passable. ¶ 엔간히 pretty; fairly; considerably; decently.
엔담 an enclosure; a fence.
엔들 even; also; too. ¶ 명공~ 실수가 없으랴 Even Homer sometimes nods.
엔지 N.G. ¶ ~를 내다 spoil (ruin) a sequence.
엔지니어 an engineer.
엔진 《start, stop》 an engine.
엔트로피 〖理〗 entropy.
엔트리 an entry. ¶ ~를 마치다 enter oneself 《*for*》.
엘레지 an elegy.
엘리베이터 《run》 an elevator; a lift 《英》. ¶ ~로 올라(내려)가다 go up (down) in a lift.
엘리트 the *élite* (총칭). ‖ ~ 의식 elitism.
엘피지 《액화석유가스》 LPG (◀Liquefied Petroleum Gas); LP gas; bottled gas.
엘피판 an LP (a long-playing) record.
엠피 《헌병》 M.P.; the military police.
엠피판 an MP (a medium-playing) record.
…여(餘) 《이상》 above; over; more than; …and over (more). ¶ 3 마일 ~ over three miles.
여가(餘暇) 《틈》 spare time; leisure (hours); odd moments. ¶ ~에 at one's leisure; in the intervals 《*of one's business*》 / ~가 없다 have no leisure (time to spare).
여각(餘角) 〖幾〗 a complementary angle.
여간(如干) ~아니다 (be) uncommon; extraordinary; be no easy task (matter). ¶ 아이를 기르기는 ~ 어려운 일이 아니다 It is no easy thing to bring up a child.
여감(女監) a prison ward for females.
여객(旅客) a traveller; a passenger (승객). ‖ ~ 열차(기) a passenger train (plane).
여걸(女傑) a heroine; a brave woman; an amazon.
여겨듣다 listen attentively 《*to*》.
여겨보다 《눈여겨》 watch carefully; see closely.
여계(女系) the female line.
여공(女工) a factory girl; a female operative; a woman worker.
여과(濾過) filtration; filtering. ~하다 filter; filtrate. ‖ ~기 a filter; a percolator / ~성 filterability (~성 병원체 a filterable virus) / ~액 filtrate / ~지(池) a filter bed / ~지(紙) filter paper.
여관(旅館) a hotel; an inn. ¶ ~에 묵다 stay (put up) at a hotel. ‖ ~손님 a guest (staying) at an inn; a hotel guest / ~ 주인 a hotel keeper; a landlord; a host; a landlady, a hostess(여자).
여광(餘光) 《빛》 afterglow; lingering light.
여교사(女教師) a schoolmistress; a female teacher.
여권(女權) woman's rights. ‖ ~ 확장론자 a suffragist; a feminist / ~ 확장 운동 a feminist movement.
여권(旅券) a passport. ¶ ~을 신청(발부)하다 apply for (issue) a passport 《*to, for*》.
여권법(旅券法) the passport control law.
여권사증(旅券査證) a passport visa. ¶ ~을 받다 have one's passport visaed.
여급(女給) a waitress; a barmaid (바의).
여기 this place; here. ¶ ~에(서) here; in (at) this place / ~서부터 from here / ~로 to this place.
여기(餘技) a hobby.
여기다 think; regard (consider) 《*a thing*》 as; take 《*a thing*》 for; 《믿다》 believe. ¶ 진실로 ~ take 《*it*》 seriously / 대수롭게 여기지 않다 think little (nothing) of / 사람같이 여기지 않다 think 《*others*》 beneath one's notice.
여기자(女記者) a lady (woman) reporter; 《잡지의》 a female (woman) magazine writer.
여기저기 here and there; from place to place; in places; in various places.
여뀌 〖植〗 a smartweed.
여난(女難) troubles (misfortunes) through women.
여남은 some ten odd; more than ten. ¶ ~ 사람 a dozen men.
여념(餘念) (…에) ~이 없다 be keen 《*about, on*》; be lost (absorbed,

engaged) 《in》; devote oneself 「《to》.
여단(旅團) a brigade.
여닫다 open and shut (close).
여담(餘談) a digression. ¶ ~은 그만 두고 to return to the subject; Getting back 《to our own problem》.
여당(與黨) the Government (ruling) party. ¶ ~(측)의 ministerial.
여당(餘黨) the remnants of a party.
여대(女大) a women's college (university). ‖ ~생 a girl college student; a college woman.
여덕(餘德) the influence of a great virtue.
여덟 eight. ¶ ~째 the eighth.
여독(餘毒) the aftereffect (remaining effect) of poison.
여동생(女同生) a younger sister.
여드레 《8일간》 eight days; 《날짜》 the eighth (day of a month).
여드름 a pimple. ¶ ~난 pimpled.
여든 eighty; a fourscore. ¶ ~째 eightieth.
여러 many; several; various. ¶ ~ 달 several (many) months / ~ 사람 several (many) people / ~ 해 (for) many (several) years / ~ 사람 앞에서 in public; in the presence of a large company.
여러가지 all sorts 《of》; various kinds 《of》; varieties. ~의 various; all(various) kinds of; several; diverse; miscellaneous (잡다한). ¶ ~로 variously; in many(various) ways.
여러번(一番) many (several) times; many a time; often; repeatedly; over and over again.
여러분 ladies and gentlemen; all of you; everybody.
여럿 《사람》 many; many people; a crowd (of people); 《수》 a large number.
여력(餘力) 《have》 a reserve of energy (power, strength); money to spare (금전의).
여로(旅路) 《start on》 a journey.
여론(輿論) public (general) opinion. ¶ ~에 호소하다 (을 불러 일으키다) appeal to (arouse) public opinion. ‖ ~ 조사 a survey of public opinion; a public-opinion poll (census).
여류(女流) ~(의) a woman 《aviator》; a female 《writer》; a lady 《reporter》.
여름 summer; summertime. ¶ ~용(用)의 (suitable) for the summer; for summer use. ‖ ~날 a summer day / ~ 방학 the summer vacation (holidays)/~옷 (살이) summer wear (clothes)/~철 summertime; the summer season.
여름내 all through (throughout) the summer.
여름타다 lose weight in summer; suffer from (the) summer heat.
여리다 ① 《안질기다》 (be) soft; tender; weak; frail; delicate. ② 《부족》 (be) short 《of》; 《서술적》 be not enough.
여망(輿望) popularity; confidence; esteem. ¶ ~을 짊어지다 be trusted 《by the whole nation》.
여명(餘命) one's remaining days; the remainder of one's life. ¶ ~이 얼마 남지 않다 have but few years (days) to live.
여명(黎明) dawn; daybreak. ¶ ~에 at dawn (daybreak).
여무지다 (be) hard; tough; sharp; smart; shrewd.
여물 《마소의》 chaff; provender; cow-fodder. ‖ ~통 a manger.
여물다 ① 《열매가》 bear fruit; ripen; grow (become) ripe. ② 《일이》 go well (right); go on smoothly. ③ 《사람이》 (be) firm; steady; be strong-minded (서술적).
여미다 adjust; put (set) right; fix (up). ¶ 옷깃을 ~ straighten oneself.
여반장(如反掌) ~이다 be an easy task. ¶ ~으로 without effort (the least trouble). 「우.
여배우(女俳優) an actress. ☞ 여
여백(餘白) a space; a blank; a margin(난외). ¶ ~을 남기다 leave a space / ~을 메우다 fill in (up) the blank (space).
여벌(餘一) 《가외》 remnants; surplus; spare. ‖ ~옷 a change (spare suit) (of clothes).
여병(餘病) a complication. ¶ ~이 병발하다 develop a complication.
여보 ① hello; (I) say; (look) here; hey (there). ② 《부부간》 (my) dear (남편에게); (my) darling(아내에게).
여보세요 ① hello; (I) say; (If you) please; Excuse me. ☞ 여보 ①. ② 《전화》 Hello; Are you there?
여부(與否) yes or no; whether or not; if. ¶ 성공 ~ success or failure / ~없다 (be) sure; certain; be beyond doubt; be a matter of course.
여북 how (much). ¶ ~ 좋을까 How glad I shall be! / 그걸 보고 ~ 놀랐겠느냐 What was his surprise to see that?
여분(餘分) an excess; an extra; a surplus. ~의 extra; spare 《tires》; 《money》 to spare; superfluous.
여불비례(餘不備禮) Yours sicerely (truly, respectfully).
여비(旅費) travel(l)ing expenses; a traveling allowance (지급되는).
여사(女史) Madame; Mrs.; Miss.
여사(如斯) ~한 like this; of the kind (sort); such. ¶ ~히 thus; in this way; like this.
여사무원(女事務員) an office girl; a female clerk. 「a man).
여상(女相) effeminate features (of
여색(女色) 《미색》 feminine beauty; a woman's charm; 《색욕》 sensu-

ality; carnal pleasures 〔desire〕. ¶ ~에 빠지다 indulge in lewdness.
여생(餘生) 《spend》 the rest 〔remainder〕 of one's life.
여섯 six. ¶ ~째 the sixth.
여성(女性) womanhood; women; (a) woman; the gentle 〔fair〕 sex (총칭); 〖文〗 the feminine gender. ~의 female. ¶ ~적(인) feminine; womanly; womanish. ‖ ~관 a view of womanhood / ~미 womanly 〔feminine〕 beauty / ~ 해방론 feminism.
여성(女聲) ‖ ~ 합창 a female chorus.
여세(餘勢) surplus power; force; momentum. ¶ ~를 몰아 driving on without a stop; following up the victory 《over》.
여송연(呂宋煙) 《smoke》 a cigar.
여수(女囚) a female prisoner 〔convict〕.
여수(旅愁) the tedium of one's journey. ¶ ~를 달래다 beguile the tedium of one's journey 《with》.
여승(女僧) 《become》 a (Buddist) nun.
여식(女息) a daughter.
여신(女神) a goddess. ¶ 자유의 ~ the Goddess of Liberty.
여신(與信) credit. ¶ ~을 주다 give 〔allow, grant〕 credit. ‖ ~ 등급 credit rating / ~상태 credit condition / ~ 한도 a credit line 〔limit〕; a line of credit (~한도를 늘리다 extend credit limits).
여신(餘燼) embers; smouldering fire 〔ruin〕(불난 자리의).
여신공급량(與信供給量) the amount of a loan.
여신관리(與信管理) credit management. ¶ ~를 받다 be under bank credit control.
여신규제(與信規制) credit controls. ¶ 엄격한 ~ stiff credit controls.
여신업무(與信業務) a loan business.
여실(如實) ~하다 (be) real; true; lively. ¶ ~히 (just) as it is; realistically; true to life / ~히 그리다 depict 《a thing》 as it is.
여아(女兒) a daughter(딸); a (little) girl.
여앙(餘殃) retribution; lingering calamity.
여야(與野) the ins and outs.
여염(閭閻) residential quarters; a middle-class community. ‖ ~집 a respectable home 〔family〕 (~집 여자 an honest 〔a respectable〕 woman).
여왕(女王) a queen. ‖ ~벌〔개미〕 a queen bee 〔ant〕.
여우 ① 〖動〗 a fox; a vixen(암컷). ‖ ~굴 a fox burrow / ~ 목도리 a fox-fur muffler. ② 《비유적》 a sly fellow; an old fox. ¶ ~ 같은 cunning; sly; foxy.
여우(女優) an actress.
여우볕 a brief spell of sunshine on a rainy day.
여우비 a sunshine shower.
여운(餘韻) reverberations; a trailing note; suggestiveness (시문의). ¶ ~있는 trailing; lingering; suggestive.
여울 a (swift) current; rapids; a torrent.
여위다 grow thin; lose flesh; become emaciated. ¶ 여윈 thin; lean; skinny.
여윈잠 a light sleep.
여유(餘裕) 《여잉》 a surplus; a margin; 《여지》 room; scope; 《시일·돈의》 time 〔money〕 (to spare); 《침착》 composure; placidity. ¶ ~가 있다 have 《a thing》 in reserve; have time 〔money〕 to spare; can afford (to do) / 시간 ~가 없다 be pressed for time / ~ 작작하다 be calm and composed.
여의(女醫) a lady 〔female, woman〕 doctor.
여의(如意) ~하다 turn out as one wishes. ¶ ~치(가) 않다 go contrary to one's wishes; go wrong 〔amiss〕; be not doing very well.
여의다 ① 《사별》 have 《a person》 die; be bereaved 〔deprived〕 《of a person》; lose. ¶ 아버지를 ~ lose 〔be bereft of〕 one's father. ② 《출가》 marry off (one's daughter).
여의대(女醫大) a girls' college of medicine; a women's medical college.
여인(女人) a woman. ¶ ~ 금제(禁制) 《게시》 No Admittance to Women.
여인숙(旅人宿) an inn.
여일(如一) ~한 consistent; changeless; immutable. ¶ ~하게 constantly; invariably.
여자(女子) a woman; a lady; a girl; the fair sex(총칭). ~의 female; feminine; lady('s); girl('s); woman. ¶ ~다운 womanly; ladylike/ ~답지 않은 unwomanly; unladylike / ~용의 lady's; for ladies' use / ~ 같은 womanish; effeminate; unmanly.
여장(女裝) a female dress 〔attire〕. ~하다 wear a female dress; disguise oneself as a woman.
여장(旅裝) travel(l)ing outfit; travel(l)er's equipment. ¶ ~을 챙기다 prepare for a trip / ~을 풀다 put up 《at》(숙박).
여장부(女丈夫) ☞ 여걸(女傑).
여전(如前) ~하다 《서술적》 be as before 〔ever〕; remain unchanged. ¶ ~히 as usual; as... as ever; as before; still.
여점원(女店員) a saleswoman; a shopgirl.
여정(旅情) the weary heart of a travel(l)er.
여정(旅程) the distance to be covered; 《a day's》 journey.
여존(女尊) ‖ ~ 남비 putting woman above man.
여좌(如左) ~하다 be as follows; be as stated below.
여죄(餘罪) 《inquire into》 further crimes; other charges. ¶ 다른 ~도 있을 것 같다 be suspected of some other crimes.

여줄가리 bits and pieces; odds and ends; minor matters.
여중군자(女中君子) a woman of eminent virtue; a real lady.
여지(荔枝) 〖植〗 a litchi; a lichi; 《열매》 a litchi nut.
여지(餘地) room; a margin; a scope 《*for one's ability*》; a blank (여백). ¶개량 〔발전〕의 ~ room for improvement 〔development〕/ ~가 있다 〔없다〕 leave 〔leave no〕 room for 《*doubt*》; There is 〔There is no〕 room for; be 〔be not〕 open to 《*discussion*》/ ~없이 패하다 be beaten all hollow / 변명의 ~가 없다 There is not the slightest excuse.
여진(餘震) an aftershock.
여쭈다 tell; say; ask 《*a person about*》. ¶잠깐 여쭤 보겠습니다만… Excuse me but....
여차(如此) ~하다 be like this; be this way. ¶~한 such; like this / ~(즉)하면 at the last moment; when the moment arrives; if compelled; in case 〔time〕 of need; in case of emergency.
여차여차(如此如此) ~한 so and so; such and such. ¶~한 이유로 for such (and such) reasons; such being the case.
여창(旅窓) a trave(l)ler's room.
여축(餘蓄) 《저금》 saving; 《저장》 (a) store; (a) stock; 《예비》 (a) reserve; supplies. ~하다 save (up); store (up); reserve.
여치 〖蟲〗 a grasshopper.
여탈(與奪) ¶생살 ~권을 쥐다 hold the power of life and death.
여탕(女湯) the women's section 《*of a public bath*》.
여태(까지) till 〔until〕 now; up to now 〔the present〕; up to date. ¶ ~ 없(었)던 unprecedented / ~ 어디 있었느냐 Where have you been all this while?
여파(餘波) an aftermath; an aftereffect; a secondary effect.
여편네 ① 《아내》 one's wife. ② 《기혼녀》 a (married) woman.
여폐(餘弊) a surviving evil 〔vice, abuse〕.
여필(女筆) feminine hand(writing).
여필종부(女必從夫) Wives should be submissive to their husbands.
여하(如何) what; how. ~한 what; what kind 〔sort〕 of; what... like. ¶~히 how; in what way; 《아무리》 how / ~한 이유로 why; for what reason / ~한 경우에도 at all times; in any case / ~한 희생을 내더라도 at any cost 〔price, sacrifice〕 / ~한 일이 있더라도 whatever may happen; under any circumstances / ~한 부자라도 no matter how rich one may be / 연습 ~로 with practice; as one practices / 사정 ~에 달리다 depend upon circumstances.
여하간(如何間) anyway; anyhow; in any case; at any rate; at all events.
여하튼(如何一) ☞ 여하간.
여학교(女學校) a girls' school.
여학생(女學生) a schoolgirl; a girl 〔woman〕 student.
여한(餘恨) a smo(u)ldering 〔lingering〕 regret.
여한(餘寒) the lingering cold; the cold of late winter.
여행(旅行) travel; a journey; travel(l)ing; a tour (만유); an excursion, a trip (짧은); a voyage (항해). ~하다 travel; journey; make a journey 〔trip〕; tour. ¶~중에 while traveling; on one's journey; away from home / ~ 준비를 하다 make preparations for a trip; pack (짐을 꾸려). ‖~ 가방 a traveling bag; a suitcase(대형); a valise (소형) 《美》 / ~기 a travel book; a record of travel / ~사 a travel agency; a tourist bureau / ~ 안내 guidance to travelers; a guidebook / ~ 일정 an itinerary; one's travel schedule / ~자(者) a traveler; a tourist / 수학 ~ a school excursion 〔tour〕 / 출장 ~ an official trip.
여행(勵行) enforcement. ~하다 enforce 〔carry out〕 《*the rules*》; 《지키다》 observe.
여향(餘響) a lingering sound; an echo.
여호와 《히브리의 신》 Jehovah.
여흥(餘興) an entertainment; a side show.
역(逆) the reverse 〔contrary〕 《*of*》; the opposite; 〖數〗 converse. ~의 (in a) reverse 《*order*》; opposite. ¶~으로 conversely; inversely; the other way / ~은 반드시 진(眞)이 아니다 Converses are not always true.
역(驛) a (railroad, railway) station; a (railroad) depot; a stage(역참). ¶서울~ Seoul Station.
역(役) 《연극에서》 《play》 the part 〔role〕 《*of*》; a character. ¶어린이 ~ a juvenile part / 햄릿의 ~을 하다 play the role 〔part〕 of Hamlet.
역(譯) translation; rendering.
역(亦) 《역시》 too; also; as well.
역결(逆一) a reverse grain; an interlocked grain.
역겹다(逆一) feel sick (느글거림); be disgusted 《*at*》 (혐오).
역경(逆境) adversity; adverse circumstances. ¶~에 있다 〔빠지다〕 be in 〔fall into〕 adversity / ~을 이겨내다 tide over a difficult situation.
역광선(逆光線) counterlight. ¶~으로 《take a picture》 against the light. ‖~ 사진 a shadowgraph.
역군(役軍) a navvy; a labo(u)rer 《美》; 《유능한》 an able man.

역기(力技) ☞ 역도(力道).
역대(歷代) ～의 successive.
역도(力道) weight lifting. ‖～ 선수 a weight lifter.
역도(逆徒) rebels; traitors.
역량(力量) 《display one's》 ability. ¶～있는 able; capable; competent.
역력하다(歷歷一) (be) clear; vivid; obvious; undeniable. 역력히 vividly; clearly; obviously; evidently.
역류(逆流) a back current 〔stream〕; a countercurrent, an adverse tide (조수의). ～하다 flow backward 〔upstream〕.
역마차(驛馬車) a stagecoach.
역모(逆謀) a plot of treason. ～하다 conspire to rise in revolt; plot treason 《*against*》.
역무원(驛務員) a lower-grade station employee; a station porter; a baggage man (수화물 운반의).
역문(譯文) a translation.
역반응(逆反應) an inverse reaction.
역방(歷訪) ～하다 make a round of calls 《*on persons*》; make a turn of 《*places*》.
역병(疫病) a plague; an epidemic.
역불급(力不及) ～하다 be beyond one's power 〔ability〕; find oneself unequal 《*to the task*》.
역비례(逆比例) an inverse proportion 〔ratio〕.
역사(力士) a strong man; a man of great physical strength.
역사(役事) construction work; public works.
역사(歷史) ① history; a history (사서). ～상의〔적인〕 historical 《*fact*》; 《places of》 historic 《*interest*》; 《famous》 in history. ¶한국의 ～ Korean history / ～ 이전의 prehistoric / ～에 남다 remain in history / ～를 더듬다 trace the history 《*of*》. ‖～가 a historian / ～ 소설 a historical novel. ② 《내력》 history; tradition (전통). ¶～있는 학교 a school with a long history.
역사(轢死) ～하다 be (run over and) killed 《*by a car*》.
역산(逆產) ① 〖醫〗 an agrippa; footling presentation. ② 《재산》 the property of a traitor.
역산(逆算) 《계산을》 ～하다 count 〔reckon〕 backward.
역서(曆書) an almanac.
역선전(逆宣傳) counterpropaganda. ～하다 conduct counterpropaganda.
역설(力說) ～하다 emphasize; accentuate; lay stress 《*on*》.
역설(逆說) a paradox. ～적 paradoxical. ¶～적으로 말하면 paradoxically speaking.
역성 standing up for; partiality. ～하다(들다) stand up for; take sides with; show undue favo(u)r to.
역수(逆數) 〖數〗 a reciprocal (number).
역수입(逆輸入) reimportation; reimport. ～하다 reimport.
역수출(逆輸出) reexportation; reexport. ～하다 reexport.
역습(逆襲) a counterattack. ～하다 (make a) counterattack; retort (말로).
역시(亦是) 《또한》 too; also; as well; 《의연히》 still; 《결국》 after all; 《…에도 불구하고》 but; nevertheless; in spite of; 《예상대로》 as was expected.
역어(譯語) the Korean 〔English〕 《*for*》; a Korean 〔an English〕 equivalent 《*for*》.
역연(歷然) ～한〔히〕 clear(ly); manifest(ly); evident(ly); obvious(ly); plain(ly).
역용(逆用) ～하다 make a reverse use 《*of*》; take advantage of.
역원(役員) an officer; an official; the board (전체).
역원(驛員) a station employee; the station staff (총칭).
역임(歷任) ～하다 (successively) hold 《*various posts*》. ¶여러 관직을 ～하다 fill various Government posts.
역자(譯者) a translator.
역작(力作) one's labo(u)red work; a masterpiece.
역작용(逆作用) (a) reaction; a reverse action.
역장(驛長) a stationmaster. ‖～실 a stationmaster's office.
역저(力著) a literary effort; a fine literary work.
역적(逆賊) a rebel; a traitor.
역전(力戰) ～하다 fight hard.
역전(逆轉) ～하다 reverse 《*itself*》; be reversed; 《형세》 the tables are turned 《*in a person's (dis)favo(u)r*》. ¶～승하다 win a losing game; gain a come-from-behind victory.
역전(歷戰) ¶～의 용사 a (combat) veteran (soldier); an experienced 〔hardened〕 warrior.
역전경주(驛傳競走) a long-distance relay (race).
역점(力點) 《강조》 emphasis; stress; 〖理〗 dynamic point. ¶…에 ～을 두다 lay stress 《*on*》; attach importance 《*to*》.
역정(逆情) ☞ 성나다, 성내다.
역조(逆調) an adverse 〔unfavo(u)rable〕 condition. ¶무역의 ～ an adverse balance of trade; import excess.
역주(力走) ～하다 run hard; (put on a) spurt.
역진(力盡) ～하다 be exhausted 〔spent up〕; one's strength is gone.
역청(瀝青) 〖鑛〗 bitumen; asphalt. ‖～탄 bituminous coal.
역추진(逆推進) ‖～ 로켓 a retrorocket.
역코스(逆一) 《follow》 the reverse course.
역투(力投) ～하다 〖野〗 pitch hard.
역풍(逆風) a contrary wind.
역하다(逆一) feel sick 〔nausea〕; 《협

오》 (be) disgusting; offensive.
역학(力學) 〖理〗 dynamics.
역학(易學) the art of divination.
역할(役割) a part; a role. ¶ 중대한 ~을 하다 play a great 〔an important〕 role 〔part〕 《in》.
역행(力行) ~하다 《힘씀》 endeavo(u)r; make strenuous efforts.
역행(逆行) ~하다 go 〔move〕 back(-ward); go against 《the times》 (시류에).
역효과(逆效果) 《produce》 a contrary 〔reverse〕 effect; 《bring about》 an adverse result.
엮다 ① 《얽어서》 plait; weave; 《묶다》 tie 《with a rope》. ② 《편찬》 compile; edit.
연(年) a year; 《부사적》 a year; yearly; per annum. ¶ ~1회 once a year. ‖ ~수입 an annual 〔a yearly〕 income.
연(鳶) a kite. ¶ ~을 날리다 fly a kite.
연(鉛) lead. ☞ 납.
연(蓮) 〖植〗 a lotus. ¶ ~꽃 a lotus flower.
연(連) a ream 《of paper》.
연(延) total. ‖ ~인원 the total number of persons; man-day (일의) / ~일수 the total 〔running〕 number of days.
연가(戀歌) a love song; an amatory poem.
연간(年間) ‖ ~ 계획 a program(me) for the year / ~ 생산량 a yearly output.
연감(年鑑) a yearbook; an almanac.
연갑(年甲) (one's) contemporary; a person of about one's own age.
연거푸(連一) successively; in succession; consecutively.
연결(連結) connection; coupling. ~하다 connect; join; couple; attach 《a dining car to a train》.
연고(軟膏) (an) ointment; (a) salve.
연고(緣故) ① 《까닭》 a reason; a cause; a ground. ② 《관계》 relation; connection. ¶ ~채용하다 employ 《a person》 through personal connection. ‖ ~자 a relative.
연골(軟骨) 〖解〗 a cartilage; gristle (쇠고기 따위의).
연공(年功) long service (근속); long experience (경험). ¶ ~을 쌓다 have long service 〔experience〕. ‖ ~ 가봉(加俸) a long service allowance / ~ 서열 《by》 seniority.
연공(年貢) an annual tribute.
연관(鉛管) a lead pipe. ‖ ~공 a plumber.
연관(聯關) ☞ 관련.
연구(硏究) (a) study; research(es); (an) investigation (조사). ~하다 study; make a study of; conduct 〔make〕 researches 《in》; investigate; inquire into. ‖ ~가(자) a student; an investigator; a research worker / ~ 논문 a monograph; a 《scientific》 paper; a treatise / ~ 발표회 a meeting for reading research paper / ~ 보고 a report of research / ~비 research funds 〔expenses〕/ ~생 a research student 〔worker〕/ ~소 laboratory; a research institute / ~실 a laboratory; a seminar (대학의).
연구개(軟口蓋) the soft palate.
연구개발(硏究開發) research and development (생략 RD). ‖ ~ 자금 funds for research and development.
연구활동(硏究活動) research activities.
연극(演劇) ① 《극》 a play; the drama; theatricals(소인극). ¶ ~을 하다 play; act (a play) / ~을 상연하다 present 〔run, give〕 a play. ‖ ~계 the dramatic world 〔circles〕/ ~ 비평 dramatic criticism / ~ 애호가 a playgoer; a play fan / ~ 학교 a dramatic school / 토막 ~ a short (comic) play; a skit. ② 《허위》 a make-believe; a trick; a sham. ¶ 꾸민 ~ a got-up affair / ~을 꾸미다(부리다) act 〔play〕 a part; play a trick; put up a false show.
연근(蓮根) a lotus root 〔rhizome〕.
연금(年金) an annuity; a pension. ¶ ~을 받다 receive 〔draw〕 an annuity. ‖ ~ 수령자 an annuitant.
연금(軟禁) house arrest; informal confinement. ~하다 put 《a person》 under house arrest; confine informally.
연금술(鍊金術) alchemy. ‖ ~사 an alchemist.
연기(延期) postponement; deferment; adjournment (회의의). ~하다 postpone; put off; defer; adjourn. ¶ ~되다 be postponed; be put off.
연기(連記) ~하다 list; write 《three names》 on a ballot. ‖ ~제 the plural 〔multi-entry〕 ballot system.
연기(煙氣) smoke. ¶ ~가 나는 smoking; smoky / ~를 (내)뿜다 emit 〔give out〕 smoke / ~에 숨이 막히다 be choked 〔suffocated〕 by smoke / ~에 휩싸이다 be overwhelmed by smoke.
연기(演技) performance; acting. ¶ 훌륭한 ~를 보이다 show no mean dramatic power. ‖ ~자 a performer.
연내(年內) ~에 within 〔before the end of〕 the year.
연년(年年) every year; year by 〔after〕 year; yearly.
연년(連年) successive years. ¶ ~생이다 be brothers 〔sisters〕 born in two successive years.
연놈 the man and woman.
연단(演壇) a platform; a rostrum. ¶ ~에 오르다 〔에서 내려가다〕 take 〔leave〕 the rostrum.
연달다(連一) continue; keep (on); follow one after another. ¶ 연달은 continued; continuous; successive / 연달아 one after another;

successively; in (rapid) succession; continuously.

연대(年代) an age; a period; an epoch; an era(연호). ¶ ~순의[으로] chronological(ly). ‖ ~기 a chronicle / ~표 a chronological table.

연대(連帶) solidarity. ~의[로] joint(-ly). ‖ ~ 보증 joint and several liability on guarantee (~보증인 a joint surety) / ~ 채무 joint and several obligation / ~ 책임 《on》 joint responsibility.

연대(聯隊) a regiment. ‖ ~병력 a regimental force / ~장 [본부, 기] the regimental commander [headquarters, colo(u)rs].

연도(年度) a year; a term. ‖ 회계 ~ a fiscal year.

연도(沿道) ~의[에] along the road [route]; by [on] the roadside.

연독(鉛毒) lead poisoning.

연동(聯動) gearing; linkage. ~하다 be connected [linked, coupled] 《*with*》. ‖ ~기 a clutch / ~장치 a coupling [an interlocking] device.

연동(蠕動) peristalsis; vermiculation.

연두(年頭) the beginning of a year. ‖ ~교서 the (President's) Annual Message (to Congress) (미국 대통령의) / ~사 the New Year's address [message].

연두(軟豆) 《빛》 light green.

연락(連絡) ① 《관계》 (a) connection; 《접촉》 (a) contact; touch; liaison; 《연결》 junction; connection. ~하다 (be) connect(ed) 《*with*》; get in touch 《*with*》; make contact 《*with*》; liaise. ¶ ~을 유지하다 keep in touch [contact] 《*with*》. ‖ ~병 a connecting file / ~ 사무소 a liaison office / ~선 a ferry(boat) / ~역 a junction / ~ 장교 a liaison officer. ② 《통신》 communication; correspondence. ~하다 communicate 《*a matter*》 to; inform [notify] 《*a person*》 of. ¶ ~을 끊다 cut off [sever] communications.

연래(年來) for years. ~의 of long standing; long-cherished 《*desire*》.

연령(年齡) age; years. ¶ ~에 비해 for one's age / ~을 불문하고 regardless of age. ‖ ~ 제한 the age limit / 결혼 ~ the age of marriage; the marriage(able) age.

연례(年例) ~의 yearly; annual. ‖ ~보고 an annual report / ~행사 an annual event.

연로(年老) ~한 old; aged.

연료(燃料) fuel. ‖ ~보급 refueling / ~비 cost of fuel; fuel expense / ~ 소비량 fuel consumption / 고체 [기체, 액체] ~ solid [gaseous, liquid] fuel.

연루(連累) ~하다 be implicated [involved] 《*in*》; be connected 《*with*》. ‖ ~자 an accomplice; a confederate; a partner; a person concerned.

연륜(年輪) an annual ring.

연리(年利) 《at》 an annual interest [rate] 《*of* 6%》.

연립(聯立) alliance; union; coalition. ‖ ~ 내각 a coalition cabinet / ~방정식 simultaneous equations / ~주택 a tenement house.

연마(研磨·練磨) ① 【機】 ~하다 《갈다》 (give a) polish; grind; brush up. ‖ ~기 a grinder; a polisher / ~ 분 polishing powder. ② 《연구》 ~하다 study hard; apply oneself to 《*one's studies*》.

연마(練磨) 《도야·향상》 ~하다 drill; train; practice; improve. ¶ 기술을 ~하다 improve one's skill.

연막(煙幕) a smoke screen. ¶ ~을 치다 lay down a smoke screen.

연만(年滿) ~한 old; far advanced in years.

연말(年末) the year-end. ~의 year-end. ¶ ~에 at the end [close] of the year. ‖ ~ 보너스 the year-end bonus.

연맹(聯盟) a league; a federation; a union; a confederation. ¶ ~에 가입하다 join a league.

연면(連綿) ~한 continuous; uninterrupted; unbroken; consecutive.

연명(延命) ~하다 barely manage to live; eke out a scanty livelihood.

연명(連名) joint signature. ~하다 sign jointly. ¶ ~으로 jointly. ‖ ~ 진정서 a joint petition.

연모 《도구》 tools; an instrument; equipments; 《재료》 material; matter; stuff.

연모(戀慕) love; attachment; tender emotions. ~하다 fall in love 《*with*》; become attached 《*to*》.

연목구어(緣木求魚) ~하다 go to a tree for fish; seek the impossible.

연못(蓮—) a (lotus) pond.

연무(烟霧) (a) mist; (a) haze; smog.

연무(演武) military exercise. ~하다 engage in military exercises; practice military arts. ‖ ~장 a military exercise hall; a drill hall.

연무(鍊武) (a) military drill. ~하다 practice a military drill.

연문(戀文) a love letter.

연미복(燕尾服) a tail-coat; an evening dress.

연민(憐憫) compassion; pity; mercy. ¶ ~의 정을 느끼다 [일으키다] feel pity [compassion] 《*for*》.

연발(延發) delayed departure. ~하다 start late.

연발(連發) ~하다 fire [shoot] in rapid succession; 《질문을》 shower questions 《*on*》; fire questions 《*at*》; 《발생》 happen in succession; crop up one after another. ‖ ~총 a magazine rifle [gun] (6~총 a six shooter / 2~총 a double-barreled

gun(쌍발총)).
연방(聯邦) a (federal) union; a federation; a federal state. ‖ ~정부 the Federal Government / ~주의 federalism.
연방 ☞ 연해(連—).
연변(年邊) an annual interest.
연변(沿邊) the area along 《*a river, a road, a rail line*》.
연병(鍊兵) (a) military drill. ~하다 (have a) drill; parade. ‖ ~장 a parade [drill] ground.
연보(年報) an annual report.
연보(年譜) a chronological history; a biographical note.
연보(捐補) contribution; church offerings. ~하다 donate; subscribe.
연봉(年俸) an annual salary.
연봉(連峰) a mountain range; the peaks of 《*the Mt. Seorag*》.
연부(年賦), 연불(年拂) 《in》 annual installments.
연분(緣分) a preordained tie; a predestined bond; fate; connection. ¶ 부부의 ~을 맺다 tie the marriage knot. ‖ 천생 ~ a well-matched couple.
연분홍(軟粉紅) light [soft] pink.
연불(延拂) deferred payment. ‖ ~방식으로 on a deferred payment basis. ‖ ~수출 deferred-payment export.
연비(連比) 〖數〗 a continued ratio.
연비례(連比例) 〖數〗 continued proportion.
연사(演士) a lecturer; a (public) speaker.
연산(年産) an annual output.
연산(連山) a range of mountains.
연상(年上) ~이다 be 《*four years*》 older 《*than*》; be 《*four years a person's*》 senior. ¶ ~의 elder; older; senior.
연상(聯想) association. ~하다 associate 《*A*》 with 《*B*》; be reminded of. ¶ …을 ~시키다 remind 《*a person*》 of…; suggest 《*something*》 to 《*a person's*》 mind.
연서(連署) joint signature; countersignature. ~하다 sign jointly. ¶ ~로 under the joint signature 《*of the surety*》. ‖ ~인 a joint signer; a cosignatory.
연석(宴席) a banquet; a dinner party. ¶ ~을 베풀다 hold a banquet; give a dinner party.
연선(沿線) ~의 [에] on a railway (-line); along a railway(-line).
연설(演說) a speech; an address; a lecture; public speaking. ~하다 make [deliver] a speech; speak 《*on a subject, to people*》; address 《*an audience*》. ¶ ~을 잘하다[이 서투르다] be a good [poor] speaker. ‖ ~자 a speaker / ~회 a speech meeting / 즉석 ~ an impromptu speech.
연성하감(軟性下疳) 〖醫〗 a chancroid; a soft chancre.
연세(年歲) age; years. ☞ 나이.
연소(年少) ~한 young; juvenile. ‖ ~자 a youth; a minor (미성년자).
연소(延燒) ~하다 spread 《*to*》(불이); catch fire.
연소(燃燒) combustion. ~하다 burn; ignite. ‖ ~물(物) combustibles; inflammable articles / (불)완전 ~ (im)perfect combustion / 자연 ~ spontaneous combustion.
연속(連續) continuation; continuity; (a) succession; a series 《*of*》. ~하다 continue; go on 《*doing*》; last. ¶ ~적(으로) continuous(ly); consecutive(ly); successive(ly) / ~3주간 (for) three weeks running. ‖ ~만화 a comic strip / ~물(物) a sequel; a serial / ~방송극 a serial radio [TV] drama / ~소설 a serial story.
연속상연(連續上演) ~하다 continue to present 《*a play*》; 《연속》 run consecutively.
연속상영(連續上映) ~하다 continue to show 《*a picture*》; 《연속》 run consecutively.
연쇄(連鎖) a chain; a link; a series. ‖ ~반응 (a) chain reaction / ~상구균 a streptococcus / ~점(店) a chain store; a multiple shop《英》.
연쇄충돌(連鎖衝突) a chain collision.
연수(年收) an annual income.
연수(年數) (the number of) years.
연수(軟水) soft water.
연수(硏修) ~하다 study; research. ‖ ~생 a trainee / ~원 a training institute.
연수정(煙水晶) smoky quartz.
연습(演習) 《익힘》 practice; an exercise; 《기동훈련》 maneuvers; 《모의전》 a sham fight. ~하다 practice; carry out exercises; hold maneuvers. ‖ ~림(林) an experimental plantation.
연습(練習) practice; training; (an) exercise; (a) rehearsal (극의). ~하다 practice 《*the piano*》; train 《*for a race*》; (have) exercise; rehearse (무대의). ¶ ~을 쌓았다 be well trained [drilled, practiced] 《*in*》 / ~부족이다 be out of practice. ‖ ~곡 an 《*a piano*》 exercise; a practice piece / ~기[선] a training plane [ship] / ~문제 exercises 《*in grammar*》 / ~생 a trainee; an apprentice (해양 대학의) / ~소 a training school / ~시합 a practice [tune-up] game / 기본 ~ basic exercises.
연승(連勝) straight [consecutive, successive] victories. ~하다 win 《*three*》 successive [straight] victories.
연시(年始) the beginning of the year.
연시(軟柿) a fair [soft] persimmon.

연식(軟式) ‖ ~ 비행선 a nonrigid airship / ~ 야구 rubber-ball baseball / ~정구 softball tennis.
연안(沿岸) the coast; the shore. ~의 on [along] the coast. ‖ ~국 [항] a coastal state [port] / ~ 무역 [어업] coastal trade [fishery] / ~ 항로 coastwise service (~ 항로선(船) a coasting vessel [steamer]).
연애(戀愛) love; amour. ~하다 be [fall] in love《*with*》. ¶ 정신적 ~ Platonic love. ‖ ~결혼 a love match [marriage] (~ 결혼하다 marry for love) / ~ 사건 a love affair / ~ 소설 a love story; a romance.
연액(年額) an annual sum《*of*》.
연야(連夜) night after night.
연약(軟弱) ~한 effeminate; weak; tender; fragile. ‖ ~외교 weak-kneed diplomacy.
연어(鰱魚) a salmon.
연역(演繹) deduction. ~하다 deduce; evolve. ¶ ~적(으로) deductive(ly); *a priori*.
연연(戀戀) ~하다 《서술적》 be ardently [still] attached《*to*》; cling to《*one's position*》.
연예(演藝) entertainment; a performance. ‖ ~계 the entertainment world / ~난 the "entertainments" column / ~방송 an amusement program(me) / ~인 a public entertainer; a performer; showfolk(총칭) / ~장 an entertainment hall.
연옥(煉獄) purgatory; hell.
연와(煉瓦) a brick. ☞ 벽돌.
연원(淵源) an origin; a source. ~하다 originate《*in*》; take its rise《*in, from*》.
연월일(年月日) (a) date.
연유(煉乳) condensed milk.
연유(緣由) 《유래》 the origin; 《사유》 (a) reason; a ground. ~하다 originate《*in*》; be derived《*from*》; be due to.
연인(戀人) a lover (남자); a love (여자); a sweetheart (특히 여자). ¶ 한쌍의 ~ a pair of lovers.
연일(連日) every day; day after day. ¶ ~ 연야 day and night.
연임(連任) ~하다 be reappointed [re-elected]; resume the office.
연잇다(連—)《연결》join《*A*》to《*B*》; piece together; 《계속》continue; be continuous; follow. ¶ 연이어 one after another; continuously; successively.
연자매(硏子—) a large millstone worked by ox.
연장 an instrument; a tool; a utensil; a gadget; an appliance.
연장(年長) ~의 older; elder; senior. ‖ ~자 an elder; a senior.
연장(延長) extension; elongation. ~하다 prolong; extend; lengthen. ‖ ~선 an extension (line); a prolongation / ~전 an extended game; 〖野〗 extra innings.
연재(連載) serial publication. ~하다 publish serially; give in serial form. ¶ ~되다 appear [be published] serially [daily]《*in a newspaper*》. ‖ ~ 소설 a serial story.
연적(硯滴) an ink-water container; a water-holder.
연적(戀敵) a rival in love.
연전(年前) ~에 some years ago; formerly.
연전(連戰) ~하다 fight a series of battles; participate in successive battles. ¶ ~ 연승하다 win battle after battle [every game]; win consecutive victories / ~ 연패하다 lose battle after battle [every game].
연접(連接) ~하다 connect; combine; interlock (열차를); switch (전화를).
연정(戀情) (a feeling of) love. ¶ ~을 느끼다 feel attached to.
연제(年祭) an anniversary.
연제(演題) the subject《*of an address*》.
연좌(連坐) ~하다 be implicated [involved]《*in*》. ‖ ~ 데모 (a) sit-down[-in] demonstration.
연주(演奏) a musical performance; a recital (독주). ~하다 perform; play; render. ‖ ~곡목 a (musical) program(me); a repertoire / ~자 a performer; a player / ~회(會) a concert; a recital.
연주창(連珠瘡) scrofula; the king's evil.
연줄(緣—) connections; pull; a (good) backing; influential contacts. ¶ ~ ~ through one connection after another / …의 ~로 through the good offices [influence] of / ~을 찾다 hunt up connections / ~이 있다 have a pull《*with a company*》.
연중(年中) the whole year; (all) the year round; throughout the year. ‖ ~무휴 《게시》 Open Throughout The Year / ~ 행사 annual events [affairs, features]; yearly functions.
연지(臙脂) (cheek) rouge; lipstick (특히 입술의). ¶ ~를 찍다 [바르다] put rouge on; apply rouge [lipstick] to.
연차(年次) ~의 annual; yearly. ¶ ~적으로 chronologically. ‖ ~계획 a yearly program(me) [plan] / ~보고 an annual report / ~ 총회 an annual general meeting.
연착(延着) late arrival; delay. ~하다 arrive late; be delayed [overdue]. ¶ ~될 예정이다 be expected to arrive《*one hour*》late.
연착(軟着) soft landing. ¶ 달에 ~하다 make a soft landing on the moon.
연창(—窓) an outer window.
연천(年淺) ~하다 (be) short; not

long.
연철(鍊鐵) 〖冶〗 wrought iron.
연체(延滯) delay; arrear(체납). ~하다 be delayed; be overdue; be in arrear(s) (지불 등이). ‖ ~금(金) arrears / ~ 이자 overdue interest.
연체동물(軟體動物) a mollusc; the Mollusca.
연초(煙草) ☞ 담배.
연출(演出) production; presentation. ~하다 produce; present; stage; perform. ‖ ~자 a producer 《英》; a director《美》/ ~효과 stage effect.
연충(蠕蟲) a worm; vermin.
연탄(煉炭) a briquet(te). ‖ ~ 가스중독 briquet gas poisoning (~ 가스 중독으로 죽다 die from briquet gas poisoning) / ~ 난로 a briquet stove.
연탄공장(煉炭工場) a briquet manufactory.
연탄불(煉炭—) briquet fire.
연탄재(煉炭—) a used briquet.
연통(煙筒) a chimney; a stovepipe (스토브의).
연투(連投) ~하다 〖野〗 take the (pitcher's) mound in 《*two*》 consecutive games.
연판(連判) joint signature [seal]. ~하다 sign [seal] jointly. ‖ ~장 a covenant [compact] under joint signature.
연판(鉛版) a stereotype. ¶ ~을 뜨다 stereotype; make a stereotype of. ‖ ~공 a stereotyper / ~인쇄 stereotypography.
연패(連敗) a series of reverses; defeats in succession. ~하다 suffer a series of defeats; lose 《*three*》 games straight [in succession].
연포(練布) bleached cloth.
연표(年表) a chronological table.
연필(鉛筆) a (lead) pencil. ¶ ~로 쓰다 write in [with a] pencil / ~을 깎다 sharpen a pencil. ‖ ~깎개 a pencil sharpener / ~심 the lead of a pencil / 색~ a colo(u)red pencil.
연하(年下) ~이다 be 《*four years*》 younger (than); be 《*four years a person's*》 junior.
연하(年賀) New Year's greetings. ¶ ~우편 취급 special delivery service of New Year's cards. ‖ ~장 a New Year's card.
연하다(軟—) ① 《안질기다》 (be) tender; soft. ¶ 연해지다 become soft [tender]; go soft.
연하다(連—) adjoin; be connected [linked] 《*with, to*》.
연한(年限) a period; a term. ¶ ~을 채우다 serve one's term. ‖ 수업[복무] ~ a term of study [office].
연합(聯合) ~하다 combine; join; be combined [united]; form a union. ¶ ~의 combined; united; allied; joint. ‖ ~국 [군] the Allied Powers [Forces]; the Allies / ~ 참모본부 the Joint Chiefs of Staff.
연해(沿海) the coast (육지); the inshore (바다). ~의 coastal. ‖ ~어업 inshore fishery / ~ 항로 a coastwise line [service].
연해(連—) continuously; unceasingly; repeatedly; eagerly (열심히).
연해주(沿海州) 〖地〗 the Maritime Province (of Siberia).
연행(連行) ~하다 take 《*a person*》 to 《*the police station*》.
연혁(沿革) history; development. ‖ ~지(誌) a history.
연호(年號) the name of an era.
연화(軟化) ~하다 become soft; soften.
연화(軟貨) soft money [currency].
연회(宴會) 《give, have》 a dinner party; a banquet.
연후(然後) ~에 after (that); afterwards; (and) then.
연휴(連休) 《two》 consecutive holidays.
열 ten; the tenth (열째).
열(列) a line; a row; a file, a column (종렬); a rank (횡렬); a queue (줄진 손님 따위). ¶ ~을 짓다 form a line [queue]; line [queue] up / 1 [2, 3] ~로 서다 line up in a single file [two files, three files].
열(熱) ① 《열기》 heat. ~의 caloric; thermic; thermal. ¶ ~을 가하다 (apply) heat / ~을 발생하다 generate heat. ‖ ~교환기 a heat exchanger / ~기관 a heat engine / ~오염 thermal pollution / ~팽창 [전도] thermal expansion [conduction]. ② 《체온》 temperature; fever. ¶ 높은 [낮은] ~ a high [low] fever / ~을 재다 take 《*a person's*》 temperature / ~이 있다 have a fever; be feverish / ~이 내리다 one's fever lets up. ③ 《열중·유행》 enthusiasm 《*for*》; a mania 《*for*》. ¶ …~이 식다 one's craze for…wears off / …에 ~을 올리다 be crazy about 《*jazz*》 / ~이 없다 have no enthusiasm 《*for*》. ‖ 야구~ baseball fever; enthusiasm for baseball / 투기~ speculative fever [mania].
열가소성(熱可塑性) 〖理〗 thermoplasticity. ¶ ~의 thermoplastic. ‖ ~재료 thermoplastic material(s).
열강(列强) the (world) Powers.
열거(列擧) enumeration. ~하다 enumerate; list.
열경화성(熱硬化性) 〖理〗 a thermosetting [thermohardening] property. ¶ ~의 thermosetting; thermohardening. ‖ ~ 수지 thermosetting resin.
열광(熱狂) (wild) enthusiasm; excitement; frenzy. ~하다 go wild with enthusiasm; be [go] wildly excited 《*at, by, with*》. ¶ ~적(으로) enthusiastic(ally); frantic(ally).

열기(列記) ~하다 enumerate; list.
열기(熱氣) heat; hot air; 《열띤 기운》 fevered air; a heated atmosphere; 《신열》 fever.
열김(熱—) ~에 in a fit of anger; in the heat (excess) of passion.
열나다(熱—) ① 《신열이》 develop fever; come to have fever. ② 《열중·열심》 become enthusiastic 《*in, about, over*》. ③ 《화나다》 get hot; get mad《美》; be enraged. ¶ 열이 나서 out of resentment; frantically, hysterically(기가 나서).
열녀(烈女) an exemplary (virtuous, chaste) woman.
열다¹ ① 《닫힌 것을》 open; throw open; uncover; unfold(펴다); undo (꾸러미를); unlock (열쇠로). ¶ 비틀어 (부숴, 억지로) ~ wrench (break, force) open / 열어 놓다 leave 《*a door*》 open. ② 《개시》 open; start; begin; found (창시함). ¶ 가게를 ~ open a shop (store); set up in business. ③ 《개최》 hold; give; open. ¶ 운동회를 ~ hold an athletic meeting. ④ 《길을》 open; clear. ¶ 길을 ~ clear the way 《*for*》; make way 《*for another*》.
열다² 《열매가》 bear (fruit); fruit; grow 《*on a tree*》.
열대(熱帶) the tropics. ~의 tropical. ‖ ~성 저기압 a tropical atmospheric depression / ~ 식물 tropical plants (flora) / ~어 a tropical fish.
열댓 about fifteen.
열도(列島) (a chain of) islands; an archipelago.
열독(閱讀) perusal; reading.
열등(劣等) inferiority. ~한 inferior. ‖ ~감 inferiority complex / ~생 a backward (poor) student / ~품 goods of inferior quality.
열락(悅樂) joy; pleasure; delight.
열람(閱覽) reading; perusal; inspection. ~하다 read; peruse; inspect. ‖ ~권 an admission ticket / ~실 a reading room.
열량(熱量) (a) calorie (단위). ‖ ~계 a calorimeter.
열렬(熱烈) ~한[히] ardent(ly); fervent(ly); passionate(ly).
열리다 ① 《닫힌 것·잠긴 것이》 open; be opened; be unlocked (자물쇠 따위). ② 《모임·행사》 be held; take place; 《개시》 begin; start. ¶ …주최로 ~ be held under the auspices of.... ③ 《개화·발전》 become civilized; be modernized. ¶ 열리지 않은 undeveloped; uncivilized. ④ 《길이》 open; be open(ed). ¶ 승진의 길이 ~ be given a chance to rise (in rank). ⑤ 《열매가》 bear (fruit); (be in) fruit; grow 《*on a tree*》(열매가 주어). ¶ 열매가 많이 열린 나무 a tree laden with (full of) fruits.
열망(熱望) an ardent wish (desire). ~하다 wish (desire) earnestly; be anxious (eager) 《*to do, for a thing*》.
열매 (a) fruit; a nut (견과); a seed (씨). ¶ ~를 맺다 bear fruit; 《비유적》 produce a result; come to fruition.
열무 a young radish. ‖ ~김치 young radish *kimchi*.
열반(涅槃) *Nirvana* 《梵》. 「speech.
열변(熱辯) 《make》 an impassioned
열병(閱兵) a review. ~하다 review (inspect) troops. ‖ ~식 a review (of troops).
열병(熱病) a fever. ¶ ~에 걸리다 catch (suffer from) a fever.
열분해(熱分解) 〖化〗 pyrolysis. ~하다 pyrolyze.
열비(劣比) a minor ratio.
열사(烈士) a man of staunch principles; a patriot.
열사병(熱射病) heatstroke. 「wound.
열상(裂傷) a laceration; a lacerated
열석(列席) ~하다 attend; be present 《*at*》. ‖ ~자 those present; attendants; an attendance (전체); the guests (내빈).
열선(熱線) thermic (heat) rays.
열성(列聖) successive kings; 《성인》 a number of saints.
열성(熱誠) ardo(u)r; zeal; devotion (헌신). ¶ ~적인 warm; earnest; enthusiastic; devoted / ~을 담아 with ardor; warmly. ‖ ~가 an enthusiast; a zealot (열광자) / ~ 분자 earnest (devoted) elements.
열세(劣勢) inferiority in numbers; numerical inferiority. ~의 inferior in strength (number).
열쇠 a key. ¶ 사건의 ~ the key to the affair / ~를 채우다 lock; turn a key on / ~로 열다 unlock with a key. ‖ ~구멍 a keyhole.
열심(熱心) enthusiasm; zeal; ardo(u)r; eagerness. ¶ ~인 eager; ardent; enthusiastic; earnest / ~히 eagerly; earnestly; intently; hard / ~히 공부하는 학생 an eager (earnest) student.
열십자(一十字) a cross. ~의 cross-shaped; cruciform. ¶ ~로 crosswise. 「sharp.
열쌔다 (be) quick; nimble; smart;
열씨(列氏) Réaumur. ‖ ~ 온도계 a Réaumur thermometer.
열악(劣惡) ~한 inferior; poor.
열애(熱愛) ~하다 love 《*a person*》 passionately; be devoted 《*to*》.
열어젖뜨리다 swing (throw, fling) open; 《열어 놓다》 leave (keep) 《*a door*》 open.
열없다 ① 《열적다》 (be) awkward; shy; self-conscious. ② 《성질이》 (be) timid; faint-hearted.
열역학(熱力學) thermodynamics.
열연(熱演) a superb play; ardent performance. ~하다 give an ardent performance. 「pacity.
열용량(熱容量) heat (thermal) ca-

열원(熱源) a heat source.
열의(熱意) zeal; eagerness. ¶ ~있는 eager; zealous; enthusiastic / ~없는 unenthusiastic; halfhearted / ~를 보이다 show zeal 《*for*》.
열이온(熱—) thermion.
열자기(熱磁氣) thermomagnetism.
열전(列傳) biographies; lives.
열전(熱戰) a fierce fight; 《경기》 a hot contest; a close game.
열전기(熱電氣) thermoelectricity.
열전도(熱傳導) heat conduction.
열전류(熱電流) a thermocurrent.
열정(劣情) 《stir》 the low passions.
열정(熱情) passion; ardo(u)r; zeal. ~적인 ardent; passionate; fervent. ‖ ~가 an ardent person; a hot-blood.
열중(熱中) ~하다 devote oneself 《*to*》; be absorbed 《*in*》; be crazy 《*about*》.
열진(烈震) a violent earthquake.
열차(列車) a train (☞ 기차). ¶ ~자동 정지 장치 an automatic train control (생략 ATC) / 광주행〔발〕~ a train for 〔from〕 *Gwangju*. ‖ ~사고 a train 〔rail road〕 accident / ~ 시간표 a train timetable / 급행 ~ an express train / 보통〔완행〕 ~ a slow 〔accommodation〕 train / 상행 〔하행〕 ~ an up 〔a down〕 train / 임시〔특별〕 ~ a special train.
열탕(熱湯) hot 〔boiling〕 water. ¶ ~소독을 하다 scald.
열퉁적다 (be) rude; gawky; boorish; rough.
열파(熱波) a heat wave.
열풍(烈風) a violent wind.
열풍(熱風) a hot wind.
열하다(熱—) heat; make hot.
열하루 《열한날》 eleven days; 《날짜》 the eleventh (day).
열학(熱學) 【理】 thermotics.
열핵(熱核) ‖ ~ 반응(융합) thermonuclear reaction 〔fusion〕 / ~ 병기 a thermonuclear weapon / ~ 전쟁 a thermonuclear war.
열혈(熱血) ‖ ~아(兒), ~한(漢) a hot-blooded man.
열호(劣弧) 【數】 a minor arc.
열화(烈火) a blazing 〔raging〕 fire. ¶ ~같이 노하다 be mad with anger.
열화학(熱化學) thermochemistry.
열흘 《열날》 ten days; 《십일》 the tenth (day).
엷다 ① 《두께가》 (be) thin. ☞ 얇다. ② 《빛이》 (be) light; pale; faint. ¶ 엷은 빛(깔)의 light-colored.
염(塩) salt. ¶ ~류 salts.
염(殮) ☞ 염습(殮襲).
염가(廉價) a low 〔moderate, reasonable〕 price. ~의 cheap; low priced. ¶ ~로 at low prices; at a bargain / ~로 팔다 sell 《*things*》 cheap 〔at low prices〕. ‖ ~ 판매 a bargain sale / ~품 low-〔popular-〕priced goods.

염광(塩鑛) a salt mine.
염교 【植】 a shallot.
염기(厭忌) ~하다 dislike; detest; abhor.
염기(塩基) 【化】 a base. ¶ ~성의 basic.
염도(鹽度) salinity.
염두(念頭) ~에 두다 bear 〔keep〕 《*a thing*》 in mind. ¶ ~에 두지 않다 do not care 《*about*》 / ~에 떠오르다 《사람이 주어》 remember 《*a thing*》; 《사물이 주어》 occur 《*to one*》 / ~에서 떠나지 않다 《사람이 주어》 cannot forget 《*a thing*》.
염라대왕(閻羅大王) *Yama* 《梵》; *Pluto* 《라》; the King of Hell.
염려(念慮) anxiety; worry; apprehension; concern. ~하다 worry; be concerned 〔worried〕; feel anxious 〔concern〕 《*about*》; have apprehension 《*of*》. ¶ …을 ~하여 under the apprehension 《*that*...》; for fear of.
염료(染料) dyes; dyestuffs.
염료공업(染料工業) the dye industry.
염매(廉賣) a bargain 〔cheap〕 sale. ~하다 sell cheap; sell at a bargain.
염모제(染毛劑) a hairdye.
염문(艶聞) a love affair; a romance.
염밭(塩—) a salt farm.
염병(染病) ① ☞ 장티푸스. ¶ ~할 Damn 〔Hang〕 it! ② ☞ 전염병.
염복(艶福) one's good fortune in love. ‖ ~가 a ladies' man.
염분(塩分) salt; salinity. ¶ ~ 있는 saline; salty / ~을 없애다 desalt; desalinate.
염불(念佛) a Buddhist invocation. ~하다 chant a prayer to Buddha.
염산(塩酸) 【化】 hydrochloric acid.
염색(染色) dyeing. ~하다 dye. ‖ ~집 a dyer's; a dye works(공장) / ~체 a chromosome.
염서(炎暑) intense heat.
염세(厭世) pessimism; weariness of life. ~적 pessimistic. ‖ ~가 a pessimist / ~관(觀) a pessimistic view of life / ~ 자살 a suicide from being sick of life / ~ 주의 pessimism.
염소 a goat; a kid(새끼). ¶ ~가 울다 a goat bleats. ‖ ~ 가죽 goatskin / ~ 수염 a goatee / ~ 자리 【天】 the Goat; the Capricorn.
염소(塩素) 【化】 chlorine (기호 Cl). ‖ ~산 chloric 〔muriatic〕 acid.
염수(塩水) salt water; brine.
염습(殮襲) ~하다 wash and dress the deceased.
염열(炎熱) intense heat.
염오(厭惡) loathing; aversion. ~하다 detest; loathe; abhor.
염원(念願) one's heart's desire. ~하다 desire; wish 《*for*》.
염전(塩田) a salt farm. ☞ 염밭.
염좌(捻挫) a sprain. ☞ 삐다.
염주(念珠) a rosary; (a string of) beads. ‖ ~알 a bead(한개); the beads of a rosary (~알을 굴리다

tell one's beads).
염증(炎症) inflammation. ¶ ~을 일으키다 be (become) inflamed.
염증(厭症) an aversion; dislike; disgust; a repugnance《*to*》. ¶ ~이 나다 be weary (sick)《*of*》; be fed up《*with*》.
염직(染織) ~하다 dye and weave.
염천(炎天) hot weather; 《under》 the burning sun.
염출(捻出)《비용 따위를》 ~하다 (manage to) raise《*money*》.
염치(廉恥) a sense of hono(u)r (shame). ¶ ~없는 shameless; impudent/~를 모르다(가 없다) have no sense of shame; be lost to shame.
염탐(廉探) ~하다 spy《*upon, on*》; feel (out). ‖ ~꾼 a spy; a secret agent; a scout.
염통 the heart.
염화(塩化) chloridation. ~하다 chloridize. ‖ ~나트륨 sodium chloride / ~물 a chloride / ~비닐 vinyl chloride.
엽견(獵犬) a hound; a hunting dog.
엽관(운동)(獵官(運動)) office-hunting. ~하다 run (hunt) for office.
엽궐련(葉—) a cigar.
엽기(獵奇) ¶ ~적인 curiosity-seeking; adventurous; thrilling. ‖ ~소설 a bizzare story / ~심 curiosity.
엽렵하다(獵獵—) (be) clever; smart; thoughtful.
엽록소(葉綠素)〖植〗chlorophyl(l).
엽맥(葉脈)〖植〗the veins of a leaf.
엽색(獵色) debauchery. ‖ ~가 a debauchee; a lecher.
엽서(葉書) a postal card (관제); a postcard (사제); a post card《英》. ‖ 그림 ~ a picture postcard.
엽전(葉錢) a brass coin.
엽초(葉草) leaf tobacco.
엽초(葉鞘)〖植〗a vagina; a sheath.
엽총(獵銃) a hunting (sporting) gun; a shotgun.
엿¹ wheat-gluten; taffy. ‖ ~가래 a stick of taffy (wheat-gluten) / ~장수 a wheat-gluten vendor.
엿²《여섯》six.
엿기름 (barley) malt; germ barley.
엿듣다 overhear; listen secretly; eavesdrop; 《전화의 도청》 tap《*wires*》; bug.
엿보다《기회를》look (watch, wait) for《*a chance*》; 《상태를》 see; spy on; 《안을》 peep into (through); 《슬쩍》 steal a glance at.
엿새《엿샛날》the sixth day (of a month); 《여섯날》 six days.
영 ☞ 이영.
영(令)《명령》an order; a command; 《법령》 an ordinance; a law; a decree; an act. ¶ ~을 내리다 command; order / ~을 어기다 disobey an order; act contrary to《*a person's*》order.
영(零) a zero; nought; a cipher. ¶ 106번 one-o(-zero, -nought)-six (전화) / ~점을 맞다 get zero《*in an examination*》.
영(嶺) a (mountain) pass; a ridge.
영(靈) the soul (spirit); the ghost (망령). ~적 spiritual.
영감(令監)《존칭》lord; sir; 《노인》 an old (elderly) man; 《남편》 one's husband.
영감(靈感) (an) inspiration; afflatus. ¶ ~을 받다 have an inspiration.
영걸(英傑) a great man; a hero; a master mind; 《성질》 gallantry. ~스럽다, ~하다 (be) heroic; gallant.
영검(靈—) a miraculous virtue.
영겁(永劫) ☞ 영원(永遠).
영결(永訣) the last (final) parting; separation by death. ~하다 part forever; bid one's last farewell 《*to*》. ‖ ~식 a funeral ceremony (service).
영계(—鷄) a (spring) chicken. ‖ ~백숙 a boiled chicken.
영계(靈界) the spiritual world; 《종교계》 the religious world.
영고(榮枯) rise and fall; vicissitudes. ‖ ~성쇠 =영고.
영공(領空) airspace. ¶ ~을 날다 fly over《*Korean*》territory. ‖ ~침범 an intrusion of《*a country's*》airspace.
영관(領官) a field officer(육군); a captain, a commander(해군). ‖ ~급 장교 field grade officers.
영관(榮冠) the crown; 《win》 the laurels (월계관).
영광(榮光) hono(u)r; glory. ~스러운 glorious; honorable; honored. ¶ …의 ~을 가지다 have the honor of《*doing*》.
영교(靈交) spiritual communion 《*with*》. ‖ ~술 spritualism.
영구(永久) ☞ 영원(永遠). ‖ ~성 permanency / ~치(齒) a permanent tooth / ~자석 a permanent magnet.
영구(靈柩) a coffin; a hearse; a casket《美》. ‖ ~차(車) a (motor) hearse; a funeral car.
영국(英國) England; (Great) Britain; the United Kingdom (약자 U.K.). ~의 English; British. ‖ ~기 the Union Jack / ~사람 an Englishman; an Englishwoman (여자); the English (British) (총칭) / ~연방 the British Commonwealth of Nations.
영내(營內) ¶ ~의(에) within(in) barracks; barrack. ‖ ~거주 living in barracks / ~근무 service in barracks / ~생활 a barrack life.
영농(營農) farming. ~하다 engage in farming. ‖ ~기계화 agricultural mechanization / ~인구 the farming population / ~자금 a farming fund.
영단(英斷) a resolute step. ¶ ~을 내리다 take a resolute step (dras-

tic measures).
영단(營團) a corporation; a management foundation. ‖ 주택 ~ the Housing Corporation.
영달(榮達) advancement; (a) rise (in the world). ¶ ~을 바라다 hanker after distinction; aspire to high hono(u)r. 「☞ 영하.
영도(零度) zero; the freezing point.
영도(領導) leadership. ~하다 take the lead; lead 《*a party*》; head. ¶ …의 ~하에 under the leadership (direction) of…. ‖ ~자 a leader.
영락(零落) ruin; downfall. ~하다 fall low; be ruined; sink in the world; be reduced to poverty.
영락없다(零落—) be invariably right; (be) infallible; unfailing. ¶ 영락없이 without any slip; without fail; infallibly; for sure.
영령(英靈) the spirit of the departed (war heroes). ¶ ~이여 고이 잠드소서 May your noble soul rest in peace!
영롱(玲瓏) ~한 brilliant; translucent; clear and bright.
영리(怜悧) ~한 wise; clever; bright; intelligent; smart.
영리(營利) moneymaking; profit; gain. ¶ ~적(인) profit-making; commercial / ~에 급급하다 be bent on gain. ‖ ~사업 an undertaking for profit; an enterprise / ~주의 commercialism / 비~ 단체 a nonprofit-making organization.
영림(營林) forestry. ‖ ~서 a local forestry office (~서원 a forest overseer). 「pass.
영마루(嶺—) the top of a mountain
영매(靈媒) a (psychic) medium.
영면(永眠) death. ~하다 die; pass away; go to one's long rest.
영명(令名) ☞ 명성(名聲).
영명(英明) ~한 clever; bright; intelligent.
영묘(靈妙) ~한 miraculous; mysterious; marvelous.
영문 ① 《형편·사정》 circumstances; the situation. ¶ 무슨 ~인지 모르다 be unable to make out what it's all about; do not know what's what. ② 《까닭》 (a) reason; a cause(원인); the matter. ¶ ~도 없이 without (any) reason (cause).
영문(英文) English (writing); an English sentence. ¶ ~으로(의) in English / ~을 잘 쓰다 write good English. ‖ ~ 타이피스트 a typist in English / ~타자 English typewriting / ~ 편지 a letter in English / ~학 English literature(~(학)과 a department of English / ~학자 a scholar of English literature) / ~한역 translation from English into Korean.
영문(營門) the barrack gate.
영물(靈物) a spiritual being.
영미(英美) Britain and America. ~의 English and American; Anglo-American.
영민(英敏) ~한 bright; intelligent; clever; sagacious; acute.
영별(永別) ~하다 part forever.
영봉(靈峰) a sacred mountain.
영부인(令夫人) your (his) esteemed wife; Mrs. 《*Lee*》.
영사(映寫) projection. ~하다 project. ‖ ~기 a projector / ~막 a screen / ~시간 the running time for a film / ~실 a projection room; the booth.
영사(領事) a consul. ‖ ~ 관원 a consular officer; the staff of a consulate (총칭) / 총~ a consul general / (총)~관 a consulate (general).
영상(映像) an image; a reflection; 〖TV〗 the field; a silhouette(그림자).
영상(領相) a Premier.
영생(永生) eternal life; immortality. ~하다 live eternally; enjoy immortality.
영선(營繕) (building and) repairs. ‖ ~과(課) a building and repairs section / ~비 building and repairing expenses.
영성(靈性) spirituality; divinity.
영세(永世) all ages; eternity. ¶ ~불망하다 bear in mind forever. ‖ ~중립 permanent neutrality(~중립국 a permanently neutral state).
영세(零細) ~한 small; petty; trifling. ‖ ~기업 a small business / ~농(農) a petty farmer / ~민《총칭》 the destitute; the poor; paupers / ~업자 a small scale businessman.
영속(永續) ~하다 last long; remain permanently; endure. ¶ ~적(인) lasting; permanent.
영솔(領率) ~하다 command; lead.
영송(迎送) ~하다 welcome and send off; meet and see off.
영수(領收·領受) receipt. ~하다 receive. ¶ 일금 1만원정 확실히 ~함 Received (of Mr. A) the sum of ₩10,000. ‖ ~증 a receipt / ~필 Paid.
영수(領袖) a leader; a chief; a boss.
영시(英詩) English poetry(총칭); an English poem(시편).
영시(零時) twelve o'clock; noon(정오); midnight(자정).
영식(令息) your (his, her) son.
영아(嬰兒) an infant; a baby. ‖ ~살해 infanticide.
영악(獰惡) ~한 fierce; ferocious.
영악하다 (be) clever; bright; smart.
영안실(靈安室) a mortuary (of a hospital). ¶ ~에 안치하다 place a dead body in a mortuary of a hospital.
영애(令愛) your (his, her) daughter.
영약(靈藥) a miraculous medicine

〔cure, remedy〕; a royal elixir.
영양(令孃) your 〔his〕 daughter; Miss 《*Kim*》.
영양(羚羊) an antelope; a goral.
영양(營養) nourishment; nutrition. ¶ ~ 상태가 좋은〔나쁜〕 well-〔ill-〕nourished. ‖ ~가 nutritive value / ~물 nutriments; nutritious food / ~불량〔과다〕 under-〔over-〕nourishment / ~사 a dietitian 〔dietician〕/ ~ 실조 malnutrition / ~ 장애 abiotrophy / ~학 dietetics.
영어(囹圄) a prison. ¶ ~의 몸 a prisoner behind bars / ~의 몸이 되다 be put in prison 〔jail〕; be incarcerated.
영어(英語) English; the English language. **~의** English. ¶ ~로 《speak》 in English / ~의 실력 one's knowledge of English / ~를 하다 (can) speak English / ~를 잘하다〔가 서투르다〕 be good 〔poor〕 at English / ~로 쓰다 write in English / ~로 번역하다 translate 〔put〕 into English. ‖ ~ 교사 a teacher of English / ~ 국민 an English-speaking people / ~학 English linguistics / 시사 ~ current English / 일상 ~ everyday English.
영어(營魚) fishing; fishery. ‖ ~자금 a fishery fund (~자금을 방출하다 release the fishery funds 《*for*》).
영업(營業) business; trade. **~하다** do business; engage in 〔carry on, run〕 business; trade 《*in*》. ¶ ~용의 for business / ~중 《게시》 Open. ‖ ~ 과목 the line of business / ~ 방식 business methods / ~ 방침 a business policy / ~방해 obstruction of business / ~ 보고〔부, 세〕 a business report 〔department, tax〕 / ~소 a business office; business premises / ~ 시간 business hours / ~자본〔비〕 working capital 〔expenses〕 / ~ 정지 suspension of business / ~ 허가 a business license.
영업권(營業權) right of trade 〔business〕; goodwill. ¶ 상점의 ~을 넘기다 transfer the goodwill of one's store / ~을 팔다 sell out one's business; sell the goodwill (of a shop).
영역(英譯) (an) English translation. **~하다** translate 〔put〕 into English.
영역(領域) ① ☞ 영토. ② 《분야》 a province; a sphere; a field; one's line. ¶ 전문 ~이 아닌 out of one's realm / …의 ~이다 be in one's line 〔province〕.
영역(靈域) a sacred ground; holy precincts.
영영(永永) forever; eternally; for good (and all).
영예(榮譽) hono(u)r; glory. ¶ ~로운 hono(u)rable; glorious.
영웅(英雄) a hero. ¶ ~적인 heroic.
영원(永遠) eternity; permanence; perpetuity. **~한〔히〕** eternal(ly); perpetual(ly); everlasting; permanent(ly). ‖ ~성 eternal nature.
영원(蠑螈) 〖動〗 a newt. 「operate.
영위(營爲) **~하다** run; carry on;
영유(領有) **~하다** possess; get 〔be in〕 possession 《*of*》.
영육(靈肉) soul and body. ‖ ~ 일치 the unity of body and soul.
영인(英人) an Englishman; an Englishwoman; a Britisher; the English (총칭).
영일(寧日) ¶ ~이 없다 be kept busy all the time; have hardly a moment to pass quietly.
영자(英字) English letters. ‖ ~신문 an English(-language) newspaper.
영자(英姿) a gallant 〔noble〕 figure.
영장(令狀) a warrant; a writ; a written order. ¶ ~을 발부하다 issue a warrant. ‖ 구속 ~ a warrant of arrest / 소집 ~ a call-up paper 〔card〕.
영장(靈長) ¶ 만물의 ~ the lord of all creation. ‖ ~류 〖動〗 primates.
영재(英才) (a) genius; (a) talent; a gifted person. ‖ ~ 교육 special education for the gifted.
영전(榮轉) **~하다** be promoted (and transferred) to 《*a higher post*》; be transferred on promotion.
영전(靈前) **~에** before the spirit of the departed 〔dead〕 / ~에 바치다 offer 《*a thing*》 to the spirit of 《*a dead person*》.
영점(零點) 《무득점》 (a) zero; the zero point; no marks; 《경기득점》 a duck; a duck's egg 《美》.
영접(迎接) **~하다** welcome; receive 《*company*》; (go out to) meet.
영정(影幀) a (scroll of) portrait.
영제(令弟) your 〔his, her, *etc.*〕 esteemed younger brother.
영조(營造) **~하다** build; erect; construct. ‖ ~물 buildings; structures.
영존(永存) **~하다** remain forever; exist permanently. ‖ ~성 perpetuity.
영주(永住) permanent residence. **~하다** reside 〔live〕 permanently; settle down (for good). ‖ ~권 《obtain》 permanent residentship / ~지 a place of permanent residence; one's permanent home.
영주(英主) a wise ruler; an illustrious king.
영주(領主) a (feudal) lord.
영지(領地) 《봉토》 a fief; a feud; feudal territory. 「place.
영지(靈地) a holy ground; a sacred
영진(榮進) **~하다** be promoted; rise.
영차 Yo-ho!; Yo-heave-ho!
영창(詠唱) 〖樂〗 an aria.
영창(營倉) a guardhouse; a guard-

room; a doghouse《美俗》; detention barracks.
영철(英哲) ～한 wise and great; sagacious; perspicacious.
영치(領置) ～하다 detain; place in the custody《*of the prison officer*》. ‖ ～물 money and personal belongings deposited by inmates.
영탄(咏嘆)《읊조림》 recitation; recital. ～하다 recite《*a poem*》.
영토(領土) a territory; a possession; a domain. ‖ ～권(權) territorial rights / ～ 확장 expansion of territory; territorial expansion (～ 확장 정책 expansionism).
영특하다(英特—) (be) wise; sagacious; outstanding; conspicuous.
영판 ①《맞힘》 true [accurate] fortunetelling. ②《꼭》 just like;《아주》 very; awfully.
영패(零敗) ～하다 be shut out; fail to score; be nosed out. ⌈sub-zero.
영하(零下)《10 degrees》 below zero;
영한(英韓) English-Korean. ‖ ～사전 an English-Korean dictionary.
영합(迎合) flattery. ～하다 flatter; fawn upon; curry favo(u)r with. ‖ ～주의 opportunism.
영해(領海) territorial waters; the closed sea.
영향(影響) influence; consequence; (an) effect; affection. ¶ …의 ～으로 under the influence of...; owing to... / ～을 미치다 influence; have [exercise, exert] influence [an effect] on [upon]; affect; act upon.
영험(靈驗) ☞ 영검.
영형(令兄) your [his, *etc.*] esteemed elder brother.
영혼(靈魂) a soul; a spirit. ‖ ～ 불멸(설) (the doctrine of) the immortality of the soul.
영화(映畫) a movie; a (motion) picture; a film;《총칭》 the screen; the cinema. ¶ ～ 보러 가다 go to the movies [cinema] / ～를 개봉[상영]하다 release [show] a film [movie] / ～화 하다 film《*a story*》; picturize. ‖ ～각본 a scenario / ～ 감독 a director / ～ 검열 film censorship / ～계 the filmdom / ～관 a cinema theater; a movie house / ～ 배우 a movie [film] actor [actress] / ～제 a film festival / ～ 촬영소 a movie studio / ～팬 a film [movie] fan; a moviegoer / 천연색[흑백] ～ a (technicolo(u)r [black and white] film.
영화(榮華)《번영》 glory; prosperity; splendo(u)r;《호화》 luxury. ～롭다 (be) glorious; pompous; prosperous; luxurious. ¶ ～를 극하다 live in splendor; attain the height of prosperity.
옆 the flank; the side. ～의 side; next; adjoining. ¶ ～에(서) by the side《*of*》; aside; by; beside / 문 ～에서 by the gate / ～으로 on [to] one side; aside; sidewards / ～방 a side [an adjoining] room; the next room / ～모습 a profile; a side face / 길 ～의 집 a house by the road / ～을 지나가다 pass by / ～으로 비키다 step aside.
옆구리 the flank; the side (of the chest).
옆바람 a sidewind.
옆질 rolling. ～하다《배가》 roll (from side to side).
옆집 (the) next door; the adjacent house. ‖ ～ 사람 one's (next door) neighbo(u)r.
옆쪽 the side; the flank.
옆찌르다 give a nudge in《*someone's*》 side《*with one's elbow*》.
옆폭 a board for a sidepiece.
옆훑이 a corner chisel.
예¹《옛적》 ancient [old] times;《과거》 old days; bygone [past] days; former years. ¶ ～나 지금이나 in all ages.
예² ①《대답》 yes; no; all right;《출석》 Here (sir); Present [Yes], sir. ¶ ～ 알았습니다 I see., That's all right. ②《반문》 Eh?, What?
예(例) ①《실례》 an instance; an example; an illustration. ¶ ～를 들면 for instance [example] / ～를 들다 cite [give] an instance. ②《경우》 a case. ¶ 유사한 ～ a similar case. ③《관례》 a custom; a usage; a precedent(전례). ¶ ～의 건 the affairs you know of.
예(禮) ①《경례》 a salute; a bow. ②《예법》 etiquette; propriety; courtesy. ¶ ～를 다하다 show《*a person*》 every courtesy.
예각(銳角)〖幾〗 an acute angle.
예감(豫感) a premonition; a presentiment. ～하다 have a presentiment《*of death*》; have a hunch. ¶ 불길한 ～ an ominous foreboding.
예견(豫見) ～하다 foresee; forestall.
예고(豫告) an advance [a previous] notice; a notice; a preliminary announcement; a warning(경고). ～하다 give an advance notice; announce [notify, inform] beforehand [in advance]; warn《*a person*》 of. ¶ ～ 없이 without warning [notice];《come》 unannounced. ‖ ～편《영화의》 a trailer;《영화·TV의》 a preview.
예과(豫科) a preparatory course [class, department]《*for college*》. ‖ ～생 a preparatory (course) student.
예광탄(曳光彈) a tracer shell.
예규(例規) an established rule [regulation].
예금(預金) a deposit; a bank account; money on deposit. ～하다 deposit money《*in a bank*》; place money on deposit; bank《10,000 *won*》. ¶ ～을 찾다 draw one's deposit [savings]《*from the bank*》. ‖ ～계 a deposit teller / ～액 the

deposited amount / ~ 이자 interest on a deposit / ~ 통장 a deposit passbook / 당좌〔보통, 정기〕 ~ a checking〔savings, fixed〕account / 신탁〔통지〕 ~ a deposit in trust 〔at notice〕.
예기(銳氣) vigo(u)r; spirit; energy. ¶ ~를 꺾다 shake one's spirits.
예기(豫期) 《기대》 expectation; anticipation; 《희망》 hope; 《선견》 foresight. ~하다 expect; anticipate; hope for; look forward to; have in prospect. ¶ ~치 않은 unexpected; unlooked for / ~한 대로 as it was expected; as one expected.
예납(豫納) advance payment. ~하다 pay in advance; prepay.
예년(例年) a normal 〔an ordinary〕 year; the average year(평년); every year(매년). ~의 annual; usual. ¶ ~보다 2할 감 20 percent below normal / ~대로 as usual; as in other years / ~의 행사 an annual event.
예능(藝能) art; the arts; artistic accomplishments; acquirements; attainments. ‖ ~과(科) art course / ~인 an artiste; a player.
예니레 six or seven days.
예닐곱 six or seven.
예단(豫斷) ☞ 예측(豫測).
예도(藝道) an art; accomplishments.
예라 Quit!; Don't!; Get away!; 「There!
예령(豫令) 《구령의》 a caution.
예리(銳利) ~한 sharp; acute; keen; pointed; sharp-edged.
예매(豫買) advance purchasing. ~하다 buy in advance.
예매(豫賣) advance sale; booking. ~하다 sell 《*tickets*》 in advance. ‖ ~권 a ticket sold in advance.
예명(藝名) a stage 〔professional〕 name; a screen name.
예모(禮帽) a ceremonial hat.
예모(禮貌) manners; etiquette. ¶ ~바른 well-mannered; courteous; civil; polite. 「an example.
예문(例文) an illustrative sentence;
예물(禮物) a gift; a present.
예민(銳敏) ~한 sharp; keen; acute; penetrating; shrewd; clever.
예바르다(禮—) (be) courteous; decorous; polite; civil.
예방(禮訪) a courtesy call. ~하다 pay a courtesy call on 《*a person*》.
예방(豫防) 《방지》 prevention; protection 《*against*》; 《경계》 precaution. ~하다 prevent 《*from*》; keep 〔ward〕 off; protect oneself 〔take precautions〕 against. ¶ ~의 preventive; precautionary. ‖ ~약 a preventive 《*of, for*》 / ~ 의학 preventive medicine / ~ 전쟁 a preventive war / ~ 접종 a vaccination 《*against, for*》 / ~ 주사 a preventive injection 〔shot〕 《*against*》 (~ 주사를 맞다 be inoculated against 《*typhoid*》).
예배(禮拜) worship; adoration; 《교회의》 church service. ~하다 worship; adore; pay homage to. ‖ ~당 a chapel; a place of worship / ~자 a worshipper / 아침 ~ morning service.
예법(禮法) courtesy; decorum; etiquette; propriety; manners. ¶ ~에 맞다〔어긋나다〕 conform to 〔go against〕 etiquette.
예보(豫報) forecast(ing); preannouncement; prediction. ~하다 forecast; predict. ‖ 일기 ~ a weather forecast.
예복(禮服) 《wear, be in》 full dress; a dress suit; a ceremonial dress; 《군인용》 a dress uniform; 《야회용》 an evening dress.
예봉(銳鋒) a sharp point; the brunt 《*of an attack* 〔*argument*〕》. ¶ ~을 꺾다 blunt 〔break〕 the point 《*of an attack*》.
예비(豫備) ~하다 prepare〔provide〕 for; reserve. ¶ ~의 《여분의》 reserve; spare; 《준비된》 preparatory; preliminary. ‖ ~공작 preliminaries; spadework / ~군 (the) reserve forces (향토 ~군 the local reserve forces) / ~금, ~비 a reserve〔an emergency〕 fund / ~병 a reservist / ~ 선거 a (presidential) primary election (미국의) / ~역 service in the 《*first, second*》 reserve / ~ 타이어 a spare tire / ~회담, ~교섭 a preliminary conference 〔negotiation〕 / 대학 ~ 고사 a state-supervised preliminary examination qualifying high school students for college entrance examination.
예쁘다 (be) pretty; lovely; beautiful; nice; shapely (모양이).
예쁘장하다〔스럽다〕 (be) rather lovely; comely; pretty; handsome.
예사(例事) a common practice; custom; usage; an everyday occurrence; an ordinary affair. ~롭다 (be) usual; ordinary; commonplace. ¶ ~가 아닌 unusual; extraordinary; uncommon.
예산(豫算) an estimate; an estimated cost; a budget. ¶ ~을 짜다 make 〔draw up〕 a budget / ~을 초과하다 go beyond the estimate. ‖ ~안(을 의회에 제출하다) (open) a budget / ~ 위원회 a budget committee / ~ 편성 compilation of the budget / 본~ a principal 〔an original〕 budget / 수정〔잠정, 추가〕 ~ a revised 〔provisional, supplementary〕 budget.
예상(豫想) 《예기》 expectation; anticipation; 《예측》 forecast; 《추단》 presumption; 《어림》 estimate. ~하다 expect; anticipate; forecast; presume; estimate. ¶ ~외의〔로〕

unexpected(ly); beyond one's expectation / ~대로 되다 come up to one's expectations. ‖ ~ 수확고 the estimated crop 《*for this year*》 / ~액 estimates.

예선(豫選) a preliminary match [contest]; an elimination; a trial heat; a tryout. ~하다 hold a preliminary contest; pre-elect. ‖ ~ 대회 a primary 《美》.

예속(隷屬) ~하다 be under the control [authority] of; be subordinate [subject] to; belong to. ‖ ~국 a subject nation.

예수 Jesus (Christ). ‖ ~교 Christianity(~교 신자 a Christian) / ~그리스도 Jesus Christ.

예순 sixty; threescore.

예술(藝術) art; the arts(학술); fine arts(미술). ¶ (비)~적 (in)artistic. ‖ ~가 an artist / ~ 작품 a work of art.

예습(豫習) preparations for [of] lessons; rehearsal. ~하다 prepare (for) one's lessons; rehearse. ‖ ~시간 study hours.

예시(例示) illustration; exemplification. ~하다 illustrate; exemplify.

예시(豫示) ~하다 indicate; show a sign of; foreshadow. 「form.

예식(例式) 《방식》 an established

예식(禮式) 《예의》 etiquette; manners; 《의식》 a ceremony; a rite. ‖ ~장 a ceremony[wedding] hall.

예심(豫審) a preliminary hearing [trial, examination].

예약(豫約) 《좌석·배 따위》 booking; reservation; 《출판물》 subscription; 《제품등》 an advance sale. ~하다 (pre-)engage; book in advance; reserve; subscribe for 《*a book*》; sell in advance. ¶ 좌석을 ~하다 reserve [book] a seat; have a seat reserved. ‖ ~금 a deposit; a subscription price / ~모집 invitation for subscription / ~석 a reserved seat; 《게시》 Reserved. / ~자 a subscriber / ~ 출판[판매] publication [sale] by subscription.

예언(豫言) a prophecy; a prediction. ~하다 prophesy; foretell; predict; make a prediction. ‖ ~자 a prophet; a prophetess(여자).

예외(例外) an exception. ~의 exceptional. ¶ ~ 없이 without exception / …은 ~로 하고 except (-ing)…; with the exception of….

예우(禮遇) a cordial reception. ~하다 receive 《*a person*》 courteously [cordially].

예의(銳意) zealously; in earnest; assiduously.

예의(禮儀) courtesy; decorum(s); etiquette; 《예모》 propriety; manners; good form. ¶ ~바른 courteous; polite; civil / ~를 지키다 observe decorums. ‖ ~ 범절 the rules of etiquette.

예인망(曳引網) a seine; a dragnet.

예인선(曳引船) a tugboat; a towboat. 「preciation].

예장(禮狀) a letter of thanks [ap-

예장(禮裝) ~하다 wear ceremonial dress; be in full dress.

예전 old days; former days [times]. ~의 old; ancient; former; past. ¶ ~부터 from old times; from of old / ~에는 formerly; of old / ~대로 as of old; as usual.

예절(禮節) propriety; decorum; etiquette; manners. ¶ ~을 중히 여기다 attach great importance to propriety.

예정(豫定) a plan; a program(me); a schedule; (a) previous arrangement. ~하다 prearrange; arrange beforehand; plan; map out; schedule. ¶ ~한 시간에 on scheduled time; at the appointed time / ~대로 as expected [planned]; according to schedule. ‖ ~신고 《납세의》 a provisional declaration 《*of one's annual income*》 / ~액 an estimated amount / ~일 a prearranged date; 《출산의》 the expected date of confinement / (졸업)~자 a expectant (graduate) / ~표 a schedule / ~ 행동 개시 시각 〖軍〗 zero hour.

예제 《여기저기》 here and there. ¶ ~ 없이 here as well as there.

예제(例題) an example; an exercise (연습).

예증(例證) an illustration; an example; an instance. ~하다 illustrate; exemplify.

예지(豫知) ~하다 foresee; forebode; know beforehand; foretell.

예지(叡智) wisdom; sagacity.

예진(豫診) a preliminary medical examination. ~하다 make a diagnosis in advance.

예진(豫震) a preliminary tremor.

예찬(禮讚) admiration; eulogy; a high compliment. ~하다 admire; eulogize; speak highly of. ‖ ~자(者) a eulogist; an adorer; an admirer.

예측(豫測) prediction; forecast; expectation. ~하다 predict; foretell; forecast; estimate.

예치금(預置金) a deposit; 〖簿〗 deposits received.

예치물(預置物) an article left in charge; an article given in trust.

예탁(預託) ~하다 deposit 《*money with a bank*》. ‖ ~금 a deposit.

예탐(豫探) ~하다 search; sound [feel] out; spy 《*upon*》.

예편(豫編) ~하다 transfer to the 《*first*》 reserve; place on the reserve list. ¶ ~되다 go into the first reserve; be placed [registered] on the reserve list.

예포(禮砲) a salute (gun). ¶ ~를 쏘다 fire a salute 《*of 21 guns*》.

예항(曳航) ~하다 tow; take 《*a ship*》 in [on] tow.
예행연습(豫行演習) a rehearsal; a preliminary drill [exercise]. ~하다 rehearse; give [have] a rehearsal 《*of a graduation ceremony*》.
예후(豫後) 〖醫〗 prognosis; convalescence (회복).
옛 old; ancient. ¶ ~ 상처 an old wound / ~ 친구 an old friend.
옛날 ancient times; old days. ¶ ~에 once upon a time / ~ 이야기 old tales / ~ 옛적 days long long ago.
옛말 ① 《고어》 an archaic word. ② 《격언》 an old proverb [saying].
옛모습 traces; remains; vestiges.
옛사람 ancient people; men of old; the ancients; 《죽은이》 the departed; the dead.
옛이야기 an old tale [story].
옛일 a past event; the past; a thing of the past; bygones.
옛추억(一追憶) one's old memory.
옜다 Here it is [they are]!
오(五) five. ¶ 제 ~ the fifth / ~배(의) fivefold; quintuple / ~분의 1 one fifth.
오(午) the Horse. ¶ ~년 the year of the Horse / ~시 noon.
오 《감동》 Ah!; Oh!; O!
오가다 come and go. ¶ 오가는 사람들 passersby.
오가리 ① 《호박의》 dried slices of pumpkin. ② 《나뭇잎의》 curl.
오각형(五角形) a pentagon.
오개년(五個年) ‖ ~ 계획 a five-year plan [program(me)].
오경(五經) the Five Chinese Classics.
오계(五戒) the five commandments.
오곡(五穀) the five cereals; (staple) grains. ‖ ~밥 boiled-rice mixed with four other cereals.
오관(五官) five organs (of sense).
오구(烏口) a drawing pen.
오그라들다 curl up; shrink; contract; shrivel.
오그라뜨리다 ☞ 오그리다.
오그라지다 ① 《오그라들다》 get curled [rolled] up; shrivel; become warped. ② 《찌그러지다》 be crushed; be broken [wrecked]. ¶ 오그라진 남비 a broken pan.
오그랑장사 a losing business.
오그리다 ① 《몸·발을》 curl 《*one's body*》 up; crouch; huddle; double up. ¶ 오그리고 자다 sleep curled up. ② 《물건을》 bend [squeeze] out of shape; crush; smash; batter.
오글거리다 ☞ 우글거리다.
오금 the crook [hollow] of the knee.
오금뜨다 gad about; be always on the move.
오금박다 cavil at a person's previous words.
오금탱이 the inner side of the bend of a hooked object.
오긋하다 (be) somewhat curved [crooked]; dented.
오기(傲氣) an unyielding spirit. ~부리다 try to rival 《*another*》; refuse to yield 《*to*》. ¶ ~가 나서 in a spirit of rivalry.
오기(誤記) a clerical error; a slip of the pen. ~하다 miswrite; make a mistake in writing; write wrong.
오나가나 always; all the time; everywhere; all over; wherever one goes.
오냐 《대답》 yea; yes; well; all right.
오뇌(懊惱) agony; worry; mental anguish. ~하다 be in agony [anguish]; have a mental struggle.
오누이, 오뉘 brother and sister.
오뉘죽 rice gruel mixed with ground-up red beans.
오뉴월(五六月) May and June. ¶ ~ 긴긴해 the livelong summer day.
오는 《다음의》 next; coming; to come. ¶ ~ 일요일에 on next Sunday; on Sunday next.
오늘 today; this day. ¶ ~부터 from this day forth / ~까지 up to today / ~ 안에 sometime [in the course of] today / ~ 저녁 this evening / ~밤 tonight / 전 [내] 주의 ~ this day week / ~이 며칠 [무슨 요일]이냐 What day of the month [week] is this?
오늘날 the present time; these days; today; nowadays. ¶ ~의 청년 the young people of today.
오늬 the notch 《*of an arrow*》.
오다 ① 《일반적으로》 come; come up [down]; come over [along]. ¶ 가지러 [데리러] ~ come for 《*a thing, a person*》. ② 《도착》 come; reach; arrive 《*at, in*》; be in (기차가); come to hand (편지). ③ 《방문》 call 《*on a person, at a house*》; make call; come to see; visit. ④ 《비·눈이》 come on; drop; rain; snow. ¶ 비가 [눈이] ~ it rains [snows]. ⑤ 《다가》 come (round); set in; be due; draw near; approach. ¶ 봄이[은] 왔다 Spring has come. ⑥ 《되다》 become; grow. ¶ 따뜻해(져) 온다 It is getting warmer. ⑦ 《전래》 come from; be brought [introduced] from. ⑧ 《유래함·원인》 derive from; come of [from]; be caused by; be due to; arise from; originate in. ¶ 라틴어에서 온 말 a word derived from Latin.
오다가다 《어쩌다가》 occasionally; at times; once in a while; on some [rare] occasions; now and then; 《우연히》 by chance; casually. ¶ ~ 만난 부부 a common-law couple; a case of free union / ~ 들르다 drop in 《*on a person, at a place*》 every now and then.
오달지다 《여무지다》 (be) solid; compact; 《피륙이》 (be) tight

and strong; 《사람이》 (be) solidly built; firm.
오대양(五大洋) the Five Oceans.
오대주(五大洲) the Five Continents.
오도(悟道) ~하다 《깨침》 be spiritually awakened; be disillusioned; attain enlightenment.
오도독 with a crunching sound. ‖ ~뼈 cartilage; gristle.
오도방정 a rash act; frivolity. ~ 떨다 act frivolously; behave in a giddy way.
오독(誤讀) misreading. ~하다 misread; read wrong.
오돌오돌하다 (be) hard and lumpy; somewhat hard to chew; gristly.
오동(烏銅) 〖鑛〗 oxidized copper.
오동나무(梧桐—) 〖植〗 a paulownia tree.
오동통하다 (be) plump; dumpy; pudgy; corpulent; chubby.
오두막(—幕), 오두막집 a hut; a shed; a shack; a shanty. ¶ ~을 짓다 put up a shanty.
오들오들떨다 tremble 《*with* [*for*] *fear*》; shiver 《*with* [*from*] *cold*》; quiver; quake; shake.
오디 a mulberry.
오뚝 ☞ 우뚝.
오뚝이 a tumbling doll; a tumbler.
오라 《포승》 a rope for binding criminals. ~지다 have one's hands tied behind one's back.
오라기 bits 《*of thread, cloth, paper*》; a piece [scrap] 《*of cloth*》.
오라버니 a girl's older brother.
오락(娛樂) amusement(s); 《기분 전환》 (an) entertainment; (a) recreation; a pastime. ‖ ~가(街) an amusement quarter [center] / ~기관 [시설] facilities for recreation; amusement facilities / ~잡지 a magazine for amusements [pleasure reading] / ~장(場) a place of amusement.
오락가락하다 come and go; go back and forth; go to and fro. ¶ 비가 ~ rain off and on / 정신이 ~ one's mind wanders [strays].
오랑캐 a barbarian; a savage; a vandal.
오랑캐꽃 a violet. ☞ 제비꽃.
오래 long; for a long while [time]. ¶ ~전 long (time) ago / ~전부터 from long ago / ~된 old; ancient; antique; time-hono(u)red (옛날부터의) / ~ 걸리다 take a long time / ~ 가다 last long; be durable; keep [wear] (long); stay (long) / ~ 끌다 be prolonged; 《병이》 linger.
오래간만 ¶ ~에 after a long time [interval, absence, separation] 《*since*》 / ~일세 It is a long time since I saw you last.
오래다 be a long time 《*since, ago*》; be of long standing; (be) long; old. ¶ 오래지 않아 before long; shortly / 오랜 습관 an old custom; a custom of long standing.
오래도록 for a long time; forever.
오래오래 for a long long time; 《영원히》 forever; eternally.
오랫동안 for a long time [while].
오레오마이신 〖藥〗 aureomycin.
오렌지 an orange. ‖ ~주스 orange juice.
오려내다 clip (out); cut out [away, off].
오로라 an aurora [*pl.* -s, -rae].
오로지 alone; only; solely; exclusively; wholly; entirely. ¶ ~ 너 때문에 solely for your sake.
오롱이조롱이 a group of small things [persons].
오류(誤謬) a mistake; an error; a fallacy. ¶ ~를 범하다 make a mistake; commit an error.
오륜(五倫) the five cardinal articles [principles] of morality.
오륜대회(五輪大會) ☞ 올림픽.
오르간 an organ. ‖ 리드 ~ a reed organ; a harmonium / 파이프 ~ a pipe organ / ~ 연주가 an organist.
오르내리다 ① 《고저》 go up and down; rise and fall; fluctuate (시세 따위가); be intermittent (열이). ② 《남의 입에》 be talked [gossiped] about. ¶ 남의 입에 ~ be talked about by others; be the talk of the town; be on everybody's lips.
오르다 ① 《높은 곳에》 rise; go up; climb; ascend; fly (날아서); soar (하늘 높이). ¶ 산에 ~ climb a mountain / 지붕에 ~ get up on the roof / 기세가 ~ be in high spirits / 열이 오른다 The fever rises. ② 《상륙》 land; go ashore. ③ 《승진》 be promoted [elevated, advanced, raised]. ¶ 지위가 ~ be promoted to a higher position. ④ 《진보》 progress; make progress 《*in*》; advance; improve. ¶ 성적이 ~ show a better school record. ⑤ 《효과가》 produce 《*a result*》; achieve; accomplish. ⑥ 《식탁·의회·무대에》 come up; be placed before; be brought up; be presented. ¶ 생선이 상에 ~ fish is served on the table. ⑦ 《입에》 be gossiped [talked] about; become the talk of 《*the town*》; become the topic of gossip. ⑧ 《값이》 rise; go up; advance 《*in price*》. ¶ 빵값이 올랐다 Bread has gone up in price. ⑨ 《출발》 start; set up. ¶ 귀로에 ~ leave for home. ⑩ 《즉위》 ascend 《*the throne*》; accede to. ⑪ 《기록》 be recorded [entered, registered] 《*in, on*》. ¶ 요시찰인 명부에 ~ be put on the blacklist. ⑫ 《탈것·단상에》 take; get on [into]; mount (말에). ¶ 기차에 ~ go aboard a train. ⑬ 《병독이》 be infected [contracted]; be

contagious. ¶ 옴이 ~ be infected with (get) the itch. ⑭《살찌다》 grow fat (plump); put on《*flesh*》. ⑮《연기·불길이》 rise; coil up. ¶ 불길이 ~ flame up; blaze. ⑯《물·기운이》 rise; show. ¶ 나무에 물이 ~ the sap rises. ⑰《약이》 ripen to full flavo(u)r (고추가); get angry (성이). ⑱《때가》 get dirty.
오르락내리락 rising and falling; going up and down.
오르막 an uprise; an upward slope. ‖ ~길 an ascent (uphill road).
오른 right. ¶ ~손 the right hand.
오름세 an upward tendency《*of the market*》. ¶ ~를 보이다 show rising trends. 「(수놈).
오리 〖鳥〗 a (wild) duck; a drake
오리(汚吏) a corrupt official.
오리나무 〖植〗 a alder tree.
오리다 cut off (out, away).
오리목(一木) a lath; a strip of wood.
오리무중(五里霧中) ¶ ~이다 be in a fog (cloud); be all at sea; be utterly bewildered.
오리발 a web; a webfoot.
오리엔탈 Oriental.
오리온자리 〖天〗 Orion.
오리지날 original; the original book (원본); the original work (원작); the original language (원어).
오막살이 living in a humble cottage (a grass hut); a hovel life.
오만(五萬) ①《수》 fifty thousand. ②《다수》 ever so much; innumerable. ¶ ~ 걱정 a lot (lots) of worries (troubles); manifold vexations.
오만(傲慢) ~한 haughty; arrogant; overbearing.
오매불망(寤寐不忘) ~하다 remember (never forget) when awake or asleep; bear in mind all the time.
오면체(五面體) 〖數〗 a pentahedron.
오명(汚名) ☞ 누명. ¶ ~을 남기다 leave a bad name behind《*one*》.
오목(五目)《play》 *omog* (gobang).
오목 ‖ ~ 거울 (렌즈) a concave mirror (lens).
오목(오목)하다 (be) hollow; dented; sunken; depressed.
오묘(奧妙) ~한 profound; deep; abstruse; recondite.
오물(汚物) filth; dirt; dust;《부엌의》 garbage; ash;《하수의》 sewage;《분뇨》 night soil. ‖ ~ 수거인 a nightman (분뇨의); a garbage man; an ashman《美》.
오물거리다 ①《벌레 등이》 swarm; wriggle; squirm. ②《입을》 mumble; chew on《*one's gum*》; munch.
오므라들다 close; curl up; shrink (pucker, shrivel) up; wither.
오므라지다《닫히다》 be closed; be shut;《좁아짐》 become narrower.
오므리다 close up; shut; pucker up《*one's mouth*》; purse《*one's lips*》.
오믈렛 an omelet.
오밀조밀하다(奧密稠密—) ①《면밀》 (be) very meticulous; scrupulous. ②《솜씨가》 (be) elaborate; exquisite.
오발(誤發)《총기의》 accidental firing. ~하다 fire《*a gun*》 by accident.
오버 ①《외투》 an overcoat. ②《초과》 ~하다 go over; exceed.
오변형(五邊形) ☞ 오각형.
오보(誤報) an incorrect (a false) report; misinformation. ~하다 misreport; misinform; give a false report. 「an oboist.
오보에 〖樂〗 an oboe. ‖ ~ 연주자
오불관언(吾不關焉) a detached (an unconcerned) air. ~이다 be indifferent《*to*》; assume an unconcerned air.
오붓하다 (be) enough; ample; substantial; sufficient. ¶ 오붓한 살림 a comfortable living.
오븐 an oven.
오블라토 a medicinal wafer.
오비 an old boy(생략 O.B.); alumnus [*pl.* -ni].
오빠 a girl's older brother.
오사바사하다 (be) affable but fickle.
오산(誤算) (a) miscalculation. ~하다 make a wrong estimate; miscalculate; miscount; misjudge.
오색(五色) ~의 five-colo(u)red.
오선지(五線紙) 〖樂〗 music paper.
오세아니아《대양주》 Oceania.
오소리 〖動〗 a badger.
오손(汚損) stain; soil. ~하다 stain; soil; damage; be stained.
오솔길 a narrow path; a (lonely) lane. ¶ 숲속의 ~ a path through a forest.
오수(午睡) a nap. ☞ 낮잠.
오수(汚水) sewage; foul water; slops (개숫물). ‖ ~관 a soil pipe.
오순도순 in amity; on cordial terms; friendly; harmoniously.
오스트레일리아 Australia. ¶ ~의 (사람) (an) Australian.
오스트리아 Austria. ¶ ~의 Austrian / ~ 사람 an Austrian.
오슬오슬 ¶ ~하다 feel a chill; feel (be) chilly; be shivery.
오식(誤植) a misprint; a typographical (printer's) error; an erratum. ~하다 misprint. ‖ ~ 정정표 (table of) errata.
오신(誤信) ~하다 misbelieve; believe erroneously.
오심(誤審) wrong refereeing. ~하다 referee wrongly.
오십(五十) fifty. ¶ ~대에 in one's fifties / ~보 백보 There is nothing to choose (little difference) between them.
오싹오싹하다 shiver with cold; be chilly.
오아시스 an oasis.
오얏 a plum (tree).
오언절구(五言絶句) a quatrain with

five syllables in each line.
오역(誤譯) (a) mistranslation. ～하다 make a mistake in translation; mistranslate.
오열(五列) the fifth column; secret agents. ‖(제)～ 대원 a fifth columnist.
오열(嗚咽) choking with sobs; sobbing. ～하다 sob; weep.
오염(汚染) ～하다 pollute; infect; contaminate. ¶콜레라 ～지구 a cholera-infected area. ‖대기〔수질, 환경〕～ air 〔water, environmental〕 pollution / 방사능 ～ radioactive contamination.
오욕(汚辱) disgrace; dishonor; ignominy. ¶～을 참다 endure obloquy; eat dirt.
오용(誤用) a misuse; wrong use; misapplication. ～하다 use 《*a thing*》 for a wrong purpose; misuse; misapply.
오월(五月) May.
오유(烏有) ¶～로 돌아가다 be reduced to nothing 〔ashes〕; be burnt down.
오의(奧義) profound meaning; the secrets; the mysteries 《*of an art*》.
오이 a cucumber. ¶～를 거꾸로 먹어도 제멋《속담》Every man to his taste. *or* Tastes differ. *or* There is no accounting for tastes. ‖～생채 cucumber salad / ～소박이 stuffed cucumber *kimchi* / ～지 cucumbers pickled in salt.
오인(吾人) ①《나》 I. ②《우리》we.
오인(誤認) ～하다 misconceive; mistake 〔take〕 《*A*》 for 《*B*》.
오일(五日) 《다섯날》five days; 《닷새》the fifth (day of the month).
오일 oil; gasoline. ‖～ 스토브 an oil stove.
오입(誤入) debauchery; dissipation. ～하다 indulge in debauchery; lead a dissolute life; whore; frequent gay quarters. ‖～장이 a Lothario; a libertine; a debauchee / ～판 the *demimonde* 《프》.
오자(誤字) a wrong word; an erratum [*pl.* -ta]; a misprint (인쇄의).
오장(五臟) the entrails; the viscera; the internal organs in general.
오장육부(五臟六腑) ☞ 오장.
오쟁이 a small straw bag. ¶～지다 be made a cuckold of.
오전(午前) the forenoon 〔morning〕; the a.m.
오전(誤傳) ☞ 오보.
오점(汚點) a stain; a blot; a blotch; a blur; a smear; 《결점》a blemish; a flaw. ¶～을 남기다 leave a stain 《*upon one's reputation*》.
오정(午正) noon; midday.
오조〖植〗an early-ripening variety of millet.
오존 ozone. ¶～의 ozonic. ‖～계(計) an ozonometer / ～발생기 an ozone apparatus; an ozonizer.
오종경기(五種競技) pentathlon; five events. ‖근대 ～ modern pentathlon.
오죽 very; indeed; how (much); to what extent.
오줌 urine; piss 《卑》. ¶～을 누다 urinate; pass 〔make〕 water; piss. ‖～싸개 a bedwetter / ～통《그릇》a tub for urination; 《몸의》 the (urinary) bladder.
오지(奧地) the interior; the hinterland; the back country 《美》.
오지그릇 pottery with a dark brown glaze; glazed earthenware.
오직(汚職) ☞ 독직(瀆職).
오직 《단지》 merely; only; 《오로지》 wholly; solely. ¶～돈벌이만 생각하다 be soley bent on money-making / ～울기만 하다 do nothing but cry.
오진(誤診) an erroneous diagnosis. ～하다 make a wrong diagnosis; misdiagnose.
오징어 a cuttlefish; a squid. ‖～포 a dried cuttlefish.
오차(誤差) an 《*average*》 error.
오찬(午餐) a lunch; a luncheon.
오체(五體) the (whole) body; the whole frame; the limbs.
오케스트라 an orchestra.
오케이 O.K.; Okay; All right.
오토메이션 automation. ¶～화하다 automate 《*a factory*》.
오토바이 an autocycle; a motorcycle; a motor bicycle.
오토자이로 an autogyro.
오톨도톨 ¶～한 uneven; rough.
오트밀 oatmeal; porridge 《英》.
오판(誤判) (a) misjudg(e)ment; (a) miscalculation. ～하다 misjudge; error in judgment; miscalculate.
오팔〖鑛〗opal.
오퍼〖商〗an offer. ‖～상 a commission agent / 구매〔판매〕～ a buying 〔selling〕 offer / 확정〔기한부〕～ a firm offer.
오페라 an opera. ‖～가수 an opera singer.
오페레타 an operetta.
오펙 OPEC. (◀the Organization of Petroleum Exporting Countries)
오프셋〖印〗an offset; a setoff《英》. ‖～인쇄 offset printing.
오픈게임 an open game.
오한(惡寒) a chill; a cold fit; 〖醫〗 rigo(u)r. ¶～이 나다 feel 〔have, catch〕 a chill.
오합지졸(烏合之卒) 《규율없는》a disorderly crowd; a mob.
오해(誤解) a misunderstanding; misconception. ～하다 misunderstand; misconceive; misconstrue (어구를).
오호츠크해(一海)〖地〗the Sea of Okhotsk.
오호호 《웃음》Tee-hee!; Ha-ha!
오후(午後) the afternoon; the p.m.. ¶오늘〔어제〕～ this 〔yesterday〕 afternoon.
오히려 ①《차라리》rather 〔better, sooner〕 《*than*》; preferably. ②《도리어》on the contrary; instead. ¶～해가 되다 do more harm

than good.
옥(玉) a precious stone; a gem; a jewel; a *bijou*.
옥(獄) ☞ 감옥. ¶ ~에 가두다 put [cast] 《*a person*》 into prison.
옥고(獄苦) the hardships of prison life. ¶ ~ 치르다 groan [languish] in prison; serve one's term of imprisonment.
옥내(屋內) ~의 indoor. ¶ ~에서 indoors; within doors. ‖ ~ 경기 indoor games / ~ 배선 〖電〗indoor wiring; a service [an indoor] wire; 《안테나의》 a lead-in (wire).
옥니 an inturned tooth. ‖ ~박이 a person with inturned teeth.
옥다 be turned [curved, bent] inward; 《밑지다》 suffer [sustain] a loss.
옥답(沃畓) a rich [fertile] paddy field.
옥당목(玉唐木) inferior calico.
옥도(沃度) iodine (기호 I). (☞요드). ‖ ~ 정기 tincture of iodine.
옥돌(玉―) a gem stone; jade.
옥동자(玉童子) a precious son.
옥바라지(獄―) ~하다 send in private supplies for prisoner.
옥사(獄死) ~하다 die in prison.
옥상(屋上) 《on》 the roof; the rooftop 《美》. ‖ ~ 정원 the roof garden / ~ 주택 a penthouse.
옥새(玉璽) the Royal [Privy] Seal; the Seal of the Emperor.
옥색(玉色) jade green.
옥생각하다 misunderstand; distort; pervert.
옥석(玉石) ① ☞ 옥돌. ② 《옥과 돌》 gems and stones; 《좋고 나쁜 것》 wheat and tares. ‖ ~ 구분(俱焚) indiscriminate destruction of the good and bad alike.
옥셈 miscalculation against one's own interest. ~하다 miscalculate [miscount] to one's own disadvantage.
옥소(沃素) iodine (기호 I). ☞ 요드.
옥쇄(玉碎) death for hono(u)r. ~하다 die but never surrender; die in an honorable defeat.
옥수(玉手) ① 《임금의 손》 the king's hands. ② 《고운 손》 beautiful (woman's) hands.
옥수수 maize; Indian corn [millet] 《英》; corn 《美》.
옥시풀 〖藥〗 oxyful (상표명); oxygenated water.
옥신각신하다 wrangle; squabble; argue; have a petty quarrel.
옥신거리다 ① 《움직이다》 jostle one another; shove and push. ② 《쑤시다》 throb with pain; tingle.
옥안(玉顔) ① 《용안》 the king's face; the royal visage. ② 《미인의》 a beautiful (woman's) face.
옥양목(玉洋木) calico.
옥외(屋外) ~의 outdoor; out-of-door; open-air; outside. ¶ ~에서 in the open air; outdoor; out of doors. ‖ ~집회 an open-air meeting.
옥잠화(玉簪花) a plantain lily.
옥좌(玉座) the throne; the Emperor's chair.
옥죄이다 get tightened [cramped]; be too tight for 《*one*》.
옥중(獄中) ~의[에] in prison [jail]. ‖ ~기 a diary written in prison.
옥체(玉體) 《임금의》 the king's body; the person of the king; 《존체》 the noble body; your body; you.
옥타브 〖樂〗 an octave. ¶ 한 ~ 올리다[내리다] raise [drop] 《*one's voice*》 an octave higher [lower].
옥탄가(―價) octane value [number].
옥토(沃土) fertile [fat] land [soil].
옥토끼(玉―) a white rabbit.
옥편(玉篇) a Chinese-Korean dictionary.
온 《전부》 all; whole; entire. ¶ ~ 세계(에) all (over) the world / ~ 몸 the whole body / ~ 백성 the whole nation; all people.
온 《이상할 때》 What!; How come...?
온감(溫感) the sense of heat [(warmth)].
온갖 all (the); every (possible, available); all sorts [kinds, manner] of; various. ¶ ~ 수단 every possible means; every step / ~ 준비를 갖추다 make every preparation 《*for*》.
온건(穩健) ~한 moderate; sound; temperate. ‖ ~주의 moderatism / ~파(派) the moderate party; the moderates.
온고지신(溫古知新) taking a lesson from the past; carrying the knowledge gained into new fields.
온기(溫氣) warmth; warm air.
온난(溫暖) ~한 warm; mild; genial; temperate. ‖ ~ 전선 〖氣〗 a warm front.
온당(穩當) ~한 proper; just; right; reasonable. ¶ ~치 않은 improper; wrong; unreasonable.
온대(溫帶) the temperate zone; the warm latitudes. ‖ ~ 식물 [동물] the flora [fauna] of the temperate zone.
온도(溫度) (a) temperature. ¶ ~를 재다 take the temperature. ‖ ~ 조절 장치 a thermostat/실내 [평균] ~ the room [mean] temperature.
온도계(溫度計) a thermometer; the mercury; 《고온용의》 a pyrometer. ‖ 섭씨 [화씨] ~ a centigrade [Fahrenheit] thermometer.
온돌(溫突) the Korean under-floor heating system; a hypocaust.
온라인 ‖ ~ 방식 the on-line information processing system.
온면(溫麵) noodles served in hot soup; warm noodles.
온상(溫床) a hotbed; a warm nursery. ¶ 악의 ~ a hotbed of vice.
온수(溫水) warm water.
온순(溫順) ~한 gentle; meek; obe-

dient; docile; genial; compliant.
온스 an ounce (생략 oz.).
온실(溫室) a greenhouse; a hothouse; a conservatory; a glasshouse. ‖ ~식물 a hothouse flower [plant] / ~재배 hothouse growth (~재배하다 grow 《*plants*》 under glass).
온아(溫雅) ~한 suave; bland; graceful; affable.
온유(溫柔) ~한 gentle; mild; tender; sweet; amiable.
온음(—音) 〖樂〗 a whole tone. ‖ ~계 the diatonic scale / ~표 a whole note; semibreve 《英》.
온장(—張) the entire sheet; the whole piece 《*of paper*》; 《자르지 않은 종이》 uncut paper.
온장고(溫藏庫) a heating cabinet.
온전(穩全) ~한 sound; intact; unimpaired; whole.
온정(溫情) a warm feeling. ¶ ~있는 warmhearted; kind-hearted.
온종일(—終日) all day (long); the whole day.
온집안 《가족》 the whole family; all (members of) the family; 《집속》 《search》 all over the house.
온채 the whole [entire] house.
온천(溫泉) a hot spring; a spa (광천). ‖ ~요법 a hot-spring cure / ~장 a hot bath [spring] resort; a hot-spring sanatorium; a spa.
온통 all; entirely; wholly; 《전면》 the whole surface; all over.
온폭(—幅) the overall width.
온혈동물(溫血動物) a warm-blooded animal.
온화(溫和) ~한 gentle; mild; quiet; temperate; benign; genial. ¶ ~한 기후 a mild climate.
온후(溫厚) ~한 gentle; suave; affable; mild-mannered.
올¹ 《가닥》 ply; strand; 《피륙》 warp. ¶ ~이 고운 직물 close texture.
올² ☞ 올해. ¶ ~ 여름 the coming summer (오는); the last summer (지나간); this summer (이번 여름).
올… early. ¶ ~벼 early rice.
올가미 ① 《올무》 a noose; a lasso; the rope. ¶ ~를 씌우다 put the rope on 《*an animal*》. ② 《함정》 a snare; a trap. ¶ ~를 놓다 lay a snare; set [lay] a trap. ③ 《꾀》 a trick; a plot; an intrigue.
올곧다 ① 《정직》 (be) honest; upright. ② 《줄이》 (be) straight; direct.
올되다 ① 《피륙의 올이》 (be) tight; fine; close. ② 《조숙하다》 (be) precocious; mature young; wise above one's age. ③ 《곡식이》 (be) rareripe; ripening early.
올드미스 an old maid; a spinster.
올라가다 ① 《높은 곳으로》 go up; mount; climb; rise; soar (하늘로). ¶ 산[나무]에 ~ climb a mountain [tree] / 연단에 ~ mount [step on] the platform / 지붕에 ~ get on the roof. ② 《상경》 go up 《*to Seoul*》. ③ 《승진》 rise; be promoted [raised]; increase. ¶ 지위가 ~ rise in rank. ④ 《진보》 advance; make progress 《*in*》. ¶ 성적이 ~ show a better school record. ⑤ 《물가가》 advance in price; go up; rise; soar (폭등); shoot up (급등). ⑥ 《강을》 go [sail, steam] up 《*a river*》.
올라서다 《높은데로》 get up a higher place; mount [ascend] 《*a platform*》; step up; 《지위가》 rise to higher level of rank.
올라오다 come up 《*to Seoul*》; rise.
올리다 ① 《위로》 raise; lift (up). ¶ 손을 ~ raise [hold up] one's hand / 기를 ~ lift [hoist, fly] a flag. ② 《지위·비율을》 raise; promote 《*a person to a high rank* [*class*]》; increase; boost 《美俗》. ¶ 값을 [세율을, 온도를] ~ raise the price [tariff, temperature]. ③ 《바치다》 offer; give; present. ¶ 기도를 ~ offer a prayer. ④ 《기록》 put on record; enter 《*a name*》. ⑤ 《병을》 contract; be infected by. ⑥ 《점수·성과·효과를》 obtain 《*excellent results*》; gain 《*a net profit of*…》; score 《*five points*》; win; secure. ⑦ 《칠·도금》 coat 《*wood with paint*》; plate [gild] 《*a ring with gold*》; paint with. ⑧ 《소리를》 raise 《*one's voice*》; give [utter] 《*a cry*》. ¶ 환성을 ~ set up a shout of joy. ⑨ 《식을》 hold 《*a ceremony*》; celebrate. ¶ 결혼식을 ~ hold a wedding; celebrate a marriage.
올리브 an olive. ‖ ~유 olive oil.
올림 《증정》 presentation.
올림픽 《경기·대회》 the Olympic games; the Olympics. ‖ 국제 기능 ~ the International Vocational Training Competition / 국제 ~위원회 the International Olympic Committee (생략 I.O.C.) / 한국 ~위원회 the Korea Olympic Committee (생략 K.O.C.).
올망(—網) a net for deep-sea fishing.
올망졸망 in lots of small pieces; various sizes of small things. ~하다 be of various small sizes.
올무 a noose; a running knot.
올바로 《바르게》 right(ly); properly; justly; 《정직히》 honestly; 《정확히》 correctly; 《곧게》 straight; direct; upright.
올밤 an early-ripening chestnut.
올벼 an early-ripening rice plant.
올빼미 an owl.
올새 texture; weave.
올차다 (be) stout; robust; peppy; be of compact build.
올챙이 a tadpole. ¶ ~기자 a cub reporter.
올케 a girl's sister-in-law; the wife of a girl's brother.

올콩 an early-ripening beans.
올팥 an early-ripening red beans.
올해 this year; the current year.
옭걸다 tie and hang; hitch.
옭다 ① 《잡아매다》 bind; tie up; fasten. ② 《올가미씌우다》 put the noose on 《*a dog*》; collar. ③ set a trap; entrap 《*a person*》.
옭매다 tie in a knot; tie fast; bind; fasten.
옭아매다 tie up 《*a package*》.
옭히다 ① 《옭아지다》 be ensnared; be tied up. ② 《얽히다》 be tied in a knot; be tangled. ③ 《걸려들다》 be implicated (involved, entangled) 《*in a case*》.
옮기다 ① 《이전》 remove (move) 《*to, into*》; transfer. ¶ 교외로 ~ move to the suburbs. ② 《그릇 따위에》 transfuse; pour (empty) 《*into*》. ③ 《이송》 transfer; carry 《*to*》. ¶ 사건을 대법원으로 ~ carry a case to the Supreme Court. ④ 《감염》 give (communicate, pass on) 《*a disease to another*》; infect 《*a person with a disease*》. ⑤ 《말을》 pass 《*it*》 on. ¶ 말을 남에게 ~ pass words on to another. ⑥ 《번역》 translate (render, put) 《*English*》 into 《*Korean*》; 《암호 따위를》 decipher; decode. ⑦ 《돌리다》 divert; turn; direct. ¶ 집으로 발을 ~ direct one's step toward home.
옮다 ① 《이전》 remove to 《英》; move into 《美》. ② 《전염》 be infected 《*with a disease*》; catch 《*a cold*》; take; contract 《*a bad cold*》.
옮아가다 ① 《이사·전근하다》 move away 《*to a place*》; change quarters. ② 《퍼져가다》 be diffused; (over-)spread; expand. ③ 《넘어감》 pass 《*to, into*》; turn 《*to*》.
옳다¹ ① 《정당》 (be) right; rightful. ¶ 옳은 일을 하다 do a right thing; do right. ② 《정의》 (be) righteous; just. ③ 《정직》 (be) honest; upright. ④ 《적절》 (be) proper. ⑤ 《틀림없음》 (be) correct; 《정확》 (be) accurate. ⑥ 《합법적》 (be) lawful; legitimate; 《건전》 (be) sound.
옳다² 《감탄사》 Right!; O.K.!; All right!; Right you are!; Right oh! ¶ ~ 됐다 Now I've got it.; That's fine.
옳은길 《바른길》 the road of righteousness; the straight path; the right track; 《도리》 righteousness.
옳은말 true (right) words; righteous remarks.
옳지 Good!; Right!; Yes!
옴¹ 〖醫〗 the itch; scabies. ‖ ~딱지 scabies scabs / ~장이 an itch sufferer.
옴² 《젖꼭지의》 areola; halo.
옴³ 〖理〗 an ohm. ¶ ~의 법칙 the Ohm's law. ‖ ~계 an ohmmeter.
옴나위 ¶ ~없다 be closely packed (jammed).
옴쭉달싹 ¶ ~ 않다 do not turn a hair; do not budge (move) an inch.
옴츠리다 contract; shrink 《*up*》. ☞ 움츠리다.
옷 《의복》 clothes; a dress; a garment; 《총칭》 clothing; apparel; 《복장》 dress; costume; a garb (직장복); a uniform (제복); 《양복》 Western clothes. ¶ ~ 한 벌 a suit of clothes / ~을 입다 (벗다) put on (off) clothes; dress (undress) oneself.
옷가슴 the breast; the plastron (샤쓰의); the bosom (주머니).
옷감 cloth; stuff; dry goods.
옷걸이 a coat (dress) hanger; a clothes rack (suspender).
옷고름 a breast-tie; a coat string.
옷깃 the collar (neck) of a coat.
옷단 a hem; a fly.
옷보(一褓) a (cloth) wrapper; a cloth for wrapping clothes.
옷자락 the skirt; the train (부인 예복의 긴 자락); the bottom (즈봉의).
옷장(一欌) a clothes chest; a wardrobe.
옷차림 one's attire.
…옹(翁) an aged man. ¶ 도산(島山) ~ the old Mr. *Tosan*.
옹고집(壅固執) obstinacy; bigotry; 《사람》 an obstinate person. ¶ ~ 부리다 be stiff-necked.
옹골지다 (be) full; substantial; solid; hard.
옹골차다 (be) solid; hard; sturdy.
옹구 a (kind of) packsaddle.
옹기(甕器) ☞ 오지그릇. ‖ ~장수(전) a pottery (an earthenware) dealer (shop) / ~장이 a potter.
옹기종기 《gathered》 in a small, closely group; in a cluster (flock).
옹달… small and hollow. ¶ ~샘 a small spring.
옹동고라지다 be shortened (contracted).
옹립(擁立) ~하다 back (up); support; help 《*a person*》 to a position.
옹벽(擁壁) 〖土〗 a breast wall; a revetment.
옹색(壅塞) ① 《비좁다》 (be) tight; narrow; cramped. ¶ 옹색한 방 a narrow room. ② 《궁색함》 be hard up, be in straitened circumstances (서술적). ¶ 돈이 ~하다 be hard pressed for money / 옹색하게 살다 live in poverty.
옹생원(一生員) a narrow-minded (an illiberal) person.
옹위(擁衛) ~하다 guard; escort.
옹이 a node; a knar; a gnarl; a knot. ¶ ~있는 gnarled.
옹잘거리다 murmur (grumble) (to oneself).
옹졸(壅拙) ~한 illiberal; intolerant; narrow-minded.
옹주(翁主) a princess; a king's daughter by a concubine.
옹호(擁護) 《보호》 protection; safeguard; 《엄호》 cover; 《원조》 support; assistance. ~하다 support; back up; protect 《*A from B*》;

defend; safeguard. ‖ ~자 a defender; a supporter; a backer.
옻 lacquer. ¶ ~오르다 be poisoned with lacquer. ‖ ~나무 a lacquer [varnish] tree.
옻칠(—漆) ~하다 apply lacquer 《*to*》; lacquer. ¶ ~한 lacquered; japanned.
와[1] 《및》 and; 《함께·비교》 with; 《유사》 (the same) as; like.
와[2] with a rush; loudly. ¶ ~ 웃음이 터지다 burst into laughter / ~ 밀려가다 advance on with a rush.
와글거리다 《북적거리다》 throng; swarm; crowd; 《떠들다》 clamour; be clamorous [noisy].
와닥닥 suddenly; abruptly; with a rush.
와당탕(퉁탕) thumping; boisterously; noisily; clamorously.
와드등와드등 with a clatter.
와들와들 ¶ ~ 떨다 tremble 《*with fear*》; quiver, shiver 《*with cold*》.
와락 suddenly; all of a sudden; all at once; with a rush.
와르르 ① 《사람이》 with a rush. ② 《물건이》 clattering down; with a crash; all of a heap. ¶ ~무너지다 crumble all in a heap. ③ 《번개가》 rolling; rumbling; thundering.
와병(臥病) ~하다 be ill in bed; lie on a bed of illness.
와삭거리다 rustle.
와스스 with a rustling sound; crumbling.
와신상담(臥薪嘗膽) ~하다 《벼르다》 go through unspeakable hardships and privations.
와언(訛言) a groundless rumour; a false report.
와음(訛音) a (phonetic) corruption; a corrupted pronunciation.
와이더블유시에이 Y. W. C. A. (◀ Young Women's Christian Association)
와이셔츠 a shirt.
와이어로프 a wire rope.
와이엠시에이 Y.M.C.A. (◀Young Men's Christian Association)
와이프 a wife [*pl.* wives].
와인 《술》 wine.
와인드업 【野】 a windup.
와전(訛傳) a misinformation; a false report. ~하다 misinform; misrepresent; give a false report.
와중(渦中) a whirlpool; a vortex. ¶ …의 ~에 휩쓸려 들다 be drawn into [become involved in] the vortex of.
와지끈 with a crash; snappingly. ~거리다 (break with a) snap; crash.
와짝 《갑자기》 all at once; all of a sudden; abruptly; 《부쩍》 in huge numbers.
와트 【電】 a watt.
와해(瓦解) ~하다 collapse; break up; fall to [in] pieces; become disintegrated.
왁스 wax.
왁자(지껄)하다 (be) noisy; clamorous; boisterous; uproarious.
완강(頑强) ~한 stubborn 《*resistance*》; obstinate; dogged; strong. ¶ ~한 저항 a stubborn resistance / ~히 부정하다 deny persistently.
완결(完結) ~하다 complete; conclude; finish. ¶ ~되다 be completed [concluded] / 사건을 ~짓다 bring the case to a conclusion.
완고(頑固) 《고집》 obstinacy; stubbornness; 《완미》 bigotry. ~한 obstinate; stubborn; headstrong; bigoted; persistent (끈질긴).
완곡(婉曲) ~한 euphemistic; roundabout; indirect. ¶ ~히 《*say*》 in a roundabout way; euphemistically; indirectly.
완구(玩具) a toy. ‖ ~점 a toyshop.
완급(緩急) ① 《늦고 빠름》 fast and slow motion; high and low speed. ② 《위급》 emergency; urgency.
완납(完納) ~하다 pay in full; pay the whole amount.
완두(豌豆) a pea.
완력(腕力) 《have great》 physical [muscular] strength; brawn; 《폭력》 (brute, brutal) force. ¶ ~으로 《*win*》 by force; by using one's fist / ~을 쓰다 use [resort to] force.
완료(完了) ~하다 complete; finish. ‖ ~시제 the perfect tense / 현재 [과거] ~ the present [past] perfect tense.
완만(緩慢) ~한 slow (going); slack; dull; inactive; lax. ¶ ~한 경사 a gentle slope.
완미(頑迷) ~한 bigoted; obstinate.
완벽(完璧) perfection;completeness. ~한 perfect; faultless; flawless. ¶ ~을 기하다 aim at perfection.
완보(緩步) a slow walk. ~하다 walk slowly.
완본(完本) 《갖추어진 책》 a complete set of books.
완봉하다(完封—) 【野】 shut out.
완비(完備) ~하다 perfect; complete; make 《*a thing*》 perfect. ¶ ~된 perfect; complete; full-equipped / 냉난방 ~ 《게시》 Air-conditioned.
완상(玩賞) 《감상》 appreciation; 《즐김》 enjoyment. ~하다 appreciate; enjoy; admire; 《즐기다》 relish; take pleasure in.
완성(完成) completion; perfection; finish; accomplishment. ~하다 complete; perfect; finish; accomplish; bring 《*a thing*》 to perfection; be completed [perfected] (물건이 주어). ‖ ~품 finished products.
완수(完遂) ~하다 bring to a successful completion; carry out; accomplish 《*one's purpose*》.
완승(完勝) ~하다 win a complete

〔sweeping〕 victory.
완역(完譯) 《make》 a complete translation.
완연하다(宛然—) (be) clear; obvious; evident; patent; vivid.
완자 《만자(卍字)》 a fylfot.
완장(腕章) an armband; a brassard. ¶ ~을 두르다 wear an armband.
완전(完全) perfection; completeness. **~한** perfect; complete; whole; consummate. ¶ ~ 무결한 absolutely perfect; flawless / ~히 perfectly; to perfection; completely; thoroughly; wholly (깡그리) / ~하게 하다 (make) perfect; consummate; bring to perfection / ~에 가깝다 be nearly perfect; be near perfection. ‖ ~ 가동 full operation / ~ 범죄 a perfect crime.
완주하다(完走—) run the whole distance 《*of a marathon race*》.
완초(莞草) a rush. ☞ 왕골.
완충(緩衝) ‖ ~국 a buffer state / ~기 a bumper 《美》; a fender 《英》 / ~ 장치 a buffer; a shock absorber / ~ 지대 a neutral 〔buffer〕 zone.
완치(完治) **~하다** cure 《*a person, a disease*》 completely; heal 《*a person, a wound*》 completely. ¶ ~되다 be completely cured 〔recovered〕.
완쾌(完快) 《병이》 **~하다** recover (completely) 《*from illness*》; be restored to health; get well.
완투하다(完投—) 〖野〗 pitch a whole game; go the whole distance.
완행(緩行) **~하다** go 〔run〕 slow. ‖ ~ 열차 a slow train; a local (train).
완화(緩和) relief; mitigation; alleviation; relaxation (제한 등). **~하다** relieve 《*traffic jam*》; mitigate 《*pain*》; alleviate 《*suffering*》; ease 《*the situation*》; soften 《*pain, trouble*》; relax 《*restrictions*》.
왈가닥 a hussy; a minx; a tomboy; a flapper.
왈가닥거리다 clatter; rattle.
왈가왈부(曰可曰否) **~하다** argue pro and con; argue for and against.
왈왈하다 《성질이》 (be) quick-〔hot-〕 tempered.
왈츠 《dance》 a waltz. ‖ ~곡(曲) a waltz.
왈칵 all at once; all of a sudden; with a jerk. ¶ ~ 성내다 flare up.
왈패(曰牌) 《망나니》 a wild fellow; an unruly person; a rough.
왔다갔다하다 come and go; walk about; loiter; stroll; wander.
왕(王) a king; a prince (소국의); a monarch (군주); a magnate (산업계의); a champion (경기의).
왕가(王家) a royal family.
왕개미 〖蟲〗 a Hercules ant; a giant ant.
왕거미 a large spider.
왕겨 rice bran; chaff.
왕골 〖植〗 a rush. ‖ ~ 자리 a rush mat.
왕관(王冠) a crown; a diadem; 《병의》 a (crown) cap.
왕국(王國) 《왕이 다스리는》 a kingdom; a monarchy.
왕궁(王宮) the king's 〔a royal〕 palace.
왕권(王權) sovereign rights 〔power〕; royal authority 〔rights, prerogatives〕. ‖ ~ 신수설 (the theory of) the divine right of kings.
왕녀(王女) a (royal) princess.
왕년(往年) former years; the years gone by; the past.
왕눈이 a large-eyed person.
왕당(王黨) the Royalists.
왕대 a kind of large bamboo.
왕대비(王大妃) the Empress Dowager; the Queen Mother.
왕도(王都) the capital (of a kingdom).
왕도(王道) the rule of right; 《there is no》 royal road 《*to*》.
왕래(往來) ① 《통행》 comings and goings; (street) traffic (교통). **~하다** come and go. ¶ ~가 잦은 거리 a bustling street; a busy thoroughfare / ~를 금하다 block traffic. ② 《교우》 friendly intercourse; 《서신의》 correspondence. **~하다** have intercourse 〔keep company〕 with; have correspondence with; exchange letters with (서신 왕래).
왕릉(王陵) a royal mausoleum; a royal tomb.
왕림(枉臨) **~하다** (come to) visit; deign to visit; hono(u)r us with a visit.
왕명(王命) a Royal command 〔order〕.
왕모래 coarse sand; grit.
왕밤 a big chestnut.
왕방울 a big bell. ‖ ~눈 a big eye.
왕벌 〖蟲〗 a large bee; a hornet (말벌); a carpenter bee (호박벌).
왕복(往復) going and coming 〔returning〕; there and back. **~하다** go and return; get there and back; run 《*between*》 (차량 등이); ply 《*between*》. ‖ ~ 엽서 a return postcard / ~ 차비 the roundtrip fare / ~ 차표 a roundtrip ticket; a return (ticket) 《英》.
왕복운동(往復運動) 〖機〗 reciprocation; an alternating motion.
왕봉(王蜂) 〖蟲〗 a queen bee.
왕비(王妃) a queen (consort); an empress.
왕새우(王—) 〖動〗 a (Yellow Sea) prawn.
왕생극락(往生極樂) euthanasia; an easy passage into eternity. **~하다** go after death to Nirvana; die a peaceful death.
왕성(旺盛) **~한** excellent; prosperous; high; vigorous; energetic; flourishing; thriving. ¶ 혈기 ~한 청년 a vigorous 〔hot-blooded〕 youth / 원기가 ~하다 be full of vigo(u)r.

왕세손(王世孫) the eldest son of the Crown Prince.
왕세자(王世子) The Crown Prince. ‖ ~비 the consort of the Crown Prince.
왕손(王孫) the grandchildren of a king.
왕수(王水) 〖化〗 *aqua regia* 《라》.
왕실(王室) the Royal household 〔family〕.
왕업(王業) kingship; the reign of a king.
왕왕(往往) 《종종》 often; (every) now and then; more often (than not); frequently; 《때때로》 occasionally; at times.
왕위(王位) the throne; the crown. ¶ ~에 오르다 ascend 〔accede to〕 the throne / ~를 물러나다 abdicate the throne. ‖ ~ 계승 succession to the throne.
왕자(王子) a royal prince.
왕자(王者) a king; the champion 《*of*》(경기의).
왕정(王政) monarchic government; royal regime 〔rule〕.
왕조(王朝) a dynasty. ~의 dynastic.
왕족(王族) the Royal family; royalty; a member of royalty (한 사람).
왕좌(王座) the throne; 《패권》 supremacy; 《수위》 the premier position.
왕지네 a large centipede.
왕진(往診) a (doctor's) visit to a patient; a house call. ~하다 visit 《*a patient*》; call on one's patient. ‖ ~료 a doctor's fee for a visit / ~ 시간 hours for sick calls.
왕청되다 be poles apart; be as different as light and darkness.
왕콩(王一) a big 〔large〕 bean.
왕통(王統) the Royal descendants; the Royal line.
왕후(王后) an empress; a queen.
왕후(王侯) princes; crowned heads; royalty (총칭).
왜(倭) Japan; Japanese.
왜 why; how; for what reason; what ... for; on what ground (근거). ¶ ~나 하면 because; for; The reason is.... / ~ 그런지 without knowing why; somehow.
왜가리 〖鳥〗 a common heron.
왜간장(倭艮醬) Japanese soy (sauce).
왜곡(歪曲) ~하다 distort 《*a fact*》; contort; represent 《*news*》 falsely. ¶ ~된 해석 a distorted view; a strained 〔biased〕 interpretation.
왜구(倭寇) Japanese pirate raiders.
왜낫(倭一) a fine-bladed sickle.
왜바람 a fickle wind.
왜반물(倭一) dark blue dyestuffs.
왜색(倭色) Japanese manners (and customs). ¶ ~을 일소하다 make a clean sweep of Japanese manners.
왜소(矮小) ~한 short and small; dwarfish.
왜식(倭式) Japanese style.
왜식(倭食) Japanese food 〔cuisine〕. ‖ ~집 a Japanese restaurant.
왜인(倭人) the Japanese (전부); a Japanese, a Jap (한 사람).
왜인(矮人) a dwarf; a pigmy; a midget.
왜정(倭政) Japanese rule.
왜태(一太) a big pollack.
왱왱 《바람의》 whistling; 《벌레의》 droning.
외 ☞ 오이.
외(外) ① 《이외》 except; but; save; beyond (이상은); besides. ¶ ~에는 but; except / 그 ~ the rest. ② 《바깥》 outside; out (of); outer; foreign. ¶ 시~에 outside the city / 전문 ~이다 be out of one's line.
외(椳) 〖建〗 a lath.
외… 《홀》 only; one; single; sole. ‖ ~눈(박)이 a one-eyed person.
외가(外家) one's mother's maiden home.
외각(外角) 〖幾〗 an exterior 〔external〕 angle; 〖野〗 outcorner.
외각(外殼) a shell; a crust; integumentary covering.
외견(外見) ☞ 외관.
외겹 ~의 single; one-ply; onefold.
외경(畏敬) ~하다 revere; hold 《*a person*》 in awe 〔reverence〕.
외계(外界) the external world; the outside; the physical world (정신계에 대한).
외고집(一固執) ~의 obstinate; obdurate; stubborn; perverse. ‖ ~장이 a pig-headed person.
외곬 ¶ ~으로 with a single-mind; single-mindedly; intently; simply.
외과(外科) surgery. ¶ ~(술)의 surgical. ‖ ~ 병원 a surgery / ~ 수술 《undergo, perform》 a surgical operation / ~ 의사 a surgeon.
외과피(外果皮) 〖植〗 an exocarp; an epicarp.
외곽(外廓) the outline (contour); an outer ring; the outer block. ‖ ~ 단체 an affiliated association; an extra-departmental body (관청의).
외관(外觀) an (external, outward) appearance; an outside view; an outward aspect; show. ¶ ~상 externally; seemingly; apparently.
외교(外交) diplomacy; diplomatic intercourse 〔relation〕; 《권유》 canvassing. ¶ ~상의 diplomatic. ‖ ~관 a diplomat; a diplomatic official / ~ 문서 a diplomatic document / ~ 사절단 a diplomatic mission / ~원 a canvasser / ~ 정책 〔방침〕 a foreign policy / ~ 특권 diplomatic privilege / 공개 〔비밀, 무력〕 ~ open 〔secret, armed〕 diplomacy.
외구(外寇) a foreign enemy.
외국(外國) a foreign country 〔land〕; 《정치·군사상의》 a foreign nation 〔power〕. ~의 foreign; alien; oversea(s); exotic (외국풍의). ¶ ~제의 foreign made; of foreign make / ~에 가다 〔서 돌아오다〕 go 〔return from〕 abroad. ‖ ~ 무역 foreign trade / ~ 시장 a foreign 〔an oversea(s)〕 market / ~어 a foreign

language / ～인 a foreigner; an alien / ～환(換)(시세) foreign exchange (rate).
외근(外勤) outside duty [service]; 《보험 따위의》 canvassing. ～하다 be on outside duty; work outside; do canvassing. ‖ ～기자 a legman 《美口》; a reporter / ～자 a person on outside duty. 「outer space.
외기(外氣) the (open) air. ‖ ～권(圈)
외기노조(外機勞組) the Foreign Organizations Employees Union (생략 F.O.E.U.)
외길 a single path.
외김치 cucumber pickles.
외나무다리 a single-log bridge.
외날의 single-edged 《*blade*》.
외다 recite from memory; learn by heart; memorize.
외도(外道) ① ☞ 오입(誤入). ② 《나쁜 길》 a wrong [an evil] course. ～하다 go astray; stray from one's proper field 《*of business*》.
외등(外燈) an outdoor lamp.
외따로 《떨어져》 all alone; solitarily; in complete isolation.
외딴 isolated; out-of-the-way. ¶ ～집 an isolated house / ～섬 a solitary [lone] island. 「ly.
외딸다 (be) remote; secluded; lone-
외람(猥濫) ～한[된] presumptuous; audacious.
외래(外來) ～의 foreign; (coming) from abroad; imported. ‖ ～어 a loan word 《*from English*》 / ～품 imports; imported goods / ～환자 an outpatient.
외로이 all alone; lonely; solitarily. ¶ ～지내다 lead a solitary life.
외롭다 (be) all alone; lonely; lonesome; solitary.
외륜산(外輪山) 〖地〗 a somma.
외마디소리 a shrill voice; a shriek; a scream. 「the exterior.
외면(外面) outward appearance;
외면하다(外面―) turn away one's face; look away; avert one's eyes.
외모(外貌) an (outward) appearance; external features.
외무(外務) foreign affairs. ‖ ～부[성] the Ministry [Department] of Foreign Affairs; the Foreign Office / ～부 장관 the Foreign Minister; the Minister of Foreign Affairs / ～(분과) 위원회 the Foreign Affairs (Sub-)committee / ～사(원) a canvasser; a solicitor (보험의).
외미(外米) foreign [imported] rice.
외박(外泊) ～하다 stay [stop, sleep] out.
외방(外方) 《외지》 an oversea(s) [a foreign] land; 《밖》 the outside.
외벽(外壁) an outer wall.
외부(外部) the outside [exterior]. ～의 outside 《*interference*》; outward; external 《*aggression*》. ¶ ～사람 an outsider.

외분(外分) 〖幾〗 external division. ～하다 divide externally.
외분비(外分泌) 〖醫〗 external secretion. ‖ ～선 an exocrine gland.
외빈(外賓) a (foreign) guest [visitor].
외사(外事) external [foreign] affairs. ‖ ～과 the foreign affairs section.
외사촌(外四寸) a maternal cousin.
외삼촌(外三寸) a maternal uncle.
외상 credit; trust. ¶ ～으로 on credit. ‖ ～거래 credit transaction / ～사절 《게시》 No credit given. / ～판매 credit sale.
외상(外相) the Foreign Minister. ‖ ～회의 a foreign Minister's conference. 「trauma.
외상(外傷) an external wound; a
외서(外書) a foreign book.
외설(猥褻) ～하다 (be) obscene; nasty; filthy; indecent; racy 《美》. ‖ ～문학 pornography / ～죄 public indecency / ～행위 an indecent behavio(u)r [act].
외세(外勢) 《외국 세력》 outside [foreign] influence [power]. ¶ ～에 의존하다 depend on the power of a foreign country. 「handed.
외손 ¶ ～의 one-handed; single-
외손(外孫) a child of one's daughter; descendants in the daughter's line.
외숙(外叔) an uncle on one's mother's side. ‖ ～모(母) the wife of one's maternal uncle.
외식(外食) ～하다 eat [dine] out. ‖ ～자 a diner-out.
외식(外飾) ☞ 면치레.
외신(外信) foreign news; a foreign message [telegram]; an overseas dispatch. ‖ ～부(장) (editor of) the foreign news department.
외심(外心) 〖幾〗 a circumcenter; an outer center 《*of a similitude*》. ‖ ～점(點) the metacenter.
외아들 the [one's] only son.
외야(外野) 〖野〗 the outfield. ‖ ～석 outfield bleachers / ～수 an outfielder; a fly-chaser 《美》.
외양(外洋) the open sea; the ocean.
외양(外樣) 《겉모양》 outward appearance [show]. ¶ ～을 꾸미다 make outward show; keep up appearances.
외양간(喂養間) a stable (말의); a cowhouse; cowshed (소의). ¶ 소 잃고 ～고친다 be (just like) looking the stable door after the horse is stolen. 「tensive.
외연(外延) 〖論〗 extension. ～적 ex-
외연기관(外燃機關) 〖幾〗 an external combustion engine.
외용(外用) 《for》 external use [application]. ～하다 use [apply] externally. ‖ ～약 a medicine for external application [use].
외우(外憂) ☞ 외환(外患).
외유(外遊) ～하다 make a trip

abroad; travel (go) abroad.
외유내강(外柔內剛) being gentle in appearance, but sturdy in spirit; an iron hand in the velvet glove.
외이(外耳) 〖解〗 the external ear; the auricle. ‖ ~염(炎) 〖醫〗 otitis externa; conchitis.
외인(外人) 《외국인》 a foreigner; an alien; 《남》 an outsider; a stranger. ‖ ~ 부대 the Foreign Legion.
외자(外資) foreign capital (funds). ‖ ~ 도입 induction (introduction) of foreign capital.
외적(外的) external; exterior; outward. ⌈er).
외적(外敵) a foreign enemy (invad-
외전(外電) a foreign dispatch; a foreign telegram (cable); a cablegram; foreign news.
외접(外接) ~하다 〖幾〗 be circumscribed. ‖ ~원 a circumscribed circle.
외제(外製) ¶ ~의 foreign-made; of foreign manufacture (make). ‖ ~차 a foreign(-made) car / ~품 foreign-made articles; imported goods. ⌈mother.
외조모(外祖母) a maternal grand-
외조부(外祖父) a maternal grand father. ⌈er's side.
외종(外從) a cousin on one's moth-
외지(外地) a foreign land; an oversea(s) land. ‖ ~ 근무 overseas service / ~ 수당 an overseas allowance.
외지다 (be) isolated; remote; secluded. ¶ 외진 곳 an isolated (outː of-the-way) place.
외채(外債) 《채권》 a foreign loan (bond); 《부채》 foreign debt. ¶ ~를 모집하다 raise (float) a foreign loan.
외척(外戚) a maternal relation.
외청도(外聽道) 〖解〗 an external auditory canal.
외출(外出) going out. ~하다 go out (of doors). ¶ ~ 중이다 be out. ‖ ~ 금지 《군인의》 confinement 《*to the barracks*》 / ~날 a leave day/ ~복(服) a street wear (clothes, dress) / ~ 시간 《군인의》 leaveː time.
외치다 shout out; cry (out); exclaim; shriek; scream; yell. ¶ "도둑이야" 하고 ~ cry "Thief" / 목청껏 ~ cry at the top of one's voice.
외탁(外一) ~하다 《닮다》 take after one's mother's side in appearance (character).
외토리 a lonely person. ⌈coat.
외투(外套) an overcoat; a great
외판원(外販員) a salesman; a saleswoman; 《권유원》 a canvasser; a solicitor (보험의); a commercial traveller 《英》; a drummer 《美口》.
외풍(外風) a draft; a draught 《英》; 《외국풍》 foreign ways (fashion, style).
외피(外皮) 《딱지》 a crust; a shell; 《피부의》 the cuticle; 《과실의》 a husk; 《곡식의》 a hull.
외할머니(外一) ☞ 외조모.
외할아버지(外一) ☞ 외조부.
외항(外港) an outer port; an outport.
외항선(外航船) an ocean-going ship; an ocean liner. ⌈seas.
외해(外海) the open sea; the high
외향성(外向性) 〖心〗 extroversion. ¶ ~의 extroversive / ~의 사람 an extrovert.
외형(外形) an external (outward) form; shape. ¶ ~(상)의 external; outward / ~은 in shape.
외화(外貨) foreign currency (money). ‖ ~ 가득율(率) a foreign exchange earning rate / ~ 보유고 foreign exchange holdings / ~ 어음 a foreign currency bill / ~ 준비 a reserve in foreign currency / ~ 획득 the obtaining (acquisition) of foreign currency.
외화(外畫) a foreign film.
외환(外換) foreign exchange. ‖ ~은행 a foreign exchange bank.
외환(外患) fears of foreign (outside) invasion; foreign troubles.
왼 left; left-hand.
왼소리 the news of 《*a person's*》 death.
왼손 the left hand. ‖ ~잡이 a leftː handed person; a left-hander; a southpaw / ~잡이 투수 a southpaw; a lefty 《美俗》.
왼쪽 the left (side). ¶ ~의 left (-hand) / ~에 《sit》 on the left side 《*of*》.
왼편(一便) the left side.
요(要) ¶ ~는(컨대) what is essential is...; the point is...; to summarize; in a word; in short (brief); to sum up.
요(褥) beddings; a mattress. ¶ ~를 깔다(개다) make (put away) the bed.
요 ① 《얕잡아》 this little (one). ¶ ~까짓 … such a (little)... / ~놈 this fellow (guy). ② 《시간·거리》 this; these; right near at hand. ¶ ~ 근처에 in this neighborhood; near (around) here.
요가 yoga. ¶ ~의 수련자 a yogi.
요강(尿鋼) a chamber pot; a night stool (chair).
요강(要綱) the outline; the gist; a summary; the main principle.
요건(要件) 《필요 조건》 a necessary (an indispensable) condition; an essential factor; essentials; 《중요》 an important matter (business).
요격(邀擊) ~하다 attack by surprise; intercept. ‖ ~기(機) an interceptor (plane) / ~ 미사일 an antimissile missile (생략 AMM).

요괴(妖怪) a ghost; an apparition; a specter; 《괴물》 a goblin; a hobgoblin. ~스러운 wicked; mysterious; weird; uncanny.
요구(要求) 《요청》 a demand; a claim (권리의); 《청구》 a request; requirement. ~하다 demand 《*a thing of a person*》; request; claim; call for; call 《*upon a person to do*》; require 《*a person to do, a person that* ...》; make a demand 《*for a thing on a person*》. ¶ ~에 따라 on demand; in compliance with *a person's* request; at *a person's* request / 시대의 ~ 《fulfill》 the needs of the times / ~에 응하다 accede to *a person's* demand; meet [comply with] *a person's* request. ‖ ~불(어음) (a bill) payable on demand / ~자 a demandant; a claimant.
요구르트 yog(h)urt.
요귀(妖鬼) an apparition; a ghost.
요금(料金) a charge; a fee; a fare. ‖ ~표 a price list; a list of charges / 가스 [수도, 전기] ~ the gas [water, power] rate / 기본 ~ a basic rate.
요기(妖氣) a weird [ghostly] air.
요기(療飢) ~하다 satisfy [relieve, allay] one's appetite; fortify oneself with a meal.
요긴(要緊) ~한 《중요》 important; vital; momentous; weighty; 《필요》 necessary; essential; indispensable.
요녀(妖女) an enchantress; a fairy; a witch; 《요부》 a vamp(ire); a siren; a temptress.
요다음 next. ~의 next. ¶ ~에 next time.
요담(要談) ~하다 have a talk with 《*a person*》 on an important matter [business].
요도(尿道) 〖解〗 the urethra. ‖ ~관 the urethral canal / ~염(炎) urethritis.
요독증(尿毒症) 〖醫〗 uremia; urine poisoning.
요동(搖動) ~하다 swing; sway; shake; quake; rock; joggle.
요란(擾亂) ~한, ~스런 noisy; loud; uproarious; clamorous. ¶ ~하게 noisily; boisterously.
요람(要覽) a survey; an outline; 《안내서》 a handbook; a manual.
요람(搖籃) a swinging cot; a cradle; a nursery. ‖ ~기 the cradle; babyhood; infancy / ~지 the cradle 《*of western civilization*》; the cradleland; the birthplace.
요략(要略) an outline; a summary; an epitome.
요량(料量) a plan; an intention; an idea; guess; conjecture; estimate (어림). ~하다 plan out; conjecture; guess. ¶ ~없다 have bad judgment ; lack common sense.
요런 such; this; like this.
요령(要領) 《요점》 the point; the essential [main] points; the gist; 《개략》 a summary; an outline; 《비결》 a knack. ¶ ~있는 sensible; pertinent; apt; pointed / ~있는 연설 a pointed speech / ~이 좋은 사람 a man of sense; a business-like man.
요령(搖鈴) a handbell.
요로(要路) 《길》 a principal [an important] road; a main artery 《*of traffic*》; 《요직》 an important position; a high office; 《당국》 the authorities. ¶ ~에 있는 사람들 those in authority; the authorities.
요론(要論) an important argument.
요리(料理) ① 《만들기》 cooking; cookery; cuisine; 《음식》 a dish; food; fare. ~하다 cook 《*food*》; dress 《*fish*》; prepare 《*a dish*》; do 《*meal*》. ¶ ~의 culinary / ~를 잘 [못] 하다 be a good [bad] cook; be a good [poor] hand a cookery. ‖ ~ 기구 cooking utensils / ~대 a dressing table / ~법 culinary arts; cookery / ~사 a cook; a *chef* 《프》 / ~책 a cookery book; a cookbook 《美》/ ~학원 a cooking school / 고기 [야채] ~ meat [vegetable] dish / 일품(一品) ~ a one-course dinner / 중국 [서양] ~ Chinese [foreign] food. ② 《일처리》 management; administration. ~하다 manage; handle; administer; conduct.
요리조리 here and there; this way and that. ¶ ~ 핑계를 대다 make one excuse [pretext] or another.
요마(妖魔) a ghost; an apparition; a specter; a goblin.
요만 so slight [trifling]. ¶ ~큼 this (little) bit / ~ 것[일] this small [little] bit; such a trifle.
요망(妖妄) ¶ ~스러운, ~한 crafty; cunning; wicked; vicious / ~떨다 [부리다] behave wickedly; act viciously [frivolously, capriciously].
요망(要望) a desire; a demand 《*for*》; a cry 《*for*》. ~하다 demand 《*a person for doing, a person that*》; desire.
요면(凹面) concave; concavity. ‖ ~경 a concave mirror.
요목(要目) principal items; the (main) point. ‖ 교수 ~ a syllabus.
요물(妖物) 《괴물》 a goblin; a hobgoblin; a monster; an uncanny thing; 《사람》 a wicked person; a crafty fellow.
요밀(요밀)하다(要密―) 《면밀》 (be) minute; nice; close; detailed; 《조심성》 (be) circumspect; scrupulous; meticulous.
요법(療法) a (medical) treatment; a remedy; a cure. ‖ 가정 [정신] ~ 《try》 a home [psychic] treatment/ 민간 ~ a folk remedy.
요부(妖婦) an enchantress; a

vamp; a weird 〔an capricious〕 woman; a temptress; a siren.
요부(要部) the principal 〔essential〕 parts.
요부(腰部) the waist; the loins.
요사(夭死) ☞ 요절(夭折).
요사(妖邪) ～스럽다 (be) capricious; fickle; wicked; vicious; wily; crafty. ～떨다, ～부리다 behave in a capricious 〔vicious, weird〕 way.
요사이 ☞ 요새.
요산(尿酸) 〖化〗 uric acid.
요새 《근래》 recently; lately; 《저번》 the other day; a few days ago; 《요전부터》 these few days; 《현금》 nowadays; in these days.
요새(要塞) a fortress; a stronghold; fortification. ¶ ～화하다 fortify. ‖ ～ 지대 a strategic 〔fortified〕 zone.
요석(尿石) 〖醫〗 a urolith.
요소(尿素) 〖化〗 urea.
요소(要所) an important position 〔point〕; a key 〔strategic〕 point.
요소(要素) an element; a factor; an essential part; a requisite (필요 조건). ¶ …의 ～를 이루다 be essential 《*to*》.
요술(妖術) 《기술》 jugglery; conjuring tricks; (a) sleight of hand; a trick(속임수); 《마술》 magic; black art. ¶ ～을 부리다 juggle; do conjuring tricks. ‖ ～쟁이 a juggler; a conjurer.
요시찰인명부(要視察人名簿) a black list.
요식(要式) ～의 formal. ‖ ～ 계약〔행위〕 a formal contract 〔act〕.
요식업(料食業) restaurant business. ‖ ～자(者) a restaurant owner 〔keeper〕.
요약(要約) ～하다 summarize; give a *résumé*; epitomize; outline; abridge; sum up. ¶ ～해서 말하면 in a word; in brief.
요양(療養) recuperation. ～하다 recuperate oneself. ‖ ～소 a sanatorium 《英》; a sanitarium 《美》.
요업(窯業) the ceramic 〔pottery〕 industry; ceramics. ‖ ～ 미술 ceramic art / ～소 a pottery / ～ 제품 ceramic manufactures; a ceramic.
요연(瞭然) ～한 evident; clear; obvious; plain; manifest. ¶ 그것은 일목 ～하다 One can see it with half an eye.
요염(妖艶) ～하다 (be) fascinating; bewitching; voluptuous; amorous. ¶ ～한 모습 a charming figure.
요오드 iodine. ‖ ～포름 iodoform / ～ 칼리 iodine of potassium.
요원(要員) workers required; needed 〔necessary〕 personnel. ‖ 기간 ～ a skeleton staff.
요원(燎原) a prairie on fire. ¶ ～의 불길처럼 퍼지다 spread like wildfire.
요원(遼遠) ～한 distant; remote; far-off. ¶ 전도 ～하다 have a long way before 《*one*》 (사람이 주어); be far off (사물이 주어).
요인(要人) a leading 〔an important〕 person ; a key figure; a VIP.
요인(要因) a factor; an element; a dominant cause.
요일(曜日) a day of the week; a weekday. ¶ 오늘 무슨 ～이지 What day (of the week) is this?
요전(一前) ① 《요전날》 the other day; not long ago; just recently; lately. ② 《전》 last; before; last time. ¶ ～ 일요일 last Sunday.
요절(夭折) an early 〔premature〕 death. ～하다 die young 〔prematurely, before one's time〕.
요절나다 ① 《못쓰게 되다》 be spoilt 〔ruined〕; 《부서지다》 break; get broken; be damaged; get out of order (기계 따위가). ② 《일이》 come to naught; fall through; prove abortive.
요절내다 spoil; ruin; mar; destroy.
요점(要點) the main 〔essential〕 point; the gist; the substance.
요정(了定) ～나다 be decided; be settled; come to a conclusion. ～짓다 decide 《*upon*》; conclude; bring 《*a matter*》 to close; put an end to.
요정(妖精) a fairy; a spirit.
요정(料亭) a (Korean-style) restaurant; a *kisaeng* house.
요조(窈窕) ‖ ～ 숙녀 a lady of refined manners.
요즈음 recent days; these days; today; nowadays; just recently; lately. ～의 recent; late; present-day. ¶ ～의 청년 the present-day young people; the young people of today.
요지(要地) an important place; a strategic point.
요지(要旨) 《요점》 the essentials; the point; the gist; the substance; 《취지》 purport; 《서적·의론의》 an argument.
요지경(瑤池鏡) a magic glass; a toy peep-show.
요지부동(搖之不動) ～하다 be steadfast 〔unyielding, invincible〕.
요직(要職) an important post 〔appointment〕; a key position 〔job〕; a responsible position. ¶ ～에 있다 be in 〔hold〕 an important post.
요처(要處) a strategic 〔an important〕 point.
요철(凹凸) ～있는 uneven; rugged; jaggy.
요청(要請) a demand; a request; a claim. ～하다 request; ask 《*a person for aid*》; demand; claim 《*a reward*》.
요충(要衝) a strategic point; a key point; an important spot 〔place〕. ‖ ～지 = 요충.
요충(蟯蟲) a threadworm; a pinworm.
요컨대(要一) in short; in a word; to sum up; after all.
요통(腰痛) 〖醫〗 lumbago.
요트 a 《*racing*》 yacht.

요판(凹版) 〖印〗 intaglio.
요하다(要—) require 《*attention*》; need 《*doing, to do*》; want 《*careful handling*》; take (시간을); demand; call for 《*an explanation*》.
요항(要項) essential points; essentials; the staple; 《개요》 the gist.
요항(要港) a strategic (naval) port.
요해(要害) ☞ 요충.
요행(僥倖) (good) luck; chance; good fortune; a godsend; a windfall. ¶ ~으로 by luck / ~을 바라다 rely on chance. ‖ ~수(數) a piece [stroke] of good luck; a lucky [happy] chance; a fluke.
요혈(尿血) 〖醫〗 h(a)ematuria.
욕(辱) ① 《욕설》 abuse; abusive language; an insult; slander (중상). ☞ 욕하다. ② 《치욕》 shame; humiliation; insult; disgrace. ③ 《고난》 hardships; troubles; pains.
욕(慾) a desire; a thirst; a hunger; an appetite; a wish; a passion.
욕감태기(辱—) a butt of abuse.
욕객(浴客) a bather.
욕구(欲求) desire; craving; want; aspiration. ~하다 desire; want; wish [long] for; crave 《*for*》. ¶ 생의 ~ craving [a lust] for life. ‖ ~ 불만 〖心〗 frustration.
욕기부리다(欲氣—) covet; be greedy 《*for, after*》; be avaricious.
욕념(欲念) desire; wish; appetite; passions (육욕).
욕되다(辱—) 《서술적》 be a disgrace [shame, disho(u)nor] 《*to*》.
욕망(欲望) 《원망》 a desire; a craving; 《야망》 an ambition; 《욕구》 wants. ¶ ~을 채우다 [억제하다] satisfy [suppress, control] one's desire.
욕먹다(辱—) ① 《욕설당하다》 suffer an insult; be insulted [abused, reviled]. ② 《악평을 듣다》 have one's name scandalized; be slandered [stigmatized]; be spoken ill of; 《신문 등에서》 be criticized unfavo(u)rably; be attacked.
욕보다(辱—) ① 《곤란을 겪다》 have a hard time; go through hardships [the mill]; take pains. ② 《치욕당하다》 be put to shame; be humiliated [insulted, abused]. ③ 《겁간》 be raped [assaulted, violated].
욕보이다(辱—) put to shame; disgrace; dishono(u)r; insult; humiliate; 《겁탈》 rape; outrage; violate.
욕설(辱說) 《욕》 curses; evil-speaking; swearwords; abusive language. ~하다 utter curses; swear 《*at*》; call 《*a person*》 names; speak ill of; revile.
욕실(浴室) a bathroom. ¶ ~이 있다 be furnished [provided] with a bathroom.
욕심(欲心) 《탐욕》 greediness; covetousness; avarice; 《욕망》 a desire; a passion; an appetite; a hunger; 《이기심》 selfishness; self-interest. ¶ ~많은 greedy; avaricious; covetous. ‖ ~꾸러기 a greedy [an avaricious] person.
욕쟁이(辱—) 《사람》 a foul-mouthed [-tongued] person.
욕정(慾情) (a) passion; sexual desire(s); (an) appetite; (a) lust.
욕조(浴槽) a bathtub.
욕지거리(辱—) abusive language; a term of abuse (폭언); a biting tongue (독설); bad names. ~하다 say bitterly; abuse; call 《*a person*》 names; use abusive language.
욕지기 qualm; nausea; queasiness. ~나다 feel nausea [sick]; be irritated (역겨움).
욕하다(辱—) abuse; call 《*a person*》 names; speak ill of 《*a person*》; revile 《*at, against*》; scold.
욧속(褥—) batting [cotton wadding] for a mattress.
욧잇(褥—) bed sheet [covering]; bed clothes.
용(龍) a dragon.
…용(用) for (the use of). ¶ 가정~ for home use.
용감(勇敢) bravery; heroism; valo(u)r. ~한 brave; courageous; heroic; gallant. ¶ ~히 bravely; heroically.
용건(用件) (a matter of) business.
용골(龍骨) a keel. ‖ ~대(臺) the keelblocks.
용공(容共) ~의 pro-Communist. ‖ ~ 정책 a pro-Communist policy.
용광로(鎔鑛爐) a smelting [blast] furnace.
용구(用具) 《기구》 a tool; an instrument; implements; 《장치》 an appliance; an apparatus.
용궁(龍宮) the Dragon's [Sea God's] Palace.
용기(用器) an instrument; a tool. ‖ ~화 (an) instrumental [mechanical] drawing.
용기(勇氣) courage; bravery; pluck; valor; grit 《美口》. ¶ ~ 있는 courageous; brave; plucky / ~ 없는 timid; faint-hearted; coward / ~를 내다 summon [pluck] up one's courage; take courage [heart]; nerve oneself 《*for*》; brace up.
용기(容器) a container; a receptacle; a vessel; a case.
용기병(龍騎兵) a dragoon.
용꿈(龍—) ~꾸다 dream [have] a lucky dream; dream about a dragon.
용납(容納) ~하다 tolerate; permit; admit; approve; allow; pardon; forgive. ¶ ~할 수 없는 unpardonable.
용뇌(龍腦) 《향》 borneol; 《나무》 the Borneo [Sumatra] camphor.
용단(勇斷) a manly [courageous] decision; a decisive measure; a resolute [drastic] step. ¶ ~을 내리다 make a resolute decision 《*on*

a matter》.
용달(用達) delivery service. ~하다 deliver 《*goods*》. ‖ ~사(社) a delivery agency / ~업 the delivery business / ~차 a delivery van [wag(g)on].
용도(用度) supplies; expenditure; expense.
용도(用途) use; service. ¶ ~가 많다 have many [various] uses; be of wide use.
용돈(用―) pocket [spending] money; money for current use.
용두(龍頭) the stem of a watch.
용두레 a scoop bucket.
용두사미(龍頭蛇尾) good beginning and dull finish. ¶ ~로 끝나다 end in an anticlimax; go up like a rocket and come down like a stick.
용두질 masturbation; onanism; self-abuse. ~하다 masturbate.
용량(用量) 《약의》 a dose; dosage.
용량(容量) (measure of) capacity; volume (용적).
용력(用力) ~하다 ① 《마음을》 be mindful of; set one's heart on. ② 《힘을》 exert oneself; labor; put forth [out] one's strength.
용렬(庸劣) ~한 mediocre; silly; stupid; awkward; clumsy. ¶ ~한 짓 a blunder; a bungle.
용례(用例) an example; an illustration. ¶ ~를 들다 give [show, cite] an example.
용마루(龍―) a ridge 《*of a roof*》.
용마름(龍―) the thatch cover(ing) of a roofridge.
용매(溶媒) 〖化〗 a solvent; a menstruum [*pl.* ~s, -strua].
용맹(勇猛) ~한, ~스런 intrepid; undaunted; valiant; lionhearted; daring. ‖ ~심 an intrepid spirit.
용명(勇名) a fame for bravery. ¶ ~을 떨치다 win a fame for bravery; enjoy a worldewide fame.
용모(容貌) looks; features; a countenance; a face. ¶ ~가 추한 사람 an ill-favo(u)red person.
용무(用務) business; a thing to do; a matter of business; a concern. ¶ ~를 띠고 on some business / ~를 마치다 finish one's business.
용법(用法) usage; the way to use; the direction for use (사용 지시서).
용변(用便) ~보다 ease nature; have a wash; go to stool.
용병(用兵) tactics; manipulation of troops.
용병(傭兵) a mercenary (soldier); hired troops.
용불용(用不用) ‖ ~설(說) 〖生〗 Lamarckism; the theory of use and disuse.
용사(勇士) a brave man [soldier]; a hero; the brave (총칭).
용상(龍床) the (royal) throne; the King's seat.
용색(用色) ~하다 have a sexual intercourse.
용서(容恕) pardon; forgiveness. ~하다 pardon; forgive; excuse; have mercy on; overlook 《*a person's fault*》; 《관서》 be tolerant of. ¶ ~ 없이 without mercy; relentlessly; mercilessly / ~를 빌다 beg [ask] 《*a person's*》 pardon; apologize for.
용선(傭船) chartering; 《선박》 a chartered ship. ~하다 charter [hire] a ship. ‖ ~ 계약(서) a charter party(생략 C / P) / ~료 charterage; charter rates.
용설란(龍舌蘭) an agave; a pita.
용솟음 ¶ ~치다 boil; bubble up; gush out [forth]; erupt; well (up, forth, out).
용수(用水) water (available for use); rainwater (천수); city water (수도의); 《관개용의》 irrigation water. ‖ ~로(路) a flume / ~지(池) a reservoir / ~통 a rain-water barrel [tank].
용수철(龍鬚鐵) a spring.
용신(容身) ① 《몸을 움직임》 ~하다 narrowly move one's body; stir but an inch. ② 《겨우 살아감》 ~하다 eke out a livelihood.
용심부리다(用心―) wreak one's jealousy [spite]; take one's grudge out 《*on*》.
용쓰다 《기운을》 exert one's utmost strength; strain [exert] oneself.
용안(龍眼) 〖植〗 a longan.
용안(龍顔) the Royal countenance.
용암(熔岩) 〖地〗 molten rock; lava.
용액(溶液) a solution; a solvent.
용약(勇躍) ¶ ~(하여) in high spirits; elatedly.
용어(用語) 《말씨》 wording; diction; phraseology; 《술어》 a term; (a) terminology (총칭); 《어휘》 (a) vocabulary. ‖ 관청 ~ official language / 전문 ~ technical terms / 학술 ~ scientific terms [terminology].
용언(用言) 〖言〗 a declinable word.
용역(用役) service. ‖ (민간) ~단(團) (civilian) service corps.
용왕(龍王) the Dragon God [King].
용왕매진(勇往邁進) ~하다 dash forward; push to the front.
용원(傭員) a temporary employee.
용의(用意) readiness; preparedness. ¶ ~주도한 cautious; prudent; 《a plan》 carefully arranged / ~가 있다 be ready [willing] to 《*do*》.
용의자(容疑者) a suspect; a suspected person. ¶ 유력한 ~ a key suspect.
용이(容易) ~한 easy; simple; ready; plain. ¶ ~하지 않은 difficult; serious; grave / ~하게 easily; readily; with ease [facility]; without difficulty.
용인(容認) ~하다 admit; approve of; tolerate.
용자(容姿) the face and feature; look; (a) personal appearance.
용자창(用字窓) a lattice window.

용장(勇將) a great soldier; a brave general.
용재(用材) (building) materials; 「timber(재목).
용적(容積) capacity (용량); volume (체적); bulk (부피); cubature; cubic content. ‖ ~량 the measure of capacity / ~톤 a measurement ton.
용전(勇戰) ~하다 fight courageously (bravely, heroically).
용점(熔點) the melting point.
용접(鎔接) welding. ~하다 weld《to》. ‖ ~공 a welder / ~기 a welding machine; a welder / ~제 a welding agent (flux) / 전기 (가스) ~ electric (gas) welding.
용제(溶劑) a solvent; a solution.
용졸(庸拙) mediocrity. ~한 mediocre; commonplace; stupid.
용지(用地) a lot; a site. ‖ 건축 ~ a site for a building; a building lot / 주택 ~ a housing lot / 철도 ~ railroad land.
용지(用紙) paper (to use); a (blank) form; a printed form; stationery. ‖ 시험 ~ an examination paper / 신청 (주문) ~ an application (order) form / 전보 ~ a telegram form (blank).
용진(勇進) ~하다 《나아가다》 dash forward bravely; make a dash.
용질(溶質) 〖化〗 solute.
용출(湧出) ~하다 gush out (forth); spurt; erupt; well (up).
용춤추다 give in (yield) to flattery.
용퇴(勇退) 《물러남》 voluntary retirement (resignation). ~하다 retire (resign) voluntarily (with good grace).
용트림 ¶ ~하다 let out a big burp; belch in an affected manner.
용품(用品) an article 《*for the use of...*》; supplies. ‖ 가정 ~ household (domestic) goods / 사무 ~ office supplies / 학(교)~ school supplies (requisites).
용하다 ① 《재주가》 (be) deft; skillful; dexterous; good 《*at*》; clever. ¶ 용하게 well; deftly. ② 《장하다》 (be) admirable; praiseworthy; wonderful. ③ 《특출》 (be) extraordinary; remarkable; eminent.
용해(溶解) melting; dissolution; solution. ~하다 melt; dissolve; liquefy. ‖ ~량 meltage / ~액 a solution / ~점 the melting point / ~제 a solvent.
용해(鎔解) smelting; fusion. ~하다 smelt; fuse. ‖ ~로(爐) a (s)melting furnace / ~성 fusibility.
용호상박(龍虎相搏) a well-matched contest; a Titanic struggle.
용화(熔化) melting; liquefaction. ~하다 melt; liquefy.
용훼(容喙) ~하다 interfere (meddle) 《*in a person's affair; with a person*》; poke (thrust) one's nose in (into) 《*a person's affair*》.
우(右) the right. ¶ ~로 봐 《구령》 Eyes right! / ~로 나란히 《구령》 Right dress! / ~향~ 《구령》 Right turn! / ~회전 금지 《게시》 No right turn.
우(優) 《평점》 B; Excellent.
우 ① 《몰려오는 꼴》 all at once; with a rush. ¶ ~ 몰려오다 rush in (to). ② 《비·바람이》 all at once; suddenly.
우각(牛角) a cow's horn; an oxhorn.
우거(寓居) a temporary abode (residence). ~하다 reside (live) temporarily; take up a temporary abode.
우거지 the outer leaves of cabbage or other vegetables.
우거지다 be (grow) thick; be overgrown with; grow luxuriant (-ly) (thickly). ¶ 우거진 잡초 rank weeds.
우거지상(一相) a frowning (wry) face; a scowl.
우겨대다 cling stubbornly 《*to one's notions*》; insist on one's own way; hold fast to; persist. ¶ 콩을 팥이라고 ~ swear black is white.
우격다짐 ¶ ~하다 resort to high-handed measures; put pressure 《*on*》; force 《*a person to do*》 / ~으로 high-handedly; forcibly; by force.
우격으로 against a person's will; forcibly; by force.
우견(愚見) 《제 의견》 my (humble) opinion (view).
우경(右傾) ~하다 turn (lean) to the right; be rightish. ‖ ~파(派) the Right Wing (Wingers).
우국(憂國) patriotism. ‖ ~지사 a patriot / ~지심 a patriotic spirit / ~충정 one's intense patriotism.
우군(友軍) friendly forces (army); an allied army.
우그러뜨리다 crush (bend) out of shape; make a dent 《*in*》; dent 《*a pail*》.
우그러지다 be crushed out of shape; be dented.
우그르르 《벌레가》 swarming; in swarms; 《물이》 simmering.
우그리다 crush; dent.
우글거리다 ① 《물이》 bubble; simmer. ② 《생물》 swarm; be crowded; be alive 《*with fish*》; teem 《*with*》.
우글우글 ① 《모인 꼴》 in swarms; alive 《*with*》. ~하다 squirm; wriggle 《*about*》; swarm. ② ☞ 우글쭈글.
우글쭈글 ¶ ~하다 (be) crumpled; rumpled; wrinkled.
우금(于今) till now; until now; up to the present.
우긋하다 (be) curved (bent) inward slightly.
우기(右記) ~의 the aforesaid; the above-mentioned.
우기(雨氣) threatening to rain; signs of rain.
우기(雨期) the rainy (wet) season.
우기다 demand one's own way;

persist《*in one's opinion*》; insist on; impose《*one's view upon*》; assert oneself. 「persistence.
우김성(一性) obstinacy; adherence;
우는소리 《불평》 a complaint; a whimper; a grievance; a tale of woes. ～하다 make complaints; complain《*of, about*》; grumble《*about, at*》; whine《*about*》.
우단(羽緞) velvet.
우당탕 with a thumping 〔bumping, clattering〕 noise; heavily. ～하다 〔거리다〕 go thud.
우대(優待) preferential 〔warm〕 treatment; 《환대》 a warm reception; hospitality. ～하다 treat《*a person*》 warmly 〔with hospitality〕; receive《*a person*》 considerately; welcome. ‖ ～권 a complimentary 〔free〕 ticket.
우두(牛痘) cowpox; vaccinia. ¶ ～를 놓다 vaccinate / ～를 맞다 take 〔undergo〕 vaccination; be vaccinated 〔inoculated〕 for smallpox.
우두둑 ① 《깨무는 소리》 crunchingly. ② 《부러지는 소리》 with a snap; snappingly. ③ 《떨어지는 소리》 with a clatter 〔patter〕; clatteringly; sprinklingly.
우두망찰하다 be disconcerted 〔confounded, confused, bewildered〕.
우두머리 《꼭대기》 the top; 《사람》 the head; the boss; the chief.
우두커니 blankly; absent-mindedly; vacantly; idly; listlessly. ¶ ～ 바라보다 look blankly《*at*》.
우둔(愚鈍) ～한 stupid; silly; dull-witted; thick-headed.
우듬지 a treetop; twigs.
우등(優等) 《등급》 the top 〔superior〕 grade; 《학업의》 excellency; superiority. ～의 excellent; superior; high-grade; first-class. ‖ ～상(賞) 《win》 an honor prize / ～생 〔졸업생〕 an honor student 〔graduate〕.
우뚝 high; aloft. ～하다 《솟은 모양》 (be) high; towering; lofty; 《뛰어남》 (be) prominent; conspicuous; distinguished; outstanding.
우라늄 〖化〗 uranium (기호 U, Ur). ‖ 천연〔농축〕 ～ natural 〔enriched〕 uranium.
우락부락하다 (be) rude; rough; rowdy; harsh; wild.
우란 ☞ 우라늄.
우랄 Ural. ¶ ～알타이어족의 Ural-Altaic. ‖ ～ 산맥 the Ural Mountains; the Urals.
우람스럽다 (be) imposing; impressive; grand; dignified.
우량(雨量) (a) rainfall; rain; precipitation. ‖ ～계 a rain gauge; a hyetometer; a pluviometer.
우량(優良) ～한 superior; excellent; highgrade; choice. ‖ ～ 도서 the best books《*of the year*》/ ～아(兒) a physically perfect child (～아 선발 대회 a baby contest 〔show〕) / ～주(株) a superior 〔blue chip〕 stock / ～품 choice 〔superior〕 goods; an excellent article.
우러나다 soak out; come off; 《차·코피 따위가》 draw; infuse《*properly*》.
우러나오다 spring 〔well〕 up; come from one's heart. ¶ 진심에서 우러나오는 감사의 말 words of thanks from the bottom of one's heart.
우러러보다 ① 《쳐다보다》 look up 《*at*》; lift 〔raise〕 the eyes. ② 《존경하다》 respect; look up《*to*》; esteem; admire.
우러르다 《쳐들다》 lift one's head up; 《존경》 look up《*to*》.
우렁이 a pond 〔mud〕 snail. ‖ 우렁잇속 inscrutableness; a complicated state of affairs; mystery.
우렁차다 (be) sonorous; resonant; resounding; roaring. ¶ 우렁찬 목소리 a ringing 〔resonant〕 voice.
우레 ☞ 천둥. ¶ ～같은 thunderous; air-splitting / ～와 같은 박수 a storm 〔thunder〕 of applause.
우레탄 〖化〗 urethane.
우려(憂慮) worry; anxiety; concern; fear; apprehensions. ～하다 worry over; be 〔feel〕 anxious about; fear; be apprehensive of. ¶ ～할 만한 serious; grave; alarming.
우려내다 wheedle 〔screw〕《*a thing out of a person*》; squeeze.
우려먹다 ☞ 우려내다.
우롱(愚弄) mockery; ridicule. ～하다 mock《*at*》; fool; ridicule.
우루과이 Uruguay. ¶ ～의 Uruguayan / ～사람 an Uruguayan.
우르르 ① 《사람이》 rushingly; in a crowd (떼를 지어). ¶ ～ 몰려오다 come swarming about. ② 《우뢰소리》 thundering; rolling; rumbling. ③ 《무너지는 소리》 clattering; 《fall》 all in a heap. ¶ 담이 ～무너지다 a wall falls down all in a heap. ④ 《물끓는 소리》 boiling up noisily.
우리¹ 《동물의》 a cage (맹수의); a pen (가축의); a fold (양 따위의).
우리² we. ～의 our; our own; my. ¶ ～에게 us / ～ 나라 our country 〔nation〕.
우리다 ① 《물에 담가서》 steep 〔soak〕 out; infuse; remove, take out (빼다). ② ☞ 우려내다.
우마(牛馬) oxen and horses. ‖ ～차 carts.
우매(愚昧) ～한 stupid; dump 《美》; silly; imbecile; ignorant.
우모(羽毛) feathers; plumes; plumage (총칭). 「gelatine.
우무 gelidium jelly; vegetable
우묵우묵하다 (be) deeply hollowed; indented here and there.
우묵하다 (be) hollow; sunken.
우문(愚問) a stupid 〔silly〕 question. ‖ ～ 우답 a silly dialog(ue) / ～ 현답 a wise answer to a silly

question.
우물 a well. ¶ ~ 안 개구리 a man of narrow outlook / ~을 쳐내다 clean a well. ‖ ~물 well-water.
우물거리다¹ 《여럿이》 squirm (wriggle about) in swarm; be alive with 《*fish*》. ¶ 벌레들이 ~ worms swarm.
우물거리다² 《씹다·말하다》 mumble.
우물우물 《여럿이》 in a swarm; 《입속에서》 mumblingly. ¶ ~ 말하다 (씹다) mumble.
우물지다 ① 《보조개가 팸》 dimple; turn on the dimples. ② 《우묵페다》 become hollow; form a hollow; sink.
우물쭈물 indecisively; hesitantly; hesitatingly. **~하다** be tardy 《*in*》; hesitate. ¶ ~하다가 기회를 놓치다 dally away one's opportunity.
우뭇가사리 〖植〗 agar-agar; Ceylon moss.
우미(優美) **~한** graceful; elegant; refined; gainly; delicate.
우민(愚民) ignorant (untaught) people. ‖ ~ 정치 mobocracy 《美》.
우박(雨雹) hail; a hailstone (한알). ¶ ~이 온다 It hails.
우발(偶發) accidental (incidental) occurrence. **~하다** happen accidentally; occur by chance. ¶ ~적(으로) accidental(ly). ‖ ~ 사건 an accident (incident) / ~ 전쟁 (an) accidental war.
우방(友邦) a friendly nation; an ally(맹방).
우범(虞犯) ‖ ~ 소년 a juvenile with criminal bent / ~ 지대 a crime-ridden district.
우비(雨備) rain-gear; rain things; a raincoat(비옷).
우비다 scoop (gouge) out; bore 《*a hole*》; 《귀 등을》 pick 《*one's ear*》.
우비적거리다 scoop (gouge, bore) repeatedly; keep picking (poking).
우산(雨傘) an umbrella. ¶ ~ 쓰다 put up (raise) an umbrella. ‖ ~살 umbrella ribs.
우상(羽狀) **~의** pinnate(d).
우상(偶像) an idol. ¶ ~화하다 idolize. ‖ ~ 숭배 idol worship; idolatry / ~ 파괴 iconoclasm.
우생(優生) **~의** eugenic. ‖ ~ 결혼 a eugenic marriage / ~학 eugenics (~학자 a eugenist).
우선(于先) ① 《첫째로》 first (of all); in the first place. ② 《좌우간》 anyway.
우선(優先) preference; priority; precedence. **~하다** take precedence 《*of, over*》; be prior 《*to*》. ¶ ~의 preferential; prior / ~적으로 preferentially; on the preferential basis; with priority to. ‖ ~권(權) a preference; a priority; the first claim(채권자의); pre-emption(선매(先買)권) / ~ 배당 preference (preferred) dividends / ~ 순위 a priority order; the order of priority / ~주 preferred (preferential) shares.
우성(優性) a dominant (character); dominance. **~의** dominant. ‖ ~ 유전 prepotency / ~형질 a dominant character.
우세 ¶ ~하다 be laughed at; be put to shame; be humiliated / ~스럽다 be shameful (humiliating).
우세(郵稅) postage.
우세(優勢) superiority; (pre)dominance; 《다수》 superiority in number. **~한** superior; predominant. ¶ ~를 차지하다 prevail over (against); predominate over / ~를 보이다 show a preponderance / ~를 유지하다 dominate; lead; outnumber (숫적) / ~해지다 gain in power (influence); gain ground (의견 등이).
우송(郵送) **~하다** post; mail; send by post (mail). ‖ ~료 postage.
우수(右手) the right hand.
우수(偶數) ☞ 짝수.
우수(憂愁) melancholy; gloom.
우수(優秀) **~한** good; excellent; superior. ¶ ~한 학생 an able student / ~한 성적으로 with excellent results; with hono(u)rs. ‖ ~성 excellence.
우수리 ① 《줄 거스름돈》 (the odd) change. ¶ ~를 내주다 (받다) give (back) (get) the change. ② 《끝수》 an odd sum; a fraction. ¶ ~를 버리다 omit fractions.
우수수 falling; rustling. **~하다** rustle. ¶ ~ 떨어지다 fall in great masses; rustle down.
우스개 jocularity; drollery. ‖ 우스갯소리 a joke; a jest / 우스갯짓 (a bit of) clowning.
우스꽝스럽다 (be) funny; ridiculous; laughable; comical.
우스터소스 Worcester sauce.
우습게보다(여기다) ① 《경멸》 despise; scorn; look down upon; hold 《*a person*》 cheap. ② 《경시》 make light of; hold 《*a thing*》 in light esteem; neglect; slight.
우습다 ① 《재미있다》 (be) funny; amusing; 《가소롭다》 (be) laughable; ridiculous; absurd; 《익살맞다》 (be) comic. ② 《하찮다》 (be) trifling; trivial; small; 《쉽다》 (be) easy. ③ 《기이하다》 (be) strange; unusual; queer; funny.
우승(優勝) 《승리》 victory; 《선수권》 championship. **~하다** win the victory (the championship, the pennant); come off victorious. ‖ ~기 a championship flag; a pennant / ~자 a (championship) winner / ~컵 a championship cup; a trophy cup / ~팀 a championship (winning) team / ~ 후보 a likely (probable) winner; a hopeful.
우승열패(優勝劣敗) The weakest

goes to the wall.
우시장(牛市場) a cattle fair [market].
우심하다(尤甚—) (be) extreme; excessive; severe(추위 등이); heavy (손해 등이).
우아(優雅) elegance. ～한 elegant; refined; graceful. ¶몸가짐이 ～하다 have a graceful carriage.
우악(愚惡) ～스러운[한] uneducated and crude; (harsh and) wild; rough; rude; violent.
우안(右岸) the right bank 《*of a river*》.
우애(友愛) brotherly [sisterly] affection; fraternal love. ‖ ～결혼 a companionate marriage.
우어 《워》 Whoa!
우엉 〖植〗 a burdock.
우여곡절(迂餘曲折) 《굴곡》 windings; zigzags; 《파란》 complications; ups and downs. ¶～ 끝에 after much meandering; after many twists and turns.
우연(偶然) (a singular) chance; accident. ～한 casual; accidental; incidental. ¶～히 accidentally; casually; incidentally; by accident; by chance / ～의 일치(一致) a (strange) coincidence. ‖～론 accidentalism.
우열(優劣) superiority and [or] inferiority; merits and [or] demerits. ¶～을 다투다 vie [strive] for superiority.
우왕좌왕(右往左往) ～하다 《혼란》 run [move] about in (utter) confusion; run pell-mell.
우울(憂鬱) melancholy; low spirits; gloominess. ～한 melancholy; dejected; low-spirited; gloomy. ¶～해지다 be seized with melancholia; feel gloomy. ‖～증 melancholia; hypochondria.
우월(優越) superiority. ～한 superior; supreme; predominating. ‖～감 superiority complex (～감을 갖다 have a sense of one's own superiority 《*to a person*》).
우위(優位) predominance; a predominant position; superiority. ¶～에 서다 be [stand] at advantage 《*over*》.
우유(牛乳) (cow's) milk. ¶상한 ～ sour milk / ～로 기르다 feed 《*a baby*》 on cow's milk; bring up on the bottle / ～를 짜다 milk a cow. ‖ ～ 가게 a milk shop / ～ 장수 [배달꾼] a milkman.
우유부단(優柔不斷) ～한 indecisive; irresolute; dilatory; shilly-shally. ¶～한 사람 a waverer; a shilly-shallyer.
우육(牛肉) beef.
우의(友誼) friendship; fellowship; friendly relations. ¶～를 돈독하게 하다 promote friendship 《*between*》.
우의(雨衣) a raincoat.
우이(牛耳) ¶～잡다 take the lead 《*in*》; be the leader 《*of*》. ‖～독경 [송경] "preaching to deaf ears".
우익(右翼) ① 《열》 the right wing [flank, column]. ② 〖蹴〗 the right wing; 〖野〗 the right field. ‖ ～수 a right fielder. ③ 《정당》 the Rightists; the Right Wing. ‖ ～단체 a right-wing organization / ～ 운동 a Rightist movement.
우자(愚者) a fool; a dunce.
우장(雨裝) a raincoat. ☞ 우비.
우정(友情) friendship; fellowship; friendly feelings [spirit]. ¶～있는 amicable; friendly / ～을 맺다 contract friendship with 《*a person*》.
우정(郵政) postal service [administration].
우주(宇宙) the universe; the cosmos; (outer) space. ～의 universal; cosmic. ‖ ～개발경쟁 a space race / ～개발 계획 a space development project / ～ 공항 a spaceport / ～과학자 a space scientist / ～복 a space suit / ～선(線) the cosmic rays / ～선 a space ship / ～ 여행[비행] space travel [flight] / ～인[비행사] a spaceman; an astronaut / ～학 cosmology / ～ 협정 a space agreement.
우죽 twigs; sprigs; upper branches.
우중(雨中) ¶～에 in the rain / ～에도 불구하고 in spite of the rain.
우중충하다 (be) gloomy; somber; dull; dusky; dim.
우지 a crybaby.
우지(牛脂) (beef) tallow; suet.
우지끈 with a crack [crash]. ～거리다 crack; snap.
우직(愚直) ～한 simple (and honest).
우짖다 scream; chirp(새가).
우쭉우쭉 ¶～ 걷다 walk with an up-and-down movement of the body / ～ 자라다 grow rapidly.
우쭐거리다 swagger; hold one's head high; be elated.
우쭐하다 become conceited; be puffed up 《*with success*》.
우차(牛車) an ox cart.
우천(雨天) rainy [wet] weather (날씨); a rainy [wet] day(날). ‖ ～순연(順延) "To be postponed till the first fine day in case of rain."
우체(郵遞) ‖ ～국 a post office(～국장 a postmaster / ～국원 a post-office clerk) / ～부 ☞ 우편 집배원 / ～통 a post; a mailbox 《美》; a pillar box 《英》.
우측(右側) the right side. ‖ ～통행 "Keep to the right."
우툴두툴하다 (be) uneven; rugged; rough.
우파(右派) the right wing [wingers]; the Rightists. ‖ ～ 사회당 a rightwing Socialist Party.
우편(右便) the right (side).
우편(郵便) post; mail 《美》; the mail service. ¶～으로 보내다 send by post [mail]. ‖ ～낭 a mail bag / ～번호 a zip code (number)《美》; a postal [a post] code 《英》 / ～사

서함(函) a post-office box (생략 P.O.B.) / ~요금 postage; postal charges / ~ 집배원 a mailman 《美》; a postman 《英》 / ~함(函) a letter box / 외국〔국내〕 ~ foreign 〔domestic〕 mail.
우편물(郵便物) postal 〔mail〕 matter. ‖ 제일종 ~ first-class mail matter.
우편환(郵便換) a postal money order (생략 P.M.O.) 《美》; a post-office order (생략 P.O.O.) 《英》.
우표(郵票) a stamp; a postage stamp. ‖ ~수집 stamp collection (~ 수집가 a stamp collector; a philatelist / ~ 수집열 the stamp craze).
우피(牛皮) oxhide; cowhide.
우향(右向) ¶ ~ 우(右) 《구령》 Right turn 〔face〕! / ~ 앞으로 가 《구령》 Right wheel!
우현(右舷) 〖海〗 starboard.
우호(友好) comity; friendship. ~적 friendly; amicable. ‖ ~ 관계(關係) friendly relations / ~조약 a treaty of friendship 〔amity〕 / ~ 협력 조약 a friendship-cooperation treaty.
우화(寓話) a fable; an apologue; an allegory. ‖ ~ 작가 a fable writer; a fabulist.
우환(憂患) 《병》 illness; 《근심》 troubles; cares; worry; 《불행》 a calamity. ¶ 집안에 ~이 있어서 owing to illness in one's family.
우황(牛黃) ox bezoar.
우회(迂回) ~하다 take a roundabout way; make a detour; go round. ‖ ~로(路) a roundabout way 〔route〕.
우회전(右回轉) ~하다 turn to(ward) the right. ‖ ~ 금지 《교통표지》 No right-turn.
우후(雨後) after a rainfall. ¶ ~ 죽순처럼 나오다 spring up like (so many) mushrooms after rain.
욱기(―氣) hot temper.
욱다 ① 《굽다》 be dented; get bent in; turn in. ② 《기운이》 be daunted 《by》.
욱대기다 ① 《위협》 scare; intimidate; browbeat; huff 《*a person into doing*》. ② ☞ 우기다.
욱시글득시글 in swarms. ~하다 swarm; be crowded.
욱신거리다 《쑤시다》 tingle; smart; throb with pain.
욱이다 dent; batter 〔bend, turn〕 《*a thing*》 in.
욱적거리다 bustle; jostle.
욱하다 flare up; get impetuous.
운(運) fortune; luck; 《운명》 fate; destiny; 《기회》 chance. ¶ ~(이)좋은 lucky; fortunate / ~ 나쁜 unlucky; unfortunate / ~ 좋게 fortunately; luckily; by good fortune 〔luck〕 / ~ 나쁘게 unluckily; unfortunately; by ill luck / ~이 좋으면 if fortune smiles upon me / ~이 좋아 …하다 be lucky enough to; have the good fortune to 《*do*》 / ~이 다하다 one's luck runs out / ~이 트이다 be in luck's way / ~에 맡기다 leave 《*a matter*》 to chance.
운(韻) a rhyme; a rime 《美》. ¶ ~을 맞추다 rhyme.
운니(雲泥) ¶ ~의 차가 있다 There is a great 〔marked, radical〕 difference 《*between*》; differ *toto caelo* 《*from*》.
운동(運動) ① 《물체 등의》 motion; movement. ~하다 move; be in motion. ¶ ~의 법칙 laws of motion. ‖ ~량 momentum. ② 《몸의》 (physical) exercise; 《경기》 sports; athletics; games; 《체조》 gymnastics. ~하다 (take) exercise. ‖ ~가 〔선수〕 an athlete; a sportsman / ~ 경기 athletic sports / ~구 sporting 〔sport, athletic〕 goods / ~복 a sporting uniform 〔suit〕 / ~ 부족 underexercise / ~ 신경 a motor nerve / ~장 a playground; an athletic field (경기장) / ~화 sports shoes; sneakers (고무바닥) 《美》/ ~회 an athletic meet / 실내 ~ indoor games / 옥외 〔야외〕 ~ outdoor 〔field〕 sports. ③ 《노력·알선》 an effort; 《집단적》 a movement; a campaign; an agitation; a drive; 《의회에서의》 lobbying. ~하다 make an effort; conduct a campaign; lobby 《*for a bill*》. ¶ 취직 ~을 하다 pull strings to get a position. ‖ ~원 a campaigner; a canvasser (선거의) / 노동〔정치, 학생〕 ~ a labo(u)r 〔political, student〕 movement / 모금 ~ a fund-raising campaign.
운두 ¶ ~가 높은〔낮은〕 신 a high-〔low-〕cut shoes.
운명(運命) fate; destiny; fortune; one's lot; kismet. ¶ ~의 장난 a whim 〔an irony〕 of life / ~의 총아 a child of fortune; a fortune's favo(u)rite / …과 ~을 같이하다 share one's fortune with; throw in one's lot with / ~에 맡기다 leave 〔abandon〕 《*a person, oneself, a thing*》 to fate. ‖ ~론 fatalism.
운명(殞命) ~하다 die; expire.
운모(雲母) 〖鑛〗 mica. ‖ 백~ muscovite / 흑~ biotite.
운무(雲霧) cloud and mist (fog).
운문(韻文) verse; poetry, a poem.
운반(運搬) conveyance; transportation; carriage. ~하다 carry; convey; transport. ‖ ~비 carriage; portage / ~인 a carrier; a porter (인부).
운산(運算) operation; calculation. ~하다 operate; work; calculate; figure out.
운석(隕石) a meteorite; a meteoric stone.
운송(運送) conveyance; transport;

transportation; forwarding. ~하다 carry; transport; convey; forward. ‖ ~료 carriage; freight (rate); forwarding charges / ~비(費) cost of transport; shipping expenses (선편의) / ~업 the carrying trade (~업자 a carrier; a forwarding agent / ~점(店) a forwarding business / 해상 〔육상〕 ~ transportation by sea 〔land〕.

운수(運數) one's star; luck; fortune; chance (☞ 운(運)). ¶ ~가 좋은 〔나쁜〕 lucky 〔unlucky〕; fortunate 〔unfortunate〕.

운수(運輸) traffic (service); transport(ation); conveyance(☞ 운송). ‖ ~ 노조(勞組) the Traffic Service Workers Union / ~(사)업 the transportation business.

운신(運身) ¶ ~도 못 하다 cannot budge 〔move, stir〕.

운영(運營) management; operation; administration. ~하다 manage; run; operate; administer. ¶ 호텔을 ~하다 run a hotel. ‖ ~비 〔자금〕 working 〔operating〕 expenses 〔funds〕 / ~ 위원회 a steering committee.

운용(運用) application; working; employment. ~하다 apply; employ; use; make use of. ‖ ~자본 working capital.

운운(云云) so and so; and so on 〔forth〕; et cetera (생략 etc). ~하다 speak about; criticize (비평).

운율(韻律) a rhythm; a meter. ¶ ~에 맞다 be 〔sound〕 rhythmical.

운임(運賃) 《화물의》 goods rates 《英》; freight (rates) 《美》; 《여객의》 fare; 《송료》 carriage (charges); 《해운비》 shipping expenses; 《운반비》 portage; cartage. ¶ ~을 환불해 주다 refund the fare. ‖ ~표 a tariff; a freight list; a fare table (여객의) / 여객 ~ passenger fares; passage money / 초과 ~ an excess fare / 편도 〔왕복〕 ~ a single 〔return〕 fare.

운전(運轉) working; operation; motion; revolution (회전); running(차량); driving (자동차); traffic (service) (수송업무 따위); employment (운용). ~하다 work; operate; put 〔set〕 in motion; run; drive; manage; employ (운용). ¶ 자동차를 ~하다 drive a car. ‖ ~계통《전차의》 a route; the operation system / ~(기)사 an operator(기계의); a chauffeur (자가용 자동차); a driver (기타의 자동차); a motorman (전차) / ~대 a driver's seat; a driver's cab (트럭의); a motormans' cab (전차의) / ~면허(증) a driver's license / ~ 자본 working funds 〔capital〕.

운지법(運指法) 〖樂〗 fingering.

운집(雲集) ~하다 swarm; crowd; throng 《*a place*》; flock.

운철(隕鐵) 〖鑛〗 meteoric iron.

운치(韻致) taste; elegance; refinement. ¶ ~있는 tasteful; elegant.

운필(運筆) strokes of the brush; the use of the brush (법).

운하(運河) a canal; a waterway. ¶ ~를 파다 dig 〔build〕 a canal. ‖ ~통과료(料) canal tolls / 파나마 〔수에즈〕 ~ the Panama 〔Suez〕 Canal.

운항(運航) navigation; operation; a shipping service (선박의); an airline service (항공기의). ~하다 operate; run; ply 《*between, from …to*》.

운행(運行) 《천체의》 revolution; movement; 《차량의》 running; operation; service. ~하다 revolve; go 〔move〕 round 《*the sun*》; operate; run. ‖ ~ 정지 the suspension of operation 《*for 5 days*》.

운휴(運休) suspension 〔stoppage〕 of the 《*bus*》 service.

울 《울타리》 an enclosure; a fence. ¶ ~을 치다 fence 〔rail, rope〕 off; enclose; wall.

울가망하다 feel ill at ease; be anxious 《*about*》.

울걱거리다 wash 《*water*》 around in one's mouth; gargle.

울근불근하다 be at odds 《*with*》; be in discord 《*with*》; be on bad terms 《*with*》.

울긋불긋하다 (be) colo(u)rful; multicolored.

울다 ① 《사람이》 weep; cry (소리 지르며); sob (훌쩍훌쩍); wail (통곡); blubber (엉엉하고); shed tears (눈물 흘리며). ¶ 아파서 ~ cry with pain / 비보에 접하여 ~ weep at sad news / 마음속으로 ~ weep at heart / 울며 세월을 보내다 spend one's days in tears; live in sorrow. ② 《동물이》 cry; howl (짖다); bark (개가); mew, purr (고양이); bellow, low (소); neigh, whinny (말); bleat (양, 염소); howl (늑대); roar (범, 사자); trumpet (코끼리); croak (개구리); chirp, sing, twitter (벌레, 새); caw (까마귀); crow (수탉); cluck (암탉); quack (오리); hoot (부엉이); cuckoo (뻐꾹새); coo (비둘기); chirr, chirrup (귀뚜라미). ③ 《종 따위》 sound; ring. ④ 《귀가》 sing; ring; have a ringing 《*in one's ears*》. ⑤ 《옷·장판 따위가》 get wrinkled; pucker; cockle.

울대[1] 《울타리의》 a fence stake; a picket.

울대[2] 《조류의》 the syrinx (of a bird).

울렁거리다 《가슴》 feel one's heart leaping; go pit-a-pat; palpitate; get nervous; 《메슥거림》 feel sick 〔nausea〕; 《물결이》 roll; surge.

울리다 ① 《울게 하다》 make 《*a person*》 cry; move 〔touch〕 《*a person*》 to tears (감루); 《슬프게 하다》 grieve; bring sorrow upon 《*a person*》. ¶ 심금을 울리는 이야기 a touching 〔pathetic, moving〕 sto-

ry / 아이를 ~ set a child crying; start a child to cry. ② 《소리를 내다》 ring; sound; clang (땡그랑 땡그랑); blow(기적); beat(북). ¶ 경적을 ~ sound the horn. ③ 《들리다》 sound; ring 《*out, forth*》; 《반향하다》 resound; echo; reverberate; be echoed; 《산·땅이》 rumble. ④ 《떨치다》 ring; resound 《*through the world*》. ¶ 명성이 전국에 ~ win nation-wide fame.
울림 《음향》 a sound; a noise; 《진동》 a vibration; 《반향》 an echo; 《굉음》 a roar; a boom (포성의); a peal (천둥따위).
울바자 a marsh-reed screen used for fence.
울보 a crybaby; a blubberer.
울부짖다 scream; howl; wail.
울분(鬱憤) resentment; ranco(u)r; wrath; (pent-up) anger. ¶ ~을 풀다 wreak one's wrath on 《*a person*》; let off steam / ~을 참다 control one's anger.
울상(一相) a face about to cry. ¶ ~을 하다 〔짓다〕 wear a tearful face; be ready 〔going〕 to cry.
울새 〖鳥〗 a robin; a redbreast.
울숙불숙 toweringly 〔ruggedly〕 here and there; soaringly at different quarters.
울음 crying; weeping; lamenting. ¶ ~을 터뜨리다 burst out crying / ~을 참다 repress 〔gulp down〕 one's tears.
울음소리 a cry; a tearful voice.
울적(鬱寂) ~한 unhappy; dejected; gloomy; melancholy. ¶ ~한 기분으로 with a heavy heart.
울짱 《put up》 a palisade 〔picket (fence)〕.
울창(鬱蒼) 《무성》 ~한 〔하게〕 thick (-ly); dense(ly); luxuriant(ly).
울타리 a fence; a hedge (생울타리); a hurdle(엮은 것); railing (목책).
울퉁불퉁하다 (be) rugged; uneven; rough. ¶ 울퉁불퉁한 길 a rough 〔bumpy〕 road.
울혈(鬱血) blood congestion.
울화(鬱火) pent-up resentment 〔anger〕; wrath. ¶ ~가 치밀다 feel the surge of anger 〔resentment〕 / ~통이 터져서 provoked beyond endurance. ‖ ~병 a disease caused by pent-up rage.
움¹ 《싹》 sprouts; shoots; buds. ¶ ~이 돋다 〔트다〕 bud; sprout; put forth shoots.
움² 《땅속광》 a dugout mud hole 〔cellar〕; a pit; a grave 《英》. ~묻다 make a pit (움을 만들다).
움딸 the second wife of one's former son-in-law.
움막(一幕) a dugout (mud hut). ‖ ~살이 life in a dugout.
움실거리다 swarm; squirm in a swarm.
움쑥하다 (be) hollow.
움씰하다 draw back; shrink (up); quail 《*before, at*》; flinch; wince.
움죽거리다 move; stir.
움직이다 ① 《변동하다·변경시키다》 move; remove; change (the position of); shift. ¶ 움직일 수 없는 unchangeable; indisputable 《*fact*》; undeniable 《*truth*》. ② 《이동하다》 move; stir; shift; get about; 《기계 등이》 work; operate; run; go; 《동요》 shake; swing. ¶ 움직이고 있다 be in motion; be moving. ③ 《감동·자극》 move; touch one's heart; inspire; influence. ¶ 청중을 ~ move 〔touch〕 the audience. ④ 《좌우·영향》 be influenced; be affected. ¶ 감정에 ~ be swayed by sentiment / 돈에 ~ be influenced by gold. ⑤ 《운전》 put 〔set〕 in motion; drive; operate(조작). ¶ 기계를 ~ set a machine in motion; operate a machine.
움직임 movement; motion; 《동향》 trend; drift.
움집 a dugout (mud hut).
움츠러들다 shrink; draw in; 《몸이》 be curled 〔huddled〕 up; 《두려워서》 cower; quail 《*at, before*》.
움츠러뜨리다 draw in; make 《*a person*》 shrink up; contract.
움츠리다 shrink 《*from*》; hang back; recoil; crouch; cower. ¶ 목을 ~ pull in one's head / 몸을 ~ huddle oneself up.
움켜잡다 take hold of; clutch; grab 《*at*》; snatch up; grasp; seize.
움켜쥐다 hold 《*a thing*》 tight in one's hand; seize; grab; grasp; clutch.
움큼 a handful 《*of sand*》; a fistful.
움키다 seize; grasp; grab.
움파다 dig; cave 《*a rock*》.
움패다 become hollow 〔depressed〕.
움펑눈 deep-set 〔sunken〕 eyes. ‖ ~이 a person with sunken eyes; a hollow-eyed person.
움푹하다 (be) sunken; hollow.
웃기다 provoke laughter; make 《*a person*》 laugh; amuse 《*a person*》; 《우습다》 be ridiculous 〔absurd〕. ¶ 웃기지 말라 Don't make me laugh!
웃녘 the upper side 〔part〕.
웃니 the upper teeth.
웃다 ① laugh (소리내어); smile (빙긋빙긋); chuckle (껄껄댐). ¶ 웃으면서 with a laugh 〔smile〕 / 하하 〔허허〕 ~ haw-haw; ha-ha / 킥킥 ~ scream with laughter / 웃지 않을 수 없다 cannot help laughing / 웃어넘기다 laugh 《*a matter*》 off 〔away〕. ② 《비웃다》 ridicule; deride; jeer 〔sneer〕 at; laugh at. ¶ 웃을 만한 laughable; ridiculous.
웃더껑이 scum; film; cream(우유의).
웃도리 《웃옷》 a jacket. the upper part of the body;
웃돈 an extra; additional money; part payment; a premium.
웃돌다 exceed; be more than; be

over [above]. ¶ 평년작을 ~ exceed the average crop.
웃목 the place on the floor away from the fireplace.
웃물 《상류》 the upper stream; 《국물의》 the upper, clear part of liquor [broth].
웃옷 a jacket; a coat; an upper garment.
웃음 a laugh; laughter; 《미소》 a smile; 《조소》 a derision; a ridicule; a sneer. ¶ ~을 띄우고 with a smile / ~을 터뜨리다 burst [break] into laughter / ~을 사다 incur [court] laughter; be laughed at / ~을 참다 swallow a laugh; repress a smile. ‖ ~ 소리 (a peal of) laughter.
웃음거리 a laughingstock; an object of ridicule. ¶ ~가 되다 become the butt of ridicule.
웃자리 《높은 지위》 a high [superior] rank; 《상좌》 the top seat; the seat of hono(u)r.
웃통 the body to the waist; the upper part 《*of a thing*》. ¶ ~을 벗다 strip to the waist; take off one's coat.
웅거(雄據) ~하다 hold and defend one's own territory; hold one's own ground.
웅그리다 crouch; squat down.
웅긋쭝긋하다 (be) sticking up in points; pricking up.
웅기중기 ☞ 옹기종기.
웅담(熊膽) bear('s) gall.
웅대(雄大) ~한 grand; majestic; magnificent. ¶ ~한 구상 a grand conception.
웅덩이 a pool; a puddle.
웅도(雄圖) an ambitious enterprise; one's ambition.
웅변(雄辯) eloquence; fluency. ~의 eloquent. ¶ ~을 토하다 speak with (great) eloquence. ‖ ~가 an eloquent speaker; a public speaker of great power / ~ 대회 an oratorical contest / ~술 elocution; oratory.
웅보(雄一) greatness of mind.
웅비(雄飛) ~하다 cut a splendid figure; play an active part 《*in*》; go abroad with a great ambition (해외로).
웅성거리다 be noisy [astir]; be in commotion.
웅숭그리다 crouch; squat down.
웅숭깊다 (be) deep; profound; inscrutable; broad(minded).
웅얼거리다 mutter; murmur.
웅자(雄姿) a gallant [majestic] figure; a splendid style; an imposing appearance.
웅장(雄壯) ~한 grand; magnificent; sublime; majestic. ¶ ~한 건물 a stately building.
웅크리다 crouch; squat down; huddle [curl] oneself up.
웅편(雄篇) a masterpiece; a great work; a ***magnum opus*** 《라》.
워낙 originally; naturally; really (실은); from the first (처음부터); so (무척); too (너무).
워리 Here doggy [boy]!
워밍업 warm(ing)-up. ~하다 warm up.
워석워석 rustling.
워크북 a workbook.
워크숍 a workshop.
워키토키 a walkie-talkie.
워터 《물》 water. ‖ ~ 슈트 a water chute / ~ 탱크 a water tank.
원(員) 《지방관》 a magistrate; a local governor.
원(圓) a circle. ‖ ~운동 circular motion.
원(願) 《소원》 desire; wish; 《요청》 a request; 《간원》 an entreaty; a solicitation. ¶ 평생의 ~ the wish of a lifetime.
원 《화폐 단위》 ***won*** (생략 ₩).
원…(元·原) 《원래의》 original; 《전의》 former; ex-.
원가(原價) (the prime) cost. ¶ ~로 [이하로] 팔다 sell at [below] cost. ‖ ~ 계산 cost accounting; costing / 생산 ~ cost of production.
원거리(遠距離) a long [great] distance; a long range. ¶ ~에 at a long distance.
원격(遠隔) 《멂》 ~한 distant 《*from*》; far-off; remote. ‖ ~ 조작 [조종] remote control / ~ 측정 telemetering.
원경(遠景) a distant view; a perspective.
원고(原告) an accuser; a plaintiff.
원고(原稿) a manuscript(생략 MS., *pl.* MSS.); a copy(인쇄의). ‖ ~료 payment for copy; copy money / ~(용)지 copy [manuscript] paper; a writing pad (한 권의) / 강연 ~ the script for a lecture.
원광(原鑛) a raw ore; an ore.
원광(圓光) a halo; a nimbus.
원교(遠郊) outlying suburbs.
원군(援軍) reinforcements; a relief. ¶ ~을 보내주다 send reinforcement(s) 《*to*》; reinforce.
원근(遠近) ~의 [에] far and near. ‖ ~법(法) perspective (representation).
원금(元金) the principal (이자에 대한); the capital(자본).
원급(原級) 〖文〗 the positive degree; 《원래의 급》 the original class.
원기(元氣) vigo(u)r; energy; spirits; vitality. ¶ ~ 왕성한 vigorous; energetic; hale and hearty (노인이). ‖ ~ 부족 lack of vigor.
원기둥(圓一) ☞ 원주(圓柱).
원내(院內) 《국회》 ~의[에서] inside the House [National Assembly]. ‖ ~ 총무 the floor leader 《美》; the (party) whip 《英》.
원년(元年) the first year.
원단(元旦) (the) New Year's Day.
원당(原糖) raw sugar.
원대(原隊) one's (home) unit. ¶ ~

복귀하다 return to one's unit.
원대(遠大) ~한 great; far-reaching; far-sighted; ambitious; grand. ¶ ~한 계획 a far-seeing scheme.
원도(原圖) the original drawing.
원동(原動) a motive for action. ‖ ~기 a motor; a prime mover.
원동력(原動力) motive (generative) power; driving force (추진력). ¶활동의 ~ the mainspring of activity.
원두막(園頭幕) a lookout (shed) for a melon field.
원둘레(圓—) ☞ 원주(圓周).
원래(元來·原來) 《본래》 originally; primarily; 《생래》 naturally; by nature; 《본질적으로》 essentially; 《사실은》 really; properly speaking; 《처음부터》 from the first.
원로(元老) an elder statesman (정계의); an old-timer in business circles (실업계의). ¶문단의 ~ the doyen of the writers.
원로(遠路) a long road (way, distance, journey). ¶~의 여행 a long journey.
원론(原論) a theory; the principles 《of》. ‖경제학 ~ the principles of economics.
원료(原料) (raw) material(s).
원리(元利) principal and interest. ‖~금 the amount with interest added (합계).
원리(原理) a principle; a theory. ‖근본 ~ the underlying (fundamental) principle.
원만(圓滿) 《조화》 harmony; peace; 《원활》 smoothness; 《완전》 perfection. ~한 amicable; satisfactory; harmonious; peaceful; smooth; well-rounded. ¶ ~히 harmoniously; peacefully; in harmony; amicably; satisfactorily / ~한 가정 a happy home / ~한 인격 all-round character / ~한 해결 an amicable settlement / ~치 못하다 be at odds 《*with*》.
원망(怨望) grudge; resentment; a bitter feeling; spite; hatred (증오); ill feeling (악의). ~하다 resent; reproach; bear (cherish, nurse) 《*a person*》 a grudge; have a grudge (ranco(u)r) against 《*a person*》. ¶ ~스러운 reproachful; hateful; regrettable (유감) / ~스럽게 (스러운 듯이) reproachfully; resentfully; with a reproachful look (표정이) / 하늘을 ~하다 curse Heaven.
원망(願望) a desire; a wish.
원맨쇼 a one-man (solo) show.
원면(原綿) raw cotton.
원명(原名) an original name; a real name.
원모(原毛) raw wool.
원목(原木) (material) wood; log; lumber; pulpwood (제지의).
원무(圓舞) a round (circle) dance; a waltz. ‖ ~곡 〖樂〗 a waltz.
원문(原文) 《본문》 the text; 《원서》 the original. ¶(번역이) ~에 충실하다 closely follow the original.
원반(圓盤) a disk; a discus (투원반용의). ‖ ~던지기 the discus throw.
원방(遠方) a distance; a distant place. ¶ ~의 distant; far-away far-off.
원병(援兵) reinforcement(s). ☞ 원군.
원본(原本) the original (work); the original copy (document, text); 〖法〗 the script (copy에 대해서).
원부(怨府) ¶ ~가 되다 become an object (the focus) of common hatred.
원부(原簿) 〖簿〗 a ledger; the original register.
원불교(圓佛敎) Won Buddhism, one of the nation's influenced indigenous religions.
원뿔(圓—) ☞ 원추.
원사(寃死) ~하다 die under a false accusation.
원사이드게임 a one-sided game.
원산물(原産物) a primary product.
원산지(原産地) the place (country) of origin; the home; the habitat (동식물의). ‖ ~ 증명(서) a certificate of origin.
원상(原狀) the original state; the former condition. ¶ ~으로 복구(회복)되다 be restored to the status quo.
원색(原色) a primary (fundamental) colo(u)r. ‖ ~사진 a heliochrome; a color picture / ~판 a heliotype / 3~ three primary colors.
원생(原生) ~의 primary; primeval. ‖ ~ 동물 a protozoan [*pl.* -zoa] / ~림(林) a virgin (primeval) forest / ~ 식물 a protophyte [*pl.* -phyta].
원서(原書) the original (work). ¶ ~로 읽다 read 《*Byron*》 in the original.
원서(願書) an (a written) application; 《용지》 an application blank (form). ¶ ~를 내다 send (hand) in an application.
원석(原石) 《보석의》 rough (stone); gemstone; 《원광》 a raw ore. ¶다이아몬드 ~ a rough diamond.
원성(怨聲) a complaint; a murmur.
원소(元素) 〖化〗 an element. ‖ ~기호 a symbol of a chemical element / ~ 주기율 the periodic law of the element.
원수(元首) a sovereign; a ruler; the chief of state.
원수(元帥) a five-star general 《美口》; 《육군》 a general of the army 《美》; a field marshal 《英》; 《해군》 a fleet admiral 《美》; an admiral of the fleet 《英》; 《공군》 a general of the air force 《美》; a marshal of the royal air force 《英》.
원수(怨讐) an enemy; a foe. ¶ ~지간 mutual enemies / ~를 갚다 revenge oneself upon 《*a person*》

for 《*one's brother's murder*》/ 은혜를 ~로써 갚다 return evil for good.
원수(員數) the number.
원수폭(原水爆) atomic and hydrogen bombs; A- and H-bombs.
원숙(圓熟) ~하다 (be) mature; perfect; mellow. ¶ ~해지다 grow ripe; mature; come to perfection (maturity).
원숭이 a monkey; an ape (꼬리 없는).
원시(原始) genesis; origin. ~적(인) primitive; primeval. ‖ ~림 a virgin (primeval) forest / ~ 시대 the primitive age / ~인(人) the primitive man.
원시(遠視) long sight; farsightedness; hyper(metr)opia; 《눈》 a hyperopic (farsighted) eye. ‖ ~경 glasses for the farsighted; (a pair of) convex glasses.
원심(原審) the original judg(e)ment (decision). ¶ ~을 파기하다 reverse the original decision.
원심(圓心) the center (of a circle).
원심력(遠心力) 〖理〗 the centrifugal force.
원아(園兒) kindergarten children.
원안(原案) the original bill (plan, draft).
원앙(鴛鴦) 〖鳥〗 a mandarin duck. ¶ 한 쌍의 ~ a couple of lovebirds. ‖ ~금(을 나누다) (share) the marriage bed.
원액(元額·原額) the original sum (amount).
원액(原液) an undiluted solution.
원양(遠洋) an ocean; a deep sea. ‖ ~ 어선 a pelagic-fishing vessel / ~ 어업(漁業) a deep-sea fishery / ~ 항로 (항해) an ocean line (voyage).
원어(原語) the original language (word).
원영(遠泳) a long-distance swim.
원예(園藝) gardening; horticulture (원예술). ‖ ~가(家) a gardner; a horticulturist / ~ 식물 a garden plant / ~ 학교 a horticultural school.
원외(員外) ~의 supernumerary. ‖ ~자 a nonmember.
원외(院外) ~의 outside the House (National Assembly); nonparliamentary. ‖ ~ 투쟁 an out-of-the-National Assembly struggle.
원용(援用) ~하다 《조문을》 invoke 《*a clause*》.
원유(原油) crude oil (petroleum). ‖ ~ 가격 the price of crude oil / ~생산국 a producer of crude oil.
원유회(園遊會) a garden party.
원음(原音) 《글자의》 the original sound 《*of a character*》; 〖樂·理〗 fundamental tones.
원의(原意) the original intention.
원의(原義) the original (primary) meaning.
원의(院議) a decision of the House (National Assembly).
원인(原因) the origin; the cause. ¶ ~과 결과 cause and effect; causality / ~ 불명의 of unknown origin / …에 그 ~이 있다 orginate in; result from; be caused by / ~을 따지다 (규명하다) trace 《*a thing*》 to 《*its*》 origin. ‖ 간접 (직접) ~ mediate (immediate) cause.
원인(遠因) a remote cause.
원인(願人) an applicant (지원자); a petitioner (청원자).
원일점(遠日點) 〖天〗 the aphelion; the higher apsis.
원자(原子) an atom. ~의 atomic. ‖ ~가 atomic value; valence / ~량 atomic weight / ~로 an atomic pile (reactor) / ~ 물리학 atomic (nuclear) physics / ~ 번호 an atomic number / ~ 병기 atomic weapons / ~병 (환자) (a sufferer from) an atomic disease / ~설(론) atomic theory / ~전 (an) atomic war(fare) / ~ 탄두 an atom(ic) warhead / ~포 an atomic gun / ~(폭)탄(彈) an atom(ic) bomb; an A-bomb / ~핵(核) an atomic nucleus; a nucleus.
원자력(原子力) atomic (nuclear) energy. ‖ ~ 국제관리 the international control of atomic energy / ~ 발전소 an atomic (a nuclear) power plant / ~ 시대 the atomic age / ~ 잠수함 a nuclear (-powered) submarine; an N-submarine / ~ 평화 이용 peaceful uses of atomic energy (~ 평화 이용의 atoms-for-peace).
원자재(原資材) raw materials.
원작(原作) the original (work). ‖ ~자 the author.
원장(元帳) the ledger.
원장(院長) 《병원의》 the director 《*of a hospital*》; 《학원의》 the president.
원장(園長) the chief (head) 《*of*》; 《동물원·유치원의》 the director.
원저(原著) the original work.
원적(原籍) 《원적지》 one's original domicile; one's domicile of origin.
원전(原典) the original (text); a source book.
원점(原點) the starting point; the origin (좌표의).
원정(遠征) an expedition; 《선수의》 a visit; a playing tour. ~하다 make an expedition 《*into*》; go on an expedition 《*to*》; visit (선수가). ‖ ~ 경기 an out match / ~군(대) an expedition; an expeditionary force (군의); a visiting team (경기의).
원조(元祖) the founder; the father; the originator.
원조(援助) help; support; assistance; aid. ~하다 assist; help; support; aid; give assistance to. ¶ ~를 요청하다 ask (appeal to) 《*a person*》 for help. ‖ ~국 an aid country / ~ 물자 aid goods / ~자 a supporter; a patron / 재정 ~

financial aid (help).
원족(遠足) an excursion. ☞ 소풍.
원죄(原罪) the original sin. 「tion).
원죄(寃罪) a false charge (accusa-
원주(圓柱) a column; 〖數〗 a cylinder. ¶ ~상(狀)의 columnar; cylindrical.
원주(圓周) circumference. ‖ ~율 〖數〗 the circular constant; pi (기호 π). 「칭).
원주민(原住民) a native; natives(총
원지(原紙) 《등사용》 a stencil paper; 《잠란지》 an silkworm egg sheet.
원지(遠地) a distant place.
원지(遠志) a great ambition; a lofty aspiration.
원지점(遠地點) 〖天〗 the apogee.
원질(原質) a protyle. ‖ 유전 ~ 〖生〗 a gene.
원천(源泉) a source 《*of knowledge*》; an origin. ‖ ~ 과세 taxation at the source; pay-as-you-earn (생략 P.A.Y.E.) 《英》 / ~ 소득세 a withholding income tax. / ~징수 collection of taxes through withholding 《*of a income*》.
원촌(原寸) ~의 of full (actual) size; as large as life.
원추(圓錐) 《원뿔》 a (circular) cone. ¶ ~형의 conic(al). ‖ ~ 곡선 a conic (section).
원추리 〖植〗 a day lily.
원칙(原則) a (fundamental) principle (rule). ¶ ~적으로 as a (general) rule; in principle / ~을 세우다 establish a principle.
원컨대(願一) I hope; I pray; It is to be hoped (desired) that....
원탁(圓卓) a round table. ‖ ~ 회의 a round-table conference.
원통(寃痛) ~한 resentful; vexing; mortifying; regrettable; grievous (슬픈); lamentable (애석한).
원통(圓筒) a cylinder.
원판(原版) 《사진의》 a negative (plate, film).
원폭(原爆) an A-bomb. ‖ ~ 기지 an atomic base / ~ 실험 (금지) an atomic test (A-test) (ban) / ~ 희생자 A-bomb victims.
원피스 a one-piece dress.
원하다(願一) desire; wish; hope; want; beg (간원). ¶ 원하신다면 if you please (wish, like, prefer) / 원하는 대로 as one pleases(wishes)/ 평화를 ~ wish (crave) for peace.
원한(怨恨) grudge; ranco(u)r; resentment; spite; grievance; enmity; ill will. ¶ ~에 의한 살인 murder from (for) revenge / ~을 품다 bear (cherish, nurse) 《*a person*》 a grudge / ~을 사다 incur grudge / ~이 뼈(골수)에 사무치다 have a deep-rooted rancor 《*against*》.
원항(遠航) ocean navigation; a long cruise. ~하다 set out on ocean navigation.
원해어(遠海魚) a pelagic fish.
원행(遠行) a long trip. ~하다 make (go on) a long trip.
원형(原形) the original form. ¶ ~을 보존하다 retain 《*its*》 original form.
원형(原型) an archetype; a prototype; a model; 〖冶〗 a pattern.
원형(圓形) a circle. ¶ ~의 circular; round. ‖ ~ 극장 an amphitheater.
원형질(原形質) 〖生〗 protoplasm.
원호(援護) backing; protection; relief; support. ~하다 back; support; protect; lend support to. ‖ ~ 기금 (성금) a relief fund (donation) / ~대상자 a relief recipient / ~처 the Office of Veterans Administration.
원호(圓弧) a circular arc.
원혼(寃魂) malignant spirits.
원화(一貨) the *won* (currency).
원화(原畫) the original picture.
원활(圓滑) ~한 smooth; harmonious. ¶ ~히 smoothly; harmoniously / (일이) ~하게 되어 가다 go (on) smoothly (without a hitch).
원흉(元兇) a ringleader; the chief instigator; the prime mover.
월 《문장》 a sentence.
월(月) 《달》 the moon; 《달력의》 a month; 《요일의》 Monday. ‖ ~평균 on a monthly average.
월가(一街) 《뉴욕의》 Wall Street.
월간(月刊) monthly issue (publication). ~의 monthly. ‖ ~ 잡지 a monthly (magazine).
월경(月經) menstruation; the menses (flowers); 〖醫〗 catamenia. ¶ ~이 있다 have the menses / ~중이다 be in one's menses; be unwell 《美》. ‖ ~기 the menstrual (catamenial) period / ~대 a sanitary belt (napkin) / ~ 불순 menstrual irregularity / ~ 폐쇄기 the menopause; the change of life.
월경(越境) border transgression. ~하다 cross (transgress) the border (frontier) 《*into another country*》. ‖ ~비행 overflight / ~ 사건 a border incident.
월계(月計) a monthly account.
월계(月桂) 《월계수》 a laurel (tree). ‖ ~관 a laurel crown (wreath); laurels (영예) (승리의 ~관을 쓰다 be crowned with the laurel of victory).
월광(月光) moonlight. ‖ ~곡 《베토벤의》 "The Moonlight Sonata."
월권(越權) arrogation; abuse of confidence. ¶ ~ (행위를) 하다 exceed one's power (authority); override one's commission; act beyond one's authority.
월급(月給) a (monthly) salary; pay. ¶ 5만 원의 ~으로 at (on) a salary of 50,000 *won* / ~을 받다 draw (get) a salary / ~이 오르다 get a rise in one's salary. ‖ ~날 the

payday / ～ 봉투 a pay envelope / ～장이 a salaried man; a white-collar worker.
월남(越南)[1] 《나라》 Viet Nam. ¶ ～의 (사람) (a) Viet-Namese.
월남(越南)[2] 《남한으로》 ～하다 come from north Korea (over the 38th parallel); cross the 38th parallel into south Korea.
월내(月內) ～에 within the month.
월동(越冬) wintering. ～하다 (pass the) winter. ¶ ～ 준비를 하다 prepare for the winter.
월등(越等) ～한 out of the common; extraordinary; outstanding; excellent. ¶ ～히 out of the common; extraordinarily; exceptionally; by far; outstandingly / ～히 낫다 be far (much) better.
월례(月例) ～의 monthly. ‖ ～회 a monthly meeting.
월리(月利) monthly interest.
월말(月末) ¶ ～에(까지) at (by) the end of the month. ‖ ～ 계산(計算) month-end payment (settlement).
월면(月面) the lunar surface. ‖ ～ 보행 a moonwalk.
월변(月邊) a monthly interest.
월보(月報) a monthly report (bulletin).
월부(月賦) ～(로) (by) monthly instal(l)ments 《*of* 3,000 *won*》; (on) an installment (easy payment) plan. ¶ 피아노의 ～ a monthly installment on one's piano / 6개월 ～로 사다 buy 《*a thing*》 by six months' installments. ‖ ～ 판매 the (monthly) installment sale; the hire-purchase (system) 《英》.
월북(越北) ～하다 go to North Korea.
월산(月產) a monthly output (production).
월색(月色) moonlight.
월세(月貰) monthly rent. ¶ ～가 5만 원이다 rent for (at) 50,000 *won* a month.
월세계(月世界) the lunar world; the moon. ‖ ～여행 a moon trip.
월수(月收) ① 《수입》 a monthly income. ¶ ～가 9만 원이다 make 90,000 *won* a month; have a monthly income of 90,000 *won*. ② 《빚》 《make》 a monthly instal(l)ment loan.
월식(月蝕) 〖天〗 a lunar eclipse. ‖ 개기(부분) ～ a total (partial) eclipse of the moon.
월액(月額) the monthly amount.
월여(月餘) ¶ ～간(間)이나 over a month / ～ 전(前)에 more than a month ago (지금부터); more than a month before (그때까지).
월요일(月曜日) Monday(생략 Mon.).
월일(月日) the date.
월전(月前) ～에 a month ago.
월정(月定) ～의 monthly. ‖ ～ 구독료(구독자) a monthly subscription (subscriber).
월초(月初) ～에 early in (at the beginning of) the month.
월평(月評) a monthly review.
월하(月下) ¶ ～에서 in the moonlight.
웨딩 wedding. ‖ ～ 드레스(마치) a wedding dress (march).
웨이스트볼 〖野〗 a waste ball.
웨이터 a waiter.
웨이트리스 a waitress.
웬 what; what sort (manner, kind) of. ¶ ～ 까닭으로 why / ～ 사람이냐 Who is the man?, What is he here for?
웬걸 O my!; Why!; Gee!; Gosh!
웬만큼 properly, moderately(알맞게); to some extent(어느 정도); fairly, pretty(어지간히). ¶ (음식이) ～ 익다 be done to a turn.
웬만하다 (be) passable; serviceable; tolerable; fairly good. ¶ 웬만하면 if you please (like) / 웬만한 집안 a respectable (decent) family / 값이 웬만하면 if the price is reasonable.
웬셈 ¶ ～인지 나도 모르겠다 I don't know what all this is about.
웬일 what (matter); what business. ¶ ～인지 for some (unknown) reason; somehow / ～이냐 What is the matter? / ～로 왔니 What is your business here?
웰컴 welcome.
웰터급(一級) the welterweight. ‖ ～ 선수 a welter(weight).
웽그렁뎅그렁 clang; clank.
웽웽 noisily; boisterously; buzzing; humming.
위 ① 《상부》 upside; upper part; 《표면》 the surface. ¶ ～의 upper; upside; upward / ～에 above; over; upwards; up; on; upon / ～에 말한 바와 같이 as mentioned above / ～를 쳐다보다 look upward / 머리 ～를 날다 fly over one's head. ② 《꼭대기·정상》 the top; the summit; the head. ¶ 맨 ～의 topmost; uppermost / ～에서 아래까지 from top to bottom / ～에서 다섯째 줄(에) (on) the fifth line from the top. ③ 《비교》 ¶ ～의 higher(높은); more than, above, over(…이상의); superior(나은); older(연장의) / 제일 ～의 누나 my eldest sister / 훨씬 ～이다 be far better / 한 학년 ～다 be a class (grade) ahead of 《*a person*》 / ～를 쳐다보면 한이 없다 Don't compare yourself with those above you. ④ 《신분·지위》 ¶ ～의 superior; above / ～로부터의 명령 an order from above / 남의 ～에 서다 lead others; be the superior of others.
위(位) ① 《지위》 rank; grade. ¶ 2 ～ the second rank (place). ② 《위패의》 ¶ 영령 9～ nine heroic souls.
위(胃) the stomach. ¶ ～의 gastric / ～가 튼튼(약)하다 have a strong

〔weak〕 stomach; have a good 〔weak〕 digestion.
위경(胃鏡) 〖醫〗 a gastroscope.
위경련(胃痙攣) 〖醫〗 convulsion of the stomach. ¶ ~을 일으키다 have the cramps in the stomach.
위계(位階) (court) ranks.
위계(僞計) a deceptive plan. ¶ ~를 쓰다 use a deceptive scheme.
위관(尉官) 《육군》 officers below the rank of major; a company officer《美》; 《해군》 officers below the lieutenant commander.
위광(威光) authority; power; influence.
위구(危懼) misgivings; apprehensions. ~하다 fear; be afraid 《*of*》; apprehend; have misgivings.
위국(危局) a crisis; a critical situation.
위국(爲國) ~하다 serve 〔benefit〕 one's country.
위궤양(胃潰瘍) 〖醫〗 a gastric 〔stomach〕 ulcer.
위급(危急) an emergency; a crisis; an exigency. ~한 critical; imminent; crucial. ¶ ~시에 in case of emergency; in time of need. ‖ ~ 존망지추 a time of emergency; a critical moment.
위기(危機) a crisis; a critical moment; a momentous juncture. ¶ ~에 처해 있다 be at a crisis 〔in peril〕; be in a critical situation / ~를 벗어나다 tide over a crisis. ‖ ~ 일발 a critical moment (~ 일발로 모면하다 escape by a hair's breadth).
위기(圍碁) the game of *badug* 〔*go*〕. ☞ 바둑.
위난(危難) danger; peril; distress.
위대(偉大) greatness; mightiness; grandeur. ~한 great; mighty (강대); grand (숭고). ¶ ~한 국민 a great nation.
위덕(威德) virtue and dignity; virtuous dignity.
위도(緯度) latitude. ~의 latitudinal. ‖ 고〔저〕~ 《in》 a high 〔low〕 latitude.
위독(危篤) ~하다 (be) serious; critical; be seriously 〔dangerously, hopelessly〕 ill, be in a critical condition (서술적). ¶ ~ 상태에 빠지다 fall into a critical condition.
위락시설(慰樂施設) leisure 〔relaxation〕 facilities.
위력(威力) power; might; authority; force. ¶ ~ 있는 powerful; mighty / 돈의 ~ the power of wealth 〔money〕.
위력(偉力) great power 〔influence〕; efficiency.
위령(慰靈) ‖ ~제 a memorial service 《*for the dead*》 (합동 ~제 a joint memorial service 《*for the war dead*》) / ~탑 a memorial tower; a cenotaph.
위로(慰勞) ① 《치사》 ~하다 recognize 〔acknowledge〕 《*a person's*》 services. ¶ ~회를 열다 hold a party in acknowledg(e)ment of services. ‖ ~금 a bonus / ~ 휴가 《*grant*》 holidays in recognition of 《*a person's*》 services. ② 《위안》 consolation; solace; comfort. ~하다 console; solace; comfort; sympathize (위자). ¶ ~의 말 comforting words / 불행을 ~하다 console 《*a person*》 in *his* misfortune / 환자를 ~하다 sympathize with a patient.
위막(胃膜) the coats of the stomach.
위명(威名) prestige; fame; a glorious name.
위명(僞名) a false name.
위무(慰撫) ~하다 pacify; soothe; appease.
위문(慰問) a consolatory inquiry 〔visit〕; 《위자》 consolation; 《문병》 an inquiry after another's health. ~하다 console; condole 《*with*》; inquire after another's health; 《위문가다》 go and comfort; visit. ‖ ~대(袋) a comfort bag 〔kit〕 / ~문〔편지〕 a consolatory letter; a letter of sympathy 〔inquiry〕 / ~품 a comfort; a gift.
위반(違反) 《법규의》 violation; infringement; 《명령 등의》 disobedience; 《약속 등의》 breach. ~하다 violate; infringe; offend《*against*》; disobey; break; be against. ¶ …에 ~하여 in violation of; against / 선거법 ~으로 for a violation of the election law / 규칙 ~이다 It is against the rules. ‖ ~자 an offender; a violator / 교통〔법률〕~ a violation of traffic regulations 〔the law〕 / 주차 ~ illegal parking; a parking violation.
위배(違背) contravention. ☞ 위반.
위법(違法) illegality; lawbreaking. ~의 unlawful; illegal. ‖ ~자 a lawbreaker; an offender (against the law) / ~ 처분 illegal disposition / ~ 행위 an illegal act.
위벽(胃壁) walls of the stomach.
위병(胃病) a stomach trouble 〔disorder〕.
위병(衛兵) a sentry; a sentinel; a guard. ‖ ~근무 sentry 〔guard〕 duty / ~소 a guardhouse.
위산(胃散) medicinal powder for the stomach.
위산(胃酸) acid in the stomach. ‖ ~과다증 (gastric) hyperacidity; acid dyspepsia / ~결핍증 anachlorhydria.
위상(位相) a phase.
위생(衛生) hygiene; sanitation; health. ~적 sanitary; hygienic; healthy; healthful. ¶ ~상 for sanitary reasons / ~에 해로운 unhealthful; injurious to health. ‖ ~ 관념 sanitary thought / ~병 a (medical) corpsman; a medic / ~ 시설 sanitary facilities / ~ 시험소 a hygienic laboratory / ~실

a sanitary [medical] room / ~학 hygienics / 정신 ~ mental hygiene. 「bride(groom) 《to》.
위서다 《혼인때》 accompany a
위선(胃腺) 〖解〗 peptic glands.
위선(僞善) hypocrisy. ~적 hypocritical. ‖ ~자 a hypocrite; a dissembler.
위선(緯線) a parallel (of latitude).
위성(衛星) a satellite. ‖ ~국 a satellite state [country] (소련 ~국 Soviet Satellites) / ~ 도시 a satellite city [town].
위세(威勢) influence; authority; power; prestige. ¶ ~를 부리다 exercise one's authority over 《others》; domineer over.
위세척(胃洗滌) 〖醫〗 gastrolavage; gastric irrigation.
위수(衛戍) a garrison. ‖ ~령 Garrison Decree / ~ 사령관 the governor [commandant] of a garrison / ~지 a garrison town.
위스키 《술》 whisk(e)y. ‖ ~ 소다 (a) whisky and soda.
위시(爲始) ~하다 originate 《in》. ¶ 대통령을 ~하여 including President himself.
위신(威信) dignity; prestige; authority. ¶ ~에 관계되다 affect 《a person's》 prestige [dignity] / ~이 떨어지다 lose authority; fall in public estimation.
위아토니(胃―) 〖醫〗 gastric atony.
위안(慰安) 《위자》 comfort; consolation; 《소창》 recreation. ~하다 comfort; console; solace. ¶ 다소의 ~ some slight consolation / ~을 주다 give comfort to; afford solace / …에서 ~을 얻다 find one's comfort [consolation] in. ‖ ~부 a comfort girl; comfort women; a prostitute.
위암(胃癌) cancer of the stomach.
위압(威壓) coercion; overpowering. ~하다 coerce; overpower; overawe. ¶ ~적(으로) coercive(ly); high-handed(ly).
위액(胃液) 〖解〗 gastric juice. ‖ ~선(腺) peptic glands.
위약(胃弱) dyspepsia; indigestion.
위약(違約) a breach of promise [contract]. ~하다 infringe a contract; break a promise [one's word]. ‖ ~금 a forfeit; a penalty; damages for breach of contract.
위엄(威嚴) dignity; majesty; stateliness. ¶ ~있는 dignified; majestic; stately; imposing / ~없는 undignified; unimposing / ~을 지키다 [손상하다] keep [impair] one's dignity.
위업(偉業) a great work; a great achievement 《in the field of》. ¶ ~을 이루다 achieve a great ⌊work.
위염(胃炎) 〖醫〗 gastritis.
위요(圍繞) ~하다 surround. ¶ …을 ~하고 centering around; in connection with.
위용(偉容·威容) a grand [majestic, imposing] appearance.
위원(委員) 《전체》 a committee; 《일원》 a member of a committee; a committeeman; a commissioner. ‖ ~장(長) a chairman / 여성 ~ a committeewoman.
위원회(委員會) 《조직》 a committee; a commission; a board; 《집회》 a committee meeting. ¶ 7인 ~ a seven-man committee / ~를 열다 hold a committee meeting / ~에 회부되다 be referred to (a) committee. ‖ 군사 정전 ~ the Military Armistice Commission / 조사 [집행, 창립] ~ an investigation [executive, organizing] committee.
위의(威儀) dignity; solemnity. ¶ ~를 갖추고 in a stately [dignified] manner; solemnly; courteously.
위인(偉人) a great man [mind]; a hero. ‖ ~전 the lives of great men.
위인(爲人) one's character [personality, nature, disposition].
위임(委任) trust; charge; commission; delegation (전권의); 〖法〗 a mandate. ~하다 entrust 《a person》 with(권한을); delegate(대표자로서). ‖ ~장 a letter of attorney; a proxy(투표의) / ~ 통치 mandatory rule; mandate.
위임권(委任權) power of attorney.
위임권한(委任權限) competency of mandate.
위임제도(委任制度) a mandate system.
위자료(慰藉料) consolation money; a solatium [*pl.* -tia]; compensation; alimony (이혼의). ¶ ~를 청구하다 demand compensation 《for》.
위장(胃腸) the stomach and bowels [intestines]. ¶ ~이 튼튼하다 [약하다] have a strong [poor] digestion. ‖ ~병 a gastroenteric disorder [trouble]; a digestive ailment / ~약 a medicine for the stomach and bowels / ~염 gastroenteritis / ~ 장애 gastroenteric trouble [disorder].
위장(僞裝) camouflage. ~하다 camouflage; disguise. ‖ ~ 수출 fraud export. 「ministrator.
위정자(爲政者) a statesman; an ad-
위조(僞造) forgery; fabrication. ~하다 counterfeit; forge; fabricate; falsify. ‖ ~단 a counterfeit ring / ~ 지폐 a false [counterfeit] note; a forged bank note / ~품 a counterfeit; a forgery; a sham / 문서 ~죄 forgery of documents.
위주(爲主) ¶ ~로 하다 make 《a thing》 the prime object; give the first consideration to; aim at (목적) / 남성 ~의 법질서 man first legal order / 영리 ~의 학교 a

school run for profit.
위중(危重) ~한 critically ill; in critical condition.
위증(僞證) false evidence [testimony]; perjury. ~하다 perjure oneself; give false evidence. ‖ ~자 a perjurer / ~죄 perjury.
위촉(委囑) 《위임》 commission; entrusting; 《의뢰》 request; 《담임》 charge. ~하다 commit 《*a matter*》 to 《*a person*》; entrust 《*a person*》 with 《*a matter*》; ask; request. ¶ ~에 의해[따라] by request; at the request 《*of a person*》.
위축(萎縮) withering; 〖醫〗 atrophy. ~하다 《물건이》 wither; shrink; 《사람이》 be daunted 《*by*》.
위층(一層) the upper floor [story]. ¶ ~에 [에서, 으로] upstairs.
위치(位置) a position; a situation; a place; a location; a site (대지); 《입장》 stand. ~하다 be situated [located]; lie; stand. ¶ ~가 좋다 [나쁘다] be well [ill] situated.
위탁(委託) a trust; commission; consignment (상품의). ~하다 entrust 《*a person with a matter, a matter to a person*》; place 《*a matter*》 in 《*a person's*》 charge; 《상품을》 consign 《*goods (for sale) to a firm*》. ‖ ~가공 processing on commission / ~금 money in trust; trust money / ~ 수수료 a consignment fee / ~자 a truster; a consignor / ~ 판매 consignment [commission] sale (~ 판매인 a commission merchant [agent]) / ~품 consigned [consignment] goods.
위태(危殆) ~한[로운] dangerous; perilous; risky. ¶ ~롭게 하다 endanger; jeopardize; imperil / 생명이 ~롭다 one's life is in danger.
위통(胃痛) a stomachache; 〖醫〗 gastralgia.
위트 wit. ¶ ~ 있는 witty.
위패(位牌) a memorial [mortuary] tablet; an ancestral tablet(조상의).
위폐(僞幣) counterfeit [fake] money. ‖ ~범 a counterfeiter / ~ 방지용 은행권 a forgery-free bank note.
위풍(威風) a dignity; a majestic air; a commanding presence. ¶ ~ 당당한 majestic; imposing; stately. ⌈forged picture.
위필(僞筆) forged handwriting; a
위하다(爲一) love (사랑); respect (존경); value (존중); wish 《*a person*》 well (잘 되기 바람). ¶ 예술을 위한 예술 art for art's sake / 남편을 위하는 아내 a devoted wife / 부모를 ~ be dutiful [devoted] to one's parents; take good care of one's parents / 조상을 ~ worship one's ancestors.
위하수(胃下垂) 〖醫〗 gastroptosis.
위하여(爲一) ① 《이익·편의》 for; for the sake [benefit] of; in the interests [favo(u)r, hono(u)r] of; in [on] behalf of; for 《*a person's*》 good. ¶ 조국을 ~ for the sake of the fatherland / 나라를 ~ 죽다 die for one's country. ② 《목적》 in order to; to the end 《*that*》; for the purpose [sake] of; with a view to. ¶ …하기 ~ in order to [that] / …하지 않기 ~ lest one should; that one may not; so as not to / 경고하기 ~ by way of warning / 사업을 ~ for one's business.
위해(危害) injury; harm; danger (위험). ¶ ~를 가하다 hurt 《*a person*》; do 《*a person*》 harm [an injury]; inflict an injury 《*on*》.
위헌(違憲) a violation of the constitution; unconstitutionality(위헌성). ~의 unconstitutional. ¶ ~이다 be against the constitution.
위험(危險) danger; a peril; (a) risk; a hazard. ~한 dangerous; perilous; hazardous; risky. ¶ 직업상의 ~ occupational hazards / ~을 무릅쓰고 in the face of danger; at the risk of 《*one's life*》 / ~이 따르다 be attended with danger; involve some risk / ~한 고비를 넘기다 get [be] out of danger; pass the crisis / 생명이 ~하다 one's life is in danger / ~시하다 regard 《*a person, a thing*》 as dangerous. ‖ ~물 a dangerous article; explosives and combustibles(운송시의) / ~ 부담 risk bearing / ~사상 dangerous thoughts / ~ 상태 a dangerous [critical] condition / ~신호[지대] a danger signal [zone] / ~인물 a dangerous character; a security risk (안보상의).
위협(威脅) threat; menace; intimidation. ~하다 threaten; menace; intimidate; browbeat; frighten. ¶ 평화에 대한 ~ a menace [threat] to peace / ~적(으로) threatening (-ly); menacing(ly) / ~하여 by intimidation / 죽이겠다고 ~하다 threaten 《*a person*》 with death. ‖ ~ 사격(을 하다) (fire) a warning shot / ~수단 an intimidatory measure.
위화감(違和感) 《feel》 a sense of incongruity [unbelongingness].
위확장(胃擴張) 〖醫〗 dila(ta)tion of the stomach; gastric dilation.
윗니 the upper (set of) teeth.
윗사람 one's superior; a senior; one's elders [betters].
윙 〖蹴〗 a wing.
윙크 a wink. ~하다 wink 《*at*》.
유(有) 《존재》 existence; being. ¶ 무(無)에서 ~는 생기지 않는다 Nothing comes of nothing.
유(類) ① 《종류》 a kind; a sort; a description; a class; 《동식물의》 an order; a family; a genus [*pl.* -nera]. ② 《유례》 a parallel (case); an equal.
유가(有價) ~의 valuable; negotia-

ble. ‖ ~물 valuables / ~ 증권 securities; negotiable instruments (papers).
유가(儒家) ‖ ~서(書) Confucian literature.
유가족(遺家族) a bereaved family. ‖ 전몰자〔군경〕 ~ a war-bereaved family.
유감(遺憾) regret; a pity. ~된〔스러운〕 regrettable; sad; deplorable; unsatisfactory(불만족). ¶ ~없이 perfectly; fully; (most) satisfactorily; to one's heart's content / 실력을 ~없이 발휘하다 give full play to one's abilities / ~으로 생각하다 be sorry 《*for*》; regret; deplore / ~의 뜻을 표(명)하다 express one's regret / …은 ~ 천만이다 It is much to be regretted that ...., It is a thousand pities that ...., I regret it deeply that.... / ~이지만… I am sorry (to say, but)...., To my regret....
유감지진(有感地震) 〖地〗 a felt 〔sensible〕 earthquake.
유개(有蓋) ~의 covered; closed 《*car*》. ‖ ~ 화차 a boxcar 《美》; a covered 〔box〕 waggon 《英》.
유개념(類槪念) 〖論〗 a genus 〔*pl.* genera〕.
유건악기(有鍵樂器) a keyed (musical) instrument.
유격(遊擊) a hit-and-run attack; a raid. ‖ ~대 a flying column; a mobile 〔guer(r)illa〕 unit / ~병〔대원〕 a ranger; a guerrilla; a partisan / ~수 〖野〗 a short(stop) / ~전 guerrilla warfare.
유고(有故) an accident; (a) trouble; reason. ~하다 have an accident 〔some trouble〕. ¶ ~시에 in time of 〔in the event of〕 an accident.
유고(遺稿) writings left by a deceased person; posthumous works 〔manuscripts〕.
유고(諭告) ① 《타이름》 advice; counsel; admonition. ② 《관청의》 an official notice 〔instruction〕.
유고슬라비아 Yugoslavia; Jugoslavia. ¶ ~의 Yugoslav(ic); Yugoslavian / ~ 사람 a Yugoslav(ian).
유곡(幽谷) a deep ravine; a glen.
유골(遺骨) one's remains 〔ashes〕.
유공(有功) merit. ~한 meritorious. ‖ ~자 a person of merit / ~장(章) a medal for merit.
유공충(有孔蟲) 〖動〗 a foraminifer.
유곽(遊廓) licensed 〔gay〕 quarters; a red-light district 《美》.
유괴(誘拐) kidnap(p)ing; abduction. ~하다 abduct; carry off; kidnap (어린이를). ‖ ~범 《사람》 a kidnap(p)er; an abductor; 《죄》 abduction / ~ 사건 a kidnaping 〔snatch 《美俗》〕 case; an abduction case.
유교(儒教) Confucianism. ‖ ~ 사상 Confucian ideas.
유구(悠久) ~한 eternal; everlasting; permanent.
유구무언(有口無言) ~이다 have no word to say in excuse.
유권자(有權者) a voter; an elector 《英》.
유권해석(有權解釋) an authoritative interpretation.
유금류(游禽類) 〖鳥〗 the swimmers.
유급(有給) ~의 paid; salaried. ‖ ~휴가 time-off 〔vacation〕 with pay; paid holidays.
유급(留級) ~하다 stay back in the class. ‖ ~생 a repeater; a holdover.
유기(有期) ~의 terminable; limited. ‖ ~ 공채 a terminable loan / ~ 징역 penal servitude for a definite term.
유기(有機) ~의 organic (☞ 유기적). ‖ ~물 organic matter 〔substance〕 / ~체 an organism; an organic body / ~ 화학 organic chemistry.
유기(遺棄) abandonment; desertion. ~하다 abandon; desert; leave 《*a dead body*》 unattended. ‖ ~물 a left article; a derelict(해상의) / ~ 시체 an abandoned corpse / ~자 a deserter / 직무 ~ neglect of duty.
유기(鍮器) brassware.
유기음(有氣音) 〖音聲〗 an aspirate.
유기적(有機的) organic; systematic. ¶ ~으로 organically. ‖ ~ 세계관 the organic view of the world.
유난스럽다 (be) extraordinary; uncommon; unusual; exceptional; particular; fastidious; fussy. ¶ 유난스럽게 unusually; extraordinarily; exceptionally.
유네스코 UNESCO. (◀the United Nations Educational, Scientific and Cultural Organization)
유년(幼年) infancy; childhood. ¶ ~기(시대)에 in one's childhood.
유념하다(留念—) bear 〔keep〕 《*something*》 in mind; take 《*a matter*》 to heart; mind; give heed to; pay regard to.
유뇨증(遺尿症) 〖醫〗 enuresis.
유능(有能) ~한 able; capable; competent. ¶ ~한 사람 a man of ability 〔parts〕; an able man.
유니버시아드 〖競〗 the Universiade. ¶ 1987년 ~ 서울대회 Seoul Universiade, '87.
유니언 union. ‖ ~ 잭 the Union Jack.
유니폼 a uniform. ¶ ~을 입은 uniformed; 《a player》 in uniform.
유다르다(類—) (be) conspicuous; uncommon; unusual; extraordinary. ¶ 유달리 conspicuously; unusually; uncommonly; especially.
유단자(有段者) a grade holder.
유당(乳糖) milk sugar; lactose.
유대(紐帶) bond(s); ties; relation(관계). ¶ 국가간의 ~ the bond between nations / 긴밀한 ~를 맺다 come 〔be brought〕 into close relation 《*with*》.
유대 Judea. ¶ ~(인)의 Judaic; Jewish. ‖ ~계 《a scholar of》

Jewish origin / ~교 Judaism / ~민족 the Jews (~ 민족주의 Zionism) / ~인 a Jew; a Hebrew.
유대류(有袋類)〖動〗the marsupial (animal).
유덕(有德) ~한 virtuous; good.
유덕(遺德) the virtue (influence) of the departed.
유도(柔道) *judo, jujitsu* 《일》. ‖ ~가 a *judo* expert / ~ 사범 an instructor of *judo*.
유도(誘導) inducement; leading; guidance (우주선, 미사일의);〖電〗induction. ~하다 induce; lead; guide; conduct; solicit 《*a person to do*》. ‖ ~ 장치 a guidance system (미사일 등의); a talking-down system (관제탑의) / ~ 전류 an induced current / ~체〖化〗a derivative / ~ 코일 an induction coil / ~탄 a guided missile.
유도신문(誘導訊問) a leading question. ~하다 ask 《*a person*》 a leading question; lead 《*a criminal suspect*》 to the point in question.
유독(有毒) ~한 poisonous; venomous; noxious. ‖ ~ 가스 (a) poisonous gas.
유독(唯獨) only; alone; solely.
유동(流動) ~하다 flow; run; circulate. ‖ ~ 상태 a state of flux; a fluid situation / ~성 liquidity; fluidity;〖社〗mobility / ~식 liquid food; a liquid diet / ~ 자본 floating (circulating) capital / ~ 자산 floating (current) assets (fund) / ~체 a fluid; a liquid.
유두(乳頭) a nipple; a teat. ‖ ~염(炎) thelitis; acromastitis.
유두(流頭) the 15th day of the 6th lunar month.
유들유들 ¶ ~한 audacious; impudent; brazen(-faced); cheeky.
유람(遊覽) sightseeing; 《유람 여행》 an excursion; a pleasure trip; a sightseeing tour. ~하다 go sightseeing; do (see) the sights 《*of*》. ‖ ~객 a sightseer; an excursionist; a tourist; a visitor / ~선 a pleasure boat; a barge / ~지 a tourist resort.
유랑(流浪) vagrancy; wandering. ~하다 wander about; rove; roam. ‖ ~민(民) a nomadic people; nomads / ~ 생활 a wandering (nomadic) life.
유래(由來) 《기원》 origin; genesis; 《내력》 history 《*of a temple*》; 《원인》 cause; 《출처》 source; derivation. ~하다 originate in; result from; be derived from; date back to.
유량(流量)〖理〗flux. ‖ ~계 a flow meter.
유러달러 Eurodollars.
유럽 Europe. ¶ ~의 European / ~ 사람 a European. ‖ ~ 연합 the European Union 《EU》.
유려(流麗) ~한 flowing; fluent; smooth; elegant; refined.
유력(有力) ~한 powerful; influential; strong; effective; leading. ¶ ~한 우승 후보 the likeliest winner 《*of the championship*》 / ~한 증거 a valid (strong) evidence. ‖ ~자 an influential person; a leading member / ~지(紙) a leading newspaper.
유령(幽靈) a ghost; an apparition; a specter; a spook 《口》. ¶ ~ 같은 ghostly; ghostlike / ~의 집 a haunted house. ‖ ~ 도시 a ghost town / ~선 a phantom ship / ~ 인구 ghost (bogus) population / ~ 회사 a bogus company.
유례(類例) a similar example (instance); a parallel case. ¶ ~없는 unparalleled; unique.
유료(有料) ~의 charged; paid. ‖ ~ 도로 a toll road / ~ 변소 a pay toilet / ~ 주차장 a toll parking lot.
유루(遺漏) omission; neglect. ¶ ~없이 without omission (any slip); thoroughly.
유류(油類) oil; all (various) kinds of oil.
유류절약운동(油類節約運動) an oil saving drive.
유류파동(油類波動) an oil crisis.
유류품(遺留品) an article left (behind); lost articles (유실물).
유리(有利) ~한 《이익》 profitable; paying; gainful; 《좋은》 advantageous; favo(u)rable. ¶ ~하게 profitably; advantageously; favorably / ~한 조건 remunerative terms.
유리(有理) ~의 rational. ‖ ~식(수)〖數〗a rational expression (number).
유리(琉璃) glass; a pane (창유리); 《시계의》 a crystal. ¶ 흐린 ~ obscure (frosted) glass / 색~ stained glass / ~를 끼우다 《창 따위에》 glaze 《*a window*》. ‖ ~ 가게 a glass store / ~ 공장 a glass factory; a glassworks / ~ 그릇 glassware / ~문 (병, 칼) a glass door (bottle, cutter) / ~장수(장이) a glazier.
유리(遊離) isolation; separation(분리). ~하다 isolate; separate.
유린(蹂躪) ~하다 trample (up)on; tread down; 《황폐하게》 overrun; devastate; 《겁탈》 violate; outrage; 《침해》 infringe upon. ¶ 국토를 ~당하다 have one's country trampled underfoot. ‖ 인권 ~ an infringement upon people's rights.
유림(儒林) Confucian(ist)s.
유망(有望) ~한 promising; hopeful; fair; favo(u)rable; bright. ‖ ~주 active stocks (주식); an up-and-coming 《*player, politician*》 (사람).
유머 humo(u)r. ¶ ~를 알다 have a fine sense of humor. ‖ ~ 소설(작가) a humorous novel (writer).
유명(有名) ~한 famous; noted; re-

nowned; well-known; notorious (악명 높은). ¶ ~해지다 become famous; win fame; gain notoriety. ‖ ~세 a penalty of greatness [popularity] / ~인 a celebrity; a big name.
유명(幽明) ¶ ~을 달리하다 pass away; join the majority; depart this life.
유명론(唯名論) 〖哲〗 nominalism.
유명무실(有名無實) ~하다 exist but in name; (be) nominal; titular. ¶ ~한 회장 a figurehead president.
유모(乳母) a (wet) nurse. ‖ ~차 《push, wheel》 a baby carriage 《美》; a pram《英口》.
유목(遊牧) nomadism. ~하다 nomadize. ‖ ~민 nomads; a nomadic tribe / ~ 생활 a nomadic life.
유무(有無) existence; presence. ¶ ~ 상통하다 supply each other's needs.
유묵(遺墨) autographs of a departed person.
유문(幽門) 〖解〗 the pylorus.
유문(遺文) one's posthumous writings.
유물(唯物) 〖哲〗 ~적 materialistic. ‖ ~론(論) materialism (~론자 a materialist) / ~ 사관 the materialistic conception of history; historical materialism (사적 유물론) / 변증법적 ~론 dialectical materialism.
유물(遺物) a relic; remains.
유미(乳糜) chyle. ‖ ~관(管) a lacteal.
유미(唯美) ~적 (a)esthetic. ‖ ~주의 (a)estheticism.
유민(流民) wandering [roaming] people; displaced persons (전쟁으로 인한).
유밀과(油蜜果) oil-and-honey pastry.
유발(乳鉢) a mortar.
유발(誘發) ~하다 cause; give rise to; induce; set [touch] off 《*a war*》.
유방(乳房) the breast(s). ¶ 축 늘어진 ~ saggy [pendulent] breasts. ‖ ~염 mammitis.
유배(流配) banishment; exile. ~하다 banish [exile] 《*a criminal*》 (to an island); maroon.
유백색(乳白色) ~의 milk-white.
유별(有別) ~난 distinctive; peculiar; singular; extraordinary; particular. ¶ ~나게 distinctively; especially; peculiarly / 남녀 ~하다 There is a distinction between man and woman.
유별(類別) classification; assortment. ~하다 classify; assort.
유보(留保) reservation. ~하다 reserve; hold over.
유복(有福) ~한 blessed; fortunate; lucky.
유복(裕福) ~한 rich; wealthy; affluent; well-off; well-to-do. ¶ ~한 집안에 태어나다 be born rich [in a rich family].
유복자(遺腹子) a posthumous child.
유부(油腐) 《a piece of》 fried bean curd. ‖ ~국수 noodles with fried bean curd.
유부녀(有夫女) a married woman; another's wife.
유비무환(有備無患) Be prepared, and you will have no cause for regrets.
유사 《시계의》 a hairspring.
유사(有史) ¶ ~ 이전의 prehistoric / ~ 이래(의) since the dawn of history; 《the greatest war》 in history; 《the greatest earthquake》 on record.
유사(類似) resemblance; similarity; likeness. ~하다 resemble; be similar [analogous] to; bear resemblance to. ¶ ~한 like; similar; kindred; analogous. ‖ ~ 사건 a similar [like] case / ~점 a (point of) similarity / ~품 an imitation (of the real stuff).
유사시(有事時) ~에 in an emergency; in case of emergency. ¶ ~에 대비하다 provide against emergencies [a rainy day].
유산(有産) ~의 propertied. ‖ ~ 계급 the propertied classes / ~자 a man of property; a propertied man.
유산(乳酸) 〖化〗 lactic acid. ‖ ~균 lactobacilli; lactic acid bacteria (~균 음료 lactic acid beverage).
유산(流産) (an) abortion; (a) miscarriage. ~하다 miscarry; abort; have a miscarriage; produce abortion(고의로); 《계획 등이》 prove abortive.
유산(遺産) an inheritance; an estate [property] left behind; a legacy; a bequest. ‖ ~ 상속 succession to property (~ 상속인 an heir [heiress] to property; an inheritor).
유산탄(榴散彈) a shrapnel (shell).
유상(有償) compensation; consideration. ‖ ~ 원조 credit assistance.
유상(油狀) ~의 oily; like oil.
유상무상(有象無象) ① 《어중이떠중이》 all sorts and conditions of people; the rabble. ② 《삼라만상》 all things in nature; the universe; creation.
유색(有色) ~의 colo(u)red. ‖ ~인종 colored races.
유생(儒生) a Confucian (scholar); a Confucianist.
유서(由緖) a history. ¶ ~깊은 historic; storied / ~ 깊은 곳 a place with its old associations; a greathistoried place.
유서(遺書) a note left behind by a dead person; a testament; a (written) will; a suicide note (자살자의). ¶ ~를 쓰다 [작성하다] make one's will.
유서(類書) books of the same kind.
유선(有線) wire. ‖ ~ 방송 [전신, 전화] wire broadcasting [telegraph, telephone] / ~식 the wire system / ~ TV closed-circuit television.

유선(乳腺) 〖解〗 the mammary gland. ‖ ~염(炎) 〖醫〗 mastitis.
유선텔레비전방송(有線—放送) cable television broadcasting.
유선통신(有線通信) communication through wire.
유선형(流線型) streamline. ‖ ~ 자동차 a streamlined automobile [car].
유설(謬說) a false view [opinion]; a fallacy; 《와전》 a false report.
유성(有性) ~의 sexual. ‖ ~ 생식 sexual reproduction.
유성(有聲) ~의 sound; voiced. ‖ ~ 영화 a sound picture [film] / ~음 [자음] a voiced sound [consonant].
유성(油性) ~의 oily; greasy. ‖ ~ 페니실린 penicillin oil / ~ 페인트 an oil paint.
유성(流星) a meteor; a shooting star. ‖ ~우(雨) a meteoric shower.
유성(遊星) 〖天〗 a planet. ¶ ~의 planetary. ‖ 대[소] ~ a major [minor] planet.
유성기(留聲機) ☞ 축음기.
유세(有稅) ~의 taxable; dutiable (관세). ‖ ~품 dutiable goods.
유세(有勢) ① ☞ 유력(有力). ② 《세도부림》 ~하다 wield power [influence] 《*over*》; lord it over (유세부리다).
유세(遊說) canvassing; electioneering; stumping, stump-speaking 《美》; 《유세 여행》 《go on》 a canvassing [stumping] tour. ~하다 go canvassing; (take the) stump; canvass. ¶ 선거구를 ~하다 stump a district 《美》.
유소(幼少) childhood; infancy. ~한 young; juvenile.
유속(流速) the speed of a current. ‖ ~계(計) a current meter.
유수(有數) ~의 prominent; leading; foremost; distinguished; eminent.
유수(流水) a stream, running water. ¶ 세월은 ~와 같다 Time flies.
유숙(留宿) ~하다 lodge 《*in, at*》; stay 《*at*》; stop 《*in*》. ☞ 숙박.
유순(柔順) ~한 submissive; obedient; docile; meek; gentle.
유스호스텔 a youth hostel.
유습(遺習) hereditary customs.
유시(幼時) childhood; infancy.
유시(諭示) instruction; admonition; a message. ~하다 admonish; give an instruction. ¶ 대통령의 ~ a presidential instruction[message].
유식(有識) ~한 learned; educated; intelligent; well-informed. ¶ ~한 사람 a well-informed [a learned, an intelligent] person.
유신(維新) renovation; the Revitalizing Reforms. ‖ 10월 ~ the October Revitalizing Reforms.
유신(遺臣) a surviving retainer.
유신론(有神論) theism. ‖ ~자 a theist.
유신론(唯神論) solifidianism.
유실(流失) ~하다 be swept [washed, carried] away 《*by a flood*》. ‖ ~ 가옥 houses carried away by the floods.
유실(遺失) ~하다 lose; leave behind. ‖ ~물 a lost article; things lost (~물 신고 a report on lost property / ~물 (신고) 센터 a lost-and-found office; a lost-property office 《英》).
유심(有心) ~히 attentively; carefully. ¶ ~히 듣다 hear attentively; listen 《*to*》.
유심론(唯心論) 〖哲〗 spiritualism; idealism. ‖ ~자 a spiritualist; an idealist.
유아(幼兒) a baby; an infant. ‖ ~ 사망율 infant mortality.
유아(乳兒) a suckling; a nursling; a baby. ‖ ~식(食) baby food.
유아(唯我) ¶ 천상 천하 ~ 독존 I am my own Lord [Holy am I alone] throughout heaven and earth. ‖ ~론 〖哲〗 solipsism.
유아등(誘蛾燈) a light trap; a luring lamp.
유안(硫安) ammonium sulfate.
유암(乳癌) cancer of the breast; mammary cancer.
유압(油壓) oil pressure. ‖ ~계 an oil pressure gauge.
유액(乳液) ① 〖植〗 latex; milky liquid. ② 《화장품》 milky lotion.
유야무야(有耶無耶) ¶ ~가 되다 be dropped; become hazy / ~로 덮어버리다 hush up 《*a matter*》.
유약(幼弱) ~한 juvenile and weak.
유약(柔弱) ~한 weak; effeminate; enervate(d).
유약(釉藥) glaze; enamel. ¶ ~을 칠하다 put glaze on 《*pottery*》.
유양돌기(乳樣突起) 〖醫〗 a mastoid (process).
유어(幼魚) a young fish; a young of fish. ‖ ~ 사육조(槽) a rearing tank.
유어(類語) a synonym.
유언(遺言) a will; one's dying wish; one's last words. ~하다 express one's dying wish; leave [make] a (verbal) will. ¶ …의 ~에 의해 by the will of… / ~ 없이 죽다 die intestate. ‖ ~자 a testator; a testatrix(여자) / ~장 a will; a testament / ~ 집행자 an executor.
유언(비어)(流言(蜚語)) a groundless [wild] rumo(u)r; a false report. ¶ ~를 퍼뜨리다 spread a wild rumor; set a false rumor abroad [afloat].
유업(乳業) the dairy industry.
유업(遺業) work left by someone. ¶ ~을 잇다 take up the work left unfinished by 《*one's father*》.
유엔 UN, U.N. (◀ the United Nations) ‖ ~군 the UN forces (~군 사령부 the UN Command) / ~ 총회 the UN General Assembly.
유역(流域) a (drainage) basin; a

catchment basin; a valley. ¶ 한강 ~ the Han River basin.
유연(柔軟) ~한 soft; pliable; pliant; supple; elastic; flexible.
유연(悠然) ~한 calm; serene; composed. ¶ ~히 composedly; with an air of perfect composure.
유연탄(有煙炭) bituminous [soft] coal.
유영(游泳) ~하다 swim; sail. ‖ ~동물 nekton / ~술(術) the art of swimming.
유예(猶豫) 《지연》 delay; 《연기》 an extension of time; grace(지불의); 《주저》 hesitation; 《형의》 a respite; a reprieve. ~하다 give 《*a person*》 time; 《기한 연장》 give 《*a person*》 an extension of time; give 《*a day's*》 grace; 《주저》 hesitate; 《형을》 reprieve. ¶ 3일간의 (지불) ~를 주다 give [grant] 《*a person*》 three days' grace. ‖ ~ 기간 the period of grace.
유용(有用) ~한 useful; of use; valuable; serviceable; good 《*for a thing*》. ¶ 국가에 ~한 인물 a man useful to the state / 돈을 ~하게 쓰다 make good use of one's money; put one's money to a good use.
유용(流用) diversion; 《부정한》 misappropriation. ~하다 divert [apply, appropriate] 《*the money*》 to 《*some other purpose*》; misappropriate 《*public money*》.
유원지(遊園地) a pleasure [recreation] ground; a public garden; an amusement park 《美》.
유월(六月) June (생략 Jun.).
유월절(踰越節) the Passover.
유위(有爲) ~한 able; capable; efficient; promising (유망한).
유위전변(有爲轉變) the vicissitudes [ups and downs] 《*of life, of fortune*》.
유유(悠悠) ~한 calm; composed; serene; leisurely; slow. ¶ ~히 calmly; composedly; serenely; slowly; quietly.
유유낙낙(唯唯諾諾) readily; quite willingly; at one's beck and call.
유유상종(類類相從) "Birds of a feather flock together."
유유자적(悠悠自適) ~하다 live in easy [comfortable] retirement; live free from worldly cares.
유의(留意) ~하다 take care [notice] of; heed; regard; mind; pay attention [regard] to. ¶ 건강에 ~하다 take (good) care of oneself [one's health] / ~해서 듣다 hear attentively. ‖ ~ 사항 matters that demand special attention.
유익(有益) ~한 profitable; beneficial; 《교훈적》 instructive; 《유용》 useful; serviceable. ¶ ~하게 usefully; profitably; to good advantage / 젊은이에게 ~한 책 books good for young people.
유인(有人) ~의 piloted 《*aircraft*》; manned 《*spaceship*》. ‖ ~ 위성 a manned satellite.
유인(柔靭) ~한 elastic; flexible. ‖ ~성 elasticity; flexibility.
유인(誘引) allurement; enticement; seduction. ~하다 allure; tempt; entice; seduce.
유인(誘因) a (proximate) cause; a motive; an inducement; an incentive. ¶ …의 ~이 되다 cause; lead (up) to.
유인물(油印物) printed matter.
유인원(類人猿) an anthropoid.
유일(唯一) ~의 only; sole; single; solitary; unique. ¶ ~ 무이한 one and only; unique; peerless.
유임(留任) ~하다 remain [continue] in office. ‖ ~ 운동 a movement to retain 《*a person*》 in *his* office.
유입(流入) inflow; influx; incoming. ~하다 flow [stream, come] in. ‖ 외자 ~ an inflow of foreign capital.
유자(柚子) 〖植〗 a citron.
유자격자(有資格者) a qualified [a competent, an eligible] person. ‖ 교원 ~ a licensed teacher.
유자녀(遺子女) a child of the deceased; a surviving child. ¶ K씨의 ~ a child of the late Mr. K.
유작(遺作) one's posthumous works.
유장(悠長) ~한 long; lengthy; 《성미가》 leisurely; slow; easygoing (태평스런).
유저(遺著) a posthumous work. ¶ 김 박사의 ~ writings of the late Dr. Kim.
유적(幽寂) ~한 sequestered.
유적(遺跡) ruins; remains; relics.
유전(油田) an oil field. ‖ ~ 탐사 [개발] oil exploration.
유전(流典) foreclosure; mortgage forfeit. ~되다 be forfeited. ‖ ~물 a forfeited [an unredeemed] article [pawn].
유전(流轉) 《유랑》 vagrancy; wandering; 《변천》 vicissitude; impermanency; 《윤회》 transmigration. ~하다 wander about; rove; transmigrate.
유전(遺傳) heredity. ~하다 be hereditary; be transmitted 《*from one's parents*》; run in the blood [family]. ¶ ~성의 hereditary; of hereditary nature / ~적으로 hereditarily. ‖ ~병 a hereditary disease / ~(인)자 a gene / ~학 genetics / ~형질 an inherited [a hereditary] character.
유전기(流電氣) galvanic [voltaic] electricity; voltaism.
유정(有情) humaneness; sentience.
유정(油井) an oil well.
유정(遺精) involuntary emission of semen; nocturnal pollution.
유제(有蹄) ‖ ~ 동물 an ungulate /

～류(類) Ungulata.
유제(乳劑) 〖化〗 an emulsion.
유제(油劑) an oily medicine; 《연고》 an ointment.
유제품(乳製品) dairy products.
유조(油槽) an oil tank. ‖ ～선 a tanker (대형 ～선 a supertanker; a mammoth tanker) / ～차 a tank car(열차의); an oil (a tank) truck (트럭).
유족(裕足) ～하다 (be) affluent; rich; well-to-do; well-off.
유족(遺族) a surviving (bereaved) family; the survivors. ‖ 전사자 ～ the war bereaved.
유종(有終) ¶ ～의 미를 거두다 bring 《*a matter*》 to a successful conclusion; crown 《*a thing*》 with perfection; carry 《*a thing*》 to perfection; round off 《*one's career*》.
유종(乳腫) 〖醫〗 mastitis.
유죄(有罪) guilt; guiltiness. ～의 guilty; culpable. ¶ ～를 선고하다 declare (sentence) 《*a person*》 guilty; convict 《*a person*》 of 《*a crime*》. ‖ ～ 판결 conviction; a judg(e)ment of guilty.
유증(遺贈) 《동산의》 bequest; 《부동산의》 devise. ～하다 leave 《*a thing*》 by will; bequeath (동산); devise(부동산). ‖ ～물 a bequest; a legacy / ～자 a legator; a devisor (피～자 a legatee; a devisee).
유지(有志) 《사람》 an interested person; a supporter; a sympathizer; a volunteer; a leading (an influential) person (유력자). ¶ ～ 일동 all the persons concerned. ‖ 지방 ～ public-spirited men (an influential figure) of the locality.
유지(油紙) oilpaper; oiled paper.
유지(油脂) oils and fats. ‖ ～ 공업 the oil and fat industry.
유지(維持) maintenance; preservation; upkeep; 《지탱함》 support. ～하다 maintain 《*peace*》; keep 《*a club*》 going; preserve 《*one's health*》; support. ¶ 질서를 ～하다 keep (maintain, preserve) order/ 체면을 ～하다 keep up appearances. ‖ ～비 the cost of maintenance; maintenance expenses / ～책 a measure for maintenance.
유지(遺志) one's dying wishes(will). ¶ 고인의 ～를 받들다 follow up the intention of the deceased.
유지(遺址) an old site; remains; ruins.
유진무퇴(有進無退) advance without retreat. ～하다 be ever-advancing.
유질(流質) ☞ 유전(流典).
유징(油徵) oil indication.
유착(癒着) adhesion; union; conglutination; healing up. ～하다 knit; adhere; conglutinate; heal (close) up.
유찬(類纂) a classified collection in book form.
유창(流暢) ～한 fluent; flowing; smooth; facile. ¶ ～하게 fluently; smoothly; with fluency.
유체(有體) ～의 material; corporeal; tangible. ‖ ～물 〖法〗 materiality; corporeal things.
유체(流體) 〖理〗 a fluid. ‖ ～ 역학 hydrodynamics.
유추(類推) analogy; analogical inference. ～하다 analogize; know by analogy. ¶ ～적 analogic(al) / …으로 ～하여 on the analogy of .... ‖ ～ 해석 analogical construction (interpretation).
유축농업(有畜農業) animal husbandry.
유출(流出) effluence; outflow; efflux. ～하다 flow (run) out; issue; discharge. ‖ 두뇌 ～ the brain drain 《*of scientists to America*》.
유충(幼蟲) a larva [*pl.* -vae]. ‖ ～기 the larval stage.
유취(類聚) ～하다 collect (gather together) according to classes (categories); gather in groups.
유층(油層) an oil stratum.
유치(幼稚) ～한 infantile; childish; puerile; 《미숙》 immature; crude; 《원시적》 primitive. ¶ ～한 생각 a crude (childish) idea (thought). ‖ ～원 a kindergarten; a preschool 《美》.
유치(乳齒) a milk tooth.
유치(留置) ① 《억류》 detention; lockup; custody. ～하다 detain; keep 《*a person*》 in custody; lock up; hold《美》. ‖ ～장 a lockup; a police cell; a house of detention. ② 《우편의》 ～하다 leave till called for. ‖ ～ 우편 a *poste restante*; general delivery (mail) 《美》.
유치(誘致) ～하다 induce; draw; lure; attract; invite. ¶ 관광객을 ～하다 (try to) attract tourists / 공장을 ～하다 invite 《*a manufacturing company*》 to set up *its* plant 《*in*》.
유쾌(愉快) ～한 pleasant; happy; delightful; cheerful. ¶ ～히 (하게) pleasantly; delightfully; happily; cheerfully.
유클리드 Euclid. ‖ (비)～ 기하학 (non-)Euclidean geometry.
유탄(流彈) 《be hit by》 a stray bullet (shot); a random shot.
유태(猶太) ☞ 유대.
유택(幽宅) a grave; a tomb; one's last home.
유토피아 Utopia. ¶ ～의 Utopian.
유통(流通) ① 《화폐의》 circulation; currency; 《어음의》 negotiation; 《물자의》 distribution. ～하다 circulate; pass current; be afloat(어음이). ‖ ～ 기구 (구조) distributive machinery (distribution structure) / ～성 negotiability(어음의) / ～ 자본 circulating capital / ～ 증권 a negotiable bond (security) / ～화폐 current money. ② 《공기의》 ventilation; circulation. ～하다

circulate; flow.
유파(流派) a school.
유폐(幽閉) confinement; imprisonment. ～하다 confine; shut up; imprison.
유포(油布) oilcloth.
유포(流布) ～하다《퍼짐·퍼뜨림》circulate; be (put) in circulation; spread. ¶ ～되고 있다 be going around (afloat).
유품(遺品) relics; an article left by the departed.
유풍(遺風) an old custom; a tradition.
유피(鞣皮) dressed skin; (tanned) leather. ‖ ～업 tannery.
유하다(柔—) 《성격이》 (be) mild; gentle; genial; tenderhearted.
유하다(留—) stop, stay 《*at, in*》; put up 《*at an inn*》; lodge 《*at a hotel, with a family*》.
유학(留學) study(ing) abroad. ～하다 study abroad; 《가다》go abroad to study 《*English literature*》. ‖ ～생 a student studying abroad. (외국인 ～생 a foreign student / 재미 한국 ～생 Korean students (studying) in the U.S.).
유학(遊學) ～하다 study away from home.
유학(儒學) Confucianism. ‖ ～자 a Confucianist; a Confucian.
유한(有限) ～한 limited; finite. ‖ ～ 급수 a finite series / ～ 책임 limited liability.
유한(有閑) ‖ ～ 계급 the leisure(d) class / ～ 마담 a leisured (an idle rich) woman.
유한(遺恨) grudge; ranco(u)r; enmity. ¶ ～을 풀다 pay off old scores 《*with a person*》.
유해(有害) ～한 injurious; harmful; noxious; bad. ¶ ～ 무익하다 do more harm than good. ‖ ～물 a harmful object / ～식품 poisonous (contaminated) food (stuff).
유해(遺骸) remains; a corpse; a (dead) body; ashes(유골).
유행(流行) fashion; vogue; a craze (대유행); a fad(일시적); prevalence (병 따위의). ～하다 be in fashion (vogue); be popular; 《병이》 prevail; be prevalent (prevailing, widespread). ¶ ～시키다 bring 《*a style*》 into fashion (vogue) / 최신 ～의 of the latest fashion / 대～이다 be all the fashion; be in great vogue; be very popular; be the craze / ～의 첨단을 걷다 lead (set) the fashion / ～에 뒤지다 be behind (the) fashion / ～을 따르다 follow the fashion. ‖ ～가 a popular song (～가 가수 a singer of popular songs) / ～병 an epidemic (disease) / ～성 감기 influenza; flu 《口》 / ～성 뇌염 epidemic encephalitis / ～어 a cant; a word (phrase) in fashion (vogue) / ～ 작가 a popular writer / ～지 an infected area (district) / ～형 a fashionable shape (형상); an up-to-date style (양식) (최신 ～형 the latest style (fashion) (옷의)).
유현(幽玄) ～한 subtle and profound; deeply suggestive; mysterious.
유현(儒賢) the sages of Confucianism.
유혈(流血) bloodshed. ¶ ～의 참극을 빚다 create a scene of bloodshed / ～ 사태로 번지다 develop into (an affair of) bloodshed.
유혈암(油頁岩) oil shale.
유형(有形) ～의 material; corporeal; tangible; concrete. ¶ ～ 무형의 material and immaterial (moral); visible and invisible. ‖ ～ 무역 visible trade / ～ 문화재 tangible cultural properties / ～물 a concrete object / ～ 자본 a corporeal capital / ～ 재산 (자산) corporeal property; material (tangible) assets.
유형(流刑) banishment; exile. ‖ ～지 a penal colony (island).
유형(類型) a type. ～적 stereotype(d); typical.
유혹(誘惑) temptation; lure; allurement; seduction. ～하다 tempt; entice; lure; seduce 《*a girl*》. ¶ 바다의 ～ the lure (call) of the sea / ～에 빠지다 fall into temptation / 돈으로 ～하다 allure 《*a person*》 with money / ～과 싸우다 resist temptation; fight (struggle) against temptation. ‖ ～자(者) a tempter; a seducer.
유화(乳化) emulsification.
유화(油畫) an oil painting. ‖ ～가 an oil painter/～채료 oil colors.
유화(柔和) ～한 gentle; tender; mild; meek.
유화(宥和) appeasement. ～하다 appease; pacify. ‖ ～론자 an appeaser / ～ 정책 an appeasement policy.
유황(硫黃)〖化〗☞ 황(黃). ‖ ～천 a sulfur (sulfureous) spring.
유회(流會) adjournment of a meeting. ～되다 be adjourned; be called off.
유효(有效)《법규 따위》validity; effectiveness;《표 따위》availability;《약 따위》efficiency. ～하다 (be) valid; effective; available; efficacious;《서술적》remain valid; hold good 《*for a year*》. ¶ ～하게 effectively; validly / ～ 적절한 effective and well-directed. ‖ ～ 기간 the term of validity; the available period (～ 기간 3개월 effective (valid) for three months) / ～ 사거리 (수요) an effective range (demand) / ～ 증명 a certificate of validity / ～타 a telling blow / ～ 투표 a valid ballot.
유훈(遺訓) one's last injunctions; teachings of the departed.
유휴(遊休) ～의 idle; unused; un-

employed. ‖ ~시설 idle facilities / ~자본 unemployed [idle] capital; floating money / ~지 land lying idle.
유흥(遊興) pleasure (seeking); merrymaking; a spree; 《오락》 amusements. ~하다 make merry; amuse [divert] oneself; have a spree. ‖ ~가 a pleasure resort; gay quarters / ~비 expenses for [of] pleasures / ~ 음식세 the amusement, eating and drinking tax / ~장 a place of amusement.
유희(遊戲) play (어린이의); a pastime (오락); a game (게임); a sport (운동). ~하다 (be at) play; play a game.
육(肉) the flesh (육체); meat (식용육). ¶ 영과 ~ flesh and spirit; body and soul.
육(六) six; the sixth (제6).
육각(六角) a hexagon; a sexangle. ~의 hexagonal; sexangular. ‖ ~형 a hexagon.
육감(六感) the sixth sense. ¶ ~으로 알다 know 《*a thing*》 by intuition [the sixth sense] / ~이 예민하다 [무디다] be quick [slow] of perception.
육감(肉感) sensuality. ~적 sensual; suggestive; voluptuous. ¶ ~적인 미인 a voluptuous beauty.
육개장(肉—) hot shredded beef soup (and rice).
육계(肉桂) cinnamon; cassia (bark).
육괴(肉塊) a lump of flesh [meat].
육교(肉交) 《have》 sexual intercourse 《*with*》.
육교(陸橋) a bridge (over a railroad [roadway]); an overpass 《美》; an overbridge 《英》.
육군(陸軍) the army; the military service. ~의 military; army. ‖ ~대학 the Military Staff College / ~무관 a military *attaché* (대사관부(附)) / ~병원 a military [an army] hospital / ~ 사관학교 the Military Academy / ~ 장교 a military [an army] officer / ~ 참모총장 the Army Chief of Staff.
육대주(六大洲) the Six Continents.
육도(陸稻) upland rice.
육로(陸路) a land [an overland] route. ¶ ~로 《go》 by land; overland.
육류(肉類) (flesh and) meat.
육면체(六面體) a hexahedron. ¶ ~의 hexahedral.
육모(六—) ☞ 육각. ‖ ~ 방망이 a six-sided club [cudgel] / ~정(亭) a hexagonal pavilion.
육미(肉味) the taste of meat (맛); meat dishes(음식). ‖ ~붙이 meat; flesh.
육박(肉薄) ~하다 《전쟁에서》 press 《*the enemy*》 hard; close in upon 《*the enemy*》; come to close quarters 《*with*》; 《경기에서》 tread close on 《*a person's*》 heels; run 《*a person*》 hard [close]. ‖ ~전 a hand-to-hand fight; a close combat.
육발이(六—) a six-toed person.
육배(六倍) six times; sextuple.
육법(六法) the six codes of laws. ‖ ~ 전서 a Compendium of Laws; the statute book.
육보(肉補) a meat diet. ~하다 diet [nourish oneself] on meat.
육봉(肉峰) a hump.
육부(六腑) ☞ 오장육부.
육산(陸產) products of the soil; land products. ‖ ~물(物) =육산.
육삼삼제(六三三制) 〖敎〗 the 6-3-3 system of education.
육상(陸上) 《on》 land; ground; 《on》 shore. ‖ ~근무 《be on》 shore duty (선박의); ground duty (항공기의) / ~ 경기 field and track events; athletic sports (~ 경기 대회 a track-and-field meet) / ~ 수송 land carriage [transportation].
육서(陸棲) ‖ ~동물 a land animal.
육성(肉聲) a natural voice; a (human) voice.
육성(育成) upbringing; rearing. ~하다 rear; nurture; bring up; 《조성》 foster. ‖ ~ 재배 rearing and cultivating / ~회비 school supporting fees (학교의).
육손이(六—) a six-fingered person.
육송(陸送) land transportation; ground transport.
육수(肉水) meat juice; meat [beef] stock; gravy; broth.
육순(六旬) ~의 sixty-year-old; sexagenarian. ‖ ~ 노인 a sexagenarian.
육시(戮屍) decapitation of a (dead) body. ‖ ~ 처참(處斬) =육시.
육식(肉食) 《사람의》 meat-eating; meat diet; 《동물의》 flesh-eating. ~하다 eat [live on] meat; eat flesh. ‖ ~가 a meat-eater / ~수 [동물] a carnivorous animal; a beast of prey / ~조 a bird of prey / ~충 a predacious insect.
육신(肉身) the body; the flesh.
육십(六十) sixty; threescore; LX (로마 숫자). ¶ 제~ the sixtieth / ~분의 일 a sixtieth (part) / ~대의 사람 a sexagenarian; a person in his sixties.
육아(肉芽) 〖醫·生〗 a granulation; granulation tissue (육아의 조직). ¶ ~가 생기다 granulate.
육아(育兒) childcare; nursing. ~하다 bring up [nurse] infants; rear children. ‖ ~법 the art of rearing infants; "childcare" / ~비 childcare expenses / ~원 an orphanage (고아의); a foundling hospital (기아의).
육안(肉眼) the naked [unaided] eye. ¶ ~으로 보이는 [안 보이는] 곳에 within [beyond] eyeshot / ~으로 보다 see with the naked eye.

육영(育英) education. ~하다 educate. ‖ ~ 사업 the educational work / ~회 a scholarship society.
육욕(肉慾) carnal 〔sexual〕 desire; sensual pleasure; animal passions; lust. ‖ ~주의 sensualism; carnalism.
육우(肉牛) beef cattle.
육운(陸運) land carriage; overland transportation. ‖ ~ 회사 a land transportation company.
육전(陸戰) land fighting 〔warfare〕. ~하다 fight on land. 「ta〕.
육종(肉腫) a sarcoma [*pl.* -s, -ma-
육종(育種) breeding; rearing.
육중(肉重) ~하다 (be) heavily-built; heavy; weighty; ponderous; massive. 「vy.
육즙(肉汁) meat juice; broth; gra-
육지(陸地) land; the shore (배에서 본). ¶ ~쪽으로 toward the land; landward / ~의 동물 a land animal / ~를 떠나다 set out to sea (배가) / ~로 둘러 싸이다 be landlocked.
육척(六尺) six feet. ¶ ~장신의 남자 a six-footer 《口》.
육체(肉體) the flesh; the body. ~의〔적〕 bodily; fleshly; physical. ¶ ~적 쾌락 sensual pleasures. ‖ ~ 관계 connection; (sexual) relations 〔intercourse〕 / ~ 노동 physical 〔manual〕 labo(u)r / ~미 physical beauty; the beauty of the body / ~파 (미인) a glamo(u)r girl.
육촌(六寸) 《친척》 a second cousin.
육친(肉親) a blood relation 〔relative〕; one's flesh and blood.
육탄(肉彈) a human bullet 〔bomb〕. ‖ ~ 십용사(十勇士) the ten human bombs / ~전(戰) a hand-to-hand fighting 〔struggle〕.
육태(陸駄) a cargo. ~질하다 unload 《*cargoes*》; land; discharge.
육포(肉脯) jerked 〔dried sliced〕 beef; jerk(y).
육풍(陸風) a land breeze 〔wind〕.
육필(肉筆) an autograph; 《in》 one's own handwriting.
육해공(陸海空) land, sea and air. ‖ ~군(軍) the land, sea and air forces (~군 합동작전 a joint operation of the army, navy and air forces).
육해군(陸海軍) the army and navy.
육혈포(六穴砲) a six-chambered revolver. 「beef.
육회(肉膾) a dish of minced raw
윤(潤) 《광택》 gloss; luster; polish; sheen; shine. ~나다 become 〔be〕 glossy 〔lustrous〕. ~내다 gloss; polish (up); put a polish 〔gloss〕 on; bring out the luster.
윤간(輪姦) gang 〔group〕 rape. ~하다 gang-rape; violate 〔rape〕 a woman by turns.
윤곽(輪廓) 《개관》 an outline; 《외형선》 a contour; a skeleton; a rough sketch (그림 등의). ¶ 얼굴의 ~ the contour of one's face / ~이 반듯한 〔뚜렷한〕 얼굴 regular 〔clear-cut〕 features / ~을 파악하다 get the general idea 《*of*》.
윤기(潤氣) ☞ 윤. ¶ ~ 도는 머리 glossy 〔sleek〕 hair / ~가 돌다 〔흐르다〕 have fine luster; have a good polish; have good colo(u)r (on one's face) (얼굴에). 「year.
윤년(閏年) a leap 〔an intercalary〕
윤달(閏—) a leap 〔an intercalary〕 month. 「turn.
윤독(輪讀) ~하다 read 《*a book*》 in
윤락(淪落) ruin; (down)fall. ~하다 sink in the world; fall low; be ruined. ‖ ~가 a red-light district 《美》; gay quarters / ~여성 a ruined 〔fallen, lost〕 woman.
윤리(倫理) ethics; morals. ~적 ethical; moral. ‖ ~학(學) ethics (~학자 an ethicist; a moral philosopher) / 한국 방송 〔신문〕 ~ 위원회 the Korea Broadcasting 〔Press〕 Ethics Committee.
윤번(輪番) turn; rotation. ¶ ~으로 in turn; alternately; by turns. ‖ ~제 the rotation system (~제로 의장을 하다 rotate the chairmanship 《*of a conference*》).
윤산화서(輪繖花序) 〖植〗 a verticillaster.
윤색(潤色) embellishment; colo(u)ring. ~하다 embellish; colo(u)r (up); adorn; ornament. ‖ ~자 an embellisher.
윤생(輪生) 〖植〗 verticillation.
윤일(閏日) a leap day.
윤작(輪作) crop rotation; shift of crops. ~하다 rotate crops 《*in a field*》.
윤전(輪轉) rotation. ~하다 rotate; revolve. ‖ ~기 a rotary press 〔machine〕; a cylinder press.
윤창(輪唱) a troll. ~하다 troll.
윤축(輪軸) the wheel and axle.
윤택(潤澤) ① ☞ 윤. ② 《살림이》 ~한 rich; wealthy; well-off. ③ 《풍부》 ~한 abundant; ample; plentiful. ¶ 자금이 ~하다 have ample funds. 「(painting).
윤필(潤筆) ‖ ~료 a fee for writing
윤허(允許) royal permission 〔sanction〕. ~하다 grant (royal) sanction.
윤형(輪形) a circle; ring (shape).
윤화(輪禍) 《be killed in》 a traffic 〔an automobile〕 accident. ¶ ~를 입다 meet with a traffic accident.
윤활(潤滑) lubrication. ~한 lubricous; smooth. ‖ ~유 lubricating oil; lubricant; lube (oil) (~유의 구실을 하다 help (to) smooth 《*the processes of the negotiations*》).
윤회(輪廻) 〖佛〗 *Samsāra* 《梵》; the transmigration of the soul; metempsychosis.

율(律) ① 《법》 a law; a regulation; a statute; a commandment (계율). ‖ 도덕～ the moral law [code]. ② 《시의》 rhythm; meter.
율(率) a rate; a ratio; a proportion (비율); 〖理〗 an index; modulus. ¶ …의 ～로 at the rate of. ‖ 굴절～ an index of refraction / 출산 [투표, 사망]～ the birth [voting, death] rate.
율동(律動) (a) rhythm; rhythmic movement. ¶ ～적인 rhythmic(al). ‖ ～미 rhythmical beauty / ～체조 rhythmic gymnastics.
율무 〖植〗 adlay; adlai.
율법(律法) (a) law; regulations; 《계율》 commandments.
융(絨) flannelet(te).
융기(隆起) rising; a protuberance; upheaval (지표의). ～하다 rise; bulge; protrude; upheave.
융단(絨緞) a carpet; a rug. ¶ ～을 깔다 carpet 《*the floor*》. ‖ ～ 폭격 a carpet [blanket] bombing.
융모(絨毛) wool; 〖解〗 a villus [*pl.* villi].
융비술(隆鼻術) rhinoplasty; 《수술》 《have》 a rhinoplastic operation.
융성(隆盛) prosperity. ～한 prosperous; flourishing; thriving.
융숭(隆崇) ～한 kind; cordial; liberal; hearty; hospitable. ¶ ～한 대접을 받다 have a cordial [warm] reception; be treated hospitably.
융열(融熱) the heat of fusion.
융자(融資) financing; a loan (융자금). ～하다 finance 《*an enterprise*》; furnish funds 《*to*》. ‖ ～신청 a request for a loan / 단기 ～ a short-term loan; a call loan / 조건부 ～ conditional financing; a tied loan.
융점(融點) ☞ 융해점.
융통(融通) ① 《융자》 accommodation; financing; loan; 《유통》 circulation. ～하다 accommodate 《*a person with a loan*》; lend; finance; advance 《*a person* 3,000 *won*》 (미리); circulate. ‖ ～력(力) one's financing ability / ～어음 an accommodation bill. ② 《융통성》 elasticity; adaptability. ¶ ～성 있는 elastic; adaptable; versatile; flexible / ～성 없는 unadaptable; inflexible; stiff; stubborn.
융합(融合) fusion (결합); harmony (융화); unity (일치). ～하다 fuse (into one); harmonize; unite.
융해(融解) fusion; melting; dissolution. ～하다 fuse: melt; dissolve. ‖ ～열 the heat of fusion / ～점 the melting point.
융화(融化) deliquescence. ～하다 deliquesce; soften.
융화(融和) harmony; reconciliation. ～하다 harmonize; be reconciled 《*with*》.
융흥(隆興) prosperity; rise.
윷 《놀이》 the "Four-Stick Game"; *yut.* ¶ ～놀이하다 play (a game of) *yut.*
으깨다 crush; squash; mash (감자 따위를).
으드득 ¶ ～ 깨물다 munch; crunch/ ～ 이를 갈다 grind one's teeth.
으드등거리다 snarl [growl] (at each other); bicker; spat; wrangle.
으뜸 ① 《첫째》 the first (place); the top; the head. ¶ ～가는 the first; the best; the top; leading. ② 《근본》 the foundation; the root; the basis.
으레 ① 《응당》 of course; to be sure; naturally; no doubt; justly; properly. ② 《어김없이》 always; without fail; habitually.
으로 (☞ 로) ① 《액수》 for; in. ¶ 500원권～ in five-hundred-*won* notes. ② 《원인》 at; with; of; from; on account of; because of. ¶ 병～ 누워 있다 lie in bed with illness. ③ 《비율》 by. ¶ 홉～ 팔다 sell by the *hob.* ④ 《재료》 of; out of; 《원료》 from. ¶ 헌 궤짝～ 책상을 만들다 make a table out of an old box. ⑤ 《수단》 by means of; by; through; 《도구》 with; on; in. ¶ 배편～ by ship. ⑥ 《추측·근거》 by; from. ¶ 안색～ from 《*a person's*》 look. ⑦ 《방향》 in; into; for; to; towards. ¶ 부산～ 가는 차 the train for Pusan. ⑧ ☞ 으로서.
으로서 as; by way of; in the capacity of (자격) (☞ 로서). ¶ 통역 ～ as an interpreter.
으로써 with; by (means of).
으르다 threaten 《*to kill a person*》; intimidate; scare. ¶ 으르고 달래어 what with threats and (what with) entreaties.
으르대다 《딱딱거리다》 snarl at; 《위협》 threaten; intimidate; bluff.
으르렁거리다 《짐승이》 roar; growl; howl; 《서로》 snarl at each other (개 따위가); 《사람끼리》 bicker with each other; quarrel [wrangle] with; be at daggers drawn.
으르르 tremblingly; shiveringly.
으름 〖植〗 an akebi seed. ‖ ～덩굴 an akebi.
으름장 intimidation; browbeating; a threat; a menace. ～놓다 intimidate; browbeat; threaten; menace.
으리으리하다 (be) magnificent; majestic; stately; imposing; grand; awe-inspiring; solemn. ¶ 으리으리한 저택 a stately mansion.
…으면 if (☞ …면). ¶ 천만원 있～ If I had ten million *won*, … .
…으면서 (☞ …면서) ① 《동시에》 while; as; at the same time; with. ¶ 생긋 웃～ with a smile. ② 《불구하고》 though; for all; in spite of. ¶ 돈이 있～ for all one's

wealth.
으스러뜨리다 break to pieces; shatter; smash; crash.
으스러지다 crumble; be broken (smashed, crushed) to pieces.
으스름달 a hazy moon. ‖ ~밤 a faint (misty) moonlit night.
으스스 ¶ ~한 chilly; somewhat chill (cold) / ~ 춥다 have a chill.
으슥하다 (be) retired and quiet; secluded; lonely; deep. ¶ 으슥한 방 a secluded (sequestered) room.
으슬으슬 ¶ ~한 chilly; somewhat cold / ~ 춥다 feel a chill.
으슴푸레하다 (be) dusky; hazy; misty; dim.
으썩 ¶ ~ 깨물다 crunch.
으쓱거리다 raise (draw up) one's shoulders in pride; swagger; perk up the shoulders.
으쓱하다¹ 《추워》 (be) chilly; feel a chill; 《무서워》 shudder 《*at, to think of*》; (be) horrible; chilling; blood-curdling; hair-raising.
으쓱하다² 《우쭐하다》 be elated (inflated, exultant) 《*over, with*》; be puffed up 《*by, with*》; perk (draw) oneself up; 《어깨를》 perk up one's shoulders.
으아 mewl; mule. ¶ ~하고 울다 mewl; mule.
으아리 【植】 a clematis.
으악 ① 《놀래줄 때》 Boo!; 《놀라서》 Ugh!; with a sudden outcry. ② 《토할 때》 ¶ ~ 하다 retch.
으크러뜨리다 crush 《*a thing*》 (out of shape); crumble; squash; smash.
으크러지다 get crushed (bruised).
윽박지르다 snub (shout) 《*a person*》 down; put down with threats; browbeat; intimidate.
은(銀) silver (기호 Ag). ¶ ~(제)의 silver / ~ 같은 silvery / ~을 입힌 silver-plated. ‖ ~그릇 (제품) silverware / ~본위 【經】 the silver standard / ~시계 a silver watch.
은거(隱居) retirement; seclusion. ~하다 retire from the world; live in seclusion.
은고(恩顧) favo(u)rs; patronage. ¶ ~를 입다 receive favors 《*from*》; be patronized 《*by*》.
은공(恩功) favo(u)rs; merits.
은광(銀鑛) a silver mine; silver ore (광석).
은괴(銀塊) a silver ingot; silver bullion; bar silver (막대 모양의).
은근(慇懃) ① 《정중》 ~한(히) polite(ly); civil(ly); courteous(ly); attentive(ly); gallant(ly) (여성에게). ② 《은밀》 ~한(히) private(ly); secret(ly); quiet(ly); inward(ly); indirect(ly); intimate(ly) (친밀).
은근짜 a woman of dubious respectability; a prostitute; 《엉큼한》 a deep one.
은기(銀器) a silver vessel; silverware.
은니(銀泥) silver paint.
은닉(隱匿) concealment; secretion. ~하다 conceal; shelter; harbo(u)r 《*a criminal*》; hide; give refuge to. ‖ ~물자 concealed goods (commodities) / ~처 a hiding place / 중범 ~죄 misprision of felony.
은덕(恩德) a favo(u)r; a benefit; an obligation. ¶ ~을 베풀다 confer a benefit 《*upon*》.
은덕(隱德) good done by stealth; a secret act of charity.
은도금(銀鍍金) silver plating. ~하다 plate (gild) with silver.
은둔(隱遁) retirement (from the world); seclusion. ~하다 retire from the world; live in seclusion. ‖ ~ 생활 《lead》 a secluded life.
은막(銀幕) 《a queen of》 the screen.
은메달(銀—) a silver medal.
은밀(隱密) ~한 secret; covert; private; confidential. ¶ ~히 privately; in secret; confidentially / ~히 조사하다 make confidential inquiries.
은박(銀箔) silver leaf (foil); beaten silver. ‖ ~지 silver paper.
은반(銀盤) ① 《쟁반》 a silver plate. ② 《스케이트장》 a (skating) rink. ¶ ~의 여왕 a queen on the ice.
은발(銀髮) silver(y) hair.
은방(銀房) a silversmith's; a jeweler's (shop).
은방울꽃(銀—) 【植】 the lily of the valley.
은배(銀杯) a silver cup.
은백(銀白) ¶ ~(색의) silver-white; silver-gray(-grey).
은분(銀粉) silver dust.
은붙이(銀—) silver(ware).
은빛(銀—) ~의 silver(-colo(u)red); silvery.
은사(恩師) one's (respected) teacher; one's former teacher.
은사(隱士) a hermit; a recluse.
은세계(銀世界) a silver world; a vast snowy scene.
은세공(銀細工) silverwork; silverware (물건). ‖ ~인(人) a silversmith.
은수저(銀—) silver spoon and chopsticks.
은신(隱身) ~하다 hide (conceal) oneself; hide out 《口》; take cover (가려서). ‖ ~처 a hiding place; a refuge; a hide-out (범인의).
은실(銀—) silver thread.
은어(銀魚) 【魚】 a sweetfish.
은어(隱語) a secret language; a cant; an argot; 《thieves'》 slang.
은연(隱然) ~한 underlying; latent; secret. ¶ ~중 tacitly; implicitly; indirectly / ~중 …하기를 바라다 have a secret desire to 《*do*》.
은옥색(銀玉色) light jade green.
은유(隱喩) 【修】 a metaphor. ¶ ~적(으로) metaphorical(ly).
은은하다(隱隱—) ① 《아련함》 (be) dim; vague; indistinct; misty. ¶

은은한 향기 a subtle perfume. ② 《소리가》 (be) dim; faint; distant (to the ears). ¶ 은은한 포성 the distant booming of guns
은인(恩人) a benefactor, a patron (남자); a benefactress, a patroness (여자). ¶ 그는 내 생명의 ~이다 I owe him my life.
은인(隱忍) ~하다 endure; bear up; put up with. ¶ ~ 자중하여 with patience and prudence.
은자(隱者) a recluse; a hermit.
은잔(銀盞) a silver (wine) cup.
은장도(銀粧刀) a silver-decorated knife.
은저울(銀—) a jeweler's scale.
은전(恩典) 《receive, be granted》 a special favo(u)r; a privilege.
은전(銀錢) a silver coin.
은정(恩情) benevolent 〔gracious〕 affection.
은종이(銀—) silver paper; tin foil.
은총(恩寵) favo(u)r; grace. ¶ 하느님의 ~ 《by》 the grace of God / ~을 입다 enjoy 〔stand high in〕 《*a person's*》 favor.
은테(銀—) ‖ ~안경 silver-rimmed spectacles.
은퇴(隱退) retirement. ~하다 retire 《*from*》. ¶ 정계 〔무대〕에서 ~하다 retire from active politics 〔the stage〕. ‖ ~경기 a farewell 《*boxing*》 match.
은파(銀波) silvery (moonlit) waves.
은폐(隱蔽) concealment; hiding; cover-up; suppression. ~하다 conceal; hide; cover up. ¶ 사실을 ~하다 cover up 〔suppress〕 a fact.
은하(銀河) the Milky Way; the Galaxy. ‖ ~계(系) the galactic system / ~수 =은하.
은합(銀盒) a silver bowl with a lid.
은행(銀行) a bank. ¶ ~과 거래를 트다 〔끊다〕 open 〔close〕 an account with a bank. ‖ ~가 a banker / ~감독원 Office of Bank Supervision and Examination / ~권 a bank bill 〔note〕 / ~ 어음 a bank draft/ ~ 영업 시간 banking hours/ ~원 a bank clerk; the staff of a bank (총칭) / ~ 이자 bank interest 〔rate〕 / ~장〔총재〕 the president of a bank / ~주 bank stocks / 시중〔지방〕 ~ a city 〔local〕 bank / 중앙 ~ the Central Bank / 한국 외환 ~ the Korea Exchange Bank / 한국 ~ the Bank of Korea.
은행(銀杏) 〖植〗 a gingko nut. ‖ ~나무 maidenhair tree; a gingko.
은혈못(隱穴—) a double-pointed peg.
은혜(恩惠) a benefit; a favo(u)r; a grace; 《신세》 an obligation; a debt of gratitude. ¶ 어버이의 ~ parental love / 스승의 ~ one's debt to one's teacher / ~를 잊지 않는 〔모르는〕 (un)grateful / ~를 입다 be indebted to 《*a person*》 / ~를 베풀다 bestow favo(u)rs on 《*a person*》 / ~를 갚다 repay 《*a person's*》 kindness.
은혼식(銀婚式) 《celebrate》 a silver wedding.
은홍색(隱紅色) (faint) pink.
은화(銀貨) a silver (coin).
은화식물(隱花植物) a cryptogam, a flowerless plant.
은회색(銀灰色) siver gray.
을(乙) the second; B; the latter (후자).
을러메다 《으르다》 take a high-handed measure; 《위협》 threaten; browbeat; 《위압》 coerce; bully.
…을망정 though; even if; no matter 《*what, how,* etc.》; rather... than.
을씨년스럽다 ① 《가난》 (be) poor; needy; poor-looking. ② 《쓸쓸하다》 (be) lonly; dreary; dismal; desolate; 《보기에》 look miserable 〔wretched, shabby〕.
을종(乙種) class B; second grade.
…을지언정 ☞ …을망정.
읊다 《낭송》 recite 《*a* (*Chinese*) *poem*》; 《짓다》 compose 〔write〕 《*a poem*》.
읊조리다 recite 《*a poem*》.
음(音) ① 《소리》 a sound; a tone; a noise (잡음). ② 《한자의》 the pronunciation 《*of a Chinese character*》.
음(陰) the negative; the passive; secrecy; darkness. ¶ ~으로 양으로 implicitly and explicitly; both openly and secretly.
음각(陰刻) intaglio; (depressed) engraving. ~하다 intaglio; engrave in intaglio.
음감교육(音感敎育) auditory education; acoustic training.
음경(陰莖) the penis; the cock《俗》.
음계(音界) 〖理〗 the sound field.
음계(音階) 〖樂〗 the (musical) scale. ‖ 온 〔장, 단〕~ the full 〔major, minor〕 scale.
음곡(音曲) music; musical performance.
음공(陰功) hidden merits.
음극(陰極) the negative pole; the cathode. ‖ ~선 the cathode rays.
음기(陰氣) 《으스스한》 a chill; chilliness; dreariness; 《몸안의》 negativity; the negative element.
음낭(陰囊) the scrotum.
음녀(淫女) a lewd 〔wanton〕 woman.
음담패설(淫談悖說) 《make》 an obscene 〔indecent〕 talk; 《tell》 a dirty story.
음덕(陰德) a secret act of charity. ¶ ~을 베풀다 do good by stealth.
음덕(蔭德) the ancestor's virtue. ¶ (조상의) ~을 입다 be indebted to one's forefathers.
음독(音讀) ~하다 read aloud; 《한자를》 read Chinese characters phonetically.
음독(飮毒) ~하다 take poison. ‖ ~자살 《commit》 suicide by taking poison.
음란(淫亂) ~한 lewd; lustful; licen-

tious; wanton.
음랭(陰冷) ~한 shady and cold; gloomy and chilly.
음량(音量) volume 《*of sound*》.
음력(陰曆) the lunar calender. ¶ ~ 8월 보름 August 15th of the lunar month.
음료(飮料) a drink; a beverage. ‖ ~수 drinking water / 알콜〔비알콜성〕 ~ alcoholic 〔soft〕 drinks.
음률(音律) rhythm; meter; tune.
음매 《소의 울음소리》 (with a) moo. ¶ ~ 울다 moo; low.
음모(陰毛) pubic hair; pubes.
음모(陰謀) a plot; a conspiracy; an intrigue. ~하다 (hatch a) plot; intrigue 《*against the government*》; conspire 《*against a person's life*》. ¶ ~에 가담하다 be implicated in a plot. ‖ ~자 a plotter; a conspirator; an intriguer.
음문(陰門) the vulva.
음미(吟味) close examination; inquiry; appreciation(감상). ~하다 examine closely; inquire into; appreciate.
음반(音盤) a (phonograph) record; 「a disc 〔disk〕.
음복(飮福) ~하다 partake of sacrificial food and drink.
음부(音符) ☞ 음표.
음부(陰部) the pubic region; the private 〔secret〕 parts.
음부(淫婦) ☞ 음녀(淫女).
음부기호(音部記號) 〖樂〗 ☞ 음자리 「표.
음산(陰散) ~한 gloomy and chilly; cloudy and gloomy; dreary; dismal. ¶ ~한 날씨 dismal weather/ ~한 묘지 a dreary graveyard.
음색(音色) a tone (colo(u)r); a timber. ¶ ~이 좋다 have a good timber.
음서(淫書) a foul book; 《총칭》 obscene literature; pornography.
음성(音聲) a voice. ‖ ~ 기관 the vocal organs / ~ 테스트 audition/ ~학 phonetics.
음성(陰性) ~의〔적〕 〖電〗 negative; 〖醫〗 dormant; 《기질이》 gloomy; 《거래 따위》 shady; unfair; underhand. ‖ ~ 수입 《get》 a perquisite; spoils(관리의)/~ 콜레라 dormant cholera.
음소(音素) a phoneme.
음속(音速) the speed 〔velocity〕 of sound. ¶ ~ 이하의 subsonic / ~의 3배로 《fly》 at Mach 3 / ~(의 벽)을 돌파하다 break the sound barrier. ‖ 초~ supersonic (speed).
음수(陰數) a negative number; a minus.
음순(陰脣) the labium [*pl.* -bia].
음습(陰濕) ~한 shady and damp; dampish.
음식(飮食) food (and drink); eatables; diet; refreshments. ¶ ~에 손도 대지 않다 leave the food 〔dish〕 untouched / ~을 절제하다 eat and drink in moderation. ‖ ~점 an eating house; a restaurant / 명절 ~ a festival dish.
음신(音信) news; correspondence; (a) communication; a letter(편지).
음심(淫心) a zest for lechery; lust.
음악(音樂) music; the musical art. ~적 musical; melodious. ¶ ~을 이해하다〔못하다〕 have an 〔no〕 ear for music. ‖ ~가 a musician / ~계 musical circles / ~당 a concert hall; a bandstand(야외의) / ~영화 a musical (film) / ~회 a concert; a recital(독주·독창회)/고전 ~ classical music / 교회 ~ church music.
음양(陰陽) 《음과 양》 the cosmic dual forces; 《남성과 여성》 the male and female principles; 《소극과 적극》 the positive and negative; the active and passive; 《태양과 달》 the sun and the moon; 《그늘과 양지》 shade and light. ‖ ~가 a fortune teller; a diviner; an augur.
음역(音域) 〖樂〗 compass. ¶ ~이 넓다 have a voice of great compass.
음역(音譯) (a) transliteration. ~하다 transliterate.
음영(吟咏) ~하다 recite. 「(음영법).
음영(陰影) shadow; shade; shading
음욕(淫慾) carnal desire; lust. ¶ ~을 채우다 gratify one's lust.
음용(飮用) ~의 for drinking; fit to drink, drinkable(마실수 있는). ‖ ~수 drinking water.
음운(音韻) vocal sounds. ‖ ~학 phonology (~학자 a phonologist).
음울(陰鬱) ~한 gloomy; dismal; melancholy. 「tent.
음위(陰痿) impotence. ~의 impo-
음자리표(音一標) 〖樂〗 a clef.
음전(音栓) 《풍금의》 a stop (knob).
음전기(陰電氣) negative electricity.
음전자(陰電子) a negatron; a negative electron.
음전하다 《우아하다》 (be) elegant; graceful; refined; 《점잖다》 (be) modest; genteel; quiet; calm.
음절(音節) a syllable. ~의 syllabic. ¶ ~로 나누다 syllabicate; divide 《*a word*》 into syllables. ‖ 단〔2, 3〕 ~어 a monosyllable 〔dissyllable, trisyllable〕.
음정(音程) an 〔a musical〕 interval; a step. ¶ ~이 맞다〔틀리다〕 be in 〔out of〕 tune. ‖ 반~ a semitone / 온~ a tone.
음조(音調) tune; tone(음색); melody (고운); rhythm(운율).
음주(飮酒) drinking. ~하다 drink. ‖ ~가 a drinker / ~벽 a drinking habit / ~ 운전 drunken driving / ~ 운전자 a drunken driver/ ~ 탐지기 a drunkometer 《美》; a breathalyser 《英》.
음지(陰地) ☞ 응달. ¶ ~가 양지된다 《俗談》 After the rain comes fair weather.
음질(音質) tone quality. ‖ ~ 조정기

a tone controller.
음차(音叉) a tuning fork.
음충맞다 ☞ 음충하다.
음충하다 (be) insidious; treacherous; wily; underhand(ed).
음치(音痴) tone deafness. ¶ ~이다 be tone-deaf; cannot keep pitch.
음침(陰沈) ~한 gloomy; dismal; somber; dark.
음탕(淫蕩) ~한 dissipated; voluptuous; lascivious; obscene; lewd. ¶ ~한 계집 a wanton woman.
음파(音波) a sound wave. ‖ ~ 탐지기 sonar(수중의).
음표(音標) 〖樂〗 a (musical) note. ‖ 2〔4, 8, 16, 32〕분~ a half 〔a quarter, an eighth, a sixteenth, a thirty-second〕 note《美》.
음표문자(音標文字) a phonetic sign 〔alphabet, symbol〕. ‖ 만국 ~ the international phonetic alphabet.
음해(陰害) ~하다 do《*a person*》 harm secretly; stab《*a person*》 in the back; backbite.
음핵(陰核) 〖解〗 the clitoris.
음향(音響) a sound; a noise(소음). ¶ ~ 조절 sound conditioning / ~학 acoustics / ~효과 sound effects; acoustics; background (음악의).
음험(陰險) ~한 tricky; snaky; insidious; wily; crafty; treacherous.
음화(陰畫) a negative (picture).
음훈(音訓) the pronunciation and the meaning (of a Chinese character).
음흉(陰凶) ~한 crafty(교활); wily; tricky; treacherous.
읍(邑) a town. ‖ ~사무소 a town office.
읍민(邑民) 《총칭》 the townsmen; the townspeople; the townsfolk.
읍소(泣訴) ~하다 implore 〔appeal to〕 《*a person for mercy*》 with tears in one's eyes.
읍장(邑長) a town headman 〔manager《美》〕.
읍지(邑誌) a town chronicle; the history of a town.
읍하다(揖―) bow politely with joined hands in front.
응 《긍정》 yea; yeah; (O) yes; all right; O.K.; 《부정》 no. ¶ ~ 꼭 갈께 Oh yes, I will come without fail.
응결(凝結) congelation; condensation; coagulation(피 따위의). ~하다 congeal; condense; coagulate; curdle (우유 따위); freeze (동결). ‖ ~물 a congelation《*of*》/ ~ 시간 setting time / ~점 the freezing point.
응고(凝固) 《고체화》 solidification; 《응결》 congelation; coagulation (피 따위의); 《응축》 condensation. ~하다 solidify; congeal; coagulate. ‖ ~제 a coagulant.
응급(應急) ~의 first-aid; emergency; makeshift; temporary(임시). ‖ ~수리 temporary repairs / ~조치 〔수단〕 《take》 an emergency 〔a stopgap〕 measure / ~ 치료(하다)(give) first aid 〔first-aid treatment〕.
응낙(應諾) consent; assent; acceptance. ~하다 consent 〔assent〕《*to*》; accept. ¶ 즉석에서〔기꺼이〕 ~하다 give a ready 〔willing〕 consent.
응달 the shade; the shady place. ¶ ~에서 in the shade / ~이 지다 be shaded《*by*》.
응답(應答) an answer; a reply; a response. ~하다 answer; reply to; respond. ‖ ~자 a respondent / 질의 ~ questions and answers; answers to queries.
응당(應當) ☞ 으레, 마땅히.
응대(應對) ① 《응답》 a reply; a response. ~하다 reply to; answer. ② 《면담》 an interview; a talk. ~하다 meet and talk with. ③ 《응접》 reception. ~하다 receive.
응등그러지다 ① 《뒤틀리다》 warp; get twisted; 《오그라들다》 shrink (up); shrivel.
응등그리다 shrink 《*one's body*》; huddle 〔curl〕 (oneself) up.
응모(應募) 《예약》 subscription; 《지원》 application; 《참가》 entry; 《광고에》 response; answer. ~하다 subscribe for 〔to〕; apply 〔enter〕 for. ‖ ~ 가격〔액〕 the amount subscribed; one's subscription 《*to*》/ ~ 신청 an application for subscription / ~원고 manuscripts entered《*for the prize*》/ ~자(者) a subscriber; an applicant; an entrant / 현상 ~ 원고 manuscripts sent in (to compete) for the prize.
응보(應報) retribution; nemesis.
응분(應分) ~의 appropriate; due; reasonable; 《분수에 맞는》 according to one's means 〔ability〕. ¶ ~의 대우 proper 〔due〕 treatment.
응사(應射) return fire. ~하다 fire 〔shoot〕 back.
응석 ¶ ~받다 indulge; pamper; coddle; fondle / ~부리다 play the baby 《*to*》; presume upon another's love / ~받이로 기르다 bring up《*one's child*》 too indulgently.
응소(應召) ~하다 obey a summons to the colors; obey a calling-up order; be drafted. ‖ ~자〔병〕 a draftee《美》.
응수(應手) ~하다 《바둑 따위에서》 (make a) countermove.
응수(應酬) 《대답》 a response; a reply; a retort; 《주고받음》 an exchange; 《답례》 a return. ~하다 respond; reply; answer; retort.
응시(凝視) ~하다 a (steady) gaze; a stare. ~하다 stare 〔gaze, look hard〕《*at*》.
응시(應試) ~하다 apply for an examination. ‖ ~자 a participant in an examination; an examinee.
응아응아 with a mewl 〔a whim-

per]. ¶ ~ 울다 mewl; whimper; whine.

응어리 《근육의》 a stiff muscle; a knot in a muscle; 《과일의》 the core; 《맺힌 감정》 a bitter [an ill] feeling. ¶ ~지다 become stiff; harden. ⌈plain.

응얼거리다 mutter; grumble; com-

응용(應用) (practical) application; practice; 《적용》 adaptation; 《이용》 improvement. ~하다 apply; adapt; put in(to) practice. ¶ ~적 applied; practical / ~할 수 있는 [없는] (in)applicable; (im)practicable / ~ 범위가 넓은 of wide application. ‖ ~과학 [화학] applied science [chemistry] / ~ 문제 an applied question / ~ 식물학 practical botany.

응원(應援) 《원조》 aid; assistance; support; backing; help; reinforcement (지원병); 《성원》 cheering; rooting 《美俗》. ~하다 aid; assist; support; back (up); help; reinforce; encourage; cheer 《*a team*》; root 《*for a team*》《美俗》. ‖ ~가[기] a rooter's song [pennant] / ~단 a cheering party; (a party of) rooters (~단장 a cheer leader; a head rooter).

응응 ¶ ~ 울다 cry loudly; wail.

응전(應戰) ~하다 accept battle; take up a challenge; respond to a fire; fight back; return a fire.

응접(應接) (a) reception; an interview. ~하다 receive; interview; see. ‖ ~실 a parlor 《美》; a drawing room 《英》 (~실로 안내하다 show 《*a visitor*》 into a parlor).

응집(凝集) ~하다 cohere; condense. ‖ ~력 cohesive power; cohesion (~력이 있는 cohesive; condensable) / ~소 〖醫〗 agglutinin.

응징(膺懲) chastisement; (a) punishment. ~하다 chastise; punish.

응축(凝縮) condensation. ~하다 condense. ‖ ~기(器) a condenser.

응하다(應—) 《응답하다》 answer; respond 《*to*》; reply 《*to*》; 《응낙》 comply with; accept; 《필요·수요에》 meet; satisfy; 《모집에》 apply [subscribe] 《*for*》. ¶ …에 응하여서 according to; in compliance with; in response to / 도전에 ~ accept a challenge / 주문에 ~ meet an order.

응혈(凝血) a clot of blood; coagulated blood. ~하다 coagulate.

의 《소유·소속》 …'s; of; to; 《장소》 in; at; on; 《…에 대한》 for; 《…에 관한》 on; in; 《…에 의한》 by; 《사이의》 between. ¶ 아버지~ 모자 one's father's hat / 상자~ 빛깔 the colo(u)r of a box / 총리~ 비서 a private secretary to the premier / 서울~ 여름 the summer in Seoul / 강변~ 집 a house on the river / 지난달~ 계산서 the bill for last month / 생물학~ 권위 an authority on biology / 고흐~ 그림 a picture by Goch / 두 사람~ 관계 relations between the two.

의(義) 《정의》 justice; righteousness; 《결연》 relationship; ties; bonds; 《뜻》 a sense; meaning. ¶ ~를 위하여 죽다 die in the cause of justice.

의(誼) relations; intimacy; terms (교제관계). ¶ ~좋은 부부 a devoted couple / ~좋게 on good terms; like good friends; in harmony / ~가 좋다 be on good terms with; be good friends with / ~가 상하다 quarrel [fall out] 《*with*》; be estranged 《*from*》.

의거(依據) ~하다 《근거》 be based [founded] 《*on, upon*》; 《준거》 conform 《*to*》; accord 《*with*》; 《의존》 depend 《*on*》. ¶ …에 ~하여 in accordance [conformity] with…; on the basis of ….

의거(義擧) a worthy [noble] undertaking; a heroic deed (의협적인).

의걸이(衣—) a wardrobe-chest. ‖ ~장(欌) = 의걸이.

의견(意見) an opinion; a view; an idea. ¶ ~의 대립[충돌] a split [conflict] of opinion [views] / 내 ~으로는 in my (personal) opinion / ~이 같다 agree with 《*a person*》; be of the same opinion / ~이 다르다 disagree with 《*a person*》; be of different opinion / ~교환을 하다 exchange views. ‖ ~서(書) one's written opinion.

의결(議決) 《결정》 a resolution; a decision 《*of a meeting*》; 《통과》 passing. ~하다 decide; resolve; pass a vote 《*of*》. ‖ ~권(權) the right of voting; a vote / ~ 기관 a legislative [deliberative] organ.

의고(擬古) imitation of archaic style. ~적 pseudoarchaic; classical. ‖ ~문 a (pseudo-)classical ⌊style.

의곡(歪曲) ☞ 왜곡.

의과(醫科) the medical department [school 《美》]. ‖ ~ 대학 a medical college (~대학생 a medical student).

의관(衣冠) dress and hat. ¶ ~을 갖추다 be in full dress.

의구(依舊) ~하다 remain as it was; remain unchanged.

의구심(疑懼心) apprehensions; fear; misgivings. ¶ ~을 품다 entertain [have] doubts 《*about*》; have a doubt [suspicion] 《*that…*》.

의기(意氣) spirits; heart; mind. ¶ ~양양한 triumphant; exultant / ~왕성 [소침] 하다 be in high [low] spirits / ~상투하다 be of a mind.

의기(義氣) 《의협심》 chivalrous spirit; heroism; 《공공심》 public spirit. ¶ ~있는 chivalrous; heroic; public-spirited.

의논(議論) consultation; (a) confer-

ence; a talk. ～하다 consult《*with a person about a matter*》; take counsel《*with a person*》; talk《*over a matter, with a person*》.
의당(宜當) (as a matter) of course; properly; naturally justly. ～하다 (be) proper; natural; be a matter of course (서술적). ¶ ～ …해야 하다 ought to《*do*》; should《*do*》; it is (just and) proper that《*one*》 should《*do*》/ ～ 받을 것을 받다 get [have] one's due.
의도(意圖) an intention; a design; an aim; a purpose. ～하다 intend《*to do*》; aim《*at*》. ¶ …할 ～로 with the intention of....
의례(依例) ～하다 follow a precedent. ¶ ～히 ☞ 으레. ‖ ～건 a (common) usage; a usual practice.
의례(儀禮) ceremony; courtesy. ～적 ceremonial. ¶ 외교적 ～ diplomatic etiquette / ～적 방문 a courtesy [formal] call. ‖ 가정 ～ 준칙 the family rite rules.
의론(議論) argument (논의); discussion (토론); dispute (논쟁). ～하다 argue; discuss; dispute.
의롭다(義—) 《바르다》 (be) just; righteous; 《의기가 있다》 (be) chivalrous; heroic; public-spirited.
의뢰(依賴) ① 《부탁》 a request; 《위탁》 trust; commission. ～하다 request; ask; 《위임》 commission; entrust. ¶ 변호사에게 ～하다 leave《*a matter*》 to a lawyer. ‖ ～서[장] a written request / ～인《변호사등의》 a client. ② 《의지》 dependence; reliance. ～하다 depend [rely] (up)on. ‖ ～심 a spirit of dependence; lack of self-reliance (～심이 강하다 rely [depend] too much upon others).
의료(醫療) (a) medical treatment [care]. ‖ ～기관 a medical institution / ～기구 medical [surgical] instruments / ～반(班) a medical team / ～보험 medical (care) insurance / ～비 medical expenses; a doctor's bill / ～수가(酬價) a medical fee / ～시설[품] medical facilities [supplies] / ～실 a clinic room / ～혜택 the medical benefits.
의류(衣類) clothing; clothes; garments.
의리(義理) ① 《바른 도리》 justice; righteousness; 《의무》 duty; obligation; 《신의》 faith; loyalty; integrity. ¶ ～가 있다 be faithful; keep faith《*with*》; be strong in the sense of justice; be alive to duty / ～가 없다 have no sense of duty [justice]. ② 《서로 사귀는 관계》 relationship; relations; ties; bonds. ¶ 친구간의 ～ the ties of friendship.
의모(義母) ☞ 의붓어미, 양어머니.
의무(義務) a duty; an obligation; a responsibility. ～적 obligatory; compulsory. ¶ …할 ～가 있다 be under an obligation to《*do*》; ought to《*do*》/ ～를 게을리 하다 [다하다] neglect [do, perform] one's duty. ‖ ～감 [관념]《have》 a《*strong, poor*》 sense of duty / ～교육 compulsory education / ～연한 an obligatory term of service.
의무(醫務) medical affairs. ‖ ～실 a dispensary; a medical room.
의문(疑問) a question; a doubt. ～의 doubtful; questionable. ¶ ～의 죽음 a mysterious death / ～을 품다 doubt《*whether*》; have doubts《*about*》/ ～의 여지가 없다 there is no (room for) doubt《*about*》. ‖ ～문 [대명사] an interrogative sentence [pronoun] / ～부 a question [an interrogation] mark / ～사(詞) an interrogative / ～점 a doubtful point.
의뭉스럽다 (be) insidious; sly; wily.
의미(意味) 《의의》 meaning; sense; significance; 《취지》 import. ～하다 mean; signify. ¶ ～ 있는 [심장한] meaningful; significant / ～없는 meaningless; insignificant / 엄격[막연]한 ～에 있어서 in a strict [vague] sense / ～를 잘못 해석하다 mistake the meaning.
의법(依法) ¶ ～ 처리하다 deal with《*a matter*》 according to law. ‖ ～처단 punishment in accordance with law.
의병(義兵) an army raised in the cause of justice; a loyal [righteous] army; a volunteer (corps) (의용군).
의복(衣服) clothes; a dress; 《총칭》 clothing; garments; costume.
의부(義父) ☞ 의붓아비, 양아버지.
의분(義憤) righteous indignation. ¶ ～을 느끼다 have [burn with] righteous indignation.
의붓딸 a stepdaughter.
의붓아들 a stepson.
의붓아비 a stepfather.
의붓어미 a stepmother.
의붓자식(—子息) a stepchild.
의사(義士) a righteous person; a martyr.
의사(意思) 《의향》 intention; 《생각》 a mind; 《의견》 an opinion; a view. ¶ ～ 표시(를 하다) (make) a declaration of intention / ～ 소통이 되다 come to an understanding / ～가 없다 have no intention《*of doing, to do*》.
의사(擬似) ‖ ～증[환자] a suspected case / ～콜레라 《a case of》 suspected cholera; quasi-cholera.
의사(醫師) a doctor; a physician; a surgeon (외과); a (medical) practitioner (개업의). ¶ ～노릇을 하고 있다 practice medicine (개업해서) / ～의 치료를 받다 commit oneself to a doctor's care / ～의 진찰을

받다 consult a doctor. ‖ ~ 면허 a medical license / 단골 ~ one's (family) doctor.
의사(議事) proceedings; business. ‖~당 an assembly hall (국회~당 the National Assembly building; the Capitol《美》; the Houses of Parliament《英》) / ~록 the minutes (of proceedings) / ~봉 a gavel / ~ 일정 the order of the day; the agenda / ~ 진행 progress of proceedings (~ 진행 방해 obstruction of proceedings; filibustering《美》). 「(연극 등의).
의상(衣裳) clothes; dress; costume
의생(醫生) a physician of the Chinese school; a herb doctor.
의서(醫書) a medical book; a book on medicine.
의석(議席) a seat《*in an assembly hall*》; a parliamentary seat;《총칭》the floor (국회의). ¶ ~을 보유하다 hold a seat《*in the House*》.
의성(擬聲) onomatopoeia. ‖ ~어 an onomatope.
의수(義手) an artificial arm [hand].
의술(醫術) medicine; the medical art. ~의 medical. ¶ ~을 업으로 하다 practice medicine; be in (medical) practice.
의식(衣食) food and clothing; a livelihood(생계); means of subsistence. ‖ ~주(住) food, clothing and housing [shelter].
의식(意識) consciousness; senses. ~하다 be conscious [aware]《*of*》. ¶ ~적(으로) conscious(ly); deliberate(ly); intentional(ly) / ~을 잃다 lose consciousness / ~을 회복하다 [되찾다] recover [come to] one's senses.
의식(儀式) a ceremony;《종교상의》a rite; a ritual.
의심(疑心)《의혹》doubt;《의문》a question;《혐의》suspicion. ~하다 doubt; be doubtful of; call《*a matter*》in question; suspect. ¶ ~스러운 doubtful; questionable; suspicious / ~없는 undoubted; unquestioned / ~없이 without doubt [question]; doubtlessly / ~이 많은 suspicious; distrustful; incredulous / ~을 품다 have [entertain] a doubt / ~이 생기다[나다] begin to doubt / ~받다 be suspected of《*a crime*》; fall under suspicion.
의아(疑訝) ~하다 [스럽다] (be) dubious; suspicious; doubtful. ¶ ~스러운 듯이 dubiously; suspiciously.
의안(義眼) an artificial [a false] eye.
의안(議案) a bill; a measure. ¶ ~에 찬성[반대]하다 support [oppose] a bill / ~을 제출하다 present a bill《*to*》/ ~을 부결하다[통과시키다] reject [pass, approve] a bill.
의약(醫藥) a medicine; a remedy. ‖ ~ 분업 separation of dispensary from medical practice / ~품 medical supplies; medicines.
의업(醫業) medicine; the medical profession.
의역(意譯) a free translation. ~하다 translate freely; give [make] a free translation.
의연(依然) ~히 as before; as it was; as ever; yet, still (아직). ¶ 구태 ~하다 remain unchanged.
의연(義捐) ‖ ~금 a contribution; a donation;《raise》a subscription《*for*》.
의연히(毅然一) resolutely; firmly; boldly; in a dauntless manner.
의예과(醫豫科) a premedical course; premed《美》. 「《美》.
의옥(疑獄) a scandal; a graft (case)
의외(意外) ~의《뜻밖》unexpected; unforeseen; unlooked-for;《우연》accidental;《놀라운》surprising. ¶ ~로 unexpectedly; contrary [beyond] to one's expectation / ~의 일 a surprise / ~로 빨리 earlier than (was) expected / ~로 여기다 be surprised《*at, to hear that...*》.
의욕(意慾) one's will; (a) volition. ~적 ambitious《*plan*》. ¶ …에 대한 ~이 대단하다 be keen on《*doing*》. ‖ 생활 ~ the will to live.
의용(義勇) heroism; courage. ‖ ~병[군] a volunteer soldier [army].
의용(儀容) a mien; bearing; presence; manners.
의원(依願) ‖ ~ 면직 dismissal [retirement] at one's own request.
의원(醫院) a medical practitioner's office; a physician's office; a hospital. ¶ Y ~ Dr. Y's office.
의원(醫員) a physician; a doctor.
의원(議院) the House; the Chamber. ‖ ~ 내각제 the parliamentary government system.
의원(議員) a member《*of an assembly*》; an assemblyman;《국회의원》a member of the National Assembly (한국의); a Member of Parliament (생략 M.P.)《英》; a Member of Congress (생략 M.C.)《美》; a member of the Diet (일본의). ¶ 김 ~ Rep. Kim / ~으로 당선되다 be elected a member《*of*》.
의의(意義) meaning; sense; significance. ¶ ~있는 significant; meaningful.
의인(擬人) personification. ¶ ~화하다 personify. ‖ ~법【修】=의인.
의자(椅子) a chair. ¶ 긴~ a sofa; a lounge; a couch / ~에 앉다 sit on [in] a chair; take a chair(착석) / ~를 권하다 offer《*a person*》a chair.
의장(衣欌) a chest of drawers; a wardrobe.
의장(意匠) a [an artistic] design. ‖ ~가 a designer / ~ 등록 registration of designs.

의장(議長) the chairman; the president; the Speaker(영·미 하원의); 《호칭》 Mr. Chairman! ¶ ~이 되다 take 〔be in〕 the chair / ~(직)을 맡아보다 act as chairman 《*at the meeting*》. ‖ ~ 직권 authority of the president.
의장(議場) an assembly hall; a chamber; the floor(의회).
의장대(儀仗隊) a guard 〔guards〕 of hono(u)r; an honor guard.
의적(義賊) a chivalrous robber.
의전(儀典) a ceremony; formality; protocol (외교상의). ‖ ~ 비서 a protocol secretary / ~실 the Office of Protocol.
의절(義絶) ~하다 《절교》 break (off) with 《*a person*》; cut the connection with; 《자식과》 disown 〔renounce〕 《*one's son*》.
의젓하다 (be) dignified; imposing; sober. ¶ 의젓하게 처신하다 behave with dignity.
의정(議定) ~하다 confer and agree upon. ‖ ~서 a protocol.
의제(義弟) a sworn younger brother.
의제(議題) a subject 〔topic〕 for discussion; a program《美》; an agenda (전체로서의). ¶ ~에 오르다 〔올리다〕 come 〔take〕 up for discussion.
의족(義足) 《wear》 an artificial 〔a wooden〕 leg.
의존(依存) dependence; reliance. ~하다 depend on; rely upon; be dependent upon. ‖ 상호 ~ interdependence.
의중(意中) ¶ ~의 인물 the choice of one's heart; one's choice; a man of one's heart(애인) / ~을 떠보다 sound 《*a person's*》 views.
의지(依支) 《기댐》 leaning; 《의뢰》 trust; dependence; reliance; 《도움》 help; assistance; support. ~하다 lean on 《*a stick*》; depend 〔rely〕 on 〔upon〕; count on; look 〔turn〕 to 《*a person*》. ¶ ~할 만한 친구 a friend to turn to / ~할 곳이 없는 helpless; forlorn / ~가 되다 become a support; be dependable 〔reliable〕.
의지(意志) will; volition. ¶ ~가 강〔약〕하다 be firm 〔infirm〕 of purpose / ~가 강 〔약〕한 사람 a man of strong 〔weak〕 will. ‖ ~력 will (power); volition.
의지(義肢) an artificial limb.
의지가지없다 have no person to rely upon; (be) helpless; forlorn.
의처증(疑妻症) a morbid suspicion of one's wife's chastity.
의초 fraternity; fraternal affection 〔love〕.
의취(意趣) an inclination; a disposition.
의치(義齒) an artificial 〔a false〕 tooth; a denture(한벌의).
의탁(依託) ~하다 depend 〔rely〕 upon; lean on; entrust oneself to. ¶ ~할 곳 없다 be helpless; have no place to go to.
의태(擬態) 〖生〗 mimesis; mimicry; simulation. ‖ ~어 〖言〗 mimesis.
의표(意表) ¶ ~를 찌르다 take 《*a person*》 by surprise; baffle 《*a person's*》 expectations.
의하다(依—) 《의거》 depend 〔turn〕 on 《*something*》; 《근거·기초》 be based upon; be founded on; ground in. ¶ …에 의하여 according to; at; by; on; by means of (수단) / 형법 제 1 조에 의하여 under Article 1 of the Criminal Code.
의학(醫學) medical science; medicine. ¶ ~적(으로) medical(ly). ‖ ~계 the medical world; medical circles / ~도 a medical student; an intern(실습생) / ~ 박사 Doctor of Medicine (생략 D.M., M.D.) / ~부(部) the medical department 〔school《美》〕 / ~사 Bachelor of Medicine (생략 B.M., M.B.)
의향(意向) 《의사》 an intention; 《생각》 an idea; a mind. ¶ ~이 있다 have a mind to 《*do*》; be inclined to 《*do*》 / ~을 비치다 disclose 〔reveal〕 one's intention.
의협(義俠) chivalry; heroism. ‖ ~심 a chivalrous spirit.
의형제(義兄弟) sworn brothers. ¶ ~를 맺다 swear to be brothers.
의혹(疑惑) 《의심》 doubt; suspicion; distrust. ¶ ~을 품다 entertain doubts; harbo(u)r suspicion / ~의 눈으로 보다 eye 《*a person*》 with suspicion.
의회(議會) the National Assembly (한국); Parliament (영국, 캐나다); Congress(미국); the Diet(덴마크, 스웨덴, 일본). ¶ ~를 해산〔소집〕하다 dissolve 〔convoke a session of〕 the Assembly. ‖ ~ 민주주의 parliamentary democracy / ~ 정치 parliamentary government 〔system〕; parliamentarism.
이[1] ① 《동물·톱 따위의》 a tooth [*pl.* teeth]; 《톱니바퀴의》 a cog. ¶ ~의 dental / ~없는 toothless / ~를 닦다 brush 〔clean〕 one's teeth / ~가 나다 teethe; cut one's teeth / ~를 빼다 draw 〔extract, pull out〕 a tooth; have a tooth taken 〔pulled〕 out (사역) / ~를 쑤시다 pick one's teeth / ~가 좋다〔나쁘다〕 have good 〔bad〕 teeth / ~가 아프다 have a toothache / ~에서 신물이 나다 《비유》 be sick of. ② 《그릇 따위의》 a chip. ¶ ~ 빠진 찻잔 a chipped teacup.
이[2] 〖蟲〗 a louse [*pl.* lice]. ¶ ~가 꾀다 become lousy; be infested with lice / ~ 잡듯 하다 comb 《*a place*》 for; make a thorough search.
이(利) ① 《이윤》 a profit; a gain; a return; good (유익); 《편익》 benefit; advantage. ¶ ~가 있는 prof-

itable; advantageous; beneficial/ ~를 보다 (make a) profit; gain; benefit / ~가 박하다 give little profit; do not pay much. ② 《이자》 interest.

이(里) ① 《거리》 a *ri* (=0.4 km). ② 《행정구역》 *ri*; a village.

이(理) 《도리》 reason; 《이치》 a principle. ¶ ~에 닿지 않는 말을 하다 speak against all reason.

이³ 《지시사》 this; these; present. ¶ ~ 달 this month / ~ 같은 such; of this kind / ~같이 thus; so; like this.

이(二) two; the second (제 2).

이가(二價) ~의 〖化〗 bivalent; diatomic. ‖ ~ 원소 dyad.

이간(離間) alienation; estrangement. ~하다 〔붙이다〕 alienate 〔estrange〕 《*A from B*》; separate 《*a person*》 from; set 《*people*》 at variance (이간질). ‖ ~책(策) an alienating measure.

이갈다 gnash 〔grind〕 one's teeth.

이것 ① 《지시》 this [*pl.* these]; this one. ¶ ~으로 with this; now; here. ② 《부를 때》 ¶ ~ 좀 봐 I say; look here.

이것저것 this and that; one thing and another; something or other. ¶ ~ 생각한 끝에 after much thinking.

이견(異見) a different 〔dissenting〕 view 〔opinion〕; 《이의》 an objection.

이겹실 two-ply thread.

이경(二更) the second watch of the night; about 10 at night.

이골나다 be(come) 〔get〕 used 〔accustomed〕 to. ¶ 일에 ~ be at one's ease on the job.

이곳 this place; here. ¶ ~에(서) in 〔at〕 this place; here / ~으로(부터) (from) here; to 〔from〕 this place.

이공(理工) science and engineering. ‖ ~과〔학부〕 the department 〔the faculty〕 of science and engineering.

이과(理科) science; the science course 〔department〕 (학과, 학부).

이관(移管) transfer 《*of control, authority*》. ~하다 transfer 《*the superintendence* 〔*control*〕 *of*》. ‖ 군원 ~ transfer of the Military Assistance Program.

이교(異敎) paganism; heathenism; heresy; heterodoxy (이단). ~의 pagan; heretical. ‖ ~도 a pagan; heretic; a heathen.

이구동성(異口同聲) ~으로 with one voice 〔accord〕; unanimously; by common consent; 《cry》 in chorus.

이국(異國) a foreign country; a strange land. ~의 foreign; exotic (이국적). ‖ ~인 a foreigner / ~정취 an exotic mood; exoticism.

이군(二軍) 〖野〗 a farm 〔scrub〕 team. ‖ ~ 선수 a farm hand; a scrub.

이궁(離宮) 《별궁》 a detached palace; a Royal villa.

이권(利權) 《권익》 rights; interests; 《채굴·사용 따위의》 concessions. ‖ ~ 운동 hunting for a concession; graft(ing) 《美》 (~ 운동자 a concession hunter).

이글이글 ¶ ~하다 be burning; be glowing; be flaming (얼굴 등). ¶ ~ 타는 불 a blazing fire / 정욕으로 ~ 불타는 눈 eyes burning with passion / 숯불이 ~ 피다 the charcoal burns lively.

이기(利己) self-interest; selfishness. ~적 selfish; self-centered; egoistic. ‖ ~심 egoistic mind / ~주의 selfishness; egoism (~주의자 an egoist; an egotist).

이기(利器) 《편리한 것》 a convenience; a device. ¶ 문명의 ~ a modern convenience; facilities of civilization.

이기다¹ 《승리》 win; gain a victory; defeat; triumph over; 《정복》 conquer. ¶ 논쟁에 ~ win 〔beat〕 《*a person*》 in an argument / 자기를 ~ conquer oneself / 겨우 ~ win by a narrow margin / 이겨내다 overcome; conquer; surmount; get over; tide over.

이기다² ① 《반죽》 knead 《*flour*》; work 《*mortar*》; mix up. ② 《칼로》 mince; hash.

이기죽거리다 make invidious remarks.

이까짓 such a; so trifling. ¶ ~ 것 such a trifle (as this).

이끌다 guide; conduct; show 〔usher〕 in; lead; head 《*a party*》; 《지휘》 command 《*an army*》.

이끌리다 be conducted to; be guided; be led; be commanded. ¶ 이끌리어 가다 be led away; be taken along.

이끼 〖植〗 moss; a lichen (바위옷); liverwort (우산이끼). ¶ ~가 끼다 moss grows 〔gathers〕/ ~낀 mossy; moss-grown.

이끼나 《놀랄때》 Oh !; Dear me !; O dear !; Good heavens 〔gracious〕!

이나 ① 《그러나》 but; yet; however; 《한편》 while; 《…하기는 하나》 though; although. ② 《정도》 as many 〔much, long, far〕 as. ¶ 다섯 번~ as often as five times. ③ 《선택》 or; either...or.

이나마 ☞ …나마.

이날 ① 《오늘》 today; this day. ¶ 작년〔내년〕의 ~ this day (last 〔coming〕) year. ② 《당일》 that day; the (very) day.

이날저날 this day and that day; from day to day (차일피일).

이남(以南) south of; 《38선 이남》 South Korea.

이남박 a rice-washing bowl.

이내(以內) within; inside of 《美》; less 〔not more〕 than. ¶ 500원 ~의 금액 a sum not exceeding 500

won.
이내 《곧》 soon 《*after*》; at once; immediately; right away《美》.
이냥 as it is; like this.
이네, 이네들 these people; they.
이년(二年) two years. ‖ ~생(生) a second-year〔-grade 《美》〕 pupil; a sophomore (대학, 고교의) 《美》.
이념(理念) an idea; ideology. ¶ ~적(으로) ideological(ly). ‖ ~ 분쟁 an ideological dispute《*with*》.
이노베이션 (an) innovation.
이놈 this fellow 〔chap, guy 《美》〕. ¶ ~아 You rascal 〔villain〕!
이농(離農) ~하다 give up farming; abandon farming.
이뇨(利尿) diuresis; urination. ‖ ~제 a diuretic.
이니시어티브 ¶ ~를 잡다 take the initiative 《*in*》.
이다¹ 《머리에》 carry 〔put〕 《*a water jar*》 on one's head.
이다² 《지붕을》 roof 《*with tiles*》; tile 《*a roof*》 (기와로); thatch (이엉으로); slate (슬레이트로).
이다지 this much; so much; so. ¶ ~도 오래 so long like this.
이단(異端) heresy; paganism. ~적 heretical. ‖ ~자 a heretic.
이달 this 〔the current〕 month. ¶ ~ 10일 《on》 the 10th (of) this month; the 10th instant 〔inst.〕 / ~호(號) (잡지 따위의) the current number.
이대로 as it is 〔stands〕; like this. ¶ ~ 가면 at this rate.
이데올로기 ideology. ~의〔적인〕 ideological. ‖ ~ 논쟁 an ideological dispute / ~ 대립 ideological conflict.
이도(吏道) the duty of officials. ‖ ~ 쇄신 renovation of officialdom.
이동(以東) east of; ...and eastward.
이동(移動) transfer; movement. ~하다 move; transfer; travel. ¶ ~식의 movable. ‖ ~ 경찰 the mobile 〔railroad〕 police / ~ 도서관 a traveling library; a bookmobile / ~ 무대 a movable 〔sliding〕 stage / ~ 병원 a hospital on wheels / ~성 고기압 a migratory anticyclone / ~ 신고〔증명〕 a report 〔certificate〕 of the change of one's address / ~ 우체국 a mobile post office / ~ 전화 a mobile phone 〔telephone〕 / ~ 주택 a motor home / ~ 진료소 a traveling 〔mobile〕 clinic / ~ 촬영 a moving shot / 인구 ~ the movement 〔drift〕 of population / 제 2 ~ 통신 사업 the (nation's) second mobile phone project.
이동(異動) change; alteration.
이득(利得) profit; gain; returns. ‖ 부당 ~ an undue profit; profiteering (행위) (부당 ~자 a profiteer).
이든(지) if; whether...or; either...or. ¶ 정말~ 거짓말~ whether it is 〔be〕 true or not / 무엇 ~ anything.
이들이들하다 (be) glossy; lustrous; highly-glazed.
이듬 next; the following; the ensuing. ‖ ~해 the next year.
이등(二等) the second (순위); the second class(등급). ¶ ~의 second; second-rate〔-class〕 / ~을 타고 여행하다 travel second-class / ~이 되다 be a runner-up. ‖ ~국 a second-rate power / ~병 a private / ~상 a second prize 〔award〕 / ~승객 〔차표〕 a second-class passenger 〔ticket〕.
이등변삼각형(二等邊三角形) an isosceles triangle.
이등분(二等分) bisection. ~하다 divide 《*a thing*》 into two equal parts; cut in half; bisect 《*a line*》. ‖ ~선 a bisector.
이따금 now and then; occasionally; at times; sometimes.
이때 《at》 this time 〔moment〕; then; now.
이똥 impurities on the teeth.
이라크 Iraq. ¶ ~ 사람 an Iraqi.
이란 Iran. ¶ ~ 사람 an Iranian / ~어 Iranian.
이란성(二卵性) ‖ ~ 쌍생아 fraternal twins.
이랑¹ 《밭의》 the ridge and the furrow 《*of a field*》. ¶ ~을 짓다 furrow 《*a field*》.
이랑² 《조사》 and; or; what with. ¶ 기쁨~ 부끄러움으로 with a mixture of joy and bashfulness.
이래(以來) since; ever since. ¶ 그 때 ~ since then; after that.
이래저래 with 〔for〕 this and that. ¶ ~ 바쁘다 I am busy with one thing and another.
이랬다저랬다 ¶ ~하다 be fickle 〔capricious, whimsical〕; 《말을》 say first one thing and then the opposite.
이러 《몰 때》 Get up!; Giddap!
이러구러 thus and thus. ¶ ~ 10년의 세월을 보냈다 Thus and thus I spent ten years.
이러나저러나 in any way; anyhow; in either case; either way.
이러니저러니 ¶ ~ 하다 say things 《*about*》; criticize; comment 《*on*》; raise (annoying) objections 《*to*》 (이의); meddle in (간섭); make complaints (불평). ¶ ~ 할 것 없이 without saying this or that; without useless objections.
이러이러하다 (be) so and so; such and such. ¶ 이러이러한 이유로 for certain 〔such and such〕 reasons.
이러쿵저러쿵 ☞ 이러니저러니.
이러하다 (be) such; of this kind; like this. ¶ 이러한 식으로 like this; in this way; thus / 사실은 ~ The fact is this.
이럭저럭 somehow (or other); in one way or another; 《어느덧》 before one knows; unnoticed;

unawares. ¶ ~ 하는 동안에 in the meantime; meanwhile / ~ 대학을 마치다 somehow or other manage to get through college.

이런 ①《이러한》 such; like this; of this kind. ¶ ~ 책 such a book / ~ 때에 at a time like this. ②《놀람》 Oh!; O dear!; Dear me!; Good gracious!

이렇게 thus; like this; in this way; so. ¶ ~ 많은 so many (much).

이렇다 ☞ 이러하다. ¶ ~할《*a person, a thing*》 to speak of; worth mentioning / ~할 이유 particular reason / 이 일에 내가 ~ 저렇다 할 자격은 없다 I have no voice in this matter.

이레 《이렛날》 the seventh day (of the month); 《일곱날》 seven days.

이력(履歷) one's personal history; one's career; one's record. ¶ ~이 좋다 (나쁘다) have an hono(u)rable (a poor) record of service. ‖ ~서 a (one's) personal history; a *curriculum vitae*《라》.

이례(異例) 《예외》 an exception; 《전에 없던》 an unprecedented case. ~적 exceptional; unprecedented.

이론(異論) an objection; a dissent (☞ 이의(異議)). ¶ ~ 없이 unanimously / ~을 제기하다 raise an objection《*to*》.

이론(理論) a theory. ~적 theoretical. ¶ ~상 (적으로) theoretically; in theory / ~과 실천(실제) theory and practice. ‖ ~가 a theorist; a theoretician / ~ 물리학 theoretical physics / ~ 투쟁《engage in》 a theoretical dispute; an ideological quarrel.

이롭다(利—) (be) profitable; beneficial; advantageous, favo(u)rable (유리); good (좋다); instructive (교훈적). ¶ 이롭지(가) 못하다 be bad《*for*》; be harmful《*to*》; be unfavorable《*to*》.

이루(二壘) 〖野〗 the second base. ‖ ~수 the second baseman / ~타 a two-base hit; a two-bagger; a double (~타를 치다 double《*to*》).

이루(耳漏) 〖醫〗 otorrhea; discharge from the ear.

이루 《not》 possibly; 《none》 at all; 《*can*》 hardly. ¶ ~ 말할 수 없는 indescribable; beyond description / ~ 헤아릴 수(도) 없는 numberless; countless; innumerable / ~ 형용할 수 없다 can hardly describe it.

이루다 《성취》 accomplish; achieve; attain; 《완성》 complete; 《실현》 realize; 《완료》 finish; conclude; 《형성》 form; constitute; make. ¶ 이루지 못할 unattainable; unrealizable / 이룰 수 없는 사랑 hopeless (forlorn) love / 뜻을 ~ have one's will; realize one's desire; succeed 《*in love*》 / 가정을 ~ make (start) a home.

이루어지다 《성취·완성》 be attained (fulfilled, accomplished, completed); be realized (실현); 《형성되다》 be composed; consist; be made up《*of*》.

이룩하다 《건립》 found; establish; set up; erect; build; 《성취하다》 achieve《*a great work*》; accomplish; complete.

이류(二流) ~의 second-class(-rate); middling; 《시시한》 minor; inferior. ‖ ~ 시인 a minor poet / ~ 호텔 a second-class hotel.

이륙(離陸) take-off; flying-off; hop-off. ~하다 take (hop) off; take the air. ‖ ~ 시간 take-off time / ~ 지점(활주) a take-off point (run).

이륜(二輪) two wheels. ‖ ~차 a two-wheeled vehicle.

이르다¹ 《시간적》 (be) early; young; premature. ¶ 이른 봄(아침) early spring (morning).

이르다² 《도착》 reach; arrive《*at, in*》; 《미치다》 extend to; cover; range《*from A to B*》; lead to (통하다); 《결과》 end up; result《*in*》; come to《*do*》. ¶ 오늘에 이르기까지 (up) to this day / 자살하기에 ~ go so far as to commit suicide.

이르다³ ①《…라고 하다》 say; call. ②《알리다》 inform; tell; explain (설명); advise (충고); tell (tales) on 《*a person*》(고자질). ¶ 공부를 열심히 하라고 ~ advise《*a person*》 to study hard / 아버지한테 ~ tell father on《*a person*》.

이른바 so-called; what is called.

이를테면 so to speak; as it were; for instance (example) (예컨대). ¶ 그는 ~ 산 사전이다 He is, so to speak, a walking dictionary.

이름 ①《성명》 a name; 《성을 뺀》 a given (first) name. ¶ …의 ~으로 in the name of / ~을 부르다 call《*a person*》 by name / ~짓다 (give a) name / ~을 대다 give (tell, mention) one's name / ~을 속이다 assume a false name. ②《명칭》 a name; a title; a designation. ¶ ~만의 nominal《*members*》; in name only / 그 ~대로 as the name implies. ③《명성》 a (good) name; fame; renown; notoriety (악명). ¶ ~난 well-known; noted; famous; renowned; notorious / ~ 없는 nameless; unknown; obscure / ~을 얻다 gain fame (a reputation); make one's name; win distinction / ~을 남기다 leave one's name behind; be remembered. ④《명목》 cause; 《구실》 a pretext; a plea. ¶ 자선이라는 ~ 아래 under the cloak of charity.

이름씨 〖文〗 a noun; a substantive.

이름표(一標) a nameplate; a name tape (옷 따위에 다는).

이리¹ 《물고기의》 milt《*of fish*》; soft roe.

이리² 《짐승》 a wolf.

이리³ ① 《이렇게》 in this way; like this. ② 《이곳으로》 this way (direction); here.
이리듐 〖化〗 iridium (기호 Ir).
이리이리 so and so; such and such; in this way.
이리저리 《이쪽저쪽》 this way and that; here and there; up and down; back and forth 《美》; all about; 《이렇게 저렇게》 like this way and that.
이리하다 do like this.
이마 the forehead; the brow.
이마적 recently; lately.
이만 this (so) much. ¶ 오늘은 ~ 합시다 So much for today.
이만저만 in no small numbers(수); in no small quantities (양); not a little (정도). ¶ ~ 놀라지 않다 be not a little surprised.
이만큼 this (so) much; this many; to this extent (정도). ¶ ~이면 된다 This much will do.
이만하다 be this much; be as much (big, many) as this; be to this extent.
이맘때 about this time; (at) this time of day (night, year).
이맛살 ¶ ~을 찌푸리다 knit one's brows; frown.
이맞다 ① 《윗니·아랫니가》 occlude. ② 《톱니바퀴가》 gear 《*into, with*》; engage 《*with*》.
이면(二面) ① 《두 면》 two faces. ‖ ~각(角) 〖幾〗 a dihedral angle. ② 《신문의》 the second page. ‖ ~기사 items on the second page.
이면(裏面) the back; the reverse; the other side; the inside (내부); 《내막》 the inside story; the background. ¶ ~에 inside; behind the scenes; in the background / ~의 사실 the inside facts / ~에서 조종하다 pull the wires (strings); be behind 《*an affair*》. ‖ ~ 공작 behind (backstage) maneuvering / ~사 an inside history.
이면 《조사》 if; in case. ¶ 내가 당신 ~ if I were you.
이명(異名) another name; a nickname.
이명(耳鳴) tinnitus. ‖ ~증 =이명.
이모(姨母) a maternal aunt; one's mother's sister.
이모부(姨母夫) an uncle (who is the husband of one's maternal aunt).
이모작(二毛作) 《raise》 two crops a year. ‖ ~ 지대 a two-crop area.
이모저모 this angle and that; every facet (side, view) of 《*a matter*》.
이목(耳目) (the) ear and eye; 《주의》 notice; attention. ¶ ~을 끌다 attract public attention / 세인의 ~을 놀라게 하다 startle (electrify) the world.
이목구비(耳目口鼻) 《have good》 features; looks. ¶ ~가 반듯한 얼굴 a handsome (fine-featured, clear-cut) face.

이무기 a python; a boa constrictor.
이문(利文) profit; gain. ☞ 이익 ①.
이물 the bow; the prow; the stem.
이미 ① 《벌써》 already; now; 《의문문에서》 yet. ¶ 그것은 ~ 끝났다 It's already finished. ¶ 수업은 ~ 시작됐나 Has school begun yet? ② 《앞서》 before; previously. ¶ ~ 언급한 바와 같이 as previously stated.
이미지 an image.
이민(移民) 《이주》 emigration (외국으로); immigration (국내로); 《사람》 an emigrant; an immigrant. ~하다 emigrate 《*to*》; immigrate 《*from*》. ‖ ~선(알선자) an emigrant ship (agent).
이바지하다 contribute 《*to*》; render services 《*to, for*》.
이반(離叛) 《인심의》 (an) estrangement; alienation. ~하다 be estranged (alienated) 《*from*》.
이발(理髮) haircut(ting); hairdressing. ~하다 have one's hair cut (cropped). ‖ ~기 a hair clipper; a haircutter / ~사 a barber; a hairdresser / ~소 a barbershop 《美》; a barber's (shop) 《英》.
이밥 boiled (cooked) rice.
이방인(異邦人) an alien; a stranger.
이배(二倍) double; twice; twofold. ~하다 double.
이번(一番) this time; 《근간에》 shortly; 《차회》 next time; 《최근에》 lately; recently. ¶ ~의 new; next; coming; last / ~만은 for this once; just this time.
이번(二番) number two; the second. ‖ ~ 저당 a second mortgage.
이변(異變) an accident; a disaster. ¶ 기후의 ~ an unusual change in the weather.
이별(離別) parting; separation; divorce (이혼). ~하다 part (separate) from 《*a person*》; divorce 《*one's wife*》. ‖ ~가 a song of farewell / ~잔 《drink》 a parting cup / ~주 a farewell drink.
이병(二兵) private.
이병(罹病) ☞ 이환(罹患).
이보다 than this. ¶ ~ 앞서 prior to this; before this.
이복(異腹) ‖ ~ 형제 (자매) a brother (sister) by a different mother; a half brother (sister).
이부(二部) 《두 부분》 two parts; 《제이부》 the second part; Part Ⅱ. ‖ ~ 수업 《adopt》 the double-shift (dual) school system / ~제 a two-shift system / ~ 합창 a duet; chorus in two parts.
이부(異父) a different father. ‖ ~ 형제 brothers by different fathers; half brothers.
이부자리 bedding; bedclothes; a mattress (요); a quilt (이불).
이북(以北) 《북》 north of 《*Seoul*》; 《북한》 North Korea. ¶ 그는 ~ 사람이다 He comes from North

Korea.

이분(二分) ~하다 divide 《*a thing*》 in two; halve. ¶ ~의 일 one half. ‖ ~ 음표 〖樂〗 a half note.

이분자(異分子) a foreign [an alien] element; a heterogeneous element; an outsider (사람).

이불 a coverlet; a counterpane; a quilt. ¶ ~ 속에서 활개치는 사람 a blustering coward; a lion at home and a mouse abroad / ~을 덮다 put on a quilt.

이브닝드레스 an evening dress.

이비(耳鼻) ‖ ~ 인후과 otorhinolaryngology (~ 인후과 병원 [의사] an ear, nose and throat hospital [specialist]).

이사(理事) a director; a trustee (공공단체의). ‖ ~관 a grade-Ⅱ-A official; a bureau-chief grade official / ~장 the director general; the chief [managing] director / ~회(會) a board of directors [trustees].

이사(移徙) removal; moving. ~하다 move [remove 《英》] 《*from, to, out of*》. ‖ ~ 비용 house-moving [removal] expenses / ~짐 운반업자 a mover 《美》; a moving man/ ~짐(운반)차 a removal van / ~턱 《give》 a housewarming.

이삭 an ear; a spike. ¶ ~이 나오다 come into [be in] the ear. ‖ 벼~ an ear of rice.

이산(離散) ~하다 scatter; disperse; be dispersed [scattered]. ‖ ~ 가족 dispersed [separated] families (~ 가족 찾기 운동 a campaign for reunion of dispersed family members).

이산화(二酸化) 〖化〗 ‖ ~물 a dioxide / ~ 탄소 carbon dioxide.

이상(以上) ① 《…보다 더 많이》 over; beyond; more than. ¶ 2 마일 ~ two miles and over / 6세 ~의 소아 children over six years old / 3분의 2 ~의 다수 a majority of at least two-thirds. ② 《상기(上記)》 ~의 above-mentioned. ¶ ~과 같이 as mentioned above. ③ 《…한 바엔》 since; now that. ¶ 살고 있는 ~은 so long as one lives. ④ 《끝》 That's all.

이상(異狀) 《고장》 an accident; disorder; 《변화》 change; 《신체의》 indisposition. ¶ ~이 있다 be abnormal; be out of order (기계 등에); be indisposed (사람에) / ~ 없다 be all right; be normal; be in good order. ‖ 정신 ~ mental derangement; psychosis.

이상(異常) strangeness; abnormality (비정상). ~스러운 [한] 《기이》 odd; strange; queer; 《수상》 dubious; suspicious; 《비정상》 abnormal; unusual. ¶ ~하게 strangely; queerly; abnormally / ~하게 들리다 sound strange. ‖ ~ 건조 abnormal dryness / ~ 난동 an abnormally warm winter / ~아(兒) an abnormal child / ~ 접근 《항공기의》 an near-miss; an airmiss 《英》 (~ 접근하다 near-miss).

이상(理想) an ideal. ¶ ~적(으로) ideal(ly) / 높은 ~ a lofty [high] ideal / ~을 품다 have [entertain] an ideal / ~을 실현하다 realize one's ideal / (현실을) ~화하다 idealize; sublimate. ‖ ~가 an idealist / ~주의 idealism / ~향 a Utopia.

이색(異色) a different colo(u)r (색); novelty (진기). ~적 unique; novel. ‖ ~ 작가 [작품] a unique novelist [work].

이서(以西) west of 《*Seoul*》.

이서(裏書) ☞ 배서(背書).

이설(異說) a different opinion [view]; 《이단》 a heterodoxy.

이성(異性) the other [opposite] sex. ¶ ~간의 intersexual / ~을 알다 know woman [man] / ~을 알 만한 나이가 되다 arrive at the age of puberty.

이성(理性) reason. ~적 rational. ¶ ~이 없는 reasonless; irrational / ~을 잃다 lose one's reason. ‖ ~론 rationalism / 순수 ~ pure reason.

이세(二世) 《제 2 세》 the Second; Junior; 《2 대째》 a second [next] generation. ¶ ~ 국민 the children of the next generation / 제임스 ~ James Ⅱ [the Second] / 미국의 한국인 ~ an American-born Korean; a second-generation Korean.

이솝 ‖ ~ 이야기 Aesop's Fables.

이송(移送) transfer; (a) removal. ~하다 transfer; remove. ¶ 사건의 ~ removal [transfer] of a case.

이수(里數) mileage; distance (거리).

이수(履修) 《마침》 ~하다 study 《*a subject*》; complete [finish] 《*a college course*》.

이스라엘 Israel. ¶ ~의 Israeli / ~ 사람 an Israeli.

이스트 《효모》 yeast.

이슥하다 《서술적》 be far advanced. ¶ 밤이 이슥하도록 till well into the night.

이슬 dew; dewdrops (방울). ¶ ~ 맺힌 (꽃) dewy (flowers).

이슬람 Islam. ~의 Islamic. ‖ ~교 Islam (~교도 an Islamite) / ~ 문화 Islamic culture.

이슬비 a drizzle; a mizzle; a drizzling rain.

이슬점(一點) 〖理〗 the dew point.

이승 this world; this life. ¶ ~의 괴로움 trials of this life.

이식(利息) ☞ 이자(利子).

이식(移植) transplantation; grafting (피부 조직의). ~하다 transplant; naturalize; graft 《*skin*》. ‖ ~기 a transplanter / ~ 수술 a 《*heart*》 transplantation [transplant]; a transplant operation.

이신론(理神論) 〖哲〗 deism.
이심(二心) ¶ ～ 있는 double-faced (-dealing); treacherous / ～을 품다 carry two faces (under one hood); play a double game.
이심(異心) 《harbo(u)r》 treacherous intentions.
이심률(離心率) 〖數〗 eccentricity.
이심전심(以心傳心) telepathy. ¶ ～으로 telepathically; by tacit understanding.
이십(二十) twenty; a score. ¶ ～ 번째 twentieth / ～대의 여자 a woman in her twenties. ‖ ～ 세기 the twentieth century.
이쑤시개 a toothpick.
이악하다 be greedy of (keen for) gain; (be) shrewd; sharp; smart.
이앓이 toothache.
이앙(移秧) rice-transplantation. ～하다 transplant rice.
이야기 ① 《일반적》 (a) talk; (a) conversation; 《한담》 a chat; a gossip; 《연설》 a speech; an address. ～하다 speak; talk; have a talk (chat). ¶ 장사 ～ a business talk / ～를 잘하다 〔못하다〕 be a good (poor) talker. ② 《설화》 a story; a tale; an account (사실). ～하다 tell a story (tale); give an account of 《*the war*》. ¶ 꾸민 ～ a made-up story; a fiction; a cock-and-bull story. ③ 《화제》 a topic (of conversation); the subject. ¶ ～를 바꾸다 change (turn) the subject. ④ 《소문》 (a) rumo(u)r; (a) report. ～하다 speak (talk) about; talk of; rumor. ¶ 그렇게들 ～한다 It is so rumored., People say so. ⑤ 《상담》 a consultation; a negotiation (교섭); an agreement (합의). ～하다 talk with 《*a person*》 about 《*a matter*》; consult with 《*a person*》; discuss 《*a matter*》 with 《*a person*》. ¶ ～가 되다 arrive at (come to) an understanding (agreement) 《*about a matter with a person*》. ⑥ 《진술》 a statement. ～하다 state; relate; tell. ¶ 의견을 ～하다 state one's view. ‖ ～꾼 a storyteller / ～책 a storybook.
이야말로[1] 《부사》 this very one (thing); this indeed.
이야말로[2] 《조사》 indeed; precisely; exactly; just; the very.
이양(移讓) ～하다 transfer; hand over. ¶ 정권을 ～하다 turn over the reins of government.
이어링 (a pair of) earrings.
이어서 《다음에》 next; 《그후에》 after; then; subsequently.
이어폰 《put on》 an earphone.
이언정 though; although; (even) if.
이엉 thatch.
이에 hereupon; thereupon; on this; at this point.
이에서 than this.
이에짬 a joint; a juncture; a junction. 「(part).
이역(二役) 《play》 a double role
이역(異域) an alien land; a foreign country.
이열(二列) two rows; a double column (line). ¶ ～로 in two rows (ranks).
이열치열(以熱治熱) Like cures like.
이염(耳炎) otitis; inflammation of the ear. ‖ 중(中)～ otitis media.
이염화물(二塩化物) 〖化〗 bichloride.
이온 〖化〗 ion. ‖ ～층 ionosphere / 양〔음〕 ～ a positive (negative) ion.
이완(弛緩) relaxation; laxity; 〖醫〗 atony. ～하다 relax; slacken.
이왕(已往) 《명사》 the past; bygones; 《부사》 already; now that; as long as; since. ¶ ～…인 이상에는 since…; if…at all; once… / ～이면 영어를 배우겠다 As long as I am about it, I might as well take English. ‖ ～지사(之事) bygones (～지사는 따지지〔묻〕지 말자 Let bygones be bygones).
이외(以外) 《제외하고》 except; save 《*for*》; 《그 외에 더》 besides; in addition to. ¶ 일요일 ～에는 except on Sundays.
이욕(利慾) greed; avarice; love of gain. ¶ ～을 떠나서 regardless of personal gain.
이용(利用) use; utilization; turning to account. ～하다 make use of; use 《*a thing*》 to good advantage; utilize; take advantage of; make the most of. ‖ ～가치 《be of (no)》 utility value / ～자 a user; a visitor (도서관 등의) / 폐물 ～ the utilization of waste material.
이용(理容) ‖ ～사 a barber; a hairdresser / ～업 barbers and beauty parlors business / ～ 학원 a barber's school. 「이).
이울다 wither; be on the wane (달
이웃 the neighbo(u)rhood. ‖ ～돕기 운동 a campaign to help needy neighbo(u)rs / ～ 사촌 "A good neighbor is better than a brother far off." / ～집 a neighboring house; the next door.
이원(二元) 〖哲〗 duality. ～적 dual; dualistic. ‖ ～론 dualism / ～ 방송 simultaneous broadcast by two stations.
이원권(以遠權) the beyond (traffic) right. 「chamber) system.
이원제(二院制) a bicameral (two-
이월(二月) February (생략 Feb.).
이월(移越) a carry-over; transfer. ～하다 transfer 《*to, from*》; carry forward (over); bring forward (over) (앞에서). ‖ 전기〔차기〕 ～금 the balance brought (carried) forward from the previous term (to the next term).
이유(理由) a reason; a cause; why; a ground (근거); a pretence (구실);

a motive(동기). ¶ ~없이 without reason 〔good cause〕/ ~를 묻다 inquire into the reason of. ‖ ~서 a statement.
이유(離乳) ~하다 wean 《*a child*》. ‖ ~기 the weaning period / ~식 baby food; weaning food.
이윤(利潤) profit; gain. ☞ 이익.
이율(利率) (the rate of) interest. ‖ 법정~ the legal rate of interest/ 은행 ~ the bank rate.
이율배반(二律背反) antinomy mutually exclusive dichotomy. ~의 antinomic.
이윽고 after a while; presently; soon after; in a short time; before long.
이음매 a joint; a juncture; a seam. ¶ ~가 없는 jointless; seamless 《*stockings*》.
이의(異意) a different opinion.
이의(異義) a different meaning.
이의(異議) 《반대》 an objection; a protest(항의); dissent(불찬성). ¶ ~없이 without dissent; unanimously / ~를 제기하다 object to; raise an objection to; protest. ‖ ~ 신청 an exception; a formal objection.
이익(利益) ① 《이윤》 profit; gain; 《수익》 returns. ¶ ~이 있는 profitable; paying / 많은 ~을 올리다 make a large profit. ‖ ~금 gains; a profit (총~금 a gross profit / 순 ~금 a clear 〔net〕 profit) / ~ 배당 profit sharing; a dividend. ② 《편익》 benefit; profit; good; advantage; interests. ¶ ~있는 advantageous; beneficial / …의 ~을 위하여 for the benefit of; in the interests of.
이인(二人) two men 〔persons〕. ‖ ~삼각(三脚) a three-legged race / ~승(乘) a two-(double-)seater / ~조 a duo; a twosome.
이인(異人) 《다른이》 a different person; 《기재(奇才)》 a prodigy. ‖ 동명 ~ a different person of the same name; one's namesake.
이입(移入) ~하다 import; bring in; introduce (문물 제도 따위).
이자 〖解〗 the pancreas.
이자(利子) interest. ¶ 1할의 ~로 at 10 per cent interest / 비싼 〔싼〕 ~로 at a high 〔low〕 interest / 무~로 without interest / ~가 붙다 yield 〔bear〕 interest / ~를 받고 돈을 꾸어 주다 put one's money out at interest. ‖ ~ 소득 the income from interests.
이자택일(二者擇一) ~하다 choose between the two.
이장(里長) the head of a village.
이장(移葬) ~하다 exhume and bury in another place.
이재(理財) economy; finance. ¶ ~에 밝다〔능하다〕 be adept at moneymaking. ‖ ~국 the Financial (Management) Bureau.
이재(罹災) suffering; affliction. ‖ ~구호 기금 a relief fund / ~민 the sufferers; the afflicted people; the victims / ~지(地) the afflicted 〔stricken〕 districts 〔area〕.
이적(利敵) ~하다 profit the enemy. ‖ ~행위 acts profiting the enemy.
이적(移籍) ~하다 transfer one's name in the register 《*to*》. ‖ ~료 a waiver(프로 야구의).
이적(離籍) ~하다 remove one's name from the family register.
이전(以前) ~의 previous; former; prior; old. ¶ ~에 ago (지금보다); before (그때보다); formerly, once (왕시) / ~대로 as before.
이전(移轉) (a) removal; (a) transfer(권리의). ~하다 move 〔remove 《英》〕 《*to*》; transfer. ‖ ~ 공고〔통지〕 a removal notice / ~처(處) one's new address / 권리 ~ a transfer of rights.
이점(利點) (a point of) advantage.
이정(里程) mileage; distance. ‖ ~표(表) a table of distances / ~표(標) a milestone; a milepost.
이제 now; 《더 이상》 no 〔not any〕 longer 〔more〕. ¶ ~ 막 just (now); a moment ago.
이조(李朝) the Yi Dynasty.
이종(二種) ‖ ~ 우편물 the second-class mail (matter).
이종(姨從) a cousin by a maternal aunt.
이종(異種) a different kind 〔sort〕. ‖ ~교배 hybridization; cross-breeding.
이주(移住) removal (이사); migration (인종, 동물의); emigration (외국으로); immigration (외국에서). ~하다 move; migrate; emigrate; immigrate. ‖ ~민 an emigrant; an immigrant; a settler.
이죽거리다 ☞ 이기죽거리다.
이중(二重) ~의 double; twofold; duplicate. ¶ ~으로 doubly; twice; over again / ~으로 하다 double; duplicate; put on above the other. ‖ ~ 가격(제(制)) double price (system) / ~ 결혼 bigamy / ~ 과세(課稅) double taxation / ~ 생활 a double life / ~ 인격 〔국적〕 dual personality 〔nationality〕 / ~ 인격자 a double-faced person; a Dr. Jekyll / ~창〔주〕〖樂〗 a duet / ~창(窓) a storm 〔double〕 window / ~ 촬영 an overlap / ~턱 a double chin (~의 double-chinned) / ~ 하이픈 a double hyphen.
이중고(二重苦) a double torture.
이중곡가제(二重穀價制) a two-tier pricing system for staple grains; the double grain price system.
이즈음, 이즘[1] ☞ 요즈음.
이즘[2] 《주의·설》 an ism.
이지(理智) intellect; intelligence; reasoning power. ~적 intellectual. ‖ ~주의 intellectualism.
이지러지다 break (off); be broken

off; chip; wane (달이).
이직(離職) ~하다 leave [quit] one's job. ‖ ~율 the separation rate.
이질(姨姪) a nephew (who is the son of one's wife's sister).
이질(異質) heterogeneity. ~의 heterogeneous.
이질(痢疾) dysentery.
이질풀(痢疾—) 〖植〗 the crane's-bill.
이집트 Egypt. ¶ ~의 Egyptian / ~ 사람 an Eyptian.
이쪽 ① 《이편》 this way [side]; our side. ¶ ~ 저쪽 this way and that / ~으로 오십시오 This way, please. ② 《우리편》 our party; we; us. ¶ ~ 저쪽 we and they.
이차(二次) ~의 《두번째의》 second; secondary; 〖數〗 quadratic. ‖ ~ 방정식 a quadratic equation / ~ 산품 secondary products / 제 ~ 세계 대전 the Second World War; World War II.
이차피(以此彼) ☞ 어차피.
이착(二着) 《이등》 the second place; 《사람》 a runner-up.
이착륙(離着陸) taking-off and landing. ‖ 단거리 ~기 a STOL / 수직 ~ 제트기 a VTOL.
이채(異彩) brilliance. ¶ ~를 띠다 be conspicuous; cut a figure.
이처럼 like this; in this way [manner]; thus; so. ¶ ~ 많이 so much [many] / ~ 와 주셔서 고맙습니다 Thank you for coming like this.
이첩(移牒) ~하다 transmit 《*an order, information*》 to the office concerned; notify 《*of, that*》.
이체동심(異體同心) being different in form but same in mind; two bodies but one mind.
이촉 the root of a tooth.
이층(二層) the second floor [story] 《美》; the first [upper] storey 《英》. ¶ ~에서 upstairs / ~에 올라가다 go upstairs. ‖ ~버스 a doubledecker (bus) / ~집 a two-storied house.
이치(理致) 《사리》 reason; 《원리 원칙》 principle. ¶ 자연의 ~ a natural law / ~에 맞다 be reasonable; [sensible]; stand to reason.
이칭(異稱) another name; an alias; a by-name.
이커서니 Yo-heave-ho!; Yo-ho!
이키나 《놀람》 Wow!; Oh!
이타(利他) altruism. ~적 altruistic. ‖ ~주의 altruism (~주의자 an altruist).
이탈(離脫) ~하다 secede from; break away from; leave 《*a party*》; desert 《*one's job*》 (직장을). ‖ ~자 a seceder; a bolter.
이탈리아 Italy. ¶ ~의 Italian / ~ 사람 an Italian / ~어 [말] Italian.
이탓저탓 ¶ ~하여 on one excuse or another.
이태 two years.
이탤릭 《활자》 italic type; italics. ¶ ~으로 하다 italicize.
이토(泥土) ☞ 진흙.
이토록 so [this] much; like this; so ¶ ~ 부탁(을)하는데도 for all my asking.
이튿날 《다음날》 the next [following] day; 《초이틀》 the second (day of the month).
이틀[1] ① 《초이틀》 the second (day of the month); 《이틀째》 the second day. ② 《두날》 two days. ¶ ~마다 every two days; every other day.
이틀[2] 《치아의》 the socket of a tooth; 《의치》 a dental plate; a denture.
이판암(泥板岩) 〖鑛〗 shale.
이팔(二八) sixteen. ‖ ~ 청춘 a sixteen-year-old; sweet sixteen.
이페리트 〖化〗 gas; mustard yperite.
이편 ① 《자기쪽》 I; we. ¶ ~의 잘못 my [our] fault. ② 《이쪽》 this side [way].
이핑계저핑계 ¶ ~하여 on one excuse or another.
이하(以下) ~의 less than; (and) under; below; the following (하기(下記)). ¶ 평년작 ~ below the average crop / 10세 ~의 어린이 children under ten years old / ~ 다음 호(號)에 To be continued. ‖ ~ 동문(同文) and so on [forth]; etc. / ~ 생략 The rest is omitted.
이하부정관(李下不正冠) "Do nothing that may give rise to suspicion."
이하선(耳下腺) the parotid gland. ‖ ~염(炎) parotitis; mumps.
이학(理學) physical science. ‖ ~ 박사(博士) Doctor of Science (생략 D.Sc.) / ~부 the science faculty / ~사 Bachelor of Science (생략 B.Sc.).
이한(離韓) ~하다 leave [depart, go away from] Korea.
이합(離合) meeting and parting. ¶ 정당의 ~ 집산 changing alignment of political parties.
이항(二項) 〖數〗 ¶ ~(식)의 binomial. ‖ ~ 방정식 a binomial equation / ~식 a binomial (expression).
이항(移項) transposal; 〖數〗 transposition. ~하다 transpose.
이해(利害) advantages and disadvantages; interests; a concern. ¶ ~의 충돌 a clash [conflict] of interests / ~에 관계되다 affect one's interests / ~ 관계를 가지다 have an interest [a concern] 《*in*》. ‖ ~ 관계자 the persons interested [concerned]; the interested parties / ~ 득실 advantages and disadvantages.
이해(理解) understanding; comprehension; appreciation. ~하다 understand; grasp; comprehend; appreciate; make out. ¶ ~성 있는 남편 a sympathetic husband / ~성 없는 아내 an unappreciative

wife/~가 빠르다 (더디다) be quick (slow) of understanding / 음악을 ~하다 appreciate music; have an ear for music. ‖ ~력 sense; the understanding; the comprehensive faculty. 「over to.

이행(移行) ~하다 veer to; switch

이행(履行) ~하다 fulfil(l); carry out; perform; discharge; execute. ‖ ~자 a performer.

이향(離鄕) ~하다 leave one's home.

이혼(離婚) a divorce; the dissolution of marriage. ~하다 divorce 《*one's wife, one's husband*》. ‖ ~소송 a divorce suit / ~ 신고 a notice of divorce / ~ 절차 divorce procedure (formalities) / 법정 ~ a judicial divorce / 합의 (협의) ~ a divorce by agreement (consent).

이화학(理化學) physics and chemistry; physiological chemistry; physicochemistry. ‖ ~ 연구소 the Physical and Chemical Research Institute.

이환(罹患) ~하다 contract a disease. ‖ ~율(率) the rate of occurrence; the (rate of) incidence 《*of influenza*》 / ~자(者) a patient; a case 《*of*》; sufferers 《*from cholera*》.

이회(二回) twice; two times. ¶ 월 ~ twice a month; semimonthly / 연~ twice a year; semiannually.

이후(以後) 《금후》 after this; from now on; in (the) future; 《이래》 after; since. ¶ 8월 15일 ~ on and after August 15th / 그 ~ thereafter; since then. 「after.

익년(翌年) the next year; the year

익다 ① 《과실·기회 등이》 ripen; be (get) ripe; mellow; mature. ¶ 익은 ripe; mature; mellow / 익지 않은 green; unripe. ② 《음식이》 be boiled (cooked). ¶ 잘 익은 well-done(-cooked) / 너무 ~ be overdone. ③ 《익숙》 get used (become accustomed) 《*to*》; 《숙련》 become skil(l)ful; be skilled 《*in*》. ¶ 손에 익은 practiced; familiar / 익지 아니한 new; unfamiliar; unexperienced / 익히다 accustom; habituate to; naturalize. ④ 《장·술이》 ferment; mature; be matured.

익명(匿名) anonymity. ~의 anonymous. ¶ ~으로 anonymously. ‖ ~투고 (투서) an anonymous contribution (letter).

익모초(益母草) 〖植〗 a motherwort.

익사(溺死) (death from) drowning. ~하다 be drowned (to death). ¶ ~할 뻔하다 be nearly drowned. ‖ ~자 a drowned person.

익살 humo(u)r; pleasantry; fun; a joke. ¶ ~(을) 떨다 (부리다) crack jokes; jest; talk humo(u)rously; play the fool / ~스럽다 (맞다) be funny (waggish, comical, humorous, antic, droll). ‖ ~꾼 a humorous person; a joker; a jester.

익숙하다 《친숙》 (be) familiar; be well acquainted 《*with*》; be well versed 《*in*》; 《능숙》 be skilled (experienced) in; be at home in. ¶ 익숙하게 with skill; skil(l)fully; adroitly; expertly; like an old-timer (a veteran). 「《*a child*》.

익애(溺愛) dotage. ~하다 dote upon

익일(翌日) the next day.

익조(益鳥) a beneficial (useful) bird.

익조틱 exotic.

익충(益蟲) a beneficial (useful) insect.

익히다 ① 《익숙하게 하다》 make oneself familiar with; acquaint oneself with; accustom oneself to; learn; practice. ② 《음식을》 boil; cook. ③ 《과실을》 mellow; ripen. ④ 《술·장을》 brew; ferment; mature. 「ity; virtue.

인(仁) 《인자》 benevolence; human-

인(印) a seal; a stamp. ☞ 도장.

인(寅) 《십이지의》 the Tiger.

인(燐) phosphorus (기호 P). ~의 phosphorous; phosphoric.

…인(人) ¶ 문화~ a cultured man / 한국~ a Korean.

인가(人家) a house; a dwelling (-house); a human habitation. ¶ ~가 드문 sparsely-populated; thinly-settled.

인가(認可) sanction; permission; authorization. ~하다 sanction; authorize; give a permit. ¶ ~를 얻다 obtain the sanction of; be authorized by.

인각(印刻) ~하다 engrave.

인간(人間) a human being; a man; a mortal; 《인류》 mankind; humanity. ~의 human; mortal. ¶ ~다운 생활 a life worthy of man. ‖ ~ 개조 reform in humanity / ~문화재 human cultural assets / ~미 humanity; a human touch; human weakness / ~성 (사회, 애(愛)) human nature (society, love) / ~송충 a human caterpillar; an illegal tree-feller / ~ 쓰레기 the dregs of socity (humanity) / ~ 폭탄 (어뢰) a human bomb (torpedo).

인감(印鑑) a (registered personal) seal; 《찍은》 a seal impression. ¶ ~을 등록하다 have one's seal impression registered. ‖ ~ 도장 one's registered seal/~ 증명 (등록) a certificate (the registration) of a seal impression.

인갑(鱗甲) ① 《비늘과 껍데기》 scales and shells. ② 《비늘모양의 껍데기》 a scale armo(u)r; 〖動〗 a scutum.

인건비(人件費) personnel expenses (expenditure). 「great figure.

인걸(人傑) a great man; a hero; a

인격(人格) personality; character. ¶ ~을 함양 (도야) 하다 build up one's character. ‖ ~ 교육 character building; cultural education /

~자 a man of character.
인견(人絹) ☞ 인조견(人造絹). ‖ ~사 rayon yarn.
인견(引見) ~하다 receive 《*a person*》 (in audience); grant an interview 《*to*》.
인경 a large curfew bell.
인계(引繼) ~하다 hand over [transfer] 《*one's official duties*》 to 《*a person*》. ¶ ~받다 take over 《*a person's duties*》.
인공(人工) human work [skill, labo(u)r]; art (기교). ~의 artificial; unnatural. ‖ ~ 강우 rainmaking; artificial rain / ~ 수태 [수정] artificial conception [fertilization] / ~ 영양 artificial feeding / ~ 위성 an earth satellite / ~ 피임 artificial contraception / ~ 호흡 artificial respiration.
인과(因果) causality; 《원인과 결과》 cause and effect. ¶ 피할 길 없는 ~ inevitable retribution. ‖ ~ 관계 causality; causal relation / ~율 the law of causality / ~ 응보 retribution; nemesis (천벌).
인광(燐光) phosphorescence.
인광석(燐鑛石) phosphate ore.
인구(人口) population; inhabitants. ¶ ~가 조밀 [희박]한 곳 a thickly [sparsely] populated district / ~ 800만의 도시 a city with a population of eight million inhabitants / ~가 많다 [적다] have a large [small] population. ‖ ~ 과잉 overpopulation / ~ 문제 the population problem / ~ 정책 population policy / ~ 조사 a census / ~ 통계 vital statistics / ~ 폭발 (a) population explosion / 낚시 [골프] ~ the angling [golf-playing] population 《*of Korea*》 / 주간 [야간] ~ the daytime [nighttime] population.
인권(人權) human rights; personal rights; the rights of man. ¶ 기본적 ~ the fundamental human rights. ‖ ~ 문제 a question of personal rights / ~ 선언 Declaration of the Rights of Man / ~ 옹호 운동 civil liberty activities / ~ 유린 an infringement upon people's rights.
인근(隣近) the neighbo(u)rhood; the vicinity. ~의 neighboring; nearby. ¶ ~ 주민들 neighbors.
인기(人氣) popularity; popular favo(u)r. ¶ ~있는 popular; favorite / ~ 없는 unpopular / ~를 얻다 gain in public favor; win popularity / ~가 떨어지다 lose [fall in] popularity. ‖ ~ 배우 a star; a popular actor; a stage favorite / ~ 선수 [작가] a star player [writer] / ~ 소설 a sensational novel / ~ 투표 a popularity vote (~ 투표를 실시하다 take a poll 《*on the most popular actor*》).
인기척(人―) ¶ ~이 있다 [없다] show (no) signs [indications] of people being around.
인꼭지(印―) the handle of a seal.
인내(忍耐) patience; perseverance; endurance. ~하다 bear [endure] patiently; persevere; be patient 《*with*》. ¶ ~심이 강한 patient; persevering; stoical.
인대(靭帶) 〖解〗 a ligament.
인덕(人德) ¶ ~이 있다 be blessed with people who are willing to help 《*him*》.
인덕(仁德) benevolence; humanity.
인덱스 an index [*pl.* -dices, -es].
인도(人道) ① 《도덕》 humanity. ~적 humanitarian; humane. ¶ ~적 견지에서 from the humanitarian point of view. ‖ ~주의 humanism; humanitarianism (~주의자 a humanist; a humanitarian). ② 《보도》 a footpath; a pavement 《英》; a sidewalk 《美》. ‖ ~교(橋) a footbridge.
인도(引渡) ~하다 deliver 《*goods*》; turn [hand] over; transfer 《*property*》; surrender 《*a criminal*》. ‖ 도착항 ~ free port of destination / 본선(本船) ~ free on board (생략 F.O.B.) / 선측(船側) ~ free alongside (ship) (생략 F.A.S.) / 화차 ~ free on rail (생략 F.O.R.).
인도(引導) guidance(지도); lead(선도). ~하다 guide; lead. ‖ ~자 a guide.
인도(印度) India. ¶ ~의 Indian / ~ 사람 an Indian / ~어 Hindustani / ~양 the Indian Ocean / 동 [서] ~ 제도(諸島) the East [West] Indies / ~ 지나 Indo-China.
인도네시아 Indonesia. ¶ ~ 사람 an Indonesian / ~어 Indonesian.
인동초(忍冬草) 〖植〗 a honeysuckle.
인두 a smoothing iron; a flatiron; a soldering iron (땜질하는). ‖ ~질 ironing; 《땜질》 soldering (~질하다 iron; solder) / ~판 an ironing board.
인두(咽頭) the pharynx. ~의 pharyngeal. ‖ ~염 〖醫〗 pharyngitis.
인두겁(人―) human shape. ¶ ~을 쓴 악마 a demon in human shape.
인두세(人頭稅) a poll [head] tax.
…인들 granted that it be [is]; even though it be [is].
인디언 an Indian; a Red Indian.
인력(人力) human power [strength]; man power. ¶ ~으로는 할 수 없다 be beyond the power of man. ‖ ~ 감사 manpower inspection / ~ 수출 manpower export.
인력(引力) 《천체의》 gravitation; 《자기의》 magnetism; 《물질간의》 attraction. ‖ 만유[지구] ~ universal [terrestrial] gravitation.
인력거(人力車) a ricksha(w). ‖ ~꾼 a rickshaw-man; a ricksha-puller.
인류(人類) the human race; human

beings; mankind; man. ~의 human. ‖ ~ 사회 human society / ~애 love for humanity / ~학(學) anthropology (~학자 an anthropologist).
인륜(人倫) 《도덕》 morality; moral principles; 《인도》 humanity; human duties. ¶ ~에 어그러지다 go contrary to morality. ‖ ~ 도덕 ethics and morality.
인마(人馬) men and horses.
인망(人望) popularity. ¶ ~이 있는 popular / ~이 없는 unpopular / ~을 얻다 〔잃다〕 gain 〔lose〕 popularity.
인맥(人脈) a line of personal contacts.
인면수심(人面獸心) a demon in human shape; a human monster.
인멸(湮滅) extinction; destruction. ~하다 be extinct; destroy. ¶ 증거를 ~하다 destroy the proof; stifle evidence.
인명(人名) a person's name. ‖ ~록 a directory; a Who's Who (명사록) / ~ 사전 a biographical dictionary.
인명(人命) human life; life. ¶ ~의 손실 a loss of lives / ~을 건지다 save a life / ~에 관계되다 affect 《*a person's*》 life.
인문(人文) civilization; culture. ~의 cultural; humanistic. ‖ ~ 과학 cultural sciences / ~주의 humanism / ~ 지리 descriptive geography / ~학파 the humanists.
인물(人物) ① 《사람》 a man; a person; a character(별난); a figure (역사상의); 《인격》 character; personality; 《걸물》 a man of character; 《재사》 an able man; a talent; 《문학상의》 a character; a personage. ¶ 큰 ~ a great man 〔figure〕; a great mind / 세계적 ~ a world figure / 위험한 ~ a dangerous character / ~을 보다 read 《*a person's*》 character. ‖ ~ 시험〔고사〕 a character test / ~평 (a) personal criticism / ~화 a portrait. ② 《용모》 a countenance; a face; looks. ¶ ~이 못생긴 사람 an ill-favo(u)red person.
인민(人民) the people; the populace; the public. ¶ ~의, ~에 의한, ~을 위한 정치 a government of the people, by the people, and for the people. ‖ ~ 공사 《중공의》 a people's commune / ~ 공화국 a people's republic / ~ 위원회 the Council of People's Commissars / ~ 전선 the people's front / ~ 재판 a people's 〔kangaroo〕 court.
인박이다 fall 〔get〕 into the habit of 《*doing*》; be addicted to.
인발(印―) an impression 〔imprint〕 of a seal.
인복(人福) the luck to have good acquaintances.
인본(印本) a printed book.
인본주의(人本主義) humanism.
인부(人夫) 《일꾼》 a labo(u)rer; a coolie; 《운반부》 a porter; a carrier.
인분(人糞) human feces. ‖ ~ 비료 human manure; night soil.
인사(人士) a man of good breeding; a society personage. ‖ 재야〔야당〕 ~ an opposition personage / 정계 ~ a political figure.
인사(人事) ① 《사람일》 human affairs; personnel affairs. ¶ ~를 다하다 try every possible means. ‖ ~과 a personnel section / ~난(欄) personnel columns / ~ 이동 personnel changes / ~ 행정 personnel administration. ② 《사교상의》 greeting; salutation; 《절》 a bow; 《감사》 thanks; gratitude; 《예의》 manners; courtesy. ~하다 greet; salute; (make a) bow; thank; acknowledge. ¶ ~를 주고 받다 exchange greetings 〔bows〕 / ~시키다 《소개》 introduce. ‖ ~성 courteousness; sociability; politeness (~성(性)이 밝다 have good manners) / ~장(狀) a greeting card; a notice(전임, 이전 등의).
인사교류(人事交流) an interchange of personnel 《*between*》. ¶ 부처간의 ~ interministerial personnel reshuffle.
인사불성(人事不省) ~의(인) unconscious; senseless. ¶ ~이 되다 become unconscious〔insensible〕; lose consciousness 〔one's sense〕.
인산(燐酸) 〖化〗 phosphoric acid. ‖ ~ 비료(肥料) phosphatic fertilizer〔manure〕 / ~ 석회 phosphate of lime / ~ 칼슘 calcium phosphate.
인산인해(人山人海) a crowd (of people).
인삼(人蔘) a ginseng.
인상(人相) a look; features; physiognomy. ¶ ~이 좋지 않은 evil〔ill-〕looking. ‖ ~서(書) one's description / ~학 physiognomy.
인상(引上) ① 《가격 따위의》 ~하다 increase; raise. ¶ 운임을 ~하다 raise the fare. ‖ 물가〔임금〕 ~ a raise in prices 〔wages〕. ② 《끌어올림》 ~하다 pull 〔draw〕 up.
인상(印象) an impression. ~적 impressive. ¶ 좋은 ~을 주다 impress 《*a person*》 favo(u)rably; give 〔make〕 a good impression 《*on a person*》. ‖ ~주의 impressionism / ~파 the impressionist school / 첫 ~ the first impression.
인상(鱗狀) ¶ ~의 scalelike; scaly; squamous.
인색(吝嗇) ~한 stingy; miserly; close-fisted; niggardly. ¶ ~한 사람 a miser; a stingy fellow; a niggard.
인생(人生) life; human life 〔existence〕. ‖ ~관 a view of life; an outlook on life / ~ 철학 a philosophy of life / ~항로 the path of

one's life; the road of life.
인선(人選) the choice [selection] of a (suitable) person. ~하다 choose [select] a (suitable) person 《*for*》.
인성(人性) human nature; humanity. ‖ ~학(學) ethology.
인성(人聲) a (sound of) voice.
인세(印稅) a royalty 《*on a book*》.
인솔(引率) ~하다 lead. ‖ ~자(者) a leader; a person in charge 《*of a party*》.
인쇄(印刷) printing. ~하다 print. ¶ ~ 중이다 be in (the) press; be printing. ‖ ~공 a pressman; a printer / ~기 a printing machine [press] / ~물 printed matter / ~소(所) a printing house [shop]; a printery 《美》/ ~술 (the art of) printing; typography.
인수(人數) the number of persons.
인수(引受) 《부담·담당》 undertaking; charge; 《수락》 acceptance (환, 어음의); 《보증》 guaranty. ~하다 undertake; take up; answer for(책임을); take over; accept; guarantee. ‖ ~어음 an accepted [acceptable] bill / ~은행 an accepting [undertaking] bank / ~인(人) a guarantor; a surety (보증자); an acceptor(어음의); a claimer [claimant] (시체, 분실물의).
인수(因數) 〖數〗 a factor. ‖ ~분해 resolution into factors (~분해하다 resolve into factors) / 소~ a prime factor.
인술(仁術) a benevolent art; the healing art (의술).
인슐린 〖藥〗 insulin.
인스턴트 instant 《*coffee*》. ‖ ~식품 precooked [convenience] food.
인스피레이션 inspiration. ¶ ~을 받다 get inspiration 《*from*》; be inspired 《*by*》.
인습(因襲) conventionality; conventionalism. ¶ ~적(으로) coventional(ly) / ~을 타파(打破)하다 do away with conventionalities.
인식(認識) recognition; cognizance; understanding (이해). ~하다 recognize; realize; understand. ¶ 바르게 ~하다 have a correct understanding 《*of*》. ‖ ~론(論) epistemology / ~부족 lack of understanding.
인신(人身) the human body. ¶ ~공격을 하다 make a personal attack on 《*a person*》. ‖ ~매매 human traffic; slave trade / ~보호법 the Habeas Corpus Act.
인심(人心) men's minds; people's hearts; (the) popular sentiment; the public feeling [mind]. ¶ ~이 좋은 genial / ~이 나쁜 rough; coarse / ~을 얻다 [잃다] win [lose] the hearts of the people.
인심(仁心) generosity; liberality; humanity. ¶ ~쓰다 be liberal; be generous; grant 《*a person a favo(u)r*》.
인애(仁愛) charity; love; humanity.
인양(引揚) pulling up; salvage(침몰된 배의); recovery(시체의). ~하다 pull up; salvage; refloat; recover.
인어(人魚) 《상상적인》 a mermaid; a merman(수컷).
인연(因緣) 《인과》 cause and occasion; 〖佛〗 *karma;* fate; destiny; 《연분》 affinity; connection; relation. ¶ ~을 맺다 form relations / ~을 끊다 break off relations; cut connection / ~이 깊다 be closely related / ~이 멀다 have little relation / 돈과는 ~이 없다 Money and I are strangers.
인영(印影) the imprint of a seal.
인용(引用) quotation; citation. ~하다 quote 《*from*》; cite 《*an instance*》; refer to (참조). ‖ ~문 a quotation; an extract / ~부 quotation marks / ~서적 reference books; books refered to.
인원(人員) 《인원수》 the number of persons [men]; the complement (정원); 《직원》 the staff; the personnel. ¶ ~부족이다 be understaffed [short-handed] / ~을 제한하다 limit the number of persons. ‖ ~점호 a roll call / ~정리 a personnel cut (~정리를 하다 cut the number of employees).
인위(人爲) human work; 《인공》 art; artificiality; 《인력》 human power. ¶ ~적(으로) artificial(ly). ‖ ~도태 artificial selection.
인육(人肉) human flesh. ‖ ~시장 a white slave market.
인의(仁義) humanity and justice.
인자(仁者) a benevolent person.
인자(仁慈) (love and) benevolence. ~한 benevolent; benign; clement; merciful.
인자(因子) a factor. ¶ 결정적 ~ a determining factor. ‖ 유전 ~ a factor; a gene.
인장(印章) a seal(☞ 도장). ‖ ~위조 forgery of a seal / 위조 ~ a forged seal.
인재(人材) a man of talent [ability]; talent (총칭). ¶ ~를 등용하다 open the offices to the talented; enlist the services of talant / ~를 구하다 look out for talent. ‖ ~주의 the merit system.
인적(人的) ‖ ~손해 the loss of manpower / ~자원 human resources; manpower (노동력).
인적(人跡) a trace of human footsteps; human traces. ¶ ~미답의 unexplored; untrodden / ~이 드문 unfrequented; out-of-the-way.
인접(隣接) ~한 neighbo(u)ring; adjoining; adjacent; contiguous. ‖ ~지 adjacent land.
인정(人情) 《정》 humaneness; sympathy; kindness; tenderness; 《인성》 human nature; humanity. ¶

～의 기미(機微) the secret of human nature / ～이 있다 be humane; be kind 《*to*》; have a warm heart / ～이 없다 be inhumane; be cold-hearted; be unfeeling. ‖ ～미 human touch; human appeal.
인정(仁政) benevolent government [rule].
인정(認定) 《승인》 recognition; 《확인》 confirmation; 《인가》 authorization; sanction. ～하다 recognize; admit; acknowledge; confirm; authorize; sanction; 《생각》 consider; regard 《*as*》. ‖ ～서 a written recognition 《*of championship*》.
인제 《이제》 now; 《앞으로》 after this; in future.
인조(人造) ～의 artificial; imitation (모조); synthetic(합성). ‖ ～고무 synthetic rubber / ～비료 artificial fertilizers [manures] / ～빙 artificial ice / ～섬유 staple [chemical] fiber / ～인간 a robot / ～진주 an artificial pearl.
인조견(人造絹) rayon; synthetic [artificial] silk. ‖ ～사 rayon yarn.
인종(人種) a (human) race. ¶ ～적 편견 racial prejudice / ～적 차별 racial discrimination. ‖ ～문제 a racial problem / ～학 ethnology / 황[백, 흑]색 ～ the yellow [white, black] race.
인주(印朱) vermilion inkpad; cinnabar seal-ink. ‖ ～합 an inkpad case.
인증(引證) a quotation [citation] (인용); an illustration(예증). ～하다 quote 《*from*》; cite 《*from*》; illustrate.
인증(認證) attestation; certification. ～하다 certify; authenticate; attest.
인지(人智) human intellect [knowledge, understanding]. ¶ ～가 미치지 못하는 beyond human knowledge.
인지(印紙) a stamp. ¶ ～를 붙이다 affix a stamp 《*to*》; put [stick] a stamp 《*on*》. ‖ ～세(稅) stamp duty / 수입 ～ a revenue stamp.
인지(認知) acknowledg(e)ment. ～하다 recognize; acknowledge. ¶ 사생아를 ～하다 acknowledge an illegitimate child as one's own.
인지상정(人之常情) human nature; humaneness; the way of the world.
인질(人質) a hostage. ¶ ～로 잡다 take [hold] 《*a person*》 as a hostage / ～로 잡히다, ～이 되다 be held in hostage.
인찰지(印札紙) ruled [lined] paper.
인책(引責) ～하다 take the responsibility on oneself; assume the responsibility 《*for*》. ¶ ～사직하다 take the responsibility upon oneself and resign.
인척(姻戚) a relative by marriage; one's in-law 《美》.
인체(人體) the human body; the system; flesh(육체). ‖ ～구조 the structure of the human body / ～모형 an anatomy(해부의); a manikin (인형) / ～실험 a living-body test / ～해부 human anatomy.
인축(人畜) men and [or] beasts; humans and animals. ‖ ～무해 No harm to man and beast.
인출(引出) (a) withdrawal; drawing out. ～하다 draw out [from]; withdraw. ¶ 은행에서 예금을 ～하다 draw one's money [deposit] from the bank.
인치(引致) custody. ～하다 arrest; take 《*a person*》 into custody [to a police station].
인치 an inch (생략 in.).
인칭(人稱) 〖文〗 person. ¶ 제1 [2, 3] ～ the first [second, third] person. ‖ ～대명사 a personal pronoun.
인커브 〖野〗 an incurve.
인코너 〖野〗 an incorner.
인터뷰 an interview. ¶ …와 ～하다 (have an) interview with 《*a person*》.
인터체인지 an interchange.
인터폰 an interphone.
인터폴 the Interpol. (◀International Police)
인턴 《수련의》 an intern. ¶ ～근무를 하다 intern 《*at*》; serve one's internship 《*at*》.
인텔리(겐치아) the intelligentzia. ¶ 그는 ～다 He is an intellectual.
인토네이션 intonation.
인파(人波) a (surging) crowd; a flood of people; waves of humanity.
인편(人便) ¶ ～으로 by [through] a person.
인품(人品) 《풍채》 (a) personal appearance; 《품격》 character; personality. ¶ ～이 좋다 have a fine looking [personality].
인플레(이션) 〖經〗 inflation. ‖ ～경향 an inflationary trend / ～대책 anti-inflation measures / 악성 ～ vicious [unsound] inflation.
인플루엔자 〖醫〗 influenza; flu 《俗》.
인하(引下) ～하다 pull [draw] down; lower [reduce, cut] (값을). ‖ 물가 ～ the reduction [lowering] of price; a cut in price / 임금 ～ a reduction in wages; a wage cut.
인하다(因一) be due [attributable] to. ¶ 부주의로 인한 due to carelessness.
인해전술(人海戰術) human-wave tactics.
인허(認許) ～하다 consent; recognize.
인형(人形) a doll; a puppet(꼭두각시). ¶ ～같은 doll-like. ‖ ～극 a puppet show.
인형(仁兄) you; Dear Friend.
인화(人和) harmony among men; peace and amity within the nation. ¶ ～를 도모하다 promote [advance] the harmony among

men.
인화(引火) ignition. ～하다 catch (take) fire; ignite. ¶ ～성(性)의 inflammable; ignitable. ‖ ～ 물질 the inflammable / ～점 a firing point; a flash point.
인화(印畫) a print. ～하다 print; make a print of. ‖ ～지(紙) printing paper.
인화물(燐化物) phosphid(e).
인회석(燐灰石) 〖鑛〗 apatite.
인후(咽喉) the throat. ～의 faucal; guttural. ‖ ～염(炎) a sore throat.
일 ① 《사건》 a matter; a thing; an affair; 《우발적인》 an incident; an event; an occurrence; 《사정》 circumstances; 《사태》 things; matters; 《사고》 an accident; 《말썽》 trouble. ¶ 좋은 ～ a good thing; a happy event / 무슨 ～이 있어도 under any circumstances; on any account / 위급한 ～이 있을 때에는 in (case of) emergency / 아무 ～ 없이 without incident (a hitch); peacefully; smoothly / ～을 저지르다 cause trouble / 내가 관여할 ～이 아니다 That's no business of mine. ② 《노동》 work; labo(u)r; 《일거리》 employment; a task; a job; 《천직》 vocation; 《사업》 an undertaking; business; 《임무》 duties; a mission(사명). ～하다 (be at) work; labor; job; toil. ¶ ～하는 시간 working hours / 나날의 ～ one's daily routine / 하루치의 ～ a day's work / 힘든 ～ a difficult task; a hard job / ～ 자리를 구하다 look for work (employment); seek a job / ～하러 가다 go to work / ～을 시작하다 set (begin) to work / ～에 몰리다 be pressed with business / 할 ～이 있다 have business upon one's hand / ～이 없다 have nothing to do. ③ 《용건》 business; an errand. ¶ 회사～로 on the business of the firm / 무슨 ～인가 묻다 inquire 《*a person's*》 business. ④ 《계획》 a plan; a project; a program; a scheme; 《음모》 a plot; a trick. ¶ ～을 꾀(도모)하다 make a plan; form a scheme; 《음모를》 conspire (intrigue) 《*against*》 / ～을 진행시키다 carry a program forward. ⑤ 《경험》 (an) experience. ¶ …한 ～이 있다 have ever done; once did / …한 ～이 없다 have never done; never did. ⑥ 《업적》 an achievement; merits; services. ¶ 훌륭한 ～을 하다 render distinguished services 《*to*》.
일(一) one; the first (제 1); an ace (트럼프, 주사위의).
일가(一家) ① 《가정》 a home; a household; a family. ② 《친척》 one's relations (relatives). ¶ 먼 ～ a distant relation. ③ 《일파》 a school. ¶ ～를 이루다 establish a school of one's own.
일가(一價) 〖化〗 monovalence; univalence. ～의 monovalent; univalent; monatomic. ‖ ～ 원소 a monad.
일가견(一家見) one's own opinion; a personal view.
일가족(一家族) one family; the whole family.
일각(一角) a corner. ¶ ～을 무너뜨리다 destroy a section.
일각(一刻) a minute; a moment; an instant. ¶ ～이 여삼추다 feel a moment as if it were three years / ～을 다투다 fight the clock; there is not a moment to lose.
일간(日刊) daily issue. ‖ ～ 신문 a daily (newspaper).
일간(日間) someday; one of these days.
일갈(一喝) ～하다 thunder 《*at*》; yell 《*at a person*》.
일개(一介) mere; only. ‖ ～ 상인 a mere tradesman.
일개(一個) one; a piece. ¶ ～년 one year / ～월 one month / 만 ～년 a full year.
일개인(一個人) an individual; 《사인》 a private person. ¶ ～의 individual; private; personal.
일거(一擧) ¶ ～에 at a stroke; by one effort; at one coup / ～ 양득이다 serve two ends; kill two birds with one stone.
일거리 a piece of work; a job; a task; things to do. ¶ ～가 있다 have work to do / ～가 없다 be out of job; have nothing to do.
일거수일투족(一擧手一投足) everything one does.
일거일동(一擧一動) one's every action; every movement 《*of a person*》.
일건(一件) the affair; the case. ‖ ～ 서류 the papers relating to the affair.
일격(一擊) 《strike》 a single blow; one stroke. ¶ ～에 at a blow; with one stroke.
일견(一見) a sight; a look (glance). ～하다 take (have) a glance at; catch a glimpse of. ¶ ～하여 at first sight; apparently; outwardly / 백문이 불여 ～이다 Seeing is believing.
일계(日計) daily account; daily expenses. ‖ ～표 daily trial balance.
일고(一考) ～하다 take 《*a matter*》 into consideration. ¶ ～의 여지가 있다 leave room for consideration.
일고(一顧) a notice. ¶ ～의 가치도 없다 be not worth (one's) notice / ～도 않다 take no notice 《*of*》.
일곱 seven. ¶ ～ 번째 the seventh.
일과(一過) ～하다 《눈을 거치다》 run one's eyes through; glance (one's eyes) over; 《지나가다》 pass away.
일과(日課) daily lesson (work); the

(daily) routine. ¶ ~를 주다 impose a daily task on 《*a person*》; give 《*a person*》 daily lessons / ~를 마치다 do one's daily task. ‖ ~표 a schedule.

일관(一貫) **~하다** be consistent; run through 《*all*》. ¶ ~하여 consistently. ‖ ~성 consistency; coherence (~성 있는 coherent; consistent / ~성 없는 inconsistent; incoherent).

일관작업(一貫作業) through process; 《단위 공정의》 the assembly-line operation; a conveyor system.

일괄(一括) **~하다** make (tie up) into a bundle; lump together. ¶ ~하여 in the (a) lump; *en bloc*. ‖ ~ 계약 a contract in bulk / ~ 구입 a blanket purchase / ~ 사표 a resignation *en masse* / ~안(案) a package plan.

일광(日光) sunlight; sunshine. ¶ ~에 쬐다 expose 《*something*》 to the sun. ‖ ~ 소독 disinfection by sunshine / ~욕 sun bath(ing).

일구이언(一口二言) a double-tongue. **~하다** break one's word; be double-tongued.

일군(一軍) ① 《전군》 the whole army (force). ② 《제1군》 the First Army.

일그러지다 be distorted (contorted). ¶ 일그러진 얼굴 a wry (distorted) face.

일급(一級) the first class. **~의** first-class 《*goods*》; 《an article》 of the highest quality.

일급(日給) daily wages. ¶ ~으로 일하다 work by the day. ‖ ~ 노동자 a day labo(u)rer.

일긋거리다 be rickety (shaky).

일기(一期) ① 《기간》 a term; a period. ② 《일생》 one's whole life; one's lifetime. ¶ 50세를 ~로 죽다 die at (the age of) fifty.

일기(一騎) ¶ ~ 당천의 용사 a man of peerless strength.

일기(日記) a diary; a journal. ¶ ~를 쓰다 keep (write) one's diary. ‖ ~장 a diary.

일기(日氣) the weather (☞날씨). ‖ ~개황 the general weather condition / ~ 예보 the weather forecast (report).

일기죽거리다 sway (swing) one's hips.

일깨우다 make 《*a person*》 aware of; awake; arouse.

일껏 《애써》 with much trouble (effort); at great pains.

일꾼 ① 《품팔이》 a labo(u)rer; a workman; a worker; a coolie; a navvy(막일의). ② 《역량있는 사람》 an able man (hand).

일년(一年) a (one) year. ¶ ~(에 한 번)의 yearly; annual / ~ 중 all the year round / ~ 걸러 every other (second) year; biennially.

일년생(一年生) ① 《학생》 a first-year (-grade) boy (girl); 《대학 따위의》 a freshman 《美》. ② 【植】 ‖ ~ 식물 an annual plant.

일념(一念) a single heart; a concentrated mind; an ardent wish.

일다¹ ① 《파도·바람 등이》 run high; rise; get up; spring up. ¶ 물결이 ~ waves run high / 먼지가 ~ dust rises. ② 《성해지다》 grow violent; rise (increase) in violence; 《번창하다》 prosper (☞일어나다). ¶ 불길이 ~ the fire grows violent.

일다² 《쌀 따위를》 wash.

일단(一端) one end (한끝); a part (일부).

일단(一團) 《in》 a body; a group. ¶ ~의 관광객 a party of tourists.

일단(一旦) once (at least); 《우선》 for the moment; first. ¶ ~ 유사시엔 in case of emergency.

일단락(一段落) a pause (for the present). ¶ ~ 짓다 bring 《*a job*》 to a conclusion (an end).

일당(一堂) ¶ ~에 모이다 gather (meet together) in a hall (room).

일당(一黨) ① 《동류》 (fellow) conspirators; a ring; partisans; a gang. ② 《한 정당》 a party; a clique. ‖ ~ 국회 a one-party legislature / ~ 독재 one-party rule.

일당(日當) daily allowance (pay, wages). ¶ ~으로 일하다 work by the day / ~ 5천 원을 지불하다 pay five thousand *won* a day.

일당백(一當百) being a match for a hundred.

일대(一代) one generation; one's whole life; one's lifetime(일생). ‖ ~기 a biography; a life 《*of*》.

일대(一帶) 《일원》 the whole area (district); the neighbo(u)rhood 《*of*》. ¶ 서울 ~에 throughout (all over) Seoul.

일대(一大) great; grand; remarkable. ¶ ~ 성황을 이루다 《모임이》 be a great success.

일더위 early summer heat.

일도(一刀) ¶ ~ 양단하다 《비유》 take a decisive measure; cut the Gordian knot.

일동(一同) all; everyone. ¶ 가내 ~ all one's family / 회원 ~ all the member / ~(이) 모두 in a body; all together.

일되다 mature early; grow (ripen) early.

일득(一得) one advantage; a merit. ‖ ~ 일실 an advantage and a disadvantage; a merit and a demerit.

일등(一等) the first class; the first rank (grade); one degree(한등급). ¶ ~을 타고 여행하다 travel first-class. ‖ ~국 a first-class power / ~병 Private First Class (생략 Pfc.) / ~상 《win》 the first prize / ~성(星) a star of the first magnitude / ~(승)객 a first-class passenger / ~품 a first-grade arti-

cle/～ 항해〔기관〕사 the chief mate 〔first engineer〕.
일등(一燈) ¶ 빈자의 ～ a widow's mite.
일떠나다 《일찍 떠나다》 leave early in the morning.
일란성(一卵性) ¶～의 monovular; uniovular. ‖～ 쌍생아 one-egg 〔uniovular〕 twins; identical twins.
일람(一覽) a look; a sight; a perusal; a summary (개요). ～하다 have a look at; take a view of; peruse 《*a book*》. ‖～불(拂) payable at sight 〔on demand〕 (～불 어음 a sight bill 〔draft〕) / ～표 a table; a list; a schedule.
일러두기 explanatory notes; introductory remarks.
일러두다 tell 〔direct〕 《*a person to do*》; 《부탁》 ask; request. ¶ 단단히 ～ give strict orders; make sure 《*of, that...*》.
일러바치다 tell 〔carry〕 tales 《*about, against*》; inform; tell on.
일러주다 ① 《알려주다》 let 《*a person*》 know; tell; inform. ② 《가르치다》 teach; instruct; show.
일렉트론 〖理〗 an electron.
일렁거리다 bob up and down; toss; rock (on the waves).
일력(日曆) a daily pad calendar.
일련(一連) ① 《연속》 a series 〔chain〕 《*of*》. ¶～의 사건(事件) a chain of events/～의 실험 a series of tests. ‖～ 번호 consecutive 〔running〕 numbers; serial numbers. ② 《종이》 a ream 《*of paper*》.
일련탁생(一蓮托生) a pledge to rise or sink together. ¶～이다 be in the same boat.
일렬(一列) a row; a line; a rank; a file (세로의). ¶～로 in a row 〔line〕; in a file / ～로 줄서다 form a queue; queue up.
일례(一例) an example; an instance. ¶～를 들면 for example; for instance.
일로(一路) 《head》 direct 〔straight〕 《*for*》.
일루(一縷) ¶～의 희망 a gleam of hope / ～의 희망을 품다 cling to one's last hope.
일루(一壘) (the) first base. ‖～수 the first baseman / ～타 a one timer; a base hit.
일류(一流) ～의 first-class〔-rate〕; top-ranking; leading; foremost. ‖～ 가수 a top class singer / ～교 a prestige 〔name〕 school/～ 극장 a first-class theater / ～병 first class kick; fad (passion) for top class/～ 신문 leading newspapers/～ 호텔 a first-class〔-rate〕 hotel/～회사 leading companies.
일류미네이션 illumination. ¶～ 장치를 한 illuminated.
일률(一律) ～적 uniform; indiscriminate. ¶～적으로 in a wholesale manner; uniformly(똑같이); indiscriminately (차별없이); sweepingly (전체적으로).
일리(一理) some truth; some reason. ¶ 그의 말에는 ～가 있다 There is some truth in what he says.
일리일해(一利一害) ☞ 일득일실.
일막(一幕) one act; 《제 1 막》 the first act.
일말(一抹) ～의 a touch of. ¶～의 불안을 느끼다 feel a little uneasy.
일망타진(一網打盡) ～하다 make a wholesale arrest 《*of*》; make a roundup.
일매지다 (be) equal; even; uniform.
일맥(一脈) ¶ …과 ～ 상통하는 점이 있다 have something to do with; have something in common with (공통).
일면(一面) ① 《한면》 one side 〔hand〕; an aspect; a phase. ¶ 시대상(相)의～ a sign of the times / 성격의 ～ a phase of one's character / ～에 있어서는 on the one hand / 또 ～에 있어서는 on the other hand. ② 《신문의》 the front 〔first〕 page.
일면식(一面識) a sight acquaintance; a bowing acquaintance. ¶～도 없는 사람 a perfect stranger.
일명(一名) 《한사람》 a person; 《별명》 another name; an alias.
일모(日暮) 《일몰》 sunset; nightfall; sundown; 《황혼》 dusk; twilight; 《저녁때》 evening; before nightfall.
일모작(一毛作) a single crop.
일목(一目) a glance; a look. ¶～요연하다 be obvious; be clear at a glance.
일몰(日沒) sunset; sundown. ¶～ 후〔전〕 after 〔before〕 sunset / ～에서 일출까지 from sunset till dawn.
일문(一門) ① 《일족》 a family; a clan. ② 《집안》 one's kinsfolk; one's folks.
일문일답(一問一答) the procedure of one question and one answer. ～하다 proceed one question and one answer; exchange questions and answers.
일미(一味) relish; a good flavo(u)r.
일박(一泊) a night's lodging. ～하다 stay overnight; put up 《*at a hotel*》 for the night; pass a night 《*at*》. ‖～ 여행 《make》 an overnight trip 《*to*》.
일반(一般) ① 《전반》 ～의 general; universal (보편적). ¶～적으로 generally; in general; on the whole; by and large / ～적 교양 general 〔liberal〕 culture / ～적으로 말하면 generally speaking / ～화하다 generalize; popularize. ‖～ 교양과목 liberal arts / ～ 대중 the general public; the public at large / ～ 독자 popular readers / ～의(醫) a general practitioner / ～ 회계 general account. ② 《보통》 ～의 common; ordinary. ¶～ 사람들 the common run of people; an outsider (문외한); a man in 〔on〕 the

street. ③《같음》the same《as》. ☞ 한가지.

일반사면(一般赦免) an amnesty; a general pardon.

일발(一發)《at》a shot; a round.

일방(一方)《한쪽》one side; the other side(딴쪽);《상대의》one party(딴); the other party. ~적 unilateral; one-sided. ¶ ~적 승리 a one-sided victory. ‖ ~ 통행 one-way traffic;《게시》One Way (Only).

일번(一番) the first; No. 1. ~의 first; foremost; top. ‖ ~ 타자〖野〗a lead-off man.

일벌〖蟲〗a working (worker) bee.

일변(一邊) ①《한쪽》one side. ②《일방》one hand; the other hand.

일변(一變) a complete change. ~하다 change completely; undergo a complete change. ¶ 태도를 ~하다 change front (one's attitude).

일변(日邊) daily interest.

일변도(一邊倒)《형용사적》wholly devoted《to》. ¶ 대미 ~이다 be an out-and-out pro-American; be absolutely for the United States. ‖ ~정책 a lean-to-one-side policy.

일별(一瞥) a glance; a glimpse. ~하다 glance《at, on》; catch (have) a glimpse of; cast a glance《at》.

일병(一兵) ☞ 일등병.

일보(一步) one step; a pace. ¶ ~ ~ step by step / ~ 전진(후퇴)하다 take a step forward (backward)/ ~도 양보하지 않다 will not budge an inch.

일보(日報) a daily report;《신문》daily news; a daily.

일보다 attend to (carry on) one's business; take (have) charge of (남의 일을).

일본(日本) Japan. ~의 Japanese. ‖ ~국민 the Japanese (people) / ~말 Japanese; the Japanese language / ~인 a Japanese.

일봉(一封) an enclosure (a gift) of money.

일부(一夫) a husband. ¶ ~종신하다 remain faithful to one's husband to the last. ‖ ~ 일처 monogamy/ ~ 다처 polygamy.

일부(一部)《일부분》a part. ~의 partial; divisional; sectional. ¶ ~의 사람들 some people.

일부(日賦) a daily installment. ‖ ~금 daily installment payment / ~ 판매 sale on daily-installment terms.

일부러《고의로》intentionally; on purpose; purposefully;《짐짓》knowingly;《특히》specially. ¶ ~ 오시게 해서 미안합니다 I am sorry to have troubled you to come so far.

일부분(一部分) a part; a portion; a section; a division.

일사(一死)〖野〗one out. ¶ ~만루가 됐다 The bases were loaded with one out.

일사(一事) one thing. ¶ ~부재리(不再理)의 원칙 the principle of not subjecting to double jeopardy; the principle of not deliberating the same measure twice during the same session of the Assembly.

일사병(日射病) sunstroke. ¶ ~에 걸리다 be sunstruck; have sunstroke.

일사분기(一四分期) the first quarter.

일사불란(一絲不亂) ~하다《서술적》be in perfect (strict) order.

일사천리(一瀉千里) ¶ ~로 with rapidity; at top speed; at a stretch (heat)(단숨에). ¶ ~로 일을 처리하다 rush through one's work; dispatch business at full gallop.

일산(日產)《생산고》daily output (production);《일본산》Japanese products;《of》Japanese make.

일산화(一酸化) ‖ ~물 monoxide / ~ 질소 nitrogen monoxide / ~탄소 carbon monoxide.

일삼다《일로 삼다》make it one's business《to do》;《전심》devote oneself to; engage in;《탐닉》give oneself up to; indulge in. ¶ 술마시기를 ~ do nothing but drink; be given to drink.

일상(日常) every day; daily; usually. ~의 daily; everyday. ¶ ~하는 일 daily work (business) / ~ 일어나는 일 everyday affairs; daily happenings. ‖ ~ 생활 everyday (daily) life / ~ 업무 daily business; routine work. / ~ 회화 everyday conversation.

일색(一色) ①《한빛》one colo(u)r. ②《미인》a paragon of beauty; a rare beauty. ③《비유적》¶ ~으로 exclusively / 공화당 ~이다 be exclusively occupied by Republicans.

일생(一生) a lifetime; one's (whole) life. ¶ ~의 사업 one's life work / ~ 일대의 좋은 기회 the chance of a lifetime / ~에 한 번 once in a lifetime.

일석이조(一石二鳥) ¶ ~이다 kill two birds with one stone; serve a double purpose.

일선(一線) a line;《전선》the fighting (first) line; the front. ‖ ~ 근무 field (active) service / ~ 외교관들 the first-line diplomats.

일설(一說) ¶ ~로는 (에 의하면) according to one (another) opinion; Some people say《that...》.

일세(一世) ①《그 시대》the time; the age. ¶ ~를 풍미하다 command (rule) the world (time). ②《일대》a generation; an age;《일생》a lifetime. ¶ 헨리 ~ Henry I (the First).

일소(一笑) a laugh. ¶ ~에 부치다

laugh 《*a matter*》 off [away]; dismiss 《*a matter*》 with a laugh.

일소(一掃) ～하다 sweep [wash] away; clean up; wipe out; drive off. ¶ 주자(走者)를 ～하다 clean the bases (야구에서).

일손 ① 《하고있는 일》 the work in hand. ② 《일솜씨》 skill at a job. ¶ ～이 오르다 improve in one's skill. ③ 《일하는 사람》 a hand; a help. ¶ ～이 모자라다 be short of hands / ～이 필요하다 want help.

일수(日收) a loan collected by daily installment. ‖ ～장이 a money-lender who collects by daily installment.

일수(日數) ① 《날수》 the number of days. ② 《날의 운수》 the day's luck. ☞ 일진(日辰).

일순간(一瞬間) an instant; a moment. ～의 momentary.

일습(一襲) a suit 《*of*》; a set 《*of*》.

일승일패(一勝一敗) one victory and [against] one defeat.

일시(一時) 《한때》 at one time; once; 《잠시》 for a time [while]; 《임시로》 temporarily. ～적 momentary; passing; temporary. ¶ ～에 《동시에》 at the same time; 《갑자기》 all at once; at a stretch (단숨에) / ～적으로 temporarily / ～적 인기 a mere mushroom popularity / ～적 현상 a passing phenomenon / ～적 방편 a temporary expedient; a patchwork; a makeshift / ～ 모면하다 tide over a crisis. ‖ ～불(拂) payment in a lump sum / ～ 차입금 a floating debt.

일시(日時) the time; the date; the date and hour 《*of*》.

일시금(一時金) a single [lump] sum. ¶ ～을 받고 퇴직하다 retire on a lump sum [grant].

일식(日蝕) 〖天〗 an eclipse of the sun; a solar eclipse.

일신(一身) oneself; one's life. ¶ ～상의 사정(事情)으로 for personal reasons.

일신(一新) ～하다 renew; renovate; change completely; refresh (기분을). ¶ 면목을 ～하다 undergo a complete change.

일신교(一神教) monotheism. ～의 monotheistic.

일심(一心) ① 《한마음》 one mind. ‖ ～ 동체 one flesh; two hearts beating as one. ② 《전심》 a single heart; whole-heartedness. ¶ ～으로 with all one's mind; heart and soul / ～으로 …하다 set one's heart on; devote oneself to.

일심(一審) the first instance [trial]. ¶ ～에서 패소하다 lose a case at the first trial.

일쑤 habitual practice. ¶ 그는 남을 비웃기 ～다 He's always sneering at others.

일약(一躍) at a (single) bound; at a jump; with a leap. ¶ ～유명해지다 spring [bound, leap] into fame / 평사원에서 ～ 사장이 되었다 From a mere clerk he became president at a bound.

일어(日語) Japanese; the Japanese language.

일어나다 ① 《기상》 rise; get up. ¶ 일찍 일어나는 사람 an early riser / 일어나 있다 be up; be out of bed. ② 《일어서다》 get up; regain one's feet, recover one's legs (넘어졌다가). ¶ 간신히 ～ scramble to one's feet. ③ 《자지 않고 있다》 sit up. ¶ 밤늦게까지 일어나 있다 sit up late at night. ④ 《발생》 occur; break out; take place; come about [up]; happen; rise; arise. ¶ 어떤 일이 일어나더라도 whatever may happen / 학교에서 소동이 일어났다 Trouble broke out in the school. ⑤ 《발흥》 spring up; rise; 《융성》 prosper; flourish. ¶ 경제적으로 다시 ～ be set up financially / 새로운 산업이 일어났다 A new industry has sprung up lately. ⑥ 《불이》 be kindled; be made; get lively. ¶ 불이 잘 일어난다 The fire is burning lively. ⑦ 《열·전기가》 be produced [generated]. ⑧ 《기인》 arise [spring, result] 《*from*》; come of; originate 《*in*》.

일어서다 ① 《기립》 stand up; get up; rise (to one's feet). ¶ 벌떡～ spring [leap] to one's feet / 일어서 《구령》 Rise!; Stand up! ② 《분기》 be up; get up; rise. ¶ 무기를 들고 ～ rise in arms / 단결하여 ～ rise as one man.

일언(一言) a (single) word. ¶ ～반구의 사과도 없이 without a single word of apology / ～지하에 거절하다 refuse flatly; give a flat refusal.

일언이폐지(一言以蔽之) ¶ ～하면 in a word; in short.

일언일행(一言一行) every word and act.

일없다 (be) needless; useless. ¶ 이렇게 많이는 ～ I don't need so many [much].

일엽편주(一葉片舟) a small boat.

일요(日曜), 일요일(日曜日) Sunday. ‖ ～판(版) a Sunday edition.

일용(日用) everyday [daily] use. ‖ ～품 daily necessities / ～ 식료품 staple articles of food.

일원(一元) ～적 unitary; single. ‖ ～론 monism / ～화 unification (～화하다 unify).

일원(一員) a member; one of the members.

일원(一圓) ☞ 일대(一帶).

일원제(一院制) the unicameral system; the single-chamber system.

일월(一月) January (생략 Jan.).

일월(日月) the sun and the moon.

일위(一位) 《첫째》 the first [foremost] place; the first rank; No. 1. ¶ ～를 차지하다 take the fore-

most place; stand first; be at the top of 《*a class*》; head the list.
일으키다 ① 《세우다》 raise 〔set〕 up; get up (right); help 〔pick〕 《*a person*》. ② 《깨우다》 wake (up); call; awake; arouse. ③ 《창시》 start; initiate; begin; launch; undertake (사업 따위); set on foot (운동·계획 따위); 《설립》 establish; found; 《재흥》 re-establish. ¶ 새로운 사업을 ~ launch 〔father〕 a new enterprise/반공 운동을 ~ start 〔set up〕 an anticommunist movement. ④ 《야기》 cause; breed; raise; bring about; give rise to; 《촉발·유인》 provoke; invite. ¶ 말썽을 ~ ferment a trouble/분쟁을 ~ cause a dispute / 폭동을 ~ raise a riot. ⑤ 《집안·몸》 rise; revive; resuscitate. ¶ 비천한 처지에서 몸을 ~ rise from a lowly position; spring from obscurity. ⑥ 《불》 make 《*a fire*》; kindle. ⑦ 《발생》 produce; generate. ¶ 전기를 ~ generate electricity. ⑧ 《송사를》 ¶ 소송을 ~ institute 〔bring〕 an action against; go to law. ⑨ 《발병》 fall 〔get〕 ill; be attacked with. ¶ 뇌빈혈을 ~ have an attack of cerebral an(a)emia.
일의대수(一衣帶水) a narrow strip of water; a narrow strait.
일익(一翼) a part; a role. ¶ ~을 담당하다 act a part 〔role〕 《*of*》; bear a part 《*in*》.
일익(日益) daily; day by day.
일인(一人) one person. ‖ ~ 독재 one-man 〔personal〕 dictatorship / ~ 이역 《play》 a double role / ~자 the number-one man; the leading figure; the outstanding authority.
일인(日人) a Japanese (단칭); the Japanese (복칭).
일인당(一人當) for each person; per *capita* 〔head〕. ¶ 국민 ~ per head of population.
일일(一日) a 〔one〕 day; 《초하루》 the first day (of a month).
일일이 《일마다》 everything; in every thing 〔case〕; all; without omission. ¶ ~ 간섭하다 meddle in everything.
일일이(一一一) ① 《하나씩》 one by one; separately (따로따로). ② 《상세히》 in detail; in full. ¶ ~ 보고하다 report in full.
일임(一任) ~하다 leave 《*a matter*》 entirely to 《*a person*》; commit 《*a matter*》 to 《*a person's*》 care; place 《*a matter*》 in 《*a person's*》 hands. ¶ 그런 것은 나에게 ~해 주십시오 Leave it to me.
일자(日字) ☞ 날짜.
일자리 a position; 《직업》 employment; work; a job. ¶ ~가 없는 unemployed / ~를 잃다 lose one's job / ~를 얻다 take 〔get〕 employment / ~를 주다 give work / ~를 찾다 look for a job 〔employment〕.
일자무식(一字無識) (utter) ignorance; illiteracy. ‖ ~꾼 an illiterate person.
일잠 ¶ ~ 자다 go to bed early.
일장(一場) ① 《연극의》 a scene; the first scene. ② 《한바탕》 a 〔one〕 time; a round. ¶ ~의 연설을 하다 make 〔deliver〕 a speech.
일장일단(一長一短) having both merits and demerits.
일장춘몽(一場春夢) 《꿈》 an empty dream. ¶ ~이 되다 vanish like a vision 〔dream〕.
일전(一戰) a battle; a fight; an engagement. ¶ …와 ~을 겨루다 fight a battle with; 《경기》 have a game 〔bout〕 《*of chess*, etc.》.
일전(日前) the other day; some days ago; a few days ago. ¶ ~부터 for some days 〔time〕 past.
일절(一切) altogether; wholly; without exception; entirely. ¶ ~…하지 않다 never...; not ... at all / ~ 관계가 없다 have nothing to do with.
일점홍(一點紅) ☞ 홍일점.
일정(一定) ~한 fixed 《*abode*》; definite 《*object*》; regular 《*work*》; settled 《*income*》. ¶ ~불변의 invariable; constant; fixed.
일정(日程) the day's program(me); 《의사의》 the order of the day; the agenda (심의 사항). ‖ ~표 the order table; a schedule.
일제(一齊) ~히 altogether (다같이); all at once (동시에); in a chorus; simultaneously (이구동성으로). ‖ ~검거 a wholesale roundup 〔arrest〕 / ~ 사격 《fire》 a volley.
일조(一朝) ~에 in a day. ¶ ~ 유사시에 in case of (an) emergency / ~일석에 in a day; overnight.
일조권(日照權) 〖法〗 the right to sunshine.
일족(一族) 《친족》 relatives; kinsmen; 《가족》 the whole family.
일종(一種) a kind; a sort; a species; a variety (변종). ~의 a kind 〔sort〕 of.
일주(一周) a round; a turn; a lap (경기장 등의); a circumnavigation (주항(周航)). ~하다 go 〔travel〕 round; take a turn; sail round. ‖ ~기(期) 〖天〗 a period / (세계) ~ 여행(旅行) a round(-the-world) trip.
일주(一週) ① ☞ 일주(一周). ‖ ~기(忌) the first anniversary of 《*a person's*》 death / ~년(年) a full year (~년 기념일 the first anniversary 《*of*》). ② 《일주일》 a week. ¶ ~일회(의) once a week; weekly.
일지(日誌) a diary; a journal.
일직(日直) day duty. ~하다 be on day duty. ‖ ~ 장교 an orderly officer; an officer of the day.
일직선(一直線) a straight line. ¶ ~

으로 straight; in a straight line.
일진(一陣) ① 《군사의》 a military camp. ② 《선봉》 the vanguard. ③ 《바람》 ‖ ～ 광풍(狂風) a strong gust (blast) of wind / ～ 청풍 a puff of breeze.
일진(日辰) 《운수》 the day's luck. ¶ ～이 좋다 (사납다) It is a lucky (an unlucky) day 《*for*》.
일진월보(日進月步) ～하다 make rapid progress. ¶ ～의 ever-advancing.
일진일퇴(一進一退) ～하다 advance and retreat; ebb and flow; fluctuate; hang in the balance. ¶ ～의 접전 a seesaw game.
일찌감치 a little early; earler (than usual). ¶ ～ 떠나다 make an early start/～ 저녁을 먹다 have an early supper.
일찍이 ① 《이르게》 early; 《아침일찍》 early in the morning; 《어려서》 early in life; in one's early days. ② 《이왕에》 once; formerly; ever (의문); never (부정). ¶ 그 여자는 ～ 여배우 노릇을 한 일도 있다 She was once (formerly) an actress / 이러한 일은 ～ 들어본 일(적)이 없다 I have never heard of such a thing.
일차(一次) 《한차례》 one time; once; 《첫번》 the first; 〖數〗 linear. ～의 first; primary. ¶ 제 ～ 처칠 내각 the first Churchill Cabinet. ‖ ～방정식 a simple equation / ～시험 a primary examination.
일차(日差) 〖海〗 daily rate.
일차원(一次元) ¶ ～의 one-dimensional; unidimensional.
일착(一着) ① 《경주의》 the first arrival. ～하다 come in first; win the first place. ② 《옷의》 ☞ 벌.
일책(一策) a plan; an idea.
일처다부(一妻多夫) polyandry.
일천(日淺) ～하다 (be) short; be not long (서술적).
일체(一切) all; everything. ～의 all; every; whole. ¶ ～의 관계를 끊다 cut off all relations 《*with*》; wash one's hands of 《*a matter*》.
일체(一體) one body; one flesh. ¶ ～가 되어 in a body; as one body / 부부는 ～다 Man and wife are one flesh. ‖ ～화 unification; integration.
일촉즉발(一觸卽發) a touch-and-go situation; a delicate situation.
일축(一蹴) ～하다 kick; 《거절》 reject flatly; turn down 《*a person's proposal*》; 《이기다》 beat easily.
일출(日出) sunrise; sunup 《美》.
일취월장(日就月將) ～하다 make rapid progress. ☞ 일진월보.
일층(一層) ① 《건물》 the first floor 《美》; the ground floor 《英》. ‖ ～집 a one-story house. ② 《한결》 more; still more; all the more.
일치(一致) 《부합》 coincidence; 《합치》 agreement; consent; unanimity; 《협동》 union; co-operation; 《조화》 harmony. ～하다 coincide (agree, accord) 《*with*》; consent 《*to*》; co-operate; unite; harmonize 《*with*》. ¶ ～하여 unitedly; in union / 의견의 ～를 보다 come to an agreement / 이상과 현실과는 항상 ～하지 않는다 The actual is always at variance with the ideal. ‖ ～ 단결 union; solidarity; harmonious co-operation / ～점 a meeting point / ～ 협력 united (combined) efforts.
일컫다 call; name.
일탈(逸脫) ～하다 deviate (depart) 《*from*》.
일터 the place where one works; 《근무처》 one's place of employment; 《사무소》 one's office; 《공사장》 a site for a construction work. ¶ ～로 가다 go to work.
일파(一派) a school; a party; a faction.
일패도지(一敗塗地) ～하다 suffer a crushing defeat.
일편(一片) a piece; a bit. ¶ ～의 양심 a bit of conscience. ‖ ～ 단심 a sincere heart; sincerity.
일편(一篇) a piece 《*of poetry*》.
일평생(一平生) ☞ 한평생.
일폭(一幅) a scroll; a piece 《*of picture*》.
일표(一票) a vote; a ballot. ¶ 1인 ～주의 one man one vote principle.
일품(一品) an article; 《요리의》 a dish (course). ¶ 천하 ～의 unique. ‖ ～ 요리 one-course meal; dishes *à la carte* (선택요리) 《프》.
일품(逸品) an excellent piece; a superb article; a masterpiece.
일필휘지(一筆揮之) ～하다 write with a stroke of the brush.
일하다 work; labo(u)r; do one's work; serve 《*at*》 (근무). ☞ 일.
일한(日限) a date; a fixed time; an appointed day (time).
일할(一割) ten per cent; 10%.
일행(一行) ① 《동아리》 a party; a company; a suite (수행원); one's troupe (흥행자). ¶ 한씨 ～ Mr. Han and his party / ～에 끼다 join the party. ② 《한줄》 a line; a row; 《시의》 a line of verse.
일혈(溢血) 〖醫〗 extravasation.
일화(逸話) an anecdote; an episode. ‖ ～집 an anecdotage.
일확천금(一攫千金) ～하다 make a fortune at a stroke. ¶ ～을 꿈꾸다 dream of making a fortune at a stroke.
일환(一環) a link. ¶ …의 ～을 이루다 form a link in the chain of ....
일회(一回) once; a (one) time; 《승부》 a round, a game, an event; an inning (야구의). ¶ 주～ once a week. ‖ ～전 the first round / ～초(말) 〖野〗 the first (second) half of the first inning.

일흔 seventy; three score and ten.
일희일비(一喜一悲) ~하다 be now glad, now sad.
읽다 《책을》 read; peruse; 《암송》 recite; chant. ¶ 읽기 reading (lessons); pronunciation / 정신들여 ~ peruse; read carefully / 다 ~ read (get) through / 소리내어 ~ read out (aloud) / 읽어주다 read 《*a letter*》 for 《*a person*》 / 급히 ~ read hurriedly. 「read 《*by a person*》.
읽히다 let read; have 《*a book*》
잃다 《상실하다》 lose; miss; be deprived (bereft) of (빼기다). ¶ 이성을 잃은 사람 a man bereft of reason / …의 신용을 ~ lose one's credit 《*with*》; forfeit the confidence 《*of*》 / 아버지를 ~ be bereft of one's father / 기회를 ~ miss an opportunity / 길을 ~ lose one's way; lose oneself; get lost / 시계를 ~ lose one's watch.
임 《남자》 a lover; 《여자》 a love; a sweetheart.
임간(林間) ‖ ~ 학교 a forest (camping) school; an open-air (outdoor) school.
임검(臨檢) an official inspection; a visit of inspection. ~하다 (visit and) inspect (search); board 《*a vessel*》.
임계(臨界) ~의 critical. ‖ ~각 (온도, 압력) the critical angle (temperature, pressure).
임관(任官) an appointment; a commission (장교). ~하다 be appointed 《*to an office*》; be installed 《*in an office*》; 《장교가》 be commissioned; receive a commission. ¶ 소위로 ~하다 be commissioned a second lieutenant.
임균(淋菌) a gonococcus [*pl*.-cocci].
임금 《군주》 a king; a sovereign.
임금(賃金) 《노임》 wages; pay. ‖ ~ 생활자 a wage earner / ~ 슬라이드제 the sliding system of wages / ~ 인상 a rise (an increase) in wages / ~ 인하 a wage decrease (cut) / 기준 ~ the standard (basic) wages / 실질 (명목) ~ real (nominal) wages / 최저 (최고) ~ minimum (maximum) wages (최저 ~제 the legal minimum wage system).
임기(任期) the term of office (service). ¶ ~를 끝내다 (채우다) serve out one's term.
임기응변(臨機應變) ~하다 act according to the circumstances; adapt oneself (one's conduct) to circumstances. ¶ ~의 extemporaneous; expedient; emergency.
임대(賃貸) ~하다 《토지 가옥》 lease (rent) out; put out 《*land*》 to lease; let out 《*a thing*》 on hire; hire out; charter (배를). ‖ ~가격 a rental value ; value of lease / ~료 rent / ~인 a lessor / ~(차) 계약 a lease.
임대아파트(賃貸—) rental apartments.
임립(林立) ~하다 stand close together; bristle 《*with chimneys*》.
임면(任免) ~하다 appoint and dismiss (remove). ‖ ~권 the power to appoint and dismiss.
임명(任命) appointment; nomination; designation. ~하다 appoint (nominate, designate) 《*a person to a post*》. ¶ 시장으로 ~하다 appoint 《*a person*》 (to the post of) mayor. ‖ ~권 the appointing power.
임무(任務) a duty; a task; an office; a mission (사명) / 특별 ~를 띠고 on a special mission / ~를 수행하다 discharge one's duties; perform one's office.
임박(臨迫) ~하다 draw near; approach; impend; be on the point of. ¶ ~한 impending; imminent / 죽을 때가 ~하다 lie at the point of death.
임부(姙婦) a pregnant woman; 《초산의》 an expectant mother. ‖ ~복 a maternity dress.
임산물(林産物) forest products.
임산부(姙產婦) pregnant women and nursing mothers.
임상(臨床) ~의 clinical. ‖ ~ 강의 a clinical lecture; a clinic / ~의(醫) a clinician / ~ 의학 clinical medicine / ~ 일지 a physician's diary.
임석(臨席) ~하다 attend; be present at. ¶ 아무의 ~하에 with *a person* in attendance. ‖ ~ 경관 a policeman present.
임시(臨時) ~의 special; extra; extraordinary; temporary; provisional; 《일시적》 transient; 《급조》 improvised. ¶ ~로 specially; extraordinarily; temporarily. ‖ ~ 국회 an extraordinary (a special) session of the National Assembly / ~비 incidental expenses (임시지출); emergency funds (예비비) / ~ 열차 a special train / ~ 예산 a provisional budget / ~ 정부 a provisional government / ~ 증간 an extra edition (number) / ~ 총회 an extraordinary general meeting.
임시변통(臨時變通) ~하다 make shift with 《*a thing*》; resort to a temporary expedient; temporize. ¶ ~의 방책 a stopgap measure; a makeshift.
임신(姙娠) pregnancy; conception. ~하다 become (be) pregnant; conceive. ¶ ~중에 during the period of maternity / ~ 중이다 be in the family way; be with child / ~ 6개월이다 be in the sixth months of pregnancy / ~시키다 get 《*a woman*》 with child. ‖ ~ 중절 artificial abortion.

임야(林野) forests and fields; woodland.
임어(臨御) ~하다 make a visit 《*to*》.
임업(林業) forestry. ‖ ~ 시험장 a forestry experiment station.
임용(任用) appointment; employment. ~하다 appoint 《*a person to a post*》.
임원(任員) an officer; an official; a person in charge; the board, the staff (전체); 《회사의》 a director; an executive 《美》. ‖ ~석 officers' seats / ~회 an officers' meeting.
임의(任意) ~의 free; optional; voluntary. ¶ ~로 at one's option [pleasure]; at will; as one pleases. ‖ ~ 선택 option; free choice / ~ 출두 voluntary appearance.
임자 ① 《주인》 the owner; the possessor; the proprietor. ¶ ~없는 ownerless; belonging to nobody / ~없는 집 a vacant house. ② 《당신》 you.
임전(臨戰) ~하다 go into action. ‖ ~태세 preparations for action (~태세를 갖추다 be prepared for war; be ready for a fight).
임정(臨政) ☞ 임시정부(臨時政府). ‖ ~ 요인 key figures of the provisional government.
임종(臨終) ① 《죽게된 때》 the dying hour; one's last moment; one's deathbed. ¶ ~의 말 one's last [dying] words / ~이 다가오다 be at death's door [near death]. ② 《임종의 배석》 ~하다 be present at the moment of one's parent's death.
임지(任地) one's post; the place of one's appointment. ¶ ~로 떠나다 proceed to [leave for] one's new post.
임질(淋疾) 〖醫〗 gonorrh(o)ea; clap 《俗》. ¶ ~에 걸리다 suffer from gonorrhea.
임차(賃借) hire; hiring; lease (부동산의). ‖ ~료 rent; hire / ~인(人) a lessee; a leaseholder; a tenant; a hirer (거마 따위의).
임치(任置) a deposit. ~하다 deposit 《*in a bank, with a person*》. ‖ ~인 a depositor; a truster.
임파(淋巴) 〖解〗 lymph. ‖ ~선(염) (the inflammation of) the lymphatic gland / ~액 lymph.
임하다(臨—) ① 《면하다》 face; front 《*on*》; look down 《*upon*》. ¶ 바다에 ~ face the sea. ② 《당하다》 stand in the presence of; face; meet. ¶ 그때에 임하여 at that juncture [very moment] / 죽음에 임하여 in the presence of death; on one's deathbed. ③ 《임석》 attend; be present at 《*a ceremony*》.
임학(林學) forestry. ‖ ~자 a dendrologist; a forestry expert.
임해(臨海) ~의 seaside; marine. ‖ ~ 공업 지대 a coastal industrial zone [region].
입 ① 《사람·동물 등의》 the mouth; lips(입술); 〖解〗 os [*pl.* ora]. ¶ ~이 큰 big-mouthed / 한 ~에 at a bite / ~에서 구린 내가 나다 have foul [bad] breath / ~을 다물다 shut one's mouth. ② 《말》 tongue; speech; words. ¶ ~이 무거운 of few words; taciturn / ~이 가벼운 talkative / ~이 험하다 be foul-mouthed / ~을 열다 tell; confess; disclose / ~밖에 내다 disclose; betray; reveal; mention; express / ~ 밖에 내지 않다 keep 《*a matter*》 secret / (욕설을)~에 담다 speak of; mouth. ③ 《미각》 taste; palate. ¶ ~에 맞다 suit one's taste. ④ 《부리》 a bill (넓적한); a beak (갈구리 모양의). ⑤ 《식구》 a mouth to feed; a dependent.
입가 ¶ ~에 about the mouth / ~에 미소를 띄우고 with a smile about one's mouth.
입가심 ¶ ~하다 kill [take off] the aftertaste / ~으로 to take the aftertaste out of one's mouth.
입각(入閣) entry into a Cabinet. ~하다 enter [join] the Cabinet; take a seat in the Cabinet.
입각(立脚) ~하다 be based [grounded] on; take one's ground on. ¶ …에 ~하여 on the ground of… [that…] / 사실에 ~하다 be based on facts.
입감(入監) imprisonment. ¶ ~ 중이다 be in jail [prison].
입거(入渠) ~하다 dock; go into (a) dock; enter a dock. ‖ ~료(料) dockage.
입건하다(立件—) book 《*a person*》 on charge 《*of the accidental homicide*》.
입경(入京) ~하다 arrive in Seoul; enter the capital.
입고(入庫) warehousing; 《차의》 entering the car shed. ~하다 deposit 《*a thing*》 in a warehouse; store; be stocked; 《차의》 enter the car shed.
입관(入棺) 《시체를》 encoffinment. ~하다 place 《*a person's body*》 in a coffin.
입교(入敎) conversion. ~하다 be converted 《*to*》.
입구(入口) an entrance; a way in. ¶ ~에서 at the entrance [door] / ~를 막다 block the entrance.
입국(入國) entry [entrance] into a country. ~하다 enter a country; be admitted into a country. ¶ ~을 허가하다 admit 《*a person*》 into a country / ~을 거절하다 refuse 《*a person*》 entry into a country. ‖ ~ 사증 entry visa / ~ 절차 formalities for entry / ~ 허가장 a permit of entry; an entry permit / 불법 ~ unlawful entry.
입궐(入闕) ~하다 proceed [go] to the Royal Court; visit the Royal

Palace.
입금(入金) 《수령》 receipt of money; 《수령금》 money received (paid in); receipts; 《받을돈》 money due. ~하다 receive; pay (on account). ‖~ 전표 a receiving (paying-in) slip.
입길 gossip. ¶ 남의 ~에 오르내리다 be talked about by others; be on everybody's lips.
입김 the steam of breath.
입납(入納) 《편지의》 To .... ¶ 김씨댁 ~ To Mr. Kim.
입내 《남의 흉내》 mimicry. ¶ ~를 내다 mimic another; imitate another's way of speaking. ‖~쟁이 a mimic(ker).
입다 ① 《옷》 put on; wear. ¶ 입고 있다 wear; have on; be dressed in / 옷을 입어 보이다 try (fit) on one's clothes / 저고리를 ~ put on one's coat. ② 《은총·덕 등을》 owe; be indebted to; enjoy 《*a person's patronage*》. ¶ 은혜를 ~ share in the benefit; be placed under an obligation. ③ 《손해·상처 따위를》 suffer; receive; get; sustain 《*a loss*》. ¶ 상처를 ~ receive a wound; get injured. ④ 《거상을》 ¶ 상을 ~ be in (go into) mourning 《*for a person*》.
입담 skill at talking; volubility. ¶ ~이 좋다 be good at talking; be a glib talker.
입당(入黨) accession to a political party. ~하다 join a (political) party.
입대(入隊) enlistment. ~하다 join (enter) the army; enlist in the army (navy). ‖~자 a recruit.
입덧 morning sickness. ~나다 suffer from (have) morning sickness.
입도(立稻) ‖~선매(先賣) selling rice before harvest.
입동(立冬) "onset of winter"; one of the 24 seasonal divisions.
입뜨다 (be) reticent; taciturn; be slow to speak. ¶ 입뜬 사람 a man of few words.
입맛 an appetite. ¶ ~이 있다(없다) have a good (poor) appetite / ~떨어지다 one's appetite fails; lose one's appetite (사람이 주어) / ~을 돋우다 stimulate (whet) one's appetite.
입맛다시다 smack (lick) one's lips; lick one's chops; 《난처하여》 click one's tongue.
입맛쓰다 (be) bitter; unpleasant; (displeased); feel wretched (서술).
입맞추다 kiss 《*a person, a person on the cheek*》; give 《*a person*》 a kiss.
입매 ① 《식사》 ~하다 eat (take) a dab of food. ② 《눈가림》 ~하다 do a slapdash job; pretend to do a job.
입멸(入滅) entering Nirvana; death of a saint. ~하다 enter Nirvana; die. 「tree.
입목(立木) a standing (growing)
입문(入門) ① 《제자가 됨》 ~하다 enter a private school; become 《*a person's*》 pupil. ② 《입문서》 a guide; a primer; a manual. ‖골프 ~ a guide to golf / 문학 ~ an introduction to (the study of) literature.
입바르다 (be) straightforward; outspoken; plainspoken. ¶ 입바른 소리 plain speaking; a straight talk / 입바른 소리를 하다 speak plainly.
입밖 ¶ ~에 내다 disclose; reveal / ~에 내지 않다 keep 《*a matter*》 to oneself.
입방(立方) 〖數〗 cube. ¶ 3미터~three meters cube / 1~미터 one cubic meter. ‖~근(根) the cube root / ~체 a cube.
입방아찧다 make frivolous comments; talk something ominous.
입버릇 a way (habit) of saying; one's favo(u)rite phrase (말버릇). ¶ ~처럼 말하다 always say; be in the habit of saying 《*that...*》; never fail to say.
입법(立法) legislation; lawmaking. ~하다 legislate; make (enact) laws. ¶ ~의 정신 the spirit of legislation. ‖~기관 a legislative organ / ~부 the legislature; the legislative body / ~자 a legislator.
입사(入社) ~하다 enter (join) a company. ‖~시험 an entrance examination 《*to*》.
입사(入射) 〖理〗 incidence. ~의 incident. ‖~각 an angle of incidence.
입사(入絲) ~하다 inlay; damascene.
입산(入山) 〖佛〗 ~하다 《산에》 enter a mountain area; climb a mountain; 《절간에》 enter (join) the priesthood; become a Buddhist monk.
입상(入賞) winning a prize. ~하다 win (get) a prize. ‖~자 a prize winner. 「형의).
입상(立像) a statue; a statuette(소
입상(粒狀)~의 granular; granulous; graniform.
입선(入選) ~하다 be accepted 《*for an exhibition*》; be selected. ‖~자 a winner; winning competitor / ~작 a winning piece of work.
입성 《옷》 clothes; a dress. ☞ 옷.
입성(入城) ~하다 make a triumphal entry 《*into*》.
입소(入所) ~하다 enter; be admitted 《*to*》; be put in prison (교도소에).
입수(入手) ~하다 get; obtain; receive; procure; come to hand.
입술 a lip. ¶ 윗(아랫) ~ the upper (lower) lip / ~을 깨물다 bite one's lips / ~을 오므리다 purse one's

lips.
입시(入試) ☞ 입학시험.
입신(立身) ‖ ~ 양명 〔출세〕 a rise in the world; success in life (~양명하다 rise (in the world); succeed in life; rise to eminence 〔distinction〕).
입심 loquacity. ¶ ~이 좋다 be loquacious 〔talkative〕.
입씨름 a quarrel; a wrangle. ~하다 quarrel; wrangle.
입씻기다 《입씻이》 pay 《*a person*》 hush money; put a gold muzzle 《*on*》.
입씻이 ① 《금품》 hush money; a gold muzzle. ② ☞ 입가심.
입아귀 the corner of the mouth.
입안(立案) ~하다 《안출》 make 〔mop out〕 a plan; devise; design; 《초안》 draft; draw up. ‖ ~자 a designer; a framer; a drafter.
입양(入養) (an) adoption. ~하다 《양자로 하다》 adopt 《*a son*》; 《양자가 되다》 be adopted.
입어(入漁) ‖ ~권 an entrance right to a fishing lot; the common of piscary / ~료 charges for fishing in another's piscary.
입영(入營) ~하다 join the army; enlist in 〔enter〕 the army.
입욕(入浴) bathing; a bath. ~하다 take 〔have〕 a (hot) bath.
입원(入院) hospitalization. ~하다 be hospitalized; be sent to hospital. ¶ ~중이다 be in (the) hospital. ‖ ~료 hospital charges / ~환자 an inpatient.
입자(粒子) 〖理〗 a particle.
입장(入場) entrance; admission; admittance. ~하다 enter; get in; be admitted 《*to, into*》. ‖ ~권 an admission 〔a platform (역의)〕 ticket (~권 매표소 a ticket office 《美》; a booking office 《英》) / ~ 금지 《게시》 No Admittance. / ~료 an admission fee 〔charge〕 / ~ 무료 《게시》 Admission Free. / ~식 an opening 〔a march-in〕 ceremony.
입장(立場) 《처지》 a position; a situation; 《견지》 a standpoint; a viewpoint; a point of view; a ground. ¶ 괴로운 ~에 있다 be in a painful position / 자기 ~을 밝히다 make one's position clear.
입장단 ¶ ~을 맞추다 beat time by humming.
입적(入寂) ☞ 입멸.
입적(入籍) ~하다 have one's name entered in the family register.
입전(入電) a telegram received.
입정(入廷) ~하다 enter 〔appear in〕 the courtroom. ¶ ~시키다 admit 《*a person*》 to the courtroom.
입정놀리다 keep one's mouth busy; eat incessantly between meals.
입정사납다 (be) foul-mouthed; abusive; foul-〔evil-〕tongued. ¶ 입정사납게 abusively; coarsely; scurrilously.
입주(入住) ~하다 move into 《*a flat*》; live in 《*one's master's house*》. ‖ ~ 가정부 a resident maid / ~자 a tenant; an occupant / ~ 점원 a living-in employee.
입증(立證) ~하다 prove 《*one's innocence*》; give proof; testify 《*to a fact*》; establish.
입지(立地) location. ‖ ~ 조건 conditions of location (~ 조건이 좋다 be favo(u)rably located).
입지(立志) ~하다 fix one's aim in life. ‖ ~전(傳) a story of a self-made man (~전적인 인물 a self-made man).
입직(入直) one's turn in office. ~하다 take one's turn for night duty 〔in office〕.
입질 a bite; a strike. ~하다 bite; take a bait; 《사람이 주어》 have 〔feel〕 a bite.
입짧다 《서술적》 have a small appetite; eat like a bird.
입찬말 tall 〔big〕 talk; a brag.
입찰(入札) a bid; a tender 《英》. ~하다 (make a) bid 《*for*》; (offer a) tender 《*for*》. ¶ ~로 by bid 〔tender〕 / ~에 부치다 sell 《*articles*》 by tender; 《공사》 call for bids. ‖ ~ 보증금 bid bond / ~자 a bidder; a tenderer / 경쟁 〔지명〕 ~ public 〔private〕 tender.
입천장(一天障) the palate.
입체(立體) a solid (body). ‖ ~감 a sense of perspective / ~ 교차 a grade separation; the overpass 〔a flyover 《英》〕 (윗길); the underpass(아랫길); an interchange (교차점) / ~ 기하학 solid geometry / ~ 방송 a stereophonic broadcast / ~ 영화 a three-dimensional 〔3-D〕 picture / ~ 음악 stereophonic music / ~ 음향(音響) (a) stereophonic sound / ~전 a three dimensional warfare / ~ 주차장 a multistory parking garage / ~파 〖美術〗 cubism; a cubist (화가).
입초(入超) the excess of import.
입초(立哨) watch; standing guard; point duty (순경의). ~서다 stand watch 〔guard〕. ‖ ~병 a sentry.
입추(立秋) the first day of autumn.
입추(立錐) ¶ ~의 여지도 없다 be closely packed; be filled to capacity.
입춘(立春) the first day of spring.
입하(入荷) an arrival 〔a new supply〕 of goods.
입하(立夏) the first day of summer.
입학(入學) entrance; matriculation (대학에의). ~하다 enter 〔be admitted to〕 a school 〔university〕. ¶ ~을 지원하다 apply for admission to a school. ‖ ~금(金) an entrance fee / ~ 시험 an entrance examination / ~식 an entrance ceremony / ~ 원서 an application (form) / ~ 지원자 an appli-

cant (for admission).
입항(入港) arrival. ~하다 enter (a) port [harbo(u)r]; make (a) port; arrive 《at》 (도착). ¶ 인천에 ~하다 put in at Incheon. ‖ ~ 신고 an entrance notice / ~절차 clearance inwards.
입향순속(入鄕循俗) When you are in Rome, do as the Romans do.
입헌(立憲) constitutionalism. ~적 constitutional. ‖ ~ 정체 constitutional polity (~ 민주 정체 constitutional democracy) / ~ 정치 constitutional government / ~주의 constitutionalism.
입회(入會) admission; joining; entrance. ~하다 join[enter] 《*a club*》; become a member 《*of*》. ‖ ~금 an entrance fee / ~ 신청자 an applicant for membership / ~자 a new member; a person admitted to membership.
입회(立會) ☞ 참여(參與).
입후보(立候補) ~하다 stand for 《*Parliament*》 《英》; run for 《*President*》 《美》. ¶ 서울에서 ~하다 run for the National Assembly representing Seoul / ~를 신고하다 file one's candidacy. ‖ ~(예정)자 a (potential) candidate 《*for*》.
입히다 ① 《옷을》 dress; clothe; put on; help 《*a person*》 on 《*with his overcoat*》. ② 《올리다》 plate; coat; gild (도금). ¶ …을 입힌 coated 《*with tin*》. ③ 《해 따위를》 inflict 《*a blow (up)on a person*》; cause 《*damage to*》; subject 《*a person*》 to.
잇 《이불 따위의》 a cover. ‖ 베갯 ~ a pillowcase.
잇다 ① 《연결》 join; link; piece [put] together; connect; combine. ¶ 줄을 ~ link strings together. ② 《계승》 succeed 《*a person, to an office*》; inherit 《*a person's property*》. ③ 《목숨을》 maintain [sustain, preserve] 《*life*》. ¶ 생명을 겨우 이어가다 eke out a bare existence.
잇달다 continue; last; keep; occur in succession; follow [come, happen] one after another. ¶ 잇달아서 continuously; successively; one after another/잇달아 일어나다 follow in rapid succession.
잇닿다 be connected; adjoin; be adjacent to.
잇대다 ① 《계속》 continue; keep up; go on 《*with*》; carry on. ¶ 잇대(어)서 continuously; without a break; uninterruptedly. ② 《이어대다》 join; link; put together; connect. ¶ 두 책상을 ~ put two tables together.
잇따르다 ☞ 잇달다.
잇몸 gums.
잇속 《이의》 a row [set] of teeth.
잇속(利—) substantial gain [profit]; self-interest. ¶ ~이 밝다 have a quick eye for gain.
잇솔 a toothbrush.
잇자국 a tooth mark; a bite.
있다 ① 《존재》 there is [are]; be; exist; be found. ¶ 그것은 지금도 ~ It is still in existence. / 있는 것이 없는 것보다(는) 낫다 Something is better than nothing. ② 《위치》 be; be situated [located 《美》]; stand; lie; run (길, 강이). ¶ 한국은 중국의 동쪽에 ~ Korea lies to the east of China. ③ 《소유》 have; possess; own; be endowed with (부여). ¶ 명성이 ~ bear a reputation. ④ 《부속》 have 《*a thing*》 attached to 《*it*》; 《설비》 be equipped [fitted, provided] 《*with*》. ¶ 그 집에는 목욕탕이 ~ The house is provided with a bathroom. ⑤ 《포함》 be contained [included] 《*in*》. ¶ 이 책엔 재미있는 얘기가 많이 ~ This book contains many interesting stories. ⑥ 《수량》 number. ¶ 학생이 2천명 이상 ~ The students number over 2,000. ⑦ 《경험》 have been [done, *etc.*]. ¶ 거기 가 본 일이 있는가 Have you ever been there? ⑧ 《발생》 there is; happen; occur; take place. ¶ 경부선에서 열차의 충돌이 있었다 There was a train collision on the Kyeongbu line. ⑨ 《개최·시행》 be held; take place; come off; be open. ¶ 내일 영어 시험이 ~ We have an examination in English tomorrow. ⑩ 《사실》 be. ¶ 있을 수 없는 impossible / 있을 법한 probable; likely / 그런 일이 있을 수 있나 How can that be? ⑪ 《…에 존재하다》 consist [lie] 《*in*》. ¶ 행복은 만족에 ~ Happiness consists in contentment. ⑫ 《입수》 be got; be had. ¶ 이 책은 어디든지 ~ You can get the book at any shop. ⑬ 《유복》 (be) rich; wealthy. ¶ 있는 사람 a well-off person / 있는 집에 태어나다 be born rich.
잉걸불 live charcoal; embers.
잉꼬 〖鳥〗 a macaw.
잉어 〖魚〗 a carp [*sing.* & *pl.*]. ¶ 보리 밥알로 ~를 낚다 《俗談》 give an egg to gain an ox.
잉여(剩餘) (a) surplus; the remainder; a balance. ‖ ~가치(설) (the theory of) surplus value / ~금 a surplus (fund); balance in hand.
잉카 Inca. ‖ ~문명 [제국] the Incan Civilization [Empire] / ~족 the Incans.
잉크 《write in》 ink. ‖ ~병(甁) an ink pot [bottle] / ~스탠드 an inkstand / 불변색 [안전] ~ indelible ink / 활판[등사]용 ~ typographic [copying] ink.
잉태(孕胎) ☞ 임신(姙娠).
잊다 ① 《망각》 forget; 《사물이 주어》 slip (out of) one's mind [memo-

ry). ¶잊을 수 없는 unforgettable; never-to-be forgotten《*event*》/ 잊지 말고 Don't forget《*to do*》; Be sure and《*do*》; without fail / 잘 ~ be forgetful《*of*》. ②《염두에서》dismiss《*a thing*》from one's mind; think no more of; bury《*a grief*》;《단념》give up; forget. ¶술로 슬픔을 ~ drown one's sorrows in wine. ③《놓고오다》leave《*a thing*》behind;《안가져 오다》forget to bring [take]《*a thing*》.

잊히다 be forgotten; pass out of mind [one's memory].

잎 ①《나무의》a leaf [*pl.* leaves]; a blade (풀잎); a needle (침엽); foliage(총칭). ¶새 ~ young [new] leaves; fresh verdure(신록) / ~이 우거진 leafy / ~이 없는 leafless; naked / ~이 나(오)다 put forth leaves / ~이 지다 become leafless; be stripped of leaves. ②《단위》a piece《*of brass coin*》.

잎나무 brushwood.

잎담배 leaf tobacco.

잎사귀 a leaf; a leaflet (작은).

ㅈ

자 ①《단위》a *ja* (=0.994 ft). ¶~를 재다 measure; take one's measure. ②《재는》a (measuring) rule [rod]; a square. ¶~로 재다 measure with a rule. ‖삼각 ~ a set [triangular] square / T~ a T-square / 평행~ a parallel ruler. ③《척도·표준》a yardstick《*for*》; a standard.

자(子)《십이지의》the Rat.

자(字) ① ☞글자. ②《이름》a pseudonym; an alias.

자(者)《사람》a person; one; a fellow. ¶…이라는 ~ a man called....

자《감탄사》there; here; come (now); now (then); well (now). ¶~ 빨리 가십시다 Now, let us hurry. / ~ 드시지요 Help yourself, please.

자…(自)《부터》from; on and after. ¶집무시간, ~ 오전 9시 지 오후 4시《게시》Business hours: 9 a.m. ~ 4 p.m.

…자[1]《…하자 곧》as soon as; no sooner than; when; on; at. ¶집에 들어가~(마자) on entering the house / 소식을 듣~ at the news《*of*》.

…자[2]《권유》let (us); let's. ¶이젠 가~ Come, let's go!

자가(自家)《집》one's (own) house [home];《자기》one's self. ¶~의 one's own; personal. ‖~ 시설 one's own facilities / ~ 중독 autointoxication; self-poisoning.

자가당착(自家撞着) self-contradiction. ~하다 cut oneself; contradict oneself. ¶~의 self-contradictory.

자가용(自家用)《개인용》《for》private [domestic] use; personal use;《차》one's own car; a car for one's personal use.

자각(自覺) (self-)consciousness; awakening. ~하다 be conscious《*of*》; be(come) aware《*of*》; realize. ‖~ 증상 a subjective symptoms (~ 증상이 없다 lack the symptoms to which one is subject).

자간(子癇)【醫】eclampsia.

자갈 gravel; pebbles. ¶~을 깔다 gravel《*a road*》; macadamize. ‖~길 a gravel walk / ~밭 a gravelly place; shingle(해안 등).

자갈색(紫褐色) purplish brown.

자개 mother-of-pearl; nacre. ¶~를 박다 inlay《*a wardrobe*》with mother-of-pearl. ‖~그릇 a wooden vessel inlaid with mother-of-pearl.

자객(刺客) an assassin. ¶~의 손에 쓰러지다 fall a victim to an assassin.

자격(資格) qualification; capacity; competency (능력); eligibility (회원 등의); right. ¶~이 있다 [없다] be (un)qualified [(in)competent]《*for*》/ ~을 주다 [잃다] qualify [be disqualified]; entitle / …의 ~으로 in the capacity of.... / 개인 ~으로 in a private capacity. ‖~(검정) 시험 a qualifying examination / ~ 상실 disqualification / ~심사 screening (test); an examination of qualification / 무~자 a disqualified [an incompetent] person / 유 ~자 a qualified [competent] person / 입학 ~ admission requirements.

자격지심(自激之心) a guilty conscience; a feeling of self-accusation.

자결(自決) ①《자기결정》self-determination. ~하다 determine for [by] oneself. ②《자살》suicide. ~하다 kill oneself; commit suicide.

자고로(自古―) from old [ancient] times; from of old.

자구(字句) words and phrases; expressions; the letter《*of the law*》. ¶~에 구애되다 adhere to the letter / ~를 수정하다 make some change in the wording.

자국 a mark; traces; an impression; a track [trail]; a stain (더럼). ¶긁힌 ~ a scratch / 물린 ~ a bite / 손가락 ~ a finger mark / ~이 나다 get marked; leave a mark《*on*》.

ㅈ

자국(自國) one's (own) country; one's native land. ~의 native; home. ‖ ~민 one's fellow countrymen.
자궁(子宮) 【解】 the womb; the uterus. ‖ ~구(口) the cervical os; *os uteri* / ~병 (a) uterine disease / ~암 uterine cancer / ~외 임신 ectopic pregnancy.
자귀 《연장》 an adz(e); a hatchet.
자귀나무 【植】 a silk tree.
자귓밥 chips from an adz(e).
자그마치 ① 《적게》 somewhat little(small); in a small way; a little. ② 《반어적(的)》 not a little; no less (fewer) than; as much (many, long) as. ¶ ~ 만원이나 손해다 The loss is as much as 10,000 *won*.
자그마하다 (be) smallish; be of a somewhat small size (서술적).
자극(刺戟) a stimulus; an impulse; a spur; an incentive. ~하다 stimulate; excite; spur. ¶ ~성(性)의 stimulative; incentive / ~적인 exciting; stimulative; sensational / ~이 없는 dull; monotonous / ~이 되다 serve as an incentive / ~을 찾다 look for some excitement. ‖ ~제 a stimulant.
자극(磁極) 【理】 a magnetic pole.
자금(資金) capital; funds; a fund (자금). ¶ ~이 있다 (끊기다) be in (out of) funds / ~ 염출이 어렵다 be financially distressed; be in financial troubles. ‖ ~난 a financial difficulty / ~ 부족 short of funds / 비(祕)~ a slush (secret) fund. 장학 ~ a scholarship fund.
자급(自給) self-supply(-support). ~하다 support (provide for) oneself; be self-supporting. ‖ ~ 자족 self-sufficiency; 【經】 autarky (~자족의 self-sufficient).
자긍(自矜) 《자찬》 self-praise; 《자부》 self-conceit.
자기(自己) 《자신》 (one)self; 《자아》 self; ego. ~의 one's own; personal; private. ¶ ~ 스스로 personally; in person; oneself; for oneself (제힘으로); by oneself (혼자); of one's own accord (자진해서) / ~ 본위의 egoistic; self-centered. ‖ ~ 만족 (선전, 소개, 반성, 도취, 변호) self-contentment(-advertisement, -introduction, -reflection, -absorption, -vindication) / ~ 암시 (비판) self-suggestion(-criticism) / ~유도 【電】 self-induction / ~ 최면 autohypnotism; self-hypnosis (~ 최면에 걸리다 become autohypnotic; subject oneself to hypnotism).
자기(自記) ~의 self-registering(-recording) 《*thermometer*》.
자기(磁氣) magnetism. ¶ ~를 띤, ~의 magnetic / ~를 띠게 하다 magnetize; make a magnet of. ‖ ~ 감응(저항) magnetic induction (reluctance) / ~권 the magnetosphere / ~ 녹음 magnetic recording / ~ 디스크 장치 a magnetic disc unit / ~ 측정 magnetometry / ~ 테이프 a magnetic tape / ~ 폭풍 a magnetic storm / ~학 magnetics.
자기(磁器) porcelain; china(ware); 「ceramics.
자기부상열차(磁氣浮上列車) a maglev train (◀ magnetically-levitated train).
자기유도(磁氣誘導) magnetic induction.
자꾸 《여러번》 very often; frequently; 《끊임없이》 incessantly; constantly; 《몹시》 eagerly; earnestly; strongly.
자끈자끈 《소리》 with a crack (snap, crash).
자끈하다 (give a) snap; crack; 「snap.
자나깨나 waking or (and) sleeping; awake or asleep; night and day.
자낭(子囊) 【植】 a seed bag.
자네 you.
자녀(子女) 《아들딸》 children; sons 「and daughters.
자다 ① 《잠을》 sleep; have a sleep; 《잠들다》 go to sleep; fall asleep; 《자리에 들다》 go to bed; retire. ¶ 잘 (잘못) ~ sleep well (badly); have a good (bad) sleep / 너무 ~ oversleep (oneself) / 잘 자거라 Good night!; Sweet dreams! ② 《결이》 get pressed (smoothed) down; take a set. ¶ 머리가 ~ one's hair sets nicely. ③ 《가라앉다》 go (die, calm) down; subside; abate. ④ 《시계가》 stop; run down.
자단(紫檀) 【植】 a red sandalwood.
자담(自擔) ~하다 take charge of one's own share; bear (pay) one's own expenses.
자당(自黨) one's (own) party.
자당(慈堂) your (his, her) mother.
자독(自瀆) self-pollution. ☞자위.
자동(自動) automatic action (motion, operation). ~적인 self-moving; automatic. ¶ ~적으로 automatically. ‖ ~문 an automatic door / ~ 소총 an automatic rifle / ~ 전화 an automatic (dial) telephone / ~ 제어 automatic control (~제어 장치 servomechanism) / ~ 판매기(機) a slot (vending) machine / ~ 휴회 an automatic (a spontaneous) recess.
자동변속장치(自動變速裝置) an automatic transmitter. 「(생략 v.i.).
자동사(自動詞) an intransitive verb
자동식(自動式) ~의 automatic; self-acting(-moving). ¶ 반~의 semiautomatic. ☞자동.
자동조작(自動操作) automatic operation; 《기계》 automation.
자동조종장치(自動操縱裝置) 【航空】 an autopilot.
자동차(自動車) a (motor)car; an automobile; an auto 《俗》. ¶ ~로 가

ㅈ

다 motor 《*to*》; go by [in a] car / ～를 몰다 [운전하다] drive a (motor)car; motor / ～를 타다 ride in a (motor)car / ～에 태워 주다 give [offer] 《*a person*》 a lift. ‖ ～ 공업 the auto(motive) industry / ～ 도로 a driveway / ～ 번호판 a number plate / ～ 운전사 a (motor)car driver; a chauffeur(자가용) / ～ 정비공 a car mechanic / ～ 주차장 a parking lot; a car-park 《英》 / ～ 차고 a garage / 영업용(用) ～ a car for business use; trade cars/ 화물 ～ a (motor) truck; a lorry 《英》.

자동차보험(自動車保險) automobile liability insurance; automobile third party liability insurance.

자동차부품(自動車部品) an auto-component.

자동차사고(自動車事故) a motoring accident; an automobile accident.

자동차학원(自動車學院) a drivers' school; an automobile technical institute.

자두 〖植〗 a plum. ‖ ～나무 a damson.

자득(自得) ～하다 《만족》 be self-complacent; 《터득》 understand.

자디잘다 (be) very small. ☞잘다.

자라 〖動〗 a snapping turtle; a terrapin. ¶ ～보고 놀란 가슴 소댕 보고 놀란다 《俗談》 A burnt child dreads the fire.

자라다[1] ① 《성장》 grow (up); 《양육》 be bred; be brought up. ¶ 도시 [시골]서 자란 city-[country-]bred/ 빨리 ～ grow rapidly. ② 《증가》 increase; gain.

자라다[2] ① 《충분》 (be) enough; sufficient. ② 《미치다》 reach; get to [at]; come up to. ¶ 힘 자라는 데까지 as much as lies in one's power / 손이 자라지 않다 be out of reach.

자락 the skirt; the foot; the bottom; the train. ☞옷자락.

자랑 pride; boast. ～하다 boast 《*of*》; be proud 《*of, that*...》; pride oneself 《*on*》. ¶ ～은 아니지만 though I say it myself / 제 ～을 하다 sing one's praises; blow one's own trumpet.

자랑스럽다 (be) boastful; proud; be full of pride. ¶ 자랑스럽게 여기다 be proud of.

자력(自力) ～으로 by one's own exertions; for oneself. ¶ ～ 갱생(更生)하다 work out one's salvation by one's own effort.

자력(資力) means; resources; funds.

자력(磁力) 〖理〗 magnetism; magnetic force. ～의 magnetic. ‖ ～계(計) a magnetometer.

자료(資料) 《collect》 materials; data.

자루[1] 《푸대》 a sack; a bag. ¶ 쌀 ～ a rice bag / ～에 담다 put 《*rice*》 into a sack.

자루[2] 《손잡이》 a handle; a haft, a hilt (칼 따위의); a shaft (창 따위의); a helve, a grip(무기, 연장 따위의); a crank (굽은).

자루[3] 《단위》 a piece 《*of*》; a pair 《*of*》. ¶ 분필 한～ a piece of chalk/ 소총 세 ～ three stands of rifles/ 연필 다섯 ～ five pencils.

자르다 《끊다》 cut (off); chop; sever; saw (톱으로); shear (가위로); fell (나무를).

자리 ① 《좌석》 a seat; one's place. ¶ ～에 앉다 take one's seat; seat oneself; be seated; sit down / ～에서 일어나다 rise up from one's seat / ～를 뜨다 [양보하다] leave [offer] one's seat / ～를 잡아두다 keep [secure] a seat; reserve a seat (예약). ② 《여지》 room; 《공간》 space. ¶ ～를 내다 make room 《*for*》. ③ 《현장》 the spot; the scene. ¶ 그 ～에서 on the spot; then and there. ④ 《위치》 a situation; a position; a location; 《부지》 a site. ¶ ～가 좋다 [나쁘다] be well-[ill-]situated. ⑤ 《지위》 a position; a post; an office (관직). ¶ 중요한 ～ an important position / 장관 ～ a cabinet position; a portfolio; ministership. ⑥ 《깔개》 a mat; matting. ⑦ 《잠자리》 a bed. ¶ ～를 깔다[펴다] make beddings; prepare a bed. ⑧ 《계수의》 a figure; 《주판의》 reed; 《숫자의》 unit; place.

자리끼 bedside drinking water for night-time.

자리보전 ¶ ～하다 be confined to one's bed.

자리옷 night clothes; a nightgown (여자의); a sleeper (아이의); pajamas (남성의); a nighty 《俗》.

자리잡다 《좌석을》 take one's seat; seat oneself; 《위치》 be situated 《*at, in*》; 《정착》 settle (down); establish oneself; 《공간차지》 take up room.

자립(自立) independence; self-reliance[-support] (자활). ～하다 establish oneself; become independent; support oneself. ¶ ～하여 independently; on one's own account; for [by] oneself. ‖ ～ 경제 self-supporting economy / ～ 성장 self-sustained growth.

자릿자릿하다 (be) prickly; tingling; 《저리다》(be) numb; have pins and needles 《*in*》 (서술적); 《마음이》(be) thrilling; suspensible.

자막(字幕) 《영화의》 a title; a caption. ‖ 대화 ～ the superimposed dialogue.

자만(自慢) self-conceit; vanity; 《큰소리》 boasting; brag. ～하다 be conceited; be vain; be puffed [stuck] up with conceit.

자매(姉妹) sisters. ～의 [같은] sisterly. ‖ ～교 [도시] a sister school [city] / ～편 a companion volume 《*to*》; a sequel 《*to*》 / ～ 회사 an

ㅈ

affiliated company.
자매결연(姉妹結緣) establishment of sisterhood (sistership). ¶ ~을 하다 set up (establish) sisterly relationship 《*with*》.
자멸(自滅) self-destruction. ~하다 destory (ruin) oneself; perish. ¶ ~적 suicidal.
자명(自明) ~하다 (be) self-evident; obvious; axiomatic. ¶ ~한 이치 a self-evident truth; an axiom.
자명종(自鳴鐘) an alarm clock.
자모(字母) an alphabet; a letter; 《활자》 a matrix [*pl.* -trices]; a printing type.
자모(慈母) an affectionate (a loving) mother.
자모음(子母音) vowels and consonants.
자못 very; greatly; highly; quite. ¶ ~ 놀라다 be not a little surprised.
자문(自問) ~하다 question (ask) oneself. ‖ ~ 자답 (a) soliloquy (~ 자답하다 talk to oneself).
자문(諮問) ~하다 inquire; refer (submit) 《*a question*》 to; consult. ‖ ~ 기관 an advisory body / ~ 위원 an advisory committee.
자물쇠 a lock; a padlock; a snaplock (자동의). ¶ ~를 채우다 (열다) lock (unlock) / ~가 채워져 (열려) 있다 be on (off) the lock.
자바 Java. ¶ ~ 사람 a Javanese; a Javan.
자반 salted (salt-cured) fish.
자반뒤집기 ¶ ~하다 toss painfully about in bed; writhe.
자반병(紫班病) 【醫】 purpura. ‖ 출혈성 ~ purpura hemorrhagica.
자발(自發) ~적 spontaneous; voluntary. ¶ ~적으로 spontaneously; voluntarily; of one's own accord. ‖ ~성 spontaneity; spontaneousness.
자발없다 (be) impatient; rash.
자방(子房) 【植】 an ovary.
자배기 a large and round pottery bowel.
자백(自白) confession; acknowledg(e)ment. ~하다 confess; acknowledge 《*a crime*》.
자벌레 【蟲】 a measuring worm.
자복(自服) ☞ 자백(自白).
자본(資本) (a) capital; a fund. ¶ ~의 축적 accumulation of capital/ ~을 투입하다 invest one's capital 《*in*》. ‖ ~가 a capitalist / ~ 과세 capital levy / ~금 《with》 a capital 《*of*》 (총 ~금 the authorized capital) / ~재 capital goods / ~주(主) a financier; a capitalist / ~주의 capitalism (~주의 경제(經濟) the capitalistic economy) / 독점 (공칭, 금융) ~ monopolistic (authorized, financial) capital / 운전 (고정) ~ working (fixed) capital.
자본회전율(資本回轉率) capital turnover.
자봉틀(自縫一) ☞ 재봉틀.
자부(子婦) a daughter-in-law.
자부(自負) self-conceit; pride. ~하다 be self-conceited(-confident); be proud.
자부심(自負心) self-conceit(-confidence); pride. ¶ ~이 강한 self-conceited(-confident) / ~을 손상하다 hurt 《*a person's*》 pride.
자비(自費) ~로 at one's own expense. ‖ ~생 a paying student.
자비(慈悲) benevolence; charity; mercy; pity. ¶ ~로운 merciful; kindhearted / ~를 베풀다 have mercy 《*on*》; do 《*a person*》 an act of charity. ‖ ~심 a merciful heart.
자빠뜨리다 make 《*a person*》 fall on *his* back; knock (throw) 《*a thing*》 down.
자빠지다 ① 《넘어지다》 fall on one's back; fall backward. ② 《눕다》 lie down.
자산(資産) property; a fortune; assets. ‖ ~가 a man of property / ~주 an income stock / 고정 (동결, 현금) ~ fixed (frozen, cash) assets / 유동 ~ circulating (floating, current) assets.
자살(自殺) suicide. ~하다 kill oneself; commit suicide. ¶ ~을 꾀하다 attempt suicide. ‖ ~자 a suicide / ~ 미수(자) an attempted suicide.
자상스럽다(仔詳一) 《찬찬하다》 (be) full; detailed; minute; thoughtfully kind.
자상하다(仔詳一) ☞ 자상스럽다.
자새 a reel. ‖ ~질 reeling.
자색(姿色) beauty (in a woman).
자색(紫色) purple; violet.
자생(自生) spontaneous generation; wild growth (식물). ~하다 grow wild. ¶ ~의 autogenous. ‖ ~식물 native (wild) plants.
자서(自序) the author's preface.
자서(自署) ☞ 서명(署名).
자서전(自敍傳) an autobiography; a life story. ¶ ~을 쓰다 write one's life history by himself. ‖ ~ 작자 an autobiographer.
자석(磁石) a magnet; a compass(나침반). ~의 magnetic. ‖ 막대 (말굽) ~ a bar (horseshoe) magnet.
자석영(紫石英) ☞ 자수정.
자선(自選) ~하다 select by oneself; select 《*some*》 out of one's own works.
자선(慈善) charity; benevolence. ~의 charitable; benevolent. ‖ ~가 a charitable person / ~ 남비 a charity pot / ~ 단체(심) a charitable corporation (spirit) / ~ 병원 a charity hospital / ~ 사업 charities / ~시(市) (바자) a (charity) bazaar / ~쇼 a charity show.
자설(自說) one's own view (opinion). ¶ ~을 굽히지 않다 stick to

one's opinion.

자성(自省) ☞반성(反省).

자성(資性) (a) nature; (a) disposition.

자성(磁性) 〖理〗 magnetism. ～의 magnetic. ¶ ～을 주다 magnetize. ‖ ～체(體) a magnetic substance 〔body〕.

자세(仔細) ～한 detailed; minute; full; particular. ¶ ～히 in full; minutely; closely.

자세(姿勢) a posture 〔pose〕; a poise 〔carriage〕 (몸가짐); an attitude (태도). ¶ 앉은 ～로 in a sitting posture / ～를 취하다 assume a posture; pose / ～를 바로하다 straighten oneself / ～가 좋다〔나쁘다〕 have a fine 〔poor〕 carriage.

자세(藉勢) ～하다 strut about in borrowed plumes; make use of another's influence.

자속(磁束) 〖理〗 magnetic flux.

자손(子孫) descendants; posterity; offspring.

자수(自手) ～성가하다 make one's fortune by one's own efforts. ¶ ～성가한 사람 a self-made man.

자수(自首) self-surrender; (voluntary) confession. ～하다 surrender oneself to justice; deliver oneself to police.

자수(自修) ☞자습.

자수(刺繡) embroidery. ～하다 embroider.

자수정(紫水晶) 〖鑛〗 amethyst; violet quartz.

자숙(自肅) ～하다 exercise self-control.

자습(自習) self-study. ～하다 teach oneself; study for oneself. ‖ ～문제 homework; home exercises / ～시간 study hours / ～실 a study room.

자습서(自習書) a self-teaching book; a key; a crib; a pony.

자승(自乘) ☞제곱.

자승자박(自繩自縛) ～하다 fall into 〔be caught in〕 one's own trap.

자시(子時) the Hour of the Rat; midnight.

자식(子息) 《자녀》 a child; a son; a daughter; offspring(총칭); 《욕》 a chap; a wretch; a "bastard".

자신(自身) one's self; oneself. ～의 one's own. ¶ ～이(직접, 친히) by 〔for〕 oneself; in person; personally / ～이 하다 do it oneself.

자신(自信) (self-)confidence. ～하다 have confidence 《*in*》; be confident 《*of*》. ¶ ～ 있는 (self-)confident / ～만만한 full of confidence / ～을 가지고 with confidence / ～을 얻다 〔잃다〕 gain 〔lose〕 confidence in oneself / ～이 없다 lack assurance; have no confidence in one's own ability.

자실(自失) ～하다 lose consciousness; be stupefied; be dazed; be self-abstracted.

자심(滋甚) ～하다 (be) serious; intensified; worse.

자아(自我) self; ego. ¶ ～가 센 egoistic; selfish; self-centered. ‖ ～의식 self-consciousness.

자아내다 ① 《실을》 spin; reel off. ② 《느낌을》 evoke; excite; arouse 《*curiosity*》; stir up 《*interest*》; tempt, whet 《*one's appetite*》. ¶ 눈물을 ～ move 《*a person*》 to tears; draw tears from 《*a person*》.

자애(自愛) ～하다 take (good) care of oneself.

자애(慈愛) affection; love. ¶ ～깊은 affectionate; loving.

자약(自若) ～한 self-possessed; composed; calm. ¶ ～하게 calmly; coolly; serenely; composedly.

자양(滋養) nourishment. ☞영양.

자업자득(自業自得) the natural consequences of one's own deed. ¶ ～이다 One must lie on the bed one has made. *or* It serves you 〔him〕 right!

자연(自然) nature. ～의 natural; spontaneous. ¶ ～스러운 natural; unartificial; unaffected (꾸밈없는) / ～히 naturally; spontaneously; automatically / ～과 친(親)하다 take nature for a friend / ～을 벗삼다 make a companion of nature / ～에 어그러지다 be against nature / ～의 추세에 맡기다 let 《*a thing*》 take its natural course. ‖ ～계 nature / ～ 공원 a natural park / ～과학 natural science / ～ 도태〔식품〕 natual selection 〔foods〕 / ～미 natural beauty / ～ 발생〔발화〕 spontaneous genesis 〔combustion〕 / ～ 보호 protection of natural environment / ～ 색〔요법〕 a natural colo(u)r 〔cure〕 / ～ 자원〔증가〕 natural resources 〔increase〕 / ～ 현상 a natural phenomenon.

자연(紫煙) tobacco smoke.

자엽(子葉) 〖植〗 a seed leaf; a cotyledon.

자영(自營) ～하다 do 《*business*》 independently; be self-supporting. ¶ ～의 independent; self-supporting / ～으로 on one's own account.

자오선(子午線) 〖天〗 the meridian.

자외선(紫外線) ultraviolet rays. ‖ ～ 요법 an ultraviolet treatment.

자우(慈雨) a welcome 〔seasonable〕 rain.

자욱하다 (be) dense; thick. ¶ 자욱하게 in thick clouds; thickly / 자욱하게 끼다 hang over; envelop; screen.

자웅(雌雄) male and female; the sex; 《승패》 victory or defeat. ¶ ～을 결하다 fight it out 《*with*》 / ～을 다투다 contend for supremacy.

자원(自願) ～하다 volunteer 《*for*》. ¶ ～하여 voluntarily. ‖ ～자 a volunteer.

자원(資源) resources. ¶ ～이 풍부한 full of resources / ～을 개발〔보호〕

ㅈ

하다 exploit 〔conserve〕 natural resources. ‖ ~ 보호 conservation of resources / 인력 ~ manpower 〔resources〕 / 지하 〔천연〕 ~ underground 〔natural〕 resources.
자원봉사자(自願奉仕者) a volunteer worker.
자원소(子元素) 〖理〗 a daughter element.
자위 ☞ 흰자위, 노른자위.
자위(自慰) ① 《자기 위로》 self-consolation. ~하다 console oneself. ② self-abuse. ☞ 수음(手淫).
자위(自衛) self-defense〔-protection〕. ~하다 protect 〔defend〕 oneself. ‖ ~권 the right of self-defense.
자위뜨다 《물체가》 《a heavy thing》 move 〔give〕 a little from 《*its*》 place; be dislodged; 《태아가》 (begin to) quicken.
자유(自由) freedom 《*of speech, faith, the press*》; liberty. ~의〔로운〕 free; liberal; unrestricted. ¶ ~로(이) freely; as one pleases; at will / ~로운 몸이 되다 be set at liberty; be set free. ‖ ~ 결혼 free marriage / ~ 경쟁 free competition / ~ 경제 〔무역, 시, 토론, 행동〕 free economy 〔trade, verse, discussion, action〕 / ~ 노동자 a casual laborer / ~ 방임 laissez-faire / ~ 선택 free choice / ~ 세계 the free world / ~업(業) a liberal profession / ~ 의사 one's free will / ~인 a freeman / ~ 재량 《give *a person*》 a free hand / ~주의 liberalism (~주의자 a liberalist) / ~ 중국 Free China / ~항 a free port / ~형 free-style swimming.
자유왕래(自由往來) free cross-border travel.
자유자재(自由自在) ~한 free; unrestricted. ¶ ~로 freely; at will.
자유화(自由化) liberalization; freeing 《*of trade*》. ~하다 liberalize; free. ‖ ~ 조처 liberalization measures.
자율(自律) self-control; autonomy. ~적 autonomous. ‖ ~ 신경 an autonomic nerve (~신경 실조증 autonomic imbalance).
자음(子音) a consonant.
자의(字義) the meaning of a word. ¶ ~대로 literally.
자의(自意) 《of》 one's own will.
자의(恣意) ~로 at will; wilfully; waywardly.
자의식(自意識) self-consciousness. ¶ ~이 강한 (keenly) self-conscious.
자이로스코프 a gyroscope.
자이르 Zaire. ¶ ~의 Zairian / ~ 사람 a Zairian.
자인(自認) 《인정》 ~하다 acknowledge 〔own〕 (oneself); admit.
자인력(磁引力) 〖理〗 magnetic attraction.
자일 《등산용》 a (climbing) rope.
자임(自任) ~하다 consider oneself (as); fancy 〔regard〕 oneself (to be).
자자(藉藉) ~하다 《서술적》 be widely spread; be the talk of the town. ¶ 명성이 ~하다 be highly reputed.
자자손손(子子孫孫) posterity; descendants; 《대대》 generations.
자작(子爵) a viscount. ‖ ~ 부인 a viscountess.
자작(自作) one's own work. ~의 of one's own (making, growing); one's own. ‖ ~농 a landed 〔an independent〕 farmer / ~시 one's own poem. 「self-service.
자작(自酌) ~하다 drink liquor by
자작나무 〖植〗 a white birch.
자잘하다 《all are》 small 〔little, tiny, minute〕.
자장(磁場) 〖理〗 a magnetic field.
자장가(一歌) a lullaby; a cradlesong.
자장면(酢醬麵) noodles with bean sauce.
자장자장 Hushaby, my dear.
자재(自在) ~의 free; unrestricted. ¶ ~로 freely; at will.
자재(資材) materials. ‖ ~과(課) the supply section / 건축 ~ construction 〔building〕 materials.
자적(自適) ~하다 lead a quiet life; live free from worldly cares.
자전(字典) a dictionary; a lexicon.
자전(自轉) (a) rotation. ~하다 rotate; revolve; turn on its axis.
자전거(自轉車) a bicycle; a cycle; a bike 《俗》; a tricycle (세발의). ¶ ~ 타기 cycling / ~를 타다 ride (on) a bicycle / ~로 가다 go by bicycle. ‖ ~경기 cycle racing; a bicycle 〔bike〕 race.
자정(子正) midnight.
자정향(紫丁香) 〖植〗 a lilac. 「ones.
자제(子弟) children; sons; young
자제(自制) self-control〔-restraint〕. ~하다 control 〔restrain〕 oneself. ‖ ~력 《lose》 one's self-control.
자제(自製) 《손수 만듦》 one's own making 〔manufacture〕.
자조(自助) self-help〔-reliance〕. ~하다 help oneself. ‖ ~ 정신 the spirit of self-help. 「oneself.
자조(自嘲) self-scorn. ~하다 scorn
자족(自足) self-sufficiency. ¶ 경제 ~을 이루다 achieve economic self-containment. 「tance.
자존(自尊) self-respect; self-impor-
자존심(自尊心) (the spirit of) self-respect; pride. ¶ ~ 있는 self-respecting; proud / ~을 상하다 hurt one's pride.
자주(自主) independence; autonomy (자주권). ~적 independent; autonomous; free / ~적으로 voluntarily. ‖ ~국 a sovereign / ~ 국방 self-reliance of national defense / ~ 독립 independence / ~성 independency.

자주(紫朱), 자줏빛(紫朱一) purplish red; murex.
자주 often; frequently. ¶~ 오다〔가다〕 come 〔go〕 often; visit frequently; frequent 《*a place*》.
자중(自重) ~하다 respect oneself; take care of oneself.
자중지난(自中之亂) a fight among themselves; an internal strife.
자지 the penis; 《美俗》 the cock.
자지러뜨리다 shrink; frighten 《*a person*》 to death; 《주접들게 하다》 stunt.
자지러지다 shrink 《*with*》; cower; 《주접듦》 get stunted 〔blighted〕.
자진(自進) ~하여 of one's own accord 〔will〕; voluntarily.
자질(資質) nature; (natural) disposition; temperament; a gift(재능). ¶공무원의 ~을 향상시키다 improve the quality of government employees.
자질구레하다 (be) evenly small.
자찬(自讚) self-praise. ~하다 praise oneself.
자책(自責) self-reproach. ~하다 reproach 〔blame〕 oneself 《*for*》. ‖ ~감(感) a guilty conscience (~감을 느끼다 have a guilty conscience) / ~점(點) 〖野〗 an earned run.
자처(自處) ① ☞자살(自殺). ② 《자임》 ~하다 fancy 〔regard〕 oneself 《*to be*》; pose as 《*a statesman*》; pretend 《*to be a scholar*》.
자천(自薦) ~하다 recommend oneself 《*for*》.
자철(磁鐵) magnetic iron.
자청(自請) ~하다 volunteer. ¶~해서 힘든 일을 맡다 volunteer a difficult job.
자체(字體) a form of a character; a type(활자의).
자체(自體) 《사람의》 one's (own) body; oneself; 《사물의》 itself. ‖ ~ 감사 inspection 〔audit (회계)〕 under the self-auspice / ~사업 an own business / 물(物) ~ the thing (in) itself / ~ 조사 an inhouse investigation 《*on*》.
자초지종(自初至終) 《tell》 the whole story 《*of*》; all the details.
자촉반응(自觸反應) 〖化〗 autocatalysis.
자축(自祝) ~하다 celebrate 《*an event*》 by oneself.
자취 《형적》 traces; vestiges; marks; signs; evidences(증거의). ¶진보의 ~ signs of progress / ~를 남기다 leave one's traces behind / ~를 감추다 conceal one's whereabouts; cover one's traces.
자취(自取) ~하다 bring 〔draw〕 upon (oneself); court 《*danger*》.
자취(自炊) ~하다 cook for oneself; do one's own cooking.
자치(自治) self-government; autonomy. ~하다 govern oneself. ¶~의 self-governing; autonomous. ‖ ~권 autonomy / ~(단)체 a self-governing body / ~령 a dominion / ~회 a student council (학생의).
자치기 tipcat.
자친(慈親) one's mother.
자침(磁針) a magnetic needle. ‖ ~검파기 a magnetic detector.
자칫하면 ¶~ …하기 쉽다 be apt 〔liable〕 《*to do*》.
자칭(自稱) 《형용사적》 self-styled 〔-appointed〕; would-be. ~하다 style 〔call〕 oneself 《*a poet*》; profess oneself 《*to be*》. ¶~ 문학사 a self-styled Master of Arts.
자크 ☞ 지퍼.
자켓 ☞재킷.
자타(自他) oneself and others. ¶~가 모두 (both) oneself and others/ ~가 모두 인정하다 be commonly accepted 《*as*》.
자탄(自嘆) ~하다 complain 〔grieve〕 to oneself; feel grief for oneself; lament oneself. ¶신세를 ~하다 complain of one's lot in life.
자태(姿態) a figure. ¶요염한 ~ a bewitching figure.
자택(自宅) 《자기의 집》 one's (own) house 〔home〕. ¶~에 있다〔없다〕 be (not) at home. ‖ ~ 요법(療法) a home treatment.
자토(磁土) kaolin; china clay.
자퇴(自退) ~하다 leave 《*one's post*》 voluntarily 〔of one's own accord〕.
자투리 odd ends (of yardage); remnants of dress goods.
자파(自派) one's own party 〔faction〕.
자판(自判) 〖法〗 one's own judg(e)ment 〔decision〕.
자폐(自閉) ‖ ~선 〖數〗 a folium; a looped curve; a cycle / ~성 〖心〗 autism / ~증 autism.
자포자기(自暴自棄) self-abandonment. ~하다 become desperate; abandon oneself to despair. ¶~가 되어 out of despair; desperately.
자폭(自爆) ~하다 dash one's plane 《*against, into*》; blow up by oneself (건물 등의).
자필(自筆) one's own handwriting; an autograph. ¶~의 autograph(-ic); written by oneself / ~로 in one's own hand(writing). ‖ ~이력서 one's personal history in one's own handwriting.
자학(自虐) self-torment. ~하다 torment 〔torture〕 oneself. ‖ ~ 행위 a cruelty to oneself.
자해(自害) ① ☞자살. ② 《자신을 해침》 ~하다 do self-wrong; injure 〔hurt〕 oneself.
자행(恣行) ~하다 do as one pleases; have one's own way; practice; commit.
자형(姉兄) ☞ 매형(妹兄).
자혜(慈惠) charity; benevolence.

ㅈ

‖ ~ 병원 a chairty hospital.
자화(磁化) 〖理〗 magnetization. ~하다 magnetize.
자화상(自畫像) a self-portrait.
자화수정(自花受精) 〖植〗 self-fertilization.
자화자찬(自畫自讚) self-praise. ~하다 praise oneself; sing one's own praise.
자활(自活) self-support. ~하다 support 〔maintain〕 oneself.
자획(字畫) the strokes in a Chinese character.
작(勺) a *jag* (=0.038 U.S. pint).
작(作) a work; a production. ☞작품.
작(爵) 《작위》 peerage.
작가(作家) a writer, an author(소설의); an artist.
작고(作故) ~하다 die; pass away. ¶ ~한 the late....
작곡(作曲) (musical) composition. ~하다 compose; set a song to music. ‖ ~가〔자〕 a composer.
작금(昨今) recently; lately; of late. ~의 recent; of these days; now.
작년(昨年) last year. ¶ ~ 봄 last spring / ~ 오늘 this day (last) year; a year ago today.
작다 (be) small; little; tiny; 《미세》 (be) minute; fine; 《어리다》 (be) young; little; 《하찮음》 (be) trifling; slight; trivial. ¶ 작은 일 a trifle; a trivial matter / 작아지다 《옷이》 become too small 《*for one*》; outgrow one's clothes.
작다리 a person of short stature; a shorty 《美口》.
작달막하다 《서술적》 be rather short (of stature); be stocky.
작당(作黨) ~하다 form a group 〔clique, gang〕. ¶ ~하여 in a group 〔league〕.
작대기 《버팀대》 a pole; a rod; a stick (with a forked head); 《작대기표》 the mark of failure 《*in a test*》; the mark of elimination; a cross.
작도(作圖) 《그림》 (a) drawing; designing; 〖數〗 construction. ~하다 draw figures; construct.
작동(作動) ~하다 operate; work; run; go.
작두(斫一) a straw cutter; a fodder-chopper.
작량(酌量) ☞ 참작(參酌).
작렬(炸裂) an explosion. ~하다 explode; burst.
작명(作名) ~하다 name.
작문(作文) (a) composition; writing. ¶ ~을 짓다 write a composition 《*on*》. ‖ 영〔자유〕 ~ English 〔free〕 composition.
작물(作物) 《농작물》 《raise》 crops; farm products.
작배(作配) ~하다 pair; (make a) match.
작법(作法) how to make 〔grow〕.
작벼리 the pebbly sands.
작별(作別) farewell; parting; leave-taking. ¶ ~의 (인사)말 a farewell word / ~ 인사를 하다 say goodby(e) 《*to*》; bid 《*a person*》 farewell / ~을 고하다 take (one's) leave 《*of a person*》.
작보(昨報) ¶ ~한 바와 같이 as reported in yesterday's issue 〔report〕.
작부(酌婦) a waitress; a barmaid.
작부면적(作付面積) acreage under cultivation; a planted area.
작사(作詞) ¶ K씨 ~ L씨 작곡 words 〔lyric〕 by K and music by L.
작살 a harpoon; a (fish) spear.
작성(作成) drawing up; framing. ~하다 draw up; make out; prepare 《*a deed*》.
작시(作詩) ~하다 write a poem. ‖ ~법 the art of versification; prosody.
작심(作心) ~하다 determine; resolve; make up one's mind. ‖ ~삼일 a resolution good for only three days; a short-lived resolve.
작야(昨夜) last night.
작약(芍藥) 〖植〗 a Chinese peony.
작약(雀躍) ~하다 dance 〔leap〕 for joy.
작업(作業) work; operations; fatigue duty(군대의). ~하다 work; conduct operations. ¶ ~중(에) while at work. ‖ ~ 능률 work efficiency / ~량 amount of work done/ ~복 working dress; overalls / ~시간 working hours / ~장 one's place of work; a workshop; a job site (공사장) / 공동 ~ cooperative work.
작열(灼熱) red heat. ¶ ~하는 red-〔white-〕hot; incandescent; burning.
작용(作用) action; a function(기능); effect (영향). ~하다 act 〔operate, work〕 《*on a thing*》; affect. ¶ 산(酸)의 ~ the action of an acid / 심장의 ~ the function of the heart. ‖ 심리 ~ a mental process/ 화학 ~ a chemical action.
작위(爵位) peerage; title. ¶ ~가 있는 〔없는〕 사람 a titled 〔an untitled〕 person.
작은곰자리 〖天〗 the Little Bear.
작은아버지 one's uncle; one's father's younger brother.
작은어머니 one's aunt; the wife of one's father's younger brother.
작은집 ① 《분가》 a branch family; 《아들·동생의 집》 one's son's 〔younger brother's〕 house. ② 《첩》 ☞ 적은집.
작자(作者) ① 《위인》 a fellow; a guy. ② 《저작자》 an author; a writer. ③ 《살 사람》 a buyer; a purchaser. ¶ ~가 없다 be not in demand.
작작 not too much; moderately. ¶ 농담좀 ~ 해라 Don't go too far with your jokes.
작전(作戰) (military) operations (행

동); 《책략》 tactics; strategy. ¶ ～을 짜다 elaborate a plan of operations. ‖ ～ 계획 a plan of operations / 공동 ～ concerted operations; combined (joint) action.
작정(作定) 《결정·결심》 a decision; determination; 《의향》 an intention; a plan; a thought; 《목적》 a purpose; 《예기》 expectation. ～하다 decide; determine; plan; intend to 《*do*》. ¶ …할 ～으로 with the intention of 《*doing*》; with a view to 《*doing*》; in the hope of 《*doing*》.
작주(昨週) last week.
작폐(作弊) ～하다 make (cause) trouble (nuisance).
작품(作品) a performance; a work.
작풍(作風) a (literary) style.
작황(作況) a harvest; a crop; a yield.
잔(盞) a (wine) cup; a glass. ¶ 포도주 한 ～ a glass of wine / ～을 돌리다 pass the cup round.
잔걸음 ¶ ～ 치다 walk back and forth within a short distance.
잔고(殘高) the balance; the remainder (부기). ‖ ～표 a balance sheet/이월 ～ the balance carried forward.
잔교(棧橋) a (landing) pier. ☞ 선창(船艙).
잔글씨 small characters; fine letters. ¶ ～로 쓰다 write with a fine pen (closely).
잔금 fine (thin) wrinkles; fine lines.
잔금(殘金) the balance(잔고); surplus (money); (the) money left (over) (나머지).
잔기(殘期) the remaining time; the remainder of a period (term).
잔기침 a hacking cough.
잔당(殘黨) remnants 《*of*》.
잔도(棧道) a plank road.
잔돈 small money; (small) change. ¶ ～으로 바꾸다 change 《*a note*》 into small money.
잔돈푼 ① 《소소하게 쓰이는》 pocket (pin) money; spending money. ② 《소액》 a small sum of money; petty cash.
잔돌 a pebble; a gravel.
잔디 lawn; (a patch of) grass; turf. ¶ ～ 깎는 기계 a lawnmower. ‖ ～밭 a lawn; a grassplot.
잔뜩 ① 《꽉차게》 (to the) full; fully; to capacity; 《많이》 plentifully; in plenty. ¶ ～ 먹다 (마시다) eat (drink) one's fill / 빚을 ～ 지다 be deeply in debt. ② 《몹시》 intensely; heavily; hard; fixedly; firmly. ¶ ～ 찌푸린 날씨 a heavily leaden sky / …을 ～ 믿다 firmly believe that….
잔루(殘壘) 〖野〗 《two》 runners left on base. ～하다 be left on base.
잔류(殘留) ～하다 remain; stay behind; be left behind. ‖ ～물 remnants; leavings.
잔말 a useless (silly) talk; a complaint(불평). ～하다 twaddle; say useless things.
잔망(孱妄) ～스러운(한) feeble and narrow-minded; weak and lightheaded (경망).
잔명(殘命) the remainder of one's (doomed) life; one's remaining days.
잔무(殘務) remaining affairs (business). ¶ ～를 정리하다 wind up (arrange) the affairs 《*of*》.
잔물결 ripples. ¶ ～이 일다 ripple.
잔병(一病) constant slight sickness; sickliness. ¶ ～ 치레 getting sick frequently / ～이 잦다 be sickly.
잔부(殘部) the remainder(remnant).
잔상(殘像) an afterimage.
잔서(殘暑) the lingering summer heat; the heat of late summer.
잔설(殘雪) the remaining snow.
잔소리 ① ☞ 잔말. ② 《싫은 소리》 scolding; a rebuke; fault-finding; complaint. ～하다 scold; rebuke; lecture; give (read) a lecture to; find fault 《*with*》; complain 《*at, about*》. ¶ ～를 듣다 be scolded; catch it.
잔속 the inside; innerworkings 《*of a business*》; details.
잔손 elaborate care; a fine touch. ¶ ～이 많이 가다 take a lot of trouble; require elaborate care / ～이 많이 가는 일 laborious (troublesome) work; a piece of work requiring elaborate care.
잔술집(盞一) a pub that sells draft liquor.
잔심부름 sundry errands (jobs); miscellaneous services.
잔악(殘惡) ～한 atrocious; brutal.
잔액(殘額) the balance; the remainder.
잔약(孱弱) ～한 delicate; frail; tender; feeble; fragile.
잔업(殘業) overtime work. ～하다 work extra hours; work overtime. ‖ ～ 수당 an overtime pay (allowance).
잔여(殘餘) the remainder; the remnant; the rest. ～의 remaining.
잔영(殘影) traces; relics.
잔월(殘月) 《달》 a waning (morning) moon.
잔인(殘忍) ～한 cruel; brutal; inhuman; cold-blooded. ‖ ～ 무도 inhumanity.
잔잔하다 《기세가 가라앉아》 (be) quiet; still; calm; placid. ¶ 잔잔한 바다 a calm (serene) sea.
잔재(殘滓) 《남은 찌끼》 leftovers; remnants; waste matter; dregs(액체의). ¶ 봉건주의의 ～ remaining vestiges of feudalism.
잔재미 ¶ ～있는 사람 a nice person to have around / ～를 보다 make a hit in a small way (성공); turn a tidy profit (이익); fish up a nice bit of catch (낚시에서).

ㅈ

잔재주 a petty artifice; a trick; a device. ~부리다 play (resort to) petty tricks.
잔적(殘敵) enemy remnants (survivors); surviving enemy. ¶ ~을 소탕하다 mop up surviving enemy. 「be extant.
잔존(殘存) ~하다 survive; remain;
잔주름 《잘게 잡힌》 fine wrinkles (lines); crow's-feet (눈초리의).
잔챙이 the smallest (poorest) one; small fish (물고기).
잔치 a banquet; a feast; a party. ¶ ~를 베풀다 give a party (feast); hold a banquet.
잔칼질하다 mince; chop.
잔품(殘品) the remaining stock(s); unsold goods. ‖ ~ 정리 a clearance sale.
잔학(殘虐) ~한 cruel; atrocious; brutal; inhuman. 「《of》.
잔해(殘骸) the remains (wreck)
잔허리 the small of the back.
잔혹(殘酷) ☞ 잔인(殘忍).
잘¹ 《모피》 sable (fur).
잘² 《충분하게》 thoroughly; fully; well; 《능숙히》 skillfully; cleverly; well; ably; 《성공적·순조롭게》 successfully; satisfactorily (만족스럽게); 《친절하게》 kindly; 《바르게》 properly; right; 《주의해서》 carefully; 《정확히》 exactly; 《보통》 usually; habitually; 《곧잘》 often; frequently; 《많이》 much; a lot. ¶ ~ 떠드는 사람 a voluble talker; a talkative man / ~ 되다 《일이》 go (come off) well / ~ 안되다 《일이》 go wrong / …을 ~하다 be skillful in; excel in; be good at / 아무에게 ~ 해주다 be good (kind) to 《*a person*》 / ~ 모르다 do not know well / ~ 듣다 listen (carefully) to / ~ 살다 be well off / ~ 생각하다 think 《*a matter*》 over; give much thought to / ~ 보다 look closely / ~ 맞다 《신 따위가》 fit well.
잘강잘강 ¶ ~ 씹다 chew.
잘그랑 with a clink (clang).
잘나다 ① 《사람됨이》 (be) distinguished; excellent; great. ¶ 잘난 사람 a distinguished (great) person / 잘난 체하다 be self-important; put on (assume) airs. ② 《잘생김》 (be) handsome; good-looking. ¶ 그녀석 잘났군 He is quite handsome.
잘다 ① 《크기가》 (be) small; little; tiny; minute; fine. ¶ 잔 모래 fine sand / 잘게 fine(ly); closely; to (in) pieces. ② 《인품이》 (be) small; fussy; stingy. ¶ 잔 사람 a man of small caliber.
잘라먹다 ① 《음식을》 bite off; cut and eat. ② 《갚을 것을》 bilk (do not pay) 《*a debt*》; leave 《*a bill*》 unpaid; fail to pay.
잘록하다 《서술적》 be constricted (in the middle). ¶ 허리가 잘록한 여인 a woman with a wasp waist.
잘리다 ① 《절단》 be cut (off); be chopped; be cut down (나무가). ② 《떼어먹히다》 be cheated out of; become irrecoverable.
잘못 ① 《과실》 a fault; an error; a blunder (큰); 《오류》 a mistake; an error; a slip; 《죄》 blame. ~하다 do wrong; mistake; make a mistake; commit a fault (an error). ¶ 큰 ~ a gross fault; a blunder / 문법상의 ~ a grammatical mistake (error) / 판단을 ~하다 err in one's judgement; misjudge / ~을 인정하다 admit one's fault (mistake, error). ② 《부사적으로》 by mistake; through an error. ¶ ~ 보다 mistake; fail to recognize / ~ 알다 misunderstand (오해).
잘생기다 be handsome; be good-looking; have a fair face.
잘잘 ① 《쏘댐》 busily; bustlingly. ¶ ~거리다, ~쏘다니다 dart (gad) about; go around hurriedly. ② 《끓음》 simmering; boiling. ¶ 방바닥이 ~ 끓다 the floor is piping hot. ③ 《끌리다》 dragging. ¶ 치맛자락을 ~ 끌다 walk with a trailing skirt.
잘잘못 right and (or) wrong; good and (or) evil. ¶ ~을 가리다 distinguish between right and wrong; tell right from wrong.
잘하다 be skillful 《*in*》; be a good hand; be expert 《*in*》; 《…하기 쉽다》 be apt (liable) to 《*do*》; be too ready to 《*believe*》. ¶ 말을 ~ be good talker; be fair-spoken / 영어를 ~ be good at English.
잠 《수면》 (a) sleep; a slumber (숙면); a nap (곁잠); a doze (선잠). ¶ ~을 못 이루다 fail to go sleep; be sleepless; lie awake / ~을 험하게 자다 have a disorderly sleeping manner / ~이 쉽게 들다 can easily get to sleep / ~에 취해 있다 be half asleep / ~을 설치다 cannot sleep well; have a bad sleep.
잠결 ¶ ~에 while asleep; in one's sleep / ~에 듣다 hear while one is asleep.
잠귀 ¶ ~밝다 be easily awakend; be a light sleeper / ~가 어둡다 be a sound sleeper.
잠그다¹ 《자물쇠로》 lock (up); fasten; bolt (빗장을); 《고동을》 turn off. ¶ 문을 ~ lock (fasten) a door / 수도(꼭지)를 ~ turn off the tap.
잠그다² 《물에》 soak (dip, steep) 《*in*》; moisten 《*with*》.
잠기다¹ 《물 따위에》 ① be soaked (steeped) 《*in*》; be submerged 《*in*》, be flooded 《*with*》 (침수). ② 《골똘》 be lost (buried) 《*in*》; be sunk 《*in*》. ¶ 생각에 ~ be lost in thought / 비탄에 ~ be overcome with sorrow. ③ 《빠짐》 indulge 《*in*》; be immersed 《*in*》. ¶ 술에 ~

be drowned in wine. ④《돈 따위가》 be locked up; be tied up.

잠기다² ①《자물쇠 등이》 lock; be locked; be fastened. ②《목이》 become hoarse.

잠깐 《명사》 a little while; a moment; 《부사적으로》 for a (little) while. ¶ ~ 있으면 in a short time 〔while〕/~ 기다리시오 Wait a minute.

잠꼬대 talking in sleep; sleep talking; 《허튼소리》 silly talk; nonsense. ~하다 talk in one's sleep; talk nonsense 〔rot〕 (헛소리).

잠꾸러기 a sleepyhead; a late riser.

잠두(蠶豆) 〚植〛 a broad bean.

잠들다 fall 〔drop〕 asleep; drop off to sleep. ¶ 잠든 척하다 feign to be asleep / 깊이 ~ fall fast asleep.

잠망경(潛望鏡) a periscope.

잠바 a jumper; a windbreaker(가죽잠바).

잠방이 (farmer's) knee-breeches.

잠복(潛伏) concealment; latency. ~하다 lie hidden; hide oneself; be dormant 〔latent〕(병이). ‖ ~기 the incubation 〔latent〕 period.

잠사(蠶絲) silk yarn 〔thread〕. ‖ ~업 silk-reeling 〔sericultural〕 industry.

잠상(潛商) black marketeer; a smuggler.

잠세력(潛勢力) latent force 〔power〕; potentiality.

잠수(潛水) diving. ~하다 (make a) dive; submerge. ‖ ~ 모함 a submarine tender / ~병 submarine sickness / ~복 a diving suit / ~부 a diver / ~함 a submarine.

잠시(暫時) a short time 〔while〕; a (little) while. ¶ ~ 동안 for a short time; for a while / ~ 후에 after a while.

잠식(蠶食) ~하다 encroach 《*upon*》; make an inroad 《*into*》; gain on.

잠언(箴言) an aphorism; a maxim.

잠업(蠶業) sericulture; the sericultural industry.

잠열(潛熱) latent heat; dormant temperature(인체의).

잠입(潛入) ~하다 steal 〔sneak〕 《*into*》; smuggle oneself 《*into*》.

잠자다 sleep; fall asleep. ☞자다.

잠자리¹ 〚蟲〛 a dragonfly. ‖ 고추~ a red dragonfly.

잠자리² ①《잘데》 a bed; a kip《俗》; a bedstead(침대). ¶ ~에 들다 go to 〔get into〕 bed / ~를 보다 make a bed. ②《동침》 sharing the bed 《*with*》; sexual intercourse. ~하다 have sexual intercourse. ¶ ~를 같이 하다 sleep with; share the bed 《*with*》.

잠자코 without a word; silently; without leave 〔permission〕 (무단히); without objection 〔question〕 (순순히). ¶ ~ 있다 keep silence; remain silent; hold one's tongue.

잠잠하다(潛潛—) (be) quiet; still; silent; deserted.

잠재(潛在) ~하다 be 〔lie〕 latent; be dormant; lie hidden. ‖ ~ 세력 potential 〔latent〕 power / ~ 실업자 the latent unemployed / ~ 의식 subconsciousness.

잠정(暫定) ~적인(으로) provisional (-ly); tentative(ly). ‖ ~예산 a provisional budget / ~ 조치 《take》 a temporary step.

잠투세하다 get peevish before 〔after〕 sleeping.

잠투정하다 ☞잠투세하다.

잠함(潛函) ‖ ~ 공법(工法) a caisson method / ~병 a caisson disease.

잠항(潛航) a submarine voyage. ~하다 cruise 〔navigate〕 underwater. ‖ ~정(艇) a submarine.

잠행(潛行) ~하다 travel in disguise.

잡가(雜歌) a popular 〔folk〕 song.

잡거(雜居) ~하다 live 〔reside, dwell〕 together.

잡건(雜件) miscellaneous matters; sundries.

잡것(雜—) 《물건》 miscellaneous junk; sundries; 《사람》 a man of coarse fiber; a mean 〔vulgar〕 fellow.

잡곡(雜穀) (miscellaneous) cereals; minor grains. ‖ ~밥 boiled rice and cereals / ~상(商) a dealer in cereals.

잡귀(雜鬼) sundry evil spirits.

잡기(雜技) sundry games; gambling.

잡기(雜記) miscellaneous notes. ‖ ~장 a notebook.

잡년(雜—) a loose 〔wanton〕 woman; a hussy.

잡념(雜念) 《잡생각》 《banish》 worldly thoughts (from one's mind).

잡놈(雜—) loose 〔dissolute〕 fellow.

잡다 ①《손에》 take (hold of); hold; catch; seize; 《쥐다》 grasp; clasp; grip. ¶ 손목을 ~ seize 《*a person*》 by the wrist. ②《포박》 catch; arrest(체포); capture. ¶ 도둑을 ~ catch a thief. ③《포획》 catch; take; get. ¶ 고기〔쥐〕를 ~ catch fish 〔rats〕 / 많이 ~ make a good catch 〔take〕. ④ 《기회·권력을》 take; seize; assume; grasp(뜻, 요점을). ¶ 권력을 ~ take power / 기회를 ~ catch 〔seize〕 an opportunity. ⑤《증거를》 seize; hold; secure. ⑥《담보로》 take 〔receive〕 《*a thing as security*》. ⑦《어림을》 estimate 《*a thing*》 at; value at. ¶ 줄잡아(서) at a moderate estimate / 대충 ~ make a rough estimate. ⑧ 《차지함》 occupy; take (up). ¶ 장소를 ~ occupy 〔take up〕 room. ⑨《정하다》 fix; decide; choose (골라서); 《예약》 reserve; book. ¶ 날을 ~ fix the date / 방향을 ~ take one's course. ⑩ 《소요》 take; require. ¶ 시간을 ~ take time. ⑪ 《도살》 butcher; slaughter. ¶ 돼지를 ~ butcher a hog. ⑫ 《모해》 plot against; lay a trap《*for*》; slander. ⑬《불을》put out; hold (a fire) under control. ⑭《주름 따위》pleat; fold; make a crease. ⑮《마음을》get a grip on oneself; hold《*one's passion*》under control. ⑯《탈·트집 등을》find. ¶ 탈을 ~ find fault《*with*》; throw cold water《*on*》.

잡다(雜多) ~한 various; miscellaneous; sundry.

잡담(雜談) gossip; idle talk; a chat. ~하다 (have a) chat《*with*》; gossip《*with*》.

잡도리하다 exercise a strict control over; keep a tight rein on; supervise; oversee.

잡동사니 mixture; odds and ends.

잡되다(雜―) (be) loose; obscene; indecent; vulgar; mean.

잡록(雜錄) a miscellany; miscellaneous notes.

잡맛(雜―) a taste other than the original one; an impure taste.

잡목(雜木) miscellaneous trees. ‖ ~숲 a coppice; a thicket; scrubs.

잡무(雜務) miscellaneous business (duties). ¶ ~에 쫓기다 be busy with one thing and another.

잡문(雜文) a miscellany. ‖ ~가 a miscellaneous writer.

잡물(雜物) sundries;《불순물》impurities.

잡배(雜輩) common (lesser) fry; a low type of person; the ruck.

잡병(雜病) various diseases.

잡보(雜報) general news《*columns*》.

잡부금(雜賦金) miscellaneous fees. ¶ ~을 거두다 collect miscellaneous fees.

잡비(雜費) sundries; sundry (miscellaneous) expenses. ‖ ~계정 a petty expenses account.

잡살뱅이 odds and ends; lumber; a medley《美口》.

잡상스럽다(雜―) ①《난잡》(be) loose; lewd; licentious; obscene; immoral. ②《상스럽다》(be) vulgar; low; mean; base.

잡상인(雜商人) miscellaneous merchants; merchants of all kinds.

잡색(雜色) various colo(u)rs. ¶ ~의 parti-colored; motley.

잡세(雜稅) miscellaneous taxes.

잡소리(雜―) an obscene (indecent) talk.

잡수다, 잡숫다 ☞ 먹다.

잡수입(雜收入) miscellaneous incomes; sundry receipts.

잡스럽다(雜―) ☞ 잡되다.

잡식성(雜食性)〖動〗polyphagia. ~의 omnivorous; polyphagous.

잡신(雜神) evil spirits.

잡아가다 take《*a person to the police station*》.

잡아내다 ① ☞ 꺼내다. ②《잘못을》pick at《*flaws*》.

잡아당기다《끌다》pull; draw; tug;《팽팽하게》stretch;《홱》jerk. ¶ 귀를 ~ pull《*a person*》by the ear / 홱 ~ give《*it*》a jerk.

잡아들이다 take《*a person*》in; bring (haul)《*a person*》in (into).

잡아떼다 ①《손으로》draw (pull)《*a thing*》apart; take (tear, rip) off. ②《부인》deny with an innocent face; deny flatly; play the innocent.

잡아매다《한데》bind (tie) up;《고정된 곳에》tie (bind, fasten)《*to*》.

잡아먹다 ①《먹다》slaughter《*a bull*》; butcher《*a hog*》;《짐승이》devour; prey on. ②《괴롭히다》torment; torture.

잡역(雜役) miscellaneous services; odd jobs. ‖ ~부(夫) an odd-job man; a handy man / ~부(婦) a maid-of-all-work; a charwoman.

잡음(雜音) ① a noise;《라디오》jarring and grating; static(공중 장애의). ②《방해》(an) interference; dissenting voices.

잡인(雜人) an outsider; a stranger.

잡일(雜―) miscellaneous affairs; chores (일상의). ☞ 잡무(雜務).

잡종(雜種) a mixed breed; a crossbred; a hybrid; a mongrel. ~의《교배》crossbred; hybrid, mongrel;《갖가지》miscellaneous.

잡죄다 ① ☞ 잡도리하다. ②《재치다》press《*on, forward*》; urge (on); rush; hasten.

잡지(雜誌) a magazine; a journal; a periodical. ¶ ~를 보다 take (in) a magazine / ~에 기고하다 write for a magazine. ‖ 월간(계간) ~ a monthly (quarterly) magazine / 종합 ~ a general magazine.

잡지출(雜支出) miscellaneous (sundry) expenditures.

잡채(雜菜) chop suey; an olio.

잡초(雜草) weeds. ¶ ~를 뽑다 weed《*a garden*》.

잡치다 spoil; ruin; make a mess (muddle) of.

잡탕(雜湯) ①《탕》hodgepodge. ②《뒤범벅》a medley; a hotchpotch; a jumble.

잡혼(雜婚) intermarriage; mixed marriage.

잡화(雜貨) miscellaneous (sundry) goods; general merchandise. ‖ ~상 a grocer; a general dealer / ~점 a grocer's; a variety store.

잡히다 ①《손에》be taken (up); be held (in one's hand);《포박·포획》get caught (seized, taken, captured). ¶ 경찰에 ~ be caught by the police. ②《형상》form. ¶ 모양이 ~ take a form. ③《불이》be held (put) under control. ④《담보로》give《*a thing*》as security; pawn; pledge. ¶ 토지를 ~ mortgage land; offer land as a security. ⑤《기타》¶ 균형이 ~ be well-balanced / 트집 ~ be found fault with / 주름이 ~ get pleated (wrinkled).

잣 pine nuts (seeds). ‖ ~나무 a big cone pine / ~죽 pine nut gruel

〔porridge〕; gruel made of rice and pine nuts.
잣다 ① 《물을》 pump 〔suck, draw〕 up. ② 《물레를》 spin; make yarn. ¶ 솜에서 실을 ~ spin cotton into yarn.
잣새 〖鳥〗 a crossbill.
잣송이 a pine cone.
장(長) ① 《우두머리》 the head; the chief; the leader. ② ☞장처, 장점. ¶ 일~ 일단이 있다 have both advantages and disadvantages.
장(章) 《책의》 a chapter; 《기장》 a sign; a mark; a badge; 《획기적 시대》 an era. ¶ 새로운 ~ a new era 〔epoch〕/ 새로운 ~을 열다 open a new era; make an epoch 《*in*》.
장(場)[1] 《시장》 a market; a fair(정기의). ¶ 대목~ a fair at the very end of the year / ~거리 a market place / ~날 a market day / ~보다 do one's marketing 〔shopping〕/ ~보러 가다 go shopping 〔marketing〕.
장(場)[2] 《장소》 a place; a site; a ground; 《연극의》 a scene; 〖理〗 a field.
장(腸) the intestines; the bowels. ¶ ~이 나쁘다 have a trouble in the intestines. ‖ ~결석 enterolith / ~궤양 an intestinal ulcer / ~폐색〔결핵, 카타르〕 intestinal obstruction 〔tuberculosis, catarrh〕.
장(醬) 《간장》 soy (sauce); 《된장》 bean paste.
장(欌) a chest of drawers; a cabinet; a wardrobe; a bureau 《美》.
장(丈) ① 《척도》 a *jang*(＝ten *ja*＝9.904 feet). ② 《경칭》 an esteemed elder.
장(張) a sheet; a piece; a leaf; a copy(일부). ¶ 종이 한 ~ a sheet of paper.
장가 marriage. ¶ ~가다〔들다〕 marry (a woman); take a wife / ~들이다 marry 《*a son*》 to a woman. 「ten (벙어리장갑)」.
장갑(掌甲) (a pair of) gloves 〔mit-
장갑(裝甲) ‖ ~ 부대 an armo(u)red corps; a panzer (division) / ~ 자동차 an armored motorcar.
장거(壯擧) a great undertaking; a heroic attempt.
장거리(長距離) a long 〔great〕 distance; a long range. ‖ ~ 경주〔선수〕 a (long-)distance race 〔runner〕/ ~ 버스 a long-way bus / ~ 비행 a long(-distance) flight / ~ 전화 《have》 a long-distance call 〔a trunk call 《英》〕 / ~포〔탄도탄, 폭격기〕 a long-range gun 〔ballistic missile, bomber〕.
장검(長劍) a (long) sword.
장골(壯骨) stout build 〔physique〕.
장과(漿果) 〖植〗 a berry.
장관(壯觀) 《present》 a grand sight 〔view〕; a magnificent spectacle.
장관(長官) 《내각의》 a minister (of state); a State 〔Cabinet〕 minister; a Cabinet member; a secretary (미국의); 《관아의 장》 a chief; a head; a governor. ‖ 국무 ~ the Secretary of State 《美》/ 문교부 ~ the Minister of Education / 지방 ~ a provincial governor.
장관(將官) a general(육군); a flag officer, an admiral(해군).
장광설(長廣舌) 《make》 a long (winded) speech 〔talk〕.
장교(將校) an 〔a commissioned〕 officer. ‖ 육군〔해군〕 ~ a military 〔naval〕 officer.
장구 a (Korean) hourglass drum; a *jang-gu*. ‖ ~채 a drumstick.
장구(長久) permanence; eternity; perpetuity. ~한 eternal; permanent. ¶ ~한 시일을 요하다 require a long period of time. 「tance.
장구(長驅) ~하다 ride a great dis-
장구(裝具) an outfit; equipment(s).
장구대가리, 장구머리 (a person with) a bulging head. 「-vae」.
장구벌레 a mosquito larva [*pl*.
장국(醬—) soup flavo(u)red with soy (sauce). ‖ ~밥 rice in beef soup.
장군 《그릇》 an earthenware jar.
장군(將軍) a general.
장군풀 〖植〗 a rhubarb.
장금(場—) the market price; the current price.
장기(長技) one's speciality; one's forte. ¶ …을 ~로 하다 be good at; be at home in; have a forte fox.
장기(長期) a long time 〔term〕. ~의 long(-dated); long-term; long-range; protracted. ¶ ~에 걸리다 extend over a long (period of) time. ‖ ~ 계획(예보) a long-range plan 〔forecast〕/ ~근속 long service / ~ 대부〔거래〕 a long-term loan 〔transaction〕/ ~ 신용 long-term credit (~ 신용은행 a long-term credit bank) / ~전 a long 〔protracted〕 war / ~ 흥행 a long run.
장기(將棋) (the game of) chess. ¶ ~를 두다 play chess; have a game of *chang-gi*. ‖ ~짝 a chessman / ~판 a chessboard.
장꾼(場—) marketeers and marketers; market crowds.
장끼 a cock-pheasant.
장난 《놀이》 a game; play; sports; a joke(농); 《못된》 mischief; a prank; a trick. ~하다 play; toy 《*with*》; 《짓궂게》 do mischief; play a trick 《*on*》. ¶ ~으로 for fun; in joke 〔sport〕. ‖ ~꾸러기, ~꾼 a playful 〔mischievous〕 fellow. 「(놀림감)」.
장난감 a plaything; a toy; a sport
장남(長男) one's eldest 〔oldest〕 son.
장내(場內) ~에서 in the grounds; on the premises; in the hall.

ㅈ

장녀(長女) one's eldest 〔oldest〕 daughter.
장년(壯年) 《in》 the prime of manhood 〔life〕. ¶ ~이 되다 reach manhood; attain the prime of manhood.
장뇌(樟腦) camphor. ‖ ~유(油) camphor oil.
장님 a blind man; the blind(총칭). ¶ 눈뜬 ~ an unlettered 〔illiterate〕 person / ~이 되다 become〔go〕 blind.
장다리 a flower stalk (of radish, *etc.*). ¶ ~가 나다 run 〔go〕 to seed.
장단(長短) ① 《길이의》 (relative) length; 《장점 단점》 merits and demerits. ② 《박자》 time; (a) rhythm. ¶ ~을 맞추다 keep time 《*to, with*》 / 손~을 치다 beat time with the hand.
장담(壯談) assurance; guarantee; affirmation. ~하다 assure; guarantee; vouch 《*for*》; affirm.
장대(長—) a (bamboo) pole. ‖ ~높이뛰기 a pole jump; a pole vault 《美》.
장대(壯大) ~하다 (be) big and stout 〔strong〕. ¶ 기골이 ~한 사람 a strapping person; a strapper.
장도(壯途) a heroic 〔valiant〕 departure. ¶ ~에 오르다 make a valiant departure 《*on*》.
장도(壯圖) a heroic attempt; a grand scheme; a great undertaking.
장도(長途) a long way; a long distance.
장도(粧刀) an ornamental knife.
장도리 a hammer; 《노루발》 a claw hammer. ¶ ~로 치다 hammer / ~로 못을 박다 hammer a nail in/ ~로 못을 뽑다 pull 〔draw〕 out a nail with a claw hammer.
장독대(醬—臺) a jar stand〔terrace〕.
장돌림(場—) a roving marketer.
장딴지 the calf (of the leg).
장래(將來) (the) future; the time to come; 《부사적》 in (the) future. ~의 future; prospective. ¶ 가까운〔먼〕 ~에 in the near 〔distant〕 future / ~가 있는 promising; with a bright future / ~를 생각〔예언〕하다 look to〔predict〕 the future. ‖ ~성 possibilities; prospect.
장려(壯麗) ~한 splendid; magnificent; grand.
장려(奬勵) encouragement; promotion. ~하다 encourage 《*a person to do*》; promote; urge. ‖ ~금 a bounty 《*on*》; a subsidy / ~급 incentive wages.
장력(張力) 〖理〗 tension. ‖ ~계 a tensimeter / ~ 시험 a tension test/ 표면 ~ surface tension.
장렬(壯烈) ~한 heroic; brave; gallant.
장렬(葬列) a funeral procession.
장례(葬禮) a funeral 〔burial〕 (service). ¶ ~를 거행하다 conduct a funeral / ~에 참석하다 attend a funeral.
장로(長老) 《선배》 an elder; a senior (member); 《교회의》 a presbyter. ‖ ~ 교회(敎會) the Presbyterian Church.
장롱(欌籠) a chest of drawers; a bureau 《美》.
장마 a long (spell of) rain; a spell of rainy weather. ¶ ~지다 the rainy season sets in / ~가 걷히다 the rainy season is over. ‖ ~ 전선 a seasonal rainfront / ~철 the rainy 〔wet〕 season.
장막(帳幕) a curtain; a hanging; a tent(천막). ¶ 철〔죽〕의 ~ the iron 〔bamboo〕 curtain / ~을 치다 hang (up) curtains.
장만하다 prepare; provide oneself 《*with*》; raise; get. ¶ 돈을 ~하다 make〔raise〕 money / 집을 ~하다 get a house.
장면(場面) a scene; a place; a spot. ¶ 연애 ~ a love scene.
장모(丈母) one's wife's mother; one's mother-in-law.
장목(長木) lumber; timber. ‖ ~전 a lumberyard.
장문(長文) a long article 〔letter〕. ¶ ~의 기사 a full-length article 〔account〕.
장물(贓物) stolen goods 〔articles〕. ‖ ~아비 a dealer in stolen goods; a fence / ~ 취득 buying goods with full knowledge that they are stolen goods.
장미(薔薇) a rose; 《나무》 a rose tree. ¶ ~빛의 rosy. ‖ 들~ a wild rose; a brier.
장발(長髮) ~의 long-haired. ‖ ~족 longhairs.
장벽(腸壁) the intestinal wall.
장벽(障壁) a wall; a fence; a barrier. ¶ ~을 쌓다 build a barrier / ~이 되다 be an obstacle 《*to*》. ‖ 관세 ~ a customs barrier / 언어 ~ a language barrier.
장변(場邊) market interest. ¶ ~놀이하다 lend money at market interest.
장병(長病) a long-standing disease.
장병(將兵) officers and men; soldiers.
장복(長服) ~하다 take 《*a medicine*》 constantly.
장본(張本) a (main) cause; the origin. ‖ ~인 the author 《*of a plot*》; the ringleader; the prime mover.
장부 〖建〗 a tenon; a pivot. ‖ ~구멍 a mortise.
장부(丈夫) a man; a heroic 〔manly〕 person.
장부(帳簿) an (account) book; a register(등기부). ¶ ~에 기입하다 enter 《*a thing*》 in a book / ~를 매기다 keep books 〔accounts〕 / ~를 속이다 falsify 〔cook〕 accounts. ‖ ~ 계원 a bookkeeper / ~ 정리 adjustment of accounts / 이중 ~ double bookkeeping.
장비(裝備) equipment; outfit. ~하다 equip 《*with*》; furnish 《*with*》; fit out.

장사 trade; business; commerce. ~하다 do 〔engage in〕 business; conduct a trade. ¶ ~가 번창하다 do a brisk business; a 《*person's*》 business prospers / ~가 (안) 되다 pay 〔do not pay〕 / ~를 시작하다 start in business / ~를 그만두다 give up one's business. ‖ ~꾼 a tradesman; a merchant.
장사(壯士) a man of great (physical) strength; a Hercules. ¶ 힘이 ~다 be as strong as Hercules.
장사(葬事) a funeral. ¶ ~ 지내다 bury; lay 《*a person*》 to rest.
장사(아)치 a merchant; a tradesman.
장사진(長蛇陣) a long line 〔file, row〕; a long queue(차례를 기다리는). ¶ ~을 이루다 form a long line.
장삼(長衫) a long-sleeved Buddhist monk's robe.
장삿속 a commercial spirit; a profit-making motive. ¶ ~을 떠나서 apart from gain.
장색(匠色) an artisan; a craftsman.
장서(藏書) a collection of books; one's library. ¶ 3 만의 ~가 있다 have a library of 30,000 books. ‖ ~가(家) a book collector / ~ 목록 a library catalog(ue) / ~인(印) the owner's signet / ~ 표 a bookplate; an *ex libris* 《라》.
장성(長成) ~하다 grow (up); grow to maturity.
장성(長城) a long wall. ‖ 만리 ~ the Great Wall (of China).
장성(將星) generals. ¶ 육해군 ~ army and navy celebrities.
장소(場所) ① 《곳》 a place; a spot (지점); a position(위치); a site(소재지). ¶ ~가 좋다[나쁘다] be well 〔badly〕 situated. ② 《자리》 room; space. ¶ ~를 차지하다 take up (much) space.
장손(長孫) the eldest grand son.
장송(長松) a tall pine tree.
장송곡(葬送曲) a funeral march.
장수 a trader; a dealer; a seller; a peddler(도붓장수). ‖ 생선 ~ a fishmonger.
장수(長壽) long life; longevity. ~하다 live long; live to a great age. ‖ ~법 the secret of longevity.
장수(將帥) a commander; a general. ‖ ~벌 a queen bee.
장승(長一) a devil post; 《키다리》 a tall man. ¶ ~ 같다 be as tall as a lamppost.
장시간(長時間) for (many) hours.
장시세(場時勢) the market price.
장시일(長時日) a long (period of) time; 《for》 years. ¶ ~에 걸치다 extend over a long period of time.
장식(裝飾) decoration; adornment; ornament. ~하다 ornament; decorate; adorn. ¶ ~적(的)인 decorative; ornamental / ~용의 for decorative 〔ornamental〕 purpose. ‖ ~음 graces; grace notes / ~품(品) decorations; ornaments; furnishings(실내의) / 실내 ~ interior decoration.
장신(長身) ~의 tall; high in stature.
장신구(裝身具) personal ornaments; trinkets; accessories; furnishings.
장아찌 sliced vegetables preserved in soy sauce 〔pepper paste〕.
장악(掌握) ~하다 hold; command; seize. ¶ 실권을 ~하다 hold power 《*over*》; take the reins 《*of*》.
장안(長安) the capital. ¶ 서울 ~ Seoul, the capital city / 온 ~에 throughout the capital.
장애(障碍·障碍) an obstacle; an impediment. ¶ ~가 되다 hinder; be in the way / ~를 극복하다 surmount 〔get over〕 an obstacle. ‖ ~물 an obstacle 〔obstruction〕 (~물 경주 an obstacle 〔hurdle〕 race).
장액(漿液) serum(혈장).
장어(長魚) 〖魚〗 an eel. ‖ ~구이 an eel split and broiled.
장엄(莊嚴) ~하다 (be) sublime; majestic; solemn; grand.
장염(腸炎) 〖醫〗 enteritis.
장외(場外) ¶ ~의〔에〕 outside the room 〔hall, ground, parliament〕. ‖ ~ 거래 over-the-counter trading/~ 마권 an off-track betting ticket/~ 정치 the out-of-parliament politics; politics outside the stage 〔parliament〕/~주 a curb stock/~ 투쟁 an out-of-parliament struggle / ~ 호머 an out-of-the-park homer.
장원(壯元) passing the state examination first on the list; 《사람》 the first place winner in a state examination 〔contest〕.
장원(莊園) a manor.
장유(長幼) young and old.
장음(長音) a prolonged sound; a long vowel (음성학의).
장음계(長音階) 〖音〗 the major (scale).
장의(葬儀) ☞ 장례. ‖ ~사(社) an undertaker's shop; a funeral parlor 《美》.
…장이 a man who does…; -er. ¶ 구두~ a shoemaker; a shoedealer.
장인(丈人) one's wife's father; a man's father-in-law.
장자(長子) one's eldest son. ‖ ~ 상속권 the right of primogeniture.
장자(長者) ① 《덕망가》 a man of moral influence. ② 《부자》 a rich 〔wealthy〕 man; a millionaire.
장작(長斫) firewood. ¶ ~을 패다 chop wood. ‖ ~개비 a piece of firewood.
장장추야(長長秋夜) the long nights of autumn.
장장하일(長長夏日) the long days of summer.
장전(裝塡) charge 《*of a gun*》. ~하

다 load 〔charge〕《*a gun*》.
장점(長點) a merit; a strong 〔good〕 point; one's forte.
장정(壯丁) a man (성년자); a man of enlistment age (징병 적령자); a conscript (징집자).
장정(裝幀) binding. ~하다 bind; design (표지의).
장조(長調) 〖樂〗 a major key.
장조림(醬—) beef boiled down in soy.
장조카(長—) the eldest son of one's eldest brother.
장족(長足) ¶ ~의 진보를 하다 make great 〔remarkable〕 progress 《*in*》.
장졸(將卒) officers and men.
장주릅(場—) a broker; a middleman.
장죽(長竹) a long (smoking) pipe.
장중(莊重) ~한 solemn; grave; dignified. ¶ ~한 어조로 in a solemn tone.
장중(掌中) ~에 in one's hands. ‖ ~ 보옥 the apple of one's eye.
장지(障—) a paper sliding-door; a *jangji* (screen). ‖ ~틀 a *jangji* frame.
장지(長指) the middle finger.
장지(葬地) a burial place 〔ground〕.
장질부사(腸窒扶斯) ☞ 장티푸스.
장차(將次) in (the) future; some day.
장차다(長—) ①《길다》 (be) straight and long. ②《멀다》 (be) far; far-off; be a long way off (서술적).
장창(長槍) a long spear.
장처(長處) a strong point; one's forte; a good point.
장총(長銃) a (long-barreled) rifle.
장취(長醉) ~하다 be always drunk.
장취(將就) ~하다 progress; develop.
장치(裝置) (a) device; (an) equipment; (an) installation; (a) contrivance; an apparatus(기계); 《무대의》 (stage) setting; a scene. ~하다 install; equip 《*with*》; fit 《*with*》; contrive. ‖ 냉방 (난방) ~ a cooling 〔heating〕 apparatus / 스테레오 ~ a stereo equipment / 안전 ~ a safety device.
장침(長針) ☞ 분침.
장쾌(壯快) ~한 stirring; exciting; thrilling.
장타(長打) 〖野〗《make》 a long hit. ‖ ~자 a long hitter.
장탄(裝彈) ~하다 load 〔charge〕 《*a gun*》.
장탄식(長嘆息) a heavy 〔deep〕 sigh. ~하다 heave a deep sigh.
장터(場—) a market place.
장티푸스(腸—) typhoid 〔enteric〕 (fever). ‖ ~ 예방 주사 antityphoid inoculation / ~ 환자 a typhoid.
장파(長波) a long wave.
장판(壯版) a paper(ed) floor. ‖ ~방 a room with paper-covered floor / ~지(紙) (a sheet of) oiled floor paper.
장편(長篇) a long piece 〔work〕. ‖ ~ 소설 a long story 〔novel〕 / ~ 영화 a long film 〔picture〕.
장편(掌篇) a *conte* 《프》.
장하다(壯—) 《훌륭하다》 (be) great; splendid; glorious; 《갸륵함》 (be) praiseworthy; admirable; brave; 《놀랍다》 (be) wonderful; striking.
장학(奬學) ‖ ~금 a scholarship (~금을 만들다 〔타다〕 fund 〔obtain〕 a scholarship) / ~ 기금 a scholarship fund / ~사(士) a school inspector / ~생 the holder of a scholarship; a scholar.
장해(障害) ☞ 장애(障碍).
장행회(壯行會) a send-off party.
장화(長靴) top 〔high〕 boots.
장황(張皇) ~한 lengthy; verbose; wordy; diffuse; tedious. ¶ ~한 설명 a long-winded 〔tedious〕 explanation.
잦다¹ 《물이》 dry (up); boil down (끓어서).
잦다² 《빈번》 (be) frequent; 《빠르다》 (be) quick; rapid.
잦뜨리다 throw 《*one's head*》 back; bend 《*oneself*》 backward.
잦아지다 dry up; be boiled down; sink; go down.
잦은걸음 a quick pace; quick steps.
잦혀놓다 ①《뒤집다》 turn 《*a thing*》 over 〔upside down〕; lay 《*something*》 face down. ②《열다》 leave 《*a swing door*》 open.
잦혀지다 ① 《뒤집히다》 be overturned; be turned upside down. ②《열리다》 be flung open.
잦히다¹ ① 《뒤집다》 turn 《*a thing*》 upsipe down; turn over. ② 《열다》 fling open. ③ 《몸을》 pull back; bend 《*oneself*》 backward.
잦히다² 《밥을》 hang the boiled rice over a low fire; steam.
재¹ 《타고남은》 ash. ¶ ~같은 ashy / ~가 되다 be burnt 〔reduced〕 to ashes.
재² 《고개》 《cross over》 a pass.
재(齋) a Buddhist service 〔mass〕 for the dead.
재…(再) re-.
재가(再嫁) remarriage (of a woman). ~하다 marry again; remarry.
재가(裁可) sanction; approval. ~하다 sanction; approve; give sanction to.
재간(才幹) (cap)ability. ☞ 재능.
재간(再刊) reprint; reissue. ~하다 republish; reprint; reissue.
재갈 a bit. ¶ ~ 먹이다 〔물리다〕 bit 〔bridle〕; gag 《*a person*》 (사람을).
재갈매기 〖鳥〗 a herring gull.
재감(在監) ~하다 be in prison 〔jail〕. ‖ ~자(者) a prisoner; a prison inmate.
재감염(再感染) reinfection ☞ 감염.
재강 (brewers') grains; (*sul*) lees.
재개(再開) reopening; resumption. ~하다 reopen; resume 《*business*》.
재개발(再開發) redevelopment. ~하다 redevelop. ‖ ~ 지역 a redevelopment area 〔zone〕.
재건(再建) reconstruction; rebuilding. ~하다 rebuild; reconstruct.

‖ ~비 rebuilding expenses / 산업〔경제〕 ~ industrial 〔economic〕 reconstruction.
재검사(再檢査) reexamination. ~하다 reinspect; reexamine.
재검토(再檢討) reexamination; reappraisal. ~하다 reexamine; reappraise; review.
재결(裁決) decision; judg(e)ment. ~하다 give decision 〔judgment〕 《*on*》. ¶ ~을 바라다 ask for decision; leave 《*a matter*》 to *a person's* judgment.
재결합(再結合) recombination; reunion. ~하다 reunite 《*with*》; recombine; rejoin together. ¶ 이산 가족의 ~ reunion of one's dispersed family members.
재경(在京) ~하다 be in Seoul.
재경기(再競技) a rematch.
재계(財界) the financial 〔business〕 world; financial 〔business〕 circles. ~의 financial. ¶ ~의 거물 a leading financier. ‖ ~인 a financier; a businessman.
재계(齋戒) ‖ 목욕 ~ purification(목욕 ~하다 perform purification).
재고(再考) reconsideration. ~하다 reconsider. ¶ ~의 여지가 없다 There is no room for reconsideration.
재고(在庫) stock. ¶ ~의 in store 〔stock〕. ‖ ~량 the total stock / ~조사 stocktaking; an inventory / ~품 stocks; goods in stock (~품 목록 an inventory; a stock list).
재고정리(在庫整理) clearance; inventory adjustment. ‖ ~대매출 a clearance 〔stocktaking〕 sale / ~품 clearance goods.
재교부(再交付) a renewal. ~하다 reissue 《*a passport*》; regrant.
재교육(再教育) reeducation. ~하다 reeducate; retrain. ¶ 현직 교사 ~ teachers' in-service training.
재구속(再拘束) (a) remand. ~하다 remand; send 《*a person*》 back into a custody.
재군비(再軍備) ☞ 재무장.
재귀(再歸) ‖ ~ 대명사 〔동사〕 a reflexive pronoun 〔verb〕 / ~열 〖醫〗 recurrent fever.
재근(在勤) ☞ 재직(在職).
재기(才氣) wit; (a) talent. ¶ ~있는 clever; witty; talented.
재기(再起) 《다시 일어남》 a comeback; 《be beyond》 recovery. ~하다 come back; rise again; recover.
재깍 《소리》 with a click 〔clack, snap〕; 《빨리》 promptly; with dispatch.
재깍거리다 make a clicking 〔snapping〕 sound; 《시계가》 tick(tack).
재난(災難) a misfortune; a calamity; a disaster. ¶ ~을 당하다 meet with an accident; suffer a 〔an unexpected〕 misfortune / ~을 면하다 escape a disaster.
재능(才能) (an) talent; ability; a gift. ~있는 talented; able; gifted. ¶ ~을 발휘하다 display one's ability.
재다¹ ① 《길이·용량 따위》 measure; take measure of; weigh (무게); survey (측량); take one's temperature (체온); 《물속·마음속》 fathom; sound. ② 《장탄하다》 load; charge. ③ 《앞뒤를》 calculate; give careful consideration; be prudent. ④ 《재우다》 have 《*a thing*》 pressed. ⑤ 《으스대다》 give oneself 〔put on〕 airs.
재다² ① 《재빠르다》 (be) quick; prompt; nimble. ¶ 재게 quickly; promptly; nimbly. ② 《입이》 (be) talkative; glib-tongued.
재단(財團) a foundation. ‖ ~ 법인 a (juridical) foundation / 록펠러 ~ the Rockefeller Foundation.
재단(裁斷) ① 《결정》 decision; judgment. ~하다 judge; decide. ② 《양복의》 cutting. ~하다 cut 《*a coat*》. ‖ ~사 a cutter.
재담(才談) a witticism; a witty remark.
재덕(才德) talent and virtue. ¶ ~을 겸비(兼備)한 virtuous and accomplished.
재동(才童) a clever 〔talented〕 child.
재두루미 〖鳥〗 a white-naped crane.
재떨이 an ashtray.
재래(在來) ~의 usual; ordinary; customary; conventional 《*weapons*》. ‖ ~식 a conventional type; a customary style / ~종(種) a native kind.
재래(再來) second coming; reincarnation. ~하다 come again.
재략(才略) resources; tact.
재량(裁量) discretion. ¶ …의 ~으로 at one's discretion / ~에 맡기다 leave 《*a matter*》 to 《*a person's*》 discretion.
재력(財力) financial power; means; resources.
재롱(才弄) ~부리다 act cute; do cute things.
재료(材料) (a) material; matter; stuff; raw materials (원료).
재류(在留) ~하다 reside; stay.
재림(再臨) ~하다 come again. ¶ 그리스도의 ~ the Second Advent of Christ.
재목(材木) wood; 《제재목》 (sawed) lumber 〔timber 《英》〕; 《네모지게 켠》 square lumber; a log (통나무). ‖ ~상 a timber dealer.
재무(財務) financial affairs. ‖ ~감사 financial audit / ~관 a financier; a financial commissioner / ~부 the Ministry of Finance (~(부)장관 the Minister of Finance; the Secretary of Treasury 《美》; the Chancellor of the Exchequer 《英》).
재무장(再武裝) rearmament. ~하다 rearm; remilitarize.
재물(財物) property; means; goods;

ㅈ

treasures; a fortune.
재미 ① 《일반적》 interest; amusement; enjoyment; pleasure; fun. ¶ ~(가) 있다[나다] be interesting [pleasant] / ~없다 be uninteresting [dull] / ~를 보다 have a good time (of it); have fun; enjoy oneself / ~있어 하다 amuse oneself 《*with*》; be amused 《*at, with*》 / …에 ~를 붙이다 be interested 《*in*》; find [take] pleasure 《*in*》. ② 《형편》 favo(u)rableness; satisfactoriness; 《벌이 따위》 profit; good. ¶ …으로 ~를 보다 make a profit on [from].
재미(在美) ~의 in America. ‖ ~교포 Korean residents in America.
재민(災民) the sufferers; the afflicted people; the victims.
재발(再發) a relapse; recurrence. ~하다 recur; 《사람 주어》 relapse 《*into*》; have a relapse.
재발급(再發給) ~하다 reissue 《*a licence*》.
재발족(再發足) ~하다 make a fresh start; start afresh.
재방송(再放送) rebroadcasting; a rerun. ~하다 rebroadcast.
재배(再拜) ~하다 bow twice.
재배(栽培) cultivation; culture. ~하다 cultivate; grow; raise. ‖ ~법 how to grow 《*roses*》 / ~자(者) a grower; a cultivator / 속성 [촉성] ~ forcing [intensive] culture / 채소 ~ truck farming.
재배치(再配置) relocation; reassignment. ~하다 reassign; relocate.
재벌(財閥) a financial clique; a giant family trust (친족의). ‖ 삼성(三星) ~ the *Samseong* financial group.
재범(再犯) repetition of an offense; a second offense [offender (사람)].
재변(災變) a natural calamity.
재보(財寶) riches; treasures.
재보험(再保險) reinsurance; reassurance. ~하다 reinsure; reassure.
재복무(再服務) renewed enlistment; reenlistment. ~하다 reenlist.
재봉(裁縫) sewing; needlework. ~하다 sew; do needlework. ‖ ~사 a tailor(ess); a dressmaker.
재봉틀(裁縫一) a sewing machine. ¶ ~로 박다 sew 《*a thing*》 on the sewing machine.
재분배(再分配) redistribution. ~하다 redistribute.
재빠르다 (be) quick; nimble. ¶ 재빠르게 nimbly; quickly.
재사(才士) a man of talent; a wit.
재산(財産) property; (a) fortune; an estate. ¶ ~을 모으다 [없애다] make a [run through one's] fortune. ‖ ~가 a man of property / ~ 목록 an inventory / ~ 상속 succession to 《*a person's*》 property / ~세 a property levy tax / 사유(私有) [공공] ~ private [public] property.
재삼(再三) ‖ ~재사(再四) again and again; over and over again; more than once.
재상(宰相) the prime minister.
재상영(再上映) a rerun; a repeat; a reshowing (for a movie). ~하다 rerun; repeat.
재색(才色) ¶ ~이 겸비한 beautiful and talented.
재생(再生) ① 《소생》 a return to life. ~하다 revive; return to life. ② 《다시 태어남》 rebirth. ~하다 be born again. ③ 《폐품의》 reclamation; 《녹음된 것의》 playback. ~하다 reclaim; play back. ‖ ~고무 reclaimed rubber / ~품 reclaimed articles.
재생산(再生産) reproduction. ~하다 reproduce.
재선(再選) ~하다 reelect. ¶ ~되다 be reelected.
재세(在世) ~시에 while *a person* lives; during *a person's* lifetime.
재소자(在所者) a prisoner; a prison inmate; the criminal population (총칭).
재수(再修) ~하다 cram to repeat a college entrance exam. ‖ ~생(生) a high school graduate who is waiting for another chance to enter a college.
재수(財數) luck; fortune. ¶ ~(가) 있다[좋다] be lucky; be fortunate / ~ 없다 be out of luck; have no luck / ~ 없게 unluckily; by ill luck.
재수입(再輸入) ~하다 reimport. ‖ ~품 reimports.
재수출(再輸出) ~하다 reexport. ‖ ~품 reexports.
재시험(再試驗) (sit for) a reexamination. ~하다 reexamine.
재심(再審) a new trial. ~하다 reexamine; try again. ¶ ~을 청구하다 apply for a new trial.
재심사(再審査) ☞ 재심(再審).
재앙(災殃) 《재난》 (a) disaster; a calamity; 《불행》 (a) misfortune. ¶ ~을 초래하다 bring a misfortune 《*on*》; invite [cause] a disaster.
재액(災厄) ☞ 재난, 재앙.
재야(在野) ~의 out of power [office]; in opposition. ‖ ~인사 distinguished men out of office.
재연(再演) ~하다 stage 《*a play*》 again; show 《*a picture*》 again; reconstruct (one's crime)(범행을).
재연(再燃) ~하다 revive; break out [come to the fore] again. ¶ 문제의 ~ resuscitation of a problem.
재열(再熱) reheating; 〖理〗 recalescence.
재예(才藝) talent and accomplishments.
재외(在外) ~의 (stationed, resident) abroad. ‖ ~공관 diplomatic establishments abroad / ~교포 Korean

residents abroad / ~ 자산(資産) overseas assets.
재우 quickly; nimbly; briskly.
재우다 ① 《숙박》 lodge 《*a person*》; take 《*a person*》 in; give 《*a person*》 a bed. ② 《잠을》 make 《*a person*》 sleep; put 《*a person*》 to bed 〔sleep〕.
재우치다 rush 〔speed〕 up 《*one's work*》; dispatch.
재원(才媛) a talented girl; an accomplished lady.
재원(財源) a source of revenue; 《be rich in》 rosources; funds.
재위(在位) ~하다 reign. ¶ ~시에 in 〔during〕 one's reign.
재음미(再吟味) ~하다 reexamine; review.
재인(才人) an acrobatic tumbler.
재인식(再認識) a new understanding 《*of*》. ~하다 have a new understanding 〔appreciation〕 《*of*》.
재일(在日) ~의 (stationed, resident) in Japan. ‖ ~ 교포 Korean residents in Japan / ~ 한국 거류민단(團) the Korean Residents Association in Japan.
재임(在任) ~하다 hold office 〔a post〕; be in office. ¶ ~중에 while in office.
재임(再任) reappointment. ~하다 get reappointed.
재입국(再入國) reentry 《*into a country*》. ~하다 reenter 《*into a country*》.
재입학(再入學) readmission; reentrance 《*to*》. ¶ ~을 허락하다 readmit 《*to*》.
재자(才子) a man of talent; a wit.
재작년(再昨年) the year before last.
재작일(再昨日) ☞ 그저께.
재잘거리다 chatter; gabble; prattle; prate.
재재거리다 ☞ 재잘거리다.
재적(在籍) ~하다 be on the register 〔roll〕. ‖ ~자 〔학생〕 a registered person 〔student〕 (~자수 the number of students on the roll; an enrollment).
재전환(再轉換) reconversion 《*of industries*》.
재정(再訂) ~하다 revise again. ‖ ~판 a second revised edition.
재정(財政) finances; financial affairs; economy. ~(상)의 financial; economic. ¶ ~이 풍부〔곤란〕하다 be well off 〔in financial difficulties〕. ‖ ~경제원 the Ministry of Finance and Economy / ~ 상태 financial status / ~ 전문가(專門家) a financial expert / ~학 (public) finance / 건전〔적자〕 ~ balanced 〔unbalanced〕 finance.
재정(裁定) decision; arbitration. ~하다 decide; arbitrate. ‖ ~안 an arbitration draft.
재정규모(財政規模) a financial 〔budget〕 scale.
재정난(財政難) financial embarrassment 〔difficulties〕.
재제(再製) ~하다 remake; remanufacture; reproduce. ☞ 재생.
재조사(再調査) reexamination. ~하다 reexamine; reinvestigate.
재종(再從) a second cousin.
재주 《재능》 ability; (a) talent; an aptitude 《*for*》; gifts; 《재치》 wit; intelligence (슬기); 《솜씨》 skill; dexterity; 《기예》 an art; a craft; an accomplishment (소양); 《곡예》 a feat; a stunt. ~있는 able; talented; gifted.
재주꾼 a person of high talents; a skillful 〔smart〕 person.
재주넘다 turn 〔make〕 a somersault.
재주문(再注文) renewal of an order. ~하다 renew an order; reorder.
재중(在中) ~의 containing. ¶ 견본 ~ Sample(s) / 사진(寫眞) ~ Photo(s); Photos only.
재즈 〖樂〗 jazz (music). ‖ ~밴드 a jazz band.
재직(在職) ~하다 hold office; be in office 〔service〕. ¶ ~중에 during (one's tenure of) office; (while) in office.
재질(才質) natural gifts 〔endowment〕; talent. ¶ ~이 풍부(豊富)하다 be highly gifted; be richly endowed / ~을 살리다 make the best use of one's talent.
재차(再次) 《부사》 twice; again; a second time. ¶ ~의 second; another.
재채기 a sneeze. ~하다 sneeze.
재천(在天) ~의 in Heaven; Heavenly. ¶ 인명(人命)은 ~이라 Life and death are providential.
재청(再請) a second request; an encore; 《동의에 대한》 seconding. ~하다 request a second time; encore; second 《*a motion*》.
재촉 pressing; urging; a demand. ~하다 press 《*a person for*》; urge 《*a person to do*》.
재출발(再出發) ~하다 make a restart; make a fresh 〔new〕 start.
재취(再娶) taking wife a second time; 《후처》 a second wife. ~하다 marry again 〔a second wife〕.
재치(才致) wit; intelligence; resources. ~있는 quick-witted; witty; intelligent; smart.
재침(再侵) a reinvasion. ~하다 reinvade.
재킷 a jacket; a sweater; a pullover.
재탕(再湯) ~하다 《다시 달임》 make a second brew 〔decoction〕 《*of*》; 《되풀이》 repeat; 《부활》 revive; 《개작》 a rehash; adapt.
재투자(再投資) reinvestment. ~하다 reinvest.
재투표(再投票) revoting. ~하다 take a vote again.
재판(再版) a reprint; 《run into》 a second edition (제 2 판). ~하다 reprint.
재판(裁判) justice; a trial 〔hearing〕

ㅈ

(공판); judg(e)ment (판결); decision. ～하다 judge; try. ¶ ～을 받다 be tried; stand one's trial / ～에 부치다 put 《*a case*》 on trial / ～에 이기다 〔지다〕 win 〔lose〕 a suit / ～중이다 be on trial. ‖ ～관 a judge; the court / ～권(權) jurisdiction / ～장(長) the presiding judge; the chief justice 《美》/ ～절차 legal proceeding / 결석 ～ judgment by default.
재판소(裁判所) ☞ 법원.
재편성(再編成) reorganization. ～하다 reorganize.
재평가(再評價) revaluation. ～하다 revaluate; reassess.
재하(在荷) (a) stock; goods on hand.
재하자(在下者) a subordinate; a junior.
재학(在學) ～하다 be in 〔at〕 school 〔college〕. ¶ ～중(에) while at 〔in〕 school. ‖ ～생 a student; an undergraduate(대학의) / ～ 증명서 a school certificate.
재할인(再割引) ～하다 rediscount 《*a bill*》. ‖ ～어음 a rediscount bill / ～율 a rediscount rate.
재합성(再合成) resynthesis. ～하다 resynthesize; synthesize again.
재해(災害) a calamity; a disaster. ¶ ～를 입다 suffer from a disaster. ‖ ～ 대책 countermeasures against calamities / ～ 방지 disaster prevention / ～보상 〔보험〕 accident compensation 〔insurance〕/ ～지 a stricken district.
재향군인(在鄕軍人) an ex-soldier; a veteran 《美》; reservists (총칭).
재현(再現) ～하다 reappear; appear again.
재혼(再婚) a second marriage; a remarriage. ～하다 marry again. ‖ ～자 a deuterogamist.
재화(災禍) an accident; a disaster; a misfortune.
재화(財貨) 《상품》 goods; commodities; 《재물》 property.
재확인(再確認) ～하다 reaffirm.
재회(再會) ～하다 meet again. ¶ ～를 기약하다 promise to meet again.
재흥(再興) revival; restoration. ～하다 revive; restore.
잭 〚機〛 a jack.
잭나이프 a jackknife.
잼 jam. ¶ ～(을) 바른 빵 bread and jam.
잽 〚拳〛 a jab.
잽싸다 (be) quick; nimble; agile.
잿더미 a lump of ash. ¶ ～가 되다 be reduced 〔burnt〕 to ashes / ～에서 일어서다 rise 〔stand up〕 from the ashes.
잿물 《빨래용》 lye (재를 우려낸); caustic soda (양잿물); 《유약》 glaze; enamel.
잿밥(齋―) rice offered to Buddha.
잿빛 ash colo(u)r; gray 《美》; grey 《英》.
쟁강, 쟁그랑 with a clank 〔clink, clash〕. ～거리다 clank, clink.
쟁기 a plow 〔plough 《英》〕. ¶ ～질하다 plow 《*the field*》.
쟁론(爭論) a dispute; a controversy. ～하다 dispute; quarrel; argue.
쟁반(錚盤) a (serving) tray; a salver.
쟁의(爭議) a dispute; a controversy; a trouble; a strike. ¶ ～를 일으키다 (go on a) strike / ～를 해결하다 settle a dispute. ‖ 노동 ～ a labo(u)r dispute 〔trouble〕.
쟁의권(爭議權) the right to 〔of〕 strike.
쟁이다 pile 〔heap〕 up; pile one (up)on another; make a neat pile of.
쟁쟁(琤琤) ～하다 《귀에》 ring (in one's ears).
쟁쟁(錚錚) ～하다 《뛰어나다》 (be) prominent; outstanding; conspicuous.
쟁점(爭點) the point at issue 〔in dispute〕; an issue 《*of*》.
쟁탈(爭奪) ～하다 struggle 〔scramble, contest〕 《*for*》. ‖ ～전(戰) a scramble; a contest 《*for a trophy, the title, the champion flag*》.
쟁패전(爭覇戰) a contest for supremacy; a championship game (경기의).
저[1] 〚樂〛 《play》 a flute; a fife.
저(著) a work; 《a book》 (written) by....
저(箸) 《젓가락》 (a pair of) chopsticks.
저[2] ① 《나》 I; me. ¶ ～로서는 for my part; as for me. ② 《자기》 (one)self. ③ 《지칭으로》 that 〔*pl.* those〕; the. ¶ ～ 사람 that person/ ～따위 such; that kind 《*of*》.
저[3] 《감탄사》 well; I say; let me see; say 《美》.
저개발(低開發) ‖ ～국 an underdeveloped country / ～ 지역 the underdeveloped areas.
저간(這間) 《그당시》 that time; then; 《요즈음》 these 〔recent〕 days. ¶ ～의 사정 the circumstances of the occasion 〔days〕.
저것 that; that one.
저격(狙擊) sniping. ～하다 shoot 〔fire〕 《*at*》; snipe 《*at*》. ‖ ～병(兵) a sniper.
저고리 a coat; a jacket.
저공(低空) a low altitude. ‖ ～비행 a low-altitude flight (～ 비행하다 fly low).
저금(貯金) saving (행위); savings; a deposit. ～하다 save (money); put 〔deposit〕 money 《*in a bank*》. ¶ ～이 있다 have 《100,000 *won*》 (deposited) in a bank; have a bank account 《of 100,000 *won*》/ ～을 찾다 draw 《*one's savings*》. ‖ ～통 a savings box / ～통장 a bankbook; a deposit passbook.
저금리(低金利) low interest; cheap money. ‖ ～정책 a cheap 〔an easy〕

money policy.
저급(低級) ~하다 (be) inferior; low (-class); vulgar; bad 《*taste*》.
저기 that place; there (저곳); 《부사적》 (over, up, down) there.
저기압(低氣壓) (a) low (atmospheric) pressure; 《심기의》 《be in》 a bad temper.
저널리스트 a journalist.
저널리즘 journalism.
저녁 ① 《밤이 되는 때》 evening. ¶ ~(때)에 toward evening; in the evening. ‖ ~놀 an evening glow; a red sunset. ② 《식사》 《have》 supper; dinner; an evening meal.
저능(低能) 《저지능》 ~한 weak-(feeble-)minded; mentally weak. ‖ ~아(兒) a weak-(feeble-)minded child.
저다지 so; so much; like that; to that extent.
저당(抵當) mortgage(부동산의); security. ~하다 mortgage 《*one's house*》; give 《*a thing*》 as (a) security. ¶ ~잡다 take 《*a thing*》 as security / ~으로 잡고 《lend money》 on mortgage (security). ‖ ~권 mortgage (~권자(權者) a mortgagee) / ~물(을 유질시키다) (foreclose) a mortgage (security).
저돌(猪突) ~하다 rush recklessly. ¶ ~적(인) fool-hardy; reckless; headlong/~적(的)으로 recklessly; headlong.
저따위 a thing (person) of that sort; such a ... ¶ ~는 처음 본다 I have never seen such a person in all my life.
저락(低落) fall; decline. ~하다 fall; go down; depreciate; decline.
저러하다 be like that; be that way. ¶저러하게 so; like that; (in) that way.
저런[1] such; so; like that; that (sort of). ¶ ~ 책 that sort of book.
저런[2] 《감탄사》 Oh dear!; Heavens!; Goodness!; Well well!
저력(底力) latent energy (power). ~있는 powerful; energetic.
저렴(低廉) ~한 cheap; low-priced; moderate.
저류(底流) an undercurrent.
저리(低利) 《at》 low interest. ‖ ~대부 a low-interest loan / ~ 자금 low-interest funds.
저리[1] 《저쪽으로》 there; thither; to that direction; that way.
저리[2] 《저렇게》 so; like that; (in) that way.
저리다 《마비되다》 be asleep (benumbed); have pins and needles 《*in*》; 《수시다》 feel sore; have a dull pain.
저마다 each one; everyone.
저만큼 that much; so (much); to that extent.
저만하다 be that much (so much); as much (big, *etc.*) as that.
저맘때 about (around) that time; (at) that time of day (night, year). ¶내 나이 ~에는 when I was his age.
저명(著名) ~한 eminent; prominent; celebrated; noted; distinguished. ‖ ~ 인사 a prominent person (figure); a notable.
저물가(低物價) low prices. ‖ ~ 정책 a low-price policy.
저물다 《날이》 get (grow) dark (dusk); (come to an) end (날·그해가). ¶해가 저물기 전에 before (it is) dark / 날이 저문 뒤에 after dark / 해가 ~ night falls.
저미다 cut thin; slice.
저버리다 《신의·기대·약속 따위를》 be contrary to 《*one's expectations*》; betray; go back on 《*one's words*》; back down on; 《돌보지 않음》 desert; forsake; abandon. ¶은혜를 ~ go back on one's obligation / 호의를 ~ reject 《*a person's*》 kind intentions; decline 《*a person's*》 kind offer.
저벅 ¶ ~거리다 walk with heavy footsteps / 저벅저벅 with a thud; crunching.
저번 (the) last time; the other day.
저변(底邊) ☞밑변.
저상(沮喪) ~하다 be dejected (disheartened, depressed, discouraged). ¶의기를 ~시키다 damp (depress) 《*a person's*》 spirits; dishearten 《*a person*》 / 의기 ~하여 depressed in spirits; with a dejected air.
저서(著書) a book (work) 《*on economics*》.
저성(低聲) a low voice.
저속(低俗) ~한 vulgar; lowbrow. ¶ ~한 취미 low taste.
저속도(低速度) low speed. ¶ ~로 at a low speed; in low gear. ‖ ~ 기어 low gear.
저수(貯水) ‖ ~지 a reservoir; an irrigation pond / ~량 pondage.
저수위(低水位) the low-water level.
저술(著述) ☞저작(著作). ‖ ~가 a writer; an author / ~업 the literary profession.
저습(低濕) ~하다 (be) low and moist. ‖ ~지(地) a low, swampy place.
저승 the other (next) world. ¶ ~으로 가다 join the majority; pass away. ‖ ~길 a journey to the other world; one's last journey.
저압(低壓) low pressure; low voltage (전압). ‖ ~전류 a low-tension current.
저액(低額) small amount. ‖ ~ 소득층 the low income classes.
저어하다 be afraid of (that)...; fear. ¶…하지나 않을까 저어하여 for fear of 《*doing*》; for fear that (lest)....
저열(低劣) ~한 base; vulgar; mean.
저온(低溫) a low temperature. ‖ ~

공학 cryogenic engineering / ~살균 pasteurization / ~ 진열장 a deep-freezer showcase.
저울 a balance; scales; a weighing beam. ¶ ~에 달다 weigh 《*a thing*》 in the balance / ~을 속이다 give short weight / ~이 후하다 give good weight. ‖ ~눈 the notches of a beam / ~대 a balance [scale] beam / ~추(錘) a weight / ~판 a scale.
저육(豬肉) pork.
저율(低率) 《at》 a low rate. ~의 low rate; low.
저음(低音) a low tone [voice]; 〖樂〗 bass.
저의(底意) 《have》 a secret [true] intention; an underlying motive. ¶ ~를 알아채다 see through 《*a person's*》 underlying motive.
저이 that person; he [him]; she [her]. ¶ ~들 they.
저인망(底引網) a dragnet; a trawl-net. ‖ ~ 어업 trawling [dragnet] fishery.
저임금(低賃金) low wages. ‖ ~ 근로자 [정책] a low-wage earner [policy].
저자 ☞장(場)¹.
저자(著者) a writer; an author.
저자세(低姿勢) ¶ ~를 취하다 assume a low posture; take a low attitude.
저작(咀嚼) chewing; mastication. ~하다 chew; masticate; digest.
저작(著作) 《저서》 a book; a work; 《저술》 writing; literary work. ~하다 write (a book). ‖ ~권 copyright (~권 침해 piracy / ~권을 침해하다 pirate) / ~자 a writer; an author.
저장(貯藏) storage; preserve; storing. ~하다 store; keep [have] 《*things*》 in storage; lay up [by]. ‖ ~고 a storehouse / ~미 stored rice / ~실 a storeroom / ~품(品) stores; stocks.
저절로 of itself; spontaneously; automatically (자동적으로).
저조(低調) ~한 inactive; dull; not up to the mark; weak (거래가). ¶ ~한 기록 a poor record / 사업이 ~하다 Business is slowing down.
저조(低潮) (a) low tide.
저주(咀呪) a curse; imprecation. ~하다 curse; imprecate. ¶ ~ 받은 doomed; cursed.
저주파(低周波) low frequency.
저지(低地) 《낮은 토지》 low(-lying) land [ground]; lowland(s).
저지(阻止) ~하다 hinder; obstruct; prevent 《*a person from doing*》.
저지르다 do; commit 《*an error*》; make 《*a mistake*》.
저쪽 there; yonder; 《건너편》 the opposite side; 《상대》 the other party. ¶ ~에 있는 집 the house over there.
저촉(抵觸) ~하다 (be in) conflict with; be [go] against 《*the law*》.
저축(貯蓄) saving; savings (저금). ~하다 save; put [set] by; lay up [by, aside]. ¶ ~심이 있는 [없는] thrifty [thriftless]. ‖ ~ 성향 a propensity to save / ~ 운동 a savings campaign / ~ 채권 a savings bond.
저탄(貯炭) a stock of coal. ‖ ~소 [장] a coal yard [depot].
저택(邸宅) a mansion; a residence.
저편 ☞저쪽.
저하(低下) ~하다 fall; drop; depreciate (가치); deteriorate (품질). ¶ 능률이 ~하다 show a drop in efficiency; drop off in efficiency / ~시키다 let fall; reduce; lower.
저학년(低學年) 《낮은 학년》 the lower classes [grades].
저항(抵抗) resistance; opposition. ~하다 resist; oppose; stand [fight] against. ¶ ~하기 어려운 irresistible. ‖ ~기 a resistor / ~력 (power of) resistance; resisting power [force] / 내 [외]~ internal [external] resistance.
저해(沮害) ~하다 hinder; check; obstruct; prevent; hamper.
저혈압(低血壓) low blood pressure; hypotension.
저희(들) we. ¶ ~들의 our / ~들을 us.
적(敵) an enemy; 《적수》 an opponent; a rival (경쟁자); a match. ¶ ~을 만들다 make an enemy of 《*a person*》 / ~에게 등을 보이다 turn one's back to the enemy.
적(積) 〖數〗 the product; the area (면적).
적(籍) one's family [the census] register; one's domicile (본적); membership (단체의). ¶ ~에 넣다 [~에서 빼다] have 《*a person's*》 name entered [removed from] the register / ~ 두다 become a member 《*of a society*》; be enrolled 《*at a university*》 (대학에).
적 the time (when); 《on》 the occasion; 《경험》 an experience. ¶ …할 ~에 when; as; at the time; on the occasion / 필요할 ~에 in case of need.
적갈색(赤褐色) reddish brown.
적개심(敵愾心) a hostile feeling; 《exite》 (a feeling of) hostility 《*against*》. ¶ ~을 불러일으키다 inflame [excite, provoke] 《*a person's*》 hostility 《*against*》; arouse [stir up] 《*a person's*》 animosity 《*against*》.
적격(適格) qualifications. ~의 qualified; competent. ‖ ~자 a qualified person / ~품 proper goods.
적국(敵國) an enemy country; a hostile power.
적군(赤軍) 《소련군》 the Red Army; the Reds.
적군(敵軍) the enemy (troops).
적권운(積卷雲) a cumulocirrus.
적극(積極) ~적(인) positive; active; constructive. ¶ ~적으로 positive-

ly / ~적으로 원조하다 give positive aid 《*to*》. ‖ ~성 positiveness; enterprising spirit (~성이 없다 lack gumption [something positive]).
적금(積金) installment savings; an installment deposit. ~하다 deposit [save up] by installment(s).
적기(赤旗) a red flag; the Red Flag(공산당 따위의).
적기(摘記) a summary; an epitome.
적기(適期) a suitable [fit, proper] time. ¶ ~의 timely; well-timed; seasonable.
적기(敵機) an enemy plane.
적꼬치(炙—) a spit; a skewer.
적나라(赤裸裸) ~한 (stark) naked; bare; frank. ¶ ~한 사실 a naked [bald] fact / ~하게 plainly; frankly; without reserve.
적다¹ 《기입》 write [put] down; record; make [take] a note of; describe.
적다² (be) few (수); little (양); rare; scanty. ¶ 적지 않이 not a little [few] / 적어도 at least / 적게 하다 lessen; reduce / 적어지다 decrease; dwindle.
적당(適當) ~한 fit 《*for*》; suitable 《*to, for*》; adequate; appropriate; competent 《*for, to do*》. ¶ ~히 suitably; adequately; properly.
적대(敵對) ~하다 be hostile to; turn [fight] against. ‖ ~ 행위 hostilities.
적대시(敵對視) ~하다 be hostile to; regard 《*a person*》 with hostility.
적도(赤道) 《on, at》 the equator; 《on, at》 the line. ~의 equatorial. ¶ ~를 횡단하다 cross the line. ‖ ~ 무풍대 the doldrums / ~의(儀) an equatorial telescope / ~ 저압대 the equatorial trough / ~제(祭) Neptune's revel.
적동(赤銅) red copper. ‖ ~광(鑛) cuprite; red copper (ore).
적란운(積亂雲) ☞ 소나기구름.
적량(適量) a proper quantity [dose (약의)].
적량(積量) loadage.
적령(適齡) a proper [fit] age 《*for*》. ‖ 결혼 ~ marriageable age / 징병 ~ the conscription age(징병 ~자 a person of military age).
적례(適例) a good example; a case in point.
적록(摘錄) a summary; a ***résumé***.
적리(赤痢) dysentery; (bloody) flux.
적린(赤燐) red phosphorus.
적립(積立) ~하다 save; put [lay] by [aside]; reserve. ‖ ~금 a reserve fund; money reserved 《*for*》 (별도 ~금 a special reserve) / ~ 배당금 an accumulated dividend.
적막(寂寞) ~한 lonely; lonesome; dreary. ‖ ~감 a lonely feeling.
적모(嫡母) one's lawful mother.
적바르다 be barely [just] enough (서술적).
적바림 a note; a summary. ~하다 make a note of; sum up.
적반하장(賊反荷杖) being an instance of evil-doer's audacity.
적발(摘發) disclosure; exposure. ~하다 disclose; expose; prosecute 《*an offender*》; lay bare 《*a design*》.
적법(適法) ~의 legal; legitimate; lawful. ‖ ~ 행위 a legal act.
적병(敵兵) an enemy; the enemy (전체).
적부(適否) suitability; fitness (사람의); propriety(사물의). ¶ ~를 결정[판단]하다 decide [judge] whether 《*a thing*》 is proper or not.
적분(積分) 〖數〗 integral calculus. ~하다 integrate. ‖ ~법 integration.
적빈(赤貧) dire poverty.
적산(敵產) enemy property.
적색(赤色) (a) red (colo(u)r) (빛깔); red (사상). ‖ ~ 리트머스(지) red litmus / ~ 분자 a Red; Red elements / ~ 테로 red terrorism.
적서(嫡庶) the legitimate and illegitimate child [descendants].
적선(敵船) an enemy ship [vessel].
적선(積善) ~하다 accumulate virtuous deeds; render benevolence 《*to*》.
적선구역(赤線區域) a red-light district; prostitute quarters.
적설(積雪) (fallen) snow; snowdrifts. ¶ (교통이) ~로 불통이 되다 be snowbound; be held up by the snow / ~이 120 cm에 달했다 The snow lay 120 cm deep.
적설초(積雪草) 〖植〗 a ground ivy.
적성(適性) aptitude. ¶ ~을 보이다 show an aptitude for .... ‖ ~ 검사 an aptitude test / 직업 ~ vocational aptitude.
적성(敵性) enemy character. ‖ ~국(가) a hostile country.
적세(敵勢) the enemy's strength [forces]; the enemy.
적소(適所) the right place. ☞ 적재.
적송(赤松) 〖植〗 ☞ 소나무.
적송(積送) ~하다 ship; forward; send; consign. ‖ ~인 a shipper; a consigner / ~품 a shipment; a consignment.
적쇠(炙—) a gridiron; a grill.
적수(敵手) a match; an opponent; a rival. ¶ ~가 못[안]되다 be no match 《*for a person*》. ‖ 호~ a good match.
적수공권(赤手空拳) a bare hand; naked fists. ¶ ~으로 empty-handed; with one's naked fists / ~으로 사업을 시작하다 start a business with no capital.
적습(敵襲) an enemy's raid [attack].
적시(適時) ~의 timely. ‖ ~안타 〖野〗 a timely hit.
적시(敵視) ~하다 look upon 《*a person*》 as an enemy; be hostile 《*to*》.

적시다 wet; moisten; 《잠그다》 soak (steep) 《*in*》.

적신호(赤信號) a red (danger) signal.

적실(嫡室) a legitimate wife.

적십자(赤十字) a red cross. ‖ ~ 병원 a Red Cross Hospital / ~사 the Red Cross (Society) / 남북 ~ 회담 Talks between the South and North Korean Red Cross Society.

적악(積惡) ~하다 build up wickedness; practice evils.

적약(適藥) a specific; a good remedy.

적어도 at (the) least; to say the least (of it).

적역(適役) a fit post (office); a suitable role. ¶ ~이다 be the right man 《*for*》.

적역(適譯) a good translation; an exact equivalent 《*of*》.

적열(赤熱) red heat. ~의 red-hot.

적외선(赤外線) infrared (ultrared) rays. ‖ ~ 사진 an infrared photograph / ~요법 infrared-ray therapy.

적요(摘要) a summary; an outline; an abstract; a synopsis.

적용(適用) application. ~하다 apply 《*a rule to a case*》. ¶ ~할 수 있는(없는) applicable (inapplicable) 《*to*》.

적운(積雲) ☞ 뭉게구름.

적원(積怨) a deep-seated grudge.

적은집 a (kept) mistress; a concubine.

적응(適應) ~하다 adjust (adapt) oneself 《*to*》; fit. ¶ ~시키다 fit; adapt; accommodate.

적응성(適應性) adaptability. ¶ ~이 있는 adaptable; flexible.

적응증(適應症) diseases for which a medicine is good (efficacious); 《증상》 indications.

적의(適宜) ~한 fit; fitting; suitable.

적의(敵意) 《harbo(u)r》 hostility; enmity. ¶ ~있는 hostile; inimical; antagonistic.

적이 some; somewhat; slightly.

적임(適任) ~의 fit(ted) (suitable, qualified) 《*for*》; competent 《*to do, for a task*》. ‖ ~자 the right man 《*for the position*》 (부~자 an incompetent person).

적자(赤字) red figures; a loss; a deficit. ¶ ~를 내다 show a loss (deficit); go into red figures / ~를 내고 있다 be in the red / ~를 메우다 make up (cover) the deficit. ‖ ~ 경영(운영) deficit operation / ~ 공채 a deficit bond / ~ 예산 an unbalanced (a deficit) budget / ~ 재정 "red ink" finance.

적자(嫡子) a legitimate child (son); one's heir.

적자(適者) a fit (suitable) person; the fit. ‖ ~ 생존 the survival of the fittest.

적장(敵將) the enemy commander.

적재(摘載) ~하다 give a summary of.

적재(適才) a person fit for the post; the right man. ‖ ~ 적소 the right man in the right place.

적재(積載) ~하다 load; carry; take 《*on, in*》 (배에). ‖ ~량 carrying (loading) capacity; load / ~ 톤수 capacity tonnage / ~ 화물 cargo on board.

적적하다(寂寂一) (be) lonesome; lonely; solitary; desolate; deserted. ¶ 적적한 생활 a lonely (lonesome) life.

적전(敵前) ¶ ~ 상륙하다 land in the face of the enemy.

적절(適切) ~한 fitting; proper; appropriate; right; opportune. ¶ ~히 properly; appropriately; pertinently; aptly; rightly / ~한 예 an apt example / ~한 조치를 취하다 take suitable steps.

적정(適正) ~한 proper; right; fair. ‖ ~ 가격 a reasonable price.

적정(敵情) the movements of an enemy. ¶ ~을 살피다 reconnoiter the enemy's movement.

적중(的中) ~하다 hit (the mark); thrust; 《상상이》 guess right; 《예언이》 come (prove) true.

적지(敵地) the enemy's land (territory); the hostile country.

적진(敵陣) the enemy('s) camp; the enemy line. ¶ ~을 돌파하다 break through the enemy line.

적처(嫡妻) 《정식아내》 a legitimate (legal) wife.

적철광(赤鐵鑛) 〖鑛〗 h(a)ematite.

적출(摘出) ~하다 pick (take) out; remove; extract.

적출(嫡出) legitimacy (of birth).

적출(積出) ~하다 make (effect) shipment; ship (send) off; forward. ‖ ~ 통지서 an advice of shipment / ~항 a port of shipment.

적치(積置) ~하다 pile up; stock. ‖ ~장(場) a yard (석탄~장 a coal yard).

적침(赤沈) ‖ ~ 검사 a (red) blood sedimentation test.

적탄(敵彈) 《be killed by》 an enemy bullet (shell).

적평(適評) an apt remark; an appropriate comment; 《offer》 just criticism 《*on*》.

적폐(積弊) 《clear up》 deep-rooted evils.

적하(積荷) 《적재》 loading; shipping; 《짐》 a freight; a load; a cargo (배의). ‖ ~량 intake weight (중량) / ~ 명세서 a freight list / ~ 목록 an invoice; a (ship) manifest / ~ 보험 cargo insurance.

적함(敵艦) an enemy ship (vessel).

적합(適合) ~한 fit; suitable; proper; adequate; congruous. ¶ 기질에 ~하다 be congenial to one's disposition.

적혈(赤血) ‖ ~구(球) a red blood

corpuscle (~구 침강속도 the blood sedimentation rate).
적화(赤化) ~하다 Bolshevize; turn red; go Bolshevik. ¶ ~를 방지하다 check the spread of communism. ‖ ~ 운동 a red 〔Bolshevik〕 movement; red activities.
적화(積貨) ☞ 적하(積荷).
적확(的確) ~한 〔하게〕 precise(ly); accurate(ly); exact(ly).
적히다 be written 〔noted, put〕 down; be recorded. 「《*of a jar*》.
전 《그릇 따위》 the extended (b)rim
전(前) ① 《시간적》 before; to; 《과거》 before; ago; since; previous. ¶ ~의 previous; former; last / ~에 before; previously / 오래 ~부터 since a long time ago / 열시 15분 ~ a quarter to ten / ~에 말한 바와 같이 as previously stated / 3일 ~의 신문 a newspaper of three days ago / ~처럼 as (it was) before / ~처럼 건강해지다 become as healthy as before. ② 《…하기전》 before; prior to; earlier than. ¶ 이틀 ~에 (미리) two days in advance / 그가 도착하기 ~에 before his arrival / 출발하기 ~에 before 〔prior to〕 one's departure.
전(煎) grilled food.
전(廛) a shop; a store.
전(錢) 《단위》 a *jeon* (=1/100 *won*).
전…(全) all; whole; entire; total; complete; full; pan. ¶ ~한국 all Korea / ~세계 the whole world.
전…(前) 《이전의》 former; ex-; 《앞부분의》 the front; the fore part. ¶ ~ 남편 one's ex-husband / ~대통령 케네디 the former President Kennedy / ~ 페이지 the preceding page.
…전(傳) 《전기》 a biography; a life. ¶ 위인~ the lives of great men.
전가(傳家) ¶ ~의 보도를 휘두르다 play one's trump card.
전가(轉嫁) 《죄·책임의》 ~하다 impute 《*a crime to a person*》; lay 《*the blame on another*》; shift 《*the responsibility on to another*》.
전각(殿閣) a (royal) palace. 「(병).
전간(癲癇) 〖醫〗 epilepsy. ☞ 지랄
전갈(全蠍) 〖蟲〗 a scorpion. ‖ ~자리 〖天〗 the Scorpion; Scorpio.
전갈(傳喝) a (verbal) message. ~하다 send 〔leave〕 word 〔a message〕.
전개(展開) ~하다 develop; unfold; spread; extend; deploy (군사가).
전거(典據) (an) authority; a source. ¶ ~가 확실한 of good authority / ~를 들다 give 〔cite〕 the authority 《*for*》; indicate the source 《*of*》.
전거(轉居) removal. ~하다 (re)move 《*to*》; change one's address 《*to*》. ‖ ~지 one's new address.
전격(電擊) an electric shock. ‖ ~요법 electroconvulsive 〔electroshock〕 therapy / ~전 《make》 a lightning attack.
전경(全景) 《command》 a complete 〔panoramic〕 view 《*of*》; a panorama 《*of*》.
전고(典故) an authentic precedent.
전곡(田穀) dry-field crop 〔grain〕.
전곡(錢穀) money and grain.
전골(煎—) beef 〔pork〕 with vegetables cooked in casserole; *jeongol*.
전공(前功) a former merit; past services.
전공(專攻) special study. ~하다 specialize 〔major 《美》〕 《*in*》; make a special study 《*of*》. ‖ ~과 a postgraduate course / ~과목 a subject of special study; a major 《美》 / ~ 분야 a major field of study.
전공(電工) an electrician.
전공(戰功) distinguished services in war. ¶ ~을 세우다 distinguish oneself in war. 「(full) course.
전과(全科) 《complete》 the whole
전과(前科) a previous conviction 〔offense〕; a criminal record. ¶ ~ 3범(犯) a man with three previous convictions / ~가 있다 have been previously convicted; have a criminal record. ‖ ~자 an ex-convict. 「results.
전과(戰果) 《achieve brilliant》 war
전과(轉科) ~하다 change one's course 《*to*》; be enrolled in another course.
전관(前官) the predecessor (전임자); one's former post(자기의). ‖ ~ 예우 《be granted》 the privileges of one's former post.
전관(專管) ‖ ~ 수역 an economic zone; an exclusive fishing area.
전광(電光) electric light; (a flash of) lightning. ¶ ~ 석화와 같이 as quick as a flash. ‖ ~ 뉴스 an electric newsboard; a moving neon news.
전교(全校) the whole school. ‖ ~생 all the students of a school.
전교(轉交) 《남을 거쳐 줌》 delivery 〔transfer〕 through 《*a person*》; care of (c/o). ¶ 한국 대사관 ~ 김선생 귀하 Mr. Kim, c/o the Korean Embassy.
전교(轉校) ~하다 change to 《*another school*》; change one's school.
전구(前驅) the vanguard; the van; a forerunner; the outrider. ‖ ~증 〖醫〗 a prodrome.
전구(電球) an electric bulb 〔lamp〕. ‖ 백열 ~ an incandescent light bulb.
전국(全—) undiluted liquor 〔soy, *etc.*〕. ‖ ~술 raw spirit.
전국(全國) the whole country. ~적(인) national 《*athletic meet*》; nationwide. ¶ ~에 through 〔all over〕 the country / ~적으로 on a national scale. ‖ ~ 경제인 연합회 the Federation of Korean Industries 《KFI》 / ~ 대회 a national

conference ; 《정당의》 a national convention ; 《경기의》 a national atheletic meet / ~ 방송 a broadcast on a national network / ~ 중계 a nationwide hookup/ ~ 지(紙) a newspaper with nationwide circulation.
전국(戰局) the aspect of a war; the war situation; the tide of war.
전국(戰國) ‖ ~시대 the age of civil wars.
전국구(全國區) the national [nationwide] constituency; the national constituency under the proportional representation system. ‖ ~ 의원 a member of the House elected from the national constituency.
전국민(全國民) the whole [entire] nation. ¶ ~의 national; nationwide / 그 사건은 ~의 주목을 끌었다 The incident attracted nationwide attention.
전군(全軍) the whole army[force].
전권(全卷) 《책의》 the whole book [volume]; the whole reel (영화).
전권(全權) full [plenary] powers. ¶ ~을 위임하다 invest [entrust] 《*a person*》 with full powers. ‖ ~ 대사 an ambassador plenipotentiary / ~ 위원 a plenipotentiary.
전권(專權) an exclusive right; arbitrary power.
전극(電極) an electrode; a pole.
전근(轉勤) transference. ~하다 be transferred to 《*another office*》.
전기(前記) ~의 above(-mentioned); preceding; aforesaid.
전기(前期) the first [former] term; the first semester [half year]. ‖ ~ 결산 settlement for the first half year / ~ 대학 the first-group universities [colleges]; universities [colleges] in the first (screening) group / ~ 이월금 the balance brought forward from the last term.
전기(傳奇) ~적 romantic.
전기(傳記) a life; a biography. ‖ ~ 작가 a biographer.
전기(電氣) electricity. ~의 electric(-al). ¶ ~(장치)로(worked) by electricity; electrically / ~가 오르다 receive a 《*slight*》 electric shock/ ~가 통해 있다 be charged with electricity / ~를 통하다(끊다) turn on [cut off] an electric current / ~를 일으키다 generate electricity / ~를 켜다(끄다) switch [turn] on [off] the electric light. ‖ ~공업 the electric industry / ~ 공학 electrical engineering / ~기관차 an electric locomotive/ ~ 기구 an electric device[appliance] (~기구점 an electric(al) goods store《美》; an electrician's (shop) 《英》) / ~ 난로 an electric heater / ~ 냉장고 an electric refrigerator[freezer] / ~ 다리미 [담요, 밥솥] an electric iron [blanket, rice-cooker] / ~ 도금 electroplating; galvanization / ~ 면도기 [시계, 풍로] an electric shaver [clock, hotplate] / ~ 분해 electrolysis (~ 분해물 an electrolyte) / ~ 세탁기 an electric washer / ~ 스탠드 a desk lamp / ~ 역학 electrodynamics / ~ 요금 electric charges / ~요법[의자] an electric cure [chair] / ~ 용접 electric-welding / ~ 자동차 an electric car; an electromobile/ ~ 자석 an electromagnet / ~ 장치 an electric apparatus/ ~ 제품 an electric appliance [apparatus] / ~ 집진기(集塵機) an electric [electrostatic] precipitator/ ~ 철도 an electric railroad/ ~ 청소기 an electric vacuum cleaner/ ~ 통신 electro communication/한국 ~ 통신 공사 the Korea Telecommunication Authority (생략 KTA)) / ~ 회로 a circuit.
전기(電機) electrical machinery and appliances. ‖ ~공업 electrical machinery industry.
전기(戰機) the time for battle; a war situation.
전기(轉記) ~하다 post 《*in the ledger*》.
전기(轉機) a turning point.
전깃불(電氣—) an electric light.
전깃줄(電氣—) an electric wire [cord].
전나무 〖植〗 a fir.
전날(前—) the other day, some time [days] ago (지난날); the previous [preceding] day (그 전날).
전남편(前男便) one's former husband.
전납(全納) ~하다 pay in full.
전납(前納) ~하다 pay in advance; prepay.
전년(前年) 《in》 the previous [preceding] year; the year before.
전념(專念) ~하다 give [devote] oneself 《*to*》; be absorbed 《*in*》.
전뇌(前腦) 〖解〗 the prosencephalon; the forebrain.
전능(全能) omnipotence. ~의 omnipotent; almighty; all-powerful. ¶ ~하신 하나님 Almighty God.
전능력(全能力) full capacity.
전단(專斷) arbitrary decision. ~하다 act arbitrarily. ¶ ~적 arbitrary / ~으로 arbitrarily; at one's own discretion.
전단(傳單) a handbill; a leaflet. ¶ ~을 돌리다 distribute [circulate] handbills / ~을 뿌리다 drop leaflets 《*from a plane*》.
전단(戰端) hostilities; war. ¶ ~을 열다 open hostilities.
전달(前—) 《전의 달》 the previous [preceding] month; 《지난 달》 last month; ultimo (생략 ult.).
전달(傳達) delivery; transmission; conveyance. ~하다 transmit; communicate [convey] 《*news to a person*》.

전담(全擔) ~하다 take (assume, bear) full charge of.
전담(專擔) ~하다 take exclusive charge (responsibility) 《*of*》.
전답(田畓) paddies and dry fields.
전당(全黨) ‖ ~ 대회 the national convention 《*of a party*》; a party convention.
전당(典當) (a) pawn; (a) pledge. ¶ ~잡다 take 《*a thing*》 in pawn; hold 《*a thing*》 in pledge / ~잡히다 pawn; pledge; give (put) 《*a thing*》 in pawn. ‖ ~물 an article in pawn; a pawned article (~물을 찾다 redeem a pawn / ~물이 유질되다 be forfeited) / ~포 a pawnshop / ~표 a pawn ticket.
전당(殿堂) a palace; a sanctuary 《*of learning*》.
전대(前代) former ages (generation). ¶ ~미문의 unheard-of; unprecedented.
전대(戰隊) a corps; a fleet 《*of ships*》.
전대(轉貸) sublease; subletting. ~하다 sublease; sublet. ‖ ~인 a sublessor.
전대협(全大協) the National Council of Student Representatives.
전도(全島) the whole island.
전도(全圖) a complete map.
전도(前途) one's future; prospects. ¶ ~ 유망한 promising / ~ 유망하다 have a bright future / ~가 요원하다 《사람이 주어》 have a long way to go; 《일이 주어》 be far off.
전도(前渡) payment (delivery) in advance. ‖ ~금 advanced money; an advance; an advancement.
전도(前導) ☞ 선도(先導).
전도(傳道) mission(ary) work; evangelism; preaching. ~하다 preach the gospel; engage in mission work. ‖ ~사 an evangelist; a preacher; a missionary (선교사). ¶ ~(사업)에 종사하다 engage in mission (missionary) work.
전도(傳導) 【理】 conduction (열·전기의); transmission (소리·빛의). ~하다 conduct; transmit. ‖ ~력(율) conductivity / ~체 a conductor.
전도(顚倒) an upset; overturn; reverse (거꾸로의); inversion(상하·표리의). ~하다 overturn; upset; invert; reverse. ¶ 본말을 ~하다 put the cart before the horse; invert the order; misplace emphasis.
전동(電動) electromotion. ~의 electromotive; electric-powered. ‖ ~기 an electromotor; an electric moter / ~력(力) electromotive force / ~ 발전기 a motor dynamo / ~자(子) an armature.
전동(箭筒) a quiver.
전두(前頭) 【解】 the sinciput. ‖ ~골 the frontal bone / ~부 the front/ ~엽(葉) the frontal lobe.
전등(電燈) an electric light (lamp). ¶ ~을 켜다(끄다) turn (switch) on (off) the light / ~을 가설(架設)하다 have electric lights installed.
전라(全裸) ~의 stark-naked; (in the) nude.
전락(轉落) a fall; downfall; degradation. ~하다 fall; be degraded 《*to*》; have a setback.
전란(戰亂) war disturbances. ¶ ~의 도가니 a scene of deadly strife.
전람(展覽) exhibition; show. ~하다 exhibit; display. ¶ ~중이다 be on show. ‖ ~물(품) exhibits / ~회 《hold》 an exhibition; a show (~회장 an exhibition gallery / 미술~회 an art exhibition / ~회에 출품하다 exhibit 《*one's work*》 in an exhibition).
전래(傳來) transmission (전승); introduction(외래). ~하다 be transmitted; be handed down 《*from*》; be introduced 《*into, from*》.
전략(前略) the preceding passages omitted; 《편지에서》 I hasten to inform you (that...).
전략(戰略) strategy; stratagem; tactics (전술). ¶ ~상 strategically; from the strategical point of view / ~적인 strategic. ‖ ~가 a strategist / ~ 무기 strategic arms/~ 무기감축 회담(조약) the Strategic Arms Reduction Talks (Treaty) (생략 START)/~ 무기제한회담 Strategic Arms Limitation Talks (생략 SALT)/~ 무역정책 a strategic trade policy/~ 물자 strategic goods/~수립자(가) a strategy-maker / ~이론 strategic theory / ~적 계획(책정) (the) strategic planning / ~적 후퇴 strategic withdrawal/~ 핵무기 a strategic nuclear weapon/~ 회의 a strategy meeting/국제 ~ 연구소 the International Institute for Strategic Studies (생략 IISS).
전략공군(戰略空軍) a strategic air force; 《美》 the Strategic Air Command(생략 SAC).
전략산업(戰略產業) a strategic industry. ¶ ~으로서 집중적으로 육성되다 be intensively fostered as strategic industries.
전략수출품목(戰略輸出品目) a strategic export item.
전략폭격(戰略爆擊) strategic bombing. ‖ ~기 a strategic bomber.
전량(全量) the whole quantity.
전량(錢糧) money and provisions.
전량계(電量計) a voltameter.
전력(全力) all one's strength (power, might). ¶ ~을 다하여 with all one's might / ~을 다하다 do one's best (utmost); do everything in one's power / …에 ~을 기울이다 devote oneself 《*to*》; put one's whole energy 《*to*》.
전력(前歷) one's past record (life).

전력(專力) ~하다 concentrate one's energies 《on》; devote oneself 《to》.
전력(電力) 《supply》 electric power. ‖ ~계 a wattmeter / ~ 공급 supply of electric power / ~부족〔회사〕 an electric power shortage 〔company〕 / ~ 사정 the power condition / ~ 요금 power rates; an electric fee / ~ 제한〔소비, 통제〕 power restrictions 〔consumption, control〕.
전력(戰力) war potential; fighting power. ‖ ~증강 the strengthening of war potential.
전령(傳令) 《사람》 a messenger; an orderly; 《명령》 an official message.
전령(電鈴) an electric bell.
전례(典禮) a ceremony; the ritual.
전례(前例) a precedent. ¶ ~ 없는 unprecedented / ~가 있다 《We》 have precedents 《for》 / ~를 만들다 〔깨뜨리다〕 make 〔break〕 a precedent.
전류(電流) an electric current; a flow of electricity. ¶ ~를 통하다 send an electric current 《to》 / ~를 끊다 cut off the current / ~가 흐르고 있다〔흐르지 않다〕 The current is on 〔off〕. ‖ ~계 an amperemeter; an ammeter / 고압〔저압〕 ~ high-〔low-〕voltage current / 교류〔직류〕 ~ an alternating 〔a direct〕 current.
전리(電離) 〖理〗 electrolytic dissociation; ionization. ~하다 ionize. ‖ ~층(層) the ionosphere.
전리품(戰利品) a trophy; booty, spoils 《*of war*》(약탈품).
전립선(前立腺) 〖解〗 the prostate (gland). ‖ ~ 비대(肥大) en largement of the prostate gland / ~염(炎) prostatitis.
전말(顚末) 《give》 the details 《*of*》; 《tell》 the whole story; 《explain》 the whole circumstances. ‖ ~서 an account; a report.
전망(展望) a view; a prospect; an outlook; an observation. ~하다 have a view of; 《장소가 주어》 look out upon 〔over〕. ¶ 앞으로의 ~ the future prospect / ~이 좋다 have 〔command〕 a fine view; have a bright prospect (장래가). ‖ ~대 an observatory / ~차 an observation car / ~탑 an observation tower.
전매(專賣) monopoly; monopolization. ~하다 monopolize; make a monopoly 《*of*》. ‖ ~권 monopoly / ~제도 monopoly system / (정부의) ~품 (Government) monopoly goods.
전매(轉賣) resale. ~하다 resell. ¶ ~할 수 있는 resalable.
전매특허(專賣特許) a patent. ¶ ~를 얻다 get a patent 《*on a thing*》; patent 《*an article*》. ☞ 특허.
전면(全面) the whole 〔entire〕 surface. ¶ ~적인 all-out; general; full-scale / ~적으로 generally; extensively; all along the line; in a wholesale way. ‖ ~ 강화 an all-out 〔overall〕 peace / ~ (핵)전쟁 《develop into》 an all-out (nuclear) war.
전면(前面) the front; the façade (건물의); the foreground (전경). ¶ ~에 in front 《*of*》; in the foreground.
전멸(全滅) (an) annihilation; complete 〔total〕 destruction. ~하다 be annihilated; be wiped 〔stamped〕 out. ¶ ~시키다 annihilate; destroy totally.
전모(全貌) the whole aspect; the entire picture 《*of*》. ¶ …의 ~를 밝히다 give the entire picture of; bring the whole matter to light.
전몰(戰歿) death on the battlefield. ~하다 be killed in war. ‖ ~장병 the war dead; fallen heroes.
전무(全無) ~하다 have no...; be wholly lacking; do not exist at all.
전무(專務) 《사무》 exclusive 〔special〕 duty; principal business; 《사람》 a managing director; an executive vice-president 《美》. ‖ 여객 ~ a guard 《英》; a conductor 《美》.
전무식(全無識) ☞ 판무식.
전무후무(全無後無) ~하다 be the first and (probably) the last (서술적); (be) unprecedented; unheard-of. ¶ ~한 대발견 an epoch-making discovery.
전문(全文) 《quote》 a whole statement 〔sentence〕; the full text (조약 따위).
전문(前文) the above 〔foregoing〕 sentence; the preamble 《*to, of*》 (조약 등의).
전문(專門) a speciality; a special subject of study; a line; a major. ¶ ~으로 하다 make a specialty of; specialize 〔major《美》〕《*in*》 / ~밖이다 be not in one's line; be off one's beat. ‖ ~가 a specialist 《*in*》; a professional; an expert 《*in, at*》 / ~ 교육(敎育) technical 〔professional〕 education / ~어 a technical term; (technical) terminology / ~ 위원 an expert advisor; a technical expert / ~의 a (medical) specialist 《*in*》 / ~ 학교 a professional 〔technical〕 school; a college / ~화 specialization (~화하다 specialize).
전문(電文) a telegram; a cablegram.
전문(傳聞) ~하다 learn by hearsay; be told; hear 《*from others*》. ¶ ~한 바에 의하면 from what I hear; according to a rumo(u)r.
전반(全般) the whole. ~의 〔적인〕 whole; general; overall.
전반(前半) the first half; 《축구의》 the first period. ‖ ~기 the first

half year / ~전 the first half of a game.
전반사(全反射) 〖理〗 total reflection.
전방(前方) the front (line). ~의 front; forward. ¶ 100 미터 ~에 a hundred meters ahead. ‖ ~ 기지 an advanced base / ~ 지휘소 a forward command post.
전번(前番) the other day; sometime ago. ~의 last; previous; former. ¶ ~에 last (time); before this; previously / ~에 만났을 때 when I saw *him* last.
전범(戰犯) 《죄》 war crimes; 《사람》 a war criminal. ‖ ~ 용의자 a suspected war criminal.
전법(戰法) tactics; strategy.
전변(轉變) mutation; changefulness. ‖ 유위(有爲) ~ the vicissitudes of life.
전별(餞別) a farewell; a send-off. ~하다 send [see] 《*a person*》 off.
전병사(戰病死) death from a disease contracted at the front. ‖ ~자 nonbattle casualties.
전보(電報) a telegram; a telegraph; a wire; 《무전》 a cable; 《해외》 a wireless (telegram). ~치다 telegraph 《*to*》; send a telegram [wire]; wire; cable. ¶ ~로 by telegraph [telegram, wire, cable]. ‖ ~료 a telegram fee [charge] / ~ 용지 a telegram form; a telegraph blank.
전보(轉補) ~하다 transfer. ¶ ~되다 be transferred 《*to another position*》. 「shell; a sea-ear.
전복(全鰒) 〖貝〗 an abalone; an ear
전복(顚覆) overturning; overthrow; subversion; capsize (선박의). ~하다 overturn 《*a train*》; overthrow 《*the government*》; subvert; upset; 《뒤집히다》 overturn; capsize.
전봇대(電報—) ☞ 전주(電柱).
전부(全部) 《명사》 all; the whole; 《부사》 in all; altogether; all told; wholly; entirely.
전부(前夫) one's former husband.
전분(澱粉) starch; farina; dextrin(e). ‖ ~질 starchiness.
전비(前非) one's past folly [error, misdeeds, sin]. ¶ ~를 뉘우치다 repent of [be sorry for] one's past error.
전비(戰費) war expenditure [funds].
전사(戰士) a combatant; a warrior; a fighter; a champion 《*of liberty*》. ‖ 산업 ~ an industrial worker.
전사(戰史) a military [war] history. ¶ ~에 남다 be recorded in war history.
전사(戰死) death in battle [action]. ~하다 be killed in action; die [fall] in battle; die fighting. ‖ ~자 a person killed in action; the war dead (총칭). 「《*from*》.
전사(轉寫) ~하다 transcribe; copy
전상(戰傷) a war wound. ~하다 be wounded in war [action]. ‖ ~병 a wounded soldier / ~자 the [a] war wounded.
전색맹(全色盲) total colo(u)r blindness; achromatopsia.
전생(前生) one's previous existence; a former life. ¶ ~의 인연[연분] (a) predestination; one's *karma* 《梵》.
전생애(全生涯) one's whole life.
전서(全書) a complete work [book, collection]. ‖ 요리(料理) ~ "A Complete Cookery Book."
전서(篆書) a seal character.
전서구(傳書鳩) a carrier pigeon.
전선(前線) ① 《일선》 the front (line). ‖ ~ 기지 an advanced base; an outpost. ② 〖氣〗 a (weather) front. ‖ 강우 ~ a rain front / 한랭[온난] ~ a cold [warm] front.
전선(電線) 《전화》 a telephone [telegraph] wire; a (submarine) cable (해저의); 《전기의》 an electric wire [line, cord].
전선(戰線) the battle [fighting] line; the (battle) front. ¶ 서부 ~에 on the western front. ‖ 공동 ~(을 펴다) (form) a united front 《*against*》.
전선병(傳線病) 《스타킹의》 a run (-ner) 《美》; a ladder 《英》.
전설(傳說) a legend; a tradition. ¶ ~적 legendary; traditional. ‖ ~시대 a legendary age [period].
전성(全盛) the height [zenith, acme] of prosperity. ~하다 be at the height of prosperity. ‖ ~기 [시대] the golden age; one's best days.
전성(展性) 〖理〗 malleability. 「tube.
전성관(傳聲管) a voice [speaking]
전세(前世) ① 《전생》 a former existence. ② 《전대》 the former generations; past ages.
전세(專貰) ~내다 make reservation; reserve 《美》; engage; book; hire; rent; charter. ‖ ~ 버스 [비행기] a chartered bus [plane].
전세(傳貰) the lease of a house [room] on a deposit basis. ¶ ~ 놓다 lease a house [room] on a deposit basis. ‖ ~ 계약 a contract to rent a house [room] with a deposit [key money] (to be repaid on leaving) / ~금 deposit money for the lease of a house [room] / ~금 융자 loans to pay for house rents / ~집 a house for rent 《美》 [to let 《英》] (내놓은); a rented house(빌린).
전세(戰勢) the progress of a battle; the war situation.
전세계(全世界) the whole [all the] world. ¶ ~에 (걸쳐서) all over [throughout] the world; the world over. 「century.
전세기(前世紀) the former [last]
전소(全燒) total destruction by fire. ~하다 be burnt down (to the

ground).
전속(專屬) ~하다 belong exclusively 《*to*》. ¶ ~의 exclusive; (specially) attached to. ‖ ~가수 a singer attached to (under exclusive contract with) 《*the KBS*》/ ~ 악단 an orchestra attached to 《*KBS*》.
전속(轉屬) transference. ~하다 be transferred 《*to another section*》.
전속력(全速力) full speed. ¶ ~으로 at full speed / ~을 내다 put forth full speed.
전손(全損) 〖商〗 total loss. ‖ ~ 담보 total loss only (생략 t.l.o.).
전송(傳送) ~하다 transmit; convey; communicate; deliver.
전송(電送) electrical transmission. ~하다 telephotograph; transmit (radio) 《*pictures*》; send 《*pictures*》 by wire. ‖ ~ 사진 a telephoto(-graph); a photoradiogram.
전송(餞送) see 《*a person*》 off; give a send-off.
전송(轉送) ~하다 forward; transmit.
전수(全數) the whole; the total number.
전수(專修) ~하다 make a special study 《*of*》; specialize (major) 《*in*》. ‖ ~과 a special course.
전수(傳受) ~하다 《비결 따위를》 get handed down 《*a thing*》; be instructed 《*in*》; inherit.
전수(傳授) 《비결 등을》 hand over 《*to*》; initiate 《*into*》; give an instruction 《*in*》.
전술(前述) ~한 aforesaid; above-mentioned; foregoing. ¶ ~한 바와 같이 as stated above.
전술(戰術) tactics; the art of war. ¶ ~상의 tactical. ‖ ~가 a tactician / ~ 공군 tactical air forces.
전술핵무기(戰術核武器) tactical nuclear weapons.
전승(全勝) ~하다 win (gain) a complete victory 《*over*》; 〖競〗 win (sweep) all games (matches, bouts); make a clean record.
전승(傳承) ~하다 《계승하다》 hand down; transmit from generation to generation.
전승(戰勝) a victory; a triumph. ~하다 win (gain) a victory; be victorious. ‖ ~국 a victorious (victor) country / ~ 기념일 an anniversary of a victory.
전시(全市) the whole city.
전시(展示) ~하다 exhibit; put 《*things*》 on display. ‖ ~물 an exhibit; exhibition(총칭) / ~회 a public display (show); an exhibition / ~ 효과 a demonstration effect.
전시(戰時) wartime; time of war. ¶ ~중(에) in time of war; during the war. ‖ ~ 경제 wartime economy / ~ 내각 a war Cabinet / ~ 상태 a state of war; belligerency; wartime conditions / ~ 체제(하에 있다) (be on a) wartime structure (footing).
전시대(前時代) former ages (times).
전신(全身) the whole body. ¶ ~에 all over the body; from head to foot / ~의 힘 all one's strength / ~의 힘을 다하여 with one's whole strength. ‖ ~ 마취 general anesthesia / ~ 불수 total paralysis / ~ 사진 a full-length photograph.
전신(前身) one's former self; one's past life (history); the predecessor 《*of a school*》.
전신(電信) telegraph; 《해외》 cable; a cablegram. ¶ ~으로 by telegraph (cable). ‖ ~국 a telegraph office / ~ 약호 a telegraphic (cable) address / ~환 a telegraphic transfer (money order) / 무선 ~ wireless telegraphy.
전실(前室) his former wife. ‖ ~ 자식 a child by his former wife.
전심(全心) one's whole heart (soul). ¶ ~을 기울여 with one's whole heart / ~ 전력을 다하다 put one's heart and soul into 《*one's work*》.
전심(專心) ~하다 devote (apply, bend) oneself 《*to*》.
전아(典雅) ~한 graceful; refined.
전암(前癌) ~의 precancerous 《*condition*》. ‖ ~ 증상 precancerosis.
전압(電壓) electric pressure; voltage. ¶ ~을 높이다(낮추다) increase (drop) voltage. ‖ ~계 a voltmeter.
전액(全額) the total (full) amount; the sum total. ‖ ~ 담보 full coverage / ~ 보험 full insurance / ~ 불입 payment in full.
전야(前夜) the previous night; the night before; the eve 《*of a revolution*》; last night (간밤). ‖ ~제(祭) an eve / 크리스마스 ~ Christmas Eve.
전언(前言) one's previous remarks (words, statement).
전언(傳言) a (verbal) message; word. ~하다 send (bring) 《*a person*》 word; give a message 《*to*》.
전업(專業) a special (principal) occupation; speciality. ¶ …을 ~으로 하다 make a speciality of; specialize in....
전업(電業) the electrical industry.
전업(轉業) ~하다 change one's occupation (business). ‖ ~자금 funds for occupational change.
전역(全域) all the (the whole) area 《*of Seoul*》.
전역(全譯) a complete translation 《*of the Bible*》. ~하다 translate 《*a book*》 in full (completely).
전역(戰役) a war; a battle; a campaign.
전역(戰域) a war area (zone); a range of operations; a theater of war.
전역하다(轉役―) discharge from service.

전연(全然) ☞전혀.
전열(電熱) electric heat. ‖ ~기 an electric heater (난방용); 《요리용》 an electric cooking stove [cooker]; a hot plate.
전열(前列) the front rank [row].
전열(戰列) a battle line. ¶ ~에 참가하다 join the line of battle.
전염(傳染) 《접촉에 의한》 contagion; communication; 《간접의》 infection. ~하다 《병이》 be contagious [infectious, catching]; be communicated; 《사람이》 catch [be infected with] 《*a disease*》. ¶ ~성의 contagious; infectious; catching; epidemic (유행성의). ‖ ~ 계통 the trace of an epidemic.
전염병(傳染病) an infectious [a contagious] disease; an epidemic. ‖ ~환자 an infectious case; a case of epidemic.
전와(轉訛) ~하다 be corrupted from [into].
전용(專用) 《for *a person's*》 exclusive use. ~의 private; exclusive. ‖ ~기[차] a plane [car] for one's personal use / 자동차 ~ 도로 a driveway.
전용(轉用) diversion. ~하다 use 《*a thing*》 for other purposes; divert 《*fund*》 to other purposes.
전우(戰友) a comrade(-at-arms); a war buddy; a fellow soldier.
전운(戰雲) war clouds. ¶ 아시아에 ~이 감돌다 war clouds hang over Asia.
전원(田園) 《시골》 the country(side); rural districts; 《교외》 suburbs. ‖ ~ 도시 a garden [rural] city / ~ 생활(을 하다) (lead) a rural life / ~시 an idyl(l); a pastoral (~ 시인 a pastoral poet; an idylist).
전원(全員) all (the) members; the entire staff. ¶ ~ 일치(一致)로 unanimously; 《consent》 with one voice.
전원(電源) a power supply [source]. ‖ ~ 개발 development of power resources.
전월(前月) last month.
전위(前衛) an advanced guard (군의); a forward player(정구); a forward(축구). ¶ ~를 맡아보다 play forward. ‖ ~ 음악 [미술] *avant-garde* music [art].
전위(傳位) 《왕위를》 ~하다 abdicate the throne.
전위(電位) electric potential. ‖ ~ 강하 a potential drop / ~계(計) an electrometer / ~차(差) a potential difference / 양(陽)[음(陰)] ~ positive [negative] potential.
전유(專有) ~하다 monopolize; take [enjoy, have] sole possession of. ‖ ~권 an exclusive right; monopoly.
전율(戰慄) ~하다 shudder 《*at*》; shiver with fright; tremble with fear. ¶ ~할(만한) terrible; horrible; shocking; bloodcurdling.
전음(顫音) 〖樂〗 a trill; a shake.
전의(戰意) a fighting spirit. ¶ ~를 잃다 lose one's fighting spirit.
전의(轉義) a figurative meaning.
전이(轉移) 《변화》 (a) change; 《암따위》 metastasis; implantation; transference (정신분석). ~하다 change; metastasize; spread.
전인(全人) ‖ ~ 교육 education for the whole man.
전인(前人) a predecessor; former people (옛사람들). ¶ ~ 미답의 untrod(den); unexplored; virgin 《*peaks*》; unprecedented.
전일(前日) the previous day; the day before.
전임(前任) ~의 former. ‖ ~자 one's predecessor 《*in the post*》 / ~지(地) one's former [last] post.
전임(專任) full-time service [employment]. ~의 full-time; whole-time; regular. ‖ ~ 교사[강사] a full-time teacher [lecturer].
전임(轉任) ~하다 be transferred [removed] to another post. ‖ ~지 a new post.
전입(轉入) ~하다 move in [into]. ‖ ~생 a student transferred from another school / ~ 신고 a moving-in notification.
전자(前者) the former; 《this에 대해》 that; the first.
전자(電子) an electron. ‖ ~ 계산기[두뇌] an electronic computer [brain] / ~ 공업[산업] electronic industry / ~(공)학 electronics / ~ 레인지 a microwave oven / ~ 오락실 an electronic game [amusement] room; a video game room / ~ 오락업 electronic amusement business / ~ 오르간 an electronic organ / ~ 음악 electronic music / ~전 electronic warfare / ~ 전기제품 상가 an electronic and electric products (sales) center / ~ 정보처리 시스템 an electronic data processing system (생략 EDPS) / ~ 핵공학 nucleonics / ~ 현미경 an electron microscope.
전자(電磁) electromagnetic. ‖ ~기(氣) electromagnetism / ~석[철] an electromagnet / ~파 electromagnetic waves / ~학 electromagnetism.
전자(篆字) a seal character.
전작(前酌) ¶ ~이 있다 have already taken some liquor.
전장(全長) the total [full] length. ¶ ~ 백 피트이다 have an overall length of 100 feet.
전장(前章) the preceding chapter.
전장(前場) 〖證〗 the first [morning] session.
전장(電場) 〖理〗 an electric field.
전장(戰場) a battlefield; a battleground. ¶ ~의 이슬로 사라지다 die in battle.

전재(戰災) war damage [disaster]. ‖ ~민 bombed-out people; war refugees [victims].

전재(轉載) ~하다 reprint [reproduce, take] 《*an article*》 from 《*the Life*》. ‖ ~ 불허(不許) All rights [Copyright] reserved.

전쟁(戰爭) 《전란》 (a) war; warfare; hostilities; 《전투》 a fight; a battle; a combat. ~하다 make [go to] war 《*with*》; wage war 《*against*》; 《전투》 fight 《*with, against*》; fight a battle. ¶ ~의 참화 war havoc [calamities] / ~ 중이다 be at war 《*with*》 / ~에 이기다 [지다] win [lose] a war / ~을 일으키다 provoke [bring on] war. ‖ ~ 고아 a war orphan / ~ 상태 《go into》 a state of war / 전면 ~ a total [an all-out] war / 제한[국지] ~ a limited [local] war / 침략 ~ an aggressive war.

전적(全的) total; complete; whole; entire; the full. ¶ ~으로 entirely; utterly.

전적(戰跡) 《visit》 the scene of old battle.

전적(戰績) military achievements; a war record; 《경기의》 results; a record; a score.

전적(轉籍) ~하다 transfer one's domicile [family register] 《*from, to*》.

전전(戰前) ~의 prewar; before the war; ante-bellum. ‖ ~파 the prewar generation.

전전(轉轉) ~하다 change 《*one's address*》 frequently; pass from hand to hand(임자가 바뀌다); wander from place to place(헤매다).

전전긍긍(戰戰兢兢) ~하다 be in great fear; be trembling with fear.

전전일(前前日) two days before; 《그저께》 the day before yesterday.

전절(前節) the foregoing paragraph.

전정(前程) ☞ 앞길.

전정(剪定) ~하다 prune; trim. ‖ ~ 가위 pruning shears.

전제(前提) 〖論〗 a premise. ‖ ~ 조건 a precondition / 대[소]~ a major [minor] premise.

전제(專制) despotism; autocracy. ~적 despotic; autocratic; dictatorial; arbitrary. ‖ ~국 an absolute monarchy / ~ 군주 an autocrat; a despot / ~ 정치 despotic government; autocracy / ~주의 absolutism; despotism (~주의자 an absolutist).

전조(前兆) 《길흉의》 an omen; 《조짐》 foreboding; a sign 《*of snow*》; a symptom; 《나쁜》 a portent. ¶ ~가 되다 foretell; presage; foreshadow. 「ing] article.

전조(前條) the preceding [forego-

전조(轉調) 〖樂〗 modulation; transition.

전조등(前照燈) a headlight.

전족(纏足) foot-binding. ~하다 bind one's feet.

전죄(前罪) a former crime [sin].

전주(前奏) 〖樂〗 a prelude; an introduction. ‖ ~곡 an overture 《*to*》; a prelude 《*to*》.

전주(前週) last week(지난 주일); the preceding week; the week before (그 전주). ¶ ~의 오늘 this day (last) week.

전주(電柱) a telegraph [an electric] post [pole].

전주(錢主) a financier; a creditor.

전중이 a jailbird.

전지(田地) ☞ 전답(田畓).

전지(全知) ~의 all-knowing; omniscient. ¶ ~ 전능한 almighty / ~전능하신 하나님 Almighty God.

전지(全紙) the whole sheet 《*of paper*》.

전지(剪枝) ~하다 lop; trim; prune.

전지(電池) an electric cell; 《charge》 a battery. ‖ 건[축]~ a dry [storage] battery / 광(光)~ a photocell / 태양 ~ a solar cell. 「tlefield.

전지(戰地) the seat of war; a bat-

전지(轉地) ~하다 move [go] 《*to a place*》 for a change of air. ‖ ~ 요양 《try》 a change of air for one's health / ~ 요법 treatment by change of air.

전직(前職) one's former occupation [office]. ‖ ~ 장관 an ex-minister.

전직(轉職) ~하다 change one's occupation [employment]; switch jobs 《*to*》.

전진(前進) an advance; progress; a march. ~하다 advance; march forward. ‖ ~ 기지 an advanced base; an outpost.

전진(戰陣) a battlefield; the front.

전질(全帙) 《질로 된 책》 a complete set 《*of books*》.

전집(全集) the complete works 《*of Shakespeare*》. ‖ ~물 a complete works series.

전차(電車) a streetcar《美》; a trolley car 《美》; an electric car; a tram(car) 《英》; an electric train.

전차(戰車) a (war) tank. ‖ ~병(兵) a tankman / ~ 부대 a tank corps / ~포 a tank gun (대~포 an antitank gun) / ~호(壕) an antitank trench; a tank trap / 수륙 양용 ~ an amphibian tank / 중[경]~ a heavy [light] tank.

전차(轉借) ~하다 borrow at second hand. ‖ ~인(人) a sublessee; a subtenant.

전채(前菜) 〖料理〗 an *hors d'oeuvre* 《프》; an appetizer.

전처(前妻) 《a child by》 one's former wife.

전천후(全天候) ‖ ~기[전투기] an all-weather plane [fighter] / ~ 농업(農業) all-weather agriculture.

전철(前轍) ¶ ~을 밟다 follow 《*a person's*》 example; repeat the same failure as....
전철(電鐵) an electric railway.
전철(轉轍) (railroad) switching. ‖ ~기(機) a switch 《美》; the points 《英》 / ~수(手) a switchman; a pointsman.
전체(全體) 《전부》 the whole. ~의 whole; entire; general. ¶ ~적으로 generally; on the whole; as a whole; in general. ‖ ~주의 totalitarianism (~주의 국가 a totalitarian state).
전초(前哨) an advanced post; an outpost. ‖ ~ 부대 outpost troops/ ~전 a (preliminary) skirmish; an outpost action.
전축(電蓄) an electric phonograph 《美》〔gramophone 《英》〕; a radio-gramophone (라디오 겸용의). ‖ 스테레오〔하이파이〕 ~ a stereophonic 〔high-fidelity〕 phonograph.
전출(轉出) ~하다 move out 《*of*》; 《직원이》 be transferred 《*to a new post*》. ‖ ~ 신고 a moving-out notification.
전취(戰取) 《쟁취》 ~하다 achieve; win; gain; earn.
전치(全治) ~하다 be completely cured 〔recovered〕 《*of*》; recover completely 《*from one's illness*》.
전치사(前置詞) 〖文〗 a preposition.
전통(傳統) 《인습》 tradition; convention; 《계승》 succession. ¶ ~적(으로) traditional(ly); conventional(ly) / ~을 따르다 〔깨뜨리다〕 follow 〔violate〕 tradition.
전퇴직율(轉退職率) the separation rate.
전투(戰鬪) fighting; a fight; a battle; a combat; an action; an engagement; hostilities. ~하다 fight; battle; have a fight 〔battle〕; engage in 《*a battle*》. ¶ ~를 개시〔중지〕하다 open 〔suspend〕 hostilities. ‖ ~경찰대 a combatant police unit / ~기 a fighter (plane) / ~대형 《in》 battle formation / ~ 준비 preparation 〔clearing〕 for action / ~ 태세 《be in》 combat readiness / ~ 훈련 battle practice; field training / 차세대 ~기 the next-generation fighter (plane).
전파(全破) complete destruction. ~하다 destroy completely; demolish. ‖ ~ 가옥 a razed 〔completely destroyed〕 house.
전파(電波) an electric wave. ¶ ~에 실리어 over the 〔through〕 radio / ~를 타다 be broadcast by radio. ‖ ~ 망원경 a radio-telescope / ~ 방해 jamming / ~ 탐지기 a radar.
전파(傳播) transmission 《*of heat*》; propagation 《*of sound*》; spread 《*of disease*》. ~하다 spread; propagate.
전판(全一) all; the whole.
전패(全敗) a complete〔total〕 defeat. ~하다 be completely defeated 《*in*》; sustain a crushing defeat; lose all games 〔matches〕.
전편(全篇) the whole book 〔volume〕.
전편(前篇) the first part 〔volume〕.
전폐(全廢) total abolition. ~하다 abolish altogether; do away with.
전폭(全幅) ¶ ~적인 full; utmost; wholehearted 《*sympathy*》 / ~적으로 fully; to the utmost.
전폭기(戰爆機) a fighter-bomber.
전표(傳票) a chit; a slip; a ticket. ¶ ~를 떼다 give 〔issue〕 a slip 〔chit〕. ‖ 수납 〔지급, 대체〕 ~ a receiving 〔payment, transfer〕 slip.
전하(電荷) 〖理〗 an electric charge.
전하(殿下) His 〔Her〕 Imperial 〔Royal〕 Highness.
전하다(傳一) ① 《전달》 report; convey〔deliver〕 a message 《*to*》; communicate 《*to*》; transmit 《*one's views to*》. ¶ 비보를 ~ break the sad news 《*to the family*》. ② 《전수》 teach; impart; initiate; make 《*it*》 known. ¶ 지식을 ~ impart knowledge to 《*a person*》. ③ 《남겨주다》 hand down; leave; transmit; bequeath. ¶ 후세에 ~ hand down to posterity. ④ 《전도》 transmit; conduct. ¶ 진동을 ~ propagate vibration. ⑤ 《도입》 introduce 《*into*》.
전학하다(轉學一) change one's 〔to another〕 school.
전함(戰艦) a battleship.
전항(前項) the preceding 〔foregoing〕 clause 〔paragraph〕; 〖數〗 the antecedent.
전해(前一) the preceding〔previous〕 year; 《작년》 last year.
전해(電解) electrolysis. ~하다 electrolyze.
전향(轉向) ~하다 turn 《*to*》; swing 《*to the right*》; be converted 《*to*》; turn one's coat. ‖ ~자 a convert 《*from Communism*》.
전혀(全一) quite; totally; completely; utterly; wholly; entirely; altogether; 《조금도 …않다》 at all; in the least. ¶ ~ 모르는 사람 a total stranger.
전형(典型) a type; a model; a pattern. ~적인 typical; model; ideal.
전형(銓衡) choice; selection. ~하다 screen; select; make choice. ¶ ~에 누락되다 be left out of selection. ‖ ~ 시험 a screening test / ~ 위원 a selection committee.
전호(前號) the preceding 〔last〕 number 〔issue〕.
전화(電化) electrification. ~하다 electrify 《*a railroad*》. ‖ ~ 사업 an electrification work.
전화(電話) a (tele)phone. ¶ ~로 《talk》 by 〔over the〕 telephone / ~를 걸다 call 《*a person*》 up 《*on the phone*》; (tele)phone; give 《*a person*》 a call〔ring〕; ring 《*a person*》 up 《英》 / ~를 끊다 hang up

《*the receiver*》; ring off 《*the telephone*》 / ～를 받다 answer the telephone. ‖ ～ 가입자 a telephone subscriber / ～ 번호 a telephone [call] number (～ 번호부(簿) a telephone directory; a phone book 《美》) / 공중 ～ a public [pay] telephone / 시외 ～ a trunk call.

전화(戰火) war fire; war.

전화(戰禍) 《suffer》 the evils [horrors] of war. ¶ ～를 입은 war-torn/ ～에서 구하다 save 《*Asia*》 from war.

전화(轉化) ～하다 change; be transformed.

전화위복(轉禍爲福) ～하다 a misfortune turns into a blessing.

전환(轉換) ～하다 convert 《*a thing to*》; turn; divert 《*one's mind from*》; ventilate(공기를); switch (over)(전기를). ‖ ～기(期) a turning point / 기분 ～ diversion / 성(性)～ sex change.

전황(戰況) the progress of a battle; the war situation. ‖ ～ 뉴스 war news.

전회(前回) the last time [occasion]; the last installment(연속물의). ¶ ～의 last; previous; preceding.

전회(轉回) ～하다 revolve; rotate.

전횡(專橫) arbitrariness; despotism; tyranny(압제). ～하다 be despotic; act arbitrarily; tyrannize over. ¶ ～적인 arbitrary; high-handed; despotic.

전후(前後) ① 《순서의》 order; sequence. ¶ ～의 생각도 없이 recklessly; regardless of the consequence; thoughtlessly / ～의 관계 《문장》 the context. ② 《앞과 뒤》 front and rear; before and behind; in front and in the rear; 《때》 before and [or] after. ¶ ～하여 《시간적으로》 at about the same time / 대전 ～ before and after the Great War. ③ 《대개》 about; or so; thereabouts. ¶ 40(대) ～의 남자 a man of about forty / 7시 ～ around seven o'clock.

전후(戰後) ～의 after the war; postwar; *post-bellum* 《라》; *apres-guerre* 《프》. ‖ ～파 *apres-guerre* [postwar] generation [school].

절¹ 《사찰》 a Buddhist temple.

절² 《인사》 a bow; an obeisance; a salutation(경례) (☞ 절하다). ¶ 큰 ～ a ceremonial bow.

절(節) 〖文〗 a clause; 《문장의》 a paragraph; a passage; a section; 《시의》 a stanza; a verse; 《절조》 loyalty; chastity.

…절(折) 《종이의》 ¶ 8～의 책 an octavo; an 8 vo / 12～ duodecimo; a 12 mo.

…절(節) 《절기》 a season; 《명절》 a festival. ¶ 성탄～ Christmas.

절감하다(切感—) feel keenly [acutely] 《*the necessity of*》.

절감(節減) reduction; curtailment 《*of expenditure*》. ～하다 reduce; retrench; curtail; cut down 《*the expenses*》.

절개(切開) incision; an operation. ～하다 incise 《*a tumo(u)r*》; operate upon. ‖ ～ 수술 an [a surgical] operation/제왕 ～ 수술 a Caesarean operation.

절개(節槪) 《정조》 chastity; constancy; 《절조》 fidelity 《*to one's principles*》; integrity; hono(u)r. ¶ ～를 지키다 remain faithful 《*to*》; 《여자가》 keep *one's* chastity.

절경(絶景) 《present》 a superb view; picturesque scenery.

절교(絶交) breach of friendship; a rupture in relation. ～하다 renounce [break off] friendship 《*with*》; break 《*with*》; cut one's connection [acquaintance] 《*with*》.

절구 a mortar. ¶ ～질하다, ～에 찧다 pound grain in a mortar. ‖ ～통 the body of a mortar/절굿공이 a (wooden) pestle.

절구(絶句) 《한시의》 a Chinese quatrain.

절규(絶叫) a scream; an exclamation. ～하다 scream; exclaim; cry out; shout.

절그렁거리다 clink; clank; jingle; rattle.

절기(節氣) the subdivisions of the seasons.

절꺼덕, 절꺼덩 with a snap [click, slap, flop].

절다¹ 《소금에》 get (well) salted.

절다² 《발을》 walk lame; limp 《*in the right leg*》; hobble [cripple] 《*along*》. ¶ 발을 저는 lame; crippled; limping.

절단(切斷·截斷) ～하다 cut 《*off*》; sever 《*from*》; amputate 《*a leg*》. ‖ ～기 a cutting machine; a cutter / ～면 a section / ～ 환자 an amputee.

절대(絶對) absoluteness. ～의(적인) absolute; positive; unconditional; unconditioned. ¶ ～로 absolutely; unconditionally; positively; on no account(부정) / ～의 진리 an absolute truth. ‖ ～ 군주제 an absolute monarchy / ～ 권력(온도) absolute authority [temperature] / ～ 다수 an absolute majority / ～ 안정(을 취하다) (take) a complete rest / ～ 음감 《have》 perfect pitch / ～주의 absolutism.

절도(節度) ¶ ～를 지키다 be moderate 《*in drinking*》; exercise moderation.

절도(竊盜) (a) theft; a thief(사람). ‖ ～범(죄) 《be accused of》 larceny.

절뚝거리다 limp [hobble] 《*along*》. ¶ 절뚝절뚝 limping; hobbling.

절뚝발이 a cripple; a lame person.

절량농가(絶糧農家) a food-short farm household; food-short farmers. ¶ ～의 구호 대책을 세우다

work 〔map〕 out relief measures for food-short farmers.
절렁거리다 clink; clank.
절레절레 shaking one's head.
절륜(絕倫) ~한 peerless; matchless; unequalled; unsurpassed.
절름거리다 limp slightly. ¶절름절름 limping; hobbling.
절름발이 a lame person.
절망(絕望) despair; hopelessness. ~하다 despair 《*of*》; give up hope 《*of*》. ¶~적인 hopeless; desperate / ~한 나머지 out of despair.
절명(絕命) 《죽음》 ~하다 expire; die; breathe one's last.
절묘(絕妙) ~한 superb; exquisite 《*works of art*》.
절무(絕無) nothing; nought; nil.
절미(節米) rice saving. ~하다 economize (in) rice. ‖~계획(計劃) a rice-saving program / ~운동 a movement for rice saving.
절박(切迫) ~하다 ① 《급박》 draw near; press; impend; be imminent. ¶~한 pressing; urgent; imminent; impending. ② 《정세·사태》 be serious; be in a fix; be at a pinch.
절반(折半) (a) half. ~하다 halve; divide 《*a thing*》 into halves.
절벅거리다 splash 《*about*》; dabble in the water; splash water.
절벙거리다 plop.
절벽(絕壁) 《낭떠러지》 a precipice; a (sheer) cliff; a bluff.
절삭(切削) cutting. ‖~공구 a cutting tool.
절색(絕色) a woman of matchless beauty; a paragon of beauty.
절세(絕世) ~의 peerless; matchless. ¶~의 미인 a rare beauty.
절손(絕孫) letting one's family line die out. ~하다 leave 〔have〕 no posterity.
절수(節水) water saving. ~하다 make frugal use of water.
절승(絕勝) fine scenery. ☞절경.
절식(絕食) ☞단식(斷食).
절식(節食) temperance in eating; a spare diet. ~하다 eat moderately; be temperate in eating.
절실(切實) ~한 urgent; earnest; serious. ¶~히 urgently; keenly; heartily(간절히).
절약(節約) saving; economy; frugality. ~하다 save 《*electricity*》; economize 《*in, on*》; cut down 《*expenses*》; practice economy. ‖시간(비용) ~ economy of time 〔in expenditure〕.
절연(絕緣) ① 〔理〕 isolation; insulation. ~하다 isolate; insulate. ‖~기 an insulator / ~선 an insulated wire / ~체 an isolator/~테이프 《전선에 감는》 a friction tape. ② 《관계의》 ~하다 sever 〔break off〕 relations 《*with*》.
절의(節義) fidelity to one's principle.
절이다 pickle, salt 《*vegetables*》.
절전(節電) economy in power consumption. ~하다 economize (in) power; save electricity.
절절 ①《끓는 모양》 boiling; steaming. ② 《흔드는 모양》 shaking slowly.
절절이(節節—) word by word; each 〔every〕 word.
절정(絕頂) 《gain》 the summit 〔top〕 《*of a mountain*》; 《정점》 《be at》 the height 《*of one's popularity*》; the zenith; the acme; 《be at》 the peak 《*of the boom*》; the crest; a climax.
절제(切除) 〖醫〗 resection. ~하다 cut off; remove 《*the diseased part*》. ‖위~(술) gastrectomy/폐~ pneumonectomy.
절제(節制) moderation; 《음식의》 abstinence. ~하다 be temperate; be moderate; 《끊다》 abstain from 《*drinking, smoking*》. ‖~가(家) a temperate person.
절조(節操) fidelity; integrity; constancy; hono(u)r. ¶~있는 〔없는〕 (in)constant; (un)principled / ~를 지키다 keep one's principles.
절지동물(節肢動物) an arthropod.
절주(節酒) temperance. ~하다 be moderate〔temperate〕 in drinking.
절차(節次) order; formalities; procedure; steps(조치). ¶~를 밟다 go through the (due) formalities (형식); follow the 《*usual*》 procedure (순서); take proceedings 《*for divorce*》(기소); take steps 《*to do*》. ‖~법 an adjective law / 소송 ~ legal procedure.
절차탁마(切磋琢磨) "cutting and polishing" (as precious stones). ~하다 apply oneself closely to one's study.
절찬(絕讚) ~하다 speak in the highest terms of praise; extol. ¶~을 받다 win great admiration; be extolled.
절창(絕唱) an excellent singing 〔singer〕; an excellent piece of poetry(시).
절충(折衷) a compromise; mutual concession. ~하다 work out a compromise 《*between*》; compromise 《*with a person*》; meet 《*a person*》 halfway. ‖~안 a compromise plan / ~주의, ~설 eclecticism.
절충(折衝) negotiation; parley. ~하다 negotiate 〔parley〕 with 《*a person*》 about. ¶~중이다 be under negotiation(s).
절취(竊取) theft. ~하다 steal; pilfer; purloin.
절취선(切取線) a perforated line; a line of translucent dots.
절치부심(切齒腐心) ~하다 grind one's teeth with vexation.
절친하다(切親—) be on the best

terms 《with》 (서술적); (be) close, intimate 《with》.
절토(切土) ~하다 cut the ground.
절통(切痛) ~한 most regrettable.
절판(絶版) ~되다 go out of print.
절품(絶品) a very fine article; a rarity; a nonpareil.
절필(絶筆) one's last writing.
절하(切下) reduction; devaluation (평가(平價)의). ~하다 cut down; reduce 《to》. ¶ 평가를 ~하다 devaluate; devalue 《美》.
절하다 bow 《to a person》; make a 《polite》 bow 《to》.
절해(絶海) ¶ ~의 고도 a lonely (solitary) island (in the far-off sea).
절호(絶好) ~의 best; capital; splendid; golden 《opportunity》.
절후(節候) ☞ 절기.
젊다 (be) young; youthful. ¶ 젊었을 때에 in one's youth; when young/ 젊어 보이다 look young / 나이에 비해 ~ look young for one's age.
젊은이 a young man; the young (총칭).
점(占) divination; fortunetelling (☞ 점치다). ‖ ~장이 a fortuneteller; a diviner; a prognosticator.
점(點) ①《반점》 a spot; a speck; a dot. ¶ 검은 ~ a black spot. ②《표》 a point; a dot. ¶ ~을 찍다 mark with a dot; dot; point. ③《평점》 grade marks; point. ¶ ~을 매기다 mark; give marks 《to》. ④《경기의 득점》 a point; a score; 〖野〗 a run. ⑤《관점》 a point of view; a standpoint; a respect. ¶ …한 ~에서 보면 from the viewpoint of…. ⑥《지점》 a point. ¶ 출발~ the starting point; start. ⑦《물건의 수효》 items; pieces. ¶ 의류 10~ ten pieces of dress. ⑧《소수점》 a decimal point. ¶ 4~65 four point six five. ⑨〖理〗 a point. ¶ 비등 (융해)~ the boiling (melting) point. ⑩《바둑의》 a piece(돌); a cross (판의 눈). ⑪《피부의》 a birthmark; a macula(모반); a mole(검은). ⑫ ☞ 시(時).
점감(漸減) ~하다 diminish (decrease) gradually.
점거(占據) occupation. ~하다 occupy; take possession 《of》. ‖ 불법(不法) ~ illegal (unlawful) occupation 《of》.
점검(點檢) ~하다 examine; call the roll(인원을); overhaul 《a car》.
점괘(占卦) a divination sign.
점근(漸近) 〖幾〗 ~의 asymptotic(al). ‖ ~ 급수 (원(圓)) an asymptotic series (circle) / ~선(線) an asymptote.
점도(粘度) viscosity.
점두(店頭) a shop front; a shop window(진열창); a shop. ‖ ~ 매매 〖證〗 over-the-counter transaction (dealings)/~ 장식 window dressing (~장식사 a window-dresser).
점등(點燈) lighting. ~하다 light 《a lamp》; switch (turn) on a light. ‖ ~ 시간 the lighting hour.
점등(漸騰) a gradual rise 《of price》. ~하다 rise gradually.
점락(漸落) a gradual fall 《of prices》. ~하다 sag; fall gradually.
점령(占領) occupation; capture (공략). ~하다 take (possession of); hold; seize; occupy; capture. ¶ ~하에 있다 be under occupation. ‖ ~군(軍) an occupation force (army) / ~ 정책 an occupation policy/~지 an occupied territory (area).
점막(粘膜) 〖生〗 a mucous membrane; a mucosa [pl. -sae].
점멸(點滅) ~하다 《…을》 switch (turn) on and off. ‖ ~기 a switch.
점묘(點描) a sketch. ‖ ~ 화법 pointillism.
점박이(點—) 《사람》 a person with a birthmark; 《짐승》 a brindled animal.
점선(點線) a dotted line.
점성(占星) divination by the stars; horoscope. ‖ ~가 an astrologer; a stargazer / ~술 (학) astrology.
점성(粘性) viscosity.
점수(點數) 《평점》 marks; 《경기의》 a score; points. ¶ ~를 매기다 give 《students》 marks / 좋은 ~를 따다 get good marks 《in physics》 / ~가 후하다 (짜다) be generous (severe, harsh) in marking.
점술(占術) the art of divination.
점신(漸新) ‖ ~세(世) (계(系)) 〖地〗 the Oligocene age (system).
점심(點心) lunch(eon). ¶ ~을 먹다 have (take) lunch.
점안(點眼) ~하다 apply eyewash (eye lotion). ‖ ~기 an eye dropper / ~수(水) eyewash; an eye lotion.
점액(粘液) mucus; mucilage; viscous fluid (liquid). ¶ ~성(性)의 mucous; viscous; sticky.
점원(店員) a (shop) clerk; a shopgirl.
점유(占有) occupancy; possession. ~하다 occupy; possess. ‖ ~자 an occupant; a possessor.
점입가경(漸入佳境) ~하다 become more and more interest; approach the climax; get to the best part.
점자(點字) 《맹인용》 Braille points (type); raised letters. ‖ ~서(書) a book in Braille (points) / ~읽기 finger-reading.
점잔부리다 ☞ 점잔빼다.
점잔빼다 assume an affectedly gentle manner; put on airs.
점잖다 (be) dignified; well-behaved; genteel; decent. ¶ 점잖게 굴다 behave oneself (like a gentleman).
점재(點在) ~하다 be dotted (scattered, studded, interspersed) with 《houses》.
점점(漸漸) by degrees; little by little; gradually; more and more

(많이); less and less(적게).
점점이(點點—) here and there; in places; sporadically.
점주(店主) a storekeeper《美》; a shopkeeper《英》.
점증(漸增) a steady 〔gradual〕 increase. ～하다 increase gradually.
점진(漸進) ～하다 progress〔advance〕 gradually; move step by step. ¶ ～적인 gradual; moderate (의견 따위). ‖ ～주의 moderatism; a slow and steady policy.
점차(漸次) gradually; by degrees.
점착(粘着) cohesion; adhesion; viscosity. ～하다 stick, cohere, adhere《to》. ‖ ～력 cohesive power; cohesion; viscosity/～성 adhesion; viscosity; stickiness. 「intersperse.
점철(點綴) ～하다 dot《with》; stud;
점치다(占—)《쳐주다》 tell《*a person's*》 fortune; divine;《치게 하다》 consult a fortuneteller; have one's fortune told.
점토(粘土) clay. ¶ ～질의 clayey; argillaceous. ‖ ～ 세공 clay work/ 내화 ～ fireclay.
점판암(粘板岩) clay-slate stone.
점포(店鋪) a shop; a store《美》.
점호(點呼) a roll call; a muster. ～하다 call the roll; take the roll call. ‖ 일조〔일석〕～〖軍〗the morning 〔evening〕 roll call.
점화(點火) ignition; lighting. ～하다 ignite; light; fire; kindle; set off(폭발물에). ‖ ～약 priming powder / ～ 장치 〖電〗 an igniter / ～전(栓) a spark plug.
접(椄)《접목》 a graft; grafting. ～붙이다 graft《*a tree into a stock*》.
접 《과일·채소의》 a hundred pieces《*of fruit*》.
접각(接角)〖幾〗a contiguous angle.
접객(接客) ～하다 receive; welcome; entertain《*a guest*》.
접객업(接客業) the service trade; entertainment business; the hotel and restaurant business. ‖ ～자 hotel and restaurant keepers.
접견(接見) a reception. ～하다 receive《*a person*》 (in audience); give《*a person*》 an interview.
접경(接境) a borderline; a borderland. ～하다 be contiguous to; border on.
접골(接骨) bonesetting. ～하다 set a bone. ‖ ～사 a bonesetter.
접근(接近) ～하다 approach; draw 〔come, get〕 near;《교제》 (try to) associate with; be intimately related《with》. ¶ ～한 near; close by; adjacent《to》/ ～해 있다 be near; be close together; be close《to》. ‖ ～전〖拳〗infighting.
접다 fold (up); furl; collapse; turn up〔down〕; double (둘로). ¶ 우산을 ～ fold up〔furl, close〕 an umbrella / 종이를 네 겹으로 ～ fold paper in four.
접대(接待) reception. ～하다 welcome; receive; entertain《*a guest*》. ‖ ～부 a waitress; a barmaid; a hostess / ～비 expense account / ～실 a reception room / ～ 위원 a reception committee.
접두어(接頭語)〖文〗a prefix.
접때 the other day; a few days ago; the last time.
접목(椄木) grafting; a grafted tree (나무). ～하다 graft《*trees*》 together; graft《*a tree on another*》.
접미어(接尾語)〖文〗a suffix.
접본(椄本)《바탕나무》 the stock; a grafted tree.
접선(接線) ①〖幾〗a tangent(line). ②《접촉》 a contact. ～하다 contact; make contact《with》.
접속(接續) connection. ～하다 connect 〔link〕《with》; join《on》; adjoin. ‖ ～곡〖樂〗a medley / ～역 a junction (station) / ～사 〖文〗a conjunction.
접수(接收) ～하다 requisition; take over 〔control of〕《*a railway*》. ‖ ～ 가옥 a requisitioned house / ～ 해제 derequisition.
접수(接受) receipt; acceptance. ～하다 receive; accept《*application*》; take up. ‖ ～계원 an information clerk; a receptionist / ～구(ㅁ) an usher's window〔desk〕/ ～ 번호 a receipt number / ～처 a reception 〔an information〕 office.
접시 ①《식사용의》 a plate(평평한); a dish (움푹한); a platter (큰것); a saucer(받침 접시). ¶ 굴 한 ～ a plate of oysters. ②《저울의》 a scale; a bowl.
접시꽃〖植〗a hollyhock.
접안(接岸) ～하다 come alongside the pier 〔quay, berth〕. ‖ 동시 ～ 능력 the simultaneous berthing capacity.
접안경(接眼鏡) an eyepiece; an ocular (piece).
접어(接語) an affix.
접어들다 enter; set in; approach. ¶ 장마철에 ～ the rainy season sets in.
접어주다 ①《못한 사람을》 overlook; make due allowances《*for a person*》. ②《하수에게》 give a handicap 〔an advantage〕 of. ¶ 다섯 점 ～ give a five-stone handicap.
접의자(摺椅子) a collapsible chair.
접자(摺—) a jointed rule.
접전(接戰) a hand-to-hand fight; close fighting;《경기의》 a close game 〔contest〕. ～하다 fight hand to hand 〔at close quarter〕;《선거·경기에서》 have a close contest 〔game〕.
접점(接點)〖幾〗a point of contact.
접종(接種)〖醫〗(an) inoculation; (a) vaccination. ～하다 inoculate; vaccinate. ‖ ～ 요법 a vaccine cure / 비시지 ～ inoculation of

BCG / 예방 ~ preventive inoculation.
접종(接踵) ~하다 follow on the heels [in the wake] of; occur one after another.
접지(接地) 〖電〗 a ground 《美》; an earth 《英》. ‖ ~선 a grounding [an earthing] conductor.
접지(椄枝) a slip; a branch graft(-ing).
접지(摺紙) sheet folding. ~하다 fold paper 《*to bind a book*》. ‖ ~기(機) a folder.
접질리다 sprain; get sprained.
접착제(接着劑) an adhesive (agent); a cement.
접촉(接觸) contact; touch. ~하다 touch; make [come into] contact 《*with*》. ‖ ~각[면] a contact angle [surface] / ~ 감염 contagion / ~ 반응 〖化〗 a catalysis.
접칼(摺—) a folding knife.
접피술(接皮術) ☞ 피부이식술.
접하다(接—) ① 《접촉》 touch; come [be] in contact 《*with*》. ¶ 서로 접하는 원 osculating circles. ② 《인접》 adjoin; border 《*on*》; be adjacent 《*to*》; abut 《*against, on*》. ¶ 도로에 접한 땅 the land abutting on the road. ③ 《받다》 receive; come to hand. ¶ 부고에 ~ hear of 《*a person's*》 death. ④ 《부닥침》 meet with; come across. ⑤ 《결합》 piece together; connect.
접합(接合) ① 《접속》 ~하다 unite 《*with*》; join; connect; inosculate (혈관을). ‖ ~제 glue. ② 《생식 세포의》 ~하다 conjugate. ‖ ~자(子) [체] 〖植〗 a zygote.
접히다 ① 《접어지다》 be [get] folded. ② 《하수가》 take odds 《*of two points*》; a handicap is given.
젓 salted [pickled] fish [shrimp]. ‖ ~갈 pickles / ~국 salted fish brine.
젓가락, 젓갈 (a pair of) chopsticks.
젓다 ① 《배를》 row 《*a boat*》; pull the oar. ② 《휘젓다》 stir; churn; beat 《*eggs*》; whip. ③ 《손을》 wave; sign; 《머리를》 shake 《*one's head*》.
정 《연장》 a chisel; a burin.
정(疔) 〖醫〗 a carbuncle.
정(情) 《감정》 (a) feeling; 《정서》 (an) emotion; 《애정》 love; (an) affection; 《정조》 (a) sentiment; 《열정》 (a) passion; 《인정》 human nature; sympathy(동정); 《심정》 heart. ¶ 부부간의 ~ connubial love / ~이 많다 be warm-hearted; be affectionate / ~에 무르다 be emotional [tender-hearted] / ~을 통하다 have an intrigue 《*with*》 (내통); have intimacy 《*with*》 (정교).
정(町) 《거리》 a *jeong* (=120 yards); 《면적 단위》 a *jeong* (=2.45 acres).
정 《정말》 really; indeed; quite. ¶ ~ 그렇다면 if you really meant it...; if you insist upon it.
정…(正) ① 《부(副)에 대한》 the original; the text. ¶ ~부 2 통 duplicate copies; original and copy. ② 《자격의》 regular; ordinary. ‖ ~회원 a regular member. ③ 《올바름》 just; right; due (방위).
…정(整) 《금액》 net [neat] amount. ¶ 5 만 원 ~ a clear 50,000 *won*.
…정(錠) a tablet; a tabloid.
정가(正價) the net price.
정가(定價) a fixed [set, regular, list] price. ¶ ~에 《sell》 at the fixed price. ‖ ~표 a price list.
정가극(正歌劇) a grand opera; *opera seria* 《이》.
정각(正刻) the exact time. ~에 just; sharp; punctually. ¶ ~ 5 시에 just at five; at five sharp.
정각(定刻) the fixed time. ¶ ~에 도착하다 《기차 따위가》 arrive on (scheduled) time; arrive duly.
정각(頂角) 〖幾〗 a vertical angle.
정간(停刊) suspension of publication. ~하다 suspend publication 《*of*》; stop issue.
정갈스럽다 ☞ 정갈하다.
정갈하다 (be) neat and proper.
정강(政綱) a political principle; a party platform.
정강마루 the ridge of the shin.
정강이 the shin; the shank. ¶ ~를 까다 give 《*a person*》 a kick on the shin. ‖ ~뼈 the tibia; a shinbone.
정객(政客) a politician.
정거(停車) stoppage; a stop. ~하다 stop [halt] 《*at a station*》; come to a stop [halt]; make a stop (세우다); be held up (사고로). ¶ 5 분간 ~ a five minutes' stop. ‖ ~장 a (railway) station; a (railroad) depot 《美》 (~장 구내 a station yard).
정격(正格) regularity. ~의 regular; correct; orthodox. ‖ ~ 활용 a regular conjugation.
정견(定見) 《have》 a definite view [opinion]; a fixed idea [principle].
정견(政見) 《set forth》 one's political views. ‖ ~ 발표회 a campaign meeting.
정결(貞潔) ~한 chaste and pure; faithful.
정결(精潔·淨潔) ~한 clean; neat; pure.
정경(政經) ‖ ~ 분리 정책 a policy separating economy from politics / ~ 유착 government-business collusion / ~ 학부 the political and economic [politico-economic] faculty.
정경(情景) 《present》 a frightful sight; a pathetic [touching] scene.
정계(正系) a legitimate line.
정계(定界) 《경계》 a fixed boundary; 《경계획정》 demarcation.
정계(政界) the political world [circles, quarters]; the world of politics. ¶ ~의 거물 a great politi-

cal figure / ～의 움직임 a political trend / ～로 진출하다 go into politics.

정곡(正鵠) the point; the mark; the bull's-eye. ¶ ～을 찌르다 hit the mark; guess right / ～을 찔리다 be rightly guessed.

정공법(正攻法) a frontal attack; the regular tactics for attack.

정과(正果) fruit preserved in honey.

정관(定款) the articles of association (incorporation).

정관(精管) 〖解〗 a spermaduct; a seminal duct. ‖ ～ 절제술 vasectomy.

정관(靜觀) ～하다 calmly watch; wait and see. ‖ ～주의 a wait-and-see policy.

정관사(定冠詞) 〖文〗 the definite article.

정광(精鑛) 〖冶〗 concentrate; heading.

정교(正敎) 《사교에 대한》 orthodoxy. ‖ ～회 the Greek Church; the Orthodox Church.

정교(政敎) ① 《정치와 종교》 religion and politics. ‖ ～ 일치(분리) the union (separation) of church and state. ② 《정치와 교육》 politics and education.

정교(情交) ① 《친교》 friendship. ② 《육체 관계》 illicit relations; (sexual) intimacy; a liaison. ～하다 have illicit intercourse 《*with*》; have (form) a connection 《*with*》.

정교(精巧) ～한 elaborate; 《machines》 exquisite; fine; ingenious.

정교사(正敎師) a regular teacher.

정구(庭球) 《play》 (softball) tennis. ‖ ～장 a tennis court.

정국(政局) the political situation. ¶ ～의 위기 a political crisis / ～을 수습하다 (안정시키다) save (stabilize) political situation.

정권(政權) (political) power. ¶ ～을 잡다 come into (rise to) power; take (seize) power. ‖ ～ 쟁탈 a scramble for political power / 괴뢰 ～ a dummy government; a puppet regime.

정규(正規) ～의 legal; regular 《*education*》; proper. ‖ ～군 a regular army (생략 RA) / ～병 regulars.

정근(精勤) 《근면》 diligence; 《무결근》 regular attendance. ～하다 (be) diligent; industrious; attend 《*school*》 regularly.

정글 a jungle. ‖ ～짐 a jungle gym.

정금(正金) ① 《금은화》 specie; 《현금》 cash; hard money. ‖ ～ 은행 a specie bank. ② 《순금》 pure gold.

정기(定期) a fixed time (period). ～의 fixed; regular; periodical. ¶ ～(적으)로 at a fixed time; periodically; at regular intervals. ‖ ～ 간행물 a periodical / ～ 검사 a periodical inspection / ～ 승차권 a commutation (season) ticket / ～ 예금 a deposit account / ～항공기 an air liner / ～ 항로 (운행) a regular line (route).

정기(精氣) essence; spirit.

정나미(情—) ～ 떨어지다 be disgusted 《*with, at, by*》; be disaffected 《*toward*》; fall out of love 《*with*》.

정남(正南) due south.

정낭(精囊) 〖解〗 a seminal vesicle; a spermatic sac.

정년(丁年) full age. ¶ ～에 달하다 attain one's majority; come (be) of age. ‖ ～자 an adult; a major.

정년(停年) 《reach》 the age limit; retirement age. ¶ ～으로 퇴직하다 retire under the age limit. ‖ ～법 (제) the age limit law (system).

정녕(丁寧) certainly; surely; for sure; without fail. ¶ ～(코) 그러냐 Are you sure?

정다각형(正多角形) a regular (an equilateral) polygon.

정다면체(正多面體) a regular polyhedron.

정담(政談) a political talk (speech).

정담(情談) a *tête-à-tête* 《프》; lovers' talk.

정담(鼎談) a three-man talk.

정답다(情—) (be) affectionate; loving; kind; tender; friendly. ¶ 정답게 intimately; affectionately; warmly; tenderly / 정답게 살다 live happily together; be happy with 《*his wife*》 / 정(情)답게 지내다 be on friendly (good) terms 《*with*》; have a close relation 《*with*》.

정당(正當) ～한 just; right; proper; fair and proper; 《합법적》 legal; lawful; legitimate. ¶ ～히 justly; rightly; properly; fairly; lawfully / ～한 이유 없이 without good (justifiable) reason / ～한 사유 a just cause / ～화하다 justify; legitimate. ‖ ～ 방위 〖法〗 legal defense; legitimate self-defense (～방위로 in self-defense; 〖法〗 *se defendendo* 《라》).

정당(政黨) 《form, organize》 a political party. ¶ ～에 적을 두다 belong to a political party. ‖ ～ 정치 party politics (government) / 보수 (혁신) ～ a conservative (progressive) party / 양대 ～주의 a two-party system.

정당(精糖) sugar refining; 《정제 당》 refined sugar. ‖ ～ 공장 a sugar refinery.

정대(正大) ～한 upright; just; fair.

정도(正道) the right path; (the path of) righteousness. ¶ ～에서 벗어나다 stray from the right path / ～를 밟다 tread the path of righteousness / ～를 밟게 하다 set 《*a person*》 on a right track.

정도(程度) a degree; 《to some》 extent; a standard; a grade; 《There is》 a limit 《*to everything*》. ¶ ～

가 높은〔낮은〕 of a high 〔low〕 standard / 손해의 ~ the extent of the loss / ~를 높이다〔낮추다〕 raise 〔lower〕 the standard. ‖ 지능 ~ an intellectual standard.
정독(精讀) perusal; careful reading. ~하다 peruse; read carefully.
정돈(停頓) a standstill; a stalemate; a deadlock. ~하다 come to a standstill 〔deadlock〕.
정돈(整頓) (good) order; arrangement; adjustment. ~하다 put in order; put to rights; adjust; arrange. ¶ ~(이 잘)된 orderly; neat; in (good) order.
정동(正東) due east.
정동(精銅) refined copper.
정동사(定動詞) 〖文〗 a finite verb.
정들다(情—) become attached 《*to*》; become intimate 《*with*》; get used to 《*a place*》.
정들이다(情—) like; love; take to; become attached to.
정떨어지다(情—) be disgusted 《*at, with, by*》; fall out of love 《*with*》.
정략(政略) politics; political tactics. ~적 political. ‖ ~가(家) a political tactician / ~ 결혼 marriage of convenience.
정량(定量) a fixed quantity; a dose (내복약의). ‖ ~ 분석 (a) quantitative analysis.
정려(精勵) ~하다 work hard; be diligent 《*in*》; apply oneself 《*to*》.
정력(精力) energy; vigo(u)r; vitality. ¶ ~이 왕성한 energetic; vigorous / ~이 다하다 have one's energy exhausted / ~을 쏟다 bend one's energies 《*on*》. ‖ ~가 a man of energy.
정련(精鍊) ~하다 refine; smelt. ‖ ~소 a refinery.
정렬(整列) ~하다 stand in a row; form a line; line up; 〖軍〗 fall in.
정령(政令) a government ordinance 〔decree〕; Cabinet order.
정령(精靈) the soul; the spirit.
정례(定例) a usage; a custom. ~의 ordinary; regular; usual. ¶ ~에 의하여 according to usage. ‖ ~ 국무 회의〔기자 회견〕 a reguler cabinet meeting 〔press conference〕.
정론(正論) 《make》 a sound 〔just〕 argument.
정론(定論) a settled view 〔opinion〕; an established theory.
정론(政論) political argument 〔discussion〕.
정류(停留) ~하다 stop; halt; come to a stop. ‖ ~소 a stopping place; a 《*tram, bus*》 stop.
정류(精溜) rectification; refinement. ~하다 rectify; purify; refine. ‖ ~ 주정 rectified spirit.
정류(整流) 〖電〗 rectification; commutation. ~하다 rectify. ‖ ~기 a rectifier.
정률(定律) a fixed law.
정률(定率) a fixed rate. ‖ ~세 proportional taxation.
정리(廷吏) a court clerk.
정리(定理) 〖幾〗 a theorem.
정리(整理) 《정돈》 arrangement; (re-) adjustment; 《해체·해소》 liquidation; settlement(청산); 《감원》 curtailment. ~하다 put 《*the room*》 in order; arrange; readjust; dispose 《*of one's house*》 (처분); 《해체·청산》 liquidate; settle 〔clear off〕 《*one's debts*》; reduce 《*the staff*》 (감원); regulate 《*traffic*》 (교통의). ‖ ~안(案) an adjustment plan.
정립(鼎立) ~하다 stand in a trio.
정말(正—) 《부사적》 really; quite; indeed; truly; actually; in real earnest (진정으로).
정맥(精麥) barley cleaning; 《보리》 cleaned 〔polished〕 barley.
정맥(靜脈) a vein. ~의 venous. ‖ ~류(瘤) a varix / ~ 주사 an intravenous injection.
정면(正面) the front; the frontage; the façade. ~의 front; frontal. ¶ ~에 in front of / ~에서 본 얼굴 a full face. ‖ ~ 공격 a frontal attack / ~도(圖) a front view / ~ 입구 the front entrance / ~ 충돌 《come into》 a head-on collision 《*with*》.
정명(定命) 《수명》 one's natural term of existence; 《운명》 fate.
정모(正帽) a full-dress 〔formal〕 hat.
정묘(精妙) ~한 exquisite; fine.
정무(政務) affairs of state; state 〔political〕 affairs. ‖ ~ 차관 a parliamentary vice-minister.
정문(正門) the front gate; the main entrance.
정문(頂門) ☞ 정수리. ¶ ~에 일침을 가하다 give an admonition to the point.
정물(靜物) a still life. ‖ ~ 사진 a still photo / ~화 a (picture of) still life.
정미(正味) net; clear. ‖ ~ 중량 a net weight.
정미(精米) rice polishing; 《쌀》 polished rice. ~하다 polish 〔clean〕 rice. ‖ ~소 a rice (cleaning) mill.
정밀(精密) minuteness; precision. ~한〔히〕 minute(ly); close(ly); precise(ly); exact(ly); accurate(ly); detailed 〔in detail〕. ‖ ~ 검사 a close examination 《*of*》 / ~ 공업 the precision industry / ~ 과학(科學) exact science / ~ 기계〔기기〕 a precision machine 〔instrument〕.
정박(碇泊) anchorage; mooring. ~하다 (cast, come to) anchor; moor. ‖ ~ 기간 lay days / ~료(料) anchorage (dues) / ~지〔항〕 an anchorage (harbo(u)r).
정박아(精薄兒) a mentally-handicapped〔-retarded〕 child; a weak-minded 〔feeble-minded〕 child. ‖ ~ 수용 시설 a home for retarded children.

정반대(正反對) the direct opposition; the exact reverse 〔opposite〕 《*of*》. ~의 diametically 〔direct〕 opposite; reverse; conflicting. ¶ ~로 in direct opposition 《*to*》; diametrically.
정반합(正反合) 〖哲〗 thesis-antithesis-synthesis.
정방형(正方形) ☞ 정사각형.
정백(精白) ‖ ~당(糖) refined sugar / ~미 polished 〔cleaned〕 rice.
정벌(征伐) ~하다 subjugate; conquer.
정범(正犯) 〖法〗 the principal offense 〔offender(사람)〕.
정변(政變) a political change; a *coup d'état* 《프》.
정병(精兵) picked men; a crack 〔an elite〕 troop. ¶ ~ 3천 a crack troop of 3,000 strong.
정보(情報) 《a piece of》 information; intelligence; news; a report. ¶ ~를 얻다 〔제공하다〕 obtain 〔give〕 information 《*of*》 / ~를 누설하다 tip off information. ‖ ~기관 secret service / ~원 an informer; an (intelligence) agent / ~망 networks of intelligence 〔information〕 / ~산업 the information industry 〔business〕; the business of communications/ ~ 수집 information 〔intelligence〕 gathering/ ~원(源) a news source; a source of news/ ~ 정치 a tip-off politics; politics sustained by intelligence activities/ ~ 처리 〖컴퓨터〗 data processing; information processing/ ~ 처리 산업 data processing industry/ ~ 통신부 the Ministry of Information-Communication/ ~ 활동 intelligence activities/ 화 사회 the informationalized 〔informationoriented〕 society.
정복(正服) a formal dress; a full uniform. ‖ ~ 경찰관 a policeman in full uniform.
정복(征服) conquest; subjugation. ~하다 conquer; subdue; subjugate; master 《*English*》. ‖ ~욕 lust for conquest / ~자 a conqueror.
정복(整復) 〖醫〗 reduction. ~하다 reduce; reset; redress.
정본(正本) 《원본》 the original; an exemplification; a legally attested copy.
정부(正否) right or wrong.
정부(正副) principal and assistant; senior and junior; original and copy 〔duplicate〕 (서류의). ‖ ~의장 the speaker 〔chairman, president〕 and vice speaker 〔chairman, president〕.
정부(政府) the government 〔administration〕; the ministry(내각). ¶ ~(측)의 government(al); ministerial. ‖ ~ 당국 the government authorities / ~ 보조금 government subsidies / ~안 a government 〔an administration〕 bill / ~ 종합 청사 an integrated government building / ~ 특혜 government's favors.
정부(情夫) a paramour; a (secret) lover; an adulterer(간부).
정부(情婦) a sweetheart; a mistress; a (lady) love.
정북(正北) due north.
정분(情分) a cordial friendship; intimacy; affection. ¶ ~이 두텁다 be on terms of intimacy.
정비(整備) adjustment; equipment. ~하다 fully equip; fix 《*a car*》; consolidate(충실). ‖ 자동차 ~공 a car mechanic / (항공) ~원 a ground man(개인); a ground crew (총칭).
정비례(正比例) 〖數〗 direct proportion 〔ratio〕. ~하다 be in direct proportion 《*to*》.
정사(正史) an authentic history.
정사(正邪) right and wrong.
정사(政事) political affairs.
정사(情死) a lovers' suicide. ~하다 commit a double suicide; die together for love.
정사(情事) 《남녀간의》 a love affair; a romance. ‖ 혼외 ~ extramarital intercourse.
정사(精査) (a) close 〔minute investigation; careful examination. ~하다 investigate minutely; examine closely.
정사각형(正四角形) a (regular, perfect) square. ~의 square.
정사면체(正四面體) a regular tetrahedron.
정사영(正射影) 〖幾〗 an orthogonal projection.
정사원(正社員) a regular member; a full member of the staff.
정산(精算) exact calculation; 《결산》 settlement of accounts. ~하다 settle an account; keep an accurate account; 《운임을》 pay up the difference on one's ticket.
정삼각형(正三角形) an equilateral 〔a regular〕 triangle.
정상(正常) normalcy; the normal state. ~의 normal. ¶ ~화하다 normalize / ~을 되찾다 be restored to the normal condition / ~적으로 행동하다 act normal(ly). ‖ ~상태 normal state.
정상(政商) a businessman with political affiliations. ‖ ~배(輩) politicians.
정상(頂上) the top; the summit; the peak. ¶ ~에 on 〔at〕 the top of. ‖ ~ 회담 a summit meeting 〔conference〕.
정상(情狀) 《take》 the circumstances 《*into consideration*》. ¶ ~을 참작하여 in consideration of mitigating circumstances.
정상파(定常波) 〖理〗 a stationary wave.
정색(正色)[1] 《안색》 a serious countenance 〔look〕; a solemn air. ~하다 put on a grave look; wear a

sober look.
정색(正色)² 〖理〗 a primary color.
정서(正西) due west.
정서(正書) 《또박또박 쓰기》 ~하다 write in the square style.
정서(淨書) ~하다 make a fair 〔clean〕 copy 《*of*》.
정서(情緖) emotion; feeling; (a) sentiment; 《분위기》 a mood; an atmosphere. ‖~ 교육 cultivation of sentiments / 이국 ~ an exotic atmosphere.
정석(定石) a set move (in *badug*); a formula; an established form. ¶~대로 《play》 by the book.
정선(停船) stoppage of a vessel. ~하다 stop; lie 〔heave〕 to. ¶~을 명하다 order to lie to; quarantine (검역을 위해).
정선(精選) ~하다 select 〔pick out〕 carefully. ¶ ~된 choice; select; picked.
정설(定說) 《학계의》 an established theory; 《개인의》 a settled conviction; a definite opinion. ¶~을 뒤엎다 overthrow an established theory.
정성(精誠) a true heart; sincerity; earnestness; devotion. ¶~껏 with one's utmost sincerity; wholeheartedly / ~들이다 devote oneself 《*to*》; put the whole mind to.
정성분석(定性分析) 〖化〗 qualitative analysis.
정세(情勢) the state of things 〔affairs〕; a situation; conditions. ‖국내 〔국제〕 ~ the domestic 〔international〕 situation.
정소(精巢) 〖解〗 spermary.
정수(正數) 〖數〗 a positive number.
정수(定數) ① 《일정수》 a fixed number; quorum(정족수); 〖數〗 a constant; an invariable. ‖~비례 〖理·化〗 constant proportion. ② 《운명》 fate; destiny.
정수(淨水) clean water. ‖ ~장 a filtration plant.
정수(精粹) ~의 pure; genuine.
정수(精髓) ① 《뼈속의》 marrow. ② 《사물의》 the (quint)essence; the pith.
정수(靜水) still 〔stagnant〕 water.
정수(整數) 〖數〗 an integral number; an integer.
정수리(頂—) 《머리의》 the crown (of the head); the pate 《口》.
정숙(貞淑) chastity; female virtue. ~한 chaste; virtuous.
정숙(靜肅) silence. ~한 silent; still; quiet. ¶~히 silently; quietly; in an orderly manner.
정시(正視) ~하다 look 《*a person*》 in the face; look straight 〔squarely〕 《*at a fact*》.
정시(定時) a fixed time; regular hours; a scheduled period. ~의 〔에〕 regular(ly); periodical(ly). ‖~제(制) 〖教〗 the part-time system.
정식(正式) formality; due form. ~의 formal; regular; due; proper. ¶~으로 formally; properly; regularly; duly; in due form. ‖~ 결혼 legal marriage / ~ 재판 《apply for》 a formal trial / ~ 절차(節次) 《go through》 due formalities.
정식(定式) 《규정》 an established form; a formula.
정식(定食) a regular meal; 《요리점의》 *table d'hôte* 《프》; a dinner.
정식(整式) 〖數〗 an integral expression.
정신(艇身) a boat's length. ¶3~의 차로 이기다 win by three lengths.
정신(精神) mind; spirit; soul(영혼); will(의지); mentality(심성). ~적 mental; spiritual; psychical; moral. ¶~(적)으로 mentally; spiritually / ~적인 원조 moral support / ~적인 사랑 platonic love / ~적인 타격 a mental blow / ~(을) 차리다 collect one's mind; pay attention/…에 ~이 팔리다 be absorbed in… / ~ 일도 하사 불성 Where there is a will, there is a way. ‖~ 감정 a psychiatric test / ~ 교육 moral education / ~력(力) mental power / ~ 박약아 a week-〔feeble-〕 minded child / ~ 분석 psychoanalysis / ~ 신경과 neuropsychiatry / ~ 연령 mental age / ~ 요법 psychotherapeutics.
정신기능(精神機能) a psychic 〔mental〕 function. ¶~의 쇠퇴 failure of a psychic function.
정신병(精神病) a mental disease. ‖정신 병원 a lunatic asylum; a madhouse / 정신 병자 a mentally deranged person; a lunatic / 정신병학 psychiatry / 정신병 환자 a psychiatric patient.
정신분열증(精神分裂症) 〖醫〗 schizophrenia. ~의 schizophrenic. ‖~ 환자 a schizophrenic.
정신이상(精神異狀) mental derangement 〔disorder〕; psychosis. ‖~자 ☞ 정신병자.
정실(正室) a lawful 〔legal〕 wife.
정실(情實) private circumstances; personal considerations; favo(u)ritism(편애). ¶~에 흐르다 be influenced by personal consideration / ~을 배제하다 disregard personal gain. ‖~ 인사(人事) personnel changes by favoritism.
정액(定額) 《일정액》 a fixed 〔specified〕 amount 〔sum〕; the required amount. ‖~ 소득 a regular income / ~제(制) a flat sum system.
정액(精液) ① 〖生〗 semen; sperm. ‖~ 사출 seminal emission. ② 《엑스》 an extract; an essence.
정양(靜養) (a) rest; recuperation. ~하다 take a rest; recuperate oneself.
정어리 〖魚〗 a sardine.
정언적(定言的) 〖論〗 categorical.

정업(正業) an honest [a legitimate] occupation.
정업(定業) a fixed occupation; regular employment; a profession.
정역학(靜力學) 〖理〗 statics.
정연(整然) ~한 orderly; regular; systematic. ¶ ~히 in (good, perfect) order; regularly; systematically.
정열(情熱) passion; enthusiasm. ~적인 passionate; fervent. ¶ ~을 쏟다 put one's heart (and soul) into 《*one's work*》.
정염(情炎) the fire of passion; the flame of love.
정예(精銳) the pick [best] 《*of*》; the flower 《*of*》. ‖ ~ 부대 picked troops; a crack unit.
정오(正午) (high) noon; midday. ¶ ~에 at noon; at midday.
정오(正誤) (a) correction; rectification. ‖ ~표 a list of errata.
정온(定溫) a fixed temperature. ‖ ~ 동물 a homoiothermic animal.
정욕(情慾) sexual desire(s); (a) lust; a passion. ¶ ~의 노예 a slave of one's passions.
정원(定員) 《직원의》 a regular staff; the full number [strength] 《*of a staff*》; 《수용력》 the 《*seating*》 capacity 《*of a car*》; complement (배의); 《정원수》 the fixed number; a quorum. ¶ ~외(外)의 supernumerary / ~ 미달로 for want of a quorum / ~에 달하다 reach the number limit; make a quorum(정족수) / ~ 이상의 손님을 태우다 carry more passengers than the seating capacity allows.
정원(庭園) 《lay out》 a garden. ‖ ~사(師) a gardener / ~석 a garden rock (~석의 배치 rock arrangement of a garden / ~수(樹) a garden tree (~수를 손질하다 prune trees in the garden) / ~술(術) (landscape) gardening.
정월(正月) January.
정위치(定位置) one's regular position.
정유(精油) oil refining; refined oil (기름). ‖ ~ 공장 an oil refinery.
정육(精肉) fresh meat; dressed meat. ‖ ~상 a butcher; a meatman / ~점(店) a meat shop; a butcher's (shop).
정육면체(正六面體) a regular hexahedron; a cube.
정은(正銀) pure [solid] silver.
정의(正義) justice; right(eousness). ~의 just; righteous. ¶ ~를 위해서 싸우다 fight for [in] the cause of justice. ‖ ~감 a sense of justice (~감이 강하다 have a strong sense of justice).
정의(定義) a definition. ~하다 define 《*something as*...》. ¶ ~를 내리다 define 《*words*》; give a definition 《*to*》.
정의(情意) emotion [feeling] and will; 《마음》 sentiment; heart. ¶ ~가 상통하다 enjoy [come to] mutual understanding.
정의(情誼) friendly feelings; affections. ¶ ~가 두텁다 be warm-hearted [friendly].
정의(精義) 《뜻》 the exact meaning; 《해석》 a detailed exposition; a full commentary.
정자(正字) a correct letter; an unsimplified character.
정자(亭子) an arbo(u)r; a pavilion; a summerhouse; a bower. ‖ ~나무 a shade tree; a bowery tree.
정자(精子) spermatozoon [*pl.* -zoa]. ‖ ~낭 a spermogonium / ~은행 a sperm bank.
정자형(丁字形) a T-form; a T-shape. ‖ ~자 a T-square.
정작 《부사적》 actually; indeed; really; practically.
정장(正裝) full dress [uniform]. ~하다 be in full dress [uniform].
정장(艇長) a captain; a coxswain; a skipper.
정장석(正長石) 〖鑛〗 orthoclase.
정장제(整腸劑) medicine for intestinal disorders.
정쟁(政爭) political strife. ¶ ~의 도구로 삼다 make a political issue 《*of*》.
정적(政敵) a political opponent [rival, enemy, adversary].
정적(靜的) static(al); passive (소극적).
정적(靜寂) silence; stillness. ¶ ~을 깨뜨리다 break silence.
정전(正殿) the royal audience chamber.
정전(停電) a stoppage of electric current; power failure [suspension]. ~하다 the electric current is cut off [stops]; cause a power failure.
정전(停戰) the suspension of hostilities; a cease-fire; a truce. ~하다 suspend hostilities; have a truce. ‖ ~회담 a cease-fire conference [negotiation].
정전(靜電) ‖ ~ 감응 electrostatic induction / ~계 an electrostatic field / ~ 용량 capacitance / ~학 electrostatics.
정전기(靜電氣) 〖電〗 static electricity.
정절(貞節) fidelity; chastity; virtue. ¶ ~을 지키다 lead a chaste life.
정점(定點) a definite [fixed] point.
정점(頂點) the height; the top; 《reach》 the peak [climax] 《*of*》; the zenith; the apex 《*of a triangle*》.
정정(訂正) (a) correction; (a) revision(개정). ~하다 correct 《*errors*》; revise 《*books*》; amend; rectify. ‖ ~(증보)판 a revised (and enlarged) edition.
정정(政情) political conditions [affairs]. ¶ ~의 안정 [불안정] political stability [instability].

정정당당(正正堂堂) ～한 fair and square; open and aboveboard. ¶ ～히 fairly (and squarely); openly; like a man.
정정하다(亭亭一) 《노익장》 (be) hale and hearty; vigorous.
정제(精製) refining. ～하다 refine. ‖ ～ 공장 a refinery / ～당〔염〕 refined sugar 〔salt〕 / ～법 a refining process.
정제(整除) 〖數〗 divisibility. ¶ ～되는 (exactly) divisible 《*number*》. ‖ ～수 aliquot (part); exact divisor.
정제(錠劑) a tablet; a tabloid; a pill.
정조(貞操) chastity; hono(u)r; virtue; faithfulness; virginity. ¶ ～를 바치다 give oneself to 《*a man*》 / ～를 잃다〔팔다〕 lose 〔sell〕 one's chastity〔virtue〕 / ～를 지키다 preserve one's virtue; remain faithful. ‖ ～대 a chastity belt / ～유린 a violation of chastity.
정조(情調) an atmosphere; a tone.
정족(鼎足) the legs of a tripod. ‖ ～지세(之勢) triangular position; three-cornered situation.
정족수(定足數) a quorum. ¶ ～ 미달로 유회되다 be adjourned for want of a quorum.
정종(正宗) refined rice wine.
정좌(正坐) ～하다 sit straight 〔upright, square〕.
정좌(靜坐) ～하다 sit quietly.
정주(定住) ～하다 establish a domicile; settle down.
정중(鄭重) ～한 courteous; respectful; polite. ¶ ～히 politely; courteously.
정지(停止) 《중지》 suspension; 《금지》 ban; 《휴지》 standstill; stop; 《정돈》 deadlock; 《중단》 (an) interruption. ～하다 stop; suspend; place under a ban; interrupt. ‖ ～선 the stop line / ～ 신호 a stop signal.
정지(靜止) ～하다 rest; stand still; be at 〔come to〕 a standstill.
정지(整地) land readjustment; soil preparation. ～하다 readjust the land 《*for construction*》; prepare the soil 《*for planting*》. ‖ ～ 작업 ground leveling works.
정직(正直) honesty. ¶ ～한〔하게〕 honest(ly); upright(ly); square(ly).
정직(停職) suspension from office.
정진(精進) close application; devotion. ～하다 devote oneself 《*to the study*》; apply oneself 《*to*》.
정차(停車) ☞ 정거(停車). ‖ ～ 시간 stoppage time.
정착(定着) fixation; fixing (사진의). ～하다 fix; take root. ‖ ～금〔수당〕 resettlement funds 〔allowance〕 / ～액(液) a fixing solution / ～제 a fixer; a fixing agent.
정찬(正餐) a dinner.
정찰(正札) a price label; a price mark 〔tag〕. ¶ ～을 붙이다 mark a price. ‖ ～제 a price tag 〔fixed price〕 system.
정찰(偵察) reconnaissance; scouting; patrol. ～하다 reconnoiter; scout; patrol. ‖ ～기 a scout 〔reconnaissance〕 plane / ～대 a reconnaissance party; a patrol; scouts / ～비행 a reconnaissance flight.
정채(精彩) luster; brilliance; life; vividness.
정책(政策) a policy; political measures. ‖ ～ 강령 a platform / ～ 노선 party line 《美》 / ～ 입안자 a policy maker / 외교〔경제, 사회〕 ～ a foreign 〔an economic, a social〕 policy.
정처(定處) ¶ ～없이 떠돌다 wander from place to place.
정체(正體) one's true character 〔colo(u)rs〕. ¶ ～모를 strange; mysterious / ～를 드러내다 show one's true colors; betray oneself.
정체(政體) a form 〔system〕 of government; a political system. ‖ 공화 ～ a republican system 〔form〕 of government.
정체(停滯) 《정돈》 accumulation; 《침체》 stagnation; 《자금·화물의》 a tie-up. ～하다 be stagnant; congest; accumulate; be sluggish; fall into arrears (지불이).
정초(正初) the first ten days of January. ¶ ～에 early in January.
정초(定礎) ～하다 lay the cornerstone of (a building).
정충(精蟲) ☞ 정자(精子).
정취(情趣) mood (기분); sentiment (정서); artistic effect (아치).
정치(定置) ～하다 station. ¶ ～의 fixed; stationary. ‖ ～망 a fixed shore net (～망 어업 drift-net fishing).
정치(政治) government; administration; politics (정략); political affairs (정무). ～적 political. ¶ 밝은 ～ clean politics. ‖ ～가 a statesman; a politician (경멸적) / ～ 문제 《develop into》 a political issue / ～범 《죄》 political offense 〔crime〕; 《사람》 a political offender 〔criminal〕 / ～ 사찰 political surveillance / ～자금(資金)〔헌금〕 political funds 〔donation〕 / ～학(學) politics; political science (～학자 a political scientist) / 관료(官僚) ～ bureaucratic government / 지방 ～ local politics 〔government〕.
정치(精緻) ～한 nice; fine; exquisite.
정치깡패(政治—) political hoodlums; a political henchman.
정치력(政治力) political power 〔influence〕. ¶ ～의 빈곤 lack of political ingenuity 〔ability〕; poor statesmanship.
정치풍토(政治風土) the political climate. ‖ ～ 쇄신 the renovation of the political climate.
정치활동(政治活動) political activ-

ities. ¶ ~을 하다 engage in politics 〔political activity〕. ‖ ~ 정화법 the Political Purification Law.
정칙(正則) a regular system.
정칙(定則) a law; an established rule.
정크 《중국의 배》 a junk.
정탐(偵探) ~하다 spy (on). ‖ ~꾼 a spy.
정태(靜態) ~의 static(al); stationary. ‖ ~ 경제학 static economics.
정토(淨土) Paradise; the Buddhist Elysium.
정통(正統) legitimacy; orthodoxy. ~의 legitimate; orthodox. ‖ ~주의 legitimism / ~(학)파 the orthodox school.
정통(精通) ~하다 be well versed 〔informed〕 《in》; have a thorough knowledge 《of》. ¶ ~한 소식통 a well-informed source.
정판(整版) 〚印〛 make-up; justification. ~하다 make up; justify. ‖ ~공 a justifier; a maker-up.
정평(定評) an established reputation; a settled opinion. ¶ ~ 있는 acknowledged; recognized; (well-) established / ~이 있다 enjoy an established reputation.
정표(情表) a love token; a token 《of》; 《팁》 a gratuity; a tip.
정풍(整風) ‖ ~ 운동 the rectification campaign.
정하다(定—) 《결정》 decide 《on》. fix 《*the price*》; determine; settle 《*a matter*》; 《협정》 arrange; agree upon; 《날짜를》 set; fix 《*a date*》; appoint; 《선정》 choose; 《결심》 resolve; determine; be resolved 〔determined〕 《*to do*》; 《규칙을》 lay down 《*a law*》; establish.
정하다(淨—) (be) clear; clean; pure.
정학(停學) suspension from school; rustication 《英》. ¶ ~당하다 be suspended from school.
정해(正解) a correct answer 〔solution〕. ~하다 give a correct answer 〔solution〕. ‖ ~자 a person who gives a correct answer.
정해(精解) full 〔detailed〕 explanation. ~하다 explain minutely 〔in detail〕.
정해지다(定—) 《결정》 be decided; be settled; be fixed; 《합의》 be arranged; be agreed upon; 《규정》 be laid down; be provided 〔stipulated〕.
정형(定形) a fixed form; a regular shape.
정형(定型) a (fixed) type; a definite form. ~적 typical. ‖ ~시 set-form 〔-rhymed〕 verse.
정형(整形) ‖ ~ 수술 《undergo》 plastic 〔cosmetic(미용의)〕 operation / ~ 외과 plastic surgery; orthopedics; cosmetic surgery(미용의) (~ 외과의(醫) an orthopedist; a plastic 〔cosmetic〕 surgeon).
정혼(定婚) ~하다 arrange a marriage; betroth.
정화(正貨) specie. ‖ ~ 보유고 specie holdings / ~ 준비 specie 〔gold〕 reserve.
정화(淨火) a sacred fire.
정화(淨化) purification; clean-up. ~하다 purify; clarify; clean up. ‖ ~기〔장치〕 a purifier / ~ 운동 a clean-up movement 〔drive〕 / ~조(槽) a septic tank (화장실 등의); a water purifier tank (음료수의).
정화(情火) ☞ 정염(情炎).
정화(精華) the essence 《of》; the flower 《of》; the glory; the cream; the *élite*.
정화수(井華水) clear well-water drawn at early dawn.
정확(正確) correctness; exactness; accuracy; precision; exactitude; punctuality(시간의). ¶ ~한〔히〕 exact(ly); correct(ly); accurate(ly) / ~히 말하면 to be exact / ~한 발음 correct pronunciation / 시간을 ~히 지키다 be punctual.
정확(精確) accuracy; precision; exactitude. ¶ ~한〔히〕 accurate(ly); precise(ly); exact(ly).
정황(情況) ☞ 상황. ‖ ~ 증거 〚法〛 circumstantial 〔direct〕 evidence.
정회(停會) the suspension of a meeting; prorogation (의회의); adjournment (휴회). ~하다 suspend a meeting; adjourn; prorogue.
정회원(正會員) a full 〔regular〕 member. ¶ ~의 자격 full membership.
정훈(政訓) troop information and education.
정휴일(定休日) a regular 〔set〕 holiday.
정히(正—) surely; certainly; quite.
젖 《유방》 the breast(s); 《유즙》 milk; mother's milk (모유); cow's milk (우유). ¶ ~빛의 milky / ~을 빨다 suck breast / ~을 물리다 give the breast 《*to a baby*》 / ~을 떼다 wean / ~을 짜다 《소의》 milk a cow. ‖ ~가슴 the breasts; the bosom / ~꼭지 the teat(s); the nipple(s) / ~니 a milk tooth / ~먹이 a suckling; a baby / ~멍울 a lump in the breast / ~병 a nursing bottle / ~소 a milch 〔milking〕 cow.
젖내나다 smell of milk; 《미숙하다》 be babyish 〔green, unfledged, callow〕.
젖다 get wet; be damp; be soaked 〔drenched〕 (흠뻑). ¶ 젖은 wet; damp / 비에 ~ get wet in the rain / 땀에 ~ be wet with perspiration.
젖몸살 mastitis. ¶ ~을 앓다 suffer from mastitis; have inflamed mammary glands.
젖혀지다 be turned over 〔up〕.
젖히다 turn over; turn up 《*a card*》; open.

제¹ ① 《자기》 self; oneself; one's own (자기의). ¶ ~ 마음대로 of one's own accord; of one's own free will; as one pleases (likes) / ~ 생각만 하다 be thinking only of oneself. ② 《나》 I; 《나의》 my; my own. ¶ ~ 생각으로는 in my opinion; for my part.
제² 《저기》 that place; there.
제(弟) 《자칭》 I; me.
제(帝) an emperor.
제(祭) 《제사》 ancestor memorial service; 《축제》 a festival; a fete. ¶ 기념 ~ a commemoration / 50 년 ~ a jubilee / 백년 ~ a centennial; a centenary.
제(題) ☞ 제목.
제(諸) many; several; various; all.
제…(第) No.; number…; -th. ¶ ~일 the first.
…제(制) a system; an institution. ¶ 8 시간 ~ the eight-hour system.
…제(製) make; manufacture. ¶ 외국 ~ foreign manufacture (make).
…제(劑) a medicine; a drug.
제각기(一各其) each (one); respectively; individually. ¶ ~ 방이 있다 Each one of us has a room to *himself*., We each have our own room.
제강(製鋼) steel manufacture. ‖ ~소 a steel mill; a steelworks / ~업 the steel industry.
제거(除去) ~하다 get rid of; clear 《*of*》; exclude; remove 《*obstacles, a cause*》; eliminate.
제것 one's own property; one's possession (belongings). ¶ ~으로 만들다 make 《*things*》 one's own; have 《*a thing*》 for one's own / ~이 되다 fall into one's hands.
제격(一格) becoming (being suitable) to one's status. ¶ 그 일엔 그가 ~이다 He is the right man for the work.
제고하다(提高一) raise; uplift.
제곱 a square. ~하다 square (multiply) 《*a number*》. ‖ ~근 a square root / ~비(比) duplicate proportion / ~수 a square number.
제공(提供) an offer; supply. ~하다 (make an) offer; supply; furnish; provide. ‖ ~가격(價格) the price proffered.
제공권(制空權) the mastery (command) of the air. ¶ ~을 장악하다 command the air.
제과(製菓) confectionery. ‖ ~업자 a confectioner / ~점 a confectionery / ~회사 a confectionery company.
제관(帝冠) a crown.
제관(製罐) can manufacturing; canning 《美》; tinning 《英》. ‖ ~공장 a can-manufacturing plant.
제구(制球) ‖ ~력 〖野〗 《have good》 control of the ball.
제구(祭具) utensil used in religious services.
제구실 one's duty (function, obligation); one's share (bit). ~하다 perform one's function (duty) worthily; do one's bit; be worth one's salt.
제국(帝國) an empire. ~의 imperial. ‖ ~주의 imperialism(~주의적 imperialistic / ~주의자 an imperialist).
제국(諸國) all (many) countries.
제군(諸君) gentlemen; my friends; you.
제금(提琴) a violin. ‖ ~가 a violinist.
제기¹ 《유희》 a Korean shuttlecock; a *jegi*.
제기² 《제기랄》 Shucks!; Hell!; Damn (it)!; Hang it!
제기(祭器) receptacles used in religious services.
제기(提起) ~하다 present; bring up (forward) 《*a problem*》; raise 《*a question*》; propose 《*a plan*》; institute (lodge) 《*a suit*》. ¶ (문제를) 회의에 ~하다 bring 《*a matter*》 before a meeting / 이의를 ~하다 raise an objection 《*to*》.
제깐에 in one's own estimation; for one's part; as for oneself.
제꺽 《부딪치는 소리》 clink; bang; rattling; 《부러지는 소리》 with a snap; 《급히》 quickly; speedily. ~거리다 clink; click; rattle; snap.
제네바 Geneva.
제단(祭壇) an altar.
제당(製糖) sugar manufacture. ‖ ~공장 a sugar mill / ~업 the sugar-manufacturing industry / ~회사 a sugar-manufacturing company.
제대(除隊) discharge from military service. ~하다 be discharged from military service. ‖ ~병 a discharged soldier / 만기 ~ an honorable discharge / 불명예 ~ a dishonorable discharge / 의가사 ~ a hardship discharge / 의병 ~ a medical discharge (의병 ~하다 be invalided out of the army; get a medical discharge).
제대(梯隊) 〖軍〗 an echelon.
제대로 《사실대로》 as it is; intact; untouched; 《잘·순조로이》 well; smoothly; 《변변히》 enough; properly; fully. ¶ ~ 생각지도 않고 without due consideration / ~ 잘되다 《일이》 go well; be successful / ~ 잠을 못자다 sleep badly.
제도(制度) a system; an institution. ¶ ~상의 institutional. ‖ 의회 ~ the parliamentary regime / 현행 ~ the existing system.
제도(製陶) pottery manufacture; porcelain making. ‖ ~술 ceramics.
제도(製圖) drafting; drawing; cartography (지도의). ~하다 draw (draft) a plan. ‖ ~가 a draftsman / ~기 a drawing instruments.

제도(諸島) a group of islands; an archipelago.
제도(濟度) salvation; redemption (속죄). ~하다 save; redeem.
제독(制毒) ~하다 rid of noxious influence.
제독(提督) an admiral; a commodore.
제동(制動) braking; 〖電〗 damping. ¶ ~을 걸다 put on the brake. ‖ ~기 a brake / ~자(子) a damper / ~ 장치 a damping device; 〖空〗 an arresting gear / ~ 활강 〖登〗 glissade; 〖스키〗 stemming; a stem.
제등(提燈) a (paper) lantern.
제등수(諸等數) 〖數〗 a compound number.
제딴은 ☞ 제깐에.
제때 an appointed (a scheduled, a proper) time.
제라늄 〖植〗 a geranium.
제련(製鍊) refining; smelting. ~하다 refine 《*metals*》; smelt 《*copper*》. ‖ ~소 a refinery; a smeltery.
제령(制令) an institution; a regulation.
제례(祭禮) religious ceremonies.
제로 zero; nought.
제록스 《상표명》 Xerox. ¶ ~로 복사하다 xerox (a copy).
제마(製麻) hemp dressing.
제막(除幕) ~하다 unveil 《*a statue*》. ‖ ~식 the unveiling ceremony.
제멋 one's own taste (way, fancy, style). ¶ 오이를 거꾸로 먹어도 ~ 《俗談》 Everyman to his taste.
제멋대로 as one pleases (likes); wilfully; waywardly. ¶ ~ 굴다 have one's own way; act wilfully.
제면(製綿) ~하다 gin cotton.
제면(製麵) ~하다 make noodles. ‖ ~기 a noodle-making machine.
제명(除名) expulsion. ~하다 expel 《*from*》; strike a name off a list. ¶ ~ 처분을 당하다 be expelled (dismissed) 《*from membership*》.
제명(題名) a title.
제모(制帽) a regulation (uniform) cap.
제목(題目) 《글제》 a subject; a theme; 《표제》 a title; a headline. ¶ ~을 붙이다 give a title 《*to*》; entitle 《*a book*》.
제문(祭文) a funeral address (ode).
제물(祭物) a sacrificial offering.
제물낚시 a (fishing) fly.
제물에 of its (one's) own accord; of itself; spontaneously.
제반(諸般) ~의 various; all; every.
제발 kindly; (if you) please; pray. ¶ ~ 덕분에 for the love of God; for God's (mercy's) sake.
제방(堤防) a bank; an embankment; a dike; a levee 《美》. ‖ ~ 공사 bank revetment; banking.
제번(除煩) ¶ ~하옵고 《편지 허두에》 I hasten to inform you that....
제법 nicely; quite (good); pretty; passably; fairly; considerably. ¶ ~이다 be better than expected / ~ 덥다 It is quite warm.
제법(製法) a method (process) of manufacture.
제복(制服) 《wear》 a uniform; a regulation dress.
제복(祭服) sacrificial robes.
제본(製本) bookbinding. ~하다 bind 《*a book*》. ¶ ~ 중이다 be at the binder's. ‖ ~소 a (book) bindery.
제분(製粉) milling. ~하다 grind 《*corn*》 to flour. ‖ ~기, ~소 a (flour) mill / ~업 the milling industry (~업자 a miller).
제붙이 ☞ 제살붙이.
제비[1] 《추첨》 a lot; lottery(뽑기); a lottery ticket(한장의). ¶ ~를 뽑다 draw lots.
제비[2] 〖鳥〗 a swallow.
제비꽃 〖植〗 a violet.
제비족(一族) a gigolo (extortionist).
제비추리 beef from the inside ribs.
제빙(製氷) ice manufacture. ‖ ~공장 an ice plant (manufactory) / ~기 an ice machine / ~ 회사 an ice (manufacturing) company.
제사(第四) the fourth. ‖ ~계급 the proletariat / ~ 세대 항생제 the 4th-generation antibiotic.
제사(祭祀) a religious service; a sacrificial rite. ¶ ~를 지내다 perform a sacrificial rite; hold a memorial service 《*for*》.
제사(製絲) spinning; 《견사의》 silk reeling (manufacture); filature. ~하다 reel; draw silk. ‖ ~ 공장 a filature; a silk mill / ~ 기계 reeling machine / ~업 the silk-reeling industry.
제살붙이 one's own people; one's kinsfolk (relatives).
제살이 self-support. ~하다 support oneself; earn (make) one's own living.
제삼(第三) the third. ‖~ 계급 the bourgeoisie; 《평민》 the third estate / ~국 a third power / ~자 a third person (party); an outsider.
제상(祭床) a table arranged with ritual food.
제석(除夕) ☞ 제야.
제석천(帝釋天) *Sakra devānām Indra* 《梵》.
제설(除雪) ~하다 clear (remove) the snow(drifts). ‖ ~기(관차) a snowplow / ~ 작업 snow-removing work.
제세(濟世) salvation of the world. ~하다 save the world.
제소(提訴) ~하다 bring a lawsuit 《*against*》; sue.
제수(弟嫂) a younger brother's wife; one's sister-in-law.
제수(除數) the divisor.
제수(祭需) ① things used in the sacrificial services. ② ☞ 제물.
제스처 《make》 a gesture. ¶ ~에 불과하다 be a mere gesture.

제습(除濕) ~하다 dehumidify. ‖ ~기(器) a dehumidifier.
제시(提示) presentation. ~하다 present; show.
제시간(一時間) the appropriate (proper, scheduled) time. ¶ ~에 on time.
제씨(諸氏) gentlemen; Messrs.
제안(提案) a proposal; a proposition; a suggestion; an overture. ~하다 propose; make an overture; suggest. ‖ ~자 a proposer.
제안설명(提案說明) enunciation of a proposal.
제암성(制癌性) ~의 anticarcinogenic; carcinolytic (암세포 파괴의).
제압(制壓) ~하다 control; gain control (mastery) 《*over*》; dominate.
제야(除夜) 《on》 New Year's Eve.
제약(制約) a restriction; a limitation. ~하다 restrict; limit.
제약(製藥) 《제조》 medicine manufacture; pharmacy; 《약》 a manufactured medicine (drug). ‖ ~ 공장(회사) a pharmaceutical factory (company).
제어(制御) ~하다 control; govern; check; manage. ¶ ~하기 쉬운 (어려운) easy (hard) to control.
제염(製塩) salt manufacture. ‖ ~소 a saltern; a salt manufactory.
제오(第五) the fifth. ‖ ~열 the fifth column; the fifth columnists.
제왕(帝王) an emperor; a monarch; a sovereign. ‖ ~ 절개술 〖醫〗 a Caesarean operation.
제외(除外) ~하다 except; exclude 《*a person*》 from; exempt.
제요(提要) a gist; a summary; a résumé 《프》.
제우스 〖希神〗 Zeus.
제웅 a straw effigy.
제위(帝位) ☞ 왕위(王位).
제위(諸位) gentlemen; my friends.
제유(製油) oil manufacture. ‖ ~소 an oil factory (refinery).
제유법(提喩法) 〖修〗 synecdoche.
제육 pork; hog-meat.
제육감(第六感) the sixth sense. ☞ 육감.
제의(提議) a proposal; an offer; a suggestion(제언). ~하다 propose; offer; suggest; make a suggestion (☞ 제안). ¶ (…의) ~로 at the motion 《*of*》.
제이(第二) the second; the secondary. ~의 the second; 《또하나의》 a second; another; 《중요성이》 secondary. ¶ ~로 secondly; in the second place. ‖ ~인칭 the second person / ~종 우편물 the second-class mail matter.
제일(第一) the first; number one; the best; 《부사적으로》 most, best. ~의 first; primary; prime; principal(주요한); the greatest, the best(으뜸의). ¶ ~ 먼저 in the first place; first (of all); firstly; above all things / ~류의 first-class (-rate). ‖ ~당 the leading party / ~ 방송 network No. 1 / ~보 the first step (~보를 내디디다 make a start)/ ~선 the first (foremost) line; the front (line) / ~심 the first trial / ~ 야당 the major opposition party / ~위 the first (rank) / ~인자 one of the greatest (leading) 《*writers*》; an authority 《*on*》 / ~착 the first in the race / 안전 ~ safety first.
제자(弟子) a disciple; a follower; an apprentice; a student, a pupil (학생). ¶ ~가 되다 become a pupil of; apprentice oneself to.
제자(諸子) 《중국의》 sages; masters.
제자(題字) a prefatory motto (inscription).
제자리걸음하다 step; mark time; be at a standstill (정체). ¶ 평사원으로 ~ remain a mere clerk.
제작(製作) manufacture; production. ~하다 manufacture; make; produce; turn out. ‖ ~비 the cost of production / ~소 a plant; a factory; a works; a mill / ~자 a maker; a manufacturer; producer (영화의).
제재(制裁) punishment; sanction(s); chastisement. ~하다 punish; take sanctions 《*against*》. ¶ 경제적 ~를 가하다 take economic sanction.
제재(製材) sawing; lumbering. ~하다 lumber; do lumbering; saw up 《*logs*》. ‖ ~소 a sawmill; a lumbermill.
제재(題材) subject matter; a theme.
제적(除籍) ~하다 remove 《*a person's name*》 from the register; expel (turn out) 《*a person from school*》.
제전(祭典) 《hold》 a festival; a fete.
제절(諸節) all the family; all of you. ¶ 댁내(宅內) ~이 무고하신지요 How is your family?
제정(制定) ~하다 enact 《*laws*》; establish; institute; legislate.
제정(帝政) Imperial government (rule). ‖ ~ 러시아 Czarist Russia / ~ 시대 the monarchical years.
제정(祭政) ‖ ~ 일치 the unity of church and state; theocracy(제도).
제정신(一精神) 《기절에 대해》 consciousness; senses; 《미친 정신에 대해》 sanity; right mind; 《취하지 않은》 soberness. ~의 sane; sober. ¶ ~이 아니다 be out of one's senses / ~이 들다 come to oneself; recover consciousness / ~이 들게 하다 bring 《*a person*》 to *his* senses.
제조(製造) manufacture; production. ~하다 manufacture; make; produce; turn out. ‖ ~ 능력 manufacturing capacity / ~법 a manufacturing process; a mode of preparation / ~업 the manufacturing industry / ~업 경쟁력 manufacturing competitiveness /

~자(인, 원(元)) a manufacturer; a maker; a producer / ~(공)장 a manufactory; a factory; a plant; a mill.
제주(祭主) the chief mourner.
제주(祭酒) sacred wine; wine offered before the altar.
제주도(濟州島) Jeju Island; Quelpart Island.
제지(制止) control; restraint. ~하다 restrain; check; keep 《*a person*》 from 《*doing*》. ¶ ~할 수 없다 be beyond one's control.
제지(製紙) paper making (manufacture). ‖ ~공장 (업자) a paper mill (manufacturer) / ~업(業) (회사) the paper-manufacturing industry (company) / ~원료(原料) paper stock; pulp.
제차(諸車) ¶ ~통행 금지(通行禁止) 《게시》 Closed to all vehicles., No thoroughfare to vehicles.
제창(提唱) 《제의》 (a) proposal; 《창도》 advocacy. ~하다 propose; advocate; advance; bring (put) forward. ‖ ~자 an advocate; an exponent.
제창(齊唱) a chorus. ~하다 sing 《*the national anthem*》 in unison (chorus).
제척(除斥) ~하다 exclude; reject; challenge 《*the juror*》.
제철 the season 《*for apples*》; suitable time.
제철(製鐵) iron manufacture. ‖ ~소 an iron foundry; an ironworks / ~업 the iron industry / 종합 ~공장 an integrated steelworks.
제쳐놓다 lay (put) aside; set apart (aside). ¶ 모든 일을 제쳐 놓고 before everything.
제초(除草) ~하다 weed 《*a garden*》. ‖ ~기 a weeder / ~제(劑) a weed killer; a weedicide.
제출(提出) presentation; lodging(항의의). ~하다 present; introduce 《*a bill*》; submit; bring forward; advance 《*an opinion*》; hand (send) in; lodge; tender(사표를).
제충(除蟲) ~하다 get rid of worms (insects); exterminate (repel) insects. ‖ ~분 insect powder / ~제 an insecticide; an insect repellent.
제충국(除蟲菊) 〖植〗 a pyrethrum flower. ‖ ~가루 pyrethrum; an insectifuge.
제칠(第七) the seventh. ‖ ~천국 the Seventh Heaven / ~함대 the Seventh Fleet.
제트 ‖ ~여객(전투, 폭격)기 a jet liner (fighter, bomber) / ~기류 a jet stream / ~엔진 a jet engine/ 점보 ~기 a jumbo jet plane.
제판(製版) 〖印〗 plate making. ~하다 plate; make a stereotype (an electrotype) plate. ‖ 사진 ~ photoengraving / ~소 a plate-maker.
제팔(第八) the eighth.
제패(制覇) conquest; supremacy; domination. ~하다 conquer; rule; dominate; gain supremacy; win a championship 《*of*》.
제폐(除弊) ~하다 do away with abuses.
제풀 ¶ ~로(에) of itself; of its own accord; spontaneously.
제품(製品) manufactured goods; a product.
제하다(除—) ① 《제외》 leave out; exclude; except; 《빼다》 take out; deduct; subtract. ¶ 제하고 except (for); exclusive of. ② 《나누다》 divide.
제한(制限) (a) restriction; (a) limitation; a limit; (a) restraint. ~하다 restrict; limit; restrain; confine. ¶ ~없이 without limit (restriction) / 연령 (시간, 속도) 의 ~ age (time, speed) limit. ‖ ~속도 the speed limit / ~전쟁 a limited war / 군비 ~ armament limitation / 생산 ~ a curtailment of output / 수입 ~ import restriction.
제해권(制海權) the command of the sea; naval supremacy. ¶ ~을 장악하다 (잃다) have (lose) the command of the sea.
제헌(制憲) ‖ ~국회 the Constitutional Assembly / ~절 Constitution Day.
제혁(製革) tanning. ‖ ~소 a tannery.
제현(諸賢) (Ladies and) Gentlemen.
제형(梯形) 〖幾〗 a trapezoid; 〖軍〗 an echelon formation(진형). ☞ 사다리꼴.
제형(蹄形) ~의 hoof-shaped; U-shaped. ☞ 말굽.
제호(題號) a title 《*of a book*》.
제화(製靴) ‖ ~공장 a shoemaking factory / ~업 the shoe industry.
제후(諸侯) feudal lords.
제휴(提携) concert; cooperation; a tie-up. ~하다 join hands; act in concert 《*with*》; cooperate 《*with*》. ‖ ~회사 an affiliated concern / 기술 ~ a technical tie-up.
젠장 Hang (Damn) it!; Hell!
젠체하다 put on airs; assume an air of importance.
젠틀맨 a gentleman.
젤라틴 〖化〗 gelatin(e).
젤리 jelly.
젯밥(祭—) boiled rice that has been offered in sacrifice.
젱그렁 with a clang (clango(u)r). ~거리다 jangle; clang.
조¹ 〖植〗 millet; a millet seed(조알).
조(條) an article; a clause; an item. ¶ 제 5~ Article 5.
조(組) 《단(團)》 a group; a gang(악한의); a class(급); a team(경기의); a crew (승무원). ¶ 3인~ 강도 a gang of three robbers.
조(調) ① 《곡조》 a tune; meter.

¶ 장〔단〕~ major 〔minor〕 key. ② 《말투》 an air 〔attitude〕 《*of*》. ¶ 비난 ~로 with an air of censure.

조(朝) a dynasty. ¶ 이~ the Yi dynasty.

조(兆) a trillion《美》; a billion《英》.

조² that little 《*thing over there*》. ¶ ~놈 that little guy.

조가(弔歌) a dirge; an elegy; a lament.

조가비 a shell. ‖ ~세공 shellwork.

조각 a splinter; a slice; a slip; a strip; a flake; a piece; a fragment. ‖ ~달 a crescent (moon) / ~보 a patchwork wrapping-cloth / 유리 ~ splinters of glass / 종잇~ bits 〔scraps〕 of paper.

조각(彫刻) 《조각술》 sculpture; carving; engraving. ~하다 sculpture; carve(나무에); engrave. ‖ ~가 an engraver; a carver; a sculptor / ~도 a graver; a burin / ~물 a (piece of) sculpture; a carving; an engraving.

조각(組閣) formation of a Cabinet. ~하다 form 〔organize〕 a Cabinet.

조각나다 《깨지다》 be broken to pieces; break into splinters; split in pieces; splinter; break; cleave.

조각조각 in 〔to〕 pieces 〔bits, fragments〕.

조간(朝刊) a morning paper.

조갈(燥渴) thirst. ¶ ~이 나다 feel thirsty.

조감도(鳥瞰圖) a bird's-eye-view; an airscape.

조강(粗鋼) crude steel.

조강(糟糠) ‖ ~지처 a wife married in poverty; one's good old wife.

조개 a shellfish. ‖ ~탄 oval briquet(te)s / 조갯살 clam meat.

조객(弔客) a caller for condolence; a condoler.

조건(條件) a condition; a stipulation; a term. ¶ ~부로 conditionally; with conditions attached. ‖ ~ 반사 〔生〕 conditioned reflex 〔response〕 / ~법 〔文〕 the conditional mood.

조견표(早見表) a chart; a table. ‖ 계산 ~ a ready reckoner / 전화번호 ~ telephone numbers at a glance.

조경(造景) landscape architecture 〔gardening〕. ‖ ~사(師) a landscape architecture.

조계(租界) a 《*British*》 concession; a settlement.

조공(朝貢) tribute. ~하다 pay 〔offer〕 a tribute 《*to a country*》. ‖ ~국 a tributary state; a vassal.

조관(條款) ☞ 약관(約款).

조광권(租鑛權) a mining right 〔concession〕; the royalty.

조교(吊橋) a suspension bridge.

조교(助教) an assistant teacher; an assistant (조수).

조교(調教) ☞ 조마(調馬).

조교수(助教授) an assistant professor.

조국(祖國) one's fatherland; one's (mother) country. ‖ ~애 love of 〔for〕 one's country; patriotism.

조규(條規) a stipulation; articles 〔provisions, regulations〕 《*of a law*》.

조그마하다 (be) smallish; be of a somewhat small size (서술적).

조그만큼 《양》 just a little; 《수》 just a few; 《정도》 slightly; a little.

조금 《양》 a small quantity 《*of*》; a little; some; 《수》 a small number 《*of*》; a few; some; 《부사》 somewhat; a little; a bit; slightly; 《시간》 (for) a moment; just; a while; 《거리》 a little way. ¶ ~씩 little by little; bit by bit / ~더 a little 〔few〕 more / ~ 전에 a little while ago / ~떨어져 a little way off / ~도 (not) in the least; (not) at all; (not) in the slightest degree; (not) a bit / …와 ~도 틀리지 않다 be just like; be not a bit different from.

조금(潮—) 〔地〕 the neap (tide).

조급(躁急) ~한 impatient; impetuous; hasty. ¶ ~히 impetuously; hastily.

조기 〔魚〕 a yellow corvina.

조기(弔旗) 《hang》 a flag at half-mast(-staff); a mourning flag.

조기(早起) getting up early 《*in the morning*》. ‖ ~회 an early risers' club 〔meeting〕.

조기(早期) an early stage. ‖ ~발견 an early detection / ~ 진단〔치료〕 early diagnosis 〔treatment〕(~진단을 받다 consult a doctor at an early stage).

조끼¹ a vest 《美》; a waistcoat 《英》.

조끼² a jug; a mug; a tankard (큰). ‖ 맥주 한 ~ a jug of beer.

조난(遭難) a disaster; an accident; a shipwreck (파선). ~하다 meet with a disaster 〔an accident〕; be in distress; be wrecked (파선되다). ‖ ~구조선 a rescue boat / ~선 a ship in distress; a wrecked ship / ~신호 《send》 an SOS; a distress signal / ~자 a victim; a sufferer; a survivor (생존자).

조달(調達) supply (공급); procurement (구매); preparation (조제); raising (돈의); fulfillment (주문의). ~하다 supply 《*articles*》; provide; furnish; raise 《*money for...*》; fill 《*an order*》; procure. ‖ ~과(課) a supplies (procurement) section / ~청 the Office of Supply.

조당(粗糖) raw 〔unrefined〕 sugar.

조대 a bamboo 〔clay〕 pipe.

조도(照度) illuminance; (intensity of) illumination.

조동사(助動詞) 〔文〕 an auxiliary verb.

조라기 strips of hemp; tow.

조라떨다 act rashly; mess up.

조락(凋落) withering. ～하다 wither; fade; decline; decay. ¶ ～의 길을 걷다 head for ruin [downfall].
조력(助力) help; aid; assistance; co(-)operation (협력). ～하다 help; aid; assist 《*in*》. ‖ ～자 a helper; an assistant.
조력(潮力) ‖ ～발전소 a tidal (power) plant.
조련(調練) military drill; training. ～하다 drill; train.
조령모개(朝令暮改) an unsettled course of action; lack of principle. ¶ ～(식)의 정책 a fickle [an erratic] policy.
조례(弔禮) condolatory etiquette [manners].
조례(條例) regulations; rules; laws; acts. ‖ 시～ a municipal ordinance / 신문 ～ the press laws.
조례(朝禮) a morning gathering.
조로(早老) ～의 prematurely old [aged]. ‖ ～ 현상 symptoms of premature old age.
조로아스터교(一敎) Zoroastrianism.
조롱(嘲弄) ridicule; derision; a sneer. ～하다 ridicule; deride; mock; make fun of; laugh at.
조롱박 ① 〖植〗 a bottle gourd; a calabash. ② 《바가지》 a (dipping) gourd.
조루(早漏) premature ejaculation.
조류(鳥類) birds; fowls. ‖ ～학 ornithology (～학자 an ornithologist).
조류(潮流) a (tidal) current; a tide; a trend(추세); a tendency. ¶ 시대 ～를 따르다 go with the current of the times / 시대 ～에 거스르다 swim against the stream.
조류(藻類) 〖植〗 the algae. ～의 algoid. ‖ ～학 algology.
조륙(造陸) ‖ ～ 운동 epeirogenic movements.
조르다 ① 《죄다》 tighten; wring; strangle (목을). ¶ 목을 졸라 죽이다 strangle 《*a person*》 (to death). ② 《요구》 importune [press, tease] 《*a person for a thing, to do*》.
조르르 《물이》 trickling; dribbling; running; 《구르다·미끄러지다》 slipping [rolling, sliding] down; 《뒤따름》 tagging along. ¶ 물이 ～ 나오다 water dribbles from 《*the faucet*》 / ～ 따라다니다 tag at 《*a person's*》 heels.
조르륵 bubblingly; droppingly.
조리(笊籬) a (bamboo) strainer; a (bamboo) mesh dipper.
조리(條理) logic; reason. ¶ ～가 선 reasonable; logical; consistent.
조리(調理) ① 《조섭(調攝)》 care of health. ～하다 take care of one's health; recuperate oneself. ② 《요리》 cooking; cookery. ～하다 cook; prepare 《*food*》. ‖ ～대(臺) a dresser; a kitchen table.
조리 there. ☞ 저리.
조리개 ① 《끈》 a tightening string [cord]. ② 《사진기의》 an iris [*pl.* ～es, irides]; a diaphragm; a stop.
조리다 boil 《*fish*》 down 《*in soy*》.
조리차하다 economize; be sparing [frugal] of; reduce [cut down] 《*expenses*》.
조림 《조려 만든》 hard-boiled food.
조림(造林) afforestation. ～하다 afforest 《*a mountain*》; plant trees. ‖ ～학[법] forestry.
조립(組立) construction; assembly (기계의); framework; set-up. ～하다 put [fit] 《*a machine*》; construct; assemble 《*an auto*》; set [fix] up. ‖ ～공 an assembler / ～공장 an assembly plant / ～(식) 주택 a prefab(ricated house) / ～(식) 책장 a sectional bookcase.
조마(調馬) horse training [breaking]. ‖ ～사 a horse trainer.
조마조마하다 (be) fidgety; edgy; agitated; feel nervous [uneasy, anxious] (서술적).
조막손이 a claw-handed person.
조만간(早晩間) sooner or later.
조망(眺望) a view; a prospect; a lookout (전망). ～하다 take [command] a view of; look out over [upon] 《*the sea*》. ¶ ～이 좋다 《The hill》 commands [affords] a fine view 《*of*》.
조명(照明) lighting; illumination. ～하다 light up; illuminate. ‖ ～탄 a flare [light] bomb / ～ 효과 light effect.
조모(祖母) a grandmother.
조목(條目) an article; a clause; an item.
조무래기 《물건》 petty goods; trifling things; sundries; 《아이》 an urchin; little kids; kiddies.
조문(弔文) a letter of condolence.
조문(弔問) a call of condolence. ～하다 call 《*on a person*》 to express one's condolence. ‖ ～사절단 a mission of [for] condolence.
조문(條文) 《본문》 the text 《*of regulations*》; 《조항》 provisions.
조물주(造物主) the Creator; the Maker.
조미(調味) ～하다 season; give flavor 《*to*》; dress. ‖ ～료 (a) seasoning; condiments.
조밀(稠密) density. ～한 dense; thick; close; crowded. ¶ 인구가 ～하다 be densely populated.
조바심하다 worry oneself 《*about*》; be anxious [cautious] 《*about*》; be nervous; be impatient.
조박(糟粕) 《재강》 (brewers') grains; draff; lees; 《학문의》 dregs; lees; leavings.
조반(朝飯) breakfast. ¶ ～을 먹다 (take) breakfast.
조발성치매(早發性痴呆) 〖醫〗 dementia praecox.
조밥 boiled millet (and rice).
조방농업(粗放農業) extensive agri-

culture.
조변석개(朝變夕改) ☞ 조령모개.
조병창(造兵廠) an arsenal; an armo(u)ry《美》.
조복(朝服) a court dress.
조부(祖父) a grandfather.
조부모(祖父母) grandparents. ¶ ~의 grandparental.
조분석(鳥糞石) guano deposit.
조붓하다 be a bit narrow (서술적).
조사(弔辭) a letter [message] of condolence; 《give》 a funeral address.
조사(助詞) an auxiliary word; a particle.
조사(祖師) the founder of a sect.
조사(照射) irradiation. ¶ X선을 ~하다 apply X rays 《*to*》.
조사(調査) (an) investigation; (an) examination; an inquiry; a survey; (a) census (인구의). ~하다 investigate; examine [search] (into); inquire [look] into; make a search for [after]; take a census 《*of the population*》. ‖ ~관 an examiner; an investigator / ~ 대상 the subjective of investigation / ~부 an inquiry section / ~ 위원회 an investigation [a fact-finding] committee.
조산(早産) premature birth. ~하다 give birth to a baby prematurely. ‖ ~아(兒) a prematurely born baby; a preemie《美口》.
조산(助産) midwifery. ‖ ~부(원) a midwife / ~술 obstetrics.
조산(造山) an artificial [a miniature] hill; a rockery.
조상(弔喪) condolence. ~하다 condole 《*with a mourner*》.
조상(祖上) an ancestor; a forefather.
조상(彫像) a (carved) statue.
조색(調色) mixing colours.
조색기구(阻塞氣球) a barrage balloon.
조생종(早生種) a precocious species; an early-ripening plant.
조서(詔書) a royal edict [rescript].
조서(調書) 【法】 a protocol; a record; writing evidence. ¶ ~의 작성 drawing up of a protocol / ~를 꾸미다 put 《*a deposition*》 on record.
조석(朝夕) morning and evening.
조선(造船) shipbuilding. ~하다 build a ship. ‖ ~ 기사 a naval [marine] engineer / ~ 능력 shipbuilding capacity / ~대 a shipway; a slip / ~소 a shipyard; a dockyard / ~업 the shipbuilding industry / ~학 naval architecture.
조섭(調攝) ☞ 조리(調理) ①.
조성(助成) ~하다 help; further; aid; assist; contribute 《*to*》. ‖ ~금(金) a subsidy; a grant-in-aid.
조성(造成) production; construction. ~하다 make up; produce [create] 《*a terror atmosphere*》. ¶ 택지를 ~하다 prepare a housing site.
조성(組成) formation; composition. ~하다 compose; constitute; form. ‖ ~분 a component.
조세(租稅) taxes; taxation; rates. ¶ ~를 부과하다 impose a tax upon.
조소(彫塑) carving and modeling; 《소상》 a clay model.
조소(嘲笑) a ridicule; derision; a sneer; a sardonic smile. ~하다 laugh [jeer] at; ridicule. ¶ ~거리가 되다 be a laughing stock 《*of*》.
조속(早速) ~히 as soon as possible; at your earliest convenience.
조수(助手) an assistant; a helper. ‖ ~석 a seat beside the driver / 외과(의) ~ a surgeon's mate; a surgical assistant.
조수(鳥獸) birds and beasts; fur and feather.
조수(潮水) tidal [tide] water; the tides. ¶ ~의 간만 the ebb and flow of the tide / ~처럼 밀려들다 surge; rush like a flood.
조숙(早熟) early maturity; premature growth [ripeness]; precocity. ~하다 mature [ripen] early. ¶ ~한 premature; precocious 《*child*》.
조식(粗食) coarse [plain] food; poor fare [diet]. ~하다 live on poor food [a frugal diet].
조신(操身) careful behaviour; prudent conduct. ~하다 《서술적》 be careful of oneself; behave oneself prudently; be discreet.
조실부모(早失父母) ~하다 lose one's parents early in life.
조심(操心) 《주의》 caution; heed; care; 《신중》 prudence; circumspection; 《경계》 precaution; vigilance. ~하다 take care 《*with*》; be careful [cautious] 《*about*》; watch oneself; take precautions 《*against*》; beware 《*of*》.
조심성(操心性) cautiousness; carefulness. ¶ ~이 없다 be careless [thoughtless]; be heedless [imprudent].
조아리다 give a deep bow (in reverence); kowtow.
조아팔다 sell in small lots 《*of*》.
조악(粗惡) ~한 coarse; crude; inferior. ‖ ~품 coarse articles; goods of poor [inferior] quality.
조암광물(造岩鑛物) rock-forming minerals.
조야(粗野) ~한 coarse; rough; unrefined; rude; rustic.
조야(朝野) the government and the people; the whole nation.
조약(條約) 《conclude, break》 a treaty; a convention; an agreement; a pact. ¶ ~을 지키다 [어기다, 폐기하다] observe [violate, denounce] a treaty. ‖ ~국 a treaty power / ~ 규정 treaty provisions [stipulations].

조약돌 a pebble; a gravel.
조어(造語) 《말》 a coined word; a coinage; 《만들기》 coinage.
조언(助言) (a piece of) advice; counsel; a hint; a suggestion. ～하다 advise; counsel; give 《*a person*》 advice. ‖ ～자 an adviser; a counselor.
조업(操業) operation; work. ～하다 run 《*a factory*》; work; operate. ‖ ～ 단축 a reduction of working hours / 완전 ～ full operation.
조역(助役) 《조력자》 an assistant; a helper; 《철도 역장의》 an assistant stationmaster.
조연(助演) ～하다 play a supporting role 《*in*》; support; act with. ‖ ～자 a supporting player; a byplayer.
조예(造詣) attainments; scholarship. ¶ …에 ～가 깊다 have a profound knowledge 《*of*》; be versed (erudite) in 《*biology*》; be at home (of great erudition) 《*in*》.
조용하다 《잠잠하다》 (be) quiet; silent; still; 《안온》 (be) calm; placid; tranquil; serene; peaceful; gentle; soft. ¶ 조용히 quietly; calmly; peacefully / 조용히 해라 Be quiet!; Keep still!
조우(遭遇) ～하다 come across; encounter; meet with. ‖ ～전 an encounter (battle).
조울병(躁鬱病) 〖醫〗 a manic-depressive insanity(psychosis). ‖ ～환자 a manic-depressive.
조위(弔慰) ☞ 조의(弔意). ‖ ～금(金) condolence money.
조율(調律) tuning. ～하다 tune 《*a piano*》; put 《*a piano*》 in tune. ‖ ～사 a 《*piano*》 tuner.
조의(弔意) condolence; mourning. ¶ ～를 표(表)하다 express one's deep sorrow 《*to*》; show one's mourning 《*for*》; offer one's condolences 《*to*》.
조인(鳥人) an airman; a birdman.
조인(調印) signature; signing. ～하다 seal; sign; affix one's seal (signature) 《*to*》. ‖ ～국 a signatory power / ～식 the signing ceremony / ～자 a signer; a signatory / 가～ the initial signature.
조작(造作) invention; fabrication; concoction. ～하다 fabricate; invent; forge; cook up; make up.
조작(操作) (an) operation; (a) handling. ～하다 operate 《*a machine*》; manipulate 《*the market*》. ‖ 금융(시장) ～ monetary (market) manipulation.
조잡(粗雜) ～한 rough; coarse; crude.
조장(助長) ～하다 encourage; promote; foster; further. ¶ 악폐를 ～하다 aggravate evils. 「등의).
조장(組長) a head; a foreman (직공
조전(弔電) 《send》 a telegram of condolence (sympathy).
조절(調節) regulation; control; adjustment. ～하다 regulate; control 《*birth, prices*》; adjust; modulate 《*one's voice*》; tune in 《*the radio*》. ‖ ～기(器) a regulator; an adjustor; a modulator (라디오의) / ～판(瓣) a control valve.
조정(朝廷) the (Royal) court.
조정(漕艇) rowing; boating. ‖ ～경기 a boat race.
조정(調停) mediation; arbitration; intervention. ～하다 mediate 《*between*》; arbitrate 《*in, between*》; reconcile; intervene 《*in a strike*》. ‖ ～안(案) a mediation plan; an arbitration proposal / ～자 an arbitrator; a mediator.
조정(調整) regulation; adjustment; co-ordination; modulation(음조의). ～하다 regulate; adjust 《*the price of*》; put 《*a thing*》 in order; control; co-ordinate; modulate. ‖ ～기(器) a regulator; a governor.
조제(粗製) coarse (crude) manufacture. ‖ ～품 a crude (coarse) article; coarse manufactures.
조제(調製) preparation; manufacture. ～하다 make; prepare.
조제(調劑) preparation of medicines. ～하다 prepare a medicine; fill (make up) a prescription. ‖ ～실 a dispensary.
조조(早朝) early morning.
조종(弔鐘) a knell; a funeral bell.
조종(祖宗) ancestors of a king.
조종(操縱) management; handling; operation. ～하다 manage 《*a boat*》; handle; control 《*a machine*》; operate 《*a machine*》; manipulate; pilot (비행기를); steer (배를); pull the wires (배후에서). ‖ ～간(桿) a control stick (lever) / ～사 a pilot; an aviator; an aviatrix(여류) (부～사 a copilot) / ～석 〖空〗 the pilot's seat; a cockpit.
조주(助奏) 〖樂〗 an *obbligato* 《이》.
조준(照準) aim; aiming; laying; sight. ～하다 aim 《*at*》; take aim 《*at*》; lay 《*a gun*》; adjust the sight. ‖ ～기(器) a sight.
조지다 ① 《사개 따위》 fix tightly; tighten (screw) up. ② 《단속함》 control strictly; make it doubly sure.
조직(組織) 《구성》 formation; construction; 《사회·단체의》 (an) organization; (a) structure; (a) constitution; 《체계》 (a) system; 《생물의》 tissue. ～하다 form; organize; constitute; compose; set up. ¶ ～적인 systematic; methodical; organized. ‖ ～망(網) a network of system / ～책 a chief organizer / ～표(票) block votes 《*of*》(선거의) / ～학 〖生〗 histology / ～화 systematization / 근육 ～ muscular tissue.
조짐(兆朕) symptoms; signs; an

omen; a foreboding (전조).
조차(租借) lease 《*of territory*》. ~하다 lease; hold 《*land*》 by 〔on〕 lease. ‖ ~권 lease; leasehold / ~지 a leased territory.
조차(潮差) tidal range.
조차(操車) 〖鐵〗 marshaling. ‖ ~원 a train dispatcher / ~장 a marshaling yard; a switchyard 《美》.
조차 even; so much as; 《게다가》 besides; on top of.
조찬(朝餐) breakfast. ‖ ~ 기도회 a breakfast prayer meeting.
조처(措處) disposal; a measure; a step; a move; action. ~하다 take 《*necessary*》 steps 〔measures〕; take action; deal with; dispose of / ~를 그르치다 take wrong measures.
조척(照尺) ☞ 가늠자.
조청(造淸) grain syrup.
조촐하다 《깨끗함》 (be) neat; nice; tidy; 《아담함》 (be) cozy; tiny; little; small. ¶ 조촐하게 살다 live in small way.
조총(弔銃) 《fire》 a (rifle) volley for the dead.
조총련(朝總聯) the pro-Pyongyang federation of Korean residents in Japan.
조치(措置) ☞ 조처. ¶ 단호한 ~를 취하다 take a drastic measure 〔step〕.
조카 a nephew. ‖ ~딸 a niece.
조타(操舵) steering; steerage. ~하다 steer; helm. ‖ ~기〔실〕 a steering gear 〔house〕 / ~수 a steersman.
조탁(彫琢) carving and chiseling; elaboration (문장의). ~하다 carve and chisel 《*gems*》; elaborate; polish.
조탄(粗炭) low-grade coal.
조탕(潮湯) a brine bath.
조퇴(早退) ~하다 leave 《*the office, school*》 earlier (than usual).
조판(組版) composition; typesetting. ~하다 set up (in) type. ‖ ~공(工) a maker-up.
조팝나무 〖植〗 a bridal wreath.
조팝나물 〖植〗 a hawkweed.
조폐(造幣) coinage; mintage. ‖ 한국 ~공사 the Government Printing & Mint Agency.
조포(弔砲) 《give》 a salute of minute guns.
조피나무 a Chinese pepper tree.
조합(組合) ① 《단체》 an association; a league; a partnership (합자의); a guild (동업자의); a union (노동자의). ‖ ~간부 a union leader 〔official〕 / ~비(費) union dues / ~원 a member of the association; a union member. ② 〖數〗 combination.
조항(條項) articles (and clauses); items; a provision.
조해(潮解) 〖化〗 deliquescence. ~하다 deliquesce.
조혈(造血) blood making; hematosis. ~하다 make the blood. ‖ ~기능 hematogenous functions / ~제 a blood-making medicine.
조형(造形) mo(u)lding; modeling. ‖ ~미술 the formative 〔plastic〕 arts.
조혼(早婚) an early marriage. ~하다 marry early 〔young〕.
조화(弔花) floral tributes.
조화(造化) creation; nature. ¶ ~의 묘 the wonders of nature / ~의 장난 a freak of nature.
조화(造花) an artificial 〔imitation〕 flower.
조화(調和) harmony; agreement; accord. ~하다 harmonize 〔be in harmony〕 《*with*》; match; accord 〔agree〕 《*with*》. ¶ ~된 harmonious / ~되지 않다 be out of harmoney 《*with*》; do not go well 《*with*》; do not match.
조회(朝會) a morning meeting.
조회(照會) (an) inquiry; (a) reference. ~하다 inquire 〔make inquiries〕 《*about a matter*》; make reference 《*to*》; refer 《*to a person for a matter*》; apply 《*to the office*》. ‖ ~장 a letter of inquiry.
족(足) ① 《발》 a leg; pettitoes (돼지의); trotters (양·돼지의). ② 《켤레》 a pair 《*of socks*》.
…족(族) a tribe; a clan; a family. ¶ 티베트~ the Tibet tribe.
족대기다 《볶아치다》 torment; torture; force 《*a person to work*》; press 《*a person to contribute*》; 《우기다》 insist.
족두리 a headpiece worn by a bride at marriage.
족발(足―) pettitoes; trotters.
족벌(族閥) a clan. ‖ ~ 정치 clan government / ~주의 nepotism.
족보(族譜) a genealogical record 〔table〕; a genealogy; a pedigree; a family-tree.
족생(簇生) ~하다 grow gregariously 〔in clusters〕. ‖ ~식물 a gregarious 〔social〕 plant.
족속(族屬) relatives; clansmen.
족쇄(足鎖) fetters; shackles. ¶ ~를 채우다 fetter; shackle.
족자(簇子) a hanging roll 〔scroll〕.
족자리 handgrips of a pot.
족장(族長) a patriarch; the head of a family 〔clan〕.
족적(足跡) a footprint; footmarks. ¶ ~을 남기다 leave one's footmarks 《*on one's age*》.
족제비 〖動〗 a weasel.
족족[1] 《찢는 모양》 to pieces; into shreds.
족족[2] 《마다》 every 〔each〕 time; whenever. ¶ 오는 ~ whenever one comes.
족집게 (a pair of) hair tweezers.
족척(族戚) relatives; kindred.
족치다 ① 《자름》 chop; hack. ② 《결딴냄》 destroy; ruin; mangle. ¶ 살림을 ~ ruin a home. ③ ☞

족대기다.
족친(族親) (distant) relatives.
족편(足—) calf's-hoof jelly [gelatin].
족하다(足—) ① 《충분》 (be) sufficient; enough; 《동사적 용법》 suffice; will do; serve. ¶ 2천원이면 ~ Two thousand *won* will do [suffice]. ② 《만족》 be satisfied [content] 《*with*》 (서술적).
족히(足—) enough; sufficiently; fully; well (worth). ¶ ~ 2마일 good two miles.
존 a zone. ‖ ~ 디펜스 zone defense / 스트라이크 ~ 〖野〗 the strike zone.
존경(尊敬) respect; a high regard; hono(u)r; esteem; reverence. ~하다 respect; honor; esteem; hold 《*a person*》 in respect; think highly [much] of; look up to. ¶ ~할 만한 hono(u)rable; respectable; 《a person》 worthy of respect.
존귀(尊貴) ~한 high and noble.
존대(尊待) ~하다 treat with respect; hold 《*a person*》 in esteem. ‖ ~어 a term of respect; an honorific.
존득존득하다 (be) gummy; elastic.
존망(存亡) life and death; existence; destiny; fate. ¶ 국가 ~지추에 in this time of national crisis.
존비(尊卑) (the) high and (the) low; the upper and the lower classes. ‖ ~귀천 high and low; noble and mean.
존속(存續) ~하다 continue (to exist); last. ¶ ~시키다 maintain; keep up. ‖ ~ 기간 a period of life; a term of existence.
존속(尊屬) 〖法〗 a lineal ascendant. ‖ ~ 살해 parricide; patricide (부친의); matricide (모친의).
존숭(尊崇) reverence; respect. ~하다 hono(u)r; venerate; revere; respect.
존안(尊顔) your (esteemed) face.
존엄(尊嚴) dignity; majesty. ~한 dignified; majestic; august; solemn. ¶ 법의 ~(성) the dignity of law / 인간의 ~ human dignity.
존의(尊意) your opinion [view].
존장(尊長) an elder; a senior.
존재(存在) existence; being. ~하다 exist; be (in existence); remain. ¶ 신은 ~한다 God is [exists]. ‖ ~론 ontology / ~이유 the reason for being; the *raison d'être* 《프》.
존절하다 be frugal [thrifty]; be economical [sparing] 《*of*》. ¶ 존절히 frugally; economically.
존존하다 《서술적》 be finely woven; be of fine [close] weave.
존중(尊重) respect; esteem; deference. ~하다 respect; esteem; value; think highly of; hold 《*a thing*》 in esteem [respect]. ¶ ~할 만한 respectable; estimable.
존체(尊體) your health.
존칭(尊稱) a title of hono(u)r; an honorific (title).
존폐(存廢) continuation; maintenance (or abolition); existence.
존함(尊銜) your name.
졸(卒) 《장기의》 a Korean-chess pawn.
졸경치르다(卒更—) have bitter experiences; have a hard time of it.
졸고(拙稿) my (unworthy) manuscript.
졸깃졸깃하다 (be) gummy; rubbery; tough.
졸년(卒年) the year of 《*a person's*》 death.
졸다¹ 《졸려서》 doze; nap 《*in one's seat*》; drowse.
졸다² 《줄다》 shrink; contract; 《끓어서》 be boiled dry; get boiled down.
졸도(卒倒) a faint; a swoon; fainting. ~하다 faint; (fall into a) swoon; keel over 《美口》.
졸때기 ① 《작은 일》 a small-scale affair; a petty job. ② 《사람》 a petty person; a small fry.
졸라대다 ☞ 조르다 ②.
졸라매다 fasten tight(ly); tie up; bind; tighten; lace (up). ¶ 허리띠를 ~ draw a belt tighter.
졸렬(拙劣) ~한 poor; clumsy; unskillful; awkward 《*excuses*》.
졸리다¹ 《남에게》 be badgered; get teased [importuned, pressed] by.
졸리다² 《매어지다》 be tightened [fastened, wrung, strangled].
졸리다³ 《잠오다》 feel sleepy [drowsy]. ¶ 졸리는 sleepy; drowsy.
졸막졸막하다 《서술적》 be of various small sizes. ¶ 졸막졸막한 집들 houses of various sizes; a cluster of irregular houses.
졸망졸망 ① 《울퉁불퉁》 ~한 jaggy; irregular; uneven. ② 《자잘한 것이》 ~한 small and irregular in size.
졸문(拙文) a poor writing; my (unworthy) writing (자기 글).
졸병(卒兵) a (common) soldier; a private.
졸보(拙甫) a good-for-nothing.
졸부(猝富) an overnight millionaire; a new rich.
졸속주의(拙速主義) a rough-and-ready method.
졸아들다 shrink; contract; 《끓어서》 be boiled down [dry].
졸아붙다 be boiled down.
졸업(卒業) graduation. ~하다 graduate [be graduated] from [at] 《*a university*》; complete a course 《*of study*》; finish 《*one's school*》. ¶ 대학을 갓 ~한 청년 a young man fresh from college. ‖ ~논문 a graduation thesis / ~생 a graduate; an alumnus [*pl*.-ni] (남자); an alumna [*pl*. -nae] (여자) 《美》/

～ 시험 a graduation examination / ～식(式) a graduation ceremony; the commencement (exercises)《美》(～식을 거행하다 hold the graduation ceremony) / ～장 a certificate; a diploma; a sheepskin《美口》.
졸음 drowsiness; sleepiness. ¶ ～이 오다 feel drowsy (sleepy).
졸이다 ①《마음을》worry oneself; be nervous (uneasy, anxious) about. ②《끓여서》boil down (hard).
졸작(拙作) ①《졸렬한》a poor work; trash; rubbish. ② ☞ 졸저(拙著).
졸장부(拙丈夫) a man of small caliber; an illiberal fellow.
졸저(拙著) my humble work; my book.
졸졸《흐름》murmuring; tricklingly;《따라다님》(follow a person) persistently; sticking close; tagging along.
졸중(卒中)〖醫〗apoplexy; cerebral paralysis.
졸지에(猝地—) suddenly; all of a sudden.
졸책(拙策) a poor plan (policy).
졸필(拙筆) ①《악필》a poor hand; bad (hand)writing. ②《악필가》a bad penman; a poor writer. ③《자기 필적》my handwriting.
졸하다(卒—) die; pass away.
좀¹〖蟲〗a clothes moth; a bookworm; a silverfish. ¶ ～(이) 먹은 moth-eaten / (…하고 싶어) ～이 쑤시다 itch (have an itch)《*for action*》; be impatient《*for*》; be anxious (eager)《*for, to do*》
좀²《그 얼마나》how; how much (many).
좀³ ①《조금》a bit; a little; slightly; somewhat. ¶ ～ 피로하다 be somewhat weary. ②《제발》just; please.
좀것 ①《사람》a small mind; a petty person. ②《물건》small things; trifles.
좀더《양》a little more;《수》a few more;《시간》a little longer.
좀도둑 a sneak (thief); a filcher; a pilferer. ‖ ～질《commit》petty theft; pilfering.
좀먹다 ①《벌레가》(moths) eat; be (get) moth-eaten. ②《비유적으로》erode; eat away; destroy. ¶ 동심을 ～ spoil the child's heart.
좀생이 ①〖天〗the Pleiades. ②《잔물건》small articles.
좀스럽다 ①《마음이》(be) small-minded; petty. ¶ 좀스럽게 굴다 be too meticulous. ②《규모가》(be) small; trifling.
좀약 a mothball.
좀처럼 ¶ ～ …하지 않다 seldom; rarely; scarcely; not often.
좀팽이 a petty little person.
좁다《폭·범위가》(be) narrow;《면적이》(be) small; limited;《갑갑하게》(be) close-in; tight;《도량·소견 따위가》(be) narrow-minded; illiberal.
좁다랗다 (be) narrow and close; rather narrow.
좁쌀 hulled millet;《비유적》petty. ‖ ～뱅이 a petty person / ～ 영감 a petty old person.
좁쌀풀〖植〗a loosestrife.
좁히다《좁게》(make) narrow; restrict; contract.
종¹《노비》a servant; a slave; a thrall《*to*》.
종²《마늘 따위의》(the end of) a stalk《*of garlic*》.
종(種) ①〖生〗a species. ¶ ～의 기원 the Origin of Species. ② ☞ 종류. ¶ 3～ 우편 third-class mail. ③《품종》a breed, a stock (소·말의);《종자》a seed. ¶ 몽고 ～의 말 a horse of Mongolian breed.
종(鐘) a bell; a doorbell (현관의); a handbell(손종); a gong(징). ¶ ～을 울리다 (치다) ring (strike, toll) a bell. ‖ ～소리 a sound of a bell / ～지기 a bell ringer(남자).
종가(宗家) the main (head) family.
종가래 a small spade.
종가세(從價稅) an *ad valorem* duty.
종각(鐘閣) a belfry.
종개념(種槪念) species.
종견(種犬) a breeding dog.
종결(終結) a close; a conclusion. ～하다 end; terminate; come to an end (a close); be concluded.
종곡(終曲)〖樂〗a finale.
종관(縱貫) ～하다 run through; traverse《*a desert*》(from one end to the other). ‖ ～ 철도(鐵道) a railroad running through《*the mainland*》.
종교(宗敎) a religion; a faith. ¶ ～상의 religious; ecclesiastical / ～를 믿다 believe in a religion. ‖ ～가 a religionist / ～ 개혁 the Reformation / ～계(界) the religious world / ～ 단체 a religious body (organization) / ～ 재판 the Inquisition.
종구라기, 종구락 a small gourd.
종국(終局) an end; a close; a conclusion. ～의 final; ultimate; eventual. ¶ ～에 가서는 ultimately; in the long run / ～을 고하다 come to an end (a close).
종군(從軍) ～하다 follow the army; go to the front. ‖ ～ 기자 (기장) a war correspondent (medal).
종굴박 a small gourd.
종극(終極) finality. ～의 final; ultimate.
종기(終期) the end (of a term); the close.
종기(腫氣) a swell(ing); a boil; an abscess; a tumo(u)r.
종내(終乃) at last; finally; in the end.
종다래끼 a small fishing basket.

종다수(從多數) following the views of the majority.
종단(宗團) the religious order.
종단(縱斷) ～하다 cut vertically; 《산맥 등이》 run through; traverse. ‖ ～면 a longitudinal section.
종달거리다 grumble; mutter.
종달새 a skylark; a lark.
종답(宗畓) paddyfields set apart as provision for sacrificial purposes.
종당(從當) after all; in the end.
종대(縱隊) a column; a file. ¶ 4열 ～로 in column of fours / 2열 ～로 행진하다 march in file.
종돈(種豚) a breeding pig.
종두(種痘) ☞ 우두(牛痘).
종래(從來) ～의 old; former; usual; in the past. ¶ ～에는 up to now [this time]; so far; hitherto / ～대로 as ever [usual]; as before; as in the past.
종량세(從量稅) a specific duty.
종려(棕櫚) 〖植〗 a hemp palm; a palm. ‖ ～나무 the palm tree / ～유 palm oil.
종렬(縱列) a column; a file.
종료(終了) an end; a close; a conclusion. ～하다 (come to an) end; be concluded.
종루(鐘樓) a bell tower; a belfry.
종류(種類) a kind; a sort; a class; a description; a species (동식물의); a type (형); a nature (성질). ¶ 이런 ～의 사람 a man of this type / 이런 ～의 사건 events of this nature / ～가 다른 of a different kind / 세 ～로 나누다 divide 《*something*》 into three classes.
종마(種馬) a stallion; a studhorse.
종막(終幕) the last act (연극의); (an) end; a close. ¶ ～이 다가오다 draw to a close [an end].
종말(終末) an end; a close; a conclusion. ¶ ～을 고하다 come [be brought] to an end. ⌈in.
종매(從妹) a younger female cous-
종목(種目) items; lines; 《경기의》 an event.
종묘(宗廟) the Royal Ancestors' Shrine.
종묘(種苗) seedlings; nursery trees. ‖ ～장 a nursery (garden).
종물(從物) an accessory (thing).
종반전(終盤戰) 《바둑 등의》 the end game; 《선거 등의》 《get into》 the last [final] stage.
종발(鍾鉢) a small bowl.
종배(終一) the last brood [litter].
종범(從犯) 《죄》 participation in a crime; 《사람》 an accessory 《*to a crime*》.
종별(種別) (a) classification. ～하다 classify; assort.
종복(從僕) a servant; an attendant.
종사(宗嗣) the heir of a main family.
종사(從死) ～하다 immolate oneself on the death [at the funeral] 《*of a person*》; follow 《*a person*》 to the grave.
종사(從事) ～하다 engage in 《*business*》; pursue 《*a calling*》; follow 《*a profession*》; employ oneself 《*in*》.
종산(宗山) a family cemetery.
종서(縱書) ～하다 write vertically.
종선(縱線) a vertical line; 〖樂〗 a bar.
종성(宗姓) the royal clan.
종성(鐘聲) the sound of a bell.
종속(從屬) subordination. ～하다 be subordinate 《*to*》; be subject 《*to*》; be dependent 《*upon*》. ¶ ～적인 subordinate; dependent / ～시키다 subordinate 《*one thing to another*》. ‖ ～구 [절] a subordinate phrase [clause] / ～국 a dependency.
종손(宗孫) the eldest grandson of the main family.
종손(從孫) a grandnephew.
종손녀(從孫女) a grandniece.
종시(終是) ☞ 끝끝내.
종시속(從時俗) ～하다 follow the customs of the day.
종식(終熄) cessation. ～하다 cease; come to an end; 《근절》 be eradicated; be stamped out. ¶ ～시키다 put an end [a stop] to 《*a war*》.
종신(終身) ① 《한평생》 a (whole) life. ～의 lifelong; lifetime; life. ‖ ～연금 a life annuity [pension] / ～직(職) a life tenure 《*of office*》 / ～징역[형] life imprisonment; a life sentence; penal servitude for life / ～회원 a life member. ② 《임종》 ～하다 be at one's parent's deathbed.
종실(宗室) a Royal family.
종심(終審) 〖法〗 the final examination [trial, hearing].
종씨(宗氏) a clansman (of the same surname).
종씨(從氏) my [your, his] elder cousin.
종아리 the calf. ¶ ～를 맞다 get whipped on the calf / ～를 때리다 lash [whip] 《*a person*》 on the calf.
종아리뼈 a fibula; a splint bone.
종아리채 a switch; a cane 《美》.
종알거리다 prattle; prate; spatter; murmur; mutter.
종양(腫瘍) 〖醫〗 a tumo(u)r. ‖ 뇌～ a cerebral tumor / 악성[양성] ～ a malignant [benignant] tumor.
종언(終焉) an end; a close. ¶ ～을 고하다 come to an end.
종업(從業) ～하다 be employed; be in the service. ‖ ～시간 working hours / ～원 a worker; an employee.
종업(終業) the end [conclusion] of work; completion [close] of work; the close of school term (학교의). ～하다 end [complete] one's work.

‖ ～시간 the closing hour / ～식 the closing ceremony.
종연(終演) the end of a show. ～하다 end; finish; close 《*a theater, the performance*》. ¶ 오후 10시 ～ The curtain falls at 10 p.m.
종요로이 importantly; indispensably.
종요롭다 (be) important; essential.
종용(慫慂) ～하다 advise; urge; suggest; persuade; induce. ¶ 아무의 ～으로 at 《*a person's*》 suggestion [instance].
종우(種牛) a (seed) bull.
종유동(鍾乳洞) a stalactite grotto [cavern].
종유석(鍾乳石) 〖鑛〗 stalactite.
종이 paper. ¶ ～한 장[연] a sheet [ream] of paper / ～로 만든 paper; made of paper.
종일(終日) all day (long); the whole day; throughout the day; from morning till [to] night.
종자(宗子) the eldest son of the head family.
종자(從者) an attendant; a follower; a retinue(수행자).
종자(種子) a seed. ☞ 씨.
종자매(從姉妹) female cousins.
종작 ¶ ～없다 be pointless [senseless, desultory, absurd].
종잡다 get the gist 《*of*》; get a rough idea 《*of*》; get the point 《*of*》; roughly understand. ¶ 종잡을 수 없다 cannot get the gist [grasp the point] of; be unable to figure 《*it*》 out.
종장(終場) 〖證〗 closing. ‖ ～ 가격[시세] the closing price [quotations].
종적(蹤迹) ¶ ～을 감추다 disappear; cover one's tracks.
종전(從前) ～의 previous; former. ¶ ～에 formerly; hitherto; before / ～과 같이 as usual; as before; as ever; as in the past.
종전(終戰) the end of the war; the termination of hostilities. ¶ ～ 후의 postwar / ～이 되다 the war comes to an end.
종점(終點) 《맨끝지점》 a terminal (station) 《美》; a terminus 《英》; the end of a line. ‖ 버스 ～ the last stop of a bus; the end of the bus line.
종제(從弟) a (younger) cousin.
종조(宗祖) the founder 《*of a sect*》.
종조모(從祖母) a grandaunt.
종조부(從祖父) a granduncle.
종족(宗族) a family; a clan.
종족(種族) 《인류의》 a race; a tribe; 《동식물의》 a family; a genus; a species. ‖ ～ 보존 preservation of the species / ～본능 racial instinct.
종졸(從卒) a soldier servant; an officer's servant.
종종(種種) ① 《가지가지》 different kinds. ② 《가끔》 now and then; occasionally; often; frequently.
종종걸음 short and quick steps; a quick pace; hurried [mincing] steps. ¶ ～치다 walk with hurried steps.
종주(宗主) a suzerain. ‖ ～국 a suzerain state / ～권 suzerainty.
종중(宗中) the families of the same clan.
종지 a small cup [bowl].
종지(宗旨) the fundamental meaning; the main purport; a tenet; principles.
종지부(終止符) ☞ 마침표. ¶ ～를 찍다 put an end [a period] 《*to*》.
종지뼈 the kneepan; the kneecap; the patella.
종질 slavery. ～하다 be a slave.
종질(從姪) a cousins' son.
종질녀(從姪女) a cousin's daughter.
종착역(終着驛) a terminal (station); a terminus [*pl.* -ni, -es].
종축(種畜) breeding stock. ‖ ～장 a breeding stock farm.
종친(宗親) the royal family.
종탑(鐘塔) a bell tower; a belfry.
종파(宗派) 《파벌》 a sect; a denomination; 《지파에 대한》 the main branch of a family [clan]. ‖ ～심 sectarianism / ～ 싸움 a sectarian strife.
종피(種皮) 〖植〗 a seed coat; the testa [*pl.* -tae]; the spermoderm; the episperm.
종합(綜合) synthesis; generalization. ～하다 synthesize; generalize. ¶ ～적 synthetic; all-round; composite / ～적으로 synthetically. ‖ ～ 과세 consolidated taxation / ～ 대학 a university / ～ 병원 a general hospital / ～ 소득세 a composite income tax / ～ 예술 synthetic art / ～ 잡지(雜誌) an all-(a)round magazine.
종형(從兄) an elder cousin.
종형제(從兄弟) cousins.
종횡(縱橫) ¶ ～으로 lengthwise and crosswise; 《사방팔방으로》 in all directions; in every direction / ～무진으로 freely; at will.
좇다 ① 《뒤를》 follow; run after; accompany(동반). ② 《따르다》 follow 《*a precedent*》. ③ 《복종함》 obey; submit to; conform. ¶ 남의 뜻을 ～ submit to another's will.
좋다[1] ① 《양호》 (be) good; fine; nice. ¶ 가장 좋은 best / 더 좋은 better / 아주 좋은 excellent; superb / 야 참 좋군 Fine!, Excellent!, Wonderful! ② 《날씨·경치 따위가》 (be) fine; beautiful; pretty; nice; lovely. ¶ 좋은 경치 a fine view. ③ 《적당》 (be) right; fit; proper; suitable; opportune(기회); 《득책》 (be) advisable. ¶ 좋은 기회 a good opportunity / 마침 좋은 때에 just at the right time. ④ 《귀중》 (be) precious; valuable; noble(고귀). ¶ 좋은 자료 valuable material. ⑤ 《운》 (be) lucky; happy; for-

tunate. ¶좋은 징조 a good omen/ 운이 ~ be lucky. ⑥《효능》(be) good; beneficial; efficacious. ¶몸에 ~ be good for the health. ⑦《용이》(be) easy. ¶읽기 좋은 easy to read. ⑧《친밀》(be) intimate; friendly. ¶사이가 ~ be on good [intimate] terms《*with*》; be good friends《*with*》. ⑨《…해도 괜찮다》may; can. ¶가도 ~ You may go. / 이것 가져도 좋습니까 Can I have this? ⑩《소원》¶…이면 좋겠다 I wish [hope]….

좋다² 《느낌》Good!; Well!; All right., O.K.; 《환성》Whoopee!; Oh boy!; Whee!

좋아지다 ①《상태가》improve; become [get] better; 《날씨가》clear up; 《아름다와지다》become finer. ②《좋아하게 되다》get [come] to like《*a thing*》; become [grow] fond of; take a fancy [liking] to.

좋아하다 ①《기뻐하다》be pleased [amused, delighted, glad]. ¶뛰며 ~ dance with joy. ②《사랑》love; 《기호》like; 《선택》prefer. ¶좋아하는 이 one's lover; a sweetheart / 좋아하는 책 one's favourite book.

좋이 well; good; full(y); enough. ¶~ 10마일 a good ten miles.

좋지않다 ①《불량》(be) bad; inferior; foul. ¶좋지 않은 날씨 bad weather / 품질이 ~ be of inferior quality / 머리가 ~ be dull[stupid]. ②《도덕상》(be) bad; evil; wrong. ¶좋지 않은 일 a wrong; an evil deed. ③《악하다》(be) bad; evil; wicked. ¶좋지 않은 사람 a wicked man; a rascal. ④《해롭다》(be) bad; harmful; detrimental; 《불리》(be) disadvantageous; unadvisable. ¶눈에 ~ be bad for the eyes. ⑤《기분·건강 등이》(be) ill; unwell. ¶위가 ~ have a weak stomach / 기분이 ~ feel unwell. ⑥《불길》(be) ill; unlucky. ¶좋지 않은 징조 ill omen.

좌(左) (the) left. ‖ ~향~ Left turn [face]!

좌(座) a seat. ¶권력의 ~에 있는 사람들 men in power.

…좌(座) 〖天〗constellation.

좌경(左傾) an inclination to the left; radicalization. ~하다 incline to the left; become leftish. ¶~적(인) leftist-leaning; radical; Red. ‖ ~문학 leftist literature / ~분자 a radical [leftist] element / ~ 사상 leftist [radical] thoughts.

좌고(坐高) ☞ 앉은키.

좌고우면(左顧右眄) ~하다 be irresolute; vacillate; waver; sit on the fence.

좌골(坐骨) 〖解〗the hipbone; the ischium; the hucklebone. ‖ ~ 신경통 hip gout; sciatica.

좌기(左記) ~의 undermentioned; the following.

좌담(座談) a table talk; conversation. ~하다 converse with; exchange a table talk. ‖ ~회(會) a round-table talk; a symposium; a discussion meeting.

좌르르 ¶~ 쏟아지다 run [pour] down.

좌불안석(坐不安席) ~하다 feel out of place; be ill at ease.

좌상(坐商) ☞ 앉은장사.

좌상(坐像) a seated figure [image].

좌상(座上) the elder in a company.

좌석(座席) 《자리》a seat; a cockpit (비행기의); a pew (교회의); room (여지). ¶~을 양보하다 offer [give] one's seat to《*an old man*》. ‖ ~권 a ticket / ~ 만원《게시》Standing Room Only (생략 SRO) / ~버스 a seat bus / ~수 seating capacity.

좌선(坐禪) religious meditation. ~하다 sit in contemplation [meditation].

좌시(坐視) ~하다 remain a mere spectator; look on idly [unconcernedly]. ¶차마 ~할 수 없다 cannot remain an idle spectator 《*of*》.

좌안(左岸) the left bank.

좌약(坐藥) a suppository; a bougie. ¶~을 넣다 introduce a suppository into.

좌완투수(左腕投手) 〖野〗a southpaw (pitcher); a lefty.

좌욕(坐浴) 《take》a hip bath.

좌우(左右) right and left. ~하다 dominate; (have under one's) control; gain control of《*a market*》; sway ¶~로 from side to side (동작); (on) right and left / 운명(運命)을 ~하다 decide [control] one's destiny / ~를 돌아보다 look around / ~되다 be swayed [influenced]《*by*》; be under the control《*of*》.

좌우간(左右間) anyhow; anyway; at any rate.

좌우명(座右銘) a favo(u)rite maxim [motto].

좌우익(左右翼) the left and right wings.

좌익(左翼) the left wing; 《사람》the left (wing); the leftists. ‖ ~분자 a left-wing element / ~수 〖野〗a left fielder / ~ 운동 a left movement.

좌절(挫折) a setback; a breakdown. ~하다 fail; be frustrated; suffer a setback; collapse; fall through; lose heart.

좌정(坐定) ~하다 sit; be seated.

좌지우지(左之右之) ~하다 have《*a person*》at one's beck and call; turn [twist]《*a person*》round one's little finger.

좌천(左遷) relegation. ~하다 demote《*to*》; be relegated《*to*》.

좌초(坐礁) ~하다 run on a rock; 《얹히다》run aground; strand.

좌충우돌(左衝右突) ~하다 dash

this way and rush that; plunge forward on this side and dash in on that.
좌측(左側) 《on》 the left (side). ‖ ~ 통행 "Keep to the left."
좌파(左派) the left wing; the left faction 《of a party》; 《사람》 the left wingers; the leftists. ¶ ~의 leftist; left-wing.
좌판(坐板) a board to sit on.
좌편(左便) the left side.
좌표(座標) 〖數〗 co-ordinates.
좌향(左向) ¶ ~ 좌 《구령》 Left turn (face)! / ~ 앞으로 가 《구령》 Left wheel!
좌현(左舷) 《on the》 port (side). ¶ ~ 으로 기울다 list to port.
좌회전(左回轉) left(-hand) turn. ~하다 turn (to the) left; make a left 《at》. ‖ ~ 금지 《교통표지》 No left turn.
좍 broadly; extensively. ¶ 소문이 ~ 퍼지다 a rumo(u)r runs abroad.
좍좍 ① 《비가 내림》 in torrents; in showers; heavily. ② 《글을》 with facility; fluently.
좔좔 with a gush (rush); 《flow》 freely.
좽이 a casting net.
죄(罪) 《법률상》 a crime; 《정신적인》 a sin; 《범칙》 an offense; 《과실·허물》 blame; fault; 《벌》 punishment; 《유죄》 guilt. ¶ ~(가) 있는 guilty; blamable; sinful / ~없는 innocent / ~를 범하다 commit a crime / ~를 용서하다 pardon a sin.
죄과(罪科) an offense; a crime.
죄과(罪過) an offense; a sin (죄악); a fault (과오).
죄다¹ ① 《바싹》 tie (up); tighten; strain; stretch. ¶ 나사를 (바싹) ~ tighten up a bolt. ② 《마음을》 feel anxious (uneasy, nervous, tense). ¶ 결과가 어찌 될까 마음을 ~ be worried over the result.
죄다² 《모두》 all; entirely; everything; all together. ¶ ~ 자백하다 confess everything.
죄명(罪名) the name of a crime; 《on a》 charge 《of》.
죄목(罪目) ☞ 죄명.
죄받다(罪—) suffer (incur) punishment; be punished.
죄상(罪狀) (the nature of) a crime; guilt. ¶ ~을 조사하다 inquire into 《a person's》 guilt.
죄송(罪悚) ~하다 be sorry 《for》; regret. ¶ ~합니다 I beg your pardon., I am sorry.
죄수(罪囚) a prisoner; a jailbird.
죄악(罪惡) 《종교상》 a sin; 《법률상》 a crime. ‖ ~감 the sense of guilt.
죄어들다 become tight (narrower).
죄어치다 《바싹》 tighten; 《재촉》 press; urge; rush; dun.
죄업(罪業) 〖佛〗 sins.
죄이다 be tightened; 《마음이》 feel anxious (uneasy).
죄인(罪人) a criminal; an offender; a culprit; a sinner (종교상).
죄증(罪證) proofs (evidence) of a crime.
죄짓다(罪—) commit a crime; 《종교상》 commit a sin.
죄책(罪責) liability for a crime.
죔쇠 a clamp; a clasp; a vise; a buckle.
죔틀 a vise.
주(主) ① 《주인》 one's master; one's employer; 《수령》 a chief; 《신》 the Lord. ② 《주요》 primary importance; the first consideration. ¶ ~되는 main; chief; principle.
주(州) 《행정구획》 a province; 《미국의》 a state.
주(洲) 《대륙》 a continent.
주(株) ① 《주식》 a share; a stock 《美》. ‖ 은행 ~ bank stocks / 인기 ~ active (popular) stocks. ② 《그루》 ¶ 나무 한 ~ a tree.
주(註) an annotation; explanatory notes. ¶ ~를 달다 annotate; make note on.
주(週) a week.
주가(株價) stock price. ¶ ~가 오르다 《사람의》 rise in public estimation; gain in 《a person's》 estimation; 《주식의》 rise in stock price; stocks rise in price. ‖ ~ 지수(指數) the stock exchange index / 종합 ~ 지수 the composite stock exchange index / 평균 ~ stock price average.
주간(主幹) the chief (managing) editor.
주간(週刊) weekly publication; 《주간지》 a weekly.
주간(週間) a week. ‖ 교통 안전 ~ Traffic Safety Week.
주간(晝間) daytime; day. ¶ ~에 in the daytime.
주객(主客) host and guest. ¶ ~을 전도하다 put the cart before the horse.
주객(酒客) a drinker; a tippler.
주거(住居) a dwelling; a residence; an abode. ‖ ~를 서울로 옮기다 remove one's residence to Seoul. ‖ ~비 housing expenses.
주걱 a large wooden spoon; a rice scoop.
주검 《시체》 a dead body; a corpse.
주격(主格) 〖文〗 the nominative (subjective) case.
주견(主見) 《의견》 one's own opinion (view); a fixed view.
주경야독(晝耕夜讀) ~하다 farm by day and study by night.
주고도(走高跳) running high jump.
주고받다 exchange 《cups, letters with》.
주공(住公) ☞ (대한)주택(공사). ‖ ~ 아파트 the KNHC-built apartment.
주공(鑄工) a cast-iron worker.
주관(主管) ~하다 manage; have

charge ⟪of⟫; superintend; supervise. ‖~ 사항 matters in one's charge.
주관(主觀) subjectivity. ¶~적(으로) subjective(ly). ‖~론 subjectivism/~식 문제 a subjective question/~ 화 subjectification.
주광(酒狂) ⟪사람⟫ a disorderly drunk.
주광색(晝光色) ‖~ 전구 a daylight lamp.
주교(主敎) a bishop. ‖대~ an archbishop.
주교(舟橋) a pontoon bridge.
주구(走狗) ⟪앞잡이⟫ a tool; a cat's-paw. ¶공산당의 ~ a mere tool of communists.
주권(主權) sovereignty; sovereign power. ¶~ 재민(在民) Sovereignty rests with the people. ‖~국 a sovereignty; a sovereign state/~자 the sovereign; the (supreme) ruler.
주권(株券) a share certificate; a stock certificate. ‖기명 ~ a registered share/무기명 ~ a share certificate to bearer.
주근깨 freckles; flecks; lentigo.
주금(株金) a share; a stock.
주금(鑄金) casting.
주금류(走禽類) 〖鳥〗 runners; cursorial birds.
주급(週給) weekly wage(s) 〔pay〕.
주기(酒氣) the smell of alcohol 〔liquor〕. ¶~가 있다 be under the influence of liquor.
주기(週期) a periodic time; a period; periodicity(주기성). ~적 periodic(al). ‖~율 the law of periodicity.
주기도문(主祈禱文) 〖基〗 the Lord's Prayer.
주네브 ☞제네바.
주년(周年) an anniversary; a whole year. ¶5~ the fifth anniversary.
주눅들다 lose heart; feel timid.
주눅좋다 (be) shameless; unabashed.
주다¹ ⟪일반적으로⟫ give; ⟪수여⟫ bestow; award; ⟪급여⟫ provide ⟪*a person*⟫ with; ⟪입히다⟫ inflict on. ¶타격을 ~ give a blow to/암시를 ~ drop a hint/상을 ~ award a prize.
주다² ⟪해주다⟫ do ⟪*a thing*⟫ for ⟪*a person*⟫. ¶책을 사 ~ buy ⟪*a person*⟫ a book.
주단(紬緞) silks and satins.
주도(主導) ~하다 lead; assume leadership ⟪of⟫. ‖~권 leadership; initiative (~권을 잡다 take the leadership).
주도(周到) ~한 careful; thorough; meticulous; elaborate.
주독(酒毒) alcoholism.
주동(主動) leadership. ~하다 take the lead. ‖~자 the prime mover; the leader (~자가 되다 take the lead).
주두(柱頭) ① 〖建〗 a capital. ② 〖植〗 a stigma.
주둔(駐屯) stationing. ~하다 be stationed. ‖~군 stationary troops; a garrison (수비의); an army of occupation (점령군).
주둥이 ⟪입⟫ the mouth; ⟪부리⟫ a bill; a beak; ⟪물건의⟫ a mouthpiece.
주란사(一紗) gassed cloth.
주량(酒量) one's drinking capacity. ¶~이 크다 be a heavy drinker.
주렁주렁 in clusters; in abundance.
주력(主力) the main force 〔body, strength〕. ¶~을 집결하다 concentrate the main force ⟪*upon*⟫. ‖~ 부대 main-force unit/~ 업종〔업체〕 a core 〔central〕 business/~주(株) leading stocks 〔shares〕/~ 함대 the main fleet.
주력(注力) ~하다 exert oneself ⟪*for*⟫; concentrate one's effort ⟪*on*⟫; devote oneself ⟪*to*⟫.
주렴(珠簾) a bead curtain; a bead screen.
주례(主禮) ⟪일⟫ officiating at a wedding ceremony; ⟪사람⟫ an officiator. ‖~ 목사 an officiating pastor 〔minister〕.
주로(主一) mainly; chiefly; principally; ⟪대개⟫ generally; mostly.
주로(走路) a track; a course.
주룩주룩 ① ⟪주름살이⟫ ¶~ 주름진 crumpled; rumpled; wrinkled. ② ⟪비가⟫ ¶~ 오는 비 pouring rain.
주류(主流) the main current; the mainstream. ‖~파 the leading faction.
주류(酒類) liquors; (alcoholic) beverages.
주르륵 trickling; dribbling; running.
주름 ⟪피부의⟫ wrinkles; furrows; ⟪물건의⟫ creases; rumples; ⟪옷의⟫ a fold. ¶~잡다 plait; fold/~잡히다 become wrinkled 〔crumpled, rumpled〕/~잡힌 얼굴 a wrinkled 〔lined〕 face/~을 펴다 smooth out; unrumple. ‖~ 상자 bellows.
주름잡다 ① ☞ 주름. ② ⟪지배⟫ wield power; dominate; gain control of.
주리다 go hungry; starve; famish; ⟪갈망⟫ be hungry for 〔after〕.
주리틀다 ⟪형벌⟫ impose leg-screw torture; torture on the rack; ⟪몸을⟫ twist ⟪*one's body*⟫.
주립(州立) ~의 state ⟪*university*⟫.
주마가편(走馬加鞭) ⟪채찍질을 더함⟫ ~하다 whip 〔lash〕 one's galloping horse; ⟪사람을⟫ inspire 〔urge〕 ⟪*a person*⟫ to further efforts.
주마간산(走馬看山) ~하다 take a cursory view ⟪*of*⟫; give a hurried glance ⟪*to, over*⟫.
주마등(走馬燈) a revolving lantern; a kaleidoscope. ¶~ 같은 ever-changing; kaleidoscopic.
주막(酒幕) an inn; a tavern.
주말(週末) the week end. ‖~ 여행

a week-end trip (~ 여행자 a week-ender).
주머니 a bag; a sack; a pouch (작은); a pocket (호주머니). ¶ ~에 넣다 pocket; put 《*a thing*》 in(to) a pocket / ~에서 꺼내다 take 《*a thing*》 out of one's pocket.
주머니칼 a knife; a pocketknife.
주먹 a (clenched) fist. ¶ ~을 쥐다 clench one's fist. ‖ ~밥 a rice ball.
주먹구구(一九九) 《어림》 rule of thumb; a rough calculation.
주먹다짐 ¶ ~하다 strike 《*a person*》 with one's fist; use one's fist on 《*a person*》 / ~으로 by force.
주먹질하다 exchange blows.
주명곡(奏鳴曲) 〖樂〗 a sonata.
주모(主謀) ~하다 take the lead; mastermind. ‖ ~자 a prime mover; a ringleader. ⌈barmaid.
주모(酒母) yeast; ferment; 《작부》 a
주목(朱木) 〖植〗 a yew (tree).
주목(注目) attention; notice; observation. ~하다 pay attention to; watch; observe; take note [notice] of. ¶ ~할 만한 noteworthy; remarkable; significant.
주무(主務) ‖ ~ 장관 [관청] the competent Minister [authorities].
주무르다 ① 《물건을》 finger; fumble with; 《몸을》 massage. ② 《농락》 inveigle; have 《*a person*》 under one's thumb.
주문(主文) the text; 〖文〗 the principal [main] clause.
주문(注文) ① 《맞춤》 an order; ordering. ~하다 order 《*new books from England*》; give an order 《*for machines to America*》. ¶ ~을 받다 take [book] orders / ~에 따라 만들다 make 《*a thing*》 to order / …의 ~이 많다 have a large order 《*for*》. ‖ ~서(書) [장] an order sheet [book] / ~자 상표 부착 생산(자) (an) original equipment manufacturing [manufacturer] 《OEM》 / ~품 goods ordered; a thing made to order. ② 《요구》 a request; a wish; a demand.
주문(呪文) 《make》 an incantation; a spell; a magic formula.
주물(鑄物) an article of cast metal; a casting. ‖ ~ 공장 a foundry.
주물럭거리다 finger; fumble with.
주미(駐美) ~의 stationed [resident] in America. ‖ ~ 한국 대사 the Korean Ambassador to [in] the United States.
주민(住民) inhabitants; residents. ‖ ~ 등록 resident registration (~ 등록증 a certificate of residence) / ~ 등록 번호 a resident registration number/~ 등록증 a certificate of residence; a resident card/ ~세 the inhabitants' tax.
주밀(周密) ~한 scrupulous; cautious; prudent; exhaustive.
주발(周鉢) a brass rice-bowl.
주방(廚房) a kitchen; a cookroom; a cookery; a cuisine. ‖ ~장 a head cook; a *chef* 《프》.
주번(週番) weekly duty. ‖ ~ 사관 the officer of the week.
주범(主犯) the principal offense; the principal offender(사람).
주법(走法) (a) form of running.
주법(奏法) a style of playing; execution.
주벽(酒癖) ¶ ~이 나쁘다 be quarrelsome in one's cups.
주변 resourcefulness; versatility (융통성). ¶ ~이 있는 사람 a versatile person.
주변(周邊) a circumference; 《도시 따위의》 environs; outskirts. ¶ …의 ~에 around…; on the outskirts of 《*Seoul*》.
주병(駐兵) ~하다 station troops.
주보(週報) 《신문》 a weekly (paper); 《보고》 a weekly report; 《공보》 a weekly bulletin.
주보(酒保) 〖軍〗 a canteen; a PX.
주봉(主峰) the highest peak.
주부(主部) 〖文〗 the subject.
주부(主婦) the mistress; a housewife.
주부코 a red bulbous nose.
주빈(主賓) the guest of hono(u)r; a principal guest.
주사(主事) 《관리》 a junior official; the clerical staff (총칭).
주사(主辭) 〖論〗 a subject.
주사(朱砂) 〖鑛〗 cinnabar.
주사(走査) 〖TV〗 scanning. ‖ ~선 scanning lines.
주사(注射) (an) injection; a shot 《美俗》. ~하다 inject; give 《*a person*》 an injection 《*of*》; syringe. ‖ ~기(器) a syringe; an injector / ~약 an injection / ~침 [바늘] a needle / 예방 ~ preventive injection / 정맥 [근육, 피하] ~ intravenous [intramuscular, hypodermic] injection.
주사(酒邪) ¶ ~가 있다 be a vicious drinker; be quarrelsome in one's cups.
주사위 a die [*pl.* dice]. ¶ ~를 던지다 throw [cast] dice. ‖ ~ 놀이 diceplay.
주산(珠算) abacus calculation; calculation on the abacus. ‖ ~ 경기 an abacus contest.
주산물(主產物) the principal [main, chief] products.
주산지(主產地) a chief producing district 《*of*》. ⌈His Majesty.
주상(主上) 《임금》 the Sovereign;
주색(酒色) ¶ ~에 빠지다 be addicted to sensual pleasures. ‖ ~ 잡기 wine, women and gambling.
주서(朱書) ~하다 write in red ink; rubricate.
주석(主席) the head; the chief; the Chairman (중공의).
주석(朱錫) tin. ¶ ~을 입히다 tin.

‖ ~박(箔) tin foil.
주석(柱石) ☞ 기둥 ③.
주석(酒石) 〖化〗 crude tartar. ‖ ~산 tartaric acid.
주석(酒席) 《give》 a feast; 《hold》 a banquet.
주석(註釋) an annotation; notes. ¶ ~을 달다 annotate; append notes 《*to a book*》. ‖ ~자 an annotator.
주선(周旋) 《알선》 good offices; kind efforts; 《중개》 agency; (inter)mediation. ~하다 use one's influence 〔good offices〕; act as an intermediary. ¶ …의 ~으로 through one's good offices. ‖ ~인 an agent; an intermediary.
주선(酒仙) a son of Bacchus.
주섬주섬 ¶ ~ 줍다 〔입다〕 pick up 〔put on〕 one by one.
주성분(主成分) the chief ingredient; the principal element.
주세(酒稅) the liquor tax.
주소(住所) ① 《거처》 one's residence 〔abode〕; one's dwelling (place); 〖法〗 a domicile. ¶ ~가 일정치 않다 have no fixed abode. ② 《번지》 address. ‖ ~록 an address book / ~ 불명 the address unknown / 현 ~ the present address.
주스 juice.
주시(注視) a steady gaze; close observation. ~하다 gaze steadily; observe 《*a person*》 closely; watch 《*a thing*》 carefully.
주식(主食) the principal 〔staple〕 food; a staple article of food. ¶ 쌀을 ~으로 하다 live on rice.
주식(株式) shares; stocks. ‖ ~ 발행 issue of shares / ~ 배당 a stock dividend / ~ 청약서 an application for stocks / ~ 회사 a (joint-) stock company; a joint-stock corporation 《美》 (생략 Inc. 《美》; & Co., Ltd. 《英》).
주식(晝食) lunch; luncheon.
주식공개(株式公開) offering of stock to the public; going public.
주식거래(株式去來) stock trading.
주심(主審) 〖野〗 the chief umpire; 《축구·권투 따위》 the chief referee.
주아(主我) 〖哲〗 ego; self.
주아(珠芽) 〖植〗 a bulbil; a bulblet.
주악(奏樂) ~하다 play 〔perform〕 music.
주안(主眼) the principal object; the chief aim. ¶ …에 ~을 두다 aim at…; have an eye to…. ‖ ~점 the essential 〔main〕 point.
주야(晝夜) day and night. ¶ ~ 교대로 in day and night shifts. ‖ ~ 장천 day and night ever passing; unceasingly.
주어(主語) 〖文〗 the subject.
주역(主役) 《play》 the leading part 〔role〕; 《배우》 the leading actor 〔actress〕; the star.
주역(周易) the Book of Changes.
주연(主演) ~하다 play the leading part 〔role〕 in; star 《*in a play*》. ‖ ~자 a leading actor 〔actress〕; a star.
주연(周延) 〖論〗 distribution.
주연(酒宴) 《give》 a banquet; a drinking party 〔bout〕.
주영(駐英) ~의 resident 〔stationed〕 in England. ‖ ~ 한국 대사 the Korean Ambassador to the Court of St. James's.
주옥(珠玉) a gem; a jewel. ¶ ~ 같은 글 a literary gem.
주요(主要) ~한 important; chief; leading; principal; main. ‖ ~ 도시 major cities / ~ 산물 staple products / ~ 산업 major 〔key〕 industries / ~ 수입품 the staple for import / ~ 수출품 chief 〔principal〕 exports / ~ 원인(原因) main cause / ~ 인물 the leading figures.
주워담다 pick up and put in.
주워대다 enumerate glibly; cite this and that.
주워듣다 learn by hearsay.
주워모으다 collect; gather.
주워섬기다 say all sorts of things one heard of and saw.
주위(周圍) 《언저리》 the circumference; 《환경》 the surroundings; environments; 《부근》 the neighbo(u)rhood. ~의 surrounding; neighbo(u)ring; attendant. ¶ ~에 around.
주유(注油) 《급유》 oil supply. ~하다 fill; feed. ‖ ~소 an oil 〔a service, a gas 《美》〕 station.
주유(周遊) ~하다 tour; make an excursion.
주은(主恩) 《임금의》 the benevolence of the Emperor; 《주인의》 one's master's favo(u)r; 《천주의》 divine grace.
주음(主音) 〖樂〗 prime; keynote.
주의(主意) the main meaning 〔purport〕. ‖ ~론 〖哲〗 voluntarism.
주의(主義) a principle; a doctrine; an ism; a cause; 《방침》 a policy; a rule; a basis.
주의(注意) ① 《주목·유의》 attention; observation; notice; heed. ~하다 pay attention to; take notice of; attend to; take care of. ¶ ~를 게을리 하다 neglect; be negligent / ~를 환기하다 call one's attention to / ~를 딴데로 돌리다 divert one's attention from 《*a matter*》. ‖ ~ 사항 matters that demand special attention / ~ 인물 a person under observation; a suspicious character. ② 《조심》 care; watchfulness; (a) caution; (a) warning(경고). ~하다 take care, be careful 《*of*》; be watchful 《*of, against*》; warn 《*a person of danger*》; caution 《*a person against errors*》. ¶ ~ 깊은 careful; cautious; watchful / ~하여 carefully; with care; cautiously.

주익(主翼) the main planes 《*of an airplane*》.
주인(主人) 《가장》 the head [master] of a family; 《남편》 one's husband; 《손님에 대하여》 the host; the hostess (여자); 《여관·음식점 등의》 the landlord; the landlady (여자); the proprietor; 《고용주》 an employer; the master; 《임자》 the owner 《*of goods*》. ‖ ~공 《가장》 the head; the master; 《소설·영화의》 a hero; a heroine (여자) / ~집 one's master's house / 가게 ~ a shopkeeper.
주인(主因) a principal cause; the prime factor; the main reason.
주일(主日) the Lord's day; Sunday. ‖ ~ 학교 a Sunday school.
주일(週日) a week(day). ¶ 이번 [지난, 오는] ~ this [last, next] week.
주일(駐日) ~의 stationed in Japan. ‖ ~ 한국 대사관 the Embassy of the Republic of Korea to Japan; the Korean Embassy at Tokyo.
주임(主任) the person in charge; the head; the chief; the manager. ‖ ~ 교수 a head professor / ~ 기사 a chief engineer / 영업부 ~ the business manager / 회계 ~ a chief treasurer.
주입(注入) ① 《부어넣기·고취》 pouring into; injection; infusion (신사상 따위의). ~하다 pour [put] into; infuse into. ② 《공부 따위》 cramming. ~하다 cram. ‖ ~식 교육 cramming education.
주자(走者) 〖野〗 a (base) runner.
주자(鑄字) a metal printing type. ~하다 cast [found] metal types. ‖ ~소 a type foundry.
주장(主張) assertion; contention; claim; 《창도》 advocacy; 《고집》 insistence. ~하다 assert; maintain; hold; claim; contend; insist 《*on*》; advocate. ¶ 권리를 ~하다 assert one's rights / 판권을 ~하다 lay claim to the copyright. ‖ ~자 an assertor; an advocate; a claimant.
주장(主將) the captain. ¶ 야구팀 ~ the captain of a baseball team.
주장(主掌) ~하다 take charge of; have 《*a matter*》 in charge.
주재(主宰) ~하다 superintend; supervise; preside 《*over*》. ‖ ~자 the president; the chairman.
주재(駐在) ~하다 reside 《*at, in*》; be stationed at; stay. ¶ ~의 resident at [in]. ‖ ~관 a resident officer / ~국 the country of residence.
주저(躊躇) hesitation; indecision. ~하다 hesitate; waver; have scruples about. ¶ ~하면서 hesitatingly / ~없이 without hesitation.
주저앉다 sit down; plump; 《함몰》 fall; sink; cave in; 《머물다》 stay on; sit on; settle down.
주저앉히다 force 《*a person*》 to sit down; 《못떠나게》 make 《*a person*》 stay on.
주전(主戰) ‖ ~론 the advocacy of war; a pro-war argument; jingoism (~론자 a war advocate; a jingoist) / ~투수 an ace pitcher.
주전부리 snacking between meals. ~하다 take snacks between meals.
주전자(酒煎子) a (copper, brass) kettle. ‖ 물~ a (water) jug; a pitcher.
주절(主節) 〖文〗 the principal clause.
주점(酒店) a wine shop; a grog shop; a tavern; a pub 《英俗》.
주접들다 be depauperate; be stunted.
주접스럽다 《음식에 대하여》 (be) avaricious; greedy.
주정(酒酊) drunken frenzy. ~하다 act in a drunken and disorderly way; be a bad drunk. ‖ ~군 a drunken brawler; a bad drunk.
주정(酒精) alcohol; spirits. ‖ ~계 an alcoholometer / ~ 음료 alcoholic beverages [drinks].
주정설(主情說) 〖哲〗 emotionalism.
주제 《몰골》 seedy appearance; shabby looks. ¶ 돈도 없는 ~에 though in need of money / ~ 사납다 have a shabby appearance; 《비유적》 be impertinent [cheeky].
주제(主題) 《주제목》 the main subject; 《작품의 중심점》 the theme; the motif. ‖ ~가 a theme song.
주제넘다 (be) impertinent; forward; presumptuous; impudent. ¶ 주제넘게 impertinently; impudently; presumptuously.
주조(主調) 〖樂〗 the keynote.
주조(主潮) a main current.
주조(酒造) brewing (약주 따위); distil(l)ing (소주 따위).
주조(鑄造) casting; founding; 《화폐의》 coinage; minting. ~하다 cast; found 《*a bell*》; 《화폐를》 mint; coin. ‖ ~소 a foundry.
주종(主從) master and servant; lord and vassal [retainer]. ‖ ~ 관계 the relation between master and servant.
주주(株主) a stockholder 《美》; a shareholder 《英》. ‖ ~ 배당금 dividends to stockholders / ~ 총회(總會) a general meeting of stockholders / 대[소] ~ a large [small] shareholder.
주지(主旨) the general purport; the gist; the point.
주지(住持) the chief priest (of a Buddhist temple).
주지(周知) ~의 well-known; known to all. ¶ ~하는 바와 같이 as is generally known.
주지설(主知說) intellectualism.
주지육림(酒池肉林) 《술잔치》 a sumptuous feast [banquet].
주차(駐車) parking. ~하다 park 《*a car*》. ‖ ~ 금지 《게시》 No Parking / ~ 위반 a parking violation /

~장 a parking lot 〔place〕《美》; a car park 《英》.
주창(主唱) advocacy. ~하다 advocate; promote. ‖ ~자 an advocate; a promoter; a prime mover.
주책없다 (be) indecent; immodest; shameful; indiscreet; un becoming; rash; thoughtless.
주철(鑄鐵) cast iron; iron casting (주철하기). ‖ ~소 an iron foundry.
주청(奏請) ~하다 petition the Emperor 〔King〕 《*for*》.
주체 ¶ ~하다 cope with 〔take care of〕 one's troubles / 그는 ~ 못할 만큼 돈이 많다 He has more money than he knows what to do with.
주체(主體) the subject; 《중심》 the core; the nucleus. ‖ ~성 subjectivity; identity (민족 ~성 national identity) / ~ 세력 the main group 〔stream〕 《*of*》.
주체(酒滯) indigestion caused by drinking.
주체스럽다 (be) troublesome; unmanageable; unwieldy; be hard to handle.
주최(主催) auspices; sponsorship. ¶ …의 (공동) ~로 under the (joint) auspices of…. ‖ ~국 the host nation / ~자 the sponsor; the promoter.
주추(柱一) 《주춧돌》 a foundation stone; 《lay》 a cornerstone.
주축(主軸) the principal axis.
주춤거리다 《주저》 hesitate; waver; hold back.
주춤주춤 hesitantly; hesitatingly; falteringly; waveringly.
주춧돌 ☞ 주추.
주치(主治) ‖ ~의(醫) a physician in charge; an attendant physician.
주택(住宅) a dwelling; a house; a residence. ‖ ~난 a housing shortage / ~지(地) a residential section 〔quarter〕 / 공영 ~ a city-built house / 조립(組立) ~ a prefabricated house / 호화 ~ a luxurious house 〔mansion〕 / 대한 ~ 공사 the Korean National Housing Corporation / ~ 조합(제도) a housing cooperative (system).
주택가(住宅街) a residential street.
주택문제(住宅問題) the housing problem 〔question〕.
주파(走破) ~하다 run; cover.
주파(周波) 〖電〗 a cycle. ‖ ~계 a frequency meter / ~ 변조 frequency modulation (생략 FM) / ~수 frequency.
주판(籌板·珠板) an abacus. ¶ ~을 놓다 reckon 〔count〕 on an abacus. ‖ ~알 a counter.
주폭도(走幅跳) the running broad jump.
주피터 〖羅神〗 Jupiter.
주필(主筆) the chief editor; an editor in chief.
주필(朱筆) ¶ ~을 가하다 correct; revise.
주한(駐韓) ~의 resident 〔stationed〕 in Korea. ‖ ~미군 U.S. armed forces in Korea / ~ 외교 사절단 the diplomatic corps in Korea.
주항(周航) circumnavigation. ~하다 sail round; circumnavigate.
주해(註解) a note; an annotation. ~하다 comment 〔make notes〕 upon; annotate. ‖ ~서(書) a key 〔crib〕 《*to*》; a pony 《美》.
주행(走行) ~하다 travel 《*from A to B*》; cover 《100 *miles in an hour*》. ‖ ~ 거리 the distance covered; mil(e)age (~ 거리계(計) an odometer).
주형(鑄型) a mo(u)ld; a cast; a matrix.
주호(酒豪) a heavy drinker; a sot; a toper.
주홍(朱紅) scarlet; cinnabar; vermilion.
주화(鑄貨) coinage; mintage; minting; 《낱낱의》 a coin.
주화론(主和論) advocacy of peace. ‖ ~자 an advocate of peace; a pacifist.
주황(朱黃) orange colo(u)r.
주효(奏効) ~하다 take effect; work well; be fruitful; be successful.
주효(酒肴) food and wine 〔beverages〕.
주흥(酒興) merry-making over wine; conviviality. ¶ ~에 겨워 heated by wine.
죽(粥) (rice) gruel. ¶ 식은 ~ 먹기다 be an easy task.
죽¹ ten pieces; ten 《*plates*, etc.》.
죽² ① 《늘어선 모양》 in a row 〔line〕. ¶ ~ 늘어놓다 make an array of; display. ② 《내내》 all through; throughout. ¶ 아침부터 ~ all through the morning / 일년 동안 ~ all the year round. ③ 《대강》 ¶ ~ 훑어보다 look 〔run〕 through; look over. ④ 《물·기운 따위가》 ☞ 쭉 ④. ⑤ 《찢는 모양》 with a rip.
죽기(竹器) bamboo ware.
죽는소리 ① 《엄살》 talking 〔making a〕 poor mouth. ~하다 talk poor mouth. ¶ ~ 좀 그만 해라 Stop talking poor mouth. ② 《비명》 a shriek; a scream. ¶ ~를 지르다 utter a shriek.
죽다 ① 《사망》 die; pass away; 《숨지다》 expire; breathe one's last; 《목숨을 잃다》 be killed; lose one's life. ¶ 죽은… dead; the late… / 죽은 사람들 the dead / 죽어도 at the risk of one's life; even after one's death (사후에도) / 병으로 ~ die of a disease / 철도 사고로 ~ be killed in a railway accident. ② 《초목이》 wither; die; be dead. ③ 《기(氣)가》 be dejected; be dispirited; be out of spirits. ④ 《풀기가》 be thin of starch. ⑤ 《정지》 run down; stop. ¶ 시계가 죽었다 The clock has run down. ⑥ 《불이》 go out; die out. ¶ 불이 거의 죽었다 The fire is nearly out. ⑦

〖野〗 be (put) out; 《장기·바둑 등》 be captured.
죽담 a stone wall.
죽도(竹刀) a bamboo sword.
죽도화나무 〖植〗 a yellow rose.
죽림(竹林) a bamboo grove.
죽마(竹馬) a bamboo horse (다리 하나의); stilts (다리 두 개의). ‖ ~ 고우(故友) a childhood friend; an old playmate.
죽순(竹筍) a bamboo shoot [sprout]. ¶ 우후 ~ 같이 like mushrooms after rain.
죽어지내다 live under oppression; live a life of subjugation.
죽을둥살둥 desperately; frantically; life and death; tooth and nail.
죽을병(一病) a fatal disease.
죽을상(一相) an agonized look; a frantic [desperate] look.
죽을힘 ¶ ~을 다하여 desperately; frantically; with all one's might; for one's life.
죽음 death; decease; demise (높은 사람의). ¶ ~의 재 radioactive ashes; fall-out.
죽의장막(竹一帳幕) ☞ 장막.
죽이다 ① 《살해》 kill; slay; put 《*a person*》 to death; take 《*another's*》 life; do away with 《*a person*》; murder (모살); 《도살》 butcher. ¶ 때려 ~ beat to death / 독약을 먹여 ~ dose 《*a person*》 to death. ② 《잃다》 lose 《*a son, a chessman*》. ③ 《억제》 hold back; restrain; deaden; suppress; muffle. ¶ 숨을 ~ hold one's breath.
죽일놈 a rascal. ¶ 이 ~아 Damn you!, Be damned to you.
죽자꾸나하고 at the risk of one's life; for all one's life; desperately; frantically.
죽장(竹杖) a bamboo stick.
죽죽 ☞ 쭉쭉.
죽지 ‖ 날갯~ the joint of a wing / 어깻~ the shoulder joint.
죽창(竹槍) a bamboo spear.
죽책(竹柵) a bamboo stockade.
죽치다 《틀어박힘》 confine [shut] oneself in one's house; keep indoors.
죽통(粥筩) a trough; a manger.
죽피(竹皮) bamboo sheath.
준…(準) quasi-; semi-; associate. ‖ ~회원 an associate member.
준거(準據) ~하다 be based 《*on*》; conform 《*to*》; follow. ¶ …에 ~하여 in conformity 《*to*》; in accordance 《*with*》.
준걸(俊傑) a great man; a master spirit; a hero.
준결승(準決勝) a semifinal (game). ¶ ~에 진출하다 go on to the semifinals.
준결승전(準決勝戰) ☞ 준결승.
준공(竣工) completion. ~하다 be finished[completed]. ‖ ~식(式) the ceremony for the completion.
준교사(準教師) an assistant teacher.
준금치산(準禁治產) ☞ 한정치산.
준급행(準急行) a local express.
준동(蠢動) wriggling; squirming; activities. ~하다 crawl; wriggle; be active; move; infest(출몰).
준령(峻嶺) a high and steep peak; a high rugged mountain; an alp.
준마(駿馬) a swift [an excellent] horse.
준말 an abbreviation.
준법(遵法) law abiding. ‖ ~ 정신 a law-abiding spirit.
준봉(峻峰) steep [lofty] peak.
준비(準備) preparation(s); arrangements; readiness; provision. ~하다 prepare oneself 《*for*》; get ready 《*for*》; make preparation. ¶ ~의 preparatory; preliminary; reserve (예비의) / ~ 없는 unprepared; offhand / 식사 ~를 하다 provide (for) a dinner; get a dinner ready. ‖ ~ 교육 preparatory education / ~금(金) a reserve fund / ~ 단계 a preparatory stage / ~ 운동 warming up / 시험 ~ preparations for examinations/ 여행 ~ preparations for a journey.
준사관(準士官) a warrant officer.
준사원(準社員) a junior employee.
준설(浚渫) ~하다 dredge 《*a river*》. ‖ ~선 a dredger; a dredging vessel / 대한 ~ 공사 the Korea Dredging Corporation.
준수(俊秀) ~한 outstanding; prominent; commanding(풍채가).
준수(遵守) observance. ~하다 observe; conform to; follow; obey.
준엄(峻嚴) ~한 severe; strict; rigid; stern; stringent.
준열(峻烈) ~한 rigorous; stern; severe; sharp; relentless.
준용(準用) ~하다 apply 《*a rule*》 correspondingly 《*to a case*》.
준우승(準優勝) a victory in the semifinals. ‖ ~자 a winner of the semifinals.
준위(准尉) a warrant officer (생략 WO).
준장(准將) 《육군》 a brigadier general; a brigadier 《英》; 《해군》 a commodore; 《공군》 a brigadier general 《美》; an air commodore 《英》.
준족(駿足) ① 《말》 a swift horse. ② 《사람》 a swift runner.
준준결승(準準決勝) a quarter-final (game).
준치 〖魚〗 a kind of herring. ¶ 썩어도 ~ 《俗談》 An old eagle is better than a young crow.
준칙(準則) a standing rule (to act upon); a standard; a criterion.
준평원(準平原) 〖地〗 peneplain.
준하다(準一) 《비례》 be proportionate 《*to*》; 《준용》 apply correspondingly 《*to*》. ¶ …에 준해서 in ac-

cordance with; in proportion to.
준험(峻險) ~한 steep; rugged; precipitous.
준회원(準會員) an associate member.
줄¹ ①《끈붙이》 a rope; a cord; a string(연, 악기 등의); a line(전화, 낚시 따위의). ¶ ~을 치다 (stretch a) rope / ~에 걸리다 《발이》 be caught in the ropes. ‖전화~ a telephone wire. ②《선》 a line; a stripe. ¶ ~을 긋다 draw a line. ③《열》 a row; a line. ¶ ~을 지어 in a line. ④《행》 a line. ¶ ~을 바꾸다 begin a new line.
줄² 《쇠를 깎는》 a file; a rasp (file) (굵은). ¶ ~질하다 file.
줄³ 〖植〗 the water oat; the Indian rice.
줄⁴ ①《방법》 how to 《*do*》. ¶ 사진 찍을 ~(을) 모르다 do not know how to take a photograph. ②《하게 됨》 (the fact) that.... ¶ 여기서 너와 만날 ~은 몰랐다 This is the last place where I expected to meet you.
줄거리 ①《가지》 a stalk; a stem; a caulis. ②《얘기의》 an outline; a plot; a story; a summary.
줄걷다 《줄타다》 walk (on) a tightrope.
줄곧 all along; all the way (time); all through; throughout; constantly; continually.
줄기 ①《식물의》 a trunk; a stem (화초의); a stalk(벼, 보리 따위의); a cane(대, 등 따위의). ②《줄》 a line; a stripe. ¶ 한 ~의 광선 a ray (streak) of light. ③《물 등의》 a stream; a current; a vein(혈관의) ④《산의》 a range. ⑤《비 따위의》 a shower; a downpour.
줄기차다 (be) strong; vigorous. ¶ 줄기차게 strongly; vigorously; hard.
줄넘기 《돌려서》 rope skipping; 《팽팽히 치고》 rope jumping. ~하다 skip (jump) the rope; turn a skipping rope.
줄다 ①《감소》 decrease; lessen; diminish; fall off; abate; sink. ¶ 체중이 ~ lose weight. ②《축소》 contract; diminish in size; be shortened; shrink. ¶ 줄지 않다 《빨아도》 be unshrinkable.
줄다리기 《play at》 a tug of war.
줄달다 continue; follow one after another. ¶ 줄달아서 continuously; successively.
줄달음질 ¶ ~하다 (치다) run hard; rush; dart.
줄담배 ¶ ~를 피우다 chainsmoke / ~ 피우는 사람 a chainsmoker.
줄대다 continue; go on; keep on. ¶ 줄대어 continuously; in succession; in a row.
줄드리다 《줄을 꼬다》 twist (twine) thread; wind a string; make a rope.
줄모 rice seedlings transplanted in check rows. ¶ ~ 심다 transplant rice seedlings in check rows.
줄목 the keypoints 《*of a matter*》.
줄무늬 stripes. ¶ ~진 striped.
줄사닥다리 a rope ladder.
줄어들다 ①《감소》 decrease; diminish; lessen; dwindle (차차로). ②《축소》 become smaller; dwindle; shrink.
줄어지다 ☞ 줄어들다.
줄이다 《감소》 decrease; reduce; diminish; lessen; 《단축·축소》 shorten; cut down; shrink; 《생략》 abbreviate; abridge; 《간단히》 simplify; 《절감》 curtail. ¶ 3분의 2를 (2로) ~ reduce by (to) two-third / 속력 (비용)을 ~ reduce speed (expenses).
줄자 a tape measure; a tapeline.
줄잡다 make a conservative (moderate) estimate 《*of*》; estimate low; underestimate. ¶ 줄잡아서 at a moderate estimate.
줄줄¹ ☞ 졸졸. ¶ ~ 흐르다 flow (gush) out; stream down / 땀을 ~ 흘리다 swelter.
줄줄² 《막힘없이》 smoothly; without a hitch; fluently.
줄짓다 form a line (queue); line (queue) up; 《정렬》 be in a row; stand in (a) line.
줄치다 draw lines; mark with line; stretch a rope(새끼줄을).
줄타다 walk on a (tight) rope. ¶ 줄타기하는 사람 a ropewalker.
줄행랑(一行廊) 《도망》 flight; running away. ¶ ~을 치다 run away; take (to) flight.
줌 《분량》 handful 《*of*》; a grip; a grasp.
줍다 pick up; gather (up) 《*shells, chestnuts*》; find 《*a purse*》; glean (이삭을). ¶ 주워 모으다 gather; collect.
줏대(主一) a fixed principle; a definite opinion; a settled conviction. ¶ ~없는 without any fixed principle; inconstant.
중 a Buddhist priest; a monk.
중(中) ①《중위》 medium; average. ~의 middle; mean; medium; average. ¶ ~ 이상(이하)이다 be above (below) the average. ②《중앙부》 the center; the middle. ③《동안》 during; within; while. ¶ 전시 ~ during the war. ④《진행중》 under; in process of; in progress. ¶ 건축 ~ under (in course of) construction / 식사 ~이다 be at table. ⑤《…중에서》 among; in; out of; of; within. ¶ 십 ~ 팔구 nine out of ten. ⑥《내내 죽》 throughout; all over.
…중(重) ①《겹의》 fold. ¶ 2~의 twofold; double. ②《무게》 weight.
중간(中間) the middle; the midway. ~의 middle; midway; intermediate; interim(기한전). ¶ …의 ~쯤에 in (about) the middle of; halfway

between 《*A and B*》. ‖ ~ 보고 an interim report / ~ 상인 a middle man; a broker / ~색 a neutral tint / ~ 선거 an off-year election (미국의) / ~ 시험 a midterm examinations / ~ 착취 intermediary exploitation / ~파(派) a neutral party; the neutrals; a middle-of-the-roader.
중간(重刊) ~하다 republish; reprint; reissue.
중간자(中間子) 〖理〗 a mesotron; a meson.
중간치(中間一) an article of medium size (price, quality, *etc.*).
중갑판(中甲板) the middle deck.
중개(仲介) intermediation; mediation(조정); agency. ~하다 mediate 《*between*》. ‖ ~자(者) an intermediary; a mediator; a go-between; 《중개상》 an agent; a broker / ~업 the brokerage business.
중거리(中距離) ‖ ~ 경주 (선수) a middle-distance race (runner) / ~ 탄도탄(彈) an intermediate range ballistic missile (생략 IRBM).
중견(中堅) the backbone; 〖軍〗 the main body; 〖野〗 the center(-field). ‖ ~수 a center(-fielder) / ~ 인물 a leader; leading figures / ~ 작가 one of the leading writer.
중계(中繼) ~하다 relay; 《전국에》 broadcast on (over) a nationwide hookup. ‖ ~국(局) a relay station / ~ 무역 transit (intermediate) trade / ~ 방송 relay broadcasting / ~항(港) a transit (junction) port; a port of transit / 무대 ~ a stage relay broadcast / 실황 ~ relay of actual conditions / 현장 ~ relay from the spot.
중고(中古) ~의 used; old; secondhand. ‖ ~차 a used car / ~품 an old (a used, a secondhand) article (~품상 a secondhand dealer(사람); a secondhand store(가게)).
중공(中共) the Chinese Communists; Communist (Red) China.
중공업(重工業) heavy industries.
중과(衆寡) ¶ ~부적이다 be outnumbered.
중구(衆口) ¶ ~ 난방이다 It is difficult to stop the voice of the people.
중국(中國) China. ¶ ~의 Chinese / ~인 a Chinese / ~어 Chinese.
중궁(中宮) 《곤전》 the Queen.
중궁전(中宮殿) ☞ 중궁(中宮).
중금속(重金屬) a heavy metal.
중급(中級) an intermediate grade. ‖ ~품 fair average quality.
중기관총(重機關銃) a heavy machine gun.
중길(中一) 《물건》 an article of medium quality; medium goods.
중년(中年) middle age. ~의 middle-aged; elderly. ¶ ~을 넘은 여자 an elderly woman. ‖ ~기 the middle years of one's life / ~ 신사 a middle-aged gentleman.
중노동(重勞動) heavy labo(u)r.
중농(中農) a middle-class farmer.
중농(重農) ‖ ~ 정책 an agriculture-first policy / ~주의 physiocracy (~주의자 a physiocrat).
중뇌(中腦) 〖解〗 mesencephalon; the midbrain.
중늙은이(中一) a middle-aged person.
중단(中斷) ~하다 discontinue; interrupt; suspend. ‖ 시효 ~ 〖法〗 suspension of prescription.
중대(中隊) a company (보병, 공병); a battery(포병); a squadron(비행중대). ‖ ~장(長) a company commander; a captain.
중대(重大) ~한 important; serious; grave. ¶ ~한 과실 a gross mistake / ~화하다 become serious; aggravate. ‖ ~ 사건 a serious affair / ~성 importance; gravity; seriousness / ~ 성명 《announce》 a serious statement.
중대시(重大視) ~하다 attach (great) importance 《*to*》; take 《*a matter*》 seriously; regard 《*a thing*》 as serious.
중도(中途) ¶ ~에서 halfway; midway.
중도(中道) ‖ ~ 정책 the middle-of-the-road policy / ~파 the middle-of-the-roaders.
중독(中毒) poisoning; toxication. ~되다 be poisoned 《*by fish*》. ‖ ~성 toxic; poisonous / ~ 증상 toxic symptoms / 식 ~ food-poisoning / 아편 ~ opiumism / 알콜 ~ alcoholism.
중동(中一) the middle part.
중동(中東) the Middle East.
중동무이(中一) ~하다 do 《*things*》 by halves; leave 《*things*》 unfinished.
중등(中等) ~의 middle; medium; average. ‖ ~ 교육 secondary education / ~품 medium-grade articles; middlings / ~ 학교 a secondary school.
중략(中略) an ellipsis [*pl.* -lipses]; an omission; 〖文〗 a syncopation. ~하다 omit; skip; syncopate.
중량(重量) weight. ‖ ~급 the heavy weight class (~급(의) 권투 선수 a heavyweight boxer) / ~ 부족 (초과) short (extra) weight / ~톤 deadweight tonnage / 총(總)~ gross weight.
중력(重力) 〖理〗 gravity; gravitation. ¶ ~의 법칙 (중심) the law (center) of gravity. ‖ 무~ 상태 gravity-free state.
중령(中領) 《육군》 a lieutenant colonel; 《해군》 a commander; 《공군》 a lieutenant colonel 《美》; a wing commander 《英》.
중론(衆論) general consultation; public opinion.
중류(中流) ① 《강의》 the middle

of the river; midstream. ②《사회의》the middle class. ‖ ~ 가정 a middle-class family / ~ 계급 the middle classes.
중립(中立) neutrality. ~적 neutral. ‖ ~ 노선 neutral policy / ~ 지대〔국〕 a neutral zone 〔power〕/ ~화 neutralization / 무장〔엄정〕 ~ armed 〔strict〕 neutrality.
중매(仲買) brokerage. ~하다 act as (a) broker. ‖ ~ 구전 a broker's commission / ~인 a broker.
중매(仲媒) matchmaking. ~하다 make a match; act as (a) go-between. ‖ ~ 결혼 a marriage arranged by a go-between / ~인(장이) a matchmaker; a go-between.
중문(中門) an inner gate.
중문(重文) 〖文〗 a compound sentence.
중미(中美) Central America. ~의 Central American.
중반전(中盤戰) 《바둑 등의》 the middle game; 《선거전 등의》 the middle phase. ¶ ~에 들(어가)다 be in the middle stage 《*of the game*》; reach the peak 《*of the election campaign*》.
중벌(重罰) a heavy 〔servere〕 punishment. ¶ ~에 처하다 sentence 《*a person*》 to a severe punishment.
중범(重犯) 《중대범》 felony; 《중범「인》 a felon.
중병(重病) a serious illness. ¶ ~에 걸리다 fall〔get〕 seriously ill. ‖ ~ 환자 a serious case.
중복(中伏) the middle period of dogdays.
중복(中腹) 《산중턱》 the mid-slope of a mountain. ¶ ~에 halfway up.
중복(重複) ~하다 overlap; be repeated.
중부(中部) the central 〔middle〕 part. ‖ ~지방 the central districts.
중뿔나다(中—) be nosy 〔intrusive, meddlesome, officious, pert〕. ¶ 중뿔나게 말하다 make uncalled-for 〔impertinent〕 remarks.
중사(中士) a sergeant first class.
중산계급(中產階級) the middle classes; middle-class people.
중산모(中山帽) a derby 《美》; a bowler 《英》.
중상(中傷) slander. ~하다 slander; defame; calumniate. ¶ ~적 defamatory; calumnious; slanderous / ~적 보도 a slanderous 〔libel(l)ous〕 report. ‖ ~자 a slanderer; a scandal monger.
중상(重傷) a serious wound 〔injury〕. ¶ ~을 입다 get badly 〔be seriously〕 wounded. ‖ ~자 a seriously wounded 〔injured〕 person.
중상주의(重商主義) mercantilism. ‖ ~자 a mercantilist.
중생(衆生) the world; mankind.
중생대(中生代) the Mesozoic (Era).
중서부(中西部) 《미국의》 the Middle West; the Midwest. ~의 Middle Western.
중석(重石) 〖鑛〗 tungsten; scheelite.
중선거구(中選擧區) 《선거의》 a medium(-sized) electoral district.
중성(中性) ① 〖文〗 the neuter gender. ~의 neuter. ② 〖化〗 neutrality. ~의 neutral. ‖ ~ 반응 a neutral reaction / ~자(子) a neutron.
중세(中世) the middle ages; medi(a)eval times. ~의 medieval. ‖ ~기 the Middle Ages / ~사 medieval history.
중세(重稅) a heavy tax; heavy taxation (과세).
중소(中蘇) Sino-Soviet.
중소기업(中小企業) small and medium enterprises. ‖ ~ 은행 the Medium Industry Bank.
중소상공업자(中小商工業者) medium and small traders and manufacturers.
중수(重水) 〖化〗 heavy water.
중수(重修) repair; improvement. ~하다 repair; improve.
중수소(重水素) 〖化〗 heavy hydrogen; deuterium.
중순(中旬) the second ten days of a month. ¶ ~에 about 〔in〕 the middle 《*of April*》.
중시(重視) ~하다 attach importance 《*to*》; make much 《*of*》; take serious view 《*of*》.
중신(重臣) a senior statesman; a chief vassal 〔retainer〕 (부하).
중심(中心) 《한복판》 the center; the middle; heart; 《중추》 pivot; 《중핵》 the core. ¶ 금융의 ~ the pivot of financial operation. ‖ ~ 인물 a central figure / ~점 the central point / ~지 a center.
중심(重心) 〖理〗 the center of gravity. ¶ 몸의 ~을 잡다〔잃다〕 keep 〔lose〕 one's balance.
중압(重壓) (heavy) pressure. ¶ ~을 가하다 bring pressure to bear 《*upon a person*》. ‖ ~감 an oppressive feeling.
중앙(中央) the center; the heart; the middle; 《서울》 a metropolis. ~의 central. ¶ 도시 ~에 in the center 〔heart〕 of a city / ~으로 모이다〔모으다〕 centralize; concentrate. ‖ ~ 기상대 the Central Meteorological Office (생략 CMO) / ~ 냉난방 central airconditioning and heating / ~ 분리대 《도로상의》 a median 〔media〕 strip / ~선 the central line of the highway; 《철도의》 the Central Line / ~ 선거 관리 위원회 the Central Election Management Committee / ~ 아시아 Central Asia / ~ 우체국(局) the Central Post Office / ~ 정보부 the Central Intelligence Agency (생략 CIA) / ~ 정부 the central government / ~ 집행 위원회 a central executive committee.

중앙집권(中央集權) centralization (of administrative power). ‖ ~제 centralism (~제로 하다 centralize).
중언부언(重言復言) ~하다 reiterate; say over again; repeat.
중얼거리다 mutter; grumble; murmur. ¶ 중얼중얼 muttering.
중역(重役) a director. ‖ ~회(會) a board of directors; the directorate / ~ 회의 a meeting of directors.
중역(重譯) (a) retranslation. ~하다 retranslate.
중엽(中葉) the middle part (of a period). ¶ 19 세기 ~ the mid-nineteenth century.
중외(中外) ¶ ~에 at home and abroad.
중요(重要) ~한 important; essential; weighty; principal. ‖ ~ 문화재 an important cultural asset / ~ 사항 an important matter / ~ 서류 important documents / ~성 importance; gravity.
중요시(重要視) ☞ 중시.
중용(中庸) moderation; a middle course; the happy [golden] mean. ~의 moderate. ¶ ~을 지키다 take the golden mean; be moderate 《*in*》.
중용(重用) ~하다 promote 《*a person*》 to a responsible post. ¶ ~되다 be taken into confidence.
중우(衆愚) ‖ ~ 정치 mobocracy; ochlocracy; mob rule.
중위(中位) 《위치》 the middle point; 《등급》 second rate. ‖ ~수 the median.
중위(中尉) 《육군》 a first lieutenant 《美》; a lieutenant 《英》; 《해군》 a lieutenant junior grade 《美》; a sublieutenant 《英》; 《공군》 a first lieutenant 《美》; a flying officer 《英》.
중유(重油) heavy oil; crude petroleum.
중음부(中音部) 【樂】 alto; contralto.
중의(衆意) public [popular, general] opinion.
중의(衆議) public discussion; general consultation. ¶ ~에 의하여 결정하다 decide by majority of votes.
중이(中耳) the mid-ear; the tympanum [*pl.*-s, -na]. ‖ ~염(炎) tympanitis; midear disease.
중이층(中二層) 【建】 a mezzanine (floor).
중인(衆人) the public; the people. ¶ ~ 앞에서 in public. / ~ 환시리에 with everybody looking at one.
중임(重任) ① 《중한 책임》 a heavy responsibility; 《중요 지위》 a responsible post. ¶ ~을 맡다 take up [shoulder] a heavy responsibility. ② 《재임》 reappointment; reelection (재선). ~하다 be reappointed; be re-elected.
중장(中將) 《육군》 a lieutenant general; 《해군》 a vice-admiral; 《공군》 a lieutenant general 《美》; an air marshal 《英》.
중장비(重裝備) heavy equipment.
중재(仲裁) mediation; arbitration. ~하다 mediate; arbitrate 《*between*》. ‖ ~인 a mediator; an arbitrator / ~ 재판 arbitration.
중전(中殿) ☞ 중궁전(中宮殿). ‖ ~ 마마 Her [Your] Majesty the Queen.
중절(中絕) interruption. ~하다 interrupt. ‖ 임신 ~ artificial abortion.
중절모(中折帽) a soft [felt] hat.
중점(中點) 【數】 the middle point; the median (point).
중점(重點) 《강조》 emphasis; stress; 《중요》 importance; 《우위》 priority. ¶ ~적으로 in priority / …에 ~을 두다 lay emphasis [stress] on. ‖ ~주의 [생산] priority policy [production].
중정(重訂) the second revision.
중조(重曹) 【化】 bicarbonate of soda; baking soda 《俗》.
중죄(重罪) (a) felony; a grave offense [crime]. ‖ ~인 a felon.
중증(重症) a serious illness.
중지(中止) stoppage; suspension. ~하다 stop 《*doing*》; give up 《*doing, one's attempt*》; suspend; call off. ¶ ~되다 be discontinued [suspended, stopped]; be called off; be rained out (비로).
중지(中指) the middle finger.
중지(衆智) wisdom of the many. ¶ ~를 모으다 seek the counsel of many people.
중진(重鎭) 《사람》 a leader; a leading man; a pillar; an authority (학계의).
중진국(中進國) a semi-developed country.
중창(中—) 《구두의》 an insole.
중책(重責) a heavy responsibility; an important mission [duty]. ¶ ~을 맡다 assume a heavy responsibility.
중천(中天) midair; the midheaven; the zenith.
중첩(重疊) ~하다 be piled up; lie one upon another.
중추(中樞) the center; the pivot; the backbone. ~적 central; leading; pivotal. ‖ ~ 산업 a pivotal industry / ~ 신경(神經) the central nerve / ~ 인물 a leading figure; a key man; a mainstay.
중추(仲秋) midautumn. ¶ ~의 명월 the harvest moon.
중축(中軸) the axis.
중치(中—) ☞ 중간치.
중크롬산(重—酸) 【化】 dichromic acid. ‖ ~염(塩) dichromate.
중키(中—) 《a man of》 normal [average] height; medium stature

(size).
중탄산(重炭酸) ‖ ~ 소다 sodium bicarbonate / ~염(塩) bicarbonate.
중태(重態) a serious (critical) condition. ¶ ~에 빠지다 fall into a critical condition; take a serious turn(병이 주어).
중턱(中—) the mid-slope of a mountain. ¶ ~에 halfway up (down) 《*a hill, a mountain*》.
중토(重土) 〖化〗 baryta.
중퇴(中退) ~하다 leave school in mid-course; quit (give up) school. ‖ ~자 a dropout.
중파(中波) 〖無電〗 a medium wave.
중판(中判) 〖寫〗 medium size.
중판(重版) another impression (printing).
중편(中篇) ① 《제 2 권》 the second part (volume). ② 《중편의 글》 a medium-length story. ‖ ~ 소설 a novelette.
중평(衆評) public (general) opinion.
중포(重砲) a heavy gun. ‖ ~병(兵) heavy artillery(총칭); 《한 사람》 a heavy artilleryman.
중폭격기(重爆擊機) a heavy bomber.
중품(中品) medium quality.
중풍(中風) palsy; paralysis. ¶ ~에 걸리다 have a stroke of paralysis.
중하(重荷) a heavy burden (load).
중하다(重—) 《병이》 (be) serious; critical; 《죄가》 (be) grave; 《벌이》 (be) heavy; 《중대》 (be) important.
중학교(中學校) a middle school; a lower secondary school; a junior high school 《美》.
중학생(中學生) a middle (junior high 《美》) school student (boy, girl).
중합(重合) 〖化〗 polymerization. ‖ ~체 a polymer.
중핵(中核) the kernel.
중형(中形·中型) a medium size. ~의 middle-sized.
중형(仲兄) my second elder brother.
중형(重刑) a heavy penalty; a severe punishment. ¶ ~에 처하다 inflict a heavy penalty 《*on*》.
중혼(重婚) bigamy. ~하다 commit bigamy. ‖ ~자 a bigamist / ~죄 bigamy.
중화(中和) ~하다 neutralize; counteract (독을). ‖ ~제 a counteractive; a counteragent.
중화(中華) ‖ ~ 민국 the Republic of China.
중화기(重火器) heavy firearms.
중화학공업(重化學工業) the heavy chemical industry.
중환자(重患者) a serious case.
중후(重厚) ~한 courteous and sincere; grave and generous.
중흥(中興) restoration; revival. ~하다 restore; revive.
중히(重—) ☞ 소중히. ¶ ~ 여기다 value; make much of; hold in esteem; prize.

쥐¹ 〖動〗 a rat; a mouse [*pl.* mice] (새앙쥐). ¶ ~잡기 운동 an anti-rat drive / 독 안에 든 ~와 같다 be like a rat in a trap.
쥐² 《경련》 a cramp. ¶ 다리에 ~가 나다 have the cramp in one's leg.
쥐구멍 a rathole. ¶ ~을 찾다 seek a loophole; feel one would like to sink into the ground with shame / ~에도 볕들 날이 있다 《俗談》 Fortune knocks at our door by turns.
쥐꼬리 a rattail. ¶ ~만한 월급 a low (small) salary.
쥐다 grip; clench; clasp; take hold of; hold; seize. ¶ 주먹을 ~ clench one's fist.
쥐덫 a mouse (rat) trap.
쥐똥나무 〖植〗 a privet.
쥐며느리 〖蟲〗 a sow bug.
쥐뿔같다 (be) trivial; worthless; useless.
쥐약(—藥) rat poison; ratsbane.
쥐어뜯다 tear (pluck) (off); pick.
쥐어박다 fist; strike with one's fist.
쥐어주다 《돈을》 slip 《*money*》 into *a person's* hand; put 《*a thing*》 in one's hand; 《뇌물을》 grease *a person's* palm; bribe; 《팁을》 tip.
쥐어지르다 ☞ 쥐어박다.
쥐어짜다 press (out); wring (out); squeeze.
쥐어흔들다 grab and shake. ¶ 어깨를 ~ shake 《*a person*》 by the shoulder.
쥐엄나무 〖植〗 a honey locust.
쥐엄발이 (a person with) a shrivel(l)ed foot.
쥐여지내다 be placed under 《*a person's*》 control; live under 《*a person's*》 thumb; live in the grips 《*of*》.
쥐잡듯이 《모조리》 (one and) all; 《샅샅이》 one by one; all over.
쥐젖 a small wart.
쥐죽은듯 ¶ ~하다 be deathly quiet; be silent as the grave.
쥐치 〖魚〗 a filefish.
쥘부채 a folding fan.
쥘쌈지 a (small) tobacco pouch.
즈런즈런 ¶ ~한 rich; well-off.
즈음 the time (when). ¶ 요 ~은 these days; nowadays; lately / 어려운 때에 ~하여 in case of emergency.
즈크 duck; canvas. ‖ ~신(화) canvas shoes.
즉(卽) ① 《곧》 namely; that is (to say); *id est* (생략 i.e.). ② 《바로》 just; exactly; 《다름 아니라》 nothing but. ③ 《그러할 때는》 (and) then; when; on.
즉각(卽刻) instantly; immediately; at once; on the spot.
즉결(卽決) immediate decision; 〖法〗 summary judg(e)ment. ~하다

decide on the spot (immediately); try summarily. ‖ ~ 재판 (처분) a summary decision (conviction).
즉답(卽答) a prompt answer. ~하다 reply promptly; give an immediate answer.
즉사(卽死) instantaneous death. ~하다 die on the spot; be killed instantly.
즉석(卽席) ~의 immediate; ready; instant; prompt. ¶ ~에서 offhand; on the spot; immediately. ‖ ~ 연설 an offhand speech.
즉시(卽時) at once; immediately; instantly; without delay. ‖ ~불(拂) spot (immediate, down) payment (~불 어음 a sight bill) / ~인도 spot delivery.
즉위(卽位) 《등극》 accession to the throne. ~하다 come (accede) to the throne. ‖ ~식 a coronation (ceremony).
즉응(卽應) ~하다 conform 《*to*》; meet; cope with. ¶ …에 ~하여 in conformity with…; in response to….
즉일(卽日) (on) the same day.
즉효(卽效) an immediate effect. ¶ ~가 있다 produce (have) an immediate effect 《*on*》. ‖ ~약 a quick remedy.
즉흥(卽興) ~의(적) impromptu; extempore; improvised; ad-lib. ‖ ~곡 〖樂〗 an impromptu / ~시 an impromptu (poem).
즐거움 (a) joy; (a) delight; (a) pleasure; happiness; gladness.
즐거이 happily; pleasantly; cheerfully; joyfully.
즐겁다 (be) pleasant; happy; delightful; merry; cheerful; joyful. ¶ 즐겁게 ☞ 즐거이.
즐기다 enjoy; take pleasure (delight) in; amuse oneself; make merry; 《좋아하다》 like; be fond of. ¶ 인생을 (자연을) ~ enjoy life (nature).
즐비(櫛比) ~하다 《서술적》 stand closely together; stand in a row; line 《*a street*》.
즙(汁) juice (과실의); sap (초목의). ¶ ~이 많은 juicy / ~을 내다 extract (squeeze) juice 《*from a lemon*》. ‖ 포도~ grape juice.
증(症) 《증세》 symptoms. ¶ 허기~이 나다 feel hungry.
증(證) 《증거》 (a) proof; evidence; testimony; 《증서》 a certificate. ‖ 학생~ a certificate of student.
증가(增加) an increase; a gain; a rise; growth (인구 따위). ~하다 increase 《*in*》; rise; grow. ¶ ~되고 있다 be on the increase / 수가 ~하다 increase in number. ‖ ~액 the amount increased / ~율 the rate of increase / 자연 ~ a natural increase (increment).
증간(增刊) 《늘려 간행함》 a special (an extra) 《*summer*》 number.
증감(增減) increase and (or) decrease. ~하다 increase and (or) decrease; rise and fall.
증강(增强) reinforcement. ~하다 reinforce; strengthen.
증거(證據) evidence; (a) proof; testimony. ¶ 결정적인 (확실한) ~ decisive (certain) evidence / 물적인 ~ material evidence / ~ 불충분으로 for lack of evidence / ~를 수집하다 collect evidence / ~를 제출하다 produce evidence. ‖ ~금 a deposit; deposit money / ~물 an evidence; an exhibit / ~ 보전 preservation of evidence / ~ 인멸 destruction of evidence (~ 인멸하다 destroy evidence).
증결하다(增結―) add a car 《*to a train*》.
증권(證券) a bill; a bond; a certificate (주식증권); securities (유가증권); a deed(증서). ‖ ~ 거래소 a stock exchange (한국 ~ 거래소 the Korea Stock Exchange) / ~ 시세 stock prices / ~ 회사 the security corporation / 국고 ~ a treasury bond 《美》; an exchequer bond 《英》 / 선하 ~ a bill of lading / 정부 발행 ~ government securities.
증권투자(證券投資) investment in securities; securities investment.
증기(蒸氣) steam (수증기); vapo(u)r; exhalation(증발). ‖ ~ 기관 a steam engine / ~ 기관차 a steam locomotive / ~ 난방 장치 steam-heating system / ~선 a steamship.
증대(增大) ~하다 enlarge; increase. ‖ ~판(版) an enlarged edition.
증류(蒸溜) distillation. ~하다 distil(l). ‖ ~기(器) a distiller / ~수 distilled water.
증명(證明) 《증거》 proof; evidence; 《증언》 testimony; attestation; 《논증》 demonstration; 《진짜라는》 authentication. ~하다 《실증》 prove; show; bear out; 《증언》 testify 《*to*》; 《입증》 verify; demonstrate; authenticate; 《신원을》 identify. ‖ ~서 a certificate; a testimonial (신분 ~서 an identification card).
증모(增募) ~하다 《군인 등의》 recruit larger enlistment; 《학생 등의》 receive larger enrollment.
증발(蒸發) evaporation; vaporization. ~하다 evaporate; vanish 《*from*》; steam (물이); 《실종》 disappear; blow oneself up. ¶ ~성의 vaporable.
증발(增發) 《통화의》 an increased issue 《*of notes*》; 《열차의》 operation of an extra train. ~하다 issue additional paper money; operate an extra (a special) train.
증배(增配) an increased dividend (배당); an increased ration (배급). ~하다 declare an increased divi-

dend; increase the rations《*of*》.
증보(增補) ～하다 enlarge; supplement. ‖개정 ～판 a new edition revised and enlarged.
증빙(證憑) evidence; proof; testimony. ‖～서류 documentary evidence.
증산(增產) increased production (output); 《농산물의》 an increased yield. ～하다 increase (boost, step up) production; increase the yield. ‖～ 계획 a program for the increased production《*of*》.
증상(症狀) symptoms (징후); the condition of illness(병세).
증서(證書) a deed (양도 따위의); a bond (채무의); a voucher (영수 따위의); a certificate (증명서); a diploma (졸업증서). ‖예금 ～a certificate of deposit / 차용(借用)～ an IOU (= I owe you); a bond of debt.
증설(增設) ～하다 increase; establish more《*schools, parks,* etc.》; install more《*telephones*》.
증세(症勢) symptoms《*of*》; the condition of a patient(병세). ¶…의 ～를 나타내다 develop symptoms of....
증세(增稅) increased taxation. ～하다 increase taxes (taxation).
증손(曾孫) a great-grandson.
증손녀(曾孫女) one's great-granddaughter.
증수(增水) ～하다 rise; swell. ‖～기(期) the annual flooding period.
증수(增收) an increase of income (수입); an increased yield (농산물). ～하다 《one's income, the crop》 increase《*by* 6%》.
증수회(贈收賄) corruption; bribery. ‖～ 사건 a bribery case.
증식(增殖) ～하다 increase; multiply. ‖～로(爐) a breeder (reactor).
증액(增額) (an) increase; (an) increment; augmentation. ～하다 increase; raise; augment.
증언(證言) testimony; witness; (verbal) evidence. ～하다 testify《*to*》; bear witness《*to a person's innocence*》; give evidence. ‖～대(臺)《take》 the witness stand.
증여(贈與) donation; presentation. ～하다 give; present《*a thing to a person*》; make a present of. ‖～세 a donation (gift) tax / ～자 a giver; a donor; a donator / ～재산 a donated property.
증오(憎惡) hatred; abhorrence. ～하다 hate; abhor; detest; loathe.
증원(增員) ～하다 increase the staff (personnel).
증원(增援) ～하다 reinforce. ‖～대(隊) reinforcements.
증인(證人) a witness; an attestor. ¶～이 되다 bear witness《*to*》; testify《*to*》; 《법정에서》 give evidence. ‖～석 the witness box (stand).
증자(增資) an increase of capital. ～하다 increase the capital. ‖～주 additional stocks (shares《英》); the new issue (총칭) / 무상 ～ free issue of new shares / 유상 ～ issue of new shares to be purchased.
증정(增訂) revision and enlargement. ～하다 revise and enlarge. ‖～판 a revised and enlarged edition.
증정(贈呈) presentation; 《저서에》 "With the author's compliments"; 《선물 등에》 To《*Mr. A*》. ～하다 present《*a person with a thing, a thing to a person*》; make a present《*of a thing to a person*》. ‖～본(本) a presentation copy / ～품 a present; a gift.
증조모(曾祖母) a (paternal) great-grandmother.
증조부(曾祖父) a (paternal) great-grandfather.
증진(增進) ～하다 increase; promote; further; advance.
증축(增築) extension (enlargement) of a building; an annex. ～하다 extend (enlarge) a building.
증파(增派) ～하다 dispatch more《*troops, warships*》.
증폭(增幅) amplification. ～하다 amplify. ‖～기 an amplifier.
증표(證票) a voucher.
증회(贈賄) ～하다 bribe; give a bribe; grease (oil, tickle)《*a person's*》 palm. ‖～ 사건 a bribery (graft) case / ～자 a briber / ～죄 bribery.
증후(症候) symptoms.
지《동안》 since; from; after. ¶떠난 ～ 두 시간 two hours after the departure.
지…(至)《까지》 to...; till....
…지 ①《의문》 ¶어떻게 하는 것인 ～ 가르쳐 주세요 Tell me how to do it. ②《말끝》 ¶오늘은 누가 오겠～ Someone may come to see me today. ③《부정》 ¶저 배엔 사람이 타고 있～ 않다 The steamer has no passengers on board.
지가(地價) the price of land; the value of land (가치).
지가(紙價) the price of paper.
지각(地殼) the earth's crust; the lithosphere.
지각(知覺) ①〖心〗 perception; sensation. ～하다 perceive; feel; be conscious(of). ‖～기관 the organs of perception / ～력 perceptibility; sensibility / ～ 신경 sensory nerves. ②《분별》 discretion; judg(e)ment; good sense. ～하다 reach the age of reason; cut one's wisdom teeth (☞철들다, 철없다). ¶～있는 sensible; discreet; prudent. ‖～망나니 a fathead; an indiscreet fellow.
지각(遲刻) ～하다 be (come) late;

be behind time. ¶학교에 ~하다 be late for [at] school. ‖~자 a late comer.
지갑(紙匣) a purse; a pocketbook.
지게 an A-frame (carrier). ¶~를 지다 carry the A-frame on one's back. ‖~꾼 an A-frame coolie; a burden carrier.
지게미 《술의》 wine lees; brewer's grains.
지겹다 《넌더리나다》 (be) tedious; wearisome; tiresome; 《지긋지긋하다》 (be) loathsome; detestable; disgusting; repulsive.
지경(地境) ① 《경계》 a boundary; a border. ② 《형편》 a situation; circumstances. ¶…할 ~에 있다 be on the point [verge, brink] of; be about to; face (직면하다).
지계(地階) the basement; the first [ground 《英》] floor.
지고(至高) ~의 highest; supreme.
지골(指骨·趾骨) 〖解〗 a phalanx; a phalange.
지공(至公) ¶~ 무사(無私)하다 be absolutely fair.
지관(地官) a geomancer.
지구(地球) the earth; the globe. ‖~ 물리학 geophysics / ~의(儀) [본] a (terrestrial) globe.
지구(地區) 《지역》 a district; a zone; a region; an area; a section 《美》. ‖경인 ~ the Seoul-Incheon district [area] / 상업[주택] ~ a business [residence] zone.
지구(地溝) 〖地〗 a rift valley; a graben.
지구(持久) ‖~력 endurance; staying power; tenacity / ~전 a long drawnout struggle [war]; an endurance contest.
지국(支局) a branch (office).
지그시 ① 《슬그머니》 softly; quietly; gently. ¶눈을 ~ 감다 close one's eyes gently. ② 《참는 모양》 patiently; perseveringly; with patience.
지극(至極) ~하다 (be) utmost; extreme; 《대단하다》 (be) excessive; enormous; tremendous; 《극진하다》 (be) most faithful; utterly sincere. ¶~히 very; most; quite; exceedingly; awfully.
지근거리다 ① 《귀찮게 굴다》 annoy; bother; tease; 《졸라대다》 importune. ② 《머리가》 have a shooting pain (in one's head). ③ 《씹다》 chew softly.
지근덕거리다 ☞ 지근거리다.
지글거리다 sizzle; simmer; bubble up; seethe.
지글지글 sizzling; simmering; bubbling up; seething.
지금(只今) ① 《현재》 the present (time); this time [moment]; now. ~의 present(-day); of today [the present day]. ¶~까지 till now; up to the present; hitherto / ~부터 from now (on); after this; hence. ② 《지금 막》 just; just now; a moment ago. ③ 《지금 곧》 soon; at once; (just) in a moment; immediately.
지금(地金) a metal; ore; ground metal (토대가 되는); bullion (화폐의).
지금거리다 chew gritty; be gritty to the teeth.
지급(支給) payment; provision (식료 따위). ~하다 give; grant; allow; furnish [supply, provide] 《*a person*》 with 《*a thing*》; pay; defray; hono(u)r (어음을). ‖~ 기일 the due date; the date of payment / ~ 능력 solvency / ~선 the payee / ~어음 a bill payable; a note payable / ~인 a payer / ~품 articles supplied; supplies.
지급(至急) ~의 urgent; pressing; express. ‖~ 전보[전화] an urgent telegram [call].
지긋지긋하다 ① 《넌더리나다》 (be) tedious; wearisome; tiresome. ② 《지겹다》 (be) loathsome; detestable; tedious; repulsive; horrible.
지긋하다 《서술적》 be advanced in years; be well up in years.
지기(地氣) exhalation from the earth.
지기(知己) a bosom friend; an intimate friend.
지기지우(知己之友) ☞ 지기(知己).
…지기[1] 《논의》 a stretch [plot] of paddy good for planting…. ¶닷마~ a plot of paddy good for sowing 5 *mal* of seed.
…지기[2] 《사람》 a keeper; a guard. ¶문~ a gatekeeper.
지껄거리다 talk; chat; chatter; gabble(빨리). ¶잘 지껄이는 garrulous; talkative.
지껄이다 ☞ 지껄거리다.
지끈지끈 ① 《부러지는 소리》 with a snap. ② 《아프다》 ¶골치가 ~ 아프다 have a splitting headache.
지나(支那) China. ‖~해(海) the China Sea.
지나가다 ① 《통과》 pass (by); go past; pass through. ¶문 앞을 ~ pass by one's door. ② 《경과》 ☞ 지나다 ③.
지나다 ① 《기한이》 expire; terminate; be out. ¶기한이 지났다 The time limit has expired. ② 《통과》 pass (by); go past; pass through. ¶숲 속을 ~ pass through a wood. ③ 《경과》 pass; elapse; go on; go by. ¶지난 일 bygones; (a thing of) the past / 10년이 지나 after ten years / 시간이 지남에 따라 as time goes on.
지나새나 always; all the time.
지나오다 pass (by); come along [by, through]; 《겪다》 go through; undergo. ¶지나온 일을 생각하다 remember things gone by.

지나치다 ① 《과도》 exceed; go too far; carry 《*a joke*》 too far; do too much. ¶ 지나친 excessive; immoderate / 지나치게 too; excessively; immoderately. ② 《통과》 pass by; go past; pass through.
지난(至難) ~한 most 〔extremely〕 difficult.
지난 last; old; the other.... ¶ ~ 가을 last fall / ~날 the past days; old days 〔times〕 / ~번 last time; some time ago.
지날결 on the way; when going by.
지남철(指南鐵) a magnet.
지남침(指南針) a magnetic needle.
지내다 ① 《세월을》 spend 〔pass〕 one's time; get along; 《생활》 live; make a living. ¶ 독서로 ~ spend one's time in reading / 행복하게 ~ live happily. ② 《치름》 hold; observe. ¶ 장사를 ~ hold a funeral ceremony. ③ 《겪다》 follow a career; serve; go through; experience. ¶ 형사(刑事)를 지낸 사람 a former detective.
지내듣다 take no notice 《*of*》; pay no attention 《*to*》.
지내보다 associate with; have relations with; get on with.
지네 〖動〗 a centipede.
지노(紙—) a paper string. ¶ ~를 꼬다 twist paper into a string.
지느러미 a fin. ‖ 등 〔가슴, 꼬리〕 ~ a dorsal 〔pectoral, caudal〕 fin.
지능(知能) intelligence; intellect; mental faculties. ~적 intellectual; mental. ‖ ~ 검사 an intelligence test / ~범(犯) an intellectual offense 〔crime〕 / ~ 지수 intelligence quotient (생략 I.Q.).
지니다 《보전》 keep; preserve; retain; 《가지다》 have; carry; 《품다》 hold; entertain; cherish. ¶ 몸에 ~ take with; carry; have 《*a thing*》 with one; be armed (무기를).
지다[1] ① 《패배》 be defeated; be beaten; be outdone; lose 《*a game, a battle*》; suffer a defeat; go down 《*before*》. ¶ 경쟁에 ~ lose in a contest / 경주에 ~ lose a race / 논쟁에 ~ be argued down / 선거에 ~ be defeated in an election / 소송에 ~ lose a lawsuit. ② 《굴복함》 be overcome with; yield to; submit to; give in. ¶ 유혹에 ~ yield to temptation. ③ 《못함》 be second to; be inferior to; fall behind. ¶ 누구에(게)도 지지 않다 be second to none.
지다[2] ① 《등에》 bear 《*a burden*》; carry 《*something*》 on one's back. ② 《빚을》 run 〔get, fall〕 into 《*debt*》; incur 《*debts*》; owe. ③ 《책임을》 hold; bear 〔assume〕 《*a responsibility of*》. ④ 《신세 따위를》 owe; be indebted 〔due〕 to; be under an obligation to.
지다[3] ① 《해·달이》 sink; set; go down. ② 《잎·꽃이》 fall; be strewn (to the ground); be gone. ③ 《때 따위가》 come off 〔out〕; be removed; be taken out. ④ 《숨이》 breathe one's last (breath); die.
지다[4] 《생기다》 ¶ 그늘이 ~ be shaded; be shady / 얼룩이 ~ become stained 〔soiled〕 / 장마가 ~ The rainy season has set in.
지다[5] 《되다》 become; get; grow. ¶ 좋아 〔나빠, 추워, 더워〕 ~ get better 〔worse, colder, warmer〕.
지다위 ① 《의지》 ~하다 depend 〔rely〕 on. ② 《전가》 ~하다 impute 《*a crime to a person*》; lay 〔throw〕 《*the blame on a person*》.
지당(至當) ~한 proper; right; fair; just; reasonable.
지대(支隊) a detached force.
지대(至大) ~한 (very) great; vital; vast; immense.
지대(地代) (ground) rent.
지대(地帶) a zone; an area; a region; a belt. ‖ 공장 ~ an industrial area / 안전 〔위험, 중립〕 ~ a safety 〔danger, neutral〕 zone.
지대공(地對空) ‖ ~미사일 a ground-to-air missile.
지대지(地對地) ‖ ~미사일 a ground-to-ground missile.
지덕(智德) knowledge and virtue.
지도(地圖) a map; a plan (도시의); a chart (해도); an atlas (지도책). ¶ 거는 ~ a wall map / 5 만 분의 1 ~ a map on a scale of 1 to 50,000 / ~를 그리다 〔보다〕 draw 〔consult〕 a map.
지도(指導) guidance; directions; leadership. ~하다 guide; direct; coach; lead. ‖ ~ 교사 a guidance teacher / ~ 교수 an academic adviser / ~ 방침 〔원리〕 a guiding principle / ~서 a guide / ~자 a leader; a director; a coach / 집단 ~ collective leadership.
지도리 a hinge.
지독(至毒) ~하다 ① 《독하다》 (be) vicious; vitriolic; spiteful; atrocious. ¶ ~한 모욕 a gross insult. ② 《모질다》 (be) severe; extreme; terrible; awful. ¶ ~한 추위 the severe cold.
지동(地動) ‖ ~설 the Copernican theory.
지둔(遲鈍) ~한 dull(-witted); slow; stupid.
지등롱(紙燈籠) a paper lantern.
지라 〖解〗 the spleen; the milt.
지랄 ① 《행위》 ~하다 go crazy; get out of line; behave rampageously; get hysterical. ② ☞ 지랄병(病). ~하다 have an epileptic fit. ‖ ~장이 an epileptic.
지랄병(—病) epilepsy; an epileptic fit (발작).
지략(智略) ¶ ~이 풍부하다 be resourceful; be full of resources / ~

이 풍부한 사람 a man of resources.
지렁이 〖動〗 an earthworm. ¶ ~도 밟으면 꿈틀거린다 Even a worm will turn.
지레¹ 《물건 움직이는》 a lever; a handspike.
지레² 《미리》 in advance; beforehand.
지레질하다 move [raise] with a lever.
지레짐작하다 forejudge; form a hasty conclusion.
지력(地力) fertility (of soil).
지력(智力) mental power [faculty]; intellectual power; intellect.
지력선(指力線) a magnetic curve.
지령(指令) an order; an instruction. ~하다 order; direct; give instructions. ‖ ~서 written instructions [orders] / 비밀 ~ a secret order.
지령(紙齡) the issue number of a periodical.
지론(持論) a cherished opinion; one's pet theory; a stock argument.
지뢰(地雷) a (land) mine. ¶ ~를 묻다 lay [charge] a mine. ‖ ~밭 [지대] a mine field / ~ 탐지기 a mine detector.
지루하다 (be) tedious; boring; wearisome; dull; tiresome. ¶ 지루한 강연 a tedious lecture.
지류(支流) a tributary (river).
지르다¹ ① 《발로》 kick; give 《*a person*》 a kick; 《손으로》 beat; hit; knock; strike; give 《*a person*》 a blow. ② 《꽂아 넣다》 insert; thrust [stick, put] in. ③ 《불을》 ¶ 불을 ~ set fire to; set 《*a house*》 on fire. ④ 《자르다》 cut off; snip; nip. ⑤ 《질러가다》 take a shorter way; cut across 《*a field*》; take a short cut. ⑥ 《돈을》 stake; wager.
지르다² 《소리를》 yell; scream; cry aloud. ¶ 고함을 ~ yell; shout; holler.
지르되다 grow slowly; be of slow growth.
지르르 ① 《물기·기름기가》 glossy with grease. ② 《뼈마디가》 with a dull pain 《*in the joint*》.
지르잡다 wash a part of 《*a dress*》. ¶ 얼룩을 ~ wash the stain out; wash out the stain.
지르코늄 zirconium (기호 Zr).
지르콘 〖化〗 zircon.
지르퉁하다 (be) sulky; sullen.
지름 a diameter.
지름길 a short cut; a shorter road. ¶ ~로 가다 take a short cut.
지리(地利) a geographical advantage; advantages of ground [position].
지리(地理) 《지세》 geographical features; topography; 《지리학》 geography. ¶ ~(학)상의 geographical. ‖ ~책 a geography / 상업[인문] ~ commercial [descriptive] geography.
지리다¹ 《냄새가》 be smelling of urine.
지리다² 《오줌똥을》 wet [soil] one's pants.
지리멸렬(支離滅裂) ~하다 be incoherent; 《사분오열》 be disrupted; be torn asunder; break up; come to pieces. ¶ ~이 되다 go to pieces; fall into a chaotic.
지린내 the smell of urine.
…지마는 but; however; though; although; yet; nevertheless.
지망(志望) wish; desire; choice(선택); aspiration. ~하다 wish; desire; aspire 《*to*》; choose; prefer. ‖ ~자 an applicant; a candidate 《*for*》 / ~ 학과 the desired course / ~ 학교 the school of one's choice / 제1 [제2] ~ one's first [second] preference [choice].
지망지망 carelessly; heedlessly.
지맥(支脈) a feeder (광산의); a branch of a mountain range (산맥의).
지맥(地脈) a stratum [*pl.* strata]; a layer; a vein.
지면(地面) 《지표》 the surface (of land, the earth); 《지상》 the ground.
지면(紙面) 《신문의》 paper; a sheet; 《여백》 space. ¶ ~ 관계로 for want of space; on account of limited space.
지면(誌面) the space of a magazine. ¶ ~을 통해 through a magazine.
지명(地名) a place name; the name of a place. ‖ ~ 사전 a geographical dictionary; a gazetteer.
지명(知名) ~의 noted; notable; distinguished. ‖ ~ 인사 a celebrity; a notable.
지명(知命) ① 《천명을 앎》 knowing the decrees of Heaven. ② 《50세》 the age of fifty years.
지명(指名) nomination. ~하다 nominate; name. ¶ ~된 사람 a nominee. ‖ ~ 수배 arrangements for the search 《*of a criminal*》 / ~자 a nominator.
지모(知謀) ingenuity; resourcefulness.
지목(地目) the classification of land. ‖ ~ 변경 re-classification of land; a change in the category of land.
지목(指目) ~하다 point out; spot; indicate; designate; put the finger on.
지문(指紋) a fingerprint. ¶ ~을 남기다 leave one's fingerprints 《*on*》 / ~을 채취하다 take one's fingerprints. ‖ ~ 날인 문제 the fingerprinting issue.
지문학(地文學) physiography.
지물(紙物) paper goods. ‖ ~포 a

paper shop 〔store〕.
지반(地盤) ①《토대》 the base; the foundation; 《지면》 the ground. ②《기반》 footing; foothold. ¶ 확실한 ~ a sure foothold / ~을 닦다 establish one's foothold. ③《세력범위》 a sphere of influence; a constituency(선거구). ¶ (선거의) ~을 닦다 nurse a constituency.
지방(地方) 《지역》 a locality; a district; a region; an area; 《시골》 the country; the province; 《부근》 neighborhood; vicinity. ~의, ~적인 local; regional; provincial. ¶ ~의 사람 country people/~적인 편견 localism; provincialism /서울 ~ Seoul and its neighboring districts/서북 ~ north-western districts/이 ~ this part of the country/~에 가다 go to the country/~에서 올라오다 come up from the country. ‖ ~ 검사 a district attorney/~ 검찰청 a district public prosecutors' office/~ 공공단체 local public bodies / ~ 공무원 a local public service worker; a provincial government official/~ 공연 a provincial tour/~ 관청 a local government/~ 기사 local news/~ 도시 a rural city 〔town〕/~ 법원 a district court/~ 분권(分權) decentralization (of power)/~ 사투리 a local accent 〔dialect〕; a brogue/~색 local color/~ 선거구 a prefectural constituency/~ 선거법 local autonomy election laws/~ 신문 a local paper/~ 의회(의원) a local assembly 〔assemblyman〕/~ 자치 local self-government 〔autonomy〕/~ 자치단체 a self-governing body/~ 장관 a prefectural 〔local〕 governor; the governor of a prefecture/~ 재정 local finance/~판(版) a local 〔provincial〕 edition/~ 행정 local administration.
지방(脂肪) fat; grease; lard(돼지의); speck(고래 따위의). ‖ ~과다 excess fat; obesity / ~질 fat; sebaceous constitution / ~ 조직 adipose tissue.
지배(支配) 《관리》 control; superintendence; 《처리》 management; 《지휘》 direction; 《통치》 rule; government. ~하다 control; rule; govern; direct; dominate. ¶ ~를 받다 be (put) under the control 〔rule〕 《*of*》; be swayed 《*by*》. ‖ ~ 계급 the ruling class / ~권 control; management; supremacy / ~자 a ruler.
지배인(支配人) a manager; an executive; a superintendent. ‖ ~ 대리 an acting manager / 부~ an assistant manager / 총~ a general manager.
지벅거리다 stumble along.
지번(地番) a lot number.
지범지범 picking 《*them*》 up one by one 〔piece by piece〕.
지변(地變) ‖ 천재 ~ a natural disaster 〔calamity〕.
지병(持病) a chronic disease; an old complaint.
지보(至寶) the most valuable treasure. ¶ 국가의 ~ a great national asset.
지복(至福) the supreme bliss; beatitude.
지부(支部) a branch (office); a chapter. ‖ ~장 the manager of a branch.
지부럭거리다 annoy; pester; tease; make fun of.
지분(脂粉) rouge and powder.
지분거리다 tease; annoy; pester. ¶ 지분지분 teasingly; annoyingly.
지불(支拂) payment; defrayment. ~하다 pay; defray; discharge (빚을); meet(계산서를). ☞ 지급.
지불보증(支拂保證) certification of payment; 《*provide*》 payment guarantee. ‖ ~ 수표 a certified check.
지불청구(支拂請求) a demand for payment. ¶ ~를 하다 ask for 〔demand〕 payment.
지붕 a roof; roofing; the housetop. ¶ ~을 이다 roof; cover with a roof. ‖ ~ 마루 the ridge of a roof/~ 물매 the pitch of a roof / 기와 ~ a tiled roof / 둥근 ~ a dome/ 초가 ~ a thatched roof.
지사(支社) a branch (office).
지사(志士) ‖ 우국 ~ a patriot; a public-spirited man.
지사(知事) a (provincial) governor. ~의 gubernatorial.
지상(地上) the ground. ~의 earthly; ground. ¶ ~의 낙원 the earthly paradise / ~ 80피트 eighty feet above the ground. ‖ ~권 superficies; surface rights / ~ 근무 ground service / ~ 부대 a ground unit / ~전(戰) ground warfare; land war / ~ 정비원 a ground crew/~ 포화 ground fire.
지상(至上) ~의 highest; supreme. ‖ ~권 supreme power; sovereignty / ~ 명령 a supreme order; 〖哲〗 a categorical imperative / 예술 ~주의 the art-for-art principle.
지상(紙上) ¶ ~에 on paper; in the newspaper / ~의 논전 paper warfare / ~으로 through the press. ‖ ~ 상담난 a personal advice column.
지상(誌上) ¶ ~에 in a magazine 〔journal〕.
지새다 the day breaks; it dawns. ¶ 지새는 달 a wan morning moon.
지새우다 awake 〔sit up, stay up〕 all night.
지서(支署) a branch office; a substation; 《경찰의》 a police substation 〔box〕.
지선(支線) a branch line.

지성(至誠) (absolute) sincerity. ¶ ~으로 heart and soul; faithfully; in all sincerity / ~이면 감천이라 Sincerity moves heaven.
지성(知性) intellect; intelligence. ‖ ~인 an intellectual; a highbrow.
지세(地貰) (ground) rent.
지세(地稅) a land tax.
지세(地勢) terrain; topography; geographical feature.
지속(持續) ~하다 continue; last (계속하다); keep; maintain (버티다); hold 〔stand〕 out (견디다). ¶ ~적 lasting; continuous. ‖ ~ 기간 duration / ~력 sustaining 〔staying〕 power; tenacity / ~성 durability.
지수(指數) an index (number); 〖數〗 an exponent. ‖ 물가 〔불쾌〕 ~ a price 〔discomfort〕 index.
지스러기 waste; refuse; trash.
지시(指示) directions; instructions. ~하다 direct; instruct; indicate; show; point out. ‖ ~ 대명사 〔형용사〕 a demonstrative pronoun 〔adjective〕 / ~서 directions; an order.
지식(知識) knowledge; information; learning(학문). ¶ 전문적 ~ an expert knowledge / 해박한 ~ an extensive knowledge / 경제학의 초보 ~ an elementary knowledge 〔the ABC〕 of economics. ‖ ~ 계급 the educated class; the intelligenzia 〔intellectuals〕 / ~욕 a desire to learn; a thirst for knowledge / ~인 an intellectual / 예비 ~ preliminary knowledge.
지실(知悉) ~하다 know well; be well versed 《*in*》 (조예가 깊다).
지심(地心) the center of the earth.
지싯거리다 importune; tease 〔ask importunately〕 《*a person for a thing, to do*》.
지아비 《자기 남편》 my husband.
지압요법(指壓療法) finger-pressure therapy 〔cure〕.
지양(止揚) 〖哲·論〗 *Aufheben* 《獨》; sublation. ~하다 sublate.
지어내다 make up; invent; fabricate. ¶ 지어낸 얘기 a made-up story.
지어미 《자기 아내》 my wife.
지엄(至嚴) ~하다 (be) extremely strict 〔stern〕.
지에밥 steamed (glutinous) rice.
지엔피 the G.N.P.(◀gross national product)
지역(地域) an area; a zone; a region. ~적 local; regional. ¶ ~별로 by regional groups. ‖ ~구 a local constituency / ~ 단체 a territorial society / ~ 대표 local union delegates / ~ 사회 a community.
지역권(地役權) easement; (real) servitude. ‖ ~자 a servitude holder.
지연(遲延) delay. ~하다 delay; be delayed; be late; be put off. ¶ 오래 ~된 long-deferred. ‖ ~ 작전 stalling tactics.
지연단체(地緣團體) a territorial society.
지열(地熱) terrestrial heat; the heat of the earth.
지엽(枝葉) ① 《가지와 잎》 branches and leaves; branch and leaf. ② 《중요치 않음》 ¶ ~적인 minor; unimportant / ~에 걸치다 make a digression.
지옥(地獄) hell; Hades; the inferno. ¶ ~에 떨어지다 go to hell. ‖ 교통 ~ a traffic jam / 생 ~ a hell on earth; a living hell / 입시 ~ an ordeal of entrance examinations.
지용(智勇) wisdom and courage; sagacity and valo(u)r.
지우(知友) an intimate (friend); an acquaintance.
지우(知遇) warm friendship; favo(u)r. ¶ ~를 입다 enjoy 〔be favored with〕 the friendship of 《*a person*》.
지우개 an eraser; an India rubber (고무); a chalk 〔blackboard〕 eraser (칠판).
지우다¹ ① 《등에》 put 《*something*》 on *a person's* back; make 《*a person*》 bear 〔carry〕. ¶ 무거운 짐을 ~ burden 《*a person*》; lay 〔put〕 a burden upon 《*a person*》. ② 《부담》 charge 《*a person with a duty*》; lay 《*a duty upon a person*》.
지우다² 《없어지게》 erase; rub out; wipe out; strike out.
지우다³ ① 《형성》 form. ¶ 그늘 ~ shade; cast shade upon. ② 《눈물 따위》 spill; shed; drop. ¶ 눈물 ~ shed tears. ③ 《꽃따위》 scatter; strew.
지우다⁴ 《이기다》 beat; defeat; get the better of.
지우다⁵ 《아이를》 have a miscarriage; 《숨을》 die; expire.
지우산(紙雨傘) an oil-paper umbrella.
지원(支援) support; backing; aid. ~하다 support; back; bolster up. ‖ ~ 부대 backup 〔support〕 forces; a support troop / ~자 a supporter; a patron.
지원(志願) application; volunteering (자진). ~하다 desire for; apply for; volunteer for; volunteer one's service. ‖ ~병 a volunteer / ~서 a written application / ~자 an applicant; a candidate; a volunteer (입학 ~자 an applicant for entrance 《*to a school*》).
지위(地位) 《신분》 position; status; standing; station in life; 《직위》 a position; a situation; a post; 《계급》 a rank. ¶ ~ 있는 사람 a man of position 〔rank〕 / 좋은 ~를 얻다 get 〔obtain〕 a good position.
지육(知育) intellectual training; mental culture 〔education〕.

지은이 ☞ 저자(著者).
지의(地衣) 〖植〗 lichen.
지인(知人) an acquaintance.
지자(知者) a man of intelligence; a man of knowledge and experience.
지자(智者) a wise man; a man of wisdom; the wise (총칭).
지자기(地磁氣) terrestrial magnetism.
지장(支障) 《장애》 impediment; hindrance; obstacle; 《불편》 inconvenience; 《곤란》 a trouble; a difficulty. ¶ ~이 없으면 if it is convenient to you.
지장(指章) a thumbprint; a thumb impression. ¶ ~을 찍다 seal 《*a document*》 with the thumb.
지저귀다 sing; chirp; twitter.
지저분하다 (be) dirty; filthy; slovenly; 《난잡》 (be) untidy; disordered. ¶ 지저분한 거리 a dirty street.
지적(地積) acreage. ‖ ~측량 a cadastral survey.
지적(地籍) a land register. ‖ ~도 a land registration map.
지적(知的) intellectual; mental. ‖ ~ 능력 mental faculties / ~ 생활 intellectual life / ~ 소유권 보호 protection of intellectual property / ~ 재산권 intellectual property rights.
지적(指摘) ~하다 point out; indicate. ¶ 위에서 ~한 바와 같이 as pointed out above.
지전(紙錢) a (bank) note; a bill 《美》; paper money.
지절거리다 chatter; gabble; wag one's tongue.
지점(支店) a branch (office, shop). ‖ ~장 a branch manager / 한국은행 부산 ~ the Busan Branch of the Bank of Korea / 해외(海外) ~ oversea(s) branches.
지점(支點) ① 〖理〗 a fulcrum (지레 받침). ② 〖建〗 a bearing.
지점(地點) a spot; a point; a place; a position.
지정(指定) appointment; designation; assignment. ~하다 appoint; designate; assign; name; specify. ¶ ~한 대로 as specified / 별도 ~이 없는 한 unless otherwise designated 〔specified〕. ‖ ~ 상인 a recognized 〔an authorized〕 merchant / ~석 a reserved seat / ~ 시간 〔장소〕 the appointed time 〔place〕 / ~일 a specified date.
지정학(地政學) geopolitics. ‖ ~자 a geopolitician.
지조(地租) a land tax.
지조(志操) constancy; principles; purpose; fidelity. ¶ ~를 굳게 지키다 be true to one's principles.
지족(知足) ~하다 be contented 〔satisfied〕 with.
지존(至尊) His Majesty (the King).
지주(支柱) a support; a prop; a stay; a strut. ¶ 한 집안의 ~ the prop and stay of a family.
지주(地主) a landowner; a landlord. ‖ ~ 계급 the landed class / 대~ a large landowner / 부재 ~ an absentee landlord.
지주(持株) one's (stock) holdings; one's shares. ‖ ~ 회사 a holding company / 종업원 ~ 제도 a stock-sharing plan for the employees 《*of a company*》.
지주류(蜘蛛類) 〖動〗 the arachnid.
지중(地中) ~의 underground; subterranean. ¶ ~에 in the ground 〔earth〕.
지중해(地中海) the Mediterranean (Sea). ~의 Mediterranean.
지지(支持) support; backing. ~하다 support; back. ¶ 국민의 ~를 얻다 be supported by the people; have 〔get〕 the support of the people. ‖ ~자 a supporter; an upholder.
지지(地誌) a topography; a geographical description.
지지난달 the month before last.
지지난밤 the night before last.
지지난번 the time before last.
지지난해 the year before last.
지지다 《끓이다》 stew; 《지짐질》 panfry; 《머리를》 frizzle; curl; wave.
지지르다 ① 《내리 누르다》 press; weight. ② 《기운을》 hold down; check.
지지리 very; awfully; terribly. ¶ ~ 못나다 《얼굴이》 be awfully ugly-looking; 《태도가》 be downright stupid / ~(도) 고생하다 go through terrible hardships.
지지부진(遲遲不振) ~하다 make little 〔slow〕 progress.
지지하다 (be) trifling; trivial; poor; worthless.
지진(地震) an earthquake; a shock (of earthquake). ¶ ~의 중심 the epicenter; the seismic center. ‖ ~계 a seismograph; a seismometer / ~ 관측 seismological observation; seismometry / ~대 an earthquake zone / ~학 seismology (~학자 a seismologist).
지진아(遲進兒) a (mentally) retarded child; a backward child.
지질(地質) the nature of the soil; the geology. ‖ ~ 분석 a soil analysis / ~ 연구소 the Geological Survey Office / ~ 조사 a geological survey / ~학 geology (~학자 a geologist).
지질리다 be weighted 《*by a stone*》; be held down.
지질펀펀하다 (be) even; flat.
지질하다 ① 《지루》 (be) boring; tiresome; tedious. ② 《변변찮다》 (be) worthless; good-for-nothing; poor; wretched; trashy.
지짐이 a stew. ‖ 고기 ~ meat stew.
지짐질 pan-frying. ~하다 pan-fry.

지참(持參) ～하다 《가져오다》 bring 《*a thing*》 with one; 《가져가다》 take 〔carry〕 《*a thing*》 with one. ‖～금 a dowry; a marriage portion / ～인 a bearer (～인불 payable to the bearer / ～인불 어음 a bill 〔note〕 (payable) to bearer).
지참(遲參) ～하다 come 〔arrive〕 late. ‖～자 a late comer.
지척(咫尺) a very short distance; an inch. ¶～에 있다 be within a foot.
지척거리다 drag along; plod; trudge.
지청(支廳) a branch office.
지체 lineage; birth. ¶～가 높다〔낮다〕 be of noble 〔humble〕 birth.
지체(肢體) the limbs and the body. ‖～ 부자유아 a crippled child; a physically handicapped child.
지체(遲滯) delay; deferment. ～하다 delay; be retarded; be in arrears. ¶～ 없이 without delay; immediately.
지축(地軸) the earth's axis. ¶～을 뒤흔드는 듯한 굉음 a deep, earth-shaking rumble.
지출(支出) expenditure; expenses; outlay. ～하다 pay; defray; disburse; expend. ¶예산외 ～ defrayment unprovided for in a budget / 수입과 ～ revenue and expenditure; income and outgo. ‖～액 the expenditure.
지층(地層) a stratum [*pl.* strata]; a layer.
지치 〖植〗 a gromwell.
지치다¹ 《피로하다》 be 〔get〕 tired; be exhausted 〔fatigued〕; be worn out. ¶일에 ～ be tired from one's work.
지치다² 《미끄름을》 skate; slide; glide. ¶얼음지치기 skating; sliding / 얼음을 ～ skate 〔slide〕 on the ice.
지치다³ 《문을》 close 《*a door*》 without locking; close 《*a door*》 softly.
지친(至親) close relatives.
지침(指針) 《자석의》 a compass needle; 《기계의》 an indicator; an index; 《시계의》 a hand; 《길잡이》 a guide. ‖～면(面) a dial / ～서 a guide (book) (수험 ～서 a guide to examinations).
지칭(指稱) ～하다 call; name; designate.
지키다 ① 《수호하다》 defend from 〔against〕; protect; guard; hold. ¶나라를 ～ defend one's country. ② 《감시》 watch; keep watch on 〔over〕. ¶엄중히 ～ watch closely. ③ 《고수》 cling to 《*a cause*》; adhere 〔stick〕 to. ④ 《수절》 remain faithful to. ¶충성을 ～ remain loyal to. ⑤ 《이행》 keep; fulfil; abide by; 《복종》 observe; keep; follow 《*to*》. ¶약속을 ～ keep one's word; be faithful to one's promise / 법을 ～ observe the law. ⑥ 《보존》 keep; preserve; 《유지》 maintain. ¶신용을 ～ keep up one's credit.
지탄(指彈) ～하다 censure; blame; condemn; denounce; criticize; reproach. ¶～을 받다 be blamed 〔censured〕 《*for*》; incur blame.
지탱(支撑) ～하다 keep (up); preserve; maintain; support. ¶건강을 ～하다 preserve one's health.
지통(止痛) ～하다 allay 〔relieve, kill〕 pain. ‖～제 an anodyne; a painkiller 《口》.
지파(支派) a branch family; a branch; a sect; an offshoot.
지팡이 a (walking) stick; a cane. ¶～를 짚고 《walk》 with a stick / ～같이 의지하는 사람 one's (only) support.
지퍼 a zipper. ¶～를 채우다 zip (up) 《*a coat*》 / ～를 끄르다 unzip 《*a coat*》.
지편(紙片) a piece 〔slip〕 of paper.
지평(地平) ground level. ☞ 수평.
지평선(地平線) the horizon. ¶～상에 above 〔on〕 the horizon.
지폐(紙幣) 《issue》 paper money; a bill 《美》; a (bank-)note 《英》. ‖～발행 note issue (～ 발행고 a note issue) / 천 원 짜리 (위조) ～ a thousand-*won* (forged) note / 태환 ～ a convertible note.
지표(地表) the earth's surface.
지표(指標) an index; 〖數〗 a characteristic; 〖醫〗 an indication. ‖경기 ～ a business indicator 〔barometer〕 / 선행 ～ 〖經〗 a leading indicator.
지푸라기 a straw.
지피다 put 《*fuel*》 into 〔on〕 a fire; make a fire. ¶난로에 불을 ～ make a fire in a stove.
지필묵(紙筆墨) paper, brushes〔pens〕 and ink.
지하(地下) ～의〔에, 에서〕 under the ground; underground. ¶～ 이층 the second basement / ～에 잠입하다 go underground. ‖～경(莖) a subterranean stem / ～도 an underpass 《美》; a subway 《英》 / ～수 underground water / ～실 a basement / ～ 운동 an underground movement / ～ 자원 《be abundant in》 underground resources / ～조직 an underground organization / ～철(鐵) a subway 《美》; an underground 《英》; the tube (런던의); the Metro (파리의).
지학(地學) physical geography.
지함(紙函) a carton; a cardboard box.
지핵(地核) the earth's nucleus.
지향(志向) intention; aim. ～하다 intend 〔aspire〕 《*to do*》; aim 《*at, to do*》.
지향(指向) ～하다 point 《*to*》; head 《*for, toward*》. ‖～성 안테나 a directional antenna.
지혈(止血) ～하다 stop 〔check〕

bleeding. ‖ ~대(帶) a tourniquet / ~제 a hemostatic; a styptic.
지협(地峽) an isthmus.
지형(地形) geographical features. ‖ ~도 a topographical map / ~학 topography.
지형(紙型) a paper mo(u)ld; 《take》 a *papier-mâché* mold.
지혜(智慧) wisdom; intelligence; sense; wit(s). ¶ ~있는 wise; sagacious; intelligent / ~가 생기다 grow wise [intelligent] / ~를 짜내다 cudgel [beat] one's brains.
지호(指呼) ¶ ~지간에 있다 be within hail [call].
지화(指話) 《use》 finger [hand] language. ‖ ~법 dactylology.
지휘(指揮) command; direction; instruction. ~하다 command; lead; direct; conduct(악단을). ¶ ~를 받다 be under *a person's* command. ‖ ~관 a commander; an officer in command / ~권 (the right of) command / ~대 a podium / ~봉 a baton / ~자 a director; a leader; a commander; a conductor (음악의).
직(職) 《일자리》 employment; a job; 《직무》 one's duties; 《직업》 a calling; a trade; 《관공직》 an office; a post.
직각(直角) a right angle. ~의 rectangular; right angled. ¶ …과 ~으로 at a right angle to… / ~을 이루다 make a right angle 《*with*》. ‖ ~삼각형 a right(-angled) triangle.
직각(直覺) intuition. ~하다 know 《*a thing*》 intuitively. ¶ ~적으로 intuitively; by intuition.
직간(直諫) ~하다 reprove 《*a person*》 to *his* face.
직감(直感) intuition. ~하다 know 《*a thing*》 intuitively. ¶ ~적으로 intuitively; by intuition.
직거래(直—) direct [spot] transaction.
직격(直擊) direct hit. ‖ ~탄 a direct hit.
직결(直結) direct connection. ~하다 connect [link] directly 《*with*》. ¶ ~돼 있다 be directly connected 《*with*》 [linked 《*to*》]; have (a) direct bearing 《*on*》(영향).
직경(直徑) a diameter. ¶ ~ 1미터 one meter in diameter.
직계(直系) ~의 direct. ‖ ~ 가족 direct members in a direct line / ~ 존속[비속] a lineal ascendant [descendant] / ~ 회사 a directly affiliated concern.
직계(職階) the class of one's position. ‖ ~ 제도 a position [job] classification system.
직고(直告) ~하다 inform [tell] truthfully.
직공(職工) a worker; 《공장의》 a (factory, mill) hand.
직관(直觀) ☞ 직각(直覺).
직교역(直交易) direct barter trade. ‖ ~급 vice-minister-level officials.
직구(直球) 〖野〗 a straight ball; a liner.
직권(職權) authority; official power(s). ¶ ~으로써 in virtue of one's office / ~을 행사[남용]하다 exercise [abuse] one's authority. ‖ ~ 남용 misfeasance.
직녀(織女) ① 《사람》 a woman weaver. ② ☞ 직녀성.
직녀성(織女星) 〖天〗 Vega.
직능(職能) a function. ‖ ~급(給) wages on job evaluation / ~ 대표(제) vocational representation (system).
직답(直答) a prompt answer; 《직접 답변》 direct answer. ~하다 give a ready answer; answer offhand.
직렬(直列) 〖電〗 《in》 series. ‖ ~ 회로[변압기] a series circuit [transformer].
직류(直流) 〖電〗 direct current (생략 D.C.). ‖ ~ 전동기[발전기] a direct current motor [dynamo] / ~ 회로 a direct current circuit.
직립(直立) ~하다 stand erect [straight, upright]. ¶ ~의 vertical; erect; upright; perpendicular.
직매(直賣) direct sales. ~하다 sell direct(ly) 《*to*》. ‖ ~소[점] a direct sales store [depot].
직면(直面) ~하다 face; confront; be faced [confronted] 《*with*》.
직무(職務) a duty; work. ¶ ~상의 official / ~를 수행하다 conduct [discharge] one's duties / ~를 게을리 하다 neglect one's duties. ‖ ~ 규정 office regulations / ~ 수당 a service allowance / ~ 집행 performance of one's duties / ~ 태만 neglect of duty.
직물(織物) cloth; textile goods. ‖ ~ 공업 the textile industry / ~류 drapery; soft goods / ~상 a draper.
직분(職分) one's duty. ¶ ~을 다하다 do one's duty.
직사(直射) 《포화의》 direct [frontal] fire; 《일광의》 direct rays. ~하다 fire direct 《*upon*》; shine directly 《*upon*》. ¶ 일광의 ~를 받다[피하다] be exposed to [avoid] the direct rays of the sun. ‖ ~포 a direct-firing gun.
직사각형(直四角形) a rectangle; an oblong. ~의 rectangular; oblong.
직삼각형(直三角形) a right(-angled) triangle.
직선(直線) a straight line. ¶ ~으로 in a straight line; straight. ‖ ~ 거리 a lineal distance (~ 거리로 in a straight line) / ~미(美) lineal beauty / ~ 코스 a straight course.
직설법(直說法) 〖文〗 the indicative (mood).
직성(直星) ~풀리다 feel satisfied (to one's heart's content). ¶ ~이

안 풀리다 be not satisfied; feel regret 《*for*》.
직소(直訴) 《make》 a direct appeal 〔petition〕 《*to*》.
직속(直屬) ~하다 be under (the) direct control 《*of*》. ‖ ~ 부하 a subordinate under one's direct control / ~ 상관 one's immediate superior.
직송(直送) direct delivery. ~하다 send direct(ly) 《*to*》.
직수굿하다 (be) submissive; obedient; docile.
직수입(直輸入) direct importation. ~하다 import 《*goods*》 direct(ly) 《*from*》. ‖ ~상 direct importer / ~품 direct imports.
직수출(直輸出) direct exportation. ~하다 export 《*goods*》 direct(ly) 《*to*》. ‖ ~품 direct exports.
직시(直視) 《똑바로 봄》 ~하다 look 《*a person*》 in the face; face 《*the fact*》 squarely.
직언(直言) ~하다 speak plainly 〔frankly〕; speak without reserve.
직업(職業) an occupation; a calling; a trade; a profession; a vocation. ¶ ~적(인) professional / …을 ~으로 삼다 be 《*a doctor*》 by profession; be 《*a printer*》 by trade / ~을 바꾸다 change one's occupation; switch jobs. ‖ ~ 경력 one's business 〔professional〕 career / ~ 교육 vocational education / ~ 군인 a professional 〔career〕 soldier / ~별 전화번호부 classified telephone directory / ~별 조합 a craft union / ~병 an occupational disease / ~ 보도 vocational guidance 〔training〕 / ~ 소개소 an employment agency 〔office〕 / ~ 야구 professional baseball / ~ 여성 a working 〔career《ㅁ》〕 woman / ~ 학교 a vocational school / ~훈련 〔윤리〕 vocational training 〔ethics〕.
직역(直譯) (a) literal 〔word-for-word〕 translation. ~하다 translate literally 〔word for word〕.
직영(直營) ~하다 manage 〔control, operate〕 directly. ¶ ~의 under (the) direct management 《*of*》 / 정부의 ~ 사업 an enterprise under government management.
직원(職員) the personnel; 《a member of》 the staff; the faculty (대학의). ‖ ~실 a faculty room; a teachers' room / ~ 회의 a staff meeting; a teachers' 〔faculty〕 conference.
직유(直喩) a simile.
직인(職印) an official seal; a government seal (정부의).
직임(職任) one's office duties.
직장(直腸) 〖解〗 the rectum.
직장(職場) one's place of work; one's post. ¶ ~을 지키다 stick to one's post / ~을 이탈하다 desert one's job; walk out 《美》. ‖ ~ 대회 《hold》 a workshop rally.
직재(直裁) a direct 〔prompt〕 decision. ~하다 decide personally 〔directly, immediately〕.
직전(直前) ~에 just 〔immediately〕 before.
직접(直接) direct(ly); (at) first hand; personal(ly); in person. ~의 direct; immediate; firsthand; personal (자신의). ¶ ~ 관계가 〔영향이〕 있다 have direct bearings 《*on*》 / ~ 듣다 hear at first hand / ~ 만나다 see 《*a person*》 in person. ‖ ~ 교섭 《have》 direct negotiations 《*with*》 / ~ 매매 direct 〔spot〕 sales / ~ 배달 direct delivery / ~ 선거 a direct election / ~세 a direct tax / ~ 원인 an immediate cause / ~ 행동 《take》 direct action / ~ 화법 〖文〗 direct narration.
직제(職制) the organization 〔setup〕 of an office. ¶ ~를 개편하다 reorganize an office.
직조(織造) weavings. ~하다 weave.
직종(職種) a type of occupation; an occupational category. ¶ ~별(로) 《classify》 by occupation.
직직 《신발을 끎》 shuffling; scuffingly; 《찢음》 tearing; with a rip; 《긁힘》 scratchingly.
직진(直進) ~하다 go straight on 〔ahead〕.
직책(職責) 《perform》 one's duties; (official) responsibility.
직통(直通) ~하다 communicate directly 《*with*》; go direct 〔through〕 《*to*》. ‖ ~ 전화 〔열차〕 《There is》 a direct telephone 〔railway〕 service 《*between*》.
직필(直筆) ~하다 write plainly 《*on a matter*》.
직할(直轄) direct control 〔jurisdiction〕. ~이다 be under (the) direct control 《*of*》.
직함(職銜) one's official title.
직항(直航) ~하다 sail 〔fly〕 direct 〔straight, nonstop〕 《*to, for*》. ‖ ~로〔선〕 a direct line 〔steamer 《*for*》〕.
직행(直行) ~하다 go straight 〔direct, through, nonstop〕 《*to*》. ‖ ~ 버스 a nonstop bus / ~ 열차 a through 〔nonstop〕 train.
직활강(直滑降) 〖스키〗 《make》 a straight descent.
직후(直後) ~에 immediately 〔directly〕 after.
진(辰) the Dragon. ¶ ~년(시) the Year 〔Hour〕 of the Dragon.
진(津) 《나무의》 resin; gum; 《담배의》 nicotine; tar.
진(陣) 《진형》 a battle array; battle formation; 《진영》 a camp; 《진지》 a position; 《구성 인원》 a line-up. ¶ ~을 치다 take up (a) position; pitch a camp; encamp. ‖ 교수~ the teaching staff / 보도~ a news front; a press corps.

진《술》gin. ‖ ~피즈 gin fizz.
진가(眞假) ☞ 진위(眞僞).
진가(眞價)《have》true 〔real〕 value; true merit 〔worth〕. ¶ ~를 발휘하다 display one's real ability 〔worth〕.
진갑(進甲) the sixty-first anniversary of one's birth.
진개(塵芥) dust; dirt; garbage.
진객(珍客) a least-expected visitor; a welcome guest.
진걸레 a wet floorcloth 〔dustcloth〕.
진격(進擊) a march onward; an attack; a charge. ~하다 advance 《*on*》; charge 《*at*》. ‖ ~령 an order to advance / ~ 부대 a storming party; an attacking force.
진공(眞空) 《form》 a vacuum. ~의 vacuous; empty. ‖ ~관 a vacuum tube / ~ 방전 vacuum discharge/ ~ 청소기 a vacuum cleaner.
진구렁 mire; mud. ¶ ~에 빠지다 get in the mud.
진국(眞一) ①《사람》a man of sincerity. ② ☞ 전국(全一).
진군(進軍) march; advance. ~하다 march, advance 《*on*》. ¶ ~ 중이다 be on the march.
진귀(珍貴) ~한 (rare and) precious; valuable; highly-prized.
진급(進級) promotion. ~하다 be 〔get〕 promoted 《*to*》; be moved up 《*to*》. ¶ ~시키다 promote 《*a person*》 to a higher grade 〔position〕. ‖ ~ 시험〔상신〕 an examination 〔a recommendation〕 for promotion.
진기(珍奇) ~한 《신기》 new; novel; 《희귀》 rare; 《이상》 uncommon; unusual; 《기이》 strange; quaint; queer; wonderful.
진날 a rainy 〔wet〕 day.
진노(震怒) wrath; rage. ~하다 burst with rage.
진눈 blear 〔sore〕 eyes.
진눈깨비 sleet. ¶ ~가 내린다 It sleets.
진단(診斷) diagnosis. ~하다 make a diagnosis 《*of*》; diagnose 《*a person's*》 case 《*as*》. ¶ ~을 받다 consult 〔see〕 a doctor. ‖ ~서 a medical certificate / 건강 ~ a medical examination; a physical checkup 《美》 / 조기 ~ 《make》 an early diagnosis 《*of*》.
진달래 〖植〗 an azalea.
진담(眞談) a serious talk. ¶ ~으로 듣다 take 《*a person's*》 story seriously.
진대붙이다 annoy 〔harass, pester〕 《*a person*》.
진도(進度) progress. ¶ 학과의 ~ progress of classwork. ‖ ~표 a teaching schedule; a progress chart (일반의).
진도(震度) seismic intensity.
진동(振動) vibration; oscillation. ~하다 vibrate; oscillate. ¶ ~을 일으키다 set up a vibration 〔a swing motion〕. ‖ ~계(計) a vibration gauge / ~자 a vibrator / ~ 주파수 an oscillation frequency / ~파 an oscillating wave / ~ 회수 frequency.
진동(震動) a shock; a tremor. ~하다 shake; quake; tremble; vibrate. ¶ ~시키다 shake; vibrate. ‖ ~계 a vibroscope / ~수 the number of vibrations; frequency / ~ 시간 the duration of the shock (지진의) / ~파 an earthquake wave.
진두(陣頭) ¶ ~에 서다 be at the head 《*of an army*》 / ~ 지휘하다 command at the head of 《*an army*》.
진드기 〖動〗 a tick; a mite.
진득거리다 keep sticking; resist cutting; be tough (검질기다). ¶ 진득진득한 sticky; clammy; tough.
진득이 patiently; sedately; staidly.
진득하다 (be) staid; sedate; patient.
진디 〖蟲〗 a plant louse; an aphis.
진땀(津一) a sticky, greasy sweat; cold sweat(식은땀). ¶ ~나다 be in a greasy 〔cold〕 sweat; sweat hard / ~빼다 have a hard time (of it) 《*with*》; have bitter experiences.
진력(盡力) ~하다 endeavor; strive; make efforts; render services (타인을 위해). ¶ …의 ~으로 through the efforts 〔good offices〕 of....
진력나다 be 〔get〕 sick 〔tired, weary〕 《*of*》.
진로(進路) a course; a way. ¶ ~를 열어 주다 make way 《*for one's juniors*》.
진료(診療) medical examination and treatment. (☞ 진찰, 치료). ‖ ~소 a clinic / ~ 시간 consultation hours/ ~실(室) a consultation room.
진리(眞理) truth. ¶ 일면(一面)의 ~ 《There's》 some truth 《*in*》 / ~의 탐구 a search for truth / ~를 탐구하다 seek after truth.
진맥(診脈) ~하다 feel 〔examine〕 《*a person's*》 pulse.
진면목(眞面目) one's true character 〔self〕; oneself. ¶ ~을 발휘하다 reveal one's true character; show one's true worth.
진묘(珍妙) ~한 queer; odd; funny.
진무르다 break out in sores; be inflamed.
진문(珍聞) news; a strange 〔curious, funny〕 story (기담).
진문진답(珍問珍答) an incomprehensible question and a garbled reply.
진물 the watery discharge from a sore.
진미(珍味) a dainty; a (choice) delicacy. ‖ 산해 ~ the spoils of chase and net; all sorts of delicacies.

진미(眞味) true (real) taste. ¶음악의 ~ the charm of music / 인생의 ~ the real taste (the zest) of life.
진발 muddy (wet) feet.
진배없다 be as good as; be little (no) better than. ¶새거나 ~ be as good as new.
진버짐 serpigo; ringworm.
진범(眞犯) the real (true) culprit.
진보(進步) 《rapid》 progress; advance. ~하다 (make) progress; improve; advance. ¶~적(인) advance; progressive / 과학의 ~ the progress of science / 장족의 ~ 《take》 long stride; 《make》 a marked advance / 학문이 ~하다 make progress in one's studies. ‖ ~주의 progressivism (~주의자 a progressive) / ~파(派) the progressives; the progressive camp (group).
진본(珍本) a rare (old) book.
진본(眞本) an authentic book (copy); a genuine piece of writing (painting) (서화의).
진부(眞否) truth or falsehood; the real facts 《*of*》; 《확실성》 accuracy. ¶~를 확인하다 ascertain the truth 《*of*》.
진부(陳腐) ~하다 (be) commonplace; trite; stale; hackneyed.
진사(陳謝) 《make, demand》 an apology. ~하다 apologize 《*to a person*》 《*for*》; express one's regret 《*for*》.
진상(眞相) the truth; the (actual) fact; what's what. ¶~을 구명하다 inquire into the real state of things / ~을 밝히다 disclose the truth 《*of*》; reveal the real state. ‖ ~ 조사 fact finding.
진상(進上) 《바침》 ~하다 offer a local product as tribute.
진선미(眞善美) the true, the good and the beautiful.
진성(眞性) 《천부 자질》 one's true character; 《진짜》 genuineness. ~의 true; genuine. ‖ ~ 콜레라 true (genuine) cholera.
진세(塵世) this dirty world; the world.
진솔 《새옷》 bran(d)-new clothes; 《진솔옷》 ramie-cloth dress (for spring (autumn) wear).
진수(珍羞) rare dainties; delicacies. ‖ ~ 성찬 a sumptuous meal.
진수(眞髓) the essence; the quintessence; the gist; the pith; the soul.
진수(進水) launching. ~하다 be launched. ‖ ~대 the launching platform (ways) / ~식 a launching (ceremony).
진술(陳述) a statement. ~하다 state; give an account of; set forth; declare. ‖ ~서 a (written) statement.
진실(眞實) truth; fact; reality; sincerity (성실). ~한 true; real; sincere. ¶~로 in fact; really / ~을 말하면 to tell the truth; the fact is that....
진실성(眞實性) fidelity; truth; credibility. ¶~을 의심하다 doubt the truth of 《*a report*》.
진심(眞心) one's true heart; sincerity (성심); earnest. ¶~으로 heartily; sincerely; from (the bottom of) one's heart.
진압(鎭壓) repression. ~하다 repress; suppress; subdue; put down.
진앙(震央) the epicenter.
진애(塵埃) dust; dirt.
진액(津液) resin; gum; sap; juice.
진언(進言) advice; counsel. ~하다 advise; counsel; suggest.
진역(震域) a coseismal zone.
진열(陳列) an exhibition; a display; a show. ~하다 exhibit; display; show; place 《*things*》 on exhibition. ¶~되어 있다 be (placed) on show (display, exhibition). ‖ ~관 a museum (gallery) (미술 ~관 a (picture) gallery) / ~대 a display stand / ~실(장, 창) a showroom (showcase, show window) / ~품 an exhibit.
진영(眞影) a portrait; a picture.
진영(陣營) a camp; quarters; an encampment; the camp (비유적). ¶동서 양~ the camps of the East and the West / 보수 ~ the conservative camp.
진용(陣容) battle array (formation); a lineup, personnel (인원). ¶~을 갖추다 line up for battle; have a good staff 《*of*》.
진원(震源) the seismic center; the epicenter. ‖ ~지 = 진원.
진위(眞僞) 《ascertain the》 truth 《*of a report*》; genuineness.
진의(眞意) one's real intention; one's true motive; the true meaning (말의).
진의(眞義) the true meaning.
진인(眞因) the real (true) cause.
진일 washing; kitchen work.
진입(進入) 《들어섬》 ~하다 enter; make one's way 《*into*》. ¶고속도로로 ~하다 enter the express way.
진자(振子) 【理】 a pendulum.
진작(振作) ~하다 promote; brace (stir, shake) up.
진작 《그때》 then and there; at once; 《좀더 일찍》 earlier.
진재(陳材) aged medicinal herbs.
진재(震災) an earthquake (disaster). ‖ ~지 a quake-stricken district (area).
진저리 ¶~나다 be (get) sick 《*of*》; be disgusted 《*with, at*》; be fed up 《*with*》 / ~치다 shudder 《*at*》; shiver 《*with cold*》; tremble 《*for fear*》.
진저에일 ginger ale.
진전(進展) development; progress.

～하다 develop; (make) progress; advance. ¶～이 빠르다 make a rapid progress; proceed rapidly / 큰 ～을 보다 make great progress.
진절머리 ☞진저리.
진정(眞正) ～한 true; real; genuine. ¶～한 사랑 true love.
진정(眞情) one's true heart [feeling]; sincerity. ¶～의 true(-hearted); sincere; earnest / ～으로 heartily; sincerely; from one's heart / ～을 토로하다 pour forth one's true feeling [heart].
진정(陳情) a petition; an appeal. ～하다 make a petition 《to》; petition; appeal. ¶～을 받아들이다 grant a petition. ‖ ～서 《submit》 a petition 《to》/ ～자 a petitioner.
진정(進呈) ☞증정(贈呈).
진정(鎭靜) ～하다 calm (down); quiet; soothe; subside; be relieved [soothed]. ‖ ～제 a sedative; a tranquilizer.
진종일(盡終日) all day (long); the whole day.
진주(眞珠) a pearl. ～의 pearl(y). ‖ ～빛 pearl gray [grey 《英》]/ ～조개 a pearl oyster/모조[양식]～ an imitation [a cultured] pearl / 인조 ～ an artificial pearl / 흑～ a black pearl.
진주(進駐) ～하다 be stationed; advance 《into》. ‖ ～군 the occupation forces [army].
진중(珍重) ～하다 value [esteem, prize] highly; treasure.
진중(陣中) 《부사적》 at the front; in the ranks; in camp. ‖ ～ 생활 a camp life / ～ 일기 a field [war] diary.
진중(鎭重) ～하다 (be) reserved; dignified; sedate; grave.
진지 a meal; dinner.
진지(陣地) a position; an encampment. ¶～를 사수하다 defend a position to the last / ～를 탈환하다 recover a position. ‖ ～전(戰) position warfare; a war of position / ～ 철수 decampment.
진지(眞摯) ～한 serious; sincere; sober; earnest. ¶～하게 in earnest; seriously; gravely / ～한 표정을 짓다 look grave [serious] / ～하게 생각하다 take things seriously.
진진하다(津津一) (be) immense; intense; 《서술적》 be full of 《*interest*》.
진집 an opening; an aperture.
진짜 a genuine article; a real thing. ～의 real; genuine; true.
진찰(診察) a medical examination. ～하다 examine [see] 《*a patient*》. ¶～을 받다 see [consult] a doctor. ‖ ～권 a consultation ticket / ～료 a medical [doctor's] fee / ～ 시간 consulting hours; surgery hours 《英》/ ～실 a consulting room; a surgery 《英》.
진창 mud; mire. ¶～에 빠지다 get (stuck) in the mud. ‖ ～길 a muddy road.
진척(進陟) ～하다 make (good) progress; make headway; advance. ¶～되고 있다 be in progress; be (well) under way.
진출(進出) ～하다 push 《*into*》; advance; find one's way 《*into*》; go 《*into*》; extend one's business.
진취(進取) ～적(인) progressive; pushing; enterprising. ¶～의 기상 《be endowed with》 a progressive spirit.
진치다(陣一) take up (a) position; encamp; pitch a camp.
진탕(震盪) shock; concussion. ‖ 뇌～ 【醫】 concussion of the brain.
진탕(一宕) to one's heart's content; to the full. ¶～ 먹다[마시다] eat [drink] one's fill.
진통(陣痛) labo(u)r (pains); travail; throes. ¶～ 중 be in labor / ～을 느끼다 suffer throes.
진통(鎭痛) 《가라앉힘》 alleviation of pain; soothing. ¶～에 즉효가 있다 bring quick relief from pain. ‖ ～제 an anodyne; an analgesic; a painkiller 《口》.
진퇴(進退) movement; one's course of action; one's attitude. ¶～를 같이하다 cast in one's lot 《*with*》; act in line 《*with*》.
진퇴양난(進退兩難) dilemma; a (tight) fix; a predicament. ¶～이다 [에 처하다] be in a dilemma; be driven to the wall.
진퇴유곡(進退維谷) ☞진퇴양난.
진펄 a muddy land.
진폐증(塵肺症) 【醫】 pneumoconiosis.
진폭(振幅) an amplitude (of vibration).
진품(珍品) a rare [priceless] article; a rarity.
진품(眞品) a genuine [sterling, real] article.
진필(眞筆) an autograph.
진하다 ① 《색이》 (be) dark; deep. ¶진한 청색 deep blue. ② 《국물 따위》 (be) thick; strong. ¶진한 차 strong tea [coffee].
진하다(盡一) 《다하다》 be exhausted; be used up; be gone.
진학(進學) ～하다 proceed to a higher school; go on to 《*college*》. ‖ (대학) ～ 코스 a college-preparatory course.
진항(進航) 《나아감》 ～하다 proceed; sail; make one's way. ‖ ～ 속도 headway; seaway.
진해(震駭) terror; horror. ～하다 be alarmed[frightened]; be horrified.
진해제(鎭咳劑) a cough remedy.
진행(進行) 《steady》 progress; advance. ～하다 (make) progress; make headway; advance; go on; 《차 따위가》 move; run. ¶～성의

progressive / ～중 《be》 in progress / ～시키다 expedite 《*the proceedings*》 / ～을 방해하다 hinder progress. ‖ ～(계)원 a program director / ～형(形) 〖文〗 the progressive form.
진형(陣形) (battle) formation; battle array.
진혼(鎭魂) repose of souls. ‖ ～곡 a requiem.
진홍(眞紅) scarlet; crimson. ～의 crimson; cardinal.
진화(進化) evolution; development (발달). ～하다 evolve (develop) 《*into something*》. ¶ ～적인 evolutional. ‖ ～론 the theory of evolution (～론자 an evolutionist; a Darwinist).
진화(鎭火) ～하다 be put out; get (bring) under control.
진휼(賑恤) relief. ～하다 relieve 《*flood sufferers*》; give relief to.
진흙 《질척질척한》 mud; mire; 《차진》 clay. ¶ ～의, ～투성이의 muddy / ～투성이가 되다 get muddy; be covered with mud.
진흥(振興) ～하다 promote; encourage; further; arouse. ‖ ～책(策) a measure for the promotion 《*of*》.
질(帙) a set of books.
질(質) substance (실질); quality (품질); matter (성분); 《성질》 nature; character. ¶ ～이 좋은 (나쁜) superior (inferior) in quality; 《성질》 good-(ill-)natured; of good (bad) character (일).
질(膣) the vagina. ‖ ～구(口)(벽(壁)) the vaginal opening (wall) / ～염(炎) 〖醫〗 vaginitis.
질겁하다 get appalled (astounded); be frightened (out of one's wits); be taken aback.
질겅질겅 ¶ ～ 씹다 chew.
질경이 〖植〗 a plantain.
질고(疾苦) suffering from illness.
질곡(桎梏) fetters; the yoke. ¶ ～에서 벗어나다 shake off fetters; throw off the yoke; free oneself from.
질구(疾驅) ～하다 rush; dash.
질권(質權) 〖法〗 《establish》 the right of pledge. ‖ ～설정자 a pledger / ～자 a pledgee; a pawnee.
질그릇 unglazed earthenware; clayware.
질근질근 ① 《꼬는 모양》 ¶ ～ 꼬다 make (twist, strand) a rope loosely. ② 《씹는 모양》 chewing.
질금거리다 fall (rain) off and on.
질급하다(窒急―) ☞ 질겁하다.
질기다 (be) tough; durable (마디다); tenacious (검질기다).
질기와 an unglazed roof tile.
질깃질깃하다 《물체가》 (be) tough; 《성질이》 (be) tenacious; tough.
질끈 tight(ly); fast; closely.
질녀(姪女) a niece.
질다 《반죽·밥이》 (be) soft; watery; 《땅이》 (be) muddy; slushy.
질동이 an earthen (a clay) jar.
질뚝배기 a large clay bowl.
질량(質量) 〖理〗 mass. ‖ ～ 불변의 법칙 the law of the constancy of mass.
질러 ¶ ～가다 take a shorter way (short cut); cut across 《*a field*》 / ～오다 come by a short cut.
질름… ☞ 찔름….
질리다 ① 《채이다》 be (get) kicked; get struck (맞다). ② 《기가》 be amazed (aghast) 《*at*》; be overawed; 《파랗게》 turn pale; lose colo(u)r. ③ 《싫증남》 be (get) sick (weary) 《*of*》; be fed up 《*with*》. ④ 《비용이》 take; cost.
질문(質問) a question; an interrogation; an inquiry; a query. ～하다 question; put a question 《*to*》; ask 《*a person*》 a question. ¶ ～에 답하다 answer a question / ～을 퍼붓다 rain questions 《*on*》 / ～공세를 받다 face a barrage of questions. ‖ ～서 a written inquiry; a question(n)aire.
질박(質樸) ～한 simple(-minded); unsophisticated.
질벅거리다 ☞ 질척거리다.
질번질번하다 《살림이》 (be) wealthy; 《서술적》 live in clover; be well-to-do.
질병(疾病) a disease; a malady.
질빵 a shoulder-pack strap; a backstrap.
질산(窒酸) 〖化〗 nitric acid. ‖ ～염 a nitrate / 아(亞)～ nitrous acid.
질색(窒塞) ～하다 disgust; abhor; have an abhorrence 《*of*》; be appalled (shocked).
질서(秩序) order; discipline (규율); system (체계). ¶ ～ 있는 orderly; systematic / ～없는 disorderly; unsystematic; unorganized / ～ 정연하게 in good order; in an orderly manner / ～를 유지하다 (어지럽히다) maintain (disturb) public order.
질소(窒素) nitrogen (기호 N). ‖ ～공해 nitrogen pollution / ～ 비료 (a) nitrogenous fertilizer.
질솥 an earthen pot.
질시(嫉視) ～하다 regard 《*a person*》 with jealousy; envy.
질식(窒息) suffocation. ～하다 be suffocated; be choked (smothered) (to death). ¶ ～시키다 suffocate; asphyxiate. ‖ ～사(死) death from (by) suffocation.
질의(質疑) a question; an inquiry. ～하다 question; inquire of; interpellate. ‖ ～ 응답 questions and answers / ～전 interpellations (국회에서의).
질적(質的) qualitative. ¶ ～으로 《improve》 in quality.
질주(疾走) ～하다 run at full speed; run fast; dash.

질질 ¶ ~ 끌다 drag; trail; protract, prolong, drag on (지연).
질책(叱責) (a) reproof; a reproach. ~하다 reprove 《*a person*》; scold; take 《*a person*》 to task; reproach 《*a person*》 with [for].
질척거리다 be muddy; be slushy; be sloppy. ¶질척질척한 muddy; slushy.
질컥거리다 ☞질척거리다.
질타(叱咤) (a) scolding (꾸짖음); encouragement (격려); command (지휘). ~하다 scold; encourage [spur] 《*a person to do*》; command.
질투(嫉妬) jealousy. ~하다 be jealous 《*of*》; envy 《*a person*》. ¶~한 나머지 out of jealousy / ~가 많은 jealous. ‖ ~심 jealousy.
질펀거리다 ☞질척거리다.
질펀하다 ① 《넓다》 level. ¶질펀한 들 a broad expanse of fields. ② 《게으르다》 (be) sluggish; idle.
질풍(疾風) a violent wind; a gale. ¶~같이 swiftly; like a whirlwind.
질항아리 an earthenware jar.
질환(疾患) a disease; a trouble; a disorder; a complaint.
질흙 ① 《진흙》 mud. ② 《질그릇 만드는》 potter's clay.
짊어지다 ① 《짐을》 bear; carry [have] 《*something*》 on one's back [shoulder]; shoulder. ② 《부담 따위》 encumber [saddle, burden] oneself 《*with*》; bear; take upon oneself. ¶빚을 ~ get [run] into debt / 책임을 ~ assume a responsibility 《*of*》.
짐 ① 《화물》 a load; a cargo (뱃짐); freight (기차의); baggage [luggage 《英》] (수화물). ¶~을 싣다 load 《*a ship*》; pack 《*a horse*》 / ~을 부리다 unload; unpack. ② 《마음의》 a burden. ¶~이 되다 be a burden 《*to one*》 / ~을 벗은 기분이다 feel relieved.
짐꾸리기 packing; package.
짐꾼 a porter; a baggage porter; a red cap 《美》 (역의).
짐마차(一馬車) a wagon; a cart.
짐바리 a load 《*on a pack animal*》; a pack.
짐스럽다 (be) burdensome; troublesome. ¶짐스럽게 여기다 find 《*it*》 burdensome.
짐승 a beast (네발짐승); a brute (맹수); an animal (동물).
짐작 guess(work); (a) conjecture; (a) surmise. ~하다 guess; conjecture; surmise; suppose; gather.
짐짐하다 ☞찜찜하다.
짐짓 intentionally; deliberately.
짐짝 a pack(age); a parcel; a piece of baggage.
집¹ ① a house; a home (가정); a family; a household (가구). ¶~없는 사람들 houseless [homeless] people / ~에 있다 stay [be] at home; be in / ~에 없다 stay away from home; be out. ② 《동물의》 《build》 a nest; a den; a lie (짐승의). ③ 《물건의》 a sheath; a case.
집² 《바둑》 crosses. ¶열 ~ 이기다[지다] win [lose] by ten crosses.
집게 (a pair of) tongs; pincers; nippers (소형의); pliers (펜치).
집게발 claws.
집게손가락 the forefinger; the index finger.
집결(集結) ~하다 concentrate; collect; gather; assemble; be concentrated. ‖ ~지 an assembly place.
집계(集計) the total amount 《*of*》; the (sum) total. ~하다 add [sum] up; total. ‖ ~표 a tabulation.
집권(執權) seizure of political power. ~하다 take [come into] power; take the reins (of the government). ‖ ~당 the party in power.
집기(什器) a utensil; an article of furniture; a fixture (비치된). ¶사무(실)용 ~ office fixtures.
집념(執念) a deep attachment 《*to*》. ¶~이 강한 tenacious of one's purpose.
집다 take [pick] up.
집단(集團) a group; a mass; a body. ~적인 collective. ¶~을 이루어, ~적으로 in a group; collectively / ~을 이루다 form a group. ‖ ~결근 mass absenteeism / ~ 결혼 a group marriage / ~ 경기 a mass game / ~ 노동 group work / ~ 발생 a mass outbreak / ~ 수용소 a concentration camp / ~ 심리 [식중독] mass psychology [food poisoning] / ~ 안전 보장 [지도제] collective security [leadershp] / ~ 의식 group consciousness / ~ 이민 collective [mass] emigration / ~ 폭행 mob violence.
집단농장(集團農場) a collective farm; a *kolkhoz* (소련의); a kibbutz (이스라엘의).
집달리(執達吏) 《send》 a bailiff 《*to*》.
집대성(集大成) ~하다 make a comprehensive compilation 《*of*》.
집도(執刀) performance of an operation. ~하다 perform an operation 《*on*》.
집들이 《give》 a housewarming (party).
집무(執務) ~하다 work; attend to one's business; be at work [one's desk]. ‖ ~ 시간 business [office] hours.
집문서(一文書) a house deed; deed papers. ¶~를 잡히고 돈을 차용하다 make a loan with the deed for security.
집물(什物) furniture; utensils. ☞집기.
집배(集配) ~하다 collect and deliver. ‖ 우편 ~원 a postman; a mailman 《美》.
집비둘기 a dove; a house pigeon.
집사(執事) a steward; a manager;

a deacon(교회의).
집산(集散) ~하다 gather and disperse; distribute. ‖ ~지 distributing [trading] center.
집성(集成) ~하다 collect; compile.
집세(一貰) a (house) rent. ¶ ~가 밀리다 be behind with one's rent / ~를 올리다[내리다] raise [lower] the rent / ~가 비싸다[싸다] The rent is high [reasonable].
집시 ① 《서양의》 a Gypsy; a Gipsy 《英》. ② 《방랑자》 a gipsy; a vagabond.
집안 ① 《가족》 a family; a household; 《일가》 a family; a clan; one's relatives [kindred]; 《가문》 the (social) standing of a family; lineage. ¶ ~이 좋다[나쁘다] be of high [low] birth. ‖ ~ 식구(members of) a family; one's folks / ~ 싸움 a family trouble; domestic discord; an internal trouble(내분). ② 《옥내》 the inside of a house. ¶ ~에(서) indoors; within doors.
집약(集約) ~하다 do 《*something*》 intensively; 《문제를》 boil down 《*to*》. ¶ ~적인 intensive. ‖ ~ 농업 intensive agriculture [farming].
집어넣다 ① ☞ 넣다. ② 《투옥》 throw 《*a person*》 into prison; imprison.
집어먹다 ① 《음식을》 pick up and eat. ¶ 손으로 ~ eat with one's fingers / 젓가락으로 ~ eat with chopsticks. ② 《착복하다》 pocket 《*money*》; embezzle.
집어삼키다 ① 《음식을》 swallow 《*food*》; take [get] down. ② 《남의 것을》 usurp; embezzle; appropriate (unlawfully).
집어세다 ① 《막먹다》 eat up greedily. ② 《착복》 pocket; embezzle; swindle 《*a person out of something*》.
집어주다 ① 《주다》 hand; pass; give. ② 《뇌물을》 bribe; grease 《*a person's*》 palm.
집어치우다 give [throw] up; quit; drop; leave [lay] off.
집오리 a (domestic) duck(총칭, 암컷); a drake(수컷).
집요(執拗) ~한 obstinate; stubborn; persistent; importunate; tenacious. ¶ ~하게 persistently; obstinately; importunately.
집장사 housing business ¶ ~의 집 a ready-built house; a house built for sale.
집적(集積) accumulation. ~하다 accumulate; be heaped up. ‖ ~회로 an integrated circuit.
집적거리다 ① 《손대다》 turn [put] one's hand to; 《관계》 meddle with [in]; have a hand [finger] in. ② 《건드리다》 tease; provoke; vex.
집주(集註) a variorum edition.
집주릅 a house agent; a real-estate agent.
집주인(一主人) ① 《임자》 the owner of a house. ② 《가장》 the head of a family [house].
집중(集中) concentration. ~하다 concentrate 《*one's attention* (*up*-)*on*》; 《모이다》 center 《*on, around*》. ‖ ~ 공격 a localized raid / ~ 안타 【野】 a rally of hits / ~ 포화 a concentrated fire / ~ 호우 a concentrated heavy rain.
집진기(集塵器) a dust collector.
집집 ¶ ~마다[이] at every door; from door to door.
집착(執着) attachment, 《고집》 tenacity; persistence. ~하다 stick [cling] 《*to*》; be attached 《*to*》. ‖ ~력 tenacity / ~심 attachment.
집채 (the bulk of) a house. ¶ ~만하다 be as large as a house; be massive.
집치장(一治粧) ~하다 take care of [decorate] a house.
집터 a house [building] site; a housing [building] lot.
집필(執筆) writing. ~하다 write 《*for a magazine*》; contribute 《*to a magazine*》. ‖ ~료 remuneration for one's copy; copy money / ~자 the writer; the contributor.
집하(集荷) collection of cargo; cargo booking.
집합(集合) (a) gathering; (a) meeting; 【數】 a set; 【生】 aggregation. ~하다 gather; meet; assemble; come together. ‖ ~ 명사 【文】 a collective noun / ~지 a meeting place / ~체 an aggregate.
집행(執行) execution(집행); enforcement(강제); performance(수행). ~하다 execute; enforce; carry out; perform. ¶ 형을 ~하다 execute a sentence. ‖ ~ 기관 an executive organ/ ~ 명령(영장) an order [a writ] of execution / ~부 executives / ~ 위원 an executive committee / ~ 유예(猶豫) 《allow》 a stay of execution; 《be placed on》 probation (~ 유예 3년으로 with a stay of execution for three years).
집회(集會) a meeting; a gathering. ~하다 meet together; gather; hold a meeting. ¶ ~의 자유 freedom [liberty] of assembly. ‖ ~신고 a notice of an assembly / 불법 ~ an unlawful assembly / 옥외 ~ an open-air meeting.
집히다 get picked up; 《a thing》 pick up.
짓 《행위》 an act; one's doing; a deed; a work.
짓궂다 (be) ill-natured(-tempered); spiteful; malevolent; mischievous. ¶ 짓궂게 ill-naturedly; spitefully.
짓다¹ ① 《집을》 build; erect; construct. ¶ 집을 ~ build a house. ② 《만들다》 make; manufacture; tailor(옷을). ¶ 구두를 ~ make shoes

(구둣가게에서) / 새옷을 ~ have a new suit made. ③《글을》 write; compose; make. ¶ 작문을 ~ write a composition. ④《밥을》 boil; cook; prepare. ¶ 밥을 ~ cook (boil) rice. ⑤《약을》 prepare; fill a prescription. ⑥《형성》 form; make. ¶ 줄을 ~ form in line; form a line (queue); line up. ⑦《농사를》 grow; raise; rear. ¶ 보리 농사를 ~ raise (grow) barley. ⑧《죄를》 commit. ¶ 죄를 ~ commit a crime. ⑨《꾸며냄》 make up; invent; fabricate. ¶ 지어낸 이야기 a made-up story. ⑩《표정》 show; express; look 《glad, sad》. ¶ 미소를 ~ smile. ⑪《결정·결말을》 decide 《on》; settle.

짓다² 《유산》 miscarry; abort.

짓밟다 trample 《on》; trample 《a thing》 under foot; devastate; infringe 《upon rights》.

짓밟히다 be trampled down (upon); be trodden down (on); get trampled under foot.

짓부수다 batter; smash down; crush (down).

짓씹다 chew thoroughly; masticate.

짓이기다 knead; mash; 《잘게 썰다》 mince; chop up.

짓찧다 pound; crush down; smash.

징¹ 《악기》 a gong.

징² 《구두의》 a hobnail; a clout (nail). ¶ ~을 박다 have one's shoes clouted.

징건하다 feel heavy on the stomach.

징검다리 a stepping-stone.

징계(懲戒) a disciplinary punishment. ~하다 discipline; reprimand. ‖ ~ 동의 《make》 a motion for disciplinary measures / ~ 위원회 the Standing Committee for Disciplinary Measures / ~ 처분 《take》 disciplinary action (~ 처분을 받다 be submitted to disciplinary action) / ~ 파면 a disciplinary dismissal (~ 파면되다 be dismissed by way of disciplinary punishment).

징그럽다 (be) disgusting; odious; creepy; uncanny; weird.

징모(徵募) ~하다 enlist; raise; recruit.

징발(徵發) ~하다 commandeer; press 《a thing》 into service; requisition. ¶ ~당하다 be placed under requisition; be pressed into service. ‖ ~대 a foraging party.

징벌(懲罰) discipline; (a) punishment; chastisement. ~하다 punish; discipline; chastise; penalize.

징병(徵兵) conscription; military draft 《美》. ‖ ~ 검사 an examination for conscription / ~ 기피 evasion of conscription (the draft 《美》) / ~ 적령 conscription (military) age / ~ 제도 the conscription system.

징세(徵稅) tax collection. ☞ 징수.

징수(徵收) collection. ~하다 collect (levy) 《taxes》; charge 《a fee》. ‖ ~액 the collected amount.

징악(懲惡) ~하다 chastise vice; punish the wicked.

징역(懲役) penal servitude; imprisonment. ¶ ~ 살다 serve time (a prison term); do penal servitude / ~에 처해지다 be sentenced to 《two years'》 imprisonment with hard labo(u)r.

징역살이(懲役—) imprisonment. ~하다 serve a sentence in jail; serve a prison term.

징용(徵用) drafting; commandeering. ~하다 draft; commandeer. ‖ 피~자 a drafted worker; a draftee.

징조(徵兆) a symptom; a sign; an indication; an omen. ¶ …의 ~가 있다 show signs of.

징집(徵集) enlistment; enrollment; recruiting. ~하다 levy; enlist; enroll; recruit; call up (out). ¶ ~되다 be conscripted (drafted, enlisted) (for military service). ‖ ~령 orders for calling up (out) / ~ 면제 exemption from enlistment / ~ 연기 postponement of enlistment.

징크스 《break, smash》 a jinx.

징후(徵候) 《병의》 a symptom; 《일반의》 a sign; an indication.

짖다 bark 《at》 (개가); howl, roar (맹수가); caw, croak (까막까치가).

짙다 《색이》 (be) dark; deep 《blue》; 《안개》 (be) thick; dense; 《조밀》 (be) thick; heavy.

짚 a straw. ¶ ~으로 싸다 wrap up in straw / ~을 깔다 spread straw; litter 《a stall》 down (외양간에). ‖ ~단, ~뭇 a sheaf of straw (~단(뭇)을 만들다 tie up straw in sheaves) / ~북더기 waste straw in a heap / ~신 straw shoes.

짚가리 a rick; a stack of straw.

짚다 ①《맥을》 feel 《a person's pulse》; take; examine. ②《지팡이·손을》 rest (lean) 《on》; place (put) one's hand on 《something》 for support. ¶ 지팡이를 ~ use a stick. ③《미지의 것을》 guess; give (make) a guess. ¶ 잘못 ~ make a wrong guess.

짚이다 《마음에》 (happen to) know of; have in mind. ¶ 짚이는 장소 a likely place / 짚이는 데가 없다 have no idea 《of》.

짜개다 split; cleave; rip.

짜다¹ ①《피륙을》 weave; 《뜨개질》 knit; crochet. ②《상투를》 wear (a topknot).

짜다² ①《제작》 make; construct; 《조립》 put (fit) 《a machine》 together; assemble. ¶ 나무로 책상을 ~ make a desk of wood. ②《편성》 form; organize; compose. ¶ 클

럽을 ~ organize a club. ③ 《활자를》 compose; set up (in type). ④ 《계획》 form 《*a plan*》; prepare; make 《*a program*》. ⑤ 《공모》 conspire with; plot together; work together; act in concert (collusion) with. ¶ …와 서로 짜고 있다 be in collusion (league) with. ⑥ 《물기를》 wring; squeeze; 《기름 따위를》 squeeze; press; extract. ¶ 수건을 ~ wring a towel; squeeze out water from a towel. ⑦ 《머리를》 rack (cudgel) one's brains.

짜다[3] 《맛이》 (be) salty. ¶ 간이 ~ be too much salted.

짜드락거리다 ☞ 찌드럭거리다.

짜드락나다 be detected (exposed).

짜르르 ☞ 지르르.

…짜리 worth; value; amount (양); 《입은 사람》 a person wearing. ¶ 천 원~ 지폐 a 1,000-*won* bill / 만 원~ 물건 an article worth 10,000 *won*.

짜임새 《구조의》 make; makeup; structure; 《피륙의》 the weave; texture.

짜증 fret; irritation; vexation. ¶ ~을 내다, ~이 나다 show temper; get irritated; be vexed.

짜하다 《소문이》 be widespread; get abroad (about).

짝[1] 《쌍을 이루는》 one of a pair (couple); the mate (partner) 《*to*》; a counterpart. ¶ ~이 맞다 match with another; make a pair (set) / ~이 맞지 않는 odd / ~을 맞추다 make a pair of 《*two things*》; make match.

짝[2] ① 《갈비의》 a side of ribs. ② 《아무곳》 ¶ 아무 ~에도 쓸모가 없다 be quite useless; be good for nothing.

짝[3] 《찢는소리》 ripping; tearing.

짝사랑 unreflected (unanswered, one-sided) love. ~하다 love without return; cherish unreciprocated love.

짝수(一數) an even number. ~의 even. ¶ ~날 even-numbered days.

짝없다 《비길 바없다》 (be) matchless; incomparable. ¶ 기쁘기 ~ be happy without measure. ② 《대중없다》 (be) preposterous; incongruous.

짝짓다 pair 《*two, one with another*》; mate 《*one with another*》; match.

짝짜꿍 a baby's hand-clapping.

짝짝 ¶ ~ 다시다 《입맛을》 smack one's lips; lick one's chops / ~ 달라붙다 stick fast to / ~ 찢다 rip up; tear up.

짝짝이 an odd (unmatched) pair 《*of socks*》; a wrongly matched pair. ¶ ~의 odd / ~가 되다 become an odd pair.

짝채우다 make a match(set); match.

짝패 (one's) mate (partner); a pal.

짝하다 become a partner (mate); mate 《*with*》.

짠물 salt water; brine.

짤그랑거리다 clink; chink; jingle-jangle.

짤끔거리다 ☞ 찔름거리다.

짤랑거리다 ☞ 절그렁거리다.

짤막하다 (be) shortish; brief (간단).

짤짤 ☞ 잘잘.

짧다 (be) short; brief. ¶ 짧게 short; briefly / 짧게 말하면 in short / 짧게 하다 shorten; cut (make) short.

짬 ① 《겨를》 time; spare (odd) time; time to spare. ¶ ~나다 be free / ~이 없다 have no time 《*to do, for a thing*》; be busy / ~을 내다 make time 《*to do*》. ② 《기회》 a chance; an opportunity. ③ 《틈》 an opening; a chink.

짭짤하다 ① 《맛 따위가》 be nice and salty; be quite tasty. ② 《값지다》 (be) expensive; 《쏠쏠하다》 be fairly good (서술적).

…째 ① 《통째로·그대로》 and all; together with; whole. ¶ 배를 통~ 먹다 eat a pear, rind and all/ 뿌리~ 뽑다 pull up 《*a tree*》 by the roots. ② 《차례상의》 -th. ¶ 두 번~ 결혼 one's second marriage/ 닷새~에 on the fifth day.

째다[1] 《칼로》 rip; cut open (out); lance; incise.

째다[2] 《꼭끼다》 (be) tight; 《서술적》 be pinched; be too tight about 《*chest*》 (옷이).

째다[3] 《부족하다》 《서술적》 be short (in want, in need) 《*of*》. ¶ 살림이 ~ be hard up.

째(어)지다 split; tear; rend; rip.

짹소리 ☞ 찍소리.

짹짹거리다 chirp; twitter.

쨍 with a clink (clank).

쨍쨍 blazing(ly); bright(ly); glaring(ly). ¶ ~ 쬐다 shine (blaze) 《*upon*》.

쩍쩍 ☞ 짝짝.

쩔쩔 ☞ 절절 ②.

쩔쩔매다 be nonplused (perplexed); be at a loss 《*what to do*》; feel embarrassed.

쩡쩡 ① 《세력이》 ¶ ~ 울리다 enjoy wide reputation (이름이); enjoy resounding influence (권세가). ② 《갈라지는 소리》 cracking.

쪼개다 split 《*a bamboo*》; chop 《*wood*》; crack 《*a nut*》; 《가르다》 divide 《*into*》; cut 《*into*》.

쪼그리다 ☞ 쭈그리다.

쪼글쪼글 ☞ 쭈글쭈글.

쪼다 《부리 따위로》 peck (pick) 《*at*》; 《정 따위로》 chisel; carve.

쪼들리다 be hard pressed; be in narrow (needy) circumstances. ¶ 돈에 ~ be pressed for money / 빚에 ~ be harassed with debts / 생활에 ~ be hard up for living.

쪼아먹다 pick; peck.

쪽[1] 【植】 an indigo plant. ‖ ~빛 indigo; deep blue.

쪽[2] 《방향》 a direction; 《편》 a side. ¶서~에 (to the) west 《*of Seoul*》/맞은 ~에 on the other side.

쪽[3] 《여자의》 a chignon. ~찌다 do one's hair up in a chignon.

쪽[4] 《조각》 a piece; a slice [cut].

쪽[5] ① 《늘어섬》 ☞ 죽[2] ①. ② 《찢는 모양》 tearing; ripping; with a rip. ¶종이를 ~ 찢다 rip a piece of paper. ③ ¶~ 고르다 be even [equal, uniform].

쪽마루 a veranda of one or two floor-boards.

쪽매붙임 mosaic (work); parquetry.

쪽박 a small gourd dipper.

쪽지 a slip of paper; a tag.

쫀득쫀득 ¶~한 glutinous; sticky; elastic; tough (질긴).

쫄깃쫄깃 ¶~한 chewy; sticky.

쫄딱 totally; completely; utterly. ¶~ 망하다 go completely to the dogs.

쫓기다 ① 《일에》 be pressed 《*by business*》; be overtasked 《*with*》. ② 《뒤쫓기다》 be pursued [chased]. ③ 《내쫓기다》 be driven out; get dismissed [fired].

쫓다 ① 《물리치다》 drive away [out]. ¶파리를 ~ drive flies away. ② 《뒤쫓다》 pursue; chase; run after; 《따르다》 follow 《*the fashion*》.

쫓아가다 ① go in pursuit; follow; run after. ② 《함께 가다》 follow; accompany; go with. ③ 《따라잡다》 catch up with.

쫓아내다 drive [turn, send] out; expel; oust (지위에서); 《퇴거시킴》 evict; 《해고》 dismiss; fire.

쫓아오다 《바싹 뒤따르다》 come in pursuit; follow 《*a person*》; 《뛰어서》 run after 《*a person*》.

쫙 《소문이》 widely; far and wide.

쬐다 《빛이》 shine on [over]; shed light on; 《볕·불에》 warm oneself; bask [bath] 《*in the sun*》. ¶불을 ~ warm oneself at the fire.

쭈그러뜨리다 press [squeeze] out of shape; crush.

쭈그러지다 get pressed out of shape; be crushed; 《살이》 grow gaunt; wither; shrivel.

쭈그렁이 ① 《늙은이》 an old withered person. ② 《물건》 a thing crushed out of shape.

쭈그리다 ① ☞ 쭈그러뜨리다. ② 《몸을》 crouch; squat down; bend low; stoop.

쭈글쭈글 ¶~한 crumpled; wrinkled.

쭈르륵 gurgling; trickling.

쭈뼛쭈뼛 hesitatingly; hesitantly; in a hesitating way.

쭈뼛하다 (be) bloodcurdling; horrible; 《서술적》 one's hair stands on end; feel a thrill; be horrified. ¶쭈뼛하게 하다 make 《*a person*》 shudder; curdle 《*a person's*》 blood.

쭉 ① 《늘어선 모양》 ☞ 죽[2] ①. ② 《내내》 ☞ 죽[2] ②. ③ 《곧장》 direct (-ly); straight. ④ 《물·기운이》 《recede》 utterly; completely. ¶기운이 ~ 빠지다 be utterly exhausted/물이 ~ 빠졌다 The water sank completely. ⑤ 《찢는 모양》 with a rip.

쭉정이 a blasted ear; an empty husk of grain.

쭉쭉 ① 《줄줄이》 in rows [lines]; row after row; in streaks. ¶줄을 ~ 긋다 draw line after line. ② 《비가》 in sheets [showers]. ③ 《거침없이》 briskly; vigorously; rapidly; 《대충》 roughly. ¶~ 나아가다 go ahead at a rapid pace / 나무를 ~ 훑다 strip off leaves briskly. ④ 《찢다》 into shreds; in [to] pieces.

쫑긋거리다 ① 《입을》 move the lips; purse (up) one's lips. ② 《귀를》 prick [cock] up 《*its ears*》.

…쯤 about; around 《美》; some; …or so. ¶네 시 ~에 at about four o'clock / …의 중간~에 in [about] the middle of; halfway between 《*A and B*》.

찌개 stew.

찌그러… ☞ 쭈그러….

찌긋거리다 ① 《눈을》 wink (an eye) at 《*a person*》. ② 《당기다》 pull 《*a person*》 by the sleeve.

찌꺼기, 찌끼 《술·코피의》 dregs; lees; scum (떠있는); 《남은 것》 leftovers; remnants; scraps.

찌다[1] 《살이》 grow fat; put on flesh.

찌다[2] 《더위가》 be steaming hot. ¶찌는 듯한 더위 the sweltering heat.

찌다[3] 《음식을》 steam; 《식은 것을》 steam over again.

찌드럭거리다 pester; harass.

찌들다 ① 《물건이》 be stained [tarnished]; become dirty. ② 《고생으로》 be careworn.

찌르다 ① 《날붙이로》 pierce; stab; thrust; prick (바늘로); poke (막대기로). ② 《비밀을》 inform 《*on, against*》; tell [report] 《*on a person*》. ③ 《냄새가》 be pungent; stink. ④ 《마음 속을》 strike; come home to 《*a person*》. ⑤ 《공격》 attack. ¶적의 배후를 ~ take the enemy in the rear.

찌부러뜨리다 crush; smash; squash. ¶찌부러지다 be crushed (out of shape); be squashed; be smashed [battered].

찌뿌드드하다 《서술적》 feel unwell [out of sorts]; feel indisposed.

찌푸리다 ① 《얼굴을》 grimace 《*at*》; frown [scowl] 《*at, on*》; knit the brows. ② 《날씨》 be gloomy [overcast]; cloud over.

찍다[1] 《도끼 따위로》 cut (down); chop 《*with an axe*》; hew; 《표따위》 punch; clip.

찍다² ① 《도장을》 stamp; seal; impress; set 〔affix〕 a seal 《*to*》. ② 《인쇄》 (put into) print. ③ 《틀에》 stamp out; cast in a mo(u)ld. ④ 《점을》 mark 《*with a dot*》; dot; point. ⑤ 《뾰족한 것으로》 thrust; pierce; spear.
찍다³ ① 《사진을》 (take a) photograph (자기가); have one's photograph taken 《남이 자기를》. ② 《묻히다》 dip 《*a pen in*》.
찍소리 ¶ ~ 못하다 be silenced; be beaten hollow / ~ 못하게 하다 put 《*a person*》 to silence / ~ 없이 in silence; without a whimper.
찐빵 steamed bread.
찔끔거리다 trickle; overflow 〔run down〕 off and on; 《조금씩》 give by 〔in〕 driblets.
찔끔하다 start; be startled.
찔레나무 〖植〗 a brier; a wild rose.
찔름 ¶ ~거리다 《넘침》 brim over 《*with*》; run over the brim; 《조금씩》 give by 〔in〕 driblets.
찔름찔름 《액체가》 dribbling; 《주는 모양》 little by little; bit by bit; by 〔in〕 driblets.
찔리다 《가시·날붙이에》 stick; be stuck 〔thrust, pierced, pricked〕; 《가슴에》 go home to one's heart.
찜 a steamed 〔smothered〕 dish.
찜질 fomentation; applying a poultice 〔compress〕. ~하다 foment; apply a poultice 《*to*》; pack.
찜찜하다 《마음이》 (it) weigh on one's mind; feel awkward 〔embarrassed〕. ¶ 말하기가 ~ find it awkward to say (that...).
찝찔하다 (be) saltish.
찡그리다 frown; make a wry face.
찡긋거리다 《눈을》 contract one's eyebrows; frown at; wink at.
찡얼거리다 ① 《불평함》 grumble; murmur. ② 《애가》 fret; be peevish.
찡찡거리다 grumble; murmur.
찡찡하다 ☞ 찜찜하다.
찢기다 get torn 〔rent, ripped〕.
찢다 tear; rend; rip. ¶ 갈가리 ~ tear to pieces.
찢어발기다 tear to threads.
찢어지다 tear; get torn; rend; rip.
찧다 pound 《*rice*》; hull; 《부딪다》 ram 《*against*》.

ㅊ

차(車) 《일반으로》 a vehicle; 《자동차》 a (motor)car; an auto(mobile); 《차량》 a (railway) carriage; a freight car (화차); 《한차분 화물》 a carload. ¶ ~를 타다 take a car 〔taxi〕 / ~로 가다 go by car.
차(茶) tea; green tea (녹차); black tea(홍차); coffee(코피); a tea plant (나무); tea leaf(잎). ¶ 진한〔묽은〕 ~ strong 〔weak〕 tea / ~를 (새로) 끓이다 make (fresh) tea / ~를 대접하다 serve 〔offer〕 《*a person*》 tea/ ~를 마시며 이야기하다 talk over tea. ‖ 찻숟갈 a teaspoon (찻숟갈로 하나 a teaspoonful of...).
차(差) a difference; (a) variation; 《불균형》 (a) disparity 《*in age*》; inequality; a margin(이윤의); 《간격의》 a gap. ¶ ~가 있다 there is a difference 《*between*》; differ 《*from*》; vary 《*with*》.
차(次) ① 《순서》 order; sequence; 《횟수》 times. ② 《다음의》 next; the following; 《하위》 sub-. ③ 《…김에》 while; when; by the way.
…차(次) ① 《하기 위하여》 with the purpose of; with the intention of; by way of. ¶ 연구~ for the purpose of studying. ② 〖數〗 degree.
차가다 《빼앗아》 carry off; snatch (a way) 《*from, off*》; 《유괴》 kidnap.
차감(差減) ~하다 take away 《*from*》; (strike a) balance. ‖ ~잔액 a balance.
차갑다 (be) cold; chill(y).
차고(車庫) 《자동차의》 a garage; 《전차의》 a car shed 〔barn〕.
차곡차곡 in orderly fashion; neatly; one by one; one after another.
차관(次官) a vice-minister; an undersecretary 《英》; a deputy secretary 《美》. ‖ ~보 an assistant secretary 《美》.
차관(借款) 《apply for》 a loan. ¶ ~을 얻다 obtain a loan. ‖ 단기〔장기〕 ~ a short-〔long-〕term loan / 상업〔민간〕 ~ a commercial 〔private〕 loan / 연불 ~ a delayed payment loan / 현금 ~ cash loan.
차광(遮光) ~하다 shield 《*a light*》. ‖ ~막 a shade; a blackout curtain / ~ 장치 shading.
차근차근 scrupulously; methodically; carefully; step by step.
차기(次期) next term; 《형용사》 next. ‖ ~ 정권 the next Administration.
차꼬 shackles; fetters (발의).
차남(次男) one's second son.
차내(車內) ¶ ~에서 in the car 〔bus, train, tram〕.
차녀(次女) one's second daughter.
차다¹ 《충만》 be full 《*of*》; be filled 《*with*》; 《달이》 be full; wax; 《조수가》 rise; flow; 《만료》 expire. ¶ 꽉 〔빽빽이〕 들어~ be jammed; be tightly packed / 마음에 (안) ~ be (un)satisfied 《*with*》.
차다² ① 《발로》 kick; give 《*a person*》 a kick. ¶ 차이다 get kicked. ② 《혀를》 click. ¶ 혀를 ~ click

one's tongue.
차다³《패용》carry; wear. ¶ 훈장을 ~ wear a decoration.
차다⁴《한랭》(be) cold; chilly;《사람이》(be) cold; cold-hearted. ¶ 찬바람 a chilly [cold] wind / 찬물 cold water / 얼음장같이 ~ be ice-cold; be as cold as ice / 차가워지다 become [get] cold; cool off (태도).
차단(遮斷) ~하다 intercept; isolate; cut [shut] off. ‖ ~기 a (circuit) breaker;《건널목의》a crossing gate; a barrier / 교통 ~ suspension of traffic.
차대(車臺) a chassis.
차도(車道) a roadway; a carriage-way; a track (궤도).
차도(差度) improvement《*of illness*》; convalescence. ¶ ~가 있다 get better; improve; take a turn for the better (병세가 주어).
차돌 quartz; a regular little ball of fire (사람).
차등(差等) grade; gradation; difference. ‖ ~ 세율 a graded tariff.
차디차다 (be) stone-cold; icy; frigid;《서술적》be ever so cold.
차라리《would》rather [sooner]《*die than* ...》; had better.
차량(車輛) vehicles; cars;《화차·객차》rolling stock (총칭). ‖~검사 vehicle (maintenance) inspection; vehicle safety inspection/~ 고장 a car trouble; a breakdown/~ 등록 vehicle registration/~ 번호판《자동차의》a (license) plate/~ 십부제 운행 (the) every-ten-day limit on auto usage/~ 십부제 운행 제도 the '10th-day-no-driving' system / ~ 정비 vehicle maintenance / ~ 통행 금지《게시》No Thoroughfare for Vehicles.
차례(次例) ①《순서》order; turn(순번). ¶ ~로《arrange》in order;《do》by [in] turns; one by one (하나씩) / ~를 기다리다 wait for one's turn / ~가 뒤바뀌다 be out of order. ②《횟수》a time. ¶ 몇 ~ repeatedly.
차례(茶禮) ancester memorial rites.
차례차례(次例次例) in due order; one by one; in turn; by turns.
차륜(車輪) a wheel; a rim.
차리다 ①《장만·갖춤》prepare; make; set up; get ready. ¶ 가게를 ~ start [set up] a store / 밥상을 ~ set the table《*for dinner*》. ②《정신을》keep; come to; collect《*oneself*》. ③《예의·체면을》keep up; save; observe. ¶ 인사를 ~ observe decorum / 체면을 ~ keep up appearances. ④《입다》equip oneself《*for*》; dress (oneself) up; deck out.
차림새《복색》dress; attire;《몸차림》outfit; one's (personal) appearance.
차림표《식단》a menu; a menu card.
차마 ¶ ~ 볼 수 없는 repulsive; disgusting; too shocking to look《*at*》/ ~ …할 수 없다 do not have the heart to《*do*》; cannot bear to.
차멀미(車—) car sickness. ~하다 get carsick.
차반(茶盤) a tea tray.
차버리다 kick away [off];《거절》reject《*a proposal*》;《애인을》jilt.
차변(借邊) a debtor (생략 Dr.); the debit side. ¶ ~에 기입하다 debit《*a sum to* [*against*] *a person*》.
차별(差別) (a) distinction; discrimination. ~하다 be partial; discriminate. ¶ ~없이 without distinction《*of sex*》; indiscriminately. ‖ ~ 관세 a discriminating tariff / ~ 대우 discriminative treatment (~ 대우를 하다 treat《*persons*》with discrimination) / 인종 ~ racial discrimination.
차분하다 (be) calm; composed; quiet; sober.
차비(車費) carfare; railwayfare.
차석(次席) the next seat [position]. ‖ ~ 검사 an associate public prosecutor / ~자 an official next in rank.
차선(車線) a lane. ¶ 6~ 고속 도로 a six-lane expressway. ‖ ~ 분리대 a divisional strip [island].
차압(差押) ☞ 압류.
차액(差額) the difference [balance]; a margin.
차양(遮陽)《모자의》a brim; a peak;《집의》an awning; a pent roof;《창의》a blind.
차용(借用) ~하다 borrow; have the loan《*of*》. ‖ ~증 a bond of debt [loan]; an I.O.U.
차원(次元)〖數〗dimension. ¶ 3 ~의 three-dimensional.
차월(借越) an outstanding debt; an overdraft (당좌예금의). ~하다 overdraw.
차위(次位) the second rank [place]; the second position.
차이(差異) a difference; (a) disparity; (a) distinction (구별). ¶ 연령[신분]의 ~ disparity of age [in social standing] / ~가 있다 there is a difference; differ《*from*》; vary《*with*》.
차익(差益) marginal profits.
차일(遮日) a sunshade; an awning; a tent.
차일피일(此日彼日) ~하다 put off from day to day; defer.
차입(差入)《감옥에》~하다 send in《*a thing*》to a prisoner. ‖ ~물 a thing sent in to a prisoner.
차자(次子) one's second son.
차장(次長) a vice-chief[-director]; a deputy-chief; an assistant director [general].
차장(車掌) a conductor; a guard (기차의)《英》. ¶ 버스의 여~ a bus conductress.
차점(次點) the next mark [num-

ㅊ

ber). ¶ ~이 되다 rank second. ‖ ~자 the second winner; the runner-up (선거의).
차조 【植】 glutinous millet.
차조기 【植】 a beefsteak plant.
차주(借主) a borrower; a debtor (돈의); a renter (집의); a lessee (토지의).
차지(借地) rented ground; leased land; lease of land(빌). ‖ ~료(料) (a) (land) rent; (a) ground rent 《英》.
차지다 (be) sticky; glutinous.
차지하다 occupy 《*a position*》; hold 《*a seat*》; take (up). ¶ 수석을 ~ sit at the top of one's class / 과반수를 ~ have the majority 《*in*》/ 제2위를 ~ rank second.
차질(蹉跌) a failure; a miscarriage; a setback. ¶ 일에 ~이 생기다 fail in one's attempt; things go wrong 《*with one*》/ ~을 가져오다 bring about a failure.
차차(次次) 《점점》 gradually; little by little; by degrees; step by step; 《그 동안에》 by and by; in (due) time.
차창(車窓) a car 〔train〕 window.
차체(車體) the (car) body; 《자전거의》 the frame.
차축(車軸) an axle.
차츰차츰 gradually; by degrees; little by little.
차치(且置) ~하고 setting apart 〔aside〕; apart from.
차탄(嗟嘆) ① 《개탄》 lamentation; deploration. ~하다 lament; deplore; sigh. ② 《감탄》 admiration. ~하다 admire.
차트 《도표》 a chart. ¶ ~로 만들다 make a chart 《*of*》; chart.
차폐(遮蔽) ~하다 cover; shelter; shade 《*a light*》. ‖ ~물 a cover; a shelter.
차표(車票) a 《*railroad, bus*》 ticket; a coupon (ticket) (회수권의). ¶ ~ 파는 데 a ticket 〔a booking 《英》〕 office; a ticket window (매표구) / ~를 끊다 get 〔buy, take〕 a ticket. ‖ 편도 〔왕복〕 ~ a single 〔return〕 ticket.
차호(次號) the next number 〔issue〕. ¶ ~ 완결 To be concluded. / 이하 ~(에) To be continued.
차회(次回) next time. ¶ ~의 next / ~에 next time.
차후(此後) 《금후》 after this; hence(-forth); hereafter; from now on; 《장래》 in (the) future.
착 《붙음》 closely; fast; tight(ly). ¶ ~ 붙다 stick to 〔on〕; cling to.
착각(錯角) 【幾】 alternate angles.
착각(錯覺) an (optical) illusion; a hallucination. ~하다 have 〔be under〕 an illusion; mistake; take 《*it*》 wrong.
착공(着工) ~하다 start (construction) work. ‖ ~식(式) a ground-breaking ceremony.
착란(錯亂) distraction; confusion. ~하다 be distracted 〔deranged〕; go mad 〔distracted〕 (정신이). ‖ ~ 상태 a state of dimentia / 정신 ~ distraction; mental derangement.
착륙(着陸) landing. ~하다 land 《*at, on*》; make a landing; alight. ‖ ~장 a landing ground 〔field, strip〕 / 계기 ~ blind landing/연~ 《make》 a soft landing 《*on*》 / 무~ 비행 a nonstop flight.
착복(着服) 《횡령》 embezzlement; misappropriation. ~하다 embezzle; pocket.
착살스럽다 ① 《인색》 (be) stingy; petty. ② 《짓이》 (be) mean; indecent; base.
착상(着想) a (good) idea. ~하다 conceive; think 《*of*》; hit upon.
착색(着色) ~하다 colo(u)r; paint. ‖ ~ 유리 stained glass / ~제 a coloring agent.
착석(着席) ~하다 take a seat; sit down; be seated. ¶ ~시키다 seat 《*a person*》.
착수(着水) ~하다 land on the water; splash down (우주캡슐이).
착수(着手) ~하다 start 《*the work*》; get started 《*on the work*》; begin; set to work. ‖ ~금 earnest money; 《make》 a deposit.
착실(着實) ~하다 (be) steady; sound; trustworthy (믿을 만한); faithful. ¶ ~히 steadily; faithfully.
착안(着眼) ~하다 notice; take notice 《*of*》; aim 《*at*》 (노리다); pay attention 《*to*》 (유의). ¶ ~이 좋다 be to the point. ‖ ~점 the point aimed at; one's viewpoint.
착암기(鑿岩機) a rockdrill.
착오(錯誤) 《make》 a mistake; 《fall into》 an error. ‖ 시대 ~ anachronism.
착용(着用) ~하다 wear; be in 《*uniform*》; have 《*a coat*》 on.
착유기(搾油機) an oil press.
착유기(搾乳機) a milking machine.
착잡(錯雜) ~한 complicated; intricate; involved. ¶ ~한 표정 an expression of mixed feelings.
착착(着着) steadily; step by step. ¶ ~ 진척하다 make steady progress; be well under way.
착취(搾取) exploitation; milking. ~하다 exploit; squeeze.
착탄(着彈) ‖ ~ 거리 the range 《*of a gun*》 / ~ 지점 an impact area.
착하(着荷) arrival of goods. ‖ ~ 인도 〔불〕 delivery 〔payment〕 on arrival.
착하다 (be) good; nice; kind-hearted. ¶ 착한 사람 〔행동〕 a good person 〔deed〕.
찬(饌) ☞ 반찬. ¶ ~거리 materials for side dishes.
찬가(讚歌) a paean; a poem 〔song〕 in praise 《*of*》.

찬동(贊同) approval; support. ~하다 approve of; support; give one's approval 《*to*》. ¶ ~을 얻다 obtain *a person's* approval / ~을 얻어 with *a person's* approval.
찬란(燦爛) ~한 〔히〕 brilliant(ly); radiantly; bright(ly); dazzling(ly).
찬물 cold water. ¶ 남에게 ~을 끼얹다 sprinkle 〔dash〕 cold water 《*over*》; 《비유적》 discourage 《*a person from*》; throw a cold blanket 《*over*》.
찬미(讚美) praise; glorification. ~하다 praise; glorify; extol. ‖ ~자 an admirer; an adorer.
찬반(贊反) ‖ ~ 양론 pros and cons.
찬부(贊否) approval or disapproval; for and against; yes or no. ¶ ~를 묻다 put 《*a matter*》 to the vote (투표로).
찬사(讚辭) a eulogy; a praise. ¶ ~를 보내다 eulogize; pay a 〔one's〕 tribute 《*to*》.
찬상(讚賞) ~하다 admire; praise.
찬성(贊成) approval; support. ~하다 《동의》 approve 《*of*》; agree 《*to, with*》; 《지지》 support 《*a bill*》; second 《*a motion*》; be in favo(u)r 《*of*》. ¶ ~을 구하다 〔표명하다〕 ask 〔express〕 《*a person's*》 approval/ ~을 얻다 gain 〔win〕 the approval 《*of*》. ‖ ~ 연설 a speech in favor 《*of a motion*》 / ~자 an approver; a supporter; a seconder/ ~ 투표 approval ballot(~ 투표하다 vote for).
찬송(讚頌) ☞ 찬미. ‖ ~가 《sing》 a hymn; 《chant》 a psalm.
찬스 a chance; an opportunity. ¶ ~를 잡다 〔놓치다, 만들다, 얻다〕 seize 〔lose, make, get〕 a chance 〔an opportunity〕 《*to do, of doing*》.
찬양(讚揚) ~하다 praise; admire; commend. ¶ ~할 만한 admirable; laudable; praiseworthy.
찬의(贊意) 《express one's》 approval 《*of*》.
찬장(饌欌) a cupboard; a dresser.
찬조(贊助) support; patronage. ~하다 support; back up. ¶ ~를 얻다 〔청하다〕 obtain 〔solicit〕 *a person's* support. ‖ ~금 a contribution / ~ 연설 a supporting speech; a campaign speech 《*for a candidate*》 / ~ 출연 appearance as a guest / ~ 회원 a patron member.
찬찬하다 《꼼꼼》 (be) attentive; methodical; cautious; careful; 《침착》 (be) staid; self-possessed. ¶ 찬찬히 carefully; cautiously; meticulously.
찬탄(讚歎) ~하다 admire; praise.
찬탈(簒奪) 《왕위를》 ~하다 usurp 《*the throne*》. ‖ ~자 a usurper.
찬합(饌盒) a nest of food boxes; a picnic box.
찰… glutinous.
찰가난 dire poverty; indigence.
찰거머리 〖動〗 a leech. ¶ ~ 같다 cling to 《*a person*》 like a leech.
찰과상(擦過傷) 《sustain》 a scratch 《*on*》; an abrasion.
찰깍 ① 《붙음》 sticking tight(ly); close; fast. ② 《소리》 with a snap 〔click, crack, slap〕.
찰나(刹那) a moment; an instant. ¶ ~적(인) momentary. ‖ ~주의 impulsiveness; momentalism.
찰떡 a glutinous rice cake.
찰랑거리다 《물결이》 ripple; lap; splash. ¶ 찰랑찰랑 to the brim; brimfully; splashing.
찰밥 boiled glutinous rice.
찰벼 a glutinous rice plant.
찰싹 ☞ 철썩.
찰찰 ☞ 철철.
찰흙 clay. ☞ 점토(粘土).
참¹ truth; reality; sincerity (성실); a fact(사실); genuineness(진정). ¶ ~모습 the true picture 《*of*》 / ~사람 a true 〔honest〕 man (~사람이 되다 turn over a new leaf).
참(站) a post town; a stage.
참² 《참으로》 really; truly; indeed; very. ¶ ~ 좋다 be quite good.
참가(參加) participation. ~하다 participate 〔take part〕 《*in*》; join; enter 《*a contest*》. ¶ ~를 신청하다 send an entry. ‖ ~국 a participating nation / ~자 a participant.
참견(參見) meddling; interference. ~하다 meddle 〔interfere〕 《*in*》; poke one's nose 《*into another's affair*》. ¶ ~ 잘하는 officious; meddlesome / ~ 말아 Mind your own business.
참경(慘景) a terrible sight; a disastrous scene.
참고(參考) reference. ~하다 refer 《*to*》; consult 《*a book*》. ¶ ~로 for reference 〔one's information〕 / ~가 되다 be instructive 〔helpful〕. ‖ ~서 a reference book / ~ 서목(書目) a bibliography / ~인 a witness / ~ 자료 reference materials.
참관(參觀) ~하다 visit; inspect. ¶ ~이 허용되다 〔되지 않다〕 be open 〔closed〕 to visitors. ‖ ~인 a visitor; a witness (선거 등의).
참극(慘劇) 《enact》 a tragedy.
참기름 sesame oil.
참깨 〖植〗 a sesame; a sesame seed(씨).
참나무 an oak (tree).
참다 bear; endure; tolerate; stand 《*heat*》; put up with; pocket 《*an insult*》; 《억제》 control; suppress; keep 〔hold〕 back. ¶ 참을 수 있는 〔없는〕 bearable 〔unbearable〕 / 웃음을 꾹 눌러 ~ stifle one's laughter/ 억지로 ~ endure beyond one's strength / 참으시오 Keep your temper.
참담(慘憺) ~하다 《무참》 (be) tragic; miserable; horrible; 《가련》 (be) pitiful; piteous.
참답다, 참되다 (be) true; real; hon-

ㅊ

est; faithful; sincere; upright
참뜻 the true meaning; one's real intention.
참례(參禮) ～하다 attend [present oneself] 《at》; be present 《at》.
참말 a true story [remark]; the truth; a (real) fact. ¶ ～로 truely; really; indeed / ～로 여기다 believe 《*what a person says*》; take 《*a person's word*》 seriously.
참모(參謀) the staff (총칭); a staff officer; 《상담역》 an adviser 《to》. ‖ ～(총)장 the chief of the (general) staff / 합동 ～ 본부 the Joint Chiefs of Staff.
참배(參拜) ☞ 참예(參詣).
참변(慘變) a tragic incident; a disaster. ¶ ～을 당하다 suffer a disastrous accident.
참빗 a fine-toothed comb.
참사(參事) a secretary; a council(l)or. ‖ (대사관) ～관 a councilor (of an embassy).
참사(慘死) a tragic death. ～하다 meet with (a tragic) death; be killed 《*in an accident*》.
참사(慘事) a disaster; a disastrous accident; a tragedy.
참살(慘殺) slaughter; murder. ～하다 murder; slaughter; butcher. ‖ ～(시)체 a mangled body.
참상(慘狀) a disastrous scene; a wretched state; misery. ¶ ～을 드러내다 present a terrible [disastrous] sight.
참새 a sparrow.
참석(參席) attendance. ～하다 attend; be present 《at》; present oneself 《at》; take part in.
참선(參禪) ～하다 practice *Seon* meditation. ‖ ～자 a *Seon* practicer.
참섭(參涉) meddling. ～하다 meddle 《in》; put [poke] one's nose 《into》.
참소(讒訴) a false charge; (a) slander. ～하다 calumniate; slander.
참수(斬首) ～하다 behead; decapitate. ¶ ～를 당하다 be beheaded.
참숯 hardwood charcoal.
참신(斬新) ～한 new; novel; original; up-to-date.
참언(讒言) a false charge; (a) slander. ～하다 slander; make a false charge 《against》.
참여(參與) participation; presence (입회). ～하다 participate [take part] 《in》; (have a) share 《in》; 《입회》 attend; be present 《at》; be (a) witness 《to》. ¶ 증인 ～하에 in the presence of a witness. ‖ ～인 a participant.
참예(參詣) ～하다 visit a temple [shrine]; worship 《at》.
참외 a melon.
참으로 really; truly; indeed.
참을성(一性) 《인내심》 patience; endurance; perseverance. ¶ ～있는 patient; persevering / ～있게 patiently.
참의원(參議院) ☞ 상원(上院).
참작(參酌) ～하다 take into consideration; make allowances 《for》; consult; refer to. ¶ ～하여 in consideration 《of》; with some qualification (에누리해서).
참전(參戰) ～하다 participate in [enter, join] a war.
참정(參政) ～하다 participate in government. ‖ ～권 suffrage; franchise (～권을 주다 give [extend] the franchise 《to》).
참조(參照) (a) reference; comparison. ～하다 compare 《with》; refer 《to》; quote; see. ¶ ～하라 see; vid(e); confer (생략 cf.).
참참이(站站一) at intervals; 《일의》 between jobs.
참칭(僭稱) ～하다 claim the title 《to》; assume the title 《of》.
참패(慘敗) a crushing defeat. ～하다 suffer [sustain] a crushing defeat; be routed [crushed].
참하다 《얌전함》 (be) nice and pretty; quiet; calm; modest; good-tempered; 《말쑥함》 (be) neat; tidy.
참해(慘害) heavy damage; havoc; disaster; ravages. ¶ ～를 주다 work havoc 《on》/ ～를 입다 suffer heavily 《from》.
참호(塹壕) 《dig》 a trench; a dugout. ‖ ～ 생활 [전] a trench life [warfare].
참혹(慘酷) ～하다 (be) miserable; wretched; tragic(al); 《잔인》 cruel; brutal.
참화(慘禍) a terrible [dire] disaster; a crushing calamity. ¶ 전쟁의 ～ the ravages [horrors] of war.
참회(懺悔) (a) confession; 《회오》 repentance; penitence. ～하다 confess; repent. ¶ ～의 눈물 penitential tears. ‖ ～자 a penitent.
찹쌀 glutinous rice.
찻길(車一) a roadway; a carriageway; a track (궤도). 「료).
찻삯(車一) (car)fare; carriage (운반
찻잔(茶盞), 찻종(茶鍾) a teacup.
찻집(茶一) a teahouse; a tearoom; a coffeehouse.
창 《구두의》 the sole (of shoes). ¶ ～을 갈다 put a new sole 《on》; resole / ～을 대다 sole (shoes).
창(窓) a window; a port(hole) (선실의). ¶ ～밖을 보다 look out of the window. ‖ ～유리 a windowpane.
창(槍) a spear; a lance (기병의). ¶ ～끝 a spearhead / ～으로 찌르다 spear. ‖ ～던지기 javelin; a javelin-throwing.
창가(唱歌) singing; a song.
창간(創刊) ～하다 found; start. ¶ 1920년 ～ First published in 1920. ‖ ～호 《issue》 the first [initial] number 《of》.
창건(創建) ～하다 establish; found.
창고(倉庫) a storehouse; a ware-

house. ¶ ~에 넣다 store; warehouse. ‖ ~계원 a storekeeper / ~료 warehouse charges; storage (charges) / ~업 warehousing business / ~ 증권 a warehouse bond.
창공(蒼空) the blue sky; the azure.
창구(窓口) a window. ‖ 매표 ~ a ticket window / 출납(出納) ~ a cashier's (teller's (은행)) window.
창궐(猖獗) ~하다 rage; be rampant.
창극(唱劇) a Korean classical opera.
창기(娼妓) a prostitute.
창기병(槍騎兵) a lancer.
창녀(娼女) a prostitute; a whore.
창달(暢達) ~하다 develop; grow (up); advance; promote.
창당(創黨) ~하다 form (organize) a political party. ‖ ~ 정신 the spirit underlying the formation of the party.
창도(唱導) ~하다 advocate; uphold; advance. ‖ ~자 an advocate.
창립(創立) foundation; establishment. ~하다 found; establish; set up; organize. ¶ ~ 30주년 《celebrate》 the 30th anniversary of the foundation 《*of*》. ‖ ~ 기념일 Foundation Day / ~ 사무소 (위원) the organizing office (committee) / ~자 a founder / ~ 총회 an inaugural meeting.
창문(窓門) ☞ 창(窓).
창백(蒼白) ~한 pale; pallid. ¶ ~해지다 turn pale (white).
창부(娼婦) ☞ 창녀.
창살(窓—) a lattice; 《쇠창살》 a grating; iron bars (감옥의). ¶ ~이 달린 latticed 《*door*》 / ~없는 감옥 a prison without bars.
창상(創傷) a cut; a wound.
창설(創設) ☞ 창립(創立).
창성(昌盛) prosperity. ~하다 prosper; thrive; flourish.
창세(創世) 〖聖〗 the creation of the world. ‖ ~기(記) Genesis.
창시(創始) origination; foundation. ~하다 originate; start; found. ‖ ~자 an originator; a founder.
창안(創案) an original idea. ~하다 originate; devise; invent. ‖ ~자 the originator.
창업(創業) ~하다 start 《*business*》; establish; found. ¶ ~ 이래 since foundation. ‖ ~비(費) starting expenses / ~자 the founder.
창연(悵然) ~히 dejectedly; dispiritedly.
창연(蒼鉛) bismuth (기호 Bi).
창의(創意) an original idea; originality. ¶ ~가 풍부한 original; creative; ingenious / ~를 발휘하다 use one's originality; exert one's ingenuity.
창자 the intestines; the bowels; the entrails. ¶ ~를 빼다 gut 《*a fish*》.
창작(創作) an original work; creation; a novel (소설). ~하다 create; write a novel. ¶ ~적 creative; original. ‖ ~가 a story writer; an author (작가) / ~력 creative power; originality.
창조(創造) creation. ~하다 create. ¶ ~적 creative; original. ‖ ~력 creative power / ~물 a creature; creation (총칭)/~자 a creator; the Creator (하느님).
창졸(倉卒) ¶ ~간에 suddenly; all of a sudden; in the midst of great hurry (창황중에).
창창(蒼蒼) ~하다 《푸르다》 (be) deep blue (green); 《앞길이》 be far off (away); 《장래가》 (be) bright; rosy. ¶ ~한 장래 a bright (rosy) future / 앞길이 ~하다 still have a long way to go; 《장래가》 have a bright future; be still young (나이가).
창파(滄波) big (sea) waves.
창포(菖蒲) 〖植〗 an iris; a sweet flag.
창피(猖披) (a) shame; (a) humiliation; (a) dishonor. ~하다, ~스럽다 (be) shameful; humiliating. ¶ ~해하다 be (feel) ashamed 《*of*》 / ~를 당하다 be put to shame; humiliate oneself / ~를 주다 put 《*a person*》 to shame; humiliate.
창해(滄海) ‖ ~ 일속(一粟) a drop in the bucket.
창호(窓戶) windows and doors; fittings. ‖ ~ 가게 a joiner / ~지 window (door, screen) paper.
창황(倉皇) ¶ ~히 hurriedly.
찾다 ① 《사람·무엇을》 search (hunt, look) 《*for*》; seek 《*for, after*》 (추구); look 《*a place*》 out (지도 등); look up 《*a word*》 (사서로); fumble 《*for*》 (더듬어); want (원하다). ¶ 찾는 사람 a seeker (구하는); a wanted person (심인) / 일자리를 ~ hunt for a job / 거리를 샅샅이 ~ comb the streets / 찾아 다니다 search (look) about for 《*a thing*》. ② 《찾아내다》 find (out); locate 《*a person*》; discover. ③ 《저금을》 draw (out) 《*money from a bank*》. ④ 《전당물 등을》 redeem 《*a pawn*》. ⑤ 《방문》 call on 《*a person*》; call at 《*a house*》; (pay a) visit; 《들르다》 drop in; stop at. ¶ 이군을 ~ call on (visit) Mr. Lee / 사무소를 ~ call at (visit) an office. ⑥ 《대달라고》 ask (inquire) for 《*a person*》.
채¹ 《북·장구의》 a drumstick; a pick (현 악기의).
채² a shaft (우마차); a (palanquin) pole (가마의).
채³ 《야채의》 shredding vegetables; vegetable shreds (썬 것).
채⁴ 《얼룩》 patches; blurs. ¶ ~진 uneven; irregular.
채⁵ 《집의》 a building; a wing. ¶ 본 ~ the main house.
채⁶ 《그대로 그냥》 (just) as it is. ¶ 신을 신은 ~ with one's shoes on/손을 안 댄 ~ 두다 leave just as

ㅊ

it is / 불을 켠 ~ 자다 sleep with the light on.

채⁷ 《미처》 《not》 yet; as yet; before; only.

채결(採決) ~하다 divide; (take a) vote 《*on*》; put 《*a matter*》 to the vote.

채광(採光) lighting. ¶ ~이 잘 된 〔잘 안 된〕 well-〔poorly-〕lighted. ‖ ~창(窓) a skylight.

채광(採鑛) mining. ~하다 mine. ‖ ~권 mining rights.

채굴(採掘) mining. ~하다 mine; work a 《*silver*》 mine. ‖ ~권(權) a mining right.

채권(債券) a debenture; a bond. ¶ ~을 발행하다 issue loan bonds / ~을 상환하다 redeem bonds.

채권(債權) credit; a claim. ¶ ~이 있다 have a claim 《*on*》. ‖ ~국 a creditor nation / ~ 양도 cession of an obligation / ~자 a creditor; an obligee.

채그릇 a wicker; wickerware.

채다¹ 《알아채다》 perceive; notice; get wind 〔scent〕 of; suspect 《*a danger*》; smell out 《*the secret*》.

채다² 《당기다》 pull with a jerk; snatch off 〔away〕 《*from*》 (빼앗다).

채다³ ☞ 채우다.

채독(菜毒) a vegetable-borne 〔hookworm〕 disease.

채료(彩料) colo(u)rs; paints.

채마(菜麻) ‖ ~밭 《터밭》 a vegetable 〔kitchen〕 garden.

채무(債務) a debt; an obligation; liabilities. ¶ ~가 있다 be liable for debts; owe / ~를 청산하다 settle one's debt / ~를 보증하다 stand surety for loans. ‖ ~ 불이행 default of obligations / ~자 a debtor; an obligor.

채반(一盤) a wicker disk.

채비(一備) preparations; arrangements; an outfit (몸채비). ~하다 prepare 《*for*》; make arrangements 《*for*》; get ready.

채산(採算) (commercial) profit. ¶ ~이 맞다 〔맞지 않다〕 pay 〔do not pay〕; be (un)profitable. ‖ 독립 ~제 a self-supporting accounting system.

채색(彩色) colo(u)ring; painting. ~하다 color; paint. ‖ ~화 a colored picture; a painting.

채석(採石) ~하다 quarry 《*marble*》. ‖ ~장 a quarry; a stone pit.

채소(菜蔬) ☞ 야채, 푸성귀.

채송화(菜松花) 〖植〗 a rose moss.

채식(菜食) a vegetarian diet. ~하다 live on vegetables. ‖ ~ 동물 herbivorous 〔grass-eating〕 animals / ~주의 vegetarianism (~주의자 a vegetarian).

채용(採用) ① 《채택》 adoption (☞ 채택). ② 《임용》 employment. ~하다 appoint; employ; take into service. ¶ 임시 ~하다 employ on trial. ‖ ~ 시험 an examination for service / ~ 조건 hiring requirements / ~ 통지 a notification of employment.

채우다¹ ① 《자물쇠를》 lock; fasten. ② 《단추 따위》 button (up); hook.

채우다² 《물에》 keep 《*something*》 in cold water; 《얼음에》 keep 《*something*》 cool on ice; refrigerate (냉동).

채우다³ 《충만》 fill (up) 《*a cup with water*》; 《잔뜩》 pack 〔stuff〕 《*a bag with books*》; 《만족》 satisfy; meet 《*a demand*》; 《보충》 make up. ¶ 사복을 ~ fill one's pocket.

채유(採油) drilling for oil. ~하다 drill for oil; extract oil. ‖ ~권 oil concessions 〔rights〕.

채자(採字) 〖印〗 type picking. ~하다 pick type.

채잡다 take the lead 《*in*》; lead 《*a party*》.

채점(採點) marking; scoring (경기의). ~하다 give marks; mark 〔look over〕 《*paper*》; score. ‖ ~자 a marker; a scorer / ~표 a list of marks.

채집(採集) ~하다 collect; gather. ‖ 곤충 ~ insect collecting / 약초 ~ gathering medicinal herbs.

채찍 a whip; a lash; a rod. ‖ ~질 whipping; lashing; flogging (~질하다 whip; lash; flog; 《격려》 spur 〔urge〕 《*a person to do*》).

채취(採取) ~하다 pick; gather; collect; fish 《*pearls*》; extract 《*alcohol.*》

채치다¹ 《재촉》 urge 《*on, a person to do*》; press 《*a person for payment*》.

채치다² 《썰다》 cut 《*a radish*》 into fine strips; chop up.

채칼(菜一) a chef's knife.

채탄(採炭) coal mining. ~하다 mine coal. ‖ ~량 the output of coal / ~부 a pitman.

채택(採擇) adoption; choice. ~하다 adopt; select.

채플 a chapel.

채필(彩筆) a paintbrush.

책(冊) 《publish》 a book; a 《*thick*》 volume. ¶ ~으로 내다 publish in book form / ~을 많이 읽었다 be well-read. ‖ ~가위 a (book) jacket; a (paper) wrapper / ~꽂이 a bookshelf / ~뚜껑 a (book) cover / ~받침 a pad to rest writing paper on; a celluloid board.

책(責) ① ☞ 책임. ② ☞ 책망.

책갑(冊匣) a bookcase.

책동(策動) maneuvers; machination. ~하다 maneuver 《*behind the scenes*》; machinate.

책략(策略) a stratagem; a trick; an artifice. ¶ ~을 쓰다 resort to an artifice; play a (mean) trick on 《*a person*》. ‖ ~가 a tactician; a schemer.

책력(冊曆) an almanac; a book-cal-

endar.
책망(責望) 《비난》 blame; censure; reproach. ～하다 blame; reprimand; reproach; call [take] 《*a person*》 to task.
책무(責務) duty; obligation; responsibility.
책방(冊房) ☞ 서점.
책보(冊褓) ①《책 싸는》 a book wrapper. ② 《싼 보퉁이》 a package of books.
책사(冊肆) ☞ 서점.
책사(策士) a schemer; a tactician.
책상(冊床) a desk; a (writing) table; a bureau (서랍 달린). ¶ ～에 앉다 sit [be] at a desk. ‖ ～보 a table cloth.
책상다리(冊床—) 《책상의》 a leg of a desk [table]; 《앉음새》 sitting cross-legged.
책상물림(冊床—) a man unaccustomed to the ways of the world.
책임(責任) responsibility; liability (지불의); 《의무》 obligation; duty. ¶ ～을 묻다 call *a person* to account/～을 다하다 discharge one's duty / ～을 전가하다 shift one's responsibility 《*to another*》/ ～을 지다 take [bear] the responsibility / ～을 회피하다 evade one's responsibility / ～이 있다 be responsible [answerable] 《*for*》; must answer 《*for*》. ‖ ～ 관념 《have a strong》 sense of responsibility / ～자 a responsible person; a person in charge 《*of*》.
책자(冊子) a booklet; a leaflet; a pamphlet.
책장(冊欌) a bookcase.
책정(策定) 《예산 등의》 appropriation; 《가격 등의》 fixing 《*prices*》. ～하다 appropriate [apply, assign] 《*to*》; allot; earmark 《*sums of money*》 for; fix (up). ¶ 가격을 ～하다 fix a price. ‖ 봉급 ～ arrangement of a salary scale.
챙 ☞ 차양(遮陽).
챙기다 《정리》 put [set] 《*things*》 in order; 《치우다》 put [stow] 《*a thing*》 away; 《꾸리다》 pack; 《한데》 gather all together; collect.
처(妻) a wife. ☞ 아내.
처(處) 《곳》 a place; 《정부 기구》 an office. ‖ 근무～ one's place of employment; one's office.
처가(妻家) 《live in》 one's wife's home.
처결(處決) ～하다 settle; dispose of; decide.
처남(妻男) one's brother-in-law.
처넣다 pack [stuff] 《*a bag with books*》; push [press] in; jam; crowd 《*people*》 into 《*a car*》.
처네 《아이 업는》 a coverlet for carrying a baby on one's back.
처녀(處女) a virgin; a maiden; 《처녀성》 virginity. ～의 virgin; maiden. ¶ ～를 잃다 be deprived of one's virginity. ‖ ～막 the hymen / ～작(항해) a maiden work [voyage] / ～지(림) virgin soil [forests].
처단(處斷) disposal; punishment. ～하다 dispose 《*of*》; do [deal] with; punish.
처덕거리다 《빨래를》 (keep beating with a) paddle; 《바르다》 daub [paste] all over; paint [powder] 《*one's face*》 thickly (분을).
처량하다(凄凉—) 《황량》(be) dreary; desolate; bleak; 《구슬프다》 (be) sad; piteous; miserable, wretched (비참).
처럼 as; like; as... as; so... as. ¶ 여느때～ as usual.
처리(處理) disposition; management; treatment. ～하다 manage; deal with; transact; dispose 《*of*》; treat. ¶ 미～의 《business》 left unattended; 《papers》 still to be dealt with.
처마 the eaves. ¶ ～밑에 under the eaves.
처먹다 eat; tuck in(to); eat greedily; shovel [shove] down.
처방(處方) 《write》 a prescription; a recipe. ～하다 prescribe. ¶ ～대로 as prescribed. ‖ ～전(箋) a prescription (slip)/～ 조제 《표시》 Prescription filled.
처벌(處罰) punishment; penalty. ～하다 punish.
처분(處分) disposal; management; dealing; a measure (조치). ～하다 dispose 《*of*》; do [deal] 《*with*》. ¶ 토지를 ～하다 dispose of one's land. ‖ 매각 ～ disposition by sale.
처사(處事) management; disposal; a measure (조치); 《행위》 conduct; an action.
처세(處世) conduct of life. ～하다 go through [get on in] the world; conduct [carry] oneself. ‖ ～술 the art of living / ～훈 the rules of conduct in life.
처소(處所) a place; location; 《거처》 one's residence.
처시하(妻侍下) a wife-ridden man; a henpecked husband.
처신(處身) conduct; behavio(u)r. ～하다 bear [behave] oneself; act.
처우(處遇) treatment. ～하다 treat; deal with. ¶ 근로자의 ～ 개선 the improvement of labo(u)r conditions/～를 개선하다 improve treatment.
처음 the beginning; the start [outset]; the origin(기원); 《첫번》 (the) first; the first time. ～의 first; original; early (초기의). ¶ ～에 at [in] the beginning; at the outset / ～부터 from the beginning [start] / ～으로 for the first time; first / ～은 at first / ～부터 다시하다 begin over again.
처자(妻子) one's wife and children; one's family (가족).
처절(悽絶) ～한 extremely lurid

ㅊ

〔ghastly, gruesome〕.
처제(妻弟) one's sister-in-law.
처지(處地) a situation; circumstances. ¶곤란한 ~ a difficult 〔an awkward〕 situation; a fix.
처지다 ①《늘어지다》 hang down; droop; become loose (팽팽한 것이). ②《뒤처지다》 fall 〔remain, stay〕 behind; drop (behind). ③《못하다》 be inferior《*to*》; be not so good《*as*》.
처지르다 stuff; pack; cram; squeeze.
처참(悽慘) ~한 ghastly; grim; miserable; wretched.
처처(處處) various 〔several〕 places. ¶~에 here and there; everywhere.
처치(處置) ①《처리》 disposition; disposal; 《조치》 a measure; a step. ~하다 deal with; dispose of; take measures 〔steps, action〕. ②《살인》 ~하다 finish off; do away with.
처하다(處—) ①《처지에》 be placed《*in*》; get faced《*with*》. ¶위기에 ~ face 〔rise to〕 a crisis / 곤란한 처지에 ~ be in a fix 〔quandary〕. ②《형에》 condemn 〔sentence〕《*to death*》. ¶벌금에 처해지다 be fined.
처형(妻兄) one's wife's elder sister; one's sister-in-law.
처형(處刑) punishment; execution (사형의). ~하다 punish; execute. ¶~되다 be executed. ‖~장 an execution ground.
척(尺) a *cheog* (=0.994 ft.).
척(隻) the numerals designating the numbers of ships. ¶배 한 ~ a ship.
척 ①《붙음》 (sticking) fast; close; tight. ¶~ 들러붙다 stick fast《*to one's hand*》. ②《선뜻》 without hesitation (서슴지 않고); readily; 《즉각》 quickly; right away 〔off〕.
척결(剔抉) ~하다 gouge; scrape out; expose《*a crime*》(적발).
척골(脊骨) the backbone; the spine.
척골(蹠骨) a metatarsus.
척도(尺度) a (linear) measure; a standard (기준). ¶…의 ~가 되다 be a measure of…; be a yardstick for….
척살(刺殺) ~하다 stab《*a person*》 to death; 〖野〗 put 〔touch〕《*a runner*》 out.
척수(脊髓) the spinal cord. ‖~ 마비 spinal paralysis / ~병 a spinal disease / ~ 신경 spinal nerves / ~염 myelitis.
척식(拓殖) colonization.
척주(脊柱) 〖解〗 the spinal column; the spine. ‖~ 만곡 spinal curvature.
척척 ①《거침없이》 quickly; with dispatch; promptly; readily; in a businesslike way. ¶~ 박사 a walking dictionary / ~ 일을 하다 do one's work in a businesslike way / ~ 대답하다 give a ready answer. ②《들러붙음》 tight(ly); fast; close(ly). ¶~ 들러붙다 stick fast《*to*》; cling tightly《*to*》. ③《차곡차곡》 fold by fold; heap by heap (쌓다); neatly; tidily. ¶이불을 ~ 개키다 fold up the bedding / ~ 쌓다 pile up in a heap.
척척하다 (be) wet; damp.
척추(脊椎) the backbone. ‖~ 동물 a vertebrate / ~염 spondylitis / ~ 카리에스 vertebra caries.
척출(剔出) ~하다 extract; remove.
척탄(擲彈) a grenade. ‖~통(筒) a grenade thrower.
척후(斥候) 《임무》 reconnaissance; patrol duty; 《사람》《send out》 a scout 〔patrol〕. ‖~대 a reconnoitering party.
천 《피륙》 cloth; stuff; texture.
천(千) a thousand. ¶~배의 a thousandfold / ~분의 일 a 〔one〕 thousandth / 몇 ~씩 in thousands; by the thousand / 수~ thousands of.
천거(薦擧) recommendation. ~하다 recommend; put in a good word for《*a person*》. ¶…의 ~로 on the recommendation of….
천격(賤格) ~스러운 mean; humble; low.
천견(淺見) a shallow view.
천계(天界) the heavens; the sky.
천고마비(天高馬肥) ¶~의 계절 autumn with the sky clear and blue, and horses growing stout.
천공(穿孔) ~하다 bore; punch. ‖~기 a boring machine; a punch.
천구의(天球儀) a celestial globe.
천국(天國) ☞ 천당. ‖지상~ a terrestrial 〔an earthly〕 paradise.
천군만마(千軍萬馬) a multitude of troops and horses; a series of battles.
천궁도(天宮圖) a horoscope.
천금(千金) ¶~으로도 바꿀 수 없는 priceless.
천기(天氣) ☞ 일기(日氣), 날씨.
천기(天機) the profound secrets of Nature.
천단(擅斷) arbitrary decision. ~하다 decide arbitrarily. ¶~으로 arbitrarily; at one's own discretion.
천당(天堂) Heaven; Paradise; the Kingdom of Heaven. ¶~에 가다 go to glory 〔Heaven〕; die (죽다).
천대(賤待) contemptuous treatment. ~하다 treat《*a person*》 contemptuously 〔with contempt〕. ¶~받다 be treated contemptuously.
천더기(賤—) a despised person; a poor wretch; a child of scorn.
천도(遷都) ~하다 move 〔transfer〕 the capital《*to*》.
천동설(天動說) the Ptolemaic theory.
천둥 《a roll of》 thunder.
천둥벌거숭이 a man of reckless valo(u)r.

천둥지기 rain-dependent rice paddies.
천랑성(天狼星) 〖天〗 Sirius.
천량 money and food; wealth.
천려(千慮) ¶ ~의 일실 a slip of a wise man.
천려(淺慮) indiscretion. ¶ ~의 imprudent; thoughtless.
천렵(川獵) river fishing. ~하다 fish in a river.
천륜(天倫) moral laws; morals. ¶ ~에 어그러지다 transgress moral laws.
천리(千里) a thousand *ri;* a long distance. ‖ ~마 a swift 〔an excellent〕 horse / ~안(眼) clairvoyance; a clairvoyant (사람).
천막(天幕) a tent. ¶ ~을 치다〔걷다〕 pitch 〔strike〕 a tent. ‖ ~ 생활 camping (~생활하다 camp(out)).
천만(千萬) 《수효》 ten million; a myriad (무수); 《매우》 exceedingly; very much; indeed. ¶ ~ 뜻밖에 most unexpectedly / ~의 말씀입니다 Not at all., Don't mention it.
천만년(千萬年) countless years; eternity.
천만다행(千萬多幸) a piece of good luck; a godsend; a windfall. ¶ ~으로 luckily; very fortunately; by good luck / ~이다 be extremely fortunate; be very lucky.
천만뜻밖(千萬一) ~의 quite unexpected; least expected; unlooked-for. ¶ ~에 quite unexpectedly; contrary to one's expectation.
천만부당(千萬不當) ~하다 (be) utterly 〔absolutely, entirely〕 unjust 〔unfair, unreasonable, absurd〕. ¶ ~한 말 an absolutely unreasonable remark.
천만사(千萬事) all things; everything.
천만세(千萬世) all ages; countless generations.
천만의외(千萬意外) ☞ 천만뜻밖.
천명(天命) ① 《수명》 one's life. ② 《하늘 뜻》 God's will; Heaven's decree; 《운명》 fate; destiny. ¶ ~으로 알다 resign oneself to fate.
천명(闡明) ~하다 make clear; explicate.
천문(天文) astronomy (천문학); astrology(점성술). ¶ ~학적 astronomical 《*figures*》. ‖ ~대 an astronomical observatory / ~학자 an astronomer.
천민(賤民) the lowly; the humble.
천박(淺薄) ~하다 (be) shallow (-brained); superficial 《*idea*》; low-minded.
천방지축(天方地軸) 《부사적》 recklessly; foolhardily; in a stupid flurry; hurry-scurry.
천벌(天罰) ¶ ~을 받다 be punished by Heaven.
천변(川邊) a riverside; a streamside; a riverbank. ¶ ~에 by 〔on〕 a river 〔stream〕 / ~에서 at the riverside 〔streamside〕.
천변(天變) a natural disaster 〔calamity〕. ‖ ~지이(地異) a disaster; a calamity.
천변만화(千變萬化) innumerable changes. ~하다 change endlessly. ¶ ~의 kaleidoscopic; ever-changing; innumerable.
천복(天福) a heavenly blessing; benediction.
천부(天賦) ~의 natural; inborn; inherent. ¶ ~의 재능 a natural talent 〔gift〕.
천분(天分) ¶ ~이 있다 have the gift 《*of*》; have a talent 《*for*》 / ~이 있는 《a man》 of talent; 《a man》 gifted 《*with*》.
천사(天使) an angel.
천생(天生) ~의 natural; born; designed by nature. ‖ ~배필 a predestined couple; a well-matched pair / ~ 연분 marriage preordained by Providence.
천성(天性) nature; natural disposition; 《부사적》 by nature; naturally. ~의 natural; born.
천세나다 be much in demand; become scarce; run short.
천수(天水) rain(water). ‖ ~답(畓) ☞ 천둥지기.
천시(天時) 《때》 a good 〔heaven-sent〕 opportunity.
천시(賤視) ~하다 take a disdainful view 《*of*》; contempt; despise; look down on.
천식(喘息) 〖醫〗 asthma. ‖ ~ 환자 an asthmatic (patient).
천신(天神) the heavenly gods.
천신만고(千辛萬苦) ~하다 undergo 〔go through〕 all sorts of hardships.
천심(天心) ① 《하늘 뜻》 the divine will 〔providence〕. ② 《하늘 복판》 the zenith.
천애(天涯) ① 《하늘 끝》 the skyline; the horizon. ② 《원격한 땅》 a far-off country; a distant land. ¶ ~의 고아 a stranger in a strange land; a person without any relative.
천양지차(天壤之差) ☞ 천양지판.
천양지판(天壤之判) a great〔marked〕 difference 《*between*》; poles apart. ¶ ~이다 be entirely different; differ *toto caelo* 《*from*》.
천언만어(千言萬語) innumerable words; endless arguments.
천업(賤業) a mean occupation; a dishono(u)rable job.
천역(賤役) a mean task 〔job〕.
천연(天然) nature. ¶ ~의〔적인〕 natural; spontaneous(자생의); wild(야생의) / ~적으로 naturally; spontaneously. ‖ ~가스〔자원〕 natural gas 〔resources〕 / ~ 기념물 a natural monument.
천연(遷延) delay; procrastination. ~하다 delay; procrastinate; put off.
천연두(天然痘) smallpox.

천연색(天然色) natural colo(u)r;〖映〗《in》 Technicolor (상표). ‖ ~ 사진 a color photograph / ~ 영화 a (Techni)color film.
천연스럽다(天然一) (be) natural; unartificial; unaffected; 《태연》 (be) calm; unmoved; indifferent 《*to*》; 《서술적》 do not care 《*about*》. ¶천연스럽게 calmly; coolly; unconcernedly; as if nothing had happened; with indifference; without scruple.
천왕성(天王星) 〖天〗 Uranus.
천우신조(天佑神助) 《by》 the grace of Heaven [God].
천운(天運) fate; fortune; destiny.
천은(天恩) the blessing of Heaven; the grace of God.
천의(天意) the divine will.
천인(天人) ¶ ~공노(共怒)할 죄 a sin against God and man.
천인(賤人) a man of humble origin; a lowly man.
천일염(天日塩) bay salt.
천자(千字) 1,000 characters. ‖~문 the Thousand-Character Text; a primer of Chinese characters.
천자(天子) 《황제》 an emperor.
천자(天資) ¶ ~총명하다 be endowed with great wisdom.
천자만홍(千紫萬紅) a resplendent variety of flowers.
천장(天障) 《on》 the ceiling. ‖반자 ~ a boarded ceiling.
천장(遷葬) ~하다 rebury; reinter.
천재(千載) ¶ ~ 일우의 호기 《throw away》 a golden opportunity.
천재(天才) 《be》 a genius 《*in, for*》; 《have》 a (natural) talent [gift] 《*for*》. ¶ ~적인 gifted; talented; born. ‖ ~ 교육 genius education.
천재(天災) 《be hit by》 a (natural) calamity [disaster]. ‖ ~ 지변(地變) a natural disaster [calamity]; a convulsion of nature.
천적(天敵) a natural enemy.
천정(天井) ☞ 천장. ¶ ~ 부지의 soaring [skyrocketing] 《*prices*》. ‖ ~ 시세 the ceiling price.
천주(天主) the Lord (of Heaven); God.
천주교(天主教) Roman Catholicism. ‖ ~ 교회 the Roman Catholic Church / ~도 a Roman Catholic.
천지(天地) ① 《하늘과 땅》 heaven and earth; the universe(우주); the world. ¶ ~의 차 (☞ 천양지판)/ ~의 진동 a convulsion of nature. ‖ ~ 만물 all nature; the creation. ② 《장소·세계》 a land; a world; a sphere. ¶자유의 ~ a free land. ③ 《많음》 ¶ … ~다 be abundant 《*in*》; be met with everywhere.
천지개벽(天地開闢) the Creation. ~하다 create Heaven and Earth.
천지신명(天地神明) gods of heaven and earth; divinity.
천직(天職) a mission; a calling; a vocation.
천진(天眞) ~한 innocent; artless; naive.
천진난만(天眞爛漫) *naïveté*; naivety. ~한 naive; artless; innocent.
천차만별(千差萬別) ~의 multifarious; infinite varieties of 《*human life*》.
천천히 slowly; without hurry. ¶ ~하다 take one's time.
천체(天體) a heavenly body. ‖ ~관측 astronomical observation / ~도 a celestial map / ~ 망원경 an astronomical telescope / ~ 물리학 astrophysics.
천추(千秋) 《천년》 a thousand years; 《긴 세월》 many years. ¶ ~의 한이 되는 일 a matter of great regret/ 하루를 ~같이 기다리다 wait impatiently 《*for*》.
천치(天癡) an idiot; an imbecile.
천태만상(千態萬象) ☞ 천차만별.
천트다(薦一) 《천거》 be [get] recommended 《*for*》; 《손댐》 turn one's hand to; attempt; embark on.
천편일률(千篇一律) ~적 monotonous; stereotyped.
천품(天稟) nature; character; 《재질》 a natural endowment; natural talents.
천하(天下) 《세계》 the world; the universe; 《나라》 the whole country [land]. ¶ ~에 under the sun; in the world; on earth / ~일품의 unequaled; unique / ~를 잡다 rule over the whole country; come into power(정권을) / ~ 무적이다 be unrivaled [peerless] in the world. ‖ ~ 명창 one of the most excellent singers in the country / ~ 일색 a woman of matchless beauty / ~ 장사 a man of unparalleled strength.
천하다(賤一) ① 《신분이》 (be) humble; low(ly); ignoble. ¶천한 사람 a lowly man. ② 《상스럼》 (be) vulgar; mean; base. ¶말씨가 ~ have a coarse way of expressing oneself. ③ 《지천》 (be) superfluous; 《서술적》 be in excess.
천학(淺學) shallow learning.
천행(天幸) the blessing [grace] of Heaven; 《by》 good luck.
천험(天險) a natural stronghold.
천형병(天刑病) leprosy.
천혜(天惠) (a) blessing; a gift of nature.
철[1] 《계절》 a season. ¶ ~아닌 unseasonable; out of the season / ~ 지난 behind the season.
철[2] 《분별》 (good) sense; discretion; prudence; wisdom. ☞ 철나다, 철들다, 철모르다, 철없다.
철(鐵) iron; steel(☞쇠). ¶ ~을 함유한 ferreous; ferriferous.
…철(綴) a file (☞철하다). ¶서류~ a file of papers / 신문~ a newspaper file.

철갑(鐵甲) an iron armo(u)r (갑옷); 《형용사적》 ironclad. ‖ ~선 an ironclad ship.
철강(鐵鋼) steel. ‖ ~업 the iron and steel industry.
철거(撤去) withdrawal (퇴거); removal (제거); evacuation (명도). ~하다 withdraw; evacuate; 《건물을》 remove; take [clear] away; pull down.
철골(鐵骨) an iron [a steel] frame.
철공(鐵工) an ironworker. ‖ ~소 an ironworks.
철관(鐵管) an iron pipe.
철광(鐵鑛) (an) iron ore (광석); an iron mine (광산).
철교(鐵橋) an iron bridge; a railway bridge(철도의).
철군(撤軍) ~하다 withdraw troops 《*from*》; evacuate 《*a place*》.
철권(鐵拳) a fist. ¶ ~을 가하다 strike 《*a person*》 with one's fist; rain blows 《*on*》. ‖ ~제재 《administer》 fist law.
철근(鐵筋) a [an iron] reinforcing rod. ‖ ~콘크리트 ferroconcrete; reinforced concrete.
철기(鐵器) ironware; hardware《美》; ironmongery《英》. ‖ ~시대 the Iron Age.
철걱 ☞ 찰깍.
철나다 ☞ 철들다.
철도(鐵道) a railway; a railroad 《美》. ¶ ~를 놓다 lay [construct, build] a railway / ~ 자살하다 kill oneself running into a train / ~편으로 by rail. ‖ ~국 the Railway Bureau / ~망 a network of railways / ~ 사고 《be killed in》 a railway accident / ~선로 a railway line [track] / ~ 안내소 a railway information bureau [office] / ~ 운임 railway fare (여객의); freight [goods] rates (화물의) / ~종업원 [공안원] a railway worker [police officer] / ~청 the Korea National Railroad / 광궤[협궤] ~ a broad-[narrow-]gauge railway / 교외 ~ a suburban railway.
철두철미(徹頭徹尾) from beginning to end; every inch; out-and-out; thoroughly.
철들다 become possessed of discretion; become sensible; attain one's years of discretion; cut one's wisdom teeth.
철떡거리다 keep clinging [sticking] 《*to*》.
철렁거리다 ☞ 찰랑거리다.
철로(鐵路) a railway (line).
철리(哲理) philosophy.
철망(鐵網) ① wire netting (총칭); a wire net [gauze(촘촘한)]; a fireguard (난로가의). ¶ ~을 치다 cover 《*the window*》 with wire netting. ② ☞ 철조망.
철매 soot. ☞ 검댕, 그을음.
철면(凸面) a convex surface.
철면피(鐵面皮) brazenness; impudence. ~한 brazenfaced; shameless; cheeky; impudent. ¶ ~하게도 …하다 have the nerve to 《*do*》.
철모(鐵帽) a helmet; a steel cap.
철모르다 have no discretion [sense]; lack judg(e)ment; be thoughtless; be simpleminded [innocent].
철문(鐵門) an iron door [gate].
철물(鐵物) hardware; ironware (철기); metal fittings. ‖ ~상(商) 《사람》 a hardware man; an ironmonger 《英》; 《가게》 a hardware store; an ironmonger's 《英》.
철바람 a seasonal wind; a monsoon.
철버덕거리다 《철벅거리다》 splash; dabble in 《*water*》.
철벽(鐵壁) an iron wall. ¶ ~ 같은 진(陣) an impregnable position.
철병(撤兵) ☞ 철군(撤軍).
철봉(鐵棒) 《쇠막대》 an iron bar [rod]; 《체조용》 a horizontal [an exercise] bar.
철부지(一不知) a person of indiscretion; a thoughtless person; 《어린애》 a mere child; just a child.
철분(鐵分) iron (content). ¶ ~이 있다 contain mineral matter.
철사(鐵絲) (a) wire; wiring. ‖ 가시 ~ barbed wire.
철삭(鐵索) a cable; a wire rope.
철새 a bird of passage.
철석(鐵石) ~같은 adamant; firm. ‖ ~ 간장(肝腸) an iron will.
철선(鐵線) iron wire.
철수(撤收) withdrawal; removal. ~하다 withdraw; remove. ‖ ~자 an evacuee.
철시(撤市) ~하다 close the market; close up shops [stores]; suspend business.
철썩 ① 《물소리》 with a splash [swash, splosh]. ~하다 splash; swash. ② 《때림》 with a slap [spank, crack]. ~하다 slap.
철야(徹夜) ~하다 sit [stay] up all night. ‖ ~ 작업 all-night work.
철없다 ☞ 철모르다.
철옹성(鐵瓮城) an impregnable fortress. ~같다 be impregnable.
철완(鐵腕) ‖ ~투수 an iron pitcher.
철인(哲人) a man of wisdom; a philosopher.
철자(綴字) spelling; orthography. ~하다 spell. ‖ ~법 the system of spelling.
철재(鐵材) iron (material).
철저(徹底) ~한 thorough; thoroughgoing; exhaustive; complete. ¶ ~히 thoroughly; completely; exhaustively.
철제(鐵製) ~의 iron; steel (강철제).
철제(鐵劑) an iron preparation.
철조망(鐵條網) 《가시철사》 《stretch, set》 (barbed) wire entanglements.
철주(掣肘) ~하다 restrain; restrict; check.
철쭉 〖植〗 a royal azalea; a rhodo-

dendron.
철창(鐵窓) a steel-barred window; 《be cast into》 prison. ‖ ~ 생활 life behind (the) bars.
철책(鐵柵) an iron railing 〔fence〕.
철천지원(徹天之寃) ☞ 철천지한.
철천지한(徹天之恨) a lasting regret (유감); 《원한》 deep-rooted enmity; an inveterate grudge. ¶ ~을 품다 bear a lasting regret; have 〔nurse〕 《a person》 a deep grudge.
철철 ¶ ~ 넘치다 overflow; run over / ~ 넘도록 to the brim; to the full.
철추(鐵椎) ☞ 철퇴.
철칙(鐵則) an iron rule.
철통(鐵桶) ¶ ~ 같은 방어진 an impenetrable defense cordon / ~ 같은 경계망 a strict police cordon / ~ 같은 경계망을 펴다 lay a tight cordon 《around》.
철퇴(撤退) (a) withdrawal; a pullout. ~하다 withdraw 《troops》; pull out 《of a place》.
철퇴(鐵槌) an iron hammer. ¶ ~를 내리다 give a crushing blow 《to》.
철판(凸版) ‖ ~ 인쇄 relief printing.
철판(鐵板) an iron plate; a sheet iron.
철편(鐵片) a piece of iron.
철폐(撤廢) ~하다 abolish; remove; do away with.
철필(鐵筆) a (steel) pen; a stylus (복사용). ‖ ~대 a penholder.
철하다(綴一) file; bind. ¶ 서류를 ~ file papers.
철학(哲學) philosophy. ¶ ~적(으로) philosophical(ly). ‖ ~박사 a doctor of philosophy; Doctor of Philosophy (학위) (생략 Ph.D.) / ~자 a philosopher / 인생 ~ philosophy of life.
철혈(鐵血) blood and iron 《policy》.
철회(撤回) withdrawal. ~하다 withdraw; take back 《one's claims, what one has just said》.
첨가(添加) ~하다 add; annex. ‖ ~물 an addition; an annex; an (artificial) additive.
첨단(尖端) the point; the tip; the spearhead (유행의). ¶ ~적인 extreme; ultramodern / 시대의 ~을 걷다 be in the van of the new era / 유행의 ~을 걷다 lead the fashion.
첨벙 with a splash.
첨병(尖兵) a spearhead.
첨부(添附) ~하다 attach; append. ‖ ~ 서류 the attached 〔accompanying〕 papers.
첨삭(添削) ~하다 correct; look over; touch up.
첨예(尖銳) ¶ ~화하다 become acute; be radicalized. ‖ ~분자 radicals.
첨탑(尖塔) a steeple; a spire.
첩(妾) a concubine; a mistress. ¶ ~을 두다 keep a mistress.
첩(貼) a pack (of herb-medicine); a dose.
…첩(帖) a (note)book; an album. ¶ 견본~ a sample book.
첩경(捷徑) ① 《지름길》 a nearer way; a shortcut; 《쉬운 방법》 a shorter way; a royal road 《to learning》. ② 《부사적》 most likely; easily.
첩보(捷報) news of a victory.
첩보(諜報) intelligence. ‖ ~ 기관 an intelligence office 〔agency〕; a secret service / ~망 an intelligence 〔espionage〕 network / ~부 an intelligence bureau / ~원 an intelligence man; a secret agent / ~ 활동 espionage activities.
첩부(貼付) ☞ 붙이다 ①.
첩약(貼藥) a pack 〔dose〕 of prepared herb-medicine.
첩첩(疊疊) ‖ ~ 산중 《in》 the depths of mountains.
첫 first; new; maiden. ‖ ~ 공연 the first performance 《of play》 / ~ 글자 an initial (letter) / ~ 서리 the first frost of the season / ~ 아이 one's first(-born) child / ~ 항해 a maiden voyage.
첫걸음 the first step; elements; rudiments; the ABC 《of》.
첫길 《초행길》 an unaccustomed course; one's first trip 《to》; 《신행길》 the way to one's wedding.
첫날 the first 〔opening〕 day.
첫날밤 the bridal 〔wedding〕 night.
첫눈[1] 《일견》 the first sight. ¶ ~에 at first sight / ~에 반하다 fall in love with 《a person》 at first sight.
첫눈[2] 《초설》 the first snow of the season.
첫돌 the first birthday (of a baby).
첫마디, 첫말 the first word 〔remark〕.
첫머리 《맨처음》 the top; 《시작》 the beginning; the start; the outset.
첫무대(一舞臺) one's debut. ¶ ~를 밟다 make one's debut.
첫물 ① 《옷》 ‖ ~옷 a new suit before the first wash; a first wear (-ing). ② ☞ 맏물.
첫밗 the outset 〔start〕. ~에 at 〔from〕 the outset.
첫배 《새끼》 the first litter; the firstling.
첫사랑 one's first love.
첫새벽 early dawn 〔morning〕; daybreak. ¶ ~에 at daybreak 〔dawn〕.
첫선 the first appearance; a debut; the first public presentation. ¶ ~을 보이다 (make a) debut.
첫소리 an initial sound 〔consonant〕.
첫술 the first spoonful 《of》. ¶ ~에 배부르랴 You must not expect too much at your first attempt.
첫여름 early summer.
첫인상(一印象) one's first impression 《of》. ¶ ~이 좋다 make 〔give〕 a good 〔favo(u)rable〕 first impression.

첫정(一情) one's first love (attachment).
첫째 the first (place); No. 1; the top. ¶ ~의 first; primary; foremost; top / ~로 first (of all); in the first place; to begin with / ~가 되다 come out (at the) top / ~를 차지하다 stand first; be at the top (head) of 《*a class*》.
첫추위 the first cold of the winter.
첫출발(一出發) a start; a beginning. ¶ 인생의 ~ one's start in life.
첫판 《경기 따위의》 the first round; the outset (첫 시작).
첫판(一版) 《초판》 the first edition.
첫해 the first year.
첫행보(一行步) one's first visit.
청 《얇은 막》 a membrane; a film.
청(請) (a) request; a favo(u)r; one's wishes; 《간청》 an entreaty. ¶ ~에 의하여 at *a person's* request / ~을 넣다 make a request through 《*another*》 / ~을 들어주다 grant (comply with) 《*a person's*》 request / ~이 있다 have a favor to ask of 《*a person*》.
청가뢰 〖蟲〗 a green blisterbeetle.
청각(聽覺) the auditory sense; (the sense of) hearing. ‖ ~신경 the auditory nerve.
청강(聽講) ~하다 attend《*a lecture*》; audit 《*a course*》《美》. ‖ ~료 an admission (fee) / ~생 an irregular student; an auditor / ~무료 《게시》 Attendance Free.
청개구리(青一) 〖動〗 a tree frog; a hyla.
청결(清潔) clean(li)ness; neatness. ~하다 (be) clean; neat; pure. ¶ ~히 하다 make clean / ~히 해 두다 keep 《*a thing*》 clean.
청과(青果) vegetables and fruits. ‖ ~시장 a vegetable and fruit market / ~점 a greengrocery.
청관(聽官) 〖解〗 the auditory organs.
청교도(清敎徒) a Puritan. ‖ 청교(도) 주의 Puritanism.
청구(請求) (a) demand; (a) claim. ~하다 ask (apply) 《*for*》; claim; request; demand; charge. ¶ ~가 있는 대로 on demand / ~에 응하다 meet *a person's* demand. ‖ ~권 a claim; a right of claim (~권을 포기하다 give up one's claim) / ~서 《submit》 a bill / ~액 the amount claimed / ~인 an applicant; a claimant.
청기와(青一) a blue tile.
청널(廳一) a floor board; flooring.
청년(青年) a young man; a youth; 《총칭》 the young people; the younger generation. ‖ ~단(團) a young men's association / ~시절 one's younger days; youth.
청대 〖植〗 a short-jointed variety of bamboo.
청대콩(青一) green (unripe) bean.
청동(青銅) bronze. ‖ ~기 bronze ware / ~시대 the Bronze Age.
청둥오리 〖鳥〗 a wild duck; a mallard (duck).
청람(晴嵐) ☞ 아지랑이.
청량(清凉) ~한 cool; refreshing. ‖ ~음료 a soft drink.
청력(聽力) (the power of) hearing. ‖ ~검사 a hearing test / ~계 an audiometer / ~측정 audiometry.
청렴(清廉) integrity; uprightness. ~한 honest; upright; cleanhanded. ‖ ~결백 =청렴.
청루(青樓) a brothel; a whorehouse.
청류(清流) a (clear) limpid stream.
청맹과니(青盲一) amaurosis; an amaurotic person (사람).
청명(清明) ~한 clear (and bright); fine.
청바지(青一) blue jeans.
청백(清白) ~한 upright; honest; cleanhanded.
청병(請兵) ~하다 request (the dispatch of) troops.
청부(請負) ☞ 도급(都給). ‖ ~살인 a contract murder / ~업 contracting business (~업자 a contractor)/ ~인 a contractor.
청빈(清貧) 《be contented with》 honest poverty.
청사(青史) history; the annals. ¶ ~에 길이 남다 live (remain long) in history.
청사(廳舍) a Government building.
청사진(青寫眞) 《make》 a blueprint 《*of*》. ¶ ~을 제시하다 present a blueprint for 《*the future*》.
청산(青酸) 〖化〗 hydrocyanic (prussic) acid. ‖ ~염 a prussiate; a cyanide / ~칼리 potassium cyanide.
청산(清算) liquidation. ~하다 liquidate; clear accounts; wind up. ¶ 과거를 ~하다 bury the past. ‖ ~서 a statement liquidation; a balance sheet / ~인 a liquidator/ ~회사 a company in liquidation.
청산유수(青山流水) fluency. ¶ ~같다 speak very fluently.
청상과부(青孀寡婦) a young widow.
청색(青色) blue (colo(u)r); green.
청서(清書) a fair (clean) copy. ~하다 make a fair copy 《*of*》.
청소(清掃) cleaning. ~하다 clean; sweep; scavenge (길을). ‖ ~기 a (vacuum) cleaner / ~부 a sanitation man; a trash collector; a garbage man / ~차 a refuse cart; a garbage truck.
청소년(青少年) the younger generation; youth. ‖ ~범죄 juvenile delinquency.
청순(清純) purity. ~하다 (be) pure; innocent.
청승 a miserable (wretched) way of gesture. ~떨다 excite 《*another's*》 pity; act like fortune's orphan.
청승맞다, 청승스럽다 (be) sad; pitiful; miserable; poor; 《서술적》 have the way of something

ㅊ

plaintive.
청신(清新) ~한 fresh; new.
청신경(聽神經) the auditory nerve.
청신호(青信號) a green signal (light).
청아(清雅) elegance. ~한 elegant; graceful; refined; clear.
청약(請約) (a) subscription. ~하다 subscribe 《*for*》. ¶ ~순으로 in order of subscription / ~이 쏟아져 들어오다 be deluged with subscriptions. ‖ ~금 subscription money / ~인 a subscriber.
청어(青魚)〖魚〗a herring. ‖ ~알 herring roe.
청옥(青玉)〖鑛〗sapphire.
청와대(青瓦臺) the Blue House; the Presidential residence.
청우계(晴雨計) a barometer; a weatherglass.
청운(青雲) ¶ ~의 뜻 《entertain》 a high ambition.
청원(請援) ~하다 ask for (seek) 《*a person's*》 assistance; call (ask) for help.
청원(請願) a petition; an application. ~하다 (make a) petition. ‖ ~경찰(관) a policeman on special guard assignment / ~서 a (written) petition / ~자 a petitioner.
청음기(聽音機) a sound detector; an audiphone.
청일(清日) ‖ ~ 전쟁 the Sino-Japanese War.
청자(青瓷) celadon porcelain. ¶ ~색의 celadon.
청정(清淨) purity. ~한 pure; clean; stainless; undefiled. ‖ ~야채 clean vegetables / ~재배 sanitary culture.
청주(清酒) clear, refined rice wine. ‖ 특급 ~ special grade refined rice wine.

청중(聽衆) an audience; an attendance. ¶ 많은 (적은) ~ a large (small) audience (attendance). ‖ ~석 an auditorium; an auditory.
청지기(廳—) a steward; a manager.
청진(聽診)〖醫〗auscultation. ~하다 auscultate. ‖ ~기 a stethoscope (~기를 대다 apply a stethoscope 《*to*》).
청질(請—) ~하다 entreat 《*a person*》 to exercise *his* influence; solicit 《*a person*》 for *his* good offices.
청천(青天) the blue (sky). ‖ ~벽력 《like》 a bolt from the blue.
청천(晴天) fine (fair) weather.
청천백일(青天白日) ¶ ~의 몸이 되다 be cleared from charge; have one's innocence established.
청첩(請牒) a letter of invitation; an invitation (card).
청청하다(青青—) (be) freshly (vividly) green; fresh and green.
청초(清楚) ~한 neat (and clean).
청춘(青春) youth; the springtime of life. ~의 youthful. ¶ 꽃다운 ~ the bloom of (one's) youth. ‖ ~기 adolescence / ~시대 one's youth; one's youthful days.
청출어람(青出於藍) outshining one's master.
청취(聽取) ~하다 listen to (in); hear 《*a speech on* (*over*) *the radio*》; give a hearing 《*to*》. ¶ 증언을 ~하다 hear 《*a person's*》 testimony. ‖ ~율 an audience rating / 라디오 ~자 a (radio) listener.
청컨대(請—) (if you) please; I pray (beg); It is to be hoped that....
청탁(清濁) ¶ ~을 가리지 않다 be broad-minded.
청탁(請託) 《부탁》 a request; a favo(u)r; 《간청》 solicitation; entreaty. ~하다 request; ask 《*a person*》 to 《*do*》; solicit 《*a person*》 for *his* good offices.
청태(青苔) 《이끼》 (green) moss; 《김》 green laver.
청풍(清風) a cool breeze. ‖ ~명월 a cool breeze and a bright moon.
청하다(請—) ① 《부탁》 ask (request) 《*a person to do*》; beg; entreat. ② 《달라다》 ask (request) 《*for a thing*》; beg. ③ 《초빙》 invite; ask.
청허(聽許) ~하다 give assent to; grant; sanction; approve.
청혼(請婚) a proposal of marriage. ~하다 propose 《*to*》. ☞ 구혼.
청훈(請訓) ~하다 ask 《*the home government*》 for instructions.
체¹ a sieve; a riddle (어레미). ¶ ~로 치다 sift (out) 《*from*》; sieve; screen.
체(滯) 《먹은 것의》 indigestion; dyspepsia.
체(體) the body; a style.
체² 《거짓태》 show; pretense; affectation. ☞ 체하다.
체³ 《경멸》 Pshaw!; Shucks! 《美》.
체감(遞減) successive diminution. ~하다 decrease in order; diminish successively. ¶ 수확 ~의 법칙 the law of diminishing returns.
체감(體感) bodily sensation; somesthesia. ‖ ~온도 effective temperature.
체격(體格) physique; build; constitution. ¶ ~이 좋은 of splendid physique; well-built.
체결(締結) conclusion. ~하다 conclude 《*a treaty*》; enter into 《*a contract*》.
체경(滯京) ~하다 stay in Seoul; remain in the capital.
체경(體鏡) a full-length mirror.
체계(體系) a system. ¶ ~적(으로) systematic(ally) / ~화하다 systematize.
체공(滯空) ~하다 stay (remain) in the air. ‖ ~비행(기록) an endurance flight (record) / ~시간 duration of flight.

체구(體軀) ☞ 체격.
체기(滯氣) a touch of indigestion.
체납(滯納) arrearage; default; deferred payment. ~하다 fail to pay; be 《*two months*》 in arrears. ‖ ~금 arrears; arrearage / ~자 a defaulter; a delinquent (세금의) / ~ 처분 coercive collection.
체내(體內) ¶ ~의[에] in the body / ~의 당분 body sugar.
체념(諦念) ① 《체관》 clear vision. ~하다 see clearly. ② 《단념》 abandonment; resignation. ~하다 give up; abandon; resign oneself 《*to*》. ¶ 없어진 것으로 ~하다 give up for lost.
체능(體能) physical aptitude [ability]. ‖ ~검사 a physical aptitude test.
체당(替當) ~하다 pay for 《*another*》; advance (가불); loan (대여).
체대(體大) ~한 of large build; large; of great stature.
체득(體得) ~하다 realize; learn; master; comprehend.
체력(體力) physical strength. ¶ ~을 기르다 develop [build up] one's physical strength / ~이 떨어지다 one's strength declines. ‖ ~ 검정 an examination of physical strength.
체류(滯留) ~하다 stay 《*at, in*》; (make a) stay; sojourn.
체리 《서양 앵도》 a cherry.
체면(體面) hono(u)r (명예); reputation (명성); dignity (위신); appearance (외관). ¶ ~상 for appearance' [honor's] sake; to save one's face / ~이 서다 save one's face / ~을 세우다 [차리다] save appearances; save (one's) face / ~을 유지하다 keep up appearances / ~에 관계되다 affect one's honor / ~을 손상하다 impair one's dignity; bring disgrace 《*on*》.
체모(體貌) ☞ 체면(體面).
체미(滯美) ~하다 stay in America.
체벌(體罰) corporal punishment.
체불(滯拂) a delay in payment; payment in arrears. ‖ ~ 임금 back wages; wages in arrears.
체비지(替費地) lands secured by the authorities in recompense of development outlay.
체소(體小) ~한 of small stature [build].
체스 《서양 장기》 chess.
체신(遞信) communications. ‖ ~부 the Ministry of Communications / ~ 업무 post and telegraphic service.
체언(體言) 〖文〗 a substantive.
체온(體溫) temperature; body heat. ¶ ~을 재다 take one's temperature. ‖ ~계 a (clinical) thermometer.
체위(體位) a physical standard; 《improve》 one's physique; a posture (자세).
체육(體育) physical culture [training]; physical education(학과명). ‖ ~과 the course of physical education / ~관 a gym(nasium) / ~청소년부 the Ministry of Sports and Youths / ~특기자 an athletic meritocrat / 대한 ~회 the Korea Amateur Athletic Association.
체재(滯在) ☞ 체류(滯留). ‖ ~객 a guest; a sojourner / ~비 hotel expenses / ~ 일수 the length of one's visit.
체재(體裁) form; style; 《겉모양》 appearance; show; 《만듦새》 make-up; getup; format. ¶ ~가 좋은 becoming; nice-(decent-)looking / ~가 나쁜 unbecoming; awkward.
체적(體積) capacity; volume.
체제(體制) an organization; a system; a structure; an 《*old*》 order. ‖ 경제 ~ an economic structure / 기성 ~ the Establishment / 신[구]~ a new [an old] order / 전시 ~ (하에 있다) (be reorganized on) a war footing / 정치 ~ a political system.
체조(體操) 《have》 physical [gymnastic] exercises; 《practice》 gymnastics. ‖ ~ 기구 gymnastic apparatus / 기계 ~ heavy gymnastics / 라디오 ~ radio gymnastic exercises.
체중(體重) weight. ¶ ~이 늘다[줄다] gain [lose] weight / ~을 달다 weigh oneself / ~이 50 킬로이다 weigh 50 kilogram(me)s.
체증(滯症) indigestion. ‖ 교통 ~ traffic congestion.
체질 sifting; sieving; screening. ~하다 sift (out); screen.
체질(體質) constitution; predisposition(소질). ~적(으로) constitutional(ly). ¶ ~이 (허)약하다 be of [have] a weak constitution.
체취(體臭) body odo(u)r.
체코슬로바키아 Czechoslovakia. ¶ ~의 Czechoslovak(ian) / ~ 사람 a Czechoslovak.
체크 ① 《무늬》 check; checker. ¶ ~ 무늬의 check(er)ed. ② 《대조》 a check. ~하다 check; mark.
체통(體統) (an official's) dignity; hono(u)r; face. ¶ ~을 잃다 lose (one's) face. ☞ 체면.
체포(逮捕) (an) arrest; capture. ~하다 arrest; capture; catch.
체하다(滯―) have a digestive upset; lie heavy on the stomach.
체하다 pretend 《*illness, to do, that ...*》; affect; feign; pose 《*as*》; assume an air of. ¶ 모르는 ~ pretend to be ignorant; feign ignorance.
체험(體驗) ~하다 (have an) experience; go through. ‖ ~담 a story of one's experience.
체형(體刑) 《sentence *a person* to》 penal servitude; 《inflict》 corporal

ㅊ

punishment 《*on a person*》.
체화(滯貨) accumulation of cargoes 〔freights, stocks, goods〕; freight congestion.
첼로 a cello. ‖ ~ 연주가 a cellist.
쳄발로 〖樂〗 a cembalo.
쳐가다 collect and take 〔carry〕 away 《*garbage*》; empty 〔dip up〕 and cart away.
쳐내다 take 〔clear, sweep〕 away; clear off 〔out〕; remove.
쳐다보다 look up; stare 〔gaze〕 《*at*》.
쳐들다 ① 《올리다》 lift (up); raise; hold up. ② 《초들다》 point out; (make) mention 《*of*》; refer 《*to*》.
쳐들어가다 invade; make an inroad 《*on*》; penetrate 《*into*》; break in; raid.
쳐주다 ① 《값을》 estimate 〔value, rate〕 《*a thing*》 at; set 〔put〕 a price 《*on*》. ② 《인정》 recognize; acknowledge; make much of.
쳐죽이다 beat 〔knock, strike〕 《*a person*》 to death.
초 a candle. ¶ ~를 켜다〔끄다〕 light 〔put out〕 a candle. ‖ ~심지 a candlewick / 촛대 a candlestick.
초(抄) ☞ 초록(抄錄).
초(草) ☞ 기초. ¶ ~를 잡다 draft.
초(醋) vinegar. ¶ ~를 치다 vinegar.
초(秒) a second.
초(初) the beginning; (the) first (stage); the early part.
초…(超) super; ultra-. ¶ ~자연적 supernatural.
초가(草家) 《집》 a (straw-)thatched house.
초가을(初一) early autumn 〔fall〕.
초강대국(超强大國) a superpower; the superpowers.
초개(草芥) bits of straw; a worthless thing. ¶ 죽음을 ~같이 여기다 hold one's life as nothing.
초겨울(初一) early winter.
초경험(超經驗) ~적 transcendental; metempirical.
초계(哨戒) ~하다 patrol. ‖ ~기〔정〕 a patrol plane 〔boat〕.
초고(草稿) a (rough) draft(초안); a manuscript(원고). ¶ ~를 작성하다 (make a) draft.
초고속도(超高速度) maximum 〔ultrahigh〕 speed. ‖ ~ 촬영기 an ultrahigh-〔a superhigh-, a hyperhigh-〕speed camera.
초고주파(超高周波) superhigh 〔ultrahigh〕 frequency.
초과(超過) (an) excess. ~하다 exceed; be in excess 《*of*》; be over 〔more than〕. ‖ ~ 근무 수당 overtime allowance / ~액 a surplus / 수입〔수출〕 ~ an excess of imports 〔exports〕.
초근목피(草根木皮) the roots of grass and the barks of trees(뿌리와 껍질); coarse and miserable food (악식); medicinal herbs(한약).
초급(初級) the beginner's class; the junior course 《*in*》. ‖ ~ 영문법 English Grammar for Beginners.
초기(初期) the first stage; the early days 〔years〕; the incipient stage (병의). ~의 early; initial.
초년(初年) ① 《첫해》 the first year; 《초기》 the early years. ‖ ~병 a recruit / ~생 a beginner; a novice 〔greenhorn〕. ② 《인생의》 one's youth; one's earlier years.
초단(初段) the first grade; a first-grade expert 《*in Taekwondo*》 (사람).
초단파(超短波) ultrashort waves.
초당파(超黨派) ~적 suprapartisan 《*consensus*》. ‖ ~ 외교 suprapartisan 〔nonpartisan〕 diplomacy.
초대(初代) the founder; the first generation(제1대). ~의 the first.
초대(招待) an invitation. ~하다 invite 〔ask〕 《*a person to dinner*》. ¶ ~에 응하다〔를 사절하다〕 accept 〔decline〕 an invitation. ‖ ~권 an invitation card; a complimentary ticket(흥행의) / ~석 a reserved seat / ~ 작가 the invited artist / ~장 an invitation (card); a letter of invitation / ~전(展) 《그림 따위의》 a preview 《美》; a private view.
초대작(超大作) a super-production; 《영화의》 a superfilm; a super-feature film.
초대형(超大型) ¶ ~의 extra-large; outsized. ‖ ~여객기 a superliner.
초동(樵童) a young woodcutter; a woodboy.
초두(初頭) the beginning; the outset; the first; the start.
초들다 mention; refer to; enumerate; cite.
초등(初等) ~의 elementary; primary. ‖ ~과 an elementary course/ ~ 교육 elementary 〔primary〕 education.
초라하다 (be) shabby; poor(-looking); miserable; wretched. ¶ 옷이 ~ be shabbily 〔poorly〕 dressed.
초래(招來) ~하다 cause; bring on 〔about〕; incur; invite; court. ¶ 결과를 ~하다 bring about 〔lead to〕 a result.
초례(醮禮) a marriage ceremony. ‖ ~청 a wedding hall.
초로(初老) the age of forty years; the beginning of middle age. ¶ ~의 신사 an elderly gentleman.
초로(草露) dew on the grass. ¶ ~ 같은 인생 transient life.
초록(抄錄) an abstract; an extract; an epitome. ~하다 excerpt; make an abstract 〔extract〕 of.
초록(草綠), 초록색(草綠色) green. ~의 green.
초롱 《통》 a tin 《英》; a can 《美》. ‖ 석유 ~ a kerosene can 〔tin〕.
초롱(一籠) 《등불》 a hand lantern.
초롱꽃(一籠一) 〖植〗 a dotted bell-

flower.

초름하다 ①《넉넉지 못하다》be not abundant. ②《모자라다》be a bit short of.

초립(草笠) a straw hat.

초립동(草笠童) a lad; a young adult.

초막(草幕) a straw-thatched hut.

초만원(超滿員) ¶ ~이다 be filled to overflowing; be crowded to capacity.

초면(初面) ¶ ~이다 meet《*a person*》for the first time / ~의 사람 a stranger. ‖ ~ 인사 greetings on a first meeting.

초목(草木) plants (and trees); vegetation. ‖ 산천 ~ nature.

초미(焦眉) ~의 urgent; imminent; pressing《*question*》. ‖ ~지급(急) an urgent need.

초반(初盤) the opening part《*of a game*》.

초밥(醋—) vinegared rice and fish.

초배(初褙) the first coat of wallpaper.

초벌(初—) ☞ 애벌.

초범(初犯) the first offense; a first offender(사람).

초벽(初壁) the roughcast of a wall.

초병(哨兵) a sentinel; a sentry. ‖ ~ 근무 sentry-duty.

초보(初步) the first step; the rudiments; elements; the ABC《*of*》. ~의 elementary; rudimentary. ¶ 수학의 ~ the rudiments of arithmetic; the ABC of arithmetic. ‖ ~자 a beginner; a novice; a green hand.

초복(初伏) the beginning of the dog days.

초본(抄本) an abstract; an extract.

초본(草本), 초본경(草本莖) herbs. ~의 herbal.

초봄(初—) early spring.

초봉(初俸) a starting [an initial] pay [salary]; a starter《美俗》.

초부(樵夫) a woodcutter.

초빙(招聘) invitation. ~하다 invite; extend a call《*to*》; engage. ¶ …의 ~으로 at the invitation《*of*》/ 강사를 ~하다 invite [engage] a lecturer.

초사(焦思) ¶ 노심 ~하다 worry oneself《*about*》.

초사흗날(初—) the third (day) of a month.

초산(初產) one's first childbirth [delivery]. ‖ ~부 a primipara [*pl.* -arae]; a woman who has had her first childbirth.

초산(醋酸)〖化〗acetic acid. ‖ ~염(塩) acetate.

초상(初喪) (a period of) mourning. ¶ 아버지의 ~을 당(當)하다 be in mourning for one's father / ~을 치르다 observe mourning. ‖ ~집 a house [family] in mourning.

초상(肖像) a portrait. ‖ ~화 a portrait (~화가 a portrait painter/ ~화를 그리게 하다 sit for one's portrait).

초생(初生) ☞ 초승.

초서(草書) the cursive style of penmanship;《글씨》cursive characters.

초석(硝石)〖化〗niter; saltpeter. ‖ 칠레 ~ Chile [cubic] niter.

초석(礎石)《lay》a foundation stone; a cornerstone.

초성(初聲) an initial sound.

초속(初速)〖理〗initial velocity. ¶ ~ 20미터로 at a speed of 20 meters a second.

초속(秒速) a velocity per second.

초속도(超速度) super-[ultra-]high speed.

초순(初旬) ¶ ~에 at the beginning《*of April*》; early《*in April*》.

초승(初—)《달의》the beginning of a month. ‖ ~달 a new [young] moon; a crescent(~달 모양의 crescent).

초식(草食) ~의 grass-eating; herbivorous. ‖ ~ 동물 a grass-eating [herbivorous] animal.

초심(初心) ①《처음마음》one's original intention. ②《미숙》~의 inexpert; green. ③《사람》a greenhorn; a novice. ‖ ~자(者) =초심③.

초심(初審) the first trial [hearing].

초아흐렛날(初—) the ninth (day) of a month.

초안(草案) a (rough) draft. ¶ ~을 기초하다 draft《*a bill*》; make a draft. ‖ 민법 ~ a draft civil code.

초야(草野) an out-of-the-way place. ¶ ~에 묻혀 살다 lead a humble [a quiet country] life.

초여드렛날(初—) the eighth (day) of a month.

초여름(初—) early summer.

초역(抄譯) ~하다 make a summarized translation; translate selected passages《*from*》.

초연(初演) the first public performance; the *première*《프》.

초연(超然) ~하다 stand [hold, keep] aloof《*from*》; be [rise] above《*the world*》. ¶ ~히 with a detached air.

초연(硝煙) the smoke of powder.

초열흘날(初—) the tenth (day) of a month.

초엽(初葉) the early years [days]; the beginning. ¶ 20세기 ~에 in the early part of the 20th century.

초엿샛날(初—) the sixth (day) of a month.

초옥(草屋) a (straw-)thatched hut.

초원(草原) a plain; a prairie(북미의); pampas(남미의); a steppe (소련의).

초월(超越) ~하다 rise above [stand aloof from]《*the world*》; be disinterested.

초유(初有) ~의 first; initial; original.

초음속(超音速) supersonic speed. ‖

～비행《make》a supersonic flight/ ～ 제트기 a supersonic jet plane.
초음파(超音波) supersonic waves.
초이렛날(初一) ①《아기의》the seventh day after one's birth. ②《그 달의》the seventh (day) of a month.
초이튿날(初一) the second (day) of a month.
초인(超人) a superman. ～적 superhuman. ‖ ～주의 supermanism.
초인종(招人鐘) a call bell; a (door-) bell; a buzzer.
초일(初日) the first 〔opening〕 day; an opening; the *première*《프》(연극의).
초읽기(秒一) a countdown. ～하다 count down.
초임(初任) the first appointment. ‖ ～급(給) a starting 〔an initial〕 salary.
초입(初入) ①《어귀》an entrance. ②《처음 들어감》the first entrance.
초자연(超自然) ～적 supernatural. ‖ ～주의 supernaturalsim.
초잡다(草一) make a draft《*of*》; draft.
초장(初章) the first movement(음악의); the first chapter(글의).
초장(醋醬) soysauce mixed with vinegar and pine-nut meal.
초저녁(初一) ¶ ～에 early in the evening; toward evening.
초점(焦點) a focus [*pl.* -es, -ci]; the focal point. ¶ ～을 맞추다 (take the) focus. ‖ ～거리 the focal distance 〔length〕.
초조(初潮) menarche.
초조(焦燥) ～하다 (be) fretful; impatient; irritated. ¶ ～해하다 fret; get irritated.
초주검되다(初一) be half-dead;《남의 손에》be half-killed.
초지(初志) one's original intention 〔purpose〕. ¶ ～를 관철하다 accomplish 〔carry out〕 one's original intention.
초진(初診) the first medical examination. ‖ ～환자 a new patient.
초창(草創) ‖ ～기 the pioneer days (인류의 ～기 the early days of mankind).
초청(招請) invitation. ～하다 invite 〔ask〕《*a person*》to. ¶ ～받다 be invited; be asked《*to a dinner*》. ‖ ～경기 an invitation game / ～국 inviting country; a host nation / ～장 a letter of invitation; an invitation (card).
초췌(憔悴) ～하다 (be) haggard; emaciated; thin.
초치(招致) ～하다 summon; invite; attract《*tourists*》.
초침(秒針) a second hand.
초콜릿 a chocolate.
초토(焦土) ¶ ～화하다 get burnt 〔reduced〕 to ashes; be burnt to the ground. ‖ ～전술 the scorched-earth tactics.
초특가(超特價) a special bargain sale.
초특급(超特急) a superexpress (train).
초특작품(超特作品) a superfilm (영화의); a super production.
초판(初版) the first edition.
초피(貂皮) marten; sable.
초하다(抄一) copy; transcribe;《초록하다》abstract; extract; make an abstract《*of*》.
초하다(草一) ☞ 초잡다.
초하룻날(初一) the first (day) of a month.
초학(初學) ～의 elementary. ‖ ～자 a beginner; a novice.
초학(初瘧) the first attack of malaria.
초행(初行) one's first trip〔journey〕. ‖ ～길 a road new to one.
초현실주의(超現實主義) surrealism. ‖ ～자 a surrealist.
초호(礁湖) a lagoon.
초혼(初婚) one's first marriage.
초혼(招魂) invocation of the spirits of the dead. ‖ ～제(祭) a memorial service for the war dead.
초회(初回) the first time 〔round〕.
촉(鏃)《살촉》an arrowhead;《뾰족한 끝》a point; a tip; a nib《*of a pen*》.
촉(燭) ☞ 촉광(燭光). ¶ 60～짜리 전구 a 60 candle power bulb.
촉각(觸角)〖蟲〗a feeler; an antenna [*pl.* -tennae]; a tentacle.
촉각(觸覺) the sense of touch; tactual 〔tactile〕 sense.
촉감(觸感) (the sense of) touch; feel. ¶ ～이 좋다 be soft 〔pleasant〕 to the touch; feel soft.
촉관(觸官) the touch organ.
촉광(燭光)〖電〗candle power.
촉구(促求) ～하다 urge《*a person to do*》; press《*a person for payment*》; demand(요구하다). ¶ 주의를 ～하다 call《*a person's*》attention《*to a matter*》.
촉대(燭臺) ☞ 촛대.
촉망(囑望) expectation. ～하다 put one's hopes《*on*》; expect much《*from*》. ¶ ～되는 청년 a promising youth.
촉매(觸媒)〖化〗a catalyst; a catalyzer. ‖ ～반응 catalysis / ～법 the contact 〔catalytic〕 process.
촉모(觸毛)《동물의》a feeler; an antenna.
촉박(促迫) ～하다 (be) urgent; imminent; pressing. ¶ 시간이 ～하다 be pressed for time / 시험이 ～해졌다 The examination is near at hand.
촉발(觸發) contact detonation. ‖ ～장치 a contact-detonating device.
촉성재배(促成栽培) forcing culture. ～하다 force《*strawberries*》. ¶ ～용(用) 온실 〔온상〕 a forcing house

(bed)/~의 야채 forced vegetables.
촉수(觸手) ① 〖動〗 a feeler; a tentacle. ② 《손을 댐》 touching. ¶ ~엄금 《게시》 Hands off.
촉수(觸鬚) a palp(us); a feeler; a tentacle.
촉진(促進) ~하다 promote; accelerate; speed up; facilitate; expedite. ‖ ~제 an accelerator.
촉진(觸診) 〖醫〗 palpation. ~하다 palpate; examine by the hand (touch).
촉촉하다 (be) dampish.
촉탁(囑託) part-time service (engagement); 《사람》 a non-regular member (of the staff); a part-time employee.
촌(寸) ① 《단위》 ☞ 치. ② 《촌수》 a degree of kinship (consanguinity). ¶ 삼~ an uncle.
촌(村) a village; the country(시골).
촌가(寸暇) a moment's leisure; a little spare moment.
촌각(寸刻) a moment. ¶ ~을 다투다 call for prompt treatment(병 따위); need a speedy solution(문제 따위).
촌극(寸劇) a little dramatical performance; a dramatic sketch; a skit(희극적인).
촌놈(村一) a rustic; a rube; 《놀림조》 a bumpkin; a boor; a yokel; a hayseed《美俗》.
촌뜨기(村一) ☞ 촌놈.
촌락(村落) a village; a hamlet.
촌민(村民) villager; village folk.
촌백충(寸白蟲) a tapeworm. ☞ 촌충.
촌보(寸步) a few steps.
촌부(村婦) a country woman.
촌사람(村一) a rustic; a countryman.
촌수(寸數) the degree of kinship.
촌스럽다(村一) (be) rustic; boorish; countrified; farmlike.
촌음(寸陰) ☞ 촌각. ¶ ~을 아끼다 be careful of every minute.
촌지(寸志) a little token of one's gratitude; a small present.
촌충(寸蟲) a tapeworm.
촌탁(忖度) ~하다 conjecture; surmise; judge.
촌토(寸土) an inch of land (territory).
촌평(寸評) a brief review 《*of*》; a brief comment 《*on*》.
촐랑거리다 ① 《물이》 ☞ 찰랑거리다. ② 《행동을》 act frivolously; be flippant.
촐랑이 a frivolous person.
촐랑촐랑 ① 《경박하게》 frivolously; flippantly; irresponsibly. ¶ ~ 돌아다니다 gad (flit) about. ② 《물이》 ☞ 찰랑찰랑.
촐싹거리다 ① 《까불다》 act frivolously (flippantly). ② 《충동이다》 agitate; stir up; instigate.
촐촐 ¶ ~하다 be somewhat hungry; feel a bit empty. ¶ ~ 굶다 starve; be absolutely famished.
촘촘하다 (be) close; dense; thick.
촛농(一膿) drops of melted wax. ¶ ~이 흐르다 (a candle) gutters down.
촛대(一臺) a candlestick; a candlestand; a candle holder. ¶ ~에 초를 꽂다 fix a candle in a candlestick.
촛불 candlelight. ¶ ~을 켜다 (끄다) light (put out) a candle.
총 《말총》 a horsehair.
총(銃) 《fire》 a gun; a rifle.
총…(總) whole; all; entire; total; general. ¶ ~소득 gross income.
총가(銃架) a rifle stand; an arm rack.
총각(總角) a bachelor; an unmarried man; a bach《美俗》.
총검(銃劍) 《총과 검(劍)》 rifles and swords; 《무기》 arms; 《총에 꽂는 칼》 a bayonet; side arms. ‖ ~술 bayonet exercises.
총격(銃擊) rifle shooting. ‖ ~전(戰) a gunfight.
총결산(總決算) total settlement of accounts. ~하다 settle an account totally; liquidate all.
총경(總警) a senior superintendent.
총계(總計) the total amount; the (sum) total; the aggregate; 《부사적》 in all (total). ~하다 total; totalize; sum (count) up. ¶ ~ …이 되다 total; amount to.
총공격(總攻擊) 《make》 a general attack (offensive).
총괄(總括) ~하다 generalize; summarize; sum up. ¶ ~적인 summary; general; all-inclusive.
총구(銃口) the muzzle (of a gun).
총기(銃器) small arms. ‖ ~고(실) an armo(u)ry.
총기(聰氣) brightness; intelligence; sagacity. ¶ ~가 있다 be bright (intelligent).
총대(銃一) a gunstock.
총독(總督) a governor-general; a viceroy. ‖ ~부 the government-general.
총동원(總動員) 《effect》 a general mobilization. ‖ 국가 ~ a national mobilization / ~령 orders for the mobilization of the entire army.
총득점(總得點) the total score.
총람(總攬) superintendence. ~하다 superintend; preside over; control.
총량(總量) the total amount; the gross weight.
총력(總力) all one's energy. ‖ ~ 안보(태세) an all-out national security (posture) / ~ 외교 a total diplomacy / ~전 a total war.
총렵(銃獵) sporting; hunting; shooting《美》. ~하다 shoot; hunt.
총론(總論) general remarks; an introduction; an outline.
총리(總理) ① 《내각의》 the premier; the prime minister. ② 《총관리》 general overseeing (control); presiding over. ~하다 preside over; oversee.

총망(怱忙) ~하다 be in a hurry; (be) hurried; flurried; rushed.
총명(聰明) ~한 wise; sagacious; intelligent.
총무(總務) 《일》 general affairs; 《사람》 a manager; a director; an executive. ‖ ~부 〔과〕 the general affairs department 〔section〕 / ~처 the Ministry of Government Administration(~처 장관 the Minister of Government Administration) / 원내 ~ the floor leader; the whip 《英》; an executive secretary 《美》.
총반격(總反擊) an all-out counterattack. ~하다 mount a general counteroffensive.
총본산(總本山) the head temple 《*of a Buddhist sect*》.
총부리(銃—) the muzzle. ¶ ~를 들이대다 point 〔aim〕 《*a pistol*》 at.
총사냥(銃—) ☞ 총렵(銃獵).
총사령관(總司令官) a supreme commander; the commander-in-chief.
총사령부(總司令部) 〖軍〗 the General Headquarters(생략 GHQ).
총사직(總辭職) general resignation. ~하다 resign in a body 〔*en bloc, en masse*〕. ‖ 내각 ~ a general resignation of the Cabinet.
총살(銃殺) shooting (to death). ~하다 shoot 《*a person*》 dead 〔to death〕; execute 《*a criminal*》 by shooting.
총상(銃傷) a bullet 〔gunshot〕 wound.
총생(叢生) 《풀 따위》 fasciculation; a thick growth; fascicle. ~하다 grow dense 〔thick〕; cluster.
총서(叢書) a series 《*of books*》; a library. ¶ 국문학 ~ a series of Korean literature.
총선거(總選擧) a general election. ~하다 hold a general election.
총설(總說) ☞ 총론(總論).
총성(銃聲), 총소리(銃—) the report of a gun; a gun report; a shot.
총수(總帥) the supreme leader; the commander-in-chief.
총수(總數) the total 〔aggregate〕 (number); 《부사적》 in all; all told. ¶ ~ 500이 되다 amount to five hundred (in all).
총수입(總收入) the total income.
총신(銃身) ☞ 총열(銃—).
총아(寵兒) a favo(u)rite; a darling; a pet. ¶ 문단의 ~ a popular writer / 시대의 ~ the lion of the day.
총안(銃眼) a loophole; an eyelet.
총알(銃—) a bullet. ‖ ~ 구멍 a shot hole; a bullet hole.
총애(寵愛) favo(u)r; love; patronage. ~하다 love; favor; patronize; pet(아이를). ¶ ~를 받다 win one's favor; be in one's favor.
총액(總額) the total amount; the sum 〔grand〕 total; 《부사적》 in all; in total.
총열(銃—) a gun barrel.
총영사(總領事) a consul general. ‖ ~관 a consulate general.
총원(總員) the (entire) personnel; the entire strength 〔force〕; 《부사적》 in all; all told. ¶ ~ 50명 fifty (members) in all.
총의(總意) consensus; the general opinion 〔will〕.
총장(總長) ① 《학교의》 the president; the chancellor(영국대학의). ② 《사무총장》 the secretary-general. ③ 《군대의》 the chief.
총재(總裁) a president; a governor. ‖ 부~ vice-president.
총점(總點) 《시험의》 the (sum) total of one's marks; 《경기의》 the total score.
총지배인(總支配人) a general manager.
총지출(總支出) gross 〔total〕 expenditure.
총지휘(總指揮) the supreme command. ~하다 take the supreme command of 《*an army*》.
총질(銃—) shooting. ~하다 shoot 〔fire〕 a gun.
총채 a duster (of horsehairs). ¶ ~질하다 dust 《*a thing*》.
총총(怱怱) ~히 hurriedly; hastily. ‖ ~ 걸음 《at》 a quick pace; 《with》 quick steps.
총총(葱葱) ~히 thickly; densely; closely.
총총하다(叢叢—) (be) dense; crowded; numerous. ¶ 별이 총총한 밤 a bright starry night.
총출동(總出動) general 〔full〕 mobilization. ~하다 be all mobilized 〔called out〕.
총칙(總則) general rules 〔provisions〕. ‖ 민법 ~ general provisions of the civil code.
총칭(總稱) a general name; a generic term. ~하다 name 〔call〕 generically.
총칼(銃—) a gun and a sword; firearms. ¶ ~로 다스리다 rule over with guns and swords 〔by force〕.
총탄(銃彈) a bullet; a shot.
총톤수(總—數) a gross tonnage.
총통(總統) a president; a chancellor; a generalissimo(중국의).
총파업(總罷業) a general strike. ¶ ~으로 돌입하다 go on a general strike.
총판(總販) sole agency 〔trade〕. ~하다 make an exclusive sale of.
총평(總評) a general survey 〔review〕.
총포(銃砲) guns; firearms.
총할(總轄) ~하다 supervise.
총화(總和) overall consensus. ‖ ~정치 politics of integration / 국민 ~ national consensus.
총회(總會) a general meeting. ‖ ~꾼 the manipulators of stockholders' meetings; the quasi-gangster extortionists / 정기〔임시〕

~ an ordinary 〔extraordinary〕 general meeting / 주주 ~ a general stockholder's meeting.
촬영(撮影) photographing. ~하다 take a photograph 〔picture〕 of; photograph; film(영화를). ‖~ 기 a camera / ~ 기사 a cameraman (영화의) / ~소 a production / 고속도 ~ high-speed photography / 야외 ~ a location.
최…(最) the most; the maximum; the extreme. ¶ ~우수품 a choice article; A 1 goods.
최강(最强) the strongest. ¶ ~의 strongest. ‖~팀 the strongest team.
최고(最高) maximum. ~의 the highest; suprme; maximum. ‖~ 가격 the top 〔ceiling〕 price / ~기록 the best record; an all-time 〔a new〕 high《美》/ ~도 the highest degree / ~ 속도 a maximum 〔top〕 speed / ~음〖樂〗the treble; soprano / ~ 임금 the ceiling wage / ~점 the highest point; the highest marks(시험의); the largest number of votes(투표의) / ~조 the highest watermark; the climax; the zenith / ~ 학부 the highest seat of learning.
최고(催告) notification; demand; call(납입의). ~하다 call upon 《*a person to do*》; notify; demand payment 《*of*》. ‖공시 ~ 〖法〗 a public summons.
최고봉(最高峰) the highest peak.
최근(最近) the latest date. ~의 the latest 《*news*》; up-to-date; most recent. ¶ ~에 recently; lately.
최다수(最多數) the greatest number 《*of*》; the maximum.
최단(最短) ‖~거리〔시일〕the shortest distance 〔time〕.
최대(最大) the greatest; the biggest; the maximum. ~의 the greatest; maximum. ¶ ~ 다수의 ~ 행복 the greatest happiness of the greatest number. ‖~ 공약수 〖數〗 the greatest common measure(생략 G.C.M.) / ~량 the largest quantity; the maximum / ~ 속력 the greatest 〔maximum〕 speed / ~한(도) the maximum; the outside 〔top〕 limit (~한의 utmost / ~한으로 to the utmost) / ~ 허용량 maximum permissible dosage(약, 방사능의).
최루(催淚) ‖~ 가스 tear gas / ~탄 a tear bomb; a lachrymatory shell.
최면(催眠) hypnosis. ‖~ 상태 a hypnotic state; hypnotism / ~ 요법 a hypnotic cure; hypnotherapy / ~학 hypnology / 자기 ~ self-hypnotism.
최면술(催眠術) mesmerism; hypnotism. ~의 hypnotic; mesmeric. ¶ ~을 걸다 mesmerize; hypnotize. ‖~사 a hypnotist; a mesmerist.
최상(最上) ~의 the best; the finest; the highest 《*quality*》; supreme. ‖~급 〖文〗 the superlative degree; 《학교의》 the top class / ~품 an article of the best quality.
최상등(最上等) ~의 the best; the finest.
최상층(最上層) the uppermost layer 〔stratum, stories〕.
최선(最善) the best; the highest good. ¶ ~의 노력 the utmost effort / ~을 다하다 do one's best.
최성기(最盛期) the height of prosperity; the golden age; the season. ¶ ~이다 be in season.
최소(最小) the smallest; the minimum. ~의 the minimum; the smallest; the least. ‖~ 공배수 〖數〗 the least common multiple (생략 L.C.M., l.c.m.) / ~ 공분모 〖數〗 the least common denominator(생략 L.C.D.) / ~ 한도 minimum.
최소(最少) the least; the fewest; the minimum. ¶ ~량 the minimum quantity.
최신(最新) ~의 the newest; the latest; up-to-date. ‖~식 the latest fashion; the newest style.
최악(最惡) the worst. ~의 worst. ¶ ~의 경우에는 in the worst case; at the worst / ~에 대비하다 prepare for the worst.
최음제(催淫劑) an aphrodisiac (medicine).
최장(最長) ~의 (the) longest. ‖~ 거리 the greatest distance.
최저(最低) ~의 the lowest; the lowermost; the minimum. ‖~ 가격 the lowest price / ~ 생활 the minimum standard of living (~ 생활비 the minimum cost of living) / ~ 임금 the minimum 〔floor〕 wages (~ 임금제 the minimum wage system).
최적(最適) the optimum. ~의 optimum; the most suitable 〔suited〕. ‖~ 온도 the optimum temperature / ~ 조건 〖生〗 optimum.
최전선(最前線) the front; the first line.
최종(最終) 《나중》 the last; 《끝》 the end. ~의 the last; final; closing; ultimate. ‖~ 결정〔안〕 the final decision 〔program, plan〕.
최초(最初) the first; the beginning. ~의 the first; original; primary; initial; opening. ¶ ~에 in the first place; (at) first; at the start; originally(원래).
최하(最下) ~의 the lowest; the worst(최악의). ‖~급 the lowest grade / ~등 the lowest class 〔grade, stratum〕/ ~위 the lowest rank / ~품 an article of the worst 〔lowest〕 quality.
최혜국(最惠國) the most favo(u)red

nation. ‖ ~ 대우 most-favored-nation treatment (~ 대우를 하다 treat 《Korea》 as a most favored nation) / ~ 조관(條款) the most-favored-nation clause.
최후(最後) ① 《맨뒤》 the last; the end; the conclusion(종말). ~의 the last; final; closing; ultimate. ¶ ~로 lastly; in conclusion; in the end; at last(기어이) / ~의 한 사람까지 to the end 〔last〕 / ~까지 싸우다 fight it out; fight to a finish / ~의 승리를 얻다 win in the long run. ② 《끝장》 one's last moment; one's end 〔death〕. ¶ ~의 말 one's dying words / 비참한 ~를 마치다 come to a tragic end; die a sad 〔dog's〕 death.
최후수단(最後手段) the last resort 〔resource〕.
최후통첩(最後通牒) an ultimatum [*pl.* -s, -ta].
추(錘) 《저울의》 a weight; 《낚싯줄의》 a bob; a sinker; 《먹줄의》 a plumb; 《시계의》 a bob. ¶ ~를 달다 weight 《*a thing*》.
추가(追加) an addition; a supplement. ~하다 add; supplement. ¶ ~의 additional; supplementary. ‖ ~ (경정) 예산 a (revised) supplementary budget / ~ 비용〔신청〕 additional expenses 〔application〕 / ~ 시험 a supplementary examination; a make-up(성적불량으로).
추격(追擊) a pursuit; a chase. ~하다 pursue; chase; give chase to. ‖ ~기 a pursuit plane / ~전(戰) a running fight.
추경(秋耕) ☞ 가을갈이.
추경예산(追更豫算) (the) supplementary 〔extra〕 budget (for this year).
추계(秋季) autumn; fall. ‖ ~ 운동회 an antumn athletic meeting.
추계(推計) ~하다 estimate. ‖ ~학 inductive statistics; stochastics.
추고(推敲) ☞ 퇴고(推敲).
추곡(秋穀) autumn grains; rice. ‖ ~ 수매 (가격) the government purchase 〔buying〕 (price) of rice.
추구(追求) pursuit. ~하다 pursue; seek after. ¶ 행복의 ~ the pursuit of happiness / …을 ~하여 in pursuit of....
추구(追究) ~하다 inquire into 《*a matter*》 closely; investigate 《*a matter*》 thoroughly.
추구(推究) ~하다 infer.
추궁(追窮) ~하다 press 《*a person*》 hard. ¶ 책임을 ~하다 call 《*a person*》 to account; take 〔call〕 《*a person*》 to task 《*for*》.
추근추근 pertinaciously; 《귀찮게》 importunately. ~한 persistent; tenacious; pertinacious importunate.
추기(追記) an additional writing; an addendum.
추기경(樞機卿) a Cardinal. ‖ ~ 회의 the Consistory.
추기다 ☞ 부추기다.
추남(醜男) a bad-looking 〔an ugly〕 man.
추녀(醜女) a homely 〔an ugly〕 woman.
추념(追念) ~하다 cherish the memory for the deceased. ‖ ~사(辭) a memorial address 〔tribute〕.
추다[1] ☞ 추어주다.
추다[2] 《춤을》 dance.
추단(推斷) ① 《죄상을》 judg(e)ment; punishment. ~하다 investigate and punish; give judg(e)ment on. ② 《추측 판단》 inference; deduction. ~하다 infer 《*from*》; deduce 《*from*》.
추대(推戴) ~하다 have 《*a person as the president of*》; set up 《*a person as chairman*》; have 《*a person*》 over 《*a society*》; be presided by.
추도(追悼) mourning. ~하다 mourn 《*for the dead, over a person's death*》. ‖ ~가(歌) a dirge / ~사〔식〕 a memorial address 〔service〕.
추돌(追突) ~하다 crash 〔bump〕 into the rear 《*of*》. ‖ ~ 사고 a rear-end collision.
추락(墜落) a fall; a crash(비행기의). ~하다 fall; drop; crash; plunge. ‖ ~사(死) death from a fall.
추레하다 (be) shabby; dirty; slovenly; untidy.
추려내다 pick out; single out; weed out.
추렴 joint contribution. ~하다 collect 〔raise〕 money; pool; contribute jointly; contribute each *his* own share. ¶ 소풍가는 비용을 ~하다 pool the expenses for a picnic. ‖ 술~ a drinking party that goes Dutch.
추록(追錄) a supplement; an addition. ~하다 add; supplement.
추론(推論) ~하다 reason; educe; deduce. ‖ ~식(式)〖論〗 syllogism.
추리(推理) reasoning; inference. ~하다 reason; infer. ‖ ~력 reasoning power / ~ 소설 a detective 〔mystery〕 story / 귀납〔연역〕 ~ inductive 〔deductive〕 inference.
추리다 pick (out); choose; select; assort.
추맥(秋麥) autumn-sown barley.
추명(醜名) an ill name; bad repute.
추모(追慕) ~하다 cherish 《*a person's*》 memory.
추문(醜聞) a scandal; ill fame. ¶ ~이 돌다 a scandal gets around.
추물(醜物) 《물건》 dirt; filth; an ugly thing; 《사람》 an ugly person(못생긴); a dirty 〔filthy〕 fellow(더러운).
추밀원(樞密院) the Privy Council.
추방(追放) expulsion; deportation; purge(공직에서). ~하다 expel; banish; deport; exile; 《공직에서》 remove; purge. ‖ ~령 a deporta-

tion order(국외); a purge directive(공직) / ~자 an exile (국외로의); a purgee (공직에서의) / 국외 ~ deportation.
추분(秋分) the autumnal equinox.
추비(追肥) 《give》 additional fertilizer.
추산(推算) calculation; estimate (어림). ~하다 estimate; calculate.
추상(抽象) abstraction. ¶ ~적(으로) abstract(ly). ‖ ~론(에 빠지다) (fall into) an abstract argument / ~ 명사 an abstract noun / ~ 예술 abstract art / ~파(派) abstractionism / ~화(畫) an abstract.
추상(秋霜) ① 《가을 서리》 autumn frost(s). ② 《비유적》 sternness. ¶ ~ 같은 severe; rigorous; stern.
추상(追想) retrospection; recollection; reminiscence. ~하다 recollect; look over; recall. ‖ ~록(錄) reminiscences.
추상(推想) ~하다 guess; conjecture; infer 《*from*》; imagine.
추색(秋色) autumnal scenery [tints]; a sign of autumn.
추서(追書) a postscript (생략 P.S.).
추서(追敍) ~하다 give posthumous hono(u)rs on 《*a person*》.
추서다 《회복》 get well again; recover (from illness).
추석(秋夕) Harvest Moon Day [Festival].
추세(趨勢) a tendency; a drift; a trend; 《경과》 the course 《*of events*》; the development(s). ¶ 세상~에 따르다 follow the trend of the times / ~에 맡기다 leave 《*a thing*》 to take 《*its*》 own course.
추수(秋收) a harvest. ~하다 harvest. ‖ ~ 감사절 Thanksgiving Day.
추스르다 set 《*a rice bag*》 straighten up; make 《*a thing*》 even.
추신(追伸) a postscript (생략 P.S.).
추심(推尋) collection. ~하다 collect. ¶ 수표를 ~에 돌리다 put a check through for collection. ‖ ~료(料) collection charge / ~ 어음 a collection bill / ~ 위임 배서 endorsement for collection / ~ 은행 a collection bank.
추썩거리다 keep shrugging [raising] 《*one's shoulders*》; keep pulling up 《*one's coat*》.
추악(醜惡) ~한 《얼굴 따위의》 ugly; unsightly; abominable; mean; foul; filthy; dirty.
추앙(推仰) ~하다 adore; worship; revere; look up to.
추어올리다 ① 《위로》 pull up; lift up; hoist. ② ☞ 추어주다.
추어주다 praise; applaud; extol; compliment; sing the praise 《*of*》.
추억(追憶) remembrance; recollection; memory; reminiscence. ~하다 recollect; reminisce; look back upon; recall.
추워하다 feel cold; be sensitive to the cold; complain of the cold.
추월(追越) ~하다 pass 《*another automobile*》 ahead. ‖ ~ 금지 《게시》 No Passing(~ 금지 구역 a no-passing zone).
추위 cold(ness). ¶ 심한 ~ intense [bitter] cold / 살을 에는 듯한 ~ biting [piercing] cold / ~(를) 타다 be sensitive to the cold.
추이(推移) (a) change; (a) transition; (a) shift. ~하다 change; undergo a change; shift.
추인(追認) ~하다 confirm; ratify. ‖ ~자 a ratifier; a confirmor.
추잡(醜雜) ~하다 (be) filthy; foul; indecent; obscene. ¶ ~한 말 foul [filthy] talk.
추장(酋長) a chieftain; a chief.
추장(推奬) recommendation.
추저분하다 (be) dirty; messy.
추적(追跡) (a) chase; (a) pursuit; tracking (인공 위성 따위의). ~하다 chase; pursue; give chase 《*to*》; track. ¶ ~중이다 be in pursuit of; be on the track of. ‖ ~ 기지 a tracking station.
추접스럽다 (be) dirty; mean; sordid; low-down. ¶ 추접스럽게 굴다 behave in a mean [low-down] fashion.
추정(推定) (a) presumption; (an) inference; (an) estimation. ~하다 presume; infer; estimate. ‖ ~량 an estimated volume / ~ 상속인 the heir presumptive.
추종(追從) ~하다 follow; be servile to; imitate (모방). ¶ ~을 불허하다 have no equal [parallel, second]; be unrival(l)ed.
추증(追贈) ~하다 confer a posthumously.
추진(推進) ~하다 drive forward; propel; promote 《*a plan*》. ‖ ~기 a propeller; a screw(배의) / ~력 the driving force; propulsive energy (로켓 따위의) / ~용 연료 propellant.
추징(追徵) ~하다 make an additional collection 《*of*》; 《벌로서》 forfeit. ‖ ~금 money collected in addition; an additional charge [imposition]; 《벌금》 a penalty; a forfeit / ~세 a penalty tax.
추천(推薦) recommendation. ~하다 recommend 《*a person for a post*》; propose (회원으로); nominate (지명). ¶ 아무의 ~으로 on the rocommendation of *a person*. ‖ ~자 a recommender; a proposer; a nominator / ~장 a letter of recommendation.
추첨(抽籤) a drawing; a lottery. ~하다 draw lots; hold a lottery. ¶ ~으로 《decide》 by lot [lottery]; by (means of) drawing / ~에 뽑히다 draw a prize. ‖ ~권(券) a

lottery ticket.
추축(樞軸) 《중추》 a pivot; an axis; 《중심》 a central point; the center (of power). ‖ ~국 an axis power.
추출(抽出) abstraction; 〖化〗 extraction. ~하다 draw; abstract; extract. ‖ ~물 an extract; an extraction / 임의 ~법 a random sampling method.
추측(推測) conjecture; guess; supposition. ~하다 guess; suppose; conjecture. ¶ ~대로 as conjectured (supposed) / ~이 맞다 (어긋나다) guess right (wrong). ‖ ~기사 a speculative news story (article).
추켜들다 raise; lift; hold up.
추켜잡다 lift (up); holp up.
추탕(鰍湯) loach soup.
추태(醜態) disgraceful behavio(u)r; an unseemly sight. ¶ ~부리다 behave oneself disgracefully; make a scene; cut a sorry figure.
추파(秋波) an amorous glance; an ogle. ¶ ~를 던지다 cast an amorous glance at; make (sheep's) eyes at; wink (ogle) 《*at a girl*》.
추하다(醜—) ① 《못생김》 (be) ugly; bad-looking; ill-favo(u)red. ② 《더러움》 (be) dirty; filthy; unseemly, indecent, obscene (추잡); 《수치스러움》 (be) ignominious. ③ 《비루》 (be) mean; base; sordid; dirty《美》. ¶ (마음이) 추한 사람 a mean-spirited person.
추해당(秋海棠) 〖植〗 a begonia.
추행(醜行) disgraceful (scandalous) conduct; misconduct; immoral relations(남녀간의).
추호도(秋毫—) 《not》 in the least; 《not》 at all; 《not》 a bit; 《not》 in the slightest degree.
추후(追後) ¶ ~에 later on; afterwards; by and by / ~ 통고가 있을 때까지 until further notice.
축(丑) the zodiacal sign of the ox. ¶ ~년(시) the Year (Hour) of the Ox.
축(祝) ☞ 축문(祝文).
축(軸) 《굴대》 an axis(지구의); an axle(차의); a pivot(추축); a shaft (기계의); a stem(파이프의).
축[1] 《무리》 a group; a company; a circle; a party.
축[2] 《맥없이》 sluggishly; languidly; droopingly. ¶ ~ 늘어지다 dangle; hang.
축가(祝歌) a festive song. ‖ 결혼 ~ a nuptial song.
축가다(縮—) ☞ 축나다.
축객(逐客) ¶ 문전 ~하다 refuse to see; turn 《*a person*》 away.
축구(蹴球) 《play》 football. ‖ ~ 선수 (팀) a football player (team) / ~장 a football field (ground).
축나다 《물건이》 lessen; decrease; suffer a deficit (loss); 《건강이》 grow (get) lean; fall off in flesh.
축내다(縮—) reduce a sum by 《*a certain amount*》; spend part of a sum; take a bit of a sum.
축농증(蓄膿症) 〖醫〗 empyema.
축대(築臺) a terrace; an elevation; 《erect》 an embankment. ‖ 위험 ~ an embankment in dangerous conditions.
축도(縮圖) a reduced drawing; an epitome; a miniature copy. ¶ 인생의 ~ an epitome of life. ‖ ~기 a pantograph; an eidograph.
축도(祝禱) a benediction (blessing).
축문(祝文) a written invocation prayer (offered at ancestor memorial service).
축배(祝杯) a toast. ¶ ~를 들다 drink a toast 《*for, to*》; drink in celebration 《*of*》; toast.
축복(祝福) a blessing. ~하다 bless. ¶ ~받은 blessed.
축사(畜舍) a stall; a cattle shed.
축사(祝辭) congratulations; a congratulatory address; greetings. ¶ ~를 하다 offer one's congratulations; congratulate 《*a person on his success*》. ‖ 결혼 ~ wedding congratulations.
축사(縮寫) ~하다 draw on a smaller scale; make a reduced copy. ‖ ~도(圖) a reduced drawing.
축산(畜産) stockbreeding; animal husbandry. ‖ ~ 시험장 the Livestock Experiment Station / ~업자 a livestock raiser / ~학 animal husbandry; zootechny.
축소(縮少·縮小) (a) reduction; a cut; (a) curtailment. ~하다 reduce 《*business*》; cut down; retrench; curtail 《*expenses*》. ‖ 군비 ~ a reduction of armaments.
축쇄(縮刷) ~하다 print in reduced size. ‖ ~판(版) a reduced-(smaller-) size edition.
축수(祝手) ~하다 pray with one's hands pressed together.
축수(祝壽) ~하다 wish 《*a person*》 a long life.
축어(逐語) ~적(으로) word for word; verbatim; literal(ly). ‖ ~역 a literal (word-for-word) translation.
축연(祝宴) a feast; a banquet. ¶ ~을 베풀다 give a feast in honor of 《*a person*》.
축열(蓄熱) ¶ ~식의 regenerative.
축우(畜牛) a domestic cow (ox); cattle.
축원(祝願) (a) prayer; (a) wish. ~하다 pray for; supplicate; wish.
축음기(蓄音機) a gramophone; a phonograph《美》. ¶ ~를 틀다 play (record on) the phonograph.
축의(祝意) congratulations (사람에 대한); celebration(일에 대한). ¶ ~를 표하다 express one's congratulations 《*on*》; congratulate 《*a person on*》. ¶ ~를 표하여 in hon-

o(u)r [celebration] 《*of*》.
축이다 wet; moisten; dampen. ¶ 목을 ~ moisten one's throat.
축일(祝日) a public holiday; a festival.
축재(蓄財) 《행위》 accumulation of wealth; 《모은 재산》 accumulated wealth. ~하다 amass [make] money; save money. ‖ ~자 a money-maker (부정 ~자 (者) an illicit fortune maker).
축적(蓄積) accumulation. ~하다 accumulate [amass] 《*wealth*》; store up 《*energy*》.
축전(祝典) 《hold》 a celebration; a festival. ‖ 기념 ~ a commemoration festival.
축전(祝電) 《send》 a congratulatory telegram 《*to*》.
축전기(蓄電器) an electric condenser.
축전지(蓄電池) a storage battery.
축제(祝祭) a festival; a fête; a gala. ¶ ~를 열다 hold a festival. ‖ ~일 a festival (day); a gala day; a fête day.
축제(築堤) embankment; banking. ~하다 embank 《*a river*》; construct an embankment. ‖ ~ 공사 embankment works.
축조(逐條) ¶ ~ 심의하다 discuss 《*a bill*》 article by article.
축조(築造) building; construction. ~하다 build; construct; erect.
축지다(縮一) ① 《사람 가치가》 discredit oneself; fall into discredit; bring discredit on oneself. ② 《몸이》 become weaker; get [grow] thin; get run down.
축척(縮尺) a (reduced) scale. ¶ ~ 천 분의 일 scal: 1-1,000.
축첩(蓄妾) ~하다 keep a concubine.
축축 drooping; hanging down.
축축하다 (be) damp(ish); moist; wet; humid. ¶ 축축한 땅 moist ground / 축축한 옷 one's wet clothes.
축출(逐出) expulsion. ~하다 drive [turn, send] out; expel; oust(지위에서); 《퇴거》 eject; 《해고》 fire.
축하(祝賀) congratulations; (a) celebration; commemoration. ~하다 congratulate 《*a person on*》; celebrate 《*Xmas*》. ¶ ~의 말씀 congratulatory remarks; congratulations / …을 ~하여 in celebration of / ~ 인사를 하다 offer congratulations. ‖ ~객 a congratulator / ~ 선물 a congratulatory gift / ~회 《hold》 a celebration; 《hold》 a congratulatory banquet.
축항(築港) ~하다 construct a harbo(u)r. ‖ ~ 공사 harbor works.
춘경(春耕) spring plowing.
춘경(春景) spring scenery.
춘계(春季) spring.
춘곤(春困) the lassitude of spring; spring fever.
춘궁(春宮) the Crown Prince.
춘궁기(春窮期) 《보릿고개》 the spring lean [food-short] season.
춘기발동기(春機發動期) 《reach》 puberty [adolescence].
춘몽(春夢) spring dreams; visionary fancies; a springtime fantasy. ¶ 인생은 일장~ 이다 Life is but an empty dream.
춘부장(春府丈) your (august) father.
춘분(春分) the vernal equinox.
춘사(椿事) an accident; a disaster; a tragedy (비극).
춘삼월(春三月) March of the lunar month. ¶ ~ 호시절(好時節) the pleasant days of spring.
춘색(春色) spring scenery.
춘설(春雪) spring snow.
춘신(春信) signs of spring; news of flowers (화신).
춘약(春藥) an aphrodisiac; a love potion.
춘양(春陽) 《햇빛》 spring sunshine; 《철》 the spring season.
춘잠(春蠶) a spring breed of silk worms.
춘정(春情) sexual [carnal] desire. ☞ 욕정, 정욕.
춘추(春秋) 《봄과 가을》 spring and autumn; 《세월》 years; 《연령》 age; years. ‖ ~복 a suit for spring [autumn] wear; spring-and-autumn wear.
춘풍(春風) the spring breeze.
춘하(春夏) ‖ ~추동 the four seasons; all the year round; throughout the year.
춘화도(春畫圖) an obscene picture; pornography.
춘흥(春興) the delights of spring.
출가(出家) ~하다 become a Buddhist priest.
출가(出嫁) ~하다 be [get] married to (a man). ¶ 딸을 ~시키다 marry one's daughter off; get a daughter married.
출간(出刊) ☞ 출판.
출감(出監) release from prison. ~하다 be set free; be released [discharged] from prison. ‖ ~자 a released convict.
출강(出講) ~하다 (give a) lecture 《*at*》; teach 《*at*》.
출격(出擊) a sally; a sortie. ~하다 sally forth; make a sortie.
출고(出庫) ~하다 take 《*goods*》 out of warehouse. ‖ ~ 가격 a factory [store] price / ~ 지시 a delivery order.
출구(出口) a way out; an exit; an outlet.
출국(出國) ~하다 depart from the country; leave the country. ‖ ~허가서 an exit [a departure] permit.
출근(出勤) attendance. ~하다 go [come] to office; go on duty. ¶ ~이 늦다 be late for the office. ‖ ~부 an attendance book; a time

book / ~ 시간 the office-going hour.

출금(出金) 《지불》 payment; 《출자》 (an) investment; 《예금의》 drawing. ‖ ~ 전표 a paying-out slip.

출납(出納) receipts and disbursements. ‖ ~계원 a cashier; 《은행의》 a teller / ~부 a cashbook; an account book.

출동(出動) 《군대·경관의》 mobilization; 《함선의》 sailing. ~하다 be called out; set out; sail; go into action (활동). ‖ ~ 명령 an order for moving; marching orders (육군); sailing orders (해군) / ~준비 readiness to move.

출두(出頭) ~하다 attend 《*a place*》; appear 《*in court*》; present 〔report〕 oneself 《*at*》. ‖ ~ 명령 a summons / 자진〔임의〕 ~(형식으로) (in the form of) voluntary appearance.

출렁거리다 surge; roll; wave; undulate.

출력(出力) generating power; an output.

출루하다(出壘一) 〖野〗 go 〔get〕 to first base. ¶ ~해 있다 be on 《*first*》 base.

출마(出馬) ~하다 offer oneself as a candidate; run 〔stand 《英》〕 for 《*election*》.

출몰(出沒) ~하다 make frequent appearance; frequent; haunt.

출발(出發) a start; departure. ~하다 《…를》 start 〔depart〕 《*from*》; set out 《*from*》; leave 《*Seoul*》; 《…로》 leave 《*for*》; set out 《*for*》; start 《*for*》; embark 《*for*》 (배로).

출범(出帆) sailing. ~하다 (set) sail 《*for*》; sail away; leave 《*for*》.

출병(出兵) ~하다 send 〔dispatch〕 troops 《*to*》; send an expeditionary force.

출비(出費) expenses; expenditure. 《make》 (a) outlay 《*for*》.

출사(出仕) ~하다 go into government service.

출산(出産) a birth; childbirth; delivery. ~하다 give birth 《*to*》; be delivered 《*of*》. ‖ ~율 the birth rate.

출생(出生) birth. ~하다 be born. ‖ ~ 신고 the report of a birth / ~율(率) the birth rate / ~지 one's birthplace; the place of one's birth.

출석(出席) attendance; presence. ~하다 attend; be present at; be in attendance; present oneself at. ¶ ~을 부르다 call the roll 〔names〕. ‖ ~부(簿) a roll book / ~자 a person present; the attendance; those present (총칭) / 전원 ~ non-absence.

출세(出世) success in life. ~하다 rise in the world; succeed (in life); attain distinction; be promoted. ¶ ~한 사람 a successful man. ‖ ~작(作) a work that has brought the author fame.

출신(出身) a native (태생); a graduate (졸업자); 《집안》 origin; birth. ¶ …의 ~이다 be a graduate from (학교); come from (지방). ‖ ~교 one's *Alma Mater* / ~지 one's native place; one's home town.

출애굽기(出一記) 〖聖〗 The Book of Exodus; Exodus (생략 Exod.).

출어(出漁) ~하다 go 〔sail〕 out fishing. ‖ ~ 구역 a fishing area / ~권 the fishing right.

출연(出捐) ~하다 donate; contribute. ‖ ~금 a donation; a contribution.

출연(出演) one's appearance on the stage; performance. ~하다 appear on the stage; play; make one's debut (초연). ‖ ~료(料) a performance 〔singer's, actor's〕 fee / ~자 a performer.

출영(出迎) meeting; reception (영접). ~하다 receive 《*a guest*》; meet 《*a person at the station*》 / ~을 받다 be met 《*by*》.

출옥(出獄) ~하다 be discharged 〔released〕 from prison; be set free. ‖ ~자 ☞ 출감자(出監者).

출원(出願) (an) application. ~하다 apply 〔make an application〕 《*for*》; file an application 《*with*》. ‖ ~자 an applicant.

출입(出入) coming and going; entrance and exit. ~하다 go in and out; enter and leave; frequent (자주가다). ‖ ~구 an entrance 《*to*》; a doorway; a gateway / ~국 entry into, and departure from the country (~국 관리국 the Immigration Bureau) / ~ 금지 《게시》 No trespassing., Off limits (미성년자 ~ 금지 《게시》 No minors.).

출자(出資) investment. ~하다 invest 《*money in*》; finance 《*an enterprise*》; contribute 《*money to*》. ‖ ~금 an investment; money invested / ~자 an investor.

출장(出張) an official 〔a business〕 trip. ~하다 make an official 〔a business〕 trip; travel on business. ‖ ~소(所) an agency; a branch office / ~ 여비 a traveling allowance.

출장(出場) ~하다 appear; be present 《*at*》; 《참가》 participate 〔take part〕 《*in*》.

출전(出典) the source; an authority.

출전(出戰) ~하다 《출정》 depart for the front; 《참가》 participate 〔take part〕 《*in*》; enter.

출정(出廷) ~하다 appear in 〔attend〕 court.

출정(出征) ~하다 depart for the front; go to the front.

출제(出題) ~하다 set 《*a person*》 a problem 《*in English*》; make

questions 《*for an examination in English*》 out of 《*a textbook*》.
출중(出衆) ~하다 (be) uncommon; extraordinary; outstanding; distinguish oneself 《*in*》 (서술적).
출찰(出札) issue of a ticket. ‖ ~계원 a ticket clerk 《美》; a booking clerk 《英》/ ~소 〔구〕 a ticket office 《美》; a booking office 《英》.
출처(出處) the source; the origin.
출초(出超) an excess of exports (over imports).
출출하다 feel a bit hungry.
출타(出他) ~하다 go 〔be〕 out. ¶ ~중에 in one's absence; while one is away.
출토(出土) ~하다 《사물이 주어》 be excavated; be unearthed; 《땅이 주어》 yield. ‖ ~품 an excavation.
출판(出版) publication; publishing. ~하다 publish; put 〔bring〕 out; issue. ‖ ~계 (界) the publishing world / ~ 기념회 a party in hono(u)r of the publication 《*of*》/ ~목록 a catalog(ue) of publications / ~물 a publication / ~사 a publisher; a publishing company / ~업 publishing (business) / ~자 the publisher(s).
출품(出品) ~하다 exhibit; display; show; put on exhitition 〔display〕. ‖ ~ 목록 a catalog(ue) of exhibits / ~물 an exhibit.
출하(出荷) shipment; forwarding. ~하다 forward 《*goods*》; ship. ‖ ~자 a shipper; a forwarder.
출항(出航) ~하다 leave (port); clear a port; set sail 《*from Mogpo for Busan*》.
출항(出港) departure. ~하다 leave port; sail from 《*a port*》; set sail; clear (a port). ‖ ~선 an outgoing vessel; clearances (총칭) / ~ 절차 clearance formalities / ~ 정지(를 해제하다) (take off) an embargo.
출현(出現) an appearance. ~하다 appear; make one's appearance; turn 〔show〕 up.
출혈(出血) 《stop》 bleeding; h(a)emorrhage; 《희생》 sacrifices; 《결손》 a deficit; the red 《美》. ~하다 bleed; hemorrhage. ¶ ~ 과다로 from excessive bleeding. ‖ ~ 경쟁 a cutthroat competition / ~ 수출 〔판매〕 a below-cost export 〔sale〕.
출회(出廻) the supply. ~하다 appear 〔arrive〕 on the market.
춤[1] 《무용》 dancing; a dance. ¶ ~추다 dance / ~을 잘 추다 be a good dancer. ‖ ~ 상대 〔선생〕 a dancing partner 〔master, mistress (여자)〕.
춤[2] 《운두》 height.
춤[3] 《분량》 a handful; a fistful.
춥다 (be) cold; chilly. ¶ 추운 날씨 cold weather; a freezing day / 추워하다 feel 〔be〕 cold; complain of the cold / 추워 보이다 look cold / 추워지다 get 〔grow〕 cold / 추워서 떨다 shiver with cold.
충(蟲) ① ☞ 벌레. ② ☞ 회충.
충격(衝擊) an impact; a shock. ¶ ~적(인) shocking / ~을 받다 be shocked 《*at*》/ ~을 주다 give 《*a person*》 a shock. ‖ ~사(死) (a) death from shock / ~ 요법 electroconvulsive therapy / ~파(波) a shock wave.
충견(忠犬) a faithful dog.
충고(忠告) 《a piece of》 advice; admonition (간언); a warning (경고). ~하다 advise; warn; give warning. ¶ ~에 따라 〔를 듣지 않고〕 on 〔against〕 《*a person's*》 advice. ‖ ~자 an adviser.
충당(充當) ~하다 allot 〔assign〕 《*to, for*》; appropriate 《*to, for*》; apply 《*to*》; meet 《*the demand*》.
충돌(衝突) a collision; a conflict; a clash. ~하다 collide 〔conflict〕 《*with*》; run 〔bump〕 《*against, into*》; clash 《*with*》; run counter. ¶ 의견〔이해〕의 ~ a clash 〔conflict〕 of views 〔interests〕. ‖ 이중 〔삼중〕 ~ a double 〔three way〕 collision / 정면 〔공중〕 ~ a head-on 〔mid-air〕 collision.
충동(衝動) ① 《의식》 (an) impulse; (an) impetus; a shock; an urge. ¶ ~적으로 on impulse; impulsively / ~에 이끌리다 be driven by an impulse / …하고 싶은 ~을 느끼다 feel the urge to 《*do*》. ② 《교사·선동》 instigation; incitement. ~하다 instigate; set 《*a person*》 on; spur on.
충만(充滿) ~하다 be filled 〔replate〕 《*with*》; be full 《*of*》.
충매(蟲媒) 〖植〗 entomophily. ~의 entomophilous 《*flower*》.
충복(忠僕) a faithful servant.
충분(充分) ~한 sufficient; enough; good; full; plenty; thorough. ¶ ~히 enough; fully; satisfactorily; thoroughly; sufficiently.
충성(忠誠) loyalty; devotion; allegiance. ~스러운 loyal; devoted; sincere; faithful.
충신(忠臣) a loyal subject; a faithful retainer.
충실(充實) ~한 full; repleted; complete. ¶ 내용 ~ wealth of matter; substantiality / ~한 생활 a full life.
충실(忠實) ~한 faithful; honest; devoted; true; loyal. ¶ ~히 faithfully; devotedly; truly; honestly.
충심(衷心) one's true heart. ¶ ~으로 from the bottom of one's heart; in one's heart; heartily; sincerely.
충양돌기(蟲樣突起) 〖解〗 the vermiform appendix. ‖ ~염(炎) ☞ 맹장염.
충언(忠言) good 〔honest〕 advice; counsel. ~하다 give good advice

〔counsel〕; advise.
충원(充員) supplement of the personnel; 〖軍〗 the reserves (인원); recruitment (보충). ~하다 supplement the personnel; call up 〔recruit〕 personnel. ‖ ~ 계획 a levy plan.
충의(忠義) loyalty; fidelity.
충이다 shake up and down; shake from side to side.
충일(充溢) ~하다 overflow; be full 《*of*》; be overflowing 《*with*》.
충적(沖積) 〖地〗 ~의 alluvial. ‖ ~기 the alluvial epoch.
충전(充電) charging. ~하다 charge 《*a battery*》 (with electricity); electrify. ‖ ~기 a charger.
충전(充塡) filling up. ~하다 fill 〔plug〕 up; stop (up); replenish.
충절(忠節) loyalty; allegiance.
충정(衷情) one's true heart. ¶ ~을 털어놓다 open one's heart 《*to*》.
충족(充足) ~하다 fill up; (be) sufficient; enough; full; adequate; satisfactory. ¶ ~시키다 fill; fulfill; meet; satisfy.
충직(忠直) ~한 faithful; honest; upright; true.
충천(衝天) ~하다 rise 〔soar〕 high up to the sky; go sky-high. ¶ 의기가 ~하다 one's spirit soars (to the skies); be in high spirits.
충충하다 (be) dark; gloomy; somber; dusky; dim.
충치(蟲齒) a decayed tooth; a dental caries. ¶ ~가 먹다 get a decayed tooth; have a tooth decay.
충해(蟲害) insect pests; damage from insects. ¶ ~를 입다 be damaged by insects.
충혈(充血) congestion. ~하다 be congested; be bloodshot (눈이). ¶ ~한 눈 bloodshot eyes.
충혼(忠魂) the loyal dead; a loyal soul. ‖ ~비 a monument dedicated to the loyal 〔war〕 dead.
충효(忠孝) loyalty and filial piety.
췌액(膵液) pancreatic juice.
췌언(贅言) superfluous words; pleonasm.
췌장(膵臟) 〖解〗 the pancreas. ‖ ~염 〖醫〗 pancreatitis / ~ 절개 (술) pancreatotomy.
취객(醉客) a drunkard; a drunken man; a drunk.
취결(就結) 《어음의》 drawing (of bills). ~하다 draw.
취관(吹管) a blowpipe; a blast pipe.
취급(取扱) 《사람 등의》 treatment; dealing; 《물건의》 handling; 《일의》 conduct; management; transaction. ~하다 treat; deal 《*with*》 (문제, 사람을); handle; conduct(사무를); carry on; manage; transact. ¶ 신사로 ~하다 treat 《*a person*》 as a gentleman. ‖ ~소 an agent / ~인 an agent; a person in charge / 소하물 ~ parcels consignment.
취기(醉氣) intoxication; tipsiness; inebriation. ¶ ~가 돌다 become 〔get〕 tipsy; get drunk.
취담(醉談) drunken words. ~하다 babble under the influence of liquor.
취득(取得) acquisition. ~하다 acquire; obtain. ‖ ~물 an acquisition / ~세 the acquisition tax (부동산 ~세 the real property acquisition tax) / ~ 시효 acquisitive prescription / ~자 an acquisitor.
취락(聚落) a settlements; a community; a colony.
취로(就勞) ~하다 find work; go to work. ‖ ~ 사업 a job-producing project.
취미(趣味) (a) taste; an interest. ¶ 고상한〔세련된〕 ~ a noble 〔refined〕 taste / ~가 있는 tasteful; interesting / ~가 없는 tastless; dry / ~를 갖다 take (an) interest 《*in*》; have a taste 《*for*》 / ~에 맞다 meet one's taste. ‖ ~ 생활 a dilettante('s) life / 골동 〔독서, 우표 수집, 음악〕 ~ an interest in antiques 〔reading, stamp collection, music〕 / 문학 ~ literary taste / 악 ~ bad 〔vulgar〕 taste.
취사(炊事) cooking; kitchen work. ~하다 cook; do (the) cooking. ‖ ~ 당번 the cook's duty; a kitchen police (병사의) / ~ 도구 cooking utensils / ~장 a kitchen.
취사(取捨) ‖ ~ 선택 choice; selection; adoption or rejection (~ 선택하다 choose; take or leave 《*a thing*》; select).
취생몽사(醉生夢死) ~하다 dream 〔drone〕 one's life away.
취소(取消) cancellation; retraction; annulment (무효); withdrawal (철회). ~하다 cancel; retract; withdraw; revoke; recall; take back; 〖法〗 reverse. ¶ ~할 수 있는 revocable; retractable; recallable / ~할 수 없는 irrevocable; beyond recall 〔revoke〕 / 약속을 ~하다 retract 〔withdraw〕 from an engagement. ‖ ~ 명령 a countermand / 계약 ~ rescission of a contract / 판결 ~ annulment 〔revocation〕 of a sentence.
취안(醉眼) drunken eyes.
취약(脆弱) ~한 weak; fragile; frail. ‖ ~ 지역 〔지점〕 a vulnerable area 〔point〕.
취업(就業) employment; commencement of work. ~하다 go to work; begin 〔start〕 work. ¶ ~ 중이다 be at work. ‖ ~ 규칙 rules of employment; office 〔shop〕 regulations / ~ 시간 the working hour / ~율 the percentage of employment / 해외 ~ overseas employment.

취역(就役) ~하다 be commissioned; go into [be placed in] commission.
취음(取音) transliteration. ~하다 transliterate.
취의(趣意) ☞ 취지(趣旨).
취임(就任) inauguration; installation. ~하다 take office 《*as*》; be installed; be inaugurated. ‖ ~식 an inauguration / ~ 인사 an inaugural address.
취입(吹入) ~하다 put 《*a song*》 on a record; have 《*one's song*》 recorded; make a record 《*of*》.
취재(取材) choice of subject; selection of material. ~하다 collect [obtain] data [materials] 《*from*》; 《기자가》 gather news; cover 《*a fire*》. ‖ ~ 기자 an assignment man; a beat reporter; a legman 《美口》/ ~ 활동 legwork 《美口》.
취조(取調) ☞ 문초(問招).
취주(吹奏) ~하다 blow [play on] 《*the flute*》. ‖ ~악 wind instrument music / ~ 악기 a wind instrument / ~악대(악단) a brass band / ~자 a player.
취중(就中) above all; before everything; especially; particularly; among other things.
취중(醉中) ¶ ~에 in drink; under the influence of liquor. ‖ ~ 운전 drunken driving.
취지(趣旨) 《생각》 an opinion; an idea; 《목적》 an object; a purpose; an aim; 《의의·요지》 a purport; effect. ¶ 질문의 ~ the purport of a question / …이란 ~의 《letter》 to the effect that…. ‖ ~서 a prospectus.
취직(就職) finding employment. ~하다 get [find] employment; get [obtain] a position 《*in*》; find work 《*as*》; get a job 《*as secretary*》. ¶ ~시켜 주다 find 《*a person*》 a job [position, place]. ‖ ~난 a job shortage; the difficulty of finding employment [getting a job] / ~ 시험 an employment examination / ~ 운동 job hunting; seeking employment / ~ 자리 employment; a position / ~처 one's place of employment.
취침(就寢) ~하다 go to bed; retire. ¶ ~ 중 while (one is) asleep [sleeping]; in bed. ‖ ~ 나팔 taps / ~시각 bedtime; time to go to bed.
취태(醉態) drunkenness; intoxication. ¶ ~를 부리다 put on a drunken display.
취하(取下) ~하다 withdraw; drop. ¶ 소송을 ~하다 withdraw [drop] a legal case.
취하다(取—) ① 《채용》 adopt; take. ¶ 강경한 태도를 ~ assume [take] a firm attitude. ② 《선택하다》 prefer; choose; pick; take. ¶ 여럿 가운데서 하나를 ~ choose [pick] one out of many. ③ 《섭취》 take; have. ④ 《꾸다》 borrow; lend.
취하다(醉—) ① 《술에》 get drunk; become intoxicated [tipsy]; be tight 《俗》. ¶ 취하여 under the influence of liquor [drink] / 곤드레만드레 ~ be dead drunk / 거나하게 ~ be a bit tipsy. ② 《중독》 be poisoned. ¶ 담배에 ~ become sick from smoking. ③ 《도취》 be intoxicated; be exalted. ¶ 성공에 ~ be elated with success / 환희에 ~ be in ecstasy of happiness. ④ 《멀미하다》 feel sick. ¶ 배에 ~ be [get] seasick / 차 [비행기]에 ~ get carsick [airsick].
취학(就學) ~하다 enter [go to] a school. ¶ ~시키다 put to school. ‖ ~률(率) the percentage of school attendance / ~ 아동 a school child (미~ 아동 a preschooler) / ~ 연령 the school age.
취한(取汗) ~하다 sweat out 《*a cold*》.
취한(醉漢) a drunken fellow; a drunkard.
취항(就航) ~하다 go into commission; enter service. ¶ 유럽 항로에 ~하다 be put on the European line.
취향(趣向) 《기호》 taste; liking; 《경향》 bent. ¶ ~에 맞다 suit [be to] one's taste.
취흥(醉興) conviviality; joviality over one's cups. ¶ ~에 겨워 under the influence of wine; in one's exhilaration.
…측(側) a side. ¶ 양~ both [the two] sides / 유엔~ the UN side.
측거의(測距儀) a range finder.
측근(側近) ¶ ~에 around; near by; close to. ‖ ~자 persons close to 《*the President*, etc.》; close associates [attendants].
측량(測量) measurement; 《토지의》 surveying; a survey; 《물 깊이의》 sounding. ~하다 measure; survey; sound. ‖ ~ 기계 surveying instruments / ~ 기사 a surveyor / ~도 a survey map; a plan of survey / ~반 a surveying corps [squad] / ~선 a surveying ship / ~술 surveying.
측면(側面) the side; the flank. ~의 side; flank; lateral. ‖ ~ 공격 a flank attack / ~도 a side view.
측문(仄聞) ~하다 learn by hearsay; hear casually.
측백나무(側柏—) 〖植〗 an oriental arbor vitae; a thuja.
측선(側線) ① 《철도의》 a sidetrack; a siding. ¶ ~에 넣다 sidetrack. ② 《어류의》 the lateral lines.
측심(測深) sounding. ~하다 sound 《*the sea*》; fathom. ‖ ~기 a sounder; a depth finder.
측연(測鉛) a plumb; a sounding lead; a plummet. ‖ ~선 a sound-

ing [plummet] line.
축우기(測雨器) a rain gauge.
측은(惻隱) ~한 pitiable; pitiful; piteous; touching (감동). ¶ ~한 마음이 들다 be overwhelmed with pity《*for*》; feel compassion [pity]《*for*》; be touched with compassion.
측전기(測電器) an electrometer.
측점(測點)《측량의》a station.
측정(測定)《일반적》(a) measurement;《토지의》survey;《수심의》sounding. ~하다 measure; survey; sound; fathom; plumb; calibrate. ¶ 거리를 ~하다 measure the distance. ‖ 구경 ~ calibration / 시간 ~법 chronometry.
측정(測程) ‖ ~선 a log line / ~의(기) a log / ~판(板)〖海〗a log chip.
측지(測地) land surveying. ~하다 survey land. ‖ ~학 geodesy.
측후(測候) a meteorological observation. ~하다 make a meteorological observation. ‖ ~소(원) (a member of the staff of) a meteorological station(~소 기사 a meteorologist).
층(層)《사회계급》a class; a grade;《건물의》a storey; a story《美》; floor;《지층》a layer; a stratum [*pl*.-ta]. ¶ 근로자~ the working class / 석탄~ a coal bed / 2~ the second floor [story]《美》; the first floor《英》.
층계(層階) steps; stairs; a staircase; a stairway. ¶ ~를 오르다 go up the stairs. ‖ ~참 a landing (place).
층나다(層一) be stratified into classes [grades]; become graded; stratify; show disparity《*on rank*》.
층대(層臺) ☞ 층층대.
층돌(層一) a touchstone; a Lydian stone.
층등(層等) gradation; grade.
층면(層面)〖地〗the stratification plane.
층상(層狀) ~의 stratiform《*cloud*》; stratified《*rock*》.
층암절벽(層岩絕壁) an overhanging [a rocky] cliff.
층애(層崖) a stratal precipice [cliff].
층운(層雲) a stratus [*pl*. -ti].
층적운(層積雲) roll cumulus; stratocumulus [*pl*. -li].
층지다(層一) ☞ 층나다.
층층다리(層層一) a staircase; stairs; a stairway; (a flight of) steps.
층층대(層層臺) ☞ 층층다리.
층층시하(層層侍下) serving both parents and grandparents alive.
층하(層下) ~하다 discriminate against; treat《*a person*》with less respect than others; disrespect.
치(値)〖數〗numerical value.
치¹ ①《몫》a share; a part; a portion. ¶ 이틀 ~의 식량 food for two days. ②《사람》a fellow; a guy. ¶ 그~ that fellow [guy].
치²《길이의 단위》a Korean inch; a *chi* (=3.03030 cm).
치가(治家) home management. ~하다 manage a home (well).
치가떨리다(齒一) grind one's teeth with vexation [indignation]; be tense with indignation.
치감(齒疳)〖漢醫〗Riggs' disease; *pyorrh(o)ea alveolaris*《라》.
치경(齒莖) a gum; a teethridge.
치고 ¶ 그것은 그렇다~ be that as it may / 학생 ~ 영어 못 읽는 사람이 없다 Every student can read English.
치골(恥骨)〖解〗the pubis; the pubic bones.
치과(齒科) dentistry; dental surgery. ‖ ~ 기공 a dental technician / ~ 대학 a dental college / ~의(사) a dentist; a dental surgeon;《개업의》a dental practitioner / ~ 의원 a dentist's (office).
치국(治國) government. ‖ ~책(策) statecraft; statesmanship.
치근(齒根) the root of a tooth.
치근거리다 tease; annoy; pester; bother. ¶ 치근치근 teasingly; importunately.
치기(稚氣) childishness; puerility. ¶ ~ 넘친 childish; puerile.
치기배(一輩) robbers, thieves and purse snatchers.
치다¹ ①《때리다》strike; beat; give a blow. ¶ 치고 받고 하다 fight; come to blow. ②《두드리다》beat (북을); ring (종을); play (on)(풍금 따위); drive [hammer] in (못을); flap (손뼉을). ¶ 피아노를 ~ play (on) the piano. ③《맞히다》(make a good) hit; strike. ¶ 배트로~ hit with a bat. ④《떡을》pound. ¶ 떡을 ~ pound steamed rice into dough; make rice cake. ⑤《벼락 따위》fall; strike.
치다² ①《공격·토벌》attack; assault; assail; subjugate; conquer. ②《베어내다》cut; prune; trim《*a tree*》. ③《채를》cut [grate]《*radishes*》. ④《비난하다》charge; denounce; write [speak] against.
치다³《깨끗이》clean (out); remove; carry away; get rid of; dredge《*a river*》. ¶ 똥을 ~ remove dung.
치다⁴ ①《체로》sieve; sift; bolt. ②《장난을》do; play. ③《소리를》shout; cry.
치다⁵ ①《셈》value; appraise; estimate; count. ¶ 100원으로 ~ estimate at one hundred *won*. ②《여김》consider; regard.
치다⁶《액체·가루를》add《*sauce*》; put; pour (붓다); sprinkle (가루를).
치다⁷ ①《대님 따위를》tie [do up]《*garters*》. ②《장막 따위를》hang《*a curtain*》; cast《*a net*》; put up《*a mosquito net*》; pitch《*a tent*》. ③《줄을》draw.
치다⁸《차가》run over; knock [turn]

down. ¶(사람을) 치고 뺑소니치다 hit and run.
치다⁹ ① 《사육》 keep; raise; rear. ② 《새끼를》 breed. ③ 《꿀을》 ¶벌이 꿀을 ～ bees store honey. ④ 《손님을》 keep a lodger [roomer]. ⑤ 《가지가 뻗다》 spread; shoot out.
치다¹⁰ 《그물 등을》 make 《*a net*》; 《끈을》 braid; 《휘갑을》 hem.
치다¹¹ ① 《전보를》 send 《*a telegraph, cable*》. ② 《시험을》 take; sit for; try 《*an examination*》.
치다¹² 《화투를》 shuffle (섞다); play (놀다).
치다꺼리 ① 《일처리》 management; conduct. ～하다 manage; conduct. ② 《조력》 assistance; aid; help. ～하다 help; assist; take care of.
치닫다 run up; go up.
치대다 put [stick, fix] on the upper part. ¶판자를 ～ fix a board on the upper part 《*of a wall*》.
치둔(痴鈍) ～한 dull-witted; stupid.
치뜨다 raise; lift (one's eyes).
치뜨리다 toss up; throw up.
치런치런 ① 《넘치락말락》 full to the brim; brimfully. ② 《스치락말락》 ¶치맛자락을 ～ 늘어뜨리고 걷다 walk dragging one's skirt along.
치렁거리다 ① 《드린 물건이》 swing; dangle. ② 《시일이》 be put off from day to day.
치레 embellishment; adornment; decorating. ～하다 embellish; adorn; decorate; dress [smarten] up.
치료(治療) (a) medical treatment; a cure. ～하다 treat 《*a person for rheumatism*》; cure 《*a person of a disease*》. ¶～를 받다 undergo medical treatment; receive medical attention / 암의 ～를 받다 be treated for cancer. ‖ ～법 a treatment; a remedy; a cure / ～비 a doctor's fee [bill]; 《배상조의》 smart money / 물리 ～ physical theraphy.
치루(痔瘻) 〖醫〗 anal fistula.
치르다 ① 《돈을》 pay (off). ¶값을 ～ pay the price. ② 《겪다》 undergo; go through; experience. ¶시험을 ～ undergo an examination. ③ 《접대》 entertain 《*guests*》.
치를떨다(齒—) ① 《인색》 grudge; be awfully stingy. ② 《격분》 grit one's teeth; grind one's teeth with indignation.
치마 a skirt. ‖ 치맛바람 the swish of a skirt; the influence of women's power / 치맛자락 the train [trail]; the skirt. ｢ity (치매증).
치매(痴呆) 〖醫〗 dementia; imbecil-
치명(致命) ～적 fatal; mortal; deadly. ¶～적으로 mortally; fatally; deadly. ‖ ～상 a mortal [fatal] wound; a fatal blow (～상을 입다 be mortally wounded; receive a fatal blow).
치밀(緻密) ～한 precise; minute; fine; close; elaborate. ¶～한 계획 a careful [an elaborate] plan.
치밀다 《위로 밀다》 push [shove, thrust] up; 《감정이》 surge; swell; well up. ¶분노가 ～ feel the surge of anger; flare up; fly into a rage.
치받이 an upward slope; an ascent. ¶～를 올라가다 breast [struggle with] an ascent.
치받치다 《감정이》 surge; swell; well up; 《밑을》 prop; bolster [prop] up; support.
치부(致富) ～하다 make money; become rich; amass a fortune.
치부(恥部) the private parts.
치부(置簿) ～하다 keep books; keep accounts: enter accounts (in an account book). ‖ ～책 an account book.
치사(致死) ～의 fatal; mortal. ‖ ～량 a fatal dose.
치사(致謝) ～하다 thank 《*a person*》 for; express one's gratitude.
치사스럽다(恥事—) (be) disgraceful; shameful; dishono(u)rable; 《비열》 (be) mean; dirty. ¶치사스럽게 굴다 behave meanly [shamefully].
치사하다(恥事—) ☞ 치사스럽다.
치산(治山) forestry conservation [protection]. ～하다 reserve [protect] forest; afforest. ‖ ～치수 antiflood [flood control] afforestation; conservation of rivers and forests (～ 치수 사업 anti-erosion project).
치산(治產) management of one's property. ～하다 manage one's property [estate].
치살리다 praise [extol(l)] 《*a person*》 to the skies.
치석(齒石) tartar. ‖ ～ 제거 scaling.
치성(致誠) 《정성을 다함》 devotion; loyal service; 《신불에의》 sacrificial service 《*to spirits*》.
치세(治世) a reign; a regime; peaceful times (태평한 세상). ¶…의 ～에 in [under] the reign of....
치수(一數) measure; dimensions; size. ¶～대로 according to the measurements / ～를 재다 measure; take the measurements 《*of*》.
치수(治水) flood control. ～하다 embank a river; control floods. ‖ ～ 공사 embankment works; levee works.
치수(齒髓) the (dental) pulp. ‖ ～염 〖醫〗 pulpitis.
치신경(齒神經) the dental nerve.
치신 prestige; dignity. ¶～을 잃다 impair one's dignity; disgrace oneself.
치신사납다 (be) shameful; indecent; outrageous; unseemly.
치신없다 (be) undignified; unbecom-

ing; ungentlemanly. ¶치신없는 짓 an undignified act / 치신없이 굴다 behave unseemly; act dishonorably.
치아(齒牙) ☞ 이.
치안(治安) public peace and order. ¶~을 유지(維持)하다 maintain the peace. ‖~감 Senior Superintendent General / ~경찰 the peace [security] police / ~ 당국 law enforcement authorities / ~ 정감 Commissioner General / ~ 총감 Direct General.
치약(齒藥) a dentifrice(총칭); toothpaste; tooth powder (가루).
치열(齒列) a row [set] of teeth. ‖~ 교정 tooth-straightening.
치열(熾烈) ~한 severe; keen; intense. ¶~한 경쟁 a keen [sharp] competition.
치외법권(治外法權) extraterritorial rights; ex(tra)territoriality.
치욕(恥辱) (a) disgrace; (a) shame; (an) insult(모욕). ¶국가의 ~ a disgrace to the nation / ~을 참다 pocket an insult.
치우다 ①《정리》 put 《*things*》 in order; set [put] 《*a room*》 to rights; tidy (up); 《제거》 take away; remove; get rid of; clear away [off]; 《제자리에》 put away [up]; put back; lay away; stow away. ②《딸을》 give 《*one's daughter*》 in marriage; marry off 《*one's daughter*》.
치우치다 《기울다》 lean [incline] 《*to, toward*》; 《편파적》 be partial 《*to*》; be biased [one-sided]; have a partiality 《*for*》; be prejudiced. ¶치우친 생각 a biased [one-sided] view.
치유(治癒) healing; cure. ~하다 cure; heal; recover.
치음(齒音) a dental sound.
치이다¹ ①《덫에》 get trapped [entrapped]. ②《피륙의 올이》 lose 《*its*》 weave.
치이다² 《수레바퀴에》 be run over 《*by a train*, etc.》.
치이다³ 《값이》 take; cost; require.
치자(治者) the sovereign; the ruler; a person in power.
치자(梔子) gardenia seeds. ‖~나무 a Cape jasmine; a gardenia.
치장(治粧) ornament; decoration; adornment; embellishment; 《얼굴의》 make-up. ~하다 ornament; decorate; adorn; deck [dress] up; pretty up; beautify. ¶몸을 ~하다 adorn oneself; pretty oneself up / 집을 ~하다 decorate [pretty up] one's house.
치적(治績) 《업적》 (the results of an) administration; administrative achievements.
치정(癡情) foolish [blind] love [passion]; illicit love(불의); an infatuation. ¶~에 의한 범죄 a crime of passion. ‖~ 살인 a sex [scandalous] murder (case).
치조(齒槽) 〚解〛 an alveolus. ‖~ 농루(膿漏) 〚醫〛 pyorrh(o)ea alveolaris.
치죄(治罪) ~하다 punish; penalize.
치중(置重) ~하다 lay stress 《*upon*》; attach importance [weight] 《*to*》; emphasize 《*on*》; make much of; set [put] value 《*on*》.
치즈 cheese.
치질(痔疾) 〚醫〛 piles; hemorrhoids.
치치다 ①《치긋다》 draw a line upwards. ②《치던지다》 toss up; throw up.
치켜세우다 extol [praise] 《*a person*》 to the skies; sing the praises of 《*a person*》; speak highly of; pay a tribute to.
치키다 raise; lift; heave; boost; pull [draw] up.
치킨 《닭고기》 chicken. ‖~ 수프 [라이스] chicken soup [and rice].
치통(齒痛) (a) toothache. ¶~이 나다 have a toothache; suffer from a toothache.
치하(治下) ~의 under the rule [reign] 《*of*》. ¶공산당 ~의 Communist-ruled 《*countries*》.
치하(致賀) congratulation; compliments. ~하다 《사람을》 congratulate 《*a person*》 on; 《일을》 celebrate.
치한(痴漢) 《호색한》 a molester of women; a wolf; a masher 《俗》.
치환(置換) 〚數·化〛 metathesis; substitution; replacement; transposition. ~하다 metathesize; substitute; replace; transpose.
칙령(勅令) an Imperial ordinance [decree].
칙명(勅命) an Imperial command [order].
칙사(勅使) an Imperial messenger [envoy]. ¶~ 대접을 하다 treat 《*a person*》 very courteously; give 《*a person*》 a red carpet treatment 《美》.
칙살스럽다 ☞ 착살스럽다.
칙칙하다 (be) somber; dull; dark.
친…(親) ①《혈육》 one's own; one's blood. ¶~형제 one's blood brothers. ②《친밀》 pro-. ¶~미의 pro-American / ~여 후보 a pro-government candidate.
친가(親家) ☞ 친정(親庭).
친고(親告) ‖~죄 an offense subject to complaint.
친교(親交) intimacy; (close) friendship. ¶~를 맺다 form a close friendship 《*with*》.
친구(親舊) 《동무》 a friend; a companion; company(총칭); a pal 《口》. ¶학교 ~ a schoolmate / 낚시질(술) ~ a fishing [boon] companion / 여자 ~ a girl friend / 평생의 ~ a lifelong friend / …와 ~가 되다 make friends with / 좋은 [나쁜]

~와 사귀다 keep good [bad] company.
친권(親權) parental authority [prerogatives]. ‖ ~자 a person in parental authority.
친근(親近) ~한 intimate [well acquainted, familiar] 《*with*》. ¶ ~한 사이이다 be intimate 《*with*》; be on familiar terms 《*with*》. ‖ ~감 affection; a sense of intimacy(~감을 느끼다 feel friendly toward).
친기(親忌) a memorial service for one's parent.
친남매(親男妹) one's real [blood] brothers and sisters.
친목(親睦) friendship; intimacy; amity. ¶ 서로의 ~을 도모하다 cultivate [promote] mutual friendship. ‖ ~회 a social (gathering); a get-together meeting 《美》; a sociable 《美》.
친미(親美) ~의 pro-American 《*policy*》. ‖ ~주의자 a pro-American.
친밀(親密) ~한 intimate; friendly; close. ¶ ~한 벗 a close friend / ~한 사이다 be on intimate terms 《*with*》; be very good friends 《*with*》.
친부모(親父母) one's real [own] parents.
친분(親分) acquaintance; friendship. ¶ ~이 있다 be acquainted [familiar] 《*with*》 / ~이 생기다 become acquainted [familiar] 《*with*》.
친불(親佛) ~의 pro-French.
친상(親喪) mourning for a parent. ¶ ~을 당하다 have a parent die; mourn [be bereaved of] a parent.
친생자(親生子) one's (real) child; a child of one's own.
친서(親書) an autograph letter; a personal letter.
친선(親善) friendly relations; friendship; goodwill. ¶ 국제적 ~ international goodwill / ~을 도모하다 promote friendly relations between 《*two countries*》. ‖ ~ 경기 a goowill match / ~ 사절 a goodwill mission.
친소(親蘇) ~의 pro-Soviet.
친손자(親孫子) one's real [own] grandchild.
친숙(親熟) 《익숙함》 ~하다 be familiar 《*with*》; be well acquainted 《*with*》.
친아버지(親—) one's real [own] father.
친아우(親—) one's real[own] younger brother [sister].
친애(親愛) ~하는 dear; beloved; darling. ¶ ~하는 여러분 Ladies and gentlemen!
친어머니(親—) one's real [own] mother.
친영(親英) ~의 pro-British 《*policy*》. ‖ ~주의 Anglophilism.
친우(親友) an intimate [close, good] friend; a chum; a crony.
친위대(親衛隊) the bodyguards.
친일(親日) ~의 pro-Japanese. ‖ ~파 a pro-Japanese (group).
친자식(親子息) one's real [own] children.
친전(親展) Confidential; Personal; To be opened by addressee only.
친절(親切) kindness. ~한 kind; good; kind-hearted; obliging; friendly. ¶ ~하게 kindly; kindheartedly; with kindness; cordially / …에게 ~히 대하다 be kind to; show kindness to; treat 《*a person*》 with kindness.
친정(親政) direct Imperial rule.
친정(親庭) the parents' family of a married woman; one's maiden home.
친족(親族) a relative; a relation; kinsfolk. ‖ ~ 관계 relationship; kinship / ~법 the Domestic Relations Law / ~ 회의 a family council / 직계[방계] ~ lineal [collateral] relations.
친지(親知) an acquaintance; a friend
친척(親戚) a relative; a relation; a kinsman; kinsfolk(복수). ¶ 먼[가까운] ~ a distant [near] relation. ‖ ~ 관계 relationship; alliance / 일가 ~ kith and kin; relatives in blood and law.
친친 round and round; coil upon coil.
친필(親筆) an autograph; one's own handwriting; 【法】a holograph. ~의 autographic.
친하다(親—) ① 《가깝다》 (be) intimate; friendly; familiar; close. ¶ 친한 벗 an intimate friend; a great [close] friend / 친한 사이다 be on intimate terms with. ② 《사귀다》 become intimate 《*with*》.
친할머니(親—) one's real [own] grandmother.
친할아버지(親—) one's real [own] grandfather.
친형(親兄) one's real elder brother.
친화(親和) ‖ ~력 【化】affinity.
친환(親患) one's parent's illness.
친히(親—) ① 《친하게》 intimately; familiarly; in a friendly way. ② 《몸소》 personally; in person. ¶ ~ 방문하다 pay a visit in person; make a personal call 《*on, at*》.
칠(七) seven. ¶ 제 ~(의) the seventh.
칠(漆) 《재료》 paints; lacquer (옻); 《칠하기》 coating; painting; lacquering (옻칠). ‖ ~조심 《게시》 Wet Paint.
칠기(漆器) lacquer(ed) ware; lacquer(work).
칠떡거리다 drag; draggle; trail. ¶ 칠떡칠떡 trailing; dragging.
칠렁거리다 overflow; run over.
칠렁하다 be full to the brim (서술적).
칠레 Chile. ¶ ~의 Chilean; Chili-

an / ~ 사람 a Chilean; a Chilian. ‖ ~ 초석(硝石) Chile saltpeter; cubic niter.
칠면조(七面鳥) a turkey; a turkey cock (수컷) 〔hen (암컷)〕.
칠변형(七邊形) a heptagon; a septangle.
칠보(七寶) 〖佛〗 the seven treasures (i.e.gold, silver, lapis, crystal, coral, agate, pearls). ‖ ~ 세공 *cloisonné* 《프》.
칠분도미(七分搗米) 70 percent polished rice.
칠생(七生) the seven lives.
칠석(七夕) the seventh day of the seventh lunar month.
칠순(七旬) ① 《70 일》 seventy days. ② 《70 살》 seventy years of age.
칠십(七十) seventy. ¶ 제 ~(의) the seventieth.
칠야(漆夜) a pitch-dark night.
칠월(七月) July (생략 Jul.).
칠장이(漆匠一) a lacquerer 〔painter〕.
칠전팔기(七顚八起) not giving in to adversity; standing firm in difficult matters.
칠칠하다 ¶ 칠칠치 못하다 be untidy 〔slovenly〕; be careless 〔loose〕 / 칠칠치 못한 계집 a draggle-tailed woman; a slattern.
칠판(漆板) a blackboard. ¶ ~을 지우다 wipe 〔clean〕 a blackboard. ‖ ~ 지우개 a chalk 〔blackboard〕 eraser; a wiper.
칠하다(漆一) 《페인트를》 paint; 《니스를》 varnish; 《벽을》 plaster; 《옻을》 lacquer. ¶ 갓칠한 freshly-painted〔-varnished〕 / 벽을 희게 ~ paint a wall white.
칠현금(七絃琴) a seven-stringed harp; a heptachord.
칠흑(漆黑) ¶ ~ 같은 pitch-black; jet-black; coal-black; raven-black / ~ 같은(어둔)밤 a jet-black 〔pitch-dark〕 night.
칡 〖植〗 an arrowroot. ‖ ~덩굴 arrowroot vines 〔runners〕.
칡소 a striped cow 〔ox〕.
침 spittle; saliva(타액). ¶ ~을 뱉다 spit; expectorate 《美》.
침(針) ① 《가시》 a thorn. ② 《바늘》 a needle; a hand(시계의).
침(鍼) a needle (도구); acupuncture (침술). ¶ ~을 놓다 acupuncture.
침강(沈降) sedimentation. ~하다 precipitate. ‖ ~ 속도 (blood) sedimentation rate (혈액의).
침공(侵攻) an attack; an invasion. ~하다 attack; invade.
침구(寢具) bedding; bedclothes.
침구(鍼灸) acupuncture and moxibustion. ‖ ~술 the practice of acupuncture and moxibustion (~술사(師) a practitioner in acupuncture and moxibustion).
침낭(寢囊) a sleeping-bag.
침노하다(侵擄一) ① 《침공》 invade. ② 《빼앗다》 conquer; subjugate; plunder (약탈).
침담그다(沈一) cure 《*a persimmon*》 in salt water.
침대(寢臺) a bed; a bedstead; 《차 등의》 a berth. ‖ ~권 a (sleeping) berth ticket / ~차 a sleeping car 〔carriage〕; a sleeper / 간이 ~ a cot.
침략(侵略) (an) aggression; (an) invasion; an inroad. ~하다 invade; encroach upon; make an inroad 〔a raid〕 《*upon*》. ¶ ~적 aggressive. ‖ ~국 an aggressor nation / ~군 an invading army / ~자 an aggressor; an invader / ~ 전쟁 an aggressive war; a war of aggression / ~주의 an aggressive policy / ~ 행위 an act of aggression / 무력 ~ an armed aggression.
침례(浸禮) 〖宗〗 baptism by immersion. ‖ ~교도 a Baptist / ~교회 the Baptist Church.
침로(針路) a (ship's) course. ¶ ~를 (잘못) 잡다 take a (wrong) course / ~를 바꾸다 change 〔shift, turn〕 one's course.
침맞다(鍼一) be treated with acupuncture.
침모(針母) a seamstress; a needlewoman.
침목(枕木) 〖鐵〗 a (cross-)tie 《美》; a sleeper 《英》.
침몰(沈沒) sinking; foundering. ~하다 sink; go down; founder; be submerged. ¶ ~시키다 sink 《*a ship*》. ‖ ~선 a sunken ship.
침묵(沈默) silence; reticence; taciturnity. ~하다 hold one's tongue; become silent. ¶ ~시키다 silence / ~을 지키다 remain 〔keep〕 silent / ~을 깨다 break the silence.
침방(寢房) ☞ 침실.
침범(侵犯) invasion(영토의); violation, infringement(침해). ~하다 《침입》 invade; break into; make (an) inroad upon 〔into〕; 《침해》 violate; encroach 〔intrude〕 on; 《병이》 attack; affect; visit. ‖ 국경 ~ a border violation.
침삼키다 ① 《침을》 gulp; swallow. ② 《먹고 싶어》 one's mouth waters 《*at the sight of food*》. ③ 《욕정으로》 lust 《*after, for*》; 《부러워》 be envious 《*of*》.
침상(針狀) 《바늘 모양》 ~의 needle-shaped; pointed. ‖ ~엽(葉) a needle (leaf).
침상(寢牀) ☞ 침대.
침소(寢所) a bedchamber; a bedroom.
침소봉대(針小棒大) ~하다 exaggerate; overstate. ¶ ~하여 with exaggeration; exaggeratedly.
침수(浸水) flooding; inundation; submersion. ~하다 be flooded; be inundated; be submerged; be under water; 《배에》 spring a leak.

‖ ~ 가옥 flooded (submerged) houses; houses under water.
침술(鍼術) acupuncture. ‖ ~사 an acupuncturist.
침식(浸蝕) erosion; corrosion. ~하다 erode; eat away; 《물이》 wash out; 《바다가 육지를》 gain (encroach) on. ‖ ~ 작용 erosion; erosive action.
침식(寢食) ¶ ~을 잊고 without sparing oneself; heart and soul; devotedly / ~을 같이하다 live under the same roof.
침실(寢室) a bedroom; a bedchamber.
침엽(針葉) 〖植〗 a needle (leaf). ‖ ~수 a needle-leaf(-leaved) tree.
침울(沈鬱) melancholy; gloom. ~한 melancholy; gloomy; dismal; depressed. ¶ ~한 얼굴 melancholy face / ~해 있다 feel (be) depressed.
침윤(浸潤) ~하다 be saturated 《*with*》; permeate 《*through*》; infiltrate 《*into*》.
침의(鍼醫) an acupuncturist.
침입(侵入) 《타국에》 invasion; encroachment; an inroad; a raid; 《남의 집에》 trespass; intrusion. ~하다 《타국에》 invade; make an inroad; raid; 《남의 집에》 force one's way into. ‖ ~군 an invading army / ~자 an invader; an intruder; a trespasser.
침쟁이(鍼一) ① ☞ 침의(鍼醫). ② 《아편장이》 an opium addict.
침전(沈澱) precipitation; sedimentation; deposition. ~하다 settle; precipitate; be deposited. ‖ ~ 농도 precipitation density / ~물 a precipitate; a sediment; a deposit / ~지 a settling pond (basin).
침착(沈着) self-possession; composure. ~한 self-possessed; calm; cool; composed; quiet. ¶ ~하게 calmly; composedly; with composure.
침체(沈滯) dullness; stagnation; depression. ¶ ~된 시장 a dull (slack) market / ~해 있다 be dull; be stagnant (depressed); be at a low ebb.
침침하다(沈沈一) (be) gloomy; somber; dark; 《눈이》 (be) dim.
침통(沈痛) ~한 grave; sad; dismal; pathetic. ¶ ~한 어조로 in a sad (pathetic) tone / ~한 얼굴로 (표정으로) with a sad look.
침투(浸透) ~하다 saturate; permeate; penetrate (infiltrate) 《*into*》. ‖ ~성 osmosis / ~작전 infiltration operation / 경제 ~ economic penetration.
침팬지 〖動〗 a chimpanzee.
침하(沈下) ~하다 subside; sink; dip (지층이).
침해(侵害) infringement 《*of a patent, copyright*》; encroachment. ~하다 violate; infringe (upon); encroach (trespass) upon. ‖ ~자 a trespasser; an invader; an intruder.
침향(沈香) 〖植〗 an aloes wood; an agila wood.
침흘리개 a slobberer; a drivel(l)er.
침흘리다 salivate; drool; drivel; 《군침을》 one's mouth waters 《*with desire*》.
칩거(蟄居) ~하다 keep indoors; live in seclusion; confine oneself in one's house.
칫솔(齒一) a toothbrush.
칭병(稱病) ☞ 꾀병.
칭송(稱頌) praise; laudation. ~하다 admire; praise highly.
칭얼거리다 fret; whine; be peevish. ¶ 칭얼칭얼 peevishly; fretfully; fussing.
칭찬(稱讚) admiration; praise. ~하다 praise; admire; speak highly of. ¶ ~의 말 words of praise; a compliment / ~할 만한 admirable; praiseworthy; laudable / ~을 받다 be praised; win (receive, enjoy) praise.
칭탁(稱託) ~하다 make a pretext of; use 《*a traffic accident*》 as a pretext. ¶ …을 ~하여 under the pretext of....
칭하다(稱一) ① 《일컫다》 call; name; designate. ② 《속이다》 pretend; feign; claim(주장). ¶ 병이라 칭하고 under (on) the pretense (plea) of illness.
칭호(稱號) a name; a title; an appellation; a designation; a degree (학위). ‖ 박사 ~ the degree of doctor; a doctorate.

ㅋ

카나리아 〖鳥〗 a canary (bird).
카네이션 〖植〗 a carnation.
카누 a canoe.
카니발 《사육제》 a carnival.
카드 a card; 《트럼프》 cards. ‖ ~놀이 card-playing.
카드뮴 〖化〗 cadmium (기호 Cd).
카라반 a caravan. ‖ ~ 슈즈 (a pair of) hiking boots.
카랑카랑하다 《날씨가》 (be) clear and cold; 《목소리가》 (be) clear and high-pitched.
카레 ‖ ~ 가루 curry powder / ~ 라이스 curry and rice; curried rice.
카르테 〖醫〗 a chart; a *Karte* 《獨》.
카르텔 a cartel. ‖ 불황 ~ a depression cartel.
카리에스 〖醫〗 caries. ‖ 척추 ~ tuberculosis of the spine.
카메라 a camera. ‖ ~맨 a camera-

ㅋ

man / ~ 앵글 a camera angle.
카메룬 《아프리카의》 Cameroon; Cameroun.
카멜레온〖動〗a chameleon.
카무플라주 a camouflage. ~하다 camouflage.
카바레 a cabaret.
카바이드〖化〗(calcium) carbide.
카본 carbon. ‖ ~ 복사 a carbon copy / ~지(紙) carbon paper.
카빈 《총》 a carbine.
카세트 a cassette. ‖ ~ 녹음기 a cassette tape recorder / ~ 테이프 a cassette tape.
카스텔라 spongecake.
카우보이 a cowboy.
카운슬링 counseling.
카운터 a counter.
카운트 a count. ~하다 count.
카이로 Cairo.
카이제르수염(一鬚髥) a Kaiser [an upturned] mustache.
카지노 a casino [*pl.* -nos].
카키색(一色) khaki colo(u)r.
카타르〖醫〗catarrh. ¶ ~성의 catarrhal.
카탈로그 a catalog(ue).
카테고리〖論〗a category.
카톨릭교(一敎) Catholicism; the Roman Catholic Church. ~의 Catholic. ‖ ~도(徒) a (Roman) Catholic.
카투사 KATUSA.(◀Korean Augmentation Troops to the United States Army)
카페 a *café* 《프》; a coffee house [shop]; a bar; a cabaret.
카페인〖化〗caffeine.
카펫 a carpet.
카피 《복사》 a copy.
칵칵거리다 keep coughing (to clear one's throat).
칵테일 cocktail. ‖ ~ 파티 a cocktail party.
칸 ① 《면적》 a *kan* (=36 square feet). ¶ 두~ 방 a two-*kan* room. ② 《방세는 단위》 a room. ¶ 네~ 집 a fourroom(ed) house. ③ ☞칸살.
칸나〖植〗a canna.
칸막이 《막음》 partition; division; 《막은 것》 screen. ~하다 partition 《*a room*》; partition off 《*with a screen*》. ‖ ~벽 a partition wall.
칸살 a space of seven feet square.
칸초나, 칸초네 canzone.
칸타빌레〖樂〗cantabile.
칸타타〖樂〗cantata.
칸트 Kant. ~의 Kantian. ‖ ~ 철학 Kantism / ~ 학파 the Kantists.
칼¹ a knife; a sword(검); a saber (군도); a blade. ¶ ~을 차다 wear [carry] a sword 《*at one's side*, etc.》. ‖ ~날 the blade [edge] of a knife [sword] / ~등 the back of a sword / ~집 a sheath.
칼² 《형구》 a cangue; a pillory. ¶ ~을 씌우다 put 《*a person*》 in pillory.
칼국수 knife-cut noodles.
칼깃 a flight feather; the pinion.
칼라 a shirt collar; a collar.
칼로리 a calorie; a calory. ‖ ~가(價) calorific value.
칼륨 kalium; potassium (기호 K).
칼리〖化〗kali; kalium; potassium.
칼리지 a college.
칼맞다 be stabbed; be cut.
칼부림 wielding a knife [sword]; bloodshed(유혈극). ~하다 wield a knife; stab [cut] at 《*a person*》. ¶ ~으로 번지다 develop into bloodshed; shed blood.
칼슘 calcium (기호 Ca).
칼자국 a scar from a knife [sword].
칼자루 the handle; the haft(단검); the hilt(검).
칼잡이 a butcher.
칼질 cutting. ~하다 cut.
칼춤 《perform》 a sword dance.
칼칼하다 ☞ 컬컬하다.
칼코등이 a sword guard.
칼판(一板) a block; a chopping board.
캄캄하다 《어둡다》 (be) (pitch-)dark; somber; gloomy; 《사물에》 (be) ignorant; unenlightened; poorly [badly] informed.
캉캉 *cancan* 《프》.
캐나다 Canada. ¶ ~의 Canadian / ~ 사람 a Canadian.
캐다 ① 《파내다》 dig up [out]; unearth. ¶ 금을 ~ dig gold. ② 《묻다》 inquire into; dig [pry, delve] into; poke and pry. ¶ 철저히 ~ probe 《*a matter*》 to the bottom.
캐디〖골프〗a caddy. ¶ ~ 노릇을 하다 caddy 《*for a person*》.
캐러멜 a caramel.
캐럿 a carat. ¶ 18 ~의 금 gold 18 carats fine; 18 carat [K] gold.
캐묻다 ask inquisitively; be inquisitive 《*about*》; make a searching inquiry.
캐비닛 a cabinet.
캐비지 《양배추》 a cabbage.
캐빈 a cabin.
캐스터네츠〖樂〗castanets.
캐스트 《배역》 the cast (of a play).
캐스팅보트 the casting vote.
캐시미어 kashmir; cashmere.
캐처〖野〗a catcher.
캐치 a catch. ‖ ~볼 playing catch.
캐터펄트 a catapult.
캐피털리즘 capitalism.
캑캑 hawking; hacking.
캔디 a candy.
캔버스 a canvas. ‖ ~틀 a stretcher.
캠퍼 camphor. ‖ ~ 주사 a camphor injection.
캠퍼스 a 《*University*》 campus. ¶ ~에서 on the campus.
캠페인 a campaign.
캠프 a camp. ‖ ~ 생활 camp life / ~파이어 a campfire.
캠핑 camping. ¶ ~ 가다 go camping.
캡 a cap.

ㅋ

캡슐 a capsule.
캡틴 a captain.
캥거루 〖動〗 a kangaroo.
커녕 《도리어》 far from; anything but; not at all; 《…은 말할 것도 없고》 to say nothing of; not to mention; not to speak of; not only...but (also). ¶즐겁기는 ~ 불쾌하다 It is anything but pleasant.
커닝 cribbing; cheating in an examination. ~하다 crib (cheat) in an examination. ‖~ 페이퍼 a crib.
커다랗다 (be) very big (large, great); huge; colossal; gigantic.
커다래지다 become bigger (larger); grow (up); become taller (키가); be enlarged(expanded, extended).
커리큘럼 《교과과정》 a curriculum; a course of study.
커미션 a commission.
커버 a cover; a jacket (책 따위의).
커버하다 《경기에서》 cover 《*3rd base*》; back up; 《벌충》 cover up 《*a loss*》; make up for 《*a loss*》.
커브 a curve; 〖野〗 a curve ball. ‖아웃드~ an outcurve / 인~ an incurve.
커스터드 custard.
커지다 grow big (large); grow up (성장); expand (확장); become serious (중대화).
커트 ① 〖映〗 cutting; a cut. ② 《판화·목판화》 a woodcut; a cut. ③ 《절단》 a cut; cutting. ~하다 cut.
커튼 a curtain.
커틀릿 a cutlet. ‖닭고기 (돼지고기) ~ a chicken (pork) cutlet.
커프스 cuffs. ‖~ 버튼 cuff (sleeve) links; cuff buttons 《美》.
커피 coffee. ¶~를 끓이다 make coffee / ~를 블랙으로 마시다 drink coffee black. ‖~ 세트 a coffee set / ~ 숍 a coffee shop.
컨덕터 a conductor.
컨디션 condition. ¶~이 좋다 (나쁘다) be in (out of) condition.
컨베이어 a conveyor; a conveyer. ‖~ 시스템 a conveyor system.
컨트롤 control. ‖~ 타워 a control tower.
컬 a curl (of hair). ¶~이 풀리다 go out of curl.
컬러 (a) colo(u)r. ‖~ 방송 《텔레비전의》 colorcasting; a colorcast / ~ 사진 a color photo / ~ 텔레비전 color television; 《수상기》 a color television (set) / ~ 필름 a color film.
컬컬하다 (be) thirsty.
컴컴하다 《어둡다》 (be) dark; black; somber; gloomy; dim; 《마음이》 (be) dark; secretive; blackhearted; insidious.
컴퍼스 《제도용의》 (a pair of) compasses; 《나침의》 the mariner's compass.
컴퓨터 a computer. ¶~화(化)하다 (로 처리하다) computerize.
컴프레서 a compressor.
컵 a cup; a trophy; 《잔》 a glass; a drinking cup.
케이블 a cable. ‖~ 카 a cable car.
케이스 a case.
케이에스 KS. (◀Korean Standards) ‖~ 마크 a KS mark / ~ 상품 KS goods.
케이오 K.O. (◀knock-out)
케이크 a cake.
케임브리지 Cambridge.
케첩 ketchup; catsup; catchup. ‖토마토 ~ tomato ketchup.
케케묵다 《낡다》 (be) old; antiquated; 《구식》 (be) old-fashioned; 《진부하다》 (be) hackneyed; timeworn. ¶케케묵은 이야기 an old story.
켕기다 ① 《팽팽해짐》 be stretched tightly; be strained; become tense (taut). ¶힘줄이 ~ have a strain on the sinew; feel a sinew taut. ② 《마음이》 feel a strain; feel ill at ease; have something on one's conscience. ③ 《팽팽하게 함》 strain; stretch; draw tight; make taut.
켜 a layer; a ply.
켜다 ① 《불을》 light; kindle; turn (switch) on 《*an electric lamp*》. ¶성냥을 ~ strike a match. ② 《잔을》 drink; drain; empty. ③ 《톱으로》 saw off; saw 《*timber*》 into 《*boards*》. ④ 《누에고치를》 spin 《*threads*》 off 《*a cocoon*》. ⑤ 《기지개를》 stretch (oneself). ⑥ 《악기를》 play (on) 《*the violin*》.
켤레 ¶한 ~ a pair 《*of shoes*》 / 구두 두 ~ two pair(s) of shoes.
코¹ ① 《사람의》 a nose; a trunk (코끼리의); a muzzle (개, 말 따위의); a snout (돼지의). ¶~가 막히다 one's nose is stopped up / ~를 우비다 pick one's nose. ② 《콧물》 nasal mucus; snivel; snot. ¶~를 흘리다 be sniveling; be running at the nose / ~를 풀다 blow one's nose.
코² 《편물(編物)의》 a stitch; 《그물의》 a knot.
코감기(一感氣) 《have》 a cold in the head (nose).
코골다 snore. ¶드르렁드르렁 ~ snore loudly.
코끼리 an elephant. ‖수(암) ~ a bull (cow) elephant.
코냑 《술》 cognac.
코너 a corner.
코넷 〖樂〗 a cornet.
코대답(一對答) ~하다 answer indifferently (nonchalantly).
코드 ① 《줄》 a cord; 《전깃줄》 an electric cord. ② 《암호》 a code. ‖자동 검사 ~ 〖콤퓨터〗 a self checking code.
코딱지 nose dirt (wax).
코떼다 get snubbed (humbled, rejected); get put to shame.
코뚜레 a nose ring.

ㅋ

코르덴 corduroy. ‖ ~ 양복 a corduroy suit.
코르셋 a corset; stays《英》.
코르크 a cork.
코뮤니스트 a communist.
코뮤니즘 communism.
코뮤니케 a *communiqué*《프》. ‖ 공동 ~ a joint *communiqué*.
코뮤니케이션 communication. ‖ 매스 ~ mass communication.
코미디 a comedy.
코미디언 a comedian.
코믹 a comic; comics (신문의).
코민테른 the Comintern. (◀ the Communist International)
코민포름 the Cominform. (◀ the Communist Information Bureau)
코바늘 a crochet hook.
코발트 cobalt (기호 Co). ¶ ~(색)의 cobaltic. ‖ ~ 폭탄 a cobalt bomb.
코방귀뀌다 pooh-pooh; snort (sniff) at; treat 《*a person*》 with contempt.
코방아찧다 fall flat on one's face.
코브라 〖動〗 a cobra.
코사인 〖數〗 a cosine (생략 cos).
코세다 (be) stubborn; headstrong.
코스 a course; a lane (경주, 수영 등의); a racecourse (경마 따위의).
코스모스 〖植〗 a cosmos.
코웃음치다 sneer.
코일 a coil.
코작 ‖ ~병 a Cossack.
코즈메틱 a cosmetic.
코치 《훈련》 coaching; 《사람》 a coach(er). ~하다 coach.
코카서스 Caucasus; Caucasia. ¶ ~ 사람 a Caucasian.
코카인 cocain(e). ‖ ~중독 cocainism.
코카콜라 Coca-Cola; coke《俗》.
코코넛 〖植〗 coco(a)nuts.
코코아 cocoa.
코크스 cokes.
코탄젠트 〖數〗 a cotangent(생략 cot).
코털 hairs in the nostrils. ¶ ~을 뽑다 pull out the hairs of the nostrils.
코트 ① 《옷》 a coat. ② 《테니스 따위의》 a 《*tennis*》 court.
코펜하겐 Copenhagen.
코프라 copra.
코피 nosebleed. ¶ ~를 흘리다 bleed at the nose; have a bloody nose.
코훌리개 a snotty-nosed kid; a sniveler.
콕 stinging (thrusting, poking, pricking) hard (sharply, fast). ¶ 바늘로 ~ 찌르다 pinprick with a needle.
콘덴서 〖電〗 a condenser.
콘덴스트밀크 condensed milk.
콘돔 a condom; a rubber《俗》.
콘비프 corn(ed) beef.
콘서트 a concert.
콘센트 〖電〗 an (a wall) outlet.
콘체르토 〖樂〗 a concerto.
콘크리트 concrete. ‖ ~ 믹서 a cement mixer / 철근 ~ ferroconcrete; reinforced concrete.
콘택트렌즈 a contact lens.
콘트라베이스 〖樂〗 a contrabass.
콘트라스트 a contrast.
콜걸 a call girl《美俗》.
콜드게임 〖野〗 a called game.
콜드크림 cold cream.
콜레라 cholera. ‖ 진성 ~ malignant cholera / ~예방 주사 anticholera injection.
콜로이드 〖化〗 colloid. ~의 colloidal.
콜로타이프 a collotype.
콜록거리다 keep coughing (hacking).
콜론[1] 〖經〗 a call loan.
콜론[2] 《이중점》 a colon.
콜타르 coal tar.
콜호스 《집단농장》 a *kol(k)hoz*《러》; a collective farm.
콤마 a comma; 〖數〗 a decimal point.
콤바인 《수확기》 a combine (harvester).
콤비 a combination. ¶ …와 ~가 되다 (form a) pair with.... ‖ 명~ a good combination.
콤비나트 an industrial complex.
콤팩트 a compact.
콤플렉스 《have》 an inferiority complex.
콧구멍 the nostrils; the nares.
콧김 the breath from the nose.
콧날 ¶ ~이 선 《*a person*》 with a shapely (clear-cut) nose. 「(tune).
콧노래 ¶ ~를 부르다 hum a song
콧대 ¶ ~가 높다 be proud of; be haughty / ~가 세다 be stubborn; be self-assertive; be defiant / ~를 꺾다 humble 《*a person's*》 pride; snub 《*a person*》 down; take 《*a person*》 down a peg.
콧등 ☞ 콧마루. 「nose.
콧마루 the ridge (bridge) of the
콧물 snivel; snot. ¶ ~을 흘리다 be sniveling; be running at the nose.
콧소리 a nasal voice (tone, accent); a twang. ¶ ~로 말하다 speak through the nose; twang.
콧수염 a moustache; a mustache 《美》. ¶ ~을 기르다 grow a mustache.
콩 〖植〗 beans; a pea (완두); a soybean (대두). ‖ ~ 가루 soybean flour / ~강정 rice cake covered with soybean flour / ~기름 (soy-) bean oil / ~깍지 bean chaff / ~깻묵 a bean cake / ~꼬투리 a bean-pod; a legume / ~노굿 a bean flower.
콩과(一科) 〖植〗 leguminous plants.
콩국 soybean soup.
콩나물 bean sprouts. ‖ ~ 교실 an overcrowded classroom / ~국 bean sprout-soup / ~밥 rice cooked with bean sprouts.

콩댐하다 wax 《*the floor paper*》 with ground beans.
콩밥 bean-mixed rice. ¶ ~(을) 먹다 serve a penal servitude; be put to prison.
콩버무리 bean-mixed rice cake.
콩볶듯하다 crack; crackle; rattle.
콩새 〖鳥〗 a Korean hawfinch; a grosbeak.
콩자반 boiled beans in soysauce.
콩쿠르 a *concours* 《프》; a contest.
콩튀듯하다 jump up with anger; be hopping mad.
콩트 a *conte* 《프》; a short story.
콩팔칠팔하다 gibber; jabber; chatter; ramble.
콩팥 《신장》 the kidney.
콰르텟 a quartet; a *quartetto* 《이》.
콸콸 gushingly; in a steady stream. ¶ ~ 흘러나오다 flow out steadily; gush out.
쾅 (with a) bang; with a boom; with a thud. ¶ 문을 ~ 닫다 shut a door with a bang / ~하고 떨어지다 fall with a thud.
쾌 ¶ 북어 한 ~ a string of twenty dried pollacks.
쾌감(快感) a pleasant sensation; an agreeable feeling. ¶ ~을 느끼다 feel fine [pleasant, comfortable].
쾌거(快擧) an inspiring deed; a heroic [glorious] venture.
쾌남아(快男兒) a fine [good] fellow; a jolly good fellow; a regular guy [fellow] 《美》.
쾌도(快刀) a sharp blade [sword]. ¶ ~ 난마하다 cut the Gordian knot; solve a knotty problem readily.
쾌락(快樂) pleasure; enjoyment; delight. ¶ 육체적 ~ carnal pleasure. ‖ ~주의 [설(說)] epicureanism; hedonism (~주의자 a hedonist; an epicurean).
쾌락(快諾) ~하다 give a ready [hearthy] consent; consent [agree, accept] readily.
쾌보(快報) good [cheerful, welcome] news; glad tidings; a joyful report.
쾌사(快事) a pleasant event [matter].
쾌속(快速) ~한 speedy; swift. ‖ ~선 a fast boat [ship, vessel].
쾌승(快勝) 《win》 a signal [decisive] victory.
쾌유(快癒) ☞ 쾌차.
쾌재(快哉) ¶ ~를 부르다 cry out "bravo"; shout for joy [delight].
쾌적(快適) ~한 agreeable; delightful; pleasant; comfortable. ‖ ~지수 a comfort index.
쾌조(快調) an excellent condition. ¶ ~이다 be in the best condition; be in good shape.
쾌주(快走) ~하다 sail fast; scud.
쾌차(快差) ~하다 recover completely; be restored to health; regain one's health.
쾌척(快擲) ~하다 give 《*a fund*》 willingly; make a generous contribution.
쾌청(快晴) fine [fair and clear] weather.
쾌하다(快—) ① 《쾌차함》 be well again; regain one's health. ② ☞ 유쾌.
쾌활(快活) ~한 cheerful; merry; lively; jolly; jovial; light-hearted. ¶ ~하게 cheerfully; merrily; livelily; light-heartedly.
쾌히(快—) 《즐거이》 happily; gladly; delightfully; agreeably; 《기꺼이》 willingly; with pleasure. ¶ ~ 승낙하다 consent willingly.
쾨쾨하다 (be) foul-smelling; stinking; offensive.
쿠냥 a Chinese girl.
쿠데타 *a coup d'état* 《프》. ¶ ~를 일으키다 carry out a *coup d'état*. ‖ 군부 ~ a military *coup* / 무혈 ~ a bloodless *coup*.
쿠렁쿠렁하다 be not full.
쿠바 Cuba. ¶ ~의 Cuban / ~ 사람 a Cuban.
쿠션 a cushion.
쿠페 a coupé (car).
쿠폰 a coupon. ‖ ~권 [제] a coupon ticket [system].
쿡¹ ☞ 콕.
쿡² 《요리인》 a cook.
쿨롬 〖電〗 a coulomb.
쿨룩거리다 keep coughing [hacking].
쿨리 a coolie; a cooly.
쿨쿨 z-z-z; snoring. ¶ ~ 자다 sleep snoring.
쿵 with a thud [bang, bump, plump]. ¶ ~ 하고 떨어지다 fall plump.
퀀셋 〖建〗 a Quonset [Nissen 《英》] hut.
퀄퀄 ☞ 콸콸.
퀘스천마크 a question mark.
퀭하다 《눈이》 (be) hollow. ¶ 퀭한 눈 hollow eyes.
퀴즈 a quiz. ‖ ~프로 a quiz show [program].
퀴퀴하다 (be) fetid; stinking; foul-smelling; offensive.
큐 a cue.
큐비즘 〖美術〗 cubism.
큐피드 Cupid.
크기 size; dimensions; magnitude; bulk (덩치); volume (용적).
크나크다 (be) very big; huge.
크낙새 〖鳥〗 a Korean redheaded woodpecker.
크다¹ 《모양이》 (be) big; large; 《덩치가》 (be) bulky; massive; 《소리가》 (be) loud; 《위대》 (be) great; grand; 《강대》 (be) mighty; powerful; 《거대》 (be) gigantic; huge; 《광대》 (be) vast; extensive; spacious; 《피해》 (be) severe; heavy. ¶ 큰 잘못 a gross mistake; a fatal error / 큰 인물 a great man / 큰 손해 heavy loss.
크다² 《자라다》 grow (up). ¶ 다 큰 아이 a grown-up child.

크라운 a crown.
크라이슬러 《자동차》 a Chrysler.
크래커 a cracker.
크랭크 a crank. ¶ ~ 인하다 〖映〗 go on the floor; start filming. ‖ ~축 a crankshaft.
크레디트 《grant》 a credit. ‖ ~ 카드 a credit card.
크레오소트 creosote.
크레용 《a picture in》 crayon.
크레인 a crane; a derrick (배의).
크레졸 cresol. ‖ ~ 비눗물 saponated solution of cresol.
크레파스 crayon pastel.
크렘린 the Kremlin.
크로켓 a *croquette* 《프》.
크롤 〖水泳〗 crawl. ¶ ~로 헤엄을 치다 swim the crawl.
크롬 chrome; chromium (기호 Cr).
크리스마스 Christmas (Day); X-mas. ‖ ~ 이브 Christmas Eve/~ 카드(선물) a Christmas card (present) / ~ 트리 a Christmas tree.
크리스천 a Christian.
크리스트 (Jesus) Christ. ‖ ~교 Christianity.
크리켓 cricket.
크림 cream. ¶ ~빛의 cream-colo(u)red.
큰곰자리 〖天〗 the Great Bear.
큰기침하다 clear one's throat loudly; hem.
큰길 a main street (road); a highway; a thoroughfare.
큰누이 one's eldest sister
큰달 a long month.
큰댁(一宅) ☞ 큰집.
큰돈 a large sum (of money); a lot of money; a great cost (경비). ¶ ~을 벌다 make a lot of money; realize a large profit.
큰딸 the eldest daughter.
큰마음 ¶ ~먹고 …하다 venture (dare) to 《*do*》; indulge oneself in (splurge on) 《*a new shirt*》; treat oneself to 《*a Parker pen*》.
큰물 a flood; an inundation. ¶ ~나다 be in flood; be flooded.
큰불 a great fire; a conflagration.
큰비 a heavy rain(fall). ☞ 호우.
큰사랑(一舍廊) 《넓은》 a large guest room; 《웃어른의》 the living room of one's elders.
큰상(一床) 《잔치의》 a reception table offered bride or groom; 《커다란》 a large dinner table.
큰소리 ① 《큰소리》 a loud voice. ¶ ~로 in a loud voice; loudly. ② 《야단침》 a shout; a yell; a roar; a bawl; a brawl. ¶ 아무한테 ~치다 shout (roar, rave) at 《*a person*》. ③ 《허풍》 tall (big) talk; bragging. ¶ ~치다 talk big (tall); brag.
큰솥 a cauldron; the biggest kettle.
큰아기 《맏딸》 the eldest daughter; 《처녀》 a big (grown-up) girl.
큰아버지 《백부》 one's father's elder brother; one's uncle.
큰어머니 the wife of one's father's elder brother; one's aunt.
큰언니 one's eldest brother (sister).
큰오빠 one's eldest brother.
큰일 ① 《큰사업》 a big enterprise (bisiness, plan). ¶ ~을 계획하다 plan a big enterprise. ② 《중대사》 a matter of grave concern; a serious matter; a great trouble; a disaster; a crisis (위기). ¶ ~나다 become (grow, get) serious; face a matter of grave concern; assume serious proportions. ③ 《대사》 a big ceremony (banquet); a wedding. ¶ ~을 치르다 go through (carry out) a wedding.
큰절 《여자의》 《make》 a deep bow.
큰집 ① 《종가》 the head family. ② 《맏형의》 the house of one's eldest brother. ③ 《넓은》 a large house.
큰칼 《형구》 a big cangue; a large pillory.
큰코다치다 have bitter experiences; have a hard time of it; pay dearly 《*for*》.
큰형 a man's eldest brother.
클라리넷 a clarinet. ‖ ~ 주자(奏者) a clarinetist.
클라이맥스 《reach》 the climax.
클라이밍 《등산》 climbing.
클래식 the classics.
클랙슨 《honk》 a horn; a klaxon.
클러치 〖機〗 a clutch.
클럽 《join》 a club; a clubhouse (건물). ‖ ~ 활동 club (extracurricular) activities (학교의) / ~ 회비 club dues / ~ 회원 a clubman; a member of a club / 골프 ~ a golf club.
클레임 〖經〗 a claim. ¶ ~을 제기하다 make (bring forward) a claim 《*for compensation*》.
클로로다인 〖藥〗 chlorodyne.
클로로마이세틴 〖藥〗 chloromycetin.
클로로포름 〖藥〗 chloroform.
클로르 〖化〗 chloride. ‖ ~산(酸) chloric acid.
클로버 a 《*four-leaf*》 clover.
클로스 (the bookbinder's) cloth. ¶ ~제의 bound in cloth.
클로즈업 〖映〗 a close-up. ¶ ~되다 《비유》 be highlighted; be brought to the fore.
클리닝 cleaning. ‖ 드라이 ~ dry cleaning.
클린업 ‖ ~ 트리오 〖野〗 a clean up trio.
클린히트 〖野〗 a clean hit.
클립 《fasten with》 a clip; a curler (머리의 컬용).
큼직하다 (be) quite big; 《마음이》 (be) quite generous. ¶ 큼직이 big; large(ly); on a large (grand) scale.
키[1] 《까부는》 a winnow. ¶ ~질하다 winnow.
키[2] 《배의》 a rudder (키판); a helm (키자루); a (steering) wheel (타륜(舵輪)). ¶ ~를 잡다 steer; be at the helm.
키[3] stature; height. ¶ ~가 크다

〔작다〕 be tall 〔short〕/ ～가 자라다 grow in height; grow tall(er).
키⁴ a key. ‖ ～스테이션〔포인트〕 a key station 〔point〕.
키네마 a kinema; a cinema.
키니네 〖藥〗 quinine.
키다리 a tall (gangling) fellow.
키순(一順) ¶ ～으로 in order of 〔according to〕 stature / ～으로 서다 stand 〔line up〕 in order of height.
키스 a kiss; a smack (쪽소리 내는). ～하다 kiss; give a kiss 〔smack〕. ¶ ～를 던지다 throw a kiss to.
키우다 《아이를》 bring up; rear; raise; foster; nurse; 《동·식물을》 breed; raise. ¶ 음악의 재능을 ～ foster musical ability / 어린애를 우유로 ～ bring a baby up on the bottle.
키잡이 《조타수》 a helmsman; a steersman.
키퍼 a keeper. ‖ 골～ a goal keeper.
킥 〖蹴〗 a kick.
킥오프 〖蹴〗 kickoff.
킥킥거리다 giggle; titter; chuckle.
킬로 a kilo. ‖ ～그램 a kilogram / ～리터 a kiloliter / ～미터 a kilometer.
킬킬거리다 giggle; titter; chuckle.
킹사이즈 ¶ ～의 king-size(d).
킹킹거리다 whine; whimper.

ㅌ

타(他) the rest; the other; others. ¶ ～의 추종을 불허하다 be peerless 〔unrivalled〕; be without a peer; have no equal; be second to none.
타(打) a dozen. ☞ 다스.
타개(打開) a break; a new turn. ～하다 break; find a way out 《*of*》; overcome. ‖ ～책 a way out 《*of depression*》; a countermeasure.
타격(打擊) a blow; a hit; a shock; a damage (손해); 〖野〗 batting. ¶ ～을 주다 deal a blow on; strike a blow / ～을 받다 get a blow 〔shock〕; be hit 《*by*》/ 치명적 ～ a fatal 〔mortal〕 blow. ‖ ～상 the batting award / ～전 a batting 〔slugging 《美俗》〕 game.
타결(妥結) a settlement; an agreement. ¶ ～을 보다 reach an agreement 《*with*》. ‖ ～점 a point of agreement.
타계(他界) ～하다 die; pass away; decease.
타고나다 be born 《*with, into*》; be gifted 〔endowed〕 《*with*》. ¶ 타고난 born; inborn; natural; native.
타고장(他一) another place.
타관(他官) ☞ 타향(他鄕).
타구(打球) 〖野〗 a batted ball.
타구(唾具) a spittoon; a spit-box; a cuspidor 《美》.
타국(他國) a foreign country; an alien 〔a strange〕 land; another country. ～의 foreign; alien.
타기(唾棄) ～하다 detest; hate; abhor. ¶ ～할 detestable; disgusting; abominable.
타내다 get 《*from one's elders*》; obtain.
타닌 〖化〗 tannin 《*acid*》.
타다¹ ① 《불에》 burn; be burnt; blaze. ¶ 타고 있다 be burning; be on fire; be in flames / 타 버리다 be burnt up 〔out〕. ② 《눋다》 be scorched; be charred 〔burned, singed〕. ¶ 밥이 ～ the rice is scorched. ③ 《볕에》 be sunburnt; be tanned with the sun. ④ 《격정으로》 burn; blaze; glow; 《애탐》 be agonized 〔anxious, anguished〕. ⑤ 《목이》 be parched with thirst.
타다² 《액체에》 put in; add; 《섞다》 mix; mingle; adulterate 《*with*》 (불순물을). ¶ 술에 물을 ～ water the liquor.
타다³ ① 《탈것에》 ride 《*a horse, a bicycle*》; take 《*a train, a car*》; take 〔have〕 a ride in; get in(to) 〔on〕; 《배에》 go 〔get〕 aboard 《*a ship*》; embark in 〔on〕; sail on. ¶ 기차를 타고 가다 go 〔travel〕 by train; go in a train / 비행기를 타고 가다 fly in an aeroplane / 이등을 ～ go second-class. ② 《기타》 ¶ 줄을 ～ walk on a rope / 산을 ～ climb a mountain / 기회를 ～ seize the opportunity / 얼음을 타고 놀다 have a slide on the ice.
타다⁴ 《받다》 get; receive; take; be given; be awarded (상 따위). ¶ 노벨상을 ～ be awarded a Nobel prize.
타다⁵ ① 《맷돌로》 grind. ¶ 탄 보리 ground barley. ② 《가르다》 divide; part 《*one's hair*》.
타다⁶ ① 《잘느끼다》 be apt to feel; be sensitive to. ¶ 부끄럼을 ～ be bashful 〔shy〕/ 간지럼을 ～ be ticklish. ② 《영향을》 be susceptible 〔sensitive〕 to; be allergic to; suffer easily from; be affected. ¶ 옻을 ～ be allergic to lacquer / 추위를 ～ be sensitive to cold.
타다⁷ ① 《연주》 play (on). ¶ 가야금을 ～ play on a Korean harp. ② 《솜을》 beat 《*cotton*》 out; 《틀다》 willow 〔whip〕 《*a cotton*》.
타닥거리다 《걸음을》 trudge along 〔on〕.
타달거리다 ☞ 타닥거리다.
타당(妥當) ～한 right; proper; apposite; appropriate; reasonable; fit. ‖ (보편) ～성 (universal) validity.
타도(打倒) ～하다 overthrow; strike

ㅌ

down. ¶공산주의 ~ Down with communism.

타도(他道) another province.

타동사(他動詞) a transitive verb.

타락(墮落) degradation; corruption; depravity. ~하다 degrade; become depraved; go to the devil 〔bad〕; be morally ruined; be corrupted; go astray. ¶예술의 ~ decadence of art / ~한 여자 a fallen 〔ruined〕 woman / ~시키다 degrade; deprave; drag 《*a person*》 down; lead 《*a person*》 astray. ‖~자 a degenerate; a backslider; the fallen.

타락줄 a hair-rope.

타래 a bunch; a skein; a coil. ¶실 한 ~ a skein of thread.

타래송곳 a gimlet; a corkscrew.

타래타래 in coils; in spirals; round and round. ¶새끼를 ~ 감다 〔사리다〕 coil the rope up.

타력(他力) the power of another; outside help; 《종교의》 salvation from outside.

타력(打力) 【野】 batting (power).

타력(惰力) inertia; momentum.

타령(打令) 《곡조의 하나》 a kind of tune; 《민요》 a ballad.

타륜(舵輪) 【海】 a steering wheel; the wheel; the helm.

타르 tar. ¶~를 칠하다 tar.

타면(打綿) cotton beating. ‖~기 a cotton gin.

타면(他面) the other side. ¶~에 있어 on the other hand.

타문(他聞) ¶~을 꺼리다 be afraid of publicity.

타박 ¶~하다 find fault with; grumble at. ‖음식 ~ grumbling at 〔about, over〕 the food / ~장이 a grumbler.

타박(打撲) ‖~상 a bruise; a contusion.

타박거리다 trudge 〔trod〕 along.

타박타박하다 《음식이》 be dry and hard to chew.

타방(他方) another side; the other side 〔hand〕 (일방).

타봉(打棒) 【野】 batting.

타분하다 (be) stale; mo(u)ldy; musty. ¶타분한 생선 stale fish.

타블렛 a tablet.

타블로이드 a tabloid.

타사(他事) other matters.

타산(打算) calculation; self-interest. ~하다 calculate; reckon; count. ¶~적 calculating; selfish; mercenary.

타산지석(他山之石) an object lesson; a example one may profit by. ¶~으로 삼다 profit 《*by*》; learn lessons 《*from*》.

타살(他殺) homicide; murder; foul play.

타살(打殺) ~하다 kill by a blow; strike 〔club〕 《*a person*》 to death.

타석(打席) 【野】 a batter's box. ¶~에 서다 be at bat.

타선(打線) 【野】 the (batting) lineup. ¶~에 불이 붙다 make many hits; pump out hits.

타선(唾腺) 【解】 ☞ 타액선.

타성(惰性) 《관성》 inertia; momentum; 《버릇》 force of habit. ¶~으로 《run》 by inertia; from 〔by〕 habit (습관).

타수(打數) 【野】 ¶5 ~ five at bats (생략 5 ab) / 5 ~ 3 안타를 치다 make three hits in five at bats.

타수(舵手) a steersman; a helmsman; 《보트의》 a cox; coxswain.

타순(打順) 【野】 the batting order.

타스 《소련의 통신사》 the Tass.

타악기(打樂器) a percussion instrument.

타액(唾液) saliva; sputum. ‖~ 분비 salivation / ~선〔관〕 the salivary gland 〔duct〕.

타원(楕圓) an ellipse; an oval. ~의 elliptic; oval. ‖~ 궤도 an elliptical orbit / ~ 운동 elliptic motion / ~체 an ellipsoid / ~형 an oval.

타월 a towel.

타율(他律) heteronomy. ~적 heteronomous.

타율(打率) 【野】 one's batting rate 〔average〕 (생략 bat. avg.).

타의(他意) any other intention; a secret purpose; 《악의》 malice; ill will. ¶~ 없다 bear no hard feelings; have no other intention.

타이¹ Thailand. ¶~의 Thai / ~말 Thai / ~ 사람 a Thai; a Thailander.

타이² ① 《넥타이》 a (neck)tie. ② 《동점》 a tie. ‖~ 기록 an equal record (세계 ~ 기록을 세우다 tie 〔equal〕 the world mark 〔record〕) / ~ 스코어 a tie score.

타이르다 reason 《*with*》; remonstrate; admonish; advise; persuade. ¶잘못을 ~ reason with 《*a person*》 on 《*his*》 mistake / 타일러서 …시키다 persuade 《*a person to do, into doing*》.

타이밍 timing. ¶~이 좋다 〔나쁘다〕 be timely 〔untimely〕.

타이어 a tire 《美》; a tyre 《英》.

타이츠 《a girl in》 tights.

타이트스커트 a tight skirt.

타이틀 《gain, lose, defend》 a title. ‖~ 매치 a title match.

타이프 ① 《형(型)》 type. ② 《활자》 a type. ③ ☞ 타이프라이터. ‖~ 용지 typewriting paper.

타이프라이터 a typewriter. ¶~로 찍은 typewritten; typed / ~를 치다 typewrite. ‖~ 인쇄물 typescript.

타이피스트 a typist.

타인(他人) 《다른 사람》 others; an other person; 《남》 an unrelated person; a stranger; an outsider.

타일 a tile. ¶~을 깐 tiled.

타임 time. ¶ ~을 재다 time / ~을 선언하다 announce (call) time. ‖ ~ 리코더 a time recorder (clock).
타자(打者) 〖野〗 a batter; a batsman; a hitter. ‖ 강~ a slugger; a heavy (hard) hitter / 대(代)~ a pinch hitter.
타자기(打字機) a typewriter.
타자수(打字手) a typist.
타작(打作) threshing. ~하다 thresh. ‖ ~ 마당 a threshing ground.
타전(打電) ~하다 telegraph; wire; send a telegraph 《*to*》; cable (해저전신); radio (무전).
타점(打點) ① 《붓으로》 ~하다 dot; point. ② 《마음속으로》 ~하다 fix one's choice on. ③ 〖野〗 a run batted in (생략 rbi.).
타조(駝鳥) 〖鳥〗 an ostrich.
타종(打鐘) ~하다 strike (toll, ring) a bell; sound (ring) a gong. ‖ ~식 《hold》 a trial tolling ceremony.
타진(打診) ① 〖醫〗 ~하다 percuss; tap; sound. ‖ ~기 a plexor. ② 《떠봄》 ~하다 sound; feel 《*a person*》 out; tap. ¶ 의향을 ~하다 tap (sound) 《*a person's*》 opinion.
타짜(꾼) a cardsharp(er); a card cheat.
타처(他處) another place; a different part of the country. ¶ ~ 사람 a stranger; an outlander / ~에서 elsewhere; at (in) another (some other) place; somewhere else.
타척(打擲) a blow; thrashing; striking. ~하다 beat; strike.
타태(墮胎) ☞ 낙태.
타파(打破) ~하다 break down 《*evil customs*》; do away with; abolish; overthrow. ‖ 계급 ~ abolition of class distinctions.
타합(打合) a previous arrangement. ~하다 make (previous) arrangements 《*with a person for a matter*》; prearrange.
타향(他鄕) a strange (foreign) land.
타협(妥協) (a) compromise; trade 《*with*》 (정당 사이의) 《美》. ~하다 (make a) compromise; meet 《*a person*》 halfway; come to terms. ¶ ~적 compromising. ‖ ~안(案) a compromise(~안을 만들다 work out a compromise) / ~점(을 찾다) (find out) common ground.
타화수정(他花受精) ☞ 딴꽃가루받이.
탁 with a bang (snap, slam); with a crack.
탁견(卓見) a fine idea; foresight; an excellent idea (view) (명안).
탁구(卓球) 《play》 ping-pong; table tennis. ‖ ~대 a ping-pong table.
탁류(濁流) a muddy stream; a turbid current.
탁마(琢磨) 《연마》 polishing; cultivation (학덕을). ~하다 polish; improve 《*one's virtue*》; cultivate 《*one's mind*》.
탁발(托鉢) ~하다 go about asking for alms. ‖ ~승 a mendicant (priest); a friar.
탁본(拓本) ☞ 탑본(搨本).
탁상(卓上) on the table. ¶ ~용의 desk 《*dictionaries*》. ‖ ~ 계획(공론) a desk plan (theory) / ~ 시계 a table clock / ~ 전화 a desk telephone.
탁선(託宣) an oracle.
탁설(卓說) an excellent view.
탁성(濁聲) a thick (hoarse) voice.
탁송(託送) consignment. ~하다 consign; send 《*a thing*》 by (through) 《*a person*》. ‖ ~품 a consignment.
탁아소(託兒所) 《아이맡기는》 a day (public) nursery.
탁엽(托葉) 〖植〗 a stipule.
탁월(卓越) ~한 excellent; eminent; prominent; distinguished. ¶ ~한 업적 an outstanding (a brilliant) achievement. ‖ ~풍 〖氣〗 the prevailing wind.
탁자(卓子) a table; a desk. ¶ ~에 둘러앉다 sit (a)round a table.
탁절(卓絕) ☞ 탁월.
탁주(濁酒) ☞ 막걸리.
탁탁 ① 《쓰러짐》 ¶ ~ 쓰러지다 fall one after another. ② 《숨이》 ¶ ~ 숨이 막히다 be choky; be stifled. ③ 《침을》 ¶ ~ 뱉다 spit 《*on*》; go spit-spit-spit. ④ 《두드리다·부딪다》 ¶ 먼지를 ~ 털다 beat the dust off; beat the dust out of....
탁탁거리다 keep cracking (popping, flapping).
탁탁하다 ① 《천이》 (be) close-woven; thick and strong. ② 《살림이》 (be) abundant; be well-off (서술적).
탁하다(濁一) (be) muddy 《*water*》; turbid; thick; cloudy 《*wine*》; impure 《*blood*》. ¶ 탁한 공기 impure air / 탁한 목소리 a thick voice.
탄갱(炭坑) a coal pit (mine). ‖ ~부(夫) a coal miner; a collier.
탄고(炭庫) a coal cellar; a coal bin; a (coal) bunker.
탄광(炭鑛) a coal mine; a colliery. ‖ ~업 the coal-mining industry / ~ 지대 a mining region / ~ 회사 a colliery company.
탄내 scorched smell. ~나다 smell something scorching (smo(u)ldering, burning).
탄내(炭一) (char)coal fumes.
탄대(彈帶) ☞ 탄띠.
탄도(彈道) a trajectory; a line of fire. ‖ ~ 계수 the coefficient of a trajectory / ~ 곡선 a ballistic curve / ~ 비행 a trajectory (suborbital) flight.
탄도탄(彈道彈) a ballistic missile. ‖ 대륙간(間) (중거리) ~ an intercontinental (intermediate-range) ballistic missile (생략 I.C.B.M. (I.R.B.M.)).
탄두(彈頭) a warhead. ‖ 핵~ an

atomic (a nuclear) warhead.
탄띠(彈—) a cartridge belt.
탄력(彈力) elasticity; flexibility. ¶ ~ 있는 elastic; flexible 《*rules*》; springy / ~이 없어지다 lose 《*its*》 spring.
탄로(綻露) ~나다 get found out; be detected (exposed, divulged, disclosed, revealed); be laid bare.
탄막(彈幕) 《set up》 a barrage. ‖ ~포화 curtain fire / 엄호 ~ a covering barrage.
탄미(嘆美) ~하다 admire; extol; adore.
탄복(歎服) ~하다 admire. ¶ ~할 만한 admirable; praiseworthy.
탄산(炭酸) 〖化〗 carbonic acid. ‖ ~가스 carbonic acid gas / ~소다(석회, 칼륨) sodium (calcium, potassium) carbonate / ~수 soda water / ~지(紙) carbon paper / ~천(泉) a carburetted spring.
탄상(嘆賞) ☞ 탄미.
탄생(誕生) (a) birth; nativity. ~하다 be born. ‖ ~일 ☞ 생일 / ~지 one's birthplace.
탄성(彈性) elasticity (☞ 탄력). ‖ ~고무 elastic gum / ~체(體) an elastic body.
탄성(歎聲) 《탄식》 a sigh; 《감탄》 an exclamation. ¶ ~을 발하다 heave a (deep) sigh 《*of despair, of admiration*》; deplore (한탄).
탄소(炭素) 〖化〗 carbon (기호 C). ‖ ~봉(棒) a carbon rod / ~선(전구) a carbon filament (lamp) / 방사성 ~ radio carbon.
탄수(炭水) coal and fresh water. ‖ ~차 a tender.
탄수화물(炭水化物) 〖化〗 a carbohydrate.
탄식(歎息) a sigh; (a) lamentation. ~하다 (heave a) sigh; 《비탄》 lament; deplore; grieve.
탄신(誕辰) a birthday.
탄알(彈—) a shot; a ball; a bullet. ¶ ~이 다할 때까지 싸우다 fight to the last round of powder.
탄압(彈壓) oppression; suppression. ~하다 suppress 《*a strike*》; bring pressure upon 《*a person*》. ¶ ~적 oppressive; high-handed. ‖ ~ 정책 an oppressive measure / 무력 ~ military pressure / 언론 ~ suppression of the press.
탄약(彈藥) 《a round of》 ammunition. ‖ ~고 a (powder) magazine / ~ 상자 an ammunition box / ~ 집적소(集積所) an ammunition (a munition) dump / ~통 a cartridge.
탄우(彈雨) a rain (shower, hail) of bullets (shells).
탄원(歎願) entreaty; supplication; petition. ~하다 entreat; appeal 《*to*》; supplicate; implore; petition 《*the government*》. ‖ ~서 a (written) petition / ~자 a petitioner; a supplicant.
탄저병(炭疽病) 〖醫〗 anthrax (동물의); anthracnose (식물의).
탄전(炭田) a coal field.
탄젠트 〖數〗 a tangent (생략 tan).
탄주(炭柱) 〖鑛〗 a post.
탄주(彈奏) ~하다 play (on); perform on 《*a string instrument*》. ‖ ~법 〖樂〗 a touch / ~자 a player.
탄진(炭塵) coal dust.
탄질(炭質) the quality of coal. ¶ ~이 좋다 (나쁘다) the coal is good (poor) quality.
탄차(炭車) a coal wagon (truck 《英》).
탄착(彈着) hit; impact. ‖ ~거리 range; gunshot / ~관측 spotting / ~점 the point of impact.
탄창(彈倉) 〖軍〗 a magazine.
탄층(炭層) a coal seam (bed).
탄탄(坦坦) ‖ ~대로 a broad and level highway.
탄탄하다 (be) firm; strong; solid; stout; sturdy. ☞ 튼튼하다.
탄폐(炭肺) 〖醫〗 anthracosis. 「《美》.
탄피(彈皮) a cartridge case; a shell
탄핵(彈劾) impeachment. ~하다 impeach 《*a person for taking a bribe*》; denounce; accuse. ‖ ~안 an impeachment motion (resolution) / ~재판소 the Impeachment Court.
탄화(炭化) ~하다 carbonize. ‖ ~물 a carbide / ~수소 hydrocarbon / ~칼슘 calcium carbide.
탄환(彈丸) a shot; a ball; a bullet (소총의); a shell (대포의).
탄흔(彈痕) a bullet mark; a hole made by a shot.
탈 《가면》 a mask. ¶ ~을 쓰다 wear a mask; mask one's face; dissemble (행위, 감정을 숨기다).
탈(頉) ① 《사고·고장》 a hitch; a trouble; a failure. ¶ ~없이 without a hitch (trouble); smoothly. ② 《병》 sickness; illness. ¶ ~없이 in good health. ③ 《흠》 a fault; a defect; a flaw. ☞ 탈잡다.
탈각(脫却) ~하다 get rid (clear) of; free oneself from.
탈각(脫殼) ~하다 exuviate; cast off a skin (shell).
탈것 a vehicle; a conveyance.
탈고(脫稿) ~하다 finish writing 《*an article*》; complete 《*a novel*》.
탈곡(脫穀) ~하다 thresh; thrash. ‖ ~기 a threshing (thrashing) machine; a thresher (thrasher).
탈구(脫臼) dislocation. ~하다 be dislocated; be put out of joint.
탈나다(頉—) 《사고》 an accident happens; have a hitch (mishap); develop (run into) trouble; 《고장》 get out of order; go wrong; break (down); 《병》 fall (be taken) ill.
탈당(脫黨) secession (from a party); defection. ~하다 secede (bolt) from the party; leave the party. ‖ ~성명(서) a (written) statement

of one's secession from the party / ～자 a seceder; a bolter《美》.
탈락(脫落) ～하다 be omitted (left out); fall (slip) off; drop out (낙오). ‖ ～자 a drop-out《俗》.
탈락거리다 keep dangling.
탈루(脫漏) an omission. ～하다 be omitted; be left out; be missing.
탈모(脫毛) ～하다 lose one's hair; depilate. ‖ ～제(劑) depilatory / ～증 alopecia.
탈모(脫帽)《구령》Hats off! ～하다 take off (remove) one's hat.
탈바꿈〖蟲〗☞ 변태.
탈법행위(脫法行爲) an evasion of the law; a slip from the grip of the law.
탈산(脫酸)〖化〗～하다 deoxidize.
탈상(脫喪) ～하다 go out of (finish) mourning (사람이 주어).
탈색(脫色) ～하다 bleach(표백); decol(u)orize. ‖ ～제 a decolorant.
탈선(脫線) derailment; 《이야기의》 digression; deviation. ～하다 be (get) derailed; run off the track (rails, lines); 《얘기 따위》 wander (digress) 《*from one's subject*》; ramble 《*in one's speech*》; 《행동》 deviate from the right path.
탈세(脫稅) an evasion of taxes; tax dodging. ～하다 evade (dodge) a tax. ‖ ～액 the amount of the tax evasion / ～자 a tax dodger (evader) / ～품 smuggled (black market) goods.
탈속(脫俗) ～하다 rise above the world. ¶ ～적 unworldly.
탈수(脫水)〖化〗dehydration. ～하다 dehydrate; dry. ‖ ～기 a dehydrator / ～제 a dehydrating agent / ～증상 dehydration.
탈습(脫濕) dehumidification. ～하다 dehumidify.
탈싹 flop; with a thud. ☞ 털썩.
탈영(脫營) desertion from barracks; decampment. ～하다 run away (desert) from barracks; go AWOL. ‖ ～병(兵) a deserter; a runaway (soldier).
탈옥(脫獄) prison breaking; a jail break《美》. ～하다 break (out of) prison (jail). ‖ ～수 a prison breaker; an escaped convict.
탈의(脫衣) ～하다 undress oneself; take off one's clothes. ‖ ～실 a dressing room / ～장 a bathing booth.
탈자(脫字) an omitted word (letter); the omission of a word.
탈잡다(頉―) find fault with 《*a person, a thing*》; pick flaws with; cavil at.
탈장(脫腸) a rupture; (a) hernia. ¶ ～이 되다 be affected with hernia. ‖ ～대(帶) a hernia band; a truss.
탈저(脫疽) gangrene; mortification.
탈적(脫籍) ～하다 be omitted from the domicile register; have one's name removed (deleted) from the 《*family*》 register.
탈주(脫走) desertion; (an) escape. ～하다 desert; run away; escape, flee 《*from*》. ‖ ～병 a fugitive soldier; a deserter / ～자 a runaway; a deserter.
탈지(脫脂) ～하다 remove grease 《*from*》. ‖ ～면 absorbent (sanitary) cotton; cotton wool《英》/ ～분유 powdered milk / ～유(乳) skim(med) (nonfat) milk.
탈출(脫出) escape; extrication. ～하다 escape (flee) 《*from*》; extricate oneself 《*from danger*》. ‖ ～속도 escape velocity.
탈춤 a masque (masked) dance.
탈취(脫臭) ～하다 deodorize. ‖ ～제(劑) a deodorant; a deodorizer.
탈취(奪取) ～하다 capture; seize; snatch 《*from, out of, away*》.
탈퇴(脫退) withdrawal; secession. ～하다 withdraw (bolt, secede) from; leave. ‖ ～자 a seceder; a bolter《美》.
탈피(脫皮) ecdysis. ～하다 cast off the skin; slough; 《비유적》 break away from 《*the conventions*》; get rid of; do away with.
탈항(脫肛)〖醫〗prolapse of the anus.
탈환(奪還) ～하다 recapture; recover; retake.
탈황(脫黃)〖化〗desulfurization; desulfuration. ～하다 desulfurize; desulfur; purify.
탈회(脫會) ～하다 leave (secede from) 《*a society*》; quit; drop out.
탐관오리(貪官汚吏) a corrupt official; a graft-happy official.
탐광(探鑛)〖鑛〗～하다 prospect 《*a region for mines*》. ‖ ～자 a prospector.
탐구(探究) search; a research; a study. ～하다 seek; pursue 《*truth*》; do research 《*on*》; inquire into; study. ‖ ～심(心) the spirit of inquiry / ～자 an investigator; a pursuer 《*of truth*》.
탐나다(貪―) be desirable; be desirous (covetous) of 《*money*》.
탐내다(貪―) want; wish 《*for*》; covet; crave; be greedy for 《*money*》.
탐닉(耽溺) ～하다 indulge in; be addicted to; give oneself up to. ¶ 주색에 ～하다 abandon oneself to liquor and sex.
탐독(耽讀) ～하다 read with avidity; be absorbed in reading.
탐문(探問) ～하다 inquire about indirectly; detect; learn by inquiry; pick up information.
탐문(探聞) ～하다 obtain information (by inquiry); get wind of (소문 등을); snoop for information (형사가).
탐미(耽美) ☞ 심미(審美).
탐방(探訪) a visit; an inquiry. ～하

ㅌ

다 make a private inquiry 《into》; inquire into 《a matter》. ‖ ~기(記) a report of inquiries; a *reportage* 《프》 / ~ 기자 a (newspaper) reporter.
탐방 with a plop. ~거리다 keep splashing.
탐사(探査) ~하다 make inquiries; inquire into; investigate 《into》.
탐색(探索) ~하다 look [seek, search] 《for》; hunt up (범인을); investigate. ‖ ~전 an engagement in reconnaissance.
탐스럽다 (be) charming; attractive.
탐승(探勝) ~하다 explore the beauties 《of》; go sightseeing.
탐식(貪食) ~하다 eat greedily; devour.
탐욕(貪欲) greed; avarice. ~스런 greedy; avaricious; covetous.
탐정(探偵) 《일》 detection; espionage (군사상); 《사람》 a detective; a spy (간첩). ~하다 investigate [inquire into] secretly; spy 《on a person, into a matter》. ¶ ~을 붙이다 set a detective 《on》. ‖ ~ 소설 a detective story / 사설 ~ a private detective.
탐조등(探照燈) a searchlight.
탐지(探知) ~하다 find out; detect; spy [smell] out. ‖ ~기 a detector.
탐측(探測) sounding; probing. ‖ ~기구 a pilot balloon / ~ 로켓 a sounding rocket.
탐탁스럽다 ☞ 탐탁하다.
탐탁하다 (be) desirable; satisfactory; be to one's satisfaction [liking] (서술적). ¶ 탐탁하지 않은 undesirable; unsatisfactory; unpleasant / 탐탁한 여자 a woman after one's heart.
탐폰 【醫】 a tampon.
탐하다(貪一) be greedy 《of, for》; be covetous 《of》; covet 《fame》; wish 《for》.
탐험(探險) exploration; expedition. ~하다 explore. ‖ ~가(家) an explorer / ~대 an expeditionary party / ~ 여행 an exploring expedition / 북극 ~ an Arctic [a polar] expedition.
탑(塔) 《build》 a tower; a 《five-storied》 pagoda (동양의); a steeple (뾰족탑); a monument (기념탑).
탑본(搨本) a rubbed copy 《from an inscription》. ¶ ~을 뜨다 make a rubbing 《of》.
탑삭 with a dash; violently.
탑삭부리 a man with a shaggy beard. ☞ 텁석부리.
탑승(搭乘) ~하다 ride 《in》; board [get on] 《a plane》. ‖ ~원 the crew (총칭); a crew member (개인) / ~자 a passenger.
탑재(搭載) ~하다 load; embark; take 《in, on》; carry. ‖ ~량 loading [carrying] capacity.
탑파(塔婆) a *stupa* 《梵》.
탓 《원인》 reason; 《잘못》 fault; 《영향》 influence; effect. ¶ 나이 ~으로 because of [owing to] one's age; on account of age / 기후(의) ~으로 under the influence of the weather / …의 ~이다 be caused by; be due to / 남의 ~으로 돌리다 put the blame on another.
탓하다 put [lay] blame upon; lay the fault to; attach blame to.
탕 ① 《소리》 a bang; boom. ~하다 bang; (go) boom. ¶ 문을 ~ 닫다 bang a door. ② 《빈꼴》 ¶ ~빈 empty; vacant.
탕(湯) ① 《국》 soup; broth; 《한약》 a medicinal (herb) broth. ② 《목간》 a hot [public] bath. ¶ 남~ a bath for men / 여~ the ladies' section (of a public bathhouse).
탕감(蕩減) ~하다 write off 《a debt》; cancel (out). ¶ 빚을 ~해 주다 forgive 《a person》 a debt.
탕개 a clamp; a fastener. ‖ ~목 a taut-peg / ~줄 a guy (line); a fastening rope.
탕관(湯罐) a kettle; a pot.
탕기(湯器) a soup dish [bowel].
탕반(湯飯) ☞ 장국밥.
탕심(蕩心) a dissipated mind.
탕아(蕩兒) a prodigal; a libertine.
탕약(湯藥) a (medical) decoction; an infusion.
탕진(蕩盡) ~하다 squander; waste; run through 《one's fortune》; dissipate.
탕치(湯治) a hot-spring cure. ~하다 take the baths [waters] at...; try the baths for medical purposes. ‖ ~ 요양 spa treatment; hot spring cure.
탕치다(蕩一) ① 《재산을》 squander (away); run through one's fortune. ② 《탕감》 write off 《a debt》; let off.
탕탕 《포소리》 booming [banging] repeatedly; 《허풍》 big; with big words. ~거리다 keep banging [booming]. ¶ ~ 큰소리치다 talk big; brag.
탕파(湯婆) a hot-water bottle; a foot warmer.
태 《새쫓는》 a cracking whip.
태(胎) the umbilical cord and the placenta; the womb. ¶ ~를 가르다 cut the navel cord.
태가(駄價) portage; carriage.
태고(太古) ancient times. ¶ ~부터 from time immemorial.
태공망(太公望) an angler. ☞ 강태공(姜太公).
태교(胎敎) prenatal care; prenatal culture [education].
태권도(跆拳道) the Korean art of empty-handed self-defense; *taekwondo*.
태그매치 a tag-team (wrestling) match.
태극기(太極旗) the national flag of Korea; the *taegeug* flag.

태극선(太極扇) 《부채》 a fan with a *taegeug* design.
태기(胎氣) signs [indications] of pregnancy.
태깔(態—) ~스러운 haughty; arrogant; proud.
태껸 kicking and tripping art (as a sport).
태내(胎內) ~의 [에] 《a child》 in the womb. ‖ ~ 전염 antenatal infection.
태도(態度) an attitude; 《심적 태도》 a posture; 《풍채》 bearing; 《모양》 an air; looks; 《거동》 (a) manner; behavio(u)r. ¶ 강경한 ~ a firm attitude / ~가 좋다 [나쁘다] have good [bad] manners / ~를 취하다 assume [take] an attitude 《*toward*》 / 우호적인 ~로 in a friendly manner.
태독(胎毒) 〖醫〗 congenital syphilis.
태동(胎動) 《태아의》 quickening; 《비유적》 a sign [an indication] 《*of*》. ~하다 quicken; show signs of. ‖ ~기 the quickening period.
태두(泰斗) a leading scholar; an authority 《*on*》.
태만(怠慢) negligence; neglect; delinquency. ~한 neglectful; inattentive; negligent; careless. ¶ 직무 ~으로 for neglect of duty.
태몽(胎夢) a dream of forthcoming conception.
태무(殆無) ~하다 (be) very scarce; very few; 《there is》 little; be next to nothing (서술적).
태반(太半) the greater [most, better] part; the majority. ¶ ~은 mostly; for the most part.
태반(胎盤) 〖解〗 the placenta.
태부리다(態—) strike an attitude; assume affected manners; give oneself airs.
태부족(太不足) ~하다 《서술적》 be in great want [shortage] 《*of*》.
태산(泰山) 《큰산》 a great mountain; 《크고 많음》 a heap [pile]; a huge amount; a mountain 《*of*》. ¶ ~같이 믿다 place great trust 《*on, in*》 / ~명동 서일필 Much cry and little wool. ‖ ~ 준령 high mountains and steep passes.
태생(胎生) ① 《출생》 birth; origin; 《출생지》 one's birthplace. ¶ … ~이다 come from 《*Seoul*》; be of 《*foreign*》 birth. ② 〖生〗 viviparity. ‖ ~ 동물 viviparous animals.
태서(泰西) the West; the Occident.
태선(苔癬) 〖醫〗 lichen.
태세(態勢) an attitude; a setup. ¶ ~를 갖추다 get ready 《*for*》; be prepared 《*for, to do*》.
태수(太守) a viceroy; a governor.
태심(太甚) ~하다 (be) very [exceedingly] severe; extreme; excessive.
태아(胎兒) a f(o)etus (8주 이후); an embryo (8주까지); an unborn baby. ~의 embryonic; fetal.
태양(太陽) the sun. ~의 solar. ‖ ~계 the solar system / ~등(燈) a sun(ray) lamp / ~력 the solar calendar / ~열 solar heat (~열 주택 a solar house) / ~ 전지 a solar battery [cell].
태어나다 be born 《*rich*》; come into the world. ¶ 다시 ~ 《내세에》 be born a man in one's next existence; 《딴사람이 됨》 make a fresh start in life.
태업(怠業) sabotage; a slowdown 《美》; a go-slow. ~하다 go on sabotage [a go-slow strike].
태없다 (be) humble; modest; unaffected.
태연(泰然) ~한[히] cool(ly); calm (-ly); composed(ly).
태연자약(泰然自若) ~하다 (be) calm and self-possessed; remain composed (서술적).
태열(胎熱) 〖醫〗 congenital fever.
태엽(胎葉) 《wind》 a spring. ¶ ~이 풀리다 a spring runs down. ‖ ~ 장치 clockwork / 시계 ~ a watch spring.
태우다¹ ① 《연소》 burn; fire; 《소각》 commit to the flames; lay in ashes. ¶ 태워 버리다 burn up; throw into the fire; destroy by fire. ② 《그슬리다》 burn; scorch; singe; char(까맣게). ③ 《애태우다》 burn 《*one's soul*》; agonize; 《걱정》 worry.
태우다² 《탈것에》 carry; pick up; take [have] 《*passengers*》 on board. ¶ 태워 주다 give 《*a person*》 a lift (자기 차에); help 《*a person*》 into 《*a car*》 (부축해서).
태우다³ 《분배》 divide 《*a thing among*》; distribute; 《상금 등을》 award 《*a price*》; 《노름·내기에》 bet; stake. ¶ 돈을 ~ lay a wager 《*on the table*》.
태음(太陰) the moon. ‖ ~력 [시(時)] the lunar calendar [time].
태자(太子) ☞ 황태자.
태조(太祖) the first king 《*of the dynasty*》.
태질치다 《벼타작》 thresh 《*grain*》; 《메어침》 throw 《*a person*》 down.
태초(太初) the beginning of the world.
태코그래프 a tachograph.
태코미터 a tachometer.
태클 a tackle. ~하다 tackle.
태평(泰平·太平) ① 《국가·가정의》 peace; tranquility. ~한 peaceful; tranquil; quiet. ‖ ~가 a song of peace / ~ 성대 a peaceful reign. ② 《마음이》 ~한 easy(-going); carefree. ¶ 마음이 ~한 사람 an easy-going [happy-go-lucky] person.
태평양(太平洋) the Pacific (Ocean). ‖ ~ 전쟁 [함대] the Pacific War [Fleet] / ~ 횡단 비행 a transpa-

E

cific flight.
태풍(颱風) 《the eye of》 a typhoon. ‖ ~ 경보(를 발하다) (issue, give) a typhoon warning / ~권(내) (within) the typhoon area.
태형(笞刑) flogging. ¶ ~을 가하다 punish 《*a person*》 by flogging.
태환(兌換) conversion. ‖ ~권(券)= 태환 지폐 / ~ 은행 a bank of issue / ~ 지폐 convertible notes.
태후(太后) ☞ 황태후.
택시 a taxi(cab). ¶ ~로 가다 go by taxi / ~를 타다 〔잡다, 부르다〕 take 〔pick, call〕 a taxi. ‖ ~ 요금 taxi fare / ~ 운전사 a taxi driver; a cabman.
택일(擇日) ~하다 choose an auspicious day; fix the date.
택지(宅地) a housing 〔building〕 lot 〔site〕; curtilage. ¶ ~를 조성하다 turn 《*the land*》 into housing lots. ‖ ~료 a ground rate / ~ 분양 sale in lots.
택지(擇地) ~하다 select a site 《*for*》.
택하다(擇—) choose; make choice 《*of*》; select; prefer.
탤런트 a person of 《*theatrical*》 talent; a 《*television*》 personality; 《TV》 talent (집합적).
탬버린 〖樂〗 a tambourine.
탭댄스 a tap dance.
탯줄 the navel string; an umbilical cord.
탱고 〖樂〗 《dance a》 tango.
탱알 〖植〗 an aster.
탱자 〖植〗 a hardy (trifoliate) orange.
탱커 《유조선》 a tanker; a tank ship. ‖ 오일 ~ an oil tanker.
탱크 《전차》 a tank; 《기름통》 a 《*gas*》 tank. ‖ ~ 로리 a tank lorry 〔truck〕.
탱탱하다 (be) swollen 〔puffed〕 up; tight; tense; taut.
탱화(幀畫) 〖佛〗 an altar portrait of Buddha.
터¹ ① 《집터》 a (building) site 〔lot〕; (a plot of) ground; a place. ② 《기초》 the ground; the foundation; footing; groundwork. ¶ ~를 다지다 break 〔level〕 ground / ~를 닦다 prepare the ground 《*for*》.
터² 《예정》 a plan; a schedule. ¶ …할 ~이다 intend; have the intention of …ing; think of …ing.
터널 a tunnel. ¶ ~을 뚫다 build 〔cut, bore〕 a tunnel 《*through*》.
터놓다 ① 《막힌 것을》 open 《*it*》 up; undam 《*a river*》; lift 《*a ban*》. ② 《마음을》 open one's heart to. ¶ (마음을) 터놓고 without reserve; unreservedly; frankly / 터놓고 말하면 to be frank with you.
터다지다 consolidate the foundation 《*of a building*》; level the ground 《*for*》.
터닦다 ① 《집터를》 build up a site 《*for*》. ② 《토대를》 consolidate a foundation.
터덕거리다 ① 《걸음을》 walk wearily; walk heavily over 〔along〕; plod 《*on, along*》. ② 《살림이》 make a bare living. ③ 《일을》 struggle with hard work.
터덜거리다 ① 《걸음을》 walk wearily; trudge 《*along*》. ¶ 터덜터덜 trudgingly; wearily. ② 《소리가》 jolt; rattle along 《*a stony road*》.
터득(攄得) ~하다 get the knack 〔hang〕 of 《*doing*》; understand; grasp; learn the ropes.
터뜨리다 《폭발》 explode; burst; detonate; blast; 《갇힌 것을》 break; burst. ¶ 종기를 ~ have one's boil break / 풍선을 ~ burst a balloon / 폭탄을 ~ explode a bomb / 노염을 ~ let loose one's anger.
터럭 hair. ☞ 털.
터무니 ¶ ~없는 《부당》 unreasonable; absurd; extraordinary; exorbitant; 《과도》 excessive; 《무근거함》 groundless; wild / ~없이 unreasonably; excessively; absurdly / ~없는 거짓말 a downright lie.
터미널 a terminal (station); a terminus 《英》.
터밭 a field attached to a home site; a kitchen garden.
터벅거리다 plod; trudge; totter.
터벅터벅 ploddingly; trudgingly; totteringly. ¶ ~ 걷다 plod 〔trudge〕 along.
터벅터벅하다 (be) hard; dry.
터부 (a) taboo; (a) tabu. ¶ ~시(視)하다 〔되다〕 put 〔be〕 under taboo.
터분하다 (be) unpleasant-〔muddy-〕 tasting. ¶ 입이 ~ have a muddy taste in one's mouth.
터빈 a 《*gas, steam*》 turbine.
터세다 《집터가》 (be) unlucky; ill-omened; ill-fated; haunted.
터수 ① 《처지》 one's status; lot; financial 〔social〕 standing. ② 《관계》 relations; terms.
터알 a kitchen garden.
터울 《나이》 the age gap (among siblings); the disparity of ages between siblings. ¶ ~이 잦다 be frequent in having a baby.
터울거리다 struggle 〔strive〕 hard 《*for, to do*》; make desperate efforts.
터잡다 pick out a site.
터전 a site; a lot; the grounds.
터주(一主) a house guardian deity.
터주다 lift 〔remove〕 the ban 《*on*》.
터지다 ① 《폭발》 explode; burst; erupt; blow up; break out (발발). ② 《파괴·갈라짐》 break down; get broken; be torn; give way; 《피부가》 get chapped. ¶ 둑이 ~ a dike collapses. ③ 《탄로》 be brought to light; be disclosed; be exposed. ④ ☞ 얻어맞다.
터치다운 〖競〗 touchdown.
터키 Turkey. ¶ ~의 〔말〕 Turkish / ~ 사람 a Turk. ‖ ~탕 a Turkish

(steam) bath.
터프 ¶ ~한 tough; hardy; firm.
턱[1] the jaw; the chin (아래턱). ¶ ~이 내민 (늘어진) with prominent (drooping) jaws / ~으로 부리다 order 《*a person*》 about / ~이 빠지다 put (one's jaws) out of joint. ‖ ~뼈 a jawbone / 군(이중) ~ a double chin / 위(아래) ~ the upper (lower) jaw.
턱[2] 《높은데》 a prominence; a rise; a raised spot; a sill.
턱[3] 《대접》 a treat; an entertainment (☞ 한턱). ¶ ~을 하다 treat 《*a person*》 to 《*a drink*》.
턱[4] ① 《까닭》 reason; grounds. ¶ 내가 알 ~이 있나 How should I know that? ② 《정도》 extent; degree; stage. ¶ 그저 그 ~이다 be making no progress.
턱[5] ① 《안심》 ¶ (마음이) ~ 놓이다 be relieved; feel reassured. ② 《잡는 꼴》 ¶ ~ 잡다 hold one's hand passionately. ③ 《의젓이》 with a grand air; composedly. ¶ 의자에 ~ 앉다 sit at ease in a chair.
턱걸이 《철봉의》 chinning; a chin-up. ~하다 chin oneself (up); do chinning exercises.
턱까불다 give a death rattle; gasp one's last.
턱받이 a pinafore; a bib.
턱수염 a beard.
턱시도 a tuxedo [*pl.* ~(e)s].
턱없다 (be) groundless; unreasonable; exorbitant; excessive. ¶ 턱없이 unreasonably; exorbitantly.
턱짓하다 make a gesture with one's chin.
턱찌끼 the leftovers.
턱턱 ☞ 탁탁.
턴테이블 a turntable.
털 ① 《머리털》 hair; 《솜털》 down. ¶ ~이 있는 haired; hairy / ~이 많은 hairy / ~을 뽑다 pull out a hair. ‖ ~구멍 pores (of the skin). ② 《짐승의》 fur; wool(양털). ¶ ~을 댄 fur-lined. ‖ ~내의 woolen underwear / ~옷 woolen clothing; a fur (woolen) garment / ~샤쓰 a woolen shirt / ~외투 a fur (over)coat. ③ 《깃》 feathers. ④ 《보풀》 nap; shag; fuzz.
털가죽 a fur; a pelt(소, 양 따위의). ☞ 모피(毛皮).
털갈다 《새가》 mo(u)lt (the feathers); 《짐승이》 shed (the hair).
털갈이 ¶ ~하다 ☞ 털갈다.
털끝 the end of a hair; 《조금》 a bit; a jot; a trifle. ¶ ~만큼도 《not》 in the least; 《not》 a bit.
털다 ① 《떨다》 shake off 《*dust*》; throw off; 《먼지를》 dust; 《솔로》 brush up. ② 《내다》 empty 《*one's pocket*》. ③ 《도둑이》 rob 《*a bank*》; rob (strip) 《*a person*》 of.
털럭거리다 keep jogging (jolting); keep slapping; flap.
털버덕거리다 keep splashing.
털벙 with a plop (splash). ~거리다 plop.
털보 a hairy (shaggy) man.
털북숭이 a hairy person (object).
털붙이 ① 《모피》 a fur; a skin (거친). ② 《털로 짠》 wool(l)en stuff; fur goods; 《털옷》 fur clothes.
털실 wool(l)en yarn; worsted; knitting wool (편물용). ¶ ~ 양말 woolen socks / ~로 뜨다 knit 《*a sweater*》 out of wool; knit wool into 《*socks*》.
털썩 flop; with a thud. ¶ ~ 주저앉다 plop oneself down; sink into 《*a chair*》.
털어놓다 ① 《속의 것을》 disclose 《*a secret to a person*》; shake out; empty 《*one's pockets*》. ② 《마음 속을》 confide; unbosom oneself; tell frankly.
털털거리다 ☞ 터덜거리다.
털털이 ① ☞ 빈털터리. ② 《차량》 a rattling thing; a rattletrap; a jalop(p)y(美俗).
털털하다 (be) unaffected; free and easy.
텀벙 with a plump (splash, plop). ~거리다 keep splashing.
텁석 with a snatch (snap). ¶ ~ 움켜쥐다 snatch.
텁석나룻 shaggy whiskers.
텁석부리 a bushy-whiskered man.
텁수룩하다 (be) unkempt (dishevel(l)ed) 《*hair*》; shaggy.
텁텁하다 ① 《음식》 (be) thick and tasteless; 《입속》 (be) unpleasant; disagreeable. ② 《눈이》 (be) vague; dim; bleary; obscure. ③ 《성미가》 (be) easy; broad-minded.
텃세(一貰) rent for a (house) site; site rent.
텃세(一勢) ~하다 lord it over a newcomer.
텅 ¶ ~빈 empty; vacant; hollow.
텅스텐 〖化〗 tungsten (기호 W). ‖ ~전구 a tungsten lamp bulb.
텅텅[1] 《빈 모양》 all hollow; quite empty.
텅텅[2] 《총소리》 bang, bang!
테[1] ① 《둘린 언저리》 a frame (틀의); a band; a brim(모자의); a rim(안경 따위의); a hoop (기물 따위의); a frill(장식한). ¶ ~를 두르다 hoop 《*a barrel*》. ② ☞ 테두리.
테너 〖樂〗 a tenor.
테니스 《play》 (lawn) tennis. ‖ ~코트 a tennis court.
테두리 ① 《윤곽》 an outline; a contour. ② 《범위》 a framework; a limit. ¶ ~ 안에서 within the limits (framework) 《*of the budget*》.
테라마이신 〖藥〗 terramycin.
테라스 《on》 a terrace.
테러 terror(ism). ‖ ~단 (a gang of) terrorists / ~리스트 a terrorist.
테레빈유(一油) turpentine oil.
테마 a theme; a subject matter.

E

‖ ~ 음악 theme music / 연구 ~ a subject of study.
테리어 《개》 a terrier.
테스트 a test 《*case*》. ~하다 test. ‖ 실력 ~ an ability test.
테이블 a table; a desk. ‖ ~ 매너 table manners / ~보 a tablecloth; a table cover / ~ 스피치 《make》 an after-dinner speech.
테이프 a tape; 《throw》 a paper streamer (환영용의). ¶ ~를 끊다 《경주에서》 breast the tape; 《개통》 cut the tape. ‖ ~ 녹음(錄音) tape recording / ~ 리코더 a tape recorder.
테일라이트 a taillight.
테제 〖哲〗 a thesis; a *These* 《獨》.
텍스트 a text; a textbook.
텐트 a tent. ¶ ~를 치다 〔걷다〕 pitch 〔strike〕 a tent / ~생활을 하다 camp (out); lodge in a tent. ‖ ~촌 a camp village.
텔레비전 television (생략 TV); 《수상기》 《repair》 a TV (set). ¶ ~을 보다 watch 〔see〕 《*a drama on*》 television / ~에 출연하다 appear on television / ~이 선명(鮮明)하다 give a clear picture. ‖ ~ 뉴스 telenews / ~ 드라마 a teleplay / ~ 방송 a television broadcast (~ 방송을 하다 televise, telecast) / ~ 배우 a TV actor / ~ 시청자 a television 〔TV〕 viewer / ~ 영화 a telefilm / ~ 전화 a videophone / 고화상~ a high-definition television.
텔레타이프 a teletype(writer). ¶ ~로 송신하다 teletype a message.
텔렉스 Telex.
템포 ¶ ~가 빠른 〔느린〕 《a tune》 in quick 〔slow〕 tempo.
토 《조사》 a particle.
토건(土建) civil engineering and construction. ‖ ~업자 a construction contractor / ~회사 a construction firm. 「a drainpipe.
토관(土管) 《lay》 an earthen pipe;
토굴(土窟) a cave; a dugout; a den.
토기(土器) earthenware (총칭); an earthen vessel.
토끼 a rabbit (집토끼); a hare (들토끼). ‖ ~굴 a rabbit burrow / ~뜀 《play》 leapfrog / ~장 a rabbit hutch.
토너먼트 a tournament.
토닉 a tonic. ‖ 헤어 ~ hair tonic.
토닥거리다 keep patting 〔tapping〕; beat lightly.
토담(土—) a dirt 〔mud〕 wall. ‖ ~집 a mud-wall hut.
토대(土臺) 《solidify》 the foundation; the base; the groundwork. ¶ ~를 쌓다 pave the way 《*for one's success*》.
토라지다 turn sulky; pout; get cross.
토란(土卵) 〖植〗 a taro. ‖ ~국 taro soup.
토렴하다 warm up in hot water or soup.
토로(吐露) ~하다 express 《*one's view*》; speak 《*one's mind*》.
토론(討論) ~ 하다 debate 《*on*》; discuss. ‖ ~회 a debate; a forum (공개 ~회 an open forum).
토륨 〖化〗 thorium (기호 Th).
토르소 a torso.
토리 a ball 〔spool〕 of string 〔thread〕. ‖ ~실 balled string 〔thread〕.
토마토 a tomato. ‖ ~ 케첩 tomato ketchup 〔catchup〕.
토막 a piece; a bit; a block. ~치다 sever; cut in pieces. ¶ ~ ~ into pieces; piece by piece. ‖ ~나무 a cut of wood / ~ 살인 사건 a mutilation murder case / ~ 시체 a dismembered corpse.
토멸(討滅) ~하다 conquer; exterminate; destroy.
토목(土木) engineering work; public works (토목공사). ‖ ~ 건축(업) civil engineering and construction (industry) / ~ 공학 civil engineering / ~ 기사 an 〔a civil〕 engineer / ~ 도급업자 a public works contractor.
토박(土薄) ~하다 (be) sterile; barren; poor.
토박이(土—) ~의 born and bred; trueborn. ‖ 서울 ~ a Seoulite to the backbone; a truebred Seoulite.
토벌(討伐) ~하다 suppress; subjugate; subdue. ‖ ~대 a punitive force (~대를 보내다 send a punitive expedition).
토벽(土壁) a mud 〔dirt〕 wall.
토사(土沙) earth and sand. ‖ ~붕괴 a landslide; a washout 《美》.
토사(吐瀉) ~하다 vomit; bring up food. ‖ ~곽란 (霍亂) acute gastroenteric trouble.
토산물(土產物) local products; native produce.
토색(討索) ~하다 extort 《*money from a person*》; practice extortions; blackmail. ‖ ~질 =토색.
토성(土星) 〖天〗 Saturn.
토성(土城) a mud rampart.
토속(土俗) local customs. ‖ ~학 folklore.
토스 a toss. ~하다 toss 《*a ball*》.
토스트 《a piece of》 toast.
토시 wristlets.
토신(土神) a deity of the soil.
토실토실 ¶ ~한 plump; chubby 《*cheeks*》; fat.
토악질(吐—) ① 《구토》 ~하다 vomit; throw up. ② 《부정 소득의》 ~하다 disgorge.
토양(土壤) soil; earth. ‖ ~ 조사 agronomical survey / ~학 pedology.
토역(土役) earth work. ‖ ~꾼 a navvy; a construction labo(u)rer.
토요일(土曜日) Saturday (생략 Sat.).
토욕(土浴) ~하다 《a hen, horse》

wallow in mud (dirt).
토우(土雨) 《흙비》 a rain of dust; a dust storm.
토의(討議) (a) discussion; (a) debate. ~하다 discuss; have a discussion 《*about*》; debate 《*on*》. ¶ ~에 부치다 take (bring) up 《*a matter*》 for discussion / ~중이다 be under discussion. ‖ ~안 a subject for debate.
토인(土人) a native; an aboriginal (원주민); the aborigines (총칭).
토일렛 a toilet room 《美》. ‖ ~ 페이퍼 toilet paper (tissue).
토장(土葬) ~하다 inter; inhume; bury.
토장(土醬) 《된장》 bean paste.
토제(吐劑) 〖藥〗 an emetic; a vomit.
토지(土地) 《지면》 land; 《땅》 soil; earth; 《한 구획》 a lot (plot) of ground; a piece of land; 《부동산》 an estate; a real estate(넓은); 《영토》 (a) territory. ‖ ~개량(사업) (a) land improvement (enterprise) / ~개혁 land reform / ~구획 정리 land adjustment / ~대장 a land ledger; a cadaster; a terrier 《英》 / ~ 매매 dealing in real estates / ~ 소유권 landownership / ~ 소유자 a landowner / ~ 제도 the land system / ~ 초과 이득세 a land profit tax ; the excessively increased value of land tax.
토질(土疾) an endemic (disease).
토질(土質) (the nature of) the soil.
토착(土着) ~의 native(-born); indigenous. ‖ ~민 a native; the natives (총칭).
토치카 a pillbox; a *tochka* 《러》.
토큰 《대용 화폐》 a token (coin). ‖ 버스~ a bus token.
토키 a talkie; a talking film (picture); talkies (총칭).
토탄(土炭) peat; turf.
토템 a totem 《*pole*》. ‖ ~ 숭배 totemism.
토픽 a topic; a subject 《*of conversation*》.
토하다(吐—) ① 《뱉다》 spew; spit (out); disgorge (삼킨것을); 《게우다》 vomit; bring up; throw (cast) up. ② 《토로》 express; speak 《*one's mind*》.
토현삼(土玄蔘) 〖植〗 a figwort.
토혈(吐血) ~하다 vomit (bring up) blood; spit blood.
톡탁 beating each other. ~거리다 exchange blow after blow. ☞ 툭탁거리다.
톡톡하다 ① 《액체가》 (be) thick; rich. ② 《피륙이》 (be) close; thick.
톡톡히 ① 《많이》 a lot; a great deal. ¶ ~ 벌다 make a big profit / 돈을 ~ 모으다 make quite a lot of money.
톤 a ton; tonnage. ‖ 미터~ a metric ton / 총 (배수, 적재, 중량) ~수 gross (displacement, freight, dead weight) tonnage.
톨 a grain 《*of rice*》; a nut.
톱¹ a saw; a handsaw (손톱). ¶ ~질하다 saw 《*wood*》. ‖ ~날 a saw blade (tooth) (~날을 세우다 set a saw) / ~밥 sawdust.
톱² a top. ‖ ~기사 a front-page story; a lead / ~뉴스 《take an accident as》 top news.
톱니 sawteeth (☞ 톱날). ¶ ~모양의 sawlike; serrate(d).
톱니바퀴 a saw-toothed wheel; a cogwheel; a gear (wheel).
톱상어(—魚) 〖魚〗 a saw-shark.
톱톱하다 《국물이》 (be) thick; rich; heavy.
톳 a bundle 《*of laver*》.
통¹ 《배추 따위의 몸피》 the bulk 《*of a cabbage*》; 《셀 때》 a head 《*of cabbage*》; 《동아리》 a gang; a group; cahoot(s). ¶ 한 ~이 되다 be in cahoots with; be in league (conspiracy) with.
통² 《속넓이》 the inside diameter; width; breadth; 《피륙의》 a roll; a bolt; 《비유적》 caliber; scale 《*of doing things*》. ¶ 소매 ~이 좁다 a sleeve is rather tight / ~이 작다 be a person of small caliber.
통(桶) a tub; a barrel; 《물긷는》 a pail; a bucket; 《작은》 a keg.
통(筒) 《대통 등》 a pipe; a tube; a case(좀 긴); a sleeve(기계의); 《깡통 따위》 a can 《美》; a tin 《英》. ‖ 석유~ a kerosene can (tin); an oil can.
통(統) 《동네의》 a neighbo(u)rhood unit; a *tong*. ‖ ~장 the head of a *tong*.
통³ 《틈·상태》 …~에 amidst; in the midst 《*of*》; in the bustle (confusion) 《*of*》. ¶ 싸움~에 휘말리다 be involved in the turmoil of a fight.
통(通) 《서류의》 a copy 《*of document*》.
통⁴ ① ☞ 온통. ② 《전혀》 《not》 at all; 《not》 in the least; quite; entirely.
…통(通) 《전문가》 an authority (expert) 《*on a subject*》; a well-informed person. ¶ 소식~ informed sources.
통가리 a rick (stack) of grain.
통각(痛覺) sense (sensation) of pain.
통감(痛感) ~하다 feel keenly (acutely); fully (keenly) realize.
통겨주다 disclose; let out (a secret).
통겨지다 ☞ 퉁겨지다.
통격(痛擊) 《give, receive》 a severe (hard) blow; a severe attack.
통계(統計) statistics. ¶ ~(상)의 statistical / ~를 내다 take (collect) statistics 《*of*》. ‖ ~연감(표) a statistical yearbook (table) / ~청 the National Statistical Office / ~학(學) statistics (~학자 a statistician).
통고(通告) a notification; a notice;

(an) announcement. ~하다 notify (inform) 《*a person of*》; give 《*a person*》 notice 《*of*》. ‖ ~서 a (written) notice / ~ 처분 noticed disposition; disposition of notification.

통곡(痛哭) ~하다 lament; wail; weep bitterly.

통과(通過) 《의안 등의》 passage《美》; passing《英》. ~하다 pass 《*a station*》; pass by (through, over, off); go through; 《의안이》 be carried; pass 《*the House*》. ¶ ~시키다 pass 《*a bill*》. ‖ ~세(稅) transit duties.

통관(通關) entry; (customs) clearance. ~하다 pass the customs; clear 《*a ship*》 through the customs. ‖ ~ 베이스 the customs basis / ~ 사무소 a custom-clearance office / ~ 수수료 a customs fee; a clearance fee(출항의) / ~ 절차 《go through》 customs formalities (entry); clearance (출항의).

통괄(統括) ~하다 generalize.

통권(通卷) the consecutive number of volumes.

통근(通勤) ~하다 attend (go to) the office; live out; 《차편으로》 commute. ‖ ~수당 a commutation allowance / ~시간 time to attend the office / ~열차 a commuters' train《美》/ ~자 a commuter《美》/ ~ 지옥 a commuter-stampede.

통금(通禁) ☞ 통행금지. ‖ ~ 시간 curfew hour / ~위반 curfew violation (~위반자 a curfew violator) / ~ 해제 the removal (lifting) of curfew.

통기공(通氣孔) ☞ 환기공(孔).

통김치 *kimchi* made of whole cabbages.

통나무 a (whole) log. ‖ ~다리 a log bridge.

통념(通念) a generally accepted idea.

통뇨(通尿) urination.

통단 a large sheaf.

통달(通達) ~하다 be well versed 《*in*》; have a thorough knowledge 《*of*》; be conversant 《*with*》.

통닭(구이) a roast chicken; a chicken roasted whole.

통독(通讀) ~하다 read through (over) 《*a book*》; peruse.

통돌다 be generally known (agreed upon).

통람(通覽) ~하다 take a general view of; survey.

통렬(痛烈) ~한 severe; sharp; bitter; fierce. ¶ ~히 severely; bitterly.

통례(通例) a common (an ordinary) practice. ¶ ~로 usually; customarily; ordinarily; as a rule.

통로(通路) a path; a passage; a way; a route; a road; an approach; an aisle (극장, 차내의).

통론(通論) an outline 《*of law*》; an introduction 《*to*》.

통마늘 a whole bulb of garlic.

통매(痛罵) ~하다 condemn; denounce.

통메다(桶—) hoop a tub; bind 《*a barrel*》 with hoops.

통밀어 on the average.

통발 〖植〗 a bladderwort (plant).

통발(筒—) a fishweir; a fish trap.

통보(通報) a report; a dispatch; a bulletin; information.

통분(通分) 〖數〗 ~하다 reduce 《*fractions*》 to a common denominator.

통사정(通事情) ~하다 《동정》 have sympathetic understanding 《*of*》; 《사정함》 speak one's mind (tell frankly) 《*about*》; confide 《*to*》.

통산(通算) ~하다 total; sum up; add up; 《포함하다》 include.

통상(通常) ~의 ordinary; common; usual; regular. ‖ ~복 a business suit; everyday clothes.

통상(通商) commerce; trade; commercial relations. ~하다 trade with 《*a country*》. ‖ ~ 대표부 the Trade Representation / ~ 사절단 a trade mission / ~ 산업부 the Ministry of Trade, Industry and Energy / ~조약 a commercial treaty.

통상(筒狀) ~의 cylindrical; tubular.

통설(通說) a popular view; a common opinion.

통성명(通姓名) ~하다 introduce 《*themselves*》 to each other.

통속 ① 《단체》 a gang; a cabal; a secret society. ② 《밀약》 a secret intrigue (plot); a secret agreement.

통속(通俗) ~적 popular; common (-place). ¶ ~적(的)으로 popularly; 《explain》 in plain language; 《write》 in a popular style. ‖ ~문학 light (popular) literature / ~소설 a popular (lowbrow) novel.

통솔(統率) 《under the》 command (leadership) 《*of*》. ~하다 command; lead; assume leadership 《*of*》. ‖ ~력 leadership / ~자 a leader; a commander.

통송곳 an awl with a crescent blade.

통수(統帥) the supreme command. ‖ ~권 the prerogative of supreme command.

통신(通信) correspondence; communication; 《보도》 news; a dispatch; 《정보》 information. ~하다 correspond (communicate) 《*with*》; report 《*for a paper*》. ¶ 런던발 ~에 의하면 according to a dispatch from London. ‖ ~ 강의 (교육) a correspondence course / ~기관 an organ (a medium) of communication / ~대(隊) a signal corps / ~망 a network of news service / ~사(士) a telegraph operator / ~사(社) a news agency / ~ 사업 a communication service / ~원 a correspondent / ~위성 a com-

munication satellite; a comsat.
통심정(通心情) ~하다 open one's heart 《*to*》.
통어(統御) ~하다 reign (rule, preside) over; govern; control; manage.
통역(通譯) 《일》 (an) interpretation; 《사람》 an interpreter. ~하다 interpret; act (serve) as (an) interpreter 《*for*》. ‖ ~관 an official interpreter.
통용(通用) popular (common) use; circulation; currency. ~하다 pass 《*for*》; circulate; be current (good) 《*for*》; hold good (규칙 등이). ‖ ~기한 the valid (available) period 《*of a ticket*》 / ~문 a side gate; a service entrance / ~어 a current word.
통운(通運) transportation; forwarding. ‖ ~회사 a transport (an express 《美》) company; a forwarding agency.
통으로 all; wholly; all together; in the lump.
통음(痛飮) ~하다 drink heavily (hard); carouse.
통일(統一) unification; uniformity; unity. ~하다 unify; unite 《*a nation*》; 《표준화》 standardize 《*the national language*》; 《집중》 concentrate 《*one's attention on*》. ‖ 남북 ~ unification of North and South (Korea) /~원 the Ministry of National Unification /~ 전선 a united front / 정신 ~ mental concentration.
통일천하(統一天下) ~하다 bring the whole country under one's rule.
통장(通帳) a passbook (예금의); a chit book (외상 거래의). ‖ 예금 ~ a bankbook; a deposit passbook.
통장작(一長斫) unsplit firewood.
통절(痛切) ~한 keen; acute; poignant; severe. ¶ ~히 《feel》 keenly; acutely; severely.
통정(通情) ① ☞ 통심정. ② ☞ 통사정. ③ 《간통》 adultery.
통제(統制) control; regulation. ~하다 control; regulate. ¶ ~를 강화하다 tighten the control 《*of*》 / ~를 풀다 decontrol; remove the control 《*from*》. ‖ ~경제 controlled economy / ~품 controlled goods (articles).
통제부(統制府) a naval yard (station).
통조림(桶一) canned (tinned 《英》) food. ¶ ~한 canned; tinned / ~으로 하다 can; tin; pack 《*food*》. ‖ ~공업 the canning (packing) industry / ~공장 a cannery; a packing plant / ~식품 canned provision / ~ 업자 a canner (packer) 《美》; a tinner 《英》 / 쇠고기 ~ a canned (tinned) beef.
통증(痛症) 《feel》 a pain; (an) ache; a pang.
통지(通知) (a) notice; (a) notification; communication. ~하다 inform (notify) 《*a person*》 of; give 《*a person*》 notice; communicate 《*a matter*》 to 《*a person*》; let 《*a person*》 know. ‖ ~서 a notice / ~ 예금 a deposit at call (notice).
통짜다 ① 《맞추다》 frame; assemble; put together. ② 《동아리가 되다》 form a gang (group); band (club) together.
통째 all (together); wholly. ¶ ~로 먹다 eat 《*something*》 whole.
통찰(洞察) penetration; insight; discernment. ~하다 penetrate into; see through. ‖ ~력(이 있다) (have) an insight 《*into*》.
통첩(通牒) a note; a notification; a circular; an instruction. ~하다 notify; give notice to; circularize; communicate 《*to*》. ‖ 최후 ~ 《send》 an ultimatum.
통촉(洞燭) ~하다 (deign to) see; understand; judge.
통치(統治) rule; reign; government. ~하다 reign (rule) over; govern. ‖ ~권 sovereignty; the supreme power / ~기관 government organs (machinery) / ~자 the sovereign; the ruler.
통치마 a pleatless skirt.
통칙(通則) general rules (provisions).
통칭(通稱) 《칭호》 a common designation; 《이름》 a popular name; an alias.
통쾌(痛快) ~한 extremely delightful (pleasant); very exciting; thrilling. ¶ ~히 (하게) 여기다 be delighted (excited).
통탄(痛嘆) ~하다 lament (regret) deeply; grieve; deplore. ¶ ~할 deplorable; lamentable.
통탕 ☞ 퉁탕.
통통거리다 pound; resound. (by.
통통하다 (be) portly; plump; chubby.
통틀어 in all; (in) all told; altogether.
통팥 unground red beans.
통폐(通弊) a common evil (abuse).
통풍(通風) ☞ 환기(換氣).
통풍(痛風) 【醫】 the gout.
통하다(通一) ① 《길·통로·교통》 run 《*to*》; go (lead) 《*to*》; (…에 이르다); open 《*into, upon*》; be opened 《*to*》 (개통). ② 《잘 알다》 be familiar (well acquainted) 《*with*》; have a good knowledge 《*of*》. ③ 《말·의사가》 be understood; be spoken; make oneself understood. ¶ 영어가 ~ be able to speak English; make oneself understood in English / 서로 기맥이 ~ have a tacit understanding with each other. ④ 《…로 알려지다》 pass 《*for, as*》; be known 《*as*》. ⑤ 《통용》 circulate, be current (유통); be available (valid); hold good (true) (유효). ⑥ 《연락·관계》 communicate (be in touch) 《*with*》; betray

(적에게); have intimacy (become intimate) 《with》 (사통). ¶정을 ~ have an illicit intercourse 《with》. ⑦ 《흐름이》 transmit, flow (전류가); vent 《through》 (공기가); pass (run) through, penetrate (빛·열이). ¶공기가 잘 ~ have a good ventilation. ⑧ 《거치다》 pass (go) through. ¶…을 통해 by way of 《Hawaii》. ⑨ 《매개》 ¶…를 통해(서) through 《Mr. Kim》; through the good offices of....
통학(通學) ~하다 attend (go to) school 《on foot》. ‖~생 a student living at home; a day scholar (student); a day boy 《英》.
통한(痛恨) deep regret.
통할(統轄) supervision; control. ~하다 control; supervise; exercise general control 《over》. ‖~구역 the area under the direct control 《of》.
통합(統合) unity; unification; integration. ~하다 unify; unite; combine. ‖~ 참모 본부 the Joint Chiefs of Staff (생략 J.C.S.) (~ 참모본부 의장 the Chairman of the Joint Chiefs of Staff).
통행(通行) passing; transit; traffic. ~하다 pass (through); go past (along). ¶~ 금지된 impassable / ~을 금지하다 close up a road; stop traffic. ‖~금지 curfew (야간의); the suspension of traffic; 《게시》 No Thoroughfare., Closed to Traffic. (~ 금지 지역 a "no passing" zone) / ~세 a transit tax; a toll(통행료) / ~인 a passer-by / ~(허가)증 a pass / 일방 ~ 《게시》 One Way Only.
통혼(通婚) ~하다 make a proposal of marriage; (inter)marry 《with》.
통화(通貨) (a) currency; current money. ¶~의 안정 stabilization of currency. ‖~ 정책 (위기) a monetary policy (crisis) / ~팽창(수축) inflation (deflation).
통화(通話) a (telephone) message; a telephone call. ~하다 talk over the telephone 《with》. ¶한 ~ one call / 한 ~ 3분간 a call of three minutes / ~중 The line is busy. ‖~료 the charge (fee) for a telephone call.
퇴각(退却) (a) retreat; (a) withdrawal. ~하다 (make a) retreat 《from, to》; withdraw. ‖총~ 《make》 a general (full) retreat.
퇴거(退去) 《이전》 leaving; removal; 《명도·철수》 evacuation; withdrawal. ~하다 leave; depart; evacuate; withdraw; vacate 《a house》; remove. ¶~를 명하다 order 《a person》 out of 《a place》. ‖~령 an order for departure.
퇴고(推敲) polish; improvement. ~하다 polish; improve; elaborate. ¶~를 거듭하다 work hard to polish 《an essay》 out.
퇴골(腿骨) 〖解〗 a leg bone.
퇴교(退校) ☞ 퇴학.
퇴근(退勤) ~하다 leave one's office; go home from work. ‖~시간 the closing hour.
퇴락(頹落) ~하다 decline; decay.
퇴로(退路) the (path of) retreat. ¶~를 차단하다 intercept (cut off) the 《enemy's》 retreat.
퇴물(退物) ① 《물려 받은》 a hand-me-down; a used article. ② 《거절된》 a thing rejected (refused, declined). ③ 《사람》 a retired person. ¶기생 ~ an ex-*kisaeng*.
퇴박맞다 be refused (rejected).
퇴박하다 refuse; reject; turn down.
퇴보(退步) retrogression; deterioration. ~하다 retrograde; go (fall) back(ward); deteriorate. ¶~적인 backward; retrogressive.
퇴비(堆肥) a compost; a vegetable manure heap.
퇴사(退社) ① 《퇴직》 ~하다 retire from (leave) a company. ② ☞ 퇴근.
퇴색(褪色) ~하다 fade; be discolo(u)red; lose colour; be faded.
퇴석(堆石) ① 《돌무더기》 a pile of stones. ② 〖地〗 a moraine; an apron.
퇴세(頹勢) a decline; a downward tendency.
퇴역(退役) retirement (from service). ~하다 retire from service; leave the army. ‖~군인 an ex-serviceman; a veteran 《美》; a retired officer (장교).
퇴영(退嬰) ~적(인) retrogressive; conservative.
퇴원(退院) ~하다 leave (the) hospital; be discharged from hospital.
퇴위(退位) (an) abdication. ~하다 abdicate.
퇴임(退任) ~하다 retire (resign) from one's office (post).
퇴장(退場) ~하다 leave 《a place》; walk out; go away 《from》; (make one's) exit (무대에서). ¶~을 명하다 order 《a person》 out of 《the hall, the field》.
퇴적(堆積) (an) accumulation; a heap; a pile. ~하다 accumulate; be piled (heaped) up.
퇴정(退廷) ~하다 leave (the) court; withdraw from the court.
퇴직(退職) retirement; resignation. ~하다 resign (leave) an office; retire from office (service); go out of office. ‖~ 공무원(자) a retired official (employee) / ~금(수당) a retiring allowance; a discharge allowance(해고시의) / ~ 연금 a retirement annuity.
퇴진(退陣) ~하다 decamp; 《은퇴》 retire 《from a post》; 《사직》 resign; go out.
퇴짜(退一) ~놓다 refuse; reject; rebuff; turn down. ¶~맞다 get

rejected; meet a rebuff; be turned down; 《구혼자가》 get the mitten; be kicked.
퇴청(退廳) ~하다 leave the office.
퇴치(退治) ~하다 subjugate; subdue; suppress; exterminate; wipe (stamp, root) out; get rid of. ‖ 문맹 ~ a crusade against illiteracy.
퇴침(退枕) a wooden (box) pillow.
퇴폐(頹廢) ~한 corrupted; degenerated; deteriorated; decayed; ruined. ¶ ~적인 decadent; degenerating. ‖ ~주의 decadence.
퇴학(退學) ~하다 leave (quit, give up) school (halfway); drop out. ¶ ~시키다 《부형이》 take 《*one's son*》 out of school; 《학교에서》 expel 《*a student*》 from school / ~당하다 be dismissed (expelled) from school. ‖ ~생 a dropout; an expelled student.
퇴화(退化) ~하다 degenerate; retrograde. ¶ ~한 degenerate(d). ‖ ~기관 a rudiment; a reduced organ.
툇마루(退—) a veranda(h); a narrow porch.
투(套) 《버릇》 a manner; a habit; a way; 《법식》 a form; a style.
투견(鬪犬) a dogfight; a fighting dog (개).
투계(鬪鷄) a cockfight; a fighting cock, a gamecock (닭).
투고(投稿) a contribution. ~하다 contribute 《*an article to*》; write 《*to the Times*》; write 《*for*》. ‖ ~난 the readers' (contributors') column / ~자 a contributor.
투광기(投光器) a floodlight (projector).
투구 a helmet; a headpiece.
투구(投球) 【野】 pitching. ~하다 pitch; throw (deliver) a ball.
투기(妬忌) jealousy; envy. ~하다 be jealous; regard with jealousy.
투기(投機) speculation. ~하다 speculate 《*in*》; gamble 《*in stocks*》. ¶ ~에 손을 대다 dabble in speculation. ‖ ~사 (꾼) a speculator; a stockjobber (주식거래인) / ~사업 a speculative enterprise / ~심 speculative spirit / ~열 a craze (mania) for speculation.
투기(鬪技) a contest; a match.
투덕거리다 tap; pat; beat lightly.
투덜거리다 grumble 《*about*》; complain 《*about, of*》; murmur (with discontent). ¶ 투덜투덜 grumblingly; complainingly.
투망(投網) a casting net.
투매(投賣) (a) sacrifice sale; dumping. ~하다 sell at a loss; dump 《*goods abroad*》. ‖ ~품 distress merchandise.
투명(透明) ~한 transparent; lucid; clear; limpid. ‖ ~도(度) transparency / ~체 a transparent body.
투묘(投錨) ~하다 (cast) anchor.
투미하다 (be) stupid; silly; dull.
투박하다 《사람이》 (be) crude; vulgar; boorish; 《물건이》 (be) crude; coarse; rough.
투베르쿨린 【醫】 tuberculin. ‖ ~반응(검사) a tuberculin reaction (test).
투병(鬪病) a fight against a disease. ‖ ~생활 one's life under medical treatment.
투사(投射) projection; 【理】 incidence. ~하다 project 《*on*》. ‖ ~각 the angle of incidence.
투사(透寫) ~하다 trace 《*a drawing*》. ‖ ~지(紙) tracing paper.
투사(鬪士) a fighter; a champion. ¶ 자유 (노동 운동)의 ~ a fighter for freedom (labor). ‖ 혁명 ~ a champion of revolution.
투서(投書) a contribution; an anonymous letter (밀고 따위). ~하다 send 《*a note*》 anonymously; contribute (투고). ‖ ~함 a suggestion (complaint) box. 「《*at*》.
투석(投石) ~하다 throw a stone
…투성이 full of; covered (smeared) all over with; filled with. ¶ 먼지~다 be covered with dust.
투수(投手) a pitcher; a hurler. ‖ ~전(戰) a pitching duel / ~판(板) a pitcher's plate; a mound / 주전(主戰) ~ an ace (pitcher).
투숙(投宿) ~하다 put up 《*at a hotel*》; stop (stay, register, check in) at 《*a hotel*》. ‖ ~객 a guest; a lodger.
투시(透視) clairvoyance. ~하다 see through. ‖ ~검사 《X선의》 fluoroscopy / ~도 a perspective drawing / ~자 a clairvoyant.
투신(投身) ① 《자살》 ~하다 drown oneself 《*in a river*》; kill oneself running into 《*a train*》. ② 《종사》 ~하다 engage (take part) 《*in*》.
투약(投藥) ~하다 prescribe 《*for a patient*》; prescribe (give) a medicine; medicate.
투영(投影) 《그림자》 a shadow; 《그림》 a projection. ~하다 reflect; cast a reflection. ‖ ~도(圖) a projection chart.
투옥(投獄) ~하다 put 《*a person*》 in prison (jail); throw 《*a person*》 into prison; imprison.
투우(鬪牛) a bullfight; a fighting bull (소). ‖ ~사 a bullfighter; a matador / ~장 a bull ring.
투원반(投圓盤) the discus throw. ‖ ~선수 a discus thrower.
투입(投入) ① 《자본을》 ~하다 invest 《*capital*》. ‖ ~자본 investment. ② 《던져 넣기》 ~하다 throw (cast) 《*a thing*》 into. ③ 【化】 ~하다 project into (on).
투자(投資) (an) investment. ~하다 invest (put, lay out) 《*money*》 《*in*》. ¶ 확실한 ~ a sound investment. ‖ ~가 an investor / ~ 신탁

E

investment trust / 공공 ~ public investment.
투쟁(鬪爭) a fight; a strife; a struggle. ~하다 fight; struggle《*with, against*》; strive《*with*》. ‖ ~ 위원회 〔자금〕 a strike committee 〔fund〕/ 계급〔권력〕 ~ a class 〔power〕 struggle.
투전(鬪牋) gambling (도박). ‖ ~꾼 a gambler.
투정(질) ¶ ~하다 grumble《*at, for, over*》; growl; importune; fret.
투지(鬪志) fighting spirit. ¶ ~ 만만하다 be full of fight 〔fighting spirit〕.
투창(投槍) javelin throw(ing). ‖ ~선수 a javelin thrower.
투척(投擲) ~하다 throw. ‖ ~ 경기 throwing events.
투철(透徹) ~한 penetrating; lucid; clear; consistent; thorough. ¶ ~한 사람 a man of the consistence《*in*》/ ~한 이론 an intelligible 〔a clear-cut〕 theory.
투포환(投砲丸) shot-put. ‖ ~ 선수 a shot-putter.
투표(投票)《표결》vote;《투표하기》poll; voting; ballot;《표》a vote; a ballot (무기명의). ~하다 vote; cast a vote 〔ballot〕; give a vote《*to Mr. Nam*》; ballot. ¶ ~에 부치다 put《*a matter*》to the vote. ‖ ~권 voting right; suffrage / ~소〔장〕 a polling place 〔station, booth〕;《go to》the polls《美》/ ~용지 a voting paper; a ballot (무기명) / ~일 a voting day / ~자 a voter / ~함 a ballot box.
투피스 a two-piece suit 〔dress〕.
투하(投下) ~하다 throw down; drop《*a bomb*》; airdrop (공중에서);《자본을》invest《*in*》. ‖ ~ 자본 invested capital; an investment.
투하(投荷) ~하다 jettison.
투함(投函) ~하다 mail 〔post《英》〕《*a letter*》.
투항(投降) ~하다 surrender《*to*》; capitulate; lay down one's arms. ‖ ~자 a surrenderer.
투해머(投―) 〖競〗 hammer throwing.
투혼(鬪魂) a fighting spirit.
툭 ①《튀어나온 모양》protruding; protuberant; bulging;《불거짐·비어짐》popping out; bulging out《*of a pocket*》. ②《치는모양·소리》with a pat 〔rap〕. ¶ 어깨를 ~ 치다 tap《*a person*》on the shoulder. ③《끊어〔부러〕지는 소리》with a snap. ¶ (실이) ~ 끊어지다 snap off. ④《쏘는 모양》sharply; prickingly.
툭탁거리다 exchange blows; beat each other up.
툭툭 ☞ 툭.
툭툭하다 (be) thick; close.
툭하면 without any reason; always; be apt to; ready to. ¶ ~ 사람을 치다 ready to punch《*a person*》; punch《*a person*》at the slightest provocation.
툰드라 〖地〗 a tundra.
툴툴거리다 grumble《*at, over, about*》; mutter《*about*》; complain《*of, about*》; growl.
툼벙 ☞ 텀벙.
퉁겨지다 ①《쑥 드러나다》get disclosed; be revealed 〔exposed〕; come out; transpire. ②《어긋나서》come apart; get out of the place 〔joint〕.
퉁기다 ①《버틴 것을》spring; slip; snap. ②《기회를》let《*it*》slip; miss《*a chance*》. ③《뼈를》put《*it*》out of the joint.
퉁명스럽다 (be) blunt; bluff; curt; abrupt; brusque.
퉁방울《방울》a brass bell. ‖ ~이 a goggle-eyed person.
퉁소(―簫) a bamboo flute.
퉁탕 ①《발소리》with a stamp. ~거리다 keep pounding; stamp《*along*》. ②《총성》with a bang. ~거리다 keep banging away.
퉁퉁 ①《부은 꼴》~붓다 swell up. ②《살찐 꼴》~한 plump; full.
튀각 fried kelp 〔tangle〕.
튀기《잡종·혼혈아》a hybrid; a cross(breed); a half-breed; a half-blood. ~의 hybrid.
튀기다¹《손가락으로》flip; fillip; snap;《물 따위를》splash; spatter.
튀기다²《기름에》fry;《튀밥을》pop《*rice*》.
튀김 (batter-)fried food; a fried dish; a fry. ‖ 새우 ~ a lobster fried in batter.
튀다 ①《뛰어오르다》spring;《공이》bound; rebound; bounce. ②《물이》spatter; splash; splatter. ③《불꽃이》spark; sputter. ④《나무·장작이》snap; crack; crackle. ⑤《달아나다》run away; make off; take to flight; flee.
튀밥 popped rice.
튀하다 scald《*a pig in hot water*》.
튜너 a tuner.
튜브 a tube; an inner tube (자전거 따위의).
튜튼 ¶ ~의 Teuton(ic) / ~족(族) the Teutons.
튤립 〖植〗 a tulip.
트다¹ ①《싹이》bud out; sprout. ②《먼동이》dawn; break (open); turn grey. ③《피부가》crack; be 〔get〕 chapped.
트다²《길을》open; clear the way《*for*》; make way《*for another*》. ¶ 거래를 ~ open an account《*with*》.
트라이앵글 〖樂〗 a triangle.
트라코마, 트라홈 〖醫〗 trachoma.
트랙 a track. ‖ ~경기 track events.
트랙터 a tractor.
트랜스 〖電〗 a transformer.
트랜지스터 〖電〗 a transistor《*ra-*

dio》.
트랩《비행기의》a ramp; landing steps; 《배의》a gangway(ladder). ¶ ～을 올라〔내려〕가다 go 〔step〕 up 〔down〕 the ladder 〔ramp〕.
트러블 a 《*family*》 trouble. ¶ ～을 일으키다 make trouble.
트러스 〖建〗a truss.
트러스트 〖經〗a trust. ‖ ～ 금지법 an antitrust law.
트럭 《carry in》 a truck 〔lorry 《英》〕. ‖ ～ 운송 trucking.
트럼펫 a trumpet. ‖ ～(연)주자 a trumpeter.
트럼프 《play》 cards; whist.
트렁크 a trunk (큰); a suitcase.
트레몰로 〖樂〗a *tremolo* 《이》.
트레이너 a trainer.
트레이닝 training. ‖ ～샤쓰 a training jacket.
트레이드 ‖ ～마크 a trademark.
트레일러 a trailer.
트로이 Troy. ¶ ～의 목마(木馬) the Trojan horse.
트로이카 a troika.
트로피 《win》 a trophy.
트롤 trawling; a trawl. ‖ ～ 그물 a trawl(net) / ～선 a trawlboat; a trawler / ～ 어업 trawling.
트롤리 a trolley 《*bus*》.
트롬본 〖樂〗a trombone.
트리밍 〖寫〗trimming. ～하다 trim.
트리오 〖樂〗a trio.
트리코 《옷감》*tricot* 《프》.
트릭 a trick. ¶ ～을 쓰다 resort to tricks. ‖ ～ 촬영 a trick work.
트림 a belch. ～하다 belch; burp.
트릿하다 《속이》feel heavy on the stomach; 《흐릿함》 (be) dubious; vague; lukewarm.
트위스트 《dance》 the twist.
트이다 ① 《막혔던 것이》be opened; open; be cleared. ¶ 운이 ～ fortune begins to smile on 《*a person*》 / 길이 ～ a road is opened up. ② 《마음이》 be liberal; be open-hearted. ¶ 속이 트인 사람 a man of the world; an open-hearted person.
트적지근하다 feel uncomfortable in the stomach; be belchy.
트집 《탈》a fault; blemish; 《틈》 a split; a gap. ¶ ～잡다 find fault with 《*a person*》; pick flaws 〔holes〕 《*in*》 / ～ 나다 get cracked; have a split. ‖ ～쟁이 a faultfinder; a cavil(l)er; a nit-picker.
특가(特價) 《sell at》 a special 〔bargain〕 price. ‖ ～ 판매 a bargain sale.
특공대(特攻隊) a special attack corps; a commando.
특과(特科) a special course; 〖軍〗a technical corps.
특권(特權) a privilege; a prerogative; special rights. ¶ ～을 누리다 enjoy privileges 《*of*》. ‖ ～계급 the privileged classes.
특근(特勤) ～하다 work overtime. ‖ ～ 수당 overtime allowance.
특급(特急) a special 〔limited〕 express (train).
특급(特級) special grade; 《특등》 superior quality. ‖ ～주 a special class wine.
특기(特技) special ability 〔talent, skill〕; one's speciality.
특기(特記) ～하다 mention specially. ¶ ～할 만한 remarkable; striking.
특대(特大) ～의 extra-large; king-size(d) 《美》. ‖ ～호 an enlarged special edition.
특대(特待) ～하다 treat specially; give a special treatment 《*to*》. ‖ ～생 a scholarship 〔an honour〕 student (～생이 되다 get a scholarship).
특등(特等) a special class; top 〔premium〕 grade. ‖ ～석 a special 〔reserved〕 seat; a box(극장의) / ～품 A 1 grade articles; an extra-fine article.
특례(特例) 《특별한 예》 a special example 〔case〕; a particular case; 《예외》 an exception. ¶ ～로서 as an exception (예외로) / ～를 만들다 make an exception; provide 〔create〕 a precedent.
특매(特賣) a special 〔bargain〕 sale. ～하다 sell at a special price; conduct a special sale. ‖ ～장 a bargain counter / ～품 bargains; articles for bargain sale.
특명(特命) special command 〔appointment, order〕. ¶ ～을 띠고 on a special mission. ‖ ～ 전권 대사 an ambassador extraordinary and plenipotentiary.
특무(特務) special duty 〔service〕. ‖ ～ 기관 the Special Service Agency 〔Organization〕; the secret (military) agency 〔service〕.
특배(特配) an extra ration. ～하다 distribute 〔ration〕 specially.
특별(特別) ～한 (e)special; 《특수》 particular; 《고유》 peculiar; 《여분의》 extra; 《이상》 extraordinary; 《예외》 exceptional. ¶ ～히 (e)specially; particularly / ～ 취급하다 give 《*a person*》 special treatment. ‖ ～기〔예산, 회계, 회원〕 a special airplane 〔budget, account, member〕 / ～ 배당 an extra dividend / ～ 보좌관 President's Special Adviser; Special Adviser 《*to*》 / ～ 사찰 a special inspection / ～석 a reserved seat / ～ 수당 a special 〔an extra〕 allowance (～수당을 타다 be paid extra) / ～호 a special 〔an extra(임시의)〕 number (잡지 등의).
특보(特報) a (news) flash; a special news.
특사(特使) 《dispatch》 a special envoy 〔messenger〕. ‖ 대통령 ～ a presidential personal envoy.

ㅌ

특사(特赦) an amnesty(일반); a special pardon(개인). ～하다 grant an amnesty 《*to offenders*》; give amnesty. ¶ ～로 출감하다 be released from prison on amnesty/ ～를 받다 be granted amnesty. ‖ ～령 an act of grace (amnesty).
특산(물)(特産(物)) a special product; a speciality. ‖ 특산지 special production localities.
특상(特上) ～의 the finest (choicest). ‖ ～품 an extra fine brand; choice goods.
특상(特賞) a special prize (reward).
특색(特色) ☞ 특징.
특선(特選) special selection (choice). ‖ ～품 choice goods.
특설(特設) ～하다 set up (establish) specially. ¶ ～의 specially installed 《*telephone*》. ‖ ～링 a specially prepared ring.
특성(特性) ☞ 특징. ¶ ～을 살리다 make the most of 《*its*》 characteristics; turn 《*its*》 peculiar quality to account.
특수(特殊) ～한 《특별》 special; particular; specific; 《특이》 peculiar; unique. ‖ ～강 special steel / ～교육(학교) education (a school) for the handicapped / ～ 면허 a special 《*driving*》 license / ～ 사정 special circumstances (necessities) / ～성 peculiarity / ～ 은행 a special (chartered) bank / ～ 취급 special (preferential) treatment (handling) / ～층 a privileged class.
특수경기(特需景氣) a special procurement boom.
특약(特約) 《make》 a special contract (agreement). ‖ ～점 a special agent; a chain store.
특용(特用) ‖ ～ 작물 a crop for a special use; a cash crop.
특유(特有) ～의 special; peculiar 《*to*》; characteristic 《*of*》. ‖ ～성 a peculiarity.
특이(特異) ～한 singular; peculiar; unique. ‖ ～성 uniqueness; singularity / ～ 체질 idiosyncrasy; allergy; diathesis.
특작(特作) a special production. ‖ ～품 《영화》 a special (feature) film.
특장(特長) a strong point; a forte.
특전(特典) 《grant》 a privilege 《*to*》; a special favo(u)r.
특전(特電) a special dispatch (cable, telegram).
특정(特定) ～의 specific; specified; special. ‖ ～ 외래품(品) specially banned import goods; contrabands / ～인 a specific person.
특제(特製) ～의 specially made (manufactured); specially bound (제본의). ‖ ～품 specially made goods.
특종(特種) ① 《종류》 a special kind 《*of*》. ② 《기사의》 exclusive news; a scoop; a beat 《美》. ¶ ～으로 타사를 앞지르다 scoop other papers.
특지(特旨) special consideration (grace, order).
특지(特志) ☞ 독지.
특진(特進) a special promotion of rank. ¶ 2계급 ～ a double promotion of rank.
특질(特質) a special quality; a characteristic. ☞ 특성.
특집(特輯) a special edition. ～하다 make up a special edition. ‖ ～기사 feature articles / ～호 a special number (issue).
특징(特徵) a characteristic; a peculiarity; a special (distinctive) feature; a trait(성격상의); a mark. ¶ ～있는(적인) characteristic; peculiar; distinctive / ～없는 featureless; common / ～있게 하다 characterize 《*a person*》.
특채(特採) special appointment. ～하다 employ specially.
특출(特出) ～한 preeminent; distinguished; outstanding; conspicuous; remarkable.
특칭(特稱) 〖論〗 a particular.
특파(特派) ～하다 dispatch (send) specially. ‖ ～ 대사 an ambassador extraordinary / ～원 a (special) representative; 《신문사의》 a (special) correspondent.
특필(特筆) ～하다 mention specially; (make a) feature; give prominence to.
특허(特許) 《get, obtain》 a patent 《*for, on*》(전매특허); special permission; a licence(면허); a concession(채굴·부설권 등의). ¶ ～ 출원중 《표기》 Patent pending (applied for). ‖ ～권(료) a patent right (fee) (～권자 a patentee / ～권 침해 a patent infringement) / ～법 the patent law / ～청 the Patent Office / ～품 a patent; a patented article.
특혜(特惠) a special favo(u)r (benefit, privilege). ¶ ～를 주다 offer (afford) a preference. ‖ ～ 관세 preferential tariff (duties) / ～융자 a privileged(preferential) loan.
특효(特效) 《have》 special virtue (efficacy). ‖ ～약 a special remedy; a specific (medicine) 《*for*》.
특히(特—) (e)specially; in particular; particularly; expressly.
튼튼하다 ① 《건강》 (be) strong; robust; healthy. ¶ 튼튼해지다 become healthy/튼튼하게 하다 make strong; build up (improve) one's health. ② 《견고》 (be) solid; strong; firm; durable (오래가다). ¶ 튼튼하게 하다 strengthen; make firm (solid); solidify.
틀 ① 《모형》 a mo(u)ld; a cast; a matrix. ② 《공식》 formality; formula. ¶ ～에 박힌 conventional; stereotyped. ③ 《테》 a frame,

ㅌ

framework(창문, 액자 따위의); a tambour(둥근 수틀). ④《기계》 a machine; a device; a gadget. ⑤《인간의》 caliber; capacity.

틀거지 dignity; an imposing manner [shape, appearance].

틀누비 quilting by a sewing machine.

틀니 an artificial tooth; a denture.

틀다 ①《돌리다》 wind; turn. ¶ 라디오 [수도]를 ~ turn on the radio [water]. ②《비틂》 twist; wrench; screw(나사를). ③《일을》 thwart 《*a plan*》; cross. ④《상투·머리를》 tie [do] up 《*one's hair*》. ⑤《솜을》 gin [willow] 《*cotton*》.

틀리다 ①《비틀림》 be distorted; get twisted [wrenched]; warp. ②《잘못되다》 go wrong [amiss, awry]; be wrong [mistaken, erroneous, incorrect]. ¶ 틀린 생각 the wrong idea; a mistaken notion. ③《불화》 ☞ 틀어지다 ②. ④《다르다》 be different. ⑤《볼장 다봄》 be done for; be ruined.

틀림 an error; a mistake; a fault; a slip; 《다름》 being different. ¶ ~없이 correctly; surely; certainly; undoubtedly; without fail(꼭).

틀어넣다 push [thrust, squeeze] 《*a thing*》 in; stuff [jam, pack, cram] 《*a thing*》 into.

틀어막다 ①《구멍을》 stop 《*it*》 up; stuff; fill; plug. ②《입을》 stop 《*a person's mouth*》; muzzle; gag; 《행동을》 curb 《*a person's free action*》; check; put a stop to.

틀어박히다 be isolated 《*from society*》; 《집에》 keep [be confined] indoors; shut oneself up 《*in a room*》.

틀어지다 ①《일이》 go wrong [amiss]; fail; be a fiasco. ②《사이가》 fall out 《*with a person*》; be estranged 《*from*》. ③《빗나가다》 swerve; turn aside. ④《꼬이다》 be distorted [twisted]; warp.

틀지다 (be) dignified; have dignity ㄴ(서술적).

틀톱 a pit saw.

틈 ①《벌어진 사이》 an opening; an aperture; a gap; a crevice; a rift; a crack; 《불화함》 an estrangement; a breach 《*of friendship*》. ¶ 바위의 ~ a crack in a rock / ~이 생기다 crack; cleave; 《불화》 be estranged from 《*each other*》. ②《빈 여지》 room; space; 《간격》 interval. ¶ ~이 없다 there is no room.... ③《기회》 a chance; 《seize》 an opportunity. ¶ ~을 노리다 watch for a chance. ☞ 틈타다. ④《방심》 unpreparedness; an unguarded moment; a blind side. ¶ 빈 ~이 없다 be thoroughly on guard. ⑤《짬》 leisure (hours); spare time. ¶ ~이 있다 have time to spare; be free / ~을 내다 make time 《*to do*》; find time.

틈새기 a chink; a crack. ‖ ~ 바람 a draft 《美》; a draught.

틈서리 the edge of an opening.

틈입(闖入) ☞ 침입(侵入).

틈타다 take advantage of; avail oneself of. ¶ …을 틈타서 under favor [cover] of 《*the night*》; taking advantage of 《*the confusion*》.

틈틈이 ①《여가마다》 at odd [spare] moments; in one's spare moments. ②《구멍마다》 in every opening.

티[1] ①《이질물》 dust; a mote; a particle; a grit. ②《흠》 a defect; a flaw; a speck; a blemish. ¶ 옥에 ~ a flaw in a gem.

티[2] 《기색·색태》 a touch [smack, taste] of...; an air of.... ¶ 군인 ~가 나는 soldierly; soldierlike.

티[3] ①《차》 tea. ‖ ~룸 a tearoom / ~스푼 a teaspoon / ~ 파티 a tea party. ②《글자》 the letter "T". ‖ ~셔츠 a T-shirt / ~자 a T square. ③《골프의》 a (golf) tee.

티격나다 break up 《*with*》; fall out 《*with*》.

티격태격하다 《틈》 dispute [quarrel] 《*with*》; bicker with each other.

티끌 dust; a mote. ¶ ~만큼도 …없다 be not a bit [particle]... / ~ 모아 태산 《俗談》 Many a little makes a mickle.

티눈 a corn. ¶ ~이 나다 have a corn 《*on*》.

티뜯다 《흠잡기》 find faults with.

티베트 Tibet. ¶ ~말 Tibetan / ~ 사람 a Tibetan.

티켓 a ticket.

티크재(一材) teak (wood).

티타늄 〖化〗 titanium (기호 Ti).

티티새 〖鳥〗 a dusky thrush.

티푸스 typhoid fever; typhus.

팀 a team. ‖ ~워크 teamwork (~워크가 좋다 have fine teamwork).

팀파니 〖樂〗 timpani.

팁 a tip; a gratuity. ¶ ~을 주다 give a tip; tip 《*the waiter* 500 *won*》.

ㅍ

ㅍ

파[1] 〖植〗 a Welsh onion.

파(派) 《족벌》 a branch of a family [clan]; 《학파》 a school; 《당파》 a party; a faction; a clique(파벌); 《종파》 a sect; a denomination; a group (분파).

파[2] 〖樂〗 fa.

파격(破格) ~적 special; exceptional; unprecedented; irregular(변칙의). ¶ ~적인 대우를 받다 enjoy

exceptionally good treatment.
파견(派遣) dispatch. ~하다 dispatch 《an army》; send 《a detachment》; accredit(대사를). ‖ ~군 an expeditionary army / ~대 a contingent; a detatchment.
파경(破鏡) 《이혼》 divorce. ¶ ~에 이르다 be divorced.
파계(破戒) ~하다 break (violate) the 《Buddhist》 commandment. ‖ ~승(僧) a fallen priest.
파고(波高) the height of a wave; wave height.
파고다 a pagoda.
파고들다 inquire into; make a thorough investigation of 《a matter》; 《규명》 examine 《a matter》 minutely; look into 《a matter》 closely; 《가슴속으로》 penetrate; go through to one's heart; be deeply impressed 《with》.
파과기(破瓜期) the age of puberty.
파괴(破壞) destruction; demolition. ~하다 break(down); destroy; demolish; wreck; ruin. ¶ ~적 destructive; ruinous. ‖ ~력 destructive power / ~ 분자 a subversive element / ~주의자 a destructionist / ~ 행위 (활동) subversive activities.
파국(破局) a catastrophe; a collapse; cataclysm. ¶ ~적인 catastrophic.
파급(波及) ~하다 spread (extend) 《to, over》; 《영향》 influence; affect. ‖ ~ 효과 〖經〗 repercussion effect.
파기(破棄) ~하다 《찢다》 tear up; destroy; 《무효로 함》 break off; reverse 《a decision》; annul 《a law, a contract》; abrogate 《a law》; denounce 《a treaty》.
파김치 pickled scallion. ¶ ~가 되다 get dead tired.
파나다(破—) get broken (damaged); become defective.
파나마 Panama. ‖ ~ 모자 a Panama hat / ~ 운하 the Panama Canal.
파내다 dig out; unearth.
파노라마 a panorama. ¶ ~ 같은 panoramic.
파니 《하는일 없이》 idly; lazily.
파다 ① 《땅·구멍을》 dig 《a hole》; drive 《a tunnel》; bore; 《바위를》 cave 《a rock》; 《뚫다》 excavate; sink(우물을); 《동물이》 burrow. ② 《새기다》 carve; engrave; cut 《a seal》. ③ 《이치·진상 등을》 study; search; explore; probe 《a matter》 to the bottom; study hard(공부).
파다하다(播多—) (be) wide-spread.
파닥거리다 《새가》 flap the wings; flutter; 《물고기가》 leap; splash.
파도(波濤) waves; billows(큰 물결); surges(굽이치는); a surf(밀려오는). ‖ ~ 소리 the sound (roar) of the waves / ~타기 surfboard riding; surfing.
파동(波動) a wave-motion; an undulation. ‖ ~설 the wave theory / 경제 ~ an economic crisis / 유류 ~ an oil crisis / 정치 ~ a political upheaval / 증권 ~ wild fluctuations of the stock market; a stock market crisis.
파두(巴豆) 〖植〗 a croton 《oil》.
파라과이 Paraguay. ¶ ~의 Paraguayan / ~ 사람 a Paraguayan.
파라솔 a parasol; a sunshade. ‖ 비치 ~ a beach umbrella.
파라슈트 a (para)chute.
파라티온 《농약》 parathion.
파라티푸스 〖醫〗 paratyphoid (fever).
파라핀 paraffin(e). ‖ ~지(유) paraffin paper (oil).
파란 (porcelain) enamel.
파란(波瀾) 《풍파》 disturbance; troubles; a storm; 《성쇠》 ups and downs (of life); vicissitudes. ¶ ~ 많은 eventful / ~을 일으키다 cause troubles.
파랑 blue. ‖ ~새 the "Blue Bird"; happiness (행복).
파랑(波浪) waves; a billow (큰놀).
파랗다 (be) blue; green (초록); 《창백》 (be) pale; pallid.
파래 a green laver; (a) sea lettuce.
파래박 a bailing gourd.
파래지다 become green (blue); 《얼굴이》 turn pale (pallid).
파렴치(破廉恥) ~한 shameless; infamous. ‖ ~범(犯) an infamous offense (crime)(죄); an infamous criminal(범인).
파르르 ¶ ~ 끓다 be hissing hot / ~ 화를 내다 simmer with rage / ~ 떨다 tremble.
파릇파릇하다 (be) freshly blue; vividly green.
파리¹ a fly. ¶ ~를 쳐 잡다 flap (swat) a fly / ~를 날리다 《business》 be slack (stagnant). ‖ ~ 목숨 an ephemeral life (existence) / ~약 fly poison (water(물약)) / ~채 a flyflap; a (fly) swatter.
파리² Paris. ¶ ~의 Parisian / ~ 사람 a Parisian; a *Parisienne* (여자).
파리모(玻璃母) a lump of glass.
파리하다 (be) pale; 《서술적》 look pale (sallow, unwell).
파먹다 ① 《음식을》 eat into; bore into(벌레가). ¶ 땅을 ~ live by farming. ② 《도식》 eat the bread of idleness.
파면(罷免) dismissal; discharge. ~하다 dismiss; discharge; fire《美口》.
파멸(破滅) ruin; destruction; downfall. ~하다 be ruined (wrecked); go to ruin. ¶ ~을 초래하다 bring ruin 《upon oneself》.
파문(波紋) a ripple; a water ring. ¶ ~을 일으키다 ripple; start a water ring; 《비유적》 create a stir (cause a sensation) 《in the political world》.
파문(破門) 《종교상의》 excommunication; 《일반의》 expulsion. ~하

다 excommunicate; expel(추방).
파묻다¹ 《땅속에》 bury; 《매장》 lay 《*a person*》 to rest; inter; inhume. ¶ 눈에 파묻히다 be buried under snow.
파묻다² 《물어보다》 ask inquisitively; poke and pry.
파미르고원(一高原) the Pamirs.
파벌(派閥) a clique; a faction. ‖ ~ 다툼〔싸움〕 a factional strife; factionalism(주의) / ~ 해소 elimination of factionalism.
파병(派兵) dispatch of troops. ~하다 dispatch troops 《*to*》; send an army 《*against*》.
파삭파삭 ¶ ~한 crisp; fragile; brittle.
파산(破産) bankruptcy; insolvency; bank failure(은행의). ~하다 go 〔become〕 bankrupt 〔insolvent〕; fail; be ruined. ¶ ~ 선고를 받다 be declared bankrupt. ‖ ~자 a bankrupt; an insolvent.
파상(波狀) ~적 wavelike; undulating. ‖ ~ 공격 an attack in waves.
파상풍(破傷風) 〚醫〛 tetanus.
파생(派生) ~하다 derive 〔be derived〕 《*from*》. ¶ ~적인 derivative; secondary(이차적). ‖ ~어〔물〕 a derivative.
파선(破船) shipwreck. ~하다 be shipwrecked.
파손(破損) damage; (an) injury; breakdown. ~하다 be damaged; be broken (down). ‖ ~ 부분 a damaged part / ~품(品) damaged goods.
파쇄(破碎) ~하다 break 《*a thing*》 (to pieces); smash; crush 《*up, down*》
파쇠(破一) scrap iron; steel scrap.
파쇼 Fascism (주의); a Fascist (사람). ¶ ~의 Fascist 《*movement*》 / ~화하다 Fascistize.
파수(把守) watch; lookout; guard. ~보다 (keep) watch; stand guard; stand on sentry (파수병이). ‖ ~꾼 a watchman; a guard / ~병 a sentry; a sentinel; a guard.
파스 〚藥〛 PAS. (◀ Para-Amino-Salicylic Acid).
파스텔 〚美術〛 a pastel.
파시(波市) a seasonal fish market.
파시즘 fascism; Fascism.
파악(把握) grasp; understanding. ~하다 grasp 《*the meaning*》; grip; seize; understand.
파안대소(破顔大笑) ~하다 give a broad smile.
파약(破約) ~하다 break an agreement; break a contract; break one's word 〔promise〕.
파양(罷養) the dissolution of adoption. ~하다 disown 《*one's adopted son*》.
파업(罷業) a strike; a walkout (☞ 총파업). ~하다 (go on) strike; walk out. ¶ ~중(中)이다 be on strike / ~을 중지하다 call off a strike. ‖ ~권 the right to strike / ~ 파괴자 a strikebreaker / 동정 ~ a sympthetic strike / 시한 ~ a strike for a limited number of hours.
파열(破裂) ~하다 explode; burst (up); rupture; blow up. ‖ ~음 a plosive (sound).
파운데이션 《기초화장용》 foundation 《*cream*》; 《여자의 속옷》 foundation (garments).
파운드 《화폐단위》 a pound (기호 £); 《무게》 a pound (기호 lb. [*pl.* lbs.]). ‖ ~ 지역 the sterling area.
파울 〚競〛 a foul (ball). ~하다 foul (off); commit a foul.
파이 a pie; a tart 《英》. ‖ 애플 ~ an apple pie.
파이버 (vulcanized) fiber. ‖ ~ 글라스 fiber glass.
파이프 ① 《관》 a pipe. ‖ ~ 오르간 a pipe organ. ② 《담배피는》 a (tobacco) pipe; a cigarette holder (물부리).
파인애플 a pineapple.
파일(八日) Buddha's birthday (festival); April 8th of the lunar calendar.
파일럿 a pilot.
파자마 pajamas; pyjamas 《英》.
파장(波長) wave length. ¶ ~을 맞추다 tune in 《*to*》. ‖ ~계(計) a cymometer.
파장(罷場) ~하다 the close of a marketplace. ‖ ~ 시세 the closing quotation 〔price〕(거래소의).
파쟁(派爭) a factional strife.
파적(破寂) ~하다 kill (one's) time; beguile one's leisure.
파종(破腫) ~하다 incise an abscess; open a boil.
파종(播種) ~하다 sow (seeds); seed. ‖ ~기(期) the seedtime; the sowing season / ~기(機) a sowing machine; a sower.
파죽지세(破竹之勢) 《with》 irresistible 〔crushing〕 force. ¶ ~로 나아가다 carry 〔sweep〕 all 〔everything〕 before one.
파지(破紙) wastepaper; scraps of paper.
파천황(破天荒) ~의 record-breaking; unprecedented.
파초(芭蕉) 〚植〛 a banana plant.
파출(派出) ~하다 send (out); dispatch. ‖ ~부 a (visiting) housekeeper; a charwoman 《英》 / ~소 a police box (경찰의).
파충(爬蟲) 〚動〛 a reptile. ‖ ~류 the reptiles.
파치(破一) a waster; a defective article; unsalable goods(못팔게 된).
파키스탄 Pakistan. ¶ ~의 Pakistani / ~ 사람 a Pakistani.
파킨슨 ‖ ~병〔의 법칙〕 Parkinson's disease 〔law〕.
파탄(破綻) breakdown; failure; ruin; (a) rupture; 〚經〛 bankruptcy. ¶

～이 일어나다 fail; collapse; go bankrupt; be ruined; break down.
파트너 a partner.
파티 《give, hold》 a party.
파파이아 〖植〗 a papaya.
파편(破片) a (broken) piece; a bit; a fragment; a splinter. ¶ 포탄의 ～ shell fragments; shrapnel.
파피루스 〖植〗 a papyrus.
파하다(罷—) 《마침》 close 《*at six*》; finish; stop; end; break off; bring to an end; be over 〔out〕(수업이); 《그만둠》 quit; put an end to. ¶ 일을 ～ leave off work / 학교 〔회사〕가 파한 뒤에 after school 〔office hours〕.
파행(爬行) ～하다 crawl; creep.
파행(跛行) ～하다 limp. ‖ ～ 경기(景氣) a limping boom.
파혼(破婚) ～하다 break off an engagement 《*with*》; cancel.
파흥(破興) ～하다 spoil 《*a person's*》 pleasure; kill joy.
팍 ☞ 퍽¹.
팍삭 ☞ 퍽석.
팍팍하다 ① 《물기가 없어》 (be) dry and crisp. ② 《다리가》 have leaden feet (서술적).
판 ① 《자리》 a place; a spot; a scene. ¶ 난장～ a scene of utter confusion / 노름～ a gambling place. ② 《판국》 (the) state of affairs; the situation; 《때》 the moment; 《경우》 the occasion; the case. ¶ 막～에 at the last moment/위급한 ～에 at this time; on this occasion. ③ 《경기 등의》 a game; a round; a match. ¶ 두 ～ (내리) 이기다 〔지다〕 win 〔lose〕 two games (straight).
판(板) 《판자》 a 《*wooden*》 board; a plank. ¶ 철～ an iron plate.
판(版) ① 《판목》 a (printing) block; 《인쇄판》 a plate; a cast (스테로). ② 《인쇄》 print(ing); 《판수》 an edition; an impression. ¶ ～을 거듭하다 go through several editions. ③ 《비유적》 ¶ ～에 박은 (듯한) stereotyped; trite; conventional.
판(判·版) 《크기》 size; format 《*of a book*》.
판(瓣) a petal(꽃잎); a valve(기계·심장의); a ventil (악기의).
판가름 ～하다 judge 《*a competition*》; pass judg(e)ment on the issue. ¶ ～나다 be decided; turn out 〔prove〕 to be...; be settled.
판각(板刻) woodcutting; a woodblock; a woodcut. ～하다 make a woodcut; engrave 《*letters*》 on wood. ‖ ～본 a block 〔xylographic〕 book.
판검사(判檢事) judges and public prosecutors; judicial officers.
판결(判決) a judg(e)ment; a (judicial) decision; a sentence (선고). ～하다 decide; give (a) decision 《*on a case*》; pass judgment; sentence 《*a person to death*》. ‖ ～문 the (text of a) decision / ～ 이유 reasons for the judgment / 최종 ～ the final decree.
판공비(辦公費) ☞ 기밀비.
판국(一局) the situation; the state of affairs. ☞ 판 ②.
판권(版權) 《an infringement of》 copy right (☞ 저작권). ‖ ～ 소유 《표시》 All rights reserved; Copyrighted (기호 ©) (～ 소유자(者) a copyright holder) / ～장(張) an imprint; a colophon.
판금(板金) a metal plate; sheet metal. ‖ ～공 a sheet metal worker.
판나다 ① 《끝나다》 (come to an) end; close; be over. ② 《없어지다》 run out; be all gone.
판단(判斷) (a) judg(e)ment; (a) decision (결정); conclusion (결론). ～하다 judge; pass 〔form a〕 judgment 《*on*》; decide; interpret (해석). ¶ 나의 ～으로는 in my judgment / ‖ ～력 《lose one's》 judgment; discernment.
판도(版圖) 《expand》 (a) territory; a dominion; a domain.
판독(判讀) ～하다 make out; decipher (암호 따위를).
판돈 stakes (in gambling); pool.
판둥거리다 drone; loaf around; lead an idle life. ¶ 판둥판둥 idly.
판들다 go bankrupt; go broke 《俗》.
판례(判例) a judicial precedent; a leading case. ‖ ～법 case law / ～집 a (judicial) report.
판로(販路) 《find》 a market 《*for goods*》; an outlet.
판막(瓣膜) 〖解〗 a valve. ‖ ～증(症) 〖醫〗 mitral disease.
판막다 bring 《*a game*》 to an end by winning it.
판매(販賣) sale; selling. ～하다 sell; deal 〔trade〕 《*in silk*》. ¶ ～ 중이다 be on sale; be on the market. ‖ ～ 가격 the selling price / ～과(課) 〔망(網)〕 a sales department 〔network〕/～ 루트 a marketing route / ～원 a sales(wo)man / ～전 (a) sales war / ～점 a selling agent (특약점, 대리점)/～ 중지 suspension of sale / 호별 방문 ～원 a bell-ringer; a door-to-door salesman.
판명(判明) ～되다 be identified 《*as* ...》 (신원 따위가); prove 〔turn out〕 《*to be*...》.
판목(版木) a printing block.
판몰이하다 sweep the board.
판무식(判無識) ☞ 일자무식.
판박이 ① 《책》 a printed book. ② 《모양》 a set form; a stereotype.
판사(判事) a judge; a justice. ‖ ～석 a judg(e)ment seat; the bench / 부장 ～ a senior judge / 주심 〔배석〕 ～ the presiding 〔an associate〕

ㅍ

judge.
판상(一上) the best [finest] of all.
판새류(瓣鰓類) 〖動〗 bivalve mollusk.
판설다 (be) unfamiliar 《*with*》; unaccustomed 《*to*》.
판세(一勢) the situation; the state of affairs [things]; a prospect.
판소리 a traditional Korean narrative song; a Korean (classical) solo opera drama; *pansori*.
판수 《점쟁이소경》 a blind fortuneteller.
판연(判然) ~한 clear; distinct; evident. ¶~히 distinctly; clearly.
판유리(板琉璃) plate [sheet] glass.
판이(判異) ~한 quite [entirely] different 《*from*》.
판자(板子) a board; a plank (두꺼운). ¶~를 대다 board (up); lay boards 《*on*》. ‖~집 a makeshift hut; a shack; a barrack.
판장(板墻) a boarding; a board fence.
판정(判定) a judg(e)ment; a decision. ~하다 judge; decide. ¶~으로 이기다 win on [by] a decision / ~으로 지다 be defeated by a decision; lose a decision 《*to*》. ‖~승 《win》 a decision.
판지(板紙) 《a sheet of》 cardboard; pasteboard.
판초 a poncho.
판치다 be the master of the situation; lord it over; stand unchallenged; exercise great influence 《*over*》.
판판이 every game [time]; all the time, all along (내내).
판판하다 (be) even; flat; level. ¶판판히 smoothly; evenly.
판화(版畫) a (woodcut) print.
팔 an arm. ¶~을 끼고 《walk》 arm in arm 《*with*》 / ~을 걷어붙이다 roll [tuck] up one's sleeves.
팔(八) eight; the eighth (여덟째).
팔각(八角) an octagon. ~의 octagonal. ‖~정(亭) an octagonal pavilion [arbor] / ~형 an octagon.
팔걸이 an armrest; an elbow rest. ‖~ 의자 an armchair.
팔꿈치 an elbow. ¶~를 펴다 spread out one's elbows.
팔난봉 a libertine; a debauchee.
팔다 ① 《판매》 sell; offer 《*a thing*》 for sale; put on sale; deal in 《*goods*》; dispose of(처분). ¶팔 수 있는 salable / 파는 사람 a seller / 팔 물건 an article for sale / 싸게 [비싸게] ~ sell cheap [dear] / 이익을 보고 [손해를 보고] ~ sell 《*goods*》 at a profit [loss] / 정조를 ~ sell one's chastity; prostitute oneself / 팔아 치우다 sell 《*off, out*》; dispose of. ② 《배반》 betray; sell out; play 《*a person*》 false. ¶나라를 ~ betray [sell] one's country. ③ 《돌리다》 turn away [aside]; divert. ¶한눈(을) ~ divert one's eyes; look away [aside, off] / 정신을 ~ divert one's attention 《*from*》. ④ 《이름을》 take advantage of; trade on 《*another's name*》. ¶아버지의 이름을 팔아 장사하다 do business by taking advantage of one's father's reputation. ⑤ 《곡식을》 buy [purchase] 《*grain*》.
팔다리 the limbs; the legs and arms.
팔도강산(八道江山) the land of Korea; all parts of Korea.
팔등신(八等身) 《a beautiful woman of》 an eight-head figure.
팔딱팔딱 ¶~ 뛰다 《맥박이》 one's pulse pulsates; 《가슴이》 one's heart palpitates [throbs]; 《동물이》 《a frog》 jump.
팔뚝 the forearm. ‖~시계 a wristwatch.
팔랑개비 a pinwheel
팔랑거리다 flap; flutter; fly; wave.
팔레스타인 Palestine. ‖~ 해방기구 ☞ 피엘오.
팔레트 〖美術〗 a palette.
팔리다 ① 《…이》 get sold; 《얼마에》 sell [be sold] 《*for 2,000 won*》. ¶잘 팔리다 [안 팔리다] (do not) sell well; have a good [poor] sale; have a large circulation (출판물이). ② 《마음이》 be absorbed 《*in*》; be given up to; lose one's head 《*over*》. ¶계집에게 마음이 ~ be fascinated by a woman. ③ 《얼굴·이름이》 be(come) well-known 《*as*》; be famous [popular].
팔림새 (a) sale; demand. ¶~가 좋다 sell well; have a good [large] sale.
팔매질하다 throw; hurl 《*stones*》.
팔면체(八面體) an octahedron.
팔목 the wrist. ☞ 팔뚝.
팔방(八方) 《in》 all directions; 《on》 every side; 《on》 all sides. ‖~ 미인 everybody's friend (~미인이다 He tries to please everybody.).
팔베개 ¶~를 베다 make a pillow of one's arm.
팔불용(八不用) a good-for-nothing.
팔불출(八不出) ☞ 팔불용.
팔삭둥이(八朔一) 《조산아》 a prematurely-born infant; 《바보》 a half-witted person; a stupid.
팔심 the muscular strength of one's arm.
팔십(八十) eighty; the eightieth(제팔십). ¶~ 노인 an octogenarian.
팔씨름 《play》 arm [Indian] wrestling.
팔월(八月) August. ‖~ 한가위 the 15th day of the eighth lunar month.
…팔이 a peddler; a vendor. ¶신문~ a newsboy.
팔자(八字) destiny; fate; one's lot. ¶~가 좋다 be blessed with good fortune / ~가 사납다 be ill-fated/ ~를 잘 타고 나다 be born under

a lucky star.
팔자걸음(八字一) ¶ ~으로 걷다 walk with one's toes turned out.
팔절판(八折版) octavo (size). ¶ ~의 책 a book printed in octavo.
팔죽지 the upper arm.
팔짓하다 swing (wave) one's arms; make gestures with one's arms.
팔짱 ¶ ~끼다 fold one's arms; 《남과》 lock arms 《*with*》 / ~을 끼고 with one's arms folded / 서로 ~을 끼고 《walk》 arm in arm 《*with*》.
팔찌 a bracelet; a bangle.
팔촌(八寸) a third cousin. ¶ 사돈의 ~ an unrelated person; a stranger.
팔팔 ☞ 펄펄.
팔팔하다 《성질이》 (be) quick-(hot-)tempered; impatient; 《발랄함》 (be) active; lively; sprightly.
팔회목 the wrist.
팡파르 a fanfare; a flourish.
팥 a red (an Indian) bean.
팥고물 mashed red-bean.
팥밥 rice boiled with red beans.
팥소 bean jam.
팥죽 rice and red-bean porridge.
패(牌) ① 《쪽조각》 a tag; a tablet; a plate. ¶ 나무~ a wooden tag. ② 《화투 따위의》 a (playing) card; a piece (마작, 골패의). ③ 《무리》 a group; a company; a gang; a team. ‖ ~거리 caboodle; mob / ~를 짓다 form a gang.
패가(敗家) ~하다 ruin one's family; become bankrupt. ¶ ~ 망신하다 ruin oneself.
패검(佩劍) ~하다 wear (carry) a sword.
패군(敗軍) a defeated army.
패권(覇權) supremacy; rulership; leadership; hegemony. ¶ ~을 다투다 fight (struggle) for supremacy (a championship (경기)) / ~을 잡다 hold sway 《*over*》; gain (hold) supremacy 《*over*》; have the hegemony 《*of*》; win the championship (경기에서). ‖ ~주의 hegemonism.
패기(覇氣) an ambitious spirit; ambition; aspiration. ~있는 ambitious; aspiring. ¶ ~있는 사람 a man of spirit / ~가 있다 be full of go (pep).
패널 〖建〗 a panel.
패다¹ ① 《장작을》 chop 《*wood*》; split 《*firewood*》. ② 《때리다》 beat (strike) hard.
패다² 《이삭이》 come into ears.
패다³ ① 《파게하다》 let (have) 《*a person*》 dig. ② 《우묵히》 be (get) dug; become hollow; sink.
패담(悖談) improper talk; an unreasonable remark.
패덕(悖德) immorality; corruption. ‖ ~한(漢) an immoral (a morally depraved) man / ~ 행위 immoral conduct.
패도(覇道) the rule of might.
패랭이 a bamboo hat (worn by commoners). ‖ ~꽃 〖植〗 a China (an Indian) pink.
패러다이스 a paradise.
패러독스 a paradox.
패류(貝類) shellfish. ‖ ~학 conchology.
패륜(悖倫) immorality. ~의 immoral; sinful. ‖ ~아 an immoral person / ~ 행위 immoral conduct.
패리티 〖經〗 ‖ ~ 계산 (가격, 지수) a parity account (price, index).
패망(敗亡) defeat; ruin. ~하다 get defeated (ruined, annihilated).
패모(貝母) 〖植〗 a checkered lily.
패물(佩物) personal ornaments; accessories.
패배(敗北) (a) defeat; a rout. ~하다 be defeated (beaten); suffer a defeat; lose a battle (game).
패보(敗報) the news of defeat.
패사(稗史) an unofficial history.
패색(敗色) signs of defeat. ¶ ~이 짙다 Defeat seems certain.
패석(貝石) a fossil shell.
패설(悖說) improper talk.
패설(稗說) 《설화》 a folktale.
패세(敗勢) ☞ 패색.
패션 a fashion 《*show, model*》.
패소(敗訴) ~하다 lose one's suit.
패스 ① 《무료 입장권·승차권》 a pass; a free ticket; 《정기권》 a commuter's ticket; a season ticket 《英》; 《여권》 a passport. ② 《통과·합격》 passing. ~하다 pass 《*an exam*》; pass 《*the House*》 (통과). ③ 〖球技〗 a pass; passwork. ~하다 pass 《*a ball to another*》.
패쌈(牌一) 《have》 a gang fight.
패쓰다(覇一) 《위기모면》 use a trick; 《바둑》 make a no-man's point.
패용(佩用) ~하다 wear 《*a medal*》.
패인(敗因) the cause of defeat.
패자(敗者) a loser; the conquered (defeated) (복수취급). ‖ ~ 부활전 a *repechage* 《프》 / ~전 a consolation match (game).
패자(覇者) a supreme ruler; a champion (경기의).
패잔(敗殘) ‖ ~병(군) remnants of a defeated troop; stragglers.
패잡다(牌一) 《물주가 되다》 deal; become the dealer.
패장(敗將) a defeated general.
패적(敗敵) a defeated enemy.
패전(敗戰) (a) defeat. ~하다 be defeated; lose a battle (war). ‖ ~국 a defeated nation / ~ 투수 〖野〗 a losing pitcher.
패주(敗走) ~하다 be routed; take to flight.
패총(貝塚) a shell mound.
패퇴(敗退) defeat; retreat. ~하다 《퇴각》 retreat; 《패함》 be defeated; lose a game(경기에서).
패트런 a patron; a patroness(여자).
패트롤 《go on》 patrol. ‖ ~ 카 a squad (prowl); a patrol car 《英》.

패하다(敗—) 《싸움에》 be defeated (beaten); lose 《*a game, battle*》; suffer a defeat; 《살림 등이》 get ruined; go to ruin.
패혈증(敗血症) 〖醫〗 septic(a)emia; blood poisoning.
팩시밀리 (a) facsimile.
팬 a fan; an enthusiast. ¶ ~ 레터 fan letters / 영화 ~ a movie fan.
팬둥거리다 ☞ 핀둥거리다.
팬츠 underpants; short pants; pants 《英》; panties(여성용).
팬케이크 a pancake; a sponge cake.
팬터마임 a pantomime. ‖ ~ 배우 a pantomimist.
팬티 panties. ‖ ~ 스타킹 (a pair of) panty hose (pantihose); (a pair of) tights.
팸플릿 a pamphlet; a brochure.
팽 ¶ ~ 돌다 go clear round. ¶ 머리가 ~ 돌다 reel; swim / 눈이 ~ 돈다 My eyes swim., I feel dizzy.
팽개치다 ① 《던지다》 throw (cast) 《*away*》; fling 《*at*》; hurl 《*at*》. ② 《일을》 give up; neglect 《*one's work*》; lay aside.
팽그르르 ¶ ~ 돌다 turn (go) round smoothly; revolve.
팽글팽글 round and round.
팽나무 〖植〗 a (Chinese) nettle tree.
팽대(膨大) ~하다 swell; expand.
팽배(澎湃) ~하다 overflow; surge; rise like a flood tide.
팽이 《spin》 a top.
팽창(膨脹) distension; expansion (inflation) 《*of currency*》; increase (증대). ~하다 swell; expand; inflate; increase. ¶ 인구 (도시) 의 ~ the growth of population (a city). ‖ ~ 계수 (률) the coefficient (rate) of expansion / ~력(力) expansive power.
팽팽하다 ① 《켕기어서》 (be) taut; tight; tense. ¶ 팽팽히 tight(ly); full; tensely / 팽팽하게 하다 strain; tighten; stretch. ② 《성질이》 (be) narrow-minded(편협); testy; hidebound; rigid; inelastic. ③ 《세력이》 (be) very close; equal; well-matched.
팽하다 (be) neither more nor less.
팍팍 unyieldingly; sharply. ¶ ~ 쏘다 make cutting remarks.
팍하다(愎—) (be) peevish; touchy.
퍼내다 bail (dip, ladle) out; dip (scoop) up; pump 《*out, up*》.
퍼니 idly; lazily. ¶ ~ 놀다 loaf away one's days.
퍼더버리다 sit comfortably with one's feet stretched out.
퍼덕거리다 ① 《새가》 flap (clap, beat) the wings; flutter. ② 《물고기가》 leap; flop; splash.
퍼드덕거리다 flap (beat) the wings noisily; leap (jump) with a noise.
퍼뜨리다 spread 《*a rumor*》; diffuse; circulate; propagate (종교 등을).
퍼뜩 in a flash. ¶ ~ 생각나다 suddenly occur to one; flash into one's mind.
퍼렇다 (be) deep blue (green).
퍼레이드 a parade.
퍼머넌트 a permanent (wave); a perm 《口》. ~하다 get (have) a perm(anent) 《美》; have one's hair waved (permed) 《英》.
퍼먹다 ① 《퍼서》 scoop (dip) and eat. ② 《많이》 shovel 《*food*》 into one's mouth; eat greedily.
퍼붓다 ① 《비·눈이》 pour on; 《it 가 주어》 rain (snow) hard. ¶ 퍼붓는 눈 a thick snow; a heavy snowstorm / 퍼붓는 비를 무릅쓰고 in spite of the pouring rain. ② 《물을》 pour 《*water*》 into 《*a jar*》; pour (shower) 《*water on a person*》. ③ 《욕을》 pour (shower, rain) 《*abuses*》 upon; lay 《*blame*》 on; 《포화를》 rain fire 《*on*》.
퍼석퍼석 ¶ ~한 friable; crumbly.
퍼센트 per cent, percent (기호 %).
퍼센티지 percentage.
퍼지다 ① 《벌어지다》 spread out; get broader. ② 《소문등이》 spread; get abroad (propagated, circulated, diffused); 《유행이》 come into fashion. ③ 《자손·초목이》 grow thick (wild); flourish. ¶ 가지가 ~ branches spread. ④ 《삶은것이》 be properly steamed; swell. ⑤ 《병이》 be prevalent; prevail. ⑥ 《구김살이》 get (become) smooth.
퍼펙트게임 〖野〗 a perfect game.
퍽¹ ① 《힘있게》 forcefully; with a thrust. ② 《넘어지는 꼴》 with a thud; plump; flop.
퍽² 《매우》 very (much); quite; awfully; greatly; highly.
퍽석 《앉는 꼴》 heavily; plump; flop; 《깨지는 꼴》 fragilely; easily.
퍽퍽 《내지르는 꼴》 thrusting repeatedly; with thrusts; 《쓰러지는 꼴》 with flop after flop.
펀둥거리다 ☞ 핀둥거리다.
펀치 ① 《구멍 뚫는》 a punch. ② 《타격》 a punch. ¶ ~를 맞다 get a punch 《*on the nose*》 / ~를 먹이다 land a puch 《*on*》; punch 《*a person on the chin, a person's chin*》.
펀펀하다 (be) even; flat; wide.
펀하다 (be) vast; wide; boundless.
펄 a wide expanse of land.
펄떡거리다 ① 《맥이》 pulsate; palpitate; beat; throb. ② 《동물 등이》 leap; jump; hop.
펄럭거리다 flutter; flap; flicker; waver(기 따위). 펄럭펄럭 with a flutter (flap); flutteringly.
펄렁거리다 ☞ 펄럭거리다.
펄썩 ① 《먼지 따위가》 rising in a puff. ② 《주저앉는 모양》 heavily; plump. ¶ ~ 의자에 주저앉다 plump down (sink into) a chair.
펄쩍뛰다 jump up suddenly; leap; start to one's feet 《*with astonishment*》.

ㅍ

펄펄 ¶ ~ 끓다 boil up; seethe; be all of a glow (몸이) / ~ 날리다 《깃발이》 flutter 《*in the wind*》; flap.
펄펄하다 ☞ 팔팔하다.
펄프 pulp. ¶ ~를 만들다 (reduce to) pulp. ‖ ~재(材) pulpwood / 인견 ~ a rayon pulp.
펌프 a pump. ¶ ~질(을) 하다 work a pump / ~로 퍼올리다 〔퍼내다〕 pump up 〔out〕 《*water*》. ‖ ~ 우물 a pump well / 공기 ~ an air pump; a bicycle pump (자전거) / 급수 ~ a feed(ing) pump / 소방 ~ a fire engine / 양수 ~ a lift pump.
펑 pop; bang. ~하다 pop; bang. ¶ ~하고 with a pop 〔bang〕.
펑퍼짐하다 (be) flat and round. ¶ 펑퍼짐한 엉덩이 well-rounded hips.
펑펑 ① 《폭음 소리》 bang! bang!; pop, pop; popping. ② 《쏟아지는 모양》 profusely; copiously. ¶ ~ 흐르다 flow in streams; gush out; stream down / ~ 나오다 gush 〔stream〕 out / 눈이 ~ 내리다 snow falls thick and fast.
페넌트 a pennant 《*race*》.
페널티킥 〖蹴〗 a penalty kick.
페니 a penny (생략 d.); pence (금액의 복수); pennies (화폐의 복수).
페니실린 〖藥〗 penicillin. ‖ ~ 연고 〔주사〕 a penicillin ointment〔shot〕.
페달 a pedal. ¶ ~을 밟다 pedal 《*one's bicycle*》.
페더급(一級) ~의 featherweight. ‖ ~ 선수 a featherweight 《*boxer*》.
페루 Peru. ¶ ~의 Peruvian / ~ 사람 a Peruvian.
페르시아 Persia. ¶ ~의 (사람) (a) Persian.
페리보트 a ferry(boat).
페미니스트 a feminist.
페미니즘 feminism.
페소 《화폐 단위》 a peso (기호 p).
페스트 (a) pest; the black plague.
페이스 (a) pace. ¶ 자기 ~를 지키다 do not overpace oneself; keep within one's speed.
페이지 a page; a leaf. ¶ 5 ~에 on page 5 / ~를 넘기다 turn (over) the pages 《*of a book*》 / ~를 매기다 page 《*a book*》.
페이퍼 paper; 《사포》 sandpaper.
페인트 paint. ¶ ~를 칠하다 paint 《*a room white*》. ‖ ~장이 a painter.
페티코트 a petticoat.
펜 《write with》 a pen. ‖ ~ 네임 a pen name / ~대 a penholder / ~습자 penmanship / ~촉 a pen point 《美》; a nib 《英》 / ~팔 a pen pal / ~화(畫) a pen sketch 〔drawing〕.
펜스 pence. ☞ 페니.
펜싱 fencing. ‖ ~ 선수 a fencer.
펜클럽 the P.E.N. ‖ 한국 ~ the Korea P.E.N. club.
펜타건 the Pentagon.

펠트 felt. ‖ ~ 모자 a felt〔soft〕 hat.
펨프 《뚜쟁이》 a pimp; a pander.
펭귄 〖鳥〗 a penguin.
펴놓다 ① 《펴다》 spread; lay out 〔open〕; unfold; unroll. ② 《마음을》 unbosom.
펴다 ① 《펼치다》 spread 《*it*》 out; open 《*a book*》; unfold 《*a newspaper*》. ¶ 이부자리를 ~ spread 〔prepare, make〕 a bed. ② 《몸을》 stretch 《*one's back* 〔*limbs*〕》; 《가슴 등을》 stick 〔throw〕 out. ¶ 가슴을 쑥 ~ throw out one's chest. ③ 《구김살·굽은 것을》 straighten 〔smooth〕 《*it*》 out; uncoil. ¶ 구부러진 철사를 ~ straighten out a crooked wire. ④ 《기를》 ease 《*one's mind*》; relieve. ¶ 기를 못 ~ feel ill at ease; feel constrained. ⑤ 《살림을》 ease; alleviate; improve 《*one's livelihood*》. ⑥ 《공포》 issue; promulgate 《*a law*》; 《수사를》 spread 《*a dragnet*》. ¶ 계엄령을 ~ enforce 〔declare〕 martial law. ⑦ 《세력 등을》 extend 《*one's power*》; establish《*one's influence*》.
펴이다 ① 《펴지다》 get unfolded. ② 《형편이》 get better; improve; be eased; 《일 따위가》 be smoothed 《*down, over*》. ¶ 셈이 ~ become better off.
펴지다 ① 《펼쳐지다》 get unfolded 〔unrolled, spread〕; spread (out). ② 《주름이》 get smoothed; be flattened; 《굽은 것이》 get straightened.
편 《떡》 rice cake.
편(便) ① 《쪽》 a side; 《방향》 a direction; a way. ¶ 이 ~에 on this side. ② 《교통편》 facilities; service; a conveyance. ¶ 철도〔배〕~으로 by rail 〔water〕 / 교통~ communication 〔traffic〕 facilities. ③ 《한패》 a side; a party; a faction. ¶ 우리~ our side; our party 〔team〕; our friends. ④ ☞ 인편. ⑤ 《대비·경향》 ¶ …~이 낫다 be better than…; had better 《*do*》 / 작은 ~이다 be on the small side.
편(編) 《편찬》 compilation; editing. ¶ 김 박사 ~ edited by Dr. Kim.
편(篇) 《권》 a volume; a book; 《장·절》 a chapter; a section; a part; 《장편시의》 a canto.
편가르다(便—) divide 《*the men*》 in 《*two*》 parties 〔sides, teams〕; separate into groups.
편각(偏角) 〖地〗 angle of deviation; declination; 〖數〗 amplitude.
편견(偏見) (a) prejudice; a bias; a prejudiced view. ¶ ~있는 partial; prejudiced; biased / ~을 가지다 be prejudiced 〔have a prejudice〕 《*against*》.
편곡(編曲) 〖樂〗 arrangement. ~하다 arrange.
편광(偏光) 〖理〗 polarized light.
편년(編年) ‖ ~사 a chronicle; annals / ~체(體) 《in》 a chronological

ㅍ

form (order).
편달(鞭撻) ~하다 urge (encourage, excite) 《*a person to do*》; spur on; whip.
편대(編隊) 《in》 a formation. ‖ ~비행 a formation flight.
편도(片道) one way. ‖ ~ 승차권 a one-way ticket 《美》; a single (ticket) 《英》 / ~ 요금 one-way (a single) fare.
편도(扁桃) 〖植〗 an almond. ‖ ~선 the tonsils (~선염 tonsillitis / ~선이 붓다 have swollen tonsils).
편두통(偏頭痛) 〖醫〗 a megrim.
편들다(便—) 《지지》 side (take sides) 《*with*》; take 《*a person's*》 part (side); stand by 《*a person*》; back.
편람(便覽) a handbook; a manual.
편력(遍歷) ~하다 travel (tour) about; itinerate. ‖ ~자 a pilgrim; an itinerant.
편리(便利) convenience; handiness (알맞음); facilities(설비의); advantage. ~한 convenient; handy; expedient; useful. ¶ ~상 for convenience' sake / ~하게 하다 facilitate.
편린(片鱗) a part; a glimpse. ¶ ~을 엿보다 get a glimpse 《*of*》.
편마암(片麻岩) 〖鑛〗 gneiss.
편모(偏母) one's lone (widowed) mother. ¶ ~ 슬하에서 자라다 grow (be brought up) under widowed mother's care.
편무(片務) ~적 unilateral. ‖ ~ 계약 a unilateral (one-sided) contract.
편물(編物) ☞ 뜨게질. ‖ ~ 기계 a knitting machine.
편발(辮髮·編髮) a pigtail; the Chinese queue.
편법(便法) 《편한 방법》 an easier (a handy) method; a short cut(way); 《take, devise》 an expedient.
편벽(偏僻) ~된 eccentric; partial.
편복(便服) everyday clothes (wear).
편상화(編上靴) lace boots.
편성(編成) (an) organization; (a) formation. ~하다 organize 《*a class*》; form; compose; make up 《*a budget*》.
편수(編修) ~하다 edit; compile. ‖ ~관 an editorial officer; an (official) editor.
편술(編述) ☞ 편수(編修).
편승(便乘) ~하다 ① 《승차》 get a lift 《*in a person's car*》; hitch (bum) a ride 《*on a truck*》; take (passage on) 《*a ship, a train*》. ② 《기회를》 take advantage of 《*the occasion*》; avail oneself of 《*the times*》.
편식(偏食) 《have》 an unbalanced diet.
편심(偏心) a one-sided mind; 〖機〗 eccentricity.
편쌈(便—) a fight between two groups. ~하다 have a gang fight.
편안(便安) ~한 peaceful; tranquil; calm. ¶ ~히 《무사히》 safe(ly); 《평온히》 in peace; peacefully; calmly; 《안락히》 in comfort; comfortably; at (one's) ease.
편암(片岩) 〖鑛〗 schist.
편애(偏愛) partiality 《*for*》; favoritism 《*to*》. ~하다 be partial 《*to*》; show favoritism 《*to*》.
편액(扁額) a tablet; a framed picture.
편역들다 ☞ 편들다.
편육(片肉) slices of boiled meat.
편의(便宜) a convenience; facilities 《*for research*》. ~한 convenient; handy; advantageous; expedient. ¶ ~상 for convenience' sake / ~를 도모하다 consult 《*a person's*》 convenience; give accommodation to. ‖ ~주의(주의자) opportunism (an opportunist).
편의점(便宜店) a convenience store.
편이(便易) ~한 convenient; handy; easy.
편익(便益) benefit; advantage; convenience (편리).
편입(編入) admission; incorporation. ~하다 《부류에》 class with; include in; 《예산에》 insert; 《학급에》 put (admit, enroll) 《*a person into*》; 《합병》 incorporate 《*into*》; 《군에》 assign 《*to the infantry*》; 《예비역》 transfer 《*to the reserve*》. ¶ 시(市)에 ~되다 be incorporated (absorbed) into a city. ‖ ~생 an enrolled student / ~ 시험 examination for admission into 《*the 2nd year*》 class.
편자 a horseshoe. ¶ ~를 박다 shoe 《*a horse*》. ‖ ~공(工) a farrier.
편자(編者) an editor; a compiler.
편재(偏在) an uneven distribution. ~하다 be unevenly distributed 《*among*》.
편재(遍在) omnipresence. ~하다 be omnipresent (ubiquitous).
편제(編制) ☞ 편성(編成). ‖ 평시(전시) ~ a peace (war) footing (organization).
편주(片舟·扁舟) a little boat; a skiff.
편중(偏重) ~하다 attach too much importance 《*to*》; lean upon; overestimate.
편지(便紙) 《open, seal》 a letter: a note(짧은). ¶ ~의 사연 the contents of a letter / ~를 내다 send a letter; write (to) 《*a person*》 / ~를 부치다 mail 《美》 (post 《英》) a letter. ‖ ~지 letter paper.
편집(偏執) bigotry; obstinacy. ‖ ~광(狂) monomania; a monomaniac (사람).
편집(編輯) editing; compilation. ~하다 edit 《*a magazine*》; compile 《*a dictionary*》. ‖ ~부(국) the editorial staff (office) / ~자 an editor; a cutter(필름의) / ~장(長) the chief editor / ~ 후기 the editor's

comment.
편짜다(便一) form a team〔party〕.
편짝(便一) a 〔one〕 side; a party (한편). ¶이 ~ this side.
편차(偏差) 〖理〗 deflection; variation; 《포탄의》 windage; 〖統〗 deviation.
편찬(編纂) compilation. ~하다 compile; edit. ‖ ~자 a compiler.
편찮다(便一) 《불편》 (be) inconvenient; uncomfortable; 《병으로》 (be) ill; unwell; indisposed.
편취(騙取) ~하다 cheat 〔trick, defraud, swindle〕 《*a person*》 out of 《*something*》. ⌈ent.
편친(偏親) a parent; an only parent.
편파(偏頗) ~한 partial; one-sided; unfair; biased. ¶~적으로 partially; unfairly.
편평(扁平) ~한 flat; even; level.
편하다(便一) ① 《편리》 (be) convenient; handy; expedient. ② 《편안》 (be) comfortable; easy; free from care (걱정없다). ¶편히 comfortably; at (one's) ease; in comfort / 마음이 ~ be carefree; have nothing to worry. ③ 《수월함》 (be) easy; light; simple. ¶편한 일 an easy 〔a soft〕 job.
편향(偏向) a bias; a tendency; 〖理〗 deflection. ~하다 tend 《*toward, to*》; be inclined; deflect. ‖ ~ 교육 a deflected education.
편협(偏狹) ~한 narrow(-minded); illiberal; intolerant.
편형동물(扁形動物) 〖動〗 a flatworm; Plat(y)helminthes.
펼치다 spread 《*a map*》; lay out; unfold; open (out); stretch; outstretch. ⌈of; abuse.
폄하다(貶一) disparage; speak ill
평(坪) a *pyeong* (= 3.954 sq. yds.). ‖ ~수 an area 《*of a lot*》; acreage; 《건평》 floor space.
평(評) criticism; (a) comment; (a) review 《*of movies*》; (a) reputation; popularity (인기) (☞ 평하다). ¶~이 좋은〔나쁜〕 popular 〔unpopular〕.
평…(平) 《보통의》 common; ordinary; plain; 《단순한》 mere. ¶~교사 a common teacher / ~당원 a rank-and-file member / ~사원 a mere clerk / ~신도 a layman.
평가(平價) 〖經〗 par; parity ¶~로 at par. ‖ ~절상 (upward) revaluation / ~절하 devaluation.
평가(評價) valuation; (an) appraisal; assessment (과세를 위한); estimation; grading (성적등급을). ~하다 value 〔estimate〕 《*a thing at* ₩10,000》; appraise; evaluate; assess; grade. ¶높이 ~하다 set a high value on 《*a person's abilities*》; make much of. ‖ ~액 the estimated value; assess / ~전 a tryout match.
평각(平角) 〖數〗 a straight angle.
평결(評決) a decision; a verdict (배심원 등의). ~하다 decide.
평교(平交) friends (of) about the same age.
평균(平均) ① 《보통》 an average; 〖數〗 the mean. ~하다 average. ¶~의 average; mean / 한 사람 ~ per head / ~하여 on an 〔the〕 average / ~이상〔이하〕이다 be above 〔below〕 the average / ~을 잡다 〔내다〕 take 〔find, strike〕 the average. ‖ ~ 연령〔점, 수명〕 the average age 〔mark, life span〕 / ~치 the mean 〔average〕 value / 연〔월〕 ~ the yearly 〔monthly〕 mean. ② 《평형》 balance; equilibrium. ¶~이 잡힌 well-balanced. ‖ ~대(臺) a balance beam.
평년(平年) a common year(윤년이 아닌); a normal 〔an average〕 year (예년). ‖ ~작 a normal 〔an average〕 crop (~작 이상〔이하〕 above 〔below〕 the average crop).
평등(平等) equality 《*of opportunity*》. ~한〔히〕 equal(ly); even(ly); impartial(ly)(공평). ‖ ~주의 the principle of equality.
평론(評論) (a) criticism (시평); a comment; a review(저작물의). ~하다 criticize; review; comment 《*on*》. ‖ ~가 a critic; a reviewer; a commentator (정치·스포츠 등의).
평맥(平脈) one's normal pulse.
평면(平面) a plane. ‖ ~교차 grade 〔level 《英》〕 crossing / ~기하 plane geometry / ~도 a plane figure; a (floor) plan.
평미레(平一) a level(l)ing stick.
평미리치다(平一) level off; make even; equalize 《*one with another*》.
평민(平民) a commoner; the common people(총칭). ¶~적인 democratic. ⌊ocratic.
평방(平方) ☞ 제곱.
평범(平凡) ~한 common; ordinary; mediocre; commonplace; 《단조로운》 flat; monotonous; 《특색없는》 featureless; 《별일없는》 uneventful. ¶~한 일 an everyday affair; a common event / ~한 인간 an ordinary man.
평복(平服) an ordinary dress; 《in》 plain 〔civilian, everyday〕 clothes.
평분(平分) ~하다 divide equally.
평상(平床) a flat wooden bed.
평상(平常) ¶~의 usual. ‖ ~상태 the normal condition / ~시(時) ordinary times (~시와 같이 as usual).
평생(平生) one's whole life (☞ 일생). ¶~을 두고 for all one's life. ‖ ~소원 one's lifelong desire.
평소(平素) ① 《평상시》 usually, ordinarily(부사). ~의 daily; usual; habitual. ¶~대로 as usual / ~와는 달리 unusually / ~의 행실 one's everyday conduct. ② 《지나간날》 in the past(부사). ¶~의

ㅍ

소망 one's long-cherished wish.
평시(平時) 《평상시》 normal times; peacetime (평화시). ¶ ~엔 ordinarily; usually; in time of peace. ‖ ~ 산업 peacetime industry / ~ 편제 peace organization.
평안(平安) peace; safety; quiet. ~한 peaceful; quiet; safe. ¶ ~히 in peace (safety); peacefully.
평야(平野) a plain; an open field. ‖ 호남 ~ the *Honam* plain(s).
평열(平熱) one's normal temperature.
평영(平泳) the breast stroke. ~하다 swim on one's chest. ‖ ~선수 a breast stroker.
평온(平溫) ① 《평균 온도》 an average temperature. ② ☞ 평열.
평온(平穩) quietness; peace. ~한 calm; quiet; peaceful. ¶ ~히 in peace; quietly / ~해지다 become quiet; quiet (calm) down; subside.
평원(平原) a plain; a prairie.
평의(評議) (a) conference; (a) consultation; (a) discussion. ~하다 confer (have a conference) 《*with*》; discuss 《*a matter*》. ‖ ~원(員) a council(l)or / ~회 a council.
평이(平易) ~한 easy; plain; simple.
평일(平日) ① 《일요 아닌》 a weekday. ¶ ~에(는) on weekdays; on business days. ② 《평상시》 ordinary days. ¶ ~에는 on ordinary days; usually.
평전(評傳) a critical biography.
평점(評點) examination (evaluation) marks; a grade.
평정(平定) ~하다 suppress; subdue.
평정(平靜) ~한 calm; quiet. ¶ (마음의) ~을 유지하다 remain calm / ~을 잃다 lose one's head.
평정(評定) rating; evaluation. ~하다 rate; evaluate. ‖ 근무(勤務) ~ 《teachers'》 efficiency rating.
평주(評註) a comment(ary).
평준(平準) level(수준); equality(평균). ‖ ~점 a level point / ~화(化) equalization (~화하다 level; make equal; equalize).
평지 〖植〗 a rape.
평지(平地) flat ground; level land; a plain(평야). ¶ ~ 풍파를 일으키다 raise unnecessary troubles.
평직(平織) plain weave.
평탄(平坦) ~한 even; flat; level. ¶ ~하게 하다 level 《*a road*》.
평토(平土) ~하다 level the ground after burying the body.
평판(平版) a lithograph. ¶ ~의 lithographic. ‖ ~ 인쇄 lithography; lithoprinting 《美》.
평판(評判) 《명성》 reputation; fame; popularity(인기); notoriety(악평); 《세평》 the world's opinion; a rumo(u)r(소문). ¶ ~이 난 reputed; famed / ~이 좋다 (나쁘다) be well (ill) spoken of; have a good (bad) reputation (name); be popular (unpopular).
평평(平平) ~한 flat; even; level.
평하다(評一) criticize; review; comment 《*on*》.
평행(平行) ~하다 run (be) parallel to (with). ‖ ~봉 (선) parallel bars (lines) / ~ 사변형 a parallelogram / ~ 운동 a parallel motion.
평형(平衡) balance; equilibrium. ¶ ~을 유지하다 (잃다) keep (lose) one's balance.
평화(平和) peace. ~스럽다 (롭다) (be) peaceful; tranquil. ¶ ~적인 peaceful; peace-loving / ~적으로 peacefully; in peace / ~적 해결 a peaceful settlement 《*of a dispute*》 / ~를 유지 (파괴, 회복) 하다 keep (break, restore) peace. ‖ ~ 공세 a peace offensive / ~ 공존 (노선) peaceful coexistence (line) / ~ 봉사단 the Peace Corps (~ 봉사단원 a Peace Corpsman) / ~주의 pacifism (~주의자 a pacifist) / ~ 협상 peace talks (negotiations) / ~ 회의 (조약) a peace conference (treaty).
평활(平滑) ~하다 (be) smooth; level; flat. ‖ ~근(筋) a smooth muscle.
폐(肺) the lungs. ¶ ~가 나쁘다 have a weak chest. ‖ ~기종 〖醫〗 pulmonary emphysema / ~암 lung cancer / ~ 절제 pneumonectomy; pneumectomy.
폐(弊) ① ☞ 폐단. ② 《괴로움》 (a) trouble; a bother 《*to*》; a nuisance. ¶ ~를 끼치다 trouble (bother) 《*a person with*》; give (cause) 《*a person*》 trouble; bother.
폐가(廢家) ① 《버려둔 집》 a deserted house. ② 《절손》 an extinct family.
폐간(廢刊) ~하다 cease to publish. ¶ ~되다 be discontinued / ~시키다 ban the publication 《*of*》.
폐갱(廢坑) ☞ 폐광(廢鑛).
폐결핵(肺結核) (pulmonary) tuberculosis; consumption. ¶ ~에 걸리다 suffer from tuberculosis of the lungs. ‖ ~ 환자 a consumptive (patient).
폐경기(閉經期) 《a woman at》 the menopause.
폐관(閉館) ~하다 close; be closed.
폐광(廢鑛) an abandoned (a dead) mine. ~하다 abandon a mine.
폐교(廢校) ~하다 close (abolish) a school.
폐기(廢棄) abandonment; abrogation(법령, 조약의). ~하다 abolish; abandon; scrap 《*a car*》. ‖ ~물 scrapped material; waste matters.
폐농(廢農) ~하다 give up farming.
폐단(弊端) an evil; an abuse. ¶ ~을 시정하다 remedy an evil.
폐렴(肺炎) 〖醫〗 pneumonia. ‖ 급성 ~ acute pneumonia.
폐롭다(弊一) ① 《귀찮다》 (be) trou-

blesome; bothersome; be troubled 〔annoyed〕《*with, by*》. ② 《성질이》 (be) moody; overnice.
폐막(閉幕) ~하다 end; close; come to a close.
폐문(肺門) the hilum of a lung. ‖ ~ 임파선염 tuberculous adenitis of the hilum of a lung.
폐물(廢物) a useless article〔thing〕; waste (material); refuse (찌꺼기); a scrap. ¶ ~이 되다 become useless; be scrapped. ‖ ~ 이용 the utilization of waste material.
폐백(幣帛) 《신부의》 a bride's presents to her parents-in-law.
폐병(肺病) ☞ 폐결핵.
폐부(肺腑) ① ☞ 폐(肺). ② 《마음속》 ¶ ~를 찌르는 듯한 penetrating; heartbreaking / ~를 찌르다 give 《*a person*》 a home thrust; go to 《*a person's*》 heart.
폐사(弊社) our company 〔firm〕.
폐색(閉塞) ~하다 blockade 《*a harbo(u)r*》; block.
폐선(廢船) a disused 〔scrapped〕 ship.
폐쇄(閉鎖) closing. ~하다 close; shut. ‖ 공장 ~ a lockout.
폐수(廢水) waste water. ‖ ~ 처리 waste-water treatment (~ 처리 장치(裝置) a waste water disposal plant) / 공장 ~ factory wastes.
폐습(弊習) a bad habit; an evil practice 〔custom〕; abuses.
폐어(肺魚) 〖魚〗 a lungfish.
폐어(廢語) an obsolete word.
폐업(廢業) ~하다 give up 〔close〕 one's business; shut up one's shop; give up one's practice (의사, 변호사 등이).
폐원(閉院) ~하다 close the Assembly. ‖ ~식 the closing ceremony of the Assembly.
폐위(廢位) ~하다 dethrone; depose.
폐인(廢人) a crippled〔disabled〕 person (불구자); an invalid (병자).
폐일언하고(蔽一言—) in a word; in short.
폐장(閉場) ~하다 close; be closed.
폐점(閉店) ~하다 close 《*one's store*》; be closed. ‖ ~ 시간 closing time.
폐적(廢嫡) disinheritance. ~하다 disinherit.
폐점(弊店) our shop.
폐정(閉廷) 《법원이》 ~하다 adjourn the court.
폐정(弊政) misgovernment.
폐지(閉止) ~하다 stop; close; cease.
폐지(廢止) abolition; repeal(법률 등의). ~하다 abolish; do away with; abrogate(법률 따위).
폐진증(肺塵症) 〖醫〗 ☞ 진폐증(塵肺症).
폐질(廢疾) an incurable desease. ‖ ~자 a disabled person; a cripple.
폐차(廢車) a disused 〔scrapped〕 car; a car out of service. ¶ ~ 처분하다 scrap a car; put a car out of service. ‖ ~장 an auto junkyard 〔graveyard〕.
폐첨(肺尖) the apex of a lung.
폐침윤(肺浸潤) 〖醫〗 infiltration of the lungs.
폐품(廢品) useless 〔waste〕 articles. ¶ ~을 회수하다 collect scraps.
폐풍(弊風) ☞ 폐습.
폐하(陛下) His 〔Her〕 Majesty(3인칭); Your Majesty(2인칭).
폐하다(廢—) 《그만두다》 give up 《*one's studies*》; discontinue; 《철폐》 abolish; 《군주를》 dethrone; depose.
폐함(廢艦) ~하다 put 《*a warship*》 out of commission.
폐합(廢合) ~하다 abolish and amalgamate; reorganize. ‖ ~정리 reorganization; rearrangement.
폐해(弊害) an evil; abuses; 《악영향》 an ill〔a bad〕 effect; an evil influence.
폐허(廢墟) ruins; remains. ¶ ~가 되다 be ruined; fall into ruins.
폐활량(肺活量) breathing 〔lung〕 capacity. ‖ ~계(計) a spirometer.
폐회(閉會) ~하다 close 《*a meeting*》; be closed. ‖ ~사 《give》 a closing address / ~식 the closing ceremony.
폐회로(閉回路) 〖電〗 a closed circuit.
포(苞) 〖植〗 a bract.
포(砲) a gun; a cannon (대포); 《총칭》 gunnery; ordnance.
포(脯) ☞ 포육(脯肉).
포가(砲架) 《set》 a gun carriage.
포개다 put one upon another; pile up; heap up. ¶ 포개지다 lie one upon〔on top of〕 another; overlap; be laid over.
포갬포갬 one upon another.
포격(砲擊) bombardment; a cannonade. ~하다 bombard; fire 《*at, on*》. ¶ ~을 받다 be under fire 《*from*》.
포경(包莖) phimosis. ‖ ~ 수술 an operation for phimosis.
포경(捕鯨) whaling; whale fishing. ‖ ~선(船) a whaler / ~ 산업 the whaling industry.
포고(布告) a decree; a proclamation. ~하다 proclaim; announce; decree. ‖ ~령 a decree; an edict (~령을 내리다 issue a proclamation) / ~문 an official notice; a (government) proclamation.
포괄(包括) ~하다 include; comprehend; contain. ¶ ~적(으로) inclusive(ly); comprehensive(ly).
포교(布敎) propagation (of religion); missionary work. ~하다 preach 〔propagate〕 《*a religion*》.
포구(浦口) an inlet; an estuary; a creek.
포구(砲口) a muzzle; a caliber(구경).
포구(捕球) 〖野〗 catching; (a) catch.
포근포근하다 ☞ 포근하다.
포근하다 ① 《폭신》 (be) soft and comfortable; downy. ② 《날씨가》 (be) mild; genial; soft. ¶ 포근한 겨울 a mild winter.
포기 a head; a root; a plant. ¶ 배

추 두 ~ two heads of cabbage.
포기(抛棄) abandonment; renunciation. ~하다 give up; throw up; abandon; renounce.
포달 ¶ ~부리다 rail at《*a person*》; use abusive language / ~스럽다 be foul-tempered; be vixenish / ~지다 be spiteful〔wicked-tongued〕.
포대(布袋) ☞ 부대(負袋).
포대(砲臺) a battery; a fort (요새).
포대기 a baby's quilt; a wadded baby wrapper.
포도(葡萄) a grape; a (grape)vine (덩굴, 나무). ‖ ~당 grape sugar;〖化〗glucose / ~밭 a vineyard / ~송이 a bunch〔cluster〕of grapes/ ~주 (grape) wine / ~즙 grape juice.
포도(鋪道) a pavement; a paved road.
포동포동하다 (be) chubby; plump.
포드《차》a Ford (car).
포로(捕虜) a prisoner of war (생략 POW); a captive. ¶ ~가 되다 be taken prisoner. ‖ ~ 교환 an exchange of war prisoners / ~ 송환 the repatriation of prisoners of war / ~ 수용소 a prisoners' barracks; a〔concentration〕camp.
포르노 pornography; porn(o)《*magazine, film*》.
포르말린〖化〗formalin. ‖ ~ 소독 formalin disinfection.
포르투갈 Portugal. ¶ ~의(어) Portuguese / ~ 사람 a Portuguese.
포름아미드〖化〗formamide.
포마드 pomade. ¶ ~를 바르다 pomade (one's hair).
포말(泡沫) a bubble; foam. ‖ ~ 회사 a bubble company.
포만(飽滿) ~하다 be satiated〔full〕《*with*》.
포목(布木) linen and cotton; dry goods《美》; drapery《英》. ‖ ~점 a dry-goods store; a draper's.
포문(砲門) a porthole; the muzzle (포구). ¶ ~을 열다 open fire《*on*》.
포물선(抛物線)〖數〗《describe》a parabola.
포박(捕縛) ~하다 arrest; apprehend.
포병(砲兵) an artilleryman(군인); artillery(총칭). ‖ ~감 an inspector of artillery / ~대(단) an artillery unit〔corps〕/ ~전 an artillery duel / ~학교 the Artillery School.
포복(匍匐) ~하다 creep; crawl.
포복절도(抱腹絶倒) ~하다 split one's sides; be convulsed with laughter. ¶ ~케 하다 throw《*a person*》into convulsions.
포부(抱負) (an) ambition; (an) aspiration. ¶ ~를 품다 have an ambition《*to do*》.
포상(褒賞) a prize; a reward. ~하다 give a prize. ¶ ~을 받다 be rewarded《*for*》.
포석(布石) preliminary moves; strategic arrangement of '*badug*-stones;《비유적》preliminaries. ~하다 place stones in strategic position; pave the way for the future.
포석(鋪石) a paving stone.
포섭(包攝) ~하다 win〔gain〕《*a person*》over《*to one's side*》; bring around《*someone*》to one's side.
포성(砲聲) the sound of firing; the roaring〔boom〕of a cannon.
포수(砲手) a gunner;《포경선의》a harpooner;《사냥꾼》a hunter.
포수(捕手)〖野〗a catcher.
포술(砲術) gunnery; artillery.
포스겐가스〖化〗phosgene gas.
포스터 a poster〔bill〕. ¶ ~를 붙이다〔떼다〕put up〔tear off〕a poster.
포슬포슬 ¶ ~하다 be crumbly.
포승(捕繩) a policeman's rope.
포식(捕食) ~하다《잡아먹음》prey upon《*birds*》.
포식(飽食) ~하다 eat one's fill; satiate oneself.
포신(砲身) a gun barrel.
포실하다 (be) rich; wealthy.
포악(暴惡) ~한 atrocious; outrageous; ruthless.
포안(砲眼)《성의》an embrasure.
포연(砲煙) the smoke of cannon; cannon〔artillery〕smoke; (gun) powder smoke.
포열(砲列) a battery.
포옹(抱擁) an embrace; a hug; necking(남녀의). ~하다 embrace; hug.
포용(包容) ~하다 comprehend; tolerate(사람을). ‖ ~력(力) capacity (~력이 큰 magnanimous; broad-minded).
포위(包圍) encirclement;〖軍〗(a) siege. ~하다 surround;《군대가》besiege; lay siege to《*a fort*》. ¶ ~를 풀다 raise the siege《*of*》. ‖ ~ 공격 a siege / ~군 the besieging army / ~망 an encircling net; an iron ring / ~ 작전 an encircling〔enveloping〕operation / ~전 a battle of encirclement; besiegement / ~ 태세 an encircling formation (~ 태세를 취하다 get into encircling formation).
포유(哺乳) ‖ ~ 동물 a mammal / ~류 the Mammalia / ~병(甁) ☞ 젖병.
포육(脯肉) dry sliced meat; jerked meat.
포의(布衣) a scholar holding no office; a civilian. ‖ ~ 한사(寒士) a poor scholar holding no office.
포인터《개》a pointer.
포인트 ①《소수점》a (decimal) point. ②《전철기》a switch《美》; points《英》. ③《활자》point. ¶ 9 ~ 활자 a 9-point type. ④《득점》《gain, score》a point. ⑤《요점》the point《*of a story*》.
포자(胞子)〖植〗a spore. ‖ ~낭(囊) a spore case; a sporangium.
포장(布張) a linen awning〔screen〕; a curtain;《수레·차의》a hood.

ㅍ

¶ ~을 씌우다 〔걷다〕 pull up 〔let down〕 the hood 〔top〕. ‖ ~ 마차; 《술파는》 a covered cart bar; a small wheeled snack bar with a tent; 〖美史〗 a prairie schooner 〔wagon〕.
포장(包裝) packing. ~하다 pack; wrap (up). ¶ ~을 풀다 unpack 《*a box*》; unwrap 《*a package*》. ‖ ~물(物) a package / ~비(費) packing charges / ~지 packing 〔wrapping, brown〕 paper.
포장(鋪裝) pavement; paving ~하다 pave 《*a road*》. ¶ ~이 안 된 도로 an unpaved street. ‖ ~ 공사 pavement works; paving / ~ 길 a pavement; a paved street〔road〕.
포장(褒章) a medal 《*for merit*》.
포좌(砲座) 〖軍〗 a gun platform.
포주(抱主) a keeper of brothel; a whore-master; a bawd(여자).
포즈 a pose. ¶ ~를 취하다 pose 《*for*》; take one's pose.
포진(布陣) the lineup. ~하다 line up; take up one's position; array one's force for battle(군대를).
포집다 pile up; lay 《*a vessel*》 upon another.
포착(捕捉) ~하다 catch; catch up with 《*the enemy*》. ¶ 기회를 ~하다 seize an opportunity.
포커 《play》 poker. ‖ ~ 페이스 a poker face; a dead pan 《美俗》.
포켓 a pocket. ¶ ~에 들어가는 pocketable 《*books*》 / ~에 넣다 pocket; put 《*a thing*》 in one's pocket. ‖ ~머니 pocket money / ~판(版) a pocket edition (~판 사전 a pocket dictionary).
포크[1] 《식사용》 a fork.
포크[2] 《돼지고기》 pork.
포크댄스 a folk dance.
포크송 a folk song.
포탄(砲彈) a shell; a cannonball.
포탈(逋脫) evasion of tax(☞ 탈세). ‖ 세금 ~자 a tax evader.
포탑(砲塔) a (gun) turret; a cupola. ‖ 선회 ~ a revolving turret.
포터블 portable 《*radio*》.
포트와인 port (wine).
포플러 〖植〗 a poplar(미류나무).
포플린 《피륙》 poplin; broadcloth 《美》.
포피(包皮) 〖解〗 the foreskin; the prepuce.
포학(暴虐) ~한 tyrannical; despotic; cruel.
포함(包含) ~하다 contain; hold; include; imply(의미를). ¶ …을 ~하여 including…; inclusive of….
포함(砲艦) a gunboat.
포항제철(浦項製鐵) P'ohang Iron & Steel Co. 《POSCO》.
포행성(匍行性) ‖ ~ 궤양 serpiginous ulcer.
포화(砲火) (gun) fire. ¶ ~ 세례를 받다 be under fire / ~를 주고받다 exchange fire / ~를 퍼붓다 rain fire on 《*the enemy*》.
포화(飽和) saturation. ~하다 be saturated 《*with*》. ¶ ~ 상태다 be in saturation. ‖ ~ 용액 a saturated solution.
포획(捕獲) ~하다 capture; catch. ‖ ~고 a catch 《*of whales*》 / ~물 a prize.
포효(咆哮) ~하다 roar; howl.
폭(幅) 《너비》 width; breadth. ¶ ~이 넓은 wide; broad / ~이 좁은 narrow / ~이 …이다 be 《*10 feet*》 wide.
폭 ☞ 푹.
폭거(暴擧) (an act of) violence; (an) outrage; a riot(폭동).
폭격(爆擊) bombing. ~하다 bomb 《*a town*》. ‖ (중)~기 a (heavy) bomber 〔bombing plane〕.
폭군(暴君) a tyrant; a despot.
폭도(暴徒) 《put down》 a mob; rioters. ¶ ~의 무리 a mob of rioters / ~에게 습격당하다 be mobbed.
폭동(暴動) a riot; an uprising; a rebellion(반란); a mutiny(군대의). ¶ ~을 일으키다 raise 〔start〕 a riot / ~을 진압〔선동〕하다 suppress 〔instigate〕 a riot. ‖ 무장 ~ armed revolt.
폭등(暴騰) a sudden rise 《*in*》; a jump 《*in*》. ~하다 rise suddenly; jump; soar; boom 《美》. ¶ ~하는 물가 soaring 〔boom 《美》〕 prices.
폭락(暴落) a sudden 〔heavy〕 fall; a slump. ~하다 slump; fall suddenly 〔heavily〕. ¶ 주식의 ~ a slump in stocks.
폭력(暴力) 《by》 force; violence. ¶ ~으로 by force / ~에 호소하다 appeal〔resort〕 to force 〔violence〕/ ~을 휘두르다 use 〔employ〕 violence 《*on*》. ‖ ~단 a violent organization; gangsters (폭력배) / ~배 hooligans; street-toughs / ~행위 an act of violence.
폭로(暴露) exposure; disclosure. ~하다 expose; disclose; reveal; divulge; bring 《*a matter*》 to light. ‖ ~ 기사 a telltale story / ~ 전술 exposure tactics.
폭뢰(爆雷) a depth bomb.
폭리(暴利) excessive 〔undue〕 profits; profiteering. ¶ ~를 단속하다 control profiteering / ~를 취하다 make undue profits; profiteer 《*in*》. ‖ ~배 a profiteer.
폭발(爆發) explosion; eruption (화산의). ~하다 explode; detonate; blow up; erupt(화산이). ¶ ~적(으로) explosive(ly) (~적인 인기 tremendous popularity) / 분노가 ~하다 explode with anger. ‖ ~ 가스 explosive gas; firedamp(탄광의) / ~력 explosive power / ~물 an explosive / ~성(性) explosiveness / ~탄 a bombshell; an explosive shell; a bomb.
폭사(爆死) ~하다 be killed by a bomb; be bombed to death.
폭서(暴暑) intense 〔severe〕 heat.
폭설(暴雪) a heavy snowfall.

ㅍ

폭소(爆笑) ~하다 burst into laughter; burst out laughing.
폭식(暴食) voracious eating. ~하다 overeat 《*onself*》; eat too much.
폭신폭신하다 (be) soft; spongy; fluffy.
폭약(爆藥) an explosive; a blasting powder. ‖ 고성능 ~ a high explosive.
폭양(曝陽) the burning sun.
폭언(暴言) violent language. ~하다 speak violently [abusively].
폭우(暴雨) 《큰비》 《be damaged by》 a heavy rain; a downpour.
폭음(暴飮) heavy drinking. ~하다 drink hard [heavily, like a fish]. ¶ ~ 폭식하다 eat and drink immoderately.
폭음(爆音) an explosion; a roaring 《*of an engine*》; a whir(r).
폭정(暴政) tyranny; despotism. ¶ ~을 펴다 tyrannize over a country / ~에 시달리다 groan under tyranny.
폭주(輻輳) (over)crowding; pressure 《*of business, orders*》. ~하다 be congested 《*with*》; be (over) crowded. ¶ 교통의 ~ a traffic jam / 기사 ~로 owing to the congestion of news.
폭죽(爆竹) 《set off》 a firecracker.
폭탄(爆彈) a bomb (shell); a pineapple. ‖ ~ 선언 a bombshell declaration / ~ 투하 bomb dropping.
폭투(暴投) 〖野〗 a wild pitch[throw]. ~하다 pitch [throw] wild.
폭파(爆破) explosion. ~하다 blast; explode; blow up 《*a bridge*》. ‖ ~ 작업 blasting operations.
폭포(瀑布) a waterfall; falls; a cascade(작은); a cataract(큰).
폭풍(暴風) a storm; a wild[violent, stormy] wind. ‖ ~ 경보[주의보] a storm warning[alert] / ~권 a storm zone.
폭풍우(暴風雨) a rainstorm; a storm; a tempest. ¶ ~를 만나다 be hit [overtaken] by a storm.
폭한(暴漢) a ruffian; a rowdy.
폭행(暴行) (an act of) violence; an outrage. ~하다 assault[attack] 《*a person*》; 《여자에게》 violate; rape. ¶ ~을 가하다 do violence 《*to*》. ‖ ~자 an outrager; an assaulter.
폴라로이드 ‖ ~ 카메라 《상표명》 a Polaroid (Land) camera.
폴라리스 ‖ ~ 잠수함(艦) a Polaris (-armed) submarine.
폴란드 Poland. ¶ ~의[말] Polish / ~ 사람 a Pole; the Poles(총칭).
폴리에스터 〖化〗 polyester 《resin》.
폴리에틸렌 〖化〗 polyethylene.
폴카 《춤·무곡》 polka.
푄 ‖ ~ 현상 a foehn phenomenon.
표(表) a table; a list(목록); a diagram(도표). ¶ ~를 만들다 tabulate; make a list 《*of*》.
표(票) ① 《차표·입장권 따위》 a ticket; a coupon(하나씩 떼는); 《표찰》 a card; a label(레테르); a tag (물표). ¶ ~ 파는 곳 (☞ 매표구, 매표소) / ~를 찍다 punch a ticket(검표) / ~를 달다 put a tag 《*on*》 / ~를 붙이다 paste a card [label]; label 《*a thing*》. ‖ 번호~ a number plate [ticket]. ② 《투표의》 a vote. ¶ (깨끗한) 한 ~를 던지다 cast a (clean) vote / ~모으기 운동을 하다 canvass for votes.
표(標) 《부호》 a sign; a mark; 《표시》 a token; 《휘장》 a badge; 《증거》 proof; evidence; 《상표》 a brand; trademark (☞ 표하다). ¶ 말~ 《상표》 the Horse brand.
표결(表決) ☞ 의결(議決).
표결(票決) a vote; voting. ~하다 take a vote 《*on*》; vote 《*on*》. ¶ ~에 부치다 put 《*a bill*》 to a vote [ballot].
표고 〖植〗 *Lentinus edodes* (학명).
표고(標高) ☞ 해발(海拔).
표구(表具) ~하다 mount 《*a picture*》. ‖ ~사 a paper hanger.
표기(表記) ¶ ~의(금액) (the sum) inscribed on the face / ~의 주소 the address mentioned on the outside. ‖ ~ 가격 declared[insured] value / ~법 notation.
표기(標記) marking; a mark.
표독(慓毒) ~하다 (be) fierce; ferocious; venomous; spiteful.
표류(漂流) ~하다 drift (about); be adrift 《*on the sea*》. ‖ ~물 floatage; driftage / ~선(船) a drifting ship / ~자 a person adrift on the sea; a castaway.
표리(表裏) 《겉과속》 inside and outside; obverse and reverse; 《양면》 both sides; 《언동의》 double-dealing. ¶ ~ 부동한 double-dealing [-faced] / ~가 없는 single-hearted [-minded].
표말(標抹) ☞ 푯말.
표면(表面) the (sur)face. ~적인 superficial; outward, external(외면의). ¶ ~상의 변화 a surface[superficial] change / ~상의 이유 an ostensible reason; a plausible excuse/~화하다 come to the front; come up to the surface. ‖ ~ 장력(張力) 〖理〗 surface tension.
표면적(表面積) surface area.
표명(表明) (an) expression; (a) manifestation. ~하다 express; manifest; declare.
표박(漂泊) ~하다 wander about.
표방(標榜) ~하다 profess 《*oneself to be*》; stand for 《*democracy*》; advocate.
표밭(票—) a favo(u)rable voting constituency 《*for*》.
표백(漂白) ~하다 bleach. ‖ ~분 bleaching powder / ~액 a bleaching solution / ~제 bleach.
표범(豹—) 〖動〗 a leopard; a pan-

ㅍ

ther.
표변(豹變) ~하다 change suddenly; turn one's coat(변절).
표본(標本) a specimen; a sample (견본). ¶학자의 ~ a typical scholar. ‖ ~ 조사 a sample survey / ~ 추출 (random) sampling / 동물〔식물〕 ~ a zoological 〔botanical〕 specimen / 박제 ~ a stuffed 〔mounted〕 specimen 《*of a tiger*》/ 임의 ~ a random sample.
표상(表象) 《상징》 a symbol; 〖哲·心〗 an idea; a (re)presentation.
표석(漂石) 〖地〗 an erratic block 〔boulder〕.
표시(表示) indication. ~하다 express; indicate. ¶감사의 ~로 as a token of one's gratitude. ‖ ~기(器) an indicator / 의사 ~ expression of one's intention.
표어(標語) a motto; a slogan; a watchword; a catchword.
표연(飄然) ~히 aimlessly; casually.
표음문자(表音文字) a phonetic alphabet.
표의문자(表意文字) an ideograph.
표장(表裝) ☞ 표구.
표적(表迹) a sign; a mark; a token (마음의); a proof 《*of*》(증표).
표적(標的) a target; a mark. ¶ ~을 벗어나다 fall beside〔wide of〕 the mark. ‖ ~함 a target ship.
표절(剽竊) plagiarism; piracy. ~하다 pirate; plagiarize. ‖ ~자 a plagiarist; a pirate / ~판 a pirated edition.
표정(表情) (facial) expression; one's look(안색). ¶ ~이 풍부한 expressive / ~이 없는 얼굴 an expressionless face / ~이 굳어지다 harden one's face / ~을 살피다 read 《*a person's*》 face.
표제(表題·標題) 《책의》 a title; 《신문 등의》 a heading; a head line; a caption 《美》. ¶작은 ~ a subtitle/ ~를 달다 give a title 《*to a book*》; entitle. ‖ ~어 an entry; a headword / ~ 음악 program music.
표주(標註) a marginal note.
표주박(瓢—) a small gourd vessel; a dipper.
표준(標準) a standard; a norm; a level; a criterion(비판의). ~적(인) standard; normal; average(평균의). ¶ ~에 달하다 come up to the standard / ~ 이상〔이하〕이다 be above 〔below〕 the standard. ‖ ~ 가격 the standard price / ~ 생활비 the standard 〔average〕 cost of living / ~어〔시〕 the standard language 〔time〕 / ~형 a standard type / ~화 standardization(~화하다 standardize).
표지(表紙) a cover. ¶ ~를 씌우다 cover 《*a book with cloth*》. ‖ ~ 커버 a (book) jacket.
표지(標識) a sign; a mark a landmark(경계의); a beacon(항공의). ‖ ~등 a beacon light / 도로〔교통〕 ~ a signpost.
표징(表徵) a sign; a symbol.
표착(漂着) ~하다 drift a shore.
표찰(標札) a label; a bill; a tally (나무, 쇠의).
표창(表彰) (official) commendation. ~하다 commend (officially); hono(u)r 《*a person*》. ‖ ~식 a commendation ceremony/~장 a citation 《美》; a testimonial.
표토(表土) topsoil; surface soil.
표피(表皮) 〖解〗 the cuticle; the epidermis. ‖ ~ 조직 the epidermal tissue.
표하다(表—) express; show. ¶…에 경의를 표하여 in hono(u)r of… / 사의를 ~ express one's thanks / 조의를 ~ offer〔extend〕 one's condolence(s) 《*to*》.
표하다(標—) mark; put a mark 《*on*》.
표현(表現) (an) expression. ~하다 express; represent. ¶ ~상의 expressional/~할 수 없는 inexpressible. ‖ ~력 power of expression/ ~주의 expressionism. 「post.
푯말(標—) 《set up》 a signpost; a
푸가 〖樂〗 fugue; *fuga* 《이》.
푸근하다 ☞ 포근하다.
푸념 an idle complaint. ~하다 complain 《*of, about*》; grumble 《*at*》.
푸다 ① 《물을》 draw; ladle; scoop 〔dip〕 up(국자로); pump(펌프로). ② 《음식을》 serve; fill 《*a bowl*》.
푸닥거리 a (shamanistic) exorcism. ~하다 drive away evils performing an exorcism.
푸대접(—待接) inhospitality; cold treatment. ~하다 treat 〔receive〕 《*a person*》 coldly; give 〔show, turn〕 the cold shoulder 《*to*》. ¶ ~받다 get a cold reception; be left out in the cold.
푸드덕거리다 flap; flutter.
푸들 《개》 a poodle.
푸딩 a pudding.
푸르다 ① 《색이》 (be) blue; azure; green(초록). ¶ 푸른 잎 green leaves〔foliage〕 ② 《서슬이》 (be) sharp(-edged).
푸르스름하다 (be) bluish; greenish.
푸른곰팡이 〖植〗 green mo(u)ld.
푸릇푸릇 ¶ ~한 freshly blue; vividly green.
푸만하다 《서술적》 lie 〔sit〕 heavy on the stomach; feel replete from overeating.
푸석돌 a crumbly stone.
푸석이 《물건》 a crumbly thing; friable stuff; 《사람》 a fragile 〔frail〕 person.
푸석푸석 ¶ ~한 fragile; crumbly.
푸성귀 greens; vegetables.
푸접없다 (be) unfriendly; unsociable; cold; curt.
푸주(—廚) a butcher's (shop). ‖ ~한(漢) a butcher.

ㅍ

푸지다 (be) abundant; plentiful.
푸짐하다 (be) abundant; profuse; generous.
푸하다 (be) bulging; puffy; loose.
푹 thoroughly, enough, sufficiently, well(충분히); fast(잠 등); completely, entirely(완전히). ¶ ~ 삶다 〔끓이다〕 steam well; boil thoroughly / ~ 잠들다 fall into a sound〔deep〕 sleep; fall sound 〔fast〕 asleep.
푹신하다 (be) soft; downy; spongy; cushiony; flossy. ¶ 푹신푹신한 all soft; downy; fluffy; spongy.
푹푹 ¶ ~ 쓰다 spend《*money*》 freely / ~ 찌르다 thrust repeatedly / ~ 썩다 grow rotten throughout / ~ 쑤시다 prickle; tingle / (날씨가) ~ 찌다 be sultry〔muggy〕.
푼 ①《돈 한닢》 a *pun*; a Korean penny (=1/10 *don*). ¶ 돈~이나 모으다 make a pretty penny. ②《백분율》 percentage; percent(%). ¶ 3 ~ 이자 3 % interest. ③《길이》 a tenth of a Korean inch (=*chi*). ④《무게》 a Korean penny-weight (=0.375 gram).
푼거리 ‖ ~나무 firewood sold by the bunch / ~질 buying one's firewood by the bunch.
푼더분하다 ①《얼굴이》(be) plump; fleshy. ②《넉넉하다》(be) plentiful; ample; rich. 「petty cash.
푼돈 a small sum (of money);
푼푼이 《money saved》 penny by penny〔little by little〕.
푼푼하다 ①《넉넉하다》 (be) sufficient; plentiful. ②《활달하다》(be) liberal; broad-minded.
풀¹ grass; a weed(잡초); a herb (약초). ¶ ~ 베는 기계 a mowing machine; a mower / ~을 뽑다 weed《*a garden*》/ ~을 뜯다《마소가》 feed on grass; graze. ‖ ~뿌리 a grass root (~뿌리 민주주의 grass-root democracy) / ~피리 a reed.
풀² paste(붙이는); starch(풀먹이는). ~먹이다 starch《*clothes*》. ¶ ~먹인 옷 a starched cloth / ~을 쑤다 ☞ 풀쑤다 / ~로 붙이다 paste; fasten〔stick〕《*a thing*》 with paste.
풀³ 《수영장》 a swimming pool.
풀⁴ ¶ ~ 스피드로 《run》 (at) full speed. ‖ ~ 가동 full operation.
풀기(一氣) starchiness. ¶ ~ 있는 starchy.
풀다 ①《끄르다》 untie《*a string, a knot*》; loosen《*one's hair*》; undo《*a bundle, a parcel*》; untwist (꼰 것을); disentangle(얽힌 것을); unpack(짐 등을); unfasten《*a rope*》. ②《문제를》 solve《*a problem*》; answer; work out《*an equation*》. ¶ 수수께끼를 ~ solve〔guess〕 a riddle / 암호를 ~ decipher. ③《의심·오해를》 dispel; remove; clear up《*doubts*》;《원한을》 pay off《*old scores*》;《울적함 등을》 dissipate; chase《*one's gloom away*》. ¶ 오해를 ~ remove a misunderstanding. ④《용해》 melt; dissolve《*salt in water*》. ⑤《코를》 blow《*one's nose*》. ⑥《파견》 send out; call out. ⑦《논을》 convert《*a farm*》 into《*a paddy field*》. ⑧《해제》 disarm (무장을); raise《*a siege*》 (포위를); lift〔remove〕《*a ban*》(금지령을); release《*a person*》 from;《구속을》 unbind《*a prisoner*》. ¶ 봉쇄를 ~ lift the blockade. ⑨《소원 성취》 realize. ¶ 소원을 ~ have one's desire fulfilled. ⑩《긴장·피로》 relieve《*the tension, one's fatigue*》. ⑪《화 따위》 appease; calm. ¶ 노염을 ~ quell〔appease〕 one's anger / 갈증을 ~ quench one's thirst.
풀리다 ①《매듭이》 come loose; get untied; be undone; fray; ravel (천 따위);《짐이》 come〔get〕 unpacked. ②《노여움》 get disarmed; be calmed〔allayed, appeased〕. ③《문제가》 be solved; be worked out. ④《의혹·오해가》 be resolved 〔dispelled〕; be cleared away. ⑤《피로가》 recover from; be relieved of《*one's fatigue*》. ⑥《추위가》 abate; thaw. ¶ 추위가 ~ cold weather turns warm. ⑦《해제》 be removed〔lifted〕. ⑧《용해》 dissolve; melt. ⑨《돈이》 get circulated. ¶ 은행 돈이 ~ money in the bank is released.
풀무 (a pair of) bellows. ¶ ~질하다 blow with the bellows.
풀밭 a grass field; a meadow.
풀솜 floss silk; silk wadding.
풀숲 a bush; a thicket.
풀썩 rising in a puff〔cloud〕《*of smoke*〔*dust*〕》.
풀쐐기 〖蟲〗 a (hairy) caterpillar.
풀쑤다 ①《풀을》 make paste. ②《재산을》 squander; dissipate《*a fortune*》.
풀어놓다 ①《놓아줌》(set) free; release; let〔cast〕 loose. ¶ 개를 풀어 놔라 Let the dog loose. ②《끄나불을》 put; send; dispatch. ¶ 탐정을 ~ set〔put〕 detectives upon 《*a person*》.
풀어지다 ①《국수·죽이》《noodles》 turn soft. ②《눈이》《one's eyes》 become bleared. ☞ 풀리다.
풀잎 a blade of grass; a leaf (of grass).
풀죽다 be dejected; be cast down; be dispirited; lose one's heart.
풀쳐생각하다 forget one's grudge; set one's mind at ease.
풀칠 ①《칠하기》 ~하다 paste. ②《생계》 ~하다 make one's bare-living; eke out a living.
풀풀 in high spirits; full of vigor.
품¹ ①《옷의》 width《*of a coat*》. ¶

앞 ~ the breast width. ② 《가슴》 the breast; the bosom. ¶자연의 ~에 안기어 in the bosom of Nature.
품² 《수고·힘》 labo(u)r; work. ¶하루 ~ a day's work / ~이 들다 require (much) labor / ~을 덜다 save labor / ~을 팔다 work for (daily) wages.
품³ 《외양》 appearance; 《모양》 a way. ¶사람된 ~ (a) personal character; personality / 말하는 ~ one's way of talking.
품갚음하다 do return service to 《*a person's*》 help; work in return.
품격(品格) elegance; refinement; grace; dignity (품위). ¶~있는 refined; elegant.
품계(品階) rank; grade.
품귀(品貴) a scarcity 〔shortage〕 of goods 〔stock〕. ¶~ 상태다 be scarce / ~가 되다 run short; be in short supply.
품다 ① 《가슴에》 hold 《*a child*》 in one's bosom; put 《*a thing*》 in one's bosom; embrace; hug. ② 《마음에》 hold; entertain 《*a hope*》; cherish 《*an ambition*》; harbo(u)r 《*suspicion*》; bear 《*malice*》. ③ 《알을》 sit 〔brood〕 《*on eggs*》.
품등(品等) quality (품질); (a) grade.
품명(品名) names of goods.
품목(品目) a list of articles; an item(한 종목). ¶~별로 item by item. ‖영업 ~ business items / 주요 수출 ~ the chief items of export.
품사(品詞) 【文】 a part of speech. ‖팔~ the eight parts of speech.
품삯 charge 〔pay, wages〕 for labo(u)r. ¶~을 치르다 pay 《*a person*》 for his labor.
품성(品性) character. ¶~이 훌륭한 〔비열한〕 사람 a man of fine 〔low〕 character.
품성(稟性) ☞ 천성(天性).
품속 the bosom. ¶~에 《put a thing》 in one's bosom; to one's breast.
품앗이 exchange of services; an exchange of labo(u)r. ~하다 exchange services; work in turn for each other.
품위(品位) ① 《품격》 dignity; grace. ¶~있는 dignified; noble; graceful / ~를 지키다〔떨어뜨리다〕 keep 〔lose〕 one's dignity. ② 《금속의》 standard; fineness(순도); carat(금의).
품의(稟議) ~하다 consult 〔confer〕 《*with a superior*》.
품절(品切) absence of stock; 《게시》 All sold 〔gone〕. ¶~되다 be 〔run〕 out of stock; be sold out.
품종(品種) a kind; a grade(품등); a variety (변종); breed (가축의). ‖~ 개량 improvement of breed (가축); plant breeding (식물).
품질(品質) quality. ¶~이 좋다〔나쁘다〕 be good 〔bad〕 in quality. ‖~ 관리 quality control / ~ 보증〔본위〕 《게시》 Quality guaranteed 〔first〕. / ~ 저하 deterioration.
품팔다 work 〔labo(u)r〕 for wages.
품팔이 ¶~하다 (☞ 품팔다). ‖~꾼 a day labo(u)rer; a wage worker.
품평(品評) ~하다 criticize; comment 《*on*》; judge the merits 〔worth〕 《*of*》. ‖~회 a competitive 〔prize〕 show; an exhibition; a fair 《美》.
품하다(稟―) proffer 《*something*》 to a superior for approval; submit 《*a plan*》 to a superior.
품행(品行) conduct; behavio(u)r. ¶~이 좋은 〔나쁜〕 well-〔ill-〕conducted; well-〔ill-〕behaved.
풋… new; fresh; young; early (일찍 나온); green, unripe (덜익은).
풋것 the first product 《*of fruits, vegetables*》 of the season.
풋곡식(―穀食) unripe grain.
풋과실(―果實) green fruits.
풋김치 *kimchi* prepared with young vegetables.
풋나물 《a dish of》 young herbs.
풋내 smell of fresh young greens. ¶~나다 smell of greens; 《비유적》 be green 〔unfledged, unskilled〕.
풋내기 a greenhorn; a green hand; a novice; a fledg(e)ling. ¶~의 new; green; raw. ‖~ 기자 a cub reporter 《美》.
풋바심하다 harvest 《*rice*》 too early 〔before it is ripe〕.
풋볼 【競】 football.
풋사랑 calf 〔puppy〕 love.
풍(風)¹ 《허풍》 a boast; a brag; a tall talk. ¶~을 떨다〔치다〕 boast; brag; talk big 〔tall〕.
풍(風)² ☞ 풍병(風病).
…풍(風) 《외양》 (an) appearance; a look; 《양식》 a style; a fashion; 《풍습》 customs; manners. ¶미국~의 American-style / 노동자~의 《a man》 looking like a laborer.
풍각쟁이(風角―) a street singer 〔musician〕.
풍경(風景) 《경치》 a landscape; scenery; 《전망》 a view; a scene. ‖~화(가) a landscape (painter).
풍경(風磬) a wind-bell.
풍광(風光) scenery; (scenic) beauty. ‖~ 명미(明媚) beautiful scenery.
풍구(風―) a winnower; bellows (풀무).
풍금(風琴) an organ. ¶~을 치다 play (on) the organ.
풍기(風紀) 《injure, corrupt》 public morals 〔morality〕; discipline. ¶~를 단속하다 enforce discipline. ‖~ 문란 demoralization; corruption of public morals.
풍기다 《냄새 등을》 scent; give out 〔off〕 an odo(u)r 《*of*》; perfume; 《냄새가》 smell 《*of*》; be fragrant (향기가); stink, reek 《*of, with*》

(악취가).
풍년(豊年) a year of abundance; a fruitful [bumper] year. ¶ ~이다 have a rich harvest [crop] 《*of rice*》. ‖ ~ 잔치 a harvest festival.
풍덩 plop; with a plop. ~거리다 keep plopping [splashing].
풍뎅이 a gold bug; a May beetle.
풍도(風度) one's appearance and attitude; one's carriage [bearing].
풍랑(風浪) 《battle with the》 wind and waves; heavy seas.
풍력(風力) the force [velocity] of the wind. ‖ ~계(計) a windgauge.
풍로(風爐) a (portable) cooking stove. ‖ 석유 ~ a portable oil-stove.
풍류(風流) ① 《멋》 elegance; refinement. ¶ ~있는 refined; elegant; tasteful / ~를 알다 have a love of the poetical / ~를 모르다 be out of taste. ‖ ~가[객] a man of refined taste. ② 《음악》 music.
풍만(豊滿) ~한 plump; buxom; full-bosomed (가슴이).
풍매(風媒) ~의 wind-pollinated. ‖ ~화 an anemophilous flower.
풍모(風貌) features; countenance; looks; appearance.
풍문(風聞) 《spread》 a rumo(u)r; hearsay; (town) talk. ¶ 항간의 ~ the talk of the town / ~을 퍼뜨리다 spread a rumor; set a rumor afloat / …라는 ~이다 rumor has it that...; it is said [they say] (that)...; there is a rumor that....
풍물(風物) 《경치》 scenery; natural features 《*of the season*》; scenes and manners. ¶ 한국의 ~ things Korean.
풍미(風味) flavo(u)r; taste; savo(u)r; relish.
풍미(風靡) ~하다 sway 《*the whole world*》; dominate 《*the realm*》; be very popular 《*among*》.
풍병(風病) nervous disease.
풍부(豊富) ~한 rich 《*in*》; abundant; wealthy; ample. ¶ ~한 지식 a great store of knowledge / 내용이 ~한 substantial / 경험이 ~하다 have much experience 《*in*》 / ~하게 하다 enrich 《*the contents*》.
풍비박산(風飛雹散) ~하다 fly in all directions; be all scattered.
풍상(風霜) wind and frost; 《고생》 hardships; troubles; sufferings. ¶ ~을 겪다 undergo [go through] hardships.
풍선(風船) a balloon. ¶ ~을 불다 [띄우다] inflate [fly] a balloon. ‖ ~껌 bubble gum / 고무 ~ a toy balloon.
풍설(風雪) 《against》 a snowstorm; 《in spite of the》 wind and snow.
풍설(風說) ☞ 풍문.
풍성(豊盛) ~하다 (be) rich; abundant; plentiful.
풍세(風勢) the force [velocity] of the wind.
풍속(風俗) manners; customs; 《corrupt》 public morals. ‖ ~도[화] a *genre* (picture, painting) / ~(사)범 an offense against public morals; a morals offense / ~ 습관 manners and customs.
풍속(風速) the velocity of the wind. ‖ ~계 an anemometer; a wind gauge / 순간 최대 ~ the maximum instantaneous wind speed.
풍수(風水) 《학설》 *feng-shui*; 《지관》 a practitioner of *feng-shui*. ‖ ~지리설 the theory of divination based on topography.
풍수해(風水害) damage from storm and flood.
풍습(風習) customs; manners; practices(관례). ¶ ~에 따르다 observe a custom.
풍식(風蝕) wind erosion; weathering. ¶ ~된 weather-worn.
풍신(風神) ① the god of wind. ② ☞ 풍채.
풍악(風樂) music. ¶ ~을 잡히다 have music played.
풍압(風壓) wind pressure. ‖ ~계(計) a pressure anemometer.
풍어(豊漁) a big [large, good] catch 《*of*》; a big haul.
풍요(豊饒) ~한 fertile; rich; abundant. ¶ ~한 사회 an affluent society.
풍우(風雨) wind and rain; a rainstorm. ☞ 비바람.
풍운(風雲) wind and cloud; a storm cloud; the situation(형세). ‖ ~아 a lucky adventurer; a soldier of fortune.
풍월(風月) the beauties of nature; poetry(시). ~하다 enjoy (the beauties of) nature. ¶ 들은 ~ a smattering (of knowledge) / 서당개 3년에 ~한다 A saint's maid quotes Latin., The sparrow near the school sings the primer. ‖ ~객 a person of a romantic turn.
풍유(諷喩) a hint; an indirect suggestion 《*of*》; an allegory.
풍자(諷刺) a satire; a sarcasm; an irony. ~하다 satirize; allude 《*to*》. ¶ ~적 satiric(al); ironical; sarcastic. ‖ ~가 a satirist; a lampooner / ~화 a caricature / ~ 문학 a satire / ~ 소설[시] a satirical novel [poem].
풍작(豊作) a good [rich] harvest; a heavy [bumper] crop.
풍장(風葬) aerial sepulture.
풍재(風災) damage from wind.
풍전등화(風前燈火) a light before the wind. ~이다 hang by a hair [thread]; be very precarious.
풍조(風潮) a tendency; a trend; a drift; the current. ¶ 세상 ~를 따르다[거스르다] go with [against] the stream of the times.
풍족(豊足) ~한 abundant; plentiful; ample; rich(부유). ¶ ~하게 살다 be well off.

풍차(風車) a windmill.
풍채(風采) one's (personal) appearance; presence; (an) air. ¶ ~가 초라한 사람 a plain-looking man / 당당한 ~ a commanding presence.
풍치(風致) scenic beauty; beauty of the place. ‖ ~림 a forest grown for scenic beauty / ~ 지구 a scenic zone.
풍토(風土) climate; natural features 《*of a region*》. ¶ 문화〔정신〕적 ~ the cultural 〔spiritual〕 climate 《*of a country*》. ‖ ~기(記) a topography / ~병(病) an endemic (disease).
풍파(風波) ① 《파도와 바람》 the wind and waves 〔sea〕; a storm (폭풍우); 《거친파도》 rough seas. ② 《불화》 discord; a trouble; 《raise》 a disturbance; 《고초》 a storm. ¶ ~를 겪다 suffer hardships. ‖ 가정 ~ family troubles / 세상 ~ the storm of life(세상 ~에 시달리다 be buffeted by the waves of adversity).
풍해(風害) wind damage.
풍향(風向) the direction of the wind. ¶ ~이 바뀌다 shift; veer.
풍화(風化) 〖地〗 weathering; 〖化〗 efflorescence. ~하다 weather. ‖ ~ 작용 weathering.
퓨리턴 a Puritan. ‖ 퓨리터니즘 Puritanism.
퓨즈 a fuse. ¶ ~를 갈다 replace a fuse / ~를 달다 put a fuse 《*to*》 / ~가 끊어지다 a fuse blows 〔gets burnt out〕.
퓰리처상(一賞) the Pulitzer Prize.
프라우다 《소련 신문》 the Pravda.
프라이 a fry. ~하다 fry. ‖ ~팬 a frying-pan / 새우 ~ a fried lobster.
프라이드 pride. ¶ ~가 센 proud; self-respecting.
프라이버시 《infringe upon *a person's*》 privacy.
프라임레이트 〖經〗 the prime rate.
프랑 《프랑스 화폐》 a franc.
프랑스 France. ¶ ~의 French / ~인 a Frenchman; the French(국민) / ~ 요리 French dishes.
프래그머티즘 pragmatism.
프레스 ① 《누르기》 press. ② 《신문》 the press. ‖ ~ 복스 the press box.
프레젠트 《give》 a present 《*to*》.
프렌치 French. ‖ ~ 토스트 French toast.
프렐류드 〖樂〗 a prelude.
프로 ① ☞ 프로그램. ¶ ~를 짜다 make up a program / ~에 올리다 put 《*a play*》 on the program. ② ☞ 프롤레타리아. ‖ ~ 문학 proletarian literature. ③ ☞ 프로페셔널. ‖ ~ 선수〔야구〕 a pro(-fessional) player 〔baseball〕.
프로그래머 a program(m)er.
프로그래밍 program(m)ing.
프로그램 a program(me); a playbill(연극의).
프로덕션 《영화의》 a film production; a movie studio.
프로듀서 a producer.
프로모터 a promoter.
프로세스 a process.
프로젝트 a project 《*team*》.
프로카인 〖化〗 procaine.
프로테스탄트 a Protestant(신자).
프로파간다 propaganda; publicity.
프로판가스 propane gas.
프로페셔널 professional.
프로펠러 《spin》 a propeller.
프로포즈 a proposal. ~하다 propose marriage 《*to*》.
프로필 a profile.
프록코트 a frock coat.
프론트 《호텔의》 a front 《美》 〔reception 《英》〕 desk.
프롤레타리아 the proletariat(총칭); a proletarian(한 사람). ‖ ~ 독재 proletarian dictatorship / ~ 혁명 a proletarian revolution.
프롤로그 a prolog(ue) 《*to*》.
프리마돈나 a *prima donna* 《이》.
프리미엄 a premium. ¶ ~을 붙이다 put 〔place〕 a premium 《*on*》.
프리즘 〖理〗 a prism.
프리패브 《조립식》 ¶ ~ 주택 a prefab; a prefabricated house.
프린트 《인쇄》 a copy; a print; a mimeographed copy (등사판에 의한); 《옷감》 print. ~하다 print. ‖ ~ 합판 printed plywood.
프토마인 〖化〗 ptomaine 《*poisoning*》.
플라스마 plasma.
플라스크 〖化〗 a flask.
플라스틱 plastic(s). ‖ ~ 제품 plastic goods.
플라이급(一級) the flyweight.
플라타너스 〖植〗 platanus; a plane tree.
플라토닉러브 Platonic love.
플란넬 flannel.
플랑크톤 plankton.
플래시 a flash. ¶ ~를 터뜨리다 light a flash bulb / ~ 세례를 받다 be in a flood of flashlights.
플래카드 a placard.
플래티나 platinum (기호 Pt).
플래퍼 a flapper; a flirt.
플랜 a plan 《*for*》; a scheme. ¶ ~을 짜다 make a plan.
플랜트 a 〔an industrial〕 plant. ‖ ~ 수출 export of (industrial) plants.
플랫폼 a platform.
플러그 〖電〗 a plug. ¶ ~를 꽂다 plug in.
플러스 plus. ~하다 add 《*two*》 to 《*six*》; contribute to (기여하다). ¶ 3 ~ 5는 8 Three plus five is eight. ‖ ~ 알파 plus something.
플레어스커트 a flared skirt.
플레이트 〖野〗 a pitcher's plate. ¶ ~를 밟다 take the plate 〔mound〕.
플루토늄 〖化〗 plutonium (기호 Pu).
피¹ ① 《혈액》 blood. ¶ ~바다 a sea 〔pool〕 of blood / ~묻은 bloody; bloodstained / ~를 흘리다 spill 〔shed〕 blood / ~를 뽑다 draw

ㅍ

blood / ～를 토하다 vomit blood (토혈); spit blood (객혈) / ～를 보다 result 〔end〕 in bloodshed. ② 《혈연》 blood (relation). ¶ ～를 나눈 형제 one's blood brother / ～를 이어 받다 be descended 《*from*》. ③ 《비유적으로》 ¶ ～에 굶주린 bloodthirsty / ～가 끓다 one's blood boils.
피² 〖植〗 a barnyard grass.
피³ 《경멸》 pooh!; pshaw! ～하다 pshaw.
피…(被) ¶ ～압박 계급 〔민족〕 an oppressed class 〔race〕.
피검(被檢) ～되다 be arrested. ‖ ～자 the arrested; a person in custody.
피겨스케이트 figure skating. ¶ ～를 하다 skate 〔cut〕 figures (on the ice). ‖ ～선수 a figurer.
피격(被擊) ～되다 be attacked 〔assailed, assaulted〕 《*by*》.
피고(被告) a defendant (민사의); the accused (형사의). ‖ ～석 the dock; the bar / ～측 변호인 the counsel for the defense 〔accused〕.
피고름 bloody pus.
피고용자(被雇傭者) an employee; the employed (총칭)
피곤(疲困) fatigue; weariness. ～한 tired; weary; exhausted.
피골(皮骨) ¶ ～이 상접하다 be all skin and bones; be worn to a shadow.
피나무 〖植〗 a lime tree; a linden.
피난(避難) refuge. ～하다 take refuge 〔shelter〕 《*in, from*》. ‖ ～민 a refugee / ～살이 refugee life / ～처 a shelter; a (place of) refuge.
피날레 a finale.
피납(被拉) ☞ 납치(拉致).
피눈물 《shed》 bitter tears; tears of agony; salt tears.
피닉스 《불사조》 the phoenix.
피다 ① 《꽃이》 bloom; blossom; flower; open. ¶ 갓핀 new-blown 《*roses*》 / 피어 있다 be in 《*full*》 bloom; be out 〔open〕 / 활짝 ～ burst into blossom. ② 《불이》 begin to burn; get lively; be kindled. ③ 《얼굴이》 look better 〔fine〕; (be in the) bloom. ④ ☞ 펴이다.
피대(皮帶) a (leather) belt.
피동(被動) ¶ ～적(으로) passive(ly). ‖ ～사(詞) a passive verb.
피둥피둥 ① 《몸이》 ～한 plump; fat; healthy. ② 《불복종》 ～한 disobedient; stubborn.
피땀 blood and sweat. ¶ ～ 흘려 번 돈 money earned by the sweat of one's brows / ～ 흘리며 일하다 sweat blood; toil and moil.
피똥 bloody excrement.
피라미 〖魚〗 a minnow.
피라미드 a pyramid. ¶ ～형의 pyramidal; pyramidic(al).
피란(避亂) refuge. ～하다 take refuge 《*in*》; get away from war; flee 《*to a place*》 for safety. ‖ ～민 refugees; evacuees.
피력(披瀝) ～하다 express 《*one's opinion, oneself*》.
피로(披露) (an) announcement. ～하다 announce; introduce. ‖ 결혼 ～연 《give》 a wedding banquet 〔reception〕.
피로(疲勞) fatigue; exhaustion. ～한 tired; weary. ¶ 눈의 ～ eye strain / ～를 풀다 rest oneself; take a rest / ～를 느끼다 feel fatigue 〔tired〕; get tired 《*from*》. ‖ ～물질 〖醫〗 fatigue stuff.
피뢰침(避雷針) 〖理〗 a lightning rod 〔conductor〕.
피륙 piece goods; dry goods 《美》; drapery 《英》.
피리 a pipe (세로 부는); a flute (옆으로 부는). ¶ ～를 불다 play the flute 〔pipe〕.
피리새 〖鳥〗 a bullfinch.
피리어드 《put》 a period 《*to*》; a full stop.
피마자(蓖麻子) ☞ 아주까리.
피막(皮膜) a film; 〖解〗 a tapetum.
피맺히다 be 〔get〕 bruished.
피보험물(被保險物) an insured article; insured property.
피보험자(被保險者) a person insured 〔assured 《英》〕; the insured (총칭).
피보호자(被保護者) a ward; a *protégé* (남자), a *protégée* (여자) 《프》.
피복(被服) clothing; clothes. ‖ ～비(費) clothing expenses / ～창(廠) a clothing depot.
피복(被覆) covering. ‖ ～선(線) covered 〔coated〕 wire.
피부(皮膚) the skin. ¶ ～가 거칠다 〔약하다〕 have a rough 〔delicate〕 skin. ‖ ～과(科) dermatology / ～병 a skin disease / ～염(炎) dermatitis / ～ 이식술 skin grafting / ～ 호흡 dermal respiration.
피사 ‖ ～의 사탑 the Leaning Tower of Pisa.
피살(被殺) ～되다 be killed 〔murdered〕. ¶ ～된 시체 the body of a murdered person.
피상(皮相) ～적 superficial; shallow.
피상속인(被相續人) an ancestor; a predecessor.
피서(避暑) summering. ～하다 (pass the) summer 《*at, in*》. ¶ ～가다 go 《*to a place*》 for summering. ‖ ～객〔지〕 a summer visitor 〔resort〕.
피선(被選) ～되다 be elected.
피선거권(被選擧權) eligibility 《*for*》. ¶ ～이 있다 be eligible 《*for*》.
피선거인(被選擧人) an eligible person.
피스톤 a piston.
피스톨 a pistol; a revolver (연발).
피습(被襲) ～당하다 be attacked.
피승수(被乘數) 〖數〗 a multiplicand.
피신(避身) ～하다 《달아나다》 escape; get off 〔away〕; 《숨다》 hide oneself; 《안전한 곳으로》 take refuge 〔shelter〕 in 《*a place*》. ‖ ～처 a refuge; a shelter.
피아(彼我) self and others; he and I; they and we; both sides.

피아노 a 《*grand*》 piano. ¶ ~를 치다 play (on) the piano / ~를 배우다 take piano lessons 《*from*》. ‖ ~ 독주 a piano solo 《*by*》.
피아니스트 a pianist.
피아르 P.R. (◀public relations) ~하다 publicize; advertise. ¶ ~가 잘 돼 있다 be well publicized. ‖ ~영화 〔담당자〕 a PR film 〔man〕 / ~ 활동 public relations activities.
피안(彼岸) ① 〖佛〗 *Paramita* 《梵》. ② ☞ 대안(對岸).
피압박(被壓迫) ‖ ~ 민족 the oppressed people 〔nation〕.
피앙세 a *fiancé* (남자) 《프》; *a fiancée*(여자) 《프》.
피어나다 ① 《불이》 burn up again. ② 《소생》 revive; come to oneself 〔life again〕. ③ 《꽃이》 come into bloom. ④ 《형편이》 get better; improve.
피에로 a pierrot; a clown.
피엘오 P.L.O. (◀Palestine Liberation Organization)
피우다 ① 《불을》 make a fire 《*in the stove*》. ② 《담배·향을》 smoke; puff 《*at a pipe*》; burn 《*incense*》. ¶ 한 대 ~have a smoke. ③ 《재주를》 use; play 〔do〕 《*tricks*》. ④ 《냄새를》 emit 《*a scent*》; give out 〔off〕.
피의자(被疑者) a suspect; a suspected person.
피임(被任) ~되다 be appointed. ‖ ~자 an appointee; an appointed person.
피임(避姙) contraception. ~하다 prevent conception. ‖ ~법(法) 〔기구, 수술〕 a contraceptive method 〔appliance, operation〕 / ~약(藥) a contraceptive.
피장파장 ¶ ~이다 be all square; be quits 《*with a person*》.
피제수(被除數) 〖數〗 a dividend.
피지(皮脂) 〖生〗 sebum; sebaceous matter. ‖ ~루(漏) seborrhea / ~선 a sebaceous gland.
피진(皮疹) 〖醫〗 an efflorescence; an exanthema.
피차(彼此) this and that; both sides. ~의 mutual. ¶ ~ 일반이다 be mutually equal 〔the same〕.
피처 〖野〗 《play as》 a pitcher. ‖ ~ 플레이트 the pitcher's plate 〔mound〕. 「《*for, to*》.
피천(被薦) ~되다 be recommended
피천한닢없다 (be) penniless.
피청구인(被請求人) a claimee; a demandee.
피치 ① 〖樂〗 a pitch. ② 〖漕艇〗 the rate of stroke. ③ 《비유적》 ¶ 급~로 at high speed / ~를 올리다 quicken the pace; get up the speed.
피치자(被治者) 《통치받는》 the governed 〔ruled〕.
피침(被侵) ~하다 be invaded (침략); be violated (침범).
피켈 〖登〗 a pickel; an ice-ax(e).
피콜로 〖樂〗 a piccolo.
피크 a peak. ¶ ~시(時)에 at peak hours/~시 전력량(量) on-peak energy / ~ 출력 peaking capacity.
피크닉 《go on》 a picnic.
피크린산(一酸) 〖化〗 picric acid.
피킷 a picket; picketing. ‖ ~ 라인 《break through》 a picket line.
피타고라스 Pythagoras. ‖ ~의 정리 the Pythagorean theorem.
피탈(被奪) ~하다 be robbed of 《*a thing*》; have 《*something*》 taken 〔snatched〕 away.
피투성이 ¶ ~의 bloody; bloodstained / ~가 되어 smeared 〔covered〕 with blood.
피트 feet (생략 ft); a foot (단수).
피폐(疲弊) ~하다 become 〔be〕 exhausted 〔impoverished〕.
피폭(被爆) ~되다 be bombed. ¶ 원폭의 ~자 an A-bomb victim. ‖ ~지구 a bombed block 〔area〕.
피피엠 《백만분율(비)》 ppm. (◀parts per million)
피하(皮下) ~의 hypodermic. ‖ ~ 주사 a hypodermic injection / ~ 지방(脂肪) subcutaneous fat / ~ 출혈 hypodermal bleeding.
피하다(避一) avoid; evade; dodge 〔duck〕 《*a blow*》; keep away from 《*danger*》; shirk(책임을). ¶ 피치 못할 inevitable; unavoidable / 자전거를 ~ get out of the way of a cycle / 남의 눈을 ~ avert people's eyes.
피한(避寒) wintering. ~하다 (pass the) winter 《*at, in*》. ‖ ~지 a winter resort.
피해(被害) damage; injury; casualties(사상자). ¶ ~를 입다 be damaged 《*by*》; suffer damage. ‖ ~망상 《병》 persecution mania / ~액 the amount 〔extent〕 of damage / ~자 a sufferer; a victim(도난 등).
피험자(被驗者) 《실험의》 a subject; a testee.
피혁(皮革) hides; leather(무두질한). ‖ ~ 공업 the leather industry / ~상(商) a dealer in hides and skins; a leather dealer.
픽 ¶ ~ 쓰러지다 fall down feebly/~ 웃다 grin; sneer (비웃다).
픽션 fiction.
픽업 《전축의》 a (phonographic) pickup; a stylus bar; 《자동차》 a pickup (truck).
핀 a pin; a hairpin (머리의). ¶ ~을 꽂다 〔지르다〕 pin 《*up, on, to*》.
핀둥… ☞ 빈둥….
핀란드 Finland. ¶ ~의 〔어〕 Finnish / ~ 사람 a Finn.
핀셋 tweezers; a *pincette* 《프》.
핀잔 ¶ ~ 주다 reprove 《*a person*》 to *his* face; rebuke; snub / ~먹다 be snubbed; meet with a rebuff.
핀치 〖野〗 《be in》 a pinch. ‖ ~ 히터 a pinch hitter.

핀트 ① 《초점》 (a) focus. ¶ ~가 맞다 [안 맞다] be in [out of] focus / ~를 맞추다 focus one's camera on 《*an object*》. ② 《요점》 the point. ¶ ~가 어긋나다 be off the point.
필(匹) a head (마소). ¶ 말 세 ~ three head of horses.
필(疋) a roll [bolt] of cloth.
필(畢) finished; O.K. (☞ 필하다). ¶ 지불(支拂)~ "Paid."
필경(畢竟) ☞ 결국.
필경(筆耕) copying. ‖ ~료 a copying fee / ~생 a copier.
필공(筆工) a brushmaker.
필기(筆記) taking notes. ~하다 take notes 《*of*》; write [note] down. ‖ ~ 시험 a written examination / ~장 a notebook.
필담(筆談) ~하다 talk by means of writing.
필답(筆答) a written answer [reply]. ~하다 answer in writing. ‖ ~ 시험 a written examination.
필독(必讀) required reading. ¶ ~의 서 a must book 《*for students*》.
필두(筆頭) 《첫머리》 the first on the list. ¶ …의 ~에 at the head of / A 대통령을 ~로 from President A down.
필라멘트 〖電〗 a filament.
필력(筆力) the power of the pen.
필름 a film. ¶ ~에 담다 film 《*a scene*》; get 《*a scene*》 on film.
필리핀 the Philippines. ¶ ~의 Philippine / ~ 사람 a Filipino.
필마(匹馬) a single horse. ‖ ~단창(單槍) a solitary ride with one's spear.
필멸(必滅) ~의 perishable; mortal. ‖ 생자(生者) ~ All living things must die.
필명(筆名) a pen name.
필묵(筆墨) pen and ink; stationery (문방구).
필법(筆法) 《운필법》 penmanship; 《문체》 a style of writing.
필봉(筆鋒) ¶ ~이 날카롭다 be sharp in one's argument.
필부(匹夫) a common man.
필사(必死) ~의[적] frantic; desperate. ¶ ~적으로 frantically; desperately; 《swim》 for one's (dear) life / ~적인 노력 《make》 desperate efforts.
필사(筆寫) copying; transcription. ~하다 copy; transcribe. ‖ ~료 a charge for writing; a copyist's fee.
필산(筆算) calculation with figures. ~하다 cipher; do sums on a piece of paper.
필살(必殺) ¶ ~의 일격(一擊) 《deliver, deal》 a deathblow; a mortal blow; a home thrust.
필생(畢生) ~의 lifelong. ¶ ~의 사업 one's lifework.
필생(筆生) a copyist.
필설(筆舌) ¶ ~로 다할 수 없다 be beyond words [description]; be indescribable [unspeakable].
필세(筆勢) one's stroke of the brush [pen].
필수(必須) ~의 indispensable 《*to*》; necessary; essential 《*to*》. ‖ ~과목 a required [compulsory 《英》] subject / ~ 조건 an indispensable condition / ~ 조항(條項) a mandatory clause.
필수품(必需品) necessaries; requisites. ‖ 생활 ~ daily necessaries.
필승(必勝) certain victory. ¶ ~의 신념 faith in certain victory; conviction of sure victory / ~을 기하다 be sure of victory [success].
필시(必是) certainly; no doubt; presumably.
필연(必然) inevitability; necessity; 《부사적》 certainly; surely; no doubt. ~적 necessary; inevitable (불가피). ¶ ~적으로 necessarily; inevitably; naturally. ‖ ~성 necessity; inevitability.
필요(必要) necessity; need. ~한 necessary; requisite; essential. ¶ ~한 경우에는 in case of need; if necessary / ~가 없다 need not 《*do*》 / …을 ~로 하다 need; require; be in need 《*of money*》. ‖ ~성(性) necessity / ~악 [조건] a necessary evil [condition].
필유곡절(必有曲折) There must be some reason for it.
필자(筆者) a writer; an author; the present writer (자신을 가리킴).
필적(匹敵) ~하다 equal; be equal 《*to*》; be a match 《*for*》; rival. ¶ ~할 만한 사람[것]이 없다 have no equal 《*in*》.
필적(筆跡) 《글씨》 handwriting; one's hand. ¶ 남자[여자]의 ~ a masculine [feminine] hand / ~을 감정하다 identify handwriting.
필주(筆誅) ¶ ~를 가하다 denounce 《*a person*》 with the [one's] pen.
필지(必至) ~의 inevitable.
필지(必知) required knowledge. ‖ ~ 사항 matter everyone must know.
필지(筆地) a lot [plot] (of land).
필진(筆陣) the writing [editorial] staff.
필치(筆致) a style (문체); a stroke of the pen (필세); a touch (일필).
필터 a filter; a filter tip (담배의). ¶ ~ (달린) 담배 a tipped [filter-tip] cigarette.
필통(筆筒) a pencil [brush] case; a brush [pen] stand (꽂아두는).
필하다(畢—) finish; end; get [go] through; complete.
필화(筆禍) ¶ ~를 입다 be indicted for one's article [writing].
필휴(必携) ~의 《a book》 indispensable 《*to students*》.
핍박(逼迫) ① 《재정적》 ~하다 be

tight; get stringent 〔pressed〕. ¶ 금융의 ~ pressure for 〔tightness of〕 money. ② 《박해》 ~하다 press; urge; molest; persecute.
핍진(逼眞) ☞ 박진(迫眞).
핏기 ☞ 혈색(血色). ¶ ~없는 as white as a sheet; pale (and bloodless) / ~가 가시다 turn pale 《*with*》.
핏대 a (blue) vein. ¶ ~를 올리다 boil with rage; turn blue with anger.
핏덩어리, 핏덩이 a newborn baby.
핏발서다 be bloodshot; be congested (with blood).
핏줄 ① ☞ 혈관. ② 《혈족》 blood (relationship); 《가계》 lineage. ¶ ~이 같은 blood-related.
핑 ① 《도는 꼴》 《turn》 round. ② 《어찔한 꼴》 《feel》 dizzy 〔giddy〕.
핑계 a pretext; an excuse (☞ 구실). ¶ ~를 대다 make up 〔find〕 an excuse; use a 《*traffic accident*》 as a pretext.
핑그르르 《go》 round and round.
핑크 ¶ ~색의 pink. ‖ ~ 무드 an amorous mood.
핑퐁 《play》 ping-pong. ☞ 탁구.
핑핑 round and round. ~돌다 turn 〔revolve〕 rapidly; spin; 《눈이》 feel dizzy 〔giddy〕.
핑핑하다 ① 《켕기다》 (be) taut; tense. ② 《어슷비슷함》 (be) even; equal; be evenly matched(서술적).

ㅎ

하(下) ① 《하급》 the low class 〔grade〕; inferiority. ② 《하권》 the last volume. ③ 《부사적》 below; under. ¶ …의 감독 ~에 under the supervision of....
하감(下疳) 【醫】 chancre. ‖ 연성〔경성〕 ~ soft 〔hard〕 chancre.
하강(下降) ~하다 descend; fall; go 〔come〕 down. ¶ 경기의 ~ a business downturn.
하객(賀客) a congratulator; a well-wisher. ‖ 신년 ~ a New Year's caller.
하계(下界) 《현세》 this 〔the lower〕 world; 《지상》 the earth. ¶ ~를 굽어보다 look down upon the earth.
하계(夏季) ☞ 하기(夏期).
하고 《및》 and; 《함께》 with; along 〔together〕 with.
하고많다 (be) numerous; innumerable; countless; plentiful.
하곡(夏穀) summer crops; wheat and barley.
하관(下棺) ~하다 lower a coffin into the grave.
하관(下顴) the lower part of the face; the jaws. ¶ ~이 빨다 have a receding chin.
하교(下敎) 《명령》 orders; 《교시》 instruction.
하구(河口) the mouth of a river; a river-mouth. ☞ 강어귀.
하권(下卷) the last 〔2nd (두 권 중의), 3rd (세 권 중의)〕 volume.
하극상(下剋上) the lower dominating the upper; the tail wags the dog.
하급(下級) a low(er) class 〔grade〕. ~의 low(-class); lower; junior; inferior. ‖ ~ 공무원 a petty 〔junior〕 official / ~ 관청 a subordinate office / ~ 노동자 a low-class labo(u)rer / ~ 법원 a lower 〔lesser〕 court / ~생 a lower-class student; an underclassman 《美》 / ~ 장교 a junior officer / ~품 lower-grade goods.
하기(下記) ~의 the following; mentioned below. ¶ ~ 사항 the following items / ~와 같이 as follows.
하기(夏期) summer(time). ‖ ~ 학교 〔강습회〕 a summer school 〔lecture class〕 / ~ 휴가 〔방학〕 the summer vacation 〔holidays〕.
하기는 《실상은》 in fact 〔truth〕; indeed. ¶ ~ 네 말이 옳다 Indeed, you are right.
하기식(下旗式) a flag-lowering ceremony; 【軍】 a retreat.
하나 one; a unit(한개). ~의 one; a (single); 《동일한》 the same; identical. ¶ ~씩 one by one; separately(개별적으로) / ~ 걸러 alternately / ~에 50원 50 *won* each 〔a piece〕 / 단 ~뿐인 친구 one's 〔the〕 one and only friend / ~도 남김 없이 without exception; to the very last / ~에서 열까지 from beginning to end; in everything.
하나님 ☞ 하느님.
하녀(下女) a maid(servant).
하느님 (the Lord of) Heaven; God.
하늘 ① 《천공》 the sky; the air; the heavens. ¶ ~빛(의) sky-blue; azure / 갠〔흐린〕 ~ a clear 〔cloudy〕 sky / ~의 용사 an air hero / ~ 높이 high up in the sky / ~을 찌를 듯한 sky-scraping / ~을 날다 fly in the air 〔sky〕 / ~에서 별따기 (be) not easier than picking a star out of the sky. ② 《하늘의 섭리》 Heaven; Providence; 《하느님》 Heaven; God. ¶ ~이 주신 god-given / ~을 두려워하다 fear god / ~은 스스로 돕는 자를 돕는다 Heaven helps those who help themselves.
하늘거리다 swing; sway; tremble.
하늘다람쥐 【動】 a flying squirrel.
하늘소 【蟲】 a long-horned beetle.
하늘지기 【植】 a kind of sedge.
하다 ① 《행하다》 do; try(시도); play

ㅎ

《*games*》; act (행동); 《실행》 carry on; practice; 《착수》 set about; go in for. ¶하고 있는 일 the work in hand / …하였을 때에는 if and when one… / 하라는 대로 《do》 as *a person* say (likes) / 일을 ~ do one's work / 연설을 ~ make a speech / 할 일이 많다 (없다) have much (nothing) to do / 나쁜 짓을 ~ commit a crime / 해보다 try to do; have a try / 해치우다 get through 《*a task*》; finish / 잘 ~ do well; make a success of / …하기 일쑤다 be apt (liable) to 《*do*》 / ~ 말고 그만두다 leave 《*a thing*》 half-done / 문학을 ~ go in for literature / 하는 일 없이 지내다 idle away one's time. ② 《배우다》 study; learn; 《알다》 know. ¶불어를 ~ know French. ③ 《연기》 perform; act 《*the part of Hamlet*》; play. ④ 《먹다》 take; help oneself to; have; eat; drink; smoke. ¶한 잔 더 ~ have another glass. ⑤ 《경험하다》 experience; go through. ¶고생을 ~ undergo hardships. ⑥ 《종사》 act as; serve as 《*maid*》; engage (be engaged) 《*in*》; 《경영》 keep; run 《*a business*》; work; operate. ¶책방을 ~ run (keep) a bookstore / 중매장이 노릇을 ~ act as (a) go-between. ⑦ 《값이》 cost 《1,000 *won*》; be worth (valued). ¶ 9,000원 하는 시계 a watch worth 9,000 *won*. ⑧ 《착용》 wear 《*earrings*》; have on. ⑨ 《칭하다》 call; name. ¶X 라고 하는 사나이 a man named (called) X.

하다못해 at least (most); 《심지어》 so far as; to the extent of.

하단(下段) ① 《글의》 the lower column; ② 《계단의》 the lowest step (tier).

하달(下達) ☞ 전달. ¶상의(上意)를 ~하다 convey the will and ideas of those who govern to those who are governed / 명령을 ~하다 issue an order (command); give orders.

하대(下待) ~하다 treat contemptuously; be inhospitable 《*toward*》; 《말을》 call 《*a person*》 by name without any honoriffic title; do not mister 《*a person*》.

하도 too (much); so (much); to excess. ¶ ~ 기뻐서 in the excess of one's joy.

하도롱지(一紙) sulfate (kraft) paper; brown paper.

하드웨어 〖電子〗 hardware.

하등(下等) ~의 low; inferior; coarse; vulgar. ‖ ~ 동물 (식물) the lower animals (plants) / ~품 an inferior article.

하등(何等) 《부사》 《not》 in the slightest degree; 《not》 in any way. ~의 any; no; least. ¶ ~의 이유도 없이 without any reason / ~ 이상이 없다 Nothing is wrong., Everything's O.K.《美》.

하락(下落) a fall (drop, decline) 《*in price*》. ~하다 fall (off); decline; drop; depreciate. ¶급격한 ~ a sharp drop / 원화(貨)의 ~ the decline in the *won* rate. ‖ ~세(勢) a downward (falling) tendency; a downtrend.

하략(下略) the rest omitted. ~하다 omit the rest.

하렘 《회교국의》 a harem.

하례(賀禮) 《예식》 a congratulatory ceremony; a celebration; 《축하》 congratulation; greetings. ~하다 congratulate 《*a person on*》; celebrate. ‖ 신년 ~ the New Year's ceremony.

하루 ① ☞ 하룻날. ② 《날수》 a (one) day. ¶ ~ 종일 all day (long); the whole day / ~일 a (one) day's work / ~에 per day; a day / ~ 이틀(에) (in) a day or two / ~ 걸러 every other (second) day; on alternate days. ③ 《어느날》 ¶ ~는 one day.

하루거리 a tertian malarial fever.

하루바삐 without a day's delay; as soon as possible.

하루살이 〖蟲〗 a dayfly; an ephemera. ¶ ~ 같은 인생 this ephemeral life (existence).

하루아침 ¶ ~에 in a (single) day; overnight / ~에 유명해지다 leap (spring at a bound) into fame.

하루하루 day by (after) day. ¶ ~ 연기하다 put off 《*a matter*》 from day to day / ~ 나아지다 get better day by day.

하룻강아지 ¶ ~ 범 무서운 줄 모른다 《俗談》 Fools rush in where angels fear to tread.

하룻날 the first day (of a month).

하룻밤 one (a) night. ¶ ~ 사이에 in a single night / ~ 묵다 stay (stop) overnight / ~을 지내다 pass a night 《*in, at*》.

하류(下流) ① 《하천의》 the downstream; the lower course of a stream. ¶한강 ~에 on the lower Han River. ② 《사회의》 a lower social stratum. ¶ ~의 lower-class / ~계급 the lower classes/ ~ 생활 (a) low life.

하륙(下陸) ~하다 land 《*cargo*》; discharge (unload) 《*a ship, cargo from a ship*》. ‖ ~장 a landing place (platform).

하르르하다 (be) thin; flimsy.

하리놀다 slander; defame.

하릴없다 (be) unavoidable; inevitable; cannot be helped (서술적). ¶바보라는 말을 들어도 ~ I can't help being called a fool.

하릴없이 unavoidably; inevitably; reluctantly; unwillingly. ¶ ~ …하다 be obliged to 《*do*》.

하마(下馬) ~하다 dismount (from

ㅎ

a horse). ‖ ~석(石) a horse block; a step (stone) / ~평(評) common (town) talk; an advance rumo(u)r.
하마(河馬) 【動】 a hippopotamus; a hippo 《口》.
하마터면 《거의》 nearly; almost; 《간신히》 barely; narrowly. ¶ ~ …할 뻔하다 come near (close) …ing; barely escape …ing / ~ 익사할(죽을) 뻔했다 I came near drowning (being killed).
하명(下命) a command; an order(주문). ~하다 order; give orders to.
하모니카 a harmonica.
하문(下問) ~하다 ask; inquire.
하물(荷物) ☞ 짐, 화물.
하물며 《긍정》 much (still) more; 《부정》 much (still) less. ¶ 그는 영어를 못 읽는다. ~ 독일어를 어찌 하겠는가 He cannot read English, much less German.
하박(下膊) 【解】 the forearm. ‖ ~골(骨) forearm bones.
하반(下半) ‖ ~기(期) the latter (second) half of the year / ~신 the lower half of one's body.
하복(夏服) summer clothes (wear, uniform); a summer suit(신사복).
하복부(下腹部) the abdomen; the abdominal region.
하부(下部) the lower part. ‖ ~ 기관 subordinate offices (agencies)/ ~ 조직(구조) a substructure.
하비다 ① 《할퀴다》 scratch; claw. ② ☞ 후비다.
하사(下士) a staff sergeant. ‖ ~관 《육군》 a noncommissioned officer (생략 N.C.O.); 《해군》 a petty officer (생략 P.O.).
하사(下賜) ~하다 give; grant; bestow 《on》; donate (금전을). ‖ ~품(금) an Royal (an Imperial) gift (grant, bounty).
하산(下山) ① 《산에서》 ~하다 descend (go down) a mountain. ② 《절에서》 ~하다 leave a temple.
하상(河床) a riverbed; the bottom of a river.
하선(下船) ~하다 leave a ship; go ashore.
하선(下線) an underline.
하소연 an appeal; a petition; a complaint. ~하다 (make an) appeal 《to》; supplicate; complain of.
하수(下水) foul water; sewage. ‖ ~관 a drainpipe; drains(집의) / ~구(溝) 《clean》 a drain; a sewer; a gutter (길가의) / ~도 a sewer (system); sewerage; a drain (~도 공사 drainage works) / ~ 처리장 a sewage disposal plant.
하수(下手)[1] 《솜씨》 unskil(l)fulness; 《사람》 a poor hand; 《바둑·장기의》 a lower grader; a lower-grade player.
하수(下手)[2] 《살인》 ~하다 murder. ‖ ~인 a murderer.
하숙(下宿) lodging; boarding. ~하다 lodge (board, room 《美》) 《at a place, with a person》. ¶ ~을 치다 take in (keep) lodgers. ‖ ~비 board charge / ~생 a student boarder / ~인(人) a lodger; a boarder; a roomer 《美》 / ~ 집(을 경영하다) (run) a lodging (boarding, rooming 《美》) house.
하순(下旬) the latter part (the last ten days) of a month. ¶ 5월 ~에 toward the end of May; late in May.
하야(下野) ~하다 resign one's public post; go out of office.
하얗다 (be) pure white; snow-white.
하얘지다 become white; turn white (gray). ¶ 머리가 ~ one's hair turns gray.
하여간(何如間) ☞ 하여튼.
하여튼(何如—) anyhow; anyway; in any case; at all events.
하역(荷役) cargo working. ~하다 load and unload. ‖ ~ 인부(人夫) a stevedore; a longshoreman.
하염없다 《생각없다》 (be) absent-minded; vacant; blank. ¶ 하염없이 vacantly; blankly; ceaselessly (그치지 않고) / 눈물을 하염없이 흘리다 shed copious tears; melt into tears.
하오(下午) afternoon. ☞ 오후.
하옥(下獄) ~하다 put 《*a person*》 in prison; imprison.
하와이 Hawaii. ¶ ~의 Hawaiian / ~ 사람 a Hawaiian.
하원(下院) the Lower House; the House of Representatives (미국); the House of Commons (영국). ‖ ~ 의원 a member of the Lower House; a Congressman 《美》; a Member of Parliament 《英》.
하위(下位) a low(er) rank; a low grade. ~의 low-ranking 《*teams*》; subordinate 《*officers*》.
하의(下衣) (a pair of) trousers; pants 《美口》.
하이 high. ‖ ~라이트 a highlight/ ~볼 a highball 《美》; a whisky and soda 《英》 / ~ 틴 《be in》 one's late teens/~힐 high-heeled shoes.
하이잭 hijacking 《*of an airplane*》; skyjacking.
하이칼라 dandyism; foreign style; a dandy. ~의 dandy; smart; chic.
하이킹 hiking; a hike. ¶ ~하는 사람 a hiker / ~ 가다 go hiking; go on a hike.
하이파이 ¶ ~의 hi-fi; high-fidelity. ‖ ~ 재생 장치(裝置) a high-fidelity sound reproduction system.
하이포 【化】 hypo; hyposulphite.
하이픈 a hyphen.
하인(下人) 《keep》 a servant.
하인(何人) ¶ ~을 막론하고 whoever it may be; no matter who he may be.
하인방(下引枋) 【建】 a lower lintel.
하자(瑕疵) 【法】 a flaw; a defect.

ㅎ

¶ ~ 없는 flawless; all-perfect.
하자마자 as soon as; no sooner... than; immediately 《on》.
하잘것없다 (be) insignificant; trifling; negligible.
하저(河底) a riverbed; the bed of a river. ‖ ~ 터널 a riverbed tunnel.
하전(荷電) 〖理〗 electric charge.
하절(夏節) summer.
하정(賀正) New Year's greetings; a Happy New Year! (연하장에).
하제(下劑) 〖藥〗 《use》 a purgative, a laxative, an aperient (완하제).
하주(荷主) a shipper (선적인); a consignor (하송인); a goods-holder (임자).
하중(荷重) load. ‖ ~ 시험 load test/ 안전 ~ safe load.
하지(下肢) the lower limbs; legs.
하지(夏至) the summer solstice.
하지만 but; however; though.
하지않을수없다 cannot help (keep from) 《*doing*》; cannot but 《*do*》; be obliged to 《*do*》 (의무적으로).
하지하(下之下) the lowest of its kind. ~의 the lowest (worst).
하직(下直) ~하다 say good-by(e) 《*to*》; take one's leave 《*of*》; bid farewell 《*to*》.
하차(下車) ~하다 leave (get off) 《*the train, the car*》; alight from 《*the train*》.
하찮다 (be) worthless; trifling; trivial; insignificant; of little importance. ¶ 하찮은 일에 성내다 get angry about a trifle.
하천(河川) rivers. ‖ ~ 공사 river conservation work / ~ 부지 a dry riverbed / ~ 수질 기준치 criteria for measuring river water quality/ ~ 오염 the river contamination; pollution of a river.
하청(下請) a subcontract. ¶ ~을 맡다 subcontract / ~을 주다 sublet. ‖ ~ 공사 subcontracted work / ~ 공장 a subcontract factory / ~인 a subcontractor.
하체(下體) the lower part of the body. ¶ ~의 waist-down.
하층(下層) a substratum; a underlayer. ‖ ~ 계급 the lower classes/ ~ 사회 the lower strata of society / ~ 생활 (a) low life.
하치(下—) low-grade goods; goods of inferior quality.
하치않다 ☞ 하찮다.
하치장(荷置場) a yard; a storage space; a depository; a repository.
하키 〖競〗 《play》 hockey.
하퇴(下腿) the lower leg; the crus. ‖ ~골 the leg bones / ~ 동맥 the crural artery.
하편(下篇) ☞ 하권(下卷).
하품 a yawn; a gape. ~하다 (give a) yawn. ¶ ~을 참다 stifle (suppress) a yawn.
하품(下品) ☞ 하치(下—).
하프 〖樂〗 a harp.
하필(何必) of all occasion (places, persons, *etc.*). ¶ ~이면 그 날에 on that day of all days / ~ 너냐 Why, of all person, you?
하하 "Ha! Ha!". ¶ ~ 웃다 laugh loudly.
하학(下學) ending of the school day. ~하다 school is over; school gets out. ‖ ~ 시간 dismissal time.
하한(下限) the lowest limit.
하항(河港) a river port.
하행(下行) ‖ ~ 열차 a down train.
하향(下向) looking downward; a downward tendency. ‖ ~세(勢) 《show》 a downward tendency (물가 등).
하향(下鄕) ~하다 go (come) away from the capital; go to one's native place.
하현(下弦) the last phase of the moon. ‖ ~달 a waning moon.
하혈(下血) ~하다 discharge blood (from the bowels); flux.
하환어음(荷換—) a documentary bill (draft).
하회(下廻) ~하다 be less (lower) than; be (fall) below 《*the average*》. ☞ 밑돌다.
학(學) ☞ 학문, 학술, 학업.
학(鶴) a crane.
학감(學監) a school superintendent; a dean (대학의).
학계(學界) academic circles.
학과(學科) 《과목》 a subject (of study); 《과정》 a course of study; a school course; a curriculum. ‖ ~ 시험 an achievement test.
학과(學課) 《review, prepare》 one's lessons; schoolwork. ‖ ~ 시간표 a table 《*of lessons*》; a schedule 《*of lesson hours*》.
학관(學館) a private educational institution. ‖ 영수 ~ an English and mathematics institute.
학교(學校) a school; a college (대학). ¶ ~에서 in (at) school / ~가 파한 후 after school (is over) / ~에 들어가다 enter a school / ~에 다니다 attend (go to) school / ~를 쉬다 (빼먹다) stay away (play truant) from school. ‖ ~ 급식 (생활) a school lunch (life) / ~ 대항(의) interschool; intercollegiate 《*game*》 / ~ 성적 one's school record / ~ 친구 a schoolmate.
학교교육(學校教育) school education; schooling. ¶ ~을 받다 have school education; have schooling. ‖ 정규 ~ regular (formal) schooling.
학구(學究) ~적 scholarly; scholastic; academic. ‖ ~ 정신 a scholastic spirit.
학구(學區) a school district 《*system*》.
학군(學群) a school group. ‖ ~제 the school group system.
학급(學級) a class; a grade 《美》; a form 《英》. ‖ ~회 a class meeting.

학기(學期) a (school) term; a semester (1 년 2 학기제). ‖ ~(말) 시험 a final [term(inal)] examination.
학년(學年) a school year. ‖ ~말 시험 an annual [a final] examination / 1 [2,3,4] ~생 a first [second, third, fourth] year student.
학당(學堂) ① ☞ 글방. ② ☞ 학교.
학대(虐待) cruelty; ill-treatment; maltreatment. ~하다 ill-treat; treat cruelly; maltreat. ¶ 정신적인 ~ mental cruelty / ~에 못이겨 being unable to endure the severity of the treatment.
학덕(學德) learning and virtue.
학도(學徒) a student; a scholar. ‖ ~병 a student soldier/~ 호국단 the Students' National Defense Corps.
학동(學童) 《국교학생》 school children; a schoolboy [schoolgirl].
학력(學力) scholarship. ¶ 대학 출신 이상의 ~이 있다 surpass college graduates in scholarly attainments. ‖ ~ 고사 an achievement test.
학력(學歷) a school [an academic] career; one's academic background. ¶ ~이 없는 사람 a person without school education.
학령(學齡) 《reach》 school age. ‖ ~(미만) 아동 children of (under) school age.
학리(學理) a theory; a scientific principle. ~적(으로) theoretical (-ly).
학명(學名) a scientific name [term]. ¶ ~을 붙이다 give a scientific name 《*to*》.
학무(學務) 《the section of》 school [educational] affairs.
학문(學問) 《like》 learning; study; a scholarship (학력); knowledge (지식). ~하다 study; pursue one's studies. ¶ ~이 있는 educated / ~의 자유 academic freedom.
학벌(學閥) 《form》 an academic clique.
학보(學報) a gazette.
학부(學府) a seat of learning. ‖ 최고 ~ the highest seat [institution] of learning.
학부(學部) a department; a faculty 「《英》.
학부모(學父母) parents of students. ‖ ~회 a parents' association.
학비(學費) 《earn one's》 school expenses. ¶ ~에 곤란을 받다 be hard up for school expenses.
학사(學士) a university [college] graduate; a bachelor. ‖ ~호(號) a bachelor's degree.
학사(學事) school affairs. ‖ ~ 보고 a report on education(al) matters.
학살(虐殺) ~하다 slaughter; butcher; massacre (대량).
학생(學生) a student. ‖ ~ 소요 student troubles [disturbances]/~ 시절 one's student [school] days / ~증 a student's identification card / ~회 a student council (~회 회장 a student president) / ~회관 a students' hall.
학설(學說) 《set up》 a theory; a doctrine.
학수고대(鶴首苦待) ~하다 look forward to 《*seeing a person*》.
학술(學術) arts and sciences (학예); learning (학문); science (과학). ¶ ~상의 scientific; academic. ‖ ~ 강연(회) a science lecture (meeting) / ~ 논문 [잡지] a scientific treatise [journal]/~(용)어 a technical term / ~원 (회원) (a member of) the (Korean) Academy of Arts and Sciences / 한국 ~ 회의 the Science Council of Korea.
학습(學習) learning; study. ~하다 study; learn. ‖ ~ 지도 요령 a course of study.
학식(學識) learning; scholarship. ¶ ~있는 [없는] learned [unlettered].
학업(學業) 《complete, finish》 one's studies; schoolwork; classwork. ¶ ~에 힘쓰다 work hard / ~을 게을리하다 neglect one's schoolwork.
학예(學藝) art and science; culture (문화). ‖ ~ 난(欄) the magazine page [columns] / ~부 a department of art and science (~부장 《신문사의》 a feature editor) / ~회 literary exercises.
학용품(學用品) school things [supplies].
학우(學友) a schoolmate; a schoolfellow; a fellow student. ‖ ~회 a students' society; a graduates' [an old boys'] association (졸업생의).
학원(學院) an (educational) institute; a seminary. ‖ 외국어 ~ a foreign language institute / 입시~ a preparatory school (for examinees)/자동차 ~ a driver's school.
학원(學園) an educational institution; a campus. ‖ ~ 분쟁 a campus dispute / ~ 사찰 inspection on campus activities.
학위(學位) 《take, hold, receive, get, confer》 a degree; a doctorate (박사). ‖ ~ 논문 a doctoral thesis / ~ 수여식 a degree ceremony / 명예 ~ an hono(u)rary degree.
학자(學者) a scholar; a learned man; a savant (석학). ¶ ~다운 [연(然)하는] scholarly [pedantic].
학자금(學資金) ☞ 학비.
학장(學長) a president; a dean (학부의).
학적(學籍) 《strike *a person's* name off》 the school [university] register.
학점(學點) a unit; a point; a credit. ¶ ~을 따다 take 《30》 units / ~이 모자라다 do not have sufficient credits.
학정(虐政) oppressive [tyrannical] government; (grinding) tyranny.

ㅎ

¶ ~에 신음하다 groan under tyranny.
학제(學制) 《reform》 the educational system.
학질(瘧疾) malaria. ¶ ~로 떨다 have a fit of ague / ~떼다 recover from malaria; 《비유적》 get rid of a nuisance.
학창(學窓) ☞ 학교. ¶ ~을 떠나다 leave 〔graduate from〕 school. ‖ ~ 생활 school 〔student〕 life.
학칙(學則) 《observe, break》 school regulations.
학파(學派) a school; a sect. ‖ 헤겔 ~ the Hegelian school.
학풍(學風) academic traditions (전통); a method of study (연구법). ¶ ~을 세우다 establish academic traditions.
학형(學兄) Mr....
학회(學會) a 《*literary, scientific*》 society; an institute; an academy. ‖ 한글 ~ the Korean Language (Research) Society.
한(恨) ① 《원한》 a bitter 〔an ill〕 feeling; a grudge; hatred (증오); rancor. ¶ ~을 품다 bear 《*a person*》 a grudge 〔an ill will〕; have a grudge 《*against a person*》 / ~을 풀다 satisfy 〔work off〕 one's grudge. ② 《한탄》 regret; a matter for regret; an unsatisfied desire. ¶ ~많은 regrettable; deplorable / 천추의 ~ a lasting regret; a matter for great regret / ~이 없다 have nothing to regret.
한(限) ① 《한도》 a limit; limits; a bound. ② 《…하는 한》 as 〔so〕 far as. ¶ 될 수 있는 ~ as far 〔much, soon〕 as possible; as much as one can / 내가 아는 ~ so far as I know / 따로 규정이 없는 ~ unless otherwise provided. ③ 《기한》 not later than. ¶ 이달 15일 ~ not later than the 15th of this month.
한 ① 《하나》 one; a single. ¶ ~마디 a 〔one〕 word. ② 《대략》 about 《10 *days*》; some; nearly.
한… ① 《큰》 big; large; great. ② 《가장·한창》 midmost 《*of*》. ③ 《같은》 the same. ¶ ~집에 in the same house.
한가(閑暇) ~하다 (be) free; not busy; 《서술적》 be at leisure. ¶ ~롭다=한가하다.
한가운데 《in》 the middle 〔center, midst〕 《*of*》.
한가위 August 15th of the lunar month.
한가을 the depth of autumn 〔fall〕; the busy harvest time.
한가지 ① 《일종》 a kind 〔sort〕 《*of*》. ② 《동일》 (one and) the same thing (☞ 마찬가지). ¶ 죽은 거나 ~다 be as good as dead.
한갓 simply; merely; only.
한갓지다 (be) quiet; lonely. ¶ 한갓진 시골 생활 leisurely country life.
한거(閑居) 《lead》 a quiet 〔retired〕 life.
한걱정 great cares 〔worries〕.
한걸음 a step; a pace. ¶ ~에 at a stride / ~ ~ step by step / ~앞으로 나오다 take a step forward.
한겨울 《in》 midwinter; the depth of winter.
한결 《눈에 띄게》 remarkably; conspicuously; 《한층 더》 all the more; much 〔still〕 more; 《특히》 especially; particularly.
한결같다 (be) uniform; even; 《변함없다》 (be) constant; never-changing. ¶ 한결같이 uniformly; constantly; as ever.
한겻 a quarter (of a) day.
한계(限界) a limit; bounds. ¶ ~를 정하다 set limits 《*to*》; limit. ‖ ~ 속도 critical speed / ~점 the critical point; the uppermost limit; the maximum / ~ 효용(설) (the theory of) marginal utility.
한계(韓系) ‖ ~ 미국인 an American of Korean descent; a Korean American.
한고비 the most serious moment; the peak 〔climax〕. ¶ ~ 넘기다 pass the crisis 〔peak〕; turn the corner (병·불경기 따위가).
한교(韓僑) Korean residents 〔nationals〕abroad; overseas Koreans.
한구석 a corner; a nook. ¶ ~에 in a corner 《*of*》.
한국(韓國) (the Republic of) Korea (생략 R.O.K.). ¶ ~의(어) Korean / ~화하다 Koreanize. ‖ ~ 국민 the Korean (people) / ~ 요리(料理) Korean dishes / ~ 육군 the Republic of Korea Army (생략 ROKA) / ~ 은행 the Bank of Korea / ~인 a Korean / ~학 Koreanology.
한군데 a 〔one〕 place; the same place 〔spot〕 (같은데).
한근심 ☞ 한걱정.
한글 the Korean alphabet; Hangul; Hankul. ‖ ~ 전용 exclusive use of Hangul.
한기(寒氣) 《추위》 the cold; 《추운 기》 《feel》 a chill.
한길 a (main) street; a thoroughfare; a highway.
한꺼번에 《한번에》 at a time; at once; at a stretch 〔breath〕; 《동시에》 at the same time; 《다》 all together.
한껏 ① 《힘껏》 with all one's might; with might and main; as far 〔much〕 as possible. ¶ ~ 일하다 work as hard as one can. ② 《한도껏》 to the utmost limit. ¶ ~ 잡아당기다 draw 《*a string*》 out to its (full) length. ③ 《실컷》 to one's heart's content; as much as one likes; to the full. ¶ ~ 먹다 eat one's fill / ~ 즐기다 enjoy oneself to one's heart's content.
한끼 a 〔one〕 meal. ¶ ~를 거르다

miss a meal.
한나절 half a day; a half day.
한낮 《at》 midday; noontide; high noon; 《in》 broad daylight (백주).
한낱 only; mere(ly); nothing but.
한눈팔다 look away 〔aside, off〕; take one's eyes off 《*one's book*》.
한다한 eminent; influential; distinguished.
한담(閑談) a chat; an idle talk. ~하다 talk quietly; (have a) chat 《*with*》.
한대(寒帶) the frigid zone. ‖ ~동〔식〕물 a polar 〔an arctic〕 animal 〔plant〕.
한댕거리다 dangle; sway 〔swing〕 lightly.
한더위 fierce heat; the midsummer heat.
한데¹ ☞ 한군데.
한데² 《노천》 the open air. ¶ ~서 in the open (air); out of doors.
한도(限度) 《set》 a limit 《*to*》. ¶ …의 ~내에서 within the limits of / ~에 달하다〔를 넘다〕 reach 〔exceed〕 the limit. ‖ 신용 ~ a credit limit / 최대〔최소〕 ~ the maximum 〔minimum〕; at most 〔least〕.
한독(韓獨) ~의 Korean-German.
한동안 for a good while; for a long time; for quite some time; at one time (한때).
한되다(恨—) be regretted; be a regret; be a matter for regret.
한두 one or two. ‖ ~번 once or twice.
한때 《잠시》 a short time 〔while〕; for a time 〔while〕 (부사적); 《전에》 once; (at) one time.
한란(寒暖) heat and cold; temperature(온도). ¶ ~의 차 difference in temperature.
한란계(寒暖計) ☞ 온도계.
한랭(寒冷) ~한 cold; chilly. ‖ ~전선 〖氣〗 a cold front.
한량(限量) a limit; limits; bounds. ¶ ~ 없는 unlimited; boundless; endless.
한량(閑良) a prodigal; a debauchee; a libertine; a playboy 《美》.
한련(旱蓮) 〖植〗 a tropaeolum; a garden nasturtium.
한류(寒流) a cold current.
한마디 a word. ~하다 speak 〔say〕 a word 《*about*》; pass a remark (참견). ¶ ~로 말하면 in short 〔a word〕 / ~도 없이 without (saying) a single word / ~도 없다 be silent; do not speak a word.
한마음 the same mind. ¶ ~으로 with one accord / ~이 되어 일하다 work in close cooperation; act in concert 《*with*》.
한모금 a draft 〔draught〕 《*of water*》; a drop (약간); a sip; a pull (술·담배의).
한목 all at one time; in the 〔a〕 lump; in one 〔a〕 lot.
한몫 a share; a portion; a quota. ¶ ~ 끼다 have a share in; share 〔participate〕 in 《*the profits*》.
한문(漢文) Chinese writing; Chinese classics (한문학). ‖ ~자 a Chinese character.
한물 《제철》 the (best) season; 《인생의》 prime; flower. ¶ ~ 가다 be past 《*its*》 season; be out of season; 《사람이》 be past one's prime / ~지다 be 〔come〕 in season.
한미(韓美) ~의 Korean-American 《*relations*》. ‖ ~ 상호 방위 협정 the ROK-U.S. Mutual Defense Agreement / ~ 연합군 사령부 the ROK-U.S. Combined Forces Command / ~ 행정협정(行政協定) the ROK-U.S. Status-of-Forces Agreement / ~ 환율 *won*-dollar exchange rate.
한밑천 a sizable amount of capital. ¶ ~ 잡다 amass 〔make〕 a sizable fortune; acquire a competence.
한바닥 the busiest quarters; the heart; the center.
한바퀴 a turn; a round. ¶ ~돌다 take a turn; go round; go one's rounds (담당 구역을).
한바탕 for a time 〔while〕; for a spell. ¶ ~ 울다 cry for a spell / ~ 싸우다 have a passage of arms 《*with*》; have a nice scene 《*with*》.
한발(旱魃) a drought; (a spell of) dry weather.
한발짝 a step. ☞ 한걸음.
한밤중(—中) 《at》 midnight; 《at》 dead of night. ¶ ~까지 far into the night.
한방(漢方) Chinese medicine. ‖ ~의(醫) a herb doctor; a doctor of the Chinese school.
한방울 a drop 《*of water*》. ¶ ~씩 drop by drop.
한배 ① 《동물》 《at》 a litter. ② 《사람》 ¶ ~의 uterine 《*brothers*》.
한번 once; one time. ¶ ~에 at once, at a time (단번에); at the same time (동시에) / 다시 ~ once more 〔again〕 / 1년에 ~ once a year.
한벌 a 《*summer*》 suit; a set. ¶ 가구 ~ a set of furniture / 겨울옷 ~ a suit of winter clothes.
한복(韓服) 《a girl in》 Korean clothes 〔dress〕. ¶ ~으로 갈아입다 change into Korean clothes.
한복판 the middle; the center; the heart 《*of Seoul*》.
한불(韓佛) ~의 Korean-French; Franco-Korean.
한사코(限死—) to the last 〔death〕; to the (bitter) end; persistently; desperately; frantically. ¶ ~ 반대하다 be dead set against.
한사람 one person. ¶ ~ ~ one by one / ~도 남김없이 every one 《*of them*》; to a man.
한사리 the flood tide.
한산(閑散) 《불경기》 ~한 dull; in-

active; slack. ¶ ~한 시장 a dull [flat] market. ‖ ~기 an off [a slack] season.
한색(寒色) a cold colo(u)r.
한서(寒暑) heat and cold; temperature.
한서(漢書) a Chinese book; Chinese classics (고전).
한선(汗腺) 〖解〗 a sweat gland.
한세상(一世上) ① 《한평생》 a lifetime; one's (whole) life. ② 《한창 때》 one's bright [palmy, best] days; heyday. 「rosy.
한센병(一病) Hansen's disease; lep-
한소(韓蘇) ~의 Korean-Soviet.
한속 ¶ ~이다 be of one mind (뜻이 같다); be a fellow conspirator (한패) / ~이 되어 in league [cahoots] 《*with*》.
한수(一手) 《바둑·장기의》 a move. ¶ ~ 높다 [낮다] be a cut above [below] 《*a person*》.
한숨 ① 《잠》 a (wink of) sleep. ¶ ~ 자다 have [take] a nap; sleep a wink. ② 《탄식》 a (deep) sigh; a long breath. ¶ ~ 쉬며 with a sigh / ~ 쉬다 [짓다] (heave a) sigh; draw a long breath. ③ 《호흡·휴식》 a breath; a rest. ¶ ~ 쉬다 take breath [a rest].
한시(一時) ~도 even for a moment. ¶ ~도 잊지 않다 do not forget 《*it*》 even for a moment.
한시(漢詩) a Chinese poem; Chinese poetry (총칭).
한시름 a big worry. ¶ ~ 놓다 be relieved of a great anxiety.
한식(韓式) ~의 Korean-style. ‖ ~집 a Korean-style house.
한심(寒心) ~하다 (be) pitiable; miserable; wretched; sorry; lamentable; shameful (부끄럽다). ¶ ~스럽다 =한심하다 / ~해지다 (begin to) feel miserable / ~한 짓을 하다 do a shameful thing.
한쌍(一雙) a pair; a couple. ~의 a pair [couple, brace] of. ¶ 좋은 ~을 이루다 make [form] a good pair; be a good match 《*for*》.
한아름 an armful 《*of firewood*》.
한약(漢藥) a Chinese [herb] medicine. ‖ ~방 [국] a dispensary of Chinese medicine; a herb shop.
한양(韓洋) ¶ ~ 절충의 《a house》 of semi-European[-Western] style.
한없다(限一) (be) unlimited; boundless; endless; limitless. ¶ 한없이 without end [limit]; endlessly / …에는 한이 없다 there is no end to…; cannot be brought to an end.
한여름 《in》 midsummer.
한역(漢譯) a Chinese translation [version]. ~하다 translate into Chinese.
한역(韓譯) a Korean translation. ~하다 put [translate] into Korean.
한영(韓英) ~의 Korean-British; Anglo-Korean; Korean-English. ‖ ~ 사전 a Korean-English dictionary.
한옆 the [one] side. ¶ ~에 on [to] one side; by the side 《*of*》 / ~으로 비키다 step aside.
한옥(韓屋) a Korean-style house.
한외발행(限外發行) excess issue; an overissue (of paper currency).
한움큼 a handful 《*of rice*》.
한음(漢音) Han pronunciation of Chinese characters.
한의(漢醫) ☞ 한방의(醫).
한이(韓伊) ~의 Italo-Korean.
한인(閑人) a man of leisure. ‖ ~물입(勿入) "No admittance except on business."
한인(韓印) ~의 Indo-Korean.
한일(韓日) ~의 Korean-Japanese. ‖ ~ 회담 [각료 회담] the Korea-Japan talks [Ministerial Conference]. 「bite.
한입 《eat at》 a mouthful 《*of*》; a
한자(漢字) a Chinese character. ‖ ~ 제한 restriction on the use of Chinese characters / 상용(常用) ~ the Chinese characters for everyday use.
한잔 ① 《분량》 a cup 《*of tea*》; a glass 《*of beer*》; a shot 《*of whisky*》; a cupful; a glassful. ② 《음주》 a drink. ~하다 have a drink; take a drop [pull].
한잠 a sleep; a nap; 《깊은 잠》 a deep [sound] sleep. ¶ ~ 자다 take [have] a sleep; sleep well [soundly]. ¶ ~도 못자다 can not get a wink of sleep; do not sleep a wink.
한재(旱災) a drought. ¶ ~를 입다 suffer from a drought. ‖ ~ 지구 a drought(-stricken) district.
한적(閑寂) ~한 quiet; secluded. ¶ ~한 곳 a retired [quiet] place.
한정(限定) limitation. ~하다 limit; restrict; set limits 《*to*》; define. ‖ ~ 치산 quasi-incompetence / ~판 a limited edition.
한조각 a piece 《*of*》; a bit; a slice. ¶ ~의 양심 a bit of conscience.
한족(漢族) the Han race.
한종일(限終日) all day (long); the whole day.
한줄 《가로의》 a [one] line; 《세로의》 a file. ¶ ~로 in a line [row].
한줄기 ① 《가닥》 a line; a streak 《*of light*》; 《비 따위》 《for》 a time [while]; 《for》 a (short) spell. ¶ ~의 희망 a ray of hope / 비 ~ 하다 have a (spell of) shower. ② 《같은 줄기》 the same lineage; 《혈통》 one and the same genus (생물의).
한줌 a handful 《*of rice*》; a lock 《*of straw*》.
한중(寒中) ~의 midwinter. ‖ ~ 훈련 midwinter training; winter exercises.
한중(韓中) ~의 Korean-Chinese;

Sino-Korean 《*association*》.
한증(汗蒸) 《take》 a sweating bath; a steam bath; a sudatorium. ‖ ~막 a sweating bathroom.
한지(寒地) a cold region. ‖ ~ 식물 a psychrophyte.
한직(閑職) 《hold》 an easy post; a sinecure (office); a do-nothing job.
한집안 one's [a] family; one's people [folk]; 《친척》 one's relatives.
한쪽 one side; the other side [party]; 《쌍의 일방》 one of a pair.
한참 for some time; for a time [while]; for a spell. ¶ ~만에 after a good while.
한창 《절정》 the height [peak]; the climax; the zenith; 《꽃의》 《in》 full bloom [glory]; 《사람의》 《in》 prime; flower; bloom; 《부사적》 in the midst [thick] of; at the height of. ¶ 겨울이 ~일 때 in the dead of winter / ~ 전투 중에 in the thick [midst] of the battle / ~이다 be in full swing; be at its height; be in the prime 《*of*》 (사람이); be in full bloom [glory], be at 《*their*》 best (꽃이).
한창때 《청춘》 the prime of life; the bloom of youth; 《성숙기》 the prime of manhood [womanhood]; 《좋은 때》 one's palmy [best] days; 《청과물 따위》 the season. ~이다 be in the prime of life [manhood, womanhood]; be in her bloom (여자가); 《일할 때》 be in the noon of one's life; 《청과물 따위가》 be in season. ¶ ~를 지나다 《사람이》 be past one's prime; be on the wane [decline]
한천(寒天) ☞ 우무.
한촌(寒村) a poor village.
한추위 severe [intense] cold.
한층(一層) more; still [much] more; all the more. ¶ ~ 노력하다 make greater effort.
한치 an inch. ¶ ~도 물러서지 않다 will not budge [yield] an inch.
한칼 ① 《칼질》 a single stroke of the sword. ¶ ~에 베다 cut down at one blow. ② 《고기의》 a slice 《*of meat*》.
한탄(恨歎) a sigh; deploration. ~하다 lament; deplore; sigh; regret.
한턱 a treat. ~하다 stand treat 《*for a person*》; treat 《*a person*》 to 《*a dinner*》; give 《*a person*》 a treat.
한테 ☞에게.
한통속 fellow adherents [conspirators]; a decoy (장사판의).
한파(寒波) a cold wave.
한판 a round; a game; a bout. ¶ 바둑을 ~ 두다 have a game of *badug*. ‖ ~ 승부 a contest of single round.
한패(一牌) one of the (same) party; a confederate; a circle; a company.
한편 ① 《한쪽》 one side; one hand; one way; the other side [party]. ¶ ~에 치우치다 be one-sided. ② 《자기편》 an ally; a supporter; a friend; one's side. ③ 《부사적》 meanwhile; besides; 《한편으로는》 on the other hand....
한평생(一平生) one's whole life; 《부사적》 all [throughout] one's life.
한푼 a coin; a farthing; a penny. ¶ ~ 없다 be penniless.
한풀꺾이다 be dispirited [disheartened, discouraged].
한풀다(恨—) have one's will; realize one's desire; attain one's long-cherished object; gratify one's wishes.
한풀이하다(恨—) vent one's spite; satisfy [work off] one's grudge.
한풍(寒風) a cold [an icy] wind.
한하다(限—) limit; restrict; place limit 《*to*》. ¶ 정당한 이유가 있는 경우에 한해서 provided there is just reason for it.
한학(漢學) Chinese literature [classics]. ‖ ~자 a scholar of Chinese classics.
한해(旱害) damage from a drought. ‖ ~ 지구 a drought-stricken area.
한해(寒害) cold-weather damage.
한호(韓濠) ~의 Korean-Australian.
한화(韓貨) 《화폐》 Korean money.
할(割) 《백분율의》 percentage. ¶ 1~ ten percent [per cent]; 10%.
할거(割據) ~하다 hold one's own ground. ‖ 군웅(群雄) ~ rivalry of powerful chiefs.
할당(割當) (an) allotment; quota; (an) assignment. ~하다 assign; allot; allocate; apportion; ration. ‖ ~액(량) a quota; an allotment/ ~제 the quota system.
할듯할듯하다 look as if one is going [ready] to do.
할뚱말뚱하다 hesitate to 《*do*》; be half-hearted.
할례(割禮) 〖宗〗 circumcision.
할말 ① 《하고싶은》 what one has [got] to say; one's say; a claim (주장). ② 《불평》 a complaint; 《이의》 an objection.
할머니 《조모》 a grandmother; 《노파》 an old lady [woman].
할멈 an old woman; a granny.
할미꽃 〖植〗 a pasqueflower.
할미새 〖鳥〗 a wagtail.
할복(割腹) ~하다 disembowel oneself. ‖ ~ 자살 《commit》 suicide by disembowelment.
할부(割賦) ~하다 allot; set quota 《*on, to*》; pay in instal(l)ments. ¶ ~로 팔다 sell 《*a thing*》 on the installment plan. ‖ ~금 an allotment; a share / ~ 판매 selling on an installment basis.
할선(割線) 〖數〗 a secant.
할아버지 ① 《조부》 a grandfather. ② 《노인》 an old man.
할아범 an old man.

할애(割愛) ~하다 《나누다》 share 《a thing》 with 《a person》; part with; spare. ¶ 지면을 ~하다 allow space 《for》.
할양(割讓) (a) cession. ~하다 cede 《a territory》.
할인(割引) (a) discount; (a) reduction. ~하다 (make a) discount; take [cut] off. ¶ 1할 ~ 10% discount / ~하여 at a discount 《of 30 percent》; 《sell》 at a reduced price. ‖ ~ 가격 a reduced price/ ~권 a discount coupon; a reduced rate [fare] ticket/~료 a discount commission / ~ 어음 a discounted bill / ~율 a discount rate.
할인(割印) a tally (impression). ¶ ~을 찍다 affix a seal over two edges [at the jointing of two papers].
할일 ¶ ~이 많다 have lots to do; be busy / ~이 없다 have nothing to do.
할증(割增) 《임금 따위》 an extra (fare, charge); 《주식 따위의》 a premium; a bonus. ‖ ~금 a premium / ~ 배당금 an extra dividend; a bonus.
할짝거리다 lick; lap.
할쭉거리다 ☞ 할짝거리다.
할퀴다 scratch; claw. ¶ 할퀸 상처 a scratch; a nail mark / 얼굴을 ~ be scratched on the face.
핥다 lick; lap. ¶ 깨끗이 ~ lick clean.
핥아먹다 ① 《음식을》 lap (up); lick in. ¶ 깨끗이 ~ lick 《the plate》 clean. ② 《남의 것을》 swindle; wheedle (협잡).
함(函) a box; a case; a chest.
함교(艦橋) a bridge (of a warship).
함구(緘口)~하다 hold one's tongue; keep one's mouth shut; keep silent. ‖ ~령 a gag law (~령을 내리다 forbid 《a person》 to speak; gag 《a person》).
함께 《같이》 together; 《…와 함께》 with; together [along] with; in company with. ¶ 모두 ~ all together / ~ 살다 live with 《a person》; live under the same roof.
함대(艦隊) a fleet(대); a squadron (소). ‖ ~ 사령관 the commander of a fleet / 연합 ~ a combined fleet.
함락(陷落) ~하다 《…이》 fall; surrender; be reduced; 《…을》 capture; take; carry.
함량(含量) content. ‖ 알코올~ alcohol content.
함몰(陷沒) subsidence; depression. ~하다 sink; fall; cave in.
함미(艦尾) the stern (of a warship). ‖ ~닻 the stern anchor / ~포 a stern chaser; a tail gun.
함박꽃 a peony.
함박꽃나무 〖植〗 a magnolia.
함박눈 large snowflakes.
함부로 《허가없이》 without permission [good reason]; 《마구》 at random; recklessly; indiscriminately; thoughtlessly; roughly; carelessly; 《무례하게》 rudely.
함빡 ☞ 흠뻑
함상(艦上) ¶ ~의[에] aboard; on board.
함석 zinc; spelter (상업용어). ‖ ~지붕 a zinc roof / ~판 sheet-zinc; galvanized iron sheet / 골~ corrugated sheet zinc; a corrugated iron sheet.
함선(艦船) 《군함·배》 warships and other ships; vessels (선박).
함성(喊聲) 《give, raise》 a battle cry; shouting.
함수(含水) ~의 〖化〗 hydrous; hydrated. ‖ ~ 탄소 carbohydrate.
함수(函數) 〖數〗 a function. ‖ ~관계 functional relation / ~식 a functional formula.
함수(鹹水) salt water. ‖ ~어(魚) saltwater fish / ~호(湖) a salt lake.
함수(艦首) the bow. ‖ ~포(砲) a bow gun [chaser].
함수초(含羞草) 〖植〗 a sensitive plant; a mimosa.
함씨(咸氏) your [his, *etc.*] nephew.
함양(涵養)~하다 cultivate; develop; foster; build up.
함유(含有) ~하다 contain; have 《in》. ‖ ~량 content / ~ 성분 a component.
함자(銜字) your [his, *etc.*] name.
함장(艦長) the commander of a warship; a captain.
함재기(艦載機) a shipplane; a deck [shipborn] plane.
함정(陷穽) a pitfall; a pit; a trap. ¶ ~에 빠뜨리다 ensnare; entrap/ ~에 빠지다 fall in a pit; fall into a snare [trap] / ~에 든 범 be doomed; be left to one's fate.
함정(艦艇) a naval vessel.
함지 a large wooden vessel.
함지박 a large round bowel.
함축(含蓄) ~하다 imply; signify; suggest. ¶ ~성 있는 significant; suggestive; pregnant; implicit.
함포사격(艦砲射擊) bombardment from a warship.
함호(鹹湖) a salt lake.
함흥차사(咸興差使) a lost [burnt] messenger.
합(合) ① 《합계》 the sum 《of two numbers》; the total. ② ☞ 홉.
합(盒) a brass bowl with a lid.
합격(合格) ~하다 pass [succeed in, be successful in] an examination; be accepted (채용되다); come up to the standard (표준에). ‖ ~자 a successful candidate [applicant] / ~점 a passing mark.
합계(合計) the sum total; a total (amount). ~하다 sum [add] up; total; foot up 《美》. ¶ ~하여 in all

(total); all told / ~ …이 되다 come (amount) to… (in all).
합금(合金) an alloy. ~하다 alloy 《*copper with zinc*》.
합당(合當) ~한 adequate; suitable; proper; fit; appropriate; right.
합당(合黨) the merger (fusion) of political parties.
합동(合同) ①《합병》(a) combination; (a) union. ~하다 combine; unite. ¶ ~의 joint; united; combined. ‖ ~ 결혼 a mass (group) wedding / ~ 관리 joint control (management) / ~ 위령제 a joint memorial service 《*for the war-dead*》 / ~ 위원회 a joint committee / ~ 회의 a joint session (convention). ②【數】 congruence.
합력(合力) 《협력함》 joint efforts; combined strength; cooperation; 【理】 a resultant (force). ~하다 unite one's strength; join hands 《*with*》; make united efforts; collaborate (cooperate) 《*with*》.
합류(合流) ~하다 join; meet; unite with (합동). ‖ ~점 the confluence 《*of the two rivers*》.
합리(合理) ~적 rational; reasonable; ‖ ~주의 rationalism (~주의자 a rationalist) / ~화 rationalization (~화하다 rationalize / 경영(산업) ~화 the rationalization of management (industry)).
합명회사(合名會社) an unlimited partnership.
합반(合班) a combined class. ‖ ~ 수업 combined classwork.
합방(合邦) ☞ 합병(合倂). ~하다 annex a country 《*to*》.
합법(合法) legality; lawfulness. ¶ ~적(으로) lawful(ly); legal(ly); legitimate(ly) / ~적 수단으로 by lawful means. ‖ ~성 lawfulness / ~ 정부 the legitimate government / ~화 legalization (~화하다 legalize).
합병(合倂) 《병합》 union; combination; merge (회사 따위의); annexation. ~하다 unite; combine; merge; annex. ‖ ~증 【醫】 a complication.
합본(合本) a double volume. ~하다 bind (together) 《*in one volume*》.
합산(合算) ☞ 합계(合計).
합석(合席) ~하다 sit with 《*a person*》; sit in company with 《*a person*》.
합성(合成) 【化】 synthesis; 【理】 composition. ~하다 compound; synthesize. ¶ ~의 component; synthetic. ‖ ~ 고무(주) synthetic rubber (liquor) / ~물 a compound / ~어 a compound (word) / ~ 세제 synthetic detergents.
합세(合勢) ~하다 join forces. ¶ ~ ~하여 괴롭히다 join in bullying 《*a person*》.
합숙(合宿) ~하다 lodge together; stay in a camp for training (운동선수가). ‖ ~소 a lodging house; a training camp (스포츠의) / ~ 훈련 camp training.
합승(合乘) ~하다 ride together; ride in the same car 《*with*》. ‖ ~차 a jitney (cab) (택시); an omnibus.
합심(合心) ~하다 be united; be of one accord (mind).
합의(合意) mutual agreement; mutual (common) consent. ~하다 be agree; reach (come) to an agreement. ¶ ~에 의해 by mutual agreement (consent). ‖ ~서 a written agreement / ~ 이혼 a divorce by mutual agreement.
합의(合議) ~하다 consult together; confer 《*with*》. ‖ ~ 재판 collegial judgment / ~제 a council system.
합일(合一) ~하다 unite; be united.
합자(合資) partnership. ~하다 joint stocks; enter (go) into partnership 《*with*》. ‖ ~ 회사(會社) a limited partnership (A ~회사 A & Co.).
합작(合作) collaboration; a joint work (production); 《협력》 cooperation; 《공동 경영》 joint management; a joint venture. ~하다 produce conjointly; cooperate with 《*a person*》. ¶ 한미 ~으로 운영하다 run 《*company*》 under Korean-American joint management. ‖ ~ 회사 a joint corporation (concern) / 기술 ~ technical tie-up (cooperation).
합장(合掌) ~하다 join one's hands; press one's hands together in prayer.
합장(合葬) ~하다 bury together.
합주(合奏) a concert; ensemble. ~하다 play in concert.
합죽거리다 mumble with a toothless mouth.
합죽이 a toothless person.
합중국(合衆國) the United States (of America); a federal state.
합창(合唱) chorus. ~하다 sing together (in chorus). ‖ ~대(단) a chorus; a choir (교회의) / 남성(여성) ~ a male (female) chorus / 2부 ~ a chorus in two parts / 혼성 ~ a mixed chorus.
합치(合致) ~하다 agree (accord) 《*with*》; be in accord 《*with*》; concur. ☞ 일치(一致)
합치다(合一) ①《하나로》 put together; unite; combine; join together; 《병합》 merge; amalgamate; annex. ②《섞다》 mix; compound. ③《셈을》 add up; sum up; total.
합판(合板) a veneer board (베니어판); plywood. ‖ 프린트 ~ printed plywood.
합판화(合瓣花) 【植】 a gamopetalous (compound) flower.
합하다(合一) ①《하나로 하다》 add (put, join) together; combine;

unite. ② 《하나가 되다》 be put together; be combined; be united.
합헌(合憲) ~적 constitutional. ‖ ~성 constitutionality.
합환주(合歡酒) nuptial cups.
핫 ‖ ~ 뉴스 hot news / ~도그 ☞ 핫도그 / ~ 라인 the hot line (between Washington and Moscow)/~ 케이크 a flapjack; a pancake 《英》.
핫도그 《빵》 a hot dog 《美》.
핫바지 《솜바지》 (a pair of) padded trousers; 《촌뜨기》 a bumpkin.
항(項) a clause; an item; a paragraph; 〖數〗 a term. ¶ 1조 2~ Article 1, Clause 2.
항간(巷間) ¶ ~에 in [on] the streets/ ~에 떠도는 얘기 the talk of the town; a current rumo(u)r.
항거(抗拒) ~하다 resist; defy; oppose.
항고(抗告) 〖法〗 a complaint; an appeal; a protest. ~하다 complain 《*against a decision*》; file a protest 《*against*》. ‖ ~기간 the term for complaint / ~심 = 항고 재판 / ~인 a complainant / ~재판 an appeal trial / 즉시 ~ an immediate complaint.
항공(航空) aviation; flying. ~의 aeronautic(al); aerial. ‖ ~가 an airman; an aviator; a birdman / ~기 an airplane; aircraft (총칭)/ ~ 대학 a college of aviation / ~로 an air route [line, way] / ~모함 a [an aircraft] carrier / ~ 사진 an air photo / ~ 수송 air transportation / ~술 aeronautics; airmanship / ~ 우편 air mail / ~ 표지(標識) an air [airway] beacon / ~ 회사 an aviation company / 대한 ~ 주식 회사 the Korean Air Lines (생략 KAL).
항구(恒久) ~적 permanent; perpetual; (ever)lasting; eternal. ‖ ~화(化) perpetuation (~하다 perpetuate 《*the world's peace*》).
항구(港口) a harbo(u)r; a port. ‖ ~도시 a port city [town].
항균성(抗菌性) antibiosis. ~의 antibiotic. ‖ ~ 물질 antibiotics.
항내(港內) ‖ ~ 설비 harbo(u)r facilities.
항담(巷談) town talk. ☞ 항설.
항도(港都) ☞ 항구도시.
항독소(抗毒素) an antitoxin; an antivenom.
항등식(恒等式) 〖數〗 an identical equation; an identity.
항렬(行列) the degree of relationship.
항례(恒例) an established custom; a usual practice. ~의 customary; usual. ¶ ~에 따라 according to the custom; as usual.
항로(航路) a (sea) route; a course; a line; a service; a run. ‖ ~부표 a fairway buoy / ~표지 a beacon.
항만(港灣) harbo(u)rs. ‖ ~공사 harbor construction work / ~ 시설 harbor facilities.
항명(抗命) disobedience. ~하다 disobey 《*a person's*》 order.
항목(項目) a head; a heading; an item; a clause. ¶ ~으로 나누다 itemize. ‖ ~별 표 an itemized list.
항문(肛門) 〖解〗 the anus; the fundament.
항법(航法) navigation. ‖ 무선~ radio navigation.
항변(抗辯) 《반박》 a protest; 《피고의》 a plea. ~하다 refute; protest; make a plea; plead; demur.
항복(降伏·降服) (a) surrender. ~하다 surrender; capitulate; submit 《*to*》. ‖ ~문서 an instrument of surrender / 조건부[무조건] ~ a conditional [an unconditional] surrender.
항상(恒常) always; at all times; as a rule; constantly; habitually; usually.
항생(抗生) ‖ ~ 물질 an antibiotic (~ 물질학 antibiotics).
항설(巷說) gossip; town talk; a rumo(u)r.
항성(恒星) a fixed star. ‖ ~시 [일, 년] sidereal time [day, year].
항소(抗訴) 〖法〗 the appeal suit; an appeal 《*to a higher court*》. ~하다 appeal; lodge an appeal 《*against*》. ‖ ~심 a trial on an appeal case.
항속(航續) ‖ ~ 거리 a cruising [flying] range / ~ 시간 the duration of cruise [flight].
항시(恒時) ☞ 항상(恒常).
항아리(缸―) a jar; a pot.
항암(抗癌) ~의 anticancer 《*drugs*》.
항용(恒用) ☞ 항상(恒常).
항원(抗原·抗元) 〖生〗 antigen.
항의(抗議) an objection; a protest. ~하다 protest 《*against*》; make [lodge] a protest 《*against*》; object 《*to*》; complain.
항일(抗日) ‖ ~운동 an anti-Japanese movement.
항쟁(抗爭) (a) dispute; contention; resistance (저항). ~하다 contend; dispute; struggle 《*against*》.
항전(抗戰) resistance. ~하다 offer resistance; resist.
항정(航程) a run; the distance covered by a ship; 《항공기의》 a flight; a lap; a leg 《ㅁ》.
항진(亢進) 《heart》 accerleration. ~하다 accelerate; grow worse (병세가).
항체(抗體) 〖生〗 an antibody.
항해(航海) navigation; a voyage; a passage. ~하다 navigate; make a voyage 《*to*》; take passage 《*for*》; cruise (순항). ¶ ~ 중이다 be on a voyage (사람이); be at sea (선박이). ‖ ~사 a mate; a navigation officer (1 등 [2 등] ~사 the chief

(second) mate) / ~술 (the art of) navigation / ~ 일지 a logbook / ~자 a mariner; a navigator / 처녀 ~ a maiden trip (voyage).
항행(航行) navigation; sailing; cruise. ~하다 navigate; sail; cruise.
항히스타민(抗—) ~의 antihistaminic 《*drugs*》. ‖ ~제 an antihistamine (agent).
해¹ 《태양》 the sun. ¶ ~가 진 후 after dark.
해² ① 《일년》 a year. ¶ 지난 ~ last year. ② 《낮동안》 the daytime; a day.
해(亥) 《십이지의》 the Boar. ‖ ~년(年) the year of the Boar.
해(害) harm; injury; damage. ¶ …에 ~를 주다 do harm to / ~를 입다 suffer damage (loss); be damaged; be killed.
해…(該) that; the very; the said; the 《*matter*》 in question.
해갈하다(解渴—) 《갈증을》 appease (quench) one's thirst; 《가뭄을》 wet dry weather; be relieved from drought.
해결(解決) solution; settlement. ~하다 solve; settle. ‖ ~조건 terms of settlement / ~책 a means of settle 《*a trouble*》.
해고(解雇) discharge; dismissal. ~하다 dismiss; discharge; fire (out); sack; lay off; kiss off. ¶ ~당하다 be (get) dismissed (discharged) 《*from*》; lose one's place. ‖ ~ 수당 dismissal pay; a discharge allowance / ~ 통지 a dismissal notice / 집단 ~ a mass dismissal.
해골(骸骨) ① 《전신》 a skeleton. ② 《머리》 a skull; the cranium.
해괴(駭怪) ~한 strange; queer; outrageous; monstrous; scandalous. ¶ ~ 망측하다 be extremely outrageous (scandalous).
해구(海狗) ☞ 물개. ‖ ~신 the penis of a sea bear.
해구(海溝) an oceanic trench(deep).
해군(海軍) the navy; the naval forces. ~의 naval. ‖ ~ 기지 a naval base / ~ 사관 (장교) a naval officer / ~ 사관 학교 the Naval Academy / ~성(省) the Navy Department; the Admiralty 《英》 / ~ 참모 총장 the Chief of Naval Operations (생략 C.N.O.).
해금(奚琴·嵇琴) a Korean fiddle.
해금(解禁) lifting of the ban; the opening 《*of the shooting* (*fishing*) *season*》. ‖ ~기(期) an open season.
해기(海技) ‖ ~ 면(허)장 a certificate of competency in seamanship.
해낙낙하다 (be) satisfied; gratified; pleased; 《서술적》 find satisfaction (contentment) 《*in*》.
해난(海難) a disaster at sea; a shipwreck; a shipping casualty. ‖ ~ 구조 sea rescue; salvage (~구조선 a salvage boat) / ~ 신호 an SOS / ~ 작업 salvage work.
해내다 ① 《수행·성취》 carry out (through); accomplish; achieve; fulfil(l); perform. ② 《이겨내다》 get the better of 《*a person*》; put down (말로).
해넘이 sunset; sundown 《美》.
해녀(海女) a woman diver. ¶ 진주 캐는 ~ a woman pearl diver.
해다리(海—), 해달(海獺) 〖動〗 a sea otter.
해단(解團) disbanding. ~하다 disband. ‖ ~식 the ceremoney of disbanding.
해답(解答) an answer (a solution) 《*to a problem*》. ~하다 answer; solve. ‖ ~자(者) a solver; an answerer.
해당(該當) ~하다 come (fall) under; be applicable to; deserve. ‖ ~사항 pertinent (relevant) data.
해당화(海棠花) 〖植〗 a sweetbrier.
해대다 attack; go at.
해도(海圖) a chart.
해독(害毒) evil; virus; poison. ¶ ~을 끼치다 poison (corrupt) 《*society*》; exert a harmful influence 《*on society*》.
해독(解毒) ~하다 counteract (neutralize) the poison. ‖ ~제(劑) an antidote; a toxicide; a counterpoison.
해독(解讀) ~하다 decipher; make out; decode.
해돋이 sunrise; sunup 《美》.
해동(解凍) thawing. ~하다 thaw.
해득(解得) ~하다 understand; comprehend; grasp.
해뜨리다 ☞ 해어뜨리다.
해로(海路) a sea route; a seaway. ¶ ~로 by sea (water).
해로(偕老) ~하다 grow old together. ¶ 백년 ~의 기약을 맺다 be united as a man and wife for weal or woe.
해롭다(害—) (be) injurious; harmful; bad. ¶ 건강에 해로운 bad for the health; injurious to health.
해롱거리다 ☞ 희롱거리다.
해류(海流) a current. ‖ ~도(圖) a current chart.
해륙(海陸) land and sea. ¶ ~공의 입체전 three dimentional warfare.
해리(海里) a nautical mile; a knot.
해리(海狸) 〖動〗 a beaver.
해리(解離) 〖化〗 dissociation. ~하다 dissociate. ‖ ~압(壓) dissociation pressure.
해마(海馬) 〖魚〗 a sea horse; 〖動〗 a walrus.
해마다 every year; annually; yearly; year after year.
해머 a hammer. ‖ ~ 던지기 hammer throwing.
해먹 a hammock; a hanging bed.
해먹다 take unjust possession of something; embezzle. ¶ 은행의 돈

을 ~ embezzle money from a bank.
해면(海面) (the surface of) the sea; the sea level.
해면(海綿) a sponge. ¶ ~질〔모양〕의 spongy. ‖ ~ 동물 the Porifera / ~ 조직 spongy tissue/~체 spongy body.
해명(解明) ~하다 make clear; elucidate.
해몽(解夢) ~하다 interpret a dream. ‖ ~가 a dream reader.
해무(海霧) a sea fog; a fog on the sea.
해묵다 《물건이》 get a year old; age a year; 《일이》 drag on for a year.
해묵히다 《물건을》 let 《*a thing*》 get to be a year old; 《일을》 let work drag on for a year without getting finished.
해물(海物) ☞ 해산물.
해미 a thick sea fog.
해바라기 〖植〗 a sunflower.
해박(該博) ~한 profound; erudite; extensive 《*knowledge*》.
해발(海拔) 《300 meters》 (height) above the sea (level).
해방(解放) liberation; emancipation. ~하다 liberate; emancipate; set free; release 《*a person from*》. ‖ ~ 전쟁〔운동〕 a liberation war 〔movement〕.
해법(解法) a (key to) solution.
해변(海邊) the beach; the seashore; the coast.
해병(海兵) a marine. ‖ ~대 a marine corps (~대원 a marine; a leatherneck 《美俗》).
해보다 try; have 〔make〕 a try 《*at*》; attempt; make an attempt. ¶ 다시 한번 ~ try again; make another attempt.
해부(解剖) anatomy; 《생물체의》 dissection; autopsy (시체의). ~하다 dissect; 《문장을》 parse; analyze (분석). ‖ ~도(刀) a dissecting knife; a scalpel / ~도(圖) an anatomical chart / ~실〔대〕 a dissecting room 〔table〕 / ~학 anatomy (~학자 an anatomist).
해빙(解氷) thawing. ~하다 thaw. ‖ ~기 the thawing season.
해사(海事) maritime affairs.
해사하다 (be) clean and fair.
해산(海産), 해산물(海産物) marine products.
해산(解産) childbirth; delivery. ~하다 give birth to 《*a boy*》; be delivered of 《*a boy*》.
해산(解散) 《회합의》 breakup; dispersion; 《군대의》 disbandment; 《의회 따위의》 dissolution. ~하다 break up; disperse; disband; dissolve. ¶ ~을 명하다 order 《*a crowd*》 to break up; order 《*an organization*》 to be disbanded. ‖ 강제 ~ compulsory winding-up.
해삼(海蔘) 〖動〗 a trepang; a sea cucumber 〔slug〕.
해상(海上) ~의 marine; maritime; on the sea. ¶ ~에(서) on the sea; at sea. ‖ ~ 근무 seaservice; sea duty / ~법 the maritime law / ~ 보험 marine insurance / ~ 봉쇄 naval blockade / ~ 생활 a seafaring life / ~ 정찰기 a maritime patrol aircraft (생략 MPA).
해상(海床) the sea floor.
해서(楷書) 《write in》 the square style.
해석(解析) analysis. ~하다 analyze. ‖ ~ 기하학 analytical geometry.
해석(解釋) (an) interpretation; (a) construction; 《설명》 (an) explanation; (an) exposition. ~하다 interpret; construe; explain; expound. ¶ ~의 차이 discrepancies of interpretation / ~을 잘못하다 misinterpret / …을 악의 〔선의〕로 ~하다 take... ill 〔in good part〕. ‖ 법문 ~ construction of law.
해설(解說) (an) explanation; (a) commentary; (an) interpretation. ~하다 comment on; interpret; explain. ‖ ~ 위원 a 《*news*》 commentator (라디오, TV 의).
해소(解消) ① 《소멸》 ~하다 cancel; annul; break. ② 《해결》 ~하다 be solved; be settled.
해손(海損) an average (loss); sea damage. ‖ ~ 계약〔계약서〕 an average agreement 〔bond〕 / ~ 정산 〔정산서, 정산인〕 an average adjustment 〔statement, adjuster〕 / ~ 조항 an average clause.
해수(咳嗽) a cough. ☞ 기침.
해수(海水) sea 〔salt〕 water.
해수욕(海水浴) sea bathing. ~하다 bathe in the sea. ‖ ~객(客) a sea-bather; a surfbather / ~장 a swimming beach; a (sea) bathing resort.
해시계(一時計) a sundial.
해식(海蝕) erosion of the sea.
해신(海神) the sea-god; 〖羅神〗 Neptune; 〖希神〗 Poseidon.
해쓱하다 (be) pale; pallid; wan. ¶ 해쓱해지다 turn pale 〔white〕.
해악(害惡) evil; harm; 《악영향》 an evil 〔a baneful〕 influence 〔effect〕.
해안(海岸) the seashore; the coast; the seaside; the beach. ¶ ~에(서) on the shore; by 〔at〕 the seaside. ‖ ~ 경비 coast defense (~경비대 the coast guard) / ~선 a coastline / ~ 포대 shore (coast) batteries.
해약(解約) ~하다 cancel 〔break〕 a contract.
해양(海洋) the ocean; the sea(s). ‖ ~ 경찰대 the National Maritime Police / ~성 기후 oceanic climate/ ~ 소설 a sea story / ~ 식물 an oceanophyte / ~학 oceanography.
해어뜨리다 wear away 〔down〕.
해어지다 wear 〔be worn〕 out; wear threadbare. ¶ 다 해어진 worn-out;

threadbare.
해역(海域) a sea area.
해열(解熱) ~하다 alleviate fever. ‖ ~제 an antifebrile; a febrifuge; an antipyretic. ⌈on.
해오라기, 해오리 〖鳥〗 a night her-
해왕성(海王星) 〖天〗 Neptune.
해외(海外) ~의 overseas; foreign. ¶ ~로 abroad; overseas / ~로부터 from abroad. ‖ ~ 무역 〔각국〕 foreign trade 〔countries〕 / ~ 방송 overseas 〔international〕 broadcasting / ~ 여행 a trip abroad / ~ 이민 emigration; *émigrés* 《프》 / ~ 투자 foreign investment / 한국 ~ 개발 공사 Korea Overseas Development Corporation.
해우(海牛) 〖動〗 a sea cow; a manatee; a dugong.
해운(海運) shipping; marine transportation. ‖ ~업 the shipping business (~업자 a shipping agent; shipping interests (전체)) / 한국 ~ 항만청 Korea Maritime & Ports Administration.
해원(海員) a seaman; a sailor; a crew(총칭). ‖ ~ 숙박소 a sailor's 〔seamen's〕 home.
해이(解弛) relaxation; slackening. ~하다 relax; get loose; slacken; grow lax. ¶ 기강이 ~하다 discipline slackens (grows lax).
해일(海溢) a tidal wave.
해임(解任) ~하다 release 《*a person*》 from office; relieve 《*a person*》 of *his* post; dismiss.
해자(垓字) a moat.
해장 ¶ ~하다 chase a hangover with a drink. ‖ ~국 a broth to chase a hangover / ~술 alcohol used as a hangover-chaser; a hair of the dog 《俗》.
해저(海底) the sea-bottom〔-bed〕. ‖ ~ 유전 a suboceanic 〔submarine〕 oil field / ~ 전선〔화산〕 a submarine cable 〔volcano〕 / ~ 전신 cable; submarine telegraph / ~ 터널 a submarine 〔an undersea〕 tunnel.
해적(海賊) a pirate; a sea robber. ‖ ~선 a pirate ship; a sea rover / ~판 a pirate edition (책의) / ~ 행위 a piracy.
해전(海戰) a naval battle 〔engagement, action〕; a sea fight.
해제(解除) ~하다 cancel; dissolve; remove; lift 《*a ban*》; release; 《무장을》 disarm.
해제(解題) a bibliographical introduction 〔explanation〕. ‖ ~자 a bibliographer.
해조(害鳥) an injurious bird.
해조(海鳥) a sea bird; a seafowl.
해조(海藻) seaweeds; marine plants; seaware (비료용). ⌈er.
해주다 do 《*something*》 for anoth-
해중(海中) ~의 submarine; in the sea. ¶ ~으로 in 〔into〕 the sea.
해지다 ☞ 해어지다.
해직(解職) ~하다 dismiss 〔release〕 《*a person*》 from office; relieve 《*a person*》 of *his* post. ‖ ~ 수당 a dismissal 〔discharge〕 allowance.
해질녘 《at》 sunset; 《toward》 sundown. ¶ ~에 toward nightfall 〔evening〕.
해체(解體) ~하다 dismember; disjoint; take 《*a watch*》 to pieces; scrap 《*a ship*》; 《해산》 dissolve; disorganize; disband; dissect (해부).
해초(海草) ☞ 해조(海藻).
해충(害蟲) a noxious 〔harmful〕 insect; a blight; vermin (총칭).
해치다(害―) injure; harm; hurt; impair; damage.
해치우다 finish up; get 《*it*》 done; 《죽이다》 kill; finish off.
해탈(解脫) ~하다 be delivered from 《*passions*》.
해태(海苔) laver.
해파리 〖動〗 a jellyfish; a medusa.
해판(解版) ~하다 distribute type.
해하다(害―) ☞ 해치다.
해학(諧謔) a joke; a jest; humo(u)r. ¶ ~적인 humorous; witty. ‖ ~가 a humorist; a joker / ~ 소설 a humorous story.
해해거리다 keep laughing playfully 〔in fun〕.
해협(海峽) a strait; a channel. ¶ ~을 건너다 cross a strait 〔channel〕. ‖ 대한 ~ the Straits of Korea.
해후(邂逅) ~하다 meet by chance; chance to meet; come across 《*a person*》.
핵(核) ① a kernel; a core; a stone (과실의). ② a nucleus(원자핵). ~의 nuclear 《*umbrella*》. ‖ ~가족 a nuclear family / ~무기 a nuclear weapon / ~무장 nuclear armament (~무장하다 be armed with nuclear weapons / 비~무장 지대 an atom-free zone) / ~ 반응 nuclear reaction / ~분열〔융합〕 nuclear fission 〔fusion〕/ ~실험〔금지조약〕 a nuclear test (ban treaty) / ~ 안전 협정 the nuclear safeguard accord / ~전쟁 a nuclear war / ~ 폭발 (실험) a nuclear explosion (test) / ~ 폭탄 a nuclear bomb / ~ 협정 a nuclear accord.
핵과(核果) a stone fruit; a drupe.
핵산(核酸) nucleic acid. ‖ 리보 ~ ribonucleic acid (생략 RNA).
핵심(核心) the core; a kernel. ¶ 문제의 ~ the heart 〔kernel〕 of a question.
핵우산(核雨傘) the 《*U.S.*》 nuclear umbrella. ⌈plasm.
핵질(核質) nucleoplasm; karyo-
핵폐기물(核廢棄物) nuclear waste. ‖ ~ 처리 nuclear waste disposal / ~ 처리장 a nuclear waste dump site.
핸드백 a handbag; a vanity bag.
핸드볼 〖競〗 handball. ~하다 play

handball.
핸들 a handle; a wheel; a handle bar (자전거의); a knob(도어의).
핸디캡 a handicap. ¶ ~을 주다 handicap.
핼쑥하다 《서술적》 have a bad complexion; look pale (unwell).
햄 《고기》 ham. ‖ ~ 샐러드 ham and salad.
햄버거스테이크 a hamburger steak.
햅쌀 new rice; the year's new crop of rice. ¶ ~밥 rice cooked from the new crop.
햇… new. ¶ ~곡식 a new crop of the year.
햇무리 the halo of the sun.
햇볕 the heat of the sunlight (sunbeams); the sun. ¶ ~에 타다 get sunburnt / ~에 말리다 dry 《*a thing*》 in the sun.
햇빛 sunshine; sunlight. ¶ ~에 쬐다 expose 《*a thing*》 to the sun.
햇살 sunbeams; sunlight.
햇수(一數) the number of years.
행(幸) happiness. ¶ ~인지 불행인지 for good or for evil.
…행(行) 《가는 곳》 ¶ …~의 bound for; for 《*Seoul*》.
행각(行脚) ~하다 travel on foot; go on a pilgrimage. ¶ 사기 ~을 하다 commit a fraud; practice a deception.
행간(行間) 《leave》 space between lines.
행군(行軍) a march. ~하다 march. ‖ 강~ a forced march.
행낭(行囊) a mail bag (sack) 《美》; a postbag 《英》.
행동(行動) (an) action; conduct; movement; behavio(u)r. ~하다 act; behave (oneself); conduct oneself; move. ¶ ~을 같이 하다 act in concert 《*with*》 / ~에 옮기다 carry out. ‖ ~주의 behavio(u)rism / 직접〔자유〕 ~ direct (free) action.
행동거지(行動擧止) bearing; manner.
행동대(行動隊) an action corps (group). ‖ 청년 ~ a youths' action group.
행락(行樂) an excursion; a picnic; an outing; pleasure-(holiday-) making. ‖ ~객(客) a holiday-maker; a hiker / ~지(地) a holiday (pleasure, picnic) resort.
행렬(行列) 《행진》 a procession; a parade; a queue(차례를 기다리는).
행로(行路) a path; a road; a course. ‖ 인생 ~ the course (path) of life.
행방(行方) the place (where) one has gone; one's whereabouts. ¶ ~을 감추다 disappear; cover one's traces.
행방불명(行方不明) ~의 missing; lost. ¶ ~이 되다 be missing; be lost. ‖ ~자 the missing.
행복(幸福) happiness; felicity; 《행운》 welfare; good luck (fortune). ~한 happy; fortunate; lucky; blissful. ¶ ~하게 살다 lead (live) a happy life.
행불행(幸不幸) good and evil; happiness or misery. ¶ 인생의 ~ the lights and shadows of life.
행사(行使) ~하다 use; make use of; exercise 《*one's rights*》.
행사(行事) an event; a function.
행상(行商) 《일》 peddling; 《행상인》 a peddler 《美》; a pedlar 《英》. ~하다 peddle; hawk.
행색(行色) appearance; 《태도》 demeano(u)r; attitude. ¶ ~이 초라하다 look shabby.
행서(行書) 《서체》 a cursive style of writing (Chinese characters).
행선지(行先地) one's destination; the place where one is going.
행세(行世) ~하다 conduct oneself; behave; 《가장》 pass oneself off 《*as*》; assume (put on) an air 《*of*》. ¶ 백만 장자로 ~하다 pose as a millionaire.
행세(行勢) ~하다 wield (exercise) power. ¶ ~하는 집안 a distinguished family.
행수(行數) the number of lines.
행실(行實) behavio(u)r; conduct; manners. ¶ ~이 나쁜 사람 a man of bad conduct.
행여(幸—), 행여나(幸—) by chance; possibly.
행운(幸運) good fortune (luck). ~의 fortunate; lucky; happy. ‖ ~아 a lucky person; a fortune's favo(u)rite / ~의 편지 a chain letter.
행원(行員) a bank clerk(employee).
행위(行爲) 《행동》 an act; an action; a deed; 《처신》 behavio(u)r; conduct. ‖ ~ 능력 legal capacity / ~자 a doer; a transactor; a performer / 법률 ~ a juristic act / 영웅적 ~ a heroic deed.
행인(行人) a passer-by; a wayfarer; a passenger.
행장(行裝) a travelling suit (outfit). ¶ ~을 차리다 prepare (outfit) oneself for a journey / ~을 풀다 take off one's traveling attire; 《숙박하다》 check in at a hotel 《美》.
행적(行蹟) the achievements of one's lifetime; one's work (contributions).
행정(行政) administration. ‖ ~ 각부 administrative branches / ~관 an administrator / ~ 관청 a government office / ~ 구획〔개혁, 처분, 명령, 협정〕 an administrative district (reform, measure, order, agreement) / ~법〔권, 감독, 소송〕 administrative law (power, control, litigation) / ~부 the Executive / ~학 political science.
행정(行程) a journey; distance(거리).
행주 a dishcloth; a dishtowel. ~치다 wipe with a dishcloth. ‖ ~ 치

마 an apron.
행진(行進) a march; a parade. ~하다 march; parade; proceed. ‖ ~곡 a march (결혼[장송] ~곡 a wedding [funeral] march).
행차(行次) ~하다 go; come; visit.
행패(行悖) misconduct; misbehavio(u)r. ¶ ~를 부리다 resort to violence; commit an outrage.
행하(行下) a tip; gratuity.
행하다(行一) 《행위》 act; do; 《처신》 behave [conduct, carry] oneself; 《실행》 carry out; perform; practice; execute (명령대로); fulfil (약속 따위); commit (나쁜 짓을); 《거행》 hold; observe; celebrate.
향(香) (an) incense. ¶ ~을 피우다 burn incense.
향교(鄕校) a Confucian school in a locality.
향군(鄕軍) ① ☞ 재향 군인. ② ☞ 향토 예비군.
향긋하다 (be) somewhat fragrant; 《서술적》 have a faint sweet scent.
향기(香氣) (a) scent; a sweet odo(u)r; fragrance; an aroma; (a) perfume. ~롭다 (be) sweet-smelling[-scented]; fragrant; aromatic.
향나무(香一) 〖植〗 a Chinese juniper.
향내(香一) ☞ 향기. ¶ ~나는 sweet; fragrant; sweet-scented.
향년(享年) one's age at death. ¶ ~칠십 세 He died at (the age of) 70.
향도(嚮導) 《사람》 a guide; leader.
향락(享樂) enjoyment; pleasure. ~하다 enjoy 《*life*》. ¶ ~적 pleasure-loving. ‖ ~주의 epicurism; hedonism (~주의자 an epicurean; a hedonist).
향로(香爐) an incense burner; a (bronze) censer.
향료(香料) ① 《식품의》 (a) spice; spicery. ② 《화장품 따위의》 (a) perfume; perfumery (총칭); an aromatic.
향리(鄕里) one's (old) home [native town]; one's birthplace.
향미(香味) flavo(u)r. ‖ ~료 spices; seasoning.
향방(向方) a direction (방위); a course; one's destination(목적지).
향배(向背) for or against; pro or con.
향불(香一) an incense fire; burning incense. ¶ ~을 피우다 burn incense.
향사(向斜) 〖地〗 a syncline.
향상(向上) elevation; rise; improvement. ~하다 rise; be elevated; become higher; progress; improve; advance. ¶ 여성 지위의 ~ the rise in women's social status. ‖ ~심 aspiration; ambition.
향수(享受) enjoyment. ~하다 enjoy.
향수(享壽) ~하다 enjoy old age; live to a ripe old age.
향수(香水) a perfume; a scent; scented water. ¶ ~를 뿌리다 perfume. ‖ ~뿌리개 a perfume atomizer.
향수(鄕愁) homesickness; nostalgia. ¶ ~를 느끼다 feel homesick.
향습성(向濕性) 〖植〗 positive hydrotropism.
향연(饗宴) a feast; a banquet. ¶ ~을 베풀다 hold a banquet.
향유(享有) ~하다 enjoy; possess; participate 《*in*》.
향유(香油) ① 《참기름》 sesame oil. ② 《머릿기름》 perfumed hair oil.
향유고래(香油一) 〖動〗 a cachalot.
향응(饗應) a feast; entertainment; a banquet; a treat. ~하다 entertain 《*a person at* [*to*] *dinner*》; treat 《*a person to*》; give [hold] a party 《*for a person*》.
향일성(向日性) (positive) heliotropism.
향지성(向地性) 〖植〗 (positive) geotropism.
향토(鄕土) one's native place [district]; one's (old) home. ‖ ~문학[음악] folk literature [music] / ~색(짙은) (rich in) local colo(u)r / ~예비군 the homeland reserve forces / ~예술 folk art.
향하다(向一) ① 《대하다》 face; front; look (out) on. ¶ 바다를 ~ 《집이》 look out on the sea. ② 《가다》 go to [toward]; leave [start] for; head for. ¶ 향하여 for; toward; in the direction of. ③ 《지향》 lean [tend, trend] toward.
향학심(向學心) love of learning; a desire to learn; intellectual appetite. ¶ ~에 불타다 burn with the desire for learning.
향후(向後) hereafter; henceforth; from now on; in future.
허(虛) an unguarded position [moment]; unpreparedness; a weak point. ¶ 적의 ~를 찌르다 make a surprise attack on the enemy; take the enemy unawares [by surprise] / ~를 틈타다 take advantage of 《*a person's*》 unpreparedness.
허가(許可) permission; leave; approval (인가); licence (면허); admission (입학·입장); authorization (권능 부여). ~하다 permit; give leave; license, allow (면허); admit (입장을). ¶ ~를 얻어 by permission of / ~ 없이 without permission. ‖ ~증(證) a permit; a license / 건축 ~ permission to build / 입학 ~ admission to a school.
허겁지겁 ☞ 허둥지둥.
허공(虛空) the empty air; empty space; 《공중》 the air; the sky.
허구(虛構) a lie; a fabrication; a fiction; an invention. ~의 made-up; false; fabricated; invented; fictitious.
허구렁(虛一) an empty hollow; a pit.
허구하다(許久一) (be) very long.

ㅎ

¶허구한 세월 a long (period of) time; many years.

허기(虛飢) hunger. ～지다 《배고파》 be famished; be exhausted with hunger; 《욕망으로》 hunger 《*for*》; thirst 《*after*》.

허깨비 《환영》 a phantom; a ghost; a specter; 《환상》 a vision.

허니문 a honeymoon.

허다(許多) ～하다 (be) numerous; many; innumerable; frequent; common.

허덕거리다 ① 《숨이 차》 pant; gasp for breath; 《지쳐서》 be exhausted; be tired out. ② 《애쓰다》 struggle; make frantic efforts; strive wildly.

허두(虛頭) 《첫머리》 the beginning; the opening 《*of a speech*》.

허둥거리다 fluster oneself; be all in a flurry; be confused.

허둥지둥 in a hurry; in hot haste; helter-skelter; hurry-scurry.

허드레 ‖ ～꾼 an odd(-job) man; an odd-jobber / 허드렛물 water for sundry uses / 허드렛일 chores; odd jobs; miscellaneous services.

허들 a hurdle. ‖ ～ 레이스 a hurdle race.

허락(許諾) 《승인》 consent; assent; approval; sanction; 《허가》 permission; permit; leave. ～하다 consent to; assent to; give consent to; approve; permit; allow; admit (입학 따위를). ¶ ～을 얻어 with one's permission / ～ 없이 without leave (permission).

허랑방탕(虛浪放蕩) ～하다 (be) loose; profligate; dissolute.

허례(虛禮) formalities; formal courtesy; empty forms. ¶ ～를 없애다 dispense with formalities. ‖ ～ 허식(虛飾) (formalities and) vanity.

허룩하다 《서술적》 be almost empty.

허름하다 ① 《낡아서》 (be) old; shabby. ¶허름한 옷 a shabby clothes. ② 《싸다》 (be) cheap; cheapish.

허리 ① 《몸의》 the waist; the loins; hips; the haunch (짐승의). ¶ ～가 날씬하다 have a supple (slender) waist. ② 《옷의》 the waist.

허리띠 《tie》 a belt; a girdle; a (waist)band; belting (총칭).

허리춤 inside the waist of one's trousers.

허리통 a waist measure.

허릿매 the waistline.

허망(虛妄) ～한 vain; false; untrue; groundless.

허무(虛無) nothingness; nihility. ～한 empty; void; vain; nonexistent. ‖ ～감 a sense of futility / ～주의 nihilism (～주의자 a nihilist).

허무맹랑(虛無孟浪) ～한 groundless; false; absurd; unreliable.

허물¹ 《살꺼풀》 the skin.

허물² 《과실》 a fault; a mistake; an error; a misdeed; a blame. ¶ ～을 용서하다 forgive 《*a person*》 for *his* fault.

허물다 demolish; pull (take, tear) down; destroy.

허물벗다¹ 《뱀 따위가》 cast off the skin; slough 《*off, away*》; exuviate.

허물벗다² 《누명벗다》 clear oneself of a false charge.

허물어지다 collapse; fall (break) down; crumble (벽 따위); give way (다리 따위); be destroyed.

허물없다 (be) frank; unreserved; confidential; friendly. ¶ 허물 없이 without reserve / 허물 없이 사귀다 associate on friendly terms 《*with*》.

허밍 humming. ～하다 hum 《*a tune*》.

허방짚다 miscalculate.

허벅다리 a thigh.

허벅지 the inside of the thigh.

허비(虛費) waste. ～하다 waste; cast (throw) away.

허사(虛事) a vain attempt; a failure. ¶ ～로 돌아가다 come to nothing (naught); end in failure.

허상(虛像) 〖理〗 a virtual image.

허섭스레기 odd ends (bits); trash.

허세(虛勢) a bluff; a false show of power (strength, courage). ¶ ～를 부리다 bluff; make a show of power.

허송세월(虛送歲月) ～하다 waste time; idle one's time away.

허수(虛數) 〖數〗 an imaginary number.

허수아비 a scarecrow; 《사람》 a dummy; a puppet.

허수하다 ☞ 허전하다.

허술하다 ① 《초라하다》 (be) shabby; poor-looking; worn-out. ¶허술한 옷 shabby clothes. ② 《헛점이 있다》 (be) lax; loose; careless.

허스키 《in》 a husky voice.

허식(虛飾) show; display; ostentation; affectation; vanity. ～적 showy; ostentatious. ¶ ～ 없는 unaffected; plain / ～을 좋아하다 love stand play; be fond of display.

허실(虛實) truth and falsehood.

허심탄회(虛心坦懷) ¶ ～하게 with an open mind; candidly; frankly; without reserve.

허약(虛弱) ～하다 (be) weak; sickly; frail; feeble. ¶ 몸이 ～하다 have a weak constitution. ‖ ～자 a weakly (an infirm) person.

허언(虛言) a lie; a falsehood.

허여멀겋다, 허여멀쑥하다 (be) nice and fair; 《서술적》 have a fair complexion.

허영(虛榮) vanity; vainglory. ¶ ～ 때문에 for vanity's sake. ‖ ～심(心) vanity (～심이 강한 vain; vainglorious).

허옇다 (be) very white; snow-white.

허욕(虛慾) greed. ¶ ~ 많은 greedy; avaricious.
허용(許容) permission; sanction; toleration. ~하다 permit; sanction; pardon. ‖ ~량 permitted quantity; tolerance / ~ 오차 an allowable [a permissible] error / ~ 한도 a tolerance limit.
허우대 a (fine) tall figure. ¶ ~가 좋다 have a fine tall figure.
허울 (outward) appearance; show; look. ¶ ~만 좋은 물건 a gimcrack.
허위(虛僞) a lie; a falsehood. ~의 false; sham; fictitious; feigned. ‖ ~ 보고 [신고] a false report [return] / ~ 진술 misrepresentation.
허위단심 making strenuous efforts. ¶ ~으로 with great efforts.
허위적거리다 struggle; wriggle; flounder; squirm.
허장성세(虛張聲勢) bluff; bluster.
허전하다 《서술적》 feel empty; miss 《*something*》; feel lonesome.
허점(虛點) a blind point [spot]; a weak point. ¶ ~을 노리다 watch for an unguarded moment; try to catch 《*a person*》 napping; 《법의》 find a loophole in the law.
허청거리다 be unsteady on one's feet; feel weak at one's knees.
허탈(虛脫) 〖醫〗 (physical) collapse. ~하다 《서술적》 be atrophied [collapsed]. ‖ ~ 상태 a state of stupor.
허탕 lost [fruitless] labo(u)r; vain effort. ¶ ~치다 labor [work] in vain; come to nothing; make vain efforts.
허투루 lightly; carelessly; roughly; negligently; in a slovenly way. ¶ ~ 보다 make light of; slight [neglect] 《*a person*》 / 물건을 ~ 다루다 handle things roughly.
허튼계집 a loose woman; a slut.
허튼맹세 an idle pledge [vow]; an irresponsible oath.
허튼소리, 허튼수작(一酬酌) random remarks; idle talk; irresponsible utterance.
허파 the lungs; lights (소, 양, 돼지의).
허풍(虛風) a brag; a big talk; exaggeration. ~떨다 boast; talk big; brag; exaggerate. ‖ ~선이 a boaster; a braggart; a gasbag.
허하다(許一) permit; allow; grant.
허하다(虛一) 《속이 빔》 (be) hollow; empty; vacant; void; 《허약》 (be) weak; feeble; delicate; frail.
허행(虛行) ☞ 헛걸음하다.
허허벌판 a vast expanse of lowland; a wide field.
허혼(許婚) ~하다 consent to 《*a person's*》 marriage.
허황(虛荒) ~한 false; wild; unbelievable; ungrounded; unreliable.
헌 old; shabby; worn-out; used; secondhand. ¶ ~물건 an old [a used] article.
헌걸차다 《몸이》 (be) strong and sturdy; vigorous and plucky; 《의기가》 (be) in high spirits.
헌것 old [worn-out, secondhand, used] things.
헌계집 a woman with sexual experiences; a woman once married.
헌금(獻金) a gift of money; a contribution; a donation; 《교회에 하는》 an offering; 《교회에서의》 a collection. ~하다 contribute; donate. ‖ ~자 a contributor; a donor / ~함 a collection box.
헌납(獻納) ~하다 present; contribute; offer. ‖ ~자 a contributor; a donor / ~품(品) an offering; a present; a gift.
헌데 a swelling; a boil; an abscess.
헌법(憲法) the constitution; a constitutional law. ¶ ~(상)의 constitutional / ~상으로 constitutionally / ~을 제정 [개정] 하다 establish [revise] a constitution. ‖ 대한 민국 ~ the Constitution of the Republic of Korea / 성문 [불문] ~ a written [an unwritten] constitution.
헌병(憲兵) 《육군》 the military police (생략 MP); 《해군》 the shore patrol (생략 SP) (해군). ‖ ~ 사령관 a provost marshal / ~ 파견대 a detachment of the military police.
헌상(獻上) ~하다 present 《*a thing to a person*》; make 《*a person*》 a present 《*of a thing*》; offer. ‖ ~물 an offering.
헌신(獻身) self-sacrifice; devotion. ~하다 devote [dedicate] oneself 《*to*》; sacrifice oneself 《*to*》. ¶ ~적인 devotional / ~적으로 devotedly.
헌신짝 a worn-out [an old] shoe. ¶ ~같이 버리다 throw [cast] 《*a thing*》 away like an old shoe.
헌옷 old [worn-out, secondhand] clothes.
헌장(憲章) the constitution; the charter. ‖ 대서양 ~ the Atlantic Charter / 대 ~ 《영국의》 the Magna Carta; the Great Charter / 어린이 ~ the Children's Charter.
헌정(憲政) constitutional government; constitutionalism.
헌정(獻呈) ~하다 present 《*a copy*》 to 《*a person*》; dedicate.
헌책(一冊) a secondhand [used] book. ‖ ~사 a secondhand bookstore.
헌칠하다 (be) tall and handsome; 《서술적》 have a well-proportioned figure.
헌혈(獻血) donation of blood. ~하다 donate blood. ‖ ~자 a blood donor.
헐값(歇一) a giveaway [low, dirt-cheap] price.
헐겁다 (be) loose; loose-fitting.
헐다¹ 《물건이》 get old; become shabby; wear out; be worn-out; 《피부가》 get [have] a boil 《*on*》;

develop a boil.
헐다² ①《쌓은 것 등을》destroy; pull 〔break〕down; demolish. ②《남을》 speak ill of; slander. ③《돈을》 break; change.
헐떡거리다 pant; gasp; breathe hard. ¶ 헐떡거리며 pantingly; between gasps.
헐뜯다 slander; defame; pick on 《*a person*》; speak ill 《*of*》.
헐렁거리다 ①《행동을》 act rashly; be frivolous. ②《물건이》 be loose (-fitting); fit loose.
헐렁이 a frivolous person; an unreliable person.
헐렁하다 (be) loose; loose-fitting.
헐레벌떡 panting and puffing; out of breath.
헐리다 be pulled 〔torn〕 down; be demolished 〔destroyed〕.
헐벗다 be in rags; be poorly 〔shabbily〕 clothed.
헐하다(歇一) ①《값이》(be) cheap; inexpensive. ¶ 헐하게 사다 buy cheap; buy at a bargain. ②《쉽다》(be) easy; simple; light. ③《가벼운》(be) light; lenient.
험구(險口) ~하다 make blistering remarks; use abusive language; slander; abuse. ‖~가 a foul-mouthed person; a slanderer.
험난(險難) ~한《험준한》steep;《어려운》difficult; hard; tough.
험담(險談) calumny; slander. ~하다 slander; speak ill of; talk scandal 《*about*》; backbite.
험상(險狀) ~궂다, ~스럽다 (be) sinister 〔rugged, grim, savage-looking〕. ¶ ~스러운 얼굴 a grim face; a sinister countenance.
험악(險惡) ~한《위험》dangerous; perilous;《사태의》serious; critical; grave;《날씨가》threatening; stormy;《험준》rugged.
험준(險峻) ~한 steep; precipitous; rugged.
험하다(險一) ①《산길 따위가》(be) rugged; steep; perilous. ②《날씨 따위》(be) foul; stormy; rough. ③《표정 따위》(be) sinister; grim; savage-looking. ④《상태가》(be) critical; serious; grave; grim.
헙수룩하다《머리털이》(be) shaggy;《주제가》(be) shabby.
헙헙하다 ①《사람됨이》(be) general; liberal; broad-minded. ②《씀씀이가》(be) wasteful; lavish.
헛간(一間) a barn; a shed.
헛걸음하다 go on a fool's errand; make a trip in vain.
헛구역(一嘔逆)〖醫〗vomiturition.
헛기침하다 clear one's throat.
헛다리짚다 miscalculate; miss; make a wrong guess.
헛돌다《기계 따위가》race; run idle.
헛되다《보람 없다》(be) idle; vain; futile; unavailing; empty;《무근》(be) groundless; false; untrue. ¶ 헛된 노력 vain efforts / 헛된 소문 groundless rumo(u)r / 헛되이 uselessly; in vain; aimlessly; idly.
헛듣다 hear amiss; mishear.
헛디디다 miss one's step; take a false step.
헛물켜다 make vain efforts.
헛배부르다 have a false sense of satiety.
헛소리하다 talk in delirium (정신 없이); talk nonsense (헛말).
헛소문(一所聞) a false rumo(u)r.
헛손질하다 paw the air.
헛수《make》a wrong move.
헛수고 fruitless 〔vain〕 effort; lost labor. ~하다 make vain efforts; work in vain; waste time and labor.
헛웃음 a feigned 〔pretended〕 smile; a simper; a smirk.
헛일 vain 〔fruitless〕 effort; lost labo(u)r. ~하다 do useless work; make vain efforts.
헛헛증(一症) hungriness; a chronic hunger.
헛헛하다 (be) very hungry; feel hungry.
헝가리 Hungary. ¶ ~의 Hungarian / ~말 Hungarian / ~사람 a Hungarian.
헝겊 a piece of cloth; a rag.
헝클다 tangle; entangle; dishevel.
헝클어지다 be tangled 〔entangled〕; be in a tangle.
헤게모니 hegemony.
헤드라이트 a headlight.
헤딩 heading. ~하다 head.
헤뜨리다 scatter; strew; disperse.
헤로인 a heroin(e).
헤르니아〖醫〗hernia (탈장).
헤매다 ①《돌아다니다》wander 〔roam, stroll, ramble〕 about; rove. ②《어쩔줄 모르다》be embarrassed 〔perplexed, puzzled〕; be at a loss.
헤먹다 (be) loose(-fitting).
헤모글로빈〖生〗hemoglobin.
헤벌쭉 wide open. ~하다 (be) wide open.
헤브라이 Hebrew. ¶ ~말 Hebrew.
헤비급(一級) the heavyweight. ‖~선수 a heavyweight 《*boxer*》.
헤살 hindrance. ~놓다 thwart; hinder; interfere with. ‖~꾼 a malicious interferer.
헤식다 (be) brittle; fragile; weak.
헤실바실 frittering away; inadvertently running out of.
헤아리다 ①《용량》consider; weigh; ponder. ¶ 일을 잘 헤아려 하다 undertake a plan with due consideration. ②《가늠·짐작》fathom; sound; plumb; surmise; conjecture. ③《셈》count; calculate; estimate. ¶ 헤아릴 수 없는 incalculable; innumerable.
헤어나다 cut 〔fight〕 one's way through; tide over 《*a crisis*》.
헤어지다 ①《이별》part from〔with〕;

separate from; part company 《with》; divorce (이혼). ② 《해산》 break up; disperse.
헤어핀 a hairpin.
헤엄 swimming; a swim. ~치다 swim; have a swim. ¶ ~치러 가다 go swimming.
헤적이다 rummage; ransack.
헤집다 dig up; tear up; turn up.
헤치다 ① 《속을》 dig 〔turn〕 up. ② 《흩뜨리다》 scatter; disperse. ③ 《좌우로》 push aside; make one's way 《*through*》; plow 〔elbow〕 one's way 《*through*》. ¶ 군중을 헤치고 나아가다 elbow 〔cut〕 one's way through a crowd.
헤프다 ① 《쓰기에》 be not durable; be easy to wear out; be soon used up. ② 《씀씀이가》 (be) uneconomical; wasteful. ¶ 돈을 헤프게 쓰다 spend money lavishly 〔wastefully〕. ③ 《입이》 (be) talkative; glib(-tongued). ④ 《몸가짐이》 (be) loose; dissipated; dissolute.
헥타르 a hectare.
헬레니즘 Hellenism.
헬륨 helium (기호 He).
헬리콥터 a helicopter.
헬리포트 a heliport; a copterport.
헬멧 a helmet.
헷갈리다 ① 《마음이》 be confused; one's attention is distracted. ② 《뜻이》 be confused; be hard to distinguish.
헹가래 ¶ ~치다 toss; hoist 《*a person*》 shoulder-high.
헹구다 wash out; rinse out 〔away〕. ¶ 빨래를 ~ rinse laundry in fresh water after washing.
혀 a tongue; 《악기의》 a reed. ¶ ~를 내밀다 put 〔stick〕 out one's tongue / ~를 차다 tut; clack the tongue.
혀끝 the tip of the tongue.
혀짤배기 a tongue-tied person; a lisper.
혁대(革帶) a leather belt.
혁명(革命) a revolution. ¶ ~적인 revolutionary / ~을 일으키다 start 〔raise〕 a revolution. ‖ ~가 a revolutionist / ~군 〔정부〕 a revolutionary army 〔government〕 / ~운동 a revolutionary movement / 산업~ an industrial revolution / 평화 〔무력, 무혈〕 ~ a pacific 〔an armed, a bloodless〕 revolution / 반~세력 anti-revolutionary group 〔force〕.
혁신(革新) (a) reform; (a) renovation. ~하다 (make a) reform; renovate 《*in, on*》. ‖ ~운동 a renovation movement / ~정당 a reformist 〔progressive〕 (political) party / ~파 a reformist group.
혁혁하다(赫赫一) (be) bright; brilliant; glorious; distinguished.
현(弦) ① 《활시위》 a bowstring. ② 〖幾〗 a chord. ③ 《달의》 a quarter.
현(絃·弦) a string; a chord.
현(現) present; existing; actual. ¶ ~내각 the present Cabinet.
현가(現價) the current price.
현격(懸隔) ~하다 (be) different; wide apart. ¶ ~한 차 a great disparity; a wide difference.
현관(玄關) the (front) door; the porch; the entrance hall. ¶ 자동차를 ~에 대다 drive a car up to the door.
현관(顯官) a high official; a dignitary.
현군(賢君) a wise king.
현금(現今) ~의 present(-day); current; of today. ¶ ~에는 at present; now; nowadays; in these days.
현금(現金) cash; ready money. ¶ ~으로 치르다 pay in cash / ~으로 팔다 〔사다〕 sell 〔buy〕 for cash / 수표를 ~으로 바꾸다 cash a check. ‖ ~거래 〔매매〕 cash transaction 〔business〕 / ~상환 인도 cash on delivery (생략 C.O.D.) / ~주의 pay-as-you-go policy; mercenariness / ~지불 cash 〔down 《美》〕 payment / ~출납원 a cashier.
현기(眩氣), 현기증(眩氣症) giddiness; dizziness; 〖醫〗 vertigo. ¶ 현기증이 나다 be dizzy; get 〔feel〕 giddy.
현대(現代) the present age 〔day〕; today. ~의 current; present-day; modern. ¶ ~적인 modern; up-to-date. ‖ ~극 a modern play / ~문학 current literature / ~어 a living language / ~여성 a modern girl; a flapper / ~인 a modern; moderns (총칭) / ~작가 a contemporary writer / ~화 modernization (~화하다 modernize).
현란(絢爛) ~하다 (be) gorgeous; brilliant; dazzling; flowery.
현명(賢明) wisdom. ~한 wise; intelligent; sagacious; advisable.
현모(賢母) a wise mother. ‖ ~양처 a wise mother and good wife.
현몽(現夢) ~하다 appear in one's dream; come to one in a dream.
현묘(玄妙) ~한 abstruse; occult; subtle; recondite; mysterious.
현물(現物) the actual thing; spots (증권). ¶ ~로 지급하다 pay in kind. ‖ ~거래 〔매매〕 spot transaction / ~급여 an allowance 〔wages〕 in kind / ~세 a tax in kind / ~출자 investment in kind (~출자하다 make investment in kind).
현미(玄米) unpolished rice.
현미경(顯微鏡) a microscope. ¶ 백배의 ~ a microscope of 100 magnifications.
현상(現狀) the present situation 〔state〕; the actual state 〔condition〕; the existing state of things; the *status quo* 《라》. ¶ ~을 유지하다 maintain the *status quo* / ~을 타파하다 do away with the pres-

ent state of things.
현상(現象) a phenomenon [*pl.* phenomena]. ‖ ~론(論) phenomenalism / 사회〔자연〕 ~ a social〔natural〕 phenomenon.
현상(現像) developing; development. ~하다 develop《*a film*》. ‖ ~액 a developer / ~지(紙) developing-out paper(생략 D.O.P.).
현상(懸賞) a prize; a reward. ¶ ~을 걸다 offer a prize〔reward〕《*for*》; set a prize《*on an offender's head*》. ‖ ~금 prize money / ~ 당선자 a prize winner / ~ 모집 광고 an advertisement for the prize contest/~소설 a prize novel.
현상태(現狀態) the present circumstances〔situation〕(☞ 현상). ¶ ~대로 놔두다 leave《*a matter*》 as it is / ~로는 as things are〔stand〕.
현세(現世) this world. ☞ 이승.
현손(玄孫) a great-great-grandson.
현송(現送) specie shipment; cash sending. ~하다 make a shipment.
현수(懸垂) suspension. ‖ ~막(幕) a hanging banner〔placard〕.
현숙(賢淑) ~한 wise and virtuous.
현시(現時) the present time; today.
현시(顯示) ~하다 show; reveal.
현실(現實) reality; actuality. ~의 actual; real. ¶ ~적으로 actually; really / ~화하다 realize; actualize. ‖ ~성(性) reality / ~주의 actualism; realism (~주의자 a realist).
현악(絃樂) string music. ‖ ~기 a stringed instrument; the strings/ ~ 사중주 a string quartet.
현안(懸案) a pending question〔an outstanding〕 question〔problem〕.
현양(顯揚) ~하다 extoll; exalt.
현역(現役) active service. ‖ ~군인 a soldier on service / ~ 선수 a player on the playing list / ~ 장교 an officer on the active list.
현인(賢人) a wise man; a sage.
현임(現任) the present office. ‖ ~자 the present holder of the office.
현장(現場) the spot; the scene (of action). ¶ ~에서 on the spot / ~에서 잡히다 catch《*a person*》 red-handed. ‖ ~ 감독 a site〔field〕 overseer; an on-the-job superintendent / ~ 검증 an on-the-spot inspection; an inspection on the scene / ~ 부재 증명 an alibi.
현재(現在) the present (time); 〖文〗 the present (tense); 《부사적》 at present; now. ~의 present. ¶ 10월 1일 ~ as of Oct. 1. ‖ ~ 완료 the present perfect tense.
현저(顯著) ~한 conspicuous; remarkable; striking; obvious; evident. ¶ ~하게〔히〕 remarkably; conspicuously; strikingly.
현존(現存) ~하다 exist; be in existence. ¶ ~의 living; existing. ‖ ~ 작가 living writers.
현주(現住) ‖ ~민 a native; natives/ ~소(所) one's present address〔abode〕.
현지(現地) 《on》 the spot. ‖ ~ 방송 an on-the-spot broadcast / ~ 조사〔보고〕 a field survey〔report〕/ ~ 특파원 a correspondent on the scene.
현직(現職) 《remain in》 one's present post〔office〕; 《형용사적》 incumbent. ‖ ~ 대통령 the incumbent president.
현찰(現札) cash; ready money.
현창(舷窓) a porthole.
현처(賢妻) a wise wife.
현철(賢哲) a sage; the wise.
현충일(顯忠日) the Memorial Day.
현충탑(顯忠塔) a memorial monument.
현판(懸板) a hanging board; a tablet.
현품(現品) the (very) thing〔article〕. ☞ 현물.
현행(現行) ~의 existing; present; current; in force. ‖ ~ 교과서 the textbooks now in use / ~ 맞춤법 the current system of spelling / ~범 a flagrant delict〔offense〕; a flagrant delictor (~범으로 잡히다 be caught in the (very) act).
현혹(眩惑) ~하다 blind; dazzle; bewilder; be dazzled〔blinded〕.
현화식물(顯花植物) a phanerogam.
현황(現況) the present condition.
혈거(穴居) ~하다 dwell in a cave. ‖ ~ 시대 the cave〔troglodytic〕 period〔age〕/ ~인 a cave man.
혈관(血管) a blood vessel. ‖ ~ 이식 a vascular transplantation / ~ 파열 the rupture of a blood vessel.
혈구(血球) a blood corpuscle; a globule. ‖ ~소(素) hemoglobin.
혈기(血氣) hot blood; youthful vigo(u)r〔ardo(u)r〕. ¶ ~ 왕성한 젊은이 a sanguine youth / 젊은 ~ youthful spirit; ardor of youth / ~에 이끌리다 be driven by youthful ardor.
혈뇨(血尿) 〖醫〗 hematuria.
혈담(血痰) 《spit》 blood(y) phlegm.
혈로(血路) ¶ ~를 열다 cut one's way《*through the enemy*》.
혈맥(血脈) a blood vessel; 《혈통》 lineage; blood; pedigree.
혈반(血斑) a blood spot.
혈변(血便) bloody excrements.
혈색(血色) a complexion. ¶ ~이 좋다〔나쁘다〕 look well〔pale〕; have a ruddy〔bad〕 complexion / ~이 좋아〔나빠〕지다 gain〔lose〕 color.
혈색소(血色素) hemoglobin.
혈서(血書) ¶ ~를 쓰다 write in blood.
혈세(血稅) an unbearably heavy tax.
혈안(血眼) a bloodshot eye. ¶ ~이 되어 찾다 make a desperate effort to find; make a frantic search《*for*》.
혈압(血壓) blood pressure. ¶ ~을 재다 measure one's blood pres-

sure / ~이 높다〔낮다〕 have high 〔low〕 blood pressure. ‖ ~계 a sphygmomanometer.
혈액(血液) blood. ‖ ~검사〔형〕 a blood test 〔type〕 / ~은행 a blood bank.
혈연(血緣) blood relationship (☞ 혈족). ‖ ~관계 consanguinity.
혈육(血肉) 《자녀》 one's own children; 《혈족》 blood relations.
혈장(血漿) blood plasma; serum.
혈전(血戰) 《fight》 a bloody battle.
혈족(血族) one's blood relation; one's (kith and) kin; kinship.
혈청(血淸) 〖醫〗 a serum [*pl.* sera]. ‖ ~간염(肝炎) serum hepatitis / ~주사 a serum injection.
혈통(血統) blood; lineage; pedigree; stock; a family line; descent. ‖ ~서《개 따위의》 a certificate of pedigree.
혈투(血鬪) a bloody fight.
혈판(血判) ~하다 seal with one's blood. ‖ ~서〔장〕 a petition sealed with blood.
혈행(血行) circulation of the blood.
혈혈(孑孑) ‖ ~단신 all alone in the world(~단신이다 be all alone).
혈흔(血痕) a bloodstain.
혐기(嫌氣) ¶ ~성의 anaerobic. ‖ ~성 식물 an anaerobe.
혐오(嫌惡) hatred; dislike; abhorrence; aversion. ~하다 hate; dislike; abhor; detest; loathe. ¶ ~할 hateful; detestable / ~감을 품다 have an aversion 《*to*》; feel hatred 《*against*》.
혐의(嫌疑) (a) suspicion; a charge. ¶ …의 ~로 on suspicion 〔a charge〕 of…. ‖ ~자 a suspected person; a suspect.
협객(俠客) a "knight of the town"; a chivalrous person.
협격(挾擊) ☞ 협공.
협곡(峽谷) a gorge; a ravine; a canyon.
협공(挾攻) ~하다 attack 《*the enemy*》 from both sides. ‖ ~작전 a pincer operation.
협궤(狹軌) a narrow gauge 《*railroad*》.
협기(俠氣) a chivalrous spirit.
협동(協同) cooperation; collaboration; union; partnership. ~하다 cooperate 〔collaborate〕 《*with*》; work together. ¶ ~하여 jointly; in cooperation 〔collaboration〕 《*with*》. ‖ ~기업 a cooperative enterprise / ~정신 cooperative spirit.
협동조합(協同組合) a cooperative association 〔society〕.
협력(協力) cooperation; collaboration; joint efforts. ~하다 cooperate 〔join forces〕 《*with*》; work together 《*with*》; unite one's efforts 《*with*》. ¶ …와 ~하여 in cooperation 〔concert〕 with. ‖ ~자 a collaborator; a co-worker / 경제 ~ economic cooperation.
협문(夾門) a side-gate 〔-door〕.
협박(脅迫) a threat; intimidation; a menace. ~하다 threaten; intimidate. ‖ ~자 an intimidator / ~장 a threatening 〔blackmail〕 letter / ~죄 intimidation.
협살(挾殺) 〖野〗 a rundown. ~하다 run down 〔touch out〕 《*a runner between second base and third*》.
협상(協商) 《교섭》 negotiations; conversations; 《협약》 an *entente*《프》; an agreement. ~하다 negotiate 《*with a person about a matter*》; bargain 《*with*》.
협소(狹小) ~한 narrow; confined.
협심(協心) ~하다 unite; be united. ¶ ~하여 일하다 work in unison.
협심증(狹心症) 〖醫〗 stricture of the heart; angina (pectoris).
협약(協約) an agreement; a convention; a pact (☞ 협정). ~하다 conclude 〔enter into〕 an agreement. ‖ 노동〔단체〕 ~ a labor 〔collective〕 agreement.
협의(協議) (a) conference; consultation; discussion. ~하다 talk 《*with a person*》 over 《*a matter*》; discuss 《*a matter with a person*》; confer 《*with*》. ‖ ~사항 a subjects of discussion / ~이혼 a divorce by consent / ~회 a conference.
협의(狹義) 《in》 a narrow sense; a restricted meaning.
협잡(挾雜) trickery; swindle; fraud. ~하다 cheat; swindle; commit a fraud; juggle. ‖ ~꾼 a swindler; a impostor; a cheat / ~선거 a fraudulent election.
협정(協定) an agreement; an arrangement; a convention; a pact. ~하다 agree 《*on*》; arrange 《*with*》; make an agreement 《*with*》; stipulate 《*with*》. ‖ ~가격 an agreed 〔a stipulated〕 price / ~관세율 a conventional tariff / ~서 a protocol / ~운임 a conference rate / 잠정 ~ a *modus vivendi* 《라》.
협조(協調) cooperation; concerted action; concord(국제적); harmony (조화); conciliation(타협). ~하다 cooperate 《*with*》; act in concert 《*with*》. ¶ ~적 cooperative; conciliatory 《*attitude*》. ‖ ~심 a spirit of harmony.
협주곡(協奏曲) a concerto.
협죽도(夾竹桃) 〖植〗 a oleander.
협착(狹窄) 〖醫〗 a stricture; contraction. ‖ 요도 ~ stricture of the urethra.
협찬(協贊) approval, support (찬성); cooperation (협력). ~하다 approve of 《*a plan*》; support; cooperate 《*with*》; 《돕다》 aid; assist; help.
협화(協和) ‖ ~음〖樂〗 a consonance.
협회(協會) an association; a society; an institution. ‖ 농구〔저작가〕 ~

the Basketball [Authors'] League.
혓바늘 ¶ ~이 돋다 have rash on one's tongue.
혓바닥 the flat of the tongue.
혓소리 〖音聲〗 a lingual (sound).
형(兄) ① 《동기간》 an elder brother; 《부를 때》 Brother! ② 《친구간》 Mr. 《*Kim*》.
형(刑) a punishment; a penalty; a sentence(선고). ¶ ~을 받다 get convicted; be sentenced 《*to*》 / ~을 선고하다 pass [pronounce] sentence 《*on*》.
형(形) 《형태》 form; shape; 《대소》 a size.
형(型) 《양식》 (a) type; (a) style; a mode; a pattern; cut(양복의); 《원형》 a model; a mold. ¶ 1981년 ~의 자동차 auto of 1981 model.
형광(螢光) 〖理〗 fluorescence. ‖ ~도료(塗料) a luminous [fluorescent] paint / ~등[판] a fluorescent lamp [plate].
형구(刑具) an implement of punishment.
형극(荊棘) brambles; thorns. ¶ ~의 길 《tread》 a thorny path.
형기(刑期) a prison term; one's time. ¶ ~를 마치다 serve out one's sentence [time].
형무소(刑務所) ☞ 교도소.
형벌(刑罰) a punishment; a penalty. ¶ ~을 가하다 punish; inflict a punishment [penalty] 《*on*》.
형법(刑法) the criminal law [code]. ¶ ~상의 criminal; penal.
형부(兄夫) a brother-in-law; one's elder sister's husband.
형사(刑事) 《사건》 a criminal [penal] case; 《사람》 a (police) detective; a plainclothes man(사복). ¶ ~상의 criminal; penal. ‖ ~ 문제[사건] a criminal case / ~범(犯) a criminal [penal] offense / ~ 소송 a criminal action (~ 소송법(訴訟法) the Criminal Procedure Code) / ~ 재판 a criminal [penal] judg(e)ment / ~ 피고인 the accused.
형상(形狀) (a) shape; (a) form.
형상(形象) (a) shape; a figure.
형석(螢石) 〖鑛〗 fluorspar; fluor(ite).
형설(螢雪) ¶ ~의 공을 쌓다 devote [apply] oneself to one's studies; study diligently.
형성(形成) formation. ~하다 form; shape; constitute; build up. ‖ ~기(期) the formative period.
형세(形勢) ① 《사물의》 the situation; the state of things [affairs]; a prospect; the outlook. ¶ 지금 ~로는 as matters stand; as things are / ~를 관망하다 sit on the fence; watch the development of affairs / ~를 지켜보다 watch the situation. ② 《살림의》 circumstances. ¶ ~가 넉넉[곤란]하다 be well [badly] off.
형수(兄嫂) an elder brother's wife; a sister-in-law.
형식(形式) (a) form; formality; 〖哲〗 a mode. ¶ ~적인 formal; conventional / ~적으로 formally; perfunctorily; for form's sake / ~을 차리지 않고 without ceremony [formality] / 논문 ~으로 in the form of a treatise / ~에 구애되다 stick [adhere] to formality. ‖ ~ 논리 formal logic / ~주의 formalism (~주의자 a formalist).
형안(炯眼) ~의 quick-sighted; penetrating; sharp-sighted[-eyed].
형언(形言) ~하다 describe; express. ¶ ~할 수 없다 be beyond description; baffle description.
형용(形容) 《비유》 a metaphor; a figure of speech; 《수식》 modification; 《서술》 description. ~하다 express figuratively; speak metaphorically; modify; describe. ¶ ~할 말이 없다 beggar [be beyond] description. ‖ ~사 〖文〗 an adjective (한정적[서술적] ~사 a restrictive [descriptive] adjective).
형이상(形而上) ~의 metaphysical; abstract. ‖ ~학(學) metaphysics; metaphysical philosophy.
형이하(形而下) ~의 physical; concrete; material. ‖ ~학 concrete [physical] science.
형장(刑場) an execution ground. ¶ ~의 이슬로 사라지다 die on the scaffold; be executed.
형적(形迹) 《흔적》 marks; traces; 《증거》 indications; evidences.
형정(刑政) penal administration.
형제(兄弟) a brother; 《자매》 a sister; 《동포》 brethren. ~의 brotherly; sisterly. ¶ ~의 사랑 brotherly [sisterly] affection. ‖ ~자매 brothers and sisters; brethren (동포).
형질(形質) form and nature [quality]; 《유전》 a character. ‖ 유전 ~ an inherited character.
형체(形體) (a) form; (a) shape; the body.
형태(形態) (a) form; (a) shape; 〖心〗 a *Gestalt* 《獨》. ¶ …의 ~를 취하다 assume the form of.... ‖ ~소(素) a morpheme / ~학 morphology.
형통(亨通) ~하다 go well; turn out well; prove successful. ¶ 만사가 ~하다 everything goes well.
형편(形便) ① 《상태》 the situation; the state 《*of things*》; the aspect 《*of affairs*》; the development 《*of an affair*》; 《사정》 a condition; a state; convenience; circumstances. ¶ ~에 의해 for certain [some] reasons; owing to circumstances / ~이 닿는 대로 as soon as one can. ‖ 재정(財政) ~ financial conditions. ② 《셈평》 ☞ 형세②.
형편없다(形便一) 《지독함》 (be) terrible; awful; 《터무니없음》 exorbitant. ¶ 형편없이 severely; terribly; awfully; exorbitantly; ab-

surdly.
형평(衡平) ¶ ~의 원칙 the principle of equity.
형형색색(形形色色) ~의 various; all sorts and kinds; diverse; sundry.
혜서(惠書) your letter.
혜성(彗星) a comet. ¶ ~과 같이 나타나다 make a sudden rise from obscurity.
혜안(慧眼) a penetrating eye; keen insight.
혜존(惠存) 《증정본에》 "With compliments 《*of the author*》."
혜택(惠澤) a favo(u)r; benefit; benevolence. ¶ ~을 입다 be benefited; be indebted 《*to*》/ ~을 주다 bestow a favor 《*on*》; be kind 《*to*》/ 문명의 ~을 받다 share in the benefits of civilization.
호(戶) a house; a door.
호(號) 《명칭》 a title; a pen name (아호); 《번호》 a number; an issue; 《크기》 a size.
호가(呼價) ~하다 ask (bid, offer) a price 《*for*》; be quoted 《500 *won*》.
호각(呼角) 《blow》 a whistle.
호감(好感) good feeling; good will; a favo(u)rable (good) impression. ¶ ~을 주다 make a good impression 《*on a person*》/ ~을 가지다 feel friendly 《*toward*》/ ~을 사다 win 《*a person's*》 favor.
호강 ¶ ~하다 live in luxury (comfort, clover) / ~스럽다 be comfortable (luxurious).
호객(呼客) touting. ~하다 tout; solicit patronage.
호걸(豪傑) a hero; a great (gallant) man. ¶ ~풍의 heroic; gallant.
호경기(好景氣) prosperity; good times; a boom.
호구(戶口) ‖ ~ 조사 census; census taking (~ 조사(를)하다 take the census).
호구(虎口) ¶ ~를 벗어나다 get out of danger; escape with bare life.
호구(糊口·餬口) ~하다 make one's living; eke out a living. ¶ ~지책 a means of living (livelihood).
호국(護國) defense of the fatherland. ¶ ~의 영령 a guardian spirit of the country.
호기(好機) a good (golden) opportunity; a good chance (time, occasion). ¶ ~를 포착하다 (잡다) seize (take) an opportunity / ~를 놓치다 miss (lose) a chance.
호기(豪氣) 《기상》 a heroic temper; an intrepid spirit; 《선심》 generosity; open-handedness. ~롭다 (be) heroic; gallant; 《선심》 (be) generous; free-handed. ¶ ~(를) 부리다 display bravery; display one's liberality; be free with 《*one's money*》.
호기성(好氣性) 〖植〗 aerotropism. ¶ ~의 aerotropic; aerobic.
호기심(好奇心) curiosity. ¶ ~이 많은 (강한) curious; inquisitive / ~으로 out of curiosity.
호남(湖南) the *Honam* district.
호남아(好男兒) a fine (good) fellow; 《미남》 a handsome man.
호놀룰루 Honolulu.
호농(豪農) a rich (wealthy) farmer.
호다 sew 《*a quit*》 with large stitches.
호담(豪膽) ~한 stout-hearted; daring; dauntless.
호도(糊塗) ~하다 gloss over; patch up; varnish; temporize.
호되다 (be) severe; rough; harsh; cruel; violent. ¶ 호되게 severely; violently; harshly; roughly.
호두(胡一) 〖植〗 a walnut. ¶ ~를 까다 crack a walnut.
호드기 a reed pipe.
호드득거리다 《방정》 act rashly; 《소리》 crackle.
호들갑떨다 say extravagantly (exaggeratedly); be bubbling over; make too much of 《*a matter*》.
호들갑스럽다 (be) abrupt and frivolous; flippant; rash.
호떡(胡一) a Chinese stuffed pancake.
호락호락 《쉽게》 readily; easily; 《성격이》 yielding; easy-going. ~하다 (be) ready; easily manageable; tractable; easy-going.
호랑나비 a swallowtail.
호랑이 ① 〖動〗 a tiger; a tigress(암컷). ¶ ~도 제말하면 온다 《俗談》 Talk of the devil, and he will appear. ② 《사람》 a fierce (formidable) person.
호령(號令) ① 《명령》 a (word of) command; an order. ~하다 command; (give an) order; dictate. ② 《꾸짖음》 rating; a bluster. ~하다 hurl words of thunder 《*at*》; storm 《*at*》.
호르몬 hormone.
호른 〖樂〗 a horn.
호리다 《유혹》 seduce; allure; entice; 《정신을》 bewitch; enchant; fascinate.
호리병(葫一甁) a gourd; a calabash. ‖ ~박 〖植〗 a bottle gourd.
호리호리하다 (be) (tall and) slender; slim.
호매(豪邁) ~한 undaunted; dauntless; intrepid.
호명(呼名) ~하다 call 《*a person*》 by name; make a roll call. ¶ ~점호를 하다 call the roll.
호미 a weeding hoe.
호밀(胡一) 〖植〗 rye.
호박 〖植〗 a pumpkin. ¶ 굴러온 ~ a surprise; a godsend. ‖ ~ 고지 dried slices of pumpkin / ~씨 a pumpkin seed.
호박(琥珀) 〖鑛〗 amber; succinite. ¶ ~색의 amber(-colo(u)red). ‖ ~산 succinic acid.
호반(虎班) the military nobility.

호반(湖畔) the shores of a lake; a lakeside. ¶ ～의 호텔 a lakeside hotel. ‖ ～시인 the Lake Poets.
호반새(湖畔—) 〖鳥〗 a kingfisher.
호방(豪放) ～하다 (be) large-minded; free-hearted; open-hearted.
호배추(胡—) a Chinese cabbage.
호별(戶別) ～로 from house [door] to house [door]. ¶ ～방문 [조사] 하다 make a house-to-house visit [investigation].
호봉(號俸) serial step; salary step.
호부(好否), 호불호(好不好) ¶ ～간에 whether one likes it or not.
호사(豪奢) extravagance; luxury. ～하다 live in clover; luxuriate in. ¶ ～스러운 luxurious; sumptuous; extravagant. ‖ ～바치 a dandy; a fop; a fancy [fussy] dresser.
호사가(好事家) a dilettante [*pl.* -s, -ti]; a person of fantastic taste.
호사다마(好事多魔) Lights are usually followed by shadows.
호상(豪商) a wealthy merchant.
호상(護床) 〖土〗 an apron.
호상(護喪) a person in charge of a funeral. ‖ ～소 the office in charge of a funeral.
호색(好色) ～의 lustful; lewd; sensual. ‖ ～가 a lewd man; a sensualist; a Don Juan.
호생(互生) 〖植〗 ～의 alternate.
호선(互先) 《바둑에서》 ¶ ～으로 두다 have the first move in alternate games; play on an equal footing.
호선(互選) mutual election. ～하다 co-opt; elect by mutual vote.
호선(弧線) an arc (of a circle).
호소(呼訴) an appeal; a petition. ～하다 appeal to; resort to 《*violence*》 (폭력에); 《불평을》 complain of. ¶ 법 [여론]에 ～하다 appeal to the law [public] / 아픔을 ～하다 complain of a pain.
호소(湖沼) lakes and marshes.
호송(護送) escort; convoy. ～하다 escort; convoy; send 《*a person*》 under guard(범인을). ¶ ～선 a convoy / ～차 a patrol wagon 《美》; a prison van 《英》.
호수(戶數) the number of houses [families].
호수(湖水) a lake.
호수(號數) number; a register [serial] number.
호스 a hose. ‖ 소방 ～ a fire hose.
호스텔 a 《*youth*》 hostel.
호스티스 a hostess; 《여급》 a barmaid; a waitress.
호시절(好時節) a good [nice] season.
호시탐탐(虎視眈眈) ～하다 watch for an opportunity [a chance]; keep a vigilant eye 《*on*》.
호신(護身) ¶ ～용의 for self-protection[-defense]. ‖ ～술 the art of self-defense.
호심(湖心) the center of a lake.
호안공사(護岸工事) shore-[coast-] protection work; riparian works (하천의).
호양(互讓) ～하다 make a mutual concession; compromise. ¶ ～정신으로 in a give-and-take [conciliatory] spirit.
호언(豪言) big [tall] talk; boasting; bombast; highflown words. ～하다 talk big; talk bombastically; boast; brag.
호연(好演) a good performance (of a play).
호연지기(浩然之氣) ¶ ～를 기르다 refresh oneself 《*with*》; enliven [nourish] one's spirits.
호열자(虎列剌) ☞ 콜레라.
호외(戶外) ～의 open-air; outdoor.
호외(號外) 《issue》 an extra.
호우(豪雨) a heavy rain; a downpour. ‖ ～주의보 torrential [heavy] rain warning / 집중 ～ a concentrated heavy rain.
호위(護衛) guard; escort; convoy (함대 호송). ～하다 guard; escort; convoy. ‖ ～병 a (body)guard; a military escort.
호유(豪遊) ～하다 have [go on] a great spree.
호응(呼應) ① 《기맥상통》 ～하다 act in concert 《*with*》; be in sympathy 《*with*》; respond to. ② 〖文〗 concord.
호의(好意) goodwill; good wishes; good [kind] offices (알선). ¶ ～적 kind; kindly; friendly; well-ness [goodwill] / …의 ～로 through the good offices of / ～를 가지다 be favorably disposed 《*towards*》.
호의호식(好衣好食) ～하다 dress well and fare richly; live well [in clover].
호인(好人) a good-natured man; a good [nice] fellow.
호인(胡人) a Manchurian.
호적(戶籍) census registration; a census [family] register (호적부). ¶ ～에 올리다 have 《*a person's*》 name entered in one's family register. ‖ ～등 [초] 본 a copy [an abstract] of one's family register.
호적(好適) ～한 suitable; fitted; ideal. ‖ ～지(地) an ideal place 《*for*》.
호적수(好敵手) a good match.
호전(好戰) ～적 warlike; bellicose. ¶ ～적인 국민 a warlike people.
호전(好轉) a favo(u)rable turn; improvement. ～하다 take a favorable turn; change for the better; improve; pick up 《口》.
호젓하다 (be) quiet; lonely; deserted; solitary; desolate. ¶ 호젓한 곳 an out-of-the-way place.
호정(糊精) 〖化〗 dextrin(e).
호조(好調) ～의 good; favo(u)rable; satisfactory. ¶ ～를 보이다 progress favorably; go off well.
호주(戶主) a householder; the head

of a family. ‖ ~ 상속 succession to (the headship of) a house (~ 상속인 an heir 〔heiress (여자)〕).
호주(濠洲) Australia. ¶ ~의 (사람) (an) Australian.
호주머니 a pocket. ¶ ~에 넣다 put 《*a thing*》 in one's pocket / ~에 손을 넣고 (with one's) hands in (one's) pockets.
호출(呼出) a call; calling out; a summons(소환). ~하다 call 《*a person*》 to 〔before〕; call 《*a person*》 up (전화로); summon. ‖ ~ 부호〔신호〕 a call sign〔signal〕/ ~장 a summons.
호치키스 a stapler; a Hotchikiss (paper fastener).
호칭(呼稱) a name; a title; a designation. ~하다 call; name; term; designate.
호콩(胡―) ☞ 땅콩.
호크 a hook. ¶ ~를 채우다〔풀다〕 hook 〔unhook〕 《*one's dress*》.
호탕(豪宕) ~하다 (be) magnanimous; large-minded; open-hearted.
호텔 a hotel. ¶ ~에 묵다 stay at a hotel; check in 《美》/ ~을 나오다 check out. ‖ ~보이 a bellboy; a page (boy) 《英》.
호통치다 roar 《*at*》; thunder 《*at, against*》; storm 《*at*》.
호투(好投) 〖野〗 nice 〔fine〕 pitching. ~하다 pitch well 〔cleanly〕.
호평(好評) a favo(u)rable criticism 〔comment〕; public favor. ¶ ~을 받다 be well received 《*by*》; win 〔enjoy〕 popularity; gain popular favor.
호프 a hope; a youth of promise.
호피(虎皮) a tiger skin.
호학(好學) love of learning; intellectual appetite.
호헌운동(護憲運動) a constitution protection movement.
호협(豪俠) ~한 chivalrous; gallant; brave; valiant.
호형(弧形) an arc.
호혜(互惠) reciprocity; mutual benefits. ‖ ~ 무역〔통상〕 reciprocal trading / ~ 조약〔관세율〕 a reciprocal treaty 〔tariff〕.
호호백발(皓皓白髮) hoary hair.
호화(豪華) ~스러운〔로운〕 splendid; gorgeous; most luxurious; sumptuous; deluxe. ‖ ~선 a luxury 〔deluxe〕 liner / ~ 주택 a palatial mansion / ~ 생활 an extravagant life / ~판 a deluxe edition.
호황(好況) prosperity; a prosperous condition; a boom. ¶ ~을 보이다 show signs of prosperity. ‖ ~시대 prosperous days; boom days 《美》.
호흡(呼吸) 《숨》 breath; breathing; respiration. ~하다 breathe; respire. ‖ ~ 곤란 《have》 difficulty in breathing / ~기 the respiratory organs (~기병 a disease of the respiratory organs) / 인공 ~ artificial respiration.
혹¹ ① 《살》 a wen; a lump〔bump〕; a swelling (부어오른); a hump (낙타의). ¶ ~이 나다 get a lump / ~ 떼러 갔다 ~ 붙여 오다 go for wool and come home shorn. ② 《나무마디》 a knot.
혹² 《입김 소리》 with a whiff 〔puff〕; 《마시는 모양》 sipping.
혹(或) ① ☞ 간혹. ② ☞ 혹시.
혹간(或間) ☞ 간혹.
혹독(酷毒) ~한 severe; harsh; cruel; stern; rigorous; intense. ¶ ~한 비평 a severe criticism.
혹부리 a person who has a wen (on his face).
혹사(酷似) ~하다 《서술적》 resemble closely; bear a close resemblance 《*to*》.
혹사(酷使) ~하다 work 〔drive〕 《*a person*》 hard; overtax 《*one's brains*》. ¶ 몸을 ~하다 overwork oneself.
혹서(酷暑) intense 〔severe〕 heat.
혹설(或說) one opinion; a certain view.
혹성(惑星) 〖天〗 a planet. ‖ 대〔소〕 ~ a major 〔minor〕 planet.
혹세무민(惑世誣民) ~하다 delude the world and deceive the people.
혹시(或是) ① 《만일》 if; by any chance; in case 《*of*》; provided 〔supposing〕 《*that*》. ¶ ~ 비가 오면 if it rains; in case of rain. ② 《아마》 maybe; perhaps; possibly. ¶ ~ 그가 올지도 모르겠다 He may possibly come.
혹심(酷甚) ~한 severe; extreme.
혹자(或者) some(one); a certain person.
혹평(酷評) severe 〔harsh〕 criticism; strictures. ~하다 criticize severely; speak bitterly 〔badly〕 《*of*》.
혹하다(惑―) ① 《반함》 be charmed; be bewitched; be fascinated; be captivated. ② 《…에 빠지다》 indulge 《*in*》; give oneself up 《*to*》; 《미혹됨》 be deluded 〔misled, led into error〕.
혹한(酷寒) severe 〔intense〕 cold.
혹형(酷刑) a severe punishment.
혼(魂) a soul (영); a spirit (정신).
혼기(婚期) marriageable age. ¶ ~가 되다 be of a marriageable age / ~를 놓치다 lose 〔miss〕 a chance of marriage; become an old maid.
혼나다(魂―) ① 《놀라다》 be frightened; be startled 〔horrified〕. ② 《된통 겪다》 have bitter experiences; have a hard time of it.
혼내다(魂―) ① 《놀래다》 surprise; startle; frighten; horrify; scare. ② 《따끔한 맛》 give 《*a person*》 a hard 〔an awful〕 time; treat 《*a person*》 badly; teach 《*a person*》 a

lesson.
혼담(婚談) a marriage proposal. ¶ ~이 있다 have a proposal of marriage / ~에 응하다 〔을 거절하다〕 accept 〔decline〕 an offer / ~을 매듭짓다 make a match / ~을 꺼내다 propose 《*to*》.
혼돈(混沌) ~한 chaotic; disorderly; confused. ¶ ~ 상태에 있다 be in a chaotic state.
혼동(混同) ~하다 confuse 〔mix up, confound〕 《*one thing with another*》; mistake 《*A*》 for 《*B*》. ¶공사(公私)를 ~하다 mix up public and private matters.
혼란(混亂) confusion; disorder; chaos. ~하다 (be) confused; disorderly; chaotic; 《서술적》 be in confusion. ¶ ~시키다 confuse; disorder; throw into confusion.
혼령(魂靈) ☞ 영혼.
혼례(婚禮) a marriage ceremony; a wedding.
혼미(昏迷) ~하다 (be) stupefied; confused. ¶(정신이) ~해지다 lose one's consciousness.
혼방(混紡) mixed spinning. ‖ ~사 mixed yarn.
혼백(魂魄) the soul; the spirit.
혼비백산(魂飛魄散) ~하다 get 〔be〕 frightened out of one's senses.
혼사(婚事) marriage (matters).
혼색(混色) a compound 〔mixed〕 colo(u)r.
혼선(混線) entanglement of wires; cross; confusion(혼란). ~하다 get entangled; get crossed (전화가); be mixed; confuse.
혼성(混成) ~의 mixed; composite; compound. ‖ ~물 a mixture; a medley / ~팀 a combined team.
혼성(混聲) mixed voices. ‖ ~ 합창 a mixed chorus.
혼솔 broad-stitched seams.
혼수(昏睡) coma; a trance. ¶ ~ 상태에 빠지다 fall into a coma.
혼수(婚需) 《물품과 비용》 articles〔expenses〕 essential to a marriage ceremony; trousseau(신부의).
혼식(混食) 《eat》 mixed food.
혼신(渾身) the whole body. ¶ ~의 힘을 다해 with all one's might.
혼신(混信) 〖電〗 jamming; (an) interference; a cross tone.
혼약(婚約) an engagement. ☞ 약혼.
혼연(渾然) ¶ ~ 일체(一體)가 되다 be jointed 〔united〕 together; form a complete 〔harmonious〕 whole.
혼욕(混浴) mixed 〔promiscuous〕 bathing.
혼용하다(混用―) use 《*a thing*》 together with 《*another*》; mix.
혼인(婚姻) a marriage (☞ 결혼). ‖ ~신고 registration of one's marriage (~ 신고를 하다 register one's marriage).
혼자 alone; by oneself (단독); for oneself(혼자힘으로). ¶ ~ 살다 live alone; remain single / ~ 하다 do 《*a thing*》 single-handed; work alone; do all the work by oneself.
혼잣말 a soliloquy; a monolog(ue). ~하다 soliloquize; talk 〔mutter〕 to oneself; think aloud.
혼작(混作) ~하다 grow 〔raise〕 together; double-crop.
혼잡(混雜) confusion; disorder; congestion. ~한 confused; disordered; 《붐비는》 crowded; congested; bustling. ¶ ~ 속에서 in the confusion. ‖ 교통 ~ a traffic congestion 〔jam〕.
혼잣손 ¶ ~으로 《do》 single-handed; by 〔for〕 oneself; unaided.
혼전(婚前) ~의 premarital. ‖ ~ 관계 one's premarital relations; premarital sex (육체).
혼전(混戰) a confused 〔mixed, free〕 fight; a melee. ~하다 fight in confusion.
혼처(婚處) a prospective marriage partner.
혼천의(渾天儀) a celestial globe; an armillary sphere.
혼탁(混濁) ~한 turbid; cloudy; thick; muddy.
혼합(混合) ~하다 mix; mingle; blend; compound; intermix. ‖ ~물 a mixture; a compound (화합물) / ~비료 compost; compound manure / ~주 a mixed drink; cocktail.
혼혈(混血) mixed blood 〔breed〕. ~의 half-blooded. ‖ ~아 a child of mixed parentage; a half-blood 〔-breed〕; a hybrid.
혼효(混淆) ~하다 mix up. ‖ 옥석 ~ a medley of chaff and corn.
홀(笏) a (flat) baton; a scepter.
홀 a hall. ‖ 댄스 ~ a dance 〔dancing〕 hall.
홀… single.
홀가분하다 《가뿐·거뜬함》 (be) light; free and easy; unencumbered. ¶ 홀가분한 기분으로 with a light heart.
홀딱 ① ☞ 홀떡. ② 《반한꼴》 ¶ ~ 반하다 be deeply in love 《*with*》; lose one's heart 《*to*》. ③ 《속는꼴》 ¶ ~ 속다 be nicely 〔completely〕 taken in.
홀랑 all naked. ¶ 옷을 ~ 벗다 strip oneself all naked.
홀로 alone; by oneself (단신). ¶ ~ 살다 live alone; remain single.
홀리다 ① 《이성에게》 be charmed; be fascinated; be bewitched; 《현혹되다》 be tempted 〔deluded〕. ② 《여우·귀신 등에》 be possessed; be obsessed; be bewitched.
홀몸 a single 〔an unmarried〕 person.
홀소리 ☞ 모음(母音).
홀수(一數) an odd number. ~의 odd-numbered. ‖ ~일 an odd day.
홀스타인 《젖소품종》 a Holstein.
홀시(忽視) ~하다 neglect; disregard.

홀씨 〖植〗 a spore. ☞ 포자(胞子).
홀아비 a widower. ‖ ~살림 a single 〔bachelor〕 life; a bachelor's home.
홀앗이살림 a household with no encumbrances.
홀어미 a widow.
홀연(忽然) suddenly; all of a sudden; in a moment 〔an instant〕.
홀짝거리다 ☞ 훌쩍거리다.
홀쭉하다 (be) long and slender; slim; thin; lean; 《뾰족하다》 (be) pointed; tapering.
홀치기 《염색》 white spots on a dyed ground; 《천》 tie-dyed fabrics.
홀태 a slim fish without spawn.
홀태바지 skin-tight trousers.
홀태질하다 hackle; thresh; thrash.
홈[1] 《cut》 a groove; a flute(기둥의).
홈[2] one's home; 〖野〗 the home base.
홈런 〖野〗 a home run; a homer. ‖ 만루 ~ a grand-slam homer.
홈스펀 《옷감》 homespun.
홈식 homesickness; nostalgia.
홈인 ¶ ~하다 〖野〗 get home.
홈질하다 sew with big stitches.
홈통(—桶) ① 《물끄는》 an eaves-trough; a gutter; a spout. ② 《창틀·장지의》 a groove.
홉[1] 〖植〗 a hop.
홉[2] a *hob* (=0.18 liter).
홋홋하다 (be) unencumbered; carefree; 《서술적》 have no encumbrances.
홍당무(紅唐—) a red radish; a carrot (당근). ¶ ~가 되다 《얼굴이》 flush deeply; blush(부끄러워).
홍두깨 a wooden cloth-smoothing roller (by wrapping and beating on it). ¶ 아닌 밤중에 ~ a bolt from the blue.
홍등가(紅燈街) gay quarters; a red-light district 《美》.
홍모(鴻毛) ¶ 목숨을 ~처럼 가벼이 여기다 make nothing of one's life; hold one's life as nothing.
홍보(弘報) (public) information; publicity. ‖ ~활동(活動) publicity 〔information〕 activities.
홍보석(紅寶石) a ruby.
홍삼(紅蔘) red ginseng.
홍색(紅色) red; 《홍색짜리》 a new bride (dressed in her red skirt).
홍소(哄笑) ~하다 laugh loudly.
홍수(洪水) a flood; an inundation; a deluge. ¶ ~가 나다〔지다〕 have 〔suffer from〕 a flood; be flooded. ‖ ~경보 flood warnings / ~지역 a flooded area 〔district〕.
홍순(紅脣) 《입술》 red 〔rouged〕 lips; 《꽃송이》 a flower half in bloom.
홍시(紅柿) a mellowed persimmon.
홍안(紅顔) ~의 rosy-cheeked; ruddy-faced. ¶ ~의 미소년 a handsome 〔fair〕 youth; an Adonis.
홍어(洪魚) a skate; a thornback.
홍업(洪業·鴻業) a glorious achievement.
홍역(紅疫) 〖醫〗 《catch》 the measles.
홍염(紅焰) red blazes of flame.
홍엽(紅葉) 《단풍든 잎》 red leaves; autumn tints; red maple foliage.
홍예(虹霓·虹蜺) ‖ ~문(門) an arch.
홍옥(紅玉) 〖鑛〗 ruby; carbuncle; 《사과》 a Jonathan.
홍은(鴻恩) great favo(u)r 〔benevolence〕.
홍익인간(弘益人間) devotion to the welfare of mankind; humanitarianism.
홍인종(紅人種) the red race; the Red Indian.
홍일점(紅一點) the only woman in the company.
홍조(紅潮) flushing(얼굴의); menses (월경). ¶ ~를 띠다 flush; blush.
홍차(紅茶) black tea.
홍채(虹彩) the iris. ‖ ~염 iritis.
홍콩 Hong Kong; Hongkong.
홍합(紅蛤) 〖貝〗 a hard-shelled mussel.
홍해(紅海) the Red Sea.
홑… single; onefold(한겹).
홑겹 a single layer.
홑몸 ① ☞ 단신(單身). ② 《임신하지 않은》 a woman who is not pregnant.
홑실 single ply thread.
홑옷 unlined clothes.
홑이불 a (bed) sheet.
홑지다 (be) simple; simplified.
홑치마 《한겹의》 an unlined skirt; 《속치마 없이 입은》 a skirt worn without an underskirt.
화(火) ① 《불》 fire. ② 《노염》 anger; wrath.
화(禍) 《재난》 a disaster; a calamity; a woe; 《불행》 (a) misfortune; an evil. ¶ ~를 당하다 meet with a calamity 〔misfortune〕 / ~를 부르다 bring a misfortune 《*on*》; invite 〔cause〕 a disaster.
화가(畫架) an easel.
화가(畫家) a painter; an artist. ‖ 동양 ~ an Oriental painter / 서양 ~ an artist of Western painting.
화간(和姦) fornication. ~하다 fornicate 《*with a woman*》.
화강석(花崗石) ☞ 화강암.
화강암(花崗岩) granite.
화객선(貨客船) a cargo-passenger ship.
화경(火鏡) a burning glass; a sunglass.
화공(火攻) a fire attack. ~하다 attack by setting fire to.
화공(畫工) a painter; an artist.
화관(花冠) ① 〖植〗 the corolla. ② 《여자의》 a woman's ceremonial coronet.
화관무(花冠舞) a flower crown dance.
화광(火光) the light of fire〔flames〕.
화교(華僑) Chinese resident abroad; overseas Chinese merchants.
화구(火口) ① 《아궁이》 a fuel hole. ② 《화산의》 a crater. ‖ ~원(原) an

atrio (~원호(湖) an atrio lake).
화근(禍根) the source 〔root〕 of evil 〔calamity〕. ¶ ~을 없애다 root out the source of calamity.
화급(火急) ~한 urgent; pressing; exigent.
화기(火氣) ① ☞ 화(火) ②. ② 《불기》 fire. ‖ ~ 엄금 《게시》 Use of Fire Strictly Prohibited., Inflammables: Keep Out., (Caution:) Inflammable (짐 따위에 표시).
화기(火器) firearms. ‖ 소(小)~ light firearms; small arms / 자동(自動) ~ automatic firearms / 중(重) ~ heavy weapons.
화기(和氣) harmony; peacefulness. ¶ ~ 애애한 가정 a happy home.
화끈거리다 feel hot; glow; burn; flush.
화끈달다 get enraged; be infuriated; be maddened.
화나다(火—) get angry 〔enraged, indignant, infuriated〕; get mad. ¶ 화나게 하다 enrage; exasperate; provoke.
화내다(火—) get angry 《*at, with*》; fly into a passion; get into a rage; lose one's temper.
화냥년 a wanton〔dissolute〕 woman.
화냥질 ☞ 서방질. ¶ 홧김에 ~하다 cut off one's nose to spite one's face.
화농(化膿) suppuration; purulence; maturation. ~하다 suppurate; come to a head; fester. ¶ ~성의 suppurative; purulent; festering. ‖ ~균 a suppurative germ.
화닥닥 ☞ 후닥닥.
화단(花壇) a flower bed 〔garden〕.
화단(畫壇) painting circles.
화대(花代) 《기생의》 a charge for *gisaeng's* service; a *gisaeng's* fee.
화덕 《화로》 a live charcoal brazier; 《솥거는》 a (cooking) stove; a kitchen 〔cooking〕 range; an oven.
화독내(火毒—) the scorching smell of food.
화동(和同) (be in) harmony.
화드득 ¶ ~거리다 keep going slush; keep crackling 〔banging, whizzing〕.
화락(和樂) harmony; unity; peace. ~하다 (be) harmonious; peaceful; 《서술적》 be at peace with each other; dwell in unity 〔harmony〕.
화란(和蘭) ☞ 네덜란드.
화랑(畫廊) a picture〔an art〕 gallery.
화려(華麗) ~한 splendid; sumptuous; gorgeous; brilliant.
화력(火力) heat; the force of the fire (불길의); 〖軍〗 fire power. ‖ ~ 발전 steam 〔thermal〕 power generation (~ 발전소 a thermal power station 〔plant〕) / ~ 지원(支援) 〖軍〗 fire support.
화로(火爐) a brazier; a fire pot.
화룡점정(畫龍點睛) a finishing touch.
화류(樺榴) red sandalwood. ‖ ~장 a chest made of red sandalwood.
화류계(花柳界) the gay quarters 〔world〕; a red-light district 《美》. ‖ ~ 여자 a woman of the gay world; a *demimondaine* 《프》.
화류병(花柳病) venereal diseases (생략 V.D.); a social disease.
화면(畫面) a picture; a scene (장면). ¶ (영화의) ~에서 in the pictures / ~이 넓은 wide-screen.
화목(和睦) peace; harmony; concord. ~하다 (be) harmonious; peaceful; 《서술적》 be at peace with each other; be in harmony.
화문(花紋) floral design. ‖ ~석(席) a figured 〔fancy〕 mat.
화물(貨物) freight 《美》; goods 《英》; a (ship's) cargo (뱃짐). ‖ ~ 보관증 a warrant; 《창고의》 a warehouse receipt 〔certificate 《英》〕 / ~선(船) a cargo-boat; a freighter 《美》 / ~ 열차(列車) a freight 〔goods 《英》〕 train / ~ 요금 goods rates 《英》; freight (rates) 《美》 / ~ 자동차 a truck; a lorry 《英》 / ~ 취급소 a freight 〔goods 《英》〕 office / 철도 ~ rail freight.
화방수(—水) a whirl(pool); an eddy.
화백(畫伯) a (master, great) painter. ¶ 김 ~ Painter Kim.
화법(話法) 〖文〗 《direct, indirect》 narration.
화법(畫法) the art of painting 〔drawing〕.
화병(花甁) a (flower) vase.
화보(畫報) a pictorial; a graphic; pictorial news. ‖ 시사 ~ news in pictures; a pictorial record of current events.
화복(禍福) weal and woe; fortune and misfortune; good or evil.
화본과(禾本科) 〖植〗 *Gramineae* (학명). ‖ ~ 식물 grasses.
화부(火夫) a stoker; a fireman 《美》.
화분(花盆) a flowerpot.
화분(花粉) pollen. ‖ ~열(熱) hay fever; pollinosis.
화불단행(禍不單行) Misfortunes never come single.
화사(華奢) ~한 luxurious; pompous; splendid.
화산(火山) a volcano [*pl.* -(e)s]. ‖ ~대(帶) a volcanic belt 〔zone〕 / ~맥 a volcanic chain / ~학 volcanology (~학자 a volcanist) / ~회(灰) volcanic ashes / 활 〔휴, 사〕 ~ an active 〔a dormant, an extinct〕 volcano.
화살 an arrow. ¶ ~을 먹이다 fix an arrow (to the bow) / ~을 쏘다 shoot an arrow / ~처럼 빠르다 be as swift as an arrow. ‖ ~대 a shaft of an arrow / ~촉 an arrowhead / ~표 an arrow.
화상(火床) a fire grate.
화상(火傷) a burn; a scald (끓는 물에). ¶ ~을 입다 get 〔be〕 burnt; suffer burns; get 〔be〕 scalded.

화상(和尙) a Buddhist priest.
화상(華商) a Chinese merchant abroad.
화상(畫商) a picture [an art] dealer.
화상(畫像) a portrait; a picture.
화색(和色) a peaceful [ruddy] countenance; a genial expression.
화생방전(化生放戰) 〖軍〗 chemical, biological and radiological warfare; CBR warfare.
화서(花序) inflorescence; anthotaxy.
화석(化石) 《작용》 fossilization; 《돌》 a fossil 《*animal, fish*》. ‖ ~학 fossilology (~학자 a fossilologist).
화섬(化纖) a chemical [synthetic] fiber. ‖ ~직물 synthetic textiles.
화성(化成) transformation. **~하다** transform; change.
화성(火星) Mars. ‖ ~인 a Martian.
화성(和聲) 〖樂〗 harmony. ‖ ~학 harmonics.
화성암(火成岩) 〖地〗 igneous rocks.
화수분 an inexhaustible supply [fountain of wealth].
화수회(花樹會) a convivial party of the members of a clan; a family reunion.
화술(話術) the art of conversation [talking]. ¶ ~에 능한 사람 a good talker.
화식(火食) **~하다** eat cooked food. ‖ ~조 〖鳥〗 a cassowary.
화식도(花式圖) 〖植〗 a flower diagram.
화신(化身) (an) incarnation; (a) personification. ¶ 악마의 ~ a devil incarnate; an incarnate fiend.
화신(花信) tidings of flowers. ‖ ~풍(風) a spring breeze.
화실(畫室) a studio; an *atelier* 《프》.
화씨(華氏) Fahrenheit (생략 Fahr., F.). ¶ ~ 75 도 75 degrees Fahrenheit (생략 75°F.). ‖ ~ 온도계 a Fahrenheit (thermometer).
화약(火藥) (gun)powder. ‖ ~고 a (powder) magazine / ~ 공장 a powder mill [plant] / ~ 취급인 a dealer in [handler of] gunpowder.
화열(火熱) caloric heat.
화염(火焰) a flame; a blaze. ¶ ~에 휩싸이다 be enveloped in flames. ‖ ~ 방사기 a flame thrower [projector] / ~병 an incendiary bottle grenade; a Molotov('s) cocktail.
화요일(火曜日) Tuesday.
화용월태(花容月態) a lovely face and graceful carriage.
화원(花園) a flower garden.
화음(和音) a chord; an accord. ‖ 기초 ~ the primitive chord / 5 도 ~ the fifth (chord).
화의(和議) ① 《화해협상》 negotiations for peace; a peace conference; reconciliation. **~하다** negotiate for peace; make reconciliation 《*with*》. ② 〖法〗 composition. **~하다** make a composition 《*with*》. ‖ ~법 the Composition Law.
화인(火因) the origin [cause] of a fire. ¶ ~ 불명의 화재 a fire of unknown origin / ~을 조사하다 inquire into the cause of the fire.
화장(一長) the sleeve length.
화장(化粧) toilet; (a) make-up. **~하다** make one's toilet; paint [powder] one's face; dress oneself (몸치장); make up 《*one's face*》. ¶ 엷은 [짙은] ~ 《wear》 heavy [light] make-up / ~을 고치다 adjust [fix] one's make-up; arrange one's face. ‖ ~대 a dressing [toilet] table / ~ 도구 a toilet set (~ 도구 상자 a dressing [toilet] case; a vanity case (휴대용)) / ~실(室) a dressing room; 《변소》 a rest room / ~품 toilet articles (~품 가게 a cosmetic shop).
화장(火葬) cremation. **~하다** burn 《*the body*》 to ashes; cremate. ‖ ~장 [터] a crematory; a crematorium 《英》.
화재(火災) a fire; a conflagration (큰 불). ‖ ~ 경보기 a fire alarm / ~ 보험 fire insurance (~ 보험에 들다 insure 《*a house*》 against fire / ~ 보험 회사 a fire-insurance company).
화재(畫才) an artistic talent.
화전(火田) fields burnt away for cultivation. ‖ ~민(民) "fire-field" farmers; brand-tillers.
화제(畫題) the subject of a picture [painting].
화제(話題) a subject [topic, theme] (of conversation). ¶ 오늘의 ~ the topics of the day; current topics / ~에 오르다 become the topic of a talk [conversation]; be talked about.
화주(火酒) strong liquor; spirits; firewater.
화주(花柱) 〖植〗 a style.
화주(貨主) a goods-holder; the owner of goods.
화중지병(畫中之餠) a desirable but unattainable object; "pie in the sky".
화차(貨車) a freight car 《美》; a goods wag(g)on [van] 《英》. ‖ 유개(有蓋) [무개(無蓋)] ~ a freight [flat] car 《美》; a covered [an open] waggon 《英》.
화창(和暢) **~한** bright; genial; serene; balmy. ¶ ~한 날씨 balmy weather.
화채(花菜) honeyed juice mixed with fruits as a punch.
화첩(畫帖) a picture album.
화초(花草) a flower; a flowering plant. ‖ ~밭 a flower garden / ~장이 a florist / ~ 재배(법) floriculture / ~ 전시회 a flower show.
화촉(華燭) ¶ ~을 밝히다 celebrate a wedding. ‖ ~ 동방 the bridal room for the wedding night.
화친(和親) friendly relations; am-

ity. ~하다 make peace 《*with*》; enter into friendly relations 《*with*》. ‖ ~ 조약 a peace treaty.
화탁(花托) 〖植〗 the receptacle.
화톳불 《make》 a bonfire.
화통(火筒) a funnel.
화투(花鬪) Korean playing cards; "flower cards". ~치다 play [shuffle] "flower cards".
화판(畫板) a drawing board.
화평(和平) peace. ~하다 (be) peaceful; placid.
화폐(貨幣) money; 《통화》 currency; 《경화》 coin; coinage(총칭). ‖ ~ 가치 value in money / ~ 단위 a monetary unit / ~ 본위(제도) the monetary standard [system] / 법정 ~ legal tender / 위조(僞造) ~ a counterfeit coin.
화포(畫布) a canvas.
화폭(畫幅) a picture; a drawing.
화풀이(火—) ~하다 satisfy one's resentment; vent one's wrath 《*on*》; wreak one's anger [wrath] 《*on a person*》.
화풍(畫風) a style of painting. ¶ 라파엘의 ~ the brush of Raphael.
화피(花被) 〖植〗 the perianth.
화필(畫筆) a paintbrush.
화하다(化—) 《변화》 change [turn] 《*into, to*》; 《변형》 transform 《*into, to*》; be transformed.
화하다(和—) ① 《섞다》 mix; mingle. ② 《온화》 (be) mild; genial.
화학(化學) chemistry. ¶ ~적(으로) chemical(ly). ‖ ~ 공업 chemical industry / ~ 기호 [식(式), 방정식] a chemical symbol [formula, equation] / ~ 변화 [반응] a chemical change [reaction] / ~ 병기 [전] a chemical weapon [warfare] / ~ 비료 a chemical fertilizer / ~ 섬유 a synthetic [chemical] fiber / ~ 약품 chemicals / ~자 a chemist / ~ 조미료 a chemical seasoning (stuff) / 유기 [무기] ~ organic [inorganic] chemistry.
화합(化合) (chemical) combination. ~하다 combine 《*with*》. ‖ ~물 a (chemical) compound 《*of*》.
화합(和合) 《조화》 harmony; 《결합》 unity; union. ~하다 be harmonious; be in harmony.
화해(和解) (a) reconciliation; an amicable settlement. ~하다 be reconciled; make peace; come to terms 《*with*》; settle out of court (소송하지 않고).
화형(火刑) burning at the stake; the stake. ¶ ~당하다 be burned at the stake; be burned alive.
화환(花環) a wreath; a garland; a lei (하와이의). ¶ ~을 바치다 place [lay] a wreath 《*at* [*on*] *the tomb*》.
화훼(花卉) a flowering plant. ‖ ~ 산업 floricultural industry / ~ 원예 floriculture.
확¹ 《절구》 a mortar; 《절구의 구멍》 the hollow of a mortar.
확² 《빨리》 rapidly; in a flash; 《돌연》 suddenly; 《세차게》 violently; with a jerk.
확고(確固) ~한 firm; definite; resolute; fixed; steady.
확답(確答) 《give》 a definite answer [reply].
확대(擴大) magnification; enlargement; expansion. ~하다 《넓히다》 magnify; 《넓어지다》 spread; expand; 《사건 등이》 assume serious proportions; 《사진 등을》 enlarge. ‖ ~경(鏡) a magnifying glass; a magnifier / ~기 an enlarger / ~율 magnifying power; 〖寫〗 an enlargement ratio / ~ 재생산 reproduction on an expanded scale.
확론(確論) a solid argument.
확률(確率) probability.
확립(確立) establishment. ~하다 establish; settle.
확보(確保) ~하다 secure; insure; maintain 《*peace and order*》.
확산(擴散) spread(ing); proliferation; 〖理〗 diffusion. ~하다 spread; diffuse. ‖ 핵~ spread of nuclear arms; nuclear proliferation (핵~ 금지 조약 a nuclear (weapons) nonproliferation treaty).
확성기(擴聲器) a loudspeaker; a megaphone.
확신(確信) a conviction; a firm belief; confidence (자신). ~하다 be confident 《*of*》; believe firmly 《*in*》; be sure 《*of, that*》. ¶ ~하여 with confidence; in the firm believe 《*that...*》 / ~을 얻다 gain confidence.
확실(確實) ~한 《틀림이 없는》 sure; certain; secure; 《믿을만한》 reliable; trustworthy; valid; 《견실》 sound; solid. ¶ ~히 certainly; surely; reliably; to a certainty / ~치 않은 uncertain; unreliable; doubtful / ~한 증거 a positive proof / ~한 대답 a definite answer / ~한 사업 [투자] a sound business [investment]. ‖ ~성 certainty; reliability.
확약(確約) a definite promise. ~하다 give one's word 《*to*》; commit oneself 《*to*》.
확언(確言) a definite statement. ~하다 say positively; assert; affirm.
확연(確然) ~한 definite; positive.
확인(確認) confirmation; affirmation. ~하다 confirm; affirm; certify. ¶ 미~의 unconfirmed.
확장(擴張) extension; expansion; enlargement. ~하다 extend; expand; enlarge. ¶ 도로를 ~하다 widen a street / 사업을 [점포를] ~하다 expand the business [shop]. ‖ ~기(器) a dilator / 군비 ~ an expansion of armaments.
확전(擴戰) escalation (of the war). ~하다 escalate.

확정(確定) decision; settlement. ~하다 decide upon 《a matter》; settle; fix; confirm. ¶ ~적(으로) definite(ly); decided(ly) / ~된 settled; fixed; decided; definite. ‖ ~신고(를 하다) (make) one's final 《income tax》 return / ~안 a final draft / ~ 판결 an irrevocable [a final and conclusive] judg(e)ment.
확증(確證) conclusive evidence; a positive proof. ¶ ~을 잡다 secure positive evidence 《of》.
확충(擴充) expansion 《of productivity》; amplification. ~하다 expand; amplify.
확확 《바람이》 with great puffs; with gusts; 《불길이》 flaring up repeatedly; with flame after flame.
환 《줄》 a file; a rasp.
환(丸) a pill. ☞ 환약(丸藥).
환(換) 〖經〗 《cash》 a money order; exchange. ‖ ~시세 an exchange rate / ~어음 a bill of exchange; a draft / ~차손 (差損) [투기] an exchange loss [speculation] / 외국[국내] ~ foreign [domestic] exchange / 우편~ a postal money order / 전신~ a telegraphic remittance.
환가(換價) conversion (into money); realization. ~하다 convert into money; realize.
환각(幻覺) a hallucination; an illusion. ¶ ~을 일으키다 hallucinate. ‖ ~제 a hallucinogen; LSD (~제 중독자 a psychedelic).
환갑(還甲) one's 60th birthday anniversary. ‖ ~ 노인 a sexagenarian / ~ 잔치(를 베풀다) (give) a banquet on one's 60th birthday.
환경(環境) 《be influenced by》 one's environment [surroundings]. ‖ ~공해 environmental hazard / ~ 보호 the protection of environment / ~부 the Ministry of Environment / ~ 오염 [위생] environmental pollution [sanitation] / ~파괴 environmental disruption.
환국(還國) ☞ 귀국(歸國).
환금(換金) ① 《현금화》 realization. ~하다 realize 《one's securities, property》; convert [turn] 《goods》 into money; cash 《a check》. ② ☞ 환전(換錢).
환급(還給) ~하다 return; restore; give back; retrocede.
환기(喚起) ~하다 awaken; arouse 《public opinion》; stir up. ¶ 주의를 ~하다 call 《a persons's》 attention 《to》.
환기(換氣) ventilation. ~하다 ventilate. ¶ ~가 잘 (안) 되다 be well [ill] ventilated. ‖ ~공(孔) a vent (hole) / ~ 장치 [통(筒)] a ventilator / ~창 a vent; a window for ventilation.
환난(患難) misfortune; hardships; distress.
환담(歡談) a pleasant talk. ~하다 have a pleasant talk[chat]《with》.
환대(歡待) a warm [cordial] reception. ~하다 give a warm reception; entertain warmly; receive cordially.
환도(還都) ~하다 return to the capital.
환등(幻燈) a magic lantern; a film slide. ‖ ~기 a magic lantern apparatus; a slide projector.
환락(歡樂) pleasure; amusement; enjoyment; mirth. ‖ ~가(街) an amusement center.
환류(環流) reflux; a return current (전기, 해류의).
환매(換買) barter. ~하다 barter.
환매(還買) repurchase; 〖證〗 short covering. ~하다 buy back; repurchase; redeem; short cover (증권).
환멸(幻滅) disillusion. ¶ ~을 느끼다 be disillusioned / ~의 비애를 느끼다 feel the bitterness [sorrow] of disillusion.
환문(喚問) summons. ~하다 summon 《a person》 for examination.
환부(患部) an affected part.
환부(還付) ~하다 return; retrocede; restore; give back. ‖ ~금 refund.
환불(還拂) repayment; refundment. ~하다 pay back; repay; refund.
환산(換算) ~하다 change; convert 《into》. ‖ ~율 exchange rates / ~표 a conversion table.
환상(幻想) an illusion; a vision. ~적 visionary. ‖ ~곡(曲) fantasia.
환상(幻像) a phantom; a phantasm; a vision; an illusion.
환상(環狀) ~의 loop; ring-shaped; circular; annular. ‖ ~ 도로 a loop [circular] road; a beltline avenue / ~선 a loop [belt] line.
환생(還生) ~하다 be born again; be reincarnated.
환성(歡聲) a shout of joy; a cheer. ¶ ~을 올리다 shout for joy; give [set up] a shout of joy.
환송(還送) ~하다 return; send back.
환송(歡送) a send-off; a farewell. ~하다 give 《a person》 a hearty send-off. ‖ ~회 a farewell [send-off] party.
환시(環視) ¶ 중인 ~리에 with everybody looking at one.
환심(歡心) ¶ ~을 사다 win 《a person's》 favo(u)r; curry favor with 《a person》; 《여자의》 win a girl's heart.
환약(丸藥) a (medical) pill; a globule.
환언(換言) ¶ ~하면 in other words; that is (to say); namely.
환영(幻影) a vision; a phantom.
환영(歡迎) a welcome; a reception. ~하다 welcome; give a welcome to 《a person》; bid 《a person》 welcome; receive warmly. ‖ ~만찬회 a reception dinner / ~사 an address of welcome / ~회 《give》 a reception; 《hold》 a welcome

meeting 〔party〕.
환우기(換羽期) the mo(u)lting season.
환원(還元) ① 《복귀》 restoration. ~하다 restore. ② 〖化〗 reduction; deoxid(iz)ation (산화물의). ~하다 reduce 《*to its components*》; deoxidize. ‖ ~제 a reducing agent.
환율(換率) an exchange rate. ‖ ~변동 exchange rate fluctuation / ~인상 a raise in the exchange rates / 대미 ~ the (exchange) rate on the U.S.; the *won-dollar* rate.
환자(患者) a patient; a sufferer 《*from a cold,* etc.》; a case 《*of cholera,* etc.》; a victim 《*of a disease*》; a subject 《*of operation*》. ‖ ~명부 a sick list / 입원 〔외래〕 ~ an inpatient 〔outpatient〕.
환장(換腸) ~하다 become 〔go〕 mad; lose 〔be out of〕 one's mind.
환전(換錢) exchange (of money). ~하다 change 《*money*》; exchange 《*dollars into won*》. ‖ ~상 《상점》 an exchange house; 《사람》 an exchange broker; a money changer / ~ 수수료 a commission for (ex)changing.
환절(換節) ‖ ~기 the turning point of the season.
환절(環節) a segment; a somite.
환초(環礁) a lagoon island; an atoll.
환표(換票) 《선거의》 ballot switching. ~하다 switch ballots.
환풍기(換風機) a ventilation fan.
환하다 ① 《밝다》 (be) bright; light. ② 《앞이 탁 틔다》 (be) open; clear; unobstructed. ¶ 길이 ~ a road is clear 〔wide open〕. ③ 《얼굴이》 (be) bright; fine-looking; handsome. ④ 《정통》 be familiar 《*with*》, be well acquainted 《*with*》, be conversant 《*with*》 (서술적). ¶ 법률에 ~ be learned in the law.
환형(環形) ~의 ring-shaped; annular; looped. ‖ ~동물 Annelida.
환호(歡呼) a cheer; an acclamation; an ovation. ~하다 cheer; give cheers. ¶ ~ 속에 amid cheers / ~성을 올리다 set up a shout of joy.
환희(歡喜) joy; delight. ~하다 be delighted; be very glad; rejoice.
활 a bow; archery (궁술). ¶ ~을 쏘다 shoot an arrow.
활강(滑降) 《스키》 a descent.
활개 ① 《사람의 두 팔》 one's arms 〔limbs〕. ~치다 swing one's arms. ② 《새의》 wings. ~치다 flap the wings; flutter.
활갯짓하다 swing one's arms.
활공(滑空) ~하다 glide. ‖ ~기(機) a glider; a sailplane.
활극(活劇) a stormy 〔riotous〕 scene; 《영화의》 an action film 〔picture〕. ‖ 서부 ~ a Western (film); a cowboy picture; a horse opera.
활기(活氣) activity; life; vigo(u)r. ¶ ~있는 active; lively; full of life / ~를 띠다 become active 〔lively〕; show life.
활달(豁達) ~한 generous; magnanimous; broad-minded.
활대 the cross-stick at the top of a sail; a (sail) yard.
활동(活動) activity; action; operations. ~하다 be active; play an active part 《*in*》. ¶ ~적인 active; energetic. ‖ ~가 a man of action; an energetic person; a go-getter 《美俗》 / ~력 activity; vitality / ~범위 the scope 〔sphere〕 of activity / 정치 ~ political activities; politicking.
「☞ 한량.
활량 ① an archer; a bowman. ②
활력(活力) vital power; vitality. ‖ ~소(素) a tonic; a vitamin(e).
활로(活路) ¶ ~를 열다 〔찾다〕 find a way out (of the difficulty); cut one's way through (the enemy).
활무대(活舞臺) a living stage; the arena.
활발(活潑) ~한 active; brisk; vigorous; lively. ¶ ~히 actively; lively; briskly; vigorously.
활보(闊步) ~하다 stride; strut. ¶ 거리를 ~하다 stalk (along) the streets.
활석(滑石) 〖鑛〗 a steatite; a talc.
활성(活性) ~의 active; activated 《*carbon*》. ‖ ~비타민제 an activated vitamin preparation.
활수(滑手) ~하다 (be) liberal 《*of, with*》; generous 《*with*》; 《서술적》 have an open hand.
활시위 a bowstring.
활액(滑液) 〖解〗 synovia.
활약(活躍) activity. ~하다 be active 《*in*》; take 〔play〕 an active part 《*in*》.
활엽수(闊葉樹) a broad-leaved tree.
활용(活用) ① 《응용》 practical use; application. ~하다 put 《*knowledge*》 to practical use; make the most 〔best〕 of (이용). ② 〖文〗 inflection (어미의); declension (격의); conjugation(동사의). ~하다 inflect; decline; conjugate.
활자(活字) a printing type; type (총칭). ¶ 7호 ~ No. 7 type; agate 《美》; ruby 《英》 / ~화하다 print / ~로 짜다 put 〔set〕 in type / ~를 짜다 set type. ‖ ~판 a case.
활주(滑走) ~하다 glide (활공); taxi (지상을); volplane (공중활강); slide (스키의); skate. ‖ ~로 a runaway; a landing strip.
활집 a bow-case.
활짝 ① 《열린·트인 모양》 wide(ly); extensively; broad; open. ¶ ~ 트이다 be open / ~ 열다 fling 《*the door*》 open. ② 《날씨》 entirely; 《꽃 따위가》 brightly; radiantly. ¶ ~ 갠 하늘 clear sky.
활차(滑車) a pulley; a block.
활촉(一鏃) an arrowhead.

활터 an archery ground 〔range〕.
활판(活版) printing; typography. ‖ ~소 a printer's / ~ 인쇄 type printing.
활화산(活火山) an active volcano.
활활 《불이》 vigorously; in flames; 《부채질》《fan》 briskly.
활황(活況) boom. ¶ ~을 보이다 show signs of activity.
홧김 ¶ ~에 in (a fit of) anger; in the heat of passion.
홧홧하다 (be) sultry; (feel) hot; feverish; 《서술적》 glow; burn.
황(黃) ① 《색》 yellow (colo(u)r). ② 〖鑛〗orpiment(석유황); 〖化〗sulfur; sulphur 《英》. ~의 sulfurous.
황갈색(黃褐色) yellowish brown.
황감(惶感) ~하다 《서술적》 be deeply grateful; be much obliged 《*to*》.
황겁(惶怯) ~하다 (be) awe-stricken; fearful.
황고집(一固執) stubbornness; 《사람》 a hard-headed person.
황공(惶恐) ~하다 (be) awe-stricken; 《서술적》 be overwhelmed (with awe); 《감사로》 (be) gracious.
황국(黃菊) a yellow chrysanthemum.
황금(黃金) gold; money (금전). ~의 gold(en). ‖ ~ 만능 mammonism (~ 만능주의자 a mammonist) / ~빛 a golden colo(u)r / ~ 숭배 plutolatry; mammonism / ~ 시대〔분할〕 the golden age 〔section〕.
황급(遑急) ~히 in a (great) hurry; hurry-scurry.
황달(黃疸) jaundice; the yellows. ‖ ~ 환자 an icteric(al).
황당(荒唐) ~(무계)한 absurd; fantastic; nonsensical; wild. ‖ ~객(客) a gasbag; a Gascon; a brag(gart).
황도(黃道) 〖天〗 the ecliptic. ‖ ~대(帶) the zodiac.
황동(黃銅) brass. ‖ ~색 brass yellow.
황량(荒凉) ~한 desolate; dreary; wild; bleak; deserted.
황린(黃燐) 〖化〗 yellow phosphor.
황마(黃麻) 〖植〗 a jute.
황막(荒漠) ~하다 (be) desolate, waste; wild; vast; wide.
황망(遑忙) ~히 in a flurry; in a great hurry.
황망(慌忙) ~히 in a flurry; helter-skelter.
황무지(荒蕪地) waste 〔wild, barren〕 land; a wilderness.
황밤(黃一) a dried chestnut.
황산(黃酸) 〖化〗 sulfuric 〔sulphuric 《英》〕 acid; vitriol. ‖ ~동〔철, 암모니아〕 copper 〔iron, ammonium〕 sulfate / ~염 a sulfate / ~지 sulfate 〔parchment〕 paper.
황새 〖鳥〗 a stork.
황새걸음 《walk with》 long 〔big〕 steps; a long stride.
황색(黃色) yellow. ‖ ~ 인종 the yellow race.
황석(黃石) 〖鑛〗 yellow calcite.
황성(皇城) the capital.
황소(黃一) a bull. ¶ ~같이 일하다 work like blazes. ‖ ~ 걸음 a leisurely 〔snail's〕 pace; a slow step.
황송(惶悚) ~한 gracious; august; awful; awe-inspiring.
황실(皇室) the Imperial 〔Royal〕 Household 〔Family〕.
황아장수 a peddler of sundries.
황야(荒野) a wilderness; a waste; a desert land; the wilds.
황어(黃魚) 〖魚〗 a dace.
황열병(黃熱病) 〖醫〗 yellow fever.
황옥(黃玉) 〖鑛〗 a topaz.
황음(荒淫) carnal excesses; sexual indulgence.
황인종(黃人種) the yellow race.
황제(皇帝) an emperor.
황진(黃塵) dust in the air; 〖氣〗 a dust storm.
황차(況且) ☞ 하물며.
황천(黃泉) Hades; the land of the dead. ‖ ~객 a dead person (~객이 되다 go down to the shades; join the majority) / ~길 the way to Hades (~길을 떠나다 go to one's last home).
황철광(黃鐵鑛) 〖鑛〗 (iron) pyrites.
황체(黃體) ‖ ~ 호르몬 progesterone; progestin(e).
황탄(荒誕) ☞ 황당(荒唐).
황태자(皇太子) the Crown Prince. ‖ ~비(妃) the Crown Princess / 영국 ~ the Prince of Wales.
황태후(皇太后) the Empress Dowager; the Queen Mother.
황토(黃土) yellow soil; loess. ‖ ~빛 mud yellow.
황통(皇統) the Imperial 〔Royal〕 line.
황폐(荒廢) waste; ruin; devastation. ~하다 go to ruin; be laid waste. ¶ ~한 ruined; desolate.
황하(黃河) The Yellow River; the Hwang Ho.
황해(黃海) The Yellow Sea.
황혼(黃昏) 《at》 dusk; (evening) twilight. ¶인생의 ~기 《in》 the twilight years of one's life / ~이 지다〔깃들다〕 dusk falls.
황홀(恍惚) ~한 charming; fascinating; enchanting; bewitching. ¶ ~히 in an ecstasy; in raptures; absorbedly / ~해지다 be enraptured 〔in raptures〕; be charmed 〔enchanted〕. ‖ ~경 a trance; an ecstasy; a dreamy state.
황화(黃化) 〖化〗 sulfuration; sulphuration 《英》. ‖ ~ 고무 vulcanized rubber / ~물 a sulfide / ~수소〔은〕 hydrogen 〔silver〕 sulfide.
황화(黃禍) the Yellow Peril.
황후(皇后) an empress; a queen.
홰[1] 《새의》 《be on》 a perch.
홰[2] 《횃불의》 a torch.
홰치다 flap 〔clap, beat〕 the wings; flutter.
홰홰 ¶ ~ 휘두르다 turn round and round; brandish 《*a stick*》 / ~ 감

기다 coil 〔twine〕《*around a pole*》.
핵 ①☞ 핵핵 ①. ②《갑자기》suddenly; 《힘차게》with a jerk; violently; 《잽싸게》quickly; nimbly. ¶ ~ 잡아당기다 pull with a jerk/ ~ 던지다 jerk / ~ 열다 fling 《*a door*》open.
핵핵 ①《빠르게》with dispatch; quickly; nimbly; fast. ②《던짐》flinging repeatedly. ③《때리다》with whack after whack.
횃대 a clothes rack; a clotheshorse. ¶ ~ 밑 사내 《俗談》A lion at home, a mouse abroad.
횃불 a torch(light); 《봉화》a signal fire. ¶ ~을 들다 carry a torch in one's hand.
횅댕그렁하다 (be) empty; hollow; bare《*of furniture*》; deserted.
횅하다 ①《통효》(be) well versed 《*in*》; familiar 《*with*》. ②《공허》(be) empty; vacant; deserted.
회(灰) ☞ 석회(石灰). ¶ ~를 바르다 plaster; stucco.
회(蛔) a roundworm. ☞ 회충.
회(會) 《회합》a meeting; a party (사교상의); 《단체》a society; a club; an association. ¶ ~를 열다 hold a meeting.
회(膾) slices of raw fish; minced raw meat (육회). ¶ ~를 치다 slice raw fish 〔meat〕.
회(回) 《횟수》a time; a round; an inning (야구의). ¶ 1 ~ once / 2 ~ two times; twice / 3 ~ 초〔말〕〖野〗 the first 〔second〕 half of the 3rd inning.
회갑(回甲) ☞ 환갑.
회개(悔改) repentance. ☞ 뉘우치다.
회견(會見) 《ask for》an interview 《*with*》. **~하다** meet; have an interview 《*with*》; interview 《*the President*》. ‖ ~기〔담〕an interview / ~자 an interviewer / 공식〔비공식〕~ a formal 〔an informal〕 interview.
회계(會計) account(ing); finance; 《셈》the account; a bill (청구서). **~하다** keep accounts (기장); pay the bill (지불). ‖ ~ 감사 audit (-ing) / ~과 an accounting section / ~(장)부 an account book / ~ 연도 a fiscal year / ~원 an accountant / ~학 accounting / 공인 ~사 a certified public 〔a chartered〕 accountant (생략 C.P.A.) / 일반〔특별〕~ the general 〔special〕 account).
회고(回顧) reflection; recollection. **~하다** reflect 〔look back〕《*upon*》; recall. ‖ ~록(錄) reminiscences.
회고(懷古) retrospection. **~하다** retrospect; look back upon the past. ‖ ~담 recollection; reminiscences (~담을 하다 talk over old times).
회관(會館) a hall; an assembly hall. ‖ 학생 ~ the students' hall.
회교(回敎) Mohammedanism; Islamism. ‖ ~ 교당 a mosque / ~도 a Mohammedan; Moslem (총칭).
회구(懷舊) recollection of the past. ☞ 회고(懷古).
회군(回軍) **~하다** withdraw troops 《*from*》.
회귀(回歸) ‖ ~열 recurrent fever/ 남〔북〕~선 the tropic of Capricorn 〔Cancer〕.
회기(會期) a session; a sitting; a term (기간). ¶ ~ 중에 during the session 《*of the National Assembly*》/ ~를 연장하다 extend the session.
회나무 〖植〗 a spindle tree.
회담(會談) (a) talk; (a) conversation; (a) conference (정식의); 《회견》an interview. **~하다** have a talk 《*with*》; interview.
회답(回答) an answer; a reply. **~하다** reply 《*to*》; give a reply; answer.
회당(會堂) 《예배당》a chapel; a church; 《공회당》a hall; an assembly hall; a meeting house.
회독(回讀) **~하다** read 《*a book*》in turn. ‖ ~회 a circulating library.
회동(會同) **~하다** meet; assemble; get together; have a meeting.
회람(回覽) circulation. **~하다** circulate. ‖ ~ 잡지〔판〕a circulating magazine 〔notice〕.
회랑(回廊) a corridor; a gallery.
회례(回禮) a return call; a return present. **~하다** return a call; make a return present.
회로(回路) ①《귀로》《on》one's way home. ②〖電〗a circuit. ‖ 고정〔집적〕~ a stationary 〔an integrated〕 circuit / 병렬〔직렬〕~ a parallel 〔series〕 circuit.
회뢰(賄賂) ☞ 뇌물.
회류(會流) **~하다** join; flow together; merge into one. ‖ ~점(點) a confluence. 「co.
회반죽(灰一) mortar; plaster; stuc-
회백(灰白) ‖ ~색 light gray 〔grey 《英》〕/ ~질(質) 〖生〗gray matter.
회벽(灰壁) a plastered wall.
회보(回報) a reply; an answer; 《복명》reporting. **~하다** give a reply; send an answer; 《복명》report to 《*a person on...*》; bring back a report.
회보(會報) a bulletin; a report. ‖ 동창회 ~ an alumni bulletin.
회복(回復·恢復) recovery; restoration. **~하다** recover《*from illness*》; regain; restore 《*peace*》; get back; get over 《*a loss*》. ¶ 명예를 ~하다 regain one's good reputation. ‖ ~기 a convalescent stage (병의) (~기의 환자 a convalescent).
회부(回附) **~하다** transmit 〔refer〕 《*to*》; forward 〔send (over)〕 《*to*》; pass on 《*to*》.
회비(會費) a (membership) fee. ¶

~를 거두다 〔내다〕 collect 〔pay〕 dues. ‖ 클럽 ~ club dues.
회사(會社) a company (생략 Co.); a corporation《美》; a concern; a firm. ¶ ~를 만들다 establish 〔form〕 a company / ~에 근무하다 serve in a company; be employed in the office. ‖ ~원 a company employee; an office worker / 모(母)~ a parent 〔holding〕 company / 자(子)~ a subsidiary company.
회사(回謝) ☞ 회례(回禮).
회상(回想) recollection; memory. ~하다 recollect; recall 《*a fact*》 to one's mind. ‖ ~록 reminiscences; memoirs.
회색(灰色) ~(의) gray; grey 《英》. ¶ ~을 띤 grayish. ‖ ~ 분자 a wobbler / ~ 차일구름 altostratus.
회생(回生) ☞ 소생(蘇生).
회서(回書) a reply; an answer.
회석(會席) a (place of) meeting.
회선(回旋) rotation. ~하다 rotate; revolve. ‖ ~ 운동 a rotary motion / ~탑 《유희용의》 《swing on》 a ring pole.
회선(回線) 〖電〗 a circuit. ‖ 전화 ~ a telephone circuit.
회송(回送) ~하다 (send) forward 《*a thing to...*》. ☞ 환송(還送).
회수(回收) collection (수금); withdrawal(철회); recovery (폐품의). ~하다 collect; withdraw; recover. ‖ 외상돈 ~ collection of bills / 폐품 ~ recovery of waste materials.
회수(回數) the number of times; frequency. ‖ ~권 a commutation ticket 《美》; a book of tickets 《英》; a coupon ticket.
회식(會食) ~하다 dine together; dine 《*with*》.
회신(回信) ☞ 회답(回答).
회심(回心) ~하다 get converted.
회심(會心) ~의 satisfactory. ¶ ~의 미소 《smile》 a smile of satisfaction. ‖ ~작 a work after one's (own) heart.
회양목(一楊木) 〖植〗 a box tree; 《재목》 boxwood.
회오(悔悟) repentance; remorse; penitence. ~하다 repent 《*of*》; feel remorse 《*for*》. ¶ ~의 눈물 tears of remorse.
회오리바람 a whirlwind; a cyclone.
회원(會員) a member 《*of a society*》; membership (총칭). ¶ ~이 되다 become a member; join 《*a society*》. ‖ ~ 명부 〔배지, 증〕 a membership list 〔badge, card〕 / 정〔준, 특별, 명예, 종신〕 ~ a full 〔an associate, a special, an honorary, a life〕 member.
회유(懷柔) ~하다 conciliate; pacify; win 〔gain〕 over. ‖ ~책(을 쓰다) (take) a conciliatory measure; (resort to) an appeasement policy.
회음(會陰) 〖解〗 the perineum. ‖ ~부 the perineal region.
회음(會飮) ~하다 drink together.
회의(會議) a meeting; a conference; a session (의회의). ~하다 confer 《*with*》. ¶ ~를 열다 hold a conference. ‖ ~록 the minutes / ~실 a council room / ~장 a meeting 〔an assembly〕 hall / 국무 ~ a Cabinet council / 국제 ~ an international conference / 본~ a plenary session / 비밀 ~ a secret meeting; a closed-door session.
회의(懷疑) (a) doubt. ~적(인) skeptic(al). ‖ ~론 skepticism (~론자 a skeptic).
회자(膾炙) ~하다 be in everybody's mouth; be much talked of.
회자정리(會者定離) Those who meet must part.
회장(回章) 《send out》 a circular 「(letter).
회장(回腸) 〖解〗 the ileum
회장(會長) the president; the chairman (of the board).
회장(會場) a meeting place; a hall; 《터》 the grounds; a site (부지).
회장(會葬) attendance at a funeral. ~하다 attend 〔go to〕 a funeral. ‖ ~자 mourners.
회전(回電) a reply telegram.
회전(回戰) 〖野〗 an inning.
회전(回轉·廻轉) turning; (a) revolution; (a) rotation. ~하다 revolve; rotate; turn 〔go〕 round. ‖ ~ 계단 a winding 〔spiral〕 staircase / ~ 그네 a giant('s) stride / ~ 도어 a revolving door / ~ 목마 a merry-go-round / ~ 무대 a revolving stage / ~수(數) revolutions per minute (약자 r.p.m.) / ~ 의자 a swivelling 〔revolving〕 chair / ~ 자금 a revolving fund.
회전(會戰) a battle; an engagement. ~하다 fight 《*a battle*》; encounter.
회절(回折) 〖理〗 diffraction.
회중(會衆) an attendance; an audience; a congregation (교회의).
회중(懷中) ‖ ~시계 a watch / ~전등 a flashlight 《美》; a 〔an electric〕 torch 《英》.
회진(回診) (a doctor's) round of visits. ~하다 visit 〔go the round of〕 one's patients.
회초리 a switch; a whip; a lash.
회춘(回春) rejuvenation; recovery. ~하다 be rejuvenated (젊어지다); regain one's health.
회충(蛔蟲) a roundworm; a belly worm. ¶ ~이 생기다 get worms. ‖ ~약 a vermifuge; an anthelmintic. 「of a society.
회칙(會則) the rules 〔regulations〕
회포(懷抱) one's bosom 〔thoughts〕. ¶ ~를 풀다 unbosom oneself 《*to a person*》.
회피(回避) evasion. ~하다 evade; shun; shirk. ¶ ~할 수 없는 unavoidable; inevitable / 책임을 ~하

다 shirk one's responsibility.
회한(悔恨) remorse; (a) regret; repentance. ¶ ~의 눈물 tears of remorse.
회합(會合) a meeting; a gathering. ~하다 meet; assemble; gather. ¶ ~ 장소 a place of meeting.
회항(回航) ~하다 bring (take) a ship 《*to*》.
회향(茴香) 〖植〗 a fennel.
회향(懷鄕) nostalgic reminiscence. ~의 homesick. ‖ ~병 homesickness; nostalgia.
회화(會話) conversation; a dialog(-ue) (☞ 대화). ¶ 영어 ~에 익숙하다 be good at English conversation. ‖ ~책 a conversation book.
회화(繪畫) a picture; a painting; drawings. ¶ ~적인 pictorial; graphic. ‖ ~전(展) an art exhibition.
회회교(回回敎) ☞ 회교(回敎).
획(劃) a stroke. ¶ 5 ~의 한자 a character of five strokes.
획 ☞ 휙.
획기적(劃期的) 《신기원》 epoch-making 《*event*》; epochal.
획득(獲得) acquisition. ~하다 acquire (secure) 《*rights*》; obtain; get; win; take. ‖ ~물 an acquisition; gainings.
획수(劃數) the number of strokes (in a Chinese character).
획연(劃然) ~하다 (be) distinct; clear-cut; sharp. ¶ ~히 sharply.
획일(劃一) ~적 uniform; standardized. ¶ ~적 교육 uniform education. ‖ ~주의(화) standardization.
획정(劃定) ~하다 demarcate; mark out.
획책(劃策) ~하다 plan; scheme; 《책동》 maneuver; plot; machinate.
횟돌(灰—) limestone.
횡격막(橫隔膜) 〖解〗 the diaphragm. ~의 phrenic.
횡단(橫斷) ~하다 cross; go (run, sail, fly) across; traverse. ‖ ~로 a crosscut / ~면 a cross section; a transection / ~ 보도 a pedestrian crossing; a (marked) crosswalk 《美》; a zebra crossing 《英》.
횡대(橫隊) 《in》 a line; a rank. ¶ ~가 되다 draw up in line. ‖ 이열 ~ a double line.
횡듣다(橫—) hear 《*it, him*》 wrong.
횡령(橫領) (a) usurpation; an embezzlement. ~하다 usurp; embezzle; seize (appropriate) 《*a person's property*》. ‖ ~죄 《on a charge of》 embezzlement.
횡보다(橫—) see wrong(ly); (make a) mistake; misread.
횡사(橫死) a violent death. ~하다 meet a violent death; come to a tragic death.
횡서(橫書) ~하다 write laterally.
횡선(橫線) a horizontal (cross) line. ‖ ~ 수표 a crossed check.
횡설수설(橫說竪說) a jargon; nonsense; incoherent talks. ~하다 talk incoherently; make disjointed remarks; jargon.
횡액(橫厄) an (unexpected) accident; an unforeseen disaster (calamity). ¶ ~을 만나다 suffer an unexpected misfortune; have an accident.
횡재(橫財) a windfall; a godsend; a find. ~하다 come into unexpected fortune; have a windfall.
횡포(橫暴) tyranny; oppression. ~한 oppressive; tyrannical; high-handed.
횡행(橫行) ~하다 《발호》 be rampant; overrun; thrive; prevail.
효(孝) filial piety (duty).
효과(效果) (an) effect; efficacy(약효); efficiency (능률); a result. ¶ ~있는 effective; fruitful / ~ 없는 ineffective; fruitless / ~가 없다 have no effect 《*on*》.
효녀(孝女) a filial daughter.
효능(效能) (an) effect; efficacy. ¶ 약의 ~ the virtue of medicine / ~ 있는(없는) (in)effective; (in)efficacious; (no) good 《*for*》.
효도(孝道) filial piety (duty). ¶ ~를 다하다 be dutiful to one's parents.
효력(効力) effect; 《효능》 virtue; efficacy; validity (법의) ¶ ~ 있는(없는) (in)effective; (in)efficacious; (in)valid / ~을 발생(發生)하다 (잃다) come into (lose) effect.
효모(酵母) yeast; leaven; ferment. ‖ ~균(菌) yeast fungus.
효부(孝婦) a filial daughter-in-law.
효성(孝誠) filial affection (piety). ~스러운 dutiful; filial. ¶ ~을 다하다 discharge one's duties to one's parents; be a good son (daughter).
효성(曉星) ☞ 샛별.
효소(酵素) ferment; enzym(e).
효수(梟首) ~하다 gibbet a head.
효시(嚆矢) the beginning; the first; the first person 《*to do*》; a pioneer; the first instance.
효심(孝心) filial piety. ¶ ~이 있는 dutiful; filial; devoted.
효용(效用) 《용도》 use; 〖經〗 utility; 《효험》 effect; good; virtue. ¶ ~이 있다 (없다) be useful (of no use). ‖ 한계 ~ marginal utility.
효율(效率) 〖理〗 efficiency.
효자(孝子) a dutiful (filial) son.
효행(孝行) filial piety (duty).
효험(效驗) efficacy; effect; virtue 《*of a medicine*》. ¶ ~이 있다 be efficacious; be effective.
후(後) ① 《나중에》 after; later (on); afterward(s); in future. ¶ 한 이틀 ~에 in a couple of days (지금부터); a couple of days after (later) (그 때부터) / 지금부터 10년 ~에 in ten years; ten years from

now / 흐린 ～에 맑음 《일기 예보》 Cloudy, fine later. ② 《…한 뒤에》 after 《*doing*》; next to; following. ¶그 ～에 since then; after that.
후 blowing; with a puff [whiff]. ¶～ 불다 whiff; puff.
후각(嗅覺) the sense of smell. ¶～이 예민하다 have a keen nose.
후견(後見) 〖法〗 guardianship. ～하다 guard; act as a guardian. ‖～인 a guardian; a tutor.
후계(後繼) succession. ～하다 succeed to; succeed 《*a person in his office*》. ‖～ 내각 the succeeding [incoming] Cabinet / ～자 a successor; an heir (남자); an heiress (여자).
후고(後顧) ¶～의 염려 anxiety about one's future [home].
후골(喉骨) 〖解〗 the Adam's apple.
후관(嗅官) the olfactory organ.
후광(後光) a glory; an aureole; 《광륜》 a halo; a nimbus; 《태양의》 a corona; a glory.
후굴(後屈) 〖醫〗 ‖자궁 ～ retroflexion of the uterus. ⌈raglio.
후궁(後宮) a royal harem; a seraglio.
후기(後記) a postscript (생략 P.S.). ‖편집 ～ an editorial postscript.
후기(後期) the latter term [period]; the second [last, next] half year. ‖～ 대학 the second group of universities [colleges] / ～ 인상(주의) 파(派) 〖美術〗 the Postimpressionists.
후끈거리다 feel hot [warm]; burn; flush; glow.
후끈하다 (be) hot; flushed.
후닥닥 《후딱》 with a jump [start]; suddenly; 《서두름》 hurriedly; in a hurry; in haste. ¶～거리다 keep jumping; scamper; hurry up; rush; make haste.
후대(後代) future generations; posterity.
후대(厚待) ～하다 give a warm [hearty] reception 《*to*》; receive warmly; treat hospitably [kindly].
후두(喉頭) the larynx. ‖～ 결핵 tuberculosis of the larynx / ～염 [카타르] laryngitis [laryngeal catarrh].
후두부(後頭部) 《get hurt on》 the back of the head; 〖解〗 the occipital region; the occiput (후두).
후드득거리다 ① 《방정을 떨다》 act rashly. ② 《튀는 소리》 crackle.
후들거리다 (be all of a) tremble; shake 《*for fear*》; shiver 《*with cold*》.
후딱 quickly; speedily; promptly; instantly.
후레아들 an ill-bred person.
후련하다 feel refreshed [relieved]; feel unburdened.
후렴(後斂) a refrain; a burden.
후루루 《호각을》 whistling; blowing; 《불타는 모양》 with a flicker. ～하다 whistle; blow; 《불타다》 burn up with a flicker.
후루룩 《날짐승이》 with a flutter; 《마시는 소리》 with a slurp.
후리다 ① 《깎다》 shave off; plane off (대패로); cut off the edge 《*of*》. ② 《채어가다》 snatch; carry off; run away with. ③ 《몰다》 round up; net; catch 《*with a net*》. ④ 《호리다》 captivate; charm; bewitch; seduce 《*a woman*》.
후리질 seining. ～하다 seine.
후리후리하다 (be) tall and willowy [slender].
후림 seduction; a seductive trick; a wile.
후림불 a by-blow.
후릿그물 a seine; a dragnet.
후면(後面) the back (side); 《in》 the rear 《*of*》.
후무리다 embezzle; pocket.
후문(後門) a rear [back] gate.
후문(後聞) an after-talk.
후물거리다 mumble; gum; chew.
후물림(後―) 《물려받음》 《clothes》 handed down 《*from one's brother*》; a hand-me-down.
후미 a cove; an inlet.
후미(後尾) 《뒤끝》 《at》 the rear [back] 《*of*》.
후미지다 ① 《물가가》 (get a) bend in; form an inlet. ② 《장소가》 (be) secluded; retired; lonely. ¶후미진 곳 a secluded [an out-of-the-way] place.
후반(後半) the latter [second] half. ‖～기 the latter half of the year / ～전 the second half of 《*a game*》 (～전에 들어가다 advance [get] into the latter half 《*of the game*》).
후방(後方) the rear; 《일선에 대한》 the home [domestic] front. ～의 rear; back(ward); behind the gun(s). ¶～에 in the rear; at the back; behind. ‖～ 근무 rear service / ～ 기지 a rear base / ～ 부대 troops in the rear.
후배(後輩) one's junior(s); younger men; the younger generation (총칭). ¶학교의 ～ one's junior in school / ～를 돌보다 patronize one's juniors.
후배지(後背地) a hinterland.
후보(後報) a later report [dispatch]; further news [information]. ¶～를 기다리다 be in expectation of further details.
후보(候補) ① 《입후보》 candidacy; candidature 《英》; 《후보자》 a candidate. ‖～지 a site proposed 《*for*》 / 간부 ～생 a military cadet (육군의) / 공천 ～자 an official candidate. ② 《운동팀의》 substitution. ‖～ 선수 a substitute (player); a reserve.
후부(後夫) one's second husband.
후부(後部) 《at》 the rear; the back

〔hind〕 part.
후분(後分) one's luck 〔fortune〕 in the latter part of life. ¶ ～이 좋다 be lucky late in life.
후불(後拂) deferred 〔post, future〕 payment.
후비다 scoop out; gouge; pick 《*one's ears*》; 《속내를》 pry 《*into*》.
후비적거리다 scoop out repeatedly; keep gouging; keep picking 《*one's nose*》.
후사(後事) 《죽은 뒤의》 affairs after one's death; 《장래의》 future affairs. ¶ ～를 부탁하다 entrust 《*another*》 with future affairs.
후사(後嗣) 《후계자》 a successor; 《상속인》 an heir(남자); an heiress(여자). ¶ ～가 끊어지다 《a family》 become extinct.
후사(厚謝) ～하다 reward 《*a person*》 handsomely; thank 《*a person*》 heartily; express one's hearty thanks.
후산(後産) the afterbirth.
후살이(後—) 《재가》 remarriage (of a woman). ～하다 《a woman》 remarry.
후생(厚生) social 〔public〕 welfare. ‖ ～과(課) the welfare section / ～ 사업(事業) public welfare enterprises; welfare work / ～ 시설 welfare facilities.
후생(後生) 《후진》 juniors; younger men; 《내생》 the future life.
후성(後成) 〖地〗 epigenesis.
후세(後世) 《장래》 coming age; 《후대 사람》 future generations; posterity. ¶ 이름을 ～에 남기다 hand down one's name to posterity.
후속(後續) ～의 succeeding; following. ‖ ～ 부대 reinforcements / ～ 조치 follow-up steps.
후손(後孫) descendants; a scion; offspring; posterity. ¶ …의 ～이다 be descended from…; be a descendant of….
후송(後送) ～하다 send back 《*from the*》 front; evacuate 《*to the rear*》. ¶ ～되다 be sent back to the rear; be invalided home (병, 부상으로). ‖ ～ 병원 an evacuation hospital.
후술(後述) ～하다 say 〔mention, describe〕 later.
후신(後身) one's later self; the successor (후계자).
후신경(嗅神經) 〖解〗 an olfactory nerve.
후실(後室) ☞ 후취. ¶ ～ 자식 a child born of the second wife / ～을 맞아들이다 take (a woman) for a second wife.
후안(厚顔) ‖ ～ 무치 shamelessness; audacity; impudence.
후열(後列) the rear (rank, row).
후예(後裔) ☞ 후손.
후원(後苑·後園) a rear 〔back〕 garden; a backyard 《美》.
후원(後援) support; backing; patronage. ～하다 support; give support 《*to*》; back (up); aid; help; get behind 《美》; favo(u)r. ¶ …의 ～하에 with the support of…; 《주최》 sponsored by…; under the auspices of…. ‖ ～자 a supporter; a sponsor; a patron; a booster 《美口》 / ～회 a supporters' association; a society for the support of….
후위(後衛) 〖競〗 a back (player); 〖軍〗 the rear (guard). ¶ ～가 되다 bring up the rear / ～를 보다 play the back.
후유증(後遺症) 〖醫〗 sequelae; an aftereffect 《*of a disease*》; 《여파》 an aftereffect; an aftermath.
후은(厚恩) 《receive》 great favo(u)r 〔kindness〕.
후의(厚意) 《호의》 kindness; goodwill; good wishes; kind intentions. ¶ …의 ～로 through the courtesy 〔good offices〕 of….
후의(厚誼) close friendship; (your) favo(u)r 〔kindness〕. ¶ ～를 입다 enjoy your esteemed favor.
후일(後日) later days; the future. ¶ ～에 in (the) future; one of these days; later(on); some (other) day. ‖ ～담 recollections; reminiscences; a sequence 〔sequel〕 《*to an event*》.
후임(後任) 《사람》 a successor 《*to a post*》. ¶ …의 ～으로 in succession to…; as a successor to… / ～이 되다 succeed 《*a person in his post, to a person's post*》; take 《*a person's*》 place.
후자(後者) the latter; the other. ¶ 전자와 ～ the former and the latter / 전자는…, the one 〔former〕… while the other….
후작(侯爵) a marquis; a marquess. ‖ ～ 부인 a marchioness.
후장(後場) 〖證〗 the afternoon session 〔market, sale〕.
후정(厚情) ☞ 후의(厚誼).
후제(後—) another day; some other day 〔time〕; 《부사적》 later (on).
후조(候鳥) a migratory bird; a bird of passage. ☞ 철새.
후주곡(後奏曲) 〖樂〗 a postlude.
후줄근하다 (be) wet and limp; be a little soggy (서술적).
후진(後陣) the rear guard.
후진(後進) ① 《후배》 a junior; a younger man; the rising 〔younger〕 generation (총칭). ② 《미발달함》 backwardness; underdevelopment. ～의 backward; underdeveloped. ‖ ～국 a backward 〔underdeveloped〕 nation / ～성 backwardness. ③ 《후퇴》 ～하다 《선박이》 go 〔back〕 astern; slip backward.
후처(後妻) ☞ 후취.
후천적(後天的) *a posteriori* 《라》; postnatal; acquired (생물학적). ¶

～으로 *a posteriori* 《라》.
후추 (black) pepper. ¶ ～를 치다 pepper 《*a dish*》.
후취(後娶) remarriage; one's second wife (사람). ¶ ～를 얻다 take a second wife; remarry.
후탈(後頉) complications from childbirth (산후의); a post-convalescence trouble (병후의); an aftermath, an aftereffect (사건의).
후터분하다 (be) a bit sultry; stuffy.
후텁지근하다 (be) sultry; stuffy; close; oppressive; uncomfortably warm.
후퇴(後退) 《퇴각》 (a) retreat; (a) recession; retrogression (퇴보). ～하다 retreat; retrograde; retrocede; recede; go 〔move, fall〕 back; back. ‖ 경기 ～ a (business) recession 《美》.
후편(後便) 《뒤쪽》 the back side; 《나중 인편》 a later messenger.
후편(後篇) the second 〔last〕 volume.
후하다(厚—) ① 《인심이》 (be) cordial; hospitable; warm-hearted. ¶ 후한 대접 a cordial 〔hospitable〕 reception. ② 《인색찮다》 (be) lenient; generous; liberal. ¶ 후하게 generously; liberally / 점수가 ～ be generous in marking; be a lenient marker.
후학(後學) a junior; younger students 〔scholars〕.
후항(後項) 〚數〛 the consequent.
후환(後患) later 〔future〕 trouble; an evil consequence; later complications. ¶ ～을 남기다 sow seeds of trouble / ～을 없애다 remove the source of evils.
후회(後悔) (a) repentance; penitence; regret; remorse. ～하다 regret; repent 《*of*》; feel remorse for 《*one's crime*》; be penitent 〔sorry〕 《*for*》.
후후년(後後年) three years hence.
훅[1] ① 〚拳〛 a hook. ¶ ～를 넣다 (deliver a) hook. ② 《갈고리 단추》 a hook.
훅[2] with a sip 〔slurp〕; with a puff.
훈(訓) the Korean rendering 〔reading〕 of a Chinese character.
훈감하다 (be) tasteful; delicious; fragrant (냄새가); rich (푸짐하다).
훈계(訓戒) (an) admonition; exhortation; a lecture; 《경고》 warning. ～하다 admonish; exhort 《*a person to do something*》; lecture; warn 〔caution〕 《*a person against, a person of a thing, a person not to do*》.
훈공(勳功) merits; distinguished services; meritorious deeds.
훈기(薰氣) ① 《훈훈한 기운》 warm air; warmth. ② ☞ 훈김②.
훈김(薰—) ① ☞ 훈기(薰氣)①. ② 《세력》 influence; power.
훈도(薰陶) 《교육》 ～하다 educate; instruct; discipline; train.
훈독(訓讀) ～하다 read Chinese (characters) into Korean.
훈련(訓練) training; drill; practice. ～하다 train; drill; discipline. ‖ ～교관 a drillmaster / ～ 교본 a drill book; a training manual / ～소 a training school 〔institute, center〕 (육군 신병 ～소 an army recruit training center).
훈령(訓令) instruction; an (official) order; a directive. ～하다 instruct; give 〔issue〕 instructions 〔orders〕.
훈민정음(訓民正音) ☞ 한글.
훈방하다(訓放—) dismiss 《*a person*》 with a caution.
훈사(訓辭) an admonitory speech.
훈수(訓手) ～하다 give 《*a person*》 a hint 〔tip〕 《*on*》.
훈시(訓示) (an address of) instructions; admonition; 《공무상의》 an official instruction; a directive. ～하다 instruct; give 〔issue〕 instructions; make an admonitory speech; give a directive.
훈위(勳位) the order of merit.
훈육(訓育) moral education; discipline.
훈장(訓長) a teacher; a schoolmaster.
훈장(勳章) a decoration; an order; a medal. ¶ ～을 수여하다 confer a decoration upon 《*a person*》.
훈제(燻製) ～의 smoked; smoke-dried. ‖ ～ 연어 smoked salmon.
훈증(燻蒸) fumigation. ～하다 fumigate; smoke. ‖ ～제 a fumigant.
훈풍(薰風) a summer 〔balmy〕 wind.
훈화(訓話) an apologue; a moral story; precepts; admonitions.
훈훈하다(薰薰—) (be) warm.
훌닦다 nag; pick on; berate.
훌떡 《빨리》 quickly; nimbly; entirely (죄다). ¶ ～ 벗다 strip oneself bare / 담을 ～ 뛰어넘다 jump 〔leap〕 over a fence nimbly.
훌라댄스 hula(-hula).
훌륭하다 ① 《멋지다》 (be) fine; nice; handsome; excellent; splendid; grand. ¶ 훌륭히 finely; nicely; excellently; splendidly. ② 《존경할 만함》 (be) honorable; respectable; decent. ¶ 훌륭한 직업 〔인물〕 a respectable occupation 〔person〕. ③ 《칭찬할 만함》 (be) admirable; praiseworthy; creditable; commendable. ¶ 훌륭한 저작 an admirable writing 〔work〕. ④ 《고상함》 (be) noble; lofty; high. ¶ 훌륭한 정신 a noble spirit. ⑤ 《위대함》 (be) great; prominent. ¶ 훌륭한 학자 an eminent scholar. ⑥ 《공정함》 (be) fair; square; honest. ¶ 훌륭한 승부 fair play. ⑦ 《충분함》 (be) sufficient; good enough.
훌부시다 wash clean; rinse out.
훌쩍 ① 《날쌔게》 quickly; with a

jump [bound]; nimbly. ② 《마시는 모양》 at a gulp [draught]. ¶ ~ 마시다 gulp down a drink. ③ 《코를》 ¶ 콧물을 ~ 들이마시다 sniffle; snivel. ④ 《표연히》 aimlessly.
훌쩍거리다 《액체를》 sip; sup; suck 《*up*》; 《콧물을》 snivel [sniff] repeatedly; 《울다》 sob; weep silently.
훌훌 《불탐》 in flames; 《뛰다》 with leaps and bounds; 《날다》 flying; fluttering; 《던짐》 throwing with ease; 《벗어부침》 slipping off 《*one's clothes*》; 《떨어버림》 dusting actively.
훑다 strip; hackle; thresh 《*rice*》.
훑어보다 ① 《일독》 read through; peruse. ② 《눈여겨 보다》 give a searching glance 《*at*》; look carefully for [at]; scrutinize. ¶ 아무의 위아래를 ~ look 《*a person*》 up and down; survey 《*a person*》 from head to foot.
훑이다 get threshed [hackled].
훔쳐내다 ① 《닦아내다》 mop [wipe] up 《*a soil, water*》; wipe [swab] off 《*the dust*》. ② 《도둑질》 steal; pilfer; purloin.
훔치개질하다 《도둑질》 steal; pilfer; 《닦기》 wipe out; mop; swab.
훔치다 ① 《절도》 steal; pilfer. ② 《닦다》 wipe (off). ¶ 먼지를 ~ wipe dust off.
훔켜잡다 grasp [grab, seize] firmly; clutch.
훗날(後—) ☞ 후일.
훗배앓이(後—) afterpains.
훗훗하다 (be) uncomfortably warm; stuffy; sultry.
훤칠하다 (be) slender; slim; delicate.
훤하다 ① 《흐릿하게 밝다》 (be) dimly white; gray; dimly-lit. ② ☞ 환하다 ②, ③, ④.
훨씬 《정도》 much bigger; by far; far (and away); very much; greatly. ¶ ~ 이전에 a long time ago / ~ 낫다 be far better.
훨훨 ① 《나는 모양》 ¶ ~ 날아가 버리다 flutter away. ② 《벗는 모양》 ¶ 옷을 ~ 벗다 take off one's clothes briskly. ③ ☞ 활활.
훼방(毁謗) ① 《비방》 slander; calumny; defamation; vilification. ~하다 slander; defame; vilify; backbite. ② 《방해》 interference; obstruction. ~하다 interfere 《*with*》; interrupt; thwart.
훼손(毁損) damage; injury; 《명예의》 defamation; libel. ~하다 damage; injure; impair; spoil; defame (명예를). ‖ 명예 ~ a libel; defamation.
휑뎅그렁하다 (be) empty; vacant; hollow; deserted.
휑하다 ☞ 휑뎅그렁하다.
휘감기다 coil [wind itself] 《*round a thing*》.
휘감다 coil [wind] 《*something*》 《*around a pole*》 bind [tie] round.
휘갑치다 ① 《수습》 settle [dispose of] 《*a matter*》; fix 《*up*》; finish, wind [clear] up. ② 《바느질에서》 border; hem (up); stitch up.
휘날리다 《바람에》 fly; flap; flutter; wave 《*in the wind*》.
휘늘어지다 《처져》 hang; dangle; 《가지 따위가》 droop; hang down.
휘다 bend; be bent; curve; warp.
휘도(輝度) brightness.
휘돌리다 turn; revolve 《*a thing*》.
휘두르다 ① 《돌리다》 whirl [swing] 《*a thing*》 round; brandish; flourish. ② 《얼빠다》 confuse; bewilder. ③ 《뜻대로》 exercise [wield] 《*authority over*》; have 《*a person*》 under perfect control.
휘둥그래지다 《눈이》 open 《*one's eyes*》 wide; be surprised [startled] 《*at*》. ¶ 눈이 휘둥그래져서 with one's eyes wide open.
휘둥그렇다 《서술적》 be wide-eyed 《*with surprise*》.
휘뚜루 for general [all] purposes; for various uses. ¶ ~ 쓰이다 have various uses.
휘뚝거리다 《흔들리다》 rock; shake; be shaky [rickety, unsteady]; 《마음이》 feel nervous [jittery].
휘뚝휘뚝 in a tottering [shaking] manner; unstably; unsteadily.
휘뚤휘뚤 sinuously; windingly.
휘말리다 be rolled [wrapped] (up) 《*in*》; be dragged 《*into*》; be involved [entangled] 《*in a war*》; get mixed up 《*in a trouble*》.
휘몰다 drive hard; urge on; hurry; speed up.
휘몰이하다 《몰다》 drive hard; urge on; 《가축 따위를》 chase; round up; run.
휘발(揮發) ~하다 volatilize. ‖ ~성 volatility (~성의 volatile 《*matter*》) / ~유 benzine; volatile oil; gasoline (가솔린).
휘석(輝石) 〖鑛〗 pyroxene.
휘선(輝線) 〖理〗 a bright line. ‖ ~ 스펙트럼 a bright-line spectrum.
휘어들다 be forced in; 《사람이》 yield [bow] 《*to*》; give in 《*to*》.
휘어잡다 ① 《잡다》 hold 《*a thing*》 in one's hand; grasp; seize; clutch. ② 《사람을》 control; have 《*a person*》 under one's control; keep a firm grip 《*on a person*》.
휘어지다 get bent; bend; curve; warp (재목 따위).
휘우듬하다 (be) slightly crooked; somewhat bent [curved].
휘우뚱하다 lose [be off] one's balance.
휘장(揮帳) a curtain.
휘장(徽章) 《wear, put on》 a badge; an insignia.
휘적거리다 swagger; swing 《*one's arms*》.
휘젓다 ① 《뒤섞다》 stir (up); churn 《*milk*》; beat up. ② 《어지럽게》 disturb; upset; disarrange. ③ 《팔

등을》 swing 《*one's arms*》.
휘정거리다 muddle; make 《*water*》 muddy; make cloudy.
휘주근하다 ① 《맥이 없다》 be tired 〔worn〕 out, become utterly exhausted(서술적). ② ☞ 후줄근하다.
휘지르다 soil 〔spoil〕 《*one's clothes*》; make 《*one's clothes*》 dirty.
휘지비지(諱之秘之) ~하다 hush up 《*a matter*》; smother (up).
휘청거리다 yield; be flexible 〔pliant〕; totter; stagger; reel 《*under a body blow dealt by a person*》.
휘추리 a spray; a twig; a sprig.
휘파람 a whistle. ~불다 (give a) whistle.
휘하(麾下) 《딸린 군사》 (troops) under one's command; one's men.
휘호(揮毫) 《글씨》 writing; 《그림》 painting; drawing. ~하다 write; draw; paint.
휘황찬란하다(輝煌燦爛—) (be) resplendent; brilliant; bright.
휘휘 round and round. ¶ ~ 감다 wind 《*a rope*》 round 《*a thing*》.
휘휘하다 《쓸쓸》 (be) dreary; desolate; lonely.
휙 ① 《돌아가는 꼴》 swiftly; with a jerk. ② 《바람이》 with a sweep; with a whiff; whizzing. ③ 《던지는 꼴》 light and nimbly.
휠체어 a wheel chair.
휩싸다 ① 《싸다》 wrap (up) 《*in paper*》; tuck 《*a child*》 up 《*in a blanket*》. ② 《뒤덮다》 cover; envelope; shroud. ③ 《비호하다》 protect; shield.
휩싸이다 be covered 〔veiled, enveloped, shrouded〕; get wrapped up; 《감정 등에》 be seized 《*with a panic*》. ¶ 불길에 ~ be enveloped in flames.
휩쓸다 sweep 《*away, up, off, over*》; make a clean sweep 《*of*》; 《설침》 overwhelm; overrun; rampage. ¶ 휩쓸리다 be swept away 《*by the waves*》; be involved in 《*a war*》.
휴가(休暇) holidays; a vacation; a leave (of absence); a 《*summer*》 recess (미대학의); a furlough (장기의). ¶ ~를 얻다 take a 《*week's*》 holiday / ~를 주다 grant leave of absence. ‖ ~ 여행 a vacation trip/ ~원(을 내다) (ask for) a leave of absence / 동계 ~ the winter 〔Christmas〕 vacation 〔holiday〕/ 병~ sick leave / 유급 ~ a paid holiday.
휴간(休刊) suspension of publication. ~하다 suspend publication; stop issuing.
휴강(休講) ~하다 give no lecture 《*for the day*》; absent oneself from one's lectures.
휴게(休憩) (a) rest; a recess; an interval 〔intermission (막간)《美》〕. ~하다 rest (oneself); take a rest 〔recess〕. ‖ ~소 a resting place / ~ 시간 a recess; an interval / ~실 a rest room; a lounge (호텔의); a *foyer* 《프》 (극장의).
휴관(休館) ~하다 close 《*a theater*》. ¶ 금일 ~ 《게시》 Closed today.
휴교(休校) closure of a school. ~하다 close 《*a school*》 temporarily; 《School will》 be closed.
휴대(携帶) ~하다 carry; bring 〔take, have〕 《*a thing*》 with 《*one*》. ¶ ~용의 portable; handy (to carry) / ~용 라디오 a portable radio. ‖ ~식량 field 〔combat 《美》〕 ration / ~품 hand baggage 《美》〔luggage 《英》〕; personal effects; one's belongings (~ 품 보관소(保管所) a checkroom 《美》; a cloakroom 《英》).
휴등(休燈) ~하다 suspend the use of electric light.
휴머니스트 a humanist.
휴머니즘 humanism.
휴머니티 humanity.
휴식(休息) (a) rest; repose; recess; 《경기 사이의》 layoff 《美》. ~하다 (take a) rest; repose; take breath (숨돌림). ¶ 5분간의 ~ a five minutes' recess. ‖ ~ 시간 a recess; a breathing time; a break.
휴양(休養) (a) rest; repose; recreation; recuperation (병후의). ~하다 (take a) rest; repose; refresh 〔recreate〕 oneself; recuperate (병후에). ‖ ~ 시설 recreation facilities / ~지 a recreation center; a rest area.
휴업(休業) closing; suspension of business; a shutdown. ~하다 《사람이》 rest from work; 《일을》 close 《*an office, a factory*》; be closed; suspend business 〔operations〕. ¶ 금일 ~ 《게시》 Closed today. / 임시 ~(일) a special 〔an extra〕 holiday; 《게시》 Temporarily closed. ‖ ~일 a (business) holiday; a bank holiday (은행의).
휴일(休日) a holiday; a day off; an off day. ‖ ~ 수당 non-duty allowance / 법정 〔임시〕 ~ a legal 〔special〕 holiday.
휴전(休電) suspension of power supply. ‖ ~일 no-power day.
휴전(休戰) a truce; an armistice. ~하다 conclude an armistice 《*with*》; make a truce; cease fire. ‖ ~ 기념일 《1차 대전의》 the Armistice Day / ~선(線) a truce line; a ceasefire line / ~ 조약 a treaty of truce 〔armistice〕/ ~ 협정 〔회담〕 a ceasefire agreement 〔conference〕.
휴정(休廷) ~하다 hold no court. ‖ ~일 a non-judicial day.
휴지(休止) ~하다 stop; pause; cease; suspend.
휴지(休紙) wastepaper; toilet paper (화장지). ‖ ~통 a wastebas-

ket; a wastepaper basket.
휴직(休職) suspension from office 〔service, duty〕; leave of absence. ～하다 retire from office temporarily; be temporarily laid off. ¶ 1년간 ～하다 have 〔be given〕 one year's leave of absence. ‖～급(給) half pay.
휴진(休診) ～하다 see 〔accept〕 no patients 《*for the day*》. ¶금일 ～ 《게시》 No Consultation Today.
휴학(休學) ～하다 absent oneself 〔stay away〕 from school for a time. ‖동맹 ～ a students' strike.
휴한지(休閑地) (land in) fallow; idle land.
휴항(休航) ～하다 suspend the sailing 〔flying〕 《*on a line*》; be laid up (배가).
휴화산(休火山) a dormant volcano.
휴회(休會) adjournment; recess. ～하다 adjourn; (go into) recess. ¶ ～ 중이다 be in recess / ～를 선언하다 call a recess.
휼계(譎計) a trick; an evil 〔a wicked〕 design; a vicious plan. ¶ ～에 빠지다 fall for a scheme.
흉 ① 《흉터》 a scar. ¶ ～이 있는 얼굴 a face with a scar. ② 《결점》 a fault; a defect; a flaw (흠).
흉가(凶家) a haunted house.
흉계(凶計) a wicked scheme; 《devise》 an evil 〔a sinister〕 plot.
흉골(胸骨) 〖解〗 the sternum; the breastbone.
흉곽(胸廓) the chest; the thorax.
흉금(胸襟) ¶ ～을 터놓다 open one's heart 《*to*》; unbosom oneself 《*to*》.
흉기(凶器) a lethal 〔death〕 weapons. ¶ 달리는 ～ a weapon on wheels.
흉내 imitation; mimicry; a takeoff 《口》. ～내다 imitate; copy; mimic; monkey. ‖～장이 a (clever) mimic; an imitator.
흉년(凶年) a year of famine 〔bad harvest〕; a lean year.
흉노(匈奴) 〖史〗 the Huns.
흉도(凶徒) a mob; rioters.
흉몽(凶夢) an ominous 〔a bad〕 dream.
흉물(凶物) a snaky 〔foxy, tricky〕 person; an insidious 〔evil〕 fellow. ¶ ～스럽다 be tricky; be sly; be wily.
흉벽(胸壁) ☞ 흉장(胸墻).
흉변(凶變) (a) disaster; a calamity. ¶ ～을 당하다 meet with 〔suffer〕 a calamity 〔disaster〕.
흉보(凶報) bad 〔ill, sad〕 news; evil tidings; news of death.
흉보다 speak ill of; disparage.
흉부(胸部) the breast; the chest.
흉사(凶事) an unlucky affair; a misfortune; a disaster; a calamity.
흉상(凶相) a vicious look; an evil countenance 〔face〕.
흉상(胸像) a bust.
흉악(凶惡) ～한 wicked; villainous; atrocious. ‖ ～범 a brutal criminal.
흉어(凶漁) a poor catch 〔haul〕.
흉위(胸圍) the circumference of the chest. ¶ ～를 재다 measure the chest.
흉일(凶日) an evil 〔unlucky〕 day.
흉작(凶作) a bad 〔poor, lean〕 crop 〔harvest〕; a failure of crops.
흉잡다 find fault with; pick at.
흉잡히다 be found fault with; be spoken ill of; be picked on.
흉장(胸墻) a breastwork; a parapet.
흉조(凶兆) an ill 〔evil〕 omen.
흉중(胸中) one's heart 〔feelings〕. ¶ ～을 밝히다 unbosom oneself; open one's heart.
흉측스럽다(凶測—) (be) terribly heinous 〔wicked, villainous〕; 《얼굴이》 (be) very ugly 〔crude〕.
흉측하다(凶測—) ☞ 흉측스럽다.
흉탄(凶彈) an assassin's bullet. ¶ ～에 쓰러지다 fall a victim to an assassin's bullet 〔shell〕.
흉터 a scar; a seam 《*of an old wound*》. ¶ ～를 남기다 leave a scar.
흉포(凶暴) ～한 ferocious; brutal; atrocious.
흉하다(凶—) ① 《사악》 (be) bad; evil; wicked; ill-natured. ② 《불길함》 (be) unlucky; ominous; sinister. ③ 《보기에》 (be) ugly; unsightly; unseemly.
흉하적 faultfinding. ～하다 find fault with 《*a person*》; cavil at 《*another's*》 fault.
흉한(凶漢) a ruffian; a villain; an outlaw; 《하수인》 an assassin; a murderer.
흉행(凶行) violence; (an) outrage; 《살인》 (a) murder; (an) assassination (암살). ¶ ～을 저지르다 do violence to 《*a person*》; commit a crime.
흉허물 a fault; a defect. ¶ ～ 없다 be on thee-and-thou terms with/ ～없는 사이다 be on intimate terms with.
흉흉하다(洶洶—) be panic-stricken; be filled with alarm.
흐너뜨리다 pull 〔break〕 down; demolish; destroy.
흐너지다 collapse; crumble; fall (down); give way.
흐느끼다 sob; whimper; be choked with tears. ¶흐느껴 울다 sob convulsively.
흐느적거리다 flutter; sway gently; waver.
흐늘거리다 ① 《놀고 지내다》 idle 〔dawdle〕 one's time away; loaf away one's time; dawdle; loiter. ② 《흔들리다》 hang loosely; dangle; swing; sway gently.
흐늘흐늘 ¶ ～한 soft; pulpy; flabby; mushy; limp.
흐들갑스럽다 (be) flippant; frivolous; exaggerated; bombastic.

흐려지다 《날이》 get cloudy (overcast); cloud 《*up, over*》; 《눈이》 get bleary; grow dim.
흐르다[1] ① 《액체》 flow; stream; run (down); trickle (졸졸). ② 《물결에 떠내려감》 drift; be washed (carried) away 《*by the flood*》. ③ 《세월 등이》 pass (away); flow by; elapse. ④ 《경향에》 lapse (fall) 《*into*》; run (incline) 《*to*》. ¶ 사치에 ~ lapse into luxury.
흐르다[2] 《흘레》 copulate; mate; couple; tread 《*a hen*》; pair; cover (짐승이).
흐리다[1] ① 《혼탁》 (be) muddy; turbid; thick; cloudy (술이). ② 《날이》 (be) cloudy; overcast; 《동사적으로》 cloud (over); become covered with clouds. ③ 《희미》 (be) dim; clouded; blurred; smoked; vague; obscure; indistinct. ④ 《눈이》 (be) dull; bleared; bleary.
흐리다[2] ① 《지우다》 rub (blot, wipe) out; erase; efface. ② 《혼탁하게 함》 make 《*water*》 muddy (turbid, cloudy); make unclean. ③ 《불분명케 함》 make indistinct (vague, obscure, ambiguous). ¶ 대답을 ~ give a vague answer. ④ 《더럽힘》 stain; blemish.
흐리멍덩하다 ① 《기억 따위가》 (be) vague; obscure; dim; indistinct; hazy. ② 《불명확》 (be) muddled; indecisive; uncertain; dubious. ¶ 생각이 ~ an idea is confused.
흐리터분하다 ① 《사물 따위가》 (be) cloudy; hazy; indistinct; obscure. ② 《사람이》 (be) shady; sluggish; underhand; be not open. ¶ 흐리터분한 짓 underhand dealing.
흐릿하다 (be) rather cloudy (dim, dull, muddy, indistinct, ambiguous).
흐무러지다 ① 《푹 익어서》 be overripe. ② 《물에 불어서》 be sodden; be swollen.
흐물흐물 ¶ ~한 overripe; very soft; flabby / ~하게 삶다 boil to pulp.
흐뭇하다 (be) pleasing; satisfied. ¶ 흐뭇해서 웃다 smile with satisfaction.
흐슬부슬 ¶ ~한 not sticky; crumbly.
흐지부지 ① 《어물어물》 ¶ ~ 끝나다 end in smoke; come to nothing. ② 《없앰 · 없어짐》 wasting; to no purpose.
흐트러뜨리다 《여기저기》 scatter 《*things*》 (about); leave 《*things*》 scattered (lying) about; strew; 《군중을》 disperse; 《머리 따위를》 dishevel.
흐트러지다 《흩어짐》 disperse; scatter; be dispersed; be scattered; 《정신이》 be distracted.
흑(黑) ① ☞ 흑색. ② 《바둑돌》 a black stone. ¶ ~으로 두다 move first.
흑내장(黑內障) 〖醫〗 amaurosis.
흑단(黑檀) 〖植〗 ebony; black wood.
흑막(黑幕) ① 《내막》 the secret circumstances; the inside. ② 《배후 인물》 a wirepuller. 「《英》.
흑맥주(黑麥酒) black beer; porter
흑발(黑髮) black hair.
흑백(黑白) black and white; 《시비》 right and wrong. ¶ ~을 가리다 decide which is right; distinguish right from wrong. ‖ ~ 논리 an all-or-nothing logic (attitude) / ~ 사진(영화) a black-and-white photograph (picture).
흑빵(黑—) rye (brown) bread.
흑사병(黑死病) 〖醫〗 the pest; the (black) plague. 「vado.
흑사탕(黑砂糖) raw sugar; musco-
흑색(黑色) black; a black colo(u)r. ~의 black. ‖ ~ 인종 the black race.
흑수(黑穗) ☞ 깜부기. ‖ ~병 smut (~병에 걸린 밀 smutted wheat).
흑수정(黑水晶) 〖鑛〗 morion.
흑심(黑心) an evil intention. ¶ ~을 품은 evil-minded; black-hearted. 「ite.
흑연(黑鉛) 〖鑛〗 black lead; graph-
흑요석(黑曜石) 〖鑛〗 obsidian.
흑운모(黑雲母) 〖鑛〗 biotite.
흑인(黑人) a Negro; a colo(u)red man; a nigger 《俗》. ‖ ~ 문제 the racial problem(미국서의) / ~ 분리 정책 segregation policy / ~ 여자 a Negress; a Negro (colored) woman / ~ 영가 a (Negro) spiritual / ~종 the Negro; the black race.
흑자(黑字) 《be in》 the black. ¶ ~를 내다 (유지하다) go into (keep in) the black.
흑점(黑點) a black spot. ‖ 태양 ~ a sunspot; a macula.
흑조(黑潮) 〖地〗 the Black (Japan) Current.
흑책질 ¶ ~하다 hinder; obstruct; disturb; interrupt.
흑탄(黑炭) black coal.
흑토(黑土) black soil (earth).
흑판(黑板) a blackboard.
흑해(黑海) the Black Sea.
흑흑 ¶ ~ 울다 sob; weep convulsively.
흔덕거리다 be shaky; sway; swing; be loose (unsteady).
흔덕이다 ☞ 흔덕거리다.
흔드렁거리다 swing; sway; shake; be swayed.
흔들거리다 ☞ 흔드렁거리다.
흔들다 shake 《*one's head*》; wave 《*a handkerchief*》; swing; rock 《*a cradle*》; wag(꼬리를). ¶ 흔들어 깨우다 shake 《*a person*》 awake / 흔들어 떨어뜨리다 shake 《*fruit*》 off 《*a tree*》.
흔들리다 shake; sway; rock; quake; flicker(불꽃 따위); 《마음이》 waver; 《차가》 joggle; jolt (덜컥); 《매달린

것이》 swing; 《배가》 roll (옆으로); pitch(앞뒤로). ¶ 이가 ~ a tooth is loose / 결심이 ~ one's resolution shakes.
흔들의자(一椅子) a rocking chair; a rocker.
흔들이 〖理〗 a pendulum.
흔들흔들하다 sway; swing; rock.
흔연(欣然) ~히 joyfully; gladly; cheerfully; willingly.
흔적(痕跡) traces; marks; vestiges; evidences; signs. ¶ ~을 남기지 않다 leave no traces [marks] 《*of*》. ‖ ~기관 〖生〗 a vestigial organ.
흔전만전 in plenty; in profusion; lavishly.
흔쾌(欣快) ~한 pleasant; happy; delightful.
흔하다 (be) common(place); usual; ordinary; hackneyed. ¶ 흔치 않은 uncommon; extraordinary; rare.
흔히 commonly; usually; 《주로》 mostly; mainly; 《대개》 generally. ¶ ~ 쓰이는 말 a frequently used word / ~ 있는 일 a common [an everyday] affair.
흘게늦다 《매듭·사개따위》 (be) loose (-jointed); 《하는 짓이》 (be) loose; lax; slovenly; slipshod.
흘겨보다 give a sharp sidelong glance 《*at*》.
흘금거리다 cast a sidelong glance [look] 《*at*》; glare 《*at*》.
흘긋거리다 ☞ 흘금거리다.
흘기다 glare fiercely at; give a sharp sidelong glance 《*at*》; cast a reproachful [disapproving] glance 《*at*》; scowl 《*at*》.
흘끗 at a glance. ¶ ~ 보다 catch [get] a glimpse 《*of*》.
흘러들다 flow into; empty [drain] (itself) into.
흘레 《교미》 copulation; coition. ~하다 copulate(짐승이); pair; mate (새가); cover (씨말이). ¶ ~ 붙이다 couple; mate.
흘리다 ① 《떨어뜨림》 spill 《*soup*》; shed [drop] 《*tears*》. ② 《빠뜨리다》 lose; drop. ③ 《글씨를》 write in a cursive hand; scribble 《*a letter*》. ④ 《귓전으로》 take no notice 《*of*》.
흘림 the cursive style (☞ 초서). ¶ ~으로 쓰다 write in a cursive hand.
흘미죽죽하다 (be) sluggish; lazy; slovenly.
흘수(吃水) draught. ¶ ~가 얕다 [깊다, 15피트이다] draw light [deep, 15 feet of water]. ‖ ~선(線) the waterline.
흘쩍거리다 prolong [delay] 《*a plan*》 on purpose; dawdle 《*over*》; be sluggish.
흙 《토양》 earth; soil; 《지면》 the ground; 《진흙》 clay. ¶ ~을 덮다 heap up earth / ~으로 돌아가다 return to dust; die.
흙감태기 ¶ ~가 되다 be covered all over with mud.
흙구덩이 a hollow in the ground.
흙덩이 a clod; a lump of earth.
흙먼지 a cloud of dust.
흙무더기 a pile [heap] of earth.
흙받기 ① 《미장이의》 a mortarboard; a hawk. ② 《자동차 등의》 a splashboard; a fender.
흙비 sandy dirt flown in the wind.
흙빛 ¶ ~의 ashy; (deadly) pale (안색이).
흙손 a trowel; a float(마무리하는).
흙손질 ¶ ~하다 trowel; plaster with a trowel.
흙일 《do》 earthwork.
흙칠 ¶ ~하다 soil [smear] with mud.
흙탕물 muddy water. ¶ ~을 뒤집어 쓰다 get 《*one's clothes*》 splashed with water [mud].
흙투성이 ¶ ~가 되다 be covered with mud.
흠(欠) ① ☞ 흉①. ② 《물건의》 a crack; a flaw; 《과일의》 a speck; a bruise. ¶ ~ 있는 flawed; cracked; bruised / ~없는 flawless; perfect. ③ 《결점》 a fault; a defect; a flaw; a stain (오점).
흠 《비웃는 소리》 humph!
흠구덕(欠一) slander. ~하다 slander; speak ill of; backbite.
흠내다(欠一) crack; (make a) flaw.
흠뜯다(欠一) backbite; whisper against 《*a person*》.
흠모(欽慕) ~하다 admire; adore.
흠뻑 fully; thoroughly; to the skin(젖은 꼴이). ¶ ~ 젖다 be soaked to the skin; be [get] wet through.
흠씬 enough; sufficiently; to the full(est measure); thoroughly. ¶ ~ 패주다 give 《*a person*》 a sound thrashing / 고기를 ~ 삶다 do meat well [thoroughly].
흠잡다(欠一) find fault with; cavil at 《*a person's*》 fault. ¶ 흠잡을 데가 없다 be perfect [flawless].
흠정(欽定) ~의 authorized. ‖ ~ 헌법 a constitution granted by the Emperor.
흠지다(欠一) get scarred(몸에); be damaged; be cracked(금가다).
흠집(欠一) 《몸의》 a scar; a cicatrice.
흠치르르 ¶ ~한 glossy; sleek.
흠칫 ¶ ~하다 recoil; shrink. ¶ 흠칫흠칫 놀라다 be nervous 《*about*》; be in fear 《*of*》.
흡반(吸盤) a sucker; an acetabulum.
흡사(恰似) ~하다 resemble closely, be exactly alike (서술적).
흡수(吸水) ‖ ~관(管) a siphon / ~펌프 a suction pump.
흡수(吸收) absorption. ~하다 absorb; imbibe; suck in. ¶ ~성의 《천따위》 absorbent; absorptive. ‖ ~력 absorbing power; absorbency / ~제(劑) an absorbent.
흡습성(吸濕性) hygroscopic property. ¶ ~의 hygroscopic.
흡연(吸煙) smoking. ~하다 smoke 《*tobacco, a pipe*》. ‖ ~실 a smok-

ing room / ~자 a smoker.
흡인(吸引) ~하다 absorb; suck (in). ‖ ~력 absorptivity.
흡입(吸入) ~하다 inhale; breathe in. ‖(산소) ~기 an (oxygen) inhaler.
흡족(洽足) ~한 enough; sufficient; full; plenty; satisfactory(만족). ¶ ~히 enough; sufficiently; fully.
흡착(吸着) ~하다 absorb. ¶ ~성의 absorbent. ‖ ~제 an absorbent.
흡혈(吸血) ‖ ~귀(鬼) a vampire; a bloodsucker.
흥(興) interest; fun; amusement. ¶ ~에 겨워(서) in the excess of mirth/~이 나다 become interested 《*in*》; amuse oneself 《*by doing*》/~을 더하다 add to the fun/ ~을 깨다 spoil the fun.
흥 hum!; humph!; pish!
흥감 ¶ ~스러운 exaggerative; high-flown / ~스럽게 exaggeratedly; pompously / ~부리다 exaggerate; talk big (tall).
흥건하다 《서술적》 be full to the brim; be filled up with.
흥겹다(興—) (be) gay; merry; joyful; cheerful. ¶흥겹게 gaily; merrily; joyously; pleasantly.
흥김(興—) ~에 in the excess of mirth.
흥뚱항뚱 heedlessly; inattentively; half-heartedly.
흥망(興亡) rise and fall 《*of a nation*》(일국의); ups and downs; vicissitudes; destinies (운명). ‖ ~ 성쇠 = 흥망.
흥미(興味) (an) interest. ¶ ~있는 (없는) (un)interesting / ~ 본위의 읽을거리 amusing (light) reading/ ~를 느끼다 take (feel) (an) interest in; be interested in / ~ 진진하다 be full of interest / ~를 잃다 lose interest 《*in*》.
흥분(興奮) excitement; stimulation. ~하다 be excited (stimulated). ¶ ~시키다 excite; stimulate / ~을 가라앉히다 calm down one's excitement. ‖ ~ 상태 an excited condition (state) / ~제 a stimulant (~제를 먹다(먹이다) take (administer) a stimulant).
흥성(興盛) ~하다 grow in prosperity; become prosperous.
흥신소(興信所) a credit bureau, a commercial inquiry agency (상업 관계); an inquiry office (agency) (인사 관계).
흥얼거리다 hum 《*a tune*》; sing to oneself.
흥업(興業) promotion of industry.
흥이야항이야 ¶ ~하다 intermeddle 《*in*》; obtrude oneself; thrust one's nose into.
흥정 buying and (or) selling; dealing(거래); bargaining; a bargain. ~하다 buy and sell; deal; make a deal 《*with*》; bargain 《*with a person*》 over. ¶ 정치적 ~ political compromise / ~ 붙이다 act as (a) broker / ~이 많다 have a lot of business / ~이 없다 make few sales; do little business.
흥청거리다 be on the spree; be highly elated; make lavish (free) use 《*of*》.
흥청망청 《즐기는 모양》 in a frolic; merrily; 《흔전만전》 《spend money》 in profusion; wastefully.
흥취(興趣) interest; gusto; taste. ¶ ~가 있다 be of absorbing interest / 아무 ~도 없다 have no attractive features.
흥패(興敗) ☞ 흥망.
흥하다(興—) rise; flourish; be prosperous.
흥행(興行) show business (사업); a show; 《give》 a performance. ~하다 perform; run a show. ‖ ~ 가치(수익) box-office value (profits) / ~권 right of performance / ~물 a performance; a show / ~사 a showman / ~ 성적 a box-office record / ~장 a show place / ~주 a promoter / 순회 ~ a roadshow/ 야간 ~ a night performance.
흥흥거리다 《콧노래를》 hum a song; 《투정》 grumble; whimper.
흩날리다 blow 《*something*》 away (off); be blown off; fly about (off).
흩다 scatter; strew; disperse(군중을); dishevel (머리털 따위를).
흩뜨리다 scatter 《*things*》 (about); dishevel, let down (머리를); leave 《*things*》 scattered (lying) about.
흩어지다 be scattered; be dispersed; be disheveled(머리가); scatter; disperse; be in disorder(난잡히). ¶ 흩어진 separated; scattered.
희가극(喜歌劇) a comic opera.
희곡(戲曲) a drama; a play. ¶ ~화하다 dramatize 《*a novel*》. ‖ ~ 작가 a dramatist; a playwright.
희구(希求) ~하다 desire 《*to do*》; aspire 《*to, after*》; seek.
희귀(稀貴) ~한 rare; curious. ‖ ~조 a rare bird.
희극(喜劇) 《play》 a comedy; a farce. ~적 comic(al); farcical. ‖ ~ 배우 a comic actor; a comedian / ~ 영화 a comic film.
희끄무레하다 (be) whitish.
희끗거리다 be (feel) dizzy; get giddy; reel; whirl.
희끗희끗 ¶ ~한 spotted with white; 《머리털이》 grizzled.
희노애락(喜怒哀樂) ☞ 희로애락.
희다 (be) white; fair(피부가); gray (머리가). ¶ 눈같이 흰 snow-white/ 희게 하다 make white; whiten; blanch(탈색) / 살빛(얼굴)이 ~ have a fair complexion (face).
희대(稀代) rare; uncommon; extraordinary; notorious 《*villains*》. ¶ ~의 영웅 a unique (peerless) hero.
희디희다 (be) pure (very) white; snow-white.

희떱다 ①《허영》(be) showy; vainglorious. ②《손크다》(be) openhanded; liberal. ③《배때벗다》(be) snobbish; conceited.
희뜩거리다 feel 〔get〕 dizzy; reel.
희뜩희뜩 ¶ ～한 dotted with white; grizzly(머리털이); 《현기증》 dizzy; unsteady.
희랍(希臘) ☞ 그리스.
희로애락(喜怒哀樂) joy and anger together with sorrow and pleasure; 《감정》 emotion; feelings. ¶ ～을 얼굴에 나타내지 않다 do not betray 〔show〕 one's feelings.
희롱(戱弄) ～하다 play 〔sport〕 with; make fun of, trifle 〔fool〕 with (우롱).
희롱거리다 joke; jest; frolic; play pranks; play 〔sport〕 《*with*》.
희맑다 (be) white and clean.
희망(希望) (a) hope; (a) wish; (a) desire; expectation (기대). ～하다 hope 《*to do, for*》; wish; desire 《*a person to do*》; aspire 《*to, after*》. ¶ ～적인 wishful 《*interpretation*》 / ～적 관측 one's wishful thinking / ～에 찬 젊은이들 young hopefuls / 절실한 ～ an ardent desire / ～에 살다 live in hope / ～을 걸다 anchor one's hope in 〔on〕. ‖ ～ 음악회 a request concert / ～자 a person who wants 〔desires〕 《*to do*》; 《지원자》 an applicant; a candidate / ～ 조건 the terms 〔condition〕 desired / ～직명 a position applied for.
희망봉(喜望峰) 〖地〗 the Cape of Good Hope.
희멀겋다 (be) fair; fair-complexioned.
희멀숙하다 (be) fair and clean.
희미(稀微) ～한 faint; dim; vague. ¶ ～하게 faintly; dimly; vaguely.
희박(稀薄) ～한 thin 《*air*》; weak; sparse(인구). ¶ 인구가 ～한 thinly 〔sparsely〕 populated.
희번덕거리다 keep goggling one's eyes.
희번덕이다 goggle 〔roll〕 (one's eyes).
희번드르르하다 《얼굴이》 (be) fair and bright; 《말 따위가》 (be) specious; glittering.
희보(喜報) good news; glad tidings.
희붐하다 (be) faintly light; halflight.
희비(喜悲) joy and sorrow. ¶ ～가 엇갈리다 have a mingled feeling of joy and sorrow. ‖ ～극 a tragicomedy.
희사(喜捨) charity; contribution. ～하다 give alms; give in charity. ‖ ～금 a gift of money.
희색(喜色) a glad countenance; a joyful look. ¶ ～이 만면하다 be all smiles (with joy); beam with joy.
희생(犧牲) (a) sacrifice; a scapegoat. ～하다 sacrifice; make a victim of 《*a person*》. ¶ ～적 self-sacrificing 《*spirit*》 / …을 ～하여 at the sacrifice 〔expense, cost〕 of ... / …의 ～이 되다 be sacrificed 〔fall a victim〕 to.... ‖ ～자 a victim; a prey / ～타 〖野〗 a sacrifice hit 〔bunt, fly〕.
희서(稀書) a rare book.
희석(稀釋) 〖化〗 dilution. ～하다 dilute. ‖ ～액 a diluted solution / ～제 a diluent.
희소(稀少) ～한 scarce; rare. ‖ ～가치 scarcity value / ～ 물자 scarce materials.
희소식(喜消息) good news; glad news 〔tidings〕. ¶ ～을 전하다 convey 〔bring〕 good news; give glad tidings.
희열(喜悅) joy; gladness; delight.
희염산(稀塩酸) 〖化〗 dilute hydrochloric acid.
희원소(稀元素) 〖化〗 a rare element.
희유(稀有) ～한 rare; uncommon; unusual.
희읍스름하다 (be) whitish.
희질산(稀窒酸) 〖化〗 dilute nitric acid.
희치희치 《천 따위가》 worn off in places; 《벗어진 모양》 coming 〔peeling〕 off in places.
희한(稀罕) ～한 rare; curious; singular; uncommon.
희화(戱畫) a comic picture; a caricature.
희황산(稀黃酸) 〖化〗 dilute sulphuric acid.
희희낙락(喜喜樂樂) ～하다 rejoice; be in delight; be glad; jubilate.
흰개미 〖蟲〗 a white ant; a termite.
흰나비 〖蟲〗 a cabbage butterfly.
흰떡 bar-shaped (white) rice-cake.
흰무리 steamed rice-cake.
흰소리 a big talk. ～하다 brag; talk big 〔tall〕.
흰자위 ①《눈의》 the white of the eye. ②《달걀의》 the white (of an egg); albumen.
횡하다 《서술적》 feel dizzy 〔giddy〕; 《one's head》 reel 〔swim〕.
횡허케 without delay; swiftly; quickly.
히로뽕 〖藥〗 philopon (상표명에서). ‖ ～ 환자 a philopon addict.
히말라야산맥(一山脈) the Himalayas.
히스타민 〖化〗 histamine.
히스테리 〖醫〗 hysteria; hysterics (발작). ¶ ～를 일으키다 go into hysterics; become hysterical.
히아신스 〖植〗 a hyacinth.
히죽이 with a grin. ¶ ～ 웃다 grin at 《*a person*》.
히터 《turn on 〔off〕》 a heater.
히트 ① 〖野〗 a (base) hit. ～치다 (make a) hit. ② 《성공》 a hit; a great (box-office) success. ～하다 win a success; be 〔make〕 a hit.
히피 a hippie; (the) hippies (총칭).
힌두교(一敎) Hinduism. ‖ ～ 신자 a

Hindu.
힌트 《give, drop》 a hint. ¶ ~를 얻다 get a hint 《*from*》; pick up an idea.
힐난(詰難) ~하다 condemn; blame (rebuke) 《*a person for*》; censure.
힐문(詰問) ~하다 cross-examine; question (examine) closely.
힐책(詰責) ~하다 reproach; rebuke; reprimand; censure.
힘 ① 《몸의》 (physical) strength; force; might. ¶ ~있는 strong; mighty; powerful / ~없는 weak; powerless; feeble / ~껏 with all one's might (strength); with might and main / ~이 지치다 be exhausted; be tired out / ~을 내다 put forth one's strength. ② 《기력》 spirit; vigor; energy. ¶ ~없는 low-spirited; downhearted; spiritless(기운없는)/ ~없는 목소리로 in a weak voice. ③ 【理】 《electric》 power; force; energy 《*of heat*》. ④ 《능력》 ability; power; faculty. ¶ ~이 자라는 한(限) as far (much) as one can; to the best of one's ability / 어학의 ~ one's linguistic ability. ⑤ 《노력》 effort; endeavo(u)rs; exertions. ¶ 자기 ~으로 by one's own efforts / ~을 합하여 in cooperation 《*with*》; with united efforts. ⑥ 《효력》 effect; efficacy; power; influence. ⑦ 《조력》 help; 《give》 assistance 《*to*》; support; aid. ¶ …의 ~으로 by the aid (force, help) of; by dint (virtue) of. ⑧ 《어세》 emphasis; stress; force. ¶ ~을 주어 emphatically(강조); forcibly(힘차게) / ~이 있는 글 a forceful sentence. ⑨ 《위력》 power; authority; might; influence; sway. ¶ 돈의 ~ the power of money / ~의 정치 power politics; rule by might / 여론의 ~ the force of public opinion. ⑩ 《작용》 agency 《*of Providence*》; action. ¶ 눈에 보이지 않는 ~ an invisible agency.
힘겨룸 《have》 a strength contest.
힘겹다 ☞ 힘부치다.
힘들다 《힘이 들다》 (be) tough; laborious; toilsome; painful; 《어렵다》 (be) hard; difficult; 《수고가 되다》 (be) troublesome. ¶ 힘드는 일 a hard (laborious) work; a tough job.
힘들이다 ① 《체력·노력을》 make efforts; exert oneself. ¶ 일에 ~ throw oneself into one's work. ② 《애쓰다》 take pains (trouble); elaborate 《*on*》. ¶ 힘들여 번 돈 hard-earned money / 힘들인 작품 a fruit of much labor.
힘부치다 be beyond one's power (ability, reach); be too much for 《*one*》; find oneself unequal 《*to the task*》.
힘세다 (be) strong; mighty; powerful. ¶ 힘세어 보이는 strong-looking.
힘쓰다 ① 《노력》 exert oneself; make efforts; endeavo(u)r; try hard. ② 《정려》 be assiduous; be industrious; be diligent 《*in*》. ¶ 학업에 ~ attend to one's studies with diligence. ③ 《고심》 take pains; be at great pains. ④ 《조력》 help; aid; assist; give 《*a person*》 assistance 《*in, on*》. ¶ 김군이 힘써 주어서 through Mr. Kim's aid; by the help (kind assistance) of Mr. Kim.
힘입다 owe; be much indebted 《*to*》. ¶ 힘입은 바 크다 be greatly indebted to; owe 《*a person*》 much.
힘줄 ① 《근육》 a muscle; a sinew; a tendon(건(腱)); a vein(혈관). ¶ ~투성이의 stringy; sinewy. ② 《섬유질의》 a fiber; a string. ‖ 고기 ~ strings in the meat.
힘차다 (be) powerful; energetic; forceful; be full of strength. ¶ 힘찬 연설 a powerful speech / 힘차게 일하다 buckle down to a task; gather oneself up for an effort.

부 록

차 례

Ⅰ. 이력서 쓰기

Personal Data Sheet

Personal Data:	
Name in Full:	Jaeseong Yang
Permanent Domicile:	102 Dangju-dong, Jongro-gu, Seoul Korea
Present Address:	1-48 Jeong-dong, Jung-gu, Seoul Korea
Born:	August 18, 1955
Height & Weight:	177 cm.——75. 9 kg.
Health:	Excellent
Marital Status:	Single
Education:	Hanseong High School, graduated 1973 Korea University (Faculty of Literature), graduated 1977 Major—English Literature Other main courses of study—French, Chinese
Experience:	Employed as translator in Publishing Department, Korea Travel Bureau, Myeong-dong, Seoul, April 1977
References:	
Academic	Prof. Bonghan Kim, Korea University, Seoul
Business:	Mr. Myeonghwan Kim, the chief of the Publishing Department, Korea Travel Bureau, Myeong-dong, Seoul

May 4, 1979

(*Signature*)
Jaeseong Yang

《註》 오늘날에는, 이력서도 타이프라이터로 찍어 맨끝에 서명하는 것이 보통임. 용지의 크기는 23 cm×28 cm.

Ⅱ. 편 지 쓰 기

1. 겉봉투 쓰기

Byeongjun Yim
1-48 Jeong-dong, Jung-gu,
Seoul Korea

①
Air Mail

우 표

Miss Edith M. Green
312 Greenwood, Ann Arbor
Michigan 59104 U.S.A.

②

《註》 1. ①②의 번호는 다음 용어를 쓸 때의 위치를 보인다.

Air Mail (항공편)
Special Delivery (속달)
via... (…경유)
Printed Matter (인쇄물)
Photo only (사진 재중)
→ ① 또는 ②

Poste Restante... Post Office(…국 유치)
Registered (등기)
→ ②

Introducing... (…을 소개)

2. …씨방, …씨 전교(轉交)는 c/o Mr. …로 씀.
3. 소개장은 봉하지 않음.
4. 수신인명 끝의 다섯 자리 숫자는 ZIP Code.

2. 편지의 양식

1-48 Jeong-dong
Jung-gu, Seoul Korea
April 2, 1981

Miss Edith M. Green
312 Greenwood, Ann Arbor
Michigan, U.S.A.

Dear Miss Green,

I read from your last letter you are going to visit this country soon. The news is like a dream to me. To meet you and your family in this country! By the time we meet, I'll make up a wonderful plan to show you this country. Please let me be a guide for you at that time. I am waiting for your arrival.

Sincerely yours,
(*Signature*)
(Byeongjun Yim)

《註》 1. 친한 친구간에는 발신자 및 수신자의 주소는 흔히 생략
2. 날짜 영국식 2nd April 1981, 미국식 April 2, 1981
3. 수신자 이름에는 다음 같은 경칭을 붙인다.
남성단수 Mr., Sir, Dr., Prof., Rev.(목사), Hon. (시장 등)
남성복수 Messrs. (상사 앞일 때에는 미국에서는 이 경칭을 안 씀)
여성단수 Miss, Mrs. (기혼자), Christian name과 남편의 성을 합쳐 Mrs.를 붙임. 미망인도 같음.
여성복수 Misses (미혼자에만), Mmes.(기혼자에만)
4. 본문 허두의 인사말
공용통신 Gentlemen, Ladies, Mesdames, Dear sir(s), Dear Madam, My dear Sir, Madam, 따위
사 신 Dear Mr. ..., My dear Mrs. ..., 따위
이 때 구두점은 (,)을 쓰는데, 미국에서는 흔히 상용문일 때에는 (:)가 쓰임.
5. 맺음말 일반적 Yours very truly, Yours truly 따위
사 신 Sincerely yours, Cordially yours, Affectionately yours 따위
6. 여성이 서명할 때에는 상대가 회신할 때 편리하도록 (Miss) (Mrs.)를 덧붙여 밝히는 경우도 있다.

Ⅲ. 기 호 읽 기

1. 수 학

+	plus, and
−	minus, less
±, ∓	plus or minus
×	multiplied by, times
÷, :	divided by
=	is equal to, equals
≒, ≈	is approximately equal to
≠, ≠	is not equal to
>	is greater than
<	is less than
≧, ≥	is equal to or greater than
≦, ≤	is equal to or less than
{ }	braces
—	vinculum 보기 : $\overline{a+b}$
∴	therefore
∵	since, because
∞	infinity
:	is to
::	as, equals
∠	angle
∟	right angle
⊥	(is) perpendicular (to)
∥, ‖	(is) parallel (to)
△	triangle
□	square
▱	parallelogram
°	degree(s)
′	minute(s)
″	second(s)

2. 참조표

*	asterisk (별표)
†	dagger, obelisk (검표)
‡	double dagger (이중검표)
§	section
‖	parallels (병행표)
¶	paragraph
☞	index, fist (손가락표)
⁂, ⁂	asterism (세별표)

3. 표음부호

´	acute (양음부호) 《é》
`	grave (저음부호) 《à》
ˆ	circumflex (곡절음부호) 《ê》
˜	tilde (물결부호) 《ñ》
¯	macron (장음부호) 《ā》
˘	breve (단음부호) 《ă》
¨	dieresis (분음부호) 《ö》
¸	cedilla (시딜라) 《ç》

4. 기 타

&	and, ampersand
&c	et cetera; and so forth
/	or, per
#	number
%	percent
c/o	care of
@	at
©	copyright(ed)

Ⅳ. 수

1. 수 읽기

1,000(천)	one thousand
10,000(만)	ten thousand
100,000(십만)	one hundred thousand
1,000,000(백만)	one million
10,000,000(천만)	ten million
100,000,000(억)	one hundred million
1,000,000,000(십억)	one billion
10,000,000,000(백억)	ten billion
100,000,000,000(천억)	one hundred billion
1,000,000,000,000(조)	《美》 one trillion; 《英》 one thousand billion

이상중 천억까지는 《美》《英》 공통, 조(兆) 및 그 이상의 수는《美》《英》에서 각기 그 호칭이 다름. 예컨대,

1,000,000,000,000,000(천조) 《美》 one quadrillion; 《英》 one million billion

1,000,000,000,000,000,000(백경) 《美》 one quintillion; 《英》 one trillion

이 밖에,

sextillion=《美》 10^{21}; 《英》 10^{35}
septillion=《美》 10^{24}; 《英》 10^{42}
octillion=《美》 10^{27}; 《英》 10^{48}
nonillion 《美》 10^{30}; 《英》 10^{54}, *etc.*

처럼 명칭은 《美》《英》 공통이지만 수치는 다름.

2. 로마 숫자

I=1, V=5, L=50, C=100, D=500, M=1000의 로마자를 써서, 좌에서 우로 수치의 대소순으로 늘어놓아 (e.g. XVIII=10+5+3=18), 순서가 역이 되면 대소 수치의 차를 나타냄 (e.g. XIX=10+(10−1)=19). 로마자는 소자 (i,v,x,l,c,etc.)를 쓸 때도 있음. 문자 위에 ―을 붙이면 1,000배의 수치가 됨.

I	1	V	5	X	10
III	3	VI	6	XV	15
IV(IIII)	4	IX	9	XL	40

L	50	CM	900	$\bar{V}$	5000
LX	60	M	1000	$\bar{X}$	10,000
XC	90	MCD	1400	$\bar{L}$	50,000
C	100	MDC	1600	$\bar{C}$	100,000
CD	400	MDCCCXCIV	1894	$\bar{D}$	500,000
D	500	MCMLXXIX	1979	$\bar{M}$	1,000,000
DC	600	MMM	3000		

V. 미·영 철자의 차이

(일반적 경향으로서 다음과 같은 점을 지적할 수 있음)

《美》	《英》	《美》	《英》
-a-	**-au**	**-ll-**	**-l-**
balk	baulk	skillful	skilful
gantlet	gauntlet	**-m**	**-mme**
-ck-	**-qu-**	gram	gramme
check	cheque	program	programme
checkered	chequered	**-o-**	**-ou-**
-ction	**-xion**	mold	mould
connection	connexion	smolder	smoulder
reflection	reflexion	**-or**	**-our**
-dgmnt	**-dgement**	color	colour
judgment	judgement	labor	labour
acknowledgment	acknowledgement	**-se**	**-ce**
		defense	defence
-e-	**-ae-**	offense	offence
archeology	archaeology	**-y**	**-ey**
esthete	aesthete	story	storey
-er	**-re**	bogy	bogey
center	centre	**-ze**	**-se**
theater	theatre	analyze	analyse
-et	**-ette**	paralyze	paralyse
cigaret	cigarette		
omelet	omelette	악센트부호 없음	악센트부호 있음
-g-	**-gg-**	cafe	café
fagot	faggot	fete	fête
wagon	waggon		
-i-	**-y-**		
flier	flyer	기 타	
tire	tyre	aluminum	aluminium
in-	**en-**	curb	kerb
infold	enfold	draft	draught; draft (도안·어음)
inquire	enquire		
-ing	**-eing**	gray	grey
aging	ageing	jail	gaol
eying	eyeing	maneuver	manoeuvre
-k-	**-c-**	mustache	moustache
disk	disc	pajama	pyjama
ankle	ancle	plow	plough
-l-	**-ll-**	sulfur	sulphur
councilor	councillor	veranda	verandah
traveler	traveller		

Ⅵ. 도량형표(度量衡表)

부피	1 홉(合)	0.18039 리터	1.0567 quarts 0.31741 파인트
	1 되(升)	1.8039 리터	《英》0.39678 《美》0.4765 갈론
	1 석(石)	0.18039 킬로리터	4.9595 부셸
	1 액량온스(ounce)	0.15753 홉	28.416 입방센티미터 (cube centimeters)
	1 파인트(pint)	3.1505 홉	0.56823 리터
	1 영(英)갈론(gallon)	2.5204 되	4.5459 리터
	1 부셸(bushel)	0.20163 석	36.867 리터
	1 리터(liter)	0.55435 되	《英》0.21995 《美》0.26417 갈론
	1 킬로리터(kiloliter)	5.5435 석	264.17《美》갈론
길이	1 치(寸)	3.0303 센티미터	1.1931 인치
	1 자(尺)	0.30303 미터	11.9305 인치 0.99421 피트
	1 간(間)	1.8182 미터	1.9884 야드
	1 정(町)	0.10909 킬로미터	5.423 체인
	1 리(里)	3.9273 킬로미터	2.4403 마일
	1 인치(inch)	0.83818 치	2.5400 센티미터
	1 피트(foot)	1.0058 자	0.30479 미터
	1 야드(yard)	3.0175 자 0.50291 간	0.91438 미터
	1 체인(chain)	11.064 간	20.116 미터
	1 마일(mile)	14 정 45 간 1 자	1.6093 킬로미터
	1 센티미터 (centimeter)	3 분(分) 3 리(厘)	0.39371 인치
	1 미터(meter)	3 자 3 치	39.371 인치 3.2809 피트
	1 킬로미터 (kilometer)	555 간 9 정 10 간	49.71 체인 0.62138 마일
넓이	1 평(坪)(보(步))	0.000816 에이커	3.9524 평방야드
	1 무(畝)	0.0245 에이커	118.572 평방야드
	1 단(段)	0.245 에이커	1185.72 평방야드
	1 정(町)	2.4509 에이커 9917.335 평방미터	11857.2 평방야드
	1 에이커(acre)	4 단 24 보여(餘) (1224 평여)	4840 평방야드
	1 아르(are) (100평방미터)	약 1 무 0 보 25	119.6 평방야드
	1 헥타르(hectare) (10.000평방미터)	약 1 정 25 보	11960 평방야드 2.471 에이커
무게	1 돈(匁)	3.75 그램	0.13228 온스
	100 돈	0.375 킬로그램	0.82673 파운드
	1 관(貫)	3.75 킬로그램	8.2673 파운드
	1 온스(ounce)	7.5599 돈	28.350 그램
	1 파운드(pound) (=16 ounces)	120.963 돈	0.45359 킬로그램
	1 톤(ton) 《美》=2000 pounds 《英》=2240 pounds	241.923 관	907.18 킬로그램
	1 그램(gram)	0.2667 돈	15.432 grains 0.035274 온스
	1 킬로그램 (kilogram)	0.2667 관	2.2046 파운드
	1 톤(ton) (=1000 kilograms)	2666.7 관	2204.6 파운드

Ⅶ. 국어의 로마자 표기법(문교부)

87.10.

제 1 장 표기의 기본원칙

제 1 항 국어의 로마자표기는 국어의 표준발음에 따라 적는다.
제 2 항 로마자 이외의 부호는 되도록 사용하지 않는다.
제 3 항 1음운 1기호의 표기를 원칙으로 한다.

제 2 장 표 기 일 람

제 1 항 모음은 다음과 같이 적는다.

단모음 :

ㅏ	ㅓ	ㅗ	ㅜ	ㅡ	ㅣ	ㅐ	ㅔ	ㅚ
a	ŏ	o	u	ŭ	i	ae	e	oe

중모음 :

ㅑ	ㅕ	ㅛ	ㅠ	ㅒ	ㅖ	ㅢ
ya	yŏ	yo	yu	yae	ye	ŭi
ㅘ	ㅝ	ㅙ	ㅞ	ㅟ		
wa	wo	wae	we	wi		

(붙임) 장모음의 표기는 따로 하지 않는다.

제 2 항 자음은 다음과 같이 적는다.

파열음 :

ㄱ	ㄲ	ㅋ
k, g	kk	k'
ㄷ	ㄸ	ㅌ
t, d	tt	t'
ㅂ	ㅃ	ㅍ
p, b	pp	p'

마찰음 :

ㅅ	ㅆ	ㅎ
s, sh	ss	h

비 음 :

ㅁ	ㄴ	ㅇ
m	n	ng

유 음 :

ㄹ
r, l

파찰음 :

ㅈ	ㅉ	ㅊ
ch, j	tch	ch'

(붙임 1) 'ㄱ, ㄷ, ㅂ, ㅈ'이 모음과 모음사이, 또는 'ㄴ, ㄹ, ㅁ, ㅇ'과 모음 사이에서 유성음으로 소리날 때에는 각각 'g, d, b, j'로 적고 이 외에는 각각 'k, t, p, ch'로 적는다.

보기 가구 kagu 바둑 paduk 갈비 kalbi
제주 Cheju 담배 tambae 받침 patch'im

(붙임 2) 'ㅅ'은 '시'의 경우에 'sh'로 그 외에는 's'로 적는다.

보기 시루 shiru 신안 Shinan 신촌 Shinch'on
부산 Pusan 상표 sangp'yo 황소 hwangso

(붙임 3) 'ㄹ'은 모음 앞에서는 'r'로 적고, 자음 앞이나 낱말의 끝에서는 'l'로, 'ㄹㄹ'은 'll'로 적는다.

보기 사랑 sarang 물건 mulgŏn 발 pal
진달래 chindallae

제 3 장 표기상의 유의점

제 1 항 음운변화가 일어날 때는 변화의 결과에 따라 다음과 같이 적는다.

1. 자음 사이에서 동화작용이 일어나는 경우

보기 냇물 naenmul 부엌문 puŏngmun 낚는다 nangnŭnda
닫는다 tannŭnda 갉는다 kamnŭnda 진리 chilli
심리 shimni 압력 amnyŏk 독립 tongnip

2. 'ㄴ, ㄹ'이 덧나는 경우

보기 가랑잎 karangnip 낫일 nannil 담요 tamnyo
홑이불 honnibul 풀잎 pullip 물약 mullyak

3. 구개음화가 되는 경우

보기 굳이 kuji 해돋이 haedoji 같이 kach'i

4. 'ㄱ, ㄷ, ㅂ, ㅈ'이 'ㅎ'과 어울려 나는 경우

보기 국화 kuk'wa 놓다 nat'a 밟히다 palp'ida
맞히다 mach'ida

(붙임) 형태소가 결합할 때 나타나는 된소리는 따로 표기하지 않는다.

보기 장기(長技) changki 사건 sakŏn 냇가 naetka
작두 chaktu 신다 shinta 산불 sanpul

제 2 항 발음상 혼동의 우려가 있을 때나, 기타 분절의 필요가 있을 때는 '-'(짧은줄표)를 써서 따로 적는다.

보기 장이 chang-i 잔기(殘期) chan-gi
물가에 mulka-e 종로에 Chongno-e

(붙임) 인명과 행정구역 단위명 표기에서 '-'(짧은줄표) 앞뒤에서 일어나는 동화작용은 표기에 반영하지 않는다.

보기 김복남 Kim Pok-nam 사북면 Sabuk-myŏn

제 3 항 고유명사는 첫소리를 대문자로 적는다.

보기 인천 Inch'ŏn 대구 Taegu 세종 Sejong

제 4 항 인명은 성과 이름의 순서로 쓰되 띄어쓰고, 이름 사이에는 '-'(짧은줄표)를 넣는다. 다만, 한자식의 이름이 아닌 경우에는 '-'를 생략할 수 있다.

보기 김정호 Kim Chŏng-ho 남궁 동자 Namgung Tong-cha
손 미희자 Son Mi-hŭi-cha 정 마리아 Chŏng Maria
한 하나 Han Hana

제 5 항 제 2 항 붙임의 규정에 불구하고 '도, 시, 군, 구, 읍, 면, 리, 동'의 행정구역 단위와 '가'는 각각 'do, shi, gun, gu, ŭp, myŏn, ri dong, ga'로 적고 그 앞에는 '-'(짧은줄표)를 넣는다.

보기 충청북도 Ch'ungch'ŏngbuk-do 제주도 Cheju-do
의정부시 Ŭijŏngbu-shi 파주군 P'aju-gun
도봉구 Tobong-gu 신창읍 Shinch'ang-ŭp
주내면 Chunae-myŏn 인왕리 Inwang-ri
당산동 Tangsan-dong 봉천 2 동 Pongch'ŏn 2-dong
종로 2 가 Chongno 2-ga 퇴계로 5 가 T'oegyero 5-ga

(붙임) 특별시, 직할시, 시, 군, 읍 등의 행정구역 단위명은 생략할 수 있다.

보기 부산직할시 Pusan 신창읍 Shinch'ang

제 6 항 자연지물명, 문화재명, 인공축조물명은 '-'없이 붙여쓴다.

보기 남 산 Namsan 속리산 Songnisan
금 강 Kŭmgang 독 도 Tokto
해운대 Haeundae 경복궁 Kyŏngbokkung
도산서원 Tosansŏwon 불국사 Pulguksa
현충사 Hyŏnch'ungsa 독립문 Tongnimmun
오죽헌 Ojuk'ŏn 촉석루 Ch'oksŏngnu
종 묘 Chongmyo 다보탑 Tabot'ap
무량수전 Muryangsujŏn 연화교 Yŏnhwagyo
극락전 Kŭngnakchŏn 석굴암 Sŏkkuram
안압지 Anapchi 남한산성 Namhansansŏng

(붙임) 5 음절 이상일 경우에는 낱말사이에 '-'를 쓸 수 있다.

보기 금동 미륵보살 반가상 Kŭmdong-mirŭkposal-pan-gasang

제 7 항 고유명사의 표기는 국제관계 및 종래의 관습적 표기를 고려해서 갑자기 변경할 수 없는 것에 한하여 다음과 같이 적는 것을 허용한다.

보기 서 울 Seoul 이순신 Yi Sun-shin
이승만 Syngman Rhee 연 세 Yonsei
이 화 Ewha

제 8 항 인쇄나 타자의 어려움이 있을 때에는 의미의 혼동을 초래하지 않을 경우 ŏ, ŭ, yŏ, ŭi 등의 '˘'(반달표)와 k', t', p', ch'들의 ' ' '(어깨점)을 생략할 수 있다.

로마자 표기법 조견표

1. 모음

ㅏ	ㅑ	ㅓ	ㅕ	ㅗ	ㅛ	ㅜ	ㅠ	ㅡ	ㅣ
a	ya	ŏ	yŏ	o	yo	u	yu	ŭ	i

ㅐ	ㅒ	ㅔ	ㅖ	ㅘ	ㅙ	ㅚ	ㅝ	ㅞ	ㅟ	ㅢ
ae	yae	e	ye	wa	wae	oe	wo	we	wi	ŭi

2. 자음

ㄱ	ㄴ	ㄷ	ㄹ	ㅁ	ㅂ	ㅅ	ㅇ	ㅈ	ㅊ	ㅋ	ㅌ	ㅍ	ㅎ
k,g	n	t,d	r,l	m	p,b	s,sh	ng	ch,j	ch'	k'	t'	p'	h

ㄲ	ㄸ	ㅃ	ㅆ	ㅉ
kk	tt	pp	ss	tch

VIII. 지방 행정 단위의 영어 표기

내무부 1995. 2

지방 행정 단위명	사용구분	영 어 표 기	비고
서울 특별시	주소로 사용시	Seoul City (서울 시티)	
	기관 명칭	Seoul Metropolitan City (서울 메트로폴리탄 시티)	
○○광역시	주소로 사용시	○○ City (○○ 시티)	
	기관 명칭	○○ Metropolitan City (○○ 메트로폴리탄 시티)	
○○도		○○ Province (○○ 프라빈스)	
○○시		○○ City (○○ 시티)	
○○군		○○ County (○○ 카운티)	
○○구	주소로 사용시 ※특별시·광역시 구별없이	○○ District (○○ 디스트릭트)	
	기관 명칭 • 자치구 • 일반구	○○ Metropolitan District ○○ District	

Ⅸ. 한국 전통 식품의 영어명 표기 방법

농림 수산부 1994. 12

부류	식품명	영어 표기	비 고
김치	깍두기김치	Kimchi (Radish roots kimchi)	김치류는 Kimchi로 표기 통일하고 ( ) 안에 품목명을 영어로 병기
	나박김치	Kimchi (Watery kimchi)	
	동치미김치	Kimchi (Watery radish kimchi)	
	배추김치	Kimchi (Cabbage kimchi)	
	무청김치	Kimchi (Radish leaf kimchi)	
	유채김치	Kimchi (Rape leaf kimchi)	
	갓잎김치	Kimchi (Mustard leaf kimchi)	
	갓줄기김치	Kimchi (Mustard stem kimchi)	
장	고추장	Korean hot pepper paste(Gochujang)	외국의 hot sauce, chilli sauce와 구별 표기 ( )에 품목명을 소리나는대로 영어로 표기
	간장	Soy sauce	
	된장	Soybean paste (Doenjang)	
	청국장	Soybean paste (Chonggugjang)	
죽	호박죽	Pumpkin soup powder	분말죽류: soup powder 죽(물이 포함된 것): soup
	들깨죽	Perilla soup powder	
	쌀죽	Rice soup powder	
	현미죽	Brown rice soup powder	
	찹쌀죽	Sweet rice soup powder	
	율무죽	Job's tears soup powder	
	단팥죽	Red bean soup powder	
국수	즉석면(라면)	Instant noodles	Noodle로 표기 통일하고 메밀냉면만 vermicelli로 구별 표기
	쑥국수	Mugwort noodles	
	칡국수	Arrowroot noodles	
	도토리국수	Acorn noodles	
	메밀국수	Buckwheat noodles	
	쌀국수	Rice noodles	
	감자국수	Potato noodles	
	메밀냉면	Buckwheat vermicelli	
묵	메밀묵	Buckwheat curd	묵류는 curd로 통일 표기
	도토리묵	Acorn curd	
미싯가루	쌀미싯가루	Parched rice powder	Parched+품목명+powder로 통일 표기
	찹쌀 〃	Parched sweet rice powder	
	보리 〃	Parched barley powder	
	쌀보리 〃	Parched naked barley powder	
	수수 〃	Parched sorghum powder	
	조 〃	Parched millet powder	
건채류	무말랭이	Dried radish slice	Dried+품목명+slice로 통일 표기
	호박고지	Dried squash/pumpkin slice	
	가지말랭이	Dried eggplant slice	
	박고지	Dried guard slice	
	토란말랭이	Dried taro stem slice	
	도라지말랭이	Dried bell-flower root slice	
	산채나물	Edible greens	
	실고추	Shredded red pepper	

부류	식품명	영어 표기	비 고
절임	단무지	Radish pickle	품목+pickle로 통일 표기
	오이지	Cucumber pickle	
	염교	Scallion pickle	
	달래지	Wild garlic pickle	
	깻잎지	Perilla leaf pickle	
음료	식혜	Rice nectar (Shikhye)	쌀알이 포함되어 nectar로 표기
	수정과	Sweet cinnamon punch	수정과는 건물이 포함되지 않으므로 punch로 표기
	소주	Soju	
	약주	Rice wine (clear)	
	탁주	Rice wine (cloudy)	
차류	계피차	Cinnamon tea	품목명+tea로 통일 표기
	구기자차	Boxthron tea	
	치커리차	Chicory tea	
	컴프리차	Comfry tea	
	유자차	Citron tea	
	인삼차	Korean ginseng tea	한국 인삼을 강조 표기
	녹차	Green tea	
	감잎차	Persimmon leaf tea	
	홍차	Black tea	
	옥수수차	Corn tea	
해조류	말린김	Dried laver	돌김은 양식이 아닌 자연산 김이므로 stone보다는 natural이 적합
	조미김	Seasoned, roasted laver	
	돌김	Natural laver	
	미역	Sea mustard	
	염장미역	Salted sea mustard	fried+품목명으로 통일 표기
	미역튀각	Fried sea mustard	
	다시마튀각	Fried sea tangle	
	건파래	Dried sea lettuce	
	말린다시마	Dried sea tangle	
	다시마말이	Rolled sea tangle	
젓갈류	새우젓	Salted shrimp	젓갈류에는 fermented란 표기없이 Salted+품목명으로 통일 표기
	멸치젓	Salted anchovy	
	명란젓	Salted pollak egg	
	창란젓	Salted viscera	
	밴댕이젓	Salted shad	
	황새기젓	Salted sword fish	
	굴젓	Salted oyster	
	전복젓	Salted abalone	
	조개젓	Salted clam	
	게젓	Salted crab	액젓의 경우 품목명+sauce로 통일 표기
	멸치액젓	Anchovy sauce	
한과류	강정	Korean cracker (Gangjung)	
	유과	Korean cracker (Yoogwa)	
	약과	Korean cracker (Yakgwa)	
	전병	Korean cracker (Junbyung)	
	산자	Korean cracker (Shanja)	
	야채만두	Vegetable dumpling	Dumpling으로 표기

부류	식품명	영어 표기	비 고
만두류	쇠고기만두	Beef dumpling	하되 내용물의 영어명을 그 앞에 표기
	돼지고기만두	Pork dumpling	
	꿩만두	Pheasant dumpling	
	김치만두	Kimchi dumpling	
기타	감식초	Persimmon vinegar	
	죽염	Salt roasted in bamboo	
	물엿	Dextrose syrup	
	삼계탕	Chicken stew with ginseng	
	엿기름	Malt	
	누룽지	Nurungji (Roasted cooking rice)	

X. 우리식 표현의 영어 낱말들

우리식으로 꾸며 만들어진 영어의 낱말들을 순수한 영어로 잘못 알고 사용하는 경우가 많다. 대표적인 몇 가지를 열거해 본다.

우리말 표현	우리식 영어 표현	올바른 영어 표현
개솔린 스탠드	gasoline+stand	filling station; gas station; (영) petrol station
골든 아워	golden+hour	prime (television) time
골인	goal+in	reach the finish (line); get [make, score] a goal; get married
덤프카	dump+car	dump truck; (영) dump lorry
모닝 서비스	morning+service	special rate in the morning
백미러	back+mirror	rearview mirror; (영)driving mirror
샐러리맨	salary+man	office[white-collar] worker
애프터 서비스	after+service	after-sales service; repair service
오더 메이드	order+made	made-to-order; custom[ready]-made
오피스 레이디	office+lady	(woman) office worker
올드 미스	old+Miss	old maid; unmarried woman
팬티 스타킹	panty+stocking	(a pair of) panty hose
테이블 스피치	table+speech	(after-dinner) speech

XI. 우리나라 행정 구역의 로마자 표기(도·시·구·군·읍)

Names of Administrative Units

※ 지면 관계로 반복되는 동일한 구명(區名) 및 군명(郡名)과 읍명이 같은 것은 생략하였음.

문교부 발행 편수자료 1987. 10.

한글(한자) Han-gul(Chinese Characters)	로마자 표기 Romanization	한글(한자) Han-gul(Chinese Characters)	로마자 표기 Romanization
대한민국 (大韓民國)	TAEHANMIN-GUK	달서구(達西區)	Talsŏ-gu
서울특별시 (서울特別市)	Seoul-t'ŭkpyŏlshi	수성구(壽城區)	Susŏng-gu
종로구(鐘路區)	Chongno-gu	인천직할시 (仁川直轄市)	Inch'ŏn-jik'alshi
중구(中區)	Chung-gu	남동구(南洞區)	Namdong-gu
용산구(龍山區)	Yongsan-gu	광주직할시 (光州直轄市)	Kwangju-jik'alshi
성동구(城東區)	Sŏngdong-gu	광산구(光山區)	Kwangsan-gu
동대문구 (東大門區)	Tongdaemun-gu	대전직할시 (大田直轄市)	Taejŏn-jik'alshi
중랑구(中浪區)	Chungnang-gu	유성구(儒城區)	Yusŏng-gu
성북구(城北區)	Sŏngbuk-gu	대덕구(大德區)	Taedŏk-gu
도봉구(道逢區)	Tobong-gu	경기도(京畿道)	Kyŏnggi-do
노원구(蘆原區)	Nowon-gu	수원시(水原市)	Suwon-shi
은평구(恩平區)	Ŭnp'yong-gu	성남시(城南市)	Sŏngnam-shi
서대문구 (西大門區)	Sŏdaemun-gu	의정부시 (議政府市)	Ŭijŏngbu-shi
마포구(麻浦區)	Map'o-gu	안양시(安養市)	Anyang-shi
강서구(江西區)	Kangsŏ-gu	부천시(富川市)	Puch'ŏn-shi
양천구(陽川區)	Yangch'ŏn-gu	광명시(光明市)	Kwangmyŏng-shi
구로구(九老區)	Kuro-gu	송탄시(松炭市)	Songt'an-shi
영등포구 (永登浦區)	Yŏngdŭngp'o-gu	고양시(高陽市)	Koyang-shi
동작구(銅雀區)	Tongjak-gu	동두천시 (東豆川市)	Tongduch'ŏn-shi
관악구(冠岳區)	Kwanak-gu	안산시(安山市)	Ansan-shi
강남구(江南區)	Kangnam-gu	과천시(果川市)	Kwach'ŏn-shi
서초구(瑞草區)	Sŏch'o-gu	평택시(平澤市)	P'yŏngt'aek-shi
강동구(江東區)	Kangdong-gu	오산시(烏山市)	Osan-shi
송파구(松坡區)	Songp'a-gu	시흥시(始興市)	Snihŭng-shi
부산직할시 (釜山直轄市)	Pusan-jik'alshi	군포시(軍浦市)	Kunp'o-shi
중구(中區)	Chung-gu	의왕시(儀旺市)	Ŭiwang-shi
동구(東區)	Tong-gu	구리시(九里市)	Kuri-shi
서구(西區)	Sŏ-gu	미금시(渼金市)	Migŭm-shi
남구(南區)	Nam-gu	하남시(河南市)	Hanam-shi
북구(北區)	Puk-gu	양주군(楊州郡)	Yangju-gun
영도구(影島區)	Yŏngdo-gu	남양주군 (南陽州郡)	Namyangju-gun
부산진구 (釜山鎭區)	Pusanjin-gu	와부읍(瓦阜邑)	Wabu-ŭp
동래구(東萊區)	Tongnae-gu	진접읍(榛接邑)	Chinjŏp-ŭp
해운대구 (海雲臺區)	Haeundae-gu	여주군(驪州郡)	Yŏju-gun
금정구(金井區)	Kŭmjŏng-gu	평택군(平澤郡)	P'yŏngt'aek-gun
사하구(沙下區)	Saha-gu	팽성읍(彭城邑)	P'aengsŏng-ŭp
강서구(江西區)	Kangsŏ-gu	화성군(華城郡)	Hwasŏng-gun
대구직할시 (大邱直轄市)	Taegu-jik'alshi	태안읍(台安邑)	T'ae-an-ŭp
		파주군(坡州郡)	P'aju-gun
		금촌읍(金村邑)	Kŭmch'on-ŭp
		문산읍(汶山邑)	Munsan-ŭp

한글(한자) Han-gul(Chinese Characters)	로마자 표기 Romanization	한글(한자) Han-gul(Chinese Characters)	로마자 표기 Romanization
광주군(廣州郡)	Kwangju-gun	충주시(忠州市)	Ch'ungju-shi
연천군(漣川郡)	Yŏnch'ŏn-gun	제천시(堤川市)	Chech'ŏn-shi
전곡읍(全谷邑)	Chŏn-gok-ŭp	청원군(淸原郡)	Ch'ong-won-gun
포천군(抱川郡)	P'och'ŏn-gun	보은군(報恩郡)	Poŭn-gun
가평군(加平郡)	Kap'yŏng-gun	옥천군(沃川郡)	Okch'ŏn-gun
양평군(楊平郡)	Yangp'yŏng-gun	영동군(永同郡)	Yŏngdong-gun
이천군(利川郡)	Ich'ŏn-gun	진천군(鎭川郡)	Chinch'ŏn-gun
장호원읍 (長湖院邑)	Changhowon-ŭp	괴산군(槐山郡)	Koesan-gun
		증평읍(曾坪邑)	Chŭngp'yŏng-ŭp
부발읍(夫鉢邑)	Pubal-ŭp	음성군(陰城郡)	Ŭmsŏng-gun
용인군(龍仁郡)	Yong-in-gun	금왕읍(金旺邑)	Kŭmwang-ŭp
기흥읍(器興邑)	Kihŭng-ŭp	중원군(中原郡)	Chung-won-gun
안성군(安城郡)	Ansŏng-gun	제천군(堤川郡)	Chech'ŏn-gun
김포군(金浦郡)	Kimp'o-gun	단양군(丹陽郡)	Tanyang-gun
강화군(江華郡)	Kanghwa-gun	매포읍(梅浦邑)	Maep'o-ŭp
옹진군(甕津郡)	Ongjin-gun	충청남도 (忠淸南道)	Ch'ungch'ŏngnam-do
강원도(江原道)	Kang-won-do		
춘천시(春川市)	Ch'unch'ŏn-shi	천안시(天安市)	Ch'ŏnan-shi
원주시(原州市)	Wonju-shi	공주시(公州市)	Kongju-shi
강릉시(江陵市)	Kangnŭng-shi	대천시(大川市)	Taech'ŏn-shi
동해시(東海市)	Tonghae-shi	온양시(溫陽市)	Onyang-shi
태백시(太白市)	T'ebaek-shi	서산시(瑞山市)	Sŏsan-shi
속초시(束草市)	Sokch'o-shi	금산군(錦山郡)	Kŭmsan-gun
삼척시(三陟市)	Samch'ŏk-shi	연기군(燕岐郡)	Yŏn-gi-gun
춘천군(春川郡)	Ch'unch'ŏn-gun	조치원읍 (鳥致院邑)	Choch'iwon-ŭp
홍천군(洪川郡)	Hongch'ŏn-gun		
횡성군(橫城郡)	Hoengsŏng-gun	공주군(公州郡)	Kongju-gun
원주군(原州郡)	Wonju-gun	논산군(論山郡)	Nonsan-gun
영월군(寧越郡)	Yŏng-wol-gun	강경읍(江景邑)	Kanggyŏng-ŭp
상동읍(上東邑)	Sangdong-ŭp	연무읍(鍊武邑)	Yŏnmu-ŭp
평창군(平昌郡)	P'yŏngch'ang-gun	부여군(扶餘郡)	Puyŏ-gun
정선군(旌善郡)	Chŏngsŏn-gun	서천군(舒川郡)	Sŏch'ŏn-gun
사북읍(舍北邑)	Sabuk-ŭp	장항읍(長項邑)	Changhang-ŭp
신동읍(新東邑)	Shindong-ŭp	보령군(保寧郡)	Poryŏng-gun
고한읍(古汗邑)	Kohan-ŭp	청양군(靑陽郡)	Ch'ŏng-yang-gun
철원군(鐵原郡)	Ch'ŏrwon-gun	홍성군(洪城郡)	Hongsŏng-gun
김화읍(金化邑)	Kimhwa-ŭp	광천읍(廣川邑)	Kwangch'ŏn-ŭp
갈말읍(葛末邑)	Kalmal-ŭp	예산군(禮山郡)	Yesan-gun
동송읍(東松邑)	Tongsong-ŭp	삽교읍(揷橋邑)	Sapkyo-ŭp
화천군(華川郡)	Hwach'ŏn-gun	서산군(瑞山郡)	Sŏsan-gun
양구군(楊口郡)	Yanggu-gun	태안군(泰安郡)	Taean-gun
인제군(麟蹄郡)	Inje-gun	안면읍(安眠邑)	Anmyŏn-ŭp
고성군(高城郡)	Kosŏng-gun	당진군(唐津郡)	Tangjin-gun
간성읍(杆城邑)	Kansŏng-ŭp	합덕읍(合德邑)	Haptŏk-ŭp
거진읍(巨津邑)	Kŏjin-ŭp	아산군(牙山郡)	Asan-gun
양양군(襄陽郡)	Yang-yang-gun	염치읍(鹽峙邑)	Yŏmch'i-ŭp
명주군(溟州郡)	Myŏngju-gun	천안군(天安郡)	Ch'ŏnan-gun
주문진읍 (注文津邑)	Chumunjin-ŭp	성환읍(成歡邑)	Sŏnghwan-ŭp
		성거읍(聖居邑)	Sŏnggŏ-ŭp
삼척군(三陟郡)	Samch'ŏk-gun	전라북도 (全羅北道)	Chŏllabuk-do
도계읍(道溪邑)	Togye-ŭp		
원덕읍(遠德邑)	Wondŏk-ŭp	전주시(全州市)	Chŏnju-shi
충청북도 (忠淸北道)	Ch'ungch'ŏngbuk-do	군산시(群山市)	Kunsan-shi
		이리시(裡里市)	Iri-shi
청주시(淸州市)	Ch'ŏngju-shi	정주시(井州市)	Chŏngju-shi

한글 (한자) Han-gul (Chinese Characters)	로마자 표기 Romanization
남원시 (南原市)	Namwon-shi
김제시 (金堤市)	Kimje-shi
완주군 (完州郡)	Wanju-gun
삼례읍 (參禮邑)	Samnye-ŭp
봉동읍 (鳳東邑)	Pongdong-ŭp
진안군 (鎭安郡)	Chinan-gun
무주군 (茂朱郡)	Muju-gun
장수군 (長水郡)	Changsu-gun
임실군 (任實郡)	Imshil-gun
남원군 (南原郡)	Namwon-gun
순창군 (淳昌郡)	Sunch'ang-gun
정읍군 (井邑郡)	Chŏng-ŭp-gun
신태인읍 (新泰仁邑)	Shint'aein-ŭp
고창군 (高敞郡)	Koch'ang-gun
부안군 (扶安郡)	Puan-gun
김제군 (金堤郡)	Kimje-gun
옥구군 (沃溝郡)	Okku-gun
익산군 (益山郡)	Iksan-gun
함열읍 (咸悅邑)	Hamyŏl-ŭp
전라남도 (全羅南道)	Chŏllanam-do
목포시 (木浦市)	Mokp'o-shi
여수시 (麗水市)	Yŏsu-shi
순천시 (順天市)	Sunch'ŏn-shi
나주시 (羅州市)	Naju-shi
여천시 (麗川市)	Yŏch'ŏn-shi
동광양시 (東光陽市)	Tongkwang-yang-shi
담양군 (潭陽郡)	Tamyang-gun
곡성군 (谷城郡)	Koksŏng-gun
구례군 (求禮郡)	Kurye-gun
광양군 (光陽郡)	Kwang-yang-gun
여천군 (麗川郡)	Yŏch'ŏn-gun
돌산읍 (突山邑)	Tolsan-ŭp
승주군 (昇州郡)	Sŭngju-gun
고흥군 (高興郡)	Kohŭng-gun
도양읍 (道陽邑)	Toyang-ŭp
보성군 (寶城郡)	Posŏng-gun
벌교읍 (筏橋邑)	Pŏlgyo-ŭp
화순군 (和順郡)	Hwasun-gun
장흥군 (長興郡)	Changhŭng-gun
관산읍 (冠山邑)	Kwansan-ŭp
대덕읍 (大德邑)	Taedŏk-ŭp
강진군 (康津郡)	Kangjin-gun
해남군 (海南郡)	Haenam-gun
영암군 (靈岩郡)	Yŏng-am-gun
무안군 (務安郡)	Muan-gun
일로읍 (一老邑)	Illo-ŭp
나주군 (羅州郡)	Naju-gun
함평군 (咸平郡)	Hamp'yŏng-gun
영광군 (靈光郡)	Yŏnggwang-gun
백수읍 (白岫邑)	Paeksu-ŭp
홍농읍 (弘農邑)	Hongnong-ŭp
장성군 (長城郡)	Changsŏng-gun

한글 (한자) Han-gul (Chinese Characters)	로마자 표기 Romanization
완도군 (莞島郡)	Wando-gun
금일읍 (金日邑)	Kŭmil-ŭp
진도군 (珍島郡)	Chindo-gun
신안군 (新安郡)	Shinan-gun
경상북도 (慶尙北道)	Kyŏngsangbuk-do
포항시 (浦項市)	P'ohang-shi
경주시 (慶州市)	Kyŏngju-shi
김천시 (金泉市)	Kimch'on-shi
안동시 (安東市)	Andong-shi
구미시 (龜尾市)	Kumi-shi
영주시 (榮州市)	Yŏngju-shi
영천시 (永川市)	Yŏngch'ŏn-shi
상주시 (尙州市)	Sangju-shi
점촌시 (店村市)	Chŏmch'on-shi
경산시 (慶山市)	Kyŏngsan-shi
달성군 (達城郡)	Talsŏng-gun
군위군 (軍威郡)	Kunwi-gun
의성군 (義城郡)	Ŭisŏng-gun
안동군 (安東郡)	Andong-gun
청송군 (青松郡)	Ch'ŏngsong-gun
영양군 (英陽郡)	Yŏng-yang-gun
영덕군 (盈德郡)	Yŏngdŏk-gun
영일군 (迎日郡)	Yŏng-il-gun
구룡포읍 (九龍浦邑)	Kuryongp'o-ŭp
경주군 (慶州郡)	Kyŏngju-gun
영천군 (永川郡)	Yŏngch'ŏn-gun
경산군 (慶山郡)	Kyŏngsan-gun
청도군 (清道郡)	Ch'ŏngdo-gun
고령군 (高靈郡)	Koryŏng-gun
성주군 (星州郡)	Sŏngju-gun
칠곡군 (漆谷郡)	Ch'ilgok-gun
금릉군 (金陵郡)	Kŭmnŭng-gun
선산군 (善山郡)	Sŏnsan-gun
상주군 (尙州郡)	Sangju-gun
문경군 (聞慶郡)	Mun-gyŏng-gun
예천군 (醴泉郡)	Yech'ŏn-gun
영풍군 (榮豊郡)	Yŏngp'ung-gun
봉화군 (奉化郡)	Ponghwa-gun
울진군 (蔚珍郡)	Ulchin-gun
울릉군 (鬱陵郡)	Ullŭng-gun
경상남도 (慶尙南道)	Kyŏngsangnam-do
마산시 (馬山市)	Masan-shi
울산시 (蔚山市)	Ulsan-shi
진주시 (晋州市)	Chinju-shi
창원시 (昌原市)	Ch'ang-won-shi
진해시 (鎭海市)	Chinhae-shi
충무시 (忠武市)	Ch'ungmu-shi
삼천포시 (三千浦市)	Samch'ŏnpo-shi
김해시 (金海市)	Kimhae-shi
밀양시 (密陽市)	Miryang-shi
장승포시	Changsŭngp'o-shi

한글(한자) Han-gul(Chinese Characters)	로마자 표기 Romanization	한글(한자) Han-gul(Chinese Characters)	로마자 표기 Romanization
(長承浦市)		남해군(南海郡)	Namhae-gun
진양군(晋陽郡)	Chinyang-gun	하동군(河東郡)	Hadong-gun
의령군(宜寧郡)	Ŭiryŏng-gun	산청군(山清郡)	Sanch'ŏng-gun
함안군(咸安郡)	Haman-gun	함양군(咸陽郡)	Hamyang-gun
창녕군(昌寧郡)	Ch'angnyŏng-gun	거창군(居昌郡)	Kŏch'ang-gun
밀양군(密陽郡)	Miryang-gun	합천군(陜川郡)	Hapch'on-gun
양산군(梁山郡)	Yangsan-gun	제주도(濟州道)	Cheju-do
울산군(蔚山郡)	Ŭlsan-gun	제주시(濟州市)	Cheju-shi
김해군(金海郡)	Kimhae-gun	서귀포시	Sŏgwip'o-shi
창원군(昌原郡)	Ch'angwon-gun	(西歸浦市)	
통영군(統營郡)	T'ong-yŏng-gun	북제주군	Pukcheju-gun
거제군(巨濟郡)	Kŏje-gun	(北濟州郡)	
고성군(固城郡)	Kosŏng-gun	남제주군	Namjeju-gun
사천군(泗川郡)	Sach'ŏn-gun	(南濟州郡)	

Ⅷ. 불규칙 동사표

1. 이탤릭체는 《古》 또는 《稀》　　2. 오른쪽 숫자는 본문 참조

현 재	과 거	과 거 분 사
abide	abode; abided	abode; abided
arise	arose	arisen
awake	awoke	awoke, awaked
baby-sit	baby-sat	baby-sat
be(am, *art*, is; are)	was, *wast*, *wert*; were	been
bear[2]	bore, *bare*	borne, born
beat	beat	beaten, beat
become	became	become
bedight	bedight	bedight, bedighted
befall	befell	befallen
beget	begot, *begat*	begotten, begot
begin	began	begun
begird	begirt; begirded	begirt; begirded
behold	beheld	beheld, *beholden*
bend	bent; *bended*	bent; *bended*
bereave	bereaved; bereft	bereaved; bereft
beseech	besought	besought
beset	beset	beset
bespeak	bespoke, *bespake*	bespoken, bespoke
bestride	bestrode; bestrid	bestridden; bestrid
bet	bet; betted	bet; betted
betake	betook	betaken
bethink	bethought	bethought
bid	bade, bad; bid	bidden; bid
bide	bided, bode	bided
bind	bound	bound
bite	bit	bitten, bit
bleed	bled	bled
blend	blended; blent	blended; blent
bless	blessed; blest	blessed; blest
blow[1]	blew	blown, 《俗》 blowed
blow[2]	blew	blown
break	broke; *brake*	broken; *broke*
breed	bred	bred
bring	brought	brought
broadcast	broadcast; broadcasted	broadcast; broadcasted
browbeat	browbeat	browbeaten
build	built	built
burn	burnt; burned	burnt; burned
burst	burst	burst
buy	bought	bought
can[2]	could	—
cast	cast	cast
catch	caught	caught
chide	chid; chided 《英에선 稀》	chid, chidden; chided 《英에선 稀》
choose	chose	chosen
cleave[1]	cleft; cleaved; clove	cleft; cleaved; clove
cleave[2]	cleaved, *clave*, *clove*	cleaved
cling	clung	clung
clothe	clothed; *clad*	clothed; *clad*

현 재	과 거	과거분사
come	came	come
cost	cost	cost
creep	crept	crept
crow[2]	crowed, crew	crowed
curse	cursed; curst	cursed; curst
cut	cut	cut
dare	dared, *durst*	dared
deal	dealt	dealt
deep-freeze	deep-froze; deep-freezed	deep-frozen; deep-freezed
dig	dug; 《英古》*digged*	dug; 《英古》*digged*
dive	dived, 《美口》dove	dived
do, does	did	done
draw	drew	drawn
dream	dreamed; dreamt	dreamed; dreamt
dress	dressed; *drest*	dressed; *drest*
drink	drank, *drunk*	drunk, drunken
drive	drove	driven
dwell	dwelt; 《稀》*dwelled*	dwelt; 《稀》*dwelled*
eat	ate; *eat*	eaten; *eat*
fall	fell	fallen
feed	fed	fed
feel	felt	felt
fight	fought	fought
find	found	found
flee	fled	fled
fling	flung	flung
fly[2]	flew; fled	flown; fled
forbear	forbore	forborne
forbid	forbade, forbad	forbidden
forecast	forecast; forecasted	forecast; forecasted
forego[1]	forewent	foregone
foreknow	foreknew	foreknown
forerun	foreran	forerun
foresee	foresaw	foreseen
foreshow	foreshowed	foreshown
foretell	foretold	foretold
forget	forgot, *forgat*	forgotten, forgot
forgive	forgave	forgiven
forgo	forwent	forgone
forsake	forsook	forsaken
forswear	forswore	forsworn
freeze	froze	frozen
frostbite	frostbit	frostbitten
gainsay	gainsaid	gainsaid
get	got, *gat*	got, 《英古·美》gotten
ghost-write	ghost-wrote	ghost-written
gild[1]	gilded; gilt	gilded; gilt
gird[1]	girded; girt	girded; girt
give	gave	given
gnaw	gnawed	gnawed, gnawn
go	went	gone
grave[3]	graved	graved, graven
grind	ground; 《稀》*grinded*	ground; 《稀》*grinded*
grow	grew	grown
hamstring	hamstringed;	hamstringed;

현 재	과 거	과거분사
	hamstrung	hamstrung
hang	hung; hanged	hung; hanged
have, *hast*, has	had, *hadst*	had
hear	heard	heard
heave	heaved; hove	heaved;hove
hew	hewed	hewn, hewed
hide[1]	hid	hidden, hid
highlight	highlighted	highlighted
hit	hit	hit
hold	held	held, *holden*
hurt	hurt	hurt
indwell	indwelt	indwelt
inlay	inlaid	inlaid
inset	inset; insetted	inset; insetted
keep	kept	kept
kneel	knelt; kneeled	knelt; kneeled
knit	knitted; knit	knitted; knit
know	knew	known
lade	laded	laden, laded
lay	laid	laid
lead[2]	led	led
lean[2]	leaned; 《英》 leant	leaned; 《英》 leant
leap	leaped; leapt	leaped; leapt
learn	learned; learnt	learned; learnt
leave[1]	left	left
lend	lent	lent
let[1]	let	let
let[2]	let; letted	let; letted
lie[2]	lay	lain
light[1,2]	lighted; lit	lighted; lit
list[4]	list; listed	list; listed
lose	lost	lost
make	made	made
may	might	—
mean[3]	meant	meant
meet	met	met
melt	melted	melted, molten
meseems	meseemed	—
methinks	methought	—
misdeal	misdealt	misdealt
misgive	misgave	misgiven
mislay	mislaid	mislaid
mislead	misled	misled
misread	misread	misread
misspell	misspelled; misspelt	misspelled; misspelt
mistake	mistook	mistaken
misunderstand	misunderstood	misunderstood
mow[1]	mowed	mowed, mown
must	(must)	—
ought	(ought)	—
outbid	outbade; outbid	outbidden, outbid
outdo	outdid	outdone
outgrow	outgrew	outgrown
outride	outrode	outridden
outrun	outran	outrun
outshine	outshone	outshone

현 재	과 거	과거분사
outsit	outsat	outsat
outspread	outspread	outspread
outwear	outwore	outworn
overbear	overbore	overborne
overbid	overbid	overbid, overbidden
overcast	overcast	overcast
overcome	overcame	overcome
overdo	overdid	overdone
overdraw	overdrew	overdrawn
overdrink	overdrank	overdrunk
overdrive	overdrove	ovedriven
overeat	overate	overeaten
overfeed	overfed	overfed
overgrow	overgrew	overgrown
overhang	overhung	overhung
overhear	overheard	overheard
overlay	overlaid	overlaid
overleap	overleaped; overleapt	overleaped; overleapt
overlie	overlay	overlain
overpay	overpaid	overpaid
override	overrode	overridden, overrid
overrun	overran	overrun
oversee	oversaw	overseen
overset	overset	overset
overshoot	overshot	overshot
oversleep	overslept	overslept
overspread	overspread	overspread
overtake	overtook	overtaken
overthrow	overthrew	overthrown
overwork	overworked; overwrought	overworked; overwrought
partake	partook	partaken
pay	paid	paid
pen[2]	penned; pent	penned; pent
pinch-hit	pinch-hit	pinch-hit
plead	pleaded; plead; pled	pleaded; plead; pled
prepay	prepaid	prepaid
proofread	proofread	proofread
prove	proved	proved,《英古·美》proven
put	put	put
quartersaw	quartersawed	quartersawed, quartersawn
quit	quitted; quit	quitted; quit
read	read	read
reave	reaved; reft	reaved; reft
rebuild	rebuilt	rebuilt
recast	recast	recast
reeve[1]	reeved; rove	reeved; rove
relay[2]	relaid	relaid
rend	rent	rent
repay	repaid	repaid
reset	reset	reset
retell	retold	retold
rid	rid; ridded	rid; ridded
ride	rode; *rid*	ridden; *rid*
ring[1]	rang, 《稀》 *rung*	rung

현 재	과 거	과거분사
rise	rose	risen
rive	rived	rived, riven
roughcast	roughcast	roughcast
run	ran	run
saw[3]	sawed	sawn, 《稀》 *sawed*
say, *saith*	said	said
see	saw	seen
seek	sought	sought
seethe	seethed; *sod*	seethed; *sodden*
sell	sold	sold
send	sent	sent
set	set	set
sew	sewed	sewed, sewn
shake	shook	shaken
shall, *shalt*	should	—
shave	shaved	shaved, shaven
shear	sheared, *shore*	sheared; shorn
shed[2]	shed	shed
shine	shone; shined	shone; shined
shoe	shod	shod, shodden
shoot	shot	shot
show	showed	shown, 《稀》 *showed*
shred	shredded; *shred*	shredded, *shred*
shrink	shrank; *shrunk*	shrunk; shrunken
shrive	shrived, shrove	shrived; shriven
shut	shut	shut
sight-read	sight-read	sight-read
sing	sang, sung	sung
sink	sank; sunk	sunk; sunken
sit	sat, *sate*	sat
slay	slew	slain
sleep	slept	slept
slide	slid	slid, 《美》 slidden
sling	slung, *slang*	slung
slink	slunk, *slank*	slunk
slip[1]	slipped, *slipt*	slipped
slit	slit; *slitted*	slit; *slitted*
smell	smelled; smelt	smelled; smelt
smite	smote; *smit*	smitten; *smit*
sow	sowed	sown, sowed
speak	spoke; *spake*	spoken; *spoke*
speed	sped; speeded	sped; speeded
spell	spelled; spelt	spelled; spelt
spellbind	spellbound	spellbound
spend	spent	spent
spill	spilled; spilt	spilled; spilt
spin	spun, span 《美에선 古》	spun
spit[1]	spat; spit 《英에선 古》	spat; spit 《英에선 古》
split	split	split
spoil	spoiled; spoilt	spoiled; spoilt
spread	spread	spread
spring	sprang, sprung	sprung
squat	squatted; squat	squatted; squat
stand	stood	stood
stave	staved; stove	staved; stove
stay	stayed; staid 《英에선 古》	stayed; staid

현 재	과 거	과거분사
steal	stole	stolen
stick	stuck	stuck
sting	stung, *stang*	stung
stink	stank, stunk	stunk
strew	strewed	strewn, strewed
stride	strode	stridden
strike	struck	struck, 《때로》 *stricken*
string	strung	strung
strive	strove	striven
strow	strowed	strown, strowed
sunburn	sunburnt; sunburned	sunburnt; sunburned
swear	swore, *sware*	sworn
sweat	sweat; sweated	sweat; sweated
sweep	swept	swept
swell	swelled	swelled, swollen
swim	swam, *swum*	swum
swing	swung, *swang*	swung
take	took	taken
teach	taught	taught
tear[2]	tore	torn
telecast	telecast; telecasted	telecast; telecasted
tell	told	told
think	thought	thought
thrive	throve; thrived 《英에선 稀》	thriven; thrived 《英에선 稀》
throw	threw	thrown
thrust	thrust	thrust
toss	tossed; 《詩》 tost	tossed; 《詩》 tost
tread	trod; *trode*	trodden; trod
typewrite	typewrote	typewritten
unbend	unbent; unbended	unbent; unbended
unbind	unbound	unbound
undergo	underwent	undergone
understand	understood	understood
undertake	undertook	undertaken
underwrite	underwrote	underwritten
undo, undoes	undid	undone
uphold	upheld	upheld
upset	upset	upset
wake[1]	waked; woke	waked; woken, woke
waylay	waylaid	waylaid
wear	wore	worn
weave	wove, *weaved*	woven, 〔商〕 wove
wed	wedded	wedded, wed
weep	wept	wept
wend	wended; *went*	wended; *went*
wet	wet; wetted	wet; wetted
will, *wilt*	would	—
win	won	won
wind[2]	wound; 《稀》 *windded*	wound; 《稀》 *winded*
withdraw	withdrew	withdrawn
withhold	withheld	withheld
withstand	withstood	withstood
work	worked; wrought	worked; wrought
wrap	wrapped; wrapt	wrapped; wrapt
wring	wrung	wrung
write	wrote; *writ*	written; *writ*

辭書의 전통, 辭書의 권위

● 최대한의 어휘 · 정평있는 내용
● 권위있는 편집 · 정확한 주석

민중서림의 사서 목록

◆ 국 어 대 사 전	4×6倍判	4,784面
◆ 엣센스국어사전	3×6判	2,686面
◆ 엣센스영한사전	3×6判	2,784面
◆ 엣센스한영사전	3×6判	2,352面
◆ 엣센스영영한사전	3×6判	2,048面
◆ 엣센스일한사전	3×6判	2,526面
◆ 엣센스한일사전	3×6判	2,132面
◆ 엣센스독한사전	3×6判	2,144面
◆ 엣센스한독사전	3×6判	2,104面
◆ 엣센스불한사전	3×6判	2,156面
◆ 엣센스 中國語辭典	3×6判	2,620面
◆ 엣센스 스페인어사전	3×6判	1,812面
◆ 엣센스국어사전 가죽	3×6判	2,686面
◆ 엣센스영한사전 가죽	3×6判	2,784面
◆ 엣센스한영사전 가죽	3×6判	2,352面
◆ 엣센스국어사전 특장판	菊 判	3,088面
◆ 엣센스영한사전 특장판	菊 判	3,190面
◆ 엣센스한영사전 특장판	菊 判	2,688面
◆ 엣센스일한사전 특장판	菊 判	3,096面
◆ 엣센스한일사전 특장판	菊 判	2,552面
◆ 민중 실 용 국 어 사 전	3×6判	1,728面
◆ 엣센스실용漢字辭典	3×6判	1,378面
◆ 신일한사전〔예해〕	4×6判	1,154面
◆ 신한일사전〔예해〕	4×6判	1,168面
◆ 엣센스신영한소사전 포켓판	3×6判	920面
◆ 엣센스신한영소사전 포켓판	3×6判	790面
◆ 엣센스실용영한사전	3×6判	1,888面
◆ 엣센스영한 · 한영사전 포켓판	3×6判	1,710面
◆ 엣센스신일한소사전 포켓판	3×6判	1,054面
◆ 엣센스신한일소사전 포켓판	3×6判	1,120面
◆ 엣센스일한 · 한일사전 포켓판	3×6判	2,174面
◆ 엣센스新韓中소사전 포켓판	3×6判	416面
◆ 신 영 한 소 사 전	3×5判	920面
◆ 신 한 영 소 사 전	3×5判	790面
◆ 영한 · 한영사전	3×5判	1,710面
◆ 신 일 한 소 사 전	3×5判	1,054面
◆ 신 한 일 소 사 전	3×5判	1,120面
◆ 일한 · 한일사전	3×5判	2,174面
◆ 신 독 한 소 사 전	3×5判	718面
◆ 신 한 독 소 사 전	3×5判	540面
◆ 독한 · 한독사전	3×5判	1,258面
◆ 신 불 한 소 사 전	3×5判	780面
◆ 세 계 사 대 사 전	新菊判	2,002面
◆ 한 독 사 전	新菊判	2,104面
◆ 韓 美 大 辭 典	新菊判	1,918面
◆ 漢 韓 大 字 典	菊 判	2,528面
◆ 新 字 海	4×6判	1,002面
◆ 活 用 玉 篇	3×6判	832面
◆ 엣센스기초한자사전	4×6判	608面
◆ 엣센스교육한자사전	3×6判	790面
◆ 고교영어 단어 숙어 문법 총정리	3×6判	1,150面
◆ 초등학교용 새국어사전	3×6判	992面
◆ 엣센스어린이영어사전	菊 判	544面
◆ 엣센스 중학 영한 사전	4×6判	1,056面